Hannemann/Wiegner/Heilmann/Rehfeld (Hrsg.)

Münchener AnwaltsHandbuch
Mietrecht

Münchener Anwalts Handbuch

Mietrecht

Herausgegeben von

Beate Heilmann
Rechtsanwältin in Berlin

Dennis Rehfeld
Rechtsanwalt in Berlin

Begründet von

Thomas Hannemann
Rechtsanwalt in Karlsruhe

Michael Wiegner
Rechtsanwalt in Bietigheim-Bissingen

Bearbeitet von:

Elke Altner, Rechtsanwältin in Köln; *Fabian Bagusche* LL. M., Rechtsanwalt in Köln; *Wolfgang Belser,* Ass. iur. in Konstanz; *Hartmut Bister,* Ass. iur. in Bonn; *Kai-Peter Breiholdt,* Rechtsanwalt in Berlin; *Dr. Carsten Brückner,* Rechtsanwalt in Berlin; *Dr. Patrick Bruns,* Rechtsanwalt in Baden-Baden; *Alice Burgmair,* Rechtsanwältin in München; *Henrike Butenberg,* Rechtsanwältin in München; *Aline Diez,* Rechtsanwältin in München; *Michael Drasdo,* Rechtsanwalt in Köln; *Verena Düker,* Rechtsanwältin in Minden; *Wolfgang Flintrop,* Rechtsanwalt in Köln; *Lena Forster,* Rechtsanwältin in München; *Charlotte Gräf,* Rechtsanwältin in Göttingen; *Markus Groll* LL. M., Rechtsanwalt in München; *Beate Heilmann,* Rechtsanwältin in Berlin; *Luzia Hilmer,* Rechtsanwältin in München; *Johannes Hofele,* Rechtsanwalt in Berlin; *Serdar C. Karabulut,* Rechtsanwalt in Bremen; *Yvonne Lange,* Rechtsanwältin in Köln; *Benedikt Lehr* LL. M., Rechtsanwalt in München; *Dr. Marc Leonhard,* LL. M., Rechtsanwalt in Berlin; *Stefan Lück,* Rechtsanwalt in Magdeburg; *Mag. jur. Carl Mang,* Rechtsanwalt in Lindau; *Kirsten Metter,* Rechtsanwältin in Berlin; *Erich-Wolfgang Moersch,* Rechtsanwalt in Karlsruhe; *Kathrin Otto,* Rechtsanwältin in Saarbrücken; *Dr. Henrik Over,* Rechtsanwalt in Köln; *Andrea Pflügl,* Rechtsanwältin in München; *Thomas Pliester,* Rechtsanwalt in Mönchengladbach; *Dr. Melanie Ramm,* Rechtsanwältin in Hamburg; *Dennis Rehfeld,* Rechtsanwalt in Berlin; *Andreas Reschke,* Rechtsanwalt in Dresden; *Patrick Schmitz,* Rechtsanwalt in Würzburg; *Wolfgang Schneider,* Rechtsanwalt in Ludwigsburg; *Ulrich Sefrin,* Rechtsanwalt in Euskirchen; *Martina Seyfarth,* Ass. iur. in Düsseldorf; *Norbert Slomian,* Rechtsanwalt in Heilbronn; *Dr. Hubertus Wegmann,* Rechtsanwalt in Hamburg; *Jörg Weißker,* Rechtsanwalt in München; *Maximilian Wildt,* Rechtsanwalt in Heilbronn

6., überarbeitete und erweiterte Auflage 2026

C.H.BECK

Zitiervorschlag:
MAH MietR/Bearbeiter § … Rn. …

beck.de

ISBN PRINT 978 3 406 81244 6

Wilhelmstraße 9, 80801 München
info@beck.de
Satz, Druck und Bindung: Druckerei C.H.Beck Nördlingen
(Adresse wie Verlag)
Umschlag: Druckerei C.H.Beck Nördlingen

chbeck.de/nachhaltig
produktsicherheit.beck.de

Gedruckt auf säurefreiem, alterungsbeständigem Papier
(hergestellt aus chlorfrei gebleichtem Zellstoff)

Vorwort zur 6. Auflage

Seit dem Erscheinen der Vorauflage sind nunmehr schon wieder sechs Jahre vergangen. Eine Zeitspanne, in der Gesetzgeber und Rechtsprechung das Mietrecht durch vielfältige gesetzliche Änderungen und höchstrichterliche Entscheidungen nachhaltig verändert bzw. geprägt haben. Sei es die mit der Novelle des Wohnungseigentumsrechtes einhergegangene Einführung des § 554 BGB, die Änderung des § 556a BGB, die Einführung der neuen Modernisierungstatbestände in § 555b Nr. 1a und Nr. 4a BGB, die Schaffung der neuen Mieterhöhungsregelung in § 559e BGB, die Neuregelung der Schriftform als Textform sowie die Kodifizierung des Belegeinsichtsrechtes des Mieters oder die Anpassung von Betriebskostenpositionen – die vorgenannten Neuerungen und Änderungen finden in der Neuauflage ebenso Berücksichtigung, wie allgemein die aktuelle Rechtsprechung des BGH. Der Tatendrang des Gesetzgebers hält an und ist natürlich grundsätzlich zu begrüßen, wenn auch mit einer Ausnahme: Für jedes Werk gilt irgendwann ein Redaktionsschluss, so auch hier. Weitere gesetzliche Änderungen mit Auswirkungen auf das Mietrecht stehen unmittelbar bzw. für den Jahresanfang 2027 (Mietrecht II) bevor und können daher bedauerlicherweise nicht mehr berücksichtigt werden.

Dringend erforderlich erschien die Ergänzung des Werkes um zwei Kapitel, welche sich den völker- und europarechtlichen Vorgaben im Themenbereich Klimaschutz sowie Energie- und Wärmewende und den sich hieraus ergebenden Folgen in der bundesdeutschen Gesetzgebung widmen. Die mit dem GModG und infolge der Umsetzung der Gebäuderichtlinie eintretenden Neuerungen konnten aufgrund der Schnelligkeit des Gesetzgebers in den Sitzungen des Bundestages und Bundesrates vom 10.7.2026 für das GModG, das KostaufG und das GEIG noch in die Bearbeitung einfließen.

Sodann heißt es, mit der Neuauflage Abschied zu nehmen von den bisherigen Herausgebern des Werkes. Thomas Hannemann und Michael Wiegner haben sich nach langem umfassenden Wirken entschieden, das von Ihnen begründete Werk in neue Hände zu legen. Ihnen gilt unser ganz besonderer und herzlicher Dank für Ihren jahrelangen unermüdlichen Einsatz um das Münchener Anwaltshandbuch und das nun in uns gesetzte Vertrauen. Ohne sie wäre dieses Handbuch nicht möglich gewesen.

Auch viele Mitautorinnen und Mitautoren haben – wie auch schon in Vorauflagen geschehen – ihre Mitwirkung am Anwaltshandbuch aufgegeben. Wir freuen uns sehr über alle neuen Autorinnen und Autoren, die den Mut gefasst haben, sich an ihrer Stelle in das gemeinsame Werk zu stürzen und insbesondere natürlich über diejenigen Autorinnen und Autoren, die das Handbuch nun schon über so lange Zeit, oft sogar von Anfang an, stetig mit ihren wertvollen Beiträgen unterstützen und begleiten. Ihnen allen sagen wir herzlich „Dankeschön"! Wir wissen nur zu gut, dass die hiesige Mitarbeit neben der Tätigkeit in der beruflichen Praxis eine große Herausforderung bedeutet.

Schließlich möchten wir uns natürlich ganz besonders beim C.H. Beck-Verlag und dem Team um Herrn Dr. Burkhard Schröder herzlich bedanken, ohne dessen unermüdlichen Einsatz auch diese Neuauflage ganz gewiss nicht hätte erscheinen können.

Nicht zuletzt wären wir Ihnen, verehrte Leserinnen und Leser, zudem für Anregungen und Kritik zu dem nun vorliegenden Werk dankbar.

Im Juli 2026 Beate Heilmann/Dennis Rehfeld

Aus dem Vorwort zur 1. Auflage

Mit dem Wohnraummietrecht befasst sich die überwiegende Zahl der Anwaltskanzleien. Es nimmt ebenfalls im Gerichtsalltag breiten Raum ein. Leider steht die rein quantitative Bedeutung dieser Fälle oft in keinem Verhältnis zu den hieraus günstigstenfalls für den Anwalt zu erwirtschaftenden Erträgen. Es tut daher Not, im Alltag des Mietrechtsanwalts das Verhältnis zwischen Aufwand und Ertrag günstiger zu gestalten. Dies umso mehr, als sich mit der Umsetzung der seit Jahren angekündigten Mietrechtsreform zum 1.9.2001 zahlreiche Änderungen und damit neue Grundsatz- und Detailfragen ergeben haben, die zT völlig ungeklärt sind.

Hierzu soll dieses Mietrechtshandbuch beitragen und schnell ohne nennenswerten Zeitaufwand alle für die tägliche wohnraummietrechtliche Praxis notwendigen Informationen zur Verfügung stellen. Der Praktiker wird mit diesem Werk in die Lage versetzt, bereits bei Mandatsannahme die nötigen Angaben einzuholen und die gebotenen Maßnahmen einzuleiten, um von Anfang an die richtige Handhabung bei der Mandatsbearbeitung zu gewährleisten. Das Handbuch orientiert sich daher an allen Fallkonstellationen der Mietrechtspraxis und zwar in der Abfolge, wie sich ein Wohnraummietverhältnis gewöhnlich chronologisch darstellt. An relevanten Weichenstellungen der außergerichtlichen wie auch forensischen Fallbearbeitung erfolgen Praxistipps und Checklisten als weitere Mittel, Haftungsfallen zu vermeiden. Die ausschließlich praxisbezogene Darstellung, ergänzt durch Formulierungsmuster, soll nicht nur dem Berufsanfänger und jungen Rechtsanwalt den Blick auf das Ganze öffnen, sondern auch dem Mietrechtsprofi das praxisnahe Erkennen von Details erleichtern.

Dieses Ziel wird ua dadurch gewährleistet, dass das Handbuch von forensisch tätigen Mietrechtspraktikern für Praktiker geschrieben ist. Es erhebt zwar keinen Anspruch auf Beantwortung aller denkbaren wohnraummietrechtlichen Konstellationen, gibt aber umfassende Hilfestellung in sämtlichen praxisrelevanten Problemfeldern.

[...]

Im Oktober 2001 — Thomas Hannemann/Michael Wiegner

Inhaltsübersicht

3. Abschnitt. Vertragsabschluss

4. Abschnitt. Parteien des Gewerberaummietverhältnisses

5. Abschnitt. Mietobjekt

6. Abschnitt. Mietzeit

7. Abschnitt. Mietgebrauch

8. Abschnitt. Haftung und Gewährleistung

9. Abschnitt. Instandhaltung, Instandsetzung und bauliche Veränderungen

10. Abschnitt. Mietpreisrecht

11. Abschnitt. Beendigung des Gewerberaummietverhältnisses

12. Abschnitt. Abwicklung des beendeten Mietverhältnisses

13. Abschnitt. Sonderprobleme

Inhaltsverzeichnis

Teil A. Wohnraummiete

1. Abschnitt. Das wohnraummietrechtliche Mandat

2. Abschnitt. Vertragsanbahnung

4. Abschnitt. Parteien des Wohnraummietverhältnisses

9. Abschnitt. Mietpreisrecht

11. Abschnitt. Abwicklung des beendeten Mietverhältnisses

12. Abschnitt. Sonderprobleme

2. Abschnitt. Vertragsanbahnung

5. Abschnitt. Mietobjekt

6. Abschnitt. Mietzeit

7. Abschnitt. Mietgebrauch

8. Abschnitt. Haftung und Gewährleistung

9. Abschnitt. Instandhaltung, Instandsetzung und bauliche Veränderungen

11. Abschnitt. Beendigung des Gewerberaummietverhältnisses

12. Abschnitt. Abwicklung des beendeten Mietverhältnisses

13. Abschnitt. Sonderprobleme

14. Abschnitt. Verfahrensfragen

Teil C. Pacht

Teil D. Leasing

Teil E. Klimaschutz und Mietrecht

Autorenverzeichnis

Elke Altner, Rechtsanwältin
Köln

Fabian Bagusche LL. M., Rechtsanwalt und
Fachanwalt für Miet- und Wohnungseigentumsrecht
Bagusche + Partner
Köln

Wolfgang Belser, Assessor iuris
Konstanz

Hartmut Bister, Assessor iuris
Bonn

Kai-Peter Breiholdt, Rechtsanwalt und
Fachanwalt für Miet- und Wohnungseigentumsrecht
Breiholdt & Partner
Berlin

Dr. Carsten Brückner, Rechtsanwalt und
Fachanwalt für Miet- und Wohnungseigentumsrecht
Berlin

Dr. Patrick Bruns, Rechtsanwalt und
Fachanwalt für Arbeitsrecht sowie für Miet- und Wohnungseigentumsrecht
Dr. Bruns Rechtsanwälte
Baden-Baden

Alice Burgmair, Rechtsanwältin
Glock Liphart Probst & Partner
München

Henrike Butenberg, Rechtsanwältin und
Fachanwältin für Miet- und Wohnungseigentumsrecht
Sedlmayr Grund und Immobilien AG
München

Aline Diez, Rechtsanwältin und
Fachanwältin für Miet- und Wohnungseigentumsrecht
München

Michael Drasdo, Rechtsanwalt und
Fachanwalt für Miet- und Wohnungseigentumsrecht
Jennißen & Partner
Köln

Autorenverzeichnis

Verena Düker, Rechtsanwältin und
Fachanwältin für Miet- und Wohnungseigentumsrecht
Deterding & Düker PartG
Minden

Wolfgang Flintrop, Rechtsanwalt und
Fachanwalt für Miet- und Wohnungseigentumsrecht
Köln

Lena Forster, Rechtsanwältin
KFR Kirchhoff Franke Riethmüller
München

Charlotte Gräf LL. M., Rechtsanwältin und
Fachanwältin für Miet- und Wohnungseigentumsrecht
Menge Noack Rechtsanwälte
Göttingen

Markus Groll LL. M., Rechtsanwalt und
Fachanwalt für Miet- und Wohnungseigentumsrecht
sowie für Bau- und Architektenrecht
Anwaltskanzlei Groll
München

Beate Heilmann, Rechtsanwältin
Heilmann Geyer Kühnlein Rechtsanwälte
Berlin

Luzia Hilmer, Rechtsanwältin und
Fachanwältin für Miet- und Wohnungseigentumsrecht
KFR Kirchhoff Franke Riethmüller
München

Johannes Hofele, Rechtsanwalt und
Fachanwalt für Steuerrecht
Breiholdt & Partner
Berlin

Serdar C. Karabulut, Rechtsanwalt
Schelz Karabulut Culum Rechtsanwaltskanzlei
Bremen

Yvonne Lange, Rechtsanwältin und
Fachanwältin für Miet- und Wohnungseigentumsrecht
Köln

Benedikt Lehr LL. M., Rechtsanwalt
Immobilienökonom, Geschäftsführer
ABG Real Estate Group
München

Dr. Marc Leonhard LL. M., Rechtsanwalt
Berlin

Stefan Lück, Rechtsanwalt
Magdeburg

Mag. jur. Carl Mang, Rechtsanwalt und
Fachanwalt für Miet- und Wohnungseigentumsrecht
Mang Legal
Lindau

Kirsten Metter, Rechtsanwältin und
Fachanwältin für Miet- und Wohnungseigentumsrecht
Seldeneck & Partner
Berlin

Erich-Wolfgang Moersch, Rechtsanwalt
Hofsäß & Partner
Karlsruhe

Kathrin Otto, Rechtsanwältin und
Fachanwältin für Miet- und Wohnungseigentumsrecht
Bagusche + Partner
Saarbrücken

Dr. Henrik Over, Rechtsanwalt und
Fachanwalt für Miet- und Wohnungseigentumsrecht
Odenthal & Over
Köln

Andrea Pflügl, Rechtsanwältin und
Fachanwältin für Miet- und Wohnungseigentumsrecht
AUREUM Rechtsanwälte
München

Thomas Pliester, Rechtsanwalt und
Fachanwalt für Miet- und Wohnungseigentumsrecht
MBK Rechtsanwälte
Mönchengladbach

Dr. Melanie Ramm, Rechtsanwältin und
Fachanwältin für Miet- und Wohnungseigentumsrecht
Immobilienkanzlei Ramm
Hamburg

Dennis Rehfeld, Rechtsanwalt
Rechtsanwaltskanzlei Rehfeld
Berlin

Autorenverzeichnis

Andreas Reschke, Rechtsanwalt und
Fachanwalt für Miet- und Wohnungseigentumsrecht
sowie für Bau- und Architektenrecht
Rechtsanwaltskanzlei Reschke
Dresden

Patrick Schmitz, Rechtsanwalt und
Fachanwalt für Miet- und Wohnungseigentumsrecht
Ulbrich & Kollegen
Würzburg

Wolfgang Schneider, Rechtsanwalt
Ludwigsburg

Ulrich Sefrin, Rechtsanwalt und Mediator
Rechtsanwälte Sefrin & Sefrin
Euskirchen

Martina Seyfarth, Assessorin iuris
Düsseldorf

Norbert Slomian, Rechtsanwalt und
Fachanwalt für Miet- und Wohnungseigentumsrecht
Anwaltskanzlei Slomian
Heilbronn

Dr. Hubertus Wegmann, Rechtsanwalt und
Fachanwalt für Miet- und Wohnungseigentumsrecht
BONK Rechtsanwälte – Fachanwälte
Hamburg

Jörg Weißker, Rechtsanwalt
Glock Liphart Probst & Partner
München

Maximilian Wildt, Rechtsanwalt und
Fachanwalt für Erbrecht sowie
für Miet- und Wohnungseigentumsrecht
Schütz & Kleine GbR
Heilbronn

Abkürzungsverzeichnis

aA	andere(r) Ansicht/Auffassung
aaO	am angegebenen Ort
abl.	ablehnend
ABl.	Amtsblatt
Abs.	Absatz
Abschn.	Abschnitt
AcP	Archiv für die civilistische Praxis (Zeitschrift)
aE	am Ende
aF	alte Fassung
AfA	Absetzungen für Abnutzung
AG	Aktiengesellschaft; Amtsgericht; Ausführungsgesetz
AGB	Allgemeine Geschäftsbedingungen
AGBG	Gesetz zur Regelung des Rechts der Allgemeinen Geschäftsbedingungen
AIZ	Allgemeine Immobilienzeitung
AktG	Aktiengesetz
allgM	allgemeine Meinung
Alt.	Alternative
aM	andere Meinung
AnfG	Anfechtungsgesetz
Anh.	Anhang
Anl.	Anlage
Anm.	Anmerkung
AnwBl	Anwaltsblatt (Zeitschrift)
AO	Abgabenordnung
Art.	Artikel
Aufl.	Auflage
AVB	Allgemeine Versicherungsbedingungen
Az.	Aktenzeichen
BAG	Bundesarbeitsgericht
BAGE	Amtliche Sammlung von Entscheidungen des Bundesarbeitsgerichtes
BAnz.	Bundesanzeiger
BauGB	Baugesetzbuch
BayHZ	Bayerische Hausbesitzerzeitung
BayObLG	Bayerisches Oberstes Landesgericht
BayObLGZ	Amtliche Sammlung von Entscheidungen des BayObLG in Zivilsachen
BayVBl.	Bayerische Verwaltungsblätter (Zeitschrift)
BB	Betriebs-Berater (Zeitschrift)
BBB	BundesBauBlatt
BBauG	Bundesbaugesetz
Bd.	Band
bestr.	bestritten
betr.	betrifft, betreffend
BetrKV	Verordnung über die Aufstellung von Betriebskosten (Betriebskostenverordnung)
BetrVG	Betriebsverfassungsgesetz
BeurkG	Beurkundungsgesetz

BezG	Bezirksgericht
BFH	Bundesfinanzhof
BGB	Bürgerliches Gesetzbuch
BGBl.	Bundesgesetzblatt Teile I, II, III
BGH	Bundesgerichtshof
BGHSt	Amtliche Sammlung von Entscheidungen des Bundesgerichtshofs in Strafsachen
BGHZ	Amtliche Sammlung von Entscheidungen des Bundesgerichtshofes in Zivilsachen
Bl.	Blatt
BlGBW	Blätter für Grundstücks-, Bau- und Wohnungsrecht
BMF	Bundesministerium der Finanzen
BMG	1.–9. Gesetz über Maßnahmen auf dem Gebiet des Mietpreisrechts (Bundesmietengesetze)
BMJV	Bundesministerium der Justiz und für Verbraucherschutz
BMWi	Bundesministerium für Wirtschaft und Energie
BMWo	Bundesministerium für Raumordnung, Bauwesen und Städtebau
BR	Bundesrat
BR-Drs.	Drucksache des Deutschen Bundesrates
BRAGO	Bundesrechtsanwaltsgebührenordnung
BSG	Bundessozialgericht
BSHG	Bundessozialhilfegesetz
BStBl.	Bundessteuerblatt Teile I, II, III
Bsp.	Beispiel
bspw.	beispielsweise
BT	Bundestag
BT-Drs.	Drucksache des Deutschen Bundestages
II. BV	Verordnung über wohnungswirtschaftliche Berechnungen (Zweite Berechnungsverordnung)
BVerfG	Bundesverfassungsgericht
BVerfGE	Amtliche Sammlung der Entscheidungen des BVerfG
BVerwG	Bundesverwaltungsgericht
BVerwGE	Amtliche Sammlung der Entscheidungen des BVerwG
bzgl.	bezüglich
bzw.	beziehungsweise
c. i. c.	culpa in contrahendo
COVInsAG	Gesetz zur vorübergehenden Aussetzung der Insolvenzantragspflicht und zur Begrenzung der Organhaftung bei einer durch die COVID-19-Pandemie bedingten Insolvenz (COVID-19-Insolvenzaussetzungsgesetz)
DEMV	Deutscher Einheitsmietvertrag
DGVZ	Deutsche Gerichtsvollzieher Zeitung
dh	das heißt
DIN	Deutsche Industrienorm
DNotZ	Deutsche Notar-Zeitschrift
DÖV	Die Öffentliche Verwaltung (Zeitschrift)
DRiZ	Deutsche Richterzeitung
Drs.	Drucksache
DS-GVO	Datenschutz-Grundverordnung
DStR	Deutsches Steuerrecht (Zeitschrift)
DtZ	Deutsch-Deutsche Rechts-Zeitschrift
DVO	Durchführungsverordnung

DWohnA	Deutsches Wohnungs-Archiv (Zeitschrift)
DWE	Der Wohnungseigentümer (Zeitschrift)
DWW	Deutsche Wohnungswirtschaft (Zeitschrift)
EEG	Gesetz für den Ausbau erneuerbarer Energien (Erneuerbare-Energien-Gesetz – EEG 2023)
EG	Europäische Gemeinschaft; Einführungsgesetz
EGBGB	Einführungsgesetz zum BGB
Einf.	Einführung
Einl.	Einleitung
ErbbRVO	Verordnung über das Erbbaurecht
EStG	Einkommensteuergesetz
EnEG	Gesetz zur Einsparung von Energie in Gebäuden
EuGH	Europäischer Gerichtshof
EWiR	Entscheidungen zum Wirtschaftsrecht (Loseblattsammlung)
FamFG	Gesetz über das Verfahren in Familiensachen und in den Angelegenheiten der freiwilligen Gerichtsbarkeit
FamRZ	Zeitschrift für das gesamte Familienrecht
f./ff.	folgende Seite bzw. Seiten
FG	Finanzgericht; Festgabe
FGG	Gesetz über die Angelegenheiten der freiwilligen Gerichtsbarkeit
Fn.	Fußnote
FS	Festschrift
FWW	Die freie Wohnungswirtschaft (Zeitschrift)
GBO	Grundbuchordnung
GE	Das Grundeigentum (Zeitschrift)
GEG	Gesetz zur Einsparung von Energie und zur Nutzung erneuerbarer Energien zur Wärme- und Kälteerzeugung in Gebäuden – Gebäudeenergiegesetz
gem.	gemäß
GModG	Entwurf eines Gesetzes zur Änderung des Gebäudeenergiegesetzes, zur Änderung des Gebäude-Elektromobilitätsinfrastruktur-Gesetzes und zur Änderung weiterer Vorschriften im Wärmebereich – Gebäudemodernisierungsgesetz
GenG	Genossenschaftsgesetz
GewO	Gewerbeordnung
GewStG	Gewerbesteuergesetz
GG	Grundgesetz
ggf.	gegebenenfalls
GKG	Gerichtskostengesetz
GmbH	Gesellschaft mit beschränkter Haftung
GmbHG	Gesetz betreffend die Gesellschaften mit beschränkter Haftung
GNotKG	Gesetz über Kosten der freiwilligen Gerichtsbarkeit für Gerichte und Notare
grds.	grundsätzlich
GrEStG	Grunderwerbsteuergesetz
GRMG	Geschäftsraummietengesetz
GrStG	Grundsteuergesetz
GRUR	Gewerblicher Rechtsschutz und Urheberrecht (Zeitschrift)
GVBl.	Gesetz- und Verordnungsblatt
GVG	Gerichtsverfassungsgesetz
GVKostG	Gesetz über Kosten der Gerichtsvollzieher

Abkürzungsverzeichnis

GWB	Gesetz gegen Wettbewerbsbeschränkungen
GWW	Gemeinnütziges Wohnungswesen
HaftpflG	Haftpflichtgesetz
HausratsV	Hausratsverordnung
HeimG	Heimgesetz
HeizAnlV	Verordnung über energiesparende Anforderungen an heizungstechnische Anlagen und Warmwasseranlagen
HeizkostenV	Verordnung über die verbrauchsabhängige Abrechnung der Heiz- und Warmwasserkosten (Verordnung über Heizkostenabrechnung)
HGB	Handelsgesetzbuch
hL	herrschende Lehre
hM	herrschende Meinung
HRR	Höchstrichterliche Rechtsprechung
Hrsg.	Herausgeber
hrsg.	herausgegeben
Hs.	Halbsatz
H&W	Haus & Wohnung (Zeitschrift)
idF	in der Fassung
idR	in der Regel
IMR	Immobilien- und Mietrecht (Zeitschrift)
insbes.	insbesondere
InsO	Insolvenzordnung
iSd	im Sinne des/der
iSv	im Sinne von
iÜ	im Übrigen
iVm	in Verbindung mit
JMBl.	Justizministerialblatt
JR	Juristische Rundschau (Zeitschrift)
JurBüro	Das juristische Büro (Zeitschrift)
JuS	Juristische Schulung (Zeitschrift)
Justiz	Die Justiz (Zeitschrift)
JW	Juristische Wochenschrift
JZ	Juristenzeitung
Kap.	Kapitel
KG	Kammergericht; Kommanditgesellschaft
KGaA	Kommanditgesellschaft auf Aktien
KostO	Kostenordnung
KostRModG	Gesetz zur Modernisierung des Kostenrechts
KostRspr	Kosten-Rechtsprechung, Entscheidungssammlung
KreisG	Kreisgericht
KTS	Konkurs, Treuhand, Sanierung, (Zeitschrift)
KWG	Kreditwesengesetz
LG	Landgericht
LPachtG	Landpachtgesetz
LPachtVG	Landpachtverkehrsgesetz
Ls.	Leitsatz
MaBV	Makler- und Bauträgerverordnung
MDR	Monatsschrift für Deutsches Recht

MHRG .... Gesetz zur Regelung der Miethöhe
MietNovG .... Gesetz zur Dämpfung des Mietanstiegs auf angespannten Wohnungsmärkten und zur Särkung des Bestellerprinzips bei der Wohnungsvermittlung (Mietrechtsnovellierungsgesetz)
MietAnpG .... Gesetz zur Ergänzung der Regelungen über die zulässige Miethöhe bei Mietbeginn und zur Anpassung der Regelungen über die Modernisierung der Mietsache (Mietrechtsanpassungsgesetz)
MietRÄndG .... Gesetz zur Änderung mietrechtlicher Vorschriften: Erstes v. 29.7.1963, BGBl. I 505; Zweites v. 14.7.1964, BGBl. I 457; Drittes v. 21.12.1967, BGBl. I 1248
MietRRefG .... Gesetz zur Neugliederung, Vereinfachung und Reform des Mietrechts (Mietrechtsreformgesetz)
MietRVerbG .... Gesetz zur Verbesserung des Mietrechts und zur Begrenzung des Mietanstiegs sowie zur Regelung von Ingenieur- und Architektenleistungen
MM .... MieterMagazin
ModEnG .... Gesetz zur Förderung der Modernisierung von Wohnungen und Maßnahmen zur Einsparung von Heizenergie
MSchG .... Mieterschutzgesetz
MÜG .... Mietenüberleitungsgesetz
mwN .... mit weiteren Nachweisen
MWoAEG .... Gesetz zur Erhöhung des Angebots an Mietwohnungen
MWSt .... Mehrwertsteuer
mzustAnm. .... mit zustimmender Anmerkung

Nds. Rpfl. .... Niedersächsische Rechtspflege (Zeitschrift)
nF .... neue Fassung
NJW .... Neue Juristische Wochenschrift
NJW-RR .... Neue Juristische Wochenschrift – Rechtsprechungs-Report
Nr. .... Nummer(n)
NRW .... Nordrhein-Westfalen
nv .... nicht veröffentlicht
NWB .... Neue Wirtschaftsbriefe (Zeitschrift)
NZM .... Neue Zeitschrift für Miet- und Wohnungsrecht

og .... oben genannte
OHG .... Offene Handelsgesellschaft
OLG .... Oberlandesgericht
OLGZ .... Rechtsprechung der Oberlandesgerichte in Zivilsachen
OVG .... Oberverwaltungsgericht
OWi .... Ordnungswidrigkeit
OWiG .... Gesetz über Ordnungswidrigkeiten

p. a. .... per annum
PuR .... Praxis und Recht (Zeitschrift)
pVV .... positive Vertragsverletzung

r+s .... recht und schaden (Zeitschrift)
RdL .... Recht der Landwirtschaft (Zeitschrift)
RE .... Rechtsentscheid
RG .... Reichsgericht
RGBl. .... Reichsgesetzblatt
RGZ .... Entscheidungen des Reichsgerichts in Zivilsachen
Rn. .... Randnummer

Rpfl.	Der Deutsche Rechtspfleger (Zeitschrift)
RpflegerG	Rechtspflegergesetz
Rspr.	Rechtsprechung
RsprN	Rechtsprechungsnachweis(e)
RVG	Gesetz über die Vergütung der Rechtsanwältinnen und Rechtsanwälte (Rechtsanwaltsvergütungsgesetz)
RWS	Kommunikationsform Recht – Wirtschaft – Steuern
S.	Satz, Seite(n)
s.	siehe
s. auch/oben/unten	siehe auch/oben/unten
SanInsKG	Sanierungs- und insolvenzrechtliches Krisenfolgenabmilderungsgesetz
sog.	sogenannte(r)
StBauFördG	Städtebauförderungsgesetz
StBerG	Steuerberatungsgesetz
StGB	Strafgesetzbuch
StPO	Strafprozessordnung
stRspr	ständige Rechtsprechung
TA	Technische Anleitung
ua	unter anderem; und andere
uÄ	und Ähnliches
UmwG	Umwandlungsgesetz
Urt.	Urteil
UWG	Gesetz gegen den unlauteren Wettbewerb
UStG	Umsatzsteuergesetz
usw	und so weiter
uU	unter Umständen
VersR	Versicherungsrecht (Zeitschrift)
VG	Verwaltungsgericht
VGB	Allgemeine Bedingungen für die Neuwertversicherung von Wohngebäuden gegen Feuer-, Leitungswasser- und Sturmschäden
VGH	Verwaltungsgerichtshof
vgl.	vergleiche
VO	Verordnung
VOB	Verdingungsordnung für Bauleistungen, Teile A und B
VOBl.	Verordnungsblatt
Vorb.	Vorbemerkung
VVG	Gesetz über den Versicherungsvertrag
WBVG	Gesetz zur Regelung von Verträgen über Wohnraum mit Pflege- oder Betreuungsleistungen (Wohn- und Betreuungsvertragsgesetz) WE Wohnungseigentum
WEG	Gesetz über das Wohnungseigentum und das Dauerwohnrecht
WFB	Wohnungsförderungsbestimmungen
WGG	Gesetz über die Gemeinnützigkeit im Wohnungswesen
WGG-DV	VO zur Durchführung des WGG
WiStG	Wirtschaftsstrafgesetz
WLVO	WohnungslenkungsVO
WM	Wertpapier-Mitteilung, Zeitschrift für Wirtschafts- und Bankrecht

WoBindG	Wohnungsbindungsgesetz idFv 22.7.1982, BGBl. I 973
WoGeldG	Wohngeldgesetz idFv 11.7.1985, BGBl. I 1422
WoVermG	Gesetz zur Regelung der Wohnungsvermittlung
WRP	Wettbewerb in Recht und Praxis (Zeitschrift)
WuH	Wohnung und Haus
WuM	Wohnungswirtschaft und Mietrecht (Zeitschrift)
zB	zum Beispiel
ZdW Bayern	wohnen – Zeitschrift der Wohnungswirtschaft Bayern
ZfgG	Zeitschrift für das gesamte Genossenschaftswesen
ZfgWBay	Zeitschrift für gemeinnütziges Wohnungswesen in Bayern
zfs/ZfS	Verkehrsrecht, Schadensrecht, Versicherungsrecht (Zeitschrift)
ZGB	Zivilgesetzbuch der ehemaligen DDR
ZIP	Zeitschrift für Wirtschaftsrecht
ZMR	Zeitschrift für Miet- und Raumrecht
ZPO	Zivilprozessordnung
ZSEG	Gesetz über die Entschädigung von Zeugen und Sachverständigen
ZSW	Zeitschrift für das gesamte Sachverständigenwesen
zT	zum Teil
ZVG	Zwangsversteigerungsgesetz
ZwVbVO	Zweckentfremdungsverbotsverordnung
ZWE	Zeitschrift für Wohnungseigentumsrecht
zzgl.	zuzüglich
zzt.	zurzeit

Literaturverzeichnis

Anders/Gehle	Anders/Gehle, ZPO, Kommentar, 84. Aufl. 2026
Anders/Gehle Zivilprozess	Anders/Gehle, Antrag und Entscheidung im Zivilprozess, Handbuch, 3. Aufl. 1999
AnwHdB MietR	Lützenkirchen, Anwaltshandbuch Mietrecht, Handbuch, 7. Aufl. 2025
AnwK Wohnraum-mietR	Lammel, AnwaltKommentar Wohnraummietrecht, Kommentar, 3. Aufl. 2006
Bärmann	Bärmann, Wohnungseigentumsgesetz, Kommentar, 16. Aufl. 2025
BeckFormB MietR	Gies, Beck'sches Formularbuch Mietrecht, Formularbuch, 7. Aufl. 2024
BeckFormB WEG-R	Müller, Beck'sches Formularbuch Wohnungseigentumsrecht, Formularbuch, 5. Aufl. 2019
BeckOK MietR	Schach/Schultz/Schüller, BeckOK Mietrecht, Kommentar, 43. Aufl. 2026
Blank MietR A–Z	Blank, Mietrecht von A–Z, Ratgeber, 19. Aufl. 2015
Börstinhaus/Siegmund	Börstinhaus/Siegmund, Miete, Kommentar, 8. Aufl. 2025
Bub/Treier MietR-HdB	Bub/Treier, Handbuch der Geschäfts- und Wohnraummiete, Handbuch, 5. Aufl. 2019
Burbulla Gewerberaum-MietR	Burbulla, Aktuelles Gewerberaummietrecht, Handbuch, 3. Aufl. 2017
Emmerich/Sonnenschein	Emmerich/Sonnenschein, Miete, Kommentar, 11. Aufl. 2013
Erman	Erman, BGB, Kommentar, Band 1, 2, 3, 17. Aufl. 2023
FomB-MietR	Schach/Riecke, Mietrecht, Formularbuch, 5. Aufl. 2026
Fritz/Geldmacher/Leo GewerberaumMietR	Fritz, Gewerberaummietrecht, Monografie, 5. Aufl. 2024
Geigel Haftpflichtprozess	Geigel, Haftpflichtprozess, Handbuch, 29. Aufl. 2024
Graf v. Westphalen LeasingV	Graf von Westphalen, Der Leasingvertrag, Handbuch, 7. Aufl. 2014
Grüneberg	Grüneberg, Bürgerliches Gesetzbuch, Kommentar, 85. Aufl. 2026
Guhling/Günter	Guhling/Günter, Gewerberaummiete, Kommentar, 3. Aufl. 2024
Hannemann/Horst Neues MietR	Hannemann/Horst, Das neue Mietrecht, Monografie, 1. Aufl. 2013
Hannemann/Wiek/Emmert MietR-HdB	Hannemann/Wiek/Emmert, Handbuch des Mietrechts, Handbuch, 8. Aufl. 2022

Herrlein/Kandelhard .... Herrlein/Kandelhard, Mietrecht, Kommentar, 4. Aufl. 2010
HKK-BGB .... Schmoeckel/Rückert/Zimmermann, Historisch-kritischer Kommentar zum BGB Band III: Schuldrecht. Besonderer Teil. 1. Teilband: vor §§ 433–656, 2. Teilband: §§ 657–853, Kommentar, 1. Aufl. 2013

Jauernig .... Jauernig, Bürgerliches Gesetzbuch, Kommentar, 19. Aufl. 2023
jurisPK-BGB .... Herberger/Martinek/Rüßmann/Weth/Würdinger, juris PraxisKommentar BGB, Kommentar, 10. Aufl. 2023

Kinne/Schach/Bieber ..... Kinne/Schach/Bieber, Miet- und Mietprozessrecht, Kommentar, 7. Aufl. 2013
Kissel/Mayer .... Kissel/Mayer, GVG, Kommentar, 11. Aufl. 2025
Koeble/Grziwotz Immobilien-HdB I .... Koeble/Grziwotz, Rechtshandbuch Immobilien, Band 1: Bauen und Finanzieren, Handbuch, 28. Aufl. 2019
Koeble/Grziwotz Immobilien-HdB II .... Koeble/Grziwotz, Rechtshandbuch Immobilien, Band 2: Vermitteln, Verkaufen und Verwalten, Handbuch, 27. Aufl. 2018
Kossmann/Meyer-Abich Wohnraummiete-HdB .. Kossmann/Meyer-Abich, Handbuch der Wohnraummiete, Handbuch, 7. Aufl. 2014

Lammel .... Lammel, HeizKV, Kommentar, 5. Aufl. 2022
Langenberg/Zehelein BetrKostR .... Langenberg/Zehelein, Betriebskosten- und Heizkostenrecht, Handbuch, 11. Aufl. 2025
Lindner Wohnraum-mietR .... Lindner, Wohnraummietrecht, Monografie, 3. Aufl. 2019
Lindner-Figura/Oprée/Stellmann .... Lindner-Figura/Oprée/Stellmann, Handbuch Geschäftsraummiete, Handbuch, 5. Aufl. 2023
Lützenkirchen .... Lützenkirchen, Mietrecht, Kommentar, 3. Aufl. 2021
Lützenkirchen Mietnebenkosten .... Lützenkirchen, Mietnebenkosten von A–Z, Ratgeber, 6. Aufl. 2014
Lützenkirchen Neue Mietrechtspraxis .... Lützenkirchen, Neue Mietrechtspraxis für Wohnraum und sonstige Mietverhältnisse, Handbuch, 1. Aufl. 2001
Lützenkirchen Wärmecontracting .... Lützenkirchen, Wärmecontracting, Kommentar, 1. Aufl. 2013

MüKoBGB .... Säcker/Rixecker/Oetker/Limperg/Schubert, Münchener Kommentar BGB, Kommentar, 10. Aufl. 2025
MüKoZPO .... Krüger/Rauscher, Münchener Kommentar zur ZPO, Kommentar, 7. Aufl. 2025
Müller/Oske/Becker/Blümmel Rechtsentscheide MietR .... Müller/Oske/Becker/Blümmel, Rechtsentscheide im Mietrecht, Entscheidungssammlung, 1. Aufl. 1989
MVHdB I GesR .... Böhm/Burmeister, Münchener Vertragshandbuch, Band 1: Gesellschaftsrecht, Handbuch, 8. Aufl. 2018

Neuhaus Geschäftsraummiete-HdB .... Neuhaus, Handbuch der Geschäftsraummiete, Handbuch, 8. Aufl. 2022

Pfeiffer AGB-R .... Pfeiffer, AGB-Recht, Kommentar, 8. Aufl. 2026

Pöhlmann/Fandrich/Bloehs .... Pöhlmann/Fandrich/Bloehs, GenG, Kommentar, 4. Aufl. 2012

Reithmann/Martiny IntVertragsR .... Reithmann/Martiny, Internationales Vertragsrecht, Handbuch, 9. Aufl. 2021

RGRK-BGB .... Mitglieder des Bundesgerichtshofes/RGRK, Das Bürgerliche Gesetzbuch mit besonderer Berücksichtigung der Rechtsprechung des Reichsgerichts und des Bundesgerichtshofes, Kommentar, Band 1, 1/1, 1/2, 2/1, 2/1, 2/2, 2/2, 2/3.1, 2/3.2, 2/4, 2/5, 2/6, 3, 3/1, 3/2, 3/3, 4/1, 4/1, 4/2, 4/2, 4/3, 4/3, 4/4, 5/1, 5/1, 5/2, 6, 6/1, 6/2, 7, 12. Aufl. 2010

Rips/Eisenschmid Neues MietR .... Rips/Eisenschmid, Neues Mietrecht, Monografie, 1. Aufl. 2001

Röhricht/Graf v. Westphalen/Haas/Mock/Wöstmann .... Röhricht/Graf v. Westphalen/Haas/Mock/Wöstmann, HGB, Kommentar, 6. Aufl. 2023

Schilling/Heerde MietR Neue Bundesländer ...... Schilling/Heerde, Mietrecht in den neuen Bundesländern von A–Z, Monografie, 1. Aufl. 1999

Schmidt-Futterer .... Schmidt-Futterer, Mietrecht, Kommentar, 16. Aufl. 2024

Sobota WohnungsmietR .... Sobota, Die Nebenkosten im Wohnungsmietrecht, Monografie, 7. Aufl. 1997

Soergel .... Soergel, Bürgerliches Gesetzbuch mit Einführungsgesetz und Nebengesetzen, Kommentar, Band 1, 11, 19, 2/1, 2/2, 22, 24, 25, 32, 33, 14. Aufl. 2020

Staudinger .... Staudinger, Kommentar zum Bürgerlichen Gesetzbuch (BGB) mit Einführungsgesetz und Nebengesetzen, Kommentar, 18. Aufl. 2018

Sternel MietR .... Sternel, Mietrecht, Handbuch, 3. Aufl. 1988

Sternel MietR aktuell .... Sternel, Mietrecht aktuell, Handbuch, 4. Aufl. 2009

Thomas/Putzo .... Thomas/Putzo, ZPO, Kommentar, 47. Aufl. 2026

Toussaint .... Toussaint, Kostenrecht, Kommentar, 56. Aufl. 2026

Wetekamp Mietsachen-HdB .... Wetekamp, Mietsachen, Handbuch, 5. Aufl. 2023

Zehelein Miete in Zeiten von Corona .... Zehelein, COVID-19 – Miete in Zeiten von Corona, Ratgeber, 2. Aufl. 2021

Zöller .... Zöller, ZPO, Kommentar, 36. Aufl. 2026

Teil A. Wohnraummiete

1. Abschnitt. Das wohnraummietrechtliche Mandat

§ 1 Mandatsannahme, -bearbeitung und -abwicklung anhand von Checklisten

Übersicht

I. Einleitung

Dieses erste Kapitel soll – gewissermaßen „vor die Klammer gezogen" – einen anderen, Einstieg in die Brennpunkte des Wohnraummietrechts bieten als über die Inhaltsübersicht bzw. das Stichwortverzeichnis. Die bewusst ausführlich und nicht lediglich schematisch ausgearbeiteten **Checklisten** ermöglichen auf systematische Art und Weise einen schnellen Zugriff auf die Darstellung sämtlicher jeweils relevanten 1

Problempunkte im wohnraummietrechtlichen Teil dieses Handbuchs (zu den Checklisten im Gewerberaummietrecht s. § 41). Gleichzeitig dienen die allein an der **täglichen Mietrechtspraxis** ausgerichteten Checklisten dem Anfänger dazu, wirklich alle wichtigen Vorgaben und (Rechts-)Folgen der einzelnen wohnraummietrechtlichen Problemstellungen zu beachten, aber auch dem Mietrechtsprofi als vorsorgliche Kontrolle, keinen Punkt übersehen zu haben. Selbstverständlich ersetzen diese Checklisten nicht die eigenständige und individuelle Prüfung des konkreten Einzelfalls. Sie ermöglichen aber gerade bei den nicht immer lukrativen wohnraummietrechtlichen Fällen eine zeit- und damit auch kostensparende und dennoch (fach-)kompetente Bearbeitung.

II. Checklisten

1. Mandatsannahme

Checkliste: Mietrechtliches Mandat (Allgemeines bei Annahme des Mandats)

2 □ Vermieter	– alle mit Anschrift; – ggf. Vertretungsverhältnisse klären (Vollmachten).
□ Mieter	– alle mit Anschrift, auch soweit ausgezogen, aber noch Vertragspartei; – ggf. Vertretungsverhältnisse klären (Vollmachten).
□ Wohnung	– genaue Anschrift, Lage im Haus, Größe, Anzahl der Zimmer, Funktionsräume, Nebenräume, Kfz-Stellplatz, Garage, sonstige (Mit-)Nutzungsrechte, mitvermietete Gegenstände, ggf. Vorliegen gesonderter Verträge; – Übergabeprotokolle; – Mängel (vorhanden, angezeigt, behoben?).
□ Mietvertrag	– schriftlich, ggf. mit allen Änderungen und Ergänzungen? – Nebenabreden (ggf. Nachweismöglichkeit? – Schriftformerfordernis).
□ Miete	– (kalt/warm/<teil->inklusiv) für Wohnung und – getrennt? – für Nebenräume, Stellplätze und (Mit-)Nutzungsrechte inkl. aller Veränderungen (Nachweise?), insbes. Daten bisheriger Mieterhöhungen.
□ Mietsicherheit	– Art, Höhe, wann und wie geleistet, gesetzeskonform angelegt, insbes. verzinslich und getrennt vom Vermietervermögen?
□ Rechtsschutz	– Versicherung (Gesellschaft, Vertragsnr.) für streitgegenständliches Risiko?
□ Honorar	– gesetzlich (Streitwert); – Vereinbarung.
□ Vollmacht	– von allen Mandanten (Vermieter oder Mieter), soweit Mandatserteilung durch Bevollmächtigte: Nachweis Vollmachtskette vorhanden?

2. Vertragsschluss

Checkliste: Mietvertragsabschluss und -inhalt (Vgl. hierzu insbesondere → §§ 8 und 10)

3 Da aus Mietersicht die Rechtslage dann am günstigsten ist, wenn überhaupt kein schriftlicher Mietvertrag abgeschlossen wird, sondern die gesetzlichen Regelungen, insbesondere die des BGB, gelten, orientiert sich diese Checkliste zwangsläufig ausschließlich an den Vermieterinteressen.

□ Ggf. lediglich einen Vermieter als Vertragspartner aufnehmen (etwa wegen praktischer Handhabung: Kündigungs- und Willenserklärungen; Zeugenstellung; § 566 BGB); beachte aber: die Rechtsverhältnisse unter mehreren Eigentümern dann ggf. durch interne Vereinbarungen und/oder wechselseitige schriftliche Vollmachten regeln.

☐ Alle Mieter mit Vornamen, Name, ggf. Geburtsnamen, Geburtsdaten und vormaliger Adresse aufführen (zB zur besseren Ermittlung über die Meldebehörden, soweit etwa bei eigenmächtigem vorzeitigem Auszug erforderlich).
☐ Mehrere Mieter: (Empfangs-)Vollmachtsklausel aufnehmen.
☐ Etwaige Vertretungsverhältnisse auf Vermieter- wie auch Mieterseite ausdrücklich offenlegen, sonst ggf. auch Formproblem.
☐ Mietobjekt so genau wie möglich beschreiben, einschließlich mitvermieteter Flächen und – auch gemeinsam zu nutzender – Einrichtungen. Soll die Möglichkeit bestehen, lediglich zur Mitbenutzung überlassene Teile der Mietsache jederzeit wieder dem Gebrauch des Mieters zu entziehen, kann dies rechtssicher nur durch eine individuelle Vereinbarung geschehen.
Achtung: Keine Flächenangaben im Vertrag selbst, ansonsten unbedingt Art und Weise der Flächenberechnung vereinbaren, soweit von der WoFlV abgewichen werden soll.
☐ Einrichtungsgegenstände, soweit mitvermietet, mit aufführen oder, soweit in der Mietsache vorhanden, aber keine Gebrauchsgewährpflicht übernommen werden soll, eine entsprechende ausdrückliche Regelung aufnehmen. Letzteres gilt insbesondere, wenn diese Einrichtungsgegenstände zB vom Vormieter eingebracht worden waren.
☐ Soweit erforderlich Regelung über eine teilgewerbliche Nutzung und ggf. einen Gewerbezuschlag (vgl. § 26 Abs. 2 NMV) vorsehen.
☐ Den Zustand der Mietsache bei Beginn des Mietverhältnisses im Rahmen eines gesondert von Mieterseite zu unterschreibenden Übergabeprotokolls festhalten (= Beweiserleichterung).
☐ Die übergebenen Schlüssel auflisten und Erhalt vom Mieter wegen § 309 Nr. 12b BGB gesondert bestätigen lassen. Haftungsfolgen für den Mieter bei verschuldetem Schlüsselverlust regeln, außer der Mieter beweist, dass Missbrauch ausgeschlossen ist.
☐ Erklärung über die Mieter-/Bewohneranzahl sowie ggf. Regelungen für den Fall der Absicht der Bildung einer Wohngemeinschaft oder Personenmehrheit auf Mieterseite aufnehmen.
☐ Im Zusammenhang mit der Vereinbarung über den Mietbeginn Abnahmepflicht des Mieters zum vereinbarten Zeitpunkt aufnehmen, um nicht nur Gläubiger- sondern auch Schuldnerverzug zu begründen. § 555 BGB beachten.
☐ Die Laufzeit des Mietvertrages regeln; dabei beachten, dass etwa vorgesehene Alternativen einander ausschließen und – insbesondere bei Verwendung von Formularen – Fehlinterpretationen ausgeschlossen sind, also zutreffende Alternative kennzeichnen, nicht zutreffende streichen:
  ☐ unbefristet
  ☐ unbefristet mit beiderseitigem Kündigungsausschluss für eine bestimmte Zeitdauer (vorformuliert: maximal 4 Jahre zwischen Vertragsschluss und frühestem Beendigungszeitpunkt), ggf. § 557 Abs. 3 BGB beachten
  ☐ befristet: nur, wenn ein Grund des § 575 BGB vorliegt oder die Räume § 549 Abs. 2 oder 3 BGB unterfallen.
☐ § 545 BGB ausschließen durch eine inhaltlich vollständige Wiedergabe des Gesetzeswortlauts.
☐ Die Miete getrennt nach Wohnungsgrundmiete, etwaigen Zuschlägen, Garagen- oder Stellplatzmiete, pauschale Kosten für die Gemeinschaftsantenne und/oder Verwaltungskosten sowie Vorauszahlungen auf die Betriebskosten gesondert beziffern. Eine Aufschlüsselung der Vorauszahlungen auf die einzelnen, umlagefähigen Betriebskostenpositionen ist entbehrlich.
☐ Ggf. andere Leistungen des Mieters mit Entgeltcharakter aufführen (zB Zuschlag für Schönheitsreparaturen).
Achtung: Neben der Grundmiete und den Zahlungen auf die Betriebskosten gesondert (eindeutig und zweifelfrei) vereinbarte Teilbeträge, die eigentlich kalkulatorisch Bestandteil der Grundmiete sind, müssen zu dieser addiert werden, etwa bei der Bemessung der Ausgangsmiete für Mieterhöhungen nach § 558 BGB.
☐ Zur Regelung der auf den Mieter umgelegten Betriebskostenpositionen vorsorglich die BetrKV, dort insbes. § 2, ihrem wesentlichen Inhalt nach mit aufnehmen, zumindest aber ausdrücklich darauf Bezug nehmen(vgl. § 556 Abs. 1 BGB); etwa dort nicht erwähnte, aber der Art und dem Umfang nach mit den Ziffern 1–16 vergleichbare Kostenpositionen unter Ziffer 17 ausdrücklich aufführen (sog. qualifizierte Umlagevereinbarung). Widerspruch zur Hausordnung unbedingt vermeiden: zB Kostenüberbürdung für Reinigung oder Gartenpflege hier im Rahmen der Betriebskostenumlagevereinbarung und entsprechende Vornahmepflicht in der Hausordnung zu Lasten des Mieters.
☐ Regelungen mit aufnehmen für den Fall, dass zunächst nicht alle umlagefähigen und im Vertrag auf den Mieter überbürdeten Betriebskostenpositionen tatsächlich anfallen, sich der Vermieter aber entsprechende Umlagemöglichkeiten in Zukunft offenhalten will.
☐ Regelungen vorsehen, falls der Vermieter – jedenfalls zunächst – bestimmte Arbeiten, deren Kosten auf den Mieter umgelegt werden können, in Eigenleistung erbringt unter Umlage der Kosten für gleichwertige Unternehmerleistungen (ohne Umsatzsteuer), einschließlich des Vorbehalts, diese Arbeiten jederzeit wieder fremd vergeben zu können.

- ☐ Mehrbelastungsregelung aufnehmen, wonach der Vermieter neue Steuern, Abgaben und Beiträge, aber auch neue Betriebskostenpositionen, die unmittelbare Folge neuer gesetzlicher Verpflichtungen des Vermieters vor allem zum Schutz der Bewohner, der Mietsache selbst oder der Umwelt sind, nach einem sachgerechten Umlageschlüssel nach billigem Ermessen mit Wirkung für die Zukunft auf den Mieter zusätzlich umlegen kann.
- ☐ Umlageschlüssel, notfalls unterschiedlich für die einzelnen Betriebskostenpositionen, ausdrücklich vereinbaren, ggf. mit Änderungsvorbehalt nach billigem Ermessen bei Vorliegen sachlicher Gründe. Andernfalls ist nach dem Anteil der Wohnfläche umzulegen (§ 556a Abs. 1 BGB).
- ☐ Zwischenablesung der Verbrauchserfassungsgeräte mit entsprechender Kostenregelung (in der Regel zu Lasten des ausziehenden Vormieters) vorsehen; einen Anspruch auf Zwischenabrechnung klarstellend ausschließen.
- ☐ Abrechnungsverpflichtung des Vermieters mit aufnehmen; andernfalls könnte von der Vereinbarung einer Betriebskostenpauschale ausgegangen werden; soweit Betriebskosten pauschal umgelegt werden, unbedingt einen ausdrücklichen Erhöhungsvorbehalt vereinbaren (§ 560 Abs. 1 S. 1 BGB).
- ☐ Gegebenenfalls Staffelmietvereinbarung gemäß § 557a BGB oder eine Indexmietvereinbarung nach § 557b BGB mit aufnehmen.
- ☐ Zahlungsmodalitäten (Fälligkeit, Vorauszahlung, Verzug) zur Klarstellung regeln – vgl. § 556b Abs. 1 BGB – unter genauer Angabe des Empfängerkontos.
- ☐ Zurückbehaltungs- und Aufrechnungsbeschränkungen aufnehmen; Minderungsansprüche ausdrücklich ausnehmen; § 556b Abs. 2 BGB und § 309 Nr. 2 und 3 BGB beachten.
- ☐ Regelung über eine Barkaution unter Beachtung des § 551 BGB vorsehen (für den Vermieter günstiger als eine Bürgschaft; vgl. etwa § 215 BGB). Ggf. weitere Sicherheitsleistungen vereinbaren bei einer vom Mieter gewünschten Parabolantenne und/oder dem behindertengerechten Umbau der Mietsache (vgl. § 554 Abs. 1 BGB).
- ☐ Kleinreparaturregelung mit aufnehmen, die eine gegenständliche Beschränkung sowie eine betragsmäßige Begrenzung im Einzelfall und pro Kalenderjahr enthalten muss und dem Mieter nur die Erstattung der Kosten auferlegen darf (keine „Vornahmepflicht").
- ☐ Schönheitsreparaturen regeln: Freizeichnung des Vermieters, getrennt von der Abwälzungsregelung auf den Mieter (Wirksamkeit str.); laufende Schönheitsreparaturverpflichtung nach Fristenklausel – aber ohne starren Fristenplan („im Allgemeinen") – oder nach Bedarf (objektiver Notwendigkeit); bei unrenoviert oder renovierungsbedürftig überlassener Wohnung angemessenen finanziellen Ausgleich in Höhe der tatsächlich notwendigen Renovierungskosten vorsehen; Endrenovierungsregelung ohne zusätzliche Pflichtenüberbürdung auf denMieter; Abgeltungsklausel bei vorzeitigem Auszug des Mieters vor Ablauf des „weichen" Renovierungsturnus generell unwirksam, sofern nicht individuell vereinbart; vorsorglich Schönheitsreparaturumfang mit aufnehmen und das Erfordernis der fachgerechten Ausführung (keine Fachhandwerkerklausel); Farbwahlklauseln, auch für Holzteile, bei Mietende vereinbaren, aber keine Beschränkung auf nur eine Farbe. Ggf. Alternativregelung für den Fall der Unwirksamkeit der Schönheitsreparaturklausel aufnehmen (zB Zuschlag zur Miete als gesondert ausgewiesener Entgeltbestandteil außerhalb des § 558 BGB)
- ☐ Dem Mieter keine Wartungspflichten oder sonstige Hand- und Spanndienste (zB Reinigungspflichten, Winterdienst) auferlegen (Überwachungsaufwand), sondern die entsprechenden Kosten über die Betriebskosten umlegen.
- ☐ Soweit erforderlich nähere Regelungen über die Benutzung der Mieträume, die Tierhaltung (kein generelles Verbot, auch nicht für Hunde und Katzen; kein Erlaubnisvorbehalt nach freiem Vermieterermessen) und die Untervermietung aufnehmen sowie über etwaige Ausbesserungen bzw. bauliche Veränderungen.
- ☐ Gegebenenfalls das Betreten und Besichtigen der Mieträume regeln.
- ☐ Unbedingt die Garantiehaftung des Vermieters für anfängliche Mängel gem. § 536a Abs. 1 1. Abb. BGB ausschließen.
- ☐ Zur Klarstellung eine an § 536c BGB orientierte Mängelanzeigeverpflichtung des Mieters sowie Haftungsregelungen fixieren.
- ☐ Eine ausführliche Hausordnung (Reinigungs- und Räumpflichten besser extern vergeben unter Kostenumlage im Rahmen der Betriebskosten; andernfalls unbedingt Vorsorge für den Fall der Verhinderung des Mieters, etwa wegen Alters, Krankheit u. a., treffen und Änderungsmöglichkeit auf Kostenumlage bei Nichterfüllung dieser Pflichten durch den Mieter zur Vermeidung einer Ersatzvornahme im Fall des Mieterverzugs, zu der der Vermieter rechtssicher nur individuell ermächtigt werden kann) in den Vertragstext aufnehmen (zur Vermeidung von Formproblemen gemäß § 550 BGB und Einbeziehungsschwierigkeiten iSv § 305 Abs. 2 BGB; bloße Bezugnahme im unterschriebenen Vertragstext ohne gesonderte Unterschrift auf der als Anlage vorgesehenen Hausordnung kann an § 309 Nr. 12 BGB scheitern). Widerspruch zwischen Pflichtenüberbürdung und „bloßer" Kostenüberwälzung im Rahmen der Betriebskostenumlagevereinbarung vermeiden.

- ☐ Regelungen über die Beendigung und Abwicklung des Mietverhältnisses, auch bei vorzeitiger Beendigung des Mietvertrags, vorsehen.
- ☐ Regeln, dass sämtliche Abwicklungsverpflichtungen einschließlich der Rückgabe der Schlüssel am letzten Tag der Mietzeit, zu den üblichen Geschäftszeiten, erfüllt sein müssen.
- ☐ Schriftform auch für Änderungen und Ergänzungen jedenfalls zu Beweiszwecken statuieren. Aufhebung dieses Schriftformerfordernisses nur schriftlich. Aber: Im Zweifel Verstoß gegen § 305b BGB, sofern nicht individuell vereinbart. Jeweils – falls gewünscht – Ausschluss von Telekommunikationsmitteln vorsehen (vgl. § 126 Abs. 3 BGB).
- ☐ Auf vollständige Unterschriftsleistung aller Mieter achten.
- ☐ Vorsorglich – sofern Anlagen mit mehr als bloßem erläuternden Charakter beigefügt werden – sämtliche Blätter des Vertrages und die in Bezug genommene Anlagen fest körperlich verbinden oder von allen Vertragsparteien unterschreiben lassen.
- ☐ Bei späteren Änderungen oder Ergänzungen ist eine ausdrückliche Bezugnahme auf den Hauptvertrag erforderlich, eine Regelung, dass es bei den im Hauptvertrag getroffenen Vereinbarungen bis auf die geänderten Positionen verbleiben soll, und gesonderte Unterschriften aller Vertragsparteien.
- ☐ Dem Mieter ausreichende Möglichkeiten zur Kenntnisnahme des gesamten Vertragstextes geben; erkennbare körperliche Behinderungen (zB Blinde) angemessen berücksichtigen (§ 305 Abs. 2 Nr. 2 BGB); bei Ausländern vorsorglich zusätzlich Beweismittel beschaffen, dass der gesamte Vertragstext auch verstanden wurde.
- ☐ Jede Partei sollte das von der anderen Vertragsseite unterschriebene Exemplar im Original zu erhalten (vgl. § 126 Abs. 2 S. 2 BGB).
- ☐ Schlüssel erst nach Erhalt eines von allen Mietern unterzeichneten Vertragsexemplars, Entrichtung der ersten Monatsmiete und eines Drittels der vereinbarten Mietkaution an die Mieter aushändigen.
- ☐ Bei Vertragsbeendigung gesondertes, von allen Mietern unterzeichnetes Abnahmeprotokoll erstellen (= Beweiserleichterung; aber Achtung: Anerkenntniswirkung zu Lasten des Vermieters).

3. Rechte und Pflichten während der Vertragslaufzeit

a) Checkliste: Mietgebrauch (→ §§ 16 und 17)

- ☐ Vermieter 4
  - Gebrauchsgewährung: Umfang gem. Vertragsinhalt, insbes. Überlassungspflicht:
    - unmittelbarer Besitz (auch Gemeinschaftsflächen und -einrichtungen, zB Zugang/Zufahrt)
    - sämtliche Schlüssel
    - ungestört
    - mangelfrei (sonst ggf. Gewährleistungsansprüche des Mieters/ZbR Miete)
  - Erhaltungspflicht (Störungsabwehr)
  - Instandhaltung/-setzung und Modernisierung
  - Ver-/Entsorgung (Sicherstellung und Schaffung baulicher Voraussetzungen)
  - Verkehrssicherung (abdingbar: eindeutige Überbürdung auf Mieter zulässig, aber sekundäre Überwachungspflicht bleibt beim Vermieter)
  - Beleuchtung und Reinigung (letztere abdingbar: zweifelsfreie Überbürdung auf Mieter zulässig; vorzugswürdig: Kostenumlage).
- ☐ Mieter
  - Gebrauchsrechte gem. Vertrag
    - Umfang (Mitnutzungsrechte)
    - gewerbliche Nutzung: grds. ausgeschlossen, allenfalls nicht störende
    - bauliche Veränderungen: grds. nur mit Zustimmung Vermieter, sicherheitshalber Rückbaupflicht des Mieters bei Vertragsende vorsehen, ggf. auch Übernahme gegen Zeitwerterstattung
    - Einbringung Mieter-„Anlagen" (Haushaltsgeräte etc): grds. erlaubt, differenziert bei Außenanlagen wie (Parabol-)Antennen
    - Meinungsäußerung
    - Tierhaltung (kein generelles Verbot, auch nicht für Hunde und Katzen)

- Aufnahme Dritter (darunter fallen nicht Ehepartner oder Partner nach dem LPartG, wohl aber Lebensabschnittspartner, Familienangehörige/nahestehende Personen, soweit nicht „wichtiger Grund" zur Ablehnung, etwa in deren Person)
- Pflichten
  - Obhuts- und Sorgfaltspflichten
  - Hinweis- und Anzeigepflichten
  - keine Störung Hausfrieden
  - Duldungspflichten (Besichtigung bzw. Betreten; Erhaltung; Modernisierung)
  - keine Abnahmepflicht
  - keine Gebrauchspflicht

□ Mieterhaftung
- vertragswidrige Nutzung (Unterlassungsanspruch nach Abmahnung – vgl. § 541 BGB; Sonderregelung gegenüber § 1004 BGB)
- Kündigungsrecht Vermieter (vgl. § 543 Abs. 2 Nr. 2 BGB)
- Schadensersatzanspruch Vermieter (vgl. § 536c Abs. 2 S. 1 BGB).

□ Hausordnung
- Verbindlichkeit
  - Vereinbarung
  - Wirksamkeit (AGB)
  - einseitige Auferlegung (nur) ohne Erweiterung der Mieterpflichten
- Inhalt
  - Konkretisierung Gebrauchs-Grenzen
  - evtl. Schutzwirkung für Dritte oder sogar echter Vertrag zu Gunsten Dritter
  - Änderungen: wenn Vorbehalt vereinbart, sonst nur ohne Pflichtenüberbürdung bzw. -erweiterung zu Lasten des Mieters.

b) Checkliste: Mietminderung (→ § 18)

5 □ Sach- oder Rechtsmangel oder Fehlen einer zugesicherten Eigenschaft
- Für den Vermieter ungünstige, weil weit auszulegende, zahlreiche Fallgestaltungen erfassende Abweichung der aktuellen Ist-Beschaffenheit von der vereinbarten oder gewöhnlichen Soll-Beschaffenheit, unabhängig von der Erkennbarkeit, zB:
  - Zustandsmängel der Mietsache selbst
  - Leistungsmängel auf Vermieterseite
  - Einwirkungen Dritter, vor allem Mitbewohner und Nachbarn
  - Umweltfehler, etwa Baulärm, Einzelheiten str. (zB nicht bei Duldungspflicht über § 906 BGB)
  - Öffentlich-rechtliche Beschränkungen.
- obligatorische bzw. dingliche private Rechte Dritter, die den Besitz oder den Mietgebrauch ganz oder teilweise entziehen bzw. beeinträchtigen, zB:
  - Doppelvermietung
  - Unerlaubte Untervermietung
  - Beendigung des Hauptmietverhältnisses.
- zum Vertragsinhalt gewordene Angaben des Vermieters, für die er eine besondere Einstandspflicht übernimmt, bezogen auf alle tatsächlichen oder rechtlichen Verhältnisse von gewisser Dauer, die nach der Verkehrsauffassung wertbildend oder werterhöhend sind, zB:
  - Flächen- bzw. Größenangaben, wenn eine Quadratmetermiete vereinbart ist, sonst bei Abweichungen von mehr als 10 % auch bei ca.-Zusatz, außer Mieter beweist Gebrauchsbeeinträchtigung
  - Freiheit von Immissionen
  - Bestimmter Verwendungszweck
  - Bebauungsmöglichkeiten
  - Vornahme von bestimmten Reparaturen.

□ Automatischer Eintritt der Minderung kraft Gesetzes, ohne dass sich der Mieter auf sein Minderungsrecht berufen oder die Mietminderung – gar schriftlich – ankündigen muss. Der Mieter kann auch nicht rechtswirksam verpflichtet werden, sein Minderungsrecht aktiv (etwa unter Inanspruchnahme gerichtlicher Hilfe) geltend zu machen. Ein „Verschieben" der Verwirklichung des Minderungsrechts um ein oder zwei Monate ist dagegen grundsätzlich unschädlich. Allerdings muss der Mieter seiner Anzeigepflicht nachgekommen sein (vgl. § 536c BGB) und § 814 BGB beachten (Voraus.: Positive Kenntnis in tatsächlicher und auch rechtlicher Hinsicht).

- ☐ Kenntnis einer Partei oder ein Verschulden des Vermieters sind ebenso wenig erforderlich wie überhaupt die Möglichkeit des Vermieters, den Mangel zu beseitigen; selbst wenn der Vermieter, etwa als Eigentümer, den Mangel aus sachlichen oder rechtlichen Gründen hinnehmen muss, hindert dies die Mietminderung grds. nicht (Einschränkungen bei Umwelt- oder Umfeldmängeln). Die Beeinträchtigungen dürfen aber nicht zum Soll-Zustand der Mietsache gehören, wie zB grundsätzlich bei wegen Umleitungen ausgelöstem, vorübergehendem erhöhtem Verkehrslärm bei innerstädtischer Wohnlage oder zulässigen Änderungen der Umgebung.
- ☐ Die Minderung erstreckt sich immer auf die Gesamtmiete, also auch auf die monatlichen Zahlungen auf die Betriebskosten (unabhängig, ob als Vorauszahlung oder Pauschale) und auf etwaige Nachzahlungsbeträge aus Betriebskostenabrechnungen. Der Mieter kann aber sein Minderungsrecht etwa auf die Grundmiete beschränken.
- ☐ Beweislastverteilung
  - Der Mieter hat substantiiert die Voraussetzungen der von ihm geltend gemachten Gewährleistungsansprüche (also die Mangelsymptome, nicht aber das Ausmaß der Gebrauchsbeeinträchtigung bzw. die Ursachen) darzulegen und zu beweisen (kein Erfordernis eines Protokolls, aber konkrete Angaben zu Art, Zeit(dauer) und Frequenz der Beeinträchtigungen).
  - Steht danach fest, dass der Mangel zum Risikobereich des Vermieters gehört, hat sich dieser zu entlasten.
  - Diese Beweislastverteilung nach den beiderseitigen Verantwortungsbereichen führt bei allen, dem Mietobjekt unmittelbar anhaftenden Mängeln und Beanstandungen (sowie bei den Ansprüchen aus § 536a BGB) dazu, dass bei einem über die normale vertragsgemäße Abnutzung hinausgehenden Schaden zunächst den Vermieter die Beweislast dafür trifft, dass die einzig denkbare Herkunft der Schadensursache aus dem unmittelbaren Einfluss-, Herrschafts- und Obhutsbereich des Mieters stammt. Gelingt ihm dieser Beweis, hat der Mieter zu beweisen, dass die Verschlechterung der Mietsache nicht von ihm verursacht und verschuldet wurde.
- ☐ Ausschluss der Minderung bei
  - unerheblichen Fehlern (§ 536 Abs. 1 S. 3 BGB), die (nur) eine Minderungsquote von unter 3 % (str.) rechtfertigen würden, zB:
    - Unbenutzbarkeit des Balkons im Herbst und Winter
    - Geringfügig verkleinerte Badewanne
    - Kleiner Feuchtigkeitsfleck in der Küche/im Bad
    - Zeitweiser Heizungsausfall im Sommer
    - Abgetretene Türschwellen
    - Fehlender Waschmaschinenanschluss in einem 1-Zimmer-Appartment
    - Entzug der Erlaubnis für Wäschetrocknen im Garten bei vorhandenem Trockenraum.
  - gesetzlichen Gewährleistungs- bzw. Haftungsausschlüssen:
    - Kenntnis des Mieters bei Vertragsschluss (§ 536b S. 1 BGB)
    - Grobfahrlässige Unkenntnis des Mieters bei Vertragsschluss (§ 536b S. 2 BGB), sofern der Vermieter den Fehler nicht arglistig verschwiegen hat (§ 536b S. 2 BGB)
    - Vorbehaltlose Annahme der Mietsache in Mangelkenntnis (§ 536b S. 3 BGB)
    - Verletzung der Anzeigepflicht des § 536c Abs. 1 und 2 BGB bei während der Mietzeit aufgetretenen Mängeln
    - Verwirkung bei vorbehaltloser Gebrauchsfortsetzung, insbes. Fortzahlung der Miete in voller Höhe, trotz Mangelkenntnis während der Mietzeit und Mangelanzeige, welcher der Vermieter aber nicht abhilft, sofern der Vermieter durch sein Verhalten nicht die Erwartung alsbaldiger Mangelbeseitigung weckt (Zeit- und Umstandsmoment erforderlich; bloße Fortzahlung etwa über mehr als 6 Monate genügt nicht; Zeitmoment eher 2 als 1 Jahr).
    - Anspruchsverlust wg. § 814 BGB
    - Vom Mieter zu vertretender Mangel
    - Ausschluss nach Treu und Glauben.
  - vertraglichen Gewährleistungs- bzw. Haftungsausschlüssen, sofern § 536d BGB bzw. bei vorformulierten Regelungen § 309 Nr. 7 und 8 BGB beachtet wird.
  - Vertragsänderungen – Differenzierung erforderlich:
    - Rechtsverlust durch unterlassenen Vorbehalt bei Vertragsverlängerungen (sofern nicht stillschweigend, etwa nach § 545 BGB) trotz Mangelkenntnis oder grob fahrlässiger Unkenntnis des Mieters
    - Aufleben von bislang nach § 536b BGB ausgeschlossenen Rechten durch Vorbehalt des Mieters bei Vertragsverlängerungen (sofern nicht stillschweigend, etwa nach § 545 BGB)
    - Aufleben von bislang nach § 536b BGB ausgeschlossenen Rechten bei Mieterhöhungen beschränkt auf den Umfang der Erhöhung, sofern der Mieter jetzt einen entsprechenden Vorbehalt erklärt.

- Beweislast: Der Vermieter für die Kenntnis bzw. grob fahrlässige Unkenntnis des Mieters vom Mangel oder die Mangelbeseitigung bzw. -eindämmung bei rechtzeitiger Anzeige sowie für die Voraussetzungen des Rechtsverlustes nach § 536c Abs. 2 BGB; der Mieter für den rechtzeitig erklärten Vorbehalt bzw. die unverzügliche Anzeige (oder das Vorliegen der Voraussetzungen für den Wegfall der Anzeigepflicht) sowie für ein arglistiges Verschweigen des Mangels oder die Zusicherung seiner Beseitigung durch den Mieter.

☐ Zur konkreten Berechnung von Minderungsquoten siehe sogleich die Checkliste Mietminderungsberechnung.

c) Checkliste: Mietminderungsberechnung (→ § 18)

6 ☐ Nach § 536 Abs. 1 S. 2 BGB schuldet der Mieter während der Zeit, während der die Tauglichkeit der Mietsache gemindert ist, nur eine „angemessen" herabgesetzte Miete gegenüber dem vereinbarten (nicht etwa dem ortsüblichen) Betrag. Anders war die Rechtslage bei § 537 Abs. 1 BGB aF, wonach durch den Verweis auf die kaufrechtlichen Vorschriften der §§ 472, 473 BGB die Miete in dem Verhältnis herabzusetzen war, wie der tatsächliche Zustand der Mietsache objektiv vom Soll-Zustand abwich. Damit kann auch auf andere Kriterien als ausschließlich auf die aufgehobene oder geminderte Tauglichkeit der Mietsache abgestellt werden, sei es mit der Folge einer Erhöhung des Minderungsbetrages (zB bei einem besonders groben Verschulden des Vermieters) oder sei es auch im Sinne einer Reduzierung der zulässigen Minderung (etwa dann, wenn der Mieter zB wegen Urlaubs die Wohnung überhaupt nicht nutzt und sich daher ausnahmsweise der Ausfall der Warmwasserversorgung nicht auswirkt). Zu beachten ist aber, dass grundsätzlich für die Gewährleistungsansprüche unerheblich ist, ob der Mieter selbst die Sache tatsächlich nutzt und ihn ein Mangel daher subjektiv beeinträchtigt oder nicht.

☐ Die Mietminderung wird allerdings nach wie vor im Regelfall in Prozentsätzen ausgedrückt, die unter Heranziehung vergleichbarer Entscheidungen geschätzt zu werden pflegen.

☐ Dies birgt schon im Vorfeld etwaiger gerichtlicher Auseinandersetzungen auch für die Mietvertragsparteien oder deren Berater nicht unerhebliche Unsicherheiten. Mit der nachstehenden Checkliste soll daher eine von Einzelfallgesichtspunkten gelöste, schnelle und praktikable Möglichkeit zur Ermittlung der Mietminderung erreicht werden. Zu beachten ist, dass die Höhe der Minderungsquote im Streitfall allein vom Gericht festzustellen ist und nicht etwa Aufgabe eines ggf. eingeschalteten Sachverständigen ist, der demgegenüber (nur) den Umfang der Gebrauchsbeeinträchtigung zu ermitteln und zu bewerten hat (so zutreffend schon Isenmann DWW 1995, 361). Zurückbehaltungsrechte mit einbeziehen; Entscheidung, welcher Teil des Einbehalts endgültig gemindert wird und welcher Teil ausgekehrt wird, erst nach Mangelbeseitigung treffen. Aber Achtung: Erreicht der einbehaltene Betrag ohne eine etwaige zusätzliche Minderung in der Summe etwa 4 Monatsgesamtmieten, ohne dass der Vermieter Abhilfe schaffen hätte, dann Zahlungen ggf. gemindert aber ansonsten ungeschmälert unter Vorbehalt wieder aufnehmen (BGH NJW 2015, 3087 = NZM 2015, 618).

☐ Ausgangspunkt ist die sog. Nutzwertanalyse auf der Grundlage von in zwei Gruppen zu unterteilenden Wohnwertkriterien. Danach weisen einzelne Teile eines Mietobjektes unterschiedliche Wertigkeiten im Hinblick auf Funktion und Geltung auf. Der Funktionswert bemisst sich nach dem Nutzen oder der Gebrauchsfunktion des Raumes der Mietsache, der Geltungswert beruht auf der Wertschätzung von Gestaltungsmerkmalen wie zB Aussehen, Form und Farbe (Kamphausen WuM 1982, 3 ff.). Die so ermittelten Wohnwertkriterien sind dann zu gewichten und in Relation zum Grad der Beeinträchtigung zu setzen (vgl. auch Isenmann DWW 1995, 361).

Vorzugehen ist wie folgt:

☐

1. Zunächst ist der prozentuale Wohnwert jedes von der Beeinträchtigung betroffenen Raumes der Mietsache zu ermitteln (vgl. schon LG Hamburg WuM 1983, 290; Isenmann DWW 1995, 361 (362 f.)):
   - Beispiel 1:

Wohnzimmer	28 %
Arbeitszimmer	20 %
Schlafzimmer	12 %
Küche	10 %

Bad/WC	10 %
2. WC im Keller	3 %
Abstell-/Kellerräume	7 %
(Dach-)Balkon	10 %
	100 %

• Beispiel 2:

Wohnzimmer	18 %
Diele	16 %
Kinderzimmer	14 %
Arbeitszimmer	12 %
Esszimmer	10 %
Schlafzimmer	9 %
Küche	11 %
Bad/WC	7 %
Keller	3 %
	100 %

• Beispiel 3:

Wohn- und Esszimmer	15 %
Kinderzimmer 1	12 %
Kinderzimmer 2	12 %
Schlafzimmer	12 %
Küche	15 %
Bad/WC	7 %
Waschküche	4 %
Keller	3 %
Balkon	10 %
	100 %

• Nicht vorhandene Räume sind zu streichen, weitere Räume nach Maßgabe dieser Vorgaben hinzuzufügen.

□ Sodann ist der Grad der Beeinträchtigung iSv § 536 Abs. 1 S. 3 BGB unter Heranziehung folgender Tabelle zu ermitteln (nach Kamphausen WuM 1982, 3 (7)):

0	keine bzw. unerhebliche Beeinträchtigung
10	fast keine
20	noch leichte, geringe
30	mäßige
40	deutliche, schon etwas stärkere
50	starke
60	sehr starke
70	schwere
80	sehr schwere
90	massive
100 %	völlige Aufhebung der Gebrauchstauglichkeit

□ Diese Werte sind schließlich in folgende Tabelle zu übernehmen:

Raum	Wohnwert (s. oben Nr. 1)	Mietanteil	Grad der Beeinträchtigung (s. oben Nr. 2)	Dauer in Tagen	Minderung
	%	EUR	%	/30	EUR
	%	EUR	%	/30	EUR
	%	EUR	%	/30	EUR
	%	EUR	%	/30	EUR
	%	EUR	%	/30	EUR
	%	EUR	%	/30	EUR
	%	EUR	%	/30	EUR
	%	EUR	%	/30	EUR
	%	EUR	%	/30	EUR
	%	EUR	%	/30	EUR

d) Checkliste: Modernisierungsankündigung, § 555c BGB (→ § 20)

7 ☐ Parteien:
Von allen Vermietern gegenüber allen Mietern; Stellvertretung zweifelsfrei offenlegen und grundsätzlich Original-Vollmacht beifügen, außer Vollmachtgeber hat Empfänger von Bevollmächtigung in Kenntnis gesetzt (§ 174 BGB).

☐ Frist:
Spätestens drei Monate vor Beginn der Maßnahme.

☐ Form:
Erklärung in Textform.

☐ Inhalt (Ziel: Nachvollziehbarkeit und Transparenz für den Mieter; bei Energiesparmaßnahmen Bezugnahme auf allgemein anerkannte Pauschalwerte möglich – § 555c Abs. 3 BGB):

- Art der vorgesehenen Maßnahmen:
  - Beschreibung jeder einzelnen Maßnahme
  - bezogen auf die konkrete Wohnung.
- voraussichtlicher Umfang:
  - Beschreibung des konkreten Ausmaßes der Arbeiten
  - Darlegung bezogen auf die einzelnen Räume der Mietsache
  - gegebenenfalls Pläne oder Skizzen zur Erläuterung beifügen
  - ggf. ergänzend Darstellung der Auswirkungen auf die Nutzungsmöglichkeit der Räume.
- voraussichtlicher Beginn:
  - Datum auf etwa 14 Tage genau mitteilen.[1]
- voraussichtliche Dauer:
  - Zeitraum, insbes. das vorgesehene Ende der Maßnahme ebenfalls auf etwa 14 Tage genau angeben.
- zu erwartende Mieterhöhung nach § 559 BGB, sofern geplant:
  - 8 % der Kosten der jeweiligen Baumaßnahme p. a.
  - Konkret bezogen auf die Mietwohnung (vgl. § 559 Abs. 3 BGB).
  - Ohne die Kosten für Erhaltungsmaßnahmen (§ 559 Abs. 2 BGB) und unter Berücksichtigung von Drittmitteln gem. § 559a BGB.
  - Kappungsgrenze des § 559 Abs. 3a BGB beachten.
- die voraussichtlichen künftigen Betriebskosten.
- Hinweis auf Form und Frist des Härteeinwands des Mieters nach § 555d Abs. 3 S. 1 BGB.
- ggf. vereinfachtes Verfahren nach § 559c BGB.
- Pflichtverletzungen gem. § 559d BGB vermeiden oder nachvollziehbar begründen.

[1] Siehe aber jetzt großzügiger: BGH 27.4.2021 – VIII ZB 44/20, NZM 2021, 506.

4. Mietpreisrecht

a) Checkliste: Mietstruktur (→ § 24)

8

☐ Netto-Grundmiete
zuzüglich jeweils einzeln oder insgesamt pauschaliert oder als Vorauszahlung mit Abrechnungspflicht:
- Zuschläge für Gegenstände, Einrichtungen, Garage, (Mit-)Nutzungsrechte (Gemeinschaftsantenne oÄ)
- Heiz-/Warmwasserkosten
- übrige Betriebskosten.

☐ Netto-Warmmiete einschließlich Heiz-/Warmwasserkosten
zuzüglich Zuschläge für (Mit-)Nutzungsrechte und Einrichtungen sowie sonstige Betriebskosten jeweils einzeln bzw. insgesamt pauschaliert oder als Vorauszahlung mit Abrechnungspflicht; Achtung: ggf. Verstoß gegen HeizkV.

☐ Teil-Inklusivmiete
als Gesamtbetrag zusammengesetzt aus
- Netto-Grundmiete
- Zuschläge für (Mit-)Nutzungsrechte und Einrichtungen
- einzelne oder mehrere Positionen der Heiz- und übrigen Betriebskosten und daneben
- pauschaliert oder als Vorauszahlung mit Abrechnungspflicht: andere Positionen der Heiz-/Warmwasserkosten und übrigen Betriebskosten.

☐ Brutto-Warmmiete/Inklusivmiete; Achtung: ggf. Verstoß gegen HeizkV
als Gesamtbetrag zusammengesetzt aus
- ☐ Grundmiete für alle Räume
- ☐ Zuschläge für (Mit-)Nutzungsrechte und Einrichtungen
- ☐ Heiz-/Warmwasserkosten
- ☐ alle übrigen Betriebskosten.

☐ Generell neben der Vermeidung von Mietwucher und §§ 5 sowie 6 WiStG Mietpreisbremse nach den §§ 556d ff. BGB beachten (vgl. hierzu § 21).

b) Checkliste: Betriebskostenumlagevereinbarung (→ § 24)

9

☐ Mietstruktur
- Regelungsbedarf
- Nettomiete
- Verwaltungskostenpauschale (Wirksamkeit fraglich wegen § 556 Abs. 1 und 4 BGB, sofern nicht bereits als Bestandteil der Grundmiete
- Mieter-Eigenleistung
- Vermieter-Eigenleistung
- Direktlieferung
- Änderungsvorbehalt
- Gleitklausel.

☐ Umfang
- Schranken
- Bestimmtheitsgrundsatz
- Eigentumswohnung
- Bewirtschaftungsmethode bzw. Wirtschaftlichkeit
- Ungewöhnliche hohe Kosten, hoher Standard
- Umstrittene Kostenarten
- Preisgebundene Wohnungen: „Art und Höhe"
- Sonstige Betriebskosten (qualifizierte Umlagevereinbarung)
- Änderungsvorbehalt (vgl. § 556a Abs. 2 S. 1 BGB)
- Reduzierungsvorbehalt (vgl. § 556a Abs. 2 S. 3 BGB)
- Öffnungsklausel, Mehrbelastungsregelung
- Modernisierungs- bzw. sonstige änderungsbedingte Mehrkosten.

☐ Kostenerfassung örtlich
- Wirtschaftseinheit aus mehreren Gebäuden
- Kosten für mehrere Wirtschaftseinheiten

- Eigentumswohnung
- Änderungsvorbehalt.

☐ Kostenerfassung zeitlich
- Abflussprinzip (<u>nicht</u> bei Mieterwechsel und <u>nicht</u> im Anwendungsbereich der HeizkostenVO)
- Änderungsvorbehalt
- Abrechnungsperiode (§ 556 Abs. 3 BGB)
- Aperiodische Kosten
- Änderungsvorbehalt betr. künftiger Abrechnungszeiträume (§ 556a Abs. 2 S. 2 BGB).

☐ Umlagemaßstab
- Grundsatz: im Zweifel Anteil der Wohnfläche (§ 556a Abs. 1 BGB)
- HeizkostenVO
- Zwischenablesung
- Flächenberechnung; maßgeblich immer die tatsächliche Fläche
- Leerstehende Wohnungen, immer zu Lasten des Vermieters
- Vorwegabzug
- Eigentumswohnung
- Änderungsvorbehalt (§ 556a Abs. 2 BGB).

☐ Vorauszahlung
- Rechtsgrundlage (§ 556 Abs. 2 S. 1 Alt. 2, S. 2 BGB)
- Klarheit
- Angemessenheit (§ 556 Abs. 2 S. 2 BGB)
- Grundsatz der Wirtschaftlichkeit (§ 556 Abs. 3 S. 1 Hs. 2 BGB)
- Erhöhung
- Umfang der Erhöhung
- Herabsetzung
- Auszug des Mieters.

☐ Abrechnung (s. gesonderte Checkliste)
- Form
- Mindestinhalt
- Tilgungsvereinbarung bei unbenannten Zahlungen
- Abrechnungsfrist (§ 556 Abs. 3 S. 1 BGB)
- Anerkenntnisfiktion
- Fälligkeit
- Kontrollrechte
- Besonderheiten bei Eigentumswohnungen
- Abrechnungsverzug (§ 556 Abs. 3 S. 2 BGB)
- Berichtigung.

☐ Alternativ: Pauschale
- Rechtsgrundlage (§ 556 Abs. 2 S. 1 Alt. 1 BGB)
- Erhöhungsvorbehalt (vgl. § 560 Abs. 1 BGB – s. Checkliste Mieterhöhungsverlangen nach § 560 BGB)

c) Checkliste: Betriebskostenabrechnung (→ § 24)

10 ☐ Mietvertragliche Vereinbarung einer Nettomiete und daneben gesondert ausgewiesene Betriebskosten mit Abrechnungsverpflichtung des Vermieters (§§ 535, 556 Abs. 1 und Abs. 2 S. 1 Alt. 2 BGB).

☐ Von allen Vermietern gemäß Mietvertrag
- ggf. eingetretene Rechtsnachfolge beachten; die Abrechnungspflicht trifft ausnahmsweise nicht den Eigentümer, der zum Zeitpunkt der Fälligkeit der Abrechnung, sondern zum Ende des Abrechnungszeitraums im Grundbuch eingetragen ist, sofern keine abweichende Vereinbarung zwischen altem und neuem Eigentümer getroffen ist;
- beim rechtsgeschäftlichen Erwerb muss der im eigenen Namen abrechnende Erwerber – soweit nicht ermächtigt vom bisherigen Vermieter – bereits im Grundbuch als Eigentümer eingetragen sein – § 566 BGB (bei GbR schadet Gesellschafterwechsel nicht);
- beim Erwerb im Wege der Zwangsversteigerung genügt der Zuschlag – § 90 ZVG;
- Rechtsnachfolge belegen, zB Erbschein.

☐ Bei Stellvertretung: zweifelsfreie Offenlegung erforderlich – Original-Vollmacht beifügen, außer Vollmachtgeber hat Empfänger von Bevollmächtigung in Kenntnis gesetzt (§ 174 BGB).

☐ Zugang zumindest an einen Mieter laut Mietvertrag.

- Sofern mehrere Gesamtschuldner angestrebt: vorsorglich an alle Mieter auch bei mietvertraglicher Vollmachtsklausel, die – auch konkludent (durch Auszug) – widerrufen worden sein könnte;
- Zugang ggf. auch an diejenigen Mieter bewirken, die das Mietobjekt nicht mehr bewohnen, aber nicht aus dem Mietverhältnis entlassen worden sind (zB bloßer Auszug, ggf. auch vor Jahren; hierin liegt Widerruf einer etwa formularvertraglich erteilten Empfangsvollmacht), sofern auch diese Schuldner der Nachforderung gegenüber dem Vermieter werden sollen.

☐ Innerhalb der Frist des § 556 Abs. 3 S. 2 BGB:
1 Jahr nach Ende des – vertraglich vereinbarten – Abrechnungszeitraums, sonst Nachforderungsausschluss (Abrechnungspflicht des Vermieters und Pflicht zur Auskehrung eines Guthabens bleiben bestehen), soweit Vorauszahlungen nicht ausreichten, also nicht bezogen auf rückständige Vorauszahlungen. Ausnahme nur, wenn Verzögerung nicht vom Vermieter zu vertreten; ab Wegfall etwaiger Abrechnungshindernisse: 3-Monats-Frist für Abrechnung. Gleiches gilt bei rechtzeitiger, aber formell falscher Abrechnung. Bei lediglich materiellen Fehlern nachträgliche Korrektur möglich, allerdings nur bis zum Ergebnis der rechtzeitigen, aber falschen Abrechnung, also ohne Änderung des Abrechnungssaldos, auch wenn es sich dabei um ein Guthaben handelt. Abgrenzung zwischen formellen und inhaltlichen Mängeln: Erkennbarkeit des Abrechnungsfehlers bzw. uneingeschränkte gedankliche und rechnerische Überprüfbarkeit durch den durchschnittlichen Mieter = materieller, inhaltlicher Fehler (auch wenn die angerechneten Positionen dem Ansatz und/oder der Höhe nach falsch sind), mangelnde Prüfbarkeit = formeller Fehler. Folge der gesetzlichen Ausschlussfrist: §§ 204 Abs. 1 Nr. 1, 212 Abs. 1 Nr. 1 und 214 Abs. 2 S. 1 BGB sind nicht anwendbar. Korrekturen vor Ablauf der Ausschlussfrist sind auch nach Ausgleich der Nachforderung durch den Mieter oder Auskehren eines fälschlich errechneten Guthabens durch den Vermieter dagegen möglich.

☐ Schriftliche Abrechnung (trotz § 556 Abs. 3 S. 2 BGB: „mitzuteilen"); bei preisgebundenem Wohnraum (§ 20 Abs. 4 iVm § 4 Abs. 7, 8 NMV, § 10 Abs. 1 WoBindG): Schriftform gem. § 126 BGB (eigenhändige Unterschrift und Verbindung der Anlagen mit der Abrechnung, sofern nicht lediglich EDV-Ausdruck ohne manuelle Ergänzungen); in jedem Fall geordnete Zusammenstellung wie folgt:
- Ausweisung der Gesamtkosten und deren Zusammensetzung;
- Anwendung des gesetzlichen oder vereinbarten und ggf. erläuterten Umlageschlüssels (§ 556a Abs. 1 BGB);
- Berechnung des auf den Mieter entfallenden Anteils;
- Abzug der tatsächlich geleisteten Vorauszahlungen („Soll-Vorschüsse" nur ausnahmsweise: gerichtliche Geltendmachung der rückständigen Vorauszahlungen im Abrechnungszeitraum vor Abrechnungsreife).

☐ Richtige Bezeichnung der Wirtschaftseinheit und/oder des Kostenbezirks (bei Leistungen für mehrere Wirtschaftseinheiten).

☐ Weiterberechnung ausschließlich der im Mietvertrag ausdrücklich und zweifelsfrei als auf den Mieter umlegbar vereinbarten Betriebskostenpositionen
- bloßer Verweis auf § 2 BetrKV soll genügen (problematisch bei Verbraucherverträgen) und sogar die Verwendung des Begriffs „Betriebskosten", sofern nicht durch Zusätze, Ergänzungen etc unklar wird, ob damit alle Positionen nach § 2 Nr. 1–16 BetrKV gemeint sind;
- „sonstige Betriebskosten" iSv Nr. 17 des § 2 BetrKV nur umlegbar, wenn im Mietvertrag ausdrücklich als konkrete Kostenposition(-en) aufgeführt und vereinbart („qualifizierte Umlagevereinbarung");
- Vertragsänderungen aus Anlass von Mieterhöhungen;
- schlüssige Vereinbarungen aufgrund früherer Abrechnungen und bspw. darauf geleisteter (Nach-)Zahlungen des Mieters (hohe Anforderungen: konkludenter Änderungswille muss für die andere Vertragspartei jeweils erkennbar sein);
- ggf. Verwirkung nicht ausgeschöpfter Umlagemöglichkeiten (Zeit- und Umstandsmoment erforderlich);
- keine Erweiterung auf nicht im Mietvertrag aufgeführte, wohl aber ggf. jahrelang abgerechnete Kostenpositionen, sofern keine konkludente Vereinbarung
- keine Ausweitung auch nicht bei ausdrücklicher vertraglicher Vereinbarung wegen der Begrenzung durch den Verweis aus § 556 Abs. 1 BGB auf die in § 2 BetrKV genannten Positionen
- Zweifel und Mehrdeutigkeiten gehen allein zu Lasten des Vermieters (Abweichung von der gesetzlichen Vorgabe des § 535 Abs. 1 S. 3 BGB; §§ 305c, 307, insbes. Abs. 1 S. 2 BGB);
- bei preisgebundenem Wohnraum muss jede Kostenart einzeln bezeichnet und die mutmaßliche Höhe der einzelnen Kostenbelastung muss beziffert sein.

☐ Beachtung der vertraglich vereinbarten Abrechnungsperiode (Abrechnungszeitraum 12 Monate; allenfalls einmalig individuell verlängerbar und nur aus wichtigem, zu erläuterndem Grund verkürzbar, vgl. § 556 Abs. 3 S. 1 BGB), ggf. unter Berücksichtigung von Mieterwechseln (Zwischenablesung; richtige Aufteilung) und zeitlich korrekte Abgrenzung der Kosten nach dem

- Zeitabgrenzungs- oder Leistungsprinzip möglich: Kosten, die für den Abrechnungszeitraum entstanden sind oder (kein „Hin- und Herspringen");
- Abflussprinzip: Kosten, die im Abrechnungszeitraum bezahlt wurden; grundsätzlich vereinbar, aber nicht bei Mieterwechsel und im Anwendungsbereich der HeizkostenVO (vgl. § 7 Abs. 2: „Kosten der verbrauchten Brennstoffe …").

☐ Ablesung zeitnah, richtig und aufgrund zugelassener (vgl. § 5 Abs. 1 HeizkostenVO) und geeichter Messtechnik (zB Kaltwasserzähler alle 6 Jahre, Wärme- und Warmwasserzähler alle 6 Jahre: Anlage 7 zu § 34 Abs. 1 Nummer 1 MessEV).

☐ Berücksichtigung zutreffender Kostenansätze:

- Ansatz nur der tatsächlich entstandenen Kosten, so dass Preisnachlässe, Rabatte, Skonti und sonstige aufwandsmindernde Einnahmen (zB Automatenaufstellung, Werbetafeln) abzuziehen sind; keine Umlagefähigkeit fiktiver Kosten, zB Bedienungskosten vollautomatischer Einrichtungen; anders bei Eigenleistungen iSv § 1 S. 2 BetrKV;
- Umlage nur laufender Kosten; mehrjähriger, auch unregelmäßiger Kostenanfall schadet nicht (zB bei Austausch von Spielsand oder Feuerlöschflüssigkeit; beim Fällen bzw. der Erneuerung von Bäumen und Gehölzen sowie Öltankprüfung bzw. -reinigung); Ansatz aperiodischer Kosten im Jahr ihres Anfallens zu 100 % jedenfalls bei geringeren Beträgen (Höhe unklar) laut BGH unbedenklich;
- Bezug zur Mietsache erforderlich, zB Pflege Grünanlagen, Verursachung durch Dritte verhindert Umlagefähigkeit ansonsten nicht;
- keine Doppelansätze, zB Hausmeister- und Reinigungskosten;
- keine Überschreitung üblicher Durchschnittssätze ohne sachbezogenen Grund (vgl. zugleich das zu beachtende Gebot der Wirtschaftlichkeit);
- Beachtung des § 556 Abs. 3a BGB bei Glasfaserbereitstellungsentgelt;
- Kein Kostenansatz (vgl. § 1 Abs. 2 BetrKV) von
  - Anschaffungs-, Herstellungs- oder Modernisierungskosten (zB Baustrom, Bauwasser, Endreinigung); str. wenn dadurch im Ergebnis Kosten erspart (zB Maschineneinsatz statt Hausmeister).
  - Kapitalkosten
  - Abschreibung (str. bei geringwertigen Geräten und Großgerätereparatur)
  - Verwaltungskosten
  - Instandhaltungs- und Instandsetzungskosten (vgl. § 2 Nr. 14 BetrKV);
- Umlage von Wartungskosten, die in § 2 BetrKV nicht genannt sind, str., zB zur Erfüllung von Verkehrssicherungspflichten; ggf. aber über § 2 Nr. 17 BetrKV umlegbar;
- Keine Umlagefähigkeit von „Luxuskosten", sondern nur derjenigen für
  - nach der Verkehrssitte
  - vertragsgemäßen Standard;
- Beachtung des Gebotes der Wirtschaftlichkeit (§ 556 Abs. 3 S. 1 Hs. 2 BGB); Darlegungs- und Beweislast beim Mieter:
  - kein unangemessenes Preis-Leistungs-Verhältnis (unsachgemäße Vergabe; Nichtausnutzung des Wettbewerbs)
  - Berücksichtigung von Zahlungskürzungen bei Schlechtleistung
  - Beachtung etwaiger Verjährungseinreden
  - kein Ansatz eines ungünstigen Tarifs, zB Einkauf zu geringer oder übergroßer Mengen; keine Mülltrennung
  - keine Weitergabe überhöhter bzw. unnötiger Kosten, etwa Mahngebühren, unterkühltes (oder überhitztes) Treppenhaus; unklar bei unwirksamen Preisklauseln des Versorgers
  - keine Umlage höherer Kosten etwa wegen
  - verzögerter Instandhaltung (tropfender Wasserhahn, defekter Dämmerungsschalter, Risikozuschlag bei Leitungswasserversicherung)
  - fehlender zwingender Energiesparmaßnahmen (zB Rohrisolierung, Außentemperatursteuerung, Thermostate gem. HeizungsanlagenVO, Heizkessel gem. Kleinfeuerungsanlagen-VO)
  - vernachlässigter Reinigung und Pflege (str.).

☐ Umlagemaßstab

- Verteilerschlüssel gemäß wirksamer vertraglicher Vereinbarung, sonst: § 556a Abs. 1 S. 1 BGB: Anteil der tatsächlichen Gesamt- und Einzel-Wohnfläche i. Zw. gemäß WoFlV (keine Toleranz +/– 10 %);
- Verteilerschlüssel nach § 556a Abs. 3 BGB bei vermieteter Eigentumswohnung, wenn nicht anderes vereinbart;
- ohne wirksame Regelung im Mietvertrag: Heranziehung von § 315 BGB
  - Unbilligkeit bei erheblichen Kosten- oder Verbrauchsunterschieden

  - ggf. Vorwegabzug (Prüfung bei jeder Kostenart), bei unterschiedlichen Nutzungen, gerade auch Wohnung und Büro (Grundsteuer; Wasserverbrauch: Wohnung 125 l/Person/Tag, Büro 34 l/Person/Tag; Repräsentationskosten, zB Beleuchtung, Fahrstuhl);
- Berücksichtigung der zutreffenden Personenzahl nach tatsächlicher Belegung, nicht gem. Melderegister (auch Angabe der Gesamtkopfzahl);
- Beachtung von § 7 Abs. 1 HeizkV (beachte aber auch § 10 HeizKV);
- Verteilung der CO^2-Kosten nach §§ 5,7, 8 CO2-KostaufG;
- Berücksichtigung leerstehender Wohnungen immer zu Lasten des Vermieters.

☐ Die Betriebskostenabrechnung muss nachvollziehbar und transparent sein:
- Ausweisung der Gesamtkosten (vgl. § 20 Abs. 2 S. 1 NMV);
- Ausweisung eines Vorwegabzugs (beziffert), sofern erforderlich – andernfalls aber kein formeller Mangel;
- Ausgrenzung der Kosten für Nicht-Wohnraum jedenfalls bei Sozialwohnungen (§ 20 Abs. 2 S. 2 NMV);
- Gesondertes Aufführen der einzelnen Kostenarten des § 2 BetrKV (keine Zusammenfassung/ Änderung ohne Erläuterung);
- Aufschlüsselung der sachlich unterschiedlichen Kostengruppen in § 2 BetrKV, zB Nr. 8, 9, 13;
- Ausweisung und ggf. Erläuterung aperiodischer Kosten;
- Ausweisung und ggf. Erläuterung der zugrunde gelegten Wirtschaftseinheit und des Kostenbezirks;
- Offenlegung von Kürzungen (ansonsten aber wohl kein formeller Mangel), zB wegen
  - Verwendung für eine andere Wirtschaftseinheit
  - eines nicht umlegbaren Anteils
  - eines Luxusanteils
  - auf nicht ordnungsgemäßer Verwaltung beruhender Mehrkosten
  - ausgabenmindernder Einnahmen;
- Nachvollziehbarkeit des Verbrauchs, insbes. von Brennstoffen (Anfangs- und Endbestand, alle Zukäufe mit Datum, Menge und Preis);
- Übersichtliche, klare und nachvollziehbare Aufstellung und Gliederung iSv § 259 BGB;
- Ausreichende Erläuterungen (Belege dienen ausschließlich dem Nachweis; die Abrechnung muss aus sich heraus verständlich sein), insbes. bei unüblichen und umfangreichen Kostensteigerungen, neuen Kostenpositionen, Abweichungen von der WEG-Abrechnung, „sonstige Betriebskosten", Verteilerschlüssel bei unterschiedlichen Maßstäben und Vorwegabzug;
- Ggf. Rechengang nachvollziehbar darstellen; Rechnungs- und Zahlungsdaten müssen jedenfalls bei preisfreiem Wohnraum nicht mitgeteilt werden;
- Erläuterung jeder Betriebskostenart bei preisgebundenem Wohnraum (§ 20 Abs. 2 iVm § 4 Abs. 7 S. 2 NMV, § 10 Abs. 1 WoBindG);
- Grundsätzlich Abzug nur der tatsächlich geleisteten Vorauszahlungen (§ 259 BGB).

☐ Beziffert der Vermieter zB lediglich pauschal einen Abzug nicht umlagefähiger Hausmeisterkosten, kann sich der Mieter auf ein pauschales Bestreiten beschränken. Der Vermieter muss dann die Kosten nachvollziehbar aufschlüsseln bzw. die Grundlagen etwa geschätzter Beträge darlegen. Anders etwa bei getrennten Hausmeisterverträgen, dann genügt allein der Ansatz der Kosten des Vertrages über die umlagefähigen Tätigkeiten ohne weitere Erläuterung.

☐ Fälligkeit des Abrechnungssaldos erst nach Gewährung vollständiger Einsicht in die Originalbelege (Prüffrist = idR 1 Monat) beim Vermieter (ansonsten Zurückbehaltungsrecht des Mieters), sofern dessen Wohnsitz sich am Ort des Mietobjektes befindet (ohne Einsichtnahme ist das Bestreiten des Mieters mit Nichtwissen unbeachtlich – Substantiierungspflicht).
Grundsätzlich kein Anspruch des Mieters auf Übermittlung von Belegkopien, auch nicht gegen Kostenerstattung, nur Einsichtsrecht in die Originalbelege, außer bei Unzumutbarkeit (etwa Auslandsaufenthalt oder größere Entfernung des Mieters vom Ort der Mietsache); kein Anspruch auf Einsicht in Originalbelege, wenn vom Versorger/Dienstleister nicht erstellt oder vom Vermieter nachweislich nach Digitalisierung vernichtet.

☐ Bei mangelhafter Abrechnung oder Abrechnungsverzug Zurückbehaltungsrechte des Mieters an den laufenden Vorauszahlungen, nicht an der Grundmiete. Ist das Mietverhältnis bereits beendet, Rückforderungsanspruch des Mieters auf alle noch nicht verjährten Vorauszahlungen, über die der Vermieter nicht (richtig) abgerechnet hat und wegen der der Mieter während der Mietzeit kein Zurückbehaltungsrecht geltend machen konnte (etwa mangels Fälligkeit der Abrechnung).

☐ Kein Ausschluss von Einwendungen auch nach vorbehaltlosem Ausgleich des Saldos durch den Mieter aus der vorbehaltlosen Abrechnung vor Ablauf der Ausschlussfrist des Mieters; aber Ausschluss des Mieters mit allen denkbaren Einwendungen nach 12 Monaten, sofern er die Verspätung zu vertreten hat (§ 556 Abs. 3 S. 5 und 6 BGB), außer es handelt sich um eine formell unwirksame Abrechnung; Ausn. § 242 BGB, wenn der Vermieter zB selbst in der Abrechnung ausdrücklich nicht umlagefähige Kosten ausweist.

☐ Einseitige Anpassung der Vorauszahlungen auf eine angemessene Höhe nach Abrechnung (§ 560 Abs. 4 BGB).

d) Checkliste: Mieterhöhungsverlangen nach §§ 558 ff. BGB (Mieterhöhung bis zur ortsüblichen Vergleichsmiete, → § 23)

11 ☐ Vorliegen eines Wohnraummietverhältnisses bzw. eines Mischmietverhältnisses mit überwiegendem Wohnanteil.

☐ Kein Mietverhältnis nach § 549 Abs. 2 oder Abs. 3 BGB
- Kein preisgebundener oder sonstiger „sozialer" (§ 549 Abs. 2 Nr. 3 BGB) Wohnraum;
- Kein Wohnraum, der Teil der vom Vermieter selbst bewohnten Wohnung ist und den der Vermieter ganz oder überwiegend mit Einrichtungsgegenständen auszustatten hat, sofern der Wohnraum nicht zum dauernden Gebrauch für eine Familie oder Haushaltsgemeinschaft überlassen ist;
- Kein Wohnraum, der Teil eines Studenten- oder Jugendwohnheims ist;
- Kein Wohnraum nur zum vorübergehenden Gebrauch.

☐ Kein Ausschluss des Mieterhöhungsrechts
- kein ausdrücklicher oder stillschweigend vereinbarter Mieterhöhungsausschluss;
- keine Staffelmietvereinbarung – § 557a Abs. 2 S. 2 BGB, – teilweiser Ausschluss;
- keine Vereinbarung einer Indexmiete – § 557b Abs. 2 S. 3 BGB – teilweiser Ausschluss.

☐ Von allen Vermietern gemäß Mietvertrag
- ggf. eingetretene Rechtsnachfolge beachten;
- beim rechtsgeschäftlichen Erwerb muss der im eigenen Namen handelnde Erwerber – sofern keine Ermächtigung des ursprünglichen Vermieters vorliegt – bereits im Grundbuch als Eigentümer eingetragen sein – § 566 BGB;
- beim Erwerb im Wege der Zwangsversteigerung genügt der Zuschlag – § 90 ZVG.

☐ Bei Stellvertretung deren zweifelsfreie Offenlegung beachten und grundsätzlich Original-Vollmacht beifügen, außer Vollmachtgeber hat Empfänger von Bevollmächtigung in Kenntnis gesetzt – § 174 BGB.

☐ An alle Mieter laut Mietvertrag
- vorsorglich auch bei mietvertraglicher Vollmachtsklausel, die – auch konkludent – jederzeit widerrufen worden sein könnte;
- beachten, dass Zugang auch an diejenigen Mieter zu bewirken ist, die das Mietobjekt nicht mehr bewohnen, aber nicht aus dem Mietverhältnis entlassen worden sind (zB bloßer Auszug, ggf. auch vor Jahren).

☐ In Textform – §§ 126b, 558a Abs. 1 BGB.

☐ Ablauf der mindestens einjährigen Wartefrist, ggf. auch nach Wegfall der Preisbindung, für Zeitpunkt frühestens 15 Monate nach der letzten Veränderung der Miete; Mieterhöhungen nach den §§ 559–560 BGB, auch soweit auf dieser Grundlage vereinbart, bleiben unberücksichtigt (§ 558 Abs. 1 S. 3 BGB).

☐ Aktuell gezahlte Miete liegt unterhalb der ortsüblichen – innerhalb der letzten 6 Jahre vereinbarten oder geänderten – Vergleichsmiete iSv § 558 Abs. 2 S. 1 BGB für Wohnraum mit folgenden Vergleichs-Wohnwertmerkmalen:
- Art;
- Größe;
- Ausstattung (ggf. mit Zuschlag);
- Beschaffenheit;
- Lage
- energetische Ausstattung und Beschaffenheit.

☐ Begründung der ortsüblichen Vergleichsmiete mit
- einfachem Mietspiegel (§ 558c BGB – soll alle 2 Jahre angepasst werden/Aufstellungspflicht nach § 558c Abs. 4 BGB): Raster- bzw. Mietspiegelfeld bzw. Einordnungskriterien bezeichnen; bei Mietspannen genügt es, wenn die verlangte Miete innerhalb der Spanne liegt (§ 558a Abs. 4 S. 1 BGB); Hinweis, wo der Mietspiegel eingesehen werden kann;
- qualifiziertem Mietspiegel iSv § 558d BGB (Beweiserleichterung durch Vermutungswirkung; alle 2 Jahre aktualisiert, alle 4 Jahre neu erstellt): Abweichung mit Begründung zwar möglich, aber nur zusätzlich zu den mit aufzuführenden Angaben aus dem qualifizierten Mietspiegel;
- Mietdatenbank: öffentliche (Gemeinde) oder von Vermieter- und Mieterverbänden gemeinsam fortlaufend geführte Sammlung von Mieten (§ 558e BGB);

- Sachverständigengutachten: der Gutachter muss für das Gebiet der Grundstücks- und Gebäudeschätzungen öffentlich bestellt oder vereidigt sein und eine Aussage über die tatsächliche ortsübliche Vergleichsmiete treffen sowie die zu beurteilende Wohnung in das örtliche Preisgefüge einordnen; die Besichtigung der zu beurteilenden Wohnung ist für ein formell ordnungsgemäßes Erhöhungsverlangen nicht erforderlich „Typengutachten" zulässig; das Gutachten ist beizufügen; Kosten hierfür sind nicht erstattungsfähig;
- 3 Vergleichswohnungen: sie dürfen aus dem eigenen Bestand des Vermieters – auch innerhalb desselben Anwesens – genommen werden, wobei, sofern es keine Besonderheiten gibt, als Mindestangaben Name und genaue Anschrift des Wohnungsinhabers, Geschoss und Lage innerhalb des Stockwerks sowie die Quadratmetermiete genügen, dennoch aber das Benennen der Gesamtmiete und der tatsächlichen Wohnfläche (i. Zw. gem. WoFlV; keine Toleranz von +/– 10 %) empfehlenswert ist; beachte: jede der 3 Vergleichsmieten muss mindestens die geforderte erhöhte Miete erreichen, die Bildung eines Durchschnittswertes aus mindestens 3 der angegebenen Vergleichsmieten ist unzulässig.

☐ Berücksichtigung von Abschlägen bei Zuschüssen oder zinslosen bzw. zinsverbilligten Darlehen aus öffentlichen Haushalten, vom Mieter oder von dritter Seite nach §§ 558 Abs. 5, 559a BGB:
- vom Jahresbetrag der verlangten Mieterhöhung sind abzuziehen 8 % der Zuschüsse aus öffentlichen Haushalten bzw. der Finanzierungsinstitute des Bundes und der Länder (vgl. § 559a Abs. 3 S. 2 BGB) oder der Kosten, die vom Mieter bzw. für diesen von einem Dritten übernommen werden (§ 559a Abs. 1 BGB);
- vom Jahresbetrag der verlangten Mieterhöhung sind abzuziehen bei Inanspruchnahme zinsverbilligter oder zinsloser Darlehen aus öffentlichen Haushalten oder der Finanzierungsinstitute des Bundes und der Länder (vgl. § 559a Abs. 3 S. 2 BGB) der Jahresbetrag der Zinsermäßigung aus der Differenz zwischen dem Zinssatz des öffentlichen Darlehens und dem marktüblichen Zinssatz für erstrangige Hypotheken zum Zeitpunkt der Beendigung der baulichen Maßnahmen, bei Annuitätshilfen der Jahresbetrag des Zuschusses oder des Darlehens zur Deckung der laufenden Aufwendungen oder bei Darlehen oder Mietvorauszahlungen des Mieters oder eines Dritten für den Mieter der Jahresbetrag der Zinsermäßigung aus der Differenz zwischen der Mietvorauszahlung oder dem Zinssatz des Darlehens und dem marktüblichen Zinssatz für erstrangige Hypotheken zum Zeitpunkt der Beendigung der baulichen Maßnahmen (§ 559a Abs. 2 und 3 BGB).

☐ Berücksichtigung von Sonderfällen durch Zuschläge auf die begründete Vergleichsmiete:
- Kein Zuschlag analog § 28 Abs. 4 S. 2–4 II. BV bei Schönheitsreparaturverpflichtung des Vermieters auf seine Kosten laut Vertrag oder unwirksamer Schönheitsreparaturklausel, wohingegen der Vergleichsmiete Mietverhältnisse zugrunde liegen, bei denen der Mieter die Kosten der Schönheitsreparaturen zu tragen hat.
- Zuschlag in Höhe des aktuell, etwa im vergangenen Abrechnungszeitraum, auf die von der begehrten Mieterhöhung betroffene Wohnfläche tatsächlich entfallenden, nicht gesondert auf den Mieter umgelegten Anteils der im Außenverhältnis vom Vermieter getragenen Betriebskosten, bei Vorliegen einer (Teil-)Inklusivmiete, während zur Begründung der Mieterhöhung Netto-Vergleichsmieten herangezogen werden;
  beachte: dieser hinzuzuaddierende Betriebskostenanteil ist konkret, mithin am besten aufgeschlüsselt nach den Betriebskostenpositionen in § 2 BetrKV, darzulegen, außer die erhöht verlangte (Teil-)Inklusivmiete übersteigt die ortsübliche Nettovergleichsmiete nicht.
- Zuschlag analog § 26 Abs. 2 NMV von bis zu 50 % auf die nicht zu Wohnzwecken genutzte Teilfläche bei Mischmietverhältnissen mit überwiegendem Wohnanteil und einheitlicher Miete, sofern keine entsprechende Vergleichsmiete ermittelt werden kann und daher auf eine reine Wohnraumvergleichsmiete zurückgegriffen wird (anders bei einem bereits vertraglich vereinbarten Gewerbezuschlag, der wieder unverändert hinzuzuaddieren ist, sofern keine entsprechende Erhöhungsvereinbarung getroffen wurde);
  beachte: eine Mieterhöhung nach § 558 BGB nur für den gewerblich genutzten Teil ist ebenso unwirksam, wie bei getrennt ausgewiesenen Entgelten für die bewohnte Teilfläche einerseits und die nicht zu Wohnzwecken genutzte Teilfläche andererseits, also eine dieser Mietstruktur widersprechende, jeweils getrennte Mieterhöhung oder eine Zusammenfassung beider Entgelte zum Zwecke der Mieterhöhung.

☐ Berücksichtigung unbehebbarer Mängel; beim Regelfall behebbarer Mängel setzt sich die Minderungsquote an der erhöhten Miete fort, hindert aber die Mieterhöhung nicht.

☐ Berücksichtigung der Kappungsgrenze auch bei erstmaliger Mieterhöhung nach Wegfall einer Preisbindung unter Beachtung der Fehlbelegungsproblematik nach § 558 Abs. 4 BGB (die Einhaltung und Berechnung der Kappungsgrenze ist zweckmäßig, aber keine Wirksamkeitsvoraussetzung; vielmehr ist ein Mieterhöhungsverlangen, das die Kappungsgrenze nicht einhält, nicht unzulässig, sondern bis zur Kappungsgrenze begründet).

- Rückgriff auf die 3 Jahre vor dem Wirksamwerden dieser Mieterhöhung (siehe sogleich) gezahlte Grundmiete, unabhängig von deren Mietstruktur (= Ausgangsmiete).
- Mieterhöhungen nach §§ 559–560 BGB (oder auf dieser Grundlage vereinbarte Mieterhöhungen) innerhalb dieses 3-Jahres-Zeitraums sind bei der Berechnung der Kappungsgrenze aus der Ausgangsmiete herauszurechnen, nicht aber die länger zurückliegenden Erhöhungen.
- Grundsätzlich erfolgt eine „Kappung" auf die Ausgangsmiete zuzüglich 20 % ohne weitere Begrenzung; aber Absenkung auf 15 % in Gemeinden oder Gemeindeteilen, die von den Ländern in einer maximal für 5 Jahre gültigen Rechtsverordnung gem. § 558 Abs. 3 S. 2 und 3 BGB festgelegt worden sind.

☐ Rein vorsorglicher Hinweis auf den Ablauf der Zustimmungsfrist nach § 558b Abs. 2 BGB sowie darauf, dass die bloße Zahlung nicht genügt, um dem Einwand mangelnden Rechtsbindungswillens vorzubeugen (allerdings ausreichend nach BGH.

☐ Hinweis auf das Wirksamwerden der erhöhten Miete nach § 558b Abs. 1 BGB und den dann neu zu bezahlenden Gesamtbetrag pro Monat, vorsorglich unter konkreter Bezifferung auch der unverändert bleibenden Mietanteile, wie etwa Nebenkostenvorauszahlung oder -pauschale, Garagen- oder Stellplatzmiete oder evtl. sonstige Zuschläge.

☐ Weiterer vorsorglicher Hinweis auf die bei unterbliebene Zustimmung erforderliche Klagerhebung nach § 558b Abs. 2 BGB und die damit zu Lasten des Mieters verbundenen Kosten.

☐ Ggf. Hinweis auf das Sonderkündigungsrecht nach § 561 Abs. 1 BGB.

e) Checkliste: Mieterhöhungsverlangen nach § 559 BGB (Mieterhöhung bei Modernisierung, → § 23

12 ☐ Vorliegen eines Wohnraummietverhältnisses bzw. eines Mischmietverhältnisses mit überwiegendem Wohnanteil.

☐ Kein Mietverhältnis nach § 549 Abs. 2 oder Abs. 3 BGB.
- Kein preisgebundener oder sonstiger „sozialer" (§ 549 Abs. 2 Nr. 3 BGB) Wohnraum;
- Kein Wohnraum, der Teil, der vom Vermieter selbst bewohnten Wohnung ist und den der Vermieter ganz oder überwiegend mit Einrichtungsgegenständen auszustatten hat, sofern der Wohnraum nicht zum dauernden Gebrauch für eine Familie oder Haushaltsgemeinschaft überlassen ist;
- Kein Wohnraum, der Teil eines Studenten- oder Jugendwohnheims ist;
- Kein Wohnraum nur zum vorübergehenden Gebrauch.

☐ Kein Ausschluss des Mieterhöhungsrechts
- kein ausdrücklicher oder stillschweigend vereinbarter Mieterhöhungsausschluss;
- keine Staffelmietvereinbarung – § 557a Abs. 2 S. 2 BGB– teilweiser Ausschluss;
- keine Indexmietvereinbarung, außer die baulichen Veränderungen werden aufgrund vom Vermieter nicht zu vertretender Umstände durchgeführt (sofern nicht Heizungsmaßnahme nach § 555b Nr. 1a BGB)– §§ 557b Abs. 2 S. 2BGB.

☐ Von allen Vermietern gemäß Mietvertrag
- ggf. eingetretene Rechtsnachfolge beachten;
- beim rechtsgeschäftlichen Erwerb muss der im eigenen Namen handelnde Erwerber – außer bei Ermächtigung durch den bisherigen Vermieter – bereits im Grundbuch als Eigentümer eingetragen sein – § 566 BGB;
- beim Erwerb im Wege der Zwangsversteigerung genügt der Zuschlag – § 90 ZVG.

☐ Bei Stellvertretung deren zweifelsfreie Offenlegung beachten und grundsätzlich Original-Vollmacht beifügen, außer Vollmachtgeber hat Empfänger von Bevollmächtigung in Kenntnis gesetzt – § 174 BGB.

☐ An alle Mieter laut Mietvertrag
- vorsorglich auch bei mietvertraglicher Vollmachtsklausel, die – auch konkludent – jederzeit widerrufen worden sein könnte;
- beachten, dass Zugang auch an diejenigen Mieter zu bewirken ist, die das Mietobjekt nicht mehr bewohnen, aber nicht aus dem Mietverhältnis entlassen worden sind (zB bloßer Auszug, ggf. auch vor Jahren).

☐ In Textform – §§ 126b, 559b Abs. 1 S. 1 BGB; bei vereinbarter Schriftformklausel wohl nicht ausreichend (dann Gefahr vollständig unwirksamer Erklärung, Umdeutung nach § 557 BGB nicht möglich, da einseitige Mieterhöhung).

☐ Darlegung der durchgeführten baulichen Veränderungen durch den Vermieter als Bauherrn (bei Eigentumswechsel steht das Mieterhöhungsrecht – nach der Rechtsprechung jedenfalls nach Abtretung – dem Erwerber über § 566 BGB zu) iSv § 555b Nr. 1, 3, 4, 5 oder 6 BGB.

- ☐ Berechnung und Erläuterung (§ 559b Abs. 1 S. 2 BGB) aller für die Wohnung aufgewandten Kosten (sind mehrere Wohnungen betroffen, hat eine sachgerechte Aufteilung zu erfolgen, etwa nach Wohnungsanzahl oder Quadratmetern), außer zB
  - Kosten für unangebrachten Luxus;
  - Aufwendungsersatz für den Mieter nach §§ 555d Abs. 5, 555a Abs. 3 BGB;
  - Mietausfall, etwa wegen berechtigter Mietminderung der Mieter während der Bauphase;
  - Finanzierungskosten des Vermieters;
  - Kapitalbeschaffungskosten.
- ☐ Beachte: Werden durch die Modernisierungsarbeiten zugleich Erhaltungsmaßnahmen mit erledigt (zB Einbau von energiesparenden Isolierglasfenstern, mit denen zugleich defekte Einfachglasfenster ersetzt werden), müssen die geschätzten Erhaltungskosten von den tatsächlichen Kosten unter nachvollziehbarer Darlegung abgezogen werden (vgl. § 559 Abs. 2 BGB); ebenso Abzug in Bezug auf den Abnutzungsgrad der von der modernisierenden Erneuerung erfassten Bauteile und Einrichtungen erforderlich, § 559 Abs. 2 S. 2 BGB.
- ☐ Von den so errechneten Gesamtkosten sind unter entsprechender Bezifferung abzuziehen (§ 559a Abs. 1 BGB)
  - Zuschüsse aus öffentlichen Haushalten bzw. der Finanzierungsinstitute des Bundes bzw. der Länder (vgl. § 559a Abs. 3 S. 2 BGB);
  - Kosten, die vom Mieter bzw. für diesen von einem Dritten übernommen werden.
- ☐ Von dem so konkret für die Wohnung bezifferten Betrag werden 8 % jährlich als Mieterhöhung auf den Mieter umgelegt, wobei noch ungeklärt ist, ob auf die in den letzten 12 Monaten tatsächlich entrichtete Miete, oder – richtiger – auf das 12-fache der zuletzt gezahlten Monatsmiete abzustellen ist (nur relevant, wenn sich die Miete in den letzten 12 Monaten geändert hat).
- ☐ Von dieser Mieterhöhung um 8 % sind unter entsprechender bezifferter Erläuterung abzuziehen (§ 559a Abs. 2 und 3 BGB)
  - bei Inanspruchnahme zinsverbilligter oder zinsloser Darlehen aus öffentlichen Haushalten oder der Finanzierungsinstitute des Bundes bzw. der Länder (vgl. § 559a Abs. 3 S. 2 BGB) der Jahresbetrag der Zinsermäßigung aus der Differenz zwischen dem Zinssatz des öffentlichen Darlehens und dem marktüblichen Zinssatz für erstrangige Hypotheken zum Zeitpunkt der Beendigung der baulichen Maßnahmen;
  - bei Annuitätshilfen der Jahresbetrag des Zuschusses oder des Darlehens zur Deckung der laufenden Aufwendungen;
  - bei Darlehen oder Mietvorauszahlungen des Mieters oder eines Dritten für den Mieter der Jahresbetrag der Zinsermäßigung aus der Differenz zwischen der Mietvorauszahlung oder dem Zinssatz des Darlehens und dem marktüblichen Zinssatz für erstrangige Hypotheken zum Zeitpunkt der Beendigung der baulichen Maßnahmen.
- ☐ Kappungsgrenze von max. 3 EUR (bzw. 2 EUR bei einer Ursprungsmiete von weniger als 7 EUR/qm Wohnfläche) pro Quadratmeter innerhalb von 6 Jahren beachten (§ 559 Abs. 3a BGB), jedoch nicht mehr als 0,50 EUR je Quadratmeter Wohnfläche innerhalb von 6 Jahren bei Heizungsmaßnahme nach § 555b Nr. 1 oder Nr. 1a BGB.
- ☐ Ggf. vereinfachtes Verfahren gem. § 559c BGB anwenden.
- ☐ Die Mieterhöhung ist im Fall einer Härte für den Mieter unter Einschluss der voraussichtlichen künftigen Betriebskosten ganz oder teilweise ausgeschlossen, sofern die Mietsache nicht lediglich in einen allgemein üblichen Zustand versetzt wurde bzw. es sich um Modernisierungsmaßnahmen iSv § 555b Nr. 6 BGB handelt, deren Durchführung der Vermieter nicht zu vertreten hatte (§ 559 Abs. 4 BGB), es sei denn, es handelt sich um eine Heizungsmaßnahme nach § 555b Nr. 1 oder Nr. 1a BGB.
- ☐ Verwirkungsgesichtspunkte beachten:
  - bei einem Mieterhöhungsverlangen erst etwa 4 Jahre nach Durchführung der baulichen Maßnahmen (1 Jahr reicht nicht).
  - bei einer nach Abschluss der baulichen Maßnahmen bereits erfolgten Mieterhöhung nach § 558 BGB oder § 559 BGB, ohne alle gesetzlichen Erhöhungsmöglichkeiten auszuschöpfen.
- ☐ Hinweis auf das Wirksamwerden der erhöhten Miete nach § 559b Abs. 2 BGB und den dann neu zu bezahlenden Gesamtbetrag pro Monat, vorsorglich unter konkreter Bezifferung auch der unverändert bleibenden Mietzinsanteile, wie etwa Nebenkostenvorauszahlung oder -pauschale, Garagen- oder Stellplatzmiete oder evtl. sonstige Zuschläge.
  - Grundsatz: Wirksamwerden vom Beginn des auf die Erklärung folgenden dritten Monats.
  - <u>Ausnahme 1:</u> Verlängerung um 6 Monate, wenn die tatsächliche Mieterhöhung mehr als 10 % über der in der Modernisierungsankündigung nach § 555c BGB prognostizierten Mietanpassung liegt.
  - <u>Ausnahme 2:</u> Verlängerung um 6 Monate, wenn der Vermieter dem Mieter die Modernisierungsmaßnahmen nicht nach § 555c Abs. 1 und 3–5 BGB angekündigt hat.

☐ Vorsorglich Hinweis auf die bei Nichtzahlung erforderliche Klagerhebung und die damit zu Lasten des Mieters verbundenen Kosten.
☐ Ggf. Hinweis auf das Sonderkündigungsrecht nach § 561 Abs. 1 BGB.

f) Checkliste: Mieterhöhungsverlangen nach § 559e BGB

13 ☐ Vorliegen eines Wohnraummietverhältnisses bzw. eines Mischmietverhältnisses mit überwiegendem Wohnanteil.
☐ Kein Mietverhältnis nach § 549 Abs. 2 oder Abs. 3 BGB.
- Kein preisgebundener oder sonstiger „sozialer" (§ 549 Abs. 2 Nr. 3 BGB) Wohnraum;
- Kein Wohnraum, der Teil, der vom Vermieter selbst bewohnten Wohnung ist und den der Vermieter ganz oder überwiegend mit Einrichtungsgegenständen auszustatten hat, sofern der Wohnraum nicht zum dauernden Gebrauch für eine Familie oder Haushaltsgemeinschaft überlassen ist;
- Kein Wohnraum, der Teil eines Studenten- oder Jugendwohnheims ist;
- Kein Wohnraum nur zum vorübergehenden Gebrauch.

☐ Kein Ausschluss des Mieterhöhungsrechts
- kein ausdrücklicher oder stillschweigend vereinbarter Mieterhöhungsausschluss:

☐ Von allen Vermietern gemäß Mietvertrag
- ggf. eingetretene Rechtsnachfolge beachten;
- beim rechtsgeschäftlichen Erwerb muss der im eigenen Namen handelnde Erwerber – außer bei Ermächtigung durch den bisherigen Vermieter – bereits im Grundbuch als Eigentümer eingetragen sein – § 566 BGB;
- beim Erwerb im Wege der Zwangsversteigerung genügt der Zuschlag – § 90 ZVG.

☐ Bei Stellvertretung deren zweifelsfreie Offenlegung beachten und grundsätzlich Original-Vollmacht beifügen, außer Vollmachtgeber hat Empfänger von Bevollmächtigung in Kenntnis gesetzt – § 174 BGB.
☐ An alle Mieter laut Mietvertrag
- vorsorglich auch bei mietvertraglicher Vollmachtsklausel, die – auch konkludent – jederzeit widerrufen worden sein könnte;
- beachten, dass Zugang auch an diejenigen Mieter zu bewirken ist, die das Mietobjekt nicht mehr bewohnen, aber nicht aus dem Mietverhältnis entlassen worden sind (zB bloßer Auszug, ggf. auch vor Jahren).

☐ In Textform – §§ 126b, 559b Abs. 1 S. 1 BGB; bei vereinbarter Schriftformklausel wohl nicht ausreichend (dann Gefahr vollständig unwirksamer Erklärung, Umdeutung nach § 557 BGB nicht möglich, da einseitige Mieterhöhung).
☐ Darlegung der Durchführung einer Maßnahme nach § 555b Nr. 1a BGB und Vorliegen der Voraussetzungen für den Erhalt von öffentlichen Zuschüssen dem Grunde nach – § 559e Abs. 1 S. 1 BGB; ansonsten nur Mieterhöhung nach § 559 BGB möglich (Rechtsfolgenverweis)
☐ Berechnung und Erläuterung aller für die Wohnung aufgewendeten Kosten (sind mehrere Wohnungen betroffen, hat eine sachgerechte Aufteilung zu erfolgen, etwa nach Wohnungsanzahl oder Quadratmetern); hierbei Abzug der in Anspruch genommenen Drittmittel von den Kosten
☐ Abzug von Kosten, die für Erhaltungsmaßnahmen erforderlich gewesen wären pauschal mit 15 % der aufgewendeten Kosten, § 559e Abs. 2 BGB
☐ Kappungsgrenze von max. 3 EUR (bzw. 2 EUR bei einer Ursprungsmiete von weniger als 7 EUR/qm Wohnfläche) pro Quadratmeter und nicht mehr als 0,50 Euro je Quadratmeter Wohnfläche für die Maßnahme nach § 555b Nr. 1a BGB innerhalb von sechs Jahren zu beachten; bei Berechtigung des Vermieters auch zur Mieterhöhung nach § 559 Nr. 1 BGB dürfen die in § 559 Absatz 3a Satz 1 und 2 genannten Grenzen insgesamt nicht überschritten werden, § 559e Abs. 3 S. 2 BGB.
☐ Ganz oder teilweiser Ausschluss der Mieterhöhung im Fall einer Härte für den Mieter nach § 559 Abs. 4 BGB, auch wenn Maßnahme nach § 555b Nr. 1a BGB vom Vermieter nicht zu vertreten
☐ Verwirkungsgesichtspunkte beachten:
- bei einem Mieterhöhungsverlangen erst etwa 4 Jahre nach Durchführung der baulichen Maßnahmen (1 Jahr reicht nicht).
- bei einer nach Abschluss der baulichen Maßnahmen bereits erfolgten Mieterhöhung nach § 558 BGB oder § 559 BGB, ohne alle gesetzlichen Erhöhungsmöglichkeiten auszuschöpfen.

☐ Hinweis auf das Wirksamwerden der erhöhten Miete nach § 559b Abs. 2 BGB und den dann neu zu bezahlenden Gesamtbetrag pro Monat, vorsorglich unter konkreter Bezifferung auch der unverändert bleibenden Mietzinsanteile, wie etwa Nebenkostenvorauszahlung oder -pauschale, Garagen- oder Stellplatzmiete oder evtl. sonstige Zuschläge.

- Grundsatz: Wirksamwerden vom Beginn des auf die Erklärung folgenden dritten Monats.
- Ausnahme 1: Verlängerung um 6 Monate, wenn die tatsächliche Mieterhöhung mehr als 10 % über der in der Modernisierungsankündigung nach § 555c BGB prognostizierten Mietanpassung liegt.
- Ausnahme 2: Verlängerung um 6 Monate, wenn der Vermieter dem Mieter die Modernisierungsmaßnahmen nicht nach § 555c Abs. 1 und 3–5 BGB angekündigt hat.

☐ Vorsorglich Hinweis auf die bei Nichtzahlung erforderliche Klagerhebung und die damit zu Lasten des Mieters verbundenen Kosten.

g) Checkliste: Erhöhung von Betriebskostenpauschalen nach § 560 BGB bzw. von (Teil-)Inklusivmieten in Altverträgen (Veränderungen von Betriebskosten, → § 24)

☐ Vorliegen eines Wohnraummietverhältnisses bzw. eines Mischmietverhältnisses mit überwiegendem Wohnanteil. **14**

☐ Kein Mietverhältnis nach § 549 Abs. 2 oder Abs. 3 BGB
- Kein preisgebundener oder sonstiger „sozialer" (§ 549 Abs. 2 Nr. 3 BGB) Wohnraum;
- Kein Wohnraum, der Teil der vom Vermieter selbst bewohnten Wohnung ist und den der Vermieter ganz oder überwiegend mit Einrichtungsgegenständen auszustatten hat, sofern der Wohnraum nicht zum dauernden Gebrauch für eine Familie oder Haushaltsgemeinschaft überlassen ist;
- Kein Wohnraum, der Teil eines Studenten- oder Jugendwohnheims ist;
- Kein Wohnraum nur zum vorübergehenden Gebrauch.

☐ Kein Ausschluss des Mieterhöhungsrechts
- kein ausdrücklicher oder stillschweigend vereinbarter Mieterhöhungsausschluss;
- keine Nebenkostenpauschale ohne wirksamen Erhöhungsvorbehalt – § 560 Abs. 1 BGB;
- keine (Teil-)Inklusivmiete ohne wirksamen Erhöhungsvorbehalt bei Altverträgen, die vor dem 1.9.2001 abgeschlossen wurden (Art. 229 § 3 Abs. 4 EGBGB).

☐ Von allen Vermietern gemäß Mietvertrag
- ggf. eingetretene Rechtsnachfolge beachten;
- beim rechtsgeschäftlichen Erwerb muss der im eigenen Namen handelnde Erwerber – soweit nicht vom bisherigen Vermieter ermächtigt – bereits im Grundbuch als Eigentümer eingetragen sein – § 566 BGB;
- beim Erwerb im Wege der Zwangsversteigerung genügt der Zuschlag – § 90 ZVG.

☐ Bei Stellvertretung deren zweifelsfreie Offenlegung beachten und grundsätzlich Original-Vollmacht beifügen, außer Vollmachtgeber hat Empfänger von Bevollmächtigung in Kenntnis gesetzt – § 174 BGB.

☐ An alle Mieter laut Mietvertrag
- vorsorglich auch bei mietvertraglicher Vollmachtsklausel, die – auch konkludent – jederzeit widerrufen worden sein könnte;
- beachten, dass Zugang auch an diejenigen Mieter zu bewirken ist, die das Mietobjekt nicht mehr bewohnen, aber nicht aus dem Mietverhältnis entlassen worden sind (zB bloßer Auszug, ggf. auch vor Jahren).

☐ In Textform – §§ 126b, 560 Abs. 1 BGB.

☐ Die aktuellen jährlichen Betriebskosten liegen über den Betriebskosten p. a. bei Mietvertragsabschluss bzw. der letzten Anpassung.

☐ Zur Gewährleistung der erforderlichen Transparenz für den Mieter sind die Kostensteigerungen getrennt nach den umgelegten bzw. umlagefähigen Betriebskostenpositionen aufzuschlüsseln (etwa auch, um etwaige Kostensenkungen bei einzelnen Positionen zu dokumentieren, die durch Kostensteigerungen bei anderen Positionen in der Summe zu einer Erhöhung der Kostenbelastung geführt haben).

☐ In der Erhöhungserklärung ist der Grund für die Umlage zu bezeichnen und zu erläutern (§ 560 Abs. 1 S. 2 BGB); daher sind anzugeben:
- die Betriebskosten zum Zeitpunkt des Mietvertragsabschlusses bzw. der letzten Anpassung;
- die heutigen Betriebskosten;
- der Grund der Kostensteigerung;
- der zu verzeichnende Erhöhungsbetrag;
- der vereinbarte Umlageschlüssel;
- der konkret auf den Mieter entfallende, umzulegende Kostenanteil.

☐ Der Grundsatz der Wirtschaftlichkeit ist zu beachten (§ 560 Abs. 5 BGB).

- ☐ Hinweis auf das Wirksamwerden der erhöhten Miete ab dem Ersten des auf das Mieterhöhungsbegehren folgenden übernächsten Monats (§ 560 Abs. 2 S. 1 BGB) und den dann neu zu bezahlenden Gesamtbetrag pro Monat, vorsorglich unter konkreter Bezifferung auch der unverändert bleibenden Mietzinsanteile, wie etwa Grundmiete, Garagen- oder Stellplatzmiete oder evtl. sonstige Zuschläge.
- ☐ Ausnahmsweise Rückwirkung, sofern sich auch die Betriebskosten rückwirkend erhöht haben, höchstens bis zum Beginn der Erhöhung, jedoch nicht weiter als bis zum Beginn des der Erklärung vorangegangenen Kalenderjahres, sofern die Erklärung innerhalb von 3 Monaten ab Kenntnis von der Erhöhung abgegeben wird (§ 560 Abs. 2 S. 2 BGB).
- ☐ Vorsorglich Hinweis auf die bei Nichtzahlung erforderliche Klagerhebung und die damit zu Lasten des Mieters verbundenen Kosten.
- ☐ Ggf. Herabsetzung nach § 560 Abs. 3 BGB.
- ☐ Anmerkung: Bei vereinbarten Betriebskostenvorauszahlungen kann jede Vertragspartei nach einer Betriebskostenabrechnung (s. vorstehende Checkliste) eine Anpassung auf eine angemessene Höhe durch eine Erklärung in Textform gem. § 126b BGB einseitig vornehmen (§ 560 Abs. 4 BGB).

aa) Mieterhöhung nach § 558 BGB

15

Zugang des Mieterhöhungsschreibens spätestens bis zum	**Ablauf der Zustimmungsfrist des Mieters nach § 558b Abs. 2 S. 1 BGB zum**	**Wirksamwerden der Mieterhöhung nach § 558b Abs. 1 BGB ab dem**	**Ablauf der Klagefrist des Vermieters nach § 558b Abs. 2 S. 2 BGB bei fehlender Zustimmung des Mieters zum**
31.1.	31.3.	1.4.	30.6.
28.(29.)2.	30.4.	1.5.	31.7.
31.3.	31.5.	1.6.	31.8.
30.4.	30.6.	1.7.	30.9.
31.5.	31.7.	1.8.	31.10.
30.6.	31.8.	1.9.	30.11.
31.7.	30.9.	1.10.	31.12.
31.8.	31.10.	1.11.	31.1.
30.9.	30.11.	1.12.	28.(29.)2.
31.10.	31.12.	1.1.	31.3.
30.11.	31.1.	1.2.	30.4.
31.12.	28.(29.)2.	1.3.	31.5.

bb) Mieterhöhung nach § 559 BGB

16

Zugang des Mieterhöhungsschreibens spätestens bis zum	**Wirksamwerden der Mieterhöhung nach § 559b Abs. 2 S. 1 BGB ab dem**	**Wirksamwerden, wenn der Vermieter dem Mieter die zu erwartende Mieterhöhung nicht nach § 555c Abs. 1 und 3–5 BGB mitgeteilt hat oder wenn die tatsächliche Erhöhung gegenüber dieser Mitteilung um mehr als 10 % nach oben abweicht (§ 559b Abs. 2 S. 2 BGB)**
31.1.	1.4.	1.10.
28.(29.)2.	1.5.	1.11.
31.3.	1.6.	1.12.
30.4.	1.7.	1.1.
31.5.	1.8.	1.2.
30.6.	1.9.	1.3.
31.7.	1.10.	1.4.

Zugang des Mieterhöhungsschreibens spätestens bis zum	Wirksamwerden der Mieterhöhung nach § 559b Abs. 2 S. 1 BGB ab dem	Wirksamwerden, wenn der Vermieter dem Mieter die zu erwartende Mieterhöhung nicht nach § 555c Abs. 1 und 3–5 BGB mitgeteilt hat oder wenn die tatsächliche Erhöhung gegenüber dieser Mitteilung um mehr als 10 % nach oben abweicht (§ 559b Abs. 2 S. 2 BGB)
31.8.	1.11.	1.5.
30.9.	1.12.	1.6.
31.10.	1.1.	1.7.
30.11.	1.2.	1.8.
31.12.	1.3.	1.9.

cc) Mieterhöhung nach § 560 BGB

17

Zugang des Mieterhöhungsschreibens spätestens bis zum	Wirksamwerden der Mieterhöhung nach § 560 Abs. 2 S. 1 BGB[2] ab dem
31.1.	1.3.
28.(29.)2.	1.4.
31.3.	1.5.
30.4.	1.6.
31.5.	1.7.
30.6.	1.8.
31.7.	1.9.
31.8.	1.10.
30.9.	1.11.
31.10.	1.12.
30.11.	1.1.
31.12.	1.2.

i) Mieterhöhungsfristentabelle bei preisgebundenem Wohnraum. *Mieterhöhung nach § 10 WoBindG* 18

Zugang des Mieterhöhungsschreibens spätestens bis zum	Wirksamwerden der Mieterhöhung nach § 10 Abs. 2 S. 1 WoBindG[3] ab dem
15.1.	1.2.
31.1.	1.3.
15.2.	1.3.
28.(29.)2.	1.4.
15.3.	1.4.
31.3.	1.5.
15.4.	1.5.

[2] Soweit die Erklärung darauf beruht, dass sich die Betriebskosten **rückwirkend** erhöht haben, wirkt sie auf den Zeitpunkt der Erhöhung der Betriebskosten, höchstens jedoch auf den Beginn des der Erklärung vorausgehenden Kalenderjahres zurück, sofern der Vermieter die Erklärung innerhalb von drei Monaten nach Kenntnis von der Erhöhung abgibt (§ 560 Abs. 2 S. 2 BGB).

[3] Wird die Erklärung bereits **vor** dem Zeitpunkt abgegeben, von dem an das erhöhte Entgelt nach den dafür maßgebenden Vorschriften zulässig ist, so wird die Mieterhöhung frühestens von diesem Zeitpunkt an wirksam (§ 10 Abs. 2 S. 2 WoBindG).

Soweit die Erklärung darauf beruht, dass sich die Betriebskosten **rückwirkend** erhöht haben, wirkt sie auf den Zeitpunkt der Erhöhung der Betriebskosten, höchstens jedoch auf den Beginn es der Erklärung vorausgehenden Kalenderjahres zurück, sofern der Vermieter die Erklärung innerhalb von drei Monaten nach Kenntnis von der Erhöhung abgibt (§ 10 Abs. 2 S. 3 WoBindG).

Zugang des Mieterhöhungsschreibens spätestens bis zum	Wirksamwerden der Mieterhöhung nach § 10 Abs. 2 S. 1 WoBindG[3] ab dem
30.4.	1.6.
15.5.	1.6.
31.5.	1.7.
15.6.	1.7.
30.6.	1.8.
15.7.	1.8.
31.7.	1.9.
15.8.	1.9.
31.8.	1.10.
15.9.	1.10.
30.9.	1.11.
15.10.	1.11.
31.10.	1.12.
15.11.	1.12.
30.11.	1.1.
15.12.	1.1.
31.12.	1.2.

5. Vertragsbeendigung

a) Checkliste: ordentliche Vermieterkündigung (→ § 28)

19 □ Vorliegen eines Wohnraummietverhältnisses bzw. eines Mischmietverhältnisses mit überwiegendem Wohnanteil.

□ Kein Mietverhältnis nach § 549 Abs. 2 BGB.
- Kein preisgebundener oder sonstiger „sozialer" (§ 549 Abs. 2 Nr. 3 BGB) Wohnraum;
- Kein Wohnraum, der Teil der vom Vermieter selbst bewohnten Wohnung ist und den der Vermieter ganz oder überwiegend mit Einrichtungsgegenständen auszustatten hat, sofern der Wohnraum nicht zum dauernden Gebrauch für eine Familie oder Haushaltsgemeinschaft überlassen ist;
- Kein Wohnraum nur zum vorübergehenden Gebrauch.

□ Kein Ausschluss des Kündigungsrechts
- kein ausdrücklicher oder stillschweigend vereinbarter Kündigungsausschluss, insbesondere keine unwirksame Befristung oder auflösende Bedingung (vgl. §§ 572 Abs. 2, 575 BGB);
- keine Kündigungssperre gem. § 577a BGB.

□ Von allen Vermietern gemäß Mietvertrag
- ggf. eingetretene Rechtsnachfolge beachten;
- beim rechtsgeschäftlichen Erwerb muss der im eigenen Namen handelnde Erwerber bereits im Grundbuch als Eigentümer eingetragen sein – § 566 BGB; eine denkbare Ermächtigung des bisherigen Vermieters erfordert dessen berechtigtes Kündigungsinteresse, woran es aufgrund der Veräußerung im Regelfall fehlen dürfte;
- beim Erwerb im Wege der Zwangsversteigerung genügt der Zuschlag – § 90 ZVG.

□ Bei Stellvertretung deren zweifelsfreie Offenlegung beachten und grundsätzlich Original-Vollmacht beifügen, außer Vollmachtgeber hat Empfänger von Bevollmächtigung in Kenntnis gesetzt – § 174 BGB.

---

[3] Wird die Erklärung bereits vor dem Zeitpunkt abgegeben, von dem an das erhöhte Entgelt nach den dafür maßgebenden Vorschriften zulässig ist, so wird die Mieterhöhung frühestens von diesem Zeitpunkt an wirksam (§ 10 Abs. 2 S. 2 WoBindG).

Soweit die Erklärung darauf beruht, dass sich die Betriebskosten **rückwirkend** erhöht haben, wirkt sie auf den Zeitpunkt der Erhöhung der Betriebskosten, höchstens jedoch auf den Beginn es der Erklärung vorausgehenden Kalenderjahres zurück, sofern der Vermieter die Erklärung innerhalb von drei Monaten nach Kenntnis von der Erhöhung abgibt (§ 10 Abs. 2 S. 3 WoBindG).

- ☐ An alle Mieter laut Mietvertrag
  - vorsorglich auch bei mietvertraglicher Vollmachtsklausel, die – auch konkludent – jederzeit widerrufen worden sein könnte;
  - beachten, dass Zugang auch an diejenigen Mieter zu bewirken ist, die das Mietobjekt nicht mehr bewohnen, aber nicht aus dem Mietverhältnis entlassen worden sind (zB bloßer Auszug, ggf. auch vor Jahren).
- ☐ Schriftform (§§ 568, 126 BGB).
- ☐ Kündigungserklärung mit (ggf. dem Vertrag zu entnehmender) Bezeichnung des zu kündigenden Wohnraummietverhältnisses und Angabe des Überlassungszeitpunktes wegen Fristberechnung (ggf. verlängert gem. § 573c Abs. 1 S. 2 BGB oder § 573a Abs. 1 S. 2 BGB).
- ☐ Darlegung berechtigten Interesses gem. § 573 Abs. 1 S. 1, Abs. 3 BGB, insbesondere gem. § 573 Abs. 2 BGB:
  - nicht unerhebliche schuldhafte Verletzung der Mieterpflichten;
  - Eigenbedarf;
  - Hinderung angemessener wirtschaftlicher Verwertung und dadurch erheblicher Nachteil beim Vermieter (nicht Mieterhöhung, nicht Begründung und Veräußerung von Wohnungseigentum);
  - sonstige vergleichbare Gründe, zB Fehlbelegung, Betriebs- oder Geschäftsbedarf, öffentliches Interesse (§ 573 Abs. 1 BGB).
- ☐ Darlegung eines berechtigten Interesses ausnahmsweise entbehrlich bei
  - Einliegerwohnung (§ 573a Abs. 1 oder Abs. 2 BGB);
  - Wohnraum gem. § 549 Abs. 3 BGB (Jugend-/Studentenwohnheim);
  - Teilkündigung von nicht zu Wohnzwecken dienenden Nebenräumen (§ 573b BGB), wenn Schaffung von Wohnraum oder Neuzuordnung der Nebenräume beabsichtigt.
  - Kündigung gegenüber Erben des Mieters (§ 564 BGB).
- ☐ Hinweis auf Widerspruchsmöglichkeit des Mieters gem. §§ 574–574b BGB (schriftlich bis 2 Monate vor Beendigungszeitpunkt) nach § 568 Abs. 2 BGB, falls nicht Werkmietwohnung und Kündigung gem. § 576 Abs. 1 Nr. 2 BGB oder Lösung des Arbeits-/Dienst-Verhältnisses durch Arbeitnehmer ohne durch Arbeitgeber gesetzten Anlass (vgl. § 576a BGB).
- ☐ Vorsorglich Widerspruch gegen stillschweigende Verlängerung gem. § 545 BGB.
- ☐ Weiter vorsorglich detaillierter Hinweis auf Vertragspflichten bei Rückgabe (zB Schlüssel, vollständige Räumung, Entfernung von „Einrichtungen", Rückbaupflichten, Ersatz des Schadens durch vertragswidrigen Gebrauch, Schönheitsreparaturen).
- ☐ Hilfsweise Hinweis auf § 546a BGB (Nutzungsentschädigung) bei Vorenthaltung über die bisher vereinbarte Miete hinaus in Höhe der aktuellen Marktmiete.

b) Checkliste: außerordentliche befristete Vermieter-/Mieterkündigung (Sonderkündigungsrechte – §§ 573d und 575a iVm § 542 Abs. 2 Nr. 1 BGB, → § 28)

- ☐ Vorliegen eines Wohnraummietverhältnisses bzw. eines Mischmietverhältnisses mit überwiegendem Wohnanteil. 20
- ☐ Kein Mietverhältnis nach § 549 Abs. 2 BGB
  - Kein preisgebundener oder sonstiger „sozialer" (§ 549 Abs. 2 Nr. 3 BGB) Wohnraum;
  - Kein Wohnraum, der Teil, der vom Vermieter selbst bewohnten Wohnung ist und den der Vermieter ganz oder überwiegend mit Einrichtungsgegenständen auszustatten hat, sofern der Wohnraum nicht zum dauernden Gebrauch für eine Familie oder Haushaltsgemeinschaft überlassen ist;
  - Kein Wohnraum nur zum vorübergehenden Gebrauch.
- ☐ Vorliegen eines Sonderkündigungsrechts
  - Mietverhältnis nach Ablauf 30 Jahre (§ 544 BGB);
  - Tod des Mieters (§ 563 Abs. 4 BGB oder § 564 BGB);
  - Modernisierungsmaßnahmen (§ 555e BGB);
  - Verweigerung der Untermieterlaubnis (§ 540 Abs. 1 S. 2 BGB);
  - Mieterhöhung (§ 561 BGB);
  - Erlöschen eines Nießbrauchs (§ 1056 Abs. 2 BGB);
  - Erlöschen eines Erbbaurechts (§ 30 Abs. 2 ErbbauVO);
  - Nacherbfall (§ 2135 BGB);
  - Ersteher des Grundbesitzes nach Zuschlag im Zwangsversteigerungsverfahren (§ 57a ZVG) oder Erwerber von Grundbesitz nach rechtsgeschäftlichem Erwerb vom Insolvenzverwalter in der Vermieterinsolvenz (§ 111 InsO);

- Ersteher eines Dauerwohnrechts nach Zuschlag im Zwangsversteigerungsverfahren (§ 37 Abs. 3 S. 2 WEG, § 57a ZVG);
- Beachte auch die „Freigabeerklärung" des Insolvenzverwalters in der Mieterinsolvenz (§ 109 Abs. 1 S. 2 InsO).

☐ Kein Ausschluss/keine Beschränkung des Kündigungsrechts:
- insbesondere kein ausdrücklicher oder stillschweigend erklärter Verzicht auf Sonderkündigungsrechte;
- keine Überschreitung der Erklärungsfrist (§§ 564, 563 Abs. 4, 1056 Abs. 3, 2135 iVm 1056 Abs. 3 BGB, § 57a ZVG, § 37 Abs. 3 S. 2 WEG iVm § 57a ZVG, § 30 Abs. 3 ErbbauVO).

☐ Von allen Vermietern/Mietern gemäß Mietvertrag
- ggf. eingetretene Rechtsnachfolge beachten;
- beim rechtsgeschäftlichen Erwerb muss der im eigenen Namen handelnde Erwerber bereits im Grundbuch als Eigentümer eingetragen sein – § 566 BGB; eine denkbare Ermächtigung durch den bisherigen Vermieter erfordert dessen berechtigtes Kündigungsinteresse, woran es aufgrund der Veräußerung im Regelfall fehlen dürfte;
- beim Erwerb im Wege der Zwangsversteigerung genügt der Zuschlag – § 90 ZVG;
- der Insolvenzverwalter muss gem. § 27 InsO bestellt sein (zu § 109 Abs. 1 InsO).

☐ Bei Stellvertretung deren zweifelsfreie Offenlegung beachten und grundsätzlich Original-Vollmacht beifügen, außer Vollmachtgeber hat Empfänger von Bevollmächtigung in Kenntnis gesetzt – § 174 BGB.

☐ An alle Mieter/Vermieter laut Mietvertrag
- vorsorglich auch bei mietvertraglicher Vollmachtsklausel, die – auch konkludent – jederzeit widerrufen worden sein könnte
- beachten, dass Zugang auch an diejenigen Mieter zu bewirken ist, die das Mietobjekt nicht mehr bewohnen, aber nicht aus dem Mietverhältnis entlassen worden sind (zB bloßer Auszug, ggf. auch vor Jahren).

☐ Schriftform (§§ 568, 126 BGB).

☐ Kündigungserklärung mit (ggf. dem Vertrag zu entnehmender) Bezeichnung des zu kündigenden Wohnraummietverhältnisses unter Beachtung der 3-Monatsfrist des § 573d Abs. 2 S. 1 BGB (Verlängerung gem. § 573a Abs. 1 S. 2 BGB entfällt, vgl. § 573d Abs. 2 S. 2 BGB).

☐ Darlegung berechtigten Interesses gem. § 573 Abs. 1 S. 1, Abs. 3 BGB, insbesondere gem. § 573 Abs. 2 BGB, bei Vermieterkündigung (§ 573d Abs. 1 BGB):
- nicht unerhebliche schuldhafte Verletzung der Mieterpflichten;
- Eigenbedarf;
- Hinderung angemessener wirtschaftlicher Verwertung und dadurch erheblicher Nachteil beim Vermieter (nicht Mieterhöhung, nicht Begründung und Veräußerung von Wohnungseigentum);
- sonstige vergleichbare Gründe, zB Fehlbelegung, Betriebs- und Geschäftsbedarf, öffentliches Interesse (§ 573 Abs. 1 BGB).

☐ Darlegung berechtigter Interessen entbehrlich bei
- Einliegerwohnung (§ 573a Abs. 1 oder Abs. 2 BGB);
- Wohnraum gem. § 549 Abs. 3 BGB (Jugend-/Studentenwohnheim);
- Teilkündigung von nicht zu Wohnzwecken dienenden Nebenräumen (§ 573b BGB), wenn Schaffung von Wohnraum oder Neuzuordnung Nebenräume beabsichtigt;
- Kündigung gegenüber Erben des Mieters (§ 564 BGB).

☐ Bei Vermieterkündigung Hinweis auf Widerspruchsmöglichkeit des Mieters gem. §§ 574–574b BGB (schriftlich bis 2 Monate vor Beendigungszeitpunkt), falls nicht Werkmietwohnung und Kündigung gem. § 576 Abs. 1 Nr. 2 BGB oder Lösung des Arbeits-/Dienst-Verhältnisses durch Arbeitnehmer ohne durch Arbeitgeber gesetzten Anlass (vgl. § 576a BGB).

☐ Vorsorglich Widerspruch gegen stillschweigende Verlängerung gem. § 545 BGB.

☐ Weiter vorsorglich substantiierter Hinweis auf Vertragspflichten bei Rückgabe (zB Schlüssel, vollständige Räumung, Entfernung von „Einrichtungen", Rückbaupflichten, Ersatz des Schadens durch vertragswidrigen Gebrauch, Schönheitsreparaturen) bei Vermieterkündigung.

☐ Hilfsweise Hinweis auf § 546a BGB (Nutzungsentschädigung) bei Vorenthaltung über die bisher vereinbarte Miete hinaus in Höhe der aktuellen Marktmiete.

c) Checkliste: außerordentliche fristlose Kündigung (→ § 28)

- ☐ Vorliegen eines Wohnraummietverhältnisses bzw. eines Mischmietverhältnisses mit überwiegendem Wohnanteil. 21
- ☐ Vorliegen eines wichtigen Grundes und deswegen Unzumutbarkeit der Fortsetzung des Mietverhältnisses bis zum vertraglichen/sonstigen Beendigungszeitpunkt oder bis zum Ablauf der ordentlichen Kündigungsfrist (Generelle Regel in § 543 Abs. 1 BGB), insbesondere
  - für Mieter bei Nichtgewährung oder Entziehung des Gebrauchs durch Vermieter (§ 543 Abs. 2 Nr. 1 BGB)
  - für Vermieter bei Vernachlässigung der Mietersorgfalt und dadurch verursachter erheblicher Gefährdung der Mietsache (§ 543 Abs. 2 Nr. 2 BGB)
  - für Vermieter bei unbefugter Gebrauchsüberlassung an Dritte durch Mieter (§ 543 Abs. 2 Nr. 2 BGB)
  - für Vermieter bei Zahlungsverzug des Mieters über zwei aufeinanderfolgende Termine mit mehr als einer Monatsmiete oder mit Betrag in Höhe zweier Mieten über zwei Fälligkeitstermine hinaus; maßgeblich ist immer die jeweils vereinbarte, nicht etwa eine zu Recht geminderte Miete (§§ 543 Abs. 1 Nr. 3, 569 Abs. 3 Nr. 1 BGB)
  - für Vermieter bei Verzug des Mieters mit einer Sicherheitsleistung iSv § 551 BGB in Höhe eines Betrages, der 2 Monatsmieten ohne Zahlungen auf ausgewiesene Betriebskosten entspricht (§ 569 Abs. 2a BGB, aber nur für ab dem 1.5.2013 entstandene Wohnraummietverhältnisse: Art. 229 § 29 Abs. 2 EGBGB)
  - für Mieter bei anfänglicher oder nachträglicher Gesundheitsgefährdung durch Beschaffenheit der Mieträume (§ 569 Abs. 1 BGB)
  - Störung des Hausfriedens durch jeweils andere Mietpartei (§ 569 Abs. 2 BGB)
  - sonstige, nicht zwingend schuldhafte (insbesondere Vertrags-)Pflichtverletzungen der jeweils anderen Partei (§ 543 Abs. 1 BGB; vgl. auch § 314 BGB).
- ☐ Kein Ausschluss/Wegfall/keine Beschränkung des Kündigungsrechts
  - Zahlung der Mietrückstände binnen 2 Monaten ab Zugang der hierauf gestützten Räumungsklage, sofern kein Wiederholungsfall innerhalb von 2 Jahren/Aufrechnungsbefugnis underklärung des Mieters (§§ 569 Abs. 3 Nr. 2/543 Abs. 2 S. 3 BGB).
  - Vollständiger Ausgleich sämtlicher Mietrückstände vor Zugang der Kündigung (§ 543 Abs. 2 S. 2 BGB).
  - Zahlung der Mietsicherheitsrückstände binnen 2 Monaten ab Zugang der hierauf gestützten Räumungsklage
  - Gesetzte Abhilfefrist nicht abgelaufen (§ 543 Abs. 3 S. 1 BGB).
  - Fehlende vorherige Abmahnung bei Pflichtverletzung – nur entbehrlich, wenn absehbar erfolglos oder aus besonderen Gründen sofortige Kündigung gerechtfertigt oder bei Zahlungsverzug des Mieters (§ 543 Abs. 3 S. 2 Nr. 1–3 BGB).
  - Nach Verurteilung Mieter zur Zahlung einer Mieterhöhung ist Wartefrist (2 Monate) nicht abgelaufen, falls nicht schon Verzug mit bisheriger Miete kündigungsbegründend (§ 569 Abs. 3 Nr. 3 BGB).
  - Verwirkung des Kündigungsrechts bei Pflichtverletzungen durch Zeitablauf bis zum Zugang der Kündigungserklärung.
- ☐ Von allen Vermietern/Mietern gemäß Mietvertrag
  - ggf. eingetretene Rechtsnachfolge beachten;
  - beim rechtsgeschäftlichen Erwerb muss der im eigenen Namen handelnde Erwerber bereits im Grundbuch als Eigentümer eingetragen sein – § 566 BGB; eine denkbare Ermächtigung durch den bisherigen Vermieter erfordert bei diesem das Vorliegen des wichtigen Grundes, woran es aufgrund der Veräußerung fehlen kann;
  - beim Erwerb im Wege der Zwangsversteigerung genügt der Zuschlag – § 90 ZVG.
- ☐ Bei Stellvertretung deren zweifelsfreie Offenlegung beachten und grundsätzlich Original-Vollmacht beifügen, außer Vollmachtgeber hat Empfänger von Bevollmächtigung in Kenntnis gesetzt – § 174 BGB.
- ☐ An alle Vermieter/Mieter laut Mietvertrag
  - vorsorglich auch bei mietvertraglicher Vollmachtsklausel, die – auch konkludent – jederzeit widerrufen worden sein könnte;
  - beachten, dass Zugang auch an diejenigen Mieter zu bewirken ist, die das Mietobjekt nicht mehr bewohnen, aber nicht aus dem Mietverhältnis entlassen worden sind (zB bloßer Auszug, ggf. auch vor Jahren).
- ☐ Schriftform (§§ 568, 126 BGB).
- ☐ Kündigungserklärung mit (ggf. dem Vertrag zu entnehmender) Bezeichnung des zu kündigenden Wohnraummietverhältnisses.

☐ Darlegung der wichtigen Kündigungsgründe ist auch für den Mieter Wirksamkeitsvoraussetzung (§ 569 Abs. 4 BGB), Anforderungen an die Substantiierung noch nicht abschließend geklärt; keine Abdingbarkeit: fehlende Bezugnahme in § 569 Abs. 5 BGB auf Abs. 4 ist Redaktionsversehen.
☐ Vorsorglich als Vermieter vor allem bei der fristlosen Kündigung wegen Zahlungsverzugs zur Vermeidung der Folgen des § 569 Abs. 3 Nr. 1 BGB hilfsweise auch noch fristgerecht kündigen unter Einhaltung der Vorgaben der Checkliste für die ordentliche Vermieterkündigung (soeben → Rn. 16).
☐ Weiter vorsorglich Widerspruch gegen stillschweigende Verlängerung gem. § 545 BGB.
☐ Vorsorglich substantiierter Hinweis auf Vertragspflichten bei Rückgabe (zB Schlüssel, vollständige Räumung, Entfernung von „Einrichtungen", Rückbaupflichten, Ersatz von Schäden durch vertragswidrigen Gebrauch, Schönheitsreparaturen).
☐ Hilfsweise Hinweis auf § 546a BGB (Nutzungsentschädigung) bei Vorenthaltung über die bisher vereinbarte Miete hinaus in Höhe der aktuellen Marktmiete.

aa) Regelfall der ordentlichen Kündigung des Vermieters oder Mieters (§ 573c Abs. 1 BGB)

22

Zugang der Kündigung bis zum 3. Werktag des Monats[4]	**Vermieterkündigung: Überlassungsdauer**[5] **der Wohnung bis zu 5 Jahren; Mieterkündigung: laufzeitunabhängig immer**	**Vermieterkündigung: Überlassungsdauer der Wohnung zwischen 5 und 8 Jahren**	**Vermieterkündigung: Überlassungsdauer der Wohnung von mehr als 8 Jahren**
Januar	31.3.	30.6.	30.9.
Februar	30.4.	31.7.	31.10.
März	31.5.	31.8.	30.11.
April	30.6.	30.9.	31.12.
Mai	31.7.	31.10.	31.1.
Juni	31.8.	30.11.	28.(29.)2.
Juli	30.9.	31.12.	31.3.
August	31.10.	31.1.	30.4.
September	30.11.	28.(29.)2.	31.5.
Oktober	31.12.	31.3.	30.6.
November	31.1.	30.4.	31.7.
Dezember	28.(29.)2.	31.5.	31.8.

[4] § 193 BGB gilt: fällt der 3., nicht der 1. oder 2. Werktag auf einen Sonnabend, wird er wie ein Sonn- oder Feiertag behandelt, so dass der Zugang am nächsten Werktag genügt (LG Kiel WuM 1994, 542; LG Wuppertal WuM 1993, 450; offengelassen BGH NZM 2005, 532); fällt der 1. oder 2. Werktag auf einen Samstag, zählt er mit (BGH NZM 2005, 532; aA LG Berlin GE 1989, 509).

[5] Maßgebend ist der Zeitpunkt, zu dem der Besitz vom Vermieter auf den Mieter übertragen worden ist (BGH NJW 2005, 2145 = NZM 2005, 532). Die Besitzzeit, die der Mieter zuvor als Familienangehöriger (BGH NJW 2014, 2568 unter Rn. 23) oder als Untermieter in der Wohnung verbracht hat, wird nicht angerechnet (LG Bielefeld ZMR 1965, 274; LG Düsseldorf MDR 1969, 763; AG Hannover ZMR 1967, 18). Bei einem Wohnungswechsel innerhalb des Hauses desselben Vermieters soll sich die Überlassungsdauer nach einer Meinung nur nach der Besitzzeit der letzten, nunmehr zu kündigenden Wohnung richten (LG Aachen WuM 1971, 60; LG Düsseldorf ZMR 1969, 310; AG Dortmund MDR 1964, 923; AG Düsseldorf MDR 1968, 846; AG Hamburg-Harburg MDR 1970, 240), nach anderer Auffassung nach der gesamten Mietzeit in diesem Haus (LG Bonn WuM 1987, 322; LG Kaiserslautern WuM 1970, 135; LG Mannheim WuM 1976, 207; LG Nürnberg-Fürth WuM 1991, 40; AG Bochum WuM 1987, 56; AG Bremen WuM 1965, 203; AG Oberhausen WuM 1965, 186), jedenfalls aus Treu und Glauben wenn der Mieter die Wohnung auf Wunsch und im Interesse des Vermieters gewechselt hat (LG Aachen WuM 1971, 60; AG Kassel WuM 1965, 152; AG Kerpen WuM 1994, 77; AG Köln WuM 1970, 119; AG Offenbach a. M. WuM 1987, 322). **Praxistipp:** Vor allem aus Mietersicht empfiehlt es sich, die Anrechnung früherer Wohnzeiten ausdrücklich zu vereinbaren.

bb) Ordentliche Kündigung des Vermieters über (Einlieger-)Wohnraum in einem Zweifamilienhaus, wenn kein berechtigtes Vermieterinteresse an der Kündigung besteht (§§ 573a, 573c Abs. 1 BGB)

23

Zugang der Kündigung bis zum 3. Werktag des Monats	**Überlassungsdauer der Wohnung bis zu 5 Jahren**	**Überlassungsdauer der Wohnung zwischen 5 und 8 Jahren**	**Überlassungsdauer der Wohnung mehr als 8 Jahre**
Januar	30.6.	30.9.	31.12.
Februar	31.7.	31.10.	31.1.
März	31.8.	30.11.	28.(29.)2.
April	30.9.	31.12.	31.3.
Mai	31.10.	31.1.	30.4.
Juni	30.11.	28.(29.)2.	31.5.
Juli	31.12.	31.3.	30.6.
August	31.1.	30.4.	31.7.
September	28.(29.)2.	31.5.	31.8.
Oktober	31.3.	30.6.	30.9.
November	30.4.	31.7.	31.10.
Dezember	31.5.	31.8.	30.11.

cc) Ordentliche Kündigung des Vermieters oder Mieters bei Wohnraum, der vom Vermieter ganz oder teilweise mit Einrichtungsgegenständen ausgestattet und Teil der vom Vermieter selbst bewohnten Wohnung ist, sofern er nicht zum dauernden Gebrauch an eine Familie oder Personen mit gemeinsamem Haushalt überlassen wurde (§§ 573c, 549 Abs. 2 Nr. 2 BGB)

24

Zugang der Kündigung spätestens	**Vertragsbeendigung zum**
Am 1. bis 15. eines Monats	Ablauf dieses Monats
am 16. bis letzten Tag eines Monats	Ablauf des folgenden Monats

dd) Kündigung einer Werkmietwohnung[6] durch den Vermieter nach Beendigung des Dienstverhältnisses[7] (§ 576 BGB)

25

Zugang der Kündigung spätestens am 3. Werktag des Monats	Überlassungsdauer von weniger als 10 Jahren und der Wohnraum wird für einen anderen zur Dienstleistung Verpflichteten benötigt (§ 576 Abs. 1 Nr. 1 BGB)	Mietverhältnis wurde vor dem 1.9.1993 eingegangen bei einer Überlassungsdauer von weniger als 10 Jahren und der Wohnraum wird für einen anderen zur Dienstleistung Verpflichteten dringend benötigt (§ 565c S. 1 Nr. 1b BGB) und die Kündigung vor dem 1.9.2001 zugeht	Vorliegen einer funktionsgebundenen Werkmietwohnung,[8] die aus dem gleichen Grund für einen anderen zur Dienstleistung Verpflichteten benötigt wird (§ 576 Abs. 1 Nr. 2 BGB)
Januar	31.3.	28.(29.)2.	31.1.
Februar	30.4.	31.3.	28.(29.)2.
März	31.5.	30.4.	31.3.
April	30.6.	31.5.	30.4.
Mai	31.7.	30.6.	31.5.
Juni	31.8.	31.7.	30.6.
Juli	30.9.	31.8.	31.7.
August	31.10.	30.9.	31.8.
September	30.11.	31.10.	30.9.
Oktober	31.12.	30.11.	31.10.
November	31.1.	31.12.	30.11.
Dezember	28.(29.)2.	31.1.	31.12.

(1) für den Vermieter

26

Tatbestand	Zugang der Kündigung spätestens	Vertragsbeendigung zum	Rechtsgrundlage	Besonderheiten
Mietvertrag über mehr als 30 Jahre nach Ablauf dieses Zeitraumes	zum 3. Werktag eines Monats	Ablauf des übernächsten Monats	§ 544 BGB	
Tod des Mieters	zum 3. Werktag eines Monats	Ablauf des übernächsten Monats	§ 564 BGB	Die Kündigungserklärung ist binnen Monatsfrist ab Kenntnis abzugeben.

[6] Kennzeichnend hierfür ist, dass neben dem Dienstvertrag ein selbständiger Wohnraummietvertrag besteht, der mit Rücksicht auf das Bestehen des Dienstverhältnisses abgeschlossen wurde. Demgegenüber findet die Wohnraumüberlassung bei einem Werkdienstverhältnis ihre Rechtsgrundlage ausschließlich in dem Dienstvertrag als Teil der Vergütung für geleistete Dienste (BAG WuM 1990, 284; 1990, 391). Bei Werkmietverträgen gelten die §§ 576–576a BGB, bei Werkdienstverträgen gilt Wohnraummietrecht nur unter den Voraussetzungen des § 576b BGB, also nicht bei der Überlassung möblierten Wohnraums an Alleinstehende.

[7] Bei einer Kündigung vor Beendigung des Dienstverhältnisses gelten keine Besonderheiten, sondern die allgemeinen Kündigungsfristen. Allerdings bedarf die Kündigung als zusätzliche Wirksamkeitsvoraussetzung der Zustimmung des Betriebs- bzw. Personalrates (§ 87 Abs. 1 Nr. 9 BetrVG, § 75 Abs. 2 Nr. 2 BPersVertrG).

[8] Hierfür ist Voraussetzung, dass das Dienstverhältnis seiner Art nach die Überlassung von Wohnraum fordert, der in unmittelbarer Beziehung oder Nähe zum Dienstort steht, zB Wohnungen für Pförtner und Hausmeister, Betriebsfeuerwehr, Klinikarzt, Pflegepersonal in Krankenhäusern bzw. Alten- und Pflegeheimen.

Tatbestand	Zugang der Kündigung spätestens	Vertragsbeendigung zum	Rechtsgrundlage	Besonderheiten
Tod des Mieters und Vorliegen eines wichtigen Grundes in der Person desjenigen (Gatten, Familien- oder Haushaltsmitglieds), der in das Mietverhältnis eingetreten ist	zum 3. Werktag eines Monats	Ablauf des übernächsten Monats	§ 563 Abs. 4 BGB	Die Kündigungserklärung ist binnen Monatsfrist ab Kenntnis abzugeben.
Erlöschen des Nießbrauchs – Kündigung durch den Eigentümer bei Begründung eines Mietverhältnisses durch den Nießbraucher	zum 3. Werktag eines Monats	Ablauf des übernächsten Monats	§ 1056 Abs. 2 BGB	Der Mieter kann eine angemessene Frist zur Erklärung über den Gebrauch des Kündigungsrechtes setzen; die Kündigung kann dann nur bis zum Ablauf dieser Frist erfolgen (§ 1056 Abs. 3 BGB).
Nacherbfall – Kündigung durch den Nacherben bei Begründung eines Mietverhältnisses durch den Vorerben	zum 3. Werktag eines Monats	Ablauf des übernächsten Monats	§ 2135 BGB	Der Mieter kann eine angemessene Frist zur Erklärung über den Gebrauch des Kündigungsrechtes setzen; die Kündigung kann dann nur bis zum Ablauf dieser Frist erfolgen (§§ 2135, 1056 Abs. 3 BGB).
Erlöschen des Erbbaurechts durch Zeitablauf – Kündigung durch den Eigentümer	zum 3. Werktag eines Monats	Ablauf des übernächsten Monats	§ 30 Abs. 2 ErbbauVO	Die Kündigung kann nur für einen der beiden ersten Termine erfolgen, für den sie zulässig ist. Im Übrigen kann der Mieter eine angemessene Frist zur Erklärung über den Gebrauch des Kündigungsrechtes setzen; die Kündigung kann dann nur bis zum Ablauf dieser Frist erfolgen (§ 30 Abs. 3 ErbbauVO).

Tatbestand	Zugang der Kündigung spätestens	Vertragsbeendigung zum	Rechtsgrundlage	Besonderheiten
26 Zuschlag in der Zwangsversteigerung[9] – Kündigung des Erstehers	zum 3. Werktag eines Monats	Ablauf des übernächsten Monats	§ 57a ZVG	Die Kündigung kann nur für den ersten Termin erfolgen, für den sie zulässig ist.
Zuschlag für ein Dauerwohnrecht in der Zwangsversteigerung – Kündigung durch den Ersteher	zum 3. Werktag eines Monats	Ablauf des übernächsten Monats	§ 37 Abs. 3 S. 2 WEG, § 57a ZVG	Die Kündigung kann nur für den ersten Termin erfolgen, für den sie zulässig ist.
Eröffnung des Insolvenzverfahrens über das Vermögen des Mieters[10] – nach Überlassung der Mietsache[11] – keine Kündigung, sondern Erklärung sui generis	zum 3. Werktag eines Monats	Ablauf des übernächsten Monats	§ 109 Abs. 1 S. 2 InsO[12]	

(2) für den Mieter

Tatbestand	Zugang der Kündigung spätestens	Vertragsbeendigung zum	Rechtsgrundlage	Besonderheiten
27 Modernisierungsankündigung des Vermieters	bis zum Ablauf des Monats, der auf den Zugang der Mitteilung folgt	Ablauf des nächsten Monats	§ 554 BGB	Der Vermieter hat die geplante Modernisierungsmaßnahme bis zum Ablauf der Mietzeit zu unterlassen.
Grundlose Verweigerung der Untervermietungserlaubnis[13]	zum 3. Werktag eines Monats[14]	Ablauf des übernächsten Monats	§ 540 Abs. 1 S. 2 BGB	
Mietvertrag über mehr als 30 Jahre	zum 3. Werktag eines Monats	Ablauf des übernächsten Monats	§ 544 BGB	

[9] Gleiches gilt, wenn der Insolvenzverwalter das vom Gemeinschuldner vermietete Objekt freiwillig veräußert (§ 111 InsO).

[10] Beim Insolvenzverfahren über das Vermögen des Vermieters nach Überlassung des Mietobjektes an den Mieter, steht weder diesem noch dem Insolvenzverwalter ein Sonderkündigungsrecht zu. Auch vor Überlassung der Mietsache hat der Insolvenzverwalter des Vermieters kein Erfüllungswahlrecht (arg. ex §§ 108, 38 InsO).

[11] Vor Überlassung des Mietobjektes können beide Parteien vom Vertrag zurücktreten, ggf. mit Schadensersatzfolgen (§ 109 Abs. 2 InsO).

[12] Dem Vermieter steht in diesem Fall ein Schadensersatzanspruch zu (§ 109 Abs. 1 S. 3 InsO), der allerdings nur Insolvenz- nicht Masseforderung ist.

[13] Der Verweigerung steht es gleich, wenn der Vermieter die Erlaubnis von Bedingungen abhängig macht, die weder § 553 BGB noch der Mietvertrag vorsehen (BGH NJW 1972, 1267), oder wenn der Vermieter eine angemessene Frist – etwa 2 Wochen – für die Erklärung der Erlaubnis fruchtlos verstreichen läßt (LG Nürnberg-Fürth WuM 1995, 587; AG Hamburg-Wandsbek WuM 1986, 314; AG Köln WuM 1998, 346).

[14] Die Kündigung braucht nicht etwa zum ersten Termin zu erfolgen, für den sie zulässig wäre. Dem Mieter wird vielmehr eine angemessene Überlegungsfrist zugebilligt (BGH NJW 1972, 1267). Allerdings sind Verwirkungsgesichtspunkte zu beachten.

Tatbestand	Zugang der Kündigung spätestens	Vertragsbeendigung zum	Rechtsgrundlage	Besonderheiten
nach Ablauf dieses Zeitraumes				
Tod des Mieters – Kündigung durch den/die Erben	zum 3. Werktag eines Monats	Ablauf des übernächsten Monats	§ 564 BGB	Die Kündigungserklärung ist binnen Monatsfrist ab Kenntnis abzugeben.
Tod des Mieters – Kündigung der überlebenden, Mitmieter	zum 3. Werktag eines Monats	Ablauf des übernächsten Monats	§ 563a Abs. 2 BGB	Die Kündigungserklärung ist binnen Monatsfrist ab Kenntnis abzugeben.
Mieterhöhung nach § 558 BGB[15]	bis zum Ablauf des zweiten Monats, der auf den Zugang des Erhöhungsverlangens folgt	Ablauf des übernächsten Monats	§ 561 Abs. 2 BGB	Die Mieterhöhung tritt im Fall der Kündigung nicht ein.
Mieterhöhung nach § 559 BGB[16]	zum 3. Werktag des Kalendermonats, von dem an der Mietzins erhöht werden soll	Ablauf des übernächsten Monats	§ 561 Abs. 2 BGB	Die Mieterhöhung tritt im Fall der Kündigung nicht ein.
Einseitige Mieterhöhung bei preisgebundenem Wohnraum nach § 10 WoBindG	zum 3. Werktag des Kalendermonats, von dem an der Mietzins erhöht werden soll	Ablauf des nächsten Monats	§ 11 WoBindG	Die Mieterhöhung tritt im Fall der Kündigung nicht ein.

e) Checkliste: Fortsetzungsverlangen des Mieters (§§ 574–574c, 575, 575a BGB, → § 28, § 29)

☐ unbefristeter Mietvertrag 28
- Ordentliche Vermieterkündigung oder außerordentliche Kündigung mit gesetzlicher Frist, nicht Wohnraum gem. § 576a Abs. 2 BGB oder § 549 Abs. 2 BGB.
- Formalien und grds. Wirksamkeit Kündigung prüfen (siehe „Checkliste ordentliche Vermieterkündigung").
- Kündigungsgrund („berechtigtes Interesse") Vermieter gegeben und mitgeteilt, falls nicht nachträglich entstanden (§ 574 Abs. 3 BGB) oder entbehrlich (§§ 573a, 573b, 564 BGB).
- Kein „wichtiger" Kündigungsgrund, der außerordentliche fristlose Vermieterkündigung rechtfertigt.
- Hinweis auf Widerspruchsrecht im Kündigungsschreiben
  - falls ja: Widerspruch mindestens 2 Monate vor Ablaufdatum Mietverhältnis gem. Kündigungsschreiben.
  - falls nein: Widerspruch spätestens im ersten Termin des Räumungsrechtsstreits.
- Schriftform (§§ 574b Abs. 1 S. 1, 126 BGB).

[15] Das Kündigungsrecht besteht unabhängig davon, ob das Mieterhöhungsbegehren des Vermieters wirksam oder unwirksam ist.

[16] Das Kündigungsrecht besteht unabhängig davon, ob das Mieterhöhungsbegehren des Vermieters wirksam oder unwirksam ist.

- Bei Vermieterverlangen: Begründung Widerspruch durch den Mieter (§ 574b Abs. 1 S. 2 BGB).
- Fortsetzungsverlangen mit Angabe gewollter Fortsetzungsdauer, ggf. unbefristete Fortsetzung.
- Vorliegen Härtegründe – Beendigung Mietverhältnis für Mieter/Familie/Haushaltsmitglieder (zu einem bestimmten Zeitpunkt) unzumutbar, zB
  - kein angemessener Ersatzwohnraum zu zumutbaren Bedingungen, ggf. Nachweis vergeblicher Bemühungen ab Zugang einer nicht offensichtlich unbegründeten Kündigung;
  - ohnehin innerhalb ca. 2 Jahren geplanter Umzug (Gründe u.a.: dann veränderter Bedarf oder Kauf/Errichtung eigenen Wohnraums) – zweimaliger Zwischenumzug nicht zumutbar;
  - Alter des Mieters, Familien- oder Haushaltsmitglieds;
  - Krankheit des Mieters, Familien- oder Haushaltsmitglieds.
- Ggf. Zustimmung Mieter zu Änderung der Mietvertragsbedingungen, sofern für Vermieter unzumutbar.

☐ wiederholtes Fortsetzungsverlangen (§ 574c BGB)
- Fortsetzung durch Einigung oder Urteil und
  - Eintritt wesentlicher neuer Umstände (u. a. verzögerte Fertigstellung eigenen Wohnraums): erneutes befristetes Fortsetzungsverlangen oder
  - Wegfall von wesentlichen Umständen, die für Befristung der Fortsetzung maßgeblich waren: unbefristetes Fortsetzungsverlangen.
- unbefristete Fortsetzung durch Urteil und erneute Vermieterkündigung und
  - keine oder nur unerhebliche Veränderung der Umstände: unbefristetes Fortsetzungsverlangen (Form und Frist wie vorstehend) oder
  - erhebliche Veränderung Umstände: Fortsetzungsverlangen gem. § 574 BGB (alle Voraussetzungen wie oben dargestellt).

☐ befristetes Mietverhältnis
- Beendigung durch Zeitablauf (§ 575 Abs. 2 und 3 BGB)
  - Befristung Mietverhältnis vereinbart, insbes. Befristungsgrund gem. § 575 Abs. 1 Nr. 1, 2 oder 3 BGB;
  - kein Mietverhältnis gem. § 549 Abs. 2 oder 3 BGB;
  - schriftliche Angabe Befristungsgrund bei Vertragsabschluss;
  - schriftliches Mieterverlangen: Mitteilung durch Vermieter frühestens drei Monate vor vereinbartem Vertragsende, ob Befristungsgrund noch besteht;
  - verzögerter Eintritt Befristungsgrund: Verlängerungsanspruch für Verzögerungsdauer; Wegfall Befristungsgrund: Verlängerungsanspruch auf unbestimmte Zeit; Beweislast für Eintritt des Befristungsgrunds und die Verzögerungsdauer: Vermieter.
- außerordentliche befristete Kündigung (§ 575a BGB)
  - Befristung Mietverhältnis vereinbart, insbes. Befristungsgrund gem. § 575 Abs. 1 Nr. 1, 2 oder 3 BGB;
  - Kündigungsgrund („berechtigtes Interesse") Vermieter gegeben und mitgeteilt, falls nicht nachträglich entstanden (§ 574 Abs. 3 BGB) oder entbehrlich wegen §§ 573a, 573b BGB oder weil Wohnraum iSv § 549 Abs. 2, 3 BGB;
  - Fortsetzungsverlangen Mieter wie oben mit der Maßgabe, dass Bestandsschutz/Fortsetzung des Mietverhältnisses nur bis zum Ablauf der vereinbarten Vertragslaufzeit verlangt werden kann;
  - bei Vertragsablauf Vorgehen wie vorstehend möglich.

6. Prozessuales

a) Checkliste: Klage auf Mieterhöhung nach § 558 BGB (→ § 23 und → § 38)

29 ☐ Zuständigkeit des Amtsgerichts, in dessen Bezirk sich die Mietsache befindet (vgl. § 29a ZPO).

☐ Kläger = alle natürlichen oder juristischen Personen, die das Mieterhöhungsverlangen abgegeben haben bzw. in deren Namen das Mieterhöhungsbegehren abgegeben wurde = alle Vermieter.

☐ Beklagte = alle Empfänger des Mieterhöhungsverlangens = alle Mieter.

☐ Klagantrag = Leistungsantrag auf Abgabe einer Willenserklärung = Zustimmung zur verlangten Mieterhöhung.

☐ Im Antrag genaue Bezeichnung des Mietverhältnisses, Bezifferung des neuen Mietbetrages unter der weiteren Angabe, ob es sich um eine Grund- oder (Teil-)Inklusivmiete handelt, und Angabe des Zeitpunktes, ab dem die neue, erhöhte Miete geschuldet wird.

- ☐ Begründung des Erhöhungsanspruchs durch schlüssiges und substantiiertes sowie beweisbewehrtes Vorbringen zu den Voraussetzungen des § 558 BGB:
  - Wohnraummietverhältnis, sofern nicht § 549 Abs. 2, 3 BGB eingreift (Mietvertrag in Ablichtung beifügen);
  - kein vereinbarter oder konkludenter Mieterhöhungsausschluss (§ 557 Abs. 3 BGB);
  - 1-jährige Wartefrist seit der letzten Mieterhöhung (außer nach §§ 559 und 560 BGB) ist abgelaufen;
  - Miete zum Zeitpunkt des Wirksamwerdens der erhöhten Miete seit mindestens 15 Monaten unverändert;
  - Bezugnahme auf das in Ablichtung vorzulegende Erhöhungsbegehren;
  - Überlegungsfrist für den Mieter verstrichen ohne Zustimmung;
  - die aktuell geschuldete Miete liegt unterhalb der ortsüblichen Vergleichsmiete;
  - die verlangte, erhöhte Miete übersteigt nicht die ortsübliche Vergleichsmiete (Beweismittel: gerichtliches Sachverständigengutachten):
    - beim einfachen Mietspiegel als Begründungsmittel (§ 558c BGB): Ausführungen zur richtigen Einstufung unter Sachverständigenbeweisantritt;
    - beim qualifizierten Mietspiegel (§ 558d BGB): Vermutungswirkung der Richtigkeit; Angabe der daraus ersichtlichen Daten auch dann, wenn die Mieterhöhung auf ein anderes Begründungsmittel gestützt wird; insoweit Sachverständigenbeweisantritt;
    - bei der Mietdatenbank (§ 558e BGB): Auszug vorlegen und unter Sachverständigenbeweis stellen;
    - beim Sachverständigengutachten als Begründungsmittel: Gutachten in Ausfertigung vorlegen und dessen Richtigkeit vorsorglich unter Sachverständigenbeweis stellen;
    - beim Begründungsmittel drei Vergleichswohnungen: eingehender, sachverständigenbeweisbewehrter Vortrag zu der Vergleichbarkeit der Wohnwertmerkmale: Art, Größe, Ausstattung, Beschaffenheit und Lage;
  - Ausführungen zur Einhaltung der Kappungsgrenze.
- ☐ Streitwert: 12-facher Jahresbetrag der begehrten Mieterhöhung (§ 41 Abs. 5 GKG).
- ☐ Gerichtskostenvorschuss.

b) Checkliste: Klage auf Mieterhöhung nach §§ 559, 559c, 559e BGB (→ § 23)

- ☐ Zuständigkeit des Amtsgerichts, in dessen Bezirk sich die Mietsache befindet (vgl. § 29a ZPO). 30
- ☐ Kläger = alle natürlichen oder juristischen Personen, die das Mieterhöhungsverlangen abgegeben haben bzw. in deren Namen das Mieterhöhungsbegehren abgegeben wurde = alle Vermieter.
- ☐ Beklagte = alle Empfänger des Mieterhöhungsverlangens = alle Mieter.
- ☐ Klagantrag = Leistungsantrag auf Zahlung der bislang fälligen Mieterhöhungsbeträge, ggf. mit Klage auf zukünftige Leistung nach § 259 ZPO.
- ☐ Begründung des Erhöhungsanspruchs durch schlüssiges und substantiiertes sowie beweisbewehrtes Vorbringen zu den Voraussetzungen des § 559 BGB:
  - Wohnraummietverhältnis, sofern nicht § 549 Abs. 2, 3 BGB eingreift (Mietvertrag in Ablichtung beifügen);
  - kein vereinbarter oder konkludenter Mieterhöhungsausschluss (§ 557 Abs. 3 BGB);
  - durchgeführte baulichen Maßnahmen durch den Vermieter als Bauherrn mit Vorliegen der jeweiligen Voraussetzungen nach § 555b Nr. 1, 3, 4, 5 oder 6 BGB hat (Beweismittel: Rechnungen sowie für die Folgen Sachverständigenbeweis);
  - keine Härte iSv § 559 Abs. 4 und 5 BGB;
  - Berechnung und Erläuterung aller für die Wohnung aufgewandten Kosten, ggf. unter Abzug fiktiver Kosten einer gleichzeitig erfolgten Instandsetzung bzw. von Zuschüssen aus öffentlichen Haushalten bzw. der Finanzierungsinstitute des Bundes/der Länder oder derjenigen Beträge, die vom Mieter bzw. für diesen von einem Dritten übernommen werden (Verweis auf bereits beigefügte Rechnungen und Vorlage einer Alternativberechnung für die fiktiven Kosten der reinen Instandsetzung bzw. Vorlage von Nachweisen über etwa erhaltene Zuzahlungen Dritter) – § 559a Abs. 1 BGB;
  - Die verlangte Miete beträgt 8 % des so konkret für die Wohnung bezifferten Betrag jährlich, ggf. unter Berücksichtigung von Abzügen bei Inanspruchnahme zinsverbilligter oder zinsloser Darlehen aus öffentlichen Haushalten oder der Finanzierungsinstitute des Bundes bzw. der Länder, bei Annuitätshilfen oder bei Darlehen oder Mietvorauszahlungen des Mieters oder

eines Dritten für den Mieter (für letzteres Beweismittel in Ablichtung beifügen) – § 559a Abs. 2, 3 BGB;
- Ausführungen zur Einhaltung der Kappungsgrenze – § 559 Abs. 3a BGB
- Ggf. Ausführungen bei Wahl des vereinfachten Verfahrens nach § 559c BGB
- Ggf. Ausführungen bei Wahl des Verfahrens nach § 559e BGB
- Wirksamwerden der erhöhten Miete, grundsätzlich vom Beginn des auf die Erklärung folgenden dritten Monats, beachte aber § 559b Abs. 2 S. 2 BGB:
  - Ausnahme 1: Verlängerung um 6 Monate, wenn die tatsächliche Mieterhöhung mehr als 10 % über der in der Modernisierungsankündigung nach § 555c BGB prognostizierten Mieterhöhung lag;
  - Ausnahme 2: Verlängerung um 6 Monate, wenn der Vermieter dem Mieter keine Modernisierungsankündigung unter Erfüllung der Voraussetzungen des § 555c Abs. 1 und 3–5 BGB zukommen ließ.

☐ Streitwert: Betrag der begehrten Zahlung, ggf. zuzüglich des Jahresbetrages der begehrten zukünftigen Leistung iSv § 259 ZPO.
☐ Gerichtskostenvorschuss.

c) Checkliste: Klage auf Erhöhung einer Betriebskostenpauschale bzw. eine (Teil-) Inklusivmiete nach § 560 BGB (→ § 24)

31 ☐ Zuständigkeit des Amtsgerichts, in dessen Bezirk sich die Mietsache befindet (vgl. § 29a ZPO).
☐ Kläger = alle natürlichen oder juristischen Personen, die das Mieterhöhungsverlangen abgegeben haben bzw. in deren Namen das Mieterhöhungsbegehren abgegeben wurde = alle Vermieter.
☐ Beklagte = alle Empfänger des Mieterhöhungsverlangens = alle Mieter.
☐ Klagantrag = Leistungsantrag auf Zahlung der bislang fälligen Mieterhöhungsbeträge, ggf. mit Klage auf zukünftige Leistung nach § 259 ZPO.
☐ Begründung des Erhöhungsanspruchs durch schlüssiges und substantiiertes sowie beweisbewehrtes Vorbringen zu den Voraussetzungen des § 560 BGB:
- Wohnraummietverhältnis, sofern nicht § 549 Abs. 2, 3 BGB eingreift und im Hinblick auf § 557 Abs. 3 BGB
  - kein vereinbarter oder konkludenter Mieterhöhungsausschluss;
  - keine Betriebskostenpauschale ohne wirksamen Erhöhungsvorbehalt;
  - In am 1.9.2001 bestehenden Mietverträgen keine (Teil-)Inklusivmiete ohne wirksamen Erhöhungsvorbehalt (Mietvertrag in Ablichtung beifügen) – vgl. Art. 229 § 3 Abs. 4 EGBGB.
- Die aktuellen jährlichen Betriebskosten liegen über den Betriebskosten p. a. bei Mietvertragsabschluss (Nachweise beifügen).
- Die Kostensteigerungen wurden getrennt nach den umgelegten bzw. umlagefähigen Betriebskostenpositionen aufgeschlüsselt und
- der Grund für die Umlage wurde bezeichnet und erläutert, insbes. die Betriebskosten zum Zeitpunkt des Mietvertragsabschlusses bzw. der letzten Anpassung, die heutigen Betriebskosten, der Grund der Kostensteigerung, der zu verzeichnende Erhöhungsbetrag, der vereinbarte Umlageschlüssel und der konkret auf den Mieter entfallende, umzulegende Kostenanteil (das Erhöhungsbegehren in Ablichtung beifügen).
- Wirksamwerden der erhöhten Miete ab dem Ersten des auf das Mieterhöhungsbegehrens folgenden übernächsten Monats beachtet; nur ausnahmsweise Rückwirkung, sofern sich auch die Betriebskosten rückwirkend erhöht haben unter den Vorgaben des § 560 Abs. 2 S. 2 BGB.

☐ Streitwert: Betrag der begehrten Zahlung, ggf. zuzüglich des Jahresbetrages der begehrten zukünftigen Leistung iSv § 259 ZPO.
☐ Gerichtskostenvorschuss.

d) Checkliste: Räumungsklage in Wohnraummietsachen (→ § 38)

32 ☐ Ausschließliche Zuständigkeit des Amtsgerichts, in dessen Bezirk sich die Mietsache befindet (§ 29a ZPO).
☐ Kläger = alle natürlichen oder juristischen Personen, die gekündigt haben = alle Vermieter.
☐ Beklagte sind alle Nutzer der Mietsache, unabhängig von ihrer Stellung als Vertragspartei auf Mieterseite.

- ☐ Klagantrag auf Räumung und Herausgabe mit genauer Beschreibung der Mietsache(n) wegen Vollstreckungsfähigkeit und Bezeichnung der Schlüssel.
- ☐ Begründung des Räumungsanspruchs durch schlüssiges und substantiiertes Vorbringen zu den Voraussetzungen des § 546 BGB (und zu § 985 BGB, wenn Kläger zugleich Eigentümer):
  - Bestehen eines Wohnraummietverhältnisses (Vorlage des Mietervertrages in Ablichtung);
  - Grund der Vertragsbeendigung, im Fall der Kündigung unter Vorlage des Kündigungsschreibens (Zugangsnachweis) und beweisbewehrtem Vortrag zu den Kündigungsgründen sowie bei ordentlicher bzw. außerordentlicher befristeter Vermieterkündigung und einem zulässigen, begründeten Fortsetzungsverlangen des Mieters auch zur Sozialklausel;
  - Einhaltung der Kündigungsfrist, wenn noch nicht abgelaufen, Voraussetzungen des § 259 ZPO darlegen;
  - Ausschluss oder Beachtung von § 545 BGB.
- ☐ Ggf. Ausführungen zu einer Räumungsfrist, falls außergerichtlich bereits Mieterwiderspruch gem. §§ 574 ff. BGB.
- ☐ Streitwert: Jahresmiete nach § 41 Abs. 2 GKG.
- ☐ Gerichtskostenvorschuss.

7. Mandatsabschluss

Checkliste: Mandatsabschluss

- ☐ Abrechnung gegenüber Mandant bzw. Rechtsschutzversicherung. 33
- ☐ Abwicklung etwaiger Kostenerstattungsansprüche der Gegenpartei bzw. gegenüber der Gegenpartei unter Herausgabe bzw. Herausverlangen der entwerteten Originaltitel.
- ☐ Bei Obsiegen und zunächst fruchtloser Zwangsvollstreckung Herausnahme der Originaltitel aus der im Übrigen beendeten Akte zur künftigen Vollstreckung in Absprache mit dem Mandanten u. a. über Zeitpunkt, Art der Vollstreckungsmaßnahme und Höhe der zu vollstreckenden (Teil-) Forderung sowie Sicherstellung der künftigen Übermittlung aller für eine erfolgreiche Vollstreckung maßgeblichen Informationen über den Schuldner.
- ☐ Abschlussschreiben an Mandant ggf. nebst Angebot nachwirkender Mandatsbetreuung (zB Aktualisierungen etwa der vom Mandanten verwendeten Formulare bei Änderungen in Rechtsprechung und/oder Gesetzgebung).
- ☐ Soweit nicht bereits bei Mandatsannahme oder während der -bearbeitung erfolgt, Speichern der Daten des Mandanten für die weitere Betreuung in dem jeweiligen Rechtsgebiet (zB Mandantenrundschreiben).
- ☐ Aktenablage (Aufbewahrungsfrist ggf. jetzt auch nicht nur steuer- sondern auch zivilrechtlich wegen entsprechender maximaler Verjährung bis zu 30 Jahren – str., vgl. § 199 Abs. 3 BGB).

§ 2 Rechtsschutzversicherung

Übersicht

Schrifttum:

Beckmann/Matusche-Beckmann, Versicherungsrechts-Handbuch, 4. Aufl. 2025; Harbauer, Rechtsschutzversicherung, 9. Aufl. 2018; Höra/Schubach, Münchener Anwaltshandbuch Versicherungsrecht,

5. Aufl. 2022; van Bühren/Plote, Allgemeine Bedingungen für die Rechtsschutzversicherung: ARB, 3. Aufl. 2013; Schneider, Rechtsschutz für Anfänger, 2. Aufl. 2017.

I. Einleitung

Bei Mandatsannahme sollte der Mandant so bald als möglich nach dem Bestehen einer Miet- bzw. Vermieterrechtsschutzversicherung befragt werden. Dies ist bereits bei dem ersten persönlichen oder telefonischen Kontakt sinnvoll. Dann kann der Mandant zum ersten Besprechungstermin die Unterlagen bereits mitbringen. Dadurch kann schnell darüber Klarheit geschaffen werden, ob der Mandant selbst oder dessen Rechtsschutzversicherung das Kostenrisiko trägt. Entsprechend ist dies dann bei der Beratungsdauer über das Kostenrisiko zu berücksichtigen. 1

Im Übrigen darf nicht übersehen werden, dass für den Rechtsanwalt eine Deckungszusage vom Rechtsschutzversicherer dazu führt, dass er für den Gebührenausgleich einen zahlungskräftigen Partner hat. Da dies in der Praxis nach Einführung des RVG noch wichtiger ist, sollte dem Mandanten grundsätzlich zum Abschluss einer Miet- bzw. Vermieterrechtsschutzversicherung geraten werden. 2

Die Ausführungen unter → Rn. 5 ff. beziehen sich hauptsächlich auf die fast gleich lautenden § 29 ARB 75, § 29 ARB 94, § 29 ARB 2000 sowie § 29 ARB 2002–2011. Denn diese Rechtsschutzbedingungen liegen den meisten Rechtsschutzverträgen zugrunde und sind deshalb in der Praxis von Bedeutung. Auch die Formulierung in älteren Rechtsschutzbedingungen weichen nicht erheblich von § 29 ARB ab. Bei Zweifelsfällen wird auf die einschlägige Literatur, insbesondere *Harbauer,* 9. Aufl. 2018, verwiesen. Da mittlerweile jeder Rechtsschutzversicherer seine eigenen Bedingungen erstellen kann, wird der Vergleich in Zukunft immer schwieriger werden. Bei § 29 ARB sind die Abweichungen allerdings nicht erheblich. Auch wenn der Versicherer den § 29 ARB nicht mehr verwendet, sondern ihn zB als P 1 bezeichnet, bleiben die Formulierungen inhaltlich gleich. 3

Im Oktober 2012 wurden neue Musterbedingungen vom GDV erarbeitet. Diese sollen nun für Neuverträge von den Rechtsschutzversicherern verwendet werden. Im Wesentlichen hat sich dabei der Aufbau des Bedingungswerkes verändert. Jetzt werden die verschiedenen Leistungsarten in dem Baukastenprinzip dargestellt. Dies soll dazu führen, dass der Versicherungsnehmer nur noch diejenigen Versicherungsbedingungen erhält, die er auch versichert hat. Ist nur der Grundstücks- und Mietrechtsschutz versichert, wird nicht das gesamte Bedingungswerk, sondern nur der Baustein Miet- und Grundstückrechtschutz, überlassen. Ein Paradigmenwechsel ist die Ablösung der Paragraphen durch Ziffern. Obwohl die ARB 2012 nun schon seit sechs Jahren verwendet werden könnten, werden sie bislang in den Vertragsgestaltungen der Versicherer nur zu einem kleinen Teil zugrunde gelegt. Deshalb spielen sie in der Praxis weiterhin nur eine geringe Rolle. 4

II. Anmeldung des Rechtsschutzmandates

1. Freie Anwaltswahl, eigenständige Tätigkeit

Der Versicherungsnehmer kann gem. § 16 Abs. 1 ARB 75/§ 17 Abs. 1 ARB 94, 02–11, Ziffer 4.1.3 ARB 12 den von ihm beauftragten Rechtsanwalt selbst bestimmen und deshalb einen Rechtsanwalt seiner Wahl mandatieren. Nach Ziffer 4 ARB 2012 führt jetzt das Nichtabstimmen der Anwaltsbeauftragung mit dem Rechtsschutzversicherer zu einer Obliegenheitsverletzung. Obwohl die freie Anwaltswahl nach Ziffer 4.1.3 ARB 2012 besteht, dürfte diese Einschränkung mit dem Grundsatz der freien Anwaltswahl nach § 127 VVG nicht vereinbar sein.[1] Generell über die Einschränkungen der freien 5

[1] Maier r+s 2013, 105.

Rechtsanwaltswahl wird auf die Ausführungen → Rn. 53 f. hingewiesen. In der Praxis werden die meisten Fälle direkt durch den vom Versicherungsnehmer beauftragten Rechtsanwalt an die Rechtsschutzversicherung gemeldet.

6 Teilweise befragt der Versicherungsnehmer vor der Beauftragung des Rechtsanwaltes zur eigenen Absicherung vorher die Schadenabteilung seiner Rechtsschutzversicherung, ob er mit seinem Rechtsfall einen Rechtsanwalt beauftragen kann. In diesen Fällen kann dann in der Praxis davon ausgegangen werden, dass bei positiver Antwort des Versicherers Rechtsschutz übernommen wird.

Praxistipp:

Auf eine schriftliche Anmeldung des Leistungsanspruches und eine schriftliche Deckungszusage des Versicherers sollte aber auch hier nicht verzichtet werden. Letztere ist umso dringlicher erforderlich, wenn der Versicherungsagent des Mandanten oder dieser selbst von einer Deckungszusage durch die Schadenabteilung ausgeht. Denn eine fundierte Prüfung ist auf Grund deren Sachkenntnis nicht möglich.

7 Die Tätigkeit des anwaltlichen Vertreters gegenüber der Rechtsschutzversicherung ist grundsätzlich eine separate Tätigkeit nach § 15 RVG.[2] Die Rechtsschutzversicherung hat diese Gebühren nicht zu tragen. Dem Mandanten gegenüber werden sie unter Wettbewerbsgesichtspunkten oft nicht berechnet.

2. Die einschlägigen Rechtsbeziehungen

8 Rechtsbeziehungen bestehen zwischen dem Mandanten und dem Rechtsanwalt (**Geschäftsbesorgungsvertrag**) sowie dem Rechtsschutzversicherer und Versicherungsnehmer (**Versicherungsvertrag**).

9 Zwischen dem Rechtsanwalt und der Rechtsschutzversicherung besteht keine Rechtsbeziehung. Deshalb erwirbt er grundsätzlich keinen Zahlungsanspruch gegen den Rechtsschutzversicherer. Der Versicherungsnehmer hat aus dem Versicherungsvertrag einen sog. Freistellungsanspruch gegen den Rechtsschutzversicherer. Dies bedeutet, dass er vom Versicherer direkte Bezahlung an die Kostengläubiger verlangen kann. Selbstverständlich kann der Versicherungsnehmer auch selbst den Kostengläubiger befriedigen und sich dann die Kosten vom Versicherer erstatten lassen. Der Freistellungsanspruch wandelt sich dann in einen Erstattungsanspruch um.

10 Eine Ausnahme besteht in Form der **Advocard.** Legt der Mandant seine Rechtsschutzkarte vor und ist auf dieser das Bestehen des Rechtsschutzes für die selbstgenutzte Wohneinheit vermerkt, wird zumindest ein direkter Anspruch auf die angefallene Beratungsgebühr garantiert. Der Versicherer verzichtet hier auf die Einwendungen, dass kein Versicherungsvertrag mehr besteht oder die Prämie nicht rechtzeitig bezahlt wurde.

3. Verjährung des Rechtsschutzanspruchs

11 Der Anspruch auf Rechtsschutz verjährt 2 Jahre nach Eintritt eines Rechtsschutzfalles. Die Verjährungsfrist beginnt am Schluss des Kalenderjahres (§ 14 ARB 94/02/03 ff., § 12 Abs. 1 S. 1 VVG). Die Verjährung beginnt in der Regel dann, wenn erstmals eine gebührenpflichtige Tätigkeit des Rechtsanwalts vorliegt (Beratung).

12 Bei den Verjährungsvorschriften wird bei den ARB 75 auf **§ 12 Abs. 1 S. 1 VVG** verwiesen. Die Verjährung beginnt demnach gemäß der Rechtsprechung des BGH[3] erst mit dem Ende des Jahres, in dem die Leistungen verlangt werden können. Die Fälligkeit des Kostenbefreiungsanspruch nach § 2 Abs. 2 ARB 75 richtet sich danach, wann der Versicherungsnehmer wegen der Kosten in Anspruch genommen wurde. Verjährungs-

[2] MAH VersR/Lensing § 27 Rn. 101.
[3] BGH VersR 1971, 433.

beginn ist also in der Praxis die Klageerhebung oder die Mandatsbeendigung. Denn erst dann werden die Kosten fällig.

4. Obliegenheit

Der Mandant hat den Versicherer und seinen Rechtsanwalt gem. § 15 Abs. 1a–c ARB 75/§ 17 Abs. 5a–b ARB 94, Ziffer 4.1.1.2 ARB 2012 **wahrheitsgemäß und vollständig** über den Fall zu informieren.[4] Ebenfalls muss er den Fall unverzüglich (wie § 30 VVG) beim Versicherer anmelden. Die Verletzung dieser Obliegenheiten führt zu den Folgen wie unter → Rn. 57 ff. ausgeführt. In der Praxis spielen diese Obliegenheiten keine besondere Bedeutung, denn in der Regel informiert der Mandant den Versicherer ordnungsgemäß und der Versicherer beruft sich selten auf eine verspätete Meldung des Rechtsschutzmandates. 13

5. Erforderliche Versicherungsdaten

Der Mandant sollte mit den für das Mandat wichtigen Unterlagen auch seinen aktuellen **Versicherungsschein** und/oder seine **Rechtsschutzkarte** beilegen. Sofern es die überlassenen Unterlagen ermöglichen ist dann zu prüfen, ob § 29 ARB 75/94/2000–2012 versichert ist. In der Regel ist der Mietrechtsschutz bei den ARB 75 mit einem FVB (Familien-Verkehrs-Beratungs-Rechtsschutz) und bei den ARB 94 (ARB 2000 ff.) mit einem PBV (Privat-Berufs-Verkehrs-Rechtsschutz) verbunden. Die ARB 2012 sollten den Baustein Immobilien-Rechtsschutz enthalten. Bei § 28 ARB, einer Kombinationsversicherung für Selbständige, ist darauf zu achten, dass der Mietrechtsschutz im privaten und geschäftlichen Bereich ausgeschlossen werden kann. 14

Der **Vermieterrechtsschutz** kann, bzw. muss grundsätzlich separat versichert werden. Bei der Deckungsanfrage sind auch bei Vorliegen der Versicherungsscheinnummer der aktuelle Name des Versicherungsnehmers und die Anschrift (mit PLZ) mitzuteilen. Bei einem Übertragungsfehler der Versicherungsnummer wird dann eine Rückfrage des Versicherers vermieden. Des Weiteren ist der Name des Ehepartners oder Lebenspartners sehr hilfreich. Dies erleichtert das Auffinden der Versicherungsnummer bei Namensgleichheit und wenn der Mandant nicht weiß, ob er selbst Versicherungsnehmer oder nur Mitversicherter ist. Übrigens sind jetzt bei allen Rechtsschutzversicherern auch **gleichgeschlechtliche Lebenspartner** mitzuversichern. 15

6. Anschriften der Versicherungsgesellschaften

Soweit sich die Anschrift der Versicherungsgesellschaft nicht aus den überlassenen Unterlagen ergibt, sind diese über den Gesamtverband der Versicherer (Telefon 030-20 20 53 32 oder im Internet unter www.gdv.de) zu ermitteln. Die meisten Rechtsschutzversicherer bearbeiten die Schadenfälle zentral. Dies ist in der Regel der Ort ihres Hauptsitzes. Seit längerem besteht auch die Möglichkeit den Rechtsschutzfall elektronisch an den Rechtsschutzversicherer zu melden. Dies ist unter www.drebis.de möglich. Dieses Portal, an dem sich viele Rechtsschutzversicherer beteiligen, steht kostenlos zu Verfügung und bislang werden mit steigender Tendenz ca. 50 % der Rechtsschutzfälle so angemeldet. 16

Praxistipp:
Die elektronische Schadenmeldung über drebis führt zur schnelleren Bearbeitung der Rechtsschutzanfrage und zeitnahen Überweisung der Kostennoten.

[4] MAH VersR/Lensing § 27 Rn. 179.

7. Objektversicherung

17 a) **Gemietete Wohneinheit.** Besteht für den Versicherungsnehmer der Mietrechtsschutz nach § 29 ARB 75/94/2000, Ziffer 2.2.3 ARB 12, so geht der Rechtsschutzversicherungsvertrag bei Umzug des Versicherungsnehmers auf das neue, bezogene Objekt über, die 3-monatige Wartezeit (→ Rn. 28 ff.) entfällt. Auch der Umzug aus einer als Eigentümer bewohnten Wohneinheit in eine Mietwohnung führt zum Rechtsschutz aus dem neuen Mietverhältnis ohne Wartezeit. Es besteht deshalb grundsätzlich Rechtsschutz für Streitigkeiten aus dem bisherigen Miteigentumverhältnis und dem neuen Mietverhältnis. Dies bedeutet, dass beispielsweise Rechtsschutzdeckung für die fehlerhafte Nebenkostenabrechnung des Hausverwalters sowie Streitigkeiten mit dem neuen Vermieter nach Bezug des neuen Mietobjekts (ARB 75 Klausel zu § 29 ARB, § 12 Abs. 3 ARB 94, Ziffer 2.1.1 ARB 12) besteht.

18 Aus den genannten Paragraphen ergibt sich jedoch auch, dass Streitigkeiten aus dem neuen Mietverhältnis, zB nicht rechtzeitige Fertigstellung des Objekts zu Vertragsbeginn, nicht vom Versicherungsschutz umfasst sind, wenn der Mieter letztendlich das Objekt nicht bezogen hat. Denn nach den genannten Vorschriften muss der Mieter das neue Objekt bezogen haben.

19 Diese in der Praxis für den Versicherungsnehmer unverständliche Regelung kann nun aufgrund einer Empfehlung des Gesamtverbandes der Rechtsschutzversicherer vom Rechtsschutzversicherer korrigiert werden. Alle Rechtsschutzversicherer, die dieser Empfehlung folgen, gewähren gemäß § 12 Abs. 3 ARB 2000 ff., Ziffer 2.1.1 ARB 12 nunmehr auch hierfür Rechtsschutz.

20 b) **Vermietete Wohneinheit.** Für die betroffene Wohneinheit muss ein Vermieter-Rechtsschutz nach § 29 ARB 75/94/2000/2012 bestehen. Ist der Versicherungsnehmer lediglich in seiner Eigenschaft als Eigentümer versichert, hat er keinen Rechtsschutz für Auseinandersetzungen aus der Vermietung, zB seiner Einliegerwohnung oder einer separaten Dachwohnung. Der Versicherungsschutz ist oftmals schon an der Prämienhöhe erkennbar. Die Prämie als Eigentümer-, bzw. Mieter einer Wohneinheit wird pauschal berechnet (ca. 80 EUR). Die Prämie aus Vermietung ist eine flexible Prämie, die sich aus dem jeweils zugrunde gelegten Promillesatz aus der Jahresbruttomiete ergibt. Diverse Rechtsschutzversicherer bieten auch Pauschalprämien an, die dann bei circa 132–200,00 EUR liegen. Faustregel: Die Prämie für den Eigentümer-, bzw. Mieterrechtsschutz liegt unter 100 EUR die für den Vermieter weit darüber.

21 In der Regel verlangen die Rechtsschutzversicherer die Absicherung aller vom Versicherungsnehmer vermieteten Wohn- und Gewerbeeinheiten in einem Objekt. Dies verhindert die Einzelversicherung von maroden Mietverhältnissen.

8. Verschiedene Arten von Rechtsschutzfällen (Versicherungsfällen)

22 a) **Rechtsschutzfall.** Anspruch auf Rechtsschutz besteht nach Eintritt eines Rechtsschutzfalles von dem Zeitpunkt an, in dem der Versicherungsnehmer, der Gegner oder ein Dritter gegen Rechtspflichten oder Rechtsvorschriften verstoßen hat oder verstoßen haben soll (§ 4 Abs. 1c ARB 94/2000 ff., sinngemäß § 14 Abs. 3 ARB 75, Ziffer 2.4.3 ARB 12). Ein Verstoß ist das Handeln gegen eine gesetzliche oder vertragliche Verpflichtung, oder das Unterlassen eines rechtlich gebotenen Tuns.[5] Ein Rechtsverstoß liegt beispielsweise vor:

- Der Vermieter vereinbart mit dem Mieter einen Räumungstermin und der Mieter zieht trotzdem nicht aus. Der Mieter verstößt gegen die vereinbarte Räumungsfrist.
- Teilt der Mieter dem Vermieter definitiv vor dem Räumungstermin bereits mit, dass er nicht ausziehen werde, tritt der Rechtsschutzfall bereits zu diesem Zeitpunkt ein.

[5] BGH VersR 1985, 540.

- Es besteht ein 5-jähriges Mietverhältnis. Der Mieter zieht vor Ablauf des Mietverhältnisses ohne Rücksprache mit dem Vermieter aus. Der Mieter verstößt gegen die vertraglich vereinbarte Vertragsdauer.
- Der Mieter bezahlt den Mietzins nicht und verstößt damit gegen seine vertragliche Mietzahlungspflicht.
- Der Vermieter kümmert sich nicht um die Reparatur der ausgefallenen Heizung und verstößt damit gegen Mietvertragspflichten.
  Ein behaupteter Verstoß ist übrigens ausreichend.
- Der Vermieter kündigt das Mietverhältnis auf Grund einer Lärmbelästigung durch eine nächtliche Party. Ob die Lärmbelästigung überhaupt stattfand, ist für den Eintritt des Rechtsschutzfalles unerheblich.

b) Dauerverstoß. Ein Dauerverstoß (§ 14 Abs. 3 ARB 75, § 4 Abs. 2 S. 1 ARB 94/ 23
2000 ff., Ziffer 2.4.4 ARB 12) liegt dann vor, wenn der Verstoß über einen kürzeren oder längeren Zeitraum ohne Unterbrechung andauert.

- Der Vermieter überlässt von Anfang an eine mit Schimmelgeruch behaftete Mietwohnung.
- Der Mieter hört fast täglich über Zimmerlautstärke hinausgehende Musik.
- Der Mieter kommt seit Monaten nicht mehr seiner Mietzahlungsverpflichtung nach.

  Der Beginn des Dauerverstoßes ist hier maßgebend. Ebenfalls reicht hier die Behauptung einer Partei über das Vorliegen des Dauerverstoßes aus.

c) Mehrere Verstöße. Eine rechtliche Auseinandersetzung kann auch aus mehre- 24
ren, zeitlich aufeinander folgenden Rechtsverstößen entwickeln.[6] Gerade bei Dauerschuldverhältnissen wie dem Mietverhältnis kommt es häufig zu mehreren Rechtsverstößen. Im Übrigen spielt es keine Rolle, welcher Vertragspartner die Rechtsverstöße behauptet oder auslöst.

Gemäß § 14 Abs. 3 S. 2 ARB 75 und § 4 Abs. 2 S. 2 ARB 94/2000 ff., Ziffer 2.4.5 25
ARB 12 ist der erste ursächliche Verstoß entscheidend. Nur Rechtsschutzfälle, die ein Jahr vor Abschluss des Versicherungsvertrages eintreten, bleiben unberücksichtigt. Diese Regelung entfällt bei den ARB 2012. Sie wird wahrscheinlich trotzdem von einigen Versicherern beibehalten.

Praxistipp:
Vom Versicherer immer die dem Rechtsschutzfall zugrundeliegenden Versicherungsbedingungen mitteilen lassen.

- Eine formal unwirksame Eigenbedarfskündigung wird gegenüber dem Versicherungsnehmer später rechtswirksam wiederholt. Hier ist der Zeitpunkt der ersten Kündigung maßgebend, auch wenn sie formal unwirksam war.[7]
- Der Mieter wird vom Vermieter wegen Lärmbelästigung abgemahnt. Ein halbes Jahr später kommt es zu einer fristlosen Kündigung des Vermieters wegen Zahlungsverzug. Da hier die adäquate Kausalität zwischen den Rechtsschutzfällen fehlt, handelt es sich zwar um mehrere Rechtsschutzfälle, mangels Kausalität bleibt der erste aber unberücksichtigt.
- Anders wäre der Fall zu bewerten, wenn der Vermieter beide Vorfälle zum Anlass nimmt, um das Mietverhältnis wegen „Unzumutbarkeit" zu kündigen.

  Dann ist der erste Versicherungsfall bereits die Lärmbelästigung.

d) Willenserklärung. Löst eine Willenserklärung, die vor Beginn des Versicherungs- 26
schutzes ausgesprochen wird, den Verstoß aus, besteht kein Rechtsschutz (§ 14 Abs. 3 ARB 75, § 4 Abs. 3a ARB 94/2000 ff., Ziffer 3.1.2 ARB 12). Unter Willenserklärung ist

---

[6] Vgl. hierzu van Bühren/Plote/Plote § 4 Rn. 51.
[7] Vgl. Harbauer/Cornelius-Winkler ARB 2010 § 4 Rn. 128.

jede mündliche, schriftliche oder auch stillschweigende Äußerung des Willens, der auf eine Rechtsfolge gerichtet ist, zu verstehen.[8]

- Kündigt der Vermieter wegen Eigenbedarf das Mietverhältnis und widerspricht der Mieter gegen diese Kündigung, ist der erste Rechtsschutzfall der Zeitpunkt der Kündigung. Für ein Mieterhöhungsverlangen ist dasselbe maßgebend.
- Kündigt der Mieter vor Abschluss des Versicherungsvertrages das Mietverhältnis und weigert er sich beim Auszug die verlangten Schönheitsreparaturen durchzuführen, kommt es auf den Zeitpunkt der ausgesprochenen Kündigung an.[9]

27 Da der BGH mit Urteil vom 4.7.2018 (NJW 2018, 2710) die obige Klausel wegen Intransparenz verworfen hat, können sich die Versicherer nicht mehr auf sie berufen. Näheres zu den Gründen und Auswirkungen bei Harbauer/Cornelius-Winkler ARB 2010 § 4 Rn. 201 f.

9. Wartezeit

28 Bei mietvertraglichen Streitigkeiten beginnt der Versicherungsschutz in der Regel nach Ablauf der 3-monatigen Wartezeit (§ 14 Abs. 3 ARB 75, § 4 Abs. 1 ARB 94/2000 ff., Ziffer 3.1.1 ARB 12).

29 Bei einigen Rechtsschutzversicherern besteht auch eine 6-monatige Wartezeit. Damit besteht für alle Rechtsschutzfälle die unter → Rn. 22–26 genannt sind und vor Ablauf der Wartezeit eingetreten sind, kein Rechtsschutz.

30 Die einzige Ausnahme ist jetzt nach § 4 Abs. 3a ARB 94/2000 ff., Ziffer 3.1.2 ARB 12 gegeben. Denn die Willenserklärung, die in der Wartezeit abgegeben wurde, führt nicht mehr zum Ausschluss des Rechtsschutzes. In der Praxis dürfte dies bei Kündigungen durch den Vermieter, bzw. Mieterhöhungen, relevant sein. Wenn der Mieter aber in der Wartezeit widerspricht, liegt der Versicherungsfall in der Wartezeit.

31 Des Weiteren kommt es nicht mehr allein auf die Abgabe der Willenserklärung an, wenn der Mieter behauptet, dass die Kündigung gleichzeitig einen behaupteten Rechtsverstoß darstellt. Dann wiederum liegt der erste Verstoß in der Wartezeit und führt zur Rechtsschutzablehnung.

10. Nachmeldefrist

32 Für alle Versicherungsfälle, die später als 2 Jahre (§ 4 Abs. 4 ARB 75) bzw. 3 Jahre (§ 4 Abs. 3b ARB 94/2000 ff., Ziffer 3.1.3 ARB 12) nach Beendigung des Versicherungsvertrags gemeldet werden, besteht kein Rechtsschutz. Es kommt hier nicht auf die Beendigung des gesamten Vertrages an. Wurde das Risiko gem. § 29 ARB separat gekündigt, läuft ebenfalls die 2- bzw. 3-jährige Frist.

11. Welche Unterlagen sind dem Versicherer vorzulegen?

33 a) **Allgemeines.** Der Versicherer benötigt die Versicherungsnummer sowie die Anschrift des Versicherungsnehmers, bei einer Zweitwohnung deren Anschrift. Beim Vermieterrisiko ist die Anschrift des betroffenen Objekts anzugeben. Bei **mehreren Auftraggebern** sind diese dem Versicherer bekannt zu geben. Wegen der mitversicherten Personen wird auf → Rn. 14 f. verwiesen. Der Versicherer sollte bereits bei der Anmeldung des Rechtsschutzfalles gebeten werden, die vertraglich vereinbarte **Selbstbeteiligung** mitzuteilen. Viele Rechtsschutzversicherer verzichten dann auf den Abzug der Selbstbeteiligung, wenn die Angelegenheit durch die Beratung erledigt wird.

34 b) **Beratung.** Der Versicherer ist über den Anlass des zugrunde liegenden Beratungsgesprächs zu informieren. Eine kurze Sachverhaltsschilderung, die den Eintritt des Rechtsschutzfalles darstellt, ist in der Regel ausreichend. Falls keine Erstberatungsgebühr gem. § 13 RVG iVm 2102 VV mehr vorliegt, ist dies zu begründen.

---

[8] Grüneberg/Ellenberger BGB Vor § 116 Rn. 1 ff.
[9] Harbauer/Cornelius-Winkler ARB 2010 § 4 Rn. 204.

35 c) **Weitergehende Tätigkeit.** Wird mit der Gegenseite korrespondiert, sollte dieses Anschreiben der Deckungsanfrage in Kopie beigelegt werden. Die Korrespondenz der Gegenseite sollte, soweit für den Eintritt des Rechtsschutzfalles von Bedeutung, ebenfalls in Kopie vorgelegt werden. Der **Mietvertrag** ist nur dann vorzulegen, wenn einzelne Positionen dort strittig sind.

> **Praxistipp:**
> Mit dem Anschreiben ist ein Gebührenvorschuss geltend zu machen. Denn dann werden spätere Einwendungen des Versicherers (zB Aufrechnung mit Prämienforderung) ausgeschlossen.

12. Kostentragungspflicht des Versicherers

36 a) **Gesetzliche Vergütung.** Die Vergütung des Rechtsanwaltes ist im RVG geregelt. Die Leistungen der Versicherer sind in den § 2 Abs. 1a ARB 75/§ 5 Abs. 1a ARB 94/2000 ff., Ziffer 2.3.1.2 ARB 12 geregelt. Der Versicherer übernimmt die gesetzliche Vergütung des Rechtsanwaltes, darüber hinaus gehende Honorarvereinbarungen gehen nicht zu Lasten des Versicherers.

37 b) **Gebühren eines Rechtsanwaltes, Anwaltswechsel.** Da der Versicherer die Kosten eines Rechtsanwaltes zu tragen hat, geht ein Rechtsanwaltswechsel grundsätzlich zu Lasten des Mandanten. Dies bedeutet zB, dass bereits vom Versicherer an den ersten Rechtsanwalt bezahlte Beratungsgebühren beim zweiten Rechtsanwalt angerechnet und nur noch die darüber hinaus gehenden Gebühren übernommen werden.

38 c) **Erstattung von Fahrtkosten.** Der Versicherer hat grundsätzlich keine Fahrtkosten nach § 13 RVG iVm VV 7003–7006 zu tragen. Dies deshalb, weil der Versicherer nur insoweit Kosten übernimmt, als diese bei einem am Gerichtsort zugelassenen Rechtsanwalt entstehen. Da bei diesem keine Gebühren nach § 13 RVG iVm 7003–7006 VV anfallen, ersetzt der Versicherer diese in der Regel nicht.

39 Wichtige Ausnahme sind Fahrtkosten zu Beweisterminen (Augenscheintermine), und wenn das zweitinstanzliche Gericht an einem anderen Ort ist. Bei beiden Fällen handelt es sich um erstattungsfähige gesetzliche Gebühren.[10] Bei Entfernungen von über 100 km trägt der Versicherer zusätzlich eine Korrespondenzanwaltsgebühr (→ Rn. 53).

40 d) **Mediationsverfahren.** Nach Ziffer 2.3.1.1 ARB 12 trägt der Rechtsschutzversicherer auch die Kosten für ein vorgeschaltetes Mediationsverfahren. Der Mediator muss allerdings vom Rechtsschutzversicherer vermittelt werden und die Kosten sind je nach Versicherer limitiert, zB 2.000 EUR.

41 Viele Rechtsschutzversicherer haben diese Leistung bereits ab den ARB 2007 aufgenommen. Gerade bei Streitigkeiten in Mietverhältnissen kann ein Mediationsverfahren eine sinnvolle Ergänzung sein.

III. Reaktion des Rechtsschutzversicherers

1. Rückfragen

42 Sofern die Schadenmeldung Rückfragen des Versicherers auslöst, ist die wirtschaftlichste Lösung die telefonische Nachfrage und gegebenenfalls sofortige Beantwortung der Frage des Versicherers. Die Durchwahlnummer der zuständigen Sachbearbeiter sind dem Schreiben des Rechtsschutzversicherers zu entnehmen. Dadurch kann am schnellsten geklärt werden, warum die Rückfrage erfolgte und eine Beantwortung kann evtl. telefonisch gegeben werden. Es ist zu beachten, dass jede unnötige Korrespondenz unwirtschaftlich ist.

---

[10] Vgl. Harbauer/Schneider ARB 2010 § 5 Rn. 63 f.

43 Da leider einige Rechtsschutzversicherer die direkte Kontaktaufnahme zum/zur Sachbearbeiter/in nicht mehr wünschen, sind dort nur noch Zentraltelefonnummern angegeben. Dann ist es sinnvoller, die Anfrage per Telefax oder E-Mail zu beantworten.

2. Ablehnungsgründe

44 a) **Allgemein.** Der Versicherer lehnt die Deckungszusage ab, da der Miet- bzw. der Vermieterrechtsschutz nicht oder nicht mehr versichert ist. Eine Prüfung erfolgt dann, falls vorhanden, mittels Durchsicht des Versicherungsscheines. Ist nach den vorliegenden Unterlagen das Risiko nicht versichert, besteht kein Rechtsschutz. Liegt keine Versicherungspolice vor, und ist der Mandant trotz der Ablehnung des Versicherers der Meinung, das Risiko versichert zu haben, müsste er sich vom Versicherer eine Ersatzpolice ausstellen lassen.

45 Bei Beachtung der Vorprüfung unter → Rn. 14 sind diese Ablehnungsschreiben im Vorfeld vermeidbar.

46 b) **Vorvertraglich bzw. Wartezeit.** Des Weiteren kann wegen Vorvertraglichkeit oder noch nicht abgelaufener Wartezeit die Deckungsablehnung erfolgen. Dies liegt daran, dass erfahrungsgemäß bei länger andauernden Mietverhältnissen der erste Rechtsverstoß der einen oder anderen Seite häufig nicht zugleich zum Konflikt führt, das Mietverhältnis aber stört. Deshalb wird der Rechtsschutzversicherungsvertrag häufig zu spät abgeschlossen. Zum Eintritt des Rechtsschutzfalls wird auf die Ausführungen unter → Rn. 22–26 verwiesen.

47 c) **Fehlender Rechtsschutzfall.** Im Übrigen kann es häufig am Eintritt eines Rechtsschutzfalles fehlen. Bei Mietverhältnissen liegt regelmäßig dann kein Rechtsschutzfall vor, wenn der Versicherungsnehmer das Kündigungsschreiben oder das Mieterhöhungsverlangen durch den Rechtsanwalt formulieren oder schreiben lässt.[11] Des Weiteren löst die generelle Frage, wie kann ich das Mietverhältnis lösen, keinen Rechtsschutzfall aus. Weitere Hinweise zum Rechtsschutzfall sind unter → Rn. 22 zu finden.

48 d) **Mangelnde Erfolgsaussichten.** Falls der Versicherer der Wahrnehmung der rechtlichen Interessen des Versicherungsnehmers keine hinreichenden Erfolgsaussichten zubilligt oder diese für ihn mutwillig erscheint, kann er bei unverzüglicher schriftlicher Mitteilung seine Leistungspflicht verneinen (§ 17 Abs. 1 ARB 75, § 3a ARB 2010, Ziffer 3.4.1.1 f. ARB 12). Mutwilligkeit könnte bei mietvertraglichen Streitigkeiten zB dann gegeben sein, wenn bei einem Mieterhöhungsverfahren (Streitwert 360 EUR) ein gerichtliches Sachverständigen-Gutachten für ca. 1.600 EUR in Auftrag gegeben werden soll. Bislang sind diese Fälle in der Regel vom Versicherer nicht abgelehnt worden. Aufgrund der Definition der Rechtsprechung des Begriffs mutwillig[12] wäre eine Rechtsschutzablehnung durchaus vertretbar.

49 Die Ablehnung der Erfolgsaussichten kann nicht nur auf Grund einer pauschalen Begründung erfolgen. Die Sach- und Rechtslage muss fallbezogen substantiiert dargelegt werden. Des Weiteren muss der Versicherer unverzüglich (2–3 Wochen) die Verneinung der Leistungspflicht zum Ausdruck bringen. Ansonsten verliert er analog § 121 BGB das Recht sich auf fehlende Erfolgsaussichten zu berufen.[13]

50 Widerspricht der Versicherungsnehmer der Auffassung des Versicherers, so kann er gem. § 17 Abs. 2 ARB 75, Ziffer 3.4 ff. ARB 12 seinen Rechtsanwalt beauftragen, einen sog. **Stichentscheid** durchzuführen. Es bedarf also keiner Deckungsklage gegen den Versicherer, sondern der Rechtsanwalt des Versicherungsnehmers trifft nach nochmaliger Prüfung der Sach- und Rechtslage die Entscheidung, ob die Erfolgsaussichten gegeben sind oder nicht.

51 Wie bei einem Schiedsverfahren sind beide Parteien an die Entscheidung gebunden. Da der beauftragte Rechtsanwalt die Erfolgsaussichten zunächst bejaht hat, wird er in

[11] Beckmann/Matusche-Beckmann VersR-HdB/Obarowski § 37 Rn. 419.
[12] Harbauer/Schmitt ARB 2010 § 3a Rn. 23.
[13] Harbauer/Schmitt ARB 2010 § 3a Rn. 6.

den meisten Fällen beim Stichentscheid auch die Erfolgsaussichten bejahen. Bei § 17 Abs. 2 ARB, Ziffer 3.4 ff. ARB 12 handelt es sich um eine für den Versicherungsnehmer vorteilhafte Vorschrift. Denn der Versicherer hat die Kosten des Rechtsanwaltes für die begründete Stellungnahme zu übernehmen. Die Vergütung beträgt in der Regel eine Gebühr zwischen 1–1,3 aus dem Kostenwert (Gerichts- und Anwaltskosten auf beiden Seiten).

Die Bindung an den Stichentscheid entfällt nur dann, wenn der Rechtsanwalt die Rechtslage gröblich verkennt.[14] Dies dürfte in der Praxis bei qualifizierter Prüfung der Sach- und Rechtslage durch den Rechtsanwalt selten der Fall sein. 52

Nach der Regelung in § 18 Abs. 2 ff. ARB 94 wird ein **Schiedsgutachterverfahren** durchgeführt. Da einige Versicherer auch bei den ARB 94 die Regelung des § 17 ARB 75 übernommen haben und viele Versicherer bei ihren ARB ab dem Jahre 2000 die alte Regelung wieder eingeführt haben, spielt dieses Verfahren in der Praxis eine untergeordnete Rolle. Wegen der Durchführung des Verfahrens wird auf *Harbauer*[15] verwiesen. 53

e) **Verzugsfolgen.** Lehnt der Versicherer die Deckung aus versicherungstechnischen Gründen ab, so bedeutet dies in der Regel, dass der Versicherungsnehmer bei Eintritt des Rechtsschutzfalles in Prämienverzug gem. §§ 38/39 VVG war. Hier kann nun geprüft werden, ob der Rechtsschutzfall zum Verzugszeitpunkt eingetreten ist und der Versicherungsnehmer nach § 39 VVG über die Verzugsfolgen unterrichtet wurde. Den Nachweis hierfür hat der Versicherer zu führen. 54

f) **Folgen der Ablehnung.** Lehnt der Versicherer den Versicherungsschutz ab, kann der Versicherungsnehmer gem. § 18 ARB 75/§ 19 ARB 94/2000 nur innerhalb von 6 Monaten nach der schriftlichen Mitteilung des Versicherers gerichtlich gegen den Versicherer vorgehen. Voraussetzung ist jedoch, dass der Versicherer in seinem Ablehnungsschreiben dem Versicherungsnehmer die Rechtsfolgen des Fristablaufes mitteilt. Bei der Ablehnung gem. § 17 Abs. 2 ARB 75 (→ Rn. 48) wird ebenso verfahren. In der Praxis werden die Rechtsfolgen dem Versicherungsnehmer nur selten mitgeteilt, deshalb beginnt auch die Verjährungsfrist nicht zu laufen. 55

g) **Ombudsmannverfahren.** Es handelt sich um ein kostenloses Verfahren zur Überprüfung der Entscheidung des Versicherungsunternehmens. Es empfiehlt sich, dieses Verfahren einem zunächst Kosten auslösenden Klageverfahren vorzuschalten. Denn auch nach Abschluss des Beschwerdeverfahrens steht der Klageweg offen. Weitere Hinweise zum Verfahren sind unter www.versicherungsombudsmann.de zu finden. 56

3. Deckungszusage

a) **Einfache Deckungszusage.** Die Rechtsschutzversicherung erteilt üblicherweise im Rahmen der allgemeinen Bedingungen für die Rechtsschutzversicherung (ARB) Kostenschutz. Nach ständiger Rechtsprechung ist die Deckungszusage ein deklaratorisches Schuldanerkenntnis. Der BGH[16] hält deshalb spätere Einwendungen für ausgeschlossen, die der Rechtsschutzversicherer bei Abgabe der Erklärung gekannt hat oder zumindest für möglich gehalten hat. Da die Deckungszusage für den Mandanten einen wichtigen Vertrauenstatbestand schafft, wird ersichtlich, wie wichtig die richtige Anmeldung des Schadenfalles ist. 57

b) **Erweiterte bzw. eingeschränkte Deckungszusage.** Die Deckungszusage kann durch Nachsätze teilweise erweitert oder eingeschränkt sein: 58

Zunächst ist auf die Korrespondenzanwaltsregelung einzugehen. Gemäß § 2 Abs. 1a ARB 75 und § 5 Abs. 1 ARB 94/2000 ff., Ziffer 2.3.1.2 ARB 12 trägt der Versicherer dann eine Korrespondenzanwaltsgebühr, wenn der Wohnort des Versicherungsnehmers mehr als 100 km vom Ort des zuständigen Gerichts entfernt liegt. Fahrtkosten zu mehr 59

---

[14] OLG Düsseldorf VersR 2006, 649 f.
[15] Harbauer/Schmitt ARB 2010 § 3a Rn. 36 ff.
[16] BGH VersR 1966, 1174.

als 100 km entfernten Gerichtsorten übernimmt der Versicherer in der Regel bis zur Höhe der Korrespondenzgebühr.[17]

60 Des Weiteren wird mit der Deckungszusage häufig mitgeteilt, dass die Mehrkosten, die sich auf Grund der Ortsverschiedenheit zwischen Anwalts- und Gerichtssitz ergeben, nicht zu Lasten des Rechtsschutzversicherers gehen. (Hier wird auf → Rn. 34–37 verwiesen.) Mit der Deckungszusage sollte ebenfalls die Höhe der Selbstbeteiligung mitgeteilt werden.

61 Ein **Aufrechnungsvorbehalt** bedeutet, dass der Versicherer mit noch rückständigen Versicherungsprämien des Versicherungsnehmers aufrechnen wird. Da kein Direktanspruch des Rechtsanwaltes gegen den Versicherer besteht (Ausnahme → Rn. 10), kann der Versicherer auch mit nach der Deckungszusage entstandenen Forderungen gegen den Versicherungsnehmer aufrechnen. Daher empfiehlt es sich, beim Versicherer Vorschüsse anzufordern.

62 Um die Gebühren mit dem Rechtsschutzversicherer in voller Höhe abrechnen zu können, ist der Mandant darauf hinzuweisen, seine Prämien auszugleichen. Des Weiteren läuft der Mandant auch noch Gefahr, auf Grund §§ 38, 39 VVG seinen Versicherungsschutz zu gefährden.

IV. Mandatsbegleitende Tätigkeit

1. Kostenauslösende Maßnahmen

63 a) **Abstimmung mit dem Versicherer.** Nach § 15 Abs. 1d, cc ARB 75/§ 17 Abs. 5c, aa, ARB 94/2000, Ziffer 4.1.1.3 ARB 12 sind kostenauslösende Maßnahmen mit dem Versicherer abzustimmen. Dazu gehören in der Praxis bei Mietrechtsmandaten die Erhebung von Klagen, die Einlegung von Rechtsmittel aller Art sowie der Erlass eines Mahnbescheides.[18]

64 **Einstweilige Verfügungen und Beweissicherungsverfahren** sind auf Grund der Eilbedürftigkeit nur dann abstimmungsbedürftig, wenn dadurch kein Rechtsnachteil droht. Trotzdem besteht die allgemeine Obliegenheitspflicht, sie unverzüglich dem Versicherer zu melden.

65 Nicht unerwähnt soll bleiben, dass gem. § 1 Abs. 1c ARB 75/§ 5 Abs. 1c ARB 94/2000 ff. Ziffer 2.3.1.3 ARB 12 nur vom Gericht beauftragte Sachverständigen-Gutachten übernommen werden. Deshalb werden beispielsweise außergerichtliche Gutachten, die zur Miethöhe oder Renovierungsbedürftigkeit der Wohnung herangezogen werden, nicht vom Rechtsschutzversicherer erstattet.

66 b) **Folgen der Nichtabstimmung.** Werden die kostenauslösenden Maßnahmen nicht mit dem Versicherer abgestimmt, handelt es sich um eine Obliegenheitsverletzung nach § 15 Abs. 2 ARB 75/§ 17 Abs. 6 ARB 94/2000 ff., Ziffer 4.1.5 ARB 12. Dem Wortlaut der ARB nach führt die fahrlässige Verletzung der Obliegenheit grundsätzlich zu keiner Leistungseinschränkung. Jedoch werden die unter → Rn. 57 ff. aufgeführten kostenauslösenden Maßnahmen regelmäßig als zumindest grob fahrlässige Obliegenheitsverletzungen eingestuft. Dann wird gemäß VVG eine Kostenquotelung entsprechend der Schwere der groben Fahrlässigkeit durchgeführt. Dazu näheres im *Harbauer.*[19]

67 Dies führt aber nur dann zur Leistungsfreiheit des Versicherers, wenn er bei rechtzeitiger Abstimmung der Kostendeckungszusage mangels Erfolgsaussichten (§ 17 Abs. 1 ARB 75/§ 18 Abs. 1b ARB 94/2000 ff., Ziffer 3.3.2 ARB 12) hätte ablehnen können. Insoweit wird auf die Ausführungen unter → Rn. 39–50 verwiesen.

Zu den Folgen der Obliegenheitsverletzung in ausführlicher Darstellung wird auf *Harbauer*[20] verwiesen.

[17] Schneider RSVers, 1. Aufl. 2011, Rn. 243.
[18] Vgl. van Bühren/Plote/Hillmer-Möbius ARB § 17 Rn. 11.
[19] Harbauer/Cornelius-Winkler ARB 2010 § 17 Rn. 105 ff.
[20] Harbauer/Cornelius-Winkler ARB 2010 § 17 Rn. 95 ff.

c) **Außergerichtlicher und gerichtlicher Vergleich.** Der gerichtliche oder außergerichtliche Vergleich muss mit dem Versicherer abgestimmt werden. Dies deshalb, weil in § 2 Abs. 3a ARB 75/§ 5 Abs. 3b ARB 94/2000 ff., Ziffer 3.3.2 ARB 12 geregelt ist, dass diejenigen Kosten nicht zu tragen sind, die nicht dem Obsiegen und Unterliegen entsprechen. Bei Unsicherheiten, ob die Kosten bei Abschluss des Vergleiches getragen werden, kann der Vergleichsabschluss mit dem Versicherer abgesprochen werden (→ Rn. 68 ff.). 68

2. Keine unnötige Korrespondenz

Soweit weitere außergerichtliche oder gerichtliche Korrespondenz geführt wird, sind diese Schriftsätze dem Versicherer grundsätzlich nicht vorzulegen. Auch Besprechungen und Verhandlungen, die zu keinem Ergebnis führen, sind nicht an den Versicherer weiterzuleiten. 69

V. Informationen und Unterlagen zur Abrechnung der Gebühren und Kosten

1. Rahmengebühren

Bei der Beratungsgebühr kann in der Regel die **Mittelgebühr** geltend gemacht werden. Werden über die Erstberatung hinaus Gebühren berechnet, sind die hierfür vorliegenden Voraussetzungen mitzuteilen. 70

Da die Rechtsschutzversicherer die vom Versicherungsschutz umfassten Fälle eher als unterdurchschnittlich ansehen, erstatten sie eine Gebühr zwischen 0,8-1,3 (RVG Nr. 2400 VV). Welche Kriterien für die Angemessenheit der Gebühr zugrunde gelegt werden, ist heute immer noch umstritten. 71

2. Streitwertabhängige Gebühren

Bei allen geltend gemachten Rechtsanwaltsgebühren ist zunächst der Streitwert zu erläutern. Sind mehrere Streitgegenstände vorhanden, können diese dann separat abgerechnet werden, wenn es sich um verschiedene Lebenssachverhalte handelt. Zu den Streitwerten verweise ich im Übrigen auf → § 3 Rn. 1 ff. dieses Buches. 72

Für den Nachweis der Geschäftsgebühr ist, falls noch nicht vorher vorgelegt, die **Korrespondenz** mit der Gegenseite einzureichen. Soll aufgrund durchgeführter Besprechungen die Rahmengebühr der Geschäftsgebühr erhöht werden, ist mitzuteilen, mit wem und wann die Besprechung stattgefunden hat. Da die Klageschrift oder Klageerwiderung in der Regel schon beim Versicherer vorgelegt wurde, ist ein besonderer Nachweis für die anfallende Terminsgebühr entbehrlich. Zum Anfall der Terminsgebühr genügt es, eine Kopie des Terminsprotokolls beizulegen. Ist in der Sache ein **Urteil** ergangen, genügt es in der Regel, dieses vorzulegen. 73

3. Vergleichsgebühr

Gemäß § 2 Abs. 3a ARB 75/§ 5 Abs. 3b ARB 94/2000, Ziffer 3.3.2 ARB 12 trägt der Versicherer diejenigen Kosten nicht, die auf Grund einer gütlichen Einigung nicht dem Verhältnis des Obsiegens zum Unterliegen entsprechen, bzw. nicht dem Verhältnis zum angestrebten Ergebnis entsprechen. Es soll damit sichergestellt werden, dass der Gegenseite keine Kostenzugeständnisse gemacht werden, um evtl. ein Entgegenkommen in der Hauptsache zu erreichen.[21] 74

Jedoch hat der BGH[22] vor kurzem entschieden, dass sich der Rechtsschutzversicherer bei einem außergerichtlichen Vergleich dann nicht auf die Vorschrift berufen kann, wenn der VN keinen materiell-rechtlichen Kostenerstattungsanspruch hat. 75

---

21 Maier r+s 2/2013, 571 f.

22 BGH VersR 2013, 232.

Praxistipp:

Es ist also darauf zu achten, dass insbesondere bei Zahlungsansprüchen das Verhältnis des Obsiegens zum Unterliegen gewahrt ist. Ansonsten erfolgt die Kostenabrechnung des Versicherers nur aus der entsprechenden Quote. In Zweifelsfällen sollte eine Kostenbeschluss nach § 91a ZPO beantragen werden.

76 Schwieriger stellt sich die Sachlage dann dar, wenn andere als Zahlungsansprüche im Raume stehen. Beispielhaft kann hier der Räumungsvergleich dargestellt werden. Hat der Gegner zB nach einer Räumungsfrist von 9 Monaten die Wohnung zu räumen, hat der Mandant zwar sein Prozessziel erreicht, muss darauf aber noch 9 Monate warten. In diesen Angelegenheiten ist es sehr schwierig zu beurteilen, zu welcher Quote gewonnen oder verloren wird. In der Praxis wird dann häufig eine Kostenaufhebung vereinbart. Um Schwierigkeiten mit dem Rechtsschutzversicherer bei der Abrechnung zu vermeiden, ist es deshalb sinnvoll, einen Kostenbeschluss nach § 91a ZPO zu beantragen. Sollte dann der Versicherer mit diesem Beschluss nicht einverstanden sein, kann er auf sein Kostenrisiko den Beschluss durch einen Rechtsanwalt anfechten lassen.

77 Im Übrigen ist es empfehlenswert, die Kostenregelung des Vergleiches telefonisch oder schriftlich mit dem Versicherer abzustimmen. Zur Erstattung der Einigungsgebühr wird das Vergleichsprotokoll oder der Wortlaut des Vergleichs mitgeteilt.

4. Gerichtskosten

78 Bei Abschluss eines Vergleichs nach vorherigem Klageverfahren ist darauf zu achten, dass bei Gericht die Rückerstattung der nichtverbrauchten Gerichtskosten beantragt wird und gleichzeitig der Versicherer davon Nachricht erhält.

79 Der Mandant ist darauf hinzuweisen, dass er Gerichtskostenrechnungen schnellstmöglich direkt oder über seinen Rechtsanwalt unter Angabe der Schadennummer an den Versicherer weiterleitet. Weiterhin sollte der Hinweis an ihn erfolgen, dass er zurückerstattete Gerichtskosten an den Versicherer weiterzuleiten hat.

5. Kostenausgleichsverfahren

80 Kostenfestsetzungsbeschlüsse mit den entsprechenden Anträgen sollten umgehend an den Versicherer weitergeleitet werden. Der Versicherer benötigt diese nicht nur zum Zahlungsausgleich an die Gegenseite, sondern auch bei Erstattungen durch die Gegenseite. Denn dies ermöglicht dem Versicherer die Prüfung der verauslagten Kosten und erleichtert den Abschluss der Akte.

VI. Checklisten

Checkliste: Anmeldung des Rechtsschutzfalles

81
- ☐ Versicherungsscheinnummer
- ☐ Name und Anschrift des Mandanten
- ☐ Ist Mandant selbst Versicherungsnehmer oder mitversicherte Person
- ☐ Verwandtschaftsverhältnis angeben
- ☐ Anschrift des betroffenen Objektes
- ☐ Darlegung des Rechtsschutzfalles (Versicherungsfall), also kurze Schilderung wodurch der Mandant oder Gegner gegen Rechtspflichten verstoßen hat oder verstoßen haben soll
- ☐ Bei dezentraler Schadenbearbeitung des Versicherers ist die zuständige Schadenstelle anzuschreiben; aufgrund der schnelleren Bearbeitung sollte diese telefonisch erfragt werden
- ☐ Anfrage beim Versicherer welche ARB zugrunde liegen und wie hoch die Selbstbeteiligung ist

- ☐ Bei Unklarheiten über den Versicherungsschutz aus wirtschaftlichen Gründen telefonisch oder per Telefax mit den Versicherern Kontakt aufnehmen
- ☐ Bei Ablehnung des Versicherungsschutzes vor Klageerhebung den Versicherungsombudsmann einschalten

Checkliste: Mandatsbegleitende Tätigkeit und Kostenabrechnung

- ☐ Rückfragen des Versicherers, falls möglich, telefonisch beantworten; falls nicht, per Telefax oder E-Mail 82
- ☐ Für kostenauslösende Maßnahmen erweiterte Rechtschutzzusage einholen (zB Klageerhebung)
- ☐ Außergerichtliche Gebühren
  Grundsätzlich ist die Mittelgebühr abzurechnen, wird davon abgewichen, dann ist dies zu begründen
  - Die Korrespondenz mit der Gegenseite ist vorzulegen
  - Der Anfall von Besprechungen ist zu erläutern
- ☐ Zur Abrechnung der Termins- und Einigungsgebühr ist das Terminsprotokoll oder der Vergleich vorzulegen
- ☐ Beim Vergleichsabschluss hat die Kostenquotelung dem Obsiegen zum Unterliegen zu entsprechen
- ☐ Es ist auf Gerichtskostenrückläufe, zB bei Klagerücknahme oder Vergleichsabschluss, an den Versicherer zu achten
- ☐ Kostenfestsetzungsbeschlüsse sind mit den jeweiligen Kostenanträgen und der Gerichtskostenschlussrechnung vorzulegen.

§ 3 Streitwerte und Kosten

Übersicht

I. Allgemeines

1 **Wertvorschriften,** die für die Bemessung der Streitwerte in Miet-, Pacht- oder ähnlichen Nutzungsangelegenheiten von Bedeutung sein können, finden sich im GKG, in der ZPO sowie im RVG. Speziell auf Miet-, Pacht- oder ähnliche Nutzungsverhältnisse

zugeschnitten ist dabei allein die Vorschrift des **§ 41 GKG**, wobei diese nur vier Arten von Streitgegenständen regelt, zum einen Rechtsstreitigkeiten, die das Bestehen oder die Dauer (Abs. 1) sowie die Beendigung (Abs. 2) eines Geschäfts- und Wohnraummietverhältnisses betreffen, zum anderen Ansprüche auf Mieterhöhung, Mängelbeseitigung, Vorschuss für Mängelbeiseitigungsmaßnahmen sowie auf Duldung von Modernisierungsmaßnahmen (Abs. 5). Ferner gilt **§ 8 ZPO** speziell für Miet- und Pachtverhältnisse. Die Norm regelt aber nur den Streit über das Bestehen oder die Dauer eines Mietverhältnisses.

Dies bedeutet, dass sich die übrigen von diesen Regelungsinhalten nicht erfassten Ansprüche im Miet- und Pachtrecht nach den allgemeinen Wertvorschriften richten. Dabei ist jedoch jeweils nach Sinn und Zweck zu prüfen, ob die Regelung des § 41 GKG auch für andere Ansprüche in analoger Anwendung heranzuziehen ist, oder ob tatsächlich die allgemeinen Wertvorschriften greifen. 2

Zu differenzieren ist stets zwischen **Zuständigkeitsstreitwert** (= Wert, der für die Abgrenzung der sachlichen Zuständigkeit maßgeblich ist), **Gebührenstreitwert** (= Wert, der für die Gerichts- und Anwaltsgebühren maßgeblich ist) und **Rechtsmittelstreitwert bzw. Beschwerdewert** (= Wert der Beschwer, dh das wirtschaftliche Interesse des Beschwerdeführers am Erfolg seines Rechtsmittels). Insoweit gilt § 41 GKG nur für die Wertfestsetzung zur Gebührenberechnung, während §§ 8 und 9 ZPO für die Wertfestsetzung zur Bestimmung der sachlichen Zuständigkeit und des Rechtsmittestreitwerts maßgeblich ist.[1] 3

In § 41 GKG ist seit 2004 § 41 Abs. 1 S. 2 GKG aufgenommen worden. Damit wird klargestellt, dass Zahlungen für Nebenkosten, die dem Vermieter zufließen, nur dann als Entgelt anzusehen sind, wenn er diese, ebenso wie das Grundentgelt, erkennbar als Gegenleistung für die Gebrauchsüberlassung erhält.[2] Durch diese Klarstellung wurde ein bis dahin herrschendender Streit in Rspr. und Lit. beendet. **Nebenkosten** sind für die Berechnung des Streitwerts folglich nur dann zu berücksichtigen, wenn es sich bei ihnen nicht um Vorauszahlungen mit periodischer Abrechnung handelt, sondern um eine fest vereinbarte Pauschale.[3] In allen anderen Fällen ist nur die vertraglich vereinbarte Nettokaltmiete bei der Streitwertfestsetzung zu berücksichtigen. 4

Aufgrund der wenigen Vorschriften und der verschiedenen Auffassungen sind Streitwertfragen im Wohnraummietverhältnis regelmäßig nicht einfach zu beantworten und einzelne Problempunkte werden insoweit auch von der Rspr. und der Lit. vollkommen unterschiedlich behandelt. Nachfolgend sind deshalb Streitwertprobleme, welche sich von der Anbahnung des Vertragsverhältnisses an bis zur Beendigung des Vertragsverhältnisses ständig auf dem Gebiet des Mietrechts stellen, zusammengestellt. Soweit eine unterschiedliche Behandlung des Gebührenstreitwerts, Zuständigkeitswerts oder Beschwerdewerts geboten ist, ist dies in den jeweiligen Abhandlungen zu finden. 5

II. Streitwerte im vorvertraglichen Verhältnis

1. Übersicht

6

Art des Anspruchs	Bemessung des Streitwerts
Störung von Rechtsgütern (→ Rn. 7)	Interesse des Gestörten = Kosten, die zur Beseitigung der Störung aufgewendet werden müssen
Beschädigung von Rechtsgütern (→ Rn. 7)	Höhe des Schadens
Verletzung von Aufklärungs- und Mitteilungspflichten (→ Rn. 9)	Interesse, das der Aufzuklärende an der Aufklärung hat = Schaden, der durch Nichtaufklärung entsteht

[1] Binz/Dörndorfer/Zimmermann GKG § 41 Rn. 1 mwN.
[2] Binz/Dörndorfer/Zimmermann GKG § 41 Rn. 8; BeckOK KostenR/Schindler § 41 Rn. 28.
[3] Binz/Dörndorfer/Zimmermann GKG § 41 Rn. 8; BeckOK KostenR/Schindler § 41 Rn. 28.

Art des Anspruchs	Bemessung des Streitwerts
Anspruch auf Abschluss eines Mietvertrags (→ Rn. 10)	hM: §§ 3, 9 ZPO (dreieinhalbfacher Jahresbetrag der Nettokaltmiete)

2. Störung und Schädigung von Rechtsgütern

7 In diesem Stadium der Entwicklung des Mietverhältnisses sind zwei Arten von Auseinandersetzungen denkbar, zum einen die Auseinandersetzung wegen der Beschädigung von Rechtsgütern bei der Kontaktaufnahme wegen des Mietverhältnisses, zum anderen der Streit wegen der Störung von Rechtsgütern bei oder während der Vertragsanbahnung.

8 Bei der **Beschädigung** von Rechtsgütern richtet sich der Streitwert gemäß der allgemeinen Regel nach der Höhe des Schadens, der an dem verletzten Rechtsgut entstanden ist. Dagegen richtet sich die Höhe des Streitwerts bei einer **Störung** von Rechtsgütern des anderen Teils zum Zeitpunkt der Vertragsanbahnung nach dem Interesse des Gestörten. Dieses ist nach den Kosten zu bewerten, die zur Beseitigung der Störung aufgewendet werden müssen.[4]

3. Verletzung von Aufklärungs- und Mitteilungspflichten

9 Der Streitwert richtet sich nach dem Interesse, das der Aufzuklärende an der Aufklärung hat. In der Regel orientiert er sich an dem durch die Nichtaufklärung entstandenen Schaden.

4. Anspruch auf Abschluss eines Mietvertrages

10 Für den Streitwert einer Klage auf den Abschluss des Vertrages ist gem. § 48 Abs. 1 GKG in Verbindung mit § 3 ZPO das vom Gericht nach freiem Ermessen zu schätzende **Abschlussinteresse** des Klägers maßgeblich. Dieses Abschlussinteresse bemisst sich gemäß § 3 ZPO im Grundsatz nach der in der Vertragszeit zu entrichtenden Miete oder Pacht; es wird aber nach der Wertung des § 9 ZPO regelmäßig auf die dreieinhalbfache Jahresmiete bzw. -pacht begrenzt.[5]

III. Streitwerte im Vertragsverhältnis

1. Übersicht (Alphabetisch)

11

Art des Anspruchs	Bemessung des Streitwerts
Abfallentsorgung	§ 3 ZPO. Bemessung nach Beeinträchtigung des Mieters (zB Jahresbetrag der Minderungsquote) oder Kosten der eigenhändigen Entsorgung von Abfall[6]
Ablesen der Heizkostenverteiler	→ Besichtigung; → Rn. 20, 21
Abstellplatz	Der Streitwert für einen Anspruch auf Gebrauchsgewährung eines Stellplatzes bestimmt sich gem. § 41 Abs. 1 GKG nach der anteiligen Jahreskaltmiete
Antenne (Anspruch Mieter auf Errichtung)	Bemessung am Interesse an der Installation, welches vom BGH auf 1.000,00 EUR festgesetzt wurde.[7] Der Mieter hat ein Grundrecht auf

[4] Vgl. OLG Düsseldorf BeckRS 2012, 16348; BayObLG BeckRS 2023, 17722.
[5] BGH NZM 2021, 434.
[6] AG Hamburg-Blankenese BeckRS 2010, 5123.
[7] BGH BeckRS 2007, 9798; AG Brandenburg BeckRS 2014, 15784.

Art des Anspruchs	Bemessung des Streitwerts
	Informationsfreiheit,[8] so dass der Vermieter ihm die Anbringung einer Einzelantenne genehmigen muss, so lange keine ausreichende Gemeinschaftsantenne vorhanden ist, bzw. diesen an die Gemeinschaftsantenne anschließen lassen muss, sodass hier vom **Jahresbetrag einer angemessenen Mietminderung** aufgrund der Beeinträchtigung durch den Nichtanschluss bzw. die Verweigerung der Genehmigung auszugehen ist
Antenne (Anspruch Vermieter auf Entfernung)	Der Streitwert einer Klage des Vermieters gegen den Mieter auf **Entfernung** einer Antenne und entsprechend der Beschwerdewert für den in erster Instanz unterlegenen Vermieter bemisst sich nach dem Wertverlust infolge der Beeinträchtigung des Vermieters durch eine optische und/oder eine Substanzbeeinträchtigung des Hauses. Fehlt es an einer Substanzbeeinträchtigung, ist der **Wert des Beseitigungsaufwandes** bei der Bemessung des Wertverlustes zu vernachlässigen[9]
Aufnahme Dritter (→ § 13 Rn. 9 ff.)	§ 41 Abs. 1 GKG (die auf die streitige Zeit entfallende Miete, begrenzt durch den Jahresbetrag)[10]
Auskunft	→ Rn. 42 f.
Ausscheiden von Vertragsparteien (→ Rn. 12 ff.)	§ 41 Abs. 1 GKG (die auf die streitige Zeit entfallende Miete, begrenzt durch den Jahresbetrag)
Berufsausübung in der Wohnung	Des Öfteren kommt es zu Streitigkeiten, inwieweit in der Wohnung berufliche Tätigkeit entfaltet bzw. ausgeübt werden darf. Auch hier ist der Streitwert gem. § 3 ZPO zu schätzen
Beseitigung Baulichkeiten	→ Rn. 63
Besichtigung (→ Rn. 20)	§ 3 ZPO. Maßgeblich: Zweck der Besichtigung. **Besichtigung eines Mangels:** Jahresbetrag einer möglichen Mietminderung **Besichtigung eines Kaufinteressenten:** Bruchteil des zu erwartenden Verkaufserlöses Besichtigung zur **Ablesung der Heizkostenverteiler:** Interesse an Erstellung einer ordnungsgemäßen Abrechnung für das gesamte Gebäude
Betriebskosten	→ Nebenkosten
Blumen/Blumenkästen	Im Rahmen des vertragsgemäßen Gebrauches ist ein Mieter grundsätzlich berechtigt, Blumenkästen oder Blumentöpfe auf den Fensterbänken anzubringen. Insoweit stellt die Entfernung oder das Verbot eine Beeinträchtigung des Mietgebrauches dar, so dass auch hier das Interesse gem. § 3 ZPO zu schätzen ist

[8] Hierzu BVerfG NJW 1994, 1147.
[9] BGH NJW 2006, 2639.
[10] AG München BeckRS 2016, 114565.

11

Art des Anspruchs	Bemessung des Streitwerts
Briefkasten	Häufig kommt es in der täglichen Praxis zu Schwierigkeiten, weil ein Vermieter dem Mieter keinen ordnungsgemäßen Briefkasten stellt. Für diesen Fall wird von den Instanzgerichten für den Streitwert meistens der Streitwert anhand einer 5 %igen Minderungsquote des Nettokaltmietzinses angenommen. Auch hier geht es letztendlich um das zu schätzende Interesse gem. § 3 ZPO
Fahrräder	Auch hier ist der Streitwert gem. § 3 ZPO nach dem Interesse des Mieters zu schätzen.
Feststellungklage	→ Rn. 77
Funkantenne	→ Antenne
Garage	→ Abstellplatz
Garten	Bei dem Anspruch auf Gartennutzung bzw. der Frage, ob der Garten vom Mietvertrag mit umfasst ist, ist der Streitwert gem. § 41 Abs. 1 GKG zu bestimmen, wobei bezüglich des Wertes vom Mietwert eines Gartens der gleichen Art und Größe auszugehen ist. Letztlich handelt es sich um eine Streitigkeit, die entweder den Bestand eines Mietverhältnisses bzw. einen daraus resultierenden Gebrauchsüberlassungsanspruch zum Inhalt hat
Gebrauchsgewährung/Überlassung der Mietsache (→ Rn. 16 ff.)	§ 41 Abs. 1 GKG (die auf die streitige Zeit entfallende Miete, begrenzt durch den Jahresbetrag)
Geldforderung	→ Zahlungsklage
Haushaltsgeräte	Des Öfteren ist in der Praxis auch das Aufstellen von Wasch- oder Spülgeräten in der Wohnung oder im Keller umstritten. Der Wert eines Anspruchs auf Aufstellen einer Wasch- oder Spülmaschine ist gem. § 3 ZPO zu schätzen
Heizung/Heizpflicht	Hier ist der Streitwert des Anspruchs des Mieters auf ordnungsgemäße Beheizung der Wohnung ganz überwiegend an den Jahresbetrag der aufgrund der Nichtbeheizbarkeit angemessenen Minderungsquote geknüpft[11]
Herabsetzung der Miete auf den zulässigen Höchstbetrag (Einhaltung der Mietpreisbremse)	Der Streitwert für den Anspruch auf Herabsetzung der Miete auf den zulässigen Höchstbetrag ist gem. § 48 I GKG, § 9 ZPO mit dem 42-fachen des verlangten Überschreitungsbetrags als dem höchsten für die Berechnung maßgeblichen Einzelwert innerhalb des gem. § 9 I ZPO zu betrachtenden Zeitraums von dreieinhalb Jahren zu bemessen[12]
Kabelfernsehen	→ Antenne
Kaution	→ Mietsicherheit

[11] LG Görlitz WuM 1994, 380.
[12] BGH NZM 2025, 124; NZM 2024, 755; NZM 2022, 706.

Art des Anspruchs	Bemessung des Streitwerts
Kinderwagen (Abstellen im Flur)	Auch hier ist der Wert gem. § 3 ZPO zu schätzen, wobei mehrheitlich von einem Streitwert von 600,00 EUR ausgegangen wird[13]
Kündigung/Räumung	In der Regel richtet sich der Streitwert nach § 41 GKG und es ist der Jahresnettomietzins anzusetzen. Für die Einzelheiten und Ausnahmen → Rn. 53 ff.
Lichterkette	Der Streitwert bestimmt sich nach § 3 ZPO. Dabei ist allein auf den Wert der Beeinträchtigung des Vermieters durch eine optische und/oder Substanzbeeinträchtigung des Hauses maßgeblich[14]
Mängel	→ Rn. 47 ff.
Mietpreisbremse	→ Herabsetzung der Miete auf den zulässigen Höchstbetrag
Mieterhöhung (→ Rn. 23, 24)	Bei der Mieterhöhung richtet sich der Gebührenstreitwert für Wohnraum gem. § 41 Abs. 5 1. Alt. GKG nach dem Jahresbetrag der Mieterhöhung, es sei denn, das Mietverhältnis endet früher
Mietobjekt	→ Vertragsobjekt
Mietsicherheit	→ Rn. 25 ff.
Modernisierung	→ Rn. 39 f.
Müll	→ Abfallentsorgung
Musik	Auch hier ist das Interesse des Mieters gem. § 3 ZPO für den Anspruch auf Ausübung von Musik zu schätzen. Vom Anspruch auf **Ausübung** von Musik zu differenzieren ist der Anspruch des Vermieters auf **Unterlassung** übermäßiger Musikausübung. Nach hier vertretener Auffassung ist der auf Seiten des Vermieters entstehende Schaden in Form von Mietminderungen anderer Mieter als Orientierungshilfe für den Streitwert heranzuziehen
Nebenkosten	→ 28 ff
Parabolantenne	→ Antenne
Räumung	→ Kündigung
Reparaturen	→ Rn. 37 f.
Rollstuhl (Abstellen im Flur)	Auch hier ist der Wert gem. § 3 ZPO zu schätzen, wobei mehrheitlich von einem Streitwert von 600,00 EUR ausgegangen wird[15]
Schadensersatz	→ Rn. 37 f., → Rn. 66, f.
Schönheitsreparaturen	→ Rn. 35 f.
Tierhaltung (Unterlassung)	Der Streitwert der Klage des Vermieters auf **Unterlassung** der Tierhaltung ist gem. § 3 ZPO entweder anhand der durch das Tier drohenden Schäden bzw. der starken Gebrauchsbeeinträchtigung und an den Auswirkungen der vom

[13] LG Dresden BeckRS 2018, 46749; AG Berlin-Schöneberg BeckRS 2012, 3004.
[14] AG Eschweiler BeckRS 2015, 164.
[15] LG Dresden BeckRS 2018, 46749.

11

Art des Anspruchs	**Bemessung des Streitwerts**
	Tier ausgehenden Störungen zu bemessen.[16] Oft nehmen die Gerichte aber auch einen einfachen Streitwert von 500 EUR an, wenn überhaupt keine Anhaltspunkte vorhanden sind[17]
Tierhaltung (Erteilung der Erlaubnis)	Dagegen hat sich der Streitwert der Klage des Mieters auf **Erteilung der Erlaubnis** nach dem maßgeblich durch subjektive Kriterien bestimmten Interesse des Mieters an der Tierhaltung zu richten.[18] Dieses ist bei der empfohlenen Haltung aus gesundheitlichen Gründen höher als bei dem bloßen Wunsch nach Tierhaltung.[19] Daher ist bei der Streitwertbestimmung u. a. zu berücksichtigen, ob der Mieter bereits seit langer Zeit ein Haustier in der Wohnung gehalten hat, sein weiteres Interesse an der Tierhaltung bis hin zur Angewiesenheit auf diese sowie die Anführung gesundheitlicher Gründe.[20] Teilweise wird jedoch auch hier versucht, eine fiktive Abnutzung durch das Tier betragsmäßig zu erfassen[21]
Tod	→ Rn. 62
Unmöglichkeit	→ Rn. 44
Unterlassungsklage	→ Rn. 79
Untermiete (Erteilung der Erlaubnis) (→ Rn. 17)	hM: § 41 Abs. 1 GKG (die auf die streitige Zeit entfallende **Unter**miete, begrenzt durch den Jahresbetrag) aA: §§ 3, 9 ZPO (dreieinhalbfacher Jahresbetrag der zu erwartenden **Unter**miete)
Untermiete (Räumung)	→ Rn. 64 f.
Untermiete (Unterlassung) (→ Rn. 18)	Schätzung des durch die Besitzeinräumung drohenden Schadens[22]
Vertragsparteien (→ Rn. 12)	§ 41 Abs. 1 GKG (die auf die streitige Zeit entfallende Miete, begrenzt durch den Jahresbetrag)
Vertragsobjekt (→ Rn. 15)	Gesamtbetrag aller noch zu zahlender Mieten, oder, wenn dieser geringer ist, der dreieinhalbfacher Jahresbetrag der Nettomiete
Vertragsverlängerung	→ Rn. 52
Wäscheleine	**Erlaubnis:** Auch hier ist der Wert des Interesses des Mieters an einer Wäscheleine gem. § 3 ZPO zu schätzen. **Unterlassung:** Wird dagegen gegen den Mieter wegen Unterlassung bzw. Beseitigung der Beeinträchtigung

[16] LG München I NZM 2002, 820; LG Hamburg WuM 1989, 10; LG Darmstadt WuM 1992, 117; AG Rüsselsheim WuM 1992, 117.
[17] LG Würzburg WuM 1988, 157; LG Hamburg WuM 1989, 10; LG München WuM 1992, 495.
[18] LG Köln BeckRS 2010, 15449; LG München I NZM 2002, 734; LG Hamburg WuM 1986, 248; LG Mannheim ZMR 1992, 545.
[19] LG Mannheim ZMR 1992, 545.
[20] Hierzu grundlegend BGH NJW-RR 2018, 588.
[21] LG Hamburg WuM 1997, 232.
[22] Bub/Treier MietR-HdB/Fischer IX Rn. 239b.

Art des Anspruchs	Bemessung des Streitwerts
	durch den Vermieter vorgegangen, bemisst sich der Streitwert nach dem Wert der Störungen
Widerklage	→ Rn. 80
Zahlungsklage (→ Rn. 22, 25, 29, 45, 49, 50, 51)	Bei Geldforderungen des Vermieters richtet sich der Streitwert jeweils nach der Höhe der Forderung.
Zutritt zu Räumlichkeiten	Des Öfteren drehen sich Mietprozesse auch um Ansprüche auf Zutritt zu bestimmten Räumlichkeiten (Heizraum, Keller usw). Hier richtet sich der Wert der Streitigkeit gem. § 3 ZPO nach dem Interesse der Partei an dem Zugang zu der Räumlichkeit und den damit verbundenen Möglichkeiten. Insoweit kann auch hier der Jahresbetrag einer angemessenen Minderungsquote für den nicht vorhandenen Zutritt eine Orientierungshilfe geben
Zwangsvollstreckung	→ Rn. 87 f.
Zwangsversteigerung	→ Rn. 89

2. Vertragsparteien/Vertragsobjekt/Vertragsinhalt

Geht der Rechtsstreit darum, wer **Berechtigter aus einem Mietvertrag** ist, so ist nach hM in Rspr. und Lit. § 41 Abs. 1 GKG anwendbar, zumindest soweit der Rechtsstreit darum geht, wer in dem Mietverhältnis der eigentliche Berechtigte ist.[23] Insoweit geht der Rechtsstreit um den Bestand eines Mietverhältnisses. 12

Streiten hingegen bei einer Mehrheit von Mietern oder Vermietern einzelne darüber, ob sie **wirksam ausgeschieden** sind bzw. aus den Rechten und Pflichten des Mietvertrags entlassen wurden, wird in der Rspr. zwar teilweise die Auffassung vertreten, dass sich der Streitwert nach der Quote der einzelnen Mietvertragspartei im Verhältnis zu ihren Mitpartnern errechnet, dh nach der anteiligen Jahresnettokaltmiete, also bspw. bei drei Personen auf Mieterseite je $^1/_3$. 13

Unter Berücksichtigung der Tatsache, dass der Einzelne auf Grund der gesamtschuldnerischen Haftung für die gesamte Miete haftet, dürfte es richtig sein, auch für diese Fälle gem. § 41 Abs. 1 GKG vom vollständigen Jahresnettomietzins auszugehen. 14

Geht der Rechtsstreit um das **Vertragsobjekt** selbst, besteht also Unklarheit, ob bestimmte Räume eines Hauses oder Nebenräume vom Mietvertrag umfasst sind oder nicht, so richtet sich der Streitwert nach § 3 ZPO.[24] Derartige Streitigkeiten über den **Vertragsinhalt** fallen grundsätzlich nicht in den Anwendungsbereich des § 41 Abs. 1 GKG, wenn der Streit den rechtlichen Bestand des Mietvertrages nicht berührt.[25] Der Streitwert wird hier zumeist auf den dreieinhalbfacher Jahresbetrag der Nettomiete festgesetzt, es sei denn, der Gesamtbetrag aller noch zu zahlenden Mieten ist geringer.[26] 15

3. Leistungsverpflichtung

a) **Gebrauchsgewährung/Obhuts- und Duldungspflicht.** Im Rahmen der Verpflichtung des Vermieters, dem Mieter den Gebrauch der Mietsache gem. §§ 535, 536 BGB zu gewähren, sind diverse Ansprüche denkbar. Hier ist zunächst einmal an den **Anspruch auf Überlassung** der Mietsache, des Weiteren aber auch an Art und Umfang der Gebrauchsgewährung, zB Aufstellung von Sonnenschirmen, Anbringen von Markisen, Parabolantennen oder Aufstellung von Einrichtungsgegenständen, zu denken. 16

---

[23] OLG Hamburg NJW 1965, 2406.
[24] BGH NJW-RR 2006, 16.
[25] BGH NJW-RR 2006, 16; 2005, 938.
[26] BGH NJW-RR 2005, 938.

17 *aa) Allgemein.* Beansprucht ein Mieter die **Überlassung der Mietsache** vom Vermieter, richtet sich der Wert der Streitigkeit nach § 41 Abs. 1 GKG, dh nach der auf die streitige Zeit entfallenden Miete, begrenzt durch den Jahresbetrag.[27] Im Rahmen der Gebrauchsgewährung kommt auch der Anspruch des Mieters auf **Erteilung einer Untermieterlaubnis** in Betracht. Auch hier geht die wohl hM in Rspr. und Lit. unter Anwendung des in § 41 Abs. 1 GKG zum Ausdruck kommenden Rechtsgedankens vom Jahresbetrag des voraussichtlichen Untermietzinses aus.[28] Ebenfalls vertretbar ist die Wertfestsetzung nach den subjektiven Interessen des Mieters an der Aufnahme der Lebensgefährtin in die Wohnung.[29] Nach aA ist der Streitwert für den Anspruch auf Erteilung einer Untermieterlaubnis gem. §§ 3, 9 ZPO auf den dreieinhalbfachen Jahresbetrag der zu erwartenden Untermiete festzusetzen.[30]

18 Zu differenzieren hiervon ist allerdings der Anspruch des Vermieters auf **Unterlassung der Untervermietung.** Hier ist eine Schätzung des durch die Besitzeinräumung drohenden Schadens vorzunehmen, dessen Höhe dann den Streitwert darstellt.[31]

19 Während also **Streitigkeiten über die Gebrauchsgewährung** der vermieteten Räumlichkeiten – sei es im Ganzen oder in Teilen – oder die Streitigkeiten, ob Teile an Dritte weitervermietet werden können, relativ einfach unter Anwendung von § 41 Abs. 1 GKG zu bemessen sind, ist bei **Streitigkeiten über Einzelrechte** im Rahmen der Gebrauchsgewährung, die nur einzelne Aspekte dieser erfassen, meistens eine Schätzung nach § 3 ZPO notwendig, so zB das Interesse am Aufhängen einer Wäscheleine, am Aufstellen einer Waschmaschine, am Zugang zum Heizungskeller usw. Insoweit wird auf die in der Übersicht (→ Rn. 11) erfolgten Zusammenstellung ausgewählter Einzelproblemen verwiesen.

20 Dem Anspruch auf Gebrauchsgewährung als Pflicht des Vermieters steht als Pflicht des Mieters der **Anspruch auf Obhuts- und Duldungsmaßnahmen** entgegen, so zB das Recht auf Besichtigung der Mieträume. Der Anspruch des Vermieters auf Besichtigung der Mieträume richtet sich nach dem Interesse des Vermieters an der Besichtigung gem. § 3 ZPO.[32] Maßgeblich für den Streitwert sind immer der mit der Besichtigung verbundene Zweck und das aus diesem Zweck resultierende Interesse des Vermieters an der Besichtigung. Bei der Besichtigung zwecks **Inaugenscheinnahme eines Mangels** ist als Wert des Interesses der Jahresbetrag einer möglichen Mietminderung heranzuziehen.[33] Bei der **Besichtigung mit einem Kaufinteressenten** zwecks Verkaufs der Wohnung wird von der Rspr. regelmäßig nur ein Bruchteil des zu erwartenden Verkaufserlöses bzw. Marktwertes in Ansatz gebracht, dessen Höhe allerdings uneinheitlich gehandhabt wird.[34]

21 Das Interesse des Vermieters am Betreten der Mieträume zum Zwecke der **Ablesung** der Heizkostenverteiler richtet sich nach dem Interesse für die Erstellung einer ordnungsgemäßen Abrechnung für sämtliche Mieter bzw. das gesamte Gebäude.[35]

22 **b) Mietzins.** *aa) Mietzinsforderung.* Bei Ansprüchen auf Leistung rückständiger Mieten richtet sich der Streitwert nach der Höhe des beanspruchten bzw. eingeklagten Betrages.[36] Soweit Mehrwertsteuer zu zahlen ist, erhöht sich der Streitwert selbstverständlich auch um die Mehrwertsteuerbeträge.[37] Der Streitwert einer Klage auf künftigen Mietzins, dh einer zukünftigen Leistung, bestimmt sich nach hM gem. § 9 ZPO, also

---

[27] OLG Celle MDR 1989, 272; Binz/Dörndorfer/Zimmermann/Dörndorfer GKG § 41 Rn. 4.
[28] OLG Saarbrücken BeckRS 2007, 14111.
[29] LG Lübeck BeckRS 2023, 35714 (Aufnahme der Lebensgefährtin).
[30] KG BeckRS 2016, 19052.
[31] HK-RVG VI Rn. 15.
[32] AG Brandenburg BeckRS 2021, 18460; AG Coesfeld BeckRS 2014, 6906.
[33] LG Saarbrücken BeckRS 1993, 04018.
[34] Vgl. LG Berlin LSK 2017, 141017 (18 %); LG Stuttgart BeckRS 2011, 13040 (6 %); AG Köln BeckRS 2017, 144928 (50 %).
[35] Vgl. AG Köln BeckRS 2017, 144928.
[36] KG NJW-RR 2011, 1521; HK-RVG VI Rn. 9.
[37] OLG Düsseldorf BeckRS 2006, 5707.

nach dem 3 1/2-fachen Jahreswert, wenn der Gesamtbetrag des für die restliche Laufzeit geschuldeten Mietzinses über die zeitliche Grenze des § 9 ZPO hinweg reicht.[38] Dies wird insbes. bei ungekündigten Mietverhältnissen regelmäßig der Fall sein.

bb) Mieterhöhung. Bei der Mieterhöhung richtet sich der Gebührenstreitwert für Wohnraum gem. § 41 Abs. 5 1. Alt. GKG nach dem Jahresbetrag der Mieterhöhung, es sei denn, das Mietverhältnis endet früher. 23

cc) Modernisierungsmieterhöhung. Bei der Modernisierungsmieterhöhung richtet sich der Gebührenstreit für Wohnraum gemäß § 41 Abs. 5 GKG nach dem Jahresbetrag der möglichen Mieterhöhung. 24

c) Kaution. Bei der Geltendmachung der vertraglich vereinbarten Mietkaution bestimmt der eingeklagte Betrag den Streitwert. 25

Der Streitwert einer Klage des Mieters auf **ordnungsgemäße Anlage** der Mietkaution auf einem vom Vermögen des Vermieters getrennten Konto ist nach dem Nominalbetrag der Kaution zu bemessen, da es hierbei wesentlich um die Sicherung des Kautionsrückzahlungsanspruchs geht.[39]

Der Streitwert einer Klage auf **Auskunft** über die Anlage der Kaution ist mit 1/4 der Höhe der insgesamt anzulegenden Mietkaution anzusetzen.[40] 26

Der Streitwert einer einstweiligen Verfügung gegen die Inanspruchnahme einer Mietbürgschaft bestimmt sich nach dem für den Mieter zu erwartenden Zinsschaden.[41] 27

d) Nebenkosten. Bei den Nebenkosten muss hinsichtlich des Streitwerts unterschieden werden zwischen der bloßen Forderung auf Zahlung von Nebenkosten, einer Streitigkeit um die Struktur der Nebenkosten (also ob eine Pauschale, eine abzurechnende Nebenkostenvorauszahlung oder eine Inklusivmiete bezahlt wird) und dem Streit um eine Nebenkostenerhöhung. 28

aa) Forderung. Bei der Forderung ist für den Streitwert allein die Höhe des geltend gemachten Betrages maßgeblich. Dies gilt unabhängig davon, ob die Zahlung abgerechneter Nebenkosten oder eine nicht gezahlte Pauschale gefordert wird.[42] 29

bb) Streit um Struktur. Bei dem Streit um die Struktur, dh ob eine Nebenkostenzahlung in Form einer Nebenkostenvorauszahlung, einer Pauschale oder in Form eines Teilinklusivmietzinses geleistet werden muss, ist in Anwendung des § 41 Abs. 1 GKG und entsprechender Anwendung des § 41 Abs. 5 GKG von dem einjährigen Betrag auszugehen, der auf diesen streitigen Nebenkostenanteil entfällt, also der einjährige Betrag, der über den Nettokaltmietzinsanteil beim Gesamtmietzins hinausgeht. 30

Wird auf **Feststellung** geklagt, bezieht sich der Streitwert auf den Betrag des auf die streitige Zeit entfallenden Mietzinses, allerdings in entsprechender Anwendung des § 41 Abs. 5 GKG. Wenn der einjährige streitige Betrag geringer ist, richtet sich der Streitwert nach diesem. 31

cc) Nebenkostenerhöhung. Bei der Nebenkostenerhöhung ist ebenfalls gem. § 41 Abs. 1 GKG iVm § 41 Abs. 5 GKG in entsprechender Anwendung der Jahreserhöhungsbetrag der maßgebliche Streitwert.[43] 32

dd) Rechnungslegung. Statt einer Klage auf Zahlung von Nebenkosten kommt natürlich auch eine Klage auf Rechnungslegung über die Nebenkosten in Betracht. Bei der Klage auf Rechnungslegung richtet sich der Streitwert, je nach Lage des Falles, nach einem Bruchteil des zu erwartenden Zahlungsanspruchs, in der Regel zwischen 33

[38] BGH NJW-RR 2017, 204; NJW-RR 2005, 938.
[39] LG Essen BeckRS 2005, 13207.
[40] OLG Köln NZM 2010, 472.
[41] LG Bonn BeckRS 2008, 6141.
[42] HK-RVG VI Rn. 23.
[43] LG Berlin BeckRS 2018, 14726.

$^1/_3$ und $^1/_4$.[44] Wenn sich das Interesse auf Abrechnungslegung beschränkt, bemisst sich der Wert gem. § 3 ZPO an dem sich nach ordnungsgemäßer Abrechnung möglicherweise ergebenden Rückzahlungsanspruch, der zu schätzen ist und mangels konkreter Anhaltspunkte in der Regel nur mit einem Bruchteil der geleisteten Vorauszahlungen anzusetzen ist.[45]

34 *ee) Einsichtnahme in die Nebenkostenbelege.* Klagt der Mieter nach vorgelegter Abrechnung auf Einsichtnahme in die der Abrechnung zugrunde liegenden Belege, sind Zuständigkeits- und Gebührenstreitwert ebenfalls nach § 3 ZPO zu bestimmen. Insoweit ist das klägerische Interesse an der Rückzahlung möglicher Überzahlungen maßgeblich. Aufgrund der Vergleichbarkeit mit einem Auskunftsanspruch ist auch hier eine Bruchteilsbewertung erforderlich. Diese liegt jedoch niedriger als bei einer auf Abrechnung gerichteten Klage, da die Einsichtnahme regelmäßig nur der Überprüfung einer bereits erfolgten Abrechnung dient, so dass von $^1/_{10}$ bis zu $^1/_5$ auszugehen sein wird.[46]

35 **e) Schönheitsreparaturen.** Bei Schönheitsreparaturen sind zwei Auseinandersetzungen denkbar. Zum einen, dass Schönheitsreparaturen **nicht ausgeführt** wurden und deshalb die entsprechende Leistung eingeklagt wird (während des Mietverhältnisses). Dann bemisst sich der Streitwert nach § 3 ZPO an dem Interesse des Vermieters daran, die Wohnung nicht verwahrlosen zu lassen[47], wobei sich dieses Interesse an den Kosten der durchzuführenden Schönheitsreparaturen orientieren dürfte.

36 Zum anderen können im Zusammenhang mit Schönheitsreparaturen Schadensersatzansprüche entstehen, wenn trotz Aufforderung mit Ablehnungsandrohung diese **bei Auszug** nicht ausgeführt wurden. Hier bemisst sich der Streitwert gem. § 3 ZPO an dem daraus entstandenen Schaden.

37 **f) Reparaturen/Schadensersatz.** Hier bemisst sich der Streitwert nach den Kosten gem. § 3 ZPO, die die Durchführung der Reparatur verursacht bzw. nach der Höhe des Schadens, der geltend gemacht wird.

38 Bezüglich Reparaturen und Instandhaltungsmaßnahmen ist gem. § 41 Abs. 5 2. Alt. GKG von einem Streitwert in Höhe des Jahresbetrags der Mietminderung auszugehen. Zur Bewertung von Ansprüchen auf Durchführung von Instandsetzungsmaßnahmen muss nämlich der nicht feststehende Jahresbetrag der sich aus dem Instandsetzungsrückstand ergebenden angemessenen Mietminderung immer ermittelt werden.[48]

39 **g) Modernisierung.** Bei Ansprüchen auf Duldung von Modernisierungsmaßnahmen ist gem. § 41 Abs. 5 GKG der einjährige Erhöhungsbetrag maßgeblich.

40 Bei Klagen des Vermieters auf Duldung von Modernisierungsmaßnahmen gem. § 41 Abs. 5 S. 1 Alt. 3 GKG ist für die Bemessung des Gebührenstreitwertes nicht nur auf den Jahresbetrag des voraussichtlichen Erhöhungsbetrages abzustellen, der das vom Mieter zu entrichtende (Netto-)Grundentgelt betrifft, sondern es sollen – sofern der Vermieter nach Durchführung der Maßnahmen auch die modernisierungsbedingte Erhöhung oder Neueinführung von Nebenkostenvorauszahlungen beabsichtigt – die darauf voraussichtlich entfallenden Beträge ebenfalls zu berücksichtigen sein.[49]

4. Nebenpflichten

41 Bei den Nebenpflichten richtet sich der Streitwert ebenfalls gem. § 3 ZPO nach dem Interesse des Vermieters oder Mieters an den jeweils im Streit befindlichen Neben-

[44] LG Frankfurt a. M. NZM 2000, 759 ($^1/_3$); LG Köln BeckRS 1999, 1317 ($^1/_5$-$^1/_{10}$); AG Witten BeckRS 2002, 08171 ($^1/_4$); aA LG Freiburg BeckRS 1991, 7691 (Höhe des zu erwartenden Zahlungsanspruch).
[45] BGH BeckRS 2017, 102358.
[46] LG Köln BeckRS 1999, 1317.
[47] HK-RVG VI Rn. 26.
[48] BT-Drs. 19/2344.
[49] LG Berlin BeckRS 2018, 14726.

pflichten.[50] Bei Aufklärungs- und Auskunftspflichten ist zu berücksichtigen, dass ein derartiger Anspruch eine spätere Leistung nur vorbereitet.

42 Der Wert dieses **Auskunfts- und Aufklärungsanspruchs** kann deshalb nur einen Bruchteil des vorbereitenden Anspruchs betragen, dessen Geltendmachung er erleichtern soll, wobei sich der Wert nicht auf einen für alle Fälle maßgeblichen Anteil oder eine Quote des späteren Anspruchs festlegen lässt. Die überwiegende Meinung in Rspr. und Lit. tendiert jedoch bei Auskunftsansprüchen zu 1/4 bis 1/5 des eigentlich vorzubereitenden Leistungsanspruchs.[51] Bei Sorgfaltspflichten dürfte sich die Geltendmachung des Anspruchs danach bestimmen, welche Gefahr bzw. welchen Schaden die Sorgfaltspflicht zu verhindern versucht, sodass auch hier von einem Bruchteil dieses Schadens oder der Gefahr auszugehen sein wird.

5. Leistungsstörung

43 **a) Allgemeines.** Im Rahmen der sog. Leistungsstörungen kann sich der Streitwert je nach Art und Umfang der Leistungsstörung entweder nach § 41 GKG oder nach § 3 ZPO richten.

44 **b) Unmöglichkeit.** Im Rahmen der Unmöglichkeit ist zu unterscheiden, ob eine Hauptleistung oder eine Nebenleistung unmöglich wurde. Wird die Leistung, das Mietvertragsobjekt zu stellen, unmöglich, gilt wieder § 41 Abs. 1 GKG. Wird eine andere Hauptleistung oder eine Nebenleistung unmöglich, richtet sich der Streitwert nach dem Interesse, das der Anspruchsteller an der Hauptleistungspflicht oder der Nebenleistungspflicht hat.

45 **c) Verzug.** Kommt der Anspruchsgegner mit einer regulären Leistungspflicht in Verzug, richtet sich der Anspruch immer nach dem Wert des rückständigen Betrages.

46 Kommt der Anspruchsgegner mit einer nicht in Geld zu bemessenden Leistung in Verzug, richtet sich der Streitwert nach dem Interesse des Anspruchstellers an der Durchsetzung des Anspruchs.

47 **d) Gewährleistung.** Die meisten Auseinandersetzungen im Rahmen von Leistungsstörungen finden im Mietrecht im Rahmen der Gewährleistungsansprüche statt. Hier ist zu differenzieren zwischen den Ansprüchen auf Mängelbeseitigung bzw. der Abwehr von Ansprüchen auf Mängelbeseitigung sowie dem Recht des Mieters auf Minderung und Schadensersatzansprüchen.

48 *aa) Mängelbeseitigung.* Auch hier hat der Gesetzgeber Klarheit durch § 41 Abs. 5 GKG geschaffen. Maßgeblich ist der einjährige angemessene Minderungsbetrag, den der Mangel rechtfertigt. Der Streitwert für einen Mängelbeseitigungsanspruch oder die Abwehr eines Mängelbeseitigungsanspruchs gem. § 3 ZPO richtet sich nach dem zu schätzenden Wert des Anspruchs, dh nach dem Interesse an der Wiederherstellung des vollen Nutzungswerts des Mietobjekts.[52]

49 *bb) Vorschuss für Mängelbeseitigungsansprüche.* Hier ist der Streitwert nach den allgemeinen Bestimmungen der §§ 48 Abs. 1 GKG iVm § 3 ZPO zu bewerten. Der Streitwert entspricht damit dem Wert, der als Vorschuss verlangt wird.

50 *cc) Minderung.* Bei der Mietminderung richtet sich der Gebührenstreitwert für Wohnraum gem. § 41 Abs. 5 2. Alt. GKG nach dem Jahresbetrag der Mietminderung, es sei denn, das Mietverhältnis endet früher.

51 *dd) Schadensersatz.* Der Streitwert eines Schadensersatzanspruchs bzw. der Abwehr eines Schadensersatzanspruchs richtet sich immer nach der Höhe des geltend genannten Geldbetrages. Kann der Schaden noch nicht beziffert werden und ist deshalb eine

---

50 Etwa AG Berlin-Mitte ZMR 2014, 799.

51 1/5 bis 1/4: OLG München MDR 1972, 247.

52 LG Siegen WuM 1999, 48; AG Duisburg BeckRS 2022, 24123 (geschätzter Aufwand für Beseitigungskosten).

Feststellungsklage zulässig, richtet sich der Streitwert nach diesseitiger Auffassung nach einem Bruchteil des zu erwartenden Schadens.

6. Vertragsverlängerung

52 Bei Streitigkeiten wegen Vertragsverlängerungen bzw. über den Zeitraum von Vertragsverlängerungen bemisst sich der Streitwert gem. § 41 GKG nach dem auf den streitigen Zeitraum entfallenden Nettomietzins.

IV. Streitwerte bei der Beendigung des Vertragsverhältnisses

1. Kündigung/Räumung

53 Der Streitwert einer **Kündigung** bemisst sich nach § 41 GKG, es ist der Jahresnettomietzins anzusetzen. Wird die **Räumung** wegen der Beendigung des Mietverhältnisses verlangt, so ist gem. § 41 Abs. 2 GKG für den Streitwert der einjährige Nettomietzins maßgeblich, es sei denn, dass der auf die streitige Zeit entfallende Betrag gem. § 41 Abs. 1 GKG geringer wäre.

54 Bei einer **fristlosen Kündigung** ist zu differenzieren, ob der Beklagte die Beendigung grundsätzlich bestreitet oder ob nur der Zeitraum zwischen fristlosem Kündigungszeitpunkt und Wirksamwerden einer ordentlichen Kündigung im Streit liegt. Ist Letzteres der Fall, ist nur die streitige Zeit maßgeblich, dh der Streitwert richtet sich nach dem in diesen Zwischenzeitraum entfallenden Nettomietzins.[53] Wenn die Beendigung durch die fristlose Kündigung insgesamt bestritten wird, also nicht nur der Zeitraum zwischen einer fristlosen Kündigung und einer ordentlichen Kündigung, ist auf den Jahresbetrag der Nettomiete abzustellen.[54]

Aufgrund § 41 Abs. 2 GKG ist bei der Räumungsklage immer zu unterscheiden, ob das Räumungsverlangen allein wegen Beendigung des Mietverhältnisses geltend gemacht wird oder auch aus anderem Rechtsgrund. Insoweit ergeben sich folgende **Varianten:**

55 *Variante 1:* Der Vermieter verlangt die Räumung wegen Beendigung des Mietverhältnisses und der Mieter bestreitet die wirksame Beendigung. Es gilt nach § 41 Abs. 2 GKG der Jahresnettomietzins, sofern nicht nach § 41 Abs. 1 GKG der zu bemessende Wert geringer ist.

56 *Variante 2:* Der Vermieter verlangt die Räumung und es gibt keinerlei Streit über die Beendigung des Mietverhältnisses. Insoweit gilt ebenfalls der Jahresnettomietzins.[55]

57 *Variante 3:* Der Vermieter beansprucht Räumung zum einen wegen Beendigung des Mietverhältnisses und zum anderen wegen einem anderen Rechtsgrund. Auch hier gilt gem. § 41 Abs. 2 S. 2 GKG der Jahresnettomietzins.[56]

58 *Variante 4:* Der Vermieter klagt auf Räumung allein aus einem anderen Rechtsgrund. Hier kommt nach hM in Rspr. und Lit. die Vorschrift des § 41 GKG grds. nicht zur Anwendung. Stattdessen ist § 6 ZPO anzuwenden, soweit sich der Mieter nicht auf ein Nutzungsrecht beruft.[57]

59 Des Weiteren ist auch der Streitwert einer **Klage auf Feststellung,** dass ein Mietverhältnis infolge einer fristlosen Kündigung seit einem bestimmten Zeitpunkt nicht mehr besteht, nach § 41 GKG zu bemessen.[58] Die Klage auf Feststellung, die die Unwirksamkeit einer bereits ausgesprochenen Kündigung zum Gegenstand hat, fällt unter § 41 Abs. 1 GKG.[59] Dagegen ist für den Antrag eines Mieters auf Räumungsschutz bzw. Gewährung einer Räumungsfrist, das nach § 3 ZPO zu schätzende Interesse des Mieters

[53] BGH NJW-RR 2006, 378.
[54] LG Düsseldorf BeckRS 2017, 143221.
[55] BGH NZM 2007, 935; LG Mönchengladbach BeckRS 2020, 19778.
[56] BGH NZM 2007, 935; LG Köln BeckRS 1992, 5126.
[57] BGH NZM 2016, 892; NJW 1967, 2263; OLG Karlsruhe BeckRS 2024, 17520.
[58] BGH BeckRS 2020, 3168.
[59] BGH BeckRS 2020, 3168.

am Räumungsaufschub maßgeblich, das sich immer an der Dauer des Räumungsaufschubs orientiert.[60]

2. Einvernehmliche Aufhebung

Bei einer einvernehmlichen Aufhebung ist der Streitwert immer derjenige Nettomietzins, der in der Zeit zu bezahlen wäre, die durch eine mögliche ordentliche einseitige Aufhebung verstreichen würde, begrenzt gem. § 41 Abs. 2 GKG auf den Jahresnettomietzins. 60

3. Vorzeitige Entlassung

Dem Streitwert für die Geltendmachung des Anspruchs auf vorzeitige Entlassung (zB Anspruch wegen Härtefall durch Stellung eines objektiv gleichwertigen Ersatzmieters bei noch längerer als 6 Monate andauernder Mietzeit) ist entsprechend dem Räumungsanspruch wegen Beendigung des Mietverhältnisses, zumindest für den Fall, dass der Vermieter widerspricht, der Jahresnettomietzins zugrunde zu legen, sofern der nach § 41 Abs. 1 GKG zu bemessende Wert nicht geringer ist. 61

4. Tod

Auch beim Sonderkündigungsrecht des Mieters als Rechtsnachfolger/Erbe ist, wenn der Vermieter dieses bestreitet, gem. § 41 Abs. 1 GKG der Jahresmietzins maßgeblich, sofern nicht der nach § 41 Abs. 1 GKG zu bemessende Wert geringer ist. Bezüglich Streitigkeiten wegen des Eintritts von Familienangehörigen nach dem Tod des Mieters gilt, wie bei der Geltendmachung des Anspruchs durch den Vermieter oder Mieter, ebenfalls § 41 GKG. 62

5. Kumulation von Herausgabe- und Räumungsanspruch sowie Beseitigungsanspruch der auf dem Grundstück befindlichen Baulichkeiten

Soweit bei einem Räumungsanspruch eines Grundstücks auch die Beseitigung der auf dem Grundstück befindlichen Baulichkeiten verlangt wird, erhöht sich der Streitwert der Räumungsklage (Jahresbetrag der Nettomiete) um die für die Beseitigung erforderlichen Kosten.[61] 63

6. Räumungs- und Herausgabeanspruch gegen Untermieter

Bei einer Herausgabeklage gegen den Untermieter bestimmt sich der Streitwert der auf §§ 546 Abs. 2, 985 BGB gestützten Räumungs- und Herausgabeklage gegen den Untermieter nach § 41 Abs. 2 GKG.[62] 64

Abzustellen ist dabei grds. nicht auf den vom Untermieter an den Untervermieter zu zahlenden Untermietzins, sondern auf den vom Mieter an den Vermieter zu zahlenden Hauptmietzins.[63] Stützt der Vermieter seinen Herausgabeanspruch gegen den Untermieter zumindest auch auf Eigentum, ist für den Streitwert der Jahresnutzungswert auch dann maßgeblich, wenn die streitige Zeit weniger als 1 Jahr beträgt.[64] 65

---

[60] LG München I BeckRS 1995, 12353.
[61] OLG Hamburg NJW-RR 2001, 576.
[62] OLG Schleswig BeckRS 2022, 21347; Schneider NJW-Spezial 2012, 411; KG NJW-RR 2013, 1035.
[63] OLG Schleswig BeckRS 2022, 21347; KG NJW-RR 2013, 1035.
[64] OLG Schleswig BeckRS 2022, 21347; KG NJW-RR 2013, 1035.

V. Streitwert nach Beendigung des Vertragsverhältnisses

1. Nutzungsausfall

66 Nach Beendigung des Vertragsverhältnisses kann der Vermieter wegen berechtigter fristloser Kündigung regelmäßig weiterhin Nutzungsausfall bis zur Räumung beanspruchen. Insoweit richtet sich der Streitwert nach der Höhe des in diesem Zeitraum entstehenden Schadens.

2. Schadensersatz

67 Nach Beendigung des Mietverhältnisses sind Schadensersatzansprüche wegen Nichtausführung von Schönheitsreparaturen trotz Aufforderung mit Fristsetzung unter Ablehnungsandrohung sowie wegen Beschädigungen denkbar.

Hier kann auf die Ausführungen unter → Rn. 35 f. verwiesen werden.

68 Der Streitwert dieser Ansprüche richtet sich gem. § 3 ZPO nach der Höhe des tatsächlich eingetretenen Schadens und damit nach den Kosten einer ordnungsgemäßen Schadensbeseitigung.

3. Kaution

69 Hier kann auf die Ausführungen unter → Rn. 25 f. verwiesen werden. Der Streitwert richtet sich nach der Höhe der zurückgeforderten Kautionssumme, einschließlich der miteingeklagten Kautionszinsen.

VI. Prozessuales

1. Klagearten

70 Bei den Klagearten ist im Mietprozess ebenso wie bei anderen Vertragsverhältnissen zwischen dem Streitwert von Leistungsklagen, Feststellungsklagen, Klagen auf künftige Leistungen sowie Widerklagen im normalen Klageverfahren zu unterscheiden.

71 Bei **Leistungsklagen** ist in jedem Falle auch immer von dem vollen Interesse des Klägers an der Leistung auszugehen. Im Mietrecht lässt sich insoweit bei der Leistungsklage zwischen folgenden häufig auftretenden Verfahren differenzieren:

72 • **Klage auf Zahlung von Mietzins:** Wie bereits oben ausgeführt, richtet sich der Streitwert nach der Höhe der Forderung.

73 • **Klage auf Zustimmung zur Mieterhöhung:** → Rn. 23, 34.

74 • **Erfüllungsansprüche aus dem Mietverhältnis:** → Rn. 16 ff.

75 • **Räumungsklagen:** → Rn. 53 ff.

76 • **Klage auf Rechnungslegung oder Auskunft:** → Rn. 33 bzw. 42 f. Es ist nur von einem Bruchteil der später auf Grund der Auskunft oder bei Rechnungslegung möglichen Leistung auszugehen.

77 Anders als bei Leistungsklagen ist bei **Feststellungsklagen** auf das Interesse an der Feststellung abzustellen. Hier kann sich der Streitwert entweder nach § 41 GKG oder aber auch nach § 3 ZPO richten. Hier kann insbesondere auf die Ausführungen unter → Rn. 31, 51, 59 verwiesen werden. Zu unterscheiden ist zwischen positiven Feststellungsklagen und negativen Feststellungsklagen, da dies Auswirkungen auf den Streitwert hat. Nur bei der positiven Feststellungsklage wird idR ein Abschlag von 20 % vorgenommen.

78 Bei **Klagen auf künftige Leistungen** gem. §§ 257 f. ZPO ist nach dem Gegenstand der eingeklagten Leistung zu unterscheiden. Denkbar ist eine Klage auf Zahlung künftigen Mietzinses nach § 259 ZPO oder eine Klage auf künftige Räumung nach § 257 ZPO. Es wird hierzu auf die Ausführungen zum Streitwert unter → Rn. 22 f. verwiesen.

Des Weiteren sind **Unterlassungsklagen** bezüglich Störungen des Mietgebrauchs zu differenzieren. Hier orientiert sich der Streitwert regelmäßig an der berechtigten monatlichen Mietminderung, wobei der Betrag für eine Mietdauer von einem Jahr maßgeblich ist. Insoweit gilt, dass Unterlassungsklagen des Vermieters gegen den Mieter nicht unter § 41 GKG fallen, sondern gem. § 3 ZPO nach dem Abwehrinteresse des Mieters zu bewerten sind.[65] 79

Hinsichtlich der **Widerklage** ist ebenfalls zwischen Zuständigkeitsstreitwert, Gebührenstreitwert und Rechtsmittelstreitwert zu unterscheiden. Für die Zuständigkeit der Gerichte sind die Werte von Klage und Widerklage nie zusammen zu rechnen (§ 5 ZPO). Für den Gebührenstreitwert gilt gem. § 45 Abs. 1 S. 3 GKG, dass sowohl Klage als auch Widerklage, die nicht in getrennten Prozessen verhandelt werden und die denselben Streitgegenstand betreffen, nach dem einfachen Wert des höheren Streitgegenstands zu berechnen sind. Nur wenn beide Klagen **nicht** denselben Gegenstand betreffen, sind die Gegenstände zusammenzurechnen (§ 45 Abs. 1 S. 1 GKG).[66] Erhebt der Mieter hingegen Widerklage auf Widerruf der Kündigung und für den Fall der Verurteilung zur Räumung hilfsweise Widerklage auf Duldung der Wegnahme von Einrichtungen, so ist der Streitwert des beschiedenen Hilfsantrags dem Wert des Räumungsbegehrens gem. § 45 Abs. 1 S. 2 BGB hinzuzurechnen. 80

Soweit in einer Widerklage aber **mehrere Ansprüche** geltend gemacht werden, ist zunächst vor der Addition von Klage und Widerklage innerhalb der Widerklage der Streitwert gem. § 5 ZPO zu ermitteln. 81

2. Besondere Verfahren

a) Selbstständiges Beweisverfahren. Für das selbstständige Beweisverfahren ist der Wert des beweisrechtlich vorbereitenden Hauptverfahrens maßgeblich, selbst wenn es dazu nicht mehr kommt.[67] Falls sich das selbstständige Beweisverfahren jedoch nicht auf die gesamte Hauptsache erstreckt, sondern nur einen Teil des Hauptsacheverfahrens erfasst, beschränkt sich natürlich der Streitwert nur auf diesen Teil.[68] 82

b) Verbandsklageverfahren. Bei Verbandsklageverfahren ist der Streitwert nicht an dem Interesse des Verbands an Feststellung der Zulässigkeit zu orientieren, sondern am Interesse der Allgemeinheit an der Beseitigung der streitigen Bestimmung. Nach der Rspr. ist der Streitwert insoweit je angegriffener Klausel im Regelfall auf 2.500 EUR festzusetzen.[69] 83

c) Einstweiliges Verfügungsverfahren. Bezüglich des Verfahrens auf Erlass einer einstweiligen Verfügung, ist der Streitwert nach freiem Ermessen gem. § 53 Abs. 1 Nr. 1 GKG iVm § 3 ZPO zu schätzen. Maßgeblich für die Bemessung ist immer das Interesse des Antragstellers zum Zeitpunkt der Antragstellung gem. § 4 Abs. 1 ZPO.[70] Der Streitwert ist allerdings grundsätzlich, weil keine Vorwegnahme der Hauptsache ergehen soll, niedriger anzunehmen als der Wert, den ein entsprechendes Klageverfahren hätte, also immer mit lediglich einem Bruchteil.[71] Auf eine bestimmte Quote für bestimmte Verfahren haben sich Rspr. und Lit. nicht festgelegt. Mehrheitlich liegt der angenommene Wert in der Regel zwischen 1/2 und 1/3 und orientiert sich an der Forderung oder an dem Wert der zu sichernden Leistung.[72] 84

Auch bei **nicht vermögensrechtlichen Ansprüchen** ist nach hM in Rspr. und Lit. § 3 ZPO anzuwenden, wobei hier die Vorschrift des § 48 Abs. 2 GKG zu beachten ist. Der Wert darf nicht über eine Million EUR angenommen werden. 85

---

[65] BGH NJW 1998, 2368.
[66] BGH NJW-RR 2023, 849; NJW 1994, 3292.
[67] OLG Köln NJW-RR 1994, 761; LG Stade BeckRS 2012, 16619, LG Bonn BeckRS 2008, 7436.
[68] OLG Köln NJW-RR 1994, 761.
[69] BGH NZM 1998, 402 (mind. DM 3.000,00) LG München I BeckRS 1997, 7541 (DM 5.000,00).
[70] AG Hamburg BeckRS 2022, 30996; AG Brandenburg BeckRS 2017, 107690.
[71] AG Hamburg BeckRS 2022, 30996; AG Brandenburg BeckRS 2017, 107690.
[72] Binz/Dörndorfer/Zimmermann/Dörndorfer GKG § 53 Rn. 3 mwN.

86 Auch in nicht vermögensrechtlichen Streitigkeiten ist jedoch zu beachten, dass es sich um keine Vorwegnahme der Hauptsache handeln darf und dass der Streitwert nur einen Bruchteil des Hauptsacheverfahrens betragen kann.[73] Etwas anderes kann dann gelten, wenn mit der einstweiligen Verfügung der Rechtsstreit praktisch entschieden ist. Dann soll sich der Streitwert dem Streitwert eines Hauptsacheverfahrens annähern.[74]

VII. Streitwerte in der Zwangsvollstreckung

87 Bei **Räumungsfristschutzanträgen** richten sich die Streitwerte nach der Miete für die Zeit, für die die Räumungsfrist begehrt wird.[75]

88 Der Streitwert einer **Vollstreckungsabwehrklage** richtet sich gem. § 3 ZPO nach dem Umfang der erstrebten Ausschließung der Zwangsvollstreckung.[76] Mit der Vollstreckungsabwehrklage verbundene Anträge auf **einstweilige Einstellung der Zwangsvollstreckung** nach §§ 771 Abs. 3, 769, 770 ZPO sind nach hM in Rspr. und Lit. mit 1/5 des Hauptsachewerts anzusetzen.[77]

VIII. Streitwerte in der Zwangsversteigerung

89 Die Streitwerte in der Zwangsversteigerung richten sich danach, ob die Interessen des Gläubigers (erstens), des Schuldners (zweitens) oder des Bieters (drittens) vertreten werden. Je nachdem richtet sich der Gegenstandswert nach dem Wert des dem Gläubiger zustehenden Rechtes (Gläubiger), nach dem Wert des Gegenstandes der Versteigerung (Schuldner), im Verteilungsverfahren nach dem zur Verteilung kommenden Erlös (Schuldner), nach dem Betrag des höchsten für den Auftraggeber abgegebenen Gebots, wenn ein solches nicht abgegeben ist, nach dem Wert des Gegenstands der Zwangsversteigerung (Bieter).

IX. Kosten

1. Entscheidung über die Kostentragungspflicht

90 a) **Allgemein.** Im Mietrechtsverhältnis greifen grundsätzlich die allgemeinen Prozesskostenregelungen der §§ 91 ff. ZPO.

91 Bei der allgemeinen Regelung des § 93 ZPO ist auch bei Auseinandersetzungen im Mietverhältnis immer darauf zu achten, ob der Mieter nicht durch sein Verhalten **Veranlassung zur Klageerhebung** gegeben hat.

92 Dies gilt zB im Falle eines Verfahrens auf **Zustimmung zur Mieterhöhung,** bei dem der Mieter zwar die Miete auf Grund der Mieterhöhung in voller Höhe bezahlt, sich aber trotz mehrfacher Aufforderung weigert, eine bindende Zustimmungserklärung zur Mieterhöhung abzugeben.[78]

93 Des Weiteren ist im Mietrechtsverhältnis im Rahmen des § 93 ZPO auch bei einer **Räumungsklage** die Veranlassung des Mieters zur Erhebung zu überprüfen. Dies ist insbesondere ein Problem bei Klagen wegen fristloser Kündigung. Bei fristlosen Kündigungen wird oft zusammen mit dem Kündigungsschreiben bereits die Räumungsklage eingereicht. Dabei geht der Vermieter das Risiko ein, die Kosten der Räumungsklage zu tragen, da einem Mieter auch bei einer fristlosen Kündigung nach hM in Rspr. und Lit.

---

[73] OLG Frankfurt a. M. AnwBl 1983, 89.
[74] OLG Rostock GRUR-RR 2009, 39.
[75] LG Münster BeckRS 1995, 8900.
[76] OLG Karlsruhe NJW-RR 2018, 255.
[77] BGH NJW 1991, 2280.
[78] BGH NJW 2020, 1947; BGH NJW-RR 2022, 952; LG Berlin BeckRS 2019, 32795.

eine Mindestfrist von 10 Tagen bis 2 Wochen einzuräumen sein wird, um den Auszug durchzuführen bzw. den Anspruch anzuerkennen.[79]

94 **b) Spezielle Vorschriften.** Die ZPO enthält für Räumungsklagen bzw. Rechtsstreitigkeiten wegen Fortsetzung des Mietverhältnisses eine Ausnahme vom Grundsatz der Kostentragungspflicht durch den unterlegenen Teil.

95 Insoweit ist zunächst einmal in **§ 93b Abs. 1 und 2 ZPO** in Bezug auf die Mieterschutzvorschriften der §§ 574–574b BGB eine Spezialregelung vorhanden, weil hier die Nichteinhaltung der Mieterschutzvorschriften in den §§ 574–574b BGB sanktioniert werden soll.

§ 93b Abs. 1 und 2 ZPO differenzieren insoweit zwischen folgenden Varianten:

96 *Variante 1:* Der Vermieter obsiegt mit seiner Räumungsklage, weil seine berechtigten Interessen überwiegen und somit einer Fortsetzung des Mietverhältnisses entgegen stehen (§ 93 Abs. 1 S. 1 ZPO).

97 *Variante 2:* Eine Klage des Mieters auf Fortsetzung eines Mietverhältnisses wird abgewiesen, weil die berechtigten Interessen des Vermieters einer Fortsetzung des Mietverhältnisses entgegen stehen (§ 93 Abs. 1 S. 2 ZPO).

98 *Variante 3:* Der Vermieter dringt mit seiner Räumungsklage nicht durch, weil nach §§ 574–574b BGB Fortsetzungsgründe der Räumung entgegen stehen (§ 93b Abs. 2 S. 1 ZPO).

99 *Variante 4:* Der Mieter dringt mit seiner Klage auf Fortsetzung des Mietverhältnisses durch, weil die von ihm geltend gemachten Fortsetzungsgründe nach §§ 574–574b BGB durchgreifen (§ 93b Abs. 2 S. 2 ZPO).

100 Hier kann in der Entscheidung der obsiegende **Vermieter** gleichwohl mit Kosten entweder in vollem Umfang oder zum Teil belastet werden, wenn er diejenigen Gründe, die zum Obsiegen im Prozess geführt haben, erst nachträglich, also nach Ausspruch der Kündigung verursacht hat, bzw. wenn diese erst danach entstanden sind (§ 574 Abs. 3 BGB), oder wenn er in den Fällen des § 573 Abs. 2 und 3 BGB seine berechtigten Interessen nicht fristgerecht mitgeteilt hat.

101 Ebenso sind dem obsiegenden **Mieter** auch dann Kosten aufzuerlegen, wenn er trotz Verlangens des Vermieters und ordnungsgemäßer Belehrung seine Widerspruchsgründe nicht gem. § 574b Abs. 1 BGB fristgerecht dargelegt hat. Der Gesetzgeber hat bei Vorlage der gesetzlichen Voraussetzungen allerdings keine zwingende Kostenfolge angeordnet, sondern die Entscheidung, ob von der Anwendung des § 93b ZPO Gebrauch gemacht wird, in das **pflichtgemäße Ermessen** des Gerichts gestellt.

102 Des Weiteren ist dann in **§ 93b Abs. 3 ZPO** eine Sonderregelung für diejenigen Verfahren auf Räumung von Wohnraum geschaffen worden, bei denen der Räumungsschuldner den Anspruch sofort anerkennt, wobei ihm jedoch eine Räumungsfrist bewilligt wird. Intention des Gesetzgebers war es hier, diejenigen Räumungsprozesse zu vermeiden, bei denen der Mieter von vornherein auszugwillig ist, aber lediglich noch einen angemessenen Zeitraum zur Räumung benötigt.

103 **Voraussetzung** ist aber immer, dass der Mieter vor Erhebung der Klage vergeblich eine Räumungsfrist oder eine Fortsetzung des Mietverhältnisses verlangt hat, wobei zu beachten ist, dass eine eigene Kündigung des Mieters die Anwendung des § 93b Abs. 3 ZPO immer ausschließt.[80]

104 Streitig ist allerdings in der Rechtsprechung, wie konkret vor Erhebung der Räumungsklage die Räumungsfrist begehrt werden muss, und ob hier eine genaue zeitliche Fixierung notwendig ist.[81] Zu berücksichtigen ist dabei, dass der Mieter **keine übermäßige Räumungsfrist** beantragt, sondern dass die begehrte Räumungsfrist dem Umfang nach angemessen ist. § 93b Abs. 3 ZPO greift ebenfalls in den Fällen, in denen der Vermieter zwar eine Räumungsfrist bewilligt, diese aber ungenügend ist und der Mieter deshalb vergeblich um eine weitergehende Räumungsfrist nachgesucht hat.[82] Für eine Anwendung des § 93b Abs. 3 ZPO ist auch dann Anlass, wenn ein Mieter infolge der

---

79 LG München II BeckRS 1989, 7644.
80 BeckOK ZPO/Jaspersen § 93b Rn. 13.
81 LG Münster WuM 1979, 17.
82 LG Köln WuM 1993, 543.

Tatsache, dass nicht wirksam gekündigt wurde oder ein **Räumungsanspruch erst im Laufe einer Instanz** überhaupt begründet und fällig wird, vorgerichtlich keine Möglichkeit hatte, eine Räumungsfrist zu begehren, so dass er dann sofort nach Wirksamwerden die Kündigung bzw. Berechtigung des Räumungsanspruches anerkennt und um eine Räumungsfrist nachsucht.[83]

105 Auch im Rahmen des § 93b Abs. 3 ZPO ist die Kostenentscheidung in das **pflichtgemäße Ermessen** des Gerichtes gestellt, so dass über die Kosten keinesfalls einseitig entschieden werden muss, sondern auch eine quotenmäßige Verteilung in Betracht kommt. Allerdings wird grundsätzlich in den Fällen, in denen sich ein Vermieter von vornherein einem ausreichend begründeten und angemessenen Räumungsfristersuchen verweigert, diesem die Kostentragungspflicht aufzubürden sein.

2. Erstattungsfähigkeit von Kosten/notwendige Kosten

106 Bei Mietrechtsstreitigkeiten stellt sich oft die Frage, inwieweit Kosten für einen **privaten Sachverständigen,** zB im Rahmen eines Mieterhöhungsverfahrens gem. §§ 558 ff. BGB oder zur Schadensbewertung nach Auszug des Mieters, erstattungsfähig sind.

107 Für die Fälle, bei denen ein Sachverständiger zur Bewertung des Schadens nach Auszug des Mieters hinzugezogen wird, wird in Rspr. und Lit. überwiegend die Auffassung vertreten, dass die Hinzuziehung eines Gutachters zum Zwecke der Schadensfeststellung dann als notwendig angesehen werden kann, wenn die Beweisführung nicht ebenso gut mit Hilfe von Zeugen und Lichtbildern möglich ist. In diesen Fällen sind Gutachterkosten als notwendige Rechtsverfolgungskosten erstattungsfähig.[84] Kosten, die anfallen, um einen Anspruch überhaupt entstehen zu lassen oder fällig zu machen, sind nie erstattungsfähig, weshalb also, im Rahmen eines Mieterhöhungsverlangens gem. §§ 558 ff. BGB, die zur Begründung in Auftrag gegebene Sachverständigenbegutachtung nie erstattungsfähig ist.

108 Auch in Mietstreitigkeiten gilt deshalb der Grundsatz bzw. die Regelung, dass Sachverständigenkosten und Privatgutachtenkosten nur dann als Prozesskosten im Sinne von § 91 ZPO in Betracht kommen, wenn sie zu entsprechender Vorbereitung der Rechtsverfolgung oder Rechtsverteidigung notwendig waren, wobei der Begriff „notwendig“ eng auszulegen ist.

109 Teilweise können auch in Mietstreitigkeiten **Detektivkosten** anfallen, um einen vorgetäuschten Eigenbedarf oder anderen unwahren Tatsachenvortrag von Mietparteien zu belegen. Auch hier gilt der Grundsatz, dass derartige Detektivkosten nur dann erstattungsfähig sind, wenn die Tatsachen ohne Beauftragung eines Detektivs nicht hätten bewiesen werden können, also die Einschaltung eines Detektivs notwendig war.[85]

---

[83] LG Köln WuM 1993, 542.
[84] Ausführlich hierzu BGH NJW 2004, 3042.
[85] LG Berlin BeckRS 1986, 6120; BeckOK ZPO/ § 91 Rn. 131.

§ 4 Prozesskostenhilfe und Beratungshilfe

Übersicht

Schrifttum:

Dörndorfer, Prozesskosten-, Verfahrenskosten- und Beratungshilfe für Anfänger, 7. Aufl. 2020; Gottschalk/Schneider, Prozess- und Verfahrenskostenhilfe Beratungshilfe, 10. Aufl. 2021; Groß, Beratungshilfe Prozesskostenhilfe Verfahrenskostenhilfe, 15. Aufl. 2024; Vallender, Beratungshilfe, 1989.

I. Einleitung

1 Den **finanziell schlecht gestellten Bürger** sollen die mit der gerichtlichen oder außergerichtlichen Wahrnehmung seiner Rechte verbundenen Anwalts- und/oder Gerichtskosten in seiner Interessenverfolgung nicht behindern. Die Prozesskostenhilfevorschriften in der ZPO und das Beratungshilfegesetz sehen vor, dass der beauftragte Rechtsanwalt nicht mit dem Mandanten, sondern direkt mit der Staatskasse zu speziell geregelten

Gebührensätzen abrechnet.[1] Diese Gewährung von Sozialhilfe im Rechtsbereich setzt allerdings voraus, dass sich der Hilfsbedürftige eine Überprüfung seiner persönlichen und wirtschaftlichen Verhältnisse gefallen lässt, um seine Legitimation zum Empfang dieser Hilfe in einer besonderen Lebenslage nachzuweisen. Auch zahlreiche Mieter und Vermieter wollen ihre Rechte mit Hilfe von PKH und Beratungshilfe wahrnehmen. Es haben sich deshalb Schnittstellen zwischen materiellrechtlichen Wohnraummietproblemen und PKH/Beratungshilfe ergeben, die in diesem Kapitel mitbehandelt werden.

II. Prozesskostenhilfe

2 Die Vorschriften über die Prozesskostenhilfe (PKH) finden sich in den **§§ 114–127 ZPO.** Sie regeln, dass ein Rechtsuchender, der finanziell zu einer Prozessführung nicht in der Lage ist, bei einer gewissen Erfolgsaussicht seiner Rechtsverfolgung oder Rechtsverteidigung einen Prozess auf Staatskosten führen kann. Der Staat übernimmt Gerichts- und Rechtsanwaltskosten. Je nach Stand oder Entwicklung der wirtschaftlichen Verhältnisse des Antragstellers können ihm allerdings bis zu 48 monatliche Raten zur anteiligen oder vollen Kostenerstattung auferlegt werden. PKH kann demnach ratenfrei oder mit Ratenzahlung gewährt werden.

1. Hinweispflicht des Rechtsanwalts

3 Der Rechtsanwalt ist verpflichtet, seinen Mandanten auf die Möglichkeit von PKH hinzuweisen, wenn sich im Mandantengespräch Anhaltspunkte für eine wirtschaftliche Hilfsbedürftigkeit ergeben. Er muss dem Mandanten ermöglichen, ohne oder allenfalls gegen geringe finanzielle Belastung die Erfolgsaussichten des Rechtsanliegens im Rahmen des kostenfreien PKH-Verfahrens überprüfen zu lassen. Im Vorfeld ist abzuklären, ob eine Rechtsschutzversicherung besteht: Hat diese wegen Erfolglosigkeit die Deckung abgelehnt, kann (zunächst) keine PKH bewilligt werden und dem Antragsteller wird zugemutet, das für ihn kostenlose Verfahren des Stichentscheides zu betreiben.[2] Die Bedürftigkeit entfällt, wenn die Deckungszusage erteilt wird. Gibt die Rechtsschutzversicherung keine Deckung, ist eine Deckungsklage für den Antragsteller unzumutbar, PKH kann dann grds. bewilligt werden.[3] Reicht die Deckungssumme der Rechtsschutzversicherung nicht aus bzw. besteht eine Selbstbeteiligung, kann PKH hinsichtlich des benötigten weiteren Betrags gewährt werden.[4]

2. Bearbeitung eines PKH-Antrags

4 Unter nachfolgend a) bis e) folgen die für eine erfolgreiche Antragstellung zu prüfenden Kriterien unter besonderer Berücksichtigung mietrechtlicher Fälle:

5 a) **Antragsvoraussetzungen.** Zunächst muss im Rahmen des Mandantengesprächs geklärt werden, ob nach der prozessualen Situation und den persönlichen Verhältnissen überhaupt ein Antrag auf PKH in Betracht kommt.

6 *aa) Anwendungsbereich der PKH-Vorschriften in sachlicher, persönlicher und zeitlicher Hinsicht. (1) Sachlicher Anwendungsbereich.* Die §§ 114 ff. ZPO gelten für alle Arten zivilprozessualer Streitigkeiten vor inländischen Gerichten,[5] somit auch für alle **Mietrechtsverfahren.** PKH kann auch isoliert für Arreste und einstweilige Verfügungen, das Mahn-, das Zwangsvollstreckungs-, das Kostenfestsetzungs- und das selbstständige

---

[1] Die durch das FamFG seit dem 1.9.2009 eingeführte **Verfahrenskostenhilfe** betrifft nur familienrechtliche Verfahren und bleibt hier von der Betrachtung ausgeklammert.
[2] BGH NJW-RR 1987, 1343.
[3] Anders/Gehle ZPO § 114 Rn. 22.
[4] LSG Schleswig-Holstein JurBüro 2004, 146.
[5] Für grenzüberschreitende Prozesskostenhilfe innerhalb der EU gelten gemäß § 114 S. 2 ZPO die Vorschriften der §§ 1076–1078 ZPO.

Beweissicherungsverfahren nach §§ 485 ff. ZPO bewilligt werden.[6] Eine gerichtsinterne **Mediation** ist als Bestandteil eines rechtshängigen Verfahrens bereits von der gewährten Prozesshilfe umfasst, für eine außergerichtliche Mediation kann es keine PKH geben.[7] Überdies verweisen andere Verfahrensordnungen auf die Vorschriften der §§ 114 ff. ZPO.[8] Für das **PKH-Verfahren selbst** kann keine PKH beantragt werden,[9] weil mit dem PKH-Verfahren nicht unmittelbar eine Rechtsverfolgung oder -verteidigung beabsichtigt ist (vgl. § 114 ZPO). Es entsteht keine Rechtsschutzlücke für den wirtschaftlich schwachen Rechtsuchenden, weil im Vorfeld der Frage, ob überhaupt ein PKH-Antrag aussichtsreich erscheint, die Vorschriften des Beratungshilfegesetzes greifen (→ Rn. 72).

(2) Persönlicher Anwendungsbereich. Grundsätzlich prozesskostenhilfeberechtigt sind **natürliche Personen** bei der Wahrnehmung eigener Rechte als Kläger oder Beklagter. Der Anspruch auf PKH ist höchstpersönlich, so dass eine Rechtsnachfolge nicht in Betracht kommt. Sind **mehrere Personen** beteiligt, stellt sich die Frage, auf wessen Vermögensverhältnisse abzustellen ist. Bei der Geltendmachung abgetretener Rechte oder solcher aus gesetzlicher oder gewillkürter Prozessstandschaft kommt es auf den Antragsteller an, der ein fremdes Recht im eigenen Namen geltend macht, allerdings wird der Inhaber des Rechts in aller Regel am Ausgang des Rechtsstreits rechtlich und wirtschaftlich interessiert sein, so dass auch seine Einkommensverhältnisse zu berücksichtigen sind.[10] Für **Musterprozesse** sollte berücksichtigt werden, dass bei einem Eigeninteresse aller Beteiligten nicht eine bedürftige Partei mit den Mitteln der Prozesskostenhilfe die Klärung der Rechtsfrage herbeiführen kann, wenn es andere nicht bedürftige Beteiligte gibt.[11] 7

In Fällen **gesetzlicher Vertretung** oder bei Bestellung eines **Pflegers** kommt es auf die Vermögensverhältnisse des Vertretenen bzw. des Kindes an.[12] Für jeden **Streitgenossen** sind die PKH-Voraussetzungen selbstständig zu prüfen ohne Rücksicht darauf, ob es sich um einfache oder notwendige Streitgenossen handelt.[13] Das gilt auch für **Ehegatten** als Streitgenossen.[14] Das Ehegatteneinkommen wird bei der Berechnung der abzusetzenden Beträge gemäß § 115 Abs. 1 S. 3 Nr. 2a), S. 7 ZPO berücksichtigt. Schließlich ist auch der einfache oder streitgenössische **Nebenintervenient** als Verfahrensbeteiligter unter ausschließlicher Prüfung seiner Einkommens- und Vermögensverhältnisse prozesskostenhilfefähig.[15] Parteien kraft Amtes, inländische **juristische Personen** und parteifähige Vereinigungen sind dagegen nur unter den Voraussetzungen des § 116 ZPO prozesskostenhilfefähig. 8

---

[6] OLG Hamm BeckRS 1999, 14157; aA LG Bonn MDR 1985, 415.

[7] OLG Dresden NJW-RR 2007, 80; zu der Notwendigkeit einer „Mediationskostenhilfe" de lege ferenda Gottschalk/Schneider PKH/VKH Rn. 18b.

[8] §§ 76 Abs. 1 S. 1, 113 Abs. 1 S. 2 FamFG, § 11a ArbGG, § 166 VwGO, § 73a SGG, § 142 Abs. 1 FGO, §§ 397a Abs. 2 StPO für Nebenkläger, § 379 Abs. 2 StPO für Privatkläger.

[9] BGH NJW 1984, 2106; Zöller/Schultzky ZPO vor § 114 Rn. 9 (aber Ausnahme bei Vergleichsabschluss im PKH-Verfahren, dazu Zöller/Schultzky ZPO vor § 114 Rn. 10).

[10] Dazu Anders/Gehle ZPO § 114 Rn. 22. Bei der Geltendmachung eines Notwegrechts durch den Mieter in gewillkürter Prozessstandschaft für den Vermieter kommt es nur auf die Bedürftigkeit des Mieters an, wenn er erkennbar nur im eigenen Interesse handelt, BHG NJW-RR 2014, 526.

[11] So für ein öffentlichrechtliches Musterverfahren OVG Lüneburg AnwBl 1988, 78.

[12] Zöller/Schultzky ZPO § 114 Rn. 5.

[13] Zöller/Schultzky ZPO § 114 Rn. 4; Gottschalk/Schneider PKH/VKH Rn. 59 ff. (BGH gewährt dem Bedürftigen PKH nur für den Erhöhungsbetrag nach § 7 RVG iVm VV 1008 RVG, vgl. BeckRS 2019, 17369, in Lit. und Rspr. str., dazu auch Gottschalk/Schneider PKH/VKH Rn. 60 mit zahlreichen weiteren Nachweisen).

[14] Gottschalk/Schneider PKH/VKH Rn. 63; eventuelle wechselseitige Prozesskostenvorschußansprüche gem. § 1360a Abs. 4 BGB sind im Rahmen des jeweiligen Vermögens zu berücksichtigen, Gottschalk/Schneider PKH/VKH Rn. 424 ff. Das gilt gem. § 5 LPartG auch für Lebenspartnerschaften. „Persönliche Angelegenheit" iSd § 1360a Abs. 4 BGB ist zB ein **Räumungsprozess** (LG Bremen FamRZ 1992, 985) oder eine Klage gegen den **Vermieter** der gemeinsamen Ehewohnung (BGH BeckRS 2022, 31449).

[15] Zöller/Schultzky ZPO § 114 Rn. 3.

9 *(3) Zeitlicher Anwendungsbereich.* Der Antrag muss **vor Abschluss der Instanz** gestellt werden (Wortlaut des § 114 S. 1 ZPO: „… die *beabsichtigte* Rechtsverfolgung oder Rechtsverteidigung…“). Die Bewilligung der PKH erfolgt zudem für jeden Rechtszug besonders (§ 119 Abs. 1 S. 1 ZPO).

10 *bb) Berechnung des einzusetzenden Einkommens.* Die §§ 114, 115 ZPO in Verbindung mit Vorschriften des SGB XII enthalten die Parameter für die Einkommensberechnung. Der zu benutzende amtliche Vordruck gibt allerdings auch dem Rechtsanwalt Hilfestellungen (es lohnt sich, einmal in Ruhe das **Hinweisblatt zum Ausfüllen des Vordrucks zu lesen!**). Im Wesentlichen errechnet[16] sich das einzusetzende Einkommen wie folgt:

Berechnungspositionen im Überblick	Im Einzelnen aus	Erläuterungen
Einkünfte in Geld oder Geldeswert § 115 Abs. 1 S. 2 ZPO (sind im Antragsformular genau anzugeben)		
	• nichtselbstständiger Arbeit	
	• selbstständiger Arbeit	
	• Sachbezügen	• zB Unterkunft und Verpflegung bei Ehegatten
	• Vermietung und Verpachtung (VuV)	
	• Kapitalvermögen	
	• Kindergeld	
	• Wohngeld	
	• Arbeitslosengeld II[17]	
	• öffentliche oder private Zuwendungen	• Zahlungen von Sozialhilfe sind zwar Einkünfte, aber bei Sozialhilfeempfängern kann bei Fehlen gegenteiliger Anhaltspunkte grds. davon ausgegangen werden, dass PKH ohne Ratenzahlungsverpflichtung gerechtfertigt ist, weil die Bemessung der Sozialhilfe einen zusätzlichen Bedarf für Prozessführungskosten nicht berücksichtigt[18]
	• fiktivem Einkommen	• bei unterlassenem Arbeitseinsatz, wenn Antragsteller offensichtlich rechtsmissbräuchlich Arbeitskraft nicht einsetzt, um bedürftig zu werden • bei verschleiertem Arbeitsverhältnis • bei unterlassener Nutzung des Vermögens, zB aus Vermietung/Verpachtung
	Davon absetzbar sind	

[16] Dazu auch im Internet zB unter www.pkh-rechner.de.
[17] Dazu BGH NJW-RR 2008, 595.
[18] LG Hamburg WuM 1993, 462.

Berechnungspositionen im Überblick	Im Einzelnen aus	Erläuterungen
./. **Grundfreibeträge** § 115 Abs. 1 S. 3 Nr. 1a) ZPO iVm § 82 Abs. 2 Nr. 1–4 SGB XII (diese Abzugsposten müssen geltend gemacht werden)	• Einkommen-, Lohn-, Kirchen- und Gewerbesteuer	• NICHT Umsatz-, Vermögens- und Erbschaftsteuer, weil nicht „auf das Einkommen entrichtet"
	• Pflichtbeiträge zur Sozialversicherung (Kranken-, Renten-, Pflege- und Arbeitslosenversicherung)	
	• sonstige Beiträge zu öffentlichen oder privaten Versicherungen, wenn gesetzlich vorgeschrieben (Haftpflicht für berufsbenötigtes Kfz) und wenn nach Grund und Höhe angemessen (freiwillige Kranken-, Sterbe-, Sach-, Lebensversicherung)	• Durchschnittlicher Bedarf für Risikovorsorge und konkrete Lebenssituation des Antragstellers werden berücksichtigt
	• Altersvorsorgebeiträge	
	• Werbungskosten (Fahrtkosten, Arbeitsmittel, Berufsverbandsbeiträge, Aufwendungen wg. doppelter Haushaltsführung, Belastungen bei Einkünften aus VuV)	• Absetzbarkeit von Autokosten laut aktuellem Mitteilungsblatt des ADAC
./. **Erwerbstätigkeitsfreibetrag** gemäß § 115 Abs. 1 S. 3 Nr. 1b) ZPO	• für unbeschränkt Erwerbstätige 282 EUR (bei eingeschränkter Erwerbstätigkeit sind weitere Beträge „angemessen" abzusetzen, § 115 Abs. 1 S. 3 Nr. 4 ZPO).	• Bekanntmachung des BMJ vom 22. Dezember 2023 (BGBl. 2023 I Nr. 403), gilt ab dem 1.1.2024); als nicht erwerbstätig gelten Schüler, Studenten, Pensionäre, Rentner, Sozialhilfeempfänger, Arbeitslose.
./. **Zusatzfreibeträge** § 115 Abs. 1 S. 3 Nr. 2 ZPO (diese Beträge berücksichtigt das Gericht aufgrund der Angaben des Antragstellers)	• für die Partei und ihren Ehegatten oder Lebenspartner jeweils 619 EUR	• Bekanntmachung des BMJ vom 22. Dezember 2023 (BGBl. 2023 I Nr. 403), gilt ab dem 1.1.2024);
	• bei weiteren Unterhaltsleistungen an gesetzlich unterhaltsberechtigte Personen je nach deren Alter zwischen 393 EUR und 518 EUR	• Bekanntmachung des BMJ vom 22. Dezember 2023 (BGBl. 2023 I Nr. 403), gilt ab dem 1.1.2024);
./. **Kosten für Unterkunft und Heizung** § 115 Abs. 1 S. 3 Nr. 3 ZPO	• kein „auffälliges Missverhältnis zu den Lebensverhältnissen der Partei"	• Warmmiete inkl. Nebenkosten (aber nicht individueller Verbrauch von Strom); bewohnt der **Vermieter** teilweise sein eigenes Haus, kann er für seine Wohneinheit Heiz- und Nebenkosten und für das ganze Haus Instandhaltungs-

Berechnungspositionen im Überblick	Im Einzelnen aus	Erläuterungen
		und anteilig Sanierungskosten in Anrechnung bringen.
./. **Mehrbedarf nach SGB** § 115 Abs. 1 S. 3 Nr. 4 ZPO	• nach § 21 SGB II und § 30 SGB XII	• für Schwangere, Alleinerziehende, Ältere, Behinderte, Kranke etc
./. **Besondere Belastungen** § 115 Abs. 1 S. 3 Nr. 5 ZPO	zB • krankheitsbedingte, nicht erstattungsfähige Ausgaben • Schuldverpflichtungen, die begründet wurden, bevor die Partei die Notwendigkeit der Prozessführung erkannte • Freiwillige Unterhaltszahlungen	• Hinweis auf § 1610a BGB meint, dass der behinderungsbedingte Mehrbedarf des Antragstellers nicht nachgewiesen werden muss.

11 • Errechnet sich als Monatsrate ein geringerer Betrag als 10 EUR, ist von einer Festsetzung von Monatsraten abzusehen, § 115 Abs. 2 S. 2 ZPO.

• Ergibt das so ermittelte einzusetzende Einkommen einen Betrag zwischen 10 EUR und 600 EUR, muss es zur Hälfte für eine monatliche Ratenzahlung eingesetzt werden (Monatsrate), § 115 Abs. 2 S. 1 1. Hs. ZPO.

• Beträgt das einzusetzende Einkommen mehr als 600 EUR, beträgt die Monatsrate 300 EUR zuzüglich des Teils des einzusetzenden Einkommens, der 600 EUR übersteigt, § 115 Abs. 2 S. 3 ZPO.

• Aufzubringen sind höchstens 48 Monatsraten unabhängig von der Zahl der Rechtszüge, § 115 Abs. 2 S. 4 ZPO.

12 *cc) Berechnung des einzusetzenden Vermögens.* § 115 Abs. 3 ZPO bestimmt, dass auch das **Vermögen** des Antragstellers bei der Frage nach seiner Bedürftigkeit zu berücksichtigen ist. § 90 SGB XII gilt insoweit entsprechend. Daraus ergibt sich im Wesentlichen folgende Prüfung:

Checkliste: Einzusetzendes Vermögen iSv § 115 Abs. 3 ZPO

☐ Ist Vermögen vorhanden?
- Eigentum an beweglichen und unbeweglichen Gütern
- Sonstige Vermögensrechte und Nutzungsrechte
- Fiktives Vermögen bei absichtlicher oder grob fahrlässiger Vermögensminderung in Kenntnis der künftigen Prozessführung
- Forderungen; zB bei Anspruch auf Prozesskostenvorschuss gegen unterhaltspflichtige Angehörige in „persönlichen Angelegenheiten" (§ 1360a Abs. 4 BGB), zB gegen Ehegatten und Lebenspartner (§§ 5 S. 2, 12 Abs. 2 LPartG, §§ 1360a Abs. 4, 1361 Abs. 4 S. 4 BGB), gegen Eltern für minderjährige Kinder (§§ 1610 Abs. 2, 1615a BGB) und für volljährige Kinder (§§ 1610 Abs. 2, 1608 BGB);[19] die Rspr. bejaht vereinzelt Anspruch auf Prozesskostenvorschuss bei **Räumungsrechtsstreit** volljähriger Kinder.[20] Allerdings muss der Anspruch auf Prozesskostenvorschuss unzweifelhaft bestehen und einigermaßen sicher durchsetzbar sein; die Darlegungslast dafür, dass ein Prozesskostenvorschuss nicht besteht oder nicht durchsetzbar ist, liegt beim Antragsteller; nicht die Forderung, zu deren Durchsetzung PKH begehrt wird.[21]

☐ Ist Vermögen verwertbar?
Nicht zum verwertbaren Vermögen gehört das sog. Schonvermögen (§ 90 Abs. 2 Nr. 1–10 SGB XII)

[19] Str., vgl. zahlreiche Rechtsprechungsbeispiele bei Gottschalk/Schneider PKH/VKH Rn. 424 ff.
[20] LG Bremen FamRZ 1992, 984; AG Gießen WuM 1993, 461.
[21] Anders/Gehle ZPO § 114 Rn. 22.

- Nr. 1: öffentl. Mittel zum Aufbau oder zur Sicherung einer Existenzgrundlage (LastAusglG; Arbeitsförderung, RentV, BundesVersG);
- Nr. 2: mit staatlicher Förderung angelegtes bzw. angespartes Kapital für zusätzliche Altersvorsorge;
- Nr. 3: Vermögen, das zur baldigen Beschaffung oder Erhaltung eines angemessenen Hausgrundstücks für behinderte Menschen, Blinde oder Pflegebedürftige dient;
- Nr. 4: angemessener Hausrat;
- Nr. 5: zur Berufsausübung oder -ausbildung benötigte Gegenstände;
- Nr. 6: Familien- und Erbstücke in besonderen Härtefällen (Schmuck, Gemälde etc);
- Nr. 7: unluxuriöse Gegenstände zur Befriedigung geistiger Bedürfnisse (Bücher, Musikinstrumente);
- Nr. 8: vom Antragsteller allein oder zusammen mit Angehörigen bewohntes Eigenheim (Angemessenheit für vierköpfige Familie nach § 39 WohnungsbauG: 130 qm für Haus, 120 qm für Eigentumswohnung; Erhöhung des Wohnbedarfs bei weiteren Personen oder häuslicher Pflege);
- Nr. 9: kleinere Barbeträge (Durchführungs-VO zu § 90 Abs. 2 Nr. 9 SGB XII: 10.000 EUR für Antragsteller und 500 EUR für jede weitere von ihm zu unterhaltende Person;
- Nr. 10: angemessenes Kraftfahrzeug.

☐ Ist Vermögensverwertung zumutbar iSd § 115 Abs. 3 S. 1 ZPO?
Nicht zumutbar soll die Verwertung des Vermögens sein, soweit es sich um zweckgebundenes Vermögen wie zB Schmerzensgeldansprüche handelt.[22]

☐ Ist Vermögen verfügbar? (§ 115 Abs. 3 S. 2 ZPO iVm § 90 Abs. 3 SGB XII)
Nicht zum verfügbaren Vermögen gehören unkündbare (Bau-) Sparguthaben oder nur gegen steuerliche Nachteile kündbare Guthaben. Im Übrigen darf die Bewilligung der PKH nicht vom Einsatz oder der Verwertung eines Vermögens abhängig gemacht werden, wenn damit die Zerschlagung dieses wertbeständigen Vermögens verbunden wäre. Dieses Problem kann sich insbesondere für den **Vermieter** stellen, der **Hauseigentümer** ist und PKH begehrt. So soll der Einsatz eines an sich nicht zum Schonvermögen gehörenden Hausgrundstücks im Einzelfall unzumutbar sein, wenn dieses einen erheblichen Mangel aufweist, der Antragsteller die Mängelbeseitigung bereits eingeleitet hat und zu erwarten ist, dass durch diese in absehbarer Zeit eine wirtschaftlich sinnvolle Verwertung, die ohne Mangelbeseitigung nicht zu erwarten wäre, möglich ist.[23] Lebt der **Vermieter** ausschließlich von den Mieteinnahmen und sind diese gering, kann weder Verkauf noch dingliche Belastung und Kreditaufnahme von ihm verlangt werden.[24] Anders aber, wenn die Veräußerung des Grundstücks ohnehin geplant ist.[25] Str. für den Fall, dass der Hilfsbedürftige durch die Bedienung des Kredits höher belastet wäre als durch die monatlichen Raten nach der PKH-Tabelle.[26]

dd) Beachtung der Mindestgrenze gem. § 115 Abs. 4 ZPO. Der Gesetzgeber hat in § 115 Abs. 4 ZPO eine Geringfügigkeitsgrenze für die Bewilligung der PKH geschaffen: Übersteigen die voraussichtlich anfallenden Prozesskosten nicht die Summe von vier zu zahlenden Monatsraten (also ist diese Vorschrift nur bei **Raten PKH** zu beachten) und den aus dem Vermögen zu erbringenden Beträgen, wird PKH nicht bewilligt. Der den Antrag stellende Rechtsanwalt muss also unter Zugrundelegung eines Streitwerts eine Kostenprognose anstellen. 13

ee) Hinreichende Erfolgsaussicht (§ 114 ZPO). Das Gericht prüft summarisch, ob in der Hauptsache für den Antragsteller eine gewisse Wahrscheinlichkeit eines Erfolgs für seine Rechtsverfolgung oder Rechtsverteidigung besteht. Der Antrag muss zwar gem. § 117 ZPO hierzu keine gesonderten Ausführungen enthalten. 14

Der Anwalt sollte sich jedoch bei der von § 117 Abs. 1 S. 2 ZPO verlangten **Darstellung des Streitverhältnisses** unter **Angabe der Beweismittel** gewärtig sein, dass er damit dem Gericht die entscheidende Grundlage für die Erfolgsprognose liefert. In 15

[22] Zöller/Schultzky ZPO § 115 Rn. 88.
[23] LAG Rheinland-Pfalz BeckRS 2011, 74069.
[24] Ausführlich dazu Schneider Rpfleger 1985, 49; für den Fall einer Versagung der PKH: LG Mannheim Rpfleger 1970, 178.
[25] Zöller/Schultzky ZPO § 115 Rn. 97.
[26] Zumutbarkeit bejaht von Zöller/Schultzky ZPO § 115 Rn. 97, Zumutbarkeit verneint von OLG Karlsruhe FamRZ 2004, 1499.

tatsächlicher Hinsicht sollten daher für voraussichtlich streitige Tatsachen Beweismittel angeboten werden, und der den Antragsteller stützende Rechtsstandpunkt muss wenigstens vertretbar sein.[27]

16 Im Rahmen **mietrechtlicher Streitigkeiten** gibt es zahlreiche PKH-Entscheidungen mit Bezug zum Kriterium der Erfolgsaussicht. Eine Auswahl in alphabetischer Reihenfolge:

- Die Erfolgsaussichten einer Rechtsverteidigung werden für den Fall abgelehnt, dass der Beklagte gegen die fristlose Kündigung wegen Zahlungsverzugs geltend macht, es bedürfe vor Aussprechen der Kündigung einer **Abmahnung,**[28] wohingegen die fristlose Kündigung des Mieters einer vorherigen Abmahnung bedarf und dem Mieter keine PKH bewilligt wird, wenn er gegen eine Mietzinsklage die vermeintliche Kündigung anführt.[29]
- **AGB** im Mietvertrag, die Minderungs- und Zurückbehaltungsrechte ausschließen, verstoßen nicht gegen §§ 305c, 307 Abs. 1, 309 Nr. 2, 3 BGB – für eine darauf gestützte Rechtsverteidigung wird PKH nicht gewährt.[30]
- Für ein **Anerkenntnis des Räumungsanspruchs** im Prozess kann PKH nicht bewilligt werden. Wendet der Mieter ein, er habe bereits vor Rechtshängigkeit das Räumungsbegehren des Klägers anerkannt und somit keine Veranlassung zur Klageerhebung gegeben, soll ihm das für den Erfolg seiner Rechtsverteidigung nur nützen, wenn er gleichzeitig einen bestimmten, jedenfalls aber spätesten Auszugstermin mitteilt. Lässt er hingegen den Auszugszeitpunkt offen, hat der Kläger ein Rechtsschutzbedürfnis für einen Räumungstitel und der Mieter entsprechend keine Aussicht auf eine erfolgreiche Rechtsverteidigung.[31]
- Der gleichzeitig mit einem **Antrag auf einstweiligen Rechtsschutz** wegen Übernahme der Mietschulden durch den Sozialhilfeträger gestellte PKH-Antrag eines Mieters nach fristloser Kündigung durch den Vermieter aber noch vor dessen Erhebung einer Räumungsklage kann Aussicht auf Erfolg haben.[32]
- Der Vermieter kann seine Kündigung auf die Nichtzahlung von **Betriebskostennachforderungen** stützen – der sich dagegen wehrende Mieter erhält keine PKH.[33]
- Bei der Berechnung des so genannten **Differenzmietschadens,** der infolge einer unberechtigten Kündigung wegen vorgetäuschten Eigenbedarfs dem Mieter entstanden ist, ist im Rahmen der Erfolgsaussichten eines PKH-Antrags des Mieters zu berücksichtigen, ob der Vermieter schlüssig vorgetragen hat, der Schaden habe sich durch eine mögliche Mieterhöhung im Rahmen des Altmietvertrags verringert.[34]
- PKH für ein Revisionsverfahren wird nicht gewährt, wenn das Berufungsgericht die tatrichterliche Würdigung zur erforderlichen Abwägung im Rahmen des § 573 Abs. 2 Nr. 1 BGB rechtlich beanstandungsfrei vorgenommen hat (**fristlose Kündigung** wegen nachhaltiger Störung des Hausfriedens).[35]
- Der Entschädigungsanspruch des Vermieters gem. § 546a Abs. 1 BGB wegen verspäteter Rückgabe führt in der **Insolvenz des Mieters** nicht zu einem Aussonderungsrecht und ist das Mietverhältnis bereits vor Insolvenzeröffnung beendet worden, handelt es sich auch nicht um eine Masseverbindlichkeit gem. § 55 Abs. 1 Nr. 1 InsO. Die Rechtsverteidigung hat Erfolgsaussicht, PKH wird gewährt.[36]

[27] BGH FamRZ 1982, 367: keine PKH, auch wenn höchstrichterliche Klärung in einem für den Antragsteller ungünstigen Sinne erst im Laufe des Verfahrens erfolgt.
[28] LG Bochum BeckRS 2015, 04391.
[29] AG Köln BeckRS 2016, 20858.
[30] OLG Düsseldorf BeckRS 2015, 05829.
[31] LG Frankenthal/Pfalz BeckRS 1990, 07713.
[32] LSG Bayern BeckRS 2013, 66403.
[33] LG Bonn BeckRS 2011, 21354.
[34] LG Darmstadt ZMR 1994, 165.
[35] BGH BeckRS 2009, 87284.
[36] OLG Koblenz NJOZ 2013, 1882.

- Beantragt der Mieter PKH für die Geltendmachung von **Mangelbeseitigung** und Vorschusszahlung, prüft das Gericht, ob nicht insgesamt Mangelbeseitigung hätte beansprucht werden sollen und gewährt die PKH nur teilweise.[37]
- Macht der Mieter eine **Mietminderung** gegen eine Zahlungsklage des Vermieters geltend und trägt er zu dem Umfang der angeblichen Mängel und dem Ausmaß der dadurch verursachten Beeinträchtigung und der Anzeige gem. §§ 536, 536c Abs. 2 S. 2 Nr. 1 BGB nicht konkret genug vor, wird PKH nicht bewilligt.[38]
- Auch für eine **Mietpreisüberhöhung** muss der Mieter substantiiert vortragen. Andernfalls scheitert er mit seinem PKH-Antrag.[39]
- Macht der im **Räumungsprozess** verklagte Mieter Gebrauch von der Möglichkeit, noch innerhalb der Schonfrist des § 569 Abs. 3 Nr. 2 BGB die Mietzinsen nachzuzahlen bzw. eine entsprechende Übernahmeerklärung des Sozialamtes[40] beizubringen, stellt sich für ein von dem Mieter angestrengtes PKH-Verfahren die Frage, ob er damit eine iSd § 114 ZPO erfolgreiche Rechtsverteidigung anbietet. Das wird zum Teil bejaht mit der Begründung, dem Mieter könne nicht zugemutet werden, erst das Räumungsurteil gegen sich ergehen zu lassen, um es dann mit der Berufung oder in der Vollstreckung mit der Vollstreckungsgegenklage anzugreifen.[41] Die herrschende Meinung führt demgegenüber an, in diesen Fällen handele es sich um bloße Erfüllung und deshalb liege keine Rechtsverteidigung iSd § 114 ZPO vor.[42] Die nachträgliche Unwirksamkeit der Kündigung gem. § 569 Abs. 2 Nr. 2 BGB führe nicht zu einem Obsiegen des Mieters, sondern zur Erledigung der Hauptsache, die in der Regel eine Kostentragungspflicht des Mieters mit sich bringe – daher könne Prozesskostenhilfe mangels Erfolgsaussicht der beabsichtigten Rechtsverteidigung nicht gewährt werden.[43] Da die Kündigung wegen Zahlungsverzugs einen Rückstand von zwei Monatsmieten voraussetze, wäre dem Beklagten ausreichend Zeit geblieben, sich rechtzeitig zB um die Übernahme der Mieten durch das Sozialamt zu kümmern – die nur zögerliche Besorgung dieser Angelegenheit könne nicht auf Kosten der Allgemeinheit durch Gewährung von PKH gehen.[44] Die Nachzahlung habe erst dann positive Auswirkungen auf die Erfolgsaussichten der Rechtsverteidigung des Mieters, wenn der Vermieter nach der erfolgten Zahlung nicht die prozessuale Konsequenz der Erledigungserklärung zöge[45] oder der Mieter geltend macht, zur Klageerhebung keinen Anlass gegeben zu haben.[46] Trägt der Mieter lediglich vor, es werde ihm noch gelingen, innerhalb der Schonfrist zu leisten, erfolgt aber keine vollständige Zahlung innerhalb der Monatsfrist, soll der PKH-Antrag abgelehnt werden.[47] Anders aber LG Mannheim: Prozesskostenhilfe kann gewährt werden, wenn ein Mieter nach vorangegangener fristloser Kündigung wegen Zahlungsverzugs im Räumungsprozess glaubhaft macht, dass er innerhalb der Frist des § 569 Abs. 3 Nr. 2 BGB erfüllen könnte.[48]

---

[37] AG Karlsruhe BeckRS 2016, 14128.
[38] LG Bochum BeckRS 2015, 11781.
[39] LG Stendal BeckRS 1994, 07351.
[40] Dafür ist **nicht** ausreichend eine Erklärung des Jobcenters, nicht näher bezeichnete Mietschulden des Mieters „nach aktuellem Stand“ zu übernehmen, vgl. LG Berlin BeckRS 2017, 102368.
[41] LG Mannheim BeckRS 1988, 07089.
[42] LG Stade FHZivR 36 Nr. 7621 (WM 1990, 160).
[43] LG Wiesbaden BeckRS 2012, 08011.
[44] LG Wiesbaden BeckRS 2012, 08011.
[45] LG Aurich BeckRS 2016, 18907; LG Essen BeckRS 2017, 134923: Der beklagten Mieterin wird trotz einer verzögerten Erledigungserklärung PKH versagt, weil die Beklagtenvertreterin durch ihren „unklaren“ Vortrag diese Verzögerung mit verursacht haben soll.
[46] LG Aachen NJW-RR 1993, 829.
[47] LG Freiburg MDR 1984, 150; so auch Schmidt-Futterer/Streyl § 569 Rn. 99.
[48] LG Mannheim BeckRS 1988, 07089: im konkreten Fall allerdings hatte der Mieter auch tatsächlich erfüllt.

- Ein Mieter, der sich gegen die Kündigung seines Mietverhältnisses wegen starken **Rauchens** wendet, erhält dafür PKH.[49]
- Auch bei **Revisionszulassung** durch das Berufungsgericht wegen einer entscheidungserheblichen, noch nicht höchstrichterlich geklärten Auslegung einer Mietvertragsklausel kann PKH mangels hinreichender Erfolgsaussicht abgelehnt werden, wenn die Beantwortung dieser Rechtsfrage im Hinblick auf die einschlägige gesetzliche Regelung oder durch die in der Rechtsprechung gewährten Auslegungshilfen nicht schwierig erscheint.[50]
- Für **Schadensersatzansprüche** gem. §§ 536a, 536b BGB muss der Mieter zum Eintritt und zum Umfang des Schadens substantiiert vortragen, ansonsten scheitert ein darauf gestützter PKH-Antrag.[51]
- Fehlende Erfolgsaussicht bei Klage gegen Vermieter bei **Schimmelpilzbefall.**[52]
- Generell kann bei Räumungsprozessen die angespannte **Wohnungsmarktlage** und das vitale Interesse am Erhalt einer Wohnung als höchstpersönlicher Lebensmittelpunkt dergestalt zu berücksichtigen sein, dass die Ablehnung des PKH-Antrags nur bei ersichtlicher Aussichtslosigkeit und nicht nur bei ungünstigen Erfolgsaussichten gerechtfertigt ist.[53]
- Versagung von PKH für Mieter, der sich gegen eine fristlose Kündigung wegen **Zahlungsverzugs** gewehrt und auf seine Erkrankung berufen hat.[54]

17 *ff) Kein Mutwillen (§ 114 Abs. 2 ZPO).* Nach der Legaldefinition in § 114 Abs. 2 ZPO ist die beabsichtigte Rechtsverfolgung oder Rechtsverteidigung mutwillig, wenn eine Partei ohne PKH in einem gleich gelagerten Fall bei verständiger Würdigung aller Umstände von der Rechtsverfolgung oder Rechtsverteidigung absehen würde.[55] Während es bei der Prüfung der hinreichenden Erfolgsaussicht eher um die Geeignetheit der Rechtsverfolgung oder Rechtsverteidigung zur Erreichung eines bestimmten Ziels geht, steht hier die Erforderlichkeit im Vordergrund. Mutwilligkeit kann also vorliegen, wenn das erstrebte Ziel mit einfacheren Mitteln erreicht werden kann, zB durch den Erlass eines Mahnbescheids statt einer Klage.[56]

18 Im **Räumungsprozess** wird die Rechtsverteidigung des Mieters, er habe innerhalb der Monatsfrist des § 569 Abs. 3 Nr. 2 BGB den Mietrückstand ausgeglichen, dann als mutwillig anzusehen sein, wenn er bereits vor Rechtshängigkeit der Klage hätte zahlen können.[57] Hingegen soll für den im **Räumungsvollstreckungsschutzverfahren** PKH beantragenden Vollstreckungsschuldner nicht schon deswegen Mutwillen bejaht werden, weil ihn stets gem. § 788 Abs. 1 ZPO die Kostenlast trifft.[58]

19 **b) Form und Mindestinhalt des PKH-Antrags.** Hat die Vorprüfung ergeben, dass ein PKH-Antrag in Betracht kommt, müssen nunmehr die Vorgaben des § 117 ZPO für die konkrete Antragstellung berücksichtigt werden.

20 *aa) Form des Antrags.* Der entweder schriftlich oder zu Protokoll der Geschäftsstelle gestellte Antrag muss jedenfalls **unterschrieben** sein. Es besteht kein Anwaltszwang, § 78 Abs. 5 ZPO. Beachtet werden muss die durch § 117 Abs. 3 und 4 ZPO vorgesehene und auch vom Verordnungsgeber umgesetzte (PKH-VordruckVO vom 17.10.1994 BGBl. I 3001) Pflicht, **amtliche Vordrucke** für die Erklärung über die persönlichen und wirtschaftlichen Verhältnisse zu benutzen (Ausnahmen für Parteien kraft Amtes, juris-

[49] LG Düsseldorf becklink 1027514.
[50] BGH NJW-RR 2003, 130, in Abgrenzung zu BVerfG NJW 1991, 413.
[51] LG Postdam BeckRS 2014, 03697.
[52] KG Berlin NJOZ 2006, 2054.
[53] LG Detmold BeckRS 1990, 07702.
[54] AG Frankfurt a. M. BeckRS 2022, 53976.
[55] § 114 Abs. 2 ZPO eingefügt durch das in 2013 verabschiedete Gesetz zur Änderung des Prozesskostenhilfe- und Beratungshilferechts.
[56] Groß ZPO § 114 Rn. 87.
[57] LG Mannheim BeckRS 1988, 07089.
[58] LG Hannover BeckRS 1990, 07753.

tische Personen und parteifähige Vereinigungen; Erleichterungen für minderjährige unverheiratete Kinder und Sozialhilfeempfänger). Allerdings führt die Nichtbenutzung des Formulars nicht zur Zurückweisung des Antrags, sondern dazu, dass die Partei unter Fristsetzung zur Einreichung eines Vordrucks aufgefordert wird. Die Ablehnung erfolgt erst nach fruchtlosem Verstreichen der Frist.[59]

bb) Mindestinhalt des Antrags. Der Antrag muss die **umfassende und schlüssige Darstellung** des Streitverhältnisses unter Angabe der im Erkenntnisverfahren zulässigen Beweismittel enthalten. Die gerichtlichen Entscheidungen zur Frage der hinreichenden Erfolgsaussicht (→ Rn. 18 ff.) zeigen, wie gründlich eine Prüfung der materiellen Rechtslage vorgenommen wird. Gründlichkeit und Ausführlichkeit dürften sich auch deswegen positiv auf das PKH-Verfahren auswirken, weil spätere Änderungen und Ergänzungen die Glaubhaftmachung beeinträchtigen können. Schließlich ist eine **Rückwirkung der PKH-Bewilligung** auf den Zeitpunkt der Antragstellung nur dann möglich, wenn ein nach den Voraussetzungen des § 117 ZPO vollständiger Antrag vorgelegen hat.[60] Lediglich zweit-**instanzlich** sind diese hohen Anforderungen nicht mehr zu stellen, weil hier mit konkreten Bezugnahmen auf die Akten der Vorinstanz gearbeitet werden darf. Bei einer anwaltlichen Vertretung sollten dann aber zusätzliche Ausführungen zur Erfolgsaussicht des eingelegten Rechtsmittels nicht fehlen, von denen das Gesetz in § 119 Abs. 1 S. 2 ZPO nur dispensiert, wenn der Prozessgegner das Rechtsmittel eingelegt hat. 21

Zum Mindestinhalt des PKH-Antrags gehört weiter **der vollständig ausgefüllte Vordruck** zur Erklärung über die persönlichen und wirtschaftlichen Verhältnisse. Schließlich müssen **Belege** (Kopien reichen aus) zur Glaubhaftmachung der Angaben beigefügt oder jedenfalls nachgereicht werden. Insbesondere kommen in Betracht: 22

- jüngste Jahresverdienstbescheinigungen;
- Steuererstattungsbescheid;
- Kreditvertrag;
- Versicherungspolicen;
- Beitragsbelege für Krankenversicherung.

Ob ein **Anwaltsverschulden** bei der PKH-Antragsbearbeitung (insbesondere verspätete Einreichung antragsrelevanter Unterlagen) der hilfsbedürftigen Partei gem. § 85 Abs. 2 ZPO zuzurechnen ist, ist umstritten. Für eine Zurechnung spricht das Interesse des Antragsgegners, der das Risiko trägt, seinen Kostenerstattungsanspruch gegen die bedürftige Partei nicht durchsetzen zu können.[61] 23

c) **Zuständiges Gericht.** Für die Bewilligung der PKH ist das Gericht zuständig, bei dem die Streitsache anhängig ist oder werden soll (**Prozessgericht**). Wenn das Verfahren in einem höheren Rechtszug anhängig ist und PKH für diese Instanz beantragt werden soll, ist das **Rechtsmittelgericht** zuständig.[62] Die Zuständigkeit des Rechtsmittelgerichts ist auch dann gegeben, wenn lediglich PKH beantragt, das beabsichtigte Rechtsmittel aber noch nicht eingelegt worden ist.[63] 24

d) **Wirkungen des PKH-Antrags.** Bereits mit Antragstellung werden bestimmte prozessuale Wirkungen ausgelöst, die gerade im Hinblick auf Verjährungsfragen und Fristwahrungen bei der anwaltlichen Beratung unbedingt beachtet werden müssen. 25

aa) Wichtigste allgemeine prozessuale Wirkungen

- **Verjährungshemmung** gem. § 204 Abs. 1 Nr. 14 BGB bis zur Entscheidung über PKH-Antrag;[64]

[59] Zöller/Schultzky ZPO § 117 Rn. 27.
[60] Zöller/Schultzky ZPO § 119 Rn. 4.
[61] Zöller/Schultzky ZPO § 119 Rn. 15 (hM); aA Zöller/Althammer ZPO § 85 Rn. 11.
[62] Groß ZPO § 117 Rn. 3 mit Verweis auf § 119 Abs. 1 S. 1 ZPO.
[63] Zöller/Schultzky ZPO § 127 Rn. 3.
[64] Grüneberg/Ellenberger BGB § 204 Rn. 29 ff., 45.

- **Wiedereinsetzung** in den vorigen Stand gem. § 233 ZPO, wenn noch innerhalb der Notfrist PKH-Antrag eingereicht wird;
- Gleichstellung zur angeordneten Klageerhebung nach § 926 ZPO im **Arrestverfahren;**[65]
- PKH-Antrag im Vorfeld einer beabsichtigten **Vollstreckungsgegenklage** gem. § 767 ZPO kann als „dringender Fall" iSd § 769 Abs. 2 ZPO subsumiert und die Vollstreckungsmaßnahme ausgesetzt werden;[66]
- **Nicht** ausreichend für Abänderungsklage gemäß § 323 ZPO;[67]
- **Mietrechtliches Sonderproblem:** Reicht ein PKH-Antrag aus für die „gerichtliche Geltendmachung" des **Vermieterpfandrechts** innerhalb der Monatsfrist des § 562b Abs. 2 BGB? Das lässt sich bejahen unter Hinweis auf die Ansicht, die „gerichtliche Geltendmachung" beziehe sich auf alle in § 204 BGB erwähnten Verfahrensarten.[68] Nach anderer Ansicht lässt sich vertreten, dass ein PKH-Antrag nicht ausreichend ist, weil § 562b BGB dem Mieterschutz dient und zu Lasten des Vermieters eng dahingehend auszulegen ist, dass der Vermieter mit seiner gerichtlichen Geltendmachung gerade seinen dinglichen Anspruch auf Rückschaffung zur Aufrechterhaltung des Pfandrechts gegenüber dem jeweiligen Besitzer des Pfandobjektes direkt durchsetzen wollen muss.[69]

26 *bb) PKH-Antrag mit gleichzeitiger Klage.* Da die Partei den Charakter der Prozesshandlung und den Streitgegenstand bestimmt, muss sie deutlich machen, ob die eingereichte Klage gleichzeitig oder nur für den Fall der PKH-Bewilligung erhoben werden soll. Letzteres ist praktikabel und sollte durch klare Bitte um Vorabentscheidung über PKH-Gesuch, keinesfalls aber durch eine unzulässige bedingte Klageerhebung zum Ausdruck gebracht werden. Sind mit dem PKH-Antrag eilbedürftige Anträge auf Erlass eines Arrestes oder einer einstweiligen Verfügung verbunden, wird die sofortige Stellung des Sachantrags vermutet.[70]

27 *cc) PKH-Antrag mit Rechtsmittel.* Auch hier muss klargestellt werden, ob das Rechtsmittel sofort oder nur für den Fall der PKH-Bewilligung eingelegt wird. Der Antrag auf PKH muss spätestens am letzten Tag der Rechtsmittelfrist gestellt werden. War bereits in der Vorinstanz PKH bewilligt, muss kein neuer Vordruck vorgelegt werden. Der Antragsteller muss aber versichern, dass sich seine persönlichen Verhältnisse nicht geändert haben.[71] Zu beachten ist, dass bei einer nicht mehr innerhalb der Berufungsfrist erfolgenden Vorabentscheidung über den PKH-Antrag dann binnen 2 Wochen **Antrag auf Wiedereinsetzung** gestellt werden muss, der mit dem Berufungsantrag und der Berufungsbegründung zu verbinden ist, § 234 ZPO. Ein solcher Wiedereinsetzungsantrag hat im Fall einer ablehnenden PKH-Entscheidung mangels Bedürftigkeit aber nur dann Erfolg, wenn sich die Partei verständlicherweise für bedürftig halten konnte.[72]

28 Dem **Berufungsbeklagten** ist grundsätzlich PKH ohne Prüfung der Erfolgsaussicht zu gewähren, § 119 Abs. 1 S. 2 ZPO. Allerdings muss er seine wirtschaftlichen Verhältnisse darlegen.

29 **e) Gleichzeitiger Antrag auf Beiordnung für das PKH-Verfahren.** Zur Abrundung der Rechtsidee der PKH sieht das Gesetz vor, dass dem Hilfsbedürftigen ein von ihm frei gewählter und zur Vertretung bereiter Rechtsanwalt für die Wahrnehmung seiner Rechte im zu führenden Prozess beigeordnet werden kann. Der hierauf gerichtete Antrag wird bei der anfänglichen Einschaltung eines Anwalts mit dem Antrag auf PKH

[65] Zöller/Vollkommer ZPO § 926 Rn. 32; str.
[66] Anders/Gehle ZPO § 769 Rn. 8; str.
[67] BGH NJW 1982, 1050.
[68] MüKoBGB/Artz § 546b Rn. 11; in § 204 Abs. 1 Nr. 14 BGB wird PKH-Verfahren erwähnt.
[69] Schmidt-Futterer/Lammel BGB § 562b Rn. 32.
[70] Dazu ausführlich Groß ZPO § 117 Rn. 7.
[71] BGH NJW 2001, 2720.
[72] BGH NJW 1997, 1078.

verbunden, kann aber auch isoliert erst später erfolgen. § 121 ZPO sieht fünf Beiordnungstatbestände vor:

- Notwendige Beiordnung im Anwaltsprozess gem. § 121 Abs. 1 iVm § 78 ZPO;
- Erforderliche Beiordnung im Parteiprozess gem. § 121 Abs. 2 ZPO;
- Waffengleichheit bei Anwaltsvertretung des Gegners gem. § 121 Abs. 2 ZPO;
- Verkehrsanwalt oder Beweisaufnahmeanwalt bei „besonderen Umständen" gem. § 121 Abs. 4 ZPO;
- Notanwalt gem. § 121 Abs. 5 ZPO (wird vom Gericht bestimmt, wenn Partei keinen Anwalt findet).

aa) Voraussetzungen im Anwaltsprozess und Parteienprozess. In Verfahren, die zwingend 30 die Einschaltung eines Rechtsanwalts erfordern (**Anwaltsprozess**), bedarf es nach § 121 Abs. 1 ZPO keines ausdrücklichen Antrags auf Beiordnung, sondern nur der Wahl eines Anwalts und dessen Bereitschaft zur Vertretung (grundsätzlich kein Kontrahierungszwang bei PKH-Mandat – aber Ausnahme als Notanwalt, § 48 Abs. 1 Nr. 1 BRAO). Ein gleichwohl durch den bearbeitenden Rechtsanwalt gestellter Antrag schadet nicht, muss aber keine weiteren Ausführungen enthalten. Das Gericht ist zur Beiordnung verpflichtet und hat kein Ermessen bei dieser Entscheidung.

Im **Parteienprozess** hingegen verlangt das Gesetz laut § 121 Abs. 2 ZPO einen Antrag. 31 Ist der Gegner anwaltlich vertreten, gebietet das Gebot der Waffengleichheit in der Regel die Beiordnung eines Rechtsanwalts.[73] Andernfalls prüft das Gericht die Erforderlichkeit einer anwaltlichen Vertretung nach objektiven (tatsächliche oder rechtliche Schwierigkeiten der Sache, ihr Umfang, ihre Bedeutung für den Antragsteller) und subjektiven (rechtliche und sonstige Befähigung des Antragstellers zur Meinungsbildung und Formulierung) Gesichtspunkten.[74] Hierzu sollte also vorgetragen werden, besonders in Verfahren, in denen der Amtsermittlungsgrundsatz gilt (zB FamFG).

Im **Mietrechtsstreit** kann die Beiordnung eines Rechtsanwalts für einen Verhand- 32 lungstermin erforderlich sein, obwohl die Partei im laufenden Verfahren durch den Mieterbund vertreten ist.[75] Die Ablehnung eines Antrags auf **Beiordnung eines vom Mieterverein gestellten Prozessagenten,** der nicht nach § 209 BRAO in die Rechtsanwaltskammer aufgenommen worden war, ist vom BGH bestätigt worden.[76]

bb) Form und Frist des Beiordnungsantrags. Der im Parteienprozess erforderliche 33 Antrag auf Beiordnung sollte zwar ausdrücklich spätestens bis zum rechtskräftigen Abschluss der Instanz gestellt werden. Allerdings soll bereits der PKH-Antrag für eine bedürftigen Partei durch einen Prozessbevollmächtigten stets so ausgelegt werden, dass dieser Prozessbevollmächtigte im Rahmen der zu bewilligenden PKH beigeordnet werden will.[77]

3. Das PKH-Bewilligungsverfahren

Das Verfahren ist ein **nichtstreitiges Antragsverfahren** des Antragstellers beim Ge- 34 richt, der Gegner ist nur Beteiligter im weiteren Sinne.[78] Die Staatskasse ist nicht am Bewilligungsverfahren beteiligt. Sie darf nur kontrollieren, ob bei der PKH-Bewilligung zu Unrecht Zahlungsanforderungen unterblieben sind, § 127 Abs. 3 ZPO. Das Verfahren ist zügig zum Abschluss zu bringen. Diesem für das Gericht geltende Beschleunigungsgebot entspricht die Verpflichtung des Antragstellers, durch rechtzeitige Einreichung vollständiger Unterlagen das Verfahren zu fördern. Eine Vorwegnahme des Hauptprozesses darf nicht stattfinden.

---

[73] Aber BGH NJW 1984, 2106: Nicht stets Beiordnung.
[74] BVerfG NZS 2011, 775 stellt weiterhin klar, dass das Verhältnis von Streitwert und Kostenrisiko gerade **nicht** ausschlaggebend für die Frage der Beiordnung eines Rechtsanwalts ist.
[75] LG Trier BeckRS 1992, 01421.
[76] BGH NJW 2003, 2244.
[77] LAG Niedersachsen BeckRS 2009, 68121.
[78] BGH NJW 1984, 740.

35 **a) Verfahrensgang (§ 118 ZPO).** Nach Eingang des PKH-Antrags ist dem Gegner des beabsichtigten Rechtsstreits **rechtliches Gehör** zu gewähren, § 118 Abs. 1 S. 1 ZPO, Art. 103 Abs. 1 GG. Die Anhörung des Gegners kann nur bei „Unzweckmäßigkeit" entfallen, so zB bei Eilverfahren oder langer Unerreichbarkeit des Gegners. Die in schriftlicher oder mündlicher Form zu gewährende Anhörung bezieht sich lediglich auf die Erfolgsaussichten des PKH-Antrags. Zu den persönlichen und wirtschaftlichen Verhältnissen ist der Gegner hingegen nicht zu hören. Das gebietet der Persönlichkeitsschutz des Antragstellers.[79] Deswegen sollte der für den Antragsteller tätig werdende Rechtsanwalt auf die **Trennung der Ausführungen** zu der Hilfsbedürftigkeit einerseits, die bei Gericht im gesondert zu führenden PKH-Heft einzuordnen sind, und andererseits zu den Erfolgsaussichten in der Hauptsache achten. Eine Vermischung des Vortrags zu beiden Punkten in einem Schriftsatz könnte das Gericht als Einwilligung zur Mitteilung an den Gegner deuten (§ 117 Abs. 2 S. 2 ZPO). Es bestehen auch unterschiedliche Anforderungen an die Glaubhaftmachung der Angaben des Antragstellers: Während er seine Ausführungen zu den persönlichen und wirtschaftlichen Verhältnissen von vornherein (§ 117 Abs. 2 S. 1 ZPO), spätestens aber nach Aufforderung durch das Gericht (§ 118 Abs. 2 S. 4 ZPO) mit geeigneten Belegen glaubhaft zu machen hat, kann eine Glaubhaftmachung der Angaben zur Erfolgsaussicht erst nach einer abweichenden Stellungnahme des Gegners verlangt werden. Erfolgt eine Stellungnahme des Gegners, sieht § 118 ZPO nicht eine weitere Gegenerklärung des Antragstellers vor. Das Gericht hat dann weitere Möglichkeiten, das Verfahren zu gestalten:

- Anberaumung einer mündlichen **Erörterung** (nicht Verhandlung!) bei einer zu erwartenden Einigung, die mit einem umfassend materiellrechtlichen und prozessual wirkenden[80] Prozessvergleich beendet werden kann;
- Abgabe einer Versicherung an Eides Statt zur Glaubhaftmachung;
- Anstellung von **Erhebungen**, insbesondere Anordnung von Urkundenvorlegung oder Einholung von Auskünften;
- ausnahmsweise Vernehmung von **Zeugen** und **Sachverständigen,** wenn die Klärung der Erfolgsaussicht oder Mutwilligkeit anders nicht möglich ist.

36 Das Gericht entscheidet durch **Beschluss,** § 127 Abs. 1 S. 1 ZPO. Bei Beschwerung des Antragstellers durch vollständige oder teilweise Versagung der PKH muss der Beschluss begründet werden.[81] Bei uneingeschränkter Bewilligung wäre eine Begründung im Hinblick auf die Abänderungs- und Aufhebungsmöglichkeiten nach §§ 120 Abs. 4, 124 ZPO im Interesse des Antragstellers sinnvoll, ist aber nicht üblich.[82]

37 Eine **Kostenentscheidung** ist unzulässig, weil folgende kostenrechtliche Grundsätze im PKH-Verfahren gelten:

- das erstinstanzliche Verfahren ist **gerichtsgebührenfrei;**
- es gibt keine Kostenerstattung für den **Gegner,** § 118 Abs. 1 S. 4 ZPO;
- für **Auslagen** bei Zeugen- oder Sachverständigenvernehmung tritt die Gerichtskasse in Vorlage, aber der PKH-Antragsteller haftet nach § 28 Abs. 3 GKG; wird PKH bewilligt, sind die vorgenannten Auslagen Teil der Gerichtskosten, die gem. §§ 91 ff. ZPO von der unterlegenen Partei im Hauptprozess zu tragen sind.

38 **b) Wirkung der Bewilligung.** Für die Wirksamkeit eines PKH-Beschlusses bedarf es des **Zugangs,** der allerdings gem. § 329 Abs. 2 ZPO **formlos** sein kann. Das Gericht legt im Beschluss ausgehend von der Sachlage im Entscheidungszeitpunkt **rückwirkend** einen Zeitpunkt fest, ab dem PKH gewährt wird. Das wird in aller Regel frühestens der Zeitpunkt des Antragseingangs sein. Fehlt die ausdrückliche Festlegung eines Rückwirkungszeitpunktes, ist maßgeblich der Eingang eines nach § 117 ZPO formgerechten Antrags mit der Erklärung über die wirtschaftlichen und persönlichen Verhältnisse, weil

[79] BVerfG NJW 1991, 2078.
[80] Anders/Gehle ZPO § 118 Rn. 24.
[81] Zöller/Schultzky ZPO § 127 Rn. 22.
[82] Vgl. dazu Gottschalk/Schneider PKH/VKH Rn. 618.

dann der Antragsteller von seiner Seite aus die Voraussetzungen für die Bewilligung der PKH geschaffen hat.[83] Bei zeitlich unklarer Bewilligung kann der Rechtsanwalt mit einem entsprechenden Antrag einen klarstellenden Ergänzungsbeschluss herbeiführen.[84]

aa) Wirkung der Bewilligung zugunsten der bedürftigen Partei gem. § 122 ZPO

- Auf die bereits fälligen oder noch fällig werdenden **Gerichtskosten** (dazu gehören auch die für die Rechtsverfolgung und Rechtsverteidigung notwendigen Auslagen der hilfsbedürftigen Partei zB Reisekosten)[85] und Gerichtsvollzieherkosten und die gem. § 59 RVG übergegangenen Ansprüche des beigeordneten Rechtsanwalts muss die bedürftige Partei nur die vom Gericht festgelegten Ratenzahlungen oder bei vollständiger Bewilligung gar nichts leisten, § 122 Abs. 1 Nr. 1a) und b) ZPO; 39
- Befreiung von der Erbringung einer **Sicherheitsleistung** (§ 122 Abs. 1 Nr. 2 ZPO);
- eine **Rückerstattung** bereits gezahlter Kosten erfolgt nur bei Zahlungsleistungen, die nach dem durch den Beschluss bestimmten rückwirkenden Bewilligungszeitpunkt erbracht wurden;[86]
- bei auf einen Teil des Streitgegenstandes **beschränkter Gewährung** von PKH hat die hilfsbedürftige Partei als Gerichtsgebühr die Differenz der Gebühr nach dem vollen Streitwert und dem Streitwert, für den PKH bewilligt worden ist, zu bezahlen;[87]
- die hilfsbedürftige Partei muss **keine Rechtsanwaltsgebühren** bezahlen, § 122 Abs. 1 Nr. 3 ZPO;
- trotz PKH-Bewilligung müssen dem obsiegenden **Gegner** dessen Kosten für den Hauptprozess erstattet werden, § 123 ZPO (für das PKH-Verfahren bleibt es aber bei der speziellen und daher vorrangigen Regel des § 118 Abs. 1 S. 4 ZPO: keine Kostenerstattung für Gegner).

bb) Wirkung der Bewilligung für den beigeordneten Rechtsanwalt

- Honoraransprüche gegen hilfsbedürftige Partei können nicht geltend gemacht werden; 40
- Anspruch auf PKH-Gebühren gegen die Staatskasse (genauer unten bei 5.);
- Anspruchsübergang etwaiger Ansprüche gegen die Partei oder den Gegner auf die Staatskasse gem. § 59 RVG.

cc) Wirkung der Bewilligung für den Prozessgegner

- einstweilige **Befreiung** von rückständigen und entstehenden Gerichtskosten und Gerichtsvollzieherkosten, wenn dem Antragsteller als (Rechtsmittel-)Kläger ratenfreie PKH gewährt worden ist, § 122 Abs. 2 ZPO; 41
- erst nach **rechtskräftiger** Verurteilung können vom Gegner Gerichtskosten eingezogen werden, § 125 Abs. 1 ZPO;
- Gerichtskosten, von denen der Gegner gem. § 122 Abs. 2 ZPO einstweilen befreit war, können erst nach rechtskräftiger Verurteilung oder Beendigung des Rechtsstreits ohne Urteil über die Kosten eingezogen werden, § 125 Abs. 2 ZPO;
- eine **Rückerstattung** bereits gezahlter Kosten kommt wie beim PKH-Antragsteller nur dann in Betracht, wenn sie nach dem Wirksamkeitszeitpunkt vorgenommen wurden;
- **Kostenerstattungsanspruch** gegen die im Hauptprozess unterlegene hilfsbedürftige Partei gem. § 123 ZPO.

c) **Abänderung und Aufhebung der Bewilligung.** Stellt sich heraus, dass die für die Bewilligung der PKH geprüften Voraussetzungen nicht vorgelegen haben, hat das Gericht nach pflichtgemäßem Ermessen zu entscheiden, ob es die PKH-Entscheidung abändert (§ 120a ZPO) oder sogar aufhebt (§ 124 ZPO). 42

[83] Zöller/Schultzky ZPO § 119 Rn. 4; aA BGH NJW 82, 446: erst, wenn auch alle erforderlichen Belege über wirtschaftliche und persönliche Verhältnisse vorliegen.
[84] Gottschalk/Schneider PKH/VKH Rn. 737.
[85] Dazu Anders/Gehle ZPO § 122 Rn. 13.
[86] Anders/Gehle ZPO § 122 Rn. 11.
[87] Anders/Gehle ZPO § 122 Rn. 13.

Voraussetzung für PKH-Bewilligung	Im Nachhinein stellt sich heraus, dass	Rechtsfolge
Darstellung des Streitverhältnisses	die Darstellung hinsichtlich maßgebender Voraussetzungen für die Bewilligung von PKH vorgetäuscht war.	Aufhebung gem. § 124 Abs. 1 Nr. 1 ZPO
Persönliche und wirtschaftliche Verhältnisse indizierten einen bestimmten Grad der Bedürftigkeit	• die Partei absichtlich oder grob nachlässig unrichtige Angaben gemacht hat • die Voraussetzungen nicht vorgelegen haben	Aufhebung gem. § 124 Abs. 1 Nr. 2 ZPO Aufhebung innerhalb von 4 Jahren seit rechtskräftiger Entscheidung oder sonstiger Verfahrensbeendigung gemäß § 124 Abs. 1 Nr. 3 ZPO
	• sich die Verhältnisse nach Instanzende wesentlich geändert haben (eine Verbesserung kann vor allem durch das aufgrund der Rechtsverfolgung oder Rechtsverteidigung Erlangte eintreten, § 120a Abs. 3 ZPO)	Abänderung der Ratenzahlungen gemäß § 120a ZPO (zum Nachteil der Partei nur innerhalb von vier Jahren seit rechtskräftiger Entscheidung oder sonstiger Verfahrensbeendigung)

43 Weitere Aufhebungsgründe führt § 124 ZPO abschließend auf:
- Fehlende Mitwirkung der Partei bei der Prüfung einer Veränderung der persönlichen und wirtschaftlichen Verhältnisse (§ 124 Abs. 1 Nr. 2 Hs. 2 iVm § 120a Abs. 1 S. 3 ZPO);
- Fehlende Mitteilung der Verbesserung von Einkommens- und Vermögensverhältnissen oder der Anschrift (§ 124 Abs. 1 Nr. 4 iVm § 120a Abs. 2 S. 1–3 ZPO);
- Verzug hinsichtlich zu zahlender Monatsraten oder sonstiger Zahlung für länger als drei Monate (§ 124 Abs. 1 Nr. 5 ZPO);[88]
- Antrag der Partei auf Beweiserhebung wegen nachträglich eingetretenen Umständen ohne Erfolgsaussicht oder mutwillig (§ 124 Abs. 2 ZPO).

44 Durch die Aufhebung entfallen sämtliche Wirkungen der PKH. Allerdings: **Die Honoraransprüche des Rechtsanwalts gegen die Staatskasse erlöschen nicht,** wenn er nicht etwa bei der Irreführung des Gerichts mitgewirkt hat.[89]

45 d) **Beschwerde.** Die sofortige Beschwerde ist der gegen Entscheidungen im PKH-Verfahren vorgesehene Rechtsbehelf (§§ 127 Abs. 2 S. 2, 567 ff. ZPO). Sie sollte als solche ausdrücklich bezeichnet werden, um die **Abgrenzung zu anderen Anträgen** klarzustellen:
- Abänderungsantrag gemäß § 120a ZPO (erst für nach Instanzende eingetretene, für die Ratenzahlungen relevante Änderungen);
- Gegenvorstellung (Beschwerde ist nicht mehr zulässig);
- Erneuter PKH-Antrag mit neuem Tatsachenvortrag (**PKH-Ablehnung erwächst nicht in Rechtskraft,** daher kann PKH immer wieder beantragt werden; es fehlt aber das Rechtsschutzbedürfnis für eine neuerliche Entscheidung, nachdem auf der Grundlage desselben Lebenssachverhalts ohne Änderung der sachlichen Verhältnisse bereits gerichtliche Entscheidungen über einen Antrag ergangen sind).[90]

46 *aa) Beschwerdebefugnis.* **Für den Antragsteller**
- in allen Fällen einer für ihn ungünstigen PKH-Entscheidung oder Nichtbescheidung;
- bei nicht rechtsmittelfähiger Hauptsacheentscheidung nur dann, wenn die Beschwerde die Leistungsfähigkeit oder die Zahlungsmodalitäten betrifft, § 127 Abs. 2 S. 2 ZPO;
- **nicht** bei PKH-Entscheidung in der Berufungsinstanz wegen § 567 Abs. 1 ZPO.[91]

---

[88] Keine Aufhebung, wenn die Nichtzahlung der Raten nicht auf einem Verschulden des Bedürftigen beruht, BGH NJW 1997, 1007.
[89] Zöller/Schultzky ZPO § 124 Rn. 26.
[90] BGH NJW 2004, 1805.
[91] Vgl. dazu OLG Hamburg BeckRS 2007, 02236.

Für die Staatskasse 47

- nach Maßgabe des § 127 Abs. 3: längstens innerhalb von drei Monaten nach Entscheidungsverkündung kann nur die ratenfreie PKH-Bewilligung unter Hinweis auf die persönlichen und wirtschaftlichen Verhältnisse des Antragstellers gerügt werden;[92]

bb) Beschwerdeverfahren. **Fristen für die Beschwerde** 48

- Beschwerdefrist von einem Monat gem. § 127 Abs. 2 S. 3 ZPO;
- Zulässigkeit der Beschwerde noch nach Instanzende[93] und nach Eintritt der Rechtskraft in der Hauptsache möglich.[94]

Verfahrensablauf 49

- Beschwerde geht an Gericht, das die Entscheidung erlassen hat;
- § 572 Abs. 1 ZPO: Gericht hilft der Beschwerde ab oder legt dem Beschwerdegericht vor;
- das Beschwerdegericht prüft als Tatsacheninstanz (§ 571 Abs. 2 ZPO) die erstinstanzliche Entscheidung, soweit sie mit der Beschwerde angegriffen worden ist; es gilt das Verschlechterungsverbot; Prüfungszeitpunkt für Beurteilung der Bedürftigkeit ist die Beschwerdeentscheidung, für die Frage der Erfolgsaussicht ist der Zeitpunkt der Beschlussfassung im erstinstanzlichen Verfahren maßgebend.

Kosten des Beschwerdeverfahrens 50

- Gerichtsgebühren fallen in Höhe von 50 EUR nach GKG-KV Nr. 1812 nur an, wenn die Beschwerde verworfen oder zurückgewiesen wird; bei einem Teilerfolg kann das Gericht die Gebühr ermäßigen oder auf ihre Erhebung verzichten;
- für Rechtsanwalt 0,5 Verfahrensgebühr gem. VV 3500 RVG (Gegenstandswert berechnet sich gemäß VV 3335 RGV nach dem Wert der Hauptsache);
- es ergeht keine gerichtliche Kostenentscheidung, weil die hilfsbedürftige Partei die Gerichtskosten kraft Gesetzes zu tragen hat und Kosten im Beschwerdeverfahren nicht erstattet werden (§ 127 Abs. 4 ZPO).

Rechtsbehelf gegen Beschwerdeentscheidung: Rechtsbeschwerde gem. §§ 574 ff. ZPO 51

4. Beiordnungsverfahren

a) **Verfahrensgang.** Das Beiordnungsverfahren ist Teil des PKH-Verfahrens. Zu den Antragsvoraussetzungen bei → Rn. 38 ff. Die Beiordnung erfolgt durch ausdrücklichen Beschluss des Gerichts, der denselben Wirksamkeitsbedingungen wie der PKH-Beschluss, mit dem er in der Regel gleichzeitig ergehen wird, unterliegt (es genügt formloser Zugang). 52

b) **Wirkungen der Beiordnung.** Die Beiordnung erfolgt in dem Umfang, in dem das Gericht dem Antragsteller PKH bewilligt (§ 48 RVG), auch im Fall der rückwirkenden Bewilligung.[95] Im Übrigen enthält § 48 RVG in seinen Absätzen 2 und 3 Bestimmungen zum Umfang der Beiordnung in bestimmten Sachbereichen (vor allem einstweiliger Rechtsschutz und Familiensachen). 53

Die Beiordnung **ersetzt** zwar **nicht** den bürgerlichrechtlich zu schließenden Mandatsvertrag und auch nicht die Erteilung einer Prozessvollmacht, löst aber bereits eine Fürsorgepflicht des Rechtsanwalts aus zur Wahrung von Fristen oder zum Ergreifen von Eilmaßnahmen und entsprechender Belehrung des Antragstellers.[96] Nach der Beiordnung besteht die Verpflichtung, die Partei im gerichtlichen Verfahren zu vertreten, § 48 Abs. 1 Nr. 1 BRAO (hingegen vorher kein Kontrahierungszwang). Der Antragsteller 54

[92] Dagegen ist eine von der Staatskasse mit dem Ziel eingereichte Beschwerde, die Verweigerung von Prozesskostenhilfe zu erreichen, unstatthaft, selbst wenn das Gericht die Rechtsbeschwerde zugelassen hat, vgl. BGH NJW-RR 2010, 494.

[93] Anders/Gehle ZPO § 127 Rn. 50 ff.

[94] Anders/Gehle ZPO § 127 Rn. 57, aber Auswirkung auf Begründetheit des Antrags möglich.

[95] Anders/Gehle ZPO § 121 Rn. 15.

[96] Zöller/Schultzky ZPO § 121 Rn. 12 f.

hingegen ist nach der Beiordnung zwar nicht verpflichtet, dem Anwalt das Mandat zu erteilen, kann sich damit aber schadensersatzpflichtig machen.[97] Die **vergütungsrechtlichen Wirkungen** der Beiordnung sind für den Rechtsanwalt folgende:

- Vergütungsansprüche gegen Bundes- oder Landeskasse gemäß §§ 45 ff. RVG;
- Geltendmachung von Gebühren und Auslagen gegenüber verurteiltem Gegner im eigenen Namen gemäß § 126 ZPO;
- Keine Geltendmachung von Vergütungsansprüchen gegen eigene Partei gem. § 122 Abs. 1 Nr. 3 ZPO;
- Übergang der Vergütungsansprüche gegen die Partei oder einen ersatzpflichtigen Gegner auf die Bundes- oder Landeskasse gemäß § 59 RVG, die aber die auf sie übergegangenen Ansprüche nur nach gerichtlicher Bestimmung geltend machen darf, § 122 Abs. 1 Nr. 1b) ZPO.

c) Beendigung der Beiordnung

55 • Aufhebungsantrag des Rechtsanwalts aus wichtigem Grund gemäß § 48 Abs. 2 BRAO;
- bei Aufhebung der PKH-Bewilligung durch das Gericht, § 124 ZPO;
- bei Tod der hilfsbedürftigen Partei;[98]
- durch Abschluss des Verfahrens.[99]

5. Honoraransprüche des Rechtsanwalts

a) Tabellarische Übersicht

56

Ansprüche → Entscheidung des Gerichts ↓	Gegen Mandanten	Gegen Staatskasse	Gegen Prozessgegner	Erläuterungen
PKH **ohne** Ratenzahlung und Beiordnung werden gewährt	§ 122 Abs. 1 Nr. 3 ZPO: keine Geltendmachung von Ansprüchen möglich	§§ 45 ff. RVG: gesetzliche Gebühren nach Maßgabe der §§ 49, 13 RVG (auch Vorschussforderung nach § 47 RVG)	Bei (Teil-)Erfolg im Hauptprozess § 126 ZPO: volle Wahlanwaltsgebühren für obsiegenden Teil können im eigenen Namen geltend gemacht werden	Insgesamt nur **einmal** die vollen Wahlanwaltsgebühren
PKH **mit** Ratenzahlung und Beiordnung werden gewährt	§ 122 Abs. 1 Nr. 3 ZPO: keine Geltendmachung von Ansprüchen möglich	§§ 45 ff. RVG: gesetzliche Gebühren nach Maßgabe des § 49 RVG **und** § 50 Abs. 1 S. 1 RVG: Erstattung der Differenz zu Wahlanwaltsgebühren, soweit durch (höchstens 48) Ratenzahlungen der hilfsbedürftigen Partei gedeckt	§ 126 ZPO (so)	Wegen der Möglichkeit des § 50 Abs. 1 RVG soll der Rechtsanwalt neben der PKH-Gebührenrechnung eine Berechnung für volle Wahlanwalts- gebühren einreichen (§ 50 Abs. 2 RVG)

[97] Anders/Gehle § 121 Rn. 23.
[98] Zöller/Schultzky ZPO § 121 Rn. 48.
[99] Groß ZPO § 121 Rn. 15 iVm ZPO § 119 Rn. 29.

Ansprüche → Entscheidung des Gerichts ↓	Gegen Mandanten	Gegen Staatskasse	Gegen Prozessgegner	Erläuterungen
PKH und Beiordnung werden nur **zum Teil** gewährt • Hauptprozess wird nur für bewilligten Teil geführt	VV 3335 RVG: 1,0 Verfahrensgebühr für die Durchführung des PKH-Verfahrens für abgelehnten Teil	§§ 45 ff. RVG für bewilligten Teil (die Gebühr VV 3335 RVG geht darin auf; Ausnahme: im PKH-Verfahren fallen Gebühren an, die im späteren Verfahren nicht mehr anfallen)	§ 126 ZPO (so)	Insgesamt dürfen aber nur die Wahlanwaltsgebühren geltend gemacht werden, § 15 Abs. 3 RVG
• Hauptprozess wird in voller Höhe geführt	Nach hM wird für jede Gebühr berechnet: Wahlanwaltsgebühr für Gesamtstreitwert abzüglich Wahlanwaltsgebühr für bewilligten Streitwert	PKH-Gebühren nach § 49 RVG für bewilligten Teilstreitwert	§ 126 ZPO (so)	§ 15 Abs. 3 RVG (so)
PKH und Beiordnung werden abgelehnt	VV 3335 RVG: 1,0 Verfahrensgebühr für Durchführung des PKH-Verfahrens; bei **Beschwerde:** 0,5 Verfahrensgebühr gem. VV 3500 RVG; bei Durchführung des Hauptprozesses Wahlanwaltsgebühren	§ 127 Abs. 4 ZPO: **kein** Erstattungsanspruch	Keine Besonderheiten, es gelten die allgemeinen Grundsätze	
Vergleichsabschluss im PKH-Verfahren	VV 1000 RVG: 1,5 Einigungsgebühr für evtl. mitverglichene, nicht im PKH-Verfahren anhängige Ansprüche	Nach hM hier ausnahmsweise **PKH für das PKH-Verfahren:** 1,0 Einigungsgebühr nach VV 1003 RVG 1,0 Verfahrensgebühr nach VV 3335 RVG		

Bei **Vorschusszahlungen** der Partei oder eines Dritten gilt § 58 Abs. 2 RVG: Der Rechtsanwalt darf die Vorschusszahlungen nach erfolgter Beiordnung auf die Differenz zwischen PKH- und Wahlanwaltsgebühren verrechnen. Es spielt keine Rolle, ob PKH mit oder ohne Ratenzahlung gewährt wurde und gilt auch für Gebühren, die nicht gegenüber der Staatskasse, sondern nur gegenüber dem Mandanten entstanden sind, zB nicht erforderliche Reisekosten.

aa) Antrag des Rechtsanwalts

57 • Form: amtlicher Vordruck;
• Frist: grundsätzlich keine, aber Ausnahme: Monatsfrist nach § 55 Abs. 6 RVG bei weiterer Vergütung nach § 50 RVG;
• Inhalt: Vergütungsberechnung nach § 10 RVG, Angabe von Vorschusszahlungen, evtl. Berechnung der Wahlanwaltsgebühren; Angaben unterliegen der Glaubhaftmachung gem. §§ 55 Abs. 5 S. 1 RVG, 104 Abs. 2 ZPO.

58 *bb) Zuständigkeit.* Urkundsbeamter der Geschäftsstelle des jeweiligen Rechtszugs, bei Rechtskraft des ersten Rechtszugs.

cc) Verfahren

59 • Prüfung der formalen Antragsvoraussetzungen;
• Materielle Prüfung: entsprechen die Gebühren- und Auslagenansätze den gesetzlichen Bestimmungen?
• § 48 RVG: durch Beiordnungsbeschluss gedeckt?
• § 46 RVG: Erforderlichkeit der Auslagen?
• § 49 RVG: Höhe der Gebühren korrekt?
• Evtl. Aufforderung nach § 55 Abs. 6 S. 1 RVG zur Abgabe eines Antrags auf Festsetzung einer weiteren Vergütung nach § 50 RVG innerhalb eines Monats.

60 *dd) Entscheidung.* Festsetzungsentscheidung wird formlos mitgeteilt und muss nur begründet werden, soweit dem Antrag nicht entsprochen wird.

ee) Rechtsmittel

61 • Gegen Entscheidung: Unbefristete Erinnerung gem. § 56 RVG für Rechtsanwalt oder Bezirksrevisor als Vertreter der Staatskasse; zuständig ist das Gericht des Rechtszuges, dessen Urkundsbeamter Vergütung festgesetzt hat; Beschluss enthält keine Kostenentscheidung gem. § 56 Abs. 2 S. 3 RVG;
• Gegen Beschluss; Beschwerde gem. §§ 56 Abs. 2 S. 1, 33 Abs. 3 S. 1 RVG wenn Beschwer mehr als 200 EUR; keine Kostenentscheidung, § 56 Abs. 2 S. 3 RVG;
• Evtl. weitere Beschwerde, §§ 56 Abs. 2 S. 1, 33 Abs. 6 RVG.

III. Beratungshilfe

62 Beratungshilfe wird in § 1 Abs. 1 Beratungshilfegesetz (BerHG)[100] definiert als Hilfe für die Wahrnehmung von Rechten **außerhalb** eines gerichtlichen Verfahrens, welche in erster Linie durch Rechtsanwälte und einer Rechtsanwaltskammer zugehörige Rechtsbeistände[101] und in bestimmten Fällen durch den Rechtspfleger am AG gewährt wird (§ 3 BerHG, § 24a Abs. 1 Nr. 2 RPflG). Die Beratungshilfe ergänzt also die nur für gerichtliche Verfahren zu gewährende PKH. Voraussetzung ist, dass dem unbemittelten Rechtsuchenden auf seinen Antrag hin das Amtsgericht einen Berechtigungsschein für die Inanspruchnahme der Beratungshilfe ausstellt. Durch die Bewilligung von Beratungshilfe wird der Rechtsuchende von den Rechtsanwaltsgebühren freigestellt. Stattdessen richtet sich der Honoraranspruch der Beratungsperson gegen die Staatskasse. Die steigende Inanspruchnahme der Beratungshilfe dokumentiert die – häufig durch Arbeitslosigkeit – ausgelösten finanziellen Schwierigkeiten vieler Rechtsuchender und betrifft gerade auch **Mietverhältnisse.** Zahlungsverzug des Mieters und Räumungs-

[100] Abgedruckt im Habersack-Ergänzungsband unter Ordnungszahl 98b.
[101] Seit 2014 im Umfang ihrer jeweiligen Befugnisse auch Steuerberater, Steuerbevollmächtigte, Wirtschaftsprüfer, vereidigte Buchprüfer und Rentenberater. Das Gesetz spricht daher auch nicht mehr von „Rechtsanwalt“, sondern von „Beratungsperson“.

klagen sind die Folgen. Daher gehören Mietstreitigkeiten zu den Rechtsmaterien, für die vornehmlich Beratungshilfe beantragt wird.[102]

1. Erstkontakt im Beratungshilfe-Mandat

a) Schematischer Überblick

63

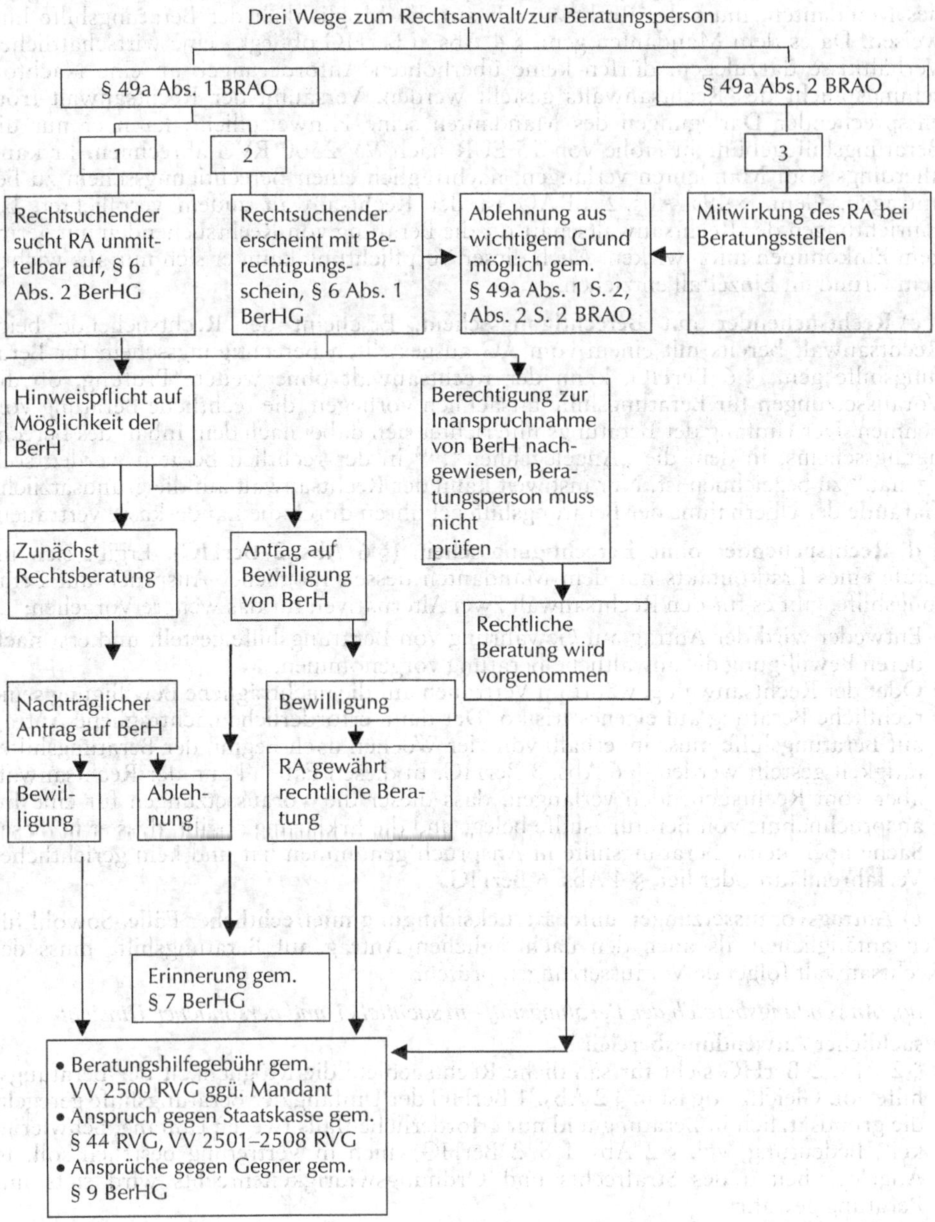

102 Vgl. Vallender S. 16.

64 **b) Allgemeine Hinweis- und Übernahmepflicht des Rechtsanwalts.** Der Rechtsanwalt ist nach der Bundesrechtsanwaltsordnung verpflichtet, dem finanziell bedürftigen Rechtsuchenden Beratungshilfe zu gewähren und darf nur aus wichtigem Grund die Übernahme im Einzelfall ablehnen (§ 49a Abs. 1 BRAO). Erscheint der Rechtsuchende ohne Berechtigungsschein unmittelbar beim Rechtsanwalt (§ 6 Abs. 2 BerHG) und ergeben sich aus dem Erstgespräch Anhaltspunkte für eine finanzielle Hilfsbedürftigkeit des Mandanten, muss der Rechtsanwalt auf die Möglichkeit der Beratungshilfe hinweisen. Da es dem Mandanten gem. § 4 Abs. 6 BerHG obliegt, seine wirtschaftlichen Verhältnisse darzulegen, dürfen keine überhöhten Anforderungen an eine Nachforschungspflicht des Rechtsanwalts gestellt werden. Versäumt der Rechtsanwalt trotz entsprechender Darlegungen des Mandanten seine Hinweispflicht, kann er nur die Beratungshilfegebühr in Höhe von 15 EUR nach VV 2500 RVG abrechnen. Er kann allerdings vom Mandanten verlangen, nachträglich einen Berechtigungsschein zu beantragen. Gem. § 49a Abs. 2 BRAO ist der Rechtsanwalt zudem verpflichtet, bei Einrichtungen der Rechtsanwaltschaft für die Beratung von Rechtsuchenden mit geringem Einkommen mitzuwirken. Auch dieser Verpflichtung kann er sich nur aus wichtigem Grund im Einzelfall entziehen.

65 **c) Rechtsuchender mit Berechtigungsschein.** Erscheint der Rechtsuchende beim Rechtsanwalt bereits mit einem vom AG ausgestellten Berechtigungsschein für Beratungshilfe gem. § 6 BerHG, kann der Rechtsanwalt ohne weitere Prüfung, ob die Voraussetzungen für Beratungshilfe tatsächlich vorliegen, die rechtliche Beratung vornehmen. Der Umfang der Beratungshilfe richtet sich dabei nach dem Inhalt des Berechtigungsscheins, in dem die „Angelegenheit“,[103] in der rechtlich beraten werden soll, „genau“ zu bezeichnen ist. Nur insoweit kann der Rechtsanwalt auf die grundsätzliche Garantie der Übernahme der Beratungshilfegebühren durch die Landeskasse vertrauen.

66 **d) Rechtsuchender ohne Berechtigungsschein (§ 6 Abs. 2 BerHG).** Ergibt sich im Laufe eines Erstkontakts mit dem Mandanten dessen möglicher Anspruch auf Beratungshilfe, gibt es für den Rechtsanwalt zwei Alternativen für das weitere Vorgehen:

- Entweder wird der Antrag auf Gewährung von Beratungshilfe gestellt und erst nach deren Bewilligung die anwaltliche Beratung vorgenommen.
- Oder der Rechtsanwalt gewährt im Vertrauen auf die nachträgliche Bewilligung seine rechtliche Beratung auf eigenes Risiko. Der dann erforderliche nachträgliche Antrag auf Beratungshilfe muss innerhalb von vier Wochen nach Beginn der Beratungshilfetätigkeit gestellt werden, § 6 Abs. 3 BerHG. In diesen Fällen kann der Rechtsanwalt aber vom Rechtsuchenden verlangen, dass dieser die Voraussetzungen für eine Inanspruchnahme von Beratungshilfe belegt und die Erklärung abgibt, dass er in dieser Sache noch keine Beratungshilfe in Anspruch genommen hat und kein gerichtliches Verfahren läuft oder lief, § 4 Abs. 6 BerHG.

67 **e) Antragsvoraussetzungen unter Berücksichtigung mietrechtlicher Fälle.** Sowohl für den anfänglichen als auch den nachträglichen Antrag auf Beratungshilfe muss der Rechtsanwalt folgende Voraussetzungen prüfen:

aa) Anwendungsbereich der Beratungshilfe in sachlicher und persönlicher Hinsicht

68 • **sachlicher Anwendungsbereich**
§ 2 Abs. 2 BerHG sieht für sämtliche Rechtsgebiete die Möglichkeit der Beratungshilfe vor. Gleichzeitig ist in § 2 Abs. 1 BerHG der Umfang der Beratungshilfe geregelt, die grundsätzlich in Beratung und nur erforderlichenfalls (wegen Umfang, Schwierigkeit, Bedeutung, vgl. § 2 Abs. 1 S. 2 BerHG) auch in Vertretung bestehen soll. In Angelegenheiten des Strafrechts und Ordnungswidrigkeitenrechts wird stets nur Beratung gewährt.

69 Im Einzelfall ist zu klären, ob sich der Hilfesuchende bereits innerhalb oder noch außerhalb eines gerichtlichen Verfahrens befindet. Wichtige Einzelfälle:

---

[103] Zum Begriff der „Angelegenheit“ → Rn. 90 ff.

- **Beklagter/Antragsgegner** muss Beratungshilfe erhalten können, um sich beraten zu lassen, ob der Rechtsstreit lohnt;[104]
- **Vor Einreichung eines Antrags auf PKH** kann Beratungshilfe in Anspruch genommen werden, um die Aussichten des PKH-Antrags prüfen zu lassen;[105] weitere Tätigkeit nach Antragstellung ist aber nicht mehr durch Beratungshilfe abgedeckt (allerdings auch nicht durch PKH, die gerade nicht für PKH-Verfahren gewährt wird!);
- **außergerichtliche Vergleiche** können nur beratungshilfefähig sein, soweit kein gerichtliches Verfahren anhängig ist, das den verglichenen Prozessgegenstand (auch teilweise) betrifft.[106]

- **persönlicher Anwendungsbereich** 70
Das Beratungshilfegesetz ist einschlägig für alle Rechtsuchenden, die nach der ZPO Anspruch auf PKH ohne Ratenzahlung haben, § 1 Abs. 2 BerHG. Daher können neben natürlichen Personen auch Parteien kraft Amtes, inländische juristische Personen und parteifähige Vereinigungen beratungshilfeberechtigt sein (§ 116 ZPO).

bb) Bedürftigkeit. Beratungshilfe soll demjenigen gewährt werden, der nach seinen persönlichen und wirtschaftlichen Verhältnissen die erforderlichen Mittel nicht aufbringen kann, § 1 Abs. 1 Nr. 1 BerHG. § 1 Abs. 2 BerHG begrenzt den Kreis der Beratungshilfeberechtigten auf solche, die nach der ZPO Anspruch auf PKH **ohne** Ratenzahlung hätten, dh deren einzusetzendes monatliches Nettoeinkommen einen Höchstbetrag von 10 EUR nicht übersteigt.[107] 71

cc) Keine anderen Hilfsmöglichkeiten. Nach § 1 Abs. 1 Nr. 2 BerHG wird dem Antrag auf Beratungshilfe nur dann stattgegeben, wenn nicht andere Möglichkeiten für eine Hilfe zur Verfügung stehen, deren Inanspruchnahme dem Rechtsuchenden zuzumuten ist. Diese negativ formulierte Antragsvoraussetzung soll sicherstellen, dass es für den Rechtsuchenden keinen zumutbaren einfacheren und billigeren Weg gegenüber der Kosten verursachenden Beratungshilfe gibt, um ausreichenden Rechtsschutz zu erreichen.[108] So tritt in den Ländern Bremen und Hamburg die dort eingeführte öffentliche Rechtsberatung an die Stelle der Beratungshilfe (§ 12 Abs. 1 BerHG), während der Rechtsuchende in Berlin die Wahl zwischen der Inanspruchnahme der öffentlichen Rechtsberatung und der Beratungshilfe nach dem Beratungshilfegesetz hat (§ 12 Abs. 2 BerHG). Auch in Schleswig-Holstein gibt es kommunale Rechtsauskunftsstellen. 72

Speziell für das **mietrechtliche Beratungshilfemandat** muss der Rechtsanwalt überlegen, ob nicht die rechtliche Beratung vorrangig von den ortsansässigen Mietervereinen bzw. Grundbesitzervereinen wahrgenommen werden kann. Die Begründung des RegE zum Beratungshilfegesetz nennt als „andere Möglichkeiten“ auch die Beratungstätigkeit von „Organisationen“. Darunter fallen Gewerkschaften, Verbraucherverbände und eben auch Interessenverbände wie **Mieter- und Grundbesitzervereine.**[109] Allerdings müssen für eine Verweisung des Rechtsuchenden auf diese Vereinigungen dreierlei Voraussetzungen vorliegen: 73

(1) Der Rechtsuchende muss bereits Mitglied in einer entsprechenden Vereinigung sein, es kann nicht erst der Eintritt zur Erlangung eines Beratungsanspruchs verlangt werden.[110]

[104] Groß BerHG § 1 Rn. 18.
[105] Groß BerHG § 1 Rn. 21; Gottschalk/Schneider PKH/VKH Rn. 1132.
[106] Groß BerHG § 1 Rn. 22.
[107] Zur Berechnung gelten daher die Ausführungen zur PKH → Rn. 10 ff.
[108] Dazu ausführlich Groß BerHG § 1 Rn. 58 ff.
[109] Groß BerHG § 1 Rn. 85, 86, 89.
[110] Gottschalk/Schneider PKH/VKH Rn. 1166; der amtliche Vordruck zur Beantragung von Beratungshilfe enthält die Erklärung: „Antragsteller ist nicht Mitglied einer Organisation oder eines Vereins, von dem er im gegebenen Fall kostenlose Beratung oder Vertretung beziehen kann.“.

(2) Der Verein muss nach dem Rechtsdienstleistungsgesetz[111] im Rahmen seiner satzungsmäßigen Aufgaben zur rechtskundigen Beratung und Vertretung befugt sein.[112]

(3) Der Verein muss für die konkrete Angelegenheit die geeignete Hilfe anbieten.[113]

74 *dd) Kein Mutwillen.* Gem. § 1 Abs. 1 Nr. 3 BerHG darf die Inanspruchnahme der Beratungshilfe nicht mutwillig sein. Das ist gem. § 1 Abs. 3 BerHG einerseits objektiv zu beurteilen (Würde ein Rechtsuchender ohne Beratungshilfeberechtigung davon absehen, sich beraten oder vertreten zu lassen?), als auch subjektiv zu würdigen (Kenntnisse, Fähigkeiten und besondere wirtschaftliche Lage des Antragstellers sind zu berücksichtigen). **Nicht mutwillig** ist die Wahrnehmung von Rechten im Rahmen der Beratungshilfe, wenn der von mehreren Bewohnern städtischer Übergangswohnungen beauftragte Rechtsanwalt in gleich lautenden Schreiben den **Widerspruch gegen eine Erhöhung der Nutzungsentschädigung** begründet, statt nur ein Musterverfahren zu führen.[114]

75 f) **Zuständiges Gericht.** Sachlich zuständig für die Entscheidung über den Antrag auf Beratungshilfe ist nach § 4 Abs. 1 BerHG stets das Amtsgericht. Die funktionelle Zuständigkeit liegt beim Rechtspfleger (§ 24a RPflG). Für die örtliche Zuständigkeit ist der allgemeine Gerichtsstand des Rechtsuchenden im Zeitpunkt des Antragseingangs bei Gericht entscheidend (§ 4 Abs. 1 S. 1 BerHG).

76 g) **Form und Inhalt des Antrags.** Nach § 4 Abs. 2 BerHG kann der Antrag mündlich oder schriftlich gestellt werden, wobei für den Antrag stellenden Rechtsanwalt nur die schriftliche Form in Frage kommt. Dabei ist der **Formularzwang** gem. § 11 BerHG iVm § 1 Abs. 2 S. 1 der VO zur Einführung der Vordrucke im Bereich der Beratungshilfe zu beachten.[115] **Fristen laufen nicht.**

77 Der im Antrag laut § 4 Abs. 2 S. 2 BerHG anzugebende **Sachverhalt** (nicht ausreichend also zB nur ein allgemeiner Hinweis auf Beratung „in einer Mietstreitigkeit") dient nicht der Schlüssigkeitsprüfung, sondern der Prüfung der gesetzlichen Voraussetzungen der Beratungshilfe. Er sollte daher folgende Feststellungen ermöglichen:

- Inanspruchnahme einer außergerichtlichen Rechtswahrnehmung;
- das Fehlen anderer Hilfsmöglichkeiten;
- keinen Mutwillen;
- Erklärung über persönliche und wirtschaftliche Verhältnisse mit entsprechenden Belegen, § 4 Abs. 3 Nr. 1 BerHG;
- Versicherung des Rechtsuchenden, dass er in dieser Sache noch keine Beratungshilfe in Anspruch genommen hat und kein gerichtliches Verfahren läuft oder lief, § 4 Abs. 3 Nr. 2 BerHG.

78 h) **Beratungshilfegebühr.** Unabhängig von den Gebührenansprüchen des Rechtsanwalts gegen die Staatskasse steht ihm gem. VV 2500 RVG bei gewährter Beratungshilfe gegen seinen Mandanten eine einmalige Gebühr von 15 EUR zu (entspricht der früheren Anerkennungsgebühr des aufgehobenen § 8 Abs. 1 BerHG). Da es sich **nicht** um eine festsetzbare Gebühr handelt (vgl. §§ 44 S. 2, 55 Abs. 1 RVG), empfiehlt sich Vorkasse beim ersten Beratungsgespräch (wenn nicht der Rechtsanwalt von der Möglichkeit eines Erlasses der Gebühr Gebrauch machen will). Das entspricht auch dem mit dieser Gebühr verbundenen Zweck, eine gewisse Wertigkeit der Rechtsberatung zu betonen

[111] Abgedruckt im Habersack-Ergänzungsband unter Ordnungszahl 99.

[112] Groß BerHG § 1 Rn. 61.

[113] Die Ausfüllhinweise zum amtlichen Vordruck enthalten folgende Passage: „Wenn Sie die an sich mögliche kostenlose Beratung durch einen Verband, dessen Mitglied Sie sind, in Ihrem Fall nicht für ausreichend halten, begründen Sie bitte kurz auf einem besonderen Blatt.".

[114] LG Münster JurBüro 1983, 1705.

[115] Dazu BVerfG NJW 2008, 1581: Es ist verfassungsrechtlich nicht zu beanstanden, wenn für die Bewilligung der nach § 4 Abs. 2 S. 4 BerHG [jetzt § 6 Abs. 2 BerHG!] beantragten Beratungshilfe gefordert wird, dass das für einen schriftlichen Beratungshilfeantrag vorgesehene Formular vor Beginn der anwaltlichen Beratung, jedenfalls aber in engem zeitlichen Zusammenhang mit dieser, ausgefüllt und unterzeichnet wird.

und durch die Auferlegung eines persönlichen Opfers für den Rechtsuchenden Querulanten abzuschrecken.

2. Aufhebung der Beratungshilfe

§ 6a BerHG sieht die Möglichkeit einer Aufhebung der Beratungshilfebewilligung vor. 79
Das kann zum einen durch das Gericht von Amts wegen innerhalb eines Jahres nach der Bewilligung geschehen, falls sich herausstellt, dass die Voraussetzungen für eine Bewilligung der Beratungshilfe in ihrem Zeitpunkt gar nicht vorgelegen haben (§ 6a Abs. 1 BerHG). Zum anderen kann auch der Rechtsanwalt als Beratungsperson unter bestimmten Umständen die Aufhebung der Bewilligung beantragen, § 6a Abs. 2 BerHG.

3. Rechtsbehelfe

a) **Für den Antragsteller.** Gegen die Ablehnung oder nachträgliche Aufhebung der 80
Beratungshilfe kann der Antragsteller Erinnerung gem. § 7 BerHG einlegen. Der Wortlaut der Vorschrift („nur") und auch die Entstehungsgeschichte belegen, dass der Amtsrichter abschließend über die Erinnerung entscheidet und dagegen keine weiteren Rechtsbehelfe gegeben sind.[116] Für das Erinnerungsverfahren gilt:

- **Keine Frist für die Erinnerung** gegen die Entscheidung des nach § 24a Abs. 1 Nr. 1 RPflG zuständigen Rechtspflegers, weil § 24a Abs. 2 RPflG die **Nicht**anwendbarkeit des § 11 Abs. 2 S. 1 RPflG bestimmt, der eine Erinnerungsfrist wie bei der sofortigen Beschwerde vorsieht.
- **Rechtspfleger kann abhelfen** (§ 11 Abs. 2 S. 2 RPflG) und legt bei Nichtabhilfe dem Amtsrichter vor.
- Soweit der Rechtspfleger die Beratungshilfe selbst gewährt und keinen Beratungsschein gem. § 6 Abs. 1 BerHG für eine Beratung ausstellt, liegt darin eine **teilweise Zurückweisung des Antrags**, gegen die die Erinnerung statthaft ist.[117]

b) **Für die Staatskasse.** Gegen die Bewilligung der Beratungshilfe steht der Staatskasse 81
kein Rechtsbehelf zu. Zum einen sieht das Beratungshilfegesetz keinen derartigen Rechtsbehelf vor, zum anderen schließt § 24a Abs. 2 RPflG die Anwendbarkeit des § 11 Abs. 2 S. 1 RPflG für die Beratungshilfe aus, der für die Fälle fehlender verfahrensrechtlicher Vorschriften die Statthaftigkeit der Erinnerung festlegt.

4. Honoraransprüche des Rechtsanwalts

Grundsätzlich gilt, dass der Rechtsanwalt bzw. die Beratungsperson Gebühren nach Maßgabe der Tabellen in §§ 13, 49 RVG vergütet erhält.

a) Tabellarische Übersicht

Ansprüche gegen den Rechtsuchenden	Ansprüche gegen den Gegner	Ansprüche gegen die Landeskasse
Keinen Vergütungsanspruch (§ 8 Abs. 2 BerHG) aber gemäß § 44 S. 2 RVG iVm VV 2500 RVG Beratungshilfegebühr in Höhe von 15 EUR unabhängig von der Vergütung aus der Landeskasse, aber nicht kumulativ bei voller Kostentragung des Gegners (vgl. nebenstehend).	§ 9 BerHG: Ersatzpflichtiger Gegner schuldet die gesetzliche Vergütung nach RVG (cessio legis). Anrechnung auf die Vergütung aus der Landeskasse gem. § 58 Abs. 1 RVG findet statt. Bei voller Befriedigung durch den Gegner kann der Rechtsanwalt die Beratungshilfegebühr	§ 44 S. 1 RVG, VV 2501–2508 RVG (s. Vorbemerkung. 2.5 VV RVG: streitwertunabhängige Pauschgebühren) • VV 2501 RVG: nur isoliert anfallende **Beratungsgebühr** für mündlichen oder schriftlichen Rat oder Auskunft in Höhe von 35 EUR • VV 2503 RVG: **Geschäftsgebühr** in Höhe von 85 EUR

[116] OLG Brandenburg FGPrax 2011, 99.
[117] Gottschalk/Schneider PKH/VKH Rn. 1241.

Ansprüche gegen den Rechtsuchenden	Ansprüche gegen den Gegner	Ansprüche gegen die Landeskasse
Anders bei Aufhebung der Bewilligung oder Nichtbewilligung nachträglich beantragter Beratungshilfe: Bei vorangegangenem Hinweis kann der Rechtsanwalt bzw. die Beratungsperson Ansprüche geltend machen, vgl. § 8a BerHG.	vom Mandanten nicht verlangen bzw. muss diese zurückzahlen.	• VV 2508 Abs. 1 RVG: **Einigungs- und Erledigungsgebühr** in Höhe von 150 EUR • VV 2502, 2504 ff. RVG: **Schuldenbereinigungsgebühr** für die Herbeiführung einer außergerichtlichen Einigung mit den Gläubigern des Mandanten

82 Gebühren nach dem Beratungshilfegesetz verhalten sich zu Gebühren des späteren gerichtlichen Verfahrens wie folgt:

- Die Beratungshilfegebühr von 15 EUR ist anzurechnen, § 8a Abs. 2 S. 2 BerHG.
- Die Beratungsgebühr wird auf jede andere im Rahmen der Beratungshilfe anfallende Gebühr angerechnet, vgl. VV 2501 Abs. 1 und Abs. 2 RVG.
- Die Geschäftsgebühr ist gem. VV 2503 Abs. 2 RVG auf die Gebühren für ein anschließendes gerichtliches Verfahren zur Hälfte anzurechnen.
- Die anderen Gebühren aus dem VV RVG werden nicht angerechnet, weil sie nur anfallen, wenn durch Vergleich oder Erledigung der Rechtsstreit vermieden wird.

83 **b) Begriff der „Angelegenheit" in der Beratungshilfe.** Die Beratungshilfe wird gem. § 2 Abs. 2 BerHG in „Angelegenheiten" gewährt. Eine nähere Begriffsbestimmung fehlt sowohl im Beratungshilfegesetz als auch im RVG. Allerdings regelt § 15 Abs. 2 RVG, dass der Rechtsanwalt die Gebühren in derselben Angelegenheit nur einmal fordern kann. Damit wird für die Gebührenansprüche des Rechtsanwalts bei der Beratungshilfe stets die Frage entscheidend sein, ob eine oder mehrere Angelegenheiten vorliegen.[118] Der Begriff der „Angelegenheit" ist nicht zu verwechseln mit dem „Gegenstand" der anwaltlichen Tätigkeit. Gegenstand ist das Recht oder das Rechtsverhältnis, auf das sich die Tätigkeit des Rechtsanwalts aufgrund des Auftrags bezieht. Der gebührenrechtliche Begriff „Angelegenheit" will dagegen eine Vielzahl von anwaltlichen Tätigkeiten zu einer gebührenrechtlichen Einheit zusammenfassen. Für die Annahme, es handele sich um **eine** Angelegenheit, haben sich folgende Kriterien herausgebildet:

- Gleichzeitige und einheitliche Auftragserteilung, die sich aber auch über mehrere Besprechungstermine hinziehen kann;
- Gleichartigkeit des anwaltlichen Vorgehens für alle zu verfolgenden Ansprüche;
- Innerer Zusammenhang zwischen den einzelnen Ansprüchen (= alle Beratungsgegenstände entspringen einem einheitlichen Lebenssachverhalt).

84 Anhand dieser Kriterien muss im Einzelfall auf die Einheit des Beratungsvorgangs abgestellt werden. So können mehrere **Schreiben an verschiedene Adressaten** lediglich eine Angelegenheit begründen, wenn sie sich alle als Konsequenz aus einem Lebenssachverhalt ergeben. **Verschiedene Verfahrensabschnitte** werden nur dann die Annahme mehrerer Angelegenheiten zulassen, wenn ein neuer Verfahrensabschnitt nach Veränderung der Verhältnisse mit einem erneuten Antrag betrieben wird. Die Beteiligung **mehrerer Auftraggeber** kann nur zu einer Bejahung mehrerer Angelegenheiten führen, wenn wirklich verschiedene Beratungsvorgänge vorliegen (vgl. dazu auch VV 1008 RVG). Schließlich soll eine mögliche **Mehrzahl der Berechtigungsscheine** nicht maßgebend für die Zahl der Angelegenheiten sein, weil zum Zeitpunkt der Erteilung des Berechtigungsscheins die Zusammenhänge oft noch nicht zu übersehen sind.[119]

[118] Die zahlreichen Fallbeispiele in den §§ 16 ff. RVG lassen sich auf die Beratungshilfe nicht übertragen.
[119] Fallgruppen nach Gottschalk/Schneider PKH/VKH Rn. 1282 unter Hinweis auf Rechtsprechung.

Im **mietrechtlichen Beratungshilfemandat** geht die Rechtsprechung offenbar immer von einer Angelegenheit aus, wenn sich die Rechtsprobleme aus **einem** Mietverhältnis ergeben. Beispiele: **Nebenkostenabrechnung** und **überzahlter Mietzins.**[120] **Mieterhöhungsverlangen** und (hilfsweise) **Kündigung** und bezogen auf dasselbe Mietverhältnis.[121] **Kündigung** und das darauf gestützte **Räumungsverlangen.**[122] Bei sich aus einem Mietvertrag ergebenden Nebenfragen (**Kehrwoche, Nebenkosten, Mietkaution**).[123] Bewilligung von vier unterschiedlichen Beratungsscheinen zu zwei unterschiedlichen Zeitpunkten, die allerdings alle Rechtsfragen aus einem Mietverhältnis betrafen (**Zutrittsrechte des Vermieters, Mängelbeseitigungspflichten des Vermieters, Berechtigung einer fristlosen Kündigung**).[124] Zeitgleicher Streit um **Nebenkostenabrechnungen für mehrere Jahre.**[125] **Beendigung eines Mietverhältnisses** und **Zahlungsansprüche.**[126] Allein das Mietverhältnis mit seinen zahlreichen Komplikationen ist aber nicht stets die Klammer, die alle – auch zeitlich abgegrenzte – Streitigkeiten zu einer einzigen Angelegenheit macht.[127] So wurden als **zwei Angelegenheiten** angesehen die Beratung wegen **Mietmängeln** und eine **hiervon unabhängige Kündigung** des Mietverhältnisses wegen Nichtzahlung der Kaution.[128] 85

c) **Kostenfestsetzungsverfahren.** *aa) Allgemeines.* Aus §§ 44 S. 1, 55 Abs. 1 RVG ergibt sich, dass der der Verfahrensablauf derselbe ist wie bei der Festsetzung der PKH-Gebühren.[129] Der Urkundsbeamte der Geschäftsstelle prüft die Zahl der Angelegenheiten und die Gebührentatbestände, **nicht** aber, ob die Beratungshilfe zu Recht bewilligt worden ist. 86

bb) Zuständigkeit. Die **Zuständigkeit** liegt bei dem Gericht, das den Berechtigungsschein ausgestellt hat, § 55 Abs. 4 RVG, § 4 Abs. 1 BerHG. 87

cc) Rechtsmittel

- Gegen Kostenfestsetzungsentscheidung: Unbefristete Erinnerung für Rechtsanwalt und Staatskasse gem. § 56 Abs. 1 RVG; 88
- Gegen Beschluss des wegen § 56 Abs. 1 S. 3 RVG nach § 4 Abs. 1 BerHG zuständigen Amtsgerichts: Beschwerde gem. §§ 56 Abs. 2, 33 Abs. 3 S. 1 RVG, wenn Beschwer mehr als 200 EUR beträgt;
- Erinnerungs- und Beschwerdeverfahren sind gebührenfrei, § 56 Abs. 2 S. 2 RVG;
- Evtl. weitere Beschwerde gem. §§ 56 Abs. 2 S. 1, 33 Abs. 6 RVG.

---

[120] LG Darmstadt JurBüro 1985, 556.

[121] LG Koblenz JurBüro 1995, 201; aA Enders JurBüro 2000, 337.

[122] BGH NJW 2007, 2050 (Entscheidung erging zu „demselben Gegenstand" nach RVG VV).

[123] LG Stuttgart JurBüro 1986, 1519; vgl. dazu anschließende kritische Anmerkung von Hohneiser-Mack/Most.

[124] LG Kleve JurBüro 1986, 886.

[125] OLG Köln LSK 2010, 190114 (trotz unterschiedlicher Einwendungen in zwei verschiedenen Briefen).

[126] LG Darmstadt JurBüro 1988, 1164.

[127] AG Gelsenkirchen BeckRS 2012, 02066: Hier wurde Beratungshilfe für die Abwehr von Ansprüchen im Zusammenhang mit der erfolgten Rückgabe der Mietwohnung gewährt, obwohl aus demselben Mietverhältnis bereits früher Angelegenheiten im Rahmen der Beratungshilfe geltend gemacht worden waren.

[128] AG Neubrandenburg BeckRS 2018, 40408.

[129] → Rn. 57 ff.

§ 5 Besondere anwaltliche Haftungsrisiken im Wohnraummietrecht

Übersicht

I. Einleitung

1 Im Tagesgeschäft des Mietrechtsanwalts kommt es immer wieder vor, dass haftungsträchtige Weichenstellungen übersehen werden, die im Einzelfall Schadensersatzansprü-

che auslösen können. In diesem Kapitel werden daher die in der Wohnraummietrechtspraxis häufig wiederkehrenden bzw. gerade aktuellen Probleme besonders hervorgehoben, um es dem Anwalt zu ermöglichen, gewissermaßen **auf einen Blick typische Haftungsfallen zu erkennen.** Dabei wird statt eingehenderer Ausführungen zur Vermeidung unnötiger Wiederholungen jeweils auf die systematische Darstellung dieser Problempunkte in den nachfolgenden Kapiteln verwiesen.

II. Vertragsabschluss und -inhalt

1. Schriftform

Soll ein Wohnraummietvertrag – seit der Mietrechtsreform sicherlich eher ausnahmsweise – befristet unter Beachtung der Voraussetzungen des § 575 BGB abgeschlossen werden, ist zwingend darauf zu achten, dass alle essentialia des Mietverhältnisses **schriftlich** abgefasst werden und zusammen mit etwaigen Anlagen eine **einheitliche Urkunde** bilden. Andernfalls wäre der Mietvertrag trotz Befristung einseitig kündbar (§ 550 BGB). Vgl. hierzu → § 47 Rn. 10 ff. Gleiches gilt für den Fall des wirksamen Ausschlusses der ordentlichen Kündigung (näher → § 29 Rn. 99 ff.). 2

Schriftform ist zudem für den Abschluss von Staffelvereinbarungen bzw. für die Vereinbarung von Indexmieten nach § 557b BGB nach § 557a BGB zwingend zu wahren.

Wohnraummietverträge bleiben von den ab dem 1.1.2025 mit den Änderungen des § 578 Abs. 1 BGB eingetretenen Änderungen zum Schriftformerfordernis des § 550 BGB[1] unberührt, da § 578 BGB sich lediglich auf Verträge über Grundstücke bzw. über Räume, welche keine Wohnräume sind, bezieht. 3

2. Mehrheit von Vertragsparteien

Der Vermieter(-anwalt) hat darauf zu achten, dass grundsätzlich alle vorgesehenen **Mieter** im Rubrum des Mietvertrages genannt werden und diesen unterschreiben. 4

Auf **Vermieterseite** kann demgegenüber auch nur eine Person etwa von mehreren Eigentümern Vertragspartner werden, um im Falle eines Rechtsstreits eine günstigere Beweislage zu erhalten (die übrigen Eigentümer des Mietobjektes stehen als Zeugen zu Verfügung) und gegebenenfalls die Rechtsfolge des § 566 BGB zu verhindern.[2] Eigentümer- und Vermieterstellung können auseinanderfallen. Vgl. hierzu → § 10 Rn. 107 ff. 5

3. Mietflächenangabe

Auch wenn Flächenangaben im Wohnraummietvertrag in aller Regel lediglich als Beschaffenheitsangabe und nicht als Zusicherung angesehen werden, stehen dem Mieter doch Minderungsansprüche zu, wenn die tatsächliche Wohnfläche gegenüber der angegebenen um mehr als 10 % abweicht, ohne dass darüber hinaus durch die geringere Fläche Gebrauchsbeeinträchtigungen festgestellt werden müssten; bei einer geringeren Abweichung muss/kann der Mieter eine Gebrauchsbeeinträchtigung darlegen und nachweisen.[3] Dies gilt auch gleichermaßen, wenn die Flächenangabe mit einem Ca.-Zusatz versehen ist.[4] Anders nur dann, wenn die Flächenangabe ausdrücklich als unverbindlich vereinbart wird.[5] Selbst dann, wenn im Mietvertrag überhaupt keine Flächenangabe enthalten ist, kann in vorvertraglichen Angaben eine konkludente Beschaffenheitsanga- 6

---

[1] Änderungen erfolgt durch Art. 14 Nr. 7. des IV. Bürokratieentlastungsgesetz vom 23.10.2024, BGBl. 2024 I Nr. 323 vom 29.10.2024.

[2] Aber analoge Anwendung denkbar: BGH NZM 2017, 847; vgl. weiter NJW 1974, 1551; OLG Karlsruhe NJW 1981, 1278; LG Berlin GE 2013, 268 und NJW-RR 1994, 781.

[3] BGH NZM 2004, 453 = NJW 2004, 1947.

[4] BGH NZM 2004, 456.

[5] BGH NJW 2011, 220 = NZM 2011, 70; vgl. auch BGH NZM 2005, 861.

be liegen.[6] Ohne Flächenangaben im Mietvertrag können Abweichungen von Flächenangaben von der tatsächlichen Wohnungsgröße ohne Toleranz von +/– 10 % in Mieterhöhungsbegehren[7] und/oder Betriebskostenabrechnungen[8] Ansprüche des Mieters auf Herabsetzung der Mieterhöhung bzw. der Betriebskosten und/oder Rückforderung angeblich überzahlter Beträge – soweit noch nicht verjährt – nach Bereicherungsrecht auslösen.

7 Angesichts dieser Rechtsprechung ist zu empfehlen, im Mietvertrag die Art und Weise der Berechnung der Flächenangabe ausdrücklich mit zu vereinbaren, so dass etwa aus den Bauplänen entnommene Maße nach den dort maßgeblichen Berechnungsgrundlagen durchaus zutreffend sein können. Nur dann, wenn die Mietvertragsparteien nichts anderes vereinbart haben und keine abweichende Verkehrssitte festgestellt werden kann, ist nämlich die WoFlV zur Flächenberechnung heranzuziehen,[9] die zB von den baurechtlichen Berechnungsgrundlagen abweichen kann. Oft resultieren allein hieraus die festzustellenden Flächendifferenzen.

4. Schönheitsreparaturen

8 Die letzten sich häufenden obergerichtlichen Entscheidungen zu Schönheitsreparaturen vor dem Jahr 2004 stammten aus der 2. Hälfte der 80er Jahre des vergangenen Jahrhunderts und betrafen meist die Auswirkung einer unrenoviert überlassenen Wohnung auf die Wirksamkeit einer Schönheitsreparaturklausel. Damals ging die Tendenz weg von sog. **Bedarfsklauseln,** die bei unrenoviert überlassener Wohnung unwirksam sind, hin zu sog. Fristenklauseln, deren Wirksamkeit auch in diesem Fall keinen Bedenken begegnen sollte, sofern sie sich an den „üblichen", am seinerzeitigen Mustermietvertrag des BMJ aus 1976 vorgeschlagenen Renovierungsfristen orientiert haben und diese Fristen erst mit Beginn des Mietverhältnisses zu laufen begannen. Seit 2004 hat der BGH aber in mehreren Urteilen zunächst gerade diese **Fristenklauseln** beanstandet, sofern mit ihnen ein „starrer" Fristenplan vorgegeben wird (auch ohne „mindestens"; „spätestens"; anders „in der Regel" oder „regelmäßig"),[10] der nicht durch Formulierungen wie etwa „im Allgemeinen", „je nach Grad der Abnutzung" auf den konkreten objektiven Renovierungsbedarf der Wohnung abstellt (also letztendlich wie die seinerzeit „verpönten" Bedarfsklauseln).[11] Im Jahr 2015 hat er dann insoweit unter ausdrücklicher Aufgabe seines Rechtsentscheids v. 1.7.1987[12] festgehalten, dass eine Fristenklausel in jedem Fall dann unwirksam ist, wenn dem Mieter eine unrenovierte oder renovierungsbedürftige Wohnung überlassen wurde, sofern er keinen angemessenen Ausgleich erhält.[13] Ob die Übertragung der Schönheitsreparaturverpflichtung auf renovierte Teile der Wohnung beschränkt werden kann, hat der BGH dort offengelassen, aber betont. dass eine Vornahmeklausel nicht schon deshalb unwirksam ist, weil sie nach ihrem Wortlaut sowohl auf renoviert als auch auf unrenoviert oder renovierungsbedürftig überlassene Wohnungen Anwendung findet.

---

[6] BGH NJW 2010, 2648 = NZM 2010, 614.

[7] BGH NJW 2016, 239 = NZM 2016, 42; daher überholt: BGH NJW 2007, 2626 = NZM 2007, 594 und BGH NJW 2004, 3115 = NZM 2004, 699.

[8] BGH NJW 2018, 2317 = NZM 2018, 671; BGH NZM 2018, 671; BGH NZM 2019, 288; daher überholt: BGH NJW 2008, 142 = NZM 2008, 35.

[9] BGH NZM 2004, 454 = NJW 2004, 2230 und NZM 2007, 595.

[10] BGH NJW-RR 2012, 907 = NZM 2012, 527; noch offen gelassen in BGH NJW 2008, 2840 = NZM 2008, 641.

[11] BGH NZM 2004, 497; 2004, 653; 2004, 901; 2004, 903; 2005, 58; 2005, 299; 2005, 376; 2005, 860; NJW 2006, 2113 = NZM 2006, 620; NJW 2006, 2115 = NZM 2006, 621; NJW 2006, 1728 = NZM 2006, 459.

[12] NJW 1987, 2575.

[13] BGH NJW 2015, 1594 = NZM 2015, 374; aA nämlich generelle Unwirksamkeit auch bei renoviert überlassener Wohnung: LG Berlin NZM 2017, 258; dagegen LG Berlin LSK 2018, 11615.

Ungeachtet dieser Problematik begegnet bei der **Bemessung der Fristlängen** der Rückgriff auf den Mustermietvertrag 1976[14] Bedenken: Damals war es wegen der häufigen Beheizung mit Einzelöfen und der geringeren Qualität von Farbanstrichen vielfach notwendig, in den dort vorgesehenen Intervallen von 3, 5 bzw. 7 Jahren zu renovieren. Mittlerweile müssen die üblichen Fristenintervalle aber mindestens auf 5, 8 und 10 Jahre verlängert werden, jedenfalls für alle ab Ende 2007 abgeschlossenen Wohnraummietverträge. Für Altverträge begegnen die bisher üblichen Intervalle allerdings keinen Bedenken.[15] 9

Anfangsrenovierungsklauseln waren immer schon unwirksam und bleiben es.[16] **Endrenovierungsregelungen** sind dann zu beanstanden, wenn sie nach ihrem Wortlaut den Eindruck erwecken, der Mieter müsse allein wegen der Beendigung des Mietverhältnisses renovieren, unabhängig von Zeitpunkt der letzten Schönheitsreparaturen und unabhängig von einem objektiven Renovierungsbedarf.[17] 10

Schließlich gibt oder richtiger gab es noch die sog. **Quotenabgeltungsklauseln.** Zunächst hatte es noch den Anschein, als ob der BGH derartige Klauseln für uneingeschränkt wirksam erachten würde.[18] Von diesen Entscheidungen hat sich der Bundesgerichtshof dann aber nach 2004 erwartungsgemäß distanziert und Quotenabgeltungsklauseln mit einer an einem starren Fristenplan ausgerichteten Berechnungsgrundlage für unwirksam erklärt,[19] ebenso wegen Intransparenz.[20] Der BGH hat den Transparenzgedanken dann weiter entwickelt und 2014 angedeutet, dass eine Abgeltungsklausel generell AGB-rechtlichen Bedenken begegnen könnte, wenn sie nicht auf den Fall einer bei Mietbeginn frisch renovierten Wohnung beschränkt ist.[21] Dies endete dann 2015 damit, dass jede Quotenabgeltungsklausel unwirksam ist.[22] Somit ist auch die Rechtsprechung zur Unwirksamkeit einer derartigen Klausel, die den Eindruck erweckt, nur der Kostenvoranschlag eines allein vom Vermieter auszuwählenden Malerfachgeschäfts soll Berechnungsgrundlage sein,[23] überholt. Alle weiteren Überlegungen zu Frage der Wirksamkeit von Quotenabgeltungsklausel sind damit ebenfalls obsolet.[24] 11

Mit der isolierten Prüfung einer Formularklausel ist es aber noch nicht getan. Vielmehr ist, selbst wenn die Klausel der isolierten Prüfung standgehalten hat, auch noch zu untersuchen, ob sich nicht Verstöße gegen das AGB-Recht durch das Zusammenwirken dieser (un-)wirksamen Klausel mit einer weiteren (un-)wirksamen Klausel oder gar einer Individualvereinbarung ergeben, der sog. **Summierungseffekt,** mit dem sich der BGH wiederholt beschäftigt hat. So führt eine unwirksame Klausel über laufende Schönheitsreparaturen, gewissermaßen als „Grundregelung" auch zur – für sich genommen ggf. wirksamen – Unwirksamkeit einer Endrenovierungs- oder Quotenabgeltungsklausel.[25] Weiter soll eine unwirksame Endrenovierungsregelung auch die Übertragung laufender Schönheitsreparaturen „infizieren".[26] Eine unwirksame Quotenabgeltungsklausel soll allerdings eine für sich genommen wirksame Klausel über die Überbürdung laufender Schönheitsreparaturen nicht „infizieren".[27] Der Summierungs- 12

---

[14] Vgl. dazu BGH BeckRS 2015, 7481.
[15] BGH NJW 2007, 3632 unter Hinweis auf BGH NJW 2005, 1188 = NZM 2005, 299 und NJW 2006, 3778 = NZM 2006, 9.
[16] Anders ggf. im preisgebundenen Wohnraum, sofern dem Mieter keine Leistungspflichten auferlegt werden, die den Rahmen der Kostenmiete übersteigen: BGH NJW-RR 2018, 1418 = NZM 2018, 947.
[17] BGH NJW 2007, 3776 = NZM 2007, 921; so schon BGH NJW 2003, 2234 = NZM 2003, 594.
[18] BGH NJW 2004, 3042 = NZM 2004, 615 und NZM 2004, 903.
[19] BGH NJW 2006, 3778 = NZM 2006, 924; NZM 2007, 355; vgl. auch BGH NJW 2006, 1728.
[20] BGH NJW 2008, 1438 = NZM 2008, 363; NJW 2007, 3632 = NZM 2007, 879.
[21] BGH BeckRS 2014, 02862; vgl. auch BGH NJW 2007, 3632 = NZM 2007, 879.
[22] BGH NJW 2015, 1871 = NZM 2015, 424; teilweise Aufgabe von BGH NJW 2007, 3632 = NZM 2007, 879 Rn. 14 ff.
[23] BGH NJW 2013, 2505 = NZM 2013, 573.
[24] Vgl. statt vieler nur Beyer NZM 2008, 465.
[25] BGH NJW 2006, 1728 = NZM 2006, 459.
[26] BGH NJW 2003, 2234 = NZM 2003, 594; NZM 2003, 561; BGH NZM 2024,325.
[27] BGH NJW 2008, 2499 = NZM 2008, 605.

effekt gilt auch, wenn eine der in ihrem Zusammenwirken zu prüfende vertragliche Regelung individuell vereinbart wurde,[28] also etwa bei einer individuell vereinbarten Anfangsrenovierung und einer formularmäßigen Überbürdung der laufenden Schönheitsreparaturen.[29]

13 Im Zweifel führt die einen Einzelaspekt betreffende Unwirksamkeit zur Unwirksamkeit der gesamten Klausel, da die Pflicht zur Vornahme von Schönheitsreparaturen, soweit sie dem Mieter im Mietvertrag auferlegt ist, eine einheitliche, nicht in Einzelmaßnahmen aufspaltbare Rechtspflicht darstellt und zwar auch dann, wenn die inhaltliche Ausgestaltung dieser einheitlichen Rechtspflicht in verschiedenen, sprachlich voneinander unabhängigen Klauseln des Mietvertrags geregelt ist.[30]

14 Zulässig soll sein: „Der Mieter hat die Schönheitsreparaturen auf eigene Kosten durchzuführen"[31] oder auch „Schönheitsreparaturen werden vom Mieter getragen."[32] Liegt eine wirksame Schönheitsreparaturenregelung vor, so kann der Vermieter den Mieter schon während der Mietzeit im Falle eines objektiven Renovierungsbedarfs auf die Durchführung von Schönheitsreparaturen und im Falle des Verzuges auf Kostenvorschuss in Anspruch nehmen.[33]

15 Inhaltlich orientieren sich die Schönheitsreparaturen an § 28 Abs. 4 II. BV, so dass das Abschleifen oder Versiegeln von Holz- bzw. Parkettböden nicht dazu gehört und ebensowenig nicht durch den Mietgebrauch ausgelöste Malerarbeiten von außen.[34] Weiter sind sog. **Tapetenklauseln** unwirksam, die den Mieter verpflichten würden, ggf. auch die Spuren vertragsgemäßer Abnutzung durch seine(n) Vorgänger zu beseitigen.[35] **Farbwahlklauseln** sind während der Mietzeit ebenfalls unwirksam,[36] nicht aber bezogen auf das Mietvertragsende, sofern nicht nur eine Farbgebung vorgegeben wird, sondern zB helle, neutrale Farben, lasierte Holzteile.[37] Ein Verstoß hiergegen kann also den Mieter auch ohne objektiven Renovierungsbedarf zulässigerweise zu einer Endrenovierung verpflichten. Ungeachtet dessen macht sich der Mieter unabhängig von einer wirksamen Schönheitsreparaturklausel und unabhängig von einem objektiven Renovierungsbedarf dann schadensersatzpflichtig, wenn er eine neutral dekoriert übernommene Wohnung farbig gestrichen zurückgibt.[38] Im Übrigen hat der Mieter die Arbeiten „fachgerecht", also von mittlerer Art und Güte, nicht aber „fachmännisch", also durch eine Fachfirma durchzuführen; ihm muss also immer die Möglichkeit verbleiben, Schönheitsreparaturen in Eigenleistung durchzuführen.[39]

16 Die **Folgen unwirksamer Schönheitsreparaturenregelungen** sind zwischenzeitlich im Wesentlichen geklärt.[40] Aus dem Gesetz, § 538 BGB, ergibt sich nur, dass der Vermieter die vertragsgemäße Abnutzung der Wohnung hinzunehmen hat und dies durch die Zahlung der vereinbarten Miete ausgeglichen wird. Daher sollte unabhängig von der

---

[28] BGH NJW 2006, 2116 = NZM 2006, 623.
[29] LG Berlin GE 2013, 1005.
[30] BGH NJW 2015, 1874 = NZM 2015, 485; Bestätigung von BGH NJW 2010, 674 = NZM 2010, 157 Rn. 14.
[31] Laut BGH NJW 2004, 2961 = NZM 2004, 734 verpflichtet die Klausel: „Die Kosten der Schönheitsreparaturen trägt der -Mieter-Vermieter" mit der Streichung des Wortes „Mieter" den Mieter zur Durchführung von Schönheitsreparaturen und nicht nur zur Kostenübernahme.
[32] LG Berlin LSK 2018, 11615.
[33] BGH NJW 2005, 1862 = NZM 2005, 450.
[34] Sofern man missverständliche Klauseln nicht auslegen kann: BGH NJW-RR 2012, 907 = NZM 2012, 527.
[35] BGH NJW 2006, 2116 = NZM 2006, 622 und NJW 2006, 2115 = NZM 2006, 621; vgl. auch NJW 2009, 2590 = NZM 2009, 541.
[36] BGH NJW 2007, 1743 = NZM 2007, 398; vgl. ergänzend BGH BeckRS 2012, 23439; NZM 2008, 605; NJW 2009, 3716 = NZM 2009, 903; BGH BeckRS 2010, 02500; 2011, 24125; dies gilt auch bei einer unstreitig bei Mietbeginn frisch weiß gestrichenen Wohnung: BGH NJW 2012, 1280 = NZM 2012, 338.
[37] BGH NJW 2009, 62 = NZM 2008, 926; NJW 2011, 514 = NZM 2011, 150.
[38] BGH NJW 2014, 143 = NZM 2014, 72.
[39] BGH NJW 2010, 2877 = NZM 2010, 615.
[40] Vgl. hierzu ausführlich nur Hannemann FS Blank, 2006, 189 ff.

Frage einer Überbürdung der Schönheitsreparaturverpflichtung gesondert („blue-pencil-test“) zumindest die **Freizeichnung des Vermieters** ausdrücklich vereinbart werden, wobei die Wirksamkeit einer derartigen Formularklausel zweifelhaft ist (Verstoß gegen § 307 BGB wegen Freizeichnung von einer Hauptleistungspflicht?).[41]

Fraglich ist, unter welchen Voraussetzungen ohne eine derartige wirksame Freizeichnungsregelung der Mieter den Vermieter auf Durchführung von Schönheitsreparaturen bzw. Kostenvorschuss in Anspruch nehmen kann. Nach Maßgabe der vorstehenden Ausführungen wird sich dies nicht an den – zu kurzen „Fristenplänen“ – orientieren können, sondern allenfalls an einem objektiven Renovierungsbedarf, also Mangel der Mietsache. Bei der Frage, wie der Vermieter dann zu renovieren hat, kann allerdings auf die vorzitierte Rechtsprechung zurückgegriffen werden.[42] Folgt die Unwirksamkeit der Abwälzungsregelung aus der unrenovierten Übergabe der Wohnung an den Mieter, muss sich der Mieter an den Kosten der vom Vermieter vorzunehmenden Renovierung beteiligen. 17

Ist eine Klausel, die den Mieter zur Vornahme von Schönheitsreparaturen verpflichtet, unwirksam, dann ändert sich durch eine (wirksame) Renovierungsvereinbarung zwischen Vormieter und Nachfolgemieter daran nichts, ohne Mitwirkung des Vermieters ohne das Vorliegen eines echten Vertrags zugunsten Dritter[43] wirkt diese nur zwischen den Parteien.[44]

Die Frage, ob der Vermieter bei einer Mieterhöhung auf die ortsübliche Vergleichsmiete einen Zuschlag zur ortsüblichen Vergleichsmiete entsprechend § 28 Abs. 4 II. BV verlangen kann (8,50 EUR pro m^2 und Jahr und dies gem. §§ 28 Abs. 5a, 26 Abs. 4 II. BV sogar indexiert), ist geklärt. Der BGH verneint dies zu Recht aus rechtsdogmatischen Gründen.[45] Zulässig ist aber ein „Zuschlag“ für Schönheitsreparaturen, selbst bei im selben Vertrag enthaltener unwirksamer Quotenabgeltungsklausel.[46] Bei preisgebundenem Wohnraum ist ein entsprechender Mietzuschlag im Falle einer unwirksamen Schönheitsreparaturklausel allerdings wirksam, jedenfalls wenn der Vermieter den Mieter zuvor vergeblich um „Nachbesserung“ der unwirksamen Formularklausel gebeten hatte,[47] und dies sogar rückwirkend (§ 4 Abs. 8 S. 2 NMV analog).[48] Eine Verpflichtung des Vermieters, dem Mieter vor dem Erhöhungsverlangen eine wirksame Abwälzungsklausel anzubieten oder ein entsprechendes Angebot des Mieters anzunehmen, besteht aber nicht, auch nicht aus § 241 Abs. 2 BGB oder aus § 242 BGB.[49] 18

Führt der Mieter in Unkenntnis der Unwirksamkeit der Schönheitsreparaturklausel während des Mietverhältnisses oder an dessen Ende Schönheitsreparaturen aus, so kann ein Bereicherungsanspruch gegen seinen Vermieter in Betracht kommen, wenn die konkrete Schönheitsreparaturklausel zum Zeitpunkt des Vertragsschlusses von der Rechtsprechung (nur BGH?)[50] noch nicht beanstandet worden war, so dass am Verschulden des Vermieters fehlt (andernfalls Schadensersatzpflicht).[51] Dessen Höhe ist umstritten (vom Mieter aufgewendete oder vom Vermieter ersparte Renovierungskos- 19

---

[41] Bei wirksamer Überbürdung der Schönheitsreparaturverpflichtung auf den Mieter begegnet die (dann unnötige) Freizeichnung keinen Bedenken: LG Karlsruhe NJW 2016, 2897 = NZM 2016, 638.

[42] Allerdings soll der Mieter zB die Verwendung einer ihm genehmen Farbe verlangen können: LG Berlin BeckRS 2017, 113739.

[43] BGH NZM 2019, 209.

[44] BGH NJW 2018, 3302 = NZM 2018, 863.

[45] BGH NJW 2008, 2840 = NZM 2008, 641; WuM 2008, 487; damit ist die Entscheidung des OLG Karlsruhe NZM 2007, 481 überholt.

[46] BGH NJW-RR 2017, 981 = NZM 2017, 594.

[47] BGH NJW 2010, 1590 = NZM 2010, 396; NZM 2011, 31.

[48] BGH NJW-RR 2013, 585 = NZM 2013, 312 und zwar trotz freiwilliger Anfangsrenovierung durch den Mieter.

[49] BGH NJW-RR 2017, 1356 = NZM 2017, 759.

[50] Bei unklarer Rechtslage sollen auch Instanzgerichte genügen: vgl. BGH NJW 2007, 428= NZM 2007, 35.

[51] BGH NJW 2009, 2590 = NZM 2009, 541.

ten oder aufgrund der Renovierung erzielte Mehrmiete?). Der Gewerberaummietsenat des BGH scheint den Umfang der Bereicherung danach bemessen, wie sich der objektive Ertragswert der Mietsache erhöht hat.[52] Der Wohnraummietsenat bemisst die Bereicherung dagegen im Regelfall nur nach dem, was der Mieter billigerweise neben einem Einsatz an freier Zeit als Kosten für das notwendige Material sowie als Vergütung für die Arbeitsleistung seiner Helfer aus dem Verwandten- und Bekanntenkreis aufgewendet hat oder hätte aufwenden müssen.[53]

20 Ungeachtet dessen ist zu beachten, dass sich der Vermieter dann, wenn er den Mieter ausdrücklich zur Durchführung von Schönheitsreparaturen zu einem Zeitpunkt aufgefordert hat, zu dem die entsprechende Schönheitsreparaturklausel von der Rechtsprechung schon als unwirksam angesehen wurde, schadensersatzpflichtig macht gem. § 280 Abs. 1 BGB.[54] Während ein entsprechender **Schadensersatzanspruch** der **Regelverjährung des § 199 BGB** unterliegt, verjährt der **Bereicherungsanspruch** des Mieters in 6 Monaten nach **§ 548 BGB,**[55] auch der Anspruch auf Herausgabe aufgrund einer unwirksamen Quotenabgeltungsklausel geleisteter Zahlungen.[56] Im Einzelnen zu alledem vgl. → § 10 Rn. 313 ff. und → § 19 Rn. 327 ff.

5. Kleinreparaturen

21 Als Abweichung von der gesetzlichen Vorgabe müssen sog. Bagatellreparaturklauseln zu ihrer Wirksamkeit eine gegenständliche Beschränkung, eine betragsmäßige Begrenzung im Einzelfall und pro Kalenderjahr aufweisen und dürfen nicht den Eindruck erwecken, der Mieter müsse „mehr" tun, als lediglich die Kosten zu übernehmen.[57] Vgl. näher → § 19 Rn. 266 ff.

6. Mietstruktur

22 Bei der Gestaltung der vom Mieter geschuldeten Miete ist für eine genaue und zweifelsfreie Ausgestaltung der einzelnen Entgeltbestandteile zu sorgen:

23 a) **Grundmiete.** Gegebenenfalls **gesondert ausgewiesene Entgeltbestandteile,** wie zB Kostenanteil für Schönheitsreparaturen oder Verwaltungskosten (als Festbetrag); dabei ist aber zu beachten, dass bei der Bemessung der ortsüblichen Miete und zB der Ausgangsmiete im Rahmen der Mieterhöhung nach § 558 BGB alle diese Entgeltbestandteile zur Grundmiete hinzu zu addieren sind.[58]

24 b) **Miethöhe.** Aus Sicht des Vermieters ergeben sich erhebliche Risiken im Zusammenhang mit der Festlegung der Miethöhe im Anwendungsbereich der Vorschriften der §§ 556d ff BGB. Dies gilt insbesondere im Hinblick auf die nunmehr in § 556g Abs. 2 S. 3 BGB vorgesehene, teilweise sogar rückwirkende Forderungsmöglichkeit des Mieters. Aus Vermietersicht ist im Falle der Relevanz von Ausnahmetatbeständen (§§ 556e, 556f BGB) dringend auf die Erfüllung der Hinweispflichten des § 556g Abs. 1a BGB zu achten.

25 c) **Betriebskostenumlagevereinbarung.** Auf der Grundlage des § 2 BetrKV (§ 556 Abs. 1 BGB), unter Beachtung einer sog. qualifizierten Umlagevereinbarung im Hinblick auf die dortige Nr. 17 „sonstige Betriebskosten", die eine konkrete, zumindest schlagwortartige Benennung der jeweiligen Kostenpositionen im Mietvertrag voraussetzt, → § 24 Rn. 59 ff.

---

[52] BGH BeckRS 2006, 10238; 2006, 10865.
[53] BGH NJW 2009, 2590 = NZM 2009, 541.
[54] KG NJW 2009, 2688 = NZM 2009, 616.
[55] BGH NJW 2011, 1866 = NZM 2011, 452.
[56] BGH NJW 2012, 3031 = NZM 2012, 557.
[57] BGH NJW 1989, 2247; 1992, 1759; vgl. auch OLG Frankfurt a. M. WuM 1997, 609.
[58] BGH NJW-RR 2017, 981 = NZM 2017, 594; OLG Frankfurt a. M. NZM 2001, 418; LG Mannheim NZM 2000, 490.

Zweifelsfreie Festlegung der vorgesehenen Zahlungen des Mieters auf die Betriebskosten entweder als **Vorauszahlung** mit Abrechnungsverpflichtung **oder** als **Pauschale.** Im zuletzt genannten Fall ist auf die gesonderte Vereinbarung eines Erhöhungsvorbehalts zu achten (§ 560 Abs. 1 BGB). 26

7. Wirksame Vereinbarung von Betriebskosten

a) Vermeidung von Widersprüchen. Bei der Vertragsgestaltung ist bekanntlich darauf zu achten, dass Widersprüche vermieden werden, die sich allein zu Lasten des Verwenders auswirken, wobei zur Beurteilung der gesamte Vertragstext heranzuziehen ist. Soweit ersichtlich wurde bislang ein häufig anzutreffender Widerspruch zwischen der Betriebskostenumlagevereinbarung einerseits und der Hausordnung andererseits noch nicht thematisiert: Während in ersterer etwa die Kosten für die Reinigung von Treppenhaus, Straße, Gartenpflege u. a. auf den Mieter abgewälzt werden, enthält die Hausordnung die Verpflichtung des Mieters zur Durchführung entsprechender Tätigkeiten. Was soll nun gelten? Was ist für den Mieter günstiger: die Erbringung entsprechender „Hand- und Spanndienste" oder die Zahlung der damit verbundenen Kosten? Im Zweifel gilt weder die eine noch die andere Verpflichtung, was für den Mieter sicherlich am günstigsten ist (vgl. § 305c Abs. 2 BGB). Der BGH hat in diesem Zusammenhang festgehalten, dass die in einem Wohnraummietvertrag individuell vereinbarte Übertragung der Pflicht zur Gartenpflege auf den Mieter eine Umlagefähigkeit von Kosten der Gartenpflege deshalb von vornherein ausschließt, weil danach die im Rahmen einer Gartenpflege zu leistenden Instandhaltungsarbeiten überhaupt nicht mehr zum Pflichtenkreis des Vermieters gehört haben.[59] 27

b) sonstige Betriebskosten nach § 2 Nr. 17. Bei der mietvertraglichen Vereinbarung sonstiger Betriebskosten nach § 2 Nr. 17 BKVO ist zu beachten, dass diese einen sachlichen Zusammenhang zu den übrigen Katalognummern aufweisen und das Wirtschaftlichkeitsgebot wahren müssen sowie im Rahmen des Transparenzgebotes gem. § 307 BGB verständlich und von anderen Positionen abgrenzbar zu benennen sind.[60] 28

Die vertragliche Abwälzung von Gerätemieten auf den Mieter ist unzulässig, sofern und soweit es sich nicht um nach dem Betriebskostenkatalog ausdrücklich zugelassene Positionen handelt.[61] Kommt eine wirksame mietvertragliche Regelung nicht in Betracht, ist vermieterseitig daran zu denken, einen entsprechenden Kostenanfall im Rahmen der Kalkulation der Nettokaltmiete zu berücksichtigen.

8. Abrechnungsmaßstab für Betriebskosten

§ 556a Abs. 1 BGB schreibt vor, dass mangels abweichender mietvertraglicher Vereinbarung zwingend als Umlageschlüssel für die Abrechnung der Betriebskosten das Verhältnis der **Wohnfläche** zur Gesamtwohnfläche zugrunde zu legen ist (vgl. hierzu → § 24 Rn. 326 ff.). Bei der vermieteten Eigentumswohnung ist dabei unbedingt zu prüfen, ob die Miteigentumsanteile dem Wohnflächenverhältnis entsprechen, was nicht zwingend ist; bei Abweichungen ist andernfalls dem vermieteten Eigentümer eine ordnungsgemäße Betriebskostenabrechnung erheblich erschwert. Die Heranziehung der Miteigentumsanteile als Umlagemaßstab bedarf der ausdrücklichen Vereinbarung (vgl. zu den Problemen der Betriebskostenumlage und -abstimmung bei der vermieteten Eigentumswohnung → § 33 Rn. 9 ff.). Für die vermietete Eigentumswohnung ist § 556a Abs. 3 BGB zu beachten. Hiernach ist der jeweils für die Verteilung zwischen den Wohnungseigentümern geltende Maßstab auch im Verhältnis zwischen dem vermietenden Eigentümer und dem Mieter anzuwenden, sofern und soweit mietvertraglich nichts anderes vereinbart ist. Will der Vermieter diese Flexibilität erhalten, ist also von der Vereinbarung von Umlageschlüsseln abzusehen. 29

[59] BGH NZM 2009, 27.
[60] BGH NZM 2004, 417.
[61] siehe zum Beispiel Rauchwarnmelder mit ausführlicher Begründung: BGH NZM 2023, 591.

9. Zeitmietvertrag/Bedingter Mietvertrag

30 • Im Falle der rechtswirksamen Befristung eines Mietverhältnisses gem. § 575 BGB ist darauf zu achten, dass etwa im Mietvertrag vorhandene **Kündigungsregelungen** sich eindeutig nicht auf die Befristungszeit beziehen (§ 305c Abs. 2 BGB) und dass in der Befristung kein konkludenter **Ausschluss** der **Mieterhöhung** gesehen werden kann (§ 557 Abs. 3 BGB). Vgl. hierzu → § 23 Rn. 12 ff.

31 • Eine vorformulierte Befristungsabrede ohne Vorliegen der Gründe in § 575 Abs. 1 BGB schließt nur die **ordentliche Kündigung** des Vermieters, nicht aber des Mieters während des Befristungszeitraums aus. Für letzteres bedarf es vielmehr einer entsprechenden ausdrücklichen zweifelsfreien Vereinbarung (vgl. hierzu → § 29 Rn. 99 ff.). Vergleichbares gilt im Übrigen für die Vereinbarung einer **auflösenden Bedingung**, etwa der Beendigung eines Werkmietwohnungsvertrages mit Beendigung des Dienst- oder Arbeitsvertrages (vgl. hierzu → § 29 Rn. 156 f.). Anders als nach der Rechtslage vor der Mietrechtsreform 2001 wandelt sich im Fall des Bedingungseintritts das Mietverhältnis nicht in ein unbefristetes um (§ 565a Abs. 2 BGB aF). Jetzt kann sich allein der Mieter, nicht aber der Vermieter auf die ansonsten rechtswirksam vereinbarte Bedingung berufen (§ 572 Abs. 2 BGB).

III. Durchführung des Mietvertrages

1. Gewährleistung

32 • Der Mieter(-anwalt) hat darauf zu achten, dass jeder **Mangel** innerhalb des Herrschaftsbereichs des Mieters, der ohne weitere Prüfung festgestellt werden kann, nachweislich dem Vermieter unverzüglich **angezeigt** wird, um seine Gewährleistungsansprüche zu erhalten. Hat der Vermieter Mangelbeseitigungsarbeiten ohne Erfolg durchgeführt, empfiehlt es sich, erneut eine Mangelanzeige abzugeben. Sollte der Vermieter dennoch über längere Zeit keinerlei Aktivitäten zur Mangelbeseitigung ergreifen, ist darüber hinaus entweder eine Mietreduzierung vorzunehmen oder die ungeschmälerte Miete nur unter ausdrücklichem **Vorbehalt** weiter zu bezahlen, um Verwirkungsgesichtspunkte zu vermeiden.

33 • Hat der Vermieter(-anwalt) Anhaltspunkte dafür, dass die vom Mieter vorgenommene Minderung entweder dem Grunde und/oder der Höhe nach ungerechtfertigt sein könnte, sollte er seinerseits zur Vermeidung von Verwirkungsgesichtspunkten nachweislich der vorgenommenen **Mietreduzierung** ausdrücklich **widersprechen.**

34 • Hat der Mieter dem Vermieter einen Mangel der Mietsache angezeigt, steht ihm bekanntlich u. a. ein Recht auf Minderung der Miete zu (§ 536 Abs. 1 BGB). Bemessungsgrundlage ist dabei die vereinbarte Miete einschließlich aller Nebenkosten, unabhängig davon, ob es sich um Vorauszahlungen oder eine Pauschale handelt,[62] und damit sind natürlich auch etwaige Nachzahlungsbeträge aus Betriebskostenabrechnungen zu mindern. Nach Auffassung des BGH ist es dabei unerheblich, ob der Vermieter die Kürzungen aufgrund der Minderung bei der Grundmiete oder bei den Betriebskostenvorauszahlungen oder jeweils anteilig verbucht hat.[63] Die Entscheidung des Mieters, sein Minderungsrecht etwa nur auf die Grundmiete zu beschränken, ist allerdings bindend.

35 • Daneben und zusätzlich kann der Mieter auch einen Anspruch auf Zurückbehaltung der Miete nach § 273 BGB bzw. die **Einrede des nicht erfüllten Vertrages** gem. § 320 BGB bis zur ordnungsgemäßen Mangelbeseitigung (sofern dem Vermieter möglich) geltend machen. Die Rechtsprechung hat den insoweit möglichen Einbehalt im

[62] BGH NJW 2005, 1713 = NZM 2005, 455.

[63] BGH NJW 2011, 1806 = NZM 2011, 453; vgl. aber weiter BGH NJW 2018, 3448 = NZM 2018, 444 und NJW 2018, 3457 = NZM 2018, 454.

Regelfall auf das 3- bis 5-fache der zulässigen Minderung bemessen.[64] Dabei hat der BGH deutlich gemacht, dass dieses Leistungsverweigerungsrecht des Wohnraummieters aus § 320 BGB redlicherweise nur so lange ausgeübt werden kann, als es noch seinen Zweck erfüllt, den Vermieter durch den dadurch ausgeübten Druck zur Mangelbeseitigung anzuhalten. Daneben muss der insgesamt einbehaltene Betrag in einer angemessenen Relation zu der Bedeutung des Mangels stehen, was einer Gesamtwürdigung aller Umstände im konkreten Einzelfall durch den Tatrichter bedarf.[65] Während der Mieter seinen Einbehalt zunächst noch nicht näher aufschlüsseln muss, ist dies nach Beseitigung des Mangels oder bei Vermieterwechsel (dann entfällt jeweils das Zurückbehaltungsrecht) notwendig und ebenso nach Erhalt einer fristlosen Kündigung nach §§ 543 Abs. 2 Nr. 3, 569 Abs. 3 Nr. 1 BGB wegen Zahlungsverzuges. Spätestens dann ist der vorgenommene Einbehalt zwingend auf eine angemessene Minderung zu begrenzen und die verbleibende Differenz mit dem **Zurückbehaltungsrecht** zu begründen, das allerdings zuvor ausdrücklich geltend gemacht werden muss,[66] sofern auf § 273 BGB (obwohl keine Einrede) gestützt (nicht nach § 320 BGB, obwohl Einrede).

- Ohnehin ist bei **Zahlungseinbehalten** auf Mieterseite äußerste Vorsicht geboten, nachdem der BGH in gefestigter Rechtsprechung die Anforderungen an einen unverschuldeten Rechtsirrtum sehr hoch gesetzt hat, so dass eine irrtümlich vorgenommene oder auch der Höhe nach übersetzte Minderung bei Vorliegen der übrigen Voraussetzungen eine fristlose bzw. hilfsweise fristgerechte **Kündigung wegen Zahlungsverzugs** nicht hindert.[67] So muss der Mieter im Regelfall zuvor Rechtsrat eingeholt haben, um sich auf einen unverschuldeten Irrtum berufen zu können, wobei dann aber unverständlich ist, dass ihm ein etwaiges Verschulden seines „Ratgebers" wie eigenes Verschulden zugerechnet werden können soll.[68] Der sicherste Weg ist daher für den Mieter die „Beschränkung" auf die Geltendmachung des Erfüllungsanspruch auf Mangelbeseitigung, also die Zahlung der ungeschmälerten Miete unter Vorbehalt und nach rechtskräftiger Feststellung des Mangels die Rückforderung entsprechender Beträge. 36

2. Untervermietung

Aus Sicht des **Mieter(-anwalt)s:**

- Will der Mieter tatsächlich untervermieten, muss dem Vermieter die **Person** des oder der potenziellen **Untermieter** zweifelsfrei **genannt** werden. Andernfalls ist der Vermieter berechtigt, seine Erlaubnis zur Untervermietung zu verweigern. Vgl. → § 13 Rn. 16 ff. 37
- Will der Mieter dagegen lediglich das **Sonderkündigungsrecht** des § 540 Abs. 1 S. 2 BGB provozieren, ohne einen potenziellen Untermieter in Aussicht zu haben, kann er es nicht mit einer generellen Untervermietungserlaubnisanfrage versuchen in Verbindung mit dem Zusatz, dass eine ausbleibende Reaktion des Vermieters innerhalb angemessener Frist als Verweigerung gewertet wird. Dies deshalb, da das bloße Schweigen des Vermieters auf eine derartige generelle Anfrage nicht als generelle Verweigerung angesehen wird.[69] 38

---

[64] Vgl. BGH NZM 2003, 437: 3-fache Höhe der Herstellungskosten ist nicht zu beanstanden; diese zwar zum Gewerberaummietrecht ergangene Entscheidung lässt sich in ihren tragenden Erwägungen auch auf die Wohnraummiete übertragen. Vgl. weiter BGH NJW-RR 2007, 1021.

[65] BGH NJW 2015, 3087 = NZM 2015, 618: Danach lässt sich ableiten, dass bei einem Einbehalt – auch pro rata – von in der Summe etwa 4 Monatsgesamtmieten die ggf. geminderten Mietzahlungen unter Vorbehalt wieder aufgenommen werden sollten, um eine Zahlungsverzugskündigung zu vermeiden.

[66] BGH NJW 2012, 3089 = NZM 2012, 676; NJW-RR 2005, 1041, unter II 1b; NJW-RR 1987, 903 unter II 1b bb.

[67] BGH NJW 2012, 2882 = NZM 2012, 637; vgl. auch BGH NJW 2012, 3089 = NZM 2012, 676.

[68] BGH NJW 2007, 428 = NZM 2007, 35; instruktiv hierzu Blank, Mietrechtsberatung und Mieterrisiko, NZM 2007, 788 und Lorenz, Zahlungsverzug und Verschulden, WuM 2013, 202.

[69] OLG Koblenz NZM 2001, 581.

Aus Sicht des **Vermieter(-anwalt)s:**

39 • Wird ein konkreter möglicher Untermieter namentlich benannt, sollte mit diesem Kontakt aufgenommen werden. Bei Verweigerung der Erlaubnis muss mit der Ausübung des **Sonderkündigungsrecht** durch den Mieter gerechnet werden. Vgl. eingehender → § 13 Rn. 25.

40 • Wird kein konkreter Untermieter benannt, löst eine generell verweigerte Erlaubnis zur Untervermietung nicht das Sonderkündigungsrecht zu Gunsten des Mieters aus und auch keinem Anspruch auf Erteilung einer Untervermietungserlaubnis „unter dem Vorbehalt der Person des Untermieters".[70]

3. Besichtigung der Mietsache

41 Weigert sich der Mieter ohne Grund trotz vorausgegangener ordnungsgemäßer Ankündigung, das Besichtigungsrecht des Vermieters aus besonderem Anlass (zB bei Mängelanzeige, zur Vorbereitung einer Mieterhöhung[71] oder bevorstehendem Vertragsende bzw. vorgesehenem Verkauf[72] der Mietsache) zu erfüllen, ist er für den dem Vermieter daraus entstehenden Schaden **ersatzpflichtig.** Dies kann zB der (Verschlechterungs-)Schaden auf Grund der deshalb nicht möglichen Mangelbeseitigung sein oder ein Mietausfall bzw. Mindererlös im Falle des Verkaufs. Ungeachtet dessen ist der Vermieter nicht zur Selbsthilfe berechtigt, sondern auf den Weg der Inanspruchnahme gerichtlicher Hilfe und sei es über eine einstweilige Verfügung verwiesen. Vgl. zur Besichtigung der Wohnung → § 16 Rn. 167 ff.

4. Modernisierungsmaßnahmen und Duldungspflicht

42 Aus Vermietersicht sind bei der Vornahme der Ankündigung von Modernisierungsmaßnahmen gem. § 555b BGB zwingend die umfassenden Anforderungen des § 555c BGB zu wahren. Nur die wirksame Ankündigung einer baulichen Maßnahme löst die Duldungspflicht des Mieters aus. Im Falle unwirksamer Ankündigungen drohen erhebliche Schäden durch zeitliche Verzögerungen im Falle von (erfolglosen) Duldungsklagen und nachzuholenden Erklärungen sowie zwischenzeitlichen Baukostenerhöhungen und dem erst verzögerten Eintritt von Mieterhöhungen.

43 Aus Mietersicht ist bei der rechtlichen Beurteilung von Duldungspflichten zu beachten, dass im Falle der pflichtwidrigen Nichtduldung durch den Mieter dem Vermieter mit der Rechtsprechung des BGH ein Recht zur ordentlichen bzw. fristlosen Kündigung des Mietverhältnisses zustehen kann, wobei das Risiko der Fehlbeurteilung der Duldungspflicht ist dem Mieter zugewiesen ist.[73]

5. Schadensersatz gegenüber dem Mieter – Fristsetzung notwendig?

44 Lange war streitig, ob und in welchen Fällen bei Beschädigungen der Mietsache durch den Mieter als Voraussetzung für einen entsprechenden Schadensersatzanspruch des Vermieters dem Mieter zunächst eine Frist gesetzt werden muss. Dies hat der BGH zwischenzeitlich geklärt und zwar nicht nur bei Vertragsende, sondern auch während der Mietzeit: Das in § 280 Abs. 1 und 3, § 281 Abs. 1 BGB als Anspruchsvoraussetzung vorgesehene Fristsetzungserfordernis gilt nur für die Nicht- oder Schlechterfüllung von Leistungspflichten (§ 241 Abs. 1 BGB) durch den Schuldner (Schadensersatz statt der Leistung). In diesen Fällen muss der Gläubiger dem Schuldner grundsätzlich zunächst eine weitere Gelegenheit zur Erfüllung seiner Leistungspflicht geben, bevor er (statt der geschuldeten Leistung) Schadensersatz verlangen kann (zB bei vom Mieter wirksam aus

[70] BGH BeckRS 2012, 06807.
[71] BGH NZM 2024, 235.
[72] BGH NZM 2023, 542.
[73] BGH NZM 2015, 536.

dem Pflichtenkreis des Vermieters übernommenen Pflicht zur Vornahme von Schönheitsreparaturen).

Im Gegensatz dazu handelt es sich bei der Verpflichtung des Mieters, die ihm überlassenen Mieträume in einem dem vertragsgemäßen Gebrauch entsprechenden Zustand zu halten und insbesondere die Räume aufgrund der aus der Besitzübertragung folgenden Obhutspflicht schonend und pfleglich zu behandeln, um eine nicht leistungsbezogene Nebenpflicht (§ 241 Abs. 2 BGB). Deren Verletzung begründet einen Anspruch des Geschädigten auf Schadensersatz (neben der Leistung) bereits bei Vorliegen der in § 280 Abs. 1 BGB genannten Voraussetzungen. Daher kann ein Vermieter bei Beschädigungen der Mietsache vom Mieter gemäß § 249 BGB nach seiner Wahl statt einer Schadensbeseitigung auch sofort Geldersatz verlangen, ohne diesem zuvor eine Frist zur Schadensbehebung gesetzt zu haben.[74] 45

6. Haftungsproblem gem. §§ 566 Abs. 2, 566a S. 2 BGB

Während der Regelungsinhalt von § 566 Abs. 1 BGB meist bekannt ist („Kauf bricht nicht Miete“, sofern sich der Mieter bereits im Besitz der Mietsache befindet – ein bloßer Anspruch auf Besitzverschaffung genügt nicht[75] – und grundsätzlich Identität zwischen Vermieter und Veräußerer besteht[76]), fristet dessen Abs. 2 ein Schattendasein. Dieser ordnet zum Schutz des Mieters eine Haftung des Veräußerers wie ein selbstschuldnerischer Bürge im Sinne von § 773 BGB für die Erfüllung der Pflichten an, die der (nicht leistungsfähige oder nicht leistungswillige) Erwerber nicht erfüllt. Eine Haftungsbegrenzung zu Gunsten des Veräußerers tritt nur ein, wenn dieser (entweder selbst oder durch einen Bevollmächtigten,[77] § 174 BGB beachten, nicht aber ein Dritter) dem Mieter nach dem Eigentumsübergang (eine Mitteilung zuvor[78] oder eine sonstige Kenntniserlangung des Mieters reichen nicht aus) von dem Eigentumsübergang informiert und der Mieter hierauf nicht zum ersten zulässigen Termin danach kündigt. 46

§ 566a BGB trifft eine Sonderregelung in diesem Zusammenhang in Bezug auf die Mietsicherheit, deren Rückzahlung der Erwerber auch dann schuldet, wenn er sie vom Veräußerer (also vom ursprünglichen Vermieter) nicht erhalten hat (Satz 1). Der Veräußerer haftet aber auch in diesem Fall dem Mieter bei Beendigung des Mietverhältnisses auf Rückgewähr der Kaution nebst Zinsen, wenn der Mieter diese vom Erwerber nicht erlangen[79] kann (Satz 2), sofern die Sicherheit nicht vom Erwerber verwertet oder (auch vom Veräußerer[80]) an den Mieter zurückerstattet wurde. Auf diese Haftung kann nur durch individuelle und zweifelsfreie Vereinbarung des ursprünglichen Vermieters und Veräußerers mit dem Mieter verzichtet werden.[81] 47

IV. Mietpreisrecht

1. Verrechnung von Teilzahlungen

Sind dem Mieter aus wirtschaftlichen Gründen nur Teilzahlungen möglich, ist ihm zu empfehlen, in jedem Falle eine entsprechende **Verrechnungsbestimmung** zu treffen, um 48

[74] BGH NJW 2018, 1746 = NZM 2018, 320.
[75] BGH NJW-RR 2016, 982 = NZM 2016, 675.
[76] Aber analoge Anwendung denkbar: BGH NZM 2017, 847; vgl. weiter NJW 1974, 1551.
[77] BGH NJW 1966, 590.
[78] OLG Köln BeckRS 2014, 1711 und BeckRS 2013, 19140; vgl. auch OLG Saarbrücken BeckRS 2016, 6232.
[79] Klage des Mieters gegen den Erwerber ggf. sogar mit erfolgloser Zwangsvollstreckung ist nicht Voraussetzung: BGH NJW-RR 2013, 457 = NZM 2013, 230.
[80] Mit der Folge, dass der Erwerber grundsätzlich keine Sicherheit mehr vom Mieter beanspruchen kann: LG Berlin BeckRS 2011, 09319; LG Mannheim InfoM 2011, 162; anders beim verpfändeten Sparbuch aufgrund der zur Übertragung auf den Erwerber erforderlichen Mitwirkung des Mieters: LG Berlin BeckRS 2010, 24122.
[81] BGH NJW-RR 2013, 457 = NZM 2013, 230.

die Anwendung der §§ 366, 367 BGB und damit das Entstehen eines fristlosen Kündigungsrechts nach den §§ 543 Abs. 2 Nr. 3, 569 Abs. 3 Nr. 1 BGB zu verhindern.[82]

2. Konkludente Betriebskostenumlagevereinbarung?

49 Grundsätzlich kann etwa durch eine jahrelange Abrechnungspraxis die mietvertragliche Betriebskostenumlagevereinbarung konkludent geändert, insbes. auch erweitert werden. So hatte der BGH festgehalten, dass eine Umlegung einzelner Betriebskosten auch auf Grund jahrelanger Zahlung durch stillschweigende Vereinbarung erfolgen kann.[83] In der Folgezeit hat der BGH die Vorgaben an ein derartiges konkludentes Verhalten – letztendlich ohne Not im konkret entschiedenen Fall – erheblich verschärft: Danach bedarf ist nicht lediglich einer jahrelangen Übung, sondern zusätzlich besonderer Umstände, die einmal den entsprechenden Änderungswillen des Vermieters für den Mieter und zum anderen den damit korrespondierenden Zustimmungswillen des Mieters für den Vermieter erkennbar machen.[84] Diese strengen Voraussetzungen dürften in der Praxis kaum erfüllt werden. Konsequenterweise hat daher der BGH zB die Nicht-Abrechnung der Betriebskosten trotz mietvertraglich vereinbarter Vorauszahlungen über 20 Jahre nicht genügen lassen, um dadurch für die Zukunft eine konkludent vereinbarte Pauschale auszulösen.[85] Derartige besondere Umstände für eine konkludente Erweiterung der Betriebskostenumlagevereinbarung können zum einen darin liegen, dass der Mieter in einer Betriebskostenabrechnung ausdrücklich enthaltene, aber bislang nicht vereinbarte Kostenpositionen zahlt, die der Vermieter zuvor angekündigt hatte, oder zum anderen über eine ergänzende Vertragsauslegung, wenn der Mieter einzelne Betriebskosten zunächst selbst trägt und diese dann aufgrund veränderter Umstände beim Vermieter anfallen.[86]

3. Betriebskostenabrechnung

50 Der **Vermieter(-anwalt)** muss eine gesetzliche **Ausschlussfrist von einem Jahr** ab Ende des Abrechnungszeitraums beachten (daher gelten die §§ 204 Abs. 1 Nr. 1,[87] 212 Abs. 1 Nr. 1[88] und 214 Abs. 2 S. 1 BGB[89] nicht). Danach ist er mit Nachforderungen aus Betriebskostenabrechnungen ausgeschlossen, außer er hat die Verspätung nicht zu vertreten.[90] Selbst in diesem Fall muss er aber im Regelfall innerhalb von 3 Monaten abrechnen, sobald der unverschuldete Hinderungsgrund entfallen ist.[91] Zur Erstellung der Abrechnung und zur Auskehrung etwa sich daraus ergebender Guthaben an den Mieter bleibt der Vermieter somit nach wie vor verpflichtet. Der Ausschluss von Nachforderungen (nicht etwa rückständiger Vorauszahlungen)[92] gilt, wenn der Vermieter innerhalb dieser Jahresfrist überhaupt nicht abrechnet, oder seine Abrechnung formell fehlerhaft, also für den Durchschnittsmieter nicht nachvollziehbar ist und daher die Fälligkeit des Nachforderungsbetrages innerhalb der Jahresfrist nicht auslöst (wobei der BGH die Anforderungen an die formelle Ordnungsgemäßheit einer Abrechnung im Laufe der Jahre immer weiter herabgesetzt hat).[93] Bei einer nachvollziehbaren, aber

[82] Aus Vermietersicht zur sog. Saldoklage vgl. BGH NJW 2018, 3448 = NZM 2018, 444 NJW 2018, 3457 = NZM 2018, 454.

[83] BGH NZM 2004, 418 betr. Kosten der Dachrinnenreinigung als sonstige Betriebskosten unter Hinweis auf BGH NZM 2000, 961, wo eine derartige Praxis 6 Jahre lang erfolgte.

[84] BGH NJW 2008, 283 = NZM 2008, 81.

[85] BGH NJW 2008, 1302 = NZM 2008, 276.

[86] BGH NZM 2014, 748.

[87] BGH NJW 2009, 283 = NZM 2009, 78.

[88] BGH NJW 2008, 2258 = NZM 2008, 477.

[89] BGH NJW 2006, 903 = NZM 2006, 222.

[90] Vgl. im Fall einer vermieteten Eigentumswohnung BGH NJW 2017, 2608 = NZM 2017, 216.

[91] BGH NJW 2006, 3350 = NZM 2006, 740.

[92] BGH NJW 2008, 142 = NZM 2008, 35.

[93] BGH NZM 2017, 732; NJW 2016, 866 = NZM 2016, 192; NJW 2009, 283 = NZM 2009, 78; NJW 2007, 1059 = NZM 2007, 244; NJW 2008, 2328 = NZM 2008, 520.

inhaltlich falschen Abrechnung über im Vertrag rechtswirksam auf den Mieter abgewälzte Betriebskosten kann der Vermieter auch nach Ablauf der Ausschlussfrist noch nachbessern, allerdings beschränkt auf den sich aus der materiell unrichtigen, aber rechtzeitigen Abrechnung ergebenden Saldo, also auch etwa ein Guthaben.[94] Eine „lediglich" verspätete Abrechnung rechtfertigt zwar grundsätzlich die Erhöhung der Vorauszahlungen nach § 560 Abs. 4 BGB,[95] nicht aber eine inhaltlich falsche, überhöhte Abrechnung.[96]

Mit Zugang einer prüffähigen Betriebskostenabrechnung beginnt gewissermaßen 51 umgekehrt auch für den **Mieter** eine **einjährige Ausschlussfrist** für sämtliche Einwendungen[97] (str., ob auch insoweit, dass begrifflich keine „Betriebskosten" abgerechnet wurden; im Zweifel ja) gegen die Betriebskostenabrechnung, sofern er die Verspätung nicht zu vertreten hat (§ 556 Abs. 3 S. 5 BGB). So etwa, wenn die Abrechnung Betriebskosten enthält, die entweder nach § 2 BetrKV überhaupt nicht umlegbar sind oder deren Umlage im Mietvertrag nicht vereinbart ist. Die Fälligkeit des Abrechnungssaldos tritt allerdings schon früher ein, maximal 1 Monat nach Erhalt einer formell ordnungsgemäßen und prüffähigen Abrechnung. In der vorbehaltlosen Zahlung des Abrechnungssaldos durch den Mieter oder der Auskehrung eines Guthabens durch den Vermieter liegt jedenfalls seit dem 1.9.2001 kein deklaratorisches Schuldanerkenntnis mehr, so dass vor Ablauf der Ausschlussfrist des § 556 Abs. 3 S. 2 und 3 BGB jederzeit Korrekturen auch zu Lasten des Mieters möglich sind.[98]

Dem Mieter einer freifinanzierten Wohnung steht grundsätzlich nur ein Einsichtsrecht 52 in die Original-Belege beim Vermieter zu. Nur im Ausnahmefall können Kopien gegen Kostenerstattung verlangt werden.[99] Um substantiierte Einwendungen erheben zu können, ist also vorher das Einsichtsrecht auszuüben. Ein Vermieter, der eine Betriebskostennachzahlung geltend macht, obwohl er dem Mieter die begehrte Belegeinsicht nicht gewährt hat, handelt treuwidrig (nicht lediglich ein Zurückbehaltungsrecht des Mieters, da sonst ggf. Verurteilung Zug-um-Zug) mit der Folge, dass Mieter zur Zahlung eines Saldos einer Betriebskostenabrechnung nicht verpflichtet ist, bis der Vermieter einem berechtigten Verlangen nach Belegvorlage nachgekommen ist.[100]

4. Mieterhöhung

Existiert ein **qualifizierter Mietspiegel** iSv § 558d BGB, dann ist der Vermieter(-an- 53 walt) grundsätzlich gezwungen, selbst dann, wenn er das Mieterhöhungsbegehren iSv § 558 BGB auf ein anderes Begründungsmittel stützen will, in jedem Fall auch den sich aus dem qualifizierten Mietspiegel ergebenden Wert der ortsüblichen Vergleichsmiete anzugeben (§ 558a Abs. 3 BGB). Andernfalls ist das Mieterhöhungsverlangen unwirksam. Allerdings kann der Vermieter versuchen, substantiiert die Qualifikation des Mietspiegels anzugreifen, so dass das Mietgericht eine entsprechende Überprüfung vorzunehmen hat.[101] Vgl. → § 23 Rn. 174 f.

Der Vermieter sollte den Mieter bereits im Mieterhöhungsverlangen nach § 558 BGB 54 darauf hinweisen, dass die **bloße zweimalige Zahlung** der erhöhten Miete grundsätzlich nicht ausreicht, sondern es einer schriftlichen Zustimmungserklärung bedarf. Der BGH hat jedenfalls eine dreimalige Zahlung der erhöhten Miete als konkludente Zustimmung zur Mieterhöhung gewertet.[102] Bei lediglich ein- oder zweimaliger Zahlung der nach

[94] BGH NJW 2008, 1150 = NZM 2008, 204; NZM 2005, 13; GE 2005, 360.
[95] BGH NJW 2008, 508 = NZM 2008, 121.
[96] BGH BeckRS 2012, 11552.
[97] BGH NJW 2016, 2254 = NZM 2016, 470: dort auch mit einer Ausnahme aus § 242 BGB; BeckRS 2012, 06646; NJW 2011, 842 = NZM 2011, 240; NJW 2008, 1521 = NZM 2008, 361; NJW 2008, 283 = NZM 2008, 81.
[98] BGH NJW 2011, 843 = NZM 2011, 241.
[99] BGH NJW 2006, 1419 = NZM 2006, 340; so auch weiterhin BGH NZM 2022, 172.
[100] BGH NJW 2018, 1599 = NZM 2018, 458; BGH NZM 2021, 31.
[101] BGH NJW 2014, 143 = NZM 2014, 72; NJW 2013, 775 = NZM 2013, 138.
[102] BGH NJW-RR 2018, 524 = NZM 2018, 279.

§ 558 BGB erhöht verlangten Miete ohne schriftliche Zustimmung durch den Mieter sollte der Vermieter daher vorsorglich dennoch gegen den Mieter Klage auf Zustimmung zur Mieterhöhung erheben.

55 Werden in einem Wohnraummietvertrag nicht alle nach § 2 BetrKV umlagefähigen Betriebskostenpositionen tatsächlich auf den Mieter abgewälzt (= **Teil-Inklusivmiete**), dann muss der Vermieter(-anwalt) für ein rechtswirksames Mieterhöhungsbegehren auf die ortsübliche Vergleichsmiete zunächst die Vergleichbarkeit der Mietstruktur zwischen der Miete, die erhöht werden soll, und der ortsüblichen Vergleichsmiete herstellen.[103] Dies bedeutet, dass der Vermieter(-anwalt) den aktuell in der Teil-Inklusivmiete enthaltenen Betriebskostenanteil (orientiert zB an der letzten Betriebskostenabrechnung) herausrechnen muss. Um bei Anwendung der Kappungsgrenze eine größere Mietsteigerung zu erreichen, ist dieser Betriebskostenanteil der ortsüblichen Vergleichsnettomiete zuzuschlagen, um eine fiktive Teil-Inklusivvergleichsmiete zu erreichen. Theoretisch wäre es auch denkbar, die nach Herausrechnen des Betriebskostenanteil verbleibende fiktive Nettomiete auf die ortsübliche Vergleichsnettomiete zu erhöhen. Dann errechnet sich aber die Kappungsgrenze von 20 Prozent auch nur aus dieser geringeren fiktiven Nettomiete. Nach dem hier favorisierten Vorschlag ist demgegenüber Ausgangsmiete die aktuell geschuldete Teil-Inklusivmiete.[104]

56 Bei einem **Mischmietverhältnis** mit überwiegendem Wohnanteil und einheitlicher Miete kann für ein rechtswirksames Mieterhöhungsbegehren nach § 558 BGB zunächst die ortsübliche Wohnraumvergleichsmiete herangezogen werden und gleichzeitig ein Zuschlag nach § 26 Abs. 2 NMV von maximal 50 % auf die nicht zu Wohnzwecken genutzte Teilfläche vorgenommen werden.[105]

57 **Optimale Mietsteigerungen** zu Gunsten des Vermieters werden durch folgende Reihenfolge der gesetzlichen Mieterhöhungsmöglichkeiten erreicht:

- **Schritt 1:**
  Erhöhung der Betriebskostenpauschale iSv § 560 Abs. 2 BGB: maßgeblich sind nur die Betriebskostensteigerungen seit der letzten Erhöhung nach § 558 BGB[106]
  und
- **Schritt 2:**
  Mieterhöhung nach § 558 BGB auf der Basis der ortsüblichen Vergleichsmiete für unmodernisierten Wohnraum **und** zusätzlich eine Erhöhung nach § 559 BGB[107]
  beachte zur Abgrenzung: Erfolgt die Mieterhöhung und die Ermittlung der ortsüblichen Vergleichsmiete nach § 558 BGB bereits auf der Basis des modernisierten Wohnungszustandes, ist eine nachfolgende Mieterhöhung nach § 559 BGB zwar möglich, jedoch darf sich die Miete im Ergebnis dieser beiden Mieterhöhungen zusammengerechnet nicht um mehr erhöhen, als bei einer ausschließlichen Anwendung des § 559 BGB rechnerisch möglich wäre.[108]
  oder
- **Schritt 2 – alternativ:**
  Mieterhöhung nach § 559 BGB **und** zusätzlich eine Erhöhung nach § 558 BGB auf der Basis der ortsüblichen Vergleichsmiete für modernisierten Wohnraum;[109] diese ortsübliche Vergleichsmiete darf zum Zeitpunkt des Zugangs der Mieterhöhungserklärung noch nicht erreicht sein (es spielt also keine Rolle, wenn die Wirkung des § 559 BGB danach aber noch vor Wirksamwerden der Erhöhung nach § 558 BGB eintritt).

[103] BGH NJW 2008, 848 = NZM 2008, 124; NJW 2006, 1061 = NZM 2006, 101; NZM 2004, 253; 2004, 218; vgl. auch BGH NJW 2006, 3305 = NZM 2006, 652.
[104] Im Einzelnen Hannemann NZM 1998, 612.
[105] Hannemann NZM 1998, 612.
[106] KG NJW-RR 1998, 226 = NZM 1998, 68.
[107] OLG Hamm NJW 1983, 289.
[108] BGH NZM 2021, 297.
[109] LG Berlin NZM 1999, 457; vgl. zur Berechnung der Kappungsgrenze: OLG Hamm NJW-RR 1993, 399; BGH NJW 2004, 2088 = NZM 2004, 456.

5. Mietsicherheiten

Der BGH hat die frühere herrschende Meinung und Rechtsprechung bestätigt, dass der Vermieter aufgrund der Sicherungs- und nicht Befriedigungsfunktion einer Kaution nicht wegen bestrittener Forderungen die Kaution verwerten darf, wobei der dem BGH zur Entscheidung vorliegende Fall eine Verwertung (Auszahlung des Kautionsguthabens an den Vermieter) während des bestehenden Mietverhältnisses betraf.[110] Die Instanzrechtsprechung hat zu Recht diese Erwägungen auch auf einen Zugriff nach Vertragsbeendigung erstreckt und zwar zum einen bei einem Zugriff auf eine geleistete Barkaution etwa durch Aufrechnung,[111] aber auch bei einem Zugriff auf eine an den Vermieter verpfändete Mietsicherheit.[112] Wenn bereits die reine Aufrechnung ohne Zugriff auf das Mietkautionskonto[113] eine unzulässige Verwertung darstellt, worüber man streiten kann, dann bleibt dem Vermieter allein die Möglichkeit entweder gleich die Berechtigung seiner Forderungen in unverjährter Zeit (beachte § 548 BGB) gerichtlich feststellen zu lassen, um dann zulässigerweise die Mietsicherheit zu verwerten, oder etwa bei einer Kautionsrückzahlungsklage des Mieters (gegebenenfalls auch hilfsweise) Widerklage zu erheben. Dem (Vermieter-)Anwalt ist dabei weiter zu raten, seinen Mandanten vorsorglich auf eine mögliche Strafbarkeit einer unberechtigten Verwertung der Mietsicherheit hinzuweisen.[114] Die Konsequenz aus dieser Rechtsprechung besteht zu Recht darin, dass vor Klärung der Berechtigung der Vermieteransprüche der Kautionsrückerstattungsanspruch des Mieters nicht fällig wird, auch wenn dies wie im Regelfall länger als 6 Monate dauert.[115] 58

V. Vertragsbeendigung

1. Personenmehrheit

Grundsätzlich gilt, dass eine Kündigung zu ihrer Rechtswirksamkeit **von allen** Vertragspartnern auf der einen Seite **gegenüber allen** Vertragspartnern auf der anderen Seite ausgesprochen werden muss. Geht die Kündigung nur einem von mehreren Mietern zu, ist sie insgesamt unwirksam.[116] Haben nun am Mietvertragsschluss mehrere Personen mitgewirkt, ohne in das Rubrum des Vertrages aufgenommen worden zu sein und/oder diesen unterschrieben zu haben, wäre es möglich, dass auch diese Personen, vertreten durch die in den schriftlichen Mietvertrag aufgenommenen, Vertragspartner geworden sind. Daher sollte vorsorglich eine Kündigung auch im Namen dieser Personen ausgesprochen bzw. auch diesen Personen gegenüber nachweislich erklärt werden (vgl. → § 28 Rn. 11). 59

Bei einer Mietermehrheit ist die Kündigung nachweislich auch etwa bereits vor Jahren **ausgezogenen Mietern** gegenüber vorsorglich zu erklären, sofern diese nicht rechtswirksam durch eine dreiseitige Vereinbarung zwischen dem Vermieter einerseits und dem verbliebenen sowie dem ausgezogenen Mieter andererseits entlassen worden sind (vgl. näher → § 28 Rn. 14). 60

---

[110] Eine entgegenstehende mietvertragliche Regelung ist gem. § 551 Abs. 4 BGB unwirksam: BGH NJW 2014, 2496 = NZM 2014, 551.

[111] AG Dortmund BeckRS 2018, 2876.

[112] AG Dortmund BeckRS 2018, 12352.

[113] Zu den Anforderungen an ein solches Konto: BGH NJW-RR 2015, 1289 = NZM 2015, 736.

[114] Die bloße Vereinbarung einer Kaution als solche begründet keine Vermögensbetreuungspflicht iSd § 266 Abs. 1 StGB. Auch in Wohnraummietverhältnissen bewirkt die Einzahlung einer Kaution auf ein Girokonto noch nicht ohne Weiteres eine (vollendete) Untreue iSd § 266 StGB; hinsichtlich der Frage einer schadensgleichen Vermögensgefährdung kommt es darauf an, inwieweit nach den Vermögensverhältnissen des Vermieters die naheliegende Gefahr besteht, dass von Dritten auf dieses Konto zugegriffen wird; in Betracht könnte weiter Betrug kommen: vgl. nur BGH NJW 2008, 1827 = NZM 2008, 415.

[115] AG Dortmund BeckRS 2018, 2876; 2018, 12352.

[116] So für den vergleichbaren Fall der Mieterhöhung BGH NZM 2004, 419.

2. Stellvertretung

61 Bei Ausspruch einer Kündigung durch einen Vertreter, insbesondere durch einen Anwalt, ist unbedingt eine **Original-Vollmachtsurkunde beizufügen,** sofern der Kündigungsempfänger nicht bereits Kenntnis von der Bevollmächtigung hat (§ 174 BGB). Andernfalls kann der Erklärungsempfänger allein deshalb der Kündigung widersprechen, muss dies aber unverzüglich, mithin binnen weniger Tage, tun. Erfolgt auch die Zurückweisung durch einen Vertreter, ist der **Zurückweisung** aus denselben Gründen ebenfalls eine **Original-Vollmacht** beizufügen.

Der Vertreter muss nicht nur seine Stellvertretung **offen legen** (§ 164 Abs. 2 BGB), sondern auch die von ihm vertretenen Personen eindeutig bezeichnen. Ansonsten liegt möglicherweise ein Fall der sog. **verdeckten Stellvertretung** vor mit der Folge, dass es der Kündigung an der Rechtswirksamkeit fehlt. Vgl. → § 28 Rn. 34 ff.

3. Ordentliche Kündigung

62 Trotz der verkürzten Kündigungsfristen nach § 573c BGB ist in jedem Fall auf Grund der Übergangsregelungen in Art. 229 § 3 Abs. 10 EGBGB zu prüfen, ob nicht in dem zum 1.9.2001 bereits bestehenden Mietvertrag zulässigerweise individuell abweichende Kündigungsfristen vereinbart sind, die dann auch über den 1.9.2001 hinaus fortgelten. (vgl. das ab 1.6.2005 in Kraft getretene **Gesetz über Kündigungsfristen für sog. Altmietverträge**).[117]

63 Zum **berechtigten Interesse** als Wirksamkeitsvoraussetzung für eine ordentliche Vermieterkündigung lässt sich die aktuelle Rechtsprechung des BGH wie folgt zusammenfassen: § 573 Abs. 2 Nr. 1 BGB setzt ein Verschulden im eigentlichen Sinn voraus (anders als zB § 543 Abs. 2 S. 1 Nr. 3 BGB daher dort das Korrektiv der Schonfrist in § 569 Abs. 3 Nr. 2 BGB, siehe hierzu näher sogleich unter 4.) mit der Folge, dass sich der Mieter entlasten kann und muss.[118] Die Anforderungen an den Eigenbedarfsgrund in § 573 Abs. 2 Nr. 2 BGB hat der BGH dahin konkretisiert, dass auch die Verwendung als Zweitwohnung oder Ferienwohnung für nur 2–4 Wochen im Jahr ein berechtigtes Interesse in diesem Sinn darstellen kann.[119] Weiter hat der BGH seine Rechtsprechung insoweit geändert, dass die Verletzung der nicht bereits im Kündigungsschreiben zu erfüllenden Anbietpflicht[120] nicht mehr zur Unwirksamkeit der Kündigung führt, sondern zu Schadensersatzansprüchen.[121] Bei vorgetäuschten berechtigtem Interesse, insbesondere Eigenbedarf, hat der BGH die sich daraus ergebenden, zum Teil erheblichen Schadensersatzansprüche zu Lasten des Vermieters und die insoweit allein diesem obliegende Darlegungs- und Beweislast festgestellt.[122] Bei § 573 Abs. 2 Nr. 3 BGB hat der BGH betont, dass nicht nur vernünftige und nachvollziehbare Gründe für eine angemessene wirtschaftliche Verwertung des betreffenden Grundstücks gegeben sein müssen, sondern zusätzlich noch als weitere, hohe Voraussetzung erfüllt sein muss, dass dem Eigentümer selbst durch den Fortbestand des Mietverhältnisses andernfalls ein erheblicher Nachteil entstehen würde.[123] Die Anforderungen an ein berechtigtes Interesse etwa wegen Betriebs- oder Geschäftsbedarfs gestützt auf die generelle Regelung in

---

[117] Dieses Gesetz war aufgrund der nach der Mietrechtsreform zu diesem Problemkreis ergangenen BGH-Rechtsprechung erforderlich geworden: BGH NJW 2006, 1867 = NZM 2006, 460; NJW 2004, 1447 = NZM 2004, 336; WuM 2004, 275; 2004, 101; NJW 2003, 2739 = NZM 2003, 711; WuM 2003, 462. Zur Mieterkündigung vgl. BGH NJW 2005, 1572 = NZM 2005, 417.

[118] BGH BeckRS 2016, 16914.

[119] BGH NJW-RR 2018, 138 = NZM 2017, 846; BGH NZM 2018, 983.

[120] BGH NJW 2017, 1474 = NZM 2017, 286.

[121] BGH NJW 2017, 547 = NZM 2017, 111.

[122] BGH NJW 2015, 2324 = NZM 2015, 532; BGH NJW 2017, 2819 = NZM 2017, 521; vgl. auch AG München BeckRS 2018, 5370.

[123] BGH NJW-RR 2018, 12 = NZM 2017, 756; vgl. auch LG Köln BeckRS 2018, 7136, und AG Köln BeckRS 2018, 10932 unter Hinweis auf BGH NJW 2009, 1200 = NZM 2009, 234.

§ 573 Abs. 1 BGB hat der BGH umfangreich konkretisiert,[124] wonach auch dann wieder auf die jeweils unterschiedlichen Wertungen entweder des § 573 Abs. 2 Nr. 2 oder Nr. 3 BGB zurückgegriffen werden muss.[125]

64 Die **Vermieterkündigung einer Einliegerwohnung** iSv § 573a Abs. 1 BGB muss ausdrücklich auf das dort statuierte Sonderkündigungsrecht gestützt werden, um das Erfordernis eines berechtigten Interesses iSv § 573 Abs. 2 BGB zu umgehen. Soweit tatsächlich ein berechtigtes Interesse gegeben ist, kann die Kündigung mit entsprechender schriftlicher Begründung nach § 573 Abs. 3 BGB in erster Linie mit kürzerer Frist auf § 573 Abs. 2 BGB gestützt werden und hilfsweise mit der um drei Monate längeren Kündigungsfrist auf das Sonderkündigungsrecht in § 573a Abs. 1 BGB.

65 Widerspricht der Mieter der Kündigung, gestützt auf die Sozialklausel des § 574 BGB, hat der Vermieter die Möglichkeit, sofort, also noch vor Ablauf der Kündigungsfrist, **Klage auf künftige Räumung** iSv § 259 ZPO zu erheben. In dem Widerspruch liegt die Besorgnis, dass der Mieter das begründete Räumungsbegehren des Vermieters zum Fälligkeitszeitpunkt nicht erfüllen wird. Der Mieter(-anwalt) muss daher sorgfältig prüfen, ob er rechtswirksam vom Vermieter auf dieses Widerspruchsrecht in der Kündigung hingewiesen worden ist (§ 568 Abs. 2 BGB).

66 Die Vereinbarung eines befristeten **Ausschlusses der ordentlichen Kündigung** im Wohnraummietvertrag, gewissermaßen als Ersatz für den nur noch unter den engen Voraussetzungen des § 575 BGB zulässigen Zeitmietvertrag, ist individualvertraglich sogar einseitig nur zu Lasten des Mieters jedenfalls bis zu 5 Jahren zulässig,[126] formularvertraglich dagegen wegen § 307 BGB nur wechselseitig und nur bis zu maximal 4 Jahren.[127] Sie bedarf für mehr als 1 Jahr der Schriftform.[128]

67 Vor dem 1.9.2001 abgeschlossene Wohnraumietverträge (späterer Mietbeginn schadet nicht)[129] mit Verlängerungsklausel, die zu einer befristeten Verlängerung führen sollen (sog. **Ketten-Mietverträge**), gelten fort.[130] Sie können nach wie vor unter Beachtung der für den Vermieter weiter geltenden Kündigungsfrist[131] nur zu dem im Vertrag vereinbarten Ablauftermin gekündigt werden.[132]

4. Außerordentliche unbefristete (fristlose) Kündigung

68 Die fristlose Kündigung sowohl des Vermieters als auch des Mieters bedarf zu ihrer Rechtswirksamkeit der **schriftlichen Begründung** im Kündigungsschreiben (§ 569 Abs. 4 BGB). Der Wortlaut des § 569 Abs. 5 BGB legt zwar die Annahme nahe, dass dieses Begründungserfordernis abdingbar sei, da nur auf die Absätze 1–3 des § 569 BGB verwiesen wird. Hierbei handelt es sich aber um ein Redaktionsversehen, da § 569 Abs. 4 BGB gewissermaßen in letzter Minute eingefügt wurde (allerdings bis heute nicht korrigiert). Unklar sind nach wie vor die **Anforderungen** an den Inhalt einer derartigen Begründung: Während die Instanzgerichte strenge, sich eher an § 573 Abs. 3 BGB

---

[124] siehe u. a. BGH NZM 2024, 501: „Eigenbedarf" für Wohnzwecke und Kanzleinutzung; die Kündigung muss jedoch Angaben zur möglichen Erlangung der ggf. erforderlichen zweckentfremdungsrechtlichen Genehmigung aufweisen.

[125] BGH NJW 2017, 2018 = NZM 2017, 405; BGH NJW-RR 2017, 976 = NZM 2017, 559.

[126] BGH NJW 2004, 1448 = NZM 2004, 216.

[127] BGH NJW-RR 2017, 137= NZM 2017, 71; NJW 2005, 1574 = NZM 2005, 417; bis zu 2 Jahre zulässig: BGH NJW 2004, 3117 = NZM 2004, 733; für 14 Monate auch in Übereinstimmung mit Europarecht: BGH NZM 2004, 734; für knapp über 1 Jahr ebenfalls zulässig: BGH WuM 2004, 672; bei gleichzeitiger Vereinbarung einer Staffelmiete vgl. BGH NJW 2009, 353 = NZM 2009, 80; NJW 2006, 2696 = NZM 2006, 653; NJW-RR 2006, 1236 = NZM 2006, 579; NJW 2006, 1059 = NZM 2006, 254; NJW 2006, 1056 = NZM 2006, 256; NZM 2005, 782.

[128] BGH NJW 2007, 1742 = NZM 2007, 399.

[129] BGH NJW-RR 2007, 10 = NZM 2006, 927.

[130] BGH NJW 2005, 1572 = NZM 2005, 417 vgl. auch BGH NZM 2002, 604.

[131] BGH NJW 2008, 1661 = NZM 2008, 362.

[132] BGH NZM 2018, 1017; NJW 2007, 2760 = NZM 2007, 728; vgl. auch eine weitere Entscheidung des BGH NZM 2007, 728.

orientierende Anforderungen aufstellen,[133] hat der BGH jedenfalls bei „klarer und einfacher Sachlage“ neben der Angabe des Zahlungsverzugs als Kündigungsgrund die Bezifferung des Gesamtbetrags der rückständigen Miete ausreichen lassen[134] bzw. die Beifügung eines Mietkontoblattes, selbst wenn dessen Saldo geringfügig von dem im Kündigungsschreiben angegebenen abweicht.[135] Nähere zweifelsfreie Erläuterungen zu den Voraussetzungen der „klaren und einfachen Sachlage“ fehlen.

69 Kompliziert wird das Ganze dann noch dadurch, dass im Kündigungsschreiben ggf. Leistungsbestimmungen des Mieters, für welchen Monat seine Mietzahlung gelten soll, nicht beachtet und damit möglicherweise der falsche Monat als rückständig bezeichnet wird. Dem Vermieter(-anwalt) kann daher nur große Sorgfalt und die Mitteilung völlig zweifelsfreier Kündigungsgründe geraten werden.

70 In jedem Fall sollte der Vermieter(-anwalt) bei einer fristlosen Kündigung wegen Pflichtverletzungen des Mieters, insbesondere wegen Zahlungsverzugs, **zugleich** auch **hilfsweise fristgerecht kündigen,** gestützt auf § 573 Abs. 2 Nr. 1 BGB. In diesem Fall greift nämlich im Fall nachträglicher Zahlung innerhalb der sog. Schonfrist die Regelung des § 569 Abs. 3 Nr. 2 BGB für die ordentliche Kündigung grundsätzlich nicht ein (Ausnahme über § 242 BGB im Einzelfall; nachträgliche Zahlung kann Verstoß in einem „milderen Licht“ erscheinen lassen).[136]

71 § 556b Abs. 1 BGB gilt nicht für am 1.9.2001 bereits bestehende Mietverhältnisse (Art. 229 § 3 Abs. 1 Nr. 7 EGBGB). Dies hat zur Folge, dass für derartige Mietverträge ohne sog. Vorauszahlungsklausel oder bei einer Kombination mit einer Aufrechnungsbeschränkungsklausel[137] die Miete nach wie vor erst zum Ende des jeweiligen Zeitabschnittes fällig wird (§ 551 BGB aF). Dies ist bei der fristlosen Kündigung wegen Zahlungsverzuges nach §§ 543 Abs. 2 Nr. 3, 569 Abs. 3 Nr. 1 BGB zu beachten. Hat der Mieter dagegen nach der Klausel die Aufrechnung nur einem Monat zuvor anzukündigen (vgl. § 556b Abs. 2 BGB), so berührt dies auch bei einem Altvertrag die Wirksamkeit der Vorauszahlungsklausel nicht,[138] was wegen § 543 Abs. 2 S. 2 BGB nicht unproblematisch ist. Vgl. zu alledem → § 28 Rn. 71 ff.

5. Stillschweigende Vertragsverlängerung

72 Nach § 545 BGB verlängert sich ein (unabhängig aus welchen Gründen) beendetes Mietverhältnisses stillschweigend auf unbestimmte Zeit, wenn der Mieter den Mietgebrauch über das Vertragsende hinaus fortsetzt und der Vermieter nicht binnen 14 Tagen ab Kenntnis widerspricht. Der Vermieter(-anwalt) hat daher zunächst zu prüfen, ob § 545 BGB im (Formular-)Mietvertrag **rechtswirksam abbedungen** wurde. Dies setzt nach der Rechtsprechung voraus, dass der wesentliche Inhalt dieser Vorschrift in den Mietvertrag mit aufgenommen wurde.[139] Fehlt es an einer wirksamen abweichenden Vereinbarung, konnte nach früherer Instanzrechtsprechung nur bei einer außerordentlichen unbefristeten Kündigung der Fortsetzungswiderspruch des Vermieters bereits in das Kündigungsschreiben mit aufgenommen werden. Bei einer außerordentlichen befristeten oder einer ordentlichen Kündigung sollte es hierfür an dem erforderlichen engen zeitlichen Zusammenhang mit dem Vertragsende fehlen. Damit hat der BGH „aufgeräumt“ und festgehalten, dass es nicht auf den Zeitraum bis Vertragsende, sondern entscheidend darauf ankommt, ob der Mieter der Erklärung des Vermieters dessen eindeutigen Willen entnehmen kann, das Mietverhältnis nach Ablauf

---

[133] Vgl. vor allem AG Dortmund WuM 2003, 126; NZM 2003, 596; WuM 2004, 389; aA LG Berlin WuM 2003, 628.

[134] BGH NJW 2004, 850 = NZM 2004, 187.

[135] BGH NZM 2004, 699.

[136] BGH NJW 2018, 3517 = NZM 2018, 941; NZM 2018, 1017; BeckRS 2016, 5095; NZM 2005, 334; vgl. auch BGH NJW 2006, 1585 = NZM 2006, 338.

[137] BGH NJW 1995, 254; näher Hannemann WuM 1995, 8; vgl. auch BGH WuM 2008, 152.

[138] BGH NJW 2011, 2201 = NZM 2011, 579.

[139] OLG Schleswig NJW 1995, 2858; aA für das Gewerberaummietrecht OLG Rostock NZM 2006, 584.

der Mietzeit nicht fortsetzen zu wollen. Das sei regelmäßig der Fall, wenn der Vermieter bereits im auch ordentlichen Kündigungsschreiben einer Fortsetzung des Mietverhältnisses ausdrücklich und eindeutig widerspricht, selbst wenn die Vertragsbeendigung erst 9 Monate später eintritt.[140] Vgl. hierzu § 30.

6. Nutzungsentschädigung

Im Rahmen der Anwendung des § 546a Abs. 1 BGB wird häufig das Tatbestands- 73
merkmal der „Vorenthaltung" verkannt. Dieses setzt nämlich nicht nur voraus, dass der Mieter nach Vertragsbeendigung den Besitz der Mietsache nicht zurückgibt, sondern auch, dass der Vermieter einen entsprechenden Rücknahmewillen hat. Daran kann es fehlen, wenn der Vermieter zB von der Unwirksamkeit einer Mieterkündigung ausgeht[141] oder sich weigert, die Mietsache zurückzunehmen, solange der der Mieter seinen Verpflichtungen etwa zur Beseitigung von Beschädigungen, zur Rückgängigmachung baulicher Veränderungen, zur Entfernung von Einrichtungen, mit denen er die Mietsache versehen hat, oder auch zur Durchführung von Schönheitsreparaturen nicht nachkommt. Die Geltendmachung des Vermieterpfandrechts berührt dagegen die Vorenthaltung nicht.[142] Mangels Rücknahmewillens des Vermieters entfällt der Anspruch auf Nutzungsentschädigung, der unabhängig davon besteht, ob das Objekt bei Rückgabe leer gestanden hätte oder nicht. Der Vermieter hat mangels Vorenthaltung lediglich einen Anspruch auf Mietausfall, wenn er darlegt und nachweist, dass er im Falle der Rückgabe einen Nachfolgemieter gehabt hätte, der das Objekt zu der jetzt als Schadensatz verlangten Miete angemietet hätte, oder auch Bereicherungsansprüche bzw. Ansprüche nach den §§ 987 ff. BGB.[143]

73Der Anspruch Nutzungsentschädigung besteht mindestens in Höhe der bisher vereinbarten Miete[144] (einschl. Zahlungen auf die Betriebskosten,[145] wobei ein Minderungsrecht nur dann besteht, wenn der Mangel bereits während der Mietzeit aufgetreten ist und nicht erst nach Vertragsende, mit dem eine Mangelbeseitigungspflicht des Vermieters entfällt[146]), aber sogar darüber hinaus in Höhe der aktuellen Marktmiete (sofern eine solche festgestellt werden kann[147]). Zutreffend hat der BGH festgehalten, dass die Formulierung „Miete …, die für vergleichbare Sachen ortsüblich ist", aufgrund der systematischen Stellung des § 546a BGB im Allgemeinen Teil des Mietrechts nicht die ortsübliche Vergleichsmiete etwa iSd § 558 BGB bedeutet.[148] Der Anspruch des Vermieters auf die aktuelle Marktmiete beginnt mit der Vorenthaltung unabhängig davon, ob er vom Vermieter ausdrücklich geltend gemacht wird mit der Folge, dass die höhere aktuelle Marktmiete auch rückwirkend verlangt werden kann.[149] Die Geltendmachung eines darüber hinausgehenden Schadensersatzanspruchs gemäß § 546a Abs. 2 BGB mit den Einschränkungen des § 571 BGB bleibt ohnehin unberührt.

Im Rahmen der Schonfristzahlung gemäß § 569 Abs. 3 Nr. 2 BGB wird man aber als 74
Voraussetzung für das Unwirksam werden einer fristlosen Zahlungsverzugskündigung nicht verlangen können, dass der Mieter über die bisher vereinbarte Miete hinaus auch die, ihm gegebenenfalls überhaupt nicht bekannte aktuelle Marktmiete innerhalb der Schonfrist entrichtet hat. Unabhängig davon bleibt allerdings der Anspruch des Vermieters auf den gegebenenfalls offenen Differenzbetrag auch dann erhalten, wenn durch die Schonfristzahlung die fristlose Zahlungsverzugskündigung ex tunc unwirksam geworden ist.

---

[140] BGH NJW 2010, 2124 = NZM 2010, 510.
[141] BGH NJW 2017, 2997 = NZM 2017, 630.
[142] KG BeckRS 2016, 16547.
[143] BGH NJW 2017, 2997 = NZM 2017, 630.
[144] Unter Beachtung einer etwa geltenden Mietpreisbremse: LG Berlin BeckRS 2018, 8367.
[145] OLG Brandenburg BeckRS 2015, 18204.
[146] BGH NJW 2015, 2795 = NZM 2015, 695.
[147] OLG Celle LSK 2016, 103454.
[148] BGH NJW 2017, 1022 = NZM 2017, 186.
[149] BGH NJW 2017, 1022 = NZM 2017, 186.

VI. Verjährung nach § 548 BGB

1. Anwendungsbereich

75 Der kurzen Verjährung des § 548 BGB unterliegen nur die Schadensersatzansprüche des Vermieters auf Grund von **Verschlechterungen oder Veränderungen der Mietsache.** Schadensersatzansprüche, die erst aus Anlass der Beendigung des Mietverhältnisses (etwa auf Grund nicht ordnungsgemäß erfüllter Rückgabeverpflichtung) ausgelöst werden,[150] unterfallen ebenso wenig dieser Vorschrift wie Ersatzansprüche des Vermieters auf **Nutzungsentschädigung** iSv § 546a BGB[151] oder Ersatz des **Kündigungsfolgeschadens** nach berechtigter fristloser Vermieterkündigung.[152] Demgegenüber unterfällt der **Mietausfallschaden** zB wegen Verzugs mit Schönheitsreparaturen, Instandsetzung oder Rückbaupflichten des Mieters der kurzen Verjährung,[153] wobei zu beachten ist, dass die Klage auf bezifferten Schadensersatz die Verjährung für künftige Mietausfälle trotz Einheitlichkeit des Verzugsschadens nicht unterbricht, so dass es eines **zusätzlichen Feststellungsbegehrens** innerhalb von 6 Monaten ab Verjährungsbeginn bedarf.[154] Vgl. hierzu → § 32 Rn. 60 ff.

2. Fristbeginn

76 Für den **Vermieter** beginnt die kurze Verjährung **mit dem Zeitpunkt,** zu dem er in der Lage ist, sich auf Grund **freien Zutritts** ungestört ein umfassendes Bild vom Zustand der Mietsache zu machen.[155] Hierfür bedarf es nicht ausnahmslos eine Übertragung des unmittelbaren Besitzes,[156] so dass zB auch das Ausscheiden des Hauptmieters bzw. die mit Wissen und Wollen des Vermieters zugelassene Fortsetzung des unmittelbaren Besitzes durch den bisherigen Untermieter jetzt als Hauptmieter genügt.[157] Allerdings setzt dies auch die Kenntnis des Vermieters von der Besitzaufgabe voraus.[158] Auf die Frage der rechtlichen Beendigung des Mietverhältnisses kommt es demgegenüber nicht an.[159] Danach kann die Verjährungsfrist entgegen § 200 BGB sogar vor Entstehung des Anspruchs – etwa auf Schadensersatz wegen unterlassener Schönheitsreparaturen – eben mit der Rückgabe beginnen, da § 548 BGB „einen anderen Verjährungsbeginn“ iSv § 200 BGB bestimmt.[160] Daher kann dem Vermieter(-anwalt) nur geraten werden, in jedem Fall spätestens bis zum Ablauf von sechs Monaten nach Rückgabe der Mietsache verjährungshemmende Maßnahmen zu ergreifen. Vgl. näher → § 32 Rn. 38 ff.

77 Für den **Mieter** beginnt die Verjährungsfrist des § 548 BGB **mit der rechtlichen Beendigung des Mietverhältnisses** zu laufen, unabhängig vom Zeitpunkt der Rückgabe der Mietsache. Wird folglich über die Rechtswirksamkeit einer Kündigung gestritten, sollte der Mieter(-anwalt) unbedingt vor Ablauf von sechs Monaten nach dem streitigen Vertragsende zumindest hilfsweise Feststellungs(wider)klage im Hinblick auf seine unter § 548 BGB fallenden Ansprüche erheben. Denkbar wäre auch ein rechtswirksamer nachweislicher Verzicht auf die Erhebung der Verjährungseinrede durch den Vermieter. Andernfalls stehen dem Mieter lediglich noch Bereicherungsansprüche gegenüber dem Vermieter zu, falls dieser zB durch Mieterinvestitionen oder Mieterein-

[150] OLG Schleswig WuM 1996, 220.
[151] BGH NJW 1977, 1335.
[152] BGH NJW 2000, 2342; 1985, 2253.
[153] BGH NJW 1995, 252.
[154] BGH NJW 1998, 981 = NZM 1998, 224.
[155] BGH NZM 2004, 98; NJW 1991, 2417; 1987, 2072; 1986, 2103; 1980, 389.
[156] BGH NJW 1994, 1858.
[157] BGH NJW 1992, 682; 1968, 2241.
[158] BGH NJW 2014, 684 = NZM 2014, 128.
[159] BGH NJW 2008, 2256 = NZM 2008, 519; NJW 2006, 1588 = NZM 2006, 503.
[160] BGH NJW 2005, 739 = NZM 2005, 176 betreffend Schadensersatzansprüche wegen unterlassener Mangelbeseitigung. Damit ist die Rechtsprechung noch zu § 326 BGB aF: BGH NJW 1991, 2416; 1989, 1854; 1988, 1778; 1983, 1049, überholt.

bauten, die er weiter nutzt, eine höhere Miete erzielt; diese Ansprüche unterliegen jetzt der 3-jährigen Regelverjährung.[161] Vgl. hierzu → § 32 Rn. 66 ff.

3. Mietsicherheiten

Der Vermieter kann auch mit verjährten Ansprüchen gegenüber dem der 3-jährigen Regelverjährung unterliegenden Rückzahlungsanspruch des Mieters auf die **Barkaution** aufrechnen, sofern sich die beiden Ansprüche in unverjährter Zeit gegenübergestanden haben (§ 215 BGB). Dies ist regelmäßig auch dann möglich, wenn der Vermieter die ihm zustehende Ersetzungsbefugnis – Verlangen von Schadensersatz in Geld statt einer Wiederherstellung der beschädigten Sache – nicht in unverjährter Zeit ausgeübt hat.[162] Auch ein Zugriff mit verjährten Vermieterforderungen auf ein etwa an den Vermieter **verpfändetes Sparguthaben** bleibt möglich (mangels Gleichartigkeit scheidet in diesem Fall eine Aufrechnung aus[163]), wobei allerdings § 216 Abs. 3 BGB zu beachten ist (keine Anwendung auf Zinsen und andere wiederkehrende Leistungen wie Mieten und Vorauszahlungen bzw. Pauschalen auf Betriebskosten, aber auch Nachzahlungen aus Betriebskostenabrechnungen).[164] 78

Demgegenüber kann sich der **Bürge** auch bei einer unverjährten Mietbürgschaftsforderung in einem vergleichbaren Fall mit Erfolg auf die **Einrede der Verjährung** der durch die Bürgschaft gesicherten Hauptforderung berufen. § 215 BGB findet insoweit keine Anwendung.[165] Ungeachtet dessen ist auch die der mit Fälligkeit der Hauptforderung und Kenntnis vom Bürgen beginnende Ultimo-Regelverjährung der Bürgschaft zu beachten, die gerade bei Dauerschuldverhältnissen unbedingt durch eine entsprechende ausdrückliche Vereinbarung in der Bürgschaftsabrede verlängert werden sollte (beachte § 202 BGB). Vgl. hierzu → § 32 Rn. 28 ff. 79

4. Verjährungshemmung durch Mahnbescheid

Einer Verjährungshemmung durch Mahnbescheid iSv § 204 Abs. 1 Nr. 3 BGB bedarf einer **zweifelsfreien, konkreten und individuellen Bezeichnung** der Ansprüche bereits im **Mahnbescheidsantrag.** Eine Nachholung in der schriftsätzlichen Anspruchsbegründung nach Verjährungseintritt genügt nicht.[166] Die Bezugnahme auf ein zuvor dem Mieter übermitteltes Abrechnungsschreiben des Vermieters ist jedoch zulässig.[167] 80

VII. Mietprozess und Zwangsvollstreckung

1. Beklagte im Räumungsprozess

Während die Kündigung gegenüber allen Vertragspartnern auszusprechen ist, ist die Räumungsklage gegenüber allen erwachsenen Personen, die das Mietobjekt nutzen, zu erheben, unabhängig davon, ob es sich um Vertragspartner handelt oder nicht. Weiter ist vorsorglich auch der bereits ausgezogene Mieter zu verklagen, der nicht wirksam aus dem Mietverhältnis entlassen wurde. 81

2. Sofortiges Anerkenntnis

Will der Mieter(-anwalt) den Räumungsanspruch des Vermieters zwar anerkennen, aber etwa wegen Berufung auf die Sozialklausel des § 574 BGB oder wegen Gewährung einer Räumungsfrist nicht sofort ausziehen, genügt es nicht, erst im Prozess, und sei es 82

[161] Vgl. BGH NJW 1968, 888; OLG Karlsruhe NJW-RR 1986, 1394.
[162] BGH VIII ZR 367/18, NZM 2021, 297–299.
[163] AG Brandenburg BeckRS 2017, 114242 mwN.
[164] BGH NJW 2016, 3231 = NZM 2016, 762.
[165] BGH NJW 1998, 981 = NZM 1998, 224.
[166] BGH NJW 2011, 613 = NZM 2011, 198; NJW 1992, 1111; Salten MDR 1998, 1144.
[167] BGH GE 2008, 1421 = BGH NZM 2008, 202 = BGH GE 2010, 1264.

auch im ersten Verhandlungstermin, ein entsprechendes Anerkenntnis zu erklären. Vielmehr bedarf es bereits einer **vorgerichtlichen rechtsverbindlichen Erklärung des Mieters,** in der er unter Angabe von Gründen die befristete Fortsetzung des Mietverhältnisses, gestützt auf die Sozialklausel, oder einen Antrag auf Einräumung einer angemessenen Räumungsfrist verlangt, § 93b Abs. 3 ZPO.

3. (Teil-)Erledigung vor Rechtshängigkeit

83 Während früher im Fall der (Teil-)Erledigung des Klagbegehrens vor Zustellung der Klage bzw. des Mahnbescheids an den Beklagten (entsprechend auch vor Anhängigkeit) die Klage ganz oder teilweise auf Erstattung der durch die Klagerhebung entstandenen Kosten umgestellt werden musste, kann jetzt im Zuge der ZPO-Reform der entsprechende materiell-rechtliche Kostenerstattungsanspruch (zB aus Verzug oder Schadensersatz) auch im Rahmen des Kostenfestsetzungsverfahrens nach einer entsprechenden Kostengrundentscheidung gemäß § 269 Abs. 3 ZPO festgestellt werden, sofern die Klage im Hinblick auf die (Teil-)Erledigung – seit dem 1.9.2004 nicht mehr „unverzüglich" – ganz oder teilweise zurückgenommen wird; dies gilt auch, wenn die Klage noch überhaupt nicht zugestellt wurde (§ 269 Abs. 3 S. 3 ZPO).[168]

4. Saldoklage

84 Klagt ein Vermieter einen über einen längeren Zeitraum etwa aufgrund von Teilzahlungen des Mieters ohne Leistungsbestimmung sowie Gutschriften zu Gunsten des Mieters entstandenen Mietzahlungsrückstand ein (sog. Saldoklage), so muss er Zulässigkeitsvoraussetzungen aber auch Anforderungen an die Begründetheit seines Vorbringens erfüllen vor allen Dingen unter zum Teil wiederholter unmittelbarer sowie analoger Anwendung des § 366 Abs. 2 BGB.[169]

5. Klage auf künftige Leistung

85 Sofern die Voraussetzungen des § 259 ZPO vorliegen, kann zB bei ständiger unpünktlicher Mietzahlung, ggf. auch lediglich der zu Recht etwa nach § 559 BGB erhöht verlangten Beträge, zur Vermeidung ständige neuer Prozesse Klage auf künftige Leistung erhoben werden. Es ist auch möglich, eine Art „Kombi-Klage" zu erheben, wenn der Mieter über mehrere Monate hinweg keine Miete bezahlt, und zwar auf Räumung, rückständige Miete und künftige Nutzungsentschädigung gemäß § 546a Abs. 1 BGB bis zur Rückgabe der Wohnung.[170] Die Voraussetzungen des § 259 ZPO liegen bereits vor, wenn der Mieter in der Vergangenheit in erheblichem Umfang seiner Zahlungspflicht aus dem Mietverhältnis nicht nachgekommen ist.[171] Allerdings ist zu beachten, dass der Anspruch auf künftige Leistung auch dann, wenn er tituliert ist, weiterhin in 3 Jahren verjährt (§ 197 Abs. 2 ZPO), so dass dem Vermieter(-anwalt) ggf. nur der Weg der Feststellungsklage verbleibt.

6. Räumungsschutzantrag

86 Zwar kann eine Räumungsfrist vom Prozessgericht gem. § 721 Abs. 1 ZPO auch von Amts wegen gewährt werden. Vorsorglich sollte der Mieter(-anwalt) aber spätestens im letzten Verhandlungstermin einen entsprechenden **Antrag stellen.**

---

[168] Vgl. auch BGH NJW 2004, 223; WuM 2004, 159; NZM 2004, 454.
[169] Hierzu instruktiv und ausführlich BGH NJW 2018, 3448 = NZM 2018, 444 und NJW 2018, 3457 = NZM 2018, 454, so auch BGH NZM 2019, 206; BGH NZM 2019, 171.
[170] BGH NJW 2003, 1395.
[171] BGH NJW 2011, 2886 = NZM 2011, 882.

7. Abwendung der vorläufigen Vollstreckbarkeit

Räumungsurteile sind nach § 708 Nr. 7 ZPO ohne Sicherheitsleistung vorläufig vollstreckbar. Dem Mieter(-anwalt) ist daher zu raten, spätestens im letzten Verhandlungstermin zumindest vorsorglich **Antrag auf Abwendungsbefugnis** nach § 712 ZPO zu stellen.[172] 87

8. Vollstreckungsschutzantrag

Während früher Vollstreckungsschutzanträge nach § 765a ZPO aF gewissermaßen noch am Tag vor dem festgesetzten Räumungstermin gestellt werden konnten, hat § 765a Abs. 3 ZPO eine **Zwei-Wochen-Frist** vor dem Räumungstermin eingeführt, außer die Gründe für den entsprechenden Vollstreckungsschutzantrag sind erst danach entstanden oder der Mieter war ohne sein Verschulden an einer rechtzeitigen Antragstellung gehindert. Im Nichtzulassungsbeschwerde- oder im Revisionsverfahren sind Vollstreckungsschutzanträge meist zu spät.[173] Vgl. zu alledem näher → § 39 Rn. 78 ff. 88

---

[172] Vgl. BGH WuM 2003, 637; ein Antrag auf Räumungsfrist genügt nicht: BGH NJW 2004, 1736 = NZM 2004, 377.

[173] BGH NJW 2002, 1658; WuM 2003, 710; 2003, 209; NJW-RR 2004, 936; WuM 2004, 553; 2004, 416; 2004, 678; GE 2004, 1523 – zuletzt alle zu § 719 ZPO; Ausnahme: BGH WuM 2007, 209.

2. Abschnitt. Vertragsanbahnung

§ 6 Rechtliche Einordnung der Wohnraummiete

Übersicht

I. Einleitung

1 Bei jeder anwaltlichen Tätigkeit, sei es Beratung, sei es außergerichtliche Tätigkeit oder Vertretung in einem Rechtsstreit, bedarf es zunächst der Klärung, auf welcher Rechtsgrundlage die Überlassung von Räumen beruht. Die Beantwortung dieser Frage ist nicht lediglich theoretischer Natur – wenngleich es gewiss faszinierend ist, zu wissen, ob man sich im Schuldrecht oder im Sachenrecht bewegt, im Miet-, Pacht oder Leasingrecht – sondern von ganz erheblicher praktischer Bedeutung, da es hiervon abhängt, an Hand welcher Gesetzesvorschriften Anspruchsgrundlagen oder Einwendungen hergeleitet werden können. Insbesondere ist die Frage, **ob Wohnraum oder Gewerberaum** vorliegt bzw. ob bei einem **Mischmietverhältnis Wohnraum- oder Gewerberaumrecht** anzuwenden ist, dafür entscheidend, welches Gericht zuständig ist, ob der Mieter Kündigungsschutz genießt oder nicht, ob die vermieterseitige Kündigung einer Begründung bedarf, ob die Kündigung der Schriftform bedarf (§ 568 BGB Wohnraummietrecht) oder ob mündlich, per Fax oder E-Mail gekündigt werden kann (so im gewerblichen Mietrecht[1]), ob lediglich die in § 2 BetrKV aufgezählten Kosten als umlagefähige Betriebskosten vereinbart werden dürfen (Wohnraummietrecht) oder weitere, wie etwa Verwaltungskosten (gewerbliches Mietrecht[2]). Die Reihe ließe sich fortsetzen.

2 Findet auf das Vertragsverhältnis **Wohnraummietrecht** Anwendung, ist gemäß § 23 Nr. 2a GVG das Amtsgericht, in dessen Bezirk die Räume liegen, örtlich und sachlich ausschließlich zuständig. Die Kündigungsschutzbestimmungen des sozialen Mietrechts einschließlich der Bestimmungen über die Gewährung und Verlängerung einer Räumungsfrist gemäß den §§ 721, 794a ZPO[3] finden auf das Mietverhältnis insgesamt Anwendung. Das Mieterhöhungsverfahren richtet sich ausschließlich nach den Regeln des Wohnmietrechts §§ 558 ff. BGB, wenngleich die Begründung eines Mieterhöhungsbegehrens gemäß §§ 558 ff. BGB[4] bei einem Mischmietverhältnis mit Schwierigkeiten verbunden sein kann.[5] Die vermieterseitige ordentliche Kündigung bedarf einer Begrün-

[1] BGH NZM 2004, 258.
[2] BGHZ 183, 299 = NZM 2010, 123.
[3] → § 28 Rn. 1 ff.
[4] → § 23 Rn. 1 ff.
[5] AG/LG Wiesbaden WuM 1991, 593.

dung (§ 573 Abs. 3 BGB) ebenso wie die fristlose außerordentliche Kündigung sowohl des Vermieters als auch des Mieters (§ 569 Abs. 4 BGB).

Für die örtliche Zuständigkeit bei der Raummiete und -pacht gilt im Weiteren – vorbehaltlich der Ausnahme nach § 29a Abs. 2 ZPO – die ausschließliche Zuständigkeit des § 29a Abs. 1 ZPO, wobei sich die Zuständigkeit des Landgerichts – vom Streitwert abhängig – aus §§ 23 Nr. 1, 71 Abs. 1 GVG ergibt. Findet bei einem Mischmietverhältnis **Gewerberaummietrecht** Anwendung, ist bei Überschreitung des Streitwerts von derzeit 5.000 EUR das Landgericht gemäß 29a ZPO zuständig. Ein aktueller Referentenentwurf des Bundesministeriums der Justiz sieht jedoch die Amtsgerichtszuständigkeit bis 8.000 EUR vor.[6] Der Mieter genießt dann hinsichtlich des Wohnungsanteils der gemieteten Einheit nicht den Schutz der wohnraumrechtlichen Bestimmungen, denn das Vertragsverhältnis unterliegt insgesamt dem Gewerberaummietrecht. 3

Zunächst bedarf es daher immer der Klärung der Frage, in welches Rechtsgebiet der konkrete Sachverhalt einzuordnen ist, somit der Abgrenzung des Wohnraummietverhältnisses von anderen ähnlichen Raumüberlassungsverhältnissen. 4

II. Begriff

Ein **Wohnraummietverhältnis** liegt vor bei einem Mietverhältnis über Räume, die zu **Wohnzwecken des Mieters** vermietet worden sind.[7] Entscheidend sind die zwischen den Parteien getroffenen Vereinbarungen; der **Nutzungszweck** wird somit vom **Inhalt des Vertrages** bestimmt.[8] 5

So besagt die Formulierung:

„Der Vermieter vermietet dem Mieter zu Wohnzwecken die ……“

dass die Räume grundsätzlich nur zu Wohnzwecken benutzt werden dürfen. Umgekehrt wird durch die Formulierung

„…… zum Betriebe einer Schreinerwerkstatt“

vereinbart, dass die Räume gewerblich als Schreinerei genutzt werden sollen. Folgerichtig wird aus einem Mietverhältnis über Gewerberaum nicht deshalb ein Wohnraummietverhältnis, weil der Mieter entgegen den Vereinbarungen im Vertrag dort wohnt.[9] Es liegt daher auch kein Wohnraummietverhältnis vor, wenn für Wohnzwecke geeignete Räume zur gewerblichen Nutzung vermietet worden sind.[10] Dies gilt selbst dann, wenn später einzelne Räume entgegen der vereinbarten Nutzung nun doch zum Wohnen genutzt werden.[11] Haben die Parteien ein Mietverhältnis als gewerbliches Mietverhältnis bezeichnet, um die zwingenden Bestimmungen des Wohnraummietrechts zu umgehen, sind sich jedoch einig, dass der Vertragszweck das „Wohnen“ des Mieters in den Räumen ist, so liegt dennoch gemäß § 117 Abs. 2 BGB ein Wohnraummietverhältnis vor.[12] Bestimmend für die Rechtsnatur der Gebrauchsüberlassung ist der „wahre“ Vertragswille.[13] Nutzt der Mieter die Wohnräume entgegen der getroffenen Vereinbarung nicht zu Wohnzwecken, sondern zu gewerblichen Zwecken, so liegt ein vertragswidriger Gebrauch vor. Es gelten weiterhin die für ein Wohnraummietverhältnis geltenden Vorschriften.[14] Im Einzelfall kann jedoch zu prüfen sein, ob die Parteien, sei es ausdrücklich oder konkludent, den ursprünglich im Vertrag vereinbarten

[6] Vgl. Wittschier ZRP 2023, 44.
[7] Vgl. Grüneberg/Weidenkaff BGB Einf. v. § 535 Rn. 88.
[8] BGHZ 202, 39 = NZM 2014, 626.
[9] BGH NZM 2013, 456.
[10] BGH WuM 1969, 625.
[11] BGH WuM 1969, 625.
[12] LG Berlin WuM 1993, 396; MM 1995, 228.
[13] BGHZ 202, 39 = NZM 2014, 626.
[14] BGH NZM 2013, 456.

Nutzungszweck „Wohnraummietverhältnis" zeitlich nach Vertragsabschluss geändert haben.[15] Da den Mieter von Wohnraum keine Gebrauchspflicht trifft, ist er darin frei, wo er seinen tatsächlichen Lebensmittelpunkt begründet und in herkömmlicher Weise „wohnt". Der vertragsgemäße Gebrauch einer Wohnung zu Wohnzwecken bleibt daher auch dann gewahrt, wenn der Mieter seinen Lebensmittelpunkt in einer Zweitwohnung begründet und in der angemieteten Erstwohnung lediglich umfangreichen Hausrat von Familienangehörigen belassen hat, den er stückweise verkauft.[16]

6 Kann eine **Zweckvereinbarung** bei Begründung des Mietverhältnisses anhand der Bestimmungen im Mietvertrag nicht eindeutig ermittelt werden, kommt es auf die sonstigen Umstände des Vertragsinhalts und des Mietobjekts an.[17] Dabei kann sich der Mietgebrauch „nach der Art des Hauses" richten. Handelt es sich um ein reines Wohnhaus, so dürfen die Räume im Zweifel nur zu Wohnzwecken genutzt werden, wobei gewerbliche oder Büroarbeit in geringem Umfang zulässig sein können.[18] Unter den nach der Verkehrsanschauung zu bestimmenden Begriff des „Wohnens" fallen nur solche berufliche Tätigkeiten des Mieters, die in einer nicht nach außen in Erscheinung tretenden Weise ausgeübt werden. Geschäftliche Aktivitäten des Mieters, die der Mieter in ausschließlich zu Wohnzwecken vermieteten Räumen ausübt und die nach außen in Erscheinung treten, muss der Vermieter nicht ohne vorherige Vereinbarung dulden.[19] Befinden sich die vermieteten Räume in einem reinen Bürohaus, ist grundsätzlich nur eine Nutzung als Gewerberaum anzunehmen.[20] Wenn aber Gewerberäume ausdrücklich zu Wohnzwecken vermietet werden, liegt Wohnraummiete vor.[21] Wird das Haus sowohl zu gewerblichen als auch zu Wohnzwecken genutzt, bedarf es weiterer Kriterien, die den vertraglichen Nutzungszweck umschreiben.

7 Kein Wohnraummietverhältnis, sondern ein **gewerbliches Mietverhältnis** liegt bei der Anmietung von Wohnraum **zur gewerblichen oder nicht gewerblichen Weitervermietung** vor.[22] Hier liegt der Vertragszweck nicht im Wohnen, sondern in der Weitervermietung; es findet daher gewerbliches Mietrecht Anwendung. Dies gilt auch bei Anmietung der Wohnräume durch Arbeitgeber, um sie an Mitarbeiter weiterzuvermieten[23]; und zwar auch dann, wenn der anmietende Arbeitgeber mit der Weitervermietung an seine Mitarbeiter ausschließlich gemeinnützige Zwecke verfolgt. Auch die Anmietung von Wohnräumen durch eine juristische Person (zB eine Handelsgesellschaft), die keinen eigenen Wohngebrauch ausüben kann, führt zur Gewerberaummiete, auch wenn die Anmietung nur der Wohnraumüberlassung zugunsten einer natürlichen Person geschieht (zB zugunsten des Geschäftsführers einer Handelsgesellschaft).[24]

---

[15] BGH NZM 2015, 492.

[16] BGH NZM 2011, 151.

[17] BGHZ 202, 39 = NZM 2014, 626.

[18] Vgl. zur Vermietung eines „Wohnbüros" OLG Stuttgart BeckRS 2010, 3208; zum Umfang der Duldungspflicht des Vermieters bei teilgewerblicher Nutzung vgl. BGH NZM 2009, 658; zu einer gemischten Nutzung vgl. auch OLG Hamburg ZMR 1995, 120.

[19] BGH NJW 2013, 1806; NZM 2011, 151.

[20] Vgl. aber OLG Köln NJW-RR 1996, 265, das die Nutzung eines Büros auch für Wohnzwecke toleriert hat.

[21] Emmerich/Sonnenschein/Sonnenschein Vor § 535 Rn. 9.

[22] BGH NJW 1985, 1772; BGHZ 84, 90 = WM 1982, 770; OLG Brandenburg BeckRS 2016, 4679, nebst Anm. Mettler IMR 2016, 287; OLG Frankfurt a. M. ZMR 2011, 119; zum fehlenden Kündigungsschutz für Endmieter im betreuten Wohnen bei Zwischenvermietung an eine gemeinnützige GmbH vgl. KG NZM 2013, 313, nebst Anm. Kunze jurisPR-MietR 24/2012 Anm. 3.

[23] BGH NJW 1981, 1377; LG Hamburg NJW-RR 1992, 842: Mieter/Arbeitg. = GmbH; LG Berlin GE 1993, 47 Mieter/Arbeitg. = natürl. Person.

[24] BGH NZM 2018, 281; 2016, 256; 2008, 804.

III. Abgrenzung zu anderen Gebrauchsüberlassungsverträgen

1. Pacht, §§ 581 ff. BGB

Miete und Pacht haben gemeinsam, dass sie als schuldrechtliche Gestattungsverträge zur entgeltlichen Gebrauchsgewährung berechtigen.[25] Beide unterscheiden sich in zwei Punkten, nämlich im Vertragsgegenstand und im Vertragszweck. Vertragsgegenstand der Miete können nur Sachen und somit körperliche Gegenstände iSd § 90 BGB sein; Gegenstand der Pacht können außer Sachen auch Rechte sein, § 581 BGB. Während bei der Miete der Vertragszweck nur den Gebrauch gestattet, gestattet er bei der **Pacht auch den Fruchtgenuss nach den Regeln einer ordnungsgemäßen Wirtschaft.** Bei der Verpachtung einer Sache sind Früchte die Erzeugnisse der Sache und die sonstige bestimmungsgemäß gewonnene Ausbeute, § 99 Abs. 1 BGB. Bei der Verpachtung eines Rechts sind dessen Früchte die bestimmungsgemäß aus diesem Recht gewährten und gewonnenen Erträge, § 99 Abs. 2 BGB. Soll Elektrizität über eine vom Nutzungsberechtigten selbst errichtete **Photovoltaikanlage** gewonnen werden, handelt es um keine unmittelbare Sachfrucht des Grundstücks im Sinne des § 99 Abs. 1 BGB. Auch die Annahme einer „Rechtsfrucht" oder eines Falls der mittelbaren Fruchtziehung scheidet aus mit der Folge, dass ein entsprechendes Vertragsverhältnis mit dem Grundstückseigentümer regelmäßig nicht als Pacht-, sondern als Mietvertrag zu qualifizieren ist.[26] Probleme bei der Abgrenzung zwischen Miete und Pacht können insbesondere zwischen der **Geschäftsraummiete** und der **Geschäftsraumpacht** auftreten. Da die pachtrechtlichen Sondervorschriften der §§ 582 ff. BGB jedoch (mit Ausnahme von § 583a BGB)[27] weitgehend abdingbar sind, kann bei der Vertragsgestaltung auf eine rechtliche Angleichung an die mietrechtlichen Vorgaben hingewirkt werden. Die **Geltung des Mietrechts für die Pacht** bestimmt sich zunächst nach § 578 BGB, und zwar gemäß Abs. 1 BGB für die Vermietung eines **Grundstücks.** Eine weitere Verweisungsvorschrift für die Gewerberaummiete und damit auch für die Pacht findet sich § 578 Abs. 2 BGB zu Mietverhältnissen über **Räume, die keine Wohnräume sind.** Danach gelten neben den Bestimmungen, die auch bei der Grundstücksmiete Anwendung finden, die dort aufgeführten Bestimmungen entsprechend. Dabei findet § 569 Abs. 1 BGB entsprechende Anwendung, wenn Räume vermietet werden, die zum Aufenthalt von Menschen bestimmt sind. In den Bestimmungen, die in § 578 BGB ausdrücklich benannt sind, erschöpfen sich die auf die Pacht anwendbaren Vorschriften jedoch nicht, denn die Vorschrift regelt lediglich die entsprechende Geltung einiger Bestimmungen, die an sich nur die Wohnraummiete betreffen (§§ 549 ff. BGB). Die mietrechtlichen Vorschriften, die ohnehin für alle Mietverträge gelten (§§ 535 ff. BGB), finden aufgrund von § 581 Abs. 2 BGB auch bei der Pacht Anwendung, soweit nicht die Sondervorschriften zum Pachtrecht eingreifen. 8

Die Bezeichnung eines Vertrages durch die Vertragschließenden als „Miete" oder „Pacht" ist für die rechtliche Vertragsqualifizierung allenfalls von indizieller Bedeutung, da es auf den von den Parteien gewollten Vertragszweck und auf den gesamten Vertragsinhalt ankommt.[28] Ob ein Miet- oder Pachtvertrag vorliegt, ist im Wege der Auslegung zu ermitteln. Dabei gelten die allgemeinen Auslegungsregeln (§§ 133, 157 BGB).[29] Hierbei ist entscheidend, ob nur das Gebrauchsrecht oder darüber hinaus auch das Recht der Fruchtziehung auf den Berechtigten übertragen werden soll. Für die Charakterisierung als Pachtvertrag sind danach vor allem **wirtschaftliche Gesichtspunkte** maßgeblich.[30] Werden Räume überlassen, kommt es daher darauf an, ob diese 9

[25] Zur Pacht und zur Abgrenzung der verschiedenen Vertragstypen vgl. auch §§ 44, 75.
[26] BGH NJW 2018, 1540.
[27] Vgl. Grüneberg/Weidenkaff BGB § 583a Rn. 3.
[28] BGH ZMR 1991, 257; OLG Karlsruhe MDR 2012, 1401.
[29] Grüneberg/Ellenberger BGB § 133 Rn. 14 ff.
[30] Zur Nachrangigkeit des Elements der Fruchtziehung bei einem der Erholung dienenden Grundstück vgl. BGH NJW-RR 2009, 21.

mit einer zur Fruchtziehung geeigneten Ausstattung überlassen werden sollen.[31] Ist dies der Fall, liegt Pacht vor.[32] Die Annahme eines Pachtverhältnisses ist indiziert, wenn die Überlassung von Räumen mit Inventar erfolgt, das der gewerblichen Betätigung dient.[33] Zweckneutrale, dh praktisch jedem (Miet-)Gebrauch dienende Ausstattungen (Versorgungseinrichtungen usw) sind jedoch kein speziell der Fruchtziehung zugeordnetes Inventar.

10 Bei **Mischverträgen** (zB Gaststätte mit Wirtewohnung) kommt es nach der Übergewichtstheorie darauf an, welche Nutzung dem Vertrag das eigentliche Gepräge gibt. Nach der neueren Rechtsprechung des BGH[34] lässt allein der Umstand, dass die Vermietung/Verpachtung nicht nur zu Wohnzwecken, sondern auch zur Ausübung einer gewerblichen/freiberuflichen Tätigkeit vorgenommen wird, durch die der Mieter seinen Lebensunterhalt bestreitet, keine tragfähigen Rückschlüsse auf einen im Bereich der Geschäftsraummiete liegenden Vertragsschwerpunkt zu.

2. Leihe, §§ 598 ff. BGB

11 Der wesentliche Unterschied zwischen Leihe und Miete, bei der die Gegenleistung für die Überlassung der Mietsache der Mietzins darstellt, ist bei der Leihe gemäß § 598 BGB die **Unentgeltlichkeit der Gebrauchsgestattung.**[35]

12 Weitere Unterschiede liegen darin, dass der Verleiher im Gegensatz zur Regelung in § 535 BGB für die Miete nicht die Pflicht hat, die Sache für den vertragsgemäßen Gebrauch instandzusetzen oder während der Dauer der Leihe instandzuhalten; die Erhaltungspflicht obliegt vielmehr dem Entleiher gemäß § 601 Abs. 1 BGB. Der Verleiher kann im Gegensatz zum Vermieter, der gemäß § 573c BGB Kündigungsfristen zu beachten hat, die Leihsache jederzeit vom Entleiher zurückfordern (§ 604 Abs. 3 BGB), wenn die Dauer weder bestimmt noch aus dem Zweck zu entnehmen ist. Anders als der Vermieter (§ 535 Abs. 1 BGB) ist der Verleiher nicht zur aktiven Gebrauchsgewährung oder Gebrauchsüberlassung verpflichtet sondern nur zur Gestattung des Gebrauchs.[36] Die Leihe berechtigt den Entleiher ohne besondere Absprachen nur zur Benutzung der Sache, nicht aber auch zur Ziehung und zum Behalten von Früchten im Sinne von §§ 99 f. BGB.[37] Die **unentgeltliche Überlassung einer Wohnung** ist selbst bei stillschweigender Duldung der Nutzung und auch bei längerfristiger Gestattung als Leihvertrag einzuordnen.[38]

13 Ob einer Gebrauchsüberlassung eine **(miet-)entgeltliche Vereinbarung** oder eine **Leihe** (§ 598 BGB), eine **sonstige schuldrechtliche Nutzungsvereinbarung** (§ 241 BGB) oder gar ein bloßes **Gefälligkeitsverhältnis** – ohne Rechtsbindungswillen – zugrunde liegt, bedarf der Auslegung (§§ 133, 157 BGB).[39] Wird zwischen den Parteien ein sehr niedriges Entgelt vereinbart, so liegt eine dem gesetzlichen Mietrecht unterfallende **Gefälligkeitsmiete** vor, wenn Einigkeit besteht, dass die Zahlung dieses Entgelts die Gegenleistung für die Gebrauchsüberlassung darstellt. Daran hält der BGH mit seiner Rechtsprechung im Grundsatz fest, geht aber bei der Annahme eines Mietvertrags bei Übernahme von (Betriebs- und Erhaltungs-)Kosten sehr restriktiv vor und geht im Zweifel von einem Leihvertrag aus.[40] Er ordnet eine in diesem Sinne (nahezu) unentgeltliche Gebrauchsüberlassung regelmäßig auch bei langer Vertragslaufzeit als Leihe ein, selbst wenn das Recht des Überlassenden zur Eigenbedarfskündigung vertraglich

---

[31] → § 75 Rn. 4 ff.
[32] BGH BeckRS 1980, 31008824.
[33] → § 75 Rn. 5 ff.
[34] BGHZ 202, 39 = NZM 2014, 626, unter Aufgabe von BGH NJW-RR 1986, 877.
[35] → § 44 Rn. 47.
[36] BGH NZM 2012, 561; MüKoBGB/Häublein § 598 Rn. 20.
[37] BGH NZM 2012, 561.
[38] OLG Koblenz DWW 2011, 214; ZMR 2013, 437.
[39] BGH NJW 2016, 3015.
[40] BGH NZM 2017, 729; Anm. Borzutzki-Pasing jurisPR-MietR 1/2018 Anm. 2.

ausgeschlossen ist.[41] Ein Mietvertrag liegt in der Regel vor, wenn das vertragliche Entgelt in einem Beitrag zu den Lasten des Eigentümers besteht und der Nutzer nicht nur die durch seinen Gebrauch verursachten Kosten tragen muss.[42]

3. Dingliches Wohnungsrecht, § 1093 BGB

Das Mietverhältnis ist schuldrechtlicher Natur. Darin unterscheidet es sich von den dinglichen Nutzungsrechten, dem Nießbrauch (§§ 1030 ff. BGB), dem dinglichen Wohnungsrecht (§ 1093 BGB) oder einem Dauerwohn- und Dauernutzungsrecht (§ 31 WEG). Gleichwohl können mietrechtliche Vorschriften analog anwendbar sein.[43] Das Wohnungsrecht stellt sich dar als besondere Ausgestaltung einer beschränkt persönlichen Dienstbarkeit und ermächtigt den Inhaber gemäß § 1093 BGB **unter Ausschluss des Eigentümers zum Bewohnen von bestimmten Räumen.** Abzugrenzen ist das Wohnungsrecht vom Wohnrecht gemäß § 1090 BGB, welches lediglich eine Nutzung neben dem Eigentümer vorsieht.[44] Durch die Bestellung eines dinglichen Wohnungsrechts kann im Einzelfall wirtschaftlich das gleiche Ergebnis wie durch den Abschluss eines Mietvertrages erreicht bzw. eine dingliche Absicherung mietvertraglicher Absprachen erzielt werden.[45] Ein Wohnungsrecht gewährt grundsätzlich nur das Recht zum eigenen Wohnen und kein Recht zur umfassenden Nutzungsziehung. Der Wohnungsberechtigte darf die Wohnung grundsätzlich nicht ohne Gestattung des Eigentümers Dritten überlassen bzw. an Dritte vermieten, § 1092 Abs. 1 S. 2 BGB.[46] Familienangehörige und (Haus-)Personal dürfen aber wie bei der Wohnungsmiete aufgenommen werden.[47] Da das Wohnungsrecht ein höchstpersönliches Nutzungsrechts begründet, besteht keine Verpflichtung des Eigentümers, die Wohnung (zugunsten des Wohnungsrechtsinhabers) zu vermieten oder eine solche Vermietung durch den Wohnungsrechtsinhaber zu gestatten, wenn dieser sein Recht nicht mehr persönlich ausüben kann.[48] 14

Da der Bestellung des dinglichen Wohnungsrechts ein schuldrechtliches Kausalgeschäft zugrunde liegt, ist es zulässig, in diesem Rahmen Abreden zu treffen, wie sie typischerweise auch in einem Mietvertrag enthalten sind. Mit solchen Absprachen kann etwa geregelt werden, wer die Schönheitsreparaturen trägt oder wer welche Betriebskosten zu tragen hat. Für das Wohnungsrecht kann schuldrechtlich auch ein Entgelt vereinbart werden.[49] Wenn bei Abfassung von notariellen Wohnungsrechtbestellungsverträgen eine schuldrechtliche Ausgestaltung verabsäumt wird, kann dies Anlass für Streitigkeiten sein. Das Nebeneinander von schuldrechtlichen Vereinbarungen und dinglichem Recht ändert aber nichts an der grundsätzlichen Abstraktheit beider Rechtsverhältnisse. Wenn ein Wohnungsrecht außerhalb und unabhängig von einem vorausgegangenen Mietvertrag über dieselbe Wohnung bestellt worden ist, so wird durch den Wegfall des Mietvertrages weder das Wohnungsrechts noch das ihm zugrunde liegende Schuldverhältnis tangiert.[50] 15

Besteht zwischen Eigentümer und Mieter ein Mietvertrag, ist es also zulässig, dem Mieter darüber hinaus ein dingliches Wohnungsrecht einzuräumen. Es wird weiterhin für zulässig gehalten,[51] den Bestand des dinglichen Wohnungsrechts vom Bestand des Mietvertrags abhängig zu machen. Zwar ist es nach hM nicht möglich, den Inhalt eines 16

[41] BGHZ 208, 357, in Fortführung von BGHZ 82, 354.
[42] BGH NJW 2016, 1242.
[43] BGH NZM 2009, 904.
[44] Grüneberg/Herrler BGB § 1093 Rn. 4.
[45] MüKoBGB/Mohr § 1090 Rn. 47 f.
[46] OLG Jena BeckRS 2012, 18865.
[47] Grüneberg/Herrler BGB § 1093 Rn. 12.
[48] BGH NJW-RR 1999, 376; OLG Jena BeckRS 2012, 18865.
[49] BGH NJW 1974, 2123; Staudinger/Reymann BGB § 1093 Rn. 11.
[50] BGH NZM 1999, 138; Staudinger/Reymann BGB § 1093 Rn. 11.
[51] BGH NJW 1999, 376; ZMR 1970, 11; OLG Hamburg ZMR 1993, 60.

Mietvertrags vollständig zu verdinglichen. Das schließt ein Nebeneinander beider Rechtsinstitute aber nicht aus.[52]

4. Unterbringung Obdachloser/Einweisung in die Mietwohnung

17 Hat der auf Grund eines Räumungstitels zur Räumung Verpflichtete bis zum Räumungstermin keine Wohnung gefunden, ist die Stadt zur Vermeidung eines rechts- und ordnungswidrigen Zustandes verpflichtet, den von Obdachlosigkeit bedrohten Räumungsschuldner in einer gemeindeeigenen Obdachlosenunterkunft unterzubringen. Ist diese überfüllt bzw. kann der Räumungsschuldner am Tag der Räumung durch den Gerichtsvollzieher in einer Obdachlosenunterkunft nicht untergebracht werden, ist die Stadt berechtigt, den Räumungsschuldner **wieder in seine bisherige Wohnung einzuweisen.** Vom Tag der Wiedereinweisung an gelten **öffentlich-rechtliche Beziehungen** zwischen dem Eigentümer/Vermieter der Wohnung und der Behörde, und zwar im Sinne eines Verwahrungsverhältnisses.[53] Die Rechtmäßigkeit eines solchen Vorgehens ist dem Verwaltungsrecht zugehörig und kann im gegebenen Zusammenhang nur skizziert werden. § 80 Abs. 3 VwGO erfordert ein sofortiges Vollzugsinteresse. Die Ermächtigungsgrundlage ergibt sich aus den landesrechtlichen Vorschriften.[54] Voraussetzung ist die Abwehr einer gegenwärtigen Gefahr (der drohenden Obdachlosigkeit mit ihren Auswirkungen auf die Gesundheit und das Eigentum der Betroffenen). Das Vorliegen eines rechtskräftigen Räumungstitels begründet keine rechtlich gebilligte Gefahr, denn ein solcher Titel ordnet nicht die Obdachlosigkeit an. Die Ordnungsbehörde entscheidet vielmehr über die soziale Verträglichkeit der Unterbringung bei Räumung. Der Eigentümer/Vermieter wird in der Regel als Nichtverantwortlicher herangezogen und nicht als Zustandsstörer.[55] Das setzt insbesondere die Prüfung voraus, ob die Einweisung verhältnismäßig ist.[56]

18 Eine Einweisung gegen den Willen des Eigentümers ist daher nur zulässig, wenn der Obdachlose nicht anderweitig untergebracht werden kann.[57] Nach den Vorgaben des Bundesverfassungsgerichts[58] und des BGH[59] verpflichtet das Grundrecht aus Art. 2 Abs. 2 S. 1 GG zwar die Vollstreckungsgerichte, auch die Wertentscheidungen des Grundgesetzes und die dem Schuldner in der Zwangsvollstreckung gewährleisteten Grundrechte zu berücksichtigen und mit den Interessen des Vollstreckungsgläubigers aus Art. 14 Abs. 1 GG abzuwägen. Diese Abwägung kann aber nur in besonders gelagerten Einzelfällen dazu führen, dass die Vollstreckung für einen längeren Zeitraum und – in absoluten Ausnahmefällen – auf unbestimmte Zeit einzustellen ist. Die Einweisung darf daher grds. nur für vorübergehende Zeit erfolgen und in der Regel **nicht länger als sechs Monate** dauern.[60] Der Eigentümer hat gegenüber der Stadt Anspruch auf **Nutzungsentschädigung** in der Höhe, die ein Wohnungsnutzer nach Ablauf der Mietzeit hätte zahlen müssen, § 546a BGB. Darüber hinaus ist die Behörde verpflichtet, den auf den Räumungsschuldner entfallenden Betriebskostenanteil zu zahlen.[61]

19 Nach Beendigung der Einweisungszeit steht dem Eigentümer gegen die Stadt/Gemeinde ein allgemeiner verwaltungsrechtlicher **Folgenbeseitigungsanspruch** auf Freimachung (Räumung) der Wohnung zu, der gerichtlich als Leistungs- oder Verpflichtungs-

[52] Krüger NZM 2012, 377.
[53] BVerfG FamRZ 2005, 1972.
[54] Vgl. zB § 24 Nr. 12 OBG NW iVm § 43 Nr. 1 PolG NW.
[55] Vgl. etwa § 19 Abs. 1 OBG NW.
[56] Vgl. § 15 OBG NW, wobei auch die Geeignetheit der Maßnahme und ihre Befristung zu prüfen ist, vgl. OVG Lüneburg NJW 2010, 1094.
[57] OVG Lüneburg NJW 2010, 1094.
[58] BVerfG FamRZ 2005, 1972.
[59] BGH NJW 2008, 1000.
[60] Vgl. etwa VGH Mannheim NJW 1997, 2832; VGH München NVwZ-RR 1991, 196.
[61] Schoenenbroicher MDR 1993, 97.

klage vor dem Verwaltungsgericht geltend zu machen ist. Dieser Anspruch verpflichtet die Verwaltungsbehörde, dem Eigentümer/Vermieter die Wohnung geräumt und gesäubert herauszugeben.[62]

Die durch die Vollstreckung entstandenen Kosten kann der Eigentümer als Schadenersatz von der Stadt ersetzt verlangen. Der Eigentümer kann vom Träger der ordnungsbehördlichen Kosten auch Ersatz für solche Schäden verlangen, die der Eingewiesene durch unsachgemäßen Gebrauch der Wohnung angerichtet hat.[63] Anspruchsgrundlage kann § 839 BGB iVm Art. 34 GG (Amtshaftung) sein.[64] Dann ist § 839 Abs. 3 BGB zu beachten.[65] Nach anderer Auffassung steht dem Eigentümer ein Anspruch auf Kostenerstattung aus berechtigter, **öffentlich-rechtlicher Geschäftsführung ohne Auftrag** oder aus einem **verwaltungsrechtlichen Folgenbeseitigungsanspruch** gegen die Einweisungsbehörde zu.[66] 20

Da ab Einweisung zwischen dem Eigentümer und dem Eingewiesenen keine (miet-) vertraglichen Rechtsbeziehungen mehr bestehen, kann sich einerseits der Eigentümer wegen Beseitigung von Schäden und Abnutzungen, die während der Einweisungszeit entstandenen sind, nur an die einweisende Stadt halten,[67] der Eingewiesene (etwa wegen Wohnungsmängeln) nur an die einweisende Behörde. 21

Praxistipp: Darlegungs- und Beweislast

Ist streitig, ob ein Schaden noch während der Mietzeit oder erst später während der Wiedereinweisung entstanden ist, muss der Vermieter lediglich darlegen und beweisen, dass die Mietsache bei Mietbeginn unbeschädigt und bei Rückgabe nach Ablauf der Einweisung beschädigt war. Die einweisende Gebietskörperschaft muss darlegen und beweisen, dass der Schaden bereits zum Zeitpunkt der Wiedereinweisung vorhanden war,[68] denn sie hatte die Möglichkeit, den Zustand der Mietsache zum Zeitpunkt der Einweisung festzustellen und festzuhalten.

5. Verwahrungsvertrag, §§ 688–700 BGB

Hauptpflicht bei der Verwahrung ist die Aufbewahrungspflicht (Gewährung von Raum und Obhut). Gegenstand der Verwahrung sind bewegliche Sachen iSv § 90 BGB. Ein Verwahrungsvertrag liegt nach hM[69] vor bei Übertragung des unmittelbaren Besitzes der zu verwahrenden Sache an den Verwahrer und Übernahme einer besonderen **Obhutspflicht** an der Sache durch diesen. Die Abgrenzung zur Gefälligkeit und zu anderen Vertragsverhältnissen, insbesondere in Bezug auf die Bedeutung der Obhut, kann mitunter schwierig sein.[70] Die Abgrenzung zum Mietvertrag ist zumeist einfacher, weil das Element der Raumüberlassung an den Vertragspartner bei der Verwahrung fehlt. Raum wird nur der zu verwahrenden Sache (des Hinterlegers) gewährt. Elemente des Verwahrungsvertrags finden sich oft in mischvertraglichen Konstellationen, bei 22

---

[62] BGH NJW 1995, 2918; VGH Mannheim NJW 1990, 2770; OVG Münster NVwZ 1991, 905; OVG Berlin NVwZ 1992, 501; OVG Münster NVwZ 1991, 905.

[63] BGH VersR 1996, 326.

[64] BGH NJW 1996, 315.

[65] Zum Unterlassen der Inanspruchnahme von Primärrechtsschutz vgl. BGH NJW 1995, 2918.

[66] Vgl. Schoenenbroicher MDR 1993, 97. Die Rechtsprechung ist uneinheitlich. Zum öffentlichrechtlichen Verwahrungsverhältnis vgl. BGH NJW 1995, 2918; zu einem Anspruch aus § 39 Abs. 1 OBG NW vgl. BGH NJW 1996, 315.

[67] OLG Köln ZMR 1994, 112.

[68] BGH NJW 1996, 315.

[69] BGHZ 3, 200; OLG Koblenz NJW-RR 1991, 1317.

[70] Vgl. dazu im Einzelnen Erman/Zetzsche BGB § 688 Rn. 5.

denen sich das anzuwendende Recht danach richtet, auf welchem Vertragstyp das nach dem Vertragszweck zu bestimmende Schwergewicht liegt.[71]

6. Leasingvertrag

23 Der Leasingvertrag[72] wird nach hM als **atypischer Mietvertrag,**[73] nach Canaris[74] als Vertrag sui generis bezeichnet. Ein wesentlicher Unterschied zur Miete liegt darin begründet, dass der Leasingnehmer für die Mietsache voll verantwortlich ist, die Gefahr von Mängeln, der Verschlechterung sowie des Untergangs trägt, während dieses Risiko bei der Miete gemäß § 535 BGB beim Vermieter liegt.[75] Beim Finanzierungsleasingvertrag mit Vollamortisation ergibt sich eine besondere Nähe zum Kauf, weil der Leasingnehmer nicht nur ein Gebrauchsentgelt, sondern die Vollamortisation schuldet.[76] Als reine Mietverträge werden sog. Operate-Leasingverträge eingeordnet, deren Gegenstand die kurzfristige Vermietung von Investitionsgütern ist.[77]

IV. Abgrenzung zu Gewerberaummietverhältnis

24 **Geschäftsraummiete**[78] liegt – in Abgrenzung zur Wohnraummiete – vor, wenn Grundstücke, Gebäude und Räume entgeltlich auf Grund eines schuldrechtlichen Vertrages zu anderen als Wohnzwecken befristet oder unbefristet überlassen werden.[79] Im Bereich von Gewerberaummiete und Pacht charakterisiert sich der Vertragszweck dadurch, dass der Mieter sich in bzw. mit der Mietsache (bzw. dem Pachtgegenstand) gewerblich, dh unternehmerisch betätigt. **Unternehmer** ist nach § 14 BGB eine natürliche oder juristische Person oder eine rechtsfähige Personengesellschaft, die bei Abschluss eines Rechtsgeschäfts in Ausübung ihrer gewerblichen oder selbstständigen beruflichen Tätigkeit handelt. § 13 BGB definiert demgegenüber als „Verbraucher" denjenigen, der Rechtsgeschäfte nicht in Ausübung eines Gewerbes oder einer selbstständigen beruflichen Tätigkeit abschließt. Auch hier entscheidet der **vereinbarte Nutzungszweck** über die rechtliche Einordnung des Vertrags, nicht die tatsächliche Nutzung. Die Überlassung von Wohnraum kann dem Recht der Gewerberaummiete unterstehen, wenn dies der Weitervermietung oder sonstiger Gebrauchsüberlassung an Dritte dient oder wenn die Anmietung durch juristische Personen oder Personenhandelsgesellschaften zur Überlassung an den Geschäftsführer oder andere Mitarbeiter erfolgt.[80] Eine Gewinnerzielungsabsicht in Bezug auf die Weitervermietung ist nicht erforderlich.[81]

---

[71] Zu den mietvertraglichen Komponenten eines Pferdepensionsvertrags vgl. BGH NJW 2020, 328; BGH NJW-RR 2017, 635 mwN (wobei die rechtliche Einordnung offen gelassen wurde); OLG Oldenburg MDR 2011, 473; zum Pferdeeinstellvertrag als Verwahrungsvertrag vgl. LG Ulm NJW-RR 2004, 854; zur Anmietung einer Pferdebox vgl. LG Hamburg ZMR 1979, 246; zur Rechtsnatur eines Vertrags über die Verwahrung von Fahrzeugen auf überwachten Parkflächen vgl. OLG Karlsruhe NJW-RR 2004, 1610; zur entgeltlichen Überlassung eines Parkplatzes als Mietvertrag vgl. BGH NJW 2020, 755; LG Leipzig BeckRS 2003, 17408; AG Bad Dürkheim r+s 1982, 13.

[72] Vgl. dazu im Einzelnen → § 44 Rn. 43.

[73] BGH NJW 1990, 1113.

[74] NJW 1982, 305; AcP 190, 410.

[75] Grüneberg/Weidenkaff BGB Einf. v. § 535 Rn. 53 jedoch gegen Abtretung der Gewährleistungsansprüche.

[76] Zum gleichwohl anwendbaren § 580 BGB vgl. Schmidt-Futterer/Streyl § 580 Rn. 1; zum mietrechtlichen Einschlag beim Leasing vgl. auch Graf v. Westphalen LeasingV, 7. Aufl. 2015, Rn. 37.

[77] Grüneberg/Weidenkaff BGB Einf. v. § 535 Rn. 40.

[78] → § 44 Rn. 1 ff.

[79] → § 44 Rn. 1 ff.

[80] Vgl. dazu bereits → Rn. 7.

[81] BGH NZM 2018, 281, Anm. Börstinghaus jurisPR-BGHZivilR 4/2018 Anm. 4; der BGH hat damit seine Rspr. bestätigt und fortgeführt, vgl. BGH NJW 2016, 1086.

V. Mischmietverhältnis

25 Der klassische und praktisch häufige Fall eines Mischmietverhältnisses[82] liegt vor, wenn der Mieter durch einen einheitlichen Vertrag angemietete Räume nach den **getroffenen Vereinbarungen sowohl zu Gewerbe- als auch zu Wohnraumzwecken nutzen darf.**[83] Dies gilt im Zweifel auch dann, wenn ein Wohnraummieter nach einiger Zeit für gewerbliche Zwecke eine Garage hinzumietet; in diesem Fall wird der ursprüngliche Wohnraummietvertrag um die Garage erweitert, die Parteien ändern dann den ursprünglich vereinbarten Verwendungszweck der ausschließlichen Nutzung zu Wohnzwecken einvernehmlich ab. Ein Mischmietverhältnis entsteht dergestalt, dass die Wohnung zu Wohnzwecken und die Garage zu gewerblichen Zwecken genutzt werden soll.[84] Kein Mischvertrag dürfte vorliegen, wenn ein Wohnungsmietvertrag auch eine Gartennutzung durch den Mieter vorsieht. Wenn sich eine solche Nutzungsberechtigung aus dem Wohnungsmietvertrag ergibt,[85] gehört die Gartennutzung zum Wohngebrauch. Die Gartennutzung kann aber auch Gegenstand eines isolierten (Pacht-)Vertrags sein. Ein Indiz für die Annahme zweier selbständiger Verträge bei dieser Fallgestaltung kann jedoch sein, dass die Parteien ein zweites Vertragsformular für die Vermietung wählen. Jedoch kann auch bei Verwendung getrennter Vertragsurkunden über Geschäfts- und Wohnräume ein einheitliches Vertragsverhältnis vorliegen, wenn die Auslegung des Parteiwillens gemäß §§ 133, 157 BGB ergibt, dass die Parteien ein einheitliches Mietverhältnis wollten.[86] Andererseits reicht bei Vermietung von Wohnraum und Gewerberaum durch zwei getrennte Urkunden das einseitige Interesse und der Wille einer Partei an der gemeinsamen Anmietung nicht für die Annahme eines Mischmietverhältnisses aus, und zwar auch nicht bei engem zeitlichen Zusammenhang der Vertragsabschlüsse und enger räumlicher Verbindung der beiden Objekte.[87] Erforderlich ist vielmehr eine übereinstimmende Zweckbestimmung der Parteien.

26 Aber auch dann, wenn ein einheitliches Vertragsformular für die Wohnung und den gewerblichen Teil verwandt wurde, kann die daran geknüpfte Vermutung, dass ein einheitliches Mietverhältnis gewollt sei, widerlegt werden; einmal durch die Vereinbarung unterschiedlicher Laufzeiten der Verträge,[88] zum anderen durch unterschiedliche Kündigungsfristen.[89]

Beispiele für Mischmietverhältnisse:
Gaststätte mit Wirtewohnung;[90] Änderungsschneiderei mit Wohnung; Wohnung mit Garten, Garage, Stellplatz[91] oder Keller;[92] Künstleratelier mit Wohnung; Anwaltskanzlei mit Wohnung; Arztpraxis mit Wohnung usw.[93]

27 Bildet der zwischen Vermieter und Mieter abgeschlossene Mietvertrag über Gewerbe- und Wohnraum eine Einheit bzw. ergibt die Auslegung zweier getrennter schriftlicher Verträge, dass die Parteien einen einheitlichen Mietvertrag abschließen wollten, so liegt

[82] Vgl. dazu → § 44 Rn. 21 ff.; → § 74 Rn. 25 ff.; zum Pachtvertrag als Mischvertrag → § 56 Rn. 139 ff.
[83] BGHZ 89, 43.
[84] OLG Karlsruhe RE NJW 1983, 1499; LG Wuppertal NJWE-MietR 1996, 122.
[85] Ein Recht zur Gartennutzung kann sich auch konkludent aus der früheren Mietpraxis ergeben, vgl. LG Wuppertal BeckRS 2013, 10026; zur Gartennutzung bei einem Mietvertrag zwischen den Mitgliedern einer Miteigentümergemeinschaft vgl. BGH NZM 2018, 558.
[86] Grüneberg/Weidenkaff BGB Einf. v. § 535 Rn. 100 ff.
[87] Vgl. BGH NJW 2012, 224 zur Möglichkeit einer Teilkündigung einer (mit-)vermieteten Garage; Schmidt-Futterer/Blank Vor § 535 Rn. 108.
[88] LG Berlin ZMR 1987, 18; Schmidt-Futterer/Blank Vor § 535 Rn. 108.
[89] LG Stuttgart WuM 1987, 379; Schmidt-Futterer/Blank Vor § 535 Rn. 108.
[90] → § 56 Rn. 139 ff.
[91] Zur Annahme separater Mietverhältnisse vgl. BGH Grundeigentum 2013, 1454; NZM 2013, 726; WuM 2022, 212; ZMR 2022, 625.
[92] Vgl. BGH NZM 2023, 758.
[93] Vgl. dazu auch die Beispiele zu → Rn. 28.

ein **Mischmietverhältnis** vor. Dies führt dann zur weiteren Prüfung, ob das Mietverhältnis entweder den Regelungen zur Wohnraummiete oder den Regeln zur Gewerberaummiete zu unterwerfen ist. Ein einheitliches Mietverhältnis über Wohnräume und Geschäftsräume muss zwingend als Wohnraummietverhältnis oder als Mietverhältnis über andere Räume festgelegt werden. Für die rechtliche Einordnung ist entscheidend, welche Nutzungsart nach den getroffenen Vereinbarungen überwiegt (sog. Übergewichtstheorie).[94]

28 Die zur **Übergewichtstheorie** geltenden Grundsätze hat der BGH inzwischen einer modifizierten Beurteilung unterzogen. Er hält nicht mehr daran fest, dass das Bestreiten des Lebensunterhalts als vorrangiges Kriterium für das Vorliegen eines gewerblichen Nutzungsschwerpunkts heranzuziehen sei. Ein allgemeiner Erfahrungssatz, dass bei einem Mischmietverhältnis die Schaffung einer Erwerbsgrundlage Vorrang vor der Wohnnutzung habe, bestehe nicht. Umgekehrt lasse sich auch kein Erfahrungssatz aufstellen, dass die Wohnungsnutzung im Allgemeinen Vorrang vor der Nutzung zu gewerblichen Zwecken habe. Es bedürfe vielmehr einer Einzelfallprüfung unter Berücksichtigung aller vertraglichen Aspekte. Wenn sich dabei ein Überwiegen der gewerblichen Nutzung nicht feststellen lasse, sei im Hinblick auf das Schutzbedürfnis des Mieters von der Geltung der Vorschriften der Wohnraummiete auszugehen.[95]

29 Bei der gebotenen Einzelfallprüfung können die bislang entwickelten Abgrenzungskriterien nach wie vor Gültigkeit haben. Ein entscheidendes Kriterium ist zunächst der von den Parteien vereinbarte Vertragszweck, also der wirkliche Wille der Parteien, welchem Nutzungszweck das Mietobjekt zugeführt werden soll.[96] Ob die Parteien in der Vertragsurkunde das Vertragsverhältnis als Wohn- oder Geschäftsraummietverhältnis bezeichnet haben, ist nur in eingeschränktem Maße berücksichtigungsfähig.[97] Die erkennbare oder nicht ausschließbare Absicht des Vermieters, auf diesem Wege die für ihn ungünstigen, für den Mieter günstigen Regeln des Wohnraummietrechts vertraglich auszuschließen, hindert einen uneingeschränkten Rückschluss aus der Vertragsbezeichnung.[98] Neben dem sich aus dem Parteiwillen ergebenden Vertragszweck sind bei der Auslegung, ob Wohnraummietrecht oder Gewerberaummietrecht überwiegt, objektive Kriterien wie Mietzins, Flächenanteile, die auf Wohnraum und Geschäftsraum entfallen, heranzuziehen.[99] Bei einem Mischvertrag, der sich nach der Übergewichtstheorie als gewerblicher Vertrag darstellt, sind die für die Wohnraummiete geltenden Miethöhebestimmungen nach §§ 557 ff. BGB nicht maßgeblich, und zwar auch nicht teilweise, soweit es etwa die Pächterwohnung bzw. die hierauf entfallende Nutzfläche angeht. Die Vertragsparteien unterliegen weder in Bezug auf die anfängliche Miet-/Pachthöhe noch in Bezug auf die Vereinbarungen zur Erhöhung oder Anpassung des Entgelts während der Vertragszeit den einschlägigen Vorschriften zur Wohnraummiete. Von daher besteht in diesem Rahmen grundsätzlich keine Notwendigkeit für vertragliche Regelungen, die zwischen den unterschiedlichen Nutzungsflächen differenzieren.[100] Unter Berücksichtigung der neueren Rechtsprechung bedürfen jedoch frühere Entscheidungen zur Annahme eines Gewerberaummietvertrags (als Mischmietvertrag) einer kritischen Revisi-

---

[94] Vgl. dazu grundlegend: BGH WuM 1986, 274.

[95] Zu Vorstehendem vgl. im Einzelnen BGHZ 202, 39 = NZM 2014, 626, unter Aufgabe von BGH NJW-RR 1986, 877; die Entscheidung des BGH ist zum Gegenstand einer lebhaften Diskussion geworden, vgl. etwa Leo/Assmann NZM 2015, 770; Grützmacher ZMR 2014, 953.

[96] BGHZ 202, 39 = NZM 2014, 626; OLG Köln ZMR 2001, 963; OLG Düsseldorf NZM 2002, 739; OLG Stuttgart NJW 1986, 322; OLG Hamburg ZMR 1995, 120.

[97] BGHZ 202, 39 = NZM 2014, 626; OLG München ZMR 1995, 295; OLG Düsseldorf NZM 2002, 739; OLG Karlsruhe WuM 2012, 666; OLG Köln BeckRS 2008, 20283.

[98] So schon BGH ZMR 1986, 280.

[99] BGHZ 202, 39 = NZM 2014, 626.

[100] → § 44 Rn. 21 ff.

on, weil der Aspekt eines vorrangig gewerblichen Nutzungsschwerpunkts nunmehr durchgreifend in Frage steht.[101]

Bei **Gleichwertigkeit von Geschäfts- und Wohnraumanteil** bzw. der Kriterien, die für eine der bezeichneten Nutzungsarten sprechen, gilt nunmehr der Grundsatz, dass das Schutzbedürfnis des Mieters die Geltung der Vorschriften zur Wohnraummiete gebietet. Ansonsten würden die zum Schutz des Wohnraummieters bestehenden zwingenden Sonderregelungen, insbesondere die eingeschränkten Kündigungsmöglichkeiten des Vermieters (§§ 573, 543, 569 BGB) und die ausschließliche sachliche Zuständigkeit des Amtsgerichts (§ 23 Nr. 2a GVG), unterlaufen.[102] Die Annahme, dass in den Fällen, in denen der Mieter durch die gewerbliche Nutzung seinen Lebensunterhalt bestreitet, dieser Aspekt im Zweifel das gesamte Vertragsverhältnis prägt, verbietet sich nunmehr. Die frühere Kasuistik in Rechtsprechung und Literatur ist dadurch in diesem Punkt überholt. 30

Die neuere Rechtsprechung des BGH[103] hindert die Vertragsparteien aber nicht, den vertraglichen Nutzungszweck klarzustellen und im Vertrag zu gewichten. Namentlich dann, wenn der gewerbliche Nutzungsaspekt im Vordergrund stehen soll, die objektiven Umstände dies aber nicht augenfällig belegen, also die Annahme der Gleichwertigkeit von Wohn- und Geschäftskriterien und damit die Einordnung als Wohnraummietverhältnis „droht", sollten sie ihren Vertragswillen im Vertrag klarstellen. Damit wird eine gerichtliche Vertragsauslegung kanalisiert. 31

Formulierungsvorschlag:

Zwischen Vermieter und Mieter besteht Einigkeit, dass auf das vorliegende Mischmietverhältnis gewerbliches Mietrecht Anwendung finden soll. Dies gilt auch in Ansehung der Tatsache, dass die ausgewiesene Wohnfläche größer ist als die Gewerberaumfläche, weil 32

Beispiele:

- *der Mieter noch über eine weitere Wohnung in ...... verfügt.*
- *die Wohnräume ... auch als Lagerfläche für den Gewerbebetrieb genutzt werden dürfen.*
- *beabsichtigt ist, die Wohnräume künftig vom Gewerberaum abzutrennen und anderweitig (unter-) zu vermieten ...*

Praxistipp: Darlegungs- und Beweislast

Ist keine Regelung zum Vertragstyp getroffen, hat diejenige Partei die für die Einordnung des Vertrages maßgeblichen Tatsachen darzutun und zu beweisen, die hieraus Rechte für sich herleiten will.[104] Der ohne Geltendmachung berechtigter Interessen kündigende Vermieter muss also dartun und beweisen, dass der Vertrag ein Gewerberaumvertrag ist. Das gleiche gilt für den Vermieter, der eine Mieterhöhung auf Grund einer Wertsicherungsklausel geltend macht, die nicht den Anforderungen des § 557b BGB entspricht.

---

[101] OLG Hamm ZMR 1986, 11 – Vermietung/Verpachtung einer Gaststätte mit Wohnung; OLG Köln ZMR 2001, 963 – Vermietung einer Zahnarztpraxis mit Wohnung; BGH NJW-RR 1986, 877; KG MDR 2001, 24 – Vermietung einer Anwaltspraxis mit Wohnung; zum Gewerberaummietvertrag über Kanzleiräume mit dienstvertraglichen Elementen vgl. LG Hamburg ZMR 2013, 443; AG Berlin-Tiergarten GE 1990, 759 – Vermietung von Räumen zur Hälfte zum Betrieb einer Heilpraktikerpraxis, zur anderen Hälfte zum Wohnen; LG Frankfurt (Oder) Grundeigentum 2007, 1385 – Vermietung von Räumen für Wohnzwecke und zum Betrieb einer Werkstatt sowie eines Kurierdienstes; OLG Köln BeckRS 2008, 20283 – Vermietung von Räumen zum Betrieb einer Münzhandlung nebst Wohnräumen; OLG Düsseldorf NZM 2002, 739 – Vermietung von Lagerräumen nebst nachträglich hergerichteten Wohnräumen.

[102] BGHZ 202, 39 = NZM 2014, 626.

[103] BGHZ 202, 39 = NZM 2014, 626.

[104] Staudinger/Rolfs BGB § 573 Rn. 15, 28.

§ 7 Vorvertragliche Rechte und Pflichten

Übersicht

Schrifttum:

Derleder/Pellegrino, Die Anbahnung des Mietverhältnisses, NZM 1998, 550 ff.; *Emmerich,* Neues Mietrecht und Schuldrechtsmodernisierung, NZM 2002, 362 ff.; *ders.,* Aufklärungspflichten des Mieters, NJW 2011, 2321 ff.; *Fleischmann,* Mietvorvertrag, NZM 2012, 625 ff.; *Franke,* Schadensersatz nach Verschulden bei Vertragsverhandlungen – sog. c. i.c.-Haftung, ZMR 2000, 733 ff.; *Michalski,* Das Vormiet- und Vorpachtrecht, ZMR 1999, 1 ff.

I. Allgemeines

Hinweis: Die Ausführungen in § 7 zu den vorvertraglichen Bindungen und zur Haftung aus cic bei der Wohnraummiete werden ergänzt durch → § 45 Rn. 1 ff., wo die gesamten Hinweise zur Rechtslage und zur anwaltlichen Tätigkeit bei der Gewerberaummiete konzentriert sind.

1 Vor Abschluss des Mietvertrages bestimmen sich die Rechte und Pflichten der Parteien – von gesetzlichen Schuldverhältnissen (Delikt, Bereicherung, GoA) abgesehen – nach den Grundsätzen über das Verschulden bei Vertragsverhandlungen, wenn und soweit die Parteien keine dem Mietvertrag vorgelagerte vertragliche Bindung eingegangen sind. Der Grundsatz der Vertragsfreiheit ermöglicht es den an einem Mietvertrag interessierten Parteien, nach Abschluss der in der Regel nicht bindenden Vorverhandlungen ihre weiteren Rechtsbeziehungen ihren Bedürfnissen entsprechend und damit auf unterschiedliche Art und Weise zu gestalten. Im Regelfall wird es zwar im Anschluss an erfolgreiche Vorverhandlungen zum Abschluss des bezweckten (Haupt-)Mietvertrages kommen; es gibt jedoch Fallkonstellationen, in denen Hindernisse tatsächlicher oder rechtlicher Art dem endgültigen Abschluss des Mietvertrages im Wege stehen und die Parteien sich gleichwohl binden wollen. Die Parteien haben dann die Möglichkeit, eine für sie geeignete Vorform zu wählen, die einerseits ihre Position auf den zukünftig geplanten Abschluss des Hauptvertrages sichert, andererseits noch nicht die Wirkungen aus dem Hauptvertrag entfaltet. Inhalt einer derartigen Vereinbarung ist im Allgemeinen, dass der Verpflichtete dem Berechtigten ein Vorzugsrecht einräumt, welches ihm gegenüber potenziellen anderen Interessenten eine Vorzugsstellung verschafft.

2 Das Mietrecht stellt eine Reihe von Rechtsformen zur Disposition, die die Begründung eines Mietverhältnisses vorbereiten und sichern können. Keine dieser Rechtsformen ist gesetzlich ausdrücklich geregelt. Es handelt sich vielmehr um Entwicklungen der Kautelarpraxis, die von der Rechtsprechung anerkannt sind. Hauptformen sind das Anmietrecht, das Vormietrecht, der Mietvorvertrag und die Option.

- Mit **Anmietrecht** wird eine Vereinbarung bezeichnet, die den Vermieter verpflichtet, wenn er sich zur Vermietung oder Weitervermietung entschlossen hat, die Mietsache zunächst einem bestimmten Mietinteressenten anzubieten, bevor er sie an einen anderen vermietet.
- Inhalt eines **Vormietrechts** ist in der Regel, dass der Berechtigte die Befugnis erhält, durch einseitige, an den Verpflichteten gerichtete Erklärung mit diesem einen Mietvertrag zu den Bedingungen begründen zu können, die dieser in einem Mietvertrag mit einem Dritten festlegt.
- Unter einem **Mietvorvertrag** ist eine schuldrechtliche Vereinbarung zu verstehen, in der sich die Parteien verpflichten, zu einem späteren Zeitpunkt einen Hauptmietvertrag zu schließen, ohne unmittelbar Leistungspflichten zu begründen.
- Nach hM gestattet ein **Optionsrecht** dem Berechtigten, durch eine einseitige empfangsbedürftige Willenserklärung entweder ein Mietverhältnis zustande zu bringen oder ein bestehendes Mietverhältnis über die zunächst vorgesehene Laufzeit hinaus auf bestimmte oder unbestimmte Zeit zu verlängern. Da diese Typen gesetzlich nicht geregelt sind, sind Unschärfen bei der Begriffsbestimmung und Abgrenzung unvermeidbar, zumal die Bezeichnungen in Rechtsprechung und Literatur keineswegs einheitlich verwendet werden.[1] Zu den Rahmenverträgen und dem aus dem angelsächsischen Bereich entlehnten Instrument des Letter of Intent s. die Erläuterungen in → § 46 Rn. 8 ff.

3 In der **anwaltlichen Praxis** geht es bei der **Wohnraummiete** einerseits um die Beratung und Vertragsgestaltung für die Mandanten, die eine Vorform begehren. Andererseits gilt es die Fälle zu lösen, in denen vorvertragliche Vereinbarungen vorliegen, es aber aufgrund von „Störungen" nicht zum Abschluss des beabsichtigten Hauptvertrages gekommen ist. Ganz besonderes Augenmerk muss auf die ausführliche Beratung des Mandanten gelegt werden, wenn dessen Pläne als Vermieter oder als Käufer eines Grundstücks durch bestehende vorvertragliche Bindungen zugunsten eines Mietinteressenten gefährdet werden können. Hier drohen **erhebliche Haftungsrisiken.** So hat der BGH entschieden, dass der Anwalt, der auf Seiten des Käufers eines bebauten und

[1] S. etwa die Diskussion von Option, Anmietrecht und (doppelt aufschiebend bedingtem) Mietvorvertrag bei OLG Hamburg ZMR 2001, 889 f.

vermieteten Grundstücks tätig wird, seine Vertragspflichten verletzt, wenn er zwar vom Kauf abrät, aber nicht über die mögliche vertragliche Sicherung des Käufers bei unklarer Verlängerungsoption – hier durch Vereinbarung eines Rücktrittsrechts – berät.[2] Beim Vormietrecht, wo es zur Konkurrenz zwischen neuem Mieter und Vormietberechtigtem kommen kann, handelt es sich um eine nur wenig bekannte Rechtskonstruktion. Deshalb muss der Anwalt den Vermieter eindringlich und ausdrücklich darauf aufmerksam machen, dass der Vermieter, wenn er mit einem neuen Mieter kontrahiert, das Vormietrecht offenbaren und zweckmäßigerweise einen Haftungsausschluss für den Fall der Ausübung des Vormietrechts vereinbaren muss.[3]

4 Bei der Beratung sollte man sich immer vergegenwärtigen, dass der direkte Abschluss eines Hauptvertrages, sei es unter auflösender oder aufschiebender Bedingung, den Vorteil hat, dass für den Fall des Eintritts bzw. Wegfalls der Bedingung die Rechte und Pflichten aus dem Hauptvertrag ohne weitere Handlungen in Kraft treten. Ist eine solche, unmittelbar verpflichtende Vertragsgestaltung von den Mandanten nicht erwünscht, so ist im nächsten Schritt die Interessenlage und die Situation sorgfältig zu eruieren. Nur auf diese Weise kann geklärt werden, welches der zur Verfügung stehenden Rechtsinstitute das geeignetste ist, da der Hauptunterschied letztlich in der Bindungswirkung und den daraus resultierenden Rechten und Pflichten besteht. Bei der Vertragsgestaltung gilt es, die gewünschten Rechte und Pflichten genau zu beschreiben, um auf diese Weise später eventuell mögliche Differenzen bereits im Vorfeld auszuschließen.

5 Liegen (schriftliche) Vereinbarungen vor, so muss bei deren Prüfung stets berücksichtigt werden, dass die von den Parteien gewählte **Bezeichnung** ihrer Vereinbarung allenfalls als Indiz für den angestrebten Zweck angesehen werden kann. Nach der ständigen Rechtsprechung des BGH ist aber letztlich entscheidend, welchen Geschäftszweck die Parteien in Wahrheit verfolgt haben. Für den **Inhalt** eines Vertrages ist gemäß §§ 133, 157 BGB der **übereinstimmende Wille** der Beteiligten maßgebend, selbst wenn ihre Erklärungen dem Wortlaut nach eine andere Bedeutung haben sollten.[4]

6 Zum Zwecke der Beweissicherung empfiehlt sich bei **allen** Vereinbarungen im Bereich der Anbahnung eines Mietverhältnisses die Wahrung der **Schriftform,** sowohl was die Vereinbarung selbst betrifft als auch hinsichtlich der Ausübung des jeweils begründeten Rechts. Beauftragen die Mandanten den Rechtsanwalt hingegen mit der Geltendmachung von Rechten aus bereits getroffenen Vereinbarungen, so ist das Fehlen der Schriftform kein Hinderungsgrund, da alle genannten Vorformen nach überwiegender Auffassung auch mündlich vereinbart werden können.

II. Anmietrecht

1. Allgemeines

7 Unter **Anmietrecht** ist eine Vereinbarung zu verstehen, die den Vermieter verpflichtet, wenn er sich zur Vermietung oder Weitervermietung entschließt, die Mietsache zunächst einem bestimmten Mietinteressenten **anzubieten,** bevor er sie an einen anderen vermietet.[5] Da das Anmietrecht gesetzlich als Vertragstypus nicht geregelt ist und häufig unterschiedliche Synonyme verwendet werden („Begründungsoption", „Abschlussoption" bzw. „Vorhand"), ist stets durch Auslegung der Vereinbarung iSd §§ 133, 155 BGB

---

[2] Vgl. BGH NJW 2008, 2041 = NZM 2008, 445.

[3] Vgl. OLG Düsseldorf MDR 1984, 756.

[4] StRspr des BGH im Anschluss an BGH NJW 1994, 1528 – vgl. BGHZ 71, 243 (247); BGH ZMR 1993, 55 (56); KG BeckRS 2017, 142439; OLG Köln ZMR 1998, 283: der übereinstimmende Wille beider Parteien geht dem Wortlaut des Vertrages und jeder anderweitigen Interpretation vor.

[5] S. MüKoBGB/Häublein § 535 Rn. 26; Schmidt-Futterer/Fervers BGB Vor § 535 Rn. 45; Bub/Treier MietR-HdB/Drettmann Kapitel II. Rn. 352, Kapitel III. Rn. 72, wo das Anmietrecht der Begründungsoption bzw. der Abschlussoption gleichgesetzt wird.

zu ermitteln, was die Parteien rechtlich gewollt haben.[6] Die Vereinbarung eines Anmietrechts ist formlos möglich.[7] Aus Beweissicherungsgründen sollte sie dennoch stets schriftlich erfolgen.

Zum Zeitpunkt der Begründung des Anmietrechts, für das auch die Bezeichnung „Vorhand" gebräuchlich ist,[8] ist es völlig offen, ob es überhaupt zu einem Mietvertragsabschluss zwischen dem Vermieter und dem Anmietberechtigten kommen wird. Es fehlt an einem konkreten Bindungswillen auf beiden Seiten. Auch stehen die Vertragskonditionen des etwaigen späteren Vertrages noch keineswegs fest; diese sollen erst mit Eintritt in die Hauptvertrags-Verhandlungen bestimmt werden.[9] Der beabsichtigte Mietvertrag kommt nicht durch einseitige Erklärung zustande, sondern durch Angebot und Annahme nach erfolgreichen Hauptvertrags-Verhandlungen. Besteht zwischen den Parteien bereits ein Wohnraummietvertrag, begründet selbiger keine (Neben-)Pflicht des Vermieters, seinem Mieter zusätzlich zu der Gebrauchsüberlassung der angemieteten Räume auch einen Garagenstellplatz zur Verfügung zu stellen. Dies gilt auch dann, wenn die vorhandenen Stellplätze nach einer vom Vermieter geführten Interessentenliste vergeben werden. Auch in diesem Fall steht es im freien Ermessen des Vermieters, mit wem er einen Mietvertrag über einen Stellplatz abschließen möchte.[10] 8

Unterlässt es der Vermieter, nachdem er sich zur Vermietung der Mietsache entschlossen hat, dies dem Anmietberechtigten mitzuteilen und in Vertragsverhandlungen mit ihm zu treten, und vermietet er die Sache stattdessen an einen Dritten, so macht er sich schadensersatzpflichtig. Der Schadensersatz ist auf das negative Interesse beschränkt, dh auf das, was der Interessent im Vertrauen auf das Zustandekommen von Vertragsverhandlungen aufgewendet hat.[11] Der Schaden des Mieters wegen Nichtvorlage eines Angebotes kann insbes. darin liegen, dass er anderweitig Flächen anmieten muss, was besondere Aufwendungen verursacht (Maklerprovision, Umzugskosten etc).[12] 9

2. Praktische Bedeutung

Die praktische Bedeutung des Anmietrechts ist bei der **Wohnraummiete** aufgrund seiner rechtlichen Ausgestaltung nicht allzu groß, da es im Regelfall im Interesse beider Parteien liegt, falls eine rechtliche Bindung überhaupt gewollt ist, diese auch stärker auszugestalten. 10

- **Vorteile für den Mietinteressenten:** Mit einem Anmietrecht erhält der Mietinteressent die Position des ersten Verhandlungspartners. Es hat für ihn den Vorteil, dass es ihn zu nichts verpflichtet. Er kann das ihm unterbreitete Angebot jederzeit ablehnen.
- **Nachteile für den Mietinteressenten:** Das Anmietrecht sichert den Mietinteressenten nur in sehr geringem Umfang. Er hat keine Möglichkeit, den Abschluss des Mietvertrages zu erzwingen. Ein Eintrittsrecht in den Mietvertrag wird durch Schließung einer Anmietvereinbarung nicht begründet.
- **Vorteile für den Vermieter:** Es belässt dem Vermieter weitgehende Freiheiten. Da der „Anmietfall" überhaupt nur eintreten kann, wenn sich der Vermieter zur Vermietung bzw. Weitervermietung entschlossen hat, bleibt es letztlich in seiner Disposition, ob er überhaupt (noch) vermieten will. Des Weiteren bestimmt der Vermieter den Zeitpunkt, zu dem er ein Angebot machen bzw. zu dem er in Vertragsverhandlungen

---

[6] Lindner-Figura/Oprée/Stellmann Geschäftsraummiete-HdB/Stellmann § 3. Rn. 75.

[7] Lindner-Figura/Oprée/Stellmann Geschäftsraummiete-HdB/Stellmann § 3. Rn. 79; Schmidt-Futterer/Fervers BGB Vor § 535 Rn. 45; Bub/Treier MietR-HdB/Drettmann Kapitel II. Rn. 357; BeckOK BGB/Zehelein § 535 Rn. 18; Vgl. BeckOK MietR/Leo BGB § 550 Rn. 22 ff.

[8] Lindner-Figura/Oprée/Stellmann Geschäftsraummiete-HdB/Stellmann § 3. Rn. 75; Schmidt-Futterer/Fervers BGB Vor § 535 Rn. 45.

[9] Schmidt-Futterer/Fervers BGB Vor § 535 Rn. 45; Bub/Treier MietR-HdB/Drettmann Kapitel II. Rn. 353.

[10] Vgl. BGH WuM 2010, 678.

[11] Schmidt-Futterer/Fervers BGB Vor § 535 Rn. 45; s. Derleder/Pellegrino NZM 1998, 550 (555).

[12] Lindner-Figura/Oprée/Stellmann Geschäftsraummiete-HdB/Stellmann § 3. Rn. 84.

eintreten möchte. Der Vermieter kann mittels seines Angebots die Konditionen des Vertrages grundsätzlich im Hinblick auf die Höhe der zu entrichtenden Miete, die Laufzeit des Vertrages als auch sonstiger Modalitäten einseitig bestimmen.

- **Nachteile für den Vermieter:** Geht man davon aus, dass der Vermieter in der Gestaltung seines Vertragsangebots – und zwar bezüglich aller Mietkonditionen – völlig frei ist, sind für ihn keine Nachteile zu erkennen. Denn dann müsste ein Vermieter, der sich entschlossen hat, an einen anderen Mietinteressenten zu vermieten, dem Anmietberechtigten lediglich ein derart ungünstiges Angebot unterbreiten, dass dieser vernünftigerweise ablehnen muss.[13] Auf diese Weise könnte der Vermieter seine selbst eingegangene Verpflichtung erfüllen und würde gleichzeitig den Abschluss des Mietvertrages mit dem Anmietberechtigten verhindern. Um dem Vermieter diese Möglichkeit zu verwehren, wird angenommen, dass sich der Vermieter mit der Vereinbarung eines Anmietrechts verpflichtet, die Mietbedingungen nach billigem Ermessen (§§ 315–319 BGB) auszuwählen. Mangels einer besonderen Absprache sind dies die marktüblichen Bedingungen. Im Hinblick auf die Höhe der zu entrichtenden Miete bedeutet dies ein Angebot mit angemessenem oder ortsüblichem Mietzins.[14]

Zusammenfassung:

Die Vereinbarung eines Anmietrechts ist für einen Mietinteressenten bei Wohnraum dann sinnvoll, wenn er grundsätzlich an der Anmietung bestimmter Räume interessiert ist, die derzeit noch in der Entstehung, im Umbau oder vermietet sind, ohne sich zugleich zu einer Anmietung verpflichten zu wollen.

Auf Vermieterseite ist es sinnvoll, wenn der Vermieter sich einerseits nicht weitergehend binden möchte, als zu informieren und in Vertragsverhandlungen einzutreten, und sich andererseits die Möglichkeit eines Vertragsabschlusses mit diesem zB bekannten, solventen oder passenden Mieter offen halten will.

3. Vertragsgestaltung und Muster

11 Folgende Punkte sollten bei Abfassung der Vereinbarung, die zu Beweissicherungszwecken schriftlich geschlossen werden sollte, beachtet und konkret ausformuliert werden:

- Für welche Wohnung/welche Wohnungen soll ein Anmietrecht vereinbart werden?
- Welchen konkreten Inhalt soll das Anmietrecht haben? Klarstellung, dass mit dem Anmietrecht dem Interessenten nur die Rolle des ersten Verhandlungspartners eingeräumt wird und noch keine weitere vertragliche Bindung beabsichtigt ist.
- Ab wann soll von einem Entschluss zur Vermietung seitens des Vermieters auszugehen sein?
- Wie hat der Verpflichtete den Berechtigten über seine Vermietungsabsicht in Kenntnis zu setzen?
- Zu welchen Konditionen hat der Verpflichtete anzubieten?
- Wie lange soll das Anmietrecht gelten?
- Soll das Anmietrecht nur für die erstmalige Neu- bzw. Weitervermietung der Wohnung gelten oder auch für folgende Vermietungen?

Praxistipp:

Herr/Frau ……, wohnhaft in …… (Vermieter),
verpflichtet sich hiermit für den Fall, dass er/sie sich dazu entschließen sollte,
das derzeit vermietete Appartement Nr. …… im Anwesen …… weiter zu vermieten, dasselbe

[13] S. Herold WuM 1982, 119 (120).
[14] Vgl. BGH NJW-RR 1992, 517.

> Herrn/Frau ……, wohnhaft in …… (Anmietberechtigter),
> zur Anmietung anzubieten.
> Das Anmietrecht wird auf fünf Jahre eingeräumt und gilt nur für die erstmalige Weitervermietung.
> Der Vermieter hat dem Anmietberechtigten seinen Entschluss zur Vermietung des oben bezeichneten Objekts schriftlich mitzuteilen.
> Der Vermieter ist hinsichtlich der Gestaltung der Mietkonditionen an die marktüblichen Bedingungen gebunden.

III. Vormietrecht

1. Allgemeines

a) **Begriffsbestimmung und Abgrenzung.** Unter **Vormietrecht** ist eine Vereinbarung zu verstehen, durch die der Berechtigte die Befugnis erhält, durch einseitige, an den Verpflichteten gerichtete Erklärung mit diesem einen Mietvertrag zu den Bedingungen begründen zu können, die dieser in einem Mietvertrag mit einem Dritten festlegt. Die nicht selten gewählte Formulierung, das Vormietrecht berechtige den Begünstigten zum Eintritt in den mit einem Dritten abgeschlossenen Vertrag,[15] meint dasselbe, trifft die Sache aber nicht ganz richtig. Denn mit der Ausübung des Rechts tritt der Vormietberechtigte nicht an die Stelle des Dritten, vielmehr führt seine Erklärung zu einem weiteren – wenn auch inhaltsgleichen – Mietvertrag mit dem Verpflichteten.[16] Die Ausübung des Vormietrechts führt damit zu zwei Mietverträgen über dieselbe Mietsache, die nebeneinander bestehen, und somit zu einer Situation, in der der Vormietberechtigte und der neue Mieter konkurrieren. Es kommt also nicht zu einem Vertragseintritt durch den Vormietberechtigten. Vielmehr ist der Vermieter Vertragspartner zweier inhaltsgleicher Mietverträge. Diese Doppelvermietung des Vermieters ist nach hM ein Fall des § 536 Abs. 3 BGB und begründet einen Rechtsmangel. Beide Vertragspartner des Vermieters können – solange ihnen der Besitz an der Vormietfläche noch nicht eingeräumt wurde – Besitzeinräumung gem. § 535 Abs. 1 S. 2 BGB verlangen, oder den Schadenersatzanspruch nach § 536a Abs. 1 BGB sowie das Kündigungsrecht nach § 543 Abs. 2 S. 1 Nr. 1 BGB geltend machen.[17] 12

Für den Vermieter kann die Konkurrenzsituation zudem Schadensersatzpflichten auslösen, wenn er den Dritten, mit dem er den neuen Vertrag schließt, nicht über die Existenz des Vormietrechts unterrichtet und wenn der Begünstigte vom Vormietrecht Gebrauch macht. Der Konkurrent, dem das Mietobjekt nicht zur Nutzung überlassen wird, kann dann Schadensersatz statt der Leistung verlangen.[18] 13

Das Vormietrecht kann vereinbart werden, wenn die Parteien ansonsten noch in keinerlei vertraglichen Beziehungen stehen. Es setzt nicht die gegenwärtige Vermietung der Räume voraus,[19] sondern knüpft an den künftigen Abschluss eines Mietvertrages durch den Vermieter an. Es kann aber auch mit oder nach Abschluss eines Haupt-Mietvertrages für den Zeitraum nach seiner Beendigung oder für ggf. weitere anzumietende Räume eingeräumt werden. 14

Die Frage der rechtlichen Einordnung, im Speziellen, ob das Vormietrecht ein doppelt aufschiebend bedingter Mietvertrag oder ein Gestaltungsrecht ist, ist nach wie vor 15

---

15 MüKoBGB/Häublein § 535 Rn. 22.

16 Vgl. BGHZ 55, 71 (76); BGH NJW 1983, 682; 1987, 890; 2002, 3016 (3019); Schmidt-Futterer/Fervers BGB Vor § 535 Rn. 43; MüKoBGB/Häublein § 535 Rn. 22 ff.

17 Lindner-Figura/Oprée/Stellmann Geschäftsraummiete-HdB/Stellmann § 3. Rn. 62.

18 Vgl. OLG Düsseldorf MDR 1984, 756; MüKoBGB/Häublein § 535 Rn. 25.

19 So aber irrig: KG BeckRS 2002, 30289998; Lindner-Figura/Oprée/Stellmann Geschäftsraummiete-HdB/Stellmann § 3. Rn. 43.

umstritten.[20] Die praktischen Unterschiede der divergierenden Ansichten sind allerdings nicht sehr groß, da Einigkeit dahingehend besteht, dass die Vorschriften über den Vorkauf (**§§ 463 ff. BGB**) grundsätzlich analog anzuwenden sind und somit die wesentlichen Rechtsfolgen im Gesetz bestimmt sind.[21]

16 Das Vormietrecht ist nicht übertragbar und geht nicht auf den Erben des Berechtigten über, sofern nicht ein anderes bestimmt ist (§ 473 S. 1 BGB).[22] Das Vormietrecht ist nicht vormerkbar iSd § 883 Abs. 1 BGB, da eine Vermietung einer Sache nicht mit einer Verfügung über sie gleichzusetzen ist. Die Frage, ob ein Grundstückserwerber gemäß § 566 Abs. 1 BGB in den Vertrag über die Begründung eines Vormietrechts eintritt, wird im Schrifttum nach wie vor uneinheitlich beantwortet.[23] Nach wohl überwiegender Ansicht im Schrifttum tritt ein Grundstückserwerber gemäß **§ 566 Abs. 1 BGB** grundsätzlich in den Vertrag über die Begründung eines Vormietrechts ein. Höchstrichterlich entschieden ist dies aber nur für den Fall, dass das dem Mieter eingeräumte Vormietrecht bis zur Beendigung des Mietverhältnisses auszuüben ist.[24] Handelt es sich aber um ein Vormietrecht, das außerhalb eines Mietvertrages begründet wurde oder das sich auf andere Räume als diejenigen, die Gegenstand des Mietvertrages sind, bezieht, so wird in der Literatur vertreten, dass in diesem Fall der Grundstückserwerber **nicht** an das Vormietrecht gebunden sei.[25] In seiner Entscheidung vom 12.10.2016 (NJW 2017, 254) hat der BGH klargestellt, dass § 566 restriktiv auszulegen sei und nur solche Rechte und Pflichten erfasse, die als mietrechtlich zu qualifizieren sind oder die in untrennbaren Zusammenhang mit dem Mietvertrag stehen. Der Erwerber trete deshalb nicht in Rechte und Pflichten ein, die außerhalb des Mietverhältnisses liegen, selbst wenn sie als zusätzliche Vereinbarung im Mietvertrag geregelt sind.[26] Ein bestehendes Vormietrecht erlischt im Falle der Ausübung des Sonderkündigungsrechts gemäß § 111 InsO. Begründet wird dies mit dem Zweck des § 111 InsO, dem Erwerber eine freie Disposition über das Objekt zu ermöglichen. Dazu gehöre nicht nur bei weiterer Vermietung neue Konditionen vereinbaren zu können, sondern auch die Möglichkeit, sich den Vertragspartner der Neuvermietung auszusuchen.[27]

17 Im Gegensatz zum **Anmietrecht**, welches dem Berechtigten lediglich die Position des ersten Verhandlungspartners einräumt, macht die Ausübung des Vormietrechts ihn unmittelbar zum Vertragspartner. Gemeinsam ist diesen beiden Rechtsinstituten, dass der Berechtigte keinen Einfluss darauf nehmen kann, ob der Verpflichtete überhaupt (erneut) vermietet.

Praxistipp:

Zusammengefasst bietet das Vormietrecht eine stärkere rechtliche Position und mehr Sicherheit für den Berechtigten als das Anmietrecht, da es ihm ermöglicht, aktiv einen Mietvertrag zu denselben Konditionen wie ein Dritter abzuschließen. Das Anmietrecht hingegen sichert lediglich eine Verhandlungsposition, ohne die Garantie, dass ein Mietvertrag tatsächlich zustande kommt.

---

[20] S. Staudinger/Emmerich BGB Vor § 535 Rn. 94; und Herold WuM 1982, 119 (120), für doppelt aufschiebend bedingten Mietvertrag; dagegen Bub/Treier MietR-HdB/Drettmann Kapitel II. Rn. 304; Lindner-Figura/Oprée/Stellmann Geschäftsraummiete-HdB/Stellmann § 3. Rn. 45 für Gestaltungsrecht.

[21] Vgl. zu §§ 504 ff. BGB aF: BGHZ 102, 237 (240); OLG Hamm ZMR 1992, 148; MüKoBGB/Häublein § 535 Rn. 23; Lindner-Figura/Oprée/Stellmann Geschäftsraummiete-HdB/Stellmann § 3. Rn. 44.

[22] MüKoBGB/Häublein § 535 Rn. 23.

[23] Bejahend Grüneberg/Weidenkaff BGB § 566 Rn. 18; BeckOK BGB/Herrmann § 566 Rn. 23–24.2. Verneinend Schmidt-Futterer BGB vor § 535 Rn. 43; MüKoBGB/Häublein § 535 Rn. 23; Lindner-Figura/Oprée/Stellmann Geschäftsraummiete-HdB/Stellmann § 3. Rn. 71.

[24] Vgl. BGHZ 55, 71 (73 ff.) = NJW 1971, 422.

[25] So Bub/Treier MietR-HdB/Drettmann Kapitel II. Rn. 342; Michalski ZMR 1999, 1 (4); Lindner-Figura/Oprée/Stellmann Geschäftsraummiete-HdB/Stellmann § 3. Rn. 71.

[26] S. BGH NJW 2017, 254.

[27] Vgl. KG MDR 2011, 218 = BeckRS 2010, 24375 = NJW-Spezial 2010, 757.

Im Gegensatz zum **Vorvertrag,** hat der Berechtigte keine Möglichkeit, den Abschluss des Hauptvertrages zu erzwingen. Der Verpflichtete ist in seiner Entscheidung, den Vormietfall durch Abschluss eines „Erstvertrages" auszulösen, völlig frei. 18

Zusammenfassend lässt sich sagen, dass das Vormietrecht dem Berechtigten ein unmittelbares Zugriffsrecht auf die Mietsache bei Neuvermietung gibt, während der Vorvertrag lediglich eine Bindung an zukünftige Vertragsverhandlungen und -abschlüsse schafft.

Das Vormietrecht hat mit der **Option** gemeinsam, dass beide Rechtsinstitute ein Gestaltungsrecht begründen. Während bei der Option der Inhalt des Hauptmietvertrages bereits im Optionsvertrag fixiert ist, wird beim Vormietrecht der Inhalt des Erstvertrages „übernommen".[28] Auch wird die Option typischerweise im Voraus vereinbart und ist oft an bestimmte Bedingungen geknüpft, wie die fristgerechte Ausübung der Option durch den Mieter. Zusammenfassend lässt sich sagen, dass das Vormietrecht eher ein Vorzugsrecht bei der Neuvermietung ist, das dem Mieter keine langfristige Sicherheit bietet, während eine Option dem Mieter eine verlängerte Sicherheit über die Mietdauer gibt, indem sie ihm das Recht einräumt, den Mietvertrag unter vorher festgelegten Bedingungen zu verlängern oder zu erneuern. 19

b) Praktische Bedeutung. In Betracht kommt die Einräumung eines Vormietrechts bei der **Wohnraummiete** 20

- wenn der Mieter der Wohnung A sich die Chance erhalten will, die Wohnung B im selben Haus, die bisher (zu bekannten Konditionen) anderweitig vermietet ist, nach Freiwerden mit dann beabsichtigter erneuter Vermietung anzumieten.
- wenn dem Mieter nach Beendigung des Mietverhältnisses die Möglichkeit erhalten bleiben soll, den Gebrauch der gemieteten Räume fortzusetzen.
- wenn der Vermieter einem bestimmten Interessenten Vorrang bei der Vermietung einer bestimmten Wohnung einräumen, aber den Vertragsschluss von der am Markt erzielbaren Miete abhängig machen will.[29]

Vorteile für den Mietinteressenten: Im sog. Vormietfall (§ 463 BGB analog) kann der Berechtigte sein Vormietrecht ausüben (§ 464 Abs. 1 S. 1 BGB analog). Eine Verpflichtung hierzu besteht aber nicht. Der Mietinteressent ist deshalb auch nicht verpflichtet, ein eigenes Vertragsangebot des Vermieters anzunehmen.[30] Wenn jedoch feststeht, dass die Immobilie erneut vermietet wird, kann der Mieter den Vertragsschluss zu seinen Gunsten erzwingen, was ihm eine starke Verhandlungsposition gegenüber dem Vermieter und anderen interessierten Parteien verschafft. Dies ist besonders vorteilhaft in Märkten mit hoher Nachfrage, wo die Sicherung bevorzugter Mietkonditionen sonst schwierig sein könnte. Ein weiterer Vorteil ist, dass das Vormietrecht dem Mieter ermöglicht, zu den Bedingungen des bestehenden Mietvertrags einen neuen Vertrag zu schließen, was eine Kontinuität in den Mietbedingungen und oft auch finanzielle Vorteile, wie zB eine unter Marktwert liegende Miete, sichern kann. Wenn der Mietinteressent sein Recht ausübt, wird er unmittelbar zum Vertragspartner. Wird das Recht hingegen nicht innerhalb der zweimonatigen Ausschlussfrist des § 469 Abs. 2 S. 1 BGB bzw. der vertraglich vereinbarten Frist ausgeübt, so erlischt es. Bezüglich des Vertragsinhalts schützt die Rechtsprechung den Vormietberechtigten jedenfalls vor sittenwidrigen Regelungen und solchen, die völlig außerhalb der für gegenseitige Verträge typischen Abhängigkeit von Leistung und Gegenleistung stehen (sog. Fremdkörpergedanke). Derartige Bestimmungen im Erstvertrag sind für den eintretenden Berechtigten nicht verbindlich.[31] 21

Nachteile für den Mietinteressenten: Das Vormietrecht gibt dem Mietinteressenten nicht die Möglichkeit, den Abschluss des Mietvertrages zu erzwingen. Er kann keinen Einfluss darauf nehmen, ob der Vermieter überhaupt (erneut) vermietet. Das Vormiet- 22

[28] S. Michalski ZMR 1999, 1 (5).
[29] S. Derleder/Pellegrino NZM 1998, 550 (554).
[30] Vgl. BGH NJW 2002, 3016 (3019).
[31] Vgl. BGH NJW 1988, 703 (704).

recht gibt dem Mietinteressenten nicht das Recht, vom Vermieter die Abgabe eines Mietangebotes zu verlangen.[32] Er hat keine Möglichkeit, auf die Konditionen des Erstvertrages Einfluss zu nehmen. Der Vormietberechtigte kann auch nicht verlangen, dass einzelne Vertragsbedingungen des Erstvertrages geändert werden.[33] Im Gegensatz zum Vorkaufsrecht ist eine dingliche Sicherung des Vormietrechts nicht möglich, so dass der Mietinteressent bei Ausübung des Vormietrechts einen Vorrang bei der Erfüllung des Mietvertrages nicht durchsetzen kann, sondern ggf. auf Schadensersatzansprüche verwiesen ist.[34]

23 **Vorteile für den Vermieter:** Das Vormietrecht belässt dem Vermieter einen großen Gestaltungsspielraum. Der Vermieter ist in der Entscheidung, ob er überhaupt (erneut) vermieten will, völlig frei. Des Weiteren ist er in der Gestaltung des Erstvertrages grundsätzlich frei, ebenso in der Wahl des Dritten. Durch die Suche nach weiteren Interessenten hat er die Möglichkeit, sich einen für ihn günstigen Vertragsinhalt auszubedingen; auf die Interessen des Vormietberechtigten braucht er regelmäßig keine Rücksicht zu nehmen. Die Grenze dieser Gestaltungsfreiheit wird da gezogen, wo das Vorrecht des Berechtigten vereitelt werden würde.[35]

Praxistipp:

Zusammenfassend bietet ein Vormietrecht dem Vermieter eine strategische Möglichkeit, mit früheren Mietern zusammenzuarbeiten, die Planungssicherheit zu erhöhen und potenzielle Einnahmeausfälle durch Leerstände zu vermeiden, während gleichzeitig eine gewisse Kontrolle über die Vermietungsbedingungen erhalten bleibt.

24 **Nachteile für den Vermieter:** Der Vermieter verpflichtet sich einseitig, indem er seinem Vertragspartner eine Befugnis zum unmittelbaren Vertragsabschluss einräumt. Er hat dem Berechtigten den Inhalt des Erstvertrages vollständig und unverzüglich, dh ohne schuldhaftes Zögern, mitzuteilen. Gemäß höchstrichterlicher Rspr. ist § 469 Abs. 1 S. 1 BGB analog anzuwenden.[36] Wird der Erstvertrag nach der Mitteilung geändert, so muss auch diese Änderung dem Berechtigten zugehen.[37] Die Einräumung eines Vormietrechts birgt ein Haftungsrisiko in sich, dem der Vermieter durch entsprechende Vereinbarungen begegnen sollte. Im Falle der sog. Doppelvermietung kann er sich schadensersatzpflichtig machen.[38] Will er dies vermeiden, muss er nicht nur einen Drittinteressenten über das Vorliegen einer Vormietregelung aufklären, sondern darüber hinaus Schadensersatzansprüche ausschließen oder sich durch eine auflösende Bedingung oder einen Rücktrittsvorbehalt vom Erstvertrag lösen können.[39] Will sich der Vermieter von seiner Verpflichtung gegenüber dem Vormietberechtigten wirksam befreien, bedarf es des Abschlusses eines Erlassvertrages. Auch insoweit werden die gesetzlichen Regeln über das Vorkaufsrecht von der Rspr. entsprechend angewandt.[40]

Praxistipp:

Zusammenfassend kann ein Vormietrecht die Handlungsfreiheit des Vermieters erheblich einschränken und sowohl rechtliche als auch wirtschaftliche Risiken mit sich bringen. Es ist wichtig, dass Vermieter die Implikationen eines solchen Rechts sorgfältig abwägen und in ihren Mietverträgen entsprechend berücksichtigen.

[32] Vgl. BGH NJW 2002, 3016 (3019).
[33] MüKoBGB/Häublein § 535 Rn. 25.
[34] MüKoBGB/Häublein § 535 Rn. 25.
[35] Vgl. BGH NJW 1988, 703; 1980, 2304.
[36] Vgl. BGH NJW 2002, 3016 (3019) zu § 510 BGB aF.
[37] Fritz/Geldmacher/Leo GewerberaumMietR/Geldmacher § 2 Rn. 28.
[38] Fritz/Geldmacher/Leo GewerberaumMietR/Geldmacher § 2 Rn. 28.
[39] Vgl. OLG Düsseldorf MDR 1984, 756.
[40] Vgl. BGH NJW 2002, 3016 (3019).

2. Begründung des Vormietrechts

Das Vormietrecht wird durch vertragliche Einigung der Parteien des Inhalts begründet, dass der Vormietberechtigte die Befugnis erhält, durch einseitige Erklärung an den Verpflichteten mit diesem einen Mietvertrag zu den Bedingungen zu schließen, die dieser in einem Mietvertrag mit einem Dritten bestimmt hat.[41] Dieser Vertrag ist kein Mietvertrag, sondern ein Vertrag eigener Art. 25

Die überwiegende Meinung geht davon aus, dass diese Einigung, wenn sie in einer isolierten Vereinbarung geschieht, **formfrei** möglich ist.[42] Wird das Vormietrecht nicht isoliert vereinbart, sondern als Teil eines Mietvertrages, der seinerseits § 550 BGB unterliegt, muss natürlich das Schriftformerfordernis für die gesamte Vereinbarung beachtet werden.[43] Darüber hinaus wird teilweise die Erforderlichkeit der Schriftform angenommen, wenn das Vormietrecht in einem Mietvertrag vereinbart ist und der Berechtigte auf Grund des Vormietrechts die Möglichkeit hat, eine Verlängerung der ursprünglichen Vertragslaufzeit herbeizuführen.[44] Aus Beweissicherungsgründen empfiehlt sich in jedem Fall eine schriftliche Vereinbarung. Dies gilt im Besonderen für den Fall, dass mit oder nach Abschluss eines Mietvertrages von einer Dauer von länger als einem Jahr dem Mieter ein Vormietrecht für die von ihm bewohnte Wohnung nach Beendigung des Mietvertrages oder für weitere, ggf. anzumietende Räume eingeräumt werden soll. Hier sollte der Mieter darauf achten, dass der Mietvertrag mit allen bindenden Nebenabreden, also auch mit dem zusätzlich oder nachträglich eingeräumten Vormietrecht, **schriftlich** niedergelegt wird. 26

3. Ausübung des Vormietrechts

a) **Eintritt des Vormietfalles.** Der sog. Vormietfall tritt dann ein, wenn der Verpflichtete mit dem Dritten einen **wirksamen Mietvertrag** (sog. Erstvertrag) geschlossen hat (§ 463 BGB analog).[45] Dies bedeutet zum einen, dass andere Vertragsabschlüsse mit einem Dritten, wie zB Einräumung eines Nießbrauchs oder ein Wohnungstausch, den Vormietfall nicht auslösen.[46] 27

Zum anderen reicht die Aufnahme von Vertragsverhandlungen mit dem Dritten für den Eintritt des Vormietfalls nicht aus, vielmehr muss es zum wirksamen Vertragsabschluss kommen.[47] Darüber hinaus müssen etwaige im Erstvertrag enthaltene aufschiebende Bedingungen eingetreten sein, ansonsten kann das Vormietrecht nicht ausgeübt werden.[48] Was den Mietgegenstand anbelangt, so tritt der Vormietfall auch dann ein, wenn der Verpflichtete dem Dritten weniger oder auch mehr Räume vermietet, als dem Vormietrecht unterliegen. 28

Ist der Vormietfall eingetreten, muss der Vermieter den Berechtigten über den Abschluss und den Inhalt des Mietvertrages unverzüglich informieren (§ 469 Abs. 1 S. 1 BGB analog). Um Streitigkeiten über die Erfüllung dieser Pflicht zu vermeiden, sollte die Mitteilung grundsätzlich durch Übersendung einer Kopie des Mietvertrages erfolgen.[49] 29

b) **Ausübung des Vormietrechts.** Das Vormietrecht wird in entsprechender Anwendung des § 464 Abs. 1 S. 1 BGB durch Erklärung gegenüber dem Verpflichteten ausgeübt. Diese Erklärung ist eine einseitige bedingungsfeindliche Gestaltungserklärung.[50] Sie ist 30

41 Schmidt-Futterer/Fervers BGB Vor § 535 Rn. 43.
42 S. Michalski ZMR 1999, 2 f. mwN; Bub/Treier MietR-HdB/Drettmann Kapitel II. Rn. 308; Lindner-Figura/Oprée/Stellmann Geschäftsraummiete-HdB/Stellmann § 3. Rn. 59.
43 Lindner-Figura/Oprée/Stellmann Geschäftsraummiete-HdB/Stellmann § 3. Rn. 60.
44 Blank/Börstinghaus/Siegmund/Weidt BGB § 550 Rn. 11.
45 Lindner-Figura/Oprée/Stellmann Geschäftsraummiete-HdB/Stellmann § 3. Rn. 49.
46 Bub/Treier MietR-HdB/Drettmann Kapitel II. Rn. 314; MüKoBGB/Häublein § 535 Rn. 23; Lindner-Figura/Oprée/Stellmann Geschäftsraummiete-HdB/Stellmann § 3. Rn. 49.
47 Bub/Treier MietR-HdB/Drettmann Kapitel II. Rn. 316.
48 Vgl. RGZ 123, 268.
49 Schmidt-Futterer/Fervers BGB Vor § 535 Rn. 43.
50 Vgl. BGHZ 102, 237 (240); BGH NJW 1988, 703 (704).

nach hM formlos gültig;[51] dafür spricht die entsprechende Anwendung von § 464 Abs. 1 S. 2 BGB. Um wirksam zu werden, muss die Erklärung dem Verpflichteten zugehen (§ 464 Abs. 1 S. 1 BGB analog, § 130 Abs. 1 BGB). Mit Zugang kommt es zum Vertragsschluss.

31 Steht das Vormietrecht mehreren gemeinschaftlich zu, kann es in entsprechender Anwendung des § 472 S. 1 BGB nur von allen ausgeübt werden.[52] § 472 S. 2 BGB ist nicht entsprechend anwendbar. Die **Frist zur Ausübung** des Vormietrechts beginnt in entsprechender Anwendung des § 469 Abs. 1 S. 1 BGB mit der dem Verpflichteten obliegenden unverzüglichen, auch formlos wirksamen Mitteilung des vollständigen Inhalts des mit dem Dritten abgeschlossenen Mietvertrages.[53] Die Frist wird ebenfalls in Lauf gesetzt, falls der Dritte dem Berechtigten eine Mitteilung macht, da diese die dem Verpflichteten obliegende Mitteilung ersetzt (§ 469 Abs. 1 S. 2 BGB analog). Sollten die Parteien keine anderen vertraglichen Absprachen getroffen haben, so endet die Frist zur Ausübung des Vormietrechts grundsätzlich in entsprechender Anwendung des § 469 Abs. 2 BGB zwei Monate nach ordnungsgemäßer Mitteilung vom Inhalt des Mietvertrages an den Vormietberechtigten.[54] Wird der Erstvertrag nach seiner Mitteilung abgeändert, läuft die Ausschlussfrist nicht. Sie beginnt in diesem Fall erst ab Mitteilung der Änderung.[55]

32 Voraussetzung ist grundsätzlich, dass sich der Berechtigte **ohne Vorbehalte** zur Übernahme der Pflichten und der vereinbarten Leistungen aus dem Erstvertrag bereit erklärt. Unwirksam ist die Ausübungserklärung des Vormietrechts, wenn der Vormietberechtigte insolvent oder offenbar nicht in der Lage ist, seine Verpflichtungen aus dem Vertrag zu erfüllen, da in diesem Fall die **Erklärung gegen den Grundsatz von Treu und Glauben** verstößt.[56] Etwas anderes gilt aber dann, wenn dem Vormietberechtigten zwar die Erbringung einer Leistung unmöglich ist, deren vertraglich verpflichtende Vereinbarung aber nicht hinreichend klar war, sondern nur eine von mehreren Auslegungsmöglichkeiten des Mietvertrages ist, in den er eintritt.[57] Kann der Vormietberechtigte die erforderlichen Voraussetzungen zur Anmietung eines Objekts nicht erfüllen (zB bei preisgebundenem Wohnraum keinen Wohnberechtigungsschein vorlegen), ist seine Erklärung ebenfalls unbeachtlich.

33 Die Ausübung des Vormietrechts ist ferner dann ausgeschlossen, wenn sich der Dritte zu einer nicht in Geld zu bewertenden Leistung verpflichtet hat, die der Vormietberechtigte nicht bewirken kann (§ 466 S. 2 BGB analog). Dabei ist im Unterschied zum gesetzlichen Vorkaufsrecht die Frage der Bewertbarkeit der Nebenleistung in Geld zurückhaltender zu beantworten. Einem Vermieter, der eine Wohnung an einen Dritten vermietet hat, der die Aufgaben eines Hausmeisters wahrnehmen und deswegen im Haus wohnen soll, ist zum Beispiel mit dem Ersatz des Wertes der Arbeitsleistung nicht gedient.[58] Der Berechtigte kann die Leistungen oder Verpflichtungen ablehnen, die als **„Fremdkörper"** innerhalb des Erstvertrages zu werten wären. Nach der Rechtsprechung des Bundesgerichtshofs sind darunter solche Bestimmungen zu verstehen, die völlig außerhalb der für gegenseitige Verträge typischen Abhängigkeit von Leistung und Gegenleistung stehen. Um dies feststellen zu können, muss unter Berücksichtigung aller Umstände geprüft werden, warum und zu wessen Vorteil eine bestimmte Klausel für die Durchführung des Erstvertrages vereinbart worden ist. Kommt man zu dem Ergebnis, dass die getroffene Vereinbarung weder dem Erstmieter noch dem Vormietverpflichteten einen persönlichen oder wirtschaftlichen Vorteil bringt, liegt ein „Fremdkörper" vor.[59]

---

[51] MüKoBGB/Häublein § 535 Rn. 23. Blank/Börstinghaus/Siegmund/Börstinghaus BGB § 535 Rn. 38.
[52] S. Bub/Treier MietR-HdB/Drettmann Kapitel II. Rn. 327.
[53] BGH ZMR 1958, 153.
[54] Vgl. BGHZ 55, 71 (76); WuM 1974, 345; Lindner-Figura/Oprée/Stellmann Geschäftsraummiete-HdB/Stellmann § 3. Rn. 57.
[55] Lindner-Figura/Oprée/Stellmann Geschäftsraummiete-HdB/Stellmann § 3. Rn. 57.
[56] Fritz/Geldmacher/Leo GewerberaumMietR/Geldmacher § 2 Rn. 38.
[57] Vgl. OLG Hamm BeckRS 2016, 17931.
[58] S. MüKoBGB/Häublein § 535 Rn. 23; aA nun MüKoBGB/Häublein § 535 Rn. 20.
[59] Vgl. BGH NJW 1988, 703 (704).

34 Der Grundsatz der Vertragsfreiheit ermöglicht den Parteien eine Vereinbarung darüber, dass die Ausübung des Vormietrechts statt durch einseitige Erklärung des Berechtigten durch Abschluss eines Vertrages erfolgen soll. Auf diese Weise ist es den Parteien möglich, einen vom Erstvertrag abweichenden Inhalt oder eine Abänderung einzelner Klauseln zu vereinbaren, was dazu führen kann, dass der Verpflichtete dem Berechtigten letztlich bessere Konditionen gewährt, als er sie mit dem Dritten vereinbart hat.[60]

35 c) **Rechtsfolgen – Leistungsstörungen.** Die Ausübung des Vormietrechts durch einseitige Erklärung hat zur Folge, dass zwischen dem Berechtigten und dem Verpflichteten ein neuer Mietvertrag mit dem Inhalt des Erstvertrages zustande kommt; der durch Ausübung des Vormietrechts zustande gekommene Mietvertrag hat jedoch keinen Einfluss auf die Rechtsbeständigkeit des zwischen dem Verpflichteten und dem Dritten geschlossenen Vertrages.

36 Will der Verpflichtete Schadensersatzansprüche wegen Doppelvermietung vermeiden, genügt es nicht, wenn er auf das Bestehen eines Vormietrechts hinweist und erklärt, dass der Vormietberechtigte sein Recht wohl nicht ausüben werde, vielmehr muss er Schadensersatzansprüche ausschließen oder sich durch eine auflösende Bedingung oder einen Rücktrittsvorbehalt durch Vereinbarung eines Rücktrittsrechts (§ 572 Abs. 1 BGB) vom Erstvertrag lösen können.[61] Zu beachten ist, dass bei der **Wohnraummiete** ein vereinbartes Rücktrittsrecht nur bis zur Überlassung der Mietsache ausgeübt werden kann (§ 572 Abs. 1 BGB).[62] Schadensersatzansprüche sind natürlich zu vermeiden, wenn es zum Verzicht auf das Vormietrecht kommt; dazu ist jedoch – wie beim Vorkaufsrecht – der Abschluss eines Erlassvertrages notwendig.[63]

37 Zur prozessualen Durchsetzung des Vormietrechts kann der Berechtigte vom Vermieter Auskunft über den Inhalt des Mietvertrages mit dem Dritten verlangen. § 469 Abs. 1 BGB, der dem Vorkaufsberechtigten gegenüber dem Verpflichteten ein Auskunftsrecht einräumt, ist insoweit auf Vormiet- und Vorpachtverträge analog anzuwenden.[64] Überlässt der Verpflichtete nach wirksamer Ausübung des Vormietrechts dem Dritten die Mieträume, kann der Berechtigte gemäß § 543 Abs. 2 Nr. 1 BGB kündigen oder unter den Voraussetzungen der § 536 Abs. 3, § 536a BGB Schadensersatz verlangen. Er kann aber auch auf Erfüllung klagen, da es durchaus denkbar ist, dass sich die Parteien des Mietvertrages auf eine freiwillige Vertragsaufhebung einigen und danach kein Fall der Unmöglichkeit vorliegen würde.[65] Die Aufhebung des ursprünglichen Mietvertrages zwischen Vermieter und Drittem lässt den durch Ausübung des Vormietrechts zustande gekommenen Vertrag zwischen Vermieter und Vormietberechtigtem unberührt.[66] Ein Recht per se zur Einräumung des Besitzes an dem gemieteten Grundstück oder den gemieteten Räumen hat der Berechtigte nicht, solange der Dritte auf Grund des fortwirkenden Vertrages rechtmäßiger Besitzer der Mietsache geworden ist.

4. Vertragsgestaltung

38 Bereits aus Gründen der Beweissicherung empfiehlt sich der schriftliche Abschluss der Vormietvereinbarung selbst sowie eine Vereinbarung, dass das Vormietrecht schriftlich auszuüben ist.

---

[60] Vgl. BGH ZMR 1971, 373 (374).
[61] Vgl. OLG Düsseldorf MDR 1984, 756; Fritz/Geldmacher/Leo GewerberaumMietR/Geldmacher § 2 Rn. 33.
[62] Lindner-Figura/Oprée/Stellmann Geschäftsraummiete-HdB/Stellmann § 3. Rn. 58.
[63] Vgl. BGH NJW 2002, 3016 (3019).
[64] Vgl. BGH NJW 2002, 3016 (3018).
[65] MüKoBGB/Häublein § 535 Rn. 25.
[66] MüKoBGB/Häublein § 535 Rn. 25; Fritz/Geldmacher/Leo GewerberaumMietR/Geldmacher § 2 Rn. 32.

Folgende Punkte, neben der Nennung der Vertragspartner und des Vertragsgegenstandes, auf den sich das Vormietrecht bezieht, sollten bei der Abfassung des Vertrages beachtet und ggf. konkret ausformuliert werden[67]:

- Sind die Parteien an einer Befristung des Vormietrechts interessiert?
- Wie ist die Mitteilungspflicht des Vermieters im Vormietfall zu erfüllen? (zB durch Übersendung einer Kopie des Mietvertrages)?[68]
- In welcher Form ist das Vormietrecht auszuüben (Schriftform)?
- Soll die Frist zur Ausübung des Vormietrechts über die gesetzlich vorgesehene Frist von zwei Monaten hinaus verlängert werden?
- Soll mit der Ausübung des Vormietrechts für beide Vertragspartner ein vertraglicher Anspruch auf schriftliche Niederlegung des neu zustande gekommenen Mietvertrages entstehen?
- Soll das Vormietrecht übertragbar und vererblich sein?
- Soll der Grundstückseigentümer verpflichtet werden, einen Grundstückserwerber an das Vormietrecht zu binden und dies auch seinen Rechtsnachfolgern aufzuerlegen?
- Soll das Vormietrecht nur für den ersten Vormietfall oder auch für alle künftigen Vormietfälle Geltung haben?
  Zur Sicherung seiner Position sollte sich der Vormietberechtigte das Recht im Wege der Individualvereinbarung nicht nur für einen Fall einräumen lassen, sondern seine Bestellung für mehrere oder alle zukünftigen Fälle erwirken.[69]
- Wer soll für evtl. entstehende Maklerkosten beim Erstvertrag aufkommen?

IV. Mietvorvertrag

1. Allgemeines

39 **a) Begriffsbestimmung.** Unter einem **Mietvorvertrag** ist eine schuldrechtliche Vereinbarung zu verstehen, in der sich die Parteien verpflichten, zu einem späteren Zeitpunkt einen Hauptmietvertrag zu schließen. In der Regel verpflichten sich beide Vertragspartner im Vorvertrag zum **Abschluss des Hauptvertrages,** es ist aber auch möglich, dass nur eine Partei eine Verpflichtung zum Hauptvertragsabschluss übernimmt.[70]

40 Vorverträge haben ihre Bedeutung insbesondere in solchen Fällen, in denen die Sache zum Abschluss des eigentlichen, auf den angestrebten Zweck selbst gerichteten Vertrages aus irgendeinem rechtlichen oder tatsächlichen Grunde noch nicht reif ist, während die Parteien die entsprechende Bindung alsbald begründen wollen, um sich auf diese Weise die wirkliche Erreichung des Zwecks zu sichern.[71]

41 Der Mietvorvertrag ist ein **echter schuldrechtlicher Vertrag,** auf den die allgemeinen Vorschriften des Vertragsrechts anwendbar sind. Er begründet einen Abschlusszwang auf vertraglicher Grundlage[72] mit der Folge, dass aus dem Vorvertrag auf Abschluss des Hauptvertrages geklagt werden kann.

42 **b) Praktische Bedeutung.** Der Vorvertrag im **Wohnraummietrecht** bezweckt in der Regel eine **vorzeitige Bindung** der Parteien, wenn dem Abschluss des Hauptvertrages noch rechtliche oder tatsächliche Hindernisse entgegenstehen.[73] Ein Vorvertrag kommt deshalb vor allem in folgenden Fallkonstellationen in Betracht:

- das Gebäude steht noch im Rohbau,
- die Wohnung soll erst umfangreich modernisiert werden,

[67] MüKoBGB/Häublein § 535 Rn. 16 ff.
[68] Fritz/Geldmacher/Leo GewerberaumMietR/Geldmacher § 2 Rn. 29.
[69] Michalski ZMR 1999, 1 (6).
[70] Vgl. BGH NJW 1990, 1233; 1962, 1812 (1813); 1986, 2820; MüKoBGB/Häublein § 535 Rn. 1; OLG Hamburg BeckRS 2023, 3907.
[71] Vgl. BGH WuM 1973, 238; MüKoBGB/Häublein § 535 Rn. 18.
[72] MüKoBGB/Häublein § 535 Rn. 19.
[73] Lindner-Figura/Oprée/Stellmann Geschäftsraummiete-HdB/Stellmann § 3 Rn. 4.

- das zu vermietende Objekt ist noch anderweitig vermietet,
- das zu erstellende Mietobjekt ist noch nicht im Einzelnen geplant.

Aus Streitigkeiten nach zunächst erfolgversprechenden, schließlich aber gescheiterten Verhandlungen entsteht das in der Praxis häufige Problem, wann von einem Mietvorvertrag ausgegangen werden kann, insbesondere, wenn keine schriftliche Vereinbarung vorliegt. Die **Rechtsprechung** ist hier **sehr zurückhaltend,** aus den Erklärungen und dem Verhalten der Parteien bei den Mietvertragsverhandlungen auf **konkludenten Abschluss eines Mietvorvertrages** zu schließen. 43

In Rechtsprechung und Literatur herrscht Einigkeit, dass der Vorvertrag im Vergleich zum sofort wirksamen Hauptvertrag die **Ausnahme** darstellt. Die Annahme eines Mietvorvertrages setzt deshalb **besondere Umstände** voraus, die darauf schließen lassen, dass sich die Parteien ausnahmsweise – ohne abschließende Regelung aller Vertragspunkte – bereits jetzt binden wollen.[74] Zwar können die rechtlichen oder tatsächlichen Hindernisse, die dem Abschluss des eigentlich angestrebten Hauptvertrages entgegenstehen, im Regelfall als Indizien für den beabsichtigten Abschluss eines Vorvertrages angesehen werden; entscheidend ist aber, dass der Bindungswille der Parteien gerade auf den Vorvertrag gerichtet ist. Daraus folgt, dass ein Hauptvertrag, über dessen Konditionen noch keine vollständige Einigung erzielt worden ist, nicht wegen der bereits unstreitigen Regelungen in einen Vorvertrag umgedeutet werden kann. Denn in diesem Fall war der maßgebliche Bindungswille auf den Abschluss des Hauptvertrages und nicht auf den eines vorläufigen Vertrages gerichtet. Gleiches gilt, wenn es dem beabsichtigten Hauptvertrag, soll er über längere Zeit als ein Jahr geschlossen werden, an der Schriftform iSd § 550 BGB fehlt. Auch hier steht einer Umdeutung in einen – formlos wirksamen – Mietvorvertrag in der Regel der fehlende Bindungswille hinsichtlich eines Vorvertrages entgegen.[75] Generell muss bei der **Wohnraummiete** beachtet werden, dass Mietinteressenten zumeist mehrere Wohnungen besichtigen und sich auch ggf. Mietverträge übersenden lassen, bevor sie sich für eine Wohnung entscheiden, wie auch umgekehrt Vermieter regelmäßig die Auswahl unter mehreren Mietinteressenten treffen wollen. Diese beiden Seiten bekannte Praxis spricht typischerweise dafür, dass eine rechtliche Bindung regelmäßig erst mit Abschluss des Wohnraummietvertrages zustande kommt.[76] 44

Vorteile für den Mietinteressenten: Der Mietinteressent sichert sich den Abschluss des zukünftigen Mietvertrages weitgehend. Ein Mietvorvertrag gibt dem Mietinteressenten eine gewisse Sicherheit, dass er die Immobilie tatsächlich mieten kann, sobald alle Bedingungen erfüllt sind.[77] Er hat die Möglichkeit, auf Abschluss des Hauptvertrages zu klagen und so den erstrebten Mietvertrag zu erzwingen. Auch kann der Mieter Schadensersatz fordern, falls er aufgrund des Vertrauens in den Mietvorvertrag bereits Investitionen getätigt hat oder andere Verpflichtungen eingegangen ist. Die Entscheidung, dass der Vermieter vermieten will, fällt bereits mit Abschluss des Vorvertrages. Der Mietinteressent kann auf die zukünftigen Mietbedingungen Einfluss nehmen, da bereits bei Abschluss des Vorvertrages die essentialia des zukünftigen Mietvertrages verhandelt und festgelegt werden. 45

Nachteile für den Mietinteressenten: Der Mietinteressent kann sich nicht ohne weiteres von seiner eingegangenen Verpflichtung lösen. Er kann uU gleichfalls einer Klage auf Abschluss des Mietvertrages ausgesetzt sein. 46

Vorteile für den Vermieter: Der Vermieter **sichert sich die zukünftige Vermietung** eines Objekts mit der Person seiner Wahl weitgehend. Er gestaltet den Inhalt des beabsichtigten Mietvertrages bereits bei Abschluss des Vorvertrages. Er kann den Abschluss des Mietvertrages gerichtlich erzwingen. 47

---

[74] Vgl. RGZ 86, 30; BGH NJW 1954, 71 ff.; MDR 1980, 749; NJW-RR 1992, 977; Lindner-Figura/Oprée/Stellmann Geschäftsraummiete-HdB/Stellmann § 3. Rn. 7.

[75] Vgl. BGH WuM 1969, 919; Lindner-Figura/Oprée/Stellmann Geschäftsraummiete-HdB/Stellmann § 3. Rn. 7; MüKoBGB/Häublein § 535 Rn. 19.

[76] Vgl. AG Halle (Saale) BeckRS 2008, 141225.

[77] OLG Hamburg BeckRS 2023, 3907.

48 **Nachteile für den Vermieter:** Der Vermieter **bindet** sich weitgehend sowohl bezüglich der Person seines Vertragspartners als auch bezüglich des Inhalts des zukünftigen Mietvertrages. Er kann auf Abschluss des Hauptvertrages verklagt werden. Ein Mietvorvertrag, der nur Mietobjekt, Mietdauer und Miete regelt, kann den Vermieter bei den Verhandlungen über den endgültigen Mietvertrag in eine ungünstige Verhandlungsposition bringen, weil die gesetzlichen Regelungen der §§ 535 ff. BGB durchwegs mieterfreundlich sind und aus Sicht des Vermieters oft abbedungen werden sollten. So hat der Vermieter nach dem Gesetz keinen Anspruch auf Mietsicherheit oder auf Erstattung der Nebenkosten und der Kosten der Instandhaltung und Instandsetzung.[78] Der Vermieter sollte daher darauf achten, diese Punkte bereits im Vorvertrag zu regeln, oder aber statt im Vorvertrag sich erst im endgültigen Mietvertrag binden.

2. Zustandekommen des Mietvorvertrages

49 a) **Abschluss des Mietvorvertrages.** Ein wirksamer Mietvorvertrag liegt dann vor, wenn sich die Vertragspartner darüber einig sind, dass das Mietobjekt dem Mietinteressenten zu einem späteren Zeitpunkt überlassen wird und Klarheit über die wesentlichen Konditionen des Mietvertrages besteht.[79] Nach herrschender Meinung kann ein Mietvorvertrag **formfrei** geschlossen werden.[80] Dies hat der BGH bestätigt.[81]

50 Die analoge Anwendung des § 550 BGB ist bei Mietvorverträgen schon deshalb nicht angezeigt, weil der Vorschrift überwiegend eine Beweisfunktion zukommt und weniger eine Warnfunktion. Gerade einem in die Mietverhältnisse eintretenden Grundstückserwerber soll es möglich sein, sich zuverlässig und vollständig über den Umfang und den Inhalt der auf ihn nach § 566 BGB übergehenden Pflichten zu informieren. Hält man sich vor Augen, dass gemäß § 566 BGB nur die Rechte aus einem Mietvertrag übergehen, nicht jedoch diejenigen aus einem Mietvorvertrag, so geht der Normzweck ins Leere.[82]

51 Auch ein **konkludenter Abschluss** eines Vorvertrages ist **möglich,** vor Gericht aber im Streitfall kaum zu beweisen. Deshalb ist dringend anzuraten, wenn ein Mietvorvertrag geschlossen werden soll, die Vereinbarung schriftlich niederzulegen und als Mietvorvertrag zu bezeichnen, weil so ein deutliches Indiz für die Auslegung geschaffen wird. Man sollte auch eine ausdrückliche Klausel über die Verbindlichkeit des Vertragsinhalts aufnehmen, um eine Abgrenzung zum „letter of intent" zu ermöglichen.[83] Formbedürftig ist jedenfalls die Abrede, durch die ein Vorvertrag zum Hauptvertrag gemacht werden soll, dh durch mündliche Abrede kann auch ein schriftlicher Vorvertrag, der eine Mietdauer von länger als einem Jahr vorsieht, nicht in einen Hauptvertrag verwandelt werden,[84] ohne die Rechtsfolge des § 550 BGB auszulösen.

52 b) **Inhalt des Mietvorvertrages.** An den notwendigen Inhalt eines Vorvertrages können nicht die gleichen Anforderungen gestellt werden wie an eine endgültige Vereinbarung, dh den Inhalt des beabsichtigten Hauptvertrages muss der Vorvertrag nicht detailliert und in vollem Umfang wiedergeben. Dennoch müssen sich die Parteien über ein **Mindestmaß an Regelungen** verständigt haben, so dass der Inhalt des abzuschließenden Mietvertrages zumindest **bestimmbar** ist. Dies folgt bereits aus dem Wesen des Vorvertrages als vorbereitendem Vertrag.[85]

53 Notwendig ist aber, dass die Parteien sich über die **wesentlichen Mietbedingungen** geeinigt haben. Dazu zählt die Einigung über:

[78] Lindner-Figura/Oprée/Stellmann Geschäftsraummiete-HdB/Stellmann § 3. Rn. 24.
[79] Vgl. BGH ZMR 1994, 107.
[80] MüKoBGB/Häublein § 535 Rn. 20; Lindner-Figura/Oprée/Stellmann Geschäftsraummiete-HdB/Stellmann Kap. 3 Rn. 19.
[81] BGH NZM 2007, 445.
[82] Lindner-Figura/Oprée/Stellmann Geschäftsraummiete-HdB/Stellmann§ 3. Rn. 19.
[83] S. Fleischmann NZM 2012, 625 (626).
[84] Lindner-Figura/Oprée/Stellmann Geschäftsraummiete-HdB/Stellmann§ 3. Rn. 10.
[85] Lindner-Figura/Oprée/Stellmann Geschäftsraummiete-HdB/Stellmann§ 3. Rn. 11.

- das Mietobjekt,
- den Mietzins
- die Mietdauer und
- die ggf. von den Parteien noch für wesentlich gehaltenen Punkte.[86]

Diese **Essentialia** müssen mindestens **bestimmbar** sein. Bestimmbar bedeutet, dass der Inhalt des nachfolgenden Hauptvertrages im Streitfall entweder durch Auslegung oder unter entsprechender Anwendung des § 287 ZPO im Wege ergänzender Vertragsauslegung (richterlich) festgestellt werden kann.[87] Alle übrigen Einzelheiten können durchaus zu einem späteren Zeitpunkt noch verhandelt werden. Es bleibt den Parteien unbenommen, im Falle längerer Verhandlungsdauer das jeweils erzielte Ergebnis in den Vorvertrag zu integrieren und so den Inhalt des Vorvertrages zu erweitern.[88] 54

Für **bestimmbar** wird in der **Rechtsprechung** Folgendes angesehen: 55

- Wenn lediglich eine Abrede über die Vertragsdauer fehlt, so soll der Vertrag als auf unbestimmte Zeit geschlossen gelten.[89]
- Wenn eine Bestimmung des Mietzinses fehlt, so ist es möglich, diese Lücke durch die ortsübliche bzw. angemessene Miete zu füllen.[90]
- Wenn der Vermieter dem Mietinteressenten erklärt, er werde mit ihm einen Vertrag abschließen, sobald die Vormieterin gekündigt habe, nur würde sich der Mietzins dann geringfügig erhöhen; dem Vermieter sei damit ein gemäß § 315 BGB überprüfbares Ermessen zur angemessenen Mietzinserhöhung eingeräumt worden.[91]

Für **zu unbestimmt** wird in der Rechtsprechung Folgendes angesehen: 56

- Wenn der Vermieter anlässlich der Vertragsverhandlungen gesprächsweise erklärt, der Mietinteressent könne **grundsätzlich** von der Überlassung der Wohnung ausgehen.[92]
- Wenn eine Vereinbarung lediglich die Bezeichnung des Mietgegenstandes und die Erklärung, dass der Abschluss eines Mietvertrages hierüber beabsichtigt sei, enthält.[93]
- Wenn bei einem vorläufigen Mietvertrag mit einem als Hausmeister vorgesehenen Ehepaar die Einzelheiten der Hausmeistervergütung noch ausgehandelt werden sollen und darüber keine Einigung erreicht wird.
- Wenn mit dem einen Ehegatten Einigkeit über die Vertragsbedingungen besteht, der Vertrag aber mit dem Ehepaar abgeschlossen werden soll und der Vermieter noch vor Vertragsabschluss den anderen Ehegatten kennenlernen möchte.[94]
- Wenn sich der Eigentümer und der Mietinteressent lediglich darauf einigen, dass der Interessent in dem demnächst bezugsfertig werdenden Gebäude einige Räume mietweise erhalten soll.[95]
- Wenn der Vermieter erklärt, er werde sich darum „bemühen", nach Fertigstellung der geplanten Umbaumaßnahmen vorrangig ein vergleichbares Objekt anzubieten.
- Wenn die Vereinbarung keine Angaben über den Mietzins und etwaige Nebenkosten oder keine genaue Bezeichnung und Beschreibung des Mietobjekts enthält.[96]

Insgesamt ist zu konstatieren, dass ein Mietvorvertrag, der die wesentlichen Elemente nicht klar regelt, grundsätzlich nicht die Anforderungen an einen wirksamen Vertrag erfüllt und somit rechtlich angefochten werden kann.[97]

[86] Vgl. OLG Karlsruhe NJW-RR 1996, 997 (998); OLG Saarbrücken NJW-RR 1978, 341; Lindner-Figura/Oprée/Stellmann Geschäftsraummiete-HdB/Stellmann § 3 Rn. 12–17.
[87] Vgl. BGH NJW-RR 1993, 139; BGH ZMR 1993, 55 (56); NJW 1990, 1234; Lindner-Figura/Oprée/Stellmann Geschäftsraummiete-HdB/Stellmann § 3. Rn. 11.
[88] Vgl. BGH ZMR 1993, 55 (57).
[89] Vgl. BGH WuM 1964, 1216.
[90] Vgl. BGH NJW 2002, 3016 (3018); WuM 1992, 312 (313).
[91] Vgl. LG Berlin GrundE 1992, 387.
[92] Vgl. LG Mannheim WuM 1971, 82.
[93] Vgl. BGH WuM 1977, 400 (401) (Pacht).
[94] Vgl. LG Mannheim ZMR 1976, 243.
[95] S. Held WuM 1982, 119.
[96] OLG Celle BeckRS 2008.
[97] OLG Hamburg BeckRS 2023, 3907.

3. Rechte und Pflichten aus dem Mietvorvertrag

57 a) **Haupt- und Nebenpflichten.** Mit dem Abschluss des Vorvertrages entsteht zwischen den Parteien ein echtes Vertragsverhältnis.

58 **Hauptpflicht** ist für beide Teile alsbald nach Fortfall der noch bestehenden Hindernisse der Abschluss des Hauptvertrages. Beide Parteien sind zur Mitwirkung am Zustandekommen des schriftlichen und damit § 550 BGB genügenden Hauptvertrages verpflichtet.[98] Dies bedeutet, dass grundsätzlich beide Parteien zur Abgabe eines Angebots auf Abschluss des Hauptvertrages verpflichtet und gehalten sind, ein Angebot der Gegenseite entweder anzunehmen oder an dem weiteren **Aushandeln der Vertragsbedingungen ernsthaft mitzuwirken.**[99] Der Mietvorvertrag begründet folglich eine Hinwirkungspflicht auf den Hauptvertrag.[100] Die Verpflichtung aus einem Vorvertrag erlischt auch nicht schon dadurch, dass ein einmaliges Vertragsangebot zum Abschluss des Hauptvertrages vom anderen Vertragspartner abgelehnt wird.[101] Dem ablehnenden Vertragspartner bleibt es unbenommen, ein Gegenangebot zu machen. Dieses Gegenangebot darf nicht unbeachtet bleiben; die Ablehnung von Verhandlungen unter Verweisung auf das eigene Angebot kann gegen Treu und Glauben verstoßen.[102]

59 Grundsätzlich kann das vorgelegte Vertragsangebot inhaltlich in gewissem Umfang vom Vorvertrag abweichen, ohne „vertragswidrig" zu sein. Zulässig ist zB eine geringfügige Anhebung des monatlichen Mietzinses, wenn der Vorvertrag nur eine überschlägige Berechnung desselben enthielt. Als zulässig wird auch eine Neugestaltung des Rechts zur Untervermietung angesehen, wenn dies im berechtigten Interesse des Vermieters liegt und der Klarstellung dient. Nicht zulässig ist eine erstrebte Änderung in der Person des Vermieters. Auch die Gewährung eines Vormietrechts oder einer Verlängerungsoption kann nicht verlangt werden.[103]

60 Die Parteien sind auf Grund des Mietvorvertrages insgesamt gehalten, die in ihm noch offen gelassenen Punkte in verständiger Weise einer Regelung zuzuführen. Daraus folgt, dass die Verpflichtung aus dem Mietvorvertrag nicht schon durch einmalige Abgabe eines Vertragsangebotes erlischt. Vielmehr müssen die Parteien **nachverhandeln,** wenn das Angebot berechtigte Interessen des anderen Teils nicht hinreichend berücksichtigt.

61 Sollten die Nachverhandlungen zu keiner Einigung führen, ist der übrige Inhalt des Mietverhältnisses – erforderlichenfalls durch gerichtliche Entscheidung – nach den gesetzlichen Vorschriften der §§ 535 ff. BGB festzulegen.[104]

62 Des Weiteren sind die Parteien eines Mietvorvertrages gehalten, die **entgegenstehenden Hindernisse** nach Möglichkeit zu **beseitigen.**[105] In der Zeit zwischen dem Abschluss des Vorvertrages und dem beabsichtigten Abschluss des Hauptvertrages können Veränderungen der tatsächlichen oder rechtlichen Verhältnisse eintreten. Diese sind zu berücksichtigen und zwar dergestalt, dass die Bestimmungen des nunmehr abzuschließenden Hauptvertrages so festzulegen sind, wie die Parteien sie bei Kenntnis dieser Veränderungen festgelegt haben würden.[106] Besonders tiefgreifende Veränderungen können nach den Regeln über den Wegfall der Geschäftsgrundlage dazu führen, dass der Abschluss des Hauptvertrages überhaupt nicht mehr in Betracht kommt.[107]

63 Der **Anspruch auf Abschluss des Hauptvertrages** unterliegt der **regelmäßigen Verjährung (§§ 195, 199 BGB).** Im Einzelfall empfiehlt sich sicherlich eine (formlose) Vereinbarung über eine Verlängerung der Verjährungsfrist (§ 202 BGB). Da ein Miet-

---

98 Vgl. BGH NJW 2007, 1817 (1818).
99 Vgl. BGH WuM 1981, 695 (697); ZMR 1994, 106; OLG Frankfurt a. M. BeckRS 2015, 9121.
100 Lindner-Figura/Oprée/Stellmann Geschäftsraummiete-HdB/Stellmann§ 3. Rn. 20.
101 Lindner-Figura/Oprée/Stellmann Geschäftsraummiete-HdB/Stellmann§ 3. Rn. 22.
102 Vgl. BGH WuM 1958, 491.
103 S. OLG Frankfurt a. M. BeckRS 2015, 9121.
104 Lindner-Figura/Oprée/Stellmann Geschäftsraummiete-HdB/Stellmann§ 3. Rn. 22, 23.
105 Lindner-Figura/Oprée/Stellmann Geschäftsraummiete-HdB/Stellmann§ 3. Rn. 22.
106 Vgl. BGH NJW 1986, 2822 (2832).
107 Lindner-Figura/Oprée/Stellmann Geschäftsraummiete-HdB/Stellmann§ 3. Rn. 27.

vorvertrag nicht mit einem Mietvertrag gleichzusetzen ist, geht die Verpflichtung zum Abschluss eines Mietvertrages nicht auf den Erwerber der Mietsache über.[108]

Daneben bestehen vertragliche **Nebenpflichten;** insbesondere müssen die Parteien alles unterlassen, was dem Abschluss des Hauptvertrages im Wege stehen könnte.[109] Werden diese Verpflichtungen verletzt, so kann der jeweils andere Vertragsteil Schadenersatz verlangen. 64

Hat der Mieter aufgrund des Vorvertrages bereits den Besitz der Mietsache erlangt, steht ihm ein Besitzrecht zu, solange er **Erfüllung des Vorvertrages** verlangen kann. Dem Herausgabeanspruch des Eigentümers gemäß § 985 BGB steht dann der Einwand unzulässiger Rechtsausübung gemäß § 242 BGB entgegen, wenn er aufgrund des Vorvertrages verpflichtet ist, mit dem Besitzer einen Mietvertrag zu schließen, denn er fordert damit etwas, was er kraft der Verpflichtung zum Abschluss des Mietvertrages und der hieraus folgenden Pflicht zur Gebrauchsüberlassung sofort zurückgeben müsste.[110] Das Besitzrecht des Mieters entfällt hingegen, wenn der Vermieter ein Kündigungsrecht entsprechend den mietrechtlichen Regeln erwirbt, etwa nach § 543 Abs. 2 Nr. 3 BGB bei Zahlungsverzug des Mieters.[111] 65

Nimmt aber eine Partei des Vorvertrages das Mietobjekt vor Abschluss des Hauptvertrages eigenmächtig in Besitz, so begeht sie **verbotene Eigenmacht.**[112] 66

b) Erfüllung – Leistungsstörungen beim Vorvertrag. In erster Linie verpflichtet der Vorvertrag zum **Abschluss des Hauptvertrages.** Erfüllung tritt mit Abschluss eines formgültigen Hauptvertrages ein. Scheitern aber die Verhandlungen über den Abschluss des Hauptvertrages endgültig, können die Parteien den Vorvertrag einvernehmlich aufheben und die Pflicht zum Abschluss des Hauptvertrages hinfällig machen. Da der Vorvertrag ein vollwertiger schuldrechtlicher Vertrag ist, unterliegt er zur Gänze den allgemeinen Regeln des Leistungsstörungsrechts, so dass im Hinblick auf die §§ 275, 280, 281, 286, 323, 325 BGB auf die dort geltenden Grundsätze verwiesen werden kann. 67

Gleichwohl ist darauf hinzuweisen, dass neben der einvernehmlichen Vertragsaufhebung die Lösung vom Vorvertrag über die Anfechtung oder den Rücktritt möglich ist, sofern ein wichtiger Grund vorliegt. Ein Rücktrittsgrund ist regelmäßig dann anzunehmen, wenn eine fristlose Kündigung des Mietvertrages möglich wäre. Vor allem dann, wenn eine Partei abredewidrig den Abschluss des Mietvertrages verweigert, wird dies der anderen Seite das Recht zum Rücktritt vom Mietvorvertrag aus wichtigem Grund einräumen.[113] 68

Hat eine Partei bereits aufgrund des Vorvertrages Leistungen erbracht, zum Beispiel eine Mietvorauszahlung, und den Hauptvertrag wegen arglistiger Täuschung angefochten, so muss auch der Vorvertrag angefochten werden, um Bereicherungsansprüche auszulösen. Die Anfechtung nur des Hauptvertrages genügt nicht.[114] Kann nur der Hauptvertrag, aber nicht der Vorvertrag angefochten werden, ergibt sich aus dem Vorvertrag weiterhin die Verpflichtung zum erneuten Hauptvertragsabschluss, allerdings möglicherweise mit modifiziertem Inhalt. 69

c) Gerichtliche Geltendmachung. Jede Partei kann aus dem Mietvorvertrag auf Erfüllung, dh auf Abschluss des Mietvertrages klagen. Der aus dem Vorvertrag resultierende Erfüllungsanspruch ist auf Abschluss eines Hauptvertrages mit dem Inhalt gerichtet, den der Vorvertrag für den künftig abzuschließenden Hauptvertrag vorsieht. Die richtige Klageart ist die **Leistungsklage.** 70

---

108 MüKoBGB/Häublein § 535 Rn. 20.
109 Vgl. BGH NJW 2007, 1817 (1818); Lindner-Figura/Oprée/Stellmann Geschäftsraummiete-HdB/Stellmann§ 3. Rn. 25.
110 Vgl. OLG Köln WuM 1992, 361 (362); KG BeckRS 2003, 30317319.
111 Vgl. OLG Köln NJW-RR 1992, 1162 = WuM 1992, 361.
112 Vgl. BGH WuM 1971, 44.
113 Lindner-Figura/Oprée/Stellmann Geschäftsraummiete-HdB/Stellmann§ 3. Rn. 26, 27.
114 Vgl. BGH WuM 1973, 238.

71 Die Leistungsklage ist grundsätzlich auch bei einem Streit über das (wirksame) Zustandekommen eines Vorvertrages die richtige Klageart. Nach ständiger Rechtsprechung des Bundesgerichtshofs ist für eine Feststellungsklage im Allgemeinen kein Raum, wenn eine Leistungsklage möglich ist, die das Rechtsschutzinteresse des Klägers ebenso wahren kann.[115] Die Besonderheiten eines Falles können jedoch dazu führen, dass letztlich nur eine **Feststellungsklage** dem Rechtsschutzbedürfnis des Klägers entspricht und zur Erledigung der aufgetretenen Streitpunkte führen kann; das gilt insbesondere, wenn es nicht um Details des Mietvertrages geht, sondern die Frage der Vermietung überhaupt streitig ist.[116]

72 Die Leistungsklage ist auf Abgabe der den Hauptvertrag zustande bringenden Willenserklärung, also regelmäßig auf **Annahme** des mit der Klage im vollständigen Wortlaut unterbreiteten Vertragsangebotes zu richten.[117] Denn jedenfalls dann, wenn der in Aussicht genommene Hauptvertrag im Vorvertrag inhaltlich bereits vollständig ausformuliert worden ist, besteht kein Rechtschutzbedürfnis für eine Klage auf Abgabe eines Angebots durch die Gegenseite. Regelt ein Vorvertrag nicht den vollständigen Inhalt des in Aussicht genommenen Hauptvertrages, sondern verweist er insoweit lediglich auf Bestimmungen in Verträgen, die der Verpflichtete mit anderen geschlossen hat, so muss der Berechtigte mit seinem Klageantrag kein eigenes Angebot unterbreiten und dessen Annahme verlangen, sondern kann auf Abgabe eines ausformulierten Vertragsangebots durch den Verpflichteten klagen.[118]

73 Grundsätzlich muss der Klageantrag den **gesamten Inhalt** des zukünftigen Hauptvertrages wiedergeben.[119] Es kann im Einzelfall ausreichend sein, wenn der Klageantrag die Mietvertragsparteien, das Mietobjekt, den Mietzins und die Vertragsdauer enthält.[120] Entscheidend ist, dass der Klageantrag das **Bestimmtheitserfordernis des § 253 Abs. 2 Nr. 2 ZPO** erfüllt, so dass aus einem stattgebenden Urteil nach § 894 ZPO vollstreckt werden kann.[121] Bestimmt genug ist er, wenn er alles enthält, was nach der Vorstellung des Klägers Inhalt der Verpflichtung des Beklagten zum Abschluss des gewünschten Vertrages bilden soll.[122] Andernfalls liefe der Kläger Gefahr, eine Klagabweisung zu erhalten, da von der Rechtsprechung ein Rechtsschutzbedürfnis für eine stückweise Herbeiführung des Gesamtvertrages im Wege von Teilleistungsklagen grundsätzlich nicht anerkannt wird.[123] Veränderungen der tatsächlichen Verhältnisse seit Abschluss des Vorvertrages sind im Klageantrag entsprechend zu berücksichtigen.[124] Ist dem Kläger jedoch wegen der Unbestimmtheit des Mietvorvertrages die Formulierung eines konkreten Mietvertragsinhalts nicht zumutbar, ist ein Rechtsschutzbedürfnis für die Klage auf Abgabe eines Angebots zu bejahen.[125]

74 Die für das Zustandekommen eines Vorvertrages maßgeblichen Tatsachen muss die Partei darlegen und beweisen, die aus dem Vertrag Rechte für sich herleiten will. Der Darlegungspflichtige muss vortragen, dass zwischen den Parteien ein Vorvertrag gewollt war. Des Weiteren ist er verpflichtet, die Umstände darzulegen, aus denen sich der rechtskräftige Bindungswille der Parteien herleiten lässt.[126]

---

[115] Vgl. BGH NJW 2002, 3016 (3017); NJW-RR 1994, 1272 (1273) mwN.
[116] Vgl. BGH NJW 2002, 3016 (3017).
[117] Vgl. BGH NJW 2002, 3016 (3017); BGHZ 97, 147; BGH NJW-RR 1994, 317 (318); so auch Fleischmann NZM 2012, 625 (628).
[118] Vgl. BGH NJW 1984, 479 (480); s. aber auch BGH NJW 1986, 2822.
[119] Vgl. BGH NJW-RR 1994, 1272 (1273); Fleischmann NZM 2012, 625 (628).
[120] S. Kinne/Schach/Bieber Teil II Rn. 178.
[121] Lindner-Figura/Oprée/Stellmann Geschäftsraummiete-HdB/Stellmann§ 3. Rn. 29.
[122] Vgl. BGH NJW 2002, 3016 (3018); ZMR 1994, 106; WM 1961, 1053 (1055).
[123] Vgl. BGH ZMR 1994, 106.
[124] Vgl. BGHZ 98, 130 und BGH NJW 1962, 1812.
[125] Lindner-Figura/Oprée/Stellmann Geschäftsraummiete-HdB/Stellmann§ 3. Rn. 30.
[126] Vgl. BGH NJW 1980, 1577 (1578); Schmidt-Futterer/Blank BGB Vor § 535 Rn. 121.

Mit Rechtskraft eines stattgebenden Urteils gilt die Annahmeerklärung als abgegeben (§ 894 ZPO) und der Vertrag als geschlossen.[127] 75

Mit der Klage auf Abschluss des Mietvertrages kann **zugleich** eine Klage auf Erfüllung der aus dem Mietvertrag geschuldeten Leistung (zB Mietzins) erhoben werden.[128] Die auf die Erfüllung der Leistungen aus dem erstrebten Hauptvertrag gerichteten Klageanträge stehen dann unter der innerprozessualen Rechtsbedingung, dass dem Antrag auf Abschluss des Hauptvertrages stattgegeben wird. 76

Die **sachliche und örtliche Gerichtszuständigkeit** für Ansprüche aus einem Mietvorvertrag bestimmt sich nach § 23 Nr. 2a GVG, § 29a ZPO.[129] 77

Im Wege der **einstweiligen Verfügung** kann aufgrund eines Mietvorvertrages weder eine Besitzeinräumung noch die Abgabe einer Willenserklärung zum Abschluss des Mietvertrages durchgesetzt werden. Ein Mietvorvertrag gewährt nur einen Anspruch auf Abschluss des Mietvertrages und noch keinen Anspruch auf Besitzeinräumung. Die Abgabe einer Willenserklärung zum Abschluss eines schuldrechtlichen Vertrages kann im Verfahren des einstweiligen Rechtsschutzes grundsätzlich nicht verlangt werden, da dies die Hauptsache vorwegnehmen und somit dem vorläufigen Charakter des Eilrechtsschutzes widersprechen würde.[130] Die Unstatthaftigkeit einer einstweiligen Verfügung auf Abschluss eines Mietvertrages ist auch dann zu bejahen, wenn der Vermieter mit zwei verschiedenen Parteien jeweils einen Mietvorvertrag abgeschlossen hat. Zum einen würde ansonsten die Entscheidungsfreiheit des Vermieters, mit wem er zur Überlassung des Mietobjekts einen endgültigen Vertrag abschließt, deutlich eingeschränkt; zum anderen bestünde das Problem konkurrierender Überlassungsverbote in gleicher Weise wie im Fall der sogenannten Doppelvermietung.[131] 78

Wird aus einem Vorvertrag der Abschluss eines Mietvertrages verlangt, so richtet sich der Gegenstandswert nicht nach § 41 Abs. 1 GKG, vielmehr ist der Wert nach § 3 ZPO zu schätzen. Maßgebend ist dabei das Interesse der Partei am Abschluss des Vertrages, so dass es auch höher sein kann als eine einjährige Miete.[132] 79

4. Vertragsgestaltung und Muster

Zu Zwecken der **Beweissicherung** empfiehlt sich eine **schriftliche Niederlegung** des Vorvertrages. Je genauer die Parteien die Kriterien zur endgültigen Festlegung der Vertragsbedingungen des künftigen Mietvertrages bereits festlegen, desto besser. 80

Folgende Punkte sollten bei der Vereinbarung beachtet und konkret ausformuliert werden:

Checkliste

- ☐ Auf welchen Mietgegenstand bezieht sich die Vereinbarung?
  Genaue Bezeichnung des Mietobjekts und mitvermieteter Räume und Gegenstände – wie im Mietvertrag.
- ☐ Wer sind die Vertragspartner?
  Genaue Bezeichnung der Parteien des zukünftigen Mietvertrages.
- ☐ Welcher Mietzins soll gelten?
  Absoluter Betrag pro Quadratmeter mit oder ohne Anpassungsfaktoren.
- ☐ Welche Laufzeit soll der zukünftige Vertrag haben?
- ☐ Welche Regelungen sollen bezüglich einer Untervermietung gelten?

---

127 Vgl. BGH NJW 1984, 479 (480); zur Vollstreckung siehe Lindner-Figura/Oprée/Stellmann Geschäftsraummiete-HdB/Stellmann Kap. 3. Rn. 32 f.

128 Vgl. BGHZ 98, 130 (134); BGH NJW 1986, 2820 (2821); OLG Köln ZMR 1998, 283 (284); OLG Koblenz NZM 1998, 405.

129 Lindner-Figura/Oprée/Stellmann Geschäftsraummiete-HdB/Stellmann§ 3. Rn. 31.

130 Vgl. OLG Celle ZMR 2009, 113 f.; AG Schöneberg ZMR 1999, 643 (644, 645); Schach GE 1994, 132.

131 Vgl. OLG Celle ZMR 2009, 113 f.; OLG Hamm NZM 2004, 192 (193).

132 Vgl. OLG Hamburg MDR 1970, 333; OLG Frankfurt a. M. JurBüro 1962, 685.

☐ Wie hoch soll die Kaution sein?
☐ Welche Nebenkostenregelung soll gelten?
☐ Soll der Vorvertrag befristet werden?
☐ Was soll gelten, wenn das „Hindernis" nicht bis zu einem bestimmten Zeitpunkt beseitigt ist?

Ein Vorvertrag könnte folgendermaßen lauten:

Muster: Vorvertrag

81 Herr/Frau ...... (zukünftiger Vermieter), wohnhaft in ......
und
Herr/Frau ...... (zukünftiger Mieter), wohnhaft in ......
verpflichten sich, einen schriftlichen Mietvertrag über
die im Anwesen in ......, in der ......straße,
im ...... Geschoss (rechts/links/Mitte) belegene Wohnung,
bestehend aus ...... Zimmern, ... Küche, ... Diele, ... Flur, ... Bad/Dusche, ... WC, Kellerraum abzuschließen. Die Wohnfläche beträgt ...... m^2.
Die Miete wird voraussichtlich brutto/kalt monatlich ...... Euro betragen.
Die Wohnung wird voraussichtlich am ...... zum Bezug bereitstehen.
Regelungen zu den Schönheitsreparaturen, der Leistung einer Kaution sowie den Nebenkostenvorauszahlungen
Der zukünftige Mieter ist berechtigt, von dem Vorvertrag zurückzutreten, wenn sich der Bereitstellungstermin um mehr als ...... Monate hinausschiebt oder die endgültige Miete sich gegenüber der in Aussicht genommenen um mehr als ...... Prozent erhöht. Der Rücktritt ist spätestens zwei Wochen nach Mitteilung des verzögerten Bereitstellungstermins oder der erhöhten Miete schriftlich zu erklären.
......
(Datum/Unterschriften)

V. Option

1. Allgemeines

82 a) **Begriffsbestimmung und Abgrenzung.** Ein **(Miet-)Optionsrecht,** welches gesetzlich nicht geregelt ist, gestattet dem Berechtigten, durch einseitige empfangsbedürftige Willenserklärung entweder ein Mietverhältnis zustande zu bringen oder ein bestehendes Mietverhältnis über die zunächst vorgesehene Laufzeit hinaus auf bestimmte oder unbestimmte Zeit zu verlängern. Im ersten Fall spricht man von einer sog. **Begründungsoption,** im zweiten Fall von einer sog. **Verlängerungsoption.**[133] Gemeinsam ist beiden Optionsformen, dass sie nur denjenigen binden, der sie gewährt. Gewähren kann eine Option sowohl der (zukünftige) Vermieter als auch der Mietinteressent. Die Ausübung des Rechts liegt allein im Belieben des Optionsberechtigten.[134] Das Optionsrecht ist rechtlich als ein Gestaltungsrecht zu qualifizieren.[135]

83 Im Folgenden wird nur die **Begründungsoption** behandelt. Näheres zur Verlängerungsoption findet sich in § 29 „Vertragsbeendigung ohne Kündigung".

84 Mit Vereinbarung einer Begründungsoption entsteht im Gegensatz zu einem **Vorvertrag** kein schuldrechtlicher, ggf. auch einklagbarer Anspruch auf Abschluss des Mietvertrages, vielmehr wird die Begründung des Mietvertrages mit Ausübung des Rechts **unmittelbar** herbeigeführt.[136] Die Begründungsoption unterscheidet sich vom Vorver-

[133] Schmidt-Futterer/Fervers Vor § 535 Rn. 44.
[134] S. MüKoBGB/Häublein § 535 Rn. 27.
[135] Vgl. BGH NJW 1968, 551 (552).
[136] Schmidt-Futterer/Fervers Vor § 535 Rn. 39.

trag des Weiteren dadurch, dass ein im Einzelnen ausgehandelter Hauptvertrag schon vorliegt und es im freien Belieben des Berechtigten steht, ob es überhaupt zur Durchführung dieses Hauptvertrages kommen soll.[137]

Von der **Vormiete** unterscheidet sich die Option dadurch, dass der Inhalt des Miet- 85
vertrages bereits feststeht, während bei einem Vormietrecht der Vermieter durch Verhandlungen mit einem Dritten den Vertragsinhalt noch gestalten kann. Hängt bei der Vormiete der Inhalt des Vertrages von einem sog. Drittgeschäft ab, so ist bei der Option der Zeitpunkt seiner Verwirklichung noch ungewiss.

Das **Anmietrecht,** auch Vorhand genannt, gewährt dem Berechtigten nur die Position 86
des ersten Verhandlungspartners, das Optionsrecht macht ihn mit dessen Ausübung unmittelbar zum Vertragspartner. Typisch für das Anmietrecht ist, dass noch keine Vertragsgrundlage vorhanden ist und die Parteien sich über eine konkrete Vertragsgestaltung verständigen müssen.

Streiten die Parteien darüber, ob dem Vermieter oder dem Mieter eine „Mietoption" 87
eingeräumt worden ist, so ist zu berücksichtigen, dass dieser Begriff auf eine Befugnis des Mieters hinweist; denn etwas zu mieten ist seine Sache.[138] Vereinbaren Käufer und Verkäufer eines Mietobjekts, dass jede Partei ab einem bestimmten Zeitpunkt zu einem vorbestimmten Preis eine Anmietung desselben durch den Verkäufer verlangen kann, so handelt es sich rechtlich um einen Vorvertrag, nicht um ein Optionsrecht.[139] Das OLG Köln sah es als erwiesen an, dass diese rechtliche Qualifizierung der Vereinbarung dem übereinstimmenden Willen beider Parteien entsprach und damit nach der höchstrichterlichen Rechtsprechung[140] Vorrang vor ihrem Wortlaut und jeder anderweitigen Interpretation habe.

Teils wird auch die Abgabe eines unbefristeten oder auf längere Zeit befristeten 88
Angebots zum Abschluss eines Mietvertrages als Einräumung eines Optionsrechts bezeichnet.[141] Dem ist schon deshalb nicht zu folgen, weil Angebot und Begründungsoption unterschiedlichen Formvorschriften unterliegen. Anders als bei der Begründungsoption ist für das Angebot wie die Annahmeerklärung das Schriftformerfordernis des § 550 S. 1 BGB zu beachten, wenn eine Mietdauer über ein Jahr wirksam vereinbart werden soll.

b) Praktische Bedeutung. In der Praxis der **Wohnraummiete** spielt die Begründungs- 89
option eine wesentlich geringere Rolle als die Verlängerungsoption. Gleichwohl kann die Vereinbarung einer Begründungsoption für beide Parteien sinnvoll sein:

- zu Gunsten des künftigen Vermieters, wenn das zu vermietende Gebäude erst in der Planung oder noch im Bau ist,
- zu Gunsten des künftigen Vermieters, wenn er selbst den Zeitpunkt bestimmen will, zu dem er die derzeitige Eigennutzung aufgibt,
- zu Gunsten des künftigen Mieters, wenn er den Zeitpunkt des Mietvertragsabschlusses bestimmen will,
- zu Gunsten des künftigen Mieters, wenn der Vermieter ein besonderes Interesse an der Vermietung einer Wohnung an diesen bestimmten Bewerber hat; durch die Vereinbarung einer Option kann er der Person seiner Wahl eine Überlegungszeit gewähren.

Letztlich kommt also die Vereinbarung eines Optionsrechts dann in Betracht, wenn 90
sich die Parteien über den gesamten Inhalt des künftigen Mietvertrages ohne Weiteres einig sind, sich aber eine der Vertragsparteien die Entscheidung, ob es zum Vertragsschluss kommen soll, oder die Entscheidung, wann es zum Vertragsschluss kommen soll, vorbehalten möchte.

---

[137] Vgl. KG Berlin KGR Berlin 2004, 284–286.
[138] Vgl. BGH WM 1989, 1033.
[139] Vgl. OLG Köln ZMR 1998, 283.
[140] Vgl. zuletzt BGH NJW 1994, 1528.
[141] OLG Saarbrücken ZMR 2016, 371.

2. Begründung des Optionsrechts

91 Ein Optionsrecht wird durch eine Vereinbarung begründet, in der ein Vertragspartner dem anderen das Gestaltungsrecht einräumt, durch einseitige Erklärung einen inhaltlich feststehenden (oder zumindest nach vereinbarten Bedingungen inhaltlich festzulegenden) Mietvertrag zustande zu bringen.[142] Diese Vereinbarung kann nicht nur unentgeltlich, sondern auch gegen ein sog. Bindungsentgelt getroffen werden. Die Vereinbarung eines Bindungsentgelts kommt vor allem dann in Betracht, wenn der Vermieter durch die Option an einer anderweitigen wirtschaftlichen Nutzung des Mietobjekts gehindert ist.[143]

92 Ob die Vereinbarung einer Begründungsoption formfrei möglich ist, ist umstritten. Die wohl hM plädiert für Formfreiheit.[144] Aus Zwecken der Beweissicherung empfiehlt sich generell eine schriftliche Abfassung der Vereinbarung.

93 Die Einräumung einer Begründungsoption hat grundsätzlich keine Wirkungen auf den potenziellen Erwerber einer Wohnung. Solange die Option nicht ausgeübt und ein Mietverhältnis damit nicht begründet oder in Kraft gesetzt wird, ist ein Grundstückserwerber daran **nicht gemäß § 566 Abs. 1 BGB** gebunden.[145] Etwas anderes soll aber dann gelten, wenn der Optionsberechtigte sein Recht vor Eintragung des Erwerbers im Grundbuch ausübt, das Mietverhältnis aber erst nach Erwerbsübergang beginnen soll.[146] In diesem Fall ist der Erwerber an den Vertrag gebunden.

3. Ausübung des Optionsrechts

94 Der Mietvertrag kommt erstmalig dann zustande, wenn die begünstigte Partei von ihrem Recht Gebrauch macht. Die Ausübung einer Begründungsoption erfolgt durch Erklärung gegenüber dem Verpflichteten.

95 Bei Fehlen einer Vereinbarung über die Form der Erklärung kann sie mündlich erfolgen, da sie nicht formgebunden ist.[147] Den Parteien bleibt es aber unbenommen, für die Erklärung die Schriftform zu vereinbaren. Zu beachten ist, dass auch bei einer Abrede, nach der die Option nur durch Einschreiben ausgeübt werden kann, nur die Schriftform rechtsbegründende Bedeutung hat; der Übermittlungsform durch Einschreiben kommt lediglich eine Beweisfunktion zu.[148] Eine schriftliche Ausübung der Optionserklärung ist dann angezeigt, wenn ein langfristiger Mietvertrag im Sinne von §§ 550, 578 BGB begründet werden soll.[149]

96 Auch bezüglich einer Ausübungsfrist sind zeitliche Absprachen möglich. Fehlt eine Frist, erscheint es angemessen, § 147 Abs. 2 BGB zur Anwendung zu bringen, dh die Option kann nur bis zu dem Zeitpunkt ausgeübt werden, in welchem der Verpflichtete den Eingang der Ausübungserklärung unter regelmäßigen Umständen erwarten durfte.[150] Den Vertragsparteien ist daher anzuraten, eine Optionsfrist zu vereinbaren. Sollten vor der Ausübung des Optionsrechts Umstände eintreten, bei deren Vorliegen die Parteien zur fristlosen Kündigung berechtigt wären, so besteht ein Rücktrittsrecht.[151]

[142] MüKoBGB/Häublein § 535 Rn. 29.
[143] BeckFormB MietR/Borzutzki-Pasing A. IV.3. Anm. 8.
[144] Bub/Treier MietR-HdB/Drettmann Kapitel II. Rn. 424; Soergel/Heintzmann BGB Vor § 535 Rn. 8; für Schriftformerfordernis: Grüneberg/Weidenkaff BGB Vor § 535 Rn. 7; s. auch MüKoBGB/Häublein § 535 Rn. 30; BeckOK BGB/Zehelein § 535 Rn. 13.
[145] S. BeckFormB MietR/Borzutzki-Pasing A. IV.3. Anm. 2.
[146] Vgl. BGH NJW 1964, 1851 zu § 571 BGB aF.
[147] So Michalski ZMR 1999, 141 (147); MüKoBGB/Häublein § 535 Rn. 31; teilweise aA OLG Frankfurt a. M. NZM 1998, 1006: formbedürftig, soweit auch der Mietvertrag, aus dem sich das Optionsrecht ergibt, formbedürftig war; BeckFormB MietR/Borzutzki-Pasing Form. A. V. 3 Anm. 4 befürwortet Schriftform jedenfalls, wenn das zu begründende Mietverhältnis länger als ein Jahr dauern soll; ebenso MüKoBGB/Häublein § 535 Rn. 31.
[148] Entschieden für eine Verlängerungsoption: OLG Hamm ZMR 1995, 248.
[149] S. MüKoBGB/Häublein § 535 Rn. 31.
[150] AA MükoBGB/Häublein § 535 Rn. 27.
[151] BeckFormB MietR/Borzutzki-Pasing Form. A. IV.3. Anm. 7.

4. Vertragsgestaltung

Bei der Vertragsgestaltung sollten folgende Fragen geklärt werden: 97

Checkliste:

☐ Wer ist berechtigt und wer verpflichtet aus der Option?
☐ Ist der Inhalt des Mietvertrages hinsichtlich des Mietobjekts, der Höhe des Mietzinses und der Mietdauer so bestimmt, dass er keiner Ergänzung bedarf?
☐ Soll der Verpflichtete seinerseits verpflichtet werden, die Pflichten aus der Option seinen Rechtsnachfolgern aufzuerlegen?
Der Optionsberechtigte sollte zur Wahrung seines Rechtes darauf achten, dass er den Eigentümer und etwaigen künftigen Vermieter verpflichtet, seinen Rechtsnachfolgern im Eigentum die Rechte und Pflichten aus der Optionsabrede aufzuerlegen und diese zugleich zu verpflichten, in gleicher Weise künftige Rechtsnachfolger zu binden.
☐ Soll eine Frist zur Ausübung des Optionsrechts bestimmt werden?
☐ Soll ein Bindungsentgelt für diesen Zeitraum vereinbart werden?
☐ Soll für die Erklärung über die Ausübung des Optionsrechts eine bestimmte Form vereinbart werden?

VI. Culpa in contrahendo

1. Allgemeines/Haftungsgrundlagen

Im Mietrecht gibt es grundsätzlich keine Besonderheiten im Hinblick auf eine Haftung aus Verschulden bei Vertragsverhandlungen (culpa in contrahendo = cic). 98

Auch durch die Aufnahme von Vertragsverhandlungen über den Abschluss eines Mietvertrages entsteht ein **gesetzliches Schuldverhältnis,** welches dadurch gekennzeichnet ist, dass für beide Verhandlungspartner zwar keine primären Leistungspflichten, aber Pflichten zur gegenseitigen Rücksicht, Fürsorge und Loyalität entstehen. Der Grund der Haftung liegt in der Gewährung von in Anspruch genommenem und dann enttäuschtem Vertrauen. 99

Da die Haftung unabhängig davon eintritt, ob es überhaupt zu einem Vertragsschluss kommt, sind sowohl die Fälle erfasst, in denen ein schuldhaftes Verhalten eines Verhandlungspartners dazu führt, dass es nicht zum Mietvertragsabschluss kommt, wie die Fälle, in denen ein Mietvertrag zwar abgeschlossen wird, dieser aber für eine Partei auf Grund schuldhaften Verhaltens der anderen Seite bei den Vertragsverhandlungen nachteilig ist. Daneben haben beide Seiten selbstverständlich die ihnen obliegenden Verkehrssicherungspflichten gegenüber ihrem Verhandlungspartner zu beachten.[152] 100

Voraussetzung ist aber stets ein Verhalten, das auf den Abschluss eines Vertrages oder auf die Anbahnung geschäftlicher Kontakte abzielte. Das seit langem gewohnheitsrechtlich anerkannte Rechtsinstitut der cic ist bekanntlich durch das Schuldrechtsmodernisierungsgesetz in § 311 Abs. 2 und 3 BGB kodifiziert worden. Einigkeit besteht im Schrifttum darüber, dass mit § 311 Abs. 2 und 3 BGB im Kern keine Änderung der bisherigen Rechtslage verbunden ist. Deshalb könne unbedenklich auf die bisher in Literatur und Rechtsprechung entwickelten Grundsätze – einschließlich der verschiedenen Fallgruppen der cic – zurückgegriffen werden.[153] Dies wird dadurch bestätigt, dass der BGH bis dato seine in Jahrzehnten entwickelte Rspr. nicht geändert hat. Das gilt vor allem auch im Hinblick auf die Konkretisierung des in § 241 Abs. 2 BGB nur allgemein formulierten Pflichtenrahmens. § 311 Abs. 2 BGB regelt in seinen drei Tatbeständen (Nr. 1–3) nur, wodurch und wann ein Schuldverhältnis mit Pflichten nach § 241 Abs. 2 101

[152] S. dazu Näheres bei Lindner-Figura/Oprée/Stellmann Geschäftsraummiete-HdB/Stellmann § 4 Rn. 8–10.
[153] s. Grüneberg/Grüneberg BGB § 311 Rn. 11.

BGB entsteht. Die die Haftung begründende Norm ist § 280 Abs. 1 BGB, der sogenannte Grundtatbestand des Leistungsstörungsrechts. Anspruchsgrundlage für eine Haftung aus cic ist folglich § 280 Abs. 1 iVm § 311 Abs. 2 (oder 3) BGB.

102 Gleichwohl das Schuldrechtsmodernisierungsgesetz die Zurechnungsnorm in § 276 BGB sachlich und redaktionell verbessert hat, bleibt es im Grundsatz dabei, dass der Schuldner Vorsatz und Fahrlässigkeit zu vertreten hat. Das Verschulden kann in der Verletzung einer Pflicht zur Aufklärung, Beratung, Schutz, Obhut oder Fürsorge bestehen. Ersatzpflichtig ist grundsätzlich der künftige Vertragspartner. **§ 278 BGB** findet nach allgM auf die Haftung für cic Anwendung.[154] Vor allem Eigentümer, die sich zur Vermietung und Verwaltung ihrer Immobilien umfassend sog. Vermietungs- und Verwaltungsgesellschaften bedienen, sollten sich dessen gewärtig sein, dass sich der Geschäftsherr das Verhalten der Personen zurechnen lassen muss, deren er sich bei Vertragsanbahnung bedient, und zwar grundsätzlich ohne Rücksicht darauf, ob diese Vertretungsmacht hatten oder nicht.[155] Machen diese Personen, deren sich der Geschäftsherr zur Erfüllung seiner vorvertraglichen Pflichten bedient, Angaben, die für die andere Partei für den Vertragsabschluss von Bedeutung sein können, so müssen diese Angaben richtig sein, andernfalls liegt eine Verletzung von Sorgfalts- und Aufklärungspflichten vor.[156] Der Personenkreis, für den ein Verhandlungspartner einzustehen hat, ist der gleiche wie bei § 123 Abs. 2 BGB.[157] Nicht zurechnen lassen muss sich hingegen ein Geschäftspartner das Verhalten von Personen, die ohne sein Wissen und gegen seinen Willen handeln.[158] Parteien des Schuldverhältnisses sind grundsätzlich die Parteien des in Aussicht genommenen Vertrages. Eine Verpflichtung aus cic erfordert Geschäftsfähigkeit.

103 Der **Umfang des Schadensersatzanspruches** aus Verschulden bei Vertragsverhandlungen wird durch § 249 BGB bestimmt. Regelmäßig ist das negative Interesse (Vertrauensinteresse) zu ersetzen. Danach ist der Geschädigte grundsätzlich so zu stellen, wie er ohne das schuldhafte Verhalten des anderen Teils stehen würde.[159] Im Gegensatz zu den gesetzlich geregelten Ansprüchen auf Ersatz des negativen Interesses (§§ 122, 179 BGB) ist der Anspruch aus cic der Höhe nach nicht auf das Erfüllungsinteresse beschränkt.[160] Trifft den Geschädigten ein Mitverschulden, so gilt dem Grundsatz nach § 254 BGB. Allerdings kann sich bei einem Schadensersatzanspruch aus cic wegen Erteilung einer unrichtigen Auskunft der Schädiger in der Regel nicht mit dem Einwand entlasten, der Geschädigte habe sich auf die Richtigkeit seiner Angaben nicht verlassen dürfen. Dies widerspräche dem Grundsatz von Treu und Glauben (§ 242 BGB), der in § 254 BGB lediglich eine besondere Ausprägung erhalten hat.[161] Nach ständiger Rechtsprechung des BGH ist, wer vertragliche oder vorvertragliche Aufklärungspflichten verletzt, darlegungs- und beweispflichtig dafür, dass der Schaden auch bei pflichtgemäßem Verhalten eingetreten wäre, der Geschädigte also den Hinweis unbeachtet gelassen und auch bei wahrheitsgemäßen Tatsachenangaben den Vertrag so wie geschehen geschlossen hätte.[162]

104 Schadensersatzansprüche aus cic **verjähren** grundsätzlich gemäß §§ 195, 199 BGB. Im Verhältnis zu anderen Vorschriften ist festzuhalten, dass weder ein Anfechtungsrecht nach § 119 BGB oder nach § 123 BGB noch ein deliktischer Anspruch eine Haftung aus cic entfallen lassen. Die Ansprüche bestehen ggf. nebeneinander.[163] Das Verhältnis der im allgemeinen Teil des Schuldrechts geregelten cic zu den besonderen Gewährleistungs-

[154] Grüneberg/Grüneberg BGB § 278 Rn. 2.
[155] Vgl. BGH NJW 1974, 1505; Grüneberg/Grüneberg BGB § 311 Rn. 22.
[156] Vgl. BGH ZMR 1998, 79.
[157] Vgl. BGH NJW 1990, 1661.
[158] Vgl. BGH NJW 1958, 57.
[159] Vgl. BGH NJW 1981, 1673.
[160] Vgl. BGH ZMR 1997, 565 (566) = NJW 1997, 2813.
[161] Vgl. BGH ZMR 1998, 79 (82) mwN.
[162] Vgl. BGH ZMR 1998, 79 (80) mwN; s. auch LG Essen WuM 2001, 274 f.
[163] S. Grüneberg/Grüneberg BGB § 311 Rn. 13.

regeln des Mietrechts (§§ 536 ff. BGB) ist bisher nicht abschließend geklärt. Nach hM gehen die Gewährleistungsansprüche des Mietrechts als abschließende Sonderregelung einer Haftung aus cic vor.[164] Gemäß der höchstrichterlichen Rspr. gilt das – außer im Fall der arglistigen Täuschung – allerdings erst ab Übergabe der Mietsache.[165] Es stellt sich die Frage, ob es nicht sinnvoll wäre, eine generelle Anwendbarkeit der Haftung aus cic (§ 280 Abs. 1 iVm § 311 Abs. 2 oder 3 BGB) im Mietrecht neben den besonderen Gewährleistungsregeln anzuerkennen.[166]

Nach hM ist das HaustürWG bzw. ab 1.1.2003 § 312 BGB prinzipiell auf die **Wohnraummiete** anwendbar.[167] Der Mieter soll vor unangemessener Überrumpelung geschützt werden.[168] Die Sonderregelungen des Allgemeinen Gleichbehandlungsgesetzes (AGG) gegen unmittelbare oder mittelbare Benachteiligungen bei der Vermietung von Wohnraum (§ 2 Abs. 1 Nr. 8, § 19 Abs. 1 Nr. 1, Abs. 2 und 5 AGG)[169] gehen nach dem Grundsatz der Spezialität vor. 105

2. Abbruch von Vertragsverhandlungen

Bis zum endgültigen Vertragsschluss sind die Parteien in ihren Entschließungen grundsätzlich frei, dh jede Partei ist berechtigt, auch „in letzter Minute" von einem Vertragsschluss Abstand zu nehmen. Es gilt insoweit der Grundsatz der negativen Privatautonomie.[170] Dies gilt selbst dann, wenn der andere Vertragsteil in Erwartung des Vertrages während der laufenden Verhandlungen bereits Aufwendungen gemacht hat und dies bekannt ist.[171] Diese Aufwendungen erfolgen grundsätzlich auf eigene Gefahr.[172] 106

Erweckt jedoch eine Vertragspartei durch ihr Verhalten bei der anderen Partei das berechtigte Vertrauen, dass der Vertrag mit Sicherheit zustande kommen werde, wird sie ersatzpflichtig, wenn die Verhandlungen ohne triftigen Grund abgebrochen werden bzw. der Vertragsschluss abgelehnt wird.[173] Dies gilt selbst dann, wenn diese Vertragspartei ohne Verschulden gehandelt hat. Entscheidend ist, dass ein Verhandlungspartner bei der Gegenseite in zurechenbarer Weise Vertrauen auf das Zustandekommen des Vertrages erweckt hat.[174] Im Abbruch ist dann ein Verstoß gegen die vorvertragliche Treuepflicht zu sehen. Wann anzunehmen ist, dass ein Partner bei dem anderen das berechtigte Vertrauen erweckt, es werde mit Sicherheit zum Vertragsschluss kommen, kann nur unter Berücksichtigung aller Umstände des Einzelfalls beurteilt werden.[175] Ein Vertrauen auf das Zustandekommen des Vertrages wird zB nicht allein durch das Zusenden eines nicht unterzeichneten Mietvertragsentwurfs oder durch die Bitte um Vorlage von Einkommensnachweisen gerechtfertigt. Die Umstände, aus denen auf den **notwendigen Vertrauenstatbestand** geschlossen werden kann, muss substantiiert vorgetragen werden. Im Bestreitensfall liegt die Beweislast bei demjenigen, der Schadensersatzansprüche aus cic bzw. § 311 Abs. 2 iVm § 280 Abs. 1 BGB wegen grundlosen Abbruchs von Vertragsverhandlungen geltend macht.[176] 107

Bei schuldhaftem Abbruch der Vertragsverhandlungen kann **nur Geldersatz** verlangt werden, nicht dagegen der Abschluss des Mietvertrages als Naturalrestitution. Der Anspruch des Geschädigten geht regelmäßig auf Ersatz der Aufwendungen, die gerade 108

[164] S. Grüneberg/Weidenkaff BGB § 536 Rn. 14.
[165] Vgl. BGH ZMR 1997, 565 (566).
[166] S. Emmerich NZM 2002, 362 (363).
[167] Vgl. OLG Koblenz ZMR 1994, 210; OLG Braunschweig GE 2000, 2040.
[168] Vgl. LG Münster WuM 2001, 610 f.; s. Grüneberg/Grüneberg BGB § 312 Rn. 24.
[169] Näheres bei Schmidt-Futterer/Blank BGB Vor § 535 Rn. 285 ff.
[170] AG München ZMR 2020, 848.
[171] Vgl. BGH NJW-RR 1989, 627; OLG Celle ZMR 2000, 169; OLG Düsseldorf ZMR 2000, 23.
[172] Vgl. OLG Düsseldorf ZMR 2000, 23 f.
[173] Vgl. BGH NJW 1996, 1884 (1885).
[174] Vgl. LG Hamburg NZM 2013, 788; Grüneberg/Grüneberg BGB § 311 Rn. 33.
[175] Vgl. BGH NJW 1996, 1884.
[176] Vgl. OLG Düsseldorf BauR 2006, 153.

im Hinblick auf den dann gescheiterten Vertragsschluss gemacht wurden. Dazu können etwa Fahrt- und Renovierungskosten, Umzugs- und Maklerkosten oder das Honorar für einen Anwalt, der beim Vertragsschluss beraten hat, gehören. Der Anspruch umfasst aber nicht die Kosten, die nach Abbruch der Vertragsverhandlungen bei der anschließenden Suche nach einem anderen Mietobjekt anfallen, wie zB Fahrtkosten oder Verdienstausfall.[177]

109 Ansprüche aus cic wurden von der **Rechtsprechung** in folgenden Fällen, in denen es zum Abbruch der Vertragsverhandlungen kam, bejaht:

- der Mieter stellte den beabsichtigten Vertragsschluss als sicher hin, beantragte behördliche Genehmigungen und veranlasste den Vermieter zu (erheblichen) baulichen Veränderungen,[178]
- eine Einigung über den Inhalt des Mietvertrages wurde erzielt und der Vertragsabschluss als bloße Förmlichkeit hingestellt,[179]
- der Mietinteressent erklärte sich mit den vom Makler oder Verwalter mitgeteilten Mietbedingungen einverstanden, später wurde vom Vermieter der Abschluss eines inhaltlich erheblich abweichenden, für den Mieter nachteiligen Vertrages verlangt.[180]

110 Ansprüche aus cic wurden von der **Rechtsprechung** hingegen verneint, wenn das Zustandekommen eines **Wohnraummietvertrages** letztlich an den umfangreichen Änderungswünschen des Mieters scheiterte, aufgrund derer der Vermieter die Vertragsunterzeichnung verweigerte.[181] Ein Schadensersatzanspruch wurde ebenfalls für den Fall abgelehnt, in dem ein Paar vor der Unterzeichnung des Mietvertrages merkte, dass sie doch nicht zusammen wohnen wollen und dies dem Vertragspartner unverzüglich mitteileilten. Bedarf ein Mietvertrag nach § 550 BGB der Schriftform oder haben die potenziellen Mieter bekundet, dass sie nur einen schriftlichen Mietvertrag abschließen möchten, ist vor Unterzeichnung gerade kein Vertrauen in den Mietvertragsabschluss entstanden.[182] Generell muss bei der Wohnraummiete beachtet werden, dass Mietinteressenten zumeist mehrere Wohnungen besichtigen und sich auch ggf. Mietverträge übersenden lassen, bevor sie sich für eine Wohnung entscheiden, wie auch umgekehrt Vermieter regelmäßig die Auswahl unter mehreren Mietinteressenten treffen wollen. Diese beiden Seiten bekannte Praxis spricht typischerweise gegen einen durch die Verhandlungen geschaffenen Vertrauenstatbestand; eine rechtliche Bindung kommt regelmäßig erst mit Abschluss des Wohnraummietvertrages zustande.[183]

3. Verletzung von Aufklärungspflichten

111 Da es sich beim Mietvertrag um eine auf Dauer angelegte Beziehung handelt, sind im Regelfall beide Parteien daran interessiert, vor Abschluss des Mietvertrages all die Informationen zu erhalten, die für ein „störungsfreies Dauerschuldverhältnis" notwendig sind. Jede Partei muss grundsätzlich selbst dafür sorgen, umfassende Informationen zu erhalten und ggf. zu klärungsbedürftigen Punkten in den Verhandlungen Fragen stellen.[184] Unaufmerksamkeiten, Vergesslichkeit und Fehleinschätzungen eines Vertragspartners können nicht dem Gegner angelastet werden. Aufklärungspflicht bedeutet nicht, dass die Verhandlungspartner gehalten wären, einander das Vertragsrisiko abzunehmen und auch die Interessen der anderen Partei mit wahrzunehmen. Zu beachten ist aber, dass sich die Aufklärungspflicht erweitert, wenn eine der Verhandlungsparteien nach bestimmten – für sie relevanten – Tatsachen, Verhältnissen oder sonstigen Um-

[177] Vgl. Lindner WohnraummietR/Lindner § 9 I Rn. 67.
[178] Vgl. BGH NJW-RR 1989, 627; OLG München WuM 2003, 443 f.
[179] Vgl. BGH NJW 1969, 1625.
[180] Vgl. LG München II ZMR 1966, 328.
[181] Vgl. AG Besigheim NJW-RR 2004, 661 f.
[182] AG München ZMR 2020, 845.
[183] Vgl. AG Halle (Saale) BeckRS 2008, 141225.
[184] S. Emmerich NJW 2011, 2321 (2322) mwN.

ständen fragt. Auf solche Erkundigungen muss die andere Partei vollständig und richtig antworten oder aber die Auskunft verweigern; tertium non datur.[185]

Von einer **Pflicht zur Aufklärung** kann folglich nur dann ausgegangen werden, soweit es sich um diejenigen Umstände handelt, die für den Entschluss des anderen Verhandlungspartners erkennbar von (besonderer) Bedeutung sind und deren Mitteilung der andere Partner nach Treu und Glauben erwarten kann.[186] Dabei begrenzen Vertragsgegenstand und Vertragszweck den Rahmen der möglichen Informationen; Informationen, die für die Durchführung des Vertrages nicht erforderlich sind, brauchen weder erteilt noch dürfen sie erfragt werden. 112

Angesichts der steigenden Mieten in prosperierenden Städten bei der Wiedervermietung von Bestandswohnungen die zum Teil in erheblichem Maße über der ortsüblichen Vergleichsmiete liegen, sah sich der Gesetzgeber zum Handeln veranlasst und legte deshalb im Jahr 2014 den Entwurf eines Gesetzes zur Dämpfung des Mietanstiegs auf angespannten Wohnungsmärkten und zur Stärkung des Bestellerprinzips bei der Wohnungsvermittlung („Mietpreisbremsegesetz") vor. Zur Stärkung des Mieters sollte der Wohnraummieter gegenüber dem Vermieter einen gesetzlichen Auskunftsanspruch zu den preisbildenden Tatsachen der zu leistenden Miete erhalten, soweit er diese nicht mit Hilfe des örtlichen Mietspiegels selbst ermitteln kann. 113

Durch das **Mietrechtsnovellierungsgesetz** – MietNovG – vom 21.4.2015 wurden die §§ 556d–556g in das Bürgerliche Gesetzbuch eingefügt. Gemäß § 556g Abs. 3 S. 1 BGB ist der Vermieter nunmehr seit Inkrafttreten des Gesetzes am 1.6.2015 auf Verlangen des Mieters verpflichtet, Auskunft über diejenigen Tatsachen zu erteilen, die für die Zulässigkeit der vereinbarten Miete maßgeblich sind. Gemäß § 556g Abs. 3 S. 2 BGB wird für die Auskunft über Modernisierungsmaßnahmen auf § 559b BGB verwiesen. Der Vermieter ist jedoch nur gehalten, Auskunft über die Tatsachen zu erteilen, die nicht allgemein zugänglich sind und über die er unschwer Auskunft geben kann. Gemäß § 556g Abs. 4 BGB bedarf es bezüglich dieser Erklärungen der Textform. Dies bedeutet, dass die Auskunftspflicht zwar auch durch eine E-Mail erfüllt werden kann, dabei auf die Beweissicherung zu achten ist. Der Mieter hat nach diesen Regelungen keinen Anspruch auf die Vorlage von Belegen, etwa auf Vorlage des Mietvertrags mit dem Vormieter.[187] Ausreichend ist es, die Auskunftspflicht gleichzeitig mit der in der Praxis ganz überwiegenden stattfindenden Zuleitung eines Mietvertragsentwurfs bzw. des Angebots zum Abschluss eines Mietvertrags zu erfüllen, weil es zulässig ist, die Auskünfte in das Mietvertragsdokument aufzunehmen. 114

Nachdem das Mietrechtsnovellierungsgesetz aus dem Jahr 2015 nicht den gewünschten Erfolg gebracht hatte, sah sich die Bundesregierung erneut zum Handeln veranlasst. Mit Datum vom 5.9.2018 hat das Bundeskabinett den Entwurf eines Gesetzes zur Ergänzung der Regelungen über die zulässige Miethöhe bei Mietbeginn und zur Anpassung der Regelungen über die Modernisierung der Mietsache (**Mietrechtsanpassungsgesetz** – MietAnpG) beschlossen (s. BR-Drs. 431/18). Nach Zustimmung durch Bundestag und Bundesrat ist das Gesetz am 21.12.2018 verkündet worden und am 1.1.2019 in Kraft getreten. Nunmehr sind Vermieter, wenn sie gemäß § 556e Abs. 1 BGB unter Berufung auf die Höhe der Vormiete eine Miete verlangen wollen, die über der nach der sog. Mietpreisbremse an sich zulässigen Miete liegt, gemäß § 556g Abs. 1a Nr. 1 BGB verpflichtet, dem Mieter vor dessen Abgabe der Vertragserklärung unaufgefordert Auskunft darüber zu erteilen, wie hoch die Vormiete im Jahr vor Beendigung des Vormietverhältnisses war. Vermieter, die sich auf andere Ausnahmen von der Mietpreisbremse – vorangegangene Modernisierungen (§ 556e Abs. 2 BGB), erste Vermietung nach umfassender Modernisierung (§ 556f S. 2 BGB), erstmalige Nutzung und Ver- 115

[185] S. Lindner-Figura/Oprée/Stellmann Geschäftsraummiete-HdB/Stellmann § 4 Rn. 26 mwN; Emmerich NJW 2011, 2321 (2322).
[186] Vgl. BGH NZM 2000, 1005 ff. (Einkaufszentrum); s. Staudinger/Emmerich BGB Vor § 535 Rn. 62; BeckOK BGB/Zehelein § 535 Rn. 486 mwN.
[187] Schmidt-Futterer/Börstinghaus BGB § 556g Rn. 34; aA Gramlich/Gramlich BGB § 556g Rn. 5.

mietung nach dem 1.10.2014 (§ 556f S. 1 BGB) – berufen wollen, sind jetzt gemäß § 556g Abs. 1a Nr. 2–4 BGB verpflichtet, unaufgefordert über diese Umstände Auskunft zu erteilen. Kommt ein Vermieter der Auskunftspflicht nicht nach, soll er höchstens die nach der Mietpreisbremse zulässige Miete verlangen können, auch wenn eine Ausnahme vorliegt, die eine höhere Miete rechtfertigen würde. Er hat aber die Möglichkeit, die Auskunft nachzuholen, kann sich aber erst 2 Jahre nach Nachholung der Auskunft auf Ausnahmen berufen. Hat der Vermieter die Auskunft zwar erteilt, aber die dafür gesetzliche vorgeschriebene Textform nicht eingehalten, soll er sich erst dann auf die Ausnahme berufen können, wenn er die Textform nachgeholt hat. Für Mieter ist es seit Inkrafttreten des Gesetzes wesentlich einfacher, Verstöße gegen die Mietpreisbremse zu rügen, da nunmehr eine einfache Rüge ausreicht.

116 Ist es auf Grund einer Verletzung von Aufklärungspflichten (durch Verschweigen bei zu offenbarenden Umständen oder unrichtigen Angaben) zu einem Mietvertrag gekommen, so ist eine Schadensersatzpflicht gemäß § 280 Abs. 1 iVm § 282 BGB – ggf. auch § 556g Abs. 3 BGB – die Folge. Anders als bei den Fallgestaltungen des schuldhaften Abbruchs von Verhandlungen kann bei schuldhafter Verletzung von Aufklärungspflichten Schadensersatz (auch) durch Naturalrestitution, dh **Rückgängigmachung des Vertrages,** verlangt werden (§ 249 Abs. 1 BGB). Als Voraussetzung verlangt der V. Zivilsenat des BGH das Vorliegen eines Vermögensschadens.[188] Ob ein Vermögensschaden vorliegt, beurteilt sich grundsätzlich nach der sog. Differenzhypothese, also nach einem Vergleich der in Folge des haftungsbegründenden Ereignisses eingetretenen Vermögenslage mit derjenigen, die sich ohne jenes Ereignis ergeben hätte. Der Anspruch aus cic kann uU auch dem Erfüllungsanspruch des Vertragspartners einredeweise entgegengehalten werden; wird mit einem Anspruch aus cic wirksam aufgerechnet, so führt dies zum Erlöschen der Klageforderung des Gegners.[189] Des Weiteren kann der Geschädigte Ersatz seiner Aufwendungen verlangen, die etwa dadurch entstanden sind, dass er auf die Richtigkeit der ihm gegenüber gemachten Angaben vertraut hat. Nach ständiger höchstrichterlicher Rechtsprechung umfasst der Vertrauensschaden auch nutzlose Aufwendungen.[190]

117 Dazu können Maklerkosten[191] oder Umzugskosten[192] zu rechnen sein. In Betracht kommt ferner eine fristlose Kündigung unter Heranziehung des § 554a BGB.[193] Nach ständiger Rechtsprechung des BGH ist derjenige, der vorvertragliche Aufklärungspflichten verletzt hat, beweispflichtig dafür, dass der Schaden auch bei pflichtgemäßem Verhalten entstanden wäre; es besteht die Vermutung, dass sich der Geschädigte „aufklärungsrichtig" verhalten hätte.[194]

118 **Aufklärungspflichten des Vermieters:** Der Vermieter ist verpflichtet, auf all die Umstände hinzuweisen, die dem Zweck der Gebrauchsgewährung – unbeeinträchtigtes Wohnen – entgegenstehen können und nicht unmittelbar erkennbar sind. Darüber hinaus müssen alle seine Angaben, die für den Entschluss des anderen Teils zum Mietvertragsabschluss von Bedeutung sein können, objektiv richtig sein.[195] Dem Vermieter obliegt grundsätzlich eine Aufklärungspflicht gegenüber dem Mieter hinsichtlich derjenigen Umstände und Rechtsverhältnisse mit Bezug auf die Mietsache, die – für den Vermieter erkennbar – von besonderer Bedeutung für den Entschluss des Mieters zur Eingehung des Mietvertrages sind. Eine allgemeine Pflicht, alle Umstände zu offenbaren,

---

[188] Vgl. BGH ZMR 1998, 79 (81) – dies wird in der Literatur abgelehnt: Grüneberg/Grüneberg BGB § 311 Rn. 13 mwN.
[189] Vgl. LG Karlsruhe WuM 1998, 479.
[190] Vgl. BGH ZMR 1997, 565 (566).
[191] Vgl. LG Mannheim 9NZM 1999, 406 (407).
[192] Vgl. OLG Hamm WuM 1981, 102.
[193] Vgl. BGH NZM 2000, 1005 ff.
[194] Grüneberg/Grüneberg BGB § 280 Rn. 39 mwN.
[195] Entschieden für angeblich kostenneutralen Kauf einer ETW, vgl. BGH ZMR 1998, 79; AG Spandau WuM 2000, 678; LG Essen WuM 2001, 274 f.

die für den Mietinteressenten von Bedeutung sein könnten, besteht dagegen nicht.[196] Machen er oder seine Hilfspersonen **fahrlässig** unrichtige Angaben, die Eigenschaften des Mietobjekts betreffen, kommen nur Ansprüche gemäß §§ 536 ff. BGB in Betracht, da diese als spezialgesetzliche Regelungen Vorrang haben.[197] Liegt aber ein **vorsätzliches** Verhalten vor, greift die Haftung aus cic neben den Gewährleistungsvorschriften.[198] Dies kann insbesondere der Fall sein, wenn der Vermieter dem Mieter bei Vertragsschluss die Angemessenheit der Nebenkosten ausdrücklich zugesichert oder die Vorauszahlungen bewusst zu niedrig bemessen hat, um den Mieter über den Umfang der tatsächlichen Mietbelastung zu täuschen und ihn auf diese Weise zur Begründung eines Mietverhältnisses zu veranlassen.[199]

Beispiele aus der **Rechtsprechung:** **119**

- Der Vermieter ist verpflichtet, bei einem Mietvertrag auf unbestimmte Zeit auf eine drohende Beendigung des Vertrages durch Geltendmachung von Eigenbedarf hinzuweisen.[200] Erteilt er diese Auskunft nicht, stellt dies ein Verschulden bei Vertragsverhandlungen dar. Der Mieter hat sodann einen Anspruch auf Ersatz seines Vertrauensschadens zum Beispiel wegen entstandenen Maklerkosten für eine Ersatzwohnung.[201]
- Der Vermieter ist verpflichtet, auf eine geplante wirtschaftliche Verwertung durch Verkauf hinzuweisen.[202]
- Der Vermieter ist verpflichtet, auf geplante Umbaumaßnahmen sowohl im Haus als auch außerhalb des Hauses – bei größerem Umfang und längerer Dauer – hinzuweisen.[203]
- Der Vermieter ist verpflichtet, auf unerkennbare Störfaktoren im Haus selbst hinzuweisen.[204]
- Der Vermieter ist verpflichtet, den Mieter darauf hinzuweisen, dass ein bestimmter Raum („Keller 01") nicht zu Wohnzwecken benutzt werden darf.[205]
- Der Vermieter ist verpflichtet, über besondere Umstände bei der Wasserver- und -entsorgung Auskunft zu geben, wenn etwa das Grundstück nicht an die Kanalisation angeschlossen ist und dadurch höhere Betriebskosten als üblich anfallen.
- Der Vermieter ist verpflichtet, den Mieter auf die Höhe der zu erwartenden Nebenkosten hinzuweisen, wenn besondere Umstände vorliegen.[206] Hier liegt jedoch keine Verletzung von Aufklärungspflichten vor, wenn die Abweichungen sich im üblichen Rahmen halten oder aber durch externe Ursachen wie die allgemeine Steigerung der Energiekosten verursacht werden.[207]
- Der Vermieter ist verpflichtet, über eine Anordnung der Zwangsversteigerung oder Zwangsverwaltung aufzuklären.[208]
- Der Vermieter ist verpflichtet, über eine bevorstehende langfristige Straßensperrung bei der Vermietung an ein auf Publikumsverkehr ausgerichtetes Dienstleistungsunternehmen aufzuklären.[209]

---

196 Vgl. OLG Düsseldorf MDR 2012, 637.
197 Vgl. BGH NJW 1980, 777; s. Grüneberg/Weidenkaff BGB § 536 Rn. 14.
198 Vgl. BGHZ 136, 102 = NJW 1997, 2813 = ZMR 1997, 565; LG Mannheim NZM 1999, 406 (407).
199 Vgl. BGH NJW 2004, 1102; 2004, 2674.
200 Vgl. BVerfG NJW 1989, 970 (972); ZMR 2010, 941.
201 AG Grünstadt 19.4.2013 – 3 C 273/14.
202 Vgl. LG Trier WuM 1990, 349; Franke ZMR 2000, 733; OLG Hamm WuM 1981, 102; BGH WuM 2010, 512; 2010, 575.
203 Vgl. OLG Düsseldorf MDR 2012, 637: die Ankündigung von Bauarbeiten Dritter im Bereich des Mietobjekts reicht aus.
204 Vgl. OLG Hamm NJW-RR 1997, 1168.
205 Vgl. LG Mannheim NZM 1999, 406.
206 LG Karlsruhe WuM 1998, 479 Gewerberaum: die Nebenkosten hatten die vereinbarte Nebenkostenpauschale um das Siebenfache überschritten.
207 Vgl. LG Berlin Grundeigentum 2004, 107.
208 Vgl. OLG Hamburg BB 1988, 1842; OLG Hamm NJW-RR 1988, 784.
209 Vgl. LG Berlin Das Grundeigentum 1996, 1303.

- Der Vermieter ist verpflichtet, auf ein langjähriges absichtliches Stören der Nachtruhe des Vormieters durch den Nachbarn hinzuweisen.[210]
- Der Vermieter von Wohnraum ist verpflichtet, auf die Begrenzung seiner Rechtsstellung hinzuweisen. Das gilt für den Erbbauberechtigten, der auf die ggf. erforderliche Zustimmung des Eigentümers aufmerksam machen muss; in gleicher Weise hat der vermietende Nießbraucher es offen zu legen, wenn die Nießbrauchszeit vor der geplanten Dauer des Mietverhältnisses abläuft.[211]
- Der Vermieter ist nur dann verpflichtet, den Mietinteressenten vor Abschluss des Mietvertrages auf die geplante Errichtung einer Mobilfunkanlage hinzuweisen, wenn für ihn erkennbar ist, dass der Mietinteressent diesem Umstand besondere Bedeutung beimisst.[212]
- Der Vermieter ist nur dann verpflichtet, dem Mieter mitzuteilen, dass in der Mietsache zuvor ein Bordell betrieben wurde, wenn tatsächlich negative Auswirkungen auf die Nutzung ersichtlich sind.[213]
- Der Vermieter ist verpflichtet, den Mieter darauf hinzuweisen, dass die Mietsache einer besonderen Beheizung bedarf, um dem Einfrieren von Leitungen vorzubeugen.[214]
- Der Vermieter ist zwar öffentlich-rechtlich gehalten, über den energetischen Zustand des Gebäudes aufzuklären, idR durch Vorlage eines Energiepasses bzw. durch deutlich sichtbaren Aushang im Gebäude, zivilrechtlich besteht eine derartige Verpflichtung jedoch nur dann, wenn zwischen dem Mietinteressenten und dem potenziellen Vermieter bereits eine schuldrechtliche Beziehung besteht.[215]
- Der Vermieter ist verpflichtet, dem Mieter den Eintritt des Vorkaufsfalls mitzuteilen.[216]

120 **Aufklärungspflichten des Mieters:** Die Aufklärungspflichten des Mieters berühren in der Regel seine persönlichen Lebensverhältnisse. Sie werden begrenzt durch sein Persönlichkeitsrecht. Ohne entsprechende Fragen ist der Mieter grundsätzlich nicht verpflichtet, den Vermieter über seine Einkommens- und Vermögensverhältnisse aufzuklären.[217] Etwas anderes soll aber dann gelten, wenn der Mietinteressent von vorneherein zahlungsunfähig ist. In diesem Fall muss er über seine Einkommens- und Vermögensverhältnisse Auskunft geben.[218] Verpflichtet ist der Mieter weiter, solche Verhältnisse zu offenbaren, die die Erfüllung der Hauptpflicht, die Mietzahlung, beeinträchtigen können. Der Umfang dieser Offenbarungspflicht ist gemäß § 321 BGB analog zu bestimmen, dh es sind solche **Vermögensverschlechterungen** – auch ungefragt – zu offenbaren, die nach Inkrafttreten eines Vertrages zur Leistungsverweigerung des Vorleistungspflichtigen führen würden.

121 Dazu gehören folgende Umstände:
- Abgabe der eidesstattlichen Versicherung (kurz) vor den Mietvertragsverhandlungen[219]
- Einleitung des Insolvenzverfahrens
- Hingabe ungedeckter Schecks
- Wechselproteste
- Erdulden zahlreicher Zwangsvollstreckungsmaßnahmen
- Eigenschaft als Sozialhilfeempfänger[220]

---

[210] Vgl. BGH NJW 1991, 1673: zur Aufklärungspflicht des Verkäufers.
[211] Vgl. BGH DWW 1968, 301.
[212] Vgl. LG Hamburg BeckRS 2007, 05186.
[213] Vgl. OLG Düsseldorf MDR 2017, 450.
[214] Vgl. OLG Naumburg BeckRS 2016, 120864.
[215] S. Schmidt-Futterer/Blank BGB Vor § 535 Rn. 31.
[216] Vgl. BGH NZM 2016, 540 Rn. 21; NJW 2015, 1516 Rn. 22.
[217] Vgl. LG Ravensburg WuM 1984, 297.
[218] Vgl. AG Frankfurt a. M. NJW-RR 1988, 784; AG Leer ZMR 2009, 768 f.
[219] Vgl. AG Leer ZMR 2009, 768 f.
[220] Vgl. LG Mannheim ZMR 1990, 303.

Entscheidend ist der Stand der Vermögensverhältnisse im Zeitpunkt der Mietvertragsverhandlungen; vergangene, aber überwundene Vermögensverschlechterungen sind nicht offenbarungspflichtig.

Persönliche Verhältnisse müssen grundsätzlich nicht ungefragt offengelegt werden;[221] auch ist das Fragerecht des Vermieters zum Schutz des Rechts auf informationelle Selbstbestimmung des einzelnen Mieters beschränkt. Zu den Regelungen des Allgemeinen Gleichbehandlungsgesetzes (AGG) gegen unmittelbare oder mittelbare Benachteiligungen bei der Vermietung von Wohnraum (§ 2 Abs. 1 Nr. 8, § 19 Abs. 1 Nr. 1, Abs. 2 und 5 AGG) → Rn. 106. Auch auf Fragen seitens des Vermieters müssen persönliche Verhältnisse, wie Familienstand, Geburtsdatum, Gesundheitszustand,[222] Staatsangehörigkeit, Aufenthaltsberechtigung,[223] Vorstrafen[224] anhängige Ermittlungsverfahren, sofern sie nicht mietvertragsbezogene Umstände betreffen,[225] **nicht** offenbart werden, wenn sie keinen Bezug zur Durchführung des Vertrages haben. In den entsprechenden Entscheidungen haben die Gerichte bei falschen Auskünften oder unterlassener Aufklärung keinen Verstoß gegen die vorvertragliche Informationspflicht des zukünftigen Mieters angenommen. **122**

Aufklärungspflichten werden im Übrigen in folgenden Fällen **verneint:** **123**

- keine gesonderte Aufklärung über das (mittelbare) Schriftformerfordernis des § 550 BGB (unter Geschäftsleuten).[226]
- keine Aufklärungspflicht des Vermieters über mögliche Gesundheitsgefahren durch elektromagnetische Wellen, da die Umweltverträglichkeit solcher Strahlungen durch die öffentliche Diskussion bekannt ist.[227]
- keine generelle Aufklärungspflicht des Vermieters, ungefragt jeden Mangel zu offenbaren.[228]

---

[221] Vgl. BVerfG NJW 1991, 2411.
[222] Bei Entmündigung wegen Geistesschwäche s. BVerfG NJW 1991, 2411.
[223] Vgl. AG Wiesbaden WuM 1992, 597.
[224] Vgl. AG Rendsburg WuM 1990, 507.
[225] Vgl. AG Hamburg WuM 1992, 598.
[226] Vgl. Franke ZMR 2000, 737.
[227] Vgl. OLG Karlsruhe NJW 1994, 2100 zum Gewerberaum.
[228] Vgl. MüKoBGB/Voelskow, 4. Aufl. 2004, § 540 Rn. 3.

3. Abschnitt. Vertragsabschluss

§ 8 Vertragsabschluss und Mängel beim Vertragsabschluss

Übersicht

I. Vertragsabschluss

1. Vertragsabschlussfreiheit und ihre Grenzen

1 a) **Allgemeine Grundsätze.** Das Mietrecht ist, wie auch alle anderen bürgerlich-rechtlichen Vertragsarten, vom Grundsatz der **Privatautonomie** geprägt. Der Vertragsfreiheit unterliegt daher zum einen die Abschlussfreiheit, dh die Entscheidung über einen Vertragsabschluss an sich sowie die Person des Vertragspartners, zum anderen die Freiheit der inhaltlichen Gestaltung des Mietvertrages.[1] Die Vertragsfreiheit findet allerdings wie im Übrigen auch bei sämtlichen anderen Vertragsarten, die der Privat-

[1] Jauernig BGB vor § 145.

autonomie unterliegen, ihre Grenzen in dem Verbot der **Sittenwidrigkeit,** des **Wuchers** und allgemein in dem Grundsatz von **Treu und Glauben** (§§ 138, 242 BGB).

Darüber hinaus wird die Vertragsfreiheit durch mietrechtliche Besonderheiten als Ausprägung der sozialstaatlichen Ordnung geprägt, die eine Einschränkung der **Privatautonomie** insbesondere auf Seiten des Vermieters zur Folge haben. Hierbei sind 3 Kategorien von Bedeutung: 2

- **preisgebundener Wohnraum/sozialer Wohnungsbau,**[2]
- **Verbot der Zweckentfremdung,**[3]
- Einschränkung durch **Hoheitsakte** (ordnungsbehördliche Einweisungen und Einweisungen eines Ehegatten nach § 5 HausratVO)[4]
- Allgemeines Gleichbehandlungsgesetz (AGG).[5]

b) Mietpreisbindung. Der Gesetzgeber hat zum Teil in die Wohnungsbewirtschaftung eingegriffen. Als wichtigste Fallgruppe ist hier der sogenannte **Sozialwohnungsbau** des § 1 WoBindG zu nennen. Hiernach ist dem Vermieter für öffentlich geförderte Wohnungen eine Mietpreisbindung in Gestalt der Kostenmiete nach § 8 WoBindG auferlegt. Demgegenüber kommen im Rahmen der **Belegungsbindung** auf Mieterseite nur bestimmte Personen, nämlich die, die über eine Wohnberechtigung verfügen, als Vertragspartei in Betracht. Für die weiteren Einzelheiten dieser Einschränkung der Privatautonomie wird auf die Ausführungen in diesem Handbuch unter → § 25, Preisgebundener Wohnraum/Sozialer Wohnungsbau, verwiesen. 3

c) Zweckentfremdungsverbot. Mit Artikel 6 des Mietrechtsverbesserungsgesetzes vom 5.11.1971 wurden über § 1 die Landesregierungen ermächtigt, im Wege einer Rechtsverordnung einen Genehmigungsvorbehalt für bestimmte Arten der Nutzung von Wohnräumen festzulegen (Zweckentfremdungsverbot). Für die weiteren Einzelheiten dieser Einschränkung der Privatautonomie wird auf die Ausführungen in diesem Handbuch unter → § 34, Zweckentfremdung, verwiesen. 4

d) Ordnungsbehördliche Einweisungen. Kann eine Gemeinde einen zur Räumung verurteilten Mieter mangels zur Verfügung stehenden Wohnraums nicht anderweitig unterbringen, auch nicht durch vorübergehende Unterbringung in Hotels oder Pensionen, so besteht für sie unter dem Gesichtspunkt der drohenden **Obdachlosigkeit** die Möglichkeit, auf Grund der ordnungsbehördlichen Vorschriften den Mieter in die zu räumende Wohnung wieder einzuweisen. Für die weiteren Einzelheiten dieser Einschränkung der Privatautonomie wird auf die Ausführungen in diesem Handbuch unter → § 6 III. 4., Unterbringung Obdachloser/Einweisung in die Mietwohnung, verwiesen. 5

2. Vertragsabschlussfreiheit und Diskriminierung

a) Mietrecht und allgemeine Gleichbehandlung. Die jüngste Einschränkung der Privatautonomie erfährt das Mietrecht durch das **Allgemeine Gleichbehandlungsgesetz.** Indem Benachteiligungen iSd § 1 des AGG verhindert bzw. beseitigt werden sollen, wird für den Wohnungsanbieter ein Willkürverbot in Form eines korrekten politischen Verhaltens konstatiert. 6

Ausweislich § 2 Abs. 1 Nr. 8 AGG („Benachteiligungen aus einem in § 1 AGG genannten Grund sind nach Maßgabe dieses Gesetzes unzulässig in Bezug auf den Zugang zu und die Versorgung mit Gütern und Dienstleistungen, die der Öffentlichkeit zur Verfügung stehen, einschließlich von Wohnraum“) ist der Regelungsgehalt des AGG auch für das Mietrecht relevant, wobei allerdings der Wohnraum **„der Öffentlichkeit zur Verfügung stehen“** muss. Wird der Wohnraum rein im privaten Umfeld des Vermieters angeboten, gilt § 2 Abs. 1 Nr. 8 AGG folglich nicht. Durch **Zeitungsinserate, Angebote im Internet** sowie **Aushänge** ist das Merkmal der Öffentlichkeit regelmäßig 7

[2] → § 25.
[3] → Rn. 4 ff.
[4] → § 8 Rn. 5.
[5] → § 8 Rn. 16 ff.

erfüllt. Entscheidend ist, ob das Angebot sich an einen unbestimmten Personenkreis richtet.[6]

8 Im Hinblick auf die zeitliche Geltung des AGG ist dahingehend zu differenzieren, ob eine Benachteiligung wegen der Rasse oder der ethnischen Herkunft betroffen ist oder die Gründe des Geschlechts, der Religion oder Weltanschauung, einer Behinderung, des Alters oder der sexuellen Identität zum Tragen kommen. Für den ersteren Fall findet das AGG gemäß § 33 Abs. 2 AGG für die Mietverträge Anwendung, die ab dem 18.8.2006, für die anderen Fälle gemäß § 33 Abs. 3 AGG sind die Mietverträge betroffen, die ab dem 1.12.2006 zu Stande gekommen sind.

9 **b) Zivilrechtliches Benachteiligungsverbot gem. § 19 Abs. 1 AGG.** Eine **Benachteiligung** aus den Gründen der Rasse oder wegen der ethnischen Herkunft, wegen des Geschlechts, der Religion, einer Behinderung, des Alters oder der sexuellen Identität ist gemäß § 19 Abs. 1 Nr. 1 AGG im Rahmen des Mietvertragsrechts unzulässig, wenn bei der Begründung, Durchführung und Beendigung des zivilrechtlichen Schuldverhältnisses der Mietvertrag

- typischerweise ohne Ansehen der Person zu vergleichbaren Bedingungen in einer Vielzahl von Fällen zustande kommen (Massengeschäfte), oder
- bei denen das Ansehen der Person nach der Art des Schuldverhältnisses eine nachrangige Bedeutung hat und die zu vergleichbaren Bedingungen in einer Vielzahl von Fällen zustande kommen.

10 Für beide Alternativen des § 19 Abs. 1 Nr. 1 AGG ist zunächst eine **„Vielzahl von Fällen“** Tatbestandsvoraussetzung. Eine Definition der „Vielzahl“ gibt das AGG nicht. Vergleichbarer Anknüpfungspunkt können hingegen die Grundlagen sein, die für die Allgemeinen Geschäftsbedingungen gemäß § 305 Abs. 1 BGB entwickelt worden sind. Hiernach wäre eine „Vielzahl von Fällen“ gegeben, wenn eine dreifache oder noch häufigere Vermietung erfolgt bzw. bereits im Falle der erstmaligen Vermietung die Absicht einer **Mehrfachvermietung** besteht.[7] Gleichzeitig ist in § 19 Abs. 5 S. 3 die sog. Kleinanbieterklausel enthalten. Hiernach ist die Vermietung von Wohnraum zum nicht nur vorübergehenden Gebrauch in der Regel kein Geschäft im Sinne des Abs. 1 Nr. 1, wenn der Vermieter insgesamt nicht mehr als 50 Wohnungen vermietet. Die in Abs. 1 Nr. 1 erforderliche „Vielzahl von Fällen“ ist in der Regel folglich dann gegeben, wenn der Vermieter mehr als 50 Wohnungen vermietet.

11 Das Zustandekommen des Vertrages muss **„ohne Ansehen der Person“**, also der Person des Mieters, erfolgen. Ausgangspunkt für dieses Tatbestandsmerkmal ist, wenn im Rahmen des Angebots das Mietobjekt als zu vermietendes Gut und nicht eine bestimmte oder bestimmbare Vertragspartei im Vordergrund steht, also der Vermieter nur an der Vermietung an sich interessiert ist.[8]

12 Dem weitergehenden Tatbestandsmerkmal der **„vergleichbaren Bedingungen“** dürfte vor dem Hintergrund der ersten beiden Merkmale keine besondere eigenständige Bedeutung mehr hinzukommen, da die durch sie feststehende Mehrfachanbietung sowie dem Umfang der angesprochenen Mietinteressenten vergleichbare Bedingungen den Wohnungssuchenden regelmäßig unterbreitet werden.

13 Für die 2. Alternative des § 19 Abs. 1 Nr. 1 AGG kommt neben der **„Vielzahl von Fällen“** sowie den vergleichbaren Bedingungen als Merkmal die **„nachrangige Bedeutung des Ansehens der Person“** hinzu. Auch für dieses Merkmal ist zunächst entscheidend, dass der Abschluss des Mietvertrages für den Vermieter an sich von entscheidender Relevanz ist und die Person des Mieters nachrangige Bedeutung hat.[9]

14 Die Merkmale des **„ohne Ansehens der Person“** oder der **„nachrangigen Bedeutung des Ansehens der Person“** stehen allerdings dann in Frage, wenn der Vermieter über

[6] BeckOK BGB/Horcher AGG § 2 Rn. 25–27; ErfK/Schlachter, 24. Aufl. 2024, AGG § 2 Rn. 15.
[7] MüKoBGB/Thüsing AGG § 19 Rn. 36.
[8] MüKoBGB/Thüsing AGG § 19 Rn. 37 ff.
[9] MüKoBGB/Thüsing AGG § 19 Rn. 37 ff.

typisierte Mieterfragebögen oder sonstige Informationsbeschaffung über den oder die potenziellen Mieter eine Entscheidungsgrundlage für sich begründet, die das Ansehen der Person mehr in den Vordergrund drängt. Ein derartiger **Mieterfragebogen** sollte, um den Anwendungsbereich des § 19 Abs. 1 Nr. 1 AGG zu entgehen, möglichst bis an die Grenzen der Zulässigkeit der Fragemöglichkeit gehen.

c) **Zivilrechtliches Benachteiligungsverbot gemäß § 19 Abs. 2 AGG.** Gemäß § 19 Abs. 2 AGG ist eine Benachteiligung aus Gründen der Rasse oder wegen der ethnischen Herkunft darüber hinaus auch bei der Begründung, Durchführung und Beendigung sonstiger zivilrechtlicher Schuldverhältnisse im Sinne des § 2 Abs. 1 Nr. 5 bis 8 unzulässig. 15

Die vorbenannte Ausnahmeregelung des § 19 Abs. 5 S. 3 AGG (sog. **Kleinanbieterklausel**) entfaltet keine Relevanz für das zivilrechtliche Benachteiligungsverbot des § 19 Abs. 2 AGG. Diese unzulässige Benachteiligung hat mithin auch für den Vermieter einer einzigen Wohnung für jeden einzelnen Vertrag Bedeutung.

d) Begriffsbestimmung: Benachteiligung nach dem AGG. Mit § 3 Abs. 1 und Abs. 2 AGG ist die **Legaldefinition** des Tatbestandsmerkmals der **Benachteiligung** iSd § 19 Abs. 1 und Abs. 2 AGG festgelegt. § 3 AGG differenziert zwischen der unmittelbaren Benachteiligung (§ 3 Abs. 1 AGG) sowie der mittelbaren Benachteiligung (§ 3 Abs. 2 AGG). 16

aa) Unmittelbare Benachteiligung. Das Merkmal der **unmittelbaren Benachteiligung** ist erfüllt, wenn eine Person gegenüber einer anderen Person in einer vergleichbaren Situation aus den in § 1 AGG genannten Gründen weniger günstig behandelt wird. Folge der **Ungleichbehandlung** muss eine **Beeinträchtigung** sein, wobei bereits die konkrete Gefahr einer Benachteiligung (**Erstbegehungsgefahr**) ausreichend ist.[10] 17

Darüber hinaus normiert § 3 Abs. 1 S. 2 AGG, dass eine unmittelbare Benachteiligung wegen des Geschlechts auch für den Fall der ungünstigeren Behandlung einer Frau wegen Schwangerschaft oder Mutterschaft besteht. 18

bb) Mittelbare Benachteiligung. Die **mittelbare Benachteiligung** gemäß § 3 Abs. 2 AGG knüpft an standardisierte Regelungen und Abläufe durch neutrale 19

- **Vorschriften** (zB Gesetze, Verordnungen, Übereinkünfte mit Regelungscharakter),
- **Kriterien** (zB Mieterfragebogen) oder
- **Verfahren** (zB Auswahlverfahren) an,

durch die Personen wegen eines in § 1 AGG genannten Grundes in besonderer Weise gegenüber anderen Personen benachteiligt werden können. Diese vorbenannten Merkmale müssen zu einer unterschiedlichen Gruppenbildung führen, die einen Personenkreis gegenüber einem anderen Personenkreis abgrenzen und geeignet sind in besonderer Weise zu benachteiligen. Die **Ungleichbehandlung** muss zu einer **Beeinträchtigung,** zumindest der konkreten Gefahr einer Beeinträchtigung (**Erstbegehungsgefahr**) führen.[11]

Diese hiernach feststellbare Ungleichbehandlung in besonderer Weise ist auf Tatbestandsebene jedoch dann unbeachtlich, wenn ein **sachlich rechtfertigender Grund** vorliegt und die eingesetzten Mittel zur Erreichung dieses Zieles angemessen und erforderlich sind, § 20 Abs. 1 AGG. 20

e) Spezifische mietrechtliche Ausnahmen und Rechtfertigungsgründe. *aa) § 19 Abs. 3 AGG: Bewohnerstrukturen/Siedlungsstrukturen.* Die **Strukturziele** des § 19 Abs. 3 AGG stellen einen sachlichen Grund für eine mögliche Ungleichbehandlung dar. Die Vorschrift des § 19 Abs. 3 AGG wendet sich mit ihrem strukturellen Ansatz als Ausnahmevorschrift ausschließlich an **Großvermieter,** da nur diese in der Lage sind, strukturelle 21

[10] MüKoBGB/Thüsing AGG § 3 Rn. 10.
[11] MüKoBGB/Thüsing AGG § 3 Rn. 27 ff.

Kriterien aufzustellen, um das Ziel der **Integration** einerseits sowie die Vermeidung einer **Ghettoisierung** andererseits umzusetzen.[12]

22 Zum Teil wird hierzu die Auffassung vertreten, dass § 19 Abs. 3 AGG für die Merkmale „Rasse und ethnische Herkunft" nicht einschlägig sein kann, da die **Antidiskriminierungsrichtlinie** der EG 2000/43 keine Ausnahme zulässt und die Merkmale „Rasse und ethnische Herkunft" bei der Siedlungsstruktur keine Rolle spielen sollten.[13]

23 *bb) § 19 Abs. 5 S. 1 und S. 2 AGG: besonderes Nähe- oder Vertrauensverhältnis.* Eine Benachteiligung besteht mangels Anwendbarkeit der §§ 19 ff. AGG dann nicht, wenn das Mietverhältnis durch ein besonderes **Nähe- oder Vertrauensverhältnis** der Parteien oder ihre Angehörigen bestimmt ist. Hinzu tritt auch der Fall, dass die Parteien oder ihre Angehörigen Wohnraum **auf dem selben Grundstück** nutzen.

24 Ein besonderes **Nähe- und Vertrauensverhältnis** besteht zum einen zwischen den Angehörigen im engeren Familienkreis iSd § 573 Abs. 2 Nr. 2 BGB und zum anderen für derartige Vertragskonstellationen, die neben dem Mietvertrag eine weitergehende vertragliche oder tatsächliche Bindung zum Vermieter herstellen. Dies gilt insbesondere für **Mieter von Werkdienstwohnungen, Haushaltshilfen** und **Pflegepersonen.**

25 Für das weitergehende Tatbestandsmerkmal der zusätzlichen Ausnahmeregel des § 19 Abs. 5 S. 2 AGG **„auf dem selben Grundstück"** wird einhellig die Auffassung vertreten, dass hiermit nicht formal an die grundbuchmäßige Erfassung, sondern an ein tatsächlich enges räumliches Lebensverhältnis anzuknüpfen ist.[14]

26 *cc) § 19 Abs. 5 S. 3 AGG: Kleinanbieterklausel.* Die Reglung des § 19 Abs. 5 S. 3 AGG, die sog. **Kleinanbieterklausel,** gilt als Ausnahmevorschrift ausschließlich für die zivilrechtliche Benachteiligung gemäß § 19 Abs. 1 AGG.

27 Hierfür entscheidender Anknüpfungspunkt ist nicht die Anzahl der tatsächlich vermieteten Wohnungen, sondern die Anzahl der vermietbaren Wohnungen. Nicht vermieteter **Leerstand** entbindet den Vermieter grundsätzlich nicht.[15]

28 Zudem müssen die betroffenen Wohnungen **nicht nur zum vorübergehenden Gebrauch** vermietet werden (vgl. hierzu § 549 Abs. 2 Nr. 1 BGB). Entscheidend ist im Übrigen die **entgeltliche Überlassung.**[16] Da § 19 Abs. 5 S. 3 AGG eine **widerlegbare Vermutung** („in der Regel") darstellt, sind Fallkonstellationen denkbar, dass auch bei einem Vermieter, der weniger als 50 Wohnungen vermietet, das zivilrechtliche Benachteiligungsverbot gemäß § 19 Abs. 1 AGG einschlägig sein kann, wenn der Vermieter über Dritte (zB die Ehefrau) vermieten lässt oder Eheleute in der Kumulation mehr als 50 Wohnungen vermieten oder mehrere Gesellschaften mit identischem Gesellschafterbestand agieren.[17]

29 *dd) § 5 AGG: Ausgleich bestehender Nachteile.* Als **allgemeine Rechtfertigung** formuliert § 5 AGG geeignete und angemessene Maßnahmen (positive Maßnahmen) die bestehende Nachteile wegen eines im § 1 AGG genannten Grundes verhindern oder ausgleichen sollen.

30 Als spezielle konkretisierte Ausprägung wurde in diesem Zusammenhang bereits auf § 19 Abs. 3 AGG hingewiesen. Weitere **positive Maßnahmen,** mit denen bestehende Nachteile vermieden oder ausgeglichen werden sollen, bestehen zB in dem Angebot behindertengerechten Wohnens. Die differenzierende Maßnahme muss im Rahmen der jeweils notwendigen Abwägung gegenüber anderen Personengruppen aber geeignet und angemessen sein.

---

[12] MüKoBGB/Thüsing AGG § 19 Rn. 84.
[13] BeckOK BGB/Wendtland AGG § 19 Rn. 29–31.
[14] BeckOGK/Mörsdorf AGG § 19 Rn. 64; Rolfs NJW 2007, 1489 (1490).
[15] Rolfs NJW 2007, 1489 (1490).
[16] MüKoBGB/Thüsing AGG § 19 Rn. 121–124.
[17] MüKoBGB/Thüsing AGG § 19 Rn. 121–124.

ee) § 20 AGG: Zulässige unterschiedliche Behandlung. Eine zulässige unterschiedliche Behandlung wird mit mietrechtlichem Bezug zudem über § 20 Abs. 1 AGG normiert, wenn die unterschiedliche Behandlung 31

- der **Beachtung von Verkehrssicherungspflichten** (zB potenzielle Störer) oder
- dem **Schutz der Intimsphäre oder der persönlichen Sicherheit** dient (zB Frauenhäuser) oder
- **besondere Vorteile gewährt und ein Interesse an der Durchsetzung der Gleichbehandlung fehlt** (zB Studentenwohnheime, betreutes Wohnen) oder
- **religionsspezifische Anknüpfungen** hat (zB Vermietung durch Religionsgemeinschaften in Erfüllung ihrer immanenten Ziele).

f) **Rechtsfolgen.** Liegt eine unzulässige **Benachteiligung** iSd § 19 Abs. 1 oder Abs. 2 AGG vor, so richten sich die damit verbundenen **Rechtsfolgen** nach § 21 AGG. 32

Nach § 21 Abs. 1 AGG besteht für den Benachteiligten ein **Beseitigungsanspruch** und im Falle der Besorgung weiterer Beeinträchtigungen ein **Unterlassungsanspruch.** 33

Inwieweit der Anspruch auf Beseitigung der Beeinträchtigung gleichfalls in letzter Konsequenz einen **Kontrahierungszwang** begründet, ist umstritten.[18]

§ 21 Abs. 2 S. 1 AGG sieht einen **Schadenersatzanspruch** vor, der vergleichbar dem des § 280 Abs. 1 BGB ist; es gelten im Übrigen die allgemeinen Regeln der §§ 249 ff. BGB. Der Benachteiligende kann sich **exkulpieren,** indem er den Beweis führt, dass er den Schaden nicht zu vertreten hat. Vereinzelt wird auf Basis des Schadenersatzanspruches nach § 21 Abs. 2 AGG in Verbindung mit § 311 Abs. 2, § 280 Abs. 1 BGB ein **Kontrahierungszwang** konstatiert.[19] 34

Darüber hinaus kann der Benachteiligte gemäß § 21 Abs. 2 S. 3 AGG eine angemessene **Entschädigung in Geld** verlangen. Die Angemessenheit der Entschädigung in Geld wird sich im Wesentlichen an den Maßstäben der **Verletzung des allgemeinen Persönlichkeitsrechts** zu orientieren haben. 35

Gemäß § 21 Abs. 3 AGG bleiben **Ansprüche aus unerlaubter Handlung** insbesondere nach den §§ 823, 826 BGB unberührt. 36

§ 21 Abs. 5 AGG sieht für die Geltendmachung der Ansprüche gemäß § 21 Abs. 1 und Abs. 2 AGG die **Ausschlussfrist** von 2 Monaten vor. Der Fristlauf beginnt mit der Entstehung des Anspruchs. 37

3. Angebot und Annahme

Der Abschluss eines Mietvertrages richtet sich nach den allgemeinen Vorschriften des Schuldrechts über **Angebot** und **Annahme** gemäß der §§ 130, 145 ff. BGB und kommt durch korrespondierende Erklärungen des Vermieters und Mieters über den wesentlichen Vertragsinhalt zustande. 38

a) **Bestimmtheit.** Der Inhalt eines Angebots auf Abschluss eines Mietvertrages muss den wesentlichen Vertragsinhalt festlegen bzw. ihn bestimmbar machen. Eine hinreichende **Bestimmbarkeit** ist anzunehmen, wenn die Annahme des Angebotes durch eine einfache Zustimmung erfolgen kann.[20] 39

b) **Bindungswirkung.** Voraussetzung für die Wirksamkeit eines **Angebotes** auf Abschluss eines Mietvertrages ist darüber hinaus, dass der Antragende den Willen über die Verbindlichkeit seiner Erklärung zum Ausdruck bringt. Entscheidend für die Beurteilung dieser **Bindungswirkung** ist dabei nicht der innere Wille des Antragenden, sondern der objektive Erklärungswert seiner Äußerung und seines Handelns.[21] Dieser ist im Rahmen der Auslegung zu ermitteln. Hiernach sind stets als unverbindlich die Erklärungen anzusehen, nach denen im Wege eines Zeitungsinserats oder eines Aushangs ein größerer Kreis von Personen in der offenkundigen Tatsache angesprochen wird, wonach 40

---

[18] Rolfs NJW 2007, 1489 (1490); Derleder NZM 2007, 625 (633).
[19] Rolfs NJW 2007, 1489 (1490); Derleder NZM 2007, 625 (633).
[20] BeckOK BGB/H.-W. Eckert BGB § 145 Rn. 34.
[21] BeckOK BGB/H.-W. Eckert BGB § 145 Rn. 35–37.

die angebotene Leistung, nämlich die Mietwohnung, nur einmal zur Verfügung gestellt werden kann.[22]

41 Darüber hinaus steht einer **Bindungswirkung** entgegen, wenn der Antragende die mangelnde Bindungswirkung seines Angebots ausdrücklich durch entsprechende Klauseln kennzeichnet.[23] Exemplarisch sind an dieser Stelle Klauseln wie „unter Vorbehalt", „unverbindliches Angebot" und „freibleibendes Angebot" zu nennen. Eine derart gekennzeichnete Erklärung stellt sodann lediglich eine Aufforderung zur Abgabe eines Angebotes seitens des Wohnungsinteressenten dar.[24]

42 Ohne eine derartige Kennzeichnung ist jedoch von einer **Bindungswirkung** des Antrages auszugehen, insbesondere wenn der Antragende der anderen Partei einen bereits von ihm unterzeichneten Mietvertrag übersendet.[25] Bei der Übersendung eines noch nicht unterzeichneten Mietvertrages ist eine Verbindlichkeit des Antrages hingegen fraglich.

43 c) **Annahmefrist.** Gem. § 146 Alt. 2 BGB erlischt die Bindungswirkung eines Antrages, wenn dieser nicht rechtzeitig angenommen wird. Die Rechtzeitigkeit ergibt sich zum einem durch die Bestimmung einer **Annahmefrist** von Seiten des Anbietenden gemäß § 148 BGB. Zum anderen kann sich die Frist zur Annahme aus § 147 BGB ergeben, wonach die Annahme unter Anwesenden sofort zu erfolgen hat und unter Abwesenden die Frist zur Annahme sich danach bemisst, bis zu welchem Zeitpunkt der Anbietende den Eingang der Antwort unter regelmäßigen Umständen erwarten durfte.

44 Einer näheren Betrachtung bedarf allein die letztgenannte Alternative. Die hiernach zu berechnende **Annahmefrist** setzt sich regelmäßig aus den Zeiträumen zusammen, die für die Übermittlung des Antrages an den Empfänger, dessen Bearbeitungs- und Überlegungszeit sowie aus der Zeit für die Rückübermittlung der Antwort angenommen werden können.[26] Umstände, die die Annahmeerklärung verzögern und dem Antragenden bekannt waren bzw. mit denen er rechnen musste, können zu einer entsprechenden Verlängerung der Annahmefrist führen. Hierzu zählen beispielsweise ein angekündigter Urlaub, eine beabsichtigte Bonitätsprüfung oder die Tatsache, dass der Annehmende den Abschluss des Mietvertrages von dem vorherigen Abschluss eines neuen Arbeitsvertrages abhängig machte.[27]

45 Ohne Berücksichtigung etwaig die **Annahmefrist** verlängernder gesonderter Umstände ist davon auszugehen, dass bei Übersendung eines unterzeichneten Mietvertrages dieser Antrag regelmäßig innerhalb einer Frist von 3 bis 5 Tagen durch Rücksendung des gegengezeichneten Mietvertrages angenommen werden muss.[28] Vereinzelt werden sogar 2 bis 3 Wochen als noch angemessene Frist angesehen.[29]

46 Geht die Annahmeerklärung dem Antragenden nach Ablauf der Frist zu, die unter den regelmäßigen Umständen zu erwarten war, so stellt die verspätete Annahme gemäß § 150 Abs. 1 BGB den neuen Antrag auf Abschluss eines Mietvertrages dar.[30]

47 d) **Änderungen und Ergänzungen.** Gleichfalls wie der verspätete Zugang einer Annahmeerklärung gilt auch die **Annahme** unter Erweiterungen, Einschränkungen oder sonstigen Änderungen als Ablehnung des ursprünglichen Antrags und stellt insoweit die Unterbreitung eines neuen Antrages gem. § 150 Abs. 2 BGB dar. Der Vertragsschluss ist sodann von der Annahmeerklärung des ehemals Antragenden abhängig. Die von dem Vertragspartner beabsichtigten Änderungen sind allerdings nur dann iSd § 150 Abs. 2 BGB relevant, wenn diese der anderen Vertragspartei klar und unzweideutig zum

[22] BeckOK BGB/Zehelein BGB § 535 Rn. 196.
[23] BGH NJW 1984, 1885.
[24] BGH NJW 1996, 919.
[25] BGH NJW 1962, 1388.
[26] BGH NJW 1996, 919.
[27] BGH NJW 2016, 1441; 2010, 2873; 1996, 919.
[28] LG Berlin BeckRS 1987, 6757.
[29] BGH NJW 2016, 1441; 2010, 2873.
[30] BGH NJW 2016, 1441.

Ausdruck gebracht werden. Andernfalls kommt der Mietvertrag zu den Bedingungen und Inhalten des Angebots zustande.[31]

e) Konkludentes Verhalten und Schweigen. Eine Annahmeerklärung bedarf nicht notwendigerweise einer ausdrücklichen Erklärung, sondern kann auch durch **schlüssiges Verhalten** erfolgen. 48

Zu begründen ist diese Form des Vertragsschlusses auch damit, als beispielsweise gem. § 545 BGB eine Fortsetzung des Mietverhältnisses nach Ablauf der Mietzeit durch **konkludentes Handeln** angenommen wird, wenn der Mieter vom Vermieter unwidersprochen den Gebrauch fortsetzt.

Teilweise wird in diesen Fällen bereits der Einzug des Mieters und die vorbehaltlose Entgegennahme des Mietzinses durch den Vermieter über einen längeren Zeitraum als ausreichend betrachtet.[32] Bei neu begründeten Mietverhältnissen mag das noch ausreichen, da hier ein aktives Tun beider Parteien zugrunde liegt (der Vermieter muss dem Mieter den Zugang zu der Mietsache gewähren, der Mieter aktiv einziehen). 49

Anders dürfte dies bei der Beendigung des Mietverhältnisses unter Ausschluss des § 545 BGB zu betrachten sein. Nur, weil der Mieter nicht auszieht und der Vermieter keine Räumungsklage erhebt, ist nicht stillschweigend ein Mietvertrag als neu abgeschlossen oder fortgesetzt anzusehen, auch nicht, wenn der Mieter weiterhin die zuvor vereinbarte Miete entrichtet hat.[33] 50

Kommt der Mietvertrag in diesen Fällen allein durch das jeweils **schlüssige Verhalten** der Vertragsparteien zustande, so richtet sich der Inhalt des Mietvertrages nicht nach den ursprünglich vorgesehenen schriftlich fixierten Regelungen, sondern ausschließlich nach den gesetzlichen Vorschriften sowie den Ausführungshandlungen der Parteien.[34] 51

Das **Schweigen** der annehmenden Partei auf einen ihr unterbreiten Antrag auf Abschluss eines Mietvertrages stellt grundsätzlich keine Annahme, sondern die Ablehnung des Antrages dar.[35] 52

In diesem Zusammenhang ist regelmäßig die Auslegungsregel des § 154 Abs. 2 BGB zu beachten. Sollte eine Beurkundung des beabsichtigten Vertrages verabredet worden sein, so ist im Zweifel der Vertrag als nicht geschlossen anzusehen, bis die entsprechende Beurkundung erfolgt ist. Dies gilt insbesondere gem. § 550 BGB für Mietverträge, die für die Dauer von mehr als einem Jahr abgeschlossen werden.[36] 53

f) Haustürgeschäft. Nach den Regelungen der **§§ 312 ff. BGB** kann ein Vertrag, der eine entgeltliche Leistung zum Gegenstand hat, unter bestimmten Voraussetzungen widerrufen werden. 54

Auf Verträge über die Vermietung von Wohnraum sind nicht alle Regelungen anzuwenden. Gemäß § 312 Abs. 4 S. 1 BGB sind nur die in § 312 Abs. 3 Nr. 1 – 7 BGB anzuwenden. Hiernach sind die §§ 312b BGB (Außerhalb von Geschäftsräumen geschlossene Verträge) und 312c BGB (Fernabsatzverträge) auf Wohnraummietverträge anzuwenden. Dies ist gemäß § 312 Abs. 4 S. 2 BGB allerdings dann nicht der Fall, wenn der Mieter die Wohnung zuvor besichtigt hat. 55

Voraussetzung ist ferner, dass der Mieter Verbraucher iSd § 13 BGB ist, also eine natürliche Person, die einen Mietvertrag weder zu einem gewerblichen Zweck noch in Ausübung einer selbständigen Erwerbstätigkeit abschließt. 56

Vertragspartner, also Vermieter, muss ein Unternehmer iSd § 14 BGB sein, also eine natürliche oder juristische Person oder eine rechtsfähige Personengesellschaft, die den Mietvertrag im Rahmen ihrer gewerblichen oder selbständigen beruflichen Tätigkeit 57

[31] BGH NJW 2014, 2100.
[32] BGH NJW 2009, 433.
[33] OLG Dresden NJW-RR 2022, 1670; LG Berlin DtZ 1993, 29.
[34] OLG Düsseldorf ZMR 1988, 54.
[35] BeckOK BGB/H.-W. Eckert BGB § 151 Rn. 10.
[36] BeckOK BGB/H.-W. Eckert BGB § 154 Rn. 17.

abschließt. Umstritten ist in diesem Zusammenhang, ob bereits die Eigenschaft des Vermieters als Eigentümer mehrerer Häuser diese Unternehmereigenschaft begründet.[37]

58 Der Gesetzgeber hält die Gefahren durch Überrumpelung und psychischem Druck für vernachlässigbar, wenn ein Wohnraummietvertrag nach einer Besichtigung der Mietsache zustande kommt und sieht daher in diesen Fällen keinen Bedarf für ein Widerrufsrecht.[38] Das Widerrufsrecht ist bei dem Abschluss von Wohnraummietverträgen im Ergebnis auf die wohl seltenen Fälle beschränkt, in denen ein Wohnraummietvertrag im Wege des Fernabsatzes geschlossen wurde, ohne dass zuvor eine Besichtigung stattgefunden hat. Kommen die §§ 312 ff. BGB zur Anwendung, gelten die dort entwickelten Grundsätze.

59 Auf Vertragsänderungen im laufenden Mietverhältnis (Mieterhöhungen, Aufhebungsvereinbarungen etc) finden die in § 312 Abs. 3 Nr. 1 – 7 BGB genannten Regelungen grundsätzlich Anwendung.

4. Notwendiger Vertragsinhalt

60 Der notwendige Inhalt eines Mietvertrages wird zum einen durch die **essentialia negotii** des § 535 BGB und im Übrigen durch den Willen der Vertragsparteien festgelegt. Zwischen den Parteien muss Einigung über den wesentlichen **Vertragsinhalt** dergestalt erfolgt sein, dass die gegenseitig geschuldeten Leistungen zumindest eindeutig bestimmbar sind.[39]

61 Die gem. § 535 BGB festgelegten vertraglichen Hauptpflichten bestehen darin, dass der Vermieter verpflichtet ist, dem Mieter den **Gebrauch** der vermieteten Sache während der Mietzeit zu gewähren und der Mieter verpflichtet ist, dem Vermieter den vereinbarten **Mietzins** zu entrichten.

62 **a) Mietgegenstand.** In der Regel ist die eindeutige Bestimmbarkeit des **Mietgegenstandes** unproblematisch, da der Gegenstand der Verhandlungen der Parteien ein konkretes individualisiertes Wohnobjekt beinhaltet.

63 Allerdings ist es den Parteien unbenommen, den **Mietgegenstand** lediglich der Gattungsart nach festzulegen, indem man sich über die Art der Räumlichkeiten, deren Größe sowie deren Ausstattung einigt. In der Praxis vollzieht sich dies jedoch nur selten, da regelmäßig der Mieter die Räumlichkeiten, die er anzumieten beabsichtigt, zuvor besichtigt und somit eine Konkretisierung erfolgt.

64 Eine rein gattungsmäßige Bestimmung ist hingegen insbesondere für die Mitvermietung von Kellerräumen und Garagen häufiger anzutreffen. In diesem Fall ist der Vermieter berechtigt, den Mietgegenstand erst später individuell zu bestimmen, indem er einen nach Größe und Umfang vereinbarten Kellerraum bzw. eine Garage oder einen Stellplatz dem Mieter zur Nutzung überlässt.[40]

65 **b) Mietzins.** Für die Überlassung des Mietgegenstandes verpflichtet sich der Mieter, als Gegenleistung den vereinbarten **Mietzins** zu entrichten. Dieser wird in der Regel vor Abschluss des Mietvertrages zwischen den Parteien fest vereinbart. Allerdings ist es für den wirksamen Abschluss eines Mietvertrages nicht erforderlich, dass sich die Parteien auf eine bestimmte Höhe des Mietzinses einigen. Ausreichend ist hingegen vielmehr, dass sich die Parteien erkennbar darüber verständigen, dass der Gebrauch der Mietsache entgeltlich erfolgen soll. In diesem Fall gilt die angemessene und ortsübliche Miete als vereinbart.[41]

66 Die Bestimmung des Mietzinses der Höhe nach ist, sofern Streit darüber besteht, den Gerichten zugewiesen.[42]

---

[37] LG Karlsruhe NJW-RR 1992, 973.
[38] BT-Drs. 17/12637, 48.
[39] BGH NJW 2002, 3016.
[40] BGH NJW 2008, 1661.
[41] BGH BeckRS 2015, 5683; NJW 1975, 1557.
[42] BGH NJW 2003, 1317.

Im Falle des öffentlich geförderten Wohnungsbaus hat sich der Vermieter an die preisrechtlich zulässige **Kostenmiete** zu halten. 67

c) **Mietbeginn.** Als **Mietbeginn** wird regelmäßig ein konkreter Zeitpunkt zwischen den Parteien vereinbart. Fehlt es an einer entsprechenden Abrede, ist grundsätzlich davon auszugehen, dass das Mietverhältnis mit Abschluss des Mietvertrages beginnt. Darüber hinaus kann der Zeitpunkt des Mietbeginns an ein zukünftiges bestimmbares Ereignis geknüpft werden, wie zB die Bezugsfertigkeit einer Wohnung. 68

d) **Weitere Regelungsinhalte.** Über den notwendigen **Vertragsinhalt** hinaus ist es Verhandlungssache der Parteien, sich über weitere Regelungsinhalte zu verständigen (→ § 1). 69

5. Checkliste Vertragsabschluss

Checkliste: Vertragsabschluss

- ☐ Übereinstimmung von Angebot und Annahme
- ☐ Hinreichende Bestimmbarkeit des Vertragsinhalts
- ☐ Notwendiger Vertragsinhalt
  - Mietgegenstand
  - Mietzins
  - Mietbeginn
- ☐ Rechtzeitige Annahme
- ☐ Änderungen und Ergänzungen
- ☐ Haustürgeschäft
- ☐ Grenzen der Vertragsabschlussfreiheit
  - Mietpreisbindung
  - Zweckentfremdungsverbot
  - Hoheitsakte
  - Allgemeine Gleichbehandlung

II. Mängel beim Vertragsschluss

1. Dissens

a) **Offener Dissens.** Ein offener **Dissens** (Einigungsmangel) liegt iSd § 154 Abs. 1 S. 1 BGB vor, solange sich die Parteien über den Inhalt des von ihnen anvisierten Vertragsschlusses noch nicht vollständig geeinigt haben und sie sich dieses Einigungsmangels bewusst sind. Dies hat zur Folge, dass der Vertrag im Zweifel nicht als geschlossen gilt, sofern keine Einigkeit über den zu regelnden offenen Punkt erzielt wurde. 70

Sofern ein offener Einigungsmangel besteht, kann dieser nicht durch die gesetzlichen Regelungen oder im Wege einer Vertragsauslegung ausgefüllt werden.[43] 71

Solange der offene Einigungsmangel besteht, ist auch eine zwischen den Parteien bereits erzielte und schriftlich fixierte Verständigung (Punktation) über einzelne Regelungsgehalte des Vertrages gem. § 154 Abs. 1 S. 2 BGB nicht bindend.

Die im Zweifel geltende Auslegungsregel des § 154 Abs. 1 BGB kommt jedoch dann nicht zum Tragen, wenn die Parteien trotz des noch bestehenden Einigungsmangels erkennbar eine vertragliche **Bindungswirkung** eingehen wollten. Erst dann kommen – sollten die Parteien in der Folgezeit eine Einigung über den offenen Regelungsgehalt nicht erzielen – zur Ausfüllung der Vertragslücke die gesetzlichen Regeln zum Tragen oder eine Ausfüllung des offenen Punktes im Wege der **ergänzenden Vertragsauslegung.**[44] 72

---

[43] BGH NJW 2002, 817.
[44] BGH NJW 1975, 1116.

73 So wird ein entsprechender Bindungswille mit der Folge aus Rn. 92 dann als gegeben angesehen, wenn der Mieter in die Wohnung eingezogen ist und der Vermieter über einen längeren Zeitraum vorbehaltlos den Mietzins entgegengenommen hat.[45]

74 Beabsichtigen die Parteien den Abschluss eines schriftlichen Mietvertrages, so ist gem. § 154 Abs. 2 BGB der Vertrag im Zweifel nicht zustande gekommen, bis die **Beurkundung** erfolgt ist,[46] es sei denn, die Parteien erfüllen den formlos geschlossenen Vertrag einverständlich.[47]

75 **b) Versteckter Dissens.** Nehmen die Parteien hingegen irrtümlich an, sich vollständig über den vertraglichen Regelungsgehalt geeinigt zu haben, obwohl tatsächlich beiderseits ein Einigungsmangel besteht, so unterliegen die Parteien einem versteckten **Dissens.** Dieser hat gem. § 155 BGB zur Folge, dass das zwischen den Parteien übereinstimmend Vereinbarte gilt, wenn angenommen werden kann, dass nach den mutmaßlichen Parteiwillen der Vertrag auch ohne Einigung über den noch offenen Punkt geschlossen worden wäre.

76 Vor der Anwendung der Auslegungsregel des § 155 BGB ist zunächst zu prüfen, ob trotz Bestehens eines objektiven Einigungsmangels hinsichtlich der noch nicht vereinbarten Punkte nicht der innere Wille der Parteien übereinstimmt, also beide subjektiv Übereinstimmendes beabsichtigten.[48]

77 Kommt die Auslegungsregel des § 155 BGB zum Tragen, so ist die bestehende Regelungslücke unter Heranziehung der gesetzlichen Mietrechtsbestimmungen oder im Wege der **ergänzenden Vertragsauslegung** zu schließen.[49]

78 Die Auslegungsregel des § 155 BGB gelangt hingegen nicht zur Anwendung, wenn sich die Parteien über die wesentlichen Regelungsgehalte eines Vertrages (sog. **essentialia negotii**) schlicht nicht verständigt haben. Im Falle eines derartigen Totaldissenses kommt ein Vertrag erst gar nicht zustande.[50] Ein **Totaldissens** ist beispielsweise anzunehmen, wenn die Parteien bei ihren Verhandlungen von unterschiedlichen Mietgegenständen ausgehen.

79 Eine Anwendung des § 155 BGB scheitert auch dann, wenn die von den Parteien abgegebenen Erklärungen nach ihrem objektiven Erklärungswert übereinstimmen, eine Partei die von ihr abgegebene Erklärung jedoch mit einem anderen objektiven Sinn verstanden hat. In diesem Fall kommt die **Irrtumsanfechtung** gem. § 119 BGB in Betracht.[51]

2. Willensmängel und ihre Folgen

80 Ein **Willensmangel** liegt vor, wenn der objektive Erklärungswert nicht mit dem subjektiv Gewollten des Erklärenden deckungsgleich ist. Um dies festzustellen, ist zunächst im Wege des Primats der Auslegung zu ermitteln, ob das von dem Erklärenden tatsächlich Gewollte und nicht der objektive Erklärungswert für den Vertragsgegner erkennbar Gegenstand des Vertrages geworden ist.[52]

81 Ein Willensmangel betrifft schließlich auch nur die Fehlerhaftigkeit der Willensäußerung, aber nicht einen Fehler in der Willensbildung (sog. **Motivirrtum**). Ein Irrtum im Beweggrund ist rechtlich unerheblich und begründet kein Anfechtungsrecht.[53] Der typische Fall des Motivirrtums ist der sog. verdeckte Kalkulationsirrtum, in dem zB der Vermieter, ohne dem Vertragspartner seine Berechnungsgrundlage offen zu legen, einen Kaltmietzins zugrunde legt, den er zu seinem Nachteil falsch berechnet hat. In

[45] BGH NJW 2022, 2191; LG Hanau BeckRS 2014, 12974; OLG Düsseldorf ZMR 1988, 54.
[46] OLG Düsseldorf ZMR 1988, 54.
[47] LG Landau ZMR 1993, 569.
[48] BeckOK BGB/H.-W. Eckert § 155 Rn. 3–6.
[49] Vgl. BGH NJW 1977, 1349; BeckOK BGB/H.-W. Eckert BGB § 155 Rn. 12.
[50] OLG Oldenburg BeckRS 2021, 63753.
[51] HK-BGB/Dörner § 155 Rn. 3.
[52] BeckOK BGB/Wendtland § 119 Rn. 18.
[53] BeckOK BGB/Wendtland § 119 Rn. 37.

diesem Fall ist dem Vermieter die Anfechtung des Mietvertrages verwehrt. Weiß der Mieter allerdings um den Irrtum, handelt Letzterer rechtsmissbräuchlich, wenn er den Vermieter an der Vertragsdurchführung festhält.[54]

a) Inhaltsirrtum, Erklärungsirrtum und Eigenschaftsirrtum. Ein **Inhaltsirrtum** nach § 119 Abs. 1 Alt. 1 BGB liegt vor, wenn der Erklärende zwar bewusst eine von ihm gewollte Erklärung abgibt, dieser Erklärung jedoch eine andere rechtliche Bedeutung bzw. einen anderen Sinn beimisst, als diese in Wirklichkeit tatsächlich hat bzw. er mit ihrer Verwendung beabsichtigt.[55] 82

Ein dahingehender Willensmangel kann beispielsweise bei einem Irrtum über die Identität des Mietgegenstandes vorliegen.[56] 83

Unterzeichnet ein Mieter hingegen einen Mietvertrag, ohne dessen Inhalt zuvor gelesen zu haben bzw. mangels Sprachkenntnissen den Inhalt nicht zur Kenntnis genommen zu haben, so ist ein Irrtum ausgeschlossen.[57] 84

Ein Inhaltsirrtum liegt ferner nicht vor, wenn dem Vermieter die strengere Haftung des § 536a BGB nicht bekannt ist (sog. Rechtsfolgenirrtum).[58] 85

Ein **Erklärungsirrtum** iSd § 119 Abs. 1 Alt. 2 BGB ist anzunehmen, wenn der Erklärende eine andere Erklärungshandlung oder ein anderes Erklärungszeichen verwendet, als von ihm tatsächlich beabsichtigt war. Typische Fälle des Irrtums in der Erklärungshandlung sind das Versprechen, das Verschreiben und das Vergreifen.[59] 86

Ein weiterer zur Anfechtung berechtigender Grund liegt gem. § 119 Abs. 2 BGB vor, wenn sich eine Vertragspartei über eine **verkehrswesentliche Eigenschaft** einer Person oder Sache in einem Irrtum befindet. Eine verkehrswesentliche Eigenschaft ist dann anzunehmen, soweit nach der Verkehrsanschauung dieser eine besondere Wertschätzung zugemessen wird.[60] 87

Als verkehrswesentliche Eigenschaften können im Grundsatz wohl diejenigen Punkte angesehen werden, die die *essentialia negotii* darstellen und im Falle eines Dissens zum Totaldissens führen würden. Hierunter fallen sowohl die Höhe der Miete, die Beschaffenheit der Mietsache, die Leistungsfähigkeit des Mieters (hinsichtlich der Zahlung des Mietzinses) als auch des Vermieters (hinsichtlich der Überlassung der Mietsache). 88

b) Arglistige Täuschung und Drohung. Der Mietvertrag ist nach § 123 BGB auch dann anfechtbar, wenn eine der Vertragsparteien zur Abgabe der auf dem Vertragsschluss gerichteten Willenserklärungen durch **arglistige Täuschung** oder **widerrechtliche Drohung** veranlasst wurde. 89

Arglistig täuscht, wer in Kenntnis der Unrichtigkeit seiner Angaben, zumindest mit der Unrichtigkeit seiner Angaben rechnend, bei seinem Vertragspartner einen Irrtum erregt oder unterhält, der den Vertragspartner zumindest mitursächlich zur Abgabe seiner Willenserklärung veranlasst. Nicht erforderlich ist, dass auf Seiten des Täuschenden eine Bereicherungsabsicht besteht oder auf Seiten des Getäuschten eine Vermögensschädigung begründet wird.[61] 90

Besondere Bedeutung erlangt die Frage der arglistigen Täuschung im Zusammenhang mit der Verwendung von **Selbstauskunftsformularen,** die der Vermieter dem Mieter vor Abschluss des Mietvertrages aushändigt. Eine arglistige Täuschung in der Beantwortung dieser Fragen kann für den Vermieter jedoch nur dann zu einem Anfechtungsrecht führen, wenn die Fragen in zulässiger Weise gestellt werden durften.[62] Ist eine Frage in 91

[54] Vgl. BGH NJW 1998, 3192.
[55] BeckOK BGB/Wendtland § 119 Rn. 30.
[56] BeckOK MietR/Bruns BGB § 542 Rn. 34.
[57] BGH NJW 1968, 2102; LG Köln WM 1986, 821.
[58] OLG Karlsruhe NJW 1989, 907.
[59] BeckOK BGB/Wendtland § 119 Rn. 22.
[60] BGH NJW 1984, 230.
[61] MüKoBGB/Armbrüster § 123 Rn. 18.
[62] LG Köln BeckRS 1984, 5568.

unzulässiger Weise gestellt worden, so mangelt es an der Rechtswidrigkeit der arglistigen Täuschung.[63]

92 Die Zulässigkeit der in einer Selbstauskunft angesprochenen Fragen richtet sich nach der Abwägung des im Persönlichkeitsrecht des Mieters ruhenden Rechts auf **informelle Selbstbestimmung** gegenüber dem berechtigten Interesse des Vermieters, sich einen Mieter nach seinen Vorstellungen aussuchen zu dürfen.

93 Als zulässig werden folgende Fragen angesehen[64]:

- Fragen nach den Einkommens- und Vermögensverhältnisse des Mieters;
- Fragen nach dem Bestehen eines Arbeitsverhältnisses;
- Fragen nach dem Familienstand;
- Frage, ob der Mieter Raucher ist.

94 Als nicht zulässig dürften Fragen anzusehen sein[65]:

- nach der Religionszugehörigkeit des Mieters;
- nach unehelicher Lebensgemeinschaft und Heiratsabsichten;
- nach Aufenthaltsberechtigung;
- nach Ermittlungsverfahren und Vorstrafen.

95 Eine arglistige Täuschung kann sowohl im Wege des **positiven Handelns** als auch des **Unterlassens** begründet sein. So besteht für die Vertragsparteien eine **Aufklärungspflicht** gegenüber dem Vertragspartner über die Tatsachen, über die nach der Verkehrsauffassung möglicherweise eine Aufklärung erwartet werden durfte.[66]

96 Als aufklärungspflichtige Tatsachen werden angesehen[67]:

- Abgabe der eidesstattlichen Versicherung gem. §§ 807, 900 ZPO;
- der zu zahlende Mietzins liegt bei 75 % des Einkommens des Mieters;
- der Mieter ist für die Mietzinsentrichtung auf die Unterstützung des Sozialamtes angewiesen;
- Verschweigen der eigenen wirtschaftlich bedrängten Situation;
- der Vermieter hat den Mieter über eine angeordnete Zwangsverwaltung oder eine eingeleitete Zwangsversteigerung aufzuklären;
- jahrelange Lärmbelästigung durch Nachbarn.

97 Ferner besteht gem. § 123 BGB das Recht zur Anfechtung des Mietvertrages, wenn ein Vertragspartner **widerrechtlich** den anderen durch Inaussichtstellen eines künftigen Übels in eine Zwangslage versetzt, die Letzteren zur Abgabe einer Willenserklärung veranlasst. Die **Drohung** muss **widerrechtlich** erfolgen, dh sie muss auf einem strafbaren oder sittenwidrigen Verhalten beruhen, wobei bereits die Drohung mit einem Vertragsbruch oder einem sonstigen rechtswidrigen Verhalten genügt.[68] Das Drohen mit einem rechtmäßigen Verhalten begründet hingegen keine Widerrechtlichkeit.[69]

98 c) **Anfechtungserklärung und Anfechtungsfrist.** Die **Anfechtungserklärung** hat gem. § 143 Abs. 1 BGB gegenüber dem Anfechtungsgegner zu erfolgen, der gem. § 143 Abs. 2 Alt. 1 BGB beim Mietvertrag der Vertragspartner darstellt.

99 Bei bestehender **Personenmehrheit** auf Mieter- bzw. Vermieterseite ist die Anfechtungserklärung von allen bzw. gegenüber allen anderen Vertragspartnern zu erklären.

100 Im Falle des **Erklärungs- und Inhaltsirrtums** gem. § 119 BGB muss die Anfechtung ohne schuldhaftes Zögern unverzüglich erfolgen, nachdem der Anfechtungsberechtigte Kenntnis von seinem Irrtum erlangt hat. Ein bloßes Kennenmüssen des Irrtums lässt ebenso wenig den Lauf der **Anfechtungsfrist** entstehen, wie das Vorliegen von Ver-

---

[63] BeckOK MietR/Bruns BGB § 542 Rn. 35.
[64] Emmerich NZM 1998, 692 (696) mWN.
[65] Emmerich NZM 1998, 692 (696) mWN.
[66] BGH NJW 1989, 763; NJW-RR 1991, 439; Schmidt-Futterer BGB vor § 535 Rn. 77.
[67] Schmidt-Futterer BGB vor § 535 Rn. 77 f. mWN.
[68] MüKoBGB/Armbrüster § 123 Rn. 117.
[69] Lindner-Figura/Oprée/Stellmann Geschäftsraummiete-HdB Rn. 84.

dachtsgründen über einen etwaig entstanden Irrtum.[70] Wird seitens des Anfechtungsberechtigten allerdings die Möglichkeit erkannt, dass er sich in einem Irrtum befunden hat, so ist zur Fristwahrung die Erklärung einer **Eventualanfechtung** erforderlich.[71]

Die ohne schuldhaftes Zögern abzugebende Anfechtungserklärung gesteht dem Anfechtungsberechtigten eine angemessene Überlegungsfrist sowie das Einholen eines Rates eines Rechtskundigen zu, die sich im Übrigen nach den Umständen des Falles bemisst. Eine Obergrenze wird idR bei zwei Wochen gesehen.[72] 101

Die Frist zur Erklärung der Anfechtung wegen **arglistiger Täuschung** oder **widerrechtlichen Drohung** bemisst sich gem. § 124 BGB auf 1 Jahr, wobei im Falle der arglistigen Täuschung deren Lauf beginnt, sobald der Anfechtungsberechtigte die Täuschung entdeckt, im Falle der widerrechtlichen Drohung ab dem Zeitpunkt, zu dem die Zwangslage, in die er gebracht wurde, beendet ist. 102

d) **Rechtsfolgen.** Erfolgt die Anfechtung des Mietvertrages vor **Überlassung der Mieträume,** so ist der Mietvertrag gem. § 142 Abs. 1 BGB von Anfang an nichtig. Die Nichtigkeit des Mietvertrages führt zur **Rückabwicklung** des Rechtsgeschäfts, wobei etwaig bereits ausgetauschte Leistungen nach den Grundsätzen der ungerechtfertigten Bereicherung zurückzugewähren sind. 103

Die Anfechtung gem. § 119 BGB führt des Weiteren gem. § 122 BGB dazu, dass der Anfechtungsberechtigte und Erklärende dem anderen gegenüber verpflichtet ist, den Schaden zu ersetzen, den dieser dadurch erlitten hat, dass er auf die Gültigkeit der Willenserklärungen vertraut hat (sog. **negatives Interesse, Vertrauensschaden**).[73] Die Höhe des Schadenersatzanspruches ist nach oben hin durch das **Erfüllungsinteresse** begrenzt. 104

Hingegen besteht kein Anspruch auf Schadenersatz auf Seiten des Anfechtungsgegners, wenn dieser iSd § 122 Abs. 2 BGB die Anfechtbarkeit kannte oder kennen musste. 105

Trifft den Anfechtenden allerdings darüber hinaus ein Verschulden, so besteht für den Anfechtungsgegner neben dem Anspruch aus § 122 Abs. 1 BGB weiterhin als Anspruchsgrundlage der Haftungsgesichtspunkt der **culpa in contrahendo** gem. § 311 BGB zur Seite. 106

Im Falle der Anfechtung nach § 123 BGB ist der Anfechtungsgegner aus dem Gesichtspunkt der **deliktischen Haftung** gem. § 823 BGB und aus dem Gesichtspunkt der **culpa in contrahendo** gem. § 311 BGB dem Anfechtungsberechtigten zum Schadenersatz verpflichtet. 107

Erfolgt die Anfechtung des Mietvertrages hingegen erst nach **Überlassung der Mieträume,** so wird nach herrschender Auffassung entgegen der Regelung des § 142 Abs. 1 BGB der Mietvertrag nicht als von Anfang an unwirksam eingestuft. Der Anfechtung wird in diesem Fall die Wirkung ex nunc, dh die Wirkung einer fristlosen Kündigung, beigemessen, so dass mit Zugang der Anfechtungserklärung der Mietvertrag beendet wird. Die originäre Anfechtungswirkung ex tunc findet hingegen auch nach Überlassung der Mietsache Anwendung im Fall der Anfechtung wegen arglistiger Täuschung.[74] 108

3. Störung der Geschäftsgrundlage

Mit der **Schuldrechtsreform** wurde die Lehre der Geschäftsgrundlage[75] unter **§ 313 BGB** unter dem Titel Störung der Geschäftsgrundlage umgesetzt. Der gesetzliche Regelungsgehalt dieser Norm beruht auf der zu dem Rechtsinstitut der Lehre der Geschäftsgrundlage ergangenen Rechtsprechung mit der Folge, dass die hierzu ergangenen Entscheidungen nach wie vor Relevanz haben und die Tatbestandsmerkmale dieser Norm bestimmen. 109

[70] MüKoBGB/Armbrüster § 121 Rn. 5 f.
[71] BGH NJW 1979, 765; OLG München NJW-RR 1988, 498.
[72] OLG Hamm NJW-RR 1990, 523; MüKoBGB/Armbrüster § 121 Rn. 7.
[73] MüKoBGB/Armbrüster § 122 Rn. 17 ff.
[74] BGH NJW 2009, 1266; LG Freiburg BeckRS 2018, 33291.
[75] BGHZ 89, 232; 94, 257; 96, 372; 97, 171; BGH NJW 1977, 2262.

110 Um eine Störung der Geschäftsgrundlage iSd § 313 Abs. 1 BGB anzunehmen, müssen nachfolgende Merkmale kumulativ vorliegen[76]:

- es müssen Umstände vorliegen, die sich erst nach Vertragsschluss verändert haben;
- die Änderungen müssen schwerwiegender Natur sein;
- die Umstände sind nicht Inhalt des Vertrages, sondern lediglich Grundlage des Vertrages geworden;
- die Parteien hätten einen anderen Vertrag oder diesen mit einem anderen Inhalt geschlossen, wenn sie diese Änderungen vorausgesehen hätten;
- einer Vertragspartei ist unter Berücksichtigung aller Umstände des Einzelfalles, insbesondere der vertraglichen oder gesetzlichen Risikoverteilung, ein Festhalten am unveränderten Vertrag nicht mehr zumutbar.

111 Nach § 313 Abs. 2 BGB steht die Fallkonstellation des gemeinschaftlichen Motivirrtum oder auch der lediglich falschen Vorstellungen einer Partei einer Veränderung der Umstände gleich, so dass auch in diesen Fällen – des Fehlens der subjektiven Geschäftsgrundlage – die Rechtsfolge des § 313 Abs. 1 BGB greift.

112 Eine Störung im subjektiven Vorstellungsbild der Mietvertragsparteien ist zunächst grundlegende Voraussetzung. Nicht erforderlich ist hierbei, dass beide Parteien sich in einem **gemeinschaftlichen Irrtum** befinden. Hinreichend für die Anwendung des § 313 BGB ist, dass der anderen Partei das subjektive Vorstellungsbild der einen Partei erkennbar war und das Verhalten der anderen Partei nach Treu und Glauben derart gewertet werden kann, dass der betroffene Umstand als gemeinsame Grundlage des Geschäftswillens anzusehen ist.[77]

113 Die lediglich einseitige Erwartung einer Partei begründet einen gemeinsamen Geschäftswillen hingegen nicht. Dies gilt insbesondere bei einem Irrtum auf Seiten nur einer Partei, deren vertraglich zugewiesene Risikosphäre betroffen ist. In diesem Fall kommt § 313 BGB nicht zum Tragen.[78]

114 Der vertragstypischen Risikozuweisung des Vermieters unterliegt die Überlassung der Mietsache sowie das Risiko der Geldentwertung. Dem Risikobereich des Mieters ist die Geldbeschaffung bzw. Finanzierung sowie das Verwendungsrisiko der Mietsache zugewiesen.[79]

115 Sind die Voraussetzungen der **Störung der Geschäftsgrundlage** gegeben, so führt dies zunächst nicht zur Auflösung des Vertrages. Vielmehr ist der Vertrag unter Berücksichtigung der tatsächlichen Geschäftsgrundlage gem. § 313 Abs. 1 BGB den veränderten Verhältnissen unter Berücksichtigung der Zumutbarkeit für die Parteien im Rahmen einer umfassenden Interessenabwägung anzupassen bzw. kann die Anpassung von einer Vertragspartei verlangt werden. Ist eine **Anpassung des Vertrages** möglich und beiden Parteien zumutbar, verweigert jedoch die eine Vertragspartei ihre Mitwirkung, die Anpassung herbeizuführen, so ist die andere Partei berechtigt, ggf. nach Abmahnung, das Mietvertragsverhältnis gem. § 313 Abs. 3 BGB zu kündigen.

116 Ist die Anpassung des Vertrages nicht möglich oder einem Vertragsteil nicht zumutbar, bleibt als ultima ratio gem. § 313 Abs. 3 BGB dem benachteiligten Vertragspartner das Recht der Kündigung des Vertrages. Diese Rechtsfolge zeigt, dass in den Fällen, in denen die mietvertraglichen Vorschriften bereits ein Kündigungsrecht vorsehen, die Störung der Geschäftsgrundlage nach § 313 BGB keine Anwendung finden kann.

[76] BGH NZM 2022, 99.
[77] BeckOK BGB/Lorenz § 313 Rn. 17, 18.
[78] BGH BeckRS 2024, 15325; MüKoBGB/Finkenauer § 313 Rn. 61.
[79] MüKoBGB/Finkenauer § 313 Rn. 73.

4. Checkliste

Checkliste: Mängel beim Vertragsabschluss

- ☐ Dissens
  - beiderseitiger Einigungsmangel
  - Möglichkeit der ergänzenden Vertragsauslegung
- ☐ Willensmängel
  - mangelnde Identität von objektiv Erklärtem und subjektiv Gewolltem
  - Auslegung des beiderseitig tatsächlichen Gewollten
  - Inhalts-, Erklärungs- oder Eigenschaftsirrtum
  - arglistige Täuschung, widerrechtliche Drohung
  - fristgerechte Anfechtungserklärung
- ☐ Störung der Geschäftsgrundlage
  - nachträgliche schwerwiegende Änderung von Vertragsumständen
  - bei Vorausschau anderer Vertrag/Vertragsinhalt von beiden Parteien
  - gemeinschaftlicher Irrtum
  - Grenzen der vertraglichen Risikozuweisung
  - Unzumutbarkeit des Festhaltens an der Vertragserfüllung
  - Möglichkeit der Vertragsanpassung

§ 9 Formfragen

1 Der Abschluss eines Mietvertrages ist grundsätzlich formfrei möglich.

Formprobleme stellen sich in der Mietrechtspraxis – soweit ersichtlich – bei der gerade auch im Wohnraummietrecht (zB im gesamten Bereich der Mieterhöhungen) gesetzlich vorgegebenen Textform nach § 126b BGB oder auch bei der elektronischen Form nach § 126a BGB so gut wie nicht. Die Rechtsprechung befasst sich auch nur in einem geringen Umfang mit der gewillkürten Form im Sinne von § 127 BGB, sondern schwerpunktmäßig mit der gesetzlichen Schriftform nach Maßgabe des § 126 BGB.

2 Der Regelung des § 550 BGB kommt insgesamt nur Ausnahmecharakter zu, da die Voraussetzungen für die Begründung eines befristeten Mietverhältnisses in § 575 BGB geregelt sind. Von Relevanz ist § 550 BGB vor allem dann, wenn das Recht des Vermieters zur ordentlichen Kündigung für mehr als ein Jahr ausgeschlossen oder beschränkt werden soll.[1]

3 Der Anwendungsbereich von § 550 BGB erfuhr seit dem 1. Januar 2025 eine weitere Einschränkung. Die gesetzliche Regelung fand bislang auf Wohn- und Gewerberaummietverhältnisse (vgl. hier § 578 BGB) Anwendung.

Aufgrund des Bürokratieentlastungsgesetzes IV gilt das Schriftformerfordernis des § 550 BGB nur noch für Wohnraum-, jedoch nicht länger für Gewerbemietverhältnisse (→ § 47 Formfragen).

Das Schriftformerfordernis umfasst den Ursprungsvertrag sowie Änderungen von vertragswesentlichen Vereinbarungen, sofern diese für einen ein Jahr übersteigenden Zeitraum Geltung beanspruchen.[2]

4 Für dessen Einhaltung ist es nicht erforderlich, dass schon die erste Vertragsurkunde selbst alle Schriftform-Voraussetzungen erfüllt. Vielmehr genügt es, wenn diese Voraussetzungen durch eine nachfolgende Änderungsvereinbarung gemeinsam mit der in Bezug genommenen ersten Vertragsurkunde erfüllt werden.[3]

5 Ein Verstoß gegen das gesetzliche Schriftformerfordernis führt nicht zur Unwirksamkeit bzw. Nichtigkeit des gesamten Rechtsgeschäftes bzw. Mietvertrages (vgl. hier § 125 BGB).

Die Formvorschrift des § 550 BGB dient dem Schutz des Mieters, welcher dadurch gewährleistet wird, dass der formunwirksame Mietvertrag als auf unbestimmte Zeit geschlossen gilt, § 550 S. 1 BGB.

6 Die Kündigung dieses Mietvertrages ist frühestens zum Ablauf eines Jahres nach Überlassung der Mietsache zulässig, § 550 S. 2 BGB. Vertragliche Regelungen, die einen Ausschluss des Kündigungsrechts für eine bestimmte Zeit vorsehen, entfalten keine Wirkung.

Die Regelung des § 550 BGB ist nicht abdingbar; sog. Schriftformheilungsklauseln sind daher unwirksam.[4]

7 Die Möglichkeit der Begründung eines zeitlich befristeten Mietverhältnisses sieht die gesetzliche Regelung des § 575 BGB vor.

Die Begründung zeitlich befristeter Mietverhältnisse erfolgt auf Vermieterseite selten mit dem Zweck, auf diesem Wege eine vertragliche Mindestlaufzeit zu gewährleisten. Zu diesem Zwecke machen Vermieter vielmehr regelmäßig von der Möglichkeit Gebrauch, auf das Recht zur ordentlichen Kündigung für einen bestimmten Zeitraum zu verzichten (vgl. im Einzelnen → § 29 Rn. 96 ff.). Die §§ 550, 126 BGB haben daher im Wohnraummietrecht nur eine ungeordnete praktische Bedeutung.

---

[1] BGH NZM 2007, 399.
[2] BGH 15.9.2021 – XII ZR 60/20, NJW-RR 2021, 1524.
[3] BGH 10.2.2021 – XII ZR 26/20, NJW-RR 2021, 801.
[4] BGH NJW 2017, 3772.

Im Gewerberaummietrecht ist die Begründung eines zeitlich befristeten Mietverhältnisses hingegen der Regelfall. 8

Das Schriftformerfordernis spielt bei der Begründung von **Gewerberaummietverhältnissen** seit dem 1. Januar 2025 keine Rolle mehr. Die Neuregelung des § 578 Abs. 1 S. 2 BGB stellt insoweit klar, dass § 550 BGB lediglich mit der Maßgabe anzuwenden ist, dass ein Mietvertrag der für längere Zeit als ein Jahr nicht in **Textform** geschlossen wird, für unbestimmte Zeit gilt. 9

Die näheren Endzeiten dieser Neuregelung sind nicht hier im wohnraummietrechtlichen Teil abzuhandeln. Diese werden vielmehr ausführlich im Sachzusammenhang **im Rahmen des gewerberaummietrechtlichen Teils, nachstehend unter → § 47,** dargestellt. Zur Vermeidung unnötiger Wiederholungen wird daher auf die dortigen Darstellungen verwiesen. 10

§ 10 Formularmietverträge und AGB-Recht

Übersicht

I. Einleitung

Schrifttum:

Bachmann, Mustertexters Mühe mit Miet-AGB – Erwiderung aus dem GdW, NZM 2002, 768; Blank, Das Gebot der Rücksichtnahme nach § 241 II BGB im Mietrecht, WuM 2004, 243; Bub, Das Gesetz zur Regelung des Rechts der Allgemeinen Geschäftsbedingungen (AGB-Gesetz) und seine Auswirkungen auf das Mietvertragsrecht, DWW 1977, 76; Damm, Europäisches Verbrauchervertragsrecht und AGB-Recht, JZ 1994, 161; Eckert, Das neue Recht der Allgemeinen Geschäftsbedingungen, ZIP 1996, 1238; ders., Die EG-Richtlinie über mißbräuchliche Klauseln in Verbraucherverträgen und ihre Auswirkungen auf das deutsche Recht, WPM 1993, 1070; Fritz, Wohnraummietverträge in der Klauselkontrolle, NZM 2002, 713; Hannemann, Im Überblick: Die Risiken des Zeitmietvertrags bei der Wohnraummiete, NZM 1999, 585; Heinrichs, Das neue AGB-Recht und seine Bedeutung für das Mietverhältnis, NZM 2003, 6; ders., Das Gesetz zur Änderung des AGB-Gesetzes Umsetzung der EG-Richtlinie über mißbräuchliche Klauseln in Verbraucherverträgen durch den Bundesgesetzgeber, NJW 1996, 2190; ders., Die EG-Richtlinie über mißbräuchliche Klauseln in Verbraucherverträgen, NJW 1993, 1817; ders., Umsetzung der EG-Richtlinie über mißbräuchliche Klauseln in Verbraucherverträgen durch Auslegung Erweiterung des Anwendungsbereichs der Inhaltskontrolle, NJW 1995, 153; ders., Gesamtunwirksamkeit oder Teilaufrechterhaltung von Formularklauseln in Mietverträgen unter besonderer Berücksichtigung der aktuellen Rechtsprechung zu Schönheitsreparatur- und Kautionsklauseln, NZM 2005, 201; Heß, Das neue Schuldrecht – In-Kraft-Treten und Übergangsregelungen, NJW 2002, 253; Hommelhoff/Wiedemann, Allgemeine Geschäftsbedingungen gegenüber Kaufleuten und unausgehandelte Klauseln in Verbraucherverträgen, ZIP 1993, 562; Kappus, Fehlerquelle Raumübergabeprotokoll, NJW 2023, 346; ders., Anmerkung zu OLG Saarbrücken, Urt. v. 24.6.2015 – 2 U 37/14, NZM 2016, 53; ders., Mustertexters Mühe mit Miet-AGB – Das Beispiel des GdW-Mustermietvertrags, NZM 2002, 761; Leuschner, Die Kontrollstrenge des AGB-Rechts, NJW 2016, 1222; Mayer/Eichel/Klinck, Hausordnung im Mietverhältnis, NZM 2018, 689; Müller, Plädoyer für eine weniger starre AGB-Kontrolle im unternehmerischen Geschäftsverkehr am Beispiel des Gewerberaummietrechts, NZM 2016, 185; Nassall, Die Anwendung der EU-Richtlinie über mißbräuchliche Klauseln in Verbraucherverträgen, JZ 1995, 689; Pfeilschifter, Inhaltskontrolle preisbestimmender und leistungsbeschreibender Vertragsklauseln nach Aufhebung des AGB-Gesetzes, WuM 2002, 73; ders., Die Kontrolle Allgemeiner Geschäftsbedingungen am Beispiel der Schönheitsreparaturen, WuM 2003, 543; Reich, Kreditbürgschaft und Transparenz, NJW 1995, 1858; Schmidt, Vom „Stellen" zum „Aushandeln" von AGB, NZM 2016, 377; Schmidt-Salzer, Das textliche Zusatz-Instrumentarium des AGB-Gesetzes gegenüber der EG-Richtlinie über mißbräuchliche Klauseln in Verbraucherverträgen, NJW 1995, 1641; Sonnenschein, Formularmietverträge im Anwendungsbereich des AGB-Gesetzes, NJW 1980, 1489; Ulmer, Zur Anpassung des AGB-Gesetzes an die EG-Richtlinie über mißbräuchliche Klauseln in Verbraucherverträgen, EuZW 1993, 337; Ulmer/Brandner/Hensen, AGB-Recht, 13. Aufl. 2022; Voelskow, Anmerkungen zu OLG Schleswig, Urt. v. 27.3.1995 – 4 Re-Miet 1/93, ZMR 1996, 431; v. Westphalen, AGB-Recht im zweiten Halbjahr 2019, NJW 2020, 280; ders., Plädoyer für ein Beibehalten der strengeren Rechtsprechung zur AGB-Klauselkontrolle im unternehmerischen Bereich am Beispiel des Gewerberaummietrechts, NZM 2016, 369; ders., Dunkle Wolken über Miet-AGB, namentlich Schönheitsreparaturklauseln, NZM 2021, 409; Wichert, AGB-Kontrolle: Der Wohnungsmieter als Maßstab für den Schutz des Gewerbemieters, ZMR 2014, 612; ders., Anmerkungen zu OLG Saarbrücken, Urt. v. 24.6.2015 – 2 U 37/14, ZMR 2016, 542.

Wie im Ausgangspunkt angestrebt und von den Vätern des BGB am Ende des 19. Jahrhunderts entsprechend normiert (heute: §§ 311 Abs. 1, 241 Abs. 1, 145 ff. BGB nF), haben sich die Parteien über sämtliche Punkte des Vertrages und die damit angestrebten Rechtsfolgen im Einzelnen zu einigen. Ein solcher Konsens sieht die gemeinsame Ausarbeitung des Vertragsinhalts zumindest zweier Vertragspartner für das konkret angestrebte Rechtsgeschäft vor. Infolge der unüberschaubaren Vielzahl an Rechtsgeschäften, denen sich der Einzelne tagtäglich gegenübersieht, ist ein solches individuelles Aushandeln des Vertragstextes zu jedem regelungsbedürftigen Aspekt jedoch nicht nur völlig unpraktisch, sondern letztlich unmöglich geworden. Im Sinne der Effizienz und infolge der stetig zunehmenden Gesetzgebung sowie zu beachtender Rechtsprechung ist man dazu übergegangen, sich vorformulierter Vertragsbedingungen zu bedienen. Hiervon wird auch im Mietrecht durch die Verwendung von **Formularmietverträgen** reger Gebrauch gemacht. Solche Formulare mit den darin enthaltenen Vertragsbedingungen werden von der marktstärkeren Partei (meist dem Vermieter) vorgegeben, die der Mieter – von geringfügigen Einflussnahmen abgesehen – entweder zu akzeptieren hat, oder der Wohnraummietvertrag wird nicht mit ihm abgeschlossen. Bei Abschluss von Wohnraummietverträgen kommt es fast ausnahmslos zur Anwendung entsprechender Formulare, da regelmäßig am Vertragsschluss beteiligte juristische Laien kaum in der Lage sein werden, alle regelungswürdigen Aspekte eines Mietverhältnisses in den Blick zu nehmen und einer gemeinsamen Absprache zuzuführen. 1

Um solche Allgemeinen Geschäftsbedingungen rechtlich einzuhegen, sind die Instrumente des BGB AT in § 134 BGB und § 138 BGB sowie der im Schuldrecht AT enthaltene Grundsatz von Treu und Glauben (§ 242 BGB) unzureichend. Zum Zwecke einer weitgehend rechtssicheren Handhabung von AGBs und einer hinreichenden Kontrolle wurde daher zunächst zum 1.4.1977[1] das Gesetz zur Regelung des Rechts der Allgemeinen Geschäftsbedingungen (AGBG) eingeführt.[2] Die materiell-rechtlichen Regelungen dieses Sondergesetzes[3] wurden später im Rahmen der **Schuldrechtsreform** ab dem 1.1.2002 in das BGB integriert: Die §§ 305–310 BGB stimmen in ihrem Kern und in ihrem wesentlichen Regelungsgehalt mit den bisherigen §§ 1–12 AGBG überein, so dass auf die zum AGBG ergangene Rechtsprechung nach wie vor zurückgegriffen werden kann.[4] 2

Aus dem Umstand, dass die §§ 305–310 BGB auf Formularmietverträge anzuwenden sind, lässt sich aber – leider – nicht schließen, dass mit der Einführung des AGBG bzw. dessen Überführung in das BGB die Beurteilung, ob eine bestimmte vorformulierte Regelung in einem Mietvertrag wirksam oder unwirksam ist, berechenbarer geworden wäre. Insoweit bleibt der Gesetzgeber hinter dem mit der Normierung des ursprünglichen AGBG angestrebten Zweck zu einer gesteigerten Rechtssicherheit zu finden zurück, was ua im Mietrecht besonders zu Tage tritt. Die Klauselkataloge in §§ 308 und 309 BGB enthalten nämlich keine explizit allein Wohnraummietverträge betreffenden Verbotsvorschriften. Vielmehr findet bei der Prüfung im Mietrecht weit überwiegend eine in Wortlaut und Regelungsgehalt sehr weitreichende Generalklausel Anwendung: § 307 BGB. Damit ist also letztendlich keine Erleichterung für den mietrechtlichen Praktiker verbunden. Vielmehr muss neben dem Gesetzestext auch stets die umfassende Rechtsprechung studiert werden. 3

Neben den Vorschriften des AGB-Rechts, die Eingang in das BGB gefunden haben, soll der Vollständigkeit wegen noch auf das Gesetz über Unterlassungsklagen bei Verbraucherrechts- und anderen Verstößen (UKlaG) in der gebotenen Kürze hingewiesen werden. Im Wohnraummietrecht sind nämlich klassische Verbandsklagen (abgesehen von einem Höhepunkt Anfang der neunziger Jahre) – anders als die ausufernde Recht- 4

---

[1] BT Drs 7/3939, 13 FN 15.

[2] Vgl. nur MüKoBGB/Basedow Vor § 305 Rn. 4 ff.

[3] Die Verfahrensvorschriften in den §§ 13 ff. AGBG sind seit dem 1.1.2002 Teil des Unterlassungsklagengesetzes (UKlaG).

[4] Im Folgenden werden daher zum AGBG ergangene Entscheidungen auch zu den jetzigen BGB-Normen – soweit keine inhaltliche Änderung eingetreten ist – zitiert.

sprechung – selten geblieben, obwohl sich das gesetzgeberische Ziel der §§ 1, 3 UKlaG (früher: § 13 AGBG), im Wege von Verbandsklagen den Rechtsverkehr von der Verwendung unwirksamer Klauseln freizuhalten,[5] gerade für das Wohnraummietrecht geeignet hätte. Dies liegt ua an den vielfältigen zwingenden wohnraummietrechtlichen Vorschriften, von denen nicht einmal in individuell ausgehandelten Vereinbarungen zu Lasten des Mieters abgewichen werden darf, so dass dagegen verstoßende AGB ohnehin bereits nach §§ 307 Abs. 1, 307 Abs. 2 Nr. 1 BGB unwirksam sind. So zB

- Mängel der Mietsache: § 536 Abs. 4 BGB
- arglistiges Verschweigen von Mängeln: § 536d BGB
- Erstattungspflicht im Voraus entrichteter Miete: § 547 Abs. 2 BGB
- Einschränkungen der Vereinbarung einer Barkaution: § 551 Abs. 4 BGB
- Verbot der Wegnahme von Einrichtungen ohne angemessenen Ausgleich: § 552 Abs. 2 BGB
- Recht auf Zustimmung zur Untervermietung: § 553 Abs. 3 BGB
- Erhaltungs- und Modernisierungsmaßnahmen: §§ 555a Abs. 4, 555c Abs. 5, 555d Abs. 7, 555e Abs. 3 BGB
- Barrierefreiheit: § 554a Abs. 3 BGB
- keine zulässige Vereinbarung einer Vertragsstrafe: § 555 BGB (betrifft auch fingierte Gebühren für Mahnungen, Bearbeitung oder übermäßige Verzugszinsen)
- Betriebskostenvereinbarungen: § 556 Abs. 5 BGB
- Abrechnungsmaßstab für Betriebskosten: § 556a Abs. 4 BGB
- Aufrechnungs- und Zurückbehaltungsrechte bei Ansprüchen nach §§ 536a, 539 BGB: § 556b Abs. 2 S. 2 BGB
- Umlage der Kosten der Wärmelieferung als Betriebskosten: § 556c Abs. 4 BGB
- Mietpreisbremse: § 556g Abs. 1 S. 1 BGB
- Mieterhöhungsmöglichkeiten: §§ 557 Abs. 4, 557a Abs. 4, 557b Abs. 5, 558 Abs. 6, 558a Abs. 5, 558b Abs. 4, 559 Abs. 6, 559a Abs. 5, 559b Abs. 3, 559e Abs. 5, 560 Abs. 6 BGB
- Sonderkündigungsrecht des Mieters nach Mieterhöhung: § 561 Abs. 2 BGB
- Eintrittsrecht von Familienangehörigen bei Tod des Mieters: §§ 563 Abs. 5, 563a Abs. 3 BGB
- Eintritt des Vermieters in das Wohnraummietverhältnis bei der gewerblichen Zwischenvermietung: § 565 Abs. 3 BGB
- fristlose Kündigung: § 569 Abs. 5 S. 1 BGB
- Ausweitung fristloser Kündigungsgründe: § 569 Abs. 5 S. 2 BGB
- Einschränkung von Schadensersatzansprüchen bei Vorenthaltung der Mietsache: § 571 Abs. 3 BGB
- Ordentliche Vermieterkündigung: §§ 573 Abs. 4, 573a Abs. 4, 573b Abs. 5 BGB
- Kündigungsfristen für den Mieter: § 573c Abs. 4 BGB
- Sonderkündigungsrechte: §§ 573d Abs. 3, 575a Abs. 4 BGB
- Regelungen über die sog. Sozialklausel: §§ 574 Abs. 4, 574a, b und c jew. Abs. 3 BGB
- Zeitmietvertrag: § 575 Abs. 4 BGB
- Werkwohnungen: §§ 576 Abs. 2, 576a Abs. 3, 576b Abs. 2 BGB
- Vorkaufsrecht des Mieters: § 577 Abs. 5 BGB
- Kündigungsbeschränkung bei Wohnungsumwandlung: § 577a Abs. 3 BGB.

5 Eine zentrale Schutznorm ist dabei § 536 Abs. 4 BGB, wonach das Recht des Mieters auf „automatische" verschuldensunabhängige Mietminderung bei der Wohnraummiete auch nicht dadurch unterlaufen werden kann, dass Gebrauchsgewährungspflichten des Vermieters, bei deren Verletzungen der Mieter mindern dürfte, auf den Mieter übertragen werden.[6]

II. Das AGB-Recht

1. Überblick

6 Eine wirksame Einbeziehung von allgemeinen Vertragsbedingungen setzt eine Prüfung anhand der §§ 305 bis 310 BGB voraus, die sich in 3 Schritten vollzieht und für jede Klausel gesondert zu erfolgen hat: **Anwendbarkeit, Einbeziehungskontrolle und**

[5] BGH in ständiger Rechtsprechung seit NJW 1981, 979.

[6] Vgl. zB die sog. Kleinreparaturklauselentscheidung des BGH NJW 1992, 1759; oder die Entscheidung des BGH über das Verhältnis von Aufrechnungsbeschränkungs- und Vorauszahlungsklauseln NJW 1995, 254.

Inhaltskontrolle. Regelmäßig bedienen sich die Vertragsparteien im Wohnraummietrecht Formularmietverträgen, bei denen sich die Prüfung der darin abgedruckten Regelungen im Wesentlichen auf die Inhaltskontrolle konzentriert. Soweit der Verwender den Formularmietvertrag inhaltlich durch weitere Regelungen ergänzt, oder den bestehenden Inhalt abändert, wird man sich jedoch weiterhin den ersten beiden Prüfungsschritten ausführlich widmen müssen.

Das AGB-Recht findet **Anwendung** (§§ 305 Abs. 1, 310 Abs. 1, 2, 4 BGB) auf Vertragsbedingungen, die für eine Vielzahl von Verträgen vorformuliert und durch eine Vertragspartei (Verwender) bei Vertragsabschluss der anderen Vertragspartei gegenüber gestellt werden und dessen Anwendbarkeit nicht ausgeschlossen bzw. eingeschränkt ist. Auf der Ebene der **Einbeziehungskontrolle** (§§ 305 Abs. 2–305c BGB) ist zu prüfen, ob die Einbeziehung der Vertragsbedingung zwischen den Vertragsparteien ordnungsgemäß vereinbart (§§ 305 Abs. 2, 305a BGB) wurde, die zu überprüfende Klausel nicht überraschend ist (§ 305c Abs. 1 BGB) und schließlich nicht von einer Individualabrede verdrängt (Vorrang der Individualabrede, § 305b) BGB) wird. 7

Bei der **Inhaltskontrolle** (§§ 305c Abs. 2, 307–309 BGB) bedarf es zunächst der Klärung welchen Regelungsgehalt die zu überprüfende Klausel besitzt. Bei verschiedenen Auslegungsmöglichkeiten ist insoweit die Unklarheitenregel in § 305c Abs. 2 BGB zu beachten. Im Anschluss erfolgt als eigentliches Kernstück des AGB-Rechts die sog. Inhaltskontrolle nach Maßgabe der § 307–309 BGB. Besondere Bedeutung kommt in der mietrechtlichen Praxis der Regelung in § 307 BGB zu, und dem dort enthaltenen Transparenzgebot sowie der Generalklausel (Verbot der unangemessenen Benachteiligung). 8

2. Anwendbarkeit der §§ 305–310 BGB

a) **Gegenständlicher Anwendungsbereich.** Für **Wohnraummietverträge** gilt das AGB-Recht des BGB uneingeschränkt, was aus der fehlenden Erwähnung in § 310 Abs. 4 BGB folgt. 9

b) **Persönlicher Anwendungsbereich.** In ihrer Anwendbarkeit werden die Vorschriften des AGB-Rechts durch § 310 Abs. 1–2 BGB eingeschränkt, unter Berücksichtigung der Eigenschaft der am Rechtsgeschäft Beteiligten. 10

Nach **§ 310 Abs. 1 BGB** gelten die §§ 305 Abs. 2 und 3, 308 Nr. 1, 2 bis 9 und 309 BGB nicht bei Formularmietverträgen, an denen dem Verwender ein Unternehmer (§ 24 BGB), eine juristische Person des öffentlichen Rechts oder ein öffentlich-rechtliches Sondervermögen gegenüber steht. Nicht notwendig ist, dass auch der Verwender selbst Unternehmer ist, auch wenn b2b Konstellationen im Falle des § 310 Abs. 1 BGB die Regel darstellen. Einem Unternehmer gleich stehen Scheinkaufleute,[7] soweit diese fälschlicher Weise vorgeben, der Mietvertragsabschluss wäre Ausfluss ihrer unternehmerischen Tätigkeit. Dies hat zur Folge, dass eine Inhaltskontrolle allein anhand der Generalklausel des § 307 BGB stattfindet (§ 310 Abs. 1 S. 2 BGB), wobei ein Verstoß gegen die Klauselverbote nach §§ 308 und 309 BGB die Unwirksamkeit nach § 307 BGB indizieren (folglich § 310 Abs. 1 S. 2 BGB), es sei denn, die Klausel kann wegen der besonderen Interessen und Bedürfnisse des unternehmerischen Geschäftsverkehrs ausnahmsweise als angemessen angesehen werden.[8]

Mietverträge mit sonstigen Gewerbetreibenden und auch den Angehörigen freier Berufe, wie zB Ärzte, Rechtsanwälte oder Steuerberater, konnten demgegenüber zunächst ohne Einschränkungen anhand des AGB-Rechts des BGB überprüft werden. Durch das Handelsrechtsreformgesetz vom 22.6.1998 ist der persönliche Anwendungsbereich des AGB-Rechts aber für die Zeit ab dem 1.7.1998 neu definiert worden: Die Regelung des § 310 Abs. 1 BGB ist seit dem 1.7.1998[9] nicht nur auf Kaufleute, 11

[7] OLG Hamm NJW 1982, 283.
[8] BGH NJW 2007, 3774 unter Hinweis auf BGH NJW 1984, 1750; 1988, 1785.
[9] BGBl. 1998 I 1474.

juristische Personen des öffentlichen Rechtes sowie öffentlich-rechtliche Sondervermögen beschränkt, sondern auch auf alle Personen anwendbar, die bei Abschluss des Vertrages in Ausübung ihrer gewerblichen oder selbständigen beruflichen Tätigkeit handeln. Damit gilt in § 310 Abs. 1 S. 1 BGB der Unternehmerbegriff des § 14 BGB,[10] also auch für **Existenzgründer.**[11]

12 Eine Inhaltskontrolle findet laut § 310 Abs. 1a BGB um die §§ 307, 308 Nr. 1a u. 1b BGB gekürzt bei Verträgen zwischen Unternehmern im Bereich des Kapitalmarkts Anwendung.

Schließlich finden laut § 310 Abs. 2 BGB die Regelungen in §§ 308, 309 BGB keine Anwendung in der Versorgungswirtschaft für Elektrizität, Gas, Fernwärme und Wasser.

13 c) **Allgemeine Geschäftsbedingungen (Begriff).** Die das AGB-Recht einleitende Norm enthält in § 305 Abs. 1 S. 1 BGB eine Begriffsbestimmung für Allgemeine Geschäftsbedingungen. Hiernach sind allgemeine Geschäftsbedingungen solche Vertragsbedingungen, dh Regelungen zum Inhalt des Vertrages, die für eine Vielzahl von Verträgen vorformuliert sind.

14 **Vorformuliert** sind die Vertragsbestimmungen, wenn diese für eine mehrfache Verwendung vorgesehen sind. Maßgebend ist dabei die **Absicht** der Mehrfachverwendung (indiziert etwa durch die Verwendung eines gedruckten Formulars), nicht die Tatsache mehrfacher Verwendung.[12] Die Mindestzahl an beabsichtigten Verwendungen muss bei **wenigstens drei Fällen**[13] liegen.

15 Ist die Absicht zur mehrfachen Verwendung des Verfassers zu bejahen, liegen somit AGB bereits im Fall ihrer ersten Anwendung vor. Wird eine Klausel jedoch für einen konkreten Einzelvertrag formuliert, kann auch bei späterer nochmaliger Verwendung nicht von AGB gesprochen werden.[14]

16 Nicht erforderlich ist, dass der Verwender eine mehrfache Verwendung beabsichtigt, soweit er sich eines Musters bedient, das von einem Dritten für die mehrfache Verwendung erstellt wurde (zB Vermieter- oder Mietervereine, Fachverlage, Anwälte, Notare). Es reicht daher aus, wenn sich der Vermieter ein solches Vertragsformular beschafft, um dieses lediglich einmal zu verwenden, sofern das Formular dazu bestimmt ist, für eine Vielzahl anderer Vertragsabschlüsse ebenfalls verwendet zu werden.[15] Sprachliche oder sonstige Veränderungen berühren die Einordnung einer vertraglichen Regelung als vorformulierte Vertragsbedingung dann nicht, wenn sich der sachliche Regelungsinhalt der Klausel nicht ändert.[16]

17 Füllt der Vermieter lediglich „Leerstellen" in einem Vertragsformular aus (zB zum Ausfüllen von Lücken des vorformulierten Textes oder als dessen Anhang) unterfällt der eingefügte Text ebenfalls dem AGB-Recht, wenn die Ergänzung lediglich der Vervollständigung eines bereits dem Grunde nach existenten Regelungsgehalts dient.

18 Bei Verbraucherverträgen weitet § 310 Abs. 3 Nr. 2 BGB das AGB-Recht auch auf Vertragsbestimmungen aus, wenn diese nur zur einmaligen Verwendung bestimmt sind und der Verbraucher auf ihren Inhalt keinen Einfluss nehmen konnte.

19 Umfang, Schriftart und Form der vertraglichen Regelungen sind ebenso ohne Bedeutung wie der Umstand, ob die Bestimmungen in die Vertragsurkunde selbst aufgenommen wurden oder einen äußerlich gesonderten Bestandteil des Vertrages bilden (§ 305 Abs. 1 S. 2 BGB).

20 **Allgemeine Geschäftsbedingungen** können daher sein:

- einzelne Klauseln in einem im Übrigen individuell ausgestalteten Mietvertrag,[17]

---

[10] Siehe hierzu im Einzelnen nur Grüneberg/Ellenberger BGB § 14 Rn. 2.
[11] BGH NZM 2005, 342.
[12] OLG Stuttgart NJW 1979, 222.
[13] BGH NJW 1981, 2344; 1985, 852; 1998, 2286; BeckRS 2001, 8298.
[14] BGH NJW 1997, 135.
[15] BGH NJW 1981, 2344; NJW 1991, 843; OLG Hamm NJW 1981, 1049.
[16] BGH NJW 1979, 2388.
[17] BGH NJW 1979, 2387 (2388).

- „Allgemeine oder Besondere Mietbedingungen", die dem Mietvertrag als Bestandteil beigefügt werden,[18]
- vom Vertrag bzw. den Mietbedingungen getrennte Einzelklauseln[19] oder
- Zusatzvereinbarungen,[20] wie etwa die Hausordnung[21] oder Benutzungsordnungen für Gemeinschaftseinrichtungen.

Auch **Übergabe- oder Abnahmeprotokolle** unterliegen den §§ 305 ff. BGB, sofern sie einen vorformulierten rechtsgeschäftlichen Erklärungsgehalt besitzen: So etwa bei Übergabeprotokollen mit Bestätigungsklauseln hinsichtlich eines „mangelfreien, voll funktionstüchtigen Zustands" der Mietsache[22] oder Freizeichnungen für die nicht rechtzeitige Übergabe.[23] Um die Unwirksamkeit solcher Klauseln nach § 309 Nr. 12b BGB zu vermeiden und das Übergabeprotokoll als wirksame Quittung[24] – mit der Folge der Beweislastumkehr – zu erhalten, ist das Protokoll gemäß § 309 Nr. 12b BGB gesondert zu unterzeichnen. Bei Abnahmeprotokollen ist bei der Inhaltskontrolle zudem § 309 Nr. 4 BGB (zB Ermächtigung zur Ersatzvornahme ohne Mahnung bzw. Nachfristsetzung) zu beachten. 21

Unerheblich ist es weiter, ob 22

- die Vertragsbedingungen gedruckt, fotokopiert, maschinen- oder handschriftlich niedergelegt werden,[25]
- es sich um elektronisch oder auf Tonträger gespeicherte Texte oder um Textbausteine handelt,[26] oder
- die Regelungen – „im Kopf gespeichert" – nur mündlich vorgetragen und vereinbart werden.[27]

Die **Beweislast** für das Vorliegen von Allgemeinen Geschäftsbedingungen trägt grundsätzlich derjenige, der sich im Individualprozess auf den Schutz der §§ 305 ff. BGB beruft.[28] Dies gilt insbesondere für den Nachweis der Mehrfachverwendung bei jeweils neu hand- oder maschinenschriftlich ausgefertigten Verträgen. Bei in einer Vielzahl vorgedruckten oder vervielfältigten Vertragsbedingungen oder einem Mietvertrag, der auf Grund seines Inhalts für eine mehrfache Verwendung entworfen wurde (Indiz: für das konkrete Mietverhältnis nicht einschlägige Regelungen), spricht allerdings der erste Anschein für eine Vorformulierung,[29] so dass in einem solchen Fall der Verwender des Vertragsformulars die Darlegungs- und Beweislast für die individuelle Vereinbarung der Klausel trägt.[30] 23

d) Stellen von Vertragsbedingungen. Diese Vertragsbedingungen müssen von einem Vertragspartner, dem **Verwender,** der anderen Partei gegenüber **einseitig auferlegt (gestellt)** werden (§ 305 Abs. 1 S. 1 BGB). Diese Anwendbarkeitsvoraussetzung grenzt eine solche Vertragsbedingung von einer **individuell zwischen den Vertragsparteien ausgehandelten** Regelung ab, die der AGB-Kontrolle nicht unterfällt (§ 305 Abs. 1 S. 3 BGB. 24

aa) Verwendereigenschaft. **Verwender** ist diejenige Vertragspartei, von der die Initiative zur Einbeziehung des Formulars in den Vertrag ausgeht bzw. auf deren Veranlassung hin 25

---

[18] BGH NJW 1985, 853; 2007, 1054.
[19] BGH NJW 1982, 1389.
[20] BGH NJW 1991, 1750; LG München NJW 1982, 2130.
[21] Mayer/Eichel/Klinck NZM 2018, 689.
[22] LG Berlin GE 1996, 1377; ZMR 1996, V Nr. 2.
[23] OLG Düsseldorf DWW 1993, 197; OLG München NJW-RR 1989, 1499; LG Hamburg WuM 1990, 115; Kappus NJW 2023, 346.
[24] OLG Düsseldorf ZMR 1989, 300.
[25] OLG Düsseldorf ZMR 1992, 446.
[26] OLG Frankfurt a. M. NJW 1991, 1489.
[27] BGH NJW 1988, 410; LG Frankfurt a. M. WuM 1984, 126.
[28] BGH NJW 1992, 2160.
[29] BGH NJW 2013, 1668 = NZM 2013, 307; NJW 2004, 1454; 2004, 502; 1992, 2162; OLG Frankfurt a. M. NJW-RR 1990, 282.
[30] BGH NJW 1992, 2160.

ein vorformulierter Text in den Vertrag einbezogen wird.[31] Dies ist im Mietrecht in aller Regel der Vermieter.

26 Werden die Vertragsbedingungen von einem **Dritten,** etwa einem Makler, Anwalt oder Notar, **gestellt,** so ist derjenige Verwender, auf dessen Veranlassung der Dritte den vorformulierten Text vorschlägt oder entwickelt hat, ohne dass dieser zB Auftraggeber des Dritten sein müsste.[32]

Die Frage, wer Verwender ist, muss **für jede einzelne Klausel bestimmt** werden, so dass beide Vertragspartner im selben Vertrag nicht aber bezüglich derselben Klausel Verwender sein können. Bei der Verwendung von Mietvertragsformularen wird man jedoch regelmäßig von einer einheitlichen Verwendereigenschaft ausgehen dürfen.

27 Wer das rechtsgeschäftliche Angebot unterbreitet, spielt demgegenüber für den Verwenderbegriff keine entscheidende Rolle. Veranlasst zB der Vermieter den Mieter, ein bestimmtes Formular zu beschaffen, das Vertragsbestandteil werden soll, bleibt er gleichwohl Verwender.[33] Anders, wenn der Vermieter dem Mieter die Wahl des Formulars freistellt oder der Mieter von sich aus ein Mietvertragsformular in die Verhandlungen einbringt.[34]

28 Werden von beiden Vertragsparteien dieselben AGB gestellt, ist keiner Verwender.[35] Verlangen beide Parteien die Einbeziehung desselben Formulars oder einigen sie sich auf ein bestimmtes Formular, stellt ebenfalls keiner der Vertragspartner die Vertragsbedingungen.[36] Nach anderer Ansicht soll der Vermieter auch in diesen Fällen in aller Regel dennoch Verwender bleiben, da sämtliche Formularverträge das dispositive Recht des BGB entscheidend zum Nachteil des Mieters abändern.[37] Dies überzeugt nicht. Mit der Systematik und dem Gesetzeszweck in §§ 305–310 BGB, die einseitige Gestaltungsmacht des Verwenders gegenüber dessen Vertragspartner auszugleichen, ist es nicht vereinbar, aus dem Inhalt der Allgemeinen Geschäftsbedingungen auf die Verwendereigenschaft zu schließen.[38] Zudem sollen die §§ 305–310 BGB nicht den Verwender, sondern immer dessen Vertragspartner schützen, so dass eine Inhaltskontrolle niemals zugunsten des Verwenders stattfinden kann, was jedoch zwingend bei der faktischen Einbringung von AGB durch beide Vertragsparteien der Fall wäre.[39]

29 Ein Stellen von Vertragsbedingungen durch einen Verwender liegt auch dann **nicht** vor, wenn die Einbeziehung vorformulierter Vertragsbedingungen in einen Vertrag auf einer freien Entscheidung desjenigen beruht, der vom anderen Vertragsteil mit dem Verwendungsvorschlag konfrontiert wird. Dazu ist es erforderlich, dass er in der Auswahl der in Betracht kommenden Vertragstexte frei ist und insbesondere Gelegenheit erhält, alternativ eigene Textvorschläge mit der effektiven Möglichkeit ihrer Durchsetzung in die Verhandlungen einzubringen.[40] Danach entfällt ein Stellen von Vertragsbedingungen nicht bereits dann, wenn die vorformulierten Vertragsbedingungen dem anderen Vertragsteil mit der Bitte übersandt werden, Anmerkungen oder Änderungswünsche mitzuteilen.[41] Tatsächlich muss der Vertragsinhalt tatsächlich zur Disposition durch den Verwender gestellt werden.

---

[31] BGH NJW 1999, 2180; 1997, 2043; 1995, 2034; 1994, 2825; 1988, 2536.
[32] BGH NJW 1992, 2160; OLG Nürnberg WuM 1991, 426.
[33] BGH NZM 2018, 556; NJW 1982, 2243.
[34] Vgl. nur Sonnenschein NJW 1980, 1489 (1491); OLG Oldenburg NZM 2003, 439.
[35] Wolf/Lindacher/Pfeiffer BGB § 305 Rn. 32.
[36] Jedenfalls bei Verträgen unter Privatleuten: BGH NJW 2010, 1131; vgl. auch Bub/Treier MietR-HdB/Bub Kap. II Rn. 947; Sternel MietR Rn. 315 jew. mwN.
[37] Sternel MietR Rn. 314; so auch OLG Düsseldorf WuM 1994, 467, zu Recht aufgehoben durch BGH WuM 1995, 481.
[38] BGH WuM 1995, 481 (482).
[39] BGH NJW-RR 2006, 740; NJW 1987, 837.
[40] BGH NJW 2010, 1131.
[41] BGH NJW 2016, 1230 = NZM 2016, 214.

30 Wer sich auf den Schutz der §§ 305 ff. BGB beruft, muss auch hier **nachweisen,** dass der andere Teil Verwender ist und die AGB gestellt hat.[42] Die Grundsätze des Anscheinsbeweises finden auch insoweit Anwendung.[43]

31 *bb) Individuelles Aushandeln.* An einem einseitigen Auferlegen (Stellen) von Vertragsbedingungen fehlt es, wenn diese **als Ergebnis freier Verhandlungen Vertragsinhalt** werden. In diesem Fall wird der Inhalt des Formulars zu einer Individualvereinbarung, auf die das AGB-Recht nicht anzuwenden ist (§ 305 Abs. 1 S. 3 BGB).

32 Umstritten ist der **Begriff des „Aushandelns"**, an den hohe Anforderungen zu stellen sind:

- Bloßes Verhandeln und Besprechen genügt nicht, wenn der Inhalt der Bedingungen beim Verhandeln nicht ernsthaft zur Disposition gestellt werden.[44]
- Das Vorlesen, Erläutern oder Erörtern des Formulartextes reicht ebenso wenig aus.[45]
- Der Formulartext muss nicht tatsächlich geändert worden sein.[46] Es genügt, wenn der Mieter in der konkreten Situation in Bezug auf die in Rede stehende Klausel zwar keine Verhandlungen geführt und sich mit dem unveränderten Formularinhalt einverstanden erklärt hat, sofern ihm ein Verhandeln nach den Umständen möglich und zumutbar gewesen wäre.[47] Zu berücksichtigen sind dabei ua die aktuellen Marktverhältnisse und die intellektuellen Möglichkeiten des Kunden.[48] Der Verwender muss folglich vorbehaltlos die ernsthafte Bereitschaft zur konkreten Abänderung des vorformulierten Vertragsteils gegenüber dem Kunden/Mieter deutlich machen.[49]

33 Auch über **Formularklauseln** lässt sich ein „Aushandeln" nicht **fingieren.** Dies betrifft zB Regelungen, in denen der Mieter

- zustimmt, dass er von den Formularbedingungen Kenntnis genommen habe und mit ihrer Geltung einverstanden sei,[50]
- bestätigt, dass der Verwender zu Verhandlungen bereit gewesen und der Inhalt des Vertrages in allen Einzelheiten ausgehandelt worden sei,[51]
- einwilligt, dass er bei dem Abschluss des Mietvertrages ausreichend Zeit gehabt habe, denselben durchzulesen und zu prüfen, und er sich vorbehaltlos mit allen Bestimmungen einverstanden erkläre,[52]
- aufgefordert wird, nicht gewollte Klauseln zu streichen oder Änderungen vorzunehmen,[53]
- bestätigt, dass die Bedingungen ausführlich erörtert und gebilligt bzw. ausdrücklich anerkannt worden seien.[54]

34 Auch fehlt es an einer individuell ausgehandelten Vereinbarung, wenn trotz einer wirklich bestehenden Wahlmöglichkeit in Bezug auf den Kerngehalt der Regelung keine Wahl getroffen wurde.[55] Nicht ausreichend ist also, wenn die bestehende Wahlmöglichkeit nur der Konkretisierung der in der Klausel vorgegebenen Regelung dient. Auch die Ergänzung einer ausfüllungsbedürftigen Passage eines Formularvertrages allein macht

---

[42] BGH NJW 1991, 36.
[43] BGH NJW 2013, 1668 = NZM 2013, 307; näher unter → Rn. 23.
[44] BGH NJW-RR 2005, 1040; NJW 1988, 410; NJW-RR 1987, 144.
[45] BGH NJW 1988, 2465; 1977, 624; OLG Celle NJW 1978, 326; OLG Jena NJOZ 2005, 222.
[46] BGH NJW 1998, 2600; 1992, 2285; 1991, 1679; 1988, 410; NJW-RR 1987, 144; 1982, 2309 – str., aA OLG Celle NJW 1978, 326; Sonnenschein NJW 1980, 1489 (1492).
[47] Sternel MietR Rn. 316 bei Fn. 5.
[48] Str.; so Sternel MietR Rn. 316 bei Fn. 5; OLG Köln NZM 2001, 812.
[49] BGH NJW 1988, 410; NJW-RR 1987, 144; NJW 1987, 187; 1977, 624; vgl. auch BGH NJW 1992, 2283 unter II 4: danach soll das ausdrückliche Einverständnis des Kunden mit einer Klausel nach gründlicher Erörterung genügen.
[50] BGH NJW 2005, 2543; DB 1982, 1001.
[51] BGH NJW 2000, 2677; 1986, 2428; 1977, 624.
[52] OLG Hamm NJW 1981, 1049.
[53] BGH NJW 1987, 2011; OLG Köln NJOZ 2003, 1666.
[54] OLG Stuttgart WuM 1987, 250.
[55] Im Umkehrschluss BGH NJW 2002, 2388.

diese Stelle nicht zu einer Individualvereinbarung[56] und auch keine sonstige unselbständige Ergänzung.[57]

35 Ein Aushandeln liegt folglich erst dann vor, wenn der Verwender die vom Gesetz abweichende Vertragsklausel **ernsthaft** und für den Kunden erkennbar inhaltlich **in ihrem Kern zur Disposition stellt und** dem Verhandlungspartner Gestaltungsfreiheit zur Wahrung eigener Interessen mit der **realen Möglichkeit** einräumt, die inhaltliche **Ausgestaltung** der Vertragsbedingung **zu beeinflussen.**[58] Dies gilt auch für tatsächlich erfolgte nachträgliche Vertragsänderungen.[59] Das bloße Streichen einzelner Worte oder deren Ersetzen ändert also nichts am Vorliegen einer Formularklausel.[60]

36 Von einer Individualvereinbarung ist weiter dann auszugehen, wenn eine im Formularmietvertrag vorgesehene **Lücke** entsprechend der Vereinbarung zwischen den Parteien ausgefüllt wird (zB Kaution), soweit durch den eingefügten Text ein eigenständige Regelungsgehalt begründet wird. Das Aushandeln einzelner Vertragsbestimmungen hat somit keine **Ausstrahlungswirkung** auf andere inhaltlich unveränderte Klauseln.[61] Das Merkmal „im Einzelnen ausgehandelt" ist jeweils klauselbezogen anzuwenden, so dass aus dem Umstand, dass die Mietvertragsparteien ausführlich über die Vertragsbedingungen oder einzelne von ihnen verhandelt haben, nichts abzuleiten ist für eine streitrelevante Klausel, die die Parteien keinem gesonderten Aushandeln unterzogen haben. Danach kommt auch eine „Ausstrahlungswirkung" einer dergestalt im Einzelnen ausgehandelten Vertragsbedingung nicht in Betracht, selbst wenn sie räumlich im Kontext mit einer nicht ausgehandelten Vertragsbedingung steht.[62] Also „AGB-Falle" bzgl. der nicht nachweisbar ausgehandelten Klauseln.[63]

37 Von einer individuellen Vereinbarung ist allerdings nur hinsichtlich der konkreten Bedingung auszugehen, soweit ein Aushandeln nach den obigen Anforderungen gegeben ist, selbst wenn sie für eine Vielzahl von Verträgen gleich lautend verwendet wird.[64] Keinesfalls wird damit der gesamte Text zu einer Individualvereinbarung.[65] Gleiches gilt auch für sonstige, in den Formularvertrag eingesetzte oder ihm als Anhang beigefügte Regelungen, sofern sie nicht in mehr als drei Fällen Verwendung finden sollen.

38 Im Regelfall wird sich die Problematik des individuellen Aushandelns außerhalb der Wohnraummiete stellen. Da § 48 insoweit aber auf dieses Kapitel verweist, rechtfertigen sich bereits an dieser Stelle ausführlichere Darlegungen:

39 Auch wenn sich in der Regel ein „Aushandeln" in Textänderungen niederschlägt und so nachgewiesen werden kann,[66] kann ausnahmsweise auch bei unverändertem Text eine Individualvereinbarung vorliegen, wenn der andere Teil nach gründlicher Erörterung von der Sachgerechtigkeit der Regelung überzeugt wird und ihr zustimmt, so dass es bei dem gestellten Entwurf bleibt: Reale Gestaltungsmacht umfasst auch die Möglichkeit, sie nicht auszuüben. Voraussetzung hierfür ist aber, dass der Verwender grundsätzlich zu einer Abänderung der vorformulierten Regelungen bereit war und dies dem Geschäftspartner bei Abschluss des Vertrages bewusst war, er ihm also seine bis zum

56 BGH NJW 2010, 3431= NZM 2010, 693.
57 BGH NJW 2013, 1668 = NZM 2013, 307.
58 BGH NJW 2005, 2543; 1992, 2759; 1992, 1107; 1991, 1678.
59 BGH NJW 2013, 1431 = NZM 2013, 477.
60 Sternel MietR Rn. 319 mwN bei Fn. 14.
61 BGH NJW 2003, 1805.
62 OLG Saarbrücken NJW-RR 2016, 53 = NZM 2016, 50.
63 Dagegen: LG Frankfurt a. M. NZBau 2004, 44: bei über 45 Stunden Vertragsverhandlungen hätten alle Klauseln angesprochen werden können, so dass nicht mehr davon ausgegangen werden könne, einzelne Regelungen hätten noch AGB-Charakter. Vielmehr sei davon auszugehen, dass der Vertragspartner in diesem Fall bewusst auf das Aushandeln bestimmter Klauseln verzichtet habe, um sich die Möglichkeit offen zu halten, sich später auf die AGB-rechtliche Unwirksamkeit der Klausel zu berufen.
64 BGH NJW 1998, 2815; OLG Köln BB 1984, 1388.
65 BGH NJW 1991, 2768; 1985, 852.
66 BGH BeckRS 2005, 19579; NJW-RR 1987, 144; KG IBR 2016, 146.

Vertragsabschluss nach wie vor vorhandene Änderungsbereitschaft hinreichend deutlich zu erkennen gegeben hat.[67]

Ohne Änderung besteht die (kaum widerlegbare) Vermutung, dass keine reale Gestaltungsmöglichkeit eingeräumt wurde.[68] Aber selbst bei nachgewiesenen Textänderungen könnte eine Individualabrede zum einen daran scheitern, dass die Änderung nicht den Kerngehalt der Klausel erfasst hat oder zum anderen die Bereitschaft zu Abänderungen von Klauselinhalten zwar bei Versand des Vertragstextes, nicht mehr aber bei späteren Verhandlungen – bis zum Vertragsschluss – gegeben war. 40

Stellt der AGB-Verwender eine von ihm vorformulierte Vertragsbedingung „als nicht verhandelbar" dar und kommt es unter Beibehaltung dieser Bedingung – trotz Kritik daran und eigener juristischer Prüfung des Vertragswerks seitens des anderen Vertragsteils – später zu einem Vertragsabschluss mit Änderungen bei anderen Punkten, ohne dass der andere Vertragsteil jene Bedingung, etwa weil er an anderer Stelle des Vertragswerks eine ausreichende Kompensation erreicht hätte, in seinen eigenen Vertragswillen aufgenommen hat, so ist für die Annahme einer „im Einzelnen ausgehandelten" Vertragsbedingung, die der AGB-Kontrolle entzogen wäre, kein Raum.[69] Kommt es im Zug der Verhandlungen von Vertragsparteien über eine von einer Seite eingebrachte vorformulierte Vertragsbedingung zu (auch erheblichen) finanziellen Zugeständnissen des Verwenders, ohne dass er die Vertragsbedingung selbst zur Disposition stellt und hält er somit unbeirrt am gesetzesfremden Kerngehalt der Klausel fest, ist für die Annahme einer „im Einzelnen ausgehandelten" Vertragsbedingung iSv § 305 Abs. 1 S. 3 BGB ebenfalls kein Raum.[70] 41

Ein Stellen von Vertragsbedingungen liegt nicht vor, wenn die Einbeziehung vorformulierter Vertragsbedingungen in einen Vertrag auf einer freien Entscheidung desjenigen beruht, der vom anderen Vertragsteil mit dem Verwendungsvorschlag konfrontiert wird. Dazu ist es erforderlich, dass er in der **Auswahl der in Betracht kommenden Vertragstexte frei** ist und insbesondere die Gelegenheit erhält, alternativ eigene Textvorschläge mit der effektiven Möglichkeit ihrer Durchsetzung in die Verhandlungen einzubringen.[71] Ein Stellen von Vertragsbedingungen entfällt aber nicht bereits dann, wenn die vorformulierten Vertragsbedingungen dem anderen Vertragsteil mit der Bitte übersandt werden, Anmerkungen oder Änderungswünsche mitzuteilen.[72] Auch wenn es im unternehmerischen Verkehr nicht üblich sein mag, der anderen Vertragspartei Gelegenheit zu geben, Anmerkungen zu den unterbreiteten Vertragsbedingungen zu machen oder Änderungswünsche zu äußern, so führt ein Zusatz dieses Inhalts in einem den unterschriftsreifen Vertragstext übersendenden Begleitschreiben allenfalls dazu, eine gewisse Verhandlungsbereitschaft zu signalisieren. Dass dem Kunden insofern zugleich die Möglichkeit eröffnet werden soll, sich mit eigenen Textvorschlägen einzubringen und solche gegebenenfalls durchzusetzen, wird damit jedoch nicht hinreichend zum Ausdruck gebracht,[73] weshalb zumindest dokumentiert werden muss, dass der Ersteller des Vertrages (im Regelfall also der Vermieter) bereit ist, jede einzelne Vertragsklausel zur Diskussion zu stellen und Gelegenheit zu geben, die Vertragsbedingungen nach den Interessen des Vertragspartners neu zu gestalten.[74] 42

Umstritten ist, ob die Anforderungen an ein Aushandeln **im kaufmännischen Rechtsverkehr** weniger streng sind als in Verbraucherverträgen.[75] Zu beachten ist auch, dass 43

---

[67] BGH NJW 1998, 2600.
[68] OLG Düsseldorf BeckRS 2016, 06206; NZB zurückgewiesen: BGH NZM 2017, 68.
[69] BGH NZM 2013, 159.
[70] BGH NZM 2016, 408.
[71] BGH NJW 2010, 1131.
[72] BGH NJW 2016, 1230 = NZM 2016, 214.
[73] BGH NJW 2016, 1230 = NZM 2016, 214.
[74] v. Westphalen NJW 2020, 280 (281).
[75] Bejahend: OLG Frankfurt a. M. BeckRS 2013, 17775 – Gaslieferant und Kraftwerksbetreiber; NZB zurückgewiesen: BGH NJW 2015, 1093. Verneinend: OLG Saarbrücken NJW-RR 2016, 53 = NZM 2016, 50.

der BGH in seiner zitierten Entscheidung vom 22.11.2012[76] festhält: „Das BerGer. hat weitergehend erwogen, dass eine zur Vielfachverwendung vorgesehene und von einer Vertragspartei als nicht verhandelbar gestellte Vertragsklausel gleichwohl individuell ausgehandelt sein könne, wenn die andere Partei sich den Inhalt der Klausel unter dem Eindruck der Vertragsverhandlungen zu Eigen gemacht und als sachlich berechtigt akzeptiert habe. Ebenso sei es, wenn die Vertragsparteien über viele Aspekte eines komplexen Vertrags umfangreich und langwierig verhandelt hätten und die streitige Vertragsklausel stehen geblieben sei, weil bspw. an anderer Stelle des Vertrags eine Kompensation stattgefunden habe. Das BerGer. hat dem Tatsachenvorbringen der insoweit darlegungs- und beweispflichtigen Kl. allerdings mit Recht keine hinreichenden tatsächlichen Anknüpfungspunkte für die Annahme entnehmen können, dass die Bekl. ihre ursprünglichen Einwände und Vorbehalte gegen die Klausel fallengelassen und diese in einer Weise als sachlich berechtigt akzeptiert hat, die nach den vom BerGer. hierfür herangezogenen Grundsätzen auf eine individuell ausgehandelte Vertragsbedingung schließen lassen könnte. Nicht ausreichend ist insoweit, dass die Parteien nach dem Sachvortrag der Kl. ausführlich über den Vertrag verhandelt haben und die Bekl. den abgestimmten Vertragsentwurf erst nach intensiver juristischer Prüfung gebilligt hat. Darin tritt entgegen der Auffassung der Kl. nicht zu Tage, dass die Bekl. ihre Bedenken gegen die von der Kl. in den Vertrag eingeführte „bring-or-pay-Verpflichtung" als Ergebnis des Verhandlungsprozesses aufgegeben und die Klausel schließlich als in der Sache gerechtfertigt in ihren rechtsgeschäftlichen Willen aufgenommen hat. Weitergehenden Tatsachenvortrag hat die Kl. hierzu nicht gehalten."

44 Daraus ergeben sich folgende Überlegungen, ein individuelles Aushandeln zu erreichen: Auf der Basis des derzeit geltenden Rechts[77] muss das „Aushandeln" zwischen einem Unternehmer und einem Verbraucher anders ausgelegt und interpretiert werden als zwischen Unternehmern.[78] Die Marktmacht und Stellung des Vertragspartners, die Umstände sowie der genaue Inhalt der konkreten Verhandlungen, vor allem etwaige Kompensationen bei Paketlösungen, müssen stärker einbezogen und berücksichtigt werden.[79]

45 Zwingend also: substantiierter Vortrag und Nachweis im Prozess (und damit leider hoher Aufwand) über

- den genauen Verhandlungsverlauf (Ursprungsfassung ggf. mit Blanketten, Strichlisten (+/–), Zwischenstände, Verlaufs-, keine Ergebnisprotokolle: Geben und Nehmen darstellen),
- von wem stammt welche Formulierung?,
- fixieren, welche mündlichen Absprachen in den Vertragstext eingeflossen sind,
- also Änderungsmodi und Kommentare beibehalten,
- nichts Überschreiben,
- Kompensationen gerade bei unveränderten Klauseln dokumentieren, ebenso „Ausstrahlungen" und „Paketlösungen".

Zusätzlich sollte zur Vorbeugung oder zur Vorbereitung eines ggfs. späteren Rechtsstreits über die Frage des Aushandelns ein „qualifiziertes" Anschreiben verfasst werden:[80]

- Bezugnahme auf Erstkontakt/Besichtigung,
- Verständigung auf Erstellung des Erstentwurfs,
- Hinweis auf Umsetzung etwa bereits erzielter Übereinkünfte,

[76] BGH NZM 2013, 159 Rn. 13.
[77] Zu den Reformbestrebungen: Frankfurter Initiative, Law – Made in Germany, DJT 2012, Leuschner-Gutachten: vgl. nur Müller NZM 2016, 185 ff. mwN ab Fn. 38; Gegenposition: von Westphalen NZM 2016, 369 ff.; s. auch DAV Stellungnahme des Zivilrechtsausschusses 23/2012: AnwBl 2012, 402 ff.; Symposium des DAV und DJT: AnwBl 2012, 292 ff.; 352 f., 668–696; Leuschner NJW 2016, 1222 ff.
[78] Wichert ZMR 2014, 612 (614).
[79] Wichert ZMR 2016, 542 f.; Kappus NZM 2016, 53.
[80] Vgl. Schmidt NZM 2016, 377 (380).

- Dokumentation der Bereitschaft zu uneingeschränkten Änderungen und Ergänzungen, zu eigenen Gegenvorschlägen (daher Word-Dokument mit Kommentaren und Rückübermittlung im Änderungsmodus).

Weiter können folgende Vorgehensweisen ein Aushandeln begründen:

- unannehmbare Klauseln vorsehen, die dann auch als Kompensation wegverhandelt werden,
- ausfüllungsbedürftige Blankette und Lücken sollen die unveränderte Annahme des Vertragsangebots verhindern,
- ggf. wiederholte Versicherung der Bereitschaft, auch Gegenvorschläge anzunehmen bis zum Vertragsabschluss.

Behauptet der Verwender, die Vertragsbedingung sei (entgegen dem ersten Anschein) 46
individuell ausgehandelt, so trifft ihn die **Darlegungs- und Beweislast.**[81] Dabei genügt allein der bloße Zeugenbeweisantritt ohne substantiierten Vortrag nicht.[82] Daher verstoßen die oben behandelten Klauseln, die ein „Aushandeln" fingieren, auch gegen § 309 Nr. 12b BGB.[83] Nachträgliche Änderungen oder Einfügungen begründen jedenfalls für die entsprechende Klausel den Beweis des ersten Anscheins für eine Individualvereinbarung.[84] Dieser kann dadurch erschüttert werden, dass gleich lautende Einfügungen oder Änderungen in einer Vielzahl von Fällen erfolgt sind[85] oder schon eingefügt waren, bevor dem Vertragspartner des Verwenders der Vertrag erstmals vorgelegt wurde.[86]

Aus der vorstehend dargestellten Rechtslage ergibt sich, dass 47

- der Verlauf einer Verhandlung über einen Mietvertrag immer (elektronisch) archiviert werden muss, und
- bei der Bearbeitung eines Mandats mit Bezug zum Recht der allgemeinen Geschäftsbedingungen niemals ohne weiteres und ohne Überprüfung vorausgesetzt werden sollte (es sei denn es handelt sich um ein typisches Formular aus dem Schreibwarenhandel), dass eine Vertragsklausel Formularvereinbarung ist.

e) **Zeitlicher Anwendungsbereich.** Das AGBG trat zum 1.4.1977 in Kraft und wurde 48
zum 1.1.2002 durch die Regelungen der §§ 305–310 BGB ersetzt. Im Dauerschuldverhältnis Miete, insbesondere bei der Wohnraummiete hat sich der Rechtsanwender bisweilen mit Verträgen auseinander zu setzen, die durch mehrfaches Vererben des Mietverhältnisses über §§ 563, 564 BGB bereits seit 50 oder mehr Jahren Bestand haben. Für die Prüfung der Vereinbarungen eines solchen Uralt-Mietvertrages ist somit zunächst die Frage zu beantworten, ob die §§ 305–310 BGB als Prüfungsmaßstab heranzuziehen sind.

Im **Grundsatz** gilt zunächst: Für die Frage nach der Anwendbarkeit des bis zum 49
31.12.2001 gültigen Rechts (BGB aF u. AGBG) oder des seit dem 1.1.2002 BGB gültigen BGB, inklusive des dort eingegliederten AGB-Rechts stellt Art. 229 § 5 S. 1 EGBGB auf den Entstehungszeitpunkt des Schuldverhältnisses vor oder nach besagter Gesetzesänderung ab. Hiernach gilt das neue Schuldrecht nur für Schuldverhältnisse, die nach dem 31.12.2001 entstanden sind, so dass es für alle Schuldverhältnisse die zuvor entstanden sind es bei dem alten Recht verbleibt. Maßgebend für die Entstehung eines Schuldverhältnisses ist dabei das Wirksamwerden der Annahmeerklärung, also idR deren Zugang.[87] Wurden vor dem 1.1.2002 entstandene Schuldverhältnisse nach diesem Stichtag mehr als nur unwesentlich geändert, führt dies im Regelfall zur Anwendung des neuen Schuldrechts auf den gesamten Vertrag.[88] Bei **Dauerschuldver-**

[81] BGH NJW 1992, 2160; OLG Stuttgart NJW-RR 1987, 143.
[82] BGH NJW 2013, 1668 = NZM 2013, 307.
[83] OLG Hamm NJW 1981, 1049; OLG Stuttgart WuM 1987, 250 (251).
[84] BGH NJW 1992, 2283.
[85] LG Frankfurt a. M. WuM 1979, 151.
[86] Sternel MietR aktuell Rn. 97.
[87] Heß NJW 2002, 253 (255).
[88] BGH NJW 1990, 2664; 1995, 3290; OLG München WM 2000, 1333.

hältnissen, wozu die Mietverhältnisse selbstverständlich zu zählen sind trifft Art. 229 § 5 S. 2 EGBGB eine Sonderregelung, wonach das neue Recht ab dem 1.1.2003 auch auf Altverträge Anwendung findet,[89] also auf Dauerschuldverhältnisse, die bereits vor dem 1.1.2002 begründet wurden.[90] Im Übrigen wird nach hM die Übergangsregelung der Mietrechtsreform in Art. 229 § 3 EGBGB nicht durch die Übergangsregelung der Schuldrechtsreform in Art. 229 § 5 EGBGB verdrängt.[91]

3. Einbeziehungskontrolle

50 a) **Einbeziehungsvereinbarung.** Vorformulierte Vertragsbestandteile werden nur dann Vertragsinhalt, wenn sie von den Parteien bewusst und gewollt einbezogen werden (§ 305 Abs. 2 BGB). Dies setzt voraus, dass der Kunde/Mieter auf **zumutbare Weise Gelegenheit erhält, vor Unterschriftsleistung** vom Inhalt des Formularvertrages eingehend **Kenntnis zu nehmen,** unabhängig davon, ob auch tatsächlich Kenntnis genommen wurde und sodann sein Einverständnis mit deren Einbeziehung erklärt.

51 Der Vertragstext hat daher zunächst **lesbar**[92] und **verständlich** zu sein.[93] Der Mieter kann ggf. vom Vermieter sogar die **vorherige Aushändigung** des Vertragsentwurfes beanspruchen. Ein bloßer Auszug reicht nicht aus,[94] ebenso wenig die Angabe, wo der Vertrag erworben oder eingesehen werden kann, oder das Angebot, die Vertragsbedingungen auf Wunsch zu übersenden[95] bzw. die bloße Bezugnahme auf ein Vertragsmuster.[96] Allerdings genügt die ausreichende Gelegenheit zur Kenntnisnahme;[97] ob der Vertragspartner dann tatsächlich Kenntnis genommen hat, spielt keine Rolle. Andernfalls sind die Formularklauseln nicht Vertragsbestandteil geworden, sondern es wurde grundsätzlich ein Mietverhältnis auf der Grundlage der gesetzlichen Vorschriften begründet (§ 306 Abs. 2 BGB).

52 Der Hinweis, dass dem abzuschließenden Mietvertrag bestimmte Vertragsbedingungen zugrunde gelegt werden sollen, kann schriftlich, auch über eine Formularklausel,[98] oder mündlich spätestens bei Vertragsschluss[99] erfolgen.[100] Im Übrigen liegt in der Unterzeichnung eines Formularvertrages in der Regel das ausdrückliche Einverständnis mit der Geltung seines gesamten Inhalts,[101] auch ohne ausdrücklichen Hinweis, dass es sich um einen Formularvertrag handelt.[102]

53 Die **Bezugnahme oder der Verweis auf weitere Urkunden oder Unterlagen** in einem Formularvertrag macht diese nur dann zum Vertragsbestandteil, wenn sie dem Vertrag beigefügt und dem Mieter vor Abschluss des Vertrages in zumutbarer Weise zur Kenntnis gebracht werden.[103] Derartige Anlagen müssen daher jedenfalls bei der Wohnraummiete dem Vertrag beigefügt sein. Entsprechendes gilt bei einem bloßen Verweis auf eine nicht abgedruckte gesetzliche Bestimmung, deren wesentlicher Inhalt – soweit möglich und zumutbar – nicht wiedergegeben wird.[104] Vermag ein Laie die Tragweite einer solchen Klausel nicht nachzuvollziehen, fehlt es an der für eine wirksame Einbeziehung

---

[89] Vgl. OLG Stuttgart BeckRS 2007, 10191.
[90] Zulässig – soweit ersichtlich aber jedenfalls im Mietrecht ohne praktische Bedeutung – wäre die Vereinbarung der Geltung des früheren Schuldrechts: Hess NJW 2002, 253 (255) mwN bei Fn. 25.
[91] BGH NJW 2005, 1572 (1573).
[92] BGH NJW 2007, 2549; NJW-RR 1987, 112; 1986, 310; NJW 1983, 2772.
[93] BGH NJW-RR 2008, 134; NJW 2001, 292; 1978, 2243.
[94] BGH NJW-RR 1991, 727.
[95] BGH NJW-RR 1999, 1246; OLG München NJW-RR 1992, 349.
[96] OLG Köln WuM 1991, 357.
[97] BGH NJW 2005, 1183; vgl. auch Sonnenschein NJW 1980, 1489 (1492).
[98] BGH NJW 1983, 2026.
[99] BGH WPM 1986, 1194.
[100] BGH NJW 1983, 816.
[101] BayObLG WuM 1984, 104.
[102] OLG Frankfurt a. M. NJW 1986, 2712.
[103] Bub/Treier MietR-HdB/Bub Kap. II Rn. 955 f.
[104] OLG Schleswig NJW 1995, 2858 zu § 568 BGB aF; aA Voelskow ZMR 1996, 431 ff.

erforderlichen Verständlichkeit.[105] Dagegen soll im Hinblick auf die umlagefähigen Betriebskosten der bloße Verweis auf Anlage 3 zu § 27 Abs. 1 II. BV – jetzt § 2 BetrKV – genügen, auch wenn diese weder erläutert noch im Abdruck beigefügt ist.[106]

54 Wurde eine vorformulierte **Klausel,** welche für das betreffende Mietverhältnis ohne Bedeutung ist (zB über einen nicht vorhandenen Fahrstuhl, eine auch nicht konkret geplante Zentralheizung), **nicht gestrichen,** so kommt ihr dennoch keine Verbindlichkeit zu. Ist umgekehrt eine **Klausel** von den Parteien **nicht ausgefüllt** worden, so ist mangels Einigung die dort getroffene Regelung nicht anzuwenden.[107]

55 Die **Kenntnisnahme** kann auch mittels eines vorformulierten Textes **bestätigt** werden.[108] Klauseln, mit denen der Vertragspartner des Verwenders bestätigt, dass ihm die Vertragsbedingungen ausgehändigt worden seien,[109] oder dass bestimmte Bedingungen beigefügt waren,[110] verstoßen aber gegen § 309 Nr. 12b BGB.

56 Gegenüber der bisherigen Rechtslage ist jetzt in § 305 Abs. 2 Nr. 2 BGB ausdrücklich geregelt, dass der Verwender eine für ihn **erkennbare körperliche Behinderung** der anderen Vertragspartei berücksichtigen muss. Für dic Erkennbarkeit trägt der Verwender die Beweislast.[111] Dies gilt mithin vor allem für sehbehinderte Personen, für die der Verwender die Möglichkeit schaffen muss, sich zB den Vertragstext von einer Person ihrs Vertrauens vorlesen zu lassen.[112] Sonstige, also vor allem **geistige Behinderungen** (zB Analphabetismus) werden von § 305 Abs. 2 Nr. 2 BGB ebenso wenig erfasst, wie zB der deutschen Sprache nicht oder unzureichend mächtige **Ausländer.**[113] Hier hilft lediglich das allgemeine Rücksichtnahmegebot des § 241 Abs. 2 BGB. Während bei erkennbarer körperlicher Behinderung die Einbeziehung scheitert, führt die Verletzung des Rücksichtnahmegebots zur Haftung des Verwenders aus Schadensersatz gem. §§ 280 Abs. 1, 311 Abs. 2 BGB.[114]

57 **b) Überraschende Klauseln.** Die mit dem Vertragspartner des Verwenders getroffene Einbeziehungsvereinbarung beschränkt sich immer nur auf den **typischen Inhalt** eines Formularvertrages. Überraschende Klauseln werden nicht Vertragsbestandteil (§ 305c Abs. 1 BGB).

58 Abzustellen ist dabei auf den **durchschnittlich einsichtsfähigen, aber rechtsunkundigen Mieter (Durchschnittskunde),**[115] unabhängig vom konkreten Kenntnisstand der Parteien.[116]

59 Unter § 305c Abs. 1 BGB fallen Klauseln, die so ungewöhnlich sind, etwa auch durch Unterbringung an sachfremder, unerwarteter Stelle, dass der Kunde nicht mit ihnen zu rechnen brauchte, auch wenn der Regelungsinhalt keinen Bedenken begegnet (**Überrumpelungs- oder Übertölpelungseffekt**).[117] Dabei sind alle weiteren Umstände mit zu berücksichtigen (zB Werbung;[118] Verhandlungen),[119] aber auch das äußere Erschei-

---

105 BGH NJW 1982, 2380; OLG Schleswig NJW 1995, 2858.

106 BayObLG WuM 1984, 104; OLG Düsseldorf MDR 1991, 964; OLG Hamm NJW-RR 1998, 1090 = NZM 1998, 186; letztendlich offen gelassen OLG Karlsruhe NJW-RR 1986, 91; der BGH scheint diese Auffassung – wenn auch nur in obiter dicta bzw. im Umkehrschluss – zu teilen: NZM 2007, 769; 2004, 417; 2004, 418; vgl. auch BGH NJW 2016, 1308 = NZM 2016, 235, wonach schon die Verwendung des Begriffs „Betriebskosten", ohne unklare Ergänzungen, Zusätze etc genügt.

107 Sternel MietR Rn. 323 mwN.

108 BGH NJW 1982, 1388.

109 BGH NJW 1990, 761.

110 BGH NJW 1991, 1750 bezüglich der „anliegenden" Hausordnung.

111 Heinrichs NZM 2003, 6 (8).

112 Fritz NZM 2002, 713; Heinrichs NZM 2003, 6 (8).

113 OLG Karlsruhe NJW-RR 2006, 605; Fritz NZM 2002, 713 (714); Heinrichs NZM 2003, 6 (8 f.).

114 Heinrichs NZM 2003, 6 (9); Blank WuM 2004, 243 (244).

115 BGH NJW 1985, 851; 1981, 117.

116 BGH NJW 1988, 558.

117 BGH NJW-RR 2004, 780; NJW 2002, 485; 1990, 576; 1988, 558; 1987, 1885; 1982, 2309; 1978, 1519; OLG Hamm NJW 1981, 2362 unter III 2.

118 BGH NJW 1974, 37.

119 BGH NJW 1988, 558.

nungsbild der Klausel,[120] vor allem die Abweichung von der verkehrsüblichen vertraglichen Gestaltung.[121]

60 Sternel[122] hat als **Kriterien** zutreffend herausgearbeitet:

61 • **Häufigkeit und Verbreitung** der Klausel:
Je seltener und je ungewöhnlicher, desto strengere Anforderungen sind an ihre Deutlichkeit und Hervorhebung für den Kunden/Mieter zu stellen. Sind allerdings bereits mehrere Verträge mit gleichem Inhalt geschlossen worden, schließt dies einen Überrumpelungseffekt aus.[123]

62 • **Systematische Stellung** im Vertrag:
Eine an sich übliche Klausel kann überraschend werden, wenn sie sich innerhalb eines umfangreichen Formularvertrages an einer Stelle befindet, an der sie der Mieter nicht zu vermuten braucht.

63 • **Erscheinungsbild** der Klausel:
Durch umständliche, langatmige Formulierung oder durch mangelnde Gliederung längerer Vertragspassagen kann die Tragweite einer Bestimmung in Frage gestellt werden („Kleingedrucktes"), sofern es nicht bereits an einer wirksamen Einbeziehung iSv § 305 Abs. 2 BGB fehlt.[124]

64 **Drucktechnische Hervorhebungen** oder individuelle, auch mündliche Erläuterungen lassen ggf. das Überraschungsmoment entfallen.[125] Die **Beweislast** hierfür trägt der Verwender.[126]

Beispiele:

- Koppelung des Mietvertrages mit anderen Verträgen, insbesondere mit der Verpflichtung
  - zum Ankauf von Einrichtungsgegenständen bei Übergabe der Mietsache oder bei Beendigung des Mietverhältnisses in sog. Ablösungsverträgen.[127]
  - zum Abschluss von Wartungsverträgen mit einem bestimmten Wartungsunternehmen.[128] anders soll es sein, wenn dem Mieter die Wahl des Unternehmens freisteht (str.).
  - zum Abschluss von Darlehensverträgen.[129]
  - zum Abschluss von Versicherungsverträgen etwa über eine Hausrats- oder Haftpflichtversicherung.[130]
- Gehaltsabtretung zur Sicherung von Mietansprüchen.[131]
- Beschränkung der Pflicht zur Beheizung auf wenigstens 18 Grad Celsius zwischen 8.00 Uhr und 21.00 Uhr.[132]
- Überbürdung der Treppenreinigungspflicht[133] oder der Räum- und Streupflicht[134] an unsystematischer Stelle der Hausordnung.[135] Umstritten ist, ob dies nur gilt, wenn die Übernahme dieser Pflichten nicht der Ortssitte entspricht.[136] Bei einer einseitig auferlegten Hausordnung dürfte im Übrigen die Wirksamkeit von Pflichtenüberbürdungen über den Mietvertrag hinaus bereits an § 305 Abs. 2 BGB scheitern.
- Klauseln, wonach bei Vermietung von Wohn- und Geschäftsräumen das gesamte Mietverhältnis stets als gewerbliches Mietverhältnis gilt.[137]

---

[120] BGH NJW-RR 2006, 490; NJW 1987, 2228; 1982, 2309.
[121] BGH NJW-RR 2002, 485; NJW 1985, 848.
[122] Sternel MietR Rn. 327.
[123] BGH NJW-RR 2007, 1703.
[124] Soeben unter → § 10 Rn. 34, 36.
[125] BGH NJW 1992, 1822; NJW-RR 1987, 45; NJW 1981, 117.
[126] BGH NJW 1989, 2255.
[127] Bub DWW 1977, 76; vgl. § 4a WoVermittG.
[128] vgl. auch BGH NJW 2003, 347.
[129] Vgl. auch BGH NJW 2003, 1317.
[130] LG Düsseldorf WuM 1990, 336; LG Kassel WuM 1990, 29.
[131] OLG Hamm BB 1983, 1304; LG Lübeck WuM 1986, 14.
[132] LG Göttingen WuM 1989, 366; LG Heidelberg WuM 1982, 2.
[133] AG Düsseldorf WuM 1986, 306; AG Frankfurt/Höchst WuM 1988, 152.
[134] LG Frankfurt a. M. NJW-RR 1988, 782.
[135] Ansonsten wirksam: OLG Frankfurt a. M. NJW 1989, 41.
[136] So Sternel MietR aktuell Rn. 253; aA Bub/Treier MietR-HdB/Bub Kap. II Rn. 985.
[137] Sternel MietR Rn. 329.

- Klauseln an versteckter Stelle bei der gewerblichen Zwischenvermietung, insbesondere im Bauherrenmodell, wonach es sich lediglich um ein Untermietverhältnis handelt bzw. der Vermieter nicht Eigentümer ist.[138]
- Klauseln bei Vermietung von Eigentumswohnungen, dass Mehrheitsbeschlüsse der Eigentümergemeinschaft nach Abschluss des Mietvertrags für den Mieter verbindlich sind und etwa entgegenstehenden Regelungen im Mietvertrag vorgehen.[139]
- Klauseln, welche die Verpflichtung des Vermieters, das Mietobjekt in vertragsgemäßem Zustand zu erhalten, ausschließen.[140]
- Klauseln, nach denen Einrichtungen, die sich in der vermieteten Wohnung befinden aber nicht vom Vermieter gestellt wurden (sondern zB von einem Vormieter zurückgelassen worden sind), nicht als mitvermietet gelten und den Vermieter nicht zu einer Instandhaltung verpflichten.[141]
- Klauseln, nach denen der Vermieter berechtigt ist, bestehende Balkone zu beseitigen, und nicht verpflichtet ist, unbenutzbare Balkone zu erneuern.[142]
- Klauseln, nach denen die Haftung für sämtliche Schäden auf die Mieter überbürdet wird, die als Verursacher in Betracht kommen, sofern der Schädiger sich nicht feststellen lässt.[143]
- Eine versteckte Klausel am Ende eines Mietvertrages, nach der sich die eingangs des Vertrages aufgeführte Miete um den Betrag erhöht, um den ein Mieterdarlehen oder eine Mietvorauszahlung zu tilgen ist.[144]
- Klauseln, nach denen Heiz- und Betriebskosten, die auf nicht vermietete Räume entfallen, anteilig auf die Mieter umgelegt werden können.[145]
- Klauseln, wonach eine gewährte Stundung jederzeit widerrufen werden kann.[146]
- Klauseln, nach denen der Mieter den Vermieter ermächtigt, im Falle seines Todes die Wohnung auf Kosten der Erben zu räumen, wenn dies nicht bis zum Ende des 2. Kalendermonats nach dem Todesfall geschehen ist.[147]
- Klauseln, nach denen der Vermieter ermächtigt wird, über zurückgelassene Gegenstände frei zu verfügen, sofern der Mieter sie trotz zweimaliger Aufforderung mit Fristsetzung oder innerhalb von 4 Wochen nach Auszug nicht abgeholt hat.[148]
- Klauseln über die Abtretung der Ansprüche des Mieters aus einem Untermietverhältnis oder aus einem Arbeitsverhältnis.[149]
- Klauseln an untergeordneter Stelle über die Verlängerung der Kündigungsfrist.[150]
- Klauseln, die bei vorzeitiger einvernehmlicher Beendigung des Mietverhältnisses eine pauschale Vergütung des Vermieters regeln.[151]

c) Vorrang der Individualabrede. Haben die Parteien eine individuelle Vertragsabrede getroffen und steht diese im Widerspruch zu einer vom Verwender gestellten Formularklausel, so hat die Individualabrede Vorrang (so die Auslegungsregel des § 305b GB). Die Einbeziehung der widersprechenden Klausel scheidet somit aus. 65

Unerheblich ist dabei, ob die – ggf. auch mündlich[152] oder schlüssig[153] zustande gekommene – Individualvereinbarung zugleich mit oder nach dem Wirksamwerden des Formularvertrages getroffen worden ist.[154] Es spielt ebenfalls keine Rolle, welche Partei begünstigt wird.[155] Entscheidend ist, dass die Individualabrede, gleich dem § 305 Abs. 1 S. 3 BGB zwischen den Vertragsparteien im Einzelnen ausgehandelt wurde. 66

---

138 BGH NZM 2010, 705.
139 Sternel MietR Rn. 329; ggf. auch Verstoß gegen § 4 AGBG = § 305b BGB.
140 Schmidt-Futterer/Lehmann-Richter § 535 Rn. 838.
141 Sternel MietR Rn. 329.
142 Sternel MietR Rn. 329.
143 Sternel MietR Rn. 329, in jedem Fall auch Verstoß gegen § 9 AGBG = § 307 BGB.
144 Sternel MietR Rn. 330.
145 Sternel MietR Rn. 330.
146 Sternel MietR Rn. 330.
147 Sternel MietR Rn. 330.
148 Sternel MietR Rn. 330.
149 AG Hamburg-Wandsbek WuM 1985, 144.
150 AG Langenfeld WuM 1988, 88.
151 OLG Karlsruhe NJW-RR 2000, 1538.
152 BGH NJW 1987, 1885.
153 BGH NJW 2006, 138; 1986, 1807.
154 Ulmer/Brandner/Hensen § 305b Rn. 13.
155 OLG Karlsruhe VersR 1984, 829.

67 Formularklauseln, die diesen **Vorrang einschränken,** sind wegen Verstoßes gegen § 305b BGB unwirksam.[156] Schriftformklauseln oder vorformulierte Regelungen, wonach mündliche Nebenabreden nicht bestehen oder alle bisherigen Absprachen außer Kraft treten, stehen auch mündlichen Individualvereinbarungen nicht entgegen.[157] Dies gilt nicht nur für einfache, sondern auch für doppelte bzw. qualifizierte Schriftformklauseln, bei denen auch die Änderung von der Schriftformklausel der Schriftform bedarf.[158]

Beispiele für Kollisionen zwischen Individualabreden und Formularklauseln:

- Wird individuell eine Betriebskostenpauschale und formularmäßig eine abzurechnende Vorauszahlung auf Betriebskosten vereinbart, so gilt die Pauschalierung.[159]
- Werden im Vertrag bestimmte Betriebskosten und abzurechnende Vorauszahlungen hierauf vereinbart, so geht diese Vereinbarung einer Formularklausel vor, dass auf sämtliche Betriebskosten nach Anlage 3 zu § 27 II. BV (jetzt § 2 BetrKV) abzurechnende Vorauszahlungen zu leisten sind.[160]
- Die Individualabrede, dass ein Mietverhältnis an einem bestimmten Tag beginnen soll, hat Vorrang vor einer vorformulierten Klausel, dass der Vermieter nicht für die rechtzeitige Räumung durch den Vormieter oder für die rechtzeitige Fertigstellung der Mieträume haftet.[161]
- Sichert der Vermieter bestimmte Eigenschaften des Mietobjektes zu, so steht eine Freizeichnung von der Gewährleistung hierzu im Widerspruch.[162]
- Ist eine Miete ohne Mehrwertsteuer individuell vereinbart worden, so geht diese Vereinbarung im nichtkaufmännischen Verkehr einer Klausel vor, dass zusätzlich zur Miete Mehrwertsteuer zu bezahlen ist mit der Folge, dass ein Anspruch auf Zahlung der Mehrwertsteuer nicht besteht.[163]
- Eine Klausel in einem Mietvertrag über eine Eigentumswohnung, nach der Willensbildungen der Wohnungseigentümer bestimmten Vorrang vor den Bestimmungen des Mietvertrages haben, ist unzulässig, da damit eine Individualvereinbarung verdrängt werden kann.[164]

4. Inhaltskontrolle

68 a) **Unklarheitenregel.** Der Inhaltskontrolle muss eine Vertragsbedingung zu Grunde liegen, die einen eindeutigen Regelungsgehalt besitzt, was aus § 305c Abs. 2 BGB folgt. Soweit die Klausel mehrere Deutungsmöglichkeiten zulässt, ist zunächst zu klären, welcher Regelungsgehalt im Weiteren der Inhaltskontrolle zu unterziehen ist.

69 Die Auslegung mehrdeutiger Vertragsbedingungen erfolgt nach der Regelung in § 305c Abs. 2 BGB zu Lasten des Verwenders. Dieser vordergründig alleine auf den Verwender abstellende Sichtweise würde der Intention des Gesetzgebers jedoch nicht gerecht, wonach die Interessen des Vertragspartners geschützt werden sollen. Um diesen Schutzgedanken gerecht zu werden ergibt sich folgende, nur vermeintlich widersprüchliche **Prüfungsreihenfolge:**

(1) Zunächst ist die aus Sicht des Vertragspartners des Verwenders ungünstigste, sog. **kundenfeindlichste Auslegung** vorzunehmen, damit dem Verwender jede Möglichkeit genommen wird, sich auf eine nach dem Wortlaut mögliche Auslegung zu berufen.[165]

(2) Führt dies nicht zur Unwirksamkeit der Klausel, ist gewissermaßen in einem zweiten Schritt die **kundengünstigste Auslegung** als maßgeblich zugrunde zu legen.[166]

70 Kommt der Vertragsklausel allerdings **keinerlei Bedeutungsgehalt** zu, so dass weder verschiedene Alternativen für die Anwendung des § 305c Abs. 2 BGB ermittelt werden

---

[156] OLG Celle WuM 1990, 103 unter III B 13.
[157] BGH NJW 2007, 2106; 1988, 2463; 1986, 1809.
[158] BGH NJW 2017, 1017 = NZM 2017, 189; offengelassen, ob dies auch für konstitutive Schriftformklauseln gilt, nach denen die Wirksamkeit von Vertragsänderungen von der Einhaltung der Schriftform abhängig gemacht wird: BGH NJW-RR 2018, 524 = NZM 2018, 279; AG Rinteln BeckRS 2022, 45541.
[159] BGH NJW 1980, 1489; Sonnenschein NJW 1980, 1489 (1494).
[160] AG Freiburg WuM 1990, 84; AG München WuM 1990, 32.
[161] BGH NJW 2007, 1198; 1984, 2468.
[162] BGH NJW 1968, 1622; Sternel MietR Rn. 334.
[163] BGH WPM 1973, 677; Bub DWW 1977, 76; Sonnenschein NJW 1980, 1494.
[164] Sternel MietR Rn. 335.
[165] BGH NJW 1986, 46.
[166] BGH NJW 1992, 1099.

können noch ausreichende Anhaltspunkte für eine ergänzende Vertragsauslegung bestehen, muss sie ersatzlos entfallen (§ 307 Abs. S. 2 BGB).[167]

Führt die Auslegung einer AGB-Klausel auch unter Berücksichtigung aller zur Auslegung heranzuziehenden Umstände zu keinem eindeutigen Ergebnis, sondern bleiben nach Ausschöpfung aller in Betracht kommenden Auslegungsmöglichkeiten Zweifel und sind mindestens zwei Auslegungsergebnisse rechtlich vertretbar,[168] so geht dies zu Lasten des Verwenders (§ 305c Abs. 2 BGB). Es gilt – anders als der Wortlaut des Gesetzes es zunächst vermuten lässt – **immer die für den Kunden günstigste Auslegung,** gemäß der im vorangegangenen Abschnitt skizzierten Prüfungsreihenfolge.[169] Der erste Prüfungsschritt ist insoweit nur auf den ersten Blick widersprüchlich zu diesem Grundsatz, da bei einer Auslegungsmöglichkeit, die der Inhaltskontrolle nach §§ 307 ff. BGB nicht genügt, deren Unwirksamkeit für den Kunden die günstigste Lösung darstellt. 71

Bei der Auslegungen bleiben Verständnismöglichkeiten unberücksichtigt, die zwar theoretisch denkbar, praktisch aber fernliegend sind und für die an solchen Geschäften typischerweise Beteiligten nicht ernsthaft in Betracht kommen.[170] Eine Unklarheit kann sich dabei auch aus einer unübersichtlichen oder verwirrenden Wortwahl bzw. Gliederung eines Formularvertrages ergeben.[171] 72

Beispiel:

- „Schönheitsreparaturen sind Sache des Mieters“: Hier bleibt offen, ob lediglich eine Freizeichnung des Vermieters oder eine Pflichtenüberbürdung zu Lasten des Mieters gewollt war, so dass zugunsten des Mieters ersteres gilt.[172] Unbedenklich ist demgegenüber die Klausel: „Schönheitsreparaturen werden vom Mieter getragen.“[173]
- Hat nach einer vorformulierten Regelung der Vermieter bei unterlassenen Schönheitsreparaturen einen Ersatzanspruch in Geld und wird an anderer Stelle desselben Vertrages festgehalten, dass der Vermieter in diesem Fall zur Ersatzvornahme berechtigt ist und Kostenersatz verlangen kann, so soll sich der Anspruch des Vermieters im Zweifel auf bloßen Kostenersatz beschränken.[174]
- „Um- und Einbauten dürfen nur mit schriftlicher Erlaubnis des Vermieters vorgenommen und wieder beseitigt werden“ bezieht sich nur auf die Wiederherstellung des vertragsgemäßen Zustandes und nicht auf Umgestaltungen von Einbauten des Mieters während der Mietzeit.[175]
- Die vorformulierte Klausel „Reinigung geht zu Lasten des Mieters“ ist dahingehend zu verstehen, dass der Mieter nur die Kosten der Reinigung zu tragen braucht, ohne selbst reinigen zu müssen.[176]
- Wird in einem Mietvertrag auf bestimmte Zeit eine Klausel aufgenommen, dass der Mieter das Mietverhältnis mit einer Frist von 3 Monaten zum Monatsende kündigen kann, wenn seit Überlassung der Mieträume weniger als 5 Jahre verstrichen sind, so geht die hierdurch entstandene Unklarheit zu Lasten des Vermieters mit der Folge, dass der Mieter trotz Befristung die ordentliche Kündigung aussprechen kann.[177]
- Wird ausdrücklich die Geltung der gesetzlichen Mieterhöhungsmöglichkeiten vereinbart, ohne dass die Regelung erkennen lässt, ob sich dies auf die unmittelbar davor stehende alternative Laufzeitregelung (sowohl auf unbestimmte Zeit als auch befristet) bezieht, ist die Vermutung des § 1 S. 3 MHG (jetzt § 557 Abs. 3 BGB) nicht widerlegt.[178]
- Da die Begriffe „Nebenkosten“ und „Betriebskosten“ zum allgemeinen Sprachgebrauch gehören sollen, so dass der durchschnittliche Mieter eine Vorstellung über die wesentlichen damit beschriebenen

---

167 BGH NJW 1985, 53 (56).

168 BGH NJW-RR 2016, 526 = NZM 2016, 307; Bestätigung von BGH NJW 2010, 2197 Rn. 14 mwN; NJW-RR 2015, 264 = NZM 2015, 79 Rn. 16; NJW 2012, 2270 = NZM 2012, 529 Rn. 28 mwN; NJW 2007, 504; 1990, 3016 (3017).

169 BGH NJW 1984, 1818.

170 BGH NJW-RR 2016, 526 = NZM 2016, 307; Bestätigung von BGH NJW 2010, 2197, mwN; NJW 2013, 291 Rn. 16; 2012, 2270 = NZM 2012, 529.

171 LG Essen NJW 1979, 555.

172 LG Hamburg MDR 1973, 933; AG Aachen MDR 1969, 929; Sternel MietR Rn. 337.

173 LG Berlin LSK 2018, 11615; vgl. auch OLG Karlsruhe NJW-RR 1992, 969.

174 Sternel MietR Rn. 337; aA OLG Hamm NJW 1983, 1332; vgl. auch BGH NZM 2004, 615.

175 Sternel MietR Rn. 337.

176 AG Wuppertal WuM 1979, 105.

177 LG Berlin GE 1997, 189; LG Gießen NJW-RR 1996, 1293; LG Wiesbaden WuM 1994, 430 sowie zustimmend OLG Frankfurt a. M. WuM 1999, 117.

178 Vgl. im Einzelnen Hannemann NZM 1999, 585 (591) mit ausführlichen Nachweisen aus der Rechtsprechung unter Fn. 127–132.

Kostenarten haben soll,[179] soll die Regelung „der Mieter trägt die Nebenkosten" (bzw. Betriebskosten) dahingehend einschränkend auszulegen sein, dass damit nur die in der Anlage 3 zu § 27 der II. BV, jetzt § 2 BetrKV, aufgeführten Betriebskosten geschuldet sind.[180]

- Wird einerseits die Miete als Bruttomiete ausgewiesen, andererseits aber geregelt, dass zu dieser Miete Vorauszahlungen hinzukommen, und weiter auf § 560 BGB (vormals § 4 MHG) verwiesen, gilt zugunsten des Mieters allein die Vereinbarung einer Bruttomiete.[181]

73 **b) Inhaltskontrolle im engeren Sinne.** *aa) Prüfungseinstieg.* **Kernstück des AGB-Rechts** ist die Inhaltskontrolle nach §§ 307–309 BGB. Diese erstreckt sich aber **nicht auf Vertragsbedingungen,** die

- weder von Rechtsvorschriften abweichen noch diese ergänzen (vgl. § 307 Abs. 3 S. 1 BGB), da im Fall der Unwirksamkeit derartiger Klauseln nach § 306 Abs. 2 BGB die entsprechenden gesetzlichen Vorschriften mit gleichem Inhalt treten würden.[182]
- den unmittelbaren Gegenstand der Hauptleistungen nach Art, Umfang, Quantität und Qualität beschreiben,[183] also etwa Mietgegenstand, Miete und Mietdauer festlegen, da das AGB-Recht gemäß § 307 Abs. 3 S. 1 BGB den Vertragsparteien grundsätzlich freistellt, Leistungen und Gegenleistungen zu bestimmen.[184] Im Gegensatz zu Preisvereinbarungen unterliegen aber Preisnebenabsprachen oder Preisberechnungsabreden der Inhaltskontrolle.[185]

74 Allerdings sind Klauseln, die der Inhaltskontrolle nach § 307 Abs. 3 S. 1 BGB entzogen sind, für die im Übrigen der Schutz aus den §§ 305 Abs. 2, 305b und 305c BGB gilt, sehr wohl anhand des **Transparenzgebots** gem. § 307 Abs. 1 S. 2 BGB (hierzu näher sogleich) zu prüfen, so dass sich daraus im Ergebnis eine Unwirksamkeit nach § 307 Abs. 1 S. 1 BGB ergeben kann (§ 307 Abs. 3 S. 2 BGB).

75 §§ 308 und 309 BGB enthält **Klauselverbote** für die in diesen Vorschriften aufgelisteten Vertragsbestimmungen. Vertragsbestimmungen, die gegen § 309 BGB verstoßen sind uneingeschränkt unwirksam, während das Vorliegen einer in § 308 BGB genannten Vertragsbestimmung nicht sogleich dessen Unwirksamkeit zur Folge hat. Bei § 308 BGB bedarf es neben dem Verstoß noch einer Interessenabwägung anhand der Besonderheiten der vertragstypischen Interessenlage. § 307 Abs. 1 und 2 BGB stellt die Generalklausel als Auffangtatbestand bei der Inhaltskontrolle dar. Hieraus ergibt sich folgende **Prüfungsreihenfolge:**

1. § 309 BGB
2. § 308 BGB
3. § 307 Abs. 1 S. 2 BGB ggfs. in Verbindung mit § 307 Abs. 3 S. 2 BGB
4. § 307 Abs. 1 S. 1 BGB.

76 Im **Mietrecht** sind von den Klauselverboten ohne Wertungsmöglichkeit **von Bedeutung** § 309 Nr. 2, 3, 4, 5, 6, 7 und 8, 12 und 13 BGB; von den Klauselverboten mit Wertungsmöglichkeit nach § 308 BGB die dortigen Nr. 1, 2, 4, 5, 6 und 7.[186]

77 **Inhaltlich neu** gegenüber dem AGBG sind im Rahmen der Klauselverbote der §§ 308 und 309 BGB, soweit im Mietrecht relevant, folgende beiden Änderungen/Ergänzungen:

78 • **Pauschalierung von Schadensersatzansprüchen:**[187]
Während es nach altem Recht bei der Pauschalierung von Schadensersatzansprüchen gem. § 11 Nr. 5b AGBG ausreichte, dass der Wortlaut der Klausel den Gegenbeweis

---

[179] OLG Hamm WuM 1997, 542; aA OLG Düsseldorf ZMR 1984, 20; LG Bonn WuM 1990, 378.
[180] OLG Hamm WuM 1997, 542, OLG München ZMR 1997, 233; OLG Celle WuM 1983, 291; OLG Frankfurt a. M. WuM 1985, 91; OLG Köln NJW-RR 1991, 1234; Sternel MietR Rn. 338.
[181] LG Berlin ZMR 2001, 188.
[182] Unter → § 10 Rn. 118 ff.
[183] BGH NJW 2008, 214; 1992, 688.
[184] BGH NZM 2003, 472; NJW 1989, 2247.
[185] Vgl. nur Grüneberg/Grüneberg § 307 Rn. 47 mwN.
[186] Zu den bei Muster-Mietverträgen nach wie vor oft herrschenden „AGB-Wild-West" vgl. instruktiv Kappus NZM 2002, 761 ff. sowie die Erwiderung hierauf von Bachmann NZM 2002, 768 ff.
[187] Näher Heinrichs NZM 2003, 6 (9).

des Kunden nicht ausschloss,[188] muss nunmehr gem. § 309 Nr. 5b BGB diese Möglichkeit des Gegenbeweises ausdrücklich zugelassen werden.[189]

Dies wäre etwa mit folgender ergänzenden Musterformulierung denkbar:

Formulierungsvorschlag:

„(…) Dem „Kunden" bleibt das Recht unbenommen nachzuweisen, dass ein Schaden überhaupt nicht oder nicht in Höhe der geltend gemachten Pauschale eingetreten ist." 79

- **Haftungsausschluss:**[190] 80

Anders als bisher in § 11 Nr. 7 AGBG kann die **Haftung für einfache Fahrlässigkeit** bei der Verletzung von Leben, Körper und/oder Gesundheit auch für Erfüllungsgehilfen nicht mehr ausgeschlossen und auf Vorsatz und grobe Fahrlässigkeit beschränkt werden (§ 309 Abs. 1 Nr. 7a BGB).[191] Dies bedeutet, dass jede vorformulierte Haftungsbeschränkung in einem Mietvertrag, die nicht ausdrücklich Schäden aus der Verletzung des Lebens, des Körpers oder Gesundheit ausnimmt, schon wegen des Verbots der geltungserhaltenden Reduktion (vgl. § 306 BGB) insgesamt unwirksam ist, sofern keine inhaltliche und sprachliche Trennbarkeit gegeben ist.[192] Dies gilt für alle Arten von Schadensersatzansprüchen, auch unabhängig von der Art der Pflichtverletzung (Nichtleistung, Verzug oder Schlechtleistung), also aus Vertrag, vorvertraglichem Schuldverhältnis oder auch aus unerlaubter Handlung. Angesichts der sich aus der Rechtsprechung ergebenden Einschränkungen bei Haftungsausschlüssen in Bezug auf Kardinalspflichten des Verwenders[193] ist es auch ungeachtet dieser gesetzlichen Änderung kaum noch rechtswirksam möglich, die Haftung für einfache Fahrlässigkeit in AGB auszuschließen. Soweit ersichtlich steht bislang ein von der Rechtsprechung als erfolgreich bewerteter Versuch, unter Beachtung des Transparenzgebotes (§ 307 Abs. 1 S. 2 BGB) eine Haftungseinschränkungsklausel zu formulieren, die zwischen Kardinalspflichten und sonstigen Pflichten hinreichend differenziert, noch aus. Eine entsprechende vorformulierte Regelung könnte wie folgt aussehen:

Formulierungsvorschlag:

Der Vermieter haftet nur für Schäden, die er, sein gesetzlicher Vertreter oder seine Erfüllungsgehilfen vorsätzlich oder grob fahrlässig verursacht haben. Für Schäden aus einer Verletzung des Lebens, des Körpers oder der Gesundheit, die auf einer Pflichtverletzung des Vermieters, seines gesetzlichen Vertreters oder seiner Erfüllungsgehilfen beruhen, haftet der Vermieter auch bei Fahrlässigkeit. Im Übrigen ist die Haftung ausgeschlossen. 81

Besonders hervorzuheben ist das explizit in § 307 Abs. 1 S. 2 BGB geregelte **Transparenzgebot:**[194] 82

Eine unangemessene Benachteiligung kann sich danach auch aus einer unklaren und nicht transparenten Klausel ergeben,[195] aus schwer verständlichen[196] bzw. undurch-

[188] Aus der nicht immer stringenten Rechtsprechung vgl. nur OLG Hamburg WuM 1990, 244; OLG Karlsruhe ZMR 2000, 380.
[189] BGH NJW 2006, 1056; Grüneberg/Grüneberg § 309 Rn. 30 f.
[190] Heinrichs NZM 2003, 6 (9 f.).
[191] Ausführlich Grüneberg/Grüneberg § 309 Rn. 40 ff.
[192] BGH NJW 2007, 3774; Grüneberg/Grüneberg § 309 Rn. 54.
[193] Vgl. nur den Rechtsentscheid des BGH zur Haftung für Mangelfolgeschäden bei einfacher Fahrlässigkeit NZM 2002, 116.
[194] Ausführlich und instruktiv hierzu Heinrichs NZM 2003, 6 (10 ff.).
[195] BGH NJW 1986, 1335.
[196] BGH NJW 1983, 162.

schaubaren Regelungen,[197] aus lückenhaften und auch unsystematischen Klauseln,[198] soweit derartige AGB nicht bereits an § 305 Abs. 2 Nr. 2 BGB,[199] § 305c Abs. 1 BGB[200] oder an der Unklarheitenregelung des § 305c Abs. 2 BGB[201] scheitern. Das Mindestmaß an Übersichtlichkeit gilt dabei nicht nur für die einzelne Klausel, sondern auch für den Umfang des Vertrages selbst, der in einer vertretbaren Relation zur Bedeutung des Rechtsgeschäfts zu stehen hat.[202] So bereits die bis zur Schuldrechtsreform bereits maßgebliche Rechtslage.

83 Das bisher von der Rechtsprechung im Rahmen des § 9 AGBG entwickelte Transparenzgebot ist nunmehr aufgrund europarechtlicher Vorgaben[203] ausdrücklich in § 307 Abs. 1 S. 2 BGB kodifiziert worden. Damit wurde aber auch inhaltlich in mehrfacher Hinsicht ein **strengerer Maßstab** eingeführt.

84 Aus dem bisherigen § 8 AGBG war abgeleitet worden, dass **leistungsbeschreibende oder preisbestimmende vorformulierte Vertragsbestandteile** einer Inhaltskontrolle entzogen sind.[204] Gleiches galt unmittelbar aus dem Wortlaut des § 8 AGBG für die bloße **deklaratorische Wiedergabe gesetzlicher Vorschriften.** Dies hat sich nun aber insoweit verschärft, als die Wiedergabe gesetzlicher Vorschriften bzw. eine Bezugnahme hierauf wie auch Klauseln, die das Preis-/Leistungsverhältnis betreffen, jetzt ausdrücklich **dem Transparenzgebot entsprechen** müssen, um keine Unwirksamkeit iSv § 307 BGB auszulösen. So jetzt die Regelung in dessen Abs. 3 Satz 2. Folglich sind derartige vorformulierte Regelungen lediglich der Angemessenheitskontrolle, nicht aber einer **Verständlichkeits- und Transparenzprüfung** entzogen.[205] Dies bedeutet ua, dass eine derartige Klausel aus sich heraus – wenn auch nicht unbedingt „bei flüchtiger Betrachtung", sondern durchaus bei aufmerksamer und sorgfältiger Teilnahme am Wirtschaftsverkehr – verständlich sein muss, sie muss also zB

- Rechte und Pflichten des Vertragspartners des Verwenders klar, durchschaubar und vollständig darstellen,[206] aber nur im Rahmen des Möglichen[207] (nicht jede Klausel muss mit einem Kommentar versehen sein);[208]
- Rechte und Pflichten, die sich unmittelbar aus dem Gesetz oder ungeschriebenen Rechtsgrundsätzen ergeben, aber nicht ausdrücklich regeln oder den Vertragspartner gar darüber belehren,[209] so dass auch grundsätzlich unbestimmte Rechtsbegriffe aus der Gesetzessprache entnommen werden dürfen;[210]
- wirtschaftliche Nachteile und Belastungen, soweit nach den Umständen erforderlich, erkennen lassen,[211] allerdings ohne Offenlegung der Kalkulation;[212]

---

[197] BGH NJW-RR 2004, 263; NJW 1986, 1335; zB hinsichtlich des tatsächlichen Preises: BGH NJW 1989, 582; 1989, 222.
[198] BGH NJW 1984, 171.
[199] Näher unter → § 10 Rn. 50 ff.
[200] Im Einzelnen unter → § 10 Rn. 57 ff.
[201] Unter → § 10 Rn. 68 f.
[202] OLG Schleswig NJW 1995, 2858; aA OLG Rostock NZM 2006, 584.
[203] Art. 4 Abs. 2 und Art. 5 S. 1 der sog. Klausel-Richtlinie 93/13/EWG.
[204] Dies gilt angesichts der wortgleichen Regelung in § 307 Abs. 3 S. 1 BGB nach wie vor: Grüneberg/Grüneberg § 307 Rn. 44 ff.
[205] BGH NJW-RR 2008, 251; vgl. auch Pfeilschifter WuM 2002, 73 ff.
[206] BGH NJW-RR 2008, 192; NJW 2001, 2014 (2016); 2000, 515 (519); 2000, 651; 1996, 455 (456); 1996, 2092 (2093); 1989, 222 (224).
[207] BGH NZM 2004, 903; NJW 1998, 3114 (3116).
[208] BGH NJW 1996, 2092 (2093); 1993, 2054; 1993, 666.
[209] BGH NJW 1996, 2093; OLG Koblenz NJW 2004, 2563.
[210] BGH NJW 1994, 1004: „wichtiger Grund", „Fehlschlagen der Nachbesserung"; anders ggf. „Wandelung" und „Minderung": BGH NJW 1982, 331 (333).
[211] BGH NJW-RR 2008, 192; 2008, 189; NJW 2005, 3559; 2001, 2014 (2016); 1999, 2279.
[212] BGH NJW 1997, 3166.

- jetzt auch die Fähigkeiten und Kenntnisse des konkreten Vertragspartners zumindest bei Verbraucherverträgen berücksichtigen (= Begleitumstand gem. § 310 Abs. 3 Nr. 3 BGB[213]).

Das Transparenzgebot ist verletzt, wenn eine Klausel vermeidbare Unklarheiten und Spielräume enthält, und es wird erfüllt, wenn die Klausel im Rahmen des rechtlich und tatsächlich Zumutbaren die Rechte und Pflichten des Vertragspartners des Klauselverwenders so klar und präzise wie möglich beschreibt, wobei als Vergleichsmaßstab die gesetzliche Bestimmung herangezogen werden kann, von der abgewichen wird.[214] Auch umfangreiche oder komplizierte Regelungen können daher Transparenzgebot genügen. 85

Dabei ist weiter zu beachten, dass allein die Intransparenz zur Unwirksamkeit der Klausel führt. Eine darüber hinausgehende sachliche Benachteiligung ist nicht erforderlich.[215] 86

Sowohl im Wohnraum- auch Gewerberaummietrecht – bei am 1.1.2002 bereits bestehenden Formular-Mietverträgen wiederum spätestens ab dem 1.1.2003 – hat dies vor allem Auswirkungen auf: 87

- Kleinreparaturklauseln,[216]
- Schönheitsreparaturklauseln,[217]
- Betriebskostenumlagevereinbarungen: Nach wie vor ist nicht zweifelsfrei, ob der pauschale Verweis auf § 2 BetrKV genügt, wie die bisherige höchstrichterliche Rechtsprechung[218] annimmt.[219]
- Betriebskostenerhöhungen,[220]
- Verlängerungsklauseln.[221]

Nach der **Generalklausel** des § 307 Abs. 1 BGB sind formularvertragliche Regelungen unwirksam, wenn sie den Vertragspartner des Verwenders entgegen den Geboten von Treu und Glauben **unangemessen benachteiligen.** Auf etwaige Nachteile des Verwenders[222] oder eines Dritten[223] kommt es also ebenso wenig an, wie darauf, ob der Verwender oder ein Dritter begünstigt wird.[224] 88

bb) Gesetzliche Regelbeispiele, § 307 Abs. 2 BGB. Eine **unangemessene Benachteiligung** ist gem. § 307 Abs. 2 BGB im Zweifel – diese gesetzliche Vermutung ist somit widerlegbar – anzunehmen, wenn der Verwender durch die Formularklausel die eigenen Interessen auf Kosten seines Gegenübers durchsetzt und dies 89

- mit **wesentlichen Grundgedanken der gesetzlichen Regelung** (dem Leitbild des Vertrages; § 307 Abs. 2 Nr. 1 BGB) nicht zu vereinbaren ist oder
- **wesentliche Rechte oder Pflichten,** die sich aus der Natur des Vertrages ergeben, so einschränkt, dass die Erreichung des Vertragszweckes gefährdet ist (§ 307 Abs. 2 Nr. 2 BGB).

---

213 Grüneberg/Grüneberg § 310 Rn. 19; nach bisheriger Rechtsprechung ändern diese Umstände aber grundsätzlich an der Verletzung des Transparenzgebots und damit an der Unwirksamkeit der Klausel nichts: BGH NJW 1995, 2286; 1992, 179; 1989, 222.

214 BGH NZM 2008, 139; 2004, 93 (95).

215 BT-Drs. 14/6040, 154.

216 BGH NJW 2004, 2961; 1992, 1759; 1989, 2247; LG Gießen NJW-RR 1996, 1163.

217 BGH NZM 2008, 363; 2007, 879; 2006, 459; LG Hamburg NZM 2000, 541; LG Mannheim WuM 2000, 485.

218 Vgl. die RE OLG Hamm NZM 1998, 186; OLG Frankfurt a. M. NZM 2000, 757; der BGH scheint diese Auffassung – wenn auch nur in obiter dicta bzw. im Umkehrschluss – zu teilen: NJW 2008, 283; NZM 2007, 282; 2004, 417; 2004, 418.

219 Vgl. Pfeilschifter WuM 2002, 73 ff.; aA Fritz NZM 2002, 713 (715); vgl. auch BGH NJW 1996, 2374.

220 BGH WuM 2004, 151; AG Wetzlar WuM 2001, 30.

221 OLG Düsseldorf NJW-RR 2007, 1710; LG Hamburg WuM 2001, 340.

222 BGH NJW 1987, 837.

223 BGH NJW 1982, 180.

224 BGH NJW 1984, 2816.

90 Das durch die **wesentlichen Grundgedanken einer gesetzlichen Regelung (§ 307 Abs. 2 Nr. 1 BGB)** entstehende Leitbild wird bestimmt durch dispositive gesetzliche Bestimmungen, die nicht nur auf Zweckmäßigkeitserwägungen beruhen, sondern auf den Gerechtigkeitserwägungen beruhen, die die Interessen beider Vertragsparteien berücksichtigt.[225] Ebenfalls in das Leitbild einzubeziehen ist das zwingende Recht, da Verstöße hiergegen zugleich den Vertragspartner auch unangemessen benachteiligen; beispielhaft hierfür sind die im Mietrecht für unabdingbar erklärten Vorschriften, zB §§ 536 Abs. 4, 547 Abs. 2, 551 Abs. 4, 553 Abs. 3, 554 Abs. 5, 554a Abs. 3, 556 Abs. 5, 556a Abs. 4, 556b Abs. 2, S. 2 BGB.

Eine unangemessene Benachteiligung wird weiter dann – widerlegbar – gesetzlich nach **§ 307 Abs. 2 Nr. 2 BGB)** vermutet, wenn vertragliche Haupt- als auch grundlegende Nebenpflichten des Verwenders, die sog. **Kardinalpflichten,** beseitigt oder ausgehöhlt werden.[226]

91 *dd) Generalklausel, § 307 Abs. 1 BGB.* **Kriterien:**

Rechtsprechung und Schrifttum haben umfangreiche (Wertungs-)Kriterien für das Vorliegen einer unangemessenen Benachteiligung entwickelt, die – wenn auch in mietrechtlichen Werken so doch allgemein gültig – Bub[227] und Sternel[228] vorbildlich zusammengefasst haben:

92 • **Erhebliche Nachteile, nicht nur Unbequemlichkeiten:**
Eine entgegen Treu und Glauben unangemessene Benachteiligung setzt zunächst nicht unerhebliche Nachteile von einigem Gewicht voraus.[229] Für den Vertragspartner des Verwenders lediglich unbequeme oder nur geringfügig nachteilige Klauseln genügen nicht.

93 • Unangemessenheit erfordert aber noch **weitere Umstände:**
Aus der Erheblichkeit des Nachteils folgt aber nicht in jedem Fall zwingend dessen Unangemessenheit.[230] Es ist vielmehr auf eine generalisierende Betrachtungsweise abzustellen unter besonderer Berücksichtigung etwa personenbezogener Vertragsverhältnisse, zB das vom Gesetzgeber typisierte Schutzbedürfnis vor allem des Wohnraummieters.[231]

94 Heranzuziehen sind daher:

• **Gegenstand, Zweck und Eigenart des Vertrages,**[232]
• die **Interessenlage der Vertragsparteien** und
• die **Verkehrssitte** der beteiligten Kreise.[233]

95 • **Sonstiger Vertragsinhalt** ist zu berücksichtigen:
In die Wertung einer beanstandeten Klausel ist auch der Vertragsinhalt im Übrigen mit einzubeziehen.[234] So kann der sich aus einer Klausel ergebende Nachteil durch eine vorteilhafte andere Klausel kompensiert[235] oder umgekehrt so verstärkt werden, dass dann beide Klauseln unwirksam sind,[236] selbst wenn diese jeweils für sich genommen keinen Bedenken begegnen würden[237] oder sogar eine Kombination einer Formularklausel mit einer nicht zu beanstandenden Individualvereinbarung vorliegt.[238] Die so

[225] BGH NJW 1987, 1931; 1984, 1182 mwN; NJW 1983, 1322; vgl. auch Sternel MietR Rn. 342 ff.; Grüneberg/Grüneberg BGB § 307 Rn. 30.
[226] BGH NJW 1985, 914.
[227] Bub/Treier MietR-HdB/Bub Kap. II Rn. 1027 f.
[228] Sternel MietR aktuell Rn. 53–59 mwN.
[229] BGH NJW 2007, 3776; OLG Hamm NJW 1981, 1049; OLG Stuttgart NJW 1988, 1150.
[230] OLG Hamm NJW 1983, 826.
[231] Sternel MietR aktuell Rn. 54 mwN aus der Rechtsprechung.
[232] BGH NJW 1987, 2575; 1986, 2101.
[233] BGH NJW-RR 2007, 1697; NJW 1987, 2575; 1985, 480; BayObLG NJW-RR 1987, 1298.
[234] BGH NJW 2003, 886; BayObLG NJW-RR 1987, 1298.
[235] BGH NJW 2006, 1056; 1982, 644.
[236] BGH NJW 1983, 159 (160).
[237] BGH NJW 2006, 2116; 1993, 532.
[238] BGH NJW 2006, 2116; 1993, 532.

gemeinsam zu beurteilenden Klauseln müssen nicht zwingend im Sachzusammenhang zueinander stehen.[239]

- **Äquivalenzprinzip:** 96
  Das ausgewogene Verhältnis von Leistung und Gegenleistung darf nicht durch Leistungseinschränkungen und/oder Freizeichnungen ohne entsprechenden Ausgleich gestört werden.[240]
- **Preiskalkulation:** 97
  Eine den Vertragspartner des Verwenders unangemessen benachteiligende Klausel (darauf, ob der Verwender selbst im Fall der Unwirksamkeit unangemessen benachteiligt werden könnte, kommt es nicht an)[241] kann nicht durch einen deshalb geringer kalkulierten Preis für den Vertragsgegenstand gerechtfertigt werden, außer es werden unterschiedliche Preise bei unterschiedlichen Bedingungen angeboten.[242] Dies gilt aber nicht, wenn Hauptleistung und Hauptgegenleistung durch Berücksichtigung in der Preisbemessung in ein ausgewogenes Verhältnis gebracht werden sollen, so dass der Wegfall einer nach einer Formularklausel geschuldeten Leistung geradezu selbstverständlich eine andere Bemessung der Hauptgegenleistung zur Folge hätte.[243]
- **Überschaubarkeit des abgewälzten Risikos:** 98
  Ein auf den Kunden/Mieter formularmäßig abgewälztes Risiko muss, um diesen nicht unangemessen zu benachteiligen, zumindest gegenständlich, ggf. auch betragsmäßig eingegrenzt sein.[244]
- **Risikobeherrschung:** 99
  Weiter ist die Beherrschbarkeit des überbürdeten Risikos für den Kunden/Mieter von Bedeutung. Dessen formularmäßig begründete, uneingeschränkte Zufallshaftung stellt grundsätzlich eine unangemessene Benachteiligung dar.[245] So ist zB sogar bei der Gewerberaummiete die Abwälzung von Instandhaltungs- und Instandsetzungspflichten nur insoweit zulässig, als sich diese auf den Ausgleich von Schäden durch den Mietgebrauch oder im Risikobereich des Mieters beschränkt.[246]
- **Versicherbarkeit des Risikos:** 100
  Der formularmäßigen Überbürdung von Haftungsrisiken auf den Kunden/Mieter kann die Unangemessenheit genommen werden, wenn gerade diese Risiken üblicherweise vom Kunden unter Versicherungsschutz gebracht werden können und typischerweise gebracht werden; die bloße Versicherbarkeit reicht dagegen nicht aus.[247]
- **Zutreffende und nachvollziehbare Darstellung der Rechtslage:** 101
  Die Rechtslage muss für den Kunden/Mieter zutreffend und überschaubar dargestellt werden, so dass er die Folgen der Klausel verstehen und nachvollziehen kann.[248] Der Kunde/Mieter darf nicht über seine gesetzlichen Rechte bzw. die wahre Rechtslage

---

[239] BGH NJW 1983, 816 zur VOB; aA BayObLG NJW-RR 1987, 1298.

[240] BGH NJW 2007, 1054; 1986, 2102; 1983, 159 (160); 1982, 331; BayObLG NJW-RR 1987, 1298; OLG Stuttgart NJW 1988, 1150.

[241] BGH NJW 1987, 2575.

[242] BGH NJW 2007, 2697; 1980, 1952.

[243] BGH NZM 2007, 921; 2007, 879; NJW 2006, 3778; NZM 2006, 691; NJW 2005, 425; 1988, 2790; 1987, 2575; 1985, 480 – alle zur formularmäßigen Überbürdung von Schönheitsreparaturen auf den Mieter.

[244] BGH NZM 2007, 769 für Wechsel von Gemeinschaftsantenne auf Kabelanschluss; NZM 2005, 863 für Instandhaltung und Instandsetzung von Anlagen; NJW 1989, 2247 für Kleinreparaturen; NJW 1991, 1750 unter II 4 für Wartung von Thermen, Boilern etc.

[245] BGH NJW 1992, 1761; OLG Brandenburg NZM 2004, 905.

[246] OLG Düsseldorf DWW 1992, 241.

[247] BGH NJW-RR 2004, 263; BGH NZM 2002, 116; NJW 1992, 1761; 1988, 1785; OLG Stuttgart NJW 1984, 2226.

[248] OLG Celle WuM 1990, 103 unter III B 8 zur Vollmachtsklausel mangels Darstellung der Widerruflichkeit; aA BayObLG WuM 1997, 424 zustimmend BGH NJW 1997, 3437.

hinweggetäuscht werden.[249] Eine Klauselgestaltung, die dem Verwender die Gelegenheit eröffnet, begründete Ansprüche unter Hinweis auf eine in der Sache nicht – immer – zutreffende Darstellung der Rechtslage in seinen AGB abzuwehren, benachteiligt den Vertragspartner ebenfalls unangemessen.[250] Hierzu zählt auch, wenn durch Leistungsschmälerungen oder Pflichtenüberbürdungen unzulässige Haftungsausschlüsse kaschiert werden sollen.[251]

5. Besonderheiten bei Verbraucherverträgen

102 Am 25.7.1996 ist das Gesetz zur Änderung des AGB-Gesetzes und der Insolvenzordnung vom 19.7.1996[252] in Kraft getreten.[253] Für das Mietrecht von Bedeutung war der dadurch neu eingefügte § 24a AGBG, der Sonderregelungen für Verbraucherverträge trifft, und jetzt in § 310 Abs. 3 BGB normiert ist.

103 a) **EG-Verbraucherrichtlinie.** Mit diesem Änderungsgesetz wurde die **EG-Richtlinie über missbräuchliche Klauseln in Verbraucherverträgen** vom 5.4.1993[254] – im Folgenden kurz Richtlinie genannt – in deutsches Recht umgesetzt.[255] Gegenüber der zeitlichen Vorgabe in der Richtlinie, nach der die zur Umsetzung erforderlichen Vorschriften spätestens bis zum 31.12.1994 hätten in Kraft gesetzt werden müssen, erfolgte die Transformation in nationales Recht somit erst mit 1½-jähriger Verspätung. Wie Heinrichs[256] zutreffend festgestellt hat, dürften aber hieraus keine Schadensersatzansprüche gegen die Bundesrepublik erwachsen, da sich trotz der fehlenden horizontalen Direktwirkung von EG-Richtlinien[257] aus der aus Art. 5 EG ergebenden allgemeinen Pflicht zur gemeinschaftskonformen Auslegung nationalen Rechts das Recht und die Pflicht ergibt, den wesentlichen Inhalt der Richtlinie bereits mit Wirkung ab dem 1.1.1995 durch richtlinienkonforme Auslegung des damaligen AGBG und des § 242 BGB in das deutsche Recht zu übernehmen.[258]

104 Der deutsche Gesetzgeber hatte die inhaltlichen Vorgaben der Richtlinie mit dem AGBG bereits überwiegend berücksichtigt, auch wenn das AGBG den Vertragspartner des Verwenders gegen diesen, die Richtlinie dagegen den Verbraucher schützt. Daher konnte es bei der Einführung einer neuen Vorschrift in das AGBG[259] sein Bewenden haben, ohne dass es eines Sondergesetzes für vorformulierte Klauseln in Verbraucherverträgen neben dem AGBG bedurfte.[260] Aufgrund dieser überwiegenden inhaltlichen

[249] BGH NJW 1991, 1750 unter II 7 zur Beschränkung der Heizpflicht; LG Hamburg WuM 1990, 416 zur Kautionsvereinbarung ohne Hinweis auf die Ratenzahlungsmöglichkeit nach § 550b BGB aF = § 551 BGB; LG Stuttgart WuM 1987, 252 zur Duldungsverpflichtung wegen Modernisierung ohne Hinweis auf die Rechte des Mieters aus § 541b Abs. 2 BGB aF = jetzt §§ 555c–555e BGB.

[250] BGH NJW 1991, 1750 unter II 2 zur Schriftlichkeit der Untermieterlaubnis wegen § 549 Abs. 2 BGB aF = § 553 BGB, vgl. auch BGH NZM 2004, 22; OLG München WuM 1989, 128 unter 8 zur Schriftform für Vertragsänderungen, zustimmend BGH NJW-RR 1991, 1289.

[251] BGH NJW 1992, 1759 zur Selbstvornahmeklausel bei Kleinreparaturen; OLG Celle WuM 1990, 103 unter III B 10 zur Gewährleistung gleichmäßiger Temperaturen sowie unter III B 11 zur Fahrstuhlbenutzung; OLG Frankfurt a. M. NJW-RR 1992, 396 unter A III 24 zum Ungezieferbefall.

[252] BGBl. 1996 I 1013; vgl. auch BR-Drs. 528/95; Gesetzentwurf der Bundesregierung mit Begründung in BT-Drs. 13/2713; Beschlussempfehlung und Bericht des Rechtsausschusses BT-Drs. 13/4699.

[253] Der vorangegangene Referentenentwurf ist abgedruckt in ZIP 1994, 1989 ff. mAnm Eckert; der Regierungsentwurf in ZIP 1995, 1460; zur Gesetzesänderung näher Eckert ZIP 1996, 1238; Heinrichs NJW 1996, 2190 ff.

[254] RL 93/13/EWG – ABl. 1993 L 95, 29 ff. = NJW 1993, 1838.

[255] Näher zur Richtlinie und ihrer Transformation Eckert WPM 1993, 1070; Heinrichs NJW 1993, 1817; Damm JZ 1994, 161; Schmidt-Salzer NJW 1995, 1641.

[256] Heinrichs NJW 1996, 2190.

[257] EuGH NJW 1996, 1401; 1994, 2473.

[258] BGH NJW 1995, 2034 (2036); OLG Schleswig NJW 1995, 2858; Götz NJW 1993, 1853; Heinrichs NJW 1995, 153; Reich NJW 1995, 1858; Nassall JZ 1995, 689.

[259] Vgl. Eckert ZIP 1996, 1238 (1239).

[260] So noch Hommelhoff/Wiedemann ZIP 1993, 562 (570 ff.).

Identität zwischen Richtlinie und AGBG[261] bzw. jetzt den §§ 305–310 BGB gerade auch im Hinblick auf das Transparenzgebot,[262] wirkt sich die nach wie vor zu beachtende Verpflichtung zu richtlinienkonformer Auslegung außerhalb von § 307 Abs. 1 und 2 BGB kaum aus.[263] Dies hat zur Folge, dass dann, wenn eine Klausel der Inhaltskontrolle nach dem AGBG[264] bzw. jetzt den §§ 305 ff. BGB standhält, gewissermaßen in einem **zweiten Prüfungsschritt** deren Wirksamkeit anhand einer richtlinienkonformen Auslegung von § 307 Abs. 1 und 2 BGB zu beurteilen ist, wobei dabei auch der Anhang zur Richtlinie von Klauseln, die „für missbräuchlich erklärt werden können" (Art. 3 Abs. 3 RL), herangezogen werden kann, auch wenn diesem keine Bindungswirkung, sondern lediglich Hinweischarakter zukommt.[265] In diesem Zusammenhang ist dann auch zu prüfen, ob auf Grund der Möglichkeit, dass das Ergebnis der Inhaltskontrolle durch einen Rechtssatz des Gemeinschaftsrechts beeinflusst werden könnte, eine Vorlagepflicht zum EuGH (Vorabentscheidung nach Art. 177 EGV) besteht.[266]

b) Begriff des Verbrauchervertrages. Während die Richtlinie nach ihrem Art. 4 für Verträge gilt, deren Gegenstand Güter und Dienstleistungen sind, wozu auch der Gebrauch und die Nutzung von Sachen auf Grund von Mietverträgen gehört,[267] erfasst § 310 Abs. 3 BGB **alle Verträge zwischen Unternehmern und Verbrauchern** mit Ausnahme der in § 310 Abs. 4 BGB genannten Rechtsgebiete. **105**

Unternehmer, worunter nicht nur Kaufleute, sondern auch Freiberufler, Handwerker und Landwirte fallen,[268] müssen eine gewerbliche oder berufliche, auf Gewinnerzielung[269] gerichtete Tätigkeit von gewisser Dauer ausüben (§ 14 BGB).[270] Nach § 344 HGB gehören die von einem Unternehmer getätigten Geschäfte im Zweifel zu seinem unternehmerischen Bereich. Die Frage, wann die Vermietung von Wohnungen eine unternehmerische Tätigkeit darstellt, lässt sich durch Heranziehung der Rechtsprechung zum Gewerbebetrieb iSv § 196 Nr. 1, 6 BGB aF beantworten.[271] **106**

Verbraucher sind nach § 13 BGB ausschließlich natürliche Personen, die den Vertrag nur zu privaten Zwecken abschließen, wobei nur eine gewerbliche oder selbständige berufliche Tätigkeit die Verbraucherstellung aufhebt.[272] Bei der Anmietung von Räumen, die zB teils zu Wohnzwecken, teils zu gewerblichen Zwecken oder zur Einrichtung einer Freiberuflerpraxis genutzt werden sollen, kommt es darauf an, welche Nutzungsart überwiegt.[273] Die berufliche Nutzung der Räume als Arbeitnehmer wird folglich durch § 310 Abs. 3 BGB geschützt. **107**

Im Zweifel ist § 310 Abs. 3 BGB nicht anzuwenden.[274] Die **Beweislast** obliegt nach allgemeinen Grundsätzen demjenigen, der sich auf den Schutz von § 310 Abs. 3 BGB beruft.[275] **108**

c) Verwendereigenschaft des Unternehmers auch bei Drittklauseln. Während nach § 305 Abs. 1 S. 1 BGB die von einem Dritten entworfenen Vertragsbedingungen nur dann der Inhaltskontrolle unterliegen, wenn sie von einem Vertragspartner eingebracht **109**

---

261 Eckert WPM 1993, 1070; Heinrichs NJW 1993, 1817; Damm JZ 1994, 161; Ulmer EuZW 1993, 337.
262 Das entsprechend der Richtlinie trotz § 8 AGBG auch für Leistungsbeschreibungen und Preisvereinbarungen gilt: OLG Celle NJW-RR 1995, 1133; näher Heinrichs FS Trinkner, 1995, 157 ff.
263 Heinrichs NJW 1996, 2190 (2195).
264 Näher unter → Rn. 56 ff.
265 Heinrichs NJW 1996, 2190 (2196, 2197).
266 Näher Heinrichs NJW 1996, 2190 (2196 f.) mwN; Graf von Westphalen NZM 2021, 409.
267 Vgl. nur Scholz WuM 1995, 573.
268 Vgl. nur Grüneberg/Ellenberger BGB § 14 Rn. 2.
269 vgl. zum umstrittenen Begriff der Gewinnerzielungsabsicht: offen gelassen in BGH NJW 2003, 2742 für Verbraucherkredite; vgl. bei Verbrauchsgüterkauf BGH NJW 2006, 2250.
270 BGH NJW 1972, 95; 1961, 309.
271 Heinrichs NJW 1996, 2190 (2191).
272 Grüneberg/Ellenberger BGB § 13 Rn. 2 f.
273 Vgl. OLG Celle NJW-RR 2004, 1645.
274 Heinrichs NJW 1996, 2190 (2191).
275 BGH NJW 2007, 1058; 1996, 388 (389); 1992, 2160.

oder der Dritte von einer Vertragspartei hierzu veranlasst wurde (dem Verwender),[276] dehnt § 310 Abs. 3 Nr. 1 BGB die Inhaltskontrolle auch auf Vertragsklauseln aus, die nicht vom Unternehmer gestellt, sondern auf eigenständigen Vorschlag eines Dritten Vertragsinhalt geworden sind. Das Gesetz **fingiert** dabei, dass in Verbraucherverträgen verwendete AGB **grundsätzlich als vom Unternehmer gestellt** gelten.[277]

110 **Anders** nur, wenn der Verbraucher, wie zB bei Einführung der Vertragsbedingungen durch einen neutralen Dritten, etwa einen Notar, auf deren Inhalt Einfluss nehmen konnte.[278] Die amtliche Begründung nennt als ausdrückliches Beispiel, dass **auf Vorschlag des Verbrauchers** ein bestimmtes Mietvertragsformular zum Inhalt des abzuschließenden Vertrages gemacht wird.[279] Die **Beweislast** hierfür trägt nach der Gesetzesfassung der Unternehmer (Regel-Ausnahme-Verhältnis).[280]

111 d) **Anwendung auch auf Einzelverträge.** Die Anwendung des AGB-Rechts des BGB setzt bereits nach seinem Wortlaut in § 305 Abs. 1 S. 1 BGB voraus, dass es sich um für eine Vielzahl von Verträgen vorformulierte Vertragsbedingungen handeln muss.[281] Nach § 310 Abs. 3 Nr. 2 BGB sind demgegenüber die §§ 305c Abs. 2, 306 und 307–309 BGB auf vorformulierte Vertragsbedingungen **auch** dann **anzuwenden, wenn** diese **nur zur einmaligen Verwendung bestimmt** sind und soweit der Verbraucher auf Grund der Vorformulierung auf ihren Inhalt keinen Einfluss nehmen konnte. Dies ist vor allem bei Zusatzvereinbarungen von Bedeutung, denen der Formularcharakter durch die gewählte Form (zB Computerausdruck) oder den Inhalt (zB namentliche Bezeichnung der Vertragsparteien) anzusehen ist. Dazu gehören auch selbst für den Einzelfall gefertigte vorformulierte Erklärungen des Mieters, etwa der Verzicht auf das Anbringen einer Parabolantenne.[282]

112 Es kommt daher nicht darauf an, ob diese vorformulierten Vertragsbedingungen auf Vorschlag des Unternehmers oder eines Dritten in den Vertrag einbezogen wurden. Hat allerdings der Verbraucher die für einen Einzelfall vorgesehenen Formularklauseln eingebracht, gilt die Einschränkungsregelung § 310 Abs. 3 Nr. 1 BGB entsprechend, wonach der Verbraucher keinen Schutz genießt, wenn er die Regelung selbst vorformuliert hat.[283]

113 § 310 Abs. 3 Nr. 2 BGB gilt **nicht, wenn** es sich um eine **Individualabrede** handelt. Zur Beurteilung kann insoweit auf § 305 Abs. 1 S. 3 BGB[284] zurückgegriffen werden.[285] Unterschiede bestehen aber in der **Beweislastverteilung:** Bei § 305 Abs. 1 S. 2 BGB obliegt dem Verwender die Beweislast für das Vorliegen einer Individualvereinbarung, bei § 310 Abs. 3 Nr. 2 BGB dagegen dem Verbraucher, dem lediglich die Grundsätze des Beweises des ersten Anscheins zugutekommen können.[286]

114 e) **Konkret-individuelle Inhaltskontrolle.** Die Inhaltskontrolle nach den §§ 307–309 BGB[287] geht bei der Abwägung der Interessen des Verwenders gegenüber denjenigen des typischerweise beteiligten Vertragspartners grundsätzlich von einem **überindividuellen, abstrakt-generalisierenden Maßstab** aus,[288] unter Berücksichtigung von Gegenstand, Inhalt, Zweck und Eigenart des Vertrages.[289] § 310 Abs. 3 Nr. 3 BGB **kombiniert** diese

---

[276] Näher unter → Rn. 22 ff.
[277] Vgl. BT-Drs. 13/2713, 7.
[278] Vgl. BT-Drs. 13/4699, 5.
[279] BT-Drs. 13/2713, 7.
[280] BGH NJW 2007, 1058; 1992, 2160.
[281] Näher unter → Rn. 14 ff.
[282] LG Essen WuM 1998, 344.
[283] Heinrichs NJW 1996, 2190 (2193).
[284] → § 10 Rn. 31 ff.
[285] Heinrichs NJW 1996, 2190 (2193).
[286] Heinrichs NJW 1996, 2190 (2193).
[287] Im Einzelnen unter → Rn. 68 ff.
[288] BGH NJW 1990, 1601; 1987, 487.
[289] BGH NJW 1987, 2576; 1986, 2102; LG Düsseldorf MMR 2007, 674.

Kontrollkonzeption des § 307 Abs. 1 und 2 BGB **mit einer zusätzlichen Berücksichtigung von konkret-individuellen Umständen.**[290]

Heinrichs[291] nennt beispielhaft als für die Unwirksamkeit einer Klausel zu berücksichtigende Umstände iSd § 310 Abs. 3 Nr. 3 BGB: „Die Ausnutzung einer Überrumpelungssituation oder der geschäftlichen Unerfahrenheit des Verbrauchers oder ein intensives Einwirken auf den Verbraucher, um ihn zum Vertragsschluss zu bestimmen", wobei insoweit auch an §§ 123, 119, 138 BGB zu denken wäre. Herangezogen werden kann dabei auch der 2. Teil des **16. Erwägungsgrundes der Richtlinie:** 115

„Bei der Beurteilung von Treu und Glauben ist besonders zu berücksichtigen, welches Kräfteverhältnis zwischen den Verhandlungspositionen bestand, ob auf den Verbraucher in irgendeiner Weise eingewirkt wurde, seine Zustimmung zur Klausel zu geben, und ob die Güter oder Dienstleistungen auf eine Sonderbestellung des Verbrauchers hin verkauft bzw. erbracht wurden."

Daher kann etwa eine sorgfältige Prüfung von Vergleichsangeboten durch den Verbraucher vor Vertragsschluss oder das Fehlen seiner „rollenspezifischen Unterlegenheit", zB auf Grund seiner Geschäftserfahrung, sogar gegen die Anwendung von § 307 Abs. 1 und 2 BGB sprechen.[292] 116

§ 310 Abs. 3 Nr. 3 BGB betrifft Verbraucherverträge, bei denen der Unternehmer Verwender und der Verbraucher Vertragspartner ist und gilt darüber hinaus nur für die **Inhaltskontrolle im Individualprozess,** so dass es im Verbandsklageverfahren[293] bei einem abstrakt-generellen Kontrollmaßstab verbleibt.[294] 117

6. Rechtsfolgen unwirksamer Klauseln

Trotz nicht einbezogener oder unwirksamer Klauseln **bleibt der Vertrag,** anders als im Falle des § 139 BGB **im Übrigen grundsätzlich wirksam** (§ 306 Abs. 1 BGB). Die Unwirksamkeit einer Klausel ist dabei **von Amts wegen** zu beachten. Die nicht geltende Vertragsbestimmung wird **durch das dispositive Gesetzesrecht ersetzt** (§ 306 Abs. 2 BGB).[295] Sie entfällt ersatzlos, soweit geeignete Vorschriften des dispositiven Rechts fehlen und eine ergänzende Vertragsauslegung ausscheidet. Abweichende Regelungen hiervon zu Lasten des Vertragspartners des Verwenders sind unwirksam.[296] Dem Verwender ist es aber gewissermaßen umgekehrt verwehrt, sich auf die gesetzliche Regelung zu berufen, wenn sich sein Vertragspartner auf die für ihn günstigere abweichende Regelung in einer Formularklausel beruft.[297] Nur **ausnahmsweise** ist ein Formularmietvertrag **insgesamt unwirksam,** wenn trotz § 306 Abs. 2 BGB das Festhalten am Vertrag für den Vertragspartner des Verwenders eine unzumutbare Härte darstellen würde (§ 306 Abs. 3 BGB). 118

Zu dem Ergebnis nach § 306 Abs. 2 BGB kommt man grundsätzlich auch dann, wenn durch die Nichteinbeziehung einer Klausel eine ausfüllungsbedürftige **Regelungslücke** entsteht. Anders als bei einer unzulässigen geltungserhaltenden Reduktion (Anpassung des Regelungsgehalts einer unwirksamen Klausel; § 306 Abs. 1 BGB), soll eine durch die Unwirksamkeit einer Klausel entstandene Regelungslücke jedoch durch die ergänzende Vertragsauslegung geschlossen werden können, soweit die Lücke nicht durch dispositives Recht geschlossen werden kann und die Streichung der Klausel nicht dem Interesse des Kunden entspricht (Grundgedanke des § 305c Abs. 2 BGB). Die ergänzende Vertragsauslegung hat sich somit nicht nur an den Interessen des Verwenders/Vermieters zu orientieren. Vielmehr gilt das sog. **Restriktionsprinzip,** wonach Formularklauseln, die 119

290 Heinrichs NJW 1996, 2190 (2193).
291 Heinrichs NJW 1996, 2190 (2194).
292 Heinrichs NJW 1996, 2190 (2194).
293 Näher unter → Rn. 125 ff.
294 Heinrichs NJW 1996, 2190 (2194) mwN.
295 BGH NJW 1985, 852.
296 OLG München NJW-RR 1988, 786 für sog. Ersatzklauseln, die bei Unwirksamkeit der Primärklauseln hilfsweise gelten sollen; vgl. auch LG Köln NJW 1987, 886.
297 BGH NJW 1987, 2506; AG Oberndorf WuM 1991, 44 zur Verkürzung der gesetzlichen Kündigungsfrist.

zum Nachteil des Kunden von abdingbaren Gesetzesbestimmungen abweichen, eng, also zugunsten des Kunden, auszulegen sind. Eine insoweit vertragserhaltende Auslegung kommt daher nur in Betracht, wenn dadurch die Rechtsposition des Vertragspartners des Verwenders günstiger wird als bei Unwirksamkeit der Klausel und somit der Geltung des dispositiven Gesetzesrechtes.[298]

120 Aus Gründen der Rechtssicherheit und auch zum Schutz des Vertragspartners des Verwenders ist eine Klausel, welche der Inhaltskontrolle nicht standhält, in der Regel insgesamt unwirksam.[299] Ein Aufrechterhalten der Rechtswirkungen mit dem gerade noch zulässigen Inhalt – eine sog. **geltungserhaltende Reduktion** – ist ausgeschlossen.[300] Die Rechtsprechung ist nicht dazu da, Formularklauseln eine Fassung zu geben, die einerseits dem Verwender möglichst günstig, andererseits aber gerade noch rechtlich zulässig ist.[301] Dieses Risiko hat vielmehr allein derjenige zu tragen, der entsprechende Vertragsbedingungen einseitig auferlegt.

121 Bei selbstständigem, auch zusammenhängendem Regelungscharakter verschiedener **trennbarer Teile einer Klausel** erfasst die Unwirksamkeit des einen Teils nicht zwingend auch den anderen.[302] Dies setzt aber voraus, dass sich die vorformulierte Regelung nach ihrem Wortlaut aus sich heraus sinnvoll und verständlich in einen – weiterhin wirksamen – inhaltlich zulässigen und einen – unwirksamen – inhaltlich unzulässigen Teil trennen lässt (sog. „blue-pencil-test“).[303] Dies galt über § 242 BGB auch für Altverträge iSv § 28 Abs. 2 AGBG[304] und gilt jetzt ohnehin.

122 Die Rechtsprechung bietet zu diesem Problemkreis ein ausgesprochen unklares Bild: Es lässt sich nicht einmal im Ansatz prognostizieren, wann zu Recht beanstandete Klauselteile zur Gesamtunwirksamkeit von ggf. mehreren, sogar völlig getrennt an verschiedenen Stellen im Mietvertrag stehenden Klauseln (wie bei der Rechtsprechung des BGH zu Schönheitsreparaturklauseln, näher nachstehend unter → Rn. 282 ff.) führen sollen und wann bei einem unwirksamen Klauselteil die übrige Regelung in ein und demselben Satz aufrecht zu erhalten ist (so wiederum der BGH bei seiner Rechtsprechung zu Kautionsklauseln, im Folgenden unter → Rn. 218 ff.).[305] Der hierzu von der Instanzrechtsprechung teilweise verwendete „Blue-Pencil-Test“ ist dabei besonders kritisch zu betrachten.[306]

123 **Salvatorische Zusätze** („soweit rechtlich zulässig“) ändern in der Regel an der festgestellten Unwirksamkeit nichts (Verbot der geltungserhaltenden Reduktion).[307] Die Unwirksamkeit einer Klausel kann aber durch nachträgliche individuelle Vereinbarung geheilt werden (analog § 141 BGB).[308]

7. Schadensersatzpflicht des Verwenders

124 Der Verwender unwirksamer Klauseln kann sich nach den Grundsätzen der cic schadensersatzpflichtig machen (§§ 280 Abs. 1, 311 Abs. 2 BGB), da er gegen die bei Vertragsverhandlungen bestehende Pflicht zur gegenseitigen Rücksichtnahme und Loyalität verstößt.[309] Der zu ersetzende Schaden kann zB in Rechtsberatungskosten bestehen, ganz abgesehen davon, dass die auf der Grundlage unzulässiger Klauseln erbrachten

298 Sternel MietR Rn. 340.
299 BGH NJW 1986, 1611; 1984, 49.
300 BGH NJW 2001, 303; 1989, 2247; 1988, 2664; 1984, 2687; BayObLG NJW 1985, 1716.
301 BGH NJW 1985, 319; Sternel MietR Rn. 400.
302 BGH NZM 2004, 653; NJW 1987, 1072; 1983, 1320; OLG Hamburg NJW-RR 1992, 10.
303 BGH NJW 2008, 365; NZM 2003, 754; NJW 1991, 2141; 1983, 385; 1982, 2309 (2310).
304 OLG Hamburg WuM 1995, 637.
305 Ausführlich und instruktiv hierzu Heinrichs NZM 2005, 201 ff.
306 BayObLG NJW-RR 1997, 1371; OLG Brandenburg NZM 2004, 905; vgl. auch Pfeilschifter WuM 2003, 543.
307 BGH NJW 1987, 1815; aA WPM 1993, 915; vgl. auch OLG Stuttgart NJW 1981, 1106; BGH NJW-RR 2002, 1377.
308 BGH NJW 1985, 57.
309 BGH NJW 1987, 639 (640); 1984, 2816.

Leistungen zurückgefordert werden können (neben der Geltung der §§ 812 ff. BGB). Dies setzt aber voraus, dass den Vermieter ein Verschulden trifft, woran es fehlt, wenn die verwendete Klausel zum Zeitpunkt des Vertragsschlusses von den Gerichten (nur vom BGH?)[310] noch nicht beanstandet worden war; ansonsten kommen immer noch Bereicherungsansprüche in Betracht.[311]

8. Verbandsklageverfahren/Vorabentscheidung des EuGH

Auch im Hinblick auf Mietvertragsklauseln weisen (ursprünglich neben dem im Rahmen der ZPO-Reform ab dem 1.1.2002 **ersatzlos abgeschafften Rechtsentscheid** nach § 541 ZPO aF) Unterlassungsurteile im sog. Verbandsklageverfahren eine besondere Bindungswirkung über die Prozessparteien und damit den Einzelfall hinaus auf. 125

Nach § 11 UKlaG kommt einem auf eine Verbandsklage nach §§ 1, 3 UKlaG hin ergehenden, rechtskräftigen Unterlassungsurteil eine besondere, **rechtskrafterstreckende Wirkung** zu.[312] Im Interesse eines wirksamen Verbraucherschutzes mit Breitenwirkung kann sich jeder Kunde grundsätzlich (außer im Fall des § 10 UKlaG) auf diese Urteilswirkungen im Wege der Einrede sowohl außerhalb eines Prozesses als auch in einem gerichtlichen Verfahren bis zum Schluss der mündlichen Verhandlung in seinem Individualprozess berufen. Dies hat zur Folge, dass **das Gericht ohne eigene Sachprüfung von der Unwirksamkeit der jeweiligen Formularklausel auszugehen hat.** Einem klagabweisenden Urteil in einem Verfahren nach §§ 1, 3 UKlaG kommt allerdings umgekehrt eine derartige Bindungswirkung nicht zu. 126

Während sich der Gesetzgeber beim Rechtsentscheid für eine unmittelbare Bindungswirkung entschieden hatte, hat er hier in §§ 305 ff. BGB die **Einredelösung** gewählt. Ob dieser Umstand dazu geführt hat, dass kaum ein Gericht unter Hinweis auf § 11 UKlaG eine Bindung an ein vorheriges Unterlassungsurteil angenommen und allein deshalb eine AGB für unwirksam erklärt hat, mag dahinstehen. Immerhin wurde als Weg für mehr Bindungswirkung von Gerichtsentscheidungen im AGB-Recht die Einführung einer Art Rechtsentscheid diskutiert.[313] 127

Wie vorstehend an mehreren Stellen dargelegt, wird im Rahmen der §§ 305–310 BGB die europäische Richtlinie 93/13 EWG des Rates vom 5.4.1993 über missbräuchliche Klauseln in Verbraucherverträgen umgesetzt (etwa mit dem Transparenzgebot des § 307 Abs. 1 S. 2 BGB oder mit § 310 Abs. 3 BGB). Die Frage, ob die Handhabung des umgesetzten Rechts der Richtlinie entspricht, hat der EuGH zu beantworten. Daher haben die Instanzgerichte insoweit die Berufung und/oder die Revision zuzulassen und der BGH hat eine **Vorabentscheidung des EuGH** einzuholen (Art. 234 EG-Vertrag). Allerdings ist zu beachten, dass es grundsätzlich Sache des nationalen Gerichts ist, festzustellen (etwa durch Auslegung), ob eine Vertragsklausel die Kriterien erfüllt, um als missbräuchlich iSv Art. 3 Abs. 1 der Richtlinie qualifiziert zu werden.[314] 128

III. Gestaltungsmöglichkeiten einzelner Wohnraummietvertragsklauseln

Schrifttum:
Arzt, Quotenabgeltungsklauseln – Hintergründe und Folgen der BGH-Entscheidung NZM 2006, 924, NZM 2007, 265; Barthelmess, Wohnraumkündigungsschutzgesetz/Miethöhegesetz, 5. Aufl. 1995; Bellinger, Mieterhöhung bei öffentlich geförderten Wohnungen wegen unwirksamer Klausel über Schönheitsreparaturen, WuM 2009, 158; Beyer, Der angemessene Ausgleich – variabel oder starr?, WuM 2017, 122; ders., Zur Transparenz von Klauseln und Farben – Drei aktuelle BGH-Urteile zu mietrechtlichen Renovierungsklauseln „erhellen" AGB-Leitlinien, NZM 2009, 137; ders., Anmerkung zum vhw-Klausel-

310 Vgl. BGH NJW 2007, 428 = NZM 2007, 35 (danach genügt bereits eine divergierende Instanzrechtsprechung).
311 BGH NJW 2009, 2590 = NZM 2009, 541 (danach ist der BGH gemeint).
312 Zur Problematik der, praktisch allerdings nur wenig bedeutsamen, Einordnung dieser Urteilswirkung vgl. nur Ulmer/Brandner/Hensen UKlaG § 11 Rn. 10 f. mwN.
313 So Löwe, Instrumente der abstrakten Kontrolle, in „Zehn Jahre AGB-Gesetz", 1987, S. 99, 116 ff.
314 EuGH NJW 2004, 1647 Rn. 25.

vorschlag Schönheitsreparaturen 2008, NZM 2008, 465; Blank, Der Ausschluss der Mieterhöhung nach § 1 MHG, Partner im Gespräch (PiG) 40, 143 (151);; ders., Die Tierhaltung in der Mietwohnung, NZM 1998, 5; ders., Herstellung der Tapezierfähigkeit, NZM 1998, 705; ders., Das Gebot der Rücksichtnahme nach § 241 II BGB im Mietrecht, WuM 2004, 243; Börstinghaus, Rechtsfolgen unwirksamer Schönheitsreparaturen, WuM 2005, 675; Fischer, Zulässigkeit von Abgeltungsklauseln bei Schönheitsreparaturen, WuM 2005, 284; Gellwitzki, Die Grundsanierung als Problem der Schönheitsreparaturen, NZM 2009, 881; Hannemann FS Blank, 2006, 189; Heinrichs FS Trinkner, 1995, 157 ff.; Hitpaß/Haugg, Schimmelpilzbekämpfung in Wohnungen aus technischer und rechtlicher Sicht, WuM 2004, 143; Horst, Grenzen des zulässigen Wohngebrauchs, NZM 1998, 647; Kappus, Schönheitsreparaturen-Ablöse beim Mieterwechsel – Get lost in einem juristischen Bermuda-Dreieck? NZM 2020, 1092; ders., „Dekorative Altlasten" bei Wohnungsübergabe, NZM 2016, 609; Klimke/Lehmann-Richter, Abgeltungsklauseln und Renovierungspflicht in der Wohnraummiete, ZMR 2005, 417; Kraemer, Berchtesgaden 2003: Schönheitsreparaturen – Erfüllung und Schadensersatz, NZM 2003, 417; Langenberg: Schönheitsreparaturen nach der Schuldrechtsreform, NZM 2002, 972; ders., Die Unangemessenheit der „üblichen" Fristen für Schönheitsreparaturen, WuM 2006, 122; Lehmann-Richter, Beschaffenheitsvereinbarung, Freizeichnung oder Abwälzung – Anforderungen an wirksame Schönheitsreparaturklauseln in der Wohnraummiete, WuM 2016, 529; ders., Zu den Ersatzansprüchen des Mieters bei Renovierung auf Grund unwirksamer Schönheitsreparatur- oder Abgeltungsklausel, WuM 2005, 747; Lützenkirchen, Freizeichnung des Vermieters von seiner gesetzlichen Verantwortung für den dekorativen Wohnungszustand, NZM 2016, 113; ders., Unterlassene Schönheitsreparaturen durch den Mieter – Anwendbarkeit der Vorschriften über die Geschäftsführung ohne Auftrag, MDR 2001, 9; Pfeilschifter, Die Kontrolle Allgemeiner Geschäftsbedingungen am Beispiel der Schönheitsreparaturen, WuM 2003, 543; Steenbuck, Die Inhaltskontrolle formularmäßiger Abgeltungsklauseln, WuM 2005, 220; Wiek, Bedarfsklauseln, WuM 2005, 283; ders., Gespaltene Renovierungsklauseln für teilrenovierte Wohnungen, WuM 2016, 71; ders., Selbsthilfeaufwendungen des Vermieters bei unterlassenen Schönheitsreparaturen, WuM 2000, 11; Wüstefeld, Zuschlag zur Kostenmiete bei unwirksamer Schönheitsreparaturklausel?, WuM 2008, 697.

1. Rechtsgeschäftliche Regelungen

129 a) **Vertragsschluss.** Bei der Verwendung von Formularverträgen ergeben sich Probleme, wenn ein längerfristiger Mietvertrag abgeschlossen und die **schriftliche Form** des § 550 BGB gewahrt werden soll, um vorfristige Loslösungsmöglichkeiten zu vermeiden. Diese Problematik wird umfassend in § 47 behandelt.

130 b) **Vollmachtsklauseln.** Bei allem Verständnis für die Erleichterungen des rechtsgeschäftlichen Verkehrs für den Vermieter werden vorformulierte Erklärungsvollmachten der Mieter überwiegend für unwirksam gehalten, insbesondere im Hinblick auf den Ausspruch von Kündigungen und den Abschluss von Mietaufhebungsverträgen.[315] Empfangsvollmachtsklauseln wurden dagegen – mit Ausnahme von Kündigungen und Mietaufhebungsverträgen – als wirksam beurteilt, in jedem Fall auch für die Empfangnahme von Mieterhöhungserklärungen nach §§ 558 ff. BGB.[316] Der BGH hat in Abweichung hiervon eine vorformulierte **Empfangsvollmacht** jedenfalls während des bestehenden Mietverhältnisses auch für Kündigungen für wirksam erachtet.[317] Zur Begründung hat er ausgeführt, dass die vollmachtgebenden Mieter dadurch geschützt sind, dass sie die Vollmacht jederzeit widerrufen können und dass im Auszug eines Mieters, jedenfalls bei Angabe der neuen Anschrift dem Vermieter gegenüber, konkludent ein – zulässiger – derartiger Vollmachtswiderruf zu sehen ist. Enthält eine Klausel nicht nur eine Empfangsvollmacht der anderen Mieter, sondern darüber hinaus eine Vereinbarung besonderer Art, dass die rechtsgeschäftlichen Erklärungen des Vermieters keine Einzel- sondern Gesamtwirkung haben sollen,[318] muss bei der vorzunehmenden kundenfeindlichsten Auslegung, § 305b Abs. 2 BGB, diese Klausel so verstanden werden, dass insoweit eine Erklärungsfiktion geschaffen wird, die es dem Vermieter erlaubt, eine Willenserklärung nur gegenüber einer Person abzugeben, auch wenn diese Willenserklärung, wie im hier vorliegenden Fall, gegenüber mehreren Personen abzugeben wäre. Eine derartige Erklärungsfiktion benachteiligt die weiteren Mieter unangemessen,

[315] Vgl. nur Ulmer/Brandner/Hensen BGB Anh. § 310 Rn. 1018.
[316] OLG Hamm WuM 1983, 83; OLG Schleswig NJW 1983, 1862; aA OLG Celle WuM 1982, 102.
[317] BGH NJW 1999, 3437; NZM 1998, 22.
[318] KG WuM 1985, 12.

da diese uU von einer entsprechenden Erklärung keine Kenntnis erlangen. Eine solche formularmäßige mietvertragliche Vereinbarung, wonach die Abgabe einer Willenserklärung des Vermieters gegenüber einem Mieter ausreicht und rechtliche Wirkung gegenüber allen anderen entfalten soll, benachteiligt die Mieter unangemessen im Sinne von § 307 Abs. 2 Nr. 1 BGB und ist daher unwirksam.[319]

Aus diesem Grunde ist eine Klausel, die den Eindruck der Unwiderruflichkeit der Vollmacht vermittelt, unwirksam, wobei allerdings ein ausdrücklicher Hinweis auf die Widerrufsmöglichkeit nicht erforderlich sein soll (angesichts des Transparenzgebotes problematisch).[320] Der Widerruf derartiger Vollmachten kann formularmäßig auf das Vorliegen eines wichtigen Grundes beschränkt werden.[321] 131

Vollmachten, in denen sich mehrere Mieter gegenseitig zur **Abgabe von Willenserklärungen ermächtigen,** sind formularmäßig erteilt nur wirksam, wenn sie ausdrücklich keine Erklärung decken, die den Bestand des Mietverhältnisses betrifft, zB die Erklärung einer Kündigung bzw. den Abschluss eines Mietaufhebungsvertrags oder die Hauptleistungspflichten des Vertragspartners ändern, wie zB die Zustimmung zur Mieterhöhung.[322] 132

Eine Klausel, nach der eine gegenüber einem Vertragspartner abgegebene Erklärung dem anderen Vertragspartner **als zugegangen gilt,** ist gem. § 308 Nr. 6 BGB unwirksam, wenn sie sich auch auf Erklärungen von besonderer Bedeutung bezieht, wie zB auf Mahnungen, Fristsetzungen oder Kündigungen.[323] 133

2. Vertragspartner

a) Stellung als Vertragspartei. Wer den Mietvertrag unter der Bezeichnung „Vermieter" unterschreibt, ist grundsätzlich Vertragspartner, auch wenn er im Kopf des Mietvertrags als solcher nicht angegeben ist.[324] 134

Der Grundstückseigentümer wird nicht dadurch Vermieter, dass er die Mietvertragsurkunde unterzeichnet, wenn im Kopf der Vertragsurkunde ein Dritter als Vermieter angegeben ist.[325] 135

b) Eheleute als Vertragspartner. Sind **beide** Eheleute im Mietvertrag **als Mietpartei bezeichnet** und **unterschreibt** aber **nur einer** von ihnen, so soll im Zweifel anzunehmen sein, dass der unterschreibende Ehegatte den anderen vertreten hat.[326] Dies insbesondere, wenn der nicht unterzeichnende Ehegatte an den Vertragsverhandlungen beteiligt war.[327] Dies überzeugt nicht. Gerade in einem derartigen Fall erscheint es doch zweifelhaft, ob dieser Ehegatte wirklich Vertragspartei werden wollte. Warum hat er dann nicht unterschrieben? Richtiger ist es daher, in derartigen Fällen im Zweifel nicht anzunehmen, dass der unterschreibende Ehepartner den Vertrag zugleich in Vertretung mit Vollmacht für den anderen Ehegatten unterschrieben hat, außer es liegt eine typische Vertretungssituation vor, also die Verhinderung des nicht unterzeichnenden Ehegatten aus tatsächlichen oder rechtlichen Gründen.[328] § 1357 BGB findet jedenfalls keine Anwendung.[329] 136

---

319 LG München I BeckRS 2016, 114562; anders außerhalb der Wohnraummiete: OLG Dresden BeckRS 2016, 116020.

320 BGH NJW 1999, 3437; NZM 1998, 22; aA OLG Celle WuM 1990, 103 (113).

321 BGH NJW 1984, 2816.

322 OLG Celle WuM 1990, 113; OLG Nürnberg NJW 1988, 1221; offen gelassen: BGH NZM 1998, 22.

323 OLG Frankfurt a. M. WuM 1992, 61.

324 LG Schweinfurt WuM 1989, 362.

325 AG Hamburg WuM 1989, 282.

326 OLG Düsseldorf WuM 1989, 362; OLG Oldenburg ZMR 1991, 268; OLG Schleswig ZMR 1993, 69; LG Berlin GE 1995, 565.

327 OLG Schleswig ZMR 1993, 69.

328 LG Mannheim ZMR 1993, 415; AG Potsdam GE 1995, 1305.

329 BGH BeckRS 2016, 7887; LG Berlin GE 1995, 565; LG Mannheim ZMR 1993, 415; AG Potsdam GE 1995, 1305.

137 Die Ehefrau des Mieters, die im Vertragsrubrum nicht als Mieterin aufgeführt ist, erlangt allein durch Unterschrift unter dem Mietvertrag noch nicht die Stellung einer Mitmieterin.[330]

138 c) **Nichteheliche Lebensgemeinschaft als Vertragspartei.** Bei nichtehelichen heterosexuellen Lebensgemeinschaften, deren Partner jeweils selbst Partei des Mietvertrages sind oder wurden, gelten für den Vertragsschluss grundsätzlich dieselben Regeln wie für Eheleute, mit Ausnahme der HausratsVO bzw. der Nachfolgeregelungen in §§ 1568a und b BGB die weder direkt noch analog Anwendung findet.[331] Auf die vorstehenden Ausführungen kann daher verwiesen werden.

139 Dies gilt auch für die den Eheleuten im Wesentlichen durch das am 1.8.2001 in Kraft getretene **Lebenspartnerschaftsgesetz**[332] gleichgestellten gleichgeschlechtlichen Lebensgemeinschaften (vgl. § 17 LPartG), abgelöst durch das Gesetz zur Einführung der des Rechts auf Eheschließung für Personen gleichen Geschlechts („Ehe für alle"), über das seit dem 1.9.2017 die eingetragene Lebenspartnerschaft durch die Eheschließung ersetzt wurde.

140 d) **Vermietung an eine Wohngemeinschaft.** Wird der Wohnraummietvertrag mit Mitgliedern einer Wohngemeinschaft abgeschlossen, bilden diese im Regelfall eine BGB-Gesellschaft, deren Zweck in der Beschaffung und Unterhaltung einer Unterkunft besteht.[333] Möglich ist es auch, nur mit einem Mitglied der Wohngemeinschaft den Mietvertrag abzuschließen und diesen zu berechtigen, einer bestimmten Anzahl von Dritten den selbstständigen oder unselbstständigen Mietgebrauch zu überlassen.[334]

141 Im Falle eines **Mieterwechsels** bei Wohngemeinschaften gilt folgendes: Nach überwiegender Ansicht ist beim Abschluss eines Mietvertrages mit einer Wohngemeinschaft von vornherein konkludent vereinbart, dass einzelne Mieter unter Fortbestand des Mietverhältnisses ausgetauscht werden können, der Vermieter also dem Ausscheiden eines Mieters und dem gleichzeitigen Eintritt eines neuen Mieters zustimmen muss.[335] Dies wird daraus hergeleitet, dass beim Vertragsschluss auch für den Vermieter die nahe liegende Möglichkeit erkennbar ist, dass die Mieter – bei der typischen studentischen Wohngemeinschaft zB infolge unterschiedlich langer Studiendauer, Wechsel des Studienortes, Studienabbruch, Neuorientierung in persönlichen Beziehungen – die Wohnung unterschiedlich lang bewohnen wollen.[336] Eine Grenze bildet § 553 Abs. 1 BGB, wenn der Nachfolger aus Gründen, die in dessen Person liegen, dem Vermieter nicht zuzumuten ist. Diese Auffassung ist auch verfassungsrechtlich nicht zu beanstanden.[337]

142 Dieser Anspruch auf Mieterwechsel kann nicht durch Verwendung von Formularklauseln ausgeschlossen werden, da in der Regel in der Vermietung an eine Wohngemeinschaft (und nicht an namentlich nicht im einzelnen feststehenden Mieter) eine zumindest konkludente Individualvereinbarung zu sehen ist, die einer entgegenstehenden Formularklausel nach § 305b BGB vorgeht. Wird allerdings an alle, namentlich feststehenden Mitglieder einer Wohngemeinschaft vermietet, kann allein aus dem Umstand, dass auf Mieterseite mehrere Personen den Vertrag abgeschlossen haben, nicht geschlossen werden, dass ein Anspruch auf Mieterwechsel konkludent zum Vertragsinhalt geworden ist. Aus den Umständen des Einzelfalles kann gegebenenfalls ein Anspruch auf Zustimmung zum Mieterwechsel abgeleitet werden, wenn die Vertragsparteien übereinstimmend davon ausgingen, dass sich häufig und in kürzeren Abständen ein Bedarf für einen regelmäßigen Mieteraustausch ergeben würde. Dies ist dann

[330] LG Berlin ZMR 1988, 103.
[331] OLG Hamm NJW-RR 2005, 1168; Brudermüller FamRZ 1994, 207.
[332] BGBl. 2001 I 266 ff.
[333] OLG Saarbrücken NJW-RR 1992, 781.
[334] Schmidt-Futterer/Blank Vor § 535 Rn. 388.
[335] LG Braunschweig WuM 1982, 188; LG München I WuM 1982, 189; LG Karlsruhe WuM 1985, 83; LG Göttingen NJW-RR 1993, 783.
[336] So auch BGH NZM 2022, 545, jedoch stets Auslegung und konkrete Anhaltspunkte erforderlich.
[337] BVerfG WuM 1993, 104.

der Fall, wenn die einzelnen Mieter bereits bei Vertragsabschluss absehbar nur für einen kurzen Zeitraum am jeweiligen Ort leben wollten[338] Eine solche Situation wird allgemein bei einer studentischen Wohngemeinschaft angenommen. In einem solchen Fall kann der Mieterwechsel (auch über allgemeine Geschäftsbedingungen) vertraglich ausgeschlossen werden, da der Ausschluss des Mietwechsels den ersten Mieter weder unangemessen belaste, noch einem gesetzlichen Leitbild widerspricht[339].

e) **Stellvertretung.** Jede Vertragspartei kann unbeschränkt Dritten die Befugnis einräumen, für sie und in ihrem Namen als Vertreter sowohl bei Vertragsabschluss als auch im Übrigen bei der Abgabe oder dem Empfang sonstiger Willenserklärungen im Rahmen der Durchführung und der Beendigung eines Mietverhältnisses tätig zu werden. Nach dem **Offenkundigkeitsgrundsatz** muss dabei der Vertreter aber für den Vertragspartner erkennbar machen, dass er für und im Namen eines Dritten (seines Vollmachtgebers) handelt. Andernfalls kommt der Mietvertrag allein mit dem Vertreter zustande (§ 164 Abs. 2 BGB).[340] Vertretungsrechtlich reicht es gem. § 164 Abs. 1 S. 2 BGB aus, wenn sich das Handeln eines Dritten aus den Umständen ergibt.[341] Wegen § 550 BGB muss aber das Vertretungsverhältnis selbst grundsätzlich in der Mietvertragsurkunde zum Ausdruck kommen,[342] üblicherweise durch einen das Vertretungsverhältnis anzeigenden Zusatz, seltener, aber nach hM zulässigerweise, auch durch Unterzeichnung mit dem Namen des Vertretenen.[343] Wird eine auf eine Gesellschaft lautende Vertragsurkunde von einer natürlichen Personen unterschrieben, dann bedarf es keiner zusätzlichen Kenntlichmachung, dass der Unterzeichnende für die Gesellschaft handeln will.[344] Die Bevollmächtigung selbst, oder auch die Genehmigung, unterliegt dagegen nicht der Form des § 550 BGB und kann somit auch außerhalb der Urkunde erklärt werden (§ 167 Abs. 2 BGB).[345] 143

f) **Einschaltung von Hausverwaltungen.** Schließt eine Hausverwaltung einen Mietvertrag ohne den Namen des Vermieters zu erwähnen, so soll der Vertrag unmittelbar mit dem Vermieter abgeschlossen sein, für den der Verwalter handeln wollte. Dass die Hausverwaltung den Vertrag als solche abgeschlossen hat, mache deutlich, dass sie ihn nicht in eigenem, sondern in fremdem Namen schließen wollte.[346] Die Entscheidung überzeugt nicht; sie beachtet zu Unrecht § 164 Abs. 2 BGB nicht. 144

Ist im Kopf des Mietvertrags die Verwaltung des Eigentümers mit dem Zusatz „Hausverwaltung" als Vermieter angegeben, so ergibt sich daraus nicht zwingend, dass der Verwalter den Vertrag als Vertreter des Eigentümers für diesen abgeschlossen hat. Anders soll es aber sein, wenn die Hausverwaltung mit dem Zusatz „bevollmächtigt" aufgeführt ist.[347] 145

Bei der Abgabe einer Mieterhöhungserklärung auf dem Briefbogen der Hausverwaltung soll es genügen, wenn sich die Vertretung des Vermieters aus den Umständen ergibt, einer ausdrücklichen Offenlegung der Vertretung und namentlichen Benennung des Vermieters bedarf es nicht.[348] 146

g) **Gewerbliche Zwischenvermietung.** Angesichts der zwingenden Regelung des § 565 BGB besteht insoweit im Grundsatz kein Regelungsbedürfnis mehr. Anders allenfalls bei Bauträgern, bei denen schon vor Fertigstellung des Gebäudes Mietverträge abgeschlossen werden (sog. Vermietung auf dem Reißbrett) und der Vermieter vorab – auch 147

[338] BGH 27.4.2022 – VIII ZR 340/21, BeckRS 2022, 31489.
[339] Schmidt-Futterer/Flatow BGB § 540 Rn. 19.
[340] BGH NJW 1961, 2251.
[341] BGH NJW-RR 1986, 484; NJW 1974, 1191.
[342] Bub/Treier/Emmerich Kap. II Rn. 468.
[343] RGZ 74, 69.
[344] OLG Hamm NZM 1998, 720.
[345] BGH NJW 1994, 1344.
[346] KG MDR 1983, 1023 – str.
[347] LG Berlin MDR 1988, 54 – str.
[348] BGH NZM 2014, 431.

formularmäßig – seine Vermieterstellung auf den Grundstückserwerber überträgt mit der Folge eines Vermieterwechsels nicht nach § 566 BGB sondern nach § 567a BGB.[349] Allerdings würde eine vorformulierte Regelung, die schon von Anfang an einen Dritten als Vertragspartner einsetzt, gegen § 305b BGB verstoßen.[350]

148 h) **Eintrittsklausel bei einer vermietenden Gesellschaft bürgerlichen Rechts.** Bedenken an derartigen vorformulierten Regelungen bestehen nicht, sofern sie lediglich eine analoge Anwendung des § 566 BGB vorsehen, die ohnehin kraft Gesetzes gilt.[351] Anders etwa bei Eintritt eines Gesellschafters in die (vermietende) Einzelhandelsfirma, die dann als BGB-Gesellschaft fortgeführt wird.[352]

149 Ohnehin hat sich die **Rechtslage** im Zusammenhang mit einer BGB-Gesellschaft durch die neuere höchstrichterliche Rechtsprechung erheblich **geändert:**

150 Nach früher herrschender Auffassung in Rechtsprechung und Literatur waren Änderungen im Gesellschafterbestand einer Personengesellschaft unbeachtlich; Vertragspartner blieben die Gesellschafter in ihrer ursprünglichen Zusammensetzung zum Zeitpunkt des Vertragsabschlusses. Nachdem der BGH aber die **Rechtsfähigkeit einer (Außen-)GbR bejaht** hat,[353] hat das Kammergericht[354] festgehalten, dass zB eine formwechselnde Umwandlung einer einen Wohnraummietvertrag abschließenden Kommanditgesellschaft auf eine GbR und ein Wechsel im Gesellschafterbestand keinen Einfluss auf den Fortbestand der mit der Gesellschaft bestehenden Rechtsverhältnisse hat, weil dadurch die Identität der Gesellschaft als solche nicht berührt wird. Die Gesellschaft bleibt vielmehr zur Geltendmachung der Ansprüche (hier: aus einem Wohnraummietvertrag) berechtigt, den seinerzeit eine andere Personengesellschaft mit anderen Gesellschaftern abgeschlossen hat.

151 Hieraus ergeben sich erhebliche praktische Konsequenzen, auf die hier nur im mietrechtlichen Zusammenhang näher eingegangen werden soll:

152 **Materiell-rechtliche Folgen:**

- Liegt eine Außengesellschaft vor, bedarf es zur Abgabe von Willenserklärungen somit nicht mehr der Mitwirkung aller Gesellschafter bzw. der Bevollmächtigung eines Gesellschafters durch die anderen.[355] Anders bei der bloßen Innengesellschaft.
- Unbeschränkte und durch bloße Vereinbarung der Gesellschafter untereinander nicht beschränkbare persönliche Haftung (vgl. § 128 HGB; das Verhältnis der Gesellschafterhaftung zur Gesellschaftshaftung entspricht folglich demjenigen bei der OHG).
- Der Eintritt in eine GbR führt grundsätzlich zur Haftung für die vorher begründeten Verbindlichkeiten (§ 721a BGB); der Haftungsausschluss bedarf einer besonderen Vereinbarung mit dem Gläubiger.
- Im Falle des Austritts von Gesellschaftern gilt nach § 728b Abs. 1 BGB (Nachhaftung) die Regelung des § 160 HGB sinngemäß. Anders als dort in Abs. 1 S. 2 ist allerdings grundsätzlich nicht die Eintragung des Ausscheidens in ein Register sondern nur die Kenntnis des Gläubigers vom Ausscheidenstatbestand maßgeblich für den Fristbeginn.[356] Eine Begrenzung dieser Nachhaftung (etwa auf das Gesellschaftsvermögen) ist somit allenfalls individualvertraglich zulässigerweise möglich.
- Im Hinblick auf die Vertragsgestaltung wäre danach darauf zu achten, dass ein Ausscheiden eines Gesellschafters verhindert wird, um nicht Haftungspotenzial zu verlieren. Denkbar wäre zB, die Gesellschafter persönlich als Mitmieter aufzunehmen. Dies könnte aber umsatzsteuerrechtliche Probleme aufwerfen und zum Verlust des

349 Bub/Treier/Bub Kap. II Rn. 1041.
350 BGH NJW 2007, 2036; 1991, 1420 (1421); NJW-RR 1990, 613 (614).
351 BGH NZM 1998, 260; aA noch OLG Düsseldorf MDR 1993, 143.
352 BGH NZM 2001, 621; KG NJW-RR 2007, 590.
353 BGH NJW 2003, 1043 = NZM 2003, 235; NJW 2002, 3389 = NZM 2002, 950; NZM 2003, 108; 2001, 299; anders – wie bisher – die Erbengemeinschaft BGH NZM 2002, 67.
354 KG NZM 2001, 520.
355 So noch für Eheleute als Eigentümer und Vermieter bezogen auf ein Zustimmungsverlangen zur Mieterhöhung das LG Köln WuM 2001, 287.
356 BGH NJW 1992, 1615.

Vorsteuerabzugs führen, da der bloße Mitgesellschafter und Mitmieter nicht als Unternehmer angesehen wird, sondern nur die BGB-Gesellschaft. Die Aufnahme als Untermieter setzt Zustimmung des Vermieters voraus und kann im Übrigen zum Sonderkündigungsrecht des § 540 Abs. 1 S. 2 BGB analog führen, selbst wenn die Verweigerung der Zustimmung begründet erfolgte. Alternativ scheint es daher sinnvoll, die Gesellschafter als Bürgen einzubinden.

Prozessuale Folgen: 153

- Strenge Trennung zwischen Gesellschaftsprozess und Gesellschafterprozess. Titel für oder gegen die Gesellschafter machen es daher erforderlich, dass neben der GbR auch die Gesellschafter namentlich im Rubrum entweder auf Aktiv- oder auf Passivseite aufgenommen werden.
- Klagt zB eine BGB-Gesellschaft und verliert den Prozess, bestehen Kostenerstattungsansprüche nur gegen die Gesellschaft selbst, sofern der jeweilige Beklagte nicht zugleich Widerklage gegen die Gesellschafter erhoben hat.
- Ist die BGB-Gesellschaft auf der Passivseite, muss sich der jeweilige Kläger überlegen, ob er nicht in jedem Fall auch die Gesellschafter mit verklagt, um zum Beispiel ganz sicher zu gehen, ob es sich nicht um eine nichtrechtsfähige bloße Innengesellschaft handelt.

i) **Vorab-Zustimmung zum Vermieterwechsel.** Ob der Mieter schon vorweg dem 154
Eintritt eines Dritten in den Mietvertrag anstelle des Vermieters durch eine Formularklausel zustimmen kann – dies war insbesondere im Rahmen gewerblicher Zwischenmietverhältnisse bedeutsam – ist umstritten. Da § 309 Nr. 10 BGB auf Mietverträge keine Anwendung findet[357] muss eine entsprechende vorformulierte Regelung zur Vermeidung der Folge des § 305c Abs. 1 BGB besonders drucktechnisch hervorgehoben werden.[358] Nachdem ein Vermieterwechsel auf Grund der Vorschrift des § 566 BGB, die auch hier eingreift, auch im Rahmen des gesetzlichen Leitbildes eines Mietvertrages vorgesehen ist, fehlt es an einer generellen unangemessenen Benachteiligung des Mieters iSv § 307 Abs. 2 Nr. 1 BGB.[359] Entscheidend ist aber, dass eine derartige Eintrittsregelung dem eintretenden Vermieter keine weitergehenden Rechte als dem bisherigen Vermieter einräumen bzw. die Rechte des Mieters nicht verkürzen darf; andernfalls ergibt sich die Unwirksamkeitsfolge aus § 307 Abs. 2 Nr. 2 BGB.[360] Es bedarf also einer Einzelfallprüfung.[361]

Der formularvertragliche Ausschluss des gesetzlichen Vermieterwechsels verstößt 155
dagegen gegen § 307 BGB, auch wenn in einem derartigen Fall Schadensersatzansprüche gegen den veräußernden Vermieter bestünden.[362]

j) **Ersatzmieterstellung.** Sog. **Ersatzmieterklauseln**, die es dem Mieter gestatten, einen 156
persönlich und wirtschaftlich zumutbaren Ersatzmieter zu stellen, der an seiner Stelle in den im Übrigen unveränderten Mietvertrag eintritt, begegnen keinen Bedenken.[363]

Mit Ausnahme des qualifizierten Zeitmietvertrages gem. § 575 BGB, eines wirksamen 157
befristeten Kündigungsausschlusses (insbesondere in Verbindung mit einer Staffelmietabrede, § 557a Abs. 3 BGB) und eventuell für Wohnraumietverhältnisse gem. § 549 Abs. 2 und 3 BGB unterliegen die Wohnraummietverhältnisse für den Mieter lediglich einer dreimonatigen Kündigungsfrist. Für den Regelfall eines Wohnraummietverhältnisses besteht daher kein Anlass für die grundsätzliche Vereinbarung oder den Ausschluss des Rechts, gegen Stellung eines Ersatzmieters aus dem Mietvertrags entlassen zu werden. Grundsätzlich besteht kein Anspruch des Mieters auf Abkürzung der gesetzli-

[357] Vgl. nur Kummer WuM 1991, 241.
[358] Bub/Treier/Bub Kap. II Rn. 1036 f.; Kummer WuM 1991, 242.
[359] Bub/Treier/Bub Kap. II Rn. 1036 f.; aA Kummer WuM 1991, 242.
[360] Bub/Treier/Bub Kap. II Rn. 1036 f.
[361] BGH NJW 2010, 3708 = NZM 2010, 705.
[362] Bub/Treier/Bub II Rn. 1036 f.
[363] BGH NZM 2005, 340; WuM 1984, 54; OLG Frankfurt a. M. ZMR 1991, 383.

chen Kündigungsfrist[364], wobei insbesondere die gesetzliche Kündigungsfrist für den Wohnraummieter von drei Monaten als nur kurze – und damit zumutbare – Vertragsbindung angesehen wird[365].

3. Mietobjekt

158 a) **Beschreibung.** Nach § 535 Abs. 1 S. 1 BGB ist der Vermieter verpflichtet, dem Mieter den Gebrauch (nur) der vermieteten Sache zu gewähren. Um welche vermietete Sache es sich handelt und welchen, in erster Linie räumlichen Umfang sie hat, kann sich nur aus dem Mietvertrag ergeben. Daher ist die genaue Beschreibung vor allem auch etwa mitvermieteter Zubehörräume und -flächen von entscheidender Bedeutung. Dies unter anderem deshalb, um während der Mietzeit Streit darüber zu vermeiden, welchen Umfang die soeben erwähnten Gebrauchsgewährpflichten des Vermieters und/oder die Gebrauchsrechte des Mieters haben, aber auch um bei Vertragsende Auseinandersetzungen zB darüber zu entgegen, ob der Mieter Umbauten vorgenommen hat, ob die Mietsache durch vertragswidrige Nutzung beschädigt wurde etc.

159 Die Beschreibung sollte sich erstrecken auf:

- Lage der Wohnung im Haus
- Anzahl der Zimmer
- Bezeichnung der Art von Küche, Toilette, Bad oder Dusche
- vermietete Nebenräume (wie Keller, Speicherabteil, Abstellräume, Garage, Stellplätze) und deren Lage sowie zweifelsfreie Bezeichnung
- zur Mitbenutzung überlassene Gemeinschaftsräumen und -flächen, wie zum Beispiel Waschküchen, Trockenräume.

160 b) **Wohnflächenangabe.** Die Angabe der Wohnfläche gehört grundsätzlich nicht zu den relevanten Angaben für die Beschreibung des Mietgegenstandes. Wird auf eine Flächenangabe verzichtet, kann die Angabe auch nicht falsch sein, weshalb überlegt werden kann, auf Flächenangaben im Mietvertrag entweder gänzlich oder jedenfalls zur Beschreibung des Mietgegenstandes zu verzichten.[366] Enthält der Mietvertrag eine Angabe zur Wohnfläche „die Wohnfläche beträgt ca. 100 qm", dann haben die Vertragsparteien eine Beschaffenheitsvereinbarung getroffen. Nach überwiegender Rechtsprechung stellt die Angabe zur Wohnfläche nur eine Beschreibung des Mietobjekts und keine zugesicherte Eigenschaft iSv § 536 Abs. 2 BGB dar.[367] Die Aufnahme der qm-Zahl in den Mietvertrag bedeutet daher grundsätzlich keine Zusicherung, es sei denn, dass Anhaltspunkte für eine besondere Gewährübernahme durch den Vermieter vorliegen, also etwa besondere Umstände (zB eine vereinbarte Quadratmetermiete), aus denen sich ergibt, dass die Wohnungsgröße für den Mieter von besonderer Bedeutung war.[368]

161 Dies bedeutet aber nicht, dass eine falsche Flächenangabe auch als bloße Beschaffenheitsbeschreibung ohne Folgen bliebe: Vielmehr kann eine Abweichung der im Mietvertrag angegebenen von der tatsächlichen Fläche auch ohne ausdrücklich festzustellende Beeinträchtigung der Gebrauchstauglichkeit gerade durch die Flächendifferenz zu

[364] LG Berlin GE 1995, 249.
[365] OLG Oldenburg WuM 1982, 124.
[366] siehe dazu BGH NJW 2011, 220; beachte aber auch LG Berlin 29.12.2022 – 65 S 51/22, ZMR 2024, 483: auch wenn eine Beschaffenheitsvereinbarung zur Fläche fehlt, rechtfertigt die weitere formularmäßige Vereinbarung des Ausschlusses einer Minderung im Fall der Unterschreitung der Wohnfläche gegenüber der in dem Mietvertrag angegebenen Fläche von bis zu 10 % jedenfalls in Anwendung der Unklarheitenregelung des § 305c Abs. 2 BGB die Annahme einer von dem Vermieter gewährleisteten Mindestfläche mit der Folge, dass im Fall einer zu Lasten des Mieters gehenden Flächendifferenz von mehr als 10 % die Minderungsbefugnis nicht ausgeschlossen ist.
[367] OLG Dresden NJW-RR 1998, 512 = NZM 1998, 184; LG Freiburg WuM 1988, 263; LG Osnabrück WuM 1988, 262; LG Kleve WuM 1988, 13; LG Berlin WuM 1988, 49; aA LG Mönchengladbach WuM 1988, 178; LG München WuM 1987, 217.
[368] LG Mannheim WuM 1989, 11.

einem Anspruch auf Mietminderung führen.[369] Hierfür ist aber zunächst der Maßstab zu ermitteln, nach dem die Wohnfläche berechnet werden soll. Oft wird die Flächenangabe im Mietvertrag etwa aus den Bauplänen entnommen und entspricht daher den einschlägigen DIN-Normen (zB DIN 277), nicht aber den Vorgaben der WoFlV (= früher §§ 42–44 II. BV). Dabei wäre es zulässig, sich im Mietvertrag auf einen bestimmten Berechnungsmaßstab zu einigen (mit der Folge, dass es ggf. überhaupt nicht zu einer unzulässigen Flächendifferenz kommt); erst dann, wenn es an einer derartigen Einigung fehlt und ebenso an einer ortsüblichen Flächenberechnung, ist jedenfalls im frei finanzierten Wohnraum auf die Vorgaben der WoFlV zurückzugreifen.[370]

Liegt nun die tatsächliche Wohnfläche mehr als 10 % unter der im Mietvertrag angegebenen Fläche, kann der Mieter die Miete um den Prozentsatz dieser Flächendifferenz mindern, auch ohne zusätzliche Darlegung, dass infolge der Flächenabweichung die Tauglichkeit der Wohnung gemindert ist.[371] Beträgt die Flächenabweichung 10 % oder weniger, stehen dem Mieter nicht etwa keine Minderungsansprüche zu, sondern er kann und muss dann die hierfür notwendige Gebrauchsbeeinträchtigung darlegen und nachweisen. Dies gilt auch, wenn die Flächenangabe im Mietvertrag mit einem Ca.-Zusatz versehen ist[372] oder sich die falsche Fläche nicht aus dem Mietvertrag selbst, sondern aus vorvertraglichen Angaben ergibt.[373] Inwieweit daneben die Grundsätze der Störung der Geschäftsgrundlage (vgl. § 313 BGB) – etwa auch dann, wenn sich die Flächenangabe im Mietvertrag gegenüber der tatsächlichen Fläche als zu gering darstellt, ohne dass den Vermieter hieran ein Verschulden trifft – Anwendung finden, ist unklar.[374] Allerdings sollen die Vertragsparteien die im Mietvertrag angegebene Fläche ausdrücklich als unverbindlich vereinbaren können.[375] 162

Anderes ergibt sich nach Änderung der Rechtsprechung des BGH bei **Mieterhöhungen**[376] und im Rahmen von Jahresabrechnungen für die Umlage von **Betriebskosten** nach Wohnfläche, soweit vereinbart oder aufgrund von § 556a Abs. 1 BGB.[377] In beiden Fällen kommt es nunmehr stets ausschließlich auf die tatsächlich vorhandene Wohnfläche an. Dies gilt auch, wenn die tatsächliche Abweichung sich noch in der Toleranzgrenze hält. 163

c) **Ausstattung.** Die Gebrauchsgewährpflicht des Vermieters wie auch die Gebrauchsrechte des Mieters erstrecken sich auf alle wesentlichen Bestandteile der Wohnung und auf sämtliches Zubehör (§ 97 BGB), das sich zurzeit der Überlassung in den Räumen befindet. Diese Ausstattung ist entsprechend § 311c BGB mit vermietet,[378] ohne dass es einer genauen Auflistung im Mietvertrag bedarf. Unabhängig davon, ob es sich um vom Vermieter gestellte oder etwa vom Vormieter zurückgelassene Gegenstände handelt, erstreckt sich die Pflicht der Gebrauchsgewährung, insbesondere die Erhaltungspflicht des Vermieters, auch auf dieses mitvermietete Zubehör.[379] Es wäre allein seine Sache, 164

---

369 Anders noch und damit überholt OLG Dresden NJW-RR 1998, 512 = NZM 1998, 184; vgl. die Kritik an diesem Rechtsentscheid Blank WuM 1998, 467; ebenfalls instruktiv der Vorlagebeschluss des LG Hamburg NZM 2000, 84, den aber das OLG Hamburg NZM 2000, 654, angeblich mangels Entscheidungserheblichkeit der Vorlagefrage in dem konkreten Einzelfall nicht zur Entscheidung angenommen hat; sieh auch Kraemer NZM 1999, 156 (161).

370 BGH NJW 2007, 2624; 2004, 2230.

371 BGH NJW 2007, 2624; 2004, 1947.

372 BGH NJW 2010, 1745 = NZM 2010, 313; NJW 2005, 2152; NZM 2004, 456; auch bei einer möblierten Wohnung, sofern kein gesonderter Möblierungszuschlag vereinbart: BGH NJW 2011, 1282 = NZM 2011, 309.

373 BGH NJW 2010, 2648 = NZM 2010, 614.

374 BGH NZM 2004, 699; vgl. näher LG Hamburg (11. ZK) NZM 2000, 1221, das eine Anpassung bejaht und LG Hamburg (33. ZK) ZMR 2001, 193, das eine Anpassung verneint.

375 BGH NJW 2011, 220 = NZM 2011, 70.

376 BGH NJW 2016, 239 = NZM 2016, 42; überholt daher NJW 2007, 2626 = NZM 2007, 594; NZM 2004, 699.

377 BGH NJW 2018, 2317 = NZM 2018, 671; überholt daher NJW 2008, 142 = NZM 2008, 35.

378 Schmidt-Futterer/Eisenschmid BGB § 535 Rn. 40.

379 Vgl. AG Köln WuM 1997, 647.

insoweit eine – auch formularvertraglich grundsätzlich zulässige – ausdrückliche abweichende Vereinbarung in den Mietvertrag aufzunehmen.[380]

165 d) **Vorbehalt von Änderungen oder Abweichungen gegenüber dem Zustand bei Besichtigung bzw. Vermietung („vom Reißbrett“).** § 308 Nr. 4 BGB setzt voraus, dass sich die entsprechende Formularklausel auf (nicht vorhersehbare – str.) baurechtlich oder bautechnisch erforderliche Änderungen beschränkt, die ein objektiver verständiger Mieter billigen würde, sofern sich die Gebrauchstauglichkeit des Mietobjektes nicht verändert.[381]

166 Maßgeblich ist in diesem Zusammenhang die aktuelle Rechtsprechung des BGH zur sog. „Vermietung vom Reißbrett“, deren Schlusspunkt noch nicht absehbar ist:

Der BGH[382] hat zunächst noch einmal festgehalten, dass vor Überlassung der Mietsache an den Mieter nicht etwa § 536a BGB anwendbar ist, sondern allein die allgemeinen Regeln des Schuldrechts über Leistungsstörungen eingreifen. Der Vermieter hat die Unmöglichkeit der geschuldeten Leistung (hier: Überlassung der Mietsache in dem vertraglich vereinbarten Zustand) nicht nur zu vertreten, wenn er das zur Unmöglichkeit führende Ereignis schuldhaft herbeigeführt hat. Vielmehr greifen die §§ 280, 281, 323 BGB auch dann ein (so dass der Vermieter weiterhin im Grundsatz zur Leistung verpflichtet bleibt), wenn sich der Schuldner uneingeschränkt zur Leistung verpflichtet hat, obwohl er das Leistungshindernis bei Anwendung der erforderlichen Sorgfalt bei Vertragsschluss hätte erkennen oder voraussehen können.[383] Der Mieter ist in einem derartigen Fall auch nicht etwa gezwungen, zunächst auf Leistung zu klagen, um anschließend einen Schadensersatzanspruch nach den §§ 280, 281 BGB geltend machen zu können. Er kann vielmehr, auch wenn die Unmöglichkeit erst nachträglich eingetreten ist, nach dem Grundgedanken der gesetzlichen Regelung sofort nach § 281 BGB vorgehen und Schadensersatz statt der Leistung verlangen.

167 e) **Änderungsvorbehalt hinsichtlich Nebenräumen und -flächen.** Eine entsprechender formularvertraglicher Vorbehalt zugunsten des Vermieters, zB bezogen auf Keller, Speicher oder Garagen, gilt angesichts der Regelung in § 308 Nr. 4 BGB nur dann, wenn dies dem Mieter unter Berücksichtigung seiner Interessen zumutbar ist, dem Vermieter folglich ein triftiger Grund zur Seite steht.[384] Die Klausel muss dabei eine Einschränkung auf dem Mieter zumutbare Sachverhalte enthalten oder, falls nicht die Zumutbarkeitskriterien zumindest beispielhaft genannt werden, sich auf den Wortlaut des § 308 Nr. 4 BGB beschränken.[385] So ist etwa ein Vorbehalt unbedenklich, wenn er sich auf die Zuweisung gleich- oder höherwertiger Nebenräume beschränkt und der Vermieter die im Zusammenhang mit der Zuweisung entstehenden Aufwendungen des Mieters, zB Umzugskosten, erstattet.[386]

168 f) **Nutzungszweck.** Der Vertragszweck ist zur Bestimmung des Umfangs der Gebrauchsgewährpflicht des Vermieters wie auch der Gebrauchsrechte des Mieters maßgeblich.

169 Die Angabe des Nutzungszwecks der gemieteten Räumlichkeiten im Rahmen eines Mietvertrags ist dagegen für die Qualifizierung des Mietverhältnisses als Wohnraum- oder Geschäftsraummietverhältnis ohne Bedeutung. Rechtlich entscheidend für die Einordnung des Mietverhältnisses ist vielmehr der Wille der Parteien. Ist ein eindeutiger

[380] Vgl. in diesem Zusammenhang BGH NJW 2018, 3302 = NZM 2018, 863: ausschließliche Wirkung von Vereinbarungen zwischen Vor- und Nachmieter für und gegen die vertragsschließenden Parteien, also nicht gegenüber dem Vermieter ohne seine Beteiligung (bzw. einen echten Vertrag zugunsten Dritter: vgl. BGH NZM 2019, 209).

[381] Ulmer/Brandner/Hensen BGB § 308 Nr. 4 Rn. 10.

[382] BGH NJW 1999, 635; 1997, 2813; vgl. NZM 1999, 962.

[383] So im entschiedenen Fall die Kenntnis davon, dass die Mietsache unter Denkmalschutz stand und sich hieraus Einschränkungen ergaben; vgl. bereits BGH LM BGB § 325 Nr. 8.

[384] BGH NJW 2006, 46; 1994, 1060.

[385] BGH NZM 2005, 675; NJW 1983, 1322 (1325).

[386] Bub, Der Formularmietvertrag und das AGB-Gesetz, Partner im Gespräch (PiG) 20, 57.

übereinstimmender Parteiwille nicht zu erkennen, so sind Raumtyp, Flächenverhältnis und Mietwertverhältnis Indizien für den Parteiwillen.

g) Mischmietverhältnis. Die Qualifizierung eines Mischmietverhältnisses als einheitliches Wohnraum- oder einheitliches Gewerberaummietverhältnis richtet sich nach dem Vertragszweck. Maßgebend ist der wahre Vertragszweck, ein entgegenstehender vorgetäuschter ist unbeachtlich. Flächen- und Mietwertverhältnis haben nur Indizwert für den Parteiwillen.[387] 170

Ein Mischmietverhältnis mit nicht überwiegend gewerblicher Nutzung kann nicht durch Vereinbarung dem Gewerberaummietrecht zugeordnet werden. Die Verwendung eines Formularmietvertrags für Gewerberaum ist nicht ausschlaggebend.[388] 171

h) Wohnung und Garage. Werden der Wohnungsmietvertrag und der Mietvertrag über die Garage oder den Stellplatz separat abgeschlossen, spricht – auch wenn die Mietobjekte auf demselben Grundstück liegen[389] – eine tatsächliche Vermutung für die rechtliche Selbständigkeit beider Vereinbarungen. Es bedarf dann der Widerlegung dieser Vermutung durch besondere Umstände des Einzelfalls, welche die Annahme rechtfertigen, dass die Mietverhältnisse über die Wohnung und die Garage oder den Stellplatz nach dem Willen der Beteiligten eine rechtliche Einheit bilden sollen.[390] 172

i) Haftungsfreizeichnungen/Pflichtenüberbürdungen. Besichtigungs- oder Bestätigungsklauseln, durch die der Mieter bestätigt, die Mieträume eingehend besichtigt und/oder in ordnungsgemäßem Zustand übernommen zu haben, sind gem. § 309 Nr. 12b BGB unwirksam, da der Vermieter die Beweislast für die Mängelfreiheit der Mietsache bis zur Übergabe sowie für die Kenntnis oder grob fahrlässige Unkenntnis des Mieters von Mängeln trägt und diese Beweislast durch die genannten Tatsachenbestätigungen zu Lasten des Mieters verschoben wird.[391] Dies gilt idR auch im kaufmännischen Verkehr gem. § 307 BGB. 173

Eine formularmäßige Klausel, die dem Mieter die **Pflicht** überbürdet, den **bautechnischen Zustand herzustellen,** der eine Nutzung zu dem vertraglich vereinbarten Zweck ermöglicht, ist – soweit dies über Schönheitsreparaturen und Kleinreparaturen hinausgeht – gem. § 307 BGB unwirksam, da die Hauptpflicht des Vermieters zur Überlassung der Mietsache in einen zum vertragsgemäßen Gebrauch geeigneten Zustand ausgehöhlt wird und den Grundgedanken der §§ 537 ff., 542 ff. BGB widerspricht.[392] (Vgl. im Übrigen eingehender nachstehend unter → Rn. 366 ff.) 174

j) Schlüssel. Zur Gebrauchsüberlassung als Hauptpflicht des Vermieters (§ 535 Abs. 1 S. 2 BGB) gehört die Übergabe der zum Mietobjekt gehörenden Schlüssel, deshalb kann der Mieter nicht formularmäßig zur Beschaffung der bei Beginn des Mietverhältnisses fehlenden Schlüssel auf eigene Kosten verpflichtet werden.[393] 175

Die Anfertigung weiterer als der übergebenen Schlüssel kann von der Zustimmung des Vermieters abhängig gemacht werden, die nur aus beachtlichen Gründen versagt werden kann.[394] 176

Der Mieter kann schließlich formularmäßig verpflichtet werden, bei **Verlust eines Schlüssels** die Kosten eines neuen Schlosses mit Montage und Schlüssel zu tragen, wenn dies zur Sicherheit der Mieter und ggf. der anderen Hausbewohner – zB bei einer 177

---

[387] BGH MDR 1986, 842; OLG Brandenburg BeckRS 2007, 5063.
[388] OLG Düsseldorf MDR 2006, 1164; LG Hamburg WuM 1988, 406.
[389] beachte für diesen Fall noch früher anders: BGH NZM 2012, 78.
[390] BGH 5.10.2022 – VIII ZR 117/21, ZMR 2022, 949.
[391] LG Berlin GE 1993, 159; LG Frankfurt a. M. WuM 1990, 279; OLG Stuttgart WuM 1987, 250; AG Saarbrücken 13.11.2024 – 3 C 157/20 (07), WuM 2025, 154.
[392] BGH NJW 1988, 2664; OLG Frankfurt a. M. WuM 1992, 56 (64).
[393] OLG Düsseldorf NZM 2004, 946; LG Berlin NJW-RR 1988, 203.
[394] LG Darmstadt WuM 1985, 255; AG Bad Neuenahr-Ahrweiler WuM 1996, 331.

zentralen Schließanlage – erforderlich ist[395] und den Mieter ein Verschulden trifft,[396] also keine verschuldensunabhängige Schadensersatzpflicht statuiert wird.[397]

178 Eine Bestimmung, die den Mieter verpflichtet, bei längerer **Abwesenheit** dem Vermieter einen Schlüssel auszuhändigen, ist gem. § 307 BGB unwirksam, da die Hauptpflicht des Vermieters, dem Mieter den Mietgegenstand zum alleinigen Gebrauch zu überlassen, unangemessen eingeschränkt wird.[398] Insbesondere ist der Vermieter auch nicht berechtigt einen Schlüssel für den „Fall der Fälle" zurückzubehalten.[399]

4. Mietzeit

179 a) **Langfristige formularmäßige Bindung ggf. auch über sog. Verlängerungsklauseln.** Sofern ausnahmsweise[400] vorformulierte langfristige Bindungen vereinbart sind, liegt ein Verstoß gegen § 307 BGB nicht vor.[401] Dies gilt auch bei einer Anschlussdauer durch sog. Verlängerungsklauseln, nachdem § 309 Nr. 9 BGB auf Mietverhältnisse keine Anwendung findet.[402] Eine lange Anschlusszeit über eine Verlängerungsklausel in einem ursprünglich nur auf kurze Dauer abgeschlossenen Mietvertrag kann ohne besondere Hinweise und (drucktechnische) Hervorhebungen aber gegen § 305c Abs. 1 BGB verstoßen.[403]

180 Mit der **Rechtslage zu Zeitmietverträgen nach der Mietrechtsreform** ist die Befristung von Wohnraummietverträgen ohne die Voraussetzungen des § 575 BGB[404] (am 1.9.2001 zulässigerweise bestehende einfache Zeitmietverträge gelten allerdings nach Art. 229 § 3 Abs. 3 EGBGB fort) für den Vermieter unwirksam. Eine vorformulierte Verlängerung eines vor dem 1.9.2001 abgeschlossenen Mietvertrages um 5 Jahre, sofern er nicht auf den als Endtermin vorgesehenen Tag gekündigt wird, bleibt dagegen wirksam.[405]

181 b) **Optionsrechte.** Gegen Klauseln, die dem Mieter Optionsrechte einräumen, bestehen keine Bedenken.[406] Allerdings muss es sich wirklich um ein dem Mieter eingeräumtes Recht handeln und nicht zB lediglich um die Möglichkeit, den Vermieter um ein Angebot auf Fortsetzung des Mietvertrages zu geänderten Bedingungen bitten zu können.[407]

182 c) **Beginn des Mietverhältnisses mit der Räumung durch den Vormieter bzw. mit Bezugsfertigkeit.** Bestimmte oder bestimmbar im Vertrag ausdrücklich vereinbarte Termine über den Beginn eines Mietverhältnisses („am …") können wegen § 305b BGB nicht formularmäßig dadurch ausgehöhlt werden, dass ungeachtet dessen das Mietverhältnis zB erst „mit der Fertigstellung" oder „der Räumung durch den Vormieter" beginnen soll.[408] Gleiches gilt für Formularklauseln, die fest vereinbarte Termine als unverbindlich oder als Ca-Termine abschwächen.[409]

---

[395] Gelhaar ZMR 1981, 226.
[396] Vgl. OLG Brandenburg NZM 2004, 905; AG Hamburg NZM 2000, 618; AG Witten ZMR 2003, 507.
[397] AG Spandau GE 2013, 271.
[398] Bub/Treier/Bub II Rn. 1013 f.
[399] AG Tecklenburg WuM 1991, 579; aA LG Baden-Baden GE 1981, 243.
[400] Vgl. Schultz ZMR 1987, 43.
[401] BGH WuM 1986, 56; vgl. auch NJW 1993, 1130.
[402] BGH NJW 1997, 739; 1985, 2413; LG Berlin NZM 1998, 374; LG Gießen NJW-RR 1990, 566 (567); aA LG Frankfurt a. M. NJW-RR 1989, 176.
[403] Bub/Treier/Bub Kap. II Rn. 1068 f.
[404] Hierzu ausführlich § 29 I.
[405] BGH NJW 2010, 3431 = NZM 2010, 693.
[406] BGH NZM 2008, 84; NJW-RR 2006, 779 = NZM 2006, 294; Bub/Treier/Bub Kap. II Rn. 1065 f.
[407] Verstoß gegen § 9 AGBG, jetzt § 307 BGB – OLG Hamburg ZMR 1990, 273.
[408] Zur Problematik der sog. „Vermietung vom Reißbrett" vgl. → Rn. 165 ff.
[409] Verstoß gegen §§ 4, 9 Abs. 2 Nr. 1, 10 Nr. 1, 11 Nr. 8 AGBG, jetzt §§ 305b, 307 Abs. 2 Nr. 1, 308 Nr. 1, 309 Nr. 8a BGB – Bub/Treier/Bub Kap. II Rn. 1084 f.

183 **d) Hinausschieben des Mietbeginns.** Derartige Klauseln sind dann, wenn nicht noch zusätzlich ein bestimmter oder ein bestimmbarer Termin für den Beginn vereinbart ist,[410] wegen Verstoßes gegen § 308 Nr. 1 BGB unwirksam. Danach ist eine Frist nur dann hinreichend bestimmt, sofern sich der Mieter deren Ende selbst errechnen kann, woran es fehlt, wenn es von einem Ergebnis im Bereich des Vermieters abhängt.[411] Zulässig ist lediglich der Vorbehalt einer angemessenen Frist zur Übergabe der Mieträume, bei Wohnraum etwa von bis zu 4 Wochen.[412] Eine unangemessene lange Frist kann nicht im Wege der Auslegung verkürzt werden.[413]

184 Eine sich hieran anschließend dem Vermieter zu setzende Nachfrist gem. § 543 Abs. 2 Nr. 1 BGB darf formularmäßig in entsprechender Anwendung des § 308 Nr. 2 BGB nicht unangemessen lang sein, also nicht auf mehr als 2 Wochen erstreckt werden.[414] Bei Wohnraum kann diese Nachfrist gem. § 569 Abs. 5 S. 1 BGB über eine angemessene Dauer hinaus im Übrigen auch individualvertraglich nicht verlängert werden.

185 Ist die **Frist zur Übergabe nicht hinreichend konkretisiert** oder **unangemessen** lang bestimmt, so bleibt es auch bei der Nichtigkeit der Klausel, wenn dem Mieter für den Fall des Ablaufs einer bestimmten Frist ein Kündigungsrecht eingeräumt wird.[415]

186 Ein formularmäßiger Haftungsausschluss für nicht rechtzeitige Übergabe ist gem. § 309 Nr. 8a BGB unwirksam, weil vom Ausschluss auch das Rücktrittsrecht nach § 323 BGB bzw. das Kündigungsrecht aus § 543 Abs. 2 Nr. 1 BGB erfasst wird.[416]

187 **e) Abnahmepflicht des Mieters.** Kraft Gesetzes besteht zwar eine Übergabeverpflichtung des Vermieters, nicht aber eine Abnahmepflicht des Mieters zum vereinbarten Mietbeginn. Der Mieter gerät daher lediglich in Gläubigerverzug nach den §§ 293 ff. BGB. Ein Verzugschadensersatzanspruch des Vermieters gem. §§ 286, 281, 280 BGB scheidet aus; es besteht nur ein Ersatzanspruch im Hinblick auf Mehraufwendungen gem. § 304 BGB.[417] Der Mietzahlungsverpflichtung des Mieters bleibt hiervon selbstverständlich unberührt (§ 323 Abs. 6 BGB); die Obhut der Mietsache obliegt aber vor deren Überlassung auch während des Annahmeverzug des Mieters noch dem Vermieter, zu dessen Gunsten lediglich § 300 Abs. 1 BGB eingreift.[418] Eine Abnahmeverpflichtung des Mieters ist, auch formularvertraglich, rechtswirksam vereinbar. Dies bedarf allerdings einer ausdrücklichen und zweifelsfreien Regelung und ergibt sich nicht lediglich aus dem Vertragszweck oder einer allgemeinen Obhutsverpflichtung des Mieters.[419]

188 **f) Befristung und vorformulierte Kündigungsregelungen.** Enthält ein vorformulierter Wohnraummietvertrag neben einer ausgefüllten Vereinbarung über eine bestimmte Vertragslaufzeit eine Klausel, in der – zB angelehnt an § 573c BGB – Kündigungsfristen aufgeführt werden, kann der Zeitmietvertrag trotz vereinbarter Befristung wegen § 305c Abs. 2 BGB dann ordentlich gekündigt werden, wenn sich die vorformulierte Kündigungsregelung auch auf die Festvertragslaufzeit beziehen könnte bzw. dies zumindest unklar ist.[420]

189 In Zusammenhang mit **Zeitmietverträgen** ist zu beachten, dass die Befristung von Wohnraummietverträgen ab dem 1.9.2001 ohne die Voraussetzungen des § 575 BGB[421]

410 Dann zulässige Fälligkeitsregelung: BGH NZM 1998, 156 (157).
411 BGH NJW 1989, 1603; 1985, 856.
412 Bub/Treier/Bub II Rn. 1084 f. – bei Geschäftsraum bis zu 6 Wochen.
413 BGH NJW 2000, 1110; 1984, 48.
414 BGH NJW 2007, 1198; 1985, 323.
415 OLG Saarbrücken BB 1979, 1064.
416 OLG München WuM 1989, 128; zur Problematik der sog. „Vermietung vom Reißbrett" vgl. → Rn. 165 ff.
417 Bub/Treier/Kraemer/v. d. Osten/Schüller Kap. III Rn. 2306.
418 Bub/Treier/Kraemer/v. d. Osten/Schüller Kap. III Rn. 2312.
419 Bub/Treier/Kraemer/v. d. Osten/Schüller Kap. III Rn. 2306.
420 LG Frankfurt a. M. WuM 1999, 114; LG Gießen NJW-RR 1996, 1293; LG Kassel WuM 1997, 679; LG Wiesbaden WuM 1994, 430; AG Alsfeld WuM 1999, 116; AG Bad Homburg WuM 1999, 114; AG Bremen-Blumenthal WuM 1987, 395; ausführlich hierzu Hannemann NZM 1999, 585 (590).
421 Hierzu ausführlich § 29 Abs. 1 S. 1–3.

(am 1.9.2001 zulässigerweise bestehende einfache Zeitmietverträge gelten allerdings nach Art. 229 § 3 Abs. 3 EGBGB fort) für den Vermieter unwirksam ist.

5. Miete

190 a) **Vorauszahlungsklausel.** Entsprechend der auch bereits früheren fast ausnahmslosen Handhabung in der Praxis ist die Miete für ab dem 1.9.2001 abgeschlossene oder geänderte Mietverträge ohne abweichende Vereinbarung bereits kraft Gesetzes jeweils bis zum dritten Werktag eines jeden Zeitabschnitts, für den sie geschuldet wird, im Voraus zu entrichten (§ 556b Abs. 1 BGB). Ist eine Monatsmiete vereinbart, ist mit dem Begriff „Monat" nicht der Kalendermonat sondern der Mietmonat gemeint, so dass ein etwa zum 15. eines Monats beginnendes Mietverhältnisses bis zum 14. des Folgemonats andauert und Fälligkeit der Miete am dritten Werktag nach dem 15. eines Monats eintritt. Andernfalls bedarf dies einer ausdrücklich abweichenden vertraglichen Vereinbarung. Die Vorschrift ist dispositiv.

191 Für vor dem 1.9.2001 geschlossene Mietverhältnisse bleibt es im Hinblick auf die Fälligkeit der Miete bei der damaligen Regelung in § 551 BGB aF (Art. 229 § 3 Abs. 1 Nr. 7 EGBGB), sofern dort keine – auch formularvertraglich – wirksame, von dieser gesetzlichen Regelung des § 551 BGB aF abweichende Vereinbarung getroffen wurde. Eine derartige Vorauszahlungsklausel ist allerdings unwirksam soweit sich im selben Vertrag eine (selbst für sich genommen unwirksame) Aufrechnungsbeschränkungsklausel befindet, die auch Rückforderungsansprüche wegen eines bestehenden Minderungsrechtes überzahlter Mieten erfasst[422] oder das Mietminderungsrecht ansonsten unzulässig beschränkt.[423] In diesem Fall tritt an die Stelle der unwirksamen Vorauszahlungsklausel eines Altvertrages § 551 BGB aF;[424] bei einem nach dem 31.8.2001 abgeschlossenen Mietvertrag bliebe die Unwirksamkeit somit wegen § 556b Abs. 1 BGB ohne Folgen. Statuiert die vorformulierte Aufrechnungsregelung dagegen lediglich eine ein- oder zweimonatige Ankündigungsfrist des Mieters, bevor er u. a. mit Rückforderungsansprüchen von wegen Mängeln überzahlter Miete aufrechnen kann, begegnet dies keinen Bedenken,[425] was aber wegen § 543 Abs. 2 S. 2 BGB nicht unproblematisch ist. Die entsprechende Aufrechnungsmöglichkeit der überzahlten, weil geminderten Miete bleibt dem Mieter daher erhalten und verschiebt sich lediglich um die Ankündigungsfrist. Die Wirksamkeit der Vorauszahlungsklausel wird durch diese **Klauselkombination** somit nicht berührt. Vorformulierte Regelungen sind dagegen dann unwirksam, wenn sie dazu führen, dass der Mieter zur Durchsetzung seiner Minderungsansprüche in die aktive Klägerrolle gedrängt werden würde.

192 b) **Rechtzeitigkeitsklausel.** Ist die soeben behandelte Vorauszahlungsklausel unwirksam, soll zwar auch die Rechtzeitigkeitsklausel hiervon betroffen sein,[426] die ansonsten für zulässig gehalten wurde,[427] mit einer Ausnahme für die Zahlung des Mieters zur Abwehr einer fristlosen Kündigung innerhalb der Schonfrist des § 569 Abs. 3 Nr. 2 BGB.[428] Problematisch war insoweit, ob bei kundenfeindlichster Auslegung beim Mieter der Eindruck erweckt wird, er müsse in jedem Fall für eine rechtzeitige Gutschrift beim Vermieter Sorge tragen.[429] In keinem Fall dürfen dem Mieter Risiken im Bereich

---

[422] BGH NJW 2006, 1585; 1995, 254; vgl. hierzu im Einzelnen Hannemann WuM 1995, 8 ff.
[423] BGH NJW 2009, 1491 = NZM 2009, 315; LG München 5.2.2025 – 14 S 9406/23, ZMR 2025, 321.
[424] BGH NJW 2009, 1491 = NZM 2009, 315.
[425] BGH NJW 2011, 2201 = NZM 2011, 579; WuM 2008, 152; OLG Hamm NJW-RR 1993, 659; aA LG Berlin NJWE-MietR 1997, 54; GE 1996, 144; LG Heidelberg NJWE-MietR 1997, 99; LG München I WuM 1996, 329; LG Oldenburg ZMR 1995, 597.
[426] LG Berlin GE 1995, 757.
[427] OLG Nürnberg NJW-RR 2000, 800; LG Berlin WuM 1992, 605; LG Essen DWW 1990, 24; LG Heilbronn ZMR 1991, 388; LG Kassel ZMR 1994, VII Nr. 14.
[428] LG Berlin ZMR 1992, 394; MM 1997, 237; LG Hamburg WuM 1992, 124.
[429] Herresthal NZM 2011, 833 (840) hält eine Geldschuld für eine modifizierte Bringschuld, so dass der Mieter ohnehin den fristwahrenden Eingang auf dem Vermieterkonto schuldet.

der Bank des Vermieters, also auf Empfängerseite, zugerechnet werden. Insoweit dürfte es aber meistens ohnehin am Verschulden und damit am Verzug fehlen, so dass die fehlende Rechtzeitigkeit der Leistung ohne Folgen bleibt. Diese Probleme hat er BGH zum Anlass genommen, richtig zu stellen, dass eine Rechtzeitigkeitsklausel gem. § 307 Abs. 1 S. 1 BGB unwirksam ist, weil sie bei der gebotenen kundenfeindlichsten Auslegung das Risiko einer durch Zahlungsdienstleister verursachten Verzögerung des Zahlungsvorgangs entgegen der gesetzlichen Regelung dem Mieter auferlegt; es genügt also für ein rechtzeitiges „Entrichten" iSv § 556b Abs. 1 BGB, wenn der Mieter die Leistungshandlung bis zum 3. Werktag eines Monats im Voraus vornimmt, also – bei ausreichend gedecktem Konto – seinem Zahlungsdienstleister den Zahlungsauftrag bis zum dritten Werktag des vereinbarten Zeitabschnitts erteilt.[430]

c) **Einzugs- und Abbuchungsermächtigung.** An der Wirksamkeit einer formularmäßigen Verpflichtung des Mieters, dem Vermieter eine Einzugsermächtigung im Hinblick auf Miete und Nebenkostenvorauszahlungen zu erteilen, also am sog. Lastschriftverfahren teilzunehmen, bestehen keine Bedenken (sog. Lastschriftklausel).[431] Wegen der Rückrufmöglichkeit wird der Mieter nicht unangemessen benachteiligt, so dass die unwiderrufliche Erteilung einer Einzugsermächtigung im Wege einer Formularklausel[432] oder ein formularmäßiger **Verzicht** auf diese **Rückrufmöglichkeit** im Lastschriftverfahren unwirksam sind.[433] Nicht erforderlich ist es, den Mieter hierüber zu belehren.[434] Allerdings sollte durch eine entsprechende Klauselgestaltung sichergestellt sein, dass dem Mieter – abgesehen von geringen oder feststehenden, regelmäßigen Beträgen – ausreichend Zeit zwischen dem Zugang der Rechnung/Zahlungsanforderung und dem Einzug des darin geforderten Betrages verbleibt (mindestens 5 Werktage), damit er die geltend gemachte Forderung prüfen und gegebenenfalls für eine ausreichende Deckung seines Kontos sorgen kann.[435] 193

Problematisch kann es aber sein, wenn größere, der Höhe nach noch nicht festgelegte Beträge zu ebenfalls nicht von vornherein feststehenden Zeitpunkten eingezogen werden können, zB bei Nachzahlungen aus Betriebskostenabrechnungen. Die Einzugsermächtigung sollte sich daher vorsorglich ausdrücklich hierauf beziehen und ebenso auf Nebenkostenvorauszahlungen.[436] Dadurch wird dem Überraschungseffekt des § 305c Abs. 1 BGB vorgebeugt. Ggf. sollte für die Abbuchung größerer Beträge eine Ankündigungsfrist vorgesehen werden. Der Bankkunde ist gegenüber seinem Kreditinstitut (der Schuldnerbank) nicht verpflichtet, auf seinem Konto eine ausreichende Deckung für allfällige Lastschriften vorzuhalten, sondern aufgrund der Lastschriftabrede allein gegenüber seinem Gläubiger. Daher muss sich die Schuldnerbank wegen ihrer Kosten bei fehlender Kontodeckung an die Gläubigerbank wenden, die dann den Gläubiger entsprechend belasten darf, der sich dann – bei berechtigter Lastschrifteinreichung beim Schuldner schadlos halten kann.[437] 194

Demgegenüber wird der Mieter bei einer vorformulierten Verpflichtung zur Erteilung eines Abbuchungsauftrages/Teilnahme am Abbuchungsverfahren wegen fehlender Rückrufmöglichkeit durch Widerspruch unangemessen iSv § 307 BGB benachteiligt.[438] 195

Zwischen beiden Verfahren ist zu differenzieren: Im zuletzt genannten, sog. **Abbuchungsverfahren** erteilt der Schuldner seiner Bank die generelle Weisung, Lastschriften 196

---

430 BGH NJW 2017, 1596 = NZM 2017, 120 u. BeckRS 2016, 21387.

431 BGH NJW 2003, 1237; 1996, 988; LG Köln WuM 1990, 380; aA Gutmann WuM 1989, 164.

432 AG Hamburg WuM 1996, 400.

433 BGH NJW 1984, 2816.

434 Vgl. entsprechend zur Widerruflichkeit bei der Vollmachtsklausel nur BGH NJW 1997, 3437 = NZM 1998, 22.

435 BGH – Verbandsklage – NZM 2003, 367: AGB eines Anbieters von Mobilfunkdienstleistungen; vgl. OLG Brandenburg NZM 2004, 905.

436 AG Mainz WuM 1997, 548.

437 BGH NJW 2005, 1645.

438 LG Köln WuM 1990, 380; AG Freiburg WuM 1987, 50; vgl. auch OLG Koblenz NJW-RR 1994, 689 und BGH NJW 2000, 2667.

eines namentlich bezeichneten Gläubigers zu Lasten seines Girokontos einzulösen; die Bank ist folglich auf Grund der ihr erteilten Weisung des Zahlungspflichtigen gehalten, die von Seiten des Zahlungsempfängers vorgelegte Lastschrift einzulösen – ein Widerspruch des Zahlungspflichtigen ist dabei ohne Bedeutung und berechtigt die Bank weder zu einer Rückbelastung noch wird sie zu einer Stornierung der Buchung verpflichtet. Dagegen räumt der Zahlungspflichtige beim sog. **Einzugsermächtigungsverfahren** dem Zahlungsempfänger die Befugnis ein, die zu leistenden Zahlungen selbst mittels Lastschrift bei seiner, des Zahlungspflichtigen Bank von dessen Girokonto abzubuchen; eine unmittelbare Weisung des Schuldners an seine Bank fehlt. Daher ist die Bank bis zur Genehmigung des Schuldners/ihres Kunden gehalten, grundsätzlich dessen Widerspruch gegen die Lastschrift (möglich binnen 6 Wochen) zu beachten und ohne Prüfung der materiellen Rechtslage eine Rückbuchung sowie eine Stornierung der Belastungsbuchung zu veranlassen.[439]

197 d) **Aufrechnungsbeschränkungen.** Ausgehend von der bereits oben im Zusammenhang mit der Vorauszahlungsklausel zitierten BGH-Entscheidung vom 26.10.1994[440] wurde häufig jegliche Aufrechnungsklausel aus einem Wohnraummietvertrag ersatzlos herausgenommen. Dies wäre dagegen, das BGH-Urteil richtig verstanden, überhaupt nicht erforderlich gewesen. Vielmehr muss eine Aufrechnungsbeschränkungsklausel § 556b Abs. 2 S. 1 BGB wie auch § 309 Nr. 3 BGB beachten und sicherstellen, dass der Mieter mit Rückforderungsansprüchen aus wegen Mängeln zu viel gezahlter Miete aufrechnen kann.

198 Daher begegnet folgende Klausel **keinen Bedenken:**

„Der Mieter kann mit einer Forderung aus § 536a BGB und auf Rückerstattung von auf Grund von Minderungsansprüchen zu viel gezahlter Miete die Aufrechnung erklären. Mit anderen Ansprüchen kann er nur aufrechnen, soweit sie unbestritten, rechtskräftig festgestellt oder entscheidungsreif sind. Ist die Aufrechnung des Mieters zulässig, muss er sie mindestens einen Monat vor der Fälligkeit der Vermieterforderung diesem anzeigen."[441]

199 Dessen ungeachtet kann formularmäßig das Recht zur Aufrechnung auf die Aufrechnung mit **unstreitigen oder rechtskräftig festgestellten Ansprüchen** gem. § 309 Nr. 3 BGB bzw. im kaufmännischen Verkehr gem. § 307 BGB beschränkt werden.[442]

200 Die Zulässigkeit der Aufrechnung mit unstreitig oder rechtskräftig festgestellten Ansprüchen kann – anders, als das gem. § 309 Nr. 2 BGB unbeschränkbare Leistungsverweigerungsrecht – davon abhängig gemacht werden, dass der Mieter die Aufrechnung eine **angemessene Zeit** – zB einen Monat – **vor Fälligkeit** der Miete **schriftlich anzeigt.**[443] Eine **ein- oder zweimonatige Ankündigungsfrist** des Mieters, bevor er u. a. mit Rückforderungsansprüchen von wegen Mängeln überzahlter Miete aufrechnen kann, begegnet daher ebenfalls keinen Bedenken,[444] was aber wegen § 543 Abs. 2 S. 2 BGB nicht unproblematisch ist. Auf die Einhaltung der Ankündigungspflicht kann sich der Vermieter nicht berufen, wenn das Vertragsverhältnis beendet ist, der Mieter geräumt und herausgegeben hat und lediglich noch wechselseitige Ansprüche abzurechnen sind.[445]

201 Eine Formularklausel, die nach ihrem Wortlaut nur die Aufrechnung mit unbestrittenen Forderungen zulässt, erfasst sinngemäß auch die Zulässigkeit der Aufrechnung mit rechtskräftig festgestellten Forderungen.[446]

---

[439] BGH NJW 2008, 63; 2006, 1965; 1985, 2326 f.
[440] NJW 1995, 254.
[441] Vgl. hierzu näher Hannemann WuM 1995, 8 ff.
[442] BGH NJW 1984, 2404; OLG Celle WuM 1989, 234.
[443] BGH NJW 1988, 1201; OLG Hamm NJW-RR 1993, 710.
[444] BGH NJW-RR 2012, 13 = NZM 2012, 22; BeckRS 2011, 26804; NJW 2011, 2201 = NZM 2011, 579; WuM 2008, 152; OLG Hamm NJW-RR 1993, 659; aA LG Berlin NJWE-MietR 1997, 54; GE 1996, 144; LG Heidelberg NJWE-MietR 1997, 99; LG München I WuM 1996, 329; LG Oldenburg ZMR 1995, 597.
[445] BGH NJW 1988, 1201.
[446] BGH NJW 1989, 3215.

Ein gänzlicher **Aufrechnungsausschluss** ist – im Übrigen auch im kaufmännischen Verkehr – unzulässig, wenn der Vertrag nach dem 1.4.1977 abgeschlossen worden ist.[447] 202

Unwirksam ist eine Klausel, wonach die **Aufrechnung gegen Betriebs- und Heizkostenforderungen** unzulässig sein soll.[448] Gleiches gilt für eine Klausel, welche die Aufrechnung mit einer Forderung verbietet, die in keinem **rechtlichen** und **sachlichen Zusammenhang** zu dem **betreffenden Mietverhältnis** steht.[449] 203

Die Klausel „Der Mieter kann gegenüber der Miete mit einer Gegenforderung nur aufrechnen oder ein Zurückbehaltungsrecht geltend machen, wenn die Gegenforderung auf dem Mietverhältnis beruht, unbestritten ist oder ein rechtskräftiger Titel vorliegt", ist zugunsten des Mieters dahin auszulegen (§ 305c Abs. 2 BGB), dass der Mieter mit allen Ansprüchen aus dem Mietverhältnis aufrechnen kann, ferner mit solchen, die unstreitig oder rechtskräftig tituliert sind.[450] 204

Unwirksam ist eine Klausel, welche die Aufrechnung gegen **bestimmte Teile der Miete,** zB 80 % der monatlichen Miete verbietet.[451] 205

In Wohnraummietverträgen kann gem. § 556b Abs. 2 S. 1 BGB die **Aufrechnung mit Schadensersatzansprüchen** nach § 536a Abs. 1 BGB und **Aufwendungsersatzansprüchen** nach § 536a Abs. 2 Nr. 1 BGB nicht ausgeschlossen, sondern lediglich davon abhängig gemacht werden, dass der Mieter seine Aufrechnungsabsicht einen Monat vor der Fälligkeit der Miete schriftlich anzeigt, so dass eine Klausel, die diese erweiterten Aufrechnungsmöglichkeiten nicht vorsieht, unwirksam ist.[452] 206

Aufrechnungsbeschränkungen gelten im Übrigen auch noch über das Ende des Mietverhältnisses hinaus bis zur Rückgabe der Mietsache[453] und auch noch für die Zeit nach Rückgabe.[454] Lediglich die Ankündigungsfrist gilt nicht mehr.[455] 207

e) Leistungsverweigerungsrechte. Das Zurückbehaltungsrecht des Mieters nach § 320 BGB kann angesichts der Regelung in § 309 Nr. 2a BGB formularmäßig weder ausgeschlossen noch eingeschränkt werden. Dies bedeutet, dass auch eine Ankündigungsfrist nicht wirksam vereinbart werden kann, wobei die Unwirksamkeitsfolge bei einer **kombinierten Klausel** über Aufrechnung und Zurückbehaltung – wie oben dargelegt – lediglich den inhaltlich und sprachlich trennbaren, die Zurückbehaltung betreffenden Teil erfasst. Über § 307 Abs. 3 BGB in Verbindung mit § 556b Abs. 2 S. 1 BGB lässt sich eine derartige Ankündigungsverpflichtung nicht ableiten, da danach das Zurückbehaltungsrecht des Mieters wegen Forderungen aus § 536a BGB nicht etwa angekündigt werden muss, sondern lediglich entsprechende Individualvereinbarungen zulässt.[456] 208

Zulässig wäre daher etwa folgende Formulierung: 209

„Die Ausübung eines Zurückbehaltungsrechtes gegenüber Forderungen des Vermieters ist – abgesehen von Ansprüchen des Mieters aus § 536a BGB – ausgeschlossen, soweit es nicht auf demselben Vertragsverhältnis beruht."

f) Verrechnungsbestimmung. Reicht eine Zahlung nicht aus, um die gesamten noch offenen Forderungen zu erfüllen, gilt die dispositive gesetzliche Regelung des § 366 BGB.[457] Dabei kann das Bestimmungsrecht des Mieters jedenfalls bei der Wohnraum- 210

---

447 BGH NJW 2007, 3421; ZMR 1984, 372; OLG Düsseldorf ZMR 1989, 61; OLG Karlsruhe MDR 2006, 745.

448 Sonnenschein NJW 1980, 1714.

449 OLG Celle WuM 1990, 111; aA OLG Hamburg WuM 1986, 82.

450 OLG Hamburg WuM 1986, 82 – entgegen dem Grundsatz der zunächst kundenfeindlichsten Auslegung.

451 LG Hannover WuM 1980, 179.

452 OLG Celle WuM 1990, 111; OLG München WuM 1992, 233; LG Berlin GE 1992, 1217.

453 OLG Düsseldorf BeckRS 2006, 07262; ZMR 1997, 466; NJW-RR 1995, 850; OLG Frankfurt a. M. WuM 1997, 142.

454 OLG Hamm NZM 1998, 438; OLG Karlsruhe ZMR 1987, 261 (262).

455 BGH NJW-RR 2000, 530; 1988, 329.

456 LG Mannheim WuM 1987, 317; LG Osnabrück WuM 1989, 370; AG Gelsenkirchen-Buer ZMR 1993, 572; vgl. ferner OLG Celle WuM 1990, 103 (111).

457 siehe zur Verrechnung auch BGH NZM 2018, 444.

miete formularmäßig nicht ausgeschlossen werden. Dies gilt auch, wenn die formularvertragliche Verrechnungsbestimmung ansonsten genau die Regelung in § 367 BGB wiederholt.[458] Die Klausel „Befindet sich der Mieter mit der Zahlung der Miete in Rückstand, so sind eingehende Zahlungen zunächst auf die Kosten einschl. etwaiger Prozesskosten, dann auf die Zinsen und zuletzt auf die Hauptschuld und zwar zunächst auf die ältere Schuld anzurechnen“, ist somit unzulässig.[459] Ebenso müssen Formularklauseln zumindest die Tilgungsfolge von vornherein festlegen, so dass der Mieter erkennen kann, für welche Schuld er leistet. Die Befugnis des Vermieters, die Verrechnung von Fall zu Fall zu entscheiden, noch dazu ohne den Mieter zumindest bei der Leistung unterrichten zu müssen, hält daher einer Inhaltskontrolle nicht stand.[460] Dem Mieter muss das Recht verbleiben, durch eigene Leistungsbestimmungen einer fristlosen Kündigung nach § 543 Abs. 2 Nr. 3 BGB zu entgehen.

211 Eine individuell – ausdrücklich oder konkludent – vereinbarte Tilgungsbestimmung ist demgegenüber nicht zu beanstanden.[461]

212 g) **Mahnkosten.** Der Vermieter kann sich formularmäßig pauschalierte Mahnkosten in einer, dem tatsächlichen Aufwand entsprechenden Höhe ausbedingen, ohne gegen § 309 Nr. 5 BGB bzw. im kaufmännischen Verkehr gegen § 307 BGB zu verstoßen, wenn dem Mieter nicht der Nachweis abgeschnitten wird, dass Mahnkosten nicht entstanden oder wesentlich niedriger sind.[462]

213 Auf die Möglichkeit dieses Gegenbeweises muss in der Klausel ausdrücklich hingewiesen werden.[463] Daher liegt erst recht ein Verstoß gegen § 309 Nr. 5b BGB vor, wenn die gewählte Formulierung den Gegenbeweis auszuschließen scheint, zB wenn die Mahnkosten als „Mindestpauschale“ bezeichnet sind oder diese „zu zahlen sind“ oder „betragen“ oder der Vermieter berechtigt sein soll, diese „zu erheben“, während eine Formulierung wie „Die Mahnkosten werden mit EUR … berechnet“ zulässig sein soll.[464]

Auch wenn die Mahnkostenklausel unwirksam ist, kann der Vermieter dennoch seine nachgewiesenen tatsächlichen Mahnkosten als Schadensersatz wegen Verzögerung der Leistung nach den §§ 280 Abs. 1 und 2, 286 Abs. 1 BGB verlangen.[465]

214 h) **Pauschalierte Verzugszinsen.** Die Vereinbarung pauschalierter Verzugszinsen mit einem bestimmten Prozentsatz von 2 bis 5 Prozentpunkten über dem Basiszinssatz[466] ist wirksam (§§ 288, 247 BGB).[467]

215 Die Vereinbarung pauschalierter Verzugszinsen in Höhe von 6 Prozentpunkten über dem Basiszinssatz ist dagegen unwirksam.[468]

216 Eine Regelung, wonach die **Geldschulden ab Fälligkeit zu verzinsen** sind, ist gem. § 309 Nr. 4 BGB in Wohnraummietverträgen unwirksam, da sie den Vermieter von der Obliegenheit einer Mahnung befreien (vgl. § 286 BGB).

---

458 Unwirksam wegen Verstoßes gegen § 569 Abs. 5 S. 2 BGB und § 9 AGBG, jetzt § 307 BGB: LG Berlin ZMR 2001, 109.

459 OLG Celle WuM 1990, 103 (109).

460 BGH NJW 2007, 3121; 1984, 2404.

461 BGH NJW-RR 1995, 1257.

462 BGH NJW 2006, 1056 = NZM 2006, 256; OLG Hamburg DB 1984, 2504; KG ZIP 1982, 535; OLG Köln WM 1987, 1550.

463 Anders noch vor der Schuldrechtsreform BGH NJW 1985, 321.

464 BGH NJW 1987, 184; 1985, 631; 1985, 321; OLG Celle WuM 1990, 109; LG Hamburg WuM 1990, 116.

465 BGH NJW 2006, 1056 = NZM 2006, 256 aE.

466 Aktuell im Internet abzurufen u. a. unter http://www.basiszinssatz.de.

467 Seinerzeit durfte dem Mieter der Gegenbeweis eines geringeren Schadens nicht abgeschnitten werden: BGH NJW 1992, 109; 1982, 331; aA LG Hannover WuM 1988, 269.

468 Damals noch zum Diskontsatz der Deutschen Bundesbank BGH NJW 1984, 2941.

6. Betriebskosten

a) **Umlagevereinbarung.** Ausgangspunkt ist, dass der Mieter Nebenkosten nur zu tragen hat, wenn und soweit dies im Mietvertrag ausdrücklich und eindeutig vereinbart ist. Entsprechende Vereinbarungen sind eng auszulegen. Einen anerkannten, üblichen Begriff der **Nebenkosten/Betriebskosten** gibt es nicht.[469] 217

Die Abweichung von der gesetzlichen Vorgabe des § 535 Abs. 1 S. 3 BGB erfordert eine **ausdrückliche Vereinbarung** dahingehend, welche Betriebskosten auf den Mieter umgelegt werden. Dabei soll nach überwiegender Auffassung die **bloße Bezugnahme auf die § 2 BetrKV**[470] genügen, selbst wenn diese Anlage dem Mietvertrag nicht beigefügt und die dort genannten Positionen im Vertrag auch nicht schlagwortartig aufgeführt sind.[471] Es ist wohl davon auszugehen, dass auch der BGH dieser Auffassung zuneigt, auch wenn sich dies nur aus einem obiter dictum bzw. einem Umkehrschluss erschließt, und der BGH eine ausdrückliche Entscheidung hierüber noch nicht getroffen hat.[472] Diese Auffassung überzeugt vor allem vor dem Hintergrund der Rechtsprechung des EuGH zum Verbraucherschutz nicht. So kommt etwa das OLG Hamm nur deshalb zu diesem Ergebnis, da es zu Unrecht unterstellt, es sei heutzutage Allgemeingut und jedem bekannt, was man unter Nebenkosten versteht. Die Unrichtigkeit dieser Prämisse bedarf angesichts der vielfältigen und sich oft nur dem Fachmann erschließenden Auseinandersetzungen um Betriebskosten sicherlich keiner näheren Begründung. Man kann mE auch nicht mit Erfolg argumentieren, auch gesetzliche Regelungen gelten ohne ausdrückliche Aufnahme in einen Vertrag: § 2 BetrKV gilt nämlich nicht automatisch, sondern nur bei entsprechender Vereinbarung, die – sofern vorformuliert – eben den §§ 305–310 BGB entsprechen muss. Die bloße Bezugnahme auf ein, dem Mieter nicht bekanntes Regelwerk, überbürdet ihm somit ein nicht überschaubares Risiko und verstößt weiter gegen das Transparenzgebot und damit gegen § 307 BGB.[473] Daher sollte vorsorglich der Betriebskostenkatalog des § 2 BetrKV nach wie vor an systematischer Stelle im Vertrag aufgelistet oder unter wirksamer Bezugnahme und Beachtung des § 550 BGB als Anlage beigefügt werden. Allerdings hat sich der BGH mit seiner Rechtsprechung von dieser Auffassung noch weiter entfernt und ausdrücklich entschieden, dass in der Wohnraummiete zur Übertragung der Betriebskosten auf den Mieter die – auch formularmäßige – Vereinbarung genügt, dass dieser „die Betriebskosten" zu tragen hat. Auch ohne Beifügung des Betriebskostenkatalogs oder ausdrückliche Bezugnahme auf § 556 Abs. 1 S. 2 BGB und die Betriebskostenverordnung ist damit die Umlage der in § 556 Abs. 1 S. 2 BGB definierten und in der Betriebskostenverordnung erläuterten Betriebskosten vereinbart. Anders aber ggf. dann, wenn durch Zusätze oder weitere Bestimmungen im Mietvertrag unklar würde, ob „die Betriebskosten" im Sinne sämtlicher umlegbarer Betriebskosten oder nur einzelner Betriebskostenarten gemeint ist.[474] 218

Werden im Formularmietvertrag nur „Vorauszahlungen für die Betriebskosten" vereinbart, bedeutet dies nicht eine wirksame Umlagevereinbarung der in § 2 Nr. 1–16 BetrKV genannten Betriebskosten.[475] 219

Wird der Wortlaut des § 2 BetrKV beigefügt bzw. werden die dort aufgeführten Betriebskostenpositionen zumindest schlagwortartig in den Mietvertrag mit aufgenommen, müssen dennoch alle Kostenpositionen unter der Rubrik **„sonstige Betriebskosten"** konkret und zweifelsfrei aufgeführt werden (zB Kosten der Wartung von Feu- 220

---

469 OLG Düsseldorf ZMR 1984, 20.

470 In älteren Mietverträgen ggf. auch Anlage 3 zu § 27 II. BV bzw. § 19 WoFG.

471 BayObLG NJW 1984, 1761; OLG Hamm NJW-RR 1998, 1090 = NZM 1998, 186; offen gelassen OLG Karlsruhe NJW-RR 1986, 91.

472 BGH NZM 2004, 417; 2004, 418.

473 OLG Schleswig NJW 1995, 2858 zur Abbedingung von § 568 BGB aF, jetzt § 545 BGB, aA OLG Rostock NZM 2006, 584.

474 BGH NJW 2016, 1308 = NZM 2016, 235.

475 AG Hamburg 13.5.2022 – 48 C 198/21, ZMR 2023, 472.

erlöschern, der Reinigung von Dachrinnen), damit die zur Wirksamkeit notwendige Bestimmtheit gewährleistet wird.[476]. Nach Auffassung des BGH handelt es sich bei den Kosten des Nutzerwechsels nicht um eine umlagefähige Betriebskostenposition, da es sich nicht um laufend wiederkehrende Kosten handele.[477] Ansonsten ist die Klausel „Der Mieter trägt die **üblichen anteiligen** Hausabgaben und Nebenkosten" insgesamt zu unbestimmt und daher unwirksam.[478] Gleiches gilt für die Bestimmung in einem Formularmietvertrag über Gewerberaum und damit erst recht über Wohnraum: „Der Mieter hat **alle** mit dem Mietobjekt verbundenen **Nebenkosten** zu tragen",[479] ohne dass diese aufgeschlüsselt sind. Der Mieter weiß nämlich nicht, welche Belastungen auf ihn zukommen, so dass ihn das unüberschaubare Risiko unangemessen belastet. Bei der Auslegung einer, die Nebenkosten betreffenden Bestimmung, kommt ein Rückgriff auf § 2 BetrKV oder früher § 27 II. BV und der Anlage 3 nur dann in Betracht, wenn auf diese Vorschrift im Mietvertrag ausdrücklich Bezug genommen wird.[480] Zu beachten ist auch, dass keine Veränderungen (etwa Ankreuzen oder Unterstreichen oder das Einsetzen von Beträgen jeweils nur bei einzelnen Kostenpositionen) vorgenommen werden sollten; ansonsten besteht das Risiko, dass nur diese so „hervorgehobenen" Betriebskosten als wirksam auf den Mieter überbürdet angesehen werden.

Die Überwälzung der Miete für Rauchwarnmelder auf den Mieter ist selbst bei erfolgter Vereinbarung zu sonstigen Betriebskosten unwirksam, da der Vermieter hierdurch lediglich die eigenen Investitionskosten ersparen will.[481] Die Kosten für die regelmäßige Prüfung und Sicherstellung der Betriebsbereitschaft von in den Mieträumen angebrachten Rauchwarnmeldern sind im Wohnraummietverhältnis dagegen wirksam vereinbar.[482]

221 Bei der **Vermietung von Wohnungseigentum** ist die Klausel „Der Mieter trägt die gem. § 16 Abs. 2 WEG auf das Mietobjekt entfallenden Lasten und Kosten des gemeinschaftlichen Eigentums" oder „Der Mieter trägt die sich nach der Abrechnung der Gesamtanlage für das Mietobjekt ergebenden Kosten mit Ausnahme der Instandhaltungsrückstellung" ebenfalls zu unbestimmt und somit unwirksam.[483]

222 Im Übrigen schadet es nicht, wenn einzelne Kostenpositionen, die im Objekt nicht anfallen (zB mangels Aufzugs), nicht gestrichen worden sind. Grundsätzlich ist es nicht erforderlich, dass hinter jeder Betriebskostenposition ein EUR-Betrag (entweder als Vorauszahlung oder als Pauschale) eingetragen ist; es **genügt** vielmehr das Ausweisen einer **Gesamtsumme.** Sind aber bei **einzelnen Positionen** Beträge eingetragen, so kann dies dazu führen, dass nur diese Betriebskostenpositionen als umlagefähig gelten.[484] Ebenso, wenn von den im Mietvertrag aufgeführten Betriebskostenarten nur einige angekreuzt oder auf sonstige Art und Weise **hervorgehoben** sind. Ohne besondere Umstände schadet es weiter nicht, wenn die vereinbarten Vorauszahlungen die später abgerechneten tatsächlichen Kosten deutlich unterschreiten, es sei denn es ist ein besonderer Vertrauenstatbestand begründet worden.[485]

223 Die Regelung in **§ 2 BetrKV** ist im Wohnraummietrecht **abschließend.**[486] Folglich ist eine Klausel bezüglich solcher Kosten, die nicht Betriebskosten iSv § 2 BetrKV sind, gem. § 556 Abs. 4 BGB unwirksam, also Kosten der WEG-Verwaltung, der Kontoführung, der Instandhaltung und Instandsetzung oder die Umlage sämtlicher Kosten,

---

[476] BGH NZM 2004, 417; OLG Düsseldorf MDR 1991, 964; OLG Oldenburg WuM 1995, 430.
[477] vgl. auch BGH NZM 2008, 123; aA: AG Frankfurt a. M. 29.11.2012 – 381 C 2388/12.
[478] OLG Celle WuM 1993, 291.
[479] Vgl. im Umkehrschluss OLG Düsseldorf ZMR 2003, 109.
[480] OLG Düsseldorf DWW 1991, 283.
[481] BGH 11.5.2022 – VIII ZR 379/20, NZM 2022, 755.
[482] BGH 5.10.2022 – VIII ZR 117/21, NZM 2022, 949.
[483] LG Braunschweig NJW-RR 1986, 639; aA OLG Frankfurt a. M. WuM 1985, 91; siehe hierzu ausführlich → § 33 Rn. I 3.
[484] AG Freiburg WuM 1990, 84.
[485] BGH NZM 2004, 619; NJW 2004, 1102.
[486] BGH NZM 2019, 253.

mit denen der vermietende Eigentümer durch die Eigentümergemeinschaft belastet wird.[487]

Allgemein ist zu beachten, dass die einmal vereinbarte **Mietstruktur** ([Teil-]Inklusivmiete, Nettomiete mit Vorauszahlungen oder Pauschale) nicht einseitig geändert werden kann. Eine vorformulierte Regelung, die dem Vermieter einen derartigen Änderungsvorbehalt, insbesondere die Umstellung auf „Netto-Kalt", gestatten soll, verstößt (abgesehen von der Regelung in § 556a Abs. 2 BGB) gegen § 308 Nr. 4 BGB.[488] Ist im Formularmietvertrag eine **Vorauszahlung** oder eine **Pauschale** gemeint, so geht dies zu Lasten des Vermieters – im Zweifel gilt eine Pauschale als vereinbart.[489] 224

Bei **preisgebundenem** Wohnraum gilt nach § 20 Abs. 1 NMV, dass nur diejenigen Betriebskosten auf den Mieter umgelegt werden können, die diesem nach Art und Höhe bei Überlassung der Wohnung bekannt gegeben worden sind,[490] also etwa Kosten, die durch Überlassung der Betriebskostenabrechnung des Vormieters erkennbar sind. 225

b) Mehrbelastungsklauseln. Inhaltlich muss eine entsprechende vorformulierte Regelung den Anforderungen des § 560 Abs. 2 BGB entsprechen und darf zur Vermeidung der Unwirksamkeitsfolge nach § 306 BGB die dort normierten **Rückwirkungsschranken** nicht überschreiten. Daher wurde folgende Klausel für unwirksam gehalten: 226

„Soweit zulässig, ist der Vermieter bei Erhöhungen bzw. Neueinführung von Betriebskosten berechtigt, den entsprechenden Mehrbetrag zum Zeitpunkt der Entstehung umzulegen."[491] Der Mieter darf grundsätzlich nicht rückwirkend belastet werden. Gleichzeitig setzt diese Klausel den Mieter zu Unrecht einem bei Vertragsabschluss unübersehbaren Kostenrisiko aus.[492] 227

Nach der Rechtsprechung des **BGH** ist eine Allgemeinen Geschäftsbedingung in einem Wohnraummietvertrag, dass bei preisgebundenem Wohnraum die jeweils gesetzlich zulässige Miete als vertraglich vereinbart gilt, wirksam.[493] Diese Rechtsprechung hat der BGH nun fortgeschrieben und festgehalten, dass in einem Formularmietvertrag aus den 1970er Jahren die Regelung unter der Überschrift „Gleitklausel" 228

„Alle durch gesetzliche oder behördliche Regelungen allgemein oder im konkreten Fall zugelassenen Mieterhöhungen oder Erhöhungen bzw. Neueinführungen von Nebenkosten und Grundstücksumlagen jeder Art sind vom Zeitpunkt der Zulässigkeit ab vereinbart und zahlbar, ohne dass es einer Kündigung oder einer Mitteilung gemäß § 18 I. BMG bedarf."

als teilbare Klausel zu Mieterhöhungserklärungen nach Modernisierung der preisgebundenen Wohnung nicht insgesamt unwirksam ist. Rechtlichen Bedenken begegnet allein der die Erhöhung oder Neueinführung von Nebenkosten betreffende Klauselteil, der sich durch die schlichte Streichung der Worte „oder Erhöhung bzw. Neueinführung von Nebenkosten und Grundstücksumlagen jeder Art" aus der Klausel entfernen lässt.[494] Die – zulässige – Erhöhung wegen Modernisierungsmaßnahmen wird dadurch nicht tangiert.[495]

Eine Formulierung zB „... vom Zeitpunkt der Zulässigkeit ab ..." ist somit zulässig.[496] Soll der Mieter hingegen „... vom Zeitpunkt des Eintritts ab ..."[497] zur Zahlung verpflichtet sein, verstößt dies gegen das Transparenzgebot, da sich für ihn aus dieser Formulierung im Mietvertrag weder die Voraussetzungen der Erhöhungen noch die Höhe selbst ergeben. 229

---

487 OLG Karlsruhe WuM 1988, 204; LG Braunschweig WuM 1991, 339.
488 AG Hamburg-Blankenese WuM 1998, 418.
489 LG Berlin ZMR 2001, 188; LG Wiesbaden WuM 1987, 274, AG Düsseldorf 6.5.2024 – 37 C 285/23, ZMR 2024, 847.
490 OLG Oldenburg NJW-RR 1998, 12.
491 BGH NZM 2007, 769; NJW 1993, 1061.
492 OLG Düsseldorf BB 1991, 1150.
493 BGH NZM 2004, 93.
494 BGH WuM 2004, 288; NZM 2004, 379.
495 Abgrenzung zu BGH NZM 2004, 253 unter II. 2. b, bb; WuM 2004, 151 (153) unter II. 2. b, bb.
496 BGH NJW 2004, 1598.
497 Wortlauf der Klausel bei BGH NJW 2004, 1738.

230 Mehrbelastungsklauseln, in denen der Mieter verpflichtet wird, erhöhte (oder neu eingeführte – näher sogleich) Betriebskosten zu tragen, sind in Bezug auf die in § 2 BetrKV genannten Betriebskosten wirksam, ohne dass es auf die Vorhersehbarkeit der Neueinführung oder der Erhöhung ankommt.[498]

231 Weiter ist der **Grundsatz der Wirtschaftlichkeit** zu beachten (ausdrücklich gesetzlich normiert in §§ 556 Abs. 3 S. 1, 560 Abs. 5 BGB). Bei preisgebundenem Wohnraum werden die Rückwirkungsfolgen des § 4 Abs. 8 NMV durch die Regelung ausgelöst, dass jeweils die preisrechtlich zulässige Miete als vereinbart gilt.

232 c) **Umlage neuer Betriebskosten.** Die Klausel betreffend die Umlage „neu eingeführter" Betriebskosten bezieht sich nur auf solche, die **unabhängig vom Willen des Vermieters** erstmalig neu erhoben werden. Führt der Vermieter von sich aus Betriebskosten ein, so ist die Klausel nur anzuwenden, wenn die Einführung zur ordnungsgemäßen Erhaltung des Grundstücks zwingend geboten erscheint.[499]

233 Neu eingeführte oder erhöhte Betriebskosten können bei Vereinbarung einer nicht abrechenbaren, aber erhöhbaren Betriebskostenpauschale nur beansprucht werden, wenn die Umlegung auf den Mieter zur Erhöhung des Gesamtbetrags der Betriebskosten führt und die Form sowie die Fristen des § 560 Abs. 1 und 2 BGB beachtet werden.[500]

234 d) **Abrechnungsmaßstab.** Grundsätzlich steht es den Vertragsparteien frei, welchen, für die Einzelnen als umlagefähig vereinbarten Betriebskostenpositionen ggf. auch unterschiedlichen, Verteilungsschlüssel sie im Vertrag vereinbaren. Fehlt es einer entsprechenden vertraglichen Regelung, bestand nach bisheriger Rechtslage ein Leistungsbestimmungsrecht des Vermieters nach § 315 BGB.[501] Für nach dem 31.8.2001 abgeschlossene Abrechnungszeiträume (Art. 229 § 3 Abs. 9 EGBGB) regelt § 556a Abs. 1 BGB, dass mangels abweichender vertraglicher Regelung nach dem Anteil der Wohnfläche zur Gesamtwohnfläche umzulegen ist bzw. bei (bereits) erfasstem Verbrauch oder einer (bereits) erfassten Verursachung ein Maßstab anzuwenden ist, der dem unterschiedlichen Verbrauch oder der unterschiedlichen Verursachung Rechnung trägt. Hiervon kann vertraglich zulässigerweise abgewichen werden, nachdem § 556a Abs. 3 BGB lediglich auf Abs. 2 dieser Vorschrift verweist.

235 Eine derartige abweichende vertragliche Regelung, die sich auch auf verbrauchsabhängige Betriebskosten iSv § 556a Abs. 1 S. 2 BGB beziehen kann, verstößt aber gegen § 307 BGB, wenn sie einen vom Verbrauch oder der tatsächlichen Verursachung unabhängigen Abrechnungsmaßstab vorsieht, die Wohnung aber mit Einrichtungen zur Verbrauchserfassung ausgestattet ist. In diesen Fällen darf der Mieter nach Treu und Glauben erwarten, dass die erfassten Kosten auch verbrauchsabhängig abgerechnet werden, insbesondere wenn sie dem Vermieter gerade unter Zugrundelegung dieses Verbrauchs- oder Verursachungsanteils des Mieters in Rechnung gestellt werden.[502]

236 e) **Änderungsvorbehalte.** Vorformulierte Änderungsvorbehalte zugunsten des Vermieters, etwa für den Verteilerschlüssel, den Abrechnungszeitraum oder die Vorauszahlungen auf die Betriebskosten, müssen die Regelung in § 308 Nr. 4 BGB beachten.

237 Eine Anpassung bedarf daher eines wirtschaftlich begründeten Anlasses, muss an billiges Ermessen iSv § 315 Abs. 3 BGB[503] geknüpft und damit gerichtlich überprüfbar sein, und kann immer nur zu Beginn der jeweiligen Abrechnungsperiode eingreifen.[504] Die Formulierung „geeigneter Maßstab" oder „unter Berücksichtigung der Gleichbe-

[498] OLG Karlsruhe WuM 1981, 56.
[499] LG Hamburg MDR 1980, 230.
[500] OLG Frankfurt a. M. WuM 1992, 56 (62).
[501] OLG Hamm ZMR 1984, 14.
[502] AG Moers WuM 1996, 96.
[503] BGH NJW 2015, 952 = NZM 2015, 130.
[504] BGH NJW 1993, 1061 – vgl. im Übrigen bei der Versorgung mit Wärme und Warmwasser § 6 Abs. 4 HeizkostenVO.

handlung aller Mieter“[505] erfüllt nicht die Vorgaben an eine Leistungsbestimmung des Vermieters nach billigem Ermessen.

Während es bei preisgebundenem Wohnraum in § 20 Abs. 4 NMV schon immer eine gesetzliche Regelung zur Anpassung von Vorauszahlungen gab, wurde eine entsprechende Regelung für preisfreien Wohnraum erst durch das Mietrechtsreformgesetz in § 560 Abs. 4 BGB geschaffen. 238

Diese Regelung ist zwingend (§ 560 Abs. 6 BGB) und gilt für alle nach dem 31.8.2001 beendeten Abrechnungszeiträume (Art. 229 § 3 Abs. 9 EGBGB). 239

Für Altmietverträge war umstritten, ob der Vermieter eine Erhöhung der Vorauszahlungen nur fordern kann, wenn dies ausdrücklich vereinbart ist[506] oder ob auch ohne ausdrückliche Vereinbarung eine derartige Erhöhungsbefugnis im Wege ergänzender Vertragsauslegung abgeleitet werden kann.[507] Diese Frage ist nach § 560 Abs. 4 BGB. 240

f) **Betriebskostenabrechnung.** Angesichts der gesetzlichen Vorgaben in § 556 Abs. 3 BGB für preisfreien und in § 20 NMV bei preisgebundenem Wohnraum darf eine vertragliche Bestimmung in einem Wohnraummietvertrag den **Abrechnungszeitraum** von einem Jahr grundsätzlich nicht über-,[508] wohl aber (etwa bei Änderung des Abrechnungszeitraumes oder nach Errichtung der Mietsache bei einem Rumpfjahr) unterschreiten. 241

Einer unter der Geltung des § 4 Abs. 1 S. 1 und 2 MHG, also bei einem vor dem 1.9.2001 abgeschlossenen Wohnraummietvertrag von einem Vermieter gestellten Formularklausel, die bestimmt:

„Spätestens am 30. Juni eines jeden Jahres ist über die vorangegangene Heizperiode abzurechnen. […]“,

ist keine Ausschlusswirkung dahin beizumessen, dass der Vermieter mit Ablauf dieser Frist gehindert ist, Heizkostennachforderungen geltend zu machen.[509]

Für den Mieter gilt eine **Ausschlussfrist für Einwendungen** gegen die Abrechnung von einem Jahr ab deren Zugang nach § 556 Abs. 3 S. 4 BGB, sofern er die Verspätung nicht zu vertreten hat (§ 556 Abs. 3 S. 5 BGB). Auf diese Frist muss der Mieter nicht gesondert aufmerksam gemacht werden. Diese Regelung ist zugunsten des Mieters nach § 556 Abs. 4 BGB zwingend, so dass hiervon abweichende, auch individuelle Vereinbarungen unwirksam sind. 242

Für frühere Abrechnungsperioden ist eine Klausel, wonach eine Betriebskostenabrechnung **als anerkannt gilt,** wenn der Mieter nicht innerhalb eines Monats nach Zugang widerspricht, zum einen überraschend iSv § 305c Abs. 1 BGB, führt weiter auf Grund der Ausschlussfristwirkung zu einer unangemessenen Benachteiligung des Mieters iSv § 307 BGB und widerspricht drittens auch § 309 Nr. 5b BGB, wonach der Vermieter verpflichtet ist, den Mieter bei Beginn der Frist auf Ausschlusswirkungen besonders hinzuweisen.[510] Ansonsten muss dem Mieter eine angemessene Prüfungs- und Widerspruchsfrist von 3–4 Wochen eingeräumt werden und er ist zusammen mit der Zusendung der Abrechnung nochmals besonders auf die Bedeutung seines Schweigens hinzuweisen.[511] 243

Bei der **Vermietung von Wohnungseigentum** ist auf Grund ggf. unterschiedlicher Abrechnungszeiträume und unterschiedlicher Umlagemaßstäbe jedenfalls aus Vermietersicht auf eine entsprechende Gleichschaltung der Absprachen mit dem Mieter mit den WEG-rechtlichen Vorgaben, etwa nach der Teilungserklärung, zu achten. Sind im Mietvertrag keine Vereinbarungen getroffen, sind allerdings nunmehr[512] die Betriebs- 244

505 LG Hamburg ZMR 1998, 36 (38).
506 AG Neuss ZMR 1997, 305; Geldmacher DWW 1997, 8; Sonnenschein NJW 1992, 265.
507 AG Karlsruhe DWW 1993, 21.
508 LG Düsseldorf ZMR 1998, 167.
509 BGH NJW-RR 2016, 526 = NZM 2016, 307.
510 LG Berlin GE 1997, 1531.
511 Bub/Treier/Bub Kap. II Rn. 1228.
512 Seit dem 1.12.2020 – WEMoG.

kosten gem. 556a Abs. 3 S. 1 BGB abweichend von § 556a Absatz 1 nach dem für die Verteilung zwischen den Wohnungseigentümern jeweils geltenden Maßstab umzulegen.

245 Bei einem **Mieterwechsel während der Verbrauchsperiode** ist der Vermieter nach allgemeiner Meinung zu einer Zwischenabrechnung nicht verpflichtet, wohl aber zur Erfassung der Verbrauchsstände. Dabei hat der Vermieter die Kosten einer derartigen Zwischenablesung zu übernehmen, da es sich hierbei um Verwaltungskosten handelt welche in den Risikobereich des Vermieters fallen.[513]

246 **g) Leerstandsklauseln.** Vorformulierte Regelungen, nach denen die Mieter eines Gebäudes die auf unvermietete und leerstehende Räume entfallenden Betriebskosten zu tragen haben, und sei es auch mittelbar, sind gem. § 307 Abs. 2 Nr. 1 BGB unwirksam, da sie dem Mieter das Vermietungsrisiko des Vermieters teilweise überbürden.[514]

247 Wirksam ist dagegen eine Klausel, nach welcher der Eigentümer unvermieteter und leer stehender Räume nicht mit Betriebskosten belastet wird, die nachweislich nicht wegen des Leerstandes bezüglich dieser Räume angefallen sind, da die übrigen Mieter keinen Anspruch darauf haben, aus dem Leerstand Vorteile zu ziehen und der Vermieter den Anspruch eines ausgezogenen Mieters auf Anrechnung ersparter Aufwendungen nach dessen Auszug gemäß § 537 Abs. 1 S. 2 BGB formularmäßig nicht ausschließen kann.[515]

7. Mietsicherheiten

248 Die Vereinbarung einer Mietsicherheit bedarf einer vertraglichen Regelung. Eine Verpflichtung des Mieters zur Zahlung einer Mietsicherheit kraft Gesetzes gibt es nicht.

249 **a) Barkaution.** Eine entsprechende Mietvertragsklausel hat bei preisfreiem Wohnraum § 551 BGB und bei preisgebundenem Wohnraum § 9 Abs. 5 WoBindG zu beachten. Beide Vorschriften sind nicht abdingbar.

250 Im Rahmen der Mietrechtsreform 2001 hat der Gesetzgeber in Art. 229 § 3 Abs. 8 EGBGB festgehalten, dass die **Verzinsungspflicht** des § 551 Abs. 3 S. 1 BGB nicht anzuwenden ist, wenn die Verzinsung vor dem 1.1.1983 durch Vertrag **ausgeschlossen** worden ist. Bisher wurde demgegenüber die Meinung vertreten, dass selbst die vor Inkrafttreten der Vorgängervorschrift zu § 551 BGB, des § 550b BGB aF, eben am 1.1.1983 formularmäßig ausgeschlossene Verzinsung des Kautionsbetrages gegen § 307 Abs. 2 Nr. 1 BGB verstoße.[516] So auch die bisherige Instanzrechtsprechung.[517] Die Kaution diene dem Vermieter nicht als kostenloser Kredit, sondern als Sicherheit. Der BGH sieht dies anders: Ein formularmäßig vereinbarter Ausschluss der Verzinsung des Kautionsguthabens in einem im Jahr 1966 abgeschlossenen Wohnraummietvertrag hält einer Inhaltskontrolle am Maßstab des § 307 Abs. 1 S. 1 BGB stand. Obgleich § 551 BGB mit Wirkung seit dem 1.9.2001 grundsätzlich auch auf zu diesem Zeitpunkt bereits bestehende Mietverhältnisse anzuwenden ist, gilt dies nach der Übergangsvorschrift des Art. 229 § 3 Abs. 8 EGBGB nicht, wenn die Verzinsung der Kaution vor dem 1.1.1983 durch Vertrag ausgeschlossen worden ist.[518]

251 Eine Klausel, die den Mieter darüber hinwegtäuscht, dass er die **Kaution in drei Raten** mit den ersten 3 Monatsmieten zahlen darf (zB „Der Mieter leistet bei Abschluss des Mietvertrages eine Mietsicherheit in Höhe von … EUR, höchstens jedoch in Höhe der dreifachen Monatsmiete") führt – unabhängig davon, ob sie in einem Satz oder in mehreren Sätzen formuliert ist, nicht zur völligen Unwirksamkeit der Kautionsvereinbarung – im Übrigen auch dann, wenn ein weiterer Verstoß wegen Überschreitens der

---

513 LG Görlitz WuM 2007, 265; aA vgl. nur AG Hamburg WuM 1996, 562: LG Berlin GE 2003, 121: Kosten trägt der Verursacher.

514 BGH NJW 2010, 3645 = NZM 2010, 855; Gelhaar ZMR 1981, 228.

515 OLG Frankfurt a. M. EWiR 1986, 425.

516 LG Hamburg NJWE-MietR 1997, 126; WuM 1992, 33 LG München WuM 1992, 617; aA LG Frankfurt a. M. WuM 1988, 307.

517 LG Düsseldorf BeckRS 2013, 11551.

518 BGH NJW-RR 2018, 1485.

maximalen gesetzlichen Höhe von 3 Monatskaltmieten vorliegt.[519] Der Mieter darf also den vereinbarten Kautionsbetrag in drei gleichen Monatsraten bezahlen, muss ihn aber entrichten und kann einen etwa gezahlten Betrag nicht aus bereicherungsrechtlichen Gesichtspunkten zurückverlangen.[520]

Da den Vermieter kraft Gesetzes (§ 551 Abs. 3 S. 3 BGB) die Verpflichtung trifft, die Kaution **insolvenzsicher,** mithin getrennt von seinem Vermögen anzulegen, kann er sich formularmäßig hierfür auch keine Kostenpauschale versprechen lassen.[521] 252

Unwirksam ist die Vereinbarung, wonach die **Obergrenze von 3 Monatsmieten** für Mietsicherheiten iSd §§ 551 Abs. 1, 232 BGB überschritten wird, wobei zusätzliche Sicherheiten, wie zB eine Schlüsselkaution, eine Abtretung von Ansprüchen gegen Dritte etc einzurechnen sind.[522] Dies berührt aber die Wirksamkeit der Kautionsabrede unter Beachtung der entsprechenden gesetzlichen Vorgaben in § 551 BGB im Übrigen nicht.[523] Zusätzliche Sicherheiten für die Anbringung von Parabolantennen als Voraussetzung für eine entsprechende Duldungspflicht des Vermieters sind dagegen nicht einzurechnen,[524] oder für privilegierte Maßnahmen des Mieters nach § 554 BGB („zusätzliche Sicherheit"). Zinsen dürfen zulässigerweise nur die Sicherheit erhöhen (§ 551 Abs. 3 S. 4 BGB). 253

b) Bürgschaft. Die Vereinbarung zwischen Vermieter und Mieter über die Leistung einer Barkaution und **Stellung eines Bürgen** ist gem. § 551 BGB unwirksam, soweit der Vermieter dadurch eine Sicherheit in Höhe von insgesamt mehr als 3 Monatsmieten erhalten würde.[525] 254

Hat der Vermieter den Abschluss des Mietvertrags über eine Wohnung davon abhängig gemacht, dass der Mieter neben der Barkaution zusätzlich eine Bürgschaft für alle Ansprüche aus dem Mietverhältnis stellt, so kann der Mieter verlangen, dass der Bürge über den Betrag von 3 Monatsmieten hinaus nicht in Anspruch genommen wird.[526] Der Bürge kann dieses Recht des Mieters einredeweise geltend machen.[527] 255

Der Mieter kann auch formularvertraglich zur Gestellung einer **Bürgschaft** unter **Verzicht auf die Einrede der Anfechtbarkeit** oder unter **Verzicht auf das Recht der Hinterlegung** oder unter **Verpflichtung des Bürgen zur Zahlung auf erstes Anfordern** verpflichtet werden.[528] 256

c) Sicherheitsabtretung. Eine formularmäßige **Vorausabtretung des pfändbaren Teils von Lohn** oder **Gehalt** des Mieters zur Absicherung der Ansprüche des Vermieters aus dem Mietvertrag ist zulässig, wenn dies nicht zu einer übermäßigen Sicherung des Vermieters führt und klarstellt, unter welchen Voraussetzungen der Vermieter von der Abtretung Gebrauch zu machen berechtigt sein soll, zB bei Zahlungsverzug.[529] 257

Zu einer zur Unwirksamkeit der Klausel führenden Übersicherung führt die **Vorausabtretung** des **gesamten pfändbaren Arbeitseinkommens** ohne zeitliche und betragsmäßige Begrenzung.[530] 258

---

[519] BGH NJW 2004, 1240; WuM 2004, 269; NJW 2003, 2899; LG Lüneburg NZM 2000, 376; aA noch OLG Hamburg WuM 1991, 385 (387); LG Hamburg WuM 1990, 416; LG München I NZM 2001, 583; WuM 1994, 370; AG Dortmund WuM 1997, 212; AG Gießen WuM 2000, 247; AG Görlitz WuM 2000, 547; AG Homburg 22.10.1999 – 4 C 358/99; AG Pinneberg ZMR 1999, 264; AG Tempelhof MM 2000, 282; AG Steinfurt WuM 1999, 433.

[520] LG Berlin NJW-RR 2000, 821.

[521] LG München I NZM 1998, 32.

[522] BGH NJW 1989, 1853; LG Berlin GE 1993, 159.

[523] BGH NJW 2004, 3045.

[524] OLG Frankfurt a. M. NJW 1992, 2490; OLG Karlsruhe NJW 1993, 2815.

[525] OLG Köln WuM 1989, 136; LG Hamburg DWW 1989, 27.

[526] BGH NJW 2004, 3045.

[527] BGH NJW 1989, 1853.

[528] BGH NJW 1986, 45; 1985, 1694 – str.

[529] BGH NJW 1989, 2383; WM 1976, 151; LG Hagen NJW-RR 1988, 1232.

[530] BGH NJW 1989, 2383.

259 Die formularmäßige **Abtretung der Forderungen des Wohnraummieters gegen den Untermieter** an den Vermieter bis zur Höhe seiner Mietforderungen verstößt gegen § 9 AGBG, da sie erheblich vom gesetzlichen Leitbild des Mietvertrags abweicht und den wirtschaftlichen Bewegungsspielraum des Mieters einengt.[531]

8. Änderung der Miete

260 **a) Erhöhungsvorbehalte.** In Mietverträgen über preisfreien Wohnraum sind jegliche **Mieterhöhungsvorbehalte,** die zu Ungunsten des Mieters von den Mieterhöhungsvorschriften des BGB abweichen bereits nach den §§ 557a Abs. 4, 557b Abs. 4, 558 Abs. 6, 558a Abs. 5, 558b Abs. 4, 559 Abs. 3, 559a Abs. 5, 559b Abs. 3, 560 Abs. 6 BGB unwirksam, ohne das es einer weitergehenden AGB-Inhaltskontrolle bedarf.[532] Zulässig ist allerdings die formularvertragliche Vereinbarung eines **Gewerbezuschlags** für den Fall einer künftigen Nutzung zu anderen als zu Wohnzwecken.[533]

261 **b) Mieterhöhung trotz Befristung?** Die Parteien des Mietvertrages können die Möglichkeit einer **Mieterhöhung** vertraglich ausschließen. Ein derartiger **Ausschluss** kann auch stillschweigend vereinbart werden oder sich aus den Umständen des Einzelfalles ergeben (§ 557 Abs. 3 BGB).

262 Die Vorgängervorschrift des § 1 S. 3 MHG stellte als wichtigsten Fall für einen solchen, sich aus den Umständen ergebenden Ausschluss die **Vereinbarung eines befristeten Mietverhältnisses mit einer festen Miete** heraus. Dies resultierte aus der früheren Rechtslage, bei der sich ein Mieter gegen Änderungskündigungen des Vermieters, mangels gesetzlicher Anspruchsgrundlagen damals die einzige Möglichkeit zur Durchsetzung von Mieterhöhungen, am besten durch die Vereinbarung einer festen Vertragslaufzeit schützen konnte – ein Schutz, der auch nach Einführung des MHG erhalten bleiben sollte.[534] Bei § 1 S. 3 MHG handelte es sich nach überwiegender Meinung um eine gesetzliche Vermutung, die widerlegt werden konnte, so dass auch während eines Zeitmietvertrages Mieterhöhungen nach dem Gesetz zur Regelung der Miethöhe möglich blieben.[535]

263 Wann wurde eine derartige **Ausschlussvereinbarung vermutet?** Nach ursprünglich einhelliger Meinung war eine „feste" Miete iSd § 1 S. 3 MHG vereinbart, wenn der Zeitmietvertrag keinen Erhöhungsvorbehalt enthält.[536] Dann wurde die Auffassung vertreten, die bloße (auch handschriftliche) Einfügung eines bestimmten Geldbetrages als Miete in einen Formularmietvertrag mit bestimmter Laufzeit würde hierfür nicht ausreichen, wenn sonstige auf die Vereinbarung einer festen Miete deutende Hinweise fehlen.[537] Man verlangte also außer der Befristung noch weitere Vereinbarungen. Diese Auffassung überzeugte nicht. Abgesehen davon, dass die soeben dargelegte Entstehungsgeschichte des § 1 S. 3 MHG zu Unrecht nicht berücksichtigt wurde,[538] hätte § 1 S. 3 MHG insoweit seinen Anwendungsbereich verloren, wenn über das Fehlen eines Erhöhungsvorbehalts hinaus weitere Umstände erforderlich gewesen wären, die „diese Vereinbarung hinreichend deutlich zum Ausdruck bringen". Dadurch wurde das Tatbestandsmerkmal „feste Miete" auch nicht überflüssig, da bei einem Zeitmietvertrag mit Erhöhungsvorbehalt eben keine feste Miete vereinbart ist.[539]

---

[531] OLG Celle WuM 1990, 105.

[532] Zur Staffelmiete gem. § 557a BGB vgl. BGH NJW 2004, 511; NZM 2004, 736; siehe im Übrigen zur Zulässigkeit von Gleitklauseln vor allem im öffentlich geförderten Wohnraum BGH WuM 2004, 288; NZM 2004, 379.

[533] BayObLG WuM 1986, 205.

[534] Blank WuM 1994, 421 f.

[535] SternelII MietR Rn. 535, 539 str.

[536] Langenberg/Zehelein BetrKostR C. Rn. 2.

[537] OLG Stuttgart NJW-RR 1994, 1291; Sternel MietR aktuell Rn. 647.

[538] Hannemann/Wiek/Emmert MietR-HdB/Wiek Anmerkung zu OLG Stuttgart Nr. 28.

[539] Hannemann/Wiek/Emmert MietR-HdB/Wieck Anmerkung zu OLG Stuttgart Nr. 28.

Durch das **Mietrechtsreformgesetz 2001** wurde nun aber der letzte Halbsatz von § 1 S. 3 MHG gestrichen. Nach der Gesetzesbegründung soll damit keine inhaltliche Änderung der bisherigen Rechtslage verbunden sein. Der Gesetzgeber verweist ausdrücklich auf den vorzitierten Rechtsentscheid des OLG Stuttgart[540] und nimmt dies zum Anlass, klarzustellen, dass es für die Frage, ob eine Erhöhungsausschluss vorliegt, entscheidend auf die konkrete Ausgestaltung des Vertrages ankomme, letztendlich also auf die Umstände des Einzelfalls. Dies könnte dazu verleiten, anzunehmen, dass allein die Vereinbarung einer festen Laufzeit und eines bestimmten Mietbetrages nicht mehr ohne weiteres Mieterhöhungsmöglichkeiten ausschließt, selbst wenn kein ausdrücklicher Erhöhungsvorbehalt vereinbart wurde. Angesichts der vorstehend bewusst ausführlich nochmals zusammengefassten Bedenken bereits zur bisherigen Rechtslage sollte aber (gerade aus anwaltlicher Sicht) bis zu einer klarstellenden höchstrichterlichen Entscheidung der sicherste Weg gegangen werden, an dem sich daher die folgenden Ausführungen orientieren. 264

In befristeten **Wohnraummietverträgen** kann sich der Vermieter das Mieterhöhungsrecht daher nach den §§ 558–560 BGB auch während der fest vereinbarten Laufzeit formularmäßig vorbehalten, wodurch die Vermutung, dass die Miete während der fest vereinbarten Mietdauer unverändert bleibt (§ 557 Abs. 3 BGB), widerlegt wird.[541] Die Ausschlussvermutung des § 557 Abs. 3 BGB (= § 1 Abs. 3 MHG aF) wird auch durch eine generalisierend auszulegende Klausel widerlegt, dass für Mieterhöhungen die gesetzlichen Vorschriften und Fristen gelten sollen.[542] 265

Ein auch formularvertraglich,[543] selbst an anderer Stelle als der Vereinbarung der Befristung[544] vereinbarter Erhöhungsvorbehalt muss zunächst § 305b BGB beachten und darf nicht einer individuellen Vereinbarung über die Befristung des Mietvertrages mit fester Miete widersprechen.[545] Weiter muss der Erhöhungsvorbehalt nach zwei Richtungen hin eindeutig sein: einmal hinsichtlich der Erhöhungsmöglichkeit selbst und zum anderen in Bezug auf die Befristungsabrede; die Erhöhungsklausel muss sich eindeutig auf den Zeitmietvertrag beziehen.[546] Andernfalls kann zu Lasten des Vermieters § 305c Abs. 2 BGB eingreifen. Daher reichen folgende Klauseln nicht aus: 266

„Der Vermieter kann während der vereinbarten Vertragszeit die gesetzlich zugelassenen Mieterhöhungen verlangen".[547] Dies deshalb, da damit auch auf § 557 Abs. 3 BGB verwiesen wird.
„Für sonstige Mieterhöhungen gelten die gesetzlichen Vorschriften und Fristen".[548] Auch hier ist § 557 Abs. 3 BGB mit eingeschlossen.
„Der Vermieter hat einen sofortigen Anspruch auf die preisrechtlich zulässige Miete".[549]

Offen gelassen wurde die Wirksamkeit bei folgender Klausel: 267

„Der Vermieter ist berechtigt, nach Maßgabe der gesetzlichen Bestimmungen die Zustimmung zur Erhöhung der Miete jeweils nach Ablauf eines Jahres zum Zwecke der Anpassung an die geänderten wirtschaftlichen Verhältnisse auf dem Wohnungsmarkt zu verlangen". Damit soll zusätzlich zu den Vorgaben der §§ 557 ff. BGB Voraussetzung für eine Mieterhöhung sein, dass sich seit Beginn des Mietverhältnisses die ortsüblichen Mieten insgesamt erhöht haben.[550]

Nach alledem wäre folgende Klausel **zulässig:** 268

„Ist das Mietverhältnis auf bestimmte Zeit vereinbart, so ist der Vermieter gleichwohl berechtigt, die Miete nach den Bestimmungen des BGB während der Vertragslaufzeit zu erhöhen".[551]

---

540 OLG Stuttgart NJW-RR 1994, 1291.
541 LG Kiel WuM 1992, 623; aA LG Bonn WuM 1992, 254.
542 OLG Stuttgart NJW-RR 1994, 1291; aA LG Bonn WuM 1992, 254.
543 LG Berlin GE 1986, 501; 1984, 923; LG Bonn WuM 1992, 254; LG Kiel WuM 1992, 623.
544 AG Bonn NJW-RR 1992, 455; aA AG Offenbach ZMR 1987, 472 mablAnm Schulz.
545 LG Köln WuM 1991, 353 mwN; AG Nürnberg WuM 1993, 618.
546 Blank PiG 40, 143 (151).
547 OLG Stuttgart WuM 1994, 420; LG Köln WuM 1991, 353; aA LG Kiel WuM 1992, 623.
548 LG und AG Bonn WuM 1992, 254; AG Friedberg WuM 1994, 216; AG Tettnang WuM 1993, 406.
549 AG Neumünster WuM 1991, 353.
550 AG Rastatt WuM 1997, 177, zum MHG.
551 Barthelmess MHG § 1 Rn. 34a.

9. Mietgebrauch

269 Der Vermieter ist kraft Gesetzes verpflichtet, dem Mieter ab Beginn des Mietverhältnisses das Mietobjekt in einem Zustand zu überlassen, der den Mieter zum vertragsgemäßen Gebrauch befähigt und hat diesen Zustand während der gesamten Mietzeit zu erhalten (§ 535 Abs. 1 S. 2 BGB). Beim **Wohnen** gehört hierzu alles, was zur Benutzung der gemieteten Räume als existenziellen Lebensmittelpunkt des Mieters und seiner Familie gehört, mithin die gesamte Lebensführung des Mieters in all ihren Ausgestaltungen und mit all ihren Bedürfnissen.[552] Selbstverständlich können dem Mieter auch darüber hinausgehende (Sonder-)Nutzungsrechte eingeräumt werden. Dazu bedarf es einer umfassenden Interessenabwägung[553] im Einzelfall.

270 a) **Verbote.** Vorformulierte generelle Verbote in Bezug auf Mietgebrauchsrechte des Mieters sind – schon mangels Interessenabwägung – unzulässig (Übermaßverbot – vgl. zB das generelle Tierhaltungsverbot).[554] Auch bei einer Interessenabwägung führt ein Verbot zur Unzulässigkeit, wenn der Mieter auf den entsprechenden Mietgebrauch angewiesen ist[555] bzw. wenn die Grundrechte in ihrem Wesenskern getroffen werden.[556]

271 So ist es nicht zulässig den Mieter in der Hausordnung zur „unbedingten Ruhe" anzuhalten, da dies den vertragsgemäßen Gebrauch in erheblicher Weise einschränkt, da eine solche Regelung über das Gebot der gegenseitigen Rücksichtnahme hinausgeht und auch Geräusche mit einschließt, die beim bestimmungsgemäßen Gebrauch des Mietobjekts unvermeidbar sind. Die Unwirksamkeit der Klausel folgt insoweit aus § 307 Abs. 2 Nr. 2 BGB.[557]

272 b) **Erlaubnisvorbehalte.** Einzelne **Mietgebrauchsrechte,** und folglich erst recht **darüberhinausgehende Nutzungsrechte,** können zugunsten des Vermieters auch formularmäßig unter Erlaubnisvorbehalt gestellt werden, wobei allerdings die Verknüpfung der Erlaubnis mit einem **Schriftformerfordernis** zur Unzulässigkeit führt. Im Zweifel wird sich die Unwirksamkeit auf die gesamte Klausel beziehen.[558] Allein bei sprachlicher und inhaltlicher Trennbarkeit kann der Erlaubnisvorbehalt auch ohne das Schriftformerfordernis Bestand haben.[559]

273 Ist die Klausel insgesamt unwirksam, so ist der Mietgebrauch im Rahmen des Vertragszwecks ohne weiteres zulässig. Eine gebrauchserweiternde Sondernutzung zugunsten des Mieters bleibt in einem solchen Fall hingegen untersagt. Dies stellt jedoch nur auf den ersten Blick eine von dem Rechtsgedanken der §§ 305 ff. BGB abweichendes Ergebnis dar, wonach die Interessen des Vertragspartners des Verwenders geschützt werden sollen. Eine Vereinbarung, ob ausdrücklich oder konkludent, ob schriftlich oder mündlich getroffen, die dem Mieter als Vertragspartner des Verwenders ein weitergehendes Nutzungsrecht einräumt, wird nämlich durch besagte Unwirksamkeit der Klausel nicht betroffen (folglich auch § 305b BGB). Bei einer solchen Vereinbarung über weitergehende Nutzungsrechte gilt es, im Falle eines Ausschlusses des ordentlichen Kündigungsrechts über ein Jahr hinaus, die Regelung des § 550 BGB zu beachten.

274 Beim **Mietgebrauch** ist ein solcher vorformulierter Erlaubnisvorbehalt nur zulässig, wenn der Vermieter die Erlaubniserteilung an billiges, mithin also iSv § 315 Abs. 3 BGB gebundenes und gerichtlich uneingeschränkt überprüfbares Ermessen knüpft mit der Folge, dass der Mieter grundsätzlich einen Anspruch auf Erlaubnis hat, soweit keine

---

[552] BayObLG NJW 1981, 1275.

[553] Vgl. Horst NZM 1998, 647.

[554] BGH NJW 2008, 218 = NZM 2008, 78; NJW 1993, 1061; OLG Frankfurt a. M. WuM 1992, 56 (60).

[555] LG Köln NJW-RR 1997, 1440: vorformuliertes Verbot, nach 22 Uhr zu baden oder zu duschen.

[556] ZB Art. 5 Abs. 1 S. 1 GG: BGH NZM 2007, 597: generelles Verbot der Anbringung von Parabolantennen; LG Essen WuM 1998, 344: vorformulierter Verzicht des Mieters auf Errichtung einer Satelliten- oder Funkempfangsstation.

[557] AG Hamburg 2.8.2024 – 21 C 402/23, ZMR 2025, 514.

[558] BGH NJW 1991, 1750; LG Mannheim WuM 1992, 470.

[559] OLG Frankfurt a. M. WuM 1992, 56 (62).

überwiegenden sachbezogenen Gründe auf Vermieterseite entgegenstehen. Bei **Sondernutzungen** steht es im freien Ermessen des Vermieters, die Erlaubnis zu erteilen oder zu verweigern und der Mieter kann hiergegen lediglich Rechtsmissbrauchsgesichtspunkte mit Erfolg einwenden (zB bezogen auf ständige teilgewerbliche Nutzung oder erhebliche bauliche Umgestaltung des Mietobjektes). Fraglich ist, ob bei einem Anspruch des Mieters auf Erlaubniserteilung eine eigenmächtige Gebrauchsausübung zur Vertragswidrigkeit führt[560] oder ob die Nichteinhaltung lediglich der formellen Vorgabe sanktionslos bleibt, wenn dem Mieter ein Anspruch auf Erlaubniserteilung zusteht.

c) **Widerrufsvorbehalte.** Auch wenn anerkannt ist, dass auch ohne ausdrücklichen Vorbehalt eine einmal erteilte Erlaubnis bei Vorliegen eines wichtigen Grundes bzw. wegen wesentlicher Änderung der Verhältnisse widerrufen werden kann,[561] sollte sicherheitshalber ein auch formularvertraglich zulässiger Widerrufsvorbehalt vereinbart werden. Dieser muss die Widerrufstatbestände konkret und zweifelsfrei erkennen lassen, so dass allgemeine Formulierungen sich zulässigerweise wiederum nur auf das Vorliegen eines wichtigen Grundes bzw. die wesentliche Änderung der Verhältnisse beschränken können. Das Erfordernis des **schriftlichen** Widerrufs richtet sich an den Vermieter und dürfte daher zulässig sein, soweit der Vermieter zugleich auch der Verwender besagter Klausel ist. Eine **freie Widerruflichkeit** der Erlaubnis ist jedenfalls formularvertraglich unwirksam.[562] 275

d) **Gebrauchsüberlassung an Dritte.** Die Bestimmung, wonach die **Untervermietung** oder die sonstige Gebrauchsüberlassung an Dritte bei Vorliegen eines berechtigten Interesses auf Seiten des Mieters der **Erlaubnis** des Vermieters bedarf, ist als reine Wiederholung des Gesetzes in § 553 Abs. 1 S. 1 BGB wirksam.[563] 276

Ehegatten und andere enge Familienangehörige sind keine „Dritten" iSd § 553 Abs. 1 S. 1 BGB.[564] Die dauerhafte Überlassung des **Mitgebrauchs** der Mietsache kann folglich bzgl. der **nächsten Angehörigen** (Ehegatte, Kinder, nicht Geschwister), aber auch wegen des nichtehelichen Partners nicht wirksam formularvertraglich ausgeschlossen werden.[565] Der Vermieter darf die **Überlassung** an **sonstige Dritte** formularvertraglich nur unter den Voraussetzungen eines in § 553 Abs. 1 S. 2 BGB genannten Grundes, zB bei Überbelegung der Mieträume oder Vorliegen eines sonstigen wichtigen Grundes zur Verweigerung der Erlaubnis, versagen.[566] **Nichteheliche Lebensgemeinschaften** können formularvertraglich ebenfalls nicht generell von der Gebrauchsüberlassung ausgeschlossen werden.[567] Allerdings genügt eine bloße Anzeige gegenüber dem Vermieter nicht; nach wie vor bedarf es dessen Erlaubnis, auf die aber im Regelfall Anspruch besteht.[568] 277

In diesem Zusammenhang ist weiter die zwingende Regelung in § 553 BGB zu beachten, so dass Einschränkungen der Befugnis zur Aufnahme von Personen sachbezogene Gründe (zB Art des überlassenen Wohnraums – Schwesternheim; Überbelegung) beachten müssen. Eine darüber hinaus gehende Regelung wäre bereits als eine zum Nachteil des Mieters abweichende Regelung nach § 553 Abs. 3 BGB unwirksam. Entsprechend ist die vorformulierte Festlegung der Anzahl der Bewohner in einem Mietvertrag unzulässig.[569] In keinem Fall ist ein Erlaubnisvorbehalt wirksam, der sich auf Personen bezieht, deren Aufnahme begrifflich keine Untermiete iSv §§ 540, 553 BGB darstellt, sondern sich innerhalb der Grenzen zulässigen Mietgebrauchs bewegt, so die 278

---

560 BayObLG NJW-RR 1995, 969; OLG Hamm NJW-RR 1997, 1370.
561 BGH NJW 1984, 1031.
562 BGH NJW 1987, 1692.
563 OLG Celle WuM 1990, 108.
564 OLG Celle WuM 1990, 108; aA OLG Frankfurt a. M. WuM 1992, 63. Anders bei dauerhafter Gebrauchsüberlassung der gesamten Wohnung ohne eigenen Rückkehrwillen des oder der Mieter: LG Berlin BeckRS 2018, 6651.
565 BayObLG WuM 1984, 13; OLG Hamm WuM 1982, 318; BGH NJW 2004, 56 (57).
566 BGH NJW 1985, 130.
567 OLG Hamm WuM 1982, 318.
568 BGH NJW 2004, 56.
569 LG Berlin WuM 1993, 261 (264); MüKoBGB/Bieber BGB § 553 Rn. 17.

Aufnahme des Ehegatten und nächster Angehöriger (Kleinfamilie), wobei nicht geklärt ist, ob zB auch hilfsbedürftige Eltern, erwachsene Kinder oder Enkelkinder hierunter fallen. Nach noch überwiegender Meinung gehört der nichteheliche Lebens(abschnitts) partner nicht zu diesem privilegierten Personenkreis, sondern unterfällt §§ 540, 553 BGB, wobei hier regelmäßig ein Anspruch auf Zustimmung nach § 553 Abs. 1 BGB anzunehmen ist.[570] Für den gleichgeschlechtlichen Lebenspartner nach Maßgabe des am 1.8.2001 in Kraft getretenen Lebenspartnerschaftsgesetzes[571] kann dies aber nicht mehr gelten.

279 Ein etwaiges **Schriftformerfordernis** für die Erlaubnis verstößt gegen § 553 Abs. 1 S. 1 BGB und ist daher bereits gemäß § 553 Abs. 3 BGB unwirksam.[572] Teilweise wird das Schriftformerfordernis von dem Erlaubnisvorbehalt als inhaltlich teilbar angesehen, so dass sich die Nichtigkeit auf das Schriftformerfordernis beschränken soll.[573]

280 Eine formularmäßige Regelung, die ein **außerordentliches Kündigungsrecht** des Mieters gem. § 540 Abs. 1 S. 2 BGB für den Fall der **Verweigerung der Untervermietungserlaubnis,** ohne dass ein wichtiger Grund in der Person des Untermieters vorliegt, ausschließt, ist gem. § 307 Abs. 2 Nr. 1 BGB unwirksam.[574] Eine formularvertragliche Bestimmung, wonach die Gebrauchsüberlassung an andere generell ausschließt, ist im Zweifel als Ausschluss des ordentlichen Kündigungsrechts des Mieters auszulegen und daher ebenfalls unwirksam.[575]

281 Ein **Untermietzuschlag** bzw. eine Vereinbarung, wonach sich bei Einzug einer weiteren Person in eine Wohnung die Miete um einen bestimmten Betrag erhöht, ist wegen Verstoßes gegen die zwingenden Mieterhöhungsvorschriften des BGB unwirksam.[576] Einem von vornherein nach Grund und/oder Höhe festgelegter Untermietzuschlag kommt ebenfalls mangels Zumutbarkeits- und Angemessenheitsprüfung im konkreten Einzelfall keine Rechtswirksamkeit zu.[577]

282 e) **Tierhaltung.** Ausgehend von der in der Vorbemerkung zu diesem Abschnitt „Mietgebrauch" fixierten Unwirksamkeitsfolge formularvertraglicher Regelungen, die das Ergebnis einer zwingend erforderlichen Interessenabwägung vorwegnehmen und damit gegen das Übermaßverbot verstoßen, ist ein **generelles Tierhaltungsverbot** per Formularklausel unwirksam; **Kleintiere in Behältnissen ohne Außenwirkung** müssen in jedem Fall hiervon ausgenommen werden.[578] Die Frage, ob dann das Halten von Haustieren, sofern es sich nicht um Kleintiere handelt, zum vertragsgemäßen Gebrauch gehört, bedarf daher einer umfassenden Interessenabwägung im Einzelfall (Art des Tieres, Größe der Wohnung, Interessen aller Beteiligter, nicht nur Vermieter und Mieter ua; artgerechte Haltung aber wohl nicht).[579,580] Daher ist auch eine Klausel, die das Halten von Tieren, bei denen eine Gefährdung oder Belästigung nicht völlig auszuschließen ist – also insbesondere auch Hunde und Katzen – generell verbietet, ebenfalls unwirksam.[581] Klauseln, welche die Tierhaltung des Mieters von der **Zustimmung des Vermieters** abhängig machen und über deren Erteilung der Vermieter nach pflichtgemäßem Ermessen zu entscheiden hat, sind – weil gerichtlich nachprüfbar – wirksam,[582] Die Ausübung eines derartigen Erlaubnisvorbehaltes ist dann nur nach einer Interessen-

---

570 OLG Hamm NJW-RR 1997, 1370; NJW 1992, 513.
571 BGBl. 2001 I 266.
572 BGH NJW 1991, 1750; Schmidt-Futterer/Flatow BGB § 553 Rn. 23.
573 OLG Frankfurt a. M. WuM 1992, 56.
574 BGH NJW 1995, 2034; 1987, 1692; LG Hamburg ZMR 1992, 452.
575 Bub/Treier MietR-HdB/Bub Kap. II Rn. 1573.
576 LG Hamburg WuM 1990, 116; aA LG Köln WuM 1990, 219.
577 LG Hannover WuM 1983, 236; LG Mainz WuM 1982, 191; AG Hamburg-Altona WuM 1999, 600; AG Langenfeld/Rhld. WuM 1992, 477.
578 BGH NZM 2008, 78; NJW 1993, 1061; OLG Frankfurt a. M. WuM 1992, 56 (60).
579 BGH NJW-RR 2013, 522 = NZM 2013, 265.
580 BGH NZM 2008, 78.
581 BGH NJW 2013, 1526 = NZM 2013, 378.
582 OLG Frankfurt a. M. WuM 1992, 56.

abwägung iSv § 315 Abs. 3 BGB vom Vermieter vorzunehmen.[583] Auch hier gilt, dass der Erlaubnisvorbehalt nicht mit einer Schriftformerfordernis für die Erteilung der Erlaubnis gekoppelt werden darf.[584] Wird die **Zustimmung** dagegen in das **freie Ermessen des Vermieters** gestellt, so ist die Klausel insgesamt nach § 307 Abs. 1, 2 Nr. 1 BGB unwirksam, weil die Interessen des Mieters an der Tierhaltung dann nicht berücksichtigt werden müssten und die Ermessensausübung selbst an keine überprüfbaren Beurteilungsvoraussetzungen gebunden ist.[585]

In Sonderfällen (zB das Angewiesensein auf ein Tier aus gesundheitlichen Gründen) 283
hatte der Mieter nach der Rechtsprechung im Übrigen schon immer einen Anspruch auf Tierhaltung.[586]

Widerrufsvorbehalte sind konkret auf wichtige Gründe zu beschränken und bedürfen 284
wegen § 309 Nr. 4 BGB in aller Regel einer vorherigen Abmahnung iSv § 541 BGB.

f) Funk und Fernsehen. Das Aufstellen einer **Einzelantenne** auf dem Hausdach kann 285
formularvertraglich nicht verboten werden, solange keine Gemeinschaftsantenne vorhanden ist[587] und zwar auch dann nicht, wenn das Haus von einem Dritten verkabelt wird und der Mieter sich dort anschließen kann.[588] Eine formularvertragliche Regelung, wonach ein Mieter seine Einzelantenne bei späterem Anschluss des Hauses und der Wohnung an das Breitbandkabelnetz oder bei Errichtung einer Gemeinschaftsantenne auf eigene Kosten zu beseitigen hat, ist wegen Verstoß gegen die zwingende Regelung des § 555d Abs. 6 iVm § 555a Abs. 3 BGB, wonach der Vermieter die durch Verbesserungsmaßnahmen verursachten Aufwendungen des Mieters zu erstatten hat, unwirksam (§ 555d Abs. 7 BGB).[589]

Auch der Anschluss an das **Breitbandkabelnetz** (Kabelfernsehen) kann nicht aus- 286
geschlossen werden, soweit der Mieter die Kosten hierfür selbst trägt und die übrigen Hausbewohner hierdurch nicht in ihren Möglichkeiten, Fernseh- und Rundfunkprogramme zu empfangen, gestört werden. Eine Klausel, die den Mieter zwingt, den nachträglichen **Anschluss** an das **Breitbandkabel** oder an eine **Gemeinschaftsantenne** ohne Interessenabwägung zu dulden, ist unwirksam (§ 555d Abs. 7 BGB). Die Duldungspflicht für diese Modernisierungsmaßnahme entfällt gem. § 555d Abs. 2 BGB, wenn sie für den Mieter oder seine Familie bzw. Haushaltsangehörigen eine unzumutbare Härte darstellt, was im Einzelfall auf Grund einer umfassenden Interessenabwägung festzustellen ist.[590]

Bei den (formular-)vertraglichen Regelungen, die bisher Gegenstand von Gerichts- 287
entscheidungen waren, handelt es sich überwiegend um Genehmigungsvorbehalte zugunsten der Vermieterseite im Hinblick auf das Anbringen zB von **Außen- oder Parabolantennen** bzw. allgemein baulicher Veränderungen. Liegen die von der Rechtsprechung geforderten Voraussetzungen vor, ist der Vermieter zur Zustimmung verpflichtet. Die vom Mieter bereits eigenmächtig installierte Antenne hat der Vermieter dann zu dulden und kann diese nicht zum Gegenstand einer Abmahnung oder Unterlassungsklage machen, was aus dem Grundgedanken des dolo agit (§ 242 BGB) folgt.

Teilweise ist in Formularmietverträgen die Klausel enthalten, dass – bei vorhandener 288
Gemeinschaftsantenne – der Mieter keine eigene, außen sichtbare Antenne anbringen darf. Dieses Verbot ist nach Ansicht des LG Kempten[591] auch gegenüber einem auslän-

[583] Blank NZM 1998, 5 (9); aA OLG Hamm NJW 1981, 1622: für freies Ermessen; offen gelassen BGH NZM 2008, 78.
[584] BGH NJW 1991, 1750.
[585] BGH NJW-RR 2013, 584 = NZM 2013, 380; OLG Frankfurt a. M. WuM 1992, 60; aA LG Bonn ZMR 1989, 179; LG Braunschweig ZMR 1988, 140; LG Hamburg ZMR 1986, 440; LG Krefeld ZMR 2007, 375; offen gelassen BGH NZM 2008, 78.
[586] LG Hamburg WuM 1997, 674; 1996, 532.
[587] BVerfG NJW 1992, 493.
[588] BGH NJW 1993, 1061.
[589] OLG Frankfurt a. M. WuM 1992, 60.
[590] BGH NZM 2005, 697; NJW-RR 1991, 1167.
[591] LG Kempten DWW 1993, 366.

dischen Mieter wirksam, jedenfalls wenn er zumindest ein heimatsprachiges Programm über Kabel empfangen kann. Die Klausel gilt, so das LG Kempten, nicht nur für die ausdrücklich genannten Antennen, sondern umfasst auch technische Neuerungen wie Breitbandkabelanschlüsse und Satellitenantennenanlagen. Sie soll weder gegen § 305c Abs. 1 BGB noch gegen das Verbot unangemessener Benachteiligung nach § 307 BGB verstoßen.[592] Inwieweit diese Auffassung nach der umfangreichen Rechtsprechung des BVerfG zur Parabolantenne vor allem bei ausländischen Mietern noch aufrechterhalten werden kann, erscheint mehr als fraglich. So hat das LG Essen[593] auf der Grundlage des BVerfG einen vorformulierten Verzicht auf die Errichtung von Satelliten- und Funkempfangsanlagen in einem Mietvertrag mit einem türkischen Mieter wegen Verstoßes gegen § 307 Abs. 1 BGB für unwirksam erklärt.[594] Diese Problematik wird ausführlich in § 16 Abs. 2 behandelt; hierauf wird zur Vermeidung unnötiger Wiederholungen verwiesen.

289 Das Aufstellen einer **CB-Funkantenne** kann formularmäßig verboten werden, da das Funken nicht zum gewöhnlichen Gebrauch einer Mietsache gehört.[595]

290 **g) Bauliche Veränderungen.** Bauliche Veränderungen, also Maßnahmen, die nicht vom vertragsgemäßen Gebrauch der Mietsache gedeckt sind, können formularvertraglich ausgeschlossen oder von der Einwilligung des Vermieters abhängig gemacht werden.[596] Andere Veränderungen der Mietsache können dagegen nicht generell verboten werden, insbesondere soweit es sich um zulässige **Hilfsmaßnahmen** bei der Einrichtung und Ausstattung der Mietwohnung handelt.[597]

291 Danach darf der Vermieter dem Mieter ohne sachbezogenen Grund bauliche Veränderungen nicht versagen, die dem Mieter das Leben in der Wohnung erheblich angenehmer machen können, den Vermieter nur unerheblich beeinträchtigen und durch die die Substanz der Mietsache nicht verschlechtert wird. Formularmäßig kann sich der Vermieter insoweit allenfalls ein gebundenes Ermessen ausbedingen (§ 315 Abs. 3 BGB). Zulässig ist es, die Erlaubnis zum Nachweis der fachgerechten Ausführung vom Abschluss einer Haftpflichtversicherung, von der Freistellung des Haftungsrisikos sowie der Übernahme aller Kosten unter Leistung einer Mietsicherheit[598] abhängig zu machen – letzteres allerdings unter Beachtung des Rahmens von drei Monatsmieten nach § 551 Abs. 1 BGB.

292 Bei baulichen Veränderungen und Installationen, die einen erheblichen Eingriff in die Gebäudesubstanz nach sich ziehen, ist ein formularvertraglicher **Erlaubnisvorbehalt** zulässig. Dieser darf sich aber, entsprechend der vorstehenden Ausführungen, in keinem Fall auf kleinere Eingriffe und Hilfsmaßnahmen erstrecken (zB Einschlagen von Nägeln, Dübeln, auch im Hinblick auf das Anbohren von Fliesen,[599] Aufstellen von festen Einbauten, Anbringen von Vorhangschienen).

293 Das Recht des Vermieters durch formularvertragliche Regelungen bauliche Veränderungen des Mieters an dem Mietobjekt zu verhindern hat eine weitere Einschränkung durch den Gesetzgeber erfahren. Durch die Regelung in **§ 554 BGB,** von der nicht zum Nachteil des Mieters abgewichen werden kann, gibt dem Mieter einen Anspruch auf Erlaubnis zur Vornahme von baulichen Veränderungen, die der Barrierereduzierung für Menschen mit Behinderungen (zB Umbau von Türen, Türschwellen, Badezimmer oder Treppenlift), der E-Mobilität (zB Ladestation anbringen u. verlegen der hierfür erfor-

[592] LG Kempten DWW 1993, 366.
[593] LG Essen WuM 1998, 344.
[594] Ebenso LG Kleve NJW-RR 1993, 656.
[595] LG Heilbronn NJW-RR 1992, 10.
[596] Vgl. Bub/Treier MietR-HdB/Bub Kap. II Rn. 1555.
[597] BGH NJW 1963, 1539; LG München I WuM 1989, 556 – vgl. im Übrigen BayObLG NJW 1981, 1275; OLG Frankfurt a. M. NJW 1992, 2490; OLG Karlsruhe NJW 1993, 2815.
[598] AG Hamburg WuM 1996, 29.
[599] Vgl. BGH NJW 1993, 1061.

derlichen Leitungen), dem Einbruchsschutz oder der Energiegewinnung durch Steckersolargeräte (bestehend aus Photovoltaik-Modulen) dienen.[600]

Will der Vermieter ggf. bei **Vertragsende** Einbauten oder Einrichtungen des Mieters übernehmen, muss er die Regelung in § 552 Abs. 1 und 2 BGB beachten, wobei zur Höhe der Entschädigung im Mietvertrag noch keine Regelungen enthalten sein müssen. Strittig ist, ob die Klausel „Die Höhe der Entschädigung bemisst sich nach dem Zeitwert der Einrichtung abzüglich der ersparten Kosten des Ausbaus und der Wiederherstellung des früheren Zustandes", wirksam ist. Dabei ist zu bedenken, dass der Vermieter dem Mieter den wahren Wert als Entschädigung anbieten muss, der seinem Interesse entspricht, auf Grund dessen er das Wegnahmerecht des Mieters ausgeschlossen hat. **294**

Vorformulierte Regelungen auf **Entfernung bzw. Rückgängigmachung** baulicher Veränderungen etwa im Zusammenhang mit der Durchführung von Baumaßnahmen durch den Vermieter (und sei es ein entsprechender Widerrufsvorbehalt) müssen die Vorgaben der §§ 555a ff. BGB beachten, insbesondere unter Berücksichtigung der dort normierten Unabdingbarkeit zu Lasten des Mieters.[601] **295**

h) Gemeinschaftseinrichtungen und -flächen. Mangels Interessenabwägung und Berücksichtigung von Zumutbarkeitserwägungen im konkreten Einzelfall sind vorformulierte Regelungen, wonach das Abstellen von Gegenständen jeglicher Art (zB Fahrräder, Kinderwagen, Gehhilfen) im Treppenhaus, auf Fluren oder auf Treppenabsätzen verboten wird, unzulässig.[602] Auch der Vorbehalt, die Gestattungen der Nutzung von **Gemeinschaftsflächen** (zB zum Abstellen eines Pkw) jederzeit widerrufen zu können, ist unwirksam, da es an einem sachbezogenen, triftigen Grund fehlt.[603] **296**

Der Vorbehalt, dass der Vermieter **Gemeinschaftseinrichtungen** (zB Waschküche, Abstellraum, Trockenboden) jederzeit entziehen kann, verstößt gegen § 308 Nr. 4 BGB außer, wenn der Vermieter zu einer angemessenen Austauschleistung verpflichtet ist und eine Interessenabwägung oder billiges Ermessen iSv § 315 Abs. 3 BGB unter Einbeziehung von Zumutbarkeitserwägungen auch zugunsten des Mieters gewährleistet wird. **297**

i) Sonstige Gebrauchsrechte. Die Mietvertragsklausel, wonach der Mieter einen **durch nicht rechtzeitige Anzeige verursachten Schaden** zu ersetzen hat, ist als Wiederholung des § 536c BGB wirksam.[604] **298**

Unwirksam ist eine Klausel, nach welcher der Mieter den **Aufzug** nur auf eigene Gefahr benutzen kann und der Vermieter für Schäden nur bei Vorsatz und grober Fahrlässigkeit haftet.[605] **299**

Die Klausel in der **Hausordnung** „Das Aufstellen von Gegenständen, insbesondere Fahrrädern und Kinderwagen usw. auf Vorplätzen, Gängen und Treppen ist nicht erlaubt" ist unwirksam, wenn der Mieter nach den Umständen darauf angewiesen sein kann.[606] **300**

Der Vermieter von zentralbeheizten Räumen kann seine **Heizpflicht** generell durch Begrenzung der Heizperiode auf die Zeit vom 1.10.–30.4. regeln, wenn auch außerhalb der Heizperiode ein sog. Zwischenheizen für den Fall vorgesehen ist, dass dies im Hinblick auf die Außentemperaturen erforderlich ist, um angemessene Raumtemperaturen zu erreichen. Der vollständige Ausschluss der Heizpflicht außerhalb der Heizperiode ist gem. § 307 Abs. 2 Nr. 2 BGB unwirksam.[607] **301**

---

600 Grüneberg/Weidenkaff BGB § 554, Rn. 2.

601 Noch zur § 554 BGB aF: OLG Frankfurt a. M. WuM 1992, 56 (59) bezüglich Gemeinschaftsantenne/Breitbandkabelanschluss; LG Hagen DWW 1996, 52 bezüglich Antenne; vgl. auch BGH NJW 2007, 3060 = NZM 2007, 769.

602 LG Hamburg WuM 1992, 188; LG Hannover NZM 2007, 245; AG Hanau WuM 1989, 366; LG Bielefeld WuM 1993, 37 unter Heranziehung von Rechtsmissbrauchsgesichtspunkten.

603 AG Düsseldorf WuM 1994, 426.

604 BGH NJW 1993, 1061.

605 OLG Celle WuM 1990, 114.

606 LG Hamburg WuM 1992, 188.

607 LG Frankfurt a. M. WuM 1990, 275; LG Hamburg ZMR 1988, 389.

302 Zulässig ist die **Festlegung unterschiedlicher Mindesttemperaturen** für die einzelnen Räume einer Wohnung, zB für Wohnräume von 20–22 Grad,[608] für Schlafräume eine Untergrenze von 15–17 Grad und für Bäder und Toiletten eine Untergrenze von 22 Grad.[609]

303 Eine Beschränkung auf eine „angemessene, der technischen Anlage entsprechende **Erwärmung**" verstößt gegen das Transparenzgebot und ist daher unwirksam.[610]

304 Die **Heizpflicht** kann formularmäßig auch nicht für solche Zeiträume abbedungen werden, in denen aus vom Vermieter nicht zu vertretenden Gründen ein Betrieb nicht möglich ist, zB bei Ausfall der Belieferung durch einen Fernheizer, bei allgemeinen Lieferschwierigkeiten für Brennstoffe oder während notwendiger Wartungsarbeiten.[611] Insoweit dürfte im Wohnraummietrecht eine solche Regelung bereits an § 536 Abs. 4 BGB scheitern.

305 Die Verpflichtung des vertragsgemäßen Betriebs einer **Warmwasserversorgungsanlage** kann nicht eingeschränkt werden.[612]

306 Unwirksam ist eine Klausel, wonach sich der Vermieter das Recht vorbehält, eine **Müllschluckanlage** zu bestimmten Zeiten zB an Sonn- und Feiertagen oder bei Ausfall des Hauswarts zu schließen.[613]

307 Das **Musizieren** kann formularvertraglich nicht vollständig ausgeschlossen werden, allerdings ist eine zeitliche Einschränkung auf bis zu 2 Stunden täglich zulässig.[614]

308 Das Gebrauchsrecht des Mieters kann wirksam formularmäßig auf den Vertragszweck, also auf den Wohnzweck beschränkt werden. Zulässig ist es daher, auch die Zustimmung zu einer **anderen Nutzung** in das freie Ermessen des Vermieters zu stellen oder – zB im Falle der teilgewerblichen Nutzung einer Wohnung – diese von der Zahlung eines Zuschlags zur Miete abhängig zu machen.[615]

309 Gestattet der Vermieter, dass der Mieter auf dem Wohngrundstück einen **Pkw abstellt,** so kann das im zugrunde liegenden Formularmietvertrag vereinbarte jederzeitige Widerrufsrecht für Genehmigungen einer Ingebrauchnahme nur bei Vorliegen eines triftigen Grundes ermessensfehlerfrei ausgeübt werden, wenn man nicht schon das „jederzeitige" Widerrufsrecht als Verstoß gegen § 307 BGB für unwirksam ansehen sollte.[616]

310 Eine formularmäßige **Verpflichtung** des Mieters **Versicherungen** zugunsten des Vermieters abzuschließen, ist unwirksam.[617]

311 Das Aufstellen und Benutzen einer **Waschmaschine** in der Mietwohnung ist grundsätzlich dem vertragsgemäßen Gebrauch der Mietsache zuzurechnen, so dass eine formularvertragliche Verpflichtung zur Nutzung einer Gemeinschaftswaschmaschine gem. § 9 AGBG, jetzt § 307 BGB unwirksam ist.[618] Überhaupt hat sich der Mieter beim Anschluss von **Haushaltsgeräten** nicht an die Kapazität des vorhandenen Netzes oder der vorhandenen Installationen zu richten, wenn diese nicht den gleichzeitigen Betrieb eines größeren und eines kleineren üblichen Gerätes erlauben; eine Beschränkung auf die vorhandene **Elektrizitätsversorgung** verstößt andernfalls gegen § 307 BGB.[619] Der Mieter hat nämlich auch ohne ausdrückliche Vereinbarung hierzu einen Anspruch auf einen Mindeststandart zeitgemäßen Wohnens, was eine zeitgerechte Versorgung mit Elektrizität beinhaltet.[620]

---

608 OLG Celle WuM 1990, 113; OLG Frankfurt a. M. WuM 1992, 59.
609 OLG Frankfurt a. M. WuM 1992, 56.
610 OLG Frankfurt a. M. WuM 1992, 56.
611 OLG Frankfurt a. M. WuM 1992, 56.
612 OLG Celle WuM 1990, 114.
613 LG Berlin WuM 1992, 599.
614 OLG Frankfurt a. M. DWW 1985, 26; vgl. die Wertungen zum Trompetenspiel im Reihenhaus in BGH NJW 2019, 773 = NZM 2019, 86.
615 BayObLG WuM 1986, 205.
616 AG Düsseldorf WuM 1994, 426.
617 LG Berlin GE 1993, 151.
618 AG Hameln WuM 1994, 426.
619 BGH NJW-RR 2010, 737 = NZM 2010, 356.
620 Schmidt-Futterer/Streyl BGB § 536 Rn. 74.

Ein **formularmäßiges Zutritts- und Besichtigungsrecht** des Mietobjekts durch den Vermieter ist, wegen der Schwere des Eingriffs in die geschützte Rechtsposition des Mieters nur aus sachlichem Grund möglich.[621] Ferner muss das Besichtigungsrecht an eine Voranmeldung innerhalb angemessener Frist anknüpfen und auf zumutbare Zeiten und zumutbare Häufigkeit beschränkt sein.[622] Die formularvertragliche Vereinbarung eines jederzeitigen Zutrittsrechts des Vermieters ist dagegen unwirksam.[623] Eine Klausel, die dem Vermieter das Betreten und Besichtigen der Mietwohnung „zur Prüfung ihres Zustands in angemessenen Abständen nach rechtzeitiger Ankündigung zu näher genannten Uhrzeiten an bestimmten Tagen" gestattet ist wegen Verstoßes gegen § 307 Abs. 2 BGB unwirksam. Die unzumutbare Benachteiligung des Mieters folgt aus den Vorgaben bestimmter Tage und Uhrzeiten, der Unbestimmtheit der „angemessenen Abstände" und des Fehlens eines – dem Mieter mitzuteilenden – sachlichen Grundes für die Besichtigung, da Routinekontrollen zum Zwecke der Untersuchung der Wohnung auf ihren Allgemeinzustand unzulässig sind.[624] 312

10. Schönheitsreparaturen[625]

Die Rechtsprechung hat folgende **Kriterien** für die zulässige formularvertragliche Übertragung von Schönheitsreparaturen auf den Mieter entwickelt, die zur Hauptgegenleistungsverpflichtung (neben der Zahlung der Miete) gehört (mit der seinerzeitigen Folge zB der Anwendung des § 326 BGB aF):[626] 313

Die Abwälzung **laufender Schönheitsreparaturen** auf den Mieter ist grundsätzlich zulässig, einmal in Form einer sog. **Fristenklausel,** aber auch in Form einer sog. **Bedarfsklausel,**[627] sofern sichergestellt ist, dass der Mieter nur für die Beseitigung der Spuren seiner **eigenen Abnutzung** aufkommen muss. Knüpft die Bedarfsklausel bei einer anfänglich nicht oder nur teilweise renovierten Wohnung ausdrücklich an den objektiven, auch vom Vormieter verursachten Grad der Abnutzung an oder steht sie im Zusammenhang mit einer individualvertraglich vom Mieter übernommenen Pflicht zur Anfangsrenovierung, ist sie unwirksam.[628] Bei der Überlassung einer **unrenovierten oder renovierungsbedürftigen Wohnung** konnte nach ursprünglicher Auffassung des BGH lediglich eine Fristenklausel zulässigerweise vereinbart werden mit der Maßgabe, dass die Fristen erst ab Beginn des Mietverhältnisses zu laufen beginnen.[629] Diese Auffassung hat der BGH nach Ankündigung[630] ausdrücklich aufgegeben und folgende Grundsätze aufgestellt:[631] 314

- Die formularvertragliche Überwälzung der Verpflichtung zur Vornahme laufender Schönheitsreparaturen einer dem Mieter unrenoviert oder renovierungsbedürftig überlassenen Wohnung hält der Inhaltskontrolle am Maßstab des § 307 Abs. 1 S. 1, Abs. 2 Nr. 1 BGB nicht stand, sofern der Vermieter dem Mieter keinen angemessenen Ausgleich gewährt.
- Unrenoviert oder renovierungsbedürftig ist eine Wohnung nicht erst dann, wenn sie übermäßig stark abgenutzt oder völlig abgewohnt ist. Maßgeblich ist, ob die dem Mieter überlassene Wohnung Gebrauchsspuren aus einem vorvertraglichen Zeitraum

---

621 BGH NJW 2014, 2566 Rn. 17.
622 OLG Köln WuM 1977, 173; AG Schöneberg GE 2007, 453.
623 OLG München WuM 1989, 128.
624 LG München II NJW-RR 2009, 276.
625 Kraemer NZM 2003, 417 ff.; Langenberg NZM 2002, 972 ff.; Pfeilschifter WuM 2003, 543 ff.; zum Verhältnis zur Grundsanierung instruktiv Gellwitzki NZM 2009, 881.
626 BGH NJW 1987, 2575 unter III 2d.
627 Vgl. Wiek WuM 2005, 283 f.
628 BGH NJW 1993, 532; OLG Hamm WuM 1988, 10; OLG Karlsruhe WuM 1992, 349; OLG Stuttgart WuM 1989, 121; LG Berlin NZM 2001, 285; GE 1993, 159.
629 BGH NJW 2005, 425; 1990, 3142; 1987, 2575; OLG Frankfurt a. M. WuM 1992, 419; aA OLG Stuttgart WuM 1989, 121.
630 BGH BeckRS 2014, 02862.
631 BGH NJW 2015, 1594 = NZM 2015, 374; darüberhinausgehend LG Berlin NZM 2017, 258: Unwirksamkeit der Überbürdung von Schönheitsreparaturen auch bei renoviert überlassener Wohnung.

aufweist, wobei solche Gebrauchsspuren außer Acht bleiben, die so unerheblich sind, dass sie bei lebensnaher Betrachtung nicht ins Gewicht fallen. Es kommt letztlich darauf an, ob die überlassenen Mieträume den Gesamteindruck einer renovierten Wohnung vermitteln.[632] Angesichts der Vielgestaltigkeit der Erscheinungsformen unterliegt die Beurteilung, ob eine Wohnung dem Mieter unrenoviert oder renovierungsbedürftig überlassen worden ist, einer in erster Linie dem Tatrichter vorbehaltenen Gesamtschau unter umfassender Würdigung aller für die Beurteilung des Einzelfalles maßgeblichen Umstände.

- Beruft der Mieter sich auf die Unwirksamkeit der Renovierungsklausel, obliegt es ihm, darzulegen und im Bestreitensfall zu beweisen, dass die Wohnung bei Mietbeginn unrenoviert oder renovierungsbedürftig war.[633] Die Darlegungs- und Beweislast für die Gewährung einer angemessenen Ausgleichsleistung trifft den Vermieter. Der Nachlass einer halben Monatsmiete ist keine taugliche Kompensation, wenn 3 von 4 Zimmern renoviert werden müssen. Vielmehr muss der **Ausgleich** der Höhe nach so bemessen sein, dass „die Verpflichtung des Mieters zur Beseitigung der vorvertraglichen Abnutzungsspuren" kompensiert, der Mieter mithin „so gestellt wird, als sei ihm renovierter Wohnraum überlassen worden".[634]
- Ob die Übertragung der Schönheitsreparaturverpflichtung auf renovierte Teile der Wohnung beschränkt werden kann, bedarf keiner Entscheidung. Allerdings ist eine Vornahmeklausel nicht schon deshalb unwirksam, weil sie so formuliert ist, dass sie sowohl auf renoviert als auch auf unrenoviert oder renovierungsbedürftig überlassene Wohnungen Anwendung findet.

315 Eine **Vereinbarung zwischen Vormieter und Nachfolgemieter** wirkt nur zwischen den Parteien und hat keinen Einfluss auf die Wirksamkeit der im Mietvertrag zwischen dem Vermieter und dem neuen Mieter enthaltenen Verpflichtungen mit der Folge, dass eine dort enthaltene Schönheitsreparaturklausel bei unrenoviert übergebener Wohnung ohne angemessenen Ausgleich unwirksam bleibt. Der Vermieter wird insbesondere durch die „Renovierungsvereinbarung" zwischen den beiden Mietern nicht so gestellt, als hätte er eine renovierte Wohnung übergeben.[635]

316 Nach der BGH-Rechtsprechung sind Fristenklauseln auch bei renoviert überlassener Wohnung dann unwirksam, sofern mit ihnen ein **„starrer" Fristenplan** vorgegeben wird. Dies ist nicht nur dann der Fall, wenn die Fristen mit dem Zusatz „mindestens" oder „spätestens" versehen sind,[636] sondern auch dann, wenn dieser Zusatz fehlt, aber dennoch eine feste Frist vorgegeben wird.[637] Anders nur, wenn der Fristplan mit einem „Weichspüler" versehen wird, also etwa durch Formulierungen wie etwa „im Allgemeinen",[638] „je nach Grad der Abnutzung oder Beschädigung",[639] „in der Re-

[632] Bei einer 2-Zimmer-Wohnung soll eine Renovierungsbedürftigkeit dann gegeben sein, wenn bei Übergabe an den Mieter die Fenster nicht frisch gestrichen sind und Lackabplatzungen aufweisen: LG Berlin BeckRS 2015, 11694.

[633] Vgl. LG Berlin NZM 2016, 639; LG Detmold BeckRS 2023, 44731; BGH NZM 2015, 374.

[634] Zu den Einzelheiten insbes. auch zu seiner Berechnung und zum Schicksal des Ausgleichs bei vorzeitiger Vertragsbeendigung vgl. Beyer WuM 2017, 122 (124); Kappus NZM 2016, 609 (614 f.); Lehmann-Richter WuM 2016, 529 (536); Lützenkirchen NZM 2016, 113 (117); Wiek WuM 2016, 71 (73 f.). Aus der Instanzrechtsprechung: Sind Scheuerleisten und Türen zu überarbeiten, Heizungsrohre und die entsprechenden Deckendurchbrüche zu streichen sowie die Wände in Bad und Küche untapeziert, soll der Erlass einer Monatsmiete ausreichen: LG Berlin NZM 2016, 124. Hat der Mieter die Wohnung bei Mietbeginn instandzusetzen und zu renovieren, soll auch bei einem Mietvertrag aus 1969 ein Ausgleich von 200,00 DM nicht genügen: LG Berlin BeckRS 2016, 5786.

[635] BGH NJW 2018, 3302 = NZM 2018, 863.

[636] BGH NJW 2006, 3778 = NZM 2006, 924; NJW 2006, 1728; 2004, 3775; 2004, 2586.

[637] BGH NJW 2006, 2115 = NZM 2006, 621; NJW 2006, 2113 = NZM 2006, 620; NJW 2004, 3775 = NZM 2004, 901.

[638] BGH NJW 2005, 1426 = NZM 2005, 376 mAnm Wiek WuM 2005, 283 f.; WuM 2005, 242 f.; NJW 2004, 2087 = NZM 2004, 497.

[639] BGH NJW 2005, 1426 = NZM 2005, 376 mAnm Wiek WuM 2005, 283 f.; WuM 2005, 242 f.; NZM 2004, 903; NJW 2004, 2087 = NZM 2004, 497.

gel",[640] sogar „regelmäßig"[641] oder gesonderte Regelungen über Fristverlängerungen bzw. durchaus auch Verkürzungen je nach dem konkreten Zustand der einzelnen Räume,[642] die auf den objektiven Renovierungsbedarf der Wohnung abstellen. Enthält die Klausel sowohl „in der Regel" als auch „spätestens" soll sie wirksam sein.[643]

Eine Klausel: „Die Kosten der Schönheitsreparaturen trägt der – Mieter – Vermieter" **317** und das Wort „Vermieter" ist gestrichen, soll im Übrigen nach der Verkehrssitte (entgegen dem eindeutigen Wortlaut) den Mieter nicht lediglich zur Kostenübernahme, sondern zur Durchführung von Schönheitsreparaturen verpflichten.[644] Keinen Bedenken begegnet die Klausel „Die Schönheitsreparaturen werden vom Mieter getragen".[645]

Die formularvertragliche Abwälzung der **laufenden Schönheitsreparaturen** auf den **318** Mieter in einem Wohnraummietvertrag verstößt weiter dann gegen § 307 BGB, wenn dem Mieter **zugleich** die Verpflichtung auferlegt wird, **„alle je nach Grad der Abnutzung oder Beschädigung erforderlichen Arbeiten unverzüglich auszuführen"** und ihm bei Vertragsbeginn die Wohnung in renovierungsbedürftigem Zustand überlassen worden ist.[646] Das LG Berlin stützt sich dabei auf die vom BGH[647] gebilligte Rechtsprechung des OLG Stuttgart.[648] Anders als die dem negativen Rechtsentscheid des OLG Celle[649] zugrunde liegende Klausel kommt hier das Wort „unverzüglich" hinzu und es fehlt vorliegend der Zusatz „während der Mietzeit". Dies bedeutet, dass folglich nicht lediglich der Umfang, sondern auch der Zeitpunkt der Schönheitsreparaturen festgelegt wird und zugleich ein vorvertraglicher Abnutzungszeitraum – jedenfalls nach dem Wortlaut – miteinbezogen ist. Würde sich die Verpflichtung des Mieters lediglich auf die Beseitigung der Spuren des eigenen vertragsgemäßen Gebrauchs beschränken, wäre dies nicht zu beanstanden.[650] Gleiches gilt, wenn die Klauselformulierung sich nur auf den Umfang der Schönheitsreparaturverpflichtung des Mieters bezieht[651] oder sie mit dem Zusatz „im Allgemeinen" verknüpft ist.[652]

Die formularvertragliche (individualvertraglich kann der Mieter diese Verpflichtung **319** übernehmen)[653] Übertragung der **Anfangs- oder Schlussrenovierung** auf den Mieter ist demgegenüber unzulässig,[654] außer die Endrenovierungsklausel statuiert lediglich die Fälligkeit zulässigerweise abgewälzter laufender Schönheitsreparaturen spätestens bei Vertragsende.[655] Wird der Mieter dagegen formularvertraglich verpflichtet, die Mieträume bei Beendigung des Mietverhältnis unabhängig vom Zeitpunkt der Vornahme der letzten Schönheitsreparaturen bzw. einem objektiven Renovierungsbedarf, also in jedem Fall allein wegen des Vertragsendes, zu renovieren, ist einer derartige, auch **isolierte Endrenovierungsklausel** unwirksam.[656] Enthält ein Wohnraummietvertrag die formularmäßige Verpflichtung des Mieters zur **Endrenovierung zusätzlich** zu seiner

---

640 BGH NZM 2005, 860.
641 BGH NJW-RR 2012, 907 = NZM 2012, 527; aA noch KG NJW 2008, 2787 = NZM 2008, 643.
642 BGH NZM 2005, 299; 2005, 58 mAnm Wiek WuM 2005, 10 ff.
643 BGH NJW 2005, 3416 = NZM 2005, 860.
644 BGH NJW 2004, 2961 = NZM 2005, 734.
645 LG Berlin LSK 2018, 11615.
646 LG Berlin NZM 2001, 285.
647 BGH NJW 1993, 532.
648 OLG Stuttgart NJW-RR 1989, 520.
649 OLG CelleWuM 1996, 202.
650 Vgl. nur OLG Stuttgart NJW-RR 1989, 520.
651 OLG Celle WuM 1996, 202.
652 BGH NZM 2005, 376.
653 BGH NJW 1993, 532.
654 BGH NJW 2007, 3776; OLG Hamburg NJW-RR 1992, 10 – Anfangsrenovierung, da ihm Arbeiten überbürdet werden, die nicht auf seiner Abnutzung der Mietsache beruhen; OLG Hamm NJW 1981, 1049 – Schlussrenovierung; anders ggf. beim preisgebundenen Wohnraum, sofern dem Mieter keine Leistungspflichten auferlegt werden, die den Rahmen der Kostenmiete übersteigen: BGH NJW-RR 2018, 1418 = NZM 2018, 947.
655 BGH NJW 1998, 3114 = NZM 1998, 710.
656 BGH NZM 2007, 921; vgl. auch BGH NJW 2003, 2899 = NZM 2003, 755; NJW 2003, 2234 = NZM 2003, 594; LG Berlin GE 1993, 159.

Verpflichtung zur **laufenden Renovierung,** ist eine derartige Doppelverpflichtung ebenfalls unangemessen benachteiligend und damit nach § 307 BGB unwirksam.[657] Da gerade diese Doppelverpflichtung zur unangemessenen Benachteiligung führt, ist die Abwälzung auch der laufenden Schönheitsreparaturen auf den Mieter insgesamt unwirksam, auch bei getrennten Klauseln.[658]

320 Eine Klausel, die den Mieter zur Durchführung der Schönheitsreparaturen bei **Beendigung des Wohnraummietverhältnisses** verpflichtet, ist weiter dann unwirksam, wenn sie auch für nach kurzer Vertragsdauer endende Mietverhältnisse gelten soll[659] und der Mieter deshalb zu einer nach dem Renovierungsturnus nicht fälligen Endrenovierung verpflichtet wird. Daher kann mithin selbst eine den og Vorgaben an die Wirksamkeit sog., „weicher" Fristenklauseln entsprechende, also wirksame Klausel über die Überbürdung laufender Schönheitsreparaturen auf den Mieter durch eine an anderer Stelle im Mietvertrag geregelte sog. **Endrenovierungsklausel,** die eine Renovierungspflicht des Mieters in jedem Fall bei Vertragsende unabhängig vom Zustand der Wohnung und dem Zeitpunkt der Durchführung der letzten Schönheitsreparaturen vorsieht, infiziert werden und alles insgesamt unwirksam sein.[660] Zu beachten ist in diesem Zusammenhang weiter, dass ggf. eine für sich betrachtet wirksame Renovierungsklausel durch das Zusammenspiel mit einer Individualabrede unwirksam werden kann,[661] zB bezüglich der Verpflichtung des Mieters, ohne Rücksicht auf den Zustand der Wohnung spätestens bei Auszug zu renovieren oder die individuelle Überbürdung einer Anfangsrenovierungsverpflichtung zusätzlich zur vorformulierten Abwälzung laufender Schönheitsreparaturen („Summierungseffekt").[662]

321 Die formularmäßige Abwälzung der Schönheitsreparaturen auf den Mieter ist auch dann wirksam, wenn der Mietvertrag weder den Umfang der Verpflichtung noch die Zeiträume, in deren Ablauf sie zu erfüllen ist, regelt.[663] In diesem Fall ist an die üblichen Renovierungspflichten – siehe sogleich unter lit. b – anzuknüpfen.[664]

322 Eine Formularklausel, wonach die Wohnung in **„bezugsfertigem Zustand"** zurückzugeben ist, verpflichtet den Mieter nicht zur Vornahme von Schönheitsreparaturen.[665]

323 Enthält der Mietvertrag eine unwirksame Schönheitsreparaturklausel (sowohl Fristen- als auch Endrenovierungsregelung), kann der Mieter dennoch die Durchführung von Schönheitsreparaturen schulden, wenn er sich hierzu individualvertraglich nachträglich in einem **Übergabeprotokoll** verpflichtet.[666]

324 Hat sich der Vermieter im Mietvertrag verpflichtet, dem Mieter die Kosten der von diesem sach- und fachgerecht ausgeführten Schönheitsreparaturen zu erstatten, gilt dies auch dann, wenn der Vermieter die Schönheitsreparaturen doch selbst ausführen wollte und dies dem Mieter rechtzeitig mitgeteilt hatte.[667]

325 a) **Umfang.** Zulässig ist die Orientierung an der Regelung für preisgebundenen Wohnraum in § 28 Abs. 4 S. 3 II. BV.[668] Dies gilt auch im Wege der Auslegung, sofern die Klausel keine weitere Konkretisierung enthält.[669] Es handelt sich dabei im Wesentlichen um eine **malermäßige Renovierung,** welche im Prinzip dem Begriff in § 104 ZGB für die

---

[657] BGH NJW 2003, 2899 = NZM 2003, 755; NJW 2003, 2234 = NZM 2003, 594; LG Frankfurt a. M. NZM 2001, 191.
[658] BGH NJW 2003, 2899 = NZM 2003, 755; NJW 2003, 2234 = NZM 2003, 594; LG Berlin NJW-RR 1998, 1310.
[659] OLG Stuttgart ZMR 1984, 350.
[660] BGH NJW 2003, 3192 = NZM 2003, 755; NJW 2003, 2234 = NZM 2003, 594; LG Berlin NZM 1998, 403 unter Bezugnahme auf BGH NJW 1993, 532; aA noch OLG Hamburg NJW-RR 1992, 10.
[661] BGH NJW 2006, 2116 = NZM 2006, 623; LG Berlin NZM 1998, 403; LG Kiel WuM 1998, 215.
[662] LG Berlin GE 2013, 1005.
[663] BGH NJW 1985, 480; OLG Karlsruhe WuM 1992, 349.
[664] BGH NJW 1988, 2790; OLG Karlsruhe WuM 1992, 349.
[665] OLG Düsseldorf NZM 2007, 215; LG Düsseldorf DWW 1989, 392.
[666] BGH NJW 2009, 1075 = NZM 2009, 233.
[667] BGH NJW-RR 2015, 264 = NZM 2015, 79.
[668] BGH NJW 1985, 480; OLG Hamm NJW-RR 1991, 844.
[669] OLG Karlsruhe WuM 1992, 349.

neuen Bundesländer bei Altverträgen entspricht.[670] Geschuldet wird daher allein die Verpflichtung, **innen** – also durch den Mietgebrauch ausgelöst – zu streichen; eine Verpflichtung zu Außenanstrichen – mithin zur Beseitigung von Witterungsfolgen – führt somit zur Gesamtunwirksamkeit jeder Vornahmeklausel,[671] außer die Auslegung der vorformulierten Regelung ergibt, dass ausschließlich Innenanstriche gemeint sind.[672]

Weiter kann die Erneuerung eines verschlissenen **Teppichbodens**[673] ebenso wenig als Schönheitsreparatur angesehen werden, wie die Pflicht, einen **Parkettboden** abzuschleifen und zu versiegeln[674] oder entsprechende Arbeiten allgemein an Holzböden[675] bzw. das Lackieren von Holzteilen. Andernfalls wäre die gesamte Schönheitsreparaturklausel – soweit nicht sprachlich und inhaltlich trennbar zusammengesetzt – unwirksam.[676] Die Parteien sollen allerdings wirksam bezüglich des Teppichbodens eine **Abnutzungsquote** von ca. 10 % jährlich vereinbaren können.[677] 326

In der Rechtsprechung wird mittlerweile die Ansicht vertreten, dass die Schönheitsreparaturklausel mit der Regelung *„.... der Innentüren sowie der Fenster und Außentüren von innen"* wegen unangemessener Benachteiligung des Mieters gemäß § 307 Abs. 1 BGB unwirksam ist.[678] Insoweit stützen sich die bisher vorliegenden Entscheidungen unterer Instanzen darauf, dass sich der Begriff *„innen"* nur auf die Außentüre nicht hingegen auf die davor genannten Fenster bezieht, so dass im Zweifel (§ 305c Abs. 2 BGB) zu Lasten des Mieters davon auszugehen ist, dass die Fenster auch von außen durch den Mieter renoviert werden müssten, was gegen § 307 Abs. 1 BGB verstößt. Diese Auffassung kann nach meinem Dafürhalten nicht überzeugen, da Zweifel an dem Regelungsgehalt wegen der Satzgestaltung der Klausel nicht angezeigt sind. Die Aufzählung der nach der Schönheitsreparaturklausel zu renovierenden Bestandteile des Mietobjekts unterscheidet *(„sowie")* zwischen den Innentüren auf der einen Seite und den Fenstern und der Außentüre auf der anderen Seite. Durch diese Trennung kann der Begriff *„innen"* nur als einschränkendes Korrektiv für Fenster und Türen verstanden werden. 327

b) Fristendauer/Fälligkeit. Als auch vorformuliert zulässig hatte sich entweder der Fristenturnus 3 Jahre für Nassräume und 5 Jahre für die übrigen Räume oder 3 Jahre für Nassräume, 5 Jahre für Wohnräume und 7 Jahre für sonstige Räume durchgesetzt.[679] Dies entsprach den Fristen im Mustermietvertrag 1976 des damaligen BMJ,[680] wobei die entsprechende Regelung dort in § 7 Abs. 3 im Hinblick auf die Unklarheitenregelung des § 305c Abs. 2 BGB dahingehend auszulegen ist, dass der Mieter die Durchführung von Schönheitsreparaturen während des laufenden Mietverhältnisses nur dann schuldet, wenn dies zur Vermeidung oder Beseitigung nachhaltiger Schäden an der Substanz der Mietsache erforderlich ist.[681] Kürzere Fristen waren immer schon gem. § 307 BGB unwirksam.[682] Eine Klausel, die keine konkrete Frist nennt, sondern zB 328

---

670 LG Berlin GE 1998, 247; 1997, 807.
671 BGH NJW 2010, 674 = NZM 2010, 157; NJW 2009, 1408 = NZM 2009, 353.
672 BGH NJW-RR 2012, 907 = NZM 2012, 527.
673 OLG Brandenburg BeckRS 2007, 01917; OLG Celle NZM 1998, 158; OLG Hamm NJW-RR 1991, 844; OLG Stuttgart NJW-RR 1995, 1101; LG Stuttgart NJW-RR 1989, 1170.
674 BGH NJW 2010, 674 = NZM 2010, 157; OLG Düsseldorf GE 2003, 1608 = DWW 2004, 19; LG Köln WuM 1989, 506; 1989, 70; AG Bergisch-Gladbach WuM 1997, 211.
675 LG Hamburg WuM 1990, 116.
676 BayObLG NJW-RR 1997, 1371; OLG Stuttgart NJW-RR 1993, 1422.
677 LG Köln WuM 1984, 195; aA LG Frankenthal WuM 1986, 112.
678 AG Berlin-Charlottenburg BeckRS 2023, 37845; AG Hamburg BeckRS 2022, 31088.
679 Vgl. BayObLG WuM 1987, 344.
680 Schmidt-Futterer/Lehmann-Richter BGB § 535 Rn. 1121.
681 BGH BeckRS 2015, 7481.
682 BGH NJW 2004, 2586 = NZM 2004, 653; LG Berlin WuM 1996, 758; LG Hamburg WuM 1992, 476; AG Lörrach WuM 1996, 613; AG Tiergarten WuM 1996, 90.

die Verpflichtung zur Durchführung von Schönheitsreparaturen an „übliche Zeitabstände“ knüpft, führt im Wege der Auslegung zum Rückgriff auf die „üblichen“ Fristen.[683]

329 Zwischenzeitlich ist – zu Recht – die Diskussion aufgekommen, inwieweit der bisher übliche Fristenturnus noch zeitgemäß ist. Vor allem *Langenberg*[684] hat festgestellt, dass diese Fristen heute deutlich zu kurz sind und damit den Mieter unangemessen benachteiligen. Gründe: Raumwärme nicht durch Ofen, sondern schmutzarme Heizungen, größere Wohnflächen und geringere Belegung, neue, langlebigere Farben und sonstige Dekorationsmaterialien. Seine Empfehlung:

- **Bad, Küche:** Tapeten/Anstrich von Raufasertapeten **5 Jahre,** Lackarbeiten **8 Jahre;**
- **Wohn-, Schlafräume, Flur:** Tapeten/Anstrich von Raufasertapeten **8 Jahre,** Lackarbeiten **10 Jahre;**
- **Nebenräume:** Tapeten/Anstrich von Raufasertapeten **10 Jahre;** Lackarbeiten **15 Jahre.**

330 Seine Meinung fand große Zustimmung.[685] Auch der BGH hat eine Tendenz erkennen lassen, sich dieser Meinung anzuschließen, allerdings erst für alle ab Ende 2007 abgeschlossenen Mietverträge; bei Altverträgen ist danach der bisherig übliche Fristenturnus nicht zu beanstanden.[686]

Empfehlung daher: **Fristen** statt bisher 3/5/7 jetzt **5/8/10 Jahre!**

331 Der Ablauf der „weichen“ Frist bedeutet aber nicht, dass der Mieter dann in jedem Fall unabhängig von einem objektiven Renovierungsbedarf Schönheitsreparaturen zu erbringen hätte.[687] Ebenso führt der Ablauf der Renovierungsfristen nicht zu einem automatischen Verzug des Vermieters mit der Durchführung von Schönheitsreparaturen oder zu einer Beweislastumkehr.

332 Bei einem fehlenden Fristenplan aber ansonsten wirksamer Schönheitsreparaturverpflichtung des Mieters wird die Pflicht – auch **während der Mietzeit** – fällig, sobald aus Sicht eines objektiven Betrachters Renovierungsbedarf besteht, ohne dass es darauf ankommt, ob dadurch bereits die Substanz der Wohnung gefährdet ist.[688]

333 c) **Art und Weise.** Zulässig ist allein, dem Mieter die Durchführung **„fachgerechter“** oder **„fachmännischer“** Schönheitsreparaturen aufzuerlegen, was ihn auch zu entsprechenden Eigenleistungen berechtigt.[689] Die in vorformulierten Verträgen enthaltene Klausel, dass sich der Mieter verpflichtet, Schönheitsreparaturen auf eigene Kosten durch Fachhandwerker auszuführen und Teppichböden auf seine Kosten bei Auszug von einer Fachfirma reinigen zu lassen, sind hinsichtlich der Regelung, diese Arbeiten „durch **Fachhandwerker ausführen zu lassen**“ bzw. „von einer **Fachfirma reinigen zu lassen**“ unwirksam.[690] Die Unwirksamkeit erfasst jedoch nicht die gesamte Regelung, sondern lässt die Verpflichtung des Mieters zur Vornahme der laufenden Schönheitsreparaturen bzw. zur Teppichbodenreinigung auch in Eigenleistung unberührt.[691] Letzteres gilt aber nur bei sprachlicher und inhaltlicher Trennbarkeit. Andernfalls („Der Mieter ist verpflichtet, die Schönheitsreparaturen … ausführen zu lassen.“) führt der –

---

[683] BGH NJW 1985, 480; OLG Hamburg NJW-RR 1992, 10.
[684] Langenberg WuM 2006, 122.
[685] Artz NZM 2007, 265 (274); Kappus Anm. zu BGH ZMR 2007, 31; Berufungsgericht LG Kiel BeckRS 2011, 11139; aA Kappus NZM 2020, 1092.
[686] BGH NJW 2007, 3632.
[687] OLG Stuttgart NJW-RR 1989, 520; LG Köln WuM 1997, 434; vgl. auch LG München I WuM 1997, 549.
[688] BGH NJW 2005, 1862 = NZM 2005, 450.
[689] BGH NJW 1988, 2790.
[690] AG Chemnitz BeckRS 2024, 41931.
[691] OLG Stuttgart NJW-RR 1993, 1422.

jedenfalls nach kundenfeindlichster Auslegung – Ausschluss des Selbstvornahmerechts zur Unwirksamkeit der gesamten Schönheitsreparaturklausel.[692] Erst recht unwirksam ist daher eine Klausel, nach der die Schönheitsreparaturen von einem **bestimmten Handwerker** ausgeführt werden müssen, zumal der Mieter hierdurch ggf. an einer preisgünstigen Vergabe gehindert wird.[693]

Problematisch sind sog. **Farbwahlklauseln,**[694] wonach der Mieter verpflichtet ist, die 334
Schönheitsreparaturen nur auf eine bestimmte Art und Weise (zB Raufaser weiß; neutrale, helle und deckende Farben) durchzuführen. Für während der Mietzeit geschuldete Schönheitsreparaturen sind derartige Klauseln vor dem Hintergrund des weitgehenden Gestaltungsspielraums des Mieters[695] unwirksam.[696] Dies gilt auch für vorformulierte Regelungen, wonach der Mieter nur mit Zustimmung des Vermieters „von der bisherigen Ausführungsart abweichen" darf[697] oder auch „… erheblich abweichen darf."[698] Bezieht sich die Klausel aber nach ihrem Wortlaut ausschließlich auf den vom Mieter geschuldeten Zustand der Wohnung bei Rückgabe, begegnet sie, auch soweit es zB um die Farbgebung und Bearbeitung von Holzteilen geht, keinen Bedenken.[699] Allerdings darf der Mieter auch bei der Rückgabe nie nur auf eine Farbe (zB weiß) festgelegt werden; ihm muss vielmehr immer ein gewisser Spielraum an neutralen Farben gelassen werden,[700] auch bei neuem weißem Anstrich zu Mietbeginn.[701] Der Mieter kann wirksam verpflichtet werden, die Mieträume nicht nur renoviert, sondern wieder vermietbar zurückzugeben. Soweit dadurch allerdings der Mieter verpflichtet wird, Renovierungsarbeiten durchzuführen, obwohl laufende Schönheitsreparaturen noch gar nicht fällig wären, könnte hierin eine unzulässige Schlussrenovierungsklausel (jedenfalls bei kundenfeindlichster Auslegung) liegen.[702] In diesem Zusammenhang ist zu beachten, dass – unabhängig von einer wirksamen Schönheitsreparaturregelung und unabhängig von einem objektiven Renovierungsbedarf – eine Schadensersatzpflicht des Mieters besteht, wenn er eine neutral dekoriert übernommene Wohnung mit einem farbigen Anstrich zurückgibt.[703] Der Mieter schuldet insoweit die Rückgabe des Mietobjekts in einem weitervermietbaren Zustand, wodurch sich farbige oder gemusterte Wände/Tapeten, die durch den Mieter angebracht wurden, verbieten.

Der Vorschlag, zur Vermeidung von Streitpunkten eine sog. **„Tapetenklausel"** vor- 335
zusehen, wonach der Mieter bei Vertragsbeginn eine tapezierfertige Wohnung übernimmt und verpflichtet ist, die Räume bei Vertragsende lediglich ebenso tapezierfähig wieder zurückzugeben,[704] lässt sich nicht wirksam umsetzen: So ist bereits problematisch, dass der Mieter bei Vertragsende mit Renovierungsarbeiten belastet wird, die noch nicht fällig sind und ihm auch nicht mehr zugutekommen. Wird der Mieter daneben verpflichtet, bei seinem Auszug alle von ihm angebrachten oder vom Vormieter übernommenen Tapeten zu beseitigen, liegt darin ebenfalls eine zur Klauselunwirksamkeit führende unangemessene Benachteiligung.[705]

---

[692] BGH NJW 2010, 2877 = NZM 2010, 615.
[693] LG Koblenz WuM 1992, 431.
[694] Näher instruktiv Beyer NZM 2009, 137 ff. mwN.
[695] KG GE 1995, 1011.
[696] BGH BeckRS 2011, 24125 („Weißen" der Decken und Oberwände); NJW-RR 2010, 666 = NZM 2010, 236 (für Türen und Fenster); NJW 2009, 2199 = NZM 2009, 313; NJW 2008, 2499 = NZM 2008, 605.
[697] BGH NJW 2007, 1743 = NZM 2007, 298.
[698] BGH BeckRS 2012, 23439.
[699] BGH NJW 2009, 62 = NZM 2008, 926.
[700] BGH NJW 2011, 514 = NZM 2011, 150 („dezente" Farben); NJW 2008, 2499; NZM 2008, 605; NJW 2009, 62 = NZM 2008, 926.
[701] BGH NJW 2012, 1280 = NZM 2012, 338.
[702] BGH NJW 2007, 3776; OLG Frankfurt a. M. NJW 1982, 453; OLG Hamm NJW 1981, 1049.
[703] BGH NJW 2014, 143 = NZM 2014, 72.
[704] Blank NZM 1998, 705.
[705] BGH NJW 2006, 2116 = NZM 2006, 622; NJW 2006, 2115 = NZM 2006, 621.

336 Da jegliche Schönheitsreparaturregelung allein den Ausgleich der Spuren vertragsgemäßen Gebrauchs in Abweichung von § 538 BGB erfasst (zur Beseitigung der Folgen vertragswidriger Nutzung trifft den Mieter ohnehin kraft Gesetzes eine Schadensersatzverpflichtung), ist „Exzessives **Rauchen**“ ist erst dann vertragswidrig, wenn seine Spuren nicht mehr durch Vornahme der üblichen Schönheitsreparaturen beseitigt werden können.[706] Eine Schadensersatzpflicht des Mieters besteht dagegen dann, wenn er eine neutral dekoriert übernommene Wohnung mit einem **farbigen Anstrich** zurückgibt.[707]

337 Nach dem derzeitigen Stand dürften folgende Schönheitsreparaturregelungen bei renoviert überlassener Wohnung (zur Abgeltungsklausel näher sogleich) wirksam sein:[708]

Formulierungsvorschlag:

338 (1) Der Vermieter ist zur Durchführung von Schönheitsreparaturen nicht verpflichtet.[709]

(2) Der Mieter übernimmt die während der Mietdauer erforderlich werdenden Schönheitsreparaturen. Dazu gehören
- das Tapezieren, Anstreichen oder Kalken der Wände und Decken,
- das Streichen der Heizkörper einschließlich der Heizrohre
- das Anstreichen oder Lackieren der Innentüren sowie der Fenster und Außentüren von innen oder soweit deren Materialgestaltung eine anderweitige sachgerechte Pflege erfordert, die Durchführung derselben.

(3) Der Mieter hat die Schönheitsreparaturen fachgerecht auszuführen.

(4) Im Allgemeinen (oder: in der Regel) werden Schönheitsreparaturen in den Mieträumen in folgenden Zeitabständen erforderlich sein:
a) in Küchen, Bädern und Duschen alle 5 Jahre,
b) in Wohn- und Schlafräumen, Fluren, Dielen und Toiletten alle 8 Jahre,
c) in Nebenräumen alle 10 Jahre.
Hat der Mieter danach fällige Schönheitsreparaturen während der Mietzeit nicht ausgeführt, ist er hierzu spätestens bis zum Mietvertragsende verpflichtet.

(5) Kommt der Mieter seinen Verpflichtungen aus Nr. 2 trotz Aufforderung und Fristsetzung durch den Vermieter nicht nach, so ist der Vermieter berechtigt, die Arbeiten auf Kosten des Mieters auszuführen oder ausführen zu lassen; der Mieter hat die Arbeiten zu dulden. Der Vermieter hat die Arbeiten sowie ihre voraussichtliche Dauer und Kosten mindestens zwei Wochen vor ihrem Beginn anzukündigen.

339 d) **Abgeltungsregelungen/Quotenklauseln.** Sofern die laufenden Schönheitsreparaturen rechtswirksam auf den Mieter übertragen worden sind,[710] war es nach herrschender Auffassung zulässig, den Mieter zur Zahlung anteiliger Renovierungskosten zu verpflichten, obwohl die Durchführung von Schönheitsreparaturen noch nicht fällig ist,[711] und dies selbst bei einer unrenoviert überlassenen Wohnung.[712] **Bedingung** hierfür war allerdings,

- dass sich der Kostenanteil – inkl. Umsatzsteuer[713] – nach dem Verhältnis des Auszugszeitpunktes zum Ablauf der üblichen Renovierungsfristen orientiert, die erst mit dem Beginn des Mietverhältnisses zu laufen beginnen dürfen,

---

[706] BGH NJW 2015, 1871 = NZM 2015, 424; NJW 2008, 1439 = NZM 2008, 318 Rn. 21; NJW 2006, 2915 = NZM 2006, 691.
[707] BGH NJW 2014, 143 = NZM 2014, 72.
[708] Nach Beyer NZM 2008, 465 iVm dem vhw-Klauselvorschlag NZM 2008, 474.
[709] Hierzu näher nachstehend → Rn. 304.
[710] LG Berlin WuM 1996, 758.
[711] BGH NZM 2007, 879; 2004, 903 mit Anmerkung Fischer WuM 2005, 284 ff.; NZM 2004, 615.
[712] BGH NJW 1988, 2790; OLG Frankfurt a. M. NZM 1998, 150.
[713] BGH NJW-RR 2010, 1310 = NZM 2010, 617.

- dass der zugrunde liegende Kostenvoranschlag nicht als verbindlich erklärt wird (ein günstigerer Kostenvoranschlag des Mieters also maßgeblich ist),[714] und
- dass dem Mieter nicht untersagt wird, seiner anteiligen Zahlungspflicht dadurch zuvorzukommen, dass er Schönheitsreparaturen in kostensparender Eigenarbeit ausführt.

Die unter → Rn. 284 zitierte BGH-Rechtsprechung zur Unwirksamkeit starrer Fristenklauseln führte konsequenterweise auch noch dazu, dass bei **starren Fristen** oder der Bezugnahme auf eine „harte" Fristenklausel auch die Abgeltungsklausel unwirksam war[715] und ggf. sogar eine für sich genommen wirksame „weiche" Fristenklausel infizieren konnte.[716] Selbst bei einer „weichen" Frist konnte eine Abgeltungsklausel aber wegen **Intransparenz** unwirksam sein, sofern sie eine „unangemessen hohe" Quote vorsah, etwa durch Berücksichtigung eines durchschnittlichen Wohnverhaltens für die nicht abgewohnte Restlaufzeit des „weichen" Fristenturnus,[717] oder wenn sie nicht erkennen ließ, wie das für die konkrete Berechnung der Abgeltungsquote maßgebliche Intervall ermittelt werden soll.[718] 340

Diese Rechtsprechung ist überholt. Was vom BGH zunächst angedeutet worden war,[719] wurde dann Gewissheit: **Quotenabgeltungsklauseln** benachteiligen den Mieter nach § 307 Abs. 1 BGB unangemessen und sind daher unwirksam, weil sie von dem Mieter bei Vertragsschluss verlangen, zur Ermittlung der auf ihn im Zeitpunkt der Vertragsbeendigung zukommenden Kostenbelastung mehrfach hypothetische Betrachtungen anzustellen, die eine sichere Einschätzung der tatsächlichen Kostenbelastung nicht zulassen.[720] 341

Keine Auswirkung hat die Unwirksamkeit der Quotenabgeltungsklausel auf eine für sich gesehen wirksame Schönheitsreparaturklausel. Ein Summierungseffekt scheidet nach der Rechtsprechung des BGH insoweit aus.[721] 342

Möglich bleibt jedoch eine individuell ausgehandelte Quotenabgeltungsregelung. Diese ist auch nicht über § 556 Abs. 5 BGB unwirksam, da § 556 BGB keinen Rechtsgedanken beinhaltet, dass weitere Kosten nicht auf den Mieter umgelegt werden dürfen.[722] 343

e) Regelungen bei Nicht- bzw. Schlechterfüllung durch den Mieter. Das **Setzen einer Nachfrist** gem. § 326 Abs. 1 BGB aF als Voraussetzung für die Geltendmachung von Schadensersatzansprüchen wegen unterlassener Schönheitsreparaturen konnte gem. den §§ 9, 11 Nr. 4 AGBG nicht wirksam ausgeschlossen werden.[723] Das Erfordernis einer **Ablehnungsandrohung** gem. § 326 Abs. 1 BGB aF war hingegen formularmäßig abdingbar.[724] Nunmehr nach Inkrafttreten der Schuldrechtsreform seit dem 1.1.2002 (bzw. bei Alt-Mietverhältnissen seit dem 1.1.2003 – Art. 229 § 5 S. 2 EGBGB) hat der Vermieter dem Mieter gem. §§ 280 Abs. 1, 281 Abs. 1 BGB (Schadensersatz statt der Leistung) eine angemessene Frist zur Nacherfüllung seiner Schönheitsreparaturpflicht zu setzen, in der Regel **14 Tage bezogen auf die komplette Wohnung**[725] – formularmäßig nicht abdingbar (§ 309 Nr. 4 BGB). Mit deren ergebnislosem Verstreichen – einer 344

[714] BGH NJW 2013, 2505 = NZM 2013, 573.
[715] BGH NZM 2007, 355; NJW 2006, 3778 = NZM 2006, 924; NJW 2006, 1728 = NZM 2006, 459; vgl. auch NJW 2004, 3042 = NZM 2004, 615.
[716] Instruktiv zu diesem Problemkreis: Fischer WuM 2005, 284 f.; Klimke/Lehmann-Richter ZMR 2005, 417 ff.; Steenbuck WuM 2005, 220 ff.
[717] BGH NJW 2007, 3632 = NZM 2007, 879.
[718] BGH NJW 2008, 1438 = NZM 2008, 363.
[719] BGH BeckRS 2014, 02862.
[720] BGH NJW 2015, 1871 = NZM 2015, 424 unter teilweiser Aufgabe von Urt. v. 26.9.2007, NJW 2007, 3632 = NZM 2017, 879 Rn. 14 ff.
[721] BGH NZM 2024, 325.
[722] BGH NZM 2024, 376.
[723] BGH NJW 1988, 2790.
[724] BGH NJW 1985, 267.
[725] BGH NJW 2018, 1746 = NZM 2018, 320; KG WuM 2007, 71.

Nachfristsetzung gar mit Ablehnungsandrohung bedarf es nicht mehr – geht aber anders als nach bisherigem Recht der Erfüllungsanspruch des Vermieters noch nicht unter sondern erst dann, wenn der Vermieter durch Gestaltungserklärung sein Wahlrecht zugunsten des neben dem Erfüllungsanspruch bestehenden Schadensersatzanspruchs ausgeübt hat (§ 281 Abs. 4 BGB).[726] Während nach altem Recht erst dann die Verjährung des Schadensersatzanspruchs begonnen hätte (sofern zu diesem Zeitpunkt der ursprüngliche Erfüllungsanspruch noch nicht verjährt war), beginnt nunmehr die 6-monatige Verjährung des § 548 BGB auch des Schadensersatzanspruchs bereits vor dessen Entstehen mit der Rückgabe der Mietsache[727] an den Vermieter; § 548 BGB enthält eine Regelung über einen „anderen Verjährungsbeginn" iSv § 200 S. 1 BGB.[728]

345 Umstritten ist, ob bei unterlassenen Schönheitsreparaturen eine Kostenerstattungspflicht des Mieters auch ohne (Nach-)Fristsetzung aus **GoA** besteht.[729] Zieht ein Mieter aus, ohne Schönheitsreparaturen auszuführen, kann in diesem Verhalten jedenfalls dann eine endgültige Erfüllungsverweigerung liegen, wenn ihm der Vermieter zuvor konkret mitgeteilt hat, welche Schönheitsreparaturen durchzuführen sind.[730]

346 Befindet sich der Mieter in Verzug, kann der Vermieter von ihm einen **Vorschuss** in Höhe der voraussichtlichen Renovierungskosten verlangen.[731] Die **Kosten eines Gutachtens** zur Feststellung des Wohnungszustands sind grundsätzlich erstattungsfähig; der Vermieter muss nicht etwa auf Zeugen zurückgreifen.[732]

347 Eine Klausel, die den Vermieter berechtigt, Schönheitsreparaturen nach erfolgloser Mahnung des Mieters auf dessen Kosten selbst auszuführen, soll wirksam sein, da der **Aufwendungsersatzanspruch** nach seiner Rechtsnatur kein Schadensersatzanspruch wegen Nichterfüllung ist.[733] Wirksam soll auch eine Klausel sein, die den Vermieter zur **Durchführung von Schönheitsreparaturen auf Kosten des Mieters** berechtigt, wenn dieser das Mietobjekt bei Beendigung des Mietverhältnisses unrenoviert zurückgibt und eine Endrenovierung schuldet.[734]

348 Die Höhe des **Schadensersatzanspruchs** wegen Nichtdurchführung von Schönheitsreparaturen kann gem. § 309 Nr. 5 BGB wirksam **pauschaliert** werden, wenn die Pauschale den nach gewöhnlichem Verlauf entstehenden Schaden nicht übersteigt und dem Mieter ausdrücklich der Nachweis eröffnet bleibt, ein Schaden sei nicht oder in geringerer Höhe entstanden. Eine **Mietausfallschadenspauschale** in Höhe einer Monatsmiete ist angemessen.[735]

349 **f) Rechtsfolgen unwirksamer Schönheitsreparaturregelungen..**[736] Die Pflicht zur Vornahme von Schönheitsreparaturen ist, soweit sie dem Mieter im Mietvertrag auferlegt ist, eine einheitliche, nicht in Einzelmaßnahmen aufspaltbare Rechtspflicht mit der Folge, dass die Unwirksamkeit der einen Einzelaspekt dieser einheitlichen Rechtspflicht betreffenden Formularbestimmung in der gebotenen Gesamtschau der Regelung zur Unwirksamkeit der gesamten Vornahmeklausel führt. Dies gilt auch, wenn die inhaltliche Ausgestaltung der einheitlichen Rechtspflicht in verschiedenen, sprachlich voneinander unabhängigen Klauseln des Mietvertrags geregelt ist.[737]

---

726 S. nur Langenberg NZM 2002, 972 (977).
727 Vgl. hierzu BGH NZM 2006, 624; 2004, 98.
728 BGH NJW 2005, 739.
729 OLG Koblenz NZM 2000, 234 = NJW-RR 2000, 82; zust. Lützenkirchen MDR 2001, 9; abl. Wiek WuM 2000, 11.
730 KG WuM 2007, 71.
731 BGH NJW 2005, 1862 = NZM 2005, 450.
732 BGH NJW 2004, 3042 = NZM 2004, 615 betr. das Bestreiten seiner Zahlungspflicht aus einer Abgeltungsklausel durch den Mieter.
733 OLG Hamm WuM 1983, 76 – höchst umstritten.
734 OLG Karlsruhe NJW-RR 1989, 331 – strittig.
735 Bub/Treier MietR-HdB/Bub Kap. II Rn. 1513.
736 Ausführlich Hannemann FS Blank, 2006, 189 ff.
737 BGH NJW 2015, 1874= NZM 2015, 485; Bestätigung von BGH NJW 2010, 674 = NZM 2010, 157 Rn. 14.

Nachdem sämtliche einseitigen Heilungsversuche (anders die freiwillige Vereinbarung mit dem Mieter) zum Scheitern verurteilt sind,[738] stellt sich zunächst die Frage, ob den **Vermieter** die **Schönheitsreparaturpflicht** trifft.[739] Wie bei einer entsprechenden Pflichtenüberbürdung auf den Mieter wird dies einen objektiven Renovierungsbedarf voraussetzen, der damit zugleich einen Mangel der Mietsache darstellen dürfte mit er Folge, dass der Vermieter im Rahmen seiner Gebrauchsgewährpflicht nach § 535 BGB die Durchführung von Schönheitsreparaturen schuldet. Die Gebrauchsgewährungspflicht stellt aber nach überwiegender Meinung eine im Gegenseitigkeitsverhältnis mit der Mietzahlungspflicht des Mieters stehende Hauptpflicht dar, so dass man daran denken könnte, dass die auch teilweise Freizeichnung hiervon eine wesentliche Vertragspflicht des Mietvertrages im Sinne von § 307 Abs. 2 Nr. 2 BGB unzulässig einschränkt.[740] Wenn aber schon die vorformulierte Überbürdung dieser Pflicht auf den Mieter, soweit es die Schönheitsreparaturen betrifft, unter Beachtung bestimmter Voraussetzungen wirksam ist, dann erst recht die bloße **Freizeichnung des Vermieters,** sofern es sich nicht um eine überraschende Klausel iSv § 305c Abs. 1 BGB handelt und das Transparenzgebot des § 307 Abs. 1 S. 2 BGB beachtet wird. Daher werden Freizeichnungsklauseln, sofern man darin nicht sogar eine Pflichtenabwälzung auf den Mieter sieht,[741] auch als rechtlich unbedenklich angesehen, sofern sie hinreichend klar gefasst sind.[742] Nach anderer Auffassung liegt darin ein Verstoß gegen § 536 Abs. 4 BGB[743] bzw. eine unangemessene Benachteiligung im Sinne von § 307 BGB, da sich der Vermieter von einer (bei der Schönheitsreparaturverpflichtung soweit ersichtlich unstreitigen) Hauptleistungspflicht freizeichnen oder diese einschränken würde. Die Rechtsprechung hat bisher eine Freizeichnung dann als unbedenklich angesehen, wenn die Vornahmeklausel, die Schönheitsreparaturen dem Mieter überbürdet, rechtswirksam ist; die Fallgestaltung der Unwirksamkeit einer Schönheitsreparaturregelung zu Lasten des Mieters und deren Auswirkungen auf die formularvertragliche Freizeichnung des Vermieters von dieser Verpflichtung wurde ausdrücklich offengelassen.[744] 350

Trifft den Vermieter eine Verpflichtung, notwendige Schönheitsreparaturen durchzuführen, dann soll der Mieter einen angebotenen Anstrich ablehnen und stattdessen die Verwendung einer ihm genehmen Farbe verlangen können.[745] 351

Durch den BGH wurde im Übrigen zwischenzeitlich zu Recht geklärt, dass gewissermaßen als Korrektiv zur unwirksamen Schönheitsreparaturklausel im Rahmen des § 558 BGB ein – etwa an § 28 Abs. 4 II. BV orientierter – **Zuschlag zur ortsüblichen Vergleichsmiete** als dem Vergleichsmietensystem fremdes Element der Kostenmiete unzulässig ist.[746] Auch nicht nach Wegfall einer ursprünglichen Preisbindung.[747] Anders beim **preisgebundenen Wohnraum.** Dort ist ein Mietzuschlag gem. § 28 Abs. 4 II. BV um 8,50 EUR/p. a. = 0,71 EUR/m²/Mt. (ggf. indexiert, vgl. §§ 28 Abs. 5a, 26 Abs. 4 II. BV) – auch rückwirkend gem. § 4 Abs. 8 S. 2 NMV analog[748] – zulässig, wobei in den bislang vom BGH entschiedenen Fällen immer vergebliche Verhandlungen zwischen den Mietvertragsparteien über eine Heilung der unwirksamen Schönheits- 352

---

[738] Klimke www.mietgerichtstag.de/downloads/Mietgerichtstag 2009.
[739] Vgl. hierzu ausführlich Flatow, www.mietgerichtstag.de/downloads/Mietgerichtstag 2009.
[740] Vgl. nur BGH NZM 2002, 116, der eine solche unzumutbare Einschränkung bereits darin sieht, dass nach der Vertragsgestaltung die Verletzung einer vertraglichen Hauptpflicht sanktionslos bleibt.
[741] OLG Karlsruhe NJW-RR 1992, 969.
[742] Vgl. nur Schmidt-Futterer/Langenberg BGB § 538 Rn. 213b ff. mwN.
[743] LG Berlin NZM 2017, 258; Lützenkirchen NZM 2016, 113 (115).
[744] LG Karlsruhe NJW 2016, 2897 = NZM 2016, 638.
[745] LG Berlin BeckRS 2017, 113739.
[746] BGH NJW 2009, 1410 = NZM 2009, 313; NJW 2008, 2840 = NZM 2008, 641; vgl. hierzu Häublein www.mietgerichtstag.de/downloads/Herbstveranstaltungen 2008; damit sind überholt OLG Frankfurt a. M. WuM 2008, 82; OLG Karlsruhe NZM 2007, 481; LG Düsseldorf WuM 2007, 456.
[747] BGH NJW 2012, 145 = NZM 2012, 80; vgl. auch NJW 2011, 145 = NZM 2010, 736.
[748] BGH NJW-RR 2013, 585 = NZM 2013, 312.

reparaturklausel vorausgingen.[749] Letzteres ist aber nicht Voraussetzung: Der Vermieter ist nicht verpflichtet, dem Mieter vor dem Erhöhungsverlangen eine wirksame Abwälzungsklausel anzubieten oder ein entsprechendes Angebot des Mieters anzunehmen; insbesondere folgt eine derartige Pflicht weder aus § 241 Abs. 2 BGB noch aus § 242 BGB.[750]

353 Dagegen ist es im preisfreien Wohnraummietrecht zulässig, im Mietvertrag neben der Grundmiete formularvertraglich ein „Zuschlag" für vom Vermieter auszuführende Schönheitsreparaturen zu vereinbaren. Dabei handelt es sich um eine der Inhaltskontrolle gem. § 307 Abs. 3 BGB entzogene Preisabrede und zwar auch dann, wenn im Mietvertrag eine unwirksame Quotenabgeltungsklausel enthalten ist.[751]

354 Welche Folgen zeitigt es, wenn der **Mieter in Unkenntnis der unwirksamen Schönheitsreparaturklausel dennoch renoviert?** Indem der Vermieter eine unwirksame Schönheitsreparaturklausel in den Mietvertrag einführt, hat dieser sich vorwerfbar pflichtwidrig verhalten, sodass der Vermieter nach §§ 280 Abs. 1, 311 Abs. 2, 241 Abs. 2 BGB auf **Schadensersatz** haftet.[752] Erkennt der Vermieter, dass sein Mieter irrig von der Wirksamkeit nichtiger Klauseln in dem vom Vermieter gestellten Mietvertragsformular ausgeht, muss er den Mieter über die Rechtslage aufklären – andernfalls macht er sich ebenfalls nach §§ 280 Abs. 1, 241 Abs. 2 BGB ersatzpflichtig.[753] Schließlich handelt der Vermieter auch dann pflichtwidrig, wenn er den Mieter trotz der Unwirksamkeit der Schönheitsreparaturklausel zur Vornahme der Arbeiten auffordert.[754] Unkenntnis kann den privaten Vermieter hierbei nicht entlasten; er muss ggf. Rechtsrat über die Wirksamkeit der in Rede stehenden Klauseln einholen,[755] dessen Unrichtigkeit oder Unvollständigkeit ihm im Falle der Verwendung eines Standardwerkes über § 278 BGB zugerechnet werden würde.[756] Allein die Verwendung einer nach Vertragsschluss von der Rechtsprechung[757,758]) als unwirksam angesehenen Klausel gereicht dem Vermieter aber grundsätzlich nicht zum Verschulden, soweit er von der Unwirksamkeit keine Kenntnis erlangt hat.[759] Der zu ersetzende Schaden liegt in den vom Mieter aufgewandten Renovierungskosten, ggfs. Rechtsanwaltskosten, seinem Zeitaufwand, etwa entgangenem Urlaub.[760]

355 Neben einem möglichen Schadensersatzanspruch sieht die Rechtsprechung für den Mieter in dem Fall der Durchführung nicht geschuldeter Schönheitsreparaturen einen **Bereicherungsanspruch** gegen seinen Vermieter vor.[761] Fraglich ist dabei aber, ob die Bereicherung des Vermieters in den ersparten Renovierungskosten, einem höheren Ertragswert oder einer sonstigen Wertsteigerung der dann renovierten Wohnung liegt. Einige bisher vorliegende Urteile bemessen die Höhe der Bereicherung mit den aufgewendeten Renovierungskosten.[762] Dem hat sich auch der BGH angeschlossen: Der Wert der rechtsgrundlos erbrachten Leistung soll sich grundsätzlich nach dem Betrag der üblichen, hilfsweise der angemessenen Vergütung für die ausgeführten Renovierungsarbeiten bemessen; erbringt der Mieter die Arbeiten in Eigenleistung oder mit

[749] BGH NJW 2010, 1590 = NZM 2010, 396 und NZM 2011, 31; vgl. auch Bellinger WuM 2009, 158 ff.; Wüstefeld WuM 2008, 697.
[750] BGH NJW-RR 2017, 1356 = NZM 2017, 759.
[751] BGH NJW-RR 2017, 981 = NZM 2017, 594.
[752] Grüneberg/Weidenkaff BGB § 538 Rn. 47a.
[753] Blank WuM 2004, 243 (248); Pfeilschifter WuM 2003, 543.
[754] Schmidt-Futterer/Lehmann-Richter BGB § 535 Rn. 1133.
[755] BGH NJW 1994, 2754.
[756] Vgl. OLG Koblenz NJW 2004, 77.
[757] BGH NJW 2009, 2590 = NZM 2009, 341.
[758] BGH NJW 2007, 428 = NZM 2007, 35.
[759] BGH NJW 2009, 2590 = NZM 2009, 341.
[760] MüKoBGB/Häublein BGB § 535 Rn. 184.
[761] BGH NJW 2009, 2590 = NZM 2009, 541; vgl. ausführlich Schmidt-Futterer/Langenberg BGB § 538 Rn. 205 ff.
[762] LG Stuttgart WuM 1986, 370; ebenso die Vorinstanz AG Stuttgart WuM 1986, 369; AG Bergisch Gladbach WuM 1995, 479; Schmidt-Futterer/Lehmann-Richter BGB § 535 Rn. 1135.

Hilfe von Verwandten oder Bekannten, kommt es neben den Materialkosten darauf an, was der Mieter billigerweise für diesen Zeiteinsatz aufgewendet hat oder hätte aufwenden müssen (ggf. gerichtliche Schätzung nach § 287 ZPO).[763] Dies ist zwar praktikabel, kann aber nicht richtig sein: Herauszugeben ist nach § 818 Abs. 2 BGB Wertersatz, also der objektive Verkehrswert, den die Arbeitsleistung des Mieters für den Vermieter hat.[764] Dies hat nichts mit dem vom Mieter aufgewandten Betrag zu tun.[765] Nach anderer – richtiger – Auffassung liegt die auszugleichende Bereicherung in der Differenz zwischen dem Mietwert der Räume vor und nach der Renovierung.[766] Liegt die Renovierung schon einige Zeit zurück, kann ein derartiger Mehrwert entfallen sein.[767] Entscheidend und zu ersetzen ist also das, was dem Vermieter an wirtschaftlichen Wertzuwachs zugeflossen ist.[768] Dies muss nicht mit den vom Vermieter ersparten Aufwendungen identisch sein.[769] Unklar bleibt weiter, ob sich der Vermieter mit Erfolg auf § 818 Abs. 3 BGB berufen kann, weil er mit dem Mieter wegen der (fehlgeschlagenen) Überbürdung der Schönheitsreparaturen nach der „Mietpreisfiktion" des BGH eine geringere Miete vereinbart haben müsste und daher die Mindermieteinnahmen abziehen kann.[770] Sofern der Vermieter absichtlich nur zu einer geringeren oder nur gleichen Miete weitervermietet, muss er in jedem Fall seine Bereicherung herausgeben.[771] Anders dann, wenn ihm die Neuvermietung nicht zu einer höheren Miete möglich ist.[772]

Renoviert der Mieter dennoch bei Auszug, obwohl er hierzu nicht verpflichtet ist, aber **mangelhaft** steht dem Vermieter insoweit ein Schadensersatzanspruch nach den Grundsätzen der positiven Forderungsverletzung wegen etwaiger Schlechtdurchführung der Renovierungsarbeiten nur dann zu, wenn die vom Vermieter an sich zu tragenden Renovierungskosten auf Grund der vom Mieter unzureichend vorgenommenen Arbeiten höher sind, als sie bei einem Auszug des Mieters ohne die Vornahme jeglicher Arbeiten gewesen wären.[773] 356

Enthält der Mietvertrag eine unwirksame Schönheitsreparaturklausel (sowohl Fristen- als auch Endrenovierungsregelung), kann der Mieter dennoch die Durchführung von Schönheitsreparaturen schulden, wenn er sich hierzu individualvertraglich nachträglich in einem **Übergabeprotokoll** verpflichtet.[774] 357

Ein **Aufwendungsersatzanspruch** aus § 536a Abs. 2 Nr. 2 BGB wird demgegenüber nur ausnahmsweise gegeben sein, wenn die Schönheitsreparaturen zur Erhaltung der baulichen Substanz der Mieträume erforderlich gewesen sind und sich der Vermieter – wie vorstehend bereits festgehalten – in Verzug befunden hat.[775] Ein Anspruch aus § 539 BGB iVm den Vorschriften über die GoA auf Ersatz der Aufwendungen des Mieters dürfte, sofern überhaupt neben § 536a Abs. 2 BGB anwendbar,[776] meistens am fehlen- 358

---

[763] BGH NJW 2009, 2590 = NZM 2009, 541.
[764] Vgl. nur BGH NJW 1982, 1154.
[765] Lehmann-Richter WuM 2005, 747 (751).
[766] BGH NJW 1967, 2255; 1990, 1789; NZM 1999, 19; OLG Karlsruhe NJW-RR 1986, 1394; OLG München NJW-RR 1997, 650; Blank/Börstinghaus BGB § 535 Rn. 262.
[767] Blank WuM 2004, 243 (248); Hitpaß/Haugg WuM 2004, 143.
[768] Börstinghaus WuM 2005, 675 (677) mwN.
[769] So aber Rave GE 2005, 221 (222) und – jedenfalls im Grundsatz – Lehmann-Richter WuM 2005, 747 (751).
[770] Rave GE 2005, 221 (223); aA Lehmann-Richter WuM 2005, 747 (751): Da Rechtsgrund der Mietzahlung der im Übrigen wirksame Mietvertrag ist, fehle es an einem nach der Saldotheorie zu berücksichtigenden Bereicherungsanspruch des Vermieters gegenüber dem Mieter auf Zahlung eines Mietzuschlags.
[771] BGH NJW 1967, 2255; 1972, 2224; OLG Hamburg MDR 1974, 584.
[772] BGH NJW 1972, 2224; OLG Karlsruhe ZMR 1974, 47.
[773] LG Frankfurt a. M. NZM 2001, 191.
[774] BGH NJW 2009, 1075 = NZM 2009, 233.
[775] Dabei wird es idR an einer Mahnung schon allein deshalb fehlen, weil sich der Mieter zur Vornahme von Schönheitsreparaturen für verpflichtet hielt: Lehmann-Richter WuM 2005, 747 (748).
[776] Vgl. Börstinghaus WuM 2005, 675 (676 f.).

den Fremdgeschäftsführungswillen des Mieters scheitern.[777] Richtig ist zwar, dass vor allem der BGH wiederholt festgehalten hat, dass auch bei Nichtigkeit des Vertrages[778] und in den Fällen, in denen sich der Geschäftsführer gegenüber dem Geschäftsherrn zur Geschäftsführung für verpflichtet hält, es aber in Wahrheit nicht ist,[779] auf die Vorschriften über die GoA zurückgegriffen werden kann.[780] In diesen Fällen lag aber immer schon dem äußeren Inhalt nach ein objektiv fremdes Geschäft vor, bei dem ein Fremdgeschäftsführungswille vermutet wird, auch wenn zugleich eigene Belange wahrgenommen werden.[781] Dies lässt sich mit der hier in Rede stehenden Konstellation daher nicht vergleichen.[782] Natürlich liegt ansonsten die Vornahme von Schönheitsreparaturen im Interesse des Vermieters als Geschäftsherrn und entspricht auch dessen mutmaßlichem bzw. – etwa bei Aufforderung des Mieters zur Erfüllung seiner (angeblichen) Renovierungspflicht – wirklichem Willen.

359 Sämtliche vorgenannten Ansprüche des Mieters wegen durchgeführter aber nicht geschuldeter (unwirksame Klausel) Schönheitsreparaturen unterliegen der kurzen Verjährungsfrist des § 548 Abs. 2 BGB.[783]

11. Gewährleistung

360 § 536 Abs. 4 BGB verbietet die **Einschränkung des Minderungsrechts** des Wohnraummieters.[784]

361 Insoweit sind Klauseln unwirksam,

- wonach die Höhe der Minderung auf einen bestimmten Prozentsatz festgeschrieben wird,[785]
- die die Minderung von einer Anzeige mit einer bestimmten Frist abhängig machen,[786]
- die die Gewähr für den ordnungsgemäßen Betrieb von gemeinschaftlich zu nutzenden Einrichtungen und Anlagen, zB die Warmwasserversorgung, einschränken oder ausschließen[787]
- bestimmte Fehler voraussetzen.

362 Die **verschuldensunabhängige Vermieterhaftung** gem. § 536a Abs. 1 Alt. 1 BGB für **bei Vertragsschluss vorhandene Mängel** kann als für das Haftungssystem des BGB atypische Garantiehaftung ausgeschlossen werden.[788]

363 Die Klausel, die eine Haftung des Vermieters „für die durch Wasser, Feuchtigkeit, Schlamm sowie durch Feuer, Rauch und Sott entstandenen Schäden" ausschließt oder einschränkt, ist dahingehend auszulegen, dass sie sich nur auf während des Mietverhältnisses entstehende Schäden bezieht.[789]

364 Die **verschuldensabhängige Vermieterhaftung** für nach **Vertragsschluss entstandene Mängel** gem. § 536a Abs. 1 Alt. 2 BGB auf Schadensersatz kann formularvertraglich gem. § 309 Nr. 7 BGB nicht für Vorsatz und grobe Fahrlässigkeit des Vermieters und seiner Erfüllungsgehilfen ausgeschlossen oder eingeschränkt werden.[790] Die Vermieterhaftung für mittlere und leichte Fahrlässigkeit kann dagegen grundsätzlich wirksam

[777] BGH NJW 2009, 2590 = NZM 2009, 541; Blank WuM 2004, 243 (248); Börstinghaus WuM 2005, 675 (677); aA Lehmann-Richter WuM 2005, 747 (749).
[778] BGH NJW 1993, 3196; 1997, 47; 2000, 72.
[779] BGH NJW 2000, 422.
[780] Vgl. nur BGH WM 2000, 973.
[781] BGH NJW 2000, 422 unter II 2 mwN.
[782] AA Lehmann-Richter WuM 2005, 747 (749).
[783] Börstinghaus/Siegmund/Siegmund BGB § 535 Rn. 421.
[784] BGH NJW 1992, 1759.
[785] LG Hamburg WuM 1990, 116.
[786] OLG Stuttgart WuM 1978, 250.
[787] OLG Celle WuM 1990, 114.
[788] BGH NJW-RR 1993, 519; NJW 1992, 2283; vgl. OLG Düsseldorf NJOZ 2007, 3553.
[789] OLG Hamburg WuM 1990, 71.
[790] LG Berlin GE 1993, 159; LG Hamburg WuM 1990, 116.

ausgeschlossen werden[791] – näher zu Haftungsfreizeichnungen des Vermieters nachstehend unter Ziffer 12.

Das **Selbsthilferecht** und der **Aufwendungs- und Ersatzanspruch** des Mieters gem. § 536a Abs. 2 Nr. 1 BGB kann nicht formularvertraglich abgedungen werden, da dies den Mieter iSd § 307 BGB unangemessen benachteiligen würde.[792] 365

12. Pflichten-/Kostenüberbürdungen auf den Mieter

Grundsätzlich sind hier neben §§ 536 Abs. 4, 543 Abs. 4 S. 1, 560 Abs. 5 S. 1 BGB und § 307 BGB die §§ 309 Nr. 7 und 8a BGB einschlägig.[793] 366

a) **Kleinreparaturen.** Die Überbürdung der Kosten unabhängig von einem Verschulden des Mieters für anfallende Reparaturen an denjenigen Gegenständen, die dem ständigen Zugriff des Mieters im Rahmen des Mietgebrauchs ausgesetzt sind (orientiert an § 28 Abs. 3 S. 2 II. BV: „Die **kleinen Instandhaltungen** umfassen nur das Beheben kleiner Schäden an den Installationsgegenständen für Elektrizität, Wasser und Gas, den Heiz- und Kocheinrichtungen, den Fenster- und Türverschlüssen sowie den Verschlussvorrichtungen von Fensterläden.") bis zu einem Höchstbetrag im Einzelfall von 75,– EUR[794] und pro Kalenderjahr bis zu max. 250,– EUR bzw. 300,– EUR oder 6–8 % der jährlichen Netto-Kaltmiete wird allgemein für zulässig erachtet.[795] Eine Kleinreparaturklausel ohne Höchstgrenze benachteiligt grundsätzlich den Mieter unangemessen und ist deshalb gem. § 307 BGB unwirksam.[796] 367

Weiter ist es unzulässig, den Mieter insoweit an höheren Kosten als dem für den Einzelfall genannten Höchstbetrag zu beteiligen[797] oder bis zu den genannten betragsmäßigen Grenzen die Kosten für Neuanschaffungen (zB den Austausch von Glühbirnen im Treppenhaus) auf den Mieter abzuwälzen. Ebenso ist es unzulässig, wenn die Bagatellreparaturklausel bei kundenfeindlichster Auslegung dazu führen würde, dass der Mieter verpflichtet ist, selbst die Arbeiten vorzunehmen und nicht lediglich die damit verbundenen Kosten zu übernehmen (zB „Der Mieter ist verpflichtet, während der Dauer des Mietverhältnisses auf seine Kosten notwendige Schönheitsreparaturen ordnungsgemäß auszuführen, sowie Rollläden, Licht- und Klimaanlagen, Schlösser etc. in gebrauchsfähigem Zustand zu erhalten und zerbrochene Glasscheiben zu ersetzen").[798] Daher sind auch Formularklauseln, nach denen der Mieter verpflichtet ist, zerbrochene Innen- und Außenscheiben zu ersetzen,[799] **Verstopfungen** im WC-Rohr seiner Wohnung auf eigene Kosten zu beseitigen[800] oder die Mieträume von **Ungeziefer** frei zu halten, sofern er sich wegen des Befalls nicht entlastet,[801] unwirksam. 368

Bei einer Verknüpfung einer in diesem Sinn unwirksamen Kleinreparaturklausel zB mit einer vorformulierten Schönheitsreparaturregelung kommt es wieder auf die sprachliche oder inhaltliche Trennbarkeit im Hinblick auf den Umfang der Unwirksamkeitsfolge an.[802] 369

In Mietverträgen über **preisgebundene Wohnungen** kann der Mieter formularvertraglich wirksam zur Übernahme der in § 28 Abs. 3 S. 2 II. BV genannten Kleinreparaturen verpflichtet werden, auch wenn eine Höchstgrenze nicht vereinbart ist. Der Mieter wird 370

---

[791] OLG Hamburg ZMR 1985, 236.
[792] LG Frankfurt a. M. WuM 1984, 214.
[793] Vgl. zB zu § 11 Nr. 7 AGBG, jetzt § 309 Nr. 7 BGB: OLG Dresden WuM 1996, 553.
[794] BGH NJW 1992, 1759.
[795] BGH NJW 1989, 2247; OLG Hamburg NJW-RR 1991, 1167; siehe zur Problematik auch Klocke/Klein VuR 2025, 83 ff.
[796] BGH WuM 1991, 383.
[797] BGH NJW 1989, 2247.
[798] BGH NJW 1992, 1754; BayObLG NJW-RR 1997, 1371; OLG München WuM 1991, 388; LG Frankfurt a. M. WuM 1996, 208.
[799] LG Hamburg WuM 1991, 681; 1990, 115; LG München I NZM 1998, 32.
[800] LG Berlin WuM 1993, 261; AG Ellwangen WuM 1991, 680.
[801] OLG Frankfurt a. M. WuM 1992, 56 (61); LG München I NZM 1998, 32.
[802] BayObLG NJW-RR 1997, 1371.

hierdurch nicht unangemessen benachteiligt, da sich die Kostenmiete gem. § 28 Abs. 3 S. 2 II. BV um den dort bezifferten EUR-Betrag/qm und Jahr (= 1,05 EUR) verringert.[803] Wird die Kleinreparaturklausel dagegen als unwirksam beurteilt, so kann der Vermieter von preisgebundenem Wohnraum die Kostenmiete um die Pauschalbeträge gem. § 28 Abs. 3 II. BV erhöhen.[804]

371 b) **Wartungsarbeiten.** Die Kosten reiner Wartungsmaßnahmen gehören teilweise bereits zu den umlagefähigen Betriebskosten (vgl. § 2 Nr. 4d und 5c BetrKV). Alternativ hierzu besteht folglich die Möglichkeit, den Mieter formularvertraglich zu verpflichten, statt die damit verbundenen, vom Vermieter zu veranlassenden Kosten zu übernehmen, selbst Wartungsmaßnahmen durch eine Fachfirma durchführen zu lassen. Angesichts der Umlagefähigkeit überzeugt daher die Auffassung nicht, dass eine Wartungsklausel nur dann wirksam ist, wenn sie eine maximale Kostenobergrenze pro Kalenderjahr entsprechend der Kleinreparaturklausel aufweist, um dem Mieter kein unübersehbares Kostenrisiko aufzubürden (das ihn aber im alternativen Fall einer Betriebskostenumlage ungeschmälert treffen würde).[805] Der BGH hat insoweit diese Rechtsprechung jedenfalls für den Fall der Kostenumlage auf den Mieter (keine Vornahmeklausel) korrigiert: in diesem Fall bedarf es – wie ansonsten bei der Umlage von Betriebskosten – keiner betragsmäßigen Obergrenze.[806]

372 Unwirksam ist es allerdings, wenn eine entsprechende formularvertragliche Regelung jedenfalls bei kundenfeindlichster Auslegung dazu führen würde, dass der Mieter ggf. über eine Fachfirma auch **Instandsetzungsmaßnahmen** (zB bei der Wartung und Reinigung der Etagenheizung) auf eigene Kosten in Auftrag geben muss.[807] Daher sind vorsorglich Instandsetzungsmaßnahmen durch die Klausel ausdrücklich auszunehmen.

373 Die Verpflichtung, insoweit einen **Wartungsvertrag** abzuschließen, verstößt gegen § 307 Abs. 2 Nr. 1 BGB.[808] Ebenso wenig darf dem Mieter das zu beauftragende **Wartungsunternehmen** formularmäßig **vorgeschrieben** werden. Eine derartige Verpflichtung ist überraschend iSd § 305c Abs. 1 BGB und damit unwirksam.[809]

374 Aus Vermietersicht wäre daher zu überlegen, ob es nicht günstiger ist, die entsprechenden Wartungsarbeiten selbst über eine Fachfirma in Auftrag zu geben und die damit verbundenen Kosten über die Betriebskosten umzulegen. Problematisch ist insoweit aber, wenn der Vermieter über einen längeren Zeitraum hinweg von einer entsprechenden Kostenumlage (im Hinblick auf die im Mietvertrag enthaltene Wartungsklausel) abgesehen hat. Dann kann er nicht ohne Verzug des Mieters einseitig die bisherige jahrelange Praxis umstellen.

375 c) **Reinigungspflichten.** Die Verpflichtung des Mieters, **allgemein genutzte Flächen** wie Treppen, Flure und Wege zu reinigen, muss eindeutig im Mietvertrag und nicht etwa in einer einseitig aufgestellten Hausordnung vereinbart sein.[810] Weiter bedarf es einer eindeutigen und zweifelsfreien Regelung und einer sachgerechten Pflichtenverteilung auf die Mietergemeinschaft (Gleichbehandlungsgrundsatz), wobei es zulässig sein dürfte, wenn sich der Vermieter (etwa bei Problemen mit der ordnungsgemäßen Erfüllung der Reinigungspflichten) vorbehält, die Übertragung auf den Mieter zu widerrufen. Das Recht, auf Kosten des Mieters zur Ersatzvornahme zu schreiten, steht dem Vermieter aber nur im Falle des Verzugs des Mieters mit der Reinigungspflicht (Mahnung erforderlich) zu.

---

803 LG Braunschweig WuM 1992, 593.
804 LG Hamburg WuM 1992, 593.
805 BGH NJW 1991, 1750; AG Peine NZM 2005, 799.
806 BGH NJW 2013, 597 = NZM 2013, 84; anders OLG Brandenburg 5.4.2022 – 3 U 144/20, NZM 2022, 835.
807 LG Berlin ZMR 1992, 302 (303).
808 LG Berlin WuM 1993, 261 (263).
809 Bub/Treier/Bub II Rn. 1387 f.
810 Staudinger/Emmerich § 535 Rn. 33; aA Bub/Treier/Kraemer/Paschke Kap. III Rn. 2633, wonach sich die entsprechende Reinigungsverpflichtung bereits auf Grund einer vertragsimmanenten Obhutspflicht ergeben soll.

Selbst bei wirksamer Übertragung bleibt aber der Vermieter im Rahmen der Verkehrssicherungspflicht sekundär (Stichwort: **Überwachungspflichten**) bei Delegation in der Haftung. 376

Die formularvertragliche Pflicht des Mieters zur **Treppenhausreinigung** ist unklar und daher nicht wirksam vereinbart, wenn der Mietvertrag formularmäßig auch eine anteilige Betriebskostenbelastung für die Hausreinigung vorsieht.[811] 377

d) **Duldungspflichten.** Jede Abweichung von der gesetzlichen Vorgabe, wonach es auf eine beiderseitige Interessenabwägung ankommt (zB bei Betretens- und Besichtigungsrechten) stellt eine unangemessene Benachteiligung des Mieters iSv § 307 Abs. 2 BGB dar. Dies gilt auch für § 555a BGB, wobei im Falle der Duldung von Modernisierungsarbeiten die Regelungen der §§ 555c ff. BGB zu beachten sind, die ohnehin halbzwingend ausgestaltet sind. Klauseln, die eine generelle Duldungspflicht des Mieters (zB im Hinblick auf Gemeinschaftsantenne oder Kabelanschluss)[812] oder sein vorweg erklärtes Einverständnis mit einer bestimmten Maßnahme[813] vorsehen, sind daher unwirksam. 378

Eine Erweiterung der für **Modernisierungsmaßnahmen** durch § 555d BGB begründeten Duldungspflicht ist zum Nachteil des Mieters unwirksam (§ 555d Abs. 7 BGB).[814] 379

Auch während der Duldung von baulichen Arbeiten ist der Mieter zur **Mietminderung** berechtigt, so dass hiervon abweichende vertragliche Regelungen gegen § 536 Abs. 4 BGB verstoßen und unwirksam sind.[815] Dulden bedeutet im Übrigen rein passives Verhalten; der Mieter ist auch nicht zu vorbereitenden oder sichernden Maßnahmen verpflichtet und kann hierzu auch nicht formularmäßig angehalten werden. 380

Eine Klausel, die dem Vermieter das **Betreten und Besichtigen der Mietwohnung** „zur Prüfung ihres Zustands in angemessenen Abständen nach rechtzeitiger Ankündigung zu näher genannten Uhrzeiten an bestimmten Tagen" gestattet, ist wegen Verstoßes gegen § 307 Abs. 2 BGB unwirksam. Die unzumutbare Benachteiligung des Mieters folgt aus den Vorgaben bestimmter Tage und Uhrzeiten, der Unbestimmtheit der „angemessenen Abstände" und dem Fehlen eines – dem Mieter mitzuteilenden – Grundes für die Besichtigung, da Routinekontrollen zum Zwecke der Untersuchung der Wohnung auf ihren Allgemeinzustand unzulässig sind.[816] 381

e) **Instandhaltungs- und Instandsetzungspflichten.** Klauseln, die dem Mieter vollständig die Erhaltung, also die **Instandhaltung** und **Instandsetzung,** zB auch an „Dach und Fach" überbürden, werden idR als überraschend gem. § 305c Abs. 1 BGB nicht wirksam in den Mietvertrag einbezogen.[817] 382

Dem Mieter kann nicht formularmäßig die Pflicht überbürdet werden, den **bautechnischen Zustand herzustellen,** wiederherzustellen oder zu erhalten, der eine Nutzung zu dem vertraglich vereinbarten Zweck erst ermöglicht, soweit dies über Schönheitsreparaturen und kleine Reparaturen hinausgeht, da eine solche Klausel mit dem Grundgedanken der §§ 536 ff., 543, 569 BGB unvereinbar ist und auch die Hauptpflicht des Vermieters zur Überlassung der Mietsache in einem zum vertragsmäßigen Gebrauch geeigneten Zustand aushöhlt.[818] Anders ist dies dann, wenn die Klausel auf Veranlassung des Mieters Eingang in den Vertrag gefunden hat.[819] 383

Unzulässig soll in einem Wohnraummietvertrag auch eine Klausel sein, wonach die Einbauküche nicht Bestandteil des Mietvertrages ist, dem Mieter jedoch kostenlos zur 384

[811] AG Frankfurt a. M. WuM 1988, 153.
[812] BGH NJW 1991, 1750.
[813] OLG Frankfurt a. M. WuM 1992, 56.
[814] LG Berlin GE 1993, 159; 1982, 1219; LG Stuttgart WuM 1987, 252.
[815] LG München I NZM 1998, 32.
[816] LG München II NJW-RR 2009, 276.
[817] BGH NJW 1977, 195; aA OLG Hamm ZMR 1988, 260.
[818] OLG Frankfurt a. M. WuM 1992, 56; LG Augsburg ZMR 2007, 697.
[819] OLG Oldenburg NZM 2003, 439.

Nutzung überlassen wird und der Mieter für Instandhaltung und Reparaturen aufkommen muss.[820]

385 f) **Verkehrssicherungspflichten.** Die formularmäßige Übertragung der Verkehrssicherungspflicht des Vermieters ist wirksam, wenn der Mieter erkennen kann, welche konkreten Pflichten, zB Treppenhausreinigung oder Schneeräumen und Streuen, ihn treffen. Wirksam ist eine solche Klausel in der Hausordnung allerdings nur, wenn die Hausordnung selbst unmittelbar Gegenstand des Mietvertrages ist.[821]

386 g) **Überbürdung öffentlich-rechtlicher Vorgaben.** Eine Klausel, wonach die Gewähr des Vermieters dafür, dass die Mieträume den behördlichen Vorschriften entsprechen, ausgeschlossen wird und dem Mieter die **Erfüllung behördlicher Auflagen** überbürdet, ist gem. § 307 BGB unwirksam.[822]

387 Der Vermieter kann formularmäßig auch nicht seine Pflicht, die für den vertragsmäßigen Gebrauch erforderlichen **öffentlich-rechtlichen Genehmigungen,** die das Mietobjekt, nicht die Person des Mieters betreffen, etwa eine baurechtliche Genehmigung der Nutzungsänderung oder eine Zweckentfremdungsgenehmigung zu erwirken, auf den Mieter überbürden, da eine solche Klausel die Hauptpflicht des Vermieters zur Gebrauchsüberlassung gem. § 535 Abs. 1 S. 2 BGB aushöhlt.[823] Eine Klausel, mit der dem Mieter auferlegt wird, sämtliche – also nicht nur von ihm persönlich benötigte öffentlich-rechtliche Genehmigungen, wie zB eine Gewerbeerlaubnis oder Gaststättenkonzession – herbeizuführen und aufrechtzuerhalten, ist wegen des Verbots der geltungserhaltenden Reduktion insgesamt unwirksam.[824]

13. Freizeichnungen des Vermieters[825] und Haftungsüberbürdungen auf den Mieter

388 a) **Rechtzeitigkeit der Übergabe.** Die Übergabepflicht des Vermieters ist Kardinalpflicht, von der sich der Vermieter nicht einmal für einfache Fahrlässigkeit freizeichnen kann.[826] Jede formularvertragliche Einschränkung verstößt daher gegen § 307 BGB. Der Vermieter kann folglich seine **Haftung** für die **rechtzeitige Übergabe** der Mieträume, insbesondere für die rechtzeitige **Bezugsfertigstellung** neu errichteter Räume oder für die rechtzeitige Räumung durch den Vormieter sowie Kündigungs- bzw. Rücktrittsrechte des Mieters in diesen Fällen formularmäßig nicht wirksam einschränken oder gar ausschließen.

389 Formularklauseln, die angesichts dessen „lediglich" den vereinbarten **Mietbeginn hinausschieben** (etwa bis zur Fertigstellung des Mietobjektes oder Auszug des Vormieters) verstoßen bei einem individuell eingesetzten Datum als Beginn des Mietverhältnisses gegen § 305b BGB. Eine Klausel, wonach der Mieter bei nicht rechtzeitiger Übergabe zur Kündigung berechtigt ist, bzw. ihm Regressansprüche gegenüber dem Vormieter bzw. den Bauhandwerkern abgetreten werden, stellt eine unzulässige Haftungsbeschränkung dar[827] und dies fällt bei Verzug des Vermieters unter den Verstoß gegen § 309 Nr. 8a BGB.

390 b) **Ausschluss der Garantiehaftung.** Die Garantiehaftung des § 536a Abs. 1 S. 1 Alt. 1 BGB kann formularmäßig abbedungen werden.[828] Ein **vollständiger Haftungsausschluss** ohne Unterscheidung zwischen vom Vermieter verschuldeten und unverschulde-

[820] AG Besigheim 22.6.2023 – 7 C 442/22 ZMR 2025, 325: verdeckte Abwälzung von Instandsetzungskosten bei für den Mieter evtl. gar nicht absehbarer zukünftiger Nutzungsdauer.
[821] OLG Frankfurt a. M. NJW 1989, 41; aA AG Schwelm WuM 1991, 86.
[822] OLG Düsseldorf ZMR 1992, 446; BGH NJW 1988, 2664.
[823] BGH NJW-RR 1993, 519.
[824] BGH NJW 1988, 2664; vgl. auch BGH ZMR 2008, 274.
[825] Zu Haftungsfreizeichnungen im Mietrecht ausführlich und instruktiv Joachim NZM 2003, 387 ff. = WuM 2003, 183 ff.
[826] OLG Düsseldorf DWW 1993, 197; OLG München WuM 1989, 128 (129); LG Hamburg WuM 1990, 115.
[827] AA Bub/Treier/Bub Kap. II Rn. 1330.
[828] BGH NJW-RR 1991, 74; BayObLG NJW 1985, 1716; OLG Stuttgart NJW 1984, 2226.

ten Mängeln ist dagegen wegen des Verbots der geltungserhaltenden Reduktion insgesamt unwirksam.[829] Weiter kann auch ein bestimmter Zustand als vertragsgemäß festgelegt werden, so dass nicht nur die Haftung, sondern sogar ein entsprechender Erfüllungsanspruch des Mieters ausgeschlossen wird.[830] Eine Klausel, nach der ein im Zeitpunkt der Errichtung des Gebäudes mangelfreier Zustand als vertragsgemäß gilt, soll – trotz problematischer Transparenz – keinen Bedenken begegnen.[831]

Die Klausel, wonach eine **Mietsache vertragsgemäß** ist, wenn sie die Anforderungen nach Maßgabe der im Zeitpunkt der Errichtung des Gebäudes allgemein anerkannten Regeln der Bautechnik erfüllt, soll wirksam sein, soweit hierdurch nicht der gewöhnliche Gebrauch zum vertraglich vereinbarten Zweck ausgeschlossen oder nicht nur unerheblich eingeschränkt wird. So soll der Vermieter zB seine Leistungspflicht dahingehend einschränken können, dass die Schall- und Wärmeschutzvorschriften zurzeit der Errichtung des Gebäudes, und nicht die zum Zeitpunkt des Vertragsabschlusses oder der Störung maßgeblich sind.[832] Klauseln, wonach der Mieter vorformuliert den Zustand bei Mietbeginn als vertragsgemäß ausdrücklich anerkennt oder der Vermieter nur für im Übergabeprotokoll festgehaltene (nicht verborgene) Mängel haftet, sind schon wegen § 309 Nr. 7 BGB und den Einschränkungen der §§ 536 Abs. 4, 543, 569 BGB iVm § 309 Nr. 12b BGB unwirksam. 391

Gleiches gilt für eine vorformulierte Regelung, wonach der Mieter nur **Haushaltsgeräte** in dem Umfang an das vorhandene Leitungsnetz anschließen darf, dass die für die Mieträume vorgesehene Belastung nicht überschritten wird, sofern der Mieter bei Überlastung des Leitungsnetzes nicht die Kosten für eine entsprechende Änderung trägt.[833] 392

c) **Haftungsbeschränkung bei Sachschäden.** Die Freizeichnung oder Beschränkung von Schadensersatzansprüchen bei mittlerer oder einfacher Fahrlässigkeit ist unwirksam, wenn es sich um die Verletzung von **Hauptpflichten,** wie zB die Gebrauchsüberlassungs- und Gebrauchsgewährungspflicht oder solcher Nebenpflichten handelt, deren Freizeichnung eine angemessene Risikoverteilung empfindlich stören würde, zB der Pflicht, Leben und Gesundheit des Mieters zu schützen.[834] Die Benutzung von Mieträumen oder von Einrichtungen, zB des Aufzugs „auf eigene Gefahr" des Mieters unter Freizeichnung von auf einfacher und mittlerer Fahrlässigkeit beruhender Schäden, ist daher unwirksam.[835] 393

Eine Einschränkung der Haftung des Mieters auf Vorsatz und grobe Fahrlässigkeit bei Sachschäden des Vermieters infolge von **Mängeln** wurde mit früherer Rechtsprechung als zulässig angesehen,[836] zumal sich der Mieter gegen derartige Schäden versichern kann und auch üblicherweise versichert.[837] Anderes jedoch der BGH auf Vorlage durch das OLG Hamburg,[838] zu der folgenden Klausel: 394

„Führt ein Mangel des Mietobjektes zu Sach- oder Vermögensschäden, so haftet der Vermieter gegenüber dem Mieter und den in § 16 Ziffer 2 genannten Personen für diese Schäden – auch aus unerlaubter Handlung – nur bei Vorsatz oder grober Fahrlässigkeit."

Der BGH bestätigt die Auffassung des OLG Hamburg, wonach diese Freizeichnung die Instandhaltungsverpflichtung des Vermieters nach § 535 Abs. 1 S. 2 BGB und damit eine Kardinalpflicht betreffe, die im Gegenseitigkeitsverhältnis zur Mietzinszahlungspflicht des Mieters stehe. Weiter komme hinzu, dass das hier in Rede stehende Risiko 395

829 BayObLG WuM 1985, 49.
830 BGH NJW-RR 2007, 1021; 1993, 522.
831 Bub/Treier/Bub II Rn. 1391.
832 LG München WuM 1988, 352.
833 OLG Frankfurt a. M. NZM 1998, 150; LG Berlin WuM 1993, 261 (263); BGH NZM 2010, 235.
834 BayObLG WuM 1985, 49; OLG Stuttgart NJW-RR 1988, 1082.
835 LG Hannover WuM 1988, 259.
836 BayObLG NJW 1985, 1716; OLG Stuttgart NJW 1984, 2226.
837 BGH NJW 1992, 1761.
838 OLG Hamburg NZM 2001, 749.

allein vom Vermieter, in dessen Sphäre es sich verwirkliche, beherrschbar sei und daher nach der Rechtsprechung des BGH auf den Mieter nur dann abgewälzt werden dürfe, wenn der Mieter dieses Risiko auf zumutbare Art und Weise versichern könne und eine derartige Versicherung praktisch lückenlos verbreitet sei,[839] woran es jedoch fehle.

396 Diese Auffassung deckt sich mit der im Vordringen befindlichen Rechtsprechung, wonach über § 309 Nr. 7 BGB hinaus bei Kardinalpflichten grundsätzlich eine formularvertragliche Haftungsbeschränkung auf einfache Fahrlässigkeit gegen § 307 BGB verstößt.

397 Die Begründung einer **verschuldensunabhängigen Zufallshaftung des Mieters** verstößt gegen § 307 BGB.[840] Die Haftung des Mieters für von ihm nicht zu vertretende aber üblicherweise versicherbare Schäden steht einer unwirksamen verschuldensunabhängigen Zufallshaftung gleich und kann daher formularvertraglich nicht wirksam vereinbart werden.[841] Die Erweiterung der verschuldensunabhängigen Zufallshaftung des Mieters auf nicht vom Vermieter oder seinen Erfüllungsgehilfen zu vertretenden Schäden, die üblicherweise durch eine vom Wohnraummieter abgeschlossene **Hausratversicherung** abgedeckt sind, begegnet dagegen keinen Bedenken.[842]

398 Die sog. **Sott-Klausel**, wonach der Vermieter nur haftet, wenn die entsprechenden Schäden durch grobe Vernachlässigung des Grundstücks entstanden sind, ist auf Grund der darin liegenden Haftungseinschränkung unwirksam, nachdem auch andere Schadensursachen denkbar sind.[843] Eine weitere Einschränkung, dass der Vermieter nur haftet, wenn der Mieter ihn zur Mangelbeseitigung auffordert, setzt eine Anzeigepflicht des Mieters nach § 536c BGB voraus.[844] Sie kann sich daher nur auf nach Vertragsbeginn in der Sphäre des Mieters ohne größere Untersuchungspflichten entstandene Schäden beziehen.

399 **d) Haftung des Mieters für Schäden und Zurechnung des Verschuldens Dritter.** Eine Klausel, die eine **verschuldensabhängige Haftung des Mieters** für jedes Handeln und Unterlassen des Untermieters oder Dritten, dem der Gebrauch oder Mitgebrauch einer Mietsache überlassen wurde, oder die **Erfüllungsgehilfen** des Mieters sind, vorsieht, ist wirksam.[845] Zu den Erfüllungsgehilfen zählen nur die Personen, die auf Veranlassung des Mieters mit der Mietsache in Berührung kommen, wie zB Betriebsangehörige, Untermieter, Gäste, Verwandte, Kunden, beauftragte Handwerker, Lieferanten, nicht aber solche Personen, die weder auf Veranlassung, noch mit Einverständnis des Vermieters das Mietobjekt betreten, wie zB Hausierer, Bettler, unerwünschte Vertreter oder verschmähte Liebhaber.[846]

400 Jegliche Haftungsüberbürdung auf den Mieter über die gesetzlichen Regelungen der Haftung für Erfüllungs- und Verrichtungsgehilfen nach den §§ 278, 831 BGB hinaus ist demgegenüber unwirksam.[847] So kann die Haftung des Mieters nicht auf diejenigen dritten Personen erstreckt werden, die ohne sein Zutun mit der Mietsache in Berührung kommen. Es darf auch nicht zu einer formularmäßigen Gefährdungshaftung des Mieters führen, etwa für Schäden durch den Betrieb von mieterseitigen Haushaltsgeräten[848] oder vom Mieter eingebrachte Sachen.[849]

401 Die **Haftung des Vermieters** und seiner **Erfüllungsgehilfen** kann gem. § 309 Nr. 7 BGB formularvertraglich **nicht für Vorsatz** und **grobe Fahrlässigkeit ausgeschlossen** oder

[839] BGH NJW 1992, 1761 (1762).
[840] BGH NJW 1992, 1761.
[841] BGH NJW 1992, 1761.
[842] BGH NJW 1992, 1761.
[843] OLG Hamm NJW-RR 1996, 969.
[844] OLG Hamburg NJW-RR 1991, 1296.
[845] OLG Frankfurt a. M. WuM 1992, 63.
[846] BGH NJW 1991, 1750; OLG Hamburg WuM 1991, 385.
[847] BGH NJW 1991, 1750; OLG Celle WuM 1990, 103 (112); OLG Hamburg WuM 1991, 385.
[848] LG Saarbrücken NJW-RR 1987, 1496.
[849] OLG Frankfurt a. M. NZM 1998, 150; OLG Celle WuM 1990, 103 (105) für Einbauten.

eingeschränkt werden, wie zB durch Haftungshöchstsummen, Begrenzung der Haftung auf unmittelbare Schäden oder Verkürzung der Verjährungsfrist.

Der Mieter kann für Schäden, die ihre Ursache außerhalb seiner Sphäre haben und deren Verursacher nicht festgestellt werden kann, ebenfalls nicht haftbar gemacht werden (zB Verstopfungen des Hauptstrangs, an den die Mietwohnung angeschlossen ist).[850] Die Formularklausel, nach der, wenn bei **Kanal-** oder **Leitungswasserverstopfungen** der Verursacher nicht ermittelt werden kann, alle Mieter anteilig für die Kosten der Schadensbehebung haften, ist daher unwirksam.[851] Gleiches gilt in vergleichbaren Fällen, zB bei **Ungezieferbefall** oder **Lagerung von Gerümpel.** 402

Die Haftung für verloren gegangene **Schlüssel** ist formularmäßig auf den Mieter abwälzbar, sofern ihm (ausdrücklich? Transparenzgebot) der Nachweis erhalten bleibt, dass ihn hieran kein Verschulden trifft und dass ein Missbrauch der verlorenen Schlüssel ausgeschlossen ist (eine Begrenzung auf den von einem Hausratsversicherer zu ersetzenden Betrag ist zulässig).[852] Eine verschuldensunabhängige Haftung des Mieters für Schlüsselverlust kann formularvertraglich nicht wirksam begründet werden.[853] 403

Die Wiederholung der gesetzlichen Regelung des § 536c BGB in einer Formularklausel begegnet keinen Bedenken.[854] 404

Haftungsüberbürdungen, die jedenfalls bei kundenfeindlichster Auslegung dazu führen, dass den Mieter zum einen weitreichende Untersuchungs- und Prüfungspflichten treffen und dass er zum anderen das allein dem Vermieter obliegende bauliche Risiko trägt (zB die in den Mieträumen vorhandene Wasserzufuhr- und Abflussleitungen vor dem Einfrieren zu schützen) sind unwirksam.[855] 405

e) Beweislast für Schäden. Sog. **Besichtigungsklauseln,** in denen der Mieter bestätigt, dass sich das Mietobjekt bei Übergabe in einem mangelfreien, ordnungsmäßigen oder gebrauchsfähigen Zustand befunden hat, verstoßen gegen § 309 Nr. 12 BGB und sind daher unwirksam.[856] Dies gilt ebenfalls für formularvertragliche Regelungen, in denen der Mieter bestätigt, die Wohnung eingehend besichtigt zu haben (§ 309 Nr. 12b BGB).[857] 406

Aus diesem Grunde sind auch Klauseln, welche die Beweislast des Mieters in Abweichung von der sog. **Sphärentheorie** zu seinem Nachteil abändern, unwirksam (zB wenn der Mieter bei Schäden beweisen muss, dass ein schuldhaftes Verhalten nicht vorliegt).[858] Es bleibt dabei, dass der Vermieter zunächst alle denkbaren Drittursachen ausschalten muss,[859] also Baumängel und eine Schadensursache in anderen Mietwohnungen bzw. Gemeinschaftsflächen oder -einrichtungen. Erst dann ist der Mieter verpflichtet, nachzuweisen, dass ihn an der folglich allein in seinem Herrschaftsbereich liegenden Schadensursache kein Verschulden trifft.[860] 407

Klauseln, die die Beweislast zu Lasten des Mieters ändern, sind folglich gem. § 309 Nr. 12 BGB unwirksam. So darf dem Mieter nicht die Beweislast auferlegt werden, dass 408

- ihn kein Verschulden trifft, wenn der Vermieter nicht die Schadensverursachung durch den Mieter oder seiner Erfüllungsgehilfen nachgewiesen hat,[861]
- Verschlechterungen der Mietsache nicht auf vertragswidrigem Gebrauch beruhen,[862]

[850] OLG Hamm NJW 1982, 2005.
[851] LG Karlsruhe MDR 1980, 230.
[852] Bub/Treier/Bub Kap. II Rn. 1339; vgl. OLG Brandenburg NZM 2004, 905.
[853] AG Spandau GE 2013, 271.
[854] BGH NJW 1993, 1061; anders noch die Vorinstanz: OLG Frankfurt a. M. WuM 1992, 56 (63).
[855] OLG Frankfurt a. M. WuM 1992, 56 (60).
[856] LG Berlin GE 1996, 1377; LG Mannheim ZMR 1989, 338; LG München I NZM 1998, 32.
[857] LG Frankfurt a. M. WuM 1990, 271 (279).
[858] OLG München WuM 1989, 128 (131); LG München I NZM 1998, 32.
[859] BGH NJW 1994, 2019; OLG München NJW-RR 1997, 1031.
[860] BGH NJW 2006, 1061; NZM 2005, 17; 1998, 117.
[861] BGH NJW 1976, 1315; OLG Frankfurt a. M. WuM 1992, 61.
[862] OLG Saarbrücken NJW-RR 1988, 652.

- Schäden an gemeinschaftlichen Einrichtungen, auf die er nicht allein Einfluss nimmt und die nicht allein seiner Obhut unterliegen, nicht von ihm verursacht oder zu vertreten sind,[863]
- er die Mietsache in nicht einwandfreiem Zustand übernommen hat.[864]

409 Die Klausel „der Mieter hat die Mietsache von **Ungeziefer** freizuhalten, es sei denn er beweist, dass der Befall nicht von ihm oder den zu seinem Haushalt gehörenden Personen sowie Untermieter, Besucher, Lieferanten, Handwerker usw. verursacht worden ist", verstößt gegen § 309 Nr. 12a BGB.[865]

14. Pauschalierter Schadensersatz und Vertragsstrafe

410 Schadensersatzansprüche können im Rahmen des § 309 Nr. 5 BGB pauschaliert werden, sofern die Pauschale der Höhe nach den nach dem gewöhnlichen Verlauf zu erwartenden Schaden nicht übersteigt und der Gegenbeweis, dass tatsächlich ein niedriger Schaden erstanden ist, nicht abgeschnitten wird, wobei jetzt darauf ausdrücklich hingewiesen werden muss.[866]

411 Formulierungen, wie **„Mindestschaden"** oder „zu zahlen ist" oder „beträgt" schneiden diesen weiteren Nachweis zu Unrecht ab.[867] Umstritten ist, ob dies auch für den Zusatz **„ohne (weiteren) Nachweis"** gilt.[868] Eine Formulierung, wonach der Vermieter ohne jeden Einzelnachweis für die vorzeitige Auflösung eines Mietvertrags eine Pauschalsumme für den daraus entstehenden Aufwand verlangen kann, schneidet dem Mieter den Beweis ab, dass nur eine geringere Summe für die Auflösung des Vertrags bei der Neuvermietung angefallen ist. Bei objektiver Beurteilung lässt sich daraus der Schluss ziehen, dass dem Mieter die Möglichkeit des Gegenbeweises nicht offen steht, so dass die Klausel unwirksam ist.[869]

412 Klauseln, die den Mieter für den Fall einer berechtigten Kündigung des Vermieters aus wichtigem Grund oder einer einvernehmlichen vorzeitigen Aufhebung des Mietverhältnisses zur Zahlung einer **Vermietungsaufwandspauschale** an den Vermieter verpflichten, sind zulässig, wenn sie angemessen sind und dem Mieter ausdrücklich den Gegenbeweis geringerer Kosten eröffnen.[870]

413 **Vertragsstrafenregelungen** verstoßen in Wohnraummietverträgen gegen § 555 BGB. Die Vereinbarung einer **Umzugspauschale** ist daher als verschuldensunabhängige Vertragsstrafe gem. § 555, § 309 Nr. 5b BGB unwirksam.[871]

15. Vertragsbeendigung

414 a) **Kündigungsbeschränkungen.** Das **Kündigungsrecht** des **Mieters** kann formularvertraglich nach § 309 Nr. 8a BGB – bei der Wohnraummiete im Übrigen auch gem. §§ 543 Abs. 4 S. 1, 569 Abs. 5 S. 1 BGB – nicht einseitig ausgeschlossen oder eingeschränkt werden. Zulässig ist es aber, das ordentliche Kündigungsrecht befristet auszuschließen: individualvertraglich sogar einseitig allein zu Lasten des Mieters bis zu 5 Jahren[872] und ansonsten sogar bis zur Grenze des § 138 BGB (aber § 544 BGB beachten),[873] formularvertraglich nur wechselseitig und unter Beachtung des § 305c Abs. 1 BGB bis zu

[863] OLG Hamm WuM 1982, 201.
[864] OLG Hamburg WuM 1991, 328.
[865] OLG Frankfurt a. M. WuM 1992, 60.
[866] AA noch zu § 11 Nr. 5 AGBG, jetzt § 309 Nr. 5 BGB: BGH NJW 1985, 321.
[867] BGH NJW 1988, 1374; 1987, 61.
[868] So BGH NJW 1983, 1491; aA BGH NJW 1982, 2316.
[869] LG Frankfurt a. M. ZMR 1995, 75.
[870] Noch zum alten Recht: AG Bad Homburg WuM 1990, 142 für eine Pauschale von 250,– EUR.
[871] AG Frankfurt a. M. WuM 1990, 195; vgl. näher Mersson NZM 2002, 773 ff.
[872] BGH NJW 2004, 1448.
[873] BGH NJW-RR 2018, 843 = NZM 2018, 556.

maximal 4 Jahren,[874] gerechnet vom Zeitpunkt des Vertragsschlusses bis zu dem Zeitpunkt, zu dem der Vertrag erstmals beendet werden kann. Daher ist folgende Klausel wirksam: „Die Parteien verzichten wechselseitig auf die Dauer von 4 (in Worten: vier) Jahren auf ihr Recht zur ordentlichen Kündigung des Mietvertrags. Sie ist erstmals zum Ablauf dieses Zeitraums mit der gesetzlichen Frist zulässig."[875] Das **Recht zur fristlosen Kündigung** eines Mietvertrags kann weder ausgeschlossen, noch wesentlich eingeschränkt werden; vgl. § 569 Abs. 5 S. 1 BGB.[876]

Bei Wohnraummietverträgen können **weitere** als die gesetzlichen **Kündigungsgründe** der §§ 543, 569 BGB zum Nachteil des Mieters gem. § 569 Abs. 5 S. 2 BGB nicht wirksam vereinbart werden. 415

Die **Heilungswirkung** bei einer Kündigung wegen Zahlungsverzugs gem. § 569 Abs. 3 Nr. 2 BGB darf nicht ausgeschlossen werden.[877] 416

Das Recht des Mieters, ein Mietvertragsverhältnis **wegen Nichtgewährung des vertragsgemäßen Gebrauchs** gem. § 543 BGB außerordentlich zu kündigen, kann bei Wohnraummietverträgen nicht ausgeschlossen oder eingeschränkt werden. 417

Eine **Verlängerung** der gesetzlichen **Kündigungsfristen** kann bei nach dem 31.8.2001 abgeschlossenen Wohnraummietverträgen wegen § 573c Abs. 4 BGB nicht mehr rechtswirksam formularvertraglich vereinbart werden.[878] Die vor der Mietrechtsreform zulässigerweise vereinbarten längeren Fristen gelten allerdings fort, für Kündigungen nach dem 31.5.2005 aber nur, wenn sie in dem Altvertrag nicht durch Formularklausel vereinbart wurden (Art. 229 § 3 Abs. 10 EGBGB).[879] Art. 229 § 5 S. 2 EGBGB, die Übergangsregelung für die zum 1.1.2002 in Kraft getretene Schuldrechtsreform hat an der Fortgeltung der älteren aber spezielleren Übergangsregelung für die Mietrechtsreform in Art. 229 § 3 Abs. 10 EGBGB nichts geändert.[880] Die **Verkürzung** der zwingenden gesetzlichen Kündigungsfristen hat zur Folge, dass der Mieter nur die vereinbarte kürzere, der Vermieter aber die gesetzliche Frist einzuhalten hat.[881] 418

Der formularvertragliche Hinweis des Vermieters auf das **Widerspruchsrecht** des Mieters nach der **Sozialklausel** sowie auf **Form** und **Frist** ist unwirksam, da hierdurch der Zweck der Belehrung unterlaufen würde.[882] 419

b) Zugangsregelungen. Eine Klausel, die für die Kündigung ein strengeres Erfordernis als die Schriftform, also etwa einen **eingeschriebenen Brief** vorsieht, ist in Bezug auf die Kündigung des Vertragspartners des Verwenders gem. § 309 Nr. 13 BGB unwirksam; der Verwender der Klausel ist allerdings an die von ihm selbst geforderte Form gebunden.[883] Dieses strengere Formerfordernis ist somit nicht als Wirksamkeitsvorgabe, sondern allenfalls als Beweiserleichterung formularvertraglich vereinbar. 420

---

[874] BGH NJW 2006, 1059; 2005, 1574; wirksam ist mithin ein vorformulierter wechselseitiger Kündigungsausschluss von knapp 1 Jahr: BGH WuM 2004, 672, von 14 Monaten: BGH NZM 2004, 734, oder „innerhalb der ersten 2 Jahre": BGH NJW 2004, 3117; beachte aber: Unwirksamkeit der Klausel, wenn sie überraschend unter „sonstige Vereinbarungen" und druckktechnisch nicht hervorgehoben ist, AG Landsberg 14.2.2023 – 1 C 242/22 ZMR 2023,474.

[875] BGH NJW-RR 2017, 137 = NZM 2017, 71.

[876] BGH ZMR 1978, 207; vgl. auch BGH NJW 2012, 2270 = NZM 2012, 529.

[877] BGH NJW 1989, 1673.

[878] Anders bei Altverträgen, OLG Zweibrücken WuM 1990, 8; vgl. § 565 Abs. 2 S. 3 BGB aF.

[879] Damit sind alle BGH-Entscheidungen überholt, nach denen § 573c Abs. 4 BGB gem. Art. 229 § 3 Abs. 10 EGBGB nicht auf formularvertraglich vereinbarte Kündigungsfristen in vor dem 1.9.2001 abgeschlossenen Mietverträgen anzuwenden ist: BGH NJW 2003, 2739 (ebenso die Parallelentscheidungen ebenfalls vom 18.6.2003, BeckRS 2003, 06245; 2003, 06246; 2003, 06247) und BGH WuM 2004, 101; dies galt selbst dann, wenn in der Klausel des Altvertrags auf die „gesetzlichen Kündigungsfristen" verwiesen und in einer Fußnote die damals geltenden Kündigungsfristen des § 565 Abs. 2 BGB aF sinngemäß wiedergegeben werden: BGH NJW 2004, 1447 und WuM 2004, 275.

[880] BGH NJW-RR 2007, 668; NJW 2005, 1572.

[881] KG NZM 1998, 299; OLG Zweibrücken WuM 1990, 8.

[882] Bub/Treier/Bub Kap. II Rn. 1680.

[883] LG Hamburg NJW 1986, 262.

421 Die **Fiktion** des **Zugangs der Kündigungserklärung** auf Grund einer Formularklausel, zB für den 2. Tag nach Absendung und nur für den Fall der Absendung an die zuletzt dem Mieter/Vermieter bekannt gegebene Anschrift, ist unwirksam iSd § 308 Nr. 6 BGB.[884]

422 c) **Verlängerungsklauseln.** Im Gegensatz zu einer Optionsregelung, bei der der Mieter eine Erklärung abgeben muss, um das Mietverhältnis zu verlängern, muss der Mieter bei Verlängerungsregelungen aktiv werden, um das Mietverhältnis zu beenden. Derartige vorformulierte Regelungen, nach denen sich zB ein befristetes Mietverhältnis um einen bestimmten, festgelegten Zeitraum verlängert, wenn es nicht unter Einhaltung einer festgelegten Frist gekündigt wird, sind bei Altverträgen wirksam,[885] zumal § 565 Abs. 2 S. 4 BGB aF ersatzlos gestrichen wurde. Jetzt ist § 573 BGB zu beachten.

423 d) **Ausschluss der stillschweigenden Vertragsverlängerung.** § 545 BGB ist nach hM dispositiv und kann auch formularmäßig abbedungen werden.[886] Hierfür ist aber Voraussetzung, dass die Klausel nicht lediglich auf die gesetzliche Regelung Bezug nimmt, sondern deren wesentlichen Wortlaut wiedergibt, so dass der Mieter über die abbedungene Rechtsfolge Kenntnis erhält.[887]

424 e) **Haftung des Mieters.** Die Klausel, dass der Mieter für den **Mietausfall** bis zum mietvertraglich vereinbarten Ende der Mietzeit, für den Fall, dass das Mietverhältnis vom Vermieter fristlos gekündigt wurde, haftet, ist wirksam, da sie lediglich die Rechtslage wiedergibt.[888]

425 f) **Aufwendungsersatzregelungen.**.[889] Formularvertragliche Klauseln, die den Mieter im Falle seiner ordnungsgemäßen Kündigung des Mietverhältnisses zur Erstattung der dem Vermieter durch die Beendigung des Mietverhältnisses entstehenden Aufwendungen, zB Insertionskosten verpflichten, sind gem. § 555 BGB nichtig, da sie Vertragsstrafencharakter haben.[890]

16. Abwicklung des beendeten Mietverhältnisses

426 a) **Rückbaupflichten. Geringfügige bauliche Veränderungen** gehören zum vertragsgemäßen Gebrauchsrecht des Wohnraummieters mit der Folge, dass die Wiederherstellung des vormaligen Zustandes allenfalls im Rahmen einer wirksamen Schönheitsreparaturregelung verlangt werden kann. Eine generelle formularmäßige Verpflichtung des Mieters, zB Löcher unter Entfernung von Dübeleinsätzen unkenntlich zu verschließen und etwa durchbohrte Kacheln durch gleichartige zu ersetzen, ist daher nach § 307 BGB unwirksam.[891]

427 Unwirksam sind Klauseln, die den Mieter verpflichten, Schäden zu beseitigen, die auf einem ordnungsgemäßen Gebrauch der Mietsache beruhen und nicht über das verkehrsübliche Maß hinaus gehen. Bauliche Veränderungen durch den Mieter, mit denen er den vertragsgemäßen Mietgebrauch überschritten hat, hat er demgegenüber wieder rückgängig zu machen. Eine entsprechende Formularklausel begegnet daher keinen Bedenken. Insoweit kann allenfalls angesichts der Regelung in § 305b BGB problematisch sein, ob nicht eine entgegenstehende Vereinbarung zwischen den Mietvertragsparteien Vorrang genießt, aus der ggf. abgeleitet werden kann, dass der Vermieter mit seinem Einverständnis zur Durchführung der baulichen Veränderung zugleich auf deren Rückgängigmachung bei Vertragsende verzichtet hat.

---

[884] BayObLG WM 1980, 222.
[885] LG Berlin GE 1998, 801; aA AG Augsburg ZMR 1997, 424.
[886] BGH NJW 1991, 1750; OLG Hamm NJW 1983, 826; OLG Schleswig NJW 1995, 2858.
[887] OLG Schleswig NJW 1995, 2858; aA OLG Rostock NZM 2006, 584.
[888] OLG Düsseldorf ZMR 1987, 464.
[889] Ausführlich differenzierend mit Klauselvorschlag Mersson NZM 2002, 773 ff.
[890] BGH NJW 1985, 57.
[891] BGH NJW 1993, 1061; OLG Frankfurt a. M. WuM 1992, 56 (61); vgl. auch BGH Pressemitteilung v. 4.11.2013 (180/13) zu VIII ZR 352/12, abrufbar unter www.bundesgerichtshof.de.

428 Die Klausel „**Veränderungen** an und in der Mietsache, insbesondere Um- und Einbauten dürfen nur mit **schriftlicher Einwilligung des Vermieters** vorgenommen werden" und „auf Verlangen des Vermieters ist der Mieter verpflichtet, die Um- und Einbauten ganz oder teilweise im Falle seines Auszugs zu entfernen und den früheren Zustand wieder herzustellen, ohne dass es eines Vorbehalts des Vermieters bei Einwilligung bedarf", ist unwirksam. Dies gilt zum einen wegen der Schriftlichkeit der Erlaubnis und zum anderen bzgl. der Rückbaupflicht, weil bei kundenfeindlichster Auslegung den vorstehend dargestellten Ausnahmen nicht Rechnung getragen wird.[892]

429 **b) Räumungsbefugnis des Vermieters.** Eine Klausel, wonach der Vermieter das Mietobjekt nach Mietvertragsende auch ohne Mitwirken des Mieters in Besitz nehmen, ggf. auch unter **„Verzicht auf den Einwand der verbotenen Eigenmacht"**, oder das Mietobjekt nach Mietvertragsende räumen und **zurückgelassene Sachen** auf Kosten des Mieters abfahren lassen kann, sind als Erweiterung des zwingenden Umfangs des gesetzlichen Selbsthilferechts des § 229 BGB unwirksam.[893]

430 Gleiches gilt für eine formularvertragliche Klausel, die es dem Vermieter erlaubt (und sei es über eine konstruierte Ermächtigung von Seiten des Mieters), vom Mieter in der Mietsache zurückgelassene Gegenstände auf seine (des Mieters) Kosten räumen zu lassen, wenn dieser trotz Aufforderung mit Fristsetzung und Abänderungsandrohung nicht reagiert.[894] Dies deshalb, da bei einer derartigen vorformulierten Regelung bei kundenfeindlichster Auslegung ein Verschulden des Mieters, also Verzug mit seiner Räumungspflicht, unzulässigerweise nicht vorausgesetzt wird.

431 **c) Wegnahmerecht des Mieters.** Klauseln, die das **Recht des Mieters Einrichtungen wegzunehmen** mit denen er die Mietsache versehen hat, entschädigungslos oder gegen eine unangemessen niedrige Zahlung ausschließen, sind gem. § 552 Abs. 2 BGB unwirksam.[895]

432 **d) Verwendungsersatzansprüche des Mieters.** Eine unangemessene Benachteiligung iSd § 307 BGB stellt der formularmäßige Ausschluss des Anspruchs des Mieters auf **Ersatz notwendiger Verwendungen** gem. § 536a Abs. 2 BGB dar.[896]

433 Wirksam ist der formularmäßige Ausschluss des Anspruchs des Mieters auf **Ersatz nicht notwendiger Verwendungen,** da der Vermieter ein berechtigtes Interesse daran hat, sich vor unerwünschten Leistungen und daraus folgenden finanziellen Belastungen zu schützen.[897]

434 **e) Verjährungsregelungen.** Die **6-monatige Verjährungsfrist** gem. § 548 BGB für Ansprüche des Vermieters wegen Veränderung oder Verschlechterung der Mietsache und für Ansprüche des Mieters auf Ersatz von Verwendungen und Duldung der Wegnahmen von Einrichtungen, kann durch individualvertragliche Regelung unter Beachtung des § 202 BGB abbedungen werden. Eine formularvertragliche Regelung, wonach Ersatzansprüche des Vermieters wegen Veränderungen oder Verschlechterungen der Mietsache (ebenso wie Ansprüche des Mieters auf Aufwendungsersatz oder Gestattung der Wegnahme von Einrichtungen) erst in zwölf Monaten nach Beendigung des Mietverhältnisses verjähren, verstößt gegen § 307 Abs. 1 S. 1, Abs. 2 Nr. 1 BGB und ist unwirksam.[898] Die Festlegung eines späteren Verjährungsbeginns oder Verlängerungen bzw. Verkürzungen durch die Klausel, dass der ursprüngliche Zustand auf Verlangen des

[892] OLG Frankfurt a. M. WuM 1992, 56 (64); Sternel V MietR Rn. 600; aA Bub/Treier/Bub Kap. II Rn. 1747f: nur Wiedergabe der gesetzlichen Regelung.
[893] BGH NJW 1977, 1818.
[894] OLG Frankfurt a. M. NZM 1998, 150.
[895] Bub/Treier/Bub Kap. II Rn. 1751.
[896] Bub/Treier/Bub Kap. II Rn. 1752.
[897] OLG Karlsruhe NJW-RR 1986, 1394.
[898] BGH NJW 2017, 3707 = NZM 2017, 841; vgl. weiter zu etwa maßgeblichen Kriterien BGH NJW 2000, 1110.

Vermieters wieder herzustellen ist,[899] begegnen bereits für sich genommen jedenfalls im Wohnraummietrecht Bedenken.

17. Schlussbestimmungen

435 a) **Schriftformklauseln.** Die üblichen Regelungen in Mietverträgen, wonach abweichende oder ergänzende Vereinbarungen zwingend der Schriftform bedürfen, sind schon wegen Verstoßes gegen § 305b BGB unwirksam. Sie verstoßen weiter gegen das aus § 307 BGB abgeleitete Transparenzgebot, da beim Mieter der Eindruck erweckt wird, er könne sich nicht mit Erfolg auf mündliche Absprachen berufen.[900]

436 Dies gilt auch für sog. qualifizierte Schriftformklauseln, wonach eine Vereinbarung über die Aufhebung der Schriftform selbst schriftlich zu erfolgen hat.[901]

437 Daher entfalten diese wegen des Vorrangs der Individualabrede gem. § 305b BGB keine Wirkung: Dies betrifft also Schriftformklauseln, nach denen **Nebenabreden etc bei Vertragsschluss** nur wirksam werden sollen, wenn sie schriftlich vereinbart werden,[902] sog. **Bestätigungsklauseln,** wodurch Nebenabreden zur ihrer Wirksamkeit der schriftlichen Bestätigung bedürfen[903] oder auch Schriftformklauseln, die sich auf **nachträgliche Änderungen und Ergänzungen,** insbesondere **die Aufhebung der Schriftformklauseln** selbst beziehen.[904] Vgl. auch die Ausführungen und Rechtsprechungsnachweise in → § 48 Rn. 237 ff. Vorformulierte Regelungen über die Form von Anzeigen und Erklärungen müssen im Übrigen außerhalb des unternehmerischen Rechtsverkehrs die Vorgaben des **§ 309 Nr. 13 BGB** beachten; für vor dem 1.10.2016 abgeschlossene Verträge bleibt die frühere Fassung dieser Vorschrift anwendbar (vgl. Art. 229 § 37 EGBGB).

438 b) **Vollständigkeitsklauseln.** Demgegenüber sind vorformulierte Regelungen, in denen der Mieter bestätigt, dass andere als im Vertrag enthaltene Abreden nicht getroffen worden sind, zulässig und entsprechen der ohnehin bestehenden widerlegbaren Vermutung der Vollständigkeit eines schriftlichen Vertrages.[905] Dem Mieter darf allerdings nicht der Beweis abgeschnitten werden, dass doch andere Abreden getroffen worden sind.

439 c) **Vorrang von Willensbildungen der Wohnungseigentümer.** So nützlich eine Angleichung mietvertraglicher Absprachen mit den Vorgaben innerhalb einer Wohnungseigentümergemeinschaft (etwa durch Teilungserklärung oder Gemeinschaftsordnung) sein mögen, bedürfen sie immer einer individualvertraglichen Vereinbarung.

Entsprechende Formularklauseln verstoßen gegen § 305b BGB und bei einer wesentlichen Änderung mietvertraglicher Rechte und Pflichten auch noch gegen § 308 Nr. 4 BGB.

440 d) **Erfüllungsort/Gerichtsstandsklauseln.** Ist auch nur eine Mietvertragspartei nicht Vollkaufmann, so sind **Gerichtsstand**klauseln gem. den § 38 ZPO, § 307 Abs. 2 Nr. 1 BGB unwirksam.[906]

441 Die Vereinbarung eines **Erfüllungsorts** verstößt gegen § 269 BGB iVm § 29 Abs. 2 ZPO und ist bei Wohnraummietverträgen unwirksam.[907]

442 e) **Salvatorische Klauseln.** Soweit salvatorische Klauseln die Regelung in § 306 Abs. 1 bzw. Abs. 2 BGB lediglich wiederholen (sog. Erhaltungsklauseln), begegnen sie keinen

[899] BGH NJW 1980, 389; OLG Düsseldorf NJW-RR 1991, 208.
[900] OLG Frankfurt a. M. WuM 1992, 56 (64); OLG Nürnberg DWW 1992, 143 (150).
[901] Ulmer/Brandner/Hensen BGB Anh. § 310 Rn. 717 ff. mwN; BGH NZM 2017, 189.
[902] BGH NJW 1985, 321.
[903] BGH NJW 1983, 1853; OLG Frankfurt a. M. WuM 1992, 63.
[904] BGH NJW 1991, 2559; OLG Frankfurt a. M. WuM 1992, 64; OLG Nürnberg DWW 1992, 143.
[905] OLG Düsseldorf DWW 1990, 363 (364) unter Hinweis auf BGH NJW 1985, 2329; OLG Nürnberg DWW 1992, 143 (150); zum Umfang der Vermutungswirkung siehe auch BGH 27.4.2021 – VIII ZB 44/20 NZM 2021, 507.
[906] BGH NJW 1985, 322.
[907] OLG Koblenz NJW-RR 1989, 1460.

Bedenken.[908] Hiergegen – wie auch gegen das Verbot der geltungserhaltenden Reduktion und § 307 Abs. 2 Nr. 1 BGB – verstoßen aber alle sog. Ersetzungsklauseln, wonach sich die Parteien bei Unwirksamkeit einer Klausel verpflichten, eine erneute Regelung zu treffen, die der unwirksamen wirtschaftlich am nächsten kommt.[909]

Sog. **salvatorische Zusätze** („soweit gesetzlich zulässig“) entfalten überhaupt keine Wirkung.[910] 443

[908] BGH NJW 1991, 1750; OLG Celle WuM 1990, 103 (107).
[909] Dammann in Pfeiffer Klauseln Rn. T 14 ff.
[910] BGH NJW 2013, 1668 = NZM 2013, 307; NJW 1993, 1061; 1991, 2631 unter II 5.

§ 11 Gesetzliche Widerrufsrechte

Übersicht

Schrifttum:

Gsell, Wohnraummietrecht als Verbraucherrecht, WuM 2014, 375; Mediger, Das neue (?) Widerrufsrecht des Mieters, NZM 2015, 185; Streyl, Wohnungsmiete und Verbraucherwiderrufsrecht: Eine Polemik, NZM 2015, 433; Hau, Verbraucherschützende Widerrufsrechte im Wohnraummietrecht, NZM 2015, 435; Hinz, Verbraucherverträge im Mietrecht, WuM 2016, 76; Rolfs/Möller, Widerrufsrechte im Wohnraummietrecht, NJW 2017, 3275.

I. Einleitung

1 Mit dem am 13.6.2014 in Kraft getretenen Gesetz zur Umsetzung der Verbraucherrichtlinie wurden unter anderem die Regeln für das Recht des Verbrauchers, unter bestimmten Voraussetzungen geschlossene Verträge zu widerrufen, neu geregelt.[1] Der Gesetzgeber hat damit das Verbraucherschutzrecht bei Haustür- und Fernabsatzgeschäften neu gestaltet und dabei unter anderem die Regeln für das Widerrufsrecht zusammengefasst sowie die bisherigen „Haustürtatbestände“ von einer enumerativen Aufzählung umgestellt auf einen Generaltatbestand (außerhalb von Geschäftsräumen geschlossenen Verträgen).

2 Die Regelungen über das Verbraucherwiderrufsrecht, § 312g BGB, gelten gemäß § 312 Abs. 4 S. 1 BGB ausdrücklich für „Verträge über Wohnraum“. Ausnahmsweise entfällt ein Widerrufsrecht, § 312 Abs. 4 S. 2 BGB, wenn der Mietvertrag nach vorheriger Besichtigung zustande gekommen ist. Der Wegfall des Widerrufsrechtes gilt aber nur für den Mietvertragsabschluss und nicht für spätere vertragliche Vereinbarungen, die aufgrund des nicht widerruflichen Mietvertrages zustande kommen.[2]

Es bestehen dagegen keine Widerrufsrechte, wenn sich der Vertrag auf die Erbringung von Dienstleistungen in den Bereich Beherbergung bezieht. Die Abgrenzung zwischen möblierte Wohnraummiete und „Beherbergung“ im Sinne von § 312g Abs. 2 Nr. 9 BGB sollte danach erfolgen, ob der betreffende Vertrag von einer Art ist, wie er typischerweise im touristischen Bereich beziehungsweise im Freizeitbereich wahrgenommen wird. Dies gilt selbst dann, wenn konkret die Beherbergung beruflichen Zwecken beziehungsweise Zwecken der Weiterbildung dient.[3]

---

[1] Im Gesetz vom 20.9.2013, BGBl. 2013 I 3642.
[2] BGH WuM 2019, 324 (325).
[3] MüKoBGB/Wendehorst § 312 Rn. 104.

II. Anwendungsfälle

Das Widerrufsrecht gemäß § 312g BGB steht nur dem Verbraucher bei außerhalb von Geschäftsräumen geschlossenen Verträge und bei Fernabsatzverträgen zu. Die vorbezeichneten Verträge werden gekennzeichnet dadurch, dass sie zwischen einem Verbraucher und einem Unternehmer als Verbrauchervertrag gemäß § 310 BGB zustande kommen. 3

1. Der Mietvertrag als Verbrauchervertrag, §§ 310, 312 Abs. 1 BGB

Grundsätzlich kommt ein Widerrufsrecht für den Mieter nur dann in Betracht, wenn der Wohnraummietvertrag oder andere im Zusammenhang mit dem Wohnraummietvertrag geschlossene Vereinbarungen als „Verbrauchervertrag" iSv § 310 Abs. 3 BGB zu bezeichnen sind. Danach sind alle Vereinbarungen, die zwischen einem Unternehmer und einem Verbraucher zustande kommen, Verbraucherverträge. 4

Die Definition des „Verbrauchers" ergibt sich aus § 13 BGB. Danach ist Verbraucher jede natürliche Person, die ihr Rechtsgeschäft zu ihrem eigenen privaten Zweck und Belange abschließt. Dies ist bei einem Wohnraummieter regelmäßig der Fall. 5

Schwieriger zu entscheiden ist die Frage, ob der Vermieter Unternehmer iSv § 14 BGB ist. § 14 BGB beschreibt den Unternehmer als natürlich oder juristische Person oder rechtsfähige Personengesellschaft, die bei Abschluss eines Rechtsgeschäftes in Ausübung einer gewerblichen oder selbstständigen beruflichen Tätigkeit handelt. § 14 BGB nennt neben den natürlichen und juristischen Personen die rechtsfähigen Personengesellschaften, die in § 14 Abs. 2 BGB legal definiert werden. Solche rechtsfähigen Personengesellschaften sind die OHG, KG, Partnerschaftsgesellschaft und gleichfalls die teilrechtsfähige Außen-GbR.[4] 6

Problematisch kann die Unternehmereigenschaft bei einem privaten Vermieter, der zwecks Anlage und Verwaltung seines Vermögens am Marktgeschehen teilnimmt, sein. Die Abgrenzung von privatem zu einer berufsmäßig betriebenen Vermögensverwaltung ist oft schwierig. Die Vermietung des eigenen Vermögens ist grundsätzlich keine gewerbliche oder berufliche Tätigkeit. Sie kann jedoch dazu werden, wenn der erforderliche zeitliche und organisatorische Aufwand nach außen erkennbar dem einer partiellen Berufstätigkeit entspricht, zum Beispiel wegen der Größe des Objekts oder weil das Objekt Teil eines umfangreichen Vermögens oder ähnlicher Struktur ist. Das ausschlaggebende Kriterium soll der Umfang der mit der Vermögensverwaltung verbundenen Geschäfte sein. Erfordern diese einen planmäßigen Geschäftsbereich, wie etwa die Unterhaltung eines Büros oder einer Organisation, liegt eine gewerbliche Betätigung vor.[5] 7

Mehrere gemeinschaftlich handelnde natürliche Personen ohne Rechtsfähigkeit wie eine Bruchteilsgemeinschaft, eine Gesamthandsgemeinschaft, eine Innengesellschaft bürgerlichen Rechts, eine eheliche Gütergemeinschaft oder Erbengemeinschaft können vom Anwendungsbereich der §§ 13 und 14 BGB erfasst sein. Sie können sowohl private Endverbraucher als auch Gewerbetreibende sein. Handeln diese Personengemeinschaften außerhalb ihrer gewerblichen oder selbstständigen beruflichen Tätigkeit, sind die Verbraucherschutzvorschriften zu ihren Gunsten anzuwenden.[6]

Die Instanzrechtsprechung macht die Unternehmereigenschaft des privaten Vermieters häufig von der Anzahl der vermieteten Wohnungen abhängig.[7] 8

Vom Grundsatz her kann die Unternehmereigenschaft eines Vermieters auch daran festgemacht werden, ob er einem unerfahrenen Verbraucher aufgrund seiner kaufmännischen und rechtlichen Kenntnisse, begründet auf die Vermietung von Wohnungen, 9

[4] MüKoBGB/Micklitz § 14 Rn. 10.
[5] BGH NJW 2002, 368 (369); MüKoBGBFornasier § 310 Rn. 67.
[6] MüKoBGB/Micklitz § 13 Rn. 17.
[7] Vgl. zur maßgeblichen Rechtsprechung: Gsell WuM 2014, 375 (378).

überlegen ist, sodass durch die Einräumung des Widerrufsrechts dem Verbraucher die Möglichkeit eröffnet wird, eine getroffene Entscheidung zu revidieren.[8]

10 Problematisch ist die Unternehmereigenschaft des Vermieters dann, wenn er sich als privater Eigentümer einer professionell agierenden Hausverwaltung bedient. Ob in dieser Konstellation dem nicht unternehmerischen Vermieter nunmehr Unternehmereigenschaft zuzuordnen ist, ist sehr umstritten. Wenn man berücksichtigt, dass die Überlegenheit der Kenntnisse in kaufmännischer und rechtlicher Hinsicht durch das Widerrufsrecht ausgeglichen werden soll, wäre dies zu bejahen.[9]

Praxistipp:

Wegen der weit reichenden Folgen eines Widerrufsrechtes sollte der den Vermieter vertretenden Anwalt im Zweifel von einer Unternehmereigenschaft seines Vermietermandanten ausgehen.

2. Vertragssituationen

11 Das Widerrufsrecht des Mieters von Wohnraum besteht dann, wenn die als Verbrauchervertrag zu kennzeichnende Vereinbarung in ganz bestimmten vertraglichen Situationen zustande gekommen ist.

12 Der Gesetzgeber hat zwei Vertragssituationen im Rahmen von Verbraucherverträgen mit Widerrufsrechten versehen. Es handelt sich um solche Vertragssituationen, in denen nach Auffassung des Gesetzgebers der Verbraucher/Mieter vor Überrumpelungen oder vorschnellem bzw. übereiltem Verhalten geschützt werden soll.

13 a) **Außerhalb von Geschäftsräumen geschlossene Verträge.** Die Definition dieses Vertragstypus ist in § 312b BGB geregelt. Geschäftsräume des Vermieters sind Gewerberäume, in denen dieser seine Tätigkeit dauerhaft ausübt, wobei durchaus auch bewegliche Gewerberäume hierunter fallen, § 312b Abs. 2 BGB. Geschäftsräume des Vermieters sind auch solche Gewerberäume, in denen Vertreter des Vermieters dauerhaft oder gewöhnlich ihre Tätigkeit ausüben, § 312 Abs. 2 S. 2 BGB. Damit sind von vornherein von Widerrufsrechten ausgeschlossen solche Verträge, die in den Gewerberäumen des Vermieters oder seiner Vertreter (Makler, Hausverwalter, Rechtsanwalt etc) abgeschlossen werden. Kein Geschäftsraum des Vermieters oder seines Vertreters ist aber insbesondere die Wohnung des Mieters und andere nicht im Geschäftsbereich des Vermieters zuzuordnende Örtlichkeiten (zum Beispiel Gemeinschaftsraum eines Hauses, der anlässlich einer Mieterversammlung genutzt wird, Gerichtssaal, andere öffentliche Einrichtungen). Auch das Zustandekommen einer Vereinbarung außerhalb eines Raums, also etwa unter freiem Himmel, ist nicht in Geschäftsräume des Vermieters erfolgt. Darüber hinaus bestimmt § 312b Abs. 1 Nr. 3 BGB dass ein in einem Geschäftsraum des Unternehmers/Vermieters abgeschlossener Vertrag widerruflich ist, wenn der Verbraucher/Mieter unmittelbar zuvor außerhalb dieser Geschäftsräume vom Unternehmer oder seinem Vertreter persönlich und individuell angesprochen wurde.

14 Weitere Voraussetzung für das Bestehen des Widerrufsrechtes ist, dass die Vereinbarung zustande gekommen ist unter gleichzeitiger Anwesenheit des Vermieters und/oder seines Vertreters und des Mieters. Die gleichzeitige Anwesenheit eines Bevollmächtigten des Mieters lässt die Verbrauchereigenschaft des Mieters nicht entfallen. Auch der Mieter, der in Begleitung seines Rechtsanwaltes erscheint, behält, nach Maßgabe der maßgeblichen Vorschriften, sein Widerrufsrecht.[10]

[8] Mediger NZM 2015, 185 (187).

[9] Mediger NZM 2015, 185 (187); ablehnend: Hau NZM 2015, 435 (441); Gsell WuM 2014, 375 (378).

[10] AG Hanau BeckRS 2015, 15960; Hau NZM 2015, 435 (441); Gsell WuM 2014, 375 (378); aA Mediger NZM 2015, 185 (189); Hinz WuM 2016, 76 (85).

b) Fernabsatzverträge. § 312c BGB beschreibt die Fernabsatzverträge als solche Verträge, bei denen der Unternehmer oder ein in seinem Namen oder Auftrage handelnden Person und der Verbraucher für die Vertragsverhandlungen und den Vertragsschluss ausschließlich Fernkommunikationsmittel verwenden, es sei denn, dass der Vertragsschluss nicht im Rahmen eines für den Fernabsatzbetriebs oder Dienstleistungssystems erfolgt. 15

Aus dieser gesetzlichen Definition folgt, dass dieser Vertragstypus im Wohnraummietrecht de facto eine untergeordnete Bedeutung hat, da dieser Vertragstypus bereits voraussetzt, dass zwischen den Parteien auch nicht im vorvertraglichen Bereich keinerlei persönlicher Kontakt stattgefunden hat. Auch muss der Unternehmer mehr oder weniger ausschließlich, im Rahmen eines für den Fernabsatz organisierten Vertriebs- und Dienstleistungssystems agieren. 16

An diesem organisierten Vertriebs- und Dienstleistungssystem fehlt es, wenn der Unternehmer seine Geschäfte nur gelegentlich, gleichsam sporadisch mit Hilfe von Fernkommunikationsmitteln absolviert, im Regelfall hingegen den direkten Kontakt zu seinem Kunden/Mieter sucht.[11] 17

Im Falle größerer Wohnungsunternehmen könnte allerdings daran gedacht werden, dass rechtserhebliche Erklärungen während der Vertragsdurchführung, namentlich Mieterhöhungserklärungen, Betriebskostenabrechnungen und sonstige Vertragsgestaltungen, im Wege der Fernkommunikation zustande kommen könnten.[12] 18

Eher streitig ist, ob ein Mieterhöhungsverlangen nach § 558 BGB, welches dem Mieter in Textform zugeht und schließlich durch fernmündliche, schriftliche oder konkludente Zustimmung des Mieters in einer Mietänderung mündet, ein Fernabsatzvertrag mit entsprechenden Widerrufsrechten sein könnte.[13] 19

Richtigerweise wird man im Hinblick darauf, dass § 558 BGB einem völlig anderen Prinzip als die Vorschriften des Verbraucherschutzes folgen, dies grundsätzlich ausschließen.[14] Die Bestimmungen der §§ 558 ff. BGB sind als *leges specialis* gegenüber den verbraucherschützenden Bestimmungen der §§ 312 ff. BGB anzusehen. Im Anliegen des Widerrufsrechtes, nämlich dem Schutz des Verbrauchers vor „Überrumpelungen", wird bereits durch die Überlegungsfrist des § 558 Abs. 2 S. 1 BGB Rechnung getragen. Sofern der Mieter diese nicht ausschöpft und dem Mieterhöhungsverlangen vorzeitig zustimmt, bedarf es keines zusätzlichen Schutzes in Gestalt eines Widerrufsrechtes.[15] 20

3. Ausnahmen

Trotz an sich bestehender Voraussetzungen können Ausnahmesachverhalte bestehen, in denen das Widerrufsrecht ausgeschlossen ist. 21

a) Abschluss des Mietvertrages nach vorheriger Besichtigung der Wohnung durch den Mieter. Ausdrücklich vom Widerrufsrecht ausgenommen hat der Gesetzgeber, § 312 Abs. 4 S. 2 BGB, die Erklärung des Mieters zur Begründung eines Mietverhältnisses über Wohnraum, wenn er zuvor die Wohnung besichtigt hatte. Bei einem solchen Mietvertragsabschluss nach einer Wohnungsbesichtigung ist keine typische Überrumpelungssituation zu sehen.[16] 22

Ob der Mietvertrag nach vorheriger Besichtigung durch den Mieter zustande gekommen ist, hängt wiederum von zwei Kriterien ab. Zum einen muss eine Besichtigung der Wohnung stattgefunden haben und zum anderen muss die Besichtigung durch den Mieter erfolgt sein. 23

[11] Hinz WuM 2016, 76 (81).
[12] Hinz WuM 2016, 76 (81).
[13] Bejahend: Hau NZM 2015, 435 (439); ablehnend: Mediger NZM 2015, 435 (438).
[14] Hinz WuM 2016, 76 (83).
[15] BGH NZM 2018, 1011; LG Berlin IMR 2017, 52; AG Gelsenkirchen IMR 2016, 405; Rolfs/Möller NJW 2017, 3275.
[16] Gsell WuM 2014, 375 (383).

24 Ob eine Besichtigung der Wohnung stattgefunden hat, hängt von den Umständen des Einzelfalls ab. Richtigerweise wird man von einer „Besichtigung“ nur dann ausgehen können, wenn im Wesentlichen alle Räume der Wohnung besichtigt werden konnten. Eine „Besichtigung“ liegt somit nicht vor, wenn einzelne Räume der Wohnung, aus welchen Gründen auch immer, nicht zur Besichtigung zur Verfügung standen.[17] Ob allerdings von einer Besichtigung auch dann ausgegangen werden kann, wenn einzelne untergeordnete Nebenräume nicht besichtigt wurden, ist umstritten. Es wird vertreten, dass es ausreicht, wenn der Mieter wesentliche Teile der Wohnung betrachtet,[18] wo hingegen andererseits auch vertreten wird, dass alle Räume besichtigt werden müssen, auch der Kellerraum.[19]

25 Weiterhin ist umstritten, ob der Ausschluss des Widerrufsrechts in den hier beschriebenen Fällen voraussetzt, dass alle in Betracht kommenden Mieter die Besichtigung der Wohnung vor Abschluss des Mietvertrages vorgenommen haben. Da es sich bei der Besichtigung nicht um eine Willenserklärung oder eine geschäftsähnliche Handlung, sondern um einen Realakt handelt, die Vorschriften über die Stellvertretung somit grundsätzlich keine Anwendung finden, wird die Besichtigung durch einen von mehreren Mietern für ausreichend angesehen.[20]

Praxistipp:

Da die Beweislast für eine ordnungsgemäße Besichtigung nach § 312 Abs. 4 S. 2 BGB beim Vermieter liegt und wegen der weitreichenden negativen Folgen für den Vermieter, sollte der den Vermieter beratenden Anwalt folgende Ratschläge erteilen:

1. Kein Abschluss eines Wohnraummietvertrages, wenn der Ausnahmetatbestand des § 312 Abs. 4 S. 2 BGB nicht einwandfrei und gerichtsfest dokumentiert ist in der Weise, dass tatsächlich alle Räume, auch Nebenräume, besichtigt wurden und alle in Betracht kommenden Mieter diese Besichtigung auch vollzogen haben.
2. Bei geringsten Zweifeln: Abschluss des Wohnraummietvertrages mit gleichzeitiger Aushändigung einer formgerechten Widerrufsbelehrung an alle Mieter.
3. Abschluss des Mietvertrages in den Geschäftsräumen des Vermieters oder seines Vertreters.
4. Übersendung des Mietvertrages durch den Mieter an den Vermieter auf dem Postweg.

26 b) **Der Prozessvergleich als widerruflicher Verbrauchervertrag.** Es ist ausgesprochen streitig, ob auch ein Prozessvergleich widerruflich ist, wenn der Mieter bei Abschluss des Vergleiches nicht gleichzeitig auf seine Widerrufsrechte hingewiesen wird.

27 Die Voraussetzungen für das Bestehen eines Widerrufsrechtes erscheinen, soweit die rechtlichen Gegebenheiten vorhanden sind, durchaus zu bestehen. Der Prozessvergleich ist aufgrund seiner Doppelnatur zugleich ein privatrechtlicher Vergleichsvertrag gemäß § 779 BGB. Kommt der Prozessvergleich somit zwischen einem Unternehmer/Vermieter und einem Verbraucher/Mieter zustande, ist der Prozessvergleich gleichzeitig Verbrauchervertrag gemäß § 310 BGB. Der Gerichtssaal ist kein Geschäftsraum des Vermieters oder seines Vertreters. In den im Gesetz beschriebenen Ausnahmefällen in § 312g BGB ist die Situation „Abschluss eines Prozessvergleiches“ nicht beschrieben.

28 Ist nun beim Abschluss des Prozessvergleiches der Unternehmer und/oder sein Vertreter und der Verbraucher/Mieter körperlich anwesend, kann grundsätzlich durch den Vergleichsabschluss ein Widerrufsrecht des Mieters begründet werden. Hieran würde sich auch nichts ändern, wenn der Mieter in Begleitung seines Rechtsanwaltes den Termin wahrnimmt. Nach hier vertretener Auffassung verliert der Mieter seine Verbrauchereigenschaft nicht durch die Anwesenheit seines Rechtsanwaltes.[21]

[17] Hinz WuM 2016, 76 (81).
[18] Mediger NZM 2015, 185 (190).
[19] Rolfs/Möller NJW 2017, 3275.
[20] Hinz WuM 2016, 76 (82); Mediger NZM 2015, 185 (190).
[21] Mediger NZM 2015, 185 (189); Hau NZM 2015 435; AG Hanau BeckRS 2015, 15960.

Bejaht man das Bestehen eines Widerrufsrechtes des Mieters auch durch den Abschluss eines Prozessvergleiches in der beschriebenen Situation, besteht dieses Recht bei jedem Prozessvergleich, auch bei solchen, mit denen das Mietverhältnis beendet wird. Die Widerruflichkeit von Aufhebungsverträgen im Wohnraummietrecht lässt sich ausdrücklich aus § 312 Abs. 4 S. 1 BGB herleiten, da nach der gesetzlichen Norm das Widerrufsrecht nur bei Abschluss des Wohnraummietvertrages in der vom Gesetzgeber angenommenen Konstellation beschränkt ist. Aus nachvollziehbaren Gründen wird allerdings vertreten, dass ein gerichtlich protokollierter Vergleich grundsätzlich nicht widerrufen werden könne. Diese Auffassung stützt sich auf den generellen Ausschluss des Widerrufsrechtes nach § 312g Abs. 2 Nr. 13 BGB für den Abschluss von notariellen Vereinbarungen und der Bestimmung des § 127a BGB, wonach eine notarielle Beurkundung durch einen gerichtlichen Vergleich ersetzt werden kann. Diese Auffassung wird auch damit begründet, dass es aus praktischen Gründen notwendig sei, den durch den gerichtlichen Vergleich bewirkten Rechtsfrieden zu schützen.[22] 29

Andererseits wird vertreten, dass Prozessvergleiche in den Anwendungsbereich von § 312b BGB fallen, wenn sie in mündlicher Verhandlung bei gleichzeitiger körperlicher Anwesenheit des Unternehmers und des Verbrauchers abgeschlossen wurden. Dies gelte allerdings nicht, wenn der Mieter in Begleitung eines Rechtsanwaltes auftrete, da ihm, dem Mieter, dessen professionelles Wissen zuzurechnen sei, sodass er den Verbraucherstatus verliere.[23] Aus diesem Grunde entfalle das Widerrufsrecht von vornherein. Lässt sich ein Vermieter, der kein Unternehmer ist, von einem Rechtsanwalt vertreten, ist eine Widerrufsbelehrung erforderlich.[24] [25] 30

Nach einer weiteren Auffassung kann das Widerrufsrecht des Mieters bei Abschluss eines Prozessvergleiches nur dann ausgeschlossen werden, wenn der Richter den Mieter/Verbraucher darüber belehrt, dass ein Widerrufsrecht gemäß § 312g BGB nicht besteht.[26] Letztgenannte Auffassung bezieht sich auf die Bestimmungen des § 312 Abs. 2 S. 1b BGB. Danach soll der Notar bei Verträgen, für die das Gesetz eine notarielle Beurkundung nicht vorschreibt, den Verbraucher darüber belehren, dass Widerrufsrechte nach § 312g Abs. 1 BGB entfallen. Damit diese Rechtsfolge eintritt, soll der Richter, um den Vermieter vor einem Widerrufsrecht des Mieters zu schützen, diese Belehrung der Vergleichsprotokollierung voranstellen. 31

Schließlich wird vertreten, dass die Einräumung eines Widerrufsrechts für den Mieters bei Abschluss eines gerichtlichen Vergleichs sachwidrig sei. Es fehle schon aufgrund der richterlichen Neutralität und der richterlichen Hinweispflichten an einer Druck- und Überrumpelungssituation und damit an einer sachlichen Rechtfertigung für ein Widerrufsrecht. Zudem stünde ein einseitiges gesetzliches Widerrufsrecht des Mieters in deutlichem Widerspruch zum Zweck des Prozessvergleichs, die Streitsache zu beenden und Rechtsfrieden zu schaffen. Der Prozessvergleich sollte deshalb im Wege der teleologischen Reduktion der §§ 312 ff. BGB von deren Anwendungsbereich ausgenommen werden.[27]

Praxistipp:
Wegen der schwerwiegenden Konsequenzen soll der Rechtsanwalt des Vermieters alles dafür tun, dass Widerrufsrechte des Mieters in Bezug auf den Prozessvergleich nicht entstehen können. Im Hinblick auf die unklare Rechtslage sollte daher darauf bestanden werden, dass das Gericht dem anwesenden Mieter zu Protokoll darüber belehrt, dass Widerrufsrechte nach § 312g BGB nicht bestehen. Ansonsten sollte dem Mieter eine Widerrufsbelehrung mit dem vorgeschriebenen Inhalt

[22] AG Hanau BeckRS 2015, 15960; Hinz WuM 2016, 76 (85); Rolfs/Möller NJW 2017, 3275.
[23] Mediger NZM 2015, 185 (189).
[24] LG Wiesbaden BeckRS 1996, 31158467.
[25] BGH NZM 2024,751.
[26] Hau NZM 2015, 435 (440).
[27] Schmidt-Futterer/Fervers Vorbemerkungen zu § 535 BGB Rn. 175.

gemäß Anlage 1 zu Art. 246a EGBGB ausgehändigt werden. Widerrufsrechte bestehen nicht bei Abschluss des gerichtlichen Vergleichs im Beschlusswege nach § 276 Abs. 6 ZPO.

32 Es muss der sicherste Weg gewählt werden, um die negativen Rechtsfolgen eines Widerrufs durch den Mieter zu vermeiden.

33 Ausdrücklich ist auch darauf hinzuweisen, dass der häufig in Prozessvergleichen verbundene vertragliche Widerrufsvorbehalt an der beschriebenen Situation nichts ändert. Denn ein vereinbarter Widerrufsvorbehalt ersetzt nicht die formalisierte Belehrung nach § 312d BGB bzw. den notwendigen richterlichen Hinweis auf das Nichtbestehen von Widerrufsrechten nach §§ 312 Abs. 2 Nr. 1b, 127a BGB.

34 c) **Vertragliche Fallgestaltungen in Bezug auf Widerrufsrechte.** Bei einer Vielzahl von Gelegenheiten während des Verlaufs eines Mietverhältnisses bzw. anlässlich seiner Beendigung können Widerrufsrechte nach § 312g BGB begründet werden. Solche nach den mietrechtlichen Vorschriften durchaus zulässige Vereinbarungen können sein Modernisierungsvereinbarung, § 555f BGB, Mieterhöhungsvereinbarung, § 557 Abs. 1 BGB, Vereinbarungen über Betriebskosten und ihre Umlage, § 556 Abs. 1 BGB, Vereinbarungen über Kündigungsausschlüsse des Mieters, § 557a Abs. 3 BGB, Mietaufhebungsvereinbarungen. In besonderer Weise entstehen Widerrufsrechte im Zusammenhang mit der Beendigung des Mietverhältnisses, etwa bei der Erstellung von Abnahmeprotokollen. Derartige Protokolle, die Vereinbarungscharakter haben, werden regelmäßig bei Übergabe der Wohnung in der Wohnung des Mieters abgeschlossen, sozusagen in der klassischen Außergeschäftsraumsituation bei körperlicher Anwesenheit des Mieters und des Vermieters. So kann der Mieter eine anlässlich der Rückgabe der Wohnung getroffene Vereinbarung widerrufen, wonach der Vermieter einerseits das Kautionsguthaben ganz oder teilweise behält, er jedoch andererseits auf die Durchführung fälliger Schönheitsreparaturen verzichtet. Wenn der Mieter diese Vereinbarung unter Ausschöpfung der längsten Widerrufsfrist von 12 Monaten und 14 Tagen widerruft, wären in diesem Zeitpunkt Ansprüche des Vermieters gegen den Mieter auf Erfüllung und Durchführung von Schönheitsreparaturen gemäß § 548 Abs. 1 S. 1 BGB verjährt, sodass auch Schadenersatzansprüche wegen Nichterfüllung ausscheiden, wenn diese nicht innerhalb der 6-Monatsfrist seit Besitzübergang geltend gemacht werden Der Mieter könnte Rückzahlung des vollständigen Kautionsguthabens verlangen, denn dieser Anspruch unterliegt der 3-jährigen Regelverjährungsfrist des § 195 BGB.[28] Allerdings bleibt der Vermieter berechtigt, etwaige Schadensersatzansprüche wegen Beschädigung der Mietsache (§ 280 Abs. 1 BGB) auch noch nach Verjährungseintritt gegen die Kaution zu verrechnen.

Praxistipp:

Der Rechtsanwalt des Vermieters hat seinen Mandanten unbedingt auf diese Widerrufsmöglichkeit des Mieters bei der Rückgabe der Wohnung hinzuweisen, sofern diese Rückgabe im Beisein des Vermieters und des Mieters stattfindet. Der Widerruflichkeit dieser Vereinbarung ist zu begegnen entweder dadurch, dass dem Mieter gleichzeitig eine Widerrufsbelehrung in der gesetzlichen Form ausgehändigt wird, die vom Mieter unterzeichnet wird oder, völliger Ausschluss des Widerrufsrechtes, die Vereinbarung wird in den Geschäftsräumen des Vermieters oder seines Bevollmächtigten oder durch Abschluss im Wege des Schriftverkehrs vollzogen.

[28] Vgl. zu diesem Fall: Hinz WuM 2016, 76 (85).

III. Die Widerrufsfrist, Beginn und Berechnung der Frist, §§ 355 Abs. 2, 356 Abs. 3 BGB

Gemäß § 355 Abs. 2 BGB beträgt die Widerrufsfrist 14 Tage, beginnend mit dem Vertragsschluss. Dies gilt allerdings gemäß § 356 Abs. 3 S. 1 BGB nur, wenn der Vermieter den Mieter nach Maßgabe von Art. 246a § 1 Abs. 2 S. 1 Nr. 1 EGBGB ordnungsgemäß über sein Widerrufsrecht belehrt hat. Fehlt es an einer ordnungsgemäßen Belehrung, läuft die Widerrufsfrist über die 2-Wochen-Frist hinaus, sie erlischt allerdings gemäß § 356 Abs. 2 S. 2 BGB spätestens 12 Monate und 14 Tage nach Vertragsabschluss. Holt der Vermieter innerhalb dieser Frist die Belehrung nach, löst auch dies eine 14-tägige Widerrufsfrist aus. 35

Der Vermieter muss beweisen, dass die Widerrufsfrist in Lauf gesetzt wurde, der Mieter muss beweisen, dass er den Widerruf rechtzeitig ausgeübt hat, wobei zur Wahrung der Frist die rechtzeitige Absendung des Widerrufs ausreicht, § 355 Abs. 1 S. 5 BGB. 36

IV. Die Rechtsfolgen des Widerrufs, § 357 Abs. 1 BGB

Die Ausübung des Widerrufsrechts führt dazu, dass der zunächst wirksam zustande gekommene Vertrag rückabzuwickeln ist, weil die Parteien durch den Widerruf nicht mehr an ihre Willenserklärungen gebunden sind, § 355 Abs. 1 S. 1 BGB. Die wechselseitig empfangenen Leistungen sind zurückzugewähren, und zwar unverzüglich, § 355 Abs. 3 S. 1 BGB. Bei Wohnraummietverhältnissen bedeutet dies, dass etwa im Falle einer Mieterhöhungsvereinbarung nach § 557 Abs. 1 BGB bzw. im Falle der Modernisierungsvereinbarung, § 555f BGB, etwaig gezahlte Mieterhöhungsbeträge vom Vermieter an den Mieter zurückzuzahlen sind.[29] 37

Umgekehrt besteht für den Mieter keine Verpflichtung, da die Mieterhöhungsvereinbarung eine einseitige Leistungspflicht des Mieters begründet, ohne dass dies eine entsprechende Gegenleistung des Vermieters voraussetzt. Hat allerdings der Vermieter im Hinblick auf die Bereitschaft des Mieters, eine höhere Miete zu zahlen, seinerseits zusätzliche Einbauten vorgenommen, etwa Einbau einer Markise oder Einbau einer einbruchshemmenden Wohnungstür, darf er diese wieder entfernen und den ursprünglichen Zustand herstellen für den Fall, dass der Mieter fristgerecht die getroffene Vereinbarung widerruft. Besteht ausnahmsweise bei Abschluss des Wohnraummietvertrages ein Widerrufsrecht des Mieters, weil der Mietvertrag nicht nach vorheriger Besichtigung der Wohnung in einer Außergeschäftsraumsituation oder im Wege des Fernabsatzes abgeschlossen wurde, dann führt der Widerruf des Mieters nicht dazu, dass er für die zwischenzeitlich erfolgte Nutzung der Wohnung Nutzungsentschädigung zu zahlen hätte. Dies gilt nur dann, wenn der Mieter ausdrücklich verlangt hatte, dass ihm der Vermieter vor Ablauf der Widerrufsfrist die Wohnung überlässt und der Vermieter ihn in Textform darauf hingewiesen hat, dass in diesem Fall Nutzungsentschädigung zu leisten ist, § 357 Abs. 8 BGB. 38

[29] BGH NJW 2017, 2823.

4. Abschnitt. Parteien des Wohnraummietverhältnisses

§ 12 Mietvertragsparteien und Rechtsnachfolge

Übersicht

Schrifttum:

Alexander, Die Kündigungsterminsbestimmung nach § 569 Abs. 1 S. 2 BGB, NZM 1998, 253; Beisbart, Stellvertretung bei Abschluss von Mietverträgen und Schriftform, NZM 2004, 293; Börstinghaus, Vermieterwechsel kraft Gesetzes, NZM 2004, 481 ff., 489; Brudermüller, Zuweisung der Mietwohnung bei Ehegatten, Lebenspartnern, Lebensgefährten, WuM 2003, 250 ff.; Disput, Der formularmäßige Parteiwechsel im Mietverhältnis, NZM 2010, 886; Drasdo, Die Vermietung an Wohngemeinschaften, NJW-Spezial 2009, 689 f.; ders., Rechte und Pflichten des Zwangsverwalters, NJW 2013, 1775 ff.; Grooterhorst/Burbulla, Zur Anwendbarkeit von § 566 BGB bei Vermietung durch Nichteigentümer, NZM 2006, 246 ff.; Hartmann, Tod des Mieters, DWW 1997, 118; Heile, Form des Langzeitmietvertrags, NZM 2002, 505 ff.; Herzog, Haftung des Erben für Miet- und WEG-Schulden, NZM 2013, 175–184;

Hülsmann, Ehegattenauszug und Mietvertragskündigung, NZM 2004, 124 ff.; Jacobs, Haftung der (studentischen) Wohngemeinschaft nach Anerkennung der Rechtsfähigkeit der Außen-GbR, NZM 2008, 111 ff.; Jacobs/Stübner, Eintritt des gleichgeschlechtlichen Lebenspartners in den Mietvertrag des Verstorbenen, NZM 1998, 796; Kraemer, Die Gesellschaft bürgerlichen Rechts als Partei gewerblicher Mietverträge, NZM 2002, 465; Kandelhard, Aufhebungsvertrag und Ersatzmieterstellung, WuM 2004, 249 ff.; Klinkhammer, Enthaftung des Ehegatten-Mieters nach gesellschaftsrechtlichen Grundsätzen?, NZM 1998, 744; Kuckein, Einhaltung der gesetzlichen Schriftform bei Unterzeichnung eines Mietvertrags für eine Kapitalgesellschaft, NZM 2010, 148 ff.; Kühn, Widerspruchsrecht des Mieters gegen Mietvertragsübergang?, NZM 2009, 4 ff.; Langheim, Entlassung eines Ehegatten aus dem gemeinsamen Mietvertrag bei Trennung und Scheidung, FamRZ 2007, 2030 ff.; Lützenkirchen, Die analog § 569a II 1 BGB eintrittsberechtigten Lebenspartner, WuM 1993, 373; ders., Die Entwicklung des Mietrechts in der obergerichtlichen Rechtsprechung des Jahres 2002, WuM 2003, 63; ders., Die Entwicklung des Mietrechts in der obergerichtlichen Rechtsprechung des Jahres 2004, WuM 2005, 89 Neuhaus, Schriftformprobleme der Gesellschaft bürgerlichen Rechts, IMR 2013, 310 ff.; Neumann, Ansprüche des Mieters hinsichtlich der Betriebskostenvorauszahlungen bei Eigentümerwechsel, WuM 2012, 3 ff.; Paschke, Gescheiterte Beziehungen im Blickfeld des Mietrechts, WuM 2008, 59; Pfeilschifter, Generaldurchsicht und Gutglaubensschutz für Mieter und Mietinteressenten, WuM 1986, 327; Porer, Das Rechtsinstitut der Sonderrechtsnachfolge im Mietrecht, NZM 2005, 488 ff.; Quarch, Das Mieterhöhungsschreiben und die Ehegatten, WuM 1993, 224; Schrader, Die Beendigung einer Wohngemeinschaft von Partnern einer nichtehelichen Lebensgemeinschaft, NZM 2010, 257 ff.; Schraufl, Schriftform bei GbR als Partei eines Langzeitmietvertrags, NZM 2005, 443 ff.; Schuschke, Vorläufiger Rechtsschutz unter Lebensgefährten im Hinblick auf die gemeinsame Wohnung, NZM 1999, 481; Sonnenschein, Forthaftung des Mitmieters nach Auszug aus der Wohnung, NZM 1999, 977 ff.; ders., Kündigung und Rechtsnachfolge, ZMR 1992, 417; Stellwaag, Der erste zulässige Kündigungstermin nach dem Tode des Mieters, ZMR 1989, 407; Sternel, Probleme des neuen Mietrechts (Teil I), ZMR 2001, 937 ff.; Streyl, Kauf bricht nicht Miete, NZM 2010, 343 ff.; ders., Mietermehrheiten, NZM 2011, 377–391; Szameitat, Sackgasse Mietdatenbank?, WuM 2002, 63; Weber, Zum Begriff des „Wohnens", NZM 2018, 70 ff.; Wetekamp, Bericht: Kündigung des Mietvertrags, NZM 1999, 485; Wiegand, Der öffentliche Glaube des Erbscheins, JuS 1975, 283; Wotte/Ungerer, Wenn der (Ver-)Mieter einsam stirbt, NZM 2012, 412 ff.

I. Mietvertragsparteien

1. Grundsätzliches

Die Festlegung, wer bei Neuabschluss Partei eines Wohnungsmietvertrages werden soll, obliegt den Vertragsschließenden selbst. Nicht immer wird hierbei die notwendige Sorgfalt angewandt, was – wie die Praxis zeigt – vielfältige Probleme verursachen kann. 1

a) Vertragsklarheit, Grundbucheinsicht. Für **einseitige, empfangsbedürftige Willenserklärungen** muss der korrekte **Adressat** feststehen, auch muss feststehen, wer als Erklärender (bei Personenmehrheiten) die Erklärung abgeben muss. Letztlich muss im Prozess das Rubrum richtig formuliert werden. 2

Entscheidend hierfür ist der Vertrag, nicht die Eigentumslage oder der Besitz in Bezug auf das Mietobjekt. Fehlende Klarheit kann ggf. fatale Folgen – hier insbesondere für den Mieter – haben. Die am Vertragsschluss auf Vermieterseite nicht beteiligten Miteigentümer können die Herausgabe der Mietsache gemäß § 985 BGB verlangen,[1] im Falle der Veräußerung geht das Mietverhältnis nicht auf den Erwerber über.[2] Dem Mieter bleibt dann nur ein Schadensersatzanspruch gegen seinen direkten Vertragspartner, der dem Insolvenzrisiko unterliegt. Er hat auch aus einer evtl. analogen Anwendung des § 566 BGB keinen Schadensersatzanspruch gegen einen Rechtsnachfolger des Eigentümers nach Grundbuchumschreibung.[3] 3

Sind dagegen zwei Miteigentümer Vermieter, bleibt die Vermieterrolle auch dann bestehen, wenn der eine Miteigentümer seinen Anteil nach Überlassung der Wohnung an den anderen Mieteigentümer veräußert. In diesem Fall findet § 566 Abs. 1 BGB 4

[1] OLG Saarbrücken InfoM 2008, 114; Siehe auch Grooterhorst/Burbulla NZM 2006, 246.
[2] OLG Celle ZMR 2000, 284.
[3] BGH BGH NZM 2004, 300.

ebenfalls weder direkt noch analog Anwendung. Demnach ist auch eine Kündigung von beiden Vermietern auszusprechen.[4]

5 § 566 BGB spielt in der Praxis eine erhebliche Rolle. Die Vorschrift dient dem **Schutz des Mieters** vor einem Verlust des Besitzes an der gemieteten Wohnung gegenüber einem neuen Erwerber im Fall der Veräußerung der Mietsache. Voraussetzungen für die Anwendung des § 566 BGB ist die Veräußerung des Grundstücks nach Überlassung der Wohnung und die Identität zwischen Veräußerer und Vermieter. Der Erwerber tritt anstatt des bisherigen Vermieters in das bestehende Mietverhältnis mit allen sich daraus ergebenden Pflichten ein.

6 Es sind auch Konstellationen denkbar, in denen § 566 BGB ohne Vorliegen der Voraussetzungen zur Anwendung kommt. So ist die Vorschrift bei **fehlender Identität zwischen Vermieter und Veräußerer** entsprechend anwendbar, wenn die Vermietung des veräußerten Grundstücks mit Zustimmung und im alleinigen wirtschaftlichen Interesse des Eigentümers erfolgt und der Vermieter kein eigenes Interesse am Fortbestand des Mietverhältnisses hat. Bei einer bloßen Untervermietung scheidet jedoch eine analoge Anwendung aus, da der Abschluss des Untermietvertrags nicht im Interesse des Eigentümers erfolgt, sondern eine besondere Art der Nutzung der Mietsache durch den Hauptmieter darstellt.[5] Nicht ausreichend ist es, wenn der Grundstückseigentümer erst im Zeitpunkt der Veräußerung des vermieteten Grundstücks ein wirtschaftliches Interesse am Eintritt des Erwerbers in den bestehenden Mietvertrag hat.[6]

7 Aufgrund der vielfältigen Probleme wird zu Recht dem Mietinteressenten ein rechtliches Interesse an der **Einsicht ins Grundbuch** zugebilligt,[7] nicht aber auf Erteilung einer schriftlichen Grundbuchauskunft.[8]

8 **b) Gesetzliche Vertragsgrundlage.** Die Regelungen zum Vertragsabschluss und zum grundsätzlichen Vertragsinhalt, die den Ansatz für die Fragen nach der korrekten Bezeichnung der Vertragsparteien bilden, lauten wie folgt:

§ 535 BGB
(1) Durch den Mietvertrag wird der Vermieter verpflichtet, dem Mieter den Gebrauch der Mietsache während der Mietzeit zu gewähren.
…
(2) Der Mieter ist verpflichtet, dem Vermieter die vereinbarte Miete zu entrichten.

9 Mit den sprachlichen Änderungen im Zuge der Mietrechtsreform per 1.9.2001 waren inhaltliche Änderungen im hier zu behandelnden Zusammenhang nicht verbunden. Daher kann die vor der Mietrechtsreform ergangene Rechtsprechung zur Definition der Vertragsparteien unverändert angewandt werden.

2. Vermieterseite

10 **a) Eine Person als Vermieter.** *aa) Natürliche Person als Vermieter.* Handelt es sich beim Vermieter um eine einzelne natürliche Person, entstehen keine besonderen Probleme. Zu achten ist auf die richtige Bezeichnung, ggf. auf die korrekte Angabe rechtsgeschäftlicher oder gesetzlicher Vertretung.

Formulierungsvorschlag: Einzelperson als Vermieter

11 Vertragsrubrum:
Zwischen
AB ……, (Anschrift) als Vermieter
und

4 BGH 9.1.2019 – VIII ZB 26/17, NJW-RR 2019, 332.
5 BGH ZMR 2017,968.
6 BGH 27.10.2021 XII ZR 84/20, BGHZ 231, 338.
7 BayObLG BayObLG WuM 1993, 135; Pfeilschifter WuM 1986, 327.
8 LG Hamburg WuM 1993, 136.

Ist eine natürliche Person **Erbbauberechtiger,** so ist sie anstelle des Grundstückseigentümers zur Vermietung berechtigt. Gemäß § 30 Abs. 1 ErbbauRVO tritt mit Erlöschen des Erbbaurechts der Grundstückseigentümer gemäß § 566 BGB in das Mietverhältnis, das der Erbbauberechtigte abgeschlossen hat, ein. Nur bei Ablauf des Erbbaurechts durch Zeitablauf hat der Eigentümer ein ihm für die beiden ersten zulässigen Termine zustehendes Sonderkündigungsrecht mit einer Kündigungsfrist von drei Monaten, § 30 Abs. 2 ErbbauRVO Bei Wohnraum müssen berechtigte Interessen iSd § 573 BGB gegeben sein, zudem muss die Kündigung schriftlich erfolgen. Ähnlich wie beim später behandelten Nießbrauch kann dem Grundstückseigentümer vom Mieter eine angemessene Frist zur Abgabe einer Kündigungserklärung gesetzt werden, dann kann die Kündigung nur innerhalb dieser Frist erfolgen, muss also zugehen, § 30 Abs. 3 ErbbauRVO. Bei vorzeitigem Erlöschen des Erbbaurechts besteht kein Sonderkündigungsrecht.[9] Der Grundstückseigentümer kann in diesem Fall das Kündigungsrecht erst ausüben, wenn das Erbbaurecht auch durch Zeitablauf erlöschen würde. 12

Bei Bestehen eines **dinglichen Wohnrechts** folgt daraus nur dann das Recht zur Vermietung, wenn eine Gestattung des Eigentümers vorliegt. Von Bedeutung für die Vermietung ist, dass bei fehlender Gestattung, der Eigentümer aus § 1004 BGB verlangen kann, dass der Mieter bzw. Wohnungsnutzer die Wohnung an den Wohnberechtigten zurückgibt. Für den Mietzins oder eine Nutzungsentschädigung verbleibt es aber bei der rein vertraglichen Beziehung zwischen Vermieter und Mieter.[10] Wann im Einzelfall eine Pflicht gegeben sein kann, dem Wohnberechtigten eine Vermietung an einen Dritten zu gestatten, führt mit weiteren Nachweisen *Blank* aus.[11] 13

bb) Juristische Person als Vermieter. Genauso ist es dann, wenn eine einzelne juristische Person als Vermieter auftritt. Nur die Gesellschaft wird Partei des Mietvertrags. Stets muss bei Vertragsschluss durch eine juristische Person klargestellt und sichergestellt sein, dass diese durch die vertretungsberechtigten natürlichen Personen (Organe der Gesellschaft) vertreten wird. Es empfiehlt sich daher für den Mieter bzw. dessen Berater, einen **aktuellen Auszug des Handelsregisters oder Vereinsregisters** einzuholen und im Vertrag die Vertretungsbefugnis klar aufzuführen. 14

Bei der **Abgabe von Erklärungen** für die Gesellschaft durch einen Gesellschafter ohne Vorlage einer Vollmacht liegt es im eigenen Interesse des Erklärungsempfängers, von sich aus zu klären, ob und in welchem Umfang die übrigen Gesellschafter Vollmacht erteilt haben.[12] Diese zur GbR ergangene Entscheidung ist auch auf die Frage anzuwenden, wer eine juristische Person korrekt vertritt. Auch die Schriftform des § 550 BGB ist bei Abschluss eines Mietvertrages durch eine Aktiengesellschaft nur dann gewahrt, wenn alle Vorstandsmitglieder unterzeichnen oder eine Unterschrift den Hinweis enthält, dass das unterzeichnende Vorstandsmitglied auch die Vorstandsmitglieder vertreten soll, die nicht unterzeichnet haben.[13] 15

Formulierungsvorschlag: Juristische Person als Vermieter

Vertragsrubrum: 16
Zwischen
der AB GmbH, (Anschrift), vertreten durch ihren alleinvertretungsberechtigten Geschäftsführer, GF, (Anschrift), (ggf. konkrete Vertretungsverhältnisse laut Handelsregister)
als Vermieter

Ist für einen Vertragsabschluss (zB für eine GmbH) eine Gesamtvertretung angeordnet, müssen dafür also mehrere Personen als Vertreter mitwirken, gilt für den **Empfang** 17

---

[9] Blank/Börstinghaus/Siegmund BGB § 542 Rn. 121.
[10] BGH BGHZ 59, 51.
[11] Blank/Börstinghaus/Siegmund BGB § 535 Rn. 142.
[12] BGH NJW-RR 1996, 673.
[13] BGH NJW 2010, 1453 = NZM 2010, 82; dazu Kuckein NZM 2010, 148.

von **Willenserklärungen** gleichwohl der **Grundsatz der Alleinvertretung.**[14] Aus § 124 Abs. 6 HGB, § 26 Abs. 2 S. 2 BGB, § 78 Abs. 2 S. 2 AktG, § 35 Abs. 2 S. 2 GmbHG, § 1629 Abs. 1 S. 2 BGB und § 25 Abs. 1 S. 3 GenG wird der allgemeine Rechtsgrundsatz abgeleitet, dass einer Personenmehrheit (zB mehreren nur gesamtvertretungsberechtigten Geschäftsführern einer GmbH) eine Willenserklärung durch Abgabe gegenüber einem der Gesamtvertreter zugeht.[15] Dies gilt auch für die Gesellschaft im Sinne der §§ 705 ff. BGB, in welcher die Gesellschafter grundsätzlich gesamtvertretungsberechtigt sind.[16] Nach § 720 Abs. 5 BGB genügt die Abgabe gegenüber einem vertretungsbefugten Gesellschafter.

18 *cc) Personen-Handelsgesellschaft.* Der Mietvertrag kommt mit der rechtlich selbstständigen Gesellschaft (OHG bzw. KG) zustande, nicht mit den Gesellschaftern. Die Gesellschafter der OHG haften allerdings für die Verbindlichkeiten der Gesellschaft als Gesamtschuldner (§ 126 HGB), bei der KG bewirkt dies nur für die persönlich haftenden Gesellschafter eine unbeschränkte Haftung, während die Kommanditisten nur mit ihrer Einlage haften, was sich aus § 161 HGB ergibt.

19 Durch eine **Änderung der Gesellschaftsform** unter Fortdauer der Identität der Gesellschaft bleibt ein abgeschlossener Mietvertrag unverändert, wie bei einer Veräußerung bedarf es einer Mitwirkung des Mieters nicht.[17] Bei mehrfacher Wandlung der Gesellschaftsform kommt es für die Aktivlegitimation darauf an, welche Gesellschaft bei Anhängigkeit des Rechtstreits die Vermieterstellung hatte.[18]

20 Bei Ausscheiden eines Gesellschafters (oder Umwandlung einer OHG-Stellung in die eines Kommanditisten) gelten für die Fortdauer der Haftung die allgemeinen handelsrechtlichen Grundsätze nebst der Nachhaftung auf fünf Jahre (nach der Eintragung ins Handelsregister) für nach dem Ausscheiden entstandene Verbindlichkeiten.[19]

21 *dd) Nießbrauch. (1) Abschluss des Mietvertrages bei Nießbrauch.* In Fällen vereinbarten oder testamentarisch angeordneten Nießbrauchs **ist der Nießbraucher Vermieter**, nicht der Eigentümer.[20] Wird einem Wohnungsrecht im Rahmen einer Nießbrauchsbestellung der Vorrang eingeräumt, kann das Wohnungsrecht neben einem Nießbrauch im Grundbuch eingetragen werden.[21] Auch dann, wenn ein Mietobjekt nach Abschluss des Mietvertrages an einen Dritten übertragen wird, wobei sich der Eigentümer gleichzeitig den Nießbrauch am Grundstück einräumen lässt, bleibt er Vermieter,[22] die Rechtsfolgen regeln § 567 BGB und § 567a BGB. Der Nießbraucher muss alle Vertragserklärungen abgeben, Erklärungen des Eigentümers sind unwirksam, umgekehrt ist der Nießbraucher der alleinige korrekte Adressat für Erklärungen des Mieters.

Praxistipp:

Der anwaltliche Berater der Vermieterseite muss also bei Mandatsannahme klären, ob Nießbrauchsanordnungen bzw. -vereinbarungen bestehen, um sicherzustellen, dass die korrekte Vermieterangabe berücksichtigt wird, sei es bei Vertragsgestaltung, sei es bei Ausübung von Rechten im bestehenden Mietverhältnis.

22 Im letzteren Fall ist es nicht selten so, dass sich **nach Vertragsschluss Eigentumsänderungen** ergeben haben, jedoch der bisherige Eigentümer (und ursprüngliche Ver-

[14] BGH NJW 1997, 3437.
[15] BGH BGH NJW 1974, 1194 (1195); MüKoBGB/Schramm § 164 Rn. 94.
[16] Grüneberg/Ellenberger BGB § 167 Rn. 13.
[17] OLG Hamm NZM 1998, 720.
[18] Schmidt-Futterer/Blank BGB Vor § 535 Rn. 238; OLG Hamm NZM 2001, 520.
[19] Schmidt-Futterer/Blank BGB § 566 Rn. 33.
[20] Schmidt-Futterer/Blank BGB Vor § 535 Rn. 276.
[21] OLG Hamm NZM 2014, 475 f.
[22] Schmidt-Futterer/Streyl BGB § 557 Rn. 15.

mieter) sich den Nießbrauch vorbehalten hat. In diesem Falle bleibt er Vermieter.[23] Nicht immer ist dies durch Eintragung in Abteilung 2 des Grundbuches offensichtlich, ggf. muss im gerichtlichen Verfahren bei Bestreiten der Aktivlegitimation des Nießbrauchers die Nießbrauchsvereinbarung offengelegt werden. Die Nießbrauchsbestellung und noch mehr der Nießbrauchvorbehalt hat ua zur Folge, dass vertragliche Ersatzansprüche gegen den ausgezogenen Mieter wegen der durch die Wegnahme vereinbarungsgemäß eingebrachter Einrichtungen verursachten Beschädigungen nicht dem Eigentümer, sondern ausschließlich dem durch einen eingeräumten Nießbrauch begünstigten Dritten zustehen.[24] Deliktische Ansprüche können jedoch bei Substanzschädigung und Wertminderung des Gebäudes auch dem Eigentümer zustehen.[25]

(2) Besonderheiten im Mietverhältnis durch Nießbrauchsbestellung. Der Nießbrauchberechtigte an einer vermieteten Eigentumswohnung, die erst **nach Überlassung** an den Mieter zur Eigentumswohnung gemacht wurde, der wegen Eigenbedarfs für seine Tochter kündigt, der er vor der Nießbrauchsbestellung das Eigentum an der Wohnung auf Grund einer Schenkung übertragen hatte, unterliegt hinsichtlich der Kündigung der Sperrfrist des § 577a BGB; dies wird begründet damit, dass zumindest für eine logische Sekunde die Vermieterstellung auf die Erwerberin übergegangen sei, wodurch die Sperrfrist ausgelöst wurde. Der Nießbraucher habe die Vermieterstellung erst mit dieser Belastung durch die Nießbrauchseinräumung wiedererlangt.[26] Es ist nicht sicher, ob bei Nießbrauchvorbehalt die Frage, ob für eine logische Sekunde die Vermieterstellung auf den Erwerber übergegangen ist, anders zu entscheiden wäre.[27] 23

Praxistipp:

Vorsicht: Haftungsfalle!
Vor der Vereinbarung von Nießbrauchkonstruktionen alle Konsequenzen bedenken und nachweislich dem Mandanten deutlich machen.

Ist erst nach der Überlassung des vom Eigentümer vermieteten[28] Wohnraums an den Mieter ein Nießbrauch bestellt oder im Zuge einer Eigentumsübertragung vorbehalten worden, was eine Belastung mit dem Recht eines Dritten darstellt, so gilt durch § 567 BGB eine entsprechende Anwendung der §§ 566–566e BGB zugunsten des Mieters. In einer Konstellation, in der der vormalige Alleineigentümer im Zuge einer Übereignung den Nießbrauch für sich selbst und zugleich seinem Ehepartner vorbehalten hat, sind beide Ehepartner Vermieter und müssen eine etwaige Kündigung gemeinsam aussprechen.[29] 24

Wenn der Eigentümer nach Bestellung des Nießbrauchs (bzw. bei bestehendem Nießbrauchsvorbehalt) einen Mietvertrag abschließt, ist dieser gegenüber dem Nießbraucher nicht wirksam. Der Nießbraucher kann vom Mieter die Räumung verlangen. Dem Mieter verbleibt dann gegenüber seinem Vertragspartner nur ein Schadensersatzanspruch. Es empfiehlt sich daher auf Mieterseite, zumindest in Zweifelsfällen durch Grundbucheinsicht zu prüfen, ob nicht im Grundbuch ein Nießbrauch eingetragen ist. 25

(3) Auswirkungen der Beendigung des Nießbrauchs. Wichtig ist in diesem Zusammenhang auch § 1056 BGB, der in Abs. 1 für Mietverhältnisse, die über die Dauer des 26

[23] AG Dortmund AG Dortmund NZM 1998, 511; LG Baden-Baden WuM 1993, 357.
[24] OLG Frankfurt. ZMR 1986, 358.
[25] OLG Frankfurt. ZMR 1986, 358.
[26] LG Berlin NJW-RR 1992, 1165.
[27] Offen gelassen für den Fall des „Vorbehalts des Nießbrauchs" von BGH NJW 1983, 1780 (1781) im Zusammenhang mit der Frage, ob eine vormundschaftliche Genehmigung eines Grundstücksübertragungsvertrags erforderlich war. Dieses Sonderproblem ist auch durch OLG Düsseldorf ZMR 2003, 570, nicht geklärt, wo es ausschließlich um die Frage einer Aktivlegitimation für Zahlungsansprüche ging.
[28] Schmidt-Futterer/Streyl BGB § 567 Rn. 10.
[29] LG Verden NZM 2010, 360.

Nießbrauchs hinaus abgeschlossen sind und bei denen die Mietsache dem Mieter bereits überlassen ist, bei Nießbrauchsende (auch für den Fall des Nießbrauchsendes bei Tod des Nießbrauchers, § 1061 BGB) Regelungen trifft, die analog zu den bei Veräußerung des Grundstücks geltenden sind. Insbesondere findet § 566 BGB entsprechende Anwendung, ebenso §§ 566a, 566b Abs. 1 BGB, §§ 566c–566e BGB sowie § 567b BGB. Wie beim Verkauf gilt also der Mietvertrag weiter, und zwar in der Form, dass der Eigentümer von Gesetzes wegen in den Mietvertrag eintritt, was keine Rechtsnachfolge nach dem Nießbraucher bedeutet.[30] Daneben kann aber auch eine erbrechtliche Rechtsnachfolge bestehen, die dazu führt, dass der Grundstückseigentümer, der auch Erbe des den Vertrag schließenden Nießbrauchers ist, durch erbrechtliche Universalsukzession zur Erfüllung des Mietvertrags verpflichtet ist, selbst wenn eine Übergabe der Mietsache noch nicht erfolgt war. In diesem Fall scheidet die Anwendung des § 1056 Abs. 2 BGB aus.[31]

27 Die Vorschrift statuiert in § 1056 Abs. 2 BGB für den Eigentümer bei Beendigung des Nießbrauchs, was auch bei Erlöschen des Nießbrauchs durch Zuschlag (§ 91 Abs. 1 ZVG) gilt,[32] (ohne erbrechtliche Universalsukzession) also ein **Sonderkündigungsrecht,** das mit der für Sonderkündigungsrechte geltenden verkürzten Frist von drei Monaten ausgesprochen werden darf. Diese Kündigung ist nicht von einer bestimmten Ausübungsfrist nach Ende des Nießbrauchs abhängig, jedoch kann der Mieter dem Eigentümer und neuen Vermieter eine angemessene Erklärungsfrist setzen, innerhalb derer das Sonderkündigungsrecht ausgeübt werden muss (§ 1056 Abs. 3 BGB), ansonsten verfällt es.

28 Dieses **Sonderkündigungsrecht** verschafft dem Vermieter jedoch nur eine Verkürzung einer ansonsten ggf. langen Kündigungsfrist bei längerfristig bestehenden und sogar befristeten[33] Vertragsverhältnissen, ist jedoch gemäß der ausdrücklichen Regelung des § 573d Abs. 1 BGB vom Vorliegen eines Kündigungsgrundes iSd § 573 BGB abhängig. Dies war auch zur alten Rechtslage trotz fehlender ausdrücklicher gesetzlicher Regelung letztlich unstreitig, wurde dort jedoch aus allgemeinen Grundsätzen des Mieterschutzes entwickelt.[34]

29 Durch die ab 1.9.2001 geltende Asymmetrie der Kündigungsfristen, bei der es für den Vermieter bei einer Kündigungsfrist von maximal neun Monaten (nach acht Jahren Überlassung des Wohnraums) bleibt (§ 573c BGB), hat dieses Sonderkündigungsrecht des § 1056 Abs. 2 BGB weiter Bedeutung. Durch einen **Verzicht des Nießbrauchers** entsteht aber kein derartiges Sonderkündigungsrecht des Eigentümers, vielmehr kann dieses erst von der Zeit an ausgeübt werden, zu der der Nießbrauch auch ohne den Verzicht vertraglich beendet sein würde (§ 1056 Abs. 2 S. 2 BGB). Würde man ferner dem Grundstückseigentümer als Alleinerben des Nießbrauchers ein außerordentliches Kündigungsrecht aus § 1056 Abs. 2 BGB zubilligen, würde sich eine zugunsten des Mieters erlassene Schutzvorschrift zu dessen Lasten in ein durch nichts gerechtfertigtes Haftungsprivileg des Erben verkehren.[35] Besteht jedoch nach dem Tode des Nießbrauchers nach diesem eine Miterbengemeinschaft (§ 2032 Abs. 1 BGB) und ist das Mietgrundstück nicht in den Nachlass gefallen, da es zuvor an nur einen Teil der Erben übereignet wurde, sind die Erben aus der erbrechtlichen Stellung nicht verpflichtet, dem Mieter den Gebrauch der Mietsache zu gewähren. Dann besteht als Besonderheit das Kündigungsrecht aus § 1056 Abs. 2 S. 1 BGB sehr wohl.[36]

30 Der Mieter, der von einem Nießbraucher gemietet hat und an diesen die Kaution geleistet hat, muss nach dem Tode des Vermieters nicht in analoger Anwendung des

---

[30] BGH BGHZ 53, 174 (179) = NJW 1970, 752.
[31] BGH BGHZ 109, 111 (117) = NJW 1990, 443 (ergangen zu einem Gewerbemietvertrag, gilt bei Wohnraummiete erst recht).
[32] KG OLGE 39, 240.
[33] MüKoBGB/Pohlmann § 1056 Rn. 14.
[34] LG Münster WuM 1996, 37.
[35] BGH BGHZ 109, 111 (117) = NJW 1990, 443.
[36] BGH ZMR 2011, 202.

§ 566a BGB nach Ende des Mietverhältnisses zunächst den Grundstückeigentümer auf Rückzahlung der Kaution in Anspruch nehmen, sondern kann sich unmittelbar an die Erben des Vermieters halten.[37]

b) Mehrheit von Vermietern. Die neuere Rechtsprechung differenziert bei der Behandlung von Personenmehrheiten danach, ob sie als Vermieter oder als Mieter auftreten. 31

aa) Allgemeines zu Personenmehrheiten auf Vermieterseite. (1) Allgemeines und Abgabe von Willenserklärungen. In dem Fall, dass ein Miteigentümer im Kopf des Mietvertrages als Vermieter mit aufgeführt ist, soll dieser laut OLG Düsseldorf durch die alleinige Unterschrift des von ihm für sämtliche Grundstücksgeschäfte bevollmächtigten weiteren Miteigentümers (auch ohne ausdrückliche Angabe der Bevollmächtigung) vertreten und damit Mitvermieter werden.[38] Dieses Ergebnis ist streitig. Im gleichen Sinne äußerten sich ein anderer Senat des OLG Düsseldorf[39] sowie die 62. ZK des LG Berlin,[40] dagegen LG Mannheim,[41] die 64. ZK des LG Berlin,[42] LG Kiel,[43] *Emmerich*[44] sowie bisher schon – tendenziell – wohl auch der BGH.[45] Die neuere Rechtsprechung des BGH hat jedenfalls für Gesellschaften bürgerlichen Rechts unter dem Aspekt der **Einhaltung der Schriftform** jedoch die Anforderungen erhöht. Unterzeichnet für eine Vertragspartei ein Vertreter den Mietvertrag, so muss dies in der Urkunde durch einen das Vertretungsverhältnis anzeigenden Zusatz hinreichend deutlich zum Ausdruck kommen.[46] Ob auch noch aus der Vertragsurkunde zu entnehmen sein muss, in welcher Funktion der Vertreter gehandelt hat,[47] lässt der BGH weiter offen.[48] Das OLG Koblenz hat es ausreichen lassen, wenn der einzige bei Vertragsverhandlungen Auftretende seine Unterschrift in das für den Vermieter bestimmte Unterschriftsfeld setzte, wobei es einer besonderen Kennzeichnung des Vertretungsverhältnisses daneben nicht bedürfe.[49] Letztere Entscheidung erscheint mE zweifelhaft und ist der Verallgemeinerung nicht zugänglich, da eine besondere Fallkonstellation vorlag. 32

Im Rahmen eines Pachtverhältnisses hat der BGH das **Schriftformerfordernis bei einer Hinzusetzung eines (Firmen-)Stempels** zu einer Unterschrift des Gesellschafters bejaht, da ihn dies als für die Gesellschaft unterschriftsberechtigt ausweise.[50] Ohne den Firmenstempel sei nicht klar, ob der Unterzeichnende für sich oder die Gesellschaft gehandelt hat. 33

Rechtssicherheit ist damit weiterhin nicht gegeben, jegliche Prognose des anwaltlichen Beraters kann sich als falsch erweisen. Ob die vorgenannten neueren Entscheidungen des BGH, die zu gewerblichen Mietverträgen ergangen sind, im Wohnraummietrecht Anwendung finden werden, bleibt abzuwarten. Dogmatisch müsste dies so sein, oftmals führen aber auch bestimmte Interessenlagen zu konkreten Gerichtsentscheidungen. Ob bei anderer Interessenlage im Wohnraummietrecht die dogmatisch gebotene Übertragung einer Entscheidung erfolgt, ist nicht sicher. Die Rechtsfolgen sind im Wohnraummietrecht zudem unterschiedlich. Während im Gewerberaummietrecht aus der Nichteinhaltung der Schriftform die Unwirksamkeit einer Festmietzeit folgt, was dann das 34

---

[37] AG Düren AG Düren WuM 2012, 210.
[38] OLG Düsseldorf ZMR 2000, 210.
[39] OLG Düsseldorf 29.5.1989 – 3 W 239/89.
[40] LG Berlin 62. ZK GE 1995, 567.
[41] LG Mannheim ZMR 1993, 415 (zur Mieterseite).
[42] LG Berlin16.12.1997 – 64 T 92/97 = ZMR 1998, 347.
[43] LG Kiel WuM 1992, 56 (Vorlagebeschluss zum Rechtsentscheid).
[44] Staudinger/Emmerich BGB Vor § 535 Rn. 74 (zur Vermieterseite).
[45] BGH BGH NJW 1994, 1649 (1950) (zur Pächterseite).
[46] BGH ZMR 2008, 482; **anders** – ausdrücklicher Hinweis auf Vertretung im Mietvertrag sei nicht nötig – OLG Dresden NZM 2004, 826 (nicht rechtskr.), wohl überholt.
[47] Dies fordert Kraemer NZM 2002, 465 (471).
[48] BGH BGH NZM 2003, 801 = NJW 2003, 3053.
[49] OLG Koblenz ZMR 2013, 33 unter Bezugnahme auf BGH NJW 2007, 953 (954).
[50] BGH LwZR 5/19.

Recht einer der Parteien zur fristgerechten Kündigung ergibt,[51] dem auch nicht ein Verstoß gegen Treu und Glauben entgegengehalten werden kann,[52] hat dies im Wohnraummietrecht nur dann besondere Auswirkungen, wenn ein Zeitmietvertrag vereinbart wurde. Beim Regelfall des Vertrages auf unbestimmte Zeit ist die Mieterkündigung ohne Begründung stets möglich, die Vermieterkündigung nur bei Vorliegen der besonderen Gründe hierfür (→ § 28 Rn. 1 ff.) zulässig.

35 Bedeutsam bleibt die zutreffende Parteibezeichnung und korrekte Vertretungsbezeichnung aber in jedem Fall weiterhin für die Frage, wer Vertragspartei ist und wer daher die Rechte aus dem Vertrag wahrnehmen darf und wahrnehmen muss.

36 *Blank* nennt als **Differenzierung** die Möglichkeit, dass dann, wenn im Kopf des Mietvertrags nur eine Person als Vermieter genannt ist, aber mehrere Personen auf Vermieterseite unterschrieben haben und zeitlich danach der Mieter unterschreibt, alle Unterzeichner Vermieter werden, dass umgekehrt dann, wenn die mehreren Personen auf Vermieterseite nach dem Mieter unterschreiben, nur die im Kopf des Vertrages genannte Person Vermieter werde.[53] Dies ist im Sinne eines Vertrauens des Mieters darauf, dass alle die, die vor seiner Unterschrift unterzeichnet haben, für ihn Vertragspartner sein sollen, nachvollziehbar, oftmals dürfte sich aber die zeitliche Reihenfolge im oft lange nach Vertragsschluss entstehenden Streitfall kaum beweisen lassen.

Praxistipp:

Daher ist es in jedem Fall geboten, bei anwaltlicher Beratung in der Phase der Vertragsgestaltung die schärfsten Anforderungen zugrunde zu legen.

37 Nimmt man mit dem genannten einen Teil der Rechtsprechung die Vertretung des nicht unterzeichnenden, aber im Vertragskopf genannten Vermieters durch den unterzeichnenden Vermieter an,[54] so ist zB eine Eigenbedarfskündigung, die nur von einem der Mitvermieter ausgesprochen wird, unwirksam.[55] Wie unter Übertragung der Grundsätze des BGH-Urteils vom 16.7.2003[56] in einer solchen Konstellation zu entscheiden ist, ist nicht klar absehbar. Eine Möglichkeit ist, dass nur der tatsächlich unterzeichnende GbR-Gesellschafter alleine Vermieter geworden ist. Im Falle der fehlenden Einhaltung der Schriftform liegt aber keine Nichtigkeit des Vertrags vor, sondern es folgt nur die sonst (vorliegend beim Zeitmietvertrag über Wohnraum) nicht gegebene Kündigungsmöglichkeit.[57] Diese Lösung setzt aber voraus, dass der Vertrag wirksam ist und zwar mit den Personen auf Vermieterseite, die als vorgesehene Vermieter im Vertrag bezeichnet sind. Die als Vermieter aufgeführten Personen müssen daher gemeinsam kündigen, auch wenn einige bei Vertragsschluss nicht korrekt vertreten waren, denn selbst eine Kündigung durch Personen, die überhaupt nicht Vermieter sind, nimmt der Kündigungserklärung der tatsächlichen Vermieter nicht die Wirkung.[58]

38 Auch eine Klage auf Ersatzansprüche iSd § 548 BGB muss laut Ansicht des OLG Düsseldorf von allen Vermietern gemeinsam und innerhalb offener Verjährungsfrist erhoben werden, eine erst nach Verjährungseintritt etwa durch Abtretung hergestellte alleinige Forderungsberechtigung des klagenden Mitvermieters genügt nicht.[59]

39 Damit eine derartige Folge unklarer Vertretungsangaben nicht erst in einem etwaigen Streitfall erkannt wird, ggf. zu spät erst durch eine gerichtliche Entscheidung, ist auch in derartigen Konstellationen die klare und vollständige Angabe aller Mitvermieter mit

[51] So in dem Fall BGH NZM 2003, 801 = NJW 2003, 3053.
[52] BGH NZM 2004, 97 = NJW 2004, 1103.
[53] Schmidt-Futterer/Blank BGB Vor § 535 Rn. 415.
[54] Was das OLG Saarbrücken InfoM 2008, 114 aber ablehnte.
[55] LG Hamburg WuM 1994, 423.
[56] BGH NZM 2003, 801 = NJW 2003, 3053.
[57] LG Düsseldorf DWW 1993, 103.
[58] LG Düsseldorf DWW 1993, 103.
[59] OLG Düsseldorf 2000, 210.

Angabe von Vertretungsverhältnissen im Vertrag anzuraten, damit für spätere Rechtshandlungen sofort aus dem Vertrag erkennbar ist, wer handeln oder jedenfalls Vollmachten erteilen muss. Es sollte bei der Unterschriftsleistung auch durch doppelte Unterschrift klargestellt werden, dass der unterzeichnende Vermieter nicht nur im eigenen Namen, sondern auch als Vertreter einer/mehrerer Mitvermieter/s gehandelt hat.[60]

Weiter muss dann, wenn die GbR nicht durch alle Gesellschafter handelt, der Nachweis der Vertretungsberechtigung des Handelnden einer Erklärung beigefügt werden, weil sonst der Empfänger einer Erklärung diese gem. § 174 S. 1 BGB zurückweisen kann, da es eine Registerpublizität bzgl. der Vertretungsverhältnisse bei der GbR nicht gibt.[61] 40

In der Vertragsberatung sollte nicht darauf gehofft werden, dass im Fall einer aus zwei Personen gebildeten GbR, die als GbR Vermieterin werden sollte, wobei im Mietvertrag jedoch die beiden Personen als Vermieter genannt wurden, die Rechtsprechung (nach Beweisaufnahme in zweiter Instanz und aufgrund der besonderen Umstände des Einzelfalles) hierzu den Fall einer falsa demonstratio angenommen hat und entgegen dem Wortlaut des Vertrages die GbR als Vermieter angesehen hat.[62] 41

Vielmehr sollten solche Unklarheiten von vorneherein durch klare und korrekte Vertragsausfertigung vermieden werden.

Formulierungsvorschlag: Personenmehrheit als Vermieter

Vertragsrubrum: 42
Zwischen
Der Erbengemeinschaft/Eigentümergemeinschaft
bestehend aus
AB, (Anschrift),
CD, (Anschrift),
EF, (Anschrift),
etc
[ggf. EF vertreten durch ……]
als Vermieter
und
……
(Übriger Vertragstext)
……
Unterschriften:
……, den ……
(Mieter/in 1)
(Mieter/in 2)

(Vermieter AB)
(Vermieter CD)
(Vermieter EF)
[ggf.: für Vermieter EF: in Vertretung: ……]

(Vertreterbezeichnung und -unterschrift)
etc

[60] So jetzt auch Beisbart NZM 2004, 293.
[61] BGH NZM 2002, 163.
[62] BGH NZM 2015, 337 f. (339).

43 **Erbengemeinschaften** sind keine rechtsfähigen Außengesellschaften.[63] Sie können daher nicht als Vermieter auftreten. Daher muss bei Abschluss eines Mietvertrages durch eine Erbengemeinschaft jedes einzelne Mitglied mitwirken, wobei es vertreten werden kann.[64] Sollen die derart genannten Mitvermieter beim Vertragsschluss durch einen der Miteigentümer oder durch eine dritte Person vertreten werden, so gelten dafür die Ausführungen unten bei → Rn. 127 ff., die Vertretung muss also nachgewiesen sein.

44 Ist der Eigentümer des Objektes eine Personenmehrheit, schließt jedoch nur einer der Miteigentümer ohne Hinweis darauf, dass er die anderen Miteigentümer beim Vertragsschluss vertritt, also ohne Aufführung der anderen Miteigentümer im Vertragskopf, den Mietvertrag ab, so ist dies ein Mietvertrag nur im eigenen Namen dieses Miteigentümers. Dieser Mietvertrag ist wirksam, da es für die vertragliche Beziehung als solche gemäß den einführenden Ausführungen nicht auf die Eigentümerstellung oder ein vom Eigentümer eingeräumtes Recht zur Vermietung ankommt.

- **Risiken für den Mieter bei fehlender Identität zwischen Eigentümer und Vermieter**

45 Daraus folgt für den **Mieter** das **Risiko,** dass die anderen Eigentümer die Herausgabe aus dem Eigentum gemäß § 985 BGB verlangen, da gegenüber ihnen der Mietvertrag nicht bindend ist.[65] Dieses Ergebnis wird in der Rechtsprechung jedenfalls für das Bestandsinteresse des Mieters dann verneint, wenn die übrigen Eigentümer der Vermietung zugestimmt haben, was auch schlüssig erfolgen kann,[66] dies läuft auf eine Art analoger Anwendung des § 566 BGB hinaus. Es verbleibt hier ein Beurteilungsrisiko, das der anwaltliche Berater eines Mieters in der Vertragsanbahnungssituation vermeiden sollte.

Das weitere Risiko für den Mieter ist, dass in dieser Konstellation bei Veräußerung der Erwerber nicht gemäß § 566 BGB eintritt, da die dort geforderte Identität zwischen Vermieter, Eigentümer und Veräußerer nicht gegeben ist.[67] Einzelheiten zur Begründung in → § 17 Rn. 1 ff.

Praxistipp:

Aus diesen Konsequenzen folgt erneut, dass der Mieter sich von der Identität zwischen Vermieter und im Grundbuch eingetragenem Eigentümer überzeugen sollte, weswegen ihm ja auch das Recht zur Grundbucheinsicht zusteht. Der anwaltliche Berater des Mieters sollte diese Klärung dringend empfehlen und diese Empfehlung auch dokumentieren, wenn er – was wohl eher selten der Fall sein dürfte – in der Phase der Vertragsanbahnung eingeschaltet ist.

46 Stellt der Mieter Abweichungen zwischen dem Eigentümerstand im Grundbuch und seinem vorgesehenen Vertragspartner fest, sollte er auf Klärung bestehen. Da für die fehlende Angabe weiterer Eigentümer in der Vermieterbezeichnung im Regelfall Bequemlichkeit und/oder Unkenntnis die Ursache sind, wird sich der Verhandlungspartner des Mieters dem nicht verschließen, ggf. gegebene Vollmachtsverhältnisse oder ein Recht zur Vermietung (im Falle gewerblicher Zwischenvermietung) nachweisen, so dass dann korrekte Angaben im Mietvertrag erfolgen können. Geschieht das allerdings nicht, besteht Anlass zu Bedenken, ob angesichts der aufgezeigten Risiken ein Vertragsschluss erfolgen soll.

- **Risiken für den Vermieter bei fehlender Identität zwischen Eigentümer und Vermieter**

---

[63] BGH NJW 2002, 3389.

[64] Szameitat WuM 2002, 63.

[65] OLG Saarbrücken InfoM 2008, 114. (vermietet hatte gegen den Willen des anderen nur einer der geschiedenen Eheleute, die Miteigentümer der Wohnung waren).

[66] BGH WuM 1985, 63 (nur Leitsatz); OLG Karlsruhe NJW 1981, 1278 = WuM 1981, 179; Grooterhorst/Burbulla NZM 2006, 246.

[67] LG Berlin WuM 1988, 367 = ZMR 1988, 61 (für die Situation, dass ursprünglicher Eigentümer eine KG war, alleiniger ursprünglicher Vermieter einer der Gesellschafter).

Auf **Vermieterseite** bestehen die **Risiken** darin, dass bei Angabe nur eines der Eigentümer als Vermieter eben nur dieser die Vermieterstellung inne hat, denn auch bei Annahme der – ggf. schlüssigen – Zustimmung der anderen Eigentümer zur Vermietung werden diese damit nicht ebenfalls Vermieter. Vermieterrechte, die aus der vertraglichen Sonderbeziehung entstehen, können sie damit nicht geltend machen. So besteht insbesondere das Kündigungsrecht aus § 573 BGB zugunsten des **Vermieters,** nicht des Eigentümers. Praktisch bedeutsam wird dies insbesondere im Fall des Eigenbedarfs. Denn Eigenbedarf kann in der beschriebenen Konstellation nur dann als Kündigungsgrund anerkannt werden, wenn dieser in der Person des vermietenden Eigentümers (oder für Eigenbedarfspersonen, die mit dem Vermieter in der maßgeblichen Beziehung stehen) besteht. Ist also Eigenbedarf zB für das Kind eines Miteigentümers (Eigenbedarfsperson) gegeben, der aber nicht als Vermieter aufgetreten ist, so ist dieser Eigenbedarf nicht beachtlich, ein Kündigungsgrund besteht nicht. Nicht immer kann man sich dann auf Seiten der Eigentümer darauf verlassen, dass die Verwandtschaftsverhältnisse so eng sind, dass auch in der Person des vermietenden Miteigentümers zugunsten der Eigenbedarfsperson ein Kündigungsgrund besteht. Zu Einzelheiten → § 28 Rn. 460 ff.). 47

Dass auch andere Vermieterrechte in der beschriebenen Konstellation ausschließlich vom vermietenden Miteigentümer ausgeübt werden können, etwa der Ausspruch von Mieterhöhungsanforderungen[68] oder von Kündigungen bei Vorliegen eines wichtigen Grundes,[69] ist zu beachten. 48

Auch dann müssen jedoch die Formalien genau beachtet werden, was neue Risiken birgt. Das AG/LG Berlin hat eine Mieterhöhungsanforderung auch dann als formell inkorrekt und damit unwirksam angesehen, wenn diese nicht nur durch den richtigen Vermieter, sondern zusätzlich durch weitere Personen ausgesprochen wurde, die in Wahrheit aber nicht Vermieter waren.[70] Der Ausweg, in solch unklaren Situationen eine derartige Erklärung „vorsichtshalber" ggf. durch zu viele Personen abzugeben, die ggf. Vermieter sein könnten, ist damit verschlossen oder zumindest risikoreich. Die Entscheidung erscheint zwar überformalistisch, es liegt nahe, einen Verstoß gegen Art. 14 GG anzunehmen, denn diese Entscheidung reiht sich in die Reihe der Entscheidungen ein, die durch überformalistische Anforderungen dem Vermieter die Wahrnehmung seiner Rechte erschweren, was unzulässig ist.[71] Verlassen sollte man sich auf eine Korrekturmöglichkeit über die Verfassungsgerichtsbarkeit jedoch nicht, zumal damit erheblicher Zeitverlust verbunden ist. 49

Für den Fall einer Kündigung wurde andererseits entschieden, dass diese nicht deshalb unwirksam ist, weil sie auch namens der Ehefrau, die ausweislich des Mietvertrages nicht vermietet hat, erklärt worden ist. Denn dies nimmt der Erklärung des – allein – vermietenden Ehemannes, auf die allein es ankommt, nicht die Wirkung.[72] Diese Entscheidung verdient den Vorzug auch für den Fall der Mieterhöhungsanforderung, da es sich bei letzterer um eine Erklärung von weit geringerem Gewicht handelt, als dies bei einer Kündigungserklärung der Fall ist. 50

Zur **Abwendung der stillschweigenden Vertragsverlängerung** iSd § 545 BGB genügt allerdings auch bei einer Vermietermehrheit bereits der Widerspruch eines der Vermieter.[73] 51

Als ein Vorteil des Auftretens nur eines der Eigentümer als Vermieter könnte ggf. angesehen werden, dass bei verzweigtem Eigentum und weit auseinander liegenden Wohnorten der Miteigentümer die normale Abwicklung des Mietverhältnisses einfacher ist. Hier kann aber eine **Vollmachtslösung** besser helfen, bei der mit dem Mietvertrag dem Mieter eine Originalvollmacht aller Miteigentümer zugunsten des im Außenverhältnis Handelnden übergeben wird, die zB auch zur Abgabe von Kündigungserklärun- 52

[68] AG Augsburg WuM 1998, 670; AG Königstein i. Ts. NZM 2001, 421.
[69] LG NZM 2001, 91.
[70] LG Berlin ZMR 1999, 822.
[71] BVerfG NJW1 980, 1617; 1994, 717.
[72] LG Düsseldorf DWW 1993, 103.
[73] OLG Rostock NZM 2004, 423.

gen und Anforderung von Mieterhöhungen berechtigt und der Mieter den Erhalt dieser Vollmacht durch Unterschrift einer Kopie, die zum Vermieter-Exemplar des Mietvertrages genommen wird, bestätigt.

Formulierungsvorschlag: Vollmacht zur umfassenden Grundstücks- und Hausverwaltung

53 Vollmacht

Wir, die Eigentümer des Hausgrundstücks ……

erteilen hiermit

……

die Vollmacht, für uns alle im Zusammenhang mit der Vermietung des Grundstücks, von Wohnungen, Gewerbeflächen, Garagen und sonstigen Flächen abzugebenden Erklärungen abzugeben, insbesondere Verträge abzuschließen, Verträge zu kündigen, Mieterhöhungsanforderungen abzugeben, einseitige Mieterhöhungserklärungen abzugeben,

(Es folgen die Namen, Anschriften und Unterschriften der Eigentümer)

54 Zudem kann bei korrekter Behandlung die Inanspruchnahme von steuerlichen Abschreibungen auf den vermietenden Miteigentümer beschränkt sein, wodurch bei den nicht mitvermietenden Miteigentümern die Abschreibung verloren geht, auch kann die steuerrechtliche Zuordnung der Vermietungseinkünfte nur bei einem der Miteigentümer Progressionsnachteile erzeugen. Einzelheiten zur steuerlichen Behandlung → § 60 Rn. 1 ff.

55 Als problematisch erweist sich auch die Konstellation, dass zusammen mit Eigentümern auch ein Nichteigentümer Vermieter sein kann. Er bleibt dies auch nach einer Veräußerung der Mietsache, so dass alle Vertragserklärungen, etwa Mieterhöhungsanforderungen für alle Zukunft von ihm mit abgegeben werden müssen.[74]

56 Insgesamt sollte bei Abwägung der Rechtsfolgen auch auf Eigentümerseite ein Interesse daran bestehen, die Identität zwischen Eigentum und Vermieterstellung im Vertrag herzustellen und alle Eigentümer als Vermieter zu nennen.

57 *(2) Empfang von Willenserklärungen.* Eine gegenüber einer **Vermietermehrheit** ausgesprochene Willenserklärung muss **allen Mitgliedern** zugehen. Dies muss nicht stets dadurch geschehen, dass jedem Vermieter eine Erklärung einzeln zugeht. Für den Empfang von Willenserklärungen, die nicht den Bestand des Mietverhältnisses berühren, ist eine wechselseitige Bevollmächtigung durch vorformulierte Vollmacht im Mietvertrag zulässig, der Wirkungskreis muss aber hinreichend genau umrissen sein und es muss eine Widerrufsmöglichkeit – jedenfalls aus wichtigem Grund – vorgesehen sein, sonst ist die Empfangsvollmacht gemäß § 305c iVm § 307 BGB unwirksam.[75]

58 Geht es um den Bestand des Mietverhältnisses, sind die Ausführungen der Literatur und Rechtsprechung, die sich regelmäßig allein mit der Situation auf der Mieterseite befassen, widersprüchlich. So führt *Sternel*[76] zB noch aus, dass **Vollmachtsklauseln** dahin ausgelegt werden müssen, dass sie nicht dazu dienen dürfen, ihre eigene Rechtsgrundlage zu beseitigen, so dass die – formularmäßige – Empfangsvollmacht nicht zulässig sei, laut LG Berlin hält aber die Regelung in § 16 Abs. 2 Mustermietvertrag, die eine solche wechselseitige formularmäßige Empfangsvollmacht auf Mieterseite auch für Kündigungserklärungen enthält, der Inhaltskontrolle stand.[77] Diese Auffassung ist durch den BGH mit Rechtsentscheid bestätigt worden.[78]

[74] Zu Recht: LG Berlin 2000, 191; aA LG Waldshut-Tiengen WuM 1993, 56.

[75] OLG Celle WuM 1990, 103 (113); OLG Frankfurt a. M. WuM 1992, 56 (61) (beide noch zu § 9 AGBG).

[76] Sternel Rn. 403.

[77] LG Berlin 19.3.1984 – 61 S 399/83 = WuM 1985, 291.

[78] BGH NJW 1997, 3437 (3440) = BGHZ 136, 314; Bub/Treier MietR-HdB/Emmerich II. Rn. 561 mwN zum bisherigen Streitstand.

Dies ist spiegelbildlich auf eine Vermietermehrheit nicht nur dann anzuwenden, wenn der Mietvertrag eine solche Klausel für die Vermieterseite enthält, denn der BGH hat den Rechtsentscheid, der für die Mieterseite ergangen ist, unter Hinweis auf den allgemeine Rechtsgrundsatz begründet, dass einer Personenmehrheit eine Willenserklärung durch Abgabe gegenüber einem der Gesamtvertreter zugeht.[79] Auf Vermieterseite wird man daher nach allgemeinen Grundsätzen den Empfang einer Willenserklärung durch einen der Gesamtvertreter auch ohne entsprechende Vollmachtsklausel für den Zugang als ausreichend ansehen können.[80] 59

Dem Vertreter oder Berater eines Mieters ist dennoch weiter anzuraten, den **sichersten Weg** zu gehen und eine Erklärung an alle bezeichneten Vermieter zu richten. Ist aber einer der Vermieter unerreichbar und dessen Anschrift mit zumutbaren Maßnahmen nicht kurzfristig zu ermitteln, so ist darauf zurückzugreifen, dass eine Mehrheit von Vermietern entweder eine (schlichte) Eigentümergemeinschaft in Form der Bruchteilsgemeinschaft gem. §§ 741–758 BGB oder eine Gesamthandsgemeinschaft, zB bei der Erbengemeinschaft, der Gesellschaft bürgerlichen Rechts (GbR), einer EWiV, einer ehelichen Gütergemeinschaft oder bei einem nicht rechtsfähigen Verein, darstellt, was zu der dargestellten Empfangsvollmacht auch nur eines der Gemeinschafter bzw. Gesellschafter führt. Der Umstand, dass alle Vermieter mit einer Erklärung angesprochen werden sollen, sollte in der Adressierung und auch der sonstigen Formulierung zu Tage treten. Denn im Falle zB der Bruchteilsgemeinschaft (§ 741 BGB) muss auch ein Gestaltungsrecht gegenüber allen Gemeinschaftern ausgeübt werden,[81] was die soeben dargestellte Empfangsvollmacht jedoch nicht ausschließt. 60

Formulierungsvorschlag: Adressierung an einen Gesamtvertreter

An die 61
Vermietergemeinschaft
A, B, C, (alle Mitglieder aufführen!)
z. Hd. B

(3) Uneinigkeit mehrerer Vermieter. Besteht Uneinigkeit über die Art und Weise der Verwaltung eines gemeinschaftlichen Mietgrundstücks, zB über den Abschluss eines Mietvertrages, muss unterschieden werden. 62

- **Regelung bei möglicher Mehrheitsbildung**

Ist auf Grund der Eigentumsverhältnisse eine Mehrheit eines oder mehrerer der Miteigentümer gegeben, kommt ein **Mehrheitsbeschluss** in Betracht, jedenfalls, soweit sich die zu beschließende Maßnahme im Rahmen ordnungsgemäßer Verwaltung hält.[82] Denn Mehrheitsbeschlüsse einer Bruchteilsgemeinschaft haben grundsätzlich Außenwirkung. Die überstimmte Minderheit kann daher im Fall des § 745 Abs. 1 BGB im Innenverhältnis nicht nur im Fall eines Verpflichtungsgeschäfts, sondern auch im Fall der Verfügung über das Miteigentum verpflichtet werden.[83] 63

Es kann also ein Mehrheitsbeschluss herbeigeführt werden, zB einen Mietvertrag zu schließen, ein Mieterhöhungsbegehren abzugeben, eine Kündigung auszusprechen.[84] Dies ist auch dann möglich, wenn sich ein Miteigentümer jeder Mitwirkung verweigert, etwa zu einer Miteigentümerversammlung nicht erscheint. Ob es nötig ist, zuvor auf 64

---

[79] BGHZ 20, 149 (153) = NJW 1956, 869 = LM HGB § 346 (Ea) Nr. 2; BGHZ 62, 166 (173) = NJW 1974, 1194; MüKoBGB/Schramm § 164 Rn. 94.
[80] BGH ZMR 2012, 261 (für Garagengemeinschaft nach § 266 ZGB-DDR) unter Berufung auf BGH ZIP 2001, 2227.
[81] Grüneberg/Retzlaff BGB § 741 Rn. 3, 10.
[82] BGH NJW 2013, 166; FamRZ 2010, 119 Rn. 27 bei Kündigung durch Erbengemeinschaft.
[83] LG Bonn NJW-RR 1991, 1114.
[84] BGH ZMR 2011, 202 (204).

Zustimmung durch die Minderheit zu klagen,[85] oder ob das nicht erforderlich ist,[86] ist durch die Entscheidung des OLG Stuttgart streitig geworden.[87]

Formulierungsvorschlag: Beschlussvorschlag

65 Es wird beschlossen, zwischen der Vermietergemeinschaft A, B, C, vertreten durch die Miteigentümer A und B, und dem/den Mietinteressenten XY einen Mietvertrag für das Mietobjekt …… zu den üblichen Konditionen (Nettomiete, Abrechnung aller Betriebskostenarten des § 2 der Betriebskostenverordnung) bei einer Nettomiete von DM …… abzuschließen.
oder
Es wird beschlossen, durch die Vermietergemeinschaft A, B, C, vertreten durch die Miteigentümer A und B, gegenüber dem/den Mieter/n des Mietobjekts ……
eine Kündigung auszusprechen.

(Ort), …… ……
(Miteigentümer zu <Quote angeben>)

……
(Miteigentümer zu <Quote angeben>)

etc

- **Regelung bei Pattsituation und bei beabsichtigter Aufhebung der Gemeinschaft**

66 Ansonsten – wenn also eine ggf. zu protokollierende Mehrheitsentscheidung wegen einer Pattsituation oder Unerreichbarkeit einiger Miteigentümer/Miterben nicht zustande kommen kann – kommt nur in Betracht, gem. § 745 Abs. 2 BGB (auf den für die ungeteilte Erbengemeinschaft § 2038 Abs. 2 S. 1 BGB verweist) mit einer Leistungsklage die anderen Miteigentümer (Miterben) auf Mitwirkung an einer ordnungsgemäßen Verwaltung gerichtlich in Anspruch zu nehmen. Dabei sind die Anträge auf eine bestimmte Maßnahme zu richten, die dem Interesse aller Miteigentümer nach billigem Ermessen entsprechen muss.[88] Führt die begehrte Maßnahme zur Beendigung der Gemeinschaft, so wird dies als Verfügung über den gemeinschaftlichen Gegenstand als Ganzes iSd § 747 S. 2 BGB angesehen, die Verpflichtung zur Mitwirkung am hiernach erforderlichen einstimmigen Handeln aus dem Aufhebungsanspruch des § 749 Abs. 1 BGB hergeleitet.[89]

67 Eine derartige gerichtliche Entscheidung ist schwerfällig, bis zu ihrem Ergehen ist die Bruchteilsgemeinschaft im Außenverhältnis nicht handlungsfähig,[90] es werden erhebliche Kosten ausgelöst. Es ist daher dringend zu empfehlen, dass Bruchteilsgemeinschaften zu Zeiten, zu denen(noch) kein Streit herrscht, verbindliche Regelungen zur Außenvertretung in Konfliktfällen treffen.

68 Im Außenverhältnis kann eine **Vermieter-GbR** jedoch durch einen von zwei Gesellschaftern im Gerichtsverfahren ordnungsgemäß gesetzlich vertreten sein, wenn sich der andere Gesellschafter aus gesellschaftswidrigen Gründen weigert, an der gerichtlichen Geltendmachung einer Gesellschaftsforderung durch die Gesellschaft mitzuwirken.[91]

69 *bb) Ehegatten.* Ehegatten als Vermieter müssen zum Erlangen der Vermieterstellung zum einen **im Kopf des Mietvertrages** beide als Vermieter aufgeführt sein. Bei der Unterschriftsleistung ist – nach allgemeinen Regeln – Stellvertretung möglich, dazu siehe unten gesondert bei V.

[85] OLG Stuttgart NZM 2010, 876.
[86] LG Bonn NJW-RR 1991, 1114.
[87] Eine zum BGH geführte Revision XII ZR 113/10 ist offenbar zu keiner Entscheidung gelangt, zum Aktenzeichen findet sich im Internetauftritt des BGH keine Entscheidung.
[88] Grüneberg/Weidlich BGB § 2038 Rn. 8; Grüneberg/Retzlaff BGB § 745 Rn. 5.
[89] OLG Hamburg NZM 2002, 521.
[90] Siehe die Prozessgeschichte zu LG Bonn NJW-RR 1991, 1114.
[91] OLG Düsseldorf ZMR 2003, 424.

Auch bei Eheleuten sind für die Vertretung die Grundsätze anwendbar, die der BGH mit dem Urteil vom 7.5.2008 (ZMR 2008, 483) für sonstige Mehrheiten von Vermietern und die GbR aufgestellt hat.[92] 70

Auch bei Ehegatten können – bei internem Streit – Abwicklungsprobleme auftreten, die das Mietverhältnis tangieren können. Sind Entscheidungen zu treffen, und gibt es – wie dort meistens – keine festgelegte Regelung für den Konfliktfall, können nur die Regelungen der schlichten Eigentümergemeinschaft weiterhelfen, die oben bei → Rn. 48–53 dargestellt wurden.

cc) Lebensgemeinschaften. Auf Vermieterseite bestehen keine Unterschiede zu den direkt zuvor bereits dargestellten Rechtsverhältnissen bei sonstigen Vermietermehrheiten. 71

Anders als bei Ehegatten wird man hier aber eine Vermutung dafür, dass ein nicht selbst unterzeichnender Miteigentümer durch den anderen vertreten wird, nicht annehmen können.

dd) Gesellschaft bürgerlichen Rechts als Vermieter. Durch das am 1.1.2024 in Kraft getretene **Gesetz zur Modernisierung des Personengesellschaftsrecht (MoPeG)** hat der Gesetzgeber die rechtsfähige und die nicht rechtsfähige Gesellschaft geschaffen. Das neue Leitbild der §§ 705 ff. BGB ist die rechtsfähige Gesellschaft bürgerlichen Rechts[93], die sowohl Mietvertragspartei als auch Eigentümerin einer vermieteten Immobilie sein kann. Die Eintragung der Gesellschaft in das neue Gesellschaftsregister ist freiwillig. Mit der Eintragung ist sie jedoch verpflichtet, als Namenszusatz die Bezeichnungen „eingetragene Gesellschaft bürgerlichen Rechts" oder „eGbR" zu führen. 72

Da Mieter im Rahmen der Vertragsanbahnungen ein Recht zur Einsicht ins Grundbuch haben, ist an dieser Stelle zu erwähnen, dass die Eintragung der GbR in das Grundbuch und auch Verfügungen über ein bestehendes Grundstücksrecht eine Voreintragung in das Gesellschaftsregister voraussetzen. 73

Ein **Wechsel im Bestand der Gesellschaftsmitglieder** hat keinen Einfluss auf den Fortbestand der mit der GbR bestehenden Rechtsverhältnisse. Bei einem Gesellschafterwechsel handelt es sich nämlich nicht um einen Eigentümerwechsel, sondern um einen internen Vorgang innerhalb der GbR, so dass die Rechtsbeziehungen zwischen den Mitvertragsparteien durch den Gesellschafterwechsel nicht berührt werden, wenn der Mietvertrag mit einer GbR als Vermieterin abgeschlossen ist.[94] 74

Mit dem MoPeG sind Regelungen eingeführt worden, die für bestehende Mietverhältnisse Bedeutung haben. So hat der Statuswechsel nach § 707c Abs. 1 BGB keine Auswirkungen auf die Personengesellschaft als Mietvertragspartei. Da die Identität der Gesellschaft als solche gleichbleibt, ist über eine Anwendung des § 566 Abs. 1 BGB nicht nachzudenken.[95] 75

Zu beachten ist auch § 712a Abs. 1 S. 2 BGB, wonach im Falle des Ausscheidens des vorletzten Gesellschafters die Gesellschaft ohne Liquidation erlischt und der verbleibende Gesellschafter Gesamtrechtsnachfolger der Gesellschaft wird. § 566 Abs. 1 BGB ist insoweit nicht anwendbar, da der Nachfolger in das Mietverhältnis unmittelbar eintritt.[96] 76

Bei Vertragsschluss durch eine GbR ist es erforderlich, das Vertretungsverhältnis des Unterzeichnenden im Vertrag klar anzugeben,[97] ansonsten kann sich der Vertragspartner auf den Mangel der Schriftform berufen, was auch im Wohnraummietrecht von 77

---

92 LG Köln 30.6.2010 – 10 S 323/09.

93 Begr. Gesetzesentwurf MoPeG, BT-Drs. 19/27635.

94 Schmitt-Futterer/Börstinghaus BGB Vor § 558 Rn 25d.

95 Schmitt-Futterer/Streyl BGB § 566 Rn 33.

96 Schmitt-Futterer/Streyl BGB § 566 Rn 33.

97 Lützenkirchen WuM 2005, 89 (108) unter Hinweis auf BGH NZM 2003, 801; OLG Nürnberg MietRB 2004, 434; OLG Naumburg NZM 2004, 825.

Bedeutung sein kann (zB bei der nur unter Einhaltung der Schriftform zu vereinbarenden Index-Miete).[98]

78 Bei einer BGB Gesellschaft ist abweichend von der schlichten Eigentümergemeinschaft das nachfolgende Muster anzuwenden:

Formulierungsvorschlag: GbR als Vermieter

79 Vertragsrubrum:
Zwischen
Der Gesellschaft bürgerlichen Rechts „Name der GbR"
vertreten durch den vertretungsberechtigten Gesellschafter AB
als Vermieter
und
……
(übriger Vertragstext zur Mieterbezeichnung)
……
Unterschriften:
……, den ……

Für die „Name der GbR" als Vermieter:	Mieter:
AB	(Mieter/in 1)
	(Mieter/in 2)

Allenfalls könnte bei der Bezeichnung der GbR ergänzt werden:

Alternative:

80 Zwischen
der Gesellschaft bürgerlichen Rechts „Name der GbR"
derzeit bestehend aus (einzusetzen Namen der aktuelle Gesellschafter),
wobei Einigkeit besteht, dass Vermieter die GbR in ihrem jeweiligen Mitgliederbestand ist,
vertreten durch den vertretungsberechtigten Gesellschafter AB
als Vermieter
……

81 Handeln muss bei **einseitigen Rechtsgeschäften** entweder ein Alleinvertretungsberechtigter oder alle Gesamtvertretungsberechtigten oder aber ein wirksam Bevollmächtigter. Der Erklärungsempfänger kann dann, wenn nicht alle Gesellschafter der GbR handeln, die Erklärung deshalb gemäß § 174 BGB zurückweisen, weil keine Registerpublizität besteht.[99]

Zustellungen an die GbR müssen – zB im Rahmen der Zwangsvollstreckung gegen die GbR – an ihren Geschäftsführer oder dann, wenn ein solcher nicht bestellt ist, an einen ihrer Gesellschafter erfolgen.[100]

82 Folge des Vertragsabschlusses ist, dass die einzelnen Mitglieder **persönlich** für die mietvertraglichen Verpflichtungen **haften.**[101] Eine Haftungsbeschränkung auf das Gesellschaftsvermögen kommt nur dann in Betracht, wenn dies in den individuell ausgehandelten Vertrag aufgenommen ist, was eine Haftungsbeschränkung durch Formularvertrag ausschließt.[102] Auch durch den Zusatz „mbH" am Ende des Namens einer

[98] AG Pinneberg ZMR 2008, 468; zur Schriftform bei GbR: Schraufl NZM 2005, 443.
[99] Kraemer NZM 2002, 465 (471).
[100] BGH NZM 2006, 559 f.
[101] Schmidt-Futterer/Blank BGB Vor § 535 Rn. 252.
[102] BGH NJW 1999, 3493 = WuM 1999, 703.

GbR kann deren Haftung bzw. die Haftung der Mitglieder der GbR nicht wirksam beschränkt werden.[103]

83 Hat der Gläubiger ein Urteil zu Lasten der Gesellschaft und der Gesellschafter erwirkt, kann er neben der Vollstreckung in das Gesellschaftsvermögen auch in das Privatvermögen der Gesellschafter vollstrecken.[104]

84 *ee) Gesamthandsgemeinschaft und Bruchteilsgemeinschaft als Vermieter.* Beide Gemeinschaften haben keine Rechtspersönlichkeit.

85 **Gesamthandsgemeinschaft** in diesem Sinne sind die **Erbengemeinschaft** und die (heute seltene) Gütergemeinschaft, letztere vereinbart durch Ehevertrag. In beiden Fällen müssen beim Abschluss von Mietverträgen alle Mitglieder der Gemeinschaft mitwirken. Vertretung ist möglich, muss aber vereinbart und nachgewiesen werden. Alle Mitglieder der Gemeinschaft werden Mietvertragsparteien[105] und haften persönlich für die mietvertraglichen Verpflichtungen.[106] Die Pflichten aus dem Mietvertrag treffen alle Mitglieder der Gemeinschaft als Gesamtschuldner iSd § 427 BGB. Alle Mitglieder müssen rechtsgeschäftliche Erklärungen abgeben und solche müssen auch allen zugehen.[107] Zur Einhaltung der Schriftform genügt die bloße Angabe „Erbengem. XY" nicht, da sich daraus die Zusammensetzung der Erbengemeinschaft nicht ergibt und zudem die Möglichkeit besteht, dass gemeint ist „Erbengemeinschaft **nach** XY".[108]

86 Auch prozessual ist bedeutsam, dass die Erbengemeinschaft **nicht rechtsfähig und parteifähig** ist. Die Grundsätze zur Rechtsfähigkeit der GbR und der Gemeinschaft der Wohnungseigentümer sind nicht auf die Erbengemeinschaft zu übertragen. Daher sind Prozesspartei die Mitglieder der Erbengemeinschaft selbst, was zB dazu führt, dass im Falle des Auslandswohnsitzes auch nur eines Mitglieds der Erbengemeinschaft gemäß § 119 Abs. 1 Nr. 1 lit. b GVG das OLG und nicht das LG im Wohnraummietprozess das zuständige Berufungsgericht ist.[109]

87 Jeder einzelne Vermieter kann Leistung an sich selbst und die übrigen Vermieter verlangen, es sei denn, ein Urteil kann nur mit Wirkung für und gegen alle Vermieter ergehen. Im letzteren Fall, zB bei einer Klage auf Zustimmung zur Mieterhöhung, müssen alle Vermieter klagen.[110]

88 Im Rahmen ordnungsgemäßer Verwaltung[111] kann die Erbengemeinschaft einen der Teilhaber mit Stimmenmehrheit zur Einziehung einer Nachlassforderung ermächtigen, wobei dies bei zwei Gesellschaftern, von denen einer einen größeren Anteil hat, keiner förmlichen Beschlussfassung bedarf.[112] Dies gilt auch für Verfügungen wie die Forderungseinziehung,[113] wie auch für Kündigungen.[114]

89 Bei der **Bruchteilsgemeinschaft** iSd § 741 BGB gelten letztlich die Ausführungen zur Gesamthandsgemeinschaft. Anders als bei der BGB-Gesellschaft besteht kein gemeinsamer Zweck, der über das Miteigentum hinausgeht.[115] Der BGH hat klargestellt, dass die Grundsätze, die in der Erbengemeinschaft zur Verfügung und Kündigung als Mehrheitsentscheidungen, auch in der „bloßen" Bruchteilsgemeinschaft anzuwenden sind.[116]

90 Zur Auflösung von Konflikten innerhalb der Gemeinschaft der Vermieter ist zunächst auf die vorstehenden Ausführungen zu → Rn. 31 ff. zu verweisen.

---

[103] AG Pinneberg ZMR 2008, 468.
[104] Schmidt-Futterer/Blank BGB Vor § 535 Rn. 256.
[105] Schmidt-Futterer/Lehmann-Richter BGB § 535 Rn. 246 ff.
[106] Schmidt-Futterer/Blank/Lehmann-Richter BGB § 535 Rn. 267.
[107] OLG Düsseldorf NJWE-MietR 1996, 172.
[108] LG Hamburg ZMR 2013, 348 (349) = BeckRS 2013, 08100.
[109] BGH ZMR 2006, 26.
[110] Schmidt-Futterer/Lehmann-Richter BGB § 535 Rn. 254 ff.
[111] BGH NJW 2010, 765; 2013, 166.
[112] BGH NJW 2013, 166.
[113] BGH NJW 2013, 166.
[114] BGH NJW 2010, 765.
[115] Schmidt-Futterer/Lehmann-Richter BGB § 535 Rn. 259.
[116] BGH NZM 2011, 73 mit Anmerkung Drasdo NJW-Spezial 2010, 610.

91 Überlässt eine Miteigentümergemeinschaft gemeinschaftliche Räume einem ihrer Mitglieder vertraglich gegen Entgelt, kommt dadurch regelmäßig ein (Wohnraum-) Mietverhältnis zustande, auf das die zum Schutz des Mieters geltenden gesetzlichen Bestimmungen anzuwenden sind. Dass ein Miteigentümer an einem solchen Mietverhältnis sowohl auf Mieterseite als auch – mit anderen Miteigentümern zusammen – auf Vermieterseite beteiligt ist, steht der Wirksamkeit eines solchen Mietvertrags nicht entgegen. Wird ein Miteigentumsanteil veräußert, tritt der Erwerber in ein derartiges Mietverhältnis gemäß § 566 Abs. 1 BGB ein. Einer Eintragung der mietvertraglichen Regelung als Belastung im Grundbuch bedarf es für diese Rechtsfolge nicht. Gibt es sodann Streit um die Existenz eines derartigen Mietverhältnisses, muss eine Feststellungsklage, die auf den Fortbestand des Mietverhältnisses gerichtet ist, nur gegen die Mitglieder der Miteigentümergemeinschaft erhoben werden, die das Bestehen in Abrede stellen.[117] Diese Konstellation ist anders zu beurteilen als der Fall, in dem sich die Gläubiger- und Schuldnerstellung in einer einzigen Person vereinigen. In letzterem Fall tritt durch Konfusion die Beendigung des Mietvertrages ein.[118]

3. Mieterseite

92 a) **Einzelperson als Mieter.** *aa) Natürliche Person.* Handelt es sich beim Mieter um eine einzelne natürliche Person, entstehen keine besonderen Probleme. Zu achten ist auf die richtige Bezeichnung, ggf. auf die korrekte Angabe rechtsgeschäftlicher oder gesetzlicher Vertretung, im Einzelnen unten behandelt bei → Rn. 127–132.

93 Dem Vermieter ist anzuraten, die **Identität des Mieters** verlässlich zu prüfen, sich also den Personalausweis oder sonstige amtliche Identitätspapiere vorlegen zu lassen und diese möglichst zu kopieren. Dies ist deshalb anzuraten, weil im Falle notwendiger Vollstreckungsmaßnahmen die genauen Personaldaten mit Geburtsdatum und Geburtsort benötigt werden, um den Schuldner aufzufinden und ohne Geburtsdatum Einwohnermeldeämter häufig keine Auskunft erteilen können, wenn geläufige Kombinationen von Vornamen und Familiennamen vorliegen (zB Peter Schmidt).

Formulierungsvorschlag: Einzelperson als Mieter

94 Vertragsrubrum:
Zwischen
(Vermieterbezeichnung wie oben Muster 1–3)
und
M ……, (bisherige Anschrift), geb. am …… in ……
Personalausweis/Pass-Nr. ……
als Mieter/Mieterin
wird folgender Mietvertrag geschlossen:
(Übriger Vertragstext)

95 Zu beachten ist, dass bei der Vermietung an eine Einzelperson zur Räumungsvollstreckung gegen den nicht mietenden Ehegatten (und den nichtehelichen Lebensgefährten)[119] des Mieters ein **eigenständiger Vollstreckungstitel** erforderlich ist.[120] Für Kinder des Mieters ist dies umstritten, diese werden oft als reine Besitzdiener angesehen, selbst wenn sie volljährig geworden sind, so dass angenommen wird, gegen diese sei ein

[117] BGH NZM 2018, 558 ff.

[118] BGH NZM 2016, 467 ff.; krit. dazu Bub, beck-aktuell zu BeckRS 2016, 09243, der darauf verweist, dass im entschiedenen Fall in Wahrheit keine Konfusion erfolgen konnte, da nicht eine, sondern zwei Personen Mieter waren, aber nur einer Eigentümer wurde.

[119] Auch BGH BeckRS 2008, 8442.

[120] LG SaarbrückenNZM 2002, 939; Schmidt-Futterer/Lehmann-Richter BGB § 535 Rn. 255 BGH WuM 2004, 555 = NJW 2004, 3041.

Vollstreckungstitel nicht notwendig.[121] Da dies u. a. damit begründet wird, bei volljährig gewordenen Kindern, die unverändert über die Volljährigkeit hinaus Unterhaltsansprüche haben, ändere sich nicht an dem Umstand, dass Sie keinen eigenständigen Mitbesitz hätten, muss im Einzelfall entschieden werden, ob die Umstände es als hinreichend sicher erscheinen lassen, dass nur gegen den Mieter, nicht aber gegen volljährige Kinder geklagt wird. Es kann sonst die Situation eintreten, dass bei Klage nur gegen das mietende Elternteil in der Vollstreckung Umstände vorgetragen werden, aufgrund derer ein eigenständiger Mitbesitz der nunmehr volljährigen Kinder nicht verneint werden kann. Dann muss unter erheblichem Zeitverlust gegen diese die Räumungsklage aus § 546 Abs. 2 BGB neu erhoben werden. Es kann wirtschaftlich in Zweifelsfällen das geringere Risiko sein, gegen die Kinder einen Prozessverlust zu riskieren, als in der Vollstreckung „hängenzubleiben". Der den Vermieter vertretende Rechtsanwalt sollte das mit seinem Mandanten erörtern und dies dokumentieren.

bb) Juristische Person. Genauso ist es grundsätzlich dann, wenn eine einzelne juristische Person als Mieter auftritt. Bei der Vermietung von Wohnraum werden juristische Personen häufig als Vermieter, seltener als Mieter auftreten. Dennoch ist die Anmietung von Räumlichkeiten, die objektiv zu Wohnzwecken geeignet und bestimmt sind, auch durch juristische Personen nicht etwa denknotwendig auszuschließen, etwa dann, wenn dies erfolgt, um Mitarbeitern Wohnungen zur Verfügung zu stellen. Derartige Mietverhältnisse werden jedoch rechtlich nicht als Wohnraummietverhältnisse gewertet,[122] nur das Mietverhältnis zwischen der anmietenden juristischen Person und dem Endmieter ist Wohnraummietverhältnis. 96

Dies hat durchaus erhebliche Konsequenzen, die auch durch die Neuregelung der gewerblichen Zwischenvermietung durch § 565 BGB nicht gelöst sind. Denn in Fällen, in denen – wie bei einer Vermietung an einen karitativ tätigen, gemeinnützigen Verein – keine gewerbliche Zwischenvermietung gegeben ist, ist der Untermieter gegenüber dem Herausgabeverlangen des Hauptvermieters aus § 546 Abs. 2 BGB nicht geschützt,[123] es verbleibt nur, dass im Einzelfall dem Untermieter gegenüber dem Hauptvermieter Bestandsschutz bei etwaigem Rechtsmissbrauch gewährt werden kann.[124] 97

Für eine derartige Anmietung kann dennoch der nachfolgende Formulierungsvorschlag gelten. 98

Formulierungsvorschlag: Juristische Person als Mieterin

Vertragsrubrum: 99
Zwischen
(Vermieterbezeichnung wie oben Muster 1–3)
und
Variante a:
der M GmbH, (Anschrift), vertreten durch ihren alleinvertretungsberechtigten Geschäftsführer, GF, (Anschrift), (ggf. konkrete Vertretungsverhältnisse laut Handelsregister)
Variante b:
Dem XY-Verein eV, vertreten durch den Vorstand, dieser vertreten durch den ersten Vorsitzenden …… und den zweiten Vorsitzenden/den Geschäftsführer ……, (Anschrift)
als Mieter/Mieterin
wird folgender Mietvertrag geschlossen:
(Übriger Vertragstext)

[121] AG Berlin-Mitte NZM 2007, 264. Zuletzt auch BGH BeckRS 2008, 8442.
[122] BGH BGHZ 133, 142 = ZMR 1996, 537; aA BGH ZMR 2003, 816 = WuM 2003, 563 zum Herausgabeanspruch im gestuften Mietverhältnis in einem Sonderfall.
[123] BGH NJW 1996, 2862; BayObLG NJW-RR 1995, 73; 1995, 71.
[124] BVerfGE 84, 197 = NJW 1991, 2272; BayObLG WuM 1995, 645.

100 Die Abgrenzung zur Anmietung zum Zwecke der gewerblichen Weitervermietung wird im Einzelnen in → § 50 Rn. 16 ff. behandelt, worauf hier verwiesen wird.

Wichtig ist zu § 565 BGB auch, dass dieser nicht nur Rechte für den Wohnungsmieter, den Untermieter bzw. Endmieter begründet, sondern auch die Pflicht, den Mietvertrag mit dem Eigentümer als Vermieter fortzusetzen und einzuhalten.[125]

101 Im Rahmen der Vertragsfreiheit erscheint es als möglich, zugunsten vorgesehener Untermieter auch in Fällen nicht gewerblicher Zwischenmiete (wo also § 565 BGB nicht gilt), die Anwendung von Wohnraumrecht ausdrücklich zu vereinbaren. Dies wird als Vertrag zugunsten Dritter wirken, wenn das Hauptmietverhältnis endet.

102 **b) Mehrheit von Mietern.** Mehrere Mieter haften im Außenverhältnis **gesamtschuldnerisch.** Wird vereinbart, dass einer der Mieter entstandene Mietrückstände alleine an den Vermieter zu zahlen hat, schließt dies nach Auffassung des AG Wetzlar die gesamtschuldnerische Haftung des anderen Mieters aus.[126] Der Vermieter kann die Abrechnung der Betriebskosten, die eine Nachforderung zu seinen Gunsten ausweist, auch nur einem von mehreren Mietern gegenüber vornehmen und nur diesen auf den Nachzahlungsbetrag in Anspruch nehmen.[127] Erklärungen des Vermieters müssen an alle Mieter gerichtet sein. Gestaltungsrechte wie das Kündigungsrecht können nur einheitlich durch alle Vertragspartner einer Seite ausgeübt werden. Zur Vertragsaufhebung durch Vereinbarung mit dem Vermieter oder zur Vertragsbeendigung durch Kündigung sind deshalb nur alle Mieter gemeinschaftlich berechtigt. Eine Kündigung durch mehrere Mieter kann in einem einheitlichen Schreiben aller Mieter erfolgen. Jeder Mieter kann aber auch in einem separaten Schreiben kündigen; in diesem Fall müssen die separaten Kündigungserklärungen in einem engen zeitlichen Zusammenhang dem Vermieter so zugehen, dass keine unterschiedlichen Beendigungszeitpunkte entstehen.[128]

103 *aa) Ehegatten. (1) Allgemeines.* Wenn **beide Ehegatten Mieter werden sollen,** so müssen beide im Kopf des Mietvertrages aufgeführt sein und zusätzlich müssen beide Ehegatten den Mietvertrag unterschreiben. Die Unterschrift eines der Ehegatten reicht nicht.[129]

104 Die neuere Rechtsprechung hat hierzu entschieden, dass dann, wenn ein Wohnungsmietvertrag, in dessen Kopf beide Ehegatten als Mieter aufgeführt sind, nur von dem Ehemann unterschrieben wird, die Ehefrau nicht Vertragspartnerin wird. Der Abschluss eines Wohnraummietvertrages ist **kein Geschäft zur Deckung des täglichen Lebensbedarfs** iSd § 1357 BGB.[130] Im Einzelfall kann aber ein Ehegatte im Verlauf des Mietverhältnisses konkludent dem Mietvertrag als Mitmieter beitreten.[131] Die ältere Literatur und Rechtsprechung sah dies mehrheitlich anders,[132] man muss dies jedoch als überholt ansehen. Es muss zumindest gefordert werden, dass sich eine Vertretungsabsicht bei nur einer Unterschrift auf Mieterseite irgendwie aus der Vertragsurkunde selbst ergibt, also zB durch einen Vertreterzusatz bei der Unterschrift. Denn sonst wird die Schriftform (bei Verträgen über die Dauer eines Jahres hinaus) nicht gewahrt und es bleibt auch sonst unklar, wer Vertragspartner sein soll.[133] Ein gewisser Widerspruch zu der Möglichkeit des konkludenten Beitritts liegt wohl in der Entscheidung des OLG Celle,[134] wonach es zur Wahrung der Schriftform des § 550 BGB reicht, wenn mit dem hinzutretenden Mieter eine schriftliche Mietbeitrittsvereinbarung erfolgte, der der bisherige Mieter formlos zustimmen kann.

---

[125] AG Aachen 9.3.2000 – 10 C 369/99; LG Aachen 20.10.2000 – 5 S 150/00.
[126] AG Wetzlar ZMR 2012, 455.
[127] BGH 28.4.2020 – VIII ZR 263/09 = NJW 2010, 1965 = NZM 2010, 577.
[128] AG Neu-Ulm BeckRS 2016, 12595 = IMR 2016, 467.
[129] LG Osnabrück NZM 2002, 943; ZK 64 des LG Berlin ZMR 1998, 347.
[130] LG Mannheim NJW-RR 1994, 274 = ZMR 1993, 415 (zur Mieterseite); LG Osnabrück NZM 2002, 943; LG Baden-Baden WuM 1997, 430 (431) (zur Vermieterseite). Anders das LG Berlin GE 1995, 567.
[131] LG Berlin NZM 2002, 119; so auch BGH NZM 2005, 659 = WuM 2005, 570.
[132] LG Berlin 62. ZK GE 1999, 1285.
[133] Schmidt-Futterer/Blank BGB Vor § 535 Rn. 339 f. mwN.
[134] OLG Celle NZM 2008, 488 = ZMR 2008, 120.

Der Vermieter kann und muss dann entscheiden, ob er mit nur einem der Ehegatten den Vertrag schließen will, da er in diesem Falle nicht auf beide Ehegatten als Gesamtschuldner zurückgreifen kann und in einer Situation, in der der mietende Ehegatte ggf. einkommens- und vermögenslos wird, erhebliche Vermögenseinbußen erleiden kann. 105

Auch der umgekehrte Fall wird uneinheitlich beurteilt. Ist nur einer der Ehegatten im Rubrum des Vertrags als Mieter bezeichnet, unterschreiben jedoch beide Ehegatten den Vertrag, so nimmt *Sternel* noch an, dass es im Zweifel im Interesse sowohl des Vermieters als auch der Mieter liegen solle, dass beide Ehegatten Mieter sind.[135] Die neuere Rechtsprechung sieht auch diese Konstellation anders,[136] zumal der nicht mietende Ehegatte durch das Eintrittsrecht aus § 563 BGB die Entscheidungsmöglichkeit hat, den Vertrag fortsetzen zu können, während er im Falle der Nichtausübung des Eintrittsrechts an einen ihn beschwerenden Vertrag nicht gebunden ist, sofern er nicht Erbe ist. Die Ehegatten können daher gute Gründe haben, die Entscheidung zu treffen, dass nur einer von Ihnen Mieter sein soll, was durch die Nennung nur eines Ehepartners im Rubrum des Vertrags zu Ausdruck kommt. Wird dann doch durch beide Eheleute unterschrieben, so soll es dann, wenn dem Vermieter die Zahl seiner Vertragspartner gleichgültig ist, doch zum Abschluss des Vertrages mit beiden Eheleuten kommen, während dann, wenn der Vermieter nur mit dem namentlich Genannten abschließen wollte, die Unterschrift des weiteren Ehepartners ins Leere gehen soll.[137] Die Abgrenzung dürfte mE kaum durchführbar sein, da sie sich nur auf letztlich nicht beweisbare innere Tatsachen stützt. 106

Praxistipp:

Vorsicht: Haftungsfalle!

Die wechselseitige Vertragssicherheit erfordert es daher gerade in der anwaltlichen Vertragsberatung, auf unbedingte Übereinstimmung der im Rubrum des Vertrages genannten Personen mit den unterzeichnenden Personen zu achten. Der beratende Anwalt kann sonst Haftungsrisiken für sich schaffen.

Formulierungsvorschlag: Beide Ehegatten als Mieter

Vertragsrubrum: 107
Zwischen
ab ……, (Anschrift) als Vermieter
und
cd ……, geb. am …… in ……
Personalausweis/Pass-Nr. ……
und
ef ……, geb. am …… in ……
Personalausweis/Pass-Nr. ……
bisherige Anschrift: ……
als Mietern wird folgender Mietvertrag geschlossen:
…… (Übriger Vertragstext)
Unterschriften:

……, den ……	…… (Mieter/in 1)
…… (Vermieter)	…… (Mieter/in 2)

135 Sternel Rn. 22 mit dortigen Nachweisen.

136 LG Berlin MM 1997, 283; so auch schon LG Berlin ZMR 1988, 103 (Mitunterzeichnung führe nur zur Bürgenstellung).

137 Schmidt-Futterer/Blank BGB Vor § 558 Rn. 53.

• **Konsequenzen für Vertragserklärungen:**

108 Ein **Zustimmungsverlangen zur Mieterhöhung** gemäß § 2 Abs. 2 MHRG, das der Vermieter einer an Eheleute vermieteten Wohnung nur an einen Mieter richtet, ist beiden Ehegatten gegenüber wirksam, wenn die Vertragspartner formularmäßig u. a. vereinbart haben: „Für die Rechtswirksamkeit einer Erklärung des Vermieters genügt es, wenn sie gegenüber einem der Mieter abgegeben wird."[138] Es handelt sich dabei nicht um eine Empfangsvollmacht. Auf diese Argumentation sollte aber nur in Notfällen zurückgegriffen werden, nicht jedoch, wenn durch klare Adressierung die Situation noch gestaltet werden kann.

109 Umgekehrt soll im Fall der gemeinsamen Anmietung einer Wohnung durch Ehegatten gelten, dass eine Zustimmungserklärung nur eines von ihnen zu der vom Vermieter begehrten Mieterhöhung auch den anderen Ehegatten idR binde, weil es sich im bestehenden Mietverhältnis bei einer solchen Zustimmung um ein Geschäft zur angemessenen Deckung des Lebensbedarfs der Familie handele.[139] Die Entscheidung erscheint zweifelhaft und sollte dem auf Vorsicht bedachten Rechtsanwalt nicht als Leitschnur dienen. Der Vermieter sollte auf der formellen Abgabe der Zustimmungserklärung auch durch den zweiten Ehegatten bestehen, da allgemein – richtig – darauf abgestellt wird, dass eine Mieterhöhungsvereinbarung nur wirksam ist, wenn beide Mieter mit der Mieterhöhung einverstanden sind.[140] So wurde auch zuletzt entschieden, wonach der BGH entschieden hat, dass ein Mieterhöhungsverlangen an beide Eheleute zu richten ist, wenn der Vermieter die Wohnung auch an die Eheleute vermietet hat.[141]

110 In speziellen Sonderfällen kann jedoch von einer Entlassung aus dem Mietvertrag ausgegangen werden. Ist einer von zwei Mietern bereits seit vielen Jahren ausgezogen und hat mit dem Vermieter seine Entlassung aus dem Mietvertrag vereinbart, ist von einer Alleinmieterstellung des verbliebenen Mieters auszugehen und zumindest sein Einwand, eine Mieterhöhungsanforderung hätte nicht nur ihn, sondern auch den ausgezogenen Mieter betreffen müssen, als treuwidrig und damit unbeachtlich zu behandeln.[142] Umgekehrt hat der Vermieter, der jahrzehntelang nach Trennung bzw. Scheidung von Ehegatten das Mietverhältnis mit dem in der Wohnung Verbliebenen abgewickelt hat, den Fortgezogenen konkludent aus dem Mietvertrag entlassen (sofern er sich nicht diesem gegenüber im Zusammenhang mit dem Auszug seine Rechte aus dem Mietvertrag vorbehalten hat). Er kann dann vom Fortgezogenen keinen Ausgleich rückständiger Mieten verlangen.[143]

Formulierungsvorschlag: Ein Ehegatte als Mieter

111 Zwischen
ab ......, (Anschrift) als Vermieter
und
cd ......, geb. am ...... in ......
Personalausweis/Pass-Nr. ....
bisherige Anschrift: ......
als Mieter wird folgender Mietvertrag geschlossen:
...... (Übriger Vertragstext mit folgender Ergänzung)
Es besteht Einigkeit, dass der Mieter die Wohnung zusammen mit seiner Ehegattin/seinem Ehegatten ...... und ...... Kindern bezieht.
...... (übriger Vertragstext)

---

[138] KG NJW-RR 1986, 173.
[139] AG Münster MDR 1996, 900.
[140] Schmidt-Futterer/Blank BGB Vor § 535 Rn. 343.
[141] BGH NJW 2004, 1797.
[142] BGH NZM 2004, 419 f.; erneut BGH NZM 2010, 815; für die Adressierung einer Kündigung BGH NJW 2005, 1715 = NZM 2005, 452.
[143] AG NZM 2012, 343; angesichts einer dem zuwiderlaufenden Entscheidung des LG Frankfurt a. M. NZM 2009, 858 wäre eine nochmals klarstellende Entscheidung des BGH wünschenswert.

Unterschriften:

……, den ……

……

(Mieter/in 1)

……

(Vermieter)

(2) Anspruch des Vermieters auf Beitritt des Ehegatten als Mieter? Der Vermieter einer Wohnung, der an einen ledigen Mieter vermietet hat, hat nach dessen Eheschließung keinen Anspruch gegen den neu in die Wohnung gezogenen Ehegatten auf Beitritt zu dem mit dem anderen Ehegatten bestehenden Mietvertrag[144] oder auf Abschluss eines inhaltsgleichen Mietvertrags.[145] **112**

Der Mieter ist dennoch selbstverständlich berechtigt, seinen Ehegatten in die Wohnung aufzunehmen, da dies wie die Aufnahme von Kindern und Stiefkindern zum vertragsgemäßen Gebrauch der Mietwohnung gehört.[146] Es ist auch durch Individualvereinbarung nicht möglich, das Recht zur Aufnahme des Ehegatten (und naher Verwandter) auszuschließen, weil dies sonst gegen Art. 6 GG verstieße.[147] **113**

(3) Besonderheit in den neuen Bundesländern: Im ZGB der DDR regelte § 100 Abs. 3 ZGB zum Vertragsabschluss wie folgt: **114**

Mieter einer Wohnung sind beide Ehegatten, auch wenn nur ein Ehegatte den Vertrag abgeschlossen hat.

Eine Ausnahme bildeten Werkwohnungen, bei diesen kam gemäß § 130 Abs. 1 ZGB der Mietvertrag mit dem Mitarbeiter des Betriebs als Mieter zustande. **115**

Waren unter Anwendung dieser Vorschriften beide Ehegatten bereits vor dem 3.10.1990 Mieter, so gilt § 100 Abs. 3 ZGB auch nach dem Beitritt fort, weil die Bestimmung keinen zwingenden Bestimmungen des BGB widerspricht.[148] Dies gilt auch dann, wenn die Ehe erst nach dem Abschluss des Mietvertrages eingegangen wurde, das ZGB zu diesem Zeitpunkt Anwendung fand und die Tatsache der Ehe dem Vermieter bekannt wurde.[149]

Dies hat erhebliche Konsequenzen auch für Vertragserklärungen nach dem 3.10.1990, denn die nur einem Mitmieter/Ehegatten gegenüber nach dem 3.10.1990 erklärte Mieterhöhung oder Kündigung des Mietvertrages ist unwirksam.[150] Der Vermieter, insbesondere dessen evtl. Rechtsnachfolger, muss sich also genau über die vor dem 3.10.1990 bestehende Situation informieren, um Erklärungen an die richtigen Adressaten zu richten. Bei Abschluss eines Mietvertrages über ein im Beitrittsgebiet gelegenes Mietobjekt ab dem 3.10.1990 gelten ausschließlich die Bestimmungen des BGB. **116**

bb) Nichteheliche Lebensgemeinschaften (LG). Es handelt sich dabei um eine **Lebensgemeinschaft mit persönlicher Verbundenheit,** die über das bloße Zusammenwohnen hinausgeht. Durch das am 1.8.2001 in Kraft getretene Lebenspartnerschaftsgesetz[151] ändert sich an den nachstehenden Ausführungen zu den Vertragsparteien wenig. Bei Trennung gleichgeschlechtlicher eingetragener Lebenspartner gibt es Sonderregeln, **117**

[144] AG Köln NJW 1982, 239.
[145] LG Aachen NJW-RR 1987, 1373.
[146] OLG Hamm WuM 1997, 364; Bub/Treier MietR-HdB/Kraemer III B Rn. 1259.
[147] Schmidt-Futterer/Blank BGB § 540 Rn. 27; BayObLG WuM 1983, 309.
[148] LG Görlitz WuM 1995, 649; LG Cottbus NJW-RR 1995, 524 = ZMR 1995, 30; BezG Erfurt WuM 1992, 357 (358); KreisG Cottbus WuM 1992, 109 (111); AG Lichtenberg MM 1998, 441; AG Grimmen WuM 1992, 685; AG Burg WuM 1993, 111; Staudinger/Rolfs EGBGB Art. 232 § 2 Rn. 3–5; aA Quarch WuM 1993, 224.
[149] KreisG Cottbus WuM 1993, 665.
[150] KreisG Cottbus WuM 1993, 665; LG Chemnitz WuM 1993, 665; BGH WuM 2005, 515.
[151] BGBl. 2001, 266.

dargelegt unter → Rn. 312 ff. Für die Regelungen zur Rechtsnachfolge im Todesfall gab es eine Neugestaltung, die das Regelungssystem der heutigen § 563 BGB vorwegnahm. Dies wird unter → Rn. 318 ff. näher dargelegt. Die nachstehenden Ausführungen betreffen daher heterosexuelle Lebensgemeinschaften.

118 *(1) Abschluss des Vertrages.* Beim Abschluss des Vertrages bestehen keine Probleme, da es den Parteien freisteht, wer Mietvertragspartner werden soll, einer oder beide Beteiligte einer nichtehelichen Lebensgemeinschaft. Jedoch wird – ohne dass dies bezweifelt würde – nur der den Mietvertrag auch tatsächlich unterzeichnende Partner der nichtehelichen LG Vertragspartei des Mietvertrags, auch wenn beide Partner der nichtehelichen LG im Kopf des Mietvertrages namentlich als Mieter bezeichnet sind.[152] Die Rechtsprechung hat hier von vorneherein die Lösung als richtig erkannt, die auch bei Ehegatten in der neueren Rechtsprechung herausgearbeitet wurde. Als Muster einer derartigen Vertragsgestaltung wird auf das **Muster:** Beide Ehegatten als Mieter → Rn. 107 verwiesen.

119 *(2) Auflösung des Vertrages.* Ist der Mietvertrag mit beiden Partnern der nichtehelichen Lebensgemeinschaft als Mietern abgeschlossen worden und scheitert die nichteheliche Lebensgemeinschaft, entstehen Probleme, die Anlass zu gerichtlichen Entscheidungen waren.

120 Die nichteheliche LG wird als Gesellschaft iSd §§ 705 ff. BGB interpretiert,[153] bei der einer der Partner bei Scheitern der Lebensgemeinschaft die Auflösung der Gesellschaft **aus wichtigem Grund** verlangen kann.[154] Dies besagt jedoch noch nichts zum „Wie" der Auflösung. Für Streitigkeiten aus dem Innenverhältnis gilt nicht die Sonderzuständigkeit des § 23 Nr. 2a GVG, da diese nur dann eingreift, wenn es sich um Streitigkeiten der sich im Mietverhältnis als Vermieter und Mieter gegenüberstehenden Personen handelt.[155]

121 • **Gemeinsame Kündigung:** Möglich ist selbstverständlich die gemeinsame Kündigung. Erfolgt diese aber nicht, weil sich die bisherigen Partner noch nicht einmal mehr darauf einigen können, so muss ein Ausweg gefunden werden.

122 • **Freistellungslösung:** Der Lösungsansatz, dass bei nicht erfolgender gemeinsamer Kündigung gegenüber dem Vermieter der in der Wohnung verbleibende Partner, der zu erkennen gibt, dass er die Wohnung behalten will, im Innenverhältnis den Mietzins alleine tragen muss und den ausgezogenen Partner gegenüber dem Vermieter von der Mietzinsforderung freistellen muss,[156] reicht nicht weit genug. Denn auch eine derartige Freistellung belässt den ausgezogenen Mitmieter in der vollen Außenhaftung gegenüber dem Vermieter, so dass er das Risiko der Insolvenz des in der Wohnung verbleibenden Mitmieters trägt.[157]

123 • **Pflicht der Mitmieter zur Mitwirkung bei Kündigung:** Daher hat der ausgezogene Mitmieter nicht nur einen Anspruch auf Mitwirkung an einer normalen Kündigung zum vertraglich und gesetzlich nächst möglichen Termin,[158] sondern auch darauf, dass etwaige Sonderkündigungsrechte (etwa aus § 561 BGB nach einer Mieterhöhungsanforderung) wahrgenommen werden.[159] Dazu muss der ausgezogenen Partner über eine solche Situation und Möglichkeit informiert werden, erst dann kann eine derartige Mitwirkungspflicht entstehen.

124 • Eine **Pflicht zur Mitwirkung an einer fristlosen Kündigung** besteht nicht, da – normalerweise – kein Anlass für eine fristlose Kündigung gegenüber dem Vermieter

---

[152] AG Osnabrück NJW-RR 1997, 774.
[153] LG Berlin ZMR 2002, 751 (752).
[154] LG München II NJW-RR 1993, 334.
[155] OLG München NZM 2014, 447.
[156] OLG Düsseldorf NJW-RR 1998, 658 = NZM 1998, 72 = WuM 1998, 413; so auch OLG Köln ZMR 2004, 32 für das Innenverhältnis.
[157] KG MM 1995, 183.
[158] BGHZ 181, 310 = NJW 2010, 60; BGH NZM 2010, 290 = NJW 2010, 868 (869).
[159] KG MM 1995, 183.

besteht.[160] Beim befristeten Mietvertrag (bzw. bei Bestehen eines wirksamen Kündigungsausschlusses) muss an einem Angebot an den Vermieter zum Abschluss eines Mietaufhebungsvertrages mitgewirkt werden, es sei denn, das ist aussichtslos, weil der Vermieter bereits kundgetan hat, dass er einen solchen Aufhebungsvertrag nicht schließen werde.[161]

Da der Vermieter Erklärungen, die zu solchen Sonderkündigungsrechten führen können, an beide Mieter richten muss, muss er bei Auszug eines der Mieter die Erklärung auch an die neue Anschrift des ausgezogenen Mieters richten. Daher ist der **ausziehende Mieter** gehalten und es ist ihm **anzuraten,** den Auszug und seine neue Anschrift dem Vermieter eindeutig anzuzeigen und auch eine **Empfangsvollmacht,** die zugunsten des anderen Mitmieters ggf. vereinbart ist, **zu widerrufen.** Denn nur so kann er sicherstellen, dass ihn derartige Erklärungen erreichen und er dann auf die Wahrnehmung von Sonderkündigungsrechten gemeinsam mit dem in der Wohnung verbleibenden Mieter hinwirken kann. Denn ansonsten kann es sein, dass der Vermieter auf Grund einer vereinbarten wechselseitigen Empfangsbevollmächtigung der Mieter zB eine Mieterhöhungsanforderung nur an die Anschrift des Mietobjektes richtet, was zum wirksamen Zugang führt.[162] 125

Die Auflösung der Gesellschaft muss daher so erfolgen, dass der ausziehende Partner gegen den in der Wohnung verbliebenen Mitmieter einen Anspruch auf Zustimmung bzw. Mitwirkung zur Kündigung zu dem vertraglich nächst möglichen Zeitpunkt hat, was selbst dann gilt, wenn der Vermieter einer vorzeitigen Beendigung zustimmen würde.[163] 126

Formulierungsvorschlag: Klageantrag auf Mitwirkung bei Kündigung

Es wird beantragt, 127
die/den Beklagte/n zu **verurteilen,** gegenüber (……, genaue Vermieterbezeichnung mit Anschrift) folgende Willenserklärung abzugeben:
Hiermit kündige ich den Mietvertrag über die Wohnung (…… genaue Bezeichnung des Mietobjekts mit Anschrift und Lage im Haus) zum nächstmöglichen Termin.
Alternative bei Sonderkündigungsrechten:
Hiermit kündige ich unter Berufung auf (genaue Angabe des Sonderkündigungsrechts) den Mietvertrag über die Wohnung (…… genaue Bezeichnung des Mietobjekts mit Anschrift und Lage im Haus) zum nächstmöglichen Termin.

Die Rechtskraft eines derartigen Urteils ersetzt die Abgabe der Willenserklärung, § 894 Abs. 1 S. 1 ZPO. Das mit Rechtskraftvermerk versehene Urteil ist dann dem Erklärungsempfänger zur Kenntnis zu bringen, am sinnvollsten wegen der Zugangsfiktion des § 132 Abs. 1 BGB durch Zustellung über den Gerichtsvollzieher. 128

Für den zurückgebliebenen Partner ergibt sich die Schwierigkeit, dass die auf diesem Wege erzwungene gemeinsame mieterseitige Kündigung das Mietverhältnis beendet. Er hat gegenüber dem Vermieter keinen Anspruch auf Neuabschluss eines Vertrages mit ihm als alleinigem Mieter. Dafür findet sich im Gesetz keine Grundlage.[164] Teilweise wird dennoch eine Anbietpflicht des Vermieters an den verbliebenen Mieter angenommen.[165] Dies ist mE abzulehnen, weil dem Vermieter, der mit zwei Personen (mit gesamtschuldnerischer Haftung) abschließen wollte, nicht aufgezwungen werden kann, jetzt nur mit einer Person zu kontrahieren. 129

---

160 LG Gießen WuM 1996, 273.
161 Schmidt-Futterer/Blank BGB Vor § 535 Rn. 381.
162 BGH NJW 1997, 3437 (3440).
163 LG Gießen ZMR 1997, 142; OLG Düsseldorf ZMR 2007, 960.
164 Sonnenschein NZM 1999, 977 (979).
165 Schmidt-Futterer/Blank BGB Vor § 535 Rn. 288.

130 • Rechtliche Wirkung des **bloßen Auszugs eines der Mieter:** Streit besteht über die Wirkungen des bloßen Auszuges eines der beiden Mieter. Während die eine Auffassung in entsprechender Anwendung gesellschaftsrechtlicher Enthaftungsregelungen die Inanspruchnahme des ausgezogenen Mitmieters ablehnt, wenn der Vermieter von einer ihm zumutbaren Kündigung des Mietverhältnisses keinen Gebrauch gemacht hat,[166] lehnt die andere Auffassung dies zutreffend ab und sieht den Vermieter auch nicht als verpflichtet an, den Mietvertrag etwa bei Zahlungsunfähigkeit des Mieters/der Mieter zu kündigen.[167] Eine Kündigung des Mietverhältnisses sei vielmehr Sache der Mieter,[168] wobei ja gemäß den vorangegangenen Ausführungen der ausgezogene Mieter einen Anspruch auf Mitwirkung des verbleibenden Mieters hat. Das Argument des LG Duisburg, ggf. müsse der ausgezogene Mieter einen langwierigen Prozess auf Mitwirkung führen, greift nicht durch, da es das Wesen der gesamtschuldnerischen Verbundenheit verkennt.

131 • **Innenverhältnis der Mitmieter:** Bis zu einer nach obigen Kriterien zu bewirkenden Kündigung beider Mieter hat der verbliebene Mieter gegen den ausgezogenen Mitmieter einen Anspruch aus § 426 Abs. 1 BGB auf Erstattung der hälftigen Monatsmiete.[169] Ob dieser Anspruch zeitlich befristet ist, ist umstritten. Für eine hiervon abweichende Beteiligungsverpflichtung an der Mietzahlung und somit eine anderweitige Bestimmung im Sinne des § 426 Abs. 1 S. 1 BGB ist derjenige darlegungs- und beweispflichtig, der sich darauf beruft.[170] Für den Fall eines befristeten Mietvertrages, der durch Partner einer nichtehelichen Lebensgemeinschaft im Hinblick auf eine alsbald erfolgte Heirat abgeschlossen wurde, wurde entschieden, dass eine nur alleinige Haftung des nach einer Trennung in der Wohnung verbliebenen Partners für die Miete ausscheidet.[171] Ist gemäß der von den Partnern einer nicht ehelichen Lebensgemeinschaft gewählten Aufgabenverteilung jedoch einem der Partner die Aufgabe zugefallen, für die Kosten der Miete einer gemeinsamen Wohnung aufzukommen, so liegt für die Zeit des Zusammenlebens eine anderweitige Bestimmung iSd § 426 Abs. 1 S. 1 BGB vor, was zum Ausschluss des Gesamtschuldnerausgleichs führt. Dabei kommt es nicht darauf an, ob vor der Trennung der Parteien fällig gewordene Zahlungen erst nach der Trennung erfüllt wurden.[172]
Wegen der sich hier ergebenden Unsicherheiten ist daher dem ausziehenden Partner stets dringend zu empfehlen, auf eine im Außenverhältnis wirksame Kündigung des Mietverhältnisses gegenüber dem Vermieter zu drängen und dies auch ggf. durchzusetzen, falls sich keine einvernehmliche Entlassung des ausziehenden Mieters erreichen lässt.

132 • **Eilentscheidungen:** In der Phase der Trennung einer nichtehelichen Lebensgemeinschaft können auf Grund etwa von Gewalttätigkeiten Eilentscheidungen erforderlich werden, auch außerhalb der Anwendbarkeit des Gewaltschutzgesetzes.[173] Diese können über einen durch einstweilige Verfügung zu sichernden Unterlassungsanspruch dahin gelöst werden, dass als Reflexwirkung dieses Unterlassungsanspruchs letztlich eine vorläufige Räumung der gemeinsamen Wohnung erreicht wird. Ohne eine solche Sondersituation ist es jedoch wegen § 940a ZPO nicht möglich, einen materiellrechtlichen Herausgabeanspruch durch einstweilige Verfügung vorläufig durchzusetzen. Im Falle der Aussperrung eines der bisherigen Partner kann dieser die Rückkehr

[166] LG Duisburg NJW 1998, 1499 (1500) = NZM 1998, 73 = WuM 1997, 671 = ZMR 1998, 96 (97).
[167] Klinkhammer NZM 1998, 744; LG Berlin ZMR 1998, 776 (777).
[168] LG Berlin NZM 1999, 758 = ZMR 1998, 776 (777).
[169] KG MM 1995, 183.
[170] OLG Bremen NJW 2016, 2125.
[171] OLG Dresden 2003, 419 = FamRZ 2003, 158.
[172] BGH NJW 2010, 868 = NZM 2010, 290.
[173] Zum Gewaltschutzgesetz: → § 36 Rn. 1 ff.

in die Wohnung durch einstweilige Verfügung erzwingen, da das eigenmächtige Aussperren immer verbotene Eigenmacht darstellt.[174]

- **Sonderfall: Nur einer der Lebenspartner war Mieter:** Besteht kein förmliches Untermietverhältnis, so kann der Mieter ohne Anwendung von Kündigungsschutzvorschriften[175] vom bisherigen Partner die Räumung verlangen. Nur bei besonderen Umständen kann dies – etwa Verlangen nach Räumung zur Unzeit oder sofortiger Räumung ohne Rückfrist – iSd § 242 BGB rechtsmissbräuchlich sein.[176] Es kann nicht vom Vermieter verlangt werden, dass er das Verbleiben des Nichtmieters in der Wohnung bei Auszug des Mieters duldet. Denn das wäre ein vertragswidriger Gebrauch in Form der unerlaubten Überlassung des Alleingebrauchs.[177] Möglich ist hier nur eine – nicht erzwingbare – Vereinbarung mit dem Vermieter über einen Mieterwechsel.[178] 133

cc) Wohngemeinschaften. Der Begriff der Wohngemeinschaft ist nur auf Mieterseite denkbar. Er ist dadurch gekennzeichnet, dass hier **keine besondere persönliche Beziehung** dem Wohnen in einer Wohnung zugrunde liegt, wie bei einer nichtehelichen Lebensgemeinschaft, sondern **einziger Zweck das gemeinsame Wohnen** ist, im Regelfall, um Wohnkosten zu sparen. 134

(1) Wohngemeinschaft ab Mietbeginn. Vertragspartner auf Mieterseite werden im Regelfall alle Personen, die in der Wohnung leben. Dazu ist – nicht anders als bei Ehegatten oder bei nichtehelichen Lebensgemeinschaften – erforderlich, dass jeder, der Mietvertragspartner werden soll und will, im Kopf des Mietvertrages auch als Mieter aufgeführt ist und den Mietvertrag unterschreiben muss. 135

Formulierungsvorschlag: Mietvertrag mit Wohngemeinschaft

Zwischen 136
(Vermieterbezeichnung wie oben)
und als Mietern:
1. AB, bisherige Anschrift: ......, geb. am: ...... in ......,
2. CD, bisherige Anschrift: ......, geb. am: ...... in ......,
3. EF, bisherige Anschrift: ......, geb. am: ...... in ......,
4. Etc.
in Form einer Wohngemeinschaft, gesamtschuldnerisch haftend,
(weiter wie üblich)

Wollen alle „Wohngemeinschafter" das Mietverhältnis beenden, muss – wie sonst auch – eine Kündigung von allen ausgesprochen werden und an den/alle Vermieter gerichtet werden. Eine Kündigung des Vermieters muss – was nicht verwundert – gegenüber **allen** Mitgliedern der Wohngemeinschaft erklärt werden. Denn bei Vermietung einer Wohnung zB an drei junge, voneinander unabhängige Personen handelt es sich um die Vermietung an eine Wohngemeinschaft. Die Kündigung dieses Mietverhältnisses ist daher allen aktuellen Mitgliedern der Wohngemeinschaft gegenüber zu erklären.[179] Zu den Konsequenzen, die sich ergeben, wenn man einen Vertrag dahin auslegt, dass die Wohngemeinschaft als GbR „als solche" Vertragspartner geworden ist, ist auf → Rn. 146 zu verweisen. Zur Empfangsbevollmächtigung wird auf die Ausführungen oben zu → Rn. 43–47 verwiesen. 137

[174] Schuschke NZM 1999, 481 (484) (insbesondere zur dogmatischen Begründung); Schmidt-Futterer/Blank BGB Vor § 535 Rn. 385; zu einem Ausnahmefall AG Bruchsal FamRZ 1981, 447, das dort Rechtsmissbrauch für möglich hielt.
[175] Singer WuM 1982, 257.
[176] Schmidt-Futterer/Blank BGB Vor § 535 Rn. 385.
[177] Schmidt-Futterer/Blank BGB Vor § 535 Rn. 386.
[178] Dazu → Rn. 217 ff.
[179] LG Hamburg NJW-RR 1996, 842.

138 Als denkbare andere Konstruktion kommt in Betracht, dass einem der Mieter als Hauptmieter ausdrücklich das Recht eingeräumt wird, eines oder mehrere Zimmer unterzuvermieten, solange er selbst weiter die Wohnung mitbewohnt.[180] Diese Konstruktion wird im Einzelnen in → Rn. 265 behandelt.

139 *(2) Wechsel im Mieterbestand.* Besonderheiten ergeben sich dann, wenn nicht alle „Wohngemeinschafter" das Mietverhältnis beenden wollen, sondern nur einer oder einige. Dies wird im Einzelnen unter → Rn. 256 ff. behandelt. Kurz sei zum Ergebnis gesagt, dass der Vermieter verpflichtet ist, einer Auswechslung der Mieter zuzustimmen, weil er damit bei Vermietung an eine – insbesondere studentische – Wohngemeinschaft rechnen könne und müsse.

140 *(3) Wohngemeinschaft durch Aufnahme weiterer Personen in die Wohnung.* Eine weitere Besonderheit tritt auf, wenn ein bisheriger Einzelmieter nunmehr weitere Personen in eine Wohnung aufnehmen will. Zu unterscheiden ist hier, was der Mieter damit bewirken will. Geht es ihm allein um das faktische Handeln, so erfolgt keine Auswirkung auf die Vertragsparteien, es geht dann im engeren Sinne nur um die Frage, ob das Vorhaben des Mieters ein rechtmäßiger Mietgebrauch ist. Wegen des Sachzusammenhangs soll dies hier kurz dargestellt werden.

141 • **Faktische Aufnahme Dritter Personen**

Zur Beurteilung der Zulässigkeit dieses Vorhabens ist § 553 BGB unmittelbar auch dann anzuwenden, wenn der Mieter einen Dritten, der weder Familienangehöriger noch Bediensteter des Mieters ist, zum Mitgebrauch der Wohnung für dauernd in den Haushalt aufnimmt, ohne ihm im Wege der Untermiete einen bestimmten Teil der Wohnung zum alleinigen Eigengebrauch zu überlassen.[181] Der Mieter bedarf also der Zustimmung des Vermieters, auf die er aber im Regelfall einen Anspruch hat.[182]

142 Es hängt dabei von der Darlegung der tatsächlichen Gründe im Einzelfall ab, ob der Wunsch des Mieters, im Rahmen seiner Lebensgestaltung aus persönlichen Gründen mit dritten Personen gleichen oder anderen Geschlechts eine auf Dauer angelegte Wohngemeinschaft zu bilden, ein berechtigtes Interesse iSv § 553 BGB darstellt.[183]

143 Der Mieter hat – unbeschadet etwaiger Einwendungen des Vermieters aus dem Gesichtspunkt der Unzumutbarkeit (§ 553 BGB nF = § 549 Abs. 2 BGB) – bereits dann ein berechtigtes Interesse an der Aufnahme eines Dritten in die Mietwohnung iSd § 553 BGB nF, wenn er im Rahmen seiner Lebensgestaltung aus persönlichen oder wirtschaftlichen Gründen mit dem Dritten eine auf Dauer angelegte Wohngemeinschaft begründen will, gleichviel, ob es sich bei dem Dritten um eine Person gleichen oder anderen Geschlechts handelt.[184]

Eine Berücksichtigung der Belange des Vermieters findet damit nur unter dem Gesichtspunkt der Zumutbarkeit iSv § 553 BGB nF (§ 549 Abs. 2 S. 1 Hs. 2 BGB aF) statt.[185]

• **Verlangen des Mieters nach Mitmieterstellung der weiteren Person**

144 Will allerdings der Alleinmieter eine Aufnahme der weiteren Person in die Mieterstellung erreichen, so kann er das nur im Einvernehmen mit dem Vermieter durch eine entsprechende Ergänzung des Mietvertrages erreichen. Denn spiegelbildlich zu der oben dargestellten Situation, dass der Vermieter nicht verlangen kann, dass zB der Ehegatte des ursprünglich ledigen Mieters als Mitmieter dem Vertrag beitreten muss, kann auch der Mieter ein solches Verlangen nicht stellen. Denn auch nach der teilweisen Umgestaltung der Regelungen zur Rechtsnachfolge im Todesfall des Mieters durch die Mietrechtsreform (§§ 563–564 BGB) kann der Vermieter ein Interesse daran haben, nur mit

180 Schmidt-Futterer/Blank BGB § 540 Rn. 20.
181 OLG Hamm NJW 1982, 2876.
182 BGH NZM 2004, 22.
183 BGH NJW 1985, 130.
184 OLG Hamm NJW 1982, 2876.
185 BGH NJW 1985, 130 (131).

einer Rechtsnachfolge durch berechtigte Personen rechnen zu müssen, die ihr Recht von seinem ursprünglichen Alleinmieter herleiten.

Die Rechtslage ist hier anders als bei der Vermietung an eine studentische Wohngemeinschaft, wie sie oben und unter → Rn. 134 ff. dargestellt ist, denn bei der Vermietung an einen Einzelmieter muss der Vermieter gerade nicht mit einem Wechsel im Mieterbestand rechnen. 145

4. Personenzusammenschlüsse

Ist eine GbR als Mieter aufgetreten, so wird die Gesellschaft in ihrer jeweiligen Zusammensetzung Mieter. Mehrere Mieter bilden bei der Anmietung einer Wohnung regelmäßig eine reine Innengesellschaft. Dies betrifft aber nur die Rechtsbeziehungen zwischen den einzelnen Mieter,[186] nach außen hin sind die einzelnen Mieter alle Gesamtschuldner.[187] Die Außengesellschaft spielt vor allem im Gewerbemietrecht eine Rolle.[188] Ein ausscheidender Gesellschafter verliert die Mieterstellung, haftet jedoch fünf Jahre lang für die mietvertraglichen Verbindlichkeiten weiter.[189] Im Wesentlichen ist hier in Betracht zu ziehen, dass handelsrechtliche Personenzusammenschlüsse, dies sind die Handelsgesellschaften laut HGB, also OHG und KG, Vertragsparteien sind. 146

Diese können als solche Vertragspartei sein, es werden also nicht ihre Mitglieder Vertragspartei und damit Mieter. Dies ändert aber nichts an der Haftung, die die Mitglieder auf Grund abgeschlossener Verträge trifft, so insbesondere durch die Regelung des § 128 HGB bei der OHG, gemäß § 161 Abs. 2 HGB auch anwendbar für den persönlich haftenden Gesellschafter der KG.[190] 147

Wird eine derartige Handelsgesellschaft gemäß den Vorschriften des Umwandlungsgesetzes in eine GmbH umgewandelt, so geht das Mietverhältnis auf die übernehmende oder neue Gesellschaft über, ohne dass hierzu die Zustimmung des Vermieters notwendig ist.[191] Hierdurch kann sich also eine Veränderung der Sicherheit des Vertragspartners ergeben, denn ein dem Falle, dass ursprünglicher Mieter eine OHG, gebildet aus zwei natürlichen Personen war, jetzt aber eine GmbH Vertragspartner wird, ist ein Gefälle in der Haftungssituation offensichtlich. Die bisherigen Vertragspartner haften für Altverbindlichkeiten bis zur Umwandlung neben der GmbH, für zukünftige Verbindlichkeiten haftet aber nur die GmbH.[192] 148

Folge einer derartigen Umwandlung ist aber dann, wenn der Vertragspartner mangels einer Mitteilung über die Umwandlung keinerlei Gelegenheit hatte, aus der Umwandlung die seine Ansprüche sichernden Konsequenzen zu ziehen, eine persönliche Weiterhaftung der bisherigen Mieter auch für die zukünftigen Verbindlichkeiten, da dann eine Berufung auf die Haftungsbeschränkung rechtsmissbräuchlich wäre.[193] 149

Denkbar ist es, in einen Vertrag mit einer aus natürlichen Personen gebildeten Handelsgesellschaft ausschließlich als Individualregelung (mit all den hierzu bekannten Einschränkungen der Gestaltungssicherheit) – eine Regelung aufzunehmen, die es dem Vermieter ermöglicht, sich bei einer solchen Umwandlung vom Vertrag zu lösen. 150

Formulierungsvorschlag: Umwandlungsklausel

Überträgt einer der Inhaber der Mieterin seinen Geschäftsanteil auf eine juristische Person oder wird die Mieterin in eine juristische Person umgewandelt, so ist dies dem Vermieter sofort, spätestens binnen einer Woche, mitzuteilen. Der Vermieter hat in diesem Falle das binnen eines 151

[186] BGH NJW-RR 1990, 1090.
[187] Schmitt-Futterer/Börstinghaus BGB Vor § 558 Rn. 55.
[188] Schmitt-Futterer/Börstinghaus BGB Vor § 558 Rn. 55.
[189] AG Berlin-Tiergarten GE 1999, 985.
[190] Schmidt-Futterer/Blank BGB Vor § 535 Rn. 389–391.
[191] OLG Düsseldorf DWW 1992, 341.
[192] Schmidt-Futterer/Blank BGB Vor § 535 Rn. 391.
[193] OLG Düsseldorf DWW 1992, 341 (dort war erst im Stadium der Beendigung und Abwicklung des Mietverhältnisses die Umwandlung der OHG in eine GmbH erfolgt).

Monates nach Kenntnis auszuübende einmalige Recht, das Mietverhältnis außerordentlich mit einer Frist von ...... Monaten zu kündigen; der Vermieter hat auch das einmalige Recht, die Stellung zusätzlicher Sicherheiten zu verlangen, welches binnen eines Monates nach Kenntnis auszuüben ist. Werden zusätzliche Sicherheiten innerhalb einer vom Vermieter zu setzenden angemessenen Frist mieterseits nicht gestellt, steht dem Vermieter ebenfalls das Recht zu, das Mietverhältnis außerordentlich mit einer Frist von ...... Monaten ab Ablauf der Frist für die Stellung der Sicherheiten zu kündigen.

5. Stellvertretung

152 a) **Auf Vermieterseite.** *aa) Rechtsgeschäftlich erteilte Vertretungsmacht.* Der Vermieter kann sich beim Abschluss eines Mietvertrages vertreten lassen. Dies erfolgt häufig durch einen Hausverwalter. Im Mietvertrag ist dann zu formulieren:

Formulierungsvorschlag: Hinweis auf Stellvertretung

153 AB, (Anschrift), als Vermieter, vertreten durch V, (Anschrift) ......

154 Der Mieter sollte sich die Berechtigung des Vertreters, für den Vermieter Verträge schließen zu dürfen, durch Vorlage der entsprechenden Original-Vollmacht nachweisen lassen und davon eine Fotokopie verlangen, mit dem Original vergleichen und diese Fotokopie zu seinem Mietvertragsexemplar nehmen.

155 Der Vertreter muss im eigenen Interesse, aber auch im Interesse seines Auftraggebers darauf achten, dass das Vertretungsverhältnis klargestellt ist. Denn es kommt für die Festlegung der Parteien eines Mietvertrages ausschließlich auf die Bezeichnung in dem zwischen ihnen geschlossenen Mietvertrag an, während es auf Eigentums-, Besitz- oder sonstige Nutzungsrechte nicht ankommt, so dass der Vermieter nicht Eigentümer der vermieteten Sache zu sein braucht.[194] Wenn daher im Kopf eines Mietvertrages eine „M. Verwaltung" als Vermieter genannt ist, ist aus dem Namensbestandteil „Verwaltung" nicht etwa zu schließen, dass diese Verwaltung den Mietvertrag nicht im eigenen Namen, sondern als Vertreter des Grundstückseigentümers geschlossen hat.

156 Erfolgt die Klarstellung der Vertretungsverhältnisse nicht, können sich – wie im entschiedenen Fall – fatale Folgen ergeben, denn einerseits hat der Mieter in einem solchen Fall gegenüber dem Eigentümer kein Recht zum Besitz,[195] andererseits ergeben sich für den Eigentümer erhebliche Probleme, wenn in der Person des Eigentümers Eigenbedarf entsteht (und sei es für Familienangehörige und andere berechtigte Personen). Denn abzustellen ist nur auf den Eigenbedarf des **Vermieters.** Ist aber auf Grund solch formeller Fehler nicht die Person rechtlich als Vermieter anzusehen, die eigentlich Vermieter sein sollte, kann dies nicht mehr korrigiert werden und führt zum Verlust der in Rede stehenden Rechte beim Eigentümer.

157 Die Gegenmeinung, dass doch der nicht mit Vertretungszusatz genannte Eigentümer Vertragspartner werde, ist aus Gründen der Rechtsklarheit abzulehnen. Es mag noch angehen, dass ein Fall der Vertretung angenommen wird, wenn der Verwalter mit der Angabe „als Verwalter des Grundstücks" in der Vermieterzeile angegeben ist, da damit im Sinne der Erkennbarkeit nach Maßgabe des § 164 Abs. 2 BGB hinreichend klar wird, dass der Verwalter nicht in eigenem Namen handeln wollte, es genügt aber mE entgegen KG[196] nicht, wenn in der Vermieterzeile bei dem Namen des Hausverwalters der Zusatz „Hausverwaltung" steht. Denn darin kann die Angabe der allgemeinen Geschäftstätigkeit der in der Vermieterzeile eingetragenen Person liegen, der dieses Objekt aber –

[194] KG WuM 1997, 101 (103).
[195] LG Berlin GE 1994, 1317.
[196] KG MDR 1983, 1023 (entschieden für das Rechtsverhältnis zwischen Bürgen und Vermieter).

wegen Eigentums oder wegen Bestehens eines gewerblichen Zwischenmietverhältnisses – doch in eigenem Namen vermietet. Hier muss gelten, dass gemäß § 164 Abs. 2 BGB in Fällen, in denen der Wille, in fremdem Namen zu handeln, nicht erkennbar hervortritt, der Mangel des Willens, in eigenem Namen zu handeln, nicht in Betracht kommt, also unbeachtlich ist.

Es soll ausreichen, wenn die im Rubrum des Vertrags genannten Personen gemeinsam Eigentümer des Mietobjekts sind und der tatsächlich Unterschreibende eine allgemeine Vollmacht hat, alle mit der Vermietung im Zusammenhang stehenden Geschäfte auszuführen.[197] Dies überzeugt im Sinne der Vertragsklarheit nicht, sofern nicht das Vertreterhandeln im Vertrag selbst deutlich gemacht ist (§ 164 Abs. 2 BGB). Wird jedoch zu einer Unterschrift eines Gesellschafters einer GbR der (Firmen-)Stempel hinzugesetzt, weist das denjenigen, der die Unterschrift geleistet hat, zum einen als für die Gesellschaft unterschriftsberechtigt aus und eine solche Erklärung erfüllt zudem das Schriftformerfordernis des § 550 BGB.[198] 158

Über AGB-Klauseln lassen sich unbegrenzte Vollmachten nicht wirksam erteilen. Eine Vertragsklausel „Rechtshandlungen und Willenserklärungen eines Vermieters sind auch für die anderen Vermieter, eines Mieters auch für die anderen Mieter verbindlich." ist wegen unangemessener Benachteiligung jedenfalls des Mieters unwirksam, da sie nicht auf bestimmte Zwecke eingegrenzt ist.[199] 159

Tritt allerdings auf Vermieterseite nur eine einzige natürliche Person als Vermieter (oder Mieter) auf und unterschreibt eine andere Person den Vertrag, so kann deren Unterschrift auf der entsprechend gekennzeichneten Unterschriftszeile des Vertrages laut BGH nur bedeuten, dass der Unterzeichnende die Vertragspartei vertreten will. Die Schriftform ist dann auch ohne Vertreterzusatz gewahrt.[200] 160

bb) Gesetzliche Vertretungsmacht. (1) Bei Minderjährigen. Minderjährige Kinder werden gemäß § 1626 iVm § 1629 BGB durch ihre Eltern im Rahmen der Vermögenssorge gesetzlich vertreten. Dies ist vom Grundsatz her allumfassend, jedoch gibt es für bestimmte Rechtsgeschäfte Sonderregelungen. 161

Eine **Genehmigung des Vormundschaftsgerichts** ist dann nötig, wenn auch ein Vormund dieser Genehmigung bedarf (§ 1643 Abs. 1 BGB). § 1853 Nr. 1 BGB regelt für den Vormund bei Miet- und Pachtverträgen (was sowohl auf Mieter- wie auf Vermieterseite gilt), dass in Fällen, in denen der Vertrag länger als vier Jahre nach Eintritt der Volljährigkeit des Minderjährigen fortdauern soll, also nicht eher vom Mündel bzw. minderjährigen Kind gekündigt werden kann, eine Genehmigung des Vormundschaftsgerichts erforderlich ist. 162

Der BGH hat – es fehlte dort die vormundschaftsgerichtliche Genehmigung – bei einem Mietvertrag, der die Vereinbarung enthielt, dass die Nichtigkeit einzelner Bestimmungen die Gültigkeit des übrigen Vertrags nicht berühren soll, die Gültigkeit des Vertrages gemäß § 139 BGB bis zum Ablauf von einem Jahr nach Vollendung der Volljährigkeit bejaht,[201] also nur teilweise Unwirksamkeit angenommen. 163

Die sich für den Minderjährigen durch den Erwerb eines Grundstücks ergebende gesetzliche Folge des Eintritts in einen bestehenden Mietvertrag (§ 566 Abs. 1 BGB) fällt jedoch nicht unter die Genehmigungstatbestände des § 1822 Nummern 5 und 10 BGB.[202] 164

---

[197] LG Hamburg WuM 1994, 423.

[198] BGH NJW 2013, 1082; dazu Neuhaus, Schriftformprobleme der Gesellschaft bürgerlichen Rechts, IMR 2013, 310.

[199] OLG Düsseldorf ZMR 2008, 44.

[200] BGH NZM 2008, 482.

[201] BGH FamRZ 1962, 154.

[202] BGH NJW 1983, 1780 (1781) (noch zu § 1643 Abs. 1 BGB in der bis 31.12.1979 geltenden Fassung iVm § 571 BGB aF).

Formulierungsvorschlag: Hinweis auf gesetzliche Vertretung

165 AB, (Anschrift), als Vermieter, gesetzlich vertreten durch V, (Anschrift) ……

166 *(2) Bei Volljährigen.* Hier kommt insbesondere die Anordnung einer **Betreuung** gemäß § 1896 BGB in Betracht. Wenn diese den Bereich der Vermögenssorge umfasst, ist der Betreuer gemäß § 1902 BGB im Rahmen der gerichtlichen und außergerichtlichen Vertretung berechtigt und verpflichtet, auch die Tätigkeiten zu leisten, die zur Vermietung des dem Betreuten gehörenden Grundbesitzes erforderlich sind. Wenn der Betreuer eines in der Erdgeschosswohnung seines eigenen Hauses wohnenden volljährigen Betreuten die im Obergeschoss gelegene Mietwohnung nach Ablauf des bestehenden Mietverhältnisses erneut vermietet, benötigt er dazu nicht die Genehmigung des Vormundschaftsgerichts.

Es empfiehlt sich, auf die Tatsache der Betreuung zur Klarstellung im Mietvertrag hinzuweisen und dort das Aktenzeichen der Anordnung der Betreuung anzugeben.

Formulierungsvorschlag: Hinweis auf Betreuung

167 „AB, (Anschrift), als Vermieter, vertreten durch den gerichtlich bestellten Betreuer XY, ausgewiesen durch Bestallungsurkunde Aktenzeichen (……) Amtsgericht (……) vom (……)"

168 *(3) Andere Formen der gesetzlichen Vertretung.* Es kommen noch in Betracht die Stellung des **Zwangsverwalters** und die des **Insolvenzverwalters.**

Die Rechtsstellung des **Testamentsvollstreckers,** des **Nachlasspflegers** und des **Insolvenzverwalters bei Nachlassinsolvenz** werden unter → Rn. 454 ff. (gilt für Vermieterseite analog) behandelt.

• **Zwangsverwalter**

169 Aufgrund § 152 ZVG hat der Zwangsverwalter das Recht und die Pflicht, alle Handlungen vorzunehmen, die erforderlich sind, um das Grundstück in seinem wirtschaftlichen Bestand zu erhalten und ordnungsgemäß zu benutzen. Dazu gehört auch der Abschluss von Mietverträgen, denn durch die Erträge hieraus sollen die Gläubiger befriedigt werden. Der Zwangsverwalter wird als Partei kraft Amtes selbst Vermieter, er vertritt nicht etwa den Schuldner. Der Zwangsverwalter muss dann, wenn er nach erhaltenen Hinweisen mit der Möglichkeit zu rechnen hat, dass ein Mieter durch seinen vertragswidrigen Gebrauch der Wohnung den Schuldner nicht unwesentlich schädigt, diese Gefahr für das anvertraute Eigentum durch Feststellung vor Ort klären. Versäumt er diese Feststellungen, haftet er für Verwahrlosungsschaden und trägt die Beweislast dafür, dass dieser Schaden nicht auf seinem Unterlassen beruht.[203] Man bezeichnet die vertragsrechtliche Rechtsstellung des Zwangsverwalters als eine Verpflichtungsermächtigung. Wenn die Zwangsverwaltung aufgehoben wird, tritt der (bisherige) Schuldner automatisch in die vom Zwangsverwalter abgeschlossenen Mietverträge als Vermieter ein, es erfolgt ein Vermieterwechsel sui generis. Rechtsgrund ist die Verpflichtungsermächtigung des Zwangsverwalters auf Grund § 152 ZVG, nicht eine hier unangebrachte Analogie zu § 571 BGB aF.[204]

• **Insolvenzverwalter**

170 Mit dem Eröffnungsbeschluss tritt der Insolvenzverwalter in die Rechtsstellung des Vermieters ein und hat damit dem Mieter das Grundstück/die Wohnung zu überlassen und das Mietentgelt zur Masse einzuziehen. Zu beachten sind Vorausverfügungen des

---

[203] BGH WuM 2005, 597.
[204] LG Berlin WuM 1992, 9.

Insolvenzschuldner, die in § 110 InSO geregelt sind. Sie werden im Einzelnen in → § 39 Rn. 1 ff. behandelt.

Ferner ergibt sich aus § 111 InsO im Falle der Veräußerung eines Mietobjektes, welches dem Mieter bereits überlassen war,[205] durch den Insolvenzverwalter ein Sonderkündigungsrecht für den Erwerber zum ersten zulässigen Termin. Anzuwenden ist die gesetzliche Frist für Sonderkündigungsrechte, eine kürzere vertragliche Frist (Die im Wohnraummietrecht wegen § 573c Abs. 4 BGB jedenfalls bei ab 1.9.2001 abgeschlossenen Verträgen ausgeschlossen sein dürfte) bleibt unberührt, auch bleibt der soziale Kündigungsschutz des Wohnungsmieters in vollem Umfang gültig (wie auch bei § 57a ZVG).[206] Auszuüben ist dieses Sonderkündigungsrecht nur für den ersten Termin, für den es zulässig ist, § 111 S. 2 InsO. Damit wird die frühere Regelung in § 569a Abs. 5 BGB aF mit allen ihren Auslegungsproblemen übernommen, ohne dass der Gesetzgeber an eine Vereinheitlichung der Rechtsordnung an jedenfalls diesem Punkt gedacht hätte. **171**

b) Auf Mieterseite. Eine Stellvertretung beim Vertragsschluss ist gemäß allgemeinen Regeln möglich. **172**

aa) Ehegatten. Bei Abschluss eines Wohnraummietvertrags durch einen Ehegatten als Vertreter auch des anderen Ehegatten muss die Vollmacht offen ausgewiesen und das Handeln in Vertretung im Mietvertrag auch zum Ausdruck gekommen sein, da es eine gesetzliche Vertretungsmacht beim Abschluss von Mietverträgen nicht gibt, wie oben bei → Rn. 78 ff. dargestellt. Die daher nötige ausdrückliche Vollmacht sollte beim Vertragsschluss vorgewiesen und am sinnvollsten im Original zum Vermieter-Exemplar des Mietvertrages genommen werden. **173**

bb) Minderjährige. Denkbar und notwendig ist eine Vertretung durch die Eltern zB bei der Anmietung von Wohnraum bei einem nicht am Wohnort der Eltern wohnenden minderjährigen Auszubildenden, Schüler oder Studenten. **174**

Formulierungsvorschlag: Hinweis auf gesetzliche Stellvertretung Minderjähriger

„AB, (Anschrift, Geburtsdatum), als Mieter, gesetzlich vertreten durch die Eltern ......" **175**

Auch hier ist die oben zur Vermieterseite dargestellten Einschränkung[207] zu beachten, die sich aus einer ggf. erforderlichen Genehmigung des Vormundschaftsgerichts ergibt.

cc) Sonstige Fälle. In Betracht kommen auch hier Fälle, in denen ein Betreuer für den Betreuten eine Anmietung von Wohnraum vorzunehmen hat. **176**

Formulierungsvorschlag: Hinweis auf Betreuung

„CD, (Anschrift), als Mieter, vertreten durch den gerichtlich bestellten Betreuer XY, ausgewiesen durch Bestallungsurkunde Aktenzeichen (......) Amtsgericht (......) vom (......)" **177**

Ist der Betreute geschäftsfähig, kann er weiter vollumfänglich selbst handeln.[208] Ist der Aufgabenbereich des Betreuers aber auf das Aufenthaltsbestimmungsrecht und/oder auf das Mietverhältnis erstreckt, so muss der Betreuer die Kündigung des vom Betreuten gemieteten Wohnraums dem Vormundschaftsgericht gemäß § 1907 Abs. 2 S. 1 BGB mitteilen. Muss der Betreuer ein Wohnraummietverhältnis kündigen, so muss er die Genehmigung des Vormundschaftsgerichts einholen, wobei hier unter Genehmigung die vorherige Zustimmung iSv § 183 BGB zu verstehen ist (§ 1907 S. 1 BGB). All das gilt selbst dann, wenn der Betreute nur in den Räumen lebt, ohne Mieter zu sein, da alle **178**

---

[205] BGH NJW 2007, 3715.
[206] BGH 5.7.2007 – IX ZR 185/06.
[207] → Rn. 136, 137.
[208] Schmidt-Futterer/Blank BGB Vor § 535 Rn. 395.

Maßnehmen, die zum Verlust der Wohnung führen, gleich zu behandeln sind. Daher ist die vorherige Zustimmung des Vormundschaftsgerichts auch für Mietaufhebungsverträge (§ 1907 Abs. 1 S. 2 BGB) und für die Akzeptanz einer offensichtlich unwirksamen Kündigung des Vermieters (§ 1907 Abs. 2 S. 2 BGB) einzuholen.[209]

179 Im Falle der Zustellung an die (unerkannt) geschäftsunfähige Partei ist der darin liegende Mangel, dass die Klage (zunächst) nicht wirksam erhoben ist, im Verfahren behebbar, sobald ein Betreuer für die prozessunfähige Partei bestellt ist; ist bereits ein Versäumnisurteil ergangen und zugestellt, wird durch diese Zustellung die Einspruchsfrist nicht in Gang gesetzt, vielmehr ist auf Antrag Wiedereinsetzung in den vorigen Stand zu gewähren.[210]

180 Es kommt weiter in Betracht die Stellung des **Insolvenzverwalters.** Zunächst bestimmt § 108 InsO, dass Mietverhältnisse des Schuldners über Räume mit Wirkung für die Insolvenzmasse fortbestehen. Der Insolvenzverwalter kann gemäß § 109 InsO ein Mietverhältnis über Räume, das der Schuldner als Mieter eingegangen war, ohne Rücksicht auf die vereinbarte Vertragsdauer unter Einhaltung der gesetzlichen Frist kündigen. In diesem Fall kann der andere Vertragsteil lediglich als Insolvenzgläubiger wegen der vorzeitigen Beendigung des Vertragsverhältnisses Schadensersatz verlangen.[211] Die Auswirkungen der Kündigungssperre des § 112 InsO werden in → § 39 Rn. 1 ff. gesondert behandelt. Die Rechtsstellung des **Testamentsvollstreckers,** des **Nachlasspflegers** und des **Insolvenzverwalters bei Nachlassinsolvenz** werden unter → Rn. 454 ff. behandelt.

6. Hausbesetzungen

181 Im eigentlichen Sinne kann man hier nicht von „Vertragsparteien" sprechen, da es ja gerade keinen Vertragsschluss gegeben hat. Es besteht hier letztlich hauptsächlich das prozessuale Problem, festzulegen, gegen wen sich Klagen oder Anträge auf einstweilige Verfügung eigentlich richten sollen. Der in Betracht kommende Personenkreis pflegt sich nicht unbedingt beim Einwohnermeldeamt zu melden, er wechselt meist – oft bewusst – häufig.

Checkliste aus Vermietersicht

182 Vermieterseite:

☐ Vermieterstellung geklärt?
☐ Vertretungsverhältnisse geklärt und ggf. angegeben? Vollmachten vorgelegt?
☐ Vormundschaftliche Genehmigung geklärt?
☐ Unterschriftsleistung durch alle Vermieter erfolgt?

Mieterseite:

☐ Mieterstellung geklärt?
☐ Mieteridentität geprüft und festgehalten (Kopie Personalausweis)
☐ Vertretungsverhältnisse geklärt und ggf. angegeben? Vollmachten vorgelegt?
☐ Vormundschaftliche Genehmigung geklärt?
☐ Unterschriftsleistung durch alle Mieter erfolgt?

Ohne Klärung dieser Punkte keine Schlüsselübergabe vornehmen!

Checkliste aus Mietersicht

183 Vermieterseite:

☐ Vermieterstellung geklärt? Ggf. Grundbucheinsicht!
☐ Auf Identität Eigentümer und Vermieter achten!
☐ Ggf. Zwischenmietverhältnisse klären!

---

[209] Schmidt-Futterer/Blank BGB Vor § 535 Rn. 395.
[210] BGH ZMR 2008, 359.
[211] Wetekamp NZM 1999, 485 (487).

- ☐ Vertretungsverhältnisse geklärt und ggf. angegeben? Vollmachten vorgelegt?
- ☐ Vormundschaftliche Genehmigung geklärt?
- ☐ Unterschriftsleistung durch alle Vermieter erfolgt?

Mieterseite:

- ☐ Sollen alle vorgesehenen Bewohner wirklich Mieter werden?
- ☐ Vertretungsverhältnisse geklärt und ggf. angegeben? Vollmachten vorgelegt?
- ☐ Vormundschaftliche Genehmigung geklärt?
- ☐ Unterschriftsleistung durch alle Mieter erfolgt?

II. Rechtsnachfolge

1. Rechtsnachfolge auf Vermieterseite

Ein Sonderfall der Rechtsnachfolge sind die Rechtsverhältnisse, die sich im Todesfall ergeben. Sie werden im Folgenden unter → Rn. 318 ff. gesondert behandelt. 184

a) **Rechtsnachfolge durch Vereinbarung.** Das **Gesetz** enthält auch nach der Mietrechtsreform **keine Regelungen** für diesen Sonderfall. Für diesen hat die maßgebenden Kriterien allein die Rechtsprechung erarbeitet. Eine solche Vereinbarung ist auf Grund des Grundsatzes der Vertragsautonomie zulässig. Sie kommt zum Beispiel in Betracht, wenn der Vermieter nicht gleichzeitig der Grundstückseigentümer ist und damit § 566 BGB nicht anwendbar ist oder dann, wenn der bisherige Vermieter zwar Grundstückseigentümer bleiben will, aber nicht mehr die Vermieterstellung innehaben will. Der Mieter muss sorgfältig abwägen, ob er sich auf eine solche Vereinbarung einlässt, denn die Bonität des vorgesehenen neuen Vermieters kann geringer sein als die des bisherigen Vermieters. 185

Eine derartige Vereinbarung zwischen ursprünglichem Vermieter, der nicht Grundstückseigentümer ist, einer anderen Person, die diese Vermieterstellung übernehmen soll und dem Mieter ist sogar mündlich möglich und gültig und bedarf – entgegen der Auffassung von *Heile*[212] – nicht der Schriftform des § 550 Abs. 1 BGB,[213] sondern kann sogar konkludent getroffen werden.[214] 186

Praxistipp:

Die zitierte Entscheidung sollte aber nicht davon abhalten, in Fällen, in denen der anwaltliche Berater noch Einfluss auf die Vertragsgestaltung nehmen kann, aus Vorsichtsgründen zur schriftlichen Vereinbarung zu raten.

Außer durch **dreiseitigen Vertrag,** wie er nachstehend vorgeschlagen ist, kann der Vermieterwechsel auch durch Vereinbarung der beiden Vermieter erfolgen, die allerdings erst dann wirksam wird, wenn der Mieter sie genehmigt.[215] Die Genehmigung setzt eine Mitteilung der Übernahme durch den alten oder den neuen Vermieter an den Mieter voraus. Die Genehmigung des Mieters ist nicht fristgebunden und kann auch durch Zahlung der Miete an den Dritten als neuen Vermieter erfolgen, weiter kann auch in einer erst später im Prozess erfolgenden Erklärung des Mieters dessen ausdrückliche Zustimmung zum Vermieterwechsel liegen.[216] 187

---

212 Bub/Treier MietR-HdB/Heile II Rn. 808, 771.
213 OLG Köln NZM 1999, 1004 (für gewerbliche Miete).
214 LG Duisburg BeckRS 2009, 29550.
215 Blank/Börstinghaus/Siegmund/Börstinghaus BGB § 535 Rn. 231; Schmidt-Futterer/Lehmann-Richter BGB § 535 Rn. 277.
216 KG BeckRS 2003, 6189(für gewerbliche Miete).

Formulierungsvorschlag: Dreiseitige Vereinbarung über Vermieterwechsel

188 Zwischen A ...... als bisherigem Vermieter
und B ...... als neuem Vermieter
und M1 (und M2) als Mieter(n) wird hinsichtlich der Wohnung ...... vereinbart:
1. Der Mietvertrag vom ...... wird von B als neuem Vermieter mit Wirkung ab dem ...... fortgesetzt, der in alle Rechte und Pflichten des Vermieters aus dem Mietvertrag eintritt.
A wird mit Wirkung ab diesem Tag aus dem Mietverhältnis entlassen. Für die bis zu diesem Tage entstandenen Forderungen der Mieter einschließlich der sich aus einer noch zu fertigenden Betriebskostenabrechnung ergebenden Forderungen haftet/haften der/die bisherige/n Vermieter weiter.
2. Der Anspruch auf Rückzahlung der seitens der Mieter geleisteten Kaution besteht allein gegenüber B, A hat die Kaution mit aufgelaufenen Zinsen an B ausgehändigt, womit der/die Mieter einverstanden sind. M1 (und M2) verzichtet/verzichten gegenüber A auf jegliche Ansprüche auf Kautionsrückzahlung.
3. Alle übrigen Regelungen des Mietvertrages vom ...... bleiben unverändert gültig.

189 Der vorstehende Formulierungsvorschlag weicht zur Kaution von der Regelung des § 566a BGB ab, der für den Fall des Verkaufs eine Art Ausfallhaftung des ursprünglichen Vermieters selbst für den Fall vorsieht, dass dem Erwerber die Mietsicherheit ausgehändigt wurde. Dies erscheint – wenn die Vertragsschließenden dies wollen – zulässig, da es hier um eine frei verhandelte Vereinbarung geht und nicht um gesetzlich angeordnete Rechtsfolgen einer Veräußerung der Mietsache. Zudem ist § 566a BGB auf den vertraglichen Wechsel des Vermieters nicht anwendbar.[217]

190 Die Wirkung des Vermieterwechsels tritt **ex nunc** ein, wenn nicht ausdrücklich vereinbart wird, dass der neue Vermieter in Form einer Schuldübernahme auch sämtliche Verbindlichkeiten des früheren Vermieters übernimmt.[218] Ansonsten muss der Mieter zB bereits fällige Verwendungsersatzansprüche gegenüber dem früheren Vermieter geltend machen.[219]

Auch eine im Formularmietvertrag enthaltene Regelung „Der Vermieter hat das Recht, diesen Vertrag jederzeit auf eine andere Gesellschaft zu übertragen." kann wirksam sein, wenn sich nicht aus den Besonderheiten des Einzelfalles ergibt, dass der Mieter ein besonderes Interesse an der Beibehaltung des bisherigen Vermieters hat.[220]

191 **b) Kauf bricht nicht Miete, § 566 BGB.** Diese – **mieterschützend gedachte** – Vorschrift und die zugehörigen Regelungen der §§ 566a–567b BGB werden mit allen Einzelheiten ausführlich in → § 14 Rn. 1 ff. behandelt. Darauf wird verwiesen. Gleichwohl sei an dieser Stelle erwähnt, dass nach dem Wortlaut des § 566 BGB nicht jede Eigentumsänderung an dem vermieteten Grundstück die Folgen des § 566 BGB auslöst. Erforderlich ist stets eine rechtsgeschäftliche Veräußerung i. S. eines Eigentumsübergangs. Ein gesetzlicher Rechtsübergang durch Erbschaft unterfällt hingegen nicht unter den Anwendungsbereich von § 566 BGB.[221] Auch bei einem Leihverhältnis, also einem unentgeltlichen Nutzungsverhältnis, gilt diese Vorschrift nicht.[222] Voraussetzung für die Anwendung des § 566 BGB ist, dass der Mieter zum Erwerbszeitpunkt die tatsächliche Sachherrschaft über die Mietsache ausübt. Sowohl dann, wenn der Mieter eine Wohnung zwar gemietet hat, sie ihm aber zum Erwerbszeitpunkt noch nicht überlassen war als auch dann, wenn der Mieter einen Mietbesitz zu diesem Zeitpunkt nicht mehr

217 Blank/Börstinghaus/Siegmund/Weidt BGB § 566a Rn. 2.
218 Blank/Börstinghaus/Siegmund/Börstinghaus BGB § 535 Rn. 231.
219 Blank/Börstinghaus/Siegmund/Börstinghaus BGB § 535 Rn. 231.
220 BGH NZM 2010, 705 (Gewerberaummietverhältnis) mit Besprechung durch Disput NZM 2010, 886.
221 Schmidt-Futterer/Streyl BGB § 566 Rn. 16.
222 Schmidt-Futterer/Streyl BGB § 566 Rn. 27.

ausgeübt hat, ist § 566 BGB nicht anwendbar.[223] Zu einigen gewichtigen Rechtsfolgen soll nachstehend wegen des Sachzusammenhangs jedoch eine kurze Darstellung gegeben werden.[224]

aa) Veräußerung bei Wohnungseigentum. Der Umstand, dass zusammen mit einer Wohnung, die in eine Eigentumswohnung umgewandelt wurde und dann veräußert wurde, auch Nebenräume mitvermietet wurden, die nach der Umwandlung im Gemeinschaftseigentum aller Wohnungseigentümer stehen, führt nicht etwa dazu, dass jetzt alle Wohnungseigentümer in die Vermieterstellung zum Mieter der einzelnen Wohnung einrücken, vielmehr wird nur der Erwerber des Sondereigentums an den Wohnräumen alleiniger Vermieter.[225] Der Begründung zum RegE kann durch den Verweis auf die zitierte Entscheidung[226] entnommen werden, dass durch die Benutzung des Wortes „Wohnraum" im Gesetzestext die führende Bedeutung des Wohnraumes herausgestellt werden soll, so dass Nebenräume, die eben nicht Wohnräume sind, als „Anhängsel" zum Mietverhältnis des Rechtsschicksal des Wohnraumes teilen. Dies hat zur Folge, dass nur der Erwerber des Wohnraumes Vertragserklärungen abzugeben hat und Adressat von Erklärungen oder auch Gewährleistungsansprüchen (auch bzgl. des im Gemeinschaftseigentum stehenden Raumes) des Mieters ist und nicht etwa, wie teilweise vor der genannten Entscheidung angenommen, alle Wohnungseigentümer in die Vermieterstellung einrücken, was de-facto dazu führen würde, dass das Mietverhältnis kaum oder nur äußerst erschwert zu handhaben wäre. Bestehen aber Wohnung und Keller (oder Wohnung und Garage) aus jeweils selbstständigen, aber gemeinsam vermieteten Sondereigentumseinheiten, so treten bei Erwerb dieser selbstständigen Einheiten durch unterschiedliche Personen alle Erwerber in das gesamte Mietverhältnis ein.[227] Befreiende Leistung ist für den Mieter nur an die Gemeinschaft der Erwerber möglich, die Erwerber müssen rechtsgeschäftliche Erklärungen gemeinsam abgeben[228] und umgekehrt muss der Mieter Erklärungen gegenüber allen Erwerbern abgeben.Beanspruchen jedoch mehrere (neue) Vermieter nach Veräußerung vom Mieter die Zahlung der Miete und kann der Mieter weder vom Grundbuchamt noch durch Vorlage eines aktuellen Grundbuchauszuges durch den klagenden Vermieter sicher feststellen, wer sein aktueller Vermieter geworden ist, so gerät er nicht in Zahlungsverzug und es kann nicht wirksam gekündigt werden.[229] 192

bb) Verhältnis zur Formvorschrift des § 550 BGB. § 566 BGB macht den Eintritt des Erwerbers in das Mietverhältnis nicht davon abhängig, dass dem Erwerber der Mietvertrag, für den § 550 BGB zu seinem **Schutz die Schriftform** verlangt, auch tatsächlich vorgelegt werden kann, wenn die geforderte Schriftform im Zeitpunkt des Vertragsabschlusses gewahrt war.[230] 193

Fragen des Schriftformmangels werden verstärkt im Zusammenhang mit Bestrebungen einer Vertragspartei bedeutsam, sich von langfristigen Verträgen zu lösen, was u. a. dazu nötigt, zur Wahrung der Schriftform dafür Sorge zu tragen, dass bei Vertragsschluss im Briefwechsel die Annahmeerklärung binnen üblicher Frist (maximal zwei bis drei Wochen) erfolgt.[231] 194

cc) Folgen der Veräußerung. (1) Für Sicherheitsleistung des Mieters, § 566a BGB. Die Regelung des § 566a S. 2 BGB sieht für den Fall des Verkaufs eine Art **Ausfallhaftung** (subsidiäre Haftung) des ursprünglichen Vermieters für die Mietsicherheit selbst für den 195

---

223 BGH NZM 2016, 675.
224 Siehe auch: Streyl NZM 2010, 343; für ein Widerspruchsrecht des Mieters spricht sich Kühn aus, Kühn NZM 2009, 4.
225 BGH NJW 1999, 2177 = NZM 1999, 553.
226 Begründung zum RegE S. 163.
227 BGH NZM 2005, 941.
228 LG Bamberg IMR 2018, 54.
229 AG Gelsenkirchen BeckRS 2012, 3033.
230 BGH NZM 1999, 962 (963).
231 LG Stendal NZM 2005, 15.

Fall vor, dass dem Erwerber die Mietsicherheit ausgehändigt wurde, der Mieter diese vom Erwerber – etwa wegen Insolvenz – jedoch nicht zurückerhalten kann.[232] Umgekehrt haftet der **Erwerber** unabhängig davon, ob sie ihm ausgehändigt wurde oder nicht,[233] in Form einer **Primärhaftung** für die Rückgewähr einer an den ursprünglichen Vermieter geleisteten Sicherheit.[234] Die Regelung des § 566a BGB gilt nur beim Eigentümerwechsel und ist auf den vertraglichen Vermieterwechsel unanwendbar. Auch für eine entsprechende Anwendung besteht kein Raum, da ein vertraglicher Vermieterwechsel, wie vorstehend bereist aufgezeigt, stets der Mitwirkung des Mieters bedarf, mithin ein gesetzliches Schutzbedürfnis nicht erforderlich ist.[235] Eine formularmäßige Abbedingung dieser gesetzlichen Regelung dürfte unwirksam sein, da sie iSd § 307 BGB gegen den gesetzlichen Grundgedanken verstößt und eine unangemessene Benachteiligung für den Mieter darstellen würde.[236]

196 Es kommt in Betracht, diese Folge **einzelvertraglich auszuschließen,** da § 566a BGB nicht als zwingend ausgestaltet ist, bzw., Regelungen zur Rückzahlung der Kaution an den Mieter mit Verpflichtung zur erneuten Zahlung der Kaution an den Erwerber zu vereinbaren. Auch kommt für den Veräußerer in Betracht, im Zusammenhang mit der Veräußerung dem Mieter die Kaution zurückzugewähren. Verlangt dann der Mieter statt der Rückgewähr an ihn die Aushändigung der Kaution an den Erwerber, so führt dies zu einer haftungsbefreienden Entlassung des Vermieters[237] und Veräußerers aus seiner Ausfallhaftung, da sich der Mieter ansonsten treuwidrig verhalten würde. Durch AGB wird man das nicht vereinbaren können, da das eine unzulässige Abbedingung der Veräußererhaftung aus § 566a BGB bewirken würde.[238] Der Anspruch auf erstmalige Zahlung der Mietkaution geht bei einem Eigentümerwechsel analog § 566a BGB kraft Gesetzes auf den Erwerber über.[239] Weiterhin ist streitig, welche Rechtsfolge gilt, wenn die Mietsache veräußert wird, bevor die Sicherheitsleistung erbracht wurde. Ausweislich des doch klaren Wortlauts von § 566a BGB dürfte die Regelung für diesen Fall jedoch nicht anwendbar sein, da die Vorschrift nach ihrem Wortlaut voraussetzt, dass der Mieter Sicherheit „geleistet" hat.[240]

Macht der Mieter den Rückgewähranspruch gegenüber dem Erwerber geltend, so gilt hinsichtlich der Darlegungs- und Beweislast, dass der Mieter beweisen muss, ob und in welcher Höhe er eine Sicherheit an den Veräußerer erbracht hat.[241]

197 *(2) Folgen der Veräußerung für den Mietzins, §§ 566b–566e BGB.* Die aktuellen Regelungen übernehmen mit sprachlichen Anpassungen den Inhalt der früheren Vorschriften. Hiernach gilt:

198 • Bei **einseitigen Verfügungen,** insbesondere Abtretung des Mietzinses an einen Dritten oder Aufrechnung, die der Vermieter vor grundbuchmäßigem Eigentumsübergang vorgenommen hat, wird der Mieter durch **§ 566b BGB** vor Doppelzahlungen und der Erwerber vor einem Verlust des Anspruchs auf die Miete geschützt. Die Vorschrift des § 566b BGB umfasst solche Verfügungen, die zwar in der Eigentumszeit des Veräußerers getroffen werden, sich aber auch in der Eigentumszeit des Erwerbers auswirken (sog. „Vorausverfügungen").[242] Denn diese sind nur für den laufenden Kalendermonat gültig und dann, wenn der Eigentumsübergang nach dem fünfzehnten Tag

232 Blank/Börstinghaus/Siegmund/Weidt BGB § 566a Rn. 14; Schmidt-Futterer/Streyl BGB § 566a Rn. 26.
233 BGH NZM 2012, 81 (auch für den Fall, dass vor Inkrafttreten des § 566a BGB eine Veräußerung erfolgte und damals die Kaution nicht weitergegeben wurde).
234 Schmidt-Futterer/Streyl BGB § 566a Rn. 26.
235 Blank/Börstinghaus/Siegmund/Weidt BGB § 566a Rn. 2.
236 Schmidt-Futterer/Streyl BGB § 566a Rn. 49.
237 Schmidt-Futterer/Streyl BGB § 566a Rn. 50.
238 Schmidt-Futterer/Streyl BGB § 566a Rn. 50.
239 LG Kiel NZM 2013, 231.
240 Blank/Börstinghaus/Siegmund/Weidt BGB § 566a Rn. 3.
241 Blank/Börstinghaus/Siegmund/Weidt BGB § 566a Rn. 20; MüKoBGB/Häublein § 566a Rn. 13.
242 Blank/Börstinghaus/Siegmund/Weidt BGB § 566b Rn. 1.

des Monats lag, auch für den folgenden Kalendermonat.[243] Einzelheiten bei den Ausführungen zum Eigentumsübergang, → § 14 Rn. 1 ff.

- **Rechtsgeschäfte zwischen dem ursprünglichen Vermieter und dem Mieter** über die Miete, also insbesondere Erlass, Stundung, Vorauszahlung, Aufrechnungsvertrag sind gemäß § 566c BGB gegenüber dem Erwerber wirksam, soweit sie sich nicht auf eine spätere Zeit als den Kalendermonat beziehen, in dem der Mieter Kenntnis vom Eigentumsübergang erlangt. Auch hier gilt die Ausweitung auf einen weiteren Kalendermonat, wenn die Kenntnis vom Eigentumsübergang nach dem fünfzehnten Tag eines Monats erlangt wird. Hatte der Mieter bei Vornahme des Rechtsgeschäfts von dem bereits erfolgten Eigentumsübergang bereits Kenntnis, so ist ein derartiges Rechtsgeschäft jedoch ungültig, § 566c S. 3 BGB. 199

Praxistipp:
Dem Mieter ist also dringlich zu empfehlen, derartige Rechtsgeschäfte – insbesondere Mietvorauszahlungen – stets nur für die genannten begrenzten Zeiträume vorzunehmen, will er nicht in die Gefahr von Doppelzahlungen geraten.

- Für den eng begrenzten Zeitraum des § 566c BGB erlaubt § 566d BGB dem Mieter die **Aufrechnung gegen den Mietzinsanspruch** gegenüber dem Erwerber mit Forderungen, die er gegen den Vermieter – gleich aus welchem Rechtsgrund – vor Kenntnis vom Eigentumsübergang erlangt hat.[244] Ist allerdings die Gegenforderung später als die Miete und erst nach Erlangung der Kenntnis fällig, so ist die Aufrechnung ausgeschlossen. 200
- Wenn der ursprüngliche Vermieter dem Mieter einen **Eigentumsübergang** am vermieteten Wohnraum an einen Dritten **mitgeteilt** hat, so muss er sich bezüglich der Mietforderung auch dann so behandeln lassen, also ob die Übertragung erfolgt sei, wenn diese nicht erfolgt ist oder unwirksam ist, § 566e BGB. Diese Mitteilung kann jedoch mit Zustimmung des als neuen Eigentümers Bezeichneten zurückgenommen werden, § 566e Abs. 2 BGB, was eine formlose empfangsbedürftige Willenserklärung darstellt, zur Sicherung der Beweisbarkeit sollte jedoch die Schriftform eingehalten und der Zugang beweisbar sichergestellt werden.[245] 201

(3) Sonstige Folgen. Die Veräußerung führt zu einer deutlichen **Trennung der Rechtsverhältnisse.** Hatte der alte Vermieter vor dem Eigentumsübergang über Betriebskosten abgerechnet, so steht ihm der Anspruch auf Nachzahlungen zu, für Überschüsse haftet er dem Mieter auf Rückzahlung.[246] Ohne Rücksicht auf die Fälligkeit des Zahlungsanspruchs ist der Veräußerer gegenüber dem Mieter bezüglich der zum Zeitpunkt des Wechsels im Grundeigentum (Umschreibung im Grundbuch bzw. Bestandskraft eine Rückgabebescheides gemäß Vermögensgesetz) abgelaufenen Abrechnungsperiode zur Abrechnung der Betriebskosten verpflichtet und zur Erhebung etwaiger Nachzahlungen berechtigt, diese Lösung bevorzugt der BGH im Interesse der Rechtsklarheit.[247] Entscheidend ist dabei der Zeitpunkt des Endes der Abrechnungsperiode, nicht der der Abrechnungsreife, erst recht nicht der der tatsächlichen (ggf. verspäteten) Abrechnung.[248] Findet während des Abrechnungszeitraums ein Vermieterwechsel statt, ist der Erwerber als neuer Vermieter gehalten, einheitlich über alle Kosten abzurechnen. Hier- 202

243 Einzelheiten bei Grüneberg/Weidenkaff BGB § 566b.
244 MüKoBGB/Häublein § 566d Rn. 6.
245 Schmidt-Futterer/Streyl BGB § 566e Rn. 8, 9.
246 OLG Düsseldorf NJW-RR 1994, 1101; BGH WuM 2000, 609.
247 BGH NZM 2004, 188.
248 BGH NZM 2004, 188; 441; identisch zur Gewerbemiete: BGH NZM 2005, 17; krit. Neumann WuM 2012, 3.

von umfasst sind auch die geleisteten Vorauszahlungen die im Anrechnungszeitraum vor Eigentumswechsel erbracht wurden.[249]

203 Ferner **haftet der Veräußerer** gemäß § 566 Abs. 2 BGB für die **Erfüllung der mietvertraglichen Verpflichtungen** durch den Erwerber wie ein **selbstschuldnerischer Bürge,** sofern er selbst nicht den Mieter von dem Vermieterwechsel informiert hat und der Mieter daraufhin sein Kündigungsrecht zum ersten Termin nicht ausgeübt hat. Dies ist kein selbstständiges Sonderkündigungsrecht.[250] Hat der Mieter nicht gekündigt, hat er sich mit dem neuen Vertragspartner abgefunden und damit keine Ansprüche mehr gegen den alten Vermieter.[251] Jedoch bleibt bei einem Zeitmietvertrag (und bei Kündigungsausschlussvereinbarungen) die Haftung des ursprünglichen Vermieters bis zum Ende der Mietzeit bestehen, da der Mieter nicht zu einem früheren Zeitpunkt kündigen kann.[252]

204 c) **Beendigung gewerblicher Zwischenmiete.** Abzugrenzen ist die Regelung des § 566 BGB zu den Fällen der Beendigung eines gewerblichen Zwischenmietverhältnisses. Denn der Wechsel des Untervermieters in Fällen der gewerblichen Untervermietung wird nicht durch § 566 BGB geregelt,[253] sondern – auf Grund **gesetzlicher Regelung** durch § 549a BGB aF mit Wirkung ab 1.9.1993 – inhaltlich unverändert jetzt in § 565 BGB.[254] Diese Regelung ist auch auf Mietverträge, die bis zum Inkrafttreten der ursprünglichen Neuregelung (1.9.1993) nicht beendet bzw. abgewickelt sind, anzuwenden.[255] Wichtig ist hierbei, dass diese Regelung nicht nur Rechte für den Wohnungsmieter, also den Untermieter bzw. Endmieter begründet, sondern auch die Pflicht, den Mietvertrag mit dem Eigentümer als Vermieter fortzusetzen und einzuhalten.[256]

205 d) **Rechtsnachfolge bei Zwangsversteigerung und Zwangsverwaltung.** *aa) Zwangsversteigerung.* Schließt der Schuldner/Vermieter nach der Beschlagnahme des Grundstücks (§ 20 ZVG) einen Mietvertrag ab, so tritt der Ersteher in diesen nicht ein, wenn der Mietvertrag nicht den Regeln einer ordnungsgemäßen Wirtschaft entspricht.[257] Diese Rechtsprechung ist umstritten.

206 Für die Praxis ergibt sich hieraus die Empfehlung an den Mieter und dessen anwaltlichen Berater, sich bei Abschluss eines Mietvertrages ggf. beim zuständigen Zwangsversteigerungsgericht zu erkundigen, ob eine Beschlagnahme des Grundstücks erfolgt ist. Das rechtliche Interesse an der Erteilung der Auskunft ergibt sich aus den Rechtsfolgen, die der Mieter sonst ggf. zu erleiden hätte: Er ist der Herausgabeklage aus dem Eigentum des Erstehers ausgesetzt, die Schadensersatzansprüche gegen den Schuldner/Vermieter dürften im Regelfall wirtschaftlich wertlos sein.

Praxistipp:
Zumindest in Zweifelsfällen die uneingeschränkte Berechtigung des Vermieters zum wirksamen Vertragsabschluss auch beim Zwangsversteigerungsgericht prüfen.

207 Im Zusammenhang mit einer Zwangsversteigerung kann eine konkludente Vertragsübernahme erfolgen, so dadurch, dass der Ersteher einer Mietwohnung dem Mieter den Zwangsversteigerungserwerb anzeigte und sich später aufgrund einer Mängelanzeige des Mieters um Abhilfe hierzu kümmerte, während der bisherige Vermieter (der nicht

[249] Langenberg/Zehelein BetrKostR G. Rn. 23, 24.
[250] Schmidt-Futterer/Streyl BGB § 566 Rn. 149.
[251] Börstinghaus NZM 2004, 481 (489).
[252] Schmidt-Futterer/Streyl BGB § 566 Rn. 149 nebst Fn. 771.
[253] BGH MDR 1989, 906 = ZMR 1989, 331 (332); Schmidt-Futterer/Streyl BGB § 566 Rn. 30.
[254] Im Einzelnen erläutert in → § 50 Rn. 1 ff.
[255] LG Hamburg WuM 1994, 279.
[256] AG Aachen 9.3.2000 – 10 C 369/99; LG Aachen 20.10.2000 – 5 S 150/00.
[257] LG Kassel NJW-RR 1990, 976.

Eigentümer des Grundstücks war) nach der Zwangsversteigerung keine Mietzinszahlung mehr verlangte.[258]

bb) Zwangsverwaltung. Bei der Zwangsverwaltung finden durch die Beschlagnahme nach § 148 Abs. 2 ZVG **kein Eigentumswechsel** und **kein Rechtsübergang** statt.[259] Hier tritt der (bisherige) Schuldner automatisch in die vom Zwangsverwalter abgeschlossenen Mietverträge als Vermieter ein, wenn die Zwangsverwaltung aufgehoben wurde.[260] Grund ist die Verpflichtungsermächtigung des Zwangsverwalters auf Grund § 152 ZVG, nicht eine hier unangebrachte Analogie zu § 566 BGB. 208

War ein Wohnraummietverhältnis bereits vor der Beschlagnahme des Grundstücks beendet, ist der Zwangsverwalter für eine Kautionsrückforderung nicht passivlegitimiert.[261] Der Zwangsverwalter bleibt aber aktivlegitimiert für bis zum Ende der Zwangsverwaltung fällig gewordene Mieten und ist verpflichtet, die Betriebs- und Nebenkosten aus den Abrechnungsperioden, die vollständig in die Zeit der Zwangsverwaltung fallen, abzurechnen.[262] Im zum Zeitpunkt des Wirksamwerdens der Anordnung der Zwangsverwaltung noch laufenden Mietverhältnis muss der Zwangsverwalter die Betriebskostenvorauszahlungen des Mieters auch für solche Zeiträume abrechnen, die vor der Anordnung liegen.[263] Hierbei soll zur Abrechnungsfrist auch dann kein erleichterter Verschuldensmaßstab anzuwenden sein, wenn die Beschlagnahme des Grundstücks erst kurz vor Ablauf der Abrechnungsfrist des § 556 Abs. 3 Nr. 2 und 3 BGB erfolgte.[264] War die Zwangsverwaltung vor Fälligkeit der Nebenkostenabrechnung aber bereits beendet, schuldet der Zwangsverwalter dem Mieter nicht die Abrechnung der Nebenkosten und die Auszahlung eines Guthabens,[265] muss aber den Überschuss der Vorauszahlungen dem Ersteher aushändigen, der zur Abrechnung gegenüber dem Mieter verpflichtet ist.[266] Ist jedoch der Abrechnungszeitraum vollständig vor Ende der Zwangsverwaltung abgeschlossen, ist diese also bereits fällig, muss der Zwangsverwalter auch die Betriebskostenabrechnung hierfür erstellen und ist passiv legitimiert für eine Klage des Mieters auf Erteilung einer solchen Abrechnung.[267] Der Zwangsverwalter ist dem Mieter zur Herausgabe einer von diesem geleisteten **Kaution** auch dann verpflichtet, wenn der Vermieter, der die Kaution vor Anordnung der Zwangsverwaltung erhalten hatte, die Kaution dem Zwangsverwalter nicht herausgegeben hatte.[268] Als Ausnahme hiervon gilt das nicht, wenn das Mietverhältnis dadurch beendet wird, dass der Mieter selbst das Eigentum an der Wohnung durch Zuschlag in der Zwangsversteigerung selbst erwirbt. Denn mit dem Zuschlag schied der Zwangsverwalter aus der Vermieterposition aus. Ansprüche aus dem durch den Zuschlag nicht beendeten Mietverhältnis richteten sich ab dann gegen den Ersteher, also gegen den Mieter selbst.[269] Da sich die Parteien mit dem Zuschlag in der Person des Erstehers vereinigten, erlosch das Mietverhältnis insgesamt durch Konfusion.[270] Zudem fehlt dann, wenn die Zwangsverwaltung vor Rechtshängigkeit einer Klage auf Kautionsrückzahlung aufgehoben wurde, die Prozessführungsbefugnis des Zwangsverwalters mit der Folge, dass die Klage als unzulässig abzuweisen ist.[271] 209

[258] BGH NZM 2010, 471 = NJW-RR 2010, 1095.
[259] Schmidt-Futterer/Streyl BGB § 566 Rn. 26.
[260] BGH WuM 2007, 698.
[261] LG Potsdam WuM 2005, 772.
[262] LG Potsdam WuM 2001, 289.
[263] BGH WuM 2006, 402.
[264] AG Dortmund WuM 2007, 697 (Berufung zugelassen).
[265] BGH NJW 2003, 2320 (2321).
[266] BGH WuM 2007, 698.
[267] AG Köln BeckRS 2013 3213; Drasdo NJW 2013, 1775 (1777).
[268] BGH NJW 2003, 3342 = NZM 2003, 849.
[269] BGH NZM 2010, 698 = WuM 2010, 518 (519).
[270] BGH NJW 2009, 1076.
[271] BGH WuM 2005, 463.

210 Der Zwangsverwalter ist auch nach Verfahrensaufhebung sogar ohne entsprechende Ermächtigung im Aufhebungsbeschluss prozessführungsbefugt, wegen Nutzungen aus der Zeit vor der Zuschlagserteilung im parallel laufenden Zwangsversteigerungsverfahren Klage zu erheben, wenn das Zwangsverwaltungsverfahren nicht wegen Antragsrücknahme (§§ 161 Abs. 4, 29 ZVG) oder der vollständigen Befriedigung des Gläubigers (§ 161 Abs. 2 ZVG) aufgehoben wurde, sondern weil das Grundstück in der Zwangsversteigerung zugeschlagen wurde, sofern der die Zwangsverwaltung betreibende Gläubiger im Zeitpunkt des Wirksamwerdens des Zuschlagsbeschlusses noch nicht vollständig befriedigt ist.[272]

211 Der Ersteher eines Grundstücks, das nach vorangegangener Zwangsverwaltung zwangsversteigert worden ist, ist nicht Rechtsnachfolger des früheren Zwangsverwalters. Jedenfalls nach Beendigung der Zwangsverwaltung kann der Ersteher in der Situation, in der der Zwangsverwalter gegen einen Mieter einen Titel auf Räumung und Herausgabe des der Beschlagnahme unterliegenden Mietobjekts erstritten hat, nicht die Erteilung einer auf ihn, den Ersteher, lautenden vollstreckbaren Ausfertigung dieses Titels gemäß § 727 ZPO verlangen.[273] Der Ersteher muss ggf. neu klagen.[274] Andererseits geht der Anspruch auf Leistung der Kaution auf den Ersteher über, da das Mietverhältnis vollständig vom Ersteher übernommen wird.[275]

212 e) **BGB-Gesellschaften bzw. Gemeinschaften als Vermieter.** Wird hier ein Gesellschaftsanteil übertragen, so tritt nach überwiegender Meinung der Erwerber im Wege der **„Anwachsung" gemäß § 738 BGB** in das Mietverhältnis ein, der veräußernde Gesellschafter scheidet aus,[276] so dass letztlich außerhalb des Grundbuches ein Wechsel des Vermieters erfolgt, dessen Wirkungen wie bei § 566 BGB sind. Nach einer Gegenmeinung stellt dieser Vorgang keine Veräußerung iSd § 566 BGB dar, weder bei Übertragung eines Gesellschafteranteils im Falle des Gesellschafterwechsels noch bei Aufnahme eines weiteren Gesellschafters soll hiernach ein Vermieterwechsel stattfinden.[277]

213 Im Falle des LG München waren in einem Vorgang die Gesellschaftsanteile der veräußernden GbR vollständig auf neue Gesellschafter übertragen worden, im Fall des OLG Düsseldorf war zu zwei verbleibenden Gesellschaftern ein dritter hinzugetreten, dem die bisherigen Gesellschafter Teile ihrer Gesellschaftsanteile übertragen hatten.

214 Da die mieterschützende Funktion des § 566 BGB – auch in entsprechender Anwendung – nicht davon abhängig sein kann, ob die Veräußerung in einem Zug erfolgt oder durch sukzessiven Austausch einzelner Gesellschafter, kann die Auffassung des OLG Düsseldorf nicht überzeugen.[278]

215 Der BGH hat sich für die Anwendung des § 566 BGB entschieden,[279] die nachfolgende Rechtsprechung der Obergerichte schließt sich dem nun an.[280] Man wird daher nunmehr von der zumindest analogen Anwendung des § 566 BGB für den Fall des Gesellschafterwechsels in der GbR ausgehen können, zumindest, wenn die ursprünglichen Gesellschafter mit einem Vermerk iSd § 47 GBO, der ihre gesamthänderische Bindung angibt, im Grundbuch als Eigentümer (oder Erbbauberechtigte) eingetragen waren. Bei Gesellschafterwechsel wird das Grundbuch unrichtig, es kann (und muss) berichtigt werden.

216 Der BGH hat dies für die BGB-Gesellschaft mit der Bejahung der Rechtsfähigkeit der (Außen-)GbR bekräftigt.[281] Dies hat Auswirkungen auf den Ausspruch von Mieterhö-

---

[272] BGH NJW 2010, 3033 = NZM 2010, 676.
[273] BGH NZM 2012, 724.
[274] BGH NZM 2012, 724 mAnm Flatow; WuM 2012, 599.
[275] LG Kiel NZM 2013, 231; Drasdo NJW 2013, 1775 (1777).
[276] LG München I WuM 1985, 26; LG Berlin GE 1994, 931; BayObLG Rpfleger 1983, 431.
[277] OLG Düsseldorf DWW 1992, 242; LG Berlin GE 1994, 223; 1994, 941; 1995, 761.
[278] So auch Sternel Rn. 66.
[279] BGHZ 138, 82 (84) = NZM 1998, 260.
[280] KG NZM 1998, 507; OLG Hamm NZM 1998, 720.
[281] BGH NJW 2001, 1056 = NZM 2001, 299.

hungsanforderungen,[282] Kündigungen und auf die Aktivlegitimation für Forderungen.[283] Berechtigt ist auch hier jeweils die GbR in ihrem jeweiligen Bestand. Daraus folgt auch, dass für die Anwendung des § 119 Abs. 1 Nr. 1b GVG ausschließlich auf den (dort inländischen) allgemeinen Gerichtsstand der klagenden BGB-Gesellschaft abzustellen ist und nicht auf einen (dort ausländischen) allgemeinen Gerichtsstand eines der Gesellschafter.[284]

2. Rechtsnachfolge auf Mieterseite

a) **Austausch des Vertragspartners.** Neben dem Todesfall – nachstehend gesondert unter → Rn. 318 ff. behandelt – kommt auch hier die Rechtsnachfolge durch **rechtsgeschäftliche Vereinbarung** in Betracht.[285] Gesetzliche Sonderregelungen gibt es dazu nicht. 217

aa) Durch Vereinbarung. Zu beachten ist zunächst bei derartigen Vereinbarungen, dass – anders als auf der Vermieterseite – die **Schriftform des § 550 S. 1 BGB** zu beachten ist, da nur dies dem Schutzzweck des § 550 S. 1 BGB entspricht, den Grundstückserwerber über die Person des Mieters und die Dauer des Mietverhältnisses zu unterrichten;[286] denn die persönlichen Verhältnisse und die wirtschaftliche Leistungsfähigkeit eines Mieters können für den Vermieter bzw. den Grundstückserwerber von entscheidender Bedeutung sein.[287] Allerdings erfordert § 550 BGB nicht, dass der Mietvertrag dem Erwerber, für den zu seinem Schutz die Schriftform verlangt wird, auch tatsächlich vorgelegt werden kann, wenn die geforderte Schriftform im Zeitpunkt des Vertragsabschlusses gewahrt war.[288] In einer späteren Entscheidung wird allerdings gefordert, dass ein Nachfolgemieter in der Lage sein müsse, dem Erwerber eine Urkunde vorlegen zu können, aus der sich – im Zusammenhang mit dem zwischen Altmieter und Vermieter abgeschlossenen schriftlichen Vertrag – seine Mieterstellung gegenüber dem Vermieter ergibt; nur dann bleibe die Laufzeit eines Vertrages erhalten, der eben wegen seiner Laufzeit der Schriftform bedürfe.[289] Nimmt man beide Entscheidungen zusammen, so wird man vom Mietnachfolger nur das verlangen können, was seinem Einfluss unterliegt, nämlich eben die Vorlage der schriftlichen Nachfolgevereinbarung. Einzuhalten ist im Sinne der Rechtssicherheit und des Erwerberschutzes dabei die gesetzliche Schriftform des § 126 BGB.[290] Dazu soll es ausreichen, dass der Vermieter mit dem Altmieter schriftlich vereinbart, dass der Neumieter in den Vertrag eintritt und der Neumieter der Vertragsübernahme sodann formlos zustimmt.[291] Ebenso soll es ausreichen, wenn die Vertragsübernahme zwischen Altmieter und Neumieter zweiseitig vereinbart wird und dem der Vermieter seine nicht formbedürftige Zustimmung erteilt.[292] **Angesichts teilweise widersprüchlich erscheinender Aussagen der Rechtsprechung sollte stets dann, wenn der Rechtsanwalt in der Phase der Anbahnung derartiger Vereinbarungen eingeschaltet wird, auf strikte Formwahrung auch der Zustimmung des Neumieters geachtet werden.** 218

Die Rechtsfolgen eines Verstoßes gegen § 550 S. 1 BGB sind im Wohnraummietrecht etwas anders als im Gewerberaummietrecht, zu dem die Entscheidungen im Regelfall ergangen sind. Denn aus dem Umstand heraus, dass ein die Form nicht einhaltender 219

[282] OLG Köln NZM 2001, 429.
[283] KG NZM 2001, 520.
[284] OLG Düsseldorf WuM 2005, 655 f.
[285] Börstinghaus Kündigungs-HdB/U. Börstinghaus Kap. 5 Rn. 13.
[286] BGH NJW 1998, 62; NZM 2002, 291.
[287] OLG Köln NZM 1999, 1004; BGH NJW 1975, 1653; BGHZ 72, 394 = NJW 1979, 369 (370) (zu einem Vertrag zwischen Mieter und zeitweisem Substituten).
[288] BGH NZM 1999, 962 (963).
[289] BGH NZM 2002, 291.
[290] Heile NZM 2002, 505; Sternel ZMR 2001, 937.
[291] BGH NZM 2005, 584; bestätigt durch BGH NJW 2013, 1083 = NZM 2013, 269 (beide für Gewerbemiete).
[292] BGH NZM 2013, 269.

Vertrag als für unbestimmte Zeit geschlossen gilt, ergibt sich nur für den Wohnungsmieter das Recht der freien Kündigung unter Beachtung der normalen gesetzlichen Kündigungsfrist des § 573c BGB. Der Vermieter muss sich in diesem Fall auf das Vorliegen von Kündigungsgründen iSd § 573 BGB berufen können, so dass der Mieterschutz weiter besteht. Im Einzelfall kann dies dennoch dazu führen, dass bei Nichteinhaltung der Schriftform bei der Mieterauswechslung der Vermieter bzw. der Erwerber vorzeitig zB Eigenbedarf geltend machen kann. Daher liegt es auch im Interesse des Mieters bzw. dessen Nachfolgers, bei Vertragsänderungen, durch die ein Mietnachfolger die Vertragsposition des bisherigen Mieters übernimmt, die Schriftform des § 550 S. 1 BGB einzuhalten.

Praxistipp:

Für den anwaltlichen Berater beider Vertragsseiten ergibt sich daraus die Empfehlung, bei Mitwirkung an derartigen Änderungsvereinbarungen unbedingt die Einhaltung der gesetzlichen Schriftform zu empfehlen. Denn es ist reine Spekulation, dass ggf. auf Grund besonderer Interessenlage für die vertretene bzw. beratene Vertragspartei der Formmangel eventuell später zu Vorteilen führen könnte. Im Zweifel sind die vermutlichen Nachteile der Rechtsunsicherheit größer als etwaige Vorteile.

220 Für den Sonderfall des Auszuges eines Ehepartners aus der Ehewohnung wurde eine Vereinbarung als zulässig angesehen, mit welcher der Vermieter die Entlassung eines Mieters aus dem Mietvertrag ohne Mitwirkung des verbleibenden Mieters durchführte,[293] da keiner der Beteiligten ein schützenswerte Interesse hatte, dass der ausgezogene Mieter noch formell Mitmieter blieb. Der BGH hat jedenfalls eine Berufung des verbleibenden Mieters darauf, der ausgezogene Mieter sei nicht wirksam aus dem Vertrag entlassen worden, als einen Verstoß gegen Treu und Glauben (§ 242 BGB) angesehen, da dem verbliebenen Mieter gegenüber dem Mieterhöhungsverlangen des Vermieters die Berufung darauf verwehrt sei, er sei nicht Alleinmieter der Wohnung.[294] Identisch wurde zur Frage entschieden, wem gegenüber eine Kündigung auszusprechen ist (es reicht die Kündigung gegenüber dem verbliebenen Mieter einer Lebensgemeinschaft).[295] Ist der Vermieter kooperationswillig, besteht die Pflicht des einvernehmlich in der gemeinsam angemieteten Wohnung verbliebenen Ehegatten, daran mitzuwirken, dass der ausgezogenen Ehegatte aus dem Mietvertrag entlassen wird.[296]

221 *(1) Vertragsübernahme mit Identität des Mietvertrags.* Bei einer solchen Vereinbarung kann es sich um einen **dreiseitigen Vertrag** handeln, der zwischen dem ausscheidenden Mieter und dem eintretenden Mieter mit Zustimmung des Vermieters geschlossen wird.[297] Dem gleichzusetzen ist die **Vereinbarung zwischen der austretenden Partei und der eintretenden Partei,** der die weitere Partei zustimmt.[298] Beides stellt eine **Auswechslung der Mieterpartei** bei Identität des Mietvertrages dar.

222 Entscheidendes Gewicht bei der Gestaltung derartiger Vereinbarungen sollte auf eine **Klarstellung der Haftungsabgrenzung** gelegt werden. Denn der Nachmieter bzw. Ersatzmieter trägt ohne besondere Vereinbarung keine Haftung für Verbindlichkeiten des Vormieters gegenüber dem Vermieter,[299] während umgekehrt im Regelfall nicht anzunehmen ist, dass der ausscheidende Mieter für gegen ihn bereits begründete Verbindlichkeiten nicht mehr haften soll.

[293] LG Krefeld WuM 2003, 447, mit ablehnender Anmerkung Wiek WuM 2003, 447 (448); Urteil mit etwas abweichender Begründung bestätigt durch BGH NZM 2004, 419.
[294] BGH NZM 2004, 419.
[295] BGH NZM 2005, 452 f.
[296] OLG Hamburg NZM 2011, 311.
[297] BGHZ 96, 302 (308).
[298] BGHZ 96, 302 (308).
[299] OLG Frankfurt a. M. WuM 1988, 13.

Formulierungsvorschlag: Dreiseitige Vereinbarung über Mieterwechsel

Zwischen A …… als Vermieter 223
und M1 (und M2) als bisherigem/n Mieter(n) und M3 (und M4) als neuem/n Mieter(n) wird hinsichtlich der Wohnung …… vereinbart:

1. Der Mietvertrag vom …… wird von M3 (und M4) als neuem(n) Mieter(n) mit Wirkung ab dem …… fortgesetzt, M1 (und M2) wird (werden) mit Wirkung ab diesem Tag aus dem Mietverhältnis entlassen, für die bis zu diesem Tage entstandenen Forderungen des Vermieters einschließlich der sich aus einer noch zu fertigenden Betriebskostenabrechnung ergebenden Forderungen haftet/haften der/die bisherige/n Mieter weiter.
2. Der Anspruch auf Rückzahlung der seitens der Mieter geleisteten Kaution steht allein M3 (und M4) zu, M1 (und M2) verzichtet/verzichten gegenüber dem Vermieter auf jegliche Ansprüche auf Kautionsrückzahlung. Die Mieter haben sich intern über die Kaution bereits auseinandergesetzt.
3. Zum Zustand der Wohnung wird folgendes einvernehmlich festgestellt:

a) Schäden:

Der/Die bisherigen Mieter M1 (und M2) verpflichtet(n) sich, die Kosten der Schadensbehebung zu tragen. Diese werden hiermit einvernehmlich auf …… EUR festgelegt, dieser Betrag ist bis zum (……) an den Vermieter zu zahlen.

Alternativ:

Der/Die bisherigen Mieter M1 (und M2) verpflichten sich, die Kosten der Schadensbehebung zu tragen. Diese werden durch einen Kostenvoranschlag der Fachfirma ……/durch ein Gutachten eines Sachverständigen für das …… Handwerk ermittelt und sind nach dessen Zusendung an den/die bisherigen Mieter binnen 2 Wochen an den Vermieter zu zahlen.

Alternative 1:

Eine abschließende Überprüfung der Mietsache im Hinblick auf etwaige Beschädigungen ist durch die Parteien noch nicht erfolgt. Der/Die bisherigen Mieter M1 (und M2) verzichten jedoch bis zum TT/MM/JJJJ auf die Einrede der Verjährung des § 548 BGB.

Eine **Überprüfung der Mietsache auf eventuelle Schäden** und eine Festlegung des Schadensumfangs ist – für den Vermieter – deshalb erforderlich, weil gegen den/die bisherigen Mieter Schadenersatzansprüche nur innerhalb der 6-Monatsfrist des § 548 Abs. 1 BGB geltend gemacht werden können. Der Vermieter kann andererseits den neuen Mieter nicht für den Zustand bei Beginn seiner Mietzeit verantwortlich machen, wenn während der Mietzeit des Mietnachfolgers keine negative Veränderung des Zustandes der Mietsache eingetreten ist. Denn der Mietnachfolger hat nur für eigenes Verschulden zu haften.[300] Aus Gründen der Vorsicht muss jedenfalls von dieser Situation ausgegangen werden Die entsprechende Vereinbarung sollte insofern einen etwaigen Rechtsverlust des Vermieters, bedingt durch die verkürzte Verjährungsfrist des § 548 Abs. 1 S. 1 BGB, vorbeugen. Zwar ist nach höchstrichterlicher Rechtsprechung ein Verzicht auf eine Verjährungseinrede nach § 548 BGB in einem Wohnraummietvertrag nicht zulässig. Da es sich bei der vorstehenden Vereinbarung und den dortigen Formulierungen indes um keine formularrechtliche Vereinbarung handelt, dürfte die Klausel (Alternative 1) einer AGB- Kontrolle standhalten. Ein Verstoß gegen § 307 Abs. 2 Nr. 1 BGB ist somit nicht zu befürchten.[301] 224

Praxistipp:

Aus Gründen der Vorsicht muss daher bei Fortführung des ursprünglichen Mietvertrages der anwaltliche Vertreter eines Vermieters nach dem Prinzip des „sichersten Weges" darauf bedacht sein, eine etwa in Betracht kommende Schadensersatzverpflichtung des ursprünglichen Mieters zu realisieren bzw. in eine Vereinbarung einzubringen, bevor eine Vereinbarung zur Nachfolge in die

[300] LG Berlin NZM 1999, 839.

[301] BGH NJW 2017, 3707; LG Frankfurt a. M. NZM 2011, 546; Schmidt-Futterer/Streyl BGB § 548 Rn. 62.

Mieterposition getroffen wird und ggf. den Vermieter-Mandanten auf die Risiken – beweisbar – hinweisen, die bei Abweichen vom sichersten Weg bestehen.
Auch der Mietnachfolger (und dessen anwaltlicher Vertreter) muss nach dem Prinzip des „sicherstens Weges" auf eine Klarstellung der Haftung des ersten Mieters drängen, da für ihn umgekehrt die Gefahr besteht, dass der Vermieter ihn doch erfolgreich für den Gesamtzustand des Mietobjektes in Anspruch nimmt, denn zukünftige Wendungen der Rechtsprechung in die eine oder andere Richtung sind nicht vorhersehbar.

Fortsetzung Formulierungsvorschlag: Dreiseitige Vereinbarung

225 ......
b) Einbauten/Einrichtungen:
Der/Die neue(n) Mieter übernehmen die Einbauten und Einrichtungen, die der/die bisherigen Mieter in die Wohnung eingebracht haben, von diesen. Es handelt sich um:
......
(aufzählen)
Ein evtl. Kosten-/Wertersatz ist zwischen den bisherigen und den neuen Mietern direkt geregelt worden.
Der/Die neue(n) Mieter übernimmt/übernehmen als eigene Verpflichtung die Pflicht, bei Ende seines/ihres Mietverhältnisses die Einbauten und Einrichtungen zu entfernen und den vorherigen Zustand auf seine/ihre Kosten wiederherzustellen.
Sofern der Vermieter bei Beendigung des Mietverhältnisses den Verbleib der Einbauten und Einrichtungen verlangt, verbleibt es bei der gesetzlichen Regelung des § 552 BGB.

226 Es ist bei Mietverhältnissen über Wohnraum nicht möglich, einen entschädigungslosen Verbleib der Einbauten/Einrichtungen zu vereinbaren, da dies durch § 552 Abs. 2 BGB zwingend nicht nur für Formularregelungen ausgeschlossen ist. Ein Verstoß führt zur Nichtigkeit der Klausel.[302] Möglich bleibt eine Regelung, die vorweg einen angemessenen Ausgleich und die Form der Ermittlung regelt.

Formulierungsalternative:

227 Sofern der Vermieter bei Beendigung des Mietverhältnisses den Verbleib der Einbauten und Einrichtungen verlangt, steht dem Mieter angemessener Wertersatz iSd § 552 BGB zu. Dieser wird dergestalt ermittelt, dass der Verkehrswert der Einbauten und Einrichtungen zum Zeitpunkt der Beendigung des Mietvertrages ermittelt wird und von diesem die Kosten und der Wertverlust, die durch einen Ausbau entstehen, sowie die Aufwendungen für die Wiederherstellung des früheren Zustandes im Falle eines Ausbaus abgezogen werden. Einigen sich die Parteien nicht binnen zwei Wochen nach Beendigung des Mietverhältnisses auf einen Betrag, so wird dieser auf Antrag einer der Vertragsparteien durch einen durch die zuständige Industrie- und Handelskammer bestimmten Sachverständigen festgelegt. Die Kosten dieses Sachverständigenverfahrens tragen die Parteien im Verhältnis des Obsiegens und Unterliegens im Verhältnis zu dem durch die jeweilige Partei vorgeschlagenen Betrag des Wertersatzes.

228 Eine ausdrückliche Vereinbarung, dass der neue Mieter die Pflicht zur Entfernung von **Einbauten und Einrichtungen** übernimmt, ist aus **Sicht des Vermieters** deshalb erforderlich, weil der neue Mieter sich – wie im Falle von Vorschäden – darauf berufen kann, er habe das Mietobjekt mit den vorhandenen Einrichtungen übernommen, die er als vermieterseits gestellten Zustand habe verstehen können, daraus folge, dass er für eine Wiederherstellung des Ursprungszustands nicht hafte.

[302] MüKoBGB/Bieber § 552 Rn. 11.

Sich insoweit auf die an sich durchaus zutreffende Auffassung zu berufen, bei Vertragsidentität sei der Nach-/Ersatzmieter sowieso verpflichtet, die Einbauten des Vorgängers zu entfernen,[303] erscheint als zu risikoreich. Dies gilt auch für die durchaus zutreffende Auffassung, dass in Fällen, in denen der Mietnachfolger Einbauten durch Vereinbarung mit dem bisherigen Mieter von diesem übernimmt, diese im Verhältnis zum Vermieter als eigene Einbauten des Mietnachfolgers gelten, die er deshalb bei Vertragsende entfernen muss. Der Vermieter wird in solchen Fällen im Regelfall erhebliche Darlegungs- und erst recht Beweisschwierigkeiten haben, dem Folgemieter zu beweisen, dass die Übernahme von Einbauten und Einrichtungen in Form einer Vereinbarung mit dem Vormieter erfolgte. 229

Jedenfalls dann, wenn der anwaltliche Berater des Vermieters Einfluss auf die Vertragsgestaltung hat, sollte eine eindeutige Regelung im vorstehend dargestellten Sinne erfolgen, auch wenn sie ggf. nur klarstellende Bedeutung hat. 230

Fortsetzung Formulierungsvorschlag: Dreiseitige Vereinbarung

4. Alle übrigen Vereinbarungen des Mietvertrages vom ...... gelten zwischen dem Vermieter und dem/den Mieter/n M3 (und M4) weiter, insbesondere ändert sich am Beginn von Fristen, die laut Vertrag laufen (zB hinsichtlich der Schönheitsreparaturen) nichts, mit der vorliegenden Vereinbarung wird also kein neuer Vertrag geschlossen. 231

Formulierungsvorschlag: Zweiseitige Vereinbarung mit Zustimmung des dritten Vertragspartners

Vereinbarung zwischen bisherigem Mieter und neuem Mieter: 232
(Kann in Anlehnung an das vorhergehende Muster gestaltet werden)
Zustimmungserklärung des Vermieters:
Der Vermieter des Mietobjekts (......) stimmt der Übernahme der Mieterstellung durch (......) anstelle des bisherigen Mieters (......) zu, wie dies im Einzelnen in der Vereinbarung vom (......), von der eine Ausfertigung als Anlage zu dieser Zustimmungserklärung genommen wurde, geregelt wurde, zu.
Diese Zustimmungserklärung ist mit ihrer Anlage in drei Ausfertigungen erstellt, von denen eine der Vermieter, eine der neue Mieter und eine der bisherige Mieter erhält.

(......), den (......) ......
(Unterschrift Vermieter)

(2) Beendigung des ersten Vertrags und Neuabschluss. Es besteht auch die Möglichkeit, dass durch Vertrag zwischen dem Vermieter und dem bisherigen Mieter dieses Mietverhältnis der alten Vertragsparteien beendet wird und gleichzeitig ein neues Mietverhältnis mit dem Inhalt des bisherigen durch einen weiteren Vertrag mit dem neuen Mieter abgeschlossen wird. Was die Parteien gewollt haben, ist in Zweifelsfällen durch Auslegung der Vereinbarungen zu ermitteln.[304] 233

Nur im Fall dieser Vertragskonstellation ist es im Übrigen berechtigt, von einem „Nachmieter" zu sprechen, denn bei Vertragsidentität ersetzt der neue Mieter den bisherigen in dessen Mieterstellung, so dass dann der Begriff des „Ersatzmieters" die rechtliche Bedeutung besser zum Ausdruck bringt. Neben einem Neuabschluss eines Mietvertrags mit dem Nachmieter sind in einem solchen Fall Regelungen zur Beendigung des bisherigen Mietvertrages einschließlich Feststellungen zum Zustand der Mietsache zu treffen. 234

303 OLG Hamburg ZMR 1990, 341 (bei Gewerberaum); so auch für Wohnraum: AG Lübeck Hamburger GE 1976, 505; LG Berlin MDR 1987, 234; anderer Ansicht: AG Dortmund WuM 1982, 86 (Leitsatz).
304 BGH NZM 1998, 113.

235 Der neue Mietvertrag ist nach den üblichen Regeln abzuschließen, im Falle der Übernahme von Einbauten und/oder Einrichtungen empfiehlt es sich, in diesen Vertrag eine Passage bei den besonderen individuellen Vereinbarungen wie folgt einzusetzen:

Formulierungsvorschlag: Vereinbarung zu Einbauten und Einrichtungen

236 b) Einbauten/Einrichtungen:
Der/Die Mieter übernimmt/übernehmen die Einbauten und Einrichtungen, die der/die bisherigen Mieter ...... in die Wohnung eingebracht haben, von diesen.
Es handelt sich um:
......
(aufzählen)
Ein evtl. Kosten-/Wertersatz ist zwischen den bisherigen und den neuen Mietern direkt geregelt worden.
Der/Die neue(n) Mieter übernimmt/übernehmen als eigene Verpflichtung die Pflicht, bei Ende seines/ihres Mietverhältnisses die Einbauten und Einrichtungen zu entfernen und den vorherigen Zustand auf seine/ihre Kosten wiederherzustellen.
Sofern der Vermieter bei Beendigung des Mietverhältnisses den Verbleib der Einbauten und Einrichtungen verlangt, verbleibt es bei der gesetzlichen Regelung des § 552 BGB.
Alternativ:
Sofern der Vermieter bei Beendigung des Mietverhältnisses den Verbleib der Einbauten und Einrichtungen verlangt, steht dem Mieter angemessener Wertersatz iSd § 552 BGB zu. Dieser wird dergestalt ermittelt, dass der Verkehrswert der Einbauten und Einrichtungen zum Zeitpunkt der Beendigung des Mietvertrages ermittelt wird und von diesem die Kosten und der Wertverlust, die durch einen Ausbau entstehen, sowie die Aufwendungen für die Wiederherstellung des früheren Zustandes im Falle eines Ausbaus abgezogen werden. Einigen sich die Parteien nicht binnen zwei Wochen nach Beendigung des Mietverhältnisses auf einen Betrag, so wird dieser auf Antrag einer der Vertragsparteien durch einen durch die zuständige Industrie- und Handelskammer bestimmten Sachverständigen festgelegt. Die Kosten dieses Sachverständigenverfahrens tragen die Parteien im Verhältnis des Obsiegens und Unterliegens im Verhältnis zu dem durch die jeweilige Partei vorgeschlagenen Betrag des Wertersatzes.

237 *(3) Haftungsregelungen.* Der Vermieter, der sich mit einem Mieterwechsel durch Vertragsübernahme wie auch durch Vereinbarung von Beendigung und Neuabschluss einverstanden erklärt, hat es dabei grundsätzlich in der Hand, auf einer **Mithaftung des bisherigen Mieters** neben dem neuen Mieter für die Verbindlichkeiten aus dem Mietverhältnis als Voraussetzung für seine Zustimmung zur Vertragsübernahme zu bestehen, die zumindest für einen bestimmten Zeitraum gilt.[305]

238 Diese zur Gewerbemiete ergangene Entscheidung muss an die Besonderheiten des Wohnraummietrechts angepasst werden. Denn die Absicherung kann sinnvoll nicht in der Übernahme einer Bürgschaft des bisherigen Mieters bestehen, wenn – wie häufig – eine Barkaution besteht. Eine solche Bürgschaft neben einer Barkaution wird als Verstoß gegen die zwingende Vorschrift des § 551 BGB angesehen, wonach keine über den dreifachen Betrag der Miete (ohne gesondert abrechenbare Nebenkosten) hinausgehende Mietsicherheit verlangt werden darf, so dass die zusätzliche Sicherheit der Kondiktion unterliegt[306] bzw. sich der Bürge auf die Unwirksamkeit der zusätzlichen Sicherung berufen kann.[307] Einzelheiten zu Mietkaution und Bürgschaft → § 26 Rn. 1 ff.

239 Es kommt daher – stellt man auf ein zusätzliches Sicherungsbedürfnis des Vermieters im konkreten Einzelfall ab – nur in Betracht, den Mietvertrag für eine gewisse Übergangszeit so zu gestalten, dass sowohl der alte Mieter als auch der neue Mieter in der Mieterposition sind.

[305] BGH NZM 1998, 113 (116).
[306] LG Heidelberg NJWE-Miet 1997, 99.
[307] LG Kassel NJW-RR 1998, 661 = WuM 1997, 555 = NZM 1998, 328.

Formulierungsvorschlag: Mitmieter – Lösung für Übergangszeit (Anstelle von Ziff. 1 des vorherigen Formulierungsvorschlags)
1. Mit Wirkung ab dem ...... (erster Termin) treten M3 (und M4) als weitere Mieter in den Mietvertrag ein. Mit Wirkung ab dem ...... (zweiter Termin) wird der Mietvertrag von M3 (und M4) als neuen Mieter(n) allein fortgesetzt, M1 (und M2) wird (werden) mit Wirkung ab dem ...... (zweiter Termin) aus dem Mietverhältnis entlassen, für die bis zu diesem Tage entstandenen Forderungen des Vermieters einschließlich der sich aus einer noch zu fertigenden Betriebskostenabrechnung ergebenden Forderungen haftet/haften der/die bisherige/n Mieter weiter, für die Zeit ab ...... (erster Termin) als Gesamtschuldner mit den neuen Mietern. 240

In Betracht kommt als Übergangsfrist mE realistisch die Zeit, innerhalb derer der alte Mieter seinerseits fristgerecht die Kündigung des Mietvertrages erklären könnte, also ggf. bis zum Ende eines befristeten Mietvertrages. Denn der Vermieter könnte bei einer derartigen Mieterkündigung auch keine längere Nachhaftung erreichen. Würde man eine längere Nachhaftung erreichen wollen, besteht die Gefahr, dass dies als ein Verstoß gegen § 242 BGB gewertet wird, unwirksam ist, was ggf. die Gesamtnichtigkeit nach sich zieht. 241

Nach Lage der Dinge wird eine solche Regelung angesichts der Regelung des § 573c BGB und der dort geregelten maximalen Kündigungsfrist für den Mieter von drei Monaten nur dort in Betracht kommen, wo ein langfristig befristeter Mietvertrag besteht und kein Anspruch auf Entlassung aus dem Mietvertrag im Sinne der nachstehenden Ausführungen besteht. 242

Zusätzlich ist zu beachten, dass derartige Vereinbarungen formularmäßig gemäß § 307 BGB unwirksam sind, wenn der alte Mieter etwa über die bisherige Vertragsdauer belastet wird oder er eine Haftung für Verbindlichkeiten übernehmen soll, die erst durch die Änderungsvereinbarung entstehen.[308] **Daher sollten solche Vereinbarungen ausschließlich als beweisbar ausgehandelte Individualvereinbarungen abgeschlossen werden.** 243

(4) Entgeltregelungen bei Vereinbarungen zur Vertragsübernahme. In Fällen, in denen die nachstehend behandelnde Konstellation, dass der Mieter zur Ersatzmietergestellung berechtigt ist, wegen Fehlens der besonderen Voraussetzungen nicht besteht, kommt es vor, dass im Rahmen einer Vertragsübernahme vereinbart wird, dass der Mieter dem Vermieter für die Entlassung aus dem Vertrag eine **Abstandszahlung** zu leisten hat. Hier ist fraglich, ob durch solche Abstandszahlungen letztlich eine Notlage des Mieters iSd § 138 Abs. 2 BGB ausgenutzt wird und faktisch eine Art Doppelvermietung erfolgt.[309] Eindeutige Grenzen wird man nicht ziehen können. Die Meinung *Kandelhards,* es dürften nur die dem Vermieter entstehenden Transaktionskosten des Wechsels – ggf. pauschal – ausgeglichen werden, erscheint zu eng. Der Vermieter übernimmt – ohne rechtlich gezwungen zu sein – das Risiko eines neuen ihm unbekannten Vertragspartners und dessen Solvenz. Ihn dann nur auf den reinen Verwaltungsaufwand des Wechsels des Vertragspartners zu beschränken und höhere Beträge als sittenwidrig zu brandmarken, geht fehl. Die Grenze des Zulässigen dürfte mE dort liegen, wo die Vorteile des Mieters aus der früheren Vertragsbeendigung durch eine Abstandsvereinbarung überwiegend aufgebraucht werden. Ob man die Grenze erst bei der Hälfte oder etwa bereits bei einem Drittel der Vorteile anzusetzen hat, muss hier unentschieden bleiben. 244

bb) Rechtsfolgen der Vereinbarung. (1) Kaution. Bei **Identität des Vertrages** ist die Kaution nicht dem ausscheidenden Mieter zu erstatten, wobei die Parteien des ursprünglichen Mietvertrages auch anderes vereinbaren können. 245

---

[308] OLG Düsseldorf NJW-RR 1994, 1015.
[309] Kandelhard WuM 2004, 249 (253).

Formulierungsvorschlag: Regelung zur Kaution im Ursprungsvertrag, der Ersatzmieterklausel enthält

246 Die gezahlte Kaution verbleibt bei Stellung eines Ersatzmieters beim Vermieter, der bei Beendigung des Mietvertrages über die Kaution mit dem Ersatzmieter abzurechnen hat. Es ist Sache des Mieters, die Kaution nebst bis zum Zeitpunkt des Eintretens eines Ersatzmieters aufgelaufener Zinsen mit dem Ersatzmieter zu verrechnen.

Alternative:

Die gezahlte Kaution ist auf den Zeitpunkt des Eintretens eines Ersatzmieters einschließlich aufgelaufener Zinsen mit dem ursprünglichen Mieter abzurechnen.

In letzterem Falle muss konsequenter Weise auch der Zustand des Objektes festgestellt werden, eine etwa zu dem Zeitpunkt des Eintretens fällige Renovierungspflicht ist zu „aktivieren".

Praxistipp:

Aus Gründen der Vorsicht muss auch bei Fortführung des ursprünglichen Mietvertrages – wie bei einer nachträglich zustande kommenden Vereinbarung über die Auswechslung des Mieters, dazu siehe oben – eine etwa in Betracht kommende Schadensersatzverpflichtung des ursprünglichen Mieters realisiert werden, da ansonsten die Gefahr besteht, dass trotz der bei einer „echten" Ersatzmieterklausel anzunehmenden Identität des Mietverhältnisses der Ersatzmieter bei Ende seines Mietverhältnisses mit Erfolg dem Vermieter entgegenhält, dass Schäden aus der Zeit des ersten Mieters stammen. Auch besteht die Gefahr, dass der ursprüngliche Mieter sich auf § 548 Abs. 1 S. 1 BGB beruft, sofern der Vermieter diesen nicht zeitnah hinsichtlich einer etwaigen Schadensersatzverpflichtung in Anspruch nimmt. Der anwaltliche Vertreter eines Vermieters muss nach dem Prinzip des „sichersten Weges" hierauf bedacht sein und ggf. den Vermieter-Mandanten auf die Risiken – beweisbar – hinweisen, die bei Abweichen vom sichersten Weg bestehen.
Auch der Ersatzmieter (und dessen anwaltlicher Vertreter) muss nach dem Prinzip des „sichersten Weges" an einer Klarstellung der Haftung des ersten Mieters interessiert sein, da für ihn umgekehrt die Gefahr besteht, dass der Vermieter ihn doch erfolgreich für den Gesamtzustand des Mietobjektes in Anspruch nimmt, denn zukünftige Wendungen der Rechtsprechung in die eine oder andere Richtung sind nicht vorhersehbar.

247 Bei **Beendigung des Erstvertrages** und Neuabschluss eines Folgevertrages ist bei Fälligkeit die Kaution abzurechnen, ggf. sind Schäden festzustellen und zu verrechnen.

248 *(2) Schönheitsreparaturen.* Bei **Identität des Vertrages** tritt der Ersatzmieter in die Vertragsstellung des bisherigen Mieters auch insoweit ein, als die Renovierungspflichten (Schönheitsreparaturen) betroffen sind. Hiervon umfasst sind noch nicht fällige Verbindlichkeiten betreffend etwaige Schönheitsreparaturen vor Ablauf einer Renovierungsfrist.

249 Eine weitergehende Haftung des neuen Mieters für die bereits fälligen Verbindlichkeiten seines Vorgängers bedarf hingegen zwischen Ersatzmieter und Vermieter der ausdrücklichen Vereinbarung in Form eines sog. befreiendem Schuldwechsels (§ 414 BGB).[310]

250 Wird die andere Konstruktion gewählt, mit dem Mietnachfolger einen **neuen Vertrag** zu schließen, so ergibt sich mit dem bisherigen Mieter ein ganz normales **Abwicklungsverhältnis des bisherigen Mietvertrages.** Regelungen zur Renovierung sind auszuführen, entweder durch Vornahme fälliger Renovierungen, ggf. mit Fristsetzung zur Nacherfüllung gemäß §§ 281, 323 BGB, oder durch Anwendung von Quotenklauseln.[311] Im

[310] Blank/Börstinghaus/Siegmund/Börstinghaus BGB § 535 Rn. 229; Schmidt-Futterer/Lehmann-Richter BGB § 535 Rn. 277.
[311] Einzelheiten dazu bei → § 19 Rn. 1 ff.

Regelfall wird man aber davon ausgehen können, dass im Zusammenhang mit den Verhandlungen über eine Änderungsvereinbarung bereits der Renovierungszustand festgestellt wird und auch darüber eine ausdrückliche Regelung getroffen wird, da davon die Zustimmung zu der Änderungsvereinbarung abhängig gemacht werden kann.

(3) Mietzahlungsverpflichtung. Hat bei **Vertragsidentität** der Ersatzmieter den bisherigen Mieter ersetzt, so haftet der bisherige Mieter konsequent nur für die bis dahin fällig gewordenen Mieten,[312] die Zahlungspflicht des Ersatzmieters betrifft die ab seinem Eintritt in das Mietverhältnis fällig werdenden Mieten. Altrechte und Altpflichten verbleiben beim Ausscheidenden.[313] 251

Bei **Abschluss eines Neuvertrages** mit dem Mietnachfolger ergibt sich letztlich das gleiche Ergebnis, hier als Folge der nicht mehr gegebenen Identität des Vertrages. 252

(4) Abrechnung von Betriebskosten. Bei **Vertragsidentität** ist die dogmatische Konsequenz, dass eine einheitliche Abrechnung auch bei Ersatz des Erstmieters durch den Ersatzmieter während der Abrechnungsperiode erfolgen kann. Es empfiehlt sich, dies in einer Nachfolgevereinbarung ausdrücklich festzulegen. 253

Formulierungsvorschlag: Klausel zur Abrechnung der Betriebskosten

Es besteht Einigkeit, dass der Vermieter die Betriebskosten (einschließlich Heizkosten) zum Ende der laufenden Abrechnungsperiode ausschließlich mit dem eintretenden Ersatzmieter abrechnet und dass dieser dem Vermieter allein für Restforderungen haftet, Erstattungsforderungen bei Überzahlungen stehen allein dem Ersatzmieter zu. Es ist insoweit festgestellt worden, dass der bisherige Mieter die Betriebskostenvorauszahlungen für den Zeitraum bis ...... (Tag des Mieterwechsels) in voller Höhe (nur in Höhe von ......) erbracht hat. 254

Ein Ausgleich der zeitanteiligen Betriebskosten erfolgt allein im Innenverhältnis des bisherigen Mieters und des Ersatzmieters, die insoweit eine getrennte Regelung treffen.

Bei **Abschluss eines Neuvertrages** erfolgt eine normale Abrechnungstrennung wie im sonstigen Fall der Beendigung eines Mietvertrages während der Abrechnungsperiode. Es müssen Zwischenablesungen erfolgen. Wegen der Einzelheiten wird verwiesen auf → § 24 Rn. 1 ff. 255

Zu beachten ist die Abrechnungsfrist von 12 Monaten des § 556 Abs. 3 S. 1 BGB, die für jeglichen Wohnraum (und nicht nur wie bisher § 20 Abs. 3 NMV nur für preisgebundene Wohnungen) gilt, was auch gegenüber dem ausgeschiedenen Mieter anzuwenden ist.

Rechtsfragen im Zusammenhang mit einem eventuell gegebenen Anspruch auf Auswechslung des Vertragspartners auf Mieterseite, mit Nachmieterstellungsklauseln, und mit einem ggf. gegebenen allgemeinen Anspruch auf Akzeptanz eines Mietnachfolgers werden in → § 27 Rn. 1 ff. behandelt.

b) Rechtsnachfolge bei Wohngemeinschaften. Wer an eine Wohngemeinschaft vermietet, muss wissen, was er tut.[314] Es ergibt sich hier – je nach Betrachtungsweise – die Möglichkeit/das Schreckensbild eines mietrechtlichen „perpetuum mobile". 256

aa) Grundsätze der Rechtsprechung. Eine Wohngemeinschaft wird heute zutreffend als GbR gewertet, deren Zweck in der Beschaffung und Unterhaltung einer Unterkunft besteht.[315] Die Anerkennung der Rechtsfähigkeit der Außen-GbR führt noch nicht dazu, dass zwangsläufig die WG-GbR „als solche" Vertragspartner des Vermieters wird. Es kommt vielmehr darauf an, ob die GbR „als solche" Vertragspartner werden soll oder ob die Gesellschafter der stets anzunehmenden Innen-GbR jeweils im eigenen Namen 257

[312] Blank/Börstinghaus/Siegmund/Börstinghaus BGB § 535 Rn. 229.
[313] Schmidt-Futterer/Lehmann-Richter BGB § 535 Rn. 277.
[314] Zusammenfassend: Drasdo NJW-Spezial 2009, 689.
[315] Blank/Börstinghaus/Siegmund/Börstinghaus BGB § 535 Rn. 207.

Vertragspartner des Vermieters werden wollen.[316] Für die Haftung für sog. Primärverbindlichkeiten ergibt sich letztlich kein Unterschied, da auch bei Vertragsschluss mit der Außen-GbR als Mieterin die Mitglieder der WG persönlich und unbeschränkt analog §§ 128 ff. HGB gemäß der Akzessorietätstheorie haften. Unterschiede können sich bei der Haftung für Sekundärverbindlichkeiten (insbesondere bei Beschädigung der Mietsache) ergeben. Ist die WG-GbR „als solche" Vertragspartnerin geworden, besteht auch hier die persönliche und gesamtschuldnerische Haftung über § 128 HGB analog, während bei Vertragsschluss mit den einzelnen Mitgliedern eine gesamtschuldnerische Haftung nur unter eingeschränkten Voraussetzungen (Einordnung des ggf. schuldhaft Handelnden als Erfüllungsgehilfe iSd § 278 BGB bzw. vertragliche Vereinbarung der gesamtschuldnerischen Haftung auch für Sekundärverpflichtungen) in Betracht kommt.

258 Grundsätzlich gilt, dass wenn ein Mietvertrag mit mehreren Mietern, die eine Wohngemeinschaft bilden, zu einem Austausch einzelner Mieter keine Regelung enthält, im Wege einer nach beiden Seiten interessengerechten Auslegung der auf den Vertragsabschluss gerichteten Willenserklärungen zu ermitteln ist, ob nach dem übereinstimmenden Willen der Parteien den Mietern ein Anspruch gegen den Vermieter auf Zustimmung zu einem künftigen Mieterwechsel zustehen soll. Allein aus dem Vorliegen eines Mietvertrags mit mehreren Mietern, die eine Wohngemeinschaft bilden, kann nach höchstrichterlicher Rechtsprechung nicht auf einen derartigen übereinstimmenden Willen der Vertragsparteien geschlossen werden. Vielmehr bedarf es hierfür konkreter Anhaltspunkte.[317] Ein genereller Anspruch besteht somit nicht. Vielmehr kommt es auf den Einzelfall an, so dass im Zweifelsfall im Rahmen der ergänzenden Vertragsauslegung zu ermitteln ist, ob eine antizipierte Zustimmung zu späteren Mieterwechseln schon mit dem Vertrag erteilt sei. Dies kann regelmäßig dann angenommen werden, wenn die Mieter voraussichtlich aufgrund ihrer persönlichen Lebensumstände bereits bei Vertragsabschluss absehbar nur für einen kurzen Zeitraum an dem jeweiligen Ort leben werden und eine vertragliche Bindung auf Dauer nicht erkennbar nicht gewollt ist (bspw.: Studenten, Praktikanten).[318]

259 Bei einem Mietvertrag mit einer **studentischen Wohngemeinschaft** ist im Gegensatz zu einer Vermietung an eine Person oder an eine Lebensgemeinschaft somit von vornherein die Möglichkeit des Wechsels der Vertragspartner als vereinbart anzusehen, da für den Vermieter einer studentischen Wohngemeinschaft bei Vertragsabschluss ohne weiteres offensichtlich ist, dass die einzelnen Mieter nur zeitlich begrenzt und jeweils unterschiedlich an der Wohnung interessiert sind und dass deshalb bei Abschluss eines unbefristeten Mietvertrags die wirtschaftliche Notwendigkeit des Austauschs der Wohngemeinschaftsmitglieder besteht.[319]

260 Eine studentische Wohngemeinschaft im herkömmlichen Sinn kann auch nur aus zwei Personen[320] bestehen. Der Vermieter muss in einer solchen Konstellation einem Mieterwechsel zustimmen, ohne dass es der Darlegung berechtigter Interessen der Mieter bedarf, wenn die Vertragsparteien bei Vertragsabschluss übereinstimmend davon ausgingen, dass sich häufig und in kurzen Zeitabständen ein Bedarf für eine Änderung der Zusammensetzung der in der Wohnung lebenden Personen ergeben kann, weil die Mieter voraussichtlich aufgrund ihrer persönlichen Lebensumstände bereits bei Vertragsabschluss absehbar nur für einen kurzen Zeitraum an dem jeweiligen Ort leben werden und eine vertragliche Bindung über diesen Zeitraum hinaus nicht eingehen

[316] Ausführlich Jacobs NZM 2008, 111 mwN.
[317] BGH 27.4.2022- VIII ZR 304/21= NJW 2022, 2030 Rn. 21; Blank/Börstinghaus/Siegmund/Börstinghaus BGB § 535 Rn. 208.
[318] BGH 27.4.2022- VIII ZR 304/21= NJW 2022, 2030; Schmidt-Futterer/Flatow BGB § 540 Rn. 19.
[319] BGH 27.4.2022- VIII ZR 304/21= NJW 2022, 2030 Rn. 21; LG Göttingen NJW-RR 1993, 783; AG Berlin-Tempelhof-Kreuzberg 25.2.2019 – 7 C 285/18, BeckRS 2019, 44476; BeckOK MietR/Specht BGB § 535 Rn. 141; Schmidt-Futterer/Flatow BGB § 540 Rn. 19.
[320] So auch Jacobs NZM 2008, 111.

wollten[321] Hierfür reicht eine Anzeige an den Vermieter aus, um diesem zu ermöglichen, zu widersprechen, wenn ein wichtiger Grund in der Person des neuen Mieters vorliegt.[322] Denn eine Ausnahme gilt dann, wenn der Wechsel für den Vermieter unzumutbar im Sinne einer entsprechenden Anwendung des § 553 Abs. 1 S. 2 BGB ist, also bei Unzumutbarkeit aus persönlichen Gründen.[323]

Dabei soll nach einer Meinung angesichts der Haftungsstruktur die mangelnde Bonität des neuen Mieters zur Unzumutbarkeit führen.[324] 261

Nach einer gegenläufigen Meinung soll die Verweigerung der vermieterseitigen Zustimmung zur Aufnahme eines neuen Mitglieds in den Mietvertrag regelmäßig nicht auf die mangelnde Solvenz des aufzunehmenden Mieters gestützt werden können, da die Wohngemeinschaftsmitglieder für den Mietzins gesamtschuldnerisch haften.[325] 262

Die letzte Entscheidung erscheint dann problematisch, wenn nach und nach die solventeren Mitglieder einer Gemeinschaft ausscheiden und ggf. nur noch ein solventer Mieter verbleibt, der für sich allein die Gesamtbelastungen aus dem Mietvertrag nicht tragen kann. Wann dann die Grenze erreicht ist, bei deren Erreichen der Vermieter seine Zustimmung verweigern darf, muss vom Einzelfall abhängen. Im Fall des Ausscheidens zweier bisher stets solventer Mieter (von insgesamt vieren, von denen die zwei verbleibenden noch nie solvent waren und sind) kann der Vermieter die Zustimmung zur Aufnahme eines neuen Mietinteressenten verweigern, wenn dieser nicht solvent ist. Dies ist ein zulässiger persönlicher Grund.[326] 263

Verweigert der Vermieter die Zustimmung, so können eine Klage auf Zustimmung zur Auswechslung der Mitglieder der Wohngemeinschaft nur alle bisherigen Mieter gemeinsam erheben.[327] 264

Der Vermieter kann den dargestellten Effekt, der letztlich zu einem Dauermietverhältnis mit immer wieder wechselnden Vertragspartnern führt, bei dem letztlich keiner der Ursprungsmieter mehr im Mietverhältnis verbleibt, nur dadurch vermeiden, dass er eine gänzlich andere Vertragskonstruktion wählt. Er kann entweder über einzelne Zimmer der Wohnung Einzelverträge schließen,[328] oder mit einem der Mieter einen Vertrag abschließen, in dem dieser solange zur Untervermietung einzelner Räume an eine ggf. festzulegende Höchstzahl von Untermietern berechtigt wird, wie er selbst einen der Räume dauerhaft bewohnt. Denn eine völlige Aufgabe der Wohnung durch den Hauptmieter und die Weitergabe an einen Dritten zur Alleinnutzung stellt eine unzulässige Überlassung an einen Dritten iSd § 540 BGB dar, die nach Abmahnung den Vermieter zur fristlosen Kündigung gemäß § 543 Abs. 1 iVm Abs. 2 Nr. 2 BGB berechtigt.[329] Ist eine personengebundene Erlaubnis zur Untervermietung vereinbart oder erteilt, dann ist die Aufnahme neuer Untermieter von der Erlaubnis des Vermieters abhängig. Auf diese wird der Hauptmieter jedoch regelmäßig einen Anspruch haben.[330] Der Streitwert für die Klage auf Erteilung einer Untermieterlaubnis ist auf den dreieinhalbfachen Jahresbetrag der zu erwartenden Untermiete festzusetzen.[331] 265

Der bloße Auszug eines der Bewohner beendet seine Haftung nicht. Scheidet dagegen bei Annahme des Vertragsschlusses mit den einzelnen WG-Mitgliedern ein WG-Mitglied mit Zustimmung des Vermieters (worauf regelmäßig ein Anspruch bestehen wird) aus der WG aus, wird es vollständig aus dem Mietvertrag entlassen und damit auch aus 266

---

[321] BGH 27.4.2022- VIII ZR 304/21= NJW 2022, 2030 Rn. 21; LG Berlin WuM 2016, 553 ff., zum Meinungsstand ausführlich Jacobs NZM 2008, 111 (115).
[322] LG Berlin WuM 2016, 553 ff.
[323] LG Karlsruhe NJW 1985, 1561; Schmidt-Futterer/Flatow BGB § 540 Rn. 19.
[324] Schmidt-Futterer/Flatow BGB § 540 Rn. 19; LG Berlin 23.3.2016, 65 S 314/15.
[325] LG Göttingen NJW-RR 1993, 783.
[326] LG Berlin WuM 2016, 553 ff.
[327] LG Saarbrücken NJW-RR 1992, 781; LG Frankfurt a. M. WuM 2012, 192.
[328] LG Göttingen NJW-RR 1993, 783.
[329] LG Cottbus NJW-RR 1995, 524.
[330] Blank/Börstinghaus/Siegmund/Siegmund BGB § 540 Rn. 19.
[331] KG NZM 2016, 893.

der Haftung für die nach seinem Ausscheiden fällig werdenden Mietverbindlichkeiten. In diesem Fall ist wohl auch die (ggf. konkludente) Zustimmung des Vermieters zum Eintritt des neuen WG-Mitglieds dahin auszulegen, dass das Neu-Mitglied nicht für die Altschulden aus der Zeit vor seinem Eintritt haftet.[332]

267 Ist aber die WG-GbR „als solche" Vertragspartner, hat dies vor allem Folgen für die Nachhaftung des ausgeschiedenen Mitglieds, die nach gesellschaftsrechtlichen Grundsätzen besteht[333] und für die Haftung des eingetretenen Mitglieds für Altschulden, die nach gesellschaftsrechtlichen Grundsätzen ebenfalls anzunehmen ist.[334] Dies ist jedenfalls die Rechtsfolge, wenn der Wechsel der WG-Mitglieder ohne Zustimmung des Vermieters möglich ist. Ist jedoch im Falle des Abschlusses des Mietvertrags mit der WG-GbR „als solcher" dennoch vertraglich der Wechsel der Mitglieder von der Zustimmung des Vermieters abhängig gemacht worden, soll diese Zustimmung als Haftungsbeschränkung auszulegen sein, das ausscheidende WG-Mitglied nur für die Altschulden und das eintretenden WG-Mitglied nur für die Neuschulden in Anspruch zu nehmen.

268 All dies führt dazu, dass an die Vertragsgestaltung bei Abschluss mit einer Wohngemeinschaft erhebliche Sorgfaltsanforderungen zu stellen sind. Dem Vermieter wird an einer Haftungsausweitung gelegen sein, was zum Abschluss mit der WG-GbR „als solcher" tendieren würde, wobei aber ein Zustimmungsvorbehalt zum Mitgliederwechsel die Haftungsausweitung zunichte machen dürfte, der Mieterseite wird an einer Haftungsbegrenzung gelegen sein, was zur Vertragskonstruktion mit den WG-Mitgliedern gemeinschaftlich als Mehrheit von Mietern als Vertragspartner des Mietvertrages führt. Ob man von der (Interessenlage her) im Zweifel davon ausgehen kann, dass die Mieterseite einen Vertrag nicht im Namen der WG abschließt,[335] erscheint zweifelhaft. Geboten ist die Klarstellung dessen, was wirklich Vertragsinhalt sein soll.

269 *bb) Anspruch auf Mitwirkung an Kündigung.* Sind die vorstehend aufgezeigten Mechanismen zum Auswechseln der Vertragspartner auf Mieterseite – mit der Folge der Haftungsbefreiung des ausgezogenen Mitmieters für die zukünftig entstehenden Verpflichtungen aus dem Mietverhältnis – im Einzelfall nicht anwendbar oder zweifelhaft, so kann nur empfohlen werden, dass der ausgezogene Mitmieter so verfährt wie bei einer gescheiterten nichtehelichen Lebensgemeinschaft. Ihm muss dann auch ein **Anspruch gegen die übrigen Mitmieter auf Auflösung der als GbR** zu wertenden Wohngemeinschaft (mit dem Zwecke der Beschaffung und Unterhaltung einer Unterkunft)[336] im Wege der gemeinsamen Kündigung gegenüber dem Vermieter zustehen.

270 Ein solcher Fall dürfte allerdings selten sein, etwa im Fall nicht mehr ausreichender Solvenz des/der bleibewilligen bisherigen Mieter, da der Vermieter im Regelfall auf Grund der vorgenannten Rechtsprechung verpflichtet sein wird, der Auswechslung zuzustimmen.

271 **c) Gerichtliche Zuweisung von Wohnraum durch das Familiengericht.** Bei Scheitern einer Ehe muss die **Nutzung der bisherigen Ehewohnung** geregelt werden.[337] Für eine gleichgeschlechtliche Lebenspartnerschaft gelten letztlich durch die Vorschriften des Lebenspartnerschaftsgesetzes entsprechende Regelungen, §§ 14 und17 dieses Gesetzes.[338] Diese gelten weiter für am 1.10.2017 bereits bestehende eingetragene Lebenspartnerschaften.

272 *aa) Einvernehmliche Regelungen.* Eine solche Regelung kann zum einen durch einvernehmliche Einigung der Eheleute/Lebenspartner erfolgen. Eine solche regelt jedoch das **Außenverhältnis** zum Vermieter nicht. Dieser kann einer solchen Einigung der Eheleute/

[332] AG Köln WuM 2016, 208 f. = BeckRS 2016, 6706; Jacobs NZM 2008, 111 (116).
[333] Jacobs NZM 2008, 111 (117) mit allen dortigen Nachweisen.
[334] BGHZ 154, 370 = NJW 2003, 1803.
[335] Jacobs NZM 2008, 111 (120).
[336] Blank/Börstinghaus/Siegmund/Börstinghaus BGB § 535 Rn. 208; Jacobs NZM 2008, 111.
[337] Zusammenfassende Darstellungen bei Langheim FamRZ 2007, 2030; Paschke WuM 2008, 59.
[338] BGBl. 2001, 266 (268, 269).

Lebenspartner zustimmen, dann kommt eine rechtsgeschäftliche dreiseitige Vereinbarung zustande, wie sie bereits oben zu → Rn. 59 dargestellt ist. Ohne Abschluss einer dreiseitigen Vereinbarung gilt, dass in einem Fall, in dem Eheleute/Lebenspartner eine Wohnung gemeinsam gemietet haben, bei vorzeitigem Auszug eines der Ehegatten/Lebenspartner dieser weiterhin haftet, und zwar nicht nur für die Miete, sondern auch für die verbrauchsabhängigen Betriebskosten. Ferner ist die Räumungsklage auch gegen den ausgezogenen Mitmieter zulässig und auch erforderlich, selbst wenn er sich keinerlei Rechte mehr in Bezug auf die Wohnung berühmt.[339]

Eine **Mietaufhebungsvereinbarung** zwischen Vermieter und dem scheidungswilligen 273
Ehegatten/aufhebungswilligen Lebenspartner (der Alleinmieter war) zum Zwecke, dem Vermieter unter Umgehung des Wohnungszuweisungsverfahrens einen Herausgabeanspruch gegen die Ehefrau/Lebenspartner als Wohnungsinhaberin zu verschaffen, ist sittenwidrig, wenn Vermieter und Mieter als Vater und Sohn kollusiv zum Nachteil der Schwiegertochter und Ehefrau zusammenwirken.[340] Nichts anderes kann jetzt bei eingetragenen Lebenspartnern gelten.

Hat vor dem Hintergrund eines Scheidungsverfahrens, in dem der nicht mietende 274
Ehegatte, der die frühere Ehewohnung mit einem gemeinschaftlichen Kind bewohnt, einen Antrag auf Zuweisung der Ehewohnung gestellt, so ist ein Räumungsklageverfahren des Vermieters bis zur Entscheidung über das Wohnungszuweisungsverfahren auszusetzen, wenn sich die Räumungsklage auf eine Mietaufhebungsvereinbarung des Vermieters mit dem alleine mietenden ausgezogenen Ehegatten stützt.[341] Denn im Wohnungszuweisungsverfahren ist es möglich, dass die Ehewohnung anstelle des bisherigen Mieters dem anderen Ehegatten unter Begründung eines Mietvertrages zwischen ihm und dem Vermieter zugewiesen wird (§ 1568a Abs. 3 BGB iVm § 204 Abs. 1 FamFG).

Bereits während der Trennungszeit kann der Anspruch auf Mitwirkung an einer 275
Mitteilung gemäß § 1568a Abs. 3 Nr. 1 BGB an den Vermieter über die Überlassung der bisherigen Ehewohnung geltend gemacht werden. Dabei können etwaige Ansprüche des verbleibenden gegen den fortgezogenen Ehegatten aus der Zeit des Zusammenlebens in der Mietwohnung nicht rechtshindernd wirken.[342]

Formulierungsvorschlag: Dreiseitige einvernehmliche Regelung

Zwischen A …… als Vermieter 276
und M1 und M2 als bisherigen Mietern wird hinsichtlich der Wohnung ……, die die bisherige Ehewohnung der Mieter darstellt, vereinbart:
Der Mietvertrag wird von M1 als alleinigem Mieter mit Wirkung ab dem …… fortgesetzt, M2 wird mit Wirkung ab diesem Tag aus dem Mietverhältnis entlassen.
Der Anspruch auf Rückzahlung der seitens der Mieter geleisteten Kaution steht allein M1 zu, M2 verzichtet gegenüber dem Vermieter auf jegliche Ansprüche auf Kautionsrückzahlung. Die Mieter haben sich intern über die Kaution bereits auseinandergesetzt.
Alle übrigen Vereinbarungen des Mietvertrages vom …… gelten zwischen dem Vermieter und dem Mieter M1 unverändert weiter, insbesondere ändert sich am Beginn von Fristen, die laut Vertrag laufen (zB hinsichtlich der Schönheitsreparaturen) nichts, mit der vorliegenden Vereinbarung wird also kein neuer Vertrag geschlossen.

……
(Unterschriften)

Besteht für den Vermieter ein besonderes Sicherungsbedürfnis, so kommen bei ein- 277
vernehmlichen Regelungen Lösungen über Bürgschaftsgestellung oder eine zeitlich

339 LG Berlin ZMR 2004, 516; BGH NZM 2004, 701.
340 LG München I WuM 1997, 502.
341 BVerfG WuM 2006, 503.
342 OLG Hamm NZM 2016, 441.

begrenzte weiterbestehende Mieterstellung des ausscheidenden Ehegatten/Lebenspartners in Betracht. Ob solche Regelungen vor dem Hintergrund, dass § 1568a BGB Sicherungsanordnungen zugunsten des Vermieters nicht mehr vorsieht, praktisch noch in Betracht kommen, bleibt abzuwarten. Für die Stellung einer Bürgschaft ist zu beachten, dass gemäß der heutigen Rechtsprechung jegliches Überschreiten der zulässigen Sicherungshöhe des § 551 BGB von drei Nettomieten (also ohne Vorauszahlungen oder Pauschalen für Betriebskosten) dazu führt, dass die weitergehenden Sicherheiten wirkungslos sind[343] und als teilnichtig kondiziert werden dürfen. Besteht also eine Barkaution, so ist eine zusätzliche Sicherheit durch Bürgschaft des Ausscheidenden nur bis zum Auffüllen zur Höhe von drei Nettomieten möglich.

278 In Betracht kommt dann nur, eine zeitlich begrenzte weiterbestehende Mieterstellung zu vereinbaren. Zu denken ist hier daran, den vereinbarten Zeitraum der Nachhaftung so zu bemessen, wie er wäre, wenn die Mieter gemeinsam das Mietverhältnis mit der jeweils geltenden Kündigungsfrist gekündigt hätten. Bei starkem Bonitätsgefälle ist dies jedoch auch keine sichere Lösung, weil der Vermieter an den verbleibenden Ehegatten/Lebenspartner allein ggf. überhaupt nicht vermietet hätte.

279 Eine Nachhaftung des ausscheidenden Mieters für die Ansprüche, die sich aus dem Zustand des Mietobjektes bei endgültiger Rückgabe ergeben, kann hiernach nur im vorgenannten engen Rahmen in Betracht kommen. Es ist daher in jedem Fall dem Vermieter zu empfehlen, auf den zu vereinbarenden Zeitpunkt des Ausscheidens eines der Ehepartner/Lebenspartner aus dem Mietvertrag den Zustand der Mieträume festzustellen und die sich hieraus ergebenden Ansprüche zeitnah und unter Berücksichtigung des § 548 BGB zu realisieren; der Vermieter kann seine Zustimmung zur Vertragsentlassung insbesondere von einer vorab erfolgenden Regelung der etwa aus dem aktuellen Zustand der Mieträume folgenden Ansprüche abhängig machen.

Formulierungsvorschlag:

280 Der ausscheidende Mieter M2 übernimmt für die im Zeitraum bis ......, fällig werdenden Verpflichtungen des Mieters M1 die unbefristete selbstschuldnerische Bürgschaft, begrenzt auf den dreifachen Betrag der Nettomiete von EUR ......, sowohl für laufenden Mietzins als auch für Ansprüche des Vermieters aus der Abrechnung der Betriebskosten für den Abrechnungszeitraum.

281 In den **neuen Bundesländern** ist ferner die bereits unter → Rn. 89–91 dargestellte Situation zu beachten, dass § 100 Abs. 3 ZGB besondere Wirkungen auslöst. Dieser wird nicht nur dahin interpretiert, dass durch ihn auch derjenige Ehepartner Mitmieter wurde, der den Mietvertrag nicht unterschrieben hatte, sondern auch umgekehrt dahin, dass bei Scheidung einer Ehe vor dem 3.10.1990 und daraufhin erfolgter Abmeldung eines der Ehegatten beim Rat des Kreises in Verbindung mit tatsächlichem Auszug aus der Wohnung das Mietverhältnis für die Person des ausgezogenen geschiedenen Ehegatten aufgelöst ist.[344] Dies kann auch heute noch für die Feststellung der korrekten Vertragspartei von Bedeutung sein, da in solchen Fällen vertragliche Regelungen (oder auch gerichtliche Zuweisungen) nicht mehr erforderlich waren.

282 War – allgemein – der frühere Ehemann schon vor langen Jahren aus der Wohnung ausgezogen, ist die in der Wohnung verbliebene Ehefrau hinsichtlich mietrechtlicher Ansprüche allein klagebefugt.[345] Dies könnte letztlich zu einer konkludenten Entlassung aus dem Mietverhältnis führen, so dass Vertragsregelungen dann überflüssig sind, sofern dem Vermieter dieser Umstand bekannt war.

283 *bb) Regelungsbedürfnis und Einzelheiten des gerichtlichen Zuweisungsverfahrens.* Kommt eine Einigung nicht zustande, weil sich entweder die Eheleute nicht einigen können oder weil der Vermieter nicht zustimmt, so kommt das **gerichtliche Zuweisungs-**

343 BGH BGHZ 107, 210.
344 KreisG Genthin DtZ 1992, 400.
345 AG Berlin-Neukölln Berliner GE 1998, 360.

verfahren gemäß §§ 200 ff. FamFG in Betracht, entsprechend anwendbar durch § 17 LPartG bei Lebenspartnern. Durch die Einführung der „Ehe für alle" per 1.10.2017 hat sich an der Rechtsstellung bereits nach dem bisherigen Recht eingetragener Lebenspartner nichts geändert. Alle nachstehenden Ausführungen sind daher sinngemäß auch weiter bei Lebenspartnern anzuwenden, auch wenn teilweise die Begriffe nicht angeglichen sind. Die materiellen Regelungen enthält § 1361b BGB für die Zeit des Getrenntlebens, § 1586a BGB für den Fall der Scheidung.

(1) Verfahrensvoraussetzungen

- **Vorliegen einer Ehewohnung/= gemeinsamen Wohnung:**

284 Alle Räume, die die Ehepartner/Lebenspartner als Wohnung benutzten, auch nicht abgeschlossene Wohneinheiten, sogar ein einzelner Raum, können im Sinne des weit auszulegenden Begriffs Ehewohnung im Rechtssinne der §§ 200 ff. FamFG bzw. der §§ 1361b, 1568a BGB sein. Es reicht dabei aus, dass sie regelmäßig zeitweise durch die Eheleute/Lebenspartner benutzt wurden, so dass auch Ferienwohnungen oder ein Wochenendhaus Ehewohnung im Rechtssinne sein können.

Bei Auszug eines der Eheleute/Lebenspartner (auch auf Dauer) verliert eine derart definierte Wohnung ihre Rechtsqualität als Ehewohnung während der Trennungszeit nicht.[346] Erst mit der Scheidung endet daher die Eigenschaft als Ehewohnung.

- **Antrag und Zuständigkeitsabgrenzung:**

285 Das Wohnungszuweisungsverfahren wird nicht von Amts wegen durchgeführt, sondern nur auf **Antrag, § 203 Abs. 1 FamFG/§ 14 LPartG.** Antragsberechtigt sind nur die Eheleute/Lebenspartner, nicht Dritte. Der Vermieter kann also einen derartigen Antrag nicht stellen,[347] auch nicht Erben eines Ehegatten/Lebenspartners. Letzteres ist auch nicht notwendig, da in letzterem Fall die Regelungen anwendbar sind, die bei Tod eines Mieters gelten (→ Rn. 318 ff. und insbesondere die Darstellung der Sonderkündigungsrechte für diesen Fall in → § 28 Rn. 1 ff.).

286 Dieses Verfahren kommt dann nicht (mehr) in Betracht, wenn sich die Eheleute/Lebenspartner bereits geeinigt haben, denn die Ehegatten können die Umgestaltung des Mietvertrags entsprechend der tatsächlichen Nutzungssituation durch Erklärung gegenüber dem Vermieter erreichen (§ 1568a Abs. 3 Nr. 1 BGB)[348] oder wenn gar der Vermieter der Einigung zugestimmt hat. Besteht Streit darüber, ob eine Einigung erfolgt war, kann der Einigungsinhalt durch eine ausdrückliche feststellende Entscheidung festgestellt werden.[349] Auch kann beim Familiengericht über die Wirksamkeit und den Inhalt einer Vereinbarung entschieden werden.[350]

287 Werden Ansprüche aus einer als solchen unstreitigen Vereinbarung geltend gemacht, geht es also um die Erfüllung, so ist durch das FamFG nunmehr ebenfalls das Familiengericht zuständig.[351] Ein auf § 985 BGB gestützter Antrag auf Herausgabe der Ehewohnung ist während der Trennungszeit unzulässig, da das Verfahren iSd § 1361b BGB vorrangig ist. Dieser Antrag kann auch nicht in einen Antrag auf Zuweisung der Ehewohnung im Ehewohnungsverfahren umgedeutet werden.[352]

288 *(2) Zeitpunkt des Antrags.* Der Antrag ist bereits **vor Rechtshängigkeit eines Scheidungsverfahrens** statthaft, sofern sich die Eheleute bereits getrennt haben oder aber getrennt leben wollen, wobei für das Wohnungszuweisungsverfahren gemäß § 1361b BGB der Ablauf des Trennungsjahres nicht Voraussetzung ist (§ 200 FamFG bezieht sich

---

[346] BGH NZM 2016, 886 ff. (unter Aufgabe früher abweichender Meinung).
[347] BayObLG NJW 1953, 1914; OLG Celle NJW 1964, 1861 (zum alten Recht der HausratsVO, woran sich nichts geändert hat).
[348] Grüneberg/Pückler BGB Vor § 1568a Rn. 4; AG Berlin-Tempelhof-Kreuzberg NJW 2010, 2445.
[349] OLG Bremen ZMR 1964, 206.
[350] BayObLG FamRZ 1955, 211.
[351] BGH FamRZ 1994, 98 (99).
[352] BGH NZM 2016, 886 ff.

ausdrücklich auch auf § 1361b BGB). All dies gilt bei am 1.10.2017 bestehenden eingetragenen Lebenspartnerschaften entsprechend.

289 Ist ein **Scheidungsverfahren bereits anhängig oder wird es gleichzeitig anhängig gemacht,** ist das Wohnungszuweisungsverfahren für den Fall der Scheidung iSd § 1568a BGB nur auf Antrag als Scheidungsfolgensache im Verbundverfahren durchzuführen (§ 137 Abs. 2 Nr. 2 FamFG). Es kann auch isoliert durchgeführt werden.

290 Auch **nach rechtskräftiger Beendigung des Scheidungsverfahrens** ist das Wohnungszuweisungsverfahren als selbstständiges Verfahren noch zulässig. Jedoch erlischt gemäß § 1568a Abs. 6 BGB der Anspruch auf Eintritt in ein Mietverhältnis oder auf seine Begründung **ein Jahr nach Rechtskraft** des Scheidungsurteils, sofern der Anspruch nicht vorher rechtshängig gemacht wurde. Auch der Anspruch der zur Vermietung berechtigten Person iSd § 1568a Abs. 5 BGB auf Begründung eines Mietverhältnisses dürfte der Jahresfrist des Abs. 6 unterliegen.[353]

Praxistipp:

Bei Befassung mit einer Ehesache Rechtsverhältnisse an der Ehewohnung/gemeinsamen Wohnung klären und (insbesondere bei Vertretung des „weichenden" Ehegatten/Lebenspartners) auf eindeutige Regelung auch im Verhältnis zum Vermieter dringen, ggf. rechtzeitig Antrag auf gerichtliche Zuweisung stellen, um die Außenhaftung des „weichenden" Ehegatten/Lebenspartnern zu beenden bzw. jedenfalls zu beschränken oder zugunsten des bleibewilligen Ehegatten/Lebenspartners die Wohnung durch Anwendbarkeit des § 566 BGB zu sichern.

291 Hat der Vermieter jedoch bereits wirksam gekündigt, scheidet eine Zuweisung gemäß § 1568a Abs. 3 BGB aus,[354] insbesondere dann, wenn er die Wohnung im Vertrauen auf die Kündigung bereits einem Dritten weitervermietet hat.

292 *(3) Inhalt des Antrags.* Dem üblichen Bestimmtheitserfordernis muss der Antrag nicht genügen,[355] da der Familienrichter ohne Bindung an den Antrag nach billigem Ermessen zu entscheiden hat.[356] Da § 1568a BGB als Anspruchsgrundlage gestaltet ist, ist der **Antrag als Sachantrag** zu fassen, was es ausschließt, die Wohnung an den Antragsgegner zu überlassen, der sich auf einen bloßen Zurückweisungsantrag beschränkt, also keinen Antrag auf Zuweisung an sich stellt.[357]

293 Es ist nicht zulässig, einem der Eheleute/Lebenspartner die Wohnung zuzuweisen, wenn sie beide das nicht wollen.[358] Es ist auch nicht zulässig, eine Beendigung des Mietverhältnisses für beide Ehegatten anzuordnen oder eine Beendigung eines mit nur einem Ehegatten bestehenden Mietverhältnisses anzuordnen, wenn nicht gleichzeitig die Fortführung mit dem anderen Ehegatten angeordnet wird.[359]

Formulierungsvorschlag: Zuweisungsantrag

294 Es wird beantragt,
der/dem …… die Wohnung …… zur alleinigen Nutzung (ggf. ergänzen: mit den Kindern ……, geb. am. und ……, geb. am ……) zuzuweisen und ein Mietverhältnis allein des …… mit dem Vermieter …… mit Wirkung ab …… zu begründen.

[353] Grüneberg/Pückler BGB § 1568a Rn. 24.
[354] Grüneberg/Pückler BGB § 1568a Rn. 20.
[355] OLG Zweibrücken FamRZ 1980, 1143.
[356] BGHZ 18, 143; OLG Zweibrücken ZMR 1987, 304.
[357] Grüneberg/Pückler BGB Vor § 1568a Rn. 5.
[358] Bub/Treier MietR-HdB/Straßberger II 9. 4a.
[359] Johannsen/Henrich/Brudermüller HausrVO § 5 Rn. 6.

In der Begründung kann (abgesehen von den familienrechtlichen Voraussetzungen, die hier nicht zu behandeln sind) im Hinblick auf die Vertragsgestaltung ausgeführt werden: 295

Formulierungsvorschlag:

Die/Der Antragsteller/in ...... ist dazu in der Lage, die Verpflichtungen aus dem allein mit ihr/ihm zu begründenden Mietverhältnis zu erfüllen, da sie/er über folgende gesicherte Einnahmequellen verfügt: 296
(Im Einzelnen darzustellen)

Da Sicherungsanordnungen, wie sie die HausratsVO zugunsten des Vermieters ermöglichte, heute nicht mehr in Betracht kommen, sind solche Ausführungen eher im Hinblick auf ggf. konkurrierende Anträge beider Eheleute sinnvoll. 297

(4) Verfahrensbeteiligte. Neben beiden Eheleuten/Lebenspartnern ist gemäß § 204 Abs. 1 FamFG im Falle des Zuweisungsantrags für den Fall der Scheidung des § 1568a BGB **zwingend der Vermieter** der Wohnung **zu beteiligen,** ferner der Grundstückseigentümer und über den Wortlaut hinaus auch der Nießbraucher,[360] ferner bei Werkmietwohnungen oder Werkdienstwohnungen der Dienstherr (dieser kann auch eine Doppelfunktion haben, wenn er auch Vermieter ist), letztlich Dritte, mit denen die Ehegatten oder einer von Ihnen bzgl. der Wohnung in Rechtsgemeinschaft stehen (zu denken ist etwa an andere Mitglieder einer Wohngemeinschaft, wenn die Wohnung von anderen Personen in Wohngemeinschaft mitbenutzt wird).

All diesen Beteiligten ist ein Antrag und sind Entscheidungen zuzustellen, Ihnen ist rechtliches Gehör zu gewähren.[361] Wird nicht allen Beteiligten zugestellt, bleibt die Sache in der Schwebe, da eine Entscheidung erst mit Rechtskraft allen Beteiligten gegenüber wirksam wird.[362] Diese Beteiligten sind gemäß § 58 FamFG selbstständig beschwerdeberechtigt, soweit in ihre Rechte eingegriffen wird. Ist eine zwingend vorgeschriebene Beteiligung unterblieben, so ist im Beschwerdeverfahren regelmäßig an das Familiengericht zurückzuverweisen.[363] 298

Es sollte zur **Vermeidung von Haftungsrisiken** seitens des anwaltlichen Vertreters der Partei, die auf eine Haftentlassung aus dem Mietvertrag drängt (also des „weichenden" Ehegatten/Lebenspartners) genau darauf geachtet werden, dass die hiernach zu beteiligenden Personen auch wirklich korrekt in das Verfahren einbezogen werden, da dies vom Familiengericht manchmal übersehen wird. 299

Formulierungsvorschlag: Zuweisungsantrag

(alternatives Szenario: Der Antragsgegner ist der „weichende" Ehegatte/Lebenspartner) 300
Für den Antragsgegner wird ausdrücklich beantragt,
den Vermieter der streitbefangenen Wohnung förmlich gemäß § 204 Abs. 1 FamFG am Verfahren zu beteiligen;

(5) Rechtsform möglicher Entscheidungen

- Bei Verfahren **vor Rechtshängigkeit** eines Scheidungsantrags ergeht ein **Beschluss** mit zeitlich bis zur Endentscheidung begrenzter Wirkung (§ 1361b BGB).
- **Nach Rechtshängigkeit** eines Scheidungsantrags kann im Wege der **einstweiligen Anordnung** durch Beschluss eine **vorläufige Regelung** erfolgen (§§ 49 ff., 200 ff. FamFG).

360 OLG Stuttgart OLGE 1968, 126.
361 Musielak/Borth FamFG § 204 Rn. 3.
362 OLG Hamm JMBlNRW 1948, 119.
363 OLG Düsseldorf FamRZ 1993, 575 (576).

- **Nach Rechtshängigkeit** des Scheidungsverfahrens erfolgt **durch Beschluss** entweder im Verbundverfahren oder im isolierten Wohnungszuweisungsverfahren die Entscheidung über die **endgültige Zuweisung** der Ehewohnung.
- Bei Verfahrenseinleitung nach Rechtskraft des Scheidungsurteils erfolgt eine ebenfalls **endgültige Zuweisung** der Ehewohnung **durch Beschluss.**

Es ergeht ein **rechtsgestaltender Hoheitsakt.** Dieser regelt, welcher der Ehegatten die Ehewohnung weiter nutzt und bestimmt, welches Rechtsverhältnis dem zugrunde liegt.

301 *(6) Inhalt möglicher Entscheidungen.* In dem Fall, dass es sich bei der Ehewohnung um eine Mietwohnung handelt (nur dies ist hier zu behandeln), kann folgendes geregelt werden:

- Waren **beide Ehegatten Mieter,** kann gemäß § 1568a Abs. 3 BGB angeordnet werden, dass der Mietvertrag von einem Ehegatten allein fortgesetzt wird und damit der andere aus dem Mietvertrag ausscheidet.
- War **nur einer der Ehegatten Mieter,** wird die Wohnung aber nicht diesem Ehegatten zugewiesen, so kann er zum Auszug verpflichtet werden, ggf. durch eine Anordnung gemäß § 209 Abs. 1 FamFG. Gleichzeitig wird nunmehr gemäß § 1568a Abs. 3 BGB geregelt, dass der Ehegatte, dem die Wohnung überlassen wird, in den mit dem zum Weichen verpflichteten Ehegatten abgeschlossenen Mietvertrag ein. Dieser Eingriff in die Vertragsfreiheit des Vermieters ist verfassungsrechtlich zulässig,[364] ist allerdings nur statthaft, wenn ein Zuweisungsantrag innerhalb der Frist von einem Jahr nach Rechtskraft des Scheidungsurteils gestellt wird (§ 1568a Abs. 6 BGB).
- **Besteht kein Mietverhältnis für die Ehewohnung,** etwa dann, wenn ein Alleinmieter selbst gekündigt hat, um ggf. die Zuweisung an den Ehegatten zu unterlaufen, wird die Wohnung aber noch vom anderen Ehegatten bewohnt und hat dieser auch den Willen, die Ehewohnung weiter zu bewohnen, so kann gemäß § 1568a Abs. 5 BGB ein Mietverhältnis neu begründet werden, wenn die Wohnung noch nicht weitervermietet ist.[365] was das Mietverhältnis auch dem Schutz des § 566 BGB unterstellt.[366] Die Neubegründung ist in einem solchen Fall rückwirkend auf den Zeitpunkt der Wirksamkeit einer solchen Kündigung möglich, wodurch eine vertragslose Zeit vermieden wird.[367] Hat der Vermieter wirksam gekündigt, scheidet eine Neubegründung iSd § 1568a Abs. 5 BGB regelmäßig aus,[368] man denke nur an den Fall der berechtigten Eigenbedarfskündigung.
- Eine **Teilung der Wohnung** sieht § 1568a BGB anders als früher § 6 HausratVO nicht mehr vor.[369] Die frühere Regelung war wohl eher unpraktikabel.

Durch §§ 17, 18 LPartG gilt für gleichgeschlechtliche Lebenspartner letztlich der identische Regelungskanon.

302 *(7) Sicherung der Entscheidungsmöglichkeit bei Alleinmiete eines Ehegatten.* Hier besteht die Gefahr, dass der Ehegatte, der die Wohnung verlassen will und vereiteln will, dass der bleibewillige Ehegatte die Zuweisung der Wohnung an sich betreibt, den Mietvertrag kündigt und der Vermieter – vorausgesetzt, er ist gutgläubig und wirkt mit dem Mieter nicht kollusiv zusammen – die Wohnung bereits neu vermietet und dann eine Zuweisung über § 1568a Abs. 5 BGB ausscheidet.

303 Daher wurde unter Geltung der HausratVO eine Befugnis des Familiengerichts angenommen, bereits im Rahmen einer vorläufigen Regelung im Wege der einstweiligen Anordnung ein Verbot gegenüber dem Alleinmieter auszusprechen, die Kündigung des Mietverhältnisses zu erklären oder eine Aufhebungsvereinbarung zu schließen.[370] Wür-

[364] BVerfG NJW 1992, 106 = FamRZ 1991, 1413 zur Vorgängerregelung der HausratsVO.
[365] Grüneberg/Pückler BGB § 1568a Rn. 20.
[366] OLG München WuM 2001, 283 (284).
[367] BayObLG NJW 1961, 317 (318); OLG München FamRZ 1991, 1452 (1454).
[368] Grüneberg/Pückler BGB § 1568a Rn. 20.
[369] Grüneberg/Pückler BGB § 1568a Rn. 6.
[370] OLG Dresden FamRZ 1997, 183; OLG München WuM 2001, 283 (284).

de dagegen verstoßen, so wäre ein gerichtliches Verfügungsverbot iSd §§ 136, 135 BGB verletzt, was die Kündigung zugunsten des in der Wohnung verbliebenen Ehegatten unwirksam macht.[371] Nicht anders wird man unter Geltung der aktuellen Bestimmungen gemäß §§ 49 ff. FamFG (einstweilige Anordnung) zu verfahren haben.

(8) Wirkung der Entscheidung. Hier ist jetzt zu unterscheiden: 304
Erfolgt eine Fortsetzung oder ein Eintreten in den bestehenden Mietvertrag iSd § 1568a Abs. 3, ändert sich am Vertragsinhalt nichts. Der aus dem Mietverhältnis damit entlassene bisherige Allein- oder Mitmieter haftet dann nicht mehr für künftig entstehende Verpflichtungen aus dem Mietverhältnis. Für Altforderungen haftet der ausscheidende Mieter weiter, auch gilt ein Vermieterpfandrecht insoweit fort.[372] Umgekehrt haftet der neue bzw. allein verbleibende Mieter für Altforderungen nur dann, wenn er bisher bereits Mietmieter war.[373]

Bestand noch kein Mietverhältnis, wird es gemäß § 1568a Abs. 5 BGB neu begründet, 305
die **Vertragsbedingungen** werden durch das Familiengericht von Amts wegen festgesetzt, im Zweifel auf die ortsübliche Vergleichsmiete, bei preisgebundenen Wohnungen die Kostenmiete.[374]

Für das fortgesetzte wie für das neu zustande gekommene Mietverhältnis gilt der 306
gesetzliche Kündigungsschutz.[375] Eine Ausnahme besteht dann, wenn das Mietverhältnis gemäß § 1568a Abs. 5 S. 2 BGB auf Verlangen des Vermieters unter den Voraussetzungen des § 575 Abs. 1 BGB oder wegen Unbilligkeit durch den Familienrichter bewusst nur zu vorübergehendem Gebrauch begründet wurde.[376]

(9) Keine Sicherung der Zahlungsansprüche des Vermieters. Durch den Personenwechsel 307
bzw. den Wegfall eines der bisher zwei Mieter können die Ansprüche des Vermieters gefährdet sein, wenn der verbleibende bzw. neue Mieter weniger solvent ist. Sicherungsanordnungen sind anders als unter der Geltung der HausratVO aber in § 1568a BGB nicht mehr vorgesehen.

Es wurde nur für den Fall des § 1568a Abs. 3 BGB ein Sonderkündigungsrecht des 308
Vermieters in § 1568a Abs. 3 S. 2 BGB geregelt, welches dem des § 563 Abs. 4 BGB entspricht.[377]

(10) Rechtsmittel. **Einstweilige Anordnungen** können mit der **sofortigen Beschwerde** 309
innerhalb der Grenzen des § 58 FamFG angegriffen werden, diese ist innerhalb von **zwei Wochen** einzulegen und gleichzeitig zu begründen (§ 63 Abs. 2 Nr. 1 FamFG).

Eine **Endentscheidung** über die Zuweisung der Ehewohnung erfolgt durch Beschluss, 310
der stets eine Rechtsbehelfsbelehrung enthalten muss (§ 39 FamFG), er unterliegt (gleich ob isoliert von der Ehesache oder als Verbundverfahren) der **Beschwerde gemäß § 58 FamFG.** Die **Beschwerdefrist** beträgt hier **einen Monat**, § 63 Abs. 1 FamFG, der OLG Familiensenat entscheidet, § 119 GVG. Bei Endentscheidungen findet keine Abhilfeprüfung statt, es ist sofort dem Beschwerdegericht vorzulegen (§ 68 Abs. 1 S. 2 FamFG).

cc) Regelungsmöglichkeiten bei Gewaltvorkommnissen. Dies ist gesondert in → § 36 311
Rn. 1 ff. (Gewaltschutzgesetz) behandelt, worauf verwiesen wird.

d) Mieterwechsel bei nichtehelicher heterosexueller Lebensgemeinschaft. *aa) Keine* 312
Analogie zur Ehe. Als einen Sonderfall, der auch den zu → Rn. 271 ff. dargelegten Grundsätzen folgen könnte, könnte man die Beendigung einer nichtehelichen heterosexuellen Lebensgemeinschaft betrachten. Jedoch sind die Regelungen der §§ 1361a, 1568a BGB hier nicht anwendbar, der Rechtsweg zum Familiengericht ist nicht eröff-

---

[371] Johannsen/Henrich/Brudermüller BGB § 1361b Rn. 63.
[372] Grüneberg/Pückler BGB § 1568a Rn. 14.
[373] Grüneberg/Pückler BGB § 1568a Rn. 14.
[374] Grüneberg/Pückler BGB § 1568a Rn. 21.
[375] Grüneberg/Pückler BGB § 1568a Rn. 14.
[376] Grüneberg/Pückler BGB § 1568a Rn. 22.
[377] Johannsen/Henrich/Brudermüller HausratVO § 5 Rn. 17.

net,[378] die entsprechende Anwendung der §§ 1361a, 1568a BGB ist ausschließlich für die eingetragene gleichgeschlechtliche Lebenspartnerschaft durch § 17 LPartG angeordnet.[379] Dies gilt selbst dann, wenn nach einer Jahre zurückliegenden Scheidung einer Ehe die früheren Ehepartner erneut in der fraglichen Wohnung zusammengelebt haben.[380]

313 *bb) Anwendung allgemeiner Regeln für BGB-Gesellschaft.* Hier kommt nur in Betracht, eine Vertragsbeendigung über ein Verlangen nach Kündigung als Folge der **Auflösung der BGB-Gesellschaft** derart herbeizuführen, wie dies oben unter → Rn. 94–102 dargelegt ist. Für den Mieter, der in der Wohnung bleiben will, ist dies mit dem Risiko verbunden, dass der Vermieter mit ihm allein ggf. einen neuen Mietvertrag nicht abschließen will. Es muss dann eine Abwägung vorgenommen werden, ob der „bleibende" Mieter ein Interesse an einer Klarstellung der Vertragsverhältnisse forcieren will.[381]

314 Ggf. empfiehlt es sich für den bleibewilligen Mieter, im Vorfeld etwaiger Bemühungen des „weichenden Mieters" auf Vertragsbeendigung mit dem Vermieter Kontakt aufzunehmen und mit diesem einen neuen Mietvertrag – aufschiebend bedingt durch die Kündigung des „weichenden Mieters" – abzuschließen, bevor der „bleibende Mieter" Maßnahmen zur Kündigung durch den „weichenden Mieter" einleitet.

315 Der „bleibende Mieter" hat seinerseits durchaus ein rechtliches Interesse an der Klarstellung der Vertragsverhältnisse. Denn der nur tatsächlich „weichende Mieter" hat gegenüber dem Vermieter weiter ein Recht zum Besitz, er hat – solange das Rechtsverhältnis nicht beendet ist – auch gegenüber dem „bleibenden Mieter" ein Recht auf Wiedereinräumung des Mitbesitzes. Zu den Einzelheiten, wie die Partner der gescheiterten nichtehelichen Lebensgemeinschaft die Vertragsauflösung betreiben können, ist auf → Rn. 94–102 zu verweisen.

316 *cc) Regelungsmöglichkeiten bei Gewaltvorkommnissen.* Dies ist gesondert in → § 36 Rn. 1 ff. (Gewaltschutzgesetz) behandelt, worauf verwiesen wird.

317 *dd) Interner Ausgleich während Trennungszeit und Kündigungsfrist.* In der Trennungszeit kann der Ehegatte und Mieter, der (zB innerhalb einer Kündigungsfrist nach durch beide Ehegatten gekündigtem Mietvertrag) die volle Miete für die Ehewohnung an den Vermieter gezahlt hat, von seinem Ehegatten und Mitmieter grundsätzlich die Erstattung des hälftigen Betrages verlangen.[382]

III. Tod einer Vertragspartei

1. Grundsätzliches

318 Ein Vertrag gilt grundsätzlich zwischen den Parteien, die ihn abgeschlossen haben. Für Dauerschuldverhältnisse sind **gesetzliche Sonderregelungen** für den **Tod einer Vertragspartei** getroffen worden. Dies gilt insbesondere für Mietverhältnisse.[383] Die gesetzlichen Regelungen der hierfür einschlägigen §§ 563–564 BGB unterscheiden zwischen dem Todesfall auf Vermieterseite und auf Mieterseite. Die Erläuterungen orientieren sich am neuen Recht, die für „Altfälle" maßgeblichen bisherigen Regelungen sind in der ersten Auflage erläutert, worauf verwiesen wird. Rechtsprechung, die zum bis 1.9.2001 geltenden Recht erging, ist wie sonstige Quellen dadurch gekennzeichnet, dass die bisherigen Paragraphen bei den neuen Paragraphen in Klammerdefinition mitgenannt sind. Ansonsten sind die Paragraphen des neuen Rechts ohne Zusatz aufgeführt.

---

[378] Grüneberg/Pückler BGB Vor § 1568a Rn. 3; Brudermüller WuM 2003, 250 (254).
[379] Was für am 1.10.2017 bereits bestehende eingetragene Lebenspartnerschaften fortgilt.
[380] OLG Hamm WuM 2005, 571.
[381] Dazu insgesamt: Schrader NZM 2010, 257.
[382] OLG Bremen NZM 2016, 439 (es erfolgt dort eine Differenzierung wegen der konkreten Verhältnisse des Einzelfalls).
[383] Zusammenfassend zu den Sonderproblemen beim Tod einer „einsamen" Vertragspartei: Wotte/Ungerer NZM 2012, 412.

a) **Tod der Vertragspartei.** Zunächst ist klarzustellen, wann vom Tod einer Vertragspartei auszugehen ist: In Betracht kommt nur der **Tod einer natürlichen Person.** Eine entsprechende Anwendung des § 563 BGB auf juristische Personen und Handelsgesellschaften scheidet aus.[384] Die Regelung ist auch bei Selbstmord anzuwenden, da es für die Anwendbarkeit des § 563 BGB nicht auf die Gründe für den Tod ankommt.[385] Das Lebensende ist heute als Hirntod (vollständiger, irreversibler Ausfall aller Funktionen von Großhirn, Kleinhirn und Hirnstamm) definiert.[386] 319

b) **Todeserklärung und Wirkung eines Erbscheins.** Dem Lebensende ist gleichzustellen die durch **formelle Todeserklärung eines Verschollenen** nach Maßgabe der §§ 9, 44 Abs. 2 VerschG begründete Todesvermutung zum festgestellten Todeszeitpunkt,[387] die allerdings nur eine widerlegbare Todesvermutung begründet. 320

Beispiel:
Bei vorliegender Todeserklärung wird durch den Vermieter an den für den Fall des tatsächlichen Todes des Mieters in Betracht kommenden Erben eine Kündigungserklärung gerichtet. Der Mieter ist tatsächlich aber nicht gestorben, der vermeintliche Erbe war aber der Kündigungserklärung nachgekommen. Was gilt?

Lösung:
Hier gilt § 2370 BGB iVm §§ 2366, 2367 BGB. Wenn nicht der Dritte, also hier der Vermieter, die Unrichtigkeit der Todeserklärung oder der Feststellung der Todeszeit kannte oder wusste, dass die Todeserklärung bereits aufgehoben worden ist, so gilt hiernach derjenige, der auf Grund der Todeserklärung oder der Feststellung des Todeszeitpunktes Erbe sein würde, zugunsten des Dritten als Erbe, ohne dass es der Erteilung eines Erbscheines bedarf.

Ist ein Erbschein erteilt, so gelten §§ 2366 und 2367 BGB direkt, über die wörtlich direkte Anwendung der §§ 2366, 2367 BGB auf Verfügungsgeschäfte im engeren Sinne hinaus wird im Sinne der Sicherheit des redlichen Rechtsverkehrs eine Kündigungserklärung an den Inhaber eines Erbscheins (Scheinerbe) als zugunsten des erklärenden Dritten, also des Vermieters, wirksam angesehen, da sie durch die Wirkung, das zugrundeliegende Rechtsverhältnis aufzuheben, Verfügungscharakter hat. Dies gilt auch im umgekehrten Fall, in dem der Inhaber eines Erbscheins eine Kündigungserklärung abgibt. Denn unter die Regelung des § 2367 BGB fallen auch einseitige Verfügungen, auch eine Kündigung, und zwar sowohl diejenige, die der Scheinerbe ausgesprochen hat als auch diejenige, die an ihn gerichtet war.[388] All dies gilt über § 2370 BGB bei Vorliegen einer Todeserklärung entsprechend. 321

Nicht ausreichend, um diese Rechtswirkungen auszulösen, ist die bloße Verschollenheit des Mieters, da für ihn gemäß § 10 VerschG eine Lebensvermutung gilt, solange eine Todeserklärung nicht erfolgt ist.[389] 322

2. Tod des Vermieters

Hier gilt der Grundsatz, dass im Wege der Universalnachfolge des § 1922 BGB der/die Erbe/n in die Vertragsstellung eintreten. Der Tod des Vermieters begründet **kein (Sonder-)Kündigungsrecht** des Mieters.[390] Dies beeinträchtigt die Rechte des Mieters nicht, denn ihm bleibt dann, wenn ihm der Erbe/die Erben als Vermieter nicht genehm ist/sind, das für den Mieter ohne Begründung mögliche Recht der fristgerechten ordentlichen Kündigung. Näheres hierzu bei → § 28 Rn. 1 ff. Liegt gar eine Situation vor, in der in der Person bzw. dem Verhalten des Erben als Vermieter für den Mieter Sonderkündi- 323

[384] MüKoBGB/Voelskow § 569 Rn. 5 aF (zum früheren Mietrecht); Schmidt-Futterer/Streyl BGB § 563 Rn. 13.
[385] BGH NJW-RR 1991, 75; Schmidt-Futterer/Streyl BGB § 563 Rn. 20.
[386] Dazu: Grüneberg/Ellenberger BGB § 1 Rn. 3 und Grüneberg/Weidlich BGB § 1922 Rn. 2 jew. mwN.
[387] Schmidt-Futterer/Streyl BGB § 563 Rn. 20.
[388] Hoffmann JuS 1968, 228; Wiegand JuS 1975, 283 (284).
[389] Schmidt-Futterer/Streyl BGB § 563 Rn. 20.
[390] Emmerich/Sonnenschein BGB § 569 Rn. 3 aF.

gungsrechte erwachsen, kann er diese ausüben. Näheres zu den Sonderkündigungsrechten des Mieters bei → § 28 Rn. 1 ff.

324 Ist die Rechtsnachfolge nach dem verstorbenen Vermieter nicht klar, und kann der Mieter keine Gewissheit darüber erlangen, wer Gläubiger seiner Mietverpflichtungen geworden ist, unterbleiben (nicht geleistete) Mietzahlungen infolge eines Umstandes, den der Mieter nicht zu vertreten hat. Er kommt dann nicht in Verzug, es besteht für die tatsächlichen Rechtsnachfolger des verstorbenen Vermieters kein Kündigungsrecht.[391]

3. Tod des Mieters

325 **a) Allgemeines.** *aa) Grundsätzliches.* Grundsätzlich gilt auch hier die Universalnachfolge des § 1922 BGB, so dass der/die Erbe/n des Mieters in die Rolle des Vertragspartners auf der Mieterseite einrücken und damit alle Rechte und Pflichten auf ihn/sie übergehen.

326 Zu den Rechtsfolgen des Todes des Mieters hat der Gesetzgeber in Abweichung von vorgenannter Regelung der Universalnachfolge für die Miete von **Wohnraum** jedoch vorrangige **Sonderregelungen**[392] geschaffen, die unterschiedliche Auswirkungen haben in Abhängigkeit davon, ob eine einzelne Person Mieter war oder eine Mietermehrheit bestand. Sinn und Zweck dieser gesetzlichen Sonderregelungen ist es die Haushalts- und Familienangehörigen des Erblassers zu schützen, da diese ansonsten im Falle des Todes des Mieters keine eigenen vertraglichen Ansprüche gegenüber dem Vermieter haben und ihr Nutzungsrecht an der Wohnung vom Willen des Erblassers abhängig wäre.[393]

327 *bb) Begriff des Wohnraums.* Da nach der Konzeption der Mietrechtsreform die §§ 563, 563a, 563b und 564 BGB Vorschriften sind, die speziell für Wohnraum gelten (§ 549 Abs. 1 BGB), ist dort eine besondere Nennung des Begriffs „Wohnraum“ nicht geboten und erfolgt. In § 549 BGB wird der Begriff des Wohnraumes jedoch ebenfalls nicht gesetzlich definiert, so dass diese Definition hier zu erfolgen hat.

328 Voraussetzung für die Anwendbarkeit von Vorschriften über die **Miete von Wohnraum** ist zunächst, dass es sich um die Miete eines **Raumes,** also des **Innenteils eines Gebäudes**[394] handelt. Aus dieser Definition fallen heraus die Innenräume beweglicher Sachen, wie Wohnwagen, Schiffskajüten, Wohncontainer, Wohnwagen und Gerätewagen.[395]

329 Weiter muss der gemietete Raum **zum Wohnen bestimmt** sein. Diese Bestimmung ist dann gegeben, wenn der bzw. die Räume zum Schlafen, Essen, Kochen zu dauernder privater Nutzung bestimmt sind, wobei auf den vereinbarten vom Mieter verfolgten Vertragszweck abzustellen ist.[396] Entscheidend ist mithin nicht die Bezeichnung durch die Parteien, sondern der Zweck, den der Mieter mit der Anmietung vertragsgemäß verfolgt. Unerheblich ist auch, in welchem Umfang der Mieter die Wohnung tatsächlich benutzt. Da den Mieter keine Gebrauchspflicht trifft, liegt ein Wohnraummietvertrag auch dann vor, wenn der Lebensmittelpunkt des Mieters tatsächlich nicht (mehr) in den angemieteten Räumlichkeiten liegt.[397]

330 Nicht selten kommt es vor, dass Räume sowohl zu Wohn- als auch zu Gewerbezwecken genutzt werden, so dass ein sog. Mischmietverhältnis vorliegt. Liegt ein einheitlicher Mietvertrag vor, so gelten entweder die Vorschriften über die Wohnraummiete oder die Vorschriften über die Gewerberaummiete. Für die Zuordnung kommt es regelmäßig darauf an, welche Nutzungsart nach der getroffenen Vereinbarung den Schwerpunkt bildet. Indizien für einen entsprechenden Parteiwillen sind insbes. die Verwendung eines auf die jeweilige Nutzungsart zugeschnittenen Vertrags-

---

[391] BGH NZM 2006, 11.
[392] Schmidt-Futterer/Streyl BGB § 563 Rn. 1.
[393] Schmidt-Futterer/Streyl BGB § 563 Rn. 1.
[394] OLG Düsseldorf WuM 1992, 111 für den Fall eines demontierbaren Bürohauses.
[395] OLG Düsseldorf WuM 1992, 111.
[396] BGH NJW 1997, 1845 mwN; OLG Düsseldorf WuM 1995, 434.
[397] Schmidt-Futterer/Fevers BGB vor § 535 Rn. 15.

formulars, die Bezeichnung des Mietverhältnisses durch die Parteien, die Verwendung bestimmter Fragebögen bei der Selbstauskunft, das Verhältnis der Flächen, die einerseits zum Wohnen und andererseits zur Ausübung der freiberuflichen oder gewerblichen Tätigkeit bestimmt sind, die Verteilung der Gesamtmiete auf die Nutzungsanteile, die Frage, ob die Kaution die Höchstgrenze des § 551 Abs. 1 BGB übersteigt, und die baulichen Gegebenheiten.[398] Grundsätzlich gilt aufgrund des hohen Schutzbedürfnis des Mieters jedoch, dass bei der Einordnung von einem Wohnraummietverhältnis auszugehen ist, wenn ein Überwiegen des gewerblichen Zwecks nicht festgestellt werden kann.[399]

Um für Rechtsklarheit hinsichtlich der Einordnung zu Sorgen, empfiehlt es sich, eine entsprechende vertragliche Formulierung zu verwenden. 331

Formulierungsvorschlag: Vertragliche Unterstellung unter Wohnraumrecht

Die Vertragsschließenden sind sich darüber einig, dass für den vorliegenden Vertrag zugunsten des Mieters alle gesetzlichen Bestimmungen anwendbar sind, die für die Miete von Wohnraum gelten. 332

Eine derartige Rechtswahl muss als zulässig angesehen werden, da sie nicht gegen bestehendes Recht verstößt, insbesondere verstößt sie nicht gegen § 563 Abs. 5 BGB. Sie ist auch iSd § 305 BGB nicht unangemessen. Sie vermeidet auch bei anderen in der Einordnung zweifelhaften Mietobjekten die Einordnungsprobleme, die sich sonst ergeben können. Denn die entscheidende Abgrenzung wird allgemein darin gesehen, dass der vertragsgemäße Gebrauch im eigenen Wohnen bestehen muss, so dass eine vorgesehene Weitervermietung zu Wohnzwecken nicht zur Anwendung von Wohnraummietrecht zwischen Vermieter und Mieter führt, selbst wenn ein gemeinnütziger Verein Räume anmietet, um diese an von ihm betreute dritte Personen zum Wohnen weiterzuvermieten.[400] Im Einzelfall führt zwar der Vertragszweck, dass nur eigene Mitglieder eines gemeinnützigen Vereins angemietete Räume zum Wohnen nutzen sollen, zur Anwendung von Wohnraummietrecht,[401] Klarheit schafft jedoch nur die eindeutige vertragliche Festlegung. 333

cc) Gesetzesaufbau. Als erste der bei Tod des Mieters anwendbaren Regelungen steht § 563 BGB, der beim Tod des Alleinmieters gilt, sodann folgt § 563a BGB, der Regelungen über die Fortsetzung eines Mietverhältnisses mit mehreren Personen enthält, sowie § 563b BGB mit der Regelung der Folgen einer Vertragsfortsetzung. Ungeregelt gebliebenen sind zwei besondere Fallkonstellationen, die unten in → Rn. 402 ff. dargestellt sind. Zum Schluss folgt § 564 BGB, der die Regelungen zur Fortsetzung mit Erben enthält. Durch die geänderte Reihenfolge der vorgesehenen Regelungen wird klargestellt, dass die gesetzliche Erbfolge nur nachrangig gilt.[402] 334

dd) Möglichkeit vertraglicher Sonderregelungen. Der Gestaltungsspielraum für vertragliche Regelungen ist beschränkt. Denn der Gesetzgeber hat in den einschlägigen Bestimmungen teilweise angeordnet, dass diese nicht zu Lasten des Mieters abänderbar sind, siehe §§ 563 Abs. 5, 563a Abs. 3 BGB.[403] Vertragliche Sonderregelungen kommen damit nur zu § 563b BGB, den Haftungs- und Ausgleichsregelungen sowie zu § 564 BGB für den Fall der Fortsetzung mit dem Erben in Betracht, ferner kann das Sonderkündigungsrecht des Vermieters abbedungen werden,[404] fraglich ist, ob das auch 335

[398] Schmidt-Futterer/Fevers BGB vor § 535 Rn. 23.
[399] BGHZ 202,39= NJW 2014, 2864 Rn. 39; Schmidt-Futterer/Fevers BGB vor § 535 Rn. 24.
[400] BGHZ 133, 142 (147) = ZMR 1996, 537.
[401] OLG Köln ZMR 2004, 31 = NJOZ 2005, 1428.
[402] Schmidt-Futterer/Streyl BGB § 563 Rn. 5.
[403] Schmidt-Futterer/Streyl BGB § 563 Rn. 74.
[404] Schmidt-Futterer/Streyl BGB § 563 Rn. 74.

formularvertraglich (für den doch wohl eher unwahrscheinlichen Fall, dass der Formularvertrag vom Mieter gestellt ist) möglich ist.[405]

336 b) **Tod eines Alleinmieters, § 563 BGB.** *aa) Grundsätzliches.* Die Vorschrift behandelt die Rechtsfolgen, die vorrangig für den Ehegatten/Lebenspartner und nachrangig für Familienangehörige sowie sonstige Personen gelten, die mit dem verstorbenen Alleinmieter einen gemeinsamen Haushalt geführt haben. § 563 BGB stellt somit eine **Abweichung** von den erbrechtlichen Bestimmungen und dem **Prinzip der Gesamtrechtsnachfolge iSd § 1922 BGB** dar, da unter bestimmten Voraussetzungen die §§ 563 bis 564 BGB eine Sonderrechtsnachfolgen für bestimmte Personen in das Mietverhältnis über Wohnraum zulassen.[406] Es muss sich um eine natürliche Person gehandelt haben. Dagegen ist die Vorschrift nicht anwendbar, wenn eine juristische Person Alleinmieter war und diese durch Auflösung oder Gesamtrechtsnachfolge untergeht.[407] Sie ist auch nicht anwendbar, wenn ein Organ einer juristischen Person stirbt. Vom Schutzzweck her muss § 563 BGB anwendbar sein, wenn der Wohnraum von einer Personengesellschaft gemietet wurde und von dem einzigen Komplementär bewohnt wurde, der gestorben ist. Dies ist umstritten, ablehnend *Streyl,* der diesen Sonderfall jedoch nicht ausdrücklich behandelt.[408] Der Schutzzweck muss aber nur dann eingreifen, wenn mit dem Tode des Gesellschafters auch die Personengesellschaft endet, denn bei Fortbestehen der Personengesellschaft ändert sich am Mietverhältnis nichts. Diese Erwägungen gelten bei OHG oder KG als Mieter, nicht aber bei einer GmbH als Mieter.[409] Die Regelung gilt unabhängig davon, ob der Ehegatte bzw. der Lebenspartner (oder für Abs. 2, die dort aufgeführten Familienangehörigen/Personen) Erben des Mieters sind oder nicht.

337 Es handelt sich nach hM um eine Sonderrechtsnachfolge kraft Gesetzes,[410] die ohne Abgabe einer Willenserklärung zum Eintritt des überlebenden Ehegatten bzw. Lebenspartners (Abs. 1) oder der Familienangehörigen bzw. sonstigen berechtigten Personen (Abs. 2) in das Mietverhältnis führt.[411] Daher ist der Begriff des Eintrittsrechts an sich dogmatisch falsch, er hat sich jedoch allgemein für diese Regelung eingebürgert und wird daher weiterhin benutzt.[412] Die Vorschrift gilt, wie vorstehend bereits aufgezeigt, nur für **Wohnraum.**[413]

338 *bb) Eintritt des Ehegatten bzw. des Lebenspartners, § 563 Abs. 1 BGB.* § 563 Abs. 1 BGB regelt das **Eintrittsrecht des Ehegatten oder des Lebenspartners,** so dass insbesondere das **Erfordernis der gemeinsamen Haushaltsführung** gerade in den gemieteten Wohnräumen gilt,[414] wie dies im Einzelnen unten in → Rn. 355 ff. dargestellt ist. Die gesetzliche Regelung lautet bereits seit 20.11.2015:[415]

§ 563 Abs. 1 BGB
Der Ehegatte oder Lebenspartner, der mit dem Mieter einen gemeinsamen Haushalt führt, tritt mit dem Tod des Mieters in das Mietverhältnis ein.

339 Bei Ehegatten ist Voraussetzung das **Bestehen einer Ehe,** was gemäß §§ 1353 ff. BGB beurteilt wird. Dies gilt seit dem 1.10.2017 auch für Eheschließungen gleichgeschlecht-

[405] Dazu Herrlein/Kandelhard BGB § 563 Rn. 18.
[406] Blank/Börstinghaus/Siegmund/Siegmund BGB § 563 Rn. 1.
[407] Schmidt-Futterer/Streyl BGB § 563 Rn. 13.
[408] Schmidt-Futterer/Streyl BGB § 563 Rn. 14.
[409] Staudinger/Rolfs BGB § 563 Rn. 5; aA ohne Begründung Schmidt-Futterer/Streyl BGB § 563 Rn. 6 mit Verweis auf Bub/Treier MietR-HdB/Fleindl Kap. IV. Rn. 230.
[410] Schmidt-Futterer/Streyl BGB § 563 Rn. 1, 44; aA Wenzel ZMR 1993, 439, wonach eine Sondererbfolge eintreten soll (dies ist abzulehnen, da die Regelung keinen spezifisch erbrechtlichen Gehalt hat).
[411] Blank/Börstinghaus/Siegmund/Siegmund BGB § 563 Rn. 2.
[412] BGH NZM 2018, 325 ff. mAnm Kappus NZM 2018, 325 (331 f.).
[413] Zur Definition des Wohnraums; Blank/Börstinghaus/Siegmund/Siegmund BGB § 563 Rn. 3.
[414] Begründung zum RegE, S. 157.
[415] Mit der Neuregelung durch das Gesetz zur Bereinigung des Rechts der Lebenspartner vom 20.11.2015 (BGBl. I 2010).

licher Paare.[416] Abzustellen ist bei Scheidung auf die Rechtskraft des Scheidungsurteils bzw. des Aufhebungsurteils.[417] Stirbt der Mieter zwischen der Verkündung des Scheidungsurteils und dessen Rechtskraft, so tritt der Ehegatte in das Mietverhältnis ein. Stirbt der Mieter nach der Rechtskraft, so ist § 563 Abs. 1 BGB auch dann nicht anwendbar, wenn die Eheleute trotz der Scheidung weiterhin in der Wohnung zusammen gelebt haben. § 563 BGB ist also bei laufendem Scheidungsverfahren durchaus anwendbar, jedoch wird dann häufig die nachstehend in → Rn. 355 ff. genannte weitere Voraussetzung nicht mehr gegeben sein, dass in der Wohnung ein gemeinsamer Haushalt geführt werden muss. Unter Umständen ist – bei Bestehen eines gemeinsamen Haushalts – in einem solchen Fall aber ein Eintritt gemäß § 563 Abs. 2 BGB möglich.

Auf die **heterosexuelle nichteheliche Lebensgemeinschaft** ist § 563 Abs. 1 BGB nicht 340 anwendbar, jedoch in Übereinstimmung mit der bereits zum früheren Recht ergangenen Rechtsprechung § 563 Abs. 2 BGB.

Für die **eingetragene gleichgeschlechtliche Lebenspartnerschaft** im Sinne des ab 341 1.8.2001 geltenden Lebenspartnerschaftsgesetzes[418] sind die Regelungen für Ehegatten identisch anzuwenden. Es kommt also für den Beginn der Anwendbarkeit auf die Eintragung bei der zuständigen Behörde iSd § 1 Abs. 1 S. 3 LPartG an, für das Ende auf die Aufhebung durch gerichtliches Urteil gemäß § 15 Abs. 1 LPartG.[419] Die Begründung neuer eingetragener Lebenspartnerschaften ist seit dem 1.10.2017 nicht mehr möglich. Bestehende Partnerschaften bleiben aber bestehen, so dass die nachstehenden Ausführungen zu den eingetragenen Lebenspartnerschaften für diese Fälle weiter gültig sind. Daher wird an diesen auch nichts geändert.

cc) Eintritt von Kindern und anderen Familienangehörigen, § 563 Abs. 2 S. 1–3 BGB. 342 § 563 Abs. 2 S. 1–3 BGB regelt das Eintrittsrecht von Kindern und anderen Familienangehörigen. **Vorrangig** ist jedoch **der Eintritt des Ehegatten bzw. des Lebenspartners.**[420] Ist der Eintritt dieser Personen(-gruppe) erfolgt, schließt dies den Eintritt von Kindern und anderen Familienangehörigen bzw. sonstigen berechtigten Personen aus, was das Gesetz selbst in § 563 Abs. 2 S. 2 Hs. 2 BGB aussagt.

Die gesetzliche Regelung lautet heute:

§ 563 Abs. 2 S. 1 BGB
Leben in dem gemeinsamen Haushalt Kinder des Mieters, treten diese mit dem Tod des Mieters in das Mietverhältnis ein, wenn nicht der Ehegatte oder Lebenspartner eintritt.
§ 563 Abs. 2 S. 2 BGB
Andere Familienangehörige, die mit dem Mieter einen gemeinsamen Haushalt führen, treten mit dem Tod des Mieters in das Mietverhältnis ein, wenn nicht der Ehegatte oder der Lebenspartner eintritt.

Durch den Gesetzestext wird die Rangfolge wie folgt dargestellt:

Vorrangig tritt der **Ehegatte** oder der Lebenspartner ein. Durch die Neuregelung des 343 Jahres 2015 ist die bisherige Regelung, dass Kinder mit einem eingetragenen Lebenspartner gleichrangig eintreten, bewusst aufgehoben worden.[421] Im nächsten Rang treten Kinder in das Mietverhältnis ein, wobei es bei diesen ausrecht, wenn sie im gemeinsamen Haushalt leben, eine gemeinsame Haushaltsführung mit dem verstorbenen Mieter ist bei Kindern nicht erforderlich.[422] Ein Untermietverhältnis zwischen dem verstorbenen Mieter und dem Eintrittsberechtigten schließt ein „Leben" in einem gemeinsamen Haushalt nicht aus.[423] Kinder sind **leibliche und adoptierte Kinder.**[424] Ob

---

416 Gesetz zur Einführung des Rechts auf Eheschließung für Personen gleichen Geschlechts, G v. 20.7.2017 (BGBl. I 2787).
417 Staudinger/Rolfs BGB § 563 Rn. 11; Schmidt-Futterer/Streyl BGB § 563 Rn. 28.
418 BGBl. 2001 I 266 (287), geändert durch G v. 20.12.2004 (BGBl. 2005 I 3396).
419 Schmidt-Futterer/Streyl BGB § 563 Rn. 29.
420 Blank/Börstinghaus/Siegmund/Siegmund BGB § 563 Rn. 14.
421 Gesetzesbegründung BR-Drs. 259/15, 22 f. (zu Art. 18 Nr. 1b).
422 BGH NZM 2015, 207 ff. (208 f.).
423 LG Berlin WuM 2017, 149 f.
424 Blank/Börstinghaus/Siegmund/Siegmund BGB § 563 Rn. 17.

auch **Pflegekinder** unter diesen Begriff zu fassen sind, erscheint unklar.[425] Unter dem weiteren Begriff der Familienangehörigen werden sie in jedem Fall erfasst.[426] Nachrangig zu Ehegatte/Lebenspartner, aber gleichrangig zu eintretenden Kindern des Mieters, treten die in § 563 Abs. 2 S. 2 und 3 genannten Personen ein.

344 Um Familienangehöriger zu sein, muss eine **Verwandtschaft** oder eine **Schwägerschaft** im Sinne des BGB bestehen, gleich welchen Grades, auch **Pflegekinder** sind jedenfalls zu diesem Personenkreis zu zählen.[427] Eine Eingrenzung auf engere Familienangehörige, wie dies bei der Auslegung der Regelungen zur Kündigung wegen Eigenbedarfs weitgehend angenommen wird, ist in der Kommentierung und Rechtsprechung nicht erkennbar[428] und auch nicht geboten. Daher wird auch eine Erweiterung auf Verlobte für zulässig angesehen.[429] Da jedoch eine Verlobung nicht (wie Ehe oder Lebenspartnerschaft) durch Urkunden belegt wird, ist zur Vermeidung von Missbrauch der/die Verlobte nicht dem Personenkreis der Familienangehörigen,[430] sondern – bei Vorliegen der besonderen Voraussetzungen – dem Personenkreis der „anderen berechtigten Personen" zuzurechnen.

345 *dd) Eintritt von anderen berechtigten Personen, § 563 Abs. 2 S. 3 BGB.* Die gesetzliche Regelung lautet:

Dasselbe gilt für Personen, die mit dem Mieter einen auf Dauer angelegten gemeinsamen Haushalt führen.

346 *(1) Gleichrangigkeit zu „anderen" Familienangehörigen.* Der Gesetzgeber will eine **Gleichrangigkeit** zwischen dem **Eintrittsrecht der Familienangehörigen** und dem der **sonstigen Personen.** Die Formulierung „Personen" sollte laut ursprünglicher Gesetzesbegründung bewirken, dass auch gleichgeschlechtliche Lebenspartner in den Genuss des Eintrittsrechts kommen,[431] so dass die kontroverse Rechtsprechung, die sich zu dieser Frage zur früheren Rechtslage entwickelt hat, überholt sein sollte. Die besondere gesetzliche Regelung der eingetragenen gleichgeschlechtlichen Lebenspartnerschaft und die Aufnahme in § 563 Abs. 1 BGB bewirkt, dass mit der Regelung des § 563 Abs. 2 S. 3 BGB ein anderer Personenkreis angesprochen sein muss. Die Regelung sollte insgesamt bewirken, dass in einer Situation, in der Familienangehörige und Lebenspartner (welcher sexuellen Orientierung auch immer) bislang gemeinsam mit dem verstorbenen Alleinmieter in dessen Wohnung gelebt haben und dort einen gemeinsamen Haushalt geführt haben, alle gemeinsam in das Mietverhältnis eintreten können und auf diese Weise die bisher bestehende Lebensgemeinschaft in der Wohnung fortsetzen können.[432] Hinsichtlich der eingetragenen Lebenspartner im Sinne des LPartG ist deren Vorrangigkeit gleich der Vorrangigkeit des Ehegatten angeordnet worden, so dass dieses Regelungsziel aufgegeben wurde. Damit bleibt die Frage, welche Personengruppen noch von der Regelung erfasst sein sollen.

347 Auf den **nichtehelichen heterosexuellen Lebenspartner** wurde bereits zum früheren Recht die Regelung des § 569a Abs. 2 (nicht des Abs. 1) BGB aF, die sich auf Familienangehörige bezog, analog angewandt,[433] wobei umstritten war, ob dies auch für gleichgeschlechtliche Partnerschaften gelten sollte.[434] Da die Rechtsstellung „anderer" Per-

[425] Gegen eine Gleichstellung wegen fehlender Notwendigkeit Blank/Börstinghaus/Siegmund/Siegmund BGB § 563 Rn. 17; Lützenkirchen Neue Mietrechtspraxis Rn. 659.

[426] BGHZ 121, 116 = NJW 1993, 999; Blank/Börstinghaus/Siegmund/Siegmund BGB § 563 Rn. 17.

[427] BGHZ 121, 116 = NJW 1993, 999; Blank/Börstinghaus/Siegmund/Siegmund BGB § 563 Rn. 18.

[428] Staudinger/Rolfs BGB § 563 Rn. 20.

[429] LG Lüneburg ZMR 1993, 13; Schmidt-Futterer/Streyl BGB § 563 Rn. 33 mwN; Blank/Börstinghaus/Siegmund/Siegmund BGB § 563 Rn. 18.

[430] AA Staudinger/Rolfs § 563 Rn. 25, der zugesteht, dass die Unterscheidung hier ohne praktische Relevanz ist, da sowieso – bei Vorliegen der übrigen Voraussetzungen – der Verlobte unter S. 4 fällt.

[431] Begründung zum RegE, S. 158; Schmidt-Futterer/Streyl BGB § 563 Rn. 35.

[432] Begründung zum KabinettsEntw., S. 158.

[433] BGH NJW 1993, 999; überholt daher die gegenteilige Entscheidung OLG Karlsruhe WuM 1989, 610.

[434] Dafür: LG Hannover NJW-RR 1993, 1103; AG Wedding NJW-RR 1994, 524; Lützenkirchen WuM 1993, 373; dagegen: OLG Saarbrücken NJW 1991, 1760.

sonen der von „anderen" Familienangehörigen gleichgestellt ist, scheint es für die Anwendung des neuen Rechts gleichgültig zu sein, ob man **nichteheliche heterosexuelle Lebenspartner** den Familienangehörigen (wie zum bisherigen Recht) oder der weiteren Personengruppe der „anderen Personen" zuordnet. Die Differenzierung liegt vom Wortlaut her darin, dass bei Familienangehörigen gefordert wird, dass sie „mit dem Mieter einen gemeinsamen Haushalt führen", während bei „anderen Personen" gefordert wird, dass sie „mit dem Mieter einen **auf Dauer angelegten** gemeinsamen Haushalt führen". Entscheidend ist letztlich damit das nachstehend behandelte Kriterium der **Intensität der Beziehungen. Für nichteheliche gleichgeschlechtliche Lebenspartner wird man das anzuwenden haben, was für nichteheliche heterosexuelle Lebenspartner gilt.**

Bei Familienangehörigen ist die besondere Intensität in eben der familienrechtlichen Beziehung zu sehen, während hier ein Verlangen danach, dass die gemeinsame Haushaltsführung „auf Dauer angelegt" sein muss, im Gesetz nicht formuliert ist.[435] Umgekehrt muss zur Abgrenzung, wegen des Fehlens des Nachweises durch Urkunden und zur Vermeidung von Missbrauch bei Personen, die nicht Familienangehörige sind, die besondere Intensität durch das Merkmal begründet sein, dass die gemeinsame Haushaltsführung „auf Dauer angelegt" sein muss. 348

(2) Kriterien für die geforderte Intensität der Beziehungen. Die Kriterien für die geforderte **Intensität der Beziehungen** entsprechen denjenigen, die die bisherige Rechtsprechung, insbesondere der Rechtsentscheid des BGH vom 13.1.1993,[436] herausgearbeitet hat. 349

Stets wurde für die bisherige analoge Anwendung vorausgesetzt, dass **beide Teile** einer Lebensgemeinschaft **unverheiratet** sind, daneben **keine weiteren Lebensbeziehungen gleicher Art** bestehen,[437] **innere Bindungen** bestehen, die ein **gegenseitiges Einstehen als Partner füreinander** begründen (also über eine reine Haushalts- und Wirtschaftsgemeinschaft hinausgehen)[438] und die **Gemeinschaft auf Dauer angelegt** war. Auf die tatsächliche Dauer kam es dabei nicht an, etwa beim baldigen Tode des Mieters, wenn dennoch feststeht, dass ein dauerhaftes Zusammenleben beabsichtigt war.[439] **Indizien** für eine nichteheliche Lebensgemeinschaft waren in der Rechtsprechung **ständiges Zusammenwohnen** und ein **Auftreten nach außen wie ein Ehepaar.**[440] 350

Da für die **eingetragenen Lebenspartnerschaften** im Sinne des Gesetzes über eingetragene Lebenspartnerschaften[441] eine ausdrückliche Nennung dieser Rechtsform erfolgt ist bzw. bei diesen eine Verfestigung gerade durch die erfolgte Eintragung dokumentiert ist, bleibt offen, welche sonstigen Formen eines Zusammenlebens daneben noch betroffen sein sollen. Durch die „Ehe für alle" gibt es keine Unterschiede mehr danach, ob es sich bei Ehegatten um heterosexuelle Partner oder gleichgeschlechtliche Partner handelt. Für bereits eingetragene Lebenspartnerschaften gelten deren Rechtsstellung und die daraus abgeleiteten Rechte weiter, auch wenn nicht zusätzlich eine Eheschließung gemäß der neuen Rechtslage erfolgt. Bloße Haushalts- und Wirtschaftsgemeinschaften sollen nicht zu dem begünstigten Personenkreis gehören,[442] an die Intensität der Beziehungen sollen u. a. zur Vermeidung von Missbrauch hohe Anforderungen gestellt werden, es soll auf objektive und nachprüfbare Kriterien ankommen.[443] Was sind daher die Kriterien für die Bestimmung des genannten Personenkreises, für den im Folgenden der Begriff der **„berechtigten Personen"** benutzt werden soll? 351

---

[435] Blank/Börstinghaus/Siegmund/Siegmund BGB § 563 Rn. 18.
[436] BGHZ 121, 116 = NJW 1993, 999.
[437] So auch LG München NZM 2005, 336.
[438] BVerfG NJW 1993, 643 = WuM 1993, 240.
[439] LG Hamburg WuM 1997, 221; Blank/Börstinghaus/Siegmund/Siegmund BGB § 563 Rn. 22.
[440] LG Berlin GE 1997, 1581.
[441] BGBl. 2001 I 266–287.
[442] Schmidt-Futterer/Streyl BGB § 563 Rn. 35.
[443] Begründung zum RegE, S. 158.

352 Die Kriterien zum Begriff der „nichtehelichen Lebensgemeinschaft", die der BGH aufgestellt hat, sollen laut Begründung zum RegE sinngemäß auch für den Begriff des „auf Dauer angelegten gemeinsamen Haushalts" gelten. Da die „Ehe für alle" (zuvor: eingetragenen Lebenspartnerschaften) nicht für hetereosexuelle Lebenspartner anwendbar sind, verbleiben zum einen die bisherigen **„nichtehelichen Lebensgemeinschaften"** heterosexueller Partner und gleichgeschlechtlicher Lebenspartner,[444] zu deren Abgrenzung die bisherige Rechtsprechung gilt.

353 Nach den Vorstellungen des Gesetzgebers soll daneben auch das **dauerhafte Zusammenleben alter Menschen** als Alternative zum Alters- oder Pflegeheim, die ihr gegenseitiges Einstehen zum Beispiel durch gegenseitige Vollmachten dokumentiert haben, die Kriterien grundsätzlich erfüllen können,[445] auch das dauerhafte Zusammenleben von Geschwistern.[446] Auch das auf Dauer angelegte Zusammenleben enger Freunde ohne intime Beziehung soll als auf Dauer angelegter gemeinsamer Haushalt ausreichen.[447] Eine exklusive Nähe- oder Liebesbeziehung wird dabei nicht gefordert.[448] Damit verschwimmen die Kriterien völlig, so dass es vom geschickten oder nicht geschickten Prozessvortrag abhängt, ob der Eintrittstatbestand als gegeben angesehen wird.

354 Eine „Anbahnungspartnerschaft", die noch nicht zu einer (ggf. bei gleichgeschlechtlichen Personen eingetragenen) Lebenspartnerschaft geführt hat, wird dagegen den besonderen Rechtsschutz noch nicht genießen können. Mit dem Kriterium des „auf Dauer angelegten" Haushalts wird man dies verneinen müssen, da in einer solchen „Anbahnungspartnerschaft" noch keine Anlage zur Dauerhaftigkeit festzustellen ist. Die Grenzen sind jedoch fließend und werden zu Streitfällen führen. Ob auf die sog. „Ehe zu dritt" die Sondervorschrift des § 563 Abs. 2 S. 4 BGB anwendbar ist, da dort die vom Gesetzgeber offenbar gewollte Exklusivität einer Zweipersonenbeziehung nicht vorliegt, ist zweifelhaft, da der Gesetzestext nicht von einer Zweipersonenbeziehung sagt.[449]

355 *ee) Gemeinsame Voraussetzung: Führen eines gemeinsamen Haushalts.* Das **Erfordernis der gemeinsamen Haushaltsführung** gerade in den gemieteten Wohnräumen soll gegenüber dem bisherigen Recht unverändert bleiben.[450]

356 Entscheidend ist hierfür, dass in der Wohnung der **Mittelpunkt einer gemeinsamen Lebens- und Wirtschaftsführung** liegt.[451] Eine vorübergehende Trennung hebt den gemeinsamen Hausstand nicht auf, etwa aus beruflichen Gründen oder bei Verbüßung einer Freiheitsstrafe.[452] Ob dies auch bei Verbüßung einer lebenslangen Freiheitsstrafe anwendbar ist, ist umstritten. Regelmäßig dürften die tatsächlichen Umstände hier für einen weiter bestehenden Lebensmittelpunkt in einer gemeinsamen Wohnung sprechen, sofern der Wille zur Rückkehr besteht.[453] Ein gemeinsam mit dem Mieter geführter Haushalt iSd § 563 Abs. 2 S. 1 BGB besteht nach Auffassung des LG Berlin II hingegen nicht mehr, wenn sich der Mieter zum Zeitpunkt seines Ablebens bereits seit geraumer Zeit in einer Pflegeeinrichtung aufgehalten hat, ohne dass noch die medizinisch begründbare Erwartung einer Besserung oder gar Heilung und somit einer Rückkehr des Mieters in die Mieträume bestanden hätte[454]. Etwas relativierender beurteilt Streyl das Vorliegen der Voraussetzungen des „Führen eines auf Dauer gemeinsamen Haushaltes" indem dieser dafür plädiert, dass bei der Beurteilung der Frage, ob ein endgültiger

[444] Schmidt-Futterer/Streyl BGB § 563 Rn 35–37.
[445] Begründung zum RegE, S. 158/159; iSd AG Görlitz WuM 2012, 505; Blank/Börstinghaus/Siegmund/Siegmund BGB § 563 Rn. 26.
[446] Schmidt-Futterer/Streyl BGB § 563 Rn. 33.
[447] Blank/Börstinghaus/Siegmund/Siegmund BGB § 563 Rn. 26.
[448] AG Tempelhof-Kreuzberg WuM 2018, 92 ff.
[449] Schmidt-Futterer/Streyl BGB § 563 Rn. 34–37.
[450] Begründung zum RegE zu § 563 BGB nF, S. 157.
[451] LG Düsseldorf WuM 1987, 225.
[452] Staudinger/Rolfs BGB § 563 Rn. 15; Schmidt-Futterer/Streyl BGB § 563 Rn. 41.
[453] Schmidt-Futterer/Streyl BGB § 563 Rn. 41.
[454] LG Berlin 4.7.20223 – 67 S 120/23, WuM 2023, 613.

Auszug des Mieters vorliegt, darauf abgestellt werden möge, ob der Auszug des Mieters freiwillig erfolgte oder durch äußere Umstände erzwungen wurde (Krankheit etc.). Der bloße Wunsch, den gemeinsamen Haushalt weiter geführt zu haben, wenn die Umstände den Auszug nicht erzwungen hätten, soll demnach ausreichen.[455]

(1) Bei Ehegatten/Lebenspartnern. Wenn die **Ehegatten** zwar innerhalb einer Wohnung leben, aber eherechtlich innerhalb der Wohnung getrennt leben (zB, um mit möglichst geringen Kosten das Trennungsjahr gemäß § 1566 BGB zu absolvieren), **hebt ein derartiges Getrenntleben den gemeinsamen Haushalt** auf.[456] Die Anwendung des § 563 Abs. 1 BGB scheidet damit aus. Identisches muss für eingetragene Lebenspartner gelten. 357

(2) Bei Kindern, anderen Familienangehörigen/berechtigten Personen. Es kommt in einem solchen Fall jedoch dennoch die Fortsetzung mit etwa vorhandenen (sonstigen) Familienangehörigen bzw. „Haushaltsangehörigen" des Mieters in Betracht, wenn diese in ihrer Person die Voraussetzungen des § 563 Abs. 2 S. 1, 3 bzw. 4 BGB erfüllen,[457] was dann vorrangig gegenüber dem Eintreten des Erben ist.[458] 358

Das Eintrittsrecht ist an das **Führen eines gemeinsamen Haushaltes** mit dem Verstorbenen gebunden.[459] Die Wohnung muss der **Mittelpunkt der gemeinsamen Lebens- und Wirtschaftsgemeinschaft** gewesen sein. Es gelten im Wesentlichen die gleichen Grundsätze wie bei Ehegatten. Entscheidend ist, ob eine gemeinsame Wirtschaftsführung in einem einheitlichen Haushalt geführt/beibehalten wird, oder ob – etwa bei Heirat eines Kindes des Mieters, das dennoch in der Wohnung verbleibt – in Zukunft zwei Haushaltungen geführt werden.[460] Bei Kindern reicht jedoch schon das „Leben" im Haushalt aus.[461] 359

Hat der Mieter seit Jahren in einem Altersheim gelebt, so hat er mit einem Kind, das in der Mietwohnung verblieben ist, keinen gemeinsamen Haushalt mehr geführt,[462] dies jedenfalls dann, wenn auf Seiten des Mieters nicht der Wille bestand, in die Wohnung zurückzukehren.[463] Denn bei Vorliegen eines Rückkehrwillens kann selbst ein Aufenthalt in einem Altersheim wie ein Aufenthalt im Krankenhaus mit anschließender Verlegung in ein Pflegeheim nur als vorübergehende Aufhebung der gemeinsamen Wirtschafts- und Lebensführung zu werten sein,[464] selbst wenn der Ehegatte außerhalb der Wohnung stirbt.[465] Auch liegt kein endgültiger Auszug aus der Wohnung und der damit verbundenen gemeinsamen Haushaltsführung vor, wenn der pflegebedürftige und todkranke Mieter in der Wohnung sterben möchte, denn es muss der Wunsch ausreichen, den gemeinsamen Haushalt weitergeführt zu haben, wenn die Umstände den Auszug nicht erzwungen hätten.[466] 360

Besteht hingegen keine medizinisch begründbare Erwartung einer Besserung oder gar Heilung und somit einer Rückkehr des Mieters in die Räume, liegt nach Auffassung des LG Berlin regelmäßig kein gemeinsam mit dem Mieter geführter Haushalt mehr vor.[467] Letztlich kommt es für die Abgrenzung auf die Umstände des Einzelfalles an, wobei

[455] Schmidt-Futterer/Streyl BGB § 563 Rn. 42.
[456] Unentschieden: Erman/Jendrek BGB § 563 Rn. 8; dafür: MüKoBGB/Häublein § 563 Rn. 16; Bub/Treier MietR-HdB/Landwehr Kap. II. Rn. 2658; Schmidt-Futterer/Streyl BGB § 563 Rn. 43; dagegen: Blank/Börstinghaus/Siegmund/Siegmund BGB § 563 Rn. 15, der bei Getrenntleben jedoch besonders auf das Kriterium des fortbestehenden gemeinsamen Haushalts abstellen will.
[457] MüKoBGB/Häublein BGB § 563 Rn. 12–13.
[458] → Rn. 435 ff.
[459] MüKoBGB/Häublein BGB § 563 Rn. 16.
[460] RGRK-BGB/Gelhaar § 569a Rn. 3.
[461] BGH NZM 2015, 207 f. Rn. 30; Schmidt-Futterer/Streyl BGB § 563 Rn. 38.
[462] AG Hannover WuM 1981, 4.
[463] MüKoBGB/Häublein BGB § 563 Rn. 16.
[464] Staudinger/Rolfs BGB § 563 Rn. 15; LG Kiel WuM 1992, 692.
[465] Staudinger/Rolfs BGB § 563 Rn. 15 unter Verweis auf LG Kiel WuM 1992, 692; AG Hamburg IMR 2016, 463 = BeckRS 2016, 12162 = ZMR 2016, 458.
[466] Schmidt-Futterer/Streyl BGB § 563 Rn. 42.
[467] LG Berlin 4.7.2023 – 67 S 120/23, NZM 2024, 547.

angesichts der Gefahr des Rechtsmissbrauchs an das Vorliegen eines gemeinsamen Haushalts hohe Anforderungen zu stellen sind.[468]

361 *ff) Grundsätzliche Rechtsfolgen des Eintritts.* Die Wirkung des § 563 BGB (Abs. 1 und 2) besteht darin, dass der Ehegatte/Lebenspartner oder der/die Familienangehörige(n) bzw. berechtigten Personen kraft Gesetzes zunächst **ohne Abgabe einer Willenserklärung in das Mietverhältnis eintritt/eintreten,** also Mieter wird/werden.

362 Der/Die eintretende neue Mieter sollten den Vermieter jedoch über den Tod des Mieters in Kenntnis setzten, um nicht Gefahr zu laufen, dass aufgrund der fehlenden Mitteilung eine Erschütterung des Vertrauens in die Zuverlässigkeit und künftige Vertragstreue unterstellt werden kann. Nach Auffassung des AG München kann die unterlassene Mitteilung vom Tod des Mieters ein vertragswidriges Verhalten darstellen, welche eine konkrete Erschütterung des Vertrauens in die Zuverlässigkeit und künftige Vertragstreue des Eingetretenen begründet. Eine Kündigung aus wichtigem Grund iSv§ 563 Abs. 4 BGB ist nach Auffassung des AG München unter diesen Voraussetzungen durch den Vermieter möglich.[469]

Praxistipp:

Um die Eintrittswirkung auszuschalten, muss der Ehegatte/Lebenspartner, müssen Kinder, Familienangehörige bzw. sonstige berechtigte Personen aktiv werden, wenn sie diese nicht wünschen. Ist ein Eintritt hingegen gewünscht, sollte der/die eintretende neue Mieter den Vermieter über den Tod des Mieters und den erfolgten Eintritt in Kenntnis setzen.

363 Ist insbesondere ein in Betracht kommender Erbe in der Situation, dass er gehalten ist, eine **Beschränkung der Erbenhaftung** herbeizuführen,[470] muss er eine Fortsetzung des Mietverhältnisses gemäß § 563 BGB verhindern, also die **Fortsetzung ablehnen.** Eine Haftungsbeschränkung des Erben ist nur dann wirksam, wenn das Mietverhältnis ausschließlich gemäß § 564 BGB mit dem Erben fortgeführt wird.[471]

364 *gg) Ablehnungsrechte aus § 563 Abs. 3 BGB.* Die Bestimmung regelt das **Ablehnungsrecht** von Ehegatten/Lebenspartnern, Kindern, Familienangehörigen und sonstigen berechtigten Personen. Die Tatsachen, die die rechtzeitige Abgabe und den rechtzeitigen Zugang einer Ablehnungserklärung belegen sollen, muss ein Eintrittsberechtigter beweisen.

§ 563 Abs. 3 BGB
Erklären eingetretene Personen im Sinne des Absatzes 1 oder 2 innerhalb eines Monats, nachdem sie vom Tod des Mieters Kenntnis erlangt haben, dem Vermieter, dass sie das Mietverhältnis nicht fortsetzen wollen, gilt der Eintritt als nicht erfolgt. Für geschäftsunfähige oder in der Geschäftsfähigkeit beschränkte Personen gilt § 210 entsprechend.
Sind mehrere Personen in das Mietverhältnis eingetreten, so kann jeder die Erklärung für sich abgeben.

365 *(1) Primäres Ablehnungsrecht des Ehegatten/Lebenspartners.* Es besteht ein **Ablehnungsrecht,** zunächst des Ehegatten/Lebenspartners. Dieses muss binnen eines Monats nach dem Zeitpunkt ausgeübt werden, zu dem der Ehegatte/Lebenspartner vom Tode des Mieters **Kenntnis** erlangt hat. Es muss positive Kenntnis gegeben sein,[472] abzustellen ist hierfür auf Verschuldensmaßstäbe.[473] Bei **Todeserklärung** beginnt die Frist nicht vor der Rechtskraft des fraglichen Beschlusses, zudem muss der Ehegatte/Lebenspartner von

[468] LG München I NZM 2005, 336.
[469] AG München IMR 2023, 2531; Blank/Börstinghaus/Siegmund/Siegmund BGB § 563 Rn. 49.
[470] Zur Erbenhaftung: Herzog NZM 2013, 175 ff.
[471] Staudinger/Rolfs BGB § 563b Rn. 12 aE.
[472] OLG Düsseldorf ZMR 1994, 114; Schmidt-Futterer/Streyl BGB § 563 Rn. 58.
[473] RGZ 103, 271.

diesem positive Kenntnis genommen haben.[474] Die Monatsfrist wird gemäß § 188 BGB berechnet.[475]

Hat der **Vermieter** ein Interesse an möglichst **baldiger Klärung,** ob ein Ablehnungsrecht ausgeübt wird, kann es sinnvoll sein, den Ehegatten/Lebenspartner auf die Ablehnungsfrist hinzuweisen. Neben ggf. gebotenen allgemeinen Kondolenzbekundungen sollte ein derartiges Schreiben – dessen Zugang ggf. durch geeignete Maßnahmen bis hin zur förmlichen Zustellung (§ 132 BGB) sichergestellt werden sollte – folgenden Hinweis enthalten: 366

Formulierungsvorschlag: Rechtshinweis des Vermieters

Ihr am ...... verstorbener Ehegatte/Lebenspartner hat von mir/uns die Wohnung ...... gemietet. Sie haben als überlebender Ehegatte/Lebenspartner gemäß § 563 Abs. 3 BGB das Recht, die Fortsetzung des Mietverhältnisses abzulehnen. Hierauf weise ich Sie ausdrücklich hin. Dieses Recht muss innerhalb eines Monats ausgeübt werden, nachdem Sie vom Tode Ihres Ehegatten/Lebenspartners Kenntnis erlangt haben, Ihre Erklärung muss mich/uns innerhalb dieser Zeit erreicht haben. 367
Da ich möglichst bald Klarheit über den weiteren Fortbestand des Mietverhältnisses haben möchte, wäre/n ich/wir Ihnen dankbar, wenn Sie mir/uns Ihre Erklärung bis zum ...... zukommen lassen könnten.

Die Ablehnungserklärung ist eine einseitige empfangsbedürftige Willenserklärung, sie kann formlos abgegeben werden, also auch mündlich.[476] Erfolgt eine mündliche Ablehnungserklärung, so kann es sich für den Vermieter empfehlen, dies schriftlich zu bestätigen; wenn dies auch nicht die Wirkung eines kaufmännischen Bestätigungsschreibens hat, dient dies einerseits dem Festhalten des Tages er Erklärung und provoziert im Streitfall zumindest die Frage, warum einer entsprechenden Bestätigung nicht widersprochen wurde, wenn sie nicht zutreffen sollte. 368

Für den **anwaltlichen Vertreter des Ehegatten/Lebenspartners** ist zur **Vermeidung von Haftungsfolgen** aus Beweisgründen **Schriftform zu empfehlen,** ggf. die Sicherung des Nachweises des Zugangs beim Vermieter durch förmliche Zustellung über den Gerichtsvollzieher (§ 132 BGB). 369

Durch die **Verweisung auf § 210 BGB** endet bei Fehlen eines gesetzlichen Vertreters für **geschäftsunfähige** oder **in der Geschäftsfähigkeit beschränkte Personen** die Erklärungsfrist erst einen Monat nach dem Zeitpunkt, zu dem die Person unbeschränkt geschäftsfähig wird oder der Mangel der Vertretung aufhört. Denn § 210 BGB ist auf Ausschlussfristen entsprechend anzuwenden.[477] Bei Fristen, die kürzer sind als die in § 210 BGB genannten sechs Monate, verlängert sich die Frist um die Dauer der fehlenden Geschäftsfähigkeit bzw. Vertretung, hier ist also ab diesem maßgeblichen Zeitpunkt die Monatsfrist neu zu rechnen.[478] Diese Ablaufhemmung hat besondere Bedeutung für minderjährige Familienangehörige.[479] 370

Formulierungsvorschlag: Ablehnungserklärung des Ehegatten

Ich habe mit meinem am ...... verstorbenen Ehegatten, der Mieter/in der Wohnung ...... war, in dieser Wohnung einen gemeinsamen Haushalt geführt. Ich will das Mietverhältnis nicht fortführen. Ich bitte, mir den Empfang dieser Erklärung und die Beendigung des Mietverhältnisses zu bestätigen. 371

474 Schmidt-Futterer/Streyl BGB § 563 Rn. 58.
475 Schmidt-Futterer/Streyl BGB § 563 Rn. 58.
476 Schmidt-Futterer/Streyl BGB § 563 Rn. 57.
477 Schmidt-Futterer/Streyl BGB § 563 Rn. 60.
478 Staudinger/Rolfs BGB § 563 Rn. 41.
479 Schmidt-Futterer/Streyl BGB § 563 Rn. 60.

372 Falls der Ehegatte auch Erbe ist/zu den Erben gehört bzw. gehören kann und sich endgültig vom Mietvertrag lösen will, sollte mit dieser Erklärung direkt auch die Kündigung auf Grund des Sonderkündigungsrechts des § 564 BGB verbunden werden. Der Vermieter kann die Kündigung nicht wegen fehlenden Nachweises der Erbberechtigung zurückweisen.[480] War sie vom wahren Erben erklärt, ist sie wirksam, war sie vom Nichterben erklärt, nicht. Anders ist dies, wenn ein „Scheinerbe" kündigt, also eine Person, zugunsten deren ein Erbschein ausgestellt ist, bzw. wenn eine Todeserklärung vorliegt.[481]

Formulierungsvorschlag: Ablehnungserklärung des Ehegatten-Erben

373 Ich habe mit meinem am …… verstorbenen Ehegatten, der Mieter/in der Wohnung …… war, in dieser Wohnung einen gemeinsamen Haushalt geführt. Ich will das Mietverhältnis nicht fortführen. Gleichzeitig erkläre ich – sollte ich als Erbe/Erbin der/des Verstorbenen in Betracht kommen – auf Grund des Kündigungsrechts des § 564 BGB als Erbe/Erbin die Kündigung des Mietverhältnisses zum nächstmöglichen Termin, also zum Ablauf des ……

Ich bitte, mir den Empfang dieser Erklärung und die Beendigung des Mietverhältnisses zu diesem Termin schriftlich zu bestätigen.

374 *(2) Wirkung der Ablehnung durch Ehegatten/Lebenspartner.* **Rechtsfolge** der Ablehnung der Vertragsfortsetzung durch den Ehegatten ist zunächst, dass der Eintritt der in Betracht kommenden Person in das Mietverhältnis als nicht erfolgt fingiert wird, also rückwirkend die eingetretene Sonderrechtsnachfolge beseitigt wird.[482] Der so aus dem Eintrittsrecht Ausgeschiedene hat keinerlei Haftungswirkung zu tragen, auch nicht für Ansprüche aus der Zeit zwischen Tod des Mieters und der auf Grund der Ablehnungserklärung geschuldeten Räumung und Herausgabe an primär andere Familienangehörige und sekundär den Erben.[483] Dasselbe gilt für den Lebenspartner. Als weitere Rechtsfolge der Ablehnung ist der Eintrittsberechtigte zur Herausgabe der Wohnung verpflichtet, auch wenn er noch keine Ersatzwohnung hat.[484]

375 *(3) Übergang des Eintrittsrechts und des Ablehnungsrechts auf Familienangehörige und berechtigte Personen.* Mit der Abgabe der Ablehnungserklärung durch den Ehegatten geht die **Fortsetzungswirkung** rückwirkend[485] auf **Familienangehörige** und **sonstige berechtigte Personen** iSd § 563 Abs. 2 BGB **über,** geregelt in § 563 Abs. 3 S. 1 BGB.

376 **Auch diese Familienangehörigen bzw. berechtigten Personen haben das Recht, den Vertragseintritt abzulehnen.** Auch für sie gilt die Frist von einem Monat, wobei hier für die Bestimmung des Fristbeginns nach hM zur früheren Rechtslage, die für die Neuregelung unverändert zu übernehmen ist, neben die Kenntnis vom Tode des Mieters noch die Kenntnis von der Ablehnung des Ehegatten/Lebenspartners hinzutreten muss.[486] Diese Frist beginnt daher frühestens dann, wenn die Ablehnung des Ehegatten durch Zugang beim Vermieter wirksam geworden ist, womit ja erst der gesetzliche Eintritt der Kinder, Familienangehörigen bzw. berechtigten Personen in das Mietverhältnis stattgefunden hat.[487] Von diesem Zugang muss der Familienangehörige demnach auch Kenntnis haben, damit für ihn die Ablehnungsfrist läuft.

377 Hat der **Vermieter** ein Interesse an möglichst **baldiger Klärung,** ob ein Ablehnungsrecht ausgeübt wird, kann es sinnvoll sein, auch den/die Familienangehörigen auf die

[480] MüKoBGB/Häublein BGB § 564 Rn. 10.
[481] Dazu → Rn. 321.
[482] Schmidt-Futterer/Streyl BGB § 563 Rn. 62.
[483] Schmidt-Futterer/Streyl BGB § 563 Rn. 66.
[484] Schmidt-Futterer/Streyl BGB § 563 Rn. 63.
[485] Schmidt-Futterer/Streyl BGB § 563 Rn. 62; Blank/Börstinghaus/Siegmund/Siegmund BGB § 563 Rn. 39.
[486] Blank/Börstinghaus/Siegmund/Siegmund BGB § 563 Rn. 39.
[487] Staudinger/Rolfs BGB § 563 Rn. 41.

Ablehnungsfrist hinzuweisen, womit jedenfalls der spätestmögliche Zeitpunkt der Kenntnis der maßgeblichen Voraussetzungen für den Fristbeginn festgelegt wird. Die in Betracht kommenden Familienangehörigen sollten daher alsbald nach Kenntnis des Vermieters vom Tode des Mieters ermittelt werden. Jeder in Betracht kommende Familienangehörige sollte einzeln angeschrieben werden. Neben ggf. gebotenen allgemeinen Kondolenzbekundungen sollte ein derartiges Schreiben – dessen Zugang ggf. durch geeignete Maßnahmen bis hin zur förmlichen Zustellung (§ 132 BGB) sichergestellt werden sollte – folgenden Hinweis enthalten:

Formulierungsvorschlag: Rechtshinweis des Vermieters

Die/der am ...... verstorbene ...... hat von mir/uns die Wohnung ...... gemietet. Sie haben als überlebender Familienangehöriger gemäß § 563 Abs. 3 BGB das Recht, die Fortsetzung des Mietverhältnisses abzulehnen (ggf.: nachdem der überlebende Ehegatte/Lebenspartner die Fortsetzung des Mietverhältnisses abgelehnt hat. Diese Erklärung habe/n ich/wir am ...... erhalten). 378

Hierauf weise ich Sie ausdrücklich hin. Dieses Ablehnungsrecht muss innerhalb eines Monats ausgeübt werden, nachdem Sie vom Tode des Mieters (ggf.: und der Ablehnung der Fortsetzung des Mietverhältnisses durch den Ehegatten/Lebenspartner) Kenntnis erlangt haben, Ihre Erklärung muss mich/uns innerhalb dieser Zeit erreicht haben.

Da ich möglichst bald Klarheit über den weiteren Fortbestand des Mietverhältnisses haben möchte, wäre/n ich/wir Ihnen dankbar, wenn Sie mir/uns Ihre Erklärung bis zum ...... zukommen lassen könnten.

Sind in der Person von **mehreren Familienangehörigen** die Voraussetzungen für den (automatischen) Eintritt erfüllt, so können sie **jeder für sich** und unabhängig von anderen Familienangehörigen die **Ablehnungserklärung abgeben,** für jeden ist die maßgebliche Frist anhand der vorgenannten Grundsätze individuell zu berechnen.[488] 379

Formulierungsvorschlag: Ablehnungserklärung eines Familienangehörigen

Ich habe mit der/dem am ...... Verstorbenen ......, die/der Mieter/in der Wohnung ...... war, in dieser Wohnung einen gemeinsamen Haushalt geführt. Ich will das Mietverhältnis nicht fortführen. Gleichzeitig erkläre ich – sollte ich als Erbe/Erbin der/des Verstorbenen in Betracht kommen – auf Grund des Kündigungsrechts des § 564 S. 2 BGB als Erbe/Erbin die Kündigung des Mietverhältnisses zum nächstmöglichen Termin, also zum Ablauf des 380

Ich bitte, mir den Empfang dieser Erklärung und die Beendigung des Mietverhältnisses zu diesem Termin schriftlich zu bestätigen.

Die Kombination der Ablehnungserklärung mit der Kündigungserklärung, die zulässig ist,[489] empfiehlt sich dann, wenn sich der Familienangehörige in jedem Fall vom Mietverhältnis lösen will, auch dann, wenn die Erbverhältnisse nicht klar sind, damit für den Fall, dass der Familienangehörige auch Erbe ist, zum frühestmöglichen Zeitpunkt auch für diese Rechtsposition die Haftung aus dem Mietvertrag endet. Der Vermieter kann die Kündigung nicht wegen fehlenden Nachweises der Erbberechtigung zurückweisen.[490] War sie vom wahren Erben erklärt, ist sie wirksam, war sie vom Nichterben erklärt, nicht. Anders ist dies, wenn ein „Scheinerbe" kündigt, also eine Person, zugunsten deren ein Erbschein ausgestellt ist bzw. wenn eine Todeserklärung vorliegt.[491] 381

(4) Wirkung der Abgabe der Ablehnungserklärung durch Familienangehörige/sonstige berechtigte Personen. Diese besteht darin, dass der Eintritt auch dieser in Betracht 382

[488] Staudinger/Rolfs BGB § 563 Rn. 41; Schmidt-Futterer/Streyl BGB § 563 Rn. 59.
[489] Stellwaag ZMR 1989, 407.
[490] MüKoBGB/Häublein BGB § 564 Rn. 10.
[491] Dazu → Rn. 321.

kommenden Personen in das Mietverhältnis als nicht erfolgt fingiert wird, also rückwirkend die eingetretene Sonderrechtsnachfolge beseitigt wird. Der so aus dem Eintrittsrecht Ausgeschiedene hat keinerlei Haftungswirkung zu tragen.[492] Wenn also sämtliche eintrittsberechtigten Personen, also Ehegatte bzw. Familienangehörigen bzw. sonstige berechtigte Personen fristgerecht abgelehnt haben, ist **letzter Auffangtatbestand,** dass das Mietverhältnis mit dem/den Erben fortgesetzt wird, also der gesetzliche Normalfall eintritt, was § 564 BGB ausdrücklich regelt.[493]

383 Die Folge ist dann unter anderem das **Sonderkündigungsrecht aus § 564 BGB für den Vermieter und den/die Erben.**[494] Damit ist auch die Rangfolge der Eintrittswirkungen und das Verhältnis des Eintritts des Ehegatten bzw./und sonstiger Familienangehöriger bzw. sonstiger berechtigter Personen zur Kündigung durch den Erben (§ 564 BGB) geregelt.

384 *hh) Wirkungen des bestandskräftigen Eintretens im Einzelnen. (1) Mieterstellung der Eintretenden und Haftung für Neuverbindlichkeiten.* **Ehegatte/Lebenspartner oder Familienangehörige** und/oder **sonstige berechtigte Personen werden Mieter,** das Mietverhältnis wird also ab dem Zeitpunkt des Todes des Mieters mit allen Rechten und Pflichten mit dem Ehegatten bzw. nachrangig dem/den Familienangehörigen/berechtigten Personen fortgesetzt.[495] Diese Rechtsfolge gilt aber nur für Wohnraum, wenn also mit getrenntem Vertrag zB eine Garage gemietet ist, gilt für die Garage die Fortsetzung mit dem Erben gemäß § 1922 BGB.[496] Häufig wird aber ein einheitliches Mietverhältnis mit dem Wohnraum vorliegen, dann gilt auch die einheitliche Fortsetzung des Gesamt-Mietverhältnisses.[497]

Für die ab diesem Zeitpunkt entstehenden **Neuverbindlichkeiten** haftet/n der/die Eintretende/n. Ist dies der Ehegatte, haftet er insoweit allein.[498]

385 Sind mehrere gleichrangige Eintrittsberechtigte vorhanden und durch Nichtausübung des Ablehnungsrechtes Mieter geworden, so gilt für die weitere Fortsetzung des Mietverhältnisses, dass die Rechte aus dem Mietverhältnis von ihnen nur gemeinsam ausgeübt werden können. Sie sind damit Gesamthandsgläubiger iSd § 432 BGB und Gesamtschuldner iSd § 421 BGB für neu entstehende Verbindlichkeiten aus dem Mietverhältnis. Für die bis zum Tode des Mieters entstandenen Verbindlichkeiten besteht in diesem Fall die unten dargestellte gesamtschuldnerische Haftung. Der Eintretende haftet für die bis zum Tod entstandenen Verbindlichkeiten des verstorbenen Mieters mit dem Erben als Gesamtschuldner, im Innenverhältnis jedoch der Erbe. Die Altverbindlichkeiten treffen demnach grundsätzlich den Erben; der Vermieter erhält über den Eingetretenen damit letztlich (nur) einen zusätzlichen Schuldner.[499]

386 Zur gesamtschuldnerischen Haftung mehrerer eingetretener Familienangehöriger/berechtigter Personen enthält die jetzige Regelung keine Bestimmung mehr, obwohl die Begründung des RegE eine Entsprechung zum früheren Recht behauptet und auf § 569a Abs. 2 S. 5 BGB aF verweist. Es verbleibt der Rückgriff auf allgemeines Vertragsrecht, also § 427 BGB, wonach mehrere Vertragspartner im Außenverhältnis eben Gesamtschuldner sind.

387 Ferner gilt, dass im Falle des Eintretens hinsichtlich der Berechnung von Fristen (Kündigung, Mieterhöhung/Sperrfristen; Renovierung etc.) der Zeitpunkt der Überlassung an den verstorbenen Mieter maßgeblich ist.[500]

---

[492] Schmidt-Futterer/Streyl BGB § 563 Rn. 66.
[493] Bei → Rn. 435 ff. erläutert.
[494] Dies ist bei → Rn. 435 ff. näher erläutert.
[495] Blank/Börstinghaus/Siegmund/Siegmund BGB § 563 Rn. 30.
[496] Schmidt-Futterer/Streyl BGB § 563 Rn. 48.
[497] Schmidt-Futterer/Streyl BGB § 563 Rn. 48.
[498] Schmidt-Futterer/Streyl BGB § 563 Rn. 49 ff.
[499] Blank/Börstinghaus/Siegmund/Siegmund BGB § 563 Rn. 33.
[500] Blank/Börstinghaus/Siegmund/Siegmund BGB § 563 Rn. 31.

(2) Haftung für Altverbindlichkeiten und interner Ausgleich zum Erben. Dies ist im Zusammenhang und einheitlich in → § 17 Rn. 1 ff. behandelt, worauf verwiesen wird. 388

(3) Sonderkündigungsrecht des Vermieters

§ 563 Abs. 4 BGB
Der Vermieter kann das Mietverhältnis innerhalb eines Monats, nachdem er von dem endgültigen Eintritt in das Mietverhältnis Kenntnis erlangt hat, außerordentlich mit der gesetzlichen Frist kündigen, wenn in der Person des Eingetretenen ein wichtiger Grund vorliegt. 389

Ebenso wie das Gesetz dem Eintrittsberechtigten nach dem Tod des Mieters die Fortsetzung des Mietverhältnisses nicht aufzwingen will und ihm daher in § 563 Abs. 3 BGB ein Ablehnungsrecht einräumt, soll es auch verhindern, dass der Vermieter durch den Eintritt nach § 563 BGB einen unzumutbaren Mieter akzeptieren muss. § 563 Abs. 4 BGB sieht deshalb zugunsten des Vermieters ein außerordentliches Kündigungsrecht mit gesetzlicher Frist (§ 573d BGB) vor. Hierzu hat der Vermieter eine **einmonatige Überlegungsfrist.**[501] 390

Bei Vorliegen eines **wichtigen Grundes,** der in der **Person** des in das Mietverhältnis eintretenden Ehegatten oder **auch nur eines mehrerer eintretender Familienangehöriger**[502] begründet ist, hat der **Vermieter ein Sonderkündigungsrecht aus § 563 Abs. 4 BGB,** auszusprechen mit der kürzestmöglichen gesetzlichen Frist (§ 573d BGB), also der um drei Werktage verkürzten Dreimonatsfrist. Der wichtige Grund ist so zu bestimmen wie in den §§ 540 Abs. 1 S. 2, 553 Abs. 1 S. 2 BGB, also ähnlich wie bei der Untervermietung,[503] Einzelheiten zu den hiernach zu definierenden wichtigen Gründen → § 28 Rn. 1 ff. 391

Als **Grundzüge** können festgehalten werden: Es müssen nicht Gründe vorliegen, die zur fristlosen Kündigung berechtigen würden, es können aber auch derartige Gründe herangezogen werden. Es kommt auf die Prognose der zukünftigen Entwicklung des Mietverhältnisses an, denn § 563 Abs. 4 BGB soll verhindern, dass dem Vermieter ein unzumutbarer Mieter aufgezwungen wird.[504] Zu verlangen ist in jedem Fall, dass die Annahme der Unzumutbarkeit auf konkrete Anhaltspunkte und objektive Umstände gestützt wird; bloße subjektive Befürchtungen reichen nicht aus.[505] 392

Ein **wichtiger Grund in der Person des Eingetretenen** kann insbesondere dann vorliegen, wenn der Eingetretene mit dem Vermieter oder anderen Mietern **persönlich verfeindet** ist oder die Gefahr besteht, dass Vermieter oder andere Mieter durch persönliche Eigenschaften, den Beruf oder die Lebensweise des Eingetretenen beeinträchtigt werden, dass der Eintretende den **Hausfrieden stören** würde, wobei es auf Verschulden nicht ankommt.[506] Insbesondere ist ein **unsittlicher Lebenswandel**[507] ein solcher wichtiger Grund, auch – insoweit anders als bei § 553 BGB – die **Zahlungsunfähigkeit.**[508] Jedoch muss die Zahlungsunfähigkeit aufgrund objektiver Umstände feststehen, eine zum Zeitpunkt des Zugangs der Kündigungserklärung nur „gefährdet erscheinende" Leistungsfähigkeit des Eintretenden (die zB durch Untermieteinkünfte behoben werden kann), reicht nicht aus.[509] Der Vermieter kann dabei verpflichtet sein, eine Untervermietung zu genehmigen, um so die finanzielle Leistungsfähigkeit des Eintretenden zu sichern.[510] Überdies können in der Mietsache begangenen Straftaten ein Recht zur Kündigung begründen. Sie rechtfertigen eine vermieterseitige Kündigung 393

---

501 Schmidt-Futterer/Streyl BGB § 563 Rn. 67.
502 Schmidt-Futterer/Streyl BGB § 563 Rn. 47, 67.
503 Blank/Börstinghaus/Siegmund/Siegmund BGB § 563 Rn. 48; Schmidt-Futterer/Streyl BGB § 563 Rn. 68.
504 Schmidt-Futterer/Streyl BGB § 563 Rn. 68.
505 Blank/Börstinghaus/Siegmund/Siegmund BGB § 563 Rn. 48.
506 Blank/Börstinghaus/Siegmund/Siegmund BGB § 563 Rn. 49.
507 Schmidt-Futterer/Streyl BGB § 563 Rn. 69.
508 Staudinger/Rolfs § 563 Rn. 49; Schmidt-Futterer/Streyl BGB § 563 Rn. 69.
509 BGH NZM 2018, 325 f.
510 BGH NZM 2018, 325 f.

allerdings grundsätzlich nur, wenn der Mieter selbst Täter ist oder ein Erfüllungsgehilfe des Mieters das Delikt in Kenntnis des Mieters begangen hat.[511]

394 Streitig ist, ob eine fehlende Wohnberechtigung für eine öffentlich oder mit Wohnungsfürsorgemitteln geförderte Wohnung ein derartiger Grund ist,[512] denn der Eingetretene muss gemäß § 4 Abs. 7 Hs. 2 WoBindG keine eigene Wohnberechtigung nachweisen.[513] Die Auffassung des AG Tempelhof-Kreuzberg ist aus gesetzessystematischen Gründen vorzuziehen. Verschweigt der eintretende Angehörige den Tod des Mieters dem Vermieter, kann das ein wichtiger Grund iSd § 563 Abs. 4 BGB sein.[514] Ist eine Genossenschaftswohnung vermietet, der Eintretende aber nicht Mitglied der Genossenschaft, kann ein Kündigungsrecht bestehen, das aber entfällt, wenn der Eintretende bereit ist, der Genossenschaft als Mitglied beizutreten.[515]

395 Insgesamt ist der Zweck des § 564 Abs. 4 BGB zu beachten, der ausschließen soll, dass dem Vermieter ein ihm unliebsamer Mieter aufgedrängt wird. Erfolgt diese Vermieterkündigung, so handelt es sich um eine außerordentliche Kündigung mit gesetzlicher Frist. Dies führt zur Anwendung der kürzestmöglichen gesetzlichen Kündigungsfrist, es muss jedoch die Kündigungserklärung bis zum Ablauf der Frist von einem Monat beim Eingetretenen zugehen. Sodann ist wie üblich zu rechnen. Geht also die Kündigung bis zum dritten Werktag eines Monats zu, so endet das Mietverhältnis mit Ablauf des übernächsten Monats (§ 573d Abs. 2 S. 1 BGB für unbefristete Mietverhältnisse, § 575a Abs. 3 S. 1 BGB für befristete Mietverhältnisse).

396 Umstritten ist, welche **weiteren Anforderungen** eine gemäß § 563 Abs. 4 BGB ausgesprochene Vermieterkündigung erfüllen muss. Dass die **Formvorschrift der Schriftlichkeit** des § 568 BGB zu erfüllen ist, ist unstreitig. Es gelten dieselben allgemeinen Voraussetzungen wie für andere Kündigungen von Wohnraummietverhältnisses.[516] Ob allerdings der Vermieter sich auch auf einen Kündigungsgrund iSd § 573 BGB berufen können muss, mithin ein berechtigtes Interesse iSv § 573 BGB erforderlich ist, ist zwischen Rechtsprechung und Literatur streitig.

397 Nach Auffassung der Literatur ist anzunehmen, dass unter den Voraussetzungen des § 563 Abs. 4 BGB in der Regel auch ein berechtigtes Kündigungsinteresse im Sinne des § 573 Abs. 1 S. 1 BGB besteht.[517] Kann dem Vermieter die Fortsetzung des Vertrags mit dem eintretenden Mieter nicht zugemutet werden, darf er nicht gezwungen werden, am Vertrag festzuhalten.

398 Der BGH geht hingegen davon aus, dass die Schwelle für die Unzumutbarkeit im Rahmen des § 563 Abs. 4 BGB höher liegt als bei den §§ 543, 569, 573 BGB. Selbst eine unstrittige oder nachweislich unzureichende finanzielle Leistungsfähigkeit des neuen Mieters führt nach Auffassung des BGH nicht zwangsläufig zur Unzumutbarkeit einer Vertragsfortsetzung, da das Mietverhältnis bei Zahlungsverzug gemäß § 543 Abs. 2 S. 1 Nr. 3 BGB ohnehin fristlos gekündigt werden kann. Das außerordentliche Kündigungsrecht nach § 563 Abs. 4 BGB ergänzt nach Auffassung des BGH somit die anderen, ebenfalls auf fehlende Zahlungsfähigkeit des Mieters abstellenden Kündigungsrechte. Dies bedeutet, dass es nur in Fällen greift, in denen eine Unzumutbarkeit der Vertragsfortsetzung nicht bereits durch andere Kündigungsgründe gegeben ist. Wo solche Gründe bestehen, gibt es nach Auffassung des BGH keine durch das außerordentliche Kündigungsrecht des § 563 Abs. 4 BGB zu schließende Schutzlücke.[518]

399 Dieser Ansicht ist nach Auffassung der Literatur jedoch nicht zuzustimmen. § 563 Abs. 4 BGB berücksichtige, dass dem Vermieter ohne seine Zustimmung ein neuer

---

[511] LG Berlin 4.7.2023 – 67 S 120/23, NZM 2024, 547 Rn. 5.
[512] So LG Koblenz WuM 1987, 201 für den Sonderfall einer Bundesmietwohnung.
[513] AG Tempelhof-Kreuzberg WuM 2018, 92 ff.
[514] AG München WuM 2017, 282 ff.
[515] Schmidt-Futterer/Streyl BGB § 563 Rn. 69; BGH WuM 2010, 431 Rn. 7; MüKoBGB/Häublein BGB § 563 Rn. 26.
[516] Schmidt-Futterer/Streyl BGB § 563 Rn. 72.
[517] Schmidt-Futterer/Streyl BGB § 563 Rn. 68; MüKoBGB/Häublein BGB § 563 Rn. 27.
[518] BGH NJW 2018, 2397.

Vertragspartner aufgedrängt wird. Er soll kurzfristig darauf reagieren können, ohne die Wartezeiten des § 543 Abs. 2 S. 1 Nr. 3 BGB abwarten zu müssen. Nach Auffassung der Literatur verkennt der BGH diesen Zweck und zwingt den Vermieter, selbst bei feststehender Leistungsunfähigkeit des neuen Mieters am Vertrag festzuhalten, bis dieser seine Pflichten verletzt hat. Das sei nicht überzeugend.[519]

Formulierungsvorschlag: Vermieterkündigung

Hiermit erkläre ich auf Grund des außerordentlichen Kündigungsrechts des Vermieters aus § 563 Abs. 4 BGB mit der gesetzlichen Frist die Kündigung des Mietverhältnisses zum nächstmöglichen Termin, also zum Ablauf des 400
In das Mietverhältnis ist nach dem Tode des Mieters ...... auf Grund der Regelungen des § 563 Abs. 1 BGB (oder: § 563 Abs. 2 BGB) ...... eingetreten. In dieser Person liegt ein wichtiger Grund vor, das Mietverhältnis zu kündigen. Der wichtige Grund besteht darin, dass ...... (näher ausführen).
Ich bitte, mir den Empfang dieser Erklärung und die Beendigung des Mietverhältnisses zu diesem Termin schriftlich zu bestätigen.

Diese Kündigung ist allen Personen zuzustellen, die das Mietverhältnis fortsetzen, ggf. 401 ist der Zugang sicherzustellen.[520] Die Kündigung kann an eine der den Vertrag fortsetzenden Personen wirksam zugestellt werden, wenn diese Personen erklärt haben, dass Vermieterkorrespondenz mit einem von Ihnen zu führen ist.[521]

c) **Tod mehrerer Mieter, § 563a BGB.** § 563a BGB regelt die Fälle, in denen der 402 Verstorbene zusammen mit anderen Personen, die zum privilegierten Personenkreis gem. § 563 Abs. 1, 2 BGB gehören und einen gemeinsamen Haushalt führen, Mieter war. § 563a BGB baut folglich auf § 563 BGB auf.[522]

aa) Grundsätzliches. Nach § 563a BGB erfolgt nach dem Tod des Mieters **kein Eintritt** 403 **gem. § 563 BGB,** der Vertrag wird vielmehr nur mit den überlebenden Mietern fortgesetzt.[523] **§ 563a** ist nach hM **lex specialis** zu § 563 BGB. Nach Ansicht des Gesetzgebers ist diese Sonderregelung erforderlich, um Wertungswidersprüche zu verhindern. § 563a BGB trägt überdies dem Umstand Rechnung, dass der Tod des Mieters bei dem überlebenden Mieter oftmals ein Kündigungsinteresse auslöst.[4] Aus diesem Grund gewährt § 563a Abs. 2 BGB, entsprechend § 569b S. 3 BGB aF, dem Überlebenden ein außerordentliches Kündigungsrecht mit gesetzlicher Frist; es handelt sich gewissermaßen um das Gegenstück zum Ablehnungsrecht des § 563 Abs. 3 BGB.[524]

Sinn der Regelung ist, die vorrangige Fortsetzung des Mietverhältnisses mit dem 404 genannten Personenkreis unter Ausschluss des/der Erben im Wege der Sonderrechtsnachfolge eigener Art zu gewährleisten.[525]

bb) Anwendbarkeit und Rechtsfolgen. Der Anwendungsbereich erschließt sich aus der 405 Verweisung auf § 563 BGB, oben im Einzelnen unter → Rn. 334 ff. dargelegt. Jedoch erfolgt bei einer **bloßen Wohngemeinschaft mit getrennter Wirtschaftsführung** kein Eintreten der bisherigen weiteren Mieter, sondern dort, zB bei studentischen Wohngemeinschaften, tritt neben den bisherigen Mietern der Erbe des Mieters in den Mietvertrag ein.[526] Dies hat einen Anspruch auf anteiligen Mitgebrauch zur Folge, andererseits hat der Erbe als Mitmieter die Miete anteilig zu tragen. Der Erbe rückt durch § 1922 BGB in die Rechtsstellung des verstorbenen Mitmieters in der Form ein, die

[519] MüKoBGB/Häublein BGB § 563 Rn. 27.
[520] Schmidt-Futterer/Streyl BGB § 563 Rn. 72.
[521] BGH NZM 2015, 207 ff. Rn. 29.
[522] Schmidt-Futterer/Streyl BGB § 563a Rn. 1, 2.
[523] Schmidt-Futterer/Streyl BGB § 563a Rn. 2.
[524] MüKoBGB/Häublein BGB § 563a Rn. 1, 2.
[525] Schmidt-Futterer/Streyl BGB § 563a Rn. 2.
[526] Schmidt-Futterer/Streyl BGB § 563a Rn. 3.

dieser zu den Mitmietern auch bisher hatte. Dazu gehört dann auch die Pflicht, die Miete anteilig zu tragen.

406 Die Rechtsfolgen sind Vertragsfortsetzung mit ggf. Haftungsfolgen und Ausgleichfolgen aus § 563b BGB, bzw. das Sonderkündigungsrecht aus § 563a BGB.[527]

407 *(1) Vertragsfortsetzung.* Die **Vertragsfortsetzung** erfolgt automatisch per Gesetz. Eine besondere Erklärung der überlebenden Mitmieter ist nicht erforderlich. Es handelt sich dabei um eine Sonderrechtsnachfolge außerhalb und unabhängig von der Erbfolge, wobei der überlebende Mitmieter Alleinmieter wird, wenn es bisher nur zwei Mieter gab, bzw. die bisherigen und überlebenden Mitmieter unter Ausschluss des verstorbenen Mieters das Mietverhältnis fortsetzen, die Erben des verstorbenen Mieters sind also ausgeschlossen. Die Rechtstellung des Mitmieters wird durch den Tod des Mieters folglich nicht beeinträchtigt.[528]

408 *(2) Sonderkündigungsrecht der überlebenden Mitmieter.* **Der/Die überlebende/n Mitmieter**, nicht der Vermieter, hat/haben aus § 563a Abs. 2 BGB ein Sonderkündigungsrecht, nicht ein Ablehnungsrecht.[529] Er/Sie muss/müssen dieses durch Abgabe einer Kündigungserklärung ausdrücklich ausüben. Die formbedürftige Kündigungserklärung muss dem Vermieter innerhalb eines Monats zugehen. Einer Begründung bedarf es nicht. Fristbeginn ist der Zeitpunkt, zu dem der überlebende Mieter vom Tode des Mitmieters Kenntnis erlangt.[530]

Die Monatsfrist wird gemäß § 188 BGB berechnet.[531]

409 Bei **Todeserklärung** beginnt die Frist nicht vor der Rechtskraft des fraglichen Beschlusses, zudem muss der Ehegatte bzw. sonst Kündigungsberechtigte von diesem Kenntnis genommen haben. Bei mehreren Kündigungsberechtigten, die nur gemeinsam kündigen können, kommt es darauf an, wann der letzte Mieter Kenntnis vom Tode erlangt. Ansonsten würde seine Überlegungsfrist verkürzt.[532] Im Streitfall ist von demjenigen, der für sich positive Rechtsfolgen herleiten will, zu beweisen, dass die Voraussetzungen dafür vorliegen. Entscheidend ist der Zugang der Kündigung beim Vermieter innerhalb der Frist, wie sich das aus allgemeinen Regeln ergibt.

410 Die Regelung, dass den überlebenden Mietern das Recht zusteht, „außerordentlich mit der gesetzlichen Frist" zu kündigen, führt zu der Vorschrift des § 573c Abs. 2 BGB. Diese erklärt die kürzestmögliche gesetzliche Kündigungsfrist von drei Monaten für anwendbar. Die Auswirkungen des Zusammenspiels beider Regelungen sind folgende:

411 Zuerst ist der **Zugang der Kündigungserklärung innerhalb der Frist** des § 563a Abs. 2 BGB sicherzustellen. Sodann ist für die damit erfolgte Kündigung zu prüfen, wann die damit ausgelöste **Kündigungsfrist endet.**

Beispiel:

Kenntnis vom Tode des Mitmieters:	20.8.
Zugang der Kündigung bis spätestens:	20.9.
Wirkung der Kündigung:	31.12.

Denn die Kündigung ist spätestens am dritten Werktag des Monats Oktober erfolgt, sie wirkt damit zum Ende des übernächsten Monats, also des Dezember. Dass sie schon früher erfolgt ist, schadet nicht.

412 Auch ein Mietverhältnis auf bestimmte Zeit kann auf Grund von § 563a BGB außerordentlich gekündigt werden. Dies gilt aber nur für die **sofortige** Sonderkündigung auf Grund § 563a Abs. 2 BGB.[533] Wird dieses Sonderkündigungsrecht nicht wahrgenom-

[527] MüKoBGB/Häublein BGB § 563a Rn. 10.
[528] Schmidt-Futterer/Streyl BGB § 563a Rn. 8.
[529] Schmidt-Futterer/Streyl BGB § 563a Rn. 11.
[530] MüKoBGB/Häublein BGB § 563a Rn. 14.
[531] Schmidt-Futterer/Streyl BGB § 563a Rn. 12.
[532] Schmidt-Futterer/Streyl BGB § 563a Rn. 12, 13.
[533] MüKoBGB/Häublein BGB § 563a Rn. 14.

men, gilt eine Befristung und auch ein evtl. vereinbarter Kündigungsausschluss weiter. Bei unbefristeten Mietverhältnissen besteht das jederzeitige Recht der fortsetzenden Mitmieter, unter Beachtung der anzuwendenden Kündigungsfristen (abhängig davon, ob es sich um einen „Altvertrag" aus der Zeit vor dem 1.9.2001 handelt oder nicht; seit 1.6.2005 gelten für „Altverträge" nur individuell vereinbarte längere Kündigungsfristen weiter) jederzeit zu kündigen. Das Sonderkündigungsrecht muss unter Beachtung der Schriftform (§ 568 Abs. 1 BGB) ausgeübt werden, zudem bei mehreren überlebenden Mietern gemeinsam.[534]

Formulierungsvorschlag 1 (Nur Ehegatte Mitmieter):

Ich habe mit meinem am ...... verstorbenen Ehegatten ...... die Wohnung ...... gemeinsam gemietet. Vom Tode meines Ehegatten habe ich am ...... Kenntnis erlangt. Ich kündige hiermit in Ausübung meines Sonderkündigungsrechtes aus § 563a Abs. 2 BGB den Mietvertrag zum nächstmöglichen Termin, also zum Ablauf des 413

Ich bitte, mir den Empfang dieser Erklärung und die Beendigung des Mietverhältnisses zu diesem Termin schriftlich zu bestätigen.

Formulierungsvorschlag 2 (Mehrere Personen Mitmieter):

Wir haben mit der/dem am ...... verstorbenen ...... die Wohnung ...... gemeinsam gemietet. Vom Tode der/des Verstorbenen haben wir am ...... Kenntnis erlangt. Wir kündigen hiermit in Ausübung unseres Sonderkündigungsrechtes aus § 563a Abs. 2 BGB den Mietvertrag zum nächstmöglichen Termin, also zum Ablauf des 414

Wir bitten, uns den Empfang dieser Erklärung und die Beendigung des Mietverhältnisses zu diesem Termin schriftlich zu bestätigen.

Die Wirkung dieser Kündigung ist, dass der Mietvertrag beendet wird und auch nicht in den Nachlass fällt.[535]

d) Haftungs- und Ausgleichungsregelungen, § 563b BGB. Die **Haftung** des bzw. der überlebenden Mitmieter/s für die bisherigen Verpflichtungen aus dem Mietverhältnis und die Ausgleichung mit dem/den Erben ist einheitlich in § 563b Abs. 1 BGB geregelt. § 563b BGB ergänzt somit die Regelungen der §§ 563, 563a BGB. 415

In § 563b Abs. 1 BGB wird die Haftung der Personen, die in das Mietverhältnis des verstorbenen Mieters eintreten, im Verhältnis zu den Erben des Mieters geregelt. § 563b Abs. 2 BGB bestimmt, dass die in §§ 563 BGB und 563a BGB genannten Personen verpflichtet sind, den Erben das herauszugeben, was sie durch Vorauszahlungen des verstorbenen Mieters auf die Miete erlangt oder erspart haben. Nach § 563b Abs. 3 BGB kann der Vermieter von den in § 563 BGB genannten Personen eine Mietkaution verlangen, sofern diese vom verstorbenen Mieter nicht erbracht wurde.[536] 416

aa) Haftung gegenüber dem Vermieter iSd § 563b Abs. 1 S. 1 BGB. Die Vorschrift des § 563b BGB regelt die **Haftung im Außenverhältnis** zum Vermieter.[537] Für die bis zum Tode des Mieters entstandenen **Altverbindlichkeiten** haftet/n der/die nach den §§ 563, 563a BGB Eintretende/n im Außenverhältnis neben dem/den Erben als Gesamtschuldner, § 563b Abs. 1 BGB. Im Innenverhältnis zu dem Ehegatten bzw. den Familienangehörigen haftet der Erbe für die Altschulden allein. Der Vermieter kann nach seiner Wahl jeden der **Gesamtschuldner** ganz oder teilweise bzw. allein oder gemeinschaftlich in Anspruch nehmen.[538] 417

[534] MüKoBGB/Häublein BGB § 563a Rn. 14, 15.
[535] Sonnenschein ZMR 1992, 417 (419).
[536] BeckOK MietR/Theesfeld-Betten BGB § 563b.
[537] BeckOK MietR/Theesfeld-Betten BGB § 563b Rn. 1.
[538] Schmidt-Futterer/Streyl BGB § 563b Rn. 2, 7.

418 Zu den sog. Altverbindlichkeiten gehören nur die Ansprüche des Vermieters gegen den verstorbenen Mieter aus dem Wohnraummietverhältnis, nicht aus sonstigen Vereinbarungen zwischen ihnen. Ansprüche Dritter (etwa von Versorgungsunternehmen), die nicht auf dem Mietvertrag beruhen, zählen nicht dazu.[539]

419 Der Haftungsanspruch des Vermieters gegenüber den nach §§ 563, 563a BGB Eingetretenen erlischt mit Zugang der Ablehnungserklärung gem. § 563 Abs. 3 BGB. Etwaige erbrachte Leistungen können nach §§ 812 ff. BGB zurückgefordert werden.[540]

Der Erbe hat jedoch die Möglichkeit, seine Haftung auf den Nachlass zu beschränken (§ 1975 BGB), die Einrede der Dürftigkeit geltend zu machen (§ 1990 BGB) oder die Erbschaft gemäß § 1942 BGB auszuschlagen. Dadurch kann er der Haftung nach § 563b Abs. 1 BGB ganz oder teilweise entgehen.

420 Für etwaige Verbindlichkeiten die nach dem Tod des Mieters entstehen haftet der Erbe hingegen nicht. Der Vermieter kann in diesem Fall lediglich die Rechtsnachfolger gemäß §§ 563, 563a BGB in Anspruch nehmen, sofern diese nicht binnen der Monatsfrist des § 563 Abs. 3 BGB eine Ablehnungserklärung gegenüber dem Vermieter geäußert haben.[541]

421 *bb) Haftung im Innenverhältnis iSd § 563b Abs. 1 S. 2 BGB.* Im Innenverhältnis sieht § 563b Abs. 1 S. 2 BGB hingegen vor, dass der Erbe im Verhältnis zu den Rechtsnachfolgern iSd §§ 563, 563a BGB allein für die bis zum Tod des Mieters entstandenen Mietrückstände haftet. Gleiches gilt für alle anderen zum Todeszeitpunkt fälligen Verbindlichkeiten (Bspw. Betriebskosten, fällige Schönheitsreparaturen).[542]

422 Der Erbe haftet jedoch nicht für Verbindlichkeiten, die nach dem Tod des Mieters entstehen. In diesem Fall kann der Vermieter lediglich die Rechtsnachfolger nach §§ 563, 563a BGB in Anspruch nehmen.

423 Bei Betriebskostenabrechnungen kommt es auf den Abrechnungszeitraum an: War dieser beim Tod des Mieters bereits abgelaufen, handelt es sich bei einem Nachzahlungssaldo um eine Nachlassverbindlichkeit. Verstarb der Mieter während des Abrechnungszeitraums, haften die Sonderrechtsnachfolger für den Abrechnungssaldo. Das Gleiche gilt für ein Abrechnungsguthaben.[543]

424 Wenn der Vermieter den Eintrittsberechtigten in Anspruch nimmt, kann dieser im Innenverhältnis Regress bei den Erben nehmen. Der Erbe haftet jedoch nur für den Anteil der Verbindlichkeiten, den der verstorbene Mieter im Verhältnis zu anderen Mitmietern zu tragen hatte. Abweichende Regelungen zwischen Erben und Rechtsnachfolgern sind zulässig, auch solche, die der Mieter zu Lebzeiten getroffen hat.[544]

425 Der Mieter kann zu Lebzeiten mit seinem Mitmieter **anderweitige Regelungen** festgelegt haben. Eine **anderweitige Regelung** ist hier in der Tat dergestalt möglich, dass der Alleinmieter zu Lebzeiten dennoch eine Erklärung des/der Mitbewohners veranlasst, wonach dieser im Verhältnis zum Erben für den Fall seines Eintretens die Altverbindlichkeiten übernimmt.

Formulierungsvorschlag: Anderweitige Regelung zur Haftung

426 Im Verhältnis zum Erben des Mieters der Wohnung ......, der/des ...... erkläre ich für den Fall, dass ich/wir in das Mietverhältnis dadurch eintreten, dass ich/wir keine Erklärung abgeben, dass ich/wir das Mietverhältnis nicht fortsetzen wollen, gegenüber dem/den Erben des Mieters, dass ich/wir im

[539] Schmidt-Futterer/Streyl BGB § 563b Rn. 5.

[540] Schmidt-Futterer/Streyl BGB § 563b Rn. 7; Blank/Börstinghaus/Siegmund/Siegmund BGB § 563b Rn. 3.

[541] Blank/Börstinghaus/Siegmund/Siegmund BGB § 563b Rn. 6; BeckOK MietR/Theesfeld-Betten BGB § 563b Rn. 4.

[542] Schmidt-Futterer/Streyl BGB § 563b Rn. 9; Blank/Börstinghaus/Siegmund/Siegmund BGB § 563b Rn. 4.

[543] Blank/Börstinghaus/Siegmund/Siegmund BGB § 563b Rn. 6.

[544] Blank/Börstinghaus/Siegmund/Siegmund BGB § 563b Rn. 5; BeckOK MietR/Theesfeld-Betten BGB § 563b Rn. 9.

Innenverhältnis zu/m (den) Erben die Haftung für etwaige bis zum Tode der/des Mieters/Mieterin entstandenen Verbindlichkeiten aus dem Mietverhältnis zur Freistellung der/des Erbin/Erben übernehmen.
Die Entscheidung, ob das Mietverhältnis fortgesetzt wird, behalte/n ich/wir mir/uns vor.

cc) Ausgleich von Mietvorauszahlungen iSd § 563 Abs. 2 BGB. Schließlich sieht § 563b Abs. 2 BGB vor, dass im Verhältnis zum Erben für erbrachte **Mietvorauszahlungen** des verstorbenen Mieters ein **Ausgleich** vorzunehmen ist. 427

Mietvorauszahlungen, die der verstorbene Mieter für eine Zeit nach seinem Tode im Voraus entrichtet hatte, sind durch den/die Eintretenden an den/die Erben herauszugeben, also zu bezahlen, es ist also die ersparte Miete an diesen auszuzahlen (§ 563b Abs. 2 BGB).[545] 428

Ob der gesamte noch nicht abgewohnte Rest der Mietvorauszahlung auf einmal oder nur der Betrag der jeweiligen Einzelmiete bei jeweiliger Fälligkeit an den Erben zu erstatten ist, hängt davon ab, ob durch die Vorauszahlung nach den Parteivereinbarungen die einzelne Mietzinsrate erst bei Fälligkeit durch Verrechnung getilgt werden soll oder ob nach dem Vertrag der Mietzins mit Leistung der Vorauszahlung sofort für einen bestimmten Zeitraum vorab getilgt wird, also überhaupt nicht mehr fällig wird. Im ersteren Fall ist jeweils bei Fälligkeit die Einzelrate auszugleichen, im letzteren sofort der gesamte Restbetrag auf einmal.[546] 429

Auch eine nicht abgewohnte und vom Vermieter zurückgezahlte Mietvorauszahlung ist an den Erben herauszuzahlen. Dies kommt etwa dann in Betracht, wenn der verstorbene Mieter eine Mietvorauszahlung für sehr lange Zeit getätigt hat, der Ehegatte/Familienangehörige gesetzlich zunächst eingetreten ist, dann aber das Mietverhältnis normal gekündigt hat und so die sich ergebende Mietzeit insgesamt kürzer ist als die Zeit, für die die Mietvorauszahlung erbracht war. Sind es mehrere Personen, die in das Mietverhältnis eingetreten sind (§ 563 BGB) oder mit denen es fortgesetzt wird (§ 563a BGB), so besteht gegenüber dem Erben eine gesamtschuldnerische Haftung.[547] 430

dd) Vermieteranspruch auf zusätzliche Sicherheitsleistung. Nach dem Tod des Mieters kann der Vermieter gemäß § 563b Abs. 3 BGB von den Eintrittsberechtigten iSd § 563 BGB oder den Fortsetzenden iSd § 563a BGB eine Mietsicherheit verlangen, sofern der verstorbene Mieter zuvor keine Mietsicherheit geleistet oder vereinbart hatte.[548] 431

Es handelt sich hierbei um einen **eigenständigen gesetzlichen Anspruch auf eine Sicherheitsleistung.** Denn es kann sein, dass der Vermieter wegen der Person des ursprünglichen Mieters und dessen Bonität auf eine Sicherheitsleistung verzichtet hat, diese aber bei geändertem Personenstand auf der Mieterseite gefordert hätte, wenn er von vornherein nur mit diesen Personen oder dieser Person kontrahiert hätte. Ähnlich verhält es sich bei ursprünglicher Mietermehrheit. Auch hier kann ein Verzicht auf eine Sicherheit in der Person und der Bonität eines der mehreren Mitmieter, zwischen denen ja eine gesamtschuldnerische Verpflichtung bestand, begründet gewesen sein, was sich gewandelt hat.

Hatte der Vermieter mit dem Verstorbenen jedoch eine Sicherheit bestimmter Höhe vereinbart, so verbleibt es dabei. Eine Aufstockung kann ausweislich des Wortlautes nicht verlangt werden, obwohl es sein kann, dass der Vermieter im Hinblick auf die Bonität des Verstorbenen zwar nicht auf Sicherheitsleistung völlig verzichtet hat (dann hätte er das Nachforderungsrecht), aber geringere als die höchstmögliche Sicherheit für ausreichend gehalten hat. Dass hier kein Aufstockungsanspruch geregelt wurde, ist 432

[545] Schmidt-Futterer/Streyl BGB § 563b Rn. 16.
[546] Schmidt-Futterer/Streyl BGB § 563b Rn. 22 ff.
[547] Schmidt-Futterer/Streyl BGB § 563b Rn. 24.
[548] Schmidt-Futterer/Streyl BGB § 563b Rn. 25.

inkonsequent, kann jedoch nicht gegen den Wortlaut in die Bestimmung hineininterpretiert werden.[549]

433 Die Sicherheit kann nach Maßgabe des § 551 BGB verlangt werden, sie darf dann in drei Teilleistungen erbracht werden. Einzelheiten zur Sicherheitengestellung und-verwertung bei → § 26 Rn. 1 ff.

Formulierungsvorschlag: Verlangen nach Sicherheitsleistung

434 Sie sind in das Mietverhältnis eingetreten, dessen Mieter/in bisher der/die verstorbene ...... gewesen ist. Mit ...... hatte ich auf Grund besonderen persönlichen Vertrauens keine Mietsicherheit vereinbart.

Alternativ:

Sie haben das Mietverhältnis, das mit Ihnen und der/dem verstorbenen ...... bestand, fortgesetzt. Bisher hatte ich ...... hatte ich auf Grund besonderen persönlichen Vertrauens zu der/dem Verstorbenen keine Mietsicherheit vereinbart.)

Sie bieten mir die erforderliche persönliche Sicherheit (allein) nicht. Ich mache daher von meinem Recht aus § 563b Abs. 3 BGB Gebrauch, nunmehr von Ihnen die Stellung einer Mietsicherheit zu verlangen. Ich ersuche Sie daher, mir eine Sicherheit von drei aktuellen Nettokaltmieten, dies sind EUR ...... zu stellen und zwar durch Überweisung auf mein Mietkonto .... Sie können die Zahlung durch drei gleichmäßige Teilzahlungen mit den nächsten fälligen Mieten erbringen. Nach Zahlungseingang werden ich die Sicherheitsbeträge gesondert von meinem Vermögen anlegen.

435 **e) Nachrangige Fortsetzung mit Erben, § 564 BGB.** *aa) Grundsätzliches.* Gemäß **§ 564 S. 1 BGB** wird das (Wohnraum-)Mietverhältnis nach dem Tod des Mieters mit dessen **Erben fortgesetzt**, sofern nicht ein Eintritt in den Vertrag gem. § 563 BGB erfolgt oder er nicht gem. § 563a BGB fortgesetzt wird.[550] S. 1 der Regelung stellt den Vorrang des Eintritts- und Fortsetzungsrechtes klar. S. 2 regelt ein außerordentliches Kündigungsrecht mit gesetzlicher Frist.

436 Wenn keine Personen gemäß §§ 563, 563a BGB vorhanden sind, greift folglich § 564 BGB. Ist eine nach § 563 BGB **eintrittsberechtigte Person** vorhanden und hat sie ihr Ablehnungsrecht ausgeübt, wirkt dies rückwirkend auf den Zeitpunkt des Todes des Mieters. Der Eintritt gilt dann als nicht erfolgt, und das Mietverhältnis wird gemäß § 564 BGB mit dem Erben fortgesetzt, sofern keine weiteren nachrangig eintrittsberechtigten Personen vorhanden sind.[551]§ 564 BGB kommt jedoch nicht zur Anwendung, wenn der Vermieter nach § 563 Abs. 4 BGB oder der fortsetzende Mieter nach § 563a Abs. 2 BGB kündigt, da in diesen Fällen der Eintritt oder die Fortsetzung bereits erfolgt ist und die Kündigung den Vertrag nur für die Zukunft beendet. In der Wohnraummiete hat die Vorschrift insbesondere dann praktische Bedeutung, wenn ein alleinstehender Mieter verstirbt.[552]

437 § 564 BGB enthält keine Bestimmung über eine Unabdingbarkeit, ist also dispositiv. Die Reichweite dessen, was verändert werden kann, ist fraglich. Streitig ist, ob formularvertragliche Regelungen hier zulässig sind[553] und ob nicht eine Vereinbarung zwischen dem Vermieter und dem verstorbenen Mieter, die das Sonderkündigungsrecht des Erben bei einem langfristigen Mietverhältnis ausschließt, als Vereinbarung zu Lasten Dritter unzulässig ist.[554] Rechtsprechung hierzu ist noch nicht ersichtlich. Nach überwiegender Meinung ist § 564 S. 2 BGB jedoch durch eine Individualvereinbarung abänderbar, auch durch einen Vertrag zwischen dem verstorbenen Mieter und dem Vermieter zu Lasten des Erben. Der Erbe tritt durch die Erbschaft lediglich in die vom Erblasser geschaffene

[549] Schmidt-Futterer/Streyl BGB § 563b Rn. 26.
[550] Schmidt-Futterer/Streyl BGB § 564 Rn. 1.
[551] Schmidt-Futterer/Streyl BGB § 564 Rn. 2.
[552] Blank/Börstinghaus/Siegmund/Siegmund BGB § 564 Rn. 3.
[553] Lützenkirchen Neue Mietrechtspraxis Rn. 696.
[554] Schmidt-Futterer/Streyl BGB § 564 Rn. 25.

Rechtslage ein, weshalb das Schutzziel der §§ 563 ff. BGB nicht beeinträchtigt wird. Wenn der Erbe zu den nach § 563 BGB eintrittsberechtigten Personen gehört, kommt § 564 BGB erst nach Ablehnung des Eintritts zur Anwendung; wenn er „nur" Erbe ist, verfügt er idR bereits über Wohnraum. Das bedeutet, dass der Erblasser und der Vermieter das Kündigungsrecht nach § 564 BGB vollständig ausschließen oder die Voraussetzungen und Fristen ändern können. Dies gilt auch für sehr langfristige Verträge oder einen langfristigen Ausschluss des Kündigungsrechts, solange die Grenzen der §§ 138, 242 BGB eingehalten werden. Der Erbe kann sich vor einer übermäßigen Belastung durch Ausschlagung der Erbschaft schützen oder der Bindung entgehen, indem er einen geeigneten Nachmieter stellt.[555]

bb) Sonderkündigungsrecht des Mietererben und des Vermieters iSd § 564 S. 2 BGB. Gemäß § 564 S. 2 BGB können sowohl der Erbe, als auch der Vermieter das Mietverhältnis kündigen. Es handelt sich bei dem Kündigungsrecht gem. § 564 S. 2 BGB nach dem Wortlaut der Vorschrift um ein **außerordentliches Kündigungsrecht** mit gesetzlicher Frist iSv § 573d BGB. Es gelten folglich die Mieterschutzvorschriften der §§ 574 ff. BGB, so dass in dem Kündigungsschreiben auch eine Belehrung über das Widerspruchsrecht nach § 574 BGB erfolgen sollte.[556] Die Frist für dessen Ausübung beginnt mit der Kenntnis von den Voraussetzungen. 438

(1) Voraussetzungen des Sonderkündigungsrechts. Für die Ausübung des Kündigungsrechts nach § 564 S. 2 BGB bedarf es seitens des Vermieters als auch seitens des Erbens **kein besonderes Interesse iSd § 573 BGB,** denn § 573d Abs. 1 BGB schließt die Anwendung der §§ 573 und 573a BGB bei einer Kündigung des Vermieters gegenüber dem Erben nach § 564 BGB aus. Dadurch kann der Vermieter unter Umständen kürzere Kündigungsfristen in Anspruch nehmen, da § 573d Abs. 2 BGB keine Verlängerung der Kündigungsfrist vorsieht.[557] 439

Erst dann, wenn der **Vermieter** sowohl **Kenntnis vom Tode des Mieters** als auch von der **Person des Erben** erlangt hat, läuft die Frist für den Ausspruch der Kündigung für den Vermieter,[558] es kommt auf die positive Kenntnis an, wie auch umgekehrt erst die **sichere Kenntnis des Erben** von seiner Erbenstellung für diesen die Fristen des § 564 BGB in Gang setzt.[559] 440

Die Erbenstellung muss hinreichend sicher sein. Liegen nicht nur theoretische, von vorneherein verwerfbare Zweifel hieran vor, kann dies nicht angenommen werden. Von einer Annahme der Erbschaft sind die Kündigungsmöglichkeit und der Kündigungstermin allerdings nicht abhängig. Der vorläufige Erbe kann kündigen, darin liegt keine Annahme der Erbschaft (§ 1959 Abs. 2 BGB). Auch der Vermieter kann gegenüber dem vorläufigen Erben kündigen.[560] Ein Nachweis des Erbrechtes ist für die Wirksamkeit einer Kündigung des Erben nicht erforderlich, so dass der Vermieter auch nicht berechtigt ist, eine Kündigung wegen eines fehlenden Nachweises zurückzuweisen.[561] 441

Nur ein **Erbschein** zugunsten der Erben des Mieters schafft letztlich die für den eine Kündigungserklärung Abgebenden (sei es Vermieter oder Erbe des Mieters) erforderliche Rechtssicherheit. Ggf. kann die Interessenlage der durch den Rechtsanwalt beratenen Personen aber auch so sein, dass eine Kündigung „auf Verdacht" sinnvoll ist, die dann aber an alle irgendwie als Erklärungsempfänger in Betracht kommenden Personen gerichtet werden müsste. 442

[555] Schmidt-Futterer/Streyl BGB § 564 Rn. 24.
[556] Schmidt-Futterer/Streyl BGB § 564 Rn. 6; Blank/Börstinghaus/Siegmund/Siegmund BGB § 564 Rn. 43.
[557] Schmidt-Futterer/Streyl BGB § 564 Rn. 6; Blank/Börstinghaus/Siegmund/Siegmund BGB § 564 Rn. 41.
[558] LG Berlin ZMR 1988, 181; Blank/Börstinghaus/Siegmund/Siegmund BGB § 564 Rn. 44.
[559] OLG Düsseldorf ZMR 1994, 114; Blank/Börstinghaus/Siegmund/Siegmund BGB § 564 Rn. 44.
[560] Schmidt-Futterer/Streyl BGB § 564 Rn. 10.
[561] Schmidt-Futterer/Streyl BGB § 564 Rn. 9.

443 **Für zu treffende Entscheidungen muss der beratende Rechtsanwalt die konkrete Interessenlage des Mandanten herausarbeiten.** Will der – zunächst ggf. nur vermeintliche – Erbe kündigen, so muss er bedenken, dass er sich ggf. bei berechtigten – wenn auch ggf. später auszuräumenden – Zweifeln bei Ausübung des Sonderkündigungsrechts – sollte sich herausstellen, dass er nicht Erbe war – schadensersatzpflichtig machen kann, und zwar gegenüber dem wahren Erben, ggf. auch gegenüber dem Vermieter.[562]

444 Denn seine Kündigungserklärung wirkt jedenfalls in dem Fall, dass ein Erbschein ausgestellt war, über § 2367 BGB zugunsten des Erklärungsempfängers als wirksam,[563] es sei denn, der Erklärungsempfänger kennt die Unrichtigkeit des Erbscheins oder weiß, dass das Nachlassgericht die Rückgabe des Erbscheins wegen Unrichtigkeit verlangt hat (§ 2366 BGB). Der Erbschein muss für diese Wirkungen dem Vermieter nicht vorgelegt worden sein, der Vermieter muss dessen Existenz noch nicht einmal kennen.[564]

445 Die für eine Kündigung auf der Grundlage des § 564 S. 2 BGB sowohl des Erbens als auch des Vermieters **erforderliche Sicherheit** ist hiernach erst dann gegeben, wenn ein **Erbschein** hinsichtlich der Erben des verstorbenen Mieters **vorliegt,** wenngleich allein entscheidend die materielle Rechtslage ist, die auch dann gegeben ist, wenn überhaupt kein Erbschein beantragt wurde.

> **Praxistipp:**
> Ohne das Vorliegen eines Erbscheines erfolgen Erklärungen daher letztlich „auf eigene Gefahr". Dem Erben des Mieters ist daher zu raten, vor Abgabe von Erklärungen einen – ggf. gegenständlich begrenzten – Erbschein zu beantragen.

446 Bestehen Zweifel über die Erbenstellung, muss auch dem Vermieter das Recht zustehen, die Ausstellung eines gegenständlich begrenzten Erbscheins zu beantragen, um Klarheit über seinen korrekten Erklärungsempfänger zu erlangen. Jedenfalls beginnt für den Vermieter die Frist für die Sonderkündigung nicht vor dem Zugang einer vom Vermieter beantragten Auskunft des Nachlassgerichts über die Erbenstellung.[565]

447 Mehrere Erben eines Mieters müssen alle die Kündigung erklären. Dies muss nicht gemeinsam erfolgen, parallele Erklärungen reichen aus. Jeder Miterbe muss aber positive Kenntnis von den Voraussetzungen des § 564 BGB haben.[566]

448 *(2) Kündigungszeitpunkt, Ausschlussfrist und Wirkung der Kündigung.* Die außerordentliche Kündigung nach § 564 S. 2 BGB muss innerhalb eines Monats erklärt werden, da sonst das Kündigungsrecht erlischt. Die **einmonatige Ausschlussfrist** beginnt, sobald der Erbe oder Vermieter vom Tod des Mieters und davon Kenntnis haben, dass kein Eintritt nach § 563 BGB oder keine Fortsetzung nach § 563a BGB erfolgt ist.[567]

449 Für beide Erklärungen ist zum einen das **Schriftformerfordernis** des § 568 Abs. 1 BGB und das **Zugangserfordernis** zu beachten, denn anders als bei § 121 BGB, wo ausdrücklich in § 121 Abs. 1 S. 2 BGB bestimmt ist, dass die unverzügliche Absendung der Anfechtungserklärung ausreicht, handelt es sich vorliegend um eine Kündigungserklärung, so dass die allgemeinen Zugangsregelungen für Kündigungen gelten, ferner fehlt eine Regelung wie die des § 121 Abs. 1 S. 2 BGB.

Hat/haben der/die Erbe/n das Sonderkündigungsrecht des § 564 S. 2 BGB fristgerecht ausgeübt, sind die nach dem Erbfall fällig werdenden Forderungen reine Nachlassver-

[562] OLG Düsseldorf ZMR 1994, 114.
[563] Schmidt-Futterer/Streyl BGB § 564 Rn. 9.
[564] Schmidt-Futterer/Streyl BGB § 564 Rn. 9.
[565] LG München I NZM 2005, 336.
[566] Schmidt-Futterer/Streyl BGB § 564 Rn. 8.
[567] Schmidt-Futterer/Streyl BGB § 564 Rn. 13.

bindlichkeiten, so dass eine persönliche Haftung des Erben ausscheidet und er sich auf die Dürftigkeit des Nachlasses berufen kann.[568]

(3) Besonderheiten bei Vermieterkündigung. Aus § 573d Abs. 1 bzw. § 575a Abs. 1 BGB ergibt sich, dass für eine Kündigung des Vermieters gegenüber einem nicht in der Wohnung lebenden Erben der **Kündigungsschutz der §§ 573, 574 BGB nicht gilt.** Dies ist sachgerecht, denn Erben, die in der Wohnung nicht ihren Lebensmittelpunkt haben – ansonsten könnten sie ja nach Maßgabe der §§ 563 ff. BGB in das Mietverhältnis eintreten, so dass es gar nicht zur Anwendbarkeit des § 564 BGB kommt –, bedürfen keines mietrechtlichen Schutzes, so schon die Kritik der Literatur an der zur früheren Rechtslage ergangenen Rechtsprechung. 450

Der/Die Mietererbe(n) kann/können daher ein Interesse daran haben, dass das Fristende für eine Vermieterkündigung fixiert wird, weil er/sie das Mietverhältnis dennoch erhalten wollen. Dies dürfte sich nur empfehlen, wenn keine Ausschlagung der Erbschaft und eine Beschränkung der Erbenhaftung in Betracht kommt. In einem solchen Fall ist es sinnvoll, den Vermieter über den Tod des Mieters ausdrücklich zu informieren. Der Zeitpunkt des Zugangs kann wie üblich sichergestellt werden. 451

Formulierungsvorschlag: Erklärung des Erben

Ich bin Erbe der/des am …… verstorbenen ……, die/der Mieter/in der Wohnung …… war. Ich darf Sie auf diesem Wege vom Tode Ihres Mieters in Kenntnis setzten. 452
Ich werde das Mietverhältnis fortführen.
Ich bitte, mir den Empfang dieser Erklärung schriftlich zu bestätigen.

Auf den Schutz der Sozialklausel des § 574 BGB kann sich der Erbe des Mieters dennoch berufen. Die Motive im Sinne der Abwägungsvorschriften der Sozialklausel müssen daher gemäß § 268 Abs. 2 BGB im Kündigungsschreiben angegeben werden.[569] Praktische Bedeutung wird dies allerdings kaum haben, da Härtegründe zugunsten eines Erben, der nicht im Haushalt des Mieters gelebt hat, kaum vorliegen dürften. 453

cc) Besonderheiten bei Nachlassverwaltung, Testamentsvollstreckung, Nachlassinsolvenz und Nachlasspflegschaft. Bei Anordnung von Nachlassverwaltung oder Testamentsvollstreckung hat allein der Nachlassverwalter oder der Testamentsvollstrecker das Kündigungsrecht, nicht der/die Erbe/n, da es sich nicht um ein höchstpersönliches Recht handelt.[570] Bei Anordnung der **Nachlassverwaltung** tritt die Beschränkung des Erben gemäß § 1984 Abs. 1 S. 1 BGB erst mit der Anordnung ein.[571] Zuvor kann der Erbe also aus eigenem Recht kündigen. 454

Anders ist dies bei angeordneter **Testamentsvollstreckung.** Hier bemisst sich die Ausübungsfrist für die Kündigung durch den Testamentsvollstrecker so, dass sie erst mit der Annahme des Amtes läuft. In der Zwischenzeit seit dem Tod des Mieters kann der Erbe selbst nicht kündigen, da die Verfügungsbeschränkung sofort wirkt,[572] er ist aber empfangszuständig für eine Vermieterkündigung.[573] 455

Bei **Nachlassinsolvenz** steht das Kündigungsrecht nur dem Insolvenzverwalter zu, §§ 80 Abs. 1, **109 Abs. 1 iVm § 315 InsO.** 456

[568] BGH NJW 2013, 933 = NZM 2013, 185.
[569] Schmidt-Futterer/Streyl BGB § 564 Rn. 6.
[570] So schon RGZ 74, 35; Schmidt-Futterer/Streyl BGB § 564 Rn. 11 gegen OLG Augsburg OLGE 17, 14.
[571] Schmidt-Futterer/Streyl BGB § 564 Rn. 11; Blank/Börstinghaus/Siegmund/Siegmund BGB § 564 Rn. 37.
[572] BGHZ 25, 275 (282).
[573] Schmidt-Futterer/Streyl BGB § 564 Rn. 11; Blank/Börstinghaus/Siegmund/Siegmund BGB § 564 Rn. 37.

4. Wirkung des Todes einer Vertragspartei auf bereits abgegebene Erklärungen

457 a) **Rechtsnachfolge auf Mieterseite.** Kündigungserklärungen, die der verstorbene Mieter noch vor seinem Tode ausgesprochen hat und die dem Vermieter bereits zugegangen sind, bleiben wirksam, das Mietverhältnis geht als Abwicklungsverhältnis auf den Erben über, der die Kündigung auch nicht widerrufen kann.[574]

458 Bestand jedoch nur die **Möglichkeit einer vorfristigen Kündigung,** zB wegen persönlicher Verfeindung, wegen Nichtgewähr des Mietgebrauches, wegen Gesundheitsschädlichkeit der Mieträume, die noch nicht ausgeübt war, so muss im Einzelfall neu geprüft werden, ob nach Rechtsnachfolge für die Person des Mietnachfolgers die Kündigungsgründe fortbestehen.[575] So kann es sein, dass zum Beispiel zwischen dem Rechtsnachfolger des verstorbenen Mieters und dem Vermieter keine besondere Verfeindung besteht, die den verstorbenen Mieter ggf. zur vorzeitigen Kündigung gegenüber dem Vermieter berechtigten konnte, es kann sein, dass der Vermieter zwischenzeitlich Mängel der Mietsache beseitigt hat.

459 b) **Rechtsnachfolge auf Vermieterseite.** Hier gelten die gleichen Grundsätze. Abgegebene und zugegangene Erklärungen bleiben wirksam. Für noch nicht abgegebene Erklärungen gilt auch hier, dass objektive Verfehlungen des Mieters (Zahlungsverzug, vertragswidriger Gebrauch) auch den Erben des Vermieters weiter zur Kündigung berechtigen werden, persönliche Verfeindung kann weggefallen sein, was einen Kündigungsgrund aus §§ 543, 569 BGB beseitigen kann.[576] Denn es kann sein, dass der Mieter nach Rechtsnachfolge vorher bestehende Kündigungsgründe für die Vermieterseite umgehend ausräumt, zB Rückstände zahlt, vertragswidrige Nutzungen beendet.

460 Umgekehrt kann es sein, dass der Vermietererbe das Mietobjekt unverzüglich instand setzt, es kann sein, dass in seiner Person keine besondere Verfeindung besteht, die den Mieter ggf. zur vorzeitigen Kündigung gegenüber dem Erblasser berechtigen konnte.

[574] Sonnenschein ZMR 1992, 417 (418).
[575] Sonnenschein ZMR 1992, 417 (419).
[576] Sonnenschein ZMR 1992, 417 (423).

Beratungscheckliste

Beim Tod des Vermieters:

Keine Handlungsnotwendigkeit oder -möglichkeit. Legitimation gegenüber Mieter mit Erbschein, ggf. gegenständlich beschränktem Erbschein, ggf. mit Grundbuchauszug nach Grundbuchberichtigung.

Beim Tod des Mieters:

- **Alleinmieter** bzw. Mitmieter, wenn nicht ausschließlicher Mitmieter Ehegatte/Lebenspartner Familienangehörige/berechtigte Personen:
  - Ehegatte/Lebenspartner vorhanden?

Wenn ja:

gemeinsamer Hausstand geführt?

Wenn ja:

Erfolgte Nichtfortsetzungserklärung?

Wenn nein:

Fortsetzung mit Ehegatten/Lebenspartner

Erben ausgeschlossen

Andere Familienangehörige ausgeschlossen

Sonderkündigungsrecht des Vermieters?
Voraussetzungen § 563 Abs. 5 BGB prüfen
Haftungswirkung § 563b Abs. 3 BGB prüfen
Ausgleichswirkung § 563b BGB prüfen

Wenn ja:

sonstige Familienangehörige vorhanden?

Wenn nein:

Fortsetzung mit Erben

Erfolgt fristgerechte Kündigung des Erben?
Soll Sonderkündigungsrecht des Vermieters fristgerecht ausgeübt werden?

wenn ja, dann unten 2.a) bb)

Wenn nein, dann unten 2. a) bb) prüfen

Wenn nein, dann unten 2. a) bb) prüfen

- Familienangehörige vorhanden?

Wenn ja,

gemeinsamer Hausstand geführt?

Wenn ja:

Erfolgte Nichtfortsetzungserklärung?

Wenn nein:

Fortsetzung mit Familienangehörigen

Erben ausgeschlossen

Sonderkündigungsrecht des Vermieters?
Voraussetzungen § 563 Abs. 4 BGB prüfen
Haftungswirkung § 563b BGB prüfen
Ausgleichswirkung § 563b BGB prüfen

wenn ja: → Fortsetzung mit Erben, § 564 BGB

Bei Fortsetzung mit Erben:
§ 564 S. 2 BGB prüfen
Erfolgt fristgerechte Kündigung des Erben?
Soll Sonderkündigungsrecht des Vermieters fristgerecht ausgeübt werden?

Wenn nein (Hausstand): → direkte Fortsetzung mit Erben, § 564 BGB

Wenn nein (Familienangehörige): direkte Fortsetzung mit Erben, § 564 BGB

- **Mehrere Mieter:**
  - allein Ehegatte/Lebenspartner, Familienangehörige, berechtigte Personen Mitmieter?

    Wenn ja, gemeinsamer Hausstand geführt?

    Wenn nein: → Dann § 564 BGB direkt auf Anteil verstorbener Mieter anwendbar

    Wenn ja: Fortsetzung nur mit Ehegatten/Lebenspartner Fam.Ang./ber.Pers

    Wenn nein: → Dann § 564 BGB direkt auf Anteil verstorbener Mieter anwendbar

    Kündigungsrecht gemäß § 563a BGB ausgeübt?

    ob einheitlich zu kündigen ist, nach gemeinschaftsrechtlichen Grundsätzen zu klären

    Wenn nein: Fortsetzung nur mit Ehegatten Erben ausgeschlossen

    Wenn ja: keine Fortsetzung mit Erben
  - auch sonstige Personen Mitmieter: § 563 BGB analog anzuwenden, Prüfungsschema oben 2. a) bb)
- Alleinmieter, weder § 563 BGB noch § 563a BGB anwendbar
  Fortsetzung mit Erben, § 564 BGB
  Kündigungsrechte aus § 564 BGB prüfen

§ 13 Gebrauchsüberlassung an Dritte

Übersicht

Schrifttum:

Derleder, Die Mietvertragskonformität von Untermietverträgen, ZMR 2015, 521 ff.; Fervers, Umgehungsgeschäfte bei der Untermiete, WuM 2025, 129 ff.; Heilmann, Risiken der Untervermietung für Mieter und Vermieter, NZM 2016, 74 ff.; Heintzmann, Die gewerbliche Untermiete, NJW 1994, 1177 ff.; Henke/Singbart/Zintl, Mietwohnungsüberlassung an Touristen: Wimdu, Airbnb & Co. aus zivilrechtlicher Sicht, NZM 2018, 1 ff.; Hummel, Die Aufnahme des Ehepartners in die Mietwohnung, ZMR 1975, 291; Kraemer, Die Kündigung aus wichtigem Grund nach altem und neuem Recht, NZM 2001, 553 ff.; Lützenkirchen, Neue Mietrechtspraxis für Wohnraum- und sonstige Mietverhältnisse, 2001; Meyer, Rechtsprobleme bei der gemeinsamen Nutzung einer Wohnung, ZMR 1990, 444 ff.; Pauly, Grundlegendes und Aktuelles zur Untermiete, ZMR 2015, 836; Pauly, Hauptprobleme der Untermiete, WuM 2008, 320 ff.; Schneider, Untervermietung als Beteiligung Dritter am Hauptmietvertrag, WuM 1999, 195 ff.; Seyfarth, Vermieterpflichten bei Untervermietungsanfragen, NZM 2002, 200 ff.; Streyl, Die Gebrauchsüberlassung der Wohnung an Dritte, WuM 2024, 437 ff.; Weber, Urteilsanmerkung, NZM 2017, 741; Wüsthof, (Unter-)Vermietung an Touristen, ZMR 2014, 421 ff.

I. Gebrauchsüberlassung durch Aufnahme Dritter in die Wohnung

1. Begriffsbestimmung

Der Wortlaut von § 540 Abs. 1 S. 1 BGB ist nur scheinbar eindeutig, da dem Mieter 1
danach ohne Erlaubnis des Vermieters keinerlei Gebrauchsüberlassung an Dritte gestattet wäre. Der Mieter ist jedoch im Rahmen seines eigenen, ihm mietvertraglich gestatteten Gebrauchs dazu berechtigt, Dritten den Gebrauch der gemieteten Wohnung in gewissem Umfang zu überlassen, insbesondere seine Ehefrau oder Bedienstete in die Wohnung aufzunehmen (sog. **verlängerter Eigengebrauch**). Dies erfordert eine Abgren-

zung, in welchem Umfang es dem Mieter im Rahmen des Mietgebrauchs gestattet ist, Dritte in die Wohnung aufzunehmen und in welchen Fällen eine Gebrauchsüberlassung an Dritte vorliegt, die gemäß § 540 Abs. 1 S. 1 BGB der Erlaubnis des Vermieters bedarf.

2 a) **Selbstständiger/Unselbstständiger Mitgebrauch.** In der älteren Rechtsprechung[1] und Literatur[2] wurde überwiegend danach differenziert, ob die Räume dem Dritten zum selbständigen, vom Willen und den Weisungen des Mieters unabhängigen Gebrauch überlassen werden. Bei einem unselbstständigen, vom Mieter abgeleiteten Gebrauch (wie zB bei Familienangehörigen oder Bediensteten) behalte dieser die alleinige Herrschaft über die Wohnung, weshalb kein Fall der erlaubnispflichtigen Gebrauchsüberlassung an Dritte vorliege.

3 Diese Rechtsauffassung ist für Wohnraummietverhältnisse nicht praktikabel, da bei diesen zwischen dem Mieter und dem Dritten zumeist keine gesellschaftsrechtlichen, sondern personale Beziehungen bestehen, in die der Vermieter keinen Einblick hat und die er deshalb nicht konkret vortragen und beweisen kann. Aus diesem Grund sowie aufgrund einer umfassenden, lesenswerten Auslegung von § 540 BGB hat das OLG Hamm[3] die Unterscheidung nach selbstständigem und unselbständigem Mitgebrauch aufgegeben und die Auffassung vertreten, dass jede **auf gewisse Dauer angelegte** Gebrauchsüberlassung von § 540 Abs. 1 BGB erfasst wird. Dieser Auffassung hat sich inzwischen die ganz herrschende Rechtsmeinung[4] angeschlossen, so dass es auf die Unterscheidung zwischen unselbstständigem oder selbstständigem Gebrauch des Dritten nicht mehr ankommt.

4 b) **Dauer.** Das von der nunmehr herrschenden Meinung verwendete Kriterium der Dauer der Gebrauchsüberlassung dient vor allem der Abgrenzung von der vorübergehenden Aufnahme von **Besuchern,** die unter den dem Mieter vertraglich gestatteten, eigenen Mietgebrauch fällt.[5] Da die Standardausrede aller Mieter, die sich dem Vorwurf der unerlaubten Gebrauchsüberlassung ausgesetzt sehen, lautet, dass es sich ja nur um Besuch handeln würde, stellt sich die Frage, wie Besuch zu definieren und abzugrenzen ist.

5 Nach der in der Kommentarliteratur gebräuchlichen Definition ist **Besucher,** wer den Mieter aufgrund besonderer persönlicher Beziehungen aufgesucht hat und sich für eine **vorübergehende** Zeit in dessen Wohnung aufhält, ohne hierfür ein Entgelt zu bezahlen.[6] Das wirft die Frage auf, welche Dauer noch als **vorübergehend** anzusehen ist. Da Besuche je nach Anlass und Intensität der persönlichen Beziehungen unterschiedlich lange dauern, lassen sich keine starren Höchstgrenzen bestimmen.[7] Eine Besuchsdauer von bis zu 6 Wochen dürfte noch als üblich anzusehen sein.[8] Ab einer Dauer von ca. 3 Monaten dürfte eine – widerlegliche – Vermutung gegen das Vorliegen eines Besuchs und für eine dauerhafte Gebrauchsüberlassung sprechen.[9] Dass die Rechtsprechung ab 3 Monaten teilweise bereits eine stillschweigende Duldung der Gebrauchsüberlassung annimmt[10] zwingt den Vermieter in der **Praxis** dazu, frühzeitig gegen eine ihm bekannt

[1] Grundlegend BGH WM 1967, 252.

[2] Sternel MietR aktuell Kap. II. Rn. 239.

[3] OLG Hamm NJW 1982, 2876 ff.

[4] BGH NZM 2004, 22 (23); BayObLG WuM 1984, 13; NJW 1998, 1324; Guhling/Günter/Guhling BGB § 540 Rn. 5; Schmidt-Futterer/Flatow BGB § 540 Rn. 2; MüKoBGB/Bieber § 540 Rn. 3; Soergel/Heintzmann BGB § 549 Rn. 3; Bub/Treier MietR-HdB/Kraemer Kap. III. Rn. 3017; Emmerich/Sonnenschein/Emmerich BGB § 540 Rn. 2; aA nur noch Sternel MietR aktuell Kap. VI. Rn. 161, der auf eine Ausgrenzung eines Teils der Mietsache abstellt.

[5] Vgl. etwa MüKoBGB/Bieber § 540 Rn. 4.

[6] Vgl. etwa Bub/Treier MietR-HdB/Kraemer/von der Osten/Schüller Kap. III. Rn. 2498; Schmidt-Futterer/Flatow BGB § 540 Rn. 35.

[7] Sternel MietR aktuell Kap. II Rn. 229.

[8] Bub/Treier MietR-HdB/Kraemer Kap. III. Rn. 3019.

[9] AG Frankfurt a. M. WuM 1995, 396; so wohl auch Bub/Treier MietR-HdB/Kraemer Kap. III. Rn. 3019; aA Schmidt-Futterer/Flatow BGB § 540 Rn. 35, wonach diese Vermutung schon ab 4–6 Wochen gelten soll.

[10] LG Stuttgart WuM 2012, 675 f.

gewordenen Gebrauchsüberüberlassung vorzugehen, wenn er sie nicht womöglich ungewollt (stillschweigend) genehmigen will.

Wesentliches Indiz für einen Besuch ist die Beibehaltung einer anderen Wohnung durch den Besucher.[11] Die Anbringung von Namensschildern an Hauseingang oder Briefkasten spricht demgegenüber für eine dauerhafte Gebrauchsüberlassung.[12] 6

Der Mieter soll verpflichtet sein, dem Vermieter einen länger dauernden Besuch **anzuzeigen,** was im Hinblick auf die vorübergehende Natur eines Besuches zweifelhaft erscheint.[13] 7

c) Entgeltlich/Unentgeltlich. Für die Frage, ob die Gebrauchsüberlassung an Dritte der Erlaubnis des Vermieters bedarf, spielt es keine Rolle, ob diese entgeltlich oder unentgeltlich erfolgt. Deshalb fällt auch eine Leihe oder eine Gebrauchsüberlassung im Rahmen einer bloßen Gefälligkeit unter § 540 BGB.[14] 8

d) Dritte/Aufnahme naher Angehöriger. Sprachlich und vertragstechnisch ist „Dritter" iSv § 540 Abs. 1 S. 1 BGB zunächst jeder, der den Mietvertrag nicht als Mieter (mit-)abgeschlossen hat, also nicht selbst als Mieter Partei des Mietverhältnisses ist. Der Mieter ist jedoch im Rahmen seines eigenen, unentziehbaren vertragsmäßigen Gebrauchs dazu berechtigt, Dritten den Gebrauch der gemieteten Wohnung in gewissem Umfang zu überlassen, insbesondere wegen des ausdrücklichen Schutzes durch Art. 6 GG seine Familie, vor allem seine Ehefrau in die Wohnung aufzunehmen.[15] Dasselbe gilt sinngemäß für bloße Besitzdiener (§ 855 BGB) des Mieters wie zum Beispiel Hausangestellte oder Personen, derer der Mieter zu seiner Pflege bedarf.[16] 9

Die Abgrenzung, welche Personen der Mieter als nächste Angehörige ohne Erlaubnis des Vermieters in die Wohnung aufnehmen darf, und die Aufnahme welcher Personen als Dritte dessen Einwilligung bedarf, sowie die hierzu ergangene, nicht immer einheitliche Rechtsprechung wird nachfolgend tabellarisch dargestellt: 10

Angehörige (Aufnahme vom Mietgebrauch gedeckt)	Dritte (Erlaubnis des Vermieters erforderlich[17])
• Hausangestellte und Pflegepersonen[18]	• Geschwister[19]
• Ehegatte[20]	• Schwägerin[21]
• Gemeinsame Kinder[22]	• Lebenspartner gemäß § 1 Abs. 1 LPartG[23]

[11] Schneider WuM 1999, 195 ff.; Meyer ZMR 1990, 444 (445); ähnlich Streyl WuM 2024, 437 (438), der darauf abstellt, ob der – vermeintliche – Besucher seinen „Lebensmittelpunkt" in der Wohnung hat.

[12] MüKoBGB/Bieber § 540 Rn. 4.

[13] So auch MüKoBGB/Bieber § 540 Rn. 4.

[14] Guhling/Gunter/Guhling BGB § 540 Rn. 4; Streyl WuM 2024, 437 (438), Schmidt-Futterer/Flatow § 540 Rn. 22, der eine Gebrauchsüberlassung im Rahmen einer bloßen Gefälligkeit mangels Besitzrechts verneint.

[15] BGH NZM 2004, 22 (23); LG Berlin BeckRS 2023, 7610.

[16] Vgl. etwa BayObLG NJW 1998, 1324 (1325); Schmidt-Futterer/Flatow BGB § 540 Rn. 27, 39.

[17] In diesen Fällen kann dem Mieter jedoch ein Anspruch auf Zustimmung zur Überlassung eines Teils der Wohnung gemäß § 553 BGB zustehen, hierzu → Rn. 26 ff.

[18] BayObLG WuM 1984, 13; NJW 1998, 1324 ff. (1325); OLG Hamm WuM 1982, 319; AG Friedberg WuM 1991, 683; Bub/Treier MietR-HdB/Kraemer Kap. III. Rn. 3019; Sternel MietR aktuell Kap. II. Rn. 238; Streyl WuM 2024, 437 (439).

[19] BayObLG WuM 1984, 13; 1997, 603; Bub/Treier MietR-HdB/Kraemer Kap. III. Rn. 3019; Streyl WuM 2024, 437 (439); Soergel/Heintzmann BGB § 549 Rn. 3; aA LG Kassel WuM 1989, 72.

[20] BVerfG NJW 1994, 41; BGH NZM 2013, 786; 2004, 22 (23); NJW 1993, 2528; 1991, 1750 (1751); OLG Hamm WuM 1993, 30.

[21] AG Schöneberg GE 1990, 265; Bub/Treier MietR-HdB/Kraemer Kap. III. Rn. 1011; Schmidt-Futterer/Flatow BGB § 540 Rn. 25.

[22] BVerfG NJW 1994, 41; BGH NZM 2004, 22 (23); OLG Hamm WuM 1993, 30; Schmidt-Futterer/Blank BGB § 540 Rn. 25.

[23] BGH NZM 2004, 22 (23); MüKoBGB/Bieber § 540 Rn. 5; Emmerich/Sonnenschein/Emmerich BGB § 540 Rn. 3. Das ist wegen der rechtlichen Gleichstellung in § 11 Abs. 1 LPartG jedoch abzulehnen, vgl. Grüne-berg/Weidenkaff BGB § 540 Rn. 5; Staudinger/Emmerich BGB § 540 Rn. 6; MüKoBGB/Bieber § 540 Rn. 5; Schmidt-Futterer/Flatow § 540 Rn. 24.

Angehörige (Aufnahme vom Mietgebrauch gedeckt)	Dritte (Erlaubnis des Vermieters erforderlich[17])
• Volljährige Kinder auch dann, wenn sie vor Aufnahme in die Wohnung schon einen eigenen Haushalt geführt haben[24]	• Volljährige Kinder, die in der Wohnung wohnen bleiben, nachdem die Eltern, die den Mietvertrag abgeschlossen haben, ausgezogen sind[25]
• Eltern[26]	• Verlobte und Partner einer eheähnlichen Lebensgemeinschaft, gleich welchen Geschlechts[27]
• Schwiegermutter[28]	• erwachsener Stiefsohn[29]
• Tochter und Enkel[30]	• Schwiegersohn[31]
• Stiefkinder[32]	• Cousin[33]
• Adoptivkinder[34]	• Pflegekinder[35]
	• Verlobte oder Freunde der Kinder des Mieters[36]

11 Da die Aufnahme dieses (in der linken Spalte dargestellten) Personenkreises in die Mietwohnung vom eigenen, vertragsmäßigen Gebrauch des Mieters gedeckt ist, ist der Mieter zur Aufnahme dieser Personen in die Wohnung auch dann berechtigt, wenn diese dadurch **überbelegt** würde.[37] Jedenfalls ist eine Kündigung des Mietverhältnisses durch den Vermieter allenfalls dann berechtigt, sofern dessen **Rechte** durch die Überbelegung **erheblich verletzt** werden.[38] Da das Recht des Mieters, nahe Angehörige in die Wohnung

[17] In diesen Fällen kann dem Mieter jedoch ein Anspruch auf Zustimmung zur Überlassung eines Teils der Wohnung gemäß § 553 BGB zustehen, hierzu → Rn. 26 ff.

[24] LG Potsdam WuM 2012, 612 f.; Pauly ZMR 2015, 836 (838); aA AG Brandenburg an der Havel 3.4.2012 – 38 C 8/12.

[25] Wohl auch Guhling/Günter/Guhling BGB § 540 Rn. 8; BGH NZM 2010, 120; mit überzeugender Begründung auch Streyl WuM 2024, 437 (439).

[26] BayObLG ZMR 1998, 23; Bub/Treier MietR-HdB/Kraemer Kap. III. Rn. 3019; aA Soergel/Heintzmann BGB § 549 Rn. 5.

[27] BGH NZM 2004, 22 (23); NJW 1990, 1750 (1751); OLG Hamm WuM 1997, 364; NJW 1982, 2876; MüKoBGB/Bieber § 540 Rn. 5; Bub/Treier MietR-HdB/Kraemer Kap. III. Rn. 3019; Grüneberg/Weidenkaff BGB § 540 Rn. 5; BeckOKMietR/Weber BGB § 540 Rn. 9, der zwischen anfänglicher und nachträglicher Aufnahme unterscheidet. Vor der Grundsatzentscheidung des BGH vom 5.11.2003 (NZM 2004, 22 ff.) waren beachtliche Stimmen der Auffassung, dass wegen des zu § 569a BGB ergangenen Rechtsentscheids des BGH vom 13.1.1993 (NJW 1993, 999) sowie der weitgehenden Gleichstellung nichtehelicher Lebensgemeinschaften durch das Mietrechtsreformgesetz 2001 auch die Aufnahme von Lebensgefährten vom vertragsmäßigen Gebrauch gedeckt sei, vgl. etwa Lützenkirchen Rn. 515; Schneider WuM 1999, 195 (196). Das Urteil des BGH trägt dem besonderen Schutz der Familie gemäß Art. 6 GG Rechnung, der durch gewandelte Wertvorstellungen und personale Beziehungen geprägten Lebenswirklichkeit wird es indes nicht gerecht. Allerdings wird im Regelfall ein berechtigtes Interesse des Mieters an der Aufnahme des Lebensgefährten in die Wohnung gemäß § 553 BGB zu bejahen sein, vgl. Heilmann NZM 2016, 74 (76); Derleder ZMR 2015, 521 (525).

[28] LG Berlin GE 1980, 660; Bub/Treier MietR-HdB/Kraemer Kap. III. Rn. 3019.

[29] LG Berlin ZMR 1990, 458; Bub/Treier MietR-HdB/Kraemer Kap. III. Rn. 3019; aA Soergel/Heintzmann BGB § 549 Rn. 5.

[30] AG Koblenz WuM 1989, 175; Bub/Treier MietR-HdB/Kraemer Kap. III. Rn. 3019; Streyl WuM 2024, 437 (439).

[31] Bub/Treier MietR-HdB/Kraemer Kap. III. Rn. 3019; aA AG Limburg WuM 1989, 372.

[32] Bub/Treier MietR-HdB/Kraemer Kap. III. Rn. 3019; Soergel/Heintzmann BGB § 549 Rn. 5; aA für einen erwachsenen Stiefsohn LG Berlin ZMR 1990, 458.

[33] LG Berlin MM 1993, 251; Schmidt-Futterer/Börstinghaus BGB § 540 Rn. 68.

[34] Soergel/Heintzmann BGB § 549 Rn. 3.

[35] LG Berlin ZMR 1990, 458; Bub/Treier MietR-HdB/Kraemer Kap. III. Rn. 1013; aA Soergel/Heintzmann BGB § 549 Rn. 3.

[36] LG Berlin GE 1988, 409; Emmerich/Sonnenschein/Emmerich BGB § 540 Rn. 3.

[37] BVerfG NJW 1994, 41; BGH NJW 1993, 2528 ff.; Emmerich/Sonnenschein/Emmerich § 540 Rn. 4; aA Schmidt-Futterer/Blank BGB § 540 Rn. 27.

[38] BVerfG NJW 1944, 41; BGH NJW 1993, 2528 ff.; Emmerich/Sonnenschein/Emmerich § 540 Rn. 4; aA Schmidt-Futterer/Flatow BGB § 540 Rn. 27.

aufzunehmen, Ausfluss seines Eigengebrauchs ist besteht es nur, solange er die Wohnung **selbst nutzt.**[39]

Sofern der Mieter danach dazu berechtigt ist, nächste Angehörige oder Bedienstete in die Mietwohnung ohne Erlaubnis des Vermieters aufzunehmen, ist er aber verpflichtet, deren Aufnahme dem Vermieter **anzuzeigen.**[40] 12

Das Recht des Mieters, nächste Angehörige in die Mietwohnung aufzunehmen, gewährt ihm keinen Anspruch gegen den Vermieter darauf, dass dieser den Angehörigen (auch den Ehegatten nicht) als weiteren Mieter in den Mietvertrag aufnimmt.[41] Spiegelbildlich hierzu steht wegen des Grundsatzes der Vertragsfreiheit auch dem Vermieter kein Anspruch gegen den Angehörigen darauf zu, dass er die Mietzinszahlungs- und Obhutspflicht dadurch mit übernimmt, dass er als weiterer Mieter in das Mietverhältnis eintritt.[42] 13

Sofern es sich bei den Personen, deren Aufnahme der Mieter beabsichtigt, danach (vgl. rechte Spalte der Tabelle in → Rn. 10) um „Dritte" handelt, ist der Vermieter, sofern vertraglich nicht etwas Abweichendes vereinbart wurde, nur unter den Voraussetzungen des § 553 BGB verpflichtet, seine Zustimmung zu erteilen.[43] 14

Ist das Mietverhältnis beendet, benötigt der Vermieter auch gegen die vom Mieter aufgenommenen Personen einen **Räumungstitel.**[44] Dies gilt auch für die **Ehefrau** des Mieters[45], nicht jedoch für seine **Kinder**, unabhängig davon, ob diese voll- oder minderjährig sind.[46] 15

2. Erlaubnis des Vermieters

a) Zustimmungsverlangen des Mieters. Insbesondere wenn der Mieter einen Anspruch auf Zustimmung zur Untervermietung geltend machen möchte muss er sich **ernsthaft und nachhaltig** um die Erlaubnis des Vermieters **bemühen.** Hierzu muss er ihm mindestens Namen und Anzahl des/der Dritten mitteilen.[47] Im Übrigen muss er dem Vermieter diejenigen Angaben über den Dritten mitteilen, die den Vermieter in die Lage versetzen zu prüfen, ob in dessen Person ein wichtiger, zur Versagung der Zustimmung berechtigender Grund vorliegt (vgl. hierzu → Rn. 37 ff.). Dies gilt jedoch nicht bei einer generell und unbefristet erteilten Erlaubnis zur Untervermietung.[48] 16

b) Erteilung. Die Erlaubnis des Vermieters ist eine einseitige, empfangsbedürftige Willenserklärung, auf die §§ 116 ff., 130 BGB anzuwenden sind, also keine Zustimmung im Sinne von § 182 BGB. Durch die Erlaubnis wird der dem Mieter zustehende, vertragsmäßige Gebrauch erweitert,[49] **nicht** jedoch der vereinbarte **Vertragszweck** geändert. Der Mieter darf die Mietsache dem Untermieter nicht zu einem anderen Zweck untervermieten, als er ihm selbst vertraglich gestattet ist.[50] 17

---

[39] AG München ZMR 2017, 67; so auch Streyl WuM 2024, 437 (439).
[40] BGHZ 92, 213 = NJW 1985, 130; LG Berlin GE 1982, 705; Guhling/Günter/Guhling BGB § 540 Rn. 10; MüKoBGB/Bieber § 540 Rn. 9; Bub/Treier MietR-HdB/Kraemer/van der Osten/Schüller Kap. III Rn. 2502; Grüneberg/Weidenkaff BGB § 540 Rn. 5; Streyl WuM 2024, 437 (439); Hummel ZMR 1975, 291.
[41] LG Aachen NJW-RR 1987, 1373; Sternel MietR aktuell Kap. II. Rn. 238.
[42] MüKoBGB/Bieber § 540 Rn. 10; aA Bub/Treier MietR-HdB/Kraemer/van der Osten/Schüller Kap. III. Rn. 2503.
[43] BGH NJW 1991, 1750 (1751); OLG Hamm WuM 1982, 318.
[44] Schmidt-Futterer/Streyl BGB § 546 Rn. 98.
[45] BGH NJW 2008, 1959; 2004, 3041; OLG Frankfurt a. M. BeckRS 2003, 30321376.
[46] BGH NZM 2008, 400; Schmidt-Futterer/Flatow BGB § 540 Rn. 28.
[47] Pauly WuM 2008, 320 ff.
[48] AG Hamburg-St. Georg ZMR 2014, 130.
[49] BGHZ 59, 3 ff. (7) = NJW 1972, 1267; NJW 1987, 1692; 1991, 1750 (1751); BayObLG NJW-RR 1995, 969.
[50] BGH NJW 1984, 1031 (1032); Guhling/Günter/Guhling BGB § 540 Rn. 16; BeckOKMietR/Weber BGB § 540 Rn. 14.

Das zu § 553 Abs. 1 BGB ergangene Urteil des BGH vom 28.1.2026[51] wirft die Frage auf, ob dem Mieter bei Erteilung der Erlaubnis gestattet ist, eine höhere Miete mit dem Untermieter zu vereinbaren, als er selbst gegenüber dem Vermieter schuldet, aus der Untervermietung also einen **Gewinn** zu erzielen. Dies dürfte zu bejahen sein, da dem Mieter anders als bei § 553 BGB kein Anspruch auf Erteilung der Erlaubnis zusteht. Zur Vermeidung von Auseinandersetzungen empfiehlt es sich in der **Praxis** jedoch, dies bei Erteilung der Erlaubnis ausdrücklich klarzustellen.

18 Die Erteilung der Erlaubnis ist **formlos** möglich. Die (für den Einzelfall erteilte) Erlaubnis bedarf selbst dann nicht der Schriftform, wenn diese gem. § 550 BGB für den Mietvertrag erforderlich ist, da durch die Erlaubnis – anders als durch die allgemeine Gestattung im Mietvertrag – der Vertragsinhalt nicht abgeändert wird (die Untervermietung bedarf weiterhin der vorherigen Genehmigung des Vermieters).[52]

Praxistipp:

Da diese Frage jedoch sehr umstritten ist,[53] empfiehlt es sich, die Form des § 550 BGB bei für länger als 1 Jahr fest abgeschlossenen Mietverträgen (die im Wohnungsmietrecht ohnehin eine Ausnahme sind) sicherheitshalber zu wahren. Eine **Formularklausel,** die das Schriftformerfordernis für die Erlaubnis vorsieht, verstößt gegen § 307 Abs. 1 BGB und ist deshalb nichtig.[54]

19 Die Erlaubnis kann auch durch **schlüssiges Verhalten** erteilt werden, vor allem wenn der Vermieter die von ihm nicht gestattete Gebrauchsüberlassung kennt und über längere Zeit hinweg widerspruchslos duldet.[55] Da ein Zeitraum, ab dem bei widerspruchsloser Duldung eine stillschweigend erteilte Erlaubnis anzunehmen ist, nicht verlässlich[56] bestimmt werden kann und die Kenntnis des Vermieters häufig kaum zu beweisen sein wird, empfiehlt es sich in der **Praxis,** dem Mieter im Zweifel dazu zu raten, die Erlaubnis des Vermieters einzuholen, als sich auf eine womöglich stillschweigend erteilte Erlaubnis zu verlassen und womöglich das Risiko einer wirksamen Kündigung des Mietverhältnisses wegen nicht gestatteter Gebrauchsüberlassung einzugehen.

20 Der Vermieter kann seine Erlaubnis **allgemein** oder nur konkret für einen bestimmten **Einzelfall** erteilen. Der Fall einer allgemein erteilten Erlaubnis dürfte in der **Praxis** nur vorkommen, wenn der Vermieter dem Mieter im Mietvertrag die Untervermietung generell gestattet hat. In einem solchen Fall bedarf die Gebrauchsüberlassung aber abweichend von § 540 Abs. 1 S. 1 BGB keiner Erlaubnis des Vermieters. Wird die Erlaubnis für einen bestimmten Einzelfall erteilt, ist sie **personenbezogen** auf die Person des Dritten, dem der Mieter den Gebrauch zu überlassen beabsichtigt. Will der Mieter den Gebrauch statt dem Dritten, für den eine Erlaubnis des Vermieters vorliegt, einem anderen Dritten überlassen, so muss er hierfür erneut die Erlaubnis des Vermieters

[51] NZM 2026, 185 ff., vgl. hierzu Rdnr. 31, 32 und 44.

[52] BGH NJW 2013, 271 f. jedenfalls für den Fall, dass vertraglich vereinbart ist, dass der Vermieter seine Zustimmung nur aus wichtigem Grund versagen darf; Staudinger/Emmerich BGB § 540 Rn. 12; Grüneberg/Weidenkaff BGB § 540 Rn. 7.

[53] Wie hier LG Kiel WuM 1994, 610; Staudinger/Emmerich § 540 Rn. 21; Lindner-Figura/Oprée/Stellmann Geschäftsraummiete-HdB/Stellmann Kap. 15 Rn. 25; Sternel MietR aktuell Kap. VI. Rn. 173; wohl auch Bub/Treier MietR-HdB/Kraemer/von der Osten/Schüller Kap. III. Rn. 2506; aA Guhling/Günter/Guhling BGB § 540 Rn. 31 für den Fall, dass dem Mieter kein vertraglicher oder gesetzlicher Anspruch auf Erlaubniserteilung zusteht; Schmidt-Futterer/Blank BGB § 540 Rn. 42; MüKoBGB/Bieber § 540 Rn. 16.

[54] BGH NJW 1995, 2034; 1991, 1750 (1751).

[55] Str., wie hier BGH NJW 1995, 2034; 1991, 1750 (1751); MüKoBGB/Bieber § 540 Rn. 16; Grüneberg/Weidenkaff BGB § 540 Rn. 7; Sternel MietR aktuell Kap. II. Rn. 246; Schmidt-Futterer/Blank BGB § 540 Rn. 42; aA Bub/Treier MietR-HdB/Kraemer/von der Osten/Schüller Kap. III. Rn. 2506, der eine bloße Duldung für nicht ausreichend hält.

[56] Das LG Stuttgart hat in WuM 2012, 675 f. nach nur 3 Monaten (nach nochmaliger Aufforderung durch den Mieterverein) eine Duldung durch schlüssiges Verhalten angenommen.

einholen. Auch bei einer nur für kurze, befristete Zeiträume erteilten Erlaubnis des Vermieters muss der Mieter erneut die Erlaubnis des Vermieters einholen, wenn er nach deren Ablauf erneut untervermieten möchte.[57]

Die Erteilung der Erlaubnis steht grundsätzlich im Belieben des Vermieters (sofern er nicht, zB gemäß § 553 BGB, zu ihrer Erteilung verpflichtet ist). Ihn trifft lediglich eine dahingehende Obliegenheit, wenn er verhindern will, dass dem Mieter wegen unberechtigter Ablehnung ein Kündigungsrecht gemäß § 540 Abs. 1 S. 2 BGB zusteht.[58] 21

Die Untermieterlaubnis beinhaltet auch nicht die Gestattung einer **Unter-Untervermietung,** also einer mehrstufigen Untervermietung.[59]

c) **Widerruf.** Die einmal erteilte Erlaubnis ist grundsätzlich **widerruflich.** Da der Mieter jedoch in aller Regel im Vertrauen auf die erteilte Erlaubnis Dispositionen trifft, nämlich vertragliche Vereinbarungen mit dem Dritten abschließt, ist die Erlaubnis aus Gründen des Vertrauensschutzes nicht frei, sondern nur aus **wichtigem Grund** widerruflich.[60] Das gilt auch dann, wenn die Widerruflichkeit nicht ausdrücklich vertraglich vereinbart wurde.[61] 22

Als Gründe für einen Widerruf sollen nur solche in Betracht kommen, die den Vermieter zur fristlosen Kündigung berechtigen würden, wenn sie in Person des Mieters vorlägen,[62] insbesondere wenn der Mieter die Wohnung dem Dritten zu einem ihm im Verhältnis zum Vermieter selbst nicht gestatteten Gebrauch überlässt oder selbst auszieht, so dass ein Fall der echten Weitervermietung vorliegt.[63] Nicht diskutiert wurde in Rechtsprechung und Literatur bislang die Frage, ob ein Widerruf auf solche Gründe gestützt werden kann, die eine Versagung der Erlaubnis gemäß § 540 Abs. 1 S. 2 Hs. 2 BGB gerechtfertigt hätten und bereits bei Erlaubniserteilung vorlagen. Dies wird man nur bejahen können, wenn die Gründe dem Vermieter trotz ordnungsgemäßer Erkundigung bei Erteilung der Erlaubnis noch nicht bekannt waren. **Formularklauseln,** die ein Widerrufsrecht des Vermieters vorsehen, sind nur wirksam, wenn sich die zum Widerruf berechtigenden Gründe an § 540 Abs. 1 S. 2 BGB orientieren.[64] Der Ausspruch einer **Abmahnung** vor dem Widerruf ist nicht erforderlich.[65] 23

Nach einer in der Literatur vertretenen Auffassung[66] soll ein Widerruf **zeitlich** nur so ausgesprochen werden dürfen, dass dem Mieter die Beendigung eines Untermietverhältnisses zum nächstmöglichen Termin möglich ist. Da dies – zB bei Untermietverhältnissen mit fester Laufzeit (die regelmäßig nur bei gewerblichen Mietverhältnissen vorkommt) – die berechtigten Interessen des Vermieters zu stark beschneidet, wird man dies dahingehend einschränken müssen, dass ein solches Zuwarten für den Vermieter **zumutbar** sein muss.[67] 24

d) **Verweigerung.** Verweigert der Vermieter seine Erlaubnis **unrechtmäßig,** steht dem Mieter unter den Voraussetzungen des § 540 Abs. 1 S. 2 BGB ein Recht zur außer- 25

[57] LG München I ZMR 2016, 451.

[58] So auch OLG Hamm BeckRS 2008, 12185.

[59] Str., wie hier OLG Hamm NJW-RR 1992, 783; Lindner-Figura/Oprée/Stellmann Geschäftsraummiete-HdB/Stellmann § 15 Rn. 30; Schmidt-Futterer/Flatow BGB § 540 Rn. 50; Grüneberg/Weidenkaff BGB § 540 Rn. 7; BeckOKMietR/Weber BGB § 540 Rn. 14; aA Heintzmann NJW 1994, 1177 (1179).

[60] BGHZ 89, 308 (313) = NJW 1984, 1031; LG Berlin WuM 2017, 260; Lindner-Figura/Oprée/Stellmann Geschäftsraummiete-HdB/Stellmann § 15 Rn. 43; Schmidt-Futterer/Blank BGB § 540 Rn. 53; aA Sternel MietR aktuell Kap. II. Rn. 248; aA BeckOK MietR/Weber BGB § 540 Rn. 15 sowie Guhling/Günter/Guhling BGB § 540 Rn. 37, die auch einen Widerruf aus wichtigem Grund für nicht zulässig halten.

[61] AG Halle BeckRS 2013, 205755; aA LG Berlin 16.3.2021 – 65 S 271/20, BeckRS 2021, 59393, da der dem Mieter zustehende Gebrauch durch die Erlaubnis erweitert wird.

[62] BGHZ 89, 309 = NJW 1984, 1031; Schmidt-Futterer/Blank BGB § 540 Rn. 52; Soergel/Heintzmann BGB § 549 Rn. 13.

[63] LG Berlin WuM 2017, 260; Emmerich/Sonnenschein/Emmerich BGB § 540 Rn. 8.

[64] BGH NJW 1987, 1692.

[65] AG Halle BeckRS 2013, 205755.

[66] MüKoBGB/Bieber § 540 Rn. 16.

[67] Bub/Treier MietR-HdB/Kraemer/von der Osten/Schüller Kap. III. Rn. 2508.

ordentlichen Kündigung mit gesetzlicher Frist zu. Die Einzelheiten werden nachfolgend bei den Kündigungsbefugnissen (→ Rn. 70 ff.) dargestellt. Der Mieter ist alternativ dazu berechtigt, seinen Anspruch auf Erteilung der Erlaubnis im Wege der Leistungsklage zwangsweise durchzusetzen oder von seinem Kündigungsrecht Gebrauch zu machen. Ein **Schadenersatzanspruch** steht dem Mieter jedoch grundsätzlich nicht zu, da die Erteilung der Erlaubnis nur eine bloße Obliegenheit des Vermieters ist (sofern der Vermieter nicht, zB gemäß § 553 BGB, zu ihrer Erteilung verpflichtet ist).[68]

26 e) **Anspruch auf Erlaubniserteilung.** Gemäß § 553 Abs. 1 BGB steht dem Wohnraummieter gegen den Vermieter ein Anspruch auf Erlaubnis zur Gebrauchsüberlassung **eines Teils** der Wohnung zu, wenn er hieran nach Abschluss des Mietvertrages ein berechtigtes Interesse erlangt hat. Der Anspruch ist immer nur auf Erteilung einer **personenbezogenen**, nie einer generellen Erlaubnis gerichtet.[69]

27 *aa) Teil der Wohnung.* Der Anspruch besteht nach dem eigentlich eindeutigen Wortlaut des als Ausnahmevorschrift eng auszulegenden § 553 Abs. 1 BGB nur bei der Überlassung eines Teils der Wohnung, also nur einzelner Räume.[70] Dafür reicht es aus, wenn sich der Mieter – zB bei einem längeren Auslandsaufenthalt – ein Zimmer zurückbehält, um seine Einrichtungsgegenstände darin aufzubewahren oder gelegentlich darin zu übernachten.[71] Ein wenig überraschend mag erscheinen, dass dem Mieter auch bei einer **Einzimmerwohnung** ein Anspruch auf Erteilung der Erlaubnis zur Untervermietung zustehen kann, wenn er den Gewahrsam an ihr nicht vollständig aufgibt, sondern sich Gewahrsam an Teilen der Wohnung vorbehält, wie verschwindend klein diese im Verhältnis zur Wohnung im Übrigen auch bemessen sein mögen (im entschiedenen Fall ging es um das Lagern persönlicher Gegenstände in einem Schrank und einer Kommode sowie in einem im Flur gelegenen, durch einen Vorhang abgetrennten, nur vom Mieter zu nutzenden Bereich von der Größe eines Quadratmeters, weshalb der BGH von einer *„Enklave für persönliche Sachen des Mieters"* gesprochen hat).[72]

28 Dennoch wird die Vorschrift entsprechend angewendet auf die dauerhafte Aufnahme eines Dritten zu bloßem Mitgebrauch der Wohnung,[73] also insbesondere Angehörigen des Mieters, deren Aufnahme nicht bereits zum Mietgebrauch zählt, weil es sich nicht um nächste Angehörige handelt (→ Rn. 6 ff.). Nicht unter § 553 Abs. 1 BGB fällt jedoch die Überlassung der Wohnung an Dritte zu dauerhaftem Alleingebrauch, insbesondere während längerer Ortsabwesenheit des Mieters.[74] Weil der Mieter dem Dritten einen Teil der Wohnung nur innerhalb des Vertragszwecks überlassen darf, versteht es sich von selbst, dass dem Mieter der Anspruch nicht zusteht, wenn der Dritte in dem Teil der Wohnung eine **gewerbliche Tätigkeit** ausüben will.[75]

29 *bb) Berechtigtes Interesse.* Es reicht für die Annahme eines berechtigten Interesses aus, dass auf Seiten des Mieters **vernünftige Gründe** von **nicht unerheblichem Gewicht** vorliegen, die mit der geltenden Rechts- und Sozialordnung in Einklang stehen und seinen Wunsch nach einer Gebrauchsüberlassung eines Teils der Wohnung als **nachvoll-**

---

[68] OLG Hamm BeckRS 2008, 12185.

[69] KG WuM 1992, 350.

[70] AG Hamburg BeckRS 2018, 47410.

[71] BGH 13.9.2023 – VIII ZR 109/22, NZM 2023, 924; 2014, 631; LG Berlin 30.1.2023 – 64 S 204/22, BeckRS 2023, 7610; Streyl WuM 2024, 437 (441).

[72] BGH 13.9.2023 – VIII ZR 109/22, NZM 2023, 924.

[73] OLG Hamm WuM 1982, 318; LG Heidelberg WuM 1987, 316; MüKoBGB/Bieber § 553 Rn. 4; Schmidt-Futterer/Blank BGB § 553 Rn. 1.

[74] Sehr str., wie hier LG Berlin GE 1995, 569; 1995, 1277; LG Hamburg WuM 94, 536; LG Mannheim WuM 1997, 369; Bub/Treier MietR-HdB/Kraemer/von der Osten/Schüller Kap. III. Rn. 2514; aA LG Hamburg WuM 1994, 536; Soergel/Heintzmann BGB § 549 Rn. 37; Sternel MietR aktuell Kap. VI. Rn. 185 für den Fall, dass die Aufnahme des Dritten schon vor dem Auszug des Mieters erfolgt.

[75] LG Berlin GE 1995, 703.

ziehbar erscheinen lassen.[76] Dabei ist nicht erforderlich, dass es sich gerade um rechtliche Interessen handelt, vielmehr reichen auch Gründe wirtschaftlicher, (höchst-)persönlicher und familiärer Natur aus.[77]

Da § 553 Abs. 1 BGB ausschließlich dem Bestandsschutz dient, kommt es bei vom Mieter verfolgten **wirtschaftlichen Interessen** darauf an, ob diese dazu dienen sollen, dem Mieter den Fortbestand des seinen Hauptwohnsitz betreffenden Mietverhältnisses zu erhalten oder lediglich sonstigen wirtschaftlichen Interessen.[78] 30

Wenn der Mieter bei der Untervermietung gegen bindendes Mietpreisrecht verstößt, steht die begehrte Untermieterlaubnis nicht im Einklang mit der Rechtsordnung und ist deshalb zu versagen.[79] Auch wenn der Mieter in einer Stadt mit angespanntem Mietmarkt mehrere Wohnungen anmietet, ohne diese selbst zu bewohnen, steht die begehrte Untermieterlaubnis nicht mit der geltenden Rechtsordnung in Einklang.[80] Bei **mehreren Mietern** reicht es aus, wenn einer von ihnen ein berechtigtes Interesse geltend machen kann.[81]

Von der Rechtsprechung wurde als berechtigtes Interesse anerkannt bzw. nicht anerkannt: 31

Berechtigtes Interesse bejaht:	Berechtigtes Interesse verneint:
• Aufnahme sonstiger, dem Mieter nahestehender Personen, deren Aufnahme nicht bereits unter den dem Mieter gem. § 540 BGB gestatteten Eigengebrauch fällt[82] wie zB von Geschwistern,[83] noch nicht volljährigen Stiefkindern,[84] Verlobten, Freunden und sonstigen Lebensgefährten	• Ausgleich von Einnahmeverlusten, mit denen schon bei Mietvertragsabschluss zu rechnen war[85]
• Verringerung des Raumbedarfs oder Notwendigkeit von Nebeneinkünften infolge Todes oder Auszugs eines Familienmitglieds[86] oder Auszugs eines Mitmieters[87]	• Absicht der wirtschaftlichen Verwertung durch Nutzung zur Untervermietung während einer längeren Abwesenheit.[88] Vgl. hierzu nachfolgend → Rn. 27.
• Wunsch, nach dem Auszug des bisherigen Mitbewohners nicht alleine zu leben[89]	• Die nur theoretische Gefahr eines Scheiterns der Beziehung des Vermieters, ohne dass konkrete Rückzugspläne oder ein Zeitplan dafür vorliegen.[90]

[76] StRspr des BGH, vgl. 13.9.2023, VIII ZR 109/22, NZM 2023, 924; 2014, 631; 2006, 220 Tz. 8; BGHZ 92, 213 = NJW 1995, 130; BayObLG WuM 1997, 603; OLG Hamm NJW 1982, 2876; KG ZMR 1984, 376; LG Berlin 26.4.2022 – 65 S 221/21, BeckRS 2022, 12984.

[77] StRspr des BGH, vgl. 13.9.2023, VIII ZR 109/22, NZM 2023, 924; 2014, 631; 2006, 220 Tz. 8; BGHZ 92, 213 = NJW 1995, 130; BayOLG WuM 1997, 663; OLG Hamm NJW 1982, 2876; KG ZMR 1984, 376; LG Berlin 26.4.2022 – 65 S 221/21, BeckRS 2022, 12984.

[78] LG Berlin 17.3.2022 – 67 S 286/21, BeckRS 2022,7044. Die Entscheidung ist sehr zu begrüßen, da die auf stark angespannten Wohnungsmärkten herrschende Mangellage häufig dazu instrumentalisiert wird, Einnahmen zu generieren, obwohl der Mieter selbst kein Interesse an der Wohnung mehr hat.

[79] LG Berlin 26.4.2022 – 65 S 221/21, BeckRS 2022, 12984.

[80] LG Berlin 24.2.2022 – 65 S 202/21, BeckRS 2022, 7157.

[81] LG Berlin 22.7.2021 – 67 S 59/21, BeckRS 2021, 20835; Schmidt-Futterer/Blank BGB § 553 Rn. 3.

[82] BGH NJW 2004, 56; Staudinger/Emmerich BGB § 553 Rn. 8.

[83] LG Berlin GE 1991, 879; 1991, 881 (883); LG Kassel WuM 1989, 72.

[84] LG Berlin GE 1993, 45; 1991, 571.

[85] AG Neukölln GE 1984, 1083.

[86] LG Berlin WuM 2018, 362; GE 1983, 1111; LG Frankfurt a. M. WuM 1981, 39; AG Büdingen WuM 1991, 585.

[87] LG Berlin NJW-RR 1990, 457.

[88] LG Berlin GE 1994, 703 (931); 1995, 1277 (1279); LG Mannheim WuM 1997, 369. Dies gilt jedenfalls dann, wenn der Mieter seinen Lebensmittelpunkt an einen anderen Ort verlegt hat und seine Rückkehr unwahrscheinlich ist, vgl. LG Berlin MM 2005, 335.

[89] BGH NZM 2018, 325.

[90] LG Berlin WuM 2017, 263; AG Hamburg BeckRS 2016, 127489.

Berechtigtes Interesse bejaht:	Berechtigtes Interesse verneint:
• Gründung einer nichtehelichen Lebensgemeinschaft (unabhängig von Bestehen und Art einer sexuellen Beziehung)[91] zwischen verschieden-[92] oder gleichgeschlechtlichen[93] Partnern • Finanzielle Entlastung bei nach Mietvertragsabschluss geänderten Verhältnissen, insbes. bei größeren Wohnungen und höheren Mieten[95] • Kompensation der wegbrechenden Miete nach „Scheitern" einer Wohngemeinschaft.[96] • Interesse an einer finanziellen Entlastung auch ohne eine Änderung der wirtschaftlichen Verhältnisse[97] • Beibehaltung eines Teils der bisherigen Wohnung als städtische, arbeitsplatznahe Nebenwohnung nach familiär bedingtem Umzug ins Umland[98] • Pflege oder Fürsorgebedürftigkeit eines Verwandten[99] • Trennung von Eheleuten[100] • Bessere Versorgung der eigenen Kinder[101] • Vermeidung der Vereinsamung eines älteren Menschen[102] • Gründung einer Wohngemeinschaft[103] • Befristeter Auslandsaufenthalt und Vermeidung der Belastungen durch eine doppelte Haushaltsführung.[104]	• Der BGH hat in einer sehr zu begrüßenden Entscheidung ein berechtigtes Interesse verneint („kein Recht auf ‚Kasse machen'„), wenn die vereinbarte Untermiete die wohnungsbezogenen Aufwendungen des Mieters übersteigt.[94]

[91] BGH NJW 2004, 56; BGHZ 92, 213 = NJW 1985, 130; Grüneberg/Weidenkaff BGB § 540 Rn. 5, § 553 Rn. 4.

[92] OLG Hamburg WuM 1988, 420; LG Aachen WuM 1989, 372; AG Aachen NJW-RR 1991, 1112.

[93] LG München I NJW-RR 1991, 112.

[94] BGH NZM 2026, 185, 188, Tz. 32.

[95] BGH NZM 2018, 325; LG Hamburg WuM 1983, 261; LG Landau ZMR 1989, 259; Emmerich/Sonnenschein/Emmerich BGB § 553 Rn. 5; Derleder ZMR 2015, 521 (526); aA LG Berlin MDR 1983, 132.

[96] LG Berlin 9.1.2024 – 67 S 184/23, BeckRS 2024, 35.

[97] BGH NZM 2026, 185, Tz. 26; NJW 2006, 1200; LG Berlin BeckRS 2016, 127489; NJW-RR 1994, 1289; LG Landau WuM 1989, 510; LG Mannheim WuM 1997, 263; MüKoBGB/Bieber § 553 Rn. 8. Dies darf jedoch schon im Ansatz nur der Kostendeckung dienen, soll dem Mieter aber **nicht** („Kein Recht auf Kasse machen") die Möglichkeit einer Gewinnerzielung eröffnen (BGH NZM 2026, 185, 187 Tz. 25; vgl. auch Streyl WuM 2024, 437 (440).

[98] BGH 27.9.2023 – VIII ZR 88/22, NZM 2024, 27; Streyl WuM 2024, 437 (440).

[99] LG Kassel WuM 1989, 72.

[100] LG Frankfurt a. M. WuM 1981, 39; AG Hamburg WuM 1985, 87.

[101] AG Büdingen WuM 1991, 585; AG Hamburg WuM 1985, 87.

[102] AG Hamburg WuM 1990, 500.

[103] LG Berlin NJW-RR 1992, 13; LG Hamburg WuM 1985, 7; nach BGH NJW 1985, 130 kommt es auf die tatsächlichen Umstände des Einzelfalls an.

[104] BGH NZM 2014, 631; Pauly ZMR 2015, 836 (839).

Berechtigtes Interesse bejaht:	Berechtigtes Interesse verneint:
• Interesse des Mieters an einer mehrmonatigen „Workation", wobei der Mieter seine Pläne konkret darlegen muss.[105] • Aufnahme einer aus der Ukraine geflüchteten Frau aus humanitären Gründen.[106]	

Nach dem Urteil des BGH vom 11.6.2014[107] ist zu erwarten, dass die Anforderungen an das berechtigte Interesse im Hinblick auf die notwendige Mobilität und Flexibilität im modernen Arbeitsleben weiter gesenkt werden. Ob das in Hinblick auf die enorme Wohnungsknappheit das richtige Signal ist, ist fraglich.[108] 32

Ist danach ein berechtigtes Interesse auf Seiten des Mieters zu bejahen, wird dieses wegen der damit verbunden Kosten und der Verwurzelung des Mieters in der Wohnung und dem Wohnquartier nicht dadurch ausgeschlossen, dass der Mieter in eine kleinere, billigere Wohnung umziehen könnte.[109]

Ein eigentlich vorliegendes berechtigtes Interesse des Mieters ist zu verneinen, wenn die vereinbarte Untermiete die wohnungsbezogenen Aufwendungen des Mieters übersteigt, der Mieter also einen **Gewinn** aus der Untervermietung erzielt.[110]

Nach früher herrschender Rechtsauffassung sollte der Anspruch auf Zustimmung zur Untervermietung eines Teils der Wohnung voraussetzen, dass der Mieter selbst weiterhin seinen **Lebensmittelpunkt** in der Wohnung hat.[111] Die früher herrschende Meinung ist indes abzulehnen.[112] Da der Mieter gemäß § 537 BGB nicht zum Gebrauch der Wohnung verpflichtet ist, kann sein Anspruch auf Zustimmung zur Untervermietung eines Teils der Wohnung nicht davon abhängig gemacht werden, ob und in welcher Intensität der Mieter den anderen, weiterhin seiner eigenen Nutzung vorbehaltenen Teil der Wohnung tatsächlich nutzt oder nicht. Dies setzt freilich voraus, dass in tatsächlicher Hinsicht sichergestellt ist, dass dem Dritten wirklich nur ein Teil der Wohnung und ihm diese nicht insgesamt dauerhaft zum alleinigen Gebrauch überlassen wird, weil der Mieter die Wohnung **aufgegeben** hat.[113] Da dieser Eindruck aber erzeugt wird erscheint es im Sinne der Rechtssicherheit nicht richtig, dass der Vermieter den ihm vorbehaltenen Teil der Wohnung nicht abtrennen/verschließen muss, sondern dem Untermieter die Nutzung der gesamten Wohnung während seiner Abwesenheit gestatten darf.[114] 33

[105] LG Berlin 22.6.2023 – 64 S 280/22, BeckRS 2023, 16919.

[106] LG Berlin 6.6.2023 – 65 S 39/23, BeckRS 2023, 18517. Die ältere Auffassung des LG Berlin, dass nur altruistische Motive wie zB Aufnahme von Flüchtlingen oder Asylanten kein berechtigtes Interesse darstellen würden (WuM 1994, 326) ist abzulehnen, weil ethische Beweggründe in der Rechts- und Sozialordnung dann keine Berechtigung hätten, es aber richtigerweise auf die – auch höchstpersönlichen – Gründe des Mieters ankommt (→ Rn. 29) und nicht den Wohnbedarf des Dritten (so auch Bub/Treier MietR-HdB/Kraemer/von der Osten/Schüller Kap. III. Rn. 2518.1; Sternel MietR aktuell Rn. 216; aA Staudinger/Emmerich BGB § 553 Rn. 4a; Schmidt-Futterer/Flatow BGB § 553 Rn. 4; wohl auch Streyl WuM 2024, 437 (441)).

[107] BGH NZM 2014, 631; so auch LG München I BeckRS 2021, 47911.

[108] So auch Derleder ZMR 2015, 521 (524).

[109] OLG Hamm WuM 1982, 318 (322).

[110] BGH NZM 2026, 185, 188, Tz. 32.

[111] LG Berlin WuM 2017, 263; MM 2005, 335; ZMR 2002, 49; GE 1994, 703; LG Frankfurt a. M. WuM 2002, 92; AG Berlin-Schöneberg GE 1991, 91; Bub/Treier MietR-HdB/Kraemer Kap. II. Rn. 1020; Sternel MietR aktuell Rn. 211.

[112] BGH NJW 2006, 1200 f.; LG Hamburg ZMR 2001, 973 (974); Schmidt-Futterer/Blank BGB § 553 Rn. 8.

[113] Sternel MietR aktuell Kap. VI. Rn. 188; LG Berlin ZMR 2018, 668.

[114] So aber LG Heidelberg WuM 1987, 316; Schmidt-Futterer/Blank BGB § 553 Rn. 8; Pauly WuM 2008, 320 ff.; aA LG Berlin I ZD 2018, 591.

34 Der Mieter muss das Vorliegen eines berechtigten Interesses darlegen und im Streitfalle **beweisen,**[115] nicht jedoch schon als Voraussetzung für die Erteilung der Erlaubnis. Der Vermieter ist nicht dazu berechtigt, seine Zustimmung davon abhängig zu machen, dass der Mieter ihm zunächst **Nachweise wie zB behördliche Bescheide** vorlegt.[116] Der Mieter muss dem Vermieter die tatsächlichen Grundlagen[117] für seine Absicht, einen Teil der Wohnung einem Dritten zum Gebrauch zu überlassen, so detailliert mitteilen, dass dieser die Tatsachen daraufhin überprüfen kann, ob

- diese erst nach Mietvertragsabschluss entstanden sind;
- ein berechtigtes Interesse begründen;
- die Gebrauchsüberlassung für den Vermieter im konkreten Fall unzumutbar ist.

Ferner wird der Mieter dem Vermieter sein **räumliches Nutzungskonzept** mitteilen müssen, damit dieser überprüfen kann, ob und inwiefern der Mieter tatsächlich beabsichtigt, dem Dritten wirklich nur ein Teil der Wohnung zu überlassen.[118]

35 Der Mieter wird in diesem Rahmen gehalten sein, den Vermieter über die Person des Dritten folgenden **Mindestangaben** mitzuteilen:

- Name des Dritten;[119]
- Beruf oder sonstige Tätigkeit des Dritten;[120]
- Erläuterung der persönlichen Beziehung zwischen dem Mieter und dem Dritten.[121] Dabei soll der Mieter nicht dazu verpflichtet sein, Einzelheiten der gemeinsamen Haushalts- oder Lebensführung anzugeben.[122] Dies erscheint in dieser Allgemeinheit nicht richtig. Wenn eine Überprüfung der Absicht des Mieters dies erfordert, muss dieser nötigenfalls auch Umstände aus seiner Privatsphäre offenbaren.[123]
- Der Wohnungsmieter (zu gewerblichen Mietverhältnissen → § 50 Rn. 20) soll nach ganz herrschender Meinung nicht dazu verpflichtet sein, Angaben zu den Einkommensverhältnissen des Dritten zu machen, da der Mieter alleiniger Vertragspartner und damit Schuldner des Mieters bleibt.[124] Dies erscheint zweifelhaft, da auch direkte Ansprüche des Vermieters gegen den Dritten entstehen können, zum Beispiel aus unerlaubter Handlung.

Praxistipp:

Es empfiehlt sich für den **Mieter,** das Verlangen zur Erteilung der Erlaubnis zur Gebrauchsüberlassung möglichst ausführlich zu begründen, um das Risiko auszuschließen, dass der Vermieter sich mit Erfolg darauf berufen könnte, er brauchte sich zu dem Verlangen des Mieters schon deshalb nicht zu äußern, weil es nicht ausführlich genug begründet war. Eine Verpflichtung des Vermieters, den Mieter aus Treu und Glauben auf die formellen Voraussetzungen für einen Anspruch auf Erteilung der Erlaubnis hinzuweisen, besteht nicht.

36 *cc) Nach Abschluss des Mietvertrags entstandenes Interesse.* Das berechtigte Interesse des Mieters muss **nach Abschluss** des Mietvertrags entstanden sein, wobei es wirklich

---

[115] BGHZ 92, 213 = NJW 1985, 130.
[116] Sternel MietR aktuellKap. VI Rn. 188 = WuM 2018, 360.
[117] Bub/Treier MietR-HdB/Kraemer/von der Osten/Schüller Kap. III. Rn. 2519.
[118] LG Berlin 15.7.2021 – 67 S 87/21, NJW-RR 2021, 1169, nach dem der Zustimmungsanspruch erst entstehen soll, wenn sich dies (jedenfalls konkludent) aus dem Antrag des Mieters ergibt.
[119] KG WuM 1992, 350; LG Berlin WuM 1991, 483.
[120] BGH NJW 1985, 130; Bub/Treier MietR-HdB/Kraemer Kap. III. Rn. 2519, 3021; Schmidt-Futterer/Blank BGB § 553 Rn. 17.
[121] Bub/Treier MietR-HdB/Kraemer Kap. III. Rn. 1071; Soergel/Heintzmann BGB § 549 Rn. 36.
[122] LG Berlin NJW-RR 1992, 13; Bub/Treier MietR-HdB/Kraemer/von der Osten/Schüller Kap. III. Rn. 2519; Sternel MietR aktuell Kap. VI. Rn. 176.
[123] So auch BGH NJW 1985, 130; Schmidt-Futterer/Blank BGB § 553 Rn. 16; Soergel/Heintzmann BGB § 549 Rn. 36.
[124] LG Hamburg NJW-RR 1992, 13; Sternel MietR aktuell Kap. VI. Rn. 176.

auf den Vertragsabschluss ankommt, also weder den Vertragsbeginn noch die Überlassung.[125] Daran fehlt es, wenn das berechtigte Interesse bereits bei Vertragsabschluss latent vorhanden war.[126]

dd) Unzumutbarkeit. Ist danach ein berechtigtes Interesse des Mieters an der Gebrauchsüberlassung zu bejahen, braucht der Vermieter die Erlaubnis gleichwohl nicht zu erteilen, wenn dies für ihn **unzumutbar** ist, § 553 Abs. 1 S. 2 BGB. Als Gründe für die Unzumutbarkeit nennt das Gesetz das Vorliegen eines wichtigen Grundes in der Person des Dritten, Überbelegung des Wohnraums sowie sonstige Gründe. 37

Für die Frage des Vorliegens einer **Überbelegung** kommt es eigentlich nur auf das Verhältnis der Anzahl der Bewohner zur Anzahl der Räume bzw. zur Größe der Wohnfläche an.[127] Hierfür kann als Faustregel je Erwachsenem sowie je zwei Kindern bis zum 13. Lebensjahr eine Wohnfläche von ca. 12 m^2 zugrunde gelegt werden,[128] sofern dem Wohnungsaufsichtsgesetz des jeweiligen Bundeslandes keine anderen Vorgaben zu entnehmen sind. Trotzdem bedarf es über die bloß numerische Überbelegung hinaus einer zusätzlichen, die Belange des Mieters überwiegenden **Beeinträchtigung** der Interessen des Vermieters.[129] Eine verstärkte Abnutzung genügt hierfür nicht, da sie den Vermieter nicht zur Versagung der Erlaubnis, sondern allenfalls dazu berechtigt, die Erlaubnis gemäß § 553 Abs. 2 BGB von der Erhebung eines Untermietzuschlages abhängig zu machen.[130] Der Versagungsgrund der Überbelegung hat deshalb in der **Praxis** nahezu keine Bedeutung. 38

Ein wichtiger Grund in der Person des Dritten liegt insbesondere vor bei zu befürchtenden **Störungen des Hausfriedens**[131] sowie bei bestehender Feindschaft zwischen dem Dritten und dem (im Haus lebenden) Vermieter oder anderen Mitmietern. Zur Frage der **wirtschaftlichen Verhältnisse des Untermieters** → Rn. 29 sowie → § 50 Rn. 20. 39

Es stellt demgegenüber keinen wichtigen Grund in der Person des Dritten dar, dass dieser **arbeitslos**[132] oder **Ausländer**[133] ist oder ein (sei es auch gleichgeschlechtliches[134]) Verhältnis mit dem Mieter hat. Überhaupt bleiben die persönlichen Moralvorstellungen des Vermieters bei der Prüfung einer etwaigen Unzumutbarkeit der Gebrauchsüberlassung unberücksichtigt.[135] Etwas könnte ausnahmsweise dann gelten, wenn die Wohnung in den Räumen einer kirchlichen Institution liegt.[136] 40

Sonstige Gründe können eine Unzumutbarkeit der Gebrauchsüberlassung begründen, sofern sie gleiches Gewicht haben wie die gesetzlichen Regelbeispiele.[137] Ein sonstiger Grund liegt insbesondere bei einem zu erwartenden **vertragswidrigen Gebrauch** durch den Dritten vor[138] oder, wenn das Mietverhältnis ohnehin demnächst endet.[139] Keinen 41

---

[125] MüKoBGB/Bieber § 553 Rn. 8; Schmidt-Futterer/Flatow § 553 Rn. 12.

[126] So LG Berlin 30.6.2022 – 67 S 35/22, BeckRS 2022, 14995 für bei Vertragsabschluss bereits naheliegende spätere Auslandseinsätze des Mieters von mehrjähriger Dauer.

[127] OLG Hamm WuM 1993, 31.

[128] AG München ZMR 2016, 636; AG Nürnberg WuM 1991, 690; Schmidt-Futterer/Flatow BGB § 540 Rn. 28; aA (15 m^2 oder mehr als 2 Personen pro Zimmer) AG Tempelhof-Kreuzberg BeckRS 2014, 119609 Rn. 1021 (6 bis 9 m^2); Emmerich/Sonnenschein/Emmerich BGB § 540 Rn. 4; MüKoBGB/Bieber BGB § 553 Rn. 12; Staudinger/Emmerich BGB § 540 Rn. 9, § 553 Rn. 14.

[129] BVerfG NJW 1984, 41.

[130] Bub/Treier MietR-HdB/Kraemer/von der Osten/Schüller Kap. III. Rn. 2523; aA Staudinger/Emmerich BGB § 540 Rn. 31.

[131] LG Bamberg WuM 1974, 197 (198).

[132] Bub/Treier MietR-HdB/Kraemer/von der Osten/Schüller Kap. III. Rn. 2521.

[133] Bub/Treier MietR-HdB/Kraemer/von der Osten/Schüller Kap. III. Rn. 2521; LG Berlin NJW-RR 1994, 1289; LG Köln WuM 1978, 15.

[134] LG München I NJW-RR 1991, 1112.

[135] OLG Hamm NJW 1982, 2876; 1992, 513.

[136] LG Aachen NJW 1992, 289.

[137] BGHZ 92, 213 (222) = NJW 1985, 130; OLG Hamm NJW 1982, 2876.

[138] LG Berlin MDR 1967, 403.

[139] Bub/Treier MietR-HdB/Kraemer Kap. III. Rn. 3022; Schmidt-Futterer/Blank BGB § 553 Rn. 15; Staudinger BGB § 553 Rn. 15.

sonstigen Grund stellt es dar, dass der Vermieter beabsichtigt, die Wohnung bzw. das Haus zu verkaufen.[140]

Praxistipp:

Für den **Vermieter** empfiehlt es sich dringend, die Bitte des Mieters auf keinen Fall einfach pauschal abzulehnen, um nicht das Risiko einzugehen, dass der Mieter zur Kündigung gemäß § 540 Abs. 1 S. 2 BGB berechtigt sein könnte. Er muss die mitgeteilten Gründe sorgfältig prüfen, ob sich ihnen ein wichtiger Grund entnehmen lässt und muss den Mieter im Zweifel dazu auffordern, seine Angaben zu ergänzen, um den Vermieter in die Lage zu versetzen, seine Entscheidung treffen zu können.[141]

42 *ee) Untermietzuschlag.* Ein Untermietzuschlag ist nur in § 553 Abs. 2 BGB vorgesehen, also nur für den Fall, dass dem Mieter ein Anspruch auf Erlaubnis zur Gebrauchsüberlassung **eines Teiles der Wohnung** zusteht. Dies ist systemkonform, da dem Mieter bei einer Gebrauchsüberlassung der ganzen Wohnung dem Mieter (ohne dahingehende vertragliche Vereinbarung) kein Anspruch auf Erteilung der Erlaubnis des Vermieters zusteht, sondern diese nur eine Obliegenheit des Vermieters zur Vermeidung einer Kündigungsbefugnis des Mieters darstellt (→ Rn. 25).

43 Überraschenderweise kommt dem Untermietzuschlag sowohl in der Rechtsprechung als auch in der **Praxis** so gut wie **keine Bedeutung** zu. Ohne vertragliche Vereinbarung steht dem Vermieter mangels Anspruchsgrundlage kein Anspruch auf einen Untermietzuschlag oder Herausgabe eines bei der Untervermietung erzielten Mehrerlöses zu.[142]

44 Der Vermieter kann seine Erlaubnis nur dann von einer Zustimmung des Mieters zu einer angemessenen Mieterhöhung abhängig machen, wenn ihm die Erteilung der Erlaubnis nur bei einer solchen Erhöhung „zuzumuten" ist. Konkrete Kriterien, die diese Leerformel ausfüllen und sie für die Praxis handhabbar machen würden, hat die Rechtsprechung bislang nicht entwickelt. Die Anforderungen an dieses Tatbestandsmerkmal dürften sehr hoch sein, sie soll nicht erfüllt sein, wenn das Verlangen des Vermieters nach einem Untermietzuschlag verständlich oder angemessen erscheint, sondern nur wenn die Erlaubniserteilung ohne angemessene Erhöhung der Miete **„grob unbillig"**[143] wäre. Vereinzelt hat die Rechtsprechung jedoch angenommen, dass dem Vermieter eine Erteilung der Erlaubnis ohne einen Untermietzuschlag schon dann nicht zuzumuten sei, wenn diese es dem Mieter ermöglichen soll, einen **Gewinn** aus der Untervermietung zu erzielen,[144] was die Frage aufwirft, ob dies bei Erteilung der Erlaubnis immer zu bejahen ist oder einer ausdrücklichen Gestattung durch den Vermieter bedarf (vgl. hierzu Rdnr. 17).

45 In Rechtsprechung und Literatur werden in diesem Zusammenhang hauptsächlich die Umstände behandelt, dass die Gebrauchsüberlassung eines Teils der Wohnung an den Dritten zu einer **verstärkten Abnutzung** der Wohnung oder zu spürbar **höheren Betriebskosten**[145] führt. Jedoch soll nicht einmal die verstärkte Abnutzung einen Untermietzuschlag rechtfertigen, wenn die verstärkte Abnutzung sich noch im Rahmen einer im Verhältnis zur Wohnungsgröße und dem Mietpreis normalen Benutzung hält.[146] Da es schlechterdings unmöglich sein dürfte, mit der für einen Zivilprozess erforderlichen

[140] LG Hamburg WuM 1994, 203.

[141] Insoweit vorbildlich der Vermieter in dem der Entscheidung BGH NZM 2007, 127 ff. zugrunde liegenden Sachverhalt.

[142] BGH NZM 2012, 800; NJW 1996, 838; BeckOKMietR/Weber BGB § 540 Rn. 3.

[143] Sternel MietR aktuell Kap. II. Rn. 257.

[144] LG Berlin 15.7.2021 – 64 S 45/21, BeckRS 2021, 27258.

[145] Schmidt-Futterer/Blank BGB § 553 Rn. 20; Sternel MietR aktuell Kap. II. Rn. 257; Emmerich/Sonnenschein/Emmerich BGB § 553 Rn. 11; aA Bub/Treier MietR-HdB/Kraemer/von der Osten/Schüller Kap. III. Rn. 2523 (allenfalls Anspruch auf Untermietzuschlag).

[146] LG Berlin BeckRS 2018, 25310; BeckRS 2017, 153183; Bub/Treier MietR-HdB/Kraemer/von der Osten/Schüller Kap. III. Rn. 2523.

Substantiiertheit vorzutragen, welches Ausmaß an Nutzung sich im Verhältnis zur Wohnungsgröße und Miethöhe als normal darstellt und welches darüber hinausgehende Ausmaß an Abnutzung durch die Gebrauchsüberlassung verursacht wird, und da weiter die Abwälzung der Betriebskosten auf den Mieter heute den Regelfall darstellt (dieses Merkmal also nur für nicht umlagefähige Betriebskostenarten oder Inklusivmieten Bedeutung haben kann), stellen sich die Anforderungen der Literatur an dieses Tatbestandsmerkmal im Ergebnis als prohibitiv dar. Richtigerweise ist deshalb darauf abzustellen, welche Miete am Markt üblicherweise für Wohnungen mit einer vergleichbaren Erlaubnis (die eine zusätzliche Leistung des Vermieters bzw. eine erweiterte Nutzungsmöglichkeit des Mieters darstellt) gezahlt wird.[147] In jüngster Zeit wird zunehmend die Auffassung vertreten, dass eine **Partizipation** des Vermieters an der Untermiete (jedenfalls in Fällen einer „echten Untermiete", also wenn der Mieter die Wohnung selbst nicht mitbewohnt) üblich sei, wobei ein Prozentsatz von 20 % der Untermiete für angemessen erachtet wird.[148] Einen (empirischen) Beleg dafür, dass die Miete für Wohnungen mit allgemeiner Erlaubnis zur Untervermietung um 20 % höher ist als ohne diese, enthalten Rechtsprechung und Literatur jedoch nicht.[149] Diese Auffassung läuft deshalb auf einen generellen Untermietzuschlag in Höhe von 20 % hinaus und verstößt gegen § 553 Abs. 2 BGB.

Nach der hier vertretenen Auffassung ist dem Vermieter die Erlaubniserteilung ohne Mietanpassung jedenfalls dann nicht zuzumuten, wenn der Mieter aus der Gebrauchsüberlassung einen Gewinn erwirtschaftet, also eine höhere Untermiete verlangt, als er selbst gegenüber dem Vermieter schuldet, da der Vertragszweck eben gerade nur in dem (eigenen) Bewohnen der Wohnung liegt und nicht in einer Weitervermietung, dh Gewinnerzielung (aA die wohl hM[150], → Rn. 43). 46

Unabhängig von der dogmatischen Begründung besteht Einigkeit darüber, dass der Untermietzuschlag nicht (mehr) geschuldet wird, wenn das betreffende Untermietverhältnis beendet wird und der Untermieter auszieht.[151] 47

Auf das Verlangen des Vermieters und das erforderliche Einverständnis des Mieters ist § 558 BGB nicht anwendbar,[152] jedoch sind § 5 WiStG und § 138 BGB auch auf den Untermietzuschlag anwendbar. Nach richtiger Auffassung bleibt der Untermietzuschlag auch bei der Berechnung der Kappungsgrenze gem. § 558 Abs. 3 BGG unberücksichtigt.[153] 48

Der Untermietzuschlag muss jedoch „angemessen" sein. Er dürfte deshalb bei nicht preisgebundenen Wohnungen auf den Betrag beschränkt sein, mit der die erhöhte Abnutzung abgegolten werden kann.[154] Bei preisgebundenem Wohnraum sind die gem. § 26 Abs. 3 NMV zulässigen Untermietzuschläge angemessen. Vielfach wird ein Zuschlag von 20 % als angemessen bezeichnet.[155] 49

[147] So auch AG Hamburg ZMR 2008, 213; LG München I WuM 1999, 575; Schmidt-Futterer/Blank BGB § 553 Rn. 19; Staudinger/Emmerich BGB § 553 Rn. 16; BeckOK MietR/Schach/Schultz/Schüller BGB § 553 Rn. 21; Pauly WuM 2008, 320 (321); wohl auch Lützenkirchen/Dickersbach BGB § 553 Rn. 39.

[148] LG Berlin GE 2016, 1093; AG Hamburg ZMR 2008, 213; Schmidt-Futterer/Blank BGB § 553 Rn. 20; Staudinger/Emmerich BGB § 553 Rn. 21; aA Streyl WuM 2024, 437 (445) (hälftige Teilung des aus der Untervermietung erzielten **Gewinns**).

[149] So auch Streyl WuM 2024, 437 (444).

[150] Sternel MietR aktuell Kap. II. Rn. 257.

[151] Sternel MietR aktuell Kap. II. Rn. 260; Bub/Treier MietR-HdB/Kraemer/von der Osten/Schüller Kap. III. Rn. 2524; aA Streyl WuM 2024, 437 (445), sofern die Untermiete auf Dauer angelegt war.

[152] BayObLG WuM 1986, 205; Bub/Treier MietR-HdB/Kraemer/von der Osten/Schüller Kap. III. Rn. 2025; Staudinger/Emmerich BGB § 553 Rn. 19.

[153] BayObLG NJW-RR 1986, 892; MüKoBGB/Bieber § 553 Rn. 11; aA AG Hamburg WuM 1992, 257; Schmidt-Futterer/Blank BGB § 553 Rn. 19.

[154] LG München I WuM 1999, 575; LG Berlin NZM 1998, 509; Schmidt-Futterer/Blank BGB § 553 Rn. 21; Pauly WuM 2008, 320 ff.

[155] AG Hamburg ZMR 2008, 213; Schmidt-Futterer/Blank BGB § 553 Rn. 21; Staudinger/Emmerich BGB § 553 Rn. 21; Pauly WuM 2008, 320 ff.

50 Eine bestimmte Höhe des Untermietzuschlages kann in Wohnraummietverträgen **formularvertraglich** nicht wirksam festgelegt werden.[156]

51 Bei **Gewerbemietverträgen** steht dem Vermieter grundsätzlich kein Anspruch auf einen Untermietzuschlag zu. Ein solcher kann jedoch – auch formularvertraglich – wirksam vereinbart werden. In der Praxis haben sog. **Gewinnabschöpfungsklauseln** große Bedeutung, mit denen die Parteien eine Teilung des Betrags vereinbaren, um den die Untermiete die Miete ggf. übersteigt, oder gar dessen vollständige Abführung an den Vermieter.[157]

52 *ff) Durchsetzung des Anspruchs auf Erlaubniserteilung.* Der Gesetzgeber hat den Anspruch auf Erteilung der Erlaubnis gem. § 553 Abs. 1 BGB als echten, einklagbaren Anspruch ausgestaltet, den der Mieter im Wege der **Leistungsklage** (Klage auf Abgabe einer Willenserklärung) gegen den Vermieter geltend machen kann. Mit Rechtskraft dieses Urteils gilt die Willenserklärung als abgegeben, § 894 ZPO. In besonders gelagerten Ausnahmefällen kann sogar eine **einstweilige Verfügung** auf **Duldung** der Untervermietung[158] oder Erteilung der Erlaubnis[159] in Betracht kommen.

53 Will der Vermieter geltend machen, dass ihm die Erteilung der Erlaubnis nur gegen eine angemessene Erhöhung der Miete zuzumuten ist, wird er ein dahingehend eingeschränktes, sofortiges Anerkenntnis (§ 93 ZPO) erklären müssen, wenn er nicht das Risiko eingehen will, die Kosten des Rechtsstreits insgesamt tragen zu müssen. Selbst in diesem Fall trägt der Vermieter jedoch das Risiko, ob sich seine Auffassung von der Angemessenheit der Mieterhöhung in dem Rechtsstreit bestätigt. In diesem Zusammenhang erscheint es äußerst fraglich, ob insoweit ein unbezifferter Klageantrag mit der Maßgabe zulässig ist, die Höhe des Untermietzuschlages in das Ermessen des Gerichts (Schätzung analog § 287 ZPO) zu stellen.[160]

54 Der Mieter soll auch dazu berechtigt sein, seinen Anspruch auf Erteilung der Erlaubnis als **Einrede** gegen eine Unterlassung- oder Räumungsklage des Vermieters geltend zu machen.[161] Auf die **praktisch äußerst wichtige** Frage, ob der Vermieter zur fristlosen Kündigung des Mietverhältnisses auch dann berechtigt ist, wenn dem Mieter zwar materiell-rechtlich ein Anspruch auf Erlaubniserteilung zugestanden hätte, er es aber unterlassen hat, die Erlaubnis des Vermieters einzuholen, wird nachfolgend im Zusammenhang mit den Kündigungsbefugnissen (hierzu → Rn. 95 ff.) näher eingegangen.

55 Die Erlaubnis des Vermieters bedarf auch bei Mietverträgen, die für eine längere Zeit als ein Jahr fest abgeschlossen wurden, nicht der **Schriftform** gem. § 550 BGB[162] (hierzu ausführlich → Rn. 15), ein etwaiger Erwerber der Wohnung tritt gem. § 566 BGB in durch die erteilte Erlaubnis geschaffene Vertragslage ein.[163]

Der Vermieter ist nicht dazu berechtigt, die Erteilung der Erlaubnis an Bedingungen, Auflagen oder eine Befristung zu knüpfen.[164]

56 Die angemesse Mieterhöhung kann dem Mieter nicht aufgezwungen werden. Ist dieser mit der Mieterhöhung nicht einverstanden, kann und darf der Vermieter die Erlaubnis zur Gebrauchsüberlassung versagen. Im nachfolgenden Rechtsstreit ist sodann zu überprüfen, ob dies zu Recht geschehen ist, weil dem Vermieter die Erlaubniserteilung anders nicht zuzumuten war.

---

[156] Bub/Treier MietR-HdB/Kraemer Kap. III. Rn. 2526; aA allerdings wohl nur im Hinblick auf § 557 BGB, nicht auf §§ 305 ff. BGB, LG Köln WuM 1990, 219.

[157] Vgl. hierzu Guhling/Günter/Guhling BGB § 540 Rn. 76; Lindner-Figura/Oprée/Stellmann Geschäftsraummiete-HdB/Stellmann § 15 Rn. 85.

[158] LG Hamburg NZM 2013, 143.

[159] LG Berlin 31.3.2017 – 63 S 73/17.

[160] So aber Soergel/Heintzmann BGB § 549 Rn. 39.

[161] OLG Hamburg WuM 1982, 41; LG München I NJW-RR 1991, 1112.

[162] Sternel MietR aktuell Kap. VI. Rn. 173.

[163] LG Kiel WuM 1994, 610.

[164] LG Hamburg WuM 1993, 737; aA wohl Schmidt-Futterer/Blank BGB § 540 Rn. 51 für eine Befristung.

Verweigert der Vermieter die Erlaubnis zur Untervermietung zu Unrecht, ist der Mieter sowohl zur außerordentlichen, befristeten Kündigung analog § 540 Abs. 1 S. 2 BGB,[165] als auch zur **fristlosen Kündigung** wegen Nichtgewährung des vertragsmäßigen Gebrauches gem. § 543 Abs. 2 Nr. 1 BGB[166] berechtigt. Daneben kommt ein **Schadensersatzanspruch** aus pVV (§ 280 Abs. 1 BGB) in Betracht, der in erster Linie auf Erstattung der dem Mieter entgehenden Untermiete gerichtet ist,[167] allerdings nur, wenn dem Mieter ein Anspruch auf Erteilung der Erlaubnis zustand,[168] → Rn. 18 und 22). 57

3. Übertragung der Mieterrechte

a) **Abtretung des Anspruchs auf Gebrauchsüberlassung.** Da die Auswahl des Wohnungsmieters besonders von dem Vertrauen in dessen Zuverlässigkeit geprägt ist, ist wegen des schutzwürdigen Interesses des Vermieters der Gebrauchsüberlassungsanspruch gemäß § 399 BGB nicht ohne dessen Zustimmung abtretbar.[169] Dies ist auch nur konsequent, da andernfalls § 540 BGB durch eine Abtretung umgangen werden könnte. Erteilt der Vermieter seine Zustimmung zu der Abtretung, erwirbt der Mieter nur isoliert den Gebrauchsüberlassungsanspruch, ohne im Übrigen in die Rechte und Pflichten aus dem Mietvertrag einzutreten. Im Übrigen soll § 540 BGB analog auf § 399 BGB anwendbar sein, so dass der Mieter zur Kündigung berechtigt ist, wenn der Vermieter seine Zustimmung grundlos verweigert.[170] 58

b) **Eintritt eines neuen Mieters.** Es bedarf ebenfalls der Zustimmung des Vermieters, also einer **dreiseitigen Vereinbarung,** wenn der Mieter einen Dritten an seiner Stelle oder neben sich als (weiteren) Mieter in das Mietverhältnis eintreten lassen möchte.[171] Wenn die **Vertragsübernahme** nur zwischen zwei Parteien (zB zwischen altem und neuem Mieter oder zwischen dem Vermieter und dem alten oder dem neuen Mieter) vereinbart wird, bedarf sie der Zustimmung der dritten Partei. Die Zustimmung kann grundsätzlich auch durch schlüssiges Verhalten erfolgen, was jedoch mit Nachweisproblemen verbunden ist. Im Anwendungsbereich von § 550 BGB bedarf die Vereinbarung der Schriftform, da sich der gemäß § 566 BGB in das Mietverhältnis eintretende Erwerber zuverlässig über dessen Parteien informieren können muss.[172] 59

In der **Praxis** empfiehlt es sich, wirklich eine dreiseitige Vereinbarung abzuschließen, da die Rechtsprechung dieses Erfordernis sehr strikt und manchmal formalistisch handhabt.

c) **Vermietung an eine Wohngemeinschaft.** Ist der Mietvertrag mit einer Wohngemeinschaft als Mieter abgeschlossen worden, ist im Wege der nach beiden Seiten interessengerechten Auslegung zu ermitteln, ob dem Mieter ein Anspruch auf einen Mieterwechsel zustehen soll. Das ergibt sich jedoch nicht bereits aus der Tatsache, dass der Mietvertrag mit mehreren Mietern abgeschlossen wurde, die eine Wohngemeinschaft 60

---

165 Bub/Treier MietR-HdB/Kraemer/von der Osten/Schüller Kap. III. Rn. 2524; Schmidt-Futterer/Blank BGB § 553 Rn. 2; Schmidt-Futterer/Blank BGB § 540 Rn. 74.

166 BGHZ 89, 308 (312) = NJW 1994, 1031; OLG Düsseldorf WuM 1995, 585; Schmidt-Futterer/Blank BGB § 553 Rn. 2; Schmidt-Futterer/Blank BGB § 540 Rn. 74.

167 LG München I 2.8.2023 – 14 S 3149/23, BeckRS 2023, 35563; 8.12.2021 – 14 S 8944/21, BeckRS 2021, 47911; AG Offenbach WuM 1994, 537; Schmidt-Futterer/Blank BGB § 553 Rn. 2.

168 Andernfalls steht ihm nur das Sonderkündigungsrecht gem. § 540 Abs. 1 S. 2 BGB zu, vgl. MüKoBGB/Bieber § 553 Rn. 15; OLG Hamm BeckRS 2008, 12185.

169 RGZ 134, 91 (96); BGH NJW 1972, 2036.

170 BGH NJW 1972, 2036.

171 BGHZ 72, 394 = NJW 1979, 369.

172 Bejahend BGH (VIII. Zivilsenat) NJW 1979, 369; verneinend BGH (XII. Zivilsenat) NZM 2005, 584 für die Zustimmung des neuen Mieters zu der Vereinbarung zwischen Vermieter und alten Mieter; wie hier BeckOK MietR/Weber BGB § 540 Rn. 13; Schmidt-Futterer/Blank BGB Vor § 535 Rn. 417.

bilden, sondern es bedarf hierfür vielmehr konkreter Anhaltspunkte. Das kann zB dann der Fall sein, wenn die Parteien bei Vertragsabschluss übereinstimmend davon ausgegangen sind, dass sich oft und in kurzen Abständen ein Bedarf für eine Änderung der in der Wohnung zusammenlebenden Personen ergeben kann, was insbes. bei Vermietung an eine studentische Wohngemeinschaft der Fall sein kann.[173]

61 Auch bei vertraglich gestattetem Mitgliederwechsel kann der Vermieter diesem widersprechen, wenn ihm das neu eintretende Mitglied gemäß § 540 Abs. 1 S. 2 BGB nicht zugemutet werden kann.[174] Mangelnde Solvenz soll hierfür nicht ausreichen, da die mehreren Mieter solidarisch für die Miete haften.[175] Dies verstößt jedoch gegen das Wesen der (zwischen mehreren Mietern bestehenden) Gesamtschuldnerschaft gemäß § 421 BGB und ist deshalb abzulehnen.[176]

Praxistipp:
Es ist in der Praxis sehr wichtig, dass der Vermieter bei Abschluss eines Mietvertrages mit einer Wohngemeinschaft die Mieter vertraglich dazu verpflichtet, ihm das Eintreten und Ausscheiden von Mitgliedern schriftlich anzuzeigen und dass er die Einhaltung dieser Verpflichtung gelegentlich vor Ort überprüft um auszuschließen, dass er Gestaltungsrechte (Mieterhöhungen, Kündigungen) nicht wirksam ausüben kann, da ihm nicht bekannt ist, welche Personen gegenwärtig als Mieter seine Vertragspartner sind.
Weiter ist es für den Vermieter überragend wichtig, dass sich die Mieter in dem Mietvertrag wechselseitig zur Entgegennahme von Willenserklärungen bevollmächtigen, da der Vermieter andernfalls das Mietverhältnis betreffende Willenserklärungen wie insbesondere Mieterhöhungsverlangen und Kündigungen nicht wirksam abgeben kann, wenn die Mieter – wie in der **Praxis** bei studentischen Wohngemeinschaften in der Regel – ihre Auskunftsverpflichtung nicht erfüllen.
Da all dies kaum zuverlässig sichergestellt werden kann, ist in der **Praxis** von der Vermietung an eine Wohngemeinschaft generell abzuraten. Für den Vermieter ist es rechtlich sicherer, die Wohnung nur an einen Mieter zu vermieten und diesem die Untervermietung generell zu gestatten. Auch dann bleibt jedoch das Risiko, dass der Vermieter die Dritten nicht kennt, die Mitbesitz an der Wohnung haben und gegen die er gemäß § 546 Abs. 2 BGB vorgehen muss, um seinen Räumungsanspruch durchsetzen zu können.

4. Moderne Erscheinungsformen der Gebrauchsüberlassung

62 **a) Vermietung von Privatunterkünften an Touristen über Portale wie Airbnb etc.** Vor allem in stark von Touristen frequentierten Metropolen wie zB Berlin oder München (besonders während des Oktoberfests) vermieten Privatleute häufig ihre Wohnungen oder einzelne Zimmer davon an **Touristen**, vor allem tage- oder wochenweise. Die Wohnung kann im Eigentum des Vermieters stehen oder nur gemietet sein. Die Vermittlung der Mietverträge zwischen dem Vermieter und den Feriengästen erfolgt meistens

---

[173] BGH NZM 2022, 545; LG Trier WuM 1997, 548; wohl auch Schmidt-Futterer/Flatow BGB § 540 Rn. 18. AA die bisherige hM, die davon ausgegangen ist, dass stillschweigend vereinbart sei, dass der Vermieter einer Entlassung ausscheidender Mitglieder aus dem und dem Eintritt neuer Mitglieder in das Mietverhältnis zustimmen müsse, vgl. LG München I 17.2.2022 – 14 S 15283/21, BeckRS 2022, 12003; LG Berlin BeckRS 2017, 152982;LG Frankfurt a. M. WuM 1991, 33; LG Göttingen NJW-RR 1993, 783; LG Hamburg WuM 1995, 697; LG Karlsruhe WuM 1997, 429; NJW 1985, 1561; AG Neukölln GE 2017, 956. Dies gelte jedenfalls dann, wenn der Vermieter diese Praxis jahrelang kennt (vgl. LG Braunschweig WuM 1982, 188 f.; LG München I WuM 1982, 188 f.) und ihr nicht beim ersten ihm bekanntwerdenden Wechsel widerspricht (es sei denn, in der Person des Dritten liegt ein wichtiger Grund vor), vgl. Bub/Treier MietR-HdB/Kraemer/von der Osten/Schüller Kap. III. Rn. 2528.

[174] BGH 27.4.2022 – VIII ZR 304/21, NJW 2022, 2030; BeckOK MietR/Weber BGB § 540 Rn. 13; LG Frankfurt a. M. WuM 2012, 192; LG Göttingen NJW-RR 1993, 783; LG Karlsruhe WuM 1997, 429; 1992, 45; NJW 1985, 1561; LG Braunschweig WuM 1982, 188; LG Hamburg WuM 1994, 203; zweifelnd LG Köln NJW-RR 1991, 1414.

[175] LG Göttingen NJW-RR 1993, 783.

[176] So auch LG Berlin GE 2017, 421; WuM 2016, 553.

über das Internet durch Vermietungsportale wie Airbnb, Wimdu uÄ. Diese Konstruktion hat fast immer den Sinn, dem Vermieter ein Zusatzeinkommen zu verschaffen. Manchmal treten soziale Gründe hinzu (zB wenn sich eine Witwe nach dem Tod ihres Mannes wieder Leben in die ihr zu groß gewordene Wohnung holen möchte), die zu einem Anspruch auf Erlaubniserteilung nach § 553 Abs. 1 BGB führen können.

Häufig existiert jedoch gar niemand, der die Wohnung dauerhaft bewohnt, sondern die Wohnungen werden **dauerhaft an die Vermietungsportale zur gewerblichen Weitervermietung vermietet** (was diese zumeist abstreiten). Mit so einer Zwischenvermietung lässt sich ein wesentlich höherer Ertrag erzielen als bei einer direkten Vermietung der Wohnung an einen Mieter, der die Wohnung tatsächlich selbst und auf Dauer bewohnt. Dies hat die unerwünschte und auf angespannten Wohnungsmärkten fatale Wirkung, dass die Mieten infolge der vielfachen Vermietung an Vermietungsportale stark ansteigen und die in den Städten lebende Bevölkerung sich die Mieten in ihren angestammten Stadtvierteln nicht mehr leisten können und dadurch aus diesen verdrängt werden (**„Gentrifizierung“**). Das hat in Metropolen wie zB Barcelona zu starken sozialen Protesten gegen die Vermietung durch Vermietungsportale geführt. 63

Am intensivsten wird in diesem Zusammenhang die Frage diskutiert, wie die Nutzung durch den Endnutzer beschaffen sein muss, damit es sich noch um eine Nutzung zu **Wohnzwecken** handelt.[177] Mietrechtlich bereitet die Vermietung von Privatwohnungen an Touristen über Vermittlungsportale wie Airbnb, Wimdu uÄ indes nur wenige Probleme.[178] Das Mietverhältnis zwischen dem Bewohner und dem Touristen stellt ein normales Mietverhältnis dar, und zwar, wenn es sich um Mietwohnung handelt, eine Untervermietung,[179] gleich ob das Vertragsverhältnis konventionell angebahnt wurde oder über das Internet, da die tage- oder wochenweise Überlassung von Wohnungen an **Touristen** nicht vom vertragsmäßigen Gebrauch gedeckt ist.[180] Da es sich um eine Vermietung zu nur vorübergehendem Gebrauch handelt,[181] gelten gemäß § 549 Abs. 2 Nr. 1 BGB zahlreiche mieterschützende Vorschriften nicht. 64

Mieter, denen die **Untervermietung** von ihrem Vermieter **allgemein erlaubt** worden ist, berufen sich stets darauf, dass diese Nutzungsart von der Untervermietungserlaubnis gedeckt sei. Dies hat die Rechtsprechung zu Recht verneint,[182] weil der Vermieter bei der Erteilung der Erlaubnis nicht mit einer tageweisen Überlassung an Feriengäste rechnen muss. 65

Wenn der Vermieter gemäß § 543 Abs. 2 Nr. 2 BGB **fristlos kündigen** will, stellt sich die Frage, ob es einer vorherigen **Abmahnung** bedarf. Das ist gemäß § 543 Abs. 3 BGB zu bejahen.[183] Die Auffassung, dass eine Abmahnung entbehrlich sei,[184] erscheint zu großzügig, weil dem Mieter Gelegenheit gegeben werden muss, sein Verhalten abzustellen, um die Wohnung zu behalten. Es reicht für den Nachweis des vertragswidrigen Gebrauchs jedoch aus, dass der Mieter die Wohnung auf dem Vermietungsportal **anbietet,**[185] es ist nicht erforderlich, dass der Vermieter konkret nachweist, dass und wem der Mieter die Wohnung tatsächlich überlassen hat (was den Vermieter bei dieser Nutzungsart rechtlos stellen würde). Im Übrigen bieten die auf solchen Portalen üblichen **Bewertungen** in der Praxis häufig die Möglichkeit nachzuweisen, dass eine 66

---

177 Vgl. hierzu etwa die Zusammenfassung von Weber NZM 2017, 741.

178 Vgl. zu den Rechtsverhältnissen sowie den sonst noch tangierten Rechtsgebieten sehr instruktiv Henke/Singbart/Zintl NZM 2018, 1 (2).

179 Vgl. zu den Rechtsverhältnissen zwischen den verschiedenen Beteiligten sehr instruktiv Henke/Singbart/Zintl NZM 2018, 1.

180 BGH NZM 2014, 438.

181 Anders natürlich bei langfristigen Mietverhältnissen über Zweitwohnungen.

182 BGH NJW 2014, 622; LG Berlin GE 2016, 67; ZMR 2015, 303; AG München ZMR 2016, 467; Staudinger/Emmerich BGB § 540 Rn. 17; Heilmann NZM 2016, 74 (77); Weber NZM 2017, 741; Pauly ZMR 2015, 836 (840); aA Kohlstrunk NZM 2014, 231.

183 LG Amberg NZM 2018, 34; Heilmann NZM 2016, 74 (79).

184 LG Berlin NZM 2015, 248 (249); AG München 27.5.2020 – 473 C 20883/19, BeckRS 2020, 15500.

185 AG München 27.5.2020 – 473 C 20883/19, BeckRS 2020, 15500.

Gebrauchsüberlassung auch tatsächlich erfolgt ist. Bietet der Mieter die Wohnung in Kenntnis der Abmahnung ein weiteres Mal auf dem Vermietungsportal an, ist der Vermieter sofort zur fristlosen Kündigung berechtigt, ohne die nächste Gebrauchsüberlassung an einen Feriengast abzuwarten müssen.[186] Die Auffassung, dass der Mieter die Wohnung zwar auf dem Vermietungsportal anbieten, aber dann mit ihm zugeführten Interessenten nicht kontrahieren könnte, wäre – zumal im Hinblick auf die auf diesen Portalen üblichen Bewertungen der Anbieter durch die Feriengäste – völlig wirklichkeitsfremd.

67 Neben der unerlaubten Untervermietung sind Abmahnung und fristlose Kündigung auch deshalb möglich, weil diese Form der Vermietung eine nicht gestattete gewerbliche Nutzung darstellt.[187] Die im **WEG-Recht** häufig vertretene Auffassung, dass es für die Qualifizierung des Gebrauchs nicht auf den Gebrauch ankommt, den der Mieter von der Wohnung macht, sondern auf denjenigen des Endnutzers,[188] ist jedenfalls mietrechtlich eindeutig falsch. Eine für alle Gerichtsbarkeiten verbindliche Klärung dieser Rechtsfrage durch den großen Senat des BGH oder den gemeinsamen Senat der obersten Gerichtshöfe des Bundes wäre im Hinblick auf die Einheit der Rechtsordnung sehr zu wünschen.[189]

68 **b) (Unter-)Vermietung an Medizintouristen.** In München hat sich ein besonderes Phänomen der Gebrauchsüberlassung an Dritte herausgebildet, nämlich die **(Unter-) Vermietung von Privatwohnungen an Medizin- und Krankenhaustouristen.** Ob dieses Phänomen auch in anderen Städten existiert, ist nicht bekannt. Dabei werden Privatwohnungen jeweils zu nur vorübergehendem Gebrauch an häufig wechselnde Touristen aus dem mittleren Osten[190] vermietet, die zum Zwecke medizinischer Behandlungen nach München kommen. Die Dauer des Aufenthalts wird durch die Dauer der medizinischen Behandlung bestimmt. Der Grund, warum diese Gäste Privatwohnungen Hotels vorziehen, liegt dem Vernehmen nach darin, dass sie sich ihr gewohntes Essen selbst kochen wollen und dass die Patienten jeweils von der ganzen Familie über mehrere Generationen hinweg sowie Bediensteten (insbes. Kindermädchen und Köchen) begleitet werden. Die Aufenthalte (und teilweise auch die medizinischen Behandlungen) werden von Vermittlern organisiert, die selbst aus dem mittleren Osten kommen und dort über entsprechende Kontakte verfügen. Dieses Geschäftsmodell ist sehr lukrativ. Das Entgelt für die Wohnung (man spricht von bis zu 350,00 EUR am Tag) wird in bar entrichtet. Es ist davon auszugehen, dass diese Einnahmen in Deutschland nicht versteuert werden. Durch diese Form des Medizintourismus, die gegen das Zweckentfremdungsverbot verstößt, wird dem Wohnungsmarkt anderweitig dringend benötigter Wohnraum entzogen, weshalb die Stadt München eine eigene „Sonderermittlergruppe Ferienwohnungen" ins Leben gerufen hat.

69 Die Standardausrede aller Mieter, die unerlaubt untervermieten ist, dass es sich doch nur um **Besuch** handeln würde. Dabei wohnt der Mieter meistens gar nicht selbst in der untervermieteten Wohnung, sondern ganz woanders. Es stellt sich deshalb die Frage, ob man in einer Wohnung, die man überhaupt nicht selbst bewohnt, überhaupt Besuch empfangen kann. Hinsichtlich der Definition von Besuch wird auf die Ausführung in → Rn. 5 verwiesen. Danach kommt es ua gerade darauf an, dass der Besucher **den Mieter** aufgesucht hat und sich **in dessen Wohnung** aufhält. Unter **Wohnung** wiederum ist ein selbständiger, räumlich und wirtschaftlich abgegrenzter Bereich zu verstehen, der eine eigenständige Haushaltsführung ermöglicht.[191] Nach dieser Definition kann unter der Wohnung des Mieters, in der der Besucher diesen aufgesucht hat, nur die Wohnung

---

[186] LG Berlin ZMR 2015, 303.
[187] AG München WuM 2012, 614; Wüsthof ZMR 2014, 421.
[188] BGH NZM 2010, 285.
[189] Ähnlich Derleder ZMR 2015, 521 (523).
[190] Entgegen den von den Anwälten der Vermieter geradezu reflexhaft und vereinzelt leider auch von Richtern geäußerten Vorhaltungen ist diese Feststellung nicht fremdenfeindlich, sondern schlicht eine soziologische Tatsache.
[191] BGH NZM 2011, 71.

zu verstehen sei, die der Mieter auch selbst bewohnt und dort einen eigenständigen Haushalt führt.

Mietet der Mieter dagegen – wie bei der Untervermietung an Medizintouristen häufig behauptet wird – nur zu dem Zweck an, um in ihr angebliche Familienangehörige, Verwandte, Freunde und Geschäftspartner – meist in großer Anzahl – unterzubringen, handelt es sich dabei per definitionem nicht um die Wohnung des Mieters im Sinne der Definition von Besuch, so dass solche Personen auch nicht als Besucher des Mieters anzusehen sind. 70

Die Mieter wenden gegen die Wirksamkeit von Abmahnung und fristloser Kündigung häufig ein, dass diese zu **unbestimmt** seien, da der Vermieter nicht konkret vorgetragen habe, welche Person mit welchem Namen sich von wann bis wann genau in der Wohnung aufgehalten sowie dass und wieviel Miete sie dafür bezahlt habe. Das ist natürlich weit überzogen. Es reicht aus, dass der Vermieter konkret vorträgt, dass wiederholt Personen, die nicht Mieter sind, in der Wohnung ein- und ausgegangen sind. Den Mieter trifft dann eine **sekundäre Darlegungslast** sich zu entlasten, um wen genau es sich bei der Person gehandelt hat, die sich in der Wohnung aufgehalten hat, und in welcher personalen Beziehung er zu ihr steht.[192] 71

Häufig werden durch die Gebrauchsüberlassung an Medizintouristen auch **Beeinträchtigungen** der anderen Mieter oder Miteigentümer verursacht, die ihre Ursache in den unterschiedlichen Lebensgewohnheiten finden.[193] Im **Mietrecht** gelten insoweit keine Besonderheiten. Den Beeinträchtigungen kommt dort aber auch keine praktische Bedeutung zu, weil der Vermieter zumeist direkt gegen die unbefugte Gebrauchsüberlassung und die unzulässige gewerbliche Nutzung vorgeht. Zweithaft erscheint es jedoch, die Vermietungen von Wohnungen an Touristen als solche als **Mangel** anzusehen,[194] auch wenn das dem Mieter einen effektiveren Rechtsschutz eröffnet. 72

Im **WEG-Recht** bietet es keine Aussicht auf Erfolg, den Miteigentümer auf Unterlassung dieser Nutzungsart in Anspruch zu nehmen, wenn der Verfasser diese nicht als eine Art juristischer Hellseher vorhergesehen und in der Teilungserklärung ausgeschlossen hat,[195] da die WEG-Gerichte an ihrer (nach der hier vertretenen Auffassung unzutreffenden) Auffassung festhalten, dass es sich dabei um eine Wohnnutzung handeln würde (vgl. hierzu schon → Rn. 67). Dem gestörten Miteigentümer oder – nach einer Vergemeinschaftung – der WEG bleibt also nichts anderes übrig, als **Klage auf Unterlassung** der Beeinträchtigungen zu erheben. Das verursacht einen sehr großen Aufwand und dauert sehr lange und läuft deshalb auf eine Versagung von effektivem Rechtsschutz hinaus. 73

II. Untermiete

Bei einer dem Mieter **gestatteten Gebrauchsüberlassung** an einen Dritten, insbesondere der (entgeltlichen) Untermiete, stellen sich die vertraglichen Beziehungen zwischen den Parteien dar wie folgt: 74

1. Rechtsverhältnisse Vermieter – Mieter

Der Inhalt des Vertragsverhältnisses zwischen dem Vermieter und dem Mieter bleibt auch im Falle einer dem Mieter gestatteten Gebrauchsüberlassung an Dritte **unverändert.** 75

Gem. § 540 Abs. 2 BGB muss der Mieter für ein Verschulden des Dritten, dem er die Wohnung (sei es auch nur teilweise) zum Gebrauch überlassen hat, einstehen. Das gilt 76

---

[192] LG München I BeckRS 2016, 114562.
[193] Vgl. etwa LG Berlin BeckRS 2016, 18983.
[194] So aber LG Berlin ZMR 2017, 238.
[195] Vgl. hierzu Wüsthof ZMR 2014, 421 (424).

auch bei Verwirklichung eines Straftatbestands durch den Untermieter.[196] Ein wichtiger Grund in der Person des Dritten berechtigt den Vermieter auch zur **fristlosen Kündigung** des Hauptmietvertrages.[197]

Praxistipp:

Von großer Bedeutung ist, dass der Mieter dem Vermieter gegenüber auch dafür einzustehen hat, dass der Dritte **keinen anderen oder weitergehenden Gebrauch** von der Wohnung macht, als dem Mieter selbst nach dem Inhalt des Mietvertrages gegenüber dem Vermieter zusteht. Für den Mieter gilt spiegelbildlich, dass er einen vom Hauptmietvertrag abweichenden Gebrauch ausdrücklich mit dem Untervermieter vereinbaren muss.[198]

Im Falle eines vertragswidrigen Gebrauchs durch den Dritten kann der Vermieter entweder, dem Mieter die vertragswidrige Nutzung präventiv im Wege einer einstweiligen Verfügung untersagen lassen[199] oder – nach erfolgloser **Abmahnung!** – folgende Handlungsalternativen ergreifen:

- Unterlassungsklage gem. § 541 BGB;
- Kündigung des Mietverhältnisses, und zwar entweder fristlose Kündigung gem. § 543 Abs. 2 Nr. 2 BGB oder ordentliche Kündigung wegen schuldhafter Pflichtverletzungen gem. § 573 Abs. 2 Nr. 1 BGB. Umstritten ist, ob letzteres auch gilt, wenn dem Mieter zwar ein Anspruch auf Erteilung der Erlaubnis zusteht, er diese aber nicht eingeholt hat,[200] vgl. hierzu bereits → Rn. 52;
- Widerruf der Erlaubnis zur Untervermietung (→ Rn. 22 ff.).

2. Rechtsverhältnisse Mieter – Untermieter

77 Das Vertragsverhältnis zwischen dem Mieter und dem Untermieter stellt ein normales Mietverhältnis dar, auf das die §§ 535 ff. BGB anwendbar sind.[201] Den Mieter treffen daher alle üblichen Pflichten eines Vermieters, er hat insbesondere dafür einzustehen, dass er dem Untermieter den diesem in dem (Unter-)Mietvertrag eingeräumten Gebrauch auch gewähren kann. Demgemäß steht dem Mieter kein Anspruch auf Untermiete (oder Nutzungsentschädigung gem. § 546a BGB) mehr zu, wenn das Hauptmietverhältnis beendet ist und der Hauptvermieter den Untermieter auf Herausgabe in Anspruch nimmt.[202]

Praxistipp:

Es ist für den Mieter deshalb dringend erforderlich, das Vertragsverhältnis zu dem Untermieter so zu gestalten, dass er diesem **keine weitergehenden Rechte** einräumt, als ihm selbst nach dem Mietvertrag gegenüber dem Vermieter zustehen.

78 Bezüglich des Vertragsabschlusses ist zu empfehlen, diesen erst vorzunehmen, wenn der Vermieter die Erlaubnis zur Gebrauchsüberlassung bereits erteilt hat. Dieses Risiko kann nicht wirksam auf den Untermieter abgewälzt werden.[203] Will der Untermieter nicht so lange zuwarten, bleibt dem Mieter keine andere Möglichkeit, als die Erteilung der Erlaubnis des Vermieters zur aufschiebenden Bedingung (eine solche ist nicht gemäß § 572 Abs. 2 BGB unwirksam[204]) für den Bestand des Untermietvertrages zu erheben.

---

[196] OLG Düsseldorf 5.7.2022 – I-24 U 5/21, NJW-RR 2023, 33.
[197] So zB AG Hamburg-Altona ZMR 2012, 587 ff. für Anbau und Konsum von Cannabis.
[198] LG München I BeckRS 2016, 588.
[199] OLG Brandenburg GE 2014, 251 für die Nutzung von zum Betrieb eines Hotels vermieteten Räumen als Asylbewerberheim.
[200] Bejahend LG Berlin GE 2018, 511.
[201] BGH NJW 1978, 1483.
[202] BGH NJW 1996, 46, 47; OLG Düsseldorf BeckRS 2012, 05817; Guhling/Günter/Guhling BGB § 540 Rn. 65.
[203] BGH ZMR 1997, 565; 1996, 15; NJW 1986, 308; Pauly ZMR 2015, 836 (837).
[204] Vgl. etwa Guhling/Günter/Guhling BGB § 540 Rn. 54; Schmidt-Futterer/Streyl BGB § 572 Rn. 8.

Dies ist eindeutig zu regeln, ein bloßer Hinweis in dem Untermietvertrag darauf, dass die Erlaubnis des Vermieters erforderlich ist, genügt hierfür nicht.[205]

Hat sich der Untermieter bei Abschluss des Untermietvertrages gutgläubig für den Hauptmieter gehalten und stehen dem Hauptmieter im Verhältnis zum Vermieter die Schutzrechte der §§ 573, 574 BGB zu, so kann der Untermieter dem direkten Herausgabeanspruch des Vermieters aus § 546 Abs. 2 BGB die Einrede des Rechtsmissbrauchs entgegenhalten.[206] Dies führt auch zu Ansprüchen des Vermieters gegen den Mieter, zB auf Nutzungsentschädigung gemäß § 546a BGB, Erstattung von Verzugsschaden oÄ. Aus diesem Grund ist es in der **Praxis** sehr wichtig, dass der Mieter in dem Untermietvertrag ausdrücklich darauf hinweist, dass es sich nur um einen Untermietvertrag handelt. Dies kann zB so geschehen, dass der Vertrag ausdrücklich mit „Untermietvertrag" überschrieben und in der Präambel auf die Parteien und das Datum des Hauptmietvertrages hingewiesen wird. 79

Weiter empfiehlt es sich in der **Praxis,** den Untermieter ausdrücklich dazu zu verpflichten, die Rechte und Pflichten aus dem Mietvertrag zwischen dem Vermieter und dem Mieter einzuhalten. Eine solche Regelung in dem Untermietvertrag könnte formuliert werden wie folgt: 80

Formulierungsvorschlag:

Dem Untermieter ist der Inhalt des Mietvertrages zwischen dem Vermieter und dem Mieter bekannt, der Mietvertrag ist diesem Untermietvertrag als Anlage Nr. … beigefügt. Der Untermieter verpflichtet sich ausdrücklich zur Einhaltung der Regelungen des Mietvertrages zwischen dem Vermieter und dem Mieter, die zum Bestandteil des vorliegenden Untermietvertrages gemacht werden, sofern dieser keine abweichenden Regelungen enthält.

Für den Fall der **Vertragsbeendigung** ist zu beachten, dass es **kein** berechtigtes Interesse des Mieters zur Kündigung des Untermietvertrages im Sinne von § 573 BGB begründet, dass sein Mietverhältnis mit dem Vermieter auf Grund einer wirksamen Kündigung des Vermieters endet.[207] Das gilt auch bei gewerblichen Mietverhältnissen.[208] Diese Rechtsprechung ist allerdings sämtlich zum Sonderfall des gewerblichen Zwischenmietverhältnisses bei Bauherrenmodellen ergangen. Ihre Übertragbarkeit auf eine Untervermietung außerhalb dieser Fallkonstellation erscheint deshalb zweifelhaft. 81

Um das Risiko zu vermeiden, dem Untermieter den Gebrauch der Mietsache gewähren zu müssen, hierzu wegen Beendigung des Hauptmietverhältnisses aber nicht (mehr) in der Lage zu sein, wäre es zweckmäßig, den Bestand des Untermietvertrages (im Sinne einer auflösenden Bedingung) vom Bestand des Hauptmietverhältnisses abhängig zu machen. Damit wäre der Mieter für den Fall einer wirksamen Vermieterkündigung gegenüber dem Untermieter abgesichert sein, dessen Kündigungsschutz jedoch wegen § 285 BGB nicht durch eine einvernehmliche Aufhebung des Hauptmietverhältnisses umgangen werden kann.[209] 82

Gemäß dem durch das Mietrechtsreformgesetz 2001 in das BGB eingeführten § 572 Abs. 2 ist eine derartige Bedingung allerdings unwirksam,[210] so dass der Mieter im Verhältnis zum Untermieter bei Wohnraummietverhältnissen das Risiko des Fortbestands des Hauptmietverhältnisses nicht sicher abwälzen kann. Bei Gewerberaummiet- 83

[205] RGZ 81, 59 (62 f.).

[206] BGHZ 84, 90 = NJW 1982, 1696; Guhling/Günter/Guhling BGB § 540 Rn. 73.

[207] BGH NJW 1996, 1886 (1887); OLG Stuttgart WuM 1993, 386 (387); LG Köln WuM 1985, 709; Emmerich/Sonnenschein/Haug BGB § 573 Rn. 83; Pauly ZMR 2015, 836 (837); einschränkend Schmidt-Futterer/Blank BGB § 573 Rn. 210.

[208] Guhling/Günter/Guhling BGB § 540 Rn. 65.

[209] BGH WuM 1986, 54.

[210] Schmidt-Futterer/Blank BGB § 540 Rn. 7; § 572 Rn. 10; Emmerich/Sonnenschein/Haug BGB § 572 Rn. 3; Blank/Börstinghaus BGB § 546 Rn. 67.

verhältnissen können die Parteien demgegenüber vereinbaren, dass das Untermietverhältnis mit Beendigung des Hauptmietverhältnisses endet.[211]

84 In diesem Zusammenhang ist allgemein darauf hinzuweisen, dass der Untermieter dem direkten Herausgabeanspruch des Vermieters aus § 546 Abs. 2 BGB den Einwand des Rechtsmissbrauchs gem. § 242 BGB entgegenhalten kann, wenn Vermieter und Mieter das Hauptmietverhältnis einvernehmlich nur zu dem Zweck aufheben, die Beendigung des Untermietvertrages unter Umgehung des dem Untermieter gegenüber dem Mieter zustehenden Kündigungsschutzes zu erzwingen.[212] Dies gilt jedoch dann nicht, wenn ein vernünftiger Grund für die einvernehmliche Aufhebung des Mietverhältnisses zwischen Vermieter und Mieter vorliegt.[213]

3. Rechtsverhältnisse Vermieter – Untermieter

85 Zwischen Vermieter und Untermieter bestehen **keine vertraglichen Beziehungen.**[214] Der einzige dem Vermieter unmittelbar gegen den Untermieter zustehende Anspruch ist der **direkte Räumungs- und Herausgabeanspruch** gemäß § 546 Abs. 2 BGB (vgl. hierzu auch → Rn. 54). Dieser bedarf als Anspruchsvoraussetzung der vorherigen Geltendmachung gegenüber dem Dritten.[215] Dass weitere Anspruchsvoraussetzung die Beendigung des Hauptmietverhältnisses ist spricht dafür, dass dieses **Herausgabeverlangen** erst nach der Beendigung wirksam ausgesprochen werden kann. Anscheinend aus einem praktischen Bedürfnis nimmt die herrschende Meinung[216] hiervon abweichend an, dass das Herausgabeverlangen schon vor der Beendigung des Hauptmietverhältnisses ausgesprochen werden kann, aber erst mit der Beendigung wirksam wird. Durch die Herausgabe der Mietsache an den Vermieter wird der Untermieter auch von seiner Herausgabepflicht gegenüber dem Mieter frei.[217]

86 In ganz besonders gelagerten Ausnahmefällen kann bei **gewerblichen Mietverhältnissen** (bei Wohnraum steht § 940a ZPO entgegen) einmal eine **einstweilige Verfügung** auf Räumung und Herausgabe gegen den Dritten in Betracht kommen, wenn der Vermieter nach Titulierung den Räumungsanspruch durch nachträgliche Überlassung der Mietsache an einen Dritten zu unterlaufen versucht.[218] Zu dem durch die Mietrechtsänderung 2013 eingeführten § 940a Abs. 2 ZPO → § 39 Rn. 1 ff.

87 Ein vertraglicher Anspruch auf Nutzungsentschädigung steht dem Vermieter gemäß § 546a Abs. 1 BGB nur gegen den Mieter, nicht aber auch gegen den Untermieter zu. Gerät der Untermieter mit der Erfüllung des Herausgabeanspruchs gemäß § 546 Abs. 2 BGB in Verzug, schuldet er dem Vermieter Erstattung des Verzugsschadens nach §§ 286, 280 Abs. 2 BGB.[219] Die Untergerichte stellen in der Praxis an den Nachweis eines Schadens enorm hohe Anforderungen, da der Vermieter substantiiert vortragen und beweisen muss, an wen, zu welchem Zeitpunkt und zu welcher Miete er die Wohnung hätte vermieten können, wenn der Untermieter seine Herausgabepflicht rechtzeitig erfüllt hätte. Dies ist wirklichkeitsfremd, da am Markt ernsthafte Vermietungsbemühungen nicht möglich sind, solange eine Wohnung noch im Besitz eines Dritten sind und der Rückgabezeitpunkt (und zumeist auch der Zustand der Wohnung nach erfolgter Rückgabe) völlig ungewiss ist. Hinzu kommt, dass auf angespannten Wohnungsmärkten wie zB in München jede Wohnung eigentlich jederzeit sofort – und leider wohl auch

[211] Guhling/Günter/Guhling BGB § 540 Rn. 55.
[212] AG Helmstedt WuM 1989, 19; AG Tübingen ZMR 1989, 307; zu den Missbrauchsmöglichkeiten ausführlich Fervers WuM 2025, 129 ff.
[213] KG ZMR 1988, 97.
[214] BGH NJW 2001, 1355.
[215] RGZ 156, 150; MüKoBGB/Bieber § 546 Rn. 22; Grüneberg/Weidenkaff BGB § 546 Rn. 20.
[216] MüKoBGB/Bieber § 546 Rn. 23; Schmidt-Futterer/Streyl BGB § 546 Rn. 104; Grüneberg/Weidenkaff BGB § 546 Rn. 20.
[217] BGH NJW 1996, 46.
[218] So zB das OLG München in einem Urteil, das auch wegen der **persönlichen Haftung des Geschäftsführers unbedingt lesenswert** ist, BeckRS 2019, 14016; LG Berlin GE 2013, 125.
[219] BGHZ 131, 95 (100) = NJW 1996, 321.

zu jedem Preis – weitervermietet werden kann. Der Anspruch auf Erstattung des Verzugsschadens ist deshalb in der Praxis nicht durchsetzbar. Sachliche Veranlassung, den säumigen Untermieter über derart überzogene Anforderungen an die Darlegungspflicht des Vermieters der Folgen seines Verzugs zu entheben, besteht jedoch nicht.

Im Übrigen besteht weitgehend Einigkeit, dass der Untermieter jedenfalls ab dem 88
Zeitpunkt, ab dem er weiß, dass er sich unrechtmäßig im Besitz der Wohnung befindet, **Erstattung des Wertes der unrechtmäßig gezogenen Nutzung** schuldet. Der Anspruch ergibt sich aus §§ 990 Abs. 2 iVm 280 Abs. 1; 286, 249 und 252 BGB und der Vermieter kann als Schaden (sic!) ohne weiteres die vom Hauptmieter bei Vorenthaltung der Mietsache geschuldete Nutzungsentschädigung verlangen, und zwar auch im Falle von § 553 BGB den Mietausfallschaden für die **ganze Wohnung.**[220] Dadurch haben sich der bisherige Meinungsstreit über die Anspruchsgrundlage (§§ 987, 990 BGB[221] oder § 812 BGB[222]) sowie die Ermittlung des **objektiven Mietwertes** erübrigt.

Praxistipp:
Es empfiehlt sich dringend, in dem Herausgabeverlangen gemäß § 546 Abs. 2 BGB für den Fall der nicht fristgerechten Räumung und Herausgabe die Geltendmachung Nutzungsentschädigung/Schadensersatz ausdrücklich anzukündigen.

III. Haftungsfragen und Kündigungsbefugnisse

1. Haftungsfragen

Gemäß § 540 Abs. 2 BGB hat der **Mieter** für ein **Verschulden des Dritten** einzustehen. 89
Die Vorschrift ist eigentlich überflüssig, da der Dritte schon Erfüllungsgehilfe des Mieters ist, für dessen Verschulden dieser nach § 278 BGB haftet.[223] Auf eigenes Verschulden des Mieters kommt es daneben nicht an. Das Tatbestandsmerkmal des Verschuldens des Dritten „beim Gebrauch" wird von der Rechtsprechung sehr weitgehend ausgelegt, es umfasst alle Handlungen des Dritten in den Räumen einschließlich vorsätzlicher Beschädigungen[224] und strafbarer Handlungen.[225]

Zwar muss der Vermieter das Verschulden des Dritten grundsätzlich beweisen, doch 90
muss sich der Mieter nach den Regeln der Beweislastverteilung nach Gefahrenkreisen[226] entlasten, wenn feststeht, dass der Schaden durch den Dritten verursacht wurde oder sich in dessen Verantwortungsbereich ereignet hat.[227]

Hat der Mieter dem Dritten den Gebrauch **ohne Erlaubnis** des Vermieters überlassen 91
(und stand ihm auch kein Anspruch gegen den Vermieter auf Erlaubniserteilung zu), stellt bereits dies eine eigene, schuldhafte Vertragsverletzung des Mieters dar, so dass

[220] So BGH NZM 2021, 135 für den Fall der Gewährung einer gerichtlichen Räumungsfrist.
[221] BGH NJW-RR 2005, 1542; WM 1968, 1370; OLG Düsseldorf ZMR 2010, 755; OLG Hamburg WuM 1997, 223; LG Stuttgart NJW-RR 1990, 654; LG Köln WuM 1997, 46; LG/AG Kempten WuM 1996, 36; LG Kiel WuM 1995, 540; MüKoBGB/Bieber § 546a Rn. 23; BeckOK MietR/Weber BGB § 540 Rn. 3; Bub/Treier MietR-HdB/Emmerich Kap. IV. Rn. 168; Sternel MietR Kap. IV. Rn. 585; Emmerich/Sonnenschein/Rolfs BGB § 546a Rn. 6; Schmidt-Futterer/Streyl BGB § 546 Rn. 108; Heilmann NZM 2016, 74 (81); aA Emmerich/Sonnenschein/Emmerich BGB § 540 Rn. 17, nach dem sich der Anspruch aus Verzug oder Bereicherungsrecht ergeben soll.
[222] OLG Düsseldorf ZMR 1994, 215; LG Freiburg WuM 1989, 287; Emmerich/Sonnenschein/Emmerich BGB § 540 Rn. 17.
[223] Allgemeine Meinung, vgl. etwa MüKoBGB/Bieber § 540 Rn. 25.
[224] BGHZ 112, 307 = NJW 1991, 489; OLG München NJW-RR 1987, 727; LG Berlin WuM 1995, 395; Schmidt-Futterer/Blank BGB § 540 Rn. 78; aA nur Sternel MietR aktuell Kap. II. Rn. 262.
[225] AG Hamburg-Altona ZMR 2012, 587 ff. für Anbau und Konsum von Cannabis.
[226] Vgl. grundlegend Staudinger/Schwarze BGB § 280 Rn. F 70; für Mietverträge zB BGH NJW 1964, 33; BB 1977, 866.
[227] Bub/Treier MietR-HdB/Kraemer/von der Osten/Schüller Kap. III. Rn. 2529.

dieser dem Vermieter für daraus entstehende Schäden auch ohne Verschulden des Dritten haftet.[228] Dies gilt insbes. auch in dem Fall, dass der Mieter in Anbetracht eines vorhersehbaren Räumungsurteils gegen sich vertragswidrig untervermietet, um die Vollstreckung zu verhindern oder zu erschweren.[229] Handelt es sich bei dem Mieter um eine GmbH, kommt eine **persönliche Haftung des Geschäftsführers** wegen Missbrauchs der kooperativen Haftungsbeschränkung in Betracht.[230]

92 Es wurde bereits oben (→ Rn. 25) darauf hingewiesen, dass der **Vermieter** dem **Mieter Schadenersatz** wegen positiver Vertragsverletzung schuldet, wenn er die Erlaubnis zur Gebrauchsüberlassung schuldhaft unberechtigt nicht erteilt, dem Mieter aber aus § 553 Abs. 1 S. 1 BGB ein Anspruch auf Erteilung der Erlaubnis zusteht. Ohne einen Anspruch des Mieters auf Erteilung der Erlaubnis kommt ein Schadenersatzanspruch mangels einer Pflichtverletzung des Vermieters nicht in Betracht.

93 Der **Dritte** ist (anders als die nächsten Angehörigen, die der Mieter als Ausfluss seines Gebrauchsrechts in die Wohnung aufnehmen darf) nicht, und zwar auch nicht bei vom Vermieter gestatteter Gebrauchsüberlassung, in den **Schutzbereich** des Mietvertrages zwischen Vermieter und Mieter einbezogen,[231] so dass dem Dritten bei vom Vermieter zu vertretenden Schäden kein eigener vertraglicher Schadenersatzanspruch gegen diesen zusteht.

94 Die Haftung des Mieters gegenüber seinem **Untermieter** richtet sich nach §§ 536 ff. BGB, so dass der Mieter dem Dritten insbesondere dafür einzustehen hat, dass der Vermieter die Erlaubnis zur Gebrauchsüberlassung auch erteilt.[232]

2. Kündigungsrechte des Mieters

95 Da dem Mieter im Regelfall kein Anspruch auf Genehmigung der Gebrauchsüberlassung zusteht, er jedoch gemäß § 538 BGB allein das Verwendungsrisiko der Mietsache trägt, billigt ihm § 540 Abs. 1 S. 2 BGB als Ausgleich für Fälle, in denen die Verwendung der Wohnung für ihn nicht mehr von Interesse ist, ein Recht zur außerordentlichen Kündigung mit gesetzlicher Frist zu. Die Regelung ist in der **Praxis** nur dann von Bedeutung, wenn eine **bestimmte Laufzeit** vereinbart oder das Recht zur ordentlichen Kündigung sonst (wirksam) ausgeschlossen wurde, also fast ausschließlich bei **gewerblichen Mietverhältnissen.**

96 Voraussetzung für das Kündigungsrecht ist, dass der Mieter den Vermieter um die Erteilung seiner Erlaubnis gebeten, der Vermieter seine Erlaubnis jedoch verweigert hat. Die **Beweislast** hierfür trägt der Mieter.[233]

Der ausdrücklichen Verweigerung der Erlaubnis stehen gleich:

- **Schweigen des Vermieters,** obwohl ihn der Mieter mit angemessener Frist zur Erklärung aufgefordert hatte.[234] Dies gilt jedoch nur, wenn der Mieter den Untermietinteressenten zuvor namentlich benannt hat.[235] Nach einer zu einem gewerblichen Mietverhältnis ergangenen Entscheidung soll dies nur dann gelten, wenn der Mieter den Vermieter ausdrücklich darauf hingewiesen hat, dass er dessen Schweigen innerhalb der ihm gesetzten Frist als Verweigerung der Zustimmung ansehen werde.[236] Das

---

[228] Allgemeine Meinung, vgl. etwa MüKoBGB/Bieber BGB § 540 Rn. 25; Emmerich/Sonnenschein/Emmerich BGB § 540 Rn. 21.

[229] OLG München 2.5.2019 – 32 U 1436/18, BeckRS 2019, 14016.

[230] OLG München 2.5.2019 – 32 U 1436/18, BeckRS 2019, 14016.

[231] BGHZ 70, 327 = NJW 1978, 883.

[232] Vgl. etwa Emmerich/Sonnenschein/Emmerich BGB § 540 Rn. 19.

[233] OLG Koblenz WuM 2012, 613 f.

[234] LG Berlin NZM 1999, 405; AG Hamburg-Wandsbek WuM 1986, 314; Bub/Treier MietR-HdB/Kraemer Kap. III. Rn. 3023; Staudinger/Emmerich BGB § 540 Rn. 25; Emmerich/Sonnenschein/Emmerich BGB § 540 Rn. 10.

[235] OLG Koblenz NZM 2001, 581; OLG Hamm OLGR 1992, 275; LG Berlin GE 2006, 1405; NZM 2002, 338; 1999, 405; aA LG Berlin NZM 2001, 231; Schmidt-Futterer/Flatow BGB § 540 Rn. 72; Seyfarth NZM 2002, 200 (203).

[236] KG NZM 2008, 287 f.

Kündigungsrecht besteht nicht, wenn der Vermieter die Erlaubnis zwar nach Ablauf der ihm vom Mieter gesetzten Frist, aber vor Ausspruch der außerordentlichen Kündigung erteilt hat;[237]

- Der Vermieter macht die Erteilung von **Einschränkungen** oder **Auflagen** abhängig, die im Mietvertrag oder § 540 BGB keine Stütze finden.[238] Dieser Fall liegt auch vor, wenn der Vermieter seine Erlaubnis von einem Untermietzuschlag abhängig macht (was in der Praxis oft geradezu reflexartig und ohne sachliche Begründung verlangt wird), obwohl ihm ein solcher dem Grund oder der Höhe nach nicht zusteht.[239] In der **Praxis** muss sich der Vermieter also entscheiden, ob er für das Ziel einer Durchsetzung des Untermietzuschlages eine Beendigung des Mietverhältnisses zu riskieren bereit ist;
- Der Vermieter widerspricht ganz allgemein und kategorisch jeder Untervermietung.[240] Dies gilt selbst dann, wenn der Mieter zuvor keinen konkreten Untermietinteressenten benannt hatte.[241]

Dieser Fall ist von enormer **praktischer Bedeutung:** Gerade um eine Umgehung einer **fest vereinbarten Laufzeit** über das außerordentliche Kündigungsrecht des § 540 Abs. 1 S. 2 BGB zu vermeiden, müssen Vermieter dringend darauf achten, das Ansinnen des Mieters nie generell abzulehnen, sondern allenfalls dann, wenn der Mieter ihnen umfassend Auskunft über die Person des Dritten und die von ihm beabsichtigte Nutzung erteilt hat und danach ein wichtiger Grund in der Person des Mieters zu bejahen ist (hierzu auch → Rn. 37 ff.). 97

Um den Mieter in die Lage zu versetzen zu prüfen, ob eine Kündigung gemäß § 540 Abs. 1 S. 2 BGB Aussicht auf Erfolg verspricht, muss der Vermieter dem Mieter jedenfalls auf dessen **Verlangen** hin seine Versagungsgründe mitteilen.[242] Auf andere Gründe kann sich der Vermieter nur berufen, wenn sie ihm bei Erteilung der unverschuldet unbekannt war oder später entstanden sind.[243] Nach richtiger Ansicht dürfte die Obliegenheit des Vermieters, seine Versagungsgründe mitzuteilen, nur dann bestehen, wenn der Mieter seinerseits zuvor den Dritten benannt und die für die Entscheidung des Vermieters erforderlichen Angaben mitgeteilt hat.[244] 98

Praxistipp:

Es empfiehlt sich für den **Mieter** daher, seine Bitte um Erlaubniserteilung möglichst ausführlich zu begründen.

Aus Sicht des **Vermieters** sollte zur Vermeidung des Risikos einer möglicherweise wirksamen Kündigung die Erlaubnis nicht mit der Begründung versagt werden, der Mieter habe die erforderlichen Angaben nicht mitgeteilt. Vielmehr empfiehlt es sich, dem Mieter zunächst mitzuteilen, dass die Erlaubnis versagt wird, wenn dieser die entscheidenden Angaben nicht innerhalb einer zu setzenden Frist mitteilt. 99

Hinsichtlich des Ausspruchs der Kündigung gelten die allgemeinen Regeln, gemäß § 573d Abs. 2 BGB gilt die gesetzliche Kündigungsfrist. Die Kündigung kann nicht nur für den ersten Termin, zu dem sie möglich ist, wirksam ausgesprochen werden, vielmehr 100

[237] LG Berlin GE 2006, 1405 f.

[238] RGZ 74, 176 (179); BGHZ 59, 3 ff. (7 f.) = NJW 1972, 1267; Schmidt-Futterer/Flatow BGB § 540 Rn. 74.

[239] Sternel MietR aktuell Kap. IV. Rn. 485.

[240] KG WuM 1996, 696; OLG Düsseldorf DWW 1998, 20; LG Berlin WuM 1996, 763; Emmerich/Sonnenschein/Emmerich BGB § 540 Rn. 10.

[241] BGHZ 59, 3 (7 f.) = NJW 1972, 1267; KG ZMR 1996, 648 (649); LG Köln WuM 1994, 468.

[242] BGHZ 59, 3 (7 f.) = NJW 1972, 1267.

[243] RGZ 74, 176 (178); 92, 118 (120); OLG Köln WuM 1997, 620, 621; Schmidt-Futterer/Flatow BGB § 540 Rn. 75.

[244] Sternel MietR aktuell Kap. IV. Rn. 485.

steht dem Mieter eine **angemessene Überlegungsfrist**[245] zu. Erst wenn diese verstrichen ist, hat der Mieter sein Kündigungsrecht verwirkt.

Das Kündigungsrecht ist **ausgeschlossen,** wenn in der Person des Dritten ein wichtiger Grund vorliegt (vgl. hierzu → Rn. 37 f.). Ebenso besteht kein Kündigungsgrund, wenn der Dritte überhaupt kein ernsthaftes Anmietungsinteresse hat.[246]

101 Steht dem Mieter vertraglich oder gemäß § 553 Abs. 1 BGB ein Anspruch auf Erteilung der Erlaubnis zu, kann er bei unrechtmäßiger Versagung nach erfolgloser Abmahnung die fristlose Kündigung des Mietverhältnisses gemäß § 543 Abs. 2 Nr. 1 BGB aussprechen[247] (vgl. hierzu → Rn. 25, 57).

3. Kündigungsrechte des Vermieters

102 **§ 543 Abs. 2 Nr. 2 BGB** nennt als gesetzliches Regelbeispiel eines vertragswidrigen Gebrauchs, wegen dessen der Vermieter nach erfolgloser Abmahnung die **fristlose Kündigung** aussprechen kann, dass der Mieter die Mietsache „unbefugt einem Dritten überlässt". Eine Abmahnung soll entbehrlich sein, wenn der Vermieter kurze Zeit vorher seine Erlaubnis wirksam widerrufen hatte.[248] Wegen der allgemeinen Voraussetzungen einer fristlosen Kündigung gemäß § 543 BGB vgl. die Ausführungen zu diesem Kündigungstatbestand (§ 41 Abs. 1).

103 Das Belassen des Gebrauchs ist unbefugt, wenn der Vermieter die Gebrauchsüberlassung weder allgemein, noch im Einzelfall gestattet hat oder die für befristete Zeit erteilte Erlaubnis abgelaufen ist.[249] Einer **erheblichen Verletzung** der Rechte des Vermieters bedarf es daneben – auch nach der Mietrechtsreform 2001 – nicht, sie wird bei dem gesetzlichen Regelbeispiel vielmehr **indiziert.**[250] Die Gegenmeinung, die eine zusätzliche, erhebliche Verletzung der Rechte des Vermieters für erforderlich hält,[251] ist abzulehnen, da der Reformgesetzgeber die materielle Rechtslage gegenüber § 553 BGB aF ausdrücklich nicht verändern wollte.[252]

Praxistipp:

Es ist dabei von enormer Bedeutung, dass die fristlose Kündigung gemäß § 242 BGB ausgeschlossen ist, wenn die Mieter die Erlaubnis des Vermieters zwar nicht eingeholt hat, ihm materiellrechtlich jedoch ein **Anspruch auf Erteilung** der Erlaubnis zusteht.[253] In diesem Fall bleibt dem Vermieter allenfalls eine **ordentliche Kündigung** wegen schuldhafter Pflichtverletzung des Mieters gemäß § 573 Abs. 2 Nr. 1 BGB. Streitig ist, ob das stets ohne weitere Voraussetzungen gilt[254] oder ob anhand einer Würdigung der Umstände des Einzelfalls zu beurteilen ist, ob diese formelle

[245] BGHZ 59, 3 (9) = NJW 1972, 1267; Guhling/Günter/Guhling BGB § 540 Rn. 74.
[246] BGH NZM 2010, 120 f.; OLG Naumburg Info M 2012, 538.
[247] BGHZ 89, 308 (312) = NJW 1984, 1031; OLG Düsseldorf WuM 1995, 585.
[248] LG München I ZMR 2016, 451.
[249] OLG München I ZMR 2016, 451.
[250] BGH NJW 1985, 2527; OLG Hamm NJW-RR 1997, 1370; BayObLG NJW-RR 1991, 461; OLG Frankfurt a. M. WuM 1988, 395; OLG Hamburg WuM 1982, 41; Guhling/Günter/Guhling BGB § 540 Rn. 50 f.; Grüneberg/Weidenkaff BGB § 543 Rn. 20; Lammel § 543 Rn. 82a f.; dies gilt jedenfalls dann, wenn dem Mieter kein Anspruch auf Zustimmung zu Untervermietung zusteht, vgl. Emmerich/Sonnenschein/Emmerich BGB § 543 Rn. 25.
[251] Sternel MietR aktuell Kap. IV. Rn. 390; Schmidt-Futterer/Blank BGB § 543 Rn. 73; Kraemer NZM 2001, 533 (560); Lützenkirchen Rn. 866.
[252] Begr. d. RefE., abgedruckt bei Lützenkirchen Rn. 1145.
[253] BGH NJW 1985, 2527; BayObLG NJW-RR 1991, 461; WuM 1991, 18; OLG Hamm ZMR 1997, 349; für ein gewerbliches Mietverhältnis OLG Dresden ZMR 2016, 24; Emmerich/Sonnenschein/Emmerich BGB § 543 Rn. 25; Bub/Treier MietR-HdB/Kraemer Kap. III Rn. 3025; Schmidt-Futterer/Blank BGB § 543 Rn. 151; aA MüKoBGB/Bieber § 543 Rn. 41, der allein in der Nichteinholung der Erlaubnis einen Kündigungsgrund sieht.
[254] So BayObLG ZMR 1995, 301 ff.; LG Berlin GE 2018, 511.

Vertragsverletzung ein eine ordentliche Kündigung rechtfertigendes Gewicht hat.[255] Der zuletzt genannten Auffassung ist der Vorzug zu geben, weil die Gegenansicht rein formalistisch ist.

Es kann ein Recht des Vermieters zur ordentlichen Kündigung gemäß § 573 Abs. 2 Nr. 1 BGB begründen, wenn dem Mieter zwar ein Anspruch auf Erteilung der Erlaubnis gegen den Vermieter zustehen würde, er den Gebrauch dem Dritten jedoch überlässt, ohne die Erlaubnis auch einzuholen. Dies gilt freilich nur, wenn den Mieter ein **Verschulden** trifft und durch die Nichteinholung der Erlaubnis die **Interessen des Vermieters erheblich verletzt** werden. Hierfür kommt es auf die konkreten Umstände des Einzelfalles an.[256] Bei der Prüfung des Verschuldens des Mieters kommt es vor allem auf dessen **Motive** an, also zum Beispiel ob er irrtümlich angenommen hat, zur Aufnahme des Dritten berechtigt zu sein, oder ob er die Belange des Vermieters bewusst missachtet hat.[257] 104

Für die Durchsetzung einer solchen Kündigung besteht in der **Praxis** ein großes Risiko, da es im Hinblick auf den strengen Prüfungsmaßstab der Instanzgerichte kaum möglich sein dürfte nachvollziehbar darzulegen, dass und warum dem Vermieter eine Fortsetzung des Mietverhältnisses allein wegen der unterbliebenen Einholung der Erlaubnis nicht zuzumuten sein soll. Da in diesem Fall jedoch schon das Recht zur fristlosen Kündigung nach § 543 BGB besteht, kommt der ordentlichen Kündigung daneben keine praktische Bedeutung zu. 105

Praxistipp:

Es ist nicht ratsam, statt einer möglichen fristlosen Kündigung gemäß § 543 BGB nur, etwa um den Mieter möglichst weitgehend zu schonen, eine ordentliche Kündigung gemäß § 573 BGB auszusprechen, da dies von Mieter und Gericht so verstanden würde, als zweifelte der Vermieter selbst an seiner Rechtsposition. Dies gilt umso mehr, als eine unwirksame fristlose Kündigung unter gewissen Umständen in eine ordentliche Kündigung **umgedeutet** werden kann.[258]

Um etwaigen Bedenken bezüglich der Wirksamkeit einer fristlosen Kündigung Rechnung zu tragen, sollte der Vermieter hilfsweise zur fristlosen Kündigung daneben vorsorglich auch die ordentliche Kündigung aussprechen. 106

Formulierungsvorschlag:

Nur hilfsweise und höchst vorsorglich wird die Kündigung daneben auch als ordentliche Kündigung wegen schuldhafter Pflichtverletzung gemäß § 573 Abs. 2 Nr. 1 BGB ausgesprochen, insbesondere für den Fall, dass Ihnen ein Anspruch auf Gestattung der Gebrauchsüberlassung zustehen sollte.

IV. Vertragsgestaltung

Da sowohl gemäß § 553 Abs. 3 BGB, als auch gemäß § 565 Abs. 3 BGB zum Nachteil des Mieters abweichende Vereinbarungen unwirksam sind, besteht für die Gestaltung von **Wohnraummietverhältnissen** kein nennenswerter Spielraum. Herauszustellen sind folgende Aspekte: Von besonderer **praktischer Bedeutung** ist, dass es gegen § 553 Abs. 3 107

[255] BGH NZM 2011, 74; Grüneberg/Weidenkaff BGB § 540 Rn. 14; Grüneberg/Weidenkaff BGB § 573 Rn. 19; Streyl WuM 2024, 437 (444).
[256] LG Hamburg 20.2.2020 – 333 S 46/19, BeckRS 2020, 13458; BayObLG ZMR 1995, 301 (303).
[257] LG Berlin GE 2011, 1159.
[258] Vgl. hierzu BGH NJW 1981, 976; OLG Düsseldorf DWW 1990, 304.

BGB verstoßen soll, ein **Schriftformerfordernis** für die Erlaubnis des Vermieters zu vereinbaren.[259] Für einen dem Vermieter etwa zustehenden **Untermietzuschlag** kann die **Höhe** nicht von vorneherein vereinbart werden, da sie von den Umständen des Einzelfalls abhängt.[260]

108 Die formularmäßige **Abtretung** des Anspruchs auf die **Untermiete** soll gegen § 307 Abs. 1 BGB verstoßen.[261] Dies dürfte jedoch dann nicht gelten, wenn der Vermieter sich dazu verpflichtet, die Abtretung nur und erst dann offenzulegen, wenn sich der Mieter mit der Erfüllung seiner Verpflichtungen in Verzug befindet. Bei einer wirksamen Abtretungsvereinbarung steht dem Vermieter ein Auskunftsanspruch über den Namen des Untermieters, die Art der Nutzung, die Höhe der Untermiete und die Laufzeit des Untermietverhältnisses zu.[262]

109 Der Vermieter kann sich den **Widerruf** der einmal erteilten Erlaubnis nicht allgemein, also unabhängig vom Vorliegen eines wichtigen Grundes, vorbehalten.[263]

Das außerordentliche Kündigungsrecht des Mieters für den Fall der Versagung der Untervermietungserlaubnis kann nicht wirksam ausgeschlossen werden.[264]

Das Recht des Mieters, **nächste Angehörige** und **Bedienstete** in die Wohnung aufzunehmen kann ebenso wenig eingeschränkt werden[265] wie sein Recht, Besucher zu empfangen.[266]

---

[259] BGHZ 130, 50 (54) = NJW 1995, 2034; BGH WuM 1991, 381 (382); NJW 1990, 1750 (1751); OLG Frankfurt a. M. WuM 1992, 56 (63).

[260] OLG Hamm WuM 1983, 108 (111); LG Hannover WuM 1983, 236; Staudinger/Emmerich BGB § 553 Rn. 22; Schmidt-Futterer/Eisenschmid BGB § 553 Rn. 22.

[261] OLG Celle WuM 1990, 103 (105); Bub/Treier MietR-HdB/Bub Kap. II. Rn. 1279; Sternel MietR Kap. I. Rn. 330.

[262] AG München ZMR 2017, 251.

[263] BGH NJW 1987, 1692; BGHZ 130, 50 (54) = NJW 1995, 2034.

[264] BGHZ 130, 50 = NJW 1995, 2034; LG Hamburg ZMR 1992, 452.

[265] BayObLG NJW 1998, 1324; ZMR 1984, 13; OLG Hamm WuM 1982, 318; Schmidt-Futterer/Blank BGB § 540 Rn. 26.

[266] Schmidt-Futterer/Blank BGB § 540 Rn. 36; Bub/Treier MietR-HdB/Kraemer/von der Osten/Schüller Kap. II. Rn. 1581; Sternel MietR aktuell Kap. I. Rn. 389.

5. Abschnitt. Mietobjekt

§ 14 Mietsache

Übersicht

I. Bestimmung der Mietsache

In § 535 Abs. 1 BGB ist geregelt, dass der Vermieter durch den Mietvertrag verpflichtet wird, dem Mieter den Gebrauch der Mietsache während der Mietzeit zu gewähren. Die Mietsache ist dabei in einem zum vertragsgemäßen Gebrauch geeigneten Zustand zu überlassen und in diesem zu erhalten. Was Mietsache ist, ist damit wesentlicher Vertragsgegenstand. 1

Die Mietsache muss also im – mündlichen oder schriftlichen – Mietvertrag bestimmt, zumindest aber bestimmbar sein.[1] Dies ist durch eine textliche Beschreibung oder auch zeichnerisch möglich. Während bei bereits vorhandenen Räumlichkeiten eine Bezeichnung weitestgehend unproblematisch erscheint, müssen bei einem erst herzustellenden Objekt konkretere Bestimmbarkeitskriterien verlangt werden (zu empfehlen ist die Bezugnahme auf einen beigefügten Grundriss, Lageplan, Baubeschreibung etc). 2

Nebenräume wie **Keller, Dachbodenräume, Garagen, Gärten** sind nur dann Bestandteil der Mietsache, wenn dies ausdrücklich vereinbart wurde. Eine Ausnahme kann gelten, wenn sich das Gebrauchsrecht nach der Verkehrsanschauung auch auf solche Objekte erstreckt, wie es zB beim Garten eines Einfamilienhauses der Fall ist.[2] 3

Gemeinschaftsräume wie Zu- und Abgänge, Flure, Waschräume, Trockenräume, Treppenhaus, Fahrradkeller, Aufzug etc können auch ohne ausdruckliche Vereinbarung vom Mieter mitbenutzt werden.[3] 4

Werden **Garagen** zeitgleich mit dem Wohnraum angemietet, ist von einem einheitlichen Vertragsgegenstand auszugehen. Wird eine Garage, die sich auf dem selben Grundstück befindet, zu einem späteren Zeitpunkt angemietet, ist auch dann von einem einheitlichen Mietgegenstand auszugehen.[4] Anderes kann gelten, wenn für die Garage eine eigene Kündigungsregelung getroffen wurde oder diese auf einem anderen Grundstück liegt. Dasselbe hat für Stellplätze zu gelten. 5

---

[1] BGH NJW 2014, 2103; BGH NZM 2010, 704; BGH NJW 2002, 3322.

[2] OLG Köln NJW-RR 1994, 334.

[3] Schmidt-Futterer/Lehmann-Richter BGB § 535 Rn. 25; BeckOK MietR/Hörndler BGB § 535 Rn. 611.

[4] BGH NJW 2012, 224 (225).

II. Nachträgliche Veränderungen der Mietsache

1. Vertraglicher Vorbehalt

6 Insbesondere bei noch zu errichtenden Mieträumen wird der Vermieter ein Interesse daran haben, sich Vorbehalte von Änderungen und/oder Abweichungen gegenüber dem Zustand bei Besichtigung durch den Mieter bzw. gegenüber Grundrissen, Lageplan und Baubeschreibung zu vereinbaren. Dies dürfte im Hinblick auf § 308 Nr. 4 BGB iVm § 307 BGB in Formularverträgen zulässig sein, solange dies auf baurechtliche oder technisch zwingend erforderliche Änderungen beschränkt bleibt und die vertraglich geschuldete Gebrauchsfähigkeit nicht erheblich beeinträchtigt wird.[5]

7 Eine Mietvertragsklausel dahingehend, dass sich der Vermieter vorbehält, entweder andere Nebenräume oder sogar andere Hauptmietflächen bei nicht rechtzeitiger Räumung durch den Vormieter oder Nichteinhaltung der zugesicherten Bezugsfertigkeit zuzuweisen, wird gemäß § 308 Nr. 4 BGB iVm § 307 BGB unwirksam sein, da dies letztlich dem Mieter nicht zuzumuten ist.[6]

2. Bauliche Veränderungen der Mietsache

8 **a) Bauliche Veränderung durch den Mieter.** Bauliche Veränderungen an der Mietsache sind dem Mieter ohne Zustimmung des Vermieters grundsätzlich verwehrt, so dass bei Vertragsende alle derartigen Veränderungen einschließlich Umbauten beseitigt werden müssen (als Teil der Rückgabepflicht nach § 546 BGB).[7] Hierzu gehören Verkleidungen an Wänden und Decken, Fußbodenbeläge, Leichtbauwände, Dübellöcher.

9 Dem Mieter sind allerdings bauliche Veränderungen gestattet, wenn der Vermieter sich mit der Beseitigung eines Mangels in Verzug befindet (§ 536a Abs. 2 Nr. 1 BGB) oder es sich um erforderliche Aufwendungen handelt (§ 536a Abs. 2 Nr. 2 BGB).

10 Trotz des Einverständnisses des Vermieters mit baulichen Veränderungen sind diese grundsätzlich bei Beendigung des Mietverhältnisses zu beseitigen.[8] Anderes kann nur dann gelten, wenn über die Dauer des Mietverhältnisses hinaus eine objektive Wertverbesserung erzielt wurde, die Beseitigung einen höheren Kostenaufwand erforderte und dadurch das Mietobjekt in einen schlechteren Zustand versetzt würde.[9] Letztlich schließt § 242 BGB die Beseitigungspflicht aus, wenn der Nachmieter die Maßnahme als eigene (Mitbeseitigungspflicht) zu übernehmen bereit ist oder im Rahmen von Umbaumaßnahmen der Vermieter die Rückbauarbeiten des Mieters seinerseits wieder beseitigen müsste.

11 Selbstverständlich entfällt die Beseitigungspflicht auch dann, wenn die Mietvertragsparteien die Maßnahme abgesprochen und eine Entfernung ausdrücklich oder schlüssig abbedungen haben.

12 **b) Bauliche Veränderungen durch den Vermieter.** *aa) Erhaltungsmaßnahmen.* Der Vermieter hat die uneingeschränkte Pflicht zur Erhaltung der Mietsache; damit korrespondiert die Duldungspflicht des Mieters im gleichen Umfang, die Berufung des Mieters auf eine Härte greift ebenfalls grundsätzlich nicht, § 555a Abs. 1 BGB.

13 Die Erwägungen, ob die Maßnahmen einem Mieter zumutbar sind, oder nicht, beziehen sich im Regelfall nicht auf die Maßnahme als solche, sondern die Art und Weise ihrer Ausführung (Jahreszeit, Dauer der Arbeiten). Der Mieter hat eine Duldungspflicht, keine aktive Mitwirkungspflicht. So muss der Vermieter auch den Ab- und Aufbau der Möbel des Mieters auf eigene Kosten veranlassen.[10] Aufwendungen hat der Vermieter dem Mieter zu ersetzen, § 555a Abs. 3 BGB.

---

[5] Bub/Treier MietR-HdB/Bub Kap. II. Rn. 1095.
[6] Bub/Treier MietR-HdB/Bub Kap. II. Rn. 1090 ff.
[7] MüKoBGB/Häublein § 535 Rn. 104 ff.
[8] BGH NJW 2006, 2115 (2116); LG Bochum NJOZ 2019, 1246.
[9] LG Berlin BeckRS 2010, 24120.
[10] Schmidt-Futterer/Eisenschmid BGB § 555a Rn. 50.

Das Mietobjekt ist nach Beendigung der Arbeiten durch den Vermieter in den vertragsgemäßen Zustand zurückzuversetzen (Erneuerung beschädigter Tapeten, Reinigung). 14

bb) Verbesserung, Einsparung von Energie, Schaffung neuen Wohnraums. Modernisierungsmaßnahmen dienen nicht der Erhaltung der Mietsache, sondern der Gebrauchswertsteigerung. Inwieweit der Mieter diese Maßnahmen zu dulden hat, regelt § 555d BGB. 15

Anders als bei Instandhaltungs- und Instandsetzungsmaßnahmen nach § 555a Abs. 1 BGB ist hier im Einzelfall zu prüfen, ob eine Maßnahme im Sinne von § 555b BGB und/oder eine nicht zu rechtfertigende Härte im Sinne von § 555d Abs. 2 BGB vorliegt. § 555d Abs. 1 BGB gestattet nicht einen Umbau, der den Wegfall von einzelnen Wohnungen zur Folge hätte oder die Aufteilung einer großen Wohnung in mehrere kleine Einheiten. Ebenfalls nicht mehr hinzunehmen ist eine sogenannte Luxusmodernisierung, dh Umgestaltung einer Altbauwohnung in ein Luxusappartement.[11] Es ist jeweils Frage des Einzelfalls, welche Auswirkungen eine Maßnahme hat und somit auch, ob diese Auswirkungen für den konkreten Mieter eine unzumutbare Härte darstellen. 16

Der Mieter ist ferner verpflichtet, die Schaffung neuen Wohnraums durch Anbau, Umbau oder Ausbau der Wohnung oder des Hauses zu dulden. **Anbau** ist die Neugestaltung des Hauses mit dem Ergebnis weiteren Wohnraums, nicht zwingend weitere Wohnungen. **Ausbau** betrifft bislang nicht zu Wohnzwecken genutzte Gebäudebestandteile (Dachboden, Untergeschoss). Möglich ist auch ein **Umbau,** nämlich die Anpassung nicht mehr für Wohnzwecke geeignete Räume an aktuelle Wohnraumbedürfnisse. Zu den weiteren Voraussetzungen (nicht zu rechtfertigende Härte, Mieterhöhung, Sonderkündigungsrecht des Mieters). 17

[11] BGH NJW 2018, 1008.

§ 15 Überlassung, Betrieb und Veräußerung der Mietsache

Übersicht

Schrifttum:
Börstinghaus, Vermieterwechsel kraft Gesetzes – Fallstricke in wirtschaflich schwerer Zeit, NZM 2004, 481; Chang, Der gesetzliche Vertragseintritt, 2020, S. 53 ff.; Derleder, Der „mitgekaufte" Mieter, NJW 2008, 1189; Drasdo, Mieterschutz beim gesetzlichen Eigentumsübergang auf BImA, NJW-Spezial 2008, 449; Harke, Gesetzlicher Übergang des Mietverhältnisses bei der Veräußerungskette, ZMR 2002, 490; Koch/Rudzio, Die Anwendbarkeit des § 566 BGB bei der Veräußerung einer vom Nichteigentümer vermieteten Immobilie, ZfIR 2007, 437; Kühn. Widerspruchsrecht des Mieters gegen Mietvertragsübergang? – „Anleihen" beim Betriebsübergang zum Schutz des Arbeitnehmers, NZM 2009, 4.

I. Überlassung und Gebrauch der Mietsache

1. Verschaffung des Mietgebrauchs

1 Die mietvertragliche Berechtigung zum Gebrauch der Wohnräume setzt ihre **Besitzverschaffung** an den Mieter oder sonst vertraglichen Berechtigten voraus. Die Verpflichtung des Vermieters zur Besitzverschaffung folgt nicht unmittelbar aus der Regelung des § 535 Abs. 1 S. 1 BGB; sie sieht mit Blick auf § 535 Abs. 1 S. 2 Alt. 1 BGB vielmehr allgemein nur eine Gebrauchsüberlassung vor[1] und nicht in jedem Fall die Besitzverschaffung iSd § 854 Abs. 1 BGB.[2] Erst aus dem zu gewährenden vertragsgemäßen Gebrauch einer Mietsache folgt eine konkrete Gebrauchsüberlassungspflicht.[3] Bei der Wohnraummiete erfordert die Gebrauchsüberlassung die vom Vermieter vorzunehmende Verschaffung des ungestörten alleinigen Besitzes an den Mieter, damit

[1] S. BGH NJW 2007, 2394 Rn. 19; NJW 2002, 3322 (3323).

[2] S. BGH 11.11.2021 – IX ZR 237/20, NJW 2022, 701 Rn. 40; NJW-RR 1989, 589 (589).

[3] Vgl. etwa BGH 17.7.2002 – XII ZR 86/01, NJW 2002, 3322 zur zeitweisen Zutrittsgewährung zur Fläche für die Verteilerkästen und Leitungen während einer laufenden Wartung und Instandhaltung; BGH NJW 2007, 2394, zur Onlineanwendung von Standardsoftware durch Onlinezugriff auf den Server; BGH 7.11.2018 – XII ZR 109/17, NZM 2019, 824 Rn. 10, zur Zurverfügungstellung einer Werbefläche auf einem Fahrzeug.

dieser die Mietsache ausschließlich benutzen kann, weil der Gebrauch von Wohnräumen notwendig deren Besitz voraussetzt.[4]

Die notwendige Besitzverschaffung von Wohnräumen an den Mieter ist ein rein tatsächlicher Vorgang und erfordert die Erlangung der **tatsächlichen Sachherrschaft**[5] an den Wohnräumen durch den Mieter. 2

Dies erfolgt regelmäßig durch die **Übergabe der Schlüssel** zu den Räumen. Hierzu zählen nicht nur diejenigen zur Wohnung selbst, sondern – bei einem Mehrfamilienhaus – auch die Hausschlüssel, die den Zugang durch den Hausflur[6] ermöglichen. Sind Nebenflächen wie Garagen oder Kellerräume mitvermietet, erstreckt sich die Besitzverschaffungspflicht auch auf die hierfür erforderlichen Schlüssel. Die Verpflichtung zur Schlüsselübergabe ergibt sich nicht nur aus ihrer faktischen Notwendigkeit für den vertragsgemäßen Gebrauch der Mietsache, sondern auch aus der rechtlichen Einordnung der Schlüssel als Zubehör der Mietsache im Sinne des § 97 BGB. Damit umfasst die mietvertragliche Gebrauchsüberlassungspflicht auch die zugehörigen Schlüssel.[7] Mit der Berechtigung des Mieters zum ausschließlichen und ungestörten Gebrauch der Mietsache geht die Verpflichtung des Vermieters einher, sämtliche Schlüssel dem Mieter zu übergeben.[8]

Der Anspruch des Mieters auf Überlassung der Mietsache wird mit dem vereinbarten Beginn des Gebrauchsgewährungszeitraums **fällig.** Fehlt ausnahmsweise eine konkrete Vereinbarung über den Zeitpunkt der Überlassung und lässt sich auch aus den Umständen hierfür kein Zeitpunkt ermitteln, kann der Mieter gemäß § 271 Abs. 1 BGB die Gebrauchsüberlassung bereits mit Vertragsschluss verlangen. Fällt der vertraglich festgelegte Mietbeginn auf einen Sonnabend, Sonntag oder gesetzlichen Feiertag, ist im Wohnraummietrecht regelmäßig davon auszugehen, dass die Übergabe dennoch an diesem Tag gewollt ist und sich – abweichend von der Regelung des § 193 BGB – nicht auf den nächsten Werktag verschiebt.[9] Ein einvernehmlich vorgezogener Einzug erstreckt das Mietverhältnis in der Regel auf diesen Zeitraum, ohne dass eine zusätzliche Mietzahlung geschuldet wird; vielmehr umfasst die bereits geschuldete Miete auch diesen Zeitraum. Erfolgt die Übergabe trotz Fälligkeit nicht, tritt für die Zeit bis zur tatsächlichen Überlassung Unmöglichkeit ein, da eine nachträgliche Gebrauchsgewährung für die verstrichene Mietzeit ausgeschlossen ist.[10] 3

2. Gebrauch der Mietsache

Der Mietvertrag räumt dem Mieter ein Recht zum Gebrauch der Mietsache ein, ohne ihn zugleich zur tatsächlichen Nutzung zu verpflichten. Eine derartige **Gebrauchspflicht** lässt sich insbesondere nicht aus § 535 Abs. 1 BGB ableiten, da diese Vorschrift allein die Gebrauchsgewährung durch den Vermieter regelt, nicht jedoch eine Gebrauchspflicht des Mieters begründet.[11] Ebenso wenig folgt eine allgemeine Gebrauchspflicht aus § 241 Abs. 2 BGB. Der Mieter unterliegt hiernach lediglich einer **Obhutspflicht,** die den Erhalt der Mietsache sichert, jedoch keine tatsächliche Nutzung voraussetzt.[12] 4

Eine Gebrauchspflicht kann daher nur auf Grundlage einer **vertraglichen Vereinbarung** begründet werden. In der **Wohnraummiete** sind jedoch Klauseln in Allgemeinen Geschäftsbedingungen, die eine Gebrauchspflicht des Mieters vorsehen, regelmäßig unwirksam, da dem Vermieter insoweit kein schützenswertes Interesse zukommt.[13] 5

---

[4] S. BGH NJW-RR 2016, 784 Rn. 22; ähnlich auch BGH NJW 1976, 105 (106).

[5] Die Regelung des § 854 Abs. 1 BGB spricht stattdessen von „tatsächlicher Gewalt", BGH 18.9.2020 – V ZR 8/19, NJW 2020, 3711 Rn. 11, verwendet den Begriff „tatsächliche Herrschaftsgewalt".

[6] S. zum Gebrauchsrecht des Mieters an Gemeinschaftsflächen unter → § 16 Rn. 51 ff.

[7] MüKoBGB/Häublein § 535 Rn. 76, verweist insofern auf §§ 97, 311c BGB entsprechend.

[8] Vgl. OLG Celle BeckRS 2007, 6768.

[9] So LG Berlin BeckRS 2012, 11272; aA Blank/Börstinghaus/Siegmund/Siegmund BGB § 535 Rn. 235.

[10] S. nur BGH NJW-RR 1991, 267.

[11] Vgl. etwa BGH NZM 2011, 151 Rn. 14.

[12] MüKoBGB/Häublein § 535 Rn. 232.

[13] S. Schmidt-Futterer/Lehmann-Richter BGB § 535 Rn. 363.

Denn die Beachtung der gesetzliches Obhutspflicht durch den Mieter gewährleistet bereits hinreichend den Schutz der Mietsache vor Schäden.[14] Im Übrigen bleibt die Pflicht zur Mietzahlung nach § 537 BGB von dem Nichtgebrauch der Mietsache unberührt, da diese nicht an die tatsächliche Nutzung gebunden ist.[15]

6 Verweigert der Mieter die Annahme der Mietsache, begründet dies daher keinen Schuldnerverzug, so dass der Vermieter einen etwaigen Schaden im Zusammenhang mit der Verweigerung der Annahme nicht nach § 286 BGB von dem Mieter ersetzt verlangen kann. Der Mieter kommt gem. § 293 BGB allenfalls in **Annahmeverzug.**[16] Hierfür ist jedoch erforderlich, dass ihm die vertragsgemäße Überlassung der Mietsache nach § 294 BGB tatsächlich angeboten wurde. Selbst wenn der Mieter die Nichtannahme der Wohnräume angekündigt hat, ist nach § 295 BGB zumindest ein wörtliches Angebot des Vermieters erforderlich. Erst wenn die Voraussetzungen des Annahmeverzugs vorliegen, steht dem Vermieter nach § 304 BGB ein Aufwendungsersatz zu.

7 Von einer mietrechtlichen Gebrauchspflicht der Wohnräume ist das **öffentlich-rechtliche Wohnnutzungsgebot** infolge des Zweckentfremdungsverbots zu unterscheiden Nach Art. 6 § 1 Mietrechtsverbesserungsgesetz in Verbindung mit den jeweiligen Verordnungen der Landesregierungen liegt eine Zweckentfremdung regelmäßig vor, wenn Wohnraum über einen längeren Zeitraum hinweg unzulässig leer steht.[17] In einem solchen Fall kann die zuständige Behörde nicht nur den Eigentümer oder Vermieter als Verfügungsberechtigten, sondern auch den nutzungsberechtigten Mieter durch eine Anordnung zur Zuführung des Wohnraums zu Wohnzwecken in Anspruch nehmen.[18] Da das Wohnnutzungsgebot ausschließlich dem Allgemeininteresse an einer ausreichenden Wohnraumversorgung dient. Daher begründet selbst der Erlass einer behördlichen Nutzungsanordnung keine Verpflichtung des Mieters gegenüber dem Vermieter.

8 Lediglich in der **Geschäftsraummiete** kann ein erhebliches Interesse des Vermieters an der Nutzung der Mietsache bestehen. Eine konkludente Verpflichtung des Gebewerberaummieters zur Gebrauchsausübung ergibt sich hieraus jedoch nicht, selbst wenn eine Umsatzmiete[19] vereinbart wurde oder die Gewerberäume innerhalb eines Einkaufszentrums[20] liegen.[21]

---

[14] Vgl. etwa zum Frostschaden an der Heizungsanlage wegen mangelnder Beheizung OLG Hamm BeckRS 1995, 30995248.

[15] Vgl. MüKoBGB/Häublein § 535 Rn. 232.

[16] Vgl. wiederum nur MüKoBGB/Häublein § 535 Rn. 232.

[17] Vgl. jeweils mit einer unterschiedlichen Leerstandsdauer § 2 Abs. 1 S. 2 Nr. 4 Baden-Württembergisches Zweckentfremdungsverbotsgesetz; Art. 1 S. 2 Nr. 4 Bayerisches Zweckentfremdungsgesetz; § 2 Abs. 1 Nr. 4 Berliner Zweckentfremdungsverbot-Gesetz; § 2 Abs. 1 Nr. 4 Bremisches Wohnraumschutzgesetz; § 9 Abs. 2 S. 1 Nr. 5 Hamburgisches Wohnraumschutzgesetz; § 1 Abs. 2 S. 1 Nr. 4 Niedersächsisches Gesetz über das Verbot der Zweckentfremdung von Wohnraum; § 1 Abs. 2 S. 1 Nr. 2 Sächsisches Zweckentfremdungsverbotsgesetz.

[18] So ausdrücklich etwa § 4 Abs. 1 S. 1 Berliner Zweckentfremdungsverbot-Gesetz § 5 Abs. 1 Bremisches Wohnraumschutzgesetz; § 12 Abs. 1 S. 1 Hamburgisches Wohnraumschutzgesetz; offenlassend hinsichtlich des Adressaten: § 4a Abs. 1 Baden-Württembergisches Zweckentfremdungsverbotsgesetz; Art. 3 Abs. 2 Bayerisches Zweckentfremdungsgesetz; § 3 Abs. 1 Niedersächsisches Gesetz über das Verbot der Zweckentfremdung von Wohnraum; § 3 Satz 1 Sächsisches Zweckentfremdungsverbotsgesetz.

[19] Vgl. OLG Dresden 8.5.2024 – 5 U 1856/23, NZM 2025, 132 Rn. 30.

[20] Vgl. dagegen zur Wirksamkeit einer formularvertraglich vereinbarten Betriebs- und Offenhaltungspflicht des Mieters eines Ladengeschäfts in einem Einkaufszentrum trotz fehlendem Konkurrenzschutzes, wenn sie mit keiner hinreichend konkreten Sortimentsbindung verbunden ist BGH 6.10.2021 – XII ZR 11/20, NJW-RR 2022, 161.

[21] Vgl. näher zu den Gebrauchspflichten des Mieters im Gewerberaummietrecht → § 54 Rn. 1 ff.

II. Veräußerung der Mietsache

1. Einführung

Die §§ 566–567b BGB, die noch prägnanter nun unter dem „Flagschiff" des § 566 BGB als **„Kauf bricht nicht Miete"** überschrieben sind, regeln systematisch zunächst die Veräußerung von vermietetem Wohnraum. 9

2. Sinn und Zweck

Die Vorschriften waren bei den Beratungen zur Mietrechtsreform 2001 heftig umstritten. Im Anschluss an das römische Recht und das gemeine Recht galt in einigen Teilen Deutschlands zunächst „Kauf bricht Miete". Ein Erwerber sollte sich (wenn auch möglicherweise unter Einhaltung einer Frist) ohne weiteres vom Mieter trennen können. 10

Aus Gründen des Mieterschutzes wurde dann der bekannte Bestandsschutz im BGB eingeführt, der zuvor nur in den Gebieten des preußischen ARL und den Gebieten französischen Rechts galt. Der Mieter, der durch die Veräußerung seinen selbstgewählten Schuldner verliert, ohne hierauf Einfluss nehmen zu können (also abweichend von § 415 BGB), sollte einerseits Bestandsschutz genießen, andererseits keine Risiken durch den Schuldnerwechsel übernehmen müssen.[22] 11

Ziel der Regelungen ist es, dem Mieter das Mietverhältnis zu gleichen Bedingungen zu erhalten und Risiken durch den Schuldnerwechsel möglichst zu vermeiden. Dieser Schutzzweck umfasst nicht die Besserstellung des Mieters durch einen Eigentümerwechsel. Ein Eigentümerwechsel kurz nach Beendigung des Mietverhältnisses führt also nicht dazu, dass der Erwerber in das Abwicklungsverhältnis hinsichtlich der Pflichten zur Kautionsrückzahlung oder Betriebskostenabrechnung eintritt.[23] 12

3. Anwendungsbereich

Wenn auch keine strenge Begrenzung der Regelungen auf eine kaufvertragliche Veräußerung besteht, ist gleichwohl bei weitem nicht jeder Eigentumsübergang bei beliebigem Nutzungsverhältnis erfasst. Die Anwendung der Regelungen setzt ein bestimmtes Nutzungsverhältnis, bestimmte Arten der Rechtsnachfolge und grundsätzlich die Identität von Eigentümer und Vermieter voraus. 13

a) **Nutzungsverhältnisse.** Die §§ 566 ff. BGB gelten zunächst für **Mietverhältnisse über Wohnraum;** gemäß §§ 578 f. BGB erfolgt eine ausdrückliche Erstreckung. Weitere Nutzungsverhältnisse werden qua Verweisung erfasst. Für nicht ausdrücklich geregelte Nutzungsverhältnisse hat die Rechtsprechung Ergebnisse gefunden. Dabei wird eine analoge Anwendung überwiegend abgelehnt.[24] In der Literatur stößt dies mittlerweile auf deutliche Gegenstimmen.[25] 14

Checkliste: Anwendbarkeit der §§ 566 ff. BGB

- Die Regelungen der §§ 566 ff. BGB sind weiter **anwendbar** für folgende Nutzungsverhältnisse: 15

Zwischen Genossenschaft und Genosse vereinbarter Nutzungsvertrag	Grdl. OLG Karlsruhe NJW-RR 1986, 89, bestätigt durch BGH BeckRS 2012, 7295 (Rn. 3)
Gewerbliche Zwischenvermietung	§ 565 BGB
Wohnraummietverhältnis	§ 566 BGB
	BGH BeckRS 2017, 116566

[22] Derleder NJW 2008, 1189.
[23] BGH NJW 2007, 1818.
[24] MüKoBGB/Häublein § 566 Rn. 9 f.
[25] Schön, JZ 2001, 119 ff.; Chang, Der gesetzliche Vertragseintritt, 2020, S. 53 ff.

Auch bei entgeltlicher Überlassung durch Miteigentümergemeinschaft an Mitglied

- Die Regelungen der §§ 566 ff. BGB sind **nicht anwendbar** für folgende Nutzungsverhältnisse:

Altenheimverträge mit überwiegend dienstvertraglichen Elementen	BGH NJW 1982, 221
Bewegliche Wohncontainer	OLG Düsseldorf WM 1992, 11
Familienrechtliches Nutzungsverhältnis	BGH NJW 1964, 765
Unentgeltliche Gebrauchsüberlassung	OLG Köln BeckRS 1999, 6417 aA Schön JZ 2001, 119 (126)
Untermiete (vgl. aber gewerbliche Zwischenvermietung!)	BGH NJW 1989, 2053 BGH NJW 2017, 847
Unentgeltliches Wohnrecht	Soergel/Heintzmann BGB § 571 Rn. 3

16 b) **Veräußerungsfälle.** Neben der Veräußerung durch Kaufvertrag werden auch andere Rechtsänderungen auf Vermieterseite erfasst. Da wesentlich auf den Eigentumsübergang abzustellen ist, werden ohne weiteres **Tausch, Schenkung** oder **Vermächtnis** erfasst. Darüber hinaus sind weitere Fallgestaltungen einbezogen:

Checkliste: erfasste Veräußerungsfälle

17

Veräußerung des Erbbaurechtes am vermieteten Bauwerk	§ 11 ErbbRVO; BGH NJW 1972, 198
Einbringung des Grundstückes in eine Gesellschaft	LG Berlin ZMR 1998, 704
Eintritt eines neuen Gesellschafters	BGH NJW 1998, 1220
Beendigung des Nießbrauches	KG DWW 1998, 378 § 1056 BGB
Eintritt der Nacherbfolge	§ 2135 BGB
Zwangsversteigerung	§ 57 ZVG
Aufteilung eines Grundstücks durch Miteigentümer nach § 8 WEG	BayObLG NJW 1982, 451 BGHZ 141, 239

Nicht erfasst:

Enteignung, mangels rechtsgeschäftlicher Veräußerung	OLG Bamberg NJW 1970, 2108
Gesellschafterwechsel in der AußenGbR	KG NZM 2001, 520;
Formwechsel nach dem UmwandlungsG	KG NZM 2001, 520
Übertragung des Miteigentumsanteils	KG BeckRS 2018, 28237
Zwangsverwaltung	§ 152 Abs. 2 ZVG
Identitätserhaltender Statuswechsel nach MoPeG	Wertenbruch NJW 2023, 1393

18 Bei Übertragung unter Nießbrauchsvorbehalt kommt es nicht zum Übergang des Mietverhältnisses trotz des Eigentümerwechsels,[26] auch nicht, wenn lediglich ein Quotennießbrauch beim Übertragenden verbleibt.[27] Systematisch zutreffend ist der Weg über § 567 BGB, wonach der Nießbrauchsberechtigte (wieder) in den Mietvertrag, den

[26] OLG Düsseldorf ZMR 2003, 570 = Grundeigentum 2009, 906.
[27] AG Heilbronn 17.6.2005 – 16 C 1164/05 – nv.

er als Eigentümer geschlossen hatte, eintritt. § 566 BGB erfasst nicht nur den rechtsgeschäftlichen Eigentumsübergang sondern auch Erwerbsfälle kraft Gesetzes.[28]

c) **Identität von Vermieter und Veräußerer.** Das Gesetz verlangt die Identität von Vermieter und Veräußerer. Dieses Erfordernis ist häufig problematisch, da das Grundstück mehreren gehören kann, der Mietvertrag gleichwohl allein mit einem Eigentümer geschlossen ist oder umgekehrt, zwar ein Mietvertrag mit mehreren Vermietern geschlossen wurde, die aber nicht alle Grundstückseigentümer sind. Die schuldrechtliche Vermietung ist von der sachenrechtlichen Eigentümerstellung vollständig unabhängig. Die Gerichte wenden zunehmend die Regelungen aber auch bei fehlender Identität an. 19

aa) Miteigentümergemeinschaft. Besteht eine **Miteigentümergemeinschaft** (beispielsweise Eheleute) hinsichtlich des Grundstückes, hat aber nur einer der Miteigentümer das Mietverhältnis abgeschlossen, so ist nach einer Entscheidung des BGH[29] die Regelung der §§ 571 ff. BGB aF nicht anwendbar. Der Erwerber eines Miteigentumsanteils tritt in das Mietverhältnis zwischen Gemeinschaft und Mieter auch dann ein, wenn es sich auf Mieterseite um einen weiteren Miteigentümer handelt.[30] 20

Hat umgekehrt der Alleineigentümer vermietet und wird danach die Ehefrau Miteigentümerin, so soll sie auch kraft Gesetzes Mitvermieterin werden.[31]

Durch das Gesetz zur Änderung des Rechts der Wohn- und Geschäftsraummiete 2026, das nach Stand Mai 2026 noch nicht in Kraft getreten war, soll durch Wegfall der Formulierung „an einen Dritten" diese Rechtsfolge entschärft werden.[32]

bb) Einzeleigentümer und Vermietermehrheit. Gehört das Grundstück einem Ehegatten, als Vermieter sind jedoch die Eheleute tätig geworden, soll der Erwerber gleichwohl nach Veräußerung in das Mietverhältnis eintreten:[33] 21

cc) Hausverwalter als Vermieter. Hat der (private) Hausverwalter das Mietverhältnis in eigenem Namen abgeschlossen und das Objekt wird anschließend vom Eigentümer veräußert, soll auch hier das Mietverhältnis übergehen.[34] 22

Zum gleichen Ergebnis kam das BVerfG,[35] in dem Fall, dass die Beteiligten bei vergleichbarer Konstellation alle von einem bestehenden Mietverhältnis ausgingen. Der BGH geht davon aus, dass es sich hierbei um einen Sonderfall handelt.[36] 23

dd) Einverständnis des Eigentümers mit Vermietung. Das OLG Karlsruhe[37] hat bei Zustimmung zur Vermietung die Anwendbarkeit der §§ 571 ff. BGB bejaht, wobei auch eine konkludente Zustimmung als ausreichend angesehen wurde (im entschiedenen Fall gehörte das Grundstück Ehegatten, der Mietvertrag wurde aber nur von einem Ehegatten abgeschlossen). 24

Die Streitfrage zwischen der ehemals restriktiven BGH-Rechtsprechung[38] und den differenzierenden Literaturansichten hat der BGH[39] nun in einer gewerberechtlichen Entscheidung allgemeiner geklärt: Bei fehlender Identität zwischen Eigentümer und Vermieter ist § 566 BGB entsprechend anwendbar, wenn die Vermietung des veräußerten Grundstücks mit Zustimmung und im alleinigen wirtschaftlichen Interesse des Eigentümers erfolgte und der Vermieter kein eigenes Interesse am Fortbestand des Mietverhältnisses hat.

[28] BGH NZM 2008, 726; 2009, 513; Lammel jurisPR-Miete 20/2008 Anm. 3; Drasdo NJW-Spezial 2008, 449.
[29] BGH WuM 1974, 266.
[30] BGH NJW 2018, 2472.
[31] LG Itzehoe WuM 1999, 219.
[32] Selk FD-MietR 2026, 802665; RegE Miete II.
[33] LG Waldshut-Tingen WuM 1993, 56.
[34] LG Berlin NJW-RR 1994, 781.
[35] BVerfG NJWE-MietR 1996, 25 = ZMR 1996, 120.
[36] BGH NZM 2004, 300.
[37] OLG Karlsruhe WuM 1981, 179.
[38] BGH NZM 2004, 300.
[39] BGH NZM 2017, 847.

25 *ee) Gesellschafterwechsel.* Tritt ein weiterer Gesellschafter einer mit entsprechendem Gesellschaftszusatz im Grundbuch eingetragenen GbR, die auch Vermieter ist, ein, so sollte er nach der Entscheidung des OLG Düsseldorf[40] nicht Vermieter gemäß § 571 BGB aF werden, da die Eigentümerstellung durch Anwachsung außerhalb des Grundbuches erlangt wird. Dieser Auffassung ist der BGH[41] entgegengetreten, sofern die gesamthänderische Bindung in das Grundbuch eingetragen ist. Danach besteht in diesen Fällen der Mietvertrag jeweils gemäß der aktuellen personellen Zusammensetzung. Dieses Ergebnis dürfte in Anwendung der Entscheidung des BGH zur Rechts- und Parteifähigkeit der GbR[42] als gefestigt gelten; so nun auch das Kammergericht.[43] Das Brandenburgische OLG verzichtet nunmehr bei der Außen-GbR auf die ausdrückliche Eintragung der gesamthänderischen Bindung, also der Gesellschaft als Eigentümerin.[44]

26 *ff) Nachträgliche Bildung von Wohnungseigentum.* Die zugrundeliegenden Fallgestaltungen haben gemeinsam, dass zunächst ein Mietverhältnis über eine Wohnung mit Nebenräumen (Keller, Dachbodenabteil, Garage, PKW-Stellplatz, ua) besteht. Danach wird das Gesamtobjekt in Wohnungseigentum umgewandelt, wobei die Begründung von Sondereigentum und Gemeinschaftseigentum nicht im Einklang mit den bestehenden Mietverhältnissen erfolgt.

27 Mit Rechtsentscheid vom 28.4.1999 hat der BGH[45] klargestellt, dass der Eigentümer der vermieteten Wohnung alleiniger Vermieter ist, auch wenn mitvermietete Nebenräume nach der Teilungserklärung nunmehr im **Gemeinschaftseigentum** stehen. Aus praktischen Erwägungen ist der BGH hier der Ansicht, das unteilbare Mietverhältnis bestehe mit allen Wohnungseigentümern auf Vermieterseite fort, entgegengetreten. Gleiches gilt, sofern eben nur die mitvermieteten Allgemeinflächen (Treppenhaus, Kellerzugänge, etc) anschließend zu Gemeinschaftseigentum werden; ebenso nunmehr die Instanzrechtsprechung.[46]

28 Wurde am mitvermieteten Nebenraum hingegen weiteres **Sondereigentum** gebildet und an einen Dritten veräußert (abgeschlossene Nebenräume, Garagen oder Garagenstellplätze), werden alle betroffenen Erwerber bei Veräußerung gemeinsam Vermieter.[47]

29 Teilen Miteigentümer das Objekt gemäß § 3 WEG und übertragen danach jeweils alleiniges Sondereigentum an einer Wohnung an einen Miteigentümer, bleiben alle Miteigentümer Vermieter.[48]

30 *gg) Missglückter Bauträgerverkauf/Kettenauflassung.* Der Bauträger ist Eigentümer gemäß Grundbuch. Er erstellt das Objekt und veräußert dieses an einen Kapitalanleger. Im Rahmen der Veräußerung übernimmt der Bauträger die Mietverwaltung und schließt als Vertreter des Erwerbers einen Mietvertrag ab. Je nach Fallgestaltung wird die Miete auf ein Konto des Bauträgers bezahlt. Aus welchem Grund auch immer wird der Kaufvertrag nicht vollzogen; der Vermieter wird nie Eigentümer. Das Objekt wird zwangsversteigert.

In diesen Fällen stellt sich die Frage nach der Anwendbarkeit des § 566 BGB.[49] Mit der bisherigen restriktiven Rechtsprechung ist die sachenrechtliche Betrachtung maßgebend. Die Zwangsversteigerung hat zwar einen Eigentümerwechsel erbracht, doch war der Voreigentümer nicht Vermieter.

31 Damit findet § 566 BGB keine Anwendung und der Erwerber in der Zwangsversteigerung kann vom Nutzer die Räumung nach § 985 BGB verlangen, ohne dass dieser Kündigungsfristen oder andere Mieterschutzvorschriften einwenden könnte. Auch das

[40] OLG Düsseldorf NJW-RR 1992, 1291.
[41] BGH NJW 1998, 1220 = NZM 1998, 260.
[42] BGH NJW 2001, 1056 = NZM 2001, 299.
[43] KG GE 2001, 551.
[44] OLG Brandenburg BeckRS 2008, 20028.
[45] BGH NZM 1999, 553.
[46] OLG Nürnberg BeckRS 2013, 7482; LG Berlin BeckRS 2013, 3488.
[47] LG Hamburg NZM 2000, 656; BGH NJW 2005, 3781; Flatow jurisPR-MietR 1/2009 Anm. 3.
[48] LG Stuttgart WuM 1988, 404; Schmidt-Futterer/Gather § 566 Rn. 36.
[49] Streyl GuT 2008, 317.

Handeln des Eigentümers als Vertreter des Vermieters kann hier keine andere Folge nach sich ziehen.

Ebenso sind die Fälle der Kettenauflassung zu lösen, in denen der „Zwischenerwerber" nicht Eigentümer gemäß Grundbucheintragung wird.[50] Die Rechtsprechung behilft sich mittlerweile ohne die Regelungen der §§ 566 ff. BGB (→ Rn. 40).

hh) Wertende Zusammenfassung. Aufgrund des Ziels der Regelungen neigt die Rechtsprechung der Instanzgerichte dazu, zugunsten des Mieters den Übergang des Mietverhältnisses anzunehmen, sofern damit Ansprüche des vermeintlichen Vermieters (beispielsweise Kündigung) abgewehrt werden können. Dies ist jedoch eine verkürzte und unzulängliche Problemsicht. Erschwert man dem Erwerber den Übergang des Mietverhältnisses, so liegt dies auch nicht im Interesse des Mieters. Dieser trägt im Gegenteil das Risiko, selbst nicht den richtigen Vermieter identifizieren zu können. Auch der Mieter muss feststellen können, wer nach Eigentümerwechsel sein Vermieter ist. Andernfalls ist für ihn der Empfänger weder für Mängelrügen, noch für eine Kündigungserklärung oder auch nur für die laufende Mietzahlung sicher zu identifizieren. 32

ii) Konkludente Vertragsübernahme. Der BGH löst die sich ergebende Frage des Vertragsübergangs nunmehr durch die Annahme einer konkludenten Vertragsübernahme.[51] So ist es ausreichend, wenn der Mieter die Mietzahlung an den Ersteher aus dem Zwangsversteigerungsverfahren leistet, der Ersteher Mängel beseitigt. Für die (konkludente) Zustimmung des (ehemaligen) Vermieters ist es dann ausreichend, dass dieser keine Forderungen aus dem Mietverhältnis gegen den Mieter geltend macht.[52] Auf die Anwendung der §§ 566 ff. BGB kommt es bei dieser Vorgehensweise nicht mehr an. 33

Nicht anders werden die Fälle zu lösen sein, in denen der Bauträger Grundstücksflächen vermietet, die durch die zeitlich deutlich vorverlagerte Entstehung der Wohnungseigentümergemeinschaft zum Zeitpunkt der Grundbuchanlegung statt des grundbuchrechtlichen Eigentumsübergangs zugunsten des ersten Erwerbers schon der GdWE zugeordnet sind, und an denen später beispielsweise Sondernutzungsrechte begründet werden.[53] 34

Praxistipp:

Sind Vermieter und Eigentümer nicht identisch, ist nicht gewährleistet, dass das Mietverhältnis bei Veräußerung des Eigentums auf den Erwerber übergeht; besonders problematisch sind Personenmehrheiten als Vermieter, Umwandlung von Mietwohnungen in Eigentumswohnungen und Bauträgerfälle.
Bestehen Anhaltspunkte für einen Eigentümerwechsel während des Mietverhältnisses, ist die Rechtslage vor Bearbeitung der eigentlichen Mietrechtsfrage mittels eines aktuellen Grundbuchauszugs zu überprüfen.

4. Folgen

a) Gesetzlicher Übergang auf den Erwerber. Sind die Voraussetzungen gegeben, kommt es zwischen dem Erwerber und dem Mieter zu einem neuen, gesetzlich begründeten Mietverhältnis, für das die gleichen Bedingungen gelten, die für den Veräußerer als Vermieter zum Zeitpunkt der Veräußerung vertraglich galten. 35

Der Erwerber hat alle Rechte des Vermieters, beispielsweise steht ihm das Mieterhöhungsrecht zu, sofern der Vermieter die Modernisierungsmaßnahmen begonnen 36

[50] Koch/Rudzio ZfIR 2007, 437; aA Harke ZMR 2002, 490.
[51] Günter WuM 2013, 264.
[52] BGH NZM 2010, 471; BeckRS 2013, 11311; ebenso OLG Zweibrücken 15.5.2013 – 2 U 7/13, nv.
[53] BGH 27.10.2021 – XII ZR 84/20, BeckRS 2021, 37616.

hat und der Erwerber diese fertig stellt (zu § 3 MHG).[54] Selbst die beim Veräußerer begründete Verzugslage wirkt beim Erwerber fort.[55]

37 Der Erwerber hat die gleichen Rechte und Pflichten wie der vertragliche Vermieter. Ein Widerspruchsrecht des Mieters gegen diese gesetzliche Folge des Eigentumsübergangs analog zu § 613a BGB besteht nicht.[56]

38 Um die Ansprüche des Erwerbers sicher zu stellen, kann dieser eine Kopie des Erwerbsvertrages sowie die Kopie des aktuellen Grundbuchauszuges oder Mitteilung des ursprünglichen Vermieters an den Mieter übermitteln.[57] Der Mieter trägt dann das Risiko, dass die Miete unzutreffend an den früheren Vermieter geleistet wird, auch bei Leistung unmittelbar durch das Sozialamt.[58]

39 **b) Beendigung des vertraglichen Mietverhältnisses.** Sobald der Erwerber in die Rechte und Pflichten des Mietverhältnisses eintritt, gilt das Vertragsverhältnis mit dem Vermieter als beendet. Für den Vermieter ist das beendete Mietverhältnis abzuwickeln, genauso als sei es durch einen anderen Grund (zB Kündigung) beendet worden. Die §§ 566 ff. enthalten konsequenterweise lediglich Regelungen über die Haftung des Veräußerers für Pflichtverletzungen des Erwerbers.

40 Der Veräußerer muss die mit ihm beendeten Mietverhältnisse wie bei jedem anderen Beendigungsgrund abwickeln; → § 31 Rn. 1 ff. Aber auch für den Mieter ergibt sich eine Zäsur. Für Ansprüche des Mieters gegen den Veräußerer beginnt beispielsweise die Verjährung mit Kenntnis der Grundbucheintragung des Erwerbers.[59]

41 **c) Kautionsansprüche.** Für die Konsequenzen in Bezug auf die Kaution kann zunächst auf die Ausführungen unter §§ 26, 31 verwiesen werden. Der Erwerber tritt auch in den fälligen Anspruch des Veräußerers auf Kautionszahlung gegen den Mieter ein, so dass er die noch nicht bezahlte Kaution geltend machen kann.[60]

42 Bisher war der Erwerber zur Rückgewähr der Sicherheitsleistung nur in zwei Fällen verpflichtet; entweder er hat die Sicherheitsleistung vom Vermieter erhalten oder er hat sich gegenüber dem Vermieter zur Rückgewähr verpflichtet (§ 572 S. 2 aF). Nunmehr tritt der Erwerber **in jedem Fall** in die Rechte und Pflichten gegenüber dem Mieter ein.[61]

43 Der Mieter wird dadurch geschützt, dass er die geleistete Sicherheitsleistung vom Veräußerer erhält, sofern er diese nicht vom Erwerber erlangen kann. Der Veräußerer trägt damit auch das Insolvenzrisiko des Erwerbers, wie der Erwerber das Risiko der Insolvenz des Veräußerers trägt.[62]

44 Die hM, wonach bereits die **bekannte Vermögenslosigkeit** oder die **Abgabe der eidesstattlichen Versicherung** durch den (neuen) Vermieter als Voraussetzung für den Rückgriff auf den Veräußerer ausreichen soll,[63] ist abzulehnen. Die Sicherheitsleistung ist gemäß § 551 Abs. 3 S. 3 BGB getrennt vom Vermögen des Vermieters anzulegen. Die hM unterstellt dem vermögenslosen Vermieter eine gesetzwidrige Anlage der Sicherheitsleistung. Weder die Vermögenslosigkeit noch die Abgabe der eidesstattlichen Versicherung durch den Vermieter lässt jedoch einen Rückschluss auf die Erlangbarkeit der gesetzeskonform von seinem Vermögen getrennt angelegten Sicherheitsleistung zu. Ein Rückgriff auf den Veräußerer vor einem erfolglosen Vollstreckungsversuch des Mieters beim aktuellen Eigentümer ist daher abzulehnen.

45 Auch der **unbekannte Aufenthalt** des aktuellen Vermieters wird entgegen der hM nicht per se zum Rückgriff berechtigen. Es ist kein Grund ersichtlich, weshalb der Mieter nicht mittels öffentlicher Zustellung einen Titel erwirken sollte, um einen Vollstre-

---

[54] KG NZM 2000, 652.
[55] BGH NZM 2005, 253.
[56] AA Kühn NZM 2009, 4.
[57] AG Bremen BeckRS 2013, 8292.
[58] LG Berlin Grundeigentum 2017, 1557.
[59] BGH NJW 2008, 2556 = NZM 2008, 519.
[60] BGH NJW 2012, 868; LG Kiel NZM 2013, 231.
[61] BGH NZM 2012, 81.
[62] BGH NJW 2012, 383.
[63] Börstinghaus NZM 2004, 481 (485); Emmerich/Sonnenschein/Weitemeyer BGB § 566a Rn. 12.

ckungsversuch unternehmen zu können. Der aktuelle Vermieter ist schließlich zumindest Eigentümer des vermieteten Objektes. Bei unbekanntem Aufenthalt ist daher zumindest die mit hoher Wahrscheinlichkeit voraussehbar erfolglose Vollstreckung zu verlangen. Hierfür ist der Mieter darlegungs- und beweispflichtig.

Der Erwerber muss darauf achten, dass der Veräußerer nicht zur Vermeidung der Rückgriffshaftung des § 566a S. 2 BGB die Sicherheitsleistungen an die Mieter auskehrt. Dies wertet die Rechtsprechung als einvernehmliche Vertragsänderung, so dass der Erwerber keinen Anspruch auf erneute Leistung einer Sicherheitsleistung hat.[64] Diese kann sich allenfalls im Einzelfall aus § 242 BGB ergeben.[65] 46

d) **Prozessrecht.** Führt der Mieter gegen den Veräußerer einen Prozess, beispielsweise auf Mängelbeseitigung, so beeinflusst die Veräußerung das Prozessrechtsverhältnis nicht (§ 265 ZPO).[66] Bei Abtretung der Mietzinsansprüche im Veräußerungsvertrag kann der Erwerber bereits vor Grundbucheintrag Zahlungsansprüche gerichtlich geltend machen.[67] 47

e) **Umsatzsteuerrecht.** Hatte der Veräußerer zu Umsatzsteuer optiert, ist der Erwerber ohne ausdrückliche vertragliche Regelung nicht verpflichtet, ebenfalls zur Umsatzsteuer zu optieren.[68] 48

Praxistipp:

Der Erwerber ist nun stets zur Rückgewähr der Sicherheitsleistung an den Mieter verpflichtet. Der veräußernde Vermieter haftet gesetzlich für die Rückgewähr der Sicherheitsleistung durch den Erwerber, wenn der Mieter diese beim Erwerber nicht erlangen kann (vertraglich abdingbar!).

5. Konsequenzen für die anwaltliche Vertretung

a) **Abschluss eines Mietvertrages.** Bei anwaltlicher Betreuung des Mietvertragsabschlusses ist auf **Vermieterseite** darauf zu achten, dass die Haftung für die Rückgewähr einer Kaution gemäß § 566a vertraglich ausgeschlossen wird; auf **Mieterseite** wäre konsequenterweise auf das Fehlen einer diesbezüglichen Regelung zu achten. 49

b) **Veräußerer als Mandant.** Wird der Veräußerer anwaltlich betreut, ist sowohl das Rechtsverhältnis zum Mieter als auch das Rechtsverhältnis zum Erwerber zu regeln. 50

aa) Gesichtspunkte gegenüber dem Mieter. Der veräußernde Vermieter muss die Information über den Eigentumsübergang an den Mieter weiterleiten. Nur so kann er sich der Bürgenhaftung gemäß § 566 Abs. 2 entziehen. 51

Mit der **Information des Mieters** sollte der Vermieter aber zuwarten, bis der Eigentumsübergang auch sicher erfolgt ist, da die Rücknahme einer vorzeitig erfolgten und sich dann als unzutreffend ergebenden Information nur unter Mitwirkung des „Nichterwerbers" wirksam ist (§ 566e Abs. 2), die möglicherweise zu diesem Zeitpunkt nicht mehr problemlos erlangt werden kann. Außerdem stellt der BGH auf die Kenntnis des Grundbucheintrags ab. 52

Der veräußernde Vermieter muss das beendete **Mietverhältnis abwickeln.** Bedeutsam ist dies in erster Linie für die Ansprüche auf und aus **Betriebskostenabrechnung.** Der veräußernde Vermieter bleibt verpflichtet, Betriebskosten für die vor dem Eigentumswechsel abgeschlossenen Abrechnungsperioden abzurechnen; die Fälligkeit der Abrechnungsforderung spielt insoweit keine Rolle.[69] 53

---

[64] LG Berlin Grundeigentum 2011, 546; LG Mannheim IBRRS 2012, 0469.
[65] BGH NZM 2012, 303.
[66] Schach Grundeigentum 2012, 1269; aA AG Neukölln Grundeigentum 2012, 1321.
[67] OLG Düsseldorf ZMR 2017, 637.
[68] OLG München NZM 2012, 764.
[69] BGH NZM 2004, 188.

54 Weiter sind die Ansprüche wegen Verschlechterung der Mietsache, Durchführung von Schönheitsreparaturen bzw. vertraglich vereinbarte Kostenansprüche hierfür und die Abrechnung der Sicherheitsleistung gegenüber dem Mieter zu beachten. Auch hier ist die kurze sechsmonatige Verjährungsfrist gemäß des § 548 zu beachten. Die Zustimmung des Mieters zur Enthaftung für die Kautionsrückzahlung muss eindeutig formuliert werden.[70]

Um Klarheit über die gegenseitigen Verpflichtungen zu schaffen, ist eine **vertragliche Abwicklung des Mietverhältnisses** dringend zu empfehlen.

55 *bb) Gesichtspunkte gegenüber dem Erwerber.* Da die Regelungen nur das Verhältnis von Vermieter und Mieter bzw. Erwerber und Mieter betreffen, müssen die Konsequenzen des Eigentumsübergangs zwischen Vermieter und Erwerber **vertraglich geregelt** werden.

56 Die Aushändigung der Sicherheitsleistung an den Erwerber – unter Berücksichtigung von möglichen Aufrechnungsforderungen im Verhältnis Vermieter/Mieter – ist zu regeln. Eine Vereinbarung mit dem Erwerber über die Rückgewähr der Sicherheitsleistung an den Mieter ist möglich; da die Haftung des Veräußerers gesetzlich nur bei Ausfall des Erwerbers eingreift, wird eine derartige Regelung aber wirtschaftlich wenig sinnvoll sein.

57 Klarstellend wegen der Regelung des § 566c sind die Vereinbarungen zwischen Mieter und Vermieter über die Miete zu dokumentieren.

58 Ist der Eigentumsübergang noch nicht erfolgt, ist für den Vermieter eine vertragliche Regelung mit dem Erwerber zu treffen, die eine potenzielle Rücknahme der Information des Mieters (§ 566e Abs. 2) absichert.

59 c) **Erwerber als Mandant.** Wird der Erwerber anwaltlich betreut, ist sowohl das Rechtsverhältnis zum Mieter als auch das Rechtsverhältnis zum Vermieter zu regeln.

60 *aa) Gesichtspunkte gegenüber dem Mieter.* Der Erwerber hat den Mieter über den Eigentumsübergang zu **informieren,** um die Wirksamkeit von Verfügungen des Mieters an den Vermieter gemäß §§ 566b–566d auszuschließen.

61 Da der Vermieter das für ihn endende Mietverhältnis zum Zeitpunkt des Eigentumsübergangs abwickelt, kann es zu **Diskrepanzen zur Vertragsfortsetzung** seitens des Erwerbers kommen. Ungeklärt ist die Frage, ob Fristen für den Mieter mit Beginn des neuen Mietverhältnisses neu beginnen, beispielsweise die Renovierungsintervalle oder insoweit nun eine unrenovierte Wohnung überlassen wurde.

62 Sofern der Vermieter im Zuge der Abwicklung seine Ansprüche durch Aufrechnung mit der Sicherheitsleistung durchsetzt, ist der Erwerber später nur zur Rückgabe der verbliebenen Sicherheitsleistung verpflichtet und hat ab Eintritt in das Mietverhältnis einen Anspruch auf **Auffüllung der verbliebenen Sicherheitsleistung** gegen den Mieter bis zur vertraglich vereinbarten Höhe. Eine Zuzahlung der bis zur Aufrechnung angefallenen Zinsen schuldet der Mieter aber nicht.

63 Der Erwerber sollte den Eigentumsübergang zum **Abschluss eines neuen Mietvertrages** nutzen; nicht mit dem Ziel, dem Mieter neue und für diesen schlechtere Vertragsbedingungen zu präsentieren, sondern um Klarheit über die aktuellen gegenseitigen Verpflichtungen zu schaffen. Regelmäßig genügt hier nicht der Griff zum Formularmietvertrag; es muss im Wege des Individualvertrages das konkrete Mietverhältnis in seiner neuen Form gestaltet werden. Der Mieter ist nicht zum Abschluss eines neuen Vertrages verpflichtet!

64 *bb) Gesichtspunkte gegenüber dem Vermieter.* In diesem Verhältnis sind **vertragliche Mitteilungspflichten zu Lasten des Vermieters** angezeigt, die die möglichen Vereinbarungen zwischen Vermieter und Mieter offenlegen (§§ 566b ff.). Da der Vermieter sein vertragliches Mietverhältnis abwickelt, muss sich der Erwerber Kenntnis von dieser Abwicklung verschaffen. Nur dann kann er Kenntnis von seinen Rechten und Pflichten

---

[70] BGH NZM 2013, 230.

erhalten. Der Erwerber muss nunmehr unabhängig von der Frage, ob er die Sicherheitsleistung erhalten hat, diese möglicherweise zurückgewähren.

d) **Mieter als Mandant.** Wird der Mieter anwaltlich betreut, ist sowohl das Rechts- 65
verhältnis zum Vermieter als auch das Rechtsverhältnis zum Erwerber zu regeln.

aa) Gesichtspunkte gegenüber dem Vermieter. Der Mieter sieht sich gegenüber seinem 66
Vermieter dem **Abwicklungsverlangen** gegenübergestellt. Rechte und Pflichten sind daher genauso durchzusetzen wie bei sonstiger Vertragsbeendigung. Auf die Ausführungen in § 31 dieses Buches kann verwiesen werden. In jedem Fall sollte sich der Mieter die Beendigung dieses Mietverhältnisses sowie die erfolgte Abwicklung (Verzicht auf weitere gegenseitige Ansprüche abgesehen von der Haftung des Vermieters für die Sicherheitsleistung nach § 566a) ausdrücklich bestätigen lassen.

bb) Gesichtspunkte gegenüber dem Erwerber. Macht der Erwerber mietrechtliche An- 67
sprüche geltend, so ist zunächst zu **prüfen, ob der Anspruchsteller (alleiniger) Vermieter geworden ist.** Der anspruchstellende Erwerber muss nachweisen, dass er (alleiniger) Vermieter geworden ist. Neben einem Zeitgewinn, beispielsweise in Mieterhöhungs- oder Kündigungsverfahren, kann möglicherweise die Durchsetzung des Anspruches faktisch auf Dauer verhindert werden.

Will der Mieter Ansprüche geltend machen, trifft ihn das Risiko, den richtigen 68
Vermieter in Anspruch zu nehmen. Selbst die Behauptung des vermeintlichen Erwerber-Vermieters, er sei der richtige, wird den Mieter nicht schützen, wenn später der tatsächlich richtige Erwerber-Vermieter seine Rechte verfolgt. Aus dieser Sicht besteht auch für den Mieter ein eigenes Interesse zur vertraglichen Klarstellung über den neuen Vertragspartner. Ohne Klarheit über seinen Vertragspartner hat der Mieter das Risiko

- seine Mietzahlung an den Falschen zu erbringen mit der Gefahr der nochmaligen Inanspruchnahme durch den wahren Berechtigten und dem Insolvenzrisiko beim tatsächlichen Empfänger oder gar wegen Zahlungsverzuges gekündigt zu werden.
- Mängelanzeigen an den Falschen zu adressieren und damit die Haftung des § 536c Abs. 2 zu tragen.
- eine Kündigungserklärung an den Falschen zu richten und damit das Mietverhältnis nicht wirksam zu beenden und weiter zahlungspflichtig zu bleiben.

e) **Vertragliche Regelung der Dreierbeziehung.** Aus rechtlicher Sicht **empfiehlt sich** die 69
Regelung der gesamten Dreierbeziehung zwischen Vermieter, Mieter und Erwerber in einem **gemeinsamen Vertrag.** Die wirtschaftliche Durchführbarkeit einer derartigen Vorgehensweise wird von der Größe des Objektes (Anzahl der Mietverhältnisse) sowie Vielfalt und Komplexität der einzelnen Verträge abhängen.

Checkliste: Vorgehensweise

70

	Vertretung Vermieter	Vertretung Mieter	Vertretung Erwerber
Abschluss Mietvertrag	Ausschluss der Haftung nach § 566a für die Rückgewähr der Mietsicherheit	Keine Regelung über die Rückgewähr der Mietsicherheit	–
Vertretung Vermieter	–	vollständige Abwicklung des Mietverhältnisses; Information des Mieters über den Grundbucheintrag	Regelung über die Rücknahme einer Anzeige des Eigentumsüberganges
Vertretung Mieter	Bestätigung über erfolgte Vertragsabwicklung zum Zeitpunkt des Eigentumsübergangs	–	Rasche verbindliche Klärung der Vermieterstellung

Vertretung Erwerber	Vereinbarung von Mitteilungspflichten in Bezug auf Vorausverfügungen gemäß §§ 566b ff.	Information des Mieters über den Eigentumsübergang wegen §§ 566b ff. Informationsbeschaffung über die Vertragsabwicklung des Vermieters mit dem Mieter. Abschluss eines neuen Mietvertrages.	–
„Königsweg" Gemeinsame vertragliche Regelung der Dreierbeziehung			

6. Abschnitt. Mietgebrauch

§ 16 Allgemeine Gebrauchsrechte und -pflichten, Hausordnung und Zutrittsrechte

Übersicht

Schrifttum:

Börstinghaus, Änderungen des Mietrechts durch das „Heizungsgesetz“, NJW 2023, 3193; ders., Verwahrlosung, Lärm und Nachbarstreit im Wohnraummietrecht – Der Umgang mit Beschwerden aus rechtlicher Sicht, NZM 2004, 48; Derleder, Anpassungspflichten des Vermieters von Wohn- und Gewerberaum, NZM 2012, 487; ders., Gemeinschaftsnutzung in Mietshäusern und Wohnungseigentumsanlagen – Von „Adressbuchablage“ bis „Rauchermeeting“, NJW 2007, 812; Flatow, Der Gebrauch von Gemeinschaftsflächen und-einrichtungen, PiG 113 (2024), 41; Flatow, Mitbenutzung von Gemeinschaftsflächen durch den Mieter – Treppenhäuser u. a. als Konfliktfläche, NZM 2007, 432; Gramlich, Musik im Mehrfamilienhaus, NJW 1985, 2131; Hinz, Vereinbarungen zum Umfang des Mietgebrauchs, NZM 2019, 649; Horst, Parabolantennen im Miet- und Wohnungseigentumsrecht – Lieblingskind oder Auslaufmodell?, NJW 2005, 2654; Horst, Grenzen des zulässigen Wohngebrauchs, NZM 1998, 647; Lee, GEG-Heizungsanlagenmodernisierung und das Modernisierungsmietrecht, NZM 2023, 780; Lehmann-Richter, Gebrauchsrechte und Gebrauchspflichten des Mieters, NZM 2015, 513; Looschelders, Vertragsgemäßer Gebrauch der Mietsache, NZM 2022, 393; Mayrhofer, Heizungsaustausch als Beispiel nicht zu vertretender Umstände und gesetzlicher Verpflichtungen des Vermieters bei Modernisierung,

NZM 2024, 625; Mehrings, Die Parabolantenne – eine unendliche Geschichte?, NJW 1997, 2273; Mayer/Eichel/Klinck, Hausordnung im Mietverhältnis, NZM 2018, 689; Schmid, Gebrauchsrechte des Mieters an Flächen außerhalb des Mietobjekts, DWW 2014, 45; ders., Musik im Mietshaus, ZMR 1999, 301; Sternel, Verbleibende Verpflichtungen der Vertragspartner bei Wohnungsübergabe, NZM 2017, 169; ders., Gemeinschaftsflächen als Vertragsgegenstand, PiG 92 (2012), 47; ders., Erleichterungen bei energetischen Modernisierungen, NZM 2010, 721; Streyl, Eingriffe des Mieters in die Bausubstanz des Mietobjekts, NZM 2017, 785; Zehelein, Internet statt Parabolantenne oder: Es muss nicht immer Fernsehen sein, WuM 2013, 460.

I. Abgrenzungsfragen

Im Folgenden stehen die Gebrauchsrechte und -pflichten, die Hausordnung sowie die Zutrittsrechte im Mittelpunkt der Betrachtung im Zusammenhang mit der Wohnraummiete. Aspekte wie der Vertragsabschluss[1], die Mietsache[2] oder Fragen der Haftung und Gewährleistung[3] werden lediglich insoweit einbezogen, wie sie der Veranschaulichung und dem besseren Verständnis dienen. Gleiches gilt für Verweise auf Gewerberaummietverhältnisse.[4] 1

II. Gebrauchsrechte des Mieters

1. Allgemeines

Die Frage des Vorliegens eines Wohnraummietverhältnisses gibt trotz einer scheinbar klaren Abgrenzung zu anderen Mietverhältnissen gelegentlich Veranlassung zu einer Stellungnahme und Klärung durch die höchstrichterliche Rechtsprechung. In der mietvertraglichen Praxis steht häufiger die Bestimmung der Art und des Umfangs des vertragsgemäßen Gebrauchs der Wohnräume im Vordergrund. Dabei richtet sich ihre nähere Bestimmung grundlegend wiederum nach den Maßgaben der Wohnraummiete. Wohnraummiete liegt vor, wenn die Wohnräume dem Mieter vertragsgemäß zur Befriedigung seiner eigenen **Wohnbedürfnisse** bzw. der Wohnbedürfnisse seiner Familie dienen sollen.[5] Der Gebrauch der gemieteten Wohnräume erfüllt damit ein existentielles Bedürfnis.[6] Da die Wohnräume zugleich den persönlichen Lebensmittelpunkt des Mieters darstellen, muss diesem die Möglichkeit gegeben sein, seine Persönlichkeit in den Wohnräumen frei zu entfalten[7] und sich gegen Eingriffe des Vermieters auf die mittelbare Drittwirkung des Art. 2 Abs. 1 GG stützen.[8] 2

Mietrechtlich wird zunächst an den **vereinbarten Nutzungszweck** angeknüpft,[9] ohne dass es auf die gewählte Bezeichnung des Nutzungszwecks oder des Mietverhältnisses in der Vertragsurkunde ankommt (§§ 133, 157 BGB).[10] Sowohl die Begriffsbestimmung der Wohnraummiete als auch die Regelung des § 549 Abs. 1 BGB verzichten auf den Begriff der Wohnung und sprechen demgegenüber lediglich von Wohnraum, so dass es sich bei der Mietsache nicht zwangsläufig um eine Wohnung[11] handeln muss. **Wohnraum** kann vielmehr jeder Raum sein, der zum Wohnen bestimmt ist. Wohnen meint im 3

[1] Zum Vertragsabschluss → § 8.
[2] Zur Mietsache → § 14.
[3] Zur Haftung und Gewährleistung → § 18.
[4] Zur Abgrenzung zwischen Wohn- und Geschäftsraummiete → § 6.
[5] S. BGH 23.10.2019 – XII ZR 125/18, BGHZ 223, 290 Rn. 21.
[6] Vgl. Looschelders, NZM 2022, 393 (400); s. zum verfassungsrechtlichen Schutz des Besitzrechts des Mieters an den Wohnräumen nach Art. 14 Abs. 1 S. 1 GG BVerfGE 89, 1.
[7] Vgl. BGHZ 157, 1; Lehmann-Richter NZM 2015, 513 (515), spricht zudem vom „Freiheitsinteresse" des Mieters; AG Hamburg NJWE-MietR 1996, 123, spricht von „Freiheitssicherung".
[8] Vgl. wiederum nur Looschelders NZM 2022, 393 (400).
[9] Vgl. BGHZ 202, 39 Rn. 21.
[10] Vgl. nur BGH 13.1.2021 – VIII ZR 66/19, NJW-RR 2021, 329 Rn. 24.
[11] S. näher Blank/Börstinghaus/Siegmund/Börstinghaus BGB § 535 Rn. 20; Schmidt-Futterer/Lehmann-Richter BGB § 549 Rn. 6.

Kern die Ausführung alltäglicher Haushaltsaktivitäten wie die Zubereitung von Speisen und deren Verzehr, das Waschen von Wäsche, die Körperpflege, das Pflegen sozialer Kontakte sowie das Schlafen.[12]

4 Über den vereinbarten Nutzungszweck hinaus können die Mietvertragsparteien eine Vereinbarung über den **konkreten Gebrauch** treffen. Eine solche Vereinbarung kann individualvertraglich, aber auch nach den Maßgaben der §§ 305 ff. formularvertraglich vereinbart werden. Wegen der **Formfreiheit des Mietvertrags** sind solche Vereinbarungen wirksam, selbst wenn sie mündlich oder ohne ausdrückliche Erklärung durch konkludentes Handeln getroffen wurden.[13] Hiervon macht § 550 BGB lediglich für den Fall eine Ausnahme, wenn das Wohnraummietverhältnis für längere Zeit als ein Jahr abgeschlossen wird. Danach müssen sowohl der Abschluss des Mietvertrags als auch etwaige Vertragsänderungen zwingend in schriftlicher Form gemäß § 126 BGB erfolgen.[14] Ein Verstoß gegen das Schriftformerfordernis des § 550 BGB führt jedoch nicht zur Nichtigkeit des Mietvertrags nach § 125 BGB.[15] Stattdessen wird das Mietverhältnis aufgrund des **Formmangels** als unbefristet mit den gesetzlichen Kündigungsfristen fortgeführt,[16] unabhängig davon, ob die Vertragsparteien dies beabsichtigten.[17]

5 Wenn auch das Vorliegen eines Wohnraummietverhältnisses und der sich im Rahmen dessen ergebenden Gebrauchsrechte des Mieters zwar maßgeblich anhand der Parteivereinbarungen bestimmt werden, so werden diese Vereinbarungen in der Regel dennoch nicht derart ausgestaltet sein, dass sie die Beschaffenheit der Wohnräume bzw. ihre Geeignetheit zum vertragsgemäßen Gebrauch und damit die konkreten Gebrauchsrechte des Mieters während der gesamten Dauer des Mietverhältnisses definieren. Diesem Umstand kann im Falle einer fehlenden ausdrücklichen Vereinbarung noch mit der **Auslegung** nach §§ 133, 157 BGB begegnet werden. Hinsichtlich der in der Vertragsurkunde bezeichneten Wohnräume wird ohne Weiteres ein Recht zur ausschließlichen Nutzung (**Alleingebrauchsrecht**) des Mieters angenommen. Dieses Alleingebrauchsrecht beschränkt sich in der Regel nicht auf die einzelnen Räume einer räumlich abgeschlossenen Mietfläche, sondern bezieht sich auch auf Außenflächen, die lediglich von diesen Räumen betreten werden können.[18] Ein Recht lediglich zur gemeinschaftlichen Nutzung (**Mitgebrauchsrecht**) erlangt der Mieter bei einem Mehrfamilienhaus hinsichtlich Flächen, die zur gemeinschaftlichen Nutzung, wie etwa einem Fahrradkeller oder Garten, bestimmt sind. Dieses Mitgebrauchsrecht erstreckt sich dann notwendigerweise auch auf solche Gemeinschaftsflächen, ohne deren Nutzung der Mieter sein Gebrauchsrecht nicht vertragsgemäß ausüben kann,[19] wie etwa Aufzüge, Hausflure, Treppenhaus und Zugangswege.[20]

6 Liegt jedoch eine Vertragslücke vor, muss der vertragsgemäße Gebrauch mithilfe einer **ergänzenden Vertragsauslegung** nach §§ 133, 157 BGB iVm § 242 BGB bestimmt werden.[21] Bei der Vertragsauslegung wird die Kriterientrias aus dem vereinbarten Nut-

[12] Vgl. BeckOK MietR/Bruns, Stand: 1.5.2024, BGB § 549 Rn. 3; Schmidt-Futterer/Fervers BGB Vorb. § 535 Rn. 17.

[13] Vgl. BGH 27.4.2022 – VIII ZR 304/21, BGHZ 233, 215 Rn. 58; BGHZ 205, 177 Rn. 20; BGH NJW 2010, 1133 Rn. 14.

[14] Die Regelung des § 550 BGB ist nach ständiger Rechtsprechung der Disposition der Parteien entzogen und daher vertraglich nicht abdingbar; s. BT-Drs. 14/4553, 47; BGHZ 216, 68 Rn. 35; BGHZ 200, 98 Rn. 27; so auch noch zu § 566 BGB aF BGHZ 139, 123; vgl. zur Formbedürftigkeit bei Vertragsänderungen BGH 11.4.2018 – XII ZR 43/17, NJW-RR 2018, 1101 Rn. 17.

[15] S. BT-Drs. 14/4553, 47.

[16] S. wiederum BT-Drs. 14/4553, 47; s. zu § 566 BGB aF BGHZ 50, 39 (43).

[17] S. Jauernig/Kern BGB § 550 Rn. 9.

[18] S. Schmidt-Futterer/Lehmann-Richter BGB § 535 Rn. 486; vgl. zu einer Plattform im Bereich des Lichthofs BGH NJW 2010, 1133 Rn. 13.

[19] Vgl. MüKoBGB/Häublein, 9. Aufl. 2021, § 535 Rn. 85.

[20] Vgl. zum Abstellen eines Kinderwagens oder Rollstuhls im Hausflur BGH NJW 2007, 146 Rn. 9; Flatow NZM 2007, 432.

[21] Vgl. BGH NJW 2014, 685 Rn. 20; Hinweisbeschl. 22.2.2022 – VIII ZR 38/20, NJW 2022, 2191 Rn. 14 ff.

zungszweck, der Verkehrsanschauung und den Grundsätzen von Treu und Glauben herangezogen.[22] Mit dem Kriterium der **Verkehrsanschauung** zum Zwecke der (ergänzenden) Vertragsauslegung können Umstände, die außerhalb des Mietvertrags bestehen, den vertragsgemäßen Gebrauch der Wohnräume bzw. ihre Geeignetheit hierfür bestimmen. Die „Weiterentwicklung der Verkehrsanschauungen" kann mit Blick auf die Natur eines Mietverhältnisses als Dauerschuldverhältnis zu einer Anpassung des vertraglich geschuldeten Standards einer Gebrauchsgewährung führen.[23] So hat der VIII. Zivilsenat des BGH klargestellt, dass der Mieter unabhängig vom Sanierungs- und Alterszustand der Wohnräume „angesichts des technischen und wirtschaftlichen Fortschritts grundsätzlich erwarten [kann], dass der vertragsgemäße Gebrauch einer Wohnung jedenfalls eine solche Lebensweise zulässt, die seit Jahrzehnten üblich ist und dem **allgemeinen Lebensstandard** entspricht".[24] Die Zurückhaltung des VIII. Zivilsenat des BGH zeigt sich auch in Bezug auf eine Vertragsanpassung aufgrund veränderter Verkehrsanschauungen „jedenfalls" bei der Frage hinzunehmender **Umwelteinwirkungen.**[25] Dagegen erachtet der XII. Zivilsenat des BGH eine Anpassung auch bei allgemeinen Änderungen der Verkehrsanschauungen, sei es bezüglich des vertragsgemäßen Standards oder aufgrund neuer wissenschaftlicher Erkenntnisse, als möglich.[26]

Die konkrete Bestimmung der Gebrauchsrechte des Wohnraummieters und daraus 7
folgende Beschränkung dieser Rechte erfordern zu ihrer Durchsetzung bei einer (vertragswidrigen) Gebrauchsüberschreitung zwangsläufig Handlungsmöglichkeiten des Vermieters[27], wenn er lediglich den vertragsgemäßen Gebrauch durch den Mieter wiederherstellen will. Dies kann etwa der Fall sein, wenn der Vermieter entweder kein Interesse an der Beendigung des Mietverhältnisses hat oder die Gebrauchsüberschreitung nicht die erforderliche Erheblichkeit aufweist, die eine Kündigung nach § 573 Abs. 1, Abs. 2 Nr. 1 BGB rechtfertigt.[28] Unter diesen Umständen kann der Vermieter nach erfolgter Abmahnung[29] den Mieter nach § 541 BGB lediglich auf **Unterlassung** in Anspruch nehmen.[30]

2. Lärmentwicklung, insbes. Kinderlärm

a) **Sozialadäquanz von Lärmentwicklungen.** Gelegentliche Lärmentwicklungen in 8
einem Mehrfamilienhaus sind hinsichtlich ihrer Duldung durch andere Mieter anhand ihrer **Sozialadäquanz** überprüfbar.[31] Dieser Maßstab definiert grundsätzlich das Gebrauchsrecht eines Wohnraummieters, etwa in Bezug auf einzelne Streitigkeiten mit anderen Bewohnern[32] oder gelegentliche Feiern[33], aber auch übliche Haushaltsarbeiten. Wenn auch damit zulasten des Vermieters und anderen Mietern lediglich ein objektiver Maßstab angelegt wird, bestimmt sich die sozialadäquate Lärmentwicklung und damit der vertragsgemäße Gebrauch der Wohnräume durch den Mieter nach den Umständen

[22] S. BGH NJW 2013, 680 Rn. 8; BGHZ 205, 177 Rn. 18; BGH NJW 2010, 1133 Rn. 11.
[23] Vgl. BGHZ 205, 177 Rn. 28.
[24] S. BGH NJW 2004, 3174 Ls.; vgl. zum Mindeststandard zeitgemäßen Wohnens bereits OLG Frankfurt a. M. NJW-RR 1998, 368; Sternel MietR, 3. Aufl. 1988, Kap. II Rn. 14; vgl. zur menschenwürdigen Unterbringung BGH NJW 1976, 796.
[25] Vgl. wiederum BGHZ 205, 177 Rn. 28 in Bezug auf Geräuschimmissionen.
[26] Vgl. BGH NJW-RR 2006, 1157 Rn. 13 bei unzureichend vermauerter Wandöffnung, die einen Einbruch erleichtert; BGH NJW-RR 2006, 1158 Rn. 10.
[27] Hierzu unter → § 16 IV.
[28] Vgl. BeckOK BGB/Hannappel/Caspers, Stand: 1.11.2024, § 573 Rn. 31.
[29] Nach BGH NJW 2007, 2180 kann wegen des Abmahnerfordernisses und des hieraus folgenden mieterschützenden Charakters des § 541 BGB im Wohnraummietverhältnis ein Beseitigungsanspruch nicht auf den sachenrechtlichen Beseitigungsanspruch gem. § 1004 BGB gestützt werden.
[30] Vgl. Blank/Börstinghaus/Siegmund/Siegmund BGB § 541 Rn. 1; Schmidt-Futterer/Flatow BGB § 541 Rn. 1.
[31] S. BGH NJW-RR 2017, 1290 Rn. 13.
[32] Hierzu gehören Türenknallen, Trampeln und dergleichen, Blank/Börstinghaus/Siegmund/Börstinghaus BGB § 536 Rn. 68.
[33] Vgl. hierzu BGH NJW 2012, 1647 Rn. 11.

des Einzelfalls unter Berücksichtigung der Art, Qualität, Dauer und Zeit der verursachten Lärmentwicklung.[34] Unerheblich sind daher die individuellen Wahrnehmungen eines überempfindlichen oder eines lärmunempfindlichen Mieters; stattdessen soll auf die Maßstäbe eines durchschnittlichen, verständigen Mieters abgestellt werden.[35]

9 So sind ungeachtet bestimmter schalltechnischer Messwerte **Radiogeräusche** von der Terrasse nicht mehr sozialadäquat, wenn die übertragene Sendung auf der Nachfläche deutlich wahrgenommen werden kann.[36] Lediglich auf die deutliche Wahrnehmbarkeit durch Nachbarn wird auch abgestellt, wenn der Mieter in den Wohnräumen **Musik** abspielt.[37] Das nächtliche **Duschen oder Baden** in der Zeit von 22.00 Uhr bis 6.00 Uhr ist grundsätzlich gestattet, wenn dadurch verursachten Geräusche nicht länger als 30 Minuten andauern.[38] Zum weiteren **üblichen Lärm des Wohnalltags**[39] gehören zwar auch gelegentliche verbale Auseinandersetzungen, Schreien, Türenschlagen und Fernsehen sowie die Toilettennutzung während der Nachtzeit, verbunden mit den Geräuschen des Gehens und der Spülung[40], nicht dagegen das tägliche Poltern und Herumtrampeln sowie das Fallenlassen schwerer Gegenstände auch nach 22:00 Uhr oder das sonntägliche Laufenlassen der Wachmaschine zwischen 6:00 und 8:00 Uhr.[41] **Streitigkeiten** zwischen den Bewohnern einer Wohnung, die sich in regelmäßigem Geschrei und Getrampel während der Nachstunden ausdrücken, sind ebenfalls nicht sozialadäquat.[42] Ebenso gilt dies für das regelmäßige **Zuschlagen von Türen** mit lautem Knall in der Nacht zwischen 1:00 Uhr und 1:30 Uhr oder das **Fußballspielen der Kinder** um 23:00 Uhr im Garten.[43]

10 Das **häusliche Musizieren** einschließlich des dazugehörigen Übens stellt ein sozial übliches Verhalten dar und gehört zur Zweckbestimmung von Wohnraum.[44] Daher ist ein diesbezügliches Verbot oder eine Regelung, die faktisch einem solchen Verbot gleichkommt, unzulässig, so dass eine solche mietvertragliche Individual- oder formularmäßige Vereinbarung unwirksam ist.[45] Die Mietvertragsparteien können unter Berücksichtigung des Ausmaßes der Geräuscheinwirkung, der Art des Musizierens und der örtlichen Gegebenheiten allenfalls Vereinbarungen zur Regelung des Musizierens treffen.[46]

11 Ebenso gehört der **Empfang von Besuch** und das **Ausrichten von gelegentlichen Feiern** zum vertragsgemäßen Gebrauch einer Wohnung. So können besondere Anlässe wie etwa Silvester oder Geburtstage eine zeitweise lautere Feierlichkeit rechtfertigen. Da es auch hierbei auf die Umstände des Einzelfalls ankommt, verbieten sich starre Vorgaben etwa hinsichtlich der Häufigkeit, Dauer, Lautstärke oder Teilnehmerzahl der Feierlichkeiten.[47] Die Sozialadäquanz einer Feier ist jedenfalls dann nicht mehr gege-

[34] S. BGH NJW-RR 2017, 1290 Rn. 14.

[35] So Blank/Börstinghaus/Siegmund/Börstinghaus BGB § 536 Rn. 68.

[36] S. OLG München NJW-RR 1991, 1492 (1493).

[37] S. AG Brandenburg a. d. H. GE 2001, 1134.

[38] Vgl. OLG Düsseldorf NJW 1991, 1625, im Rahmen eines Ordnungswidrigkeitenverfahrens; zustimmend LG Köln NJW-RR 1997, 1440; aA Horst NZM 1998, 647 (649).

[39] Vgl. hierzu Börstinghaus NZM 2004, 48 (50), der auf die Zimmerlautstärke als Maßstab für die üblichen Wohngeräusche verweist, zugleich aber darauf hinweist, dass es für deren Überschreitung kein Messgerät gibt.

[40] Vgl. zur Mietminderung in diesem Zusammenhang LG Berlin GE 2009, 779.

[41] S. hierzu LG Berlin WuM 1999, 329.

[42] S. LG Berlin GE 2010, 488; anders bei Kleinkindgeschrei, s. hierzu OLG Düsseldorf WuM 1997, 221.

[43] S. LG Frankfurt ZMR 2012, 352.

[44] Vgl. BGHZ 139, 288; BGH NJW 2019, 773 Rn. 14; Gramlich NJW 1985, 2131; Schmid ZMR 1999, 301.

[45] Vgl. Blank/Börstinghaus/Siegmund/Siegmund BGB § 535 Rn. 482.

[46] S. BGH NJW 2019, 773 Rn. 32.

[47] Vgl. zum Nachbarrecht LG Frankfurt NJW-RR 1990, 27, nach dem ein Gartenfest im Sommer mit 24 Teilnehmern von 18:00 Uhr bis 22:00 Uhr üblich ist, selbst wenn danach im Keller weitergefeiert wurde und daraus Geräusche nach draußen drangen; dagegen überschreiten wöchentliche Feiern die Grenze des sozial Üblichen, vgl. Meyer-Abich NZM 2022, 113 (115).

ben, wenn sich der Mieter oder seine Gäste ohne Rücksicht auf die Nachbarn exzessiv verhalten.[48]

b) Kinderlärm und das Toleranzgebot. Im Vergleich zu sonstigen Lärmemissionen erfährt **Kinderlärm** in miet- und nachbarrechtlichen Verhältnissen eine besondere Wertung. In einem Obiter Dictum erläuterte der BGH die Berücksichtigung des § 22 Abs. 1a BImSchG und dessen Funktion im Rahmen eines Mietverhältnisses. Nach dieser öffentlich-rechtlichen Regelung sind Geräuscheinwirkungen, die von Kindertageseinrichtungen, Kinderspielplätzen und ähnlichen Einrichtungen wie beispielsweise Ballspielplätzen durch Kinder hervorgerufen werden, im Regelfall keine schädliche Umwelteinwirkung. Zudem dürfen bei der Beurteilung der Geräuscheinwirkungen Immissionsgrenz- und -richtwerte nicht herangezogen werden. 12

Das **Toleranzgebot** gegenüber Kinderlärm und dessen **Privilegierung**[49] in dieser Regelung strahlen auf das Zivilrecht einschließlich des Mietrechts aus[50] und prägen somit die Verkehrsanschauung bezüglich Kinderlärm als sozialadäquat hinzunehmende Lärmimmission,[51] auch wenn sie nicht von einer der in der Norm genannten Einrichtung ausgehen, sondern von einer Wohnung.[52] Demnach ist § 22 Abs. 1a BImSchG insofern zu berücksichtigen, als bei einer Auslegung der beiderseitigen mietvertraglichen Rechte und Pflichten Kinderlärm jedenfalls bei Beachtung des Gebots zumutbarer gegenseitiger Rücksichtnahme[53] in der Regel als den Mietgebrauch nicht oder nur unerheblich beeinträchtigend einzustufen ist. Diese Privilegierung gilt jedoch grundsätzlich für eine Lärmverursachung durch Kinder, die noch nicht 14 Jahre alt sind, nicht dagegen für Personen ab einem Alter von 14 Jahren.[54] 13

Damit korrespondiert zugleich, dass die Rechtsprechung einen **Bewegungs- und Spieldrang von Kindern,** der naturgemäß zu Geräuschen führt, anerkennt.[55] Wenn auch in der Rechtsprechung und Fachliteratur in diesem Zusammenhang die Wendung „kleine Kinder“ verwendet wird[56], dürfte es sich hierbei lediglich um ein Pleonasmus im Sinne von jungen Kindern handeln, nicht jedoch, dass der Bewegungs- und Spieldrang von Kinder jüngeren Alters lediglich berücksichtigt werde, der von Kindern älteren Alters dagegen unberücksichtigt bleibe.[57] 14

Daher gehören Lärmentwicklungen, die auf **altersgemäßes Verhalten** von Kindern zurückzuführen sind, grundsätzlich zum vertragsgemäßen Gebrauch von Wohnraum, auch wenn sie mit höheren Grenzwerten für Lärm und typischen Begleiterscheinungen verbunden sind.[58] Konkret bedeutet dies, dass etwa Kleinkindgeschrei auch am frühen Morgen, das kurzfristig mit dem Verlassen der Mietwohnung im Treppenhaus einhergeht, ebenso sozialadäquat ist,[59] wie das Rennen und laute Auftreten eines Kleinkindes sowie dessen Geschrei[60], aber auch das Zurückbrüllen der Erwachsenen zum Zwecke 15

---

[48] Vgl. AG Hamburg-Wandsbek 14.3.2019 – 713 C 270/18, BeckRS 2019, 14997 zu einer wöchentlichen Hausparty, bei der es zu lauter Musik und dem Herunterwerfen von Gegenständen wie einem Wäscheständer und mehreren Stühlen vom Balkon sowie am nächsten Morgen erneut zu lauter Musik und Diskussionen durch noch anwesende Personen kam.

[49] Vgl. VGH Baden-Württemberg BeckRS 2014, 52254 Rn. 25 ff.; BGHZ 205, 177 Rn. 27.

[50] S. wiederum BGHZ 205, 177 Rn. 27 mit Verweis auf BT-Drs. 17/4836, 7.

[51] Vgl. BVerwG NJW 1992, 1779 (1780).

[52] S. BGH13.12.2019 – V ZR 203/18, NJW 2020, 1354 Rn. 13.

[53] Vgl. zur Rücksichtnahmepflicht OVG Koblenz NVwZ 2012, 1347 (1349).

[54] S. BT-Drs. 17/4836, 6.

[55] S. AG Braunschweig WuM 2002, 50.

[56] Vgl. wiederum AG Braunschweig WuM 2002, 50; AG Frankfurt a. M. WuM 2005, 764; AG Starnberg WuM 1992, 471; Börstinghaus NZM 2004, 48; MAH MietR/Weißker, 5. Aufl. 2019, § 16 Rn. 19.

[57] Bei AG München BeckRS 2017, 159929 ging es um Kinder im Alter von 14 bzw. 16 Jahren; bei AG Düsseldorf BeckRS 2005, 3505 ging es ua um ein 14-jähriges Kind.

[58] Vgl. BGH NJW-RR 2017, 1290 Rn. 14.

[59] So LG München I NJW-RR 2005, 598, das in dem betreffenden Fall darüber hinaus das veränderte Verhalten als freie Entscheidung der Eltern qualifizierte, ohne dass der Nachbar hierauf ein Anspruch habe.

[60] Vgl. OLG Düsseldorf WuM 1997, 221.

der Unterbindung des Kinderlärms in den Wohnräumen.[61] Verhaltensweisen wie Rennen, Trampeln, Springen, Laufen und Schreien auch eines 14-Jährigen können Ausdruck altersgemäße und damit sozialadäquate Lebensfreude sein.[62] Dies gilt ebenso für Lauf- und Spielgeräusche von Kindern, selbst wenn sie häufig auftreten und über das übliche Maß hinausgehen.[63]

16 Hieraus darf jedoch nicht gefolgert werden, dass die Duldungspflicht des Vermieters oder anderer Mieter keine Grenzen kennt. Vielmehr sind auch die **Grenzen des Gebots erhöhter Toleranz** gegenüber Kinderlärm nach den Umständen des Einzelfalls unter Berücksichtigung der Art, Qualität, Dauer und Zeit der verursachten Geräuschemissionen, des Alters und des Gesundheitszustands des Kindes[64] sowie der Vermeidbarkeit der Emissionen etwa durch objektiv gebotene erzieherische Einwirkungen oder durch zumutbare oder sogar gebotene bauliche Maßnahmen zu bestimmen.[65] Diese Grenze darf aber nicht durch eine bestimmte Lautstärke definiert werden, da ein Bewertungsmaßstab anhand physikalischer Größen mit dem besonderen Toleranzgebot nicht vereinbar ist.[66] Ebenso ungeeignet ist die Orientierung an festen Tageszeiten, wie der Mittagsruhe[67] oder den allgemeinen Ruhezeiten von 22:00 Uhr bis 7:00 Uhr, selbst wenn ein Nachbar aufgrund von Schichtarbeit ein höheres Ruhebedürfnis hat.[68]

17 **c) Kinderlärm auf Gemeinschaftsflächen.** Da privilegierter Kinderlärm zum vertragsgemäßen Gebrauch von Wohnräumen gehört, ist ein **mietvertragliches Verbot von Kinderlärm unzulässig.**[69] Dies gilt nicht nur für Kinderlärm, der unmittelbar aus den Mieträumen stammt, sondern auch für Kinderlärm, der in Bereichen entsteht, die dem gemeinschaftlichen Gebrauch dienen, jedoch nicht für den längeren Aufenthalt von Mietern bestimmt sind, wie etwa Zugangswege und Treppenhäuser. Das folgt bereits daraus, dass der Gebrauch der Wohnräume zwangsläufig mit der vorübergehenden Nutzung dieser Gemeinschaftsflächen zusammenhängt und der Mieter ansonsten etwa im Fall von Kleinkindgeschrei diese Flächen nicht betreten dürfte, um die Mietwohnung zu verlassen oder zu ihr zu gelangen.

18 Im Ergebnis kann jedoch auch nichts anderes für Gemeinschaftsflächen gelten, die dem längeren Aufenthalt der Mieter dienen, wie etwa ein gemeinschaftlich genutzter Garten.[70] Andernfalls käme es zu einem Wertungswiderspruch, wenn das Toleranzgebot des § 22 Abs. 1a BImSchG in Bezug auf Kinderlärm von öffentlichen Kinderspielplätzen zwar auf Wohnräume ausgedehnt wird, zum Mitgebrauch vermietete Gartenflächen jedoch von dieser Privilegierung ausgenommen blieben.[71]

3. Bauliche Veränderungen, Mietermodernisierung

19 Der vertragsgemäße Gebrauch der Mietsache kann den Wohnraummieter zur Vornahme von baulichen Veränderungen und insbesondere Modernisierungsmaßnahmen berechtigen. Hierbei umfassen bauliche Veränderungen alle Maßnahmen, die einen Eingriff in die Bausubstanz der Wohnräume erfordern.[72] Die praktischen Fälle reichen

[61] S. ausführlich LG Berlin GE 2016, 1388.
[62] S. AG München BeckRS 2017, 159929, das zudem darauf hinweist, dass auch 16-Jährige den Anweisungen eines Erwachsenen nicht uneingeschränkt folgen.
[63] S. AG Frankfurt WuM 2005, 764; Börstinghaus NZM 2004, 48 (51).
[64] Vgl. etwa zu einem autistischen Kind LG Münster NJW 2009, 3730.
[65] S. BGH NJW-RR 2017, 1290 Rn. 14 mit Verweis auf insbes. LG Berlin WuM 1999, 329; LG München I NJW-RR 2005, 598; LG Köln BeckRS 2009, 4995.
[66] S. BGH 13.12.2019 – V ZR 203/18, NJW 2020, 1354 Rn. 34.
[67] S. OLG Düsseldorf NJW-RR 1996, 211 (212).
[68] S. AG Aachen NJW-RR 1987, 404.
[69] Schmidt-Futterer/Lehmann-Richter BGB § 535 Rn. 604, stützt die Unzulässigkeit auf § 138 BGB.
[70] Vgl. LG Berlin NJW-RR 1986, 1144, zur Nutzung eines geteerten Innenhofes eines innerstädtischen Miethauses zum Spielen durch Kinder einer Mietpartei.
[71] AA Schmidt-Futterer/Lehmann-Richter BGB § 535 Rn. 604 jedenfalls zur Vereinbarung von Spielverboten für außerhalb der Wohnung liegende Bereiche.
[72] Vgl. nur BeckOK BGB/Zehelein, Stand: 1.11.2024, § 535 Rn. 531.

hierbei von der Anbringung von Dübeln für eine Wandgarderobe bis hin zu einem Wanddurchbruch[73] und sind damit sowohl vielfältig als auch alltagsrelevant.

a) **Maßgebliche mietrechtliche Regelungen.** Die mietrechtlichen Regelungen enthalten keine konkreten Vorgaben über die Berechtigung des Mieters zur Vornahme von baulichen Veränderungen im Rahmen des Mietverhältnisses. Anhand verschiedener mietrechtlicher Vorschriften lässt sich aber eine **rechtliche Einordnung** solcher Maßnahmen vornehmen, aus deren Gesamtschau sich eine Differenzierung hinsichtlich der Zulässigkeit von Veränderungen der Wohnräume durch den Mieter während der Mietzeit ergibt. 20

Nach § 536a Abs. 2 BGB kann der Mieter berechtigt sein, bauliche Eingriffe vorzunehmen. Dieses Recht ist jedoch nicht Ausdruck des vertragsgemäßen Gebrauchs, sondern dient ausschließlich dessen Erhaltung und Wiederherstellung[74] durch den Mieter, wenn der Vermieter sich hinsichtlich der Mangelbeseitigung in Verzug befindet oder aufgrund der Eilbedürftigkeit das umgehende Tätigwerden des Mieters notwendig[75] ist. Die Regelung des § 538 BGB betrifft ebenso Veränderungen, dient jedoch lediglich der Freistellung des Mieters von den Folgen des vertragsgemäßen Gebrauchs der Mietsache[76] und bewirkt damit zugleich eine Beschränkung der Ersatzansprüche des Vermieters wegen der Veränderung oder Verschlechterung der Mietsache,[77] da solche Veränderungen der Mietsache ihrem (auch vertragsgemäßen) Gebrauch inhärent sein können.[78] Schließlich normiert § 539 BGB ein Ausgleichsrecht des Mieters, wenn bauliche Veränderungen, die er auf eigene Kosten vorgenommen hat, dem Vermieter wirtschaftliche Vorteile verschafft haben.[79] Diese Vorschrift enthält keine Regelung zur Zulässigkeit von baulichen Veränderungen, sondern setzt sie vielmehr voraus und gewährt dem Mieter in der Folge ein Ersatzanspruch bzw. Wegnahmerecht gegen den Vermieter. 21

b) **Zulässigkeit von Veränderungen ohne Eingriff in die Bausubstanz.** Lediglich äußerliche bzw. gestalterische **Veränderungen** der Wohnräume, die keine Eingriffe in die Bausubstanz der Wohnräume darstellen, wie das Anbringen einer Dekoration, das Tapezieren oder das Anstreichen der Wände, sind regelmäßig ohne Weiteres zulässig,[80] wenn von ihnen keine nennenswerte optische Beeinträchtigung des Eigentums ausgeht.[81] Denn diese Veränderungen lassen sich rückstandslos beheben. 22

Daher reicht das anzuerkennende Interesse des Vermieters an einer zügigen Weitervermietung nach Beendigung des Mietverhältnisses durch eine **neutrale Gestaltung der Wohnräume** nicht so weit, die Gebrauchsrechte des Mieters bereits während des laufenden Mietverhältnisses in dieser Hinsicht einzuschränken.[82] Gehört die gestalterische Veränderung der Wohnräume nach Art und Umfang zum vertragsgemäßen Gebrauch, wie etwa die Renovierung einer nicht tapeziert angemieteten Wohnung mit hellen, neutralen Farben und Tapeten, die eine Weitervermietung nicht erschweren, müssen diese Veränderungen nach den Maßgaben des § 538 BGB auch bei der Rück- 23

[73] Vgl. etwa LG Kassel DWW 2011, 336.

[74] Nach Schmidt-Futterer/Lehmann-Richter BGB § 536a Rn. 131, berechtigt § 536a Abs. 2 Nr. 2 BGB den Mieter zur Mangelbeseitigung, wenn sie lediglich den vertragsgemäßen Gebrauch und nicht auch den Bestand der Mietsache erhält oder wiederherstellt.

[75] Die Gesetzesmaterialien sprechen in diesem Zusammenhang von „Notmaßnahmen des Mieters, die keinen Aufschub dulden“, s. BT-Drs. 14/4553, 41; so etwa auch BGH NJW 2008, 1216 Rn. 17.

[76] Vgl. etwa BGH 8.7.2020 – VIII ZR 163/18, NJW 2020, 3517; BeckOK MietR/Bruns, Stand: 1.5.2024, § 538 Rn. 20.

[77] Schmidt-Futterer/Lehmann-Richter BGB § 538 Rn. 3.

[78] Vgl. etwa Blank/Börstinghaus/Siegmund/Siegmund BGB § 538 Rn. 1; MüKoBGB/Bieber, 9. Aufl. 2021, § 538 Rn. 1.

[79] Vgl. BeckOGK BGB/Emmerich, Stand: 1.10.2024, § 539 Rn. 2 f.

[80] Vgl. Schmidt-Futterer/Lehmann-Richter BGB § 535 Rn. 629; s. BGH NJW 2008, 2499 Rn. 17, zur Unwirksamkeit einer mietvertraglichen Dekorationsklausel nach §§ 307 Abs. 1 BGB, die nicht auf den Zeitpunkt der Rückgabe der Mietsache beschränkt ist.

[81] Vgl. nur BGH NJW-RR 2007, 1243 Rn. 16.

[82] Vgl. etwa BGH NJW-RR 2009, 656 Rn. 12; NJW 2009, 62 Rn. 15 f.; NJW 2008, 2499 Rn. 18 f.

gabe der Wohnung nicht einmal entfernt werden.[83] Für das Aufstellen einer **Parabolantenne** (ohne Eingriff in die Bausubstanz) im Innern des Gebäudes am Fenster oder auf dem Fußboden im hinteren Bereich auf einem durch Vorder- und Seitenwände sichtgeschützten Balkon ist angesichts der allenfalls geringfügigen optischen Beeinträchtigung keine Erlaubnis des Vermieters erforderlich.[84] Für das Aufstellen einer **transportablen Duschkabine** gilt dies ebenfalls, wenn sie (ähnlich einer Waschmaschine oder Geschirrspüler) lediglich mit Schläuchen an vorhandene Anschlüsse angeschlossen wird.[85]

24 Zu dieser Art von Veränderungen gehört auch die Errichtung von **Leichtbauwänden,** das Verkleben von **Fußbodenplatten,**[86] sowie das Anbringen einer **abnehmbaren Holzvertäfelung,**[87] da sie ohne Eingriff in die Bausubstanz der Wohnräume vorgenommen und bei Beendigung des Mietverhältnisses wieder entfernt werden können. Bei solchen Veränderungen ist eine Erlaubnis ausnahmsweise dann erforderlich, wenn sie etwa eine deutliche Veränderung des Erscheinungsbildes herbeiführen.[88] Dagegen ist das auch nur saisonale Aufstellung eines **Pavillons** (ohne Eingriff in die Bausubstanz) auf einer Terrasse im ersten Obergeschoss eines Hauses durch den Mieter unüblich und stellen eine deutliche Veränderung des Erscheinungsbildes des Hauses dar.[89]

25 c) **Erlaubnisvorbehalt und Ermessen des Vermieters.** Zum vertragsgemäßen Gebrauch der Wohnräume durch den Mieter wird auch die Vornahme von baulichen Veränderungen gehören. Diese unterliegen jedoch unabhängig von ihrem Umfang und ihrer Intensität grundsätzlich dem **Erlaubnisvorbehalt des Vermieters,** da sie mit einem Eingriff in die Bausubstanz verbunden sind.[90] Zwar können solche Maßnahmen, wie etwa das Dübeln zur Befestigung von Regalen an der Wand oder Aufhängen einer Lampe an der Decke,[91] für eine zweckmäßige Nutzung der Wohnräume notwendig sein, dennoch überschreiten sie die mit der Miete eingeräumte Nutzungsbefugnis des Mieters und greifen in die ausschließliche Umgestaltungsbefugnis des Eigentümers aus § 903 BGB ein.[92] Darüber hinaus können bauliche Veränderungen Gefahren für die bauliche Integrität des Gebäudes bergen.[93] Die Entscheidung über die Erteilung der Erlaubnis liegt daher im **Ermessen des Vermieters,**[94] wobei auch eine mögliche Eignung der baulichen Veränderung zur Beseitigung eines Mangels der Mietsache daran nichts ändert.[95]

26 So kann etwa der Einbau eines **Duschbades** durch den Mieter nicht allein mit dem Hinweis auf eine Veränderung des Lebensstandards gerechtfertigt werden; der Vermieter ist vielmehr berechtigt, die Erteilung seiner Erlaubnis zu verweigern, weil diese bauliche Maßnahme mit einer nicht unerheblichen Beeinträchtigung und Gefahr einer nachhaltigen Verschlechterung der Wohnräume verbunden ist.[96] Mit einem **Wanddurchbruch** in Wohnräumen wird „massiv in die Sachsubstanz eingegriffen", weshalb die Erlaubnis des Vermieters hierzu unverzichtbar ist.[97] Wegen der erheblichen Gefähr-

---

[83] Vgl. Sternel NZM 2017, 169 (181).
[84] Vgl. BGH NJW-RR 2007, 1243.
[85] LG Berlin WuM 1990, 421; vgl. zum Einbau einer Dusche → II. 3. d).
[86] LG Essen WuM 1987, 257.
[87] LG Osnabrück WuM 1986, 231.
[88] Vgl. wiederum BGH NJW-RR 2007, 1243 Rn. 16.
[89] Vgl. AG Berlin-Spandau ZMR 2014, 132.
[90] S. BGH NJW 1974, 1463; vgl. BGH NJW 2006, 1062 Rn. 13; BeckOK BGB/Zehelein, Stand: 1.11.2024, § 535 Rn. 532; BeckOK MietR/Weber, Stand: 1.5.2024, § 535 Rn. 1403; MüKoBGB/Häublein, 9. Aufl. 2021, § 535 Rn. 104.
[91] Vgl. zur Frage des Anbringens von Dübeln nur Streyl NZM 2017, 785 (786).
[92] Vgl. Streyl NZM 2017, 785 (787).
[93] Vgl. wiederum Streyl NZM 2017, 785 (786).
[94] S. BGH NJW-RR 2012, 262 Rn. 11; ZMR 64, 338; NJW 1963, 1539; BeckOK MietR/Weber, Stand: 1.5.2024, § 535 Rn. 1407; MüKoBGB/Häublein, 9. Aufl. 2021, § 535 Rn. 104.
[95] Vgl. AG München BeckRS 2013, 13560.
[96] LG Berlin ZMR 1995, 594.
[97] LG Kassel DWW 2011, 336.

dung der Mietsache gilt dies ebenso für das Verlegen von **Elektroleitungen**[98] oder **Wasserleitungen.**[99]

Aufgrund der erheblichen zusätzlichen Gefährdung für alle sich in den Wohnräumen aufhaltenden Personen im Brandfall ist für das Anbringen von **Styropordeckenplatten** die Erlaubnis des Vermieters zwingend erforderlich.[100] Beabsichtigt der Mieter zum Zwecke des Sonnenschutzes die Installation einer **Markise,** ist die Erlaubnis des Vermieters angesichts seines Interesses an dem Schutz der optisch ungeschmälerten Erhaltung des Wohnhauses und dessen Bausubstanz zwingend erforderlich, wenn dies lediglich durch eine Durchbohrung des Wärmedämmverbundsystems im Mauerwerk möglich wäre und zu einer Beeinträchtigung des einheitlichen Gebäudeeindrucks führen würde.[101] Ohne Erlaubnis des Vermieters ist auch der Einbau einer **neuen Wohnungseingangstür** unter Veränderung der Türausschnitte unzulässig.[102] Weil es sich beim Anbringen einer **Balkonverkleidung** um eine dauerhafte bauliche Veränderung handelt, ist zwingend die Einholung der Erlaubnis durch den Vermieter erforderlich.[103] Das Anbringen einer **Videokameraanlage** im Treppenhaus oder Hauseingangstür geht mit der Verletzung des Allgemeinen Persönlichkeitsrechts der Mitmieter und Besucher des Hauses einher[104] und bedarf daher der Erlaubnis des Vermieters, wenn der Mieter zwar in seiner Gehfähigkeit eingeschränkt und bettlägerig ist, aber an seinem Bett über eine Wechselsprechanlage und an der Wohnungseingangstür über einen Spion verfügt.[105] 27

d) Pflicht des Vermieters zur Erteilung der Erlaubnis für bauliche Veränderungen. Nur ausnahmsweise kann sich eine Verpflichtung des Vermieters zur Erteilung seiner Erlaubnis zu einer baulichen Veränderung daraus ergeben, dass der Mieter ein **überwiegendes berechtigtes Interesse** hieran hat[106] oder das Ermessen des Vermieters in einer Weise ausgeübt wird, die gegen die **Gebote von Treu und Glauben** verstößt.[107] Eine treuwidrige Verweigerung des Vermieters liegt insbesondere dann vor, wenn die bauliche Veränderung dem Mieter erhebliche Vorteile verschafft, ohne dem Vermieter wesentliche Nachteile zu bringen.[108] Dies ist regelmäßig der Fall, wenn keine dauernde Verschlechterung der Bausubstanz[109] und keine erhebliche optische Beeinträchtigung des Gebäudes[110] zu erwarten ist. Im Rahmen der **Interessenabwägung** sind aufseiten des Vermieters insbesondere der Umfang und die Intensität der beabsichtigten Veränderungen, potenzielle Gefahren für die bauliche Substanz,[111] die Möglichkeit des Rückbaus, der damit verbundene Aufwand sowie eine etwaige finanzielle Sicherstellung dieses Rückbaus[112] von Bedeutung; demgegenüber stehen aufseiten des Mieters 28

[98] AG Berlin-Mitte MM 2017, Nr. 12, 29.

[99] AG Berlin-Kreuzberg 15.3.2022 – 13 C 285/18, ZMR 2023, 800.

[100] LG Braunschweig NJW 1986, 322.

[101] AG Köln BeckRS 2017, 140624.

[102] AG Berlin-Mitte NJOZ 2014, 612.

[103] AG München BeckRS 2013, 13560.

[104] So AG Aachen NZM 2004, 339 wegen des sog. Überwachungsdrucks auch bei einer Videokameraattrappe.

[105] KG NZM 2010, 197; ein Fall des § 554 BGB läge hier nicht vor, da diese bauliche Veränderung nicht zur behindertengerechten Nutzung der Wohnung erforderlich sei und es angesichts der bestehenden Instrumente um eine Bequemlichkeit gehe.

[106] Vgl. BeckOK BGB/Zehelein, Stand: 1.11.2024, § 535 Rn. 531 f.; Streyl NZM 2017, 785.

[107] BGH NJW-RR 2012, 262 Rn. 11; BeckRS 1964, 31185595 unter II. 3. a); NJW 1963, 1539.

[108] S. MüKoBGB/Häublein, 9. Aufl. 2021, § 535 Rn. 104.

[109] S. Meyer-Abich NZM 2015, 520 (521); vgl. etwa LG Köln NZM 1998, 759, zum Einbau eines Treppenlifts im Treppenhaus über zwei Etagen.

[110] Vgl. BGH NJW 2006, 1062 Rn. 24.

[111] Zur weitgehenden Sicherung vor möglichen Schäden kann die bauliche Veränderung aufgrund ihrer Intensität durch einen Fachmann vorgenommen werden, vgl. OLG Karlsruhe NJW 1993, 2815, sowie eine Sicherheitsleistung erbracht werden, vgl. AG Hamburg NJWE-MietR 1996, 123.

[112] Zur Abwendung eines etwaigen Kostenrisikos des Vermieters im Zusammenhang mit dem Rückbau der baulichen Veränderung kann entsprechend den Maßgaben des § 554 Abs. 1 S. 3 BGB eine zusätzliche Sicherheitsleistung erbracht werden, vgl. hierzu Meyer-Abich NZM 2015, 520 (522); Streyl NZM 2017, 785 (787).

vor allem die Verbesserung der Nutzungsmöglichkeiten der Wohnräume im Vordergrund.[113]

29 Beabsichtigt der Mieter die Anbringung einer **Parabolantenne** an der Balkonbrüstung,[114] ist angesichts seines grundrechtlich geschützten Informationsinteresses eine solche Verpflichtung des Vermieters zur Erteilung einer Erlaubnis etwa dann gegeben, wenn der Vermieter keine anderen Empfangseinrichtungen für Fernsehprogramme bereitstellt.[115] Der Vermieter eines Einfamilienhauses ist zudem verpflichtet, die **Umstellung einer Kokszentralheizung auf Ölheizung** zu erlauben, wenn die bauliche Veränderung von dem Mieter so ausgeführt werden, dass bei Beendigung des Mietverhältnisses die Rückumstellung auf Koksheizung erfolgen kann.[116] Der Einbau einer **Einbauküche** durch den Mieter ist üblich und berühren insbesondere dann die Interessen des Vermieters nicht, wenn der Mieter seine Pflicht zur Wiederherstellung des alten Zustands bei Beendigung des Mietverhältnisses bestreitet.[117] Der Mieter kann auch die Erlaubnis zum Einbau von **Außenjalousien** fordern, wenn sie geeignet sind, die Wohnräume vor Lichteinfall, Schall und Einbruch zu sichern ohne, dass die Jalousienkästen oder die Farbe der Jalousien, auch im heruntergelassenen Zustand, das äußere Erscheinungsbild des Wohngebäudes zu stören.[118] Ist es dem Mieter aufgrund seines körperlichen Befindens nicht möglich, in eine vorhandene Badewanne zu steigen, ist der Vermieter wegen der Befriedigung elementarer Lebensbedürfnisse verpflichtet, dem Mieter den Einbau einer **Dusche** zu erlauben.[119] Geht es bei der baulichen Veränderung des Mieters um das Anbringen einer **Wäschetrockenvorrichtung** auf dem Hinterhofbalkon darf der Vermieter die Erteilung der erforderlichen Erlaubnis nicht verweigern, auch wenn sie höher als die Balkonbrüstung befestigt werden; damit wird auch das Trocknen größerer Kleidungsstücke erreicht, ohne dass der äußere Gesamteindruck des Gebäudes nachhaltig gestört ist.[120]

30 **e) Mietermodernisierungen gemäß § 554 BGB.** Das Gesetz normiert in der halbzwingenden Regelung des § 554 Abs. 1 BGB ausdrücklich solche **Ausnahmefälle für bestimmte Mietermodernisierungen.**[121] Danach ist der Vermieter verpflichtet, bauliche Veränderungen zu gestatten, die der behindertengerechten Ausgestaltung der Wohnung, der Förderung der Elektromobilität, dem Einbruchsschutz oder der Stromerzeugung durch Steckersolargeräte[122] dienen. In diesen Fällen wird eine Interessenabwägung zunächst nicht vorausgesetzt.[123]

31 Der Gesetzgeber hat vielmehr durch diese Vorschrift die **Interessenabwägung vorweggenommen** und das Veränderungsinteresse des Mieters aus gesamtgesellschaftlichen Gründen höher bewertet als die Konservierungs-, Befriedungs- und Kostenvermeidungsinteressen des Vermieters in Bezug darauf, dass nicht durch eine bauliche Veränderung

[113] S. Schmidt-Futterer MietR/Lehmann-Richter § 535 Rn. 582, zur Bestimmung des vertragsgemäßen Gebrauchs durch Abwägung der beiderseitigen Interessen im Rahmen der Vertragsauslegung und nicht durch Gesetzesauslegung; vgl. hierzu ergänzend Lehmann-Richter NZM 2015, 513 (514); zustimmend: Streyl NZM 2017, 785 (786).

[114] Hierzu näher → II. 4. a).

[115] BVerfG NJW-RR 2005, 661 (662).

[116] BGH NJW 1963, 1539; anders BGH NJW-RR 2012, 262, im Falle des Einbaus einer Gasetagenheizung; zur Kritik dieser Entscheidung s. nur Streyl NZM 2017, 785 (788).

[117] LG Konstanz BeckRS 1988, 30944433 Rn. 9 f.

[118] AG Zeitz BeckRS 1997, 30940845 Rn. 14 f.

[119] AG Hamburg NJWE-MietR 1996, 123.

[120] LG Nürnberg-Fürth BeckRS 1990, 7800 Rn. 15 f.

[121] Vgl. nur MüKoBGB/Häublein § 535 Rn. 104.

[122] Nach der alten Rechtslage hatte der Wohnraummieter keinen Anspruch gegen den Vermieter auf Erteilung der erforderlichen Erlaubnis zur Installation eines Steckersolargeräts mit außen angebrachten Modulen am Balkon, da diese bauliche Veränderung das äußere Erscheinungsbild des Gebäudes erheblich beeinträchtigt und ein solcher Eingriff in das Eigentumsrecht des Vermieters angesichts der vergleichsweise geringen Stromausbeute handelsüblicher Balkonkraftwerke nicht gerechtfertigt wäre, s. AG Köln. 26.9.2023 – 222 C 150/23, NJW-RR 2023, 1575 Rn. 15.

[123] Vgl. Schmidt-Futterer/Flatow § 554 Rn. 2; BeckOK BGB/Wiederhold, Stand: 1.11.2024, § 554 Rn. 20.

in die Substanz der Mietsache eingegriffen wird, die baulichen Veränderungen keine negativen Auswirkungen auf die Rechtsbeziehungen zu Dritten haben und er nicht auf den Kosten des Rückbaus der baulichen Veränderungen verbleibt.[124] Erst im Rahmen des § 554 Abs. 1 S. 2 BGB ist eine Interessenabwägung erforderlich, wenn der Vermieter konkrete Umstände darlegt, aus denen die Unzumutbarkeit der baulichen Veränderungen für ihn hervorgehen.[125]

f) **Einholung der Erlaubnis.** Die Verpflichtung des Vermieters zur Erteilung der Erlaubnis der baulichen Veränderung stellt **keinen Verzicht auf die Erlaubnis** dar,[126] so dass der Mieter den Vermieter in jedem Fall auf die Erteilung der Erlaubnis in Anspruch nehmen muss. Der Grund hierfür liegt dann weniger in der Erfüllung einer reinen Formalie, als darin, den Vermieter frühzeitig über die baulichen Veränderungen zu informieren und ihm die Möglichkeit einzuräumen, sie zu prüfen und sich gegebenenfalls mit dem Mieter über deren Umsetzung zu verständigen.[127] 32

Versäumt es der Mieter in einem solchen Fall die erforderliche Erlaubnis des Vermieters einzuholen oder erteilt sie der Vermieter auf Verlangen des Mieters nicht und wird die bauliche Veränderung dennoch vorgenommen, liegt zwar ein vertragswidriger Gebrauch durch den Mieter vor,[128] der Vermieter hat dessen ungeachtet **keinen Beseitigungsanspruch** wegen der fehlenden Erlaubnis.[129] Da der Vermieter die Erlaubnis auf Verlangen des Mieters ohnehin erteilten müsste, verhielte er sich treuwidrig (dolo-agit-Einrede), wenn er trotz dieser Verpflichtung die Beseitigung der baulichen Veränderung wegen fehlender formaler Erlaubnis verlangte.[130] Vielmehr wird der Vermieter in dem Fall verpflichtet sein, die bauliche Veränderung aufgrund einer aus § 242 BGB herzuleitenden Nebenpflicht aus dem Mietvertrag zu dulden.[131] 33

4. Fernsehen und Telekommunikationseinrichtungen

Die Gebrauchsrechte des Mieters umfassen ebenso den Empfang von Hörfunk- und Fernsehprogrammen[132] sowie die Nutzung von Telekommunikationseinrichtungen,[133] zu deren Überlassung und Instandhaltung der Vermieter verpflichtet ist. Dies folgt für die Mietvertragsparteien vorbehaltlich einer vertraglichen Vereinbarung jedenfalls aus der Verkehrsanschauung, wonach der Mieter einer Wohnung erwarten kann, dass die von ihm angemieteten Räume einen **Wohnstandard** aufweisen, der der üblichen Ausstattung vergleichbarer Wohnungen entspricht.[134] 34

a) **Empfang von Fernsehprogrammen.** Zur Sicherstellung des Empfangs von Fernsehprogrammen durch den Wohnraummieter ist der Vermieter lediglich zur **Grundversorgung** verpflichtet,[135] wodurch ihm freigestellt wird, mit welchen Empfangseinrichtungen für Fernsehprogramme er die Wohnräume ausstattet und dem Mieter zum Gebrauch überlässt.[136] Daher genügt der Vermieter seiner Pflicht, wenn er eine Gemeinschaftsantenne, ein Breitbandkabel oder einen Internetanschluss mit ausreichen- 35

---

124 Vgl. BT-Drs. 19/18791, 88.

125 Vgl. Blank/Börstinghaus/Siegmund/Börstinghaus BGB § 554 Rn. 22; Schmidt-Futterer/FlatowBGB § 554 Rn. 36.

126 Vgl. LG Kassel DWW 2011, 336.

127 S. Streyl NZM 2017, 785 (787).

128 Vgl. LG Berlin LSK 2016, 114509 Rn. 4 f..; BeckOK MietR/Bruns, Stand: 1.5.2024, § 541 Rn. 5.

129 S. MüKoBGB/Häublein, 9. Aufl. 2021, § 535 Rn. 104.

130 Vgl. AG Brandenburg BeckRS 2003, 16404 Rn. 15; MüKoBGB/Häublein, 9. Aufl. 2021, § 535 Rn. 104.

131 Vgl. BGH NJW 2006, 1062 Rn. 13.

132 Vgl. zur verfassungsrechtlichen Begründung nach Art. 5 Abs. 1 S. 1 Hs. 1 GG BVerfG NJW 1994, 1147.

133 Vgl. BGH NJW-RR 2019, 270 Rn. 15, zum Telefonanschluss; Zehelein WuM 2013, 460, zur Internetnutzung.

134 Bereits unter → II. 1.

135 Vgl. MüKoBGB/Häublein, 9. Aufl. 2021, § 535 Rn. 90.

136 Vgl. MAH MietR/Schendel § 17 Rn. 175.

der Bandbreite bereitstellt.[137] Da lediglich die Überlassung einer geeigneten Infrastruktur geschuldet ist, kommt es nicht darauf an, dass mit der Wahl der Empfangseinrichtung eine Beschränkung des Programmangebots einhergeht.

36 Dieser Umstand wird vielmehr im Rahmen der **Interessenabwägung** zu berücksichtigen sein, wenn es um die Frage der Verpflichtung des Vermieters zur Erteilung seiner Erlaubnis zu einer baulichen Veränderung geht, weil der Mieter zum Zwecke seines **Informationsbedürfnisses** beabsichtigt, andere Empfangseinrichtungen, wie etwa eine Parabolantenne, anzubringen.[138] In der Regel wird der Mieter jedoch darauf verwiesen, die bestehenden Empfangseinrichtungen zu verwenden, wenn nicht ausnahmsweise ein besonderes Informationsinteresse des Mieters etwa aufgrund seiner sprachlichen oder kultureller Herkunft[139] oder seiner beruflichen Tätigkeit[140] besteht,[141] was dann im Einzelfall dem Interesse des Vermieters als Eigentümer an dem **Schutz vor optischer Beeinträchtigung** des Wohnhauses vorzuziehen wäre.[142] Darüber hinaus können im Rahmen der der Interessenabwägung **weitere Umstände** berücksichtigt werden. Hierzu gehört insbesondere, ob das Anbringen einer Parabolantenne den baurechtlichen Anforderungen genügt, der Vermieter angesichts seines Interesses an einem einheitlichen Erscheinungsbild des Wohngebäudes bei der Wahl einer geeigneten Stelle mit einer geringeren Störung beteiligt wird, die Installation fachmännisch und ohne erhebliche Eingriffe in die Bausubstanz durchgeführt werden kann sowie die Bereitschaft des Mieters eine zusätzliche Sicherheitsleistung zu erbringen.[143] Diese Umstände sind jedoch nicht als zwingende Voraussetzungen zu verstehen, bei deren Vorliegen die Verpflichtung des Vermieters zur Erteilung der Erlaubnis zur Installation einer Parabolantenne und deren Duldung angenommen werden müsste. Anderenfalls stünde etwa eine fehlende Sicherheitsleistung des Mieters seinem Gestattungs- und Duldungsanspruch gegen den Vermieter entgegen und bei bereits erfolgter Anbringung einer Parabolantenne würde dies einen vertragswidrigen Gebrauch bedeuten, aufgrund dessen der Vermieter einen Beseitigungsanspruch nach § 541 BGB gegen den Mieter hätte.[144]

37 **b) Nutzung von Telekommunikationseinrichtungen.** Regelmäßig wird der vertragsgemäße Gebrauch auch die Nutzung von Telekommunikationseinrichtungen gehören. Hierbei geht es um die **funktionsfähige Infrastruktur,** die dem Mieter sowohl Telefon- als auch Internetverbindungen ermöglicht, nachdem ihm der Zugang zu den Telekommunikationsdiensten vom Anbieter gewährt wurde, ohne dass über den Anschluss des Endgeräts hinaus weitere Verkabelungsarbeiten am Wohnungsanschluss erforderlich sind.[145] Damit wird der Vermieter wiederum lediglich zu Grundversorgung verpflichtet.

38 Da der Vermieter diesbezüglich lediglich zur Grundversorgung verpflichtet ist, kann der Vermieter zwischen verschiedenen Telekommunikationseinrichtung wählen. Ob er unter dem Gesichtspunkt des rechtlich geschuldeten **Mindeststandards zeitgemäßen Wohnens**[146] und angesichts des Umstands, dass eine Vielzahl von alltäglichen Internet-Anwendungen eine Mindestübertragungsrate voraussetzen, auch auf Infrastruktur zu-

[137] S. BeckOK BGB/Zehelein, Stand: 1.11.2024, § 535 Rn. 365.

[138] Vgl. BGH NJW-RR 2013, 1168; NJW 2010, 436; NJW 2008, 216, zur Berücksichtigung der Glaubens- und Religionsfreiheit nach Art. 4 GG, wenn die regulären Programme nicht über Inhalte des Glaubens des Mieters berichten; vgl. auch Horst NJW 2005, 2654.

[139] Ein etwaiger Wechsel der Staatsangehörigkeit ist hierbei ohne Belang, da das maßgebliche Informationsbedürfnis eines Mieters unabhängig von seiner Staatsangehörigkeit besteht, vgl. hierzu KG NZM 2008, 39; aA LG Berlin BeckRS 2003, 14400; BeckOK BGB/Zehelein, Stand: 1.11.2024, § 535 Rn. 365.

[140] Vgl. LG Baden-Baden WuM 1997, 430 zu einem Auslandsjournalisten.

[141] Vgl. BVerfG NJW 2013, 2180; Mehrings NJW 1997, 2273.

[142] Vgl. insgesamt NJW 2010, 436, zur Verpflichtung des Vermieters die Anbringung einer Parabolantenne für einen kurdischen Mieter trotz Breitbandkabels wegen dessen besonderem Interesse an den Vorgängen, an Sprache und Kultur in seiner kurdischen Heimatregion zu gestatten; vgl. BGH NJW 2010, 438 Rn. 10, allerdings zu einem wohnungseigentumsrechtlichen Fall.

[143] Vgl. AG Kamen BeckRS 2009, 29852; MüKoBGB/Häublein, 9. Aufl. 2021, § 535 Rn. 102.

[144] Vgl. hierzu etwa AG Berlin-Lichtenberg BeckRS 2017, 150281 Rn. 25.

[145] Vgl. BGH NJW-RR 2019, 270 Rn. 15 f.

[146] Vgl. hierzu grundlegend BGH NJW 2004, 3174 (3175).

rückgreifen darf, die eine geringe Übertragungsrate zulässt, ist zweifelhaft.[147] So kann etwa mit einer Schmalbandverbindung[148] allenfalls eine Übertragungsrate von bis zu 64 kbits/s erreicht werden, womit lediglich textbasierte E-Mails verschickt und empfangen, Anhänge wie Fotos und Dokumente den Vorgang bereits verlangsamen, und textlastige Webseiten abgerufen werden können, Bilder und Videos lediglich eine langsame Ladezeit ermöglichen. Nur unter erhöhtem zeitlichem Aufwand sind etwa die Verwendung von Cloud-Diensten oder der Download größerer Datenmengen eingeschränkt möglich, während Videoanrufe und -streaming (jeweils auch in niedriger Qualität) ungestört mit einer Breitbandverbindung[149] umgesetzt werden können. Dass eine Breitbandverbindung inzwischen zum Standard gehört, zeigt die Entwicklung der Ausstattung privater Haushalte in den vergangenen Jahren. 2010 verfügten 77 % der privaten Haushalte über einen Internetzugang, während 70 % mit einem Breitbandanschluss ausgestattet waren. Bis 2020 stieg der Anteil der privaten Haushalte mit Internetzugang auf 92 %, und 91 % waren mit einem Breitbandanschluss ausgestattet.[150]

Die Regelung des § 555b Nr. 4a BGB definiert nun den erstmaligen Anschluss einer Wohnung mittels Glasfaser an ein öffentliches Netz mit sehr hoher Kapazität als eine Modernisierungsmaßnahme. Zu deren Vornahme ist der Vermieter lediglich berechtigt und kann von dem Mieter nach § 555d Abs. 1 BGB ihre Duldung sowie nach § 559 Abs. 1 BGB die Erhöhung der Miete verlangen. Hieraus folgt zudem kein Anspruch des Mieters gegen den Vermieter auf den Glasfaseranschluss iSd § 555b Nr. 4a BGB.[151] 39

5. Gartennutzung

Das Gebrauchsrecht des Mieters im Rahmen eines Wohnraummietverhältnisses kann auch die Nutzung eines Gartens umfassen. 40

a) **Bestimmung des Umfangs und dessen rechtliche Einordnung.** Ist ein Garten Teil eines vermieteten Einfamilienhauses, wird nach allgemeiner Verkehrsanschauung davon auszugehen sein, dass sich das **Alleingebrauchsrecht** des Wohnraummieters auf diese Gartenfläche erstreckt, sofern keine anderslautende Regelung im Mietvertrag getroffen wurde. Diese Annahme wird insbesondere dadurch gestützt, dass die Vertragsurkunde hinsichtlich des Mietobjekts regelmäßig lediglich die Anschrift des Grundstücks nennt, ohne den Gebrauch auf das Wohngebäude zu beschränken. Da eine zum Gebäude gehörige Gartenfläche Teil des Grundstücks ist und an derselben Anschrift belegen ist, folgt hieraus die Einbeziehung des Gartens in das mietvertragliche Gebrauchsrecht.[152] 41

Anders verhält es sich bei der Vermietung einer Wohnung in einem Mehrfamilienhaus. Hier fehlt es grundsätzlich an einem Alleingebrauchsrecht des Mieters an einer Gartenfläche, wenn hierzu keine mietvertragliche Vereinbarung getroffen wurde.[153] Dies gilt 42

---

147 Nach BeckOK BGB/Zehelein, Stand: 1.11.2024, § 535 Rn. 364, soll es auf die regionale Üblichkeit ankommen.

148 Hierzu gehört etwa der Aufbau einer Internetverbindung mittels Telefonmodem oder ISDN.

149 Hierzu gehören etwa die Verbindungsmöglichkeiten per DSL- oder Kabelmodem.

150 S. https://www.destatis.de/DE/Themen/Gesellschaft-Umwelt/Einkommen-Konsum-Lebensbedingungen/Ausstattung-Gebrauchsgueter/Tabellen/zeitvergleich-ausstattung-ikt.html (zuletzt abgerufen am 29.12.2024).

151 Der Vermieter bzw. Eigentümer eines Gebäudes ist auch nicht aufgrund einer öffentlich-rechtlichen Regelung verpflichtet, einen Glasfaseranschluss in das Gebäude legen zu lassen. Anders stellt sich dies bei der Modernisierungsmaßnahme nach § 555b Abs. 1a BGB zu deren Vornahme der Vermieter nach den Maßgaben der zwingenden öffentlich-rechtlichen Regelungen des §§ 71 Abs. 1, 8 GEG verpflichtet ist. S. zur mieterseitigen Durchsetzung der Modernisierungsmaßnahme nach § 555b Abs. 1a BGB etwa Derleder NZM 2012, 487 (494); Mayrhofer NZM 2024, 625; aA etwa Sternel NZM 2010, 721; Lee NZM 2023, 780 (782); offengelassen durch BGH NJW 2008, 142 Rn. 18; Börstinghaus NJW 2023, 3193 (3199).

152 Vgl. insgesamt OLG Köln NJW-RR 1994, 334, das zudem berücksichtigt hat, dass aufgrund eines atypischen Grundstückszuschnitts, eine sinnvolle Teilung der Gesamtfläche nicht möglich war und die Vermieter im Rahmen einer Mieterhöhung die Gartennutzung als Mietwertkriterium angeführt haben.

153 S. AG Aachen DWW 1991, 22.

auch für Erdgeschosswohnungen,[154] sofern nicht etwa besondere örtliche Gegebenheiten, wie ein alleiniger Zugang aus der Erdgeschosswohnung zum Garten, ein ausschließliches Gebrauchsrecht für diesen Mieter rechtfertigen. In der Regel handelt es sich bei der Gartenfläche eines Mehrfamilienhauses um eine Gemeinschaftsfläche, hinsichtlich derer allen Mietern jeweils ein **Mitgebrauchsrecht** eingeräumt wird, selbst wenn sie im Mietvertrag nicht ausdrücklich genannt ist, da bereits ihr Vorhandensein ein Gebrauchsrecht indizieren kann.[155] Die mietvertragliche Zuweisung von Teilflächen des Gartens an den einzelnen Mieter oder die von ihm gemieteten Wohnräume zur alleinigen Nutzung begründet dagegen ein Alleingebrauchsrecht des Mieters hinsichtlich dieser Gartenteilfläche.[156]

43 Bei Gemeinschaftsflächen erlangt jeder Mieter zumindest ein **Recht zur Mitnutzung**, jedoch nicht zwingend ein Recht zum Mitbesitz.[157] Wenn diese Flächen nicht mitvermietet werden,[158] verbleibt das Besitzrecht beim Vermieter.[159] Wird hingegen die Gartenfläche gemeinsam mit den Wohnräumen vermietet und nicht lediglich zur Mitnutzung überlassen, ist der Vermieter von einer eigenen Nutzung des Gartens grundsätzlich ausgeschlossen.[160] Dennoch kann er sich mietvertraglich ein Mitnutzungsrecht gegenüber dem Mieter vorbehalten. Ungeachtet einer etwaigen Eigentümerstellung des Vermieters ist er in diesem Fall verpflichtet, bei der Nutzung des Gartens insbesondere auf die Gebrauchsrechte des Mieters Rücksicht zu nehmen.[161]

44 Wurde das Gebrauchsrecht am Garten mietvertraglich gewährt, sei es zur ausschließlichen oder gemeinschaftlichen Nutzung, ist eine **isolierte Kündigung** dieses Gebrauchsrechts grundsätzlich unzulässig.[162] Eine Ausnahme bildet die Vorschrift des § 573b BGB, die eine Teilkündigung zulässt, wenn der Vermieter beabsichtigt, die Gartenfläche im Zusammenhang mit der Schaffung neuen Wohnraums zu verwenden. Die konkrete Art und Weise der Nutzung eines Gartens durch den Mieter im Rahmen eines Wohnraummietvertrags ist wesentlich davon abhängig, ob der Mieter zum Alleingebrauch oder lediglich zum Mitgebrauch berechtigt ist. Diese Unterscheidung wirkt sich erheblich auf die Bestimmung der jeweiligen Rechte und Pflichten der Mietvertragsparteien Parteien sowie auf die zulässige Gestaltung und Nutzung der Gartenfläche aus.

45 **b) Mitgebrauch.** Ist dem Mieter lediglich ein Mitgebrauchsrecht an der Gartenfläche eingeräumt, umfasst dieses primär die **übliche Nutzung,** insbesondere wie sie typischerweise mit dem Wohnen verbunden ist.[163] Hierbei sind aber neben den baulichen Gegebenheiten[164] ebenso die beiderseitigen Interessen des Mieters und des Vermieters zu berücksichtigen. Aufgrund des beschränkten Rechts lediglich zur gemeinschaftlichen Nutzung darf der Mieter etwa keine Nutzung vornehmen, die andere Mitmieter in ihrem gleichberechtigten Mitgebrauch des Gartens insgesamt oder eines Teils nachhaltig einschränkt oder ausschließt.[165] Diese Beschränkung des Gebrauchsrechts eines jeden Mitmieters ergibt sich nicht nur aus nachbarschaftlicher Interessenabwägung, sondern auch aus dem jeweiligen Mietverhältnis selbst, das lediglich zum vertragsgemäßen Gebrauch berechtigt. Der Mitgebrauch des Gartens wird aber überschritten, wenn die

[154] Vgl. hierzu BeckOK BGB/Zehelein, Stand: 1.11.2024, § 535 Rn. 211; Schmidt-Futterer/Eisenschmid BGB § 535 Rn. 344.
[155] S. AG Berlin-Pankow/Weißensee BeckRS 2011, 15164.
[156] Vgl. MüKoBGB/Häublein, 9. Aufl. 2021, § 535 Rn. 85.
[157] Vgl. KG NZM 2013, 579, hinsichtlich eines gemeinschaftlichen Eingangsbereichs eines Gebäudes.
[158] Vgl. KG BeckRS 1998, 12055 Rn. 41, hinsichtlich eines Kellerraums.
[159] Vgl. OLG Dresden17.6.2019 – 5 U 880/19, ZMR 2019, 859.
[160] Vgl. AG Friedberg (Hessen) NJWE-MietR 1996, 198.
[161] Vgl. LG Köln WuM 1996, 402.
[162] Vgl. AG Düsseldorf WuM 1994, 426; vgl. zur Teilkündigung MüKoBGB/Bieber, 9. Aufl. 2021, § 542 Rn. 15.
[163] Vgl. BGH NJW 2007, 146 Rn. 9.
[164] Vgl. Schmidt-Futterer/Lehmann-Richter BGB § 535 Rn. 645.
[165] Vgl. BeckOK BGB/Zehelein, Stand: 1.11.2024, § 535 Rn. 212.

Befriedungsinteressen des Vermieters tangiert sind und die Geltendmachung von Gewährleistungsrechten durch andere Mieter zu befürchten ist.

Innerhalb des Mitgebrauchs ist dem Mieter und seinen Angehörigen gestattet, die Gartenfläche für **Freizeitaktivitäten** wie Verweilen, Spielen oder Erholung zu nutzen.[166] Auch die Errichtung eines **Spielplatzes** ist zulässig, sofern ausreichend Platz vorhanden ist und keine erheblichen Störungen, etwa durch Kinderlärm[167] zu befürchten sind.[168] Das **Abstellen von Garteneinrichtungen** wie etwa Gartentischen, Gartenstühlen, Gartenbänken, Blumentöpfen, Sonnenschirmen, Sonnenliegen oder Strandkörben überschreitet dann den vertragsgemäßen Mitgebrauch des Gartens, wenn diese Gegenstände dauerhaft über den Zeitraum von einem Tag hinausgehend auf der Gartenfläche angestellt werden.[169] 46

c) **Alleingebrauch.** Bei einem Alleingebrauchsrecht hingegen genießt der Mieter umfassendere Nutzungsrechte, die eine individuellere Gestaltung der Gartenfläche erlauben und damit sein **Entfaltungsinteresse** stärker berücksichtigen. Die Grenzen des zulässigen Gebrauchs richten sich dabei nach den konkreten Umständen des Einzelfalls, insbesondere nach der Größe des Gartens, der Ortsüblichkeit und der Frage, ob dem Mieter die Gartenpflege obliegt. 47

Wird dem Mieter die Pflege der Gartenfläche übertragen, ist er berechtigt, schädliche oder optisch störende **Bäume oder Sträucher** zu entfernen,[170] und Neubepflanzungen vorzunehmen,[171] ohne zuvor die Genehmigung des Vermieters einzuholen. Dem Vermieter fehlt ebenso wie bei der Abwälzung der Schönheitsreparaturpflicht auf den Mieter ein Direktionsrecht.[172] Daher kann er den Garten auch wild wachsen lassen, dabei bleibt der Mieter jedoch verpflichtet, eine Verwilderung oder Verödung der Gartenfläche zu vermeiden.[173] Wird ein Garten mit Obstbäumen überlassen, umfasst der vertragsgemäße Gebrauch grundsätzlich auch das **Abernten der Früchte.**[174] Ebenso gehört das sachgerechte Anlegen und Nutzen eines Komposthaufens zu einer typischen Nutzung.[175] 48

Unter bestimmten Voraussetzungen sind auch **bauliche und gestalterische Maßnahmen** nicht von vornherein ausgeschlossen. So ist der Mieter berechtigt, eine **Gartenhütte** zu errichten, sofern sie zur Lagerung von Gartengeräten erforderlich ist und rückstandsfrei entfernt werden kann.[176] Bei der Aufstellung eines **Spielhauses** hat der Mieter ebenfalls darauf zu achten, dass die Entfernung ohne Rückstände möglich ist.[177] Ebenso kann der Mieter eine **Parabolantenne** im Garten aufstellen[178] oder einen **Teich** anlegen[179], sofern diese Maßnahmen keine erheblichen Umgestaltungen darstellen und sich ohne nachhaltige Beeinträchtigung der Gartenfläche beseitigen lassen. Unter Berücksichtigung dieser Maßgaben ist der Mieter auch zur Abtrennung eines Teils des Gartens 49

[166] Vgl. wiederum Schmidt-Futterer/Lehmann-Richter BGB § 535 Rn. 645.

[167] Hierzu näher unter → II. 2. c).

[168] AG Bonn WuM 1994, 20; die Entscheidung überrascht zumindest hinsichtlich der begünstigenden Betrachtung von Spielplätzen insofern nicht, als auch die Bauordnungen der Länder (so etwa Art. 7 Abs. 3 BayBauO, § 8 Abs. 3 BlnBauO, § 8 Abs. 2 BbgBauO, § 9 Abs. 3 NdsBauO, § 8 Abs. 2 NRWBauO), im Interesse der kindlichen Betätigung und Entwicklung grundsätzlich eine Spielplatzverpflichtung bei Mehrfamilienhäusern vorsehen, vgl. auch AG Aachen WuM 1987, 83, mit Verweis auf die bauplanerische und baugestalterische Notwendigkeit von Spielplätzen.

[169] So jedenfalls LG Berlin BeckRS 2006, 16654 trotz einer Gartenfläche von 2.000 qm; anders noch die Vorinstanz AG Schöneberg BeckRS 2005, 30978076; s. ergänzend auch AG Münster WuM 2008, 664.

[170] LG Berlin ZMR 2019, 768; LG Köln WuM 1996, 402.

[171] S. AG Brandenburg BeckRS 2023, 34917 Rn. 71.

[172] LG Köln ZMR 2011, 955; AG Brandenburg 7.12.2023 – 34 C 67/21, BeckRS 2023, 34917.

[173] OLG Düsseldorf NJW-RR 2005, 13 (17).

[174] AG Leverkusen WuM 1994, 199.

[175] AG Regensburg WuM 1985, 242.

[176] AG Vaihingen 3.12.2019 – 1 C 315/19, WuM 2020, 780.

[177] AG Flensburg WuM 2016, 486.

[178] AG Brandenburg BeckRS 2014, 15784.

[179] LG Lübeck WuM 1993, 669.

mittels eines **Zauns** berechtigt.[180] Auch das Aufstellen eines **Pavillon-Zelts** ist zulässig, selbst wenn es zur durchgehenden Verwendung während der gesamten Sommermonate aufgestellt wurde, solange es nicht mit dem Boden oder dem Mauerwerk des Wohngebäudes verbunden wurde.[181] Für die Aufstellung einer **Hundehütte** ist keine Erlaubnis des Vermieters erforderlich, wenn diese ohne Befestigung aufgestellt wird und der Mieter zur Hundehaltung berechtigt ist.[182] Zusätzliche **Tiere** dürfen jedoch ohne Erlaubnis des Vermieters nicht gehalten werden.[183]

50 Zum vertragsgemäßen Gebrauch gehört ferner die Aufstellung eines **Sandkastens**[184] und von **Spielgeräten** wie einer Doppelschaukel oder einem Klettergerüst mit Rutsche[185]. Der Gebrauch des Gartens durch Kinder des Mieters schließt auch die **Freunde der Kinder** ein, die den Garten gemeinschaftlich nutzen dürfen.[186] Sofern im Garten ein **Brunnen** vorhanden ist, darf der Mieter diesen ebenfalls gebrauchen.[187] Ist die Nutzung eines **Holzkohlegrills** auf Balkonen und Terrassen mietvertraglich untersagt, erstreckt sich diese Regelung grundsätzlich nicht auf die Gartennutzung, es sei denn, der Mietvertrag enthält ausdrücklich auch hierzu eine Einschränkung.[188]

6. Gemeinschaftsflächen und -räume

51 Gemeinschaftsflächen und -räume im mietrechtlichen Sinne sind solche Bereiche, die dem bestimmungsgemäßen Gebrauch von Gebäude und Grundstück dienen und der Gesamtheit der Mieter im Rahmen ihres vertragsgemäßen Gebrauchs zur Nutzung zugänglich sind.[189] Der Umfang und die Art und Weise ihrer Nutzung durch den Mieter hängt maßgeblich davon ab, ob eine Gemeinschaftsfläche neben den Wohnräumen mitvermietet wurde oder nicht mitvermietet, aber deren Nutzung gestattet oder lediglich geduldet ist.[190]

52 Der Mieter ist im Rahmen des vertragsgemäßen Gebrauchs von Wohnräumen auch ohne ausdrückliche vertragliche Regelung grundsätzlich berechtigt, bestehende Gemeinschaftsflächen mitzubenutzen.[191] Ob wegen der Mitvermietung ein **Mitgebrauchsrecht** vorliegt, wird insbesondere unter Beachtung der Einzelfallumstände und damit auch der Beschaffenheit der Wohnanlage zu bestimmen sein,[192] nicht jedoch vom bloßen Fehlen einer ausdrücklichen Vereinbarung hierüber.[193] So wird regelmäßig eine ausdrückliche Regelung über einen vorhandenen Fahrradkeller fehlen, aber dennoch ein Mitgebrauchsrecht bestehen, weil dessen Widmung auf die Nutzung als Fahrradkeller

---

[180] AG Hamburg-Bergedorf ZMR 2013, 357 zu einem Maschendrahtzaun, der an etwa 1 m aus dem Boden herausragenden Holzpfählen oder Kanthölzern befestigt ist, die mit Schrauben in eine Metallhülse eingelassen sind.

[181] LG Hamburg WuM 2007, 681.

[182] AG Hamburg-Wandsbek WuM 1996, 401.

[183] AG München NZM 1999, 616, das angesichts der umfangreichen Tierhaltung von drei Schweinen, Kaninchen, Meerschweinchen, Schildkröten und Vögeln einen nachhaltige Beeinträchtigung des optischen Gesamteindrucks des Grundstücks und zudem einen erheblichen Substanzeingriff des Verlusts der Grasnarbe durch das Halten von drei Schweinen angenommen, so dass es nicht mehr entscheidend war, dass das Grundstück am Rande der Stadt lag oder ob die Nachbarschaft sich an dem optischen Gesamteindruck gestoßen hat oder Geruchsbelästigungen ausgesetzt war.

[184] AG Aachen WuM 1987, 83.

[185] AG Kerpen ZMR 2002, 924.

[186] AG Solingen WuM 1980, 112.

[187] AG Görlitz WuM 2004, 600.

[188] S. AG Wedding MM 1990, 317, mit Hinweis auf eine mögliche Beschränkung bei unzumutbarer Beeinträchtigung anderer Personen.

[189] S. Sternel PiG 92 (2012), 47.

[190] Vgl. hierzu instruktiv Flatow PiG 113 (2024), 41.

[191] Vgl. BGH Hinweisbeschl. 22.2.2022 – VIII ZR 38/20, NJW 2022, 2191; 2007, 146 Rn. 9; BeckOGK/H. Schmidt, Stand: 1.10.2024, BGB § 535 Rn. 308; Blank/Börstinghaus/Siegmund/Siegmund, 7. Aufl. 2023, § 535 Rn. 506; MüKoBGB/Häublein, 9. Aufl. 2021, § 535 Rn. 85; Flatow PiG 113 (2024), 41; NZM 2007, 432; Schmid DWW 2014, 45.

[192] Vgl. Sternel PiG 92 (2012), 47 (52); Hinz NZM 2019, 649 (654).

[193] Vgl. wiederum Sternel PiG 92 (2012), 47 (56).

durch die Mieter gerichtet ist.[194] Hierbei handelt es sich im Übrigen um Flächen, die außerhalb der Wohnräume liegen, ohne deren Nutzung aber der vertragsgemäße Gebrauch der Wohnräume selbst nicht möglich ist.[195] Ist etwa ein gemeinschaftlicher Waschraum vorhanden und steht dem Mieter in den gemieteten Wohnräumen kein Anschluss für eine Waschmaschine zur Verfügung, ist der Mieter zum Mitgebrauch berechtigt.[196] Die örtlichen Gegebenheiten können aber auch jeglicher Nutzungsberechtigung entgegenstehen, wenn der Mieter etwa aufgrund bestehender Zugangshindernisse von einer Zweckwidmung der abgeschlossenen Bereiche, wie beispielsweise Heizungsräumen[197], ausgehen muss, die nicht auf eine Nutzung durch die Mieter ausgerichtet ist.[198]

Werden Gemeinschaftsflächen neben den Wohnräumen nicht mitvermietet, aber wird deren Nutzung vom Vermieter gestattet, erlangt der Mieter zumindest ein **Recht zur Mitnutzung,** jedoch nicht zwingend ein Recht zum Mitbesitz.[199] Wenn Gemeinschaftsflächen neben der Wohnung nicht mitvermietet werden,[200] verbleibt das Besitzrecht bezüglich dieser Flächen beim Vermieter.[201] Typisch für eine gestattete Mitnutzung von Gemeinschaftsflächen ist, dass diese für den vertragsgemäßen Gebrauch der Wohnräume oder der mitvermieteten Bereiche nicht notwendig, sondern dem Mieter lediglich nützlich[202] sind. Verfügen die gemieteten Wohnräume etwa über einen Anschluss für eine Waschmaschine, so wird hinsichtlich eines vorhandenen Waschraums von einer Gestattung der Mietnutzung auszugehen sein.[203] In dem Fall kann der Vermieter die der Mitnutzung zugrundeliegende Gestattung lediglich aus **triftigem Grund widerrufen.**[204] 53

Schließlich kann es bei Gemeinschaftsflächen zu einer **geduldeten Nutzung** kommen, wenn sie zuvor weder mietvertraglich vereinbart noch vom Vermieter gestattet wurde.[205] Bei einer bloßen Nutzung der Gemeinschaftsfläche ohne mietvertragliche Vereinbarung soll die ausdrückliche oder stillschweigend durch bloße Duldung erteilte Gestattung der Nutzung kein Gebrauchsrecht begründen, vielmehr sei die Duldung in dem Fall **frei widerruflich.**[206] Dies kann jedoch allenfalls dann gelten, wenn sich der Vermieter den freien Widerruf bei der maßgeblichen Duldungshandlung vorbehält oder der Widerruf in unmittelbarem zeitlichem Zusammenhang zur konkludenten Gestattung erklärt wird. Denn bei der ausdrücklich erteilten Gestattung ohne Vorbehalt des Widerrufs würde der Vermieter widersprüchlich handeln, wenn er trotz zuvor ausdrücklich erteilter Gestattung später den Widerruf ohne sachlichen Grund erklärte. Bei der stillschweigend durch bloße Duldung erteilten Gestattung der Nutzung kann aufgrund der konkludenten Erklärung im Einzelfall ein anderer Maßstab gelten. In dem Fall droht aber die Verwirkung des Rechts des Vermieters zum freien Widerruf, wenn er über 54

[194] Vgl. MüKoBGB/Häublein, 9. Aufl. 2021, § 535 Rn. 85.

[195] Vgl. bereits BGH NJW 1967, 154, hinsichtlich Treppen und Zugänge; Flatow NZM 2007, 432, mit Verweis auf Hausflur, Treppenhaus, Aufzug und Hof; Flatow PiG 113 (2024), 41 (44).

[196] S. Flatow PiG 113 (2024), 41 (48); teilweise mit anderer Begründung: LG Wuppertal BeckRS 2013, 18064; BeckRS 2013, 18064; MüKoBGB/Häublein, 9. Aufl. 2021, § 535 Rn. 85; Hinz NZM 2019, 649 (654); vgl. für den Fall eines fehlenden Anschlusses in den Wohnräumen sogleich.

[197] So etwa Hinz NZM 2019, 649 (654).

[198] Vgl. MüKoBGB/Häublein, 9. Aufl. 2021, § 535 Rn. 85.

[199] Vgl. KG NZM 2013, 579, allerdings hinsichtlich eines gemeinschaftlichen Eingangsbereichs eines Gebäudes.

[200] Vgl. KG BeckRS 1998, 12055 Rn. 41, hinsichtlich eines Kellerraums.

[201] Vgl. OLG Dresden ZMR 2019, 859.

[202] Flatow PiG 113 (2024), 41 (48), spricht insofern von Annehmlichkeiten; MüKoBGB/Häublein, 9. Aufl. 2021, § 535 Rn. 85, charakterisiert diese Nutzung als „aus Sicht des Mieters wünschenswert".

[203] Vgl. BGH Hinweisbeschl. 4.10.2022 – VIII ZR 394/21, NJW-RR 2023, 81 Rn. 26; Flatow PiG 113 (2024), 41 (48).

[204] Vgl. LG Berlin BeckRS 2011, 21552 Rn. 14 ff.

[205] Vgl. etwa Flatow PiG 113 (2024), 41 (49).

[206] So jedenfalls die überwiegende neuere Rechtsprechung: KG WuM 2009, 654; NZM 2007, 515; AG Trier WuM 2006; vgl. auch BeckOK BGB/Zehelein, Stand: 1.11.2024, § 535 Rn. 212; aA die frühere Rechtsprechung: AG Düsseldorf WuM 1994, 426; AG Tempelhof-Kreuzberg MM 1993, 256; AG Gießen WuM 1994, 198; AG Warendorf WuM 1992, 598.

längere Zeit hiervon kein Gebrauch gemacht hat und der Mieter aufgrund des sonstigen Verhaltens des Vermieters berechtigterweise darauf vertraut hat, dass dieser jedenfalls nicht mehr ohne sachlichen Grund von seinem Recht Gebrauch machen werde.[207] Denn auch bei einer nur gestatteten Nutzungsgewährung unter Widerrufsvorbehalt darf der Vermieter dieses Recht nur aus triftigem Grund ausüben.[208]

55 Bei einem gemeinschaftlichen **Fahrradkeller** oder **-abstellraum,** wird regelmäßig von dessen Mitvermietung und damit von einem Mitgebrauchsrecht auszugehen sein.[209] Bei einem vorhandenen Fahrradkeller darf der Mieter den Haus- oder Kellerflur nicht zum Abstellen seines Fahrrads nutzen.[210] Im Einzelfall kann der Mieter jedoch trotz vorhandenen Fahrradkellers sein Fahrrad in dem eigenen Kellerabteil abstellen, auch wenn dies nach der Hausordnung ausgeschlossen ist.[211] Nach allgemeiner Verkehrsanschauung dient ein Kellerabteil dem Mieter als dauerhafte Lagerfläche. Vor diesem Hintergrund soll bei einem **Gemeinschaftskeller** davon auszugehen sein, dass diese Fläche regelmäßig nur der vorübergehenden Lagerung, kleinen Reparaturarbeiten und dergleichen dienen.[212] **Kellerräume,** in denen sich ausschließlich haustechnischen Anlagen wie Stromzählern befinden, sind grundsätzlich nicht allgemein zugänglich und daher von der Nutzung durch den Mieter ausgenommen,[213] jedoch kann der Mieter ausnahmsweise ein berechtigtes Interesse am Zutritt zu diesen Räumen haben,[214] wenn er etwa den Stromzähler ablesen muss.

56 Das vertragsgemäße Gebrauchsrecht des Mieters umfasst grundsätzlich nicht das Abstellen von Sachen im **Hausflur, Treppenhaus** oder **Kellergang.** Denn der Vermieter hat einerseits ein berechtigtes (Befriedungs-)Interesse daran, die Rechtsverhältnisse mit anderen Nutzern der Gemeinschaftsflächen störungsfrei zu halten und damit unzumutbare Eingriffe[215] in deren Mitgebrauchsrechte durch seinen Mietvertragspartner zu vermeiden.[216] Andererseits hat er ein geschütztes Recht, die Gemeinschaftsflächen nach eigenen Vorstellungen zu gestalten.[217] Daher wird angenommen, dass dem Mieter grundsätzlich das Abstellen von Regalen[218], Garderoben[219], Schuhen[220] oder Fahrrädern[221] untersagt ist. Keinen Bedenken begegnet dagegen die Auslage einer Fußmatte vor der Wohnungstür.[222] Im Einzelfall kann jedoch etwas anderes gelten, wenn etwa das Abstellen von Sachen keine Behinderung, Belästigung oder gar Sicherheitsrisiko darstellt.[223] Sofern der Mieter auf das Abstellen eines Kinderwagens oder Rollstuhls oder anderer Gehhilfen auf diesen Gemeinschaftsflächen angewiesen ist und Größe dieser

---

[207] Vgl. Blank/Börstinghaus/Siegmund/Siegmund BGB § 535 Rn. 513.

[208] Vgl. hierzu AG Bergisch Gladbach WuM 1989, 498, der bei „überraschender" Nutzungsentziehung eine Minderung von 5 % bis 7 % für angemessen hält.

[209] Vgl. BeckOK BGB/Zehelein, Stand: 1.11.2024, § 535 Rn. 210; vgl. BGH ZMR 2023, 354 Rn. 16, zur Minderung bei einer Gebrauchsbeeinträchtigung.

[210] AG Wedding GE 1986, 509.

[211] AG Münster WuM 1994, 198 bzgl. eines wertvollen Rennrads.

[212] Schmidt-Futterer/Lehmann-Richter BGB § 535 Rn. 644, nennt hierzu beispielhaft die Reparatur eines Fahrrads. Nach diesem Verständnis dürften auch kurzfristige Tätigkeiten im Zusammenhang mit dem Umzug oder etwaigen Renovierungen oder das Trockenen von Kleidung umfasst sein, wenn kein Waschraum vorhanden ist.

[213] AG Lörrach WuM 1996, 215.

[214] Vgl. etwa AG Düren WuM 1990, 200; AG Lörrach WuM 1996, 215.

[215] S. zum Unzumutbarkeitserfordernis Derleder NJW 2007, 812 (814).

[216] Vgl. AG Münster WuM 2008, 664.

[217] Vgl. AG Hamburg-Wandsbek BeckRS 2015, 9684; Schmidt-Futterer/Lehmann-Richter BGB § 535 Rn. 642.

[218] AG Hamburg BeckRS 2017, 112985 Rn. 4; AG Köln BeckRS 2016, 11970 Rn. 27.

[219] AG Frankfurt a. M. BeckRS 2018, 23977 Rn. 7.

[220] AG Frankfurt a. M. 28.4.2022 – 33 C 2354/21 (55), ZMR 2023, 117.

[221] AG Wedding GE 1986, 509.

[222] LG Berlin MM 1991, 264.

[223] S. AG Herne WuM 2013, 537, zum Abstellen eines Schuhschranks; Blank/Börstinghaus/Siegmund/Siegmund BGB § 535 Rn. 509; aA AG Hamburg BeckRS 2017, 112985, zum Abstellen eines Schuhregals.

Flächen dies zulässt, ist ihm dies gestattet.[224] Zulässig ist auch das das Anbringen von neutralen und unauffälligen Dekorationsobjekten an der zum Treppenhaus belegenen Seite der Wohnungseingangstür.[225] Sofern es lediglich um ein vorübergehendes Abstellen von Sachen geht, kann sich dieses Recht auch auf andere Sachen beziehen. So ist es dem Mieter etwa gestattet, Mülltüten zur späteren Verbringung zum Müllplatz kurzzeitig vor Wohnungstür abzustellen.[226] Dies gilt ebenso für das zeitweilige Abstellen von feuchten oder schmutzigen Schuhen.[227] Dieses Recht erstreckt sich auch auf Paketsendungen, die ein Lieferant für den Mieter im Hausflur oder Treppenhaus abgelegt hat.[228] Es entspricht zudem dem vertragsgemäßen Gebrauch, wenn der Mieter sein Fahrrad durch das Treppenhaus transportiert, selbst wenn es in der Vergangenheit hierdurch zu Schäden an den Wänden kam.[229]

Der Mitgebrauch eines vorhandenen **Wasch- und Trockenraums** ist vom Wohnraum- 57
mietvertrag umfasst,[230] selbst wenn andere hierzu berechtigte Mieter den Raum nicht nutzen.[231] Daher ist es dem Vermieter im laufenden Mietverhältnis grundsätzlich untersagt, dem Mieter den Mitgebrauch eines solchen Raums zu verwehren. Eine Einschränkung ist nur unter den Voraussetzungen des § 573b BGB durch eine Teilkündigung möglich.[232]

Bei vorhandenen **Hofflächen** umfasst das Mitgebrauchsrecht des Mieters in der Regel 58
das kurzzeitige Be- und Entladen, jedoch nicht das dauerhafte Abstellen eines Kraftfahrzeugs[233]. Ist ein Fahrradkeller oder eine andere geeignete Abstellfläche nicht vorhanden, darf der Mieter hingegen ein Fahrrad auf der Hoffläche abstellen.[234]

7. Gebrauchsüberlassung an Dritte

Die Rechte des Mieters, Dritte in die Wohnung einziehen zu lassen oder diese zur 59
Nutzung an Dritte zu überlassen, sind umfassend in § 13 dargestellt.

8. Gewerbliche Nutzung

Die Anmietung einer Wohnung beinhaltet den – oftmals stillschweigend vereinbarten 60
– Vertragszweck „Wohnen". Der Begriff des „Wohnens" ist nach der Verkehrsanschauung zu bestimmen. Wohnen umfasst berufliche (dh freiberufliche oder gewerbliche) Tätigkeiten, die in einer nicht nach außen in Erscheinung tretenden Weise ausgeübt werden.[235] Werden solche Tätigkeiten ohne Außenwirkung, zB im **häuslichen Arbeitszimmer**[236] ausgeübt, wie die Unterrichtsvorbereitung eines Lehrers, die Telearbeit eines Angestellten (= **„Homeoffice"**), die schriftstellerische Tätigkeit eines Autors oder der Empfang und die Bewirtung eines Geschäftsfreundes, handelt es sich von vorneherein um „Wohnen".[237] Wann die Ausübung einer beruflichen Tätigkeit den Vertragszweck überschreitet, hängt also von der Außenwirkung ab. Geschäftliche Aktivitäten des

---

[224] BGH NJW 2007, 146 Rn. 9; AG Winsen (Luhe) NZM 2000, 237; s. auch AG Berlin-Neukölln GE 2023, 802 zu Besuchern des Mieters; s. AG Düsseldorf WuM 2013, 348, zur Unwirksamkeit eines diesbezüglichen formularmäßigen Verbots.

[225] LG Hamburg ZMR 2016, 782.

[226] AG Berlin-Neukölln 1.6.2023 – 10 C 121/22, GE 2023, 802.

[227] OLG Hamm NJW-RR 1988, 1171, allerdings zu einem wohnungseigentumsrechtlichen Fall; BeckOK BGB/Gras, Stand: 1.11.2024, § 535 Rn. 832.

[228] BGH NJW 2007, 146 Rn. 9.

[229] AG Hamburg-Altona ZMR 2019, 875.

[230] AG Wiesbaden WuM 2012, 263.

[231] AG Hamburg-Altona NZM 2008, 127.

[232] Vgl. nur Schmidt-Futterer/Börstinghaus BGB § 573b Rn. 5.

[233] AG Schöneberg GE 1990, 209.

[234] Vgl. Schmidt-Futterer/Lehmann-Richter BGB § 535 Rn. 645.

[235] BGH NJW 2013, 1806 = NZM 2013, 456.

[236] Weitere Beispiele aus der Rechtsprechung bei: Bub/Treier MietR-HdB/Kraemer/von der Osten/Schüller Kapitel III. Rn. 2471.

[237] BGH NJW 2013, 1806 Rn. 14; BGH NJW 2009, 3157 Rn. 14.

Mieters in der Wohnung, die nach außen in Erscheinung treten, muss der Vermieter grundsätzlich nicht ohne entsprechende Vereinbarung dulden.[238] Nach der Rechtsprechung kann es bereits genügen, dass der Mieter seine Wohnadresse als Geschäftsadresse gegenüber seinen Kunden oder als Betriebsstätte gegenüber dem Gewerbeamt angibt.[239] Es erscheint jedoch sehr weitgehend, ohne Feststellungen zu konkreten Beeinträchtigungen von einer unzulässigen Nutzung auszugehen, weil allein durch die Adressangabe nicht zwingend die von der Rechtsprechung herausgebildeten Grundsätze für einen Duldungsanspruch überschritten werden. Der Vermieter kann nach erfolgloser Abmahnung fristlos (§§ 543 Abs. 1 S. 2, Abs. 3, 569 BGB) oder fristgemäß und verhaltensbedingt kündigen (§ 573 Abs. 2 Nr. 1 BGB). Auch dann, wenn die Wohnung ohne seine Zustimmung unzulässig gewerblich, zB durch die Verlegung der gesamten Bürotätigkeit des Betriebs des Mieters, genutzt wird und der Mieter auch nach Abmahnung dieses vertragswidrigen Gebrauchs keine Auskunft über den Umfang der Tätigkeit erteilt.[240] Wahlweise kann der Vermieter bei unzulässiger teilgewerblicher Nutzung der Mietwohnung den Mieter nach Abmahnung auf Unterlassung in Anspruch nehmen.

61 Aber auch bei Überschreitung des Vertragszwecks kann der Mieter ausnahmsweise beanspruchen, in der Mietwohnung begrenzt beruflich tätig sein. Der Vermieter kann nach Treu und Glauben in Ausnahmefällen verpflichtet sein, die **Erlaubnis** zur teilberuflichen Nutzung **zu erteilen,** wenn es sich um eine Tätigkeit ohne Mitarbeiter und ohne ins Gewicht fallenden Kundenverkehr handelt sowie der Zuschnitt des Gewerbebetriebs nicht per se gegen eine Ausnahme von den genannten Grundsätzen spricht; hierfür trägt der Mieter die Darlegungs- und Beweislast.[241]

62 Dazu hat der Mieter vorzutragen und zu beweisen, dass durch die teilberufliche Nutzung

- der Charakter der Nutzung zum „Wohnen" nicht verändert wird,
- Vermieter und/oder Mitmieter nicht beeinträchtigt werden, sich insbesondere keine, nach außen wahrnehmbaren Störungen einstellen, zB durch störende Maschinen,
- Art und Zuschnitt des Gewerbebetriebs nicht per se gegen eine solche Nutzung sprechen[242] und
- für die Wohnung keine Gefahr der Beschädigung oder übermäßigen Abnutzung besteht.[243]

63 Gelingt dies, dann hat der Mieter einen auf Treu und Glauben gestützten Anspruch gegen den Vermieter auf Gestattung der gewerblichen Tätigkeit.[244]

Erheblicher Publikumsverkehr, das Anziehen von Laufkundschaft[245] oder die Beschäftigung von Arbeitnehmern in der Wohnung[246] verändern jedoch bereits den Charakter der Nutzung zum „Wohnen".

64 Weitere Beispiele für unzulässige Nutzungen sind die Einrichtung einer – nach außen tretenden – Anwalts-, Arzt- oder Steuerberaterpraxis in den Wohnräumen[247] oder die Erteilung von Gitarrenunterricht dort an mehrere Schüler täglich.[248] Die Ausübung der **Prostitution** ist unzulässig, sofern es für Vermieter oder Mitmieter tatsächlich zu konkreten Belästigungen kommt,[249] wovon im Regelfall auszugehen sein dürfte. Prostitution soll aber jedenfalls dann einen vertragswidrigen Gebrauch darstellen, wenn sich die Wohnung in einem durchschnittlich bürgerlichen Haus und einer entsprechenden

[238] BGH NJW 2013, 1806 Rn. 15; BGH NZM 2013, 786; BGH NJW 2009, 3157 Rn. 15.
[239] BGH NZM 2013, 786.
[240] LG München II ZMR 2007, 278.
[241] BGH NJW 2013, 1806 Rn. 16; BGH NZM 2013, 786; BGH NJW 2009, 3157 Rn. 15.
[242] BGH NZM 2013, 786.
[243] LG Hamburg WuM 1993, 188; LG Stuttgart WuM 1992, 250.
[244] BGH NJW 2013, 1806; BGH NZM 2013, 786; BGH NZM 2009, 658 = NJW 2009, 3157.
[245] LG Schwerin NJW-RR 1996, 1223 = WuM 1996, 214.
[246] BGH NJW 2009, 3157 Rn. 16.
[247] BayObLG NJW-RR 1986, 892 = WuM 1986, 205.
[248] BGH NJW 2013, 1806 = NZM 2013, 456.
[249] LG Berlin NJW-RR 1996, 264; AG Berlin BeckRS 2010, 09323, AG Regensburg WuM 1990, 386.

Wohngegend befindet.[250] Demgegenüber genügt allein die Verletzung des sittlichen Empfindens eines Grundstücksnachbarn durch das Bewusstsein, dass auf dem Nachbargrundstück Prostitution stattfindet, für einen Unterlassungsanspruch nicht.[251] Wenn man Prostitution nicht als per se vom Zuschnitt ungeeignetes Gewerbe ansieht, wird es nach den vom BGH angewandten Grundsätzen auf die Außenwirkung ankommen.

Die Gestattung eines – zusätzlichen – geschäftlichen Gebrauchs ändert nicht den ursprünglichen Mietzweck. Vor allem begründet die rein tatsächliche unerlaubte Umwandlung von Wohn- in Geschäftsraum kein Geschäftsraummietverhältnis. Der Vermieter kann zwar einen Unterlassungsanspruch bzgl. der gewerblichen Nutzung geltend machen und er kann nach erfolgter Abmahnung wegen vertragswidrigen Verhaltens kündigen. Er kann aber nicht ohne vorherige Abmahnung und ohne Anwendung des wohnungsmietrechtlichen Kündigungsschutzes kündigen. Da ein Wohnraummietverhältnis auch dann ein solches bleibt, wenn der Mieter vertragswidrig in der Wohnung ein Gewerbe betreibt, bleibt das Amtsgericht gemäß § 23 S. 1 Nr. 2a GVG ausschließlich zuständig.[252] Umgekehrt führt eine eigenmächtige Wohnnutzung von Gewerberaum nicht dazu, dass hierdurch etwa die Schutzbestimmungen für Wohnraum anwendbar würden.[253] 65

9. Tierhaltung

Inhalt und Grenzen des Tierhaltungsrechtes des Mieters sind in § 17 Abs. 1. im Rahmen der Darstellung der Sonderprobleme eingehend dargestellt. Hierauf wird verwiesen. 66

10. Nutzung von Bad und Balkon

Die Nutzung des **Bads** einer Wohnung (einschließlich Wassereinlauf in Wanne und Duschbecken) ist als sozialadäquat zu jeder Tages- und Nachtzeit gestattet, sofern der Mietvertrag diesbezüglich keine wirksamen Einschränkungen vorsieht. Das Recht zum Baden ergibt sich aus der Natur des Mietvertrags und kann nicht formularmäßig, zB durch Hausordnung nach 24.00 Uhr untersagt werden.[254] Nach anderer Ansicht soll ein **vollständiges Dusch- und Badeverbot** – auch ausgesprochen in der Hausordnung – für die Zeit von 22.00 Uhr bis 6.00 Uhr zulässig sein, wenn eine Ausnahme für Sonderfälle besteht.[255] Unter dem Gesichtspunkt des Immissionsschutzes ist die zulässige Nutzungsdauer nachts, aus Gründen der Rücksichtnahme auf andere Mieter, jedenfalls auf 30 Minuten beschränkt.[256] Durch Beschluss einer **Wohnungseigentümergemeinschaft** ist ein **Bade- und Duschverbot** für die Zeit von 23.00 Uhr bis 5.00 Uhr jedenfalls nicht nichtig und bedarf keiner einschränkenden Ergänzung für Ausnahmefälle.[257] Wohnungseigentumsrechtliche Gebrauchsregelungen gelten nicht im Verhältnis Vermieter zu Mieter. Eine beschlossene Gebrauchsregelung hat nur dann eine vertraglich bindende Wirkung für den Mieter, wenn die Gebrauchsregelung mit dem Mieter ausdrücklich und konkret vereinbart ist. Denn als allgemeine Vertragsbedingung ist eine Einschränkung des Badens und Duschens zu bestimmten Zeiten überraschend iSd § 305c BGB und damit unwirksam. Dies gilt insbesondere für nachträgliche Änderungen durch die Wohnungseigentümer (Problem der sog. dynamischen Verweisung).[258] Eine beschlossene oder vereinbarte Gebrauchsregelung hat aber als Duldungspflicht iSv § 1004 Abs. 2 BGB eine Bedeutung im Verhältnis der übrigen Wohnungseigentümer 67

[250] LG Lübeck NJW-RR 1993, 525.
[251] BGH NJW 1985, 2823 = WuM 1986, 69.
[252] OLG Düsseldorf NZM 2007, 799.
[253] Bub/Treier MietR-HdB/Kraemer/von der Osten/Schüller Kapitel III. Rn. 2468, 2474.
[254] LG Köln NJW-RR 1997, 1440.
[255] AG Rottenburg ZMR 1995, 163.
[256] OLG Düsseldorf NJW 1991, 1625.
[257] BayObLG NJW 1991, 1620.
[258] Jacoby ZWE 2012, 70 ff. (74, 75).

zum Mieter.[259] Kommt es wegen eines Verstoßes gegen eine Gebrauchsregel zu Beeinträchtigungen, hat der jeweilige Wohnungseigentümer, dessen räumlicher Bereich betroffen ist, einen Anspruch auf Unterlassung aus § 1004 Abs. 1 BGB.[260] Ist der Bereich des gemeinschaftlichen Eigentums betroffen, übt die Gemeinschaft die Unterlassungsansprüche der Wohnungseigentümer aus, § 9a Abs. 2 BGB.

68 Ein mitvermieteter **Balkon** steht dem Mieter zur freien Verfügung, solange nicht Rechte von Mitmietern oder des Vermieters beeinträchtigt werden. Jedenfalls die GdWE hat gegen den Mieter einer Eigentumswohnung, der den Balkon in einer zwar mietrechtlich zulässigen, aber die Wohnungseigentümer beeinträchtigenden Weise durch das Aufstellen eines Kakteengewächshauses nutzt, einen Unterlassungs- und Beseitigungsanspruch.[261] Der Vermieter kann die Beseitigung eines Pavillons auf der mitvermieteten Terrasse, auch wenn dieser nur in den Sommermonaten aufgestellt wird, vom Mieter beanspruchen.[262] Ob ein Katzennetz oder ein Katzengitter eine unzulässige auf Dauer angelegte bauliche Veränderung der Mietsache ist[263] oder nicht,[264] bleibt umstritten. Es wird auf die Umstände des Einzelfalles ankommen, insbesondere darauf, ob eine optische Beeinträchtigung vorliegt oder nicht. Das LG Berlin wertet das **Füttern von sonstigen Vögeln** (nicht Tauben) als sozialadäquates Verhalten, aus dem ein Mitmieter kein Recht zur Mietminderung herleiten kann.[265] Die Grenzziehung erscheint schwierig, jedenfalls bei ausgestreutem Futter wird es niemand verhindern können, dass sich auch Tauben angelockt fühlen.

69 Im Regelfall ist der Mieter berechtigt, auf dem Balkon Wäsche zu trocknen oder auch **Familienfeiern** zu veranstalten. Auch ungeachtet mietvertraglicher Regelungen ist die in den Immissionsschutzgesetzen der Länder festgeschriebene **Nachtruhezeit** (22.00 Uhr bis 7.00 Uhr) einzuhalten.[266] Eine Störung dieser Nachtruhe ist auch nicht ausnahmsweise, etwa zu gelegentlichen persönlichen, beruflichen oder familiären Feiern zulässig.[267] Unabhängig von der Uhrzeit dürfen Nachbarschaft und Allgemeinheit nicht gefährdet oder erheblich belästigt werden.

70 Das Ausmaß, in dem ein mit Emissionen verbundener Gebrauch wie das Grillen bei anderen Bewohnern des Gebäudes zu Beeinträchtigungen führt, ist entscheidend für die Zulässigkeit dieses Gebrauchs. Sofern es nicht zu Beeinträchtigungen anderer kommt, ist der Gebrauch ohne weiteres zulässig.[268] Im Übrigen hängt die Zulässigkeit von den Umständen des Einzelfalles ab. Eine Rolle spielen dabei ua der Standort des Grills, die Häufigkeit des Grillens, das verwendete Grillgerät und das Grillgut. Grillen, zB im Garten, ist in den Sommermonaten durchaus üblich und muss als sozialadäquat grundsätzlich geduldet werden, wenn die Wesentlichkeitsgrenze nicht überschritten wird.[269] Nach einer Entscheidung soll es an vier Abenden pro Kalenderjahr als sozialadäquat hinzunehmen sein, dass bis 24.00 Uhr im Freien gegrillt wird.[270] Teilweise wird sogar viermal Grillen pro Monat auf einer Terrasse als zulässig angesehen.[271] Ob aber das **Grillen auf dem Balkon** zulässig ist, ist umstritten. Einerseits wird die Auffassung vertreten, Mieter in Mehrfamilienhäusern dürften in der Zeit von April bis September einmal monatlich auf Balkon oder Terrasse grillen, wenn sie die Mieter im Haus, deren Belästigung durch Rauchgase unvermeidlich ist, 48 Stunden vorher darüber informiert

---

[259] Vgl. BGH NJW 2020, 921 zum früheren WEG-Recht.
[260] Bärmann/Pick/Emmerich WEG § 14 Rn. 31.
[261] LG Düsseldorf NZM 2002, 131.
[262] AG Berlin-Spandau BeckRS 2013, 06513.
[263] AG Neukölln BeckRS 2012, 11273 = GE 2012, 691.
[264] AG Schorndorf WuM 2012, 494.
[265] LG Berlin ZMR 2012, 440.
[266] OLG Düsseldorf WuM 1996, 56.
[267] OLG Düsseldorf NVwZ 1995, 1034.
[268] Schmidt-Futterer/Lehmann-Richter BGB § 535 Rn. 614.
[269] AG Westerstede NZM 2010, 336.
[270] OLG Oldenburg BeckRS 2007, 16858.
[271] LG München I NZM 2023, 331 zu § 14 WEG.

haben,[272] wobei diese Grundsätze nicht einfach auf das Verhältnis der Wohnungseigentümer übertragen werden können, sondern auf die Umstände des Einzelfalls abzustellen ist.[273] Diesen Maßstab wird man auch im Mietverhältnis anwenden müssen, auch wenn andererseits vertreten wird, dass eine fristlose Kündigung des Mietvertrages gerechtfertigt sein kann, wenn der Mieter nachhaltig trotz entsprechender Abmahnungen gegen die Hausordnung (hier: das im Mehrfamilienhaus als sachgerecht angesehene Verbot, auf dem Balkon zu grillen und fremde Personen auf dem Hof des Mietobjektes parken zu lassen) verstößt.[274] Das LG Essen hat es dabei als gleichgültig angesehen, ob ein Holzkohlegrill oder ein Elektrogrill benutzt wird.

Grundsätzlich ist zu beachten, dass ein **Verstoß gegen Vorschriften des Immissionsschutzes** vorliegen kann. Denn dann, wenn der beim Grillen im Freien entstehende Qualm in die Wohn- und Schlafräume unbeteiligter Nachbarn in konzentrierter Weise eindringt, stellt dies eine erhebliche Belästigung der Nachbarn durch verbotenes Verbrennen von Gegenständen iSv § 7 Abs. 1 S. 1 NRWImSchG dar.[275] 71

Praxistipp:
Zusammengefasst spricht all dies dafür, dass ein Grillen auf dem Balkon nur dann erfolgen sollte, wenn alle potentiell Gestörten einverstanden sind. Will ein Vermieter in einem Mehrfamilienhaus Konflikte vermeiden, empfiehlt sich eine klare Verbots-Regelung in der zum Vertragsgegenstand gemachten Hausordnung.

Auf dem Balkon darf der Mieter jedoch **rauchen.** Dies gilt unter Berücksichtigung der heute geltenden Gesetze zum Nichtraucherschutz jedoch nur dann, wenn dadurch weder die Substanz des Mietobjekts beeinträchtigt wird noch Beschwerden anderer Nutzer vorliegen.[276] Den Mietern steht nämlich untereinander ein Besitzschutzanspruch entsprechend §§ 862 Abs. 1, 906 Abs. 1 S. 1 BGB zu, der im Konfliktfall nach Zeitintervallen zu lösen ist.[277] Der BGH hatte nicht zu entscheiden, ob dem Mieter das Rauchen auf dem Balkon im Verhältnis zu seinem Vermieter gestattet ist; die Auflösung nach Zeitintervallen wird jedoch bei der Auslegung des Mietvertrags zu beachten sein, da ein Mieter im Zweifel nicht erwarten darf, dass ihm der Vermieter etwas gestatten will, was ihm Mitmieter (zeitweise) untersagen dürfen.[278] Nach der vor dieser BGH-Entscheidung ergangenen Rechtsprechung konnte ein dem Vermieter gegenüber statthaftes Rauchen auf dem Balkon dazu führen, dass ein dadurch beeinträchtigter Mitmieter nur eine geminderte Miete zahlen muss, denn bei fehlender Einwirkungsmöglichkeit auf den Raucher ist der Mangel als unbehebbar anzusehen, was in den Risikobereich des Vermieters fällt.[279] Ob diese Entscheidungen unter dem Gesichtspunkt der Einheit der Rechtsordnung noch aufrecht erhalten werden können, ist fraglich, aber noch offen. Ob es möglich ist, durch AGB-Klausel das Rauchen auf dem Balkon gänzlich zu untersagen, ist weiter unklar.[280] 72

[272] AG Bonn NJW-RR 1998, 10.
[273] OLG Frankfurt a. M. NJW-RR 2008, 1396.
[274] LG Essen ZMR 2002, 597.
[275] OLG Düsseldorf NVwZ 1995, 1034.
[276] MüKoBGB/Häublein, 9. Aufl. 2023, § 535 Rn. 109.
[277] BGH NJW 2015, 2023 = NZM 2015, 448.
[278] MüKoBGB/Häublein, 7. Aufl. 2016, § 535 Rn. 92.
[279] LG Berlin NJW-RR 2013, 1284 = NZM 2013, 727 (10 % Minderung bei exzessivem Rauchen, mehrmals stündlich); BeckRS 2009, 17528 (zum Anspruch des Mieters auf geeignete Maßnahmen gegen das Eindringen von Zigarrettengeruch); LG Hamburg NJW-RR 2012, 1362 = NZM 2012, 806 f. (dort 5 % Minderung bei erheblichem Zigarettenkonsum bejaht).
[280] → Rn. 83 ff, 85 zum Rauchen in der Wohnung, was auf das Rauchen auf dem Balkon übertragbar ist.

11. Musizieren

73 Das **Musizieren** in der Wohnung gehört zu der grundrechtlich geschützten freien Entfaltung der Persönlichkeit; es ist daher – einschließlich des dazugehörigen Übens – als sozialadäquate, übliche Form der Freizeitbeschäftigung[281] grundsätzlich gestattet.[282] Das Recht zu Musizieren wird einerseits durch das **Gebot der Rücksichtnahme** und andererseits durch **Immissionsschutzregelungen**, wie die **Nachtruhezeit** (22.00 Uhr bis 7.00 Uhr) und die – auch von der Rechtsprechung[283] anerkannte – **Mittagsruhezeit** (12.00 Uhr bis 14.00 Uhr bzw. 13.00 Uhr bis 15.00 Uhr) begrenzt. Musizieren kann nämlich „Lärm" im Sinne des Immissionsschutzes sein; jedoch kann Klavierspiel von einer Stunde am Sonntag nicht als „erhebliche Ruhestörung" gewertet werden.[284] Abhängig von den Umständen des Einzelfalls darf nämlich auch an Sonn- und Feiertagen grundsätzlich musiziert werden.[285]

74 Auch das Erteilen von **Musikunterricht** ist grundsätzlich – im Rahmen der Wohnnutzung (siehe auch: Abgrenzung zur (teil-)gewerblichen Nutzung → Rn. 60) – innerhalb der vorstehend dargestellten Grenzen gestattet bzw. zu gestatten.[286]

75 Es ist jedoch nicht zulässig, dass mehrere Personen einer Familie innerhalb der Wohnung gleichzeitig in verschiedenen Räumen musizieren. Dagegen ist unter Beachtung vorgenannter Zeiten ein gemeinsames Musizieren genauso zulässig wie ein Musizieren in zeitlicher Abfolge.[287]

76 Mietvertragliche Vereinbarungen über die Musikausübung sind – auch in einer Hausordnung (dazu → § 16 VI Rn. 10 ff.) – zulässig,[288] wobei der Gleichbehandlungsgrundsatz einzuhalten ist.[289] Die vertraglich erteilte Erlaubnis beschränkt aber die Mitbewohner nicht; sie schafft keinen Anspruch auf „ungestörtes Musizieren".[290] Zudem soll auch eine vertragliche Erlaubnis zum Musizieren außerhalb der Ruhezeiten nicht uneingeschränktes Musizieren über mehrere Stunden hinweg ermöglichen. Werktags könne zwar auch von 17.00 Uhr bis 22.00 Uhr musiziert werden, jedoch nicht ununterbrochen und insgesamt maximal 3 Stunden, in der übrigen Zeit maximal fünf Stunden täglich.[291] Ein völliges Verbot ist jedoch in Allgemeinen Geschäftsbedingungen (wie im Übrigen auch durch Eigentümerbeschluss) unwirksam, durch Individualabrede (oder Vereinbarung aller Wohnungseigentümer) allerdings möglich.[292] Eine **zeitliche Beschränkung** des Musizierens – außerhalb der genannten Ruhezeiten – auf 2 Stunden täglich[293] bzw. 3 Stunden täglich[294] soll zulässig sein. Bei besonders lauten Instrumenten (zB Schlagzeug) sind auch weitergehende zeitliche Einschränkungen möglich.[295]

12. Haushaltsgeräte und Möblierung

77 **Gemeinschaftliche Haushaltsgeräte,** wie zB eine Gemeinschaftswaschmaschine im Keller, sind vom Mietgebrauch umfasst. Ist also beispielsweise in der Wohnungsbeschreibung im Mietvertrag geregelt, dass zur Wohnungsausstattung eine „Waschküche: Gemeinschaftswaschküche im Kellergeschoss" gehört, kann jeder Mieter (auch als

---

[281] BGH NJW 2019, 773.
[282] LG Frankfurt WuM 2006, 142.
[283] BGH NJW 2019, 773; BayObLG WuM 1987, 39; KG WuM 1992, 387.
[284] BVerfG NZM 2010, 154 ff.
[285] BGH NJW 2019, 773.
[286] BGH NJW 2019, 773; 2013, 1806; Herrlein NJW 2017, 711 (713).
[287] LG Flensburg DWW 1993, 102.
[288] OLG München NJW-RR 1992, 1097.
[289] LG Freiburg WuM 1993, 120.
[290] LG Saarbrücken NZM 2015, 694.
[291] LG Frankfurt a. M. WuM 1990, 287.
[292] OLG München NJW-RR 1986, 638 = WuM 1988, 299.
[293] OLG Hamm NJW 1981, 465 zum WEG; LG Berlin BerlGE 2002, 397.
[294] BayObLG NJWE-MietR 1996, 12.
[295] LG Nürnberg-Fürth WuM 1992, 253.

einziger) verlangen, dass eine bisher aufgestellte Gemeinschaftswaschmaschine weiter betrieben wird. Daran hindern den Mieter weder genossenschaftliche Treuepflichten noch der Umstand, dass der Mieter innerhalb seiner Wohnung eine (weitere) Waschmaschine aufgestellt hat.[296] Aber auch das bloße Vorhandensein einer Gemeinschaftswaschmaschine bei Mietbeginn wird wohl ausreichen, dem Mieter einen Anspruch auf deren Mitbenutzung im Rahmen des Mietgebrauchs zuzubilligen.[297]

Der **Betrieb von üblichen Haushaltsmaschinen in der Wohnung** gehört zum vertragsgemäßen Gebrauch.[298] Das Aufstellen von **Haushaltsmaschinen** stellt jedenfalls bei Neubauten keine zustimmungsbedürftige Sondernutzung dar. Aber auch bei Altbauten muss der Vermieter eine technische Mindestausstattung herbeiführen, die zeitgemäßes Wohnen und damit den Einsatz der für die Haushaltsführung allgemein üblichen elektrischen Geräte erlaubt und dabei auch den gleichzeitigen Betrieb verschiedener Haushaltsgeräte zulässt.[299] 78

Der Vermieter kann seine Gebrauchsgewährungspflicht insoweit nur durch eine hinreichend deutliche Vereinbarung mit dem Mieter einschränken; der Vorbehalt der „Kapazität der elektrischen Installation" für die Möglichkeit des Betriebs von Haushaltsgeräten genügt nicht.[300] 79

Das **Aufstellen einer Waschmaschine** in der Wohnung kann durch AGB auch in einem Niedrigenergiehaus nicht ausnahmslos verboten werden, selbst wenn der Vermieter eine Gemeinschaftswaschmaschine zur Verfügung stellt. Der Mieter muss dann aber dafür Sorge tragen, dass die von ihm eingesetzte Maschine zum Energiekonzept des Hauses passt und das Waschwasser auch vom Warmwasserspeicher beziehen kann.[301] Zu den Mieterpflichten beim Gebrauch von Haushaltsmaschinen → Rn. 67 ff. 80

Verfügt die Wohnung zum Zeitpunkt der Vermietung über einen Gasanschluss für einen Gasherd, ist der Vermieter grundsätzlich verpflichtet, diesen Anschluss zu erhalten.[302] Die Rechtsprechung gibt dem Vermieter aber auch das Recht, den Gasanschluss zurückzubauen, wenn die ursprüngliche Gasleitung nur mit unverhältnismäßigem Aufwand zu reparieren ist und der Vermieter statt des Gasherds einen elektrischen Herd zur Verfügung stellt.[303] 81

Der vertragsgemäße Gebrauch umfasst auch die freie Wahl des Mieters, auf welche Art und wo er die Wohnung mit Möbeln und Dekoration (zB Vorhänge) ausstattet; er ist nicht gehalten, etwa größere Wandabstände der Möbel zu Außenwänden als sog. Scheuer- oder Fußleisten vorgeben.[304] Wie auch in Bezug auf das Heiz- und Lüftverhalten sind zur Einschränkung der Möblierung des Mieters hinreichend bestimmte abweichende vertragliche Vereinbarungen erforderlich; schon wegen der gesetzlichen Wertung des § 536 Abs. 4 BGB ist dies in AGB problematisch, aber auch Individualvereinbarungen müssen verhältnismäßig sein.[305] Es kann ohne entsprechende Vertragsregelung nicht verlangt werden, einen Abstand von fünf Zentimetern oder mehr zu Außenwänden einzuhalten.[306] 82

13. Rauchen in der Wohnung

Auch dann, wenn im Mietvertrag nichts vereinbart ist, ist das Rauchen in der Wohnung, solange und soweit sich keine negativen Beeinträchtigungen außerhalb der 83

---

[296] AG Hamburg-Altona NZM 2008, 127 f.
[297] BeckOGK/H. Schmidt, 1.4.2025, BGB § 535 Rn. 361.
[298] BeckOGK/H. Schmidt, 1.4.2025, BGB § 535 Rn. 357.
[299] BGH NZM 2010, 356; BGH NZM 2004, 736.
[300] BGH NZM 2010, 356.
[301] LG Aachen NZM 2004, 459.
[302] AG Tiergarten WuM 1989, 365.
[303] LG Berlin BeckRS 2011, 2662; LG Hannover NJW-RR 1991, 1355.
[304] Staudinger/V. Emmerich, 2024, BGB § 536 Rn. 184 mwN.
[305] vgl. Staudinger/V. Emmerich, 2024, BGB § 536 Rn. 181 mwN zum Heiz- und Lüftungsverhalten.
[306] LG Mannheim NZM 2007, 682 f.

Wohnung bemerkbar machen, als sozialadäquates Verhalten hinzunehmen,[307] jedenfalls solange kein „exzessives Rauchen" vorliegt. Daran hat – zumindest bislang – auch die zunehmende Sensibilisierung infolge des Nichtraucherschutzes nichts geändert. Nach der hM ist ein **formularvertragliches Verbot,** in der Wohnung zu rauchen, wegen unangemessener Benachteiligung des Mieters unwirksam.[308] Als wirksam wird jedoch das formularvertragliche Verbot angesehen, in Gemeinschaftsräumen wie dem Hausflur, dem Keller oder dem Dachboden zu rauchen.[309] Sonderprobleme ergeben sich für den Vermieter in Wohnungseigentumsanlagen, in deren Gemeinschaftsordnung wirksam ein Rauchverbot vereinbart werden kann („Nichtraucherhaus") und in Spezialimmobilien, wie zB Alten- und Pflegeheimen.[310]

84 Mit dem Rauchen verbundene Ablagerungen von Nikotin und sonstigen Schadstoffen in der Wohnung sind als Teil des vertragsgemäßen Mietgebrauchs zu tolerieren.[311] Übermäßig intensives („exzessives") Rauchen des Mieters in der gemieteten Wohnung ist jedoch vertragswidrig und kann einen **Schadensersatzanspruch** des Vermieters begründen.[312] Der Mieter überschreitet die Grenze zwischen „vertragsgemäßem" und „vertragswidrigem" Rauchen und ist aus § 280 Abs. 1 BGB zum Schadensersatz verpflichtet, wenn die Nikotinablagerungen durch Schönheitsreparaturen im Umfang des § 28 Abs. 4 S. 3 II. BV nicht mehr wegzubringen sind, sondern darüber hinausgehende Instandsetzungsarbeiten erfordern.[313] Das gilt unabhängig davon, ob ein Renovierungsbedarf durch starkes Rauchen bereits vorzeitig entstanden ist.

85 Der Mieter, der in seiner Wohnung, auf seinem Balkon oder auf Gemeinschaftsflächen raucht, ist aufgrund des mietvertraglichen **Gebots der Rücksichtnahme** aus § 241 Abs. 2 BGB gehalten, einfache und zumutbare Maßnahmen zur Vermeidung einer Beeinträchtigung der Mitmieter zu ergreifen.[314] Dabei wird das Rauchen im Treppenhaus oder gar im Aufzug per se als vertragswidrig anzusehen sein. Das Rauchen auf dem Balkon kann zu Unterlassungsansprüchen anderer Mieter führen, unabhängig von der mietvertraglichen Regelung.[315] Das Rauchen in der Wohnung kann dazu verpflichten, die Wohnung ausreichend zu Lüften und die Asche adäquat zu entsorgen.[316] Die Verletzung dieser Rücksichtnahmepflichten kann eine zur Kündigung berechtigende Störung des Hausfriedens darstellen.[317]

III. Gebrauchspflicht des Mieters, Pflichten des Mieters beim Gebrauch

1. Gebrauchspflicht

86 Es ist allgemein anerkannt, dass der Mieter ohne eine **vertragliche Vereinbarung nicht dazu verpflichtet ist,** die Mietsache tatsächlich zu nutzen.[318] Dies ergibt sich zum einen aus § 535 Abs. 1 S. 1 BGB, der lediglich dem Vermieter auferlegt den Gebrauch an dem Mietobjekt zu gewähren/überlassen, umgekehrt jedoch keine Pflicht des Mieters kodifiziert diesen Gebrauch auch wahrzunehmen. Zum anderen folgt diese Erkenntnis aus § 537 Abs. 1 S. 1 BGB, wonach der Mieter im Falle einer – auch unverschuldeten – Gebrauchshinderung weiterhin dazu verpflichtet ist, die Miete zu bezahlen.[319] Auch

---

[307] BGH NJW 2015, 1239; BGH NJW 2008, 1439; BGH NJW 2006, 2915; LG Düsseldorf NZM 2016, 793.
[308] Vgl. Harsch WuM 2009, 76; Pielsticker/Börstinghaus WuM 2012, 480; Horst MietRB 2008, 188.
[309] Paschke NZM 2008, 265.
[310] vgl. dazu MüKoBGB/Häublein, 9. Aufl. 2023, BGB § 535 Rn. 111; Drasdo NZM 2018, 729 ff.
[311] BGH NJW 2006, 2915 Rn. 23.
[312] BGH NJW 2006, 2915.
[313] BGH NJW 2008, 1439.
[314] BGH NJW 2015, 1239 Rn. 16.
[315] BGH NJW 2015, 2023.
[316] BGH NJW 2015, 1239; LG Düsseldorf NZM 2016, 793.
[317] BGH NJW 2015, 1239; LG Düsseldorf NZM 2016, 793.
[318] So etwa BGH NJW 1979, 2351.
[319] BGH WuM 1991, 25.

wenn der Mieter durch Nichtannahme der ihm angebotenen Mietsache in Annahmeverzug (§ 293 BGB) gerät, verbleibt es grds. bei dem Anspruch auf die Gegenleistung, da ihm der Vermieter die Möglichkeit des Gebrauchs der Mietsache verschafft; dies würde im Übrigen auch aus § 537 Abs. 1 S. 1/§ 326 Abs. 2 S. 1 BGB folgen. Im Annahmeverzug kann der Vermieter Mehraufwendungen für ein erfolgloses Angebot geltend machen, ferner für eine zwischenzeitliche Beaufsichtigung der Mietsache durch einen Dritten, gemäß § 304 BGB.[320]

Eine Gebrauchspflicht des Mieters kann grundsätzlich vertraglich vereinbart werden. 87
Dies dürfte im Wohnraummietrecht jedoch durch eine Formularklausel nicht wirksam möglich sein, da eine Gebrauchspflicht erheblich vom Leitbild der gesetzlichen Regelung abweicht und für den Mieter nachteilig und zudem überraschend ist.

Dem Mieter obliegt jedoch ab der Übergabe die Verpflichtung, eine vorhandene 88
Heizungsanlage (egal ob Etagenheizung oder Sammelheizung) jedenfalls in dem Umfang zu nutzen/betreiben, dass ein Einfrieren der Heizkörper und Heizungsrohre und damit eine Beschädigung der Heizungsanlage vermieden wird.[321]

2. Instandhaltung und Instandsetzung durch den Mieter

Grundsätzlich ist gemäß § 535 Abs. 1 S. 2 BGB der Vermieter dazu verpflichtet, das 89
Mietobjekt während der Mietzeit auf eigene Kosten instandzuhalten und erforderlichenfalls instandzusetzen. Der Mieter kann jedoch – in gewissem Umfang – zur Instandhaltung und Instandsetzung vertraglich verpflichtet werden. Dies ist in → § 19 Rn. 1 ff. ausführlich dargestellt.

3. Duldung von Maßnahmen des Vermieters zur Erhaltung der Mietsache

Soweit die Instandhaltungs- und Instandsetzungspflicht des Vermieters nicht wirksam 90
auf den Mieter abgewälzt wurde, trifft den Mieter lediglich gemäß § 555a Abs. 1 BGB[322] eine **Duldungspflicht** in Bezug auf die erforderlichen Instandhaltungs- und Instandsetzungsmaßnahmen. Eine über die passive Duldung hinausgehende, **aktive Mitwirkungspflicht** trifft den Mieter jedoch nicht. Einzelheiten hierzu einschließlich der in diesem Zusammenhang in Betracht kommenden Ansprüche sind ausführlich in → § 19 Rn. 1 ff. dargestellt.

4. Duldung von Modernisierungsmaßnahmen

Inwieweit der Mieter Modernisierungsmaßnahmen des Vermieters an der Mietsache 91
zu dulden hat, welche Formalien der Ankündigung dabei einzuhalten sind und sowie die Rechtsfolgen sind einheitlich in → § 20 Rn. 1 ff. dargestellt.

5. Obhutspflichten

Die Obhutspflicht des Mieters ist gesetzlich nicht explizit im Mietrecht geregelt und 92
wird letztlich aus § 241 Abs. 2 BGB abzuleiten sein. § 536c Abs. 1 BGB, wonach der Mieter dem Vermieter einen Mangel der Mietsache oder eine notwendige Schutzmaßnahme unverzüglich anzuzeigen hat, setzt das Vorhandensein einer solchen Obhutspflicht zwingend voraus. Die Obhutspflicht folgt aus dem Besitz an der Mietsache, **beginnt** also zeitlich erst mit der Übernahme der Mietsache.[323] Die Obhutspflicht **endet** zeitlich nicht bereits mit dem Ende des Mietverhältnisses oder dem Auszug des Mieters aus der Wohnung, sondern erst mit deren Rückgabe an den Vermieter.[324]

[320] Bub/Treier MietR-HdB/Kraemer Kap. III A Rn. 2307, 2312.
[321] Bub/Treier MietR-HdB/Kraemer Kap. III A Rn. 2309.
[322] In der seit 1.5.2013 geltenden Fassung.
[323] LG Mannheim WuM 1982, 298; Staudinger/Emmerich BGB § 535 Rn. 93.
[324] BGH NJW 1967, 1803; Bub/Treier MietR-HdB/Kraemer Kap. III A Rn. 2336.

93 Es ist allgemein anerkannt, dass der Mieter dazu verpflichtet ist, die Mietsache schonend und pfleglich zu behandeln und alles zu unterlassen, was zu einem Schaden der Mietsache führen könnte.[325] In diesem Rahmen ist der Mieter beispielsweise zu folgendem verpflichtet:

- Ausreichendes Lüften und Reinigen der Wohnung;[326]
- Vorsichtsmaßnahmen gegen Unwetterschäden (Fenster schließen, Markise einfahren);[327]
- Vorsorgemaßnahmen gegen das Einfrieren von Heizungs- und Wasserrohren insbes. durch ausreichendes Beheizen der Wohnung;[328]
- Beaufsichtigung von Waschmaschinen in Räumen ohne Fußbodenentwässerung,[329] was für moderne, mit Aqua-Stop ausgestatte Waschmaschinen jedoch zu verneinen ist;
- Schließen der Absperrventile von Geschirrspülmaschine[330] und Waschmaschine bei längerer Abwesenheit;
- bei längerer Abwesenheit muss der Mieter (vor allem bei Frost!) den Wohnungsschlüssel einer Person seines Vertrauens zu überlassen, die für den Vermieter oder den Hausverwalter in einem Notfall unschwer zu erreichen ist;[331]
- bei längerer Abwesenheit hat der Mieter auch dafür zu sorgen, dass seine sonstigen mietvertraglichen Pflichten (zB Schneeräumen, Treppenhausreinigung) während seiner Abwesenheit erfüllt werden;
- Sachen, die geeignet sind, das Mietobjekt zu gefährden oder sogar zu schädigen, darf der Mieter nicht in die Mietsache einbringen.[332] Dies gilt auch für das vermehrt auftretende Phänomen von sog. **„Messies"**, wenn die Menge oder unsachgemäßen Lagerung der in der Wohnung eingebrachten Gegenstände dazu geeignet ist, Schaden an der Bausubstanz zu verursachen oder Ungeziefer anzulocken.

94 Sehr umstritten ist, ob der Mieter dazu verpflichtet ist, zur Vermeidung von Feuchtigkeits- und ggf. Schimmelschäden sein Heizungs-, Lüftungs- und sonstiges Wohnverhalten an die Beschaffenheit der Mietsache anzupassen.[333] Eine solche Verpflichtung besteht allenfalls dann, wenn der Vermieter den Mieter bei Abschluss des Mietvertrags – oder ggf. später nach dem Einbau der neuen, isolierverglasten Fenster – konkret auf die Anforderungen des verstärkten Heiz- und Lüftungsverhaltens hingewiesen hat.[334] Selbst bei einem entsprechenden Hinweis des Vermieters ist umstritten, was dem Mieter an verstärktem Heiz- und Lüftungsverhalten zugemutet werden könne. Allgemein gilt, dass ein Lüften mit nur gekippten Fenster nicht ausreicht, da dies in der Regel keinen ausreichenden Luftaustausch ermöglicht.[335] Vielmehr ist ein **Stoßlüften,** idealerweise sogar ein **Querlüften** der Wohnung erforderlich.[336] Der Mieter muss jedoch nur in

---

[325] BGH NZM 2017, 144; OLG Düsseldorf ZMR 1965, 51; LG Mannheim WuM 1982, 298; Schmidt-Futterer/Lehmann-Richter BGB § 535 Rn. 960.

[326] Schmidt-Futterer/Lehmann-Richter BGB § 535 Rn. 968.

[327] LG Berlin MDR 1981, 584.

[328] AG Neukölln GE 1988, 203; AG Köln WuM 1986, 159; AG Lüdinghausen WuM 1981, 12; Staudinger/Emmerich BGB § 535 Rn. 94.

[329] OLG Hamm WuM 1985, 253; LG Landau WuM 1996, 29; LG München I ZMR 1994, 478; LG Mannheim ZMR 1991, 441; LG Berlin WuM 1971, 9; aA LG Koblenz VersR 1985, 72.

[330] OLG Düsseldorf MDR 1989, 645.

[331] BGH WuM 1972, 25; OLG Hamm WuM 1996, 470; LG Berlin ZMR 1982, 86; LG Düsseldorf NJW 1960, 2101; AG Köln WuM 1986, 86.

[332] LG Mannheim WuM 1977, 140; LG Köln MDR 1964, 765; Staudinger/Emmerich BGB § 535 Rn. 94.

[333] Vgl. Sternel MietR aktuell Rn. 268 ff., mit vielen Hinweisen auf die Rechtsprechung.

[334] LG München I NJW 2007, 2500; LG Oldenburg ZMR 2000, 100; AG Tempelhof-Kreuzberg GE 2009, 331; Schmidt-Futterer/Lehmann-Richter BGB § 535 Rn. 963 ff.; aA AG Nürtingen NZM 2011, 547 f.

[335] AG Wolfsburg ZMR 1986, 16; Schmidt-Futterer/Lehmann-Richter BGB § 535 Rn. 969.

[336] LG Hannover WuM 1985, 22; AG Bremerhaven WuM 1985, 23; Schmidt-Futterer/Lehmann-Streyl BGB § 535 Rn. 969.

zumutbarem Umfang lüften und heizen.[337] Dazu, wie häufig ein Lüften dem Mieter zuzumuten ist, existiert eine Flut von Einzelentscheidungen, die u. a. der steten Fortentwicklung der Gebäudebeschaffenheit geschuldet ist.[338] Der Mieter soll weiter nicht verpflichtet sein, die Mieträume kontinuierlich auf 20 °C im Tagesmittel zu beheizen (weil ihm dies eine Nachtabsenkung auch im Schlafzimmer unmöglich mache),[339] der Mieter würde sich vielmehr vertragsgemäß verhalten, wenn er Wohnräume auf durchschnittlich 18 °C und Schlafräume auf 16 °C beheizt.[340]

Der Mieter ist weiter nicht verpflichtet, besondere Vorkehrungen zur Vermeidung von Feuchtigkeits- und Schimmelschäden zu ergreifen. Da eine Mietwohnung ein breites Spektrum an Lebensgewohnheiten zulassen muss,[341] muss es dem Mieter möglich sein, seine **Möbel** an jeder beliebigen Stelle der Wohnung nahe an der Wand aufzustellen.[342] Dem Mieter kann deshalb nicht abverlangt werden, Möbel nur in einem gewissen Abstand zu den Wänden aufzustellen oder an bestimmten Wänden gar keine Möbel aufzustellen.[343] Es obliegt dem Mieter jedoch entsprechende durch die Einbringung des eigenen Mobiliars geschaffene Gefahrenquellen in dem nach der Verkehrsanschauung üblichen Umfang zu überprüfen und bei Bedarf für Abhilfe zu sorgen.[344] 95

Der Mieter muss sein Wohnverhalten allgemein nur auf **erkennbare Besonderheiten** der Mietsache einstellen. Wenn ihm zB nicht bekannt ist, dass aufgrund von Besonderheiten der Mietsache die Gefahr droht, dass bei Verwendung größerer Mengen an Putzwasser durch die Deckenkonstruktion in darunterliegende Wohnungen laufen kann, ist ihm die Verwendung größerer Wassermengen nicht als Obhutspflichtverletzung vorzuwerfen. Wenn so etwas jedoch bereits einmal geschehen und dem Mieter die besondere Schadensanfälligkeit infolgedessen bekannt, muss er sich darauf einstellen und darf fortan nur noch „feucht wischen".[345] 96

Zur Wahrung der Obhutspflicht reicht es auch aus, wenn der Mieter im Bad Haare aus den bauseits installierten **Abflusssieben von Waschtisch und Dusche/Badewanne** entfernt, er ist nicht dazu verpflichtet, seinerseits zusätzliche, besonders feine Einlegesiebe zu verwenden. Verstopfungen der Abflüsse, die nur durch solche zusätzlichen Einlegesiebe zu vermeiden gewesen wären, hat der Mieter nicht zu vertreten.[346] 97

Der Mieter verletzt die ihm obliegende Obhutspflicht auch durch eine Haustierhaltung, die gegen anerkannte Maßstäbe des Tierschutzes verstößt (zB zu geringer Lebensraum), da in diesem Fall von vornherein eine konkrete Gefahr einer übermäßigen Abnutzung der Wohnung besteht.[347] 98

Die Obhutspflicht des Mieters, insbesondere die Pflicht zur Anzeige von eingetretenen oder drohenden Mängeln, erstreckt sich nicht nur auf die angemietete Wohnung, sondern auf alle ihm zur Mitbenutzung zur Verfügung stehenden Gemeinschaftseinrichtungen (zB Keller, Treppenhaus, Waschküche, Aufzug, Fahrradkeller, Trockenboden, Garten, Tiefgarage).[348] 99

337 OLG Celle ZMR 1995, 10; LG Berlin GE 2017, 913; LG Bochum WuM 2016, 614; LG Aachen WuM 2015, 547; LG Konstanz NZM 2013, 506; LG Hamburg WuM 1988, 353.

338 LG Frankfurt a. M. ZMR 2015, 306 (viermal täglich zumutbar); LG Dortmund WuM 2008, 334 (siebenmal täglich zumutbar); LG Düsseldorf WuM 1992, 187 (mehrmaliges Stoßlüften am Tag nicht zuzumuten); AG Tempelhof-Kreuzberg WuM 2016, 170 (mehr als dreimal täglich unzumutbar); AG Frankfurt a. M. WuM 2007, 568 (fünfmal täglich zumutbar).

339 LG Heidelberg InfoM 2013, 170.

340 AG Siegburg WuM 2012, 198; LG Konstanz WuM 2013, 156.

341 LG Berlin GE 1990, 613; Schmidt-Futterer/Lehmann-Richter BGB § 535 Rn. 973.

342 LG Hamburg WuM 2000, 239; LG München I WuM 1991, 584; LG Hamburg WuM 1998, 353; LG Berlin GE 1984, 865; Schmidt-Futterer/Lehmann-Richter BGB § 535 Rn. 974.

343 LG Aachen WuM 2015, 547; LG Berlin-Spandau GE 2011, 209; LG Mannheim NZM 2007, 682; LG Köln WuM 2001, 604.

344 Schmidt-Futterer/Lehmann-Richter BGB § 535 Rn. 974.

345 AG Bergisch-Gladbach WuM 2003, 28 f.

346 AG Neumünster WuM 2003, 116.

347 AG Kassel WuM 1987, 144, Sternel II Rn. 166.

348 Staudinger/Emmerich BGB § 535 Rn. 93; BGH 4.10.2022 – VIII ZR 394/21, NZM 2023, 239.

100 Die Obhutspflicht des Mieters kann vertraglich, zB in der **Hausordnung,** konkretisiert werden. Die Begründung neuer, weitergehender Obhutspflichten in einer bloßen Hausordnung dürfte jedoch überraschend im Sinne von § 305c BGB und damit unwirksam sein.

6. Anzeigepflichten

101 Eine besondere Ausprägung der allgemeinen Obhutspflicht[349] ist die Verpflichtung des Mieters gemäß § 536c BGB, dem Vermieter auftretende Mängel unverzüglich anzuzeigen. Diese Verpflichtung gilt in folgenden Fällen:

- wenn sich im Laufe der Mietzeit ein **Mangel der Mietsache** zeigt, dh offensichtlich ist, sich also derart aufdrängt, dass der Mieter ihn nur bei grober Fahrlässigkeit übersehen kann,[350]
- wenn eine **Maßnahme zum Schutz der Mietsache** gegen eine nicht vorhergesehene Gefahr erforderlich wird oder
- wenn sich ein **Dritter** ein **Recht** an der Mietsache **anmaßt.**

102 Die zeitlichen Grenzen dieser Verpflichtung liegen – wie bei der Obhutspflicht – einerseits in der tatsächlichen Überlassung der Mietsache und andererseits in deren tatsächlicher Rückgabe.[351]

103 Inhaltlich geht es um jeden schlechten Zustand der Mietsache, wobei es nicht auf eine Gebrauchsbeeinträchtigung für den Mieter ankommt.[352]

104 Der Mieter erfüllt seine Verpflichtung bereits dann, wenn er dem Vermieter einen sich ihm aufdrängenden Verdacht meldet. Mangelursachen muss er jedoch nicht beschreiben und muss auch nicht nach eventuellen Mängeln forschen.[353] Hat sich der Mieter geirrt, kann ihm das nicht angelastet werden. Der Vermieter hat in diesem Falle keinen Ersatzanspruch wegen nutzloser Aufwendungen.

Die Anzeigepflicht entsteht demnach noch nicht, wenn einem besonnenen und gewissenhaften Mieter ein Mangel auffallen mag, sich aber nicht unbedingt jedem Mieter aufdrängen muss. Nur wenn ganz naheliegende Feststellungen unterlassen werden, verletzt der Mieter seine Anzeigepflicht mit der Folge einer Verpflichtung zum Ersatz des daraus entstehenden Schadens.[354]

105 Hat der Vermieter bereits auf andere Weise von den anzuzeigenden Umständen Kenntnis erlangt[355] oder ist eine Abwendung der Gefahr unmöglich,[356] so besteht keine Anzeigepflicht. Besteht Brandgefahr, ist der Mieter verpflichtet, ihm mögliche Sofortmaßnahmen durchzuführen und auf jeden Fall sofort die Feuerwehr anzurufen.[357]

106 **Rechtsfolgen** eines Verstoßes gegen die Anzeigepflicht sind gemäß § 536c Abs. 2 BGB die Verpflichtung zum Schadensersatz sowie der Verlust des Minderungsrechtes, eines eventuellen eigenen Schadensersatzanspruches und über § 543 Abs. 4 BGB des Rechts zur fristlosen Kündigung des Mietvertrages. Die Schadensersatzpflicht trifft den Mieter, wenn er einen objektiv erkennbaren Mangel **grob fahrlässig**[358] übersieht. Wohlgemerkt bezieht sich die grobe Fahrlässigkeit auf die Tatbestandsvoraussetzung des sich Zeigens des Mangels oder der Gefahr. Für das sich aus § 280 Abs. 1 BGB sich ableitende

---

349 Bub/Treier MietR-HdB/Kraemer Kap. III A Rn. 2332.

350 BGH NJW 1977, 1236; OLG Düsseldorf NJW-RR 2009, 86; LG Hamburg WuM 2001, 24 (25); Bub/Treier MietR-HdB/Kraemer Kap. III A Rn. 2400.

351 BGH LM § 556 BGB Nr. 2; OLG Düsseldorf NZM 2009, 280; Staudinger/Emmerich BGB § 536c Rn. 6.

352 BGHZ 68, 281.

353 BGH DB 1977, 1179; 1976, 815 (816); OLG Düsseldorf NJW-RR 2009, 86 (87).

354 BGH DB 1977, 1179; 1976, 815 (816).

355 OLG Düsseldorf ZMR 1991, 24; OLG Karlsruhe ZMR 1988, 52.

356 BGH NJW 1977, 1236.

357 Schmitt/Futterer/Lehmann-Richter BGB § 536c Rn. 27.

358 BGH NZM 2006, 626.

Vertretenmüssen im Rahmen des Schadensersatzanspruches genügt indes einfache Fahrlässigkeit in Bezug auf die unterbliebene Anzeige.[359]

Die **Beweislast** trägt für die Erkenntnismöglichkeiten des Mieters und den Umstand, dass durch das Versäumen der Anzeige ein Schaden entstanden ist, der Vermieter, und zwar auch dafür, dass er den Schaden bei Erfüllung der Anzeigepflicht hätte verhindern können. Für die Abgabe der Anzeige und deren Zugang beim Vermieter trägt der Mieter die Beweislast,[360] ebenfalls für die Vorkenntnis des Vermieters.[361] 107

7. Einhaltung der Grenzen des vertragsgemäßen Gebrauchs

Der Mieter ist – wie sich aus § 535 Abs. 1 S. 2 BGB ergibt – zum Gebrauch der Mietsache nur im Rahmen des „vertragsmäßigen Gebrauchs" berechtigt. Daraus ergibt sich im Umkehrschluss, dass der Mieter zu einem vertragswidrigen Gebrauch nicht berechtigt ist, dass er einen solchen zu unterlassen hat, wie sich dies ausdrücklich aus § 541 BGB ergibt, sowie dass ein vertragswidriger Gebrauch eine Pflichtverletzung des Mieters im Sinne von § 280 Abs. 1 BGB darstellt. Eine Unterlassungsklage erfordert nach dem Wortlaut von § 541 BGB eine vorherige **Abmahnung.** In der Abmahnung muss das beanstandete Verhalten so konkret bezeichnet werden, dass der Mieter erkennen kann, was ihm als vertragswidriger Gebrauch zur Last gelegt wird, und sein künftiges Verhalten danach ausrichten kann. Wenn die Rechte des Vermieters durch den vertragswidrigen Gebrauch „in erheblichem Maße" verletzt werden, kann er das Mietverhältnis unter bestimmten weiteren Voraussetzungen auch nach § 543 Abs. 2 Nr. 2 BGB fristlos kündigen. Als Beispiele für eine solche **erhebliche Rechtsverletzung** nennt § 543 Abs. 2 Nr. 2 BGB: 108

- die unbefugte Gebrauchsüberlassung an einen Dritten sowie
- die erhebliche Gefährdung der Mietsache durch Vernachlässigung der dem Mieter obliegenden Sorgfalt.

Neben diesen im Mietrecht ausdrücklich genannten Rechten hat der Vermieter auch einen Schadensersatzanspruch aus § 823 BGB und § 280 Abs. 1 BGB, der auf Beseitigung und Wiederherstellung des früheren Zustandes gerichtet ist (auch wenn der Begriff „Beseitigung" in diesem Zusammenhang irreführend ist).[362] 109

Vertragswidrig ist, was nicht den vertraglichen Absprachen entspricht. Bei der Prüfung, ob ein vertragswidriger Gebrauch vorliegt, müssen also jeweils die Grenzen des dem Mieter zugestandenen vertragsgemäßen Gebrauchs ausgelotet werden. Dabei ist insbesondere eine Abgrenzung zur bloßen Abnutzung durch vertragsmäßigen Gebrauch vorzunehmen, die der Mieter gem. § 538 BGB nicht zu vertreten hat. In **Zweifelsfällen** ist ein vertragswidriger Gebrauch im Hinblick auf das weite, dem Mieter zustehende Gebrauchsrecht zu **verneinen.** 110

Aus der schier unübersehbaren Flut von gerichtlichen Einzelfallentscheidungen sind folgende praxisrelevante Fälle zu erwähnen, in denen die Rechtsprechung einen **vertragswidrigen Gebrauch bejaht** hat: 111

- unerlaubte Beseitigung oder Gefährdung der Mietsache;
- dem Mieter nicht gestattete bauliche Veränderungen der Mietsache;[363]
- Verstoß gegen eine vertraglich vereinbarte Gebrauchspflicht[364] (→ Rn. 41 f.);
- gewerbliche oder teilgewerbliche Nutzung der Wohnung,[365] zB als Kindertagesstätte;[366]

---

[359] BGH NJW 1993, 1061.
[360] OLG Düsseldorf ZMR 1987, 376.
[361] Bub/Treier MietR-HdB/Kraemer Kap. III A Rn. 2413.
[362] BGH NJW 1974, 1463.
[363] BGH NJW 1974, 1463 (Fassade).
[364] OLG Köln NZM 2002, 345.
[365] BGH NJW 2009, 3157.
[366] BGH NJW-RR 2012, 1292; LG Berlin NJW-RR 1993, 907.

- Heimarbeit, sofern diese mit unzumutbaren Belästigungen, einer Gefährdung der Wohnung oder einer Änderung ihrer Beschaffenheit verbunden ist;[367]
- Aufnahme von Verwandten in die Wohnung, die nicht vom vertragsmäßigen Gebrauch gedeckt ist oder durch die eine Überbelegung entsteht[368] sowie vollständige dauerhafte Gebrauchsüberlassung an einen nahen Verwandten;[369]
- Nicht gestattete Gebrauchsüberlassung an Dritte;[370]
- unerlaubte Tierhaltung;[371]
- erhebliche Lärm-[372] oder Geruchsbelästigungen;[373]
- Verwendung der Wohnungsfenster für Wahlwerbung[374] oder politische Meinungsäußerungen (str.);[375]
- Aufbewahrung von Rauschgift in der Wohnung.[376]

112 Einen **vertragswidrigen Gebrauch** hat die Rechtsprechung beispielsweise in folgenden Fällen **verneint:**

- Übernachten lassen von Freunden und Bekannten (also Besuch), soweit keine Gebrauchsüberlassung vorliegt;[377]
- dauerhafte Aufnahme eines – auch gleichgeschlechtlichen – Lebensgefährten,[378] jedoch muss die Genehmigung des Vermieters eingeholt werden, auf deren Erteilung jedoch idR ein Anspruch besteht[379] (vgl. hierzu → § 12 Rn. 1 ff.);
- Musikausübung in der Wohnung;[380]
- Anbringung einer Parabolantenne, sofern die Voraussetzungen für einen dahingehenden Anspruch des Mieters vorliegen (vgl. hierzu → § 16 Rn. 144 ff.).

113 In folgenden Beispielsfällen[381] hat die Rechtsprechung einen **Schadensersatzanspruch** wegen vertragswidrigen Gebrauchs bejaht:

- Feuchtigkeitsschäden durch mangelhaftes Heizen und Lüften, soweit die Notwendigkeit häufigeren Lüftens und intensiveren Heizens für den Mieter erkennbar und zumutbar war;[382]
- Einfrieren von Heizkörpern und Heizkesseln infolge fehlender oder unzureichender Beheizung bei Frost;[383]
- laienhafte Elektroinstallationen mit Schadensfolge;
- Verstopfung der Abwasserleitung durch Monatsbinden oder durch übermäßig viel Fett und Essensreste, die in der Toilette entsorgt wurden;
- Benutzen sehr scharfer Reinigungsmittel, die eine Badewanne auf Dauer schädigen;[384]
- auffällige Schlagstellen im Waschbecken oder in der Badewanne;
- nicht ordnungsgemäße oder nicht fachgerechte Renovierung wie zum Beispiel das Aussparen der durch Schränke verstellten Wandflächen bei der Tapezierung,[385] das

[367] LG Berlin WuM 1974, 158.
[368] OLG Karlsruhe ZMR 1987, 263.
[369] LG Frankfurt a. M. NJW-RR 1993, 143.
[370] BGH NJW-RR 2000, 717; OLG Düsseldorf NZM 2003, 945.
[371] AG Lichtenberg NJW-RR 1997, 774; AG Potsdam GE 1996, 1251.
[372] Börstinghaus NZM 2004, 48.
[373] LG Berlin GE 1997, 553.
[374] BVerfG NJW 1958, 259; LG Essen NJW 1973, 2291.
[375] LG Darmstadt NJW 1983, 1201; LG Tübingen NJW 1986, 320; aA LG Hamburg NJW 1986, 320.
[376] AG Pinneberg NZM 2003, 553; AG Köln WuM 2008, 595.
[377] LG Aachen ZMR 1973, 330.
[378] BGH NJW 1992, 213; LG München I NJW-RR 1991, 1112.
[379] BGH NZM 2004, 22 = NJW 2004, 56.
[380] LG Frankfurt a. M. WuM 2006, 142.
[381] Vgl. auch die Zusammenstellung bei Bub/Treier MietR-HdB/Kraemer/van der Osten Kap. III A Rn. 2469 ff.; Franke DWW 2004, 172 (172, 174 ff.).
[382] LG Hamburg WuM 1988, 353; OLG Frankfurt a. M. NZM 2001, 39; AG Hamburg WuM 1988, 357.
[383] LG Hagen ZMR 2008, 972.
[384] Vgl. im Einzelnen die Aufstellung bei Franke DWW 2004, 172 (174) mwN zur Rechtsprechung.
[385] LG Berlin GE 1987, 241.

mehrfache Übertapezieren und das mehr als dreimalige Überstreichen und Zuschlämmen von Raufasertapeten[386] oder das Aneinanderstückeln von Tapetenresten (wobei die Grenzziehung zu einem Schadensersatzanspruch wegen unterlassener Schönheitsreparaturen schwierig ist). Nach der Gegenansicht soll es keine Beschädigung der Mietsache darstellen, wenn der Mieter innerhalb einer längeren Mietzeit ohne vorherige Entfernung der jeweils vorher aufgebrachten Tapetenschichten mehrfach renoviert und überklebt.[387]

- Bekleben des gesamten Holzwerks in der Wohnung – Fenster, Türen, Türzargen und Einbauschränke – sowie der Küchenwände mit Kunststofffolie; Anbringen von Schaumstoffplatten an der Küchendecke;[388]
- Nicht erforderliches oder übermäßiges Anbohren von Fliesen; im Bad darf der Mieter nur Ausstattungsgegenstände wie Handtuchhalter, Spiegel, Lampen, Halter für Zahnputzgläser, Seifenschalen, Toilettenpapierrollen, Toilettenbürsten, Duschstangen und Haltegriffe für die Badewanne durch Dübelung anbringen, soweit sie nicht schon bei Bezug der Wohnung vorhanden sind. Das ist üblich.[389] Dabei muss er schonend bohren und möglichst die Fliesenfugen benutzen, möglichst die Fliese selbst nicht anbohren, es sei denn, der Mieter konnte ein Anbohren der Fliese aufgrund der vorgegebenen Maße nicht vermeiden. Bohrt der Mieter Kacheln über das erforderliche und übliche Maß an, so kann der Vermieter aufgrund der darin liegenden Verletzung der Obhutspflicht durch den Mieter die Kosten für eine Neuverfliesung[390] verlangen, wenn Ersatzfliesen nicht mehr beschafft werden können. Der Vermieter ist nicht gehalten, eine große Zahl von Ersatzfliesen vorzuhalten.[391]
- Schäden durch vom Mieter fest verklebte Teppichböden,[392] vor allem an dem bauseitigen, mitvermieteten Bodenbelag;
- Schäden durch die Entfernung von selbstklebenden Teppichfliesen mit Hilfe eines Lösungsmittels am darunterliegenden PVC-Bodenbelag;[393]
- Rotwein-, Brand- und Urinflecken von Tieren auf den Teppichböden.
- Einzelne Wasserflecken und gravierende Kratzer im Parkettboden;[394]
- Nikotinablagerungen an Tapeten, Decken und Farbflächen durch extremes Rauchen (Raucherexzess),[395] soweit sie durch Renovierungen in normalem Umfang nicht beseitigt werden können;
- Für die Verlegung eines Bodenbelags gekürzte Türblätter;[396]
- Überstreichen von Naturholztüren oder lasierten Türen mit deckenden Farben;[397]
- Eigenmächtiges Fällen des Baumbestandes auf dem (Park-)grundstück.[398]

---

386 AG Hamburg 11.9.2006 – 644 C 248/04, Rn. 4.

387 LG Köln ZMR 1994, 1.

388 LG Köln WuM 1989, 136.

389 BGH DWW 1993, 74 ff.

390 Anders wird für den Keller bewertet: 110 Dübellöcher hinterlässt der Mieter im verfliesten Kellerraum. Das AG Hamburg-Altona (WuM 2008, 27) sagt, diese Anzahl Löcher sei nicht hinzunehmen, der Mieter habe Schadenersatz zu leisten, weil einerseits Löcher in den Fugen verschlossen werden müssten und andererseits Fliesen angebohrt sind. Dem Vermieter werden 335,00 EUR statt geforderter 2.400,00 EUR zugesprochen. Vollständiges Neuverfliesen lehnt das Gericht ab, im Keller seien geringfügige optische Nachteile durch angebohrte und wieder verschlossene Fliesen hinzunehmen.

391 LG Göttingen ZMR 1990, 145 (146).

392 Vgl. die Zusammenstellung bei Gather, Die Schadensersatzansprüche des Vermieters, DWW 1990, 322 (324) mwN zur Rechtsprechung.

393 LG Mannheim WuM 1976, 205.

394 LG Potsdam GrE 2009, 655: Schadensbeseitigung durch Abschleifen des gesamten Parketts, ohne dass ein Abzug „Neu für Alt" veranlasst ist, da sich die Lebensdauer des Parketts durch das Abschleifen verringert.

395 LG Paderborn NZM 2000, 710 f.; LG Köln NZM 1999, 456 f.; aA LG Köln WM 2001, 467.

396 LG Mannheim DWW 1977, 20.

397 LG Aachen DWW 1988, 46.

398 OLG Oldenburg BeckRS 2011, 16852 Rn. 16.

114 In folgenden Fällen hat die Rechtsprechung beispielsweise eine bloße Abnutzung durch vertragsgemäßen Gebrauch angenommen und einen **Schadenersatzanspruch verneint:**

- Kleine Schadstellen an Tapeten oder Lackflächen, dunkle Verfärbungen auf Türen im Bereich der Klinken oder auf Tapeten um die Lichtschalter;
- Stoßstellen an Türen nach 15jähriger Mietzeit;[399]
- Verfärbte Badewannen- oder Waschbeckenfugen[400] sowie leicht verfärbte und verkalkte Duschköpfe und Duschschläuche in Gegenden mit stark kalkhaltigem Wasser;[401]
- Beschädigung der WC-Brille nach neunjähriger Mietzeit;[402]
- Leichte Beschädigungen von Sanitärinstallationen wie Waschbecken und Badewannen, also geringfügige oberflächliche Absplitterungen[403] oder Beschädigungen von Silikonabdichtungen am Badewannenrand nach mehrjähriger Mietdauer.[404]
- normale Abnutzung eines Teppichbodens durch „Laufstraßen" oder Druckstellen von Möbelstücken, die durch die vertragsgemäße Nutzung entstehen;[405]
- Die normale Abnutzung eines Parketts oder eines Kunststoffbodens, die durch den vertragsgemäßen Gebrauch entsteht, insbesondere geringfügige Kratzer im Parkett[406] und Eindrücke durch Pfennigabsätze[407] oder Straßenschuhe[408] sowie geringfügige Eindrücke und Flecken eines Kunststoffbodens, nicht aber Nutzungserscheinungen, die das Abschleifen und Versiegeln eines Parketts erfordern sowie erhebliche Löcher oder Kratzer oder schließlich Wasserschäden. Abdrücke durch schwere Möbel, soweit nicht vermeidbar,[409] nicht aber das Aufstellen eines Klaviers oder eines Flügels ohne Unterlegscheiben.[410]
- Auch für unterschiedliche Farbschattierungen eines Parkettbodens, die zB durch Lichteinflüsse einerseits und durch Abdeckungen aufgestellter Möbel andererseits entstehen, haftet der Mieter nicht;
- Verlegung eines Teppichbodens, der chemische Reaktionen auf dem darunter befindlichen PVC-Boden des Vermieters auslöst;[411] Beschädigung eines PVC-Belags durch sogenannte Weichmacherauswanderung zwischen diesem und einem lose verlegten Teppichboden;[412]
- Das Anbringen von Dübellöchern zur Befestigung üblicher Einrichtungsgegenstände wie Spiegel, Handtuchhalter etc, wenn ein Bad ohne die üblichen Sanitärgegenstände vermietet wird,[413] nicht jedoch ein übermäßiges Anbringen von Dübellöchern in Fliesen;

---

399 AG Langen WuM 1991, 31.

400 Verfärbte Silikonabdichtungen am Badewannenrand sollen zumindest nach mehrjähriger Mietdauer „normal" sein (AG Bremen NZM 2008, 247).

401 AG Köln WuM 1995, 312.

402 AG Brühl WuM 2001, 469.

403 Geringfügige Abplatzungen in einem Waschbecken gelten noch als vertragsgemäße Abnutzung, so zB Abplatzungen in Stecknadelkopfgröße bis zu einem Durchmesser von ein bis zwei Millimetern: AG Neustadt WM 2002, 233.

404 AG Bremen NZM 2008, 247; was darüber hinaus geht stellt in der Regel eine zum Schadensersatz verpflichtende Beschädigung dar.

405 OLG Hamm WuM 1992, 248; vgl. dazu Langenberg NZM 2000, 1129.

406 LG Berlin GE 1996, 925.

407 LG Berlin GE 1996, 925.

408 AG Siegburg WuM 2002, 209.

409 AnwHdB MietR/Dickersbach Teil I Rn. 257.

410 AnwHdB MietR/Dickersbach Teil I Rn. 257.

411 AG Gera WuM 2000, 19.

412 LG Duisburg WuM 1975, 189; ebenso AnwHdB MietR/Dickersbach Teil I Rn. 257.

413 LG Berlin GE 2002, 261; unter üblichen Einrichtungen versteht man zB Handtuch- oder Badetuchhalter sowie Seifenschalen und Spiegel. Die Anzahl der von einem Mieter angebrachten Dübellöcher in Fliesen muss sich im üblichen und erforderlichen Umfang bewegen, wobei der Vermieter darauf zu achten haben wird, dass er einem Mieter nicht die diesbezüglichen Handlungen früherer Mieter derselben Räume zurechnet; ebenso AG Berlin-Wedding GE 1992, 1047.

- Unbeaufsichtigter Betrieb eines Wäschetrockners, da der Mieter mit dem funktionsgerechten Laufen rechnen darf;[414] Schadensersatz aber beim unbeaufsichtigten Laufenlassen von Spül- oder Waschmaschinen, deren Zuleitungsschlauch nicht an einen abstellbaren Wasserhahn (Aqua-Stopp) angeschlossen wurde, wenn beim Betrieb Wasser austritt;[415] Schadensersatz nur dann verneint, wenn die Wasserzuleitung mit einer technischen Sicherheitsanlage (elektromagnetisches Wasserabsperrventil) versehen ist, die über einen längeren Zeitraum bei ständiger Benutzung einwandfrei funktioniert hat und mit einer Kontrollanzeige zur Funktionstüchtigkeit der Anlage versehen ist;[416]
- Gemusterte Tapeten mit floralem Muster, wenn diese farblich unaufdringlich und vom Muster her zurückhaltend gestaltet sind, nicht aber altrosafarbene, intensiv gestaltete Tapeten;[417] nicht mehr vom vertragsmäßigen Gebrauch gedeckt sind auch ungewöhnliche Anstriche wie eine kunterbunt renovierte Wohnung;[418] dagegen soll das Tapezieren eines Kinderzimmers mit einer Harry-Potter-Bordüre noch im Rahmen des vertragsgemäßen Gebrauchs liegen, wenn der Mieter eine unrenoviert übergebene Wohnung renovieren musste.[419] Gleiches soll für das Anbringen einer gemusterten Tapete mit Sternchen im Kinderzimmer gelten.[420]
- Nikotinablagerungen an Tapeten, Teppichböden oder sonstigen Einrichtungen der Mietsache sowie starke durch Nikotingebrauch verursachte Ausdünstungen sind gemäß Auffassung des BGH solange vertragsgemäß, wie sie durch normale Schönheitsreparaturmaßnahmen entfernt werden können.[421] Nicht mehr zum vertragsgemäßen Gebrauch gehört es allerdings, wenn die Folgen des Rauchens nicht mehr im Rahmen normaler Schönheitsreparaturen beseitigt werden können, so zB dann, wenn spezielle Maßnahmen wie zum Beispiel ein Neuanstrich mit vorherigem Isolieranstrich (Nikotinsperre) erforderlich sind.[422] Das wird man auch in Fällen annehmen müssen, in denen Teile der Mieträume wie zB Kunststofffenster so verfärbt sind, dass sie nur noch mit speziellen Mitteln gereinigt werden können oder die Verfärbungen durch Reinigen überhaupt nicht mehr zu beseitigen sind.[423]
- Flecken auf der Terrasse, die durch das Aufstellen von Blumenkübeln entstanden sind.[424]

IV. Rechte des Vermieters bei Pflichtverletzungen des Mieters

1. Erfüllung/Unterlassung

Verstößt ein Mieter gegen die vorgenannten Vertragspflichten, so kann ihn der Ver- 115
mieter auf Erfüllung gem. § 535 BGB i. V. m. den einschlägigen Regeln des Mietver-

[414] LG Saarbrücken NJW-RR 1987, 1496.
[415] OLG Karlsruhe WuM 1987, 325; OLG Düsseldorf NJW 1975, 171; LG München I ZMR 1994, 478.
[416] BGH WuM 1986, 145.
[417] LG Berlin NZM 2007, 801; BGH BeckRS 2013, 21307.
[418] KG NZM 2005, 663; als vertragswidrig wurde auch ein poppig bunter Anstrich der Räume mit grüner, roter oder blauer Farbe (AG Burgwedel WuM 2005, 771), ein roter Volltonanstrich im Schlafzimmer (LG Frankfurt a. M. NJW-RR 2008, 24) sowie das Streichen von Türen oder Heizrohren in Violett oder Türkis (AG Landshut BeckRS 2014, 45) angesehen. Ebenso soll es vertragswidrig sein, wenn die Farbe mit Schwämmen in Wischtechnik aufgebracht wurde oder sonstige ungewöhnliche Strukturen wie zB eine Marmorierung aufweist (BGH NJW 2014, 143).
[419] LG Berlin BeckRS 2011, 8888.
[420] LG Frankfurt a. M. NJW-RR 2008, 24.
[421] BGH NJW 2008, 1439; 2006, 2915; LG Köln NJW-RR 1991, 1162; AG Reichenbach WM 1994, 322 f.; LG Köln NZM 1999, 456 f.; aA für sog. „Raucherexzesse": LG Berlin NZM 2000, 710 (710).
[422] LG Baden-Baden WuM 2001, 603.
[423] LG Koblenz ZMR 2006, 288.
[424] AG Langen WM 1991, 31.

trages oder nach vorheriger Abmahnung gemäß § 541 BGB auf **Unterlassung** in Anspruch nehmen.

2. Schadensersatz

116 Sofern der Mieter schuldhaft gegen seine Vertragspflichten verstößt, haftet er dem Vermieter gem. § 280 Abs. 1 BGB auf Schadensersatz. Inhalt und Grenzen dieser Haftung sind in → § 18 Rn. 1 ff. detailliert dargestellt.

3. Kündigung

117 Schließlich kann der Vermieter das Mietverhältnis bei einem vertragswidrigen Gebrauch gemäß § 543 Abs. 2 Nr. 2 BGB (Sorgfaltsvernachlässigung und damit einhergehende erhebliche Sachgefahr; unbefugte Gebrauchsüberlassung an Dritte) oder § 543 Abs. 1 BGB auch fristlos kündigen.[425] Für eine ordentliche Kündigung gemäß § 573 Abs. 2 Nr. 1 dürfte die Schwelle niedriger sein und eine Gebrauchsüberschreitung mit einem gewissen Gewicht ausreichen.[426] Zu den Voraussetzungen und Grenzen dieser Kündigungsrechte wird auf die Ausführungen in → § 28 Rn. 1 ff. verwiesen.

V. Pflichten des Vermieters

118 Den unter Ziffer II. dargelegten Gebrauchsrechten des Mieters steht spiegelbildlich jeweils eine entsprechende **Gebrauchsgewährungspflicht** des Vermieters gegenüber, § 535 Abs. 1 BGB. Zum Inhalt dieser Vermieterpflicht kann daher im Wesentlichen auf das unter Ziffer II. Gesagte verwiesen werden. Ergänzend hierzu ist aus Sicht des Vermieters noch folgendes anzumerken:

1. Überlassungspflicht

119 Hauptleistungspflicht des Vermieters aus dem Mietvertrag ist zunächst gemäß § 535 Abs. 1 S. 2 BGB die **Überlassung der Mietsache** in einem zu dem vertragsgemäßen Gebrauch geeigneten Zustand. Der Mieter muss in die Lage versetzt werden, die Mietsache vertragsgemäß nutzen zu können.[427]

120 Überlassung erfordert in Fällen, in denen – wie bei der Raummiete – der Gebrauch der Mietsache notwendig deren Besitz voraussetzt, die Verschaffung des ungestörten alleinigen unmittelbaren Besitzes an der **Mietsache.**[428] Die Mietsache umfasst auch das **Zubehör** wie zB Haustür-, Wohnungstür-, Kellerraum- und Briefkastenschlüssel, Sanitär- und Kücheninstallationen, eventuell vorhandene Einbaumöbel, Öfen, Teppichböden und Rollos. Enthält der Mietvertrag zum Zubehör keine ausdrückliche Regelung, gilt bei Mietbeginn vorhandenes Zubehör nach § 311c BGB als mitvermietet.[429] Zur Mietsache gehören bei entsprechender vertraglicher Vereinbarung auch mitvermietete Räume außerhalb der Wohnung, die sog. **Zubehörräume bzw. Nebenräume,** wie Kellerraum, Garage, Garten; ohne vertragliche Abrede hat der Mieter jedoch keinen Überlassungsanspruch, außer wenn der Zubehörraum ersichtlich zur vermieteten Raumeinheit gehört (zB Balkon, Terrasse).[430] Grundstücks- oder Hauszugänge, das Treppenhaus sowie zum gemeinschaftlichen Gebrauch bestimmte Räume und Einrichtungen die sog. **Gemeinschaftsräume und – einrichtungen,** wie zB Waschküche, Tro-

[425] Schmidt-Futterer/Blank BGB § 543 Rn. 124 ff.
[426] Schmidt-Futterer/Blank BGB § 573 Rn. 27.
[427] BGH NJW 2007, 2394.
[428] BGH NZM 2016, 467 Rn. 22.
[429] BGH NZM 2009, 198 – Hotelinventar; 2017, 812 Rn. 10, jedenfalls fest verbaute Einrichtungen.
[430] BeckOK BGB/Zehelein, 72. Ed. 1.11.2024, BGB § 535 Rn. 339.

ckenboden, Kinderspielplatz oder Fahrradkeller, darf der Mieter mitbenutzen, wobei dazu kein (Mit-)Besitz des Mieters erforderlich ist.[431]

Die Mietsache muss sich bei Überlassung in einem zum vertragsgemäßen Gebrauch geeigneten Zustand befinden. Maßgebend hierfür sind neben dem Vertragszweck „Wohnen" insbesondere die konkrete Art und Ausstattung des Gebäudes (Neu- oder Altbau), die – örtlich eventuell unterschiedliche – Verkehrssitte. Befindet sich die Mietsache bei Vertragsschluss noch nicht in vertragsgemäßem Zustand, so trifft den Vermieter eine entsprechende **Herrichtungspflicht.** Es ist zu empfehlen, in einem derartigen Falle im Mietvertrag konkret zu regeln, welche Arbeiten vom Vermieter noch bis zum Mietbeginn auszuführen sind. 121

Formulierungsvorschlag:

Vom Vermieter sind bis zum Mietbeginn noch folgende Arbeiten auszuführen: 122

……

……

2. Gebrauchsgewährung

Gemäß § 535 Abs. 1 S. 1 BGB ist der Vermieter ferner verpflichtet, dem Mieter den Gebrauch der Mietsache während der Mietzeit zu gewähren. Der Umfang der Pflicht des Vermieters zur Gebrauchsgewährung und -erhaltung richtet sich danach, was die Parteien als vertragsgemäß vereinbart haben.[432] 123

a) **Räumliche und zeitliche Grenzen.** Wenn die Parteien keine ausdrückliche Regelung getroffen haben, sind die Pflichten des Vermieters nach der Rechtsprechung des BGH nach den gesamten Umständen des Mietverhältnisses und den daraus in Auslegung abzuleitenden Standards, insbesondere nach der Mietsache und deren beabsichtigter Nutzung sowie der Verkehrsanschauung unter Beachtung des in § 242 BGB normierten Grundsatzes, von Treu und Glauben zu bestimmen.[433] Wird bspw. dem Mieter ein Schlüssel für den Fahrradkeller übergeben, kann die Auslegung ergeben, dass die Nutzung des Fahrradkellers Vertragsbestandteil geworden ist und nicht widerruflich ist.[434] Wie bereits bei der Überlassungspflicht dargelegt, bezieht sich die Verpflichtung zur Gebrauchsgewährung räumlich nicht nur auf die Mietsache, sondern auch auf den Zugang und alle Räume und Einrichtungen, zu deren Mitbenutzung der Mieter nach der Verkehrsanschauung oder dem Mietvertrag berechtigt ist.[435] 124

Deshalb ist der Vermieter nicht berechtigt, dem Mieter die **Mitbenutzung** solcher Räume **ohne sachlichen Grund** zu **entziehen**[436] oder Zubehör gegen den Willen des Mieters ersatzlos zu entfernen. Der Vermieter ist zB nicht berechtigt, einen bei Mietbeginn vorhandenen Telefonanschluss[437] oder Außen-Wasseranschluss[438] stillzulegen, den bei Vertragsbeginn vorhandenen 24-Stunden-Betrieb einer Entlüftungsanlage eines innenliegenden, fensterlosen Bades mit Toilette auf einen 12-Stunden-Tagesbetrieb einseitig abzuändern, auch nicht aus Gründen einer Energieeinsparung.[439] Weiter ist ein Vermieter nicht berechtigt, mit einer nicht nachgewiesenen Behauptung, ein seit 125

---

[431] MüKoBGB/Häublein, 9. Aufl. 2023, BGB § 535 Rn. 85; Schmidt-Futterer/Lehmann-Richter BGB § 535 Rn. 490.

[432] BGH 5.12.2018 – VIII ZR 17/18, NZM 2019, 140 Rn. 13.

[433] BGH 5.12.2018 – VIII ZR 17/18, NZM 2019, 140 Rn. 13.

[434] BGH 12.10.2021 – VIII ZR 51/20, WuM 2022, 145 Rn. 16.

[435] Vgl. BGH NJW 2007, 146; Flatow NZM 2007, 432.

[436] Vgl. BGH 4.10.2022 – VIII ZR 394/21, NZM 2023, 239; LG Hamburg WuM 1995, 533; AG Hamburg WuM 2008, 48; Sternel PiG 92 (2012), 47.

[437] BGH 5.12.2018 – VIII ZR 17/18, NZM 2019, 140.

[438] BGH 22.2.2022 – VIII ZR 38/20, NJW 2022, 2191.

[439] AG Köln WuM 2010, 347 f.

40 Jahren beanstandungsfrei betriebener Personenaufzug sei nicht mehr betriebssicher, diesen außer Betrieb zu nehmen und abzubauen.[440]

126 Die zeitlichen Grenzen werden durch den Mietvertrag gesteckt. Vor Mietvertragsbeginn ist der Vermieter ohne ausdrückliche Vereinbarung nicht zur Überlassung der Mietsache verpflichtet. Nach Ablauf der Mietvertragsdauer hat der Vermieter aus § 546 Abs. 1 BGB einen sofort fälligen Rückgabeanspruch.

127 Ist ein Mietvertrag beendet (etwa durch berechtigte fristlose Vermieterkündigung bei Zahlungsverzug des Mieters gem. § 543 Abs. 2 Nr. 3a BGB), ist der Vermieter zur Gebrauchsgewährung nicht mehr verpflichtet. Folglich ist der Vermieter auch nicht mehr aus der Gebrauchsüberlassungspflicht zur Erbringung von Versorgungsleistungen verpflichtet. Allerdings könnte sich aus einer nachvertraglichen, aus dem Grundsatz von Treu und Glauben (§ 242 BGB) herzuleitenden Pflicht zur Weiterführung der Versorgung ergeben.[441] Das Bestehen einer solchen nachvertraglichen Versorgungspflicht soll von der Abwägung der Vermieterinteressen gegen die des Mieters abhängen: Einzelheiten sind streitig und vom BGH für die Wohnraummiete noch nicht entschieden; Einigkeit scheint insoweit zu bestehen, dass ein vertragstreuer Mieter, der insbesondere die Vorauszahlungen leistet oder dem eine (gerichtliche) Räumungsfrist gewährt worden ist oder zu gewähren sein wird, nicht von der Heizversorgung abgeschnitten werden darf.[442] Ein Mieter, der in seiner Wohnung über einen Holzkaminofen und ferner einen Durchlauferhitzer für Warmwasser verfügt, hat jedenfalls keinen Anspruch auf Erlass einer einstweiligen Verfügung, wenn der Vermieter angesichts ausbleibender Mietzahlungen die zusätzlich vorhandene Zentralheizung abstellt.[443]

Eine sog. **Versorgungssperre,** zB bzgl. der Heizenergie, stellt keine Besitzstörung im Sinne der §§ 858, 862 BGB dar.[444]

128 **b) Wesentlicher Inhalt.** Was vertragsgemäßer Gebrauch ist, wird vor allem durch den Mietvertrag und den sich hieraus ergebenden Vertragszweck „Wohnen" bestimmt, wesentlich aber auch durch den Zustand der Mietsache bei Vertragsschluss.[445] Dabei ist maßgeblich, ob ausdrücklich oder konkludent ein bestimmter Standard vereinbart worden ist.[446] Gegebenenfalls hat eine **Auslegung** gemäß § 157 BGB zu erfolgen: So kann eine **Verbesserung des allgemeinen Lebensstandards** oder eine **Verschärfung technischer Grenzwerte** seit der Errichtung der Mietsache – auch im Laufe ein und desselben Mietverhältnisses – zu einer Änderung dessen führen, was als vertragsgemäßer Gebrauch anzusehen ist.

129 Der Vermieter einer Wohnung, in die Kleinkinder einziehen sollen, ist jedoch nicht verpflichtet, die mit einem Glasausschnitt versehenen Zimmertüren, die den baurechtlichen Vorschriften entsprechen, mit Sicherheitsglas nachzurüsten.[447] Umstritten ist, ob der ständig steigende Umfang der in üblicher Weise in einem Haushalt betriebenen **Elektrogeräte** dazu führen kann, dass die vorhandenen **Elektroleitungen** und deren Absicherung irgendwann einmal nicht mehr vertragsgemäß sind: Muss der Mieter sich laut einer AGB-Klausel die Geeignetheit von Elektroleitungen für eine schon bei Vertragsbeginn verkehrsübliche Benutzung durch Geldzahlung für deren Verstärkung de-facto „erkaufen", ist eine derartige Klausel unwirksam.[448] Auch der Mieter einer nicht

---

[440] AG Berlin-Mitte WuM 2013, 302 (der Vermieter wurde durch einstw. Verfügung zur Wiederinbetriebnahme verpflichtet).

[441] BGH NJW 2009, 1947 = NZM 2009, 489 (zur Gewerberaummiete); Schmidt-Futterer/Lehmann-Richter BGB § 535 Rn. 814; Staudinger/V. Emmerich, Neubearbeitung 2024, BGB § 535 Rn. 163.

[442] Instruktiv und übersichtlich zum Meinungsstand: BeckOGK/H. Schmidt, 1.1.2025, BGB § 535 Rn. 375.

[443] AG Marburg NZM 2012, 196.

[444] BGH NJW 2009, 1947 = NZM 2009, 489 (zur Gewerberaummiete).

[445] BGH 5.12.2018 – VIII ZR 17/18, NZM 2019, 140 –Telefonanschluss; BGH 22.2.2022 – VIII ZR 38/20, NJW 2022, 2191 –Außen-Wasseranschluss.

[446] Meyer-Abich NZM 2018, 427 (433).

[447] BGH NZM 2006, 578 f.; dazu: Schuschke NZM 2006, 733 ff.

[448] OLG Frankfurt a. M. WuM 1997, 609.

modernisierten Altbauwohnung kann als Teilaspekt des geschuldeten Mindeststandards erwarten, dass die Stromversorgung der Wohnung so ausgelegt ist, dass zumindest ein größeres Haushaltsgerät wie eine Waschmaschine und gleichzeitig weitere haushaltsübliche Elektrogeräte benutzt werden können, ohne dass die Sicherung ständig anspricht und dass ferner das Badezimmer nicht nur über eine Beleuchtungsmöglichkeit verfügt, sondern auch über eine Steckdose (mit Fehlerstromschutzschalter) zum Betrieb kleinerer elektrischer Geräte.[449] Einen allgemeinen Modernisierungsanspruch hat der BGH jedoch deutlich abgelehnt und klargestellt, dass der Mieter allgemein nur den Bauzustand aus dem Errichtungsjahr des Objekts erwarten kann.[450]

Werden verbindliche Grenzwerte für **Schadstoffe,** wie zB den **Bleigehalt im Trinkwasser** oder für den **Asbestgehalt in der Raumluft** eingeführt oder verschärft, so kann hieraus eine Verpflichtung des Vermieters zum Austausch alter Bleiwasserrohre[451] oder asbesthaltiger Nachtspeicheröfen[452] folgen. Das Bundesverfassungsgericht[453] kommt zu dem Ergebnis, dass nach Absenken der amtlichen Schadstoff-Grenzwerte eine ursprünglich mangelfreie Mietsache als mangelhaft anzusehen ist. Damit dürfte die Instanzrechtsprechung ebenso bei abgesenkten Blei-Grenzwerten ein Überschreiten ehemals vertragsgerechter Werte zukünftig als einen Mangel der Mietsache betrachten. Dies bedeutet aber, dass der Austausch der Bleirohre dann keine Modernisierung bzw. nachhaltige Gebrauchswerterhöhung der Mietsache mehr ist, sondern eine Erhaltungsmaßnahme. Es handelt sich um die Beseitigung eines gesundheitsgefährdenden Zustandes. 130

Der Vermieter ist vor allem verpflichtet, dafür zu sorgen, dass der Mieter, dessen Angehörige und Besucher stets ungehinderten **Zugang zum Mietobjekt** haben.[454] Er muss daher Schlüssel in ausreichender Anzahl und eine funktionierende **Klingelanlage** zur Verfügung stellen. Ein vorhandener **Aufzug** hat stets, also auch nachts, betriebsbereit zu sein.[455] Eine geordnete Postzustellung (eigener **Briefkasten des Mieters**) ist ebenfalls zu gewährleisten. Im Übrigen kann auf das unter → Rn. 4 ff. zu den Gebrauchsrechten des Mieters Gesagte verwiesen werden. 131

3. Instandhaltung und Instandsetzung

Gemäß § 535 Abs. 1 S. 2 BGB ist der Vermieter verpflichtet, die Mietsache während der Mietzeit in einem zum vertragsgemäßen Gebrauch geeigneten Zustand zu erhalten. Dazu gehört zB auch das Beseitigen von Graffiti-Schmierereien.[456] Inhalt und Grenzen der Verpflichtung zu Instandhaltung und Instandsetzung sowie die Möglichkeiten, diese durch Individual- oder Formularvereinbarung auf den Mieter abzuwälzen, sind Gegenstand des § 19 dieses Werkes. Hierauf wird verwiesen. 132

4. Fürsorge-, Aufklärungs- und Treuepflicht

Gesetzlich nicht normiert, gleichwohl jedoch in Dauerschuldverhältnissen als **Nebenpflicht** allgemein anerkannt, ist eine gesteigerte **Fürsorge-, Aufklärungs- und Treuepflicht** der Vertragspartner untereinander. Auch dem Vermieter obliegt eine solche Verpflichtung gegenüber seinem Mieter. Er ist danach verpflichtet, den Mieter über alle für das Mietverhältnis wesentlichen Tatsachen und Vorkommnisse frühzeitig zu unter- 133

---

[449] BGH NJW 2004, 3174 = NZM 2004, 736.

[450] BGH NZM 2005, 60 f.; zum Problemkreis: Lames NZM 2007, 465 ff. (466).

[451] Der Grenzwert der akzeptierten Bleikonzentration im Trinkwasser wurde zum 1.12.2013 von 0,025 mg/l auf 0,01 mg/l herabgesetzt und soll zum 1.12.2028 weiter auf 0,005 mg/l herabgesetzt werden; vgl. LG Berlin GE 1987, 243.

[452] BVerfG NJW-RR 1999, 519 = NZM 1999, 302; OLG Hamm NJW-RR 1987, 968; LG Berlin WuM 1999, 35.

[453] BVerfG GE 1998, 1208 = NJW-RR 1999, 519 = NZM 1999, 302 = WM 1998, 657 = ZMR 1998, 687.

[454] LG Berlin NZM 2000, 710.

[455] OLG Frankfurt a. M. NZM 2004, 909.

[456] AG Berlin-Charlottenburg NZM 2007, 484.

richten, insbesondere ihn vor drohenden Gefahren zu warnen.[457] Ferner folgt hieraus ohne ausdrücklich andere vertragliche Regelung die Verpflichtung des Vermieters, die sog. Leistungen der Daseinsvorsorge, wie Heizung, Wasser und Energie, zur Verfügung zu stellen.[458]

Der Fürsorgepflicht und der ihr zuzuordnenden Schutzpflicht unterfallen zudem insbesondere:

134 a) **Abwehr von Immissionen.** Der Vermieter ist verpflichtet, **Immissionen,** die durch Dritte (auch andere Mieter) auf den Mietgebrauch einwirken, abzuwenden. Von praktischer Bedeutung sind vor allem **Lärmstörungen** durch andere Mieter. Hier ist der Vermieter verpflichtet, gemäß § 541 BGB Unterlassung zu verlangen, Abmahnungen auszusprechen und notfalls dem störenden Mieter zu kündigen.[459] Soweit die Störung von einem Bewohner einer Wohnungseigentumsanlage ausgeht, der in keinem (Miet-) Vertragsverhältnis zum Vermieter steht, ist der Vermieter gehalten, die ihm als Wohnungseigentümer zustehenden Abwehransprüche gegen den Störer geltend zu machen. Sozialadäquate Lärm- und Geräuschbeeinträchtigungen hat ein Mieter allerdings hinzunehmen.[460] Zudem kann der Vermieter im Interesse seiner Mieter verpflichtet sein Abwehrmöglichkeiten nach § 906 BGB ergreifen. Nach der sog. Bolzplatz-Entscheidung des BGH kann der Mieter jedoch nicht uneingeschränkte Gebrauchsgewährung verlangen, also nicht mindern, wenn der Vermieter die Einwirkung vom Nachbargrundstück nach § 906 BGB entschädigungslos hinnehmen muss.[461] In ländlicher Umgebung ist der Vermieter nicht verpflichtet, Schwalbennester am Mietobjekt zu beseitigen, es erwächst dem Mieter auch kein Minderungsrecht.[462] Zu Immissionen, die von einer Mobilfunksendeanlage ausgehen → § 17 Rn. 315 ff.

135 b) **Abwehr von sonstigen Störungen durch Dritte.** Der Vermieter ist ferner verpflichtet, das Betreten des Mietgebäudes durch Unbefugte durch Installation einer geeigneten **Schließanlage** zu verhindern.[463] Gegen Wohnungseinbrüche muss eine **Wohnungsabschlusstür** von verkehrsüblicher Qualität vorhanden sein. Zum Einbau besonderer **Sicherheitsschlösser** ist der Vermieter allerdings in der Regel nicht verpflichtet.[464] Kommt es wiederholt zu Störungen durch außenstehende Dritte, so kann der Vermieter gegen diese strafrechtlich (Strafanzeige wegen **Hausfriedensbruch**) und zivilrechtlich (**Hausverbot, Unterlassungsklage**) vorgehen[465] und dürfte hierzu auf Verlangen des Mieters auch verpflichtet sein. Auch gegen Störungen etwa der Warmwasserbereitung und der Heizung einer Wohnung durch verfeindete Mitmieter im Objekt muss der Vermieter vorgehen und etwa durch bauliche Maßnahmen dafür sorgen, dass eine unzulässige Einwirkung nicht mehr möglich ist.[466]

136 Insbesondere bei großen Wohnanlagen in problematischen Stadtbereichen mit hoher Kriminalität (sog. soziale Brennpunkte) kann ein Vermieter auch ohne diesbezügliche Regelung im Mietvertrag zu weitergehenden Maßnahmen verpflichtet sein, wenn ein ungestörter Mietgebrauch auf andere Weise nicht ermöglicht werden kann. Zu denken ist hier insbesondere an die Einrichtung eines **Wach- bzw. Sicherheitsdienstes.**

137 Allerdings ist auch hier zu beachten, dass in einer Wohnungseigentümergemeinschaft eine bloß allgemeine Einbruchsgefahr zB nicht dazu berechtigt, per Mehrheitsbeschluss

---

457 BGH NJW 1957, 826; NJW-RR 1990, 1422; OLG Hamburg NJW-RR 1988, 1481.
458 BGH NJW-RR 1993, 1159.
459 Vgl. hierzu im Einzelnen Börstinghaus NZM 2004, 48 ff.
460 Vgl. hierzu im Einzelnen Börstinghaus NZM 2004, 48 ff.
461 BGH NZM 2015, 481.
462 AG Eisleben NZM 2006, 898.
463 LG Berlin ZMR 1987, 334; AG Hamburg WuM 1994, 676.
464 AG Hagen DWW 1987, 263.
465 AG Wetzlar ZMR 2008, 634; AG Wiesbaden WuM 1998, 572; vergleiche für Zulässigkeit eines Hausverbots einer Wohnungseigentümergemeinschaft gegenüber einer psychisch gestörten Miteigentümerin für deren ebenfalls randalierenden Lebensgefährten: BVerfG NJW 2010, 220 – verneint.
466 AG Bochum IMR 2013, 326 = WuM 2013, 351 f.

im Erdgeschoss eine Vergitterung anzubringen.[467] Zudem sind weder der Vermieter noch der Mieter im Regelfall, dh ohne praktisch nicht erzielbare Zustimmung aller möglicherweise Betroffenen oder eines großen Kreises dieser, berechtigt, Personenbewegungen auf allgemeinen („öffentlichen“) Flächen über eine Videokamera zu überwachen, selbst zum Schutz gegen Kriminalität und Vandalismus nicht.[468]

5. Verkehrssicherungs-, Überwachungs- und Reinigungspflichten

Den Vermieter trifft hinsichtlich der Mietsache, aber auch hinsichtlich aller dem Mieter zur Mitbenutzung zur Verfügung stehenden Flächen (zB Treppenhaus, Bürgersteig, Hauszugänge, Aufzug, Garten, Kellergänge, Stellplätze, Hofraum, Gemeinschaftsräume) eine sog. **Verkehrssicherungspflicht.** Danach hat er alles zu tun, um den Mieter bzw. dessen Haushaltsangehörige und Besucher vor Schäden an Körper und Gesundheit durch den mangelhaften Zustand der Mietsache (bzw. der genannten sonstigen Flächen) zu schützen.[469] Die Verkehrssicherungspflicht umfasst alle Maßnahmen, die ein umsichtiger und verständiger, in vernünftigen Grenzen vorsichtiger Mensch für notwendig und ausreichend erachtet, um andere vor Schäden zu bewahren.[470] Hierzu gehören beispielsweise folgende Maßnahmen: 138

- Anbringung von **Geländern** in Treppenhäusern und insbesondere in Kellerabgängen,
- ausreichende **Allgemeinbeleuchtung** aller zugänglichen Flächen,[471]
- **Sicherheitsverglasung** in Haus- und Wohnungstüren sowie bei einer verglasten Treppenhausaußenwand,[472]
- sorgfältige Absicherung von **Schwimmbecken** und **Gartenteichen** sowie benachbarter **Bachläufe,**[473]
- sichere Abdeckung eines auf dem Grundstück befindlichen Schachtes[474] und Sicherung der Abdeckung gegen unbefugtes Entfernen,[475]
- Sicherstellung eines **Winterdienstes** für Bürgersteige und Hauszugänge,[476]
- Verhinderung unnötiger Bodenglätte durch ungeeignete Pflegemittel.[477]

Die **Grenzen der Verkehrssicherungspflicht** des Vermieters sind dort erreicht, wo Schutzmaßnahmen unzumutbar sind, die Gefahr nur eine fern liegende ist oder nur bei einer missbräuchlichen Nutzung durch den Mieter besteht. So muss zB eine Garageneinfahrt auch dann, wenn sie zugleich als Zugangsweg zu den Garagen dient, nicht mehrmals am Tage auf Verschmutzungen hin kontrolliert werden und auch nicht täglich gereinigt werden, sofern nicht Besonderheiten dies erfordern.[478] 139

Der Vermieter hat die Mietsache in einem verkehrssicheren Zustand zu erhalten.[479] Wenn er Kenntnis von konkreten Störungen erhält, hat er entsprechende Maßnahmen zur Feststellung und Beseitigung der Störung zu veranlassen. Der Umfang der allgemeinen, aus der Erhaltungspflicht folgenden Überwachungs- und Prüfungspflichten ist teilweise strittig. Für die meisten Installationen gibt es Regelwerke, die die Häufigkeit und den Umfang der Überprüfung bestimmen. Dabei können solche Regelwerke grund- 140

[467] OLG Köln NZM 2004, 385.

[468] Zum WEG-Recht: BGH NZM 2011, 512; KG NZM 2010, 197; AG München ZMR 2016, 550; dazu auch ausführlich: Elzer NJW 2013, 3537.

[469] BGH NJW 1990, 1236 – Lichtschachtabdeckung; 1952, 1050.

[470] BGH NJW 2009, 143 Rn. 18.

[471] LG Berlin GE 1990, 867; OLG Saarbrücken BeckRS 2011, 18058.

[472] BGH NJW 1994, 2232 = WuM 1994, 480.

[473] BayObLG NZM 2000, 513 (für die entsprechende Verpflichtung in eine Wohnungseigentümergemeinschaft).

[474] AG Potsdam WuM 1998, 288.

[475] BGH NJW 1990, 1236.

[476] OLG Köln NJW-RR 1995, 1480 = ZMR 1995, 308; zum Winterdienst näher: Horst NZM 2012, 513 ff.; Hitpaß/Kappus NJW 2013, 565.

[477] BGH NJW 1994, 945.

[478] KG NZM 2007, 125 f.

[479] BGH NJW 2009, 143 Rn. 13.

sätzlich den Inhalt der Verkehrssicherungspflicht konkretisieren. Dies gilt aber nicht für jedes Regelwerk. So hat der BGH zutreffend entschieden, dass der Vermieter nicht verpflichtet ist, ohne besonderen Anlass eine regelmäßige Generalinspektion der **Elektroleitungen** und Elektrogeräte in den Wohnungen seiner Mieter vorzunehmen.[480] Denn den Vermieter von Wohnraum trifft keine gesetzliche Pflicht zur regelmäßigen Überprüfung elektrischer Anlagen. Bei der einschlägigen DIN VDE handele es sich um private technische Regelungen mit Empfehlungscharakter.[481] Nicht entschieden wurde, ob die **Unfallverhütungsvorschriften** der Berufsgenossenschaften für den Vermieter verbindlich sind. Dafür spricht ihr Normcharakter nach § 15 SGB VII. Damit treffen den Vermieter oder Mieter von Gewerberaum weitergehende Pflichten zur Überprüfung elektrischer Anlagen nach DGUV V3.[482] Auch den Vermieter von Wohnraum treffen gesetzliche Pflichten für die Überprüfung von **Feuerstätten.**[483] Es wird auch anzunehmen sein, dass den Vermieter im Rahmen der Verkehrssicherungspflicht die Pflicht zur Dichtheitsprüfung von Gasleitungen im Turnus von 12 Jahren gemäß DVGW – TRGI trifft,[484] nicht aber die Pflicht, **Öfen,** unabhängig von den gesetzlichen Pflichten, selbst regelmäßig zu kontrollieren.[485] Eine Pflicht zur anlassunabhängigen Überprüfung von Wasserleitungen oder Abflussrohren besteht hingegen nicht. Gibt es im Allgemeinen keine spezielle Handlungspflicht, so kann sich schon begrifflich keine Pflichtverletzung ergeben, wenn die empfohlenen Prüfungsintervalle nicht beachtet werden. Auch das hohe Alter eines Gebäudes für sich allein genommen ist kein ausreichender Anlass zu besonderen Prüfungen der Gasinstallation, abweichend von dem allgemeinen Prüfungsintervall.[486] Werden solche Prüfungen durchgeführt, so können die Kosten bei ausdrücklicher Vereinbarung ihrer Umlegung im Mietvertrag als Betriebskosten abgerechnet werden.[487]

141 Besondere Anlässe, die eine Prüfung gebieten, können sich etwa durch bereits eingetretene wiederholte Störungen, hohes Alter der Anlage oder durch andere Schadensanzeichen ergeben.[488]

142 Allgemein wird eine entsprechende Überprüfungspflicht auch hinsichtlich des Hausdaches[489] einschließlich der Kamine und Antennen angenommen.

143 Die **Reinigungspflicht** bezüglich Gemeinschaftsflächen obliegt grundsätzlich dem Vermieter. Sie wird jedoch häufig (vor allem bezüglich des Treppenhauses) im Mietvertrag auf den Mieter übertragen, was grundsätzlich auch formularmäßig möglich ist.

144 Ob der Mieter im Falle höheren Alters oder gesundheitlicher Gebrechlichkeit die Ausführung des vertraglich übernommenen Winterdienstes verweigern kann, ist in der Rechtsprechung lebhaft umstritten. Nach einer Auffassung entbinden Altersgründe und Gesundheitszustand den Mieter nicht vom Winterdienst. Zumindest zur Stellung einer Ersatzkraft soll er deshalb verpflichtet sein.[490] Die Gegenmeinung gelangt zu einem Wegfall der Verpflichtung des Mieters wegen Unmöglichkeit der Pflichterfüllung im Falle höheren Alters oder/und Gebrechlichkeit.[491] Zu entscheiden ist dies dahin, dass es sich nicht um eine höchstpersönliche Tätigkeit handelt, so dass ein Freiwerden von der Verpflichtung iSd § 275 Abs. 3 BGB nicht anzunehmen ist.

---

[480] BGH NJW 2009, 143.
[481] BGH NJW 2009, 143 Rn. 20.
[482] Vgl. OLG Saarbrücken NJW 1993, 3077 zu den Vorgängervorschriften.
[483] BGH NJW 2009, 143 Rn. 12.
[484] AG Köln ZMR 2011, 222.
[485] BGH WuM 2011, 465.
[486] AG Köln ZMR 2011, 222; vergleiche auch LG Stuttgart WuM 2011, 416.
[487] BGH NZM 2007, 282 f. (für Elektroinstallation); aA AG Kassel NZM 2006, 537 f. (für Gasleitungen, bei denen aber eine Umlagevereinbarung im Mietvertrag fehlte).
[488] BGH NJW 2009, 143 = NZM 2008, 927; OLG Koblenz MietRB 2011, 4 für undicht werdende Leitungen in Heizungsanlagen.
[489] AG Dortmund WuM 2009, 36; so bereits BGH NZM 2006, 582 zur Gewerberaummiete.
[490] LG Kassel WuM 1991, 580; LG Düsseldorf WuM 1988, 400; LG Flensburg WuM 1987, 52.
[491] Vgl. LG Münster WuM 2004, 193; AG Hamburg-Altona ZMR 2009, 537; AG Münster WuM 1995, 36; LG Hamburg WuM 1989, 622.

Ist der Mieter beruflich oder wegen eines angetretenen Urlaubs an der Ausübung des Winterdienstes gehindert so bleibt er verkehrssicherungspflichtig. Er muss dann eine Ersatzperson stellen.[492] **145**

6. Aufwendungsersatz

Gemäß § 536a Abs. 2 BGB hat der Vermieter dem Mieter die anlässlich einer Mangelbeseitigung entstandenen Aufwendungen zu ersetzen, sofern der Vermieter sich entweder mit der Mangelbeseitigung in Verzug befand oder die umgehende Mangelbeseitigung zur Erhaltung oder Wiederherstellung des Bestands der Mietsache notwendig war. Da es sich hierbei um einen Gewährleistungsanspruch des Mieters handelt, wird zu den Einzelheiten auf die diesbezüglichen Ausführungen in § 18 verwiesen. **146**

Der Wortlaut von § 539 Abs. 1 BGB legt nahe, dass der Mieter für alle Aufwendungen, die der Vermieter nicht bereits nach § 536a Abs. 2 BGB zu ersetzen hat, gemäß § 539 Abs. 1 BGB nach den Vorschriften der GoA Ersatz verlangen kann. Tatsächlich enthält § 536a Abs. 2 BGB eine abschließende Regelung für Fälle der Selbstbeseitigung von Mängeln der Mietsache durch den Mieter.[493] Wenn der Mieter einen Mangel der Mietsache selbst beseitigt, ohne den Vermieter zuvor in Verzug gesetzt zu haben, § 536a Abs. 2 Nr. 1 BGB, und liegt auch keine Notmaßnahme iSv § 536a Abs. 2 Nr. 2 BGB vor, ist ein Rückgriff auf § 539 Abs. 1 BGB nicht möglich.[494] § 539 Abs. 1 BGB enthält eine Rechtsgrundverweisung. Ein Aufwendungsersatzanspruch nach dieser Vorschrift erfordert, dass zugleich die gesetzlichen Voraussetzungen einer GoA vorliegen.[495] Es muss also auf jeden Fall Fremdgeschäftsführungswille vorliegen. Ferner muss entweder eine Genehmigung des Vermieters vorliegen (§ 684 S. 2 BGB) oder die Maßnahme muss dem Interesse und gleichzeitig dem wirklichen oder dem mutmaßlichen Willen des Vermieters entsprechen (§ 683 S. 1 BGB).[496] **147**

7. Duldung der Wegnahme von Einrichtungen

Gemäß § 539 Abs. 2 BGB hat der Vermieter die **Wegnahme von Einrichtungen** zu dulden, mit denen der Mieter die Mietsache versehen hat. Gemäß § 552 Abs. 1 BGB kann er die Entfernung jedoch gegen Zahlung einer angemessenen Entschädigung abwenden (sog. **Abwendungsbefugnis**), sofern dem kein berechtigtes Interesse des Mieters an der Entfernung entgegensteht. **148**

Das Wegnahmerecht des Mieters kann gemäß § 552 Abs. 2 BGB abbedungen werden, wenn hierfür ein angemessener finanzieller Ausgleich vorgesehen ist. Es kann aber auch – die Pflichten aus § 546 Abs. 1 BGB konkretisierend – vereinbart werden, dass der Mieter auf Verlangen des Vermieters verpflichtet ist, die von ihm eingebauten Einrichtungen entschädigungslos zu entfernen. Denn der Mieter hat grundsätzlich bei Vertragsende Einrichtungen, Aufbauten oder sonstige bauliche Maßnahmen zu beseitigen.[497] **149**

Der Mieter ist nicht verpflichtet, dem Vermieter vor Entfernung der Einrichtung deren Übernahme gegen Entschädigung gemäß § 552 Abs. 1 BGB anzubieten.[498] Er muss die Entfernung nach hM auch nicht vorher anzeigen.[499] Er ist zur Wegnahme selbst dann berechtigt, wenn die von ihm vorgenommene Einrichtung wesentlicher Gebäudebestandteil geworden und in das Eigentum des Vermieters oder eines Dritten übergegangen ist.[500] Da im Einzelfall streitig sein kann, ob der Rechtsverlust am Eigentum einer Einrichtung einem Wegnahmerecht entgegensteht, ist es ratsam, zur Sicherung der **150**

---

[492] OLG Köln WuM 1995, 316.
[493] BGH NJW 2008, 1216 Rn. 19 ff.
[494] BGH NJW 2008, 1216 Rn. 19.
[495] BGH NJW 2009, 2590 Rn. 16.
[496] Schmidt-Futterer/Lehmann-Richter BGB § 539 Rn. 19–21.
[497] BGH 17.9.2020 – IX ZR 62/19, NZM 2021, 38 Rn. 13.
[498] OLG Köln ZMR 1994, 509.
[499] MüKoBGB/Bieber, 9. Aufl. 2023, BGB § 539 Rn. 18.
[500] BGH NJW 1991, 3031.

insoweit mietergünstigen Qualifikation als Scheinbestandteil eine vertragliche Regelung zu treffen.[501] Die Abwendungsbefugnis des Vermieters erlischt, sobald der Mieter die Einrichtung ausgebaut hat.[502]

151 Als Einrichtungen iSd § 539 Abs. 2 BGB wurden von der Rechtsprechung beispielsweise anerkannt:

- ein an der Wohnungstür zusätzlich angebrachtes **Sicherheitsschloss**,[503]
- eine eingebaute **Heizungsanlage**,[504]
- Badezimmer- und Kücheneinrichtungen,[505]
- Teppichböden,[506]
- sonstige Fußbodenbeläge,[507]
- Heizungsanlagen, Heizkörper, sanitäre Anlagen,[508]
- Beleuchtungsanlagen,
- Einbaumöbel[509]
- ferner, Regale, Öfen, Raumteiler und Leichtbauwände, Beleuchtungsanlagen und Sanitäranlagen wie Wasch- und Toilettenbecken sowie Badewannen. Auch Etagenheizungen, Spülen und Kücheneinrichtungen zählen dazu, ebenso wie Antennenanlagen und umpflanzbare Sträucher, Heckenbäume und Pflanzen.[510]

152 Zu den Einrichtungen zählen nicht

- die Errichtung eines Gebäudes,[511]
- Maßnahmen zur Herbeiführung des vertragsgemäßen Zustandes,
- bloße Baumaterialien und unter Putz verlegte Leitungen, weil sie vom Verkehr nicht als Nebensache angesehen werden,
- bloßes Inventar und Mobiliar,[512] auch wenn sie fest verschraubt sind, wie zB eine Einbauküche,[513]
- Leitungen,
- verlegte Fliesen,
- Zwischendecken und Trenndecken sowie
- sonstige bauliche Veränderungen.[514]

153 Für die Berechnung der vom Vermieter zu zahlenden angemessenen **Entschädigung** ist nicht vom **Zeitwert** auszugehen. Es wird vertreten, dass von den konkreten **Anschaffungskosten** abzüglich eines Abschlages für die bisherige Abnutzung auszugehen ist.[515] Da es in § 552 Abs. 1 BGB um das Interesse des Vermieters am Behalten der vom Mieter eingebrachten Einrichtung geht, liegt es näher, die Entschädigung an dem Wert auszurichten, den die Einrichtung für den Vermieter hat.[516]

---

[501] Bruns NZM 2016, 873.
[502] Grüneberg/Weidenkaff BGB § 552 Rn. 2.
[503] LG Karlsruhe WuM 1998, 22.
[504] BGH NJW 1958, 2109; LG Köln WuM 1998, 345.
[505] OLG Düsseldorf MDR 1972, 147.
[506] KG ZMR 1972, 80.
[507] OLG Frankfurt a. M. ZMR 1986, 358.
[508] OLG Frankfurt a. M. ZMR 1986, 358.
[509] OLG Düsseldorf MDR 1972, 147.
[510] Vgl. OLG Düsseldorf WuM 1995, 146 ff.; LG Berlin MM 1993, 27 f.; OLG Köln WM 1995, 288.
[511] BGH NJW 1981, 2564.
[512] BGH NJW 1991, 3031 (3032).
[513] Als Einrichtung mit Wegnahmerecht und folglich einen „Ablöse"-Anspruch des Mieters bejahend: der mietrechtlichen Begründung nach, im konkreten Fall im Ergebnis jedoch verneinend BGH NJW-RR 1990, 586; OLG Düsseldorf WuM 1995, 146; OLG München WuM 1985, 90; aA Einbauküche als Zubehör der Wohnung ohne Wegnahmerecht des Mieters, wenn sie vom Grundstückseigentümer einschließlich des Einbaus finanziert wurde: BGH WuM 2009, 121, im Ergebnis dann auch für den konkreten Fall: BGH NJW-RR 1990, 586.
[514] LG Berlin MM 1993, 27 f.
[515] LG Köln WuM 1998, 345; 1998, 327 mAnm Scholl.
[516] OLG Dresden 8.5.2024 – 5 U 1856/23, BeckRS 2024, 15225 Rn. 53 = ZMR 2024, 932; Schmidt-Futterer/Lehmann-Richter BGB § 552 Rn. 15.

VI. Rechte des Mieters bei Pflichtverletzungen des Vermieters

Verstößt der Vermieter gegen seine mietvertraglichen Verpflichtungen, so stehen dem Mieter eine Reihe rechtlicher Möglichkeiten zur Verfügung, die an anderer Stelle in diesem Werk im Einzelnen dargestellt werden. 154

1. Erfüllung

In erster Linie besteht der Erfüllungsanspruch des Mieters. Dieser umfasst sämtliche Vertragspflichten des Vermieters, insbesondere auch dessen Verpflichtung, vorhandene Mängel zu beseitigen. Der Mängelbeseitigungsanspruch ist während der Mietzeit unverjährbar.[517] Eine formularmäßige Abwälzung dieser Vermieterpflicht auf den Mieter ist im Wohnraummietrecht kaum möglich, auch eine unbegrenzte Übertragung zur Durchführung von Kleinreparaturen über eine Kleinreparatur-Vornahmeklausel ist als Formularklausel unwirksam.[518] 155

2. Gewährleistungsansprüche, Mängelhaftung

Die Gewährleistungsansprüche des Mieters, zu denen vor allem die Minderung der Miete und das Zurückbehaltungsrecht, ferner auch der Schadensersatz- und Verwendungsersatzanspruch sowie das Recht zur außerordentlichen Kündigung aus wichtigem Grund nach §§ 543, 569 BGB gehören, sind in → § 18 Rn. 1 ff. dieses Werkes eingehend dargestellt. Hierauf wird verwiesen. 156

VII. Hausordnung

1. Verbindlichkeit

a) Zweck. Die Hausordnung soll die **Grundlage für das Zusammenleben** mehrerer Bewohner unter einem Dach schaffen. Sie ist Gegenstand der Vereinbarungen zwischen Vermieter und Mieter und kann nicht weitergehen als die im Mietvertrag festgelegten Rechte und Pflichten. Regelmäßig hat sie den Zweck, den Mietgebrauch zu konkretisieren, und zwar soweit es Berührungspunkte zwischen den einzelnen Bewohnern gibt. Es handelt sich folglich von der Zielrichtung herum ordnende Regelungen, die das Verhältnis der Bewohner untereinander betreffen. 157

b) Vereinbarung mit Mietvertragsschluss. Oftmals wird die Hausordnung zugleich mit dem Abschluss des Mietvertrags zwischen Vermieter und Mieter vereinbart. Hausordnungen, die ihrem Zweck entsprechend zur Verwendung für mehrere Mietverträge gestaltet und damit vorformuliert sind, sind Allgemeine Geschäftsbedingungen. Für deren Verbindlichkeit bedarf es einer **Einbeziehung in den Mietvertrag,** also muss die Hausordnung **Vertragsbestandteil** werden.[519] Nach § 305 Abs. 2 BGB ist es erforderlich, dass der Vermieter bei Vertragsschluss ausdrücklich auf die Geltung der Hausordnung hinweist und dem Mieter die Möglichkeit gibt, in zumutbarer Weise von ihrem Inhalt Kenntnis zu nehmen. Dies erfolgt bei der Wohnraummiete regelmäßig durch Beifügung der Hausordnung als Anlage zum Mietvertrag.[520] 158

Wenn eine Hausordnung zwar als **Anlage** vorhanden, aber nicht körperlich fest verbunden oder zweifelsfrei identifizierbar als Vertragsbestandteil bezeichnet ist, im Vertrag aber nur formularmäßig auf die „beigefügte" Hausordnung verwiesen wird, soll 159

[517] BGH NJW 2010, 1292.
[518] Grundlegend BGH NJW 1992, 1759 ff. = WuM 1992, 355.
[519] BeckOGK/H. Schmidt, 1.1.2025, BGB § 535 Rn. 326.
[520] BGH NJW 2004, 775; Bub/Treier MietR-HdB/Kraemer/von der Osten/Schüller, 5. Aufl. 2019, Kapitel III.
Rn. 2563.

die Einbeziehung wegen Verstoßes gegen §§ 305 ff. BGB unzulässig sein. Da die wirksame Einbeziehung nach § 305 Abs. 2 BGB davon abhängt, dass der Mieter vor oder bei Vertragsschluss vom Inhalt der Hausordnung Kenntnis erlangt, kommt einer vorformulierten Wissenserklärung entscheidendes Gewicht zu. So soll die Klausel:

„Die anliegende Hausordnung ist Bestandteil dieses Vertrags."

gegen § 309 Nr. 12b) BGB verstoßen, da es sich um eine Tatsachenbestätigung handelt, dass die Hausordnung dem Vertrag beigefügt und Vertragsbestandteil ist.[521] Problematisch ist also nicht der Umstand, dass die Hausordnung etwa nicht – im Sinne der gesetzlichen Schriftform – eindeutig identifizierbar oder mit dem Mietvertrag fest verbunden ist, sondern die in der Klausel enthaltene Tatsachenbestätigung. Gerade weil es nach § 305 Abs. 2 BGB aber grundsätzlich ausreicht, wenn die Hausordnung dem Mieter bei Vertragsabschluss tatsächlich ausgehändigt und von ihm widerspruchslos hingenommen wurde,[522] ist bei der Vertragsgestaltung darauf zu achten, nicht mit scheinbar folgenlosen Verweisen Tatsachenbestätigungen bzw. Wissenserklärungen zu generieren, die dann im Sinne der kundenfeindlichsten Auslegung zur Unwirksamkeit der Einbeziehung führen.

160 Wenn der Mietvertrag dem für langfristige Wohnraummietverträge trotz des Bürokratieentlastungsgesetzes IV nach wie vor bestehenden gesetzlichen Schriftformerfordernis der §§ 550, 126 BGB unterliegt, ist die Beifügung als Anlage zum Mietvertrag mit einer schriftformkonformen Verbindung oder Inbezugnahme freilich zwingend geboten.

161 c) **Erlass der Hausordnung durch den Vermieter.** Nach einer immer weniger vertretenen Ansicht kann der Vermieter sich ohnehin nach dem Mietvertrag ergebende Pflichten des Mieters **einseitig** durch Erlass einer Hausordnung konkretisieren, soweit dadurch nicht zusätzliche Vertragspflichten begründet werden.[523] Nach anderer Ansicht sind solche Konkretisierungen ohne konstitutiven Inhalt kaum denkbar, so dass kein Raum für das einseitige Aufstellen einer Hausordnung bleibt, die über die bloße Festlegung eines Zeitplans für die vertraglich vereinbarte Pflicht zur turnusmäßigen Hausreinigung oder vergleichbare Kleinigkeiten hinausgehen.[524] Eine Grundlage für einen **einseitigen Erlass durch** den Vermieter ist nämlich nicht aus seinem Eigentum abzuleiten, weil es insoweit durch die vertraglich dem Mieter eingeräumten Gebrauchsrechte beschränkt ist, weshalb er auf die – auch konkludent mögliche – Zustimmung des Mieters als Vertragspartner angewiesen ist.[525]

162 d) **Beschluss der Hausgemeinschaft.** Gerade wegen des Zwecks der Hausordnung, die formalen Aspekte des Zusammenlebens der Bewohner zu regeln, könnte man auf die Idee kommen, dass die **Hausgemeinschaft** befugt und in der Lage sei, sich eine Hausordnung zu geben, für die wiederum nach demokratischen Grundsätzen wenigstens eine **absolute Mehrheit** erforderlich sein dürfte.[526] Ohne entsprechende, mit sämtlichen Mietern vereinbarte vertragliche Regelung erscheint dies jedoch fraglich, da die entsprechenden Regelungen des WEG-Rechts bzw. des Gemeinschaftsrechts (§§ 741 ff. BGB) mangels Eigentümerstellung nicht direkt und – trotz durchaus vergleichbarerer Interessenlage der Bewohner – mangels Regelungslücke auch nicht analog anwendbar sein dürften.[527]

---

[521] BGH NJW 1991, 1750 = WuM 1991, 381.

[522] Bub/Treier MietR-HdB/Kraemer/von der Osten/Schüller, 5. Aufl. 2019, Kapitel III. Rn. 2563; Treier, Rechtsprechung des BGH zum Gewerbe- und Wohnraummietrecht, DWW 1991, 254 (256).

[523] angedeutet: Schmidt-Futterer/Lehmann-Richter, MietR, 16. Aufl. 2024, BGB § 535 Rn. 161; eingeschränkt für den Fall einer klaren Bezugnahme auf eine noch zu erlassende Hausordnung: LG Marburg NJW-RR 1990, 1484; Staudinger/V. Emmerich, 2024, BGB Vor § 535 Rn. 212.

[524] Mayer/Eichel/Klinck, Hausordnung im Mietverhältnis, NZM 2018, 689 (691).

[525] Mayer/Eichel/Klinck, Hausordnung im Mietverhältnis, NZM 2018, 689 (690).

[526] So MAH MietR/Horst, 4. Aufl. 2014, § 15 Rn. 97.

[527] Siehe auch Bub/Treier MietR-HdB/Kraemer/von der Osten/Schüller, 5. Aufl. 2019, Kapitel III. Rn. 2565.

e) **Hausordnung/Benutzungsordnung zur Gebrauchsregelung in WEG-Anlagen.** Eine Gemeinschaft der Wohnungseigentümer (GdWE) kann eine Hausordnung/Benutzungsordnung sowohl für die im Gemeinschaftseigentum stehenden Räume als auch für die Nutzung der im Sondereigentum stehenden gemieteten Räume aufstellen, und zwar durch Mehrheitsbeschluss. Der Vermieter kann und sollte diese in seinem Interesse zwingend an den Mieter weitergeben, sie also wirksam in den Mietvertrag einbeziehen und vereinbaren. Der vermietende Eigentümer muss dabei ganz besonders darauf achten, dass „sein" Mietvertrag keine Gebrauchsrechte gewährt, die in den Gebrauchsregelungen der GdWE eingeschränkt oder ausgeschlossen sind, weil er in einer Hausordnung keine neuen Pflichten des Mieters begründen oder im Widerspruch zum Mietvertrag stehenden Verbote schaffen darf. Praktische Schwierigkeiten entstehen für den vermietenden Eigentümer, wenn die Wohnungseigentümergemeinschaft während der Laufzeit des Mietverhältnisses die Hausordnung ändert, was jederzeit wiederum durch Mehrheitsbeschluss möglich ist. Der vermietende Eigentümer ist nämlich seinen Miteigentümern gegenüber zur Einhaltung der Gebrauchsregelung verpflichtet. Zudem sind die Wohnungseigentümer aus ihrem Eigentumsrecht berechtigt, vom Mieter Unterlassung eines gegen die Gebrauchsregelung verstoßenden Verhaltens durchzusetzen.[528] Bis 30.11.2020 regelte dies das Gesetz (§ 14 Nr. 2 WEG aF). Das Wohnungseigentumsmodernisierungsgesetz (WEMoG) hat diese Norm zwar entfallen lassen – in der Sache ändert sich dadurch aber nichts. § 14 Abs. 1 Nr. 1 WEG verpflichtet jeden Wohnungseigentümer, die gesetzlichen Regelungen, Vereinbarungen und Beschlüsse einzuhalten. Davon ist auch die Pflicht umfasst, auch gegenüber Mietern für die Einhaltung der beschlossenen Hausordnung zu sorgen. Hat der vermietende Eigentümer seinem Mieter aber diesen, gegen die Gebrauchsregelung der GdWE verstoßenden Gebrauch mietvertraglich eingeräumt, ist er seinem Mieter gegenüber zumindest zum Schadensersatz verpflichtet. Der vermietende Eigentümer hat also verständlicherweise ein Interesse daran, den Mieter an die **jeweils geltende** Hausordnung oder **sonstige, im Laufe des Mietverhältnisses durch Beschluss getroffene Gebrauchsregelungen** zu binden, um dieser Zwickmühle zu entgehen. Dies ist nur durch eine **sog. dynamische Verweisung** im Mietvertrag auf die jeweils geltende Hausordnung der GdWE sowie künftige Beschlüsse der GdWE zur Gebrauchsregelung überhaupt möglich. Die Wirksamkeit einer solchen sog. dynamischen Verweisung ist streitig:[529] Nach einer Ansicht soll sie gegen § 305 BGB verstoßen und damit generell unwirksam sein.[530] Nach anderer Ansicht verstößt eine Klausel im Mietvertrag, mit der ein Mieter an die Beschlüsse der Wohnungseigentümergemeinschaft gebunden werden soll, gegen § 305c BGB, wenn sie den Grenzen für Änderungsvorbehalte in § 308 Nr. 4 BGB Rechnung trägt. Die Wirksamkeit eines Änderungsvorbehalts gemäß § 308 Nr. 4 BGB setzt voraus, dass für die Änderung triftige Gründe vorliegen und die Klausel diese soweit benennt, dass für den anderen Vertragsteil zumindest ein gewisses Maß an Kalkulierbarkeit der möglichen Änderungen besteht.[531] 163

f) **Bindung der Hausordnung.** An die Hausordnung sind sowohl der Mieter als auch der Vermieter gebunden. Daneben haben die Hausordnung die Personen zu beachten, die auf Vermieterseite Aufgaben des Vermieters erfüllen. Auf Mieterseite sind ebenfalls die Personen verpflichtet, die Hausordnung zu beachten, die vom Mieter ein selbständiges oder unselbständiges Besitzrecht ableiten. Da die Hausordnung ihrem Zweck nach auch Regelungen enthält, die zugunsten der anderen Bewohner aufgestellt werden, ergibt sich aus § 328 BGB ein direkter Anspruch der gestörten Mieter gegen den 164

---

[528] BGH BeckRS 2019, 31522.

[529] Zum Meinungsstand mit Klauselvorschlag: Häublein, Einbeziehung der wohnungseigentumsrechtlichen Hausordnung in Wohnraummietverträge – Steht das AGB-Recht einem Interessenausgleich im Weg?, WuM 2009, 435 ff.

[530] Mayer/Eichel/Klinck NZM 2018, 689, 693.

[531] KG IBRRS 2012, 3938; dazu auch AG Schorndorf WuM 2012, 494 s. auch LG Karlsruhe ZWE 2014, 172; Schmidt-Futterer/Lehmann-Richter BGB § 535 Rn. 469–471; Jacoby ZMR 2012, 669 (675).

störenden Bewohner (Mieter oder sonstiger Nutzer, zB Eigentümer) auf Einhaltung der Hausordnung.[532]

165 **g) Bestimmtheit.** Regelungen einer Hausordnung sind so abzufassen, dass der einzelne Betroffene daraus klar ersehen kann, welchen Verpflichtungen er unterliegt. Mangels Bestimmtheit können Klauseln unwirksam sein, soweit darin wertende Begriffe verwendet werden, die unterschiedlicher oder nicht eindeutiger Auslegung zugänglich sind.[533]

2. Inhalt

166 **a) Rücksichtnahmeverpflichtungen.** Die Rücksichtnahmeverpflichtungen in einer Hausordnung befassen sich im Wesentlichen mit der **Lärmverursachung** durch Mieter infolge unterschiedlicher Verhaltensweisen. Es gibt eine Reihe von Entscheidungen, die sich mit der Verursachung von Lärm durch Tonwiedergabegeräte oder Musikinstrumente befassen. In diesem Zusammenhang kommen die in der Hausordnung genannten **Ruhezeiten** zum Tragen.

167 Nach der Entscheidung des Landgerichts Nürnberg[534] sind die Übungszeiten eines Schlagzeugspielers im Wohngebäude in zumutbaren Rahmen von den Nachbarn in die eigene Lebensgestaltung einzuplanen. Zusätzliche Ruhezeiten über das allgemeine Ruhebedürfnis hinaus setzen besondere Gründe im Einzelfall voraus.[535] Bei der Einräumung von Ruhezeiten hat der Vermieter den **Gleichbehandlungsgrundsatz** zu beachten. Keinem Mieter darf etwas untersagt werden, was einem anderen gestattet ist.[536] Im Beschluss des Bayerischen Obersten Landesgerichts kommen rechtliche Bedenken zum Ausdruck, die das vollständige Verbot des Klavierspiels an Sonn- und Feiertagen betreffen. Nach der Entscheidung ist für die Untersagung nicht Voraussetzung, dass das Klavierspiel in der Wohnung deutlich zu hören ist; es muss aber doch einwandfrei wahrnehmbar sein, denn eine ganz unerhebliche Beeinträchtigung bleibt außer Betracht. Ein Musizieren, das außerhalb der Wohnung überhaupt nicht zu hören ist, kann ohnehin nicht untersagt werden.[537]

168 Eine Verpflichtung, Musik nur in **Zimmerlautstärke** zu hören, ist hinreichend bestimmt, um als Grundlage der Zwangsvollstreckung zu dienen.[538] Es ist nicht erforderlich, eine Höchstgrenze in Dezibel festzulegen, denn der Begriff „Zimmerlautstärke" ermöglicht es, bei einer Musikwiedergabe von Tonträgern festzustellen, ob die Lautstärke noch oder nicht mehr vom Nachbarn hinzunehmen ist. Insbesondere wird es damit möglich, dass Musik hören in einer Lautstärke, die deutlich vernehmbar über das Zimmer hinaus in die Nachbarwohnung dringt, auszuscheiden.

169 Für ein hellhöriges Miethaus hat das Amtsgericht Frankfurt entschieden, dass es dem Mieter gestattet ist, außerhalb der Ruhezeit täglich bis zu 90 Minuten Klavier zu spielen. Darüberhinausgehende Beeinträchtigungen der übrigen Mieter, die in Anbetracht der unstreitig schlechten Geräuschdämmung des Hauses auf der Hand liegen und keines Beweises bedürfen, muss der Kläger als Vermieter nicht dulden.[539]

170 Weitere Rücksichtnahmeverpflichtungen beziehen sich in der Regel in Hausordnungen auf die Verursachung von Gerüchen oder sonstigen Lärm durch Baden oder Duschen zu nächtlicher Zeit. Nächtliche Badegeräusche, die der Mieter verursacht, gehören unter Berücksichtigung der grundrechtlichen Freiheits- und Eigentumsgarantien zum zulässigen, durch AGB nicht wirksam einschränkbaren Mietgebrauch.[540]

---

[532] Mayer/Eichel/Klinck NZM 2018, 689 (695), mwN.
[533] BGH WuM 1998, 738.
[534] LG Nürnberg-Fürth WuM 1992, 253.
[535] Zum WEG-Recht: KG WuM 1992, 81.
[536] LG Freiburg WuM 1993, 120.
[537] BayObLG NJWE-MietR 1996, 12 = WuM 1996, 488.
[538] LG Hamburg NJWE-MietR 1996, 6 = WuM 1996, 159.
[539] AG Frankfurt a. M. WuM 1997, 430.
[540] LG Köln NJW-RR 1997, 1440 = WuM 1997, 323.

Soweit die Hausordnung das Abstellen von Kinderwagen im **Hausflur** generell verbietet, begegnet dieses Verbot erheblichen Bedenken. Das Verbot, Kinderwagen im Treppenhaus abzustellen, unterliegt der Abwägung, und zwar einerseits der drohenden Nachteile für die Sicherheit der Bewohner einerseits und andererseits der Nachteile, die sich für den mit dem Verbot belegten Bewohner ergeben. Eine gewisse Beschränkung der Bewegungsfreiheit im Flur ist durchaus hinzunehmen.[541] Vergleichbares gilt für das Abstellen eines Rollators.[542] (Besondere) Brandschutzbestimmungen können in der Hausordnung freilich konkretisiert werden, was bei beengten Fluchtwegen ein weitreichendes Verbot rechtfertigen kann. 171

Nach Ansicht des Landgerichts Bielefeld ist eine Bestimmung in der Hausordnung, dass das Abstellen eines Kinderwagens im Hausflur nur vorübergehend zulässig sei, nur dann wirksam, wenn für den Mieter eine zumutbare, anderweitige Abstellmöglichkeit besteht.[543] 172

b) Reinigungsverpflichtungen. Bei den Reinigungspflichten sind in erster Linie die Treppenhausreinigungspflicht, Kellerreinigungspflicht und die Verpflichtung, den Hauseingangsbereich zu säubern, zu nennen. Nach einer Entscheidung des Amtsgerichts München[544] kann eine Hausordnung als Teil des schriftlichen Mietvertrages über eine Wohnung zulässigerweise vorsehen, dass der Mieter das Treppenhaus im Turnus mit den übrigen Mietern zu reinigen hat, jedoch ist die Reinigung der Außenseite von Außenrollos an den Fenstern der Wohnung regelmäßig Sache des Vermieters. Es ist unzulässig, dem Erdgeschossbewohner aufzuerlegen, den Eingangsbereich zu reinigen, da dies gegen den Gleichheitsgrundsatz verstößt. Verschmutzungen durch Unrat im Lichthof einer Wohnanlage rechtfertigen eine Mietminderung nicht, soweit der Mieter nach der Hausordnung zur Reinhaltung verpflichtet ist. Übermäßige Verschmutzungen muss der Mieter im Einzelfall beweisen.[545] Die formularvertragliche Abwälzung der Schneereinigungspflicht auf die Mieter eines Mehrparteienhauses ist unwirksam, wenn erst die Hausordnung die Erdgeschossmieter allein zur Leistung verpflichtet.[546] In der Regel wird nämlich der Mieter davon ausgehen, dass seine Rechte und Pflichten abschließend im Mietvertrag geregelt sind, während die Hausordnung nur noch die Ausübung der Rechte und Pflichten regelt. Indem die **Schneebeseitigungspflicht** den Erdgeschossmietern allein auferlegt wird, wird aber nicht nur die Ausübung dieser Pflicht geregelt, sondern die Verpflichtung, soweit mit ihr auf Grund der Mietvertragsvorschrift zu rechnen war, wesentlich quantitativ verändert. Eine solche Regelung in der Hausordnung ist so ungewöhnlich, dass der Mieter nicht damit rechnen muss. Diesbezüglich besteht insbesondere kein althergebrachter Grundsatz, wonach der Erdgeschossmieter allein die Schneebeseitigung zu besorgen hätte.[547] Demgegenüber hält es das LG Marburg für zulässig im Rahmen der Hausordnung die Schneeräumungspflicht (nur) der EG-Mieter in der Hausordnung zu konkretisieren.[548] 173

Der Mieter kann die ihm obliegende Reinigung der allgemein genutzten Flächen des Wohnhauses zu einer ihm genehmen Zeit während der Woche erledigen. Es ist auch gleichgültig, ob der Mieter die Putzarbeiten selbst leistet oder durch Dritte durchführen lässt.[549] 174

c) Sorgfaltspflichten. Die Hausordnungen sehen insoweit regelmäßig lediglich eine **Konkretisierung** derjenigen Verpflichtungen vor, die sich bereits aus dem **Inhalt des Mietvertrages** ergeben. 175

---

541 AG Aachen WuM 2008, 94; AG Winsen (Luhe) WuM 1999, 452.
542 LG Hannover WuM 2006, 189.
543 LG Bielefeld WuM 1993, 37.
544 AG München NZM 2000, 35.
545 LG Bonn WuM 1990, 203.
546 AG Schwelm WuM 1991, 86.
547 AG Köln MK 2011, 200.
548 LG Marburg NJW-RR 1990, 1484.
549 AG Reichenbach WuM 1994, 322.

176 **d) Obhutspflichten.** Dasselbe gilt in Bezug auf Obhutspflichten, die ein Mieter zu beachten hat. Hier ist zu nennen die **unverzügliche Meldung von Mängeln oder Schäden** im Allgemeinbereich, damit der Vermieter alsbald Abhilfe schaffen kann. Häufig gehört zu den in der Hausordnung niedergelegten Obhutspflichten die Verpflichtung, die Hauseingangstüre ab einer bestimmten Uhrzeit abzuschließen. Je weiter die Obhutspflichten des Mieters über die in § 536c BGB vorgesehene Verpflichtung, die Mietsache vor Schaden zu bewahren, ausgedehnt werden, bestehen gegen die Wirksamkeit unter Heranziehung des § 307 Abs. 2 Nr. 1 BGB Bedenken. Die gesetzlichen Obliegenheiten dürfen nicht in einem Maße ausgedehnt werden, dass dies letztlich zu einer unzumutbaren Beschränkung in der Lebensführung des Mieters führen könnte.[550]

177 **e) Wasch- und Trockenordnung.** Wenn auf Grund der Vielzahl der Mieter keine Einigung darüber zustande kommt, wann welcher Mieter die Wasch- und Trockenräume benutzen darf, regelt die Hausordnung die Benutzungsmöglichkeiten. Soweit damit gleichzeitig eine Verpflichtung verbunden ist, Trockenspeicher und Waschraum zu benutzen, bezieht sich dies regelmäßig auf sog. „große Wäsche". Das Trocknen „kleiner Wäsche" auf einem Wäscheständer, der im Wesentlichen durch die Balkonbrüstung gegen Sicht abgedeckt ist, ist regelmäßig mit der Hausordnung und der mietvertraglichen Gebrauchsüberlassung vereinbar.[551]

178 Die Entscheidung des Amtsgerichts Siegen,[552] wonach es dem Mieter nicht gestattet sein soll, in der Waschküche eine private Waschmaschine zu betreiben, da eine **zentrale Waschanlage** gegen Entgelt (Münzeinwurf) vorhanden ist, erscheint bedenklich.

179 Vielmehr ist das **Aufstellen und Benutzen einer Waschmaschine in der Mietwohnung** grundsätzlich als vertragsgemäßer Gebrauch der Mietsache anzusehen, selbst dann, wenn im Mietvertrag die Pflicht zur Nutzung einer Gemeinschaftswaschmaschine vereinbart ist. Der Vermieter darf nicht ohne triftigen Grund dem Mieter Einrichtungen versagen, die ihm das Leben in der Mietwohnung erheblich angenehmer gestalten können, durch die er als Vermieter nur unerheblich beeinträchtigt und durch die die Mietsache nicht verschlechtert wird.[553]

180 **f) Feuer- und Kälteschutz.** Die insoweit in Hausordnungen gebräuchlichen Klauseln besitzen wenig praktische Bedeutung, zumal sie lediglich die Verpflichtungen aus dem Vertrag in konkretisierter Form wiedergeben.

181 **g) Tierhaltung.** Da eine wirksam bei Vertragsschluss einbezogene Hausordnung als vorformulierte Vertragsklausel der AGB-Kontrolle (→ Rn. 2) unterliegt, sind in ihr enthaltene Regelungen am selben Maßstab zu messen, wie im Mietvertrag formularvertraglich vereinbarte (**Einzelheiten dazu in** → § 17 Abs. 20 ff). Demgegenüber können bei Vertragsabschluss etwa bestehende Rechte des Mieters nicht nachträglich, etwa durch einseitigen Erlass oder einseitige Änderung der Hausordnung eingeschränkt werden. Daher sollten Regelungen zur Tierhaltung im Mietvertrag und in der Hausordnung allenfalls solche über die Ausgestaltung einer etwa gestatten Tierhaltung (zB Leinenpflicht auf den Gemeinschaftsflächen) enthalten sein. Nach der Entscheidung des AG München[554] stellt eine in der Hausordnung enthaltene Klausel, in der keine Ausnahme für Kleintiere vom schriftlichen Erlaubnisvorbehalt enthalten ist, keine wirksame Einschränkung der Tierhaltung dar.

3. Änderungen

182 **a) Änderungsvorbehalt.** Die Möglichkeit der Änderung der Hausordnung durch den Vermieter ist in erster Linie von der Vereinbarung eines Änderungsvorbehalts abhängig. Hinzu kommt, dass ein besonderes Erfordernis für eine Neuregelung besteht, das auch

[550] LG Trier WuM 1993, 192.
[551] AG Brühl WuM 2001. 509; AG Euskirchen WuM 1995, 310.
[552] AG Siegen WuM 1998, 438.
[553] AG Köln WuM 2001, 276; AG Hameln WuM 1994, 426; BayObLG WM 1981, 80.
[554] AG München NZM 2003, 23.

die Interessen der Mieter angemessen berücksichtigt. Neue, sich aus dem Mietvertrag nicht ohnehin ergebende Pflichten des Mieters können auch durch eine Änderung nicht einseitig vom Vermieter eingeführt werden.

Fehlt es an einem vertraglichen Änderungsvorbehalt, ist dem Vermieter im Einzelfall 183
eine Änderung der Hausordnung über einen Anspruch auf Vertragsänderung nach § 242 BGB dennoch gestattet, wenn die bisher getroffene Regelung zu einer unzuträglichen Belastung führt und die Änderung zur ordnungsgemäßen Bewirtschaftung des Hauses erforderlich ist oder Streit unter den Mietern entsteht.[555]

b) **Gleichbehandlung.** Auch bei Änderungen der Hausordnung ist der Vermieter an 184
den Grundsatz der Gleichbehandlung gebunden. Es ist ihm mithin **versagt,** die Hausordnung im Nachhinein für verschiedene Mieter **unterschiedlich zu ändern.** Falls sachliche Gründe für eine unterschiedliche Behandlung vorliegen, kann diese dennoch zulässig sein. Der Vermieter muss bei Änderungen auch die bisherige Handhabung, wie sie ggf. über Jahre stattgefunden hat, berücksichtigen. Werden durch die Neuregelung dem Mieter **Kosten** verursacht, die vorher nicht entstanden waren, spricht dies gegen die Zulässigkeit der Änderung.

c) **Wandel der sozialen Verhältnisse.** Sind die Regelungen der Hausordnung **überholt** 185
und können sie auch bei entsprechender Auslegung nicht mehr anerkannt werden, sind sie unwirksam.

4. Folgen bei Zuwiderhandlungen

a) **Erfüllungsanspruch.** Der Vermieter hat grundsätzlich einen **Anspruch auf Erfüllung** 186
der dem Mieter obliegenden Verpflichtungen, wie sie sich unter Berücksichtigung des Mietvertrags und seiner Ausgestaltung aus der Hausordnung ergeben. Aber auch den (Mit-) Bewohnern steht ein Anspruch auf Erfüllung zu, soweit die Hausordnung Regelungen zu ihren Gunsten (§ 328 BGB) enthält.

b) **Unterlassungsanspruch.** Darüber hinaus steht dem Vermieter ein entsprechender 187
Unterlassungsanspruch zu, wenn der Mieter Störungen infolge der Nichtbeachtung der Hausordnung verursacht. Soweit ein zu unterlassende Verhalten zu Gunsten der (Mit-) Bewohner des Hauses geregelt wurde, können diese auch direkt gegen den Störer vorgehen (§ 328 BGB). Eine Klage wegen der Unterlassung von Lärmbelästigungen bietet insoweit Schwierigkeiten, als ein **bestimmter Klageantrag** zu formulieren ist. Der Klageantrag gegen einen (Mit-)Bewohner, die Erzeugung von Lärm zu unterlassen, muss so hinreichend bestimmt sein, dass die Tragweite einer antragsgemäßen Urteilsentscheidung und die Grenzen ihrer Rechtskraft deutlich erkennbar sind.[556]

c) **Abmahnung und ggf. Kündigung.** Verstößt der Mieter entweder **in schwerem Maße** 188
oder wiederholt gegen die Verpflichtungen, die sich aus der Hausordnung für ihn ergeben, kann der Vermieter ihn unter Hinweis auf eine ordentliche oder aber außerordentliche Kündigung abmahnen. Eine sofortige Kündigung kommt grundsätzlich nur bei äußerst schwerwiegenden Vertragsverletzungen in Betracht, die unter die Vorschrift des § 543 Abs. 3 Nr. 2 BGB eingeordnet werden können. In der Regel ist eine Abmahnung zunächst das geeignetere, mildere Mittel, um den Mieter zur Einhaltung der ihm obliegenden Verpflichtungen zu bewegen. Zudem ist im Rahmen der Interessenabwägung nach §§ 543 Abs. 1 S. 2, 569 BGB zu berücksichtigen, inwieweit die Interessen des Vermieters auf andere Weise, wie zB Ersatzvornahme oder Vertragsänderung schon hinreichend gewahrt sind:[557] Das Unterlassen der mietvertraglich übernommenen bzw. durch Hausordnung auferlegten Treppenhausreinigung im Mehrparteienhaus stellt jedenfalls keinen Kündigungsgrund dar.[558] Auch das Nichtabschließen der Hausein-

[555] Lindner WohnraummietR/Lindner Rn. 742.
[556] OLG Saarbrücken WuM 1995, 269.
[557] Mayer/Eichel/Klinck NZM 2018, 689 (695), mwN.
[558] AG Wiesbaden BeckRS 9998, 37144 = NZM 2001, 334 = WuM 2000, 190.

gangstür zu den in der Hausordnung angegebenen Zeiten genügt gewöhnlich nicht für eine fristlose Kündigung des Mietvertrages durch den Vermieter.[559]

189 Eine fristlose Kündigung verliert ihre Wirkung grundsätzlich nicht deshalb, weil sich das Verhalten des Mieters nach ihrem Ausspruch und bis zur Einreichung der Räumungsklage grundlegend geändert hat, allerdings soll sich ein Vermieter nach § 242 BGB nicht mehr auf eine wirksame Kündigung wegen Störungen des Hausfriedens berufen können, wenn das vertragswidrige Verhalten nach der Kündigung auch deshalb beendet wird, weil seine Entstehung lebenszyklisch (hier: Pubertät des Kindes der Mieterin) bedingt war und dieser Lebenszyklus nun abgeschlossen ist.[560]

190 **d) Schadensersatzanspruch bzw. Vertragsänderung/-anpassung des Vermieters.** Infolge von **schuldhaften Verstößen** eines Mieters gegen die Hausordnung sind Schadensersatzansprüche des Vermieters denkbar. In Betracht kommen Ansprüche des Vermieters nach § 280 Abs. 1 BGB auf Ersatz eines Mietausfalls durch berechtigte Mietminderung des/der gestörten Mitmieter, Aufwendungsersatzansprüche des gestörten Mieters, die der Vermieter seinerseits auszugleichen hat,[561] aber auch Ansprüche statt der Leistung nach §§ 280 Abs. 1, 2, 281 BGB wegen der Kosten der Ersatzvornahme für geschuldete, aber nicht erbrachte Reinigungs- oder Winterdienstpflichten des Mieters.[562] Der Vermieter hat jedoch eine angemessene Abhilfefrist zu setzen und im Rahmen seiner Schadensminderungspflicht, zB anstelle der Beauftragung einer Reinigungsfirma, auch andere, kostengünstigere Möglichkeiten zur Durchführung einer Trockenbodenreinigung vorzunehmen.[563]

191 Zudem kann der Vermieter im Fall der wiederholt unterlassenen Ausführung des Winterdienstes oder der Außenreinigung im Wege der

- einvernehmliche Vertragsänderung,
- einseitige Vertragsänderung aufgrund eines wirksamen Änderungsvorbehalts insbesondere unter Beachtung von §§ 308 Nr. 4,[564] 315 BGB oder
- Anpassung des Vertrags aus § 313 Abs. 3 BGB oder aus § 242 BGB,[565]

seinen Anspruch auf Vornahme der Leistung dauerhaft für die Zukunft in einen Zahlungsanspruch auf die Kosten der der dann fremd vergebenen Leistungen umwandeln.

192 Obgleich die **Reinigung bzw. der Winterdienst** nicht zu den vertraglichen Hauptpflichten zählt, sollte der sich vertragswidrig verhaltende Mieter schriftlich unter Fristsetzung aufgefordert werden, seinen Pflichten nachzukommen. Gleichzeitig sollte er auf die Folgen seines vertragswidrigen Verhaltens hingewiesen werden.

VIII. Zutritt und Besichtigung der Wohnung

1. Anspruch des Vermieters

193 Ein gesetzliches Betretungs- und Besichtigungsrecht des Vermieters besteht nur als Reflex aus der Verpflichtung des Mieters, Instandsetzungs- und Modernisierungsmaßnahmen gem. §§ 555a Abs. 1; 555d Abs. 1 BGB zu dulden. Dies schließt denknotwendig ein Besichtigungsrecht zur Vorbereitung und Durchführung der Maßnahme ein.[566]

---

[559] LG Trier BeckRS 1992, 01414 = WuM 1993, 192.
[560] AG Wiesbaden WuM 1995, 706.
[561] Bub/Treier MietR-HdB/Kraemer/von der Osten/Schüller Kapitel III. Rn. 2569.
[562] Mayer/Eichel/Klinck NZM 2018, 689 (695), mwN; AG Bremen NJW-RR 2013, 78: kalendermäßig bestimmbar und bis zum 3. Werktag zu erbringen.
[563] AG Münster BeckRS 1994, 11763 = WuM 1994, 428.
[564] Ein solcher Änderungsvorbehalt kann auch formularvertraglich Vereinbarung werden: AG Dortmund MietRB 2012, 36 mAnm Horst.
[565] Dazu AG Frankfurt (Oder) WuM 1997, 432; Sternel MietR, 3. Auflage 1988, Teil I Rn. 422.
[566] LG Berlin WuM 2016, 736; AG Bremen NZM 2014, 789; AG Berlin-Mitte GE 2010, 1425; Staudinger/Emmerich BGB § 535 Rn. 98; BeckOK MietR/Gras § 535 Rn. 4201.

Darüber hinaus ist bei der Annahme eines Betretungs- und Besichtigungsrechts des Vermieters **Zurückhaltung** geboten, da es ein durch Art. 13 GG geschütztes, elementares Anliegen des sich als Individuum erkennenden Menschen ist, die Wohnung als **Rückzugs- und Zufluchtsort** vor dem Zugriff anderer geschützt wissen zu wollen,[567] und da weiter der Besitz des Mieters an der Wohnung Eigentum iSd Art. 14 GG darstellt.[568] **194**

Deshalb ist ein allgemeines, turnusmäßiges, von einem bestimmten Anlass losgelöstes Besichtigungsrecht des Vermieters zu verneinen.[569] **195**

Dem Mieter obliegt jedoch nach Treu und Glauben (§ 242 BGB) eine vertragliche Nebenpflicht, bei Vorliegen eines **konkreten, sachlichen Grundes von erheblicher Intensität,** der sich insbesondere aus der Bewirtschaftung ergeben kann, ein Betreten der Wohnung durch den Vermieter zum Zwecke der Besichtigung zu dulden.[570] Ein solcher konkreter, sachlicher Grund von einigem Gewicht ist beispielsweise in folgenden Fällen zu **bejahen:** **196**

- Zur **Ablesung** von Messeinrichtungen,[571] ohne dass es darauf ankommen kann, ob die betreffende Kostenart (wirksam) auf den Mieter abgewälzt wurde,[572] da der Vermieter auch mit dem Versorgungsunternehmen abrechnen können muss;[573]
- Zum **Austausch** der in der Wohnung verbauten Kalt- und Warmwasserlzähler (zB bei Ablauf der Eichfrist);[574]
- Wenn der Mieter **Mängel** behauptet, da der Vermieter dazu verpflichtet ist, Mängelbehaupten des Mieters zu überprüfen;[575]
- Zur **Abwehr von drohenden Gefahren.** Ausreichend hierfür ist ein hinreichend konkreter Verdacht, der sich beispielsweise aus Beschwerden von Mitmietern über Geruchsbelästigungen aus der Wohnung ergeben kann;[576]
- Wenn der konkrete Verdacht eines **vertragswidrigen Gebrauchs** durch den Mieter (zB nicht gestattete Tierhaltung oder nicht gestattete Gebrauchsüberlassung an Dritte) besteht;[577]
- Bei wirksamer Übertragung der **Schönheitsreparaturen** auf den Mieter nach Ablauf der üblichen Renovierungsfristen, um etwaigen Renovierungsbedarf feststellen und den Mieter ggf. in Verzug setzen zu können;[578]
- Zur Erstellung eines **Miethöhegutachtens** gemäß §§ 558 Abs. 2; 558a Abs. 2 Nr. 3 BGB, völlig unabhängig davon, dass eine Besichtigung der fraglichen Räume für das Gutachten nicht erforderlich ist.[579] Dasselbe wird man für die Erstellung eines **Aufmasses** zur Ermittlung der Wohnfläche bejahen müssen;[580]

---

[567] BVerfG NZM 2004, 186; BGH NZM 2014, 635 Rn. 18; MüKoBGB/Häublein § 535 Rn. 134.

[568] BVerfG NJW 1993, 2035; LG Frankfurt a. M. NZM 2002, 696.

[569] Ganz hM, vgl. etwa BGH NZM 2014, 635 Rn. 19; LG München II NZM 2009, 277; AG Bonn NZM 2006, 982; Staudinger/Emmerich BGB § 535 Rn. 98a; Schmidt-Futterer/Lehmann-Richter BGB § 535 Rn. 206; MüKoBGB/Häublein § 535 Rn. 135 (136). AA nur LG Frankfurt a. M. BeckRS 2013, 06643; LG Oldenburg ZMR 2012, 956; AG Münster WuM 2009, 288; AG Schöneberg GE 2007, 45.

[570] BGH NZM 2014, 635 Rn. 20; LG München II NZM 2009, 277; LG Hamburg WuM 1994, 425; AG Bonn NZM 2006, 698; MüKoBGB/Häublein § 535 Rn. 136; BeckOK MietR/Gras § 535 Rn. 4200; Staudinger/Emmerich BGB § 535 Rn. 97, 98a; Schmidt-Futterer/Eisenschmid BGB § 535 Rn. 206.

[571] LG Köln WuM 1985, 294; LG Hamburg DWW 1987, 164; MüKoBGB/Häublein § 535 Rn. 135.

[572] AA BeckOK MietR/Gras § 535 Rn. 4201; Schmidt-Futterer/Eisenschmid BGB § 535 Rn. 210.

[573] AA LG Hamburg DWW 1987, 164; LG Köln WuM 1995, 294; BeckOK MietR/Gras BGB § 535 Rn. 4201; Schmidt-Futterer/Eisenschmid BGB § 535 Rn. 210.

[574] AG Frankfurt a. M. BeckR S 2024, 39365.

[575] LG Berlin GE 2015, 733; ZMR 2014, 786; AG Saarbrücken ZMR 2005, 372; AG Schöneberg GE 2004, 822; Staudinger/Emmerich BGB § 535 Rn. 99.

[576] AG München ZMR 2016, 297; BeckOK MietR/Gras BGB § 535 Rn. 4201.

[577] AG Berlin-Mitte GE 2010, 1425 (1427); AG Rheine WuM 2003, 315; Staudinger/Emmerich BGB § 535 Rn. 99.

[578] AG München ZMR 2016, 297; MüKoBGB/Häublein § 535 Rn. 136; BeckOK MietR/Gras BGB § 535 Rn. 4201; Schmidt-Futterer/Eisenschmid BGB § 535 Rn. 212.

[579] BGH, NZM 2024,235, MüKoBGB/Häublein § 535 Rn. 135; BeckOK MietR/Gras BGB § 535 Rn. 4201; Grüneberg/Weidenkaff § 535 Rn. 82.

[580] Schmidt-Futterer/Eisenschmid BGB § 535 Rn. 210.

- Im Rahmen eines beabsichtigten **Verkaufs** in dem Umfang, wie dies zur Erstellung eines Exposés und zur Information des beauftragten Maklers erforderlich ist;[581] oder mit einem Gutachter, um ein Aufmaß erstellen zu lassen[582]
- Zur Besichtigung durch **Interessenten** bei einem beabsichtigten **Verkauf** oder bevorstehender **Beendigung des Mietverhältnisses.**[583]

2. Ankündigung und Ausübung des Betretungs- und Besichtigungsrechts

197 a) **Ankündigung.** Als Ausfluss des Rücksichtnahmegebots muss der Vermieter dem Mieter den Besichtigungstermin rechtzeitig vorher **ankündigen**[584] und ihm dabei den **Anlass der Besichtigung** mitteilen.[585] Die Rechtsprechung über die einzuhaltende **Ankündigungsfrist** schwankt zwischen 7 Tagen[586] und 14 Tagen.[587] In eilbedürftigen Tagen ist eine Mindestfrist von 24 Stunden einzuhalten.[588]

Praxistipp:

Es gehört zu diesen anscheinend unausrottbaren landläufigen Fehlvorstellungen, dass der Vermieter dem Mieter drei Alternativtermine für eine Besichtigung der Wohnung anbieten müsse. Dafür gibt es keinerlei rechtliche Grundlage! Es reicht aus, wenn der Vermieter dem Mieter **einen,** den vorstehenden Anforderungen entsprechenden **Besichtigungstermin** ankündigt. Man mag aus Gründen der Höflichkeit dem Mieter im ersten Durchgang mehrere Termine zur Wahl vorschlagen. Wenn der Mieter dann mit Spielchen anfängt wie dem Verlangen nach der Angabe von Geburtsdaten oder Vorlage von Personalausweisen von Hilfspersonen des Vermieters ist es ratsam, dem Mieter einseitig einen Termin vorzugeben und diesen dann stringent durchzusetzen.

198 b) **Ausübung des Rechts.** Der Vermieter hat das Recht möglichst **schonend** auszuüben und dabei **Rücksicht** auf die Belange des Mieters zu nehmen.[589]

199 Die Besichtigung darf **nicht zu Unzeit** erfolgen, also regelmäßig nur werktags (einschließlich Samstagen,[590] jedenfalls zwischen 11 und 12 Uhr) tagsüber (also zwischen 8 und 20 Uhr).[591] Der Vermieter hat jedoch nach diesseitiger Ansicht Rücksicht auf die **Arbeitszeit** von berufstätigen Mietern sowie die **Urlaubszeit** des Mieters zu nehmen.

200 Die **Dauer** einer Besichtigung ist auf das erforderliche Maß zu beschränken.[592] Für Besichtigungen im Rahmen eines Verkaufs sollen 30–45 Minuten ausreichend sein.[593]

---

[581] BVerfG NZM 2004, 186; BGH NJW-RR 2023, 861, LG Frankfurt a. M. NZM 2002, 696; AG Lüdenscheid WuM 1990, 489; Schmidt-Futterer/Lehmann-Richter, BGB § 535 Rn. 982.

[582] AG München NJOZ 2021, 141.

[583] BGH NJW-RR 2023, 861, AG Ibbenbüren WuM 1991, 360; AG Freiburg WuM 1983, 112; MüKoBGB/Häublein § 535 Rn. 199.

[584] BVerfG NZM 2004, 186; AG Schöneberg GE 2004, 822; AG Lüdenscheid WuM 1990, 489; AG Neuss WuM 1989, 364; AG Aachen WuM 1986, 87; MüKoBGB/Häublein § 535 Rn. 201; Staudinger/Emmerich BGB § 535 Rn. 99; Schmidt-Futterer/Lehmann-Richter BGB § 535 Rn. 987.

[585] LG München II NJW-RR 2009, 376; MüKoBGB/Häublein § 535 Rn. 201; Schmidt-Futterer/Lehmann-Richter BGB § 535 Rn. 987.

[586] AG Berlin-Mitte GE 2010, 1425; AG Berlin-Mitte GE 2009, 329; AG Schöneberg GE 2004, 822; MüKoBGB/Häublein § 535 Rn. 201; BeckOK MietR/Gras BGB § 535 Rn. 4202. AG Ansbach ZMR 2014, 367 sogar nur 3 Tage.

[587] Schmidt-Futterer/Eisenschmid BGB § 535 Rn. 214 für berufstätige Mieter sowie wenn keine Eilbedürftigkeit besteht.

[588] BVerfG NZM 2004, 186; AG Lüdenscheid WuM 1990, 498; AG Neuss WuM 1989, 364; AG Tiergarten GE 1987, 1136; AG Köln WuM 1986, 86; BeckOK MietR/Gras BGB § 535 Rn. 4202.

[589] AG Hamburg WuM 1999, 456; Schmidt-Futterer/Eisenschmid BGB § 535 Rn. 213; BeckOK MietR/Gras BGB § 535 Rn. 4202.

[590] OLG Frankfurt a. M. WuM 2011, 95; BeckOK MietR/Gras BGB § 535 Rn. 4202; aA AG Coesfeld WuM 2014, 165.

[591] MüKoBGB/Häublein § 535 Rn. 201; BeckOK MietR/Gras BGB § 535 Rn. 4202.

[592] Schmidt-Futterer/Eisenschmid BGB § 535 Rn. 216; Staudinger/Häublein § 535 Rn. 137.

[593] LG Frankfurt a. M. NZM 2002, 696.

Der Vermieter darf zu der Besichtigung aus sachlichen Gründen die im Hinblick auf den Anlass der Besichtigung erforderlichen (und zwar wegen der Unverletzlichkeit der Wohnung gem. Art. 13 GG nur diese) **Begleitpersonen** mitbringen. Dazu zählen beispielsweise **Handwerker,**[594] ein vom Gericht bestellter **Sachverständiger** sowie **Kaufinteressenten und ein Immobilienmakler.**[595] Nicht dazu soll jedoch der **Rechtsanwalt** des Vermieters gehören.[596] Dies ist abzulehnen, da zB beim Streit über Mängel ein persönlicher Eindruck für einen substantiierten Sachvortrag zu dem Mangel und der Gebrauchsbeeinträchtigung ungemein hilfreich ist. Umstritten ist, oder der Vermieter den Begleiter auch mitnehmen darf, wenn zwischen dem Mieter und diesen Spannungen bestehen und dies aus sonstigen Gründen für den Mieter unzumutbar sind.[597] Wenn der Vermieter einen Dritten dazu bevollmächtigt, die Wohnungsbesichtigung für ihn wahrzunehmen (zB Kaufinteressenten ohne Begleitung des Vermieters), muss er dem Mieter die Personalien dieser Person vorab mitteilen und der Mieter darf sich dann (und nur dann!)[598] vor Beginn der Besichtigung von der Identität des Bevollmächtigten (zB durch Einsicht in den Personalausweis) überzeugen. Nach aA soll dies für Besichtigungen mit Kaufinteressenten stets gelten.[599] 201

Der Vermieter darf bei der Besichtigung **Fotografien** von der Wohnung machen, soweit dies zur Feststellung des Zustands der Wohnung[600] und zu Beweiszwecken[601] erforderlich ist. Unzulässig soll es dagegen sein, Fotos von der Wohnung gegen den Willen des Mieters zu machen, um sie im **Internet** zum **Verkauf** anzupreisen.[602] In Zeiten, in denen solche Geschäfte fast nur noch im Internet angebahnt werden, erscheint dies jedoch zweifelhaft. 202

Praxistipp:

Vorsorglich sollte ein schriftliches Einverständnis zur Anfertigung und Veröffentlichung der Lichtbilder von dem Mieter eingeholt werden.

Sofern die Möglichkeit besteht, ist es sinnvoll, vor der Neuvermietung Lichtbilder von der Wohnung im leeren Zustand anzufertigen. Damit sind Fotos der Wohnung vorhanden, um diese für die spätere Suche nach neuen Mietern in Internetanzeigen zu verwenden. Selbstredend sollte in der Anzeige ein entsprechender Hinweis erfolgen, dass es sich um ältere Fotos handelt und nur zur Veranschaulichung des Miet-/Kaufgegenstandes dienen.

Dass der Vermieter nicht dazu berechtigt ist, Schränke oder andere Sachen des Mieters zu **durchsuchen** und zu **kontrollieren,** und zwar auch nicht zur Geltendmachung des Vermieterpfandrechts),[603] ist eine Selbstverständlichkeit, die eigentlich keiner Erwähnung bedürfen sollte. 203

---

594 LG Oldenburg ZMR 2012, 956; LG Frankfurt a. M. NZM 2002, 696.

595 BGH NZM 2024, 235; BGH NJW-RR 2023, 861; OLG Frankfurt a. M. WuM 2011, 95; AG München NJOZ 2021, 141; AG Steinfurt WuM 2014, 405 (406); LG Frankfurt a. M. NZM 2002, 696; AG Lüdenscheid WuM 1990, 489; Schmidt-Futterer/Eisenschmid BGB § 535 Rn. 209.

596 AG Berlin-Mitte GE 2009, 329; AG Neukölln MM 1987, 27; bis zur 14. Aufl. 2019 Schmidt-Futterer/Eisenschmid BGB § 535 Rn. 215.

597 Bejahend: Schmidt-Futterer/Eisenschmid BGB § 535 Rn. 209 (anders jedoch wohl in Fn. 215). Verneinend: LG Frankfurt a. M. WuM 2013, 301; AG Hamburg WuM 1987, 379; Staudinger/Häublein § 535 Rn. 99.

598 LG Stuttgart WuM 1991, 578; BeckOK MietR/Gras BGB § 535 Rn 4203; aA AG München WuM 1994, 425.

599 AG Tempelhof-Kreuzberg MM 2008, 39; BeckOK MietR/Gras BGB § 535 Rn. 4203.

600 AG Schöneberg GE 2004, 822; AG Düsseldorf NZM 1998, 912; AG Hannover WuM 1998, 343; BeckOK MietR/Gras BGB § 535 Rn. 4204; aA LG Frankenthal WuM 2012, 141; AG Frankfurt a. M. NJW-RR 1999, 596.

601 AG Schöneberg GE 2004, 822; Schmidt-Futterer/Eisenschmid BGB § 535 Rn. 217; aA AG Frankfurt a. M. WuM 1998, 343.

602 AG Steinfurt GE 2014, 1145.

603 BGH NJW 2014, 2566; MüKoBGB/Häublein § 535 Rn. 201.

204 Der Vermieter darf den Mieter auch nicht daran hindern, Kaufinteressenten auf Mängel des Objekts **hinzuweisen.**[604]

205 Schließlich sollen dem Mieter keine beliebig große **Anzahl,** sondern nur maximal 2–3 Besichtigungen im Monat zugemutet werden können.[605]

206 Weiter muss der Vermieter sein Besichtigungsrecht mit Rücksicht auf die religiösen Belange des Mieters ausüben.[606]

3. Durchsetzung des Besichtigungsrechts

207 a) **Duldungsklage.** Der Vermieter muss seinen Anspruch ggf. im Wege der Duldungsklage geltend machen,[607] das Urteil wäre nach § 890 ZPO zu vollstrecken. Damit ist dem Vermieter jedoch zumeist nicht geholfen, da die meisten Anlässe für eine Wohnungsbesichtigung kein so langes Zuwarten zulassen, bis der Anspruch – mit den bekannt quälend langen Verfahrensdauern – gerichtlich durchgesetzt werden konnte.

208 b) **Einstweilige Verfügung.** Der Anspruch des Vermieters kann grundsätzlich auch im Wege einer einstweiligen Verfügung durchgesetzt werden. Da es sich jedoch um eine – die Hauptsache vorwegnehmende – Leistungsverfügung handelt, ist die erforderliche **Eilbedürftigkeit** nur zu bejahen, wenn der Vermieter so dringend auf die Besichtigung angewiesen ist, dass ihm die Erwirkung eines Titels im ordentlichen Verfahren nicht zugemutet werden kann.[608] Dies kann beispielsweise bei unaufschiebbaren Instandsetzungsarbeiten[609] oder bei Gefahr in Verzug für Menschen oder Sachen zu bejahen sein. Eine bloße Mängelrüge verbunden mit einer Mietminderung genügt für sich genommen dafür bei weitem nicht.[610]

209 c) **Selbsthilfe.** Es ist eine aus Art. 13 und 14 GG resultierende Selbstverständlichkeit, dass der Vermieter die Wohnung nicht eigenmächtig, insbes. in Abwesenheit des Mieters betreten darf.[611] Etwas anderes gilt allenfalls dann, wenn die Voraussetzungen des § 229 BGB für eine Selbsthilfe vorliegen. Daran sind im Hinblick auf den hohen Rang der geschützten Rechtsgüter des Mieters sehr strenge Anforderungen zu stellen. Es erscheint zweifelhaft, dass dies bereits der Fall sein soll, wenn der Vermieter den Mieter mehrfach nicht angetroffen und begründete Zweifel an dessen Gesundheitszustand hat.[612]

210 d) **Kündigung.** Die unberechtigte Verweigerung der Besichtigung ist eine Pflichtverletzung, die den Vermieter gemäß § 573 Abs. 1 BGB zur **ordentlichen Kündigung,**[613] äußerstenfalls (nach ggf. einer entsprechenden Abmahnung) sogar zur **fristlosen Kündigung**[614] berechtigen kann. An das Tatbestandsmerkmal der Unzumutbarkeit der Vertragsfortsetzung auch nur bis zum Ablauf der ordentlichen Kündigungsfrist sind jedoch strenge Anforderungen zu stellen. Es darf nie außer Acht gelassen werden, dass die Kündigung das ultima ratio darstellt. Es muss also stets eine Abwägung zwischen Duldungsklage und Kündigung erfolgen.

---

[604] OLG Celle NJW-RR 1991, 781; MüKoBGB/Häublein § 535 Rn. 201.

[605] Staudinger/Emmerich BGB § 535 Rn. 100.

[606] AG Waldbröl WM 1992, 599.

[607] OLG Hamburg WuM 1978, 169; OLG Köln WuM 1977, 173; LG Berlin ZMR 1980, 278; Staudinger/Emmerich BGB § 535 Rn. 100.

[608] LG Duisburg NZM 2006, 897; aA (einstweilige Verfügung generell unzulässig) Staudinger/Emmerich BGB § 535 Rn. 100.

[609] LG Duisburg NZM 2006, 897; AG Neuss NJW-RR 1986, 314; Schlüter NZM 2006, 681 (682); aA AG Spandau GE 1994, 711; AG Ibbenbüren WuM 1991, 360 für den Fall, dass das Mietverhältnis fristlos gekündigt ist, der Vermieter jedoch keine Räumungsklage erhoben hat.

[610] BeckOK MietR/Gras BGB § 535 Rn. 4206.

[611] OLG Köln WuM 1977, 173; LG Berlin ZMR 1980, 278.

[612] So aber ThürVerfGH NZM 2004, 416.

[613] LG Oldenburg NZM 2006, 897; AG München NJOZ 2021, 141.BeckOK MietR/Gras BGB § 535 Rn. 4205.

[614] BGH NJ 2015, 2417; LG Berlin GE 2017, 1410 (1411); AG München NJOZ 2021, 141; AG Pankow-Weißensee GE 2017, 540; BeckOK MietR/Gras BGB § 535 Rn. 4205.

e) **Schadensersatz.** Duldet der Mieter eine ordnungsgemäß angekündigte Besichtigung nicht, ist er dem Vermieter außerdem gemäß § 280 Abs. 1 BGB zum Schadensersatz verpflichtet und kann wegen der Mängel nicht mehr mindern.[615] Schließlich vereitelt der Mieter durch sein Handeln die Abhilfe durch den Vermieter. 211

4. Vertragliche Vereinbarungen

Man findet in der Literatur immer noch den Satz, dass dem Vermieter ohne vertragliche Vereinbarung kein Besichtigungsrecht zustehende würde. Dies ist falsch, da sich eine dahingehende Nebenpflicht des Mieters aus § 242 BGB ergibt. Deshalb besteht aus Sicht des Vermieters **keine Notwendigkeit** für eine vertragliche Regelung. Hausverwalter finden es bei der Verwaltung jedoch oft hilfreich, wenn eine Regelung im Mietvertrag enthalten ist, weil sie den Mieter dann nicht nur auf eine ihm regelmäßig nicht bekannte Rechtslage verweisen. Deshalb kann es in der Praxis hilfreich sein, die gesetzliche Rechtslage in einer Klausel im Mietvertrag knapp wiederzugeben. 212

a) **Individualvereinbarungen.** Erweiterungen des Besichtigungsrechts des Vermieters sind **individualvertraglich** grundsätzlich denkbar, finden ihre Schranken jedoch in Art. 13 und 14 GG, die über § 242 BGB auch in zivilrechtliche Vertragsverhältnisse hineinwirken, sowie im **Übermaßverbot.** Zudem sind individuell ausgehandelte Wohnungsmietverträge eher die Ausnahme. 213

b) **Formularklauseln.** Formularvertragliche Erweiterungen des Besichtigungsrechts des Vermieters begegnen wegen des hohen Stellenwerts der Privatsphäre des Mieters und dem vergleichsweise geringen Interesse des Vermieters im Hinblick auf § 307 Abs. 1 S. 1 BGB erheblichen Bedenken.[616] Eine Konkretisierung ist jedoch auch formularvertraglich zulässig, wenn sie sich an den vorstehenden Grundsätzen orientiert.[617] Der Vermieter kann insbesondere kein anlassloses Betretungsrecht vereinbaren[618] und sich nicht formularvertraglich von seiner Ankündigungspflicht freizeichnen.[619] 214

So soll es zulässig sein, ein Besichtigungsrecht an Werktagen auch nachmittags zu vereinbaren,[620] was jedoch im Hinblick auf eine etwaige Berufstätigkeit des Mieters zweifelhaft erscheint.[621] 215

Auch Klauseln, nach denen eine Besichtigung zu bestimmten Zeiten oder innerhalb bestimmter Intervalle zu dulden ist, sind unwirksam.[622] 216

Eine Formularklausel, die das Hausrecht des Mieters praktisch und rechtlich dadurch ausschließt, dass sich der Mieter mit der Nutzung eines Zentralschlüssels durch den Vermieter in bestimmten Fällen einverstanden erklärt, ist unwirksam.[623] Der Mieter ist lediglich dazu verpflichtet, bei **längerer Abwesenheit nur** dafür sorgen, dass der Vermieter die Wohnung im Bedarfsfalle trotzdem betreten kann.[624] 217

Praxistipp:

Alternativ könnten die Parteien eine Individualvereinbarung abschließen, dass der Vermieter für den Notfall einen Schlüssel zur Wohnung erhält. Dieser Schlüssel wird in einem Briefumschlag verwahrt. Dieser Umschlag wird zugeklebt und auf der Rückseite auf Höhe der Klebepflaz von beiden Parteien unterzeichnet. Im Notfall kontaktiert der Vermieter den Mieter (telefonisch/per E-

---

[615] LG Berlin GE 2015, 733; ZMR 2014, 786.
[616] BGH NZM 2014, 635 Rn. 17; OLG Brandenburg GE 2012, 1373 (1374); LG München II NZM 2009, 277;; MüKoBGB/Häublein § 535 Rn. 202.
[617] MüKoBGB/Häublein § 535 Rn. 202.
[618] BVerfG WuM 1993, 377; BGH NZM 2014, 635 Rn. 17.
[619] AG Freiburg WuM 1983, 112.
[620] AG Freiburg WuM 1983, 112.
[621] im Ergebnis Schmidt-Futterer/Lehmann-Richter, BGB § 535 Rn. 983, 987.
[622] im Ergebnis Schmidt-Futterer/Lehmann-Richter, BGB § 535 Rn. 983, 987;; aA AG Freiburg WuM 1983, 112.
[623] LG München I WuM 1994, 370.
[624] AG Frankfurt a. M. ZMR 2009, 45.

Mail) und wenn der Mieter zustimmt, darf der Vermieter den Umschlag öffnen, um so mit dem Schlüssel Zutritt zur Wohnung zu erlangen.
Wenn der Mieter – aus welchen Gründen auch immer behauptet – der Vermieter habe sich unrechtmäßig Zutritt verschafft, kann sich der Vermieter freizeichnen, in dem er den unversehrten Umschlag zeigt. Wäre der Umschlag nämlich geöffnet worden, würden auf der Rückseite die „Unterschriften" optisch nicht mehr zusammenpassen – quasi fast wie ein „Siegelbruch".

§ 17 Sonderprobleme: Tierhaltung, Rundfunk und Fernsehen, Mobilfunk

Übersicht

Schrifttum:
Blank, Tierhaltung in Eigentums- und Mietwohnungen, NJW 2007, 729; ders., Die Tierhaltung in der Mietwohnung, NZM 1998, 5; Dallemand, Die Berufungsfähigkeit auf Unterlassung der Tierhaltung gerichteter Urteile im Mietrecht, WuM 1997, 23; Derleder, Parabolantennen in der Wohnungseigentumsanlage und digitales Fernsehen, ZWE 2006, 220; Dillenburger/Pauly, Die Berechtigung des Mieters zur Tierhaltung, ZMR 1994, 249; Dörr, Das Recht auf eine Satellitenempfangsanlage unter Berücksichtigung der EU-Mitteilung zum freien Dienstleistungs- und Warenverkehr, WuM 2002, 347; Drasdo, Telekommunikation, WuM 2006, 279; Eisenschmid, Anspruch eines eingebürgerten Mieters auf Anbringung einer Parabolantenne zum Empfang kurdischer Fernsehprogramme, WuM 2008, 78; Frenzel, Mobilfunkantennen in Wohngebieten, WuM 2002, 10; Gaisbauer, Tierlärm in der Wohnnachbarschaft – Ein Rechtsprechungsspiegel, NZM 1999, 982; Gies, Streitwerte in Mietsachen, NZM 2003, 886; Hitpass, Neue Medien und Mietrecht, NZM 2012, 401; Hoffmann, Tierhaltung in Mietwohnungen, MietRB 2008, 149; Horst, Optimale Medienversorgung – vom Mieter erzwingbar?, MietRB 2011, 263; Horst, Parabolantennen im Miet- und Wohnungseigentumsrecht, NJW 2005, 2654; Jennißen, Wohnungseigentumsgesetz: WEG, 8. Aufl. 2023; Koch, Kölner Rechtsprechung zur Hundehaltung in Mietwohnungen, WuM 1997, 148; Kniep/Hohmuth, Einfluss von Mobilfunksendeanlagen auf Miete und Kauf von Immobilien, WuM 2003, 312; Kniep, Mobilfunk und Mietumfeld, WuM 2002, 598; ders., Abwehransprüche gegen den Betrieb von Mobilfunkanlagen, WuM 2004, 654; ders., Ausschließlicher Gerichtsstand bei Mobilfunkmietverträgen, WuM 2006, 182; ders., Mobilfunk – Kommunale Planung, WuM 2007, 611; Lindner-Figura/Hartl, Vermietung von Standorten für Mobilfunkantennen, NZM 2001, 401; Herkner – Mietmangel Mobilfunk, WuM 2007, 662; Lützenkirchen, Die obergerichtliche Rechtsprechung zum Mietrecht im Jahre 2006, WuM 2007, 99; Maaß/Hitpass, Entwicklung der Parabolantennen-Rechtsprechung seit 2000, NZM 2003, 181; Martens/Appelbaum, Rechtliche Vorgaben für Errichtung, Änderung und Betrieb von Mobilfunkstationen, NZM 2002, 649; Mehrings, Die Parabolantenne – eine unendliche Geschichte, NZM 1998, 19; Reismann, Die Drittwirkung der Grundrechte im Wohnraummietrecht, WuM 2007, 361; Pfeilschifter, Parabolantenne gegen Kabelanschluss, WuM 2007, 187; Ricker, Die Freiheit des Fernseh-Direktempfangs und die rechtliche Zulässigkeit ihrer Beschränkung, NJW 1991, 602; Roth, Elektrosmog und Mietminderung im Wohnraummietrecht, NZM 2000, 521; Schmid, Schäden an der Mietwohnung durch Haustiere, IMR 2015, 259; Siegert, Errichtung einer Amateurfunkantennenanlage auf Wohngebäuden und Vermieterzustimmung, NJW 1996, 2287; Streyl, Die Grundsatzkatze, die Parabolantenne und das Internet, WuM 2007, 309; Volmer, Sprachmächtigkeit als Kriterium für Parabolantennen, NZM 1999, 205; Wetekamp, Mietgebrauch in der Informationsgesellschaft, NZM 2000, 1145; Wietz, Das Gebrauchsrecht und die Selbstauskunft des Mieters an den Beispielen Tierhaltung und Rauchen, WuM 2014, 518; Wüstefeld, Einnahmen aus der Vermietung von Dachflächen für Mobilfunkantennen keine Erträge nach der II. Berechnungsverordnung?, WuM 2005, 689; Volmer, Parabolantennen – Anfang vom Ende der Informationsfreiheit, ZMR 1999, 12

I. Tierhaltung

1. Rechtsnatur von Tieren

1 Tiere sind gemäß § 90a S. 1 BGB als Mitgeschöpfe **keine Sachen** im Rechtssinne. Es sind jedoch die für Sachen geltenden Vorschriften entsprechend auf sie anzuwenden, soweit nicht im Gesetz etwas anderes bestimmt ist, § 90 S. 3 BGB.

2 Das Leben und Wohlbefinden von Tieren wird zusätzlich durch **verschiedene Gesetze** geschützt, zB Art. 20a GG, § 1 S. 2 TierSchG, §§ 251 Abs. 2 S. 2, 903 S. 2 BGB, §§ 811 Nr. 3 und Nr. 4, 811c, 765a Abs. 1 S. 3 ZPO.

2. Tierhaltung

a) **Begriff der Tierhaltung.** Es kommt für die mietrechtliche Verantwortung des Mieters für das gehaltene Tier nicht darauf an, ob der Mieter Eigentümer[1], Halter[2] oder Besitzer des Tieres ist. Entscheidend für die „Tierhaltung" im Rechtssinne ist vielmehr, ob das Tier in der Wohnung des Mieters länger verweilt.[3] Eine längere Verweildauer liegt vor, wenn sich das Tier regelmäßig nicht nur für eine kurze Zeitspanne oder über Nacht in der Wohnung des Mieters aufhält. Die Differenzierung zwischen „Besuch" und „Untervermietung" ab einer grundsätzlichen Verweildauer von rund 6 Wochen ist nach hier vertretener Ansicht nicht geeignet, den Anwendungsbereich einer mietrechtlichen Tierhaltung zu definieren, da die Probleme einer Tierhaltung auch schon vorher zutage treten können. Entscheidend ist die tatsächliche Beeinträchtigung durch das Tier, unabhängig von Dauer oder Häufigkeit des Besuchs.[4] 3

Davon zu unterscheiden ist die Frage, ob sich der Mieter das störende Verhalten eines von seinem Besucher mitgebrachten Tieres rechtlich zurechnen lassen muss.[5] Dies ist zu bejahen und nach den gleichen Maßstäben zu bewerten, wie die Verantwortlichkeit des Mieters für seine Besucher selbst. Fähigkeit und Intensität der Störungen durch das jeweilige Tier sind bei der Bewertung dieser Rechtsfrage zu berücksichtigen. 4

b) **Haltung in den Mieträumlichkeiten.** Ungeachtet der Wirksamkeit eines mietvertraglichen Tierhaltungsverbotes verstößt der Mieter gegen ein solches Verbot grundsätzlich dann nicht, wenn ein **Besucher** lediglich stundenweise ein Tier in die Wohnung mitbringt.[6] Gleiches gilt für den Fall, dass der Besucher oder der Mieter sein Tier außerhalb des Mietobjektes hält. Ist der Mieter zur Unterlassung der Tierhaltung verpflichtet – beispielsweise durch Urteil – erfüllt der Mieter seine Unterlassungspflicht nicht dadurch, dass der Mieter das Tier verkauft und dann das Tier regelmäßig „besuchsweise" aufnimmt.[7] Auf die Besitzverhältnisse kommt es insoweit nicht an. Das tatsächliche Verhalten des Mieters ist maßgebend. 5

Nach hier vertretener Ansicht kann der Vermieter dem Mieter grundsätzlich verbieten, seinen Hund im gemeinschaftlich genutzten Hausflur vor der Wohnungstür abzubürsten, erst recht, wenn die Hundehaare eine Allergie bei anderen Bewohnern im Haus auslösen.[8] Die schützenswerten Interessen der Mitmieter gehen dem Tierhaltungsinteresse des anderen Mieters insoweit vor. Der Hausflur ist zudem nicht Bestandteil der Mietsache; der Mieter ist insoweit lediglich berechtigt, diesen neben den anderen Mietern mitzubenutzen. Dieses Nutzungsrecht ist schonend und ohne unzumutbare Beeinträchtigung der anderen Mieter auszuüben. 6

Nach der hier vertreten Ansicht verstößt der Mieter in dem vorgenannten Fall gegen das **Rücksichtnahmegebot** gem. § 241 Abs. 2 BGB und überschreitet die Grenzen des vertragsgemäßen Mietgebrauch gem. § 535 Abs. 1 BGB, da der Vermieter grundsätzlich zum Schutz der Gesundheit der anderen Hausbewohner verpflichtet ist und sich unter Umständen auch Beseitigungs-, Unterlassungs- und Schadensersatzansprüchen des Hausbewohners mit der Hundehaarallergie ausgesetzt sieht.[9] 7

Gelegentliche **Tiergeräusche** (Bellen, Zwitschern etc) können in einem Mehrparteienhaus zur **hausüblichen** Geräuschkulisse gehören.[10] Diese sind grundsätzlich Teil des 8

---

[1] LG Nürnberg-Fürth WuM 1981, 77; nachgehend BVerfG WuM 1981, 77.
[2] AG Hamburg BeckRS 2005, 31001335 = ZMR 2006, 131; AG Frankfurt a. M. NJW-RR 1988, 783 = WuM 1988, 157.
[3] LG Frankfurt a. M. DWW 1988, 86; vorgehend AG Frankfurt a. M. NJW-RR 1988, 783 = WuM 1988, 157; AG Hamburg BeckRS 2005, 31001335 = ZMR 2006, 131.
[4] MüKoBGB/Häublein BGB § 535 Rn. 112–117.
[5] OLG Köln NJW-RR 1988, 12.
[6] AG Osnabrück WuM 1987, 380; AG Aachen WuM 1992, 432.
[7] LG Berlin GE 1988, 777; Schmidt-Futterer/Lehmann-Richter BGB § 535 Rn. 623.
[8] AA AG Frankfurt a. M. NZM 2012, 115 Rn. 13 ff.
[9] → Rn. 112 ff.
[10] AG Hamburg-Wandsbek WuM 1991, 94; AG Frankfurt a. M. WuM 1978, 127.

üblichen Tierverhaltens zu bewerten und somit von der Erlaubnis zur Tierhaltung umfasst.

9 c) **Haltung auf den Freiflächen des Mietobjektes.** Die (genehmigte) Tierhaltung auf Freiflächen ist dann möglich und grundsätzlich rechtmäßig, wenn diese Flächen Bestandteil der Mietsache sind, beispielsweise eine sogenannte Robust- oder Offenhaltung des Tieres.[11] Dann können sich für beide Mietvertragsparteien zusätzliche Verantwortlichkeiten ergeben, zB **Verkehrssicherungspflichten.**

10 Der Mieter hat von seinem Tier ausgehende **Störungen** zu minimieren bzw. zu vermeiden, wie zB übermäßigen Lärm,[12] Anspringen Dritter durch seinen Hund,[13] verkoten des Nachbargrundstücks durch Tauben[14] bzw. Katzen[15] oder das Verkratzen von Autos[16].

11 Anderenfalls kommen Verstöße des Mieters gegen Lärmschutzvorschriften,[17] die Erfüllung von Straftatbeständen[18] oder bauordnungsrechtliche Sanktionen in Betracht.[19] Beseitigungs-, Unterlassungs- oder Schadensersatzansprüchen der Nachbarn, des Vermieters oder anderer Geschädigten kommen ebenfalls in Betracht.[20]

12 d) **„Wilde" Tiere.** Das Füttern wilder Vögel gehört grundsätzlich zum **vertragsgemäßen Wohngebrauch** des Mieters.[21] Dem Mieter kann aber das Anlocken wilder Tauben untersagt werden, da diese Verschmutzungen, Geräuschbelästigungen und Ungezieferbefall erwarten lassen.[22] Auch das Füttern von wilden Katzen[23] durch Auslegen von Katzenfutter oder die Bienenhaltung auf dem Balkon[24] kann dem Mieter untersagt werden. Stellt der Vermieter fest, dass der Mieter trotz vorangegangener Abmahnung gegen ein solches **Verbot** verstößt, kann er das Mietverhältnis fristlos kündigen.[25]

Als „Faustregel" ist festzuhalten, dass eine Reaktion des Mieters auf wilde Tiere zulässig, die Aktion als aktive Einwirkung auf das (zukünftige) Verhalten wilder Tiere sanktionsfähig ist.

13 Andererseits kann der Vermieter, da § 906 BGB zwischen den Mietvertragsparteien keine Anwendung findet,[26] dem Mieter gegenüber verpflichtet sein, für eine **Beseitigung** von Taubennestern und -kot zu sorgen.[27] Bis dahin kann eine **Mietzinsminderung** des Mieters gerechtfertigt sein.[28] Allerdings sind bei der Bestimmung der mietvertraglichen Rechte und Pflichten von Vermieter und Mieter die Ausstrahlungswirkung des § 906 BGB zu beachten, so dass der dem Mieter zukommende Mietgebrauch bei Fehlen eine

---

[11] AG Essen NZM 2008, 264 Rn. 23.

[12] OLG Hamm NJW-RR 1990, 335; LG Mainz DWW 1996, 50; LG Nürnberg-Fürth DWW 1996, 50; AG Wiesbaden DWW 1988, 18; Gaisbauer NZM 1999, 982.

[13] OLG Köln NJW-RR 1988, 12.

[14] OLG Celle NJW-RR 1989, 783 = WuM 1989, 145.

[15] AG Köln BeckRS 1991, 05984 = WuM 1992, 365.

[16] LG Lüneburg NZM 2001, 397.

[17] AG Leverkusen DWW 1989, 144.

[18] AG Hannover ZMR 1965, 223.

[19] OVG Lüneburg NVwZ-RR 1993, 106 = DWW 1993, 106.

[20] → Rn. 112 ff.

[21] LG Berlin BeckRS 2010, 20332 = GE 2010, 1057; AG Frankfurt a. M. WuM 1977, 66; Blank/Börstinghaus/Siegmund BGB § 535 Rn. 494.

[22] LG Berlin NJW-RR 1996, 264 = GE 1995, 1133 Rn. 12; AG Frankfurt a. M. BeckRS 2016, 122069 = MietRB 2017, 67.

[23] LG Berlin NJW-RR 1996, 264 Rn. 11 ff.; AG Frankfurt a. M. BeckRS 2016, 122069 = MietRB 2017, 67.

[24] AG Hamburg-Harburg ZMR 2014, 802 Rn. 15 ff.

[25] LG Berlin NJW-RR 1997, 395 = GE 1996, 1433; LG Düsseldorf BeckRS 1992, 30946566; AG Bonn BeckRS 2018, 9677; AG Nürnberg BeckRS 2016, 116613 = WuM 2017, 150; AG Frankfurt a. M. Urt. WuM 1977, 66; → Rn. 135 ff.

[26] BGHZ 205, 177 = NJW 2015, 2177 Rn. 43; BGHZ 157, 188 = NJW 2004, 775 Rn. 6 ff.; BayObLG NJW 1987, 1950 = WuM 1987, 112.

[27] BayObLG NZM 1998, 713; LG Kleve NJW-RR 1986, 1344 = WuM 1986, 333; AG Hamburg BeckRS 1990, 05813 = WuM 1990, 424; AG Augsburg BeckRS 2017, 114546 = WuM 2017, 318.

[28] → Rn. 113.

mietvertraglichen Abrede an der jeweiligen Situationsgebundenheit des Mietgrundstücks und der aus der Nachbarschaft stammenden Einwirkungen teilnimmt, sofern der an § 906 BGB gebundene Vermieter diese nicht beeinflussen kann.[29]

e) **Ungeziefer.** Wird das Mietobjekt von Ungeziefer befallen, liegt ein **Mangel** vor, der eine Mietminderung bis zu 100 % rechtfertigen kann.[30] Der Mieter ist gem. § 536c Abs. 1 S. 1 BGB verpflichtet, dies dem Vermieter unverzüglich **anzuzeigen.** Der Vermieter ist dann gem. § 535 Abs. 1 S. 2 BGB zur Mängelbeseitigung verpflichtet, es sei denn, dass der Mieter den Ungezieferbefall zu vertreten hat. Der Vermieter hat in diesem Falle die Möglichkeit, den Mieter abzumahnen und zur Beseitigung des Ungeziefers aufzufordern. Im Falle einer Fortsetzung des vertragswidrigen und abgemahnten Verhaltens ist die außerordentliche fristlose Kündigung des Mietverhältnisses gemäß § 543 BGB möglich. 14

Ist der Mieter für den Ungezieferbefall nicht verantwortlich, kann dieser zur **Mietminderung** iSd § 536 Abs. 1 S. 2 BGB berechtigen. Die Miete kann bei einem Wohnraummietverhältnis bis zu 100 %[31] gemindert sein, während bei einem gewerblichen Mietverhältnis der Ausschluss des Minderungsrechts für solche Fälle wirksam vertraglich ausgeschlossen werden kann.[32] 15

Eine mietvertragliche **Formularklausel,** nach welcher der Mieter die Mietsache eigene Kosten von Ungeziefer freizuhalten hat, ist unwirksam.[33] 16

In Ausnahmefällen kann der Mieter wegen des Ungezieferbefalls gem. §§ 543, 569 BGB zur fristlosen **Kündigung** des Mietverhältnisses[34] berechtigt und der Vermieter zum Ersatz der Umzugskosten[35] verpflichtet sein. 17

Die dem Vermieter entstandenen Kosten einer **einmaligen** Ungezieferbekämpfung sind nicht als **Betriebskosten** auf den Mieter umlegbar[36], da es sich hierbei nicht um laufende Kosten im Sinne von § 1 Betriebskostenverordnung handelt. Entstehen dem Vermieter derartige Kosten wiederkehrend, sind diese umlagefähig. Diese fallen idR dem Vermieter als Instandhaltungskosten zur Last. Der Vermieter kann im Mietvertrag vereinbaren, dass die **laufend** für Vorsorgemaßnahmen zur Ungezieferbekämpfung aufgewandten Kosten bei bis zum 31.12.2003 abgeschlossenen Mietverträgen nach Ziffer 9 der Anlage 3 zu § 27 II. BV, bei seitdem abgeschlossenen Mietverträgen nach § 2 Ziffer 9 BetrKV auf die betroffenen Mieter **umgelegt** werden können.[37] 18

Ist allerdings der Mieter für den Ungezieferbefall verantwortlich, ist er zur Beseitigung **auf eigene Kosten** verpflichtet. Alternativ hat er dem Vermieter diese Kosten zu **erstatten.** 19

3. Rechtliche Grundlagen

a) **Mietrecht.** Der Vermieter ist gemäß § 535 Abs. 1 BGB verpflichtet, dem Mieter den vertragsgemäßen Gebrauch der Mietsache zu gewähren. Aus dieser **Gebrauchsgewährungspflicht** des Vermieters lassen sich die Grundgedanken für die Rechte und Pflichten 20

---

[29] BGHZ 205, 177 = NJW 2015, 2177 Rn. 43.
[30] → Rn. 113.
[31] AG Bremen ZMR 1998, 234.
[32] OLG Hamm NZM 1998, 438.
[33] AG Bonn BeckRS 2010, 07795 = WuM 1986, 113.
[34] OLG Düsseldorf NZM 2003, 553; LG Freiburg BeckRS 1985, 05891 = WuM 1986, 246; LG Saarbrücken BeckRS 1989, 07649 = WuM 1991, 91; LG Berlin BeckRS 1997, 11000 = GE 1997, 689; AG Brandenburg BeckRS 2001, 30996325 = WuM 2001, 605; AG Bremen NJW 1998, 3282 = NZM 1998, 717; AG Kiel WuM 1980, 235; AG Berlin-Tiergarten BeckRS 2014, 12236 = MM 1997, 243.
[35] BGH NJW 2013, 2660 = WuM 2013, 538; LG Saarbrücken BeckRS 1989, 07649 = WuM 1991, 91; AG Bremen NJW 1998, 3282 = NZM 1998, 717.
[36] KG GE 2002, 801; LG Berlin GE 2011, 200; AG München BeckRS 2011, 24275 = WuM 2011, 629 Rn. 12; aA AG Offenbach NZM 2002, 214.
[37] LG Berlin GE 2011, 200; LG Köln WuM 1997, 230; → § 24 Rn. 120 ff.

der Mietvertragsparteien bezüglich einer Tierhaltung im Mietobjekt herleiten.[38] Die **einzelnen Rechte und Pflichten** beider Mietvertragsparteien bezüglich einer Tierhaltung im Mietobjekt sind **nicht gesetzlich geregelt.** Sie richten sich im Wesentlichen nach den zwischen den Parteien vereinbarten vertraglichen Bestimmungen.

21 Der Vermieter darf im Vorfeld der Begründung eines Mietverhältnisses den Sitz von Haustieren erfragen. Der Mieter ist zur ungefragten Offenbarung seiner Haustiere jedoch nicht verpflichtet.[39] Eine entsprechende Mitteilung an den Vermieter ist zu empfehlen, um spätere Konflikte mit Vermieter und/oder Mitmietern zu vermeiden.

22 *aa) Erlaubnis.* Die **Erlaubnis zur Tierhaltung** kann der Vermieter auch mündlich erteilen.[40] Eine konkludente bzw. stillschweigende Erlaubniserteilung ist ebenfalls möglich.[41] Allerdings genügt die bloße Kenntnis des Vermieters von der Tierhaltung nicht für eine stillschweigende Erlaubnis.[42] Unerheblich ist auch, ob der Vermieter bei einem Wohnungsbesuch das Tier in der Wohnung des Mieters erblickt hat. Rückschlüsse auf die Besitzverhältnisse und folglich eine stillschweigende Genehmigung sind auf dieser Grundlage nicht möglich. Der Mieter trägt die **Darlegungs- und Beweislast** für die Erteilung der Erlaubnis und deren Umfang. Er muss im Prozess vortragen, wer wo und wann welche Erklärung abgegeben bzw. welches Verhalten gezeigt hat.

23 Im Zweifelsfall bezieht sich eine vom Vermieter erteilte Erlaubnis auf ein **bestimmtes Tier.** Will der Mieter das Tier austauschen oder sich nach dem Tode des Tieres ein anderes Tier anschaffen, so muss der Mieter beim Vermieter eine erneute Erlaubnis einholen; der Mieter hat keinen Bestandsschutz.[43]

24 Eine zuvor bereits erteilte Erlaubnis kann jedoch bei der Bewertung der erneuten Mieteranfrage zu berücksichtigen sein. Eine einmal erteilte Erlaubnis darf der Vermieter nicht ohne weiteres **widerrufen.**[44] Entsprechendes ist lediglich beim Vorliegen erheblicher Gründe oder für den Fall möglich, dass der Mieter sich nicht an Auflagen hält, die der Vermieter ihm bei Erlaubniserteilung wirksam auferlegte.

25 Sieht der Mietvertrag für das Mietobjekt eine **generelle Erlaubnis zur Tierhaltung** vor, so umfasst diese Erlaubnis im Zweifel nur **übliche Haustiere** wie Katzen, Hunde, Vögel und Fische. Für ungewöhnliche oder gefährliche Tiere[45] gilt diese vertragliche Erlaubnis nicht.[46] Die generelle Erlaubnis der Tierhaltung gilt so lange, bis die Erlaubnis vom Vermieter wirksam widerrufen wird oder das Mietverhältnis endet.[47] Bei der generellen Erlaubnis der Tierhaltung ist der Mieter berechtigt, anstelle des bisherigen Tieres ein anderes Tier zu halten, ohne dass der Vermieter hierzu eine erneute Erlaubnis erteilen muss.

26 Will der Mieter die Tiere zu gewerblichen Zwecken nutzen, insbesondere Tiere gewerblich züchten, bedarf es einer Individualabrede zwischen den Parteien; eine allgemein gehaltene formularvertragliche Erlaubnis genügt nicht.[48]

27 Bezieht sich die generelle Erlaubnis auf die Haltung einer **bestimmten Tierart,** so darf der Mieter ein Tier aus derselben Gattung auswählen.[49] Im Zweifel darf der Mieter bei

---

[38] BGH NJW-RR 2018, 588 (589) = WuM 2013, 295 Rn. 14; BGH NJW 2013, 1526 = WuM 2013, 295 Rn. 15 ff.

[39] Wietz WuM 2014, 518 (533).

[40] OLG Frankfurt a. M. NJW-RR 1992, 396 (401) = WuM 1992, 56 Rn. 153 ff.

[41] AG Castrop-Rauxel WuM 1981, 77.

[42] LG Berlin BeckRS 2014, 07182 = GE 1982, 993 = WuM 1984, 130.

[43] AG Speyer DWW 1991, 372; AG Kassel WuM 1987, 144; OLG Celle NZM 2003, 242.

[44] LG Berlin 9.9.2020 – 65 S 255/19, BeckRS 2020, 44418.

[45] Gesetz zur Beschränkung des Verbringens oder der Einfuhr gefährlicher Hunde v. 21.4.2001 BGBl. I 530; Verordnung des Landes Berlin über das Halten gefährlicher Tiere wildlebender Arten 10.1.2017 GVBl. Berlin 183; Washingtoner „Übereinkommen über den internationalen Handel mit gefährdeten Arten frei lebender Tiere und Pflanzen".

[46] AG Berlin-Charlottenburg GE 1988, 1051; aA AG Berlin-Köpenick NZM 2001, 892.

[47] Blank/Börstinghaus/Siegmund/Blank BGB § 535 Rn. 581.

[48] AG Berlin-Tiergarten MM 1991, 304.

[49] Blank/Börstinghaus/Siegmund/Blank BGB § 535 Rn. 581; Schmidt-Futterer/Eisenschmid BGB § 535 Rn. 571.

einer generellen Erlaubnis der Haltung einer bestimmten Tierart anstelle des bisherigen Tieres auch ein Tier aus einer anderen Art halten, wenn hiermit keine größeren oder sogar geringere Auswirkungen auf die Mietsache oder die Mitbewohner verbunden sind (zB Katze statt Hund).[50]

bb) Verbot. Ein generelles Tierhaltungsverbot ist grundsätzlich unzulässig; entsprechende Vertragsregelungen sind unwirksam[51]. Insbesondere die Haltung von Hunden und Katzen bedarf einer **Einzelfallprüfung** durch den Vermieter.[52] Verbietet der Mietvertrag **jegliche Tierhaltung oder** die Haltung **bestimmter Tiere,** wie zB von Hunden oder Katzen, so ist umstritten, ob dieses Verbot als **Individualabrede** gem. §§ 305 Abs. 1 S. 3, 305b BGB wirksam ist[53] oder der Vermieter einen sachlichen Grund für ein individualvertragliches Verbot der Tierhaltung nachweisen muss.[54] Es wird sogar vertreten, dass ein individualvertragliches Verbot der Tierhaltung gegen die guten Sitten gem. § 138 Abs. 1 BGB verstoße.[55] Die Durchsetzung eines solchen Verbots kann nach **Treu und Glauben** unzulässig sein, wenn der Mieter zB einen Blinden-, Behinderten-begleit- oder Therapiehund benötigt.[56] 28

Ein individualvertragliches Verbot der Tierhaltung soll auf eine **Kleintierhaltung** des Mieters nicht anwendbar sein.[57] Dies soll auch für ungewöhnliche oder exotische Kleintiere gelten.[58] **Zierfische im Aquarium** sollen von Natur aus keinen Einfluss auf die schuldrechtlichen Beziehungen zwischen Vermieter und Mieter von Wohnraum haben.[59] Nach der hier vertretenen Auffassung kann der Vermieter die Kleintierhaltung aus sachlichen Gründen individualvertraglich verbieten, insbesondere wenn negative Auswirkungen auf die Mietsache oder für die Mitbewohner des Hauses zu befürchten sind. Auch die Haltung von Zierfischen in einem Aquarium kann durch den damit verbundenen Feuchtigkeitseintrag in die Mietwohnung und die damit einhergehende Gefahr der Schimmelbildung negative Auswirkungen auf die Mietsache haben. Im Falle einer streitigen Auseinandersetzung obliegt der Nachweis dieser Gefahr dem Vermieter. 29

Ein Verbot **der Tierhaltung ohne Erlaubnisvorbehalt** ist in einem vom Vermieter gestellten und nach dem Inkrafttreten des AGBG am 1.4.1977 geschlossenen **Formularmietvertrag** nach § 307 Abs. 1 S. 1, Abs. 2 Nr. 1 BGB insgesamt unwirksam, da ein solches Verbot gegen den wesentlichen Grundgedanken der Gebrauchsgewährungspflicht des Vermieters (§ 535 Abs. 1 BGB) verstößt und daher den Mieter unangemessen benachteiligt.[60] Dies gilt auch dann, wenn die Klausel eine erlaubnisfreie Kleintierhaltung vorsieht.[61] 30

---

[50] Blank/Börstinghaus/Siegmund/Blank BGB § 535 Rn. 581; Schmidt-Futterer/Eisenschmid BGB § 535 Rn. 571.

[51] BGH ZMR 2013, 618.

[52] BGH ZMR 2008, 111.

[53] BVerfG WuM 1981, 77; OLG Hamburg ZMR 1963, 40; LG Lüneburg BeckRS 1996, 00560 = WuM 1995, 704; AG Dortmund BeckRS 1989, 05695 = WuM 1989, 495 Rn. 16.

[54] AG Aachen WuM 1989, 236; AG Köln BeckRS 1983, 31369034 = WuM 1984, 78.

[55] Dillenburger/Pauly ZMR 1994, 249; aA BGHZ 129, 329 = NJW 1995, 2036 (2037) = WuM 1995, 447 Rn. 12 ff. zum Wohnungseigentum.

[56] BGHZ 129, 329 = NJW 1995, 2036 (2037) = WuM 1995, 447 Rn. 15; BayObLG NJW-RR 2002, 226 = WuM 2002, 36 zum Wohnungseigentum; LG Hamburg BeckRS 1997, 10755 = WuM 1997, 674; LG Lüneburg BeckRS 1996, 00560 = WuM 1995, 704; LG München I NJW 1984, 2368 f. = WuM 1985, 263; AG Waiblingen BeckRS 2013, 20363 = ZMR 2013, 901 Rn. 58.

[57] AG Aachen WuM 1989, 236; aA MüKoBGB/Häublein § 535 Rn. 94.

[58] LG Kaiserslautern BeckRS 1984, 05559 = WuM 1989, 177.

[59] BGH NJW 2008, 218 (220) = WuM 2008, 23 Rn. 15; BGH NJW 1993, 1061 (1062) = WuM 1993, 109 Rn. 32.

[60] BGH NJW 2013, 1526 f. = WuM 2013, 295 Rn. 15 ff.; BGH NJW-RR 2013, 522 = WuM 2013, 152 Rn. 3; BGH NJW 2008, 218 (220) = WuM 2008, 23 Rn. 15; LG Berlin 24.1.2020 – 66 S 310/19, GE 2020, 333.

[61] BGH NJW 2013, 1526 f. = WuM 2013, 295 Rn. 15 ff.

31 Ein **Tierhaltungsverbot mit Erlaubnisvorbehalt** in einem vom Vermieter gestellten **Formularmietvertrag** kann wirksam sein,[62] wenn sich aus der Klausel hinreichend bestimmt das Recht des Mieters zur erlaubnisfreien Haltung von Kleintieren ergibt[63] und die Rechtmäßigkeit der Tierhaltung wegen des Vorrangs der Individualabrede gem. § 305b BGB nicht von einer schriftlichen Erlaubniserteilung abhängig gemacht wird.[64] Die Unwirksamkeit einer vom Vermieter gestellten Tierhaltungsverbotsklausel mit schriftlicher Erlaubniserteilung ergibt sich für Wohnraummietverträge, die nach dem 1.10.2016 geschlossen werden, auch aus § 309 Nr. 13b BGB. Haben die Parteien für die Erlaubnis des Vermieters ein formularvertraglich unwirksames Schriftformerfordernis vereinbart, so muss die Klausel nicht insgesamt unwirksam sein; sie kann vielmehr **ohne** das **Schriftformerfordernis** wirksam bleiben, wenn sich dieses von der übrigen, mit der Gesetzeslage übereinstimmenden Regelung inhaltlich und sprachlich trennen lässt und nicht von so einschneidender Bedeutung ist, dass die Klausel durch den Wegfall der Schriftformregelung gegenüber der bisherigen Vertragsgestaltung einen völlig anderen Inhalt bekommt.[65]

32 Überdies sind Klauseln über einen Zustimmungsvorbehalt des Vermieters zur Haustierhaltung nur insoweit mit den Vorgaben des § 307 BGB vereinbar, als die Zustimmungserteilung ausschließlich von nachvollziehbaren und überprüfbaren sachlichen Kriterien abhängig gemacht wird, die nur auf die Einhaltung des vertragsgemäßen Gebrauchs abzielen.[66]

33 *cc) Fehlende oder unwirksame Vertragsregelung.* Ist eine formularvertragliche Tierhaltungsklausel unwirksam, richtet sich der Inhalt des Mietvertrags gem. § 306 Abs. 2 BGB nach den gesetzlichen Vorschriften. Eine unwirksame Klausel lässt sich im Hinblick auf das **Verbot der geltungserhaltenden Reduktion** Allgemeiner Geschäftsbedingungen nicht mit dem Inhalt aufrechterhalten, dass eine Tierhaltung nur im Regelfall verboten wäre und in begründeten Ausnahmefällen die Erteilung einer Erlaubnis durch den Vermieter vorbehalten sei.[67] Wenn eine Klausel eine zusammenhängende Ausgestaltung des Zustimmungsvorbehalts zur Haustierhaltung enthält, führt die Unwirksamkeit eines Satzes in der Klausel zur Unwirksamkeit der gesamten Klausel und nicht nur zur Streichung des unwirksamen Satzes.[68]

34 Bei Vorliegen besonderer Umstände kann es treuwidrig sein, wenn sich der Mieter auf die Unwirksamkeit eines formularvertraglichen Tierhaltungsverbots beruft; diese **Treuwidrigkeit** muss der Vermieter darlegen und beweisen.[69]

35 Beim Fehlen einer wirksamen mietvertraglichen Regelung zur Tierhaltung hängt die Zulässigkeit einer Tierhaltung gem. § 535 Abs. 1 BGB von einer umfassenden Abwägung der jeweiligen Einzelfallumstände ab.[70] Die Erlaubniserteilung ist auch ohne wirksame Klausel möglich.[71]

---

[62] OLG Frankfurt a. M. NJW-RR 1992, 396 (399) = WuM 1992, 56 Rn. 94; AG Hannover ZMR 2017, 898 Rn. 30 ff.; AG Waiblingen BeckRS 2013, 20363 = ZMR 2013, 901 Rn. 39; Grüneberg/Weidenkaff BGB § 535 Rn. 26; Blank/Börstinghaus/Siegmund/Blank BGB § 535 Rn. 573; Schmidt-Futterer/Eisenschmid BGB § 535 Rn. 563; MüKoBGB/Häublein § 535 Rn. 95; → Rn. 29 ff.

[63] BGH NJW 2008, 218 (220) = WuM 2008, 23 Rn. 15; Blank/Börstinghaus/Siegmund/Blank BGB § 535 Rn. 573; AG Berlin-Tempelhof-Kreuzberg 31.10.2019 – 23 C 158/19, GE 2020, 333.

[64] OLG Frankfurt a. M. NJW-RR 1992, 396 (401) = WuM 1992, 56 Rn. 155; LG Freiburg WuM 1997, 175; LG Mannheim ZMR 1992, 545; AG Konstanz BeckRS 2007, 11204 = WuM 2007, 315.

[65] OLG Frankfurt a. M. NJW-RR 1992, 396 (401) = WuM 1992, 56.

[66] LG Berlin 7.12.2022 – 64 S 151/22, ZMR 2024, 481.

[67] BGH NJW 2013, 1526 f. = WuM 2013, 295 Rn. 11; → § 10 Rn. 282 f.

[68] BGH NJW-RR 2013, 584 = WuM 2013, 220 Rn. 5.

[69] BGH NJW 2013, 1526 (1527) = WuM 2013, 295 Rn. 22 f.

[70] BGH NJW 2013, 1526 (1527) = WuM 2013, 295 Rn. 21, 24; aA LG Köln BeckRS 2010, 15449 = ZMR 2010, 533 – Freie Ermessensentscheidung des Vermieters.

[71] AG Wedding 11.10.2017 – 3 C 176/17 – MM 2018, Nr 9, 30.

Der Vermieter darf nicht **rechtsmissbräuchlich** handeln.[72] Der Vermieter muss seine Abwägung spätestens in einer prozessualen Auseinandersetzung über die (Un-)Zulässigkeit der streitigen Tierhaltung seines Mieters begründen.[73] 36

dd) Vertraglicher Erlaubnisvorbehalt. Die meisten Mustermietverträge enthalten hinsichtlich einer Tierhaltung des Mieters einen grundsätzlich wirksamen **Erlaubnisvorbehalt** des Vermieters.[74] 37

Nach der hier vertretenen Ansicht ist dem Vermieter die mietvertragliche Regelung eines Erlaubnisvorbehalts anzuraten, um eine konkludente Genehmigung der nicht erlaubten Tierhaltung zu vermeiden.[75] Nach dem Maßstab des § 307 BGB ist folgende Klausel **wirksam:**[76] 38

Formulierungsvorschlag:

Mit Rücksicht auf die Gesamtheit der Mieter und im Interesse einer ordnungsmäßigen Bewirtschaftung des Hauses und der Wohnung bedarf der Mieter der vorherigen Zustimmung des Vermieters, wenn er Tiere hält oder in Pflege nimmt oder aus sonstigen Gründen nicht nur vorübergehend in die genutzten Räume aufnimmt; dies gilt nicht für sog. Kleintiere (Zierfische, Kanarienvögel, Schildkröten etc), die in den haushaltsüblichen Grenzen gehalten werden, aber insbesondere für Hunde, Katzen etc. 39

Zum Teil wird die Auffassung vertreten, dass die zu beachtenden **Abwägungskriterien** in den Mietvertrag aufzunehmen seien. Erst dann werde eine **Selbstbindung** und **Rechtsklarheit bzw. Transparenz** (§ 307 Abs. 1 S. 2 BGB) erreicht.[77] 40

Die nachfolgende **Checkliste** enthält beispielhaft aufgezählte Abwägungskriterien, die bei der Entscheidung über die Genehmigung einer Haustierhaltung berücksichtigt werden können:

Checkliste zu den Abwägungskriterien

- ☐ Nach dem Mietvertrag steht die Tierhaltung des Mieters in dem Mietobjekt unter einem vertraglichen Erlaubnisvorbehalt des Vermieters. 41
- ☐ Das Mietverhältnis besteht ungekündigt fort.
- ☐ Das Mietobjekt liegt in einem Mehrparteienhaus.
- ☐ Die artgerechte Haltung des Tieres ist in dem Mietobjekt möglich.
- ☐ Der Mieter ist volljährig.
- ☐ Der Mieter hat dem Vermieter sein Interesse an der geplanten Tierhaltung dargelegt und beantragt, ihm die beabsichtigte Tierhaltung in dem Mietobjekt zu erlauben.
- ☐ Das Tier ist nach Rasse, Größe, Farbe, Geschlecht, Gewicht, Alter, ggf. Chip-Kenn-Nr. und Name individualisiert.
- ☐ Die Haltung eines solchen Tieres ist gesetzlich zulässig. Gesetzliche Vorgaben an die Zucht, Haltung und Ausbildung des Tieres sowie die an den Tierhalter gestellten Anforderungen werden erfüllt.
- ☐ Das Tier ist bzw. wird nicht zu groß. Ausgewachsene Tiere mit einer Widerristhöhe von 40 cm oder aber einem Gewicht von mindestens 20 kg dürfen grundsätzlich nicht in dem Mietobjekt gehalten werden.

---

72 OLG Karlsruhe WuM 1981, 248; LG Kassel NZM 1998, 154 = WuM 1997, 260; Blank NJW 2007, 729 (732) unter 3.

73 LG München I NJW 1984, 2368 f. = WuM 1985, 263; LG Mannheim NJW 1984, 59 = WuM 1984, 78.

74 → Rn. 31.

75 AG Köln BeckRS 1991, 05984 = WuM 1992, 365; AG Westerburg BeckRS 1990, 05891 = WuM 1992, 600; AG Castrop-Rauxel WuM 1981, 77.

76 Koch WuM 1997, 148; LG München I NJW 1984, 2368 f. = WuM 1985, 263; AG Bielefeld BeckRS 2018, 17096 Rn. 34 f.; AG Hannover ZMR 2017, 898 Rn. 30 ff.; AG Waiblingen BeckRS 2013, 20363 = ZMR 2013, 901 Rn. 39.

77 LG Berlin BeckRS 2015, 15829; → § 10 Rn. 282 ff.

- ☐ Die Anzahl der Tiere ist nicht zu hoch. Nicht zu den Kleintieren zählende Säugetiere sind grundsätzlich nur als Einzelexemplare zu halten.
- ☐ Das Tier ist oder gilt nicht als gefährlich.
- ☐ Von dem Tier sind keine wesentlichen Störungen Dritter oder Beschädigungen fremden Eigentums zu erwarten oder bereits ausgegangen.
- ☐ Der Vermieter kann die konkret beabsichtigte Tierhaltung von der Einhaltung diverser Auflagen durch den Mieter abhängig machen, zB Leinen- und Impfzwang.
- ☐ Der Mieter stellt den Vermieter von jedweden auf der Tierhaltung und ihren Auswirkungen beruhenden Schäden sowie Ansprüchen Dritter frei.
- ☐ Der Mieter schließt eine Privathaftpflicht- bzw. Tierhalterhaftpflichtversicherung ab, die auch Schäden an gemieteten Gegenständen erfasst, und weist diese dem Vermieter gegenüber jährlich nach.
- ☐ Es findet keine gewerbliche Tierzucht oder Tiernutzung in dem Mietobjekt statt.
- ☐ Es wird ein angemessener Mietzuschlag vereinbart.
- ☐ Eine Erlaubnis des Vermieters betrifft nur das konkret bezeichnete Tier und erlischt spätestens mit dem Tod oder der Abschaffung des Tieres.
- ☐ Der Vermieter ist berechtigt, eine dem Mieter erteilte Erlaubnis zur Tierhaltung aus Sachgründen zu widerrufen.
- ☐ Der Mieter verpflichtet sich, das Tier bei Räumung und Herausgabe des Mietobjektes mitzunehmen.

42 Die vereinbarten Abwägungskriterien sind dann während der Mietdauer auf den konkreten Einzelfall **sachgerecht** anzuwenden und Entscheidungen auf dieser Basis zu **begründen.**[78] Dabei hat jede Partei ihre **Darlegungs- und Beweislast** zu beachten.[79]

43 Sollten im Mietvertrag keine Abwägungskriterien vereinbart oder die vereinbarten Abwägungskriterien unwirksam sein, so sind zumindest die folgenden **Abwägungskriterien** zu berücksichtigen:[80]

- Art, Größe, Verhalten und Anzahl der Tiere;
- Art, Größe,[81] Zustand[82] und Lage der Wohnung[83] sowie des Hauses,[84] in dem sich die Wohnung befindet;
- Anzahl, persönliche Verhältnisse, namentlich Alter, und berechtigte Interessen der Mitbewohner und Nachbarn;[85]
- Anzahl und Art anderer Tiere im Haus;[86]
- bisherige Handhabung durch den Vermieter;[87]
- besondere Bedürfnisse des Mieters.

---

[78] AG Köln BeckRS 1997, 09636 = WuM 1997, 366.

[79] LG Köln BeckRS 2014, 11868 = ZMR 2014, 453 zum Vortrag des Mieters „Mischlingshund".

[80] BGH NJW 2008, 218 (220 f.) = WuM 2008, 23 Rn. 19.

[81] OLG Saarbrücken MDR 2013, 1277 Rn. 19 ff. – Versicherungsschutz bei 3 Katzen in 3-Zimmer-Wohnung; AG Bielefeld BeckRS 2018, 17096 Rn. 49 - 6 Warane u. bis zu 25 Chamäleons in freistehendem Einfamilienhaus mit 8 Zimmern; AG Reinbek BeckRS 2014, 15993 = WuM 2014, 480 - 2 Labrador Retriever Hunde in 50 m^2-Wohnung; AG Frankfurt a. M. WuM 2000, 569 - 2 Schäferhunde in 1-Zimmer-Wohnung; AG Lichtenberg NJW-RR 1997, 774 - 7 Katzen in 3-Zimmer-Wohnung; AG Bergisch Gladbach BeckRS 2015, 06990 = WuM 1991, 341 – Rottweiler in 1-Zimmer-Wohnung; AG Kassel WuM 1987, 144 – Schäferhund in 3-Zimmer-Dachgeschosswohnung.

[82] LG Kaiserslautern BeckRS 1984, 05559 = WuM 1989, 177 zur Frage der Baustatik bei 14 Aquarien mit Zierfischen u. 3 Käfigen mit Kakadu, Papagei u. Grafensittich in 2 Zimmern.

[83] BGH NZM 2013, 265 = WuM 2013, 152 – Wohnung im 3. OG; AG Kassel WuM 1987, 144 – Dachgeschosswohnung.

[84] AG Waiblingen BeckRS 2013, 20363 = ZMR 2013, 901 Rn. 50 – Auslauf im Garten.

[85] LG Braunschweig NJW-RR 1988, 910 = ZMR 1988, 140; AG Hamburg-Bergedorf NZM 2003, 898 = NJW-RR 2003, 1520 – Bedeutung des Einverständnisses der übrigen Hausbewohner; → Rn. 45.

[86] AG Waiblingen BeckRS 2013, 20363 = ZMR 2013, 901 Rn. 59.

[87] LG Köln BeckRS 2010, 15449 = ZMR 2010, 533; LG Berlin NZM 1999, 455 f.; LG Göttingen BeckRS 1991, 30946833 = WuM 1991, 536 – Befristete Erlaubnis; LG Ulm NJW-RR 1991, 10 = WuM 1990, 343; AG Westerburg BeckRS 1990, 05891 = WuM 1992, 600 – Kenntnis des Hausmeisters.

Beim Abwägungskriterium **Art des Tieres** muss der Vermieter nach der hier vertretenen Ansicht die Haltung eines landwirtschaftlichen Nutztieres (zB Huhn, Schwein)[88] oder von Bienen[89] oder von gesetzlich besonders geschützten Tierarten (zB Schimpansen)[90] nicht erlauben. Ein Anspruch des Mieters auf eine entsprechende Erlaubniserteilung scheitert regelmäßig an der fehlenden Möglichkeit einer artgerechten Haltung.[91] Das Erfordernis einer artgerechten Haltung kann auch Auswirkungen auf dem Umfang des vertragsgerechten Gebrauchs der Mietsache haben. So kann das Anbringen eines Katzennetzes am Balkon als vertragsgemäßer Gebrauch der Mietsache zu bewerten sein, da das Betreten des Balkons durch die Katze als artgerecht zu bewerten ist.[92] 44

Umstritten ist, ob der Vermieter das Halten von Tierarten erlauben muss, auf die Mitbewohner und Nachbarn allgemein mit Abscheu, Ekel oder Angst reagieren. Dagegen wird die Pflicht des Vermieters angeführt, auch den anderen Hausbewohnern den unbeschwerten und störungsfreien Wohngebrauch zu gewähren.[93] Auch hier ist zu empfehlen, die entsprechenden Interessen der Nachbarn bei der durchzuführenden Interessen Abwägung in angemessenem Umfang zu berücksichtigen. 45

Beim Abwägungskriterium **Größe des Tieres** wird vielfach darauf abgestellt, dass die Haltung eines Kleintieres[94] zulässig sei. Dabei ist umstritten, ob bereits die Überschreitung von Grenzwerten (zB eine Widerristhöhe von 40 cm[95] und ein Gewicht von 20 kg) und das dann uU erhöhte Gefahrenpotential für die Unzulässigkeit der Tierhaltung ausreicht[96] oder trotzdem von dem Tier bereits konkrete Störungen ausgegangen sein müssen.[97] 46

Das **Verhalten des Tieres** ist vor allem in Bezug auf mögliche Störungen zu berücksichtigen, die nicht mehr als sozialadäquat gelten und daher nicht hingenommen werden müssen.[98] Die Haltung von **gefährlichen Tieren** muss der Vermieter nicht erlauben, zB 47

---

88 Blank/Börstinghaus/Siegmund/Blank BGB § 535 Rn. 566; aA AG Berlin-Köpenick NZM 2001, 892 – Hausschwein; s. auch AG München WuM 2005, 649 – Minischwein.

89 AG Hamburg-Harburg ZMR 2014, 802 Rn. 15 ff.

90 Verordnung des Landes Berlin über das Halten gefährlicher Tiere wildlebender Arten v. 10.1.2017 GVBl. Berlin 183; Washingtoner Übereinkommen über den internationalen Handel mit gefährdeten Arten freilebender Tiere und Pflanzen; Schmidt-Futterer/Eisenschmid BGB § 535 Rn. 552.

91 AG Spandau GE 2015, 1605.

92 AG Berlin-Tempelhof-Kreuzberg 24.9.2020 – 18 C 336/19, GE 2020, 1324.

93 OLG Karlsruhe NJW-RR 2004, 951 = WuM 2004, 226 Rn. 10 für Wohnungseigentum; LG Essen NJW-RR 1991, 908 = WuM 1991, 340; AG Bielefeld BeckRS 2018, 17096 Rn. 49; Schmidt-Futterer/Eisenschmid BGB § 535 Rn. 552, aA AG Bayreuth BeckRS 2000, 30940714 = ZMR 2000, 765; AG Bückeburg NJW-RR 2000, 376 = NZM 2000, 238; AG Essen NJW-RR 1996, 138 = ZMR 1996, 37; AG Köln NJW-RR 1991, 10 = WuM 1990, 343.

94 BGH NJW 2008, 218 (220) = WuM 2008, 23 Rn. 15 – Zierfische; LG Hamburg BeckRS 2001, 31157982 = WuM 2002, 666 – West-Highland-Terrier; LG Kassel NZM 1998, 154 = WuM 1997, 260 – Yorkshire-Terrier; LG Düsseldorf BeckRS 1993, 30976642 = WuM 1993, 604; LG Stuttgart BeckRS 1987, 30975654 = WuM 1988, 121 – Zwergpudel; LG München I NJW 1984, 2368 f. = WuM 1985, 263; AG München WuM 2005, 649 – Minischwein; AG Hanau WuM 2002, 91 – Chinchillas; AG Essen NJW-RR 1996, 138 = ZMR 1996, 37 – Echsen; AG Aachen WuM 1989, 236 – Kaninchen; AG Köln BeckRS 1983, 31369034 = WuM 1984, 78 – Leguan u. Elster; Schmidt-Futterer/Eisenschmid BGB § 535 Rn. 553; aA AG Berlin-Spandau BeckRS 2011, 20759 = ZMR 2011, 650 – Yorkshire-Terrier kein Kleintier.

95 AG Frankfurt a. M. DWW 1988, 354.

96 AG Köln NJWE-MietR 1997, 245 = WuM 1997, 109; Koch WuM 1997, 148.

97 LG Ulm NJW-RR 1991, 10 = WuM 1990, 343; AG Bremen BeckRS 2017, 113227 = MietRB 2017, 248 Rn. 37; AG Reinbek BeckRS 2014, 15993 = WuM 2014, 480; AG Waiblingen BeckRS 2013, 20363 = ZMR 2013, 901 Rn. 54; AG Konstanz BeckRS 2007, 11204 = WuM 2007, 315 Rn. 22; AG München WuM 2005, 649; AG Hamburg-Bergedorf NZM 2003, 898 = NJW-RR 2003, 1520.

98 LG Hildesheim BeckRS 2001, 15760 = WuM 2002, 316; LG Mönchengladbach NJW-RR 1989, 145 = ZMR 1989, 21; AG Frankfurt a. M. NZM 2012, 115; AG Bremen NJW-RR 2007, 959 f. = WuM 2007, 124 Rn. 48.

Kampfhunde im Sinne der örtlichen Landeshundeverordnung.[99] Nach anderer Ansicht kann die nach den öffentlich-rechtlichen Vorschriften vermutete Gefahr durch ein Tier bzw. das unerwünschte Verhalten des Tieres widerlegt werden, zB durch ein Gutachten.[100]

48 Hinsichtlich der **Anzahl der Tiere** ist umstritten, ob der Vermieter die Haltung von **mehreren** (größeren) Tieren in der Mietwohnung untersagen darf.[101] Der Vermieter darf jedenfalls eine gewerbliche **Zucht** oder eine gewerbliche Nutzung der Tiere in der Mietwohnung untersagen.[102]

49 Beim Abwägungskriterium der besonderen **Bedürfnisse des Mieters** ist zu berücksichtigen, dass die Tierhaltung kommunikative, pädagogische und medizinische Bedürfnisse erfüllen kann.[103] Das Interesse des Mieters kann insbesondere auf altersbedingten,[104] gesundheitlichen,[105] beruflichen oder ehrenamtlichen[106] Gründen beruhen oder die Tierhaltung der Bekämpfung einer Mäuseplage[107] oder zu Schutzzwecken dienen.[108] Ferner kann ein Interesse an der Tierhaltung bestehen, wenn der Mieter das Tier eines nahen erkrankten Angehörigen in Obhut nimmt.[109]

50 Umstritten ist, ob die **artgerechte Haltung des Tieres** in dem Mietobjekt ein Abwägungskriterium ist.

51 Nach einer Ansicht ist bei der Bestimmung des vertragsgemäßen Gebrauchs gem. § 535 Abs. 1 BGB allein eine mietrechtliche Betrachtung maßgeblich und spielt die Frage der artgerechten Tierhaltung keine Rolle.[110] Zudem müsse nur der Halter des Tieres die Vorschriften zur artgerechten Tierhaltung beachten und nicht der Vermieter.[111]

---

[99] OLG Karlsruhe NJW-RR 2004, 951 = NZM 2004, 551 (Gift- und Würgeschlangen in Wohungseigentum); LG Karlsruhe NZM 2002, 246 (American Pit Bull Terrier); LG Krefeld NJW-RR 1997, 332 = WuM 1996, 533 (Bullterrier); LG Gießen NJW-RR 1995, 12 (Bullterrier); LG Essen NJW-RR 1991, 908 = WuM 1991, 340 (Ratte); LG Nürnberg-Fürth NJW-RR 1991, 460 f. = DWW 1990, 338 = WuM 1991, 93 (Bull-Terrier); AG Berlin-Spandau GE 2002, 670 (Pitbull); AG Frankfurt a. M. NZM 1998, 759 (Pitbull); AG Bergisch Gladbach BeckRS 2015, 06990 = WuM 1991, 341 (Rottweiler); AG Rüsselsheim BeckRS 1990, 05875 = WuM 1992, 117 (Bull-Terrier); AG Berlin-Charlottenburg GE 1988, 1051 (Gift- und Würgeschlange); Schmidt-Futterer/Eisenschmid BGB § 535 Rn. 552.

[100] LG München I BeckRS 2011, 12139 = MietRB 2007, 57 Rn. 13 ff. (Bullterrier).

[101] BGH NJW 2008, 218 (221) = WuM 2008, 23 Rn. 20 (2 Katzen); KG BeckRS 2004, 11719 = WuM 2004, 721 Rn. 13 (2 Kater); OLG Karlsruhe NJW-RR 2004, 951 = NZM 2004, 551 (Schlangen in Wohnungseigentum); LG Karlsruhe NZM 2001, 891 (100 freifliegende Vögel); LG Kaiserslautern BeckRS 1984, 05559 = WuM 1989, 177 (14 Aquarien mit Zierfischen u. 3 Käfige mit Vögeln); AG Bielefeld BeckRS 2018, 17096 Rn. 49 (2 Warane u. 25 Chamäleons); AG Bremen BeckRS 2017, 113227 = MietRB 2017, 248 (6 Hunden); AG Frankfurt a. M. WuM 2000, 569 (2 Schäferhunde); AG München NZM 1999, 616 (3 Schweine, Kaninchen, Meerschweinchen, Schildkröten u. Vögeln); AG Neustadt a. Rbge. NZM 1999, 308 = WuM 1999, 666 (2 Hunde, 20 Katzen); AG Lichtenberg NJW-RR 1997, 774 (7 Katzen); AG Rüsselsheim BeckRS 1986, 05508 = WuM 1987, 144 (2 Schlangen); aA AG Reinbek BeckRS 2014, 15993 = WuM 2014, 480 (2 Hunde); AG Bayreuth BeckRS 2000, 30940714 = ZMR 2000, 765 (8 Schlangen); AG Hanau WuM 2002, 91 (5 Chinchillas); AG Essen NJW-RR 1996, 138 = ZMR 1996, 37 (2 Echsen); AG Köln NJW-RR 1991, 10 = WuM 1990, 343 (24 Schlangen).

[102] AG Bielefeld BeckRS 2018, 17096 Rn. 52 ff.; Schmidt-Futterer/Eisenschmid BGB § 535 Rn. 552; Blank/Börstinghaus/Siegmund/Blank BGB § 535 Rn. 581.

[103] AG Bremen NJW-RR 2007, 959 = WuM 2007, 124 Rn. 43; AG Friedberg BeckRS 1993, 1853 = WuM 1993, 398; AG Dortmund BeckRS 1989, 05695 = WuM 1989, 495 Rn. 1.

[104] LG Hamburg BeckRS 2001, 31157982 = WuM 2002, 666.

[105] LG Hamburg BeckRS 1997, 10755 = WuM 1997, 674; LG Ulm NJW-RR 1991, 10 = WuM 1990, 343; LG München I NJW 1984, 2368 f. = WuM 1985, 263; AG Waiblingen BeckRS 2013, 20363 = ZMR 2013, 901 Rn. 58; → Rn. 28.

[106] AG Reinbek BeckRS 2014, 15993 = WuM 2014, 480 Rettungshunde.

[107] AG Steinfurt BeckRS 1981, 04416 = WuM 1981, 230.

[108] AG Neustrelitz BeckRS 1994, 31386913 = WuM 1995, 535; Schmidt-Futterer/Eisenschmid BGB § 535 Rn. 557; aA LG Lüneburg BeckRS 1996, 00560 = WuM 1995, 704.

[109] LG Ulm NJW-RR 1991, 10 = WuM 1990, 343.

[110] BGH NZM 2013, 265 = WuM 2013, 152.

[111] AG Waiblingen BeckRS 2013, 20363 = ZMR 2013, 901 Rn. 50.

Nach der hier vertretenen Ansicht ist bei der Abwägung zu berücksichtigen, ob eine artgerechte Tierhaltung im Mietobjekt möglich ist bzw. erfolgt.[112] Es ist dem Vermieter nicht zuzumuten, das nicht artgerechte, uU nach §§ 17 Nr. 2, 18 Abs. 1 Nr. 1, Nr. 3a, 2a Abs. 1 TierSchG straf- oder bußgeldbewehrte Halten von Tieren in seiner Wohnung dulden zu müssen. Hinzu kommt, dass das TierSchG Erfahrungssätze normiert, dass bei nicht artgerechter Tierhaltung die Gefahr eines unerwünschten Verhaltens des Tieres erheblich steigt (zB Aggressivität, Lärm, Geruch, Urinieren, Verkotung der Wohnung).[113] Zudem erhöht sich bei einer nicht artgerechten Tierhaltung das Risiko, dass die Mietwohnung übermäßig beansprucht wird und bei Schäden der Schutz durch die Haftpflichtversicherung verloren geht.[114] Bei der Prüfung, ob eine artgerechte Haltung des Tieres möglich ist, sind insbesondere die Lebensanforderungen des konkreten Tieres und die Wohngegend sowie die Größe und Lage des Mietobjektes im Haus zu berücksichtigen. 52

Nach der hier vertretenen Ansicht sind auch die folgenden **Abwägungskriterien** einzubeziehen: 53

- Das Mietverhältnis besteht **ungekündigt** fort oder muss der Mieter das Mietobjekt ohnehin bald verlassen.
- Die Haltung des Tieres muss **gesetzlich zulässig** sein, dh sie verstößt weder gegen Einfuhr-, Zucht- oder Tierhaltungsverbote.
- Der Mieter hat seine Interessen und seine **Eignung zur Haltung** des Tieres begründet und entsprechende Atteste bzw. Zeugnisse vorgelegt.
- Die **Haftungsfrage** ist über § 833 BGB hinaus geklärt, dh der Mieter hat den Vermieter von jeglichen Ansprüchen Dritter **freigestellt**, die auf Auswirkungen der Tierhaltung zurückgehen. Ferner hat der Mieter den Abschluss einer Privathaftpflicht- bzw. **Tierhalterhaftpflichtversicherung** nachgewiesen, die auch Schäden an gemieteten Gegenständen erfasst.[115]
- Von der Tierhaltung sind keine **negativen Auswirkungen auf die Mietsache** zu befürchten, zB durch Urinieren und Verkotung bei denkmalgeschützten Bodenbelägen oder durch erheblichen zusätzlichen Feuchtigkeitseintrag in die Mietwohnung, der zur Schimmelbildung führen kann.
- Der Vermieter hat eine solche Tierhaltung bei vergleichbarer Sachlage auch **anderen** Mietern nicht erlaubt.[116]
- Der Mieter ist bereit, mit dem Vermieter einen angemessenen **Mietzuschlag** zu vereinbaren, dessen Höhe sich nach der mit der Tierhaltung verbundenen zusätzlichen Abnutzung bzw. Inanspruchnahme des Mietobjektes richtet.[117]
- Der Mieter ist **Auflagen** des Vermieters zu erfüllen, zB eine Anleinpflicht in Gemeinschaftsräumen oder auf zum Mietshaus gehörenden Außenflächen, Impfanforderungen und uU Ruhezeiten, zB bei der Nutzung der Gemeinschaftsflächen.
- Der Mieter hat sich verpflichtet, das von ihm in dem Mietobjekt gehaltene Tier bei Beendigung des Mietverhältnisses mitzunehmen.

b) Wohnungseigentum. Mietsache kann eine **Eigentumswohnung** des Vermieters sein, die ihrerseits zu einer Wohnungseigentümergemeinschaft gehört. Es sind dann bei der 54

---

[112] AG Hamburg-Harburg, ZMR 2014, 802 (Bienenhaltung auf einem Balkon); AG Köln ZMR 2021, 984 (Haltung eines Boxers in einer 1-Zimmer-Wohnung); AG München ZMR 2015, 390; AG Bielefeld BeckRS 2018, 17096 Rn. 49; AG Bergisch Gladbach BeckRS 2015, 06990 = WuM 1991, 341; AG Kassel WuM 1987, 144.

[113] AG Wiesbaden DWW 1988, 18; Gaisbauer NZM 1999, 982.

[114] OLG Hamm NJW-RR 2015, 805 Rn. 27 ff.; OLG Saarbrücken MDR 2013, 1277 Rn. 19 ff.; LG Hannover ZfS 1998, 60; AG Karlsruhe WuM 2000, 331; AG Wiesbaden ZfS 1989, 245.

[115] AG Waiblingen BeckRS 2013, 20363 = ZMR 2013, 901 Rn. 53; Blank/Börstinghaus/Siegmund/Blank BGB § 535 Rn. 566.

[116] LG Berlin NZM 1999, 455; LG Freiburg BeckRS 2013, 19490 = WuM 1986, 247; AG Leonberg WuM 1997, 210.

[117] LG Köln WuM 2000, 94 (20 DM); LG Kiel WuM 1999, 586; LG Darmstadt WuM 1992, 117 (25–35 DM); LG Hamburg WuM 1987, 232.

Mietvertragsgestaltung und späteren rechtlichen Beurteilung einer Tierhaltung in der Mietwohnung die **Gemeinschaftsordnung,** Hausordnung oder Beschlüsse der Wohnungseigentümerversammlung zu beachten.[118]

55 Wenn die beabsichtigte Tierhaltung bauliche Veränderungen bauliche Veränderungen des gemeinschaftlichen Eigentums erfordert, bedürfen diese Veränderungen zunächst eines **Beschlusses** (vgl. § 20 WEG). Hier ist insbesondere die Regelung des § 20 Abs. 3 WEG zu beachten, wonach jeder Wohnungseigentümer verlangen kann, dass ihm eine bauliche Veränderung gestattet wird, wenn alle Wohnungseigentümer, die hierdurch beeinträchtigt würden, dieser Veränderung einverstanden sind.

56 Die Wohnungseigentümer können das generelle Verbot oder die Einschränkung der Hundehaltung durch eine Vereinbarung zwischen allen Miteigentümern gem. § 10 Abs. 1 S. 2 WEG regeln. Sofern diese Vereinbarung ins Grundbuch eingetragen wird, ist sie auch für später eintretende Eigentümer gem. § 10 Abs. 3 S. 1 WEG bindend. Aber auch ohne Vereinbarung können die Eigentümer durch Mehrheitsbeschluss gem. § 19 Abs. 1 WEG die Hundehaltung grundsätzlich ausschließen.[119] Ist die gerichtliche Anfechtung eines solchen Beschlusses unterblieben, so ist er auch für später hinzukommende bzw. eintretende Eigentümer gem. § 10 Abs. 3 S. 2 WEG bindend.

57 Im Falle der Anfechtung eines solchen Beschlusses steht dessen Aufhebung durch das Gericht gem. § 44 Abs. 1 WEG zu erwarten, da ein solcher Beschluss nicht den Grundsätzen ordnungsgemäßer Verwaltung gem. § 18 Abs. 2 WEG entspricht.[120]

58 Beschränkungen über die Anzahl und die Art der gehaltenen Tiere können ordnungsgemäßer Verwaltung entsprechen.[121] Ferner kommen **Beschränkungen**[122] der Haustierhaltung nach § 14 Abs. 1 Nr. 1 WEG oder bei einem nicht ordnungsgemäßen Gebrauch des Sondereigentums – durch zB das freie herumlaufen eines Rottweilers oder die Haltung giftiger Tiere – nach § 14 Abs. 1 Nr. 1 WEG, § 1004 Abs. 1 BGB Unterlassungsansprüche der Gemeinschaft der Wohnungseigentümer den Kampfhundbesitzer in Betracht. Eine sprechende Verpflichtung des haustierhaltenden Wohnungseigentümers kann auch gegenüber den übrigen Wohnungseigentümern bestehen (§ 14 Abs. 2 WEG).

59 Insbesondere der vermietende Wohnungseigentümer sollte auf die Übereinstimmung der mietvertraglichen und wohnungseigentumsrechtlichen Regelungen achten und in den Mietvertrag unter Beachtung der §§ 307, 308 Nr. 4 BGB den Vorbehalt einer Anpassung an eine Änderung der wohnungseigentumsrechtlichen Regelungen aufnehmen.[123] Der Mieter sollte nach einschlägigen Beschlüssen der Eigentümergemeinschaft fragen und Einsicht in die Beschlusssammlung gem. § 24 Abs. 7 S. 8 WEG nehmen.

60 Verstößt der Mieter **während der Mietdauer** nachhaltig gegen die von der Eigentümergemeinschaft an eine Tierhaltung geknüpften Auflagen, so kann der Vermieter nicht nach §§ 14WEG von der Gemeinschaft der Wohnungseigentümer zur Kündigung des Mietverhältnisses verpflichtet werden[124]. Der Vermieter unterliegt aber bezüglich dieser unzulässigen Beeinträchtigungen einem **Unterlassungsanspruch** der Gemeinschaft der Wohnungseigentümer. Er hat deshalb gegenüber seinem Mieter die geeigneten Maßnahmen zu ergreifen, da nach einer Verurteilung Ordnungsgelder gem. § 890 ZPO durch das Gericht verhängt werden können.[125]

---

[118] BGHZ 129, 329 = NJW 1995, 2036 f.; KG NZM 1998, 670 = WuM 1998, 616; Blank NJW 2007, 729 (730).

[119] BGHZ 129, 329 = NJW 1995, 2036 f.; OLG Düsseldorf NZM 2005, 345; aA OLG Saarbrücken NJW 2007, 779 f. Verstoß gegen § 134 BGB iVm § 13 Abs. 1 WEG.

[120] OLG Stuttgart OLGZ 1982, 301; Jennißen/Schultzky WEG § 15 Rn. 107.

[121] OLG Celle NZM 2003, 242 = WuM 2003, 161; LG Stuttgart BeckRS 2013, 03371 = ZWE 2012, 390.

[122] OLG Stuttgart ZMR 1983, 322; OLG Saarbrücken NZM 1999, 621; OLG Celle NZM 2003, 242 = WuM 2003, 161; KG WuM 2003, 583; OLG Schleswig WuM 2004, 561; BayObLG NZM 2004, 792.

[123] Jennißen/Schultzky WEG § 13 Rn. 34.

[124] BGH ZMR 2020, 485.

[125] OLG Frankfurt a. M. NJW-RR 2004, 662 (664); OLG Köln WuM 1997, 636.

4. Vorherige Erlaubnis der Tierhaltung

Die Parteien sollten schon in den **Vertragsverhandlungen** für **Rechtsklarheit** sorgen, ob und zu welchen Bedingungen der Mietinteressent das Mietobjekt mit einem Tier beziehen kann. Aufgrund der Pflicht des Mieters zu Schutz und Obhut der Mietsache kann die Erlaubnis mit der Maßgabe erteilt werden, zumutbare Schutzmaßnahmen auszuführen, etwa den Aufenthalt des Hundes auf einzelne Räume zu beschränken oder durch das Anlegen von „Hundesocken" eine Beschädigung des in der Mietwohnung verlegten Parkettfußbodens zu verhindern.[126] 61

des in der Mietwohnung verlegten Parkettfußbodens zu verhindern empfiehlt sich, getroffene Absprachen zum Zwecke der Nachbarin **schriftlich festzuhalten.** Der Vermieter sollte sich einen Widerruf dieser Erlaubnis für den Fall vorbehalten, dass von dieser Tierhaltung während der Mietdauer nicht hinzunehmende Störungen ausgehen.

Ferner sollten die Parteien in dem **Mietvertrag** regeln, unter welchen Voraussetzungen der Mieter während der Mietdauer mit der vorherigen Erlaubnis des Vermieters ein Tier anschaffen und in dem Mietobjekt halten darf. Auf das **Formulierungsbeispiel** nebst **Checkliste** wird verwiesen.[127] 62

a) **Antrag des Mieters.** Möchte der Mieter **während des Mietverhältnisses** ein Tier anschaffen und in dem Mietobjekt halten, so sollte er die **Erlaubnis** des Vermieters einholen und so die Gefahr vermeiden, dass das Tier aufgrund eines berechtigten Verlangens des Vermieters wieder entfernt werden muss. 63

Zum Zwecke der Beweisbarkeit sollte der entsprechende Antrag **schriftlich** an alle an diesem Mietverhältnis beteiligten Vermieter gerichtet werden. In diesem Antrag die beabsichtigte Tierhaltung **konkret** bezeichnet sein und unter Berücksichtigung der Checkliste[128] alle **Argumente** enthalten, die für die begehrte Tierhaltung sprechen. 64

Der Antrag sollte dem Vermieter nachweisbar **zugestellt** und dieser aufgefordert werden, binnen einer vorgegebenen **Frist** über den Antrag zu entscheiden. Anderenfalls mag der Vermieter den Zugang des Antrags später bestreiten oder sich nicht veranlasst sehen, über den Antrag des Mieters binnen eines angemessenen Zeitraums zu entscheiden. Lässt der Vermieter die Entscheidungsfrist ungenutzt verstreichen oder verweigert er die Erlaubnis, so kann der Mieter auf Erteilung der Zustimmung zur Haustierhaltung klagen.[129] 65

b) **Entscheidungskriterien.** im Zusammenhang mit dem Begehren des Mieters auf Genehmigung der Haustierhaltung sowie bei der Entscheidungsfindung des Vermieters empfiehlt sich eine Berücksichtigung der oben dargestellten **Abwägungskriterien.** 66

Der Vermieter sollte eine etwaige **Erlaubnis zur Tierhaltung auf ein konkretes** Tier beschränken.[130] Ferner sollte er seine Entscheidung unter **Widerrufsvorbehalt** für den Fall stellen, dass sich die Sach- oder Rechtslage künftig ändert. 67

Die begründete Entscheidung über das Tierhaltungsbegehren ist zum Zwecke der Nachweisbarkeit dem Mieter auf ebenso nachweisbarem Wege bekanntzugeben. Besteht der Mieter aus einer Personenmehrheit, gegenüber jeder einzelnen Person. Die begründete Entscheidung sollten alle an diesem Mietverhältnis beteiligten Vermieter allen Mietern **schriftlich** und **nachweisbar** zukommen lassen. 68

Missachtet der Mieter eine **Entscheidung** des Vermieters oder verstößt er gegen dessen an die Tierhaltung geknüpfte Auflagen, so kann der Vermieter mietrechtliche **Konsequenzen**[131] ziehen. Der Verstoß gegen die erteilte Erlaubnis ist als mietrechtliche Pflichtverletzung zu bewerten. In weiterer Konsequenz kann der Vermieter den Mieter auf- 69

---

[126] LG Koblenz ZMR 2015, 555.
[127] → Rn. 37, 39, 41.
[128] → Rn. 41.
[129] → Rn. 71 ff.
[130] → Rn. 23.
[131] → Rn. 94.

grund dieses Verstoßes abmahnen und bei entsprechender Erheblichkeit des Verstoßes das Mietverhältnis grundsätzlich kündigen.

70 Auf der anderen Seite kann der Mieter die Entscheidung oder Auflagen des Vermieters **gerichtlich überprüfen** und eine verweigerte Erlaubnis der Tierhaltung durch Urteil ersetzen lassen.

71 c) **Prozessuale Durchsetzung.** Möchte der Mieter die verweigernde Entscheidung des Vermieters gerichtlich überprüfen lassen, so hat er – je nach Bundesland[132] – zunächst zu prüfen, ob eine **außergerichtliche Streitschlichtung** durchzuführen ist, bevor die Erhebung einer Klage zulässig ist.

72 *aa) obligatorische Streitschlichtung.* So können die jeweiligen Landesgesetze gem. § 15a Abs. 1 Nr. 1 EGZPO vorschreiben, dass bei vermögensrechtlichen Streitigkeiten mit einem Gegenstandswert von **bis zu 750 EUR** unter bestimmten Voraussetzungen vor Klageerhebung eine Gütestelle anzurufen ist. Erst wenn bei dieser keine einvernehmliche Beilegung des Streites erreicht werden konnte und von der Gütestelle eine entsprechende **Erfolglosigkeitsbescheinigung** ausgestellt worden war, kann die Klage zulässig sein.

73 Zu den **vermögensrechtlichen Streitigkeiten** gehören auch Rechte und Pflichten aus einem Mietverhältnis, zB Zahlungsansprüche, Gebrauchsrechte, Unterlassungspflichten. Deshalb gehörte bis zum 31.12.2007 auch der Streit um die Rechtmäßigkeit einer **Tierhaltung** in der Mietwohnung zu den vermögensrechtlichen Streitigkeiten iSd GüSchlG NRW.

74 Wie sich der **Gegenstandswert** einer Erlaubnis zur Tierhaltung bestimmt, ist streitig.[133] Vereinzelt wurde auf den Verkehrswert des Tieres,[134] überwiegend aber auf die Bedeutung der Tierhaltung für die Lebensführung des Mieters und damit auch auf immaterielle sowie subjektive Gesichtspunkte[135] abgestellt. Nach anderer Auffassung soll das nichtvermögensrechtliche Affektionsinteresse des Mieters ohne Belang sein.[136]

75 Da zu Beginn eines Verfahrens der Gegenstandswert noch nicht bekannt ist, wird bei Anwendbarkeit des außergerichtlichen Streitschlichtungsverfahrens empfohlen, grundsätzlich vorab die **Erfolglosigkeitsbescheinigung** einzuholen. Anderenfalls besteht die Gefahr, dass eine **unzulässige Klage** erhoben wird, die dann vom Amtsgericht kostenpflichtig abgewiesen werden muss.

76 Möchte der Mieter trotz des bestehenden Zulässigkeitsrisikos sofort klagen, so sollte er die **Streitwertfestsetzung** beantragen. Hält das Gericht die Klage für unzulässig, sollte die Klage baldmöglichst zur Vermeidung höherer Kosten zurückgenommen werden. Die nachträgliche Beschaffung der Erfolglosigkeitsbescheinigung und damit die **Heilung** der Unzulässigkeit der Klage sind nicht möglich.[137]

77 Bei der **Schlichtungsstelle** ist ein schriftlicher Antrag zu stellen, in dem die Parteien zu benennen, der verfolgte Anspruch und der konkrete Antrag zu bezeichnen und diese zu begründen sind. Der Einfachheit halber kann der **Entwurf** der beabsichtigten **Klageschrift** eingereicht werden.

78 *bb) Klageweg.* Der Mieter kann beim örtlich und sachlich zuständigen **Amtsgericht** klagen. Die Klage ist von allen an dem Mietverhältnis beteiligten Mietern gegenüber allen beteiligten Vermietern zu erheben.

---

[132] Zöller/Heßler ZPO EGZPO § 15a Rn. 27; Thomas/Putzo/Hüßtege ZPO EGZPO § 15a Rn. 9.
[133] → Rn. 90 f., 179.
[134] LG Hannover WuM 1985, 127.
[135] BGH NJW-RR 2018, 588 = WuM 2018, 174 zur Berufungsbeschwer; LG Berlin BeckRS 2016, 14808 = GE 2016, 1444 (500 EUR); LG Kassel BeckRS 1997, 30971105 = WuM 1998, 296 (1.000 DM); LG Wiesbaden BeckRS 1994, 30978953 = WuM 1994, 486 (2.000 DM); AG Bremen NJW-RR 2007, 959 f. = WuM 2007, 124 (2.500 EUR); Gies NZM 2003, 886.
[136] LG München I NZM 2002, 820 - 410 EUR für Vermieterklage; LG Berlin NZM 2001, 41 = GE 2000, 677; LG Kiel BeckRS 1998, 31053112 = WuM 1999, 586; aA BGH NJW-RR 2018, 588 = WuM 2018, 174 jeweils zur Berufungsbeschwer.
[137] BGH NZM 2005, 154; LG Ellwangen NZM 2002, 408.

Nach § 29a ZPO ist das Gericht ausschließlich **örtlich** zuständig, in dessen Bezirk sich die Mietwohnung befindet. 79

Die **sachliche** Zuständigkeit des Amtsgerichts ist nach § 23 Nr. 2a GVG auch dann gegeben, wenn der Gegenstandswert über 5.000 EUR liegen sollte. Die Bestimmung des Gegenstandswerts erfordert eine umfassende Betrachtung des auf die begehrte Tierhaltung in der Mietwohnung gerichteten Interesses des Mieters.[138] 80

Der **Antrag** des Mieters muss gem. § 253 Abs. 2 Nr. 2 ZPO hinreichend bestimmt sein, das Tier nach Rasse, Größe, Farbe, Gewicht, Alter, Geschlecht, Chip-Kenn-Nr. oder Name spezifizieren und könnte wie folgt lauten: 81

Formulierungsvorschlag:

Der Beklagte (Vermieter) wird verurteilt, der Haltung der braunen, am 4.3.2002 geborenen und ca. 30 cm hohen Rauhaardackelhündin „Vicky" in der im Erdgeschoss des Hauses Sonnenstr. 2 in 54321 Köln gelegenen Mietwohnung **zuzustimmen.** 82

In der (Leistungs-)Klage des Mieters auf Zustimmung zur Tierhaltung ist ein Feststellungsbegehren des Mieters als Minus enthalten, dass die beabsichtigte Haltung des konkreten Tieres zum vertragsgemäßen Gebrauch der Mietsache gem. § 535 Abs. 1 BGB gehört.[139] Neben der selbst verständlichen Abweisung der Klage sollte der Vermieter hilfsweise auch beantragen, der Klage nur nach Maßgabe der von ihm konkret in seinem Antrag vorgegebenen Auflagen stattzugeben. 83

Umgekehrt kann der Vermieter, wenn der Mieter trotz der verweigerten Erlaubnis zur Haltung eines Tieres in dem Mietobjekt an seinem außergerichtlichen Anschaffungsverlangen festhält, eine **negative Feststellungsklage** erheben, solange der Mieter das Tier noch nicht in der Wohnung hält. Er muss nicht erst die Anschaffung des Tieres abwarten, um dann „auf dessen Rücken" die Abschaffung zu verfolgen. 84

Der **Antrag** des Vermieters muss gem. § 253 Abs. 2 Nr. 2 ZPO hinreichend bestimmt sein und könnte lauten:

Formulierungsvorschlag:

Es wird festgestellt, dass der Beklagte (Mieter) nicht berechtigt ist, in der im Dachgeschoss links des Hauses Höllenpfad 12 in 54321 Köln gelegenen Mietwohnung den am 26.3.2003 geborenen, rund 60 cm hohen, schwarzen Riesenschnauzer „Felix" zu halten. 85

Beantragt der Mieter in solchen Fällen **widerklagend** die Ersetzung der fehlenden Erlaubnis des Vermieters zu dieser Tierhaltung, wird die negative Feststellungsklage des Vermieters unzulässig. Sie muss deshalb nach Beginn der mündlichen Verhandlung, wenn der Mieter seinen Antrag nicht mehr ohne Zustimmung des Vermieters zurücknehmen kann, von dem Vermieter in der **Hauptsache für erledigt** erklärt werden.[140] 86

Beide Parteien haben ihre Anträge unter Berücksichtigung ihrer **Darlegungs-** und **Beweislast** umfassend und substantiiert zu **begründen** sowie die geeigneten **Beweismittel** anzuführen. Der Vermieter hat eine vertragswidrige Tierhaltung **darzulegen** und zu **beweisen.**[141] Er sollte deshalb das oder die Tiere nach beispielsweise Rasse, Anzahl, Größe, Farbe, Gewicht, Alter, Geschlecht, Chip-Kenn-Nr. oder Name spezifizieren, damit eine Verwechslung nicht möglich ist und der Grund der Tierhaltung nach Möglichkeit erkennbar wird. Ebenso sollte der Vermieter über einen längeren Zeitraum ein spezifiziertes **Protokoll** über den Aufenthalt des Tieres in dem Mietobjekt und etwaige von diesem ausgegangene Störungen führen oder von den gestörten Nachbarn 87

[138] BGH ZMR 2018, 403.
[139] BGH NJW 2008, 218 (220) = WuM 2008, 23 Rn. 15.
[140] BGH NJW 1973, 1500.
[141] LG Köln BeckRS 2014, 11868 = ZMR 2014, 453 – Mischlingshund.

des Mieters anfertigen zu lassen. Das Protokoll sollte die Daten, Uhrzeiten, Dauer, Örtlichkeiten, Ursache, Art und Weise sowie Ausmaß der Störungen enthalten. Schließlich sind **Beweismittel** zu sammeln, also beispielsweise Fotos oder Audioaufzeichnungen unter Beachtung der Persönlichkeitsrechte des Mieters anzufertigen oder das vorgenannte Protokoll von Zeugen der Vorfälle unterzeichnen zu lassen.

88 Die in erster Instanz unterlegene Partei hat zu prüfen, ob sie binnen der **Berufungsfrist** von **einem Monat** nach Zugang der erstinstanzlichen Entscheidung über einen Rechtsanwalt Berufung beim zuständigen Landgericht einlegen sollte.

89 Die Berufung ist statthaft, wenn entweder der Wert des Beschwerdegegenstandes bzw. die Berufungsbeschwer über der **Berufungssumme** des § 511 Abs. 2 Nr. 1 ZPO in Höhe von **600 EUR** liegt oder die Berufung von der ersten Instanz gem. § 511 Abs. 4 ZPO zugelassen wird, zB bei grundsätzlicher Bedeutung. Im ersten Fall hat der Berufungskläger den Beschwerdewert glaubhaft zu machen.

90 Die **Höhe** des Berufungsbeschwer hängt davon ab, ob der Mieter[142] oder der Vermieter[143] das Rechtsmittel einlegt. Nach anderer Ansicht ist die Berufungsbeschwer einheitlich zu bewerten.[144]

1.200 DM	LG Köln WuM 1998, 606
1.500 DM	LG Hamburg ZMR 1992, 506
2.000 DM	LG Braunschweig WuM 1996, 291
2.000 DM	LG Kassel NZM 1998, 154 = WuM 1997, 260
3.000 DM	LG München I NZM 2002, 734
3.000 DM	LG Hamburg BeckRS 1994, 30975507 = WuM 1996, 532
410 EUR	LG München I NZM 2002, 820
unter 600 EUR	BGH 18.5.2005 – VIII Z. B. 113/04, nv – 3 Tauben
	BGH 6.5.2003 – VIII Z. B. 16/03, nv – Hund
1.000 EUR	LG Köln BeckRS 2014, 11868 = ZMR 2014, 453
1.200 EUR	BGH NJW-RR 2018, 588 = WuM 2018, 174
1.500 EUR	BGH NJW 2008, 218 (220) = WuM 2008, 23 Rn. 15
2.500 EUR	AG Bremen NJW-RR 2007, 959 f. = WuM 2007, 124

91 Hat das Amtsgericht den Gegenstandswert der ersten Instanz festgesetzt, so ist das **Landgericht** hieran nicht gebunden, sondern setzt den Beschwerdewert selbst fest.[145] Der Berufungskläger sollte deshalb baldmöglichst beim Landgericht die **Streitwertfestsetzung** beantragen, um eine etwaig unzulässige Berufung aus Kostengründen kurzfristig zurücknehmen zu können.

92 Auch ein Antrag auf einstweilige **Einstellung der Zwangsvollstreckung** aus dem erstinstanzlich vorläufig vollstreckbaren Titel setzt voraus, dass der Titel mit Erfolgsaussichten in der zweiten Instanz angegriffen werden kann, dh die Berufung zumindest zulässig ist.[146]

93 Ist der Vermieter zur **Zustimmung** verurteilt worden, so kann der Titel gemäß §§ 894 Abs. 1 S. 2, 726 Abs. 2 ZPO **vollstreckt** werden. Wird der Titel rechtskräftig, so gilt die Willenserklärung als abgegeben. Der Mieter ist dann nach Maßgabe des Titels zur Haltung des Tieres in der Mietwohnung berechtigt.

94 **d) Widerruf der Erlaubnis.** Ist eine Genehmigung zur Tierhaltung einmal vom Vermieter erteilt, kann dieser sie grundsätzlich nicht einseitig widerrufen. Ein Widerruf ist nur dann möglich, wenn hierfür ein wichtiger Grund vorliegt, etwa wenn das Tier die

142 → Rn. 74, 120.
143 → Rn. 120.
144 LG Hamburg BeckRS 1994, 30975507 = WuM 1996, 532.
145 BGH NJW-RR 2018, 588 = WuM 2018, 174 Rn. 30.
146 → Rn. 88 ff.

Hausbewohner belästigt, gefährdet oder Gestank bzw. besondere Ruhestörungen verursacht.[147]

Hält sich der Mieter während der Mietdauer nicht an die die Tierhaltung betreffenden **Auflagen** des Vermieters oder gehen von diesem Tier während der Mietdauer nicht hinzunehmende **Störungen**[148] aus, so ist der Mieter zunächst wegen der konkret zu benennenden Vorfälle (Datum, Uhrzeit, Dauer, Art und Weise sowie Ausmaß der Störungen) **abzumahnen,** zur Vermeidung weiterer von dem Tier ausgehender Beeinträchtigungen aufzufordern und ihm für den Fall weiterer Störungen der **Widerruf** der Erlaubnis zur Haltung des Tieres **anzudrohen.**

Hat der Vermieter die Erlaubnis zur Tierhaltung widerrufen, so sollte er dem Mieter 95
eine **Frist** für die Abschaffung des Tieres setzen und für den Fall des ergebnislosen Fristablaufs die Erhebung einer **Unterlassungsklage** beim örtlich zuständigen Amtsgericht **androhen.**

Der Widerruf der Erlaubnis seitens des Vermieters zur Hundehaltung ist unwirksam, wenn sich der Mieter nach einer Abmahnung an die Regeln gehalten hat, die ihm im Rahmen der erteilten Genehmigung zur Hundehaltung auferlegt worden sind.[149]

Der Vermieter sollte seine Entscheidung dem Mieter **schriftlich** und nachweisbar 96
mitteilen. Die Entscheidung ist zu **begründen,** da der Mieter zu prüfen hat, ob er diese akzeptiert oder gerichtlich überprüfen lässt.

5. Nachträgliche Genehmigung der Tierhaltung

a) **Antrag des Mieters.** Hat der Mieter während der Mietdauer ein größeres Tier 97
angeschafft und hält er dieses ohne die nach dem Mietvertrag erforderliche vorherige Erlaubnis des Vermieters in dem Mietobjekt, so verhält er sich vertragswidrig. Dies kann, wenn die Tierhaltung dem Vermieter bekannt wird, zu mietrechtlichen **Konsequenzen** wie zB einer Abmahnung und einem Abschaffungsverlangen des Vermieters führen. Eine Kündigung des Mietverhältnisses ist bei entsprechender Erheblichkeit der Vertragspflichtverletzung ebenfalls denkbar.

Die Anschaffung eines Haustieres vor Erlaubniserteilung steht dem Anspruch des Mieters auf Erteilung derselbigen nicht entgegen.[150]

Ob die Abmahnung berechtigt war und das Tier tatsächlich abgeschafft werden muss, 98
hängt davon ab, ob der Mieter einen nachträglichen **Genehmigungsanspruch** hat.[151] In diesen Fällen sollte der Mieter beim Vermieter die nachträgliche Genehmigung der Tierhaltung beantragen. Er hat seinen **Antrag** detailliert zu **begründen,** wobei er sich an den **Kriterien** orientieren kann, die bei einer beantragten vorherigen Erlaubnis des Vermieters zu berücksichtigen wären.[152]

b) **Entscheidungskriterien.** Der Vermieter hat eine etwaige **Vertragsklausel** sowie die 99
vereinbarten **Kriterien** zu berücksichtigen und **die Abwägung sachgerecht** auszuüben.[153]

Kommt der Vermieter zu dem Ergebnis, dass er die Tierhaltung des Mieters nach- 100
träglich zu genehmigen hat, so ist diese **Genehmigung** dem Mieter **schriftlich** zu erteilen. Der Vermieter sollte sich ein **Widerrufsrecht** für den Fall vorbehalten, dass von dem Tier zukünftig Störungen ausgehen, die weder er noch Dritte hinzunehmen haben.

Genehmigt der Vermieter die Tierhaltung nicht, so sollte er auch dies dem Mieter 101
schriftlich mitteilen und begründen. Er sollte den Mieter auffordern, die Tierhaltung ab einem bestimmten Datum in dem Mietobjekt zu unterlassen. Verstreicht die **Frist** ungenutzt, so sollte der Vermieter den Mieter gem. § 541 BGB abmahnen und anschlie-

147 LG Frankfurt (Oder) 26.10.2023 – 16 S 25/23, WuM 2024, 26.
148 LG Hamburg WuM 1999, 453.
149 LG Berlin 9.9.2020 – 65 S 255/19, BeckRS 2020, 44418.
150 AG Paderborn 28.10.2019 – 51 C 112/19, ZMR 2020, 196.
151 In rechtsähnlicher Anwendung BayObLG WuM 1991, 18; AG Hamburg WuM 1998, 378; einschränkend BayObLG WuM 1995, 378; OLG Hamm NJW-RR 1997, 1370.
152 → Rn. 40 ff.
153 → Rn. 22 ff., 40 ff.

ßend seinen **Unterlassungsanspruch** alsbald gerichtlich geltend machen. Andernfalls kommt grundsätzlich eine Verbürgung dieses Anspruches nach § 242 BGB in Betracht.[154] Zudem kann der Vermieter prüfen, ob eine Kündigung des Mietverhältnisses gerechtfertigt ist.[155]

102 c) **Prozessuale Durchsetzung.** Genehmigt der Vermieter die bereits vorliegende Tierhaltung nicht oder nur unter nicht zulässigen Auflagen, so kann der Mieter den Vermieter auf Zustimmung zur Tierhaltung in Anspruch nehmen. Gegebenenfalls hat er zunächst die **außergerichtliche Streitschlichtung** zu betreiben, bevor ihm der Klageweg offensteht.[156]

103 Der vom **Mieter** beim örtlich und sachlich zuständigen Gericht[157] zu stellende **Antrag** sollte gem. § 253 Abs. 2 Nr. 2 ZPO hinreichend bestimmt sein und könnte wie folgt lauten:

Formulierungsvorschlag:

104 Der Beklagte (Vermieter) wird verurteilt, die Haltung der grauen, am 29.1.2004 geborenen und ca. 35 cm hohen Pudelhündin „Astrid" in der im 2. OG Mitte des Hauses Mauspfad 5 in 54321 Köln gelegenen Mietwohnung zu genehmigen.

105 Neben der Abweisung der Klage kann der Vermieter je nach den Umständen des konkreten Einzelfalles hilfsweise beantragen, der Klage nur nach Maßgabe seiner die weitere Tierhaltung einschränkenden Auflagen stattzugeben.

106 Die in erster Instanz unterlegene Partei hat fristgerecht zu prüfen, ob **Berufung**[158] eingelegt und ein Antrag auf einstweilige **Einstellung der Zwangsvollstreckung** gem. § 719 Abs. 1 ZPO gestellt werden sollten.

107 d) **Widerruf der Genehmigung.** Hält sich der Mieter während der weiteren Mietdauer nicht an die die weitere Tierhaltung betreffenden Auflagen des Vermieters oder gehen von diesem Tier während der weiteren Mietdauer nicht hinzunehmende Störungen[159] aus, so hat der Vermieter in der Regel zunächst gegenüber dem Vermieter eine **Abmahnung** auszusprechen. Erst im Wiederholungsfalle kann er seine Genehmigung der Tierhaltung gegenüber dem Mieter **widerrufen,** die **Abschaffung** des Tieres verlangen und erforderlichenfalls gerichtlich durchsetzen.

6. Tierhaltung während des Mietverhältnisses

108 a) **Vertrags- und artgerechte Haltung.** Der Mieter trägt eine **Obhutspflicht,** dh er hat von seiner Tierhaltung ausgehende Störungen der Hausgemeinschaft bzw. Schäden an der Mietsache oder am Eigentum Dritter durch zB ein undichtes Aquarium zu vermeiden.[160] Die in dem Mietvertrag oder der einbezogenen **Hausordnung** geregelten Ruhezeiten[161] sind einzuhalten sowie Verunreinigungen der Gemeinschaftsräume und -flächen oder Geruchsbelästigungen der Nachbarn zu vermeiden.[162] Anderenfalls können Ordnungswidrigkeiten- oder sogar Straftatbestände erfüllt sein.[163]

109 Zum Schutz des Vermieters, Nachbarn oder Dritter kann zu berücksichtigen sein, ob der Mieter die **Vorschriften** zur Anmeldung und Haltung des Tieres, zum Leinen- und

154 LG Essen WuM 1986, 117; LG Berlin WuM 1984, 130; AG Frankfurt a. M. NZM 1998, 759.
155 → Rn. 135.
156 → Rn. 71 ff.
157 → Rn. 78 ff.
158 → Rn. 88 ff.
159 LG Hamburg WuM 1999, 453.
160 OLG Köln NZM 2005, 179.
161 OLG Hamm WuM 1990, 123; LG Kleve DWW 1989, 362; LG München NJW-RR 1989, 1178.
162 AG Münster WuM 1995, 534; Schmid IMR 2015, 259.
163 OLG Köln NJW-RR 1988, 12; AG Hannover ZMR 1965, 223.

Maulkorbzwang, zu Zucht- und Handelverboten, zur Zuverlässigkeitsprüfung, Haftpflichtversicherung und Kennzeichnung seines Tieres beachtet hat.[164]

Dem Vermieter steht das Recht zur **Besichtigung** der Mietwohnung zu, wenn er über Anhaltspunkte für eine vertragswidrige Tierhaltung des Mieters verfügt.[165] Der Mieter hat die Begehung seiner Wohnung dann durch Gewährung des Zutritts zu ermöglichen und zu dulden. 110

b) Bauliche Veränderungen des Mietobjektes. Ist für die Tierhaltung eine bauliche Veränderung des Mietobjektes erforderlich, so ist hierfür von dem Mieter eine zusätzliche Erlaubnis beim Vermieter unter Beachtung etwaiger öffentlich-rechtlicher und etwaiger wohnungseigentumsrechtlicher[166] Vorgaben zu **beantragen.** Dies gilt zB auch dann, wenn der Mieter am Balkon ein Netz anbringen möchte, um das Entlaufen seiner Rassekatze zu verhindern.[167] 111

Einen Anspruch auf die Erteilung einer solchen Erlaubnis hat der Mieter jedoch grundsätzlich nicht.

7. Rechte von Mietern und sonstigen Nachbarn

Wird ein benachbarter Grundstückseigentümer durch die Tierhaltung des Mieters beeinträchtigt, so kommen gegen den Mieter als Störer gem. § 1004 Abs. 1 S. 1 BGB ein **Beseitigungsanspruch** und nach § 1004 Abs. 1 S. 2 BGB ein **Unterlassungsanspruch** in Betracht. Eine Pflicht zur Leistung von **Schadensersatz** gem. § 823 Abs. 1 BGB kann ebenfalls bestehen.[168] Das gleiche gilt auch für sonstige dinglich Nutzungsberechtigte (zB Nießbraucher gem. § 1065 BGB). Sowohl der Eigentümer als auch der sonstige dinglich Nutzungsberechtigte können aber auch nach §§ 1004 Abs. 2, 906 BGB zur Duldung verpflichtet sein. Im Falle der Duldungspflicht kann aber uU ein subsidiärer nachbarrechtlicher **Ausgleichsanspruch** des Nachbarn gegen den Mieter als Tierhalter gem. § 906 Abs. 2 S. 2 BGB bestehen. Zwischen den Parteien eines Mietverhältnisses findet § 906 BGB allerdings keine unmittelbare Anwendung; nur dessen Ausstrahlungswirkung ist zu beachten.[169] Sollte der gestörte Hausbewohner, der zB auf die Tierhaltung allergisch reagiert, ebenfalls Mieter des gleichen Vermieters sein, kommen uU auch Beseitigungs-, Unterlassungs- und Schadensersatzansprüche des gestörten Mieters gegen den Vermieter gem. §§ 21, 19 Abs. 1 Nr. 1 AGG in Betracht, wenn der Vermieter mehr als 50 Wohnungen vermietet. 112

Werden andere Mietparteien des Vermieters durch die Tierhaltung eines Mieters in ihrem Wohngebrauch erheblich beeinträchtigt, so kann der Minderungstatbestand des § 536 Abs. 1 S. 2 BGB erfüllt sein. Die Höhe der **Mietminderung** hängt vom Ausmaß und der Dauer der störenden Umstände im konkreten Einzelfall ab. Ebenso kommt eine (fristlose) Kündigung des Mietverhältnisses in Betracht, wenn dem Vermieter die Fortsetzung des Mietverhältnisses nicht zugemutet werden kann. Entsprechendes ist unter anderem dann der Fall, wenn es – neben erheblichen nächtlichen Lärmbelästigungen – durch die frei im Treppenhaus umherlaufende und urinierende Katze eines Mieters zu einer wesentlichen Beeinträchtigung von Mitmietern und der Mietsache kommt, wodurch der Hausfrieden nachhaltig gestört und die Bausubstanz des Hauses geschädigt wird.[170] 113

---

164 ZB Landeshundeverordnung NW.

165 AG Rheine WuM 2003, 315; AG Alsfeld 18.12.2020 – 30 C 73/20, ZMR 2021, 818.

166 → Rn. 54 ff.

167 OLG Zweibrücken NZM 1998, 376; AG Wiesbaden NZM 2000, 711.

168 OLG Köln NJW 1985, 2338; LG Augsburg NJW 1985, 499; AG Neu-Ulm NZM 1999, 432; AG Hamburg und AG Tiergarten WuM 1989, 624.

169 BGHZ 205, 177 = NJW 2015, 2177 Rn. 43; BGHZ 157, 188 = NJW 2004, 775 Rn. 6 ff.; BayObLG NJW 1987, 1950 = WuM 1987, 112; → Rn. 13.

170 AG Brandenburg 11.12.2023 – 30 C 86/23, ZMR 2025, 327.

Beispiele zur Höhe der angemessenen Mietzinsminderung:[171]

AG Aachen WuM 1999, 457	100 % bei Befall mit Khaprakäfern, sodass kein Aufenthalt in der Wohnung möglich
AG Potsdam WuM 1995, 534	100 % bei Rattenbefall
LG Freiburg WuM 1998, 212	35 % bei Allergie gegen Tauben und Lärm
LG Berlin MM 1994, 361	30 % wegen Katzengetrampel
AG Pforzheim WuM 2000, 302	30 % bei vor dem Schlafzimmerfenster nistenden Tauben
AG Dortmund WuM 1980, 6	25 % bei Lärm durch Taubenhaltung
AG Bremen WuM 2002, 215	25 % bei Mottenbefall
AG Münster WuM 1995, 534	20 % bei Hundekot im Treppenhaus und Geruchsbelästigungen aus der benachbarten Wohnung des Hundehalters
AG Spandau MM 1999, 355	20 % bei Schwalbenwanzen
AG Lahnstein WuM 1988, 55	20 % bei zahlreichen Silberfischen
AG Tiergarten MM 1990, 233	15 % bei Silberfischen
AG Bonn WuM 1986, 212	15 % bei nicht benutz.B.arem Balkon, weil sich dort ständig durch das Füttern des Nachbarn angelockte Katzen aufhalten
LG Berlin NJW-RR 1996, 264	10 % bei Lärm und Schmutz durch Tauben
AG Köln KM, Reg. 35 Nr. 19	10 % bei Kakerlaken
AG Bonn WuM 1986, 113	10 % bei Mäusen in Stadtwohnung
AG Rendsburg WuM 1989, 284	10 % bei Mäuseplage in Landwohnung
AG Aachen WuM 2000, 379	10 % bei Ratten auf dem Hof
AG Hamburg BeckRS 2010, 08091 = WuM 1988, 121	5 % bei Verunreinigungen durch am Haus nistende Tauben
AG Kiel WuM 1991, 343	5 % bei Hundekot im Fahrstuhl, Treppenhaus und Sandspielplatz
LG Kleve WuM 1986, 333	0 % bei Nutzungsbeeinträchtigung des Balkons durch Wildtauben als unbeherrschbare Umwelteinflüsse
AG Eisleben NZM 2006, 898	0 % in ländlicher Umgebung bei Schwalbenflug und -kot auf der Fensterbank
AG Rostock WuM 1996, 31	0 % bei Lärmbelästigungen durch Hund, aber Fortzahlung der ungekürzten Miete
AG Köln WuM 1999, 363	0 % bei wenigen Ameisen
LG Lüneburg WuM 1998, 570	0 % bei Silberfischen
AG Köln WuM 1993, 670	0 % bei Spinnen

114 Der für die störende Tierhaltung verantwortliche Mieter kann dem Vermieter gegenüber zum Ersatz diesen **Mietausfallschadens** verpflichtet sein. Ferner können die durch die Tierhaltung beeinträchtigten Mieter von dem Vermieter die **Beseitigung** der Störungen beanspruchen,[172] auch wenn diesen kein Verschulden an dem störenden Tatbestand trifft. Ein Schmerzensgeldanspruch wegen allergischer Reaktionen auf eine vertragsgerechte Tierhaltung besteht jedoch nicht.[173] Nur ausnahmsweise ist nach §§ 569 Abs. 1, 543 Abs. 1 BGB eine fristlose Kündigung des Mietverhältnisses wegen einer Gesundheitsgefährdung durch zB 80 Katzenflohbisse binnen 2 Monaten möglich.[174]

8. Beendigungsverlangen des Vermieters

115 a) **Anspruchsgrundlage und Ermessenskriterien.** Setzt der Mieter eine vertragswidrige Tierhaltung trotz einer **Abmahnung** des Vermieters fort, so kann der Vermieter nach

[171] → Rn. 13, 15, 113.
[172] Gaisbauer NZM 1999, 982; BayObLG WuM 1998, 552.
[173] LG Hildesheim WuM 2002, 316; AG Bückeburg NJW-RR 2000, 376 = NZM 2000, 238.
[174] AG Bremen NZM 1998, 717.

§ 541 BGB den Mieter auf **Unterlassung** der Tierhaltung in dem Mietobjekt und damit **Entfernung** des Tieres aus der Mietsache in Anspruch nehmen.[175]

Das schriftlich von allen an dem Mietverhältnis beteiligten Vermietern an alle Mieter zu richtende Unterlassungsverlangen sollte den **Widerruf** einer zuvor bestandenen Erlaubnis oder Genehmigung der Tierhaltung sowie eine konkrete **Begründung** enthalten[176] (z. B. mit der Verunreinigung des Treppenhauses durch Kot und Urin des Tieres, übermäßiges Gebell oder Eindringen des Tieres in fremde Wohnungen).[177] Es ist dem Mieter unter Androhung konkreter Konsequenzen eine angemessene **Frist** zu setzen, innerhalb derer er das störende Tier dauerhaft aus der Mietwohnung zu verbringen hat. 116

Hält der Mieter gleichwohl an der vertragswidrigen Tierhaltung fest, kann der Vermieter seinen Unterlassungsanspruch **gerichtlich** geltend machen. Nach vereinzelter Rechtsprechung soll er zuvor berücksichtigen, dass der Mieter das Tier inzwischen lieb gewonnen haben kann.[178] Deshalb könne der Vermieter den Unterlassungsanspruch nur dann geltend machen, wenn keine weniger einschneidenden Maßnahmen zum gewünschten Erfolg führen würden.[179] 117

b) Prozessuale Durchsetzung. Der Vermieter sollte seinen Unterlassungsanspruch alsbald gerichtlich anhängig machen. Anderenfalls kann der Anspruch nach § 242 BGB verwirken.[180] Ferner steigt die Mitverantwortung des Vermieters für die von dem Tier ausgehenden Beeinträchtigungen Dritter, da der Vermieter einem ihm bekannten, vertragswidrigen Verhalten nicht mit dem gebotenen Nachdruck ahndet. 118

Der Vermieter hat vor einer gerichtlichen Geltendmachung zu prüfen, ob das Mietobjekt in einem Bundesland liegt, in dem zunächst eine **außergerichtliche Streitschlichtung** durchzuführen ist, bevor ihm der Klageweg offensteht.[181] 119

Der **Gegenstandswert** des Abschaffungsverlangens und Unterlassungsinteresses[182] des Vermieters kann nach § 3 ZPO, § 48 GKG von den Auswirkungen der von dem Tier ausgehenden Störungen abhängen,[183] also zB nach § 9 ZPO auf den 3,5-fachen Jahresbetrag eines **Mietausfallschadens** des Vermieters abgestellt werden.[184] Hat das Tier **Sachschäden** verursacht, so können die Schadensbeseitigungskosten herangezogen werden.[185] Auch generalpräventive Aspekte können berücksichtigt werden.[186] Nach Auffassung des LG Köln stellt die Tierhaltung eine **Teilnutzung** des Mietobjektes dar. Deshalb könne der Streitwert unter Berücksichtigung der Wohnungsgröße sowie der dort lebenden Personenzahl auf 10 % des Jahresnettomietzinses festgesetzt werden. 120

In der auf **Entfernung** des Tieres aus der Mietsache sowie zukünftige **Unterlassung** einer Tierhaltung in der Mietwohnung gerichteten Klage hat der Vermieter den **Klageantrag** gem. § 253 Abs. 2 Nr. 2 ZPO so konkret wie möglich zu formulieren. Es sind der Mieter, das Mietobjekt und das betroffene Tier so exakt wie möglich zu bezeichnen. Möglich wäre die **Formulierung** eines entsprechenden Sachantrages wie folgt: 121

[175] LG Köln ZMR 1994, 478.
[176] → Rn. 94, 107.
[177] AG Hamburg-Altona WuM 1989, 624.
[178] LG Essen WuM 1986, 117; LG Mannheim MDR 1962, 989; AG Bonn WuM 1987, 213; AG Hamburg-Harburg WuM 1983, 236; aA AG Aachen ZMR 1992, 454.
[179] LG Hamburg MDR 1962, 656; AG Hamburg-Wandsbek WuM 1991, 94; AG Köln WuM 1980, 85.
[180] LG Berlin WuM 1984, 130; LG Essen WuM 1986, 117; AG Frankfurt a. M. NZM 1998, 759.
[181] → Rn. 72 ff., 76 f.; Dallemand WuM 1997, 23; LG Kassel WuM 1998, 296; LG Braunschweig WuM 1996, 291; LG Hamburg WuM 1993, 469; LG München I WuM 1992, 495; LG Hamburg WuM 1996, 532 (3.000 DM).
[182] LG Darmstadt WuM 1992, 117: 600 DM; LG München I NZM 2002, 734; AG Kenzingen WuM 1986, 248 (2.000 DM); Gies NZM 2003, 886.
[183] BGH WuM 2000, 427; LG Hamburg WuM 1989, 10; aA LG Berlin WuM 2000, 313; LG Köln WuM 2001, 291.
[184] Blank NZM 1998, 5; → Rn. 90.
[185] LG München I NZM 2002, 820.
[186] LG Hamburg WuM 1996, 532 (3.000 DM).

Formulierungsvorschlag:

122 Der Beklagte wird verurteilt, die in der im 4. OG links des Hauses Uferstraße 6 in 54321 Köln gelegenen Mietwohnung gehaltene, schwarze, am 23.4.1984 und ca. 60 cm hohe Rottweilerhündin „Britta" mit der Tätowiernummer 12.345 zu entfernen **und** zukünftig keinen Hund ohne die vorherige Zustimmung des Klägers (Vermieters) in der Mietwohnung zu halten.

123 Der die Zukunft betreffende **Unterlassungsantrag** ist zu stellen, da der verurteilte Mieter sonst nach (vorübergehender) Abschaffung des Tieres das Urteil entwertet von dem Vermieter herausverlangen und dann entweder den Hund zurückholen[187] oder einen neuen Hund anschaffen und in der Mietwohnung halten könnte. Der Vermieter müsste dann erst wieder einen vollstreckungsfähigen Titel erstreiten, um diese erneute Tierhaltung zu unterbinden.

Zur Beschleunigung einer etwaig später erforderlich werdenden **Vollstreckung** des Unterlassungstitels sollte schon in der Klageschrift **beantragt** werden:

Formulierungsvorschlag:

124 Für jeden Fall der Zuwiderhandlung wird dem Beklagten (Mieter) ein Ordnungsgeld bis zur Höhe von 250.000 EUR oder, falls dieses nicht beigetrieben werden kann, Ordnungshaft von bis zu 6 Monaten angedroht.

125 Wird das Tier während des Rechtsstreits **abgeschafft,** kann der Vermieter den Rechtsstreit hinsichtlich des Entfernungsverlangens insoweit in der Hauptsache für **erledigt** erklären. Der Unterlassungsanspruch ist dann noch zu titulieren und insgesamt über die Kosten des Verfahrens zu entscheiden.

126 Stimmt der Mieter der teilweisen Erledigungserklärung nicht zu, weil er die ursprüngliche Klage für unbegründet hält und deshalb „Klageabweisung" verlangt, hat der Vermieter zu beantragen, dass die teilweise Erledigung des Rechtsstreits festgestellt werden soll.

127 Gegen ein Urteil des Amtsgerichts ist nur in Ausnahmefällen **Berufung** zulässig.[188] Der für die Zulässigkeit der Berufung maßgebliche **Beschwerdewert** hängt davon ab, ob der Mieter[189] oder der Vermieter[190] das Rechtsmittel einlegt. Hat das Amtsgericht den Gegenstandswert der ersten Instanz unter der Berufungssumme festgesetzt, so ist das **Landgericht** hieran nicht gebunden, sondern setzt den Beschwerdewert selbst fest.[191] Der Berufungskläger sollte deshalb baldmöglichst beim Landgericht die **Streitwertfestsetzung** beantragen, um eine etwaig unzulässige Berufung aus Kostengründen kurzfristig zurücknehmen zu können.

128 Auch ein Antrag auf einstweilige **Einstellung der Zwangsvollstreckung** aus dem erstinstanzlich vorläufig vollstreckbaren Titel setzt voraus, dass der Titel mit Erfolgsaussichten in der zweiten Instanz angegriffen werden kann, dh die Berufung zumindest zulässig ist.[192]

129 **c) Zwangsvollstreckung.** Die Vollstreckung des auf **Entfernung** des Tieres aus der Mietwohnung gerichteten Titels erfolgt als vertretbare Handlung nach § 887 ZPO.[193] Sie setzt voraus, dass der Mieter **erfolglos** aufgefordert wurde, die ihm in dem Titel auferlegte Handlung in einer angemessenen, ihm konkret bestimmten **Erledigungsfrist**

[187] AG Hannover WuM 2000, 188; AG Aachen WuM 1992, 432.
[188] → Rn. 88 ff.
[189] → Rn. 74, 90, 120.
[190] → Rn. 90, 120.
[191] BGH NJW-RR 2005, 219; NZM 2008, 78.
[192] → Rn. 88 ff.
[193] OLG Hamm NJW 1966, 2415; LG Hamburg NJW-RR 1986, 158; aA LG Köln MDR 1963, 228.

vorzunehmen. Dann kann sich der Vermieter durch das Gericht zur **Ersatzvornahme** berechtigen lassen. Es besteht ein Kostenvorschussanspruch des Gläubigers, dessen Höhe im Ermessen des Gerichts steht.[194]

Er kann **beantragen:**

Formulierungsvorschlag:

1. Der Gläubiger (Vermieter) wird gemäß § 887 Abs. 1 ZPO ermächtigt, die dem Schuldner (Mieter) in dem vollstreckbaren Urteil des Amtsgerichts Köln vom 1.4.2008 – 100 C 100/08 auferlegte Handlung, nämlich den in der im Erdgeschoss Mitte des Hauses Kuhstraße 27 in 54321 Köln gelegenen Wohnung gehaltenen Pitbull-Terrier „Tom" zu entfernen, auf Kosten des Schuldners vornehmen zu lassen. 130
2. Der Schuldner hat die Vornahme der Handlung zu dulden, insbesondere das Betreten seiner Wohnung durch die von dem Gläubiger mit der Vornahme der Handlung betraute Person. Dieser hat der Schuldner zur Vornahme der Handlung den Zugang zu seiner Wohnung zu verschaffen. Dies gilt zugleich als Durchsuchungsanordnung im Sinne von Art. 13 Abs. 2 GG.
3. Zugleich wird der Schuldner nach § 887 Abs. 2 ZPO verurteilt, auf die durch die Vornahme der Handlung durch den Gläubiger sowie die für den Fall einer eventuell notwendigen vorübergehenden Unterbringung des Hundes in einem Tierheim entstehenden Kosten, an den Gläubiger einen Vorschuss in Höhe von 300 EUR zu zahlen.

Bei der Ersatzvornahme kann der Vermieter etwaigen Widerstand des Mieters gemäß § 892 ZPO durch den **Gerichtsvollzieher** brechen lassen. Das Tier kann dann von einem **Tierfänger** mitgenommen und auf Kosten des Mieters in einem Tierheim untergebracht werden. 131

Verstößt der Mieter zukünftig gegen den **Unterlassungstitel**, so kann der Vermieter gemäß § 890 ZPO beim Prozessgericht erster Instanz **beantragen:** 132

Formulierungsvorschlag:

Gegen den Schuldner (Mieter) wird wegen Verstoßes gegen das in dem Urteil des AG Köln vom 1.4.2008 – 100 C 100/08, titulierte Verbot, in der im EG Mitte des Hauses Kuhstraße 27 in 54321 Köln gelegenen Wohnung ohne die vorherige Zustimmung des Gläubigers einen Hund zu halten, ein **Ordnungsgeld,** und für den Fall, dass dieses nicht beigetrieben werden kann, Ordnungshaft festgesetzt. 133

Nach dem Antrag hat der Vermieter das Vorliegen der **Vollstreckungsvoraussetzungen** darzulegen. Die Höhe des Ordnungsgeldes bzw. die Dauer der Ordnungshaft wird vom Gericht festgesetzt. Ein konkret beziffterter Antrag ist nicht erforderlich, Anregungen zur Höhe des Ordnungsgeldes aber möglich. Der Beschluss wird dann von Amts wegen gegenüber dem Schuldner vollstreckt. 134

d) Kündigung des Mietverhältnisses. Der Vermieter kann (ggf. nach vorheriger erfolgloser Abmahnung) gem. § 543 Abs. 2 Nr. 2 BGB oder gem. §§ 543 Abs. 1, 569 Abs. 2 BGB zur fristlosen, sonst gem. § 573 Abs. 2 Nr. 1 BGB zur ordentlichen **Kündigung** des Mietverhältnisses berechtigt sein,[195] zB bei zooähnlichen Zuständen in der Mietwohnung,[196] bei fortgesetzt unzulässigem Füttern von Tauben,[197] Verursachung eines Bran- 135

---

[194] AG Bremen WuM 2007, 144.

[195] LG Hildesheim WuM 2006, 525; AG Berlin-Spandau GE 2002, 670; AG Potsdam NZM 2002, 735 bei Hundegebell; AG Frankfurt a. M. NZM 1998, 759 bei gefährlichen Tieren; aA LG Offenburg WuM 1998, 285.

[196] LG Karlsruhe NZM 2001, 891; AG München NZM 1999, 616; AG Neustadt a. Rbge. NZM 1999, 308 = WuM 1999, 666.

[197] LG Berlin NJW-RR 1997, 395 = GE 1996, 1433; LG Düsseldorf BeckRS 1992, 30946566; AG Bonn BeckRS 2018, 9677; AG Nürnberg BeckRS 2016, 116613 = WuM 2017, 150.

des durch einen unerlaubt gehaltenen Hund,[198] fortgesetzter Tierhaltung trotz Abmahnung[199] oder nach dem Angriff eines unerlaubt gehaltenen Hundes gegen einen anderen Mieter.[200] Der Vermieter muss sich **nicht vorrangig** auf die Durchsetzung des **Unterlassungs-** und Entfernungsanspruchs verweisen lassen.[201]

136 Das gelegentliche Verschmutzen des Treppenhauses durch den Hund genügt ebenso wenig,[202] wie der Eindruck des Vermieters, der Mieter werde seinen Hund auf ihn hetzen,[203] oder die Errichtung zweier Taubenschläge auf dem gemieteten Grundstück, die ohne größere Probleme wieder entfernt werden können.[204]

137 Hat der Vermieter seinen Entfernungsanspruch rechtskräftig tituliert, so kann er das Mietverhältnis gem. §§ 543 Abs. 1, 569 Abs. 2 BGB **fristlos,** hilfsweise ordentlich **kündigen,** wenn der Mieter eine ihm für die Abschaffung des Tieres von dem Vermieter eingeräumte **Erledigungsfrist** ungenutzt verstreichen lässt. Es ist dem Vermieter dann nicht zuzumuten, das hartnäckig vertragswidrige Verhalten des Mieters für die Dauer der ordentlichen Kündigungsfrist hinzunehmen. Selbst eine **Räumungsfrist** komme nicht in Betracht.[205]

138 Ob der Vermieter zuvor die **Zwangsvollstreckung** des Entfernungstitels versucht haben muss, ist streitig. Da der vom Vermieter beauftragte **Gerichtsvollzieher** nicht für die Beseitigung des Tieres, sondern nur für die Durchsetzung des Zutritts zur Wohnung und Überwindung etwaigen Widerstandes des Tierhalters zuständig ist,[206] und die örtliche Feuerwehr, Ordnungsbehörde und Tierheime idR ebenfalls nicht weiterhelfen, ist dem Vermieter oftmals eine Vollstreckung nicht möglich.

9. Beendigung des Mietverhältnisses

139 Endet das Mietverhältnis, so hat der Mieter aufgrund seiner Rückbau- und Räumungsverpflichtung die Gebrauchsspuren des von ihm in dem Mietobjekt gehaltenen Tieres zu **beseitigen**[207] und das Tier selbst bei Auszug **mitzunehmen.**

140 Hat der Mieter diese Pflicht in erheblichem Umfang zum Ende des Mietverhältnisses nicht erfüllt, kann dies als Nichterfüllung der Räumungspflicht nach § 546 BGB zu bewerten sein. Der Mieter ist zumindest nach entsprechender Fristsetzung (§ 281 Abs. 1 S. 1 BGB) zur Nachholung der noch erforderlichen Arbeiten verpflichtet.[208] Kommt er dieser Pflicht nicht nach, kann der Vermieter nach erfolglosem Firstablauf die erforderlichen Maßnahmen im Wege der Ersatzvornahme ausführen lassen und die hierdurch entstandenen Kosten ersetzt verlangen.

141 Erfordert die restliche Räumung des Mietobjektes keine erheblichen Kosten, so ist der Vermieter auf Grund seiner Schadensminderungspflicht sofort zur **Schadensbeseitigung** und Weitervermietung der Wohnung verpflichtet.[209] Der ehemalige Mieter ist dann aus verpflichtet, dem Vermieter den Mietausfallschaden sowie die entstandenen Schadensbeseitigungskosten zu **ersetzen.**

---

[198] LG Berlin GE 1991, 151.

[199] LG Berlin ZMR 1999, 28; LG Hildesheim WuM 2006, 525.

[200] LG Berlin GE 1993, 97.

[201] Vgl. BGH NJW 2015, 2417f. = WuM 2015, 416 Rn. 17ff. zur Kündigung bei Verletzung von Duldungspflichten durch den Mieter.

[202] AG Reichenbach WuM 1994, 322; AG Köln WuM 2001, 512.

[203] AG Potsdam WuM 1994, 668.

[204] AG Jülich WuM 2006, 562.

[205] BVerfG NZM 1999, 212; AG Neustadt NZM 1999, 308.

[206] AG Meschede DGVZ 1997, Nr. 6.91.

[207] OLG Bamberg NZM 2002, 917; LG Mainz WuM 2003, 624; LG Freiburg WuM 2002, 314; Schmid IMR 2015, 259.

[208] BGH NJW 1989, 451.

[209] OLG München DWW 1987, 125.

II. Radio und Fernsehen

1. Rechtliche Grundlagen

a) **Art. 5 GG.** Art. 5 Abs. 1 GG gewährleistet **jedermann Informationsfreiheit,** d. h. deutschen und ausländischen Mitbürgern das Recht, sich aus allgemein zugänglichen Quellen ungehindert zu unterrichten. Besondere Informationsinteressen des Mieters müssen angemessen gewürdigt werden.[210] Die jeweilige Staatsangehörigkeit eines Mieters kann von einem Stichtag abhängen und soll deshalb nicht entscheidend sein.[211] 142

Zu diesen Informationsquellen gehören ua Zeitungen, Hörfunk- und Fernsehsendungen sowie das Internet als **Massenkommunikationsmittel.** Einen Unterschied zwischen in- und ausländischen Informationsquellen macht das Grundgesetz nicht. *„Allgemein zugänglich"* sind daher auch alle **fremdsprachigen** Fernseh- und Rundfunkprogramme, deren Empfang in der Bundesrepublik Deutschland technisch möglich ist. 143

Der Grundrechtsschutz erstreckt sich auch auf die **technischen Anlagen,** die für den Empfang der Informationen beschafft, installiert und genutzt werden müssen. 144

Die Informationsfreiheit ist jedoch **nicht vorbehaltlos** gewährleistet. Sie findet ihre Schranken gem. Art. 5 Abs. 2 GG in den allgemeinen Gesetzen. Zu diesen gehören auch die miet- und eigentumsrechtlichen Bestimmungen des BGB, insbes. das durch Art. 14 GG geschützte **Eigentumsrecht** des Vermieters. 145

Es ist deshalb in jedem **Einzelfall** zwischen den Informationsinteressen des Mieters und den Eigentümerinteressen des Vermieters **abzuwägen.** Es gibt **keine allgemein gültige Zahl,** wie viele heimatsprachige Programme der Mieter beanspruchen kann, um Vorrang vor den Interessen des Vermieters zu haben. 146

b) **§ 535 BGB.** Gem. § 535 Abs. 1 S. 2 BGB hat der Vermieter dem Mieter während der Mietzeit den **typischen Wohngebrauch** in der Mietsache zu gewährleisten. Hierzu gehört alles, was für die Benutzung des Mietobjektes als existenziellem Lebensmittelpunkt des Mieters und seiner Familie von Bedeutung ist,[212] also auch der **Fernseh- und Hörfunkempfang.**[213] 147

aa) Vertragsgestaltung. Es empfiehlt sich, bereits vor Begründung des Mietverhältnisses die bauseits im Mietobjekt bereits vorhandenen Empfangsmöglichkeiten zu erörtern, um spätere Auseinandersetzungen zu vermeiden. Dies gilt insbesondere dann, wenn es sich bei dem Mietinteressenten um einen ausländischen Mitbürger handelt, oder wenn der deutsche Mietinteressent das Mietobjekt mit einem Ehe- oder Lebenspartner ausländischer Herkunft beziehen möchte. 148

Der Mietvertrag sollte daher regeln, 149

- mit welcher bauseits vorhandenen **Einrichtung** für den Empfang welcher konkreten Fernseh- und Rundfunkprogramme das Mietobjekt vermietet und von wem diese Einrichtung betrieben wird,
- dass der Vermieter aber nicht für die zukünftige Empfangbarkeit dieser Programme haftet,
- ob der Vermieter mit einem Betreiber einen das ganze Haus betreffenden **Gestattungsvertrag** abgeschlossen hat und der Mieter verpflichtet ist, mit diesem Betreiber für seine jeweilige Wohnung einen **Versorgungsvertrag** abzuschließen,
- dass der Vermieter berechtigt ist, die personenbezogenen **Daten** des Mieters dem Betreiber zur Verfügung zu stellen,
- dass der Vermieter sich das Recht vorbehält, die Einrichtung für den Empfang von Fernseh- und Rundfunkprogrammen selbst oder durch eine andere Firma zu **betreiben,**

---

[210] BVerfG NZM 2013, 376.
[211] VerfGH Berlin InfoM 2008, 12 bei Deutschem polnischer Herkunft; KG WuM 2007, 618.
[212] BayObLG WuM 1981, 80.
[213] BVerfG NJW 1994, 1147; Drasdo WuM 2006, 279.

- dass der Vermieter sich die **Erlaubnis** zu einer Veränderung der bisherigen Empfangsmöglichkeiten vorbehält,
- über einen etwaigen **Antrag** des Mieters nach den aus der als Anhang zum Mietvertrag genommenen **Checkliste**[214] hervorgehenden Ermessenskriterien entscheidet,
- welche **Kosten** der Mieter einerseits an den Betreiber der vorhandenen Einrichtung sowie andererseits als umlagefähige Betriebskosten an den Vermieter derzeit zu zahlen hat und
- dass die Installation und der Betrieb von Sende- und **CB-Funk**antennen grundsätzlich nicht gestattet ist.[215]

150 Nach hier vertretener Auffassung haftet der Vermieter grundsätzlich weder für die Empfangbarkeit konkreter Einzelprogramme noch ist er verpflichtet, auf eigene Kosten dem Mieter einen technisch notwendigen Decoder zur Verfügung zu stellen. Einen gegen den Vermieter gerichteten **gesetzlichen** Anspruch des Mieters auf Bereitstellung einer **Grundversorgung** mit bestimmten Programmen gibt es nicht.

151 Fehlt eine vertragliche Anspruchsgrundlage, so hat der Mieter die Versorgung seiner Wohnung mit Funk und Fernsehen grundsätzlich auf eigene Kosten selbst zu bewerkstelligen.[216] Werden Antennenprogramme nicht mehr vom Sender ausgestrahlt, so hat der Mieter sich den nun zum Empfang der digitalen Programme erforderlichen **Decoder** selber anzuschaffen.[217] Der Vermieter hat lediglich den Betrieb – ggf. unter vom Mieter zu erfüllenden Auflagen, zB fachgerechter Einbau – zu erlauben.

Hierbei ist jedoch zu beachten, dass bauliche Veränderungen der Genehmigung des Vermieters bedürfen.

152 Darf der Mieter zu Beginn des Mietverhältnisses die vorhandenen Empfangsmöglichkeiten auf seine Kosten erweitern, so sollte das **Einverständnis** des Vermieters in dem Mietvertrag schriftlich fixiert, ein **Widerrufs**recht des Vermieters vereinbart und für den Fall der Beendigung des Mietverhältnisses eine **Rückbau**verpflichtung des Mieters aufgenommen werden. Klarstellend sollte der Vertrag zudem regeln, dass die Erweiterung sach- und fachgerecht erfolgen muss.

153 *bb) Verbotsklausel.* Eine die zukünftige Veränderung der vorhandenen Empfangsmöglichkeiten generell ausschließende Verbotsklausel ginge zu Lasten der durch das Grundgesetz geschützten Interessen des Mieters und ist deshalb nach § 307 BGB **unwirksam.**[218]

154 Dem Mieter kann aber im Mietvertrag durch eine Formularklausel wirksam untersagt werden, in dem Mietobjekt ein **CB-Funkgerät** zu betreiben. Es handelt sich idR um ein Hobby des Mieters, das als Freizeitinteresse nicht dem Wohnzweck dient und deshalb nicht zu dem geschützten, unabweisbaren Verkehrsbedürfnis des Mieters gehört.[219] Dies gilt selbst für einen blinden Mieter.[220]

155 *cc) Vertraglicher Erlaubnisvorbehalt.* Es sollte in den Mietvertrag eine Klausel aufgenommen werden, dass der Mieter nicht ohne vorherige **Rücksprache** mit dem Vermieter zur Veränderung der bisherigen Empfangsmöglichkeiten berechtigt ist. Diese könnte zB lauten:

---

[214] → Rn. 159.
[215] → Rn. 154, 159, 175, 325 ff.
[216] Grüneberg/Weidenkaff BGB § 535 Rn. 23; Blank/Börstinghaus/Siegmund/Blank BGB § 535 Rn. 522; Schmidt-Futterer/Eisenschmid BGB § 535 Rn. 289, 468.
[217] So auch LG Berlin MuL 3/2004, 14; auch nicht auf Sozialhilfe VG Hannover WuM 2004, 493.
[218] BGH WuM 2007, 381.
[219] BVerfG NVwZ 1992, 463; BayObLG WuM 1981, 80; LG Heilbronn NJW-RR 1992, 10; AG Schöneberg GE 1995, 763; AG Köln NZM 2000, 88; Siegert NJW 1996, 2287.
[220] LG Essen WuM 1980, 30.

Formulierungsvorschlag:

Der Mieter bedarf mit Rücksicht auf die Gesamtheit der Mieter und im Interesse einer ordnungsmäßigen Bewirtschaftung des Hauses und der Wohnung der vorherigen Zustimmung des Vermieters, wenn er die bisherige Einrichtung für den Empfang von Fernseh- und Rundfunkprogrammen verändern oder ergänzen möchte. 156

Die Zustimmung des Vermieters kann formularvertraglich nicht wirksam an ein **Schriftformerfordernis** gekoppelt werden, da auch **mündliche** Abreden der Parteien möglich bleiben sollen.[221] Eine bereits vereinbarte Schriftformklausel bleibt aber ohne das Formerfordernis wirksam, wenn sich dieses von der übrigen, mit der Gesetzeslage übereinstimmenden Regelung inhaltlich und sprachlich trennen lässt und nicht von so einschneidender Bedeutung ist, dass die Klausel durch den Wegfall der Schriftformregelung gegenüber der bisherigen Vertragsgestaltung einen völlig anderen Inhalt bekommt.[222] 157

Stellt der Mieter während des Mietverhältnisses einen auf Veränderung der bisherigen Empfangsmöglichkeiten gerichteten **Antrag,** so stellt sich die Frage, nach welchen Kriterien der Vermieter hierüber zu entscheiden hat. Zum Teil wird die Auffassung vertreten, dass die der Entscheidung des Vermieters zugrunde liegenden **Ermessenskriterien** vorab als **Anhang** in den Mietvertrag aufzunehmen seien. Erst dann werde eine **Selbstbindung** und **Rechtsklarheit** erreicht. 158

Folgende **Checkliste,** in der einige **Ermessenskriterien** beispielhaft aufgezählt sind, können bei der Entscheidungsfindung berücksichtigt werden: 159

Checkliste: Ermessenskriterien

- ☐ Es besteht ein wirksam begründetes Mietverhältnis.
- ☐ Das Recht des deutschen Mieters, seines mit ihm in der Wohnung lebenden ausländischen Ehepartners oder des ausländischen Mieters, sich aus allgemein zugänglichen Programmquellen ungehindert unterrichten zu können, lässt sich bislang in dem Mietobjekt nicht ausreichend erfüllen.
- ☐ Der Mieter stellt bei dem Vermieter einen Antrag, in dem er sein verfolgtes Interesse an dem Empfang zusätzlicher heimatsprachiger Programme konkret dargelegt.
- ☐ Der Mieter kann über die von ihm gewünschte Neuinstallation mehr heimatsprachige Programme empfangen als über die derzeit in dem Mietobjekt vorhandene Programmversorgung.
- ☐ Es ist ungewiss, ob und wann der Vermieter das Mietobjekt an eine bisher fehlende Gemeinschaftsanlage anschließt, über die dann der Empfang weiterer, vom Mieter gewünschter Programme möglich ist
- ☐ Der Mieter hat dem Vermieter die gewünschte Neuinstallation konkret nach Hersteller, Typ, Größe, Farbe, gewünschten Montageort usw benannt.
- ☐ Die von dem Mieter beabsichtigte Neuinstallation ist baurechtlich zulässig.
- ☐ Die von dem Mieter beantragte Änderung der bisherigen Empfangsmöglichkeiten von Fernseh- und Rundfunkprogrammen führt technisch zu einer Verbesserung des Informationsangebots.
- ☐ Der Neuinstallation stehen auch keine Vorschriften des Denkmalschutzes oder vom Vermieter zu beachtender Rechte Dritter entgegen.
- ☐ Der Mieter beauftragt einen Fachmann mit der Installation der neuen Einrichtung.
- ☐ Die neue Einrichtung stört technisch keine anderen Einrichtungen des Hauses.
- ☐ Der von dem Mieter unter Beachtung der angestrebten Empfangsmöglichkeiten beabsichtigte Montageort stört das Erscheinungsbild des im Eigentum des Vermieters stehenden Mietshauses am wenigsten.
- ☐ Der Mieter trägt alle mit der Installation und dem Betrieb der neuen Anlage verbundenen Kosten und Gebühren. Er stellt den Vermieter von etwaigen finanziellen Lasten frei.
- ☐ Der Mieter verpflichtet sich, seine Neuinstallation auf eigene Kosten zu beseitigen, wenn der Vermieter das Mietshaus an eine gleichartige Gemeinschaftseinrichtung anschließt.

---

221 BGH WuM 1991, 381; AG Konstanz BeckRS 2007, 11204 = WuM 2007, 315.
222 OLG Frankfurt a. M. WuM 1992, 56; LG Mannheim WuM 1992, 470.

- ☐ Der Vermieter kann von dem Mieter den Nachweis und die Aufrechterhaltung einer privaten Haftpflichtversicherung beanspruchen.
- ☐ Der Vermieter kann zur Absicherung von die Neuinstallation betreffenden Schadensbeseitigungs- und Rückbaukosten von dem Mieter Sicherheiten beanspruchen.
- ☐ Der Vermieter behält sich den Widerruf seiner Erlaubnis für den Fall vor, dass durch die Veränderung der bisherigen Empfangsmöglichkeit nicht hinzunehmende Beeinträchtigungen entstehen sollten.
- ☐ Der Mieter kann verpflichtet werden, bei Beendigung des Mietverhältnisses die von ihm vorgenommene Veränderung rückzubauen und den ursprünglichen Zustand wieder herzustellen.

160 Die vereinbarten Ermessenskriterien sind dann während des Mietverhältnisses auf den konkreten Einzelfall **sachgerecht** anzuwenden und Entscheidungen auf dieser Basis zu begründen. Dabei hat jede Partei ihre **Darlegungs-** und **Beweislast** zu beachten.

161 *dd) Fehlende Klausel.* Fehlt in einem bereits abgeschlossenen Mietvertrag eine einschlägige Vertragsklausel, so ist gleichwohl eine Beteiligung des Vermieters und eine **Interessensabwägung** zwischen den auf beiden Seiten betroffenen Grundrechten erforderlich. Die Checkliste kann den Parteien dann als **Richtlinie** dienen. Der Vermieter darf seine Erlaubnis nach § 242 BGB nur dann verweigern, wenn hierfür konkrete **sachliche Gründe** vorliegen. Überwiegen aber die Interessen des Mieters, so kann dieser die **Erlaubnis** des Vermieters zu der geplanten Veränderung der bisherigen Empfangsmöglichkeiten weiter beanspruchen und notfalls **einklagen.**[223]

162 c) **Rechtspositionen und Pflichten des Mieters.** Zum vertragsgemäßen Wohngebrauch des Mieters gehört ein möglichst störungsfreier **Radio- und Fernsehempfang.** Entgegenstehende Vertragsklauseln im Mietvertrag sind unwirksam.

163 Wurde dem gegenüber vereinbart, dass die Wohnung mit einer bestimmten Empfangsmöglichkeit vermietet wird, so hat der Vermieter den Fortbestand zu gewährleisten. Der Mieter hat gemäß § 535 Abs. 1 S. 2 BGB hinsichtlich der bauseits vorhandenen Empfangsanlage einen **Instandsetzungs-** und **Instandhaltungsanspruch,**[224] andererseits gemäß § 554 BGB eine Duldungsverpflichtung.

164 Da der vertraglich vereinbarte Empfang allgemein zugänglicher Fernseh- und Rundfunkprogramme zum **vertragsgemäßen Wohngebrauch** des Mieters gehört, ist der Vermieter bis auf die vertraglich vereinbarten oder gesetzlich geregelten Ausnahmen[225] **gehindert,** während des Mietverhältnisses die bisher mitvermietete Versorgung des Mieters mit Hörfunk- und Fernsehprogrammen ohne dessen Zustimmung zu **verändern.**

165 Davon zu unterscheiden ist der Fall, dass zB
- der Breitbandkabelnetzbetreiber seine **Programmpakete** verändert, ohne dass der Vermieter dies beeinflussen kann oder
- bisher terrestrisch empfangbare Programme nunmehr wegen der fortschreitenden **Digitalisierung**[226] nur noch über einen zusätzlichen Decoder empfangen werden können.

166 Ob der Mieter bei Ausfall der vom Vermieter geschuldeten Versorgung zu einer angemessenen **Mietminderung** berechtigt ist, hängt davon ab, ob der Wegfall der bisherigen Empfangsmöglichkeiten in dem konkreten Einzelfall als erheblicher Mangel iSd § 536 Abs. 1 S. 2 BGB zu qualifizieren ist.

AG Schöneberg GE 1988, 361	10 % bei mängelbedingt schlechtem Empfang.
LG München I WuM 1989, 563	5 % wenn der Empfang ausländischer Programme aus vom Vermieter zu vertretenden Gründen unmöglich wird.

[223] → Rn. 246 ff.
[224] AG Dortmund NZM 2005, 664; AG Bad Oldesloe WuM 1986, 16.
[225] → Rn. 181.
[226] Näher: Hitpass NZM 2012, 401 (402, 404).

LG Berlin MM 1994, 396	5 % bei Entfernung der Fernsehantenne wegen Ausbau des Dachgeschosses.
AG Schwäbisch Gmünd NZM 2005, 105	2 % bei Ausfall der Hausantenne und über das Ersatzgerät nur noch 4 Programme zu empfangen sind.
LG Berlin GE 1996, 471	1 % bei abgeklemmter Gemeinschaftsantenne, wenn die Programme auch über eine Einzelantenne zu empfangen sind.
AG Hamburg WuM 1990, 70	0 % bei schlechtem Fernsehempfang auf Grund örtlicher Gegebenheiten.
AG Köln WuM 1980, 125	0 % bei veralteter Gemeinschaftsantenne.
AG Frankfurt a. M. NJW-RR 1992, 971	0 % bei 5-tägiger Störung des Fernsehempfangs.

Ist der Empfang der gewünschten Programme über eine Zimmerantenne nicht (mehr) gewährleistet, so kann der Mieter berechtigt sein, einen Decoder anzuschließen, sonst eine **eigene Außenantenne** zu installieren oder sein Mietobjekt an ein Breitbandkabelnetz anschließen zu lassen.[227] Dies kann der Vermieter nicht wirksam untersagen, jedenfalls nicht, wenn der Mieter die zusätzlich entstehenden Kosten selber trägt und die anderen Hausbewohner nicht in ihren Empfangsmöglichkeiten beeinträchtigt werden.[228] Lediglich wenn die angestrebte Einrichtung in dem Mietshaus bereits als Gemeinschaftsanlage vorhanden ist und dem Mieter deren **Mitbenutzung** ermöglicht und zugemutet werden kann, darf dieser keine eigene Empfangseinrichtung beanspruchen, jedenfalls wenn sie Rechte Dritter beeinträchtigen würde.[229] 167

Aus diesen Gründen kann dem Mieter auch **nicht** wirksam durch eine **Formularklausel** generell verboten werden, eine eigene Empfangsanlage zu installieren.[230] Dem Mieter ist der Anspruch auf eine eigene Empfangsanlage im **Einzelfall** vielmehr nur dann versagt, wenn diese gegenüber der bereits vorhandenen Empfangseinrichtung keine nennenswerten Vorteile bietet.[231] Ferner kann der Mieter verpflichtet sein, seine zusätzliche Empfangsanlage wieder zu beseitigen, wenn eine nachträglich von dem Vermieter installierte Gemeinschaftsantenne für ihn nur Vorteile bietet.[232] 168

Wird von dem Vermieter nachträglich ein **Breitbandkabelanschluss** installiert, so bedarf er für den **Abbau** der bisher mitvermieteten Gemeinschaftsantenne der **Zustimmung aller** Mieter des Hauses, da diese dann zukünftig keine Programme aus dem Lang-, Kurz- und Mittelwellenbereich mehr empfangen können.[233] Erklärt sich auch nur ein Mieter des Hauses mit dem Verlust dieser Empfangsmöglichkeiten nicht einverstanden, so muss die bisherige Antenne installiert bleiben.[234] 169

Beantragt der Mieter bei dem Betreiber des Netzes einen **eigenen Breitbandkabelanschluss,** so bedarf er der **vorherigen Zustimmung** des Vermieters bzw. Hauseigentümers. Der Betreiber darf sonst nicht seinen Übergabepunkt im Haus installieren. Zudem muss der Vermieter/Hauseigentümer mit der Installation der hausinternen Verteilung bis in die einzelne Mietwohnung einverstanden sein. 170

Hat der Mieter den Anschluss des Mietshauses an das Breitbandkabelnetz veranlasst, so hat er zukünftig zu **dulden,** dass sich auch **andere** Mietparteien des Hauses von dem Betreiber an den nunmehr vorhandenen Übergabepunkt **anschließen** lassen. Es ist dann lediglich zu klären, wer Vertragspartner des Betreibers wird, wie die Kosten verteilt werden und für wen welche Vertragslaufzeiten bzw. Kündigungsfristen gelten. Die Mietparteien können sich zusammenschließen oder jeweils eigene **Verträge** schließen. 171

---

227 BVerfG WuM 1991, 573; NJW 1994, 1147.
228 BVerfG WuM 1992, 415; AG Düsseldorf WuM 1990, 423; AG Hamburg WuM 1990, 422.
229 BGH MDR 1993, 339.
230 BVerfG NJW 1992, 493; BGH MDR 1993, 339; LG Mannheim ZMR 1992, 342.
231 LG Hamburg WuM 1978, 140.
232 AG Berlin-Wedding MM 1987, 77.
233 KG WuM 1985, 248; LG Berlin MM 1985, 315; LG Tübingen ZMR 1986, 203; AG Siegburg WuM 1984, 245; AG Berlin-Neukölln NZM 2005, 104.
234 AG Berlin-Neukölln NZM 2005, 104.

172 Besonders streitträchtig war bislang die vom Mieter gewünschte Verbesserung der Empfangsmöglichkeiten in Qualität und Programmanzahl durch die Installation einer **Parabolantenne.**[235] In der Rechtsprechung entwickelte sich schnell die Auffassung, dass ein Anspruch des Mieters gegen den Vermieter auf Anschaffung einer bisher nicht vorhandenen Empfangsanlage und damit auf Verbesserung des Mietobjektes im Regelfall nicht besteht.[236] Als Vorfrage ist zu klären, ob das Programmangebot nach den bisher dargelegten Kriterien als ausreichend zu bewerten ist. Ist das der Fall, so versagt der BGH[237] einen Anspruch auf Genehmigung einer Parabolantenne in den Fall, in dem das Begehren mit dem Wunsch gestützt wird, Fernsehprogramme in HD-Qualität zu empfangen. Auch dann wird nach Auffassung des BGH dem durch Art. 5 Abs. 1 S. 1 Hs. 2 GG grundrechtlich geschützten Informationsbedürfnis des Mieters in der Regel hinreichend Rechnung getragen, wenn der Vermieter bereits einen Breitbandkabelanschluss bereitstellt, der den Empfang von Programmen in genügender Zahl und Qualität gewährleistet.

173 Es gibt also **keinen** gegen den Vermieter, auf die Verbesserung der bisherigen Empfangsmöglichkeiten gerichteten **Modernisierungsanspruch** des Mieters.[238] Der Mieter kann von dem Vermieter nicht beanspruchen, dass dieser ihm auf eigene Kosten einen Decoder zur Verfügung stellt oder für einen Anschluss an das Breitbandkabelnetz, die Errichtung des Übergabepunktes und der Hausverteilung sorgt.[239] Dies würde einen Eingriff in die **Dispositionsfreiheit** des Vermieters darstellen, der dem typischen Wohngebrauch des Mieters nicht entnommen werden kann.[240]

174 Es können aber **technische Neuerungen** zu einer Ausweitung des vertragsgemäßen Wohngebrauchs führen, wenn sie für breite Schichten der Bevölkerung zu einer Selbstverständlichkeit geworden sind, dh zum **allgemeinen Lebensstandard** wie zB eine Geschirrspül- oder Waschmaschine bzw. Telefon in der Wohnung gehören.[241] Der Mieter darf deshalb mit Fortschreiten der technischen Entwicklung auch ohne die Zustimmung des Vermieters zB einen **ISDN**- oder **Internet**-Zugang in seiner Wohnung schaffen bzw. dort über einen gekauften oder gemieteten **Decoder** zusätzliche Programme empfangen. Nur wenn hierfür noch zB Hausanschlüsse erforderlich sind bzw. Wasserrohre, Strom- oder Telefonleitungen verlegt werden müssen, können Interessen des Vermieters berührt und deshalb dessen Einwilligung erforderlich sein.

175 Möchte der Mieter in dem Mietobjekt ein **CB-Funkgerät** betreiben und hierfür einen **Funkmast** errichten, so darf der Vermieter bei Fehlen einer Verbotsklausel den Antrag des Mieters gem. § 242 BGB nur aus sachlichen Gründen ablehnen.[242] Dabei können das TKG[243] oder § 7 AfuG[244] zu beachten sein, dh der Mieter darf die CB-Funkanlage nur so betreiben, dass andere hierdurch nicht beeinträchtigt werden.[245]

176 **d) Rechte und Pflichten des Vermieters.** Vertragliche Abreden, die das **Grundrecht** des Mieters auf Information in unzulässigen Umfang beschneiden, sind unwirksam.[246]

177 Dem Vermieter steht es frei zu entscheiden, mit welcher Empfangseinrichtung für Fernseh- und Rundfunkprogramme er das Mietobjekt **ausstattet** und **vermietet.** Auch die **Auswahl** zwischen verschiedenen Betreibern und Programmpaketen obliegt ihm

[235] Vgl. Horst MietRB 2011, 263 ff.; Horst NJW 2005, 2654; Volmer ZMR 1999, 12 ff.; Hitpass NZM 2012, 401 (406).
[236] AG Düsseldorf WM 1990, 423.
[237] BGH BeckRS 2010, 27624 = WuM 2010, 737 = DWW 2011, 56.
[238] BGH BeckRS 2010, 27624 = WuM 2010, 737 = DWW 2011, 56; Hitpass NZM 2012, 401 (406).
[239] Horst NJW 2005, 2654 f.
[240] VerfGH Bayern NJW-RR 1990, 593; LG Kassel WuM 1989, 557; AG Göttingen DWW 1989, 231; AG Siegburg WuM 1990, 493; AG Wuppertal WuM 1991, 160; AG Hamburg WuM 1989, 557.
[241] BayObLG WuM 1981, 80.
[242] LG Essen NJW-RR 1990, 782; AG Kenzingen WuM 1996, 403.
[243] TelekommunikationsG vom 1.8.1996 – BGBl. I 1120 in der Fassung vom 3.5.2012, BGBl. I 958.
[244] AmateurfunkG vom 23.6.1997 – BGBl. I 1494.
[245] BayObLG WuM 1988, 98; LG Stuttgart WuM 1991, 213; AG Köln WuM 1998, 662; AG Kenzingen WuM 1996, 403.
[246] LG Kleve NJW-RR 1993, 656.

allein. Er sollte aber vertraglich jede Haftung für die zukünftige Empfangbarkeit der ursprünglich zur Verfügung gestellten Programmversorgung ausschließen. Anderenfalls drohen dem Vermieter erhebliche Folgekosten, eine Haftung nach den Unmöglichkeitsregeln des BGB oder eine Mietzinsminderung des Mieters.

Eine Klausel, welche das Einverständnis des Mieters zu einer Änderung der Empfangsmöglichkeit sowie die Duldung der erforderlichen Arbeiten nebst Kostenbeteiligung vorsieht, ist wegen Verstoßes gegen § 555d Abs. 7 BGB unwirksam.[247] **178**

Der Vermieter ist nach **§ 535 Abs. 1 S. 2 BGB** während der Mietdauer auf eigene Kosten zur **Instandhaltung** und **Instandsetzung** der von ihm **mitvermieteten** Empfangsanlage verpflichtet. Eine Umlage dieser Kosten auf den Mieter ist nicht möglich. **179**

Tauscht der Vermieter eine eigene (veraltete) Empfangsanlage gegen eine **gemietete** (neue) Anlage aus, so kann er die ihm hierdurch entstehenden Kosten ebenfalls nicht auf die betroffenen Mieter umlegen.[248] Auch die Kosten derjenigen Arbeiten, die nach einer Frequenzänderung des Betreibers erforderlich geworden sind, können nicht auf den Mieter umgelegt werden.[249] **180**

Denkbar ist jedoch eine Erhöhung der Miete nach § 559 BGB, sofern die Maßnahme zu einer Erhöhung des Wohn- und/oder Gebrauchswertes der Mietsache führt (§ 555b Nr. 4 und Nr. 5 BGB).

Grundsätzlich kann der Vermieter während des Mietverhältnisses die bisherige Versorgung des Mieters mit Fernseh- und Rundfunkprogrammen nicht ohne dessen Zustimmung **ändern,** vor allem nicht zu seinem Nachteil. Nur wenn es sich um eine **Modernisierungsmaßnahme** handelt, kann nach § 555d BGB eine **Duldungsverpflichtung** des Mieters bestehen. Dies ist nach § 555b BGB dann der Fall, wenn durch die Veränderung *„der Gebrauchswert der Mietsache nachhaltig erhöht"* wird oder *„die allgemeinen Wohnverhältnisse auf die Dauer verbessert"* werden. Der bisher die Betriebskosten des Kabelanschlusses tragende Mieter muss dann nach der Umstellung der Gemeinschaftsversorgung die ihm zumutbaren Kosten der Gemeinschafts-Parabolantenne tragen.[250] **181**

Der erstmalige Anschluss an das rückkanalfähige Breitbandkabelnetz[251] bzw. an eine Gemeinschafts-Parabolantenne stellt idR eine Modernisierung dar,[252] da der Mieter dann mehr Fernseh- und Rundfunkprogramme als zuvor empfangen kann, die Qualität höher und eine interaktive Nutzung der Medien durch Pay-per-view und Internet möglich ist.[253] Entscheidend ist insoweit, dass die Maßnahme zu einer **Wohn-** oder **Gebrauchswertverbesserung** führt. **182**

Es ist stets eine **Einzelfallbetrachtung** geboten,[254] bei der auch etwaige Härtegründe, Mieterhöhungsverlangen, Folgekosten und bisherige Investitionen des Mieters zu berücksichtigen sein können.

Die während des Mietverhältnisses **laufend** entstehenden Kosten einer Empfangsanlage des Mietshauses kann der Vermieter bei bis zum 31.12.2003 abgeschlossenen Mietverhältnissen als **Betriebskosten** iSd Ziffer 15 der Anlage 3 zu § 27 II. BV, bei seitdem abgeschlossenen Mietverträgen nach § 2 Ziffer 15 BetrKV durch **Vereinbarung** auf die Mieter umlegen. Werden diese Kosten von den Mietern nicht gezahlt, so darf der Vermieter diese Mieter nicht durch **Abklemmen** von der Versorgung ausschließen.[255] **183**

---

[247] BGH WuM 1991, 381; OLG Celle WuM 1990, 103; AG Regensburg WuM 1992, 185.
[248] AG Köln WuM 1987, 198.
[249] AG Düsseldorf WuM 1990, 423.
[250] AG Lörrach WuM 2005, 579.
[251] BGH NZM 2005, 697.
[252] LG München I WuM 1989, 27; AG Berlin-Tiergarten MM 1985, 171; AG Köln WuM 1987, 198.
[253] BGH NJW 2005, 2995 = WuM 2005, 576 Rn. 10 ff.; LG Berlin DWW 1990, 206; LG Oldenburg DWW 1985, 233; AG Hamburg WuM 1990, 498; AG Gelsenkirchen DWW 1987, 262; AG Münster WuM 1989, 190.
[254] LG Berlin WuM 1984, 82; AG Berlin-Schöneberg MM 1985, 353; AG Tempelhof-Kreuzberg WuM 1983, 53; AG Hanau WuM 1989, 189.
[255] AG Görlitz WuM 2006, 143; AG Saarlouis WuM 1986, 16.

Der Mieter ist an die Vereinbarung gebunden, auch wenn er den Kabelanschluss zukünftig nicht mehr nutzen möchte.[256]

184 Entstehen diese Betriebskosten **erstmals** während des Mietverhältnisses, so kann der Vermieter sie nur dann auf die Mieter umlegen, wenn dies bereits vertraglich vereinbart ist, der Mieter nachträglich zustimmt, es sich um eine Modernisierungsmaßnahme handelt,[257] die Kosten unabhängig vom Willen des Vermieters entstanden oder zur ordnungsgemäßen Verwaltung des Grundstücks zwingend erforderlich sind.[258] Aus der Duldungsverpflichtung des Mieters einer preisgebundenen Wohnung folgt nach § 24a Abs. 2 S. 2 NMV, § 10 Abs. 4 WoBindG nicht automatisch auch die Verpflichtung, die laufenden Betriebskosten zahlen zu müssen.

185 Der **Verteilerschlüssel** muss der Billigkeit entsprechen.[259] In der Regel sollten die umlagefähigen Betriebskosten auf die Anzahl der in dem Mietshaus angeschlossenen Wohnungen unabhängig davon umgelegt werden, ob diese vermietet sind oder dort von dem Programmangebot Gebrauch gemacht wird. Die Kosten leerstehender Wohnungen hat dann der Vermieter zu tragen.[260]

2. Das Verhältnis zum Wohnungseigentumsrecht

186 Handelt es sich bei der Mietsache um eine Eigentumswohnung, sind dann bei der Mietvertragsgestaltung und einer nachträglichen Veränderung der bisherigen Empfangsmöglichkeiten von Radio- und Fernsehprogrammen die **Gemeinschaftsordnung,** Hausordnung oder **Beschlüsse** der Wohnungseigentümerversammlung zu beachten,[261] beispielsweise zur Kostenverteilung.[262]

187 Sofern auf wohnungseigentumsrechtlicher Ebene (bestandskräftige) Verbote oder Gebrauchsbeschränkungen bestehen sollten,[263] empfiehlt sich die Gestaltung des Mietvertrages unter Beachtung der vorgenannten Gestaltungen, um Konflikte zu vermeiden. Die Modernisierung des Wohnungseigentumsgesetzes im Jahre 2020 hat hier bereits auf verschiedenen Ebenen für eine Anpassung von Miet- und Wohnungseigentumsrecht gesorgt.

Es entspricht gefestigter Rechtsprechung,[264] dass die zum Mietrecht entwickelten Grundsätze für eine verfassungsgemäße **Interessensabwägung** auch im Wohnungseigentumsrecht anwendbar sind.[265] Es ist stets eine fallbezogene Abwägung geboten.[266]

188 Der **Mieter** einer Eigentumswohnung hat grundsätzlich gegenüber seinem Vermieter die gleichen **Rechte,** wie bei der Anmietung einer Wohnung in einem Mehrparteienhaus, das in ungeteiltem Alleineigentum steht.[267] Der Mieter kann seinem Vermieter gegenüber darauf bestehen, dass eine Maßnahme der Miteigentümergemeinschaft für ihn mit **keiner Verschlechterung** verbunden ist. Er kann von dem Vermieter zB auch aus religiösen Gründen die Erlaubnis zur Installation einer eigenen Parabolantenne ver-

[256] AG Münster MietRB 2008, 133.
[257] BGH MietRB 2007, 281.
[258] LG Hamburg WuM 1980, 50; LG Aachen WuM 1986, 159; AG Lörrach WuM 2005, 579.
[259] OLG Hamm WuM 1983, 315; LG Wuppertal WuM 1989, 520.
[260] BGH NZM 2003, 756.
[261] OLG Zweibrücken NZM 2006, 937.
[262] BGH NZM 2007, 886; KG NZM 2005, 425; OLG Hamm NZM 2004, 914; OLG München NZM 2007, 775; 2007, 571.
[263] BVerfG NJW 1995, 236; OLG Düsseldorf WuM 1997, 387; KG NJW 1992, 2577; BayObLG WuM 2002, 325; 2004, 112; OLG Köln NZM 2004, Heft 20 V; BayObLG WuM 2004, 727; OLG Köln NZM 2004, 833.
[264] BVerfG WuM 1991, 573; 1992, 415; 1994, 251; 1995, 304; OLG Celle NJW-RR 1994, 2160; im Einzelnen: Horst NJW 2005, 2654 f.
[265] BVerfG WuM 1995, 304; NJW 1994, 2143; BayObLG WuM 1990, 169.
[266] BVerfG DWW 1995, 371.
[267] LG Tübingen ZMR 1986, 203.

langen.[268] Der Mieter hat diese Rechte jedoch nicht unmittelbar gegenüber der Gemeinschaft der Wohnungseigentümer.[269] Der **Vermieter** ist dann im eigenen Interesse dazu gehalten, entsprechende Gestattungen der Gemeinschaft auch auf wohnungseigentumsrechtlicher Ebene herbeizuführen.[270]

Dies gilt auch in dem Fall, dass der Mieter eine zusätzliche Empfangsanlage an dem Gemeinschaftseigentum installieren möchte.[271] Der Vermieter hat dann die **Zustimmung** der **Gemeinschaft der Wohnungseigentümer** einzuholen.[272] **189**

Die erstmalige Herstellung einer Fernseh- und Rundfunkanlage kann nach § 20 Abs. 1 WEG mit Stimmenmehrheit beschlossen werden. Die Anbringung einer Parabolantenne ist insoweit als **bauliche Veränderung** im Sinne der vorgenannten Regelung zu bewerten. Ein generelles **Verbot** von Parabolantennen kann deshalb nicht durch Mehrheitsbeschluss angeordnet werden. Ein solcher Beschluss wäre gemäß § 44 Abs. 1 WEG anfechtbar.[273] **190**

Der Gemeinschaft der Wohnungseigentümer steht das Recht zur Standortbestimmung zu.[274] Dieser muss aber zum Empfang der benötigten Programme geeignet sein.[275] **191**

Ein die Duldung ablehnender Beschluss der Wohnungseigentümergemeinschaft kann dem Vermieter genügen, um seinerseits den Antrag des Mieters abzulehnen und dessen beabsichtigte Installation zu untersagen.[276] Verstößt der Beschluss gegen die Grundsätze ordnungsgemäßer Verwaltung, so besteht die Möglichkeit, den Beschluss **anzufechten.** Ist die Anfechtungsfrist bereits verstrichen, so kann dies als Verzicht auf den ansonsten gegebenenfalls bestehenden Duldungsanspruch auszulegen sein.[277] **192**

Nimmt der Mieter eine rechtswidrige Installation am Gemeinschaftseigentum vor, so kann der Vermieter von der Gemeinschaft der Wohnungseigentümer nicht nach §§ 14, 15 WEG zur **Kündigung** des Mietverhältnisses verpflichtet werden. Der vermietende Wohnungseigentümer hat jedoch für das Verhalten seines Mieters grundsätzlich einzustehen und kann daher bezüglich dieser unzulässigen Beeinträchtigung auf **Unterlassung** von der Gemeinschaft der Wohnungseigentümer in Anspruch genommen werden. Er hat deshalb gegenüber seinem Mieter die geeigneten Maßnahmen zu ergreifen, um die Einhaltung der Beschlüsse der Eigentümerversammlung nachhaltig durchzusetzen.[278] **193**

Daneben steht den Miteigentümern selbst aus § 1004 BGB ein **Beseitigungsanspruch** unmittelbar gegenüber dem Mieter zu.[279] **194**

3. Erlaubnis zur Neuinstallation

a) **Antrag des Mieters.** Möchte der Mieter **während des Mietverhältnisses** die ihm bisher für den Empfang von Fernseh- und Rundfunkprogrammen zur Verfügung stehende Einrichtung **verändern,** so muss er zuvor die **Erlaubnis** des Vermieters einholen. Die eigenmächtige Veränderung vorhandener Einrichtungen ist als Vertragspflichtverletzung zu bewerten, welche zur Leistung von Schadensersatz, zum Rückbau der veränderten Anlage sowie zur Kündigung des Mietverhältnisses führen kann. **195**

---

[268] OLG München NZM 2008, 91; OLG Hamm NZM 2002, 445 für italienischen Lebensgefährten; BayObLG NZM 2004, 108 für Togolesen; LG Hanau NZM 1999, 367 für Kurden; AG Königswinter WuM 1999, 33 für Tschechen.

[269] BVerfG NJW 1996, 2858.

[270] BVerfG WuM 1996, 308; OLG Düsseldorf WuM 2001, 295 für Griechen.

[271] OLG Celle DWE 1995, 43; OLG Düsseldorf ZMR 1993, 119; LG Arnsberg DWE 1995, 44.

[272] AG Helmstedt DWW 1985, 130.

[273] BGHZ 157, 322 = NJW 2004, 937 = WuM 2004, 165; BayObLG WuM 2004, 359; OLG Köln NZM 2005, 223; aA OLG Zweibrücken NZM 2002, 269; LG Stuttgart WuM 2006, 107; Jennißen WEG § 22 Rn. 100 ff., Nichtigkeit des Beschlusses.

[274] OLG Frankfurt a. M. NZM 2005, 427; BayObLG WuM 2004, 358; NZM 2005, 462.

[275] OLG Schleswig WuM 2003, 404.

[276] LG Mannheim DWW 1991, 310.

[277] OLG Köln NZM 2005, 108; 2005, 223; AG Hannover ZMR 2006, 402.

[278] OLG Köln WuM 1997, 636.

[279] OLG München NZM 2006, 106; 2006, 345.

196 Der an den Vermieter zu richtende Antrag sollte zur Beweiserleichterung schriftlich verfasst werden sowie die beabsichtigte Veränderung konkret bezeichnen. Auf die **Checkliste**[280] sei an dieser Stelle verwiesen. Die von dem Mieter zu erbringenden **Gegenleistungen,** wie zB der Nachweis einer Haftpflichtversicherung und eine Kaution, sollten dem Vermieter schon aus Zeitgründen in dem Antrag angeboten oder nachgewiesen werden.

197 Der Antrag sollte dem Vermieter nachweisbar **zugestellt** und dieser aufgefordert werden, binnen einer angemessen bestimmten **Frist** über den Antrag zu entscheiden. Anderenfalls mag der Vermieter den Zugang des Antrags später bestreiten oder sich nicht veranlasst sehen, über den Antrag des Mieters zeitnah zu entscheiden. Lässt der Vermieter die Entscheidungsfrist ungenutzt verstreichen oder verweigert er die Erlaubnis, so kann der Mieter eine gerichtliche Entscheidung herbeiführen.[281]

198 **b) Entscheidungskriterien.** Bei der Antragstellung des Mieters bzw. der Entscheidungsfindung des Vermieters sind je nach **Vertragsklausel**[282] sowie unter Beachtung der obigen **Checkliste**[283] die Entscheidungskriterien sachgerecht zu berücksichtigen.

199 Die Art. 3 GG eigentlich widersprechende **unterschiedliche Behandlung** eines deutschen Mieters oder deutschen Spätaussiedlers[284] oder zum moslemischen Glauben konvertierten **Deutschen**[285] gegenüber einem über eine Parabolantenne verfügenden **ausländischen Mieter** kann nur aufgrund des vorhandenen Breitbandkabelanschlusses **sachlich gerechtfertigt** sein.[286] Mieter ausländischer Herkunft sind, wenn sachliche **Differenzierungsgründe** fehlen, gleich zu behandeln, selbst wenn inzwischen die Staatsangehörigkeit gewechselt wurde.[287]

200 *aa) Bei deutschen Mietern.* Das durch das Bundesverfassungsgericht mehrfach bestätigte OLG Frankfurt a. M.[288] hat in seinem Rechtsentscheid vom 22.7.1992 wegweisend verschiedene Kriterien aufgestellt, unter welchen Voraussetzungen der **deutsche** Mieter die **Zustimmung** seines Vermieters zur Anbringung einer **Parabolantenne** beanspruchen kann. Auf dieser Basis können folgende **Kriterien** ausschlaggebend sein:

201 (1) Das **Mietverhältnis** besteht ungekündigt fort, dh der Mieter muss das Mietobjekt nicht ohnehin bald verlassen.

202 (2) Das **Recht** des deutschen Mieters, sich aus allgemein zugänglichen Programmquellen ungehindert unterrichten zu können, lässt sich **bislang** in dem Mietobjekt **nicht erfüllen.** Es ist dem Mieter zuzumuten, seinen Informationsbedarf vorrangig über einen selbst zu beschaffenden Zusatzdecoder und zusätzlich gebuchte Programmpakete zu decken. Der Mieter hat **keinen Anspruch, alle** Medienangebote in seiner Wohnung auch nutzen zu können. Er muss gewisse Einschränkungen bei der Programmzahl hinnehmen.[289] Auch rein berufliche Interessen können den Anspruch des Mieters nicht ausweiten.[290]

203 (3) Es ist **ungewiss,** ob und wann der Vermieter das Mietobjekt seinerseits an eine verbesserte Empfangsanlage anschließt.[291]

---

[280] → Rn. 159 ff., 198 ff.
[281] → Rn. 246 ff.
[282] → Rn. 148 ff.
[283] → Rn. 159 ff.
[284] LG Kaiserslautern NZM 2005, 739.
[285] AG Reutlingen WuM 2006, 190.
[286] BVerfG WuM 2007, 379; NZM 2007, 125.
[287] KG WuM 2007, 618 bei kurdisch-stämmigem Deutschen, der auf vietnamesischen Nachbarn verweist; kritisch Eisenschmid WuM 2008, 78.
[288] BVerfG WuM 1993, 229; OLG Frankfurt a. M. WuM 1992, 458.
[289] BVerfG NJW 1993, 1252; OLG Naumburg WuM 1994, 17.
[290] BayObLG NZM 1998, 965 für einen Radio- und Fernsehmechaniker; LG Chemnitz NZM 2000, 960 bei einem Home-Office; LG Hamburg WuM 1994, 391 für einen weltweit tätigen Geschäftsmann; LG Baden-Baden WuM 1997, 430 für einen Auslandsjournalist; AG Frankfurt a. M. DWW 1993, 334 für einen Dolmetscher; aA LG Lübeck ZMR 1996, 143.
[291] AG Altötting WuM 1992, 365; AG Sinzig WuM 1990, 491; AG Andernach WuM 1990, 492.

(4) Der Mieter hat die gewünschte **Empfangseinrichtung** konkret nach Hersteller, Typ, Größe, Farbe, gewünschtem Montageort usw benannt. 204

(5) Die von dem Mieter beabsichtigte Neuinstallation ist **baurechtlich** zulässig.[292] 205

(6) Die von dem Mieter beantragte **Änderung** der bisherigen Empfangsmöglichkeiten von Fernseh- und Rundfunkprogrammen führt technisch zu einer **Verbesserung** des bisherigen **Informationsangebots.** 206

Der Vermieter kann aber prüfen, ob er das berechtigte Interesse des Mieters nicht **anderweitig erfüllen** kann. Er kann zB die Einspeisung eines speziellen **Programmpakets** in das Breitbandkabelnetz veranlassen oder – auf Grund der erweiterten technischen Möglichkeiten – den Mieter auf die Anschaffung einer für den Empfang digitaler Programme geeigneten **Set-Top-Box** nebst **Smart-Card**[293] oder das **Internet**[294] verweisen. 207

(7) Der Mieter hat sein **Interesse** an dem Empfang zusätzlicher Programme konkret dargelegt. Der bisherige Empfang von 20 TV-Programmen kann aber ausreichend sein.[295] 208

(8) Der Installation und dem Betrieb stehen keine Vorschriften des **Denkmalschutzes**[296] oder vom Vermieter zu beachtende **Rechte Dritter** entgegen.[297] 209

(9) Der Mieter beauftragt einen namentlich zu benennenden **Fachmann** mit der **Installation** der neuen Einrichtung. Eine bereits unfachmännisch angebrachte Anlage ist wieder zu entfernen.[298] Die etwaig an dem Haus verursachten Schäden sind auf Kosten des Mieters zu beseitigen.[299] Auch die mobile Installation einer Parabolantenne muss **fachgerecht** sein, also zB in einem ausreichend beschwerten Kübel[300] bzw. an einem Schirmständer auf dem Balkon[301] oder an einem Holzpfahl im Garten des Mietobjektes.[302] 210

(10) Die Neuinstallation **stört** technisch keine anderen Einrichtungen des Hauses.[303] 211

(11) Der von dem Mieter unter Beachtung der angestrebten Empfangsmöglichkeiten gewählte **Montageort** stört das Erscheinungsbild des Mietshauses am wenigsten.[304] Der Vermieter hat ein Minimum **optischer Beeinträchtigungen** hinzunehmen,[305] kann jedoch beanspruchen, dass keine Verunzierung des Hauses entsteht.[306] So kann das Anbringen einer Parabolantenne am Balkongeländer oder an der Hausfassade unzulässig, das Aufstellen einer mobilen Parabolantenne auf dem Balkon aber zulässig sein, jedenfalls wenn die Oberkante der Parabolantenne nicht das Balkongeländer überragt.[307] Manchmal kann eine ästhetische Beeinträchtigung des 212

[292] OVG Münster NVwZ 1992, 279; VGH Kassel NVwZ-RR 1999, 297; Ricker NJW 1991, 602.

[293] BVerfG NZM 2005, 252; BGH NZM 2005, 335; LG Lübeck NZM 1999, 1044 ein türkisches Kabel- und 2 digitale Programme über den vom Mieter anzuschaffenden Decoder; ebenso LG Köln WuM 2001, 235.

[294] AG Frankfurt a. M. Info M 2008, 268; ebenso: LG Frankfurt a. M. ZMR 2010, 965; AG Augsburg WuM 2011, 504; AG Berlin-Wedding GE Berlin 2010, 1429; VerfGH Berlin NZM 2002, 560; AG Lörrach WuM 2004, 658; iE Hitpass NZM 2012, 401 (405).

[295] BayObLG WuM 2002, 325.

[296] BVerfG NJW-RR 1994, 1232; AG Gladbeck NZM 1999, 221; AG Gelsenkirchen-Buer DWW 1993, 369.

[297] LG Heilbronn WuM 1992, 10; LG Berlin DWW 1990, 206; LG Heidelberg WuM 1987, 17; AG Hamburg WuM 1991, 160; DWW 1985, 131; AG Bergheim WuM 1991, 340; AG Helmstedt DWW 1985, 130.

[298] AG Köln WuM 1997, 40.

[299] LG Wiesbaden WuM 1996, 403.

[300] LG Bremen WuM 1995, 43.

[301] AG Fulda NZM 1999, 1045; BGH NJW-RR 2007, 1243 = WuM 2007, 381 Rn. 16; AG Herne-Wanne WuM 2001, 277.

[302] LG Lübeck ZMR 1995, 79; AG Aachen WuM 1994, 199.

[303] LG Hagen ZMR 1996, 32.

[304] LG Erfurt GE 2001, 1467.

[305] LG Hamburg WuM 1999, 454; AG Siegen WuM 1999, 454; AG Herne-Wanne WuM 2001, 277; AG Bergisch Gladbach WuM 1992, 367; AG Fulda NZM 1999, 1045.

[306] BayObLG WuM 2002, 443; AG Lüdenscheid WuM 1993, 38.

[307] BGH WuM 2007, 381; AG Herne-Wanne WuM 2001, 277.

Mietshauses durch das Aufstellen am Innenfenster[308] oder durch eine farbliche Anpassung der Parabolantenne[309] oder Montage im Garten des Mietobjektes[310] vermieden werden.

213 Ist der von dem Mieter angestrebte Montageort nach Auffassung des Vermieters ungeeignet, so kann er dem Mieter unter Beachtung der Empfangsmöglichkeiten einen anderen **Montageort,** zB das Dach **zuweisen.**[311] Der Mieter hat es hinzunehmen, wenn ihm durch die Änderung höhere Kosten entstehen.[312]

214 (12) Die Gefahr der **Nachahmung** durch andere Mietparteien des Hauses hat der Vermieter hinzunehmen und dann unter Berücksichtigung des Gleichbehandlungsgebotes den jeweiligen Einzelfall zu prüfen[313] und gegebenenfalls auch diese positiv zu bescheiden.

215 (13) Der Mieter trägt alle mit der Montage sowie dem Betrieb der Neuinstallation verbundenen **Kosten** und Gebühren.[314] Seine fehlenden finanziellen Möglichkeiten hat der Mieter selbst zu verantworten.[315]

216 (14) Der Mieter verpflichtet sich, seine Neuinstallation sowie etwaig durch deren Montage eingetretene Beschädigungen an der Bausubstanz des Mietshauses auf eigene Kosten fachgerecht zu **beseitigen,** wenn der Vermieter das Mietshaus an eine **gleichartige Gemeinschaftsinstallation** anschließt.

217 (15) Der Vermieter kann, da seine Gebäude- und Haftpflichtversicherung von dem Eigentum seines Mieters verursachte Schäden nicht abdeckt, von dem Mieter den Nachweis und die Aufrechterhaltung einer **privaten Haftpflichtversicherung** beanspruchen.[316] Eine Hausratversicherung des Mieters genügt nicht.

218 (16) Grundsätzlich kann der Vermieter im Hinblick auf die von dem Mieter an der Bausubstanz des Mietshauses vorzunehmenden Arbeiten den Nachweis weiterer **Sicherheiten** beanspruchen.[317] In Betracht kommt die Zahlung einer **Kaution** in Höhe der voraussichtlichen Schadensbeseitigungskosten von 375 EUR,[318] 500 EUR[319] oder eine entsprechende **Bankbürgschaft.**

219 Es war streitig, ob das nach §§ 551 Abs. 1, 134 BGB bestehende **Kumulationsverbot** dazu führt, dass von dem Mieter zur Absicherung aller mietrechtlichen Risiken eine maximale Sicherheitsleistung iHv 3 Monatsnettomieten verlangt werden kann. **Einerseits** soll die Kaution des § 551 BGB die dem Vermieter aus dem vertragsgemäßen Wohngebrauch des Mieters fließenden Risiken abdecken. **Andererseits** wird, zumindest wenn die Empfangsanlage an der Außenfassade oder auf dem Dach des Mietshauses montiert wird, ein sonst nicht bestehendes **Sonderrisiko** eröffnet.

220 Es hat aber das OLG Karlsruhe[320] die Absicherung des Beseitigungsaufwandes durch eine Kaution ohne einschränkenden Hinweis auf § 550b Abs. 1 S. 1 BGB aF für zulässig erachtet und der Gesetzgeber in § 554a Abs. 2 S. 1 BGB eine von dem behinderten Mieter zusätzlich zu stellende Sicherheit ermöglicht. Deshalb kann der Vermieter nach der nunmehr wohl überwiegenden Auffassung die Sicherheitsleis-

---

[308] AG Gladbeck NZM 1999, 221.
[309] Ricker NJW 1991, 605.
[310] LG Freiburg WuM 1993, 669; aA AG Köln WuM 1999, 456; AG Regensburg WuM 2007, 287.
[311] BVerfG WuM 1996, 82; 1996, 608.
[312] LG Wiesbaden WuM 1996, 403.
[313] BVerfG WuM 1995, 693; BayObLG NZM 2002, 256; LG Mannheim WuM 1992, 470.
[314] BVerfG NZM 2005, 252; BGH NZM 2005, 335; LG Aachen MDR 1992, 48; LG Hagen ZMR 1996, 32.
[315] AG Frankfurt a. M. NZM 2002, 562.
[316] BayObLG WuM 2004, 358; AG Braunschweig WuM 2000, 413.
[317] OLG Karlsruhe WuM 1993, 525; LG Berlin GE 1994, 112; LG Düsseldorf ZMR 1997, 423; LG Dortmund NZM 2000, 544; AG Göttingen ZMR 1991, 397; Sternel MietR aktuell Rn. 172; aA AG Frankfurt a. M. NZM 1999, 759; StGH Hessen WuM 2001, 227.
[318] LG Lübeck ZMR 1996, 143.
[319] LG Hanau NZM 1999, 367.
[320] OLG Karlsruhe WuM 1993, 525.

tung in Höhe der voraussichtlichen Schadensbeseitigungskosten unabhängig davon beanspruchen, ob er von dem Mieter bereits gem. § 551 BGB eine Kaution iHv 3 Monatsnettomieten erlangt hat.[321]

(17) Der Vermieter behält sich den **Widerruf** seiner Erlaubnis für den Fall vor, dass durch die von dem Mieter angestrebte Veränderung der bisherigen Empfangsmöglichkeit nicht hinzunehmende Beeinträchtigungen entstehen. Tritt dieser Fall dann später ein, so hat der Vermieter zu prüfen, ob er die Beeinträchtigung durch **Auflagen**, zB Zuweisung eines anderen Montageortes,[322] beseitigen kann. 221

(18) Der Mieter kann verpflichtet werden, bei Beendigung des Mietverhältnisses die von ihm vorgenommene Veränderung **rückzubauen** und den ursprünglichen Zustand wieder herzustellen.[323] 222

Der Vermieter hat eine **sachbezogene Einzelfallentscheidung** zu treffen. Er darf seine Zustimmung nach § 242 BGB nur dann verweigern, wenn seine eigenen Interessen die des Mieters überwiegen.[324] Hat der Vermieter zugestimmt oder ist seine Zustimmung gerichtlich ersetzt worden, so hat sich der **vertragsgemäße Wohngebrauch** des Mieters entsprechend erweitert.[325] Sein Anspruch beurteilt sich als Abwägungsergebnis aus dem Grundrecht des Mieters auf informationelle Selbstbestimmung und dem im Interesse konträren Grundrecht des Vermieters auf den ungestörten und unveränderten Fortbestand seines Immobilieneigentums. Danach ist dem Grundrecht des Mieters aus Art. 5 Abs. 1 S. 1 Hs. 2 GG, sich aus allgemein zugänglichen Quellen ungehindert zu unterrichten, auch in zivilgerichtlichen Streitigkeiten über die Anbringung von Satellitenempfangsanlagen an Mietwohnungen Rechnung zu tragen. Dabei ist zu berücksichtigen, dass das – gleichrangige – Grundrecht des Vermieters als Eigentümer aus Art. 14 Abs. 1 S. 1 GG berührt ist, wenn von ihm verlangt wird, eine Empfangsanlage an seinem Eigentum zu dulden. Die erforderliche Abwägung, ob das Informationsrecht des Mieters aus Art. 5 Abs. 1 S. 1 Hs. 2 GG im konkreten Fall das Eigentumsrecht des Vermieters aus Art. 14 Abs. 1 S. 1 GG überwiegt, ist grundsätzlich Aufgabe des Tatrichters und vom Revisionsgericht nur eingeschränkt überprüfbar.[326] 223

bb) Bei ausländischen Mietern. Art. 5 Abs. 1 S. 1 GG schützt auch die **Informationsfreiheit** eines fremdsprachigen Mieters ausländischer Herkunft und Staatsangehörigkeit.[327] Sein darüberhinausgehendes besonderes Informationsinteresse ist besonders innerhalb der gebotenen Abwägung mit der Grundrechtsposition des Vermieters zu berücksichtigen.[328] Dieser kann deshalb unter diversen Voraussetzungen beanspruchen, in dem Mietobjekt heimatsprachige Fernseh- und Rundfunkprogramme empfangen zu können.[329] 224

---

321 Wetekamp NZM 2000, 1145; aA Lützenkirchen G Rn. 157.

322 LG Koblenz WuM 1990, 490; AG Andernach WuM 1990, 492.

323 AG Göttingen ZMR 1991, 396; AG Frankfurt a. M. NZM 1999, 759.

324 BVerfG WuM 1991, 573.

325 BGH NJW 1974, 1463; BayObLG WuM 1981, 80; LG Karlsruhe WuM 1991, 536; LG Frankfurt a. M. WuM 1990, 492.

326 BGH WuM 2010, 737; NJW 2008, 216 Rn. 14; 2006, 1062 Rn. 27; NJW-RR 2005, 596 unter II. 2. b Rn. 11; NJW 2010, 436 Rn. 5; WuM 2007, 380 Rn. 3.

327 BayObLG WuM 1995, 224 für Deutschen türkischer Herkunft; LG Lübeck NZM 1999, 1044; LG Dortmund NZM 2000, 544 (576); 1999, 221 für deutschen Spätaussiedler aus Polen; LG Bielefeld NZM 2000, 947; aA LG Landau/Pfalz NZM 1998, 474; LG Wuppertal NZM 1999, 1043 für Deutsche israelischer Herkunft; Volmer NZM 1999, 205 zur „Sprachmächtigkeit" als Kriterium.

328 BVerfG NZM 2013, 376 f.

329 BGH WuM 2007, 381 – Grieche; 2007, 380 – Spanier; BVerfG WuM 1994, 251 – Türke; 1994, 365 – Türke; 1995, 693 – Türke; NJW 1994, 2143 – Portugiese; BayObLG WuM 1994, 317 – Türke; OLG Karlsruhe WuM 1993, 525 – Italiener; OLG Hamm WuM 1993, 659 – Palästinenser; OLG Hamburg WuM 1993, 527 – Spanier; OLG Stuttgart WuM 1995, 306; LG Stuttgart NZM 1998, 1004; LG Essen WuM 1998, 344 – Türke; LG Bonn WuM 1993, 468 – Italiener; LG Hanau NZM 1999, 367 – Kurde; AG Frankfurt a. M. NZM 1999, 759 – Kroate; AG Mainz DWW 1993, 367 – Iraker.

225 Der ausländische Mieter muss sich nicht auf Zeitungen, Videos und Rundfunksendungen in seiner Heimatsprache beschränken lassen.[330]

226 Es gibt aber keinen allgemeinen Grundsatz, wie viele heimatsprachige Programme der ausländische Mieter beanspruchen kann, bzw. wann er sich mit der Zahl der empfangbaren Programme zu begnügen hat. Das Bundesverfassungsgericht und der Bundesgerichtshof haben **5 bis 7 fremdsprachige Programme** ausreichen lassen,[331] einzelne Instanzgerichte haben den Anspruch des Vermieters auf Beseitigung einer am Balkongeländer angebrachten Parabolantenne bereits durchgreifen lassen, wenn der ausländische Mieter über den Zusatzdecoder aus den USA ein heimatsprachiges Vollprogramm mit **2 Sendern** empfangen kann.[332] Anderenfalls kann dem ausländischen Mieter die Anbringung einer Parabolantenne zu gestatten sein, während sich der deutsche Mieter aus dem gleichen Mietshaus auf den dort vorhandenen Breitbandkabelanschluss verweisen lassen muss.[333]

227 Das OLG Karlsruhe hat in seinem einen **ausländischen Mieter** betreffenden Rechtsentscheid vom 24.8.1993[334] den Rechtsentscheid des OLG Frankfurt a. M.[335] aufgegriffen und um weitere **sachgerecht** zu berücksichtigende **Ermessenskriterien** ergänzt:

228 (1) Der **Antrag** wird entweder von einem Mieter mit **ausländischer** Staatsangehörigkeit,[336] kulturellen Identität oder sprachlichen Wurzeln[337] bzw. einem deutschen Mieter gestellt, der in dem Mietobjekt mit einem ausländischen **Ehepartner**[338] oder einem nichtehelichen Lebensgefährten, nicht lediglich Verlobten,[339] wohnt.

229 (2) In dem Antrag wird das **schutzwürdige Interesse** des Mieters (Sprache, Kultur, Brücke in das Heimatland usw) an dem Empfang zusätzlicher **heimatsprachiger** Programme dargelegt.

230 In Betracht kommen auch religiöse Gründe, wenn dem Mieter die Teilnahme an gottesdienstlichen Handlungen nur auf diesem Wege möglich ist.[340] Die **Religionsfreiheit** gem. Art. 4 GG ist aber gegenüber dem Eigentumsrecht des Vermieters iSd Art. 14 GG abzuwägen und tritt zurück, wenn der Mieter sich über die Inhalte seines Glaubens auch anderweitig, zB über Druckwerke und das Internet, informieren kann.[341]

231 (3) Der Mieter kann über die von ihm gewünschte Parabolantenne **mehr** heimatsprachige **Programme** empfangen als über die derzeit vorhandene Programmversorgung. Der Mieter kann nicht auf **ein** über das vorhandene Breitbandkabelnetz zu empfangende heimatsprachige Programm beschränkt werden. Er soll die **Auswahl** zwischen mehreren heimatsprachigen Programmen haben.[342]

---

330 BVerfG NJW 1994, 1147; WuM 1993, 229; 1993, 231.

331 BGH WuM 2007, 380 – sieben; BVerfG NZM 2005, 252 – sechs; BGH NZM 2005, 335 – fünf; WuM 2005, 237 – fünf; LG Düsseldorf NZM 2005, 861 – sechs; Mehrings NZM 1998, 19; BVerfG NZM 2013, 376 – angemessene Programmzahl.

332 LG Krefeld WuM 2006, 676 – Deutsche polnische Abstammung.

333 BVerfG NZM 2007, 125; AG Reutlingen WuM 2006, 190.

334 OLG Karlsruhe WuM 1993, 525.

335 OLG Frankfurt a. M. WuM 1992, 458.

336 BayObLG WuM 1995, 224 – Türke; LG Berlin DWW 1995, 115 – Araber; LG Konstanz WuM 2002, 210 – Kasache; LG Berlin DWW 1995, 115; AG Dortmund NZM 1999, 221.

337 LG Wuppertal NZM 1999, 1043.

338 LG Krefeld NZM 2007, 246; LG Wuppertal WuM 1997, 324; AG Eschweiler WuM 2000, 412; kritisch Pfeilschifter WuM 2007, 187.

339 LG München I WuM 2004, 659 Rn. 15.

340 BayObLG NZM 2008, 91.

341 BGH NZM 2008, 37.

342 BGH WuM 2007, 381; BVerfG NZM 2013, 376; ZMR 1996, 12; WuM 1995, 693; LG Stuttgart NZM 1998, 1004 bei bisher 3 Programmen für weitere 6 Programme; LG Hagen DWW 1996, 52 bei bisher 4 Programmen für weitere 4 Programme; LG München I WuM 2002, 50 zusätzliche 3 türkische Programme; AG Hannover WuM 1999, 328; aA LG Frankfurt a. M. WuM 1993, 668; LG Heidelberg WuM 1993, 734; LG Tübingen NJW-RR 1994, 849 aufgehoben durch BVerfG NJW-RR 1994, 1232; LG München I WuM 2004, 659 bzgl. Radio.

Der Vermieter kann aber prüfen, ob er das berechtigte Interesse des Mieters nicht **anderweitig erfüllen** kann. Er kann zB die Einspeisung eines speziellen „Ausländerpakets" in das Breitbandkabelnetz veranlassen oder – auf Grund der erweiterten technischen Möglichkeiten – den Mieter auf die Anschaffung einer für den Empfang zusätzlicher fremdsprachiger Programmpakete geeigneten **Set-Top-Box** nebst **Smart-Card**[343] oder das **Internet**[344] verweisen. Dem Mieter seien die Anschaffungskosten für den Decoder und zB 8 EUR mtl. für 6 Zusatzprogramme zuzumuten. 232

(4) Es findet **keine Qualitätsprüfung**[345] der empfangbaren Programme durch den Vermieter oder das Gericht statt, also ob der Mieter beispielsweise nur zensiertes Staatsfernsehen aus seinem Heimatland empfangen kann. 233

Kann der ausländische Mieter mit der zusätzlichen Installation eines **Decoders** neben dem vorhandenen Kabelanschluss **fünf** Heimatsender empfangen, überwiegt das Interesse des Vermieters, die Fassade parabolantennenfrei zu halten, gegenüber dem Informationsinteresse des Mieters.[346] 234

Die Instanzrechtsprechung stellt maßgeblich darauf ab, ob der Mieter neben der ausländischen auch die deutsche Staatsangehörigkeit hat und ständig in Deutschland lebt, sodass er auch den Schwerpunkt seiner Lebensverhältnisse in Deutschland hat. In diesem Fall genügt es nach Auffassung des LG Krefeld,[347] wenn er eventuell mit **Zusatzdecoder und zusätzlichen monatlichen Gebühren** ein Vollprogramm in seiner Heimatsprache empfangen kann. Dies gilt auch dann, wenn das Heimatprogramm aus einem Drittland gesendet wird und Nachrichten und sonstige Sendungen nur zeitversetzt ausgestrahlt werden. 235

Mit dem **Erwerb der deutschen Staatsangehörigkeit** ist grundsätzlich auch eine Lösung von den politischen und sozialen Verhältnissen des Herkunftslandes verbunden. Ein Deutscher mit türkischer Herkunft kann daher – bei einem bestehenden Kabelanschluss – kein besonderes Informationsinteresse an türkischen Sendern mehr geltend machen.[348] 236

Das kann auch gelten, wenn der Mieter bei Erwerb der deutschen Staatsangehörigkeit die **Staatsangehörigkeit seines Heimatlandes** weiter behalten hat. So muss zB ein Mieter mit ausländischer und weiterer deutscher Staatsangehörigkeit eine eigenmächtig am Balkon montierte Parabolantenne entfernen, wenn es sich um ein denkmalgeschütztes Anwesen handelt, das über einen Kabelanschluss verfügt und die Antenne von der Straße aus gut sichtbar ist.[349] 237

Ansprüche auf Gestattung einer Parabolantenne können sich auch auf dem **Gleichbehandlungsgrundsatz** ergeben.[350] So kann zB ein deutscher Staatsangehöriger kurdischer Herkunft das vom Vermieter verlangte Entfernen einer Parabolantenne auf dem Balkon der Wohnung, mit der kurdische Fernsehprogramme empfangen werden können und das allein auf den Wechsel der Staatsangehörigkeit gestützt wird, jedenfalls dann erfolgreich abwehren, wenn der Vermieter dem Mieter vietnamesischer Staatsangehörigkeit, der die darunter liegende Wohnung bewohnt, die Anbringung einer vergleichbaren Parabolantenne gestattet hat.[351] 238

---

[343] BVerfG NZM 2013, 376; 2005, 252; BGH NZM 2005, 335; LG Lübeck NZM 1999, 1044 ein türkisches Kabel- und 2 digitale Programme über den vom Mieter anzuschaffenden Decoder; ebenso LG Köln WuM 2001, 235.

[344] AG Frankfurt a. M. Info M 2008, 268; ebenso: LG Frankfurt a. M. ZMR 2010, 965; AG Augsburg WuM 2011, 504; AG Berlin-Wedding GE Berlin 2010, 1429; VerfGH Berlin NZM 2002, 560; AG Lörrach WuM 2004, 658; Hitpass NZM 2012, 401 (405).

[345] LG Düsseldorf NZM 2005, 861; LG Frankfurt a. M. WuM 1993, 668; aA AG Reutlingen NJW-RR 1993, 15; LG Essen WuM 1998, 344; Wetekamp Mietsachen-HdB nach Rechtsentscheiden Kap. 1 Rn. 37.

[346] BGH NZM 2005, 335; 2006, 98; WuM 2007, 380 – sieben Heimatsender.

[347] LG Krefeld WuM 2006, 676.

[348] AG Frankfurt a. M. ZMR 2006, 449.

[349] LG Berlin GE 2006, 581.

[350] BVerfG GE 2007, 902 = NZM 2007, 125.

[351] KG WuM 2007, 577 = NZM 2008, 39 = DWW 2008, 24 = ZMR 2008, 207.

239 *cc) EuGH-Rechtsprechung.* Der **EuGH** hat entschieden, dass die von einer belgischen Gemeinde auf Parabolantennen erhobene Abgabe in Höhe von 125 EUR pro Jahr gegen den EG-Vertrag verstößt.[352] Nicht nur in dieser Begründung hat der EuGH ausgeführt, dass die Ausstrahlung und die Übertragung von Fernsehsendungen unter die Dienstleistungsfreiheit fallen.[353] Allerdings besteht auch diese Dienstleistungs- und Informationsfreiheit nicht schrankenlos, sondern ist durch das ebenfalls durch das Gemeinschaftsrecht geschützte Eigentumsrecht begrenzt.[354]

240 Auch die **EU-Kommission** hat in einer am 27.6.2001 veröffentlichten Mitteilung den Standpunkt vertreten, dass die Waren- und Dienstleistungsfreiheit letztlich dazu führe, dass jeder EU-Bürger den Empfang aller gewünschten Programme beanspruchen könne.[355] Könne das gewünschte Programm nicht über den Kabelanschluss empfangen werden, so habe der Mieter die Wahl des geeigneten Empfangsmittels und damit das **Recht auf eine Parabolantenne.**

241 Da es sich bei der Mitteilung der EU-Kommission nur um eine rechtliche Interpretation, nicht aber unmittelbar anwendbares europäisches Recht handelt, muss abgewartet werden, ob die weitere Rechtsprechung des EuGH insbesondere zu Art. 49 ff. EG und Art. 10 der **Europäischen Menschenrechtskonvention** die Rechte der in der Bundesrepublik wohnenden Mieter weiter stärkt. Schließlich hat das EU-Gemeinschaftsrecht Anwendungsvorrang vor dem nationalen Recht seiner Mitgliedsstaaten, also auch vor der bisherigen deutschen Rechtsprechung zu Art. 5 Abs. 1 GG. Die weitere Frage ist dann, ob auf Grund der europarechtlichen Grundfreiheiten auch in die Privatautonomie der Mietvertragsparteien eingegriffen werden kann, dh unmittelbare Drittwirkung besteht.

242 c) **Vorherige Erlaubnis des Vermieters.** Der Vermieter sollte eine etwaige **Erlaubnis** auf einen **konkreten Sachverhalt** beschränken, diesen so detailliert wie möglich regeln[356] und seine Entscheidung unter **Widerrufsvorbehalt** für den Fall stellen, dass sich die Sach- oder Rechtslage zukünftig ändert. Die begründete Entscheidung sollte der Vermieter dem Mieter nachweisbar zumindest in Textform zukommen lassen.

243 So kann der Vermieter erteilte Genehmigungen widerrufen und den Abbau der Parabolantenne verlangen, wenn nachträglich das Informationsinteresse des Mieters durch andere technische Möglichkeiten gedeckt wird, selbst wenn er Genehmigungen zum Bau einer Parabolantenne erteilt hat. Dies ist zum Beispiel bei einer nachträglich installierten gemeinsamen Hausparabolantenne der Fall.[357] Hier steht zusätzlich ein Anspruch auf Vertragsanpassung aus § 313 BGB oder ein Kündigungsrecht im Hinblick auf die getroffene Genehmigung zu Gebot. Denn gerade vor der Möglichkeit der Empfangserweiterung im Wege des digitalen Fernsehens ist eine Änderung der Geschäftsgrundlage nach anzunehmen.[358]

244 Missachtet der Mieter eine **Entscheidung** des Vermieters oder verstößt er gegen dessen an die Erlaubnis[359] geknüpfte Auflagen, so kann der Vermieter mietrechtliche **Konsequenzen**[360] ziehen. Er kann den Mieter abmahnen, die Erlaubnis widerrufen und den Mieter gem. § 541 BGB zum Rückbau dessen Empfangsanlage auffordern.

245 Auf der anderen Seite kann der Mieter eine **ablehnende Entscheidung** ebenso gerichtlich überprüfen lassen, wie die **Auflagen** einer bereits erteilten Erlaubnis.

---

[352] EuGH WuM 2002, 368.

[353] Weitere Entscheidungen bei Hitpass NZM 2012, 401 (406); Dörr WuM 2002, 347 (350). Abrufbar unter http://europa.eu.int/comm/internal_market/de/services/services/antenna.htm.

[354] BGH NJW 2006, 1062; Lützenkirchen WuM 2007, 99.

[355] Dörr WuM 2002, 347.

[356] LG Berlin DWW 1988, 83; LG Kleve DWW 1992, 26; LG Hamburg MDR 1996, 312.

[357] LG Krefeld WuM 2010, 293.

[358] So auch Derleder ZWE 2006, 220 der zusätzlich für den Bereich des Wohnungseigentumsrechts die Möglichkeit eines Antennenverbots durch Vereinbarung nach § 10 WEG herausarbeitet.

[359] Maaß/Hitpaß NZM 2003, 181.

[360] AG Braunschweig WuM 2000, 413.

d) **Prozessuale Durchsetzung.** Möchte der Mieter die verweigernde Entscheidung des Vermieters gerichtlich überprüfen lassen, so hat er – je nach Bundesland[361] – zunächst zu beachten, ob erst eine **außergerichtliche Streitschlichtung** durchzuführen ist, bevor die Erhebung einer Klage zulässig ist. 246

aa) Obligatorische Streitschlichtung. So können die jeweiligen Landesgesetze gem. § 15a Abs. 1 Nr. 1 EGZPO vorschreiben, dass bei **vermögensrechtlichen Streitigkeiten** mit einem Gegenstandswert von **bis zu 750 EUR** unter bestimmten weiteren Voraussetzungen eine Gütestelle vor Klageerhebung anzurufen ist. Erst wenn bei dieser keine einvernehmliche Beilegung des Streites erreicht werden konnte und von der Gütestelle eine entsprechende **Erfolglosigkeitsbescheinigung** ausgestellt worden war, kann die Klage zulässig sein. 247

Zu den **vermögensrechtlichen Streitigkeiten** gehören auch die Rechte und Pflichten aus einem Mietverhältnis, also Zahlungsansprüche, Gebrauchsrechte und Unterlassungspflichten. Deshalb gehörte bis zum 31.12.2007 auch der Streit um die Rechtmäßigkeit einer Installation für den Empfang von Radio- und Fernsehprogrammen in der Mietwohnung zu den vermögensrechtlichen Streitigkeiten iSd GüSchlG NW. 248

Wie sich der **Gegenstandswert** des Mieterwunsches auf Anbringung und Betrieb einer Parabolantenne bestimmt, ist streitig. Abzustellen ist auf die Bedeutung der Neuinstallation für die Lebensführung des Mieters und damit auch auf immaterielle sowie subjektive Gesichtspunkte.[362] Die Anschaffungs- und Installationskosten sind ein weiteres Kriterium. 249

Es wird, da zu Beginn eines Verfahrens der Gegenstandswert noch nicht bekannt ist, bei Anwendbarkeit des außergerichtlichen Streitschlichtungsverfahrens empfohlen, grundsätzlich vorab die **Erfolglosigkeitsbescheinigung** einzuholen. Anderenfalls besteht die Gefahr, dass eine **unzulässige Klage** erhoben wird, die dann vom Amtsgericht kostenpflichtig abgewiesen werden muss. 250

Es ist bei der **Schlichtungsstelle** ein schriftlicher Antrag zu stellen, in dem die Parteien zu benennen, die konkreten Anträge zu bezeichnen und zu begründen sind. Der Einfachheit halber kann der **Entwurf** der beabsichtigten **Klageschrift** eingereicht werden. 251

Möchte der Mieter trotz des bestehenden Zulässigkeitsrisikos sofort klagen, so sollte er die **Streitwertfestsetzung** beantragen. Hält das Gericht die Klage für unzulässig, sollte die Klage baldmöglichst zur Vermeidung höherer Kosten zurückgenommen werden. Die nachträgliche Beschaffung der Erfolglosigkeitsbescheinigung und damit die **Heilung** der zuvor vorliegenden Unzulässigkeit der Klage sind nicht möglich.[363] 252

bb) Klageweg. Der Mieter hat Klage beim zuständigen **Amtsgericht** zu erheben. Die Klage ist von allen an dem Mietverhältnis beteiligten Mietern gegenüber allen beteiligten Vermietern zu erheben. 253

Nach § 29a ZPO ist das Gericht ausschließlich **örtlich** zuständig, in dessen Bezirk sich das Mietobjekt befindet. 254

Die **sachliche** Zuständigkeit des Amtsgerichts ist nach § 23 Nr. 2a GVG bei einem Wohnraummietverhältnis auch dann gegeben, wenn der Gegenstandswert über 5.000 EUR liegen sollte. 255

Der **Antrag** des Mieters sollte gem. § 253 Abs. 2 Nr. 2 ZPO hinreichend bestimmt sein und könnte lauten:

Formulierungsvorschlag:

Der Beklagte wird verurteilt, der Installation einer Parabolantenne der Marke ABC, Typ XYZ auf Kosten des Klägers durch die Fernsehtechnikerin Astrid Alex, Bergweg 6, 56789 Köln an der zum 256

361 Zöller/Heßler ZPO EGZPO § 15a Rn. 27; Thomas/Putzo/Hüßtege EGZPO § 15a Rn. 9.

362 Blank/Börstinghaus/Siegmund/Blank BGB § 535 Rn. 538: idR 2.500 EUR; Schmidt-Futterer/Eisenschmid BGB § 535 Rn. 485.

363 BGH NZM 2005, 154 für das Saarland; LG Ellwangen NZM 2002, 408.

Garten gerichteten Seite des Schornsteins des Wohnhauses Uferstraße 7, 54321 Köln, zuzustimmen.

257 Aus prozessualer Sicht ist dem Vermieter zu empfehlen, nicht nur Klageabweisung zu beantragen, sondern hilfsweise der Klage nur nach Maßgabe der von ihm konkret in dem Antrag vorgegebenen Auflagen stattzugeben.

258 Hat es der **Vermieter versäumt,** dem Mieter fristgerecht einen Ort zur Montage der von diesem gewünschten Parabolantenne zu bezeichnen oder dessen im Gegenzug angebotene Sicherheitsleistung bzw. einen Nachweis über dessen Haftpflichtversicherung **anzunehmen,** so kann der Mieter auch hier die gerichtliche Klärung herbeiführen. Ein entsprechender **Antrag** könnte wie folgt formuliert werden:

Formulierungsvorschlag:

259 Es wird festgestellt, dass der Beklagte sein Recht, dem Kläger einen Ort für die Installation der Parabolantenne an dem Objekt Uferstraße 7, 54321 Köln, zu benennen, verloren hat und sich hinsichtlich der ihm von dem Kläger angebotenen Sicherheitsleistung in Höhe von 400 EUR, Nachweis einer Haftpflichtversicherung, Haftungsfreistellungs- und Kostenübernahmeerklärung sowie eingegangenen Rückbauverpflichtung im Annahmeverzug befindet.

260 Hat der Vermieter die von dem Mieter angekündigte Sicherheitsleistung und den vom Mieter vorgeschlagenen Montageort **akzeptiert** sowie dessen Versicherungsnachweise und Verpflichtungserklärungen zur Mieterakte genommen, den Antrag des Mieters aber aus anderen Gründen **abgelehnt,** so könnte ein entsprechender Sachantrag des Mieters wie folgt formuliert werden:

Formulierungsvorschlag:

261 Der Beklagte wird verurteilt, der Installation einer Parabolantenne der Marke ABC, Typ XYZ auf Kosten des Klägers durch die Fernsehtechnikerin Astrid Alex, Bergweg 6, 56789 Köln, an der zum Garten gerichteten Seite des Schornsteins des Wohnhauses Uferstraße 7, 54321 Köln, **Zug um Zug** gegen Sicherheitsleistung des Klägers in Höhe von 400 EUR zuzustimmen.

262 Hält der Mieter trotz der von dem Vermieter verweigerten Erlaubnis an seinem Verlangen fest, so kann der **Vermieter** eine **negative Feststellungsklage** erheben. Er muss nicht die mit der Änderung der bisherigen Empfangsmöglichkeiten verbundenen Beschädigungen der Bausubstanz abwarten, um erst dann auf Grund dieser „vollendeten Tatsachen" die Rechtslage zu klären:

Formulierungsvorschlag:

263 Es wird festgestellt, dass der Beklagte nicht berechtigt ist, an der zum Garten gerichteten Seite des Schornsteins des Wohnhauses Uferstraße 7 in 54321 Köln auf seine Kosten eine Parabolantenne der Marke ABC, Typ XYZ anbringen zu lassen.

264 Beantragt der Mieter neben der Klageabweisung **widerklagend** zugleich die Ersetzung der fehlenden Erlaubnis des Vermieters, so wird dessen negative Feststellungsklage wegen Fortfall des Feststellungsinteresses unzulässig. Der Vermieter muss deshalb nach Beginn der mündlichen Verhandlung, wenn der Mieter seinen Antrag nicht mehr ohne Zustimmung des Vermieters zurücknehmen kann, den Rechtsstreit in der **Hauptsache für erledigt** erklären.[364]

[364] BGH NJW 1973, 1500.

Beide Parteien haben ihre Anträge unter Berücksichtigung ihrer **Darlegungs-** und **Beweislast** umfassend und substantiiert zu begründen sowie die geeigneten Beweismittel anzuführen. 265

Die in erster Instanz unterlegene Partei hat zu prüfen, ob sie binnen der **Berufungsfrist** von **einem Monat** nach Zustellung der erstinstanzlichen Entscheidung über einen Rechtsanwalt Berufung beim zuständigen Landgericht einlegen kann und möchte. 266

Die Berufung ist zulässig, wenn entweder der Wert des Beschwerdegegenstandes bzw. die Berufungsbeschwer über der **Berufungssumme** des § 511 Abs. 2 Nr. 1 ZPO in Höhe von **600 EUR** liegt oder die Berufung von der ersten Instanz gem. § 511 Abs. 4 ZPO zugelassen wurde, zB bei grundsätzlicher Bedeutung. Im ersten Fall hat der Berufungskläger den Beschwerdewert glaubhaft zu machen. 267

75 EURLG München I WuM 1993, 745.
300 EURBGH NZM 2006, 637.
600 EURLG Bonn WuM 1993, 468.
650 EURLG Kaiserslautern NZM 2005, 739.
875 EURLG Frankfurt a. M. WuM 2002, 378.
1.000 EURLG Düsseldorf NZM 2005, 861.

Unterliegt der Mieter erstinstanzlich, so ist bei der Festsetzung des Beschwerdewertes nach § 3 ZPO, § 48 GKG der **Wert** der gewünschten **Teilnutzung** des Mietobjektes zu ermitteln.[365] Legt der Vermieter das Rechtsmittel der Berufung ein, so können die Beseitigungskosten,[366] das Interesse an der Vermeidung optischer Beeinträchtigungen und Substanzbeschädigungen[367] ausschlaggebend sein. 268

Das **Landgericht** ist nicht an die Streitwertfestsetzung des Amtsgerichts gebunden, sondern setzt den Beschwerdewert selbst fest.[368] Der Berufungskläger sollte deshalb baldmöglichst beim Landgericht die **Streitwertfestsetzung** beantragen, um eine etwaig unzulässige Berufung aus Kostengründen kurzfristig zurücknehmen zu können. 269

Ist der Vermieter zur **Zustimmung** verurteilt worden, so kann der Titel gemäß §§ 894 Abs. 1 S. 2, 726 Abs. 2 ZPO **vollstreckt** werden. Wird der Titel rechtskräftig, so gilt die Willenserklärung des Vermieters als abgegeben. Der Mieter ist dann nach Maßgabe des Titels zur Installation der Empfangsanlage berechtigt. 270

e) Widerruf der Erlaubnis. Hält sich der Mieter während der Mietdauer nicht an die **Auflagen** des Vermieters oder gehen von der Empfangsanlage des Mieters während der Mietdauer nicht hinzunehmende **Störungen** aus, so ist der Mieter zunächst wegen der konkret zu benennenden Vorfälle (Datum, Uhrzeit, Dauer, Art und Weise sowie Ausmaß der Störungen) **abzumahnen.** Ferner ist er zur Vermeidung weiterer von der Empfangsanlage ausgehender Beeinträchtigungen aufzufordern und ihm für den Fall weiterer Störungen der **Widerruf** der Erlaubnis **anzudrohen.**[369] 271

Hat der Vermieter die Erlaubnis zur Montage und zum Betrieb der Empfangsanlage des Mieters widerrufen, so sollte er diesem gleich eine **Frist** für die Stilllegung und vollständige Beseitigung der Anlage setzen. 272

Der Mieter ist in diesem Falle zur Herstellung des ursprünglichen Zustands verpflichtet.

Für den Fall des ergebnislosen Fristablaufs steht dem Vermieter die Möglichkeit zu, seine Ansprüche gerichtlich geltend zu machen. Auf die vorstehenden Ausführungen in diesem Kapitel sei an dieser Stelle verwiesen.

---

[365] → Rn. 249.
[366] OLG Köln NZM 2005, 224; LG München I WuM 1993, 745; LG Kiel WuM 1996, 632.
[367] LG Bonn WuM 1993, 648; LG Frankfurt a. M. WuM 2002, 378.
[368] BGH NZM 2006, 637; NJW-RR 2005, 219; NZM 2008, 78.
[369] BGH NZM 2007, 481.

4. Nachträgliche Genehmigung der Neuinstallation

273 a) **Antrag des Mieters.** Hat der Mieter während der Mietdauer eine Anlage für den Empfang von Fernseh- und Rundfunkprogrammen ohne die Zustimmung des Vermieters angeschafft, installiert und betrieben, so verhält er sich **vertragswidrig.**[370] der Vermieter kann dieses Verhalten auf vielfältige Weise ahnden, unter anderem den Mieter abmahnen, ihn zur Unterlassung und/oder Beseitigung auffordern.[371]

Der Vermieter hat grundsätzlich ebenfalls die Möglichkeit, das Mietverhältnis bei einer Fortsetzung des vertragswidrigen Verhaltens trotz Abmahnung zu kündigen, §§ 543, 573 BGB.

274 Inwieweit die Pflichtverletzung des Mieters erheblich ist, hängt unter anderem davon ab, ob dieser zum Zeitpunkt des vertragswidrigen Verhaltens einen materiell-rechtlichen **Anspruch auf Genehmigung** des Betriebs der Anlage gehabt hätte.[372]

Der Mieter kann den Vermieter jederzeit – also auch nach erfolgter Pflichtverletzung – zum Betrieb der Empfangsanlage auffordern. Ein solcher Antrag muss unter Beachtung der vorstehenden Ausführungen detailliert **begründet** sein. Dabei kann er sich an den **Kriterien** orientieren, die bei einer etwaig beantragten vorherigen Erlaubnis des Vermieters zu berücksichtigen gewesen wären.[373]

275 Bei der rechtlichen Bewertung des Antrages sind auch solche Umstände zu berücksichtigen, welche erst **im Laufe des Mietverhältnisses** entstanden sind und von Seiten des Mieters zur Begründung aufgeführt werden. Hierzu zählen unter anderem folgende Sachverhalte:

276 aa) Ist die Wohnung **inzwischen** an das **Kabelnetz** angeschlossen worden, sodass der Mieter dort 22 heimatsprachige Programme empfangen kann, so kann der Vermieter den Abbau der mietereigenen Parabolantenne verlangen.[374] es fehlt insoweit am rechtlichen Interesse des Mieters, die nicht genehmigte Anlage weiter zu betreiben.

Dies gilt auch, wenn inzwischen eine Gemeinschaftsparabolantenne zur Verfügung steht oder der Mieter die gewünschten Programme über eine selbst und auf eigene Kosten anzuschaffende Set Top Box oder das Internet empfangen kann. Aufgrund der fortschreitenden **Digitalisierung** der Programme und der damit verbundenen größeren Anzahl auch ohne Parabolantenne empfangbarer Programme, kann der Vermieter den Mieter zunehmend auf die alternativen Empfangsmöglichkeiten verweisen.

277 bb) Von der zusätzlichen Empfangsanlage des Mieters sind bisher **keine** unzumutbaren Beschädigungen der Bausubstanz oder **Störungen** der Empfangsmöglichkeiten Dritter ausgegangen.

278 cc) Es kann zu berücksichtigen sein, ob der Vermieter die ihm bekannte Neuinstallation längere Zeit rügelos hingenommen und folglich **stillschweigend geduldet** hat.

279 dd) Ferner kann zu beachten sein, ob Dritte für den Vermieter (zB Verwalter) den **Eindruck** erweckt haben, dass die Neuinstallation **erlaubt** sei,

ee) oder ob einem anderen Mieter bei vergleichbarer Sachlage die Nutzung einer Parabolantenne zugestanden oder auch von diesem die Beseitigung verlangt wurde.[375]

---

[370] BVerfG WuM 1996, 82.

[371] BGH NJW 2007, 2180 = NZM 2007, 481 = MDR 2007, 1066; zum Beseitigungsanspruch der Wohnungseigentümergemeinschaft beim: „Wildwuchs" von Parabolantennen auf den Balkonen: OLG Köln NZM 2005, 223 = ZMR 2005, 228.

[372] BayObLG WuM 1991, 18 in rechtsähnlicher Anwendung.

[373] → Rn. 158, 159, 198 ff.

[374] LG Gera WuM 1994, 523; AG Oberhausen DWW 1996, 56; AG Arnsberg DWW 1995, 317 Ausländer kann über den neuen Kabelanschluss 2 heimatsprachige Programme empfangen; dazu auch BVerfG NZM 2013, 376.

[375] BVerfG NZM 2007, 125.

ff) Des Weiteren kann von Bedeutung sein, ob die Einstellung des Betriebes der Neuinstallation und der Rückbau in den früheren Zustand zu einer nicht vertretbaren **Belastung** des Mieters führen würden. 280

b) Nachträgliche Genehmigung des Vermieters. Der Vermieter hat unter Beachtung der vertraglichen Situation und der vorgenannten Kriterien sein **Ermessen** sachgerecht auszuüben. Er kann von dem Mieter erforderlichenfalls auch noch nachträglich die Erfüllung der diversen **Auflagen,** wie zB Zahlung einer Kaution, Nachweis einer Haftpflichtversicherung, Einhaltung der Ruhezeiten und Zimmerlautstärke fordern. 281

Liegen durchgreifende Gründe für die **Verweigerung** der Genehmigung und ein Beseitigungsverlangen des Vermieters vor, so hat dieser auf Grund des **Verhältnismäßigkeitsgrundsatzes** vorab zu prüfen, ob er dem Mieter als **milderes Mittel** zB einen anderen Montageort zuweist. Der Mieter kann in diesem Fall nicht geltend machen, dass die Umsetzung der Anlage für ihn mit hohen Kosten verbunden ist.[376] 282

Hat der Vermieter die Neuinstallation des Mieters nachträglich zu genehmigen, so sollte er diese **Genehmigung** dem Mieter **schriftlich** erteilen und sich ein **Widerrufsrecht** für den Fall vorbehalten, dass von der Installation des Mieters zukünftig Störungen ausgehen, die nicht hingenommen werden müssen. 283

Genehmigt der Vermieter die Neuinstallation nicht, sollte er auch dies dem Mieter schriftlich mitteilen und **begründen.** Er sollte den Mieter auffordern, die Neuinstallation ab einem bestimmten Datum nicht mehr zu nutzen und rückzubauen. Verstreicht die **Frist** ungenutzt, so sollte der Vermieter den nach § 541 BGB bestehenden **Unterlassungs- und Beseitigungsanspruch** alsbald gerichtlich durchsetzen, da der Anspruch sonst nach § 242 BGB verwirken kann.[377] 284

c) Prozessuale Durchsetzung. Genehmigt der Vermieter die bereits vorhandene Empfangsanlage des Mieters nicht, oder nur unter Auflagen, so kann der Mieter eine gerichtliche Klärung herbeiführen. Gegebenenfalls hat er zunächst die **außergerichtliche Streitschlichtung** zu betreiben, bevor ihm der **Klageweg** offensteht.[378] 285

Haben sich die Parteien bereits früher prozessual darüber auseinandergesetzt, ob der Mieter eine zusätzliche Empfangsanlage montieren darf, so steht die **Rechtskraft** einer früheren gerichtlichen Entscheidung einer neuen Klage nicht entgegen, wenn sich inzwischen der zugrunde liegende Sachverhalt verändert hat. Hat sich inzwischen die **Gesetzeslage** oder **Rechtsprechung** des Bundesverfassungsgerichts[379] **geändert,** so ist zu prüfen, ob eine Abänderungsklage nach § 323 ZPO erhoben werden kann. 286

Der Sachantrag der vom Mieter beim örtlich und sachlich zuständigen Gericht[380] eingereichten Klage muss den Anforderungen des § 253 Abs. 2 Nr. 2 ZPO genügen und folglich hinreichend bestimmt sein. Er könnte wie folgt lauten: 287

Formulierungsvorschlag:

Der Beklagte (Vermieter) wird verurteilt, die durch die Fernsehtechnikerin Astrid Alex, Bergweg 6, 56789 Köln auf Kosten des Klägers (Mieter) erfolgte Installation einer Parabolantenne der Marke ABC, Typ XYZ an der zum Garten gerichteten Seite des Schornsteins des Wohnhauses Uferstraße 7, 54321 Köln sowie deren Betrieb durch den Kläger (Mieter) zu genehmigen. 288

Ein etwaiger **Annahmeverzug** des Vermieters kann gerichtlich festgestellt werden. Ferner kommt ein auf eine **Zug-um-Zug**-Verurteilung gerichteter Klageantrag des Mieters oder eine **negative Feststellungsklage** des Vermieters in Betracht.[381] 289

[376] LG Wiesbaden WuM 1996, 403 bei 1.500 EUR.
[377] OLG Hamburg FWW 1962, 478; LG Berlin WuM 1984, 130; LG Essen WuM 1986, 117; AG Frankfurt a. M. NZM 1998, 759.
[378] → Rn. 246 ff.
[379] BGH NJW 1990, 3020.
[380] → Rn. 253 ff.
[381] → Rn. 258 ff., 262 ff.

290 d) **Widerruf der Genehmigung.** Hält sich der Mieter während der Mietdauer nicht an **Auflagen** bzw. inhaltliche Vorgaben der erteilten Genehmigung oder gehen von der Empfangsanlage des Mieters **Störungen** aus, so hat der Vermieter den Mieter grundsätzlich aufgrund seines insoweit vertragswidrigen Verhaltens **abzumahnen.**[382] Erst wenn der Mieter sein vertragswidriges Verhalten trotz Abmahnung fortsetzt, kann der Vermieter die erteilte Genehmigung widerrufen.[383]

Im Übrigen kann der Vermieter beim Vorliegen sachlicher Gründe die Genehmigung auch ohne vorherige Abmahnung widerrufen.

291 Hat der Vermieter die Genehmigung zum Betrieb der Empfangsanlage widerrufen, so sollte er zur Vermeidung eines zeit- und kostenintensiven Klageverfahrens dem Mieter eine angemessene **Frist** für die Stilllegung und Beseitigung der Anlage setzen. Im Falle eines erfolglosen Fristablaufes hat der Vermieter dann immer noch die Möglichkeit, seinen Beseitigungsanspruch gerichtlich geltend zu machen.

292 Aus Beweisgründen empfiehlt sich, dem Mieter den Widerruf sowie die hierfür verantwortlichen Beweggründe **schriftlich** mitzuteilen.

5. Pflichten des Mieters bei Gebrauch der Installation

293 Hat der Mieter mit einem Betreiber einen **Versorgungsvertrag** abgeschlossen, so ist grundsätzlich nur er, nicht jedoch der Vermieter aus diesem Vertrag verpflichtet.

294 Dem Mieter obliegt in der Regel auf Grundlage des **Mietvertrages** die **Obhutspflicht** hinsichtlich der gemieteten Empfangsanlage. Der Mieter hat hiernach regelmäßig dafür Sorge zu tragen, von der Anlage keine Gefahren für Dritte ausgehen. Eine Belastung bzw. Gefährdung anderer durch Elektro-Smog[384] oder Störungen der Empfangsmöglichkeiten der anderen Mietparteien des Hauses ist zu vermeiden.

295 Schließlich hat der Mieter bei seinem Konsum von Fernseh- und Radioprogrammen **Zimmerlautstärke** zu wahren, sowie in der Hausordnung und dem LImschG geregelte **Mittags-** und **Nachtruhezeit** zu beachten. Verstöße gegen das LImschG können als Ordnungswidrigkeit geahndet werden.

296 Der störende Mieter kann zur Zahlung eines **Schmerzensgeldes**[385] oder zur Erstattung eines durch die berechtigte Mietminderung einer anderen durch ihn gestörten Mietpartei beim Vermieter entstandenen **Mietausfallschadens** verpflichtet sein.

6. Beseitigungsanspruch des Vermieters

297 a) **Anspruchsgrundlage und Ermessenskriterien.** Hat sich der Mieter durch eine in **verbotener Eigenmacht**[386] vorgenommene und nicht genehmigungsfähige Neuinstallation **vertragswidrig** verhalten, so ist er zunächst gem. § 541 BGB grundsätzlich zunächst **abzumahnen.** Die Abmahnung und weitere Korrespondenz ist von allen an dem Mietverhältnis beteiligten Vermietern an alle beteiligten Mieter zu richten und der Zugang nachweisbar sicherzustellen.

298 Dem Mieter ist grundsätzlich die Möglichkeit eingeräumt werden, sein vertragswidriges Verhalten zu korrigieren und sich zukünftig vertragsgerecht zu verhalten. Es sind dem Mieter die erforderlichen **Auflagen** zu erteilen oder eine angemessene **Erledigungsfrist** zu setzen und deren Einhaltung zuverlässig von dem Vermieter zu überwachen.

299 Verhält sich der Mieter weiterhin **vertragswidrig,** so kann der Vermieter die Unterlassung dieses vertragswidrigen Verhaltens verlangen. Die Unterlassung kann hierbei eine **Änderung** oder Einschränkung des bisherigen Gebrauchs der mietereigenen Empfangsanlage bedeuten, aber auch die vollständige Beseitigung der betriebenen Anlage. Nur wenn keine weniger einschneidenden Maßnahmen zum vom Vermieter gewünschten

[382] BGH NZM 2007, 481.
[383] → Rn. 242 ff.
[384] Roth NZM 2000, 521.
[385] AG Dortmund NJW-RR 1994, 910.
[386] BVerfG WuM 1996, 82.

Erfolg führen, kann dieser nach § 541 BGB eine dem Mieter erteilte Erlaubnis bzw. Genehmigung **widerrufen**[387] und **Unterlassung** verlangen.

Der Widerruf und das Unterlassungsverlangen sind von dem Vermieter zu begründen. Die **Begründung** kann auf eine wirksam vereinbarte Vertragsklausel, in den Mietvertrag einbezogene Checkliste oder Sachverhalte verweisen, die den Vermieter auch zur Verweigerung einer Erlaubnis oder Genehmigung der Neuinstallation berechtigt hätten. 300

Macht der Vermieter seinen Unterlassungsanspruch gegenüber dem Mieter geltend, so hat er diesem für die Demontage dessen Empfangsanlage und Wiederherstellung der ursprünglichen Anlage unter Androhung des Rechtsweges eine angemessene **Erledigungsfrist** zu setzen. 301

b) **Prozessuale Durchsetzung.** Verhält sich der Mieter trotz Abmahnung und Beseitigungsaufforderung des Vermieters **weiterhin vertragswidrig,** so sollte der Vermieter seinen **Beseitigungsanspruch** alsbald gerichtlich anhängig machen. Anderenfalls kann sein Anspruch bei Vorliegen des erforderlichen Umstands- und Zeitmoments nach § 242 BGB verwirkt sein. 302

Auch der Vermieter hat zu prüfen, ob er zunächst eine **außergerichtliche Streitschlichtung** durchzuführen hat, bevor ihm der Klageweg offensteht.[388] 303

Die vom Vermieter gegenüber dem Mieter zu erhebende **Klage** kann beim sachlich und örtlich zuständigen **Amtsgericht** erhoben werden.[389] Der Streitwert dürfte insoweit regelmäßig unterhalb des hierfür maßgeblichen Wertes von 5.000 EUR liegen. 304

Der klagende Vermieter hat sein Begehren im Rahmen eines Sachantrages zu äußern, welcher den Anforderungen des § 253 Abs. 2 Nr. 2 ZPO genügt. Im Einzelnen ist die von dem Mieter zu beseitigende Neuinstallation nach Adresse, Etage, dortigem Montageort sowie äußerem Erscheinungsbild im Detail zu bezeichnen: 305

Formulierungsvorschlag:

Der Beklagte wird verurteilt, die an der zum Garten gerichteten Seite des Schornsteins des Wohnhauses Uferstraße 7, 54321 Köln montierte schwarze Parabolantenne der Marke ABC, Typ XYZ mit einem Durchmesser von rund 80 cm zu entfernen. 306
Der Beklagte wird ferner verurteilt, es zu unterlassen, die vorgenannte Antenne ohne Genehmigung des Klägers erneut zu montieren, zu nutzen und zu betreiben.

Die gleichzeitige Geltendmachung des **Unterlassungsanspruchs** ist aus prozesstaktischen Gründen zu empfehlen, da die Wiederholungsgefahr durch den bisherigen Verstoß indiziert wird. Andernfalls bestünde auf Seiten des Mieters die Möglichkeit, die streitgegenständliche Parabolantenne nur vorübergehend entfernen, den durch Urteil titulierten Anspruch des Vermieters zu erfüllen, die Herausgabe der vollstreckbaren Ausfertigung des Urteils zu verlangen und die Antenne anschließend erneut zu installieren. Der Vermieter wäre in diesem Falle dazu gehalten, einen insoweit neu entstandenen Unterlassungsanspruch abermals gerichtlich geltend zu machen. 307

Zur Beschleunigung einer etwaig später erforderlich werdenden **Vollstreckung** des Unterlassungstitels sollte schon in der Klageschrift der sogenannte „Bestrafungsantrag" gemäß § 890 Abs. 2 ZPO aufgenommen und wie folgt formuliert werden: 308

Formulierungsvorschlag:

Dem Beklagten wird für jeden Fall der Zuwiderhandlung ein Ordnungsgeld bis zur Höhe von 250.000 EUR, ersatzweise Ordnungshaft von bis zu 6 Monaten angedroht. 309

---

[387] → Rn. 242 ff., 290.
[388] → Rn. 247 ff.; LG Frankfurt a. M. WuM 2002, 378 – 875 EUR.
[389] → Rn. 253 ff.

310 **Demontiert** der Mieter die Parabolantenne während des Rechtsstreits, kann der Rechtsstreit hinsichtlich des Entfernungsverlangens des Vermieters **teilweise** in der Hauptsache für **erledigt** erklärt und die Klage nur noch hinsichtlich des Unterlassungs- und Kostenantrag zur Entscheidung aufrechterhalten werden.[390] Stimmt der Mieter der teilweisen Erledigung nicht zu, da er die ursprüngliche Klage für unbegründet hält und deshalb „Klageabweisung“ verlangt, hat der Vermieter zu beantragen, dass die teilweise Erledigung des Rechtsstreits festgestellt werden soll.

311 Gegen ein Urteil des Amtsgerichts ist nur in **Ausnahmefällen** eine beim örtlich zuständigen Landgericht über einen Rechtsanwalt einzureichende **Berufung** zulässig.[391] Es ist die Monatsfrist des § 517 ZPO zu wahren.

312 Der **Beschwerdewert** richtet sich idR nach dem Interesse des Vermieters an der Unversehrtheit seines Mietshauses und liegt zumeist unter der Berufungssumme.[392]

313 c) **Zwangsvollstreckung.** Die Vollstreckung eines **Beseitigungstitels** richtet sich nach § 887 ZPO. Sie setzt voraus, dass der Mieter **erfolglos** aufgefordert wurde, die ihm in dem Titel auferlegte Handlung in einer angemessenen, ihm konkret bestimmten **Erledigungsfrist** vorzunehmen. Ist diese Voraussetzung nachweisbar gegeben, kann sich der Vermieter durch das Gericht zur **Ersatzvornahme** berechtigen lassen.

Er kann deshalb **beantragen:**

Formulierungsvorschlag:

314 1. Der Gläubiger wird gemäß § 887 Abs. 1 ZPO ermächtigt, die dem Schuldner in dem vollstreckbaren Urteil des Amtsgerichts […] vom […] zum Az. […] auferlegte Handlung, nämlich die an der zum Garten gerichteten Seite des Schornsteins des Wohnhauses Uferstraße 7 in 54321 Köln installierte Parabolantenne der Marke ABC, Typ XYZ mit einem Durchmesser von rund 80 cm zu demontieren, auf Kosten des Schuldners vornehmen zu lassen.
2. Der Schuldner hat die Vornahme der Handlung zu dulden, insbesondere das Betreten des Mietshauses durch die von dem Gläubiger mit der Vornahme der Handlung betraute Person, der er zur Vornahme der Handlung auch den Zugang zum Mietshaus zu verschaffen hat. Dies gilt zugleich als Durchsuchungsanordnung im Sinne von Art. 13 Abs. 2 GG.
3. Zugleich wird der Schuldner nach § 887 Abs. 2 ZPO verurteilt, auf die durch die Vornahme der Handlung durch den Gläubiger entstehenden Kosten einen Vorschuss in Höhe von 400,– EUR zu zahlen.

315 Wird die Ersatzvornahme dann gleichwohl von den Mietern verhindert, so kann der Vermieter diesen Widerstand gemäß § 892 ZPO durch den **Gerichtsvollzieher** und einen ggf. erforderlichen Handwerker brechen lassen.

316 Verstößt der Mieter gegen den **Unterlassungstitel,** indem er gleichwohl eine Parabolantenne ohne die Zustimmung des Vermieters an dem Mietshaus befestigt, so kann dieser im Rahmen der **Zwangsvollstreckung** nach § 890 ZPO beim Prozessgericht erster Instanz **beantragen:**

Formulierungsvorschlag:

317 Gegen den Schuldner wird wegen Verstoßes gegen das in dem Urteil des Amtsgerichts […] vom […] zum Az. […] titulierte Verbot, ohne die vorherige Zustimmung des Gläubigers an oder auf dem Haus Uferstr. 7 in 54321 Köln eine Parabolantenne zu installieren, ein Ordnungsgeld, und für den Fall, dass dieses nicht beigetrieben werden kann, Ordnungshaft festgesetzt.

---

390 BGH WuM 2004, 725.

391 → Rn. 266 ff.

392 LG München I WuM 1993, 745 - 75 EUR; LG Bonn WuM 1993, 468 – 600 EUR; → Rn. 249, 265 ff.

Nach dem Antrag hat der Vermieter die **Vollstreckungsvoraussetzungen** darzulegen. Die Höhe des Ordnungsgeldes bzw. die Dauer der Ordnungshaft wird vom Gericht festgesetzt. Ein konkret beziffeter Antrag ist nicht erforderlich, Anregungen zur Höhe des Ordnungsgeldes aber möglich. Der Beschluss wird dann von Amts wegen gegenüber dem Schuldner vollstreckt. 318

d) **Kündigung des Mietverhältnisses.** Die **eigenmächtige** Verlegung eines Breitbandkabelanschlusses durch den Mieter rechtfertigt für sich genommen dann keine Kündigung des Vermieters, wenn die Bausubstanz der Mietsache/des Hauses nicht erheblich beeinträchtigt wurde und der Mieter von der **Genehmigungsfähigkeit** seiner Anlage ausging.[393] 319

Wurde der Mieter rechtskräftig zur Demontage seiner Installation verurteilt, lässt er jedoch eine ihm hierfür von dem Vermieter gesetzte **Erledigungsfrist** ungenutzt verstreichen, so hat dieser grundsätzlich zunächst die **Zwangsvollstreckung** zu betreiben, bevor er gegenüber dem Mieter eine wirksame Kündigung aussprechen kann. 320

Verhält sich der Mieter jedoch durch die Installation einer Parabolantenne **wiederholt** und **schuldhaft vertragswidrig** oder können Ordnungsgelder bzw. zu Gunsten des Vermieters titulierte Vorschüsse auf Grund der schlechten finanziellen Verhältnisse des Mieters nicht vollstreckt werden, so ist der Vermieter gem. § 569 Abs. 2 BGB zur **fristlosen Kündigung** des Mietverhältnisses berechtigt.[394] Es ist diesem dann nicht zuzumuten, die hartnäckige Verletzung des Mietvertrages und des vorliegenden Titels selbst für die Dauer der ordentlichen Kündigungsfrist hinzunehmen. Auch die Gewährung einer **Räumungsfrist** kommt dann in der Regel nicht mehr in Betracht.[395] 321

7. Beendigung des Mietverhältnisses

Endet das Mietverhältnis, so ist der Mieter zur **Räumung** und **Herausgabe** des Mietobjektes an den Vermieter verpflichtet, § 546 BGB. 322

Diese Verpflichtung hat der Mieter nicht erfüllt, wenn der eine von ihm montierte Empfangsanlage nicht entfernt und der Aufwand zur nachträglichen Beseitigung der mietereigenen Empfangsanlage mit erheblichen Kosten verbunden ist.[396] Die Grenze wird bei 2.500 EUR oder 4 Monatsmieten gesehen. Dann ist der Mieter entweder auf **Räumung** zu verklagen oder gem. § 281 Abs. 1 S. 1 BGB unter **Fristsetzung mit Ablehnungsandrohung** zur Nachholung der noch erforderlichen Arbeiten aufzufordern. 323

Kommt der Mieter dieser Aufforderung nicht nach, ist er unabhängig von ihrer konkreten Höhe zur Bezahlung der Beseitigungskosten im Wege des Schadensersatzes verpflichtet.

Erfordert die restliche Räumung des Mietobjektes keine erheblichen Kosten, so ist der Vermieter auf Grund seiner Schadensminderungspflicht sofort im Wege der Ersatzvornahme zur **Schadensbeseitigung** und Weitervermietung der Wohnung verpflichtet.[397] Der ehemalige Mieter hat dem Vermieter den Mietausfallschaden sowie die entstandenen Schadensbeseitigungskosten zu **ersetzen.** 324

III. Mobilfunk

1. Allgemeine Grundlagen

a) **Technische Grundlagen.** Mobilfunksendeanlagen werden für die drahtlose Übertragung von Signalen, dh von Sprache und Daten benötigt. Die Signale werden auf elektromagnetischen Hochfrequenzfeldern, dh auf Wellen im Bereich um 900 MHz (D- 325

393 LG Heilbronn WuM 1992, 10.

394 BVerfG WuM 1995, 261; LG Kleve NJW-RR 1996, 206.

395 BVerfG NZM 1999, 212; AG Neustadt NZM 1999, 308.

396 BGH WuM 1997, 217 – Grenze bei 2.500 EUR oder vier Monatsmieten; OLG Hamm ZMR 1996, 372; LG Köln NJW-RR 1996, 1460; OLG Brandenburg ZMR 1997, 584.

397 OLG München DWW 1987, 125.

Netze), um 1800 MHz (E-Netze) und bis zu 2200 MHz (UMTS) transportiert. Der Staat und die Mobilfunkbetreiber streben eine **flächendeckende Versorgung** mit mobilen Telekommunikationsmöglichkeiten an.[398] Bei derzeit rund 68,5 Mio. Smartphonenutzern in Deutschland und durch den Aufbau des Mobilfunknetzes werden alsbald rund 100.000 Standorte für Mobilfunkstationen benötigt. Im Jahr 2023 existierten in Deutschland insgesamt 87.905 Basisstationen für den LTE-Mobilfunk. Da Häuserdächer geeignete Standorte sind, werden Mobilfunkstationen und ihre Auswirkungen zunehmend Thema des Wohnungsmarktes.[399]

326 Die **gesundheitlichen Auswirkungen** solcher elektromagnetischen Felder für Nachbarn solcher Stationen sind wissenschaftlich noch nicht abschließend erforscht. Nachgewiesen sind **thermische** Auswirkungen, also eine mit der Nähe zur Sendeanlage zunehmende Erwärmung des Körpers. Streitig sind **athermische** Auswirkungen,[400] wie Stoffwechselstörungen, Abnahme des Kurzzeit- und Störung des Langzeitgedächtnisses, Müdigkeit, Kopfschmerzen, brennende Haut, Erhöhung des Ruheblutdrucks, Schlafstörungen und Beeinträchtigung des Melatoninhaushalts bis hin zum gesteigerten Krebsrisiko.[401] Diesbezüglich sind insbesondere die Ergebnisse der zahlreichen **Langzeitstudien** abzuwarten.[402]

327 **b) Rechtliche Grundlagen.** Der Staat hat, um die flächendeckende Versorgung der Bevölkerung mit mobilen Telekommunikationsmöglichkeiten zu fördern, den Mobilfunkbetreibern in den ihnen vergebenen Lizenzen zahlreiche **Auflagen** gemacht. Andererseits hat der Staat aber auch nach Art. 2 Abs. 2 S. 1 GG die **menschliche Gesundheit** zu schützen. So hat der Bundesgesetzgeber gem. § 23 BImSchG zum 1.1.1997 in Anhang 1 zu § 2 der 26. BImSchV[403] **Grenzwerte** festgesetzt. Sie betreffen die Errichtung, die Beschaffenheit und den Betrieb von gewerblichen ortsfesten Anlagen, von denen hoch- oder niederfrequente elektromagnetische Felder ausgehen.[404] Die Musterbauordnung 2008 ordnet Mobilfunkmasten mit einer Höhe von bis zu 10 Metern als erlaubnisfreie Bauvorhaben ein (§ 61 Abs. 1 Nr. 4 MBauO).[405]

328 Die Grenzwerte beruhen ua auf den übereinstimmenden Empfehlungen des Komitees für nichtionisierende Strahlen der privaten Internationalen Strahlenschutzvereinigung „ICNIRP" sowie der Strahlenschutzkommission des Bundesamtes für Strahlenschutz, einer Ratsempfehlung der EU vom 12.7.1999 und dem überwiegenden internationalen Standard. Sie orientieren sich an den Ergebnissen zahlreicher **Studien** zu den nachweislich von Hochfrequenzfeldern ausgehenden Gesundheitsgefahren.

329 Die Bundesregierung hat ein **Restrisiko,** dass auch unterhalb dieser Grenzwerte Gesundheitsbeeinträchtigungen auftreten können, nicht ausgeschlossen, jedoch keinen Anlass zur Senkung der Grenzwerte gesehen.[406] Auch nach Auffassung des Bundesverfassungsgerichts[407] verstoßen die Grenzwerte nicht gegen Art. 2 Abs. 2 S. 1 GG.

330 Die **verfassungsrechtliche Schutzpflicht** erfordert keine Vorsorge gegen rein hypothetische Gefährdungen. Gerichtlich kann eine Verletzung der **Nachbesserungspflicht** erst dann festgestellt werden, wenn auf Grund neuer Erkenntnisse oder veränderter Situationen eine ursprünglich rechtmäßige Regelung zum Schutz der Gesundheit verfassungsrechtlich untragbar geworden ist, dh die menschliche Gesundheit völlig unzureichend schützt.[408]

---

398 Kniep WuM 2007, 611.
399 Vgl. weiter: Hitpass NZM 2012, 401 (407).
400 Eisenschmid WuM 1997, 22; Kniep WuM 2002, 598; 2003, 312.
401 Ärztezeitschrift für Naturheilverfahren 2002, 469 ff.
402 Überblick bei RWTH Aachen http://wbldb.fermu.rwth-aachen.de; Kniep/Hohmuth WuM 2003, 312 Fn. 14 mit weiteren Fundstellen.
403 BGBl. 1996 I 1966.
404 Martens/Appelbaum NZM 2002, 649.
405 Hinweisend auch: Hitpass NZM 2012, 401 (407).
406 BT-Drs. 14/7958.
407 BVerfG WuM 2002, 261; Roth NZM 2000, 521.
408 BVerfG WuM 2002, 261; NJW 1997, 2509; OVG Koblenz WuM 2001, 561.

Die Ergebnisse der sog. Naila-Studie, dass im Umkreis von 400 m um eine Mobilfunkstation herum das Risiko, an Krebs zu erkranken, drei Mal so hoch sei, wie außerhalb des Umkreises, sind nicht zu verallgemeinern. Die in einem konkreten Einzelfall durchgeführte gerichtliche Beweisaufnahme kann nicht zu einer **Gesamteinschätzung** des komplexen wissenschaftlichen Erkenntnisstandes führen.[409] Eine kompetente Risikobewertung setzt vielmehr eine fachübergreifende Sichtung und Bewertung der laufenden Forschung und wissenschaftlich begründete Zweifel an der Richtigkeit der als Stand der Technik akzeptierten Grenzwerte voraus. Nach den bisher vorliegenden Studienergebnissen besteht bei Einhaltung der Grenzwerte keine Gesundheitsgefährdung. 331

2. Problemstellungen im Wohnungsmietrecht

a) **Rechtspositionen und Pflichten des Vermieters.** Der Vermieter ist gem. Art. 14 Abs. 1 GG, § 903 BGB berechtigt, trotz der laufenden Wohnungsmietverträge ohne Zustimmung der Mieter das Dach des Mietshauses dem Betreiber einer Mobilfunkanlage als Standort zu vermieten, dh einen diesbezüglichen **Nutzungsvertrag** abzuschließen. 332

Die Zustimmung der Mieter ist bereits deswegen nicht erforderlich, weil das Dach regelmäßig nicht Bestandteil der Mietsache und der Mieter folglich nicht zu dessen Nutzung berechtigt ist.

Der Vermieter sollte sich aber in dem Nutzungsvertrag durch den Betreiber von auf der Errichtung oder dem Betrieb der Anlage beruhenden Ansprüchen geschädigter Dritter **freistellen** und der Betreiber dieses Risiko versichern lassen. 333

Formulierungsvorschlag:

Der Betreiber stellt den Grundstückseigentümer im Außenverhältnis von allen berechtigten Ansprüchen Dritter frei, die auf der Errichtung oder dem Betrieb der Mobilfunkanlage beruhen, es sei denn, dass die Ansprüche auf einem Verschulden oder grober Fahrlässigkeit des Grundstückseigentümers beruhen. 334

Fühlt sich der Vermieter bzgl. der von der Anlage ausgehenden Emissionen und Gesundheitsrisiken nicht hinreichend durch den Betreiber **aufgeklärt,** ist er gleichwohl im Regelfall aus den vorstehenden Gründen nicht zur Anfechtung des Nutzungsvertrages berechtigt. Diesbezüglich gegen den Betreiber gerichtete Räumungsklagen des Vermieters waren, soweit mir ersichtlich, bislang erfolglos.[410] 335

Dem Vertragsabschluss steht ein **Vertrauensschutz** des Mieters an der Beibehaltung der bisherigen Situation nicht entgegen. Die Literatur geht aber davon aus, dass der Vermieter den Mieter im Rahmen seiner Gebrauchsgewähr- und **Verkehrssicherungspflicht** über Art und Umfang, sowie die hiervon ausgehenden Gefahren informieren, dh aufklären muss.[411] 336

Ferner bedarf die Anbringung einer über 10 m hohen Anlage idR nach der jeweiligen Landesbauordnung einer **Baugenehmigung,** dh die Errichtung der Mobilfunkanlage auf einem Wohngebäude ist baurechtlich eine genehmigungspflichtige Nutzungsänderung.[412] Des Weiteren hat die Regulierungsbehörde für Telekommunikation und Post vor Inbetriebnahme der Anlage eine Standortbescheinigung auszustellen, in der sie **Sicherheitsabstände** festlegt, außerhalb derer die Grenzwerte nicht überschritten werden. 337

409 OLG Frankfurt a. M. NZM 2005, 838.
410 LG München I NZM 2002, 671.
411 Frenzel WuM 2002, 10.
412 VGH Mannheim BauR 2000, 712; VGH Kassel BauR 2001, 944; Martens/Appelbaum NZM 2002, 649.

338 Dem Vermieter steht dem benachbarten Grundstückseigentümer gegenüber, auf dessen Haus eine Mobilfunksendeanlage betrieben wird, idR kein nachbarrechtlicher **Unterlassungsanspruch** gem. §§ 1004 Abs. 1 S. 2, 906 Abs. 1 BGB zu, wenn die Anlage die Grenzwerte der 26. BImSchVO einhält.[413] Dem Vermieter obliegt dann entgegen dieser Indizwirkung des Gesetzes die Darlegungs- und Beweislast dafür, dass die von der Anlage ausgehenden Emissionen auch unterhalb der Grenzwerte gesundheitsschädliche Auswirkungen haben.

339 **b) Rechtspositionen und Pflichten des Mieters.** Mit einer vergleichbaren Begründung wird von der überwiegenden Rechtsprechung bei sog. **Elektrosmog**[414] ein auf § 536 Abs. 1 S. 2 BGB beruhendes Recht des Mieters zur **Mietzinsminderung** abgelehnt. Danach kommt es nicht auf das subjektive Empfinden des Mieters, also die von diesem angenommene, aber nicht nachgewiesene Gesundheitsgefährdung an. Der Mieter trägt die Darlegungs- und Beweislast dafür, dass seine Gesundheit durch die Mobilfunkanlage konkret gefährdet wird, deren Errichtung der Vermieter gestattet hat.[415] Dem gegenüber genügte dem AG München bereits die begründete Angst des Mieters vor diesen Strahlungen.[416]

340 Auch ein mit der Fürsorgeverpflichtung des Vermieters begründetes **Unterlassungsverlangen** des Mieters hat nach der einschlägigen Rechtsprechung bislang keinen Erfolg.[417] Liegen die von der Mobilfunkanlage ausgehenden elektromagnetischen Strahlungen unterhalb der Grenzwerte, so ist die Nutzbarkeit der Mietwohnung nicht wesentlich beeinträchtigt.

341 Deshalb kommt auch kein außerordentliches **Kündigungsrecht** des Mieters gem. §§ 543, 569 BGB in Betracht.

342 Der Mieter seinerseits kann von dem Vermieter nicht dessen Erlaubnis oder Genehmigung für das Aufstellen und Betreiben einer mietereigenen Mobilfunkantenne beanspruchen. Da der Mobilfunk keine allgemein zugängliche **Informationsquelle** darstellt, kann der Mieter sein Verlangen nicht auf Art. 5 Abs. 1 GG stützen.[418]

343 **c) Kosten und Einnahmen.** Der Steuerpflichtige kann aber Aufwendungen, die er für den Schutz vor Strahlungen der Mobilfunkanlage getätigt hat, steuerrechtlich als **außergewöhnliche Belastungen** geltend machen, wenn er entweder durch ein zuvor amtlich angefertigtes, technisches Gutachten nachweisen kann, dass die Grenzwerte überschritten sind, oder er durch ein amtsärztliches Gutachten dokumentiert, dass seine gesundheitlichen Beeinträchtigungen durch die unterhalb der Grenzwerte liegende Strahlung verursacht wurden.[419]

344 Die **Einnahmen** des Vermieters aus der Vermietung der Dachfläche als Aufstellungsort der Mobilfunkanlage sind keine Einnahmen iSd § 31 Abs. 1 S. 1 II. BV, dh sie sind in der Wirtschaftlichkeitsberechnung für preisgebundenen Wohnraum nicht zu berücksichtigen.[420]

---

[413] BGH NZM 2004, 310; OLG Karlsruhe NZM 2003, 216; BayObLG WuM 2002, 382; OVG Bautzen BauR 1998, 1226; OVG Koblenz IBR 2004, 166; LG München II NJW-RR 1997, 465; Kniep WuM 2004, 654.

[414] OLG München NZM 2002, 650; LG Berlin NZM 2003, 60; LG Freiburg NZM 2001, 406; AG Frankfurt a. M. NZM 2001, 1031; AG Tiergarten NZM 2002, 949; AG Traunstein ZMR 2000, 389; AG Gießen WuM 2001, 546; LG Hamburg WuM 2007, 692; Drasdo WuM 2006, 279.

[415] BGH NJW 2004, 1317 = WuM 2004, 21; Hitpass NZM 2012, 401 (407).

[416] AG München WuM 1999, 111; AG Hamburg-Harburg WuM 2007, 621; Kniep/Hohmuth WuM 2003, 312; 2006, 182; Herkner, WuM 2007, 662.

[417] BGH WuM 2006, 304; Reismann WuM 2007, 361; aA AG Freiburg bei Gefahr für Herzschrittmacher bei rund 5 m entferntem Sender in Kniep/Hohmuth WuM 2003, 312.

[418] → Rn. 172 ff.

[419] BFH WuM 2007, 145; FG Baden Württemberg WuM 2006, 635.

[420] BGH NZM 2006, 133; LG Berlin WuM 2005, 648; Drasdo WuM 2006, 279; aA Wüstefeld WuM 2005, 689; Schmidt-Futterer/Eisenschmid BGB § 535 Rn. 379.

3. Problemstellungen im Wohnungseigentumsrecht

Soll die Errichtung einer Mobilfunksendeanlage auf dem Dach des Wohngebäudes einer Wohnungseigentümergemeinschaft erfolgen, ist dies als **bauliche Veränderung** iSd § 20 WEG zu bewerten[421]. Eine solche Veränderung kann durch Beschluss beschlossen werden. 345

Die Entscheidung der Gemeinschaft der Wohnungseigentümer, den Mietvertrag über die Errichtung einer Mobilfunkstation auf dem Dach nicht abzuschließen, kann nach **billigem Ermessen** dem Interesse aller Teilhaber iSd § 745 Abs. 2 BGB entsprechen, da auch bei Einhaltung der Grenzwerte einerseits die Besorgnis einer Gesundheitsgefahr die Gebrauchstauglichkeit von Mieträumen zu Wohnzwecken sowie andererseits den Verkehrswert der Miteigentumsanteile beeinträchtigen kann.[422] Die ernsthafte Möglichkeit der Wertminderung genügt. 346

Wenn einem Sondernutzungsberechtigten in der Teilungserklärung ausdrücklich das Recht zum Aufstellen und Betrieb von Mobilfunkantennen eingeräumt wird,[423] kann den übrigen Wohnungseigentümern ein auf § 14 Abs. 2 Nr. 1 WEG iVm § 1004 BGB beruhender **Unterlassungsanspruch** hinsichtlich der von der grundsätzlich zu duldenden Anlage ausgehenden Emissionen zustehen.[424] 347

Dabei kann ein Wohnungseigentümer seinen Unterlassungsanspruch auch mit berechtigten Interessen seines Wohnungsmieters begründen, bzw. mietrechtlich zur Durchsetzung der Ansprüche seines Mieters gegenüber der Eigentümergemeinschaft verpflichtet sein. Das kommerzielle Nutzungsinteresse des Berechtigten ist dann gegenüber dem Interesse der anderen Miteigentümer an der Vermeidung von etwaig gesundheitsgefährdendem Elektrosmog **abzuwägen.** 348

Ob diese Rechtsprechung auf Grund der entgegenstehenden Entscheidungen des BGH[425] und des Bundesverfassungsgerichts[426] aufrechterhalten werden kann, ist fraglich.[427] Ferner ist der Mangelbegriff iSd § 14 Abs. 2 Nr. 1 WEG nicht mit dem Mangel iSd § 536 Abs. 1 BGB identisch und deshalb auch die Entscheidung des OLG Hamm nicht auf das Wohnungsmietrecht übertragbar. 349

Auch hier ist wieder die dargestellte Rechtsprechung und die Stellungnahme der Bundesregierung[428] zu berücksichtigen, dass nach dem derzeitigen wissenschaftlichen Erkenntnisstand **kein Handlungsbedarf** zur Absenkung der Strahlenschutzgrenzwerte besteht. Allerdings kann ein selbständiges Beweisverfahren zur Feststellung der Strahlenbelastung in Betracht kommen, wenn dem Käufer der Eigentumswohnung vom Verkäufer die bevorstehende Errichtung der Mobilfunkstation verschwiegen wurde.[429] 350

Streitig ist, ob das sich aus einer Teilungserklärung ergebende Sondernutzungsrecht, auf einer Fläche „eine" Funkstation errichten zu lassen, für die übrigen Wohnungseigentümer einen Abwehranspruch bezüglich einer angebrachten zweiten Mobilfunkstation ergibt.[430] 351

---

[421] OLG Hamm NJW 2002, 1730; OLG Köln NZM 2001, 293; OLG Schleswig NZM 2001, 1035.
[422] OLG Karlsruhe WuM 2006, 459.
[423] OLG Köln NZM 2003, 200.
[424] BayObLG WuM 2002, 382; BGH NJW 2006, 2187 (2188).
[425] BGH NJW 2004, 1317 = WuM 2004, 217.
[426] BVerfG WuM 2002, 261.
[427] BayObLG WuM 2004, 726.
[428] → Rn. 329.
[429] OLG Stuttgart NZM 2005, 559.
[430] OLG Köln NZM 2002, 612; OLG München NZM 2006, 226.

7. Abschnitt. Haftung und Gewährleistung

§ 18 Haftung und Gewährleistung

Übersicht

Schrifttum:

Derleder, Die rechtlichen Voraussetzungen der Einstellung von Versorgungsleistungen an den Mieter wegen Leistungsstörungen im Verhältnis von Vermieter und Versorgungsträger, NZM 2000, 1098; Eisele, Der vorzeitige unentgeltliche Einzug des Mieters in die Wohnung, WuM 1997, 533; Emmerich, Die Verwendungen des Mieters, NZM 1998, 49; Franke, Miete, Aufwendungsersatz, Wegunfälle, DWW 2004, 172; ders., Die fristlose Kündigung durch den Mieter. ZMR 1999, 83; Gather, Die Schadensersatzansprüche des Vermieters, DWW 1990, 322; Gerber, Rechtsfolgen vorbehaltloser Mietzahlung in Kenntnis des Mangels, NZM 2003, 825; Herrlein, Versorgungssperre im Mietrecht: Possessorischer Besitzschutz als Legitimation offensichtlich rechtsmissbräuchlichen Mieterverhaltens?, NZM 2006, 527; Prölls, Stille Teilhabe an fremden Versicherungsverträgen – zur konkludenten Einbeziehung von Drittinteressen in der Sachversicherung, r+s 1997, 221; Scholz, Versorgungssperre bei vermietetem Sondereigentum, NZM 2008, 387; Sonnenschein, Die Entwicklung des privaten Wohnraummietrechts 1989 bis 1996 (Teil 2) – Pflichten des Mieters und Beendigung des Mietverhältnisses, NJW 1998, 2180; Streyl, Das Einstellen der Versorgungsleistungen durch den Vermieter, WuM 2006, 234; Tröster, Das Spannungsverhältnis zwischen mietrechtlicher Gewährleistung und allgemeinem Leistungsstörungsrecht, NZM 1998, 697; Wall, Vorschläge zur Novellierung der Heizkostenverordnung, WuM 2007, 417.

I. Mieterhaftung

Der Mieter ist neben den gesetzlichen und den von der Rechtsprechung entwickelten Haftungstatbeständen weiteren Pflichten und Haftungen ausgesetzt, die sich aus zusätzlichen bzw. von der gesetzlichen Regelung abweichenden **vertraglichen Vereinbarungen** ergeben können. Eine optimale Mandatsbetreuung sowohl aus Vermieter- als auch aus Mietersicht setzt voraus, dass der Anwalt bereits bei Annahme des Mandates den Sachverhalt genau analysiert und rechtlich zutreffend einordnet, um mit Erfolg eine Haftung des Mieters herzuleiten oder aber eine Inanspruchnahme durch den Vermieter abwehren zu können. Hierbei sind entsprechend der Chronologie eines Mietvertragsverhältnisses folgende Haftungsmöglichkeiten zu unterscheiden: 1

1. Haftung aus Verschulden bei Vertragsverhandlungen

Auch schon im Vorfeld eines Vertragsschlusses bestehen zwischen den Parteien Pflichten, deren schuldhafte Verletzung zu einem Schadenersatzanspruch führen kann. Die cic-Haftung ist mit der Schuldrechtsreform gesetzlich normiert worden durch **§ 311 Abs. 2 BGB iVm § 241 Abs. 2 BGB. Anspruchsgrundlage** für den Schadenersatz wegen 2

Verletzung vorvertraglicher Pflichten ist § 280 Abs. 1 BGB. Eine Haftung des Mieters aus Verschulden bei Vertragsverhandlungen kann bei folgenden Fallgruppen in Betracht kommen:

3 a) **Haftung wegen grundlosen Abbruchs der Vertragsverhandlungen.** Grundsätzlich hat jeder Verhandlungspartner das Recht, von einem Vertragsabschluss Abstand zu nehmen, ohne sich hierdurch gegenüber dem anderen schadenersatzpflichtig zu machen.[1] In der Regel zeigen die Parteien ihren Bindungswillen erst durch den Abschluss des Vertrages. Dies gilt auch und vor allem im Bereich der Vermietung von Wohnraum, werden doch in den allermeisten Fällen schriftliche Mietverträge geschlossen, auch wenn nach § 550 BGB die Schriftform nicht zwingend vorgeschrieben ist.

4 Deshalb sind **Ansprüche des Vermieters nur ausnahmsweise** denkbar, wenn:

- der Vertragsschluss nach dem Verhandlungsstand als sicher anzusehen war, dh der Vermieter auf Grund des Verhaltens des Mieters darauf **vertrauen** konnte und durfte, es werde mit Sicherheit zum Abschluss des Mietvertrages kommen,
- der Vermieter im Hinblick hierauf **Aufwendungen** zur Durchführung des Vertrages vor dessen Abschluss gemacht hat,
- und der Mieter den Vertragsschluss **ohne triftigen Grund** ablehnt.[2]

5 Nach der Entscheidung des BGH vom 13.10.2017[3] soll eine Schadenersatzpflicht sogar nur dann in Betracht kommen, wenn das Verhalten des in Anspruch Genommenen sich als **besonders schwerwiegender Treuverstoß** darstellt. Dies sei in der Regel nur eine **vorsätzliche Treupflichtverletzung,** zB das Vorspiegeln tatsächlich nicht vorhandener Abschlussbereitschaft.

Praxistipp:

Unter Berücksichtigung der BGH-Rechtsprechung kommt eine Haftung des Mietinteressenten wegen grundlosen Abbruchs der Vertragsverhandlungen nur ganz ausnahmsweise in Betracht.

6 b) **Haftung wegen Verletzung von Aufklärungspflichten.** Seitens des Mieters können schon während der Vertragsverhandlungen **Aufklärungs- bzw. Offenbarungspflichten** bestehen, wenn ihm Umstände bekannt sind, die den Vertragszweck gefährden und wesentlichen Einfluss auf die Entscheidung des Vermieters haben können. Solche Umstände sind vom Mieter **ungefragt** zu offenbaren, wenn der Vermieter nach Treu und Glauben Aufklärung erwarten darf. Entscheidend für die Bejahung solcher Pflichten ist das objektive Interesse des Vermieters an der Kenntnis der Umstände. Je weniger die Umstände die berechtigten Hauptinteressen des Vermieters, insbesondere das Interesse an sicheren Mietzinseinnahmen, beeinflussen, desto eher ist eine Aufklärungspflicht zu verneinen.[4]

7 Ist eine vorvertragliche Aufklärungspflicht zu bejahen, und wird die Pflicht vom Mieter schuldhaft verletzt, führt dies gemäß §§ 311 Abs. 2, 241 Abs. 2, 280 Abs. 1 BGB zur Haftung und zum Schadenersatz wegen Verschuldens bei Vertragsschluss.[5]

Praxistipp:

Der Mieter ist zur ungefragten Offenbarung von bestimmten Umständen in der Regel nur verpflichtet, wenn objektive und berechtigte Hauptinteressen des Vermieters an der Kenntnis der Umstände berührt sind.

---

[1] BGH MDR 2018, 205; AG Besigheim NZM 2005, 302.
[2] BGH MDR 2018, 205; Schmidt-Futterer/Fervers BGB Vor § 535 Rn. 47 ff.
[3] BGH MDR 2018, 205 Rn. 6.
[4] BVerfG WuM 1991, 463 (464); OLG Düsseldorf MietRB 2012, 134; Sternel MietR aktuell Kap. I. Rn. 256, 260 ff.
[5] LG Karlsruhe WuM 1998, 479.

c) **Haftung wegen unrichtiger Angaben.** In aller Regel verlangt der Vermieter vom Mieter, dass ihm dieser zu bestimmten Fragen **Selbstauskünfte** erteilt. Häufig geschieht dies in Form von Fragebögen. Soweit der Vermieter den Mietinteressenten zu bestimmten Umständen ausdrücklich befragt, gibt er hiermit zu erkennen, dass es ihm auf die Antworten für den Vertragsabschluss ankommt. Damit der Vermieter sich gegebenenfalls hierauf berufen kann, empfiehlt es sich allerdings, die nachgefragten Umstände als Vereinbarung im schriftlichen Mietvertrag aufzunehmen.[6] 8

Die Fragen muss der Mieter jedenfalls dann wahrheitsgemäß beantworten, wenn: 9
- die nachgefragten Umstände bei **objektiver Würdigung** der Umstände für den Abschluss des Vertrages **wesentlich** sind
- und die Umstände vom Vermieter erfragt werden **durften.**[7]

Zulässige Fragen sind wahrheitsgemäß zu beantworten. Anderenfalls ergibt sich vor der Überlassung des Mietobjekts das Recht zur Anfechtung, nach seiner Überlassung das Recht zur fristlosen Kündigung des Vermieters ggf. neben dem Recht zur Anfechtung.[8] Zulässig darf gefragt werden nach Beruf, Arbeitgeber, Einkommensverhältnissen, Bonität (zB frühere Mietschulden oder vorangegangene Insolvenzverfahren und Pfändungen in den letzten fünf Jahren) sowie nach dem Familienstand und der Zahl der Familienangehörigen, die in die Wohnung einziehen sollen, schließlich nach der Anzahl und der Art der Haustiere.[9] Ein Mietinteressent muss Fragen in der Mieterselbstauskunft, die seine Bonität betreffen und dem Vermieter eine Risikoprognose ermöglichen sollen, wahrheitsgemäß beantworten, um eine fristlose Kündigung des geschlossenen Mietvertrages (wegen Vorliegens des Anfechtungsgrundes der arglistigen Täuschung) zu vermeiden.[10] Dies gilt insbesondere für Fragen nach einem Beschäftigungsverhältnis und dem monatlichen Gehalt. Eine fristlose Kündigung des Mietverhältnisses bei Falschangaben des Mieters ist auch dann wirksam, wenn sich das Bonitätsrisiko tatsächlich nicht verwirklicht hat. Ebenso darf zulässig danach gefragt werden, ob in den letzten fünf Jahren ein Insolvenzverfahren gegen den potentiellen Mieter betrieben wurde.[11] Bei vorsätzlich falscher Mieterselbstauskunft hat der Vermieter ein Recht zur fristlosen außerordentlichen Kündigung des Mietverhältnisses, wenn sich diese auf für den Abschluss des Mietvertrages maßgebliche Punkte erstreckt und dadurch das Vertrauensverhältnis der Parteien zerstört wird. Dies gilt auch dann, wenn keine Zahlungsunfähigkeit des Mieters droht. Ansprüche des Mieters auf Ersatz nutzloser Aufwendungen bestehen in einem solchen Fall nicht.[12] 10

Unzulässige Fragen braucht der Mieter also nicht zu beantworten. Dies sind zB Fragen nach dem früheren Mietverhältnis, Grund des Wohnungswechsels, Bankverbindung, Hobbys, Kinderwünschen, Bestehen einer Schwangerschaft, Mitgliedschaft im Mieterverein.[13] Auch Statusfragen bezüglich der Person (Alter, Beruf, Staatsangehörigkeit, Konfessions- oder Parteizugehörigkeit, Vorstrafen usw) können unzulässig sein, jedenfalls wenn sie ohne schützenswertes Interesse des Vermieters gestellt werden. 11

Die **unwahrheitsgemäße Beantwortung** unzulässiger Fragen haben keine nachteiligen Rechtsfolgen für den Mieter. Selbst wenn zulässige Fragen falsch beantwortet werden, führt dies nicht zwangsläufig zu Konsequenzen, wenn sich nach Beginn des Mietverhältnisses keine relevante Verletzung der Interessen des Vermieters in Bezug auf die gestellte Frage zeigt.[14] 12

---

6 LG Stuttgart NJW-RR 1992, 1360.
7 AG Rendsburg WuM 1990, 507 (508); AG Hamburg WuM 1992, 598; AG Bonn WuM 1992, 597; AG Miesbach WuM 1987, 379; LG Itzehoe WuM 2008, 281; OLG Koblenz WuM 2008, 471.
8 Vgl. zum Meinungsstand Schmidt-Futterer/Fervers BGB Vor § 535 Rn. 82 ff.
9 Schmidt-Futterer/Streyl BGB § 543 Rn. 74 mwN.
10 LG München NZM 2009, 782 = ZMR 2010, 367 = Info M 2009, 323.
11 AG Hamburg ZMR 2003, 744; vergleiche auch AG Zittau BeckRS 2005, 19484.
12 LG Wuppertal WuM 1999, 39; LG Itzehoe WuM 2008, 281.
13 Schmidt-Futterer/Fervers BGB Vor § 535 Rn. 82; Schmidt-Futterer/Streyl BGB § 543 Rn. 74.
14 Vgl. LG Ravensburg WuM 1984, 299.

Praxistipp:
Nur wenn der Mieter zulässige Fragen schuldhaft falsch beantwortet und sich hierdurch eine relevante Verletzung der Interessen des Vermieters ergibt, kann eine cic-Haftung in Betracht kommen.

13 **d) Rechtsfolgen der schuldhaften Verletzung vorvertraglicher Pflichten.** Neben der Anfechtbarkeit des Mietvertrages gemäß §§ 119, 123 BGB bis zum Vertragsbeginn und der Kündbarkeit gemäß § 543 Abs. 1 BGB nach Vertragsbeginn können sich **Schadenersatzansprüche des Vermieters** gemäß §§ 311 Abs. 2, 241 Abs. 2, 280 Abs. 1 BGB ergeben, wenn und soweit durch die Pflichtverletzung ein Schaden entstanden ist, der nicht durch andere Anspruchsgrundlagen abgedeckt ist.[15]

2. Haftung während des Mietgebrauchs

14 Bei der Haftung des Mieters während des Mietgebrauchs ist grundsätzlich zu **unterscheiden**, ob **Hauptleistungspflichten** oder **Nebenpflichten** betroffen sind, weil hiervon die anzuwendenden Rechtsvorschriften und die Rechtsfolgen abhängen:

15 **a) Verletzung von Hauptleistungspflichten.** Zu den **Hauptleistungspflichten** gehören die Entrichtung des vereinbarten Mietzinses, die Übernahme der Betriebskosten falls vereinbart, und nach herrschender Meinung auch die Übernahme und Durchführung von Schönheitsreparaturen.

16 *aa) Pflicht zur Zahlung des Mietzinses und der Betriebskosten.* Zu den Hauptleistungspflichten des Mieters während des Mietgebrauchs gehört in erster Linie die Pflicht zur Entrichtung des vereinbarten Mietzinses an den Vermieter gemäß § 535 Abs. 2 BGB, auch wenn der Mieter aus persönlichen Gründen an der Ausübung seines Gebrauchsrechts verhindert sein sollte (§ 537 BGB). Insoweit ergeben sich aus haftungsrechtlichen Gesichtspunkten keine Besonderheiten. Gleiches gilt für Betriebskosten, falls eine wirksame mietvertragliche Vereinbarung gemäß § 556 Abs. 1 BGB besteht, dass diese entgegen § 535 Abs. 1 BGB vom Mieter zu tragen sind.

17 *bb) Pflicht zur Vornahme von Schönheitsreparaturen.* Als weitere **Hauptleistungspflicht**[16] des Mieters wird die Vornahme von Schönheitsreparaturen angesehen, wenn die nach gesetzlicher Regelung dem Vermieter obliegende Erhaltungspflicht durch wirksame vertragliche Vereinbarung auf den Mieter übertragen worden ist. Daraus folgt, dass dem Vermieter (nur) ein **einklagbarer Erfüllungsanspruch während des laufenden Mietverhältnisses** zusteht, sollte der Mieter seine Pflicht nicht oder nur unzureichend erfüllen. Befindet sich der Mieter in Verzug, kann der Vermieter Vorschuss vom Mieter in Höhe der notwendigen Kosten verlangen und erforderlichenfalls einklagen.[17] Es besteht jedoch **kein Schadenersatzanspruch des Vermieters wegen unterlassener Schönheitsreparaturen während des laufenden Mietverhältnisses,** denn die Erhaltung der Mietsache soll nur dem Mieter zugutekommen.[18] Der Erfüllungsanspruch lässt sich erst bei Beendigung des Mietvertrages zum **Schadenersatzanspruch statt der Leistung** gemäß § 280 Abs. 3 BGB umwandeln, und zwar unter den Voraussetzungen der §§ 280 Abs. 1, 3, 281 BGB (Fristsetzung zur Leistung oder Nacherfüllung). Eine vorausgehende Ablehnungsandrohung ist nicht mehr erforderlich.

18 **b) Verletzung von Nebenpflichten.** Mit Beginn des Mietverhältnisses und Übernahme der Mieträume setzen eine Reihe von **Nebenpflichten des Mieters** ein, deren schuldhafte Verletzung zur Schadenersatzpflicht führen kann. Hierzu zählen:

[15] BGH WuM 1996, 324; Sternel MietR aktuell Kap. I. Rn. 268.
[16] BGH NZM 1998, 710.
[17] BGHZ 111, 301; OLG Düsseldorf NZM 2000, 464; Grüneberg/Weidenkaff BGB § 535 Rn. 54.
[18] BGH NJW-RR 1990, 1231.

aa) Obhutspflicht. Die **Obhutspflicht** beinhaltet, dass der Mieter die Wohnung vor Schäden bewahrt.[19] 19

Beispiele:

- kein Verkleben von **Teppichböden oder Parkett,**[20]
- keine **Bohr- bzw. Dübellöcher** über das übliche Maß hinaus, bei Kacheln oder Fliesen, nur soweit dies zur Befestigung von üblichen Einrichtungsgegenständen erforderlich ist.[21] Im Bad darf der Mieter nur Ausstattungsgegenstände wie Handtuchhalter, Spiegel, Lampen, Halter für Zahnputzgläser, Seifenschalen, Toilettenpapierrollen, Toilettenbürsten, Duschstangen und Haltegriffe für die Badewanne durch Dübelung anbringen, soweit sie nicht schon bei Bezug der Wohnung vorhanden sind. Das ist üblich.[22] Dabei muss er schonend bohren und möglichst die Fliesenfugen benutzen, möglichst nicht in die Fliese selbst bohren, es sei denn, der Mieter konnte ein Anbohren der Fliese aufgrund der vorgegebenen Maße nicht vermeiden. Bohrt der Mieter Kacheln über das erforderliche und übliche Maß an, so kann der Vermieter aufgrund der darin liegenden Verletzung der Obhutspflicht durch den Mieter die Kosten für eine Neuverfliesung[23] verlangen, wenn Ersatzfliesen nicht mehr beschafft werden können. Er ist nicht gehalten, eine große Zahl von Ersatzfliesen vorzuhalten.[24] Übermäßig angebrachte Dübellöcher; so kann zB das deckenhohe Bücherregal über die gesamte Wandbreite mit vielen Verschraubungen in der Wand vertragswidrig sein, mit der Folge, dass der Mieter für das übermäßige Anbohren der Wände haftet. Ohne Frage haftet er auch, wenn er sich beim Bohren fahrlässig verhält und zB Versorgungsleitungen in der Wand zerstört. Selbstverständlich muss er auch bei vertragsgemäßem Vorgehen die von ihm produzierten Löcher ordnungsgemäß und unkenntlich verschließen. Dazu gehört, dass der Dübeleinsatz aus der Wand entfernt wird.
- Vermeidung von **Feuchtigkeitsschäden**[25] und **Frostschäden**[26] durch hinreichendes Heizen und Belüften der Mieträume,
- Vorkehrungen zur Vermeidung von Schäden bei **längerer Abwesenheit,**[27]
- Vermeidung von Schäden durch **Tierhaltung,** sofern Grenzen der vertragsgemäßen Nutzung überschritten werden,[28]
- Vermeidung von **Wasserschäden,** insbesondere durch vom Mieter eingebrachte Haushaltsgeräte,
- keine **gefährlichen Gas-, Wasser- oder Elektroinstallationen,**
- kein Einbringen oder Lagern **gefährlicher Gegenstände bzw. Stoffe,**
- übermäßige Inanspruchnahme oder Vernachlässigung der Wohnung,
- Feuchtigkeitsschäden durch mangelhaftes Heizen und Lüften, soweit die Notwendigkeit häufigeren Lüftens und intensiveren Heizens für den Mieter erkennbar und zumutbar war;[29] den Vermieter trifft eine konkretisierende Hinweispflicht.[30] Nach einer im Vordringen befindlichen Auffassung soll beim Einbau moderner Isolierfenster in einen Altbau von Erkennbarkeit und Zumutbarkeit ohne weiteres auszugehen sein.[31]
- Einfrieren von Heizkörpern und Heizkesseln infolge fehlender oder unzureichender Beheizung bei Frost,[32]
- laienhafte Elektroinstallation mit Schadensfolge,
- Verstopfung der Abwasserleitung durch Monatsbinden oder durch übermäßig viel Fett und Essensreste, die durch das WC entsorgt wurden,

---

[19] Schmidt-Futterer/Lehmann-Richter BGB § 535 Rn. 362.

[20] LG Mannheim WuM 1976, 49; 1976, 181; 1976, 205.

[21] BGH WuM 1993, 109 (110).

[22] BGH DWW 1993, 74 ff.

[23] Anders wird für den Keller bewertet: Der Mieter hinterlässt 100 Dübellöcher Mieter im verfliesten Kellerraum. Das Amtsgericht Hamburg-Altona (WuM 2008, 27) sagt, diese Anzahl Löcher sei nicht hinzunehmen, der Mieter habe Schadenersatz zu leisten, weil einerseits Löcher in den Fugen verschlossen werden müssten und andererseits Fliesen angebohrt sind. Dem Vermieter werden 335 EUR statt geforderter 2.400 EUR zugesprochen. Vollständiges Neuverfliesen lehnt das Gericht ab, im Keller seien geringfügige optische Nachteile durch angebohrte und wieder verschlossene Fliesen hinzunehmen.

[24] LG Göttingen ZMR 1990, 145 (146).

[25] LG Berlin WuM 1985, 22; LG Dortmund WuM 2008, 333.

[26] OLG Karlsruhe WuM 1996, 226; LG Görlitz WuM 1994, 669.

[27] OLG Hamm WuM 1996, 470.

[28] LG Oldenburg WuM 1998, 316.

[29] LG Hamburg WuM 1988, 353; OLG Frankfurt a. M. NZM 2001, 39; AG Hamburg WuM 1988, 357.

[30] LG München I NJW 2007, 2500 = NZM 2007, 642 = NJW 2007, 2500; LG Berlin ZMR 2002, 48; LG Wuppertal WuM 2002, 667 = NZM 2002, 987.

[31] AG Nürtingen MietRB 2011, 40; LG Berlin GE 2008, 1053.

[32] LG Hagen DWW 2008, 180 = ZMR 2008, 972.

- Benutzen sehr scharfer Reinigungsmittel, die eine Badewanne auf Dauer schädigen,[33]
- Geruchsbelästigungen trotz Lüftens verbleiben,
- auffällige Schlagstellen im Waschbecken oder in der Badewanne,
- Beschädigung durch Unachtsamkeit,
- nicht ordnungsgemäße oder nicht fachgerechte Renovierung wie zum Beispiel das Aussparen der durch Schränke zugestellten Wandflächen bei der Tapezierung,[34] das mehrfache Übertapezieren und das mehr als dreimalige Überstreichen und Zuschlämmen von Raufasertapeten oder eines Raufaserputzes oder das Aneinanderstückeln von Tapetenresten, als Anspruch abzugrenzen vom Schadensersatz wegen unterlassener Schönheitsreparaturen. Nach der Gegenansicht soll es keine Beschädigung der Mietsache darstellen, wenn der Mieter innerhalb einer längeren Mietzeit ohne vorherige Entfernung der jeweils vorher aufgebrachten Tapetenschichten mehrfach renoviert und überklebt.[35]
- Bekleben des gesamten Holzwerks in der Wohnung – Fenster, Türen, Türzargen und Einbauschränke – sowie der Küchenwände mit Kunststofffolie; Anbringen von Schaumstoffplatten an der Küchendecke,[36]
- Überstreichen von Wandfliesen, die Entfernung von bauseitigen Einrichtungen wie Lichtschaltern und Steckdosen.
- Zum Anbohren der Badezimmertür ist der Mieter nicht berechtigt.
- Schäden durch vom Mieter fest verklebte Teppichböden;[37] Für Schäden an bauseitigem Fußbodenbelag durch Verklebung von Teppichauslegeware hat der Mieter einzustehen. Für die Folgen einer vom Vormieter vorgenommenen Teppichverklebung haftet der Mieter nur, wenn er den Teppichboden durch Vereinbarung übernommen hat. Zwar zählt das lose Verlegen von Teppichboden auf vorhandenem PVC-Boden mit dadurch entstehenden chemischen Reaktionen nicht mehr zum vertragsgemäßen Gebrauch, doch haftet der Mieter für die eintretenden Gesundheitsgefahren und irreparablen Schäden am PVC-Boden mangels Verschuldens nicht, wenn er die chemischen Reaktionen zwischen beiden Böden nicht voraussehen konnte.
- Schäden durch die Entfernung von selbstklebenden Teppichfliesen mit Hilfe eines Lösungsmittels am darunterliegenden PVC-Bodenbelag; Der Anspruch kann durch einen Abzug „neu für alt" zu kürzen sein.[38]
- Schäden, die durch das Verkleben und Entfernen von Teppichböden an noch gebrauchsfähigem Bodenbelag (insbesondere auch an Parkett) entstehen;[39] Schäden am bauseitigen Unterbelag, die bei dessen Entfernung auftreten, können dem Mieter genauso wie verbleibende Klebereste aber nicht angelastet werden, wenn die Lebensdauer des bauseitigen Belags bei Mietende abgelaufen ist und nicht zusätzliche Schäden entstanden sind.[40]
- Rotwein-, Brand- und Urinflecken von Tieren auf den Teppichböden.
- Einzelne Wasserflecke und gravierende Kratzer im Parkettboden.[41]
- Der Mieter muss dafür Sorge tragen, dass beim Verschieben eines Stuhls mit Rollen der vermieterseits überlassene Parkettfußboden nicht beschädigt wird. Es kommt nicht drauf an, wie oft der Stuhl benutzt wird, vielmehr ist das Parkett vom Mieter von Vornherein zu schützen.[42]
- Nikotinablagerungen an Tapeten, Decken und Farbflächen durch extremes Rauchen (Raucherexzess),[43] soweit sie durch Renovierungen in normalem Umfang nicht beseitigt werden können. Sind zum Beispiel Tabakspuren auf den Tapeten nach kurzer Mietzeit (2 Jahre) nur durch mehrmaliges Überstreichen mit Nikotinsperre zu beseitigen, so kann ein solcher Raucherexzess nicht mehr als vertragsgemäße Nutzung der Mietwohnung angesehen werden.
- Türblätter, die der Mieter aushängte und im Keller lagerte und die dadurch verzogen sind; Während des Mietverhältnisses soll der Vermieter jedoch keinen Anspruch darauf haben, dass der Mieter ausgebaute Türzargen wieder einbaut.
- Verkürzte Zimmertürblätter, um Teppichbodenware verlegen zu können; Der Vermieter hat einen Anspruch auf die Verlängerung der Türblätter, wenn dadurch der frühere Zustand technisch und optisch einwandfrei wiederhergestellt werden kann; Anderenfalls kann er neue Türblätter verlangen.[44]

---

[33] Vgl. im Einzelnen die Aufstellung bei Franke DWW 2004, 172 (174) mwN zur Rechtsprechung.
[34] LG Berlin GE 1987, 241.
[35] LG Köln ZMR 1994, 1.
[36] LG Köln WuM 1989, 136.
[37] Vgl. die Zusammenstellung bei Gather DWW 1990, 322 (324) mwN.
[38] LG Mannheim WuM 1976, 205.
[39] LG Mannheim WuM 1976, 49; 1976, 181.
[40] Fritz/Geldmacher/Leo GewerberaumMietR/Leo § 8 Rn. 63.
[41] LG Potsdam GE Berlin 2009, 655; Schadensbeseitigung durch Abschleifen des gesamten Parketts, ohne dass ein Abzug „neu für alt" veranlasst ist. Denn durch das Abschleifen des Parketts verringert sich seine Lebensdauer.
[42] LG Dortmund VK 2010, 182.
[43] LG Paderborn NZM 2000, 710; LG Köln NZM 1999, 456; aA LG Köln WM 2001, 467.
[44] LG Mannheim DWW 1977, 20.

- Überstreichen von Holztürzargen bei Naturholztüren oder klar lasierten Türen mit deckenden Farben (hier in mittelgrau oder blau).[45]
- Eigenmächtiges Fällen des Baumbestandes auf dem (Park-)grundstück.[46]

Tritt ein Mangel während des Gebrauchs auf, muss der Mieter die Wohnung mit der gebotenen Sorgfalt nutzen, um den Schaden des Vermieters gering zu halten. So darf ein Mieter einen Elektroherd nicht uneingeschränkt benutzen, obwohl ihm bekannt ist, dass die Stromzufuhr in der Wohnung hierfür nicht ausreicht, und dadurch die Stromleitung zu Schaden kommt.[47] 20

bb) Anzeigepflicht, § 536c BGB. Aus der allgemeinen Obhutspflicht resultiert die Pflicht des Mieters, sich während seines Besitzes zeigende **Mängel** an der gemieteten Wohnung **unverzüglich dem Vermieter anzuzeigen.** Gleiches gilt, wenn eine Vorkehrung zum Schutze der Mietsache gegen eine nicht vorhergesehene Gefahr erforderlich wird oder wenn sich eine Dritter ein Recht an der Sache anmaßt. 21

Sollte der Mieter längere Zeit abwesend sein, muss er für **geeignete Kontroll- und Sicherungsmaßnahmen** sorgen. 22

Unterlässt der Mieter die Anzeige schuldhaft, so ist er zum Ersatz des daraus entstehenden Schadens verpflichtet (§ 536c Abs. 2 S. 1 BGB). 23

Praxistipp:
Der Mieter sollte vorsorglich jeden auftretenden Mangel dem Vermieter anzeigen, aus Beweisgründen möglichst nachweisbar, und nicht etwa damit bis zur Beendigung des Mietverhältnisses zuwarten.

cc) Verkehrssicherungspflichten. Die Verkehrssicherungspflichten **obliegen grundsätzlich dem Vermieter bzw. Haus-/Wohnungseigentümer (§ 535 Abs. 1 S. 2 BGB).** Er ist dafür verantwortlich, dass von dem Hausgrundstück bzw. von der Wohnung keine Gefahren ausgehen, durch die Mieter oder Dritte zu Schaden kommen könnten. Geeignete und nach den Umständen zumutbare Sicherungs- und Überwachungsmaßnahmen sind durchzuführen, wenn sich eine Indikation für den bevorstehenden Schaden zeigt.[48] Der Vermieter darf allerdings darauf vertrauen, dass Mieter und Dritte auch ihrerseits bestehende Obhuts- und Sicherungspflichten erfüllen, so dass sich Art und Umfang der Verkehrssicherungspflicht im Einzelfall reduzieren können.[49] 24

Soweit der Mieter selbst Gefahrenlagen schafft, zB durch Anbringung von Blumenkästen außen, ist er unmittelbar verkehrssicherungspflichtig und haftet im Schadenfalle. 25

Verkehrssicherungspflichten können jedoch vom Vermieter **auf den Mieter übertragen** werden, nach hM auch formularmäßig.[50] 26

Voraussetzung dafür ist, dass der Mietvertrag im Einzelnen aufführt, welche konkreten Pflichten auf den Mieter übertragen werden sollen. Unklarheiten gehen zu Lasten des Vermieters. Nur im Einzelfall ist auch ohne ausdrückliche Vereinbarung eine Überwälzung der Verkehrssicherungspflicht auf den Mieter denkbar, zB wenn ein Einfamilienhaus angemietet ist und der Vermieter erkennbar seinen Pflichten nicht nachkommen kann,[51] oder wenn die Mieter nach einem Reinigungsplan die Schneebeseitigung und Streupflicht faktisch übernommen haben.[52] 27

Regelmäßig werden folgende Sicherungspflichten auf den Mieter übertragen: 28

[45] LG Aachen DWW 1988, 46.
[46] OLG Oldenburg BeckRS 2011, 16852.
[47] AG Kassel WuM 1996, 30.
[48] BGH NJW 2009, 143 = NZM 2008, 927 = MDR 2009, 75 = MietRB 2009, 1 = InfoM 2008, 415; BGH NJW 1994, 3348.
[49] BGH NJW 2009, 143; OLG Karlsruhe WuM 1996, 226.
[50] Sternel MietR aktuell Kap. II. Rn. 85 f.; OLG Frankfurt a. M. NJW-RR 1989, 397.
[51] BeckOK MietR/Gras BGB § 535 Rn. 4905.
[52] OLG Dresden WuM 1996, 553; BGH NJW-RR 1989, 394.

- Straßenreinigung,
- Sauberhaltung des Treppenhauses, des Hauseingangs und der Zuwege auf dem Grundstück,
- Schnee- und Eisbeseitigung.

29 In der Praxis von großer Bedeutung ist die Übertragung des **Winterdienstes.**[53] Kommt der Mieter seinen Verkehrssicherungspflichten nicht ordnungsgemäß nach, haftet er gegenüber dem Geschädigten auf Schadenersatz nach Deliktsrecht.[54] Sollte die Gebäudehaftpflichtversicherung des Vermieters für den Schaden eintreten und werden die Kosten der Versicherung auf den Mieter umgelegt, besteht für den Versicherer nur bei Vorsatz oder grober Fahrlässigkeit Regressmöglichkeit gegen den Mieter.

30 Ist der **Umfang des Winterdienstes** vertraglich nicht geregelt, ist darauf abzustellen, was allgemein üblich ist, wobei die einschlägigen **Satzungen der Städte und Gemeinden** herangezogen werden können.[55]

Praxistipp:
Muss der Mieter auf Grund wirksamer Pflichtenübertragung Winterdienst durchführen, sollte er sich auf jeden Fall über die Regelungen in der einschlägigen Ortssatzung kundig machen.

31 Ist der Mieter abwesend, muss er für **ordnungsgemäße Vertretung** sorgen. Handelt es sich nur um eine vorübergehende Abwesenheit, genügt es, wenn der Mieter sich bei der Auswahl der Vertretungsperson kein Verschulden zukommen lässt. Eine darüberhinausgehende Überwachungs- und Kontrollpflicht ist unzumutbar.[56]

Praxistipp:
Sind mehrere Mieter abwechselnd verantwortlich, empfiehlt sich die Benutzung einer „Schneekarte", die der Mieter nur dann weiterreichen darf, wenn er seine Winterpflichten (zB für einen Tag) tatsächlich erfüllt hat.[57]

32 *dd) Duldungs- und Mitwirkungspflichten. (1) Duldungs- und Mitwirkungspflicht im Hinblick auf Vorbereitung und Durchführung von Instandsetzungsmaßnahmen, § 555a Abs. 1 BGB.* Zur Erfüllung der Gewährleistungspflicht des Vermieters muss der Mieter die Erhaltungsmaßnahmen sowie die hierfür erforderlichen Planungsarbeiten dulden. Die **Duldungspflicht** ist **uneingeschränkt** und kann bis hin zur vorübergehenden Räumung der Wohnung gehen.

33 Streitig ist, ob sich die Duldungspflicht aus § 555a Abs. 1 BGB nur auf ein „passives Stillhalten" beschränkt, oder aber der Mieter auch verpflichtet ist, aktiv mitzuwirken, zB indem er Möbel wegräumen und demontieren muss, um den Arbeitsbereich freizumachen. Das LG Berlin hat in seinem Beschluss vom 30.11.1995[58] eine solch weitgehende Mitwirkungspflicht zu Recht verneint.

34 Verweigert sich der Mieter, kann der Vermieter auf Duldung klagen und erforderlichenfalls den Erlass einer einstweiligen Verfügung beantragen. Bei gerichtlich festgestellter Duldungspflicht können den Mieter bei weiterer Verweigerung Schadenersatzansprüche nach § 280 Abs. 1 BGB wegen vergeblicher Aufwendungen zur Durchführung der Instandsetzungsmaßnahmen sowie wegen möglicher Verschlechterung der Mietsache auf Grund der vom Mieter verschuldeten Verzögerung treffen. Das erforder-

[53] BGH NJW 2912, 2727 = NZM 2912, 650 – Begrenzung der Winterdienstpflicht.
[54] OLG Frankfurt a. M. NZM 2004, 144; OLG Brandenburg NZM 2007, 583.
[55] LG Köln WuM 1995, 107 – keine Streupflicht zwischen 20.00 Uhr bis 7.00 Uhr.
[56] LG Köln WuM 1995, 316.
[57] So OLG Hamm WuM 1985, 299.
[58] LG Berlin NJW-RR 1996, 1163 mwN.

liche Verschulden wird bei Verweigerung vor gerichtlicher Feststellung nur schwerlich zu bejahen sein, weil der Mieter grundsätzlich das Recht hat, die vom Vermieter behauptete Duldungspflicht gerichtlich überprüfen zu lassen. Etwas anders könnte nur gelten, wenn bei klarer Sachlage für einen verständigen Mieter die Duldungspflicht evident ist.

(2) Duldungs- und Mitwirkungspflicht im Hinblick auf Vorbereitung und Durchführung von Modernisierungsmaßnahmen, §§ 555b und d BGB. Der Mieter unterliegt nach § 555b BGB einer Pflicht zur Duldung von Modernisierungsmaßnahmen des Vermieters, sofern 35

- es sich tatsächlich um **Maßnahmen zur Verbesserung** der gemieteten Räume oder sonstigen Gebäudeteile handelt und nicht lediglich um Instandhaltung oder Reparatur (§ 555b BGB); das Vorliegen einer Verbesserung hat der Vermieter erforderlichenfalls darzulegen und zu beweisen,[59]
- der Vermieter die **Formalien** des § 555c BGB beachtet,
- und die Maßnahmen unter Berücksichtigung der berechtigten Interessen des Vermieters und anderer Mieter **keine Härte für den Mieter** bedeuten würde (§ 555d Abs. 2–4 BGB).

Ist eine Duldungspflicht zu bejahen und kommt der Mieter seiner Pflicht nicht nach, können wegen vergeblicher Aufwendungen zur Vorbereitung der Modernisierungsmaßnahmen **Schadenersatzansprüche des Vermieters** nach § 280 Abs. 1 BGB in Betracht kommen, allerdings nur unter engen Voraussetzungen. Grundsätzlich unternimmt der Vermieter die vorbereitenden Aufwendungen auf eigenes Risiko, auch wenn er die Formalien des § 555c BGB einhält, denn er muss damit rechnen, dass der Mieter seine Duldungspflicht bestreitet. Selbst wenn der Mieter auf ein Ankündigungsschreiben des Vermieters innerhalb einer gesetzten Frist nicht reagiert, darf der Vermieter nicht ohne weiteres davon ausgehen, der Mieter werde mit den angekündigten Maßnahmen einverstanden sein. Vielmehr ist der Vermieter gehalten, die Duldungspflicht gerichtlich feststellen zu lassen, sollte diese streitig sein bzw. eine Einverständniserklärung des Mieters fehlen. 36

Teilweise wird dafür ein Stufenverhältnis angenommen. So wird vertreten, der Vermieter sei vorrangig auf die Möglichkeit einer Duldungsklage als milderes Mittel im Verhältnis zu einer fristlosen Kündigung zu verweisen. Der Vermieter könne zwischen beiden rechtlichen Alternativen nicht frei wählen.[60] Erst wenn der Mieter einem erstrittenen Duldungs- oder Unterlassungstitel nicht Folge leistet, liegt ein wichtiger Grund vor, der den Vermieter zu einer fristlosen Kündigung wegen Unzumutbarkeit der Vertragsfortsetzung berechtigt. Unterhalb dieser Schwelle sind auch mehrfache Pflichtverletzungen aus mehrfachen Vorkommnissen eines renitenten Mieters zumutbar und geben dem Vermieter kein Kündigungsrecht aus § 543 Abs. 1 BGB.[61] 37

Ein solches Stufenverhältnis zwischen Duldungs- und Unterlassungsanspruch einerseits und einem erst nachrangig ausübbaren fristlosen Kündigungsrecht wegen dieser Vertragsverletzung andererseits besteht nicht grundsätzlich.[62] Der Vermieter hat im Gegenteil grundsätzlich die Wahl, ob er kündigt oder auf Erfüllung, Duldung oder auf Unterlassung klagt. Daneben kann er Schadensersatz geltend machen (§ 325 BGB). Sein grundsätzliches Wahlrecht wird immer dann praktisch, wenn auch die schärferen Tatbestandsvoraussetzungen einer fristlosen Kündigung erfüllt sind. Ansonsten scheidet die Auswahlmöglichkeit zwischen allen hier vorgestellten Ansprüchen schon mangels vorliegender Tatbestandsvoraussetzungen aus. Davon wird allerdings bei nur einmaliger verweigerter Duldung von Modernisierungsmaßnahmen ausgegangen.[63] 38

---

[59] LG Berlin NZM 1999, 705; ZMR 1999, 1036.

[60] AG München ZMR 2012, 365; ebenso AG Tempelhof-Kreuzberg M 1992, 357.

[61] AG München ZMR 2012, 365.

[62] AA allerdings für das Verhältnis von Duldungsklage zur Ausführung von Modernisierungsmaßnahmen und fristloser Kündigung nach verweigerter Duldung des Mieters: Schmidt-Futterer/Streyl BGB § 543 Rn. 83 mwN.

[63] Schmidt-Futterer/Streyl BGB § 543 Rn. 83 mwN.

39 Wiegt der Pflichtverstoß des Mieters aber so schwer, dass zB neben der Unterlassungsklage alle fristgerechten und fristlosen verhaltensbedingten Kündigungsmöglichkeiten eröffnet sind, so kann der Vermieter wählen, welchen Weg er einschlägt. Er muss sich nicht auf die Unterlassungsklage als etwas milderes prozessuales Mittel verweisen lassen. Andernfalls würden dem Vermieter jahrelang laufende Unterlassungsklagen zugemutet, bevor er überhaupt kündigen kann. Sein gesetzliches Kündigungsrecht würde ihm genommen und vollständig entwertet. Aus dem Wahlrecht des Vermieters folgt, dass auch haupt- und hilfsweise eine fristlose und eine fristgemäße Kündigung wegen vertragswidrigen Verhaltens des Mieters möglich ist. Dieses Vorgehen empfiehlt sich insbesondere, wenn nicht einwandfrei feststeht, ob das vertragswidrige Verhalten vom Gewicht her eine fristlose Kündigung ausfüllt.

40 Hat der Vermieter eine Erklärungsfrist gesetzt und das Kommen von Handwerkern zu einem bestimmten Termin angekündigt, empfiehlt es sich für den Mieter, dem Vermieter rechtzeitig vorher Nachricht zu geben, falls er die Maßnahmen nicht dulden möchte. Anderenfalls ist bezüglich Kosten, die für einen konkreten Handwerkertermin anfallen, zumindest wegen Mitverschuldens eine Schadenersatzpflicht des Mieters denkbar.[64]

41 *(3) Duldung der Wohnungsbesichtigung.* Zum Wesen des Mietvertrages gehört die Überlassung des **unbeschränkten Besitzes** der Wohnung.[65] Verlangt der Vermieter Zutritt zur Wohnung, hat der Mieter dies grundsätzlich nur bei Vorliegen eines besonderen Anlasses zu dulden.[66] Ein Besichtigungsrecht des Vermieters kann vorliegen:

- Besichtigung der Wohnung mit **Nachmietinteressenten,** wenn die Beendigung des Mietverhältnisses mit hinreichender Sicherheit feststeht,[67]
- Besichtigung mit **Kaufinteressenten** bei bevorstehenden Wohnungsverkauf,[68]
- Besichtigungsrecht des Vermieters zur Vorbereitung von Baumaßnahmen[69] und bei konkreten Anhaltspunkten für einen **drohenden Schaden.**[70]

42 Eine vertragliche Erweiterung des Besichtigungsrechtes ist nur in engen Grenzen zuzulassen. Eine **Formularvereinbarung,** die dem Vermieter jederzeit Zutritt zur Wohnung gewährt, ist auf jeden Fall wegen Verstoß gegen Art. 14 GG iVm § 307 BGB unwirksam.[71]

43 Der Mieter kann zum Schadenersatz verpflichtet sein, wenn er dem Vermieter das Besichtigungsrecht rechtswidrig nicht gewährt.[72] Schon wegen des bereits abgemahnten und trotzdem hartnäckig verweigerten Zutritts zur Wohnung kann der Vermieter zur Kündigung des Mietverhältnisses berechtigt sein.[73]

44 *ee) Verschulden.* Nur die **schuldhafte** Verletzung von Nebenpflichten des Mieters führt zur Schadenersatzpflicht (§ 280 Abs. 1 S. 2 BGB).

45 **Verschuldensmaßstab** ist § 276 BGB. Abzustellen ist also auf einen objektiven Sorgfaltsmaßstab, der an einen durchschnittlichen Mieter angelegt werden darf. Für Verschulden **Dritter** haftet der Mieter gemäß § 278 BGB.[74]

46 Eine **Haftungsmilderung** bzw. einen **Haftungsverzicht** zugunsten des Mieters sieht der BGH nach einer grundlegenden Entscheidung vom 13.12.1995[75] in der mietvertraglichen Verpflichtung des Wohnungsmieters, die (anteiligen) Kosten der Gebäudefeuerversicherung des Wohnungseigentümers zu zahlen. Darin liege die stillschweigende

[64] LG Köln WuM 1994, 465 (466).
[65] LG München WuM 1994, 370.
[66] AG Bonn NZM 2006, 698.
[67] AG Ibbenbüren WuM 1991, 360.
[68] AG Lüdenscheid WuM 1990, 489.
[69] Schmidt-Futterer/Lehmann-Richter BGB § 535 Rn. 981.
[70] Schmidt-Futterer/Lehmann-Richter BGB § 535 Rn. 982.
[71] BVerfG NJW 1993, 2035.
[72] AG Wedding GE 1997, 749.
[73] So ausdrücklich LG Berlin GE 2011, 691; Schmidt-Futterer/Streyl BGB § 543 Rn. 84.
[74] LG Berlin ZMR 1982, 86.
[75] BGH NJW 1996, 715 und weiter BGH WuM 2006, 624 ff.; 2005, 57.

Beschränkung der Haftung des Mieters für die Verursachung von Brandschäden auf Vorsatz und grobe Fahrlässigkeit. Der Mieter soll hier nicht weitergehender haftbar gemacht werden können, als hätte er die Feuerversicherung selbst abgeschlossen. Der BGH-Rechtsprechung ist allerdings nur dann zuzustimmen, wenn man von einem konkludent vereinbarten **Regress**verzicht ausgeht, so dass der Mieter vor hohen Regressforderungen des Sachversicherers geschützt werden kann. Eine Haftungsmilderung bzw. einen Haftungsverzicht will ein Vermieter indes mit Sicherheit nicht mit seinem Mieter vereinbaren, auch nicht konkludent. Im Gegenteil wird es ihm im Hinblick auf Brandschutz gerade darauf ankommen, dass der Mieter ganz besonders vorsichtig mit der Mietwohnung umgeht.[76]

Eine Beschränkung der Regressmöglichkeit ist für den Fall eines Glatteisunfalls entsprechend bejaht worden.[77] 47

c) **Vertragswidriger Gebrauch.** Hat der Mieter die gemietete Wohnung beschädigt oder verschlechtert, und ist Veränderung oder Verschlechterung nicht durch vertragsgemäßen Gebrauch herbeigeführt worden, ist er dem Vermieter gegenüber zu **Schadenersatz nach § 280 BGB** verpflichtet, sofern die Beeinträchtigungen nicht ohnehin im Rahmen einer bestehenden Pflicht zur Vornahme von Schönheitsreparaturen zu beseitigen sind.[78] Auch hier kann der Ersatzanspruch des Vermieters **sofort** und nicht etwa erst bei Beendigung des Mietverhältnisses geltend gemacht werden. 48

aa) Einzelfälle. Zu der Frage, ob vertragsgemäßer Gebrauch vorgelegen hat, oder aber eine die Grenzen des vertragsgemäßen Gebrauchs überschreitende Handlung, muss nach den **konkreten Umständen des Einzelfalles** entschieden werden. 49

Beispiele:

- **Badewanne/Waschbecken/Dusche**
  Kleine Emaille Abplatzungen an der Badewanne sind Abnutzungen durch vertragsgemäßen Gebrauch.[79]
  Auffällige Schlagstellen hingegen führen zu Schadenersatzpflicht führen.
  Starke Kalkablagerungen in Toilettenschüssel sind nicht mehr Folge vertragsgemäßen Gebrauchs.[80]
  Stark aufgeraute Oberfläche der Badewannenbeschichtung infolge fehlender Reinigung über Jahre hinweg ist kein vertragsgemäßer Gebrauch.[81]
- **Dübellöcher**
  Die Anbringung von Dübeln ist vertragsgemäßer Gebrauch, soweit sie zur Befestigung von üblichen Einrichtungsgegenständen (Einbauküche, übliche Installationsgegenstände im Bad usw) erforderlich sind und über das übliche Maß nicht hinausgehen.[82] Auch Kacheln dürfen angebohrt werden, soweit erforderlich und im üblichen Rahmen.[83]
- **Fensterbänke**
  Wasserflecke durch Blumentöpfe bzw. Blumengießen sollen vertragsgemäßer Gebrauch sein, jedenfalls wenn es an einer Schutzbeschichtung der Fensterbänke fehlt.[84]
- **Feuchtigkeitsschäden**
  Bei Verursachung von Feuchtigkeitsschäden durch falsches und vorwerfbares Heiz- und Lüftungsverhalten ist der Mieter schadenersatzpflichtig.[85]

Praxistipp:

Auf richtiges Heiz- und Lüftungsverhalten sollte der Vermieter den Mieter zu Beginn des Mietverhältnisses hinweisen.

[76] Prölss r+s 1997, 221 ff.
[77] AG Waiblingen WuM 1996, 771.
[78] BGH NJW-RR 2005, 715.
[79] OLG Köln WuM 1995, 582 (583).
[80] AG Rheine WuM 1998, 250.
[81] LG Düsseldorf DWW 1996, 281.
[82] BGH WuM 1993, 109 (110).
[83] BGH WuM 1993, 109 (110).
[84] OLG Köln WuM 1995, 582 (583).
[85] LG Berlin WuM 1985, 22.

Keine Ersatzpflicht, wenn Feuchtigkeit oder Schimmelbildung zumindest überwiegend auf bauliche Mängel zurückzuführen ist.[86]

- **Flecken/Kratzer**
  Kleinere Flecken und Kratzer an Wänden, Decken, Böden, Türen und sonstigen Wohnungsgegenständen sind nur Folge üblicher Abnutzung und daher vertragsgemäßer Gebrauch.
  Deutliche Flecken, zB durch Rotwein, Brand oder Tierurin, verpflichten hingegen zu Schadenersatz.[87]
- **Frostschäden**
  Der Mieter ist verpflichtet, die Wohnung während der Winterzeit, in der Frostgefahr besteht, so zu beheizen, dass die Wasserleitungen nicht einfrieren und hierdurch Schaden entsteht.[88] Bei Abwesenheit muss er für entsprechende Vorkehrungen sorgen.[89]
- **Parkett**
  Für Beschädigung des Parketts infolge Verkleben oder Entfernen eines vom Mieter eingebrachten Bodenbelags ist der Mieter ersatzpflichtig.
  Kleinere Flecken und Kratzer sind Folge üblicher Abnutzung,[90] nicht hingegen starke Verfleckungen des Parketts zB infolge Tierurin oder vom Mieter verursachte Feuchtigkeit und schwere Kratzer zB infolge Tierhaltung oder unsachgemäßes Möbelrücken.[91]
  Umstritten ist, ob Druckspuren durch Pfennigabsätze noch als Folgen vertragsgemäßen Gebrauchs angesehen werden können.[92] Nach diesseitiger Ansicht umfasst die Obhutspflicht des Mieters, die Wohnung möglichst pfleglich zu behandeln, auch die Vermeidung solcher Druckspuren, zumal er solche Beeinträchtigungen leicht vermeiden kann.
  Sog. Laufstraßen sind hingegen normale Abnutzungsspuren.
- **PVC-Belag**
  Für Schäden durch Verkleben oder Entfernen vom Mieter eingebrachter Bodenbeläge ist der Mieter ersatzpflichtig.
  Hingegen ist eine lose Verlegung eines Teppichbodens nicht zu beanstanden, auch wenn hierdurch unerwartet eine chemische Reaktion mit dem PVC-Boden des Vermieters hervorgerufen wird.[93]
- **Rauchen**
  Nikotinablagerungen an Wänden, Decken, Böden, Türen, Fenstern, Rollladengurten usw infolge Rauchens sind Folgen eines als vertragsgemäß anzusehenden Mietgebrauchs.[94]
- **Teppichboden**
  Sog. Laufstraßen sind normale Abnutzungsspuren, ebenso Abdrücke durch Möbel, soweit unvermeidbar.
  Starke Flecken, zB durch Rotwein, Brand, oder Tierurin, sind übermäßige Abnutzung und führen zu Schadenersatzpflicht.[95]
- **Tierhaltung**
  Zerkratzen bzw. Verschmutzen der Wände, Türen, Fenster, Böden durch Hunde des Mieters überschreitet die Grenzen des vertragsgemäßen Nutzung.[96]
  Verunreinigung des Teppichbodens infolge Ausscheidungen eines Tieres des Mieters führt jedenfalls zur Tierhalterhaftung nach § 833 BGB.[97]
  Kleinere Kratzer sind als übliche Gebrauchsspuren zu akzeptieren.
  Dagegen ist das Durchbohren von Türen zum Anbringen von Kleiderhaken ersatzpflichtige Sachbeschädigung.[98]
  Unsachgemäße Lagerung von Türen im Keller führt zu Schadenersatzpflicht.[99]
- **Wandfliesen/Kacheln**
  Dübellöcher sind im üblichen Umfang zulässig, vor allem wenn sie zur Anbringung üblicher Einrichtungen erforderlich und unvermeidbar sind.[100]

---

[86] LG Braunschweig WuM 1998, 250.
[87] LG Dortmund NJWE-MietR 1997, 100.
[88] OLG Karlsruhe WuM 1996, 226.
[89] OLG Hamm WuM 1996, 470.
[90] LG Berlin GE 1996, 925.
[91] LG Oldenburg WuM 1998, 316 – Tierhaltung.
[92] Bejahend AG Freiburg WuM 1991, 262; LG Berlin GE 1996, 925.
[93] AG Gera WuM 2000, 19; AG Köln WuM 2001, 510.
[94] BGH NZM 2008, 318; LG Köln NZM 1999, 456; LG Saarbrücken WuM 1998, 689 (690); LG Köln WuM 1998, 596.
[95] LG Dortmund NJWE-MietR 1997, 100.
[96] LG Oldenburg WuM 1998, 316.
[97] AG Böblingen WuM 1998, 33.
[98] AG Kassel WuM 1996, 757.
[99] LG Berlin WuM 1996, 138.
[100] BGH WuM 1993, 109; LG Hamburg WuM 2001, 359.

Das Überstreichen von Wandfliesen mit Farbe gehört hingegen nicht zum vertragsgemäßen Gebrauch und kann zur Pflicht zur Übernahme der Kosten für eine Neuverfliesung führen.[101]
Verfärbung der Fugen ist Folge üblicher Abnutzung.[102]

- **Wasserschäden**
Für Wasserschäden, die aus dem **Gefahrenbereich des Mieters** kommen (insbesondere Haushaltsgeräte), ist dieser nicht etwa bereits aus dem Gesichtspunkt der Gefährdungshaftung eintrittspflichtig, vielmehr ist ein **Verschulden des Mieters erforderlich.**[103] Eine **mietvertragliche Formularklausel,** nach der der Mieter ohne Rücksicht auf eigenes Verschulden für alle Schäden, zB durch Haushaltsgeräte, haftet, ist wegen unangemessener Benachteiligung des Mieters **unwirksam.**[104]
Bei Wasserschäden durch **planschende Kinder** oder durch Benutzung von **Wasseranschlüssen** in Kenntnis, dass diese undicht sind, liegt zweifellos Verschulden vor.[105]
Bei Wasserschäden durch den Betrieb von **Haushaltsgeräten** liegt ein Verschulden nur bei vorwerfbarem Verstoß gegen Überprüfungs- und/oder Überwachungspflichten vor.[106]
Bei modernen Haushaltsgeräten, die jedenfalls nicht älter als 5 Jahre sind, obliegt dem Mieter eine Überprüfungspflicht auf mögliche Fehlfunktionen nur, wenn konkrete Anhaltspunkte vorhanden sind, dass das Gerät nicht störungsfrei arbeitet.[107] Eine Pflicht zu regelmäßigen Wartungen besteht bei modernen Haushaltsgeräten nicht.[108]
Zur Erfüllung der **Überwachungspflicht** kann nicht verlangt werden, dass der Mieter das Gerät während des Betriebs ständig im Auge hat.[109] Keinesfalls aber darf nach Inbetriebnahme einer an das Wassernetz angeschlossenen Maschine die Wohnung verlassen werden, auch nicht für nur kurze Zeit.[110]
Der Pflicht wird jedenfalls dann genüge getan, wenn der Mieter sich in der Wohnung aufhält, regelmäßige optische und akustische Kontrollen durchführt, um bei Bemerken des Austritts von Wasser sofort reagieren zu können.[111]
Zur **Beweislastverteilung** gilt, dass der Vermieter beweisen muss, dass die Schadenursache in dem der unmittelbaren Einflussnahme, Herrschaft und Obhut des Mieters unterliegenden Bereich gesetzt worden ist, wozu er ggf. die Möglichkeit einer aus seinem Verantwortungs- und Pflichtenkreis herrührenden Schadenursache ausräumen muss. Ist dieser Beweis geführt, so hat sich der Mieter umfassend hinsichtlich Verursachung und Verschulden zu entlasten.[112]
- **Zweckentfremdung**
Der vertragswidrige Gebrauch kann auch in einer **Zweckentfremdung** liegen.[113]
Sofern keine abweichende Vereinbarung vorliegt, sind Wohnräume ausschließlich nur **zu Wohnzwecken** überlassen. Ein entsprechender Passus ist in den erhältlichen Mietvertragsformularen in aller Regel enthalten.
Nur in engen Grenzen ist eine andere Nutzung als zu Wohnzwecken auch ohne Zustimmung des Vermieters zulässig:
  - der Wohncharakter muss weiterhin im Vordergrund stehen,
  - die (teil-)gewerbliche oder berufliche Nutzung darf keine, jedenfalls keine unzumutbare Außenwirkung zeigen.

Gelegentliche Büroarbeiten in der Wohnung sind daher zulässig, jedoch nicht, wenn die berufliche Tätigkeit etwa Laufkundschaft anzieht.[114] 50

Durch eine unzulässige Zweckentfremdung kann der Mieter gegenüber dem Vermieter **schadenersatzpflichtig** werden, wenn der Vermieter bei fehlender behördlicher Zweckentfremdungsgenehmigung zur Zahlung von Bußgeldern oder Ausgleichsabgaben herangezogen wird.[115] 51

---

101 LG Köln WuM 1997, 41.
102 AG Köln WuM 1995, 312.
103 LG Landau/Pfalz WuM 1996, 29; LG Saarbrücken NJW-RR 1987, 1496; OLG Hamm NJW 1982, 2005 (2008); 1985, 332.
104 OLG Hamm NJW 1982, 2005 (2008); LG Saarbrücken WuM 1989, 558.
105 AG Görlitz WuM 1994, 668.
106 LG Landau/Pfalz WuM 1996, 29.
107 LG Landau/Pfalz WuM 1996, 29.
108 LG Landau/Pfalz WuM 1996, 29.
109 OLG Hamm WuM 1985, 253 (254).
110 OLG Hamm WuM 1985, 253 (254); OLG Düsseldorf NJW 1975, 171.
111 LG Landau/Pfalz WuM 1996, 29; OLG Hamm WuM 1985, 253 (254).
112 BGH WuM 1994, 466.
113 AG Köln WuM 2008, 595 – Anbau von Cannabis-Pflanzen in Wohnung.
114 LG Schwerin WuM 1996, 214; LG Stuttgart WuM 1997, 215.
115 LG Berlin NZM 1999, 503.

52 *bb) Abzug „neu für alt"/Vorteilsausgleichung.* Ist der Mieter wegen Veränderung oder Verschlechterung schadenersatzpflichtig, muss der Vermieter jedoch ggf. einen **Abzug „neu für alt"** gegen sich gelten lassen. Die Größenordnung hängt von dem Alter und (nicht in der Verantwortung des Mieters liegendem) Zustand sowie von der **allgemeinen Lebenserwartungsdauer** des betreffenden Gegenstandes zum Zeitpunkt der Beschädigung ab. Je mehr die Lebenserwartungsdauer erreicht gewesen ist, desto höher ist der vorzunehmende Abzug. Die Ersatzpflicht des Mieters kann sich hierdurch sogar auf Null reduzieren.

53 Die Höhe des vorzunehmenden Abzugs ist eine der streitträchtigsten Entscheidungen und daher von hoher Bedeutung für das Prozessrisiko der Parteien. Denn der Mieter muss unter Beweisantritt vortragen, wie hoch der „Abzug neu für alt" vorzunehmen ist. Für die Praxis typisch ist es dabei, dass der Vermieter sich dagegen wenden wird und vorträgt, ein solcher Abzug sei nicht geschuldet oder zumindest in niedrigerer Höhe vorzunehmen. Dafür ist er als Geschädigter beweispflichtig.[116] Zweifel über die Höhe des Abzugs gehen zu Lasten des Geschädigten.

54 Im Allgemeinen wird von folgenden Lebenserwartungen ausgegangen:

- **Teppichboden:** 10 Jahre,[117]
- **Parkett:** ca. alle 15 Jahre Schleifen und Versiegeln,[118]
- **PVC-Bodenbelag:** 20 Jahre,[119]
- **Wandfliesen:** länger als 30 Jahre, jedoch muss zu Lasten des Vermieters berücksichtigt werden, dass Fliesen dem jeweiligen Geschmack und der Mode unterliegen.[120]

55 *cc) Kleinreparaturklausel.* Die Rechtsprechung erachtet es für zulässig, wenn dem Mieter durch formularmäßige Vereinbarung die Pflicht auferlegt wird, die Kosten für kleinere Reparaturen zu tragen, auch wenn **kein Verschulden** des Mieters, sondern nur vertragsgemäßer Gebrauch vorliegt.[121]

56 Derartige Kleinreparaturklauseln sind nur wirksam,

- wenn sich die Klausel gegenständlich auf die in § 28 Abs. 3 S. 2 II. BV aufgezählten Gegenstände, die häufig dem Zugriff des Mieters ausgesetzt sind, beschränken,[122]
- wenn ein Höchstbetrag für die Einzelreparatur[123] sowie ein Jahresbetrag (6 % der Jahresbruttokaltmiete), mit dem sich der Mieter bei mehreren Kleinreparaturen zu beteiligen hat, angegeben sind[124] und
- wenn der Mieter nur zur Kostenerstattung verpflichtet wird, nicht aber dazu, eine Kleinreparatur selbst vorzunehmen.[125]

Praxistipp:

Für den Vermieter empfiehlt sich die Vereinbarung einer sogenannten „Kleinreparaturklausel". Wichtig dabei ist die Vereinbarung einer Kostenklausel, also einer kostenmäßigen Beteiligung des Mieters auf der Höhe nach begrenzte Rechnungen (Richtwert: 100,- EUR) pro Reparatur. Eine Beteiligung an über diesen Betrag hinausgehenden Reparaturen ist nach der Rechtsprechung des

---

[116] OLG Koblenz WuM 2003, 445.

[117] LG Kiel WuM 1998, 215; LG Dortmund NJWE-MietR 1997, 100; AG Böblingen WuM 1998, 33.

[118] LG Wiesbaden WuM 1991, 540; AG Köln WuM 1984, 197.

[119] AG Kassel WuM 1996, 757.

[120] LG Köln WuM 1997, 41.

[121] BGH NJW 1992, 1759.

[122] BGH DWW 1989, 195 = NJW 1989, 2247.

[123] BGH DWW 1992, 207; NJW 1991, 1750 = GE 1991, 615: 150 DM; vgl. zur Teuerungsrate seit 1992 auch nach der Einführung des Euro: AG Braunschweig ZMR 2005, 717 = GE 2005, 677: 100 EUR im Einzelfall, maximal 8 % der Jahresnettomiete bei maximal 300 EUR pro Kalenderjahr; AG Bremen NZM 2008, 247; AG Hannover WuM 2007, 504; 2008, 721; LG Potsdam ZMR 2009, 618; AG Brandenburg/Havel ZMR 2008, 976.

[124] Vgl. die Nachweise in der vorigen Fußnote.

[125] BGH DWW 1992, 207.

BGH[126] nicht zulässig. Eine Begrenzung ist zwingend auch auf einen bestimmten Zeitraum notwendig (Wirtschaftsjahr, wobei ein Gesamtbetrag von 6–8 % der Jahresbruttokaltmiete als Richtwert gelten kann).
Ebenso wenig zulässig ist die sogenannte „Vornahmeklausel", nach der der Mieter mit der Vergabe von Reparaturaufträgen oder ihrer Vornahme belastet wird (§ 307 BGB).

3. Haftung bei bzw. nach Beendigung des Mietverhältnisses

a) **Schäden an der Mietsache.** Auch wenn der Mieter bereits während des laufenden Mietverhältnisses vom Vermieter wegen Beschädigungen an der Wohnung in Anspruch genommen werden kann, wird die Frage der Schadenersatzpflicht häufig erst **bei Beendigung des Mietverhältnisses** relevant, nämlich wenn dem Vermieter die vorhandenen Schäden bei Wohnungsbesichtigung erstmals gewahr werden. 57

aa) Abgrenzung von vertragsgemäßem Gebrauch und Schönheitsreparaturen. Der Mieter haftet für alle von ihm verursachten und verschuldeten Schäden an den Mieträumen auf **Schadenersatz,** soweit keine Abnutzung durch vertragsgemäßen Gebrauch vorliegt oder die Mängel ohnehin in den Bereich etwaig vorzunehmender Schönheitsreparaturen fallen. 58

Anders als bei den Schönheitsreparaturen kann der Mieter bei Schäden sofort wegen Schadenersatz in Anspruch genommen werden. Es bedarf keiner vorherigen Aufforderung zur Schadenbeseitigung mit Fristsetzung. Es gilt **allgemeines Schadensrecht** gemäß den §§ 249 ff. BGB iVm § 280 Abs. 1 BGB. Zur Bezifferung des Schadens genügt ein Kostenvoranschlag. 59

Praxistipp:
Der Vermieter sollte bei der Wohnungsbesichtigung und -übernahme unbedingt darauf achten, dass etwaig vorhandene Beschädigungen gesondert im Übergabeprotokoll aufgeführt werden, um bei der späteren Geltendmachung seiner Ansprüche von den Schönheitsreparaturen unterscheiden zu können.

bb) Abgrenzung von Wiederherstellungspflicht des Mieters. Ergibt sich aus § 546 BGB oder aus besonderer Vereinbarung eine Verpflichtung des Mieters zur **Wiederherstellung des ursprünglichen Zustandes** der Wohnung, und wird diese Verpflichtung nicht oder nicht ordnungsgemäß erfüllt (Beispiel: Der Mieter ist verpflichtet, einen von ihm eingebrachten Teppichboden zu entfernen und beschädigt hierbei den zur Wohnung gehörenden Fußbodenbelag), ist zu beachten, dass dem Vermieter zunächst nur ein **Herstellungsanspruch** zusteht, da eine Hauptleistungspflicht vorliegt.[127] Erst nach Fristsetzung gemäß § 281 BGB kann der Herstellungsanspruch wirksam in einen Schadenersatzanspruch statt der Leistung umgewandelt werden.[128] Regelmäßig aber haftet der Mieter dem Vermieter wegen der Beschädigung bereits während des Mietverhältnisses gem. §§ 280 Abs. 1, 823 BGB. Richtigerweise gehen dies Ansprüche mit Begründung der Rückgabepflicht am Ende des Mietverhältnisses unter, noch geht §§ 281, 546 BGB ihnen vor. Sie stehen vielmehr in Anspruchskonkurrenz zueinander.[129] 60

cc) Rechtsnachfolge während des Mietverhältnisses. Bei **Rechtsnachfolge** auf Vermieterseite durch Veräußerung ist für den Erwerber Vorsicht geboten: Ist der Schaden an der 61

[126] WuM 1992, 355.
[127] Grüneberg/Weidenkaff BGB § 546 Rn. 7.
[128] KG NZM 1999, 612; Grüneberg/Weidenkaff BGB § 546 Rn. 7.
[129] Schmidt-Futterer/Streyl BGB § 546a Rn. 82.

Mietsache bereits während der Mietzeit mit dem Voreigentümer entstanden, gehen insoweit die Ersatzansprüche **nicht** gemäß § 566 BGB auf den Erwerber über.[130]

Praxistipp:

Der Erwerber sollte sich vorsorglich die Ansprüche des Voreigentümers wegen etwaiger Schäden stets abtreten lassen.

62 **b) Schönheitsreparaturen.** Soweit der Mieter zum Vertragsende die Durchführung von Schönheitsreparaturen schuldet, handelt es sich um eine **Hauptleistungspflicht.**[131]

63 Bei nicht oder nicht ordnungsgemäß durchgeführter Schönheitsreparaturen wandelt sich der Erfüllungsanspruch des Vermieters nur unter den **Voraussetzungen der §§ 280, 281 BGB** in einen Anspruch auf Schadenersatz statt Leistung um. Die Voraussetzungen dafür sind:

- der Mieter schuldet die Durchführung von Schönheitsreparaturen,
- dem Mieter muss eine angemessene Frist zur Durchführung der Renovierungsarbeiten gesetzt worden sein.

64 Die vor der Schuldrechtsreform wegen § 326 Abs. 1 BGB aF nötig gewesene Nachfristsetzung mit **Ablehnungsandrohung** ist nicht mehr erforderlich.

65 Die vorzunehmenden Arbeiten müssen im Einzelnen bezeichnet werden, insbesondere wenn der Mieter bereits Renovierungsarbeiten durchgeführt hat, diese aber mangelhaft sind. Hier sollten die Mängel möglichst genau genannt werden.[132]

Formulierungsvorschlag:

66 Sehr geehrte (r) ……

……

Bekanntlich sind gemäß der Regelung zu § …… des zwischen uns vereinbarten Mietvertrages die Schönheitsreparaturen von Ihnen durchzuführen. Anlässlich der Wohnungsbesichtigung am …… habe ich feststellen müssen, dass Sie Ihrer Verpflichtung nicht nachgekommen sind. Ich darf wegen der nicht durchgeführten Arbeiten im Einzelnen auf das erstellte Besichtigungsprotokoll Bezug nehmen. Vorsorglich führe ich nochmals auf, welche Arbeiten von Ihnen durchzuführen sind:

……

Zur Durchführung der erforderlichen Arbeiten setze ich eine angemessene Frist bis zum …… Sollten Sie die Renovierungsarbeiten nicht innerhalb der gesetzten Frist ausgeführt haben, werde ich die Kosten für einen Maler als Schadenersatz gegen Sie geltend machen.

……

67 Nur ganz **ausnahmsweise** kann die Fristsetzung **entbehrlich** sein, zB wenn der Mieter die Erfüllung ernsthaft und endgültig verweigert oder er seine neue Anschrift nicht angegeben hat und der Vermieter trotz Erkundigungen (Nachbarn, Post, Einwohnermeldeamt etc) sie nicht ermitteln kann. Im Zweifelsfall sollte den Erfordernissen des § 281 Abs. 2 BGB entsprochen werden.

68 **c) Verspätete Wohnungs- und Schlüsselrückgabe.** § 546 BGB normiert die – selbstverständliche – Pflicht des Mieters, bei Beendigung des Mietverhältnisses die Mietsache an den Vermieter zurückzugeben, so dass diesem an ihr unmittelbarer Besitz eingeräumt wird.

Bei Mieträumen gehört hierzu auch die **Herausgabe aller Schlüssel.**[133]

---

[130] LG Kiel WuM 1998, 215; KG NZM 1999, 612; Grüneberg/Weidenkaff BGB § 566 Rn. 17.
[131] BGH NZM 1998, 710.
[132] LG Köln NZM 1999, 456.
[133] OLG Düsseldorf MDR 1997, 342.

Bei **nicht rechtzeitiger Rückgabe** kann der Vermieter nach § 546a Abs. 1 BGB für die Dauer der Vorenthaltung als **Entschädigung** die vereinbarte Miete oder die Miete verlangen, die für vergleichbare Räume ortsüblich ist. Der Vermieter kann eine höhere ortsübliche Vergleichsmiete ohne besondere rechtsgestaltende Willenserklärung und ohne vorherige Ankündigung verlangen.[134] 69

Ausdrücklich geregelt ist, dass die Geltendmachung eines **weiteren Schadens,** der durch die Vorenthaltung der Mietsache entsteht, nicht ausgeschlossen ist (§ 546a Abs. 2 BGB), allerdings erheblich eingeschränkt durch die für Wohnraum geltende Sonderbestimmung des § 571 BGB. 70

Bei Wohnraumvermietung kann weiterer Schaden jedoch nur geltend gemacht werden, wenn die Rückgabe infolge von Umständen unterblieben ist, die der Mieter zu **vertreten** hat, § 571 Abs. 1 S. 1 BGB. **Kein Verschulden** zB liegt vor, wenn trotz ernsthafter Bemühungen kein Ersatzwohnraum zu zumutbaren Bedingungen zu bekommen war, ein Umzug infolge Erkrankung unmöglich gewesen ist, oder die Ersatzwohnung nicht rechtzeitig frei geworden ist.[135] 71

Vom Umfang her ist der Schadenersatzanspruch insofern beschränkt, als der Mieter den Schaden nur insoweit zu ersetzen hat, als den Umständen nach die **Billigkeit** eine Schadloshaltung des Vermieters erfordert (§ 571 Abs. 1 S. 2 BGB). Die Billigkeitserwägung gilt nicht, wenn der Mieter gekündigt hat. 72

Gem. § 571 Abs. 2 BGB ist die Ersatzpflicht wegen weiterer Schäden ausgeschlossen, wenn dem Mieter nach § 721 oder § 794a ZPO eine Räumungsfrist gewährt wird, und zwar für die Zeit von der Beendigung des Mietverhältnisses bis zum Ablauf der Räumungsfrist. 73

Von der Haftungsregelung des § 571 Abs. 1 BGB sind sonstige Schäden, die keine unmittelbare Folge der Vorenthaltung der Wohnung sind, nicht erfasst. 74

Beispiele:
- Aufwendungen des Vermieters, die ihm dadurch entstanden sind, dass er von dem Erwerber der Wohnung auf deren Herausgabe verklagt worden ist, weil er dazu nicht rechtzeitig in der Lage war,[136]
- Schadenersatzleistung des Vermieters an den Nachmieter, weil er diesem wegen des nicht rechtzeitig räumenden Mieters den Gebrauch der Mietsache nicht einräumen kann,[137]
- Mietausfallschaden, weil der Vermieter die Wohnung infolge der nicht rechtzeitigen Räumung nicht an einen Nachmieter weitervermieten kann.[138]

Wegen dieser möglichen Schäden ist der Mieter unter den Voraussetzungen der §§ 286 Abs. 1, 280 BGB uneingeschränkt haftbar zu machen. 75

d) Verjährung. Gemäß § 548 Abs. 1 BGB **verjähren** die Ersatzansprüche des Vermieters wegen Veränderung oder Verschlechterung der Mietsache **in kurzer Frist von 6 Monaten.** Die Verjährungsfrist beginnt mit dem Zeitpunkt, in dem der Vermieter die Mietsache zurückerhält, zu laufen[139]. Eine lediglich vorübergehende Möglichkeit des Vermieters, die Mieträume während des Besitzes des Mieters zu besichtigen, genügt nicht.[140] 76

Die Verjährungsfrist beginnt auch dann mit dem Zeitpunkt der Rückgabe der Wohnung, wenn eine vom Mieter zu vertretende Veränderung oder Verschlechterung erst später erkennbar wurde.[141] 77

Besteht zunächst nur ein Erfüllungsanspruch (zB Durchführung von Schönheitsreparaturen), der erst später in eine Schadenersatzforderung übergeht (Ablauf der nach 78

[134] LG Hamburg WuM 2005, 771.
[135] LG Hamburg WuM 1996, 341.
[136] OLG Düsseldorf WuM 1998, 219.
[137] Vgl. OLG Düsseldorf NZM 1999, 24.
[138] BGH NJW 1998, 1303; AG Lemgo NZM 1999, 961.
[139] BGH 27.2.2019 – XII ZR 63/18, NJW-RR 2019, 645.
[140] BGH WuM 2004, 21.
[141] BGH NZM 2005, 176; OLG Frankfurt a. M. WuM 2001, 397.

§ 280 Abs. 1 BGB gesetzten Frist), beginnt die Verjährungsfrist für diesen Anspruch wegen § 198 BGB erst mit **Entstehung** dieses Anspruchs.[142]

79 Auf die kurze Verjährungsfrist hat der Vermieter ganz besonders zu achten, zumal ihm Veränderungen und Verschlechterungen an der Mietsache oft erst bei der Wohnungsübergabe bekannt werden und eine formularmäßige Verlängerung dieser Verjährungsfrist unwirksam ist.[143]

80 Ist **Verjährung bereits eingetreten,** bleibt dem Vermieter nur noch die Möglichkeit der **Aufrechnung mit der verjährten Schadenersatzforderung** gegen den Kautionsrückzahlungsanspruch (§ 215 BGB), soweit er über eine entsprechende Mietsicherheit verfügt (zB Barkaution und Konto auf den Namen des Vermieters mit Kautionsvermerk, nicht aber Bürgschaft und nicht Sparbuch auf den Namen des Mieters mit Verpfändungserklärung).

Praxistipp:

Der Vermieter sollte am Tag der Wohnungsübergabe sofort die 6-monatige Verjährungsfrist im Kalender notieren. Der vom Vermieter beauftragte Anwalt sollte den Rückgabetag genau erfragen und entsprechende Frist stets notieren.

4. Haftung des Mieters für Dritte

81 Der Mieter hat für das Verschulden aller Personen, die mit seinem Einverständnis mit der Mietsache in Berührung kommen, gemäß § 278 BGB wie eigenes Verschulden einzustehen.[144] Zu diesen Personen gehören insbesondere:

- zum Haushalt des Mieters gehörende Personen,
- Gäste,
- Lieferanten,
- beauftragte Handwerker,[145]

nicht hingegen:

- ungebetene Besucher (Bettler, Hausierer),
- unbeauftragte Handwerker,
- Personen, die sich gewaltsam Zugang zur Wohnung verschaffen.

82 Überlässt der Mieter die Wohnung einem Dritten, hat er ein dem Dritten zur Last fallendes Verschulden zu vertreten, § 540 Abs. 2 BGB. Auf ein eigenes Verschulden des Mieters kommt es nicht an. Hat der Mieter den Gebrauch ohne Zustimmung des Vermieters überlassen, haftet er auch für Schäden, die der Dritte unverschuldet verursacht hat. Insoweit liegt bereits eigenes Verschulden des Mieters vor, weil dieser vertragswidrig den Gebrauch überlassen hat.[146]

83 Eine vorsätzliche oder grob fahrlässige Herbeiführung eines Gebäudeschadens durch einen Dritten ist dem Mieter nur zuzurechnen, wenn der Dritte sein Repräsentant war; § 278 BGB ist nicht anwendbar.[147]

---

[142] Grüneberg/Weidenkaff BGB § 548 Rn. 11.
[143] BGH NJW 2017, 3707.
[144] BGH WuM 2007, 24.
[145] AG Köln WuM 1998, 314 (315).
[146] Grüneberg/Weidenkaff BGB § 540 Rn. 15; Schmidt-Futterer/Streyl BGB § 546 Rn. 96.
[147] BGH NZM 2006, 949.

II. Vermieterhaftung

1. Gebrauchsüberlassung

a) **Besitzeinräumung.** Gemäß § 535 Abs. 1 S. 1 BGB trifft den Vermieter die Pflicht, „dem Mieter den Gebrauch der […] Mietsache […] zu gewähren." Dies ist eine Hauptleistungspflicht des Vermieters. Den Vermieter trifft einerseits die Überlassungs- und andererseits die Erhaltungspflicht am Mietgegenstand. Ersterer kommt er durch **Besitzeinräumung** am Mietgegenstand nach, welcher sich nach dem Mietvertrag bestimmt. Grundsätzlich ist der Vermieter verpflichtet, dem Mieter den unmittelbaren Besitz gemäß § 854 BGB einzuräumen. Nur ausnahmsweise reicht die Einräumung des mittelbaren Besitzes. Dies ist dann der Fall, wenn ein **Besitzmittlungsverhältnis** zwischen Mieter und einem Dritten – etwa einem Untermieter – besteht. Die Überlassungspflicht besteht bezüglich der vermieteten Räume, wobei kein Leistungsvorbehalt seitens des Vermieters möglich ist.[148] Die Pflicht erfasst auch sogenannte Nebenräume.[149] Dabei stellt die Überlassung nicht nur die Gestattung, sondern die Ermöglichung des vertragsgemäßen Gebrauches dar. 84

Praxistipp:

Im Hinblick auf das unabdingbare Recht des Mieters zur Ratenzahlung (§ 551 Abs. 2 S. 1 BGB) ist es unzulässig, die Wirksamkeit des Mietverhältnisses von der aufschiebenden Bedingung der Kautionszahlung abhängig zu machen.
Wirksam dagegen ist es, die Zahlung der ersten Mietzinsrate als Bedingung für den Vertragsschluss oder die Übergabe der Schlüssel zu vereinbaren.
Dem Vermieter steht auch ein Zurückbehaltungsrecht der Wohnung zu, wenn der Mieter die erste Kautionsrate nicht bezahlt. Die Übergabe der Schlüssel kann daher zumindest von der Zahlung der ersten Kautionsrate abhängig gemacht werden.

b) **Zeitpunkt der Überlassung.** Als Übergabezeitpunkt kommt grundsätzlich der vertraglich Vereinbarte in Betracht. Dabei muss der Zeitpunkt der Überlassung nicht unbedingt den Beginn des Mietverhältnisses darstellen.[150] Bei einer Überlassung vor Mietbeginn kann es sich um ein Überlassungsverhältnis eigener Art handeln oder die Änderung des Mietbeginns unter Beibehaltung des Fälligkeitszeitpunkts der Miete.[151] Den Mieter trifft in dieser Zeit eine Obhutspflicht bezüglich der Mietsache. Der Zeitpunkt der Übergabe ergibt sich in den meisten Fällen aus dem Mietvertrag. Stellt der Vermieter die Wohnung zum vertraglich vereinbarten Beginn des Mietverhältnisses – wenn dies datumsmäßig bestimmt ist – nicht zur Verfügung, kommt er ohne Mahnung in Verzug (§ 286 Abs. 2 Nr. 1 BGB) und macht sich damit für den Verspätungsschaden schadensersatzpflichtig (§§ 280 Abs. 1, Abs. 2, 286 BGB). Der Mieter kann gemäß § 323 Abs. 1 BGB zurücktreten. 85

An dieser Stelle muss auf einige Fallkonstellationen eingegangen werden: Die Mietparteien treffen oftmals die Vereinbarung, dass die Wohnung – Neubau oder Vollsanierung – **„ab Bezugsfertigkeit"** überlassen werden soll.[152] Hier muss ein Einzug dem Mieter zumutbar sein. Eine entsprechende AGB-Klausel ist wegen Verstoß gegen § 308 Nr. 1 BGB unwirksam. Wird als Überlassungszeitpunkt der **„Auszug des Vormieters"** vereinbart, so ist dies der Zeitpunkt, in dem der Vermieter den unmittelbaren Besitz 86

---

[148] Verstoß gegen § 308 Nr. 4 BGB.
[149] ZB Garten, OLG Köln NJW-RR 1994, 334.
[150] Schmidt-Futterer/Lehmann-Richter BGB § 535 Rn. 99; Eisele WuM 1997, 533 (534).
[151] Schmidt-Futterer/Lehmann-Richter BGB § 535 Rn. 67.
[152] Sternel MietR aktuell Kap. II. Rn. 5.

zurückerlangt und diesen an den Mieter weitergibt.[153] Beide Fallkonstellationen stellen aufschiebende Bedingungen dar, die der Vermieter fördern muss.[154]

87 c) **Schlüsselübergabe.** Der Vermieter hat dem Mieter sämtliche Schlüssel[155] der vermieteten Räume/der Wohnung, des Hauses und die, die zur Benutzung der Gemeinschaftseinrichtungen notwendig sind, zu übergeben.[156] Er darf keine zurückhalten bzw. Zweitschlüssel ohne Wissen des Mieters besitzen.[157] Mit der Schlüsselübergabe erfolgt regelmäßig die Übergabe des unmittelbaren Besitzes iSv § 854 BGB.[158] Zwar besteht zwischen den Parteien ein Besitzmittlungsverhältnis in der Form, dass der Mieter dem Vermieter den Besitz mittelt, jedoch regelt sich das Rechtsverhältnis nach dem Mietvertrag, der den Zutritt des Vermieters im Zweifel ausschließt.[159] Der Erhalt einer gewissen Anzahl von Schlüsseln kann vom Mieter nicht formularmäßig in allgemeinen Geschäftsbedingungen bestätigt werden (§ 309 Nr. 12b BGB), sondern nur außerhalb dieser als Quittung.[160] Der Mieter ist auch ohne Erlaubnis des Vermieters berechtigt, sich die für ihn erforderliche Zahl von Schlüsseln (einer pro Mitbewohner) anfertigen zu lassen.[161]

Praxistipp:

Nach herrschender Meinung hat der Mieter selbst angefertigte Schlüssel zurückzugeben oder zu vernichten.[162]
Es empfiehlt sich daher, im Mietvertrag die Herausgabe sämtlicher, auch vom Mieter selbst angeschaffter Schlüssel, ohne Kostenerstattung zu vereinbaren.

88 d) **Vertragsgemäßer Zustand der Mietsache bei Übergabe.** In § 535 BGB sind Inhalt und Hauptpflichten des Mietvertrages normiert. § 535 Abs. 1 BGB spiegelt das gesetzliche Leitbild wider, wonach der Vermieter die Mietsache dem Mieter in einem zum vertragsgemäßen Zustand geeigneten Gebrauch zu überlassen hat und diesen Zustand zu erhalten hat.

89 Der Vermieter hat dem Mieter die Mietsache zum vereinbarten Beginn des Mietverhältnisses in der Weise zu überlassen, dass der Mieter ohne weiteres den vertragsgemäßen Gebrauch ausüben kann. Der Gebrauchsüberlassungspflicht des Vermieters gemäß § 535 Abs. 1 S. 2 BGB korrespondiert keine Abnahmepflicht des Mieters (im Gegensatz zum Kauf- und Werkvertragsrecht). Jedoch kann eine Abnahmepflicht vereinbart werden.[163] Fehlt eine solche Vereinbarung, kann der Mieter zwar in Annahmeverzug geraten, nicht jedoch in Schuldnerverzug.[164] Empfehlenswert bei der Besitzübergabe ist eine Übergabeverhandlung durch Begehung der Mieträume und Erstellung eines Übergabeprotokolls. Die Unterzeichnung des Übergabeprotokolls ist allerdings kein Einwendungsausschluss, sondern lediglich ein Beweisproblem.[165] Ohne Besichtigung kann der Mieter vom „verkehrsüblichen Zustand" der Mieträume ausgehen.[166] Der **vertragsgemäße Zustand** ist aus dem Vertragszweck unter Berücksichtigung der Orts-

---

[153] Sternel MietR aktuell Kap. II. Rn. 6.
[154] Sternel MietR aktuell Kap. II. Rn. 6.
[155] LG Berlin NJW-RR 1988, 203.
[156] Schmidt-Futterer/Lehmann-Richter BGB § 535 Rn. 754.
[157] Sternel MietR aktuell Kap. II. Rn. 9 mwN.
[158] BGHZ 65, 137 (139).
[159] Schmidt-Futterer/Lehmann-Richter BGB § 535 Rn. 758.
[160] Sternel MietR aktuell Kap. II. Rn. 9.
[161] Sternel MietR aktuell Kap. II. Rn. 9.
[162] Schmidt-Futterer/Streyl BGB § 546 R. 33.
[163] Bub/Treier MietR-HdB/Kraemer/von der Osten/Schüller Kap. III A Rn. 2306.
[164] Bub/Treier MietR-HdB/Kraemer/von der Osten/Schüller Kap. III A Rn. 2308.
[165] Bub/Treier MietR-HdB/Kraemer/von der Osten/Schüller Kap. III A Rn. 2301.
[166] Sternel MietR aktuell Kap. II. Rn. 14; s. auch BGH NZM 2004, 736.

sitte und der Höhe der Miete zu ermitteln.[167] Auch die Qualitätserwartungen des Mieters in Bezug zur Miethöhe spielen eine Rolle. Der vertragsgemäße Gebrauch wird von der Entwicklung der Technik mitbestimmt, dh der Zustand muss eine zeitgemäße Nutzung zulassen.[168] Eine Vermietung unter diesem Standard ist allerdings dann vertragsgemäß, wenn sie vereinbart wurde. Vertragsgemäßheit setzt Bezugsfertigkeit voraus.

aa) Herrichtungspflicht des Vermieters. Nach § 535 Abs. 1 S. 2 BGB muss der Vermieter die Mietsache nicht bloß in vertragsgemäßem Zustand übergeben, vielmehr hat er diese während der Dauer des Mietverhältnisses in vertragsgemäßem Zustand zu erhalten. Die sich daraus ergebende Mängelbeseitigungspflicht des Vermieters ist von einem auf seiner Seite bestehenden Verschulden unabhängig. Diese Einstandspflicht trifft ihn dann nicht, wenn seitens des Mieters ein Verschulden vorliegt. 90

bb) Überbürdung auf den Mieter. Er kann diese jedoch auf den Mieter durch Andienung im noch nicht fertigen Zustand abwälzen. Allerdings muss die Herrichtung mit zumutbarem Aufwand möglich sein. Hat sich der Mieter die Herrichtungspflicht überbürden lassen, hat in diesem Fall der Vermieter einen Erfüllungsanspruch. 91

Praxistipp:

Zu Übergabe der Mietsache sollte ein detailliertes Übergabeprotokoll erstellt und vom Mieter unterzeichnet werden. Das Protokoll soll auch vorhandene Mängel enthalten. Hat der Mieter dieses Protokoll unterzeichnet so ist er wegen der darin aufgeführten Mängel mit Minderungsansprüchen grundsätzlich ausgeschlossen.

2. Gebrauchsgewährung

a) Inhalt und Grenzen der Gebrauchsgewährungspflicht. Die Hauptpflicht des Vermieters gemäß § 535 Abs. 1 S. 1 BGB wird durch § 535 Abs. 1 S. 2 BGB ergänzt und konkretisiert („zum vertragsmäßigen Gebrauch geeigneten Zustand"). Dies ist die Sicherung des Rahmens, innerhalb dessen der Mieter seinen Mietgebrauch ausübt.[169] Mit der Gebrauchsgewährungspflicht des Vermieters korrespondiert das Gebrauchs**recht** des Mieters, keine Gebrauchs**pflicht.** Inhaltlich richtet sich die Vermieterpflicht im Einzelnen nach Art und Umfang des Gebrauchs, der dem Mieter nach dem Mietvertrag gestattet ist.[170] 92

aa) Räumlich. Räumlich erfasst die Gebrauchsgewährungspflicht das Mietobjekt und die Teile des Grundstücks, die mitbenutzt werden dürfen. Der Umfang des Mietobjektes ergibt sich aus dem Vertrag, dessen Auslegung nach § 157 BGB, der Hausordnung und nach Treu und Glauben. Insbesondere dürfen die mitgemieteten Gebäudeteile mitbenutzt werden (zB Zugangsweg, Außenwand für Schild). Dabei ist zwischen „vom Mietgebrauch erfassten" Sachen und der „Gestattung der Benutzung" zu unterscheiden.[171] 93

bb) Zeitlich. Vor Vertragsbeginn ist der Vermieter nur dann zur Gebrauchsgewährung verpflichtet, wenn er dem Mieter das Mietobjekt vorher überlassen hat (→ Rn. 85 f.). Mit Beendigung des Mietverhältnisses entfällt die grundsätzliche Gebrauchsgewäh- 94

[167] Sternel MietR aktuell Kap. II. Rn. 13.
[168] Sternel MietR aktuell Kap. II. Rn. 14 mit Beispielen; BGH NZM 2004, 736.
[169] Sternel MietR aktuell Kap. II. Rn. 27.
[170] Schmidt-Futterer/Lehmann-Richter BGB § 535 Rn. 365.
[171] AG Lörrach WuM 1998, 662; Schmidt-Futterer/Eisenschmid BGB § 535 Rn. 25: Grundstücks- u. Gebäudeteile (Treppenhaus), Rn. 28: Keller/Dachboden wenn vertragl. vereinbart, Garage u. Abstellplatz unterscheid.: Alleinige Vermietung (siehe normale Verm.), Vermietung mit Wohnraum WohnraummietR anwendbar, da Schwerpunkt § 535 Rn. 31; § 535 Rn. 37 f.: Garten bei EFH grds. mitvermietet, bei MFH nur bei ausdrückl. Vereinb. bzw. konklud. Vertragserweiterung durch jahrelange Nutzung, Rn. 38: Einrichtungen u. Zubehör, § 311c im Zweifel mitvermietet.

rungspflicht des § 535 Abs. 1 S. 2 BGB. Es besteht danach nur eine eingeschränkte Gebrauchsgewährungspflicht[172] in Form einer Verkehrssicherungspflicht[173] bis zur Rückgabe der Mietsache. Der Vermieter hat die Grundvoraussetzungen für eine Benutzung der Mietsache zu schaffen.[174]

95 **b) Wesentlicher Inhalt.** *aa) Zugang zum Mietobjekt.* Die Zugangswege zum Mietobjekt müssen mitbenutzt werden dürfen. Der ungehinderte Zugang ist Voraussetzung für die vertragsgemäße Nutzung. Eine Zugangsbehinderung stellt einen Mangel dar, auch wenn sie nicht durch vom Vermieter beeinflussbare Bauarbeiten ausgeht.[175] Umstritten ist allerdings, ob ein Zugangshindernis (zB durch Straßenarbeiten der Gemeinde oder sonstige Baustellen) ein Kündigungsrecht des Mieters auslöst.[176] Der Mieter kann die Zugangsbehinderung gemäß § 1004 BGB analog abwehren.[177]

96 *bb) Nutzung.* Die Nutzungsmöglichkeiten der Mietsache ergeben sich aus dem Mietvertrag bzw. sind durch dessen Auslegung nach § 157 BGB zu ermitteln.

97 Regelmäßig sind die Räume entweder zu Wohnzwecken oder zur gewerblichen Nutzung überlassen. Sind beide Nutzungszwecke vereinbart, liegt ein Mischmietverhältnis vor. Bei diesem muss geprüft werden, welcher Nutzungstyp das Übergewicht bildet. Je nachdem, welcher Nutzungszweck überwiegt, sind entweder die Vorschriften des Wohnraummietrechtes oder die der Gewerberaummiete anzuwenden.[178] Dies ist insbesondere entscheidend bei Abweichungen vom Vertragszweck respektive bei Leistungsstörungen.

98 *cc) Gemeinschaftsflächen.* Besonders erwähnenswert ist die Nutzungsmöglichkeit der Gemeinschaftsflächen.[179] Das bloße Vorhandensein von Gemeinschaftseinrichtungen gibt dem Mieter einen Benutzungsanspruch und dem Vermieter eine Unterhaltungspflicht,[180] vorbehaltlich klarer abweichender vertraglicher Vereinbarungen.

99 **c) Versorgungsleistungen.** Gemäß § 535 Abs. 1 S. 2 BGB hat der Vermieter die Mietsache zu „überlassen" und zu „erhalten". Daraus ergibt sich nicht nur eine Instandhaltungspflicht des Vermieters an der Mietsache, sie umfasst auch die Versorgung des Mietobjektes mit Wärme, Energie, Wasser und die Entsorgungsleistungen. Der Vermieter hat diese grundsätzlich selbst zu veranlassen oder die erforderlichen Einrichtungen zur Verfügung zu stellen.

100 *aa) Heizung.* Die Versorgung mit Wärme ist Nebenpflicht des Vermieters.[181] Sie gehört zum vom Vermieter geschuldeten „vertragsgemäßen Gebrauch" im Sinne von § 535 Abs. 1 S. 2 BGB. Der Mieter hat diesbezüglich Gewährleistungsrechte.[182] Die Heizdauer ist individuell zu bestimmen, mindestens dauert sie jedoch vom 15.9. bis 15.5. und die Mindesttemperatur beträgt 20–22 °C von 7.00 bis 23.00 Uhr.[183] Abweichende Regelungen in Formularverträgen sind nicht möglich[184] Die Heizpflicht kann auch formularmäßig vereinbart werden, allerdings ist dabei die mögliche Gesundheitsgefährdung des Mieters als Grenze anzusehen.[185]

---

172 Wenn zB Mieter die Wohnung nicht räumt.
173 LG Aachen MDR 1992, 578.
174 Sternel MietR aktuell Kap. II. Rn. 29.
175 OLG Köln NJW 1972, 1814.
176 AnwHdB MietR/Eisenhardt Rn. 456 mwN.
177 BGH NZM 1998, 411.
178 BGH NJW-RR 1986, 877.
179 Wie zB Wäsche- oder Fahrradkeller, Garten, Grünanlage, Spielplatz.
180 Sternel MietR aktuell Kap. II. Rn. 37.
181 MüKoBGB/Häublein § 535 Rn. 76.
182 Wenn der Vermieter diesem nicht nachkommt: Minderungsrecht (§ 536 Abs. 1), Schadenersatzanspruch (§ 536a Abs. 1) bzw. Kündigungsrecht (§ 543 Abs. 2 S. 1 Nr. 1).
183 MüKoBGB/Häublein § 535 Rn. 77 f.; Emmerich BGB §§ 535, 536 Rn. 23.
184 LG Göttingen ZMR 1988, 179; LG Hamburg WuM 1988, 153.
185 Sternel MietR aktuell Kap. II. Rn. 67.

bb) Wasser und Entsorgung. Es gehört zum Pflichtenkreis des Vermieters, die erforderlichen Zu- und Ableitungen zur Verfügung zu stellen, für die Instandhaltung und Instandsetzung Sorge zu tragen sowie Anlagen zur Abfallbeseitigung bereitzustellen.[186] 101

cc) Energie. Der Vermieter ist verpflichtet, in Mieträumen ausreichend Leitungen zur Verfügung zu stellen, für die er ebenfalls zur Instandhaltung und Instandsetzung verpflichtet ist.[187] Der Versorgungsvertrag kommt allerdings in der Regel zwischen Versorgungsunternehmen und Mieter zustande.[188] 102

dd) Einrichtung, Einbauten. Mitvermietet sind die Bestandteile und festen Einrichtungen des Mietobjektes.[189] Bei möblierten Wohnungen sind auch die Einrichtungsgegenstände im Zweifel (gemäß § 311c BGB) mitvermietet.[190] Sie gehören somit zum vertragsgemäßen Gebrauch der Mietsache. Eine Entfernung dieser Gegenstände seitens des Mieters ist ohne Einwilligung des Vermieters grundsätzlich nicht zulässig.[191] 103

Praxistipp:

Eine Erhöhung der Mietkaution über die gemäß § 551 Abs. 1 BGB hinausgehende Obergrenze von drei Nettomonatsmieten ist nicht zulässig. Auch nicht im Hinblick auf zusätzlich überlassene Einrichtungen und Einbauten.
Sondervereinbarungen zusätzlicher Sicherheiten dürfen beispielsweise bei Gestattung von baulichen Änderungen bei Übernahme der Rückbauverpflichtung zum Vertragsende getroffen werden. Der häufigste Anwendungsfall ist hier die Anbringung einer Parabolantenne durch den Mieter im Laufe des Mietverhältnisses.

ee) Zeitliche Begrenzung. Die Versorgungspflicht des Vermieters besteht in dieser Form bis zur Beendigung des Mietverhältnisses. 104

In seiner zum Gewerbemietrecht ergangenen Entscheidung macht der BGH[192] deutlich, dass sich im Einzelfall nachvertragliche Pflichten des Vermieters zu weiteren Versorgungsleistungen für die weiter genutzte Wohnung trotz beendetem Mietvertrag ergeben können.[193] Solche nachvertraglichen Pflichten könnten sich im Einzelfall aus der Eigenart des – beendeten – Mietvertrages wie zB bei der Wohnraummiete[194] oder den besonderen Belangen des Mieters (zB Gesundheitsgefährdung oder etwa durch Versorgungssperre drohender, besonders hoher Schaden) ergeben. Dies würde allerdings allein den Interessen des Mieters dienen.[195] Die trotz beendeten Vertrags aus Treu und Glauben nach § 242 BGB herzuleitende Verpflichtung lasse sich daher nur rechtfertigen, wenn sie auf der anderen Seite den berechtigten Interessen des Vermieters nicht in einer Weise zuwiderlaufe, die ihm die weitere Leistung unzumutbar mache. Sei dem Vermieter die Weiterbelieferung nicht zumutbar, zB weil erhebliche Zahlungsrückstände bestünden, so komme es anders als bei bestehendem Mietvertrag auf den Umfang und die Grenzen eines Zurückbehaltungsrechts nicht an, weil der Vermieter in diesem Fall schon nicht mehr zur Gebrauchsüberlassung verpflichtet sei. 105

[186] Sternel MietR aktuell Kap. II. Rn. 71; Kossmann/Meyer-Abich Wohnraummiete-HdB § 30 Rn. 5.
[187] Sternel MietR aktuell Kap. II. Rn. 75.
[188] AG Rastatt NZM 2000, 181.
[189] ZB Türen, Fenster, Heizkörper, Sanitärinstallationen usw.
[190] Schmidt-Futterer/Lehmann-Richter BGB § 535 Rn. 533.
[191] LG Berlin GE 1997, 243 = NJW-RR 1997, 1097; ausnahmsweise ist Entfernung möglich zur Wiederherstellung des gebrauchsfähigen Zustandes, LG Konstanz WuM 1989, 67.
[192] BGH NJW 2009, 1947.
[193] So auch Schmidt-Futterer/Streyl BGB § 546a Rn. 10 ff.; MüKoBGB/Bieber § 546a Rn. 28 ff.
[194] Schmidt-Futterer/Streyl BGB § 546a Rn. 10 ff; OLG Saarbrücken InfoM 2006, 189; vgl. auch BGH MDR 2005, 1279 = NZM 2005, 626 = NJW 2005, 2622 = WM 2005, 1670 = ZMR 2005, 880, Entscheidungsgründe Rn. 35; aA, weil nach Vertragsende keine Gebrauchsgewährleistungspflicht mehr besteht: Scholz NZM 2008, 387; Streyl WuM 2006, 234; Herrlein NZM 2006, 527; Derleder NZM 2000, 1098; KG InfoM 2005, 28.
[195] Vgl. insoweit Staudinger/Rolfs BGB § 546a Rn. 6.

106 Auch bei beendetem Wohnraummietverhältnis sind nach eigener Ansicht keine Versorgungsleistungen weiterhin aufrechtzuhalten[196].

107 *ff) Zurückbehalt und Anspruchssicherung.* Der Vermieter soll kein Zurückbehaltungsrecht an Versorgungsleistungen bezüglich seiner Ansprüche haben, obwohl die Voraussetzungen der §§ 273, 320 BGB bei Zahlungsverzug des Mieters gegeben sind.[197] Ein solcher Zurückbehalt könne zur Unbewohnbarkeit führen und damit den Tatbestand der verbotenen Eigenmacht erfüllen (§ 858 BGB).[198]

108 Der Mieter könne seinen Anspruch auf Vorhalt der Versorgungsleistungen im Rahmen des einstweiligen Rechtsschutzes durchsetzen.

109 d) **Abwehr von Immissionen.** Die Pflicht des Vermieters zur Gebrauchsgewähr nach § 535 Abs. 1 S. 2 BGB schließt die Pflicht zur Unterlassung und zur Abwehr von Störungen des Mietgebrauchs ein. Dies sind Störungen, die vom Mietobjekt selbst, von Mitmietern, von Dritten und der Umwelt ausgehen können. Der Abhilfeanspruch des Mieters besteht nur insoweit, als der Vermieter die Unterlassung (von Dritten) nach §§ 862, 906, 1004 BGB verlangen kann. Soweit eine Abhilfe nicht möglich ist, greifen die verschuldensunabhängigen Gewährleistungsregelungen. Allerdings ist diese Sicherungspflicht individualvertraglich abdingbar. In Formularklauseln kann im Zweifel nur eine Freizeichnung des Vermieters vereinbart werden, dagegen keine Pflichtüberbürdung zu Lasten des Mieters (da der Vermieter sonst auf den Mieter Rückgriff nehmen könnte).[199]

110 e) **Fürsorge- und Treuepflichten.** Im Mietrecht gilt der allgemeine **Gleichbehandlungsgrundsatz,**[200] der dann einschlägig ist, wenn der Vermieter Kollektivregelungen (zB Hausordnung) trifft. Der Vermieter hat über § 242 BGB das **Willkürverbot** aus Art. 3 GG zu beachten (zB bei der Hundehaltung, Abstellen von Fahrzeugen im Hof etc).

111 Das Mietverhältnis ist ein personenbezogenes Dauerschuldverhältnis. Den Vermieter treffen daher Aufklärungspflichten bezüglich weitergehender Maßnahmen, auch wenn keine Gefahr für Leib und Leben besteht. Über die Gewährpflicht hinaus trifft den Vermieter die Pflicht, durch Vorsorge Beeinträchtigungen des Mietgebrauchs zu vermeiden. Er hat alle Einwirkungen auf die Mietsache zu vermeiden, die schädigend sein könnten.[201]

3. Leistungsstörungen

112 An dieser Stelle ist auf das Verhältnis der mietrechtlichen Gewährleistung zu dem allgemeinen Leistungsstörungsrecht einzugehen. Nach neuerer Rechtsprechung des BGH sind die mietrechtlichen Gewährleistungsregeln wegen eines Sachmangels grundsätzlich erst anwendbar, wenn die Mietsache übergeben worden ist,[202] da bereits der Wortlaut des § 536 Abs. 1 BGB eine Übergabe voraussetzt.

113 a) **Garantiehaftung des Vermieters.** § 536a fasst die Schadensersatz- und Aufwendungsersatzansprüche des Mieters wegen eines Mangels der Mietsache zusammen.

114 Nach § 536 Abs. 2 Nr. 2 BGB besteht ein Aufwendungsersatzanspruch bei notwendiger umgehender Beseitigung eines Mangels zur Erhaltung oder Wiederherstellung des Bestandes der Mietsache, dh es geht um Notmaßnahmen, die keinen Aufschub dulden und die ohne vorherige Mahnung einen Aufwendungsersatzanspruch auslösen.

---

[196] AA Schmidt-Futterer/Streyl BGB § 546a Rn. 10; nicht, soweit die Rückstände 2 Monatsmieten oder mehr übersteigen Börstinghaus MietRB 2007, 208 (210); LG Berlin BeckRS 2007, 02699.

[197] OLG Hamburg WuM 1978, 169 – Heizung; LG Kassel WuM 1979, 51 – Wasser; LG Heilbronn WuM 1965, 46 – Strom; Bub/Treier MietR-HdB/Emmerich Kap. V. Rn 51.

[198] Bub/Treier MietR-Hdb/Emmerich Kap. V. A. Rn 51.

[199] Zum Ganzen: Sternel MietR aktuell Kap. II. Rn. 103.

[200] LG Offenburg WuM 1998, 289.

[201] Schmidt-Futterer/Eisenschmid BGB § 535 Rn. 91 f.

[202] BGHZ 136, 102 = NJW 1997, 2813.

Gem. § 536a Abs. 1 Alt. 1 BGB trifft den Vermieter eine Garantiehaftung für anfängliche Mängel, dh Mängel, die bei Vertragsschluss vorhanden sind. Verschulden, Erkennbarkeit bzw. Vermeidbarkeit sind dabei irrelevant.[203] Die Garantiehaftung ist Folge des allgemeinen Grundsatzes, dass jeder Schuldner für sein anfängliches Leistungsvermögen ohne Rücksicht auf Verschulden einstehen muss.[204] Die Haftung geht aber mit Erstreckung auch auf objektiv unbehebbare Mängel der Mietsache über den Grundsatz hinaus. Dabei genügt es, dass zum Zeitpunkt des Vertragsschlusses die Ursache für späteren Schaden vorhanden war,[205] der Mangel braucht noch nicht zu Tage getreten zu sein. Die Garantiehaftung greift auch, wenn die Mietsache bei Vertragsschluss noch nicht fertiggestellt war und der Mangel bei der Übergabe vorhanden war.[206] Maßgeblicher Zeitpunkt ist nach dem Gesetzeswortlaut der Vertragsschluss. Dabei ist die Garantiehaftung ausdehnend auszulegen. Grund ist ein an Risikobereichen orientierter Mieterschutz. Der Mieter hat keine Einwirkungs- und Erkenntnismöglichkeit hinsichtlich des Zustandes des Mietobjektes vor Vertragsschluss.[207] Allerdings ist die Garantiehaftung formularmäßig abdingbar. Ein solcher vertraglicher Ausschluss ist nicht nach § 307 BGB unwirksam,[208] soweit es nicht um Haftung für zugesicherte Eigenschaften iSv §§ 536 Abs. 2, 536a Abs. 1 BGB geht. Die Verschuldenshaftung bleibt vom Ausschluss unberührt.[209] Des Weiteren ist der in einem Formularmietvertrag vereinbarte Ausschluss von Schadenersatzansprüchen des Mieters wegen Sachschäden, die durch Mängel der Mietsache verursacht wurden, für die der Vermieter infolge leichter Fahrlässigkeit verantwortlich ist, wegen Verstoßes gegen § 307 BGB unwirksam.[210] Die Unwirksamkeit ergibt sich daraus, dass durch einen derartigen Haftungsausschluss die Hauptpflicht des Vermieters eingeschränkt wird, die Mietsache in einem vertragsgemäßen Zustand zu erhalten. Im Gegensatz zum Mieter kann der Vermieter nämlich für Schäden, die durch eine leicht fahrlässige Verletzung seiner Instandhaltungspflicht entstanden sind, eine Haftpflichtversicherung abschließen. Ein derartiger Haftungsausschluss ist jedoch nur dann unwirksam, wenn sich der Vermieter gegen Schäden absichern will, die durch Mängel der Mietsache verursacht worden sind. Wenn es um Sach- und Vermögensschäden des Mieters geht, die ansonsten vom Vermieter leicht fahrlässig verursacht worden sind, ist eine Haftungsbeschränkung wirksam und weiterhin sinnvoll. 115

Praxistipp:

Ergänzend sollte die Formulierung in den Mietvertrag aufgenommen werden, dass der Zustand der Wohnräume dem Mieter bei Einzug bekannt ist.

b) Haftung für Erfüllungsgehilfen. Erfüllungsgehilfe ist jede Person, die vom Vermieter für Verrichtungen bei, in oder an der Mietsache bestellt wird.[211] Der Vermieter haftet für alle Personen, die er zur Erfüllung einer dem Mieter gegenüber bestehenden Pflicht einsetzt. Dabei haftet er für alle schuldhaften Verhaltensweisen des Erfüllungsgehilfen, die zur Erfüllungshandlung in einem adäquat-kausalen Verhältnis stehen. Erfüllungsgehilfen sind zB der Hausverwalter, Hauswart, Arbeitnehmer des Vermieters,[212] beauftragte Handwerker, Lieferanten und deren Angestellte, Sachverständige, 116

[203] OLG Karlsruhe ZMR 1991, 378.
[204] Sternel MietR aktuell Kap. II. Rn. 484.
[205] ZB verborgene Mängel an Installationen: LG Köln WuM 1990, 386.
[206] OLG München ZMR 1996, 322 mwN.
[207] Sternel MietR aktuell Kap. II. Rn. 564 mwN.
[208] BGH NJW-RR 1991, 74; 1993, 519; OLG Stuttgart NJW 1984, 2226; BayObLG WuM 1985, 49.
[209] OLG Düsseldorf ZMR 1988, 222 (223); NJW-RR 1996, 521.
[210] BGH NZM 2002, 116.
[211] OLG Karlsruhe NJW-RR 1988, 528.
[212] BGH MDR 1964, 750.

Kauf- und Mietinteressenten des Vermieters. Allerdings besteht nur Haftung für Verhaltensweisen „in Ausübung der Verrichtung“, nicht „bei Gelegenheit“ der Verrichtung.

117 c) **Schutzwirkung zugunsten Dritter.** *aa) Miteinbeziehung Dritter in den Mietvertrag.* Erleiden Dritte aus der schuldhaften Verletzung der Verkehrssicherungspflicht einen Schaden, so kommt grundsätzlich nur eine Haftung aus Delikt (§ 823 BGB) in Betracht. Weil es aber gegen Treu und Glauben verstoßen würde, ihm, der vertragslos aber bestimmungsgemäß mit der Mietsache in Berührung und durch sie oder in ihr zu Schaden kommt, einen vertraglichen Anspruch zu versagen, wird der Schutzbereich des Mietvertrages erweitert auf Personen die zum Mieter in einem Rechtsverhältnis mit personenrechtlichem Einschlag stehen.[213] Deshalb erstreckt sich die Schutzwirkung des Mietvertrags zB auf Familienmitglieder, Hilfspersonen sowie Arbeitnehmer und Kunden.[214] Danach ist ein Vertrag mit Schutzwirkung für Dritte anzunehmen, wenn:

- der Geschädigte bestimmungsgemäß mit der Mietsache in Berührung kommt (Leistungsnähe),
- der Geschädigte gegen den Mieter einen Anspruch auf Schutz und Fürsorge hat, und
- dem Vermieter diese Situation erkennbar ist.[215]

Nicht in den Schutzbereich einbezogen ist der Untermieter; dieser muss sich an seinen Vermieter – den Hauptmieter – halten.[216]

118 *bb) Schutz- und Fürsorgepflichten.* Den Vermieter trifft eine Fürsorgepflicht gegenüber dem Mieter. Liegen entsprechende Hinweise auf einen drohenden Schaden vor, so hat er eine **Prüfungs- und Überwachungspflicht** hinsichtlich der Mietsache, um Schäden – auch für das Eigentum des Mieters – zu unterbinden oder abzuwenden.[217] Er hat notfalls einen Fachmann hinzuzuziehen. Ihn trifft die Pflicht, vorbeugende Maßnahmen zur Abwendung einer akuten Gefahr zu treffen, die erforderlich und ihm zumutbar sind.[218] Dabei ist es irrelevant, ob die Gefahr von der Mietsache, dem Vermieter oder Dritten ausgeht. Dies umfasst auch eine anlassbezogene, jedoch keine allgemeine **Kontrollpflicht** bezüglich der technischen Geräte[219] in der Mietwohnung, soweit diese nicht ausschließlich in der Obhut des Mieters stehen. Den Vermieter trifft auch eine **Verkehrssicherungspflicht** bezüglich der Gemeinschaftseinrichtungen, zB Spielplatz.[220]

119 d) **Unmöglichkeit.** Die Unmöglichkeitsvorschriften der §§ 275, 280, 311a, 326 BGB sind jedenfalls dann ausgeschlossen, wenn die §§ 536 ff. BGB eingreifen. Liegt ein Fall der Unmöglichkeit vor, wird auch im Mietrecht zwischen der objektiv und subjektiv anfänglichen und der nachträglichen Unmöglichkeit unterschieden.

120 *aa) Anfängliche Unmöglichkeit.* Hier ist zwischen objektiver und subjektiver Unmöglichkeit (Unvermögen) zu differenzieren.

121 **Anfängliche objektive Unmöglichkeit** liegt dann vor, wenn die Mietsache vor Vertragsschluss bereits **nicht oder nicht mehr existiert,** so dass die Vermieterleistung von niemandem mehr erbracht werden kann. Dieser Umstand ändert jedoch nichts an der Wirksamkeit des Mietvertrages, § 311a Abs. 1 BGB. Im Falle der anfänglichen objekti-

---

[213] Sternel MietR aktuell Kap. II. Rn. 492; BGH NZM 2010, 668 = NJW 2010, 3152 = ZMR 2011, 360.

[214] Schmidt-Futterer/Lehmann-Richter BGB § 536a Rn. 44.

[215] BGH NZM 2010, 668 = NJW 2010, 3152.

[216] BGHZ 70, 328.

[217] BGH ZMR 1990, 452 mwN.

[218] OLG Hamburg ZMR 1988, 420 (421).

[219] BGH NJW 2009, 143 = NZM 2008, 927 = MDR 2009, 75 = MietRB 2009, 1 = InfoM 2008, 415 – E-Check; AG Köln ZMR 2011, 222; vergleiche auch LG Stuttgart WuM 2011, 416, jeweils für **Gasleitungen;** LG Hamburg ZMR 2007, 120; OLG Koblenz MietRB 2011, 4 = IMR 2010, 511 – jeweils für **Wasserleitungen; sanitäre Einrichtungen:** OLG Frankfurt a. M. WuM 2003, 319 = ZMR 2003, 674 (hier: Druckspüler der WC in Wohnungen); LG Hamburg ZMR 2007, 120; **Öfen und Heizungen:** BGH WuM 2011, 465.

[220] Zu alledem: BeckOK MietR/Gras BGB § 535 Rn. 4900 ff.

ven Unmöglichkeit gelten vor der Überlassung der Mietsache die §§ 275, 311a BGB,[221] dh der Vermieter haftet auf das positive Interesse, wenn er die Unmöglichkeit kannte oder seine Unkenntnis zu vertreten hat, § 311a Abs. 2 S. 2 BGB. Das Vertretenmüssen wird kraft Gesetzes widerleglich vermutet („gilt nicht"), so dass der Vermieter die Beweislast hat, dass gerade kein Vertretenmüssen vorliegt.

Anfängliche subjektive Unmöglichkeit ist das **Unvermögen des Vermieters,** dh ein anderer als der Vermieter kann den Vertrag noch erfüllen. Ein solches anfängliches Unvermögen liegt beispielsweise bei einem tatsächlichen Leistungshindernis vor, wenn der Vormieter trotz Beendigung des Mietvertrages die Wohnung nicht rechtzeitig herausgibt.[222] Auch hier gelten vor der Überlassung der Mietsache die §§ 275, 311a BGB. Der Vermieter haftet im Falle des anfänglichen Unvermögens wie bei der anfänglichen objektiven Unmöglichkeit nach § 311a Abs. 2 S. 1 BGB auf Schadensersatz statt der Leistung bzw. Aufwendungsersatz. Subjektive Unmöglichkeit liegt auch vor bei einem **Rechtsmangel** im Sinne von § 536 Abs. 3 BGB – die Sache gehört beispielsweise nicht dem Vermieter allein.[223] § 536 Abs. 3 BGB verdrängt als besonderer Fall des Unvermögens die allgemeinen Vorschriften auch schon vor Überlassung der Mietsache. Der Mieter hat in diesem Fall einen Erfüllungsanspruch auf Beseitigung des Mangels und Überlassung der Mietsache. Andernfalls kann der Mieter unabhängig von einem Verschulden des Vermieters Mietzinsbefreiung und Schadensersatz gem. § 536 Abs. 3 BGB in Verbindung mit entsprechender Anwendung der §§ 536 ff. BGB geltend machen. 122

bb) Nachträgliche Unmöglichkeit. Es wird zwischen dem Zeitraum vor Gebrauchsüberlassung und dem nach Gebrauchsüberlassung unterschieden: 123

Vor Gebrauchsüberlassung gilt nicht § 536 Abs. 1 S. 1 BGB, da der Anwendungsbereich der §§ 536, 536a BGB nach dem ausdrücklichen Gesetzeswortlaut („zurzeit der Überlassung an den Mieter") noch nicht eröffnet ist.[224] Stattdessen greift das allgemeine Leistungsstörungsrecht, hier § 326 BGB bzw. §§ 280 Abs. 1, Abs. 2, 283 BGB. Etwas anderes gilt nur dann, wenn dem Vermieter die Überlassung auf Grund eines Rechtsmangels unmöglich ist. In diesem Fall verdrängt § 536 Abs. 3 BGB iVm § 536a Abs. 1 BGB die allgemeinen Vorschriften auch schon vor Überlassung der Mietsache. 124

Nach Gebrauchsüberlassung gilt grundsätzlich § 536 Abs. 1 BGB, wenn ein Mangel vorliegt. Leidet die Mietsache jedoch an einem unbehebbaren Schaden, zB im Falle von Untergang oder Zerstörung, liegt nicht mehr ein bloßer Mangel vor. Es handelt sich dann vielmehr um Unmöglichkeit, so dass das allgemeine Leistungsstörungsrecht gilt, §§ 275 ff., 323 ff. BGB.[225] Hier gelten dann auch die allgemeinen Grundsätze über die unterschiedliche Verschuldenshaftung. Dh ist die **Unmöglichkeit weder vom Mieter noch vom Vermieter zu vertreten,** wird der Vermieter von der Leistungspflicht gem. § 275 Abs. 1 BGB frei. Er verliert jedoch auch seinen Anspruch auf die Gegenleistung gem. § 326 Abs. 1 S. 1 Hs. 1 BGB. Ist die **Unmöglichkeit vom Vermieter zu vertreten,** sind die §§ 275, 280, 326 BGB heranzuziehen. Zur Wiederherstellung der Mietsache ist der Vermieter auch hier nicht verpflichtet.[226] Der Erfüllungsanspruch des Mieters wandelt sich in einen Schadensersatzanspruch gem. §§ 280, 281, 283 BGB um. Nach Überlassung der Mietsache hat der Mieter statt eines Rücktrittsrechts gem. § 323 BGB ein Recht zur fristlosen Kündigung gem. § 543 BGB. Hat der **Mieter die Unmöglichkeit zu vertreten,** wird der Vermieter gem. § 275 BGB von seiner Leistungspflicht befreit und behält gleichzeitig seinen Anspruch auf die Gegenleistung gem. § 326 Abs. 2 S. 1 BGB. Ist die **Unmöglichkeit von beiden zu vertreten,** ist § 254 BGB anwendbar.[227] Beim nachträglichen Unvermögen[228] haftet der Vermieter auf Schadensersatz gem. §§ 536 125

[221] Schmidt-Futterer/Lehmann-Richter BGB § 535 Rn. 792.
[222] Schmidt-Futterer/Lehmann-Richter BGB § 536 Rn. 796.
[223] BGH NJW-RR 1995, 715.
[224] Grüneberg/Weidenkaff BGB § 536 Rn. 10.
[225] BGH WuM 1990, 546.
[226] Schmidt-Futterer/Lehmann-Richter BGB § 536 Rn. 792.
[227] BGH WuM 1981, 259.
[228] ZB Doppelvermietung seitens des Vermieters s. BGH NJW-RR 1995, 701.

Abs. 3, 536a Abs. 1 u. 2 BGB wenn er dieses zu vertreten hat. Durch die Verweisung in § 536 Abs. 3 BGB auf § 536 Abs. 1 u. 2 BGB werden die allgemeinen Vorschriften verdrängt.[229]

126

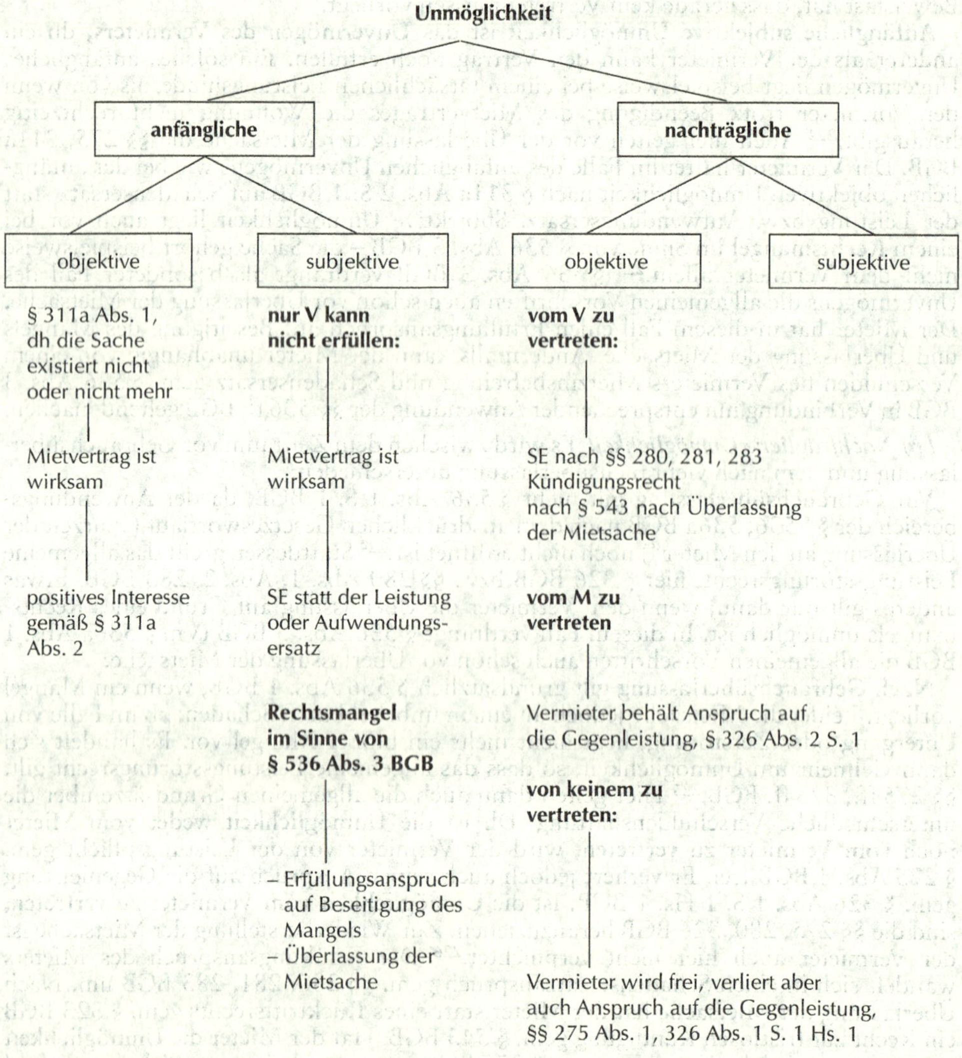

127 e) **Verzug.** Es ist vorrangig zu prüfen, ob tatsächlich Verzug vorliegt oder Unmöglichkeit gegeben ist. Dies deswegen, da die Rechtsfolgen völlig unterschiedlich sind. Die Abgrenzung geschieht danach, ob Nachholbarkeit vorliegt (dann Verzug) oder nicht.[230] Das Wohnraummietverhältnis ist ein Dauerschuldverhältnis. Die Überlassung an den Mieter ist ein absolutes Fixgeschäft, so dass diese nach Zeitablauf nicht nachholbar ist, so dass Unmöglichkeit gegeben ist.

---

[229] Grüneberg/Weidenkaff BGB § 536 Rn. 30.
[230] Schmidt-Futterer/Streyl BGB § 536 Rn. 22.

aa) Vor Überlassung. Ausnahmsweise kann vor Überlassung der Mietsache ein Verzögerungsschaden gegeben sein, wenn seitens des Mieters ernsthafte Zweifel an der Leistungsbereitschaft und Leistungsfähigkeit des Vermieters gegeben sind.[231] Dann hat der Mieter ein dringendes Interesse, die Unsicherheit zu beseitigen. Er kann dem Vermieter vor Übergabe eine Frist zur Erklärung setzen und androhen, vom Vertrag zurückzutreten. Gleiches gilt, wenn der Vermieter sich weigert, die Mietsache zu übergeben. Allerdings muss dann der Vermieter gem. § 286 Abs. 4 BGB den Verzug zu vertreten haben. Dies ist dann der Fall, wenn er ausdrücklich oder konkludent eine Garantie für den Übergabetermin übernommen hat.[232] 128

bb) Nach Überlassung. Für den Fall des Verzuges nach Überlassung der Mietsache ist § 536a Abs. 1 Fall 3 BGB zu beachten. §§ 281, 283, 323 BGB werden insoweit verdrängt.[233] Der Mieter kann daher auch ohne Fristsetzung, die bei den §§ 281, 323 BGB nötig gewesen wäre, Schadensersatz statt der Leistung vom Vermieter verlangen. 129

f) pVV/cic. Sowohl bei pVV, § 280 BGB, als auch bei cic, §§ 280 Abs. 1, 241 Abs. 2, 311 Abs. 2, Abs. 3 BGB ist danach zu unterscheiden, ob eine „Verletzung" vor oder nach Überlassung der Mietsache eingetreten ist. 130

aa) Vor Überlassung. Verletzt der Vermieter seine vertraglichen Verpflichtungen schuldhaft, so liegt hierin eine pVV.[234] 131

Eine **Haftung aus pVV** ergibt sich beispielsweise dann, wenn der Vermieter den Mietvertrag ohne berechtigten Grund kündigt, oder wenn er sich weigert, dem Mieter die Mietsache ganz oder teilweise im vertragsgemäßen Zustand zu überlassen.[235]

Da bis zur Übergabe der Mietsache die Gewährleistungsvorschriften der §§ 536 f. BGB nicht anwendbar sind, gelten die allgemeinen Regeln des Schuldrechts und damit auch die cic. Eine **cic-Haftung** liegt vor bei Verstößen gegen die vorvertragliche Aufklärungspflicht, zB über behördliche Auflagen.[236] Eine cic-Haftung liegt jedenfalls dann vor, wenn der Vermieter arglistig handelt.[237] So zB dann, wenn der Vermieter dem Mieter gewisse Umstände verschweigt, von denen er weiß, dass der Mieter bei Kenntnis dieser Umstände den Vertrag nicht oder nicht so geschlossen hätte.[238] 132

bb) Nach Überlassung. Nach Überlassung der Mietsache findet die pVV in der Regel keine Anwendung, da die meisten Fälle der Schlechterfüllung bereits von §§ 536 f. BGB erfasst werden.[239] Nach hM sind auch Mangelfolgeschäden von § 536a Abs. 1 Alt. 1 BGB erfasst, so dass die pVV auch insoweit verdrängt ist. Eine Haftung aus pVV liegt folglich nur vor, wenn die Mietsache zwar mängelfrei ist, der Vermieter jedoch vertragliche Nebenpflichten verletzt.[240] Der praktisch wichtigste Fall einer Haftung aus pVV ist der, dass der Vermieter wegen vorgetauschtem Eigenbedarf die Wohnung kündigt.[241] Bei einer derartigen unberechtigten Kündigung durch den Vermieter umfasst die Schadensersatzpflicht nach pVV, § 280 BGB, auch die außergerichtlichen Anwaltskosten des Mieters zur Zurückweisung der unberechtigten Kündigung.[242] 133

---

231 OLG Hamm WuM 1996, 466.
232 Zu alledem: Schmidt-Futterer/Streyl BGB § 536 Rn. 17 ff.
233 OLG Hamm WuM 1984, 94; Grüneberg/Weidenkaff BGB § 536a Rn. 3.
234 Schmidt-Futterer/Streyl BGB § 536 Rn. 44 ff.
235 Schmidt-Futterer/Streyl BGB § 536 Rn. 44 ff.
236 Schmidt-Futterer/Streyl BGB § 536 Rn. 44 ff.
237 Tröster NZM 1998, 697 (702); BGH NJW 1997, 2813.
238 Schmidt-Futterer/Streyl BGB § 536 Rn. 16.
239 Sternel MietR aktuell Kap. II. Rn. 629.
240 Zu alledem: Schmidt-Futterer/Streyl BGB § 536 Rn. 8 ff; weitere Beispiele in Sternel MietR aktuell Kap. II. Rn. 629–640.
241 Schmidt-Futterer/Börstinghaus BGB § 573 Rn. 77, 218; OLG Karlsruhe WuM 1982, 11.
242 AG Charlottenburg MM 2003, 91.

134 Eine cic-Haftung ist nach Übergabe der Mietsache wegen der sich aus § 536b BGB ergebenden Beschränkung ausgeschlossen,[243] da man ansonsten den Gewährleistungsausschluss unterlaufen würde. Dies gilt jedoch nicht bei Arglist des Vermieters.[244]

4. Haftungsausschlüsse

135 Hierzu wird vollumfänglich auf → Rn. 168 ff. verwiesen.

5. Verjährung

136 Ansprüche des Mieters auf Schadensersatz nach § 536a Abs. 1 BGB und § 280 Abs. 1 BGB verjähren nach drei Jahren (§ 195 BGB).[245] Ausgenommen davon sind Ansprüche des Mieters auf Ersatz von Aufwendungen. Diese verjähren in sechs Monaten nach Beendigung des Mietverhältnisses (§ 548 Abs. 2 BGB). Dazu gehören auch Ansprüche des Mieters aus § 536b Abs. 2 BGB auf Ersatz von Aufwendungen für die Beseitigung von Mängeln.[246]

III. Sachmängelhaftung

1. Mangel

137 a) **Begriff.** Ein im Sinne der Gewährleistung relevanter Sachmangel ist jede für den Mieter nachteilige Abweichung des tatsächlichen Zustandes der Mietsache vom vertraglich vorausgesetzten Zustand; sie muss die Tauglichkeit zu dem von den Vertragsparteien konkret vorausgesetzten Gebrauch ganz aufheben oder mindern.[247] Unerheblich ist dabei, ob der Sachmangel bereits bei Überlassung der Sache bestand oder erst später eintrat.

138 b) **Erheblichkeit.** Aus § 536 Abs. 1 S. 3 BGB ergibt sich, dass der Sachmangel zu einer erheblichen Gebrauchsbeeinträchtigung geführt haben muss. Bei Schadensersatz- oder Erfüllungsanspruch kommt es auf die Erheblichkeit nicht an. Unerheblichkeit ist nur bei zugesicherten Eigenschaften von Bedeutung.[248]

139 Hinsichtlich der Frage, unter welchen Voraussetzungen eine für den Mieter nachteilige **Abweichung von der im Mietvertrag bezifferten Fläche** ein zur Mietminderung berechtigender erheblicher Mangel ist, vollzog sich ein Rechtsprechungswandel. Früher wurde ein beachtlicher Mangel nur dann angenommen, wenn die Flächenabweichung erheblich und die Gebrauchstauglichkeit der Wohnung gerade durch die geringere Wohnfläche beeinträchtigt war.[249] Der BGH hat dies nunmehr mit seinen beiden Entscheidungen vom 24.3.2004[250] klargestellt. Danach ist bei einer Abweichung der Wohnfläche von mehr als 10 % unter der im Mietvertrag angegebenen Fläche grundsätzlich ein Mangel iSd § 536 Abs. 1 S. 1 BGB gegeben. Einer zusätzlichen Darlegung, dass hierdurch die Tauglichkeit der Wohnung zum vertragsgemäßen Gebrauch gemindert ist, bedarf es nicht. Dies gilt auch bei der Angabe einer „ca. – Fläche“ im Mietvertrag, da auch eine nur geringfügige Maßtoleranz nicht anzuerkennen ist.

140 c) **Abgrenzung zugesicherter Eigenschaften.** Gem. § 536 Abs. 2 BGB besteht auch eine Sachmängelhaftung für zugesicherte Eigenschaften. Eigenschaft ist jeder wertbildende Faktor, also alle rechtlichen und tatsächlichen Umstände, die der Mietsache unmittelbar und nicht nur vorübergehend anhaften und daher auf ihre Wertschätzung Einfluss

---

243 Schmidt-Futterer/Börstinghaus BGB § 573 Rn. 21853.
244 BGHZ 136, 102 = NJW 1997, 2813.
245 Geigel Haftpflichtprozess/Bacher § 28 Rn. 238.
246 Geigel Haftpflichtprozess/Bacher § 28 Rn. 243; BGH NJW 1974, 743.
247 Grüneberg/Weidenkaff BGB § 536 Rn. 16.
248 Grüneberg/Weidenkaff BGB § 536 Rn. 17, Beispiele → Rn. 24 ff.
249 OLG Dresden WuM 1998, 144.
250 NZM 2004, 453 und 456; BGH WM 2005, 1816.

nehmen. Eine Zusicherung ist gegeben, wenn der Vermieter ausdrücklich (möglich auch stillschweigend) erklärt, dafür einstehen zu wollen. Dabei muss nach allgemeiner Meinung die Zusicherung in vertragsgemäß bindender Form erklärt werden.[251] Dies ist beispielsweise nicht der Fall bei der bloßen Beschreibung der Sache und der Angabe der Quadratmeterzahl.[252]

2. Folgen

a) **Minderung.** Gemäß § 536 Abs. 1 S. 2 BGB ist der Mieter für die Zeit der beschränkten Tauglichkeit von der Entrichtung der Miete befreit. Dies ist hat keinerlei Einfluss auf seinen Erfüllungsanspruch. Diese rechtsvernichtende Einwendung ist von einem Verschulden des Vermieters unabhängig. Die Höhe der Minderung wird nach folgender Formel berechnet: 141

$$\frac{\text{Ist-Beschaffenheit}}{\text{Soll-Beschaffenheit}} = \frac{\text{geminderter Mietzins}}{\text{vereinbarter Mietzins}}$$

$$\text{geminderter Mietzins} = \frac{\text{Ist-Beschaffenheit} \times \text{vereinbarter Mietzins}}{\text{Soll-Beschaffenheit}}$$

Praxistipp:

Im Falle der Mietminderung ist sowohl seitens des Vermieters wie auch des Mieters die Verwirkung zu beachten. Dies insbesondere deshalb, weil die Rechtsprechung der unterschiedlichen Amts- und Landgerichtsbezirke hinsichtlich des Zeitmomentes erheblich differieren.
Gerade die Rechtsprechung im Amts- und Landgerichtsbezirk München I ging bereits nach einem Zeitraum von nur sechs Monaten – in dem der Mieter trotz Kenntnis des Mangels die Miete vorbehaltlos bezahlt, oder in dem der Vermieter die Mietminderung widerspruchslos hinnimmt – von einer Verwirkung des Minderungsrechts bzw. des Anspruchs auf die restliche Miete aus. In diesem Zusammenhang ist jedoch die weitere Entwicklung zu beobachten, da der BGH jetzt den Verlust des Minderungsrechts nach vorbehaltloser und ungekürzter Mietzahlung durch den Mieter verneint[253] und eine Verwirkung deshalb wohl nicht mehr schon nach sechs Monaten angenommen werden kann.
Dem Mieter ist daher zu empfehlen, nach Kenntnis des Mangels zumindest sofort einen Vorbehalt geltend zu machen. Dem Vermieter muss empfohlen werden, seine Ansprüche auf vollständige Mietzahlung unverzüglich gerichtlich geltend zu machen, wenn kurzfristig eine außergerichtliche Einigung mit dem Mieter nicht möglich ist.[254]

b) **Schadensersatz. § 536a BGB** fasst die Schadensersatz- und Aufwendungsersatzansprüche des Mieters wegen eines Mangels der Mietsache zusammen. 142

Gem. § 536a Abs. 1 BGB haftet der Vermieter bei Mängeln auf Schadenersatz. War der Mangel bereits bei Vertragsabschluss vorhanden, so besteht eine verschuldensunabhängige Garantiehaftung des Vermieters.[255] Grundsätzlich ist § 536a Abs. 1 BGB erst ab Überlassung der Mietsache[256] anwendbar. Zu beachten ist jedoch, dass § 536a Abs. 1 BGB auch dann Anwendung findet, wenn der Vermieter mit der Mängelbeseitigung in Verzug gerät.[257] Dabei ist § 536a Abs. 1 BGB neben §§ 536 und 543 Abs. 2 S. 1 Nr. 1 BGB anwendbar. Der Anspruch des § 536a Abs. 1 BGB ist als Schadensersatzanspruch nach §§ 249 ff. BGB ausgestaltet, dh, der Mieter ist so zu stellen, wie er bei ordnungs- 143

251 Sternel MietR aktuell Kap. II. Rn. 526.
252 OLG Dresden NZM 1998, 184 mwN.
253 BGH NZM 2003, 679.
254 LG Köln WM 2001, 79.
255 § 536a Abs. 1 Fall 1 BGB.
256 Vgl. Verweisung auf § 536 BGB (zur Zeit der Überlassung).
257 § 536a Abs. 1 Fall 3 BGB.

gemäßer Erfüllung des Vertrages durch den Vermieter stünde. Der Schaden wird nach der Differenzhypothese ermittelt. Dabei werden nach der hM neben Mangelschäden auch Mangelfolgeschäden[258] erfasst,[259] da eine stärkere Gefährdung der Rechtsgüter des Mieters durch ein Einbringen in die Mietsache besteht und ein größerer Schutz damit gerechtfertigt ist.

144 c) **Aufwendungsersatz.** **§ 536a Abs. 2 BGB** regelt das Selbsthilferecht des Mieters. Nach **§ 536a Abs. 2 Nr. 1** kann der Mieter im Falle des Verzuges des Vermieters den Mangel selbst beseitigen und Ersatz der erforderlichen Aufwendungen verlangen. Ein solcher Anspruch besteht unter folgenden Voraussetzungen: Grundsätzlich muss der Mieter dem Vermieter den Mangel gemäß § 536c Abs. 1 BGB anzeigen.

145 Sinn dieser Vorschrift ist der Schutz des Vermieters vor Kosten, die vermeidbar gewesen wären, wenn der Mieter ihm rechtzeitig Gelegenheit zur Mängelbeseitigung gegeben hätte.[260] Die Anzeigepflicht ist allerdings dann entbehrlich, wenn der Vermieter bereits auf andere Weise Kenntnis erlangt hat.[261]

146 Der Vermieter muss sich in **Schuldnerverzug** befinden. Allein durch den Verzug verliert der Vermieter sein Mängelbeseitigungsrecht jedoch nicht. Er kann die Mängelbeseitigung auch dann noch nachholen, wenn die vom Mieter gesetzte Frist bereits abgelaufen ist. Der Verzug wird aber nicht schon dadurch beendet, dass der Vermieter die Mängelbeseitigung ankündigt.[262] Beendet wird der Verzug erst dann, wenn der Mangel durch den Vermieter tatsächlich beseitigt wird oder wenn der Vermieter dem Mieter zumindest ein Angebot auf Mängelbeseitigung macht, das dieser aber ablehnt. Verzug setzt grundsätzlich eine **Mahnung** gemäß § 286 Abs. 1 BGB sowie **Verschulden** gemäß § 286 Abs. 4 BGB voraus. Eine Mahnung ist entbehrlich, wenn der Vermieter die Mängelbeseitigung von vorne herein ablehnt[263] oder wenn die Mahnung infolge Eilbedürftigkeit nicht möglich ist.[264] Beim vorliegenden **Mangel** ist es irrelevant, ob es sich um einen anfänglich unverschuldeten oder einen nachträglich verschuldeten handelt. Der Aufwendungsersatzanspruch besteht neben dem Minderungsrecht nach § 536 Abs. 1 BGB und neben den Schadenersatzansprüchen aus § 536a Abs. 1 BGB. Allerdings kann die Miete nach vollständiger Behebung des Mangels nicht mehr gemindert werden, da kein Minderungsgrund nach § 536 Abs. 1 S. 2 BGB mehr besteht. Räumlich erstreckt sich das Selbsthilferecht des Mieters auf die gesamte Mietsache einschließlich des Zubehörs.[265] Vom Umfang her kann der Mieter nur Ersatz der erforderlichen – dh der geeigneten und notwendigen – Aufwendungen verlangen.

147 Nach **§ 536a Abs. 2 Nr. 2** kann der Mieter Ersatz der zur Erhaltung oder Wiederherstellung der Mietsache notwendigen Aufwendungen verlangen. In Abgrenzung zu Nr. 1 muss es sich hier um notwendige Aufwendungen handeln, eine Mahnung des Vermieters ist entbehrlich.

148 d) **Kündigung.** Als weitere Folge der Sachmängelhaftung steht dem Mieter das Recht zur außerordentlichen Kündigung zu. Für dieses gibt es eine zentrale Vorschrift, den **§ 543 BGB.**

149 **Absatz 1** regelt das Kündigungsrecht im Grundsatz.

Absatz 2 zählt die wichtigsten Gründe für eine fristlose Kündigung auf.

Nummer 1 normiert die Kündigung wegen Nichtgewährung des vertragsmäßigen Gebrauches.

Nummer 2 regelt die Kündigung bei vertragswidrigem Gebrauch,

---

[258] Wie zB an der Wohnungseinrichtung.
[259] OLG München NJW-RR 1990, 1099.
[260] Emmerich NZM 1998, 49 (51).
[261] Grüneberg/Weidenkaff BGB § 536c Rn. 8.
[262] LG Berlin ZMR 2003, 189.
[263] Bub/Treier MietR-HdB/Ehlert/Kraemer Kap. III B Rn. 3445 mwN.
[264] LG Hagen WuM 1984, 215; AG Hamburg WM 1994, 609.
[265] BGH NJW 1986, 3206.

Nummer 3 die Kündigung wegen Zahlungsverzuges. Die Sonderregelung für die Wohnraummiete ist im 2. Untertitel „Mietverhältnisse über Wohnraum" in § 569 Abs. 3 BGB enthalten.

Absatz 3 legt als weitere Voraussetzung für die fristlose Kündigung eine Abmahnung oder Fristsetzung zur Abhilfe fest und regelt in Nummern 1–3 Ausnahmen von diesem Grundsatz.

Absatz 4 Satz 1 verweist für das Kündigungsrecht nach Abs. 2 Nr. 1 auf die §§ 536b, 536d. In **Satz 2** wird die Beweislast zu Lasten des Vermieters geregelt.

§ 569 BGB ergänzt § 543 BGB und enthält besondere Regelungen zum außerordentlichen Kündigungsrecht aus wichtigem Grund bei Wohnraummietverhältnissen.

Absatz 1 nennt als wichtigen Grund eine erhebliche Gesundheitsgefährdung des Mieters.

Absatz 2 normiert eine nachhaltige Störung des Hausfriedens als wichtigen Grund.

Absatz 3 ergänzt § 543 Abs. 2 S. 1 Nr. 3 BGB bei Zahlungsverzug des Mieters. Die Schonfrist für die Nachholung der Zahlung der rückständigen Miete und der fälligen Entschädigung beträgt zwei Monate nach Eintritt der Rechtshängigkeit des Räumungsrechtsstreits. Die Schonfrist dient dem allgemeinen Interesse und der Vermeidung von Obdachlosigkeit. Der Vermieter ist vor Missbrauch durch **Absatz 3 Nr. 2 S. 2** (Nachholung nur einmal innerhalb von zwei Jahren) geschützt.

Absatz 4 enthält das Erfordernis, den Kündigungsgrund im Kündigungsschreiben zu nennen.

Absatz 5 erwähnt die Unabdingbarkeit der Vorschrift.

Das Kündigungsrecht wegen erheblicher tatsächlicher Gesundheitsgefährdung wird 150
von **§ 543 Abs. 1 iVm § 569 Abs. 1 BGB** geregelt. Dabei muss eine Gesundheitsgefährdung vorliegen, eine Schädigung muss jedoch noch nicht eingetreten sein. Die Gefährdung muss auf einer dauernden Eigenschaft der Mietsache beruhen. Ein Verschulden des Vermieters ist nicht erforderlich.

Beispiele
In den nachfolgend genannten Beispielsfällen ist von einer Gesundheitsbeeinträchtigung, die zur außerordentlichen und fristlosen Kündigung berechtigt, auszugehen:
- unerträglicher Lärm (AG Berlin-Mitte MM 1999, AG Köln WuM 1998, 21; 1979, 75 und 1978, 68)
- überhitzte Räume (OLG Düsseldorf ZMR 1998, 622)
- durchfeuchtete Räume (LG Berlin GE 1998, 1465; 1999, 45, LG Kassel WuM 1982, 188)
- nicht beheizbare, ungenügend beheizte Räume (LG Mannheim ZMR 1977, 154)
- dreimonatiger Ausfall der Heizung im Winter wegen Umbauarbeiten (LG Traunstein WuM 1986, 93)

Bei Schädlingen:
- Mäuse (AG Berlin-Tiergarten MM 97, 243)
- Kakerlaken (LG Freiburg WuM 1986, 246)
- Taubenzecken (LG Berlin GE 1997, 689)
- Kellerasseln (OLG Düsseldorf ZMR 1987, 263; LG Saarbrücken WuM 1991, 91)
- Silberfische (AG Kiel WuM 1980, 235; Umstr, aA AG Lahnstein WuM 1988, 55)

Schadstoffe:
- Schimmel (LG Düsseldorf WuM 1989, 13)
- Formaldehyd, erhöhte Konzentration (LG München I WuM 1991, 585)

Gem. **§ 543 Abs. 2 S. 1 Nr. 1 BGB** kann der Mieter das Mietverhältnis außerordent- 151
lich kündigen, wenn der Vermieter ihm den vertragsgemäßen Gebrauch der Mietsache vorenthält. Diese Gebrauchsstörung kann sowohl ein Sach- als auch ein Rechtsmangel sein, ebenfalls eine – auch teilweise – Erfüllungsverweigerung.[266] Die Vorenthaltung/Störung muss jedoch erheblich sein, um unlauterem Missbrauch vorzubeugen.[267] Der Mieter kann in der Regel[268] erst dann kündigen, wenn die angemessene Frist iSv § 543 Abs. 3 BGB erfolglos verstrichen ist. Das Kündigungsrecht ist dann ausgeschlossen,

[266] Schmidt-Futterer/Streyl BGB § 543 Rn. 92.
[267] Franke ZMR 1999, 83 (84).
[268] Beachte § 543 Abs. 3 S. 2 BGB.

wenn der Mieter gemäß § 543 Abs. 4 S. 1 iVm § 536b BGB Kenntnis vom nicht vertragsgemäßen Zustand der Mietsache hatte.

152 Bei der Verletzung von Vertragspflichten seitens des Vermieters steht dem Mieter das außerordentliche Kündigungsrecht der **§§ 543 Abs. 1 iVm 569 Abs. 2 BGB** zur Seite. Diese Vertragsverletzung muss allerdings vom Vermieter schuldhaft[269] herbeigeführt worden sein. Die Fortsetzung des Mietverhältnisses muss dem Mieter unzumutbar sein.

153

Die Kündigungstatbestände im Überblick
§ 543 BGB außerordentliche fristlose Kündigung aus wichtigem Grund
Abs. 1 Kündigungsrecht im Grundsatz
S. 1 Kündigungsrecht an sich
S. 2 Voraussetzungen
Abs. 2 S. 1 wichtigste Kündigungsgründe
Nr. 1 Entzug des vertragsgemäßen Gebrauchs
Nr. 2 Gefährdung der Mietsache durch – Vernachlässigung der Sorgfaltspflicht oder – unbefugte Überlassung an Dritte = Kündigungsrecht des Vermieters
Nr. 3a Verzug mit Miete oder erheblichem Teil der Miete für zwei aufeinander folgende Termine
Nr. 3b Verzug mit Mietbetrag, der Miete von zwei Monaten erreicht, über Zeitraum, der sich über mehr als zwei Termine erstreckt
S. 2 Ausschluss des Kündigungsrechts bei Befriedigung, Aufrechnung
Abs. 3 weiteres Erfordernis der Abmahnung oder Fristsetzung zur Abhilfe, Ausnahmen
Abs. 4 S. 1 entsprechende Anwendung der §§ 536b, 536d auf Abs. 2 Nr. 1
Abs. 4 S. 2 Beweislastregelung
§ 569 BGB ergänzt § 543 und enthält besondere Regelungen zum außerordentlichen fristlosen Kündigungsrecht aus wichtigem Grund bei Wohnraummietverhältnissen
Abs. 1 außerordentliche fristlose Kündigung wegen Gesundheitsgefährdung
Abs. 2 außerordentliche fristlose Kündigung wegen Störung des Hausfriedens
Abs. 3 Sonderregelung für die fristlose Kündigung von Wohnraum wegen Zahlungsverzuges
Abs. 3 Nr. 1 nimmt auf § 543 Abs. 2 S. 1 Nr. 3a Bezug und definiert den „nicht unerheblichen Teil der Miete“
Abs. 3 Nr. 2 stellt weitere Unwirksamkeitsgründe der Kündigung ein
Abs. 3 Nr. 3 Sperrfrist für Vermieterkündigung nach rechtskräftiger Verurteilung des Mieters zur Zahlung einer erhöhten Miete
Abs. 4 Pflicht zur Angabe des Kündigungsgrundes im Kündigungsschreiben
Abs. 5 Unabdingbarkeitsregelung

IV. Rechtsmängel

154 Ein Rechtsmangel ist gegeben, wenn dem Mieter der vertragsgemäße Gebrauch durch das Recht eines Dritten ganz oder zum Teil entzogen wird, § 536 Abs. 3 BGB. Dies gilt auch dann, wenn erst nach Abschluss des Mietvertrages und Übergabe der Mietsache der Rechtsmangel entstanden ist. Danach sind die § 536 Abs. 1 und 2 BGB auf Rechtsmängel entsprechend anwendbar. In **§ 536 Abs. 3 BGB** wird die Haftung für Rechts-

[269] §§ 276, 278 BGB.

mängel geregelt. Damit sind die Rechtsfolgen von Sach- und Rechtsmängeln in einer Vorschrift zusammengefasst.

1. Rechte Dritter

Dritter ist jeder, der nicht zur Mieter- oder Vermieterpartei gehört. ZB ist der Vermieter im Verhältnis zum Untermieter des Mieters Dritter.[270] Die Rechtsmängelhaftung greift nur bei Rechten Dritter, die sich auf den Besitz oder den Mietgebrauch beziehen, nicht dagegen bei öffentlich rechtlichen Beschränkungen und nicht bei Rechten, die sich ausschließlich gegen den Vermieter richten, zB bei einem vom Vermieter mit einem Dritten vereinbarten Konkurrenzverbot. 155

a) **Doppelvermietung.** Im Falle einer Doppelvermietung – der Vermieter schließt mit zwei verschiedenen Mietern einen Mietvertrag über ein und dasselbe Mietobjekt – verliert der eine Mieter ab Überlassung des Mietobjektes an den anderen seinen Erfüllungsanspruch gegenüber dem Vermieter. 156

b) **Unerlaubte Untervermietung durch Mieter.** Ebenfalls stellt die unerlaubte Untervermietung durch den Mieter einen Rechtsmangel dar. Der Untermieter kann im Falle des Herausgabeverlangens des Eigentümers an den Hauptmieter (= Untervermieter) gem. § 536 Abs. 3 iVm §§ 536 ff. BGB vorgehen. 157

c) **Wohnungseigentümergemeinschaft.** Ein Unterfall – und damit ein Rechtsmangel – der unerlaubten oder ungenehmigten Untervermietung durch den Wohnungseigentümer liegt dann vor, wenn eine Untervermietung gegen eine Teilungserklärung bzw. eine Gemeinschaftsordnung (beispielsweise erforderliche, aber fehlende Zustimmung der Eigentümergemeinschaft zur Untervermietung)[271] verstößt und die übrigen Teileigentümer dagegen vorgehen. 158

Praxistipp:

Die Wohnungseigentümergemeinschaft kann den Vermieter, der Räume entgegen der Zweckbestimmung vermietet („Laden" an den Betreiber einer Arztpraxis oder einer Gaststätte), vor dem Wohnungseigentumsgericht auf Unterlassung in Anspruch nehmen. Die Vollstreckung erfolgt hier gemäß § 890 ZPO durch die Festsetzung eines Ordnungsgeldes. Dieses setzt jedoch schuldhaftes Verhalten voraus, woran es regelmäßig fehlt, wenn der Vermieter vergeblich alles Zumutbare getan hat die zweckwidrige Nutzung zu unterbinden.

Gleichwohl ist der Vermieter in diesem Fall aber nicht zur Kündigung dieses Mietverhältnisses berechtigt.[272]

Die Eigentümer können aber auch den Mieter gemäß § 1004 BGB auf Unterlassung der zweckwidrigen Nutzung in Anspruch nehmen.[273] In diesem Fall ist das Zivilgericht zuständig, die Vollstreckung erfolgt ebenfalls nach § 890 ZPO. Diese Vollstreckung ist jedoch unproblematisch, da der Mieter die zweckwidrige Nutzung ohne weiteres einstellen kann.

Ist der Mieter dann zur Aufgabe seines Betriebes gezwungen, stehen ihm gegen den Vermieter Schadensersatzansprüche zu, weil ein Rechtsmangel vorliegt, nämlich die Beeinträchtigung des nach dem Vertrag vereinbarten Mietgebrauchs. Für diese Beeinträchtigung genügt, dass die Rechtsinhaber, also die übrigen Wohnungseigentümer, von ihrem Recht Gebrauch machen wollen.[274]

Es entfällt die Pflicht zur Zahlung des Mietzinses, es entstehen Schadensersatzansprüche.[275]

Alternativ kann der Mieter aber auch gemäß § 543 BGB fristlos kündigen und den Vermieter auf Ersatz des Kündigungsfolgeschadens in Anspruch nehmen.

---

[270] BGHZ 63, 132.
[271] BGH NJW 1962, 1613; 1996, 714.
[272] BGH NJW 1996, 714.
[273] BGH NJW-RR 1995, 715; OLG München WuM 1992, 326; OLG Karlsruhe NJW-RR 1994, 146.
[274] BGHZ 1993, 132.
[275] BGH NJW-RR 1995, 715.

2. Folgen

159 Für Rechtsmängel gelten die Folgen der Sachmängelhaftung (§§ 536, 536a BGB) entsprechend. Die allgemeinen Unmöglichkeitsvorschriften der §§ 275, 280, 311a, 326 BGB werden – wie oben ausgeführt – im Wege der vorrangigen Gewährleistung verdrängt.

160 a) **Anfänglicher Rechtsmangel.** Ein anfänglicher Rechtsmangel liegt dann vor, wenn das Recht eines Dritten bereits vor Vertragsschluss und vor Überlassung der Mietsache auf diese zum Nachteil des Mieters einwirkt. Sowohl die Doppelvermietung, als auch die unerlaubte Untervermietung können einen solchen Rechtsmangel darstellen.

161 *aa) Mietzahlung.* Gem. **§ 536 Abs. 3 iVm § 536 Abs. 1 u. 2 BGB** kann der Mieter vollständige oder teilweise Befreiung von seiner Mietzahlungspflicht verlangen, wenn der Dritte sein Recht an der Mietsache durchsetzen kann, wie zB im Wege des Herausgabeverlangens nach §§ 546 Abs. 2, 985 BGB.[276]

162 *bb) Kündigung.* Unter den Voraussetzungen des **§ 536 Abs. 3 iVm § 543 Abs. 2 S. 1 Nr. 1 BGB** steht dem Mieter ein Kündigungsrecht zu.

163 *cc) Schadensersatz.* Durch den Rechtsgrundverweis in **§ 536 Abs. 3 BGB auf § 536a Abs. 1 BGB** kann der Mieter auch Schadensersatzansprüche geltend machen.

164 b) **Nachträglicher Rechtsmangel.** Der Vermieter hat ebenfalls für einen erst nach Abschluss des Mietvertrages und nach Überlassung der Mietsache entstandenen Rechtsmangel einzustehen.[277]

165 *aa) Verschulden.* Durch den Verweis auf § 536a Abs. 1 Alt. 2 BGB ist sichergestellt, dass im Falle des nachträglichen Rechtsmangels ein Verschulden des Vermieters gegeben sein muss.[278]

166 *bb) Erfüllungsanspruch.* Der Mieter hat einen Erfüllungsanspruch gemäß § 535 Abs. 1 BGB auf die Beseitigung der Rechte Dritter bzw. er kann das Leistungsverweigerungsrecht gem. § 320 BGB ausüben. Eine Erfüllungsklage scheidet aus, wenn das Unvermögen des Vermieters bereits feststeht.[279]

167 *cc) Gewährleistungsrechte (Minderung, Kündigung, Schadensersatz).* Die vorausgegangenen Ausführungen hinsichtlich der Gewährleistungsrechte gelten ebenfalls für nachträgliche Rechtsmängel mit der Intention, dass beim Schadensersatzanspruch nach § 536a Abs. 1 Alt. 2 BGB Verschulden erforderlich ist.

V. Gewährleistungsausschlüsse

1. Gesetzliche Ausschlüsse

168 a) **Kenntnis des Mieters.** Kennt der Mieter bei Vertragsschluss den Mangel, so liegt gemäß § 536b S. 1 BGB ein gesetzlicher Gewährleistungsausschluss vor.

169 Ein Gewährleistungsausschluss besteht sowohl für den Sach- als auch den Rechtsmangel bei Kenntnis des Mieters vom Mangel oder grob fahrlässiger Unkenntnis, sofern der Vermieter den Mangel nicht arglistig verschwiegen hat. Sach- und Rechtsmängel werden hinsichtlich der grob fahrlässigen Unkenntnis gleich behandelt.

170 Nachträgliche Kenntnis des Mieters schadet nicht, vgl. § 536b S. 1 BGB. Dies auch dann nicht, wenn der Mieter zwar erst nach Vertragsschluss Kenntnis vom ursprünglichen oder erst später aufgetretenen Mangel erlangt, seinen Mietzins aber dennoch über

276 Bub/Treier MietR-HdB/Kraemer Kap. III Rn. 2840.
277 MüKoBGB/Häublein § 536a Rn. 9.
278 OLG München ZMR 1996, 605.
279 OLG Düsseldorf NJW-RR 1991, 137.

einen längeren Zeitraum vorbehaltlos und ungekürzt weiterzahlt.[280] Der Mieter kann jedoch erst Minderung verlangen, nachdem er dem Vermieter die Mängel gem. § 536c Abs. 2 S. 2 BGB angezeigt hat und diesem somit die Möglichkeit gegeben hat, Abhilfe zu schaffen. Wenn diese Abhilfe nicht erfolgt und der Mangel somit nicht beseitigt wird, ist der Mieter zur Minderung berechtigt. Dieses Recht bleibt ihm für die Zukunft auch dann erhalten, wenn er bisher vorbehaltlos seine Miete gezahlt hat. Der Mieter kann sein Minderungsrecht aber verlieren, wenn der Tatbestand der Verwirkung, § 242 BGB, angenommen wird. Wie bisher auch ist aber dann keine Verwirkung anzunehmen, wenn der Mieter in der erkennbaren oder mitgeteilten Erwartung zahlt, dass der Mangel demnächst beseitigt werde.[281] § 536b BGB sieht noch weitere Ausschlusstatbestände vor, zB im Falle der Anmietung eines alten Fachwerkhauses ohne vorherige Besichtigung.[282] Dies gilt jedoch dann nicht, wenn der Vermieter die Fehlerlosigkeit zugesichert hat oder den Fehler arglistig verschwiegen hat, § 536b S. 2 BGB. Nach § 536b S. 3 BGB liegt ein weiterer Haftungsausschluss vor, wenn der Mieter die Mietsache trotz positiver Kenntnis des Mangels vorbehaltlos annimmt.

Praxistipp:

Zu beachten ist jedoch, dass neben den Gewährleistungsrechten dennoch der Erfüllungsanspruch des Mieters bestehen bleibt.[283]

b) Ausschluss § 536b BGB (cic, pVV, § 823 BGB). Der Vermieter haftet aus cic gem. §§ 311 Abs. 2, 241 Abs. 2, 280 Abs. 1 BGB, wenn er seine Aufklärungspflicht verletzt hat. Vor Übergabe der Mietsache ist eine cic-Haftung nur bei Vorsatz möglich, nach Übergabe immer, sofern nicht die vorrangigen und insoweit abschließenden Gewährleistungsregeln der §§ 536, 536a BGB greifen. Der Haftungsausschluss des § 536b BGB bezieht sich nicht auf Ansprüche aus positiver Vertragsverletzung wegen Begleitschäden und wegen Nebenpflichtverletzungen gem. § 280 BGB. Auch die verschuldensabhängigen deliktischen Ansprüche aus § 823 BGB bleiben von dem Ausschluss des § 536b BGB unberührt. 171

c) Anwendungsfälle. Als praktische Anwendungsfälle sind hier positive Kenntnis, grobe Fahrlässigkeit und vorbehaltlose Annahme zu nennen. 172

Für einen Gewährleistungsausschluss ist **positive Kenntnis des Mieters** vom Mangel des Vertrages erforderlich. Nicht ausreichend ist die Kenntnis des äußeren Erscheinungsbildes eines Mangels, wenn der Mieter nicht auch das Wissen um Ursache und konkrete Auswirkungen des Mangels auf die Gebrauchstauglichkeit der Mietsache hat.

Für die **grobe Fahrlässigkeit** ergibt sich die Definition aus § 277 BGB, wobei der Mieter grob fahrlässig handelt, wenn er die erforderliche Sorgfalt bei Vertragsschluss in einem ungewöhnlichen Maß verletzt und dasjenige unbeachtet lässt, was im gegebenen Fall jedem hätte einleuchten müssen. 173

Die **vorbehaltlose Annahme** schließt die Gewährleistung aus, wenn der Mieter zum Zeitpunkt der Annahme den Mangel kannte, ohne sich Rechte hieraus vorzubehalten. Der Annahme steht die Einräumung des tatsächlichen Besitzes an der Mietsache gleich. 174

d) Nachträgliche Vertragsänderung. Eine spätere Vertragsänderung wird in Bezug auf § 536b BGB einem neuen Vertragsschluss gleichgestellt. Jedoch gilt dies nicht für eine stillschweigende Vertragsverlängerung auf Grund Verlängerungsklausel oder nach § 545 BGB.[284] Der häufigste Anwendungsfall der Vertragsänderung ist eine Mieterhö- 175

280 BGH NZM 2003, 679; AG Pinneberg ZMR 2002, 603; AG Rudolfstadt NZM 2002, 163; aA Gerber NZM 2003, 825; OLG Naumburg NJW 2002, 1132.
281 Grüneberg/Weidenkaff BGB § 536b Rn. 8.
282 LG Köln ZMR 1964, 84.
283 BGH NJW 1982, 874.
284 Schmidt-Futterer/Lehmann-Richter BGB § 536b Rn. 12.

hung nach den §§ 556 ff. BGB oder nach dem WoBindG, wenn hierdurch das Äquivalenzinteresse verschoben wird.[285]

176 e) **Anzeigepflicht des Mieters § 536c BGB.** Nach § 536c Abs. 2 BGB liegt ein gesetzlicher Gewährleistungsausschluss vor bei Unterlassen der Mängelanzeige seitens des Mieters, wenn daraufhin der Vermieter wegen dieser Unterlassung keine Abhilfe (Wiederherstellung des vertragsgemäßen Zustandes gemäß § 535 Abs. 1 S. 2 BGB) leisten konnte, bzw. diese nicht rechtzeitig vorgenommen werden konnte. Der Mieter muss die Wohnungsmängel stets unverzüglich anzeigen. Gegen diese Pflicht verstößt er, wenn er einen Mangel nicht anzeigt, obwohl er ihn kennt oder grob fahrlässig nicht zur Kenntnis nimmt.[286] Dem Mieter bleiben aber die Ansprüche aus § 536a Abs. 2 BGB sowie die deliktischen Ansprüche erhalten.[287] Jedoch wird auch hier § 254 BGB angewandt, um somit einen interessengerechten Ausgleich zu erhalten.

177 f) **Treu und Glauben § 242 BGB.** Die Gewährleistung ist auch dann ausgeschlossen, wenn der Mieter mit der Geltendmachung der Gewährleistungsrechte gegen Treu und Glauben verstieße.[288] Beispielsweise ist dies der Fall, wenn der Mieter den Vermieter an der Behebung der Schäden durch Verweigerung des Zutritts hindert. Weiterhin stehen dem Mieter die Gewährleistungsrechte nicht zu, wenn er den Mangel selbst verschuldet hat.

2. Vertragliche Ausschlüsse

178 Grundsätzlich kann die Gewährleistung vertraglich ausgeschlossen werden. Dabei sind aber Schranken zu beachten. Verschweigt der Vermieter arglistig den Mangel, so ist der vertragliche Gewährleistungsausschluss nach § 536d BGB unwirksam. Arglist handelt der Vermieter, wenn er den Fehler mindestens für möglich hält und gleichzeitig weiß, oder damit rechnet und billigend in Kauf nimmt, dass der Mieter den Fehler nicht kennt und bei Offenbarung den Vertrag nicht oder nicht so geschlossen hätte.[289] Bei Vermietung von Wohnraum sind §§ 536 Abs. 4, 569 Abs. 5 S. 1 BGB und weiterhin auch die §§ 305 ff. BGB für den formularmäßigen Gewährleistungsausschluss beachtlich.

179 a) **Minderung.** Das gesetzliche Minderungsrecht in § 536 Abs. 1 BGB ist dispositiv. Allerdings kann davon bei Wohnraummietverhältnissen nicht zum Nachteil des Mieters abgewichen werden (§ 536 Abs. 4 BGB). Der formularmäßige, vollständige Ausschluss der Minderung benachteiligt den Mieter nur dann nicht unangemessen (§ 307 Abs. 1 BGB), wenn ihm andere Möglichkeiten verbleiben, das Gleichgewicht von Leistung und Gegenleistung herzustellen.[290]

180 b) **Schadensersatz.** Auch die Schadensersatzpflicht des Vermieters gemäß § 536a Abs. 1 BGB kann einzelvertraglich abbedungen werden. Eine entsprechende Untersagungsregelunge – wie § 536 Abs. 4 BGB – fehlt. Beim formularmäßigen Ausschluss ist zwischen anfänglicher Garantiehaftung und nachträglicher verschuldensabhängiger Haftung zu unterscheiden. Erstere ist nach hM formularvertraglich abdingbar,[291] soweit es sich nicht um eine Haftung für zugesicherte Eigenschaften handelt. Eine Verschuldenshaftung bleibt davon unberührt. Eine verschuldensabhängige Haftung nach § 536a Abs. 1 BGB kann für Vorsatz und grobe Fahrlässigkeit nicht abbedungen werden. Bei leichter Fahrlässigkeit ist zu differenzieren: Ein in einem Formularmietvertrag vereinbarter Ausschluss von Schadensersatzansprüchen des Mieters wegen **Sachschäden, die durch Mängel der Mietsache verursacht** wurden, für die der Vermieter infolge leichter

[285] Schmidt-Futterer/Lehmann-Richter BGB § 536b Rn. 13.
[286] LG Hamburg WM 2001, 24.
[287] Schmidt-Futterer/Lehmann-Richter BGB § 536b Rn. 14.
[288] Sternel MietR aktuell Kap. II. Rn. 678.
[289] Schmidt-Futterer/Lehmann-Richter BGB § 536d Rn. 12.
[290] Vertiefend dazu: Schmidt-Futter/Fervers BGB Vor § 535 Rn. 256.
[291] BGH NJW-RR 1991, 74.

Fahrlässigkeit verantwortlich ist, ist gem. § 307 BGB unwirksam. Ein derartiger Haftungsausschluss würde die Kardinalpflicht des Vermieters einschränken, die Mietsache in einem vertragsgemäßen Zustand zu erhalten.[292] Möglich ist ein formularmäßiger Haftungsausschluss aber im Hinblick auf Sach- und Vermögensschäden des Mieters, die ansonsten vom Vermieter leicht fahrlässig verursacht wurden.

3. Wegfall der Geschäftsgrundlage, § 313 BGB

a) Voraussetzungen. Geschäftsgrundlage sind die bei Abschluss des Vertrages zu Tage getretenen, dem Geschäftsgegner erkennbar gewordenen und von ihm nicht beanstandeten Vorstellungen der einen Partei oder die gemeinsamen Vorstellungen beider Parteien von dem Vorhandensein oder dem künftigen Eintritt bestimmter Umstände, sofern der Geschäftswille der Parteien auf diesen Vorstellungen aufbaut.[293] 181

b) Folgen. Bei Wegfall der Geschäftsgrundlage ist der Vertrag anzupassen oder nach §§ 346 ff. BGB rückabzuwickeln (§ 313 BGB). Die Grundsätze des Wegfalls der Geschäftsgrundlage sind im Anwendungsbereich der Gewährleistungsvorschriften unanwendbar,[294] da ansonsten die strengen Voraussetzungen der §§ 536 ff. BGB umgangen werden könnten. Dies gilt auch dann, wenn die Gewährleistungsvoraussetzungen im Einzelnen nicht vorliegen, wenn die Gewährleistungsansprüche verjährt sind, oder diese vertraglich abbedungen sind.[295] 182

183

Übersicht: Gewährleistungsansprüche nach Vertragsstadium		
Vertragsverhandlungen	Vertragsabschluss	Überlassung der Mietsache
§ 311a Abs. 1 u. 2, wenn Mietsache nicht existiert cic	§§ 275, 311a, 280 ff., 323 ff.	bei Sachmängeln: §§ 536, 536a, 543 BGB §§ 280, 283, 326 sofern kein Sachmangel vorliegt; beachte: § 543 statt Rücktritt pVV wird grundsätzlich von § 536a verdrängt cic bei Arglist

VI. Typische Minderungsfälle

1. Sachmängel

a) Öffentlich rechtliche Beschränkungen. Öffentlich-rechtliche Gebrauchshindernisse und -beschränkungen können die Tauglichkeit zu dem vertragsgemäßen Gebrauch mindern und damit einen Sachmangel darstellen. Der BGH erkennt nur dann öffentlich-rechtliche Hindernisse und Beschränkungen als Mangel an, wenn sie auf der konkreten Beschaffenheit, dem Zustand oder der Lage der Mietsache beruhen.[296] (Beispiele: Nutzungsuntersagung wegen Zweckentfremdung, Verstoßes gegen Bauvorschriften, fehlende Anforderungen an Standsicherheit). Betriebsbezogene Beschränkungen weist er dagegen dem Verwendungsrisiko des Mieters zu. Danach liegt also in diesem Fall kein Mangel vor, wenn der Verwendungszweck nicht Vertragsinhalt geworden ist. 184

b) Beeinträchtigungen von außen. *aa) Elektrosmog.* Die zunehmende Vernetzung von Elektrogeräten erfolgt meist über Funkverbindungen. Dies führt zunehmend zu elektromagnetischen Feldern. Unter dem Schlagwort „Elektrosmog" lässt sich alles einordnen, was im weitesten Sinne mit den elektrischen, magnetischen und elektromagnetischen 185

---

[292] BGH NZM 2002, 116.
[293] BGH NJW 1997, 323.
[294] NJW-RR 1992, 267.
[295] Grüneberg/Grüneberg BGB § 313 Rn. 12.
[296] BGHZ 68, 294.

Feldern Strahlungen und einem dadurch möglicherweise verursachten Krankheitsgeschehen zusammenhängt. Ein unmittelbarer Nachweis einer Gesundheitsbeeinträchtigung und damit Gebrauchsbeeinträchtigung durch Elektrosmog lässt sich regelmäßig schwer erbringen. Mit der **ElektrosmogVO** hat daher das Bundesministerium für Umwelt, Naturschutz und Reaktorsicherheit in einem Katalog sogenannte Feldgrenzwerte für thermische Auswirkungen elektromagnetischer Strahlen vor. Der BGH ist allerdings der Auffassung, dass diese Grenzwerte auch für athermische Einflüsse gelten, da thermische Auswirkungen bei geringeren Feldstärken eintreten als nachgewiesene athermische Reaktionen.[297] Daher seien die athermischen Auswirkungen miterfasst. Bei der ElektrosmogVO handelte es sich nicht um eine normenkonkretisierende Verwaltungsvorschrift. Allerdings dürfte bei einem Überschreiten eines Grenzwerts regelmäßig von einer Gesundheitsgefährdung und damit einer Beeinträchtigung des Mietgebrauchs auszugehen sein.

186 *bb) Geruchsbelästigungen.* **Gerüche von Tieren** (zB nistender Tauben in einem Wohnhaus, übermäßig herumstreunender Katzen, Mäusen, Ratten, in der Nachbarwohnung gehaltener Tiere) können zur Beschränkung des mietvertraglichen Gebrauchs führen.[298] Auch alte und kranke **Nachbarn,** die sich selbst nicht mehr ausreichend pflegen und versorgen, können mietgebrauchsbeeinträchtigende Geruchsbelästigungen hervorrufen.[299] Selbst die Nutzung einer zum Gebrauch überlassenen Terrasse kann durch von Tieren verursachten Schmutz und Gerüchen erheblich beeinträchtigt sein. **Küchengeruch** stellt für sich alleine noch keinen Mangel des Mietgebrauchs dar. Allerdings kann das Kochen verschiedener Mietvertragsparteien zu den unterschiedlichsten Tageszeiten dazu führen, dass sich einzelne Mieter in ihrem Mietgebrauch beeinträchtigt fühlen, das aber regelmäßig hinzunehmen ist. Ein Mangel liegt erst dann vor, wenn es sich um eine erhebliche und durchgängige Belastung des Geruchsempfindens handelt.[300] Gehen daher von einer Pizzabäckerei im Nachbarhaus Gerüche aus, die über den Lüftungsschacht in der Wohnung des Mieters verbreitet werden, stellt dies ebenso einen zur Minderung rechtfertigenden Mangel dar, wie die Beeinträchtigung des Wohnungsnachbarn durch über das Fenster abziehende Küchengerüche. Gleichfalls ist es als Mangel zu werten, wenn auf dem Grundstück Biomüll-Abfalltonnen[301] oder die nahe gelegene Kläranlage[302] erhebliche Geruchsbelästigungen verursachen. Heizölgeruch in den Wohnräumen ist ebenfalls ein Mietmangel.[303]

187 *cc) Lärmbeeinträchtigungen.* Lärmbeeinrächtigungen können einen Mangel der Mietsache begründen, unabhängig davon von wem sie ausgehen. Die Abgrenzung zu gerade noch hinnehmbaren Einwirkungen schwierig und stark einzelfallbezogen, da gewisse Lärmbelästigungen infolge des Zusammenlebens nicht vermeidbar sind. In solchen Grenzfällen ist zum einen auf die Abrede zwischen Parteien und zum anderen auf eine Interessenabwägung ab zu stellen. Dabei sind die technischen Normen und Anleitungen heranzuziehen, welche Anhaltspunkte für die Einstufung des mietrechtlich relevanten Lärms sind. Für von **technischen Anlagen** und **Sportanlagen** ausgehenden Geräusche ist die TA Lärm bzw. die Sportanlagen-LärmschutzVO maßgeblich. Für **Trittschall** sind die DIN 4109 oder die VDI-Richtlinie 4100 maßgeblich. Der BGH ist der Auffassung gefolgt, dass bei Abschluss des Mietvertrages darüber entschieden wird, was der Vermieter schuldet und welche Beschaffenheit das Mietobjekt für den vertragsgemäßen Gebrauch erfüllen muss.[304] Bietet aber der Vertrag keine Anhaltspunkte zur Feststellung des zum vertragsgemäßen Gebrauch geeigneten Zustandes, kommt es auf die Verkehrs-

[297] BGH NJW 2006, 2625.
[298] AG Berlin-Lichtenberg ZMR 2000, 302.
[299] LG Berlin WuM 2011, 155.
[300] LG Essen ZMR 2000, 302.
[301] LG Osnabrück WM 1997, 431.
[302] LG Augsburg = WM 1986, 137.
[303] AG Augsburg WuM 2002, 11605.
[304] BGH NJW 2005, 218.

anschauung an. Danach ist jedenfalls nach Auffassung der Gerichte beim Schallschutz grundsätzlich der Maßstab bei Errichtung des Gebäudes anzulegen. Etwas anderes muss gelten, wenn der Trittschall nachträglich geändert wurde, zB durch Ertüchtigung der Decke oder einen nachträglichen Ausbau des Dachgeschosses.

Soweit **Kinderlärm** von einem in der Nähe liegenden Spielplatz oder aus einem Innenhof in die Mietsache dringt, ist dies regelmäßig als üblich und sozialadäquat hinzunehmen, zumal mit der Privilegierung des Kinderlärms in § 22 Abs. 1a BImSchG ein allgemeiner Rechtsgrundsatz kodifiziert worden ist.[305] 188

dd) Lichteinfall. **Zu wenig Belichtung bzw. Besonnung** der gemieteten Räume kann ebenfalls einen Mangel darstellen. Ein Mangel ist gegeben, wenn anlässlich durchzuführender Bauarbeiten die Außenfassaden des Hauses durch Planen verhängt und dadurch die Zimmer verdunkelt werden[306] oder wenn eine Fensterscheibe solche trübe Stellen aufweist, dass dadurch der Lichteinfall beeinträchtigt ist.[307] Wird auf dem Hausgrundstück ein Anbau oder auf dem Nachbargrundstück eine hohe Mauer oder ein Gebäude errichtet, so kann die Mietminderung gerechtfertigt sein, wenn sich die Sichtverhältnisse der Wohnung dadurch verschlechtern.[308] Auch die Anbringung eines Balkons[309] oder die Begrünung der Fassade mit Pflanzen[310] kann zur Beeinträchtigung des Lichteinfalls führen. Der Fernblick einer Wohnung ist kein Beschaffenheitsmerkmal, soweit er nicht vertraglich vereinbart wurde.[311] Wachsen Bäume in der Nachbarschaft im Laufe der Mietzeit so hoch, dass sie den Lichteinfall in die Mietsache verhindern, kann ein Mangel vorliegen. 189

Zu viel Belichtung bzw. Besonnung der Mietsache kann ebenfalls einen Mangel darstellen. So können Lichtreflexe (zB Panels einer Fotovoltaikanlage auf dem benachbarten Dach, Licht-Schatten-Reflexionen von Windkrafträdern), den Mieter auf Grund ihrer (Blend-)Wirkung an einer ungestörten Nutzung der Mietsache hindern.[312] Nicht nur tagsüber, sondern auch nachtsüber kann eine Überbelichtung einen Mangel (zB einfallendes Reklame- oder Straßenlicht). 190

ee) Raumklima. Eine **überhöhte Raumtemperatur** kann zum Mietmangel führen. Heizt sich die Raumluft in der Mietsache aufgrund überstraken Sonneneinfalls durch die Fenster während mehrerer Monate hinweg auf, so wird darin bei Gewerbe- wie Wohnraummietverhältnisse ein Mangel gesehen.[313] Für die Beurteilung eines ordnungsgemäßen Raumklimas vermieteter Büroräume sind neben der Vereinbarung über den Verwendungszweck insbesondere die Anforderungen der ArbStättV zu beachten. Bei den Anforderungen an die Arbeitsstätten ist § 3 Abs. 1 ArbStättV mit dem zu dieser Vorschrift veröffentlichten Anhang zu beachten. Gem. Nr. 3.5. dieses Anhangs muss während der Arbeitszeit unter Berücksichtigung der Arbeitsverfahren, der körperlichen Beanspruchung der Beschäftigten und des spezifischen Nutzungszwecks des Raumes eine gesundheitlich zuträgliche Raumtemperatur bestehen. Daher müssen Fenster, Oberlichter und Glaswände je nach Art der Arbeit und Arbeitsstätte eine Abschirmung gegen übermäßige Sonneneinstrahlungen ermöglichen. Auch wenn sich diese Vorschriften nur an den Arbeitgeber richten und der Anwendungsbereich der ArbStättV nur dem Schutz vor wärmeabgebenden Betriebseinrichtungen, also rauminternen Wärmequellen, gilt, können diese Regelungen mangels anderer Regelwerke auf alle Mietverhältnisse zur Bestimmung der Gebrauchsbeeinträchtigung im Falle der Aufheizung der Mietsache 191

305 BGH NJW 2015, 2177.
306 KG GE 2001, 620.
307 AG Kassel WuM 1993, 607.
308 LG Berlin MM 2000, 375.
309 LG Berlin ZMR 2014, 789.
310 AG Köln ZMR 2004, 594.
311 LG Berlin ZMR 2013, 888.
312 OLG Stuttgart MDR 2009, 1099.
313 OLG Düsseldorf MDR 1998, 1217; AG Neuss NZM 1998, 35.

aufgrund überstarken Sonneneinfalls oder rauminterner Wärmequellen herangezogen werden.

192 Einige Gerichte haben aus der ArbStättV die Schlussfolgerung gezogen, dass eine Mietsache mangelhaft ist, wenn die Raumtemperaturen oberhalb von 26 °C bei einer Außentemperatur von 32 °C liegen.[314] Dem ist nur zuzustimmen, wenn die Erwärmung aus Sonnenlichteinfall oder rauminterner Wärmequellen resultiert. Der BGH hat die Frage insgesamt bislang offengelassen. Unzuträglichkeiten infolge extremer und langanhaltender Außentemperaturen betreffen nicht die Beschaffenheit der Mietsache und muss der Mieter damit hinnehmen.

193 Auch eine zu **geringe Raumtemperatur** der Mietsache kann zur Mangelhaftigkeit führen. So wird eine Mindestraumtemperatur in Wohnräumen tagsüber von 21 °C und nachtsüber von 19 °C als nötig angesehen; in Schlafräumen von 19 °C und 16 °C nachtsüber.

194 Die **Luftfeuchtigkeit** soll bis zu 70 % bei einer Raumtemperatur von bis 20 °C noch als behaglich zu werten sein.

195 *ff) Zugang zur Mietsache.* Der ungehinderte Zugang zu den Mieträumen ist Voraussetzung für eine vertragsgemäße Nutzung insbesondere dann, wenn Gewerberäume vermietet wurden, und das dort betriebene Gewerbe auf Kundenverkehr angewiesen ist. Die Einschränkung des Zugangs stellt daher grundsätzlich einen Mangel dar, auch wenn sie durch nicht vom Vermieter beeinflussbare Umstände hervorgerufen wird. Dies ist insbesondere der Fall, wenn die öffentliche Hand Straßenbaumaßnahmen durchführt, die den Zugang zum Mietobjekt erheblich einschränken.

196 **c) Innenliegende Beeinträchtigungen.** *aa) Feuchtigkeit/Schimmel.* Feuchtigkeit in der Mietsache wird regelmäßig optisch sichtbar durch Schimmelbildung, Stockflecken, abfallende Wandfarbe oder -putz, austretender Salpeter. Feuchtigkeitsschäden bzw. deren Folgen können zur völligen Aufhebung der Gebrauchstauglichkeit führen und damit eine Minderung bis zu 100 % rechtfertigen. Daher ist es nicht verwunderlich, dass sehr häufig Streit über die Ursache der Feuchtigkeit besteht, der meist durch Sachverständige entschieden werden muss. Da der Mieter die Mietsache seinem Wohnverhalten entsprechend zu beheizen und zu lüften hat, beruft sich der Vermieter regelmäßig auf ein fehlerhaftes Wohn- und Lüftungsverhalten des Mieters, während der Mieter generell den Bauzustand für den Mangel verantwortlich macht.

197 Häufig treten Feuchtigkeitserscheinungen nach Modernisierungsmaßnahmen, insbesondere nach dem Einbau isolierverglaster Fenster, auf. Da nach dem Einbau neuer Fenster regelmäßig der Luftaustausch gegenüber dem vorherigen Zustand eingeschränkt ist, muss der Mieter eventuell sein Lüftungs- und Heizverhalten ändern. Der Mieter ist jedoch nicht verpflichtet, selbständig Überlegungen zu einem veränderten Lüftungsverhalten anzustellen.

198 Da die Ursache von Feuchtigkeit häufig umstritten ist oder nicht aufgeklärt werden kann, kommt im Rechtsstreit der Beweislastverteilung entscheidende Bedeutung zu. Für den Anspruch des Vermieters auf Schadensersatz ist die von der Rechtsprechung nach Gefahrenbereichen entwickelte Verantwortung maßgeblich.[315] Danach muss der Vermieter zur Durchsetzung seines Anspruchs beweisen, dass der Schaden der Risikosphäre des Mieters entstammt. Hierzu muss der Vermieter zunächst die Möglichkeit einer aus seinem eigenen Verantwortungs- und Pflichtenkreis herrührenden Schadensursache ausräumen. Ist dem Vermieter dieser Beweis gelungen, muss der Mieter den vollen Beweis dafür erbringen, dass er die Ursache des Mangels nicht zu vertreten hat. Die Nachweispflicht des Vermieters entfällt, wenn nach den Umständen nur eine Ursache aus dem Risikobereich des Mieters in Betracht kommt.

---

[314] OLG Brandenburg NJW-RR 2013, 76; OLG Rostock NJW-RR 2001, 802.
[315] BGH NJW 1994, 2019.

Mindert der Mieter wegen Feuchtigkeit die Miete, muss er lediglich das Vorhandensein des Mangels darlegen und beweisen. Der Vermieter muss sich dann hinsichtlich seiner Risikosphäre entlasten. 199

bb) Fogging. Beim Fogging kommt es zu schwarzen, grauen bzw. ölig schmierigen Staubablagerungen an Decken und Wänden, meist Ecken. Zumeist tritt dieses Phänomen in der Heizperiode auf und zwar in Wohnungen, die zuvor renoviert wurden oder in denen bauliche Eingriffe vorgenommen wurden. Aber auch Neubauwohnungen sind davon betroffen. Zumeist wurden bei Fertigstellung, Renovierung oder Umbau der Wohnungen Produkte eingesetzt, die so genannte höhersiedende organische Verbindungen in die Luft emittieren können. Das sind so genannte Weichmacherverbindungen, die zB Bestandteile von Farben, Lacken, Klebstoffen oder Trägerflüssigkeiten für Pestizide sind. Hinzu kommen häufig noch andere Faktoren, wie zum Beispiel bauliche Gegebenheiten. Darunter fallen Kältebrücken, schadhafte Isolierungen, durchsottete Schornsteine und Kamine, aber auch die Ausstattung der Wohnung, wie zum Beispiel Laminat-Fußboden, zahlreiche kunststoffhaltige Materialien, wie sie auch in Dämmmaterial enthalten sind, oder Hartschaumdekorplatten, bestimmte Wandfarben, Tapeten oder Teppichböden. Im Übrigen spielt auch die Raumnutzung eine Rolle: das Lüftungsverhalten und Verbrennungsvorgänge, die zusätzlichen Staub produzieren, sind ebenso zu nennen wie der Faktor Luftfeuchtigkeit. Trockene Luft begünstigt das Anlagern der Weichmacherverbindungen an Staub. 200

Eine übermäßige Erscheinung von Fogging kann den Gebrauch der Mietsache beeinträchtigen und damit einen Mangel der Mietsache darstellen. Da die Ursachen des Fogging häufig umstritten sind oder nicht aufgeklärt werden können, kommt im Rechtsstreit der Beweislastverteilung entscheidende Bedeutung zu (hierzu → Rn. 196 ff. „Feuchtigkeit"). 201

cc) Größe. Die Größe der Mietsache richtet sich nach ihrer Fläche und ist nach der Verkehrsauffassung für den Wert der Mietsache von wesentlicher Bedeutung. Die Parteien können daher hinsichtlich der Fläche eine Beschaffenheitsvereinbarung treffen. Eine Minderung der Gebrauchstauglichkeit kann daher auch in einer vom Mietvertrag abweichenden Fläche liegen. Die in einer Betriebskostenabrechnung verwendete Fläche gilt nicht als mietvertraglich vereinbart. Allein die qm-Angabe in einer Annonce führt ebenfalls nicht zu einer vertraglichen Absprache über die angegebene Fläche.[316] Auch die Angabe eines Maklers zur Fläche soll unverbindlich sein, wenn der später geschlossene Mietvertrag keine Flächenangabe enthält und weitere Anhaltspunkte zur Größe der Mietsache nicht vorliegen.[317] Die Voraussetzungen für eine konkludente Einbeziehung der Fläche in den Vertragsgegenstand ist jedenfalls dann gegeben, wenn in der Annonce eine Quadratmeterzahl angegeben wurde, die im Nachhinein durch Vorlage einer Flächenberechnung belegt wird. Von einer Minderung der Gebrauchstauglichkeit ist auszugehen, wenn die Flächendifferenz nicht unerheblich ist, was bei einer Flächenabweichung von über 10 % angenommen werden kann.[318] Die Parteien können nach Auffassung des BGH die Mietfläche auch nur unverbindlich im Mietvertrag ausweisen.[319] So soll von einer Beschaffenheitsvereinbarung hinsichtlich der Mietfläche nicht ausgegangen werden können, wenn ein Wohnraummietvertrag zwar eine Wohnflächenangabe enthält, diese Angabe jedoch mit der Einschränkung versehen ist, dass sie nicht zur Festlegung des Mietgegenstandes diene. 202

2. Rechtsmängel

Unter dem Begriff „Recht" iSd § 536 Abs. 3 BGB werden nur Privatrechte verstanden. Öffentlich-rechtliche Bestimmungen können nur einen Sachmangel begründen, wenn sie 203

---

[316] LG Mannheim NJW 2004, 1947.
[317] AG München ZMR 2014, 552.
[318] BGH NZM 2004, 453.
[319] BGH NJW 2011, 220.

in der Beschaffenheit oder Lage des Objektes ihren Grund haben oder zur Unmöglichkeit der Erfüllung führen. Knüpft eine öffentlich-rechtliche Beschränkung in keiner Weise an die Beschaffenheit der Sache selbst oder an ihre Beziehung zur Umwelt an, sondern beruht sie allein auf der vorausgegangenen öffentlichen Hilfe für den Ersteller bei der Finanzierung der Wohnung, liegt dagegen ein Rechtsmangel vor. Als Rechte Dritter kommen regelmäßig dingliche Rechte, wie zB das Eigentum, das Wohnungseigentum, der Nießbrauch (§ 1030 BGB), die Grunddienstbarkeit (§ 1118 BGB) oder das Erbbaurecht (§ 1112 BGB) in Betracht. Auch schuldrechtliche Ansprüche, die sich auf die Mietsache beziehen, werden erfasst, wzB die Ausübung eines eingeräumten Optionsrechts. Unbeachtlich ist dabei, ob das Recht des Dritten nach Abschluss des Mietvertrags oder erst nach Überlassung der Mietsache entsteht. Das Recht des Dritten muss sich aber immer auf die Mietsache beziehen. Der wichtigste Fall des Rechtsmangels wegen schuldrechtlicher Ansprüche ist wohl die Doppelvermietung. Bei der Doppelvermietung sind beide Verträge wirksam, da sich jede Person mehrfach zur Erbringung derselben Leistung verpflichten kann. Ein Rechtsmangel liegt auch vor, wenn entgegen der Teilungserklärung Teileigentum zur Nutzung als Gaststätte vermietet wird und den anderen Wohnungseigentümern daher ein Beseitigungsanspruch nach § 1004 BGB zusteht.[320]

[320] BGH NJW-RR 1995, 715.

8. Abschnitt. Instandhaltung und Instandsetzung

§ 19 Instandhaltung und Instandsetzung, Schönheits- und Kleinreparaturen, Wartungspflichten

Übersicht

Schrifttum:
Artz, Quotenabgeltungsklauseln, NZM 2007, 265; Blank, Welche gesetzlichen Neuregelungen für den Bereich der Schönheitsreparaturen sind sinnvoll?, NZM 2000, 1169; ders., Das Gebot der Rücksichtnahme nach § 241 Abs. 2 BGB im Mietrecht, WuM 2004, 243; Börstinghaus, Rechtsfolgen unwirksamer Schönheitsreparaturklauseln, WuM 2005, 675; Bub/von der Osten, Abgeltungsklauseln und „starre" Fristen, NZM 2007, 76; Dötsch, Ersatz- bzw. Selbstvornahme im Mietrecht, NZM 2007, 275; Both, Die Abwälzung der Schönheitsreparaturen in der höchstrichterlichen Zerreißprobe, WuM 2007, 3; Draber, Renovierungsquiz, WuM 1988, 5; Eckert, Anmerkung zur Entscheidung des LG Berlin vom 2.12.1997 – 64 S 352/97 – ZMR 1998, 428; Eisenschmid, Welche gesetzlichen Neuregelungen sind für den Bereich der Schönheitsreparaturen sinnvoll?, NZM 2000, 1164; ders., Mietrechtsverhältnisse nach der „Jahrhundertflut" im Osten, NZM 2002, 889; Emmerich, Schönheitsreparaturen bei Beendigung des Mietverhältnisses, NZM 2000, 1155; ders., Anm. zu BGH RE v. 6.7.1988, JuS 1989, 62; ders., Verjährung des Schadensersatzanspruches wegen unterlassener Schönheitsreparaturen, NZM 2005, 248; ders., Starre Schönheitsreparaturfristen und die Folgen, NZM 2006, 761; Fischer, Verbot kumulierter Renovierungs- und Rückgabeklauseln in Wohnraummietverträgen, WuM 2004, 56; ders., Zulässigkeit von Abgeltungsklauseln bei Schönheitsreparaturen, WuM 2005, 284; Goch, Schönheitsreparaturen bei Beendigung der Mietzeit, WuM 2003, 368; Häublein, Vereinbarung von Fristenplänen in Schönheitsreparaturklauseln bei Formularmietverträgen über Wohnraum, ZMR 2000, 139; Harsch, Schönheits- und Kleinreparaturen im Mietverhältnis (1998); ders., Erfasst die unwirksame Renovierungsgrundverpflichtung des Wohnraummieters auch die Kostenbeteiligung?, WuM 2004, 706; Heinrichs, Das neue AGB-Recht und seine Bedeutung für das Mietverhältnis, NZM 2003, 6; ders., Gesamtunwirksamkeit oder Teilaufrechtserhaltung von Formularklauseln in Mietverträgen (Schönheitsreparatur- und Kautionsklauseln) NZM 2005, 201; Herrlein, Schönheitsreparaturpflicht des Mieters im laufenden Mietverhältnis, NZM 2003, 941; Hinz, Mietrechtsreform im Rechtsausschuss, NZM 2001, 264; ders., Pauschale Abwälzungen von Betriebskosten und Schönheitsreparaturen im Lichte des neuen Mietrechts, ZMR 2003, 77; Horst, Auswirkungen der Schadensersatzrechtsreform auf das Mietrecht, NZM 2003, 537; Jäkel, Verjährungsbeginn nach § 548 BGB, WuM 2002, 528; Kandelhard, Die Verlängerung der Verjährung zum Ende des Mietverhältnisses, NZM 2002, 929; Kinne, Detailprobleme der Pflicht zur Gebrauchsgewährung, GE 2000, 1394; Kraemer, Zur Gewährleistung im Mietrecht, WuM 2000, 515; Klimke, Ermessen des Vermieters zur Verlängerung „starrer" Schönheitsreparaturfristen, NZM 2005, 134; Kraemer, Berchtesgaden 2003: Schönheitsreparaturen, Erfüllung und Schadensersatz, NZM 2003, 417; Lange, Geschäftsführung ohne Auftrag bei nicht geschuldeten Schönheitsreparaturen?, NZM 2007, 785; Langenberg, Schönheitsreparaturen, Instandsetzung und Rückbau 3. Aufl. 2008; ders., Mietrechtsreform im Rechtsausschuss, NZM 2001, 212; ders., Abgrenzung der Schönheitsreparaturen von sonstigen Reparaturen zur Wiederherstellung der ordnungsgemäßen Dekoration des Mietobjektes, NZM 2000, 1125; ders., Schönheitsreparaturen nach der Schuldrechtsreform, NZM 2002, 972; ders., Zur Verjährung des Schadensersatzanspruchs wegen unterlassener Schönheitsreparaturen nach § 548 BGB nF, WuM 2002, 71; ders., Schönheitsreparaturen, Instandsetzung und Rückbau, 3. Aufl. 2008; Lehmann-Richter, Zu den Ersatzansprüchen des Mieters bei Renovierung aufgrund unwirksamer Schönheitsreparatur- oder Abgeltungsklausel, WuM 2005, 747; Löwe, Kritische Bemerkungen zum Referentenentwurf Mietrechtsreformgesetz, NZM 2000, 577; Lützenkirchen, Die obergerichtliche Rechtsprechung zum Mietrecht im Jahre 2006, WuM 2007, 167; ders., Schönheitsreparaturen mittlerer Art und Güte, WuM 1989, 111; ders., Unterlassene Schönheitsreparaturen durch den Mieter – Anwendbarkeit der Vorschriften über die Geschäftsführung ohne Auftrag, MDR 2001, 9; ders., Die Entwicklung des Mietrechts in der obergerichtlichen Rechtsprechung des Jahres 2002, WuM 2003, 63; ders., Die Entwicklung des Mietrechts in der obergerichtlichen Rechtsprechung des Jahres 2003, WuM 2004, 58; ders., Renovierungspflicht bei der Wohnraummiete – Herstellung der Tapezierfähigkeit, NZM 1998, 942; Neuhaus, Malerarbeiten im Mietverhältnis – Anstriche als Streitpunkt, NZM 2000, 220; Ricker, Verjährungsprobleme bei Herstellungs- und Schadensersatzansprüchen des Vermieters wegen Veränderungen oder Verschlechterungen der Mietsache, NZM 2000, 216; Rathjen, Zum Modernisierungsanspruch des Mieters bei Wohn- und Geschäftsraummiete, ZMR 1999, 458; Schach, Umsatzsteuer künftig nur bei Durchführung von Schönheitsreparaturen, GE 2002, 781; Schildt, Die Abwälzung der Schönheitsreparaturen auf den Mieter und das Synallagma im Mietvertragsrecht, WuM 1994, 237; Schopp, Schönheitsreparaturklauseln in Formularmietverträgen, ZMR 1981, 258; Schläger, Wohnraummietrecht und Umweltschutz, ZMR 1990, 161; Schuschke, Die „kindgerechte" Mietwohnung und das „kindgerechte" Ferienappartement, NZM 2006, 733; Schumacher, Die Aufwertung des Transparenzgebots und die Konsequenzen für das Mietrecht, NZM 2003, 13; Sonnenschein, Inhaltskontrolle von Formularverträgen nach dem AGB-Gesetz, NJW

1980, 1713; Stapel, Rauchende Mieter – ja und?, NZM 2000, 595; Sternel, Schönheitsreparaturen nach Hochwasserschäden, WuM 2002, 585; ders., Folgen unwirksamer Schönheitsreparaturklauseln und Handlungsmöglichkeiten für den Vermieter, NZM 2007, 545; Timme, Schönheitsreparaturen gemäß Fristenplan bei Wohnungsumbau, NZM 2005, 132; Wiek, Selbsthilfeaufwendungen des Vermieters bei unterlassenen Schönheitsreparaturen, WuM 2000, 11; ders., Anmerkungen zur Entscheidung des BGH v. 28.4.2004 – VIII ZR 230/03 – WuM 2004, 334; Wüstefeld, Fiktive Berechnung von Schönheitsreparaturkosten mit oder ohne Umsatzsteuer?, WuM 2003, 15.

I. Instandhaltung und Instandsetzung

1. Gesetzliche Regelung

In § 535 Abs. 1 S. 2 BGB wird die **Erhaltungspflicht** des Vermieters für die Mietsache geregelt. Sie umfasst die Instandhaltungs- und Instandsetzungspflicht.[1] Ergänzende Regelungen enthalten § 538 BGB betreffend die Abnutzung durch vertragsgemäßen Gebrauch sowie § 555a Abs. 1 BGB betreffend die Duldungs- u. Mitwirkungspflichten des Mieters bei Maßnahmen zur Erhaltung sowie zur Verbesserung der Mietsache. 1

a) **Allgemeines.** Dem Vermieter obliegt gem. § 535 Abs. 1 S. 2 BGB die Verpflichtung, die vermietete Sache dem Mieter in einem zum **vertragsgemäßen Gebrauch geeigneten Zustand** zu überlassen und sie während der Mietzeit in diesem Zustand zu erhalten. Unter diese Verpflichtung des Vermieters zur Gebrauchserhaltung der Mietsache in vertragsgemäßem Zustand fallen alle Maßnahmen, die erforderlich sind, um dem Mieter während der gesamten Mietzeit den vertragsgemäßen Zustand zu ermöglichen. Nach der Entscheidung des Bundesverfassungsgerichts vom 17.12.1998[2] zur Frage, ob der Einbau einer Gasheizung anstelle einer irreparablen Ölheizung im Wohnhaus eine Erhaltungsmaßnahme ist, ist unter Erhaltungsmaßnahme die Maßnahme zu verstehen, die die Substanz oder den Wert des Gegenstandes erhält. Sie ist notwendig, wenn sie vom Standpunkt eines vernünftigen Eigentümers aus als zur Erhaltung des Gegenstandes notwendig erscheint, wobei grundsätzlich ein wirtschaftlicher Maßstab anzulegen ist. 2

Zum einen umfasst die Erhaltungspflicht die **laufende Instandhaltung** der sich abnutzenden Mietsache. Infolge der Abnutzung der Mietsache sinkt deren Gebrauchstauglichkeit, ohne damit schon mangelhaft iSd § 536 BGB zu sein. Die Instandhaltungspflicht beinhaltet mithin vorbeugende Maßnahmen[3] zur Verhinderung drohender Defekte und Schäden am Mietobjekt, wie sie insbesondere in den für den preisgebundenen Wohnungsbau geltenden Vorschrift des § 28 Abs. 1 S. 1 II. BV aufgezählt werden. Danach ist Instandhaltung die Pflicht zur Beseitigung der durch Abnutzung, Alterung und Witterungseinflüssen auftretenden Verschleißerscheinungen.[4] Instandhaltung erfasst zudem vorbeugende Maßnahmen des Vermieters zur Verhinderung von Schäden.[5] 3

Demgegenüber bezieht sich die von der Erhaltungspflicht des Vermieters umfasste **Instandsetzung** darauf, eingetretene Schäden der Mietsache, die nicht auf Abnutzungen beruhen, zu beseitigen. Sie geht mithin über die Instandhaltung hinaus. Gleichwohl ist eine Trennung der beiden Begriffe nicht immer gegeben, insbesondere dann nicht, wenn im Zusammenhang mit Instandhaltungsarbeiten, zB Wartungsarbeiten an einer Heizungsanlage, einzelne kleinere Teile erneuert werden müssen. Die Abgrenzung der Instandhaltungs- und der Instandsetzungspflicht ist den Fällen von Bedeutung, in denen die eine oder andere wirksam auf den Mieter entgegen der Regelung des § 535 Abs. 1 S. 2 BGB übertragen worden ist. 4

[1] BGH NJW 1972, 1759.
[2] BVerfG WuM 1999, 155; Schmidt-Futterer/Eisenschmid BGB § 555a Rn. 1.
[3] OLG Köln ZMR 1994, 158.
[4] BGH NZM 2005, 863.
[5] Langenberg 2 C Rn. 25.

Beispiele für Instandhaltungsmaßnahmen
- Überprüfung von Gasleitungen in regelmäßigen Abständen[6]
- Reinigung eines Heizöltankes sowie dessen Untersuchung auf Undichtigkeiten[7]
- Erneuerung eines veralteten Heizkessels oder Brenners, die zu einem erheblichen Mehrverbrauch an Heizmaterial führen können[8]
- Ausstattung der Heizungsanlage mit Thermostatventilen[9]
- Umstellung einer Heiztherme von Stadt- auf Erdgas bei fehlender Umrüstungsfähigkeit der alten Heiztherme[10]
- Spülung einer Fußbodenheizung[11]
- Auftragung eines Korrosionsschutzes am Öltank[12]
- Einbau einer Türschließanlage[13]
- Einbau einer einbruchhemmenden Türe[14]
- Einbau eines mechanischen Schließmechanismus in die Haustür[15]
- Reinigung der Außenseite von Außenrollos an den Fenstern der Wohnung[16]

Beispiele für Instandsetzungsmaßnahmen
- Ersatz schadhafter Fenster[17]
- Reparatur undichter Fenster und Türen und deren Außenanstrich[18]
- Reparatur einer Wohnungseingangstür[19]
- Austausch gesundheitsgefährdender Trinkwasserleitungen[20]
- Erneuerung eines verschlissenen Teppichbodens[21]
- Beseitigung der Braunverfärbung des Leitungswassers[22]
- Austausch asbesthaltiger Nachtstromspeicheröfen[23]
- Beseitigung von Setz- und Dehnrissen in der Dekoration[24]
- Austausch von beschädigten PVC-Platten[25]
- Erneuerung einer Heiztherme nebst Warmwasseraufbereitung[26]

5 Die Gebrauchserhaltungspflicht des Vermieters ist eine **Hauptleistungspflicht,** die im Austauschverhältnis mit der Mietzahlungspflicht des Mieters steht.[27] Bei Verstößen des Vermieters gegen seine Erhaltungspflicht, für die ein Verschulden nicht erforderlich ist, hat der Mieter grundsätzlich den Erfüllungsanspruch, der sich auf die Wiederherstellung des vertragsgemäßen Zustandes bezieht. Zudem kann der Mieter seine sich aus den §§ 536 ff. BGB ergebenden **Gewährleistungsrechte** und je nach den Umständen des Falles seine Rechte aus positiver Vertragsverletzung gem. § 280 BGB geltend machen.

6 **b) Abgrenzungsprobleme.** In der Regel wird in Formular- wie aber auch in Individualmietverträgen nicht zwischen Instandhaltung und Instandsetzung unterschieden. Neben dem Begriff der Schönheitsreparaturen, der als in Literatur und Rechtsprechung gefestigt angesehen werden kann, werden unterschiedliche Begriffe verwendet. Es werden u. a. Begriffe wie „Instandhaltungsmaßnahmen", „Unterhaltung in gebrauchs-

[6] BGH WuM 1976, 537; OLG Stuttgart ZMR 1973, 144.
[7] OLG Celle NJW 1995, 3197; LG Landau WuM 2005, 720.
[8] OLG Düsseldorf MDR 1983, 229.
[9] AG Gelsenkirchen WuM 1993, 735.
[10] AG Spandau MM 1995, 128.
[11] AG Köln WuM 1999, 235.
[12] LG München I WuM 1993, 736.
[13] AG Hamburg WuM 1994, 200.
[14] LG Köln WuM 1993, 608.
[15] AG Osnabrück WuM 1999, 329.
[16] AG München NZM 2000, 35.
[17] AG Neuss NJW-RR 1986, 891.
[18] LG Hamburg WuM 1979, 119; LG Bautzen WuM 2001, 279.
[19] LG Köln WuM 1993, 608.
[20] AG Hamburg WuM 1993, 736; LG Frankfurt a. M. ZMR 1990, 17.
[21] OLG Hamm WuM 1991, 219.
[22] LG Berlin NZM 2000, 709.
[23] LG Berlin GE 1998, 1091.
[24] AG Hamburg WuM 1984, 197.
[25] AG Hamburg-Altona NZM 2007, 515.
[26] AG Osnabrück WuM 2005, 48.
[27] BGH NJW-RR 1995, 123; 1995, 535.

fähigem Zustand", „Renovierung", „Reparaturarbeiten", „Kleinreparaturen" und „Wartungsarbeiten" genannt. Nach der gesetzlichen Regelung in Verbindung mit der hierzu ergangenen Rechtsprechung sind diese Begriffe wie folgt zu definieren:

Der Begriff der **Schönheitsreparaturen** umfasst in Anlehnung an die unmittelbar nur für preisgebundenen Wohnraum geltenden Definition in § 28 Abs. 4 S. 4 II. BV, die gleichlautend mit § 7 Abs. 2 Mustermietvertrag 1976 des Bundesjustizministeriums ist, das Tapezieren, Anstreichen oder Kalken der Wände und Decken, das Streichen der Fußböden und der Heizkörper einschließlich der Heizrohre, der Innentüren sowie der Fenster und Außentüren von innen.[28] 7

Der Begriff der Reparaturen ist wiederum mit dem Begriff Instandsetzungsarbeiten gleich zu setzen. Er umfasst die Beseitigung erheblicher Beschädigungen der Mietsache. 8

Demgegenüber ist unter **Kleinreparaturen** die Instandsetzung kleinerer Schäden zu verstehen, deren Entstehung oftmals unklar ist und die daher nicht eindeutig dem Vermieter oder Mieter zuzuordnen sind. Diese Kleinreparaturen werden in Formularverträgen überwiegend auf den Mieter übertragen und beziehen sich dann auf diejenigen Teile der Mietsache, die dem häufigen Zugriff des Mieters ausgesetzt sind. 9

Wartungsarbeiten sind Instandhaltungsmaßnahmen, die dazu dienen, Installationsgegenstände für Elektrizität, Wasser und Gas, Heiz- und Kocheinrichtungen, sanitäre Einrichtungen, Schlösser, Rollläden sowie Fenster- und Türverschlüsse in einem gebrauchsfähigen Zustand zu erhalten. Klauseln in Formularverträgen, die den Mieter zur regelmäßigen Wartung dieser Installationsgegenstände verpflichten, sind nach denselben Grundsätzen wie die Klauseln über die Kleinreparaturen zu beurteilen.[29] 10

Schließlich bedarf es der begrifflichen Abgrenzung der **Modernisierungsmaßnahmen** von den Gebrauchserhaltungsmaßnahmen. Maßnahmen, die nur den Zustand erhalten oder wiederherstellen, der bei Abschluss des Mietvertrages bestand oder bestanden haben müsste, stellen keine Modernisierungsarbeiten, sondern solche der Gebrauchserhaltung dar. Modernisierung liegt nach der Legaldefinition des § 555b BGB dann vor, wenn durch die Maßnahme u. a. entweder in Bezug auf die Mietsache Endenergie nachhaltig eingespart wird, der Gebrauchswert der Mietsache nachhaltig erhöht wird, die allgemeinen Wohnverhältnisse auf die Dauer verbessert werden oder wenn die Maßnahme eine nachhaltige Einsparung von Heizenergie oder Wasser bewirkt. Modernisierungsmaßnahmen dienen mithin weder der Instandhaltung noch der Instandsetzung, denn sie sollen weder das Mietobjekt in einem bestimmten Zustand erhalten noch bauliche Mängel beheben, sondern in erster Linie den Gebrauchswert der Wohnung erhöhen.[30] 11

2. Umfang

Die Gebrauchserhaltungspflicht des Vermieters beinhaltet, dass der Vermieter dem Mieter die Mietsache nicht nur so bereitstellen muss, dass er in der Lage ist, von dieser den üblichen oder vertraglich bestimmten Gebrauch zu machen, sondern auch die Verpflichtung des Vermieters, diesen vertragsgemäßen Zustand während der gesamten Mietzeit zu erhalten. 12

a) **Sachlich.** Diese Gebrauchsgewährpflicht ist **räumlich nicht auf das Mietobjekt beschränkt**, sondern bezieht sich auf alle Grundstücks- und Gebäudeteile, die im Rahmen des Mietgebrauchs vom Mieter mitbenutzt werden dürfen,[31] mithin auf Zuwegungen, Treppenhäuser,[32] Wäscheplatz, Fahrstühle und Lastenaufzüge[33] sowie Gemeinschaftsräume wie Waschküche oder Trockenboden.[34] Dies gilt gleichfalls für einen 13

[28] Siehe hierzu die Ausführungen zu → § Rn. 121 ff.
[29] BGH WuM 1991, 381.
[30] Schmidt-Futterer/Börstinghaus BGB § 559 Rn. 52.
[31] BGH WuM 1969, 1011; LG Kaiserslautern MDR 1982, 851.
[32] LG Berlin GE 1994, 1997; AG Köln WuM 1997, 470.
[33] BGH BB 1966, 1286; LG Hamburg NJW 1976, 1320.
[34] LG Münster WuM 1998, 723.

nachträglich während des Mietverhältnisses eingebauten Fahrstuhl, auch wenn der Mieter die durch den nachträglichen Einbau vorgenommene Mieterhöhung nicht zahlt.[35] Ist die Allein- oder Mitnutzung eines Kellerraumes und/oder des Dachbodens vereinbart worden, werden diese ebenfalls von der Erhaltungspflicht umfasst.

14 Die Erhaltungspflicht erstreckt sich auf **Einrichtungen und Zubehör** der Mietsache, da diese gemäß der Auslegungsregel des § 311c BGB im Zweifel als mitvermietet gelten,[36] wie zB Einbauschränke, komplette Einbauküche,[37] Spülen[38] oder Waschmaschinen in der Waschküche. Hat jedoch der Mieter diese Einrichtungen und Gegenstände nach Überlassung des Mietobjektes selbst eingebracht oder vereinbarungsgemäß vom Vormieter übernommen, so trifft den Vermieter hierfür keine Pflicht zur Gebrauchserhaltung. Belässt allerdings der Vormieter ohne jegliche Absprache ihm gehörende Sachen und Einrichtungen in der Wohnung und mietet der Mieter die Wohnung in diesem Zustand, so sind diese mit der Folge mitvermietet, dass sich hierauf auch die Instandhaltungs- und Instandsetzungspflicht des Vermieters erstreckt, sofern der Vermieter den Mieter nicht ausdrücklich darauf hinweist, dass die Sachen vom Vormieter stammen.[39] Dies gilt selbst für den Fall, dass dem Vermieter das Vorhandensein dieser Sachen in den Mieträumen nicht bekannt ist.[40]

15 Häufig wird diese Rechtsfolge von den Vermietern verkannt, da sie irrigerweise davon ausgehen, ihre Erhaltungspflicht beziehe sich lediglich auf ihnen gehörende Einbauten und Gegenstände. Sie sollten daher bei Abschluss des Mietvertrages durch entsprechende schriftliche Vereinbarung klarstellen, ob und ggf. welche Einrichtungen mitvermietet und welche Einrichtungen der Mieter vom Vormieter übernommen hat.

16 Bei **vermieteten Eigentumswohnungen** kann der Vermieter auch dann auf Herstellung des vertragsgemäßen Zustands in Anspruch genommen werden, soweit zur Mängelbeseitigung Eingriffe in das gemeinschaftliche Eigentum erforderlich sind und der hierfür erforderliche Beschluss der Eigentümergemeinschaft noch nicht vorliegt.[41] Maßgebend ist ausschließlich der Mietvertrag, so dass auch gegen den gewerblichen Zwischenvermieter einer Eigentumswohnung dieser Erhaltungsanspruch durchgesetzt werden kann.[42]

17 Die Erhaltungspflicht des Vermieters beschränkt sich nicht auf die technische Gebrauchsfähigkeit, sondern beinhaltet auch – selbst bei Reparaturarbeiten – die Wahrung eines gewissen **optischen Eindrucks.**[43] Der Vermieter kommt seiner Erhaltungspflicht nicht nach, wenn er einige beschädigte PVC-Fliesen gegen neue Fliesen austauscht, diese aber farblich und von der Struktur von den übrigen Fliesen abweichen.

18 *aa) Zustand bei Mietbeginn.* Maßgebend für den vertragsgemäßen Zustand, der erhalten werden muss, sind **die Verhältnisse bei Vertragsschluss.** Verfügt die Mietsache sowohl über einen Gas- wie auch einen Stromanschluss, so ist der Vermieter nicht berechtigt, bei Auftreten eines Defektes einen dieser Energieanschlüsse zu entfernen. Vielmehr ist er gehalten, sämtliche an beiden Energieanschlüssen auftretenden Mängel zu beseitigen.

19 Andererseits besteht jedoch keine Verpflichtung des Vermieters, den bei Beginn des Mietverhältnisses vorhandenen Zustand zugunsten des Mieters zu verbessern. Das gilt auch, wenn sich im Laufe der Mietzeit die technischen Normen ändern, gleichwohl der vertragsgemäße Gebrauch der Wohnung weiter gewährleistet ist.[44]

---

[35] AG München NZM 2001, 93.
[36] Schmidt-Futterer/Eisenschmid BGB § 535 Rn. 40.
[37] LG Dresden WuM 2001, 336.
[38] LG Berlin GE 1997, 243.
[39] AG Köln WuM 1997, 647.
[40] Sternel VII Rn. 33a.
[41] KG NJW-RR 1990, 1166.
[42] OLG Zweibrücken WuM 1995, 144.
[43] AG Hamburg-Altona NZM 2007, 515.
[44] Schläger ZMR 1990, 161.

So kann sich in der Regel der Mieter für einen Anspruch auf Veränderung der Mietsache auch nicht auf die **DIN-Vorschriften** stützen, da diese allenfalls ein Indiz dafür sind, dass die Mietsache nicht dem vertragsgemäßen Gebrauch entspricht.[45] Ausnahmen hiervon bestehen nur dann, wenn die Berufung des Vermieters auf die zum Zeitpunkt der Errichtung des Gebäudes geltenden DIN-Vorschriften für den Mieter nicht zumutbar ist oder aber eine Nachrüstungspflicht des Vermieters auf Grund einer Gesundheitsgefährdung des Mieters besteht.[46] 20

Der Instandsetzungsanspruch des Mieters besteht auch dann, wenn der Mieter den Mangel der Mietsache bei Vertragsschluss kennt und er insoweit auch keinen Vorbehalt erklärt.[47] § 536b BGB ist in diesem Zusammenhang nicht anwendbar, da der in dieser Vorschrift enthaltene Vorbehalt ausschließlich die Minderungs-, Schadens- und Aufwendungsersatzansprüche des Mieters, nicht jedoch seinen Instandsetzungsanspruch betrifft. Enthält eine Formularklausel die Vereinbarung, dass der Mieter die Räume als für den vertragsgemäßen Gebrauch tauglich anerkennt, bezieht sich das Anerkenntnis nur auf den Gewährleistungsanspruch, nicht aber auf den auf Instandsetzung gerichteten Erfüllungsanspruch.[48] Mit der hM entfällt der Instandsetzungsanspruch auch dann nicht, wenn der Mieter einen Mangel der Mietsache, den er seit Vertragsschluss kennt, über längere Zeit nicht rügt.[49] 21

Sofern schließlich die Mietvertragsparteien einen konkret gegebenen schlechten Bauzustand als vertragsgemäß vereinbart haben, so sind Erfüllungs- und Gewährleistungsansprüche des Mieters ausgeschlossen.[50] 22

bb) Verschulden des Mieters. Gem. § 538 BGB hat der Mieter Veränderungen oder Verschlechterungen der Mietsache, die durch den vertragsgemäßen Gebrauch herbeigeführt werden, nicht zu vertreten. Für Beschädigungen der Mietsache jedoch, die über die vertragsgemäße normale Abnutzung hinausgehen, hat der Mieter bei Vorliegen von Vorsatz oder Fahrlässigkeit (§ 276 BGB) einzustehen, so dass insoweit die Instandsetzungspflicht des Vermieters entfällt. Der Mieter haftet darüber hinaus gem. § 278 BGB für alle Schäden, die andere Personen fahrlässig oder vorsätzlich verursacht haben, soweit sie mit Wissen und Wollen des Mieters die Mietsache benutzt haben, wie zB Familienmitglieder des Mieters sowie dessen Besucher und Handwerker, die sich auf Veranlassung des Mieters in der Wohnung aufhalten. 23

Im Falle eines bloßen Mitverschuldens des Mieters neben einer vom Vermieter zu verantwortenden Schadensursache bleibt der Vermieter zwar zur Instandsetzung verpflichtet, kann aber über § 254 Abs. 1 BGB vom Mieter teilweisen Kostenersatz verlangen.[51] 24

b) Zeitlich. Die Erhaltungspflicht obliegt dem Vermieter grundsätzlich während der ganzen Dauer des Mietverhältnisses. Bereits **vor Beginn des Mietverhältnisses** besteht diese Pflicht, wenn er dem Mieter die Mieträume vor dem vereinbarten Vertragsbeginn überlassen hat.[52] Sie erstreckt sich auch **über das Vertragsende hinaus** auf eine erlaubte Nutzungszeit im Rahmen einer vereinbarten **Räumungsfrist.** 25

Eine Einschränkung der Erhaltungspflicht kann für einen Zeitpunkt kurz vor Vertragsende dann angenommen werden, wenn die zu erbringenden Erhaltungsmaßnahmen besonders hohe Kosten verursachen.[53] Dies gilt jedoch nicht für Maßnahmen, die sich auf die **Mindestanforderungen an die Nutzungsmöglichkeit** der Mieträume beziehen. 26

---

[45] Schmidt-Futterer/Eisenschmid BGB § 536 Rn. 31.
[46] Vgl. Ausführungen → Rn. 30 ff.
[47] BGH NZM 2007, 484.
[48] OLG Köln NJW-RR 1993, 466.
[49] BGH NZM 2007, 484; Schmidt-Futterer/Eisenschmid BGB § 536b Rn. 48; Blank/Börstinghaus/Siegmung BGB § 535 Rn. 253.
[50] BGH WuM 1994, 201; LG Marburg NZM 2000, 616.
[51] BGH NJW-RR 1991, 971.
[52] LG Mannheim WuM 1976, 150.
[53] LG Bonn WuM 1989, 367.

27 Für die Zeit der **unerlaubten Nutzung** nach Beendigung des Mietverhältnisses, wozu auch die prozessualen Räumungsfristen gem. §§ 721, 794a ZPO gehören, ist die Pflicht des Vermieters darauf beschränkt, die zum Schutz von Leben und Gesundheit erforderlichen Maßnahmen zu treffen[54] und die lebensnotwendige Versorgung (Strom, Wasser, Heizung, Entsorgung) sicherzustellen.[55] Da der Mieter auf Grund der Vertragsbeendigung kein Recht zur Nutzung mehr hat, ist der Vermieter zu sonstigen Erhaltungsmaßnahmen nicht verpflichtet,[56] der Mieter allerdings auch nur zur Zahlung eines der geringeren Nutzung entsprechenden Entgeltes verpflichtet.

28 c) **Nachrüstungspflicht.** Dem Vertragsschluss geht regelmäßig eine Besichtigung des Mietobjektes durch die Parteien voraus. Der Zustand der Mietsache ist daher für die Vertragsparteien offenkundig, so dass ihre hierdurch gewonnenen Erkenntnisse der Maßstab für ihre Vorstellungen über Eignung und Zustand der Mietsache sind. Zutreffend ist demzufolge die Rechtsansicht, wonach sich die Erhaltungspflicht des Vermieters sich auf den Zustand der Mietsache zum Zeitpunkt des Mietvertragsabschlusses bezieht.[57] Ändern sich allerdings im Laufe der Mietzeit auf Grund technischer oder wirtschaftlicher Erkenntnisse **die Anforderungen an das Wohnen,** so kann dies dazu führen, dass einzelne Teile der Mietsache nicht mehr den vertragsgemäßen Gebrauch gewährleisten. Insbesondere sind hier die Einhaltung von Baustandards im Bereich des Schall- und Wärmeschutzes sowie der Energieeinsparung und neu gewonnene Erkenntnisse über Richt- und Grenzwerte bestimmter Schadstoffbelastungen betroffen.

29 Die Einhaltung der DIN-Normen sind für die Frage des vertragsgemäßen Zustandes nicht von entscheidender Bedeutung, da diese oder vergleichbare technische Regelungsvorschriften keine Rechtsnormen,[58] sondern lediglich anerkannte Regeln der Baukunst, die in der Regel im öffentlichen und privaten Baurecht zu berücksichtigen sind, enthalten.

30 Zu unterscheiden ist ebenso, ob die zum Zeitpunkt des Vertragsschlusses gültigen DIN-Normen eingehalten waren oder nicht. Bei Letzterem kann dies nach objektiver Bewertung zu einem nicht vertragsgemäßen Zustand führen. Bei Einhaltung der DIN-Normen zum Zeitpunkt des Vertragsschlusses kann gleichwohl weder ein vertragsgemäßer Zustand unterstellt noch bei nachträglicher Änderung der DIN-Normen von einem vertragsgemäßen Zustand ausgegangen werden.[59] Vielmehr ist entscheidend, ob der Zustand der Mietsache von der vertraglich vereinbarten Beschaffenheit abweicht.[60] Haben die Parteien allerdings keine ausdrückliche Vereinbarung zur Beschaffenheit der Mietsache getroffen, schuldet der Vermieter jedenfalls die Einhaltung der maßgeblichen technischen Normen.[61] Mit der Verkehrsanschauung ist dabei grundsätzlich auf den zum Zeitpunkt der Errichtung des Gebäudes geltenden Maßstab abzustellen.

31 Weicht allerdings bei einem bereits lang andauernden Mietverhältnis der vorhandene Standard nicht unerheblich von dem neuesten Standard ab, so kann der Vermieter verpflichtet sein, zur Gewährleistung eines ungestörten Mietgebrauchs technische Einrichtungen dem aktuellen wissenschaftlichen und technischen Entwicklungsstand anzupassen,[62] dh das Mietobjekt entsprechend **nachzurüsten,** sofern dieser Standard allgemein üblich ist.[63] Andererseits soll der Mieter eines nicht modernisierten Altbaus nicht erwarten können, dass die Elektroinstallationen in der Wohnung den bei Vertragsschluss geltenden Maßstäben für die elektrische Anlage in einem modernisierten Altbau

[54] LG Mannheim MDR 1967, 130 Rn. 54.
[55] LG Berlin MDR 1992, 478; LG Aachen MDR 1992, 578; LG Hamburg ZMR 1986, 122.
[56] BGH NJW 1981, 865.
[57] Schmidt-Futterer/Eisenschmid BGB § 535 Rn. 48.
[58] BGH NJW 1987, 2222; Schmidt-Futterer/Eisenschmid BGB § 536 Rn. 34.
[59] OLG NZM 1999, 804.
[60] BGH NJW-RR 2002, 1533.
[61] BGH NZM 2009, 855.
[62] BVerfG WuM 1998, 657; AG Hamburg WuM 1994, 200.
[63] Rathjen ZMR 1999, 458; Kinne GE 2000, 1394 (1397).

entspricht und hat daher typische Unzulänglichkeiten einer Altbauwohnung hinzunehmen.[64] Nimmt der Vermieter nach Vertragsschluss bauliche Veränderungen am Gebäude vor, die zu Lärmimmissionen führen können, so kann der Mieter erwarten, dass Lärmschutzmaßnahmen getroffen werden, die den Anforderungen der zur Zeit des Umbaus geltenden DIN-Normen genügen.[65] Die Rechtsprechung für diesen Problemkreis ist allerdings recht kontrovers und letztlich auch von § 242 BGB geprägt.

Die Nachrüstungspflicht wird bejaht:

- Bei nicht ausreichender Trittschalldämmung[66] 32
- Für Nachisolierung, wenn ein ungewöhnlich hoher Heizenergieverbrauch infolge einer unzureichenden Wärmedämmung entsteht[67]
- Bei unzureichender Beheizung wegen mangelnder Dimensionierung der Heizungsanlage[68]
- Für Ausstattung der Heizungsanlage mit Thermostatventilen[69]
- Umrüstung einer Gemeinschaftsantenne auf neue Frequenzen bereites bestehender Sender[70]
- Für Kabelanschluss[71]
- Verstärkung der Stromleitungen, um dem Mieter die Nutzung technischer Haushaltsgeräte zu ermöglichen[72]
- Für Einbau einer Schließanlage[73]

Die Nachrüstungspflicht wird verneint:

- Zeitgemäße Wärmedämmung, wenn die Wohnung den zum Zeitpunkt der Errichtung 33 des Hauses maßgeblichen Anforderungen entsprach und keine technischen Mängel vorliegen[74]
- Für Fenster, die der Wärmeschutzverordnung nicht mehr entsprechen[75]
- Verstärkung der elektrischen Leitung zum Anschluss eines Mikrowellenherdes[76]

Zunehmend sind Gegenstand der Rechtsprechung die Fälle, bei denen die vorhandene 34
Beschaffenheit der Mietsache nach dem aktuellen Entwicklungsstand der technischen, biologischen und medizinischen Erkenntnisse eine **nachhaltige Gesundheitsgefährdung** des Mieters darstellt, wobei es nicht auf die subjektive Empfindlichkeit des Mieters, sondern auf objektive Erkenntnisse ankommt.

Eine **Nachrüstungspflicht des Vermieters ist jedenfalls dann gegeben,** wenn ein **ge-** 35
sundheitsgefährdender Zustand des Mietobjektes vorliegt, wie zB die Gesundheitsschädlichkeit durch Schadstoffbelastung auf Grund von zB Asbest, Blei, Formaldehyt, Nitrat, Perchlorethylen (PER) und polychlorierte Biphenyle (PCB).[77] Ändern sich während des Mietverhältnisses gesundheitsschützende Richt- oder Grenzwerte von Immissionen, werden diese zum Zeitpunkt ihrer Veröffentlichung für die Vertragsparteien zum Maßstab bei der Beurteilung des vertragsgemäßen Gebrauchs.[78] Ein gesundheitsschädlicher Zustand der Wohnung begründet sowohl nach der Verkehrsauffassung wie

[64] BGH NJW 2004, 3174.
[65] BGH NZM 2005, 60.
[66] BGH NZM 2005, 60; OLG Düsseldorf WuM 1997, 221; LG Berlin GE 1996, 677.
[67] LG Waldhut-Tiengen WuM 1991, 479.
[68] AG Bremerhaven WuM 1992, 601.
[69] AG Gelsenkirchen WuM 1993, 735.
[70] AG Düsseldorf WuM 1990, 423.
[71] AG Bonn WuM 1990, 14.
[72] AG Schöneberg WuM 1992, 113.
[73] AG Hamburg WuM 1994, 200.
[74] LG München I ZMR 1987, 468; LG Berlin ZMR 1987, 338.
[75] LG Köln WuM 1990, 424.
[76] AG Osnabrück ZMR 1989, 339.
[77] BayObLG NZM 1999, 899; LG Frankfurt a. M. ZMR 1990 (für bleihaltiges Trinkwasser), 17; LG Hamburg NJW 1991, 1998; Sternel VII Rn. 71.
[78] Schmidt-Futterer/Eisenschmid BGB § 536 Rn. 25.

nach dem Willen der Mietvertragsparteien einen Mangel der Wohnung.[79] Für die Frage der Gewährleistung bei einem gesundheitsschädlichen Zustand der Mietsache kommt es nach Ansicht des Bayerischen Obersten Landgerichts[80] auf den Zeitpunkt an, ab dem die Kenntnis von der Gesundheitsgefährdung des Stoffes in den neuen Richtlinien umgesetzt wird. Führen also im Verlaufe des Mietverhältnisses neue Einsichten in die gesundheitsgefährdende Wirkung bestimmter Baustoffe zu verschärften wissenschaftlich-technischen Standards, bringen diese eine Änderung der vertraglichen Soll-Beschaffenheit der Mietsache mit sich, weil die Vertragsparteien regelmäßig von der Fortdauer der gesundheitlichen Unbedenklichkeit der Mietwohnung ausgehen. Der Vermieter hat dann jeweils die Beschaffenheit der Mietsache herbeizuführen, die als Vorsorge gegen Gefahren für die Gesundheit der Bewohner der Mietsache nach dem aktuellen Standard erforderlich ist. Fehlerhaftigkeit der Mietsache tritt demnach erst ein, wenn der Vermieter nach Bekanntwerden der entsprechenden verschärften Standards gleichwohl nicht die Ursache der Gesundheitsgefährdung beseitigt.[81] Dem Mieter werden damit die Gewährleistungsrechte erst für die Zukunft gewährt.[82]

36 Neben dieser zur PCP-Schadstoffbelastung ergangenen Entscheidung des Bayerischen Obersten Landesgerichts haben in der Rechtsprechung die Nachrüstungspflicht infolge von Gesundheitsschäden bejaht:

- Beseitigung asbestbelasteter Nachtstromspeicheröfen[83]
- Instandsetzung der Hausinstallation bei Feststellung überhöhter Bleikonzentrationen im Wasser, wobei eine Gesundheitsgefährdung nach überwiegender Auffassung vorliegt, wenn der Grenzwert der Trinkwasserverordnung von 40 Mikrogramm pro Liter nicht nur ganz unerheblich nach Umfang und Dauer überschritten wird. Die EU-Richtlinie98/83 sieht eine Maximalbelastung von 10 Mikrogramm pro Liter vor[84]
- Kompletter Austausch der alten Bleirohre bei überhöhter Bleikonzentration[85]
- Bei Formaldehytüberschreitung des Ausgasungsgrenzwertes von 0,01 ppm. in Innenräumen[86]
- Nitrat im Trinkwasser[87]

37 **d) Zerstörung der Mietsache.** Bei **vollständiger Zerstörung** der Mietsache wird der Vermieter gem. § 275 Abs. 1 BGB von seiner Erhaltungspflicht aus § 535 Abs. 1 S. 2 BGB frei, weil die §§ 536 ff. BGB Sonderregelungen nur für die Folgen von Sach- und Rechtsmängeln enthalten. Eine Instandsetzungspflicht besteht nicht,[88] und zwar auch dann nicht, wenn die vollständige Zerstörung vom Vermieter zu vertreten ist. Der Vermieter ist in diesem Falle auch nicht verpflichtet, eine Versicherungsleistung zur Wiederherstellung des Mietobjektes zu verwenden, noch kann der Mieter gem. § 285 BGB deren Herausgabe verlangen, weil es sich insoweit um ein Surrogat für die Substanz der Mietsache und nicht für deren Nutzung handelt.[89] Zudem besteht auch keine Verpflichtung des Vermieters, bei Wiederherstellung des Mietobjektes mit dem Mieter einen neuen Mietvertrag abzuschließen.[90] Allenfalls kann der Vermieter aus § 242 BGB gehalten sein, dem Mieter den Abschluss eines neuen Vertrages anzubieten.

38 Ist die Zerstörung von keiner der Parteien zu vertreten, so wird der Vermieter nach § 275 Abs. 1 BGB von seiner Leistungspflicht,[91] der Mieter nach § 326 Abs. 1 Hs. 1

[79] Blank/Börstinghaus/Siegmund/Siegmund BGB § 536 Rn. 57.
[80] BayObLG NZM 1999, 899.
[81] BayObLG NZM 1999, 899; aA Kraemer WuM 2000, 515 (521).
[82] Schmidt-Futterer/Eisenschmid BGB § 536 Rn. 25.
[83] Schmidt-Futterer-Eisenschmid BGB, § 536 Rn. 177.
[84] OLG Köln ZMR 1992, 155; Schmidt-Futterer/Eisenschmid BGB § 536 Rn. 183.
[85] LG Hamburg WuM 1991, 161.
[86] LG München I WuM 1991, 584; LG Frankfurt a. M. WuM 1989, 284; AG Köln WuM 1987, 120.
[87] LG Köln NJW 1991, 1898.
[88] BGH ZMR 1992, 140; LG Berlin WuM 1998, 481.
[89] BGH WuM 1977, 5 und WuM 1992, 133.
[90] OLG Hamm WuM 1981, 259.
[91] BGH WuM 1990, 546 und WuM 1992, 133; OLG Karlsruhe WuM 1995, 307.

BGB von seiner Mietzahlungspflicht befreit. Zudem erlischt das Mietverhältnis, ohne dass es einer Kündigung des Mieters bedarf.

Sofern der Vermieter die Zerstörung zu vertreten hat, so wandelt sich der Erfüllungsanspruch des Mieters nach §§ 275, 280, 281, 283 BGB in einen Schadensersatzanspruch um. An die Stelle des verschuldensunabhängigen Rücktrittsrechts nach § 326 Abs. 5 BGB tritt nach Überlassung der Mietsache das Recht des Mieters zur fristlosen Kündigung gem. § 543 BGB.[92] 39

Hat hingegen der Mieter die völlige Zerstörung der Mietsache zu vertreten, so wird zwar der Vermieter von seiner Instandsetzungspflicht frei, ihm verbleibt jedoch gem. § 326 Abs. 2 S. 1 BGB der Anspruch auf Gegenleistung, nämlich die Mietzahlung.[93] Darüber hinaus hat er vertragliche und deliktische Schadensersatzansprüche gegenüber dem Mieter.[94] 40

Soweit schließlich die Zerstörung der Mietsache von beiden Mietparteien zu vertreten ist, so hat ein Ausgleich der beiderseitigen Leistungen nach den Grundsätzen des § 254 BGB zu erfolgen.[95] 41

e) **Opfergrenze.** In den überwiegenden Fällen kommt es jedoch nicht zu einer völligen Zerstörung der Mietsache, sondern vielmehr zu deren **Teilzerstörung.** Dann ist die Frage zu entscheiden, ob der Vermieter zum Wiederaufbau verpflichtet ist. 42

Zu unterscheiden ist hierbei zunächst, ob es sich bei dem zerstörten Teil um einen trennbaren oder untrennbaren Teil der Mietsache handelt. Ist ein **trennbarer Teil** von der Zerstörung der Mietsache betroffen, so entfällt die Wiederherstellungspflicht des Vermieters, soweit der nicht zerstörte Teil nach dem Vertragszweck vom Mieter noch wirtschaftlich sinnvoll genutzt werden kann.[96] 43

Ist dies jedoch nicht der Fall, so hängt die Entscheidung über die **Wiederaufbaupflicht** des Vermieters davon ab, ob ihm die Kosten hierfür unter Berücksichtigung aller Umstände des Falles nach § 242 BGB zumutbar sind.[97] Maßgebend ist die **Opfergrenze,** die eine generelle Grenze der Instandsetzungspflicht bildet. 44

Die Frage der Opfergrenze bzw. der wirtschaftlichen Unmöglichkeit soll nach dem Willen des Gesetzgebers nunmehr unter § 313 BGB (Wegfall der Geschäftsgrundlage) zu prüfen sein.[98] Folglich sollen die Fallgestaltungen der Teilzerstörung gem. § 313 BGB, wonach der Vertrag den neuen Verhältnissen angepasst werden kann, zu beurteilen sein. Der BGH ist dieser Rechtsauffassung nicht gefolgt und prüft die Frage der Opfergrenze unter dem Anwendungsbereich des § 275 Abs. 2 BGB.[99] 45

Zur Opfergrenze wird die Ansicht vertreten, der Vermieter könne sich insoweit nicht auf seine fehlende finanzielle Leistungskraft, Schwierigkeiten bei der Kreditbeschaffung und mangelnde Wirtschaftlichkeit des Hausbesitzes berufen.[100] In der Rechtsprechung sind hiervon jedoch im Rahmen einer Beurteilung nach § 242 BGB Ausnahmen gemacht worden.[101] 46

Zwar ist es grundsätzlich unbeachtlich für die Erhaltungspflicht des Vermieters, in welcher Höhe Reparaturkosten anfallen.[102] Gleichwohl darf kein **krasses Missverhältnis** zwischen dem Reparaturaufwand und dem Nutzen der Reparatur für den Mieter sowie dem Wert des Mietobjektes und den aus ihm zu ziehenden Einnahmen entstehen.[103] 47

[92] BGHZ 50, 312.
[93] BGH ZMR 1991, 57.
[94] BGH MDR 1976, 837.
[95] BGH WuM 1981, 259.
[96] BGH NJW 1992, 1036; OLG Karlsruhe WuM 1995, 307.
[97] BGH ZMR 1991, 20.
[98] BR-Drs. 338/01, 294.
[99] BGH NZM 2014, 432.
[100] BGH NJW 2011, 2050; Schmidt-Futterer/Eisenschmid BGB § 536 Rn. 557.
[101] LG Bonn WuM 1989, 367; LG Osnabrück WuM 1992, 119.
[102] LG Berlin WuM 1991, 538.
[103] LG Karlsruhe ZMR 1995, 202.

48 In der Rechtsprechung werden allerdings hohe Anforderungen an die Überschreitung der Opfergrenze gestellt.

Beispiele für zumutbare Reparaturkosten sind:
- 13.000 EUR für Außensanierung wegen Feuchtigkeitsschäden[104]
- 17.000 EUR für Balkonsanierung[105]
- Kosten einer Balkonerneuerung, deren Höhe nicht auf die Höhe der Mieteingänge beschränkt ist[106]
- 20.000 EUR für eine auch der Substanzerhaltung des Gebäudes dienende Kellersanierung[107]

49 Überschritten ist die Opfergrenze jedenfalls dann, wenn die Reparaturkosten den Zeitwert des Mietobjektes erheblich übersteigen[108] oder diese nicht innerhalb von 10 Jahren durch eine erzielbare Rendite aus dem Objekt wieder erwirtschaftet werden können.[109]

50 Vom Vermieter erhaltene **Versicherungsleistungen** können bei der beiderseitigen Interessenabwägung der Mietvertragsparteien berücksichtigt werden und dazu führen, dass die Instandsetzungspflicht des Vermieters auch bei ansonsten bestehender Überschreitung der Opfergrenze gegeben ist.[110]

51 Nach Treu und Glauben kann der Herstellungsanspruch des Mieters ausgeschlossen sein, wenn der Vermieter den Mangel nur mit erheblichen Mitteln beseitigen, der Mieter die Folgen mit geringem Aufwand beheben könnte.[111]

52 f) **Verkehrssicherungspflicht.** Die Instandhaltungspflicht beinhaltet ebenso die Verkehrssicherungspflicht. Der Vermieter ist hiernach verpflichtet, dem Mieter die **gefahrlose Benutzung der Mietsache** zu ermöglichen. Hierzu gehört nicht nur, die auf dem Grundstück nebst allen vermieteten Räumen und Flächen vorhandenen Gefahrenquellen zu beseitigen, sondern diese auch durch regelmäßige Überprüfung zu verhindern.

53 Dabei erstreckt sich die Verkehrssicherungspflicht auf sämtliche Zu- und Abgänge, Treppen und Flure, Fahrstühle, Keller und Böden, so dass sich alle diese Räume und Flächen des Mietobjektes stets in einem Zustand befinden müssen, der vermeidbare Gefahren für die Mieter ausschließt.[112] Maßgebend für die Anforderungen an die Verkehrssicherungspflicht ist die Sicherungserwartung eines verständigen und umsichtigen Menschen[113] sowie Art und vereinbarte Nutzung des Gebäudes. Inhalt und Umfang können daher für einen Altbau oder Neubau sowie ein Wohn- oder Geschäftshaus unterschiedlich gewertet werden.[114]

54 Die Verkehrssicherungspflicht des Vermieters gilt nicht schrankenlos, sondern wird vielmehr durch Zumutbarkeitskriterien begrenzt.[115] Insoweit muss der Vermieter nicht für alle denkbaren, auch nur entfernten Möglichkeiten eines Schadeneintritts Vorsorge treffen. Stattdessen ist nur diejenige Sicherheit zu schaffen, die man bei Berücksichtigung der jeweils gegebenen Verhältnisse allgemein erwarten darf.[116] Die rechtlich gebotene Verkehrssicherung umfasst danach diejenigen Maßnahmen, die ein verständiger und vorausschauender, in vernünftigen Grenzen denkender vorsichtiger Vermieter für notwendig und ausreichend halten darf, um den Mieter vor Schäden zu bewahren.[117]

---

[104] LG Wuppertal WuM 1991, 178.
[105] LG Berlin GE 1995, 1013.
[106] LG Berlin WuM 1991, 538.
[107] LG Osnabrück WuM 1992, 119.
[108] BGH WuM 1990, 546; OLG Karlsruhe ZMR 1995, 202.
[109] OLG Hamburg GE 2001, 367.
[110] BGH WuM 1977, 5.
[111] LG Hamburg WuM 1985, 21; LG Berlin GE 1995, 1013.
[112] BGH NJW 1994, 2232.
[113] BGH NJW 1990, 1236.
[114] Schmidt-Futterer/Eisenschmid BGB § 535 Rn. 139 ff.
[115] Schuschke NZM 2006, 733.
[116] KG NZM 2007, 125.
[117] BGH NZM 2006, 579; Lützenkirchen WuM 2007, 167.

Konkrete Ausgestaltung der Verkehrssicherungspflicht erlangt diese durch die öffentlich-rechtlichen Sicherungs- und Verhaltenspflichten, wie zB Bauvorschriften, Brandschutz-, Sicherheits- und Unfallverhütungsvorschriften usw. 55

Zum **geschützten Personenkreis** der Verkehrssicherungspflicht des Vermieters gehören nicht nur der Mieter, sondern auch dessen Angehörige und Hausangestellte[118] sowie der Partner einer eheähnlichen Lebensgemeinschaft.[119] Zwar haben Besucher des Mieters keine vertraglichen Beziehungen zum Vermieter. Gleichwohl haftet der Vermieter diesen gegenüber bei Verletzung seiner Verkehrssicherungspflicht nach den deliktischen Vorschriften.[120] 56

Da zum geschützten Personenkreis auch Kinder gehören, ist der Verkehrssicherungspflichtige gehalten, auch mit unbefugtem und nicht ganz fern liegendem missbräuchlichem Verhalten zu rechnen,[121] es sei denn, die Eltern haben ihre Aufsichtspflicht verletzt.[122] 57

Allerdings beinhaltet die Verkehrssicherungspflicht **keine Gefährdungs- oder Zufallshaftung** des Vermieters. Verletzt daher der Mieter seine Obhutspflicht nach § 536c BGB und erleiden dadurch Dritte einen Schaden, so haftet der Vermieter nicht, da er darauf vertrauen darf, dass der Mieter seine Obhutspflicht erfüllt.[123] 58

Die **Verletzung der Verkehrssicherungspflicht** wurde in der Rechtsprechung **anerkannt:** 59

- Pflicht, sich von der Beendigung von Bauarbeiten und der anschließenden gefahrlosen Benutzbarkeit der Mietsache zu vergewissern[124]
- Überwachung von Bauarbeiten auf dem Nachbargrundstück darauf, dass dem Mieter kein Schaden entsteht[125]
- Pflicht zur Überprüfung des ordnungsgemäßen Zustandes der Wasserleitungen[126] sowie der elektrischen Anlagen des vermieteten Gebäudes[127]
- Durchführung von Druckproben an den Gasleitungen, wobei ein bloßes Abklopfen der Leitungen nicht ausreicht[128]
- Absichern einer Lichtschachtabdeckung gegen Abheben, und zwar auch dann, wenn sich die Gefahrenlage erst aus dem vorsätzlichen Handeln Dritter ergibt[129]
- Pflicht zur Erhaltung der ordnungsgemäßen Schachtabdeckung[130]
- Pflicht zur Abhilfe bei gefährlicher Treppenhausverglasung aus Fensterglas[131]
- Gläserne Hauseingangstüren müssen so beschaffen sein, dass auch bei unsachgemäßem Öffnen keine Verletzungsgefahr besteht[132]
- Treppenhaus muss einen hinreichend trittsicheren Belag (hier schadhafter Teppichbodenbelag) haben[133]
- Bei der Treppenhausreinigung ist auf ein gefahrloses Reinigungsmittel zu achten, damit eine übermäßige Glätte des Fußbodens vermieden wird[134]

---

118 BGHZ 61, 233; 77, 124.
119 OLG Hamburg NJW-RR 1988, 1482.
120 BGH NJW 1994, 2232.
121 OLG Nürnberg NJW-RR 2002, 448.
122 OLG Hamm GE 2001, 1058.
123 OLG Karlsruhe WuM 1996, 226.
124 LG Berlin WuM 1990, 378.
125 OLG Karlsruhe ZMR 1988, 52.
126 OLG Hamm VersR 1981, 1161; LG Köln WuM 1998, 277.
127 OLG München NJW-RR 1997, 1031; OLG Celle NJW-RR 1996, 521.
128 OLG Stuttgart ZMR 1973, 145.
129 BGH WuM 1990, 868.
130 AG Potsdam WuM 1998, 288.
131 BGH NJW 1994, 2232.
132 OLG Koblenz ZMR 1997, 417.
133 OLG Köln NJWE-MietR 1996, 178.
134 BGH WuM 1994, 218.

- Verwendung von Unkrautvernichtungsmitteln bzw. Rasendünger auf Wegen und Rasen des Hausgrundstückes, wodurch eine Gefährdung der Gesundheit insbesondere der Kleinkinder der Mieter zu befürchten ist[135]
- Ebenso liegt eine Pflichtverletzung des Vermieters vor, wenn das Gras in der Umgebung eines zum Mietobjekt gehörenden Spielplatzes nicht kurz gehalten wird, um evtl. herumliegende Glasscherben zu entdecken und ggf. zu entfernen.[136]

Verneint wird die Verletzung der Verkehrssicherungspflicht:

60 • Bei einer Hauseingangstreppe mit unzulässigem Gefälle und dadurch bedingter Rutschgefahr[137]
- Die tägliche Reinigung und Kontrolle im Abstand weniger Stunden einer Garageneinfahrt sowie dem Zugangsweg zur Garage[138]
- Für abstrakte Schadensrisiken, so dass den Vermieter auch keine Verpflichtung trifft, eine in der Erde liegende Wasserleitung auszugraben, um sich über den Erhaltungszustand der Rohre Gewissheit zu verschaffen[139]
- Überprüfung des Vermieters von in den Wänden verlegter Wasser- und Abwasserrohre, es sei denn es besteht ein konkreter Korrosionsverdacht auf Grund sich häufender Rohrbrüche.[140]
- Wenn der Vermieter die mit einem Glasausschnitt versehenen Zimmertüren der Wohnung, die insoweit den baurechtlichen Vorschriften entspricht, bei einer Vermietung an eine Familie mit Kleinkindern nicht mit Sicherheitsglas nachrüsten lässt.[141]

Letzteres ist bei kleineren Wasserschäden in längeren zeitlichen Abständen aber grundsätzlich nicht der Fall.[142] Bei häufigen Verstopfungen der Abwasserrohre ist jedoch auf eine Zusetzung der Rohre zu schließen und der Vermieter gehalten, die Leitungen jährlich überprüfen zu lassen.[143]

61 Im Rahmen der Verkehrssicherungspflicht ist auch immer wieder die Frage zu entscheiden, welche **Vorkehrungen** der Vermieter **im Winter** zu ergreifen hat.[144] Die hierzu erforderlichen Sicherungsmaßnahmen, insbesondere die Anbringung von Schneefanggittern und Dachlawinen hängt zunächst von deren Ortsüblichkeit und im Übrigen von den klimatischen und örtlichen Verhältnissen sowie der Lage und Beschaffenheit des Gebäudes ab. Sind daher Gegenden mit wenig Schneefall betroffen, so sind Sicherungsmaßnahmen nicht erforderlich.[145] Treten jedoch auf Grund der örtlichen Wetterverhältnisse sowie der starken Dachneigung immer wieder Dachlawinen auf oder sind Schneefanggitter ortsüblich, so hat der Verkehrssicherungspflichtige Schneefanggitter anzubringen.[146]

62 Schließlich beinhaltet die Verkehrssicherungspflicht neben der Prüfungs- auch die **Wartungspflicht** des Vermieters.[147]

63 **g) Fürsorge- und Schutzpflichten.** Die aus der Erhaltungspflicht des Vermieters herzuleitende allgemeine Fürsorge- und Schutzpflicht betrifft die **Gefahrenabwehr** von nicht auf der Mietsache beruhenden Störungen.

64 So ist der Vermieter verpflichtet, die Mieter über das Aufstellen eines Baugerüstes vorab zu informieren, wenn dadurch die Diebstahlsgefahr erhöht wird.[148]

---

135 LG München I WuM 1989, 500.
136 OLG Hamm DWW 1990, 203.
137 OLG Zweibrücken VersR 1994, 1487.
138 KG NZM 2007, 125.
139 BGH WuM 1993, 123; ZMR 1957, 305.
140 AG Menden ZMR 1999, 34.
141 BGH NZM 2006, 578; Schuschke NZM 2006, 733.
142 OLG München NJWE-MietR 1996, 177.
143 LG Berlin GE 1992, 1045.
144 Hierzu ausführlich Hitpaß/Kappus NJW 2013, 565 (569).
145 OLG Karlsruhe NJW 1983, 2946; LG Karlsruhe NZM 1998, 154.
146 OLG Dresden WuM 1997, 377.
147 Vgl. hierzu Ausführungen zu → Rn. 384 ff.
148 Schmidt/Futterer/Eisenschmid BGB § 535 Rn. 94.

Zudem ist der Vermieter gehalten, sich nach Durchführung von Bauarbeiten zu vergewissern, dass diese tatsächlich beendet sind und die Mietsache wieder gefahrlos benutzt werden kann.[149] 65

Lassen Diebstähle in einer Wohnanlage ein erhöhtes Risiko für weitere Einbrüche erkennen, ist der Vermieter gehalten, hierauf hinzuweisen.[150] 66

Besteht die Gefahr, dass sich Drogensüchtige und Stadtstreicher Zugang zum Treppenhaus verschaffen, so ist der Vermieter auf Verlangen verpflichtet, die Hauseingangstür zumindest mit einem Schnappschloss zu versehen.[151] 67

Bei Hochwassergefahr ist der Vermieter gehalten, die nach den Umständen zumutbaren und erforderlichen Schutzvorrichtungen vorzunehmen.[152] 68

Ist der Mieter durch **Lärm oder sonstige Störungen Dritter** beeinträchtigt, so hat der Vermieter im Rahmen seiner Fürsorge- und Schutzpflicht für deren Beseitigung Sorge zu tragen, so für 69

- störendes Klavierspiel[153]
- Lärm und Gerüche aus der Gaststätte[154]
- Lärm und Geruchsbelästigung durch eine im Haus befindliche Bäckerei[155]
- Abluft aus dem Wäschetrockner eines Mitbewohners[156]
- Ständige Lärmstörungen durch Ladenbetrieb und Warenbelieferungen eines Mitmieters[157]
- Kinderlärm[158]
- Einen bordellartigen Betrieb im Wohnhaus[159]

h) Reinigungs- und Beleuchtungspflichten. Die Verkehrssicherungspflicht des Vermieters erstreckt sich weiterhin auf die Reinigung und Beleuchtung der Zu- und Abgänge sowie der Treppen und Flure. 70

Kraft Gewohnheitsrecht obliegt weder die **Treppenhausreinigung** den Mietern noch die Reinigung der Zu- und Abgänge des Gebäudes dem Mieter der Erdgeschosswohnung. Vielmehr ist für die Reinigung dieser gemeinschaftlichen Hausteile nach allgemeiner Rechtsauffassung der Vermieter zuständig,[160] es sei denn diese Pflichten sind kraft Individual- oder Formularvereinbarung wirksam auf den Mieter übertragen worden. 71

Die Reinigungspflicht erstreckt sich auf alle bestimmungsgemäßen Zuwege des Mietobjektes, wie insbesondere die Reinigung des Hauseingangs, den Zugangs zu den Mülltonnen, den Zuwegen zu Hof und Garten sowie Reinigung des Bürgersteigs.[161] 72

Die Pflicht des Vermieters zur **Eis- und Schneebeseitigung** ist Bestandteil der Reinigungspflicht. Zum gefahrlosen Begehen des Bürgersteigs und der Zugänge zum Haus ist er gehalten, einen für den Fußgängerverkehr ausreichend breiten Streifen zu streuen und zu saubern. Der Zeitrahmen für die Eis- und Schneebeseitigung richtet sich nach der Satzung der örtlichen Gemeinde, setzt in der Regel mit Beginn des Tagesverkehrs gegen 7.00 Uhr ein und endet gegen 20.00 Uhr. Während der Nacht besteht keine Streupflicht.[162] 73

---

[149] LG Berlin WuM 1990, 378.
[150] OLG Hamburg NJW-RR 1988, 1481.
[151] AG Hamburg WuM 1994, 676.
[152] OLG Düsseldorf NJW-RR 1988, 906; OLG Hamm NJW-RR 1988, 529; einschränkend OLG München WuM 1991, 681.
[153] LG Offenburg DWW 1990, 373.
[154] LG Hamburg WuM 1987, 218.
[155] LG Berlin MM 1995, 353.
[156] LG Köln WuM 1990, 385.
[157] LG Hamburg WuM 1984, 79.
[158] LG Berlin WuM 1999, 329; AG Schöneberg MM 1995, 397.
[159] KG WuM 1988, 286; LG Kassel WuM 1987, 122; AG Hamburg WuM 1984, 218.
[160] Schmidt-Futterer-Eisenschmid BGB § 535 Rn. 575.
[161] OLG Saarbrücken WuM 2000, 126.
[162] Schmidt-Futterer/Eisenschmid BGB § 535 Rn. 170.

74 Der Vermieter ist selbst dann nicht verpflichtet, einen Treppenabgang morgens vor 6.00 Uhr zu streuen, wenn ihm bekannt ist, dass der Mieter um diese Zeit seinen Weg zur Arbeit antritt.[163]

75 Bei andauerndem Schneefall und bei Eintritt von Glatteis braucht nach angemessener Zeit unter Berücksichtigung der örtlichen Verhältnisse gestreut zu werden. Bei überfrierendem Sprühregen muss der Vermieter notfalls mehrmals streuen.[164]

76 Schließlich hat der Vermieter auch für eine ausreichend lange **Beleuchtung** des Außenzugangs[165] wie des Treppenhauses[166] und für die dauerhafte Betriebssicherheit der Beleuchtungsanlage zu sorgen.[167] Bei einem mehrgeschossigen Gebäude sind 20 Sekunden Dauerlicht einer Treppenhausbeleuchtung zu wenig, da bei durchschnittlicher Gehgeschwindigkeit in dieser Zeit keine 2 Stockwerke begangen werden können.[168]

3. Abwälzung auf Mieter

77 a) **Individualvereinbarungen.** Im Rahmen eines Individualmietvertrages können Instandhaltungs- und Instandsetzungsarbeiten am Mietobjekt auf den Mieter wirksam übertragen werden, soweit hierdurch die Gewährleistungsrechte des Mieters nicht eingeschränkt werden.[169] Die Übernahme von Maßnahmen der Instandhaltung und Instandsetzung durch den Mieter stellen eine geldwerte Leistung des Mieters dar. Sind diese Arbeiten im Einzelnen im Individualvertrag aufgeführt und werden diese im Rahmen der Mietkalkulation offen einberechnet, so bestehen grundsätzlich gegen diese Überbürdung auf den Mieter keine Bedenken.[170] Beinhaltet eine solche Vereinbarung jedoch ebenso die Haftung des Mieters für solche Veränderungen oder Verschlechterungen der Mietsache, die er nicht zu vertreten hat, so führt dies im Ergebnis zum Ausschluss der Gewährleistungsrechte, was bei der Wohnraummiete grundsätzlich zur Unwirksamkeit führt, auch wenn eine individualvertragliche Regelung vorliegt.[171]

78 Unwirksam ist daher eine Individualvereinbarung, wonach der Mieter verpflichtet wird, bereits bei Beginn des Mietverhältnisses vorhandene Mängel (Anfangsmängel) sowie solche Mängel zu beseitigen, die nicht durch seinen Gebrauch der Mietsache verursacht werden. Verursacht mithin ein vermieterseits zu vertretender Baumangel, wie zB ein Rohrbruch einen Schaden im Inneren der Wohnung oder wird das Mietobjekt durch einen Dritten, etwa durch einen Einbruch beschädigt, so trägt ausschließlich der Vermieter die Kosten notwendiger Instandsetzungsmaßnahmen, und zwar auch dann, wenn der Mieter hierfür Leistungen von seiner Hausratversicherung erhalten hat.[172]

79 Nicht zu beanstanden ist hingegen eine Individualvereinbarung, auf Grund deren sich der Mieter verpflichtet, Außenflächen von Fenstern und Wohnungstüren malermäßig zu behandeln oder Arbeiten an Bodenbelägen vorzunehmen, sofern diese übernommenen Verpflichtungen in der Mietkalkulation offen einberechnet werden.

80 Liegt eine individualvertraglich wirksame Überbürdung zB der Verkehrssicherungspflicht auf den Mieter vor, verbleibt beim Vermieter in jedem Fall dessen **Überwachungspflicht.**[173] Hat der Vermieter daher einem ungeeigneten Mieter, sei es auf Grund seines Alters oder seiner häufigen Abwesenheit zur Erhaltung der Verkehrssicherungspflicht bestellt, so haftet er Dritten gegenüber aus dem Gesichtspunkt des **Auswahlverschuldens.**[174]

---

[163] OLG Düsseldorf WuM 2002, 89.
[164] OLG Saarbrücken WuM 2000, 126; KG GE 1999, 1496.
[165] LG Flensburg WuM 1996, 215.
[166] OLG Koblenz WuM 1997, 50.
[167] LG Berlin GE 1990, 867.
[168] OLG Koblenz WuM 1997, 50.
[169] BGH NJW 1992, 1759.
[170] BGH WuM 2002, 484 (486).
[171] BeckOK MietR/Specht BGB § 535 Rn. 4416–4420.
[172] AG Köln WuM 1998, 596.
[173] BGH NJW 1985, 270; OLG Köln WuM 1996, 226.
[174] BGH NJW 1985, 484.

b) Formularvereinbarungen. Formularmäßig kann dem Mieter nicht die Pflicht auferlegt werden, das Mietobjekt in einen bautechnischen Zustand zu versetzen, diesen wiederherzustellen oder zu erhalten, der eine Nutzung zu dem vertraglich vereinbarten Zweck erst ermöglicht, soweit eine solche Regelung über Schönheitsreparaturen und Kleinreparaturen hinausgeht.[175] Insoweit verstößt die Überwälzung der Erhaltungspflicht auf den Mieter nach der Rechtsprechung des BGH gegen § 307 BGB.[176] Solche Klauseln sind mit den Gewährleistungsvorschriften der §§ 536 ff. BGB wie auch den Kündigungsvorschriften gem. §§ 543 Abs. 2 Nr. 1, 569 Abs. 1 BGB unvereinbar und zudem gem. § 307 Abs. 2 Nr. 1 BGB unwirksam, da sie die Hauptpflicht des Vermieters zur Überlassung der Mietsache in vertragsgemäßem Zustand aushöhlen.[177] Unwirksam ist eine solche formularmäßige vollständige Abwälzung der Erhaltungspflicht auf den Mieter auch deshalb, weil dem Mieter bei einer solchen Vertragsgestaltung ein unkalkulierbares Risiko auferlegt wird. Dies gilt auch bei der Vermietung von Einfamilienhäusern.[178] 81

Zu unterscheiden ist bei solchen Regelungen, ob es sich um **Vornahmeklauseln** oder aber **Kostenerstattungsklauseln** handelt. **Vornahmeklauseln** sind im Rahmen einer formularmäßigen Abwicklung generell unzulässig,[179] wohingegen Kostenerstattungsklauseln unter engen Voraussetzungen zulässig sind.[180] 82

Dem Mieter kann daher im Rahmen einer Formularvereinbarung weder das Ausbessern von Schäden an Verputz der Wände und Decken[181] noch das Abschleifen und Versiegeln des Parkettbodens[182] oder die Erneuerung des Teppichbodens[183] oder eines anderen Bodenbelages auferlegt werden. Schließlich hat der BGH auch eine Formularvereinbarung, wonach der Mieter verpflichtet war, bei Beendigung des Mietverhältnisses Dübeleinsätze zu entfernen, Löcher ordnungsgemäß und unkenntlich zu verschließen und etwa durchbohrte Kacheln zu ersetzen, für unwirksam erklärt.[184] 83

Es besteht auch keine Verpflichtung des Mieters, anstelle einer Kostenübernahme für erforderliche Reparaturmaßnahmen zugunsten des Vermieters eine Sach- oder Haftpflichtversicherung abzuschließen.[185] 84

Unzulässig ist ebenso eine Klausel, die den Mieter verpflichtet, Wasserleitungen vor dem Einfrieren zu schützen, da hierdurch dem Mieter das Risiko einer unzureichenden Isolierung oder eines Heizungsausfalles auferlegt wird.[186] 85

Weiterhin ist eine Formularklausel unwirksam, wonach die Pflicht des Mieters begründet wird, Installationsgegenstände für Elektrizität, Wasser und Gas, Haus- und Kücheneinrichtungen, Fenster- und Türschlösser sowie die Verschlussvorrichtungen von Fensterläden in einem gebrauchsfähigen Zustand zu halten.[187] 86

Wird der Mieter durch Klauselvereinbarung verpflichtet, die Mietsache auf seine Kosten frei von Ungeziefer zu halten, so verstößt dies gegen § 307 BGB, da sie eine verschuldensunabhängige Haftung des Mieters in den Fällen begründet, in denen der Ungezieferbefall von anderen Mietern oder vom Vermieter auf Grund einer Vernachlässigung von Grundstück und Gebäude zu vertreten ist.[188] 87

Für unzulässig sind in diesem Zusammenhang auch Klauseln erklärt worden, wonach eine Haftung des Mieters für Schäden begründet wird, die durch die Nichtbeseitigung 88

175 BGH NJW 1977, 195.
176 BGH NJW 1989, 2247; 1992, 1759.
177 BeckOK MietR/Specht BGB § 535 Rn. 4416–4420.
178 LG Heidelberg NJWE-MietR 1997, 99.
179 BGH NJW 1992, 1759; OLG Frankfurt a. M. WuM 1997, 609.
180 BGH NJW 1989, 2247; vgl. im Übrigen Ausführungen zu → Rn. 350 ff.
181 LG Köln WuM 1989, 506.
182 BGH NZM 2010, 157; LG Köln WuM 1994, 199; AG Bergisch Gladbach WuM 1997, 211.
183 OLG Hamm WuM 1991, 248.
184 BGH WuM 1993, 109.
185 LG München I WuM 1997, 612; LG Berlin WuM 1993, 261; LG Düsseldorf WuM 1990, 336.
186 OLG Frankfurt a. M. WuM 1992, 56.
187 BGH WuM 1992, 355.
188 AG Frankfurt a. M. WuM 1989, 171; AG Bonn WuM 1986, 113.

von Ungeziefer oder durch die vom Vermieter veranlasste Ungezieferbeseitigung entstehen.[189]

89 Eine **Übertragung der Reinigungs- sowie Eis- und Schneebeseitigungspflicht** auf den Mieter durch Formularvertrag wird in Rechtsprechung und Literatur teilweise als zulässig angesehen. Voraussetzung hierfür ist jedoch, dass sie nicht an versteckter Stelle, wie zB in der **Hausordnung** stehen, da sie Hauptpflichten betreffen.[190] Unwirksam gem. § 307 BGB sind daher Klauseln in der Regel, wenn sie in der Hausordnung untergebracht sind, da die Hausordnung nicht die Rechte und Pflichten der Mietvertragsparteien untereinander, sondern typischerweise das Verhalten der Hausbewohner untereinander regelt.[191] Dagegen sollen solche Klauseln in der Hausordnung aber dann zulässig sein, wenn die Hausordnung unmittelbar Gegenstand des Mietvertrages ist.[192]

90 In der Rechtsprechung ist umstritten, ob der Mieter von seiner wirksam übernommenen Reinigungs- sowie Eis- und Schneebeseitigungspflicht befreit wird, wenn er dazu infolge einer **Erkrankung oder wegen Alters** nicht mehr in der Lage ist. Hierzu wurde einerseits die Ansicht vertreten, es handele sich bei dieser Verpflichtung um die Vornahme einer vertretbaren Handlung, so dass der Mieter für seine Vertretung Sorge tragen müsse.[193] Eine andere Meinung nahm dann eine Befreiung des Mieters von seiner Leistungspflicht an, da ein Fall der subjektiven nachträglichen Unmöglichkeit vorliege.[194] Nunmehr kann der Mieter gem. § 275 Abs. 3 BGB die Leistung verweigern, wenn er die Leistung persönlich zu erbringen hat und sie ihm unter Abwägung des seine Leistung entgegenstehenden Hindernisses mit dem Leistungsinteresse des Gläubigers nicht zugemutet werden kann. Mit dieser Einrede hat der Mieter die Möglichkeit, sich von seiner persönlichen Leistungspflicht zu befreien.

91 Nach einer Entscheidung des LG Münster[195] wird der Mieter von der mietvertraglichen Winterdienstpflicht jedenfalls dann frei, wenn ihm persönlich aus gesundheitlichen Gründen der Winterdienst nicht mehr möglich ist und weder private noch gewerbliche Dritte am Ort zur Übernahme der Winterdienstleistung bereit sind.

92 Der Vermieter kann sich von seiner **Beleuchtungspflicht** hinsichtlich der allgemeinen Zuwegungen sowie des Treppenhauses nicht allgemein frei zeichnen. So sind Formularklauseln wie „die Beleuchtung des Treppenhauses obliegt jeder Partei für ihre Etage" oder „der Mieter hat defekte Glühbirnen auszutauschen" wegen Verstoßes gegen § 307 BGB unwirksam, da sie dem Mieter Leistungspflichten überbürden, die nicht die von ihm angemieteten Räume betreffen und ihm auch die Haftung für von Dritten verursachte Schäden übertragen.

93 c) **Bei preisgebundenem Wohnraum.** Die Instandhaltungskosten werden für den preisgebundenen Wohnraum in § 28 Abs. 1 II. BV definiert. Es handelt sich hiernach um Kosten, die während der Nutzungsdauer zur Erhaltung des bestimmungsgemäßen Gebrauchs aufgewendet werden müssen, um die durch Abnutzung, Alterung und Witterungseinwirkung entstehenden baulichen oder sonstigen Mängel ordnungsgemäß zu beseitigen. Es handelt sich mithin um Kleinreparaturen, die gem. § 28 Abs. 3 S. 1 II. BV als „kleine Instandhaltungen" auf den Mieter übertragbar sind, jedoch nur unter denselben Voraussetzungen wie bei frei finanziertem Wohnraum auf den Mieter übertragbar sind.[196]

94 Gem. § 9 Abs. 6 S. 2 WoBindG. können kraft Vereinbarung auf den Mieter auch Arbeitsleistungen übertragen werden, die zu einer Verringerung der Bewirtschaftungskosten führen. Hierunter fällt auch die Reinigungspflicht.

---

[189] OLG Frankfurt a. M. WuM 1992, 57.
[190] Blank/Börstinghaus/Siegmund/Siegmund BGB § 535 Rn. 338.
[191] LG Frankfurt a. M. NJW-RR 1988, 782.
[192] OLG Köln ZMR 1995, 308; OLG Frankfurt a. M. NJW 1989, 41.
[193] LG Kassel WuM 1991, 580; LG Düsseldorf WuM 1988, 400; Blank/Börstinghaus/Siegmund/Siegmund BGB § 535 Rn. 342.
[194] LG Hamburg WuM 1989, 622; LG Darmstadt WuM 1988, 300; AG Münster WuM 1995, 36.
[195] LG Münster WuM 2004, 193.
[196] BGH NJW 1989, 2247; Schmidt-Futterer/Eisenschmid BGB § 535 Rn. 74.

4. Pflichten des Mieters

a) **Duldungspflichten.** *aa) Allgemeines.* Der Mieter von Wohnraum hat gem. § 555a Abs. 1 BGB Einwirkungen auf die Mietsache zu dulden, die zur Erhaltung der Mieträume oder des Gebäudes erforderlich sind. Diese Vorschrift korrespondiert mit der Erhaltungspflicht des Vermieters gem. § 535 Abs. 1 S. 2 BGB und ermöglicht es ihm, einerseits die in seinem Interesse liegende Erhaltung des Gebäudes zu gewährleisten, andererseits aber auch seine ihm gegenüber dem Mieter bestehende Instandhaltungs- und Instandsetzungspflicht zu erfüllen und mögliche Gewährleistungsansprüche abzuwenden. 95

Da eine uneingeschränkte Verpflichtung des Vermieters zur Erhaltung der Mietsache besteht, gilt auch die Duldungspflicht des Mieters grundsätzlich uneingeschränkt.[197] Die Erhaltungsmaßnahme muss allerdings **objektiv notwendig** sein. Keine Erhaltungsmaßnahmen sind daher bauliche Veränderungen der Mietsache, sofern nicht die Voraussetzungen der Modernisierungsmaßnahmen gem. § 555b BGB vorliegen. 96

Eine vom Mieter nicht zu duldende bauliche Veränderung der Mietsache liegt regelmäßig dann vor, wenn ältere aber noch funktionsfähige Einrichtungen durch eine gleichwertige Neuanschaffung ersetzt werden,[198] da hierdurch der Mieter keinen Gebrauchsvorteil erhält. 97

So stellt jedenfalls die geplante Überdachung einer Terrasse keine Erhaltungsmaßnahme dar.[199] Auch die reine Umgestaltung der Mietsache beinhaltet keine Erhaltungsmaßnahme. Der Austausch eines mitvermieteten defekten Gasherdes gegen einen Elektroherd[200] sowie einer defekten Nachtstromspeicherheizung gegen eine Gasheizung[201] braucht der Mieter daher nicht zu dulden. Dasselbe gilt für den Austausch intakter Fenster zur Vereinheitlichung der Fassadenansicht.[202] 98

Auch **vorbeugende Erhaltungsmaßnahmen** hat der Mieter zu dulden, wenn die Gefahr des Auftretens eines Defektes der Mietsache droht,[203] wie zB der Austausch brüchiger Wasser- und Abwasserleitungen.[204] 99

Sofern die vom Vermieter beabsichtigte Maßnahme sowohl **Erhaltungs- wie auch Modernisierungsarbeiten** beinhaltet, richtet sich die Duldungspflicht des Mieters allein nach § 555d Abs. 1 BGB,[205] da diese in der Regel Mieterhöhungen zur Folge haben. 100

bb) Umfang der vom Mieter hinzunehmenden Einwirkungen. Im Rahmen der Duldungspflicht hat der Mieter die Einwirkungen, die durch die bauliche Maßnahme entstehen, hinzunehmen, und zwar auch dann, wenn sie für ihn und seine Familie eine Härte bedeuten. Eine Grenzziehung erfährt die Duldungspflicht lediglich durch die gesetzlichen Regelungen der §§ 226 und 242 BGB.[206] So hat der Mieter nicht nur **Belästigungen durch Schmutz, Staub, Lärm, Gerüche und Erschütterungen,** sondern auch den **Entzug von Licht und Luft** auf Grund der Errichtung eines Baugerüstes zu dulden, wobei seine Minderungsrechte hiervon unberührt bleiben. 101

Der Mieter hat zudem die **zügige Durchführung der Arbeiten** zu dulden. Allerdings darf der Vermieter die Arbeiten nicht zur Unzeit ausführen, etwa an Sonn- und Feiertagen, Samstagnachmittag oder in den Abendstunden ab 19.00 Uhr.[207] Der Duldungsanspruch beinhaltet weiterhin die **Gestattung des Zutritts** zu den Mieträumen, um dem Vermieter die Planung und sachgerechte Ausführung der Arbeiten zu ermöglichen. Der 102

[197] LG Mannheim WuM 1987, 272.
[198] LG Hamburg WuM 1984, 217.
[199] LG Gießen WuM 1998, 278.
[200] LG Berlin NJWE-MietR 1997, 222.
[201] LG Hamburg WuM 1998, 279.
[202] LG Berlin GE 1988, 145.
[203] LG Berlin ZMR 1992, 546.
[204] LG Hamburg WuM 1995, 267.
[205] LG Hamburg WuM 1998, 279; LG Berlin GE 1994, 927; LG Köln WuM 1993, 608.
[206] BGH NJW 1972, 723.
[207] Schmidt/Futterer/Eisenschmid BGB § 555a Rn. 23.

Vermieter hat diese Besichtigungsabsicht dem Mieter rechtzeitig und den Grund für deren Erforderlichkeit mitzuteilen.[208] Dieses Zutrittsrecht steht dem Vermieter jedoch nur an Wochentagen zu angemessener Tageszeit, dh zu den so genannten Besuchszeiten, in der Regel wochentags zwischen 10–13 Uhr und 15–18 Uhr zu.[209]

103 Bei längerer Abwesenheit, wie zB einem längeren Krankenhausaufenthalt muss der Mieter Vorsorge dafür treffen, dass der Vermieter sein Zutrittsrecht wahrnehmen kann.[210]

104 Eine **Einschränkung** der Pflicht, die Durchführung von Erhaltungsmaßnahmen zu dulden, kann für den Fall bejaht werden, dass der Auszug des Mieters aus der Wohnung unmittelbar bevorsteht.[211] Nach einer Entscheidung des LG Berlin soll das auch bei akuter Selbstmordgefahr des Mieters gelten.[212]

105 *cc) Abweichende Vereinbarungen.* Sowohl in Individual- wie auch Formularverträgen kann die Duldungspflicht des Mieters gem. § 555a Abs. 1 BGB zu seinen Gunsten eingeschränkt werden. Dies gilt u. a. für den Fall, dass dem Mieter auf Grund seines Alters oder seiner Erkrankung aus ärztlicher Sicht lärm- und staubintensive Maßnahmen nicht zumutbar sind oder eine vertragliche Regelung vorsieht, dass eine Verschiebung dieser Arbeiten auf einen späteren Zeitpunkt stattzufinden hat, sofern sich der Mieter im Rahmen seiner Ausbildung in einer Prüfung befindet oder eine solche kurz bevorsteht.

106 Zwar gilt § 555a Abs. 4 BGB, wonach abweichende Vereinbarungen zum Nachteil des Mieters unwirksam sind, nicht für Vereinbarungen gem. § 555a Abs. 1 BGB. Gleichwohl finden solche Vereinbarungen ihre Begrenzung durch die §§ 138, 157, 242 BGB. Ihre Zumutbarkeit ist zudem jeweils auf der Grundlage des § 307 Abs. 2 S. 1 BGB zu prüfen.[213]

107 b) **Mitwirkungspflichten.** Streitig ist, ob die Duldungspflicht auch eine Mitwirkungspflicht im Zusammenhang mit den Erhaltungsmaßnahmen beinhaltet, die über die Gewährung des Zutritts zu den Mieträumen auch das **Zusammenstellen und Wegräumen des Inventars** der Wohnung zur Ermöglichung der Durchführung der Arbeiten umfasst.

108 Nach überwiegender Meinung beschränkt sich die Duldungspflicht gem. § 555a Abs. 1 BGB auf ein passives Stillhalten des Mieters, so dass ihn **keine aktive Mitwirkungspflicht** trifft.[214] Daraus folgt, dass der Vermieter den notwendigen Ab- und Umbau des Inventars des Mieters selbst vorzunehmen hat.[215] Die hierfür und für ein Weg- und Zurückschaffen sowie eine nach § 555a Abs. 3 BGB zeitweilige Lagerung der Möbel entstehenden Aufwendungen hat der Vermieter zu tragen. Allerdings ist der Mieter aus § 242 BGB verpflichtet, seine persönlichen Sachen zusammenzustellen, damit sie vom Vermieter beiseite geschafft werden können.[216] Eine zum Nachteil des Mieters hiervon abweichende Vereinbarung ist gem. § 555a Abs. 4 BGB unwirksam.

109 In Ausnahmefällen ist der Mieter auch verpflichtet, vorübergehend die Wohnung zu verlassen und eine Ersatzunterkunft (Hotel oder andere Wohnung) zu beziehen, wenn dies der Umfang der Instandsetzungsarbeiten erfordert.[217]

110 Nach Durchführung der Erhaltungsmaßnahmen hat der Vermieter den früheren vertragsgemäßen Zustand wieder herzustellen, notfalls Aufräum- und Säuberungsarbeiten vorzunehmen bzw. hierfür dem Mieter angemessene Kosten gem. § 555a Abs. 3 BGB zu erstatten. Sind Schönheitsreparaturen nach Beendigung der Instandsetzungs-

---

[208] Schmidt/Futterer/Eisenschmid BGB § 555a Rn. 37.
[209] Schmidt/Futterer/Eisenschmid BGB § 535 Rn. 213.
[210] LG Berlin GE 1997, 245.
[211] BVerfG NJW 1992, 1378; LG Köln WuM 1995, 267.
[212] LG Berlin GE 1986, 283.
[213] Sternel NZM 1998, 834.
[214] Blank/Börstinghaus/Siegmund/Börstinghaus BGB § 555a Rn. 11.
[215] AG Wuppertal WuM 1988, 15.
[216] Blank/Börstinghaus//Siegmund/Börstinghaus BGB § 555a Rn. 11.
[217] Schmidt-Futterer/Eisenschmid BGB § 555a Rn. 45.

maßnahmen erforderlich, so sind diese vom Vermieter auszuführen[218] und zwar auch dann, wenn nach dem Mietvertrag der Mieter die Schönheitsreparaturen zu tragen hat, weil sich diese nur auf Dekorationsmängel infolge des Mietgebrauchs beziehen.[219]

5. Prozessuales

a) Beweislast. Sind Gegenstand eines Rechtsstreites die Erforderlichkeit von Erhaltungsmaßnahmen sowie deren Verursachung, so ist oftmals entscheidend, wer hierfür die Darlegungs- und Beweislast trägt. 111

Nach allgemeinen Grundsätzen hat derjenige die Tatsachen für notwendige Instandhaltungs- und Instandsetzungsarbeiten zu beweisen, der hierauf seinen Klageanspruch gründet. 112

Die Beweislast für die Verursachung obliegt derjenigen Mietpartei, in deren Verantwortungs- und Pflichtenkreis der Schaden der Mietsache fällt. So muss der Vermieter darlegen und beweisen, dass die Mietsache durch den Gebrauch der Mietsache schadhaft wurde, was im Bestreitensfalle die Darlegung sowie den Beweis dafür beinhaltet, dass die Verantwortlichkeit eines anderen Mieters oder eines Dritten auszuschließen ist.[220] Durch den Mietgebrauch ist der Schaden bedingt, wenn die Schadensursache in dem der unmittelbaren Einflussnahme, Herrschaft und Obhut des Mieters unterliegenden Bereich gesetzt worden ist.[221] Wenn ein Schaden bei Mietgebrauch entstanden ist und der Vermieter im Bestreitensfalle nachweist, dass dessen Ursache nicht in seinen Obhuts- und Verantwortungsbereich fällt, so trägt wiederum der Mieter die Beweislast dafür, dass er den Schadeneintritt nicht zu vertreten hat.[222] Ist daher bei Beginn des Mietverhältnisses nachweisbar ein Schaden des Mietobjektes nicht vorhanden, jedoch bei dessen Beendigung, so muss sich der Mieter dahingehend entlasten, dass die Ursache der Beschädigung nicht in seinen Obhutsbereich fällt.[223] 113

Bei Feuchtigkeitsschäden muss der Vermieter zunächst darlegen und beweisen, dass die Mietsache frei von Baumängeln ist.[224] Hat der Vermieter diesen Nachweis erbracht, so muss der Mieter nunmehr den vollen Beweis dafür erbringen, dass die Ursache nicht in seinem Obhuts- und Gefahrenbereich gesetzt wurde oder er sie nicht zu vertreten hat.[225] Hierzu hat der Mieter substanziiert darzulegen und zu beweisen, wie er geheizt und gelüftet hat und dass sein Heizungs- und Lüftungsverhalten sowie die Art der Möblierung nicht schadensursächlich war.[226] 114

b) Inhalt der Klageanträge. Der Anspruch des Mieters gegen den Vermieter auf Durchführung von Instandsetzungsmaßnahmen ist im Wege der Vornahmeklage durchzusetzen. Beim Klageantrag ist darauf zu achten, dass es **allein Sache des Vermieters ist, auf welche Art und Weise und mit welchen Mitteln er seine Erhaltungspflicht erfüllt.** Der Mieter hat lediglich Anspruch auf den angestrebten Erfolg der Maßnahme. Es ist daher unzulässig, im Klageantrag die erforderliche Maßnahme aufzunehmen, es sei denn es kommt nur eine Art der Instandsetzung in Betracht, wie zB beim Abschleifen und Versiegeln von Parkettboden. 115

Sind daher Feuchtigkeitsschäden in den Mieträumen vorhanden, deren Ursache in einem Baumangel begründet ist, so hat **der Klageantrag auf Vornahme geeigneter baulicher Maßnahmen** zur Beseitigung der Feuchtigkeitsschäden zu lauten. Der hierzu 116

---

218 AG Bad Bramstedt WuM 1987, 18.
219 Bub/Treier/Kraemer III Rn. 1098.
220 OLG Karlsruhe WuM 1984, 267.
221 OLG Hamm ZMR 1997, 21.
222 BGH NZM 1998, 117; NJW 1976, 1315; OLG Karlsruhe WuM 1984, 267.
223 BGH NJW 1994, 2019.
224 LG Mannheim ZMR 1991, 481; LG Bochum DWW 1991, 188; LG Freiburg WuM 1989, 559.
225 BGH NZM 1998, 117.
226 Blank/Börstinghaus/Siegmund/Siegmund BGB § 538 Rn. 53; BGH NZM 2016, 550; LG Konstanz, NZM 2013, 506.

verurteilte Vermieter muss dann selbst entscheiden, welcher Art im Einzelnen diese geeigneten Maßnahmen sind.

117 Die Vollstreckung des so titulierten Anspruches des Mieters richtet sich nach § 887 ZPO, da es sich um eine vertretbare Handlung handelt, was auch nicht dadurch ausgeschlossen wird, dass die titulierte Leistung auf verschiedene Art und Weise erfüllt werden kann. Allerdings ist der Vollstreckungsgläubiger im Rahmen des § 887 ZPO gehalten, nunmehr die erforderliche Maßnahme zur Erreichung der titulierten Leistung genau zu bezeichnen, damit ein entsprechender Ermächtigungsbeschluss, diese Handlung auf Kosten des Vollstreckungsschuldners vornehmen zu lassen, erlassen werden kann.

118 Der Anspruch des Vermieters gegenüber dem Mieter auf Duldung von Erhaltungsmaßnahmen kann der Vermieter durch Klage auf Abgabe einer Willenserklärung durchsetzen. Beim Klageantrag hat der Vermieter im Einzelnen die vom Mieter zu duldenden Erhaltungsmaßnahmen nach Art und Umfang darzulegen, da eine Titulierung dieses Antrags nach § 888 ZPO als unvertretbare Handlung zu vollstrecken und bei Titelunklarheiten diese Vollstreckung gehindert ist.

c) Muster – Klageanträge

Formulierungsvorschlag: Klage auf Durchführung von Instandsetzungsmaßnahmen

119 ……

wegen Instandsetzung

Namens und in Vollmacht des Klägers erhebe ich Klage und werde beantragen:

1. Der Beklagte wird verurteilt, in der Wohnung …… durch geeignete bauliche Maßnahmen die Feuchtigkeitsschäden im Schlafzimmer und Wohnzimmer an den Decken sowie sämtlichen Wänden einschließlich Schäden am Putz und Anstrich zu beseitigen.
2. Der Beklagte trägt die Kosten des Rechtsstreits.
3. Das Urteil ist vorläufig vollstreckbar.

Begründung: ……

Formulierungsvorschlag: Klage auf Duldung von Erhaltungsmaßnahmen

120 ……

wegen Duldung

Namens und in Vollmacht des Klägers erhebe ich Klage und werde beantragen:

1. Der Beklagte wird verurteilt, folgende durch den Kläger durchzuführende Erhaltungsmaßnahmen in der angemieteten Wohnung …… zu dulden:
   a) Abschleifen und Versiegeln des Parketts im Wohnzimmer,
   b) Erneuerung des defekten Kunststofffensters im Schlafzimmer und
   c) Beseitigung des Feuchtigkeitsschadens an der Decke im Kinderzimmer durch Entfernung des beschädigten Putzes und Anstriches sowie Neuanbringung des Putzes und des Anstriches.
2. Der Beklagte trägt die Kosten des Rechtsstreites.
3. Das Urteil ist vorläufig vollstreckbar.

Begründung: ……

II. Schönheitsreparaturen

1. Begriff

121 a) **Gesetzliche Regelung.** Nach einhelliger Meinung umfasst der **Begriff** der Schönheitsreparaturen in Anlehnung an die unmittelbar nur für preisgebundenen Wohnraum geltenden Definition in § 28 Abs. 4 S. 4 II. BV, die gleich lautend mit § 7 Abs. 2

Mustermietvertrag 1976 des Bundesjustizministeriums ist, **das Tapezieren, Anstreichen oder Kalken der Wände und Decken, das Streichen der Fußböden und der Heizkörper einschließlich der Heizrohre, der Innentüren sowie der Fenster und Außentüren von innen.** Die üblichen Fristen für die Ausführung dieser Arbeiten werden in § 7 Abs. 3 des Mustermietvertrages mit alle 3 Jahre in Küche, Bädern und Duschen, alle 5 Jahre in Wohn- und Schlafräumen, Fluren, Dielen und Toiletten und alle 7 Jahre in sonstigen Nebenräumen angegeben. Werden daher in einem Mietvertrag ohne weitere Konkretisierung nur allgemein die Schönheitsreparaturen dem Mieter überbürdet, so sind damit allein die Arbeiten nach § 28 Abs. 4 S. 4 II. BV gemeint,[227] nicht jedoch – entgegen dem missverständlichen Wortlaut – eigentliche Reparaturen im Sinne der Beseitigung von Schäden an der Bausubstanz wie Putz- oder Mauerwerk, an Türen, Fenstern oder Installationen.[228] Es geht mithin nahezu ausschließlich um die **malermäßige Beseitigung der üblichen Dekorationsmängel** infolge der unvermeidlichen Abnutzung der Räume durch den vertragsgemäßen Gebrauch des Mieters.

Andererseits ist § 28 II. BV lediglich eine **Auslegungsrichtlinie** für den Pflichtenumfang der auszuführenden Schönheitsreparaturen. Nach einer Entscheidung des BGH vom 5.10.1994[229] zählt zu den Schönheitsreparaturen grundsätzlich auch die Beseitigung solcher Mängel, die durch den vertragsgemäßen Gebrauch der Mietsache herbeigeführt werden und gem. § 538 BGB vom Mieter nicht zu vertreten sind. 122

Bei **unspezifizierter vertraglicher Übertragung** der Schönheitsreparaturen auf den Mieter stellt sich im Hinblick auf das nunmehr in § 307 Abs. 1 S. 2 BGB geregelte Transparenzgebot jedoch die Frage, ob der Begriff der Schönheitsreparaturen klar und eindeutig ist, wenn im Mietvertrag lediglich ein Verweis auf § 28 Abs. 4 S. 4 II. BV erfolgt oder gar gänzlich eine Begriffsbestimmung fehlt. In der Literatur wird diese Fragestellung kritisch[230] und teilweise ablehnend[231] beantwortet. Dem ist jedoch im Einklang mit der Rechtsprechung des BGH[232] entgegenzuhalten, dass der Begriff der Schönheitsreparaturen in der preußischen AusführungsVO zum Reichsmietengesetz vom 17.4.1924 verwandt wird und im Laufe der Zeit der Rechtsverkehr unter Schönheitsreparaturen die malermäßige Beseitigung der üblichen Dekorationsmängel im Inneren des Mietobjektes versteht. 123

b) Inhalt und Qualität. Schönheitsreparaturen sind stets in mittlerer Art und Güte (§ 243 BGB) auszuführen,[233] wobei ein **fachhandwerkliches Niveau** geschuldet wird. Fachhandwerkliche Qualität bedeutet nicht, dass die Renovierungsarbeiten von einem Fachhandwerker auszuführen sind, vielmehr müssen diese nach der Rechtsprechung einen ordnungsgemäßen Standard,[234] eine annehmbare Qualität[235] bzw. eine sorgfältige[236] oder eine handwerklich einwandfreie Ausführung[237] aufweisen. Ein DIN-Maßstab ist nicht einzuhalten.[238] 124

Bei einer wirksamen Übertragung der Schönheitsreparaturen auf den Mieter sind daher entsprechende **Eigenleistungen des Mieters** nicht ausgeschlossen,[239] jedoch reicht es nicht, wenn er diese in Hobby-Qualität mittlerer Art und Güte abliefert, die unter fachhandwerklichem Niveau liegen.[240] 125

---

[227] BGH NJW 1985, 480.
[228] BGH NJW-RR 1995, 123.
[229] BGH DWW 1995, 279.
[230] Heinrichs NZM 2003, 8 (12); Hinz ZMR 2003, 77 (80); Kraemer NZM 2003, 417 (418).
[231] Schumacher NZM 2003, 13 (17), der eine genaue und eindeutige Beschreibung der vom Mieter zu leistenden Schönheitsreparaturen im Mietvertrag verlangt.
[232] BGH NJW 1985, 480; 1987, 2575; 1988, 2790; NZM 1998, 710.
[233] BGH WuM 1988, 294.
[234] LG Wiesbaden WuM 1992, 602.
[235] LG Hamburg WuM 1989, 283.
[236] LG Osnabrück WuM 1988, 107.
[237] LG Berlin GE 1991, 403.
[238] LG Berlin GE 2000, 1255.
[239] BGH NJW 1988, 2790.
[240] LG Berlin GE 2000, 677; LG Kassel WuM 1989, 135; AG Köln WuM 1989, 380.

126 Zur **fachgerechten** Durchführung gehört daher u.a., dass geeignete Materialien verwendet, die Tapeten auf Stoß geklebt[241] und an Decken und Fußleisten sauber abgeschnitten, Streicharbeiten deckend vorgenommen sowie Anstriche nicht rissig werden und sich schließlich Tapeten nicht vorzeitig vom Untergrund lösen.[242] Fehlerhaft sind daher Schönheitsreparaturen, wenn Anstriche unregelmäßig oder wolkig erscheinen, durch übermäßig stark aufgetragene Dispersionsfarbe die Struktur der Raufaser verschlämmt wird oder sich diese an mehreren Stellen von der Wand löst.[243] Nicht fachgerecht ausgeführt sind auch solche Dekorationsarbeiten, bei denen eine Neutapezierung erfolgt, ohne zuvor die Tapeten zu entfernen,[244] Mustertapeten überstrichen werden[245] oder zwischen den Tapetenbahnen offene Nähte verbleiben.

127 Was die **Materialwahl** und **Farbgestaltung** der vorzunehmenden[246] Anstriche anbelangt, so ist deren Beurteilung bei einer bestehenden Renovierungspflicht des Mieters davon abhängig, ob es sich um Dekorationen während des laufenden Mietverhältnisses oder bei Beendigung des Mietverhältnisses handelt. Während **des laufenden Mietverhältnisses** ist der Mieter in der Wahl von Farbe[247] und Material weitgehend frei, soweit berechtigte Interessen des Vermieters hierdurch nicht beeinträchtigt werden. Auf Wünsche und Vorstellungen des Vermieters betreffend die Farbgestaltung braucht der Mieter daher grundsätzlich keine Rücksicht zu nehmen.[248] So ist der Mieter berechtigt, die Räume in grellen Farben, sogar schwarz zu streichen, sowie mit Muster- oder Fototapeten zu versehen, Mustertapeten zu überstreichen und mittels einer Lasurtechnik zu gestalten.[249] Es ist ihm auch nicht verwehrt, Wände untapeziert zu lassen und sie zB im Kinderzimmer mit verschiedenen Farben zu bemalen bzw. von den Kindern bemalen zu lassen, es sei denn dies ist mit Substanzschäden verbunden.[250]

128 Sind hingegen die Schönheitsreparaturen nicht wirksam auf den Mieter übertragen worden, obliegt mithin dem Vermieter im laufenden Mietverhältnis die Renovierungspflicht, so steht ihm kein Auswahlrecht hinsichtlich der Farbgestaltung zu. Obliegt dem Vermieter die Durchführung der Schönheitsreparaturen während des Mietverhältnisses, ist er zur Beseitigung vorhandener Dekormängel nicht nach eigenen Vorstellungen berechtigt, sondern nach den Farbwünschen des Mieters verpflichtet, sofern ihm dadurch keine Mehrkosten entstehen oder sonstige schutzwürdige eigene Interessen entgegenstehen.[251] Dies folgt aus dem Rücksichtnahmegebot des § 241 Abs. 2 BGB.[252]

129 Auch **beim beendeten Mietverhältnis** besteht hinsichtlich der **Farbgestaltung** ein Auswahlrecht des Mieters, allerdings sind nunmehr die üblichen Farbtöne einzuhalten, um eine Weitervermietung der Wohnung nicht zu erschweren oder zu verhindern.[253] Demzufolge ist ein Anstrich in weißer oder grauer Farbe nicht zu beanstanden.[254] Gleiches gilt für hellblaue Pastellfarbe.[255] Wandanstriche in kräftigen Farbtönen wie rot, blau (moos)grün, türkis, lila oder Schwarz[256] sowie blau lackierte Fensterrahmen[257] braucht der Vermieter dagegen nicht als ordnungsgemäße Schönheitsreparaturen hinzunehmen,

---

241 LG Berlin NJW 1999, 1483.
242 Langenberg NZM 2000, 1125; Lützenkirchen WuM 1989, 111.
243 LG Düsseldorf DWW 1996, 280.
244 LG Berlin GE 1994, 584.
245 KG GE 1981, 1065.
246 LG Berlin GE 1991, 573.
247 LG Berlin NZM 1998, 73; LG Hamburg NZM 1999, 838; aA LG Aachen WuM 1998, 596.
248 Blank/Börstinghaus/Siegmund/Siegmund BGB § 535 Rn. 392.
249 LG Mannheim NZM 2003, 511.
250 LG Düsseldorf WuM 1996, 90.
251 LG Berlin BeckRS 2017, 113739.
252 LG Bremen LSK 2017, 134666.
253 LG Hamburg NZM 1999, 838; BGH NZM 2014, 72 (73).
254 LG Aachen WuM 1998, 596.
255 KG NZM 2005, 663.
256 KG NZM 2005, 663; LG Berlin GE 1995, 249.
257 LG Berlin GE 1995, 115.

da sie außerhalb der derzeit allgemeinen anerkannten Geschmacksgrenzen liegen.[258] Ebenso hat der Mieter bei der Materialauswahl auf den allgemeinen Geschmack Rücksicht zu nehmen.[259] Dies schließt eine eigenwillige und ausgefallene Dekoration, zB durch Anbringung von Farbtapeten oder Aufbringung eines Rauputzes bzw. eines Putzes in Spachteltechnik aus, da die Endrenovierung dem Vermieter die Möglichkeit eröffnen muss, die Wohnung in einem durchschnittlichen Geschmack entsprechendem Zustand einem Nachmieter zu übergeben. Zulässig soll hierbei neben Raufaser- und Strukturtapete auch Tapete mit einem floralem Muster sein, wenn diese farblich unaufdringlich und vom Muster her zurückhaltend gestaltet ist.[260] Gleiches soll für eine Harry Potter-Bordüre in einem Kinderzimmer gelten, da diese Art der Gestaltung derzeit dem Geschmack von Teilen der Gesellschaft entspricht.[261] Eine altrosa farbene, intensiv gestaltete Mustertapete mit unterschiedlich glänzender Oberfläche entspricht dagegen keiner zurückhaltenden Gestaltung mehr.

Unzulässig sind auch Formularklauseln, die dem Mieter eine **Farbvorgabe** machen, 130 wonach Fenster und Türen „nur weiß" zu streichen sind.[262] Nach der Rechtsprechung des BGH benachteiligt eine **Farbwahlklausel** den Mieter nur dann nicht unangemessen, wenn sie ausschließlich für den Zeitpunkt der Rückgabe Geltung beansprucht und dem Mieter noch einen gewissen Spielraum lässt.[263] Eine formularvertragliche Klausel, die den Mieter dazu verpflichtet, die auf ihn abgewälzten Schönheitsreparaturen in „neutralen, hellen, deckenden Farben und Tapeten auszuführen", ist wegen unangemessener Benachteiligung des Mieters ebenfalls unwirksam, wenn sie nicht auf den Zustand der Wohnung im Zeitpunkt der Rückgabe der Mietsache beschränkt ist, sondern auch für Schönheitsreparaturen gilt, die der Mieter im Laufe des Mietverhältnisses vorzunehmen hat.[264]

Eine Formularklausel, wonach es dem Mieter obliegt, die Schönheitsreparaturen 131 „ausführen zu lassen" ist ebenfalls unwirksam, da sie als Fachhandwerkerklausel verstanden werden kann.[265] Die Klausel „Bei Auszug müssen Decken, Fenster, Türen weiß gestrichen sein" ist ebenfalls unwirksam, weil sie den Mieter in unangemessener Weise in seiner malerischen Gestaltungsweise auch schon während des Mietverhältnisses einschränkt.[266]

Eine Vereinbarung im Formularmietvertrag, die den Mieter verpflichtet, die zur 132 geschuldeten Renovierung notwendige Farbe sich vom Vermieter vorgeben zu lassen und die Farbe im **Malerfachgeschäft** zu kaufen, ist gem. § 307 Abs. 1 BGB unwirksam.[267]

Häufige Streitfrage sind auch die **unvermeidlichen Farbunterschiede,** die auf die 133 Aufstellung von Schränken und das Aufhängen von Bildern zurückzuführen sind, oder aber auch normale Nikotinablagerungen. Sofern diese nicht das übliche und normale Maß des Mietgebrauchs überschreiten, werden diese vom Begriff der Schönheitsreparaturen nicht umfasst.[268] Letzteres gilt auch für Kratzer und Schmarren im Parkett, da diese grundsätzlich vertragsimmanent und als vertragsgemäße Abnutzung zu behandeln sind.[269]

Streitig ist in Rechtsprechung und Literatur, ob das **Rauchen** einschließlich des über- 134 mäßigen Nikotingenusses eine übervertragsmäßige Nutzung des Mietobjektes dar-

[258] BGH NZM 2014, 72 (73).
[259] Blank/Börstinghaus/Siegmund/Siegmund BGB § 535 Rn. 426.
[260] LG Berlin NZM 2007, 801.
[261] LG Berlin NZM 2007, 801.
[262] BGH NZM 2010, 236; 2009, 903.
[263] BGH NZM 2012, 338.
[264] BGH NZM 2008, 605; bestätigt durch BGH NZM 2012, 338.
[265] BGH NZM 2010, 615.
[266] BGH NZM 2011, 150.
[267] LG Köln WuM 2005, 127.
[268] BGH NZM 2006,691.
[269] OLG Düsseldorf WuM 2003, 621.

stellt.[270] Mit dem überwiegenden Teil der Rechtsprechung ist dem Mieter im Rahmen seiner freien Lebensgestaltung zu gestatten, innerhalb der Wohnung zu rauchen, was zwangsläufig zu einer Ablagerung von Schadstoffen auf Tapeten, Decken, Gardinen etc führt.[271] Ein Mieter, der während der Mietdauer in der Wohnung raucht, verhält sich daher grundsätzlich nicht vertragswidrig.[272] Eine übervertragsmäßige Nutzung kann nur dann angenommen werden, wenn ein exzessiver Tabakgenuss derart starke Nikotinablagerungen hinterlässt, dass sie einer Substanzverletzung der Mietsache gleichkommen.[273] In seiner Entscheidung vom 5.3.2008[274] hat der BGH seine bisherige Rechtsprechung bestätigt und dahin gehend konkretisiert, dass Rauchen in einer Wohnung nur dann über den vertragsgemäßen Gebrauch hinaus geht und einen Schaden begründet, wenn durch das Rauchen Verschlechterungen der Wohnung verursacht werden, die sich nicht mehr durch Schönheitsreparaturen beseitigen lassen, sondern darüber hinausgehende Instandsetzungsarbeiten erfordern.

135 **c) Individualvertragliche Erweiterungen.** Bei **preisgebundenem Wohnraum** ist die individualvertraglich vereinbarte Ausweitung des Begriffs der Schönheitsreparaturen im Hinblick auf die allein zulässige Kostenmiete gem. § 8 Abs. 1 WoBindG unwirksam.

136 Hingegen kann der Umfang der Schönheitsreparaturen bei **preisfreiem Wohnraum** erweitert werden,[275] wobei die Ansicht vertreten wird, dass dies individualvertraglich bis zur Grenze der Sittenwidrigkeit (§ 138 BGB) zulässig sei[276] bzw. sich an § 242 BGB messen lassen müsse, wobei die Interessen beider Parteien in fairer Weise zu berücksichtigen seien.[277]

137 Nicht zu beanstanden sein soll die individuelle Erweiterung der Renovierungspflicht auf außerhalb der Wohnung liegende Räumlichkeiten, wie etwa auf den Keller, den Waschraum, die Garage und ein Außen-WC.[278]

138 **d) Formularvertragliche Erweiterungen. Umfang** und **Qualität** der Schönheitsreparaturen können formularvertraglich nicht wirksam erweitert werden.[279] Einer Erweiterung des Umfanges der Schönheitsreparaturen stehen das gesetzliche Leitbild des § 535 Abs. 1 S. 2 BGB entgegen sowie die Definition in § 28 Abs. 4 II. BV. Wird daher dem Mieter ein Übermaß an Renovierungsleistungen auferlegt, das über die gesetzliche Regelung des § 535 Abs. 1 S. 2 BGB hinausgeht, so liegt regelmäßig eine unangemessene Benachteiligung gemäß § 307 Abs. 1 BGB vor. Unzulässig ist auch die Streichung des unzulässigen Teils unter Beibehaltung des ansonsten wirksamen restlichen Teils der Klausel, da dies auf eine unzulässige Reduzierung der Klausel auf einen noch gerade wirksamen Inhalt hinausläuft.[280]

139 **Folgende Arbeiten fallen daher nicht unter den Begriff der durch Klauselerweiterung zu übertragenden Schönheitsreparaturen:**

- Außenanstrich von Fenstern, Balkontür und Loggia[281] sowie Terrassen[282]
- Außenanstrich der Wohnungseingangstür[283]

---

270 Bejahend LG Baden-Baden WuM 2001, 603; AG Cham NZM 2002, 784; Stapel NZM 2000, 596.
271 BGH NZM 2006, 691; LG Köln NZM 1999, 456; LG Saarbrücken WuM 1998, 689; LG Hamburg WuM 2001, 469; AG Nordhorn NZM 2001, 892; Schmidt-Futterer/Eisenschmid BGB § 535 Rn. 461.
272 BGH NZM 2006, 691; Schmidt-Futterer/Eisenschmid BGB § 535 Rn. 108.
273 LG Paderborn NZM 2001, 710; AG Magdeburg NZM 2000, 657; offen gelassen BGH NZM 2006, 691.
274 BGH NZM 2008, 318.
275 Schmidt-Futterer/Lehmann-Richter BGB § 538 Rn. 64.
276 Schmidt-Futterer/Lehmann-Richter BGB § 538 Rn. 64.
277 Schildt WuM 1994, 237.
278 LG Darmstadt WuM 1987, 315; LG Berlin GE 1992, 677.
279 Blank/Börstinghaus/Siegmund/Siegmund BGB § 535 Rn. 391.
280 BGH WuM 2010, 231.
281 BGH NZM 2010, 157; 2009, 353.
282 AG Langen WuM 1991, 31.
283 BGH WuM 2010, 231.

- Instandsetzung der Fensterverkittung[284]
- Abziehen (Abschleifen und Versiegeln) von Parkettböden[285]
- Abschleifen und Versiegeln des Parketts und Anstrich der Außenfenster, wenn daneben auch noch die üblichen Fristen für Schönheitsreparaturen verkürzt sind[286]
- Abschleifen und Versiegeln der Fußböden und das Ersetzen von Fußbodenbelägen, wenn sich Verfleckungen oder Verschmutzungen trotz Reinigung nicht beseitigen lassen[287]
- Ausbesserung von Schäden am Verputz der Wände und Decken und Bodenbelag[288]
- Erneuerung der Badewannenbeschichtung[289]
- Erneuerung schwarz gewordener Badezimmerfugen[290]
- Erneuerung eines infolge vertragsgemäßen Gebrauchs verschlissenen Teppichbodens[291]
- Entfernung und Erneuerung der Tapete an Wänden und Decken bei Auszug[292]
- Renovierung von Nebenräumen außerhalb der Wohnung,[293] wie zB Keller- und Speicherräume oder Garage,[294] was auch für Einfamilienhäuser gilt
- Renovierungsbedarf, der durch Umbau- oder Modernisierungsmaßnahmen des Vermieters oder durch vom Mieter nicht zu vertretender Wasser- oder Brandschäden entsteht.[295]
- Erneuerung der Fußbodenbeläge[296]

Formularklauseln, die dem Mieter die Ausführung der Schönheitsreparaturen **„durch Fachhandwerker“** oder **„durch einen Fachbetrieb“** oder die **„Reinigung des Teppichbodens durch eine Fachfirma“** auferlegen, verstoßen gegen § 307 BGB, da sie den Mieter unangemessen benachteiligen. Dies gilt ebenso für Klauseln, wonach die Ausführung „nach den anerkannten Regeln der Technik“ oder „nach den Regeln der VOB“ zu erfolgen hat.[297] 140

Besteht jedoch die Klausel aus einer wirksamen Verpflichtung zur Übernahme der Schönheitsreparaturen und einer unwirksamen Fachhandwerkervereinbarung, so erstreckt sich die Unwirksamkeit der Fachhandwerkerklausel auch auf die übrige Klausel zur Übertragung der Schönheitsreparaturen.[298] Die bisherige Rechtsprechung beschränkte die Unwirksamkeit nur auf die Fachhandwerkerklausel, nicht aber auf die wirksame Verpflichtung zur Vornahme der Schönheitsreparaturen.[299] Dagegen führt eine Formularklausel, wonach der Mieter im Rahmen der Durchführung von Schönheitsreparaturen nur mit Zustimmung des Wohnungsunternehmers von der **„bisherigen Ausführungsart“** abweichen darf, auch dann zur Gesamtunwirksamkeit der Überbürdung, wenn die Verpflichtung zur Ausführung von Schönheitsreparaturen bei isolierter Betrachtung wirksam ist.[300] 141

---

284 LG Bautzen WuM 2001, 279.
285 KG GE 1981, 1065; OLG Düsseldorf WuM 2003, 621; LG Köln WuM 1989, 70; AG Bergisch Gladbach WuM 1997, 21; AG Münster WuM 2002, 451.
286 LG Berlin GE 1999, 983.
287 AG Freiburg WuM 1989, 233.
288 LG Köln WuM 1989, 70.
289 AG Köln WuM 1984, 197.
290 AG Köln WuM 1995, 312.
291 OLG Hamm WuM 1991, 248; LG Kiel WuM 1998, 215; AG Gelsenkirchen NJWE-MietR 1996, 76.
292 AG Wuppertal WuM 2000, 183.
293 LG Darmstadt WuM 1987, 315; Staudinger/Emmerich BGB § 535 Rn. 102.
294 AG Langen WuM 1997, 40.
295 LG Berlin NZM 2002, 121; LG Hamburg WuM 1985, 262.
296 LG Duisburg BeckRS 2016, 11887.
297 AG Remscheid NZM 2000, 89; AG Köln ZMR 2002, 131.
298 BGH NZM 2010, 615.
299 OLG Stuttgart WuM 1993, 528; LG Köln WuM 1991, 87; LG Koblenz WuM 1992, 431.
300 BGH NZM 2007, 398.

142 Ebenso verstößt die Klausel „der Vermieter kann im Übrigen bei übermäßiger Abnutzung Ersatz in Geld verlangen" gegen § 309 Nr. 4 BGB und ist damit unwirksam.[301] Dies berührt jedoch nicht die Wirksamkeit der Schönheitsreparaturen und einer vereinbarten Quotenklausel.

143 e) **Abgrenzung zum Schadensbegriff.** Die Abgrenzung des Begriffes der Schönheitsreparaturen zum **Schadensbegriff** hat nach Maßgabe des § 538 BGB zu erfolgen, wonach der Mieter Änderungen oder Verschlechterungen der Mietsache zu vertreten hat, die durch einen Gebrauch herbeigeführt werden, der nicht mehr als vertragsgemäß zu bezeichnen ist. Dabei ist die Grenzziehung fließend, da die Folgen üblicher Abnutzung zum einen und die darüber hinausgehenden Schäden zum Anderen der subjektiven Bewertung unterliegen.

144 Nach der Rechtsprechung des BGH ist für die Abgrenzung nicht Art und Umfang der Veränderung oder Verschlechterung der Mietsache entscheidend, sondern die Frage, ob der Mieter die Grenzen des vertragsgemäßen Gebrauchs überschritten oder durch Verletzung seiner Obhutspflicht die Mietsache beschädigt oder verschlechtert hat.[302] In der Literatur ist die Abgrenzung nach der **Art der Schadensbeseitigung** vorgenommen worden,[303] was rechtsdogmatisch nicht immer ganz richtig ist, jedoch der Einzelfallentscheidung gerecht wird. Nach dieser Ansicht ist alles, was unter den Oberbegriff des malermäßigen Zustandes zusammengefasst werden kann, dem Bereich der Schönheitsreparaturen zuzuordnen. Nur Substanzschäden, die nicht nur einer malermäßigen Bearbeitung, sondern einer Reparatur bedürfen, führen zu einem unmittelbaren Schadensersatzanspruch des Vermieters wegen Vertragsverletzung. Diese Unterscheidung hat Bedeutung für die rechtliche Behandlung der Ansprüche von Haupt- oder Nebenpflichten, auch wenn § 280 Abs. 1 S. 1 BGB den Gläubigern einen Schadensersatzanspruch bei jeder schuldhaften Verletzung einer Pflicht aus dem Schuldverhältnis einräumt. Bei der Hauptpflichtverletzung führt der Schadensersatzanspruch des Vermieters nur über die erfolglose Leistungsaufforderung mit Fristsetzung gem. § 281 BGB, wohingegen sich der Schadensersatzanspruch bei Verletzung von Nebenpflichten unmittelbar aus §§ 280 Abs. 1 S. 1, 249 ergibt. Verursacht der Mieter durch eine Obhutspflichtverletzung Schäden an der Sachsubstanz der Mietsache, hat er diese Schäden nach §§ 280 Abs. 1, 241 Abs. 2 BGB als Schadensersatz neben der Leistung nach Wahl des Vermieters durch Wiederherstellung (§ 249 Abs. 1 BGB oder durch Geldzahlung (§ 249 Abs. 2 BGB) zu ersetzen. Einer vorherigen Fristsetzung des Vermieters bedarf es dazu nicht. Das gilt unabhängig von der Frage, ob es um einen Schadensausgleich während eines laufenden Mietverhältnisses oder nach dessen Beendigung geht.[304]

Unter den Schadensbegriff fallen mithin:

145
- Auffällige Schlagstellen im Waschbecken oder in Badewannen,[305] nicht jedoch die Abstumpfung der Emaillierung als typische Abnutzungserscheinung[306]
- Übermäßig angebrachte Dübellöcher, wobei die Feststellung des Übermaßes der Einzelfallentscheidung unterliegt[307]
- Beseitigung größerer Setz- und Dehnrisse[308]
- Anbohren der Badezimmertür, um dort Kleiderhaken anzubringen[309]

---

[301] LG Berlin NZM 2002, 118.
[302] BGH DWW 1995, 279.
[303] Langenberg NZM 2000, 1125.
[304] BGH NZM 2018, 320.
[305] AG Köln WuM 1986, 85; aA LG Köln WuM 1985, 258.
[306] AG Köln WuM 1984, 197.
[307] BGH WuM 1993, 109; LG Köln WuM 1976, 51; LG Darmstadt NJW-RR 1988, 80: Mehr als 5 Löcher im WC und 6 Löcher im Bad sind übermäßig; LG Göttingen ZMR 1999, 145 für 21 Bohrlöcher über die üblichen hinaus; AG Kassel WuM 1996, 757: 14 Bohrlöcher gehören noch zum üblichen Umfang.
[308] AG Hamburg WuM 1984, 197.
[309] AG Kassel WuM 1996, 757.

- Rotwein-, Brand- und Urinflecken von Tieren auf dem Teppichboden[310]
- Vergilbter Teppichboden durch übermäßiges Rauchen[311]
- Überstreichen von Wandfliesen[312]
- Bekleben von Teilen der Mietsache mit Folien[313]
- Übermäßiges Abtreten und Vertiefungen des Fußbodens insbesondere Parkett zB durch so genannte Pfennigabsätze[314]
- Außerhalb der allgemein anerkannten Geschmacksgrenzen liegender Farbanstrich von Decken und Wänden bei Mietende[315]
- Arbeiten, welche die Beseitigung von Untergrundschäden an Holz, Putz oder Mauerwerk zum Gegenstand haben.[316]

Hingegen sind dem Begriff Schönheitsreparaturen zuzuordnen:

- Reinigung des Teppichbodens, da diese Maßnahmen inzwischen an die Stelle des in § 28 Abs. 4 S. 4 II. BV vorgesehenen Streichens der Fußböden getreten ist,[317] es sei denn die Formularklausel verpflichtet den Mieter zur Reinigung durch eine Fachfirma, was eine unzulässige Klausel darstellt[318] 146
- Beseitigung der durch Alterung entstandenen kleinen Deckenrisse[319]
- Kleinere Holzschäden, die durch Spachteln vor dem Lackieren beseitigt werden können[320]
- Wasser- und Kaffeeflecke auf der Fensterbank, es sei denn diese besteht aus einem Material, das für diesen Zweck völlig ungeeignet ist.[321]
- Risse der Wohnzimmerdecke[322]

2. Hauptpflicht

Die Vornahme der Schönheitsreparaturen ist eine Hauptleistungspflicht des Vermieters, die im **Gegenseitigkeitsverhältnis zur Mietzahlungspflicht** des Mieters steht. Durch die Übertragung der Schönheitsreparaturen auf den Mieter verändert sich diese nicht in ihrer rechtlichen Einordnung als Hauptleistung, vielmehr entsteht für den Mieter neben der Verpflichtung zur Zahlung der Miete aus § 535 Abs. 2 BGB eine weitere gleichberechtigte Hauptpflicht,[323] auf die dann u. a. die Vorschrift des § 281 BGB Anwendung findet. Nach der Rechtsprechung des BGH handelt es sich dabei um eine **zusätzliche geldwerte Leistung des Mieters für die Gebrauchsüberlassung,** die sich in der Regel in der vom Vermieter vorgenommenen Kalkulation des Mietzinses wiederspiegelt.[324] 147

Die vom BGH vertretene Entgeltthese ist in der Literatur auf berechtigte **Kritik**[325] gestoßen. 148

Dennoch ist der Rechtsprechung des BGH zur Entgeltthese zu folgen, da diese in der Rechtspraxis überwiegend zu annehmbaren Entscheidungen führt, da der Wohnraum- 149

---

310 LG Dortmund NJWE-MietR 1997, 100; LG Mainz WuM 2003, 624.
311 AG Magdeburg WuM 2000, 303; hierzu auch Ausführungen zu → § 28 Rn. 336.
312 LG Köln WuM 1997, 41.
313 LG Köln WuM 1989, 136.
314 OLG Karlsruhe WuM 1997, 211; 2003, 621.
315 KG NZM 2005, 860; LG Berlin GE 1995, 249 für Farben Türkis, Lila, Rot oder Schwarz; LG Hamburg ZMR 1999, 204 für grellgrünen Anstrich; aA AG Miesbach WuM 1992, 602 für orangefarbenen Anstrich.
316 BGH NJW 1988, 2790.
317 OLG Stuttgart WuM 1993, 528; OLG Celle WuM 2001, 393; jetzt auch ausdrücklich für das Gewerberaummietverhältnis BGH NZM 2009, 126.
318 LG Stuttgart NJW-RR 1989, 1170; LG Görlitz WuM 2000, 570.
319 KG GE 1981, 1065.
320 LG Berlin GE 1995, 150.
321 OLG Köln WuM 1995, 582.
322 LG Berlin BeckRS 2017, 102681.
323 BGH WuM 1985, 46; NJW 1988, 2790.
324 BGH WuM 1985, 46; 2002, 484 (485).
325 Schildt WuM 1994, 237; Emmerich NZM 2000, 1155 (1158);; Sonnenschein NJW 1980, 1713 (1719).

mieter ansonsten mit den Kosten der jeweils vom Vermieter auszuführenden Schönheitsreparaturen belastet würde und diese daher nicht mehr kostensparend selbst ausführen könnte.

3. Übertragung der Schönheitsreparaturen auf den Mieter

150 a) **Allgemeines.** Im Rahmen der Erhaltungspflicht des Vermieters gem. § 535 Abs. 1 S. 2 BGB obliegen diesem auch während der gesamten Vertragsdauer die Durchführung der Schönheitsreparaturen. Zwar ist weithin üblich, die Pflicht des Vermieters zur Vornahme der Schönheitsreparaturen auf den Mieter abzuwälzen. Gleichwohl besteht weder eine Verkehrssitte noch ein Gewohnheitsrecht dieses Inhaltes.[326] Die Verkehrssitte betrifft vielmehr nur die Tatsache der regelmäßigen Übertragung dieser Pflicht auf den Mieter kraft Vereinbarung.[327]

151 Es bedarf folglich immer einer **klaren und eindeutigen Vereinbarung,** wenn sich der Vermieter seiner Pflicht durch Abwälzung der Schönheitsreparaturen auf den Mieter entledigen will.[328] Eine stillschweigende Übernahme dieser Pflicht kann nur dann angenommen werden, wenn besondere Umstände darauf hindeuten, dass die Mietvertragsparteien eine von der gesetzlichen Regelung abweichende Vereinbarung treffen wollten.[329] So sollen die Voraussetzungen für eine stillschweigende Vereinbarung bei einem mündlichen Mietvertrag unter Verwandten vorliegen, wenn der Mieter 42 Jahre lang die Renovierungsarbeiten ausgeführt hat.[330] Ebenso soll der Mieter seinen Renovierungsanspruch gegen den Vermieter verwirken, wenn er 40 bzw. 30 Jahre lang die Schönheitsreparaturen durchgeführt hat.[331]

152 Andererseits soll allein die nicht geschuldete jahrelange Renovierung durch den Mieter keine entsprechende Vertragspflicht für die Zukunft begründen.[332]

153 Ist mithin die grundsätzliche Übertragung der Renovierungspflicht auf den Mieter sowohl auf Grund einer Individual- wie auch einer Formularvereinbarung zulässig,[333] so müssen dennoch die entsprechenden Regelungen klar und eindeutig sein. Beinhalten daher solche Vereinbarungen die bloße Verpflichtung des Mieters zur Rückgabe der Mietsache im vertragsmäßigen oder ordnungsgemäßen Zustand, so liegt darin keine wirksame Abwälzung der Schönheitsreparaturen auf den Mieter, da sie nur wiederholen, was sich ohnehin aus § 538 BGB ergibt. Dies gilt für Formulierungen wie:

- Die Wohnung ist in ordnungsgemäßem bzw. vertragsgemäßen Zustand zurückzugeben[334]
- Die Räume sind dem Vermieter in bezugsfertigem Zustand zu übergeben[335]
- Die Mietsache ist in dem Zustand wie übernommen zurückzugeben[336]
- Die Wohnung ist besenrein zurückzugeben, da dies nur die Reinigungs- nicht aber die Renovierungspflicht beinhaltet[337]

154 b) **Individualvereinbarungen.** Die **Erhaltungspflicht** des Vermieters gem. § 535 Abs. 1 S. 2 BGB sowie die Lastenverteilung der Mietvertragsparteien gem. § 538 BGB **sind abdingbar,** so dass durch Individualvereinbarung grundsätzlich die Überwälzung der Schönheitsreparaturen auf den Mieter zulässig ist.

---

[326] BGH NJW 1987, 2575.
[327] BGH NZM 2004, 734.
[328] LG Berlin WuM 1991, 29; GE 1996, 476.
[329] OLG Celle WuM 1980, 185.
[330] OLG Frankfurt a. M. MDR 1981, 498.
[331] LG Berlin GE 1991, 517.
[332] LG Berlin MDR 1984, 316; WuM 1989, 232; NZM 2002, 946; AG Tempelhof-Kreuzberg MM 1995, 31.
[333] BGH WuM 1985, 46; 1987, 306; 1988, 294.
[334] OLG Düsseldorf NJW-RR 1992, 1096; LG Köln MDR 1974, 583.
[335] LG München II WuM 1985, 62.
[336] LG München II WuM 1985, 62, bestätigt durch OLG München WuM 1985, 63.
[337] BGH WuM 1985, 47.

Da gem. § 305b BGB individuelle Vertragsabreden Vorrang vor Allgemeinen Geschäftsbedingungen haben, ist häufig zu klärende Streitfrage, ob der Mietvertrag eine solche individualvertragliche Übernahme der Renovierung durch den Mieter enthält. 155

Eine **Individualabrede** liegt jedoch nur dann vor, wenn zwischen den Parteien die entsprechenden Vertragsbedingungen **ausgehandelt** worden sind.[338] Aushandeln iSd § 305 Abs. 1 S. 3 BGB kann nur dann angenommen werden, wenn der Verwender die vom Gesetz abweichenden Vertragsbedingungen inhaltlich in ihrem Kern zur Disposition stellt und dem Verhandlungspartner Gestaltungsfreiheit zur Wahrung eigener Interessen zumindest mit der realen Möglichkeit einräumt, die inhaltliche Ausgestaltung der Vertragsbedingungen zu beeinflussen.[339] Voraussetzung hierfür ist jedoch, dass der Verwender nicht nur zur Abänderung der vorgelegten Bedingungen bereit ist, sondern dies auch dem Vertragspartner gegenüber ausdrücklich erklärt.[340] 156

Hierzu gehört auch, dass der Vermieter den Mieter über den Vertragsinhalt aufklärt und ggf. darauf hinweist, dass eine bestimmte Regelung eine unangemessene Benachteiligung darstellen kann.[341] Nicht ausreichend für die Annahme einer Individualabrede ist eine im Formular enthaltene Aufforderung des Verwenders, Änderungen oder Streichungen vorzunehmen,[342] noch eine vorformulierte Erklärung, der Verwender sei zu Verhandlungen bereit gewesen und der Vertragsinhalt sei in allen Einzelheiten ausgehandelt worden.[343] 157

Dasselbe gilt für formularmäßige Erklärungen, wonach die Vertragsbedingungen von dem Mieter gelesen worden sein sollen und er sich hiermit vorbehaltlos einverstanden erklärt habe[344] und schließlich für die formularmäßige Erklärung des Mieters, er habe die Vertragsbedingungen gelesen und verstanden.[345] 158

Ein Formularvertrag wird auch nicht dadurch zum Individualvertrag, dass der Verwender zwischen mehreren vorgedruckten Alternativen wie zB Übernahme oder Nichtübernahme der laufenden Schönheitsreparaturen sowie eine Endrenovierung auswählen kann.[346] 159

Unerheblich ist weiterhin, ob die Parteien die Klausel „erörtert", „besprochen" oder „erläutert" haben.[347] Allein entscheidend ist, ob die Klausel vom Vermieter als Verwender ernsthaft zur Disposition gestellt worden ist, so dass der Mieter die Möglichkeit hatte, auf die Vertragsbedingungen Einfluss zu nehmen.[348] Für den Ausnahmefall des Aushandelns ist der Verwender und damit in aller Regeln der Vermieter darlegungs- und beweispflichtig.[349] 160

Hand- oder maschinenschriftliche Ergänzungen im Mietvertrag bleiben dann Formularklauseln, wenn sie keinen eigenständigen Regelungsgehalt, sondern lediglich unselbstständige Ergänzungen beinhalten.[350] 161

Keinen eigenen Regelungsgehalt hat eine handschriftliche Klausel am Ende des Mietvertrages, wonach der Mieter die Wohnung „fachgerecht renoviert zurückzugeben" hat, wenn sie inhaltlich lediglich eine zuvor im Mietvertrag enthaltene vorformulierte und ausdrücklich angekreuzte Bestimmung, wonach der Mieter die Wohnung bei Beendigung des Mietverhältnisses in renoviertem Zustand zurückzugeben hat, wiederholt.[351] 162

---

338 AG Berlin-Tempelhof-Kreuzberg BeckRS 2017, 135807.
339 BGH NJW 1992, 1107; 1992, 2759; NJW-RR 1996, 787.
340 AG Frankfurt a. M. WuM 1996, 24.
341 LG Kiel WuM 1998, 216.
342 BGH NJW 1987, 2011.
343 BGH NJW 1977, 624.
344 OLG Hamm WuM 1981, 77.
345 BGH NJW 1996, 1819.
346 BGH NJW 1992, 504; 1996, 1208; OLG Celle WPM 1976, 653.
347 OLG Düsseldorf WuM 1994, 459.
348 BGH NJW 1992, 1107; OLG Düsseldorf WuM 1994, 459.
349 BGH NJW 1998, 2600; NJW-RR 1996, 787; LG Saarbrücken NZM 2000, 1179.
350 BGH NJW 1992, 504.
351 LG Wuppertal WuM 1999, 301; Goch WuM 2003, 368.

163 Etwas anderes gilt für die Fälle, in denen diese hand- oder maschinenschriftlichen Einfügungen oder Änderungen einen eigenen Regelungsgehalt haben, wie zB den Zusatz, dass die Schönheitsreparaturen spätestens bei Beendigung des Mietverhältnisses auszuführen sind. Dann begründen diese Ergänzungen den ersten Anschein für eine Individualvereinbarung.[352] Diese **Indizwirkung** kann aber durch den Beweis des Mieters entkräftet werden, dass gleich lautende Eintragungen oder Änderungen in einer Vielzahl von Fällen erfolgte[353] oder dass diese Zusätze schon eingefügt waren, bevor dem Mieter der Vertrag erstmals vorgelegt und der Inhalt der handschriftlichen Klauseln nicht verhandelt worden war.

164 Nach einem Urteil des LG Köln[354] entfällt die Indizwirkung auch dann, wenn eine gesetzlich unzulässige Klausel zum Nachteil des Verwendungsgegners abgeändert wird, um sie als Individualvereinbarung durchzusetzen. Entgegen der grundsätzlichen Regelung, wonach derjenige für das Vorliegen einer Formularvereinbarung beweispflichtig ist, der den Schutz der §§ 305–310 BGB in Anspruch nehmen will, hat das LG Köln in dieser Entscheidung den Vermieter für beweispflichtig dafür angesehen, dass eine handschriftlich eingefügte Endrenovierungsverpflichtung des Mieters ohne Rücksicht auf die letzte Renovierung zwischen den Vertragsparteien ausgehandelt worden ist. Diese Entscheidung ist für die Praxis von weittragender Bedeutung, da eine Vielzahl von Formularmietverträgen solche Ergänzungen unter „sonstige Vereinbarungen" enthalten.

165 Unter der Voraussetzung, dass eine die Bestimmungen der §§ 305b, 305 Abs. 1 S. 3 BGB einhaltende Individualvereinbarung vorliegt, wird die Grenze deren Unwirksamkeit bei der Sittenwidrigkeit oder bei einem Verstoß gegen Treu und Glauben gezogen.[355]

166 So sind in der Rechtsprechung u. a. als **wirksame Individualvereinbarungen** angesehen worden:

- Die Regelung der Art der Renovierung, zB Tapetenwahl[356]
- Erweiterung des Renovierungsumfangs auf Räumlichkeiten, die nach der Definition des § 28 II. BV nicht mehr unter die renovierungspflichtigen Flächen fallen, wie Keller und/oder Waschküche[357]
- Endrenovierung auch unabhängig vom Zeitpunkt der letzten Renovierung[358]
- Erneuerung des Teppichbodens oder das Abschleifen und Versiegeln des Parkettbodens[359]
- Vereinbarung kürzerer Renovierungsfristen[360]
- Vereinbarung einer Fachhandwerkerklausel, wobei einschränkend gilt, dass der Vermieter gegenüber einwandfrei ausgeführten Eigenleistungen des Mieters nicht auf nochmalige Ausführung durch einen Fachhandwerker bestehen kann[361]
- Die Vereinbarung einer Anfangsrenovierung mit Ausgleichsregelung[362] wie Renovierungskostenvorschuss[363] oder mietfreie Überlassung für einen angemessenen Zeitraum,[364] wohingegen eine Anfangsrenovierung ohne Ausgleichsregelung weder formularmäßig noch individualvertraglich vereinbart werden kann.[365]

167 Unwirksam sind hingegen Individualvereinbarungen die **Klauselkombinationen** aufweisen, wie zB die individuell vereinbarte Anfangsrenovierung und die formularver-

[352] BGH WuM 1992, 316; aA LG Düsseldorf NZM 2002, 779.
[353] BGH DWW 1994, 248; WPM 1997, 126.
[354] LG Köln WuM 1994, 19.
[355] AG Bergheim WuM 1996, 758.
[356] LG Freiburg WuM 1980, 75.
[357] LG Darmstadt WuM 1987, 315.
[358] LG Aachen WuM 1988, 55; AG Münster WuM 1987, 53; Draber WuM 1988, 6.
[359] LG Berlin GE 1992, 677.
[360] BGH WuM 1987, 307.
[361] AG Heidelberg u. AG Königstein WuM 1983, 126.
[362] BGH WuM 1987, 306.
[363] BGH WuM 1987, 306.
[364] BGH WuM 1988, 294.
[365] BGH NJW 1993, 532; OLG Celle ZMR 1999, 470; AG Hamburg NZM 2000, 1180.

traglich festgelegte laufende Renovierung.[366] Der so genannte **Summierungseffekt** macht diese Klauseln unwirksam, was auch für den umgekehrten Fall gilt, dass nämlich formularmäßig (was ohnehin unwirksam ist) die Anfangsrenovierung und individuell die laufende Renovierung vereinbart wird.[367]

c) **Formularvereinbarungen.** *aa) Grundsätze.* Nach inzwischen gefestigter Rechtsprechung ist es grundsätzlich zulässig, die Pflicht zur Ausführung der Schönheitsreparaturen auf den Mieter durch Formularvertrag zu übertragen, da dies den Mieter nach § 307 BGB nicht unangemessen benachteiligt.[368] Zur Begründung hierfür beruft sich die Rechtsprechung insbesondere auf die Üblichkeit derartiger Klauseln und darauf, dass anderenfalls der Vermieter genötigt sei, den Mietzins entsprechend zu erhöhen, da – wovon im Regelfall die in den Mietspiegeln enthaltenen Vergleichsmieten der Gemeinden ausgehen – bei der Mietpreisgestaltung die Wohnungsrenovierung durch den Mieter unterstellt wird. 168

Dagegen hält das Landgericht Berlin eine Formularklausel, die die Pflicht zur Durchführung von Schönheitsreparaturen uneingeschränkt auf den Wohnraummieter abwälzt, für unwirksam gemäß §§ 536 Abs. 4 BGB, 307 Abs. 1, Abs. 2 Nr. 1 BGB.[369] 169

Gleichwohl ergeben sich bei der Frage, ob und in welchem Umfang durch Formularverträge die Abwälzung der Renovierung auf den Mieter zulässig ist, häufig Probleme. Dies betrifft insbesondere die Fallgestaltungen 170

- ob die Klausel eine **Freizeichnung** des Vermieters oder aber eine **Abwälzung** auf den Mieter enthält,
- ob ein Verstoß gegen das **Übermaßverbot gem. § 307 Abs. 1 S. 1 BGB** im Hinblick auf das gesetzliche Leitbild des §§ 535 Abs. 1 S. 2, 538 BGB oder
- ob ein Verstoß gegen das **Transparenzgebot** gem. §§ 305c Abs. 2, 307 Abs. 1 S. 2 BGB vorliegt,
- ob eine inhaltlich einschränkende Auslegung einer Klausel gegen das **Verbot der geltungserhaltenden Reduktion** verstößt,
- ob **Unteilbarkeit einer einheitlichen Regelung** oder nach dem **„blue-pencil-test"** zwei selbstständige Regelungsbereiche in einer Klausel zusammengefasst sind und
- ob **Klauselkombinationen** wegen des **Summierungseffektes** unwirksam sind.

Eine **Freizeichnungsklausel** beinhaltet die Befreiung des Vermieters von seiner Verpflichtung zur Durchführung der regelmäßig anfallenden Renovierungsarbeiten, ohne gleichzeitig diese Pflichten auf den Mieter zu übertragen. Eine solche Klausel ist bei einer Vereinbarung gegeben, in der dem Mieter „die Durchführung der Schönheitsreparaturen überlassen bleibt", mithin der Mieter entscheiden kann, ob er renoviert oder sich mit dem renovierungsbedürftigen Zustand zufriedengibt. Eine derartige Klausel stellt keine unangemessene Benachteiligung gem. § 307 Abs. 1 BGB dar und ist daher grundsätzlich wirksam.[370] 171

Nach überwiegender Ansicht liegt eine wirksame **Abwälzung** der Renovierungspflicht auf den Mieter vor, wenn vereinbart wird, dass die Schönheitsreparaturen „zu Lasten des Mieters"[371] gehen, vom „Mieter getragen werden"[372] oder der Mieter „die Kosten der Schönheitsreparaturen" trägt.[373] Soweit mit Hinweis auf das Transparenzgebot des § 307 Abs. 1 S. 1 BGB die Meinung vertreten wird, mit diesen Formulierungen sei lediglich eine Freizeichnung des Vermieters von seiner Verpflichtung aus § 535 BGB verbunden,[374] so überzeugt dies im Hinblick auf die im Rechtsverkehr allgemein übliche 172

---

366 BGH NJW 1993, 532; OLG Celle ZMR 1999, 470; LG Kiel WuM 1998, 215.
367 BGH NZM 2006, 623; LG Paderborn BeckRS 2017, 137640.
368 BGH NJW 1985, 480; 1993, 532; NZM 1998, 710; 2004, 497.
369 LG Berlin NZM 2017, 258.
370 LG Karlsruhe NZM 2016, 638.
371 OLG Nürnberg ZMR 1991, 217.
372 OLG Karlsruhe NJW-RR 1989, 520.
373 BGHZ 49, 56 (58) Ls. 1; BGH NZM 2004, 734.
374 Goch WuM 2003, 368; Hinz ZMR 2003, 77.

Praxis der Abwälzung der Schönheitsreparaturen auf den Mieter nicht, zumal die rechtsunkundige Bevölkerung ohnehin davon ausgeht, dass der Wohnraummieter auch ohne entsprechende Vereinbarung die Renovierung schulde.

173 Für die Überprüfung eines Verstoßes gegen das **Übermaßverbot** gem. § 307 Abs. 1 S. 1 BGB ist maßgebend, ob Formularklauseln vom gesetzlichen Leitbild der §§ 535 Abs. 1 S. 2, 538 BGB abweichen, wonach der Mieter zunächst nur verpflichtet werden kann, Schönheitsreparaturen auszuführen, die auf Grund eigenen Mietgebrauchs erforderlich sind. Soweit Gebrauchsspuren des Vormieters eine Renovierung verlangen oder bei Mietbeginn keine Dekoration vorhanden ist, widerspricht die Übernahme der Anfangsrenovierung durch den Mieter dem vom BGH vertretenen Entgeltcharakter der Schönheitsreparaturen, da einer solchen Renovierungsleistung des Mieters kein Ausgleich des Vermieters gegenübersteht, wie dies durch die vom BGH unterstellte niedrigere Miete bei Beseitigung eigener Abnutzungsspuren der Fall ist. Wenn auch der Mieter hiernach keinen Anspruch auf Übergabe einer frisch renovierten Wohnung hat,[375] so muss sich diese jedoch in einem solchen Zustand befinden, dass der Mieter nicht alsbald zu renovieren braucht[376] wobei es ausreicht, wenn diese kurz vor dem Einzug des Mieters malermäßig überarbeitet worden ist.[377]

174 Ein Verstoß gegen das **Transparenzgebot** der §§ 305c Abs. 2, 307 Abs. 1 S. 2 BGB liegt dann vor, wenn der Vermieter dem Mieter nicht die Möglichkeit verschafft, in zumutbarer Weise von dem Inhalt der Vertragsklausel Kenntnis zu nehmen. Demzufolge müssen in einem Formularvertrag die dort geregelten Rechte und Pflichten möglichst durchschaubar, klar und vollständig dargestellt werden,[378] so dass sie für einen rechtsunkundigen Durchschnittsbürger verständlich sind. Eine Regelung betreffend die Übertragung von Renovierungspflichten auf den Mieter ist daher wegen eines Verstoßes gegen das Transparenzgebot unwirksam, wenn die Pflichten des Mieters an verschiedenen Stellen des Vertragswerkes aufgeführt werden und der Umfang der Verpflichtung des Mieters aus der Gesamtregelung nicht mit hinreichender Sicherheit erkennbar ist.[379] An der Klarheit einer Formularklausel fehlt es ebenso, wenn im Rahmen einer Quotenabgeltungsklausel nicht vereinbart wird, dass diese Klausel erst dann wirksam wird, wenn das Mietverhältnis vor Eintritt der Verpflichtung zur Durchführung von Schönheitsreparaturen endet.[380] Nach der Wortfassung dieser der Entscheidung des LG Berlin zugrunde liegenden Klausel war offen, ob bei Fälligkeit einer Renovierungspflicht nach Ablauf von 5 Jahren eine volle Kostenerstattungspflicht des Mieter begründet wurde, ohne dass die Voraussetzungen des § 326 BGB aF hätten erfüllt werden müssen.

175 Belasten Formularklauseln den Vertragspartner in unbilliger Weise, so werden diese im Hinblick auf das **Verbot der geltungserhaltenden Reduktion** nicht mit einem gerade noch zulässigen Inhalt aufrechterhalten.[381] So ist es daher nach überwiegender Ansicht nicht zulässig, bei Vereinbarung zu kurzer Renovierungsausführungsfristen diese durch die üblichen Fristen zu ersetzen, vielmehr ist die gesamte Regelung über die Abwälzung der Schönheitsreparaturen unwirksam.[382] Ebenso hat die unwirksame Vereinbarung von Schönheitsreparaturen nach einem starren Fristenplan die Unwirksamkeit der gesamten Renovierungsklausel zu Folge.[383]

176 Von dem Verbot der geltungserhaltenden Reduktion sind die Klauseln zu unterscheiden, die aus zwei selbstständigen Regelungen, und zwar einem zulässigen und einem unzulässigen Teil bestehen und daher nach dem **„blue-pencil-test"** derart inhaltlich und

---

[375] BGH ZMR 1982, 180.
[376] LG Hamburg MDR 1986, 983.
[377] OLG Stuttgart NJW-RR 1989, 520.
[378] BGH NJW-RR 1996, 783; NZM 1998, 719.
[379] LG Mannheim WuM 2000, 485.
[380] LG Berlin NJWE-MietR 1997, 101.
[381] BGH NZM 2013, 474; OLG Hamm NZM 2018, 87.
[382] BGH NJW 1982, 2308; NZM 2015, 485.
[383] BGH NZM 2004, 653.

sprachlich voneinander getrennt werden können, dass eine Klausel mit einem sinnvollen wirksamen Inhalt aufrecht erhalten bleibt.[384]

Klauselkombinationen, die aus mehreren Formularteilen oder aber aus einem Formular- und Individualteil bestehen können, sind dann unzulässig, wenn deren **Summierungseffekt** eine übermäßige Belastung des Mieters ergibt, wobei jede Klausel für sich genommen unbedenklich sein kann.[385] Eine an sich zulässige Formularklausel zu den laufenden Schönheitsreparaturen kann daher mit einer gleichzeitigen unwirksamen Endrenovierungsklausel wegen des Summierungseffektes unwirksam sein.[386] Dabei ist auch unerheblich, ob diese Renovierungsklauseln im Mietvertrag an unterschiedlicher Stelle stehen.[387] 177

Die vorstehenden Beurteilungskriterien sind nichts stets klar voneinander zu trennen, sondern weisen zum Teil deutliche Überschneidungen und Ergänzungen auf. Im Rahmen einer **Klauselkontrolle** sollten daher regelmäßig **sämtliche Kriterien einer Wertungsprüfung** unterzogen werden. 178

bb) Zulässige Klauseln. Klauseln, auf Grund derer der Mieter gehalten ist **„je nach dem Grad** der Abnutzung oder Beschädigung" während der Mietzeit Schönheitsreparaturen durchzuführen, sind wirksam, da hierdurch **auf den Umfang,** nicht jedoch wie **bei Bedarf auf den Zeitpunkt** der durchzuführenden Arbeiten abgestellt wird.[388] Selbst dann, wenn diese Arbeiten „unverzüglich" auszuführen und im Allgemeinen in nach der Art der Räume gestaffelten Zeitabständen von 3,5 und 7 Jahren erforderlich sind, verstößt diese Klausel nicht gegen § 307 Abs. 1, Abs. 2 Nr. 1 BGB, da sie nicht dahin gehend auszulegen ist, dass die dem Mieter auferlegte Schönheitsreparaturpflicht unabhängig vom Beginn des Mietverhältnisses an einen objektiv bestehenden Renovierungsbedarf anknüpft.[389] 179

Die AGB-Klausel „Die Schönheitsreparaturen werden vom Mieter getragen" kann eine Überbürdung der Schönheitsreparaturpflicht auf den Mieter bewirken, wenn ihm die Wohnung in renoviertem Zustand übergeben wird.[390] 180

Bei Vermietung einer bei **Vertragsbeginn nicht renovierten Wohnung** war die formularmäßige Abwälzung von Schönheitsreparaturen auf den Mieter nach Maßgabe eines **Fristenplanes** nach der bisherigen Rechtsprechung des BGH jedenfalls dann wirksam, wenn die Renovierungsfristen mit dem Anfang des Mietverhältnisses zu laufen beginnen[391] und es sich nicht um **feste/starre Fristen** als Höchst- oder Mindestfristen handelt,[392] wie es bei der Formulierung **„üblicherweise", „im Allgemeinen"** oder **„in der Regel"** der Fall ist.[393] Auch eine Klausel, nach der Schönheitsreparaturen **„in der Regel** in Küchen, Bädern und Toiletten **spätestens** nach drei Jahren, in Wohnräumen, Schlafräumen, Dielen … spätestens nach fünf Jahren und in sonstigen Räumlichkeiten … spätestens nach sieben Jahren" durchzuführen sind, enthält keinen starren Fristenplan, da sie für die Beurteilung des Einzelfalls genügend Raum lässt, um eine Anpassung der tatsächlichen Renovierungsintervalle an das objektiv Erforderliche zu ermöglichen.[394] 181

---

[384] Siehe hierzu BGH WuM 2004, 147 zur Rückforderung einer Mietkaution; BayObLG WuM 1997, 362 betreffend eine Klausel mit einer wirksamen Übertragung der Schönheitsreparaturen und einer unwirksamen Kleinreparaturklausel.

[385] BGH NJW 1993, 532.

[386] BGH NZM 2006, 623; 2003, 594; 2003, 755; OLG Hamm NZM 2002, 988; LG Berlin NZM 1998, 403; LG Kiel WuM 1998, 215; LG Hamburg WuM 2000, 544; LG Frankfurt a. M. WuM 2000, 545; aA LG Köln WuM 1999, 720.

[387] LG Kiel WuM 1998, 215.

[388] OLG Hamburg NJW-RR 1992, 10; OLG Celle WuM 1996, 202; LG Duisburg NZM 1999, 955.

[389] BGH NZM 2005, 376.

[390] LG Berlin BeckRS 2018, 11619.

[391] BGH WuM 2005, 50, wobei dies auch dann gilt, wenn die Wohnung bei Vertragsbeginn renovierungsbedürftig war und der Anspruch des Mieters auf die Anfangsrenovierung durch den Vermieter vertraglich ausgeschlossen ist.

[392] BGH NZM 2004, 497; WuM 1987, 306; 1988, 294.

[393] BGH NZM 2005, 860.

[394] BGH NZM 2005, 860.

Renoviert der Mieter gleichwohl bei Vertragsbeginn, so erbringt er eine freiwillige Leistung, die keinen Einfluss auf die Wirksamkeit der Renovierungsklausel hat[395] und die er einer bei Vertragsende fälligen Renovierungsverpflichtung nicht entgegenhalten kann, wenn die im Fristenplan vorgesehenen Fristen seit den letzten Schönheitsreparaturen während der Mietzeit abgelaufen sind.[396]

182 Der BGH hat im Rahmen seiner **Grundsatzentscheidung vom 18.3.2015** diese Rechtsprechung nunmehr aufgegeben und entschieden, dass die formularvertragliche Überwälzung der Verpflichtung zur Vornahme laufender Schönheitsreparaturen einer dem Mieter unrenoviert oder renovierungsbedürftig überlassenen Wohnung einer Inhaltskontrolle am Maßstab des § 307 Abs. 1, Abs. 2 Nr. 1 BGB nicht standhält, sofern der Vermieter dem Mieter keinen angemessenen Ausgleich gewährt.[397] In seinen Entscheidungsgründen knüpft der BGH bezüglich seiner **Rechtsprechungsänderung** an die in der Literatur erhobenen Kritik an, wonach eine derartige Klausel den Mieter zur Beseitigung sämtlicher Gebrauchsspuren des Vormieters verpflichte. Dies führe jedenfalls bei kundenfeindlichster Auslegung dazu, dass der Mieter die Wohnung vorzeitig renovieren oder gegebenenfalls in einem besseren Zustand zurückgeben müsste, als er sie selbst vom Vermieter erhalten habe.

183 Nicht zu beanstanden ist auch eine Klausel, wonach der Mieter die Wohnung **während der Mietzeit** regelmäßig zu renovieren und bei Beendigung der Mietzeit in **bezugsfertigem Zustand** zurückzugeben hat, da bezugsfertig nicht identisch mit renoviert ist.[398]

184 Gleiches gilt für Klauseln, wonach der Mieter bei Beendigung des Mietverhältnisses die Wohnung in **„ordnungsgemäßem Zustand"** bzw. **„in vertragsgemäßem Zustand"** zurückzugeben hat.[399]

185 Hat der Mieter eine unrenovierte Wohnung übernommen, so schuldet der Mieter die **laufenden Schönheitsreparaturen oder deren Ausführung bei Vertragsende aufgrund der Rechtsprechungsänderung des BGH vom 18.3.2015 nicht mehr. Allerdings trifft den Mieter** die Darlegungs- und Beweislast, **dass die Wohnung bei Mietbeginn unrenoviert oder renovierungsbedürftig war.**[400] Eine **Endrenovierungsklausel,** die dem Mieter die Schönheitsreparaturen „spätestens bei Ende des Mietverhältnisses" auferlegt, jedoch klarstellt, dass der Mieter außerhalb der üblichen Ausführungsfristen alle 3, 5 und 7 Jahre nicht zu renovieren braucht und diese Renovierungsfristen „im Allgemeinen" gelten, mithin nicht starr sind, verstößt nicht gegen § 307 BGB.[401]

186 Ist die Klausel zur Übertragung der Schönheitsreparaturen nach § 307 Abs. 1 BGB unwirksam und hat der Vermieter dem Mieter zu Beginn des Mietverhältnisses eine unrenovierte Wohnung ohne angemessenen Ausgleich überlassen, tritt nach § 306 Abs. 2 BGB die gesetzliche Regelung des § 535 Abs. 1 Satz 2 BGB.[402] In diesem Fall kommt bei einer wesentlichen Verschlechterung des Dekorationszustandes seit Mietbeginn ein Instandhaltungsanspruch des Mieters in Betracht. Da die Wiederherstellung dieses ursprünglichen Dekorationszustandes der Wohnung in der Regel nicht praktikabel, zumindest aber wirtschaftlich nicht sinnvoll ist und deshalb nicht im Interesse der Mietvertragsparteien liegt, soll in diesen Fällen allein eine Durchführung von Schönheitsreparaturen sach- und interessengerecht sein, durch welche der Vermieter die Wohnung in einen frisch renovierten Zustand versetzt. Mit Rücksicht auf Treu und Glauben soll der Mieter eine solche Renovierung verlangen können, muss sich aber wegen der dadurch bewirkten Besserstellung über dem unrenovierten (vertragsgemä-

[395] BGH WuM 1987, 306.
[396] BGH NJW 1988, 2790; LG Berlin GE 1993, 1099.
[397] BGH NZM 2015, 374.
[398] OLG Düsseldorf WuM 1994, 323.
[399] OLG Düsseldorf NJW-RR 1992, 1096.
[400] BGH NZM 2015, 374.
[401] OLG Bremen RE WuM 1982, 317.
[402] BGH NZM 2020, 704; BGH NZM 2020, 710.

ßen) Zustand bei Mietbeginn in angemessenen – in der Regel hälftigen – Umfang an den erforderlichen Kosten beteiligen.[403]

Vereinbaren die Parteien in einem Formularvertrag, dass nach Ablauf der üblichen Fristen renoviert werden muss, so ist diese Klausel wirksam.[404] Dies gilt jedoch nur mit der Einschränkung, dass tatsächlich ein Renovierungsbedarf besteht. Enthält eine Formularklausel keinen Fristenplan, so gelten die üblichen Fristen, sofern nicht örtliche Gegebenheiten etwas anderes erfordern.[405] 187

Die **üblichen Renovierungsfristen** richteten sich bisher nach der Fußnote zu **§ 7 Mustermietvertrag 1976,** der folgende Renovierungsfristen vorsieht: Alle 3 Jahre für Küche, Bad und Dusche; alle 5 Jahre für Wohnzimmer, Schlafzimmer, Flur, Diele und Toilette; alle 7 Jahre für sonstige Nebenräume. Diese Fristen werden mittlerweile aufgrund der geänderten Wohnverhältnisse, der bautechnischen Weiterentwicklung und der qualitativ verbesserten Farbmaterialien in der Literatur nicht mehr als angemessene Erfahrungswerte herangezogen.[406] Daher sollen diese **bisherigen Fristen zu kurz bemessen sein** mit der Folge, dass sie den Mieter unangemessen belasten.[407] Auch der BGH hat diese Fristen ausdrücklich nur für die in der Vergangenheit abgeschlossenen Mietverträge als wirksam angesehen, also für Mietverträge vor dem Urteil vom 26.9.2007.[408] Für „Neuverträge" wird daher die Auffassung vertreten, dass die bisherigen Regelfristen gemäß dem Mustermietvertrag aus dem Jahre 1976 unwirksam sind.[409] Empfohlen werden daher Fristen von **5 Jahren** für Küchen, Bädern, WC und Duschen, **8 Jahren** für Wohn- und Schlafräume sowie Fluren und Dielen und **10 Jahren** für alle Nebenräume. 188

cc) Unzulässige Klauseln. Werden Schönheitsreparaturen, die durch **Zufallsschäden** oder **Modernisierungsarbeiten** des Mieters erforderlich werden, auf den Mieter abgewälzt, so ist eine solche Klauselerweiterung unwirksam.[410] 189

Dasselbe gilt für eine zusätzliche Vereinbarung einer **Pauschale** für die Abnutzung der Tapeten.[411] 190

Soll der Mieter **„nach Bedarf"** oder **„bei Erforderlichkeit"** renovieren, so verstößt dies gegen § 307 BGB, wenn dem Mieter bei Vertragsbeginn eine nicht renovierte Wohnung übergeben worden ist.[412] In diesem Fall ist ein Renovierungsbedarf bereits bei Mietbeginn gegeben, so dass mit dieser Klausel eine unzulässige Klauselvereinbarung über die Anfangsrenovierung begründet wird. 191

Unwirksam ist eine Klausel, nach der der Mieter während der Mietzeit ohne Rücksicht auf den Zustand der Mietsache bei Vertragsbeginn und ohne Rücksicht auf den Zeitpunkt der erstmaligen Erforderlichkeit der Renovierung alle erforderlichen Schönheitsreparaturen auszuführen hat.[413] 192

Die Klausel „der Mieter übernimmt die Mieträume in dem vorhandenen und ihm bekannten Zustand nach eingehender Besichtigung… als vertragsgemäß, insbesondere als in jeder Hinsicht bezugsfertig und unbeschädigt mit folgender Ausnahme…" verstößt gegen § 309 Nr. 12b BGB,[414] da sie eine Tatsachenbestätigung enthält, die die Beweislast faktisch zum Nachteil des Mieters verschiebt. 193

Nach dem Urteil der 67. Zivilkammer des Landgerichts Berlin soll auch die Klausel „Die Kosten der Schönheitsreparaturen trägt der Mieter" gemäß §§ 536 Abs. 4 BGB, 194

[403] BGH NZM 2020, 704.
[404] LG Berlin GE 1998, 181.
[405] BGH WuM 1985, 47.
[406] Schmidt-Futterer/Lehmann-Richter BGB § 538 Rn. 86.
[407] Schmidt-Futterer/Lehmann-Richter BGB § 538 Rn. 86.
[408] BGH NZM 2007, 879.
[409] Langenberg 1 C Rn. 181; Eisenschmid WuM 2010, 459.
[410] LG Berlin WuM 1993, 261; NZM 2002, 121.
[411] AG Köln WuM 1991, 579.
[412] BGH NJW 1993, 532; OLG Stuttgart NJW-RR 1989, 520.
[413] LG Berlin WuM 1993, 261.
[414] OLG Düsseldorf WuM 2003, 621.

307 Abs. 1, Abs. 2 Nr. 1 BGB unwirksam sein und zwar selbst dann, wenn die Mietsache dem Mieter zu Vertragsbeginn renoviert überlassen wurde.[415] Dies soll unabhängig davon gelten, ob die Klausel als Vornahmeklausel zur Durchführung von Schönheitsreparaturen zu verstehen ist oder aber als Kostenklausel, wonach der Mieter lediglich die Kosten der Schönheitsreparaturen zu tragen hat. Denn bei einer Kostenklausel werde dem Mieter unter Zugrundelegung der „kundenfeindlichsten Auslegung" die Möglichkeit so Vornahme der Schönheitsreparaturen in Eigenleistung genommen.[416]

195 Die Vereinbarung einer **Anfangsrenovierung** ist unwirksam, da dem Mieter Arbeiten überbürdet werden, die nicht auf seiner Abnutzung der Mietsache beruhen.[417] Dasselbe gilt für eine Klausel, wonach die erstmaligen Renovierungsarbeiten innerhalb von 3 Monaten nach Vertragsbeginn durchzuführen sind, so wie eine Klausel, nach der der Mieter die Wohnung in tapezierfähigem Zustand übernimmt und sie innerhalb von 14 Tagen nach Einzug zu tapezieren hat.[418]

196 Die formularmäßige Verpflichtung des Mieters sowohl zu einer **Anfangs- als auch zu einer laufenden Renovierung** ist insgesamt unwirksam.[419]

197 Die formularmäßige Vereinbarung von **Fristenplänen** für die Übernahme laufender Schönheitsreparaturen ist wirksam.[420] Jedoch muss sich der Fristenplan zumindest an die bisher üblichen Renovierungsfristen (§ 7 Abs. 3 Mustermietvertrag 1976) ausrichten.[421] Werden daher in einem formularmäßigen Fristenplan **unangemessen kurze Fristen** vereinbart, so sind diese gem. § 307 BGB unwirksam.[422] Nach überwiegender zutreffender Rechtsansicht ist eine geltungserhaltende Reduktion auf angemessene Fristen nicht zulässig, vielmehr die gesamte Regelung über die Abwälzung der Schönheitsreparaturen unwirksam.[423] Die gegenteilige Ansicht, wonach es sich um trennbare Regelungen handele, so dass es wie bei komplett fehlender Fristbestimmung bei der Renovierungspflicht mit den üblichen Fristen verbleibe,[424] berücksichtigt nicht in ausreichendem Maße, dass es sich bei der Übertragung der Schönheitsreparaturen um einen einheitlichen Regelungsbereich handelt, dessen sachlicher Zusammenhang nicht nach jeweiliger Interessenlage einer Mietvertragspartei auf einen wirksamen Teilbereich reduziert werden kann. Zudem lassen die neuen Entscheidungen des BGH zum Summierungseffekt[425] sowie zum Verbot der geltungserhaltenden Reduktion[426] eine Tendenz erkennen, die für die Annahme einer Unwirksamkeit der gesamten Regelung spricht. Dies gilt auch dann, wenn sprachlich getrennte Klauseln zur Übertragung der Schönheitsreparaturen und den Mieter unangemessen benachteiligenden Fristenplan zugrunde liegen.[427]

198 Nach einer Entscheidung des LG Köln ist die Regelung in einem Fristenplan, wonach während der üblichen Ausführungsfristen auch das Holzwerk, die Wasserrohre und die

[415] LG Berlin NZM 2017, 258 mAnm Kappus.
[416] BGH NZM 2010, 615.
[417] BGH NJW 1993, 532; WuM 2005, 50; OLG Celle ZMR 1999, 470; AG Hamburg NZM 2000, 1180.
[418] OLG Hamburg WuM 1991, 523; OLG Celle ZMR 1999, 469.
[419] OLG Stuttgart WuM 1993, 528; LG Frankfurt a. M. WuM 1996, 208; LG Hamburg WuM 2004, 88; AG Dortmund WuM 2004, 87.
[420] BayObLG WuM 1987, 344.
[421] Allerdings dürften diese Fristen mittlerweile ebenfalls zu kurz bemessen sein; hierzu die Ausführungen in → 188.
[422] BayObLG WuM 1987, 344; LG Hamburg WuM 1992, 476 für Fristenpläne von 3 Jahren; LG Köln WuM 1989, 70 für Fristenpläne von 2 und 4 Jahren; LG Berlin NZM 1999, 954 für Fristenplan: Nassräume 2 Jahre, Wohnräume, Diele und Toiletten 3 Jahren und Nebenräume 5 Jahre; LG Berlin WuM 2002, 668 für Fristenpläne von 2 und 3 Jahren.
[423] BGH NZM 2010, 157;; LG Köln WuM 1991, 341; LG Berlin WuM 2002, 668; LG München II WuM 2001, 599; Pfeilschifter WuM 2003, 543 (551).
[424] Kraemer NZM 2003, 417.
[425] Siehe hierzu Ausführungen → Rn. 182 ff.
[426] BGH NJW 2004, 2586.
[427] LG Berlin NZM 1999, 954.

Heizkörper zu streichen sind, unzulässig,[428] da, ohne gleichzeitig für diese Arbeiten das Merkmal der Erforderlichkeit als weiteren Maßstab heranzuziehen, solche kurzen Fristen eine unangemessene Benachteiligung des Mieters darstellen.

Die Vereinbarung **starrer/fester Fristen** als **Höchst- oder Mindestfristen** für die Aus- 199
führung der Schönheitsreparaturen im Gegensatz zur Formulierung in § 7 Abs. 3 Mustermietvertrag 1976, wonach eine solche Ausführung „im Allgemeinen" geschuldet wird, ist unwirksam. Dies gilt für Vereinbarungen, nach denen die Schönheitsreparaturen „spätestens nach Ablauf folgender Zeiträume", „mindestens innerhalb der nachfolgenden Fristen" auszuführen sind, oder eine Festlegung auf „die Fristen bzw. Maximalabstände betragen …" erfolgt.[429] Eine feste Frist (Mindestfrist) hat der BGH auch für die Formularklausel, für die Schönheitsreparaturen gelten die drei-, fünf- und siebenjährigen Ausführungsfristen, „soweit nicht nach dem Grad der Abnutzung eine frühere Ausführung erforderlich ist" angenommen.[430] Die Vereinbarung solch starrer Fristen benachteiligen den Mieter gem. § 307 BGB unangemessen, da sie dem Vermieter einen Renovierungsanspruch ohne Rücksicht auf den tatsächlichen Dekorationszustand der Wohnung gewähren und dem Mieter nicht den Nachweis offen lassen, dass die Mietsache nicht renovierungsbedürftig ist.[431] Gleiches gilt für eine Klausel, wonach „der Mieter verpflichtet ist, während der Dauer des Mietverhältnisses notwendig werdende Schönheitsreparaturen auszuführen. Auf die üblichen Fristen wird insoweit Bezug genommen (zB Küchen/Bäder: drei Jahre, Wohn- und Schlafräume: vier-fünf Jahre, Fenster/Türen/Heizkörper: sechs Jahre)."[432] Einen starren Fristenplan enthält auch die Formularklausel, wonach der Mieter die Schönheitsreparaturen nach **„Regelfristen"** zu renovieren hat und zwar alle drei, fünf und sechs Jahre.[433]

Ein flexibler Fristenplan, der auf den tatsächlichen Renovierungsbedarf abstellt, ist 200
dadurch gekennzeichnet, dass die Ausführungsfristen mit Zusätzen wie „im Allgemeinen",[434] „in der Regel"[435] oder „üblicherweise" gekennzeichnet und diese daher nicht zwingend sind. In diesen Fällen bleibt dem Mieter der Nachweis fehlender Renovierungsbedürftigkeit, wie zB durch schonende oder geringe Nutzung, längere Abwesenheit oder Verwendung qualitativ hochwertiger Dekorationsmaterialien offen.

Um einen dem Mieter nach § 307 BGB unangemessen benachteiligenden „starren" 201
Fristenplan handelt es sich dann nicht, wenn der Vermieter bei einem entsprechenden Zustand der Wohnung zur Verlängerung der Fristen verpflichtet ist.[436] In dieser vom BGH entschiedenen Formularvereinbarung einer Genossenschaftswohnung war neben einer „starren" Fristenregelung, wonach die Schönheitsreparaturen „spätestens" nach Ablauf bestimmter Fristen durchzuführen waren, eine zusätzliche Regelung enthalten, in der es hieß: *„Lässt in besonderen Ausnahmefällen der Zustand der Wohnung eine Verlängerung der …… vereinbarten Fristen zu oder erfordert der Grad der Abnutzung eine Verkürzung, so ist die Genossenschaft auf Antrag des Mitglieds verpflichtet, im anderen Fall aber berechtigt, nach billigem Ermessen die Fristen des Plans bezüglich der Durchführung einzelner Schönheitsreparaturen zu verlängern oder zu verkürzen"*. In einer weiteren Entscheidung geht der BGH zudem von einem „weichen" und nicht „starren" Fristenplan aus, der neben der Formulierung, die Arbeiten sind „spätestens" nach Ablauf bestimmter Zeiträume auszuführen in einer zusätzlichen Klausel anordnet: „Lässt in besonderen Ausnahmefällen während der Mietzeit der Zustand einzelner Räume der Wohnung eine Verlängerung der vereinbarten Fristen zu oder erfordert er eine Verkürzung, so kann der Vermieter nach billigem Ermessen die Fristen des Planes bezüglich der Durchführung

428 LG Köln WuM 1999, 36; so auch LG München I WuM 1997, 549.
429 BGH NJW 2004, 2586; LG Frankfurt a. M. NZM 2004, 62; LG Hamburg NZM 2004, 295.
430 BGH NZM 2004, 901.
431 LG Hamburg ZMR 2004, 37; 2004, 196; Heinrichs NZM 2005, 201 (202).
432 BGH NZM 2006, 620.
433 LG Hannover WuM 2007, 191.
434 BGH NZM 2004, 497.
435 BGH NZM 2004, 615; aA OLG Düsseldorf WuM 2004, 603.
436 BGH WuM 2005, 50.

einzelner Schönheitsreparaturen verlängern oder verkürzen". Auch diese Regelung enthalte eine Verpflichtung des Vermieters zur Fristverlängerung, soweit die vermieteten Räume nicht renovierungsbedürftig sind. Diese Entscheidung des Vermieters sei für den Mieter nur verbindlich, wenn sie der Billigkeit entspreche, so dass das Ermessen des Vermieters, die Fristen zu verlängern, sich nach dem formularmäßig vorgegebenen Maßstab der Billigkeit „auf Null" reduziere, soweit der Zustand der Wohnung eine Renovierung nicht erfordere.[437]

202 Ebenso verstößt eine Formularklausel, mit der eine Frist „von 4 Jahren für Anstriche der Fenster, Türen (Holzwerk) und Heizkörper „vereinbart wird" nicht gegen § 307 Abs. 1, Abs. 1 Nr. 1 BGB, da hierin kein „starrer" Fristenplan zu sehen ist, vielmehr dem in Schönheitsreparaturklauseln üblicherweise berücksichtigten Umstand Rechnung trägt, dass die Anstriche in Küchen und Bädern durch die dort auftretende Feuchtigkeit stärkerer Einwirkungen ausgesetzt sind als in Wohnräumen.[438]

203 Ist die formularmäßige Vereinbarung zur Ausführung laufender Schönheitsreparaturen wegen der Festlegung starrer/fester Fristen unwirksam, so erfasst diese Unwirksamkeit ebenso die zusätzlich im Mietvertrag enthaltene Quotenhaftungsklausel.[439] Der Erfüllungsanspruch aus der Quotenhaftungsklausel ist von einer wirksamen Vereinbarung laufender Schönheitsreparaturen abhängig. Fehlt es an einer solchen wirksamen Renovierungsgrundverpflichtung, so entfällt auch der Anspruch aus der Quotenhaftungsklausel.[440]

204 Die Formularklausel, die den Wohnungsmieter zu den laufenden Schönheitsreparaturen und in jedem Falle zur Entfernung der Tapeten bei Vertragsende verpflichtet, ist insgesamt gem. § 307 BGB unwirksam, da sie dem Leitbild der §§ 535 Abs. 1 S. 2 und 538 BGB widerspricht.[441] Während die Aufbürdung der laufenden Schönheitsreparaturen auf den Mieter meist in der Höhe des Mietzinses mitberücksichtigt ist, ist das Entfernen der Tapeten bei Auszug allein für den Vermieter vorteilhaft, dem für die Grundrenovierung für den Nachmieter entsprechende Kosten erspart bleiben.[442] Zudem belastet eine derartige **Tapetenentfernungsklausel** den Mieter in unzulässigen Umfang mit Renovierungsverpflichtungen, weil ihm unabhängig von der Dauer des Mietverhältnisses und vom Zeitpunkt der letzten Schönheitsreparaturen die Beseitigung aller in der Wohnung vorhandenen Tapeten auferlegt wird.[443]

205 **Endrenovierungsklauseln** sind von der Rechtsprechung für unwirksam erklärt worden,

- wenn der Mieter unabhängig von dem Zeitpunkt, zu dem die letzte Schönheitsreparatur stattgefunden hat, in jedem Fall bei Auszug zu renovieren hat[444] und
- sofern sie auch für nach kurzer Vertragsdauer vor Eintritt der Fälligkeit der üblichen Renovierungsfristen gelten sollen.[445]

206 Diese Klauseln widersprechen dem Leitbild aus § 535 Abs. 1 S. 2 BGB und verstoßen daher gegen § 307 BGB.[446] Eine Klausel, wonach der Mieter die Wohnung bei Auszug renoviert zurück zugeben hat, ist unwirksam.[447] Dies gilt erst recht bei Formularklauseln, mit denen sowohl die **Anfangs- als auch die Endrenovierung** auf den Mieter abgewälzt werden.[448]

---

[437] BGH NZM 2005, 299.
[438] BGH NZM 2005, 299.
[439] BGH NZM 2006, 459.
[440] Harsch WuM 2004, 706.
[441] BGH NZM 2006, 621.
[442] AG Wuppertal WuM 2000, 183.
[443] BGH NZM 2006, 621.
[444] BGH NZM 2004, 497; 1998, 710; OLG Frankfurt a. M. NJW 1982, 453; OLG Hamm WuM 1981, 77; LG Frankfurt a. M. NZM 2001, 191.
[445] OLG Stuttgart ZMR 1984, 350; LG Berlin GE 1998, 430.
[446] Blank/Börstinghaus/Siegmund/Siegmund BGB § 535 Rn. 385.
[447] LG Berlin BeckRS 2017, 109426.
[448] BGH NJW 1993, 532; OLG Stuttgart NJW 1986, 2150.

Die Endrenovierungsklausel, die den Mieter in jedem Fall bei Auszug verpflichtet, die Tapete von den Wänden und Decken zu entfernen und zu erneuern, ist gem. § 307 BGB unwirksam, da dies allein für den Vermieter vorteilhaft ist, dem für die Grundrenovierung für den Nachmieter entsprechende Kosten erspart bleiben und es ihm daher zu Lasten des Mieters in unangemessener Weise ermöglicht, dem Nachmieter eine frisch renovierte Wohnung zu überlassen.[449] 207

Enthält der Formularvertrag eine **Klauselkombination** von Pflichten des Mieters, wonach er 208

- die Schönheitsreparaturen nach einem Fristenplan auszuführen,
- bei Beendigung des Mietverhältnisses vor Ablauf der Fristen die Kosten für die Schönheitsreparaturen zu tragen und
- bei Auszug die Wohnung fachgerecht in frisch renoviertem Zustand zurückzugeben hat, so beinhaltet diese Klausel einen unzulässigen **Summierungseffekt.** Sie ist daher mit der Folge **unwirksam,** dass der Mieter zu Schönheitsreparaturen nicht verpflichtet ist.[450]

Ein **klauselwidriger Summierungseffekt** liegt ebenso bei folgenden Klauselkombinationen vor: 209

- Überwälzung von laufenden Schönheitsreparaturen und Anfangs- sowie Endrenovierung.[451]
- Übertragung der laufenden Schönheitsreparaturen wie auch der Pflicht zur Anfangsrenovierung.[452]
- Kumulative formularmäßige Überbürdung der turnusmäßigen Schönheitsreparatur- und Endrenovierungspflicht unabhängig vom Zeitpunkt der letzten Schönheitsreparaturen.[453]

Dieser unzulässige Summierungseffekt hat zur Folge, dass nach hM beide Klauseln unwirksam sind,[454] wobei diese Rechtsfolge sowohl bei jeweils für sich genommen unbedenklichen Klauseln[455] wie auch beim Zusammentreffen einer wirksamen und einer unwirksamen Klausel[456] eintritt. Bei letzterer Fallgestaltung kann sich der Vermieter als Verwender einer aus 2 Teilen bestehenden Klausel, deren einer Teil nur Bestand haben kann, wenn der andere unwirksam ist, wegen des Gebots der Transparenz vorformulierter Vertragsbedingungen nicht auf die Unwirksamkeit des anderen Klauselteils berufen. Der unzulässige Summierungseffekt liegt auch dann vor, wenn die Renovierungsklausel formularmäßig und die Pflicht zur Anfangsrenovierung individualvertraglich vereinbart worden ist. Dies folgt aus der Erwägung, dass die Kombination einer Formularklausel mit einer Individualvereinbarung als einheitliche Regelung zu sehen und nach den Kriterien der §§ 305 ff. BGB zu bewerten ist.[457] 210

Ein unzulässiger Summierungseffekt liegt auch bei einer formularmäßigen Überbürdung der Schönheitsreparaturen nach einem (zulässigen) Fristenplan und einer individualvertraglich vereinbarten (zulässigen) Endrenovierungsverpflichtung („Tapeten entfernen und Deckenwände streichen") vor, da die jeweils für sich unbedenklichen, aber inhaltlich zusammengehörigen Klauseln in ihrer Gesamtwirkung eine unangemessene Benachteiligung für den Mieter darstellen.[458] 211

---

449 AG Wuppertal WuM 2000, 183; Lützenkirchen NZM 1998, 942.

450 LG Berlin ZMR 1999, 557.

451 OLG Hamm NZM 2002, 988.

452 OLG Stuttgart WuM 1993, 528; LG Frankfurt a. M. WuM 1996, 208; LG Hamburg WuM 2004, 88; AG Dortmund WuM 2004, 87.

453 BGH NZM 2003, 594; 2003, 755; OLG Hamm NZM 2002, 988.

454 BGH NZM 2003, 594; OLG Hamm NZM 2002, 988; Blank WuM 2004, 243 (247).

455 BGH WuM 1993, 175; bestätigt durch BGH NZM 2006, 623.

456 BGH NZM 2006, 623.

457 BGH NZM 2006, 623.

458 BGH NZM 2006, 623.

212 Eine Regelung betreffend die Übertragung von Renovierungspflichten auf den Mieter ist wegen eines Verstoßes gegen das **Transparenzgebot** insgesamt unwirksam, wenn die Pflichten des Mieters an verschiedenen Stellen des Vertragswerkes ausgeführt werden und der Umfang der Verpflichtung des Mieters aus der Gesamtregelung nicht mit hinreichender Sicherheit erkennbar ist. Ein solcher Fall liegt vor, wenn die Frage der Schönheitsreparaturen an drei verschiedenen Stellen des Vertrages geregelt ist, die Gesamtlänge des Textes mehr als drei DIN-A 4 Seiten umfasst und der Text unklar lässt, ob dem Mieter bei Vertragsende und Ablauf der Renovierungsfristen eine primäre und bezifferte Zahlungspflicht obliegt, ob die an verschiedener Stelle mit verschiedenem Inhalt geregelten Abgeltungsklauseln gelten sollen oder ob und unter welchen Voraussetzungen sich der Leistungsanspruch in einen Schadensersatzanspruch umwandelt.[459]

213 Auch **widersprüchliche Klauseln,** die zB eine gleichzeitige Vereinbarung einer besenreinen Rückgabe und einer Endrenovierungsverpflichtung beinhalten, sind wegen Verstoßes gegen § 305c Abs. 2 BGB unwirksam.[460]

Checkliste: Überprüfung der Wirksamkeit einer Formularklausel zur Übertragung der Schönheitsreparaturen auf den Mieter

214
- ☐ Hat der Anspruch des Vermieters unterlassene Schönheitsreparaturen oder eine vom Mieter zu vertretende dekorative Beschädigung der Mietsache zum Gegenstand?
- ☐ Handelt es sich bei der Regelung zu den Schönheitsreparaturen/Renovierung um eine Individual- oder Formularvereinbarung?
- ☐ Beinhaltet die Formularklausel über die Schönheitsreparaturen
  - eine Freizeichnung des Vermieters oder aber eine Abwälzung der Schönheitsreparaturen auf den Mieter?
  - eine Anfangsrenovierungspflicht des Mieters?
  - eine Anfangsrenovierungspflicht wie auch eine Pflicht des Mieters zur Ausführung der laufenden Schönheitsreparaturen?
  - eine Endrenovierungspflicht des Mieters mit gleichzeitiger Pflicht zur Ausführung der Anfangsrenovierung und/oder der laufenden Schönheitsreparaturen?
  - angemessene oder starre/feste Ausführungsfristen?
  - einen ausdrücklichen oder sinngemäßen Ausschluss des Rechtes des Mieters, sich trotz Ablaufs der üblichen Ausführungsfristen auf fehlenden Renovierungsbedarf zu berufen?
- ☐ Enthält die Formularklausel (sei es als Einzelklausel wie auch als aus mehreren Formularteilen bestehende Klauselkombination)
  - einen Verstoß gegen das Transparenzgebot und/oder Übermaßverbot?
  - einen Verstoß gegen das Verbot der geltungserhaltenden Reduktion?
  - einen unzulässigen Summierungseffekt?

Formulierungsvorschlag:

215 Der Mieter ist verpflichtet, die Schönheitsreparaturen auf eigene Kosten durchzuführen.

Alternative (ausführlicher Klauseltext):

1. Der Mieter ist verpflichtet, die Schönheitsreparaturen auf eigene Kosten durchzuführen, die auf seinen Gebrauch zurückzuführen sind. Schönheitsreparaturen umfassen nur die Arbeiten innerhalb des Wohnraums, nämlich das Tapezieren, Anstreichen der Wände und Decken, der Heizkörper einschließlich der Heizrohre, der Innentüren sowie der Fenster und Außentüren von innen und das Reinigen der Fußböden.

2. Die Schönheitsreparaturen sind im Allgemeinen in folgenden Zeitabständen, gerechnet ab Beginn des Mietverhältnisses, auszuführen:

Wand- und Deckenanstriche in Küchen, Bädern und Duschen alle fünf Jahre, in Wohn- und Schlafräumen, Dielen und Toiletten alle acht Jahre, in anderen Räumen alle zehn Jahre; Lackieren von Heizkörpern und Heizrohren, Innentüren, Fensterrahmen und Außentüren von innen alle zehn Jahre.

---

[459] LG Mannheim WuM 2000, 485.
[460] OLG Düsseldorf DWW 1992, 339.

d) **Preisgebundener Wohnraum.** Im preisgebundenen Wohnraum schuldet der Mieter die Kostenmiete gem. § 8 WoBindG. § 28 II. BV regelt die in der Kostenmiete enthaltenen Instandhaltungskosten. Die Kosten der Schönheitsreparaturen sind entsprechend § 28 Abs. 4 S. 1 II. BV nicht in den Instandhaltungskosten enthalten. Hieraus sowie aus § 9 Abs. 5 S. 1 WoBindG, wonach die Vereinbarung einer Sicherheitsleistung des Mieters auch unterlassene Schönheitsreparaturen sichert, ergibt sich, dass grundsätzlich der Vermieter preisgebundenen Wohnraums die Durchführung der Schönheitsreparaturen auf den Mieter kraft Vereinbarung abwälzen kann. 216

Allerdings ist der Umfang der auf den Mieter übertragbaren Renovierungsarbeiten durch § 28 Abs. 4 II. BV begrenzt. Werden daher in Formularverträgen für die Ausführung von Schönheitsreparaturen die üblichen Fristen (3, 5 und 7 Jahre) vereinbart, so verstößt dies nicht gegen § 307 BGB, wenn der Vermieter nur die Kostenmiete erhält oder beanspruchen kann.[461] 217

Nach einer Entscheidung des OLG Hamm[462] verstößt die in den Allgemeinen Geschäftsbedingungen Gemeinnütziger Wohnungsunternehmen festgelegte **Kostenbeteiligung** des ausziehenden Mieters an zukünftigen Renovierungsarbeiten nicht gegen § 307 BGB, wenn der Mieter die Durchführung der laufenden Renovierung unter Festlegung eines Fristenplans übernommen hat. Voraussetzung ist jedoch, dass dem Vermieter nur ein Anspruch auf die Kostenmiete gem. § 28 Abs. 2 II. BV ohne die Zusätze für von ihm auszuführende Schönheitsreparaturen gem. § 28 Abs. 4 II. BV zusteht und dass der vom Mieter zu tragende Kostenanteil dem Verhältnis zwischen den vollen Fristen laut Fristenplan und den seit Ausführung der letzten Renovierung bzw. bei der ersten Frist seit Beginn des Mietvertrages abgelaufenen Zeiträumen entspricht. 218

Werden dem Mieter preisgebundenen Wohnraums formular- oder individualvertraglich die Kosten der Erstinnenstreicharbeiten in vollem Umfang übertragen, ist dies im Hinblick auf die festgelegten Grenzen des § 28 Abs. 4 II. BV unwirksam.[463] 219

e) **Art und Umfang der Ausführung.** Sind die Schönheitsreparaturen wirksam auf den Mieter übertragen worden, so schuldet er eine fachgerechte Ausführung in **mittlerer Art und Güte.**[464] Mit dieser Formulierung wird klargestellt, dass der Mieter ein **fachhandwerkliches Niveau** schuldet und sich der Vermieter nicht mit Hobby-Qualität oder gar Flickarbeit zufriedengeben muss.[465] 220

Weisen die Arbeiten in ihrer Gesamtheit einen ordnungsgemäßen Standard auf, schaden wenige kleinere Mängel nicht.[466] Fachgerechte Ausführung schließt nicht Eigenleistung des Mieters aus.[467] 221

Fachhandwerkerklauseln, die dem Mieter die Ausführung der Schönheitsreparaturen durch einen Fachbetrieb oder einen Fachhandwerker auferlegen, sind unwirksam, da sie dem Mieter die Möglichkeit kostensparender Eigenleistung verschließen und damit über das hinausgehen, was der Vermieter selbst gem. § 535 Abs. 1 S. 2 BGB schuldet.[468] Besteht die Klausel aus einer wirksamen Verpflichtung zur Übernahme der Schönheitsreparaturen und einer unwirksamen Fachhandwerkervereinbarung, so erstreckt sich die Unwirksamkeit der Fachhandwerkerklausel auch auf die übrige Klausel zur Übertragung der Schönheitsreparaturen.[469] 222

---

[461] BayObLG WuM 1987, 344.
[462] OLG Hamm WuM 1981, 196; weitergehend LG Bremen WuM 1987, 414.
[463] AG Rheine WuM 1981, 288.
[464] BGH NJW 1988, 2790; Schmidt-Futterer/Lehmann-Richter BGB § 538 Rn. 90.
[465] LG Berlin GE 2000, 677.
[466] LG Wiesbaden WuM 1992, 602.
[467] OLG Frankfurt a. M. NZM 1998, 150.
[468] BGH NJW 1988, 2790; OLG Stuttgart NJW-RR 1993, 1422; LG Berlin WuM 1993, 263; LG Köln WuM 1991, 87.
[469] BGH NZM 2010, 615; hierzu die Ausführungen unter → Rn. 141.

223 Unwirksam ist erst recht eine Klausel, nach der die Schönheitsreparaturen von einem bestimmten Handwerker ausgeführt werden müssen,[470] da der Mieter hierdurch ggf. an einer preisgünstigeren Vergabe der Arbeiten gehindert wird.

224 **Während des laufenden Mietverhältnisses** sind an die Qualität der vom Mieter auszuführenden Renovierungsarbeiten geringere Anforderungen zu stellen, da diese Arbeiten der Wohnqualität des Mieters dienen.[471]

225 Ein fachhandwerkliches Niveau der Arbeiten bei **Beendigung des Mietverhältnisses** bedingt, dass eine wisch- und waschfeste Farbe verwendet wird.[472] Die Verwendung einer Mischbinderfarbe auf Raufasertapete ist ungeeignet, da sie abkreidet.[473]

226 Bei der Wahl der **farblichen Gestaltung**[474] der Anstricharbeiten ist zu unterscheiden zwischen Arbeiten im laufenden Mietverhältnis und solchen bei seiner Beendigung. Während der Vertragszeit besteht grundsätzlich ein Auswahlrecht des Mieters, wohingegen bei Ende des Vertrages der Mieter die üblichen Farbtöne zu verwenden hat.[475] Wandanstriche in Türkis, Lila, Rot oder Schwarz,[476] blau lackierte Fensterrahmen[477] oder graublau glänzend gestrichene Holztürrahmen in Klarlack[478] braucht der Vermieter daher nicht hinzunehmen. Dasselbe gilt nach einer Entscheidung des LG Berlin[479] für eine lindgrüne Renovierungsfarbe mit Bordüre, wohingegen eine hellblau marmorierte Flurtapete bzw. eine Harry Potter-Bordüre im Kinderzimmer keine exzentrische Farb- bzw. Wandgestaltung darstellt.[480]

227 Eine Formularklausel, wonach der Mieter im Rahmen der während des Mietverhältnisses durchzuführenden Schönheitsreparaturen nur mit Zustimmung des Wohnungsunternehmers von der **bisherigen Ausführungsart** abweichen darf, ist unwirksam, da der Vermieter kein anzuerkennendes Interesse an einer bestimmten Farbwahl oder Ausführungsart hat.[481] Nach der Rechtsprechung des BGH benachteiligt eine **Farbwahlklausel** den Mieter nur dann nicht unangemessen, wenn sie ausschließlich für den Zeitpunkt der Rückgabe Geltung beansprucht und dem Mieter noch einen gewissen Spielraum lässt.[482]

228 Eine Formularklausel, die den Mieter dazu verpflichtet, die auf ihn abgewälzten Schönheitsreparaturen in **„neutralen, hellen, deckenden Farben und Tapeten auszuführen"**, ist wegen unangemessener Benachteiligung des Mieters unwirksam, wenn sie nicht auf den Zustand der Wohnung bei Rückgabe beschränkt ist, sondern auch für Schönheitsreparaturen gilt, die der Mieter während des Mietverhältnisses durchzuführen hat.[483]

229 **f) Fälligkeit.** *aa) Erfüllungsansprüche. (1) Im laufenden Mietverhältnis.* Soweit die Mietvertragsparteien keine nähere vertragliche Bestimmung zur Fälligkeit der Schönheitsreparaturen getroffen haben, so sind diese fällig, sobald ein **Renovierungsbedarf**[484] besteht. Eine Substanzgefährdung ist nicht erforderlich.[485] Renovierungsbedarf ist gegeben, wenn das Aussehen der Wände, Decken, Fußböden, Fenster und Türen durch den normalen Wohnungsgebrauch erheblich abgenutzt worden ist.

---

[470] LG Koblenz WuM 1992, 431.
[471] LG Düsseldorf WuM 1996, 90.
[472] AG Freiburg WuM 1986, 242.
[473] AG Köln WuM 1987, 150.
[474] Siehe Ausführungen zu → 130 f.
[475] LG Hamburg DWW 1999, 152.
[476] KG NZM 2005, 663; LG Berlin GE 1995, 249.
[477] LG Berlin GE 1995, 115.
[478] LG Aachen WuM 1998, 596.
[479] LG Berlin NZM 2002, 120.
[480] LG Berlin NZM 2007, 801; LG Lübeck NZM 2002, 485.
[481] BGH NZM 2007, 398; 2009, 313.
[482] BGH NZM 2012, 338.
[483] BGH NZM 2008, 605.
[484] Schmidt-Futterer/Lehmann-Richter BGB § 538 Rn. 85.
[485] BGH GE 2005, 662.

In der Regel werden ein **Fristenplan** bzw. bestimmte Renovierungsfristen vertraglich vereinbart, die sich an den Renovierungsfristen des § 7 Abs. 3 des Mustermietvertrages 1976 orientieren, wobei diese auch gelten, sofern der Mietvertrag einen solchen Fristenplan nicht enthält.[486] Zu beachten ist jedoch, dass ein solcher Fristenplan in der Regel eine **bloße Richtlinie** für einen voraussichtlichen Renovierungsbedarf darstellt und deshalb eine Verkürzung oder Verlängerung der Renovierungsfristen je nach dem Zustand der Räume nicht ausschließt.[487] Allerdings sollen diese **bisherigen Fristen zu kurz bemessen sein** mit der Folge, dass sie den Mieter unangemessen belasten.[488] Empfohlen werden daher Fristen von 5 Jahren für Küchen, Bäder, WC und Duschen, 8 Jahren für Wohn- und Schlafräume sowie Fluren und Dielen und 10 Jahre für alle Nebenräume. 230

Zu kurze Renovierungsfristen im Formularvertrag führen jedoch insgesamt zur Unwirksamkeit der Renovierungsverpflichtung.[489] 231

Der Fristenplan entfaltet dann keine Wirksamkeit, wenn der Mieter eine unrenovierte Wohnung übernommen hat.[490] Erstrecken sich Renovierungsklauseln mit einem Fristenplan auf Arbeiten für einen vorvertraglichen Zeitraum, so sind diese ebenfalls unwirksam.[491] 232

Mit dem Ablauf der vereinbarten Fristen spricht sowohl die allgemeine Lebenserfahrung[492] wie auch eine Vermutung[493] für den Renovierungsbedarf. Der **Fristablauf** hat mithin eine **Indizfunktion** für die Renovierungsbedürftigkeit.[494] Beruft sich der Mieter darauf, dass trotz Fristablauf auf Grund pfleglicher Behandlung oder nur gelegentlicher Nutzung der Mietsache eine Renovierungsbedürftigkeit nicht vorliegt, so trägt er hierfür die Beweislast. Andererseits ist der Vermieter dafür beweispflichtig, dass bereits vor Ablauf der Fristen auf Grund übermäßiger Abnutzung die Durchführung von Schönheitsreparaturen erforderlich ist.[495] 233

Die **Beweislast** für die Erfüllung seiner Renovierungsverpflichtung hat der Mieter, und zwar im Streitfall auch für den Zeitpunkt ihrer letztmaligen Durchführung.[496] 234

Führt der Mieter nach Fristablauf erforderliche Renovierungsarbeiten nicht aus, so hat der Vermieter einen entsprechenden **Erfüllungsanspruch.**[497] Nach Auffassung des BGH wird der Anspruch des Vermieters bereits dann fällig, wenn objektiv ein Renovierungsbedarf besteht, und zwar unabhängig davon, ob die Wohnung bereits in ihrer Substanz gefährdet ist.[498] Nach zutreffender Ansicht ist es daher für den Anspruch des Vermieters ausreichend, wenn eine Renovierungsbedürftigkeit vorliegt, weil dies dem Entgeltcharakter der Renovierungsverpflichtung entspricht, da ansonsten dem Mieter bei nicht ausgeführter Renovierung ein Entgeltvorteil zukommt.[499] Der Erfüllungsanspruch kann klageweise geltend gemacht werden. Seine Vollstreckung erfolgt durch Ersatzvornahme gem. § 887 ZPO.[500] 235

Hingegen kann der Vermieter nach Ansicht des BGH im laufenden Mietverhältnis bei Nichterfüllung keinen **Schadensersatzanspruch** nach §§ 280, 281 BGB geltend ma- 236

[486] BGH WuM 1985, 46; 1987, 306.
[487] Goch WuM 2003, 368; Häublein ZMR 2000, 139 (141).
[488] Schmidt-Futterer/Lehmann-RichterBGB § 538 Rn. 85; hierzu die Ausführungen unter → 188.
[489] LG Berlin GE 1999, 983, LG Köln WuM 1989, 70; LG Hamburg WuM 1992, 476.
[490] BGH NZM 2015, 374.
[491] BGH NJW 1990, 3142; GE 1993, 309; OLG Stuttgart NJW-RR 1989, 520; OLG Frankfurt a. M. WuM 1990, 136.
[492] LG Berlin GE 1993, 1099.
[493] LG Berlin GE 1996, 473.
[494] OLG Köln ZMR 1987, 431.
[495] Schmidt-Futterer/Lehmann-Richter BGB § 538 Rn. 131.
[496] BGH NZM 1998, 710.
[497] BGH NJW 1990, 2376.
[498] BGH NZM 2005, 450.
[499] Herrlein NZM 2003, 941.
[500] BGH NJW 1990, 2376.

chen.[501] Diese Vorschrift sei bei fortbestehendem Mietverhältnis nicht anwendbar da der Vermieter in der Verwendung des als Schadensersatz erlangten Geldbetrages frei wäre, dieser aber dem Mieter zugutekommen muss. Etwas anderes gelte nur dann, wenn Substanzschäden drohten.[502]

237 Stattdessen billigt der BGH dem Vermieter bei Verzug des Mieters einen Anspruch auf Zahlung eines Vorschusses in Höhe der erforderlichen Renovierungskosten zu, über den der Vermieter nach Durchführung der Renovierungsarbeiten dem Mieter Abrechnung zu erteilen und ihm ggf. auch einen nicht verbrauchten Kostenbetrag zu erstatten hat.[503]

238 *(2) Bei beendetem Mietverhältnis.* Bei Beendigung des Mietverhältnisses gelten für den Erfüllungsanspruch des Vermieters dieselben Grundsätze wie bei der Überwälzung der Schönheitsreparaturen während des laufenden Mietverhältnisses. Enthält der Mietvertrag eine wirksame Klauselvereinbarung über die Durchführung der laufenden Renovierung, ist der Mieter spätestens bei Vertragsende zu deren Erfüllung verpflichtet, sofern die üblichen Ausführungsfristen abgelaufen sind oder mit dem Vertragsende zusammenfallen.[504] Dies gilt sowohl für die Vereinbarung eines Fristenplanes[505] wie auch für die Renovierungsvereinbarung ohne festgelegte Fristen, da im letzteren Falle die üblichen Fristen heranzuziehen sind.[506]

239 Sind jedoch bei Ende der Mietzeit die üblichen Fristen für alle oder für einen Teil der Mieträume noch nicht abgelaufen, besteht für die entsprechenden Räumlichkeiten keine Renovierungspflicht. Vor Fristablauf tritt nur dann ausnahmsweise eine Fälligkeit der Renovierungspflicht ein, wenn sich die Räume in einem nicht mehr zur Weitervermietung geeigneten, bezugsfertigen Zustand befinden,[507] weil entweder die innerhalb des Fristenplanes ausgeführten Schönheitsreparaturen nicht ordnungsgemäß waren oder es sich um eine übervertragsgemäße Abnutzung der Wohnung handelt.

240 Eine Renovierung zum Ende der Mietzeit schuldet der Mieter nicht, wenn eine Regelung zu den laufenden Schönheitsreparaturen fehlt und lediglich eine unwirksame Endrenovierungsklausel besteht. Letzteres ist der Fall, wenn der Mieter in einer formularmäßigen Vereinbarung verpflichtet wird, unabhängig vom Zeitpunkt der letzten Schönheitsreparatur die Mieträume bei Vertragsende zu renovieren.[508] Dies gilt jedoch nicht für eine individuell ausgehandelte Endrenovierungsvereinbarung.[509]

241 Auszuführen sind die erforderlichen Renovierungsarbeiten spätestens am Tage der Beendigung des Mietvertrages.[510] Sind hiermit keine unzumutbaren Störungen der Nachbarn verbunden, so ist auch eine Durchführung an einem Sonntag zulässig.[511]

242 *bb) Quotenabgeltungsklausel.* Unter Quotenabgeltungsklauseln versteht man Bestimmungen in Formularverträgen, nach denen sich der Mieter bei Auszug vor der turnusmäßigen Fälligkeit der Schönheitsreparaturen anteilig an den Kosten der erst demnächst, dh nach seinem Auszug fällig werdenden Schönheitsreparaturen zu beteiligen hat. Ihr Zweck besteht darin, dem Vermieter, der von dem ausziehenden Mieter mangels Fälligkeit der Schönheitsreparaturen nach dem Fristenplan keine Endrenovierung verlangen kann, wenigstens einen prozentualen Anteil an Renovierungskosten für den Abnutzungszeitraum seit den letzten Schönheitsreparaturen während der Mietzeit zu sichern.[512]

---

501 BGH NJW 1990, 2376; BGH NZM 2005, 450.
502 So auch LG Berlin GE 1992, 1155.
503 BGH NJW 1990, 2376; BGH NZM 2005, 450.
504 OLG Nürnberg ZMR 1991, 217.
505 BGH WuM 1987, 306.
506 BGH WuM 1985, 46.
507 BGH NJW 1991, 2416.
508 BGH NZM 1998, 710; OLG Frankfurt a. M. NJW 1982, 453; OLG Hamm WuM 1981, 77.
509 Draber WuM 1988, 5.
510 BGH ZMR 1989, 57.
511 AG Köln WuM 1981, 19.
512 BGH NJW 1988, 2790.

In seinem Urteil vom 6.10.2004[513] hatte der BGH eine Abgeltungsregelung mit „starrer" Berechnungsgrundlage trotz seiner Rechtsprechung zur Vornahme von Schönheitsreparaturen aufgrund eines „starren" Fristenplanes[514] noch unter folgenden zusätzlichen Voraussetzungen für wirksam gehalten, wenn 243

- nach Übergabe einer unrenovierten oder renovierungsbedürftigen Wohnung die für die Durchführung wie für die anteilige Abgeltung der Schönheitsreparaturen maßgeblichen Fristen nicht vor Anfang des Mietverhältnisses zu laufen beginnen,
- die Klausel erst dann Geltung entfaltet, wenn das Mietverhältnis vor Eintritt der Verpflichtung zur Durchführung von Schönheitsreparaturen nach Fristenplan endet,
- sich die für die Abgeltung maßgeblichen Fristen und Prozentsätze am Verhältnis zu den üblichen Renovierungsfristen ausrichten,
- der Kostenvoranschlag eines Malerfachgeschäftes nicht für verbindlich erklärt wird und[515]
- dem Mieter nicht untersagt ist, seiner anteiligen Zahlungsverpflichtung dadurch zuvorzukommen, dass er vor dem Ende des Mietverhältnisses Schönheitsreparaturen in kostensparender Eigenarbeit ausführt.[516]

Im Rahmen seiner **Rechtsprechungsänderung vom 18.3.2015** hat der BGH Quotenabgeltungsklauseln nunmehr grundsätzlich eine Absage erteilt.[517] Danach benachteiligen Quotenabgeltungsklauseln den Mieter gemäß § 307 Abs. 1 BGB unangemessen uns sind daher unwirksam, weil sie vom Mieter bei Vertragsschluss verlangen, zur Ermittlung der auf ihn im Zeitpunkt der Vertragsbeendigung zukommenden Kostenbelastung mehrfach hypothetische Betrachtungen anzustellen, die eine sichere Einschätzung der tatsächlichen Kostenbelastung nicht zulassen. So sei für den durchschnittlichen und verständigen Mieter bei dem für die Beurteilung maßgeblichen Zeitpunkt des Vertragsschlusses nicht erkennbar, welcher tatsächliche Abnutzungsgrad der Wohnung bei Beendigung des Mietverhältnisses, dessen Zeitpunkt bei Vertragsschluss noch nicht feststeht, unter Zugrundelegung seines individuellen Nutzungsverhaltens erreicht sein werde. Auf der Basis ist es dem Mieter nicht zuzumuten, ex ante eine Kostenquote zu ermitteln. Aufgrund dieser Rechtsprechungsänderung sind jedenfalls in Formularmietverträgen sämtliche bisherigen Quotenabgeltungsklauseln gemäß § 307 Abs. 1 BGB unwirksam. 244

Nach einer Entscheidung des Landgerichts München I ist auch eine sog. Kostenbeitragsklausel gem. § 307 Abs. 1 BGB unwirksam, wonach vom Mieter ein Kostenbeitrag zu den vom Vermieter durchzuführenden Schönheitsreparaturen zu leisten ist.[518] 245

g) Schadensersatz für unterlassene Schönheitsreparaturen. *aa) Grundsätze.* Spätestens zum Ende der Mietzeit sind die Schönheitsreparaturen in dem vom Mieter übernommenen Umfang fällig. Ist der Mieter dieser Pflicht nicht oder nicht ordnungsgemäß nachgekommen, so steht dem Vermieter ein entsprechender Erfüllungsanspruch zu, da die Ausführung von Schönheitsreparaturen eine Hauptpflicht darstellt.[519] Dieser **Erfüllungsanspruch wandelt sich in einen Schadensersatzanspruch** wegen nicht ausgeführter Renovierungsarbeiten um, für den die Voraussetzungen der §§ 281 Abs. 1, 280 Abs. 1 u. 3 BGB vorliegen müssen, mithin der Vermieter dem Mieter **erfolglos eine Frist zur Durchführung der Schönheitsreparaturen** gesetzt hat **und Schadensersatz** verlangt. Leistet der Mieter bis zum Fristablauf nicht, so wandelt sich der Erfüllungsanspruch 246

[513] BGH NZM 2004, 903; NJW 1988, 2790; siehe hierzu Fischer WuM 2005, 284.
[514] BGH NJW 2004, 2586; NZM 2004, 901.
[515] Der BGH hat mit Urt. v. 29.5.2013, NZM 2013, 573 ff. seine Rechtsprechung geändert (NZM 2004, 903). Danach ist eine Abgeltungsklausel unwirksam, die als Berechnungsgrundlage einen Kostenvoranschlag eines vom Vermieter auszuwählenden Malerfachgeschäfts vorsieht.
[516] BGH NZM 2004, 615.
[517] BGH NZM 2015, 424.
[518] LG München I NZM 2016, 382 mAnm Over.
[519] BGH NJW 1983, 446; ZMR 1995, 577.

des Vermieters nicht automatisch, sondern erst durch entsprechendes Verlangen in Schadensersatz um.

247 *bb) Voraussetzungen.* Voraussetzung ist zunächst, dass der Erfüllungsanspruch fällig ist. Weiterhin bedarf es einer Ablehnungsandrohung nicht mehr. Vielmehr ist dem Mieter mit der **Leistungsaufforderung** eine **angemessene Erfüllungsfrist** zu setzen. Schließlich ist zu beachten, dass der Vermieter auch nach der Fristsetzung die Wahl hat, ob er weiterhin den Erfüllungsanspruch geltend macht oder Schadensersatz verlangt.[520] Der Leistungsanspruch ist erst dann ausgeschlossen, wenn der Vermieter gem. § 281 Abs. 4 BGB **statt der Leistung Schadensersatz** verlangt. Bis zu diesem Zeitpunkt ist der Mieter zur Ausführung der Schönheitsreparaturen berechtigt, mithin auch dann, wenn die gesetzte Frist bereits abgelaufen ist.

Die **Abbedingung** des § 281 Abs. 1 BGB durch Formularklausel ist wegen des Verstoßes gegen § 309 Nr. 4 BGB **unzulässig.**[521]

248 *(1) Fälligkeit.* Erste Voraussetzung für den Schadensersatzanspruch ist die **Fälligkeit** der Schönheitsreparaturen. Diese richtet sich nach den Vereinbarungen der Parteien, wobei bei Formularvereinbarungen deren Inhaltskontrolle gem. § 307 BGB zu beachten ist.[522] Endet das Mietverhältnis auf Grund einer vereinbarten Befristung, eines Aufhebungsvertrages, einer ordentlichen sowie einer außerordentlichen Kündigung, so tritt Fälligkeit gem. § 286 Abs. 2 Nr. 2 BGB mit dem **Tag der Beendigung des Mietverhältnisses** ein, da dann die Voraussetzungen der kalendermäßigen Bestimmung des Leistungszeitpunktes vorliegen.[523] Hat mithin der Mieter bei wirksamer Übernahme der Schönheitsreparaturen trotz Renovierungsbedürftigkeit keine Schönheitsreparaturen ausgeführt, so werden die Schönheitsreparaturen jedenfalls mit dem Tag der Beendigung des Mietverhältnisses fällig.

249 *(2) Leistungsaufforderung mit Fristsetzung.* Zur Begründung des Schadensersatzanspruches muss der Vermieter den Mieter zur Durchführung der Renovierungsarbeiten unter Fristsetzung auffordern. In diesem Aufforderungsschreiben des Vermieters sind **Art und Umfang** der Renovierungsarbeiten genau zu bezeichnen, weil der Mieter nur dann in der Lage ist zu erkennen, welche Arbeiten der Vermieter von ihm im Einzelnen innerhalb der angegebenen Frist erwartet.[524] Eine ungenaue Bezeichnung der Renovierungsarbeiten geht zu Lasten des Vermieters, was die Unwirksamkeit der Aufforderung nach § 281 Abs. 1 BGB zur Folge hat.[525]

250 Wird der Mieter lediglich aufgefordert, sich darüber zu erklären, ob er bereit sei, innerhalb einer bestimmten Frist die Schönheitsreparaturen durchzuführen, so liegt kein wirksames Aufforderungsschreiben vor.[526] Ebenso reicht es nicht, die „notwendigen Arbeiten"[527] oder die „vertragsgemäße"[528] Renovierung zu verlangen, vielmehr bedarf es in jedem Falle einer **spezifizierten Leistungsaufforderung.**[529] Umstritten ist allerdings, ob diese spezifizierte Leistungsaufforderung auch eine **Zustandsbeschreibung** einschließt.[530]

251 Die Leistungsaufforderung bedarf keiner bestimmten Form, kann mithin auch mündlich ausgesprochen werden. Zwar ist die in einem Formularmietvertrag vereinbarte

---

520 BGH NZM 2015, 424; Blank/Börstinghaus/Siegmung/Siegmund BGB § 535 Rn. 431.

521 Langenberg NZM 2002, 972 (974).

522 Vgl. hierzu im Einzelnen Ausführungen zu → Rn. 168 ff.

523 BGH WuM 1989, 141; OLG Frankfurt a. M. NJWE-MietR 1997, 273.

524 OLG Hamburg WuM 1992, 70; KG GE 1995, 1011; 2003, 952; LG Itzehoe WuM 1997, 175; Kraemer NZM 2003, 417 (418).

525 BGH NZM 2022, 957.

526 OLG München ZMR 1997, 178; OLG Düsseldorf DWW 1992, 339.

527 LG Berlin ZMR 1988, 177.

528 LG Karlsruhe WuM 1991, 88.

529 LG Itzehoe WuM 1997, 175.

530 Bejahend KG ZMR 2003, 676; LG Berlin GE 1986, 311;ablehnend LG Berlin GE 1986, 807; Emmerich NZM 2000, 1155 (1159).

Schriftform in der Regel keine Wirksamkeitsvoraussetzung, da sie nur Warn-, Klarstellungs- und Beweisfunktion[531] hat. Gleichwohl ist aus Gründen der Beweissicherung dringend von einer mündlichen Leistungsaufforderung abzuraten.

Die Leistungsaufforderung mit Fristsetzung kann erst **nach Eintritt der Fälligkeit der Renovierungspflicht** ausgesprochen werden. Der Vermieter kann den Mieter bereits vor der Beendigung des Mietverhältnisses zur Erfüllung seiner Renovierungspflicht auffordern, wenn die Renovierungsfristen bereits vor dem Vertragsende abgelaufen sind. Die Fristsetzung hat dann dergestalt zu erfolgen, dass die Frist mit dem Ende der Vertragszeit abläuft.[532] Sind allerdings nach dem Vertrag die Schönheitsreparaturen „bis spätestens zum Mietende" auszuführen, so tritt deren Fälligkeit erst mit dem Vertragsende ein, so dass die Leistungsaufforderung mit Fristsetzung auch erst nach der Beendigung des Mietverhältnisses erfolgen kann. Der gegenteiligen Ansicht,[533] wonach diese Klausel lediglich den Vertragsbeginn, nicht aber deren Fälligkeit betreffe, kann mit Rücksicht auf den Grundsatz der kundenfeindlichen Auslegung,[534] das Transparenzgebot und die Unklarheitenregelung gem. § 305c Abs. 2 BGB nicht zugestimmt werden. 252

Die **Fristsetzung** muss **angemessen** sein, wobei sich deren Dauer nach dem Umfang der vom Vermieter geforderten Arbeiten richtet.[535] In der Regel ist bei einer vollständigen Renovierung einer Wohnung von einer ausreichenden Frist von 14 Tagen auszugehen.[536] Bei einer zu kurz bemessenen Frist tritt an deren Stelle eine angemessene Frist.[537] 253

Treten während der vom Vermieter gesetzten Frist **Leistungshindernisse** ein, die der Mieter nicht zu vertreten hat, so wird der Mieter gem. § 280 Abs. 1 S. 2 BGB von seiner Ersatzpflicht befreit, was ebenso gem. §§ 283, 275 Abs. 1 und 280 Abs. 1 BGB für den Fall gilt, dass **Unmöglichkeit der Leistung** durch den Mieter gegeben ist. 254

Solche Leistungshindernisse liegen vor, wenn der Vermieter den Mieter an der Durchführung der erforderlichen Arbeiten hindert, sei es, dass er ihm den Zutritt zur Wohnung zur Erledigung der Arbeiten durch Auswechslung des Türschlosses oder unterbleibender Wiederaushändigung der Wohnungsschlüssel verwehrt.[538] Dasselbe gilt, wenn der Vermieter einem vom Mieter beauftragten Handwerker den Zutritt verweigert[539] oder er eine Teilrenovierung ablehnt und unberechtigt eine Totalrenovierung verlangt.[540] 255

Sind auf Grund bauseitiger Schäden Schönheitsreparaturen sinnlos, so ist der Vermieter vorleistungspflichtig. Fälligkeit der Renovierungspflicht tritt in diesem Falle erst ein, wenn der Vermieter die notwendigen Vorarbeiten erbracht hat.[541] Der Mieter hat es auch nicht zu vertreten, wenn Renovierungsarbeiten während der vom Vermieter gesetzten Frist von diesem oder dem Nachmieter ausgeführt werden.[542] 256

Andererseits ist der Vermieter nicht verpflichtet dem Mieter eine Nachfrist zu setzen, wenn dieser während der mit der Leistungsaufforderung gesetzten Frist lediglich **teilweise Schönheitsreparaturen** ausgeführt hat. Dabei spielt es keine Rolle, ob es sich um eine qualitative oder quantitative Minderleistung handelt. Wenn der Vermieter in diesem Falle kein Interesse an der Teilleistung hat, so kann er gem. § 281 Abs. 1 S. 2 BGB Schadensersatz statt der ganzen Leistung verlangen. Es verbleibt dem Vermieter jedoch unbenommen, vor Geltendmachung des Schadensersatzanspruches statt der 257

531 BGH WuM 1997, 667.
532 LG Berlin WuM 1996, 91; NZM 2004, 458; Kraemer NZM 2003, 417 (421).
533 Kraemer NZM 2003, 417 (422).
534 BGH NJW 1992, 1099.
535 OLG München ZMR 1996, 202.
536 KG NZM 2007, 356; LG Berlin GE 1989, 413.
537 BGH NJW 1985, 2640; LG Berlin GE 1999, 1497.
538 LG Berlin GE 1998, 245.
539 LG Mannheim WuM 1976, 228.
540 AG Weinheim WuM 1973, 274.
541 KG GE 2004, 297.
542 Langenberg NZM 2002, 972 (975).

Erfüllung mit dem Mieter die Ausführung von restlichen Dekorationsarbeiten zu vereinbaren.

258 *(3) Entbehrlichkeit der Fristsetzung und Leistungsaufforderung.* Das Erfordernis der Fristsetzung kann durch eine **Vereinbarung in einem Formularvertrag nicht abbedungen** werden, da dies einen Verstoß gegen § 309 Nr. 4 BGB darstellt. Demzufolge ist eine Klausel, wonach der Vermieter „bei Gefahr in Verzug die Schönheitsreparaturen auf Kosten des Mieters ohne vorherige Ankündigung, Benachrichtigung oder Mahnung durchführen kann, was auch gilt, wenn Aufenthalt des Mieters unbekannt ist", unwirksam, da sie eine unzulässige Umgehung des § 281 Abs. 1 BGB darstellt. Unwirksam ist weiterhin eine Formularklausel, wonach der Mieter in einem Abnahmeprotokoll „die in meiner Gegenwart getroffenen Feststellungen anerkennt und die Genossenschaft beauftragt, die Schönheitsreparaturen, Instandsetzungsarbeiten und Ersatzleistungen in meinem Auftrag und für meine Rechnung auszuführen".[543]

259 Sofern der Mieter die Vornahme der Schönheitsreparaturen **ernstlich und endgültig verweigert,** ist eine Fristsetzung mit Leistungsaufforderung nicht erforderlich.[544]

260 **Der bloße** Auszug des Mieters ohne Vornahme der bei Beendigung des Mietvertrages geschuldeten Schönheitsreparaturen reicht für die Annahme einer endgültigen Erfüllungsverweigerung nicht aus.[545] Zwar ist in der Rechtsprechung eine deutliche Tendenz dahingehend zu erkennen, im Auszug des Mieters ohne Durchführung der Schönheitsreparaturen grundsätzlich eine ernstliche und endgültige Erfüllungsverweigerung zu sehen.[546] Gleichwohl ist erforderlich, dass zu dem Auszug weitere Umstände im Verhalten des Mieters treten, die die Erfüllungsverweigerung als ernstlich und endgültig begründen.[547] Voraussetzung hierfür ist, dass der Vermieter dem Mieter zuvor konkret mitteilt, welche genauen Arbeiten er durchzuführen hat.[548]

261 So genügt es nicht, wenn der Mieter seine neue Anschrift nicht hinterlässt,[549] da es dem Vermieter zuzumuten ist, sich nach der neuen Anschrift des Mieters zu erkundigen, ggf. auch durch eine Postanfrage oder eine Anfrage an das Einwohnermeldeamt.

262 Der teilweise vertretenen Ansicht, in der **Zusendung der Schlüssel** nach Auszug ohne weitere Erklärung des Mieters sei eine Erfüllungsverweigerung zu sehen,[550] kann nicht gefolgt werden. Mit der Übersendung der Schlüssel nach Auszug bringt der Mieter lediglich zum Ausdruck, dass er seiner Rückgabepflicht nach Beendigung des Mietverhältnisses nachkommt, nicht aber, dass er eine Endrenovierungsverpflichtung verweigert.[551] Letzterer Erklärungswillen des Mieters bedingt nämlich, dass dem Mieter auf Grund der bestehenden Vereinbarungen mit dem Vermieter und auf Grund des renovierungsbedürftigen Zustandes der Mieträume die Erforderlichkeit der Endrenovierung bewusst ist. Dies kann jedoch nicht ohne Darlegung weiterer Umstände unterstellt werden.

263 So liegt auch keine Erfüllungsverweigerung des Mieters vor, wenn dieser rechtliche Zweifel an seiner Verpflichtung zur Durchführung von Schönheitsreparaturen gegenüber dem Vermieter äußert.[552]

264 Zieht der Mieter hingegen ohne Renovierungsarbeiten aus, obwohl sich die Wohnung in einem offensichtlich renovierungsbedürftigen oder verwahrlosten Zustand befin-

---

543 LG Köln ZMR 2002, 275.
544 Schmidt-Futterer/Lehmann-Richter BGB § 538 Rn. 148; BGH NJW 2021, 3714.
545 KG NZM 2007, 356; OLG Hamburg WuM 1992, 70; AG Hamburg-Altona BeckRS 2017, 123300.
546 BGH NJW 1998, 1303; OLG Köln ZMR 1987, 461; OLG Frankfurt a. M. NJWE-MietR 1997, 273.
547 Schmidt-Futterer/Lehmann-Richter BGB § 538 Rn. 148.
548 KG NZM 2007, 356; LG Fulda BeckRS 2017, 150089.
549 OLG Hamburg WuM 1992, 70; LG Wiesbaden WuM 1986, 113; LG Itzehoe WuM 1989, 508; aA LG Düsseldorf NJWE-MietR 1996, 26.
550 LG Berlin GE 1991, 777.
551 LG Landau WuM 1988, 119.
552 LG Berlin NZM 2000, 1178.

det,[553] oder wird er auf die Notwendigkeit der Arbeiten vom Vermieter hingewiesen,[554] ist eine Erfüllungsverweigerung anzunehmen. Hat daher der Vermieter kurz vor Beendigung des Mietverhältnisses den Mieter zur Ausführung konkret aufgelisteter Renovierungsarbeiten aufgefordert und zieht der Mieter aus, ohne auch nur teilweise oder ansatzweise diese Arbeiten durchzuführen, so liegt hierin eine ernsthafte und endgültige Erfüllungsverweigerung.[555]

Schließlich liegt eine endgültige Erfüllungsverweigerung vor, wenn sich der Mieter weigert, die im Abnahmeprotokoll anerkannten Schönheitsreparaturen auszuführen,[556] nicht jedoch wenn er sich lediglich weigert, ein Wohnungsübergabeprotokoll zu unterschreiben.[557] 265

(4) Schadensersatz statt der Leistung. Der Leistungsanspruch des Vermieters ist gem. § 281 Abs. 4 BGB erst dann ausgeschlossen, wenn er **statt der Leistung Schadensersatz** verlangt, was auch durch die Klageerhebung dokumentiert wird.[558] 266

cc) Umfang des Schadens. (1) Grundsätze. Bei dem Anspruch des Vermieters auf den Nichterfüllungsschaden handelt es sich um einen Geldanspruch, bei dem der Vermieter die **Wahl zwischen konkreter oder abstrakter Schadensberechnung** hat. Er kann mithin den tatsächlich angefallenen Rechnungsbetrag wie auch die Kosten als Schaden einsetzen, die auf der Grundlage eines **Kostenvoranschlages** einer Fachfirma, eines Privatgutachtens[559] oder eines **Gutachtens im selbstständigen Beweisverfahren** gem. § 485 ZPO ermittelt worden sind. 267

In Rechtsprechung und Schrifttum ist anerkannt, dass **Kosten,** die dem Vermieter dadurch entstehen, dass er nach Auszug des Mieters einen Sachverständigen mit der Feststellung des Zustandes der Wohnung beauftragt, im Rahmen eines bestehenden Schadensersatzanspruches als Schadensposten erstattungsfähig sind.[560] Dies wird teilweise in der Rechtsprechung unter dem Gesichtspunkt der **Erforderlichkeit** bzw. der **Schadensminderungspflicht** eingeschränkt, da Art und Umfang der dekorativen Schäden im Einzelfall die Hinzuziehung eines Sachverständigen entbehrlich machen können,[561] wenn zB aus Gründen der Kostenminderung eine Beweissicherung durch Handwerker[562] oder Fotos[563] geboten sei. Der BGH hat hierzu in seinem Urteil vom 26.5.2004[564] festgestellt, dass **diese Einschränkungen** jedenfalls in der Regel **nicht gerechtfertigt** sind, da der Vermieter in der Regel ein dringendes und berechtigtes Interesse hat, vorhandene Mängel alsbald beseitigen zu lassen, um die Wohnung möglichst rasch wieder vermieten zu können. Zur Beweissicherung ist ein Gutachten eines Sachverständigen ein objektives und geeignetes Beweismittel, so dass sich der Vermieter zur Rechtsdurchsetzung grundsätzlich nicht aus Kostengründen auf andere, im konkreten Fall ggf. weniger geeignete Beweismittel, etwa Zeugen mit nicht zu prognostizierendem Erinnerungsvermögen oder Vorlage von Fotos verweisen lassen muss. 268

Die Kosten können durch Vorlage einer Rechnung, eines Gutachtens oder eines Kostenvoranschlages belegt werden. Es dürfen nur die objektiv notwendigen Arbeiten in Ansatz gebracht werden. Besonderer Kostenvoranschlag ist unter diesem Aspekt kritisch zu untersuchen, da oftmals nicht die geschuldeten Ausbesserungsarbeiten, sondern komplette Renovierungsleistungen berechnet werden. Der Kostenvoranschlag – oder die Rechnung – müssen die Kosten für die Herstellung eines ordnungs- 269

[553] BGH ZMR 1995, 579; LG Berlin GE 1995, 1419.
[554] BGH NJW 1991, 2416; OLG München ZMR 1995, 591.
[555] KG NZM 2007, 356; LG Saarbrücken WuM 1999, 547.
[556] LG Berlin ZMR 1992, 25.
[557] LG Wuppertal NJWE-MietR 1997, 53.
[558] Gesetzesbegründung BT-Drs. 14/6040, 141.
[559] KG GE 1995, 1011; LG Berlin GE 1993, 1159.
[560] BGH NZM 2004, 615.
[561] OLG Hamburg WuM 1990, 75; OLG Köln NJW-RR 1994, 524.
[562] LG Darmstadt WuM 1987, 315.
[563] LG Mönchengladbach WuM 2000, 328.
[564] BGH NZM 2004, 615.

gemäßen Zustandes hinreichend ausweisen, sodass Angaben zu Aufmaß bzw. Massen enthalten sein sollten.[565]

270 Im Rechtsstreit besteht die Möglichkeit, die Kosten eines Privatgutachtens im **Kostenfestsetzungsverfahren** geltend zu machen,[566] wobei ebenso die Ansicht vertreten wird, dass die Gutachterkosten im Hinblick auf eine erforderliche Überprüfung ihrer materiellen Berichtigung im Rechtsstreit als Hauptforderung eingeklagt werden müsse.[567]

271 Gem. § 249 Abs. 2 S. 2 BGB umfasst der Schadensersatzanspruch die **Mehrwertsteuer** nur dann, wenn und soweit sie tatsächlich angefallen ist, was bei einer **konkreten Schadensberechnung** etwa durch Vorlage einer Malerrechnung stets der Fall ist, es sei denn der Vermieter ist zum Vorsteuerabzug berechtigt.[568] Bei einer **abstrakten/fiktiven Schadensberechnung** durch Vorlage eines Kostenvoranschlages oder eines Gutachtens kann der Vermieter dagegen keine Mehrwertsteuer verlangen.

272 Der Vermieter ist nicht verpflichtet, die **Schadensersatzleistung** tatsächlich für die Renovierung zu verwenden, vielmehr ist er **in ihrer Verwendung völlig frei,** so dass er eine kostengünstigere Eigenleistung vornehmen oder auch auf die Durchführung von Schönheitsreparaturen gänzlich verzichten kann.[569]

273 Zudem umfasst der Schadensersatzanspruch den **Mietausfall,** der dadurch entsteht, dass die Renovierung erst nach Ablauf der gesetzten Frist vorgenommen werden kann. Voraussetzung hierfür ist jedoch, dass sich der Mieter mit der Erfüllung seiner Renovierungspflicht gem. §§ 280 Abs. 2, 286 BGB **in Verzug**[570] befand und die Nichtrenovierung des Mieters kausal für die Nichtvermietung und damit den entgangenen Mietzins war.[571] Der Vermieter kann daher Mietausfall wegen nicht oder unsachgemäß durchgeführter Schönheitsreparaturen nur verlangen, wenn er darlegt und beweist, dass er die vermieteten Räume bei ordnungsgemäßer Ausführung der Schönheitsreparaturen direkt an einen bereits vorhandenen Mietinteressenten hätte weitervermieten können.[572] Demgegenüber vertritt das Landgericht Frankfurt a. M.[573] die Ansicht, dass auch ohne konkreten Nachweis der Weitervermietungsmöglichkeit ein Mietausfall in Höhe der ortsüblichen Marktmiete gefordert werden kann, und dies nicht nur in Gebieten mit Wohnungsknappheit.[574] Dieser verzögerungsbedingte Mietausfall ist der Höhe nach beschränkt auf den Zeitraum, der für eine zügig durchgeführte Renovierung benötigt wird. Dies ist in aller Regel ein Zeitraum von 2 Monaten.[575]

274 Ebenso ist bei Durchführung eines selbstständigen Beweisverfahrens die Schadensminderungspflicht in Bezug auf den Mietausfallschaden zu beachten. Dauert daher ein selbstständiges Beweisverfahren längere Zeit an, so kann der Vermieter lediglich für den Zeitraum den Mietausfallschaden geltend machen, der für die unverzügliche Schaffung des Wohnraums in einen bezugsfertigen Zustand genötigt wird.[576]

275 *(2) Schönheitsreparaturen durch Nachmieter.* Höchst umstritten war in der Rechtsprechung die Frage, ob der Schadensersatzanspruch des Vermieters entfällt, wenn der **Nachmieter** seinerseits die notwendigen Schönheitsreparaturen freiwillig oder auf Grund einer vertraglichen Verpflichtung übernimmt.

276 Nach der Rechtsprechung des BGH bleibt der Schadensersatzanspruch des Vermieters auch dann bestehen, wenn der Nachmieter unterlassenen Schönheitsreparaturen nach-

---

[565] BGH NZM 2023, 498; BGH NZM 2022 873.
[566] LG Berlin GE 1995, 115.
[567] KG GE 1995, 1011.
[568] KG GE 1996, 1373.
[569] OLG Köln ZMR 1987, 375; KG GE 1995, 109.
[570] Schmidt-Futterer/Lehmann-Richter BGB § 538 Rn. 139.
[571] BGH WuM 1997, 218.
[572] LG Berlin NZM 2002, 909; Kraemer NZM 2003, 417 (423).
[573] LG Frankfurt a. M. NZM 2000, 1177.
[574] So Kraemer NZM 2003, 417.
[575] LG Berlin 1996, 1373.
[576] LG Mönchengladbach WuM 2000, 328.

holt.[577] Nach dem Grundsatz der Vorteilsausgleichung wäre der ausgezogenen Mieter ansonsten ungerechtfertigt begünstigt, zumal der Vermieter nach den Grundsätzen der abstrakten Schadensberechnung die fiktiven Kosten auf Basis eines Kostenvoranschlages verlangen kann.[578]

Soweit Vor-und Nachmieter die Renovierung durch den Nachmieter vereinbaren, erbringt der Vormieter die Renovierung durch einen Dritten gemäß § 267 BGB. Da es sich bei dieser Vereinbarung zwischen Vormieter und Nachmieter um eine Schuldübernahme handelt, ist nach § 415 BGB die Genehmigung des Vermieters erforderlich.[579] 277

Ist die Renovierungsleistung des Nachmieters ordnungsgemäß erfolgt, hat der Vormieter seine Verpflichtung erfüllt. Ist die Renovierung dagegen mangelhaft, scheidet Erfüllung aus. Besteht keine Verpflichtung zur Durchführung der Schönheitsreparaturen, die der Nachmieter übernehmen soll, geht die Schuldübernahme ins Leere.[580] 278

(3) Umbaumaßnahmen. Führt der Vermieter nach Beendigung des Mietvertrages **Umbauarbeiten** in den Mieträumen aus, so berührt dies nach der Rechtsprechung des BGH die Erfüllungspflicht des Mieters auf Durchführung der Schönheitsreparaturen nicht. Die Übernahme der Schönheitsreparaturen stellt nach dieser Rechtsprechung einen Teil des Mietentgeltes dar, das der Mieter als Gegenleistung für die Überlassung des Mietobjektes dem Vermieter zu erbringen hat. Durch den Umbau darf dem Vermieter dieser Teil des Mietentgeltes nicht aberkannt werden, da er seine Leistung voll erbracht hat. 279

Da der Umbau diesen Erfüllungsanspruch des Vermieters wirtschaftlich sinnlos macht, kann der Vermieter im Wege der ergänzenden Vertragsauslegung statt Erfüllung einen Ausgleich in Geld verlangen,[581] es handelt sich mithin nicht um einen Schadensersatzanspruch. 280

Diese Grundsätze der ergänzenden Vertragsauslegung auf Zahlung eines Geldausgleiches sind nicht anzuwenden, wenn der Vermieter das Gebäude abreißen lässt.[582] Dem ist im Ergebnis zuzustimmen, wobei die Unterscheidung zwischen Umbau und Abriss auf der Grundlage der Rechtsprechung des BGH zum Entgeltcharakter dogmatisch nicht konsequent ist.[583]

Der Zahlungsanspruch des Vermieters entsteht, sobald der Mieter von der Absicht des Vermieters, die Mieträume umzubauen, Kenntnis erlangt. Er wird nicht dadurch ausgeschlossen, dass der Mieter in Kenntnis der Umbauabsichten des Vermieters vor Rückgabe renoviert oder sich zur Renovierung nach dem Umbau bereit erklärt.[584] 281

Allerdings ist der Zahlungsanspruch auf den Betrag beschränkt, den der Mieter für die Erfüllung seiner Renovierungspflicht hätte aufwenden müssen, mithin auf die Materialkosten sowie auf den geschätzten Wert seiner Eigenleistung,[585] es sei denn individualvertraglich war der Mieter verpflichtet, die Renovierung durch einen Fachhandwerker ausführen zu lassen. Der Wert der Eigenleistung des Mieters ist nach § 287 ZPO zu schätzen.[586] Jedenfalls hat der Mieter nicht die üblichen Handwerkspreise zu erstatten.[587] 282

(4) Vorschäden – Vorteilsausgleichung. Oftmals weisen Teile des bei Auszug zu renovierenden Mietobjektes **Vorschäden** auf, die der Mieter nicht zu vertreten hat, seien es Feuchtigkeitsschäden mit Schimmelbildung auf Grund bautechnischer Mängel oder Wasserschäden infolge eines Rohrbruches. In diesen Fällen ist der Mieter nicht ver- 283

---

577 BGHZ 49, 56, 61.
578 BGH NZM 2023, 498.
579 BGH NJW 2018, 3302.
580 Schmidt-Futterer/Lehmann-Richter BGB § 538 Rn. 160.
581 BGH WuM 1985, 46; 2002, 484; NZM 2005, 58; OLG Schleswig WuM 1983, 75; OLG Düsseldorf ZMR 1994, 259; OLG Oldenburg WuM 2000, 301; Timme NZM 2005, 132.
582 LG Berlin ZMR 1998, 428.
583 Eckert ZMR 1998, 428.
584 OLG Oldenburg WuM 2000, 301.
585 BGH WuM 2005, 50.
586 LG Berlin ZMR 1999, 486; LG Münster WuM 2000, 628.
587 OLG Oldenburg WuM 1992, 229.

pflichtet, an den hierdurch betroffenen Teilen der Mietsache Schönheitsreparaturen vorzunehmen.[588] Für die Renovierungsverpflichtung kommt es nämlich nur auf den Renovierungsbedarf an, der durch den Mietgebrauch, nicht aber durch äußere Ursachen wie Brand oder Wassereinbruch oder durch eine Verletzung der Erhaltungspflicht des Vermieters entstanden ist.[589]

284 Dem Vermieter obliegt insoweit eine **Vorleistungspflicht** zur Beseitigung der Vorschäden, dh er hat die baulichen Voraussetzungen für eine sachgemäße Renovierung zu schaffen.[590] Befinden sich daher Fenster und Türen bereits bei Mietbeginn in einem desolaten Zustand, so hat der Vermieter diese **Untergrundschäden** zunächst zu beseitigen, ehe er vom Mieter eine Renovierungsleistung verlangen kann.[591] Demgegenüber vertritt das Landgericht Hannover[592] die Ansicht, der Vermieter sei nach Vertragsbeendigung nicht vorleistungspflichtig hinsichtlich der Beseitigung von Rissen an den Wänden oder baubedingten Feuchtigkeitserscheinungen der Wohnung, wenn der Mieter die vertraglichen Schönheitsreparaturen bei Beendigung des Mietverhältnisses trotz Aufforderung und Fristsetzung nicht ausgeführt hat.

285 Ist der Vermieter wegen der Beseitigung von Vorschäden vorleistungspflichtig, so hat der Mieter ebenso die ersparten Renovierungsarbeiten nicht auszugleichen, was selbst dann gilt, wenn die Wohnung jahrelang entgegen seiner Verpflichtung nicht renoviert wurde.[593]

286 Renovierungsschäden, die durch **Fluteinwirkung/Hochwasser** verursacht worden sind, muss der Vermieter auf eigene Kosten auch dann beseitigen, wenn der Mieter vertraglich die laufenden Schönheitsreparaturen übernommen hat. Der Vermieter hat sich in diesem Falle auch keine ersparten Aufwendungen als **Vorteilsausgleich** anrechnen zu lassen, wenn sich durch die Renovierungsarbeiten des Vermieters die Fristen zur Durchführung von Schönheitsreparaturen zugunsten des Mieters verschieben.[594]

287 Dieser Grundsatz der **Vorteilsausgleichung** ist auch beim Umfang des Schadens zu berücksichtigen. Waren im Zeitpunkt des vom Mieter nicht zu vertretenden Schadenseintritts die von ihm übernommenen Schönheitsreparaturen mangels Ablauf der üblichen Frist noch nicht fällig, so hat der Vermieter sämtliche Instandsetzungsarbeiten einschließlich der Schönheitsreparaturen auszuführen.[595] Lag jedoch zum Zeitpunkt des Schadenseintrittes Fälligkeit der Renovierungspflicht des Mieters vor, so verbleibt es zwar bei der Vorleistungspflicht des Vermieters, der Mieter hat anschließend allerdings die fälligen Schönheitsreparaturen auszuführen bzw. dem Vermieter, sofern dieser die Renovierung vollständig erbringt, einen Ausgleich im Umfang seiner ersparten Aufwendungen zu zahlen.

288 Der Grundsatz der Vorteilsausgleichung betrifft ebenso die Fälle einer aufwändigen **Grundrenovierung.**[596]

289 Weisen demnach Holzteile der Mietsache wie Türen und Fenster eine Vielzahl von Farbschichten auf, die entfernt werden müssen, um den Farbanstrich von Grund auf neu aufzubauen, oder ist eine Raufasertapete infolge einer Vielzahl von Überstreichungen strukturmäßig nicht mehr streichbar, so hat der Mieter dies nicht zu vertreten, wenn dieser Zustand aus der Mietzeit verschiedener Mieter stammt. Dann entfällt auf den Mieter nur der seiner Nutzungszeit entsprechende Anteil der Grundrenovierung.[597] Demgegenüber hat der Mieter die Grundrenovierung zu übernehmen bzw. bei Nicht-

[588] LG Berlin GE 1989, 675; AG Köln WuM 1980, 137.
[589] BGH NJW-RR 1987, 906.
[590] KG GE 2004, 297.
[591] LG Berlin NZM 2002, 909.
[592] LG Hannover WuM 2002, 214.
[593] LG Berlin WuM 1987, 148; GE 1999, 385; AG Köln WuM 1980, 185.
[594] Eisenschmid NZM 2002, 889 (890).
[595] BGH NJW-RR 1987, 906; Kraemer NZM 2003, 417 (418); Eisenschmidt NZM 2002, 889 (890).
[596] Langenberg NZM 2000, 1125.
[597] Langenberg NZM 2000, 1125.

erfüllung die Kosten hierfür zu tragen, wenn diese auf Grund langer Mietzeit allein durch den Mietgebrauch des Mieters erforderlich wird.[598]

Obliegt dem Mieter die individualvertraglich begründete Pflicht der Erneuerung von PVC-Ware und Teppichböden, so ist bei dem Abzug „Neu für Alt" von deren Lebensdauer auszugehen. Diese liegt in der Regel bei PVC-Ware je nach Qualität zwischen 8–20 Jahren[599] und bei Teppichböden bei mittlerer Qualität bei 10 Jahren,[600] kann aber auch deutlich darunter bzw. darüber liegen.[601] Das Abschleifen und Versiegeln von Parkett soll alle 15–20 Jahre erforderlich sein.[602] 290

dd) Abweichende Vereinbarungen. Die Vorschrift des § 281 Abs. 1 BGB ist individualvertraglich in allen Teilen **abdingbar.** 291

Der BGH hat zu § 326 BGB aF entschieden, dass die Parteien im Individualvertrag auf das Erfordernis der Fristsetzung und der Ablehnungsandrohung verzichten und dem Vermieter das Recht zur Ersatzvornahme der Schönheitsreparaturen auf Kosten des Mieters ohne das Erfordernis einer Ablehnungsandrohung einräumen können.[603] 292

Dagegen ist die Abbedingung des § 281 Abs. 1 BGB durch eine Formularklausel wegen des Verstoßes gegen § 309 Nr. 4 BGB unzulässig.[604] 293

ee) Abnahme- bzw. Übergabeprotokoll. In der Praxis ist es vielfach üblich, bei Auszug des Mieters ein Abnahme- oder Übergabeprotokoll zu fertigen. Sinn eines solchen Protokolls ist vor allem, den **Zustand der Mietsache beweissicher festzuhalten,** um spätere Streitigkeiten über das Vorhandensein und die Art von Schäden an der Mietsache sowie über die Erforderlichkeit eventueller weiterer Schönheitsreparaturmaßnahmen zu vermeiden. 294

Ein wechselseitiger Anspruch der Mietvertragsparteien auf Erstellung eines solchen Protokolls besteht jedoch nicht, so dass der Mieter auch nicht verpflichtet ist, an der Erstellung eines Abnahmeprotokolls mitzuwirken. 295

Welche **rechtliche Qualität** dem Protokoll beizumessen ist, ist streitig und letztlich nur anhand des Einzelfalls zu entscheiden. 296

Wird in dem Protokoll festgehalten, dass die Mieträume einwandfrei und in vertragsgemäßem Zustand vom Mieter zurückgegeben worden sind, liegt hierin ein **negatives Schuldanerkenntnis** des Vermieters im Sinne von § 397 Abs. 2 BGB, so dass der Vermieter dem Mieter nur die in einem Protokoll bei Rückgabe der Wohnung festgeschriebenen Schäden entgegenstellen kann und mit darüber hinausgehenden Ansprüchen ausgeschlossen ist.[605] Wird daher von den Vertragsparteien bei Beendigung des Mietverhältnisses ein Wohnungsübergabeprotokoll gefertigt, so haftet der Mieter nur für die darin festgehaltenen Mängel. Es entfaltet Präklusionswirkung auch für solche Mängel, die nur einem Fachmann erkennbar sind, da Sinn und Zweck eines solchen Protokolls nicht nur die Verteilung der Beweislast, sondern auch die Vermeidung weiteren Streites über das Vorhandensein von Schäden am Mietobjekt ist.[606] Auf weitergehende als im Übergabeprotokoll festgehaltene Mängel kann sich der Vermieter auch nicht mit dem Hinweis berufen, auf Grund mangelnden Tageslichts habe er den weiteren mangelhaften Zustand der Mietsache nicht feststellen können, es sei denn der Vermieter hat insoweit im Protokoll einen Vorbehalt erklärt.[607] 297

Bestätigt der Vermieter im Übergabeprotokoll dem Mieter **bei Rückgabe der Mieträume deren ordnungsgemäßen Zustand,** so schließt dies einen Anspruch des Vermieters 298

---

598 Goch WuM 2003, 368 (371.
599 LG Wiesbaden WuM 1991, 540; AG Staufen WuM 1992, 430; AG Kassel WuM 1996, 757.
600 LG Dortmund NJWE-MietR 1997, 100; AG Köln WuM 2000, 435.
601 LG Köln WuM 1983, 126.
602 LG Wiesbaden WuM 1991, 540.
603 BGH NJW 1982, 1036; 1985, 268.
604 Kraemer NZM 2003, 417 (422); Langenberg NZM 2002, 972 (974).
605 BGH NJW 1983, 446; OLG Celle MDR 1998, 149; LG Hamburg NZM 1999, 838; AG Köln WuM 2001, 153.
606 LG München I NZM 2003, 714.
607 KG GE 2003, 524 (525).

auf Durchführung der vertraglichen Schönheitsreparaturen aus[608] Dieser Ausschluss der Haftung des Mieters für nicht im Protokoll aufgenommene Schäden umfasst auch die Mängel, die nur von einem Fachmann erkannt werden können. Der Vermieter ist daher gehalten, bei Rückgabe der Mietsache ggf. eine sachkundige Person hinzuzuziehen.[609]

299 Der Vermieter ist insbesondere auch dann mit weiteren Forderungen ausgeschlossen, wenn er mit der Erstellung des Übergabeprotokolls gleichzeitig die vorbehaltlose Rückzahlung der Kaution zusagt oder diese bereits ausgezahlt wurde, nachdem der Vermieter die Wohnung abgenommen hatte.[610]

300 Erklärt der Vermieter im Rahmen der Wohnungsübergabe gegenüber dem Mieter, „Geben Sie die Schlüssel und damit ist die Sache für mich erledigt", so beinhaltet dies ein negatives Schuldanerkenntnis mit der Folge, dass der Vermieter keine weiteren Ansprüche aus dem Mietverhältnis mehr geltend machen kann.[611]

301 Ein solches negatives Schuldanerkenntnis des Vermieters liegt auch dann vor, wenn er dem Mieter eine so genannte **„Generalquittung"** ausstellt, wonach er gegenüber dem Mieter keinerlei Ansprüche, gleich aus welchem Rechtsgrund, mehr geltend macht.[612]

302 Werden in dem Protokoll Schäden oder Renovierungsmängel aufgezählt, so stellt sich die Frage, ob die Entgegennahme des Protokolls und dessen Unterzeichnung durch den Mieter für diesen als **deklaratorisches Schuldanerkenntnis** oder lediglich als **Beweismittel** zu werten ist. Bestätigt der Mieter mit seiner Unterschrift in einem Abnahmeprotokoll, dass die darin aufgeführten Mängel vorhanden sind, so kann er diese Zustandsfeststellungen später nicht mehr bestreiten. Das Protokoll stellt somit ein Beweismittel dar.

303 Mit außerhalb dieser Zustandsfeststellung der Mietsache bei Rückgabe liegenden Einwendungen ist der Mieter jedoch nicht ausgeschlossen. So kann er geltend machen, dass die Schäden bereits bei Beginn der Mietzeit vorhanden waren oder dass er diese nicht zu vertreten hat.[613]

304 Bei diesen dem Mieter verbleibenden Einwendungen ist zu berücksichtigen, dass die oftmals verwendete Formularklausel, wonach sich „die Wohnung bei Übergabe an den Mieter in einem einwandfreien, renovierten Zustand" befindet, wegen Verstoßes gegen § 309 Nr. 12b BGB unwirksam ist, da insoweit die Beweislast zum Nachteil des Mieters abgeändert wird.[614]

305 In Ausnahmefällen kann ein vom Mieter unterzeichnetes Abnahmeprotokoll dann als ein deklaratorisches Schuldanerkenntnis gewertet werden, wenn durch den eindeutigen Wortlaut der Erklärung eine **neue selbstständige Verpflichtung** geschaffen wird. Eine solche vom Mietvertrag unabhängige Anspruchsgrundlage des Vermieters liegt dann vor, wenn das Abnahmeprotokoll zB eine Erklärung des Mieters enthält, wonach er sich verpflichtet im Einzelnen aufgelistete Renovierungsarbeiten auszuführen[615] oder aber deren Kosten zu übernehmen.[616]

306 *ff) Schadensersatz bei fortbestehendem Mietverhältnis.* Führt der Mieter während der Mietzeit die vereinbarten Schönheitsreparaturen nicht innerhalb der festgelegten Fristen aus, so hat der Vermieter zunächst einen hierauf gerichteten Erfüllungsanspruch gegen den Mieter, den er auch im Wege der Klage durchsetzen kann. Da dessen Vollstreckung gem. § 887 ZPO durch Ersatzvornahme vielfältige Schwierigkeiten entfalten kann, stellt sich die Frage, ob der Vermieter bei Verzug des Mieters Schadensersatz wegen Nichterfüllung verlangen kann.

---

608 AG Lörrach WuM 2003, 438.
609 BGH NJW 1983, 446.
610 LG Köln WuM 1981, 163.
611 LG Görlitz WuM 1999, 363.
612 BGH NZM 1999, 371.
613 Blank/Börstinghaus/Siegmund/Siegmund BGB § 538 Rn. 9.
614 LG München WuM 1997, 613.
615 AG Münster WuM 1987, 53.
616 Blank/Börstinghaus/Siegmund/Siegmund BGB § 538 Rn. 9.

Der BGH hat die Anwendung des § 326 BGB aF im laufenden Mietverhältnis ausgeschlossen, weil der Vermieter in der Verwendung des als Schadensersatz erlangten Geldbetrages frei wäre, dieser aber dem weiterhin in den Mieträumen wohnenden Mieter zugute kommen müsse.[617] **307**

Stattdessen billigt der BGH dem Vermieter den Anspruch auf Zahlung eines Vorschusses in Höhe der erforderlichen Renovierungskosten gegenüber dem Mieter zu, ohne zuvor ein Leistungsurteil erstreiten und damit die Voraussetzungen für die Ersatzvornahme im Wege der Zwangsvollstreckung schaffen zu müssen.[618] Über diesen Kostenvorschuss muss der Vermieter nach erfolgter Durchführung der Renovierung dem Mieter Abrechnung erteilen und ihm ggf. einen nicht verbrauchten Betrag erstatten. **308**

Bei dieser Vorgehensweise ist jedoch zu berücksichtigen, dass die Durchsetzung der Renovierungsmaßnahmen gem. § 555a Abs. 1 BGB nach Erhalt des Kostenvorschusses eines Duldungstitels bedarf, dessen Vollstreckung wiederum auf Grund weiterer möglicher Einwendungen des Mieters zB zum vom Vermieter gewählten Zeitpunkt und der Dauer der Ausführung recht zeitaufwändig sein kann, so dass der Vermieter in aller Regel einen solchen Anspruch erst geltend machen wird, wenn durch die Nichtrenovierung des Mieters eine Substanzgefährdung der Mietsache droht. Dies hat im Übrigen einen Teil der Instanzrechtsprechung dazu verleitet, die Rechtsprechung des BGH zu der Vorschussregelung nur auf die Fälle anzuwenden, bei denen durch die Nichtdurchführung der Schönheitsreparaturen eine Substanzverletzung der Mietsache droht.[619] Zur Begründung wird angeführt, während des laufenden Mietverhältnisses kämen nach der Entscheidung des BGH die Schönheitsreparaturen dem Mieter zugute. Wenn dieser mit dem Zustand und der Gestaltung der Mieträume einverstanden sei, so berühre die unterbleibende Renovierung die Belange des Vermieters erst dann, wenn eine Substanzverletzung der Mietsache drohe. Nach zutreffender Ansicht[620] hat jedoch bei einer solchen Fallkonstellation der Vermieter gegenüber dem Mieter einen Schadensersatzanspruch aus positiver Vertragsverletzung, auf den allerdings der BGH § 326 BGB aF anwenden zu wollen scheint.[621] Der BGH hat nunmehr in seiner Entscheidung zur Vorschussklage des Vermieters klargestellt, dass der Anspruch des Vermieters bereits dann fällig wird, wenn objektiv ein Renovierungsbedarf besteht, und zwar unabhängig davon, ob die Wohnung bereits in ihrer Substanz gefährdet ist.[622] **309**

gg) Verjährung. Die Ersatzansprüche des Vermieters wegen nicht durchgeführter Schönheitsreparaturen verjähren gem. § 548 Abs. 1 BGB in 6 Monaten. Die Verjährung beginnt mit dem Zeitpunkt, in dem der Vermieter die Mietsache zurückerhält, und zwar auch dann, wenn die Ansprüche erst zu einem späteren Zeitpunkt entstehen.[623] **310**

Eine **Rückgabe der Mietsache** liegt vor, wenn der Vermieter die Sachherrschaft über die Mieträume erhält,[624] sich mithin die Besitzverhältnisse an der Wohnung zugunsten des Vermieters verändert haben. Erst hierdurch wird der Vermieter in die Lage versetzt, das Mietobjekt auf seine Mängelfreiheit zu überprüfen.[625] Die Aushändigung eines Wohnungsschlüssels an den Vermieter reicht hierzu aus, wenn der Vermieter hierdurch ungestört den Zustand und damit evtl. Mängel der Mietsache bereits endgültig feststellen kann.[626] Der Einwurf des Schlüssels in den Briefkasten des Vermieters genügt für die Erlangung der unmittelbaren Sachherrschaft über die Mieträume.[627] **311**

---

617 BGH NJW 1990, 2376; BGH NZM 2005, 450.
618 BGH NZM 2005, 450.
619 LG Berlin GE 1992, 1155; 1997, 311; aA LG Berlin NZM 2004, 655.
620 AG Köln WuM 1987, 150.
621 BGH NZM 2005, 450.
622 BGH NZM 2005, 450.
623 BGH NZM 2005, 176; Emmerich NZM 2005, 248.
624 OLG Brandenburg BeckRS 2018, 14979.
625 BGH NJW 1991, 2416; WuM 1992, 71.
626 OLG Düsseldorf WuM 1993, 272; LG Berlin GE 1987, 111; aA OLG München ZMR 1987, 124: Rückgabe sämtlicher Schlüssel.
627 LG Mannheim DWW 1995, 86.

312 Die kurze Verjährungsfrist des § 548 Abs. 1 S. 1 BGB beginnt auch dann, wenn der Vermieter davon absieht, die Mieträume in Besitz zu nehmen, obwohl er von der Besitzaufgabe durch den Mieter weiß und die Möglichkeit der Inbesitznahme grundlos gegenüber dem Mieter verweigert.[628]

313 Die Rückgabe muss allerdings im Hinblick auf die Beendigung des Mietverhältnisses erfolgen.[629] Wenn daher der Mieter die Mieträume noch bewohnt und dem Vermieter lediglich zum Ende des Mietverhältnisses gestattet, sich einen Überblick vom Zustand der Räume zu machen, so liegt keine Rückgabe des Mietobjektes vor.

314 Es entspricht der Rechtsprechung des BGH, dass **sowohl der Erfüllungsanspruch wie auch der Schadensersatzanspruch** des Vermieters wegen unterlassener Schönheitsreparaturen mit der Rückgabe der Mietsache **gem. § 548 BGB nach 6 Monaten verjähren.**[630]

315 Der kurzen Verjährung des § 548 Abs. 1 BGB unterliegen auch sämtliche Ansprüche des Vermieters aus unerlaubter Handlung, seien sie fahrlässig oder vorsätzlich vom Mieter herbeigeführt worden.[631] Sie greift lediglich dann nicht, wenn die vorsätzliche unerlaubte Handlung des Mieters eine sittenwidrige Schädigung bezweckte (zB Vandalismusschaden).[632]

316 Die **individualvertraglich** vereinbarte **Verlängerung** der Verjährungsfrist ist bis zur Obergrenze von 30 Jahren gem. § 202 Abs. 2 BGB zulässig, es sei denn es liegt eine Unwirksamkeit gem. § 138 BGB oder § 242 BGB vor.

317 Bei **formularvertraglichen** Vereinbarungen über die Verlängerung der Verjährungsfrist ist die Inhaltskontrolle gem. § 307 Abs. 1, Abs. 2 Nr. 1 BGB zu beachten, da § 548 BGB den Zweckverfolgt, eine rasche Auseinandersetzung der Parteien bei der Rückgabe der Mietsache hinsichtlich eventuell bestehender Ansprüche wegen des Zustandes der Mietsache zu erreichen. Der BGH hat in seinem Urteil vom 8.11.2017 entschieden, dass eine Formularklausel, die eine Verlängerung der Verjährung von Schadensersatzansprüchen des Vermieters und der Ansprüche des Mieters auf Ersatz von Aufwendungen oder Gestattung der Wegnahme einer Einrichtung auf zwölf Monate vorsieht, gemäß § 307 Abs. 1 Nr. 1, Abs. 2 Nr. 1 BGB unwirksam ist.[633]

318 Ein **vertraglich vereinbarter Verzicht** auf die Verjährungseinrede ist unwirksam, wohingegen auf das Recht, die Einrede der Verjährung zu erheben, durch einseitige Erklärung sowohl vor als auch nach Eintritt der Verjährung verzichtet werden kann.

319 Gem. § 203 BGB ist der Lauf der Verjährungsfrist so lange **gehemmt,** wie die Parteien über den Erfüllungsanspruch oder den Anspruch auf Schadensersatz **verhandeln** und nicht eine Vertragspartei die Verhandlungsfortsetzung verweigert.[634] Der Begriff der Verhandlung ist dabei weit auszulegen, so dass jeder Meinungsaustausch über Grund und Höhe der Forderung ausreicht, es sei denn der Mieter lehnt die Erfüllung der Ansprüche sofort und endgültig ab.[635]

320 Die durch Verhandlungen ausgelöste Hemmung endet gem. § 203 S. 2 BGB frühestens 3 Monate nach deren Abbruch oder dem Einschlafen der Verhandlungen.[636]

321 Die **Hemmung der Verjährung durch Rechtsverfolgung** ist in § 204 BGB geregelt. Nach § 204 Abs. 2 BGB endet die Hemmung in den in Abs. 1 aufgeführten Fällen 6 Monate nach der rechtskräftigen Entscheidung oder anderweitigen Beendigung des eingeleiteten Verfahrens.

322 Soweit gem. § 204 Abs. 1 Nr. 3 BGB die **Zustellung des Mahnbescheids** die Verjährung hemmt, so tritt die verjährungsunterbrechende Wirkung nur dann ein, wenn der

---

[628] OLG Brandenburg BeckRS 2018, 14979.
[629] BGH NJW 1991, 2416.
[630] BGH NZM 2005, 176.
[631] BGH NZM 2006, 624.
[632] LG Koblenz WuM 2000, 304.
[633] BGH NZM 2017, 841.
[634] BGH WuM 1992, 71; LG Berlin GE 1996, 1377.
[635] BGH WuM 1987, 154; NZM 2004, 583.
[636] Grüneberg/Ellenberger BGB § 203 Rn. 4.

Mahnbescheid die geltend gemachten Ansprüche unverwechselbar erkennen lässt,[637] mithin der Anspruch so bezeichnet wird, dass er individualisiert werden kann.[638] Der Schuldner muss erkennen können, welcher Anspruch gegen ihn geltend gemacht wird.[639] Allgemeine Formulierungen wie „Schadensersatzansprüche", „Mietforderungen" und Ähnliches genügen nicht. Das gilt ebenso für Formulierungen wie „Schadensersatz wegen nicht vertragsgemäßer Rückgabe der Wohnung"[640] oder „Mietnebenkosten auch Renovierungskosten".[641] Es soll jedoch ausreichen, wenn der Vermieter die Ansprüche in einem vorgerichtlichen Schreiben substantiiert dargelegt hat und der Mahnbescheid auf dieses Schreiben Bezug nimmt.[642] Besteht zwischen den Parteien nur ein Mietverhältnis, muss bei der Geltendmachung von mietrechtlichen Ansprüchen die Anschrift des Mietobjektes nicht mitgeteilt werden.[643]

Gem. § 204 Abs. 1 Nr. 7 BGB, der § 548 Abs. 3 BGB aF ersetzt, tritt Verjährungshemmung durch den **Antrag auf Durchführung des selbstständigen Beweisverfahrens** ein. Zu beachten ist hierbei, dass hierdurch ausschließlich die Ansprüche der Partei gehemmt werden, die das selbstständige Beweisverfahren betreibt, nicht jedoch die Ansprüche der Gegenpartei. 323

Ist der Schadensersatzanspruch des Vermieters verjährt, so besteht gem. § 390 S. 2 BGB immer noch die Möglichkeit, mit diesem verjährten Schadensersatzanspruch gegen den Kautionsrückzahlungsanspruch des Mieters **aufzurechnen,** sofern sich beide Forderungen früher nicht verjährt gegenüber gestanden haben.[644] Das ist auch der Fall, wenn der Vermieter seinen Ersatzanspruch erst nach Ablauf der Verjährungsfrist beziffert hat.[645] Hat der Mieter jedoch mit seinem fälligen Kautionsrückzahlungsanspruch bereits gegenüber anderen Ansprüchen des Vermieters zB auf Zahlung von Mietzinsen seinerseits die Aufrechnung erklärt, so geht die spätere Aufrechnungserklärung des Vermieters mit seiner verjährten Schadensersatzforderung ins Leere. 324

hh) Prozessuales. Der Vermieter ist für das Vorliegen sämtlicher Voraussetzungen des § 281 BGB **darlegungs- und beweispflichtig.** Dies betrifft mithin die Fristsetzung mit Leistungsaufforderung einschließlich des Zugangs, deren ergebnislosen Ablauf und die Schadenshöhe. Dagegen hat der Mieter darzulegen und zu beweisen, dass er den Verzug nicht zu vertreten oder rechtzeitig den Anspruch erfüllt hat. 325

Für die fehlende Erforderlichkeit einer Renovierung, wenn der Mieter erklärt, die Mieträume seien trotz Ablaufs der Renovierungsfristen noch in einem ordentlichen Zustand gewesen, trägt der Mieter die Beweislast.[646] Dies gilt auch, wenn der Mieter seine Schadensersatzpflicht damit verneint, er habe die Schönheitsreparaturen während des Mietverhältnisses ausgeführt.[647] Hat daher der Vermieter den Fristablauf dargelegt, ist der Mieter darlegungs- und beweispflichtig dafür, dass er seiner turnusmäßigen Renovierungsverpflichtung nachgekommen ist. Hierzu reicht der Vortrag, er habe die Schönheitsreparaturen innerhalb der vereinbarten Fristen ausgeführt, nicht. Vielmehr muss er spezifiziert vortragen, wann und in welchem Umfang er die Renovierungsarbeiten vorgenommen hat[648] oder das kein Renovierungsbedarf bestand. 326

h) Ansprüche bei Ausführung nicht geschuldeter Schönheitsreparaturen. In der Praxis häufig sind die Fälle, in denen der Mieter rechtsirrtümlich davon ausgeht, bei Vertragsende zur Durchführung der Schönheitsreparaturen verpflichtet zu sein, obwohl eine 327

[637] BGH NJW 1993, 862.
[638] BGH NJW 1996, 2152.
[639] BGH NJW 2001, 305; NJW-RR 2006, 275.
[640] LG Wuppertal WuM 1997, 110.
[641] LG Bielefeld WuM 1997, 112.
[642] BGH NJW 2008, 1220.
[643] BGH NJW 2008, 1220.
[644] BGH NJW 1998, 981.
[645] LG Berlin ZMR 1995, 18.
[646] BGH NZM 1998, 710.
[647] OLG Karlsruhe WuM 1984, 267.
[648] LG Berlin NZM 2000, 862.

entsprechende vertragliche Regelung nicht getroffen worden oder die vorhandene Renovierungsvereinbarung unwirksam ist. Führt der Mieter gleichwohl Schönheitsreparaturen bei Mietende aus, so können hieraus Ansprüche von Vermieter und Mieter entstehen, je nachdem ob die Arbeiten ordnungsgemäß oder aber mangelhaft vorgenommen worden sind.

328 *aa) Des Vermieters.* Bei **mangelhafter Ausführung** der Renovierungsarbeiten haftet der Mieter dem Vermieter aus positiver Vertragsverletzung für die Verschlechterung der vorhandenen Dekoration.[649]

329 Voraussetzung hierfür ist jedoch, dass dem Vermieter durch die unfachmännischen Renovierungsarbeiten ein **Schaden** entstanden ist. Ein solcher liegt jedoch nur dann vor, wenn der Mieter durch seine Arbeiten einen Zustand geschaffen hat, der schlechter ist als derjenige vor den fehlerhaften Arbeiten. Da der Vermieter bei fehlender Renovierungsverpflichtung des Mieters die dekorationsbedürftige Wohnung ohnehin zur Neuvermietung herrichtet oder dies dem Nachmieter überlässt, entsteht zB durch einen nicht deckenden Anstrich oder auch die unvollständige Anbringung der Strukturtapete nach einer Mietzeit von mehr als 10 Jahren[650] kein zusätzlicher Aufwand und somit auch kein Schaden des Vermieters. Führen im Übrigen die vom Mieter nicht geschuldeten, jedoch ausgeführten Renovierungsarbeiten zu einer **Verbesserung** des Zustandes der Mietsache, so sind auch etwa vom Mieter zu vertretende Farbunterschiede auf den Wandflächen oder angegilbte Heizkörper nicht von rechtlicher Relevanz, da der Vermieter nach einer Wohndauer von 4 Jahren für eine Neuvermietung diese Gebrauchsspuren ohnehin hätte beseitigen müssen, so dass ihm durch die Arbeiten des Mieters kein Schaden entstanden ist.[651]

330 Etwas anderes gilt dann, wenn die fehlerhaften Arbeiten des Mieters zu einer **Verschlechterung** der Mietsache geführt haben.[652] Das kann dann angenommen werden, wenn Lackteile mit Binderfarbe gestrichen oder Raufasertapeten unnötig so mit Farbe zugeschmiert werden, dass die Struktur verloren geht, die bei fachgerechter Ausführung erhalten geblieben wäre,[653] oder etwa bei überlappenden Tapetenbahnen, Verwendung ungeeigneter Farben sowie Überstreichen von Fliesen mit Farbe.[654] Der Ersatzanspruch ist in diesem Falle durch eine **Differenzberechnung** darzulegen,[655] mit der der Vermieter die zusätzlichen Kosten auflistet, die durch die vom Mieter zu vertretende Verschlechterung der Mietsache entstanden sind, und zwar unter Berücksichtigung der Kosten, die er ohnehin durch seine Renovierungsleistung hätte aufwenden müssen.[656]

331 Bei der Höhe des Schadensersatzanspruches des Vermieters ist jedoch der Gesichtspunkt der Vorteilsausgleichung zu berücksichtigen. Da die erneute Renovierung des Vermieters zu einem besseren Zustand führt, als er vor den fehlerhaften Arbeiten des Mieters bestand, ist ein Abzug Neu für Alt vorzunehmen. Dieser richtet sich nach dem Verhältnis eines angemessenen Renovierungsturnus zur Wohnzeit des Mieters.[657]

332 *bb) Des Mieters.* Führt der Mieter bei Mietende fachgerechte Schönheitsreparaturen aus, ohne hierzu rechtlich verpflichtet zu sein, so steht dem Mieter ein **Bereicherungsanspruch gem. §§ 812, 818 Abs. 2 BGB** zu.[658] Schließlich kann dem Mieter unter engen Voraussetzungen ein **Schadensersatzanspruch gem. §§ 311 Abs. 2 Nr. 1, 280 Abs. 1 BGB** zustehen.[659]

---

649 LG Hamburg WuM 1986, 311; LG Berlin GE 1995, 115.
650 AG Köln WuM 2000, 211.
651 LG Braunschweig WuM 1999, 547.
652 LG Berlin GE 2003, 257.
653 Langenberg NZM 2000, 1125.
654 LG Köln WuM 1997, 41.
655 LG Berlin WuM 2002, 517.
656 Schmidt-Futterer/Lehmann-Richter BGB § 538 Rn. 136.
657 Langenberg NZM 2000, 1125.
658 BGH NZM 2009, 541; Langenberg 1 D Rn. 334.
659 LG Stuttgart WuM 1986, 369; Lehmann-Richter WuM 2005, 747.

Geht man von einem bereicherungsrechtlichen Anspruch aus, stellt sich die Frage, wie der Bereicherungsanspruch **berechnet** wird. Der Wertersatz bemisst sich üblicherweise nur nach dem, was der Mieter billigerweise neben einem Einsatz an freier Zeit als Kosten für das notwendige Material sowie als Vergütung für die Arbeitsleistung seiner Helfer aus dem Verwandten- und Bekanntenkreis aufgewendet hat oder hätte aufwenden müssen. 333

Führt der Mieter aufgrund einer unwirksamen Renovierungsklausel Schönheitsreparaturen durch, kommt auch ein Schadensersatzanspruch gegenüber dem Vermieter in Betracht. Dieser Anspruch kann sich aus einem Verschulden des Vermieters bei Vertragsschluss gemäß §§ 311 Abs. 2, 280 Abs. 1 BGB ergeben. In diesem Zusammenhang vertritt das LG Stuttgart[660] die Ansicht, dass die Verwendung einer unwirksamen Vertragsklausel und die Geltendmachung von vermeintlichen Rechten gegen vorvertragliche Vermieterpflichten verstoße und deshalb zum Schadensersatz führe.[661] Den Vermieter trifft aber nur dann ein Verschulden, wenn ihm bei Vertragsschluss die Unwirksamkeit der Klausel aufgrund von Fahrlässigkeit unbekannt war.[662] Verwendet der Vermieter einen vorformulierten Standardvertrag, muss er sich das Verschulden des Verfassers gemäß § 278 S. 1 BGB zurechnen lassen. Soweit der Vermieter den Mietvertrag selbst entwirft, trifft ihn die Pflicht, die höchstrichterliche Rechtsprechung zu den einzelnen Formularklauseln zu berücksichtigen. Kommt er dieser Pflicht nicht nach, handelt er fahrlässig. 334

Handelt der Vermieter bei Vertragsschluss nicht fahrlässig, kommt ein Schadensersatzanspruch dennoch gemäß §§ 280 Abs. 1, 241 Abs. 2 BGB in Betracht, wenn er während des Mietverhältnisses von der Unwirksamkeit der von ihm verwendeten Renovierungsklausel Kenntnis erlangt und trotzdem vom Mieter die Durchführung der Schönheitsreparaturen verlangt.[663] Insoweit trifft den Vermieter als Verwender der Formularklausel eine Aufklärungspflicht gemäß § 241 Abs. 2 BGB.[664] Beruft er sich trotzdem auf die unwirksame Renovierungsklausel, liegt eine Pflichtverletzung vor. Hiervon zu unterscheiden ist die Frage, ob den Vermieter generell eine initiative Aufklärungspflicht gegenüber dem Mieter trifft, sobald er Kenntnis von der unwirksamen Renovierungsklausel erlangt. Hierzu wird vertreten, den Vermieter treffe keine allgemeine Aufklärungspflicht. Vielmehr sei der Mieter selbst verpflichtet, sich über aktuelle Entwicklungen zu informieren.[665] Eine andere Auffassung sieht dagegen in der unterlassenen Aufklärung über eine unwirksame Renovierungsklausel eine Pflichtverletzung. Dies folge aus der Rücksichtnahmepflicht des § 241 Abs. 2 BGB.[666] Als Schaden kann der Mieter den Ersatz der Renovierungskosten verlangen.[667] 335

Ein Schadens- und Aufwendungsersatzanspruch des Mieters aus § 536a Abs. 2 Nr. 2 BGB setzt voraus, dass die von ihm zwar nicht geschuldeten, jedoch ausgeführten Schönheitsreparaturen zur Erhaltung der baulichen Substanz der Mieträume erforderlich waren. 336

i) Schadensersatz wegen Beschädigung der Mietsache. In der Rechtspraxis sind häufig die Ansprüche des Vermieters auf Schadensersatz wegen unterlassener Schönheitsreparaturen des Mieters abzugrenzen von seinen Schadensersatzansprüchen gegenüber dem Mieter aus positiver Vertragsverletzung gem. § 280 BGB.[668] Letztere liegen vor, wenn der Mieter die Grenzen des vertragsgemäßen Gebrauchs überschritten oder infolge der 337

---

660 LG Stuttgart WuM 1986, 369.
661 Schmidt/Futterer/Lehmann-Richter § 538 Rn. 167.
662 Lehmann-Richter WuM 2005, 747.
663 Blank WuM 2004, 248; Fischer WuM 2004, 57; Schmidt-Futterer/Lehmann-Richter BGB § 538 Rn. 167; Pfeilschifter WuM 2003, 543.
664 Artz NZM 2007, 265.
665 Artz NZM 2007, 265.
666 Paschke GE 2010, 30 (32); Börstinghaus WuM 2007, 675.
667 Lehmann-Richter WuM 2005, 747.
668 BGH ZMR 1995, 577.

Verletzungen seiner Obhutspflicht die Sachsubstanz der Mietsache beschädigt oder verschlechtert hat.[669]

338 Solche Schadensersatzansprüche bedürfen einer vorherigen Fristsetzung gemäß § 281 Abs. 1 BGB nicht. Dies gilt unabhängig von der Frage, ob es um einen Schadensausgleich während eines laufenden Mietverhältnisses oder nach dessen Beendigung geht.[670] Derartige Schäden an der Sachsubstanz hat der Mieter nach Wahl des Vermieters durch Wiederherstellung (§ 249 Abs. 1 BGB) oder durch Geldzahlung (§ 249 Abs. 2 BGB) zu ersetzen.[671]

339 Die Grenzziehung zwischen den Folgen üblicher Abnutzung und darüberhinausgehender Schäden ist fließend und daher in der Rechtsprechung oftmals Gegenstand konträrer Entscheidungen.[672]

340 Die Höhe des Schadensersatzanspruches ist auf **Ersatz der notwendigen Kosten** gerichtet. Hierbei ist der Grundsatz der Vorteilsausgleichung von besonderer wirtschaftlicher Bedeutung, dh die Frage, inwieweit sich der Vermieter einen Abzug Neu für Alt anrechnen lassen muss, wenn durch die Ersetzung älterer Teile des Mietobjektes eine Wertsteigerung derselben eingetreten ist. Dies ist in aller Regel bei Arbeiten am Parkett und der Erneuerung von Teppichbodenbelägen der Fall,[673] betrifft aber auch die Erneuerung anderer Teile des Mietobjektes, wie zB sanitäre und elektrotechnische Einrichtungen, Türen und Fenster, sofern deren Beschädigung der Mieter zu vertreten hat.

341 Macht der Vermieter **Schadensersatzansprüche aus positiver Vertragsverletzung** geltend, so hat er darzulegen und zu beweisen, dass die Mieträume bei Überlassung an den Mieter mangelfrei waren,[674] welche Schäden im Zeitpunkt der Rückgabe vorgelegen haben[675] und dass die Beschädigung der Mietsache durch nicht vertragsgemäßen Gebrauch entstanden ist.[676] Hat der Vermieter den Nachweis erbracht, dass die Schadensursache aus dem Obhutsbereich des Mieters hervorgegangen ist, so obliegt dem Mieter der Entlastungsbeweis gem. § 538 BGB, dass er den Schaden nicht zu vertreten hat.[677] Wendet der Mieter ein, der Mangel sei schon vor seinem Einzug vorhanden gewesen, so muss grundsätzlich der Vermieter beweisen, dass er die Mietsache mängelfrei übergeben hatte (Argument aus § 538 BGB), wobei ein Wohnungsübergabeprotokoll zum Einzug, in dem der Mangel nicht vermerkt ist, zu einer Beweislastumkehr zu Lasten des Mieters führt.[678] Streiten die Parteien darüber, wer von ihnen die Verschlechterung der Mietsache zu vertreten hat und kommen hierfür Ursachen aus dem Vertretungsbereich beider Parteien in Betracht, obliegt es zunächst dem Vermieter, sich von seiner Verantwortlichkeit zu entlasten.[679] Ist streitig, ob vermietete Räume infolge Mietgebrauchs beschädigt sind, trägt der Vermieter die Beweislast dafür, dass die Schadensursache nicht aus dem Verhalten eines Dritten herrührt, für den der Mieter nicht (nach § 278 BGB) haftet.[680] Bei allem ist zu berücksichtigen, dass bei dieser nach Verantwortungsbereichen vom BGH[681] vorgenommenen Beweislastverteilung der Obhutsbereich des Mieters nicht mit dem Mietgebrauch gleichzusetzen ist. Bei dem vom BGH entschiedenen Fall blieb offen, ob ein Brandschaden von einem Gerät des Mieters oder von einem bauseits in den Mieträumen verlegten Stromkabel ausgegangen war. Damit konnte der Vermieter nicht beweisen, dass der Schaden, obwohl bei Mietge-

[669] BGH NZM 2018, 320; 2018, 717.
[670] BGH NZM 2018, 320.
[671] BGH NZM 2018, 320; 2015, 245.
[672] Siehe zur Abgrenzung Ausführungen zu → Rn. 143 ff.
[673] Siehe hierzu Ausführungen zu → Rn. 290 ff.
[674] BGH NJW 1994, 1800.
[675] LG Detmold WuM 1990, 290.
[676] BGH NZM 2003, 594; OLG Düsseldorf WuM 2003, 621.
[677] OLG Karlsruhe NJW 1985, 142.
[678] OLG Düsseldorf WuM 2003, 621.
[679] OLG Düsseldorf WuM 2002, 545.
[680] BGH WuM 2005, 57.
[681] BGH NJW 1994, 2019; s. auch BGH NJW 1998, 594.

brauch entstanden, in den Obhutsbereich des Mieters fiel, was zu Lasten des Vermieters ging.

4. Muster Leistungsaufforderung des Vermieters an den Mieter zur Durchführung der Schönheitsreparaturen gem. § 281 Abs. 1 BGB mit Erklärung gem. § 281 Abs. 4 BGB

Muster

Betr.: Auszuführende Schönheitsreparaturen in der Wohnung …… 342

Sehr geehrter ……

Der zwischen uns abgeschlossene Mietvertrag endete am ……. Die Besichtigung der Wohnung hat ergeben, dass Sie Ihre Verpflichtung zur Durchführung der Schönheitsreparaturen nicht im erforderlichen Umfang erfüllt haben. Die Renovierungsarbeiten weisen folgende Mängel auf …… (substanziierte Beschreibung der Mängel – alternativ Bezugnahme auf ein die Mängel beinhaltendes, beigefügtes Besichtigungsprotokoll).

Ich fordere Sie auf, folgende Arbeiten fachgerecht auszuführen oder ausführen zu lassen: …… (substanziierte Beschreibung der zu erbringenden Renovierungsleistungen).

Die vorgenannten Arbeiten sind unverzüglich durchzuführen. Ich setze Ihnen hierzu eine Frist bis zum ……

Nach Ablauf dieser Frist lehne ich die Ausführung aller noch erforderlichen Arbeiten durch Sie ab und werde diese sodann selbst ausführen lassen und Sie auf Schadensersatz in Anspruch nehmen.

Mit freundlichem Gruß

……

Unterschrift

III. Kleinreparaturen

1. Begriff

Unter Kleinreparaturen sind Reparaturen zu verstehen, die zur Instandhaltung bzw. Instandsetzung der Wohnung erforderlich sind und einen Kostenaufwand bis etwa 75 EUR in Anspruch nehmen. Der BGH hat im Jahre 1989 unter den damaligen wirtschaftlichen Verhältnissen als Höchstbetrag 100 DM für eine Kleinreparatur zugrunde gelegt.[682] Mit Blick auf die seit 1989 geänderten wirtschaftlichen Verhältnisse hat die Rechtsprechung bereits wenige Jahre später eine Kostenbelastung bis 75 EUR je Einzelfall für angemessen gesehen.[683] Dem inzwischen eingetretenen weiteren Kostenanstieg wird dadurch Rechnung getragen, dass eine Höchstgrenze von bis zu 100 EUR nicht mehr für unangemessen bezeichnet wird.[684] 343

Fehlt im Mietvertrag eine genauere Beschreibung der Kleinreparaturen, so kann zur Auslegung die **Definition der kleinen Instandhaltungen in § 28 Abs. 3 S. 2 II. BV** herangezogen werden.[685] Hierunter fällt das **Beheben kleiner Schäden an den Installationsgegenständen** für Elektrizität (zB Steckdosen, Schalter, Klingel), Wasser (zB Wasserhähne, Brausen, Mischbatterien) oder Gas (zB Warmwasserbereitung, Wasch-, Spül- und Toilettenbecken, Badewannen), den Heiz- und Kocheinrichtungen (zB Öfen, Heizkessel für Öl, Kohle, Gas, Elektrizität; Heizkörper; Kochplatten oder Kochherde für Kohle; elektrische Grillgeräte), den Fenster- und Türverschlüssen (zB Fenstergriffe, Umstellvorrichtungen zum Öffnen und Kippen, Türgriffe) sowie den Verschlussvorrichtungen von Fensterläden (zB Rollladengurte, Einbruchsicherungen, elektrischer Rollladenöffner). Inhaltlich identisch mit der Bezeichnung Kleinreparaturen ist der teilweise verwendete Begriff der **Bagatellschäden.** 344

[682] BGH WuM 1989, 324.
[683] BHG NJW 1992, 1759; OLG München WuM 1991, 388; OLG Hamburg WuM 1991, 385.
[684] Schmidt-Futterer/Lehmann-Richter BGB § 538 Rn. 70.
[685] Schmidt-Futterer/Lehmann-Richter BGB § 538 Rn. 70.

2. Gesetzliche Regelung

345 Nach dem gesetzlichen Leitbild obliegt die Durchführung von Kleinreparaturen dem Vermieter. Gem. § 535 Abs. 1 S. 2 BGB ist der Vermieter verpflichtet, die Mietsache in einem zum vertragsgemäßen Gebrauch geeigneten Zustand zu überlassen und sie während der Mietzeit in diesem Zustand zu erhalten. Die Erhaltungspflicht des Vermieters ist **Hauptleistungspflicht.** Sie umfasst die Verpflichtung, einerseits Gebrauchsbeeinträchtigungen auf Grund üblicher Abnutzung zu beseitigen und einen ordnungsgemäßen Zustand des Mietobjektes zur Vermeidung von Schäden aufrechtzuerhalten (**Instandhaltungspflicht**), andererseits einen ordnungsgemäßen Zustand durch Schadensbeseitigung wiederherzustellen (**Instandsetzungspflicht**).

346 § 535 Abs. 1 S. 2 BGB gewährt dem Mieter eine **Anspruchsgrundlage** für etwa erforderliche Maßnahmen im Sinne der oben genannten Pflicht. Demgegenüber steht die **Duldungspflicht** des Mieters bei Durchführung von Erhaltungsmaßnahmen durch den Vermieter nach § 554 Abs. 1 BGB.

3. Übertragung auf Mieter

347 a) **Individualvereinbarung.** Grundsätzlich ist die Übertragung der Instandhaltungs- und Instandsetzungspflicht und damit als deren Bestandteil die Durchführung der Kleinreparaturen auf den Mieter individualvertraglich möglich.[686] Einschränkungen ergeben sich aus zwingenden gesetzlichen Regelungen etwa den Wirksamkeitshindernissen aus dem allgemeinen Teil des BGB.[687] Daneben sind aber die Grenzen des § 536 Abs. 4 BGB – **Unabdingbarkeit des Minderungsrechts** – zu berücksichtigen. Aus diesem Grunde ist die Abwälzung der Erhaltungspflicht auf den Mieter dann unwirksam, wenn sie zu einer Einschränkung des Minderungsrechts bei Mängeln führt.[688]

348 Individualvertraglich kann dem Mieter auch nicht die Verpflichtung auferlegt werden, bei Mietbeginn vorhandene Mängel oder solche Schäden zu beseitigen, die nicht aus seinem Mietgebrauch herrühren oder von Dritten verursacht worden sind. Dies gilt auch dann, wenn der Mieter aus einem von ihm abgeschlossenen Versicherungsvertrag Kostenerstattung für einen Reparaturaufwand erhalten hat.[689]

349 Eine zusätzliche Schranke für **preisgebundenen Wohnraum** enthält § 28 Abs. 3 II. BV, wonach lediglich die Kostenübertragung für kleine Instandhaltungen auf den Mieter zulässig ist.

350 b) **Formularvereinbarungen.** Grundsatzentscheidungen zu Formularverträgen hat der BGH in den Jahren 1989[690] zu Beteiligungs-, Neuanschaffungs- und Kleinreparaturklausel und 1992[691] zur Vornahmeklausel getroffen. Bei zeitlich vor diesen Entscheidungen unter Verwendung von Vertragsformularen begründeten Mietverhältnissen ist – dies belegt auch die Anzahl späterer gerichtlicher Entscheidungen zu diesen Themen – insoweit mit unwirksamen Klauseln zu rechnen.

351 *aa) Beteiligungs- und Vornahmeklauseln.* Die **Beteiligungsklausel** legt dem Mieter anteilmäßig, in der Höhe aber auf den für Kleinreparaturen zulässigen Wert begrenzt die Kosten von Arbeiten mit insgesamt größerem Reparaturaufwand auf.

Beispiel:
Bei einem größeren Reparaturaufwand als 75 EUR je Einzelfall hat der Mieter sich mit dem genannten Betrag an den Kosten der Reparatur der genannten Gegenstände zu beteiligen.

352 Diese Beteiligungsklausel ist nach § 307 BGB **unwirksam.** Der Mieter wird durch die Klausel unangemessen benachteiligt, weil er entgegen dem gesetzlichen Leitbild durch

[686] BGH NJW 1992, 1759.
[687] OLG Stuttgart WuM 1988, 149.
[688] BGH WuM 1992, 355.
[689] AG Köln WuM 1998, 596.
[690] BGH WuM 1989, 324.
[691] BGH WuM 1992, 355.

die Kosten unmittelbar an der Erhaltungspflicht des Vermieters beteiligt wird und durch den Wegfall der Beschränkung auf Bagatellschäden wegen der damit verbundenen Abhängigkeit von Alter, Abnutzungsgrad und Verhalten der Vormieter nur geringen Einfluss auf die Reparaturanfälligkeit nehmen kann.[692] In einer Formularvereinbarung über Kleinreparaturen kann daher der Mieter nicht verpflichtet werden, die Kosten größerer Reparaturen **anteilig** zu tragen.[693]

Unter der **Neuanschaffungsklausel** ist zu verstehen, dass der Mieter die Kosten der Neuanschaffung eines von der Kleinreparaturpflicht umfassten Gegenstandes zu übernehmen hat oder aber – insoweit dann eine **Unterart der Beteiligungsklausel** – sich anteilmäßig in der Höhe auf den für Kleinreparaturen zulässigen Wert beschränkt an den Kosten der Neuanschaffung zu beteiligen hat.[694] 353

Beispiel:
Im Falle einer Neuanschaffung eines der genannten Gegenstände hat der Mieter die Kosten zu tragen, wenn der Anschaffungsbetrag 75 EUR nicht übersteigt. Bei einem größeren Anschaffungsaufwand als 75 EUR je Einzelfall hat er sich mit dem genannten Betrag an den Kosten der Neuanschaffung zu beteiligen.

In der Ausgestaltung der alleinigen Kostentragung durch den Mieter ist die Neuanschaffungsklausel an den Wirksamkeitsvoraussetzungen der Kleinreparaturklausel zu messen. 354

In der Ausprägung der Kostenbeteiligung ist sie aus den bei der Beteiligungsklausel aufgeführten Gründen gem. § 307 BGB unwirksam, wenn die Neuanschaffung dem Zweck der **Wiederherstellung der Gebrauchsfähigkeit** der Mietsache dient.[695] Soweit die Neuanschaffung zum Zwecke der **Verbesserung der Mietsache** erfolgt, ist sie ebenfalls gem. § 307 BGB unwirksam.[696] Auch wenn sich aus § 559 Abs. 1 BGB für den Bereich der baulichen Veränderungen die Möglichkeit der Beteiligung des Mieters aus Aufwendungen ergibt, so ist er gleichwohl unangemessen benachteiligt, wenn er dazu von vorneherein formularvertraglich verpflichtet wird. Den Vermieterinteressen ist ausreichend dadurch Rechnung getragen, dass er unter den Voraussetzungen des § 559 BGB bei Neuanschaffungen zum Zwecke der Verbesserung der Mietsache eine höhere Miete fordern kann.[697] 355

Zu beachten ist, dass die Beteiligungs- und die Neuanschaffungsklausel zum Teil in Formularverträgen sprachlich mit der Kleinreparaturklausel zusammengefasst wurden. Dies hat auf die **inhaltliche Trennbarkeit** und die Unwirksamkeit dieser Klauseln iSd § 307 BGB jedoch keinen Einfluss.[698] 356

Als **Vornahmeklauseln** werden solche Klauseln bezeichnet, die den Mieter verpflichten, die Reparaturarbeiten zur Instandhaltung bzw. Instandsetzung selbst durchzuführen.[699] Sie sind gem. § 307 BGB **unwirksam**.[700] Die unangemessene Benachteiligung des Mieters liegt in einem Verstoß gegen die zwingende Vorschrift des § 536 Abs. 4 BGB. Die beim Wohnraummietverhältnis nach dieser Vorschrift unabdingbaren Minderungsrechte nach § 536 Abs. 1 und 2 BGB werden durch die Vornahmeklausel ausgeschlossen, da die Erhaltungspflichten des Vermieters auf den Mieter mit der Folge übertragen werden, dass während der Vertragsdauer auftretende Fehler der Mietsache nicht zur Mietzinsminderung führen. 357

Entgegen der insoweit irreführenden Bezeichnung als Kleinreparatur**vornahme**klausel im mitgeteilten Leitsatz der Entscheidung des AG Konstanz aus dem Jahre 1997[701] hat 358

692 BGH WuM 1989, 324 (327).
693 OLG Düsseldorf WuM 2002, 545.
694 BGH WuM 1989, 324.
695 BGH WuM 1989, 324.
696 BGH WuM 1989, 324.
697 BGH WuM 1989, 324.
698 BGH WuM 1989, 324.
699 Schmidt-Futterer/Lehmann-Richter BGB § 538 Rn. 49.
700 BGH WuM 1992, 355; OLG Frankfurt a. M. WuM 1997, 609.
701 AG Konstanz WuM 1998, 214.

die Rechtsprechung zur Unwirksamkeit der Vornahmeklausel weiterhin Bestand. Die Bezeichnung ist wohl als ein Redaktionsversehen anzusehen.[702]

359 Als unwirksame Vornahmeklauseln sind zB die Verpflichtung des Mieters, die Rollläden instandzuhalten und instandzusetzen[703] und die zerbrochenen Innen- und Außenscheiben zu erneuern,[704] behandelt worden.

360 Bei der Beurteilung einer Klausel als Vornahmeklausel in Abgrenzung zur Kostenerstattungsklausel ist darauf abzustellen, ob die **Selbstvornahme** durch den Mieter auf seine Kosten – **dann Vornahmeklausel**[705] – oder ausschließlich die **Kostenübernahme** durch den Mieter – dann **Kostenerstattungsklausel** – in Rede steht. Hierbei gilt der Grundsatz, dass Unklarheiten bei der Auslegung zu Lasten des Vermieters als Verwender gehen.[706]

361 *bb) Kostenerstattungsklauseln.* Die überwiegend als **Kleinreparaturklausel** bezeichnete Kostenerstattungsklausel enthält die Verpflichtung des Mieters, die Kosten für kleinere Instandhaltungen und Instandsetzungen ohne Rücksicht auf ein Verschulden zu tragen. Die Kostenübertragung auf den Mieter ist in Formularverträgen üblich. Seit dem Urteil des BGH aus dem Jahre 1989[707] gelten die nachfolgenden **Voraussetzungen hinsichtlich der Wirksamkeit der Kleinreparaturklausel:**

362 *(1) Höchstbetrag je Reparaturmaßnahme.* Für jede **Einzelreparatur** ist in der Klausel ein Höchstbetrag festzusetzen. Dieser kann als fester Betrag – so überwiegend – oder als prozentualer Anteil des Mietzinses ausgewiesen werden. Der BGH erachtete in der genannten Entscheidung einen Betrag von 100 DM ohne weiteres für zulässig. In späteren Entscheidungen wurden ebenfalls 75 EUR als wirksam angesehen.[708] Beim prozentualen Anteil des Mietzinses ist diese betragsmäßige Größenordnung Orientierungspunkt.

363 *(2) Angabe eines bestimmten Zeitraumes.* Weiterhin muss die Klausel eine **Zeitgrenze** enthalten. Zusammen mit der nachfolgend behandelten Begrenzung der Gesamtkosten ist dies ein unabdingbarer Schutz des Mieters für den Fall, dass mehrere Reparaturen in einem bestimmten Zeitraum erforderlich werden. Der BGH hält in der Entscheidung einen **Jahreszeitraum** für unproblematisch. Dieser ist in Formularverträgen auch üblich.

364 *(3) Begrenzung der Gesamtkosten.* Die Gesamtkosten für mehrere Reparaturen innerhalb des Zeitraumes sind ebenfalls zu begrenzen. Der BGH hat zur Höhe des zulässigen Gesamtaufwandes keine Entscheidung gefällt. Er hat aber zur Orientierung die Kalkulationssätze in § 28 Abs. 3 S. 2 II. BV genannt.[709] Eine einheitliche Linie ist derzeit in der Rechtsprechung noch nicht zu erkennen. Dies hat seine Ursache vor allem in der unterschiedlichen Berechnungsgrundlage (Jahresnetto-[710] oder Jahresbruttokaltmiete)[711] bzw. der fehlenden Festlegung insoweit.[712]

365 Die Höchstgrenze einer Monatsmiete für den Jahreszeitraum, die in vielen Mietverträgen enthalten ist, ist vom OLG Hamburg für zu hoch befunden worden.[713] Ob dies auch für 10 % der Jahresmiete gilt, ist unterschiedlich entschieden worden.[714]

---

[702] Vgl. die Veröffentlichung der genannten Entscheidung in NZM 1999, 370.
[703] LG Wiesbaden NJW 1985, 1562.
[704] LG Hamburg WuM 1990, 115.
[705] BGH NJW 1992, 1759; OLG München WuM 1991, 388; OLG Hamburg WuM 1991, 385.
[706] AG Konstanz WuM 1998, 214.
[707] BGH WuM 1989, 324.
[708] OLG München WuM 1991, 388.
[709] BGH WuM 1989, 324.
[710] OLG Hamburg WuM 1991, 385.
[711] BGH WuM 1992, 355.
[712] BGH WuM 1989, 324; OLG Stuttgart WuM 1988, 149; AG Konstanz WuM 1998, 214.
[713] OLG Hamburg WuM 1991, 385.
[714] Bejahend für Jahresnettokaltmiete: OLG Hamburg WuM 1991, 385; verneinend für die Jahresmiete: OLG Stuttgart WuM 1988, 149.

Jedenfalls dürfte eine Begrenzung auf **6 % bis 8 % der Jahresbruttokaltmiete** im Jahreszeitraum – ggf. durch Festsetzung eines dem entsprechenden, bestimmten Betrages – nach Auswertung der Rechtsprechung nicht zu beanstanden sein.[715] 366

Eine **fehlende Höchstgrenze** kann der Klausel nicht durch Auslegung entnommen werden.[716] Dies läuft nach Ansicht des BGH auf eine unzulässige geltungserhaltende Reduktion hinaus. 367

(4) Häufiger Mieterzugriff. Die Klausel darf sich gegenständlich nur auf Teile der Mietsache erstrecken, die zum unmittelbaren Mietobjekt gehören. Die Einbeziehung von Gemeinschaftseinrichtungen oder sonstigen Ausstattungen des Hauses ist unzulässig.[717] Die der Kostentragungspflicht unterliegenden Teile der Mietsache müssen zudem dem **häufigen Zugriff** des Mieters ausgesetzt sein. Einen Anknüpfungspunkt bietet insoweit die Definition der kleinen Instandhaltungen in § 28 Abs. 3 S. 3 II. BV. Der häufige Zugriff ist bei im Mauerwerk oder in der Wand verlegten Gas-, Wasser- und Stromleitungen nicht gegeben.[718] Auch die Beseitigung einer Störung der Heiztherme stellt keine Kleinreparatur da, da der Mieter mit einer Therme nicht in Berührung kommt.[719] 368

Beim Fehlen einer dieser Voraussetzungen ist die Kleinreparaturklausel unwirksam. Dies hat zur Folge, dass die gesetzlichen Vorschriften gelten und der Vermieter bei vom Mieter nicht verschuldeten Mängeln zur Durchführung der Kleinreparaturen auf **seine Kosten** nach § 535 Abs. 1 BGB verpflichtet ist. 369

Zum gegenwärtigen Zeitpunkt fehlen Entscheidungen zu der Frage, ob dem Mieter zur Kostenabwendung bei Kleinreparaturen ein **Selbstvornahmerecht** zusteht. Unter der Voraussetzung der fachgerechten Ausführung der Kleinreparaturen dürfte dieser Zusatz in Mietverträgen im Hinblick auf die kostensparende Eigenleistung des Mieters unbedenklich sein. 370

Bei einer wirksam vereinbarten Kleinreparaturklausel trägt das Risiko **fehlschlagender Reparaturen** der Vermieter.[720] Allerdings knüpft die Entscheidung an die Unklarheit der streitgegenständlichen Klausel zu diesem Gesichtspunkt an. Den Entscheidungsgründen ist zu entnehmen, dass grundsätzlich auch die Kosten eines fehlgeschlagenen Versuches wirksam auf den Mieter übertragen werden können. Dieser Rechtsansicht kann jedoch nicht gefolgt werden, da dem Mieter hierdurch das Risiko der nicht fachgerechten Reparatur auferlegt würde, was dem Leitgedanken des § 535 Abs. 1 BGB widerspricht, wonach der Vermieter während der Mietzeit die Mietsache in einem zum vertragsgemäßen Gebrauch geeigneten Zustand zu erhalten hat und dies auch die mit dieser Verpflichtung vorhandenen Risiken beinhaltet. Folglich hat der Vermieter die Kosten der fehlgeschlagenen Reparatur und der Mieter die Kosten der sich anschließenden fachgerechten Reparatur zu tragen, sofern letztere nicht die Höchstgrenze überschreiten. 371

Formulierungsvorschlag: Reparaturkostenklausel

Der Mieter trägt die Kosten für kleine Instandhaltungen (Kleinreparaturen-Bagatellschäden) an den seinem häufigen und direkten Zugriff ausgesetzten Installationsgegenständen des Mietobjektes, wie zB für Elektrizität, Wasser und Gas, Heiz- und Kocheinrichtungen, WC-Anlagen, Wasch- und Abflussbecken und sonstigen sanitären Einrichtungen sowie Fenster- und Türverschlüssen, Rollläden und Verschlussvorrichtungen von Fensterläden. Die Kosten sind für die Einzelreparatur auf 75 EUR und für den Zeitraum eines Jahres auf 8 % der Jahres-Netto-Kaltmiete begrenzt. 373

[715] BGH WuM 1992, 355: 6 %; Scmidt-Futterer/Lehmann-Richter BGB § 538 Rn. 70.
[716] BGH WuM 1989, 324.
[717] Schmidt-Futterer/Lehmann-Richter BGB § 538 Rn.
[718] BGH WuM 1989, 324.
[719] AG Hannover WuM 2007, 504.
[720] AG Konstanz WuM 1998, 214.

IV. Wartungspflichten

1. Allgemeines

374 Die Gebrauchserhaltungspflicht des Vermieters gem. § 535 Abs. 1 S. 2 BGB beinhaltet die **Prüfungs- und Wartungspflicht.** Danach hat er in angemessenen Zeitabständen zu prüfen, ob sich das Mietobjekt noch in einem zum vertragsgemäßen Gebrauch geeigneten Zustand befindet. Das schließt erforderliche Wartungsarbeiten an verschleißanfälligen Teilen der Mietsache ein.

375 Wartungspflichten bestehen daher u. a. für Heizthermen, Kochendwassergeräte, Heizungsanlagen einschließlich Gasetagenheizung, Antennenanlagen, Blitzschutzanlagen, Feuerlöschgeräte sowie maschinellen Wascheinrichtungen.

376 Diese Wartungspflichten sind zudem in **öffentlich rechtlichen Normen** festgelegt, so u. a. für Aufzugsanlagen in § 20 Abs. 1 Nr. 1 AufzV und für Heizungsanlagen in § 9 Abs. 3 Heiz-AnlV (Heizungsanlagen-Verordnung). Ähnliches gilt für die Eichung der der Wasserversorgung dienenden Messgeräte nach dem Eichgesetz.

377 Die Kosten für Wartung zählen zu den **Betriebskosten,** wie sich aus § 27 II. BV Anl. 3 Nr. 5c für die Wartung von Warmwassergeräten ergibt. Demzufolge werden in einer Vielzahl von Verträgen diese Wartungskosten als Betriebskosten auf den Mieter als umlegbar vereinbart.

2. Übertragung auf den Mieter

378 Die Übertragung von Wartungspflichten auf den Mieter ist nach denselben Grundsätzen wie bei den Kleinreparaturen zu beurteilen.[721] Folglich sind reine Vornahmeklauseln, mit denen der Mieter verpflichtet wird, die Wartung an einzelnen aufgeführten Einrichtungen, wie zB Heizthermen oder Etagenheizung fachmännisch ausführen zu lassen unwirksam, hingegen Kostenerstattungsklauseln unter bestimmten Voraussetzungen zulässig.[722]

379 **a) Individualvereinbarungen.** Individualvereinbarungen der Mietvertragsparteien betreffend die Übernahme bestimmter Wartungspflichten des Vermieters durch den Mieter sind grundsätzlich zulässig, es sei denn sie führen zur Einschränkung der Gewährleistungsrechte, insbesondere des Minderungsrechtes des Mieters.[723]

380 **b) Formularvereinbarungen.** Die Formularklausel:

Thermen sind auf Kosten des Mieters wenigstens einmal im Jahr von einem Fachmann zu warten.

verstößt mangels einer Kostenbegrenzung gegen § 307 BGB.[724]

381 Das OLG Celle,[725] das durch die Entscheidung des BGH[726] aufgehoben worden ist, war dagegen der Ansicht, eine solche Übertragung von Vertragspflichten auf den Mieter sei zulässig, soweit die Kosten überschaubar und angemessen seien. Zudem wird hierzu die Auffassung vertreten, die Klausel sei nicht zu beanstanden, wenn sie eine kostenmäßige Obergrenze für die jährlichen Kosten enthalte[727] und im Übrigen könne sie dahingehend ausgelegt werden, dass der Mieter die Betriebsbereitschaft der Therme aufrecht zu erhalten, nicht aber Reparaturarbeiten durchzuführen hat.[728] Mit Urteil vom 7.11.2012 hat der BGH seine Rechtsprechung aus dem Jahr 1991 nunmehr ausdrücklich aufgegeben.[729] Danach benachteiligt eine Klausel, die dem Mieter die

---

[721] BGH WuM 1991, 381.
[722] Hierzu Ausführungen zu → Rn. 82 ff.
[723] BGH WuM 1992, 355.
[724] BGH WuM 1991, 381; aA OLG Celle WuM 1990, 103.
[725] OLG Celle WuM 1990, 103.
[726] BGH WuM 1991, 381.
[727] AG Osnabrück WuM 1993, 602.
[728] OLG Karlsruhe Betr. 1978, 2313; aA LG Berlin GE 1993, 265.
[729] BGH NJW 2013, 597.

anteiligen Kosten der jährlichen Wartung einer Gastherme auferlegt, den Mieter auch dann nicht unangemessen, wen die Klausel keine Obergrenze für den Umlagebetrag vorsieht. Es sei lediglich das Gebot der Wirtschaftlichkeit aus § 556 Abs. 3 S. 1 BGB zu beachten.[730] Allerdings lag diesem Urteil keine Vornahmeklausel zu Grunde wie dem Urteil aus dem Jahre 1991, sondern lediglich eine Kostenbeteiligungsklausel, so dass die Bedenken gegen die grundsätzliche Wirksamkeit von Vornahmeklauseln weiterhin bestehen bleiben.

Wegen Verstoßes gegen § 307 BGB sind daher auch folgende Klauseln unwirksam: 382

- Der Mieter hat die Etagenheizung auf eigene Kosten einschließlich Wartung und Reinigung zu betreiben[731]
- Der Mieter hat die töpfermäßige Reinigung bei Öfen bis zur Schornsteineinführung auf seine Kosten ausführen zu lassen[732]
- Der Mieter hat die jährliche Wartung der Fenster durch eine Fachfirma vorzunehmen.[733]

Da insbesondere die Wartungskosten für Heizthermen, zentrale Heizungsanlage, eine 383 Gas- und Etagenheizung sowie Aufzugsanlagen auf den Mieter umlegbare Betriebskosten sind, sollte der Vermieter auf Grund der widersprüchlichen gerichtlichen Entscheidungen davon Abstand nehmen, in einem Mietvertrag diese Wartungspflichten dem Mieter zu übertragen, vielmehr vereinbaren, dass die hierfür anfallenden Kosten vom Mieter anteilmäßig im Rahmen der Abrechnung der Betriebskosten zu tragen sind.

---

[730] BGH NJW 2013, 597.
[731] LG Berlin ZMR 1992, 302.
[732] LG Berlin ZMR 1986, 443.
[733] AG Oldenburg WuM 1986, 135.

§ 20 Modernisierung, Aus-, Um- und Anbauten

Übersicht

Schrifttum:

Barfknecht, Barrierefreies Wohnen aus mietrechtlicher Sicht, WuM 2012, 252; Beyer, AGB-Kontrolle, Äquivalenzprinzip und Wärmeversorgung in der Wohnraummiete – Anmerkungen zu BGH, NZM 2007, 769, NZM 2008, 12; Blank, Anforderungen an die Betriebskostenabrechnung nach der Rechtsprechung des BGH – offene Fragen und Probleme, NZM 2008, 745; Börstingshaus, Stellungnahme aus amtsrichterlicher Sicht zum Entwurf eines Mietrechtsänderungsgesetzes, NZM 2012, 697; Bub, Das 4. Mietrechtsänderungsgesetz, NJW 1993, 2897; Fleindl, Modernisierung von Wohnraum und Mieterhöhung, NZM 2016, 65; Gsell, Die Bedeutung technischer Normen, des Stands der Technik und des verkehrsüblichen Zustands bei der Vermietung von Wohn- und Geschäftsräumen, WuM 2011, 491; Haas, Das Mietrecht, 2001; Klinski, Schnittstellen zwischen Mietrecht und Energierecht, WuM 2012, 354; Hau, Mieterrechte bei Erhaltungs- und Modernisierungsmaßnahmen, NZM 2014, 809; Rips, Barrierefreiheit im Mietrecht gemäß § 554a BGB, 2003; Scholz, Wohnraummodernisierung und Mieterhöhung, WuM 1995, 12; Sternel, Veränderungen im Mietverhältnis nach (energetischer) Modernisierung, NZM 2015, 873; Streyl, Eingriffe des Mieters in die Bausubstanz des Mietobjekts, NZM 2017, 785; Zehelein, Der Gesetzesentwurf der Bundesregierung zu dem Gesetz über die energetische Modernisierung von vermietetem Wohnraum (Mietrechtänderungsgesetz – MietRÄndG), WuM 2012, 419.

I. Normzweck/Anwendungsbereich

Die Regelungen zur Durchführung von Modernisierungen und deren Duldung waren von 1983,[1] geändert und erweitert 1993 durch das 4. Mietrechtsänderungsgesetz,[2] bis 2001 in § 541b BGB aF angesiedelt. Danach wurden aufgrund des Mietrechtsreformgesetzes zum 1.9.2001 diese Regelungen in § 554 BGB aF aufgenommen,[3] wobei entsprechend der Gesetzeslage vor 1983 die Duldungspflichten des Wohnraummieters für reine Erhaltungsmaßnahmen (§ 554 Abs. 1 BGB aF) sowie die hier zu behandelnden Modernisierungsmaßnahmen und deren Duldung (§ 554 Abs. 2–5 BGB aF) in einer Vorschrift zusammengefasst waren. 1

Durch das **Mietrechtsänderungsgesetz (MietRÄndG) vom 11.3.2013** wurden dann die Regelungen, die bis dahin in § 554 BGB aF enthalten waren, insbes. die Regelungen zur Modernisierung aus § 554 Abs. 2–5 BGB aF in den §§ 555b–555f BGB neu gefasst, unter Wegfall des bisherigen § 554 BGB aF. Der Regelungsinhalt, der früher in § 554 BGB aF enthalten war, wurde auf mehrere einzelne Paragraphen verteilt (§§ 555a–555f BGB). Dies führt zu einer besseren Übersichtlichkeit. Darüber hinaus ist in den neuen Regelungen die energetische Modernisierung gestärkt worden. Ferner sind strukturelle Verbesserungen erreicht worden. Schließlich sind Regelungen zum Klimaschutz aufgenommen worden. Es ist eine Ausschlussfrist für die Härtefallregelung eingeführt worden. Zudem erfolgte eine Stärkung der Möglichkeit zur Modernisierungsvereinbarung zwischen Vermieter und Mieter.[4] Auf die **ältere Judikatur** vor dem Mietrechtsänderungsgesetz von 2013 kann idR problemlos zurückgegriffen werden, soweit nicht eine ausdrückliche Gesetzesänderung stattgefunden hat, da letztlich nur die Gesetzessystematik geändert wurde, ohne dass damit tiefgreifende inhaltliche Veränderungen verbunden wurden. 2

Die Regelungen in §§ 555b–555f BGB, die **einerseits** der Förderung der Verbesserung und Modernisierung von Wohnverhältnissen, der Erhöhung des Gebrauchswertes, der Schaffung neuen Wohnraums sowie der Förderung von Energie- und Wassereinsparung und nunmehr auch der Förderung des Klimaschutzes dienen sollen, ohne dass das Mietverhältnis beendet werden muss, **andererseits** aber auf jeden Fall auch den Mieter aufgrund der Berücksichtigung seiner rechtlichen Belange davor schützen, dass er Maßnahmen hinnehmen muss, die ihn aus finanziellen Gründen oder wegen erheblicher baulicher Veränderung zwingen, den Wohnraum aufzugeben (Schutz vor Luxusmodernisierung oder sog. Hinaus- bzw. Herausmodernisieren), sodass der Gesetzgeber versucht hat, die unterschiedlichen Belange des Vermieters und des Mieters allumfassend zu berücksichtigen. 3

Ebenfalls unter dem Aspekt der Verhinderung des sog. Hinaus- bzw. Herausmodernisierens hat der Gesetzgeber im Zuge des **Mietrechtsanpassungsgesetzes (MietAnpG) vom 18.12.2018** den neuen § 559d BGB eingeführt.[5] Dort sind nunmehr gewisse Tatbestände normiert, bei deren Erfüllung eine Pflichtverletzung des Vermieters vermutet wird. Es handelt sich um Tatbestände, bei denen nahe liegt, dass die (geplanten) baulichen Veränderungen auf die vorhandenen Mieter eine abschreckende Wirkung entfalten sollen, um diese zur Beendigung des Mietverhältnisses bzw. Ausübung des Sonderkündigungsrechts zu veranlassen.[6] 4

Inhaltlich geben die §§ 555b–555f BGB einerseits dem **Vermieter** einen Anspruch darauf, Maßnahmen der Verbesserung und Modernisierung von Wohnraum sowie Maßnahmen zur Energie- und Wassereinsparung gegenüber dem Mieter durchzusetzen, die ansonsten der Mieter aufgrund seines Rechtes auf ungestörten Mietgebrauch ver- 5

[1] BGBl. 1982 I 1912.
[2] BGBl. 1993 I 1257.
[3] BGBl. 2001 I 1149.
[4] BGBl. 2013 I 434.
[5] BGBl. 2018 I 2648.
[6] Vgl. hierzu BT-Drs. 19/6153.

hindern könnte. Des Weiteren räumt der Gesetzgeber die Möglichkeit ein, infolge der Durchsetzung von Modernisierungsmaßnahmen bei frei finanziertem Wohnraum gem. §§ 559, 559a und 559b BGB, bzw. beim sozialen Wohnungsbau gem. § 6 NMV iVm § 11 Abs. 6 II. BV, die Miete auf Grund der Modernisierung zu erhöhen ein. Andererseits wird zum **Zwecke des Mieterschutzes** aber die Anspruchsdurchsetzung von einer Interessenabwägung mit berechtigten Belangen des Mieters im Hinblick auf die vorzunehmenden Arbeiten, baulichen Folgen, die vorausgegangene Verwendung, die zu erwartende Mietzinserhöhung oder andere Härtegründe abhängig gemacht. Um den Mieter insoweit – zur Beurteilung seiner Lage und um entsprechende Einwendungen erheben zu können – frühestmöglich in einen **umfassenden Kenntnisstand** zu versetzen, verpflichtet § 555c Abs. 1 BGB den Vermieter, vor Beginn der baulichen Maßnahmen und Arbeiten dem Mieter eine qualifizierte Mitteilung über Art, Umfang, Beginn und voraussichtliche Dauer der Maßnahme zu machen, die insbesondere auch die zu erwartenden höhere Miete wiedergeben muss, wobei diese Mitteilungsverpflichtung nicht für Bagatellmaßnahmen des Vermieters gilt (§ 555c Abs. 4 BGB).

6 Ferner wird dem Mieter in § 555d Abs. 6 BGB, wie bei Erhaltungsmaßnahmen, ein **Aufwendungsersatzanspruch** gewährt, um ihn im Falle der Duldung zumindest vor anderen finanziellen Aufwendungen, außer der zu erwartenden Mieterhöhung, zu schützen, welche die Modernisierungs- und Verbesserungsmaßnahmen mit sich bringen. § 555c Abs. 6 BGB, § 555d Abs. 7 BGB sowie § 555e Abs. 3 BGB enthalten im Interesse dieses Schutzzwecks Verbote, die Regelungen durch vertragliche Vereinbarungen zum Nachteil des Mieters zu umgehen.

7 Der **Anwendungsbereich** der in §§ 555b–555f BGB geregelten Duldungspflicht ist zunächst auf Grund der Gesetzessystematik in dem lediglich auf Wohnraummietverhältnisse anwendbaren Teil der geänderten Mietrechtsvorschriften enthalten, sodass die Anwendung der Regelungen zunächst nur auf Wohnraummietverhältnisse beschränkt ist. Für Mietverhältnisse über andere Räume wird allerdings in § 578 Abs. 2 BGB auf die auch für diese Mietverhältnisse anwendbaren §§ 555a Abs. 1–3, 555b, 555c Abs. 1–4, § 555d Abs. 1–6, § 555e Abs. 1 und 2, § 555f BGB verwiesen.[7] Die Duldungspflicht besteht insoweit sowohl für frei finanzierte als auch für öffentlich geförderte Wohnungen.[8]

8 **Gegenständlich** erfassen die Regelungen in §§ 555b–555f BGB überwiegend „die Mietsache“, wovon die unmittelbar angemieteten Räume und die zur Mitbenutzung überlassenen Räume und Raumteile, aber auch Teile des Gebäudes und der Außenanlage,[9] erfasst sind.

9 **Zeitlich** gelten nach Rspr. und Lit. die Regelungen in §§ 555b–555f BGB entsprechend auch für die Zeit nach Beendigung des Mietverhältnisses, wenn ein Mieter auf Grund gewährten Vollstreckungsschutzes die Räumlichkeiten noch rechtmäßig nutzt.[10]

10 Problematisch ist jedoch die **Untervermietung.** Der Hauptvermieter hat hier selbst keinen Anspruch auf Duldung. Nach hM kann aber der Hauptvermieter von dem Hauptmieter verlangen, dass der Hauptmieter den Untermieter zur Duldung der Maßnahmen verpflichtet.[11]

11 Eine besondere Stellung nimmt die Regelung des § 554 BGB ein. Diese verleiht dem Mieter einen Anspruch auf Erteilung einer Erlaubnis zur baulichen Veränderung durch den Mieter. Während Inhalt der Regelung zunächst lediglich die Barrierereduzierung war, ist sie im Lauf der Zeit auf Lademaßnahmen zur E-Mobilität und Einbruchschutz sowie zuletzt zum Betrieb von Steckersolaranlagen erweitert worden.

---

[7] BT-Drs. 17/10485, 8.
[8] BayOLG WuM 1996, 749; Schmidt-Futterer/Eisenschmid BGB vor § 555a Rn. 13.
[9] Schmidt-Futterer/Eisenschmidt BGB vor § 555a Rn. 15.
[10] AG Regensburg WuM 1992, 104; Schmidt-Futterer/Eisenschmid BGB vor §§ 555a Rn. 16.
[11] Schmidt-Futterer/Eisenschmidt BGB vor § 555a Rn. 14; ausführlich hierzu Blank/Börstinghaus/Siegmund/Börstinghaus BGB § 555d Rn. 47–50 mwN.

Hinzuweisen ist auf die **Spezialvorschrift** hinsichtlich der Pflicht des Mieters zur Duldung von Ausstattungen zur Verbrauchserfassung von Wärme und Warmwasser in der Heizkostenverordnung (§ 4 Abs. 2 S. 1 HeizkV). 12

II. Beratungscheckliste für Modernisierungsvorhaben

Checkliste zur Mandatsannahme

☐ Sind die formellen Voraussetzungen für eine Modernisierung gegeben? 13
- Inhalt?
- Frist?
- Form?
- Härteeinwandbelehrung?

☐ Ist die Erklärung von einem Berechtigten oder mehreren Berechtigten auszusprechen/ausgesprochen?
- Richtet sich die Erklärung an den richtigen/die richtige Adressat/in?

Zwischenergebnis:
- Sind Inhalt, Frist und Form in Ordnung, folgt Fortführung der Prüfung gemäß Checkliste.
- Sind Inhalt, Frist und Form nicht eingehalten, besteht keine Duldungspflicht des Mieters, sodass er die Duldung verweigeren kann.

☐ Handelt es sich um eine „zu duldende Maßnahme" iSd § 555b BGB?
Liegt eine Modernisierungsmaßnahme vor?
- Maßnahme zur Einsparung von „Endenergie"?
- Maßnahme zur Erfüllung der Anforderungen des § 71 des Gebäudeenergiegesetzes mittels Einbaus oder Aufstellung einer Heizungsanlage zum Zwecke der Inbetriebnahme in einem Gebäude?
- Maßnahme zur Einsparung nicht erneuerbarer Primärenergie?
- Maßnahme zur Wassereinsparung?
- Maßnahme zur nachhaltigen Gebrauchswerterhöhung?
- Maßnahme zum erstmaligen Anschluss der Mietsache mittels Glasfaser an ein öffentliches Netz mit sehr hoher Kapazität im Sinne des § 3 Nummer 33 des Telekommunikationsgesetzes?
- Maßnahme zur dauerhaften Verbesserung der allgemeinen Wohnverhältnisse?
- Maßnahme aufgrund von Umständen die der Vermieter nicht zu vertreten hat?
- Maßnahme zur Schaffung neuen Wohnraums?

☐ Liegt eine Härte auf Mieterseite vor, die unter Abwägung mit den berechtigten Interessen des Vermieters/der Vermieter oder anderer Mieter nicht hingenommen werden muss, so dass die Maßnahme nicht geduldet werden muss?
- Hat der Mieter die Frist zur Berufung des Härtegrunds eingehalten?
- Geschützter Personenkreis auf Mieterseite:
  - Mieter oder weiterer Angehöriger seines Haushalts?
- Überprüfung der gesetzlichen Beispiele:
  - Durchzuführende Arbeiten
  - Bauliche Folgen
  - Aufwendungen des Mieters
  - Zu erwartende Erhöhung des Mietzinses
- Sonstige Gründe
- Feststellung der Vermieterinteressen
- Abwägung des Härtegrundes/der Härtegründe mit den Vermieterinteressen oder der Interessen anderer Mieter an der Modernisierung?

Zwischenergebnis:
- Bei unzumutbarer Härte besteht kein Anspruch auf Duldung; die Duldung kann verweigert werden.
- Bei zumutbarer Härte auf Grund der Vermieterinteressen: Fortführung der Prüfung unter Punkt 5 der Checkliste.

☐ Duldung: Welche Rechte/Pflichten bestehen auf Mieterseite?
- Zutrittsgewährung
- Duldung der Einwirkung
- Gewährleistungsrechte
- Aufwendungsersatz
- Sonderkündigungsrecht

☐ Welche Rechte/Pflichten bestehen auf Vermieterseite?

- Duldungsklage
- Zutrittsrecht
- Erhöhungsrecht
- Schadensersatz wegen Verweigerung

III. Recht des Vermieters auf Modernisierung/Duldungspflicht des Mieters

1. Materielle und formelle Voraussetzungen

14 a) **Die zu duldende Maßnahme.** Modernisierungsmaßnahmen sind Arbeiten, die **von Instandhaltungsarbeiten bzw. Instandsetzungsarbeiten und sonstigen baulichen Maßnahmen zu unterscheiden** sind. Während diese der Erhaltung des Mietobjekts in einem bestimmten Zustand dienen bzw. Mängel des Mietobjekts beheben sollen, sollen Modernisierungsmaßnahmen den Substanz- oder Gebrauchswert des Mietobjekts oder sonstiger Teile des Gebäudes erhöhen, zur Energie- und Wassereinsparung beitragen, und eine komfortablere Nutzung desselben ermöglichen.[12] Eine Modernisierungsmaßnahme zeichnet sich insoweit dadurch aus, dass sie zwar über die bloße Erhaltung des bisherigen Zustands hinausgeht, aber die Mietsache nicht so verändert, dass etwas gänzlich Neues entsteht.[13]

15 Die Modernisierung ist somit ein **Sammelbegriff** für Maßnahmen des Vermieters, die er entsprechend den in § 555b BGB aufgeführten Fallgruppen etwa zum Zweck der Wohnwertverbesserung, der Energie- und Wassereinsparung oder zur Schaffung neuen Wohnraums vornehmen kann.[14]

16 Dabei ist die Prüfung, ob eine Modernisierungsmaßnahme vorliegt, rein nach **objektiven Kriterien** der Verkehrsanschauung,[15] und nicht nach den Beurteilungen bzw. Wünschen und Vorstellungen des Mieters vorzunehmen.

17 Der Gesetzgeber hat nun für die Modernisierungsmaßnahmen in § 555b Nr. 1–7 BGB eine **Legaldefinition** eingeführt, was im Gegensatz zu früheren gesetzlichen Regelungen der Vermeidung von Unklarheiten dient. Modernisierungsmaßnahmen sind demnach **„bauliche Veränderungen", die einem bestimmten Zweck – Modernisierungszielen – dienen.** Insoweit sind in § 555b Nr. 1–7 BGB diese Modernisierungsziele enumerativ aufgeführt. Diese neun Modernisierungsziele sind unten unter → Rn. 20 ff. im Einzelnen dargestellt.

18 Derartige **bauliche Maßnahmen** sind nicht nur Tätigkeiten, die einen unmittelbaren Eingriff in die Bausubstanz enthalten und daher auch eine Einwirkung auf die Nutzung der Mietsache haben, sondern auch solche Tätigkeiten, die zwar nicht unmittelbar einwirken, die aber den Mieter gleichwohl beeinträchtigen oder stören. Insoweit lässt sich der Gesetzesbegründung entnehmen, dass der Begriff der „baulichen Veränderung" in der Praxis möglichst weit ausgelegt werden soll.[16]

19 Die Frage, ob eine **Veränderung** vorliegt, ist an dem Zustand zu messen, den das Mietobjekt vor der Maßnahme hatte.[17] Problematisch sind die Fälle, bei denen die Maßnahmen zwar einer Modernisierung dienen, gleichzeitig aber in erheblichem Umfang auch Instandhaltungsarbeiten umfassen (sog. modernisierende Instandsetzung). Nach hM in Rspr. und Lit. ist hier, um die generelle Duldungspflicht des Mieters nicht künstlich auszudehnen, grds. von der Anwendung der §§ 555b–555e BGB auszugehen,

[12] LG Karlsruhe WuM 1992, 121; LG Stuttgart WuM 1992, 13; Bub/Treier MietR-HdB/Kraemer/Schüller Kap. III. Rn. 2643, 2666; Grüneberg/Weidenkaff BGB § 555b Rn. 2; MüKoBGB/Artz BGB § 555b Rn. 3.

[13] Vgl. BGH NJW 2018, 1008.

[14] Schmidt-Futterer/Eisenschmid BGB § 555b Rn. 9.

[15] BGH IBRRS 2005, 2881; KG WuM 1985, 248 (250).

[16] Vgl. BeckOK MietR/Müller BGB § 555b Rn. 2 ff.

[17] Grüneberg/Weidenkaff BGB § 555b Rn. 2.

wenn dem Vermieter eine Wahlmöglichkeit verbleibt, ob gleichzeitig eine Modernisierung mit erfolgt oder nicht, dh diese nicht notwendige Folge der Instandsetzung ist.[18]

aa) Bauliche Veränderungen zur nachhaltigen Einsparung von Endenergie (energetische Modernisierung). In § 555b Nr. 1 BGB regelt der Gesetzgeber als erstes Modernisierungsziel die Einsparung von Endenergie. 20

Endenergie ist die Energiemenge, die benötigt wird, um im Gebäude die Heizung und Warmwasserbereitung oder Elektrizität zu betreiben. Gemeint ist die Energie durch Heizöl, Gas, Holzpellets, Briketts, Fernwärme, Strom etc. 21

Der Gesetzgeber setzt hier zunächst bezüglich dieser „energetischen Modernisierung" einen **Bezug zur Mietsache** voraus. In Bezug auf die Mietsache bedeutet, dass die Maßnahme in irgendeiner Art und Weise der Mietsache zugutekommen soll.[19] 22

Des Weiteren verlangt der Gesetzgeber in § 555b BGB nunmehr im Gegensatz zu § 554 Abs. 2 BGB aF eine **nachhaltige Einsparung** von Endenergie. Insoweit wird in der Gesetzesbegründung ausgeführt, dass Endenergie eingespart wird, wenn nach der Modernisierung weniger Nutzenergie verbraucht werden muss als vor der Maßnahme. Dies wäre zum Beispiel bei neuen Verbundglasfenstern gegenüber einfach verglasten Fenstern oder bei einer Wärmedämmung der Fall. Endenergie wird aber auch dann eingespart, wenn die Nutzenergie durch die Modernisierungsmaßnahme effektiver zur Verfügung gestellt wird, etwa die Erneuerung des Heizkessels oder die Verringerung von Wärmeverlusten durch die Dämmung von Zuleitungen.[20] 23

Denkbar sind aber auch bauliche Veränderungen, die **durch Unterstützung** dazu führen, dass weniger Endenergie verbraucht wird, zum Beispiel der Austausch einer (Verbrennungs-)Heizung gegen eine Heizung, die durch Sonnenkollektoren unterstützt wird, da durch diese Unterstützung weniger Endenergie verbraucht wird, da weniger Heizgas oder Heizöl verbraucht wird. 24

Dabei geht es im vorliegenden Fall aber immer um die Einsparung von „Endenergie" im **Unterschied zur Nutzenergie.** Während Nutzenergie der für eine bestimmte Dienstleistung erforderliche Energieeinsatz ist, ist die Endenergie, die hierfür notwendige Nutzenergie einschließlich etwaiger entstehender Verluste durch die Übergabe und Verteilung der Energie.[21] Insoweit sind also bei dem vom Gesetzgeber gewählten Begriff Endenergie, wie bereits ausgeführt, Energieverluste mit enthalten. 25

Unter das in § 555b Nr. 1 BGB aufgeführtes Modernisierungsziel **fallen bspw.** vor allem 26

- Austausch von einfach verglasten Fenstern gegen isolierverglaste Fenster mit niedrigerem Wärmedurchgangskoeffizienten
- Wärmedämmung des Gebäudes, dh der Gebäudehülle, oder des Daches
- Austausch des alten Heizkessels mit vergleichsweise hohen Wärmeverlustwerten gegen einen neueren Heizkessel mit niedrigeren Wärmeverlustwerten
- Erweiterung der Wärmedämmung an Kellerdecken bzw. deren Neuanbringung
- Verbesserung der Wärmedurchgangskoeffizienten der Außentüren und anderer Bauteile am Baukörper
- Austausch eines Einzelofenheizsystems oder Einzelwarmwasseraufbereitungsgeräts gegen Zentralheizungen oder zentrale Warmwasseranlagen.

Die **Duldungspflicht des Mieters** betrifft Maßnahmen zur Einsparung von Energien aller Art. Insoweit soll dem öffentlichen Interesse an der Einsparung von Energie Genüge getan werden. Hier steht natürlich nach wie vor die Einsparung von Heizenergie an erster Stelle. Des Weiteren fallen aber auch Maßnahmen unter die Duldungspflicht, die zur Einsparung anderer Energien führen, zB zur Einsparung von Strom. Beispiele für 27

---

[18] LG Berlin NZM 1999, 1137; GE 1994, 1927; LG Köln WuM 1993, 608; Blank/Börstinghaus/Siegmund/Börstinghaus BGB § 555a Rn. 4; Schmidt-Futterer/Eisenschmid BGB § 555b Rn. 84; eingehend MüKoBGB/Artz § 555a Rn. 5 ff.

[19] Vgl. BeckOK MietR/Müller BGB § 555b Rn. 26.

[20] BT-Drs. 17/10485, 27.

[21] Vgl. BeckOGK/Schepers BGB § 555b Rn. 11.

solche Modernisierungsmaßnahmen sind zB drehzahlgeregelte Umwälzpumpen, Ventilatoren, Aufzugsmotoren sowie Energiesparlampen.

28 Des Weiteren ist festzustellen, dass die meisten Maßnahmen zur Einsparung von Energien aller Art **zugleich sog. „Verbesserungsmaßnahmen"** iSd § 555b Nr. 4 und 5 BGB sind. Der Sinn dieser Regelung besteht deshalb darin, dass auch Maßnahmen, die für sich gesehen keine sogenannte „Verbesserung" der Mietsache mit sich bringen, dann zu dulden sind, wenn sie wenigstens Energie einsparen.

29 Dabei ist in Bezug auf Heizenergie an Kellerdecken, Dächer, Außenwände, Fassaden, Außentüren usw zu denken, schließlich aber natürlich auch an Maßnahmen in den Wohnungen selbst, wie an den Austausch eines Einzelofenheizsystems oder von Einzelwarmwasseraufbereitungsgeräten gegen Zentralheizungen oder zentrale Warmwasseranlagen oder an den Austausch von Einfachfenstern gegen Isolierfenster usw.[22]

30 *bb) Bauliche Veränderungen, durch die mittels Einbaus oder Aufstellung einer Heizungsanlage zum Zwecke der Inbetriebnahme in einem Gebäude die Anforderungen des § 71 des Gebäudeenergiegesetzes erfüllt werden.* Die Regelung wurde in der 20. Legislaturperiode im Rahmen der Novellierung des GEG in die Vorschrift eingefügt. Sie soll das Vorhaben der Erreichung der Klimaneutralität des der Bundesrepublik und darüber hinaus im Gebäudesektor unterstützen. Die bei dieser Tatbestandsalternative einzuhaltenden Voraussetzung sind in § 71 GEG mit entsprechenden Verweisen aufgeführt.

31 *cc) Bauliche Veränderungen, durch die nicht erneuerbare Primärenergie nachhaltig eingespart oder das Klima nachhaltig geschützt wird.* Zunächst ist in § 555b Nr. 2 BGB als **Alt. 1** die Einsparung nicht erneuerbarer Primärenergie genannt.**Primärenergie** ist im Grunde genommen eine Rechengröße. Es handelt sich um die Endenergie zuzüglich Förderung und Gewinnung der Energie (bspw. Einschlag von Holz, Erdölbohrung), Transport dieser Energie über Fernleitungen und Pumpen sowie um den Energieaufwand, der betrieben wird, um die Rohstoffe verwendbar zu machen (zum Beispiel in einer Raffinerie).[23] Das Modernisierungsziel Nr. 2 betrifft also zunächst eine Einsparung von Energie, die **außerhalb der Mietsache** stattfindet bzw. zunächst einmal keinen direkten Bezug zur Mietsache hat, anders als das Modernisierungsziel Nr. 1 in § 555b BGB.

32 Das vom Gesetzgeber geforderte Ziel der **Einsparung** von nicht erneuerbarer Primärenergie muss gemessen werden. Dies geschieht durch Hinzuziehung der Anlagen zum GEG. Dort wird den „Energiestoffen" wie Kohle, Öl, Gas usw ein **Bewertungsfaktor** zugeordnet. Anhand dieses Bewertungsfaktors wird der Bedarf der Primärenergie in Kilowattstunden zur Erzeugung von einer Kilowattstunde Endenergie errechnet.

33 Zum **Beispiel** für die nachstehenden Energieträger wie folgt
- Sonne und Wind: Faktor 0.0
- Holz: Faktor 0.2
- Kohle, Gas und Öl: Faktor 1.1
- Fernwärme aus Kohle und Gas: Faktor 1.3
- Fernwärme aus Kohle und Gas mit Kraft-Wärmekopplung: Faktor 0.7

34 Diese Energieeinsparung muss nach dem Willen des Gesetzgebers ebenfalls, wie in Nr. 1, nachhaltig sein. **Nachhaltig** bedeutet, dass in messbarer Weise dauerhaft Energie eingespart wird.[24] Der Begriff der nachhaltigen Einsparung ist also so zu verstehen, dass die Einsparung nicht nur eine vorübergehende ist.[25] Dies hat der Gesetzgeber im zweiten Halbsatz des § 555b Nr. 2 BGB geregelt, sofern nicht bereits eine energetische Modernisierung (also das Modernisierungsziel Nr. 1) vorliegt.

---

[22] LG Berlin GE 1985, 361 (für Umstellung von Kohle auf Ölheizung); LG Berlin WuM 1991, 482 (für Umstellung auf Fernwärme); OLG Celle WuM 1993, 89 (für Umstellung von Öl auf Erdgas).
[23] Siehe hierzu ausführlich BT-Drs. 17/10485, 19.
[24] BGH NZM 2002, 519 = WuM 2002, 366; WuM 2004, 286 = NZM 2004, 336.
[25] BT-Drs. 8/1782, 6 zu § 3 MHG.

Somit hat der Gesetzgeber in § 555b Nr. 2 BGB klargestellt, dass das Modernisierungsziel Nr. 2 nur greift, wenn **ausschließlich nicht erneuerbare Primärenergie eingespart** wird.[26] Regelmäßig ist eine Modernisierungsmaßnahme, die zur Einsparung von nicht erneuerbarer Primärenergie führt, meistens gleichzeitig auch mit einer Einsparung von Endenergie verbunden. Dies wird zum Beispiel beim Austausch eines alten Brenners bei einer alten Heizung gegen einen neuen Brenner bei einer neuen Heizung deutlich, denn hier kann durch das effizientere Betreiben der modernisierten Heizung auch Primärenergie eingespart werden. 35

Dies trifft auch immer bei **unterstützenden Maßnahmen** zu, wie bspw. durch die Installation von Solarkollektoren, wodurch die Hauptheizung weniger benötigt wird, sodass Primärenergie ebenfalls eingespart wird. Diese Maßnahmen fallen aber gleichwohl unter § 555b Nr. 1 BGB, weil bereits eine energetische Modernisierung vorliegt. Beispielsfälle zur bloßen Einsparung von Primärenergie, ohne Reduzierung der Endenergie wären zum Beispiel die Errichtung von Windenergiekraftanlagen oder Fotovoltaikanlagen, deren erzeugter Strom ins allgemeine Stromnetz eingeführt wird. 36

Zu beachten ist, dass sich die **Energieeinsparung nicht unmittelbar vorteilhaft für den Mieter** auswirken bzw. für diesen ausreichend oder rentierlich sein muss. Eine Energieeinsparmaßnahme kann selbst dann zu dulden sein, wenn diese zu keiner konkreten Energieeinsparung auf Mieterseite führt. Ein unmittelbarer Bezug zur Mietsache, wie in Nr. 1 vorausgesetzt, ist bei Nr. 2 gerade keine Voraussetzung.[27] 37

Des Weiteren hat der Gesetzgeber im zweiten Modernisierungsziel unter § 555b Nr. 2 BGB als **Alt. 2** auch klimaschützende Maßnahmen aufgenommen. Als Modernisierungsmaßnahmen gelten also auch bauliche Veränderungen, durch die das Klima nachhaltig geschützt wird. Der Regelungswortlaut ist weit gefasst, um hier neue Techniken zum Klimaschutz möglichst weiträumig zu erfassen. 38

dd) Bauliche Veränderungen, durch die der Wasserverbrauch nachhaltig reduziert wird. Der Mieter muss auch Maßnahmen dulden, die gem. § 555b Nr. 3 BGB der **Einsparung von Wasser** dienen. Dabei ist an sogenannte Durchlaufbegrenzer, Toilettenspülungsspartasten, Duscheinrichtungen statt Badewannen, Regenwassergewinnungsanlagen oder auch an den Einbau von Wasseruhren[28] zu denken. Auch hier muss der Spareffekt nicht beim einzelnen Mieter eintreten, sondern der Spareffekt wird **rein objektiv** beurteilt. Es genügt daher die Einbringung von technischen Einrichtungen, denen ein theoretischer Einspareffekt zugewiesen wird. 39

Der Gesetzgeber hat insoweit, im Gegensatz zu § 554 Abs. 2 BGB aF hier nun ebenfalls die **Nachhaltigkeit der Reduzierung** von Wasserverbrauch verlangt. Auch hier muss also in messbarer Weise, dauerhaft der Wasserverbrauch reduziert werden.[29] 40

ee) Bauliche Veränderungen, die den Gebrauchswert der Mietsache nachhaltig erhöhen bzw. durch die die allgemeinen Wohnverhältnisse auf Dauer verbessert werden. Im Gegensatz zur alten Regelung in § 554 Abs. 2 BGB aF, hat der Gesetzgeber in § 555b Nr. 4 und 5 BGB als fünftes und siebentes Modernisierungsziel die nachhaltige Erhöhung des Gebrauchswertes bzw. die Verbesserung der allgemeinen Wohnverhältnisse aufgenommen. Auch bauliche Veränderungen, durch die der Gebrauchswert der Mietsache erhöht oder die Wohnverhältnisse verbessert werde, sollen also gegebenenfalls, falls die anderen Voraussetzungen vorliegen, der Duldung unterliegen. Diese Ziele wurden früher von § 554 Abs. 2 BGB aF unter dem Begriff „Verbesserung der Mietsache" erfasst.[30] Auf die hierzu ergangene **bisherige Rspr.** kann daher zurückgegriffen werden. Regelmäßig wird eine Erhöhung des Gebrauchswerts der Mietsache zugleich dazu führen, dass die allgemeinen Wohnverhältnisse verbessert werden. Daher kommt **Nr. 5 nur geringe eigen-** 41

[26] Vgl. Blank/Börstinghaus/Siegmund/Börstinghaus BGB § 555b Rn. 25.
[27] BeckOGK/Schepers BGB § 555b Rn. 23.
[28] Str.; hierzu Schmidt-Futterer/Eisenschmid BGB § 555b Rn. 69 mwN.
[29] BGH NZM 2002, 519; 2004, 336.
[30] Blank/Börstinghaus/Siegmund/Börstinghaus BGB § 555b Rn. 53.

ständige Bedeutung zu.[31] Beide Ziele sollen daher im Folgenden gemeinsam abgehandelt werden.

42 Auch hier wird für beide Modernisierungsziele das Kriterium der **Nachhaltigkeit** gefordert, dh die Erhöhung bzw. Verbesserung muss, in messbarer Weise, dauerhaft gegeben sein.

43 Unter baulichen Veränderungen zur Erhöhung des Gebrauchswerts der Mietsache (dh von Räumen oder sonstigen Teilen des Gebäudes, die dem Mieter zur alleinigen Nutzung zugewiesen sind) bzw. zur Verbesserung der Wohnverhältnisse iSd § 555b Nr. 4 und 5 BGB sind alle baulichen Veränderungen zu verstehen, die den **rein objektiven Gebrauchs- und Substanzwert** der Räume und Gebäudeteile im Rahmen ihres Zwecks erhöhen und eine bessere Nutzung ermöglichen.[32]

44 Hierunter fallen aber **nicht nur Verbesserungen der vom Mieter unmittelbar selbst genutzten Räume,** sondern auch solche Verbesserungen an anderen Teilen des Gebäudes, in denen sich die Mietwohnung befindet, wie zB am Dachstuhl, Dach, Treppenhaus, Außenfassade. Dabei wird nicht vorausgesetzt, dass die Maßnahmen an den anderen Teilen des Gebäudes dem betreffenden Mieter zugute kommen müssen.[33] Insbes. solche Verbesserungsmaßnahmen, welche die Anlage und den Ausbau nicht öffentlicher Gemeinschaftsanlagen von Wohnhäusern betreffen – und nicht die eigentliche Mietsache – wird man wohl unter das Modernisierungsziel Nr. 5 fassen können.[34]

45 Maßnahmen zur Verbesserung iSd § 555b Nr. 5 BGB sind somit auch **Maßnahmen, die nicht nur einem Mieter zugute kommen, sondern mehreren gemeinsam oder auch Dritten,** zB Anlagen oder Einrichtungen für die Allgemeinheit wie Trockenspeicher, Waschküche, Kinderspielplätze, gemeinschaftliche Grünanlagen, Auto- oder Fahrradabstellplätze. Auch die Verbesserung der allgemeinen Wohnverhältnisse ist also eine Verbesserung der (erweiterten) Mietsache und damit eine Modernisierung.[35]

46 Der Mieter soll nicht nur Maßnahmen dulden, die für ihn von Vorteil sind, sondern auch solche, die allein den **wirtschaftlichen Wert des Hausgrundstücks** verbessern. Ob eine solche Maßnahme zur Verbesserung der Wohnverhältnisse führt, ist rein objektiv zu bestimmen.

47 Nach der Rspr. des BGH ist mit der Mietsache in diesem Zusammenhang aber ein weiter Begriff gemeint, der nicht nur die Wohnung selbst oder die Geschäftsräume, sondern auch den Eingangsbereich und das Treppenhaus umfasst.[36]

48 Insbes. gilt als bauliche Veränderung iSd § 555b Nr. 4 und 5 BGB auch die **Schaffung neuen Wohnraums durch Anbau, Ausbau oder Umbau,** denn der Mieter soll eben nicht nur Maßnahmen dulden, die für ihn von Vorteil sind, sondern auch solche, die allein den wirtschaftlichen Wert eines Hausgrundstücks verbessern. Ob eine Maßnahme zur Verbesserung der gemieteten Räume führt, ist hier ebenfalls rein objektiv zu bestimmen.[37]

49 Dabei ist nicht die Wertung des einzelnen Mieters, sondern allein die **Verkehrsanschauung** dafür maßgeblich, ob tatsächlich eine Verbesserung des Wohn- bzw. Gebrauchswerts vorliegt oder nicht.[38] Die Prüfung, ob eine Wertverbesserung vorliegt, ist aus dem Vergleich zwischen dem vorhergehenden Standard und dem beabsichtigten neuen Zustand zu beurteilen. Eine Verbesserung ist daher insbes. dann anzunehmen, wenn die Mietsache nach Durchführung der Maßnahme leichter zu vermieten ist als eine vergleichbare Wohnung ohne die Maßnahme.[39]

---

[31] Ebenso MüKoBGB/Artz § 555b Rn. 23.
[32] BeckOK MietR/Müller BGB § 555b Rn. 45.
[33] Bub/Treier MietR-HdB/Schüller Kap. III. Rn. 2665.
[34] Blank/Börstinghaus/Siegmund/Börstinghaus BGB § 555b Rn. 54.
[35] Vgl. BeckOK MietR/Müller BGB § 555b Rn. 56 ff.
[36] BGH NJW 1972, 723.
[37] Schmidt-Futterer/Eisenschmid BGB § 555b Rn. 77; MüKoBGB/Artz § 555b Rn. 18.
[38] LG Berlin NZM 1998, 189.
[39] BGH NJW 2008, 1218.

Probleme können auftauchen, wenn eine Maßnahme sowohl der Verbesserung der Mietsache dient, als auch aber **gleichzeitig auch Instandhaltungsarbeiten** beinhaltet. Würde sich der Umgang mit der Maßnahme ausschließlich nach § 555a BGB richten, ginge der durch §§ 555b ff BGB bezweckte Schutz des Mieters verloren. Nach zutreffender Auffassung ist deshalb nach §§ 555b ff. BGB vorzugehen.[40] Dies war auch die Meinung in Rspr. und Lit. im Rahmen der früheren Regelung des § 554 Abs. 1 und 2 BGB aF.[41] Dies gilt jedenfalls dann, wenn der Vermieter eine Wahlmöglichkeit hat, ob die Instandhaltung zugleich modernisierenden Charakter hat. 50

ff) Bauliche Veränderungen, durch die die Mietsache erstmalig mittels Glasfaser an ein öffentliches Netz mit sehr hoher Kapazität im Sinne des § 3 Nummer 33 des Telekommunikationsgesetzes angeschlossen wird. Mit dieser neuen Tatbestandsalternative soll dem Vorhaben der Digitalisierung Rechnung getragen werden und stellt zugleich eine Maßnahme zur Verbesserung des Gebrauchswerts der Mietsache dar. Die Änderung des Telekommunikationsgesetzes war durch entsprechende Brüsseler Richtlinien notwendig geworden und dient zugleich einem besseren Verbrauchschutz. 51

gg) Bauliche Veränderungen, die aufgrund von Umständen durchgeführt werden, die der Vermieter nicht zu vertreten hat und die keine Erhaltungsmaßnahmen nach § 555a BGB sind. Gegenüber den bisherigen Maßnahmen hat der Gesetzgeber in § 555b Nr. 6 BGB nun eine Neuerung eingebracht. Als Modernisierungsmaßnahme soll nun auch eine bauliche Veränderung, die aufgrund von Umständen durchgeführt wird, die vom Vermieter nicht zu vertreten ist und die keine Erhaltungsmaßnahme nach § 555a BGB ist, gewertet werden. Hier sind also bauliche Veränderungen angesprochen, die nur deshalb als Modernisierungsmaßnahme gelten, weil sie **durch Gesetz oder eine Behörde angeordnet** sind, ohne dass es eine Rolle spielt, ob die Maßnahme eine Verbesserung bedeutet oder ob ein anderes Modernisierungsziel, wie Energieeinsparung usw erreicht wird. Zurück gegriffen wurde hier auf einen Begriff der bereits bei der Mietrechtsreform 2001 in die Regelung des § 559 Abs. 2 BGB aF (Mieterhöhung bei Modernisierung) übernommen wurde und der bereits zuvor in § 3 MHG mit erfasst war. 52

In § 554 Abs. 2 BGB aF waren solche angeordneten Maßnahmen aber gerade nicht aufgenommen worden, weil, so der BGH, bezweckt wurde, dass der Mieter keine Härtegründe geltend machen konnte, obwohl die Maßnahme gesetzlich oder behördlich angeordnet war.[42] Dadurch, dass der Gesetzgeber nun in § 555b Nr. 6 BGB diese „nicht zu vertretende Modernisierungsmaßnahmen" in die zu duldenden Modernisierungsmaßnahmen aufgenommen hat, hat der Mieter auch die Möglichkeit hiergegen den Härteeinwand geltend zu machen, was früher nicht möglich war. 53

Als **Beispiele** für nicht zu vertretende Maßnahmen können zum Beispiel die Durchführung von Maßnahmen nach GEG genannt werden, welche Nachrüstungsgebote für Heizkessel und Leitungen sowie Dämmungsmaßnahmen für bestimmte Geschoßdecken enthielt.[43] Ebenso der gesetzlich vorgeschriebene Einbau von Wasserzählern.[44] Ebenso zählt hierzu der vorgeschriebene Einbau von Rauchmeldern.[45] Zu nennen sind dann auch behördliche Anordnungen zu Instandsetzung und Modernisierung nach § 177 BauGB. Insoweit ist allerdings zu entscheiden zwischen Instandsetzungsmaßnahmen, die sich nach § 555a BGB richten, so dass sich der Mieter hier nicht auf Härtegründe berufen kann und Modernisierungsmaßnahmen, gegen die der Härteeinwand möglich wäre. Hauptanwendungsfall der Norm ist somit letztlich jede gesetzlich neu normierte Nachrüstpflicht für Bestandsbauten. 54

hh) Bauliche Veränderungen durch die neuer Wohnraum geschaffen wird. Bereits mit dem 4. Mietrechtsänderungsgesetz vom 21.7.1993 wurde die damalige Gesetzeslage der- 55

40 So auch Schmidt-Futterer/Eisenschmid BGB § 555b Rn. 84 mwN.
41 Etwa LG Berlin NZM 1999, 1137.
42 BGH NZM 2009, 394.
43 BT-Drs. 17/10485, 25.
44 BGH WuM 2009, 124 zu § 39 HamBauO.
45 LG Hannover ZMR 2011, 826.

gestalt erweitert, dass auch Maßnahmen geduldet werden müssen, die der Schaffung neuen Wohnraums dienen. Diese Regelung wurde nunmehr auch in § 555b Nr. 7 BGB beibehalten. Der Gesetzgeber will damit ganz deutlich zum Ausdruck bringen, dass nicht nur Maßnahmen zu dulden sind, die sich für den Mieter wohnwerterhöhend auswirken oder in sonstiger Weise für diesen vorteilhaft sind, sondern auch solche, die allein dazu dienen, dem Vermieter eine Möglichkeit zu verschaffen, den wirtschaftlichen Wert seines Anwesens voll auszuschöpfen.[46]

56 Der Gesetzgeber wollte mit dieser Erweiterung insbes. den **Wohnungsbau fördern** und dem Vermieter im Rahmen der Modernisierungsvorschrift gerade auch die Ausschöpfung des wirtschaftlichen Werts seines Grundstücks ermöglichen.[47] Der Gesetzgeber verlangt also keinesfalls, dass eine völlig neue Wohnung geschaffen wird, sondern es genügt bereits die Vergrößerung bestehender Wohnungen. Er unterscheidet dabei zwischen **Anbau,** dh der Erweiterung und Ergänzung eines bereits vorhandenen Objekts, **Ausbau,** dh der Schaffung von Wohnraum durch eine unter wesentlichem Bauaufwand durchgeführte Umwandlung von Räumen, die nach ihrer baulichen und alten Ausstattung bisher anderen als Wohnzwecken dienten, oder **Umbau,** dh dem Schaffen von Wohnraum durch eine unter wesentlichem Bauaufwand durchgeführte Anpassung von Wohnräumen, die infolge einer Änderung der Wohnungsgewohnheiten nicht mehr für Wohnzwecke geeignet waren.[48]

57 Alle drei vorausgegangenen Bauformen sollen hier im Rahmen der Vorschrift ermöglicht werden. Dabei müssen sich die Maßnahmen aber auf schon **vorhandene Bauteile bzw. Gebäudeteile** beziehen.[49]

58 Zu beachten ist, dass diese Erweiterung des Gesetzgebers nicht den **Entzug** mitgemieteter Nebenräume oder Flächen für sich allein rechtfertigt. Vielmehr kann der Vermieter dem Mieter die mitgemieteten Nebenräume nur im Wege der Teilkündigung gem. § 573b BGB entziehen.[50] Die §§ 555b–555f BGB können also niemals rechtfertigen, dass Nebenräume entzogen werden bzw. geräumt werden müssen. Ebenso wenig ist es gem. §§ 555b–555f BGB zulässig, durch veränderte Aufteilung von Geschossflächen im Rahmen der Duldungspflicht ein Zimmer oder eine ganze Wohnung zu entziehen.[51] Der Ausbau von Nebenräumen, allein zum Zwecke einer gewerblichen Nutzung, dient nicht der Schaffung von Wohnraum. Die Duldungspflicht kann sich hier aber im Einzelfall aus § 242 BGB ergeben.[52]

59 *ii) Beispiele.* Im Folgenden einzelne Beispiele von Modernisierungsmaßnahmen zu den Modernisierungszielen Nr. 1–7 in alphabetischer Reihenfolge:

Abwasserleitung

60 Des Öfteren werden im Zuge von Gebäudesanierungen durch Neueinbauten oder Sanierung von Bädern Abwasserleitungen neu eingelegt oder ausgetauscht. Der bloße Austausch von vorhandenen Leitungen stellt nur dann eine Modernisierung dar, wenn die Rohre auf Grund des Durchmessers eine größere Kapazität haben oder heutzutage nicht mehr zulässige Guss- und Bleirohre ersetzt werden.[53] Wird ein Bad dagegen neu in einer Wohnung eingebaut und werden deshalb notwendigerweise Abwasserrohre durch andere Wohnungen geführt, ist dies in jedem Fall eine zu duldende Modernisierungsmaßnahme.

Alarmanlage

61 Der Einbau einer Alarmanlage stellt immer eine Wertverbesserung dar, da die Mietwohnung bezüglich der Sicherheit verbessert wird.

---

[46] Schmidt-Futterer/Eisenschmid BGB § 555b Rn. 153; Bub/Treier MietR-HdB/Krämer, 3. Aufl. 1999, Kap. III. Rn. 1102b.
[47] Bub NJW 1993, 2897 (2901).
[48] MüKoBGB/Artz § 555b Rn. 28.
[49] Schmidt-Futterer/Eisenschmid BGB § 555b Rn. 153.
[50] Bub/Treier MietR-HdB/Schüller Kap. III. Rn. 2673.
[51] Bub/Treier MietR-HdB/Schüller Kap. III. Rn. 2673.
[52] Schmidt-Futterer/Eisenschmid BGB § 555b Rn. 157.
[53] LG Berlin BeckRS 2015, 10569.

Antenne

Siehe auch Parabolantenne und Kabelanschluss 62

Soweit es sich um technisch notwendige Arbeiten an der vorhandenen Hausantennenanlage handelt, die nicht bloß eine Programmerweiterung mit sich bringen, ist regelmäßig von einer nach § 555a BGB zu duldenden Instandsetzung auszugehen. Dagegen stellt die Neuinstallation einer Hausantennenanlage stets eine Modernisierung dar, da damit eine Wohnwertverbesserung einhergeht. Keine Modernisierung mehr ist heutzutage die Umstellung des TV-Empfangs von einer terrestrischen Hausantennenanlage auf Satellitenrundfunkempfang über Parabolantenne oder Kabelempfang, da nunmehr über alle Empfangsmöglichkeiten eine Vielzahl von Programmen in digitaler Form angeboten werden. Dies ist – insbes. bei der Umstellung auf Kabelempfang – dann anders zu bewerten, wenn mit der Umstellung zusätzlich eine (weitere) Möglichkeit zur Nutzung von Internet-Diensten bereitgestellt wird, da hierdurch ebenfalls eine Wohnwertverbesserung geschaffen wird. Sofern bei älteren TV-Geräten für den TV-Empfang über die Hausantennenanlage ein Decoder benötigt wird, welcher die digitalen Signale, die gesendet werden, umwandelt (sog. Set-Top-Box), ist die die Anschaffung der Set-Top-Box Sache des Mieters. Ist die Hausantennenanlage nicht für den digitalen Empfang geeignet, muss der Vermieter eine neue Empfangsmöglichkeit schaffen, die dann aber keine Modernisierung, sondern im Regelfall, aufgrund ihrer technischen Notwendigkeit, eine Instandsetzung darstellt.[54]

Aufteilung von Räumen

Bisweilen wird im Zuge von Gebäudesanierungen eine neue Raumaufteilung vorgenommen, wenn zB aus bislang einem vorhandenen Raum durch Trennung zwei Räume entstehen, zB bei Aufteilung in Bad und separate Toilette. Nach hM in Rspr. und Lit. wird hier eine Verbesserung angenommen, wenn neue Funktionsräume geschaffen werden.[55] Auch bei Schaffung eines weiteren Zimmers durch Trennung vorhandener Zimmer kann eine Verbesserung im Einzelfall bejaht werden, wenn die Räume noch genügende Funktionalität aufweisen.[56] 63

Aufzug

Der Neueinbau eines Aufzuges ist immer eine Wertverbesserung, sobald der Aufzug in irgendeiner Weise von den betreffenden Wohnungen zum Vorteil genutzt werden kann. Dies gilt bei einer Erdgeschosswohnung schon dann, wenn der Aufzug bis in den Keller geht.[57] 64

Außenfassade

Hier ist zu unterscheiden, ob eine bloße Instandsetzung wegen dringend notwendiger Reparaturarbeiten oder eine Wärmedämmung angebracht wird. Letztere Maßnahmen, die einer besseren Wärmeisolierung dienen, stellen immer Modernisierungsmaßnahmen zur Einsparung von Endernergie – hier Heizenergie – iSd § 555b Nr. 1 BGB dar.[58] 65

Ausstattung

Wird die Ausstattung geändert, dh wird bei einer Toilette oder einem Bad statt der bisherigen Ölfarbe ein Fliesenspiegel angebracht, wird in der Wohnung eine Wechselsprechanlage, ein elektrischer Türöffner oder neue Sicherheitsschlösser eingebaut, so stellt dies immer eine Modernisierungsmaßnahme nach § 555b Nr. 4 und 5 BGB dar.[59] 66

Badezimmer

Siehe Aufteilung, siehe Ausstattung

Zu prüfen ist hier, ob lediglich bereits vorhandene Ausstattungsteile durch gleichwertige ausgetauscht werden, dann stellt dies keine Verbesserungsmaßnahme dar, oder 67

---

[54] BGH ZUM-RD 2005, 548; vertiefend Schmidt-Futterer/Eisenschmid BGB § 555a Rn. 92 ff.

[55] LG Berlin GE 1992, 39; Bub/Treier MietR-HdB/Schüller Kap. III. Rn. 2669.

[56] BGH NJW 2008, 1218;; s. auch Schmidt-Futterer/Eisenschmid BGB § 555b Rn. 86 mwN.

[57] LG Berlin IMR 2016, 1009; AG Brandenburg FD-MietR 2018, 408414; Bub/Treier MietR-HdB/Schüller Kap. III. Rn. 2669; Schmidt-Futterer/Eisenschmid BGB § 555b Rn. 101.

[58] Schmidt-Futterer/Eisenschmid BGB § 555b Rn. 53, 55a; LG Paderborn WuM 1993, 360.

[59] Bub/Treier MietR-HdB/Schüller Kap. III. Rn. 2669.

ob mit dem Austausch der Ausstattung auch tatsächlich eine Gebrauchswerterhöhung verbunden ist.

Balkon

68 Trotz vereinzelter anders lautender Entscheidungen ist der Neubau bzw. Anbau eines Balkons objektiv gesehen eine Verbesserungsmaßnahme, es sei denn, es liegt hierdurch keinerlei Wohnwertverbesserung vor.[60] Eine solche wird im städtischen Umfeld aber regelmäßig der Fall sein.

Behinderten- oder altengerechter Umbau

69 Wenn ein Bestandsbau auf Dauer behindertengerecht oder für die Altennutzung entsprechend umgebaut wird, stellt dies eine Modernisierungsmaßnahme dar.[61]

Bodenaustausch

70 Der Austausch eines vorhandenen Bodenbelags durch einen höherwertigen und/oder pflegeleichteren Belag stellt eine Gebrauchswertverbesserung dar.[62] Gleiches gilt für die erstmalige Fußbodenverfliesung (siehe Ausstattung).

Dachausbau

71 Im Rahmen eines Speicher- oder Dachausbaues werden meistens Energiesparmaßnahmen durchgeführt, indem das Dach isoliert und/oder die Dachbodendecke gedämmt wird. Dies stellt in der Regel eine Modernisierungsmaßnahme in Form einer Maßnahme zur Einsparung von Endenergie in Form von Heizenergie dar.[63] Des Weiteren kann auch der Ausbau eines Speichers als Trockenspeicher eine Wertverbesserung darstellen.[64]

Digitales Fernsehen

72 Die Umstellung eines vorhandenen Kabelnetzes auf den neuen rückkanalfähigen 862 Megahertz-Standard ist eine Modernisierungsmaßnahmen, die den Gebrauchswert der Wohnung nachhaltig verbessert, da zahlreiche weitere Programme empfangen werden können und eine Multimedia-Verbindung (Telefon, Internet usw) ermöglicht wird.

Druckspüler

73 Der Austausch eines Druckspülers gegen einen Spülkasten stellt keine Modernisierung dar.[65] Dagegen stellt der Austausch der normalen Toilettenspülung gegen einen Spülkasten mit Spartaste eine Wassereinsparungsmaßnahme nach § 555b Nr. 3 BGB dar.

Durchlauferhitzer

74 Die Umstellung einer zentralen Warmwasserbereitung auf Durchlauferhitzer ist keine Wertverbesserung.[66] Anders ist der umgekehrte Fall zu beurteilen, da hiermit regelmäßig eine nachhaltige Gebrauchswerterhöhung nach § 555b Nr. 4 BGB verbunden ist.[67]

Eingangstür

75 Der Einbau einer neuen Hauseingangstür kann je nach Ausgestaltung, etwa aufgrund eines besseren Wärmedurchgangskoeffizienten oder einer besseren Einbruchssicherung, eine energetische Modernisierung oder eine Gebrauchswertverbesserung sein.[68]

Elektroinstallation

76 Auch hier ist, wie bei Abwasserleitungen, danach zu trennen, ob lediglich alte Leitungen instand gesetzt werden, oder ob Leitungen erstmals zu dem Zweck verlegt werden, um damit aufgrund höherer Kapazität eine bessere Versorgung der Räumlichkeiten mit Elektrizität zu gewährleisten. Im letzteren Fall stellt die Verlegung von Elektroleitungen eine Verbesserung dar.[69]

---

[60] BGH NZM 2011, 849; Schmidt-Futterer/Eisenschmid BGB § 555b Rn. 106, 107; Bub/Treier MietR-HdB/Schüller Kap. III. Rn. 2669.

[61] So auch Barfknecht WuM 2012, 252; aA Schmidt-Futterer/Eisenschmid BGB § 555b Rn. 109.

[62] MüKoBGB/Voelskow MHRG § 3 Rn. 8.

[63] Schmidt-Futterer/Eisenschmid BGB § 555b Rn. 53.

[64] Scholz WuM 1995, 12 (14).

[65] OVG Berlin GE 1985, 687.

[66] Schmidt-Futterer/Eisenschmid BGB § 555b Rn. 143.

[67] AG Köpenick GE 2016, 265.

[68] Schmidt-Futterer/Eisenschmid BGB § 555b Rn. 53 und 116.

[69] AG Lichtenberg BeckRS 2009, 00115.

Fahrradständer

77 Das Anlegen von Fahrradabstellplätzen mit Fahrradständern stellt immer eine Verbesserung der allgemeinen Wohnverhältnisse dar.[70]

Fahrstuhl

Siehe Aufzug

Fernwärme

Siehe Heizung

Fenster

78 Die Ersetzung einfach verglaster Fenster gegen Isolierglasfenster mit niedrigerem Wärmedurchgangskoeffizienten stellt in der Regel eine energetische Modernisierungsmaßnahme dar.[71] Ob der Austausch von Kastendoppelfenstern gegen Isolierglasfenster eine Wertverbesserung darstellt, ist dagegen umstritten.[72] Eine Gebrauchswertverbesserung liegt vor, wenn statt bisher einfach nur zu öffnender Fenstern neue Kipp- und Drehbeschläge eingebaut werden. Des Weiteren stellt der Einbau zusätzlicher Fenster grundsätzlich eine Wertverbesserung dar, es sei denn, die Funktionalität des Raumes wird erheblich beeinträchtigt, weil hierdurch große Stellflächen verloren gehen. Hier kommt es darauf an, ob der Verlust an Stellfläche durch den Mehrwert der neuen Fenster kompensiert wird.[73] Bei dem Austausch von Fenstern ist immer zu berücksichtigen, dass ohnehin fällige Instandsetzungen in Höhe des dafür notwendigen Kostenanteils berücksichtigt werden müssen.

Fliesen

Siehe Ausstattung

Der bloße Austausch bereits vorhandener Fliesen ist keine Gebrauchswertverbesserung, auch wenn die Fliesen rein optisch betrachtet schöner sind.

Fußböden

Siehe Bodenbelag

Gasheizung

Siehe Heizung

Gasumstellung

79 Wird die Warmwasseraufbereitung und die bisherige Elektrobeheizung wegen eines durch die Stadt durchgeführten Erdgasanschlusses des Anwesens auf Gasgeräte umgestellt, stellt dies keine Modernisierung dar.

Garagen

80 Neu erbaute Garagen oder andere Stellplätze können als sonstige Teile des Gebäudes eine Verbesserung der allgemeinen Wohnverhältnisse darstellen.[74]

Garten

81 Die Neuanlegung eines Gartens für die Mieter kann eine Verbesserung der allgemeinen Wohnverhältnisse darstellen, wenn dieser den Mietern zur Verfügung gestellt wird.[75]

Gegensprechanlage

82 Eine Gegensprechanlage stellt nach hM eine Verbesserung der Wohnverhältnisse iSd § 555b Nr. 5 dar.[76]

Gemeinschaftseinrichtungen

83 Die erstmalige Neuerrichtung von Gemeinschaftseinrichtungen wie Küche, Trockenraum, Abstellplätze, Kinderspielplätze usw stellt regelmäßig eine Verbesserung der allgemeinen Wohnverhältnisse dar.

---

[70] AG Charlottenburg BeckRS 2017, 154048.

[71] AG Hamburg WuM 1986, 245; AG Neumünster WM 1992, 258; Schmidt-Futterer/Eisenschmid BGB § 555b Rn. 31; BeckOK MietR/Müller BGB § 555b Rn. 27.

[72] VG Berlin GE 1983, 131; 1983, 755; OVG Berlin GE 1984, 977; Schmidt-Futterer/Eisenschmid BGB § 555b Rn. 35 mwN; aA AG Rostock GE 1996, 1251.

[73] Vgl. Sternel NZM 2015, 873 (878).

[74] Bub/Treier MietR-HdB/Schüller Kap. III. Rn. 2669; MüKoBGB/Voelskow § 555b Rn. 23.

[75] Schmidt-Futterer/Eisenschmid BGB § 559 Rn. 76.

[76] LG München WuM 1989, 27; LG Berlin GE 1991, 575.

Hauswand
Siehe Fassade
Haustür
Siehe Eingangstür
Heizung

84 Der Austausch einer Einzelofenheizung gegen eine Zentralheizung in einem Mietobjekt ist immer eine Gebrauchswertverbesserung und kann auch eine Energiesparmaßnahme sein, sodass eine energetische Modernisierung vorliegt.[77] Die Umstellung einer Kohleheizung auf eine Öl- oder Gasheizung stellt immer eine Wertverbesserung dar.[78]

85 Die Umstellung der ölbetriebenen Zentralheizung auf Fernwärme hat die instanzgerichtliche Rspr. bisher unter § 554 Abs. 2 BGB aF summiert, wenn die Fernwärme aus einer Anlage der Kraft-Wärme-Kopplung erzeugt wird.[79] Insoweit muss der Mieter eine Umstellung, wenn die Fernwärme aus einer Anlage der Kraft-Wärme-Kopplung erzeugt wird, grundsätzlich dulden, wenn damit eine Einsparung von Primärenergie (Öl, Erdgas, Kohle usw) iSd § 555b Nr. 2 BGB verbunden ist, wobei die Umstellung für den Mieter nicht einmal rentabel sein muss.[80] Zu prüfen war nach der instanzgerichtlichen Rspr. allerdings, ob die finanziellen Belastungen nicht gegebenenfalls bei der Härtefall-Kontrolle eine Rolle spielen.

86 Der BGH hatte in der Umstellung aber kein Problem des § 554 Abs. 2 BGB aF gesehen, sondern ein Vertragsproblem. Nach Auffassung des BGH ist die vom Vermieter geschuldete Form der Wärmelieferung ausschließlich nach dem Inhalt des Mietvertrages zu beurteilen. Ist dort vereinbart, dass die Wärmeversorgung über eine zentrale Heizungsanlage erfolgt, und dass der Mieter die Betriebskosten tragen muss, so hat der Vermieter Anspruch auf die Kosten des Betriebs der zentralen Heizungsanlage iSd § 2 Nr. 4a BetrKV. Ein Wechsel zur eigenständigen gewerblichen Lieferung von Wärme setzt wegen der damit verbundenen höheren Kosten eine entsprechende Vertragsregelung voraus, die anlässlich der Umstellung getroffen werden muss.[81] Allerdings kann bereits im Mietvertrag selbst vereinbart werden, dass der Mieter einer Umstellung zuzustimmen hat und nach der Umstellung auch die Kosten der eigenständigen gewerblichen Lieferung von Wärme tragen muss. Für eine solche Vereinbarung sollte es ausreichen, wenn im Mietvertrag vereinbart ist, dass der Mieter die Betriebskosten im Sinne der BetrKV zu tragen hat.[82] Wenn im Mietvertrag also bereits geregelt ist, dass der Mieter die Betriebskosten im Sinne der BetrKV zu tragen hat, erfasst diese Umlagevereinbarung nach der Ansicht des BGH, sowohl die Kosten der Zentralheizung im Sinne von § 2 Nr. 4a BetrKV als auch die Kosten der eigenständig gewerblichen Lieferung von Wärme des § 2 Nr. 4c BetrKV. Bei einer derartigen Regelung hat der Vermieter deshalb letzten Endes immer die Wahl, auf welche Weise er die Wärmeversorgung sicherstellt. Selbst wenn die Umstellung zu höheren Betriebskosten führt, spielt dies keine Rolle bei einer derartigen Regelung; insoweit kann der Mieter nicht einmal einwenden, dass die Umstellung unwirtschaftlich ist, denn nach Rechtsprechung des BGH gilt der Wirtschaftlichkeitsgrundsatz nur innerhalb des vertraglich vereinbarten Wärmekonzepts, nicht für die Umstellung. Ebenso ist es unerheblich, ob mit dem Wechsel eine Energieeinsparung in irgendeiner Weise verbunden ist.[83] Nach einem Teil der Lit., der sich auch der Verfasser anschließt, verkennt die BGH-Rechtsprechung gerade bei einem Formularvertrag die verbraucherschützende Funktion des AGB-Rechts bzw. verkehrt diese in ihr Gegenteil. Aus § 2 BetrKV folgt lediglich, welche Kosten vom Gesetzgeber her überhaupt auf den Mieter umgelegt werden dürfen, wenn der Mietvertrag eine hinreichende Umlagever-

[77] LG Berlin ZMR 2003, 488; LG Köln WuM 1989, 308; LG Hamburg WuM 1990, 18; LG Fulda WuM 1992, 242; LG Berlin WuM 1984, 219; Schmidt-Futterer/Eisenschmid BGB § 559 Rn. 148.
[78] LG Berlin WuM 1991, 482.
[79] LG Hamburg NZM 2006, 536.
[80] LG Berlin NZM 2002, 64, LG Hamburg NZM 2006, 536.
[81] BGH WuM 2005, 387; 2008, 285.
[82] BGH WuM 2007, 571; aA Beyer NZM 2008, 12.
[83] BGH WuM 2008, 285.

einbarung enthält. Ist im Mietvertrag aber eine zentral beheizte Wohnung vermietet, so folgt aus der Verweisung aus § 2 BetrKV lediglich, dass der Mieter die Kosten des Betriebs der zentralen Heizungsanlage im Sinne von § 2 Nr. 4 BetrKV zu tragen hat. Ein Recht des Vermieters zum Wechsel auf eine andere Beheizungsart kann aus der Betriebskostenverordnung selbst nicht hergeleitet werden.[84] Dieses Problem dürfte durch die Neufassung der Modernisierungsziele nun beseitigt sein, da die Duldung von baulichen Veränderungen, die nicht erneuerbare Primärenergie nachhaltig einsparen, nunmehr in § 555b Nr. 2 geregelt wurde.

Das Problem ergibt sich aber nach wie vor bei der Umstellung einer ölbetriebenen Zentralheizung auf „Nahwärme" (Wärmecontracting). Dies ist eine Form der eigenständigen gewerblichen Lieferung von Wärme iSd § 2 Nr. 4c BetrKV. Nach Auffassung des BGH ist das Problem der Umstellung auch hier im allgemeinen Vertragsrecht anzusiedeln. Es gelten dieselben Grundsätze, wie bei der Umstellung auf Fernwärme.[85] Nach Auffassung des BGH ist dies aber kein Problem des § 554 Abs. 2 BGB aF, sondern die vom Vermieter gelieferte Wärmelieferung ist ausschließlich nach dem Inhalt des Vertrages zu beurteilen. 87

In einem solchen Fall ist immer noch in Erwägung zu ziehen, ob der Mieter die Umstellung als Modernisierungsmaßnahme dulden muss, oder ob eine ergänzende Vertragsauslegung zu einer Umlagevereinbarungsänderung führt. 88

Die Umstellung einer Ölzentralheizung auf eine Erdgaszentralheizung stellt ebenfalls, wegen der Verbesserung der Umweltbelastung, eine Wertverbesserung dar.[86] Die Umstellung von Ölöfen auf Nachtspeichertherme stellt ebenfalls eine Wertverbesserung dar,[87] ebenso die Umstellung von Nachtstromspeicheröfen auf Gasetagenheizung.[88] Keine Wertverbesserung und auch keine Energieeinsparung stellt dagegen die Umstellung einer ölbeheizten Zentralheizung auf eine einzige Gasetagenheizung dar.[89] 89

Die Frage, ob der Austausch einer Ölzentralheizung durch eine Fernwärmeheizung eine Modernisierung darstellt, muss nach wie vor im Einzelfall entschieden werden und kann nicht generell bejaht werden. Aufgrund der Modernisierungsziele in § 555b BGB wird man die Modernisierung überwiegend bejahen müssen. 90

Heizkörper

Der Austausch von Rippenheizkörpern gegen Flachheizkörper stellt nur dann eine Modernisierung dar, wenn damit eine nicht unerhebliche Energieeinsparung einhergeht. 91

Heizkörperventile

Der Einbau von Heizkörperventilen stellt eine Gebrauchswertverbesserung und eine Energiesparmaßnahme dar. 92

Heizkostenverteiler

Der Einbau von Heizkostenverteilern stellt eine Energieeinsparungsmaßnahme dar. Im Übrigen ist eine solche Maßnahme bereits wegen § 4 Abs. 2 S. 1 HeizkV vom Mieter zu dulden. 93

Heiztankaustausch

Der Austausch eines Heizöltanks gegen einen solchen mit einer wesentlich größeren Kapazität stellt nicht ohne weiteres eine Gebrauchswertverbesserungsmaßnahme bzw. eine Modernisierung dar.[90] 94

Kabelanschluss

Der Anschluss ans öffentliche Kabelnetz stellt eine Modernisierungsmaßnahme dar, wenn dadurch Programme empfangen werden können, die durch Antenne nicht empfangen werden konnten, bzw. wenn die Empfangsqualität gegenüber der vorhandenen 95

---

[84] Beyer NZM 2008, 12 (14); Blank NZM 2008, 745.
[85] BGH WuM 2005, 387; 2005, 456; 2006, 322; 2007, 445; 2007, 571.
[86] OLG Celle WuM 1993, 89.
[87] AG Dortmund WuM 1983, 291.
[88] AG Hamburg WuM 1991, 30; AG Münster WuM 1996, 268.
[89] AG Rheine WuM 1987, 127.
[90] OVG Berlin GE 1990, 1263 zu § 11 AMVOB; Schmidt-Futterer/Eisenschmid BGB § 555b Rn. 150b.

Antenne verbessert wird.[91] Dies gilt selbst bei vorhandener Gemeinschaftsantenne.[92] Eine Modernisierung liegt ebenfalls vor, wenn der bisherige Kabelanschluss gegen einen rückkanalfähigen Kabelanschluss ausgetauscht wird, da hierdurch die Nutzung von Kommunikations- und Multimediadiensten (insbes. Telefonie und Internet) zusätzlich zum bloßen Rundfunkempfang ermöglicht wird.[93]

Kacheln

Siehe Fliesen

Küche

Siehe Ausstattung

Kinderspielplatz

Siehe Gemeinschaftseinrichtung

Kfz-Stellplatz, Kfz-Flächen

Siehe Gemeinschaftseinrichtung

Kellerräume

96 Der erstmalige Ausbau eines Kellers in vollnutzbare Kellerräume kann eine Maßnahme zur Erhöhung des Gebrauchswerts darstellen.

Kanalisationsanschluss

97 Der Anschluss eines Gebäudes an die öffentliche Kanalisation stellt ebenfalls grundsätzlich eine Modernisierung in Form einer Maßnahme zur Verbesserung der allgemeinen Wohnverhältnisse dar.

Markise

98 Die Anbringung einer Sonnenmarkise bei einem Einfamilienhaus stellt eine Wohnwertverbesserung dar.

Nebenräume

Siehe Aufteilung

Parabolantenne

99 Die Errichtung einer Gemeinschafts-Parabolantenne oder einer Parabolantenne für einzelne Mieter ist eine Modernisierung, wenn mit ihr im Vergleich zur bereits vorhandenen Empfangsanlage zusätzliche Programme empfangen werden können.[94]

Rauchmelder

100 Diese können durch behördliche Anordnung unter § 555b Nr. 6 BGB fallen. Die Anbringung von Rauchmeldern in Bestandsbauten ist gegenwärtig in allen Bundesländern – mit Ausnahme Sachsens – gesetzlich vorgeschrieben, sodass hier stets eine Modernisierung vorliegt. Im Übrigen führt die Ausstattung einer Wohnung mit Rauchwarnmeldern regelmäßig zu einer Verbesserung der Sicherheit, mithin zu einer nachhaltigen Verbesserung im Sinne von § 555b Nr. 4 und 5 BGB. Dies gilt auch wenn dieser Zustand bereits dadurch erreicht ist, dass der Mieter von ihm ausgewählte Rauchmelder selbst eingebaut hat.[95]

Rollläden

101 Der Einbau von Rollläden stellt wegen der Verbesserung des Sicherheitsschutzes eine Modernisierung dar.

Sanitäranlagen

Siehe Bad, siehe Armaturen

Satellitenschüssel

Siehe Parabolantenne

Steigleitungen

Siehe Abwasserleitungen und Elektroleitungen

---

[91] Schmidt-Futterer/Eisenschmid BGB § 555b Rn. 117.
[92] BGH WuM 1991, 381.
[93] Schmidt-Futterer/Eisenschmid BGB § 555b Rn. 94.
[94] BGH WuM 1991, 381.
[95] BGH NZM 2015, 588.

Schornstein

Der Einbau von notwendig gewordenen Edelstahlrohren in bereits vorhandene Schornsteine, aufgrund einer modernisierten Heizungsanlage, ist eine Verbesserungsmaßnahme.[96] 102

Solaranlagen

Obwohl durch den reinen Bau einer Solaranlage zunächst keine Endenergie in Form von Strom eingespart wird, kann man von einer Modernisierung ausgehen, da die Anlage dem Umweltschutz und der Einsparung von Primärenergie dient, weil andere (fossile) Energieträger dadurch weniger benötigt werden.[97] Gleiches gilt, wenn die Solaranlage für die Heizungsanlage zur Warmwasserbereitung genutzt wird. 103

Spielplatz

Siehe Gemeinschaftsanlagen

Stromzähler

Der Einbau eines Stromzählers stellt nach diesseitiger Auffassung entgegen weiten Teilen der Rspr.[98] eine Energiesparmaßnahme dar, da hierdurch eine Kontrolle des Energieverbrauchs ermöglicht wird. Selbst die Verlegung eines bereits vorhandenen Stromzählers vom Hausflur in den Keller kann eine Verbesserung darstellen.[99] 104

Treppenhaus

Veränderungen im Treppenhaus, die zur Gebrauchswerterhöhung führen wie erstmalige Anschaffung von Handläufen, Treppenlichttaster usw stellen Verbesserungen dar.[100] 105

Türen

Siehe Eingangstür

Türschließanlage

Siehe Gegensprechanlage

Umwälzpumpe (drehzahlgeregelt)

Dann, wenn der Austausch der alten Pumpe gegen eine intensivere oder energiesparsamere Pumpe vorgenommen wird, kann dies eine Maßnahme zur Einsparung von Energie sein. 106

Warmwasser

Der Anschluss einer Wohnung an eine Zentralwarmwasserversorgungsanlage ist nur dann eine Modernisierung, wenn die vorherige Warmwasserversorgung unter dem Gesichtspunkt der Energieeinsparung schlechter war. Der bloße Austausch eines Durchlauferhitzers durch einen Anschluss an die zentrale Warmwasserversorgung stellt dagegen keine Modernisierung dar.[101] 107

Waschraum

Siehe Gemeinschaftseinrichtung

Wärmedämmung

Siehe Heizung

Wasseruhr

Der Einbau einer Wasseruhr stellt eine Maßnahme der Wassereinsparung dar, weil sich durch das dadurch regelmäßig verbrauchsbewusstere Benutzerverhalten eine Einsparung ergibt. 108

Wohnungstür

Der erstmalige Einbau eines Sicherheitsschlosses als Austausch gegen ein Bartschloss wird als Wohnwertverbesserung angesehen.[102] 109

---

[96] AG Berlin-Spandau GE 1990, 1089; 1089.

[97] Schmidt-Futterer/Eisenschmid BGB § 555b Rn. 67; stets für Gebrauchswerterhöhung: Tücks ZMR 2003, 806.

[98] Siehe etwa LG Berlin MM 1994, 102.

[99] AG Pankow-Weißensee ZMR 2015, 466.

[100] Schmidt-Futterer/Eisenschmid BGB § 555b Rn. 141; Bub/Treier MietR-HdB/Schüller Kap. III. Rn. 2669.

[101] Schmidt-Futterer/Eisenschmid BGB § 555b Rn. 143.

[102] Schmidt-Futterer/Eisenschmid BGB § 555b Rn. 147.

110 b) **Mitteilungspflicht des Vermieters.** § 555c Abs. 1 S. 1 BGB schreibt vor, dass der Vermieter bei Modernisierungsmaßnahmen nach § 555b BGB den Mieter **spätestens 3 Monate vor Beginn der Maßnahme** schriftlich über die Art der Maßnahme, ihren voraussichtlichen Umfang, den voraussichtlichen Beginn der Maßnahme, die Dauer sowie die zu erwartende Mieterhöhung zu informieren hat. Der Mieter soll nach Sinn und Zweck des § 555c BGB in den Stand versetzt werden, aufgrund der erhaltenen Informationen selbstständig zu prüfen, ob die vom Vermieter gewünschte „Modernisierungsmaßnahme" als solche von ihm geduldet werden muss, ob er sie verweigern kann oder ob er von seinem Sonderkündigungsrecht gem. § 555e BGB Gebrauch machen will. Diese Informationspflicht besteht nicht nur für Maßnahmen, die unmittelbar in der Wohnung des Mieters stattfinden, sondern die Mitteilungspflicht gilt selbstverständlich auch für Modernisierungen oder Energie- oder Wassereinsparungsmaßnahmen außerhalb der eigentlichen Mieträume, zB im Speicher, im Treppenhaus, an der Außenfassade usw.[103]

111 *aa) Inhalt.* Im Ankündigungsschreiben selbst sind die Modernisierungsmaßnahmen sowohl in ihrer Art wie auch in ihrem Umfang „in wesentlichen Zügen" zu beschreiben. Zugleich ist der **voraussichtliche Beginn und die voraussichtliche Dauer** der Modernisierungsmaßnahme, die **zu erwartende Mieterhöhung** sowie die voraussichtlichen zukünftigen Betriebskosten mitzuteilen. Was die **Art** betrifft, so hat der Vermieter Angaben über die bauliche Ausführung und die räumliche Größenordnung zu machen, sodass der Mieter anhand dieser Beschreibung nachvollziehen kann welche Auswirkung die bauliche Maßnahme auf seine Räume einschließlich der Möblierung hat. Insoweit ist die Maßnahme so konkret wie möglich und mit den richtigen Begriffen zu bezeichnen. Des Weiteren ist der **voraussichtliche Umfang** der Arbeiten zu konkretisieren, sodass der Mieter anhand der Umfangsbeschreibung erkennen kann, welche Räume bzw. Raumteile (insbes. einzelne Wände) betroffen sind und welche Beeinträchtigung in den jeweiligen Räumen stattfindet.

112 Die Formulierung **„in wesentlichen Zügen"**, ist in § 554 Abs. 3 S. 1 BGB aF früher nicht enthalten gewesen. Insoweit ist eine Neuerung durch das Mietrechtsänderungsgesetz vom 13.12.2012 eingetreten, weil in der Rechtsprechung aufgrund der alten Rechtslage recht strenge Maßstäbe an die Schilderung der Maßnahme gestellt wurden, was der Gesetzgeber ändern wollte. Die Formulierung für die Ankündigung der Modernisierungsmaßnahme „in wesentlichen Zügen" soll verdeutlichen, dass an Art und Umfang der Modernisierung **keine übertriebenen Anforderungen** gestellt werden.[104] Die Formulierung ist jedoch unscharf, die Formulierung wird in der Lit. überwiegend als „zu unklar"[105] oder zu „pauschal und schwammig" angesehen[106] bzw. als „unnötig".[107] Nach diesseitiger Auffassung ist aber, selbst nachdem der Gesetzgeber nur die Maßstäbe an die Konkretisierung weiter herab gesetzt hat, nach wie vor eine solche Beschreibung hinsichtlich Art und Umfang der Maßnahme notwendig, die es dem Mieter erlaubt die Beeinträchtigung innerhalb der Mietsache nachzuvollziehen. Die zu erfüllenden Anforderungen an die Ankündigung sind abhängig vom Einzelfall. So ist zum Beispiel beim Einbau eines Bades der genaue Standort mitzuteilen, ebenso wie die voraussichtlich notwendigen Durchbrüche und der Verlauf der Versorgungsleitungen durch die sonstige Wohnung. Beim Einbau einer Zentralheizung sind die voraussichtliche Lage und der voraussichtliche Umfang der einzelnen Heizkörper, dh deren Standorte und Maße sowie die damit verbundenen Wanddurchbrüche und Flächeneinbußen anzugeben, damit der Mieter die Beeinträchtigungen, die an seiner Mietsache infolge der Modernisierungsmaßnahme möglicherweise entstehen, zumindest angezeigt bekommt und er diese nach-

[103] LG Berlin WuM 1987, 386; Schmidt-Futterer/Eisenschmid BGB § 555c Rn. 29.
[104] BT-Drs. 17/10485, 20.
[105] Zehelein WuM 2012, 419.
[106] Klinski WuM 2012, 354 (357).
[107] Börstinghaus NZM 2011, 657 (701); DAV NZM 2012, 105 (107).

vollziehen kann.[108] Sowohl bezüglich Art als auch Umfang genügt es nach wie vor nicht, wenn erst auf Anfrage des Mieters eine Substantiierung erfolgt, weil eine **nachträgliche Substantiierung** nicht zu einer Heilung der Verletzung von § 555c Abs. 1 S. 1 BGB führt.[109] Hätte der Gesetzgeber diese Möglichkeit in Betracht gezogen, hätte er es nicht bei der Herabsetzung der strengeren Maßstäbe belassen, sondern die Mitteilungspflicht dahingehend ergänzt, dass diese erst auf Nachfrage des Mieters hin entsteht.

Bei der Frage, wie konkret der Inhalt der Ankündigung sein muss, kann auf die **113** grundlegende **Entscheidung des BGH vom 28.9.2011** zurückgegriffen werden. In dieser Entscheidung hat der BGH sich zum Inhalt der Modernisierungsankündigung umfassend geäußert. Der BGH weist in seiner Entscheidung auf den Sinn und Zweck der Ankündigungspflicht hin und hält deshalb daran fest, dass der Mieter wissen muss, auf welche Art und Weise die Wohnung verändert wird und welche Veränderungen des künftigen Mietgebrauchs damit konkret verbunden sind und ob sich die Miete erhöht. Insoweit wurden auch **stichwortartige Beschreibungen** hinsichtlich Art und Umfang der Ankündigung ausweislich dieser BGH-Entscheidung zugelassen.[110]

Was die **Art** betrifft, so hat der Vermieter Angaben über die jeweils vorgesehenen **114** bauliche Ausführungsart zu machen, so dass der Mieter anhand dieser Beschreibung nachvollziehen kann, welche Auswirkungen die Maßnahmen auf seine Räume einschließlich der Wohnungseinrichtung haben. Insoweit ist die Maßnahme so konkret wie möglich und mit den richtigen, präzisen Begrifflichkeiten zu bezeichnen.

Des Weiteren ist der **voraussichtliche Umfang** der Arbeiten zu konkretisieren, so dass **115** der Mieter anhand der Umfangsbeschreibung erkennen kann, welche Räume betroffen sind und welche Beeinträchtigungen in den einzelnen Räumen stattfinden. Hier ist eine genaue und umfassende, ggf. durch Bezugnahme auf beigefügte Skizzen oder Baupläne ergänzte Beschreibung der einzelnen Maßnahmen bis hin zur genauen Angabe von Ort und Abmessungen ihrer Vornahme erforderlich. Anzugeben ist nur der voraussichtliche Umfang, dh der Umfang, der **zum Zeitpunkt der Modernisierungsankündigung** für den Vermieter aufgrund seiner Planungsabsichten ersichtlich ist. Er muss hierbei allerdings von realistischen Tatsachen ausgehen.[111] Soweit sich die geplanten Maßnahmen im weiteren Verlauf grundlegend ändern sollten, ist eine erneute Ankündigung erforderlich. Der Begriff „voraussichtlich" räumt dem Vermieter insoweit kein freies Ermessen hinsichtlich der Bauausführung ein, sondern gibt ihm lediglich einen **Durchführungsspielraum** im Falle technischer unvorhergesehener Hindernisse.[112]

Der Gesetzgeber hatte bereits durch das Mietrechtsreformgesetz von 2001, im Gegen- **116** satz zu der vor 2001 bestehenden Gesetzeslage, durch die Einfügung des Begriffes **„voraussichtlich"** auch hinsichtlich Umfang und Beginn der Maßnahme die strengen Maßstäbe, die die Rspr. früher an die formellen Voraussetzungen der Mitteilung gestellt hat, gesenkt. Das Merkmal „voraussichtlich" bezieht sich seitdem im Gegensatz zu der vorher geltenden Rechtslage, nicht nur auf die Dauer, sondern auch auf den Umfang und den Beginn, womit dem Umstand Rechnung getragen wird, dass ein Vermieter häufig gar nicht in der Lage ist, präzisere Angaben in diesem Bereich zu machen. Durch das Mietrechtsänderungsgesetz vom 13.12.2012 wurden die Anforderungen erneut etwas herabgesetzt. Beibehalten hat der Gesetzgeber sowohl hinsichtlich der Mitteilung des Umfangs als auch hinsichtlich des Beginns und der Dauer aber das Adjektiv „voraussichtlich".

Der **Beginn der Maßnahme** ist ebenfalls mit Hilfe eines voraussichtlichen Datums **117** anzugeben. Auch hier ist im Gegensatz zur früheren Regelung der strenge Maßstab, den die Rspr. zu der Mitteilungspflicht bezüglich des Beginns der Maßnahme entwickelt hat, gemildert worden, indem der Begriff „voraussichtlich" eingefügt wurde. Während also

---

[108] LG Berlin MM 1989 Nr. 6; LG Hamburg WuM 1990, 18; 1992, 121; AG Gelsenkirchen WuM 1995, 480.
[109] Vgl. Schmidt-Futterer/Eisenschmid BGB § 554 Rn. 9.
[110] BGH NZM 2011, 849 = WuM 2011, 677.
[111] MüKoBGB/Artz § 555c Rn. 11.
[112] Schmidt-Futterer/Eisenschmid BGB § 555c Rn. 32.

früher das konkrete Datum anzugeben war, ist nun nur noch der voraussichtliche Beginn anzugeben.[113] Gleichwohl ist nach diesseitiger Auffassung auch nach der Herabsetzung der strengen Maßstäbe zu empfehlen, ein genaues **Datum** anzugeben, damit der Mieter sich auch darauf einstellen kann, und seine Planung nach diesem konkreten Termin vornehmen kann. Zu beachten ist, dass sich bei einer **Mehrzahl von Maßnahmen** aus dem Zeitplan ergeben muss, wann die jeweiligen Einzelmaßnahmen voraussichtlich in Angriff genommen werden.[114] Im Gegensatz zur früheren Regelung wird man allerdings davon ausgehen müssen, dass, falls der angegebene Termin nicht eingehalten werden kann bzw. es zu erheblichen Verschiebungen von mehreren Tagen oder Wochen kommt, eine neue Mitteilung nicht wiederholt werden muss, sondern, da die Maßstäbe eben herabgesetzt wurden, die Verzögerung dem Mieter lediglich so rechtzeitig wie möglich mitzuteilen ist.[115]

118 Ferner hat der Vermieter dann auch die **voraussichtliche Dauer** mitzuteilen. Auch hier gilt, dass eine möglichst konkrete Angabe gemacht werden muss (etwa „vom 1.10.2025 bis 20.10.2025"; „KW 38/2025 bis KW 42/2025") und dass Angaben mit größeren zeitlichen Spielräumen (etwa „April 2025 bis September 2025") als zu unbestimmt abzulehnen sind.[116] Bei mehreren Maßnahmen, die sich über einen **längeren Zeitraum** erstrecken, ist es daher nicht ausreichend, wenn lediglich die Gesamtdauer mitgeteilt wird. Vielmehr muss sich aus dem Ankündigungsschreiben ergeben, welche Arbeiten in welchem Zeitraum ausgeführt werden. Der Mieter soll in die Lage versetzt werden, zu übersehen, wann Zutritt zu seinen Mieträumen erforderlich ist bzw. über welchen Zeitraum er Teile der Mieträume nur eingeschränkt nutzen kann.[117]

119 Schließlich hat der Vermieter dann insbes. auch die **zu erwartende Mieterhöhung**, welche die Modernisierungsmaßnahme nach sich zieht, mitzuteilen. Insoweit ist ebenfalls die Angabe eines **konkreten Erhöhungsbetrages** notwendig und nicht etwa eine Prozentangabe oder eine Mieterhöhungsspanne.[118] Im Gegensatz zur Erklärung gemäß § 559b BGB verlangt allerdings die Mitteilung im Rahmen des § 555c Abs. 3 BGB weder eine nachprüfbare Darstellung darüber, wie der Vermieter auf die voraussichtliche Mietzinserhöhung gekommen ist, dh es ist keine Kalkulation beizufügen, noch eine Aufschlüsselung der auf die Mieter umzulegenden Kosten der Maßnahme.[119]

120 Bringt die Modernisierungsmaßnahme eine Veränderung **der Betriebskosten** oder die Neueinführung von Betriebskosten mit sich, muss dies selbstverständlich ebenfalls im Rahmen der Mitteilungspflicht des § 555c Abs. 3 BGB mitgeteilt werden.[120] Dies entspricht der früheren Rspr. und wurde nun in das Gesetz mit aufgenommen.

121 Neu aufgenommen hat der Gesetzgeber nunmehr aber als Sollvorschrift, dass der Vermieter den Mieter in seiner Mitteilung auf die **Form und die Frist des Härteeinwands nach § 555d Abs. 3 S. 1 BGB hinweisen** soll. Trotz des Charakters als Sollvorschrift führt die Nichtinformation über die Form und die Ausschlussfrist des Härteeinwands zu rechtlichen Folgen; diese Folgen eines unterbliebenen Hinweises sind in § 555d Abs. 5 BGB geregelt.

122 Des Weiteren bringt § 555c Abs. 3 BGB hinsichtlich der Anforderungen an den Inhalt einer Mitteilung eine grundlegende Neuerung. Sollen Maßnahmen nach § 555b Nr. 1 und 2 BGB durchgeführt werden – Einsparung von Endenergie oder nicht erneuerbarer Primärenergie oder Maßnahmen zum Klimaschutz – kann der Vermieter in der Ankün-

[113] Vgl. zur früheren Rechtslage: Schmidt-Futterer/Eisenschmid BGB § 554 Rn. 269, 270; aA Bub/Treier MietR-HdB/Krämer, 3. Aufl. 1999, Kap. III. Rn. 1115.
[114] LG Hamburg BeckRS 2004, 30987423.
[115] Vgl. frühere Rechtslage: LG Berlin WuM 1989, 267; wie hier BeckOGK/Schepers BGB § 555c Rn. 23.
[116] LG Berlin GE 1987, 521; Schmidt-Futterer/Eisenschmid BGB § 555c Rn. 43.
[117] Blank/Börstinghaus/Siegmund/Börstinghaus BGB § 555c Rn. 11.
[118] Schmidt-Futterer/Eisenschmid BGB § 555c Rn. 45.
[119] LG Fulda WuM 1992, 243; Schmidt-Futterer/Eisenschmid BGB § 555c Rn. 45; Bub/Treier MietR-HdB/Schüller Kap. III. Rn. 2686.
[120] Schmidt-Futterer/Eisenschmid BGB § 555c Rn. 46.

digung, insbes. hinsichtlich der energetischen Qualität von Bauteilen, auf **allgemein anerkannte Pauschalwerte** Bezug nehmen. Die Bezugnahme auf allgemein anerkannte Pauschalwerte gilt über § 559b Abs. 1 S. 3 BGB im nachfolgenden Mieterhöhungsverfahren nach § 559 BGB und § 559c BGB entsprechend.[121]

Der Gesetzgeber äußert sich in der Neuregelung jedoch nicht näher darüber, was ein allgemein anerkannter Pauschalwert im Sinne der Norm ist. Lediglich beispielhaft wird in der Gesetzesbegründung hervorgehoben, dass eine Bezugnahme auf die „Bekanntmachung der Regeln zur Datenaufnahme und Datenverwendung im Wohngebäudebestand des Bundesministeriums für Verkehr, Bau- und Stadtentwicklung vom 30.7.2009" zulässig ist. Hierin sind die **Wärmedurchgangskoeffizienten (sog. U-Werte)** einzelner Bauteile wie etwa Fenster, Türen, Mauern etc älterer Baujahre enthalten. Man wird wohl auch die Normen des Deutschen Instituts für Normen als Regelwerk mit privatem Empfehlungscharakter zu den allgemein anerkannten Pauschalwerten zählen können.[122] Was die Rspr. unter „allgemein anerkannten Pauschalwerte" in Zukunft noch verstehen wird, bleibt abzuwarten. Grundlegender Maßstab dürfte aber die zurückliegende Rspr. des BGH zu den Anforderungen an die eigentlich nachfolgende Mieterhöhung sein.[123] In seiner Rspr. hat der BGH insbes. anerkannt, dass eine Bezugnahme auf die U-Werte der alten und neuen Bauteile für die Beurteilung, ob eine energetische Modernisierung vorliegt, ausreichend ist. Zu empfehlen ist daher etwa folgende Formulierung: „Die vorhandener Fenster mit Einfachverglasung mit einem U-Wert von 2,8 werden durch Fenster mit Dreifachverglasung mit einem U-Wert von 0,8 ausgetauscht." 123

Des Weiteren spricht die Regelung in § 555c Abs. 3 BGB nur von **„Bezugnahme"** auf allgemein anerkannte Pauschalwerte und nicht von einem „Beifügen". Hieraus folgt, dass ein Beifügen von Unterlagen zum Nachweis entbehrlich ist. Gleichwohl dürfte es in der anwaltlichen Praxis aber, um etwaige Probleme von Anfang an zu vermeiden, sinnvoll sein, entsprechende Unterlagen beizufügen, denn der Vermieter muss im Ankündigungsschreiben die einzelnen Werte darlegen, damit der Mieter diese vergleichen kann. Diese Vergleichsmöglichkeit wird bei Überlassung entsprechender Unterlagen, etwa von Auszügen aus den Planungsunterlagen, nur in den seltensten Fällen nicht gewahrt sein. 124

bb) Frist. Die schriftliche Ankündigung hat gemäß § 555c Abs. 1 S. 1 BGB mit einer Mindestfrist von **drei Monaten vor Beginn der Maßnahme** zu erfolgen. Durch diese Frist ist gewährleistet, dass das Sonderkündigungsrecht des Mieters sinnvoll mit der Ankündigungsfrist verknüpft ist, da der Mieter berechtigt ist, bis zum Ablauf des Monats, der auf den Zugang der Mitteilung folgt, außerordentlich zum Ablauf des nächsten Monats zu kündigen. Dabei berechnet sich die dreimonatige Ankündigungsfrist nach den allgemeinen Regeln in §§ 187, 188 BGB. 125

Für die Frage, ob die Mitteilung **rechtzeitig** erfolgt, ist allein auf den Beginn der (Ausführungs-)Maßnahme abzustellen und nicht etwa auf bloße technische oder planerische Vorbereitungen ohne bauliche Auswirkungen vor Ort (Besichtigung mit dem Architekten, den Handwerkern etc).[124] **Ausnahmsweise** kann der Mieter trotz des Nachteilsverbots in § 555c Abs. 5 BGB dann auf die Einhaltung der dreimonatigen Frist verzichten, wenn dies für ihn nur vorteilhaft ist und er zum Zeitpunkt des Verzichts alle Folgen seines Verzichts vollständig voraussehen und übersehen konnte.[125] 126

Des Weiteren hat der Gesetzgeber bzgl. der Frist den Begriff **„spätestens"** eingefügt, um deutlich zu machen, dass auch längerfristige Mitteilungen, die den Anforderungen an eine ordnungsgemäße Modernisierungsankündigung genügen, wirksam sind. Der 127

[121] BT-Drs. 17/10485, 21.
[122] Gsell WuM 2011, 491 ff.
[123] BGH WuM 2006, 157.
[124] Schmidt-Futterer/Eisenschmid BGB § 555c Rn. 17; hierzu ausführlich BeckOGK/Schepers BGB § 555c Rn. 21.
[125] Schmidt-Futterer/Eisenschmid BGB § 555c Rn. 74.

Vermieter hat demnach die Möglichkeit, eine Modernisierungsmaßnahme lange vor der beabsichtigten Durchführung anzukündigen; denn der Mieter soll durch die Ankündigungsvorschrift vor kurzfristigen Maßnahmen geschützt werden.[126] Das ist insbesondere dann von Relevanz, wenn eine Gesetzesänderung ansteht und sich die Zulässigkeit der Modernisierungsmieterhöhung noch nach der alten Rechtslage richtet, da die Ankündigung nach dieser erfolgte.

128 *cc) Form.* Die in § 555c Abs. 1 BGB vorgeschriebene Mitteilung ist eine **einseitige, empfangsbedürftige Willenserklärung,** sodass die allgemeinen Regeln über einseitige, empfangsbedürftige Willenserklärungen hier Gültigkeit haben. Die Mitteilung selbst bedarf lediglich der **Textform gemäß § 126b BGB,** sodass die eigenhändige Unterschrift des Vermieters oder seines Bevollmächtigten nicht erforderlich ist. Entgegen der alten Rechtslage, die Schriftform gem. § 126 BGB vorgeschrieben hatte, genügt nunmehr auch die Verwendung eines Telefaxes, einer E-Mail etc.[127] Soweit sich der Vermieter von einem Bevollmächtigten (etwa Hausverwaltung, Grundeigentümerverband, Rechtsanwalt etc) vertreten lässt, muss eine Vollmachtsurkunde auf Grund der allgemeinen Regelung des § 174 BGB im Original beizufügen, um dem **Risiko einer Zurückweisung** sicher zu entgehen.

129 Gemäß § 550 BGB kann die Ankündigungserklärung ebenso wie die Mieterhöhungserklärung gem. § 559b Abs. 1 BGB mit Hilfe von **automatisierten Einrichtungen** gefertigt werden.[128]

130 Auch wenn nun Textform statt Schriftform genügt, bleibt es dabei, dass die Form nur gewahrt ist, wenn die Erklärung auf einem **dauerhaften Datenträger** enthalten ist, damit der Mieter sich zusammenfassend ein vollständiges Bild machen kann.[129] Gemäß den üblichen Regeln muss eine Mitteilung, wenn mehrere Personen Vermieter bzw. Mieter sind, von allen Vermietern unterschrieben sein bzw. ausgehen und sich an alle Mieter richten. Das Textformerfordernis bezieht sich natürlich auch auf sämtliche gem. § 555c BGB mitzuteilenden Umstände. Es genügt also nicht, dass hier nur Umstände angerissen werden und eine vollständige Aufklärung, etwa über Umfang und Zeitdauer, mündlich erfolgt.

131 *dd) Ausnahme von der Mitteilungspflicht.* Die Mitteilungspflicht besteht nicht für solche Maßnahmen, die für den Mieter in Bezug auf die Mietsache zu **keiner oder nur zu einer unwesentlichen Mietzinserhöhung** führen (§ 555c Abs. 4 BGB).

132 Diese Entbehrlichkeit bezieht sich aber nur auf die Mitteilung gem. § 555c Abs. 1–3 BGB. Nach wie vor notwendig ist, dass der Vermieter **im Rahmen seiner üblichen Unterrichtungspflicht** und wegen des Anspruchs auf Zutritt zur Wohnung, die insoweit notwendigen Ankündigungen, entsprechend den allgemeinen Regeln, einhält. Wann eine nur unerhebliche Erhöhung des Mietzinses vorliegt, ist in Rspr. und Lit. umstritten. Teilweise wird hier eine betragsmäßige Begrenzung angenommen, wobei eine unerhebliche Erhöhung nach dieser Auffassung jedenfalls bei einem Erhöhungsbetrag von unter 10 EUR monatlich vorliegen soll, während sich nach aA die Bagatellgrenze allgemein nach der prozentualen Mieterhöhung bemessen soll und deshalb die Grenze bei maximal 5 % bzw. 7,5 % anzusetzen sei.[130]

133 Als **Maßnahme mit unerheblicher Einwirkung** wurde bislang in der Rspr. zB der Anschluss der Wohnung an das Kabelnetz angesehen, der Einbau von Thermostatventilen oder die Installation einer Klingel- bzw. Gegensprechanlage.[131]

---

[126] BGH 18.3.2021 – VIII ZR 305/19, NZM 2021, 463.

[127] Vgl. Schmidt-Futterer/Eisenschmid BGB § 555c Rn. 22 ff.; zu den Voraussetzungen der Textform im Einzelnen Jauernig/Mansel BGB § 126b Rn. 2.

[128] Vgl. Grüneberg/Ellenberger BGB § 126b Rn. 4.

[129] Schmidt-Futterer/Eisenschmid BGB § 555c Rn. 23a.

[130] Betragsmäßige Begrenzung: Schmidt-Futterer/Eisenschmid BGB § 555c Rn. 61; prozentuale Begrenzung: LG Berlin NJW-RR 1992, 144; Grüneberg/Weidenkaff BGB § 555c Rn. 10; LG Berlin ZMR 1986, 444; aA LG Detmold WM 1990, 121, eine Mietanhebung um 7,5 % kann nicht als unerheblich bezeichnet werden.

[131] Schmidt-Futterer/Eisenschmid BGB § 555c Rn. 63 mwN.

ee) Folgen der Verletzung der Ankündigungspflicht. Unterlässt der Vermieter die Ankündigungspflicht, braucht der Mieter die Maßnahmen nicht dulden. 134

Aber auch **Verstöße bei der Mitteilung hinsichtlich des Inhalts, der Form oder der Frist** führen dazu, dass die Maßnahmen nicht geduldet werden müssen. Die nachträgliche Substantiierung des – in einem ursprünglichen Ankündigungsschreiben nicht ausführlich genug gehaltenen – voraussichtlichen Umfangs führt nicht zu einer Heilung der ursprünglichen Mitteilung.[132] Ebenso führt eine nicht unerhebliche Abweichung vom voraussichtlichen Termin bzw. voraussichtlichen Zeitplan dazu, dass die **ursprüngliche Mitteilung nichtig** ist und eine neue vollständige Modernisierungsankündigung mit den entsprechenden Fristen abgegeben werden muss.[133] Sofern die angekündigte Mieterhöhung im Ankündigungsschreiben nachweislich deutlich **zu niedrig beziffert** ist, kann der Mieter sich auch noch nach Abschluss der Maßnahmen auf Härtegründe berufen, weil die Ausschlussfrist des § 555d BGB gem. § 559 Abs. 5 S. 2 BGB nicht anzuwenden ist, wenn die verlangte Mieterhöhung den angekündigten Erhöhungsbetrag um mehr als 10 % übersteigt. Bleibt die Mieterhöhung unterhalb dieser 10 %-Grenze, kann der Vermieter ggf. nur die ursprünglich angekündigte Mieterhöhung verlangen, wenn der Mieter bei wahrheitsgetreuer Angabe die Zahlung der Mieterhöhung hätte verweigern können, weil sie nach § 559 Abs. 4 BGB als Härte zu berücksichtigen gewesen wäre.[134]

Schließlich können **falsche Angaben** in der Ankündigung stets **Schadensersatzansprüche** nach der allgemeinen Regelung des § 280 Abs. 1 BGB auslösen, wenn nachgewiesen werden kann, dass schuldhaft Falschangaben gemacht worden sind, so dass es fälschlicherweise durch den Mieter zu einer Duldung mit den entsprechenden nachteiligen Folgen gekommen ist. Erst recht haftet der Vermieter natürlich nach den üblichen Grundsätzen auf Schadensersatz, wenn er infolge falscher Angaben den Mieter zur Ausübung seines Sonderkündigungsrechts veranlasst hat. 135

c) **Duldungspflicht/Zumutbarkeitsprüfung/Würdigung der berechtigten Interessen bei Vorliegen einer Härte (sog. Härteklausel).** § 555d Abs. 1 BGB regelt, dass der Mieter eine Modernisierungsmaßnahme dulden muss. Die Pflicht des Mieters zur Duldung verfolgt verschiedene Ziele. Die **Duldungspflicht** dient zum einen der Verbesserung der allgemeinen Wohnverhältnisse in ökologisch sinnvoller und für das Gemeinwesen nützlicher Weise. Zugleich soll auch der Eigentümer bzw. Vermieter die Möglichkeit haben trotz des Besitzrechts eines Mieters das Objekt zu modernisieren, um eine nachhaltig bessere Vermietbarkeit zu erhalten und die Wohnverhältnisse dem neusten Stand der Technik anzupassen. 136

Der Gesetzgeber beschränkt jedoch die Duldungspflicht des Mieters in § 555d Abs. 2 BGB, der ein **Abwägungsgebot** zwischen den auf Seiten des Mieters in Betracht kommenden Härten und den Interessen des Vermieters und der Mitmieter enthält. Insoweit sind in der Regelung Beispiele hinsichtlich des Mieters aufgezählt, ohne diese abschließend zu regeln, während auf Vermieterseite bzw. auf der Seite der übrigen Mieter keine Beispiele benannt sind. Die Benennung der Beispiele macht die Intention des Gesetzgebers deutlich, dass hier im Rahmen einer Abwägung noch einmal überprüft werden soll, ob durch die grundsätzliche Duldung von Modernisierungsmaßnahmen im Einzelfall nicht ein **sog. „Hinaus- bzw. Herausmodernisieren"** vorliegt, was durch das öffentliche Interesse, dass ältere Bauten und Einrichtungen an einen moderneren Standard herangeführt werden, nicht mehr gedeckt ist, sondern der Verdrängung der bisherigen Mieterschicht zugunsten profitablerer Neuvermietungen dient. 137

Früher hatte der Gesetzgeber in § 554 Abs. 2 S. 3 BGB aF **einzelne Abwägungskriterien,** wie etwa die vorzunehmenden Arbeiten, die baulichen Folgen oder vorausgegangene Aufwendungen des Mieters, beispielhaft im Gesetzestext angeführt. Diese **beispielhaft** erwähnten Abwägungskriterien sind nun nicht mehr ausdrücklich in den Gesetzestext übernommen worden. Dies sollte jedoch nur der Straffung des Gesetzes- 138

132 AG Neukölln MM 1993, 398.
133 LG Berlin BeckRS 2010, 4008; WuM 1989, 287.
134 Schmidt-Futterer/Eisenschmid BGB § 555c Rn. 53.

wortlautes dienen.[135] Die alten Kriterien aus § 554 Abs. 2 S. 3 BGB aF, die dort beispielhaft angeführt sind, können weiterhin zur Abwägung herangezogen werden. Hiergegen abzuwägen sind die berechtigten Interessen des Vermieters und anderer Mieter im betroffenen Gebäude sowie – neu eingeführt – die Belange der Energieeinsparung und des Klimaschutzes.

139 *aa) Zu berücksichtigende Interessen auf Vermieterseite.* Auf Vermieterseite sind als berechtigte **Interessen des Vermieters** alle vernünftigen Gründe – sei es im wirtschaftlichen, familiären oder ästhetischen Bereich – die für die Durchführung einer Modernisierungsmaßnahme angeführt werden können, zu berücksichtigen. Das in der Praxis **wichtigste Interesse** ist das Interesse des Vermieters an einer **Wertverbesserung** seines Gebäudes, womit idR auch dessen Vermietbarkeit längerfristig gesichert wird. Dies kann insbes. durch die Anpassung an den neuesten Stand der Technik oder an besonders nachgefragte Wohnstandards erreicht werden. Von einigem Gewicht sind auch Energiesparmaßnahmen, welche die Betriebskostenlast der Mieter senken oder – auch unter gemeinnützigen Aspekten relevant – eine Verringerung des Verbrauchs fossiler Energieträger mit sich bringen und damit CO^2 einsparen. Ferner ist ein gewichtiges Interesse des Vermieters dann zu bejahen, wenn der Finanzmarkt ihm – etwa aufgrund einer gegenwärtigen Niedrigzinsphase – **günstige Finanzierungsmittel** für die beabsichtigte Modernisierungsmaßnahme zur Verfügung stellt.[136]

140 Bei den ebenfalls auf Vermieterseite zu berücksichtigenden **Interessen der übrigen Mieter** an der Durchführung der Modernisierungsmaßnahme in Betracht kommenden Argumente sind insbes. deren Wunsch nach einem höheren Wohnkomfort bzw. nach einer Verbesserung der allgemeinen Wohnverhältnisse innerhalb des Gebäudes. Für die Abwägung relevant sind jedoch nicht nur solche Maßnahmen, von denen alle übrigen Mieter gleichermaßen profitieren, dh die der Hausgemeinschaft im Allgemeinen zugutekommen, sondern auch solche, die durch Maßnahmen in der Wohnung eines anderen Mieters notwendig werden.[137]

141 *bb) Härtegründe auf Seiten des Mieters.* Während auf Vermieterseite Interesse zur Abwägung heranzuziehen sind, hat der Gesetzgeber auf Seiten des Mieters nicht von einem Interesse an der Verhinderung der Modernisierung gesprochen, sondern von einer „unzumutbaren Härte“, sodass schon allein aufgrund Wortwahl vom Gesetzgeber vorgegeben wurde, dass Mieterinteressen im Rahmen der Abwägung nur dann zu berücksichtigen sind, wenn sie für den Mieter auch eine „Härte“ darstellen. Insoweit sind an das Vorliegen einer „Härte“ **strengere Anforderungen** zu stellen als an ein berechtigtes Interesse.[138]

142 Hierbei ist zu beachten, dass auf Mieterseite nicht nur die Härten für den Mieter selbst Berücksichtigung finden dürfen, sondern auch die Härten für dessen Familie oder **einen anderen Angehörigen seines Haushalts.** Dies sind zum einen Partner, die mit dem Mieter in einem auf Dauer angelegten Haushalt leben, zum anderen sonstige dauerhaft im Haushalt des Mieters lebende Personen, wie Pflegekinder oder Kinder des Lebenspartners.[139] Hierunter zählen insbes. eheähnliche Lebensgemeinschaften und eingetragene Lebenspartnerschaften, aber auch das dauerhafte Zusammenleben älterer Menschen, die als Alternative zum Alters- oder Pflegeheim zusammenleben. Unter dem Begriff „Haushalt“ versteht der Gesetzgeber eine dauerhafte Lebensgemeinschaft, die keine weitere Bindung gleicher Art zulässt, und sich durch eine innere Bindung auszeichnet,

---

[135] BT-Drs. 17/10485, 21.

[136] Vgl. hierzu Schmidt-Futterer/Eisenschmid BGB § 555d Rn. 54.

[137] Vgl. LG Berlin BeckRS 2011, 07767; AG München ZMR 2017, 985 (jeweils bzgl. des Einbaus eines Fahrstuhls; AG Leonberg WM 1984, 216 (zum Interesse nur eines Mieters); ausführlich Schmidt-Futterer/Eisenschmid BGB § 555d Rn. 58 ff.

[138] Vgl. BeckOK MietR/Müller BGB § 555d Rn. 24.

[139] BMJ Referentenentwurf Mietrechtsreformgesetz zu BGB § 554 Rn. 3; Bub/Treier MietR-HdB/Schüller Kap. III. Rn. 2703; Schmidt-Futterer/Eisenschmid BGB § 555d Rn. 48 f.. Emmerich/Sonnenschein BGB § 555d Rn. 6.

die ein gegenseitiges Füreinander begründet, und auf jeden Fall über eine reine Wohn- und Wirtschaftsgemeinschaft hinausgeht.[140]

143 Als **Härtegründe** lassen sich entsprechend der Regelung des § 554 Abs. 2 BGB aF für den Mieter und seine Familie im Wesentlichen drei Gesichtspunkte heranziehen, nämlich die durchzuführenden Arbeiten, die baulichen Folgen oder voraus gegangenen Aufwendungen des Mieters. Gänzlich außer Betracht bleibt im Rahmen des § 555d BGB die Erhöhung des Mietzinses. Diese findet erst später im Rahmen des § 559 Abs. 4 und 5 BGB bei einer Mieterhöhung Berücksichtigung.

144 *(1) Härte auf Grund der durchzuführenden Arbeiten.* Gerade die Durchführung tiefgreifender baulicher Maßnahmen kann für den Mieter ganz erhebliche Beeinträchtigungen durch Einschränkung der Licht- und Luftzufuhr, Lärmimmissionen, Verschmutzungen bzw. die **Behinderung der Benutzbarkeit** von Räumen oder gar den zeitweiligen Ausschluss der Benutzbarkeit mit sich bringen. Im Hinblick auf diese Beeinträchtigungen kann sich die Härte auch gerade auf Grund der Durchführung der Maßnahme zu einer bestimmten Jahreszeit ergeben. So kann zB der Fensteraustausch in den Wintermonaten unzumutbar sein.[141] Aber auch im Zusammenhang mit dem Gesundheitszustand oder dem Alter des betroffenen Mieters oder dessen Familienangehörigen kann sich hier ebenfalls eine unzumutbare Härte ergeben.

145 Eine unzumutbare Härte kann sich auch aus dem **Zusammenspiel zwischen in der Person des Mieters liegenden Gründen mit Dauer und Umfang der vorzunehmenden Arbeiten** ergeben. Denn je länger und umfassender in die Sphäre des Mieters eingegriffen wird und je schwerwiegender dieser Eingriff in Bezug auf Alter bzw. Gesundheitszustand ist, umso eher wird von einer „unzumutbaren Härte", die auch bei Abwägung der berechtigten Vermieterinteressen oder Interessen anderer Mieter nicht mehr hinzunehmen ist, auszugehen sein. Gerade bei einem Körperbehinderten oder bettlägerigen Mieter, der nur unter erschwerten Umständen anderweitig untergebracht werden kann, können umfangreiche Arbeiten physische und psychische Belastungen darstellen, die nicht mehr hinnehmbar sind.[142] Spätestens nach der Aufhebung eines Urteils des LG Regensburg durch das BVerfG steht fest, dass die vorübergehende vollständige Räumung einzelner Zimmer bzw. die vollständige anderweitige Unterbringung durch vollständigen Zwischenumzug oder Ausquartierung in eine Pension oder ein Hotel nur dann in Betracht kommt, wenn ganz besonders schwerwiegende zwingende Gründe für die Modernisierung sprechen, jedoch auf jeden Fall dann ausgeschlossen ist, wenn das Leben des Mieters im Falle der Ausquartierung oder Räumung bedroht wäre.[143]

146 Des Weiteren ist in Rspr. und Lit. unstreitig, dass für den Fall, dass das **Mietverhältnis bereits gekündigt ist bzw. die Beendigung des Mietverhältnisses aus anderen Gründen bevorsteht,** gerade im Hinblick auf die Beeinträchtigung durch vorzunehmende Arbeiten, einem Vermieter grundsätzlich zuzumuten sein wird, die Räumung der Wohnung abzuwarten und erst nach der Räumung mit den Arbeiten zu beginnen, vorausgesetzt, dass eine Verzögerung nicht zu erheblichen finanziellen oder organisatorischen Belastungen führt.[144]

---

[140] BMJ Referentenentwurf Mietrechtsreformgesetz, A III 2c; aA Schmidt-Futterer/Eisenschmid BGB § 555d Rn. 49; Blank/Börstinghaus/Siegmund/Börstinghaus BGB § 555d Rn. 9 (gemeinsames Wirtschaften reicht aus).

[141] AG Köln WuM 1975, 225; Schmidt-Futterer/Eisenschmid BGB § 555d Rn. 25; Bub/Treier MietR-HdB/Schüller Kap. III. Rn. 2704.

[142] LG Düsseldorf ZMR 1973, 81; AG Hamburg WuM 1988, 359; Schmidt-Futterer/Eisenschmid BGB § 555d Rn. 44; Bub/Treier MietR-HdB/Schüller Kap. III. Rn. 2704; Emmerich/Sonnenschein BGB § 555d Rn. 9.

[143] BVerfGG WuM 1992, 104 = NJW 1992, 1378; Bub/Treier MietR-HdB/Schüller Kap. III. Rn. 2704; Schmidt-Futterer/Eisenschmid BGB § 555d Rn. 47.

[144] Blank/Börstinghaus/Siegmund/Börstinghaus BGB § 555d Rn. 15; Schmidt-Futterer/Eisenschmid BGB § 555d Rn. 26.

147 *(2) Härte auf Grund von baulichen Folgen.* Als weiterer Härtegrund kommen die mit den Modernisierungsmaßnahmen verbundenen baulichen Auswirkungen bzw. Folgen in Betracht. Hier ist zu prüfen, ob die infolge der Modernisierungsmaßnahmen entstehenden Veränderungen **Nachteile im Hinblick auf die Wohnbedürfnisse des Mieters** im Vergleich zum Zustand vor der Bauausführung mit sich bringen.

148 So ist die **Veränderung des Charakters eines Mietobjekts** immer eine nicht zu duldende Härte, wenn zB durch Einbau einer Küche statt bisheriger Kochnische aus einer 2-Zimmer-Wohnung eine 1-Zimmer-Wohnung wird oder wenn eine bisher zusammengehörende Wohnung in zwei Appartements umgeändert wird oder wenn ein Zimmer durch den Einbau eines Bades verkleinert wird.[145]

149 Auch **Änderungen am Zuschnitt einer Wohnung** können eine Härte darstellen.[146] Kleinere Veränderungen oder geringfügige Verkleinerungen von Stellflächen sind aber meistens als zumutbar, im Vergleich mit den Interessen des Vermieters, hinzunehmen.[147]

150 Unter Härtegründe durch bauliche Folgen fallen auch wesentliche **Veränderungen bezüglich der Zufuhr von Licht und Luft,** zB durch Fensteränderungen, insbes. Verkleinerungen oder Wegfall von Fenstern.[148]

151 *(3) Härte auf Grund von Aufwendungen des Mieters.* Als weiterer Härtegrund kommen mögliche vorausgegangene Aufwendungen des Mieters in Betracht. Hier spielt es keine Rolle, ob es sich um **nützliche oder notwendige Aufwendungen** handelt. Zu denken ist dabei an eingebaute Holzdecken, Einbauduschen, Teppichböden oder selbst eingebaute Etagenheizungen oder Nachtstromspeicherheizungen.[149]

152 Maßgeblich ist natürlich, ob der Mieter die Investition ohne Kenntnis des Vermieters und ohne dessen Zustimmung eingebaut hat oder nicht. Denn nur **Investitionen, die mit Zustimmung getätigt wurden** oder die nachträglich genehmigt wurden bzw. werden müssten, können in die Interessenabwägung einbezogen werden.[150]

153 Zu prüfen ist, ob eine solche Investition des Mieters nicht bereits als **abgewohnt** gilt. Diesbezüglich wird im Schrifttum im Hinblick auf § 2 des Gesetzes über die Rückerstattung von Baukostenzuschüssen vom 21.7.1961 angenommen, dass eine Investition in Höhe einer Jahresmiete in 4 Jahren als abgewohnt gilt.[151] Festzustellen ist also, dass natürlich umso eher von einer unzumutbaren Härte auszugehen ist, je größer der Umfang der Investition war und je näher die Aufwendungen zeitlich zurückliegen.[152] Eine Rolle bei der Bewertung, ob eine unzumutbare Härte vorliegt oder nicht, spielt auch, ob der Vermieter die Investition in irgendeiner Weise **mitfinanziert** hat, sei es durch unterbliebene Mieterhöhungen oder durch eine direkte Beteiligung.

154 *(4) Keine Berücksichtigung der voraussichtlichen Mieterhöhung.* Die zu erwartende Mieterhöhung oder die zu erwartende Erhöhung der Betriebskosten spielt im Rahmen der Duldungspflicht keine Rolle. Diese hat **im Rahmen der Interessenabwägung** bzgl. **der Duldungspflicht** gem. §§ 555d BGB außer Betracht zu bleiben.[153] Diese Abwägung findet dann vielmehr erst im Rahmen des § 559 Abs. 4 und 5 BGB im Rahmen des Mieterhöhungsverlangens nach erfolgter Modernisierung statt.[154]

[145] Schmidt-Futterer/Eisenschmid BGB § 555d Rn. 32.

[146] LG Frankfurt a. M. WuM 1986, 138; LG Hamburg WuM 1989, 174; Schmidt-Futterer/Eisenschmid BGB § 555d Rn. 32.

[147] AG Köln WuM 1986 Einbau einer Fußleistenheizung mit dem Nachteil, dass Möbel abgerückt werden müssen; LG Berlin ZMR 1986, 444 wegen Verkleinerung eines Trockenbodens durch Wärmedämmmaßnahmen.

[148] AG Köln WuM 1979, 242; Bub/Treier MietR-HdB/Schüller Kap. III. Rn. 2705.

[149] LG Hamburg ZMR 1984, 60; LG Berlin MM 1996, 365; AG Münster WM 1996, 268.

[150] Schmidt-Futterer/Eisenschmid BGB § 555d Rn. 37.

[151] Schmidt-Futterer/Eisenschmid BGB § 555d Rn. 40; Bub/Treier MietR-HdB/Schüller Kap. III. Rn. 2706; Emmerich/Sonnenschein BGB § 555d Rn. 10.

[152] LG Hamburg MDR 1983, 1026; Schmidt-Futterer/Eisenschmid BGB § 555d Rn. 39.

[153] Blank/Börstinghaus/Siegmund/Börstinghaus BGB § 555d Rn. 19.

[154] Vertiefend BeckOK MietR/Müller BGB § 555d Rn. 49 ff.

(5) Sonstige Härtegründe. Die vorstehend behandelten Härtegründe sind jedoch nicht abschließend. Selbstverständlich können auch ganz **andere Härten** im Rahmen der Würdigung der berechtigten Interessen zu einer berechtigten Verweigerung der Modernisierungsmaßnahme führen. Sonstige Härtegründe können **im subjektiven Bereich** liegen, etwa Alter, Krankheit, berufliche Schwierigkeiten, kurz bevorstehender Familiennachwuchs oder auch die Einführung neuer Betriebskosten, die infolge der Modernisierungsmaßnahme anfallen.[155] 155

cc) Interessenabwägung. Bei der Prüfung ist in drei Schritten vorzugehen. Es ist zunächst als **erster Schritt** zu prüfen, ob unter Berücksichtigung der vorstehend erörterten Härtegründe eine Härte für den Mieter vorliegt. Als **zweiter Schritt** sind dann die Interessen des Vermieters sowie der übrigen Mieter oder Belange der Energieeinsparung und des Klimaschutzes festzustellen. In einem **dritten Schritt** werden dann diese festgestellten Interessen den Härten des Mieters gegenübergestellt und dann eine Interessenabwägung vorgenommen. Wenn Härtegründe auf Seiten des Mieters vorliegen, ist gemäß § 555d Abs. 2 BGB eine Abwägung zwischen den Interessen des Vermieters und der anderer Mieter oder Belange der Energieeinsparung und des Klimaschutzes zu treffen. Hiernach ist eine Modernisierung für den Mieter keine unzumutbare Härte, wenn das Modernisierungsinteresse des Vermieters die von Seiten des Mieters angeführten Härtegründe überwiegt. Letztlich stellt die Abwägung immer eine **Einzelfallentscheidung** dar. Dies dient wesentlich dem Schutz des Mieters vor de mit einer Modernisierung einhergehenden Härten, insbes. dem Schutz vor einer Luxusmodernisierung oder dem sog. Hinaus- bzw. Herausmodernisieren. 156

dd) Form und Frist der Mitteilung von Härtegründen. § 555d Abs. 3 S. 1 BGB enthält eine wesentliche Neuerung im Vergleich mit der bisherigen Rechtslage. Der Mieter muss nun Umstände, die eine Härte im Hinblick auf die Duldung der Modernisierung oder die Mieterhöhung begründen, bis spätestens **zum Ablauf eines Monats, der auf den Zugang der Ankündigung der Modernisierung folgt,** in Textform mitteilen. Im Rahmen dieser Mitteilung ist, wenn diese Mitteilung **durch Bevollmächtigte vorgenommen** wird, zu berücksichtigen, dass auch hier § 174 BGB grds. greifen könnte (Zurückweisung wegen fehlender oder nicht ausreichender Vollmacht), da die Mitteilungspflicht eine einseitige empfangsbedürftige Willenserklärung ist.[156] § 555d Abs. 3 S. 1 BGB stellt allerdings klar, dass der Lauf der Mitteilungspflicht für den Mieter nur dann beginnt, wenn die Modernisierungsankündigung den Anforderungen des § 555c BGB entspricht. 157

ee) Folgen der Fristverlängerung. Der Gesetzgeber hat zudem in § 555d Abs. 4 BGB eine **Ausschlussfrist** aufgenommen. Danach ist der Mieter mit Härteeinwänden ausgeschlossen, es sei denn, dass den Mieter **kein Verschulden** an der Fristversäumnis trifft und er dem Vermieter die Umstände und Gründe der Verzögerung unverzüglich in Textform mitteilt. Von ganz wesentlicher Bedeutung ist dann, dass der Mieter gemäß § 555d Abs. 4 S. 1 BGB, falls Härtegründe betreffend einer Mieterhöhung nach § 559 BGB vorliegen, diese spätestens zum Beginn der Modernisierungsmaßnahme gegenüber dem Vermieter mitteilt. Der Gesetzgeber hat hier eine frühzeitige Informationspflicht verankert, um klare Verhältnisse zu schaffen, damit der Vermieter vor Beginn der Arbeiten darüber Bescheid weiß, ob er einen Teil seiner Investitionen amortisieren kann oder nicht. Zu unterscheiden hiervon sind persönliche **Härtegründe, die erst nach Baubeginn eintreten** und die durchaus ein Aussetzen oder ein Verschieben der Maßnahme erforderlich machen können.[157] 158

ff) Unterbliebener Hinweis auf den Härteeinwand. Zu berücksichtigen ist, dass ein Verstoß gegen die Sollvorschrift des § 555c Abs. 2 BGB dennoch Folgen zeigt, denn 159

[155] Schmidt-Futterer/Eisenschmid BGB § 555d Rn. 44 ff.; Bub/Treier MietR-HdB/Schüller Kap. III. Rn. 2707.
[156] Wie hier BeckOK MietR/Müller BGB § 555d Rn. 81; aA Blank/Börstinghaus/Siegmund/Börstinghaus BGB § 555d Rn. 24 (rechtsgeschäftsähnliche Handlung).
[157] BT-Drs. 17/10485, 22.

gemäß § 555d Abs. 5 BGB gilt, dass, falls die Ankündigung der Modernisierung keinen Hinweis auf Form und Frist der Geltendmachung von Härtegründe beinhaltet, der Mieter einen Härteeinwand noch später und auch mündlich **nachholen** kann. Allerdings gilt auch im Rahmen dieses unterbliebenen Hinweises weiterhin, dass wirtschaftliche Härtegründe im späteren Mieterhöhungsverfahren nur dann berücksichtigt werden müssen, wenn sie bis zum Beginn der Arbeiten mitgeteilt worden sind, denn § 555d Abs. 5 BGB regelt, dass § 555d Abs. 4 S. 2 BGB entsprechend gilt.

160 Der Gesetzgeber hat durch dieses Abwägungsgebot eine **Kompromissformel** gewählt, die den richtigen Ausgleich zu finden versucht, zwischen dem Interesse des Vermieters oder anderer Mieter an der Verbesserung des Mietobjekts und dem Interesse des Mieters, vor einer Luxusmodernisierung bzw. einem Hinausmodernisieren geschützt zu werden. Ergibt die Abwägung zwischen dem Härtegrund und den Interessen des Vermieters oder anderer Mieter, dass die Durchsetzung der Interessen des Vermieters und der anderen Mieter unzumutbar ist, braucht der Mieter die Maßnahme nicht zu dulden.

161 Auf **Vermieterseite** kommen als Interessen alle berechtigten Interessen bzw. alle vernünftigen Gründe in Betracht, die für eine Modernisierung sprechen, mögen es wirtschaftliche, familiäre oder ästhetische Gründe sein.

162 Besondere Durchsetzbarkeit räumt der Gesetzgeber aber dem Vermieterinteresse ein, ein Mietobjekt in einen **allgemein üblichen Zustand** zu versetzen, wie § 559 Abs. 4 Nr. 1 und 2 BGB zeigt. Hierzu zählen in erster Linie die Wertverbesserung des Mietobjekts, die Verbesserung des Wohnkomforts, das Senken der Wasser- und Heizkostenbelastung bzw. auch subjektive Gründe, wie gesundheitliche Erfordernisse des Vermieters für den Bau einer Zentralheizung.[158] Kein berechtigtes Interesse stellt dagegen der bloße Wunsch, eine Mieterhöhung durchzusetzen, dar.[159]

163 Bei der Abwägung sind nicht nur Vermieterinteressen, sondern auf Vermieterseite auch die **Interessen der übrigen Hausgemeinschaft bzw. anderer Mieter** im Mietobjekt an der Durchführung der Maßnahme zu berücksichtigen, wenn die Maßnahme auf deren Mietgebrauch einwirkt. Interessen von Mietern, die außerhalb des Mietgebrauchs liegen, sind nicht zu berücksichtigen. So kann das Interesse anderer Mieter an der Verbesserung des Wohnkomforts bzw. dem Ausbau und der Verbesserung ihrer Wohnung im Rahmen des Abwägungsgebots dazu führen, dass der Mieter die Verbesserungsmaßnahmen, trotz Härte, dulden muss.

164 Insoweit sind nicht nur Maßnahmen denkbar, von denen alle Mieter gleichermaßen Vorteile haben, sondern auch solche, die eine **Modernisierung in der Mietwohnung eines anderen Mieters** notwendig machen und dadurch auch die Beeinträchtigung der Wohnung des Mieters erforderlich machen, zB die Verlegung von Strom, Wasser- oder Abwasserleitungen durch verschiedene Stockwerke, um eine Wohnung im Dachgeschoss auszubauen.[160]

Muster: Modernisierungsankündigung gem. § 555c BGB

165 Einschreiben gegen Rückschein

An ……

Betreff: Modernisierungsankündigung

Sehr geehrte/r Frau/Herr,[161] *(sämtliche im Mietvertrag genannten Mieter)*

hiermit teile ich Ihnen mit, dass mich/uns Herr/Frau/die Eheleute …… *(Name und Anschrift der Mandantschaft)* mit der Wahrnehmung seiner/ihrer rechtlichen Interessen beauftragt hat. Eine auf mich/uns lautende Vollmachtsurkunde im Original ist in der Anlage beigefügt.

Meine/unsere Mandantschaft beabsichtigt, in dem Anwesen …… in Ihrer Mietwohnung/außerhalb Ihrer Mieträume folgende Modernisierungsmaßnahme(n) durchzuführen:

……

[158] Schmidt-Futterer/Eisenschmid BGB § 555d Rn. 54.

[159] Staudinger/Emmerich BGB §§ 555d Rn. 6; Bub/Treier MietR-HdB/Schüller Kap. III. Rn. Rn. 2702; Schmidt-Futterer/Eisenschmid BGB § 555d Rn. 53.

[160] Schmidt-Futterer/Eisenschmid BGB § 555d Rn. 59; Bub/Treier MietR-HdB/Schüller Kap. III. Rn. Rn. 2702.

[161] Bei Mietermehrheit müssen alle Mieter angeschrieben werden.

(Art der Maßnahme(n) genau bezeichnen, insbesondere Art und Typ von einzubauenden/auszutauschenden Einrichtungsgegenständen/Gebäudebauteilen, bei energetischer Modernisierung ggf. Bezugnahme auf die U-Werte der alten und neuen Bauteile)
Die Maßnahmen werden in folgenden Räumen stattfinden, wobei in den jeweiligen Räumen folgendes ausgeführt wird:
……
(Voraussichtlichen Umfang der Maßnahme(n) ausführlich darstellen, ggf. unter Bezugnahme auf Skizzen, Flächenpläne etc)
Mit den Maßnahme(n) wird voraussichtlich am/in …… *(genaues Datum oder Kalenderwoche angeben)* begonnen.
Die Maßnahmen erstrecken sich voraussichtlich über einen Zeitraum von …… *(Angabe der Wochen)* ab diesem Datum.
Alternativ:
Die Maßnahmen werden voraussichtlich bis …… *(Angabe des Datums oder der Kalenderwoche)* andauern.
Alternativ (bei einer umfangreichen Mehrzahl von Maßnahmen empfehlenswert):
Die Maßnahme …… *(Bezeichnung der Maßnahme)* wird voraussichtlich von …… bis …… *(jeweils genaue Datumsangabe oder Kalenderwoche angeben)* andauern.
Die Maßnahme …… (Bezeichnung der nachfolgenden Maßnahme) wird voraussichtlich von …… bis …… *(jeweils genaue Datumsangabe oder Kalenderwoche angeben)* andauern.
(usw bis alle Einzelmaßnahmen aufgeführt sind)
Nach Abschluss der Maßnahme wird sich der Mietzins infolge der Kosten durch die Modernisierungsmaßnahmen um …… EUR von bislang …… EUR auf künftig …… EUR erhöhen *(jeweils konkreten Betrag einfügen).*
Die Erhöhung wird Ihnen nach Abschluss der Maßnahme(n) mit einem gesonderten Schreiben aufgeschlüsselt und berechnet.
Insoweit fordere ich Sie hiermit auf, diese voranstehend bezeichnete(n) Modernisierungsmaßnahme(n) zu dulden. Zum Zeichen Ihres Einverständnisses bitte ich sie, das beigefügte Doppel dieses Schreibens versehen mit Ihrer/n Unterschrift/en an mich/uns zurückzusenden.[162] Die Erklärung möge mir/uns bitte bis spätestens …… *(Datum)* zurückgesandt werden.[163]
Ich weise Sie darauf hin, dass Sie nach § 555d Abs. 3 BGB verpflichtet sind, wenn Sie Härtegründe geltend machen wollen, die auch unter Würdigung der berechtigten Interessen sowohl meiner Mandantschaft als auch anderer Mieter im Gebäude sowie von Belangen der Energieeinsparung und des Klimaschutzes die Maßnahme nicht rechtfertigen würden, diese Härtegründe bis zum Ablauf eines Monats, der auf den Zugang dieser Modernisierungsankündigung folgt, in Textform an uns mitzuteilen. Nach Ablauf der Frist sind die Umstände, die eine Härte im Hinblick auf die Duldung oder Mieterhöhung begründen, nur noch zu berücksichtigen, wenn Sie ohne Verschulden an der Einhaltung der Frist gehindert waren und Sie mir/uns diese Umstände sowie die Gründe der Verzögerung unverzüglich in Textform mitteilen. Des Weiteren müssen Sie Umstände, die eine Härte im Hinblick auf die Mieterhöhung begründen spätestens bis zum Beginn der Modernisierungsmaßnahmen mitteilen. Insoweit mache ich Sie auch darauf aufmerksam, dass Ihnen ein Sonderkündigungsrecht gem. § 555e Abs. 1 BGB zusteht. Eine Kündigung ist allerdings nur bis zum Ablauf des Monats, der auf den Zugang dieser Mitteilung folgt, für den Ablauf des übernächsten Monats zulässig.[164]
……
Unterschrift
Rechtsanwalt

2. Rechte des Vermieters auf Grund des zu duldenden Modernisierungsvorhabens

Sind alle Voraussetzungen, die in §§ 555b–555d BGB geregelt sind, vom Vermieter ordnungsgemäß erfüllt, hat der Mieter die Maßnahme zu dulden. Diesen Anspruch kann der Vermieter nach Ablauf der 3-monatigen Ankündigungsfrist im Wege der **Duldungsklage** gerichtlich durchsetzen. Der Vermieter kann den Mieter im Zusammenhang mit der Modernisierungsankündigung auffordern, nach Ablauf von zwei Monaten zu erklären, ob der Mieter die angekündigte Maßnahme dulden wird. Verweigert der Mieter die Duldung oder gibt er keine Erklärung ab, ist er Vermieter bereits nach zwei Monaten zur Erhebung der Modernisierungsduldungsklage berechtigt.[165] **166**

[162] Die Duldung erfordert natürlich keine ausdrücklich Erklärung. Aus Gründen der Planung und zu Beweiszwecken ist aber die Anforderung einer schriftlichen Einverständniserklärung sinnvoll.

[163] Dabei ist zu beachten, dass eine Ankündigungsfrist von 3 Monaten einzuhalten ist. Die Anforderung der Einverständniserklärung sollte diesen Zeitraum nicht unterschreiten.

[164] Der Gesetzgeber hat nicht vorausgesetzt, dass das Sonderkündigungsrecht mitgeteilt wird. Es ist aber sinnvoll, wenn auf das Sonderkündigungsrecht hingewiesen wird.

[165] KG Hinweisbeschluss vom 16.7.2009 8 U 77/09 GE 2009, 1553 f. Rechtsgrundlage ist § 242 BGB.

167 **„Duldung"** bedeutet aber lediglich das passive Verhalten des Mieters in Bezug auf die angekündigten Verbesserungs- bzw. Energiesparmaßnahmen, nicht aber notwendigerweise, dass der Mieter infolge seiner Duldungspflicht auch die Entfernung von Gegenständen und Einrichtungen dulden muss, die bislang Vertragsgegenstand des Mietverhältnisses waren. Nur wenn eine Modernisierungsmaßnahme dazu führt, dass eine bestimmte Einrichtung notwendigerweise den Austausch einer bereits vorhandenen Einrichtung beinhaltet, ist die Entfernung der alten Einrichtung vom Mieter hinzunehmen.[166] Des Weiteren hat der Vermieter einen **Anspruch auf Schadensersatz** nach den allgemeinen Vorschriften, falls der Mieter die Modernisierungsmaßnahmen rechtswidrig verweigert.

168 Darüber hinaus hat der Vermieter im Zusammenhang mit §§ 555b–555e BGB, abweichend vom allgemeinen Grundsatz, dass während eines Vertragsverhältnisses eine einseitige Abänderung nicht möglich ist, das in den §§ 559 ff. BGB normierte Recht, nach Durchführung von Modernisierungsmaßnahmen die Miete für die nunmehr erweiterte Vermieterleistung anzupassen bzw. eine **Erhöhung der jährlichen Miete** in Höhe von 8 % der für die Wohnung aufgewandten Kosten zu verlangen.[167]

IV. Mieterrechte auf Grund einer Modernisierung

169 Hat ein Mieter die Modernisierungsmaßnahmen zu dulden, so kann er wählen, ob er das Mietverhältnis fortsetzt und dann, wegen seiner Duldung, die ihm entstehenden Nachteile durch **Aufwendungsersatzansprüche** (§ 555d Abs. 5 BGB) und **Gewährleistungsrechte** egalisiert bzw. zumindest reduziert, oder ob er, um der Duldungspflicht zu entgehen, von seinem in § 555e BGB geregelten **Sonderkündigungsrecht** Gebrauch macht.

1. Erstattung von Aufwendungen

170 Da es die Modernisierungsmaßnahmen regelmäßig mit sich bringen, dass der Mieter in dem Mietobjekt, einerseits damit die Arbeiten überhaupt durchgeführt werden können, andererseits im eigenen Interesse, bestimmte **Vorarbeiten** erbringt (insbes. Wegräumen und Auslagern von Möbeln und sonstigen Einrichtungsgegenständen) bzw. eine **Änderung seiner Lebensverhältnisse** für die Zeit der Modernisierungsmaßnahme hinnehmen muss (etwa Verköstigung außerhalb des eigenen Haushalts bzw. Kosten anderweitiger Unterbringung, weil kurzfristig eine Nutzung überhaupt nicht möglich ist), hat der Gesetzgeber in § 555d Abs. 6 BGB geregelt, dass dem Mieter die Aufwendungen, die er infolge der Maßnahme machen muss, zumindest in einem den Umständen angemessenen Umfang zu ersetzen sind, wobei auf Verlangen auch Vorschuss zu leisten ist.

171 Unstreitig fallen unter diese zu erstattenden Aufwendungen **Lagerungskosten** für Möbel und Einrichtungsgegenstände, die während der Modernisierungsmaßnahme ausgelagert werden müssen, die Kosten einer **Hotelunterbringung** des Mieters, allerdings unter Anrechnung der infolge der Nicht-Nutzbarkeit der Wohnung wegen § 536 BGB ersparten Miete sowie die Mehrkosten einer Verpflegung außer Haus.[168] Umstritten hingegen ist, ob **Reinigungsarbeiten oder Auslagen für Ausbesserungsarbeiten**, etwa weil Wände und Decken nicht wieder in den ordnungsgemäßen Zustand gebracht wurden, als Aufwendungsersatz im Rahmen des § 555d Abs. 6 BGB zu ersetzen sind,[169] oder ob diese Arbeiten nicht einfach als vorhandene Mängel der Mietsache nach

[166] Bub/Treier/Schüller III A Rn. 2693; Schmidt-Futterer/Eisenschmid BGB § 555d Rn. 8 f.

[167] Näheres unter → § 23 Rn. 188 ff.

[168] LG Hamburg WuM 1985, 262; LG Essen WuM 1981, 67; AG Schöneberg WuM 1978, 210; Schmidt-Futterer/Eisenschmid BGB § 555a Rn. 50; Bub/Treier MietR-HdB/Schüller Kap. III. Rn. Rn. 2711 mwN.

[169] Schmidt-Futterer/Eisenschmid BGB § 555a Rn. 50; Blank/Börstinghaus/Siegmund/Börstinghaus BGB § 555a Rn. 25; MüKoBGB/Artz § 555d Rn. 18.

Durchführung der Modernisierungsmaßnahmen anzusehen sind, die der Mieter dann gem. § 538 Abs. 2 BGB nur dann auf Kosten des Vermieters beseitigen kann, wenn er diesen vorher durch Mahnung ordnungsgemäß in Verzug gesetzt hat.[170]

Übereinstimmung herrscht dagegen, dass infolge der Modernisierungsmaßnahmen bei gewerblichen Räumen entgangene Einkünfte bzw. erhöhte Betriebskosten als Folge der Modernisierung **keine Aufwendungen** iSd § 555d Abs. 6 BGB darstellen.[171] 172

Gemäß § 555d Abs. 6 BGB, der auf § 555a S. 3 BGB verweist, kann der Mieter für die voraussehbaren Aufwendungen einen **Vorschuss** verlangen. Bis zu dem Zeitpunkt, an dem der Vorschuss auf Verlangen bezahlt ist, kann der Mieter nach den allgemeinen Grundsätzen über das Zurückbehaltungsrecht die Duldung der Modernisierungsmaßnahme verweigern. 173

Nach hM in Rspr. und Lit. kann der Vorschuss auch im Wege einer einstweiligen Verfügung geltend gemacht werden.[172] 174

2. Anspruch auf vertragsgemäße Erhaltung, Minderung und Schadensersatz

Über den Aufwendungsersatz hinaus stehen dem Mieter die **allgemeinen Ansprüche** auf vertragliche Erfüllung – dh insbes. auf Erhaltung in vertragsgemäßem Zustand –, Gewährleistungsrechte wie die Minderung sowie schließlich Schadensersatzansprüche zu, wenn etwa im Zuge der Ausführung der Modernisierungsmaßnahme schuldhaft Rechtsgüter des Mieters beschädigt werden oder sich ein Schaden des Mieters wegen verzögerter Ausführung ergibt. 175

Im Einzelnen:

a) **Vertragsgemäße Erhaltung.** Selbstverständlich bleibt es auch unabhängig von der Durchführung von Modernisierungsmaßnahmen dabei, dass ein Vermieter **gemäß §§ 535, 536 BGB** verpflichtet ist, die Mietsache in vertragsgemäßem Zustand zu erhalten bzw. diesen wieder herzustellen. So hat der Mieter einen Anspruch aus §§ 535, 536 BGB, falls durch die Modernisierungsarbeiten **Abweichungen vom vertragsgemäßen Zustand** verursacht wurden, zB wenn nach dem Einbau neuer Thermopenscheiben die um die Fenster herum liegenden Wandteile nicht ordnungsgemäß verputzt worden sind, oder wenn bei Durchführung von Rohrleitungen die vorgenommenen Durchbrüche nicht wieder ordnungsgemäß verschlossen wurden. Insoweit kann der Mieter vom Vermieter nach Abschluss der Arbeiten die Wiederherstellung des vertragsgemäßen Zustands beanspruchen.[173] 176

b) **Minderung.** Des Weiteren hat der Mieter, auch wenn er zur Duldung der Modernisierungsmaßnahmen verpflichtet ist oder diesen zugestimmt hat, die allgemeinen Gewährleistungsrechte. So ist der Mieter **gemäß § 536 BGB** nur zur Entrichtung einer geminderten Miete verpflichtet, wenn der vertragsgemäße Gebrauch während der Durchführung der Modernisierungsarbeiten nicht unerheblich beeinträchtigt ist oder wenn nach Durchführung der Arbeiten ein Zustand zurückbleibt, der den vertragsgemäßen Gebrauch weiter beeinträchtigt. 177

Hierunter fallen zB Beeinträchtigungen durch Baulärm, durch die Bauarbeiten verursachter Schmutz, Einwirkungen auf die Licht- und Luftzufuhr, etwa durch Abdeckplanen vor den Fenstern während der Durchführung der Modernisierungsarbeiten, der Wegfall von Raumteilen oder der Wegfall von Fenstern im Zuge der Modernisierungsarbeiten. 178

Allerdings hat der Gesetzgeber, hier zugunsten des Vermieters, einen **Ausschluss des Minderungsrechts des Mieters** in einem zeitlichen Umfang von 3 Monaten neu in § 536 179

---

[170] Bub/Treier MietR-HdB/Schüller Kap. III. Rn. Rn. 2713.

[171] BGH NJW 2015, 2419; Schmidt-Futterer/Eisenschmid BGB § 555d Rn. 58; Bub/Treier MietR-HdB/Schüller Kap. III. Rn. Rn. 2713.

[172] AG Köln WuM 1981, 95; Bub/Treier MietR-HdB/Schüller Kap. III. Rn. Rn. 2712; Schmidt-Futterer/Eisenschmid BGB § 555a Rn. 59.

[173] AG Hamburg WuM 1985, 262; LG Bonn WuM 1990, 388; Schmidt-Futterer/Eisenschmid BGB § 555d Rn. 64.

Abs. 1a BGB eingeführt, um auf Vermieterseite einen zusätzlich Anreiz zur Vornahme energetischer Modernisierungen zu schaffen. Danach ist das Minderungsrecht des Mieters, selbst bei einer wesentlichen Beeinträchtigung der Mietsache, also bei Vorliegen eines Mangels, für 3 Monate ausgeschlossen, wenn es sich um eine Maßnahme handelt, die einer energetischen Modernisierung nach § 555b Nr. 1 BGB dient.

180 Hier hat der Gesetzgeber die **Problematik** nicht geregelt was gilt, wenn eine energetische Modernisierung zugleich eine Instandsetzungsmaßnahme darstellt, bzw. eine notwendige Instandsetzungsmaßnahme damit umgesetzt wird.

181 Wenn man auf die **Intention des Gesetzgebers** abstellt, energetische Modernisierungen zu fördern, müsste § 536 Abs. 1a BGB auch für diese Fälle gelten. Es kann keinen Unterschied machen, ob ein Vermieter, ohne dass ein Mangel vorliegt, eine energetische Modernisierung vornimmt oder ob ein Vermieter, etwa aufgrund eines Mangels bei der Energieversorgung, statt einer Reparatur sofort eine energetische Modernisierung vornimmt.[174]

182 Für die Praxis bringt dieser Minderungsausschluss einige Schwierigkeiten mit sich. Denn hier muss geklärt werden, welche Beeinträchtigung durch welche Maßnahme vorgelegen hat und welche Maßnahme zur Minderung berechtigt und welche nicht.[175] Insbes. fehlt auch eine genaue gesetzliche Regelung, wie die 3-Monatsfrist zu berechnen ist, nämlich ob die Maßnahmen mit der Planungsphase oder mit der Bauphase beginnen.[176] Hier ist auf den Zeitpunkt abzustellen, zu dem es erstmalig zu einer Beeinträchtigung des Mietgebrauchs kommt.[177] Störungsfreie Zeiten haben auf den Fristlauf keinen hemmenden Einfluss, da der Vermieter zu einer zügigen Durchführung der Maßnahme angehalten werden soll.[178]

183 c) **Schadensersatz.** Hier kommt zum einen Schadensersatz wegen Beschädigung der Rechtsgüter des Mieters, die auf schuldhaftem Verhalten des Vermieters oder seiner Erfüllungsgehilfen beruhen, in Betracht, zum anderen Schadensersatz wegen verzögerter Ausführung.

184 **Umstritten** war in Rspr. und Lit. lange, ob der Vermieter allein deshalb aus Verschulden gemäß § 536 Abs. 1 Alt. 2 BGB haftet, weil er die Modernisierungsmaßnahmen in die Wege geleitet und Handwerkerarbeiten vergeben hat.[179] Eine solche Haftung hat der BGH nunmehr verneint.[180]

185 Neu eingeführt durch das Mietrechtsanpassungsgesetz vom 18.12.2018 (MietAnpG) wurde § 559d BGB, welcher gewisse Tatbestände normiert, bei deren Erfüllung das Vorliegen einer **Pflichtverletzung des Vermieters** vermutet wird. Bei Vorliegen einer derartigen Pflichtverletzung können sich ebenfalls Schadensersatzansprüche des Mieters nach den allgemeinen Regelungen in den §§ 280 Abs. 1, 241 Abs. 2 BGB ergeben. Wesentliche Zielrichtung des § 559d BGB ist die Verhinderung des sog. „Hinaus- bzw. Herausmodernisierens".

186 Erfasst sind zum einen **rechtsmissbräuchliche Modernisierungsankündigungen**, bei denen entweder eine besonders gravierende Mieterhöhung um mehr als das Doppelte in Aussicht gestellt wird (Nr. 2) oder ein verzögerter Ausführungsbeginn von mehr als 12 Monaten (Nr. 1) die Vermutung begründet, dass der Vermieter die Ankündigung nur zum Schein abgegeben hat, um den Mieter zur Kündigung des Mietverhältnisses zu bewegen. Zum anderen knüpft die Norm aber auch an eine **unnötig belastende Durchführungsweise** der Modernisierungsmaßnahme an (Nr. 3). Dies ist dann der Fall, wenn die bei der konkreten Durchführung auftretenden Belästigungen (zB Lärm, Stau, sons-

[174] So auch iE Blank/Börstinghaus/Siegmund/Siegmund BGB § 536 Rn. 196.
[175] Vgl. zur Problematik Blank/Börstinghaus/Siegmund/Siegmund BGB § 536 Rn. 196.
[176] Hierzu Börstinghaus NZM 2012, 697.
[177] Schmidt-Futterer/Eisenschmid BGB § 536 Rn. 68 mwN.
[178] Blank/Börstinghaus/Siegmund/Siegmund BGB § 536 Rn. 201.
[179] Für ein Verschulden: Schmidt-Futterer/Eisenschmid BGB § 555d Rn. 97, 98; Gegen ein Verschulden: LG Berlin GE 1997, 619; MüKoBGB/Bieber, 6. Aufl. 2012, § 554 Rn. 8; Bub/Treier MietR-HdB/Kraemer/Schüller Kap. III. Rn. 2650.
[180] BGH NJW 2015, 2419.

tige Immissionen) im Vergleich zur regulären Durchführung deutlich übertroffen werden. Ferner kann ein **Ruhen der Maßnahmen** über einen Zeitraum von mehr als 12 Monaten (Nr. 4), mit den daraus resultierenden Einschränkungen, ebenfalls einen zur Kündigung bewegenden Effekt haben und ist in engem Zusammenhang mit Nr. 1 zu sehen.

Ihrer Rechtsnatur nach ist diese Vermutung eine **widerlegliche Vermutung,** dh die Vermutung gilt nicht, wenn der Vermieter darlegt, dass für sein Verhalten im Einzelfall ein nachvollziehbarer objektiver Grund vorliegt (§ 555d Abs. 2 BGB). Dies kann in den Fällen Nr. 1 und Nr. 4 etwa eine unvorhergesehene zeitliche Verzögerung aufgrund technischer Probleme bei der Bauausführung sein. Wann darüber hinaus die Vermutung als widerlegt zu erachten ist, wird die künftige Rspr. zu klären haben. 187

3. Sonderkündigung gem. § 555e Abs. 3 S. 2 BGB

Zum Schutz des Mieters hat der Gesetzgeber, wie auch nach der früheren Gesetzeslage in § 554 Abs. 3 S. 2 BGB aF, nunmehr in § 555e BGB geregelt, dass der Mieter, der die Maßnahme nicht dulden will, ein Sonderkündigungsrecht hat. 188

Dem Mieter steht nach Zugang der Modernisierungsankündigung eine **Überlegungsfrist** bis zum Ende des der Ankündigung folgenden Monats zu, innerhalb der er von einem Sonderkündigungsrecht Gebrauch machen kann. Die Kündigung ist nach § 555e Abs. 1 BGB bis zum Ablauf des übernächsten Monats möglich. Erfolgt die Ankündigung bspw. am 25.3., dann endet die Überlegungs- und damit die Zugangsfrist einer Sonderkündigung am 30.4., wobei mit einer derartigen Kündigung dann zum 31.5. gekündigt werden könnte. 189

Der Mieter kann von seinem Kündigungsrecht Gebrauch machen, ohne dass er zur Duldung auf Grund der Ankündigung verpflichtet ist. Selbst wenn bei der Modernisierung **gegen die Ankündigungspflicht gem. § 555c BGB verstoßen** wurde, steht dem Mieter das Sonderkündigungsrecht zu, da der Vermieter andernfalls die Ausübung des Sonderkündigungsrecht mittels manipulierter Modernisierungsankündigung beeinträchtigen könnte.[181] Bei unterbliebener Modernisierungsankündigung des Vermieters beginnt die Kündigungsfrist bzgl. des Sonderkündigungsrechts jedoch erst dann zu laufen, wenn der Mieter verbindlich von den Modernisierungsabsichten des Vermieters Kenntnis erlangt hat, spätestens jedoch mit dem Beginn der tatsächlichen Ausführung der Modernisierungsmaßnahme.[182] Bei Zugang einer nachfolgenden Mieterhöhungserklärung des Vermieters nach §§ 559 ff. BGB gilt das entsprechende Sonderkündigungsrecht gem. § 561 BGB. 190

Als **Folge des Sonderkündigungsrechts** gilt aber, dass die Modernisierungsmaßnahmen nur bis zum Ablauf der Kündigungsfrist nicht in Angriff genommen werden dürfen, woraus folgt, dass mit den Modernisierungsmaßnahmen begonnen werden kann, wenn die Mietzeit abgelaufen ist, der Mieter aber noch eine Räumungsfrist benötigt bzw. ihm eine solche zugebilligt wurde. 191

Für die ggf. verbleibende Nutzungszeit nach Ablauf der Kündigungsfrist kann der Mieter die Duldung der Modernisierungsmaßnahme also allenfalls aus § 242 BGB verweigern. 192

V. Vereinbarungen über Erhaltungs- und Modernisierungsmaßnahmen gemäß § 555f BGB

Seinerzeit neu eingeführt hat der Gesetzgeber mit dem Mietrechtsänderungsgesetz von 2013 die Möglichkeit, dass die Vertragsparteien nach Abschluss des Mietvertrages aus 193

[181] Schmidt-Futterer/Eisenschmid BGB § 555e Rn. 6; Bub/Treier MietR-HdB/Schüller Kap. III. Rn. 2709; aA LG Essen WuM 1990, 513.

[182] Schmidt-Futterer/Eisenschmid BGB § 555e Rn. 6; Bub/Treier MietR-HdB/Schüller Kap. III. Rn. 2709.

Anlass von Erhaltungs- (§ 555a BGB) oder Modernisierungsmaßnahmen (§§ 555b–555f BGB) Vereinbarungen treffen können, wobei beispielhaft vom Gesetzgeber Regelungsinhalte enumerativ aufgezählt wurden.

194 So können die Vertragsparteien **Vereinbarungen zur zeitlichen und technischen Durchführung** der Maßnahme sowie hinsichtlich **Gewährleistungsrechten und Aufwendungsersatzansprüchen** des Mieters treffen. Darüber hinaus können die Parteien, unter Abweichung von der Möglichkeit des Vermieters, die Miete um 8 % zu erhöhen, auch zukünftig zur Höhe der Miete Vereinbarungen treffen, dh insbes. die durch § 559 BGB gezogenen Grenzen überschreiten.[183] **Keine Vereinbarung** kann aber zu Regelungsinhalten getroffen werden, zu denen der Gesetzgeber in §§ 555b–555f BGB geregelt hat, dass eine zum Nachteil des Mieters abweichende Vereinbarung unwirksam ist. Dies ist bei der Abfassung von Vereinbarungen iSd § 555f BGB zu beachten. Allerdings ist ein Nachteil des Mieters nicht isoliert zu betrachten, sondern im Gesamtkontext der Vereinbarung. So kann der Wohnraummieter auf ein Minderungsrecht (entgegen § 536 Abs. 4 BGB) verzichten, wenn ihm der Vermieter nach Abschluss der baulichen Maßnahmen eine geringere als mögliche Modernisierungsmieterhöhung verspricht. Eine solche Vereinbarung ist, stellt sie sich für den Mieter als wirtschaftlich vorteilhaft heraus, zulässig.[184]

VI. Unwirksamkeit abweichender Regelungen

195 § 555c Abs. 5 BGB, § 555d Abs. 7 BGB sowie § 555e Abs. 3 BGB regeln ein Verbot von zum Nachteil des Wohnraummieters abweichenden vertraglichen Regelungen. Dies betrifft sowohl die **Duldungspflicht** des Mieters und seine Gegenrechte als auch nachteilige Regelungen bezüglich der **Ankündigungspflicht**[185] sowie **Verzichte oder Einschränkungen beim Aufwendungsersatzanspruch.**[186] Dieses Verbot bei der Wohnraummiete schließt aber nicht aus, dass der Mieter im Einzelfall trotz Fehlens der Voraussetzungen der §§ 555b–555e BGB einer Maßnahme freiwillig zustimmen kann,[187] was nun auch gesetzlich durch § 555f BGB in den Gesetzestext aufgenommen wurde. Unwirksam sind auch sämtliche **Formularklauseln,** durch die eine Duldungspflicht von vornherein für bestimmte Fälle oder erst recht generell geregelt wird, weil dann die in § 555d Abs. 2 BGB geregelte Interessenabwägung nicht vorgenommen werden würde.[188]

VII. Mietermodernisierung

196 Während sich die Rechte und Pflichten von Mieter und Vermieter bei Modernisierungen durch den Vermieter nach §§ 555b–555f BGB regeln, hat der Gesetzgeber für Modernisierungsmaßnahmen des Mieters den § 554 BGB erlassen. Anders als im Fall der Vermietermodernisierung muss bei beabsichtigten baulichen Maßnahmen der Vermieter diese nicht dulden, sondern muss diesen auch ausdrücklich vor deren Durchführung zustimmen.

---

183 BeckOGK/Schepers BGB § 555f Rn. 21.

184 BGH NZM 2010, 121 (122). Dem Mieter wurde von der Vermieterin mitgeteilt, dass auf eine Mieterhöhung nach Durchführung der Modernisierungsmaßnahmen verzichtet werde, wenn der Mieter auf die Mietminderung während der Modernisierungsmaßnahmen verzichtet.

185 So bereits LG Berlin ZMR 1986, 168.

186 So bereits AG Pinneberg WuM 1990, 73.

187 Bub/Treier MietR-HdB/Schüller Kap. III. Rn. 2715; Schopp ZMR 1983, 111; MüKoBGB/Artz § 555f Rn. 3.

188 Vgl. BGH NJW 1991, 1750.

1. Anspruch auf Erlaubniserteilung zur Durchführung

Zu welchen baulichen Maßnahmen der Mieter während der Mietzeit berechtigt ist und welche Voraussetzungen hierfür erfüllt sein müssen, ist außerhalb der Regelung des§ 554 Abs. 1 BGB umstritten. Das gilt insbesondere für die Frage, ab welcher Intensität der Einwirkung auf die Mietsache von einer (genehmigungspflichtigen) baulichen Veränderung der Mietsache gesprochen werden kann. Überwiegend Einigkeit besteht in der Wertung, dass von einer baulichen Veränderung der Mietsache dann auszugehen ist, wenn die Beseitigung der Veränderung über den Aufwand von Schönheitsreparaturen hinausgeht.[189] Dies führt zu einer niedrigschwelligen Annahme des Vorliegens von baulichen Veränderungen an der Mietsache. Im Übrigen verbleibt es bei der Feststellung des BGH, wonach der Mieter grundsätzlich keinen Anspruch darauf hat, dass der Vermieter ihm gestattet, selbst bauliche Veränderungen an der Wohnung mit dem Ziel einer Modernisierung oder Erhöhung des Wohnkomforts vorzunehmen. Die Erteilung einer derartigen Erlaubnis steht vielmehr im Ermessen des Vermieters, der sein Ermessen jedoch nicht missbräuchlich ausüben darf. Urteil vom 20.6.2012 – VIII ZR 110/11. 197

Aus der Regelung in § 539 Abs. 2 BGB über das Wegnahmerecht und den Aufwendungsersatz für notwendige Verwendungen soll die Folge herzuleiten sein, dass der Mieter auch Maßnahmen ohne Zustimmungen des Vermieters vornehmen darf, wenn es sich um **notwendige Verwendungen** auf die Sache handelt, zB Maßnahmen wie die Verlegung der für die Versorgung der Wohnung mit Gas-, Wasser- und Strom erforderlichen Leitungen oder die zum Schutz notwendige Errichtung einer Einfriedung.[190] 198

§ 554 BGB führt bauliche Maßnahmen an der Mietsache durch den Mieter auf, zu denen der Vermieter seine Erlaubnis erteilen muss, es sei denn, die Maßnahmen sind ihm nicht zumutbar. Ausnahmsweise kann darüber hinaus im Einzelfall der Vermieter zur Zustimmung einer Verbesserungsmaßnahme des Mieters **verpflichtet** sein, wenn der Mieter auf die Verbesserungsmaßnahme zur Befriedigung seiner elementaren Lebensbedürfnisse angewiesen ist, für eine fachgerechte Durchführung der Verbesserungsmaßnahme gesorgt ist und der Mieter sich verpflichtet, bei Auszug einen auf Wunsch des Vermieters ordnungsgemäßen Rückbau vorzunehmen und die Versagung deshalb rechtsmissbräuchlich wäre.[191] 199

Voraussetzung bei der Duldungspflicht des Vermieters ist aber immer, dass nachteilige Folgewirkungen für das Mietobjekt nicht eintreten.[192] 200

Grundsätzlich ist den Mietvertragsparteien zu raten, die Mietermodernisierung und eventuell daraus resultierende Ansprüche **schriftlich** in einer Vereinbarung mit dem Vermieter festzuhalten. Das gilt auch für diejenigen Maßnahmen, zu deren Durchführung der Mieter einen Anspruch auf Erlaubniserteilung gegen den Vermieter hat. 201

2. Daraus resultierende Ansprüche und Rechtsfolgen

Neben § 554 BGB ist § 539 BGB die einzige unmittelbare Regelung, die sich mit baulichen Änderungen des Mieters an der Mietsache befasst. § 539 Abs. 2 BGB räumt dem Mieter das Recht ein, seine eingebrachten Einrichtungen wegzunehmen. 202

Diese **Ausübung des Wegnahmerechts** kann der Vermieter nur dann abwenden, wenn er eine angemessene Entschädigung bezahlt, es sei denn, der Mieter hat ein berechtigtes Interesse an der Wegnahme. § 539 Abs. 2 BGB kann bereits dem Wortlaut nach nur für Verbesserungsmaßnahmen gelten, die auch tatsächlich wegnehmbar sind. 203

---

[189] Blank/Börstinghaus/Siegmund/Börstinghaus BGB § 554 Rn. 38; Schmidt-Futterer/Flatow BGB § 554 Rn. 4; Streyl NZM 2017, 785, 794.

[190] Schmidt-Futterer/Eisenschmid BGB § 535 Rn. 424.

[191] Für Parabolantenne: OLG Hamm RE WM 1993, 658; OLG Stuttgart WM 1995, 306; OLG Hamburg WM 1993, 527; LG Bonn WM 1993, 468 für ausländische Mieter.

[192] Schmidt-Futterer/Eisenschmid BGB § 535 Rn. 429.

204 Nach hM ist der Mieter verpflichtet, zum Ende der Mietzeit die von ihm vorgenommenen baulichen Veränderungen wieder zu beseitigen, um seine Pflicht zur Rückgabe der Mietsache in einem vertragsgemäßen Zustand zu erfüllen.[193] In diesem Zusammenhang ist auch der **Grundsatz von Treu und Glauben** gem. § 242 BGB zu beachten. So kann die Rückbauverpflichtung im konkreten Einzelfall treuwidrig sein, wenn sie reine Schikane ist, aus wirtschaftlicher Sicht überhaupt keinen Sinn macht und dem Vermieter durch die Eingriffe in die Bausubstanz keinerlei Nachteile entstehen. Jedoch wird ein Vermieter das Zurücklassen einer mangelhaft durchgeführten Verbesserungsmaßnahme, die zum Eingriff in die Bausubstanz geführt hat, nie dulden müssen.[194]

205 **Nicht geregelt** ist der Fall, dass ein Mieter Mietermodernisierungsmaßnahmen durchführt, die einer Genehmigung bedurft hätten, die aber nicht erteilt wurde.

206 Die Rechtslage richtet sich dann nach den allgemeinen Bestimmungen, dh der Vermieter kann während des Mietverhältnisses auf Beseitigung klagen bzw., wenn die Voraussetzungen des § 543 BGB vorliegen, kündigen.

3. Barrierefreiheit, E-Mobilität, Einbruchschutz und Steckersolaranlagen

207 Mit § 554 BGB hat der Gesetzgeber dem Mieter ein Recht auf Mietmodernisierung eingeräumt und regelt die Voraussetzungen für einen Anspruch auf Erlaubniserteilung durch den Vermieter. Die Vorgängerregelung des § 554a BGB basierte ganz wesentlich auf den Entscheidungsgründen, die das BVerfG in der sogenannten **Treppenhausliftentscheidung** erarbeitet hatte.[195] In diesem Verfahren hatte sich das BVerfG mit der Problematik zu befassen, ob die Ablehnung der Zustimmung zum Einbau eines Treppenhausliftes durch einen Vermieter gegenüber einem behinderten Mieter, der diese Zustimmung begehrte, um seine Wohnung leichter zu erreichen, rechtlich haltbar ist. Das BVerfG hat den Anspruch zugesprochen. Die Entscheidung ist dann bei der Schaffung des § 554a BGB zugrunde gelegt worden und hat die gesetzliche Regelung geprägt. Diese hat durch wiederholte Änderung eine beachtliche Erweiterung erfahren.

208 Die Vorschrift gibt einem Mieter einen Anspruch auf Zustimmung zu baulichen Veränderungen in Bezug auf eine behindertengerechte Ausstattung, dem Laden elektrisch betriebener Fahrzeuge, dem Einbruchsschutz oder der Stromerzeugung durch Steckersolargeräte und der Vermieter kein überwiegendes Interesse entgegen halten kann. Der Gesetzgeber hat hier eine Interessenabwägung eingeführt

209 **Bauliche Veränderungen, die dem Gebrauch durch Menschen mit Behinderungen dienen**

Eine Behinderung liegt vor, wenn die körperliche Funktion, geistige Fähigkeit oder seelische Gesundheit eines Menschen länger als sechs Monate von dem für das Lebensalter typischen Zustand abweicht und daher seine Teilhabe am Leben in der Gesellschaft beeinträchtigt.[196] Dabei kommen alle möglichen Beeinträchtigungen des körperlichen Zustands[197] in Betracht.

210 Durch die Vorschrift des § 554 BGB sollen Einrichtungen an der Mietsache ermöglicht werden, die nicht nur unerhebliche Erleichterungen für die behinderte Peron erreichen.[198]

Es soll keine bewertende Unterscheidung vorzunehmen sein, wonach zwischen notwendigen, nützlichen und der Bequemlichkeiten dienenden Maßnahmen unterschieden wird.

211 Nicht erforderlich für einen Erlaubnisanspruch ist, dass das Vorhaben der baulichen Veränderung für eine barrierearme- oder barrierefreie Nutzung der Mietsache erst nach

[193] Lützenkirchen/Lützenkirchen BGB § 535 Rn. 747; Spielbauer/Kern BGB § 535 Rn. 249.
[194] Blank/Börstinghaus/Siegmund/Börstinghaus § 554 Rn. 3; Schmidt-Futterer/Streyl BGB § 546 Rn. 39, 45, 47 mwN. in Fn. 227.
[195] BVerfG WuM 2000, 298 ff.
[196] § 3 Behindertengleichstellungsgesetz.
[197] Körperliche, geistige, alte, gebrechliche seh- und hörbehinderte Personen.
[198] Blank/Börstinghaus/Siegmund/Börstinghaus § 554 Rn. 8.

Abschluss des Mietvertrages entstanden ist. Vielmehr kann dieses bereits bei bzw. vor Abschluss des Mietvertrages bestanden haben.

Allerdings wird in einem solchen Fall davon ausgegangen, dass der Mieter verpflichtet ist, vor Abschluss des Mietvertrages den Vermieter auf seine Umbaupläne hinzuweisen.[199] Ein etwaiger Verstoß dagegen kann sich im Rahmen der vorzunehmenden Interessenabwägung[200] auswirken. 212

In Betracht kommen Maßnahmen wie zB 213

- die Herstellung eines ebenerdigen Haus- und Wohnungseingangs,
- die Beseitigung von Türschwellen und Verbreiterung von Türen außerhalb und innerhalb der Wohnung,
- der Einbau eines rutschsicheren Fußbodens,
- die Montage von Stützstangen,
- der Einbau zusätzlicher Handläufe und/oder Treppenlift im Treppenhaus,
- der Einbau behindertengerechter Duschen, Wanne und Toilette,
- die rollstuhl- und rollatorgerechte Verbreiterung von Türen,
- die Beseitigung von Türschwellen,
- die Neuverlegung von Leitungen,
- das Versetzen von Lichtschaltern,
- der Einbau von Rampen oder Treppenlift, die den Zugang zur Wohnung erleichtern oder sogar erst ermöglichen,
- die Versetzung von Müllcontainern,
- die Einrichtung eines rutschsicheren Bodenbelags.

Nicht erforderlich ist, dass der die Maßnahme beabsichtigende Mieter einer Behinderung unterliegt. Die Maßnahme kann auch für Personen, die mit dem Mieter einen gemeinsamen Hausstand führen oder auch lediglich für Besucher beabsichtigt sein.[201] 214

Im Rahmen der vorzunehmenden Abwägung der Interessen des Mieters und des Vermieters ist die Schwere der Beeinträchtigung der Personen zu berücksichtigen. 215

Auch die Dauer und die Häufigkeit der die Einrichtung nutzenden Person (Nutzer der Wohnung oder Besucher) finden Berücksichtigung.

Bauliche Veränderungen, die dem Laden elektrisch betriebener Fahrzeuge dienen 216

Die Tatbestandsalternative der baulichen Veränderungen, die dem Laden elektrisch betriebener Fahrzeuge dienen bezweckt die Förderung der Elektromobilität als ein wichtiger Bestandteil der Erreichung der Klimaneutralität.

Elektrisch betriebene Fahrzeuge sind reine Batterieelektrofahrzeuge, von außen aufladbare Hybridelektrofahrzeuge oder Brennstoffzellenfahrzeuge,[202] elektrisch betriebene Zweiräder, Elektromobile für Behinderte.[203]

Dem Laden solcher Fahrzeuge dienen alle Einrichtungen, die es dem Mieter/Nutzer ermöglichen, Strom in Fahrzeuge einzuspeisen, insbesondere die Installation von Lademöglichkeiten. Zu den Lademöglichkeiten gehören steuerbare Verbrauchseinrichtungen und steuerbare Netzanschlüsse; Festlegungskompetenzen nach § 14a Gesetz über die Elektrizitäts- und Gasversorgung (Energiewirtschaftsgesetz – EnWG).[204]

Die Regelung ermöglicht dem Mieter nicht nur die Vornahme der Ersteinrichtung, sondern auch den Erhalt, die Verbesserung bzw. Erweiterung der bereits vorhandenen Einrichtung. 217

Entsprechende Maßnahmen sind insbesondere die Installation

- einer Haushaltssteckdose,
- einer Ladestation im Innenbereich (Wallbox),

[199] Blank/Börstinghaus/Siegmund/Börstinghaus § 554 Rn. 8.
[200] Blank/Börstinghaus/Siegmund/Börstinghaus § 554 Rn. 8.
[201] Blank/Börstinghaus/Siegmund/Börstinghaus BGB § 554 Rn. 11.
[202] § 2 Nr. 1 Elektromobilitätsgesetz (EmoG).
[203] Blank/Börstinghaus/Siegmund/Börstinghaus BGB § 554 Rn. 15.
[204] BT-Drs 19/18791, S. 87 Zu § 554 Abs. 1 S. 1.

– einer Ladesäule im Außenbereich,
– von Nebeneinrichtungen (Versorgungsleistungen, Messeinrichtungen usw).

218 **Bauliche Veränderungen, die dem Einbruchschutz dienen**

Maßnahmen, die dem Einbruchschutz einer Wohnung dienen sind solche, die den widerrechtlichen Zutritt zur Wohnung des Mieters verhindern, erschweren oder auch nur unwahrscheinlicher machen.

Die hierfür geeigneten Maßnahmen sind nicht nur auf diejenigen Räume und Flächen beschränkt, die dem Mieter zum alleinigen Gebrauch überlassen worden sind, sondern auch auf solche, die dem Mieter zum Mitgebrauch zur Verfügung gestellt worden sind.[205]

219 In Betracht kommen unter anderem:
– die Verstärkung der Wohnungseingangstür,
– die Verbesserung von Schließsystemen,
– die Verstärkung der Türen,
– die Anbringung von Tür- und Fensterriegeln,
– die Einrichtung eines Türspions
– die Installation einer Alarmanlage (wenn diese sicht- und hörbar ist).

220 **Bauliche Veränderungen, die der Stromerzeugung durch Steckersolargeräte dienen**

Hierzu gehört insbesondere die Installation einer Photovoltaikanlage auf bzw. an dem Balkon oder der Terrasse des Mieters (Balkonkraftwerk). Der Mieter soll hierdurch die Möglichkeit erhalten, die Kosten für den Bezug von Strom durch einen professionellen Versorger zu senken. Dieses Tatbestandsmerkmal nimmt somit eine Sonderstellung im Rahmen der Vorschrift ein, da diese eine ganz überwiegend wirtschaftliche Bedeutung für den Miete hat.

221 **Interessenabwägung**

Der Abwägung der Interessen der Mietvertragsparteien im Falle des Begehrens des Mieters zur Verwendung eines BKW kommt besondere Bedeutung zu.

Das findet seinen Grund darin, dass die Systematik des § 554 Abs. 1 BGB dem Mieter grundsätzlich einen Anspruch auf Erteilung der Erlaubnis zur Vornahme der baulichen Veränderung der Mietsache zugesteht und der Vermieter lediglich die Möglichkeit hat, durch die Geltendmachung eigener Interessen dem Vorhaben des Mieters entgegenzutreten und dieses gegebenenfalls sogar zu verhindern, wenn seine Interessen die des Mieters übersteigen.

222 Auch wenn der Mieter nicht verpflichtet sein soll, die Geltendmachung des Anspruchs auf Erlaubniserteilung dem Vermieter zu begründen,[206] so muss der Mieter für die Vornahme der Interessenabwägung seine über das allgemeine Anliegen er Norm des § 554 BGB hinausgehenden Motive für sein Vorhaben darlegen und somit sein Begehren dem Vermieter gegenüber erläutern.[207]

Der Vermieter kann dem Mieter im Streitfall dazu zwingen, sein Interesse an der baulichen Veränderung offenzulegen.[208]

Es ist Aufgabe des Abwägungsprozesses, das Gewicht des Veränderungsinteresses mit dem Gewicht der gegenläufigen Interessen des Vermieters zu vergleichen.[209]

223 **Interessen des Mieters**

Der Mieter hat ein Interesse daran, die von ihm aufzuwendenden Kosten für den Bezug von Strom von einem Dritten zu verringern und einen Beitrag zur Energiewende zu leisten.[210] Hierfür möchte der Mieter das BKW betreiben.

---

[205] BT-Drs 19/18791, S. 87 Zu § 554 Abs. 1 S. 1.

[206] BT-Drs. 19/18791, S. 88, 89 Zu § 554 Abs. 1 S. 2; BT-Drs. 20/9890 A. VI. 4. zu Nummer 1 (Änderung von § 554 BGB), S. 15.

[207] BT-Drs. 19/18791, S. 88 Zu § 554 Abs. 1 S. 2; die Gesetzesbegründung führt ausdrücklich aus, dass jede Mietvertragspartei für ihre Interessen darlegungs- und beweispflichtig ist.

[208] BT-Drs. 19/18791, S. 88 Zu § 554 Abs. 1 S. 2.

[209] BT-Drs. 19/18791, S. 89 Zu § 554 Abs. 1 S. 2.

[210] BT-Drs. 20/9890 A. VI. 4., S. 15.

Nicht auszuschließen – allerdings von der Begründung des Gesetzentwurfs der Bundesregierung vom 20.12.2024 nirgendwo erwähnt ist, dass der Mieter mit dem Betrieb des BKW auch einen Beitrag zur Einsparung des Ausstoßes klimaschädlicher Immissionen hat.

Der Mieter wird diese Motive jedoch näher erläutern müssen, wenn der Vermieter deren Effektivität in Zweifel zieht.[211] So ist bei dem wirtschaftlichen Interesse des Mieters zu berücksichtigen, dass die Einrichtung/Installation und der Betrieb des BKW mit Kosten verbunden ist. nicht nur die vom Meter zu tragenden kosten für die Schaffung der Voraussetzungen der Installation (Einholung von Genehmigungen) und die Installation selbst (Ausgaben für eine Fachkraft; Schaffung der Anschlussmöglichkeit auf dem Balkon) als auch die regelmäßigen Aufwendungen für Wartung, Versicherung und gegebenenfalls Instandsetzung sind bei der Effektivität des Vorhabens des Mieters zu berücksichtigen. Das Argument der Beitragsleistung zum Klimaschutz dürfte allenfalls ein untergeordnetes, wenn nicht sogar nicht zu berücksichtigendes – Argument des Mieters sein. Dies ergibt sich nicht nur daraus, dass dies von der Begründung zu Gesetzentwurf nicht erwähnt wurde, sondern auch daraus, dass die Herstellung und der Transport sowie die Entsorgung eines BKW mit einem bestimmten klimabedeutenden Aufwand verbunden ist und der Mieter sicherlich effektivere Möglichkeiten hat, einen Beitrag zum Klimaschutz zu leisten[212]. 224

Es obliegt dem Mieter, im Einzelfall weitere aus seiner Sicht zu berücksichtigende Interessen dem Vermieter mitzuteilen.

Das Veränderungsinteresse des Mieters ist aus gesamtgesellschaftlichen Gründen im Ausgangspunkt stets beachtenswert. Es ist somit nicht zulässig, den Anspruch des Mieters mit dem Argument zurückzuweisen, an der begehrten bauliche n Veränderung bestehe schon grundsätzlich kein anerkennenswertes Interesse.[213] 225

Wirtschaftlichkeit des Mietervorhabens 226

Nach der Begründung des Gesetzentwurfs der Bundesregierung soll die Installation eines Balkonkraftwerkes der Senkung der Stromrechnung des Mieters dienen. Im Mittelpunkt stehen somit wirtschaftliche Überlegungen.

Die Wirtschaftlichkeit des Vorhabens des Mieters kann somit hinterfragt werden.

Die Wirtschaftlichkeit des Umgangs mit einem Balkonkraftwerk ist von mehreren Faktoren abhängig. Hierzu zählen unter anderem

- die Anschaffungskosten der Anlage
- die Ausrichtung und Neigung des Moduls
- der aktuelle Strompreis des Versorgers
- wie viel der Verbraucher von seinem selbst produzierten Strom tatsächlich nutzen kann.[214]

Aber auch 227

- die Kosten für die Installation
- die Kosten für eine gegebenenfalls einzuholende Genehmigung
- die Kosten für technische Machbarkeitsstudien
- etwaige Prämien für eine Versicherung der Anlage
- die Kosten für eine regelmäßige Wartung
- gegebenenfalls die Kosten für den Abbau und die Entsorgung
- Kosten für den Erwerb eines Energiespeichers

sind bei einer Wirtschaftlichkeitsberechnung zu berücksichtigen. Auf Verlangen des Vermieters hat der Mieter seine Kalkulation offen zu legen, damit die vom Gesetzgeber vorgesehene Interessenabwägung durchgeführt werden kann. Eine Stecker-Solar-Simu-

[211] BT-Drs. 19/18791, S. 88 Zu § 554 Abs. 1 S. 2.

[212] ZB durch Verzicht auf eine (oder mehrere) Flugreise(n); Nutzung des öffentlichen Personennahverkehrs im Alltag usw.

[213] BT-Drs. 19/18791, S. 89 Zu § 554 Abs. 1 S. 2.

[214] Diese Punkte werden von der Verbraucherzentrale NRW aufgeführt.

lation kann durchgeführt werden auf der Internetseite der Hochschule für Technik und Wirtschaft Berlin.[215]

228 **Interessen des Vermieters**

Die Interessen des Vermieters sind vielfältig und finden bereits in der Begründung des jeweiligen Gesetzentwurfs Erwähnung.

Der Vermieter ist daran interessiert, dass das äußere Erscheinungsbild seiner Immobilie erhalten bleibt.[216]

Der Vermieter hat ein Interesse daran, dass nicht in die Substanz der Mietsache eingegriffen wird – Konservierungsinteresse. Das ist typischerweise umso gewichtiger, je umfangreicher baulich in die Mietsache eingegriffen werden soll.

Der Vermieter hat dabei ein Interesse daran, dass kein gefahrträchtiger Zustand geschaffen wird.[217]

Hierfür kann der Vermieter verlangen, dass die beabsichtigten Maßnahmen fachgerecht und somit durch eine Fachkraft ausgeführt werden.

Verfügt der Mieter selbst über die erforderliche Fachkunde, ist er berechtigt, die Maßnahmen selbst auszuführen; der Mieterdarf keine Hilfspersonen hinzuziehen, die den Schutz der Haftpflichtversicherung des Mieters gefährden.[218]

Zu berücksichtigen ist das Rückbaurisiko des Vermieters. Hierfür ist sicher zu stellen, dass der Vermieter kein erhöhtes Kostenrisiko eingeht; das Vornahmerisiko (des Rückbaus) kann nicht minimiert werden.

Der Vermieter hat ein Interesse daran, keinen Ansprüchen dritter Personen ausgesetzt zu sein.

Hierzu gehören etwaige Ansprüche aus dem Nachbarrecht, aber auch Ansprüche und Rechte aus anderen Mietvertragsverhältnissen. Im Falle einer Havarie des BKW muss das Haftungsrisiko des Vermieters anderen Personen gegenüber ausgeschlossen sein. Zur Minimierung des Insolvenzrisikos des Mieters hat er vom Vermieter verlangte Versicherungen nachzuweisen.

229 Der Vermieter benötigt Informationen über die Einzelheiten der beabsichtigten Maßnahme. Diese für den Vermieter notwenigen Informationen sind besonders wichtig. Für den Fall, dass diese ausbleiben, soll sich das Vermieterinteresse gegenüber dem Mieterinteresse durchsetzen.[219]

230 Der Vermieter als Eigentümer kann mit der Mietsache nach seinem Belieben verfahren.[220] Insbesondere steht dem Vermieter die wirtschaftliche Dispositionsfreiheit als seine wirtschaftliche Freiheit zu. Es soll daher stets zu prüfen sein, ob der Vermieter durch die Erlaubniserteilung in seiner Handlungsfähigkeit unangemessen benachteiligt/ eingeschränkt wird.[221]

231 **Abwägung der Interessen**

Die Gesetzesbegründung gibt keine Anhaltspunkte, nach welchen Kriterien die Interessenabwägung stattzufinden hat. Mithin fehlt es auch an einer umfassenden Vorgabe einer bestimmten Gewichtung der Interessen. Lediglich für den Fall des Ausbleibens von notwendigen Informationen des Mieters über die Einzelheiten des Vorhabens der baulichen Veränderung sollen die Interessen des Vermieters überwiegen.

---

[215] https://solar.htw-berlin.de/rechner/stecker-solar-simulator/, zuletzt abgerufen 15.7.2026.

[216] Lützenkirchen/Lützenkirchen BGB § 535 Rn. 758; Schmidt-Futterer/Eisenschmid BGB § 535 Rn. 438.

[217] BT-Drs. 19/18791, S. 88 Zu § 554 Abs. 1 S. 2; die Gesetzesbegründung führt ausdrücklich aus, dass jede Mietvertragspartei für ihre Interessen darlegungs- und beweispflichtig ist.

[218] Schmidt-Futterer/Eisenschmid BGB § 535 Rn. 435.

[219] BT-Drs. 19/18791, S. 88 Zu § 554 Abs. 1 S. 2; die Gesetzesbegründung führt ausdrücklich aus, dass jede Mietvertragspartei für ihre Interessen darlegungs- und beweispflichtig ist.

[220] Lützenkirchen/Lützenkirchen BGB § 535 Rn. 757.

[221] Lützenkirchen/Lützenkirchen BGB § 535 Rn. 758. Beabsichtigt der Mieter wohnwertverbessernde Maßnahmen ist zu beachten, dass der Mieter ein Interesse daran haben kann, eine solche Maßnahme selbst durchzuführen.

Im Rahmen der Überlegungen zur Erteilung der Erlaubnis zur Verwendung eines BKW hat der Vermieter eine Abwägung vorzunehmen, bei der die eigenen Interessen, die nachbarschaftlichen Rechte (Vermeidung von Blendwirkungen), die Rechte anderer Mieter im Hause, die Verpflichtung des Nutzers eines BKW zum schonenden Umgang mit der Mietsache, insbesondere die Bausubstanz nicht nachhaltig Beschädigungen und Gefahren auszusetzen, sowie die Möglichkeiten der Wiederherstellung des ursprünglichen Zustandes bei Entfernen der Anlage zu berücksichtigen sind.

Der Nutzer soll dazu angehalten sein, diejenige Installation auszuwählen, welche am leichtesten rückbaubar ist und die geringste optische Beeinträchtigung darstellt.

Dem Vermieter bzw. der Wohnungseigentümergemeinschaft soll es vorbehalten bleiben, auf ein einheitliches Erscheinungsbild des Gebäudes hinwirken zu können.

Bei der Interessenabwägung ist zu berücksichtigen, ob und in welchem Umfang der Vermieter bzw. die Eigentümergemeinschaft bereits Investitionen in Photovoltaikanlagen zum Beispiel im Rahmen von Mieterstrommodellen getätigt hat oder tätigen will. Die Amortisation solcher Investitionen soll durch die Installation von zusätzlichen BKW nicht vereitelt werden.

Die Zurverfügungstellung einer zusätzlichen Kaution verdrängt das Rückbaurisiko des Vermieters.

Die Abwägung steht mithin im alleinigen Verantwortungsbereich des zur Vornahme der Abwägung berechtigten, der im Falle eines Streits um sein Ergebnis dieses zu begründen hat.

Besondere Kaution 232

Nach § 554 Abs. 1 S. 3 BGB kann sich der Mieter verpflichten, dem Vermieter eine zusätzliche Kaution zur Sicherung seiner Ansprüche zur Verfügung zu stellen. Nach überwiegender Ansicht kann eine solche Kaution vom Vermieter zur Bedingung für die Erlaubniserteilung gemacht werden.

VIII. Übergangsregelung/Rechtslage vor Inkrafttreten des Mietrechtsreformgesetzes/Änderungen durch das Mietrechtsanpassungsgesetz

1. Anwendung des neuen Rechts

Gem. Art. 2 des **Mietrechtsänderungsgesetzes vom 11.3.2013 (MietRÄndG)** – betreffend die Änderung des Art. 229 des Einführungsgesetzes zum Bürgerlichen Gesetzbuches (EGBGB) durch Anfügung eines § 29 – gelten die neuen Regelungen für Modernisierungsvorhaben, deren Mitteilung ab dem 1.5.2013 oder später zugegangen ist oder bei Modernisierungsmaßnahmen, die vor dem 1.5.2013 begonnen haben, denn der Gesetzgeber hat in Art. 229 § 29 EGBGB die Anwendung des alten Rechts zu diesem Datum geregelt. 233

Gem. Art. 2 des **Mietrechtsanpassungsgesetzes vom 18.12.2018 (MietAnpG)** – betreffend die Änderung des Art. 229 EGBGB durch Anfügung eines § 49 – ist § 559d BGB nur anzuwenden auf ein Verhalten nach dem 31.12.2018. 234

2. Ausnahmen von der Anwendung des neuen Rechts/Fortgeltung des alten Rechts

Die alte Rechtslage nach § 554 Abs. 2–5 BGB aF bleibt insoweit gültig und ist weiter anzuwenden, wenn bei Modernisierungsmaßnahmen die **Mitteilung nach § 554 Abs. 3 S. 1 BGB aF dem Mieter vor dem 1.5.2013 zugegangen** ist oder bei Modernisierungsmaßnahmen auf die § 554 Abs. 3 S. 1 BGB aF in der bis zum 1.5.2013 geltenden Fassung anzuwenden ist, wenn der Mieter **mit der Ausführung der Maßnahme vor dem 1.5.2013 begonnen hat.** 235

Maßgeblich, ob die neue oder alte Rechtslage Anwendung findet, ist also zum einen der **Tag des Inkrafttretens** des Mietrechtsreformgesetzes, zum anderen aber zusätzlich der **Zugang der Ankündigungserklärung** oder der Beginn der Maßnahme. 236

3. Rechtslage bei Fortgeltung des alten Rechts

237 **a) Alte Rechtslage in Bezug auf die Vermieterrechte.** Während der Gesetzgeber nach Inkrafttreten des Mietrechtsänderungsgesetzes zum 11.3.2013 Erhaltungs- und Modernisierungsmaßnahmen nun in den §§ 555a–555f regelt, waren die diesbezüglichen Regelungen früher in § 554 Abs. 1 BGB aF (Erhaltungsmaßnahmen) und in § 554 Abs. 2–5 BGB aF (Modernisierungsmaßnahmen) geregelt.[222]

238 *aa) Alte Rechtslage bezüglich der zu duldenden Maßnahme.* Bei der zu duldenden Maßnahme waren vor Inkrafttreten des Mietrechtsänderungsgesetzes vom 11.3.2013 aufgrund des damaligen Mietrechtsreformgesetzes zwar bereits Maßnahmen zur Einsparung aller Arten von Energie vom Gesetzgeber aufgenommen worden, aber eben **nicht unterschieden** worden zwischen Endenergie und Primärenergie. Des Weiteren gab es vorher keine Erwähnung des Klimaschutzes. Im Gegensatz zum neuen Recht gab es für die einzelnen Modernisierungsmaßnahmen auch **keine Legaldefinitionen,** die nun in der neuen Gesetzesfassung Unklarheiten vermeiden helfen. Im Übrigen ist aber der Kreis, der vom Gesetzgeber geregelten Modernisierungsmaßnahmen in § 554 Abs. 2 BGB aF mit den nunmehr geregelten Modernisierungsmaßnahmen, mit Ausnahme der Differenzierung zwischen End- und Primärenergie und der Aufnahme des Klimaschutzes, identisch.

239 Im Übrigen war aber der Kreis der vom Gesetzgeber geregelten Modernisierungsmaßnahmen in der früheren Gesetzesfassung identisch.

240 *bb) Alte Rechtslage bezüglich der Zumutbarkeitsprüfung.* Hier hatte der Gesetzgeber vor Inkrafttreten des Mietrechtsreformgesetzes in § 541b BGB aF den **Personenkreis auf Mieterseite** streng geregelt. Bereits durch das Mietrechtsreformgesetz waren dann aber über den Mieter oder seine Familie hinaus auch andere Personen in den Schutz aufgenommen worden, also nicht nur die im engen Familienkreis stehenden, sondern auch die in eheähnlichem Verhältnis zusammenlebenden Lebenspartner etc.[223]

241 *cc) Alte Rechtslage bezüglich der Mitteilungspflicht des Vermieters.* Hier hatte der Gesetzgeber früher **strengere Maßstäbe an die formelle Voraussetzung** der Mitteilung gestellt. Insbes. noch vor dem Mietrechtsreformgesetz. Bereits durch das Mietrechtsreformgesetz war dann eine Abschwächung der Voraussetzungen eingetreten.

242 Die Anforderungen wurden durch das Mietrechtsänderungsgesetz weiter herabgesetzt. Während früher eine konkrete und genaue Mitteilung über Art, Umfang und Beginn gefordert wurde, muss die Art und der **voraussichtliche** Umfang der Modernisierungsmaßnahme nunmehr nur in wesentlichen Zügen dargestellt werden. Die Modernisierungsankündigung muss zwar den voraussichtlichen Beginn und die voraussichtliche Dauer der Modernisierungsmaßnahme enthalten und den Betrag, der zur weiteren Mieterhöhung, soweit eine Mieterhöhung verlangt werden soll, sowie die voraussichtlichen künftigen Betriebskosten, hinsichtlich Art und voraussichtlichem Umfang genügt nun jedoch eine Darstellung in wesentlichen Zügen. Bei der Frist für die Mitteilung der Modernisierungsmaßnahmen ist es bei einer Frist von 3 Monaten geblieben. Bei der alten Rechtslage nach § 554 Abs. 2–4 BGB aF gab es jedoch keine Ausschlussfrist, die nun in §§ 555d Abs. 3 BGB geregelt ist.

243 *dd) Alte Rechtslage bezüglich der Rechte des Vermieters nach Durchführung der Modernisierung.* Insoweit entsprach die alte Regelung der heutigen Rechtslage. Die Möglichkeit der Mieterhöhung befand sich auch damals in §§ 559a, 559b BGB, wie dies heute der Fall ist.

244 **b) Alte Rechtslage im Bezug auf die Mieterrechte durch die Modernisierung.** Auch diesbezüglich war die alte Rechtslage identisch. Insoweit war allerdings das Sonderkün-

[222] Begründung des BMJ für Referentenentwurf Mietrechtsreformgesetz, S. 92.
[223] → Rn. 142 sowie die dortigen Fn. 139 und 140.

digungsrecht wegen der Modernisierung in § 554 Abs. 3 BGB aF (heute in § 555e Abs. 1 BGB) geregelt.

IX. Abgrenzungsfragen/Ausbau-Umbau-Anbau

Über die Modernisierung von bereits vorhandenen Wohnräumen hinaus kommen auch den Mieter beeinträchtigende bauliche Maßnahmen in Betracht, die den bisherigen Wohnraum erweitern, ergänzen oder umgestalten, oder die Wohnraum an den bisher vorhandenen Wohnraum neu anschließen. Insoweit unterscheidet man zwischen Ausbau, Umbau und Anbau. 245

Unter **Ausbau** versteht man, wenn aus Räumen oder Räumlichkeiten, die bislang nicht für Wohnzwecke geeignet oder zu Wohnzwecken bestimmt waren, unter wesentlichem Bauaufwand Wohnraum entsteht, zB der Ausbau eines bisherigen Trockenspeichers als Dachgeschosswohnung oder der Ausbau von Untergeschossräumlichkeiten (Keller) zu einer Souterrainwohnung (zur Begriffsbestimmung siehe § 17 Abs. 1 II. WoBauG). 246

Umbau ist dagegen eine unter wesentlichem Bauaufwand durchgeführte Anpassung von Wohnräumen, die infolge einer Änderung des Wohnverhaltens oder der Wohngewohnheiten nicht mehr für Wohnzwecke geeignet sind, zur Schaffung von Wohnraum (siehe § 17 Abs. 1 S. 2 II. WoBauG). 247

Ein **Anbau** dagegen ist die Erweiterung oder Ergänzung vorhandener Räumlichkeiten durch Vergrößerung oder Hinzufügung neuer Räumlichkeiten. 248

Bezüglich der drei voranstehend baulichen Maßnahmen treten im Mietverhältnis häufig folgende Problemkreise auf: 249

1. Kann der Vermieter den Ausbau, Umbau oder Anbau gegenüber dem Mieter durchsetzen bzw. muss der Mieter Ausbau, Umbau oder Anbau dulden?
2. Wer trägt die finanziellen Belastungen im Mietverhältnis bzw. sind diese umlegbar?

Die Problematik lässt sich über §§ 555b Nr. 7 BGB – Schaffung neuen Wohnraums – lösen.

X. Gesetzliche Regelungen

Der Gesetzgeber hat hierzu **an verschiedenen Stellen** innerhalb der im Bürgerlichen Gesetzbuch enthaltenen Mietrechtsregelungen Regelungen zu diesen Problemkreisen geschaffen. 250

Die Duldungspflicht für Maßnahmen zur Schaffung neuen Wohnraums durch Ausbau, Umbau und Anbau ergibt sich aus **§§ 555d Abs. 1, 555b Nr. 7 BGB.** Auch in Bezug auf Ausbau-, Umbau- und Anbaumaßnahmen kann der Vermieter also gem. §§ 555c–555f BGB vorgehen und diese Maßnahmen zur Schaffung neuen Wohnraums durchsetzen. Insoweit wird auf die voranstehenden Ausführungen entsprechend verwiesen. 251

Die Duldungspflicht hat aber selbstverständlich dort ihre Grenzen, wo bauliche Maßnahmen, die einen Ausbau, Umbau oder Anbau zum Gegenstand haben, dazu führen, dass ganze Wohnungen wegfallen oder eine große Wohnung durch Aufteilung in mehrere Appartements wegfällt, oder wo durch die Baumaßnahme das Mietobjekt so verändert wird, dass etwas völlig Neues entsteht, zB indem aus einer einfachen Obergeschosswohnung durch die Zufügung des Dachgeschosses eine Luxusatelierwohnung entsteht. 252

Der Eigentümer, der sein Eigentum verändern will, obwohl dieses vermietet ist, hat in diesem Fall nur die Möglichkeit, die Duldung gem. **§ 242 BGB** durchzusetzen, wobei zu beachten ist, dass sich hierdurch keine Umgehung der Schutzvorschriften der §§ 555c–555f BGB ergeben darf. Dabei ist an Sachverhalte zu denken, bei denen der Vermieter zwar einen Anspruch aus §§ 555b–555f BGB aufgrund der dortigen Voraussetzungen hat, aber andererseits die bauliche Tätigkeit den Mieter nicht besonders stark in seinem 253

Besitzrecht stört, ohne Durchführung der Maßnahme jedoch die Wirtschaftlichkeit des Hausbesitzes nicht gegeben oder der Verlust des Gebäudes zu befürchten wäre.[224]

254 Des Weiteren hat der Gesetzgeber bei **§ 573 Abs. 2 Nr. 3 BGB sowie § 573b Abs. 1 Nr. 1 und 2 BGB** ein Kündigungsrecht verankert, um dem Vermieter die Möglichkeit zu geben, in bestimmten Fällen den Ausbau, Umbau und Anbau durchzusetzen. So ist in § 573b Nr. 1 und 2 BGB zunächst die Möglichkeit einer Teilkündigung geregelt, dh dass der Vermieter Nebenräume (insbesondere Speicherräume usw) oder sonstige mitvermietete Grundstücksteile (Kfz-Stellplätze, Hinterhöfe, Gärten usw) kündigen kann, wenn er diese Räumlichkeiten oder Grundstücksflächen zur Schaffung neuer Mietwohnungen verwenden will.[225] Außerdem wird durch § 573 Abs. 2 Nr. 3 BGB ein Kündigungstatbestand geregelt, der den Vermieter berechtigt, das Mietverhältnis zu kündigen, wenn er durch die Fortsetzung des Mietverhältnisses an einer angemessenen wirtschaftlichen Verwertung des Grundstücks gehindert ist und dadurch erhebliche Nachteile erleiden würde. Gerade in diesen Kündigungstatbestand fallen auch Ausbau-, Umbau- und Anbaumaßnahmen.

255 So kann der Umbau einer großen Wohnung in mehrere Kleinwohnungen eine Form einer angemessenen Verwertung sein, wenn die bisherige Nutzung der Räumlichkeiten für den Vermieter vollkommen unrentabel ist.

256 Des Weiteren ist in **§ 554a BGB** eine Regelung enthalten, die dem Mieter unter gewissen Voraussetzungen einen Anspruch auf einen behindertengerechten Umbau oder Ausbau gewährt.

257 Der Gesetzgeber hat also auch bezüglich Anbau, Umbau und Ausbau dem Vermieter ein Instrumentarium an die Hand gegeben, mit dem teilweise die Baumaßnahmen über die §§ 555b–555f BGB und § 554a BGB, teilweise über § 573 Abs. 2 Nr. 3 BGB sowie § 573b Abs. 1 Nr. 1 und 2 BGB durchgesetzt werden können und der Mieter zur Duldung bzw. indirekt durch Räumung zur Duldung verpflichtet ist. Soweit bauliche Ausbau-, Umbau- oder Anbaumaßnahmen nicht über die §§ 555b–555f BGB bzw. § 242 BGB oder über § 573 Abs. 2 Nr. 3 BGB bzw. § 573b Abs. 1 Nr. 1 und 2 BGB durch Kündigung durchzusetzen sind, kann der Vermieter die Baumaßnahmen nicht durchführen.

258 Eine Möglichkeit, etwaige Kosten auf den Mieter umzulegen, besteht aber nur dann, wenn diese Maßnahmen Modernisierungsmaßnahmen iSd § 559 Abs. 1 BGB sind.

XI. Abweichende Vereinbarungen

259 Die Vertragsfreiheit erlaubt es, dass Mieter und Vermieter bezüglich Ausbau, Umbau und Anbau Vereinbarungen treffen, wobei allerdings die **Nachteilsverbote** zu Gunsten des Wohnraummieters in § 555c Abs. 5 BGB und § 555d Abs. 7 BGB sowie § 555e Abs. 3 BGB sowie in § 573 Abs. 4 BGB bzw. 573b Abs. 5 BGB zu berücksichtigen sind.

260 Im Übrigen ist es aber im Rahmen der Beachtung dieser Nachteilsgebote problemlos möglich, dass ein Vermieter als Grundstückseigentümer einem Mieter ein ganzes Grundstück oder Räumlichkeiten zur Bebauung in Form eines Umbaus, Anbaus oder Ausbaus überlässt. Vertraglich geregelt wird, dass das Vertragsobjekt, in dem im Vertrag vereinbarten Zustand mit Anbau, Ausbau oder Umbau zurückzugeben ist. Verträge, die derartige Verpflichtungen zum Inhalt haben, sind nach höchstrichterlicher Rspr. reine Mietverträge.[226] Der Vermieter ist insoweit sogar bei Verletzung der Ausbaupflicht durch den Mieter berechtigt, fristlos zu kündigen.[227] Zu beachten ist von Seiten des Vermieters, dass er, falls der Mieter die vertraglich geschuldeten Ausbau-, Umbau- oder Anbaumaßnahmen bis zum Vertragsende nicht durchgeführt hat, der Erfüllungsanspruch wegen Anwendung des § 548 BGB in 6 Monaten verjährt.

[224] BGH NJW 1972, 723.
[225] BeckOK MietR/Siegmund BGB § 573b Rn. 5 mwN.
[226] BGHZ 86, 71 (76) mwN.
[227] BGHZ 50, 312.

Zu prüfen ist aber immer anhand des Vertragstextes und der Umstände, ob der Mieter nur berechtigt ist, die vereinbarte Baumaßnahme durchzuführen oder ob eine Verpflichtung hierzu besteht. Wenn die **vertragliche Regelung** dergestalt geregelt ist, dass für die Ausführung des Ausbaus, Umbaus oder Anbaus der Mietzins während der Zeit der Durchführung oder für eine bestimmte Dauer erlassen ist, oder lediglich in niedrigerer Höhe zu bezahlen ist, folgt daraus inzidenter, dass der Verwendungsersatzanspruch gem. § 539 Abs. 1 BGB und das in § 539 Abs. 2 BGB geregelte Wegnahmerecht ausgeschlossen sind. 261

Andererseits ist zu beachten, dass in derartigen Fällen **im Fall vorzeitiger Vertragsbeendigung** ein Anspruch des Mieters gegen den Vermieter auf Herausgabe der Bereicherung entstehen kann gem. §§ 812, 818 Abs. 2 BGB. Die Bereicherung besteht hier darin, dass der Vermieter durch die vorzeitige Beendigung vorzeitig einen durch die Baumaßnahme erhöhten Ertragswert der vermieteten Räumlichkeiten erhält.[228] 262

XII. Übergangsregelung/Rechtslage vor Einführung des Mietrechtsänderungsgesetzes

Die Übergangsvorschriften zum Gesetz zur Neugliederung, Vereinfachung und Reform des Mietrechts befinden sich in Art. 229 § 29 des Einführungsgesetzes zum Bürgerlichen Gesetzbuch (EGBGB). Danach sind die **alten Vorschriften** dann maßgeblich, wenn eine Kündigung oder ein Erhöhungsverlangen **vor Inkrafttreten des Mietrechtsreformgesetzes zugegangen** ist. Im Übrigen gilt für Kündigungen, Ansprüche usw die neue Rechtslage, soweit die Ansprüche oder die Kündigung nach Inkrafttreten des Gesetzes geltend gemacht werden. 263

Die wesentlichen Bestimmungen, die den Aus-, Um- und Anbau regeln, sind durch das Mietrechtsreformgesetz lediglich in neue Paragrafen abgefasst worden. Inhaltlich hat sich insoweit keine Änderung der Rechtslage ergeben. 264

Nach der alten Rechtslage befand sich die Duldungspflicht für Maßnahmen für Schaffung neuen Wohnraums durch Ausbau, Umbau und Anbau in § 554 BGB aF, statt dem nunmehr in §§ 555a–555f BGB geregelten Verfahren. 265

Auch nach der alten Rechtslage musste der Eigentümer, der sein Eigentum verändern wollte, obwohl dieses vermietet ist, seine Ansprüche bzw. die Duldung gem. § 242 BGB durchzusetzen, wobei auch damals bereits zu beachten war, dass diese Durchsetzung über § 242 BGB keine Umgehung der Vorschrift des § 541b BGB aF ergeben durfte. 266

[228] BGH ZMR 1996, 122.

9. Abschnitt. Mietpreisrecht

§ 21 Mietpreisüberhöhung und Mietwucher

Übersicht

Schrifttum:

Arzt/Börstinghaus, Das am 1.1.2019 in Kraft getretene MietAnpG, NZM 2019, 121; Börstinghaus, Die „Mietpreisbremse“ in der Praxis, NJW 2018, 665; ders., Die Begrenzung der Wiedervermietungsmiete für Wohnraum, NJW 2015, 1553; Flatow, Die höchstzulässige Miete, WuM 2015, 191; Fleindl, Die Rückforderung überzahlter Miete bei Verstößen gegen die Mietpreisbremse, WuM 2015, 212 (213); Lehmann-Richter, Voraussetzungen und Kontrolle einer Gebietsverordnung zur Mietpreisbremse, WuM 2015, 204; Langenberg, Zur neueren Rechtsprechung des BGH zu § 5 WiStG, Festschrift für Hubert

Blank, S. 291 ff.; Lammel, Theorie und Praxis der Mietpreisüberhöhung nach § 5 WiStG, NZM 1999, 989; Meyer-Abich, Fallstricke des Mietprozesses- Umgehung der Mietpreisbremse, NJW 2024, 1792; Schneider, „Mietpreisbremse" Streitwert einer auf Feststellung der höchstzulässigen Miete gerichteten Klage, NZM 2024, 176; Scholl, Mangellage unter § 5 WiStG, NZM 1999, 396; Zehelein, Mietwohnung nebst Keller bzw. Garage/Stellplatz: Wirklich ein Fall „getrennter" Anmietung, NZM 2024, 311.

I. Die zulässige Miete bei Mietbeginn

1. Allgemeines

1 Die Begrenzung der Miethöhe bei Mietbeginn wurde eingeführt durch das Mietrechtsnovellierungsgesetz vom 1.6.2015 mit den Veränderungen durch das Mietrechtsanpassungsgesetz – MietAnpG – vom 18.12.2018. Zum 1.4.2020 wurde durch das Gesetz zur Verlängerung und Verbesserung der Regelungen über die zulässige Miethöhe bei Mietbeginn zum einen den Ländern gestattet die Laufzeit der Mietpreisbegrenzungsverordnungen bis zum 31.12.2025 zu verlängern, andererseits den Mietern deren Mietverträge ab dem 1.4.2000 abgeschlossen wurden, das Recht zubilligt, bei fortbestehendem Mietverhältnis auch die vor Zugang der Rüge überzahlte Miete zurückfordern, sofern die Rüge innerhalb der ersten 30 Monate nach Vertragsschluss erklärt wurde. Durch die Anwendung der §§ 556d bis 556g BGB soll der Anstieg der Mieten bei der Wiedervermietung von Wohnungen eingeschränkt werden.

Zwischenzeitlich wurde das Recht der Länder Mietpreisverordnungen zu erstellen bis zum 31.12.2029 verlängert.[1]

2 Die so genannte „Mietpreisbremse" findet ihre Rechtfertigung in dem Umstand, dass die Mieten bei der Wiedervermietung von Bestandswohnungen in prosperierenden Städten stark ansteigen und teilweise in erheblichem Maße über der ortsüblichen Vergleichsmiete liegen. Dadurch, dass sich vor allem einkommensschwächere Haushalte, aber auch Durchschnittsverdiener, in den betroffenen Gebieten derartige Mieten nicht mehr leisten können, werden erhebliche Teile der angestammten Wohnbevölkerung aus ihren Wohnquartieren verdrängt. Dieser Entwicklung soll die neue Regelung im Mietrecht des BGB begegnen, indem die zulässige Miete bei der Wiedervermietung von Wohnraum in angespannten Wohnungsmärkten, die von den Landesregierungen ausgewiesen werden, auf die ortsübliche Miete zuzüglich 10 Prozent begrenzt wird. Die Regelungen über die Mietpreisbremse sind enthalten in den neuen Vorschriften §§ 556d, 556e, 556f und 556g BGB. Die Besonderheiten der Anwendung der Mietpreisbremse bei Staffel- und Indexmietvereinbarungen ist geregelt in §§ 557a Abs. 4, 557b Abs. 4 BGB.

3 Es gelten folgende Grundsätze:

- Bei der Wiedervermietung von Bestandswohnungen darf die zulässige Miete höchstens auf das Niveau der ortsüblichen Vergleichsmiete zuzüglich 10 Prozent steigen. Die Landesregierungen werden ermächtigt, durch Rechtsverordnung, die spätestens am 31.12.2029 außer Kraft treten muss, Gebiete mit angespannten Wohnungsmärkten auszuweisen, in denen diese Mietpreisbegrenzung gilt, § 555d Abs. 2, S. 4 BGB. Die Landesregierungen müssen die Rechtsverordnung begründen im Hinblick auf für die Gebietsausweisung maßgeblichen Tatsachen und vorgesehene weitere Maßnahmen zur Beseitigung der Anspannung. In der Verordnung soll begründet werden, warum ein angespannter Wohnungsmarkt vorliegt.
- Wohnungen, die nach dem 1.10.2014 erstmals genutzt und vermietet werden, sind von der Mietpreisbegrenzung ausgenommen, § 556f S. 1 BGB. Ebenfalls von der Mietpreisbegrenzung ausgenommen ist die erste Vermietung einer Wohnung nach einer umfassenden Modernisierung, wobei auch hier als Stichtag für die erste Vermietung der 1.10.2014 gilt, § 556 f S. 2BGB.

[1] Gesetz zur Änderung der Regelungen über die zulässige Miethöhe bei Mietbeginn v. 17.7.2025, BGBL 2025 I Nr. 163.

- Eine zulässig vereinbarte Miete darf auch bei Wiedervermietung weiter verlangt werden. Der Vermieter ist also nicht gezwungen, eine frei gewordene Wohnung unterhalb der bisherigen Miete anzubieten, § 556d Abs. 1 BGB
- Modernisierungen vor Wiedervermietung erlauben eine erhöhte Wiedervermietungsmiete nach den Regeln einer Modernisierung im bestehenden Mietverhältnis. Die Vertragsparteien werden also so gestellt, als wäre die Modernisierungsmaßnahme im bestehenden Mietverhältnis durchgeführt und die Miete auf dieser Grundlage angepasst worden, § 556d Abs. 2 BGB.
- Bei Staffelmietverträgen gelten die vorbezeichneten Regelungen für jede Mietstaffel, § 557a Abs. 4. BGB bei Indexmieten für die vereinbarte Ausgangsmiete§ 557b Abs. 4 BGB.
- Beanstandungen der vereinbarten Miete muss der Mieter rügen, um Rückforderungsansprüche für künftig fällige Miete oder bei Vertragsabschlüssen ab dem 1.4.2020 für bereits innerhalb eines bestimmten Zeitfensters gezahlte Miete zu erhalten.
- Der Mieter hat gegenüber dem Vermieter einen gesetzlichen Auskunftsanspruch zu den preisbildenden Tatsachen, soweit er diese nicht selbst ermitteln kann, zum Beispiel mit Hilfe des örtlichen Mietspiegels. Ebenso hat der Mieter Auskunftsansprüche gegen den Vermieter, soweit dieser sich auf Ausnahmetatbestände beruft.

4 Die Bestimmungen über die Mietpreisbremse gelten im Einzelfall jedoch erst von dem Datum an, an dem die jeweiligen Landesregierung durch rechtswirksame Verordnung Gebiete mit angespannten Wohnungsmärkten ausweist und die fragliche Mietwohnung diesem Gebiet zuzuordnen ist.[2]

2. Die Begrenzung der Wiedervermietungsmiete (Mietpreisbremse), § 556d BGB

5 Das Verbot, bei einer Vermietung von Wohnraum eine um mehr als 10 Prozent über der ortsüblichen Vergleichsmiete liegende Miete zu vereinbaren, gilt von den beschriebenen Einschränkungen und Ausnahmen abgesehen, ausschließlich bei Mietverträgen über Wohnraum. Ausgenommen von vornherein sind daher so genannte Mischmietverhältnisse, bei denen der Schwerpunkt in der gewerblichen Nutzung der Mietsache liegt. Ist bei Mischmietverhältnissen ein Schwerpunkt nicht festzustellen, gilt in jedem Fall Wohnraummietrecht, die Mietpreisbremse ist dann anzuwenden.[3] Die Vorschriften werden ebenfalls nicht angewandt bei Wohnraummietverhältnissen gemäß § 549 Abs. 2 BGB (Wohnraum zum vorübergehenden Gebrauch, möblierter Wohnraum in der Wohnung des Vermieters und spezielle soziale Angebote für Personen mit dringendem Wohnbedarf)[4]. Auch Mietverträge betreffend Studenten- und Jugendwohnheime sind von der Preisregelung ausgenommen.[5]

Ansonsten wird nach § 556d Abs. 1 BGB die Mietpreisbegrenzung bei Abschluss von Wohnraummietverträgen eingeführt. Die vereinbarte Miete bei der Wiedervermietung einer Wohnung darf die ortsübliche Vergleichsmiete höchstens um 10 Prozent übersteigen. Dabei ist Bezugspunkt die ortsübliche Vergleichsmiete für das konkrete Mietobjekt gemäß § 558 Abs. 2 BGB.

6 Wird eine Miete vereinbart, die über der nach § 556d Abs. 1 BGB zulässigen Höhe hinausgeht, so ist die Vereinbarung nach § 556g Abs. 1 S. 1 u. 2 BGB insoweit unwirksam, als die zulässige Höhe überschritten wird. Die Wirksamkeit des Mietvertrages im Übrigen bleibt unberührt. Geschuldet ist dann nur die ortsübliche Vergleichsmiete zuzüglich 10 Prozent.

7 Soweit die Parteien eine Staffelmiete nach § 557a BGB vereinbart haben, gelten die vorbezeichneten Regelungen uneingeschränkt, und zwar sowohl für die ursprüngliche Mietvereinbarung wie auch für jede weitere Staffel. Es muss dann jeweils überprüft

[2] Liste der Landesverordnungen, Schmidt-Futterer/Börstinghaus BGB § 556d Rn. 50.
[3] Zum Begriff des Mischmietverhältnisses siehe BGH NZM 2014, 626.
[4] Vgl. hierzu Meyer-Abich NJW 2024, 1792.
[5] Flatow WuM 2015, 191.

werden, ob auch die weiteren Staffeln im Rahmen der Mietpreisbegrenzung von 10 Prozent über der ortsüblichen Vergleichsmiete zum jeweiligen Wirksamwerden der Staffel vorliegt, § 557a Abs. 4 BGB. Bei der Vereinbarung einer Indexmiete, § 557b BGB, gelten die Bestimmungen der Mietpreisbremse allerdings nur für die Vereinbarung der Ausgangsmiete, § 557b Abs. 4 BGB.

a) Örtlicher Anwendungsbereich, § 556d Abs. 2 BGB. Die Vorschrift des § 556d Abs. 1 BGB gilt örtlich beschränkt. Nach § 556d Abs. 2 BGB normiert der Gesetzgeber eine Ermächtigungsgrundlage für die jeweiligen Landesregierungen, Gebiete mit angespannten Wohnungsmärkten zu bestimmen. Nur in diesen Gebieten gelten die Regelungen der Mietpreisbremse. 8

Nach der Legaldefinition des § 556d Abs. 2 S. 2 BGB liegt ein Gebiet mit angespanntem Wohnungsmarkt vor, *„wenn die ausreichende Versorgung der Bevölkerung mit Mietwohnungen in einer Gemeinde oder einem Teil der Gemeinde zu angemessenen Bedingungen besonders gefährdet ist"*. In § 556d Abs. 2 S. 3 BGB sind vier Szenarien aufgeführt, die eine solche Annahme stützen. Danach ist die ausreichende Versorgung mit Mietwohnungen insbesondere dann gefährdet, wenn 9

- die Mieten deutlich stärker steigen als im bundesweiten Durchschnitt,
- die durchschnittliche Mietbelastung der Haushalte den bundesweiten Durchschnitt deutlich übersteigt,
- die Wohnbevölkerung wächst, ohne dass durch Neubautätigkeit insoweit erforderlicher Wohnraum geschaffen wird oder
- geringer Leerstand bei großer Nachfrage besteht.[6] Die Rechtsverordnung der Landesregierung zur Ausweisung von Gebieten mit angespannten Wohnungsmärkten unterliegt nicht dem verwaltungsgerichtlichen Normenkontrollverfahren. Die Wirksamkeit der Rechtsverordnung kann allerdings mittelbar durch das Gericht in Zivilprozessen verfügt werden. Es steht dem Vermieter frei, die Tatsachen zu bestreiten, die der Verordnungsgeber der Rechtsverordnung zugrunde gelegt hat. Kommt das Gericht zu dem Ergebnis, dass die Rechtsverordnung ungültig ist, kommen die Vorschriften der §§ 556d ff. BGB nicht zur Anwendung.[7]

b) Zeitlicher Anwendungsbereich, § 556d Abs. 2 S. 1 BGB. Die zugunsten der Landesregierungen ausgesprochene gesetzgeberische Ermächtigung, entsprechende Rechtsverordnungen zur Ausweisung entsprechender Gebiete zu erlassen, gilt, soweit die Verordnung spätestens zum 31.12.2029 außer Kraft tritt, § 556d Abs. 2 S. 4 BGB. 10

Daraus folgt, dass nach jetziger Gesetzeslage spätestens am 31.12.2029 alle Mietpreisbegrenzungen enden. Der Bundesgesetzgeber ist allerdings nicht gehindert, die Ermächtigung zum Erlass entsprechender Verordnungen zu verlängern. 11

c) Die Ermittlung der ortsüblichen Vergleichsmiete, § 558 BGB. Ein Verstoß gegen § 556d BGB liegt vor, wenn die Mietvereinbarung die ortsübliche Miete um mehr als 10 Prozent übersteigt. Somit muss zur Bestimmung der Grenze des § 556d Abs. 1 BGB zunächst von den Vertragsparteien die ortsübliche Miete ermittelt werden. 12

Hierbei gelten für den Begriff der ortsüblichen Miete die Grundsätze aus § 558 Abs. 2 BGB. Die ortsübliche Miete muss sich auf ein konkretes Objekt und damit auf einen konkreten Betrag beziehen. Zur Berechnung der ortsüblichen Vergleichsmiete kann grundsätzlich eines der Begründungsmittel gem. § 558a Abs. 2 BGB herangezogen werden. Verwendet man einen Spannenmietspiegel, kann man in folgenden Schritten vorgehen: 13

Zunächst ist eine bestimmte Spanne auszuweisen, innerhalb derer die Vergleichsmiete für die konkrete Wohnung liegt. Diese Spanne ergibt sich aus dem Mietspiegel unter Berücksichtigung der maßgeblichen Parameter der Wohnung (z. B., Größe, Ausstattung, Jahr der Bezugsfertigstellung, Modernisierung, Ortslage der Wohnung etc.) 14

---

[6] Lehmann-Richter WuM 2015, 204.
[7] Lehmann-Richter WuM 2015, 204.

15 In einem weiteren Schritt muss aus der Spanne die Einzelvergleichsmiete ermittelt werden, was bei Vorliegen eines Mietspiegels regelmäßig dadurch geschieht, dass etwa von dem Mittelwert der Spanne Positiv- und Negativabweichungen ermittelt werden.[8] Ungleich schwerer ist die Ermittlung der ortsüblichen Vergleichsmiete in den Gebieten, in denen ein Mietspiegel nicht existiert. Hier kann die ortsübliche Vergleichsmiete bestimmt werden unter Anwendung etwa eines veralteten Mietspiegels oder eines Mietspiegels einer vergleichbaren Gemeinde, § 558a Abs. 4 BGB, oder gegebenenfalls durch den Versuch, die Mieten von mindestens drei vergleichbaren Wohnungen heranzuziehen, § 558a Abs. 2 Nr. 4 BGB. Selbstverständlich kann der Vermieter die ortsübliche Vergleichsmiete auch durch ein Gutachten eines öffentlich bestellten und vereidigten Sachverständigen für die Bewertung von Mieten und Pachten ermitteln, § 558a Abs. 2 Nr. 3 BGB. Soweit für die Bestimmung der ortsüblichen Vergleichsmiete ein einfacher oder qualifizierter Mietspiegel zu Grunde gelegt wird, ist auf die nach dem Mietspiegelreformgesetz seit dem 1.7.2022 geltenden geänderten Vorschriften der §§ 558c und 558d BGB, sowie die Bestimmungen der Mietspiegelverordnung hinzuweisen. Nachdem die Betrachtungszeitraum für die ortsübliche Vergleichsmieten ab dem 1.1.2020 auf 6 Jahre verlängert wurde, galten für die Gültigkeit von Mietspiegeln Überleitungsfristen gem. Art. 229, § 50 EGBGB.

16 Entsteht in einem späteren Gerichtsverfahren über die Höhe der zur Beurteilung der Einhaltung der Grenze des § 556d BGB maßgebenden ortsüblichen Vergleichsmiete Streit, wird das Gericht in der Regel ein Sachverständigengutachten über diese Frage einholen. Führt das zu unverhältnismäßigen Kosten, darf das Gericht den Wert aber auch gemäß § 287 Abs. 2 ZPO schätzen.[9] Wird ein qualifizierter Mietspiegel zu Grunde gelegt, gelten die Vermutungsregeln des § 558d BGB.

17 Grundsätzlich kann aufgrund der zwischen den Parteien getroffenen Vereinbarungen die Miete beinhalten Betriebskostenbestandteile (Inklusivmiete), Betriebskostenpauschalen nach § 560 BGB oder Zuschläge (Untermietzuschlag, Möbelierungszuschlag)[10]. Zu bestimmen ist in diesen Fällen die ortsübliche Miete entsprechend der Mietvereinbarung, also beispielsweise die ortsübliche Inklusivmiete. Zur Bemessung der zulässigen Mietvereinbarung ist zu dieser Miete der 10-prozentige Zuschlag hinzuzurechnen.[11] Inwieweit eine Miete bei getrennter Vermietung von Wohnräumen einerseits und Kellerräumen andererseits zulässigerweise vereinbart werden kann, ist streitig.[12]

18 d) **Ausnahmen.** *aa) Berücksichtigung der Vormiete, § 556e Abs. 1 BGB.* § 556e Abs. 1 S. 1 BGB enthält eine Bestandsschutzregelung für den Fall, dass die im vorherigen Mietverhältnis zuletzt geschuldete Miete (Vormiete) die nach § 556d BGB zulässige Miete übersteigt. In diesem Fall soll der Vermieter nicht gezwungen sein, die Miete im nachfolgenden Mietverhältnis zu senken, denn Zweck der neu eingeführten Vorschriften ist nicht die Absenkung bereits vereinbarter Mietentgelte, sondern die Unterbindung unangemessener Preissprünge bei Wiedervermietung. Rechtsfolge der Regelung in § 556e Abs. 1 BGB ist, dass die Vertragsparteien eine Miete in Höhe der Vormiete als Obergrenze wirksam vereinbaren können.

19 Aus dem Wortlaut der Vorschrift ergibt sich, dass nur eine Vormiete beachtlich ist, die zuletzt geschuldet war. Die Formulierung verdeutlicht, dass diese Vormiete wirksam vereinbart worden sein muss. Ist die Vormiete daher bereits unter Gesetzesverstoß zustande gekommen, gilt der Bestandsschutz nicht. Dies gilt insbesondere für den Fall, dass die Vormietvereinbarung gegen § 5 des Wirtschaftsstrafgesetzbuches (Mietpreisüberhöhung) oder in wucherischer Weise vereinbart war. Waren zum Zeitpunkt der Vereinbarung der Vormiete, das Vorliegen einer wirksamen Landesverordnung vorausgesetzt, die Bestimmungen der §§ 556d–556f BGB anzuwenden, sind diese Regeln auf

[8] Flatow WuM 2015, 191 (193).
[9] BGH NJW 2005, 2074.
[10] Meyer-Abich NJW 2024, 1792.
[11] Berechnungsbeispiele: Flatow WuM 2015, 191 (194).
[12] BGH NZM 2023, 75; Zehelein NZM 2024, 311.

die Vormiete anzuwenden. Stellt sich heraus, dass bereits die Vormiete nicht oder nur teilweise nicht wirksam vereinbart war, besteht nur in Höhe des wirksam vereinbarten Teils der Bestandsschutz gilt. Die Zulässigkeit der Vormiete kann sich allerdings auch aus der Höhe der Vor-Vormiete ergeben[13]

Um Umgehungstatbestände von vornherein zu unterbinden, sollen Mieterhöhungen, die aufgrund einer Vereinbarung zwischen den Vertragsparteien innerhalb des letzten Jahres vor Ende des Vormietverhältnisses zustande gekommen sind, außer Betracht bleiben. Darunter sollten auch solche Vereinbarungen fallen, die die Parteien in einem gerichtlichen Verfahren zur Miethöhe im Vergleichswege treffen. Anders ist es, wenn die Zustimmung des Mieters durch Urteil ersetzt wird. In diesem Fall fehlt es an der Freiwilligkeit der Zustimmung, sodass nicht von einer Vereinbarung i. S. d. § 556e Abs. 1 S. 2 BGB auszugehen ist. Genauso wenig finden Mietminderungen keine Berücksichtigung, § 556e Abs. 2 Satz 2 BGB. Bei einer zwischenzeitlichen Selbstnutzung kommt es auf die geschuldete Miete mit dem letzten Wohnraummieter an. War die Wohnung vorher gewerblich vermietet, scheidet der Ausnahmetatbestand des § 556e Abs. 1 BGB aus.[14] Es kommt dann auf die geschuldete Miete des letzten Wohnraummieters an. 20

bb) Berücksichtigung früherer Modernisierungen, § 556e Abs. 2 BGB. Hat der Vermieter in den letzten 3 Jahren vor Mietbeginn Modernisierungen vorgenommen, die sich nicht oder nicht in vollem Umfange durch bereits durchgeführte Modernisierungsmieterhöhungen in der Vormiete niedergeschlagen haben, wird dies auch bei der Berechnung der zulässigen Höchstmiete berücksichtigt. Die Vertragsparteien können in diesem Fall eine höhere Miete wirksam vereinbaren, also eine Miete, die mehr als 10 Prozent über der ortsüblichen Vergleichsmiete liegt. Zwar wird eine vor Vertragsschluss erfolgte Modernisierung unter Umständen bereits dadurch berücksichtigt, dass sich die ortsübliche Vergleichsmiete nach § 558 Abs. 2 BGB für das modernisierte Objekt erhöht. Dieser Vorteil fällt jedoch meist geringer aus als eine Mieterhöhung nach §§ 559 ff. BGB. Zudem gibt es Verbesserungen der Mietsache, die sich in der ortsüblichen Vergleichsmiete nicht unmittelbar niederschlagen. 21

Mit der Vorschrift soll solchen Fällen Rechnung getragen werden, in denen der Vermieter die Zeit zwischen der Beendigung des Vormietverhältnisses und dem Beginn des Nachfolgemietverhältnisses dazu nutzt, um Modernisierungsmaßnahmen durchzuführen. In diesen Fällen hat der Vermieter ein Wahlrecht. Er kann die ortsübliche Miete der modernisierten Wohnung ermitteln und hierauf einen Zuschlag von 10 Prozent berechnen. Der Vermieter kann aber auch die zulässige Miethöhe bei Mietbeginn unter Zugrundelegung des nicht modernisierten Zustands der Wohnung errechnen (ortsübliche Miete der nicht modernisierten Wohnung zuzüglich 10 Prozent) und dann hierzu die – hypothetische – Mieterhöhung nach § 559 BGB wegen der zuvor durchgeführten Modernisierungsmaßnahme hinzuaddieren.[15] 22

cc) Anmietung von Neubauwohnungen, § 556f Nr. 1 BGB. Um sicherzustellen, dass der Wohnungsneubau durch die neu geschaffene Dämpfung der Mieten bei Mietbeginn nicht behindert wird, wird die Anwendung des Gesetzes ausgeschlossen auf die Wohnungen, die nach dem 1.10.2014 erstmals genutzt und vermietet wurden. Voraussetzung ist also, dass es sich bezogen auf den Stichtag 1.10.2014 um die erste Vermietung nach der Errichtung der Wohnung handelt und dass die Wohnung bis zum Stichtag nicht anderweitig genutzt wurde. Somit sind solche Wohnungen erfasst, die entweder erstmals nach dem 1.10.2014 vermietet oder ebenfalls nach dem 1.10.2014 erstmals durch den Eigentümer selbst genutzt und sodann zu einem späteren Zeitpunkt vermietet werden. Wurde die Wohnung dagegen erstmals nach dem 1.10.2014 vermietet, jedoch vor dem Stichtag vom Eigentümer selbst genutzt, findet die Ausnahmeregelung keine Anwen- 23

[13] BGH NJW-RR 2023, 1246.
[14] BGH NZM 2020, 982.
[15] Berechnungsbeispiele: Flatow WuM 2015, 191 (200).

dung, für die Vermietung gilt dann die Bestimmung des § 555d Abs. 1 BGB in vollem Umfange.

24 Streitig kann sein, ob für die Stichtagsregelung, 1.10.2014, der Abschluss des Mietvertrages oder der Mietbeginn maßgeblich sein soll. Richtigerweise sollte auf den Mietbeginn abgestellt werden, das heißt, Wohnungen die erstmals vor dem 1.10.2014 vermietet wurden, unterliegen nicht der Mietpreisbremse, wenn der Mietbeginn am 1.10.2014 oder später liegt.[16]

25 *dd) Vermietung umfassend modernisierter Wohnungen, § 556f S. 2 BGB.* Von der Mietpreisbremse sind auch ausgenommen Mietvereinbarungen, die anlässlich der ersten Vermietung der Wohnung nach deren umfassender Modernisierung getroffen wurden. Umfassend iSd § 556f S. 2 BGB ist eine Modernisierung dann, wenn sie einen solchen Umfang aufweist, dass eine Gleichstellung mit Neubauten gerechtfertigt erscheint. Es muss also ein wesentlicher Bauaufwand stattgefunden haben, was in der Regel der Fall ist, wenn die Investition etwa ein Drittel des für eine vergleichbare Neubauwohnung erforderlichen Aufwands erreicht. Hierbei wird allerdings ergänzend zu berücksichtigen sein, ob die Wohnung auch in mehreren wesentlichen Bereichen, insbesondere Sanitär, Heizung, Fenster, Fußboden, Elektroinstallation bzw. energetische Eigenschaften, verbessert wurde. Wie bei der Vermietung von Neubauwohnungen (Stichtag 1.10.2014) kann auch bei der ersten Vermietung einer umfassend modernisierten Wohnung eine Staffelmietvereinbarung getroffen werden, die dann noch eine weitere Erhöhung der nicht der Mietpreisbremse unterliegenden Mietvereinbarung zulässt. Für die einzelnen Staffeln gelten in diesen Fällen nicht die Begrenzung nach § 557a Abs. 4 BGB.[17]

Wann die erste Vermietung nach umfassender Modernisierung erfolgt, ist unerheblich. Dementsprechend schließt die vorherige Selbstnutzung durch den Vermieter die Geltendmachung des Ausnahmetatbestandes bei späterer erstmaliger Vermietung nicht aus.

26 **e) Auskunft über die Miete, § 556g Abs. 1a BGB, § 556g Abs. 3 BGB.** *aa) Die Auskunft des Vermieters vor Abschluss des Mietvertrages.* Bei Mietverhältnissen, die nach dem 31.12.2018 entstanden sind, ist der Vermieter in den Fällen, in denen eine von § 556d Abs. 1 BGB abweichende und nach § 556e BGB oder § 556f BGB zulässige Miete gefordert wird, verpflichtet, den Mieter vor Abgabe dessen Vertragserklärung unaufgefordert in Textform Auskunft über den im Einzelfall vorliegenden Ausnahmetatbestand zu erteilen, § 556g Abs. 1a S. 1 BGB. Dies betrifft sowohl Modifizierungen der zulässigen Miethöhe bei Mietbeginn aufgrund einer höheren Vormiete (§ 556e Abs. 1 BGB) oder aufgrund einer (einfachen) Modernisierung (§ 556e Abs. 2 BGB) als auch vollständige Ausnahmen von der Mietpreisbegrenzung nach § 556d Abs. 1 BGB bei einer Wohnung, die nach dem 1.10.2014 erstmals genutzt und vermietet wird/wurde (§ 556f S. 1 BGB) oder bei der ersten Vermietung nach einer umfassenden Modernisierung (§ 556f S. 2 BGB). Soweit der Vermieter dem Mieter diese Auskunft nicht erteilt hat, kann er sich nach Satz 2 nicht auf eine von § 556d Abs. 1 BGB abweichende und nach § 556e BGB oder § 556f BGB zulässige Miete berufen. Erteilt er die Auskunft nicht oder erst nach Abgabe der Vertragserklärung des Mieters, soll es – unabhängig davon, ob die Voraussetzungen eines Ausnahmetatbestandes vorliegen – hinsichtlich der Zulässigkeit der Miethöhe allein auf die ortsübliche Vergleichsmiete plus 10 Prozent ankommen. § 556g Abs. 1a S. 2 BGB sieht zwei Ausnahmen vor. Wenn die Auskunft zwar vor Abgabe der Vertragserklärung des Mieters erteilt, die Textform iSv § 556g Abs. 4 BGB aber nicht eingehalten wurde, lässt die Nachholung der Auskunft in der gebotenen Form die Rechtsfolge des § 556g Abs. 1a S. 2 BGB für die Zukunft entfallen. Hat der Vermieter die Auskunft zunächst nicht erteilt, aber später in der vorgeschriebenen Form nachgeholt, kann er sich 2 Jahre nach Auskunftserteilung auf die Ausnahmetatbestände berufen.

[16] Flatow WuM 2015, 191 (202).
[17] Flatow WuM 2015, 191 (203).

Die Regelung ist so ausgestaltet, dass der Mieter nicht darauf angewiesen ist, den Auskunftsanspruch, gegebenenfalls bereits vor Vertragsschluss, gerichtlich durchzusetzen. Da Verstöße gegen die Auskunftspflicht zum Rechtsverlust des Vermieters führen, dürften auch weitergehende Ansprüche auf Schadensersatz mangels Vorliegens eines Schadens regelmäßig ausgeschlossen sein. 27

Die Auskunft zu den einzelnen Ausnahmetatbeständen beinhaltet im Einzelnen Folgendes: 28

Zu Nr. 1 (Vormiete): Seiner Auskunftspflicht kommt der Vermieter durch bloße Angabe der Höhe der Vormiete nach, ohne dafür personenidentifizierbare Daten des Vormieters mitzuteilen. Weitere Angaben braucht der Vermieter im Rahmen der vorvertraglichen Auskunft nicht zu machen, insbesondere diese Vormiete auf ihre Zulässigkeit nach § 556d BGB zu überprüfen ist[18] er nicht verpflichtet. Wenn der Mieter weitere Auskünfte benötigt, kann er dies gegebenenfalls nach § 556g Abs. 3 BGB verlangen, um weitere Informationen aus dem Vormietverhältnis zu erlangen.

Zu Nr. 2: Wegen vorheriger Modernisierung muss der Vermieter dem Mieter lediglich Auskunft über den Umstand und den Zeitpunkt der Modernisierung erteilen. Der Vermieter muss dem Mieter in diesem Fall lediglich Auskunft über den Umstand und den Zeitpunkt der Modernisierung erteilen sowie die Höhe der Modernisierungskosten. Anhand dieser Angaben kann der Mieter überprüfen, ob überhaupt ein Ausnahmetatbestand vorliegt. 29

Zu Nr. 3: Nr. 3 betrifft die Fälle der ersten Vermietung nach umfassenden Modernisierungen iSv § 556f S. 2 BGB. Auch hier ist der Vermieter nicht verpflichtet, über Umfang und Detail der Modernisierung Auskunft zu erteilen, sondern zunächst nur über die Tatsache, dass überhaupt eine solche umfassende Modernisierung stattgefunden hat. Will der Mieter weitere Einzelheiten wissen, muss er dies im Rahmen seines Auskunftsanspruches nach § 556g Abs. 3 BGB geltend machen. 30

Zu Nr. 4: Da sich die Zulässigkeit der geforderten Miete daraus ergibt, dass die Wohnung nach dem 1.10.2014 erstmals genutzt und vermietet wurde, muss der Vermieter dem Mieter vor dessen Vertragserklärung über diesen Umstand Auskunft erteilen. 31

Weitere Einzelheiten kann der Mieter im Rahmen seines Auskunftsanspruches nach § 556g Abs. 3 BGB durchsetzen. 32

bb) Der Auskunftsanspruch des Mieters, § 556g Abs. 3 BGB. Nach Abschluss des Mietvertrags billigt der Gesetzgeber dem Mieter darüber hinaus noch einen Auskunftsanspruch gegen den Vermieter zu, und zwar im Hinblick auf die Umstände, die dem Mieter nicht zugänglich sind. Es handelt sich also um solche Umstände, die in der Sphäre des Vermieters liegen und die der Vermieter bereits kennt oder ohne weiteres ermitteln kann.. 33

(1) Der Inhalt und die Form des Auskunftsanspruches des Mieters. Falls es Sache des Mieters ist, im Rahmen seiner Rüge Ausführungen zur Höhe der ortsüblichen Vergleichsmiete zu machen, ist es nicht Sache des Vermieters, dem Mieter darüber Auskunft zu erteilen, welche Überlegungen er zur Höhe der vereinbarten Miete angestellt hatte. Was die ortsübliche Vergleichsmiete angeht, kann sich die Auskunftspflicht des Vermieters allenfalls auf solche Ausstattungsmerkmale erstrecken, die dem Mieter nicht zugänglich sind, etwa Baujahr oder bestimmte Merkmale der energetischen Beschaffenheit.[19] 34

Somit beschränkt sich die Auskunftspflicht des Vermieters im Wesentlichen auf Angaben zu etwaigen vorvertraglich benannten Ausnahmetatbeständen, §§ 556e, 556f BGB. Die Auskunftspflicht des Vermieters richtet sich nach den Bedürfnissen des Gläubigers, also des Mieters, unter Rücksichtnahme auf seine eigenen Belange. Somit 35

[18] BGH NZM 2024, 237.
[19] Fleindl WuM 2015, 212 (213).

kann zur Auskunft gehören die Vorlage von Belegen zum Baujahr, erstmaliger Nutzung bzw. Art der vorgenommenen Modernisierung.[20]

36 Der Vermieter darf Daten des Vormieters mitteilen, als dieser eingewilligt hat. Verlangt der Mieter einen Nachweis über die Höhe der Vormiete, ist der Vermieter in der Regel auch befugt, dem Mieter einen bis auf die erforderlichen Angaben geschwärztes Vertragsdokument vorzulegen. Maßgeblich ist § 556e Abs. 1 BGB. Bei der Ermittlung der Vormiete müssen solche Mieterhöhungen unberücksichtigt bleiben, die mit dem vorherigen Mieter innerhalb des letzten Jahres vor Beendigung des Mietverhältnisses vereinbart worden waren.Dagegen ist der Vermieter nicht verpflichtet, im Rahmen seiner Auskunft den Namen des Vormieters zu nennen, wenn der Vermieter die Höhe der Mietvereinbarung mit der Vormiete rechtfertigen will.

37 *(2) Die Rechtsfolgen einer nicht erteilten bzw. fehlerhaften Auskunft. (a) Die unterbliebene Auskunft nach § 556g Abs. 1a BGB.* Soweit der Vermieter vor Abgabe der Vertragserklärung des Mieters keine Auskunft über Ausnahmetatbestände erteilt hat (§ 556e BGB oder § 556f BGB) kann sich der Vermieter später auf solche Ausnahmetatbestände zur Rechtfertigung der Miete nicht berufen. Der Mieter kann demnach ab der nach wie vor erforderlichen Rüge gemäß § 556g Abs. 2 BGB die Zahlung nicht geschuldeter Mieter verweigern bzw. Rückzahlung verlangen. Dem Mieter, dem eine Auskunft über die Voraussetzungen der Ausnahmeregelungen des § 556e BGB oder § 556f BGB nicht erteilt wurde, darf darauf vertrauen, dass von ihm grundsätzlich nur die nach § 556d Abs. 1 BGB zulässige Miete verlangt werden darf. Der Vermieter, der keine Auskunft über die ihm ohne weiteres bekannten Voraussetzungen des § 556e BGB oder § 556f BGB erteilt hat, muss sich so behandeln lassen, als lägen diese Voraussetzungen nicht vor. § 556g Abs. 1 S. 4 BGB regelt eine Heilungsmöglichkeit für den Fall, dass der Vermieter dem Mieter die nach Satz 1 geschuldete Auskunft zwar rechtzeitig erteilt hat, jedoch hierbei allerdings nicht die nach § 556g Abs. 4 BGB erforderliche Textform eingehalten hat. In diesen Fällen soll die Rechtslage nach Satz 4, die anderenfalls auch bei einer bloß formal fehlerhaften Auskunftserteilung eingreifen würde, ab dem Moment der formgerechten Nachholung der Auskunft nicht mehr eingreifen. Dies bedeutet, dass der Mieter ab der Rüge nach § 556g Abs. 2 BGB, aber nur bis zur formgerechten Nachholung der geschuldeten Auskunft durch den Vermieter, die eigentlich geschuldete Miete insoweit zurückverlangen kann, als diese die nach § 556d Abs. 1 BGB zulässige Höhe übersteigt. Ab der wirksamen Nachholung der Auskunft in der vorgeschriebenen Form kann der Vermieter sich wieder auf die Ausnahme berufen, also die höhere, vereinbarte Miete verlangen.

38 Die Beweislast für die tatsächlich erfolgte, aber lediglich formunwirksame Erteilung der Auskunft, trägt dabei der Vermieter. Kann dieser nicht darlegen und gegebenenfalls beweisen, dass er die Auskunft überhaupt erteilt hat, bleibt es bei der in § 556 Abs. 1 BGB angeordneten Rechtsfolge.

39 *(b) Folgen einer fehlerhaften oder nicht erteilten Auskunft aufgrund des Auskunftsverlangens des Mieters, § 556g Abs. 3 BGB.* Weigert sich der Vermieter nach Abschluss des Mietvertrags Auskunft zu erteilen, kann der Mieter, wenn nicht bereits schon geschehen, spätestens mit der verweigerten Auskunft eine Rüge erklären. Sollte der Vermieter danach Ausnahmetatbestände darlegen, kann er, sofern die Ausnahmetatbestände in Textform belegt sind, nach Ablauf von 2 Jahren die vertraglich vereinbarte höhere Miete wieder verlangen, §§ 556g Abs. 1a Nr. 4 BGB.

40 Denkbar ist auch, dass der Mieter bis zur Erteilung der Auskunft an der laufenden Miete oder einem Teil davon ein Zurückbehaltungsrecht ausübt oder auch eine Auskunftsklage erhebt.

41 Erteilt der Vermieter schuldhaft eine falsche Auskunft, führt dies zu einer Schadensersatzverpflichtung, insbesondere für den Fall, dass der Mieter wegen der falschen

[20] Fleindl WuM 2015, 212 (213).

Auskunft es unterlässt, eine Rüge zu erklären. Der Mieter ist dann in jedem Falle so zu stellen, als habe der Vermieter die Auskunft rechtzeitig und richtig erteilt.

Das Auskunftsverlangen und die Auskunft des Vermieters bedürfen zu ihrer Wirksamkeit der Textform, § 556g Abs. 4 BGB. Die Verjährungsfrist für den Auskunftsanspruch des Mieters gemäß § 556g Absatz 3 BGB beginnt abweichend von § 199 Absatz 1 BGB nicht bereits mit dessen Entstehung im Zeitpunkt des Mietvertragsabschlusses, sondern erst mit dem Auskunftsverlangen des Mieters.[21] 42

f) **Mietpreisrechtliche Folgen bei Verstößen, § 556g Abs. 1 BGB.** Soweit die Vertragsparteien unter Verstoß gegen die vorbezeichneten Vorschriften eine unzulässige Vereinbarung über die Miethöhe bei Mietbeginn getroffen haben, führt dies zu einer Teilunwirksamkeit insoweit, als die zulässige Miete überschritten wird. Weder der Mietvertrag noch die Mietvereinbarung im Übrigen werden von der Unwirksamkeit berührt. 43

aa) Die Herabsetzung der Miete auf die zulässige Höhe. Aus der zuvor beschriebenen Rechtsfolge leitet sich her, dass der Mieter seine Zahlungen an den Vermieter hinsichtlich der zukünftig fällig werdenden Mieten auf den höchstzulässigen Teil der Mietvereinbarung herabsetzen kann.[22] Hierzu bedarf es an sich auch keiner weiteren Erklärung des Mieters, da die im Gesetzestext erwähnte Rüge, § 556g Abs. 2 BGB, sich nur auf die Rückforderung bereits gezahlter, überhöhter, Mieten bezieht. 44

bb) Die Rückzahlung überzahlter Mieten. Zuviel gezahlte Miete ist nach den Vorschriften über die Herausgabe einer ungerechtfertigten Bereicherung herauszugeben, §§ 812 ff. BGB. Dieser Rückforderung steht nicht entgegen, dass dem Mieter bei Abschluss der Vereinbarung die Teilunwirksamkeit der Vereinbarung bekannt war.[23] Die Bestimmungen des § 814 BGB, wonach eine Rückforderung ausgeschlossen ist, wenn der Leistende gewusst hat, dass er nicht zur Leistung verpflichtet war, gilt vorliegend nicht. Selbst wenn der Mieter wissentlich den Vertrag mit der überhöhten Miete unterzeichnet, kann er sich jederzeit nach Unterzeichnung auf die Regelungen zur Mietpreisbremse berufen. Ebenso von der Anwendung ausgeschlossen ist die Regelung des § 817 S. 2 BGB, wonach eine Rückforderung ausgeschlossen ist, wenn der Leistende gegen ein gesetzliches Verbot verstößt. 45

Somit ist auch der Mieter geschützt, der ganz bewusst sich auf eine unzulässig hohe Mietforderung des Vermieters einlässt, nur um auf diese Weise zu erreichen, dass es zum Abschluss des Mietvertrages kommt, §§ 556g Abs. 1 S. 3, 812 BGB.

Zu beachten ist, dass der Bereicherungsanspruch auf Rückerstattung überzahlter Miete wegen Verstoß gegen die „Mietpreisbremse" auf den Sozialleistungsträger übergeht, wenn der Mieter Leistungen zur Sicherung des Lebensunterhalts nach Maßgabe des SGB II bezieht.[24]

(1) Die Rüge des Mieters, § 556g Abs. 2 BGB. Nach § 556g Abs. 2 BGB ist der Rückforderungsanspruch des Mieters davon abhängig, dass er den Verstoß gegen § 556d BGB in einer Rüge formuliert. Vom Zeitpunkt des Zugangs der Rüge beim Vermieter an können alle von da an überzahlten Mieten zurückgefordert werden. Zeiträume, die vor dem Zugang der Rüge liegen, sind von der Rückforderung ausgeschlossen, wenn der Mietbeginn **vor dem 1.4.2020** lag. Für diese Zeiträume muss der Vermieter objektiv überzahlte Mieten nicht zurückerstatten. 46

Dies gilt allerdings nicht für Mietverträge, die **nach dem 31.3.2020** abgeschlossen. Rügt der Mieter den Verstoß gegen die Vorschrift des § 558d BGB spätestens 30 Monate nach Mietbeginn, kann er die bis dahin bereits geleistete Mietüberzahlung zurückfordern. Hat sich der Vermieter form- und fristgerecht auf einen Ausnahmetatbestand nach § 556e BGB oder § 556 f BGB berufen, muss sich die Rüge des Mieters auf diese

[21] BGH BeckRS 2023, 20538.
[22] Fleindl WuM 2015, 212 (213).
[23] AG München IMR 2017, 97.
[24] BGH NJW-RR 2024, 1015.

Auskunft beziehen. Der Rückforderungsanspruch des Mieters ist ausgeschlossen, wenn das Mietverhältnis bei Zugang der Rüge bereits beendet war, § 556g Abs. 2 BGB.

47 *(2) Inhalt und Form der Rüge, §§ 556g Abs. 2, 556g Abs. 4 BGB.* Um den Rückforderungsanspruch geltend zu machen, bedarf es einer einfachen Rüge des Mieters. Tatsachen, auf denen die Beanstandung der vereinbarten Miete beruht, muss er dazu nicht vortragen. Hat der Vermieter eine Auskunft nach §§ 556g Abs. 1a S. 1 BGB erteilt, muss sich die Rüge auf die Auskunft beziehen.

48 Die Rüge ist eine empfangsbedürftige Willenserklärung, deren Zugang der Mieter zu beweisen hat. Die Rüge ist mindestens in Textform zu erklären, § 556g Abs. 4 BGB.

Praxistipp:

Der Anwalt/die Anwältin des Mieters ist gehalten, eine Prüfungsreihenfolge einzuhalten.

1. Liegt die Wohnung bei Abschluss des Mietvertrags in einem durch Rechtsverordnung bestimmten Gebiet mit angespanntem Wohnungsmarkt?
2. Hat der Vermieter vor Abschluss des Mietvertrags mindestens in Textform Auskunft darüber erteilt, dass die verlangte Miete zulässig ist, durch Angabe
   der Vormiete oder
   von Modernisierungsmaßnahmen gem. § 555b BGB, die in den letzten 3 Jahren vor Beginn des Mietverhältnisses durchgeführt wurden und nicht zu einer Mieterhöhung nach §§ 559 ff BGB geführt haben oder,
   dass die Wohnung nach dem 1. Oktober 2014 erstmals genutzt und vermietet wurde oder
   es sich um die erste Vermietung nach umfassender Modernisierung handelt.
3. Gibt es Anhaltspunkte an den Angaben des Vermieters zu zweifeln? Die Angaben des Vermieters in der vorvertraglichen Auskunft rügen und ggf. weitere Auskunft zu den vorstehenden Sachverhalten beim Vermieter anfordern
4. Zunächst anhand der zur Verfügung stehenden Mittel (in der Regel Mietspiegel) errechnen, wie hoch die ortsübliche Miete bei Mietvertragsabschluss war. Hierzu ist bei einem Spannenmietspiegel die Wohnung in die entsprechende Rubrik einzuordnen und aus den Spannen ein Mittelwert zu bilden. Dieser Mittelwert kann je nach individuellen Gegebenheiten mit Zu- oder Abschlägen versehen werden. Auf die so festgestellte Einzelmiete sind 10 Prozent hinzuzurechnen, um die höchstzulässige Miete darstellen zu können.
5. Ergibt sich, dass die vereinbarte Miete über der nach eigenen Berechnungen ortsüblichen Vergleichsmiete Miete liegt, muss der Verstoß gegen § 556d BGB gegenüber dem Vermieter sofort mindestens in Textform gerügt werden.
6. Es ist zu prüfen, ob nur die nach Zugang der Rüge gezahlte Miete zurückverlangt werden kann und/oder auch die nach Beginn des Mietverhältnisses vor der Rüge gezahlte Miete. In beiden Fällen bezieht sich der Anspruch auf den nicht geschuldeten Teil der Miete.
7. Soweit die aktuelle und künftige Miete auf den geschuldeten Betrag gekürzt werden soll, ist der Mieter durch den anwaltlichen Vertreter darauf hinzuweisen, dass gegebenenfalls ein kündigungsrelevanter Rückstand eintreten könnte, sofern die eigene Einschätzung zur Höhe der ortsüblichen Vergleichsmiete fehlerhaft ist oder nicht bekannte Tatbestände zu berücksichtigen sind. Bezüglich künftig geschuldeter Mieten kann der Mandant darauf verwiesen werden, dass ein Urteil in einem Feststellungsprozess Rechtssicherheit schafft, sodass die nach der Rüge nicht geschuldete Teil der gezahlten Miete, ohne Risiko für den Bestand des Mietverhältnisses zurückgefordert werden kann.
8. Es ist auch zu beachten, dass im Falle der Herabsetzung der Miete auf die nach § 556d BGB zulässige Höhe unmittelbar die Höhe der vom Mieter erbrachten Mietsicherheit gem. § 551 BGB betroffen ist. Diese Mietsicherheit ist auf den zulässigen Teil von 3 Monatsmieten ohne Pauschalen oder Vorauszahlungen die Betriebskosten betreffend, zurückzuführen.
9. Sollte eine Feststellungsklage erhoben werden, ist die aktuell bestehende Rechtsunsicherheit wegen der Höhe des Streitwertes zu beachten. Beispiel: Beläuft sich der Differenzbetrag zwischen der Mietvertragsmiete und der nach Auffassung des Mieters geschuldeten Miete monatlich auf 100 €, ist dieser Betrag für die Feststellung des Streitwertes zu multiplizieren, entweder auf den Jahreswert gemäß § 41 Abs. 5 Satz 1GKG, Streitwert 1200 € oder auf den 3,5-fachen Jahreswert gemäß § 48 Abs. 1 Satz 1 GKG in Verbindung mit § 9 ZPO, Streitwert 4200 €.

Gegen die Anwendung des § 41 Abs. 5 Satz 1 GKG spricht, dass diese Vorschrift, sich nur mit dem Streitwert der Mietminderung und der Mieterhöhung befasst. Die Feststellung der höchstzulässigen Miete gem. § 556d BGB fällt nicht hierrunter.[25]

II. Anwendungsbereich und Tatbestandsvoraussetzungen des § 5 WiStG

Der Tatbestand des § 5 WiStG ist erfüllt, wenn der Vermieter unter Ausnutzung eines geringen Angebots an vergleichbaren Räumen unangemessen hohe Entgelte verlangt, wobei unangemessene Entgelte dann vorliegen sollen, wenn die vereinbarte Miete die ortsübliche Vergleichsmiete um mehr als 20 % überschreitet. § 5 WiStG stellt somit eine Schranke für den Grundsatz der freien Mietvereinbarung über freifinanzierten Wohnraum dar. Zugleich ist § 5 WiStG auch für alle Mieterhöhungen nach den §§ 557 ff. BGB, für alle Erhöhungsvereinbarungen, §§ 557, 557a, 557b BGB und Modernisierungserhöhungen, § 559 BGB anzuwenden. Die Erhöhung der Nutzungsentschädigung gemäß § 546a BGB nach der Beendigung des Mietverhältnisses fällt ebenfalls unter § 5 WiStG. 49

Die Vorschrift ist eine **Mieterschutzvorschrift,** sie soll die Vereinbarung überhöhter Mieten unterbinden und auch den Missbräuchen wirtschaftlicher Macht entgegenwirken. Durch die Sanktion der (Teil-)Nichtigkeit der Vereinbarung über die Höhe der Miete soll der Mieter davor geschützt und der Vermieter davon abgehalten werden, auf Grund einer unausgewogenen Lage auf dem Mietwohnungsmarkt sich eine unangemessene hohe Miete versprechen zu lassen bzw. zu fordern. 50

Die Vorschrift beschreibt eine Ordnungswidrigkeit, die von Seiten des Vermieters nur vorsätzlich oder leichtfertig begangen werden kann. 51

Die Hauptbedeutung des § 5 WiStG liegt allerdings auf dem zivilrechtlichen Gebiet, da bei Verwirklichung des äußeren Tatbestandes und ohne Rücksicht auf Verschulden des Vermieters die Mietvereinbarung nach § 134 BGB nichtig ist, soweit die ortsübliche Vergleichsmiete um mehr als 20 %, ausnahmsweise um mehr als 50 %, überschritten wird. Die überzahlte Miete kann grundsätzlich zurückgefordert werden. 52

Praxistipp:

Hat der die Mietvertragsparteien beratende Anwalt den begründeten Verdacht, dass die Mietvereinbarung gegen § 5 WiStG verstoßen könnte, hat er seinen Mandanten auf die materiellen und gegebenenfalls auch prozessualen Konsequenzen eines solchen Verstoßes hinzuweisen. Die Hinweispflicht bezieht sich darauf, den Mieter auf die erhebliche Darlegungs- und Beweislast und schließlich auch auf das enorme Kostenrisiko hinzuweisen. Das Tatbestandsmerkmal „der Ausnutzung eines geringen Angebots „, § 5 Abs. 2 WiStG, ist nur erfüllt, wenn die Mangellage auf dem Wohnungsmarkt für die Vereinbarung der Miete im Einzelfall ursächlich war. Dazu hat der Mieter darzulegen und gegebenenfalls zu beweisen, welche Bemühungen bei der Wohnungssuche er bisher unternommen hat, weshalb diese erfolglos geblieben sind und dass er mangels einer Ausweichmöglichkeit nunmehr auf den Abschluss des für ihn ungünstigen Mietvertrages angewiesen war.[26]

1. Räume zum Wohnen

a) **Wohnraummietverhältnis.** § 5 Abs. 1 WiStG begrenzt nur die Miete für „Räume zum Wohnen". Für die Anwendbarkeit ist allein die **Vereinbarung** der Vertragsparteien 53

[25] Schneider NZM 2024, 176 mit weiteren Rechtsprechungsnachweisen.
[26] BGH NZM 2004, 381.

über den **Nutzungszweck der Räume** maßgebend. So sind beispielsweise Garagen, Keller, Nebenräume, Scheunen, Büroräume und Wohnwagen als „Räume zum Wohnen" iSv § 5 Abs. 1 WiStG anzusehen, wenn sie zu Wohnzwecken vermietet worden sind. Nicht zwingend erforderlich ist, dass das „Wohnen" langfristig erfolgt. Auf Vermietung von Hotelzimmern ist § 5 WiStG jedoch nicht anwendbar. Nicht zum Wohnen dient die Anmietung von Räumen zu Gewerbezwecken. Eine gewerbliche Vermietung liegt immer dann vor, wenn die Räume an die Mieter nicht zur Eigennutzung als Wohnraum vermietet werden, sondern andere Zwecke im Vordergrund stehen.[27] Diese anderen Zwecke können sich bereits aus der baulichen Anlage der vermieteten Räume ergeben, wie z. B. ein Ladengeschäft. Wird das Ladengeschäft wiederum als „Ladenwohnung" vermietet, handelt es sich jedoch trotz der baulichen Gestaltung zu Gewerbezwecken um Räume zum Wohnen und § 5 WiStG ist anwendbar. Selbst die Überschrift als „Mietvertrag über Gewerberäume" würde daran nichts ändern.

54 **b) Preisgebundene Wohnungen.** § 5 WiStG gilt nicht bei preisgebundenen Wohnungen. Hier ist als Spezialnorm § 26 Abs. 1 Nr. 4 i. V. m. § 8 WoBindG anzuwenden. Hiernach darf der Vermieter die gesetzlich zulässige Kostenmiete nicht überschreiten. Jede darüberhinausgehende Miete ist gemäß § 134 BGB, § 26 WoBindG nichtig, dem Mieter steht ein Rückzahlungsanspruch hinsichtlich der Überschreitung der gesetzlichen Mietobergrenze gemäß § 8 Abs. 2 WoBindG zu.

55 Bei Wohnungen, die gemäß dem Wohnraumförderungsgesetz errichtet und vermietet wurden, gilt die in der Förderzusage bestimmte höchstzulässige Miete, § 28 Abs. 1 WoFG. Wegen des Vorrangs mietrechtlicher Vorschriften, § 28 Abs. 1 S. 3 WoFG, ist diese Miete jedoch begrenzt durch § 5 WiStG.

2. Nebenleistungen

56 Nach dem Gesetz spielt es keine Rolle, ob die unangemessen hohe Miete für die Vermietung von Räumen zu Wohnzwecken oder für damit verbundene Nebenleistungen gezahlt wird. Hiermit soll der **Grundsatz der Einheitlichkeit** des Mietverhältnisses gewahrt werden und verhindert werden, dass durch Aufteilung der Miete eine unzulässige Umgehung des § 5 WiStG möglich wäre.

57 Wird für die Vermietung von Wohnräumen eine zulässige, die Wesentlichkeitsgrenze nicht überschreitende, Miete verlangt, liegt gleichwohl ein Verstoß gegen § 5 WiStG vor, wenn für die **Nutzung von Nebenräumen** im Haus, etwa Waschküche, Hobbyraum, eine zusätzliche Miete verlangt wird und beide Mietanteile zusammen genommen den Höchstbetrag der nach § 5 WiStG zulässigen Miete überschreiten.

3. Unangemessen hohe Entgelte – Berechnung der höchstzulässigen Miete

58 **a) Höchstzulässige Miete nach § 5 Abs. 2 S. 1 WiStG.** § 5 WiStG setzt für seine drei Begehungsformen (Fordern, Versprechen lassen, Annehmen) gemeinsam voraus, dass ein unangemessen hohes Entgelt die Gegenleistung für die Wohnraumüberlassung sein soll.

59 Unangemessen hoch iSv § 5 Abs. 2 WiStG sind Entgelte, die infolge einer Ausnutzung eines geringen Angebots an vergleichbaren Räumen die üblichen Entgelte um mehr als 20 % übersteigen, die in Gemeinden oder vergleichbaren Gemeinden für die Vermietung von Räumen vergleichbarer Art, Größe, Ausstattung, Beschaffenheit und Lage oder damit verbundener Nebenleistungen in den letzten 4 Jahren vereinbart oder, von Erhöhungen der Betriebskosten abgesehen, geändert worden sind. Der Gesetzestext entspricht beinahe wörtlich dem des § 558 Abs. 2 BGB, sodass für weitere Erläuterungen und Vertiefungen auf diese Kommentierung Bezug genommen werden kann. Dies gilt insbesondere auch für die Ermittlung der ortsüblichen Vergleichsmiete.

[27] BGH NJW 1985, 1772.

Praxistipp:

Für den Rechtsanwalt des Mieters bedeutet dies, dass in Verfahren über Rückforderungen überzahlter Miete die Höhe der behaupteten ortsüblichen Vergleichsmiete anhand eines aktuellen Mietspiegels substantiiert, dargestellt werden kann, jedoch in jedem Falle die Richtigkeit der entsprechenden Behauptungen durch Sachverständigengutachten unter Beweis zu stellen ist.

Fehlt es an einem Mietspiegel, so kann die ortsübliche Vergleichsmiete entsprechend § 558a Abs. 2 BGB durch ein **Privatgutachten,** durch **Vergleichswohnungen** oder Auskunft aus einer Mietdatenbank dargestellt werden. Auch in diesen Fällen muss der Mieter im Falle der gerichtlichen Geltendmachung des Rückforderungsanspruches die Richtigkeit der Angaben unter Beweis stellen durch Einholung eines Sachverständigengutachtens. 60

Obwohl die Einholung eines derartigen Gutachtens sehr teuer ist und für beide Parteien ein erhebliches Kostenrisiko darstellt, ist die Bereitschaft der Mietvertragsparteien, die ortsübliche Vergleichsmiete im Vergleichswege festzulegen, erfahrungsgemäß sehr gering, da die Vorstellungen auf Grund unterschiedlicher Betrachtungsweisen sehr weit auseinander gehen und die Raster der Mietspiegel doch oftmals sehr grob sind. 61

Praxistipp:

Die Anwälte der Vertragsbeteiligten sollten beachten, dass die Kosten eines Sachverständigengutachtens, Beträge von über 1.000 EUR sind hier keine Seltenheit, oft den streitig erzielten finanziellen Erfolg zunichtemachen, etwa wenn der Sachverständige die Angaben der Parteien nicht vollständig bestätigt.
Ebenso sollte der den Mieter vertretende Anwalt bei der eigenen Berechnung der ortsüblichen Vergleichsmiete anhand des Mietspiegels immer einen Sicherheitszuschlag zu den Werten des Mietspiegels vornehmen, umgekehrt sollte der den Vermieter vertretende Anwalt bei seiner Berechnung auch ins Kalkül ziehen, dass die ortsübliche Vergleichsmiete unter der eigenen Berechnung liegt und entsprechende Abzüge vornehmen.

b) Höchstzulässige Miete nach § 5 Abs. 2 S. 2 WiStG. *aa) Anwendungsbereich.* Gemäß § 5 Abs. 2 S. 2 WiStG ist eine Miete nicht unangemessen hoch, wenn der Vermieter diese Miete zur Deckung der laufenden Aufwendungen benötigt. Dies gilt für jede Art von Wohnraum. 62

bb) Laufende Aufwendungen – Begriff und Berechnung. Laufende Aufwendungen, die ein Überschreiten der Wesentlichkeitsgrenze von 20 % über der ortsüblichen Vergleichsmiete bis zur Wuchergrenze von 50 % rechtfertigen, müssen vom Vermieter durch eine **Wirtschaftlichkeitsberechnung** nachgewiesen werden. 63

Der zunächst zu ermittelnden ortsüblichen Vergleichsmiete kann die Miete gegenübergestellt werden, die zur Deckung der laufenden Aufwendungen des Vermieters erforderlich ist. Der Deckung der laufenden Aufwendungen dient die so genannte **Kostenmiete,** § 8 Abs. 1 S. 1 WoBindG, die nach den §§ 8a, 8b WoBindG zu ermitteln ist. Diese Vorschriften verweisen wieder auf die Durchschnittsmiete für öffentlich geförderten Wohnraum, so dass anhand einer Wirtschaftlichkeitsberechnung die **fiktive Kostenmiete** für den preisfreien Wohnraum zu ermitteln ist. Die Wirtschaftlichkeitsberechnung ist nach §§ 18 ff. II. BV zu erstellen. Um die laufenden Aufwendungen substantiiert darzulegen, müssen die einzelnen Kostenansätze nachvollziehbar erläutert werden. Hierzu sind dem Gericht auch die entsprechenden Belege über Ausgaben vorzulegen, wenn die Kostenansätze nicht zulässigerweise pauschaliert oder fiktiv sind. 64

65 Anhand der nachfolgenden Checkliste hat der beratende Anwalt die durch seinen Mandanten beizubringenden Unterlagen für einen substantiierten Vortrag festzulegen. Danach zählen zu den laufenden Aufwendungen:

Checkliste

66 ☐ **Eigenkapitalkosten: § 20 II. BV**

Ob das vom Vermieter bei der Errichtung des Hauses oder beim Kauf eingesetzte Eigenkapital überhaupt bei der Berechnung der laufenden Aufwendungen erfasst werden kann, ist nicht unumstritten,[28] wird jedoch von der Rechtsprechung bejaht.[29] Insbesondere wird angeführt, dass der Gesetzgeber dem Eigentümer von frei finanziertem Wohnraum zumindest diejenige Miete zubilligen will, die auch der Vermieter von preisgebundenem Wohnraum zu beanspruchen hat.[30]

Die Höhe des anzusetzenden Eigenkapitals ergibt sich unter Berücksichtigung von § 15 II. BV aus dem Betrag, der zur Herstellung des Wohnraumes durch den Vermieter oder im Falle eines späteren Erwerbes des Wohnraumes durch den Vermieter zur Begleichung der Erwerbskosten eingesetzt wurde. Hat der Vermieter Wohnraum erworben und diesen anschließend modernisiert, so kann hierfür eingesetztes Eigen- und Fremdkapital ebenfalls berücksichtigt werden.

In die Wirtschaftlichkeitsberechnung und damit die Berechnung der laufenden Aufwendungen wird die Rendite eingestellt, die sich bei einer fiktiven Verzinsung des Eigenkapitals ergäbe, jedoch in den Grenzen des § 20 II. BV.

Das Eigenkapital wird mit 4 % verzinst, soweit es 15 % der Herstellungs- oder Erwerbskosten nicht überschreitet, für den darüberhinausgehenden Anteil ist eine Verzinsung von 6,5 % zu Grunde zu legen.

☐ **Fremdkapitalkosten: § 21 II. BV**

Fremdkapitalkosten sind die Kapitalkosten, die sich aus der Inanspruchnahme von Fremdmitteln ergeben. Hierzu zählen Zinsen, laufende Kosten, die aus Bürgschaften entstehen, sonstige wiederkehrende Leistungen, insbesondere Rentenschulden.

In Ansatz zu bringen sind die tatsächlich zu zahlenden Zinsen.[31]

☐ **Abschreibungen: § 25 II. BV**

Die Abschreibung berechnet sich nach dem Gebäudewert, sodass Grundstückskosten außer Betracht bleiben. Werden Erwerbskosten zu Grunde gelegt, dann muss hieraus ein fiktiver Grundstückswert herausgerechnet werden. Die Abschreibung beträgt 1 % der vorstehenden Kosten. Für einzelne Anlagen und Einrichtungen kommen höhere Abschreibungssätze in Betracht, § 25 Abs. 3 II. BV.

☐ **Verwaltungskosten: § 26 II. BV**

Hierbei ist Stand 1.1.2026 eine Pauschale von 372,46 EUR je Wohnung und Jahr anzusetzen, bei einer Eigentumswohnung 445,32 pro Jahr und 48,58 EUR je Garagen- oder Einstellplatz. Diese weiteren Erhöhungen der Verwaltungskosten fanden statt am 1.1.2026 und sodann zum 1.1. eines jeden darauffolgenden dritten Jahres entsprechend der Veränderung des Verbraucherpreisindexes.

☐ **Betriebskosten: § 27 II. BV**

Es können nur die Betriebskosten berücksichtigt werden, die der Vermieter nicht separat auf den Mieter umlegt.

☐ **Instandhaltungskosten: § 28 II. BV**

Insofern gelten die Pauschalbeträge, die sich ebenfalls entsprechend den Regelungen bei den Verwaltungskosten zu den darin angegebenen Terminen entsprechend den Veränderungen des Verbraucherpreisindexes ändern. Aktuell belaufen sich die Instandhaltungskostenpauschalen auf

11,50 EUR/m² Wohnfläche für Wohnungen, deren Bezugsfertigkeit weniger als 22 Jahre zurückliegt,

bis 14,58 EUR/m² Wohnfläche je Jahr für Wohnungen, deren Bezugsfertigkeit mindestens 22 Jahre zurückliegt,

bis 18,62 EUR/m² Wohnfläche je Jahr für Wohnungen, deren Bezugsfertigkeit mindestens 32 Jahre zurückliegt.

Ebenso sind zu beachten die Zu- und Abschläge aus § 28 II. BV.

[28] Zum Meinungsstreit: s. Pellegrino NZM 1998, 889.
[29] BGH WuM 1995, 428; OLG Stuttgart NJW-RR 1989, 11; OLG Hamburg WuM 1994, 456.
[30] Schmidt-Futterer/Börstinghaus BGB Anhang 1 zu § 556g Rn. 45.
[31] Schmidt-Futterer/Börstinghaus BGB Anhang 1 zu § 556g Rn. 47.

☐ **Mietausfallwagnis: § 29 II. BV**
Das Mietausfallwagnis beträgt 2 % der sich aus der vorstehenden Berechnung ergebenden Kostenmiete, und zwar unabhängig davon, ob eine Kaution gezahlt wurde oder nicht.[32]

cc) Auffälliges Missverhältnis. Trotz Einbeziehung der Aufwendungen in die Berechnung der zulässigen Miethöhe darf diese nicht in einem auffälligen Missverhältnis zu der Leistung des Vermieters stehen. Mit diesem Kriterium wird auf den Wuchertatbestand des **§ 291 StGB** verwiesen. Dort bedeutet das auffällige Missverhältnis jedenfalls eine Miethöhe, die mehr als 50 % über der ortsüblichen Miete beträgt. 67

Unter Einbeziehung der Aufwandsdeckung sind bezüglich der Miethöhe im Rahmen des § 5 WiStG folgende **Fallkonstellationen** denkbar: 68

- Liegt die vereinbarte Miethöhe über der ortsüblichen Vergleichsmiete, jedoch unterhalb der Wesentlichkeitsgrenze von 20 %, und beläuft sich der Betrag der anrechnungsfähigen Aufwendungen dagegen auf eine geringere Summe, bleibt die Miete in der vereinbarten Höhe bestehen;
- liegt die vereinbarte Miethöhe über der Wesentlichkeitsgrenze, jedoch unterhalb der Wuchergrenze, und sind die Aufwendungen niedriger als die Wesentlichkeitsgrenze, darf die Miete nur bis zur Wesentlichkeitsgrenze verlangt werden;
- liegt die vereinbarte Miethöhe über der Wesentlichkeitsgrenze, jedoch unter der Wuchergrenze, sind die Aufwendungen höher als die Wesentlichkeitsgrenze, aber niedriger als die vereinbarte Miete, bleibt die Miete nur in Höhe der Aufwendungen zulässig;
- liegt die vereinbarte Miethöhe über der Wesentlichkeitsgrenze, jedoch unter der Wuchergrenze und sind die Aufwendungen deckungsgleich oder höher, bleibt die Miete in der vereinbarten Höhe zulässig;
- liegt die vereinbarte Miete über der Wuchergrenze, bleibt sie nur in Höhe dieser Grenze zulässig, unabhängig davon, ob die Aufwendungen höher sind.

dd) Untermietverhältnis. In diesem Falle errechnen sich die laufenden Aufwendungen aus der Höhe der Miete, die der Untervermieter an seinen Vermieter zahlen muss, jedoch höchstens bis zur Höhe der laufenden Aufwendungen des Eigentümers. 69

4. Ausnutzen eines geringen Angebots an vergleichbaren Räumen

a) **Geringes Angebot.** Ob ein geringes Angebot an vergleichbaren Räumen vorliegt, ist stets anhand des Wohnungsmarktes im Zeitpunkt des Abschlusses der streitigen Mietvereinbarung zu überprüfen. Das Vorliegen eines geringen Angebots ist jedenfalls dann zu bejahen, wenn der Vermieter in der Lage ist, bei einem sehr engen, durch Nachfrage bestimmten, Wohnungsmarkt die Miete und die Mietbedingungen zu diktieren. Somit liegt in jedem Fall ein geringes Angebot vor, wenn die Nachfrage nach Wohnraum das Angebot übersteigt. Umgekehrt ist das Tatbestandsmerkmal des geringen Angebots zu verneinen, wenn Angebot und Nachfrage ausgeglichen sind.[33] 70

Praxistipp:

- Indizien (aber keinesfalls Beweis) für ein geringes Angebot sind folgende Kriterien:
- Die Marktmiete, also die Neuvermietungsmiete, liegt um 15 % höher als die ortsübliche Miete.
- Die Gemeinde gehört zu einem Gebiet mit gefährdeter Wohnraumversorgung durch landesrechtliche Rechtsverordnung.
- Es gilt die Zweckentfremdungsverordnung.
- Anstieg der registrierten Fälle von Wohnungslosigkeit.[34]

---

[32] Schmidt-Futterer/Börstinghaus BGB Anhang 1 zu § 556g Rn. 58.
[33] BGH NZM 2005, 534.
[34] Schmidt-Futterer/Börstinghaus BGB Anhang 1 zu § 556g Rn. 64.

- Überproportionaler Anstieg des Mietpreisniveaus zur Steigerung der Lebenshaltungskosten im vergleichbaren Zeitraum.[35]
- Der Anteil der Wohnkosten am Einkommen wird größer.[36]

71 Es muss allgemein darauf hingewiesen werden, dass bei Anwendung dieser Punkte darauf zu achten ist, ob die Daten auch aktuell sind. Der Wohnungsmarkt hat sich zumindest in den letzten Jahren verändert.

72 **b) Vergleichbare Räume.** *aa) Objektbezogene Teilmärkte.* Das geringe Angebot ist nicht auf den gesamten Wohnungsmarkt zu beziehen, sodass das abstrakte Verhältnis zwischen Haushalten einer Stadt und vorhandenem Wohnraum nicht aussagekräftig ist. Es ist vielmehr auf **regionale Teilmärkte** innerhalb einer Gemeinde abzustellen.[37] Teilmärkte ergeben sich durch die Wohnungsgröße, die Ausstattung der Wohnung, das Jahr der Bezugsfertigstellung und die Wohnlage. Was das geringe Angebot angeht, können also nur Wohnungen miteinander verglichen werden, die in diesen Kriterien übereinstimmen. Allerdings ist bei der Beantwortung der Frage, ob der Vermieter ein geringes Angebot an vergleichbaren Räumen ausgenutzt hat, auf das gesamte Gebiet der Gemeinde, und nicht lediglich auf den Stadtteil, abzustellen, in dem sich die Mietwohnung befindet. Das Tatbestandsmerkmal des „geringen Angebots" ist deshalb nicht erfüllt, wenn der Wohnungsmarkt für vergleichbare Wohnungen nur in dem betreffenden Stadtteil angespannt, im übrigen Stadtgebiet aber entspannt ist.[38]

73 Ebenso ist das Tatbestandsmerkmal des geringen Angebots dann nicht gegeben, wenn die Mietwohnung zwar in einem Ballungsgebiet liegt, in dem zum Zeitpunkt der Mietvereinbarung ein Zweckentfremdungsverbot galt, es sich jedoch um eine Luxuswohnung handelte, für die jedenfalls kein hinreichendes aussagekräftiges Anzeichen für das Vorliegen eines Nachfrageüberhangs gegeben ist.[39]

74 *bb) Personenbezogene Teilmärkte.* Dagegen ist bei der Prüfung, ob ein geringes Angebot vorliegt, nicht auf personenbezogene Teilmärkte abzustellen, also ob nur für bestimmte Gruppen von Wohnungssuchenden (wie Studenten oder Sozialhilfeempfänger) nicht genügend Wohnungen zur Verfügung stehen. Jedoch kann das Tatbestandsmerkmal des geringen Angebots erfüllt sein, wenn der Marktzugang für bestimmte, nach allgemeinen Merkmalen abgrenzbare, Mietergruppen infolge mangelnder Vertragsbereitschaft der Vermieter in ihrer Gesamtheit der Marktzugang verengt ist.[40]

75 *cc) Sondermärkte.* Grundsätzlich umfasst § 5 WiStG nur Wohnungen, für die es einen Markt gibt, auf dem vergleichbare Wohnungen angeboten werden. Er gilt nicht für Wohnungen, deren Anzahl durch Lage und Art der Gebäude begrenzbar ist.

76 Hierbei handelt es sich also um Wohnungen, die wegen ihrer außergewöhnlich luxuriösen Ausstattung, ihrer Größe und/oder der Einmaligkeit der Lage innerhalb einer Gemeinde von solchen Personen gemietet werden, die nicht ein primäres Wohnbedürfnis befriedigen wollen, sondern die mit der Anmietung das Ziel verfolgen, gerade eine Wohnung von derart exponierter Art bewohnen zu können.

77 Da wegen der besonderen Umstände des Einzelfalls bei derartigen Objekten keine allgemeinen Marktverhältnisse herrschen, unterfallen Mietvereinbarungen über derartige Wohnungen nicht dem § 5 WiStG.

---

[35] Schmidt-Futterer/Börstinghaus BGB Anhang 1 zu § 556g Rn. 65.
[36] Schmidt-Futterer/Börstinghaus BGB Anhang 1 zu § 556g Rn. 65.
[37] BGH NZM 2005, 534.
[38] BGH NZM 2005, 534.
[39] BGH NZM 2005, 534.
[40] Schmidt-Futterer/Börstinghaus BGB Anhang 1 zu § 556g Rn. 62.

Praxistipp:
Der die Mietvertragsparteien vertretende Anwalt ist verpflichtet, sich eine genaue Kenntnis über den örtlichen Immobilienmarkt zu verschaffen, um von vornherein abschätzen zu können, zu welchem Teilmarkt die zu beurteilende Wohnung gehört bzw. um beurteilen zu können, ob die Wohnung sogar einem Sondermarkt zuzuordnen ist.

c) **Ausnutzen.** Liegt ein geringes Angebot an vergleichbaren Räumen vor, dann bedeutet dies aber noch nicht unbedingt, dass damit das Tatbestandsmerkmal des „Ausnutzens" vorliegt. Vielmehr muss zwischen der Mangellage und der Vereinbarung der überhöhten Miete ein Kausalzusammenhang bestehen. Daran fehlt es, wenn der Mieter unabhängig von der Lage auf dem Wohnungsmarkt bereit ist, eine unverhältnismäßig hohe Miete zu bezahlen, etwa deshalb, weil er aus persönlichen Gründen eine bestimmte Wohnung anmieten möchte, ohne sich zuvor über ähnliche Objekte und die Höhe der üblichen Miete erkundigt zu haben. In diesen Fällen bedarf der Mieter nicht des Schutzes, den das Gesetz denjenigen gewähren will, die sich auf eine unangemessen hohe Miete nur deshalb einlassen, weil sie ansonsten auf dem Wohnungsmarkt keine entsprechende Wohnung finden können.[41] 78

Bei der Beurteilung, ob das Tatbestandsmerkmal der Ausnutzung gegeben ist, sind daher nicht nur das Verhalten des Vermieters und die objektive Lage auf dem Wohnungsmarkt zu untersuchen, sondern auch die Motive des Mieters für den Vertragsschluss. Wer bereit ist, eine geforderte Miete ohne weiteres aus persönlichen Gründen zu zahlen, wird nicht ausgenutzt.[42] 79

Das Tatbestandsmerkmal der Ausnutzung liegt also nur dann vor, wenn der Mieter die wegen der Wohnungsmarktlage geforderte Miete akzeptiert, weil ihm keine anderen vernünftigen Alternativen verbleiben. 80

5. Fordern, Versprechen lassen, Annehmen

Der Tatbestand des § 5 WiStG kann bereits erfüllt sein, ohne dass es zum Abschluss eines Mietvertrages kommt, insbesondere dann, wenn das Tatbestandsmerkmal des **„Forderns"** gegeben ist. Dieses liegt dann vor, wenn der Vermieter gegenüber einem Mietinteressenten die überhöhte Miete nennt. Die Angabe dieser Miete in einem Zeitungsinserat reicht allerdings noch nicht aus. 81

Das Tatbestandsmerkmal des **„Versprechen lassen"** liegt vor, wenn der Vermieter das Angebot des Mieters, eine unangemessen hohe Miete zu zahlen, annimmt. 82

Im Übrigen hat der Vermieter die überhöhte Miete bereits **„angenommen"**, wenn die Miete auf seinem Konto ist und er diese nicht umgehend zurück überweist. 83

III. Darlegungs- und Beweislast

Die vorstehend beschriebenen Tatbestandsmerkmale sind von dem Mieter, der im Wege der Rückforderung gemäß § 812 Abs. 1 BGB iVm § 5 WiStG die Teilunwirksamkeit der Mietvereinbarung geltend macht, darzulegen und im Falle des Bestreitens zu beweisen.[43] Der Vermieter hingegen hat darzulegen und zu beweisen, dass die die Wesentlichkeitsgrenze überschreitende Miete durch seine laufenden Aufwendungen gerechtfertigt ist. 84

Besondere Schwierigkeiten für den Mieter und den ihn vertretenden Anwalt ergeben sich bei der Darlegung von Tatsachen, die die Annahme des Tatbestandsmerkmals des 85

[41] BGH NZM 2004, 381.
[42] BGH NZM 2004, 381; Lammel WiStG § 5 Rn. 31.
[43] Schmidt-Futterer/Börstinghaus BGB Anhang 1 zu § 556g Rn. 85.

Ausnutzens des geringen Angebots an vergleichbaren Räumen „rechtfertigt". Sicher ist, dass das alleinige Aufstellen dieser Rechtsbehauptung unter Berufung auf Sachverständigenbeweis nicht ausreicht.[44] Die Rechtsprechung stellt hohe Anforderungen an die Substantiierungspflicht des Mieters.

86 Somit muss der Mieter zunächst Tatbestandsmerkmale darlegen, die seine Behauptungen zur ortsüblichen Vergleichsmiete stützen. Dann hat er diejenigen Tatsachen vorzubringen und gegebenenfalls unter Beweis zu stellen, die das geringe Angebot, also die Störung des marktwirtschaftlichen Preismechanismus, ausmachen.[45] Er hat darzutun, dass sich diese Störung auf dem Teilmarkt, zu dem die von ihm angemietete Wohnung gehört, ausgewirkt hat.[46] Auf keinen Fall ist es ausreichend darzutun, dass die Wohnung zu einem Gebiet gehört, in dem das Zweckentfremdungsverbot gilt. Ohne konkrete Angaben des Mieters kann das Gericht dem Beweisangebot, ein Sachverständigengutachten einzuholen, nicht nachkommen, da es sich insofern um einen **unzulässigen Ausforschungsbeweis** handelt.[47] In diesem Fall. gibt es für den Mieter und den ihn vertretenden Anwalt gegebenenfalls große Schwierigkeiten, der Substantiierungspflicht zu genügen. Da die Informationen über den besagten Teilmarkt nicht immer zur Verfügung stehen, kann die zur **Substantiierungspflicht** erforderliche Darstellung der kausalen Verknüpfung zwischen Störung der Marktwirtschaft und Preisbildung nicht immer genügend erfolgen. Maßgebliche Informationen, wie die Zahl der Wohnungsbewerber, Vermietungsgeschwindigkeit zwischen Freiwerden der Wohnung und Neuabschluss eines Mietvertrages, die Zahlung von Sonderleistungen (Abstandszahlungen), stehen dem Mieter und dem ihn vertretenden Anwalt nicht zur Verfügung.

Praxistipp:

Es sollten alle zur Verfügung stehenden Erkenntnisquellen ausgeschöpft und vorgetragen werden, wie Auswertung von Zeitungsannoncen, Erkundigungen bei Maklern, beim Wohnungsamt und beim Mieterverein. In jedem Fall ist es unabdingbar darzulegen, wie und wie lange sich der Mieter einen Überblick über das vorhandene Wohnungsangebot verschafft hat; ferner, welche Art von Wohnung er in welchem Bereich gesucht hat.[48]

87 Ebenfalls ist ein Vortrag dazu erforderlich, warum der Mieter aus seiner bisherigen Wohnung ausgezogen ist, welche Zeit er für die Wohnungssuche zur Verfügung hatte, welche konkreten Versuche er unternommen hat, welche Vorstellungen er über Lage und Ausstattung hatte, welche Angebot er hatte und wie letztendlich die Mietvertragsverhandlungen verlaufen sind.

88 Was das Tatbestandsmerkmal des Ausnutzens eines geringen Angebots angeht, gibt es keine Beweiserleichterung in Gestalt eines Anscheinsbeweises oder einer Vermutung zugunsten des Mieters. Der Mieter ist vielmehr verpflichtet darzulegen, ob in seinem konkreten Fall der Vermieter die Lage auf dem Wohnungsmarkt zur Vereinbarung einer unangemessen hohen Miete ausgenutzt hat. Dazu muss er vortragen, welche Bemühungen bei der Wohnungssuche er bisher unternommen hat, weshalb diese erfolglos geblieben sind und dass er mangels einer Ausweichmöglichkeit nunmehr auf den Abschluss des für ihn ungünstigen Mietvertrages angewiesen war.[49]

89 Der Mieter muss in jedem Falle vortragen und beweisen, welchen Inhalt die Vertragsverhandlungen mit dem Vermieter hatten.

90 Keinesfalls ist es gerechtfertigt, das Bestehen eines Zweckentfremdungsverbots oder einer Verordnung über die Gefährdung der Wohnraumversorgung als Anlass dazu zu

[44] Lammel NZM 1999, 989 (995).
[45] Lammel NZM 1999, 989 (995).
[46] Lammel NZM 1999, 989 (995).
[47] LG Köln NZM 1999, 404.
[48] LG Köln NZM 1999, 168; NJW-RR 2003, 797.
[49] BGH NZM 2004, 381.

nehmen, dem Vermieter die Darlegungs- und Beweislast dafür aufzuerlegen, dass die Höhe der vereinbarten Miete nicht auf einer Mangellage beruht.[50]

Anhand der nachstehenden Checkliste können die Anspruchsvoraussetzungen des § 5 WiStG noch einmal nachvollzogen werden: 91

Checkliste

- ☐ Handelt es sich um Wohnraum? Entscheidend ist der vereinbarte Vertragszweck zwischen den Parteien.
- ☐ Ermittlung der ortsüblichen Vergleichsmiete um festzustellen zu können, ob die vereinbarte Miete die ortsübliche Miete um mehr als 20 % übersteigt. Mit Hilfe des Mietspiegels der Gemeinde; es bedarf einer detaillierten Aufstellung der Ausstattung und Lage der Wohnung zwecks Einordnung in das betreffende Rasterfeld des Mietspiegels. Ist in der betreffenden Gemeinde kein Mietspiegel vorhanden, kann nur durch Einholung eines Sachverständigengutachtens die Vergleichsmiete ermittelt werden. Ein Beweisantritt durch Sachverständigengutachten sollte vor Gericht immer erfolgen.
- ☐ Laufende Aufwendungen des Vermieters für die Auskunft über die zulässige Höchstmiete bei laufenden Aufwendungen (Überschreitung der ortsüblichen Miete bis zu 50 %) zu erteilen, bedarf es der Vorlage der entsprechenden Belege durch den Mandanten für die Kostenansätze nach §§ 18 ff. II. BV. Anhand der Daten ist die Wirtschaftlichkeitsberechnung zu erstellen, die entsprechenden Belege und Urkunden sind dem Gericht ebenfalls vorzulegen.
- ☐ Geringes Angebot: Ein geringes Angebot ist nur gegeben, wenn zum Zeitpunkt der Mietpreisvereinbarung die Nachfrage nach vergleichbarem Wohnraum über dem Angebot an Wohnraum liegt. Die Substantiierungspflicht, die dem Mieter obliegt, erfordert umfassenden Vortrag wegen der Wohnungsmarktsituation bei Vertragsschluss unter Ausschöpfen aller zugänglichen Erkenntnisquellen.
- ☐ Ausnutzen: Dieses Tatbestandsmerkmal ist nur dann gegeben, wenn zwischen der Mangellage und der Vereinbarung der überhöhten Miete ein Kausalzusammenhang besteht. Dieser ist dann gegeben, wenn der Mieter infolge der bestimmten Wohnungsmarktsituation, insbesondere wegen Fehlens von Alternativmöglichkeiten, den Mietvertrag und die überhöhte Miete akzeptieren musste. Hier sind an die Darlegungslast des Mieters hohe Anforderungen zu stellen, insbesondere im Hinblick auf seine Bemühungen anlässlich der Wohnungssuche.
- ☐ Beweislastverteilung Der Mieter muss darlegen und beweisen, dass die vereinbarte Miete die ortsübliche Miete um mehr als 20 % übersteigt und unter Ausnutzung eines geringen Angebotes vereinbart wurde. Der Vermieter hat darzulegen und zu beweisen, dass kostendeckende laufende Aufwendungen eine Überschreitung der Wesentlichkeitsgrenze rechtfertigen.

IV. Zivilrechtliche Rechtsfolgen der Mietpreisüberhöhung

1. Umfang des Anspruches

a) **Rückforderung zu viel gezahlter Miete.** § 5 WiStG beseitigt als Verbotsgesetz über § 134 BGB den Rechtsgrund für die Mietzahlung und zieht die **Teilnichtigkeit** der Mietvereinbarung nach sich. Die Nichtigkeitsfolge tritt bereits bei Verwirklichung des objektiven Tatbestandes ein. Die subjektiven Voraussetzungen des § 5 Abs. 1 WiStG brauchen nicht vorzuliegen. Der Mieter hat gemäß §§ 134, 812 Abs. 1 BGB einen Anspruch auf Rückzahlung des Teils der Miete, der über den Zulässigkeitsschranken liegt. Zurückfordern kann der Mieter also die Differenz zwischen der gezahlten Miete und der, je nach Fallkonstellation, zulässigen Miete zwischen 120 % und 150 % der ortsüblichen Vergleichsmiete. 92

b) **Schadensersatzanspruch des Mieters.** Hat der Vermieter die Mietpreisüberhöhung zudem **verschuldet**, besteht ein Schadensersatzanspruch gemäß § 823 Abs. 2 BGB, da § 5 WiStG ein Schutzgesetz zu Gunsten des Mieters darstellt. Daneben kommen auch Ansprüche aus §§ 311, 280 BGB in Betracht. 93

[50] BGH NZM 2004, 381.

94 c) **Anpassung der vereinbarten Miete.** *aa) Änderung der Vergleichsmiete.* Da Ausgangspunkt für die zur Teilnichtigkeit führende Mietpreisüberhöhung immer die ortsübliche Vergleichsmiete ist, verändert sich der Umfang der Teilnichtigkeit auch mit der Änderung der ortsüblichen Vergleichsmiete. § 5 WiStG wird daher auch als dynamische Verbotsnorm bezeichnet. Führt also die jeweils in Jahresabständen vorzunehmende Überprüfung dazu, dass die ursprünglich vereinbarte Miete infolge Steigens der ortsüblichen Vergleichsmiete die Wesentlichkeitsgrenze nicht überschreitet, so wird diese Mietvereinbarung wiederum wirksam. Es kann immer nur derjenige Teil der überhöhten Miete zurückverlangt werden, welcher zum Zeitpunkt der Fälligkeit der Mietforderung die aktuelle Wesentlichkeitsgrenze übersteigt.

95 Liegt hingegen zum Zeitpunkt des Vertragsschlusses kein Verstoß gegen § 5 WiStG vor, und sinkt die ortsübliche Miete nachträglich so weit, dass die Mietvereinbarung die Wesentlichkeitsgrenze überschreitet, so ist der Vermieter weder verpflichtet, die Miete bis zur Wesentlichkeitsgrenze zu senken, noch die vereinnahmte Miete zurückzuzahlen.[51] Dies gilt ebenso für den Fall, soweit eine teilnichtige Mietvereinbarung durch das Ansteigen der ortsüblichen Vergleichsmiete teilweise geheilt ist und danach die ortsübliche Miete sinkt und dadurch erneut in einem höheren Umfange über der Wesentlichkeitsgrenze liegt.[52]

96 *bb) Wegfall des „geringen Angebotes" iSv § 5 WiStG.* Richtigerweise muss man auf die Verhältnisse beim Zustandekommen der Mietvereinbarungen abstellen. Eine einmal eingetretene Teilnichtigkeit wird durch spätere Umstände grundsätzlich nicht berührt, lediglich das Ausmaß der Teilnichtigkeit hinsichtlich der bereits erwähnten Veränderung der ortsüblichen Vergleichsmiete kann zugunsten des Vermieters wirken.[53] Die gegenteilige Auffassung[54] verkennt den Mieterschutzcharakter des § 5 WiStG. Für den Mieter ergäbe sich bei Wegfall des geringen Angebots nur die Wahl, entweder die vereinbarte, nach § 5 WiStG überhöhte, Miete – die er bei einem im Zeitpunkt des Vertragsabschlusses ausgeglichenen Wohnungsmarkt nicht vereinbart und die ein der Vorschrift nicht zuwiderhandelnde Vermieter auch nicht verlangt hätte – nun doch zu zahlen, oder aber aus der Wohnung auszuziehen und sich eine neue Wohnung auf dem nunmehr ausgeglichenen Wohnungsmarkt zu suchen.[55]

97 Maßgeblich zur Frage des „Ausnutzens des geringen Angebots" ist somit allein der Zeitpunkt des Abschlusses der Mietvereinbarung.

98 *cc) Modernisierung durch den Vermieter.* Auch die Modernisierungsmieterhöhung nach § 559 BGB unterliegt der Schranke des § 5 WiStG. Allerdings führen aber vom Vermieter durchgeführte Modernisierungen zu einer anderen Einordnung der Wohnung, sodass durchaus eine ursprünglich die Wesentlichkeitsgrenze oder sogar auch die Wuchergrenze überschreitende Miete rechtswirksam wird, wenn sich die Vergleichsmiete für die in Betracht kommende Wohnung wegen durchgeführter Modernisierungsmaßnahmen erhöht.

99 *dd) Staffelmiete.* Die Staffelmietvereinbarung unterliegt ebenfalls der Schranke des § 5 WiStG. Die im Zeitpunkt des Abschlusses der Staffelmietvereinbarung zulässige Staffelmiete kann daher wegen Sinkens der ortsüblichen Vergleichsmiete zu einem späteren Zeitpunkt unzulässig werden, jedoch nicht rückwirkend bezüglich der vorangegangenen Staffel. Maßgeblich ist immer ein Vergleich der jeweils gültigen Staffelmiete mit der dazu gültigen ortsüblichen Vergleichsmiete.[56] Die teilweise Nichtigkeit einer Staffelmiete führt nicht zum Wegfall der folgenden Staffelbeträge. Deren Wirksamkeit ist jeweils selbstständig im Hinblick auf die ortsübliche Vergleichsmiete im Zeitpunkt des jeweils

[51] LG Berlin NZM 1999, 999; 2000, 530.
[52] LG Berlin NZM 1999, Heft 15, S. V.
[53] OLG Hamburg NZM 1999, 363.
[54] OLG Braunschweig ZMR 2000, 19.
[55] LG Hamburg NZM 1998, 622 (627).
[56] LG Berlin ZMR 1995, 77; LG Frankfurt a. M. WuM 1996, 425.

bestimmten Anfangstermins zu beurteilen.[57] Trotz Absinkens der ortsüblichen Miete bleibt die Mietstaffel wirksam, wenn sie zu einem früheren Zeitpunkt wirksam war.

ee) Kündigungsrecht des Mieters nach § 543 Abs. 1 BGB. Neben dem Anspruch auf Rückzahlung der überhöhten Miete kann der Mieter das Mietverhältnis auch ohne Einhaltung einer Kündigungsfrist nach § 543 Abs. 1 BGB fristlos kündigen. Diese Voraussetzungen sind gegeben, wenn der Vermieter über einen längeren Zeitraum den Mieter veranlasst, eine überhöhte Miete entgegen § 5 WiStG zu zahlen. Liegt ein Verstoß gegen § 5 WiStG vor, so ist es der Dispositionsfreiheit des Mieters zuzuordnen, sich vom Vertragswerk zu lösen, wenn ein Festhalten an dem Mietverhältnis nach dem Verhalten des Vermieters unzumutbar ist. Allerdings soll die Kündigung erst zulässig sein nach vorheriger erfolgter Abmahnung des Vermieters. Durch diese Abmahnung soll dem Vermieter bewusst gemacht werden, dass er zu vertragsgemäßem Verhalten zurückzukehren hat. 100

Eine Abmahnung ist jedoch entbehrlich, wenn der Vermieter die Mietpreisüberhöhung nachhaltig bestreitet. 101

2. Ausschluss des Anspruches

a) **Vorbehaltlose Zahlung in Kenntnis der Nichtschuld.** Der Anspruch des Mieters auf Rückzahlung der überhöhten Miete besteht auch dann, wenn der Mieter bei Vertragsbeginn positive Kenntnis der Mietpreisüberhöhung hatte. Ein Ausschluss des Rückforderungsrechtes gemäß § 814 BGB besteht nicht. Nutzt der Vermieter ein geringes Angebot aus, kann der Mieter nicht auf Vergleichsobjekte ausweichen und muss notwendigerweise den Vertrag zu einer überhöhten Miete abschließen. Es widerspricht dem Schutzzweck des § 5 WiStG, wenn bei entsprechender Kenntnis des Mieters der Rückforderungsanspruch ausgeschlossen wäre.[58] 102

b) **Verstoß des Mieters gegen ein gesetzliches Verbot.** Die Anwendung des § 817 S. 2 BGB führt ebenfalls nicht zum Ausschluss des Anspruches des Mieters. Bei einem Verstoß gegen Preisvorschriften kann diese Norm nicht gegen denjenigen angewendet werden, den die Preisvorschriften schützen sollen. Zudem ist § 817 S. 2 BGB bei unwissentlichen Verstößen nicht anzuwenden. 103

c) **Wegfall der Bereicherung.** Der Rückforderungsanspruch entfällt jedoch gemäß § 818 Abs. 3 BGB, wenn der Empfänger nicht mehr bereichert ist. Hier ist allerdings § 819 Abs. 2 BGB zu beachten, wonach der Vermieter aus dem Gesichtspunkt des Schadensersatzes zur Rückzahlung verpflichtet sein kann, wenn er positive Kenntnis vom Gesetzesverstoß hatte. 104

d) **Verstoß gegen Treu und Glauben.** Ausnahmsweise kann dem Rückforderungsanspruch des Mieters der Arglisteinwand aus § 242 BGB entgegengehalten werden, so wenn der Mieter den an sich vermietungsunwilligen Vermieter mit einem besonders attraktiven Angebot zum Vertragsabschluss bewogen hat. 105

3. Verjährung

Der Rückforderungsanspruch des Mieters verjährt gem. § 195 BGB in 3 Jahren, wobei für den Beginn der Verjährung insbesondere zu beachten ist, dass der Mieter von den Anspruch begründenden Umständen Kenntnis erlangt haben muss, § 199 Abs. 1 Nr. 2 BGB. 106

Dagegen verwirkt der Rückforderungsanspruch des Mieters grundsätzlich nicht, da zu Gunsten des Vermieters kein Vertrauenstatbestand eintreten kann.[59] Sind dem Vermieter die anspruchsbegründenden Tatbestandsmerkmale nicht bewusst, dann fehlt ihm 107

[57] OLG Hamburg NZM 2000, 232.
[58] Schmidt-Futterer/Börstinghaus BGB Anh.1 zu § 556g Rn. 81.
[59] Sternel MietR aktuell, 3. Aufl. 1996, III Rn. 43.

die Kenntnis von einem möglichen Anspruch des Mieters. Ist er bösgläubig, so ist sein Vertrauen sowieso nicht schützenswert.[60]

4. Passivlegitimation des Vermieters

108 Die Rückzahlungsverpflichtung trifft denjenigen Vermieter, der die überhöhte Miete empfangen hat. Bei einer Veräußerung des Mietgrundstückes tritt der Erwerber nicht gemäß § 566 BGB in die bereits entstandenen Verbindlichkeiten des früheren Vermieters ein, der Erwerber ist nur verpflichtet, den Teil der überhöhten Miete zurückzuzahlen, den er erhalten hat.[61]

V. Anwendungsbereich und Tatbestandsvoraussetzungen des § 291 Abs. 1 S. 1 Nr. 1 StGB iVm § 134 BGB

109 Nach § 291 Abs. 1 S. 1 Nr. 1 StGB macht sich derjenige wegen Mietwuchers strafbar, der die Zwangslage, die Unerfahrenheit, den Mangel an Urteilsvermögen oder die erhebliche Willensschwäche eines anderen dadurch ausbeutet, dass er sich oder einem Dritten für die Vermietung von Räumen zum Wohnen und damit verbundenen Nebenleistungen Vermögensvorteile versprechen oder gewähren lässt, die in einem auffälligen Missverhältnis zu der Leistung oder deren Vermittlung stehen.

110 Gemäß § 138 Abs. 2 BGB ist bei Erfüllung dieses Tatbestandes das zu Grunde liegende Rechtsgeschäft nichtig.

111 Beide Vorschriften beschreiben also den gleichen Tatbestand, mit dem Unterschied, dass § 291 StGB die strafrechtlichen Konsequenzen, § 138 Abs. 2 BGB die zivilrechtlichen Konsequenzen beschreibt.

112 Daneben ist aber auch noch § 134 BGB anzuwenden.

1. Ausbeutung des Mieters

113 Tathandlung ist das materielle Ausbeuten einer bestimmten Schwäche, die in der Person des Opfers oder in dessen besonderer Lage besteht.

114 Dem Vermieter muss diese persönliche Situation des Mieters bekannt sein, er muss also Kenntnis davon haben, dass eine oder mehrere der nachfolgend beschriebenen Einschränkungen der Entscheidungsfreiheit gegeben sind. Im Falle der Kenntnis des Vermieters liegt regelmäßig auch das Tatbestandsmerkmal des Ausbeutens vor.

115 a) **Zwangslage.** Diese ist gegeben, wenn der Mieter sich in einer schweren Notlage bei der Wohnraumbeschaffung befindet, insbesondere weil ihm keine anderen Wohnraumangebote zur Verfügung stehen, bis auf die Wohnung, für die die Wuchermiete verlangt wird. Eine Existenzbedrohung ist nicht notwendig.

116 b) **Unerfahrenheit.** Unerfahrenheit ist eine auf Mangel an Geschäftskenntnis und Lebenserfahrung beruhende Benachteiligung des Mieters. Die Unkenntnis über die Bedeutung des abzuschließenden Geschäfts allein oder das Fehlen der Kenntnis von Spezialisten reichen hingegen nicht aus. Dies gilt auch für die Unkenntnis der Wohnungsmarktverhältnisse oder der Miethöhen.

117 c) **Mangel an Urteilsvermögen.** Diese Tatbestandsvoraussetzung ist erfüllt bei fehlender Intelligenz oder geistiger Schwäche, die den Mieter daran hindert, die wirtschaftlichen Folgen seines Tuns zu übersehen.

118 d) **Erhebliche Willensschwäche.** Diese liegt vor, wenn der Mieter durch Krankheit oder Sucht nicht in der Lage ist, seinen eigenen Willen durchzusetzen, also jegliche Widerstandskraft vermissen lässt.

[60] Sternel MietR aktuell, 3. Aufl. 1996, III Rn. 43.
[61] LG Mannheim WuM 1987, 362; Sternel MietR aktuell, 3. Aufl. 1996, III Rn. 44.

2. Auffälliges Missverhältnis

Mietwucher setzt voraus, dass der Wert der Vermieterleistungen und der Wert der Mieterleistungen in einem auffälligen Missverhältnis zueinanderstehen. Dies liegt in der Regel dann vor, wenn die Miete für Wohnraum die ortsübliche Vergleichsmiete um mehr als 50 % überschreitet. Auf die Höhe der Aufwendungen des Vermieters kommt es nicht an. 119

VI. Rechtsfolgen des Mietwuchers

Wegen der zivilrechtlichen Folgen des Mietwuchers kann auf die Kommentierung zu § 5 WiStG verwiesen werden. Der Mietvertrag ist gemäß § 134 BGB schon dann nichtig, wenn der objektive Tatbestand des § 291 StGB erfüllt ist. Diese Rechtsfolge gilt auch, wenn die subjektiven Voraussetzungen erfüllt sind. Grundsätzlich gilt der Grundsatz, dass der Vertrag zur angemessenen Miete aufrecht zu erhalten ist. Des Weiteren ist der Mieter berechtigt, das Mietverhältnis gem. § 543 Abs. 1 BGB fristlos zu kündigen, zumindest dann, wenn der Vermieter nach Aufforderung nicht bereit ist, die überzahlte Miete zu erstatten. 120

§ 22 Vereinbarte Mieterhöhungen – Staffelmiete und Indexmiete

Übersicht

Schrifttum:

Abramenko, Mietpreisbremse – Ein Lehrstück für Gesetz- und Verordnungsgeber ZRP 2018, 34; Emmerich, Flexibilisierung des Mietzinses, NZM 2001, 690; Artz, „Rosinentheorie" im Recht der Mieterhöhung, NZM 2004, 609; Börstinghaus, Die Wohnwertmerkmal-Abrede, NZM 2013, 1; ders., Die „Mietpreisbremse" in der Praxis, NJW 2018, 665; Fleindl, Modernisierung von Wohnraum und Mieterhöhung NZM 2016, 65; ders. Nutzungsentschädigung nach Beendigung des Mietverhältnisses NZM 2018, 57; Grothe, Überproportional wirkende Indexmieten und § 557b BGB, NZM 2002, 54; Häublein, Mieterschutz als Wahlkampfthema, NZM 2013, 521; Hinz, Mietrechtsänderungen im Rechtsausschuss, NZM 2012, 777;; Kern, Rechtliche Anforderungen an eine wirksame Mieterhöhung, NZM 2008, 712; Mersson, Jahresfrist und Mieterwechsel bei der Staffelmiete, ZMR 2002, 732; Nies, Schrift- oder Textform im Mietrecht – Fallen für Vermieter, NZM 2001, 107; Schuldt Mietpreisbremse-Verordnungen: Das Begründungserfordernis als „Stolperstein" NZM 2018, 257.

I. Einleitung

1 Die Parteien können bereits bei Abschluss des Mietvertrages oder zu einem späteren Zeitpunkt eine Vereinbarung über die zukünftige Entwicklung der Miete treffen. Im Wohnraummietrecht sind sie dabei auf die Staffel- und Indexmiete beschränkt, § 557 Abs. 4 BGB.

2 Die Staffelmiete definiert sich dadurch, dass der Mietzins für bestimmte Zeiträume eine unterschiedliche Höhe aufweist. Durch Staffelmietvereinbarungen wird die Investitionsentscheidung des Vermieters erleichtert, da er ohne die Unsicherheiten des Ver-

gleichsmieteverfahrens regelmäßige Mietsteigerungen vereinbaren kann[1] – vorausgesetzt er hält die Beschränkungen der Mietpreisbremse ein, vgl. § 557a Abs. 4 BGB. Der Mieter andererseits kann die Mietsteigerungen während der Laufzeit der Staffelmietvereinbarung, insbesondere wegen der Sperre des § 557a Abs. 2 BGB, sicher kalkulieren. Der Vermieter, der einen nicht renovierten Altbau mit einer Staffelmietklausel vermietet, handelt ungeschickt. Besonders in Ballungsräumen erscheint eine Staffel- oder Indexmiete für den Vermieter ratsam.

Die Anwendung von Regelungen zur Staffel- oder Indexmiete machen aus einem Mietverhältnis auf unbestimmte Zeit **keinen Zeitmietvertrag.** Die Regelungen der §§ 557–557b BGB sind mit dem Mietrechtsreformgesetz zum 1.9.2001 in Kraft getreten. Die Anwendbarkeit der Mietpreisbremse auf die einzelnen Staffeln gem. § 557a Abs. 2 BGB trat mit dem Mietrechtsnovellierungsgesetz zum 1.6.2015 in Kraft. Auch die Verschärfung durch das Mietrechtsanpassungsgesetz ab dem 1.1.2019 kann bezüglich der § 556g Abs. 1a Nr. 3 und 4 BGB bei einer Staffel einmal relevant werden. Gegenstand höchstrichterlicher Entscheidungen sind die §§ 557a und § 557b BGB nur selten, seit der Vorauflage gab es lediglich ein Urteil des VIII. Senats des BGH zu beiden Normen.[2] 3

II. Staffelmiete im preisfreien Wohnraum

1. Voraussetzung einer wirksamen Vereinbarung

a) Form. Die Staffelmietvereinbarung ist in der **gesetzlichen Schriftform, § 126 BGB,** abzuschließen. Diese kann durch die elektronische Form, § 126a BGB, ersetzt werden, nicht aber durch die Textform, § 126b BGB. Die Vereinbarung kann bei Abschluss des Mietvertrages, in derselben Urkunde oder separat und auch nachträglich geschlossen werden. Staffelmietvereinbarung und Mietvertrag sind **formal getrennt** voneinander zu betrachten. Wird für den auf unbestimmte Zeit geschlossenen Mietvertrag Schriftform vereinbart, so reicht es, wenn diese den Anforderungen des § 127 BGB, insbesondere mit der Erleichterung des § 127 Abs. 2 BGB, genügt. Für die Staffelmietvereinbarung bleibt es auch dann bei § 126 BGB. 4

Hinsichtlich der Form sei einerseits auf die ausführlichen Erörterungen in diesem Buch zu § 550 BGB verwiesen. Besonderes Augenmerk ist ua auf die hinreichend genaue Bezeichnung/Identifizierbarkeit der Parteien zu legen. Wird der Vermieter lediglich als „Erbengemeinschaft nach H.B" bezeichnet, genügt das der Schriftform nicht, die Staffelabrede ist unwirksam, der Mieter kann die Mehrzahlungen zurückverlangen.[3] 5

Formfehler bei der Staffelabrede sind dazu geeignet einen insgesamt gem. § 550 BGB schriftformbedürftigen Vertrag zu entfristen. Hierauf soll sich nach dem LG Berlin ein Mieter aber nicht berufen, können, wenn der Verstoß ausschließlich in seinem Interesse geschah; vorliegend die nicht schriftformgemäße Aussetzung der Staffel wegen wirtschaftlicher Schwierigkeiten des Mieters.[4] Die Vereinbarung kann **formularmäßig** erfolgen. Dies soll sich aber nur auf die Fristen und sonstigen Regelungen beziehen und nicht auf die Miete, da es sich dabei um eine Individualvereinbarung handelt. Eine feste Verbindung mit dem Mietvertrag ist für die Wirksamkeit der Staffelmietabrede nicht erforderlich.[5] 6

---

[1] Die Vereinbarung einer Staffelmiete ist auch bereits während der Dauer einer Mietpreisbindung für den Zeitraum nach Ablauf der Bindung zulässig (BGH NZM 2024, 407).

[2] BGH NZM 2018, 18. Unberührt bleibt dabei die Entscheidung BGH NZM 2017, 71 weil es hier nur um die Wirksamkeit eines Kündigungsverzichts analog § 557 Abs. 3 BGB ging.

[3] LG Hamburg BeckRS 2013, 08100 (Teilnichtigkeit der Staffelmietvereinbarung gem. §§ 125, 139 BGB; der Mietvertrag selbst ist mit den Erben zustande gekommen).

[4] LG Berlin NJOZ 2016, 1922.

[5] LG Berlin GE 1998, 857, Schmidt-Futterer/Börstinghaus BGB § 557a Rn. 23.

Praxistipp:
Oft wird in einem Mietvertrag mit mehreren Mietern formularmäßig jedem der Mieter für die anderen Mieter Vertretungsmacht erteilt. Je nach Ausgestaltung kann es sein, dass diese für nachträgliche Willenserklärungen mit wesentlicher Bedeutung für das Mietverhältnis nicht gilt.[6] Nachträgliche Staffelmietvereinbarungen haben regelmäßig eine wesentliche Bedeutung für das Mietverhältnis. Vor Abschluss einer solchen sollte deshalb die Vollmachtsklausel genau untersucht werden. Im Zweifel ist die Staffelmietvereinbarung mit allen Mietern zu schließen oder für die Staffelmietvereinbarung **noch einmal** ausdrücklich **schriftlich Vertretungsmacht** zu erteilen.

7 Die Heilung der fehlenden Schriftform durch konkludentes Tun, idR durch vorbehaltlose Zahlung der höheren Miete, wird allgemein abgelehnt.[7] Selbst wenn eine Staffelmiete durch konkludentes Tun nicht wirksam vereinbart werden kann, so kann die Zahlung doch als einmalige Vereinbarung einer **Mieterhöhung gem. § 557 Abs. 1 BGB**, die formfrei möglich ist, ausgelegt werden.[8] Dies insbesondere, wenn man bedenkt, dass zur Mieterhöhung nach §§ 558 ff. BGB mit guten Gründen aus der allgemeine Rechtsgeschäftslehre vertreten wird, dass die einmalige erhöhte Zahlung sowie die Änderung des Dauerauftrags ausreichen.[9] Allerdings wird dadurch die Miete nur jeweils auf die nächste Staffel gehoben, die weiteren Staffeln bleiben ausgeschlossen. Zum gleichen Ergebnis auf anderem Weg kommt das Landgericht Essen, wenn es einen Rückforderungsanspruch des Mieters aus ungerechtfertigter Bereicherung ablehnt, weil der Vermieter, bei Kenntnis der wahren Rechtslage, die Mieterhöhung gem. § 558 BGB durchgesetzt hätte.[10]

8 **b) Notwendiger Inhalt der Staffelmietvereinbarung.** *aa) Angabe des Mietzinses.* Die für die jeweilige Staffel **geltende Miete** oder die **jeweilige Erhöhung** ist in einem Geldbetrag auszuweisen, § 557a Abs. 1 BGB. Die Angabe eines Erhöhungsprozentsatzes genügt nicht. Bei einer Netto- oder Teilinklusivmiete reicht es aus, wenn die jeweilige Netto- oder Teilinklusivmiete bzw. die entsprechende Erhöhung angegeben wird. Betriebskostenvorauszahlungen oder ähnliches müssen nicht mit angegeben werden. Bei Bruttomieten muss die jeweilige Bruttomiete/Erhöhung angegeben werden. Werden unterschiedliche Erhöhungen je Staffel vereinbart, muss sich eindeutig ergeben, ab wann welcher Erhöhungsbetrag hinzuzurechnen ist. Die Angabe der jeweils erhöhten Quadratmetermieten (zB „die Miete erhöht sich ab 1.1.2020 auf 9,25,– EUR/m²“) genügt nicht. Dem Schutzzweck der Norm entspricht es nur, wenn der Mieter **auf einen Blick** die Erhöhung erkennen kann, es reicht nicht aus, wenn er die neue Miete erst berechnen muss. Eine Staffelmietvereinbarung, in der die jeweilige Miete oder die jeweilige Erhöhung für die ersten zehn Jahre in einem Geldbetrag und erst für die nachfolgenden Jahre in einem Prozentsatz ausgewiesen ist, ist gemäß § 139 BGB nicht insgesamt unwirksam, sondern für die ersten zehn Jahre wirksam.[11] Aus dem gleichen Grund ist auch der Verweis auf eine spätere Vereinbarung der Parteien, auf die Bestimmung durch einen Dritten § 317 BGB oder auf die jeweilige ortsübliche Vergleichsmiete unzulässig.

Praxistipp:
Die kürzest mögliche Staffelmietklausel lautet: „Die Kaltmiete erhöht sich nach jeweils 12 Monaten um …… EUR“ Obwohl diese Formulierung kein zeitliche Begrenzung für die letztmalige

[6] Schmidt-Futterer/Börstinghaus BGB § 557a Rn. 24.
[7] MüKoBGB/Artz § 557a Rn. 5; Emmerich/Sonnenschein/Emmerich BGB § 557a Rn. 10; Staudinger/Emmerich BGB § 557a Rn. 17.
[8] LG Berlin GE 2002, 804 = Beck LSK 2002, 1052; LG Berlin BeckRS 2011, 03112.
[9] BeckOGK/Fleindl BGB § 558b Rn. 5; Staudinger/Emmerich BGB § 558b Rn. 5 f.; siehe auch BGH NJW-RR 2018, 524.
[10] LG Essen WuM 2000, 254.
[11] BGH NZM 2012, 416.

Erhöhung vorsieht und der jeweilige Erhöhungszeitpunkt berechnet werden muss, soll dies wirksam sein.[12] Um spätere Modernisierungsmieterhöhungen allerdings nicht für immer auszuschließen, sollten hier Endzeitpunkte aufgenommen werden, bspw. so: „Die Kaltmiete erhöht sich nach jeweils 12 Monaten um ...... EUR. Dies gilt für die ersten 10 Jahre des Mietverhältnisses. Danach bestehen die gesetzlichen Möglichkeiten zur Mietveränderung."

bb) Erhöhungszeitpunkte. Es muss jeweils angegeben werden, für welchen Zeitraum die Erhöhung gelten soll. Es genügt, wenn jeweils ein **Anfangsdatum** oder die **Anzahl der Monate** angegeben wird, für die die jeweilige Staffel gelten soll. 9

Praxistipp:

Wird in einem Mietvertrag über eine geförderte Wohnung eine Staffelmietvereinbarung für die Zeit nach der **Mietpreisbindung** geschlossen, muss das **genaue Datum** des Endes der Mietpreisbindung oder das Datum, zu dem die Staffelmietvereinbarung beginnen soll, angegeben werden. Wird lediglich vereinbart, dass die Staffelmietvereinbarung ab „Ende der Mietpreisbindung" gelten soll, genügt dies nicht den Anforderungen des § 557a Abs. 1 BGB an die genaue Angabe des Zeitpunktes. Der Mieter weiß idR nicht ohne weiteres, wann die Mietpreisbindung endet. Dies gilt insbesondere dann, wenn der Vermieter diesen Zeitpunkt durch vorzeitige Tilgung des Förderdarlehens einseitig bestimmen kann.

cc) Jahresgrenze. Die Jahresgrenze des § 557a Abs. 2 BGB ist eine **absolute Grenze.** Fehlt auch nur ein einziger Tag und ist auch nur eine einzige Staffel kürzer als ein Jahr, ist die gesamte Vereinbarung unwirksam.[13] Längere voneinander zeitlich abweichende Staffeln und auch unterschiedliche Erhöhungsbeträge sind zulässig. 10

Praxistipp:

Wenn der Vermieter bei Abschluss des Mietvertrages nicht weiß, ob die Wohnung pünktlich frei werden wird, zB wegen Streitigkeiten mit den bisherigen Mietern, empfiehlt es sich, „auf Nummer sicher zu gehen" und die erste Erhöhung besser einen oder auch mehrere Monate später als 1 Jahr nach Mietbeginn eintreten zu lassen.

Schon die Vereinbarung **eines einzigen Steigerungsbetrages** ist als Staffelmietvereinbarung zu qualifizieren.[14] Wird die Staffelmiete als Neuregelung während des laufenden Mietvertrages vereinbart, ist es nicht erforderlich, dass die Miete zu diesem Zeitpunkt ein Jahr unverändert war. Die Jahressperrfrist des § 558 Abs. 1 BGB findet keine analoge Anwendung.[15] Es fehlt an der notwendigen Regelungslücke: § 558 Abs. 1 BGB will den Mieter vor zu häufigen einseitigen Mieterhöhungen schützen, während die Staffelmiete nur einvernehmlich vereinbart werden kann. 11

c) **Degressiver Mietnachlass („umgekehrte Staffelmiete").** Wenn der Vermieter einen im Laufe der Mietzeit geringer werdenden Nachlass auf die Miete gewährt, wird dies oft als „umgekehrte Staffelmiete" bezeichnet. Hierauf findet alles zur Staffelmiete Gesagte Anwendung. 12

Davon zu unterscheiden ist die stückweise Anrechnung eines Mieterdarlehens. Hierbei handelt es sich nicht um eine Staffelmietvereinbarung, sondern lediglich um die Verrechnung mit Ansprüchen des Mieters auf Zins und Tilgung. Dies kann lediglich bei 13

[12] Schmidt-Futterer/Börstinghaus BGB § 557a Rn. 43.
[13] Schmidt-Futterer/Börstinghaus BGB § 557a Rn. 46.
[14] HM Schmidt-Futterer/Börstinghaus BGB § 557a Rn. 45; Emmerich/Sonnenschein/Emmerich BGB § 557a Rn. 5.
[15] Schmidt-Futterer/Börstinghaus BGB § 557a Rn. 30.

einer degressiven Vereinbarung wie eine Staffelmiete aussehen. Auch die Vereinbarung eines Mietnachlasses zB während Modernisierungsmaßnahmen ist lediglich nach § 536 BGB bzw. § 555f Nr. 2 BGB und nicht als Staffelmietvereinbarung zu behandeln.

2. Rechtsfolgen einer wirksamen Vereinbarung

14 Die jeweilige Mieterhöhung tritt grundsätzlich **automatisch** ein. Zu Gunsten des Mieters kann von den Parteien allerdings das Erfordernis einer Erhöhungserklärung vereinbart werden. Dann tritt die Erhöhung erst mit dem Zugang der Erklärung ein. Wird dies nicht vereinbart, kommt der Mieter bei Nichtleistung zum Fälligkeitszeitpunkt automatisch in Verzug gemäß § 286 Abs. 2 BGB.

15 Die **Kappungsgrenze** des § 558 Abs. 3 BGB findet **keine Anwendung.**[16]

Praxistipp:

Ökonomisch gesehen kommen Staffelmieten vor allem in Städten mit hoher Mieternachfrage in Betracht. Neben der seit dem 1.1.2019 aufgrund des Mietanpassungsgesetzes verschärften Mietpreisbremse sollte der Vermieter hier aber auch die Fluktuation nicht außer Acht lassen. Eine hohe Fluktuation zehrt oft den wirtschaftlichen Vorteil einer höheren Miete auf. Hier ist das Maßhalten des Vermieters gefragt (oder er wählt die idR vom Mieter leichter akzeptierte Indexmiete).

16 Läuft die Staffelmietvereinbarung aus, gilt die am Ende erreichte Miethöhe weiter, bis eine neue Mietänderungsvereinbarung getroffen oder die Miete gemäß §§ 558 ff. erhöht wird. Bei einer anschließenden Erhöhung bis zur ortsüblichen Vergleichsmiete ist die Jahresfrist des § 558 Abs. 1 S. 2 BGB zu wahren.

17 Der Anreiz für den Mieter, eine Staffelmietvereinbarung zu schließen, ist § 557a Abs. 2 S. 2 BGB. Hiernach sind Erhöhungen gemäß §§ 558–559b BGB (ortsübliche Vergleichsmiete, Modernisierung) während der Laufzeit der Staffelmiete ausgeschlossen.[17] Einseitig kann der Vermieter dann lediglich eine Veränderung der Betriebskosten gemäß § 560 BGB auf den Mieter umlegen.

Praxistipp:

Die einvernehmliche Mieterhöhung bleibt möglich. Es bleibt den Parteien auch bei einer Staffelmietvereinbarung stets unbenommen, eine Mieterhöhung einvernehmlich herbeizuführen. Diese ist nicht durch § 557a Abs. 2 BGB ausgeschlossen. Der Ausschluss bezieht sich nur auf die Erhöhung durch einseitige Gestaltungserklärung des Vermieters. § 557 Abs. 1 BGB ist in § 557a Abs. 2 BGB nicht genannt. Deshalb geht ein zB möglicher Einwand, es handele sich eigentlich um eine ausgeschlossene Modernisierungsmieterhöhung, ins Leere.[18]

18 Wurden in den Vertrag neben der Staffelmietvereinbarung noch eine **weitere Möglichkeit zur Mieterhöhung** aufgenommen, zB eine „Mieterhöhungsmöglichkeit nach dem BGB" vereinbart oder wurde dem Vermieter ein Wahlrecht zwischen der Staffelmietvereinbarung und anderen Erhöhungsmöglichkeiten eingeräumt, so ist die Staffelmietvereinbarung gemäß § 557 Abs. 4 BGB unwirksam.[19] Dem Vermieter verbleiben dann nur die Möglichkeiten der Mieterhöhung gemäß §§ 558 ff. BGB. Die Wirksamkeit einer Staffelmietvereinbarung wird allerdings nicht dadurch berührt, dass dem Mieter zusätzlich die Möglichkeit eingeräumt ist, sich zu seinen Gunsten auf eine niedrigere ortsübliche Vergleichsmiete zu berufen.[20]

[16] MüKoBGB/Artz § 557a Rn. 4, 10.
[17] Dieser Ausschluss erstreckt sich jedoch nach seinem Wortlaut nicht auf Mieterhöhungen nach § 559c und § 559e BGB.
[18] Schlussfolgerung aus BGH NZM 2004, 456; Artz NZM 2004, 609.
[19] Schmidt-Futterer/Börstinghaus BGB § 557a Rn. 50.
[20] BGH NZM 2009, 355.

Umstritten ist, ob Mieterhöhungen für Modernisierungen nach Ablauf der Staffelmietabrede nachgeholt werden können. Ua *Börstinghaus* in Schmidt-Futterer vertritt die Auffassung, dass die Staffelmietvereinbarung nur für die Zeit ihrer Laufzeit Kalkulationssicherheit gebe.[21] Dagegen wird eingewandt, dass der Vermieter, der bei Abschluss eines Mietvertrags Modernisierungsmaßnahmen plant, entweder die Modernisierungskosten kalkulatorisch in der Staffelmietvereinbarung berücksichtigen solle oder er muss auf eine solche Vereinbarung verzichten und die Miete dann gem. § 559 BGB erhöhen.[22] Für die Auffassung von Börstinghaus spricht der Wortlaut. § 557a Abs. 2 BGB schließt Modernisierumgsmieterhöhungen nur „während der Laufzeit einer Staffelmiete“ aus. Es stellt sich dabei die Frage, ob es auf die Mieterhöhungserklärung ankommt oder aber auf die zugrunde liegende Modernisierungsmaßnahme. Das Gesetz stellt vom Wortlaut auf „die Erhöhung“ ab. Das ist die Gestaltungserklärung und nicht die Baumaßnahme. Der Mieter, der sich auf eine – regelmäßig für den Vermieter günstige – Staffelmiete einlässt, soll als Gegenleistung die Sicherheit bekommen, in dieser Zeit keine Mieterhöhung befürchten zu müssen. Eine Ausstrahlungswirkung auf die Zeit nach Ablauf der Staffelmiete enthält die Vorschrift nicht und wäre auch unter Berücksichtigung des Gegenseitigkeitsverhältnisses – wechselseitiges Entgegenkommen – nicht zu rechtfertigen. Der Vergleich mit der gleichzeitig ausgeschlossenen Mieterhöhung auf die ortsübliche Vergleichsmiete zeigt, dass auch hier während der Laufzeit der Staffelmiete eintretende Steigerungen der ortsüblichen Vergleichsmiete nach Ablauf der Staffelmiete unter Berücksichtigung der Kappungsgrenze nachgeholt werden können. Hier werden Steigerungen, die während der Laufzeit der Staffelmiete erfolgten, auch nicht herausgerechnet.[23] 19

3. Verbrauchervertrag: Widerrufsmöglichkeit

Die auf den nachträglichen Abschluss einer Mietänderungs-/Staffelvereinbarung gerichtete Willenserklärung kann, wenn ein Verbrauchervertrag iSd § 312 BGB vorliegt und wenn dieser gem. § 312b BGB außerhalb der Geschäftsräume des Vermieters oder als Fernabsatzvertrag im Rahmen eines für den Fernabsatz organisierten Vertriebs- oder Dienstleistungssystems geschlossen wird, gem. § 355 BGB widerrufen werden. Siehe hierzu § 11 in diesem Buch. 20

4. Anderweitige Mieterhöhungen bei Unwirksamkeit der Staffelmietvereinbarung

Der Versuch der Vertragspartner, eine Staffelmiete zu vereinbaren, ist nicht so auszulegen, dass die Vertragspartner auch bei Unwirksamkeit der Vereinbarung jegliche sonstigen Mieterhöhungsmöglichkeiten ausschließen wollten.[24] Durch die, wenn auch nichtige Staffelmietvereinbarung haben die Parteien gerade zum Ausdruck gebracht, dass sie während der Laufzeit des Mietvertrags Mietsteigerungen wollen. Der Vermieter wird nur deshalb auf seine Rechte aus §§ 558 ff. BGB verzichten, weil er von der Wirksamkeit der Staffelmietvereinbarung ausgeht. Sollte sich die Staffelabrede als unwirksam herausstellen, bleibt dem Vermieter die Mieterhöhungsmöglichkeit gem. §§ 558 ff. BGB erhalten. 21

5. Kündigungsrecht

Auch bei einem unbefristeten Mietverhältnis besteht die Möglichkeit, das Recht zur ordentlichen Kündigung für einen bestimmten Zeitraum durch formular- oder individualvertragliche Vereinbarung auszuschließen. Dies ist durch zahlreiche BGH Urteile[25] 22

[21] Schmidt-Futterer/Börstinghaus BGB § 557a Rn. 53 mwN.

[22] Bub/Treier/Schultz III Rn. 1653 ff.; LG Berlin NZM 2018, 599.

[23] Börstinghaus NZM 2018, 599 (Kommentar zu Entscheidung des LG Berlin NZM 2018, 599).

[24] So aber LG Görlitz WuM 1997, 682.

[25] BGH NZM 2004, 216; 2004, 733; NJW 2006, 2696; 2007, 1742, siehe auch die gute Übersicht von Börstinghaus in Schmidt-Futterer/Börstinghaus BGB § 557a Rn. 63.

als geklärt anzusehen. Allerdings kommt es darauf an, wie lange der Kündigungsverzicht gehen soll und ob er beidseitig, also für Mieter und Vermieter Gültigkeit haben soll. Die außerordentliche, fristlose Kündigung bleibt stets unberührt. Ein 4-jähriger, beidseitiger Kündigungsausschluss ist formularvertraglich zulässig.[26] Nach der Rechtsprechung des BGH muss die Kündigung aber jedenfalls zum Ablauf von vier Jahren seit Abschluss des Mietvertrags möglich sein.[27] Eine Formularklausel, die das nicht gewährleistet, ist wegen unangemessener Benachteiligung des Mieters gem. § 307 Abs. 1 BGB insgesamt unwirksam.[28]

23 Durch den Abschluss einer Staffelmietvereinbarung wird der Mietvertrag nicht zu einem Zeitmietvertrag gemäß § 575 BGB. Es bleibt grundsätzlich bei einem Mietvertrag auf unbestimmte Zeit. Aus dem Erreichen einer höheren Mietstaffel kann der Mieter kein Sonderkündigungsrecht ableiten, auch nicht analog § 561 BGB. Auch wenn die Wirksamkeit der Staffelmietvereinbarung formal getrennt von der Wirksamkeit des Mietvertrags zu betrachten ist, kann nur der Mietvertrag als Ganzes und nicht nur die Staffelmietvereinbarung alleine gekündigt werden.[29]

24 Wird in einem Zeitmietvertrag eine Staffelmietvereinbarung geschlossen, führt das dazu, dass der Zeitmietvertrag unabhängig von seiner Befristung entsprechend § 557a Abs. 3 BGB nach 4 Jahren gekündigt werden kann.

Praxistipp:
Wird das ordentliche Kündigungsrecht des Mieters für einen Zeitraum von mehr als vier Jahren individualvertraglich ausgeschlossen, führt dies nicht zur Unwirksamkeit der Staffelmietvereinbarung. Der Mieter hat lediglich gemäß § 557a Abs. 3 iVm Abs. 4 BGB die Möglichkeit, sein Kündigungsrecht bereits nach vier Jahren auszuüben.[30]

25 Der Mieter kann gemäß § 557a Abs. 3 BGB unter Einhaltung der Fristen des § 573c BGB frühestens auf das Monatsende **kündigen**, welches **4 Jahre nach dem Abschluss der Staffelmietvereinbarung** liegt. Eine Abrede des Inhalts, gekündigt werden könne nur nach 4 Jahren zzgl. der Fristen des § 573c BGB, ist gemäß § 557a Abs. 4 BGB unwirksam.

6. Grenzen der Mieterhöhung außerhalb von §§ 557 ff. BGB, Mietpreisbremse ua

26 a) **Mietpreisbremse.** Wie bei der Neuvermietung ist es auch bei der Vereinbarung einer Staffelmiete und auch unter der Geltung der verschärften Mietpreisbremse ab 1.1.2019 die Aufgabe des Mieters, seine Rechte zu wahren. Es ist auch bei der durch das Mietanpassungsgesetz verschärften Mietpreisbremse bei der Rügepflicht des Mieters geblieben. Die Höhe der Anfangsmiete und die Erhöhung in den einzelnen Staffeln sind seit der Mietpreisbremse nicht mehr frei vereinbar. Gem. § 557a Abs. 4 BGB sind die §§ 556d–556g BGB auf jede Mietstaffel anzuwenden. Maßgeblich für die Berechnung der nach § 556d Abs. 1 BGB zulässigen Höhe der zweiten und aller weiteren Mietstaffeln ist statt des Beginns des Mietverhältnisses der Zeitpunkt, zu dem die erste Miete der jeweiligen Mietstaffel fällig wird. Die in einer vorangegangenen Mietstaffel wirksam begründete Miethöhe bleibt erhalten. Die Kappungsgrenze des § 558 Abs. 3 BGB findet auf die Mietstaffeln keine Anwendung. Die Kappungsgrenze soll den Mieter vor dem Gestaltungsrecht des Vermieters schützen, sie findet folglich auf die einvernehmliche, stets individualvertragliche Abrede der Staffeln keine Anwendung. Erfüllt eine Staffel die Voraussetzungen der Mietpreisüberhöhung gem. §§ 557a Abs. 2 iVm 556d Abs. 1 BGB, führt dies lediglich zur **Teilnichtigkeit** der Vereinbarung, § 139 BGB. Auf Grund

[26] BGH NZM 2011, 150.
[27] BGH NZM 2017, 71.
[28] BGH NZM 2011, 150; 2015, 890.
[29] Grüneberg/Weidenkaff § 557a Rn. 10.
[30] BGH NZM 2015, 890; 2006, 653.

der Interessenlage ist davon auszugehen, dass die Parteien die Vereinbarung im Übrigen dennoch so geschlossen hätten, auch wenn sie von der Nichtigkeit der einen Staffel gewusst hätten. Die Teilnichtigkeit eines Staffelsatzes führt nicht zur Unwirksamkeit aller nachfolgenden Staffelsätze. Für die teilnichtige Staffel schuldet der Mieter lediglich 110 % über der ortsüblichen Vergleichsmiete. Bei der nächsten Staffel muss die Angemessenheit des Entgelts erneut geprüft werden. Dies gilt auch für Staffelmietabreden, die vor Geltung der Mietpreisbremse vereinbart wurden. Auch bei diesen ist jede Staffel, die nach der Einführung durch die jeweilige Landesverordnung greifen soll, anhand der Mietpreisbremse zu überprüfen. Bei vereinbarter Staffelmiete wirkt eine vom Mieter erhobene Rüge in der folgenden Mietstaffel fort und muss nicht wiederholt werden.[31] Nachdem Gerichte ua in Bayern, Hamburg, Berlin und Hessen aufgrund von Fehlern der jeweiligen Landesregierung bei der Verabschiedung der Mietpreisbremsenverordnung diese für unwirksam befunden haben, ist der beratende Rechtsanwalt gut beraten, hier hinsichtlich der Entwicklung in seinem Bundesland jeweils up to date zu sein.[32] Dies gilt auch in Bezug auf zwischenzeitlich ergangene Nachfolgeverordnungen.

b) Geringere Wohnfläche als vereinbart. Nach der Rechtsprechung des Bundesgerichtshofes zur Mietminderung, wenn die tatsächliche Wohnfläche um mehr als 10 % unter der vereinbarten Fläche liegt,[33] ist nach den Grundsätzen der Störung der Geschäftsgrundlage, § 313 BGB, auch die Staffelmietvereinbarung anzupassen.[34] 27

c) Mietpreisüberhöhung § 134 BGB iVm § 5 WiStG. Tatbestandsvoraussetzung des § 5 WiStG ist es, dass der Vermieter sich unter Ausnutzung eines geringen Wohnraumangebots eine Miete versprechen lässt, die um mehr als 20 % über der ortsüblichen Vergleichsmiete liegt. Auf Grund der durch die Rechtsprechung des BGH gesteigerten Anforderungen an die Nachweispflicht des Mieters, insbesondere hinsichtlich der Kausalität zwischen geringem Angebot und Mietvertragsschluss, ist diese ehemals scharfe Waffe des Mieters erheblich stumpfer geworden.[35] Der BGH hat es abgelehnt, dass bei einem geringen Angebot an vergleichbaren Wohnungen ein Indiz dafür sprechen soll, dass die Vereinbarung einer erheblich über der ortsüblichen Miete liegenden Miete auf dieser Mangellage beruhe.[36] Der **Mieter hat darzulegen und gegebenenfalls zu beweisen,** welche Bemühungen er bei der Wohnungssuche unternommen hat, weshalb diese erfolglos geblieben sind und dass er mangels einer Ausweichmöglichkeit nunmehr auf den Abschluss des für ihn ungünstigen Mietvertrages angewiesen war.[37] Bei der Beurteilung, ob das Tatbestandsmerkmal der **Ausnutzung** gegeben ist, sind daher nicht nur alleine das Verhalten des Vermieters und die objektive Lage auf dem Wohnungsmarkt zu untersuchen, sondern auch die Motive des Mieters für den Vertragsschluss.[38] Bei der Beantwortung der Frage, ob der Vermieter ein geringes Angebot an vergleichbaren Räumen ausgenutzt hat, ist auf den „Teilmarkt" abzustellen, zu dem die Wohnung gehört, und die Mangelsituation demgemäß getrennt nach Wohnungsgruppen festzustellen. Der maßgebende Teilmarkt bestimmt sich nach den in § 5 Abs. 2 S. 2 WiStG aufgeführten Merkmalen, die sich teilweise unmittelbar auf die Wohnung („Art, Größe, Ausstattung, Beschaffenheit"), teilweise auf das Umfeld („Lage") beziehen.[39] Nach diesseitiger Auffassung führt der Ausweis der Gebiete nach § 558 Abs. 3 BGB durch Verordnung der Landesregierung nicht dazu, dass die Tatbestandsvoraussetzung des „geringen Angebots" gem. § 5 WiStG für diese Gemeinden per se anzunehmen sind. 28

---

[31] BGH 10.10.2023 – VIII ZR 45/22, BeckRS 2023, 37381; ebenso BGH 30.3.2022 – VIII RR 279/21, NJW-RR 2022, 1092.

[32] Schuldt Mietpreisbremse-Verordnungen: Das Begründungserfordernis als „Stolperstein" NZM 2018, 257. Weitere Aufsätze, siehe Literaturübersicht.

[33] BGH NZM 2004, 453.

[34] LG Hamburg WuM 2001, 20.

[35] BGH NZM 2004, 381; siehe auch BGH NZM 2005, 534 und NZM 2006, 291.

[36] BGH NZM 2006, 291.

[37] BGH NZM 2004, 381 und NZM 2006, 291.

[38] → § 21 Rn. 1 ff.

[39] BGH NZM 2006, 291.

Es ist – entsprechend dem Urteil des BGH – nach wie vor der konkrete Einzelfall zum Zeitpunkt der Anmietung zu untersuchen. Die Existenz einer solchen Verordnung, die im Jahr 2013 auch politisch/wahlkampftaktisch motiviert ist/war, stellt, wie die Zweckentfremdungsverordnung[40] nur ein Indiz dar. Obwohl von einigen Parteien im Bundestag seit Jahren eine Reform des § 5 WiStG gefordert wird, ist dies bisher nicht erfolgt und die vorgenannte Rechtsprechung des BGH nach wie vor anwendbar.

29 In der Praxis vor der Einführung der Mietpreisbremse konnten die Parteien auch eine Steigerung auf eine Miete von über 110 % der ortsüblichen Vergleichsmiete vereinbaren, vor allem, weil die Neuvermietungsmarktmiete in den relevanten Großstädten vielfach auch über 110 % bzw. 120 % (Mietpreisüberhöhungsgrenze) der Mietspiegelmiete lag. Dies geht seit der Einführung der Mietpreisbremse und insbesondere nach ihrer Verschärfung zum 1.1.2019 nicht mehr.

30 Dessen ungeachtet ist jede Staffel einzeln an den Anforderungen der § 5 WiStG, § 134 BGB zu messen.[41] Jeder Staffelsatz ist mit der ortsüblichen Miete zu vergleichen. Es ist dabei auf den jeweiligen Anfangstermin der Staffel abzustellen. Eine bei Abschluss des Vertrags eventuell unwirksame Staffel kann somit im Laufe der Zeit geheilt werden. Umgekehrt führt allerdings ein nachträgliches Absinken der ortsüblichen Vergleichsmiete nicht zur Unwirksamkeit einer späteren Staffel. Hier fehlt es am Tatbestandsmerkmal der Ausnutzung: Beide Parteien gingen bei Vertragsabschluss von einer anderen Entwicklung des Mietmarktes aus. Folglich lag das verbindende Element zwischen enger Marktlage und überhöhter Miete bei Abschluss der Staffelmietvereinbarung nicht vor. Es kann dann auch nicht nachträglich entstehen. Dies hat allerdings seit der Einführung des § 557a Abs. 4 BGB seine Bedeutung verloren. Durch den Verweis auf § 556d Abs. 1 BGB darf die jeweilige Staffel die Grenze der ortsüblichen Vergleichsmiete (§ 558 Abs. 2 BGB) höchstens um 10 Prozent übersteigen.

31 **d) Störung der Geschäftsgrundlage.** Den Ausgangspunkt der Störung der Geschäftsgrundlage, § 313 BGB, bildet eine Äquivalenzstörung. Es ist einer Partei nicht mehr zumutbar, an dem Vertrag, so wie er einmal geschlossen wurde, festzuhalten, weil sich die zugrunde liegenden Umstände schwerwiegend verändert haben. Bei der Staffelmietvereinbarung wird die Anwendung des Wegfalls der Geschäftsgrundlagen idR an der **vertraglichen Risikoverteilung** scheitern. Auch wesentliche Änderungen der Geschäftsgrundlage führen nicht zur Anpassung des Vertrages, wenn sich durch die Störung ein Risiko verwirklicht, das nur eine Partei zu tragen hat.[42] Bei der Vereinbarung einer Staffelmiete ist es nicht fern liegend, dass die vereinbarte Miete im Laufe der Zeit erheblich von der Entwicklung des marktüblichen Mietzinses abweichen wird. Das ist das typische Vertragsrisiko der Staffelmietvereinbarung, das die jeweils benachteiligte Vertragspartei – gleich ob Mieter oder Vermieter – zu tragen hat. Daran ändert sich auch nichts, wenn beide Parteien einvernehmlich davon ausgingen, dass das allgemeine Mietniveau im Vertragszeitraum steigen wird.[43]

7. Unwirksamkeit gemäß § 557a Abs. 4 BGB

32 Die Unwirksamkeit nach § 557a Abs. 4 BGB betrifft nur solche Gründe, die die Staffelmietvereinbarung **insgesamt wirksam** lassen, zB eine Anpassungsklausel, die es dem Vermieter gestatten würde, die Staffel nachträglich zu verändern. Eine solche Klausel wäre unwirksam, wobei die Staffelmietvereinbarung als solche wirksam bleibt. Ist die Staffelmietvereinbarung insgesamt unwirksam, ist damit auch der Anwendungsbereich des § 557a Abs. 4 BGB wegfallen (vgl. → Rn. 7 aE).

---

40 BGH NZM 2006, 291.
41 Börstinghaus NZM 2013 unter Verweis auf Sternel ua.
42 BGH NJW 2000, 1714.
43 Zur Geschäftsraumiete, aber verallgemeinerungsfähig auch für Wohnraummietverhältnisses BGH NZM 2002, 659.

8. Rechtsfolgen einer unwirksamen Vereinbarung

Die aufgrund einer unwirksamen Staffelmietvereinbarung zu viel geleistete Miete kann der Mieter gemäß **§ 812 Abs. 1 S. 1 Alt. 1 BGB** zurückfordern. Der Konditionsanspruch kann durch die positive Kenntnis des Mieters vom Nichtbestehen der Schuld gemäß **§ 814 BGB** ausgeschlossen sein. Die Anforderungen sind hoch. Im Gegensatz zum Verjährungsrecht genügt die Kenntnis der Tatsachen, aus denen sich das Fehlen des Anspruches auf die erhöhte Miete ergibt, nicht. Notwendig ist positive Kenntnis der Rechtslage, zumindest in Form der Parallelwertung in der Laiensphäre. Verlangt wird die **sichere Kenntnis von der Unwirksamkeit der Staffelmietvereinbarung,** lediglich das Vorhandensein von Zweifeln an der Wirksamkeit der Staffelmietvereinbarung genügen nicht. Der Mieter muss die Absicht gehabt haben, auch für den Fall der Nichtschuld zu leisten oder er muss sich so verhalten haben, dass der Vermieter davon ausgehen durfte, dass der Mieter die Miete gegen sich gelten lassen wollte, einerlei wie der Rechtsgrund beschaffen sei. Dies tut er zB, indem er beim Vermieter den Eindruck erweckt, dass er „um des lieben Friedens willen“ zahlt.[44] 33

Das **LG Berlin** hat dem Vermieter die **gezahlte Miete trotz unwirksamer Staffelmietabrede belassen.** Dies hat das LG mit dem eindeutigen Willen der Parteien zur Mieterhöhung und dem konkludenten Angebot des Mieters zur Bestätigung der unwirksamen Klausel mit Zahlung verbunden mit dem Verzicht auf eine Annahmeerklärung des Vermieters nach § 151 BGB begründet. Auch für einen rechtlichen Laien soll erkennbar sein, dass aus der Sicht des Vermieters als Zahlungsempfängers die vorbehaltlosen Zahlungen während des gesamten Mietverhältnisses als Bestätigung der vertraglichen Vereinbarungen aufgefasst werden können. Dies soll keine Bestätigung der Staffelklausel sein, sondern, da durch die Zahlungen nicht die gesamte formbedürftige Staffelmietvereinbarung wirksam wird, sondern nur die jeweilige Mietzinsvereinbarung für den Monat, in welchem vorbehaltlos gezahlt worden ist.[45] Diese Auffassung ist in der Rechtsprechung soweit ersichtlich vereinzelt geblieben. Das der BGH diese Rechtsprechung, die den Grundsätzen der Rechtsgeschäftslehre zuwiderläuft, bestätigen würde, erscheint unwahrscheinlich. 34

9. Verjährung und Verwirkung

a) Verjährung der Vermieteransprüche. Die Ansprüche des Vermieters auf die Mieterhöhung aus der Staffelmietvereinbarung verjähren in der regelmäßigen Verjährungsfrist von drei Jahren gemäß **§ 195 BGB,** beginnend mit dem Schluss des Jahres, für das die Mieterhöhung vereinbart war, § 199 Abs. 1 BGB. 35

b) Verjährung des Erstattungsanspruchs des Mieters. Der Anspruch des Mieters aus ungerechtfertigter Bereicherung gemäß § 812 Abs. 1 S. 1 Alt. 1 BGB auf Erstattung der zu viel gezahlten Miete verjährt ebenfalls in der Regelfrist von drei Jahren, § 195 BGB. Beim Verjährungsbeginn kommt es allerdings gemäß § 199 Abs. 1 Nr. 2 BGB auf die **Kenntnis** des Mieters von den anspruchsbegründenden Umständen an. Der Mieter muss die **Tatsachen,** die die Anspruchsvoraussetzungen des § 812 Abs. 1 S. 1 Alt. 1 BGB erfüllen, kennen. Dies verlangt insbesondere Kenntnis oder grob fahrlässige Unkenntnis von dem fehlenden Rechtsgrund. Der Mieter muss nicht genau wissen, weshalb die Vereinbarung unwirksam ist, es genügt, dass er weiß, dass er nicht verpflichtet war, die höhere Staffel zu bezahlen. Der Mieter muss die Umstände nicht rechtlich richtig bewerten, es genügt, wenn er die Tatsachen kennt. Eine falsche rechtliche Bewertung hindert den Verjährungsbeginn nicht. Kennt der Mieter die Unwirksamkeit der Staffelmietvereinbarung und geht er aber irrig davon aus, dass er keinen Erstattungsanspruch hat, genügt dies für den Verjährungsbeginn. Für die grob fahrlässige Unkenntnis, die der Kenntnis gleichgestellt ist, genügt es, wenn der Mieter sich die Kenntnis in zumutbarer 36

[44] LG Frankfurt a. M. NZM 2001, 467.
[45] LG Berlin NZM 2012, 114.

Weise ohne nennenswerte Kosten oder Mühen hätte beschaffen können.[46] Der bereicherungsrechtliche Anspruch des Mieters auf Rückzahlung der unerlaubten Abbuchungen des Vermieters ist nicht allein durch längeres Schweigen **verwirkt.** Auch für diesen Anspruch gelten die allgemeinen Grundsätze des Zusammenwirkens von Zeit- und Umstandsmoment.[47]

37 c) **Verwirkung des Vermieteranspruchs.** Eine Verwirkung des Vermieteranspruchs kommt nur dann in Betracht, wenn der Mieter darauf **vertrauen** durfte, dass der Vermieter die erhöhte Miete nicht mehr verlangen wird (Umstandsmoment). Hierfür muss der Vermieter einerseits durch sein Verhalten den Eindruck erweckt haben, dass er die Miete nicht mehr verlangen wird und anderseits muss sich der Mieter auf diesen Vertrauenstatbestand in zulässiger Weise eingerichtet haben.[48] Bloße Untätigkeit über einen längeren Zeitraum genügt nicht. Das Zeitmoment indiziert nicht das Umstandsmoment.[49] Eine Verwirkung kommt beispielsweise in Betracht, wenn der Vermieter den erhöhten Mietzins trotz Einzugsermächtigung über längere Zeit nicht einzieht.[50] Teilweise wurde es aber schon als genügt angesehen, wenn der Vermieter, der zuvor die Erhöhungen immer unverzüglich geltend gemacht hat, hierfür auf einmal länger als ein Jahr nach Eintritt der Voraussetzungen braucht.[51] Der Rechtsgedanke der Verwirkung, der auch im Miet- und Pachtrecht gilt, ist ein Unterfall der unzulässigen Rechtsausübung aufgrund widersprüchlichen Verhaltens.[52] Er ist auf Ausnahmefälle zu beschränken, weswegen die obergerichtliche Rechtsprechung bei der Bejahung des Verwirkens von Mietforderungen, etwa aus Spitzenbeträgen bei automatischen Mieterhöhungen durch Gleitklauseln, regelmäßig Zurückhaltung übt.[53] Unterliegt ein Anspruch der (kurzen) regelmäßigen Verjährung von drei Jahren, kann eine weitere Abkürzung dieser Verjährungsfrist, die dem Gläubiger grundsätzlich ungekürzt erhalten bleiben soll, durch Verwirkung daher nur unter ganz besonderen Umständen angenommen werden.[54]

38 Teilweise wird statt der Verwirkung auch ein **konkludenter Abschluss eines Verzichtsvertrags** angenommen, dieser wiederum unter Verzicht auf die Annahmeerklärung, § 151 Abs. 1 BGB.[55]

39 Die Verwirkung wird rückwirkend immer umfassend angewandt, so dass auch kürzliche Veränderungen, bei denen eigentlich das Zeitmoment fehlen würde, auch darunter fallen. Dies gilt sowohl zu Lasten des Vermieters als auch des Mieters.[56]

40 In die **Zukunft** wirkt die Verwirkung allerdings nicht. Die Staffelmietvereinbarung ist nicht insgesamt verwirkt, die vereinbarten und noch offenen Staffeln kann der Vermieter noch verlangen. Hier zeigt sich für den Vermieter ein Vorteil für die Nennung der vollen Miethöhe in der Staffelmietvereinbarung. Wird nur der Erhöhungsbetrag genannt, wird nur dieser auf die vorherige, geringere Miete addiert. Im anderen Fall wird mit Staffeleintritt die volle neue Miete fällig – der Verlust des Vermieters ist geringer.

41 Die Verwirkung wird u. a. auch mit der **Schutzwürdigkeit des Mieters** begründet, der nicht im Nachhinein verpflichtet werden soll, auf ein Mal eine **hohe Restzahlung** leisten zu müssen. Damit lässt sich wohl auch die Tendenz der Rechtsprechung in der Ver-

[46] Beachte in diesem Zusammenhang: Die Verjährung des Auskunftsanspruches des Mieters nach § 556g BGB beginnt nicht bereits mit Abschluss des Mietvertrages, sondern erst mit dem Auskunftsverlangen des Mieters – BGH BeckRS 2023, 20538.

[47] LG Stuttgart NZM 2011, 854.

[48] Bub/Treier/Gramlich VI Rn. 182 ff.

[49] OLG Köln NJW-RR 1998, 231.

[50] LG München I ZMR 2003, 431.

[51] OLG Düsseldorf MDR 1998, 274; ablehnend für ein Gewerberaummietverhältnis OLG Karlsruhe BeckRS 2017, 151612.

[52] BGH NJW 2010, 1065.

[53] OLG Brandenburg BeckRS 2008, 8123.

[54] BGH NZBau 2014, 237.

[55] LG München I ZMR 2003, 431; ablehnend für ein Gewerberaummietverhältnis OLG Karlsruhe BeckRS 2017, 151612.

[56] OLG Düsseldorf NJW-RR 1993, 1036; LG Berlin NZM 2000, 1049.

gangenheit erklären, die bei der Verwirkung zu Lasten des Vermieters eine Frist kleiner den Verjährungsfristen hat genügen lassen, bei der Verwirkung zu Lasten des Mieters Fristen über den Verjährungsfristen[57] verlangt hat. Auf jeden Fall muss der Mieter darlegen und beweisen, dass er sich in seinen Maßnahmen so eingerichtet hat, dass ihm durch die verspätete, wenn auch nicht verjährte Anmeldung der Mieterhöhungsbeträge durch den Vermieter ein unzumutbarer Nachteil entsteht.

III. Staffelmiete im preisgebundenen Wohnraum

Das Wohnungsbindungsgesetz (WoBindG) verbietet Staffelmietvereinbarungen im preisgebundenen Wohnungsbau nicht. Eine Einschränkung ergibt sich gemäß § 8 Abs. 2 WoBindG, wonach die Vereinbarung einer Miete über der Kostenmiete hinaus unwirksam ist. Das gilt genauso für Staffelmietvereinbarungen. Für den Fall, dass die Parteien eine Staffelmiete vereinbaren, deren Höchststaffel zum Zeitpunkt der Vereinbarung die zulässige Kostenmiete übersteigt, vertritt *Börstinghaus,* dass eine solche Vereinbarung unwirksam sein soll.[58] *Börstinghaus* begründet dies mit der Überschreitung der Kostenmiete gemäß § 8 Abs. 2 WoBindG und den Formerfordernissen des § 10 WoBindG. 42

Eine Staffelmietvereinbarung, die **während** des Laufs einer Mietpreisbindung für die Zeit **nach dem Ende dieser Mietpreisbindung** geschlossen wird, ist **wirksam.**[59] Da dies durch das WoBindG nicht verboten wird, entspricht dies der Vertragsfreiheit, § 311 Abs. 1 BGB. Es kann entweder ausdrücklich vereinbart werden, dass die erste Staffel erst nach dem Auslaufen der Mietpreisbindung fällig werden soll oder der erste Erhöhungstermin wird einfach auf einen Zeitpunkt nach dem Auslaufen der Mietpreisbindung gelegt. Es ist ein fester Termin zu vereinbaren (→ Rn. 2). 43

Nach dem WoBindG gilt eine Wohnung nicht als öffentlich gefördert, wenn der Widerruf der Bewilligung der Förderung vor der erstmaligen Auszahlung der öffentlichen Mittel erfolgt ist. Haben die Parteien allerdings vor dem Widerruf der Bewilligung einen Mietvertrag geschlossen, in dem die Wohnung als öffentlich geförderte Wohnung, Sozialwohnung oä bezeichnet wird, kann dies als Vereinbarung eines Ausschlusses zur Mieterhöhung gemäß §§ 558 ff. BGB ausgelegt werden.[60] Die Eigenschaft der Mieträume, öffentlich gefördert oder sonst preisgebunden zu sein, hat der Bundesgerichtshof hier zum unmittelbaren Vertragsinhalt werden lassen, obwohl das WoBindG keine Anwendung fand. 44

Hat der Mieter eine überhöhte Miete entrichtet, ist **§ 8 Abs. 2 S. 3 WoBindG zu** beachten. Die **Verjährungsfrist** des Rückerstattungsanspruchs ist auf **vier Jahre** verlängert. Dafür verjährt der Anspruch aber auch unabhängig von der Kenntnis des Mieters spätestens mit dem **Ablauf eines Jahres** nach der Beendigung des Mietverhältnisses, und zwar **tagesgenau** gem. § 188 Abs. 2 BGB und nicht am 31.12. wie im Fall des § 199 BGB. 45

IV. Indexmiete

1. Index

Als Indexmiete definiert man eine Vereinbarung, durch die die Miete der Höhe nach an die Entwicklung einer anderen Größe angepasst wird. Gebräuchlich sind hierfür auch die Bezeichnungen Wertsicherungs- oder Gleitklausel. § 557b Abs. 1 BGB gibt den Vertragsparteien die Möglichkeit, die Mietentwicklung vertraglich an den „Preisindex für die Lebenshaltung aller privaten Haushalte in Deutschland“ zu binden. Diese 46

---

57 LG Frankfurt a. M. NZM 2001, 467.
58 Schmidt-Futterer/Börstinghaus BGB § 557a Rn. 17.
59 BGH NZM 2004, 135; LG Hamburg BeckRS 2017, 14723; BGH NZM 2024, 407.
60 BGH NZM 2004, 378.

Bezeichnung ist seit dem 1.1.2003 veraltet, wurde aber auch vom Reformgesetzgeber 2013, 2015 und 2018 nicht geändert. Das Statistische Bundesamt verwendet hierfür inzwischen die Bezeichnung **„Verbraucherpreisindex für Deutschland"** **(VPI)**.

47 Mit der Änderung der Begrifflichkeit sind auch die bis dahin ermittelten Verbraucherpreisindizes für **drei verschiedene Haushaltstypen** weggefallen, die sich an einem höheren, einem mittleren und einem geringeren Einkommen orientierten. Dies lag daran, dass sich die Ergebnisse im längerfristigen Vergleich kaum unterschieden. Nach § 10a MHG konnten auch diese Indizes vereinbart werden.

Praxistipp:
Wurde in einem Alt-Mietvertrag ein ehemals zulässiger Index vereinbart, so wird die Klausel nicht dadurch unwirksam, dass das Statistische Bundesamt diesen Index nicht mehr ermittelt. Im Rahmen der **ergänzenden Vertragsauslegung** ist dieser Alt-Index auf den Verbraucherpreisindex umzurechnen.[61] Die Parteien wollten eine Indexvereinbarung schließen, hätten sie von dem Wegfall des vereinbarten Indexes gewusst, hätten sie gleich den Verbraucherpreisindex vereinbart.
Für die Umrechnung bietet das Statistische Bundesamt im Internet unter www.destatis.de ein **interaktives Programm** an, das die selbstständige Berechnung von Schwellenwerten ermöglicht. Für eine Gebühr von 30,– EUR führt das statistische Bundesamt die Berechnung auch individuell durch. Hierzu kann ein Formblatt heruntergeladen werden. Übrigens: Die Entwicklung der Nettokaltmieten wird vom Statistischen Bundesamt im Index der Nettokaltmieten abgebildet und dieser geht mit einem Gewicht von 21 % in den amtlichen Verbraucherpreisindex ein.

48 Der Verbraucherpreisindex für Deutschland ist nicht zu verwechseln mit dem **„Harmonisierten Verbraucherpreisindex (HVPI)"**. Dieser dient lediglich dazu, Preisveränderungen innerhalb der europäischen Union zu vergleichen und zu einer Gesamt-Inflationsrate zusammen zu fassen. Die unterschiedliche wirtschaftliche Entwicklung innerhalb der EU hat gezeigt, dass sich dieser Index – abgesehen davon, dass er für Wohnraummietverhältnisse nicht anwendbar ist – nicht zur Verwendung in Wertsicherungsklauseln eignet. Etwa alle 5 Jahre wird die Berechnung des Verbraucherpreisindizes auf ein neues **Preisbasisjahr** umgestellt. Preisbasisjahre sind normalerweise die auf 0 und 5 endenden Jahre. Mit einem Jahr Verspätung wurde der VPI zum 21.2.2019 angepasst. Unter Einhaltung des üblichen fünf Jahres Turnus hätte es eigentlich im Februar 2018 sein müssen. Das Statistische Bundesamt hatte aber Probleme mit dem Warenkorb, so dass sich die Anpassung um ein Jahr verschoben hat.

49 Der jeweilige, monatsgenaue Verbraucherpreisindex findet sich unter www.destatis.de. Die Auswahlmöglichkeiten auf der Website sind für den Erstbesucher etwas verwirrend und haben sich in früheren Jahren auch geändert. Die Suche nach „Preise" und „Wertsicherungsklauseln" war allerdings idR erfolgreich.

2. Voraussetzungen einer wirksamen Vereinbarung

50 **a) Form.** Hierzu gilt das unter → Rn. 4 ff. zur Staffelmiete Gesagte.

51 **b) Notwendiger Inhalt der Vereinbarung zur Indexmiete.** Es muss eine Bezugsgröße angegeben werden, die sich entsprechend dem Index verändert. Dies kann die Bruttomiete, die Kaltmiete/Grundmiete oder auch eine Teil-Inklusivmiete sein. Am **praktikabelsten** ist sicherlich die **Kaltmiete/Grundmiete.** Die Veränderung des Preisindexes wird vom Statistischen Bundesamt in Punkten zum Ausgangswert (Jahr 2015 = 100) angegeben.[62] In der Indexvereinbarung kann die Miete an einer Veränderung der **Indexpunktzahl** oder an die Veränderung der Indexpunktzahl **umgerechnet in Prozent** angeknüpft werden.

[61] BGH NZM 2009, 398; 2013, 148.
[62] Für die Berechnung der Mietänderung bedarf es keiner Vereinbarung eines Basisjahres im Mietvertrag – BGH 26.5.2021 – VIII ZR 42/20, NZM 2021, 878.

Die Indexveränderung in Prozent kann nach der Formel 52

$$\left(\frac{\text{neuer Indexstand}}{\text{alter Indexstand}} \times 100\right) - 100$$

aus dem Stand des Indexes in Punkten berechnet werden.

Praxistipp:
Es empfiehlt sich, an die **Veränderung in Prozent** anzuknüpfen. Damit machen sich die Parteien unabhängig vom Basisjahr, die Berechnung wird erheblich vereinfacht.

Es kann vereinbart werden, dass **jede Veränderung** der Bezugsgröße – unter Beachtung der Jahresfrist – das Recht zur Mieterhöhung begründet. Allerdings kann, um Bagatellmieterhöhungen vorzubeugen, die Vereinbarung von **Untergrenzen** sinnvoll sein.[63] Diese Grenze kann sowohl als Indexpunktzahl wie auch als prozentuale Veränderung der Indexwerte vereinbart werden. Hier empfiehlt sich wiederum die prozentuale Vereinbarung. So lange die Bagatellgrenze für Mieterhöhungen und Mietreduktionen gilt, ist dies mit § 557b Abs. 4 BGB vereinbar. 53

Die Indexvereinbarung kann jederzeit, auch während des bestehenden Mietverhältnisses, geschlossen werden. Im letzteren Fall ist es nicht erforderlich, dass die Miete bei Abschluss der Vereinbarung ein Jahr unverändert war. § 558 Abs. 1 BGB findet mangels Regelungslücke keine analoge Anwendung. 54

Obwohl in der Neuregelung des § 557b BGB eine klarstellende Formulierung wie in § 10a Abs. 1 S. 2 MHG („Das Ausmaß der Mietanpassung … darf höchstens der prozentualen Indexänderung entsprechen.") fehlt, wird allgemein davon ausgegangen, dass **überproportional wirkende Indexklauseln** nach wie vor **unwirksam** sind.[64] 55

c) Unzulässige Vereinbarungen. *aa) Unzulässige Ausgestaltung einer erlaubten Klausel.* Grundsätzlich erlaubte Indexvereinbarungen, die den Anforderungen des § 557b Abs. 1 BGB genügen, bleiben trotz Ergänzungen zum Nachteil des Mieters wirksam. Unwirksam gemäß § 557b Abs. 4 BGB ist lediglich die zusätzliche Klausel. Hierunter fällt die **Einseitigkeitsklausel,** die nur dem Vermieter die Anpassung der Miete erlaubt und eine Reduktion der Miete ausschließt. Ebenso unwirksam ist die Vereinbarung einer **Mindestklausel,** die verhindern soll, dass die Miete unter einen bestimmten Grenzbetrag fällt. Ferner sind formale Erleichterungen, wie die **automatische Mieterhöhung ohne Erhöhungsschreiben, der Verzicht auf die Textform des Erhöhungsschreibens** oder die **Vereinbarung einer kürzeren Karenzzeit** unwirksam. Diese Unwirksamkeitsgründe lassen die (Grund-)Vereinbarung der Indexmiete unberührt, §§ 557b Abs. 4, 139 BGB, da davon auszugehen ist, dass die Indexklausel auch ohne den unwirksamen Teil vereinbart worden wäre.[65] 56

bb) Im Wohnraummietrecht unzulässige Klauseln. Nicht von § 557b BGB erfasst und deshalb gemäß § 557 Abs. 2 BGB unwirksam sind **Leistungsvorbehalte, Spannungsklauseln** und **Kostenelementeklauseln.** Wenn ein Leistungsvorbehalt vereinbart wurde, erfolgt die Anpassung der Miete nicht automatisch linear zur Veränderung der Bezugsgröße, sondern die Änderung der Bezugsgröße ist lediglich der Anlass dafür, dass die Leistung durch die Parteien oder einen Dritten mit einem gewissen Ermessensspielraum neu festgesetzt wird. Eine solche flexible Handhabung will der Gesetzgeber für Wohnraummietverhältnisse gerade ausschließen. 57

[63] Zur Bagatellklausel siehe auch BGH 26.5.2021 – VIII ZR 42/20, NZM 2021, 878.
[64] Schmidt-Futterer/Börstinghaus BGB § 557b Rn. 20; Emmerich/Sonnenschein/Emmerich BGB § 557b Rn. 12; Grothe NZM 2002, 54; aA Both/Herrlein/Kandelhard BGB § 557b Rn. 31.
[65] Schmidt-Futterer/Börstinghaus BGB § 557b Rn. 58.

58 Bei einer Spannungsklausel würde die Mietentwicklung an die Entwicklung anderer, vergleichbarer Mietverträge gekoppelt. Dies liefe auf eine automatische Anpassung an die ortsübliche Vergleichsmiete hinaus. Da hiermit die Voraussetzungen des § 558 BGB umgangen würden, ist auch dies unzulässig.

59 Wird die Miete von Kostenfaktoren abhängig gemacht, die mit der Herstellung oder Unterhaltung des Mietobjekts in Zusammenhang stehen, spricht man von einer Kostenelementeklausel. Da der Gesetzgeber die Sorge hatte, dass hierbei der Markt zu weit ausgehebelt wird, hat er diese nicht zugelassen.[66]

Muster einer Indexmietvereinbarung

60 Zwischen ...... (Vermieter) und ...... (Mieter) wird in Ergänzung zum Mietvertrag über ...... vom ...... folgende Wertsicherungsklausel gem. § 557b BGB festgelegt:
Ändert sich der vom Statistischen Bundesamt ermittelte Verbraucherpreisindex für Deutschland (VPI) um mindestens 3 % gegenüber dem Beginn des Mietverhältnisses bzw. dem Zeitpunkt der letzten Anpassung der Grundmiete ohne Betriebskostenvorauszahlungen, so kann jeder Vertragspartner unter Einhaltung der Anforderungen gem. § 557b Abs. 3 BGB eine Anpassung der Grundmiete ohne Betriebskostenvorauszahlungen um diesen Prozentsatz verlangen, soweit die Grundmiete ohne Betriebskostenvorauszahlungen jeweils mindestens ein Jahr, von Erhöhungen gem. §§ 559–560 BGB abgesehen, vgl. § 557b Abs. 2 BGB, unverändert blieb. Die geänderte Grundmiete ist mit dem Beginn des übernächsten Monats nach dem Zugang der Erklärung zu entrichten. Die Veränderung von Betriebskosten gem. § 560 BGB bleibt in jedem Fall unberührt.
Unterschriften der Beteiligten

Muster einer Indexmietvereinbarung ohne Schwelle

61 Ändert sich der vom Statistischen Bundesamt ermittelte Verbraucherpreisindex für Deutschland gegenüber dem Beginn des Mietverhältnisses bzw. dem Zeitpunkt der letzten Anpassung der Grundmiete ohne Betriebskostenvorauszahlungen, so kann jeder Vertragspartner unter Einhaltung der Anforderungen gem. § 557b Abs. 3 BGB eine Anpassung der Grundmiete um diesen Prozentsatz verlangen, soweit die Grundmiete jeweils mindestens ein Jahr, von Erhöhungen gem. §§ 559–560 BGB abgesehen, vgl. § 557b Abs. 2 BGB, unverändert blieb. Die geänderte Grundmiete ist mit dem Beginn des übernächsten Monats nach dem Zugang der Erklärung zu entrichten. Die Veränderung von Betriebskosten gem. § 560 BGB bleibt in jedem Fall unberührt.
Die Parteien sind sich einig, dass sie die Miete anhand der Indexveränderung alle 13 Monate überprüfen wollen.
Es kann ergänzt werden: Die Indexierung der Miete gem. § 557b BGb wird befristet bis zum ***. Danach gelten uneingeschränkt die allgemeinen gesetzlichen Mieterhöhungsmöglichkeiten (§§ 558–559d BGB).

3. Erhöhungsverlangen

62 Die Miete passt sich nicht automatisch an, wie bei der Staffelmietenvereinbarung, sondern der Mieter oder der Vermieter müssen die Änderung erklären. Die Mitteilung der Änderung ist eine **einseitige, empfangsbedürftige Willenserklärung** gemäß § 130 Abs. 1 BGB, die durch Zugang beim Empfänger wirksam wird. Wenn sich der Verbraucherpreisindex entsprechend geändert hat, wird die Miete **durch die Erklärung unmittelbar erhöht.** Gemäß § 557b Abs. 3 BGB sind die eingetretene Änderung des Verbraucherpreisindexes sowie die geänderte Miete bzw. der Erhöhungsbetrag in Euro anzugeben. Die Angabe der prozentualen Änderung der Indexdaten ist nicht erforderlich.[67] Grundsätzlich bedarf es keines Beweises für die Änderung des Verbraucherpreisindexes. Es genügt, die Indexdaten bei Mietbeginn/zum Zeitpunkt der letzten Mietänderung und die aktuellen Indexdaten anzugeben.[68] Die Vorlage der entsprechenden Tabelle des Statischen Bundesamtes ist aber zweckmäßig, um potenziellen Auseinandersetzungen vorzubeugen. Ein Rechenfehler macht die Erklärung nur unrichtig, aber nicht unwirksam. Der Vertragspartner schuldet dann lediglich die Miete in der richtigen Höhe. Die Karenzzeit verlängert sich dadurch nicht.

63 § 557b Abs. 2 BGB schreibt vor, dass die Miete mindestens ein Jahr unverändert bleiben muss, bis die nächste Erhöhung möglich ist. Die Wartefrist wird sowohl durch die Änderung der Miete aufgrund der Indexklausel als **auch durch eine einvernehmliche**

[66] BT-Drs. 12/3254, 15.
[67] BGH NJW 2018, 700; aA Schmidt-Futterer/Börstinghaus BGB § 557a Rn. 42.
[68] BGH NJW 2018, 700.

Änderung gemäß § 557 Abs. 1 BGB ausgelöst. Sie beginnt mit Vertragsbeginn bzw. mit Wirksamkeit der Erhöhung nach Ablauf der Karenzzeit. Hat der Vermieter die Erhöhung der Miete erklärt und sinkt der Index danach unter den Erhöhungswert, ist dennoch auch der Mieter an die Abänderungsfrist gebunden, auch der Mieter muss dann ein Jahr warten. Die Erklärung kann, entsprechend § 558 Abs. 1 BGB, vor Ablauf der Jahresfrist zugehen, wenn die Mietänderung auf einen Zeitpunkt nach Ablauf der Frist terminiert ist.

Ist die Frist in der Änderungserklärung kürzer bemessen als in § 557b Abs. 3 BGB, 64 verlängert sie sich automatisch auf die gesetzliche Frist. Die Vereinbarung einer längeren Karenzzeit ist möglich, wenn sie für Mieter und Vermieter gleichermaßen gilt.

Der Vermieter muss von seinem Erhöhungsrecht keinen Gebrauch machen. Wenn 65 allerdings, anders als im vorgeschlagenen Muster, keine Untergrenze vereinbart wurde und mit der Mieterhöhung zugewartet wird, bis ein erhöhungswürdiger Betrag erreicht wird, kann im Einzelfall der Verwirkungseinwand greifen.

Die Änderungserklärung bedarf lediglich der Textform des § 126b BGB. Würde man 66 die Würdigungen des XII. Senats[69] auf Wohnraummietverhältnisse entsprechend anwenden, müsste dies bei einem befristeten Wohnraummietvertrag genauso sein. Auch dann ist die Mietänderung nicht das Ergebnis einer Verhandlung, sondern die Folge eines einseitigen Änderungsrechts („ist zu entrichten"), so dass die Mietänderung anders als bspw. bei einer im Gewerberaummietrecht zulässigen Leistungsvorbehaltsklausel **nicht in der Schriftform des § 550 BGB** erfolgen muss.

Muster einer Mieterhöhungserklärung:

Sehr geehrte (r) …… 67
für das von Ihnen bewohnte Mietobjekt …… zahlen Sie seit …… eine Kalt/Grundmiete von …… EUR zuzüglich Betriebskostenvorauszahlung in Höhe von …… EUR In der zwischen uns festgelegten Wertsicherungsklausel ist geregelt, dass die Kalt/Grundmiete entsprechend den Änderungen des vom Statistischen Bundesamt ermittelten Verbraucherpreisindexes für Deutschland veränderbar ist.
Nach der beigefügten Veröffentlichung des Statistischen Bundesamtes betrug der Verbraucherpreisindex am …… also dem Zeitpunkt der letzten Mietanpassung/des Mietbeginns, 108,2 Punkte. Seither hat sich der Index auf 111,7 Punkte erhöht. Damit erhöht sich die Kalt/Grundmiete um 3,23 %/ [(111,7: 108,2) x 100] – 100. Ihre Kalt/Grundmiete ist mehr als ein Jahr unverändert und erhöht sich damit ab dem …… (= Beginn des übernächsten Monats) um 3,23 % auf …… EUR zzgl. Betriebskostenvorauszahlung …… EUR wie bisher. Wir bitten Sie darum, Ihren Dauerauftrag entsprechend anzupassen.
Mit freundlichen Grüßen
Vermieter

4. Rechtsfolgen einer wirksamen Vereinbarung

Für die Begrenzung der Mieterhöhung auf 20 % über der ortsüblichen Vergleichs- 68 miete, **§ 134 BGB, § 5 WiStG** gilt umso mehr das zur Staffelmiete Gesagte. Wenn die Voraussetzungen des § 5 WiStG für die Einstiegsmiete noch nicht gegeben sind, werden sie das bei einer späteren Überschreitung der 20 %-Grenze auch nicht sein. Die Erhöhung entsprechend der allgemeinen Preissteigerung kann **nicht kausal** auf das Ausnutzen eines geringen Wohnraumangebots zurückgeführt werden.

Die Vereinbarung einer Staffel- und einer Indexmiete schließen sich gegenseitig aus. 69 Die Erhöhung bis zur ortsüblichen Vergleichsmiete ist schon von Gesetzes wegen ausgeschlossen, § 557b Abs. 2 BGB. Die Parteien können auch während der Geltungsdauer einer Indexvereinbarung **einvernehmlich** die Miete gemäß § 557 Abs. 1 BGB **erhöhen.** Dies kommt insbesondere bei einvernehmlich gewünschten Modernisierungen in Betracht, vgl. § 555f Nr. 3 BGB. Eine Mieterhöhung gemäß § 559 BGB ist auch nach dem Auslaufen einer Indexvereinbarung für Modernisierungen möglich, die während der Geltung der Indexvereinbarung durchgeführt wurden. Der Vermieter ist nicht verpflichtet, eine Erhöhung gemäß § 559 BGB unmittelbar nach Abschluss der Modernisierungsmaßnahmen durchzuführen. **Modernisierungsmaßnahmen,** die der Vermieter nicht zu

[69] BGH NJW 2018, 515; 2014, 1300.

vertreten hat, § 557b Abs. 2 S. 2 BGB, sind solche, die auf **gesetzlichen Geboten**[70] oder **behördlichen Anordnungen** beruhen, selbst wenn dies gleichzeitig zur Erhöhung des Wohnwerts führt. Hierbei orientiert man sich daran, ob ein sorgfältiger Vermieter die Maßnahmen hätte vorhersehen oder vermeiden können. Erklärt der Vermieter die Erhöhung der Miete aufgrund einer Indexklausel, hat der Mieter **kein Sonderkündigungsrecht** analog § 561 BGB.

Praxistipp:
Der BGH hat mit Urteil vom 18.1.2017[71] entschieden, dass auch bei beendeten Wohnraummietverträgen der frühere Mieter gem. § 546a Abs. 1 BGB eine Nutzungsentschädigung in Höhe der bei Neuabschluss eines Mietvertrags üblichen Miete – also die Markt- oder Wiedervermietungsmiete – schuldet, wenn diese über der vereinbarten Miete liegt. Sah der beendete Mietvertrag Index- oder Staffelmieten vor, die bei Fortführung des Mietverhältnisses zu einem späteren Zeitpunkt wirksam geworden wären, so sind auch solche Veränderungen vom Mieter im Rahmen des § 546a BGB Abs. 1 Alt. 1 BGB zu entrichten, weil sie den Vereinbarungen der Parteien über die Miethöhe entsprechen.[72]

V. Überblick Vor- und Nachteile der verschiedenen Mieterhöhungsmöglichkeiten

	Mieterhöhung bis zur ortsüblichen Vergleichsmiete, § 558 BGB	Staffelmiete, § 557a BGB	Indexmiete § 557b BGB
Vorteile aus Vermietersicht	Der dem Mieter bekannte Standardfall für den im Mietvertrag nichts ausdrücklich vereinbart werden muss.	Einfach zu kalkulieren und zu überwachen. Automatische, regelmäßige Mieterhöhung ohne die Unsicherheit der Vergleichsmietentwicklung.	Dem Mieter leichter vermittelbar als die Staffelmiete. IdR regelmäßige Mieterhöhung ohne die Unsicherheit der Vergleichsmietentwicklung.
Nachteile aus Vermietersicht	In den großen Städten hinken die Mietspiegel den Markt/Neuvermietungsmieten hinterher.	Hohe Anfangsmiete plus Staffelklausel führt idR zu erhöhter Fluktuation. Ausschluss der Modernisierungsmieterhöhung. Jede Staffel ist anhand der Mietpreisbremse auf ihre Wirksamkeit zu prüfen.	Berechnungsaufwand. Modernisierungsmieterhöhung weitgehend ausgeschlossen, § 557b Abs. 2 S. 2 BGB.

[70] beachte: jedoch trotzdem Ausschluss der Mieterhöhung bei Durchführung einer Heizungsmaßnahme nach § 71 Abs. 1 GEG.
[71] BGH NZM 2017, 186.
[72] Fleindl NZM 2018, 57.

§ 23 Mieterhöhungen nach §§ 558 ff. BGB

Übersicht

Schrifttum:
Börstinghaus, Auflockerungsrechtsprechung 2.0 – Form und Begründung der Mieterhöhung, NZM 2009, 681; *Börstinghaus,* Mieterhöhungsverlangen rechtssicher formulieren, NJW 2012, 2382; *Börstinghaus,* Die Wohnwertmerkmal-Abrede, NZM 2013, 1; *Börstinghaus,* Die Beweisaufnahme über die ortsübliche Vergleichsmiete, NJW 2013, 1767; *Börstinghaus,* Aktuelle Probleme des Mietspiegelrechts, NZM 2024, 345; *Börstinghaus/Clar,* Die Ermittlung der ortsüblichen Vergleichsmiete, NZM 2014, 889; *Dröge,* Handbuch der Mietpreisbewertung für Wohn- und Gewerberaum, 4. Aufl. 2020; *Woeckener ua,* Qualifizierte Mietspiegel: Verbreitung, Standardisierungsnotwendigkeiten und Qualitätsdefizite, WuM 2013, 259.

I. Grundsätzliches zur Mieterhöhung

1. Anwendungsbereich

1 Die Absicht des Gesetzgebers, jedwede Mieterhöhung in die Parteihoheit bzw. in den Parteiwillen zu stellen, kommt durch die Systematik des § 557 BGB klar zum Ausdruck. § 557 Abs. 1 und Abs. 2 BGB regelt die einverständliche Mieterhöhung durch Vereinbarung im Einzelfall oder durch Einigung auf eine Staffel oder den Index. Erst in Abs. 3, sozusagen subsidiär, wird die Rechtsgrundlage für die einseitige Mieterhöhung durch den Vermieter geschaffen. Durch die Stellung des Abs. 3 hinter den verschiedenen Möglichkeiten der einvernehmlichen Mietabänderung hat der Gesetzgeber zum Ausdruck bringen wollen, dass solche einvernehmlichen Regelungen zu bevorzugen sind und nur, wenn diese nicht zustande kommen, dem Vermieter gegebenenfalls durchsetzbare Ansprüche auf Mietanpassung zustehen.[1]

2 Die vom Gesetzgeber zugelassenen einseitigen Mieterhöhungen durch den Vermieter unterscheiden sich allerdings in einem wesentlichen Punkt: Während eine Mieterhöhung bis zur ortsüblichen Vergleichsmiete nach § 558 BGB nur mit Zustimmung des Mieters, die allerdings auch durch das Gericht ersetzt werden kann, § 558b BGB, wirksam wird, tritt die Mieterhöhung nach § 559 BGB ohne jedes Zutun des Mieters in Kraft, sofern die Mieterhöhung berechtigt ist. Hierdurch ergeben sich wichtige Unterschiede in der Durchsetzung der Mieterhöhung.

3 Die Vorschriften über das einseitige Mieterhöhungsrecht des Vermieters kommen nur zur Anwendung, wenn es sich um Mietverhältnisse über Wohnraum gemäß § 549 Abs. 1 BGB handelt. Mithin gelten die Vorschriften über die Mieterhöhung nicht bei einem

- Mietverhältnis über Wohnraum zum vorübergehenden Gebrauch,
- Mietverhältnis über möblierten Wohnraum, der Teil, der vom Vermieter selbst bewohnten Wohnung ist und ferner nicht zum dauernden Gebrauch überlassen wird,
- Mietverhältnis über Wohnraum, welches von einer juristischen Person des öffentlichen Rechts oder von einem Träger der Wohlfahrtspflege für wohnraumbedürftige Dritte eingegangen ist,
- Mietverhältnis über Wohnraum in einem Studenten- und Jugendwohnheim.

4 Des Weiteren gelten die Mieterhöhungsvorschriften nicht bei einem Mietverhältnis über öffentlich geförderten Wohnraum, welches vor Inkrafttreten des Wohnraumför-

[1] BeckFormB MietR/Flintrop Form. C. IV. 1 Anm. 2.

derungsgesetzes vom 13.9.2001 zustande gekommen ist.[2] Der Vermieter einer preisgebundenen Wohnung kann allerdings schon vor Ablauf der Bindung vom Mieter Zustimmung zu einer Mieterhöhung verlangen, die nach Ablauf der Bindung wirksam wird.

Vermietet der Vermieter an einen gewerblichen Zwischenmieter zum Zwecke der Untervermietung an einen Endmieter iSd § 565 BGB (gewerbliches Zwischenmietverhältnis), liegt ein gewerbliches Mietverhältnis vor, die §§ 557 ff. BGB sind auf das Hauptmietverhältnis nicht anwendbar, unabhängig davon, dass der Endmieter (Untermieter) die Räume zu Wohnzwecken nutzt. 5

Handelt es sich um ein Mischmietverhältnis, werden die Räume also sowohl zu Wohnzwecken als auch zu gewerblichen Zwecken genutzt, so richtet sich die Anwendbarkeit der §§ 557 ff. BGB danach, ob Wohnraum- oder Gewerbenutzung überwiegt (→ § 6 Rn. 23). Überwiegt der Wohnraumanteil oder lässt sich der eindeutige Schwerpunkt nicht feststellen[3] finden die §§ 557 ff. BGB Anwendung, anderenfalls die Grundsätze des gewerblichen Mietrechts. 6

Auf Werkdienstwohnungen sind die §§ 557 ff. BGB nicht anwendbar, weil hier die Wohnraumüberlassung nicht auf einem Mietvertrag beruht, sondern, neben der Entlohnung, eine Gegenleistung für die Dienstleistung darstellt und daher Dienstvertragsrecht gilt. Anders ist dies bei Werkmietwohnungen und Bundesbedienstetenwohnungen, hier gilt Mietrecht, die §§ 557 ff. BGB finden Anwendung. Die Bestimmungen der §§ 557 ff. BGB gelten ebenfalls nicht, wenn im Rahmen eines Heimvertrags Wohnraum zur Verfügung gestellt wird.[4] 7

Das Recht der Mieterhöhung ist ferner nur anzuwenden auf solche Mietverhältnisse, in welchen eine Miete in Form regelmäßiger Zahlungen vereinbart ist. Besteht die Gegenleistung des Mieters für die Überlassung der Wohnung in einer Dienstleistung des Mieters, ist eine Mieterhöhung auf die ortsübliche Vergleichsmiete nicht möglich. 8

2. Abweichende Vereinbarungen nach § 557 Abs. 3 BGB

a) Ausdrückliche Vereinbarung, dass die Miete unverändert bleibt. Die Parteien können bei Abschluss des Mietvertrages eine Vereinbarung über die Miethöhe auch dergestalt treffen, dass die Miete während der Dauer des Vertrages oder für eine bestimmte Zeit unverändert bleiben soll. Diese Vereinbarung ist grundsätzlich an keine besondere Form gebunden. 9

Eine Vereinbarung über den Mieterhöhungsausschluss kann sich im Zusammenhang mit Förderverträgen oder sonstigen Subventionen Dritter ergeben.[5] 10

Ebenso ist eine Mieterhöhung nach § 557 Abs. 3 BGB ausgeschlossen, wenn die Parteien ein Mietverhältnis als „öffentlich gefördert" oder „preisgebunden" bezeichnet haben, selbst wenn dies irrtümlich erfolgt ist.[6] 11

b) Stillschweigender Ausschluss. Mitunter lassen die Umstände, unter denen der Mietvertrag abgeschlossen wurde, darauf schließen, dass eine Anhebung der Miete nicht oder für bestimmte Zeit nicht gewollt ist. 12

aa) Vertrag auf bestimmte Zeit, § 575 BGB. Allein durch den Abschluss eines qualifizierten Zeitmietvertrages, § 575 BGB, lässt sich ein Ausschluss einer Mieterhöhung nicht entnehmen. Der Ausschluss einer Mieterhöhung muss sich vielmehr noch aus weiteren Umständen ergeben, die einen entsprechenden Vertragswillen der Parteien dokumentieren. 13

---

[2] Vgl. zur Mieterhöhung nach Inkrafttreten des Wohnraumförderungsgesetzes: § 28 Abs. 3 WoFG und die Gesetze der Bundesländer für den geförderten Wohnungsbau.
[3] BGH NJW 2014, 2864.
[4] → § 9 Wohn- und Betreuungsvertragsgesetz.
[5] BGH NZM 2009, 734.
[6] BGH NZM 2004, 378.

14 Somit ist bei Zeitmietverträgen gegebenenfalls zu prüfen, ob mit dem Abschluss dieses Vertrages auch der Ausschluss einer Mieterhöhung gewollt war. Gegebenenfalls kann man einen solchen Parteiwillen unterstellen, wenn der Vertrag für recht kurze Zeit, maximal 3 Jahre, abgeschlossen wurde.

15 Die Vermutung kann aber im Einzelfall anhand konkreter Anhaltspunkte widerlegt werden. Dies kann in erster Linie durch einen Mieterhöhungsvorbehalt geschehen, welcher in den Vertrag aufgenommen werden kann. Dessen Formulierung muss allerdings klar das Gewollte zum Ausdruck bringen, ein allgemeiner Hinweis auf die gesetzlichen Vorschriften der Mieterhöhung ist nicht ausreichend.

16 *bb) Mietverhältnis auf Lebenszeit.* Ein Mieterhöhungsausschluss kann auch gelten, wenn ein Mietverhältnis auf Lebenszeit des Mieters abgeschlossen wurde.[7] Hier spricht aus der bereits ungewöhnlichen Wahl des Vertragsverhältnisses eine Vermutung dafür, dass auch hinsichtlich der Miete nicht die gesetzliche Regelung gelten soll. Es handelt sich dabei wiederum nur um eine Auslegungsregel, welche durch abweichende Parteivereinbarung widerlegt werden kann. Ein Mieterhöhungsausschluss kann auch angenommen werden, wenn wegen einer familiären Beziehung der Parteien eine bewusst niedrige Miete vereinbart wurde.

17 *cc) Kündigungsverzicht.* Grundsätzlich ist ein zwischen den Parteien vereinbarter befristeter Kündigungsausschluss in einem unbefristeten Mietverhältnis wirksam. Eine derartige Vereinbarung verstößt nicht gegen § 573c Abs. 4 BGB, da die Kündigungsfrist ein bestehendes Kündigungsrecht voraussetzt. Auch zielt ein befristeter Kündigungsausschluss nicht wie ein Zeitmietvertrag auf eine Beendigung des Mietverhältnisses durch Zeitablauf[8] ab.

Formulierungsvorschlag:

18 Beide Parteien verzichten auf das ihnen zustehende ordentliche Kündigungsrecht gemäß § …… bis ……

19 Ob jedoch bei Abschluss eines Mietverhältnisses auf unbestimmte Zeit bei Vereinbarung eines beiderseitigen Kündigungsverzichts gleichzeitig der Wille dokumentiert ist, während dieses Zeitraums die Miete unverändert zu lassen, bedarf sorgfältiger Untersuchung und Auslegung. Die Vertragsschließenden werden den Kündigungsverzicht oftmals nur wählen, um auf diese Weise eine feste Vertragslaufzeit zu vereinbaren, da ja ein Zeitmietvertrag nur als qualifizierter Zeitmietvertrag zulässig ist.

II. Mieterhöhung nach § 558 BGB

1. Allgemeines

20 Bei der Mieterhöhung gem. § 558 BGB handelt es sich um die „allgemeine" Mieterhöhung, die dem Vermieter im frei finanzierten Wohnungsbau die Möglichkeit gibt, unabhängig von Erneuerungen und Verbesserungen des vermieteten Hauses oder der Wohnung die Miete an „allgemeine" Kostensteigerungen anzupassen, nämlich auf die **ortsübliche Vergleichsmiete** anzuheben. Begrenzungen enthalten die Jahressperrfrist des § 558 Abs. 1 BGB sowie die Kappungsgrenze des § 558 Abs. 3 BGB.

[7] Schmidt-Futterer/Börstinghaus BGB § 557 Rn. 53.
[8] BGH NZM 2004, 734.

Checkliste: Vorgehen bei Abgabe einer Mieterhöhung oder bei Prüfung eines zugegangenen Mieterhöhungsbegehrens

- ☐ Sind auf die Wohnung die §§ 558 ff. BGB anzuwenden? 21
- ☐ Ist die Wartefrist des § 558 Abs. 1 S. 2 BGB eingehalten?
- ☐ Ist der Absender des Schreibens zur Mieterhöhung berechtigt?
- ☐ Ist die Mieterhöhung an alle Mieter gerichtet?
- ☐ Ist der Mieterhöhungserklärung – sofern sie von einem Vertreter abgegeben worden ist – eine Vollmacht beigefügt?
- ☐ Ist die Kappungsgrenze bei Berechnung der Miete eingehalten?
- ☐ Ist bei Vergleich der Ausgangsmiete mit der Vergleichsmiete (Mietspiegel, Datenbank, Vergleichsmiete) die Mietstruktur beachtet worden?
- ☐ Ist bei Verwendung eines einfachen Mietspiegels, einer Datenbank, von Vergleichsmieten, eines Gutachtens der Wert eines vorhandenen qualifizierten Mietspiegels angegeben?

2. Formelle Voraussetzungen

a) **Geltungsbereich.** Die §§ 558 ff. BGB gelten für den **frei finanzierten Wohnungsbau.** 22 Das Recht der Mieterhöhung im preisgebundenen Wohnungsbau ist geregelt in Spezialvorschriften des öffentlichen Mietrechts; die §§ 558 ff. BGB finden keine Anwendung. Allerdings kann der Vermieter einer preisgebundenen Wohnung schon vor dem Ablauf der Bindung vom Mieter Zustimmung zu einer Mieterhöhung verlangen, die nach Ablauf der Bindung wirksam wird. Anders ist die Rechtslage bei einer Wohnung, die auf Grund des seit dem 13.9.2001 geltenden Wohnraumförderungsgesetzes oder entsprechender Ländergesetze öffentlich gefördert und errichtet wurde. In diesem Fall gilt die höchstzulässige Miete, die in der Förderzusage festgelegt ist. Nach § 28 Abs. 3 Wohnraumförderungsgesetz kann der Vermieter die mit dem Mieter vereinbarte Miete nach Maßgabe der allgemein mietrechtlichen Bestimmungen erhöhen, also auch unter Anwendung der §§ 558 ff. BGB, allerdings darf die Mieterhöhung niemals die in der Förderzusage festgelegte höchstzulässige Miete überschreiten.

b) **Wartefrist.** § 558 Abs. 1 BGB regelt, dass die Miete ein Jahr lang unverändert sein 23 muss, ehe der Vermieter eine neue Mieterhöhungserklärung abgeben darf. Die **einjährige Sperrfrist** beginnt zu laufen mit dem Monat der ersten Mietzahlung oder dem Wirksamwerden der letzten Mietänderung. Ein vor Ablauf der Jahresfrist gestelltes Mieterhöhungsverlangen ist unwirksam. Sperrfrist und anschließende Überlegungsfrist zusammen bewirken, dass zwischen dem Beginn der bestehenden Mietvereinbarung und dem Anlaufen der neuen Mieterhöhung 15 Monate liegen müssen. Mieterhöhungen nach § 559 BGB (Modernisierungsmieterhöhung), § 559e BGB (Mieterhöhung nach Einbau oder Aufstellung einer Heizungsanlage) und/oder § 560 BGB (Erhöhung der Betriebskostenpauschale) bleiben bei der Berechnung der Wartefrist unberücksichtigt Das gleiche gilt für Mieterhöhungen auf Grund einer wegen einer Modernisierung erfolgten Erhöhungsvereinbarung.[9]

Tritt ein weiterer Mieter zusätzlich in das Mietverhältnis ein, soll die Wartefrist von 24 einem Jahr erst ab diesem Zeitpunkt laufen.

Auch bei Übergang von preisgebundenem zu freifinanziertem Wohnraum gilt die 25 einjährige Wartefrist bezogen auf die letzte Erhöhung der Kostenmiete; jedoch kann das Mieterhöhungsbegehren bereits während der Preisbindung abgegeben werden, so dass es ab dem Tage nach Ablauf der Bindung Wirksamkeit entfalten kann. Bei Berechnung der Sperrfrist bleiben in diesem Fall Mieterhöhungen, die auf den gleichen Gründen beruhen wie Mieterhöhungen gem. § 559 BGB aus Anlass von Modernisierungsmaßnahmen, außer Betracht.

---

[9] BGH NZM 2007, 727.

26 Die Jahressperrfrist wird auch durch die **Teilzustimmung** des Mieters ausgelöst. Die teilweise Zustimmung des Mieters in eine Erhöhung der Miete bedeutet abweichend von § 150 Abs. 2 BGB nicht eine Ablehnung verbunden mit einem neuen Antrag. Begnügt sich der Vermieter nicht mit der teilweisen Zustimmung, muss er bezüglich des Restbetrages Klage auf Zustimmung gegen den Mieter erheben.

27 Stimmt der Mieter einem formell unwirksamen Mieterhöhungsverlangen nur teilweise zu, ist dies gem. § 150 Abs. 2 BGB jedoch als Ablehnung verbunden mit einem neuen Antrag anzusehen. Der Vermieter kann in diesem Fall die teilweise Zustimmung zurückweisen und sofort ein neues Mieterhöhungsbegehren stellen. Akzeptiert er jedoch das Angebot des Mieters, ist ein Abänderungsvertrag gem. § 311 Abs. 1 BGB zustande gekommen. Aufgrund des Abänderungsvertrages ist die erhöhte Miete zu zahlen, so dass hierdurch die Jahressperrfrist ausgelöst wird. Auch dann, wenn der Mieter auf ein unwirksames Mieterhöhungsverlangen über einen längeren Zeitraum regelmäßig lediglich einen Teil der erhöhten Miete zahlt, und der Vermieter diese Zahlungen vorbehaltlos annimmt, kann dies im Einzelfall als Zustimmung zu dem geänderten Angebot zu verstehen sein.

28 **c) Textform.** Die Mieterhöhungserklärung muss gem. § 558a Abs. 1 iVm.. § 126b BGB in **Textform** abgegeben werden. Textform bedeutet, dass die Erklärung einem anderen gegenüber so abgegeben werden muss, dass sie in Schriftzeichen lesbar, die Person des Erklärenden angegeben und der Abschluss der Erklärung in geeigneter Weise erkennbar gemacht ist. Die Textform ist auch dann ausreichend zur formellen Ordnungsmäßigkeit des Mieterhöhungsverlangens, wenn die Mietvertragsparteien ansonsten für den Mietvertrag Schriftform vereinbart haben.[10]

29 **d) Vertragsparteien.** *aa) Vermieter.* Das Mieterhöhungsbegehren muss vom richtigen **Absender** stammen. Der richtige Absender ist der jeweilige Vermieter zum Zeitpunkt der Abgabe des Mieterhöhungsbegehrens. Wer Vermieter ist, ergibt sich in der Regel aus dem Mietvertrag; Vermieter und Eigentümer können grundsätzlich auseinanderfallen. Sind mehrere Personen Vermieter, müssen alle Vermieter die Erklärung abgeben. Da die Gesellschaft bürgerlichen Rechts Rechtsfähigkeit besitzt, kann die Gesellschaft als solche die Mieterhöhungserklärung abgeben und verfolgen, jedoch unter Angabe der Person oder der Personen, die die Gesellschaft vertritt oder vertreten.[11]

30 Ist eine **juristische Person** der Vermieter, muss ihr vertretungsberechtigtes Organ (Geschäftsführer, Vorstand) die Mieterhöhungserklärung abgeben und verfolgen.

31 Eine **Erbengemeinschaft** ist nicht rechtsfähig, sie kann daher nicht als Vermieter auftreten. Vermieter sind in diesem Fall alle Mitglieder der Erbengemeinschaft. Obwohl vertreten wird, dass die Bezeichnung „Erbengemeinschaft Müller" ausreichend und zulässig sei,[12] sollten aus Gründen der Rechtssicherheit, die Mitglieder der Erbengemeinschaft namentlich bezeichnet werden. Außerdem sollte angegeben werden, wer die Erbengemeinschaft vertritt. Dies muss nicht unbedingt ein Mitglied der Erbengemeinschaft sein.

32 Das Recht der Mieterhöhung ist **nicht abtretbar.** Es kann auch nicht durch einen Dritten im Wege der Ermächtigung iSd § 185 Abs. 1 BGB im eigenen Namen geltend gemacht werden.[13]

33 Allerdings ist eine Abgabe der Mieterhöhung in **offener Stellvertretung** möglich. Aus der Erklärung des Vertreters muss sich ergeben, in wessen Namen sie abgegeben wurde, § 164 BGB. Die Grundsätze der Regel des „Geschäfts, für den, den es angeht" sind bei einem Dauerschuldverhältnis wie dem Mietverhältnis nicht anwendbar.[14] Der Vertreter sollte dem Mieterhöhungsbegehren eine Vollmacht beifügen, da anderenfalls der Mieter die Erklärung gemäß § 174 BGB wegen Fehlens einer Vollmacht zurückweisen kann. Es

[10] BGH NZM 2011, 11.
[11] BGH NZM 2001, 299.
[12] Schmidt-Futterer/Börstinghaus BGB Vor § 558 Rn. 29.
[13] Schmidt-Futterer/Börstinghaus BGB Vor § 558 Rn. 43.
[14] BGH NJW 2014, 1803; Schmidt-Futterer/Börstinghaus BGB Vor § 558 Rn. 43.

ist zu beachten, dass auch die Zurückweisung wegen Fehlens einer Vollmacht eine einseitig empfangsbedürftige Willenserklärung darstellt, die, sofern der zurückweisende Mieter sich eines Vertreters bedient, gem. § 174 BGB zurückgewiesen werden kann, wenn der Vertreter des Mieters seinerseits keine Vollmacht beifügt.

Ist der Mieter über die Bevollmächtigung eines Hausverwalters für den Vermieter 34 bereits informiert, sei es durch Eintrag im Mietvertrag, sei es durch frühere Korrespondenz oder Schriftverkehr, kann bei Fehlen der Vollmacht keine Zurückweisung erfolgen, § 174 S. 2 BGB. Verlangt der Hausverwalter im eigenen Namen die Zustimmung zur Mieterhöhung, ohne darzulegen, dass er als Vertreter des Vermieters handelt, kann die Erklärung gleichwohl wirksam sein. Auch bei einem Mieterhöhungsverlangen genügt es, wenn sich die Vertretung des Vermieters durch die Hausverwaltung aus den Umständen ergibt; einer ausdrücklichen Offenlegung der Vertretung und namentlichen Benennung des Vermieters bedarf es dann nicht.[15]

Bei einer Vertretung durch einen Rechtsanwalt ist bereits die Vorlage einer Prozess- 35 vollmacht nicht unbedingt ausreichend. Aus der dem Anwalt erteilten Vollmacht muss zumindest hervorgehen, dass die Bevollmächtigung die Vornahme einseitig empfangsbedürftiger Willenserklärungen umfasst. Vorsicht ist auch geboten, wenn eine vorgedruckte Vollmacht verwendet wird, in der mehrere Anwälte genannt sind. In diesem Falle könnte die Unterschrift des einzelnen Anwaltes unter das Mieterhöhungsverlangen als nicht ausreichend angesehen werden und stattdessen die Unterschrift aller in der Vollmacht erwähnten Anwälte verlangt werden.

Praxistipp:

Der mit der Mieterhöhung bevollmächtigte Rechtsanwalt sollte sich für den konkreten Fall bevollmächtigen lassen: „Hiermit bevollmächtige(n) ich/wir (Name und Anschrift des Vermieters) Herrn Rechtsanwalt/Frau Rechtsanwältin …… (Name und Anschrift des Rechtsanwaltes) in meinem/ unserem Namen eine Mieterhöhungserklärung gegenüber Herrn/Frau/Familie (Vorname, Name) bezüglich der Wohnung (Adresse) abzugeben.

Wichtig ist auch zu beachten, dass das Mieterhöhungsverlangen zwar in Textform, die Vollmacht allerdings in Schriftform, dh vom Vollmachtgeber original unterschrieben, erstellt und beigefügt werden muss.

Hat der vermietende Eigentümer das **Hausgrundstück verkauft,** ist er bis zur Um- 36 schreibung des Grundstücks im Grundbuch auf den Erwerber noch zur Abgabe der Mieterhöhungserklärung berechtigt. Allerdings kann der Erwerber bereits vor der Umschreibung des Grundstücks auf sich in offener Stellvertretung für den Veräußerer die Mieterhöhungserklärung abgeben. Die Wirksamkeit eines solchen Mieterhöhungsverlangens hängt nicht davon ab, dass die Ermächtigung offen gelegt wurde.[16] Ist bei Ablauf der Zustimmungsfrist die Umschreibung auf den Erwerber noch nicht erfolgt, muss der Veräußerer Klage erheben; er bleibt auch während des Rechtsstreits aktivlegitimiert.

bb) Mehrheit von Mietern. Alle Vermieter müssen **gegenüber allen Mietern** das Miet- 37 erhöhungsbegehren abgeben. Da es sich um eine Vertragsänderung handelt, hat eine Erklärung, die nicht von allen Vermietern gegenüber allen Mietern erfolgt, die Unwirksamkeit des Erhöhungsverlangens zur Folge. Eine unwirksame Mieterhöhungserklärung kann nicht nachträglich geheilt oder genehmigt werden.

Probleme können auftreten, wenn der Mietvertrag auf Mieterseite von **mehreren** 38 **Personen** abgeschlossen wurde, von diesen Personen aber, aus welchen Gründen auch immer, eine oder mehrere ausgezogen sind. Auch in diesem Fall muss grundsätzlich das Mieterhöhungsbegehren gegenüber allen Mietern abgegeben werden. Jedoch kann im Einzelfall ein Mieterhöhungsverlangen, welches nur an den noch in der Wohnung

[15] BGH NJW 2014, 1803.
[16] BGH NZM 2014, 385.

lebenden Mieter gerichtet ist, dann wirksam sein, wenn das Festhalten am Erfordernis, dass die Erklärung allen Mietern gegenüber erklärt und zugegangen sein muss, nur eine Formalie darstellt, weil die oder der ausgezogene(n) Mitmieter dem Vermieter dies weder angezeigt noch eine neue Adresse mitgeteilt haben (hat).

39 Des Weiteren ist ein Mieterhöhungsverlangen, welches sich nach dem Auszug eines Mitmieters allein an den in der Wohnung zurückbleibenden Mieter richtet, wirksam, wenn der ausgezogene Mieter von dem Vermieter aus dem Mietvertrag entlassen wurde (auch gegen den Willen des verbleibenden Mieters), wenn der verbleibende Mieter jahrelang die Miete zahlt und gegenüber der Nebenkostenabrechnung im Jahr des Auszuges eine Berücksichtigung der veränderten Personenzahl reklamiert. In diesem Fall kann sich der in der Wohnung verbleibende Mieter gegen ein nur an ihn allein gerichtetes Mieterhöhungsverlangen nicht damit verteidigen, dass auch der ausgezogene Mitmieter dem Verlangen zustimmen müsse.[17]

40 Haben die Mieter im Mietvertrag mit dem Vermieter eine **wechselseitige Empfangsvollmacht** vereinbart, kann der Vermieter auch die für den unbekannt verzogenen Mieter bestimmte Willenserklärung an den in der Wohnung verbliebenen Mieter als Empfangsbevollmächtigten richten; allerdings muss die Willenserklärung ausdrücklich gegenüber allen Mietern abgegeben werden. Eine derartige wechselseitige Bevollmächtigung ist auch formularmäßig zulässig.[18]

Formulierungsvorschlag:

41 Erklärungen, deren Wirkung die Mieter berühren, müssen von oder gegenüber allen Mietern abgegeben werden; die Mieter bevollmächtigen sich jedoch gegenseitig zur Entgegennahme solcher Erklärungen.

42 Eine solche Vollmacht betrifft jedoch nur die Entgegennahme der Erklärung, die Erklärung selbst muss an alle Mieter gerichtet sein.

43 e) **Zugang beim Mieter.** Das Mieterhöhungsverlangen ist, als Angebot auf Abänderung des Mietvertrages, eine einseitig empfangsbedürftige **Willenserklärung iSd § 130 BGB.** Es wird deshalb erst mit Zugang beim Empfänger wirksam. Zugang bedeutet, dass die Erklärung so in den Machtbereich des Empfängers gelangt sein muss, dass bei normalem Lauf der Dinge mit der Kenntnisnahme gerechnet werden kann.[19]

Praxistipp:

Da der Vermieter die Beweislast für den Zugang des Mieterhöhungsbegehrens hat, empfiehlt sich die Zustellung per Boten, Einwurf des Schreibens unter Zeugen in den Hausbriefkasten des Mieters (sofern dieser verschlossen und unbeschädigt ist) oder durch Gerichtsvollzieher, um später bei Bestreiten des Zuganges diesen nachweisen zu können.

44 Ein Mieterhöhungsbegehren kann auch gem. § 132 Abs. 2 BGB durch öffentliche Zustellung zugestellt werden. Steht der Mieter unter **Betreuung,** ist das Mieterhöhungsbegehren an den Betreuer zu richten und diesem zuzustellen.

3. Materielle Voraussetzungen

45 a) **Inhalt.** Dem Mieterhöhungsbegehren muss unmissverständlich zu entnehmen sein, dass es **keine einseitige Erhöhung** der Miete erreichen will, sondern die **Zustimmung des Mieters** zur begehrten Mieterhöhung verlangt wird. Erweckt das Schreiben den An-

[17] BGH NZM 2004, 419.
[18] BGH NZM 1998, 22.
[19] BGH NJW 1998, 976.

schein, die Mieterhöhung trete bereits ein auf Grund der einseitigen Erklärung des Vermieters, ist das Mieterhöhungsbegehren unwirksam.

Aus dem Erhöhungsverlangen muss eindeutig erkennbar sein, dass und in welcher Höhe der Vermieter von seinem Recht, vom Mieter die Zustimmung zu einer höheren Miete zu verlangen, Gebrauch macht. Aus diesem Grund muss vor allem die erhöhte Miete betragsmäßig ausgewiesen sein, die vom Mieter geschuldete Zustimmung muss sich auf den Endbetrag und nicht auf den Betrag, um den sich die Miete erhöhen soll, beziehen. 46

Das Mieterhöhungsbegehren muss so formuliert sein, dass der Mieter – sofern im Übrigen die formellen und materiellen Voraussetzungen für die Mieterhöhung vorliegen – verpflichtet ist, die Zustimmung zu erteilen. Der Vermieter muss den Mieter deshalb ausdrücklich zur Abgabe einer Zustimmungserklärung auffordern.[20] Daraus muss sich ergeben, dass der Vermieter im Mieterhöhungsbegehren von der vereinbarten Mietstruktur ausgeht. Das Mieterhöhungsbegehren darf keine verdeckte Änderung der Mietstruktur enthalten. 47

Die zwischen den Parteien vereinbarte Mietstruktur kann sein die einer Nettokaltmiete, einer Inklusiv-Miete – hier sind sämtliche Betriebskosten in der Miete enthalten – oder einer Teilinklusiv-Miete, §§ 556, 556a BGB. Ein Mieterhöhungsbegehren, welches stillschweigend oder ausdrücklich das Angebot zur Änderung der Mietstruktur inhaltlich untrennbar mit der Mieterhöhung enthält, ist daher unwirksam.[21] 48

Die Angabe, ab wann die erhöhte Miete zu zahlen ist, ist nicht erforderlich, dieser Termin ergibt sich aus dem Gesetz, § 558b BGB. 49

b) Die ortsübliche Vergleichsmiete. § 558 Abs. 2 BGB besagt, dass die ortsübliche Vergleichsmiete gebildet wird aus den üblichen Entgelten, die in der Gemeinde oder einer vergleichbaren Gemeinde für Wohnraum vergleichbarer Art, Größe, Ausstattung, Beschaffenheit und Lage einschließlich der energetischen Ausstattung und Beschaffenheit in den letzten sechs Jahren vereinbart oder von Erhöhungen nach § 560 BGB abgesehen, geändert worden sind. Ausgenommen ist Wohnraum, bei dem die Höhe durch Gesetz oder im Zusammenhang mit einer Förderungszusage festgelegt worden ist. 50

Bei dem Begriff der ortsüblichen Vergleichsmiete handelt es sich um einen unbestimmten Rechtsbegriff. Gebildet wird die ortsübliche Vergleichsmiete aus dem Durchschnitt aller Mieten für vergleichbaren Wohnraum, die im Zeitpunkt des Zugangs des Erhöhungsverlangens gezahlt werden. Die ortsübliche Vergleichsmiete ist somit eine marktorientierte modifizierte Durchschnittsmiete. Sie bildet sich aus den üblichen Entgelten, die in der Gemeinde in den letzten sechs Jahren vereinbart oder geändert worden sind. Diese Miete kommt am Markt so nicht vor und ist sowohl empirisch wie auch normativ zu ermitteln.[22] Die ortsübliche Vergleichsmiete ist unbedingt zu unterscheiden von der „Marktmiete". Dies ist diejenige Miete, die bei einer Neuvermietung auf Grund der herrschenden Angebots- und Nachfragesituation erzielt werden kann. Die Marktmiete kann, je nach Lage auf dem Wohnungsmarkt, höher oder niedriger sein als die ortsübliche Vergleichsmiete. Die ortsübliche Vergleichsmiete wird hingegen gebildet aus den Mieten von Altverträgen, die innerhalb der letzten sechs Jahre geändert oder abgeschlossen worden sind, wie auch aus aktuell zu erzielenden Marktmieten bei Neuabschlüssen. Die ermittelten Mieten stehen gleichberechtigt nebeneinander. Hieraus ergibt sich notwendigerweise, dass die ortsübliche Vergleichsmiete kein punktgenauer Durchschnittswert ist, sondern immer eine Spanne, die sich aus den unterschiedlichen Mieten für nahezu identische Wohnungen bildet.[23] Die ortsübliche Vergleichsmiete ist keine statische, sondern eine dynamische, sich ständig verändernde Größe. Die Vergleichsmiete ändert sich im Grunde genommen täglich, weil das Mietniveau, bezogen 51

[20] Schmidt-Futterer/Börstinghaus BGB § 558a Rn. 17.
[21] Schmidt-Futterer/Börstinghaus BGB § 558a Rn. 17.
[22] Börstinghaus NZM 2000, 768.
[23] Schmidt-Futterer/Börstinghaus BGB § 558 Rn. 45.

auf die der Festlegung der Vergleichsmiete der vorhergehenden sechs Jahre sich durch Neuabschlüsse und Erhöhungsvereinbarungen laufend ändert.

52 Für die Ermittlung der ortsüblichen Vergleichsmiete hat das Gesetz in § 558 Abs. 2 BGB **mehrere Wohnwertmerkmale** aufgeführt. Danach sind vergleichbar die Wohnungen, die nach **Art, Größe, Ausstattung, Größe, Beschaffenheit und Lage einschließlich der energetischen Ausstattung und Beschaffenheit** in wesentlichen Punkten übereinstimmen.[24]

53 *aa) Art.* Hierunter ist die **Struktur des Hauses und der Wohnung** zu verstehen. Vergleichbar sind Wohnungen in Mehrfamilienhäusern, Reihenhäuser, Doppelhäuser, Dachgeschosswohnungen, Apartments, je untereinander. Teils wird auch das **Alter einer Wohnung** hierunter verstanden,[25] die hM lehnt dies ab und ordnet das Alter unter das Merkmal Beschaffenheit.[26]

54 *bb) Größe.* Die Wohnfläche einer Wohnung hat zweifache Bedeutung. Einmal werden über die Wohnungsgröße unterschiedliche Wohnungsmärkte voneinander abgegrenzt; 20 qm große Wohnungen sind nicht vergleichbar mit 100 qm großen Wohnungen, diese nicht mit 140 qm großen Wohnungen. Zum anderen ist die Wohnungsgröße von Bedeutung für die Ermittlung der Höhe der Miete, da sowohl bei der Ermittlung der ortsüblichen Vergleichsmiete nach Mietspiegel als auch nach Vergleichsobjekten als auch durch Sachverständigengutachten zunächst die Quadratmetermiete ermittelt wird, diese dann zur Feststellung der ortsüblichen Miete mit der Wohnfläche multipliziert wird.

55 Für den Begriff „Wohnfläche" gibt es keine allgemeine Definition. Zwar wardie Wohnfläche in § 2 Nr. 12 EnEV legal definiert als „die nach der Wohnflächenverordnung oder auf der Grundlage anderer Rechtsvorschriften oder anerkannte Regeln der Technik zur Berechnung von Wohnflächen ermittelte Flächen". Gleichwohl sind solche Definitionen nicht geeignet, festzustellen, wie die Wohnfläche im preisfreien Wohnraum für ein konkretes Mietverhältnis zu berechnen ist. Soweit nicht ausdrücklich vereinbart, ist jedenfalls nach §§ 133, 157 BGB durch Auslegung zu ermitteln, welches Berechnungsverfahren nach dem Willen der Vertragsparteien gelten soll.

56 Nach der Rechtsprechung des BGH ist die für die Berechnung der Wohnfläche maßgebliche Verfahren dreistufig zu ermitteln: Auf der ersten Stufe ist zu klären, ob es eine ausdrückliche Vereinbarung von Berechnungsregeln gibt,[27] wobei die Vertragsparteien auch existierende Berechnungsregeln modifizieren können.[28] Hilfsweise kommt auf der zweiten Stufe eine konkludente Vereinbarung nach örtlicher Verkehrssitte in Betracht.[29] Hilfsweise kommen auf der dritten Stufe die Vorschriften für preisgebundenen Wohnraum zur Anwendung. Bei bis zum 31.12.2003 geschlossenen Mietverträgen sind dies die §§ 42 ff. der II. BV und ab dem 1.1.2004 geschlossenen Mietverträgen die Wohnflächenverordnung (WoFlV).[30]

Praxistipp:

Sofern die Wohnflächenverordnung anzuwenden ist, ermittelt sich die Wohnfläche wie folgt:

- Die gesamte Grundfläche von Räumen und Raumteilen mit einer lichten Höhe von mindestens zwei Meter;
- die Hälfte der Grundfläche von Räumen und Raumteilen mit einer lichten Höhe von mindestens einem Meter und weniger als zwei Meter;

[24] Schmidt-Futterer/Börstinghaus BGB § 558 Rn. 50.
[25] Bub/Treier MietR-HdB/Schultz III Rn. 1391 S. 783.
[26] Schmidt-Futterer/Börstinghaus BGB § 558 Rn. 55.
[27] BGH NZM 2004, 454.
[28] BGH NZM 2009, 814.
[29] BGH NZM 2007, 495.
[30] BGH NJW 2009, 2295; BGH, NZM 2023,928; BGH NJW-RR 2024, 431 Cramer NZM 2017, 457 (459).

- die Hälfte der Grundfläche von nichtbeheizbaren Wintergärten, Schwimmbädern und ähnlichen nach allen Seiten geschlossenen Räumen;
- Grundfläche von Balkonen, Loggien, Dachgärten und Terrassen in der Regel zu einem Viertel, höchstens jedoch, bei besonders hohem Nutzungswert für den Mieter, bis zur Hälfte.

Mietspiegel weisen zunächst einmal Raster auf, um Kleinwohnungen mit 30 bis 40 qm von Wohnungen mit 70 bis 80 qm von Wohnungen um 100 bis 120 qm zu trennen. Auf diese Weise wird bei dem Merkmal „Größe" im Mietspiegel eine gewisse Vergleichbarkeit hergestellt, die durch die weiteren Gruppen des Mietspiegels wie Baujahr, Ausstattung (Heizung, Bad), Lage (einfache, mittlere, sehr gute Lage) noch präzisiert wird. 57

Haben die Parteien im Mietvertrag eine Wohnfläche vereinbart, die kleiner ist als die tatsächliche Wohnfläche oder umgekehrt, haben die Parteien eine Wohnfläche vereinbart, die größer ist als die tatsächliche Wohnfläche, ist diese vereinbarte Größe bei einer späteren Mieterhöhung nicht zu berücksichtigen. Vielmehr ist jede im Wohnraummietvertrag enthaltene, von der tatsächlichen Wohnungsgröße abweichende Wohnflächenangabe für die Anwendbarkeit des § 558 BGB und die nach dessen Maßstäben zu beurteilende Mieterhöhung ohne rechtliche Bedeutung. Maßgeblich für den nach dieser Bestimmung vorzunehmenden Abgleich der geltenden Mieterhöhung mit der ortsüblichen Vergleichsmiete ist allein die tatsächliche Größe der vermieteten Wohnung.[31] 58

Die alleinige Berücksichtigung der tatsächlichen Wohnfläche, unbeschadet abweichender vertraglicher Vereinbarungen, gilt allerdings nur für den Fall der Mieterhöhung. Es gilt weiterhin, dass bei einer Unterschreitung der vereinbarten Wohnfläche um mehr als 10 Prozent eine erhebliche Beeinträchtigung des Mietgebrauchs unwiderlegbar zu vermuten ist, sodass ein zu einer Minderung führender Sachmangel iSd § 536 BGB vorliegt.[32] 59

cc) Ausstattung. Unter dem Wohnwertmerkmal Ausstattung versteht man die vom Vermieter dem Mieter **zur ständigen Benutzung zur Verfügung gestellten Ausstattungsmerkmale,** wie sanitäre Einrichtungen, Fußböden, Heizung, isolierverglaste Fenster, jedoch auch Waschküche, Keller, Speicher, Boden- und Trockenräume, für die der Mieter keine besondere zusätzliche Vergütung zahlen muss. Es gehören weiterhin hierzu die zur gemeinsamen Benutzung verfügbaren Räume wie Fahrradkeller, Vorplätze, Gärten, Kinderspielanlagen usw. 60

Einrichtungen des Mieters, z. B. eine Kücheneinrichtung, Einbau isolierverglaster Fenster sind bei der Feststellung des Wohnwertes nur dann zu berücksichtigen, wenn Vermieter und Mieter dies vereinbart haben oder wenn der Vermieter die vom Mieter verauslagten Kosten der Einrichtung erstattet hat.[33] Im Übrigen bleiben vom Mieter eingebrachte oder bezahlte Ausstattungen bei der Mietpreisbildung außer Betracht. Mietereinbauten sollen selbst dann nicht zu berücksichtigen sein, wenn dem Mieter gegenüber dem Vermieter Ausgleichsansprüche gem. §§ 539, 951 BGB zustehen. 61

dd) Beschaffenheit. Hierunter ist der konkrete **Zustand des Mietobjekts unter architektonischen Gesichtspunkten** zu verstehen, also die Anzahl der Räume, ihr Zuschnitt, das Vorhandensein einer Garage oder eines Gartens. 62

Nicht behebbare Mängel wie starke Lärmbelästigung, schlechte Isolierung, schlechte Lichtverhältnisse, ungünstige Himmelsrichtung sind zu berücksichtigen. Behebbare Mängel finden keine Berücksichtigung, hier kann der Mieter dem Vermieter die Beseitigung der Mängel verlangen und bis zur Beseitigung die Miete mindern. Dies gilt selbst dann, wenn dem Mieter das Minderungsrecht wegen lang andauernder Zahlung ohne Vorbehalt unter dem Gesichtspunkt der Verwirkung verloren gegangen ist. Im Fall einer 63

[31] BGH NZM 2016, 42.
[32] BGH NZM 2004, 454; 2016, 42.
[33] BGH NZM 2010, 735.

Mieterhöhung, also einer Vertragsänderung, lebt das verloren gegangene Minderungsrecht, dann an der erhöhten Miete, wieder auf.

64 *ee) Lage.* Mit vergleichbarer Lage ist gemeint die **Zugehörigkeit zu einem bestimmten Stadtteil,** wie etwa Lage am Grüngürtel, im Zentrum, in reinem Wohngebiet, im Mischgebiet, vorhandene Infrastruktur, Einkaufsmöglichkeiten, Schulen, Gelegenheit zur Freizeitgestaltung, Verkehrsanbindung. Der Lagefaktor ist nach objektiven Kriterien zu bestimmen, auf die subjektiven Bedürfnisse des konkreten Mieters kommt es nicht an.[34] Bei der Lage der Wohnung wird auch die Lage im Haus berücksichtigt, also etwa Lage im Vorderhaus, Hinterhaus, Anbau etc.

65 *ff) Energetische Ausstattung und Beschaffenheit.* Die energetische Qualität von Wohnraum ist im Rahmen der bestehenden Wohnwertmerkmale ausdrücklich zu berücksichtigen.

66 **c) Begründung des Mieterhöhungsverlangens.** Das mindestens in Textform abgegebene Mieterhöhungsverlangen muss eine **Begründung** enthalten, § 558a BGB. Die notwendige Begründung des Mieterhöhungsverlangens soll die Möglichkeit einer außergerichtlichen Einigung fördern und überflüssige Zustimmungsklagen vermeiden helfen. Um diesen Zweck des Begründungserfordernisses zu erreichen, muss der Vermieter **Tatsachen** (Baujahr, Lage, Ausstattung, Beschaffenheit usw.) **vortragen,** die Wohnung z. B. in einen **Mietspiegel** einordnen, damit der Mieter in die Lage versetzt wird, die Behauptung des Vermieters, dass die derzeit gezahlte Miete niedriger sei als die ortsübliche Miete, zu überprüfen. Nur so erhält er die Möglichkeit, sich eine eigene Meinung darüber zu bilden, ob er zur Zustimmung verpflichtet ist oder nicht, um dementsprechend vor Ablauf der Überlegungsfrist zuzustimmen oder nicht. Der Begründungszwang bezieht sich auf alle Tatbestandsvoraussetzungen des § 558 BGB, also auf die Einhaltung der Jahressperrfrist, der Kappungsgrenze und die Nichtüberschreitung der ortsüblichen Vergleichsmiete.[35]

67 Erfüllt das Mieterhöhungsbegehren nicht die Anforderungen des § 558a BGB, ist es **unwirksam.** Der Vermieter kann das Mieterhöhungsbegehren jedoch gemäß § 558b Abs. 3 BGB im Rechtsstreit nachholen oder die Mängel des Mieterhöhungsbegehrens im Rechtsstreit beheben, § 558b Abs. 3 BGB. In beiden Fällen steht dem Mieter die Zustimmungsfrist des § 558 Abs. 2 S. 1 BGB zu. Nachholung bzw. Neuabgabe des Mieterhöhungsbegehrens im Rechtsstreit können jedoch dazu führen, dass der Mieter nunmehr sofort in die Mieterhöhung einwilligt mit der Folge der Kostenlast für den Vermieter §§ 91a, 93 ZPO.

68 § 558a Abs. 2 BGB nennt als Begründungsmittel: den **Mietspiegel** § 558c BGB, § 558d BGB, die **Datenbank** § 558e BGB, die Benennung von **Vergleichswohnungen** sowie ein mit Gründen versehenes **Gutachten** eines öffentlich bestellten **und** vereidigten **Sachverständigen.**

69 *aa) Mietspiegel.* Ein Mietspiegel ist gem. § 558c Abs. 1 BGB eine **Übersicht** über die **ortsübliche Vergleichsmiete,** welche von der nach Landesrecht zuständigen Behörde[36] oder von den Interessenvertretern der Vermieter und der Mieter (Haus- u. Grundbesitzerverein, Mieterverein) gemeinsam erstellt oder anerkannt worden ist. Der **Mietspiegel** soll einen **repräsentativen Querschnitt** der ortsüblichen Mieten für vergleichbaren Wohnraum wiedergeben. Er muss auf **umfangreicher Datenermittlung** beruhen, wobei das Verhältnis von Bestandsmieten – also den Mieten bereits länger bestehender Mietverhältnisse – zu Neumieten in bestimmter Weise ausgewogen sein muss.

70 Zur Erstellung von Mietspiegeln verpflichtet, ist die nach Landesrecht zuständige Behörde, sofern die politische Gemeinde mehr als 50.000 Einwohner hat und ein Mietspiegel, der von den Vertretern der Vermieter und Mieter erstellt und/oder gemeinsam anerkannt wurde, nicht existiert.

---

[34] Schmidt-Futterer/Börstinghaus BGB § 558 Rn. 95.
[35] Schmidt-Futterer/Börstinghaus BGB § 558a Rn. 25.
[36] Schmidt-Futterer/Börstinghaus BGB § 558 Rn. 558d Rn. 25.

Für die Aufstellung von Mietspiegeln ergeben sich aus der Mietspiegelverordnung – MSV –vom 28.10.2021 (BGBl. I 4779) verbindliche Regeln. Die Mietspiegelverordnung enthält in den §§ 1 und2 allgemeine Regelungen für die Erstellung von Mietspiegeln, unabhängig davon, ob es sich um einfache Mietspiegel oder um qualifizierte Mietspiegel handelt. 71

Für die Erstellung einfacher Mietspiegel wird ausdrücklich ein bestimmtes Verfahren nicht vorgegeben, § 3 Mietspiegelverordnung. Allerdings sind die tatsächlichen Grundlagen für die Aufstellung zu dokumentieren, § 4 Mietspiegelverordnung. Der Mietspiegel und die Dokumentation, sind kostenfrei im Internet zu veröffentlichen, § 5 Mietspiegelverordnung. 72

Im Wesentlichen befasst sich die Mietspiegelverordnung mit den Methoden zur Erstellung eines anerkannten wissenschaftlichen Grundsätzen entsprechenden, qualifizierten Mietspiegels, § 558d BGB. Aufgenommen sind Vorschriften zur Methode der Erstellung des qualifizierten Mietspiegels, § 7 bis § 16, Vorschriften zum Inhalt des qualifizierten Mietspiegels, § 17 bis § 19, Vorschriften zur Dokumentation und Veröffentlichung des qualifizierten Mietspiegels im Internet, § 20 und § 21 sowie Vorschriften über die Anpassung des qualifizierten Mietspiegels, § 22 und § 23. 73

Mietspiegel können als Regression- oder Tabellenmietspiegel erstellt werden. Einfache Mietspiegel werden in der Regel als Tabellenmietspiegel veröffentlicht. § 558c Abs. 3 BGB bestimmt, dass Mietspiegel alle zwei Jahre der Marktentwicklung angepasst werden. Soweit es sich um qualifizierte Mietspiegel handelt, müssen die angepassten Werte durch die Änderungen des Verbraucherpreisindex oder durch eine Stichprobe ermittelt werden, § 558d Abs. 2 S. 2 BGB. 74

Bei der Erstellung von qualifizierten Mietspiegeln können Eigentümer und Mieter von Wohnraum zur aktiven Mithilfe herangezogen werden. Art. 238, § 2 EGBGB verpflichtet Mieter und Eigentümer, auf Anforderung der nach Landesrecht zuständigen Behörde, über mietrelevante Daten Auskunft zu erteilen. Diese Auskunftspflichten bestehen auch gegenüber Stellen, die von der Behörde mit der Erstellung oder Anpassung eines qualifizierten Mietspiegels beauftragt wurden. Ordnungswidrig handelt, wer die geforderte Auskunft verweigert. In diesem Fall droht ein Bußgeld bis zu 5.000,- EUR, Art. 238, § 4 EGBGB. 75

Schließlich darf die nach Landesrecht zuständige Behörde Auskünfte über die Immobilien einschließlich der Namen und Anschriften des Eigentümers und aller volljähriger Bewohner einholen bei der Grundsteuerstelle, dem Meldeamt und den mit Statistik befassten Ämtern. Die so erhobenen Daten dürfen zwecks Erstellung eines qualifizierten Mietspiegels verarbeitet werden, Art. 238, § 1 EGBGB. 76

Beruft sich der Vermieter im konkreten Fall der Mieterhöhung auf einen einfachen oder qualifizierten Mietspiegel, bedarf es der Beifügung des Mietspiegels nicht, wenn dieser öffentlich zugänglich ist.[37] Öffentlich zugänglich ist der Mietspiegel jedenfalls dann, wenn er, wie es die Mietspiegelverordnung vorschreibt, kostenlos im Internet veröffentlicht ist..[38] Außerdem braucht ein Mietspiegel nicht beigefügt zu werden, wenn der Vermieter dem Mieter die Einsichtnahme des Mietspiegels in seinen Räumen oder in den Räumen eines Kundencenters am Wohnort anbietet,[39] oder wenn der Mietspiegel gegen eine geringe Schutzgebühr bei den örtlichen Mieter- oder Vermietervereinigungen zu erhalten ist.[40] 77

Praxistipp:

Da das auf einen Mietspiegel gestützte Mieterhöhungsverlangen für den Mieter nur verständlich ist, wenn der Mietspiegel auch dem Mieter vorliegt, sollte der Vermieter den Link mitteilen, unter dem

[37] BGH NJW 2008, 473.
[38] BGH NJW 2008, 473.
[39] BGH NZM 2009, 395.
[40] BGH NZM 2010, 40.

der Mietspiegel eingesehen werden kann. Da Mietspiegel auch in gedruckter Form gegen eine Gebühr weiter erhältlich sind, ist anzuraten, dem Mieterhöhungsverlangen das Original oder die Kopie des Mietspiegels beifügen, wenn Zweifel bestehen, ob der Mieter in der Lage ist, sich die notwendigen Informationen im Internet, den Mietspiegel betreffend, einzuholen.

78 Der Mietspiegel muss auf die konkrete Wohnung anwendbar sein. Allerdings kann bei Einfamilienhäusern auch auf den Mietspiegel Bezug genommen werden, selbst wenn nur Werte von Wohnungen in Mehrfamilienhäusern erfasst sind.[41] Dies gilt selbst dann, wenn der Vermieter eine Mieterhöhung für ein Reihenhaus mit einem Mietspiegel begründet, der ausdrücklich für solche Gebäude nicht gilt. Die in einem derartigen Mietspiegel genannten Entgelte können für den Mieter eine Orientierungshilfe für die Beurteilung der Berechtigung des Erhöhungsverlangens darstellen, weil für derartige Wohnungen gezahlte Mieten erfahrungsgemäß über den Mieten liegen, die für Wohnungen in Mehrfamilienhäusern mit vergleichbaren Wohnungsmerkmalen gezahlt werden.[42]

79 Der Vermieter muss die konkrete Wohnung in den Mietspiegel einordnen. Das Mieterhöhungsverlangen sollte durch Beschreibung der Wohnung nach Baujahr, Lage, Größe, Ausstattungsmerkmalen nachvollziehbar erkennen lassen, wie der Vermieter die Wohnung in den Mietspiegel eingruppiert und wie er zu der begehrten Miete kommt. Allerdings dürfen hieran keine übertriebenen formalen Anforderungen gestellt werden. Enthält der Mietspiegel ein Raster von Feldern, in denen für Wohnungen einer bestimmten Kategorie jeweils eine bestimmte Mietspanne ausgewiesen ist, so ist im Erhöhungsverlangen nur die genaue Angabe des – nach Auffassung des Vermieters – für die Wohnung einschlägigen Mietspiegelfelds erforderlich, um den Mieter auf die im Mietspiegel für die Wohnung vorgesehene Spanne hinzuweisen.[43] Es reicht dann auch aus, wenn die verlangte Miete innerhalb der Spanne liegt, § 558a Abs. 4 S. 1 BGB. Liegt die verlangte Miete oberhalb der im Mietspiegel ausgewiesenen Mietspanne, so ist das Erhöhungsverlangen insoweit unbegründet, als es über den im Mietspiegel ausgewiesenen Höchstbetrag hinausgeht.[44] Auf gar keinen Fall ist ein solches Mieterhöhungsverlangen unzulässig, denn ein formell wirksames Mieterhöhungsverlangen ist gegeben, wenn der Vermieter, unter zutreffender Einordnung der Wohnung des Mieters in die Kategorie des Mietspiegels, die dort vorgesehene Mietspanne richtig nennt und die erhöhte Miete angibt.[45]

80 Die Richtigkeit der Angaben ist keine Voraussetzung für die Zulässigkeit des Mieterhöhungsbegehrens. Aus diesem Grunde führt eine Eingruppierung der Wohnung in ein falsches Rasterfeld des Mietspiegels grundsätzlich nicht zur Unwirksamkeit der Mieterhöhung.[46] Ein Mieterhöhungsbegehren ist auch nicht deshalb aus formellen Gründen unwirksam, weil der Vermieter darin zur Begründung auf den bisher geltenden Mietspiegel und nicht auf den kurz zuvor veröffentlichten neuesten Mietspiegel Bezug genommen hat.[47]

81 § 558a Abs. 4 BGB gestattet, dass, wenn in dem Zeitpunkt, in dem der Vermieter seine Mieterhöhungserklärung abgibt, kein Mietspiegel vorhanden ist, der den Anforderungen des § 558c BGB oder § 558d Abs. 2 BGB entspricht, auch ein anderer, insbesondere ein veralteter Mietspiegel oder ein Mietspiegel einer vergleichbaren Gemeinde, verwendet werden darf.[48]

---

41 BGH NZM 2009, 27.
42 BGH NZM 2016, 580.
43 BGH NJW 2008, 573.
44 BGH NZM 2004, 219; 2010, 122.
45 BGH NZM 2010, 122.
46 BGH WuM 2009, 239; Börstinghaus NZM 2009, 681 (685).
47 BGH NZM 2011, 743.
48 BGH NZM 2010, 665.

Praxistipp:
Obwohl nach BGH NJW 2008, 573 lediglich der Hinweis auf die Spanne genügt, sollte der den Vermieter vertretende Anwalt unbedingt darauf achten, dass die Einordnung der Wohnung in die Kategorien des Mietspiegels begründet wird. Das Mieterhöhungsverlangen sollte verständlich und auch transparent sein, damit der Mieter ohne weiteres zustimmen kann. Dies dient der Vermeidung von Zustimmungsprozessen, die einerseits durch die Kosten der Beweisaufnahme sehr teuer sind, andererseits aber nur sehr geringe Gebühren verursachen.

bb) Qualifizierter Mietspiegel. Der Vermieter kann sich zur Begründung seines Mieterhöhungsbegehrens auch auf einen qualifizierten Mietspiegel gem. § 558d BGB stützen. § 558d Abs. 1 BGB definiert den qualifizierten Mietspiegel als einen **Mietspiegel, der nach anerkannten wissenschaftlichen Grundsätzen erstellt ist.** Wann ein Mietspiegel nach anerkannten wissenschaftlichen Grundsätzen erstellt ist, ist problematisch.[49] Die nachstehenden Vorgaben der Mietspiegelverordnung müssen eingehalten werden 82

- Der Mietspiegel muss vom richtigen Begriff der ortsüblichen Vergleichsmiete ausgehen;
- die Daten müssen auf einer repräsentativen Datenerhebung beruhen;
- es muss eine anerkannte wissenschaftliche Auswertungsmethode gewählt worden sein;
- die Einhaltung der drei zuvor genannten Voraussetzungen muss in einer öffentlich zugänglichen Dokumentation niedergelegt sein.[50]

Was die Datenauswertung angeht, müssen die anerkannten Methoden der Statistik angewandt werden. Insofern streiten zwei Methoden miteinander, die Tabellenmethode und die Regressionsmethode: Die Tabellenmethode stellt die Daten als Mietspannen nach den einzelnen Wohnmerkmalen in Rasterfeldern zusammen. Zur Anwendung der Regressionsmethode sind die Daten der Rasterfelder miteinander zu verknüpfen. Bei Einhaltung der vorstehenden, der Mietspiegelverordnung entsprechenden Grundsätze wird vermutet, dass der Mietspiegel nach anerkannten wissenschaftlichen Grundsätzen erstellt wurde, § 558d Abs. 1 Satz 2 BGB. Haben die nach Landesrecht zuständigen Behörde sowie die Interessenvertreter der Vermieter und der Mieter den Mietspiegel als qualifizierten Mietspiegel anerkannt, so wird vermutet, dass er den anerkannten wissenschaftlichen Grundsätzen entspricht, § 558d Abs. 1 Satz 3 BGB. 83

Nach § 558d Abs. 2 BGB muss ein qualifizierter Mietspiegel nach zwei Jahren fortgeschrieben und nach 4 Jahren neu erstellt werden. Werden diese Bestimmungen eingehalten, so wird vermutet, dass die im qualifizierten Mietspiegel bezeichneten Entgelte die ortsübliche Vergleichsmiete wiedergeben, § 558d Abs. 3 BGB. 84

Stützt sich der Vermieter zur Begründung seines Mieterhöhungsbegehrens auf einen qualifizierten Mietspiegel, gilt zu seinen Gunsten gem. § 558d Abs. 3 BGB im Rechtsstreit über die Begründetheit der Mieterhöhung die – allerdings widerlegbare – Vermutung, dass die Entgelte des qualifizierten Mietspiegels die ortsübliche Vergleichsmiete wiedergeben. Der Beweis des Gegenteils ist gem. § 292 ZPO möglich, dem Mieter obliegt die Darlegungs- und Beweislast dafür, dass der qualifizierte Mietspiegel die ortsübliche Vergleichsmiete nicht enthält. 85

Will umgekehrt der Vermieter von den Werten des qualifizierten Mietspiegels auf einen höheren Wert abweichen, so obliegt ihm die Darlegungs- und Beweislast dafür, dass die ortsübliche Vergleichsmiete höher liegt als die Werte des qualifizierten Mietspiegels. Er muss also darlegen und beweisen, dass der qualifizierte Mietspiegel die ortsübliche Vergleichsmiete nicht wiedergibt.[51] Allgemein gilt, dass diejenige Mietpar- 86

49 BGH NZM 2014, 24.
50 Schmidt-Futterer/Börstinghaus BGB §§ 558c, 558d Rn. 61.
51 Schmidt-Futterer/Börstinghaus BGB §§ 558c, 558d Rn. 107.

tei, die die Qualifikation eines Mietspiegels als „qualifiziert" bestreitet, sich mit dem Inhalt der erforderlichen Mietspiegeldokumentation substantiiert auseinandersetzen muss, soweit dies ohne Fachkenntnisse, etwa auf dem Gebiet der Statistik, möglich ist. Geschieht dies auf substantiierte Art und Weise, wird das Gericht über die Einhaltung/Nichteinhaltung der wissenschaftlich anerkannten Grundsätze bei der Erstellung des Mietspiegels Beweis erheben.[52]

Praxistipp:

Ob ein Mietspiegel als qualifiziert anerkannt ist, ergibt sich meistens aus den Erläuterungen im Mietspiegel. Im Zweifel empfiehlt sich eine Nachfrage bei der nach Landesrecht zuständigen Behörde oder bei den Interessenverbänden der Vermieter und Mieter.[53]

87 Liegt ein qualifizierter Mietspiegel vor, ist der Vermieter gemäß § 558a Abs. 3 BGB verpflichtet, bei Gebrauch eines anderen Begründungsmittels (Mietdatenbank, Sachverständigengutachten, Vergleichswohnungen) auf die Existenz des qualifizierten Mietspiegels hinzuweisen und zugleich anzugeben, welche Angaben dieser Mietspiegel für die streitbefangene Wohnung enthält. Dies bedeutet, dass der Vermieter in diesen Fällen die Werte des konkreten Mietspiegelfeldes mitteilen muss. Es muss weder der gesamte Mietspiegel mitgeteilt werden noch muss der qualifizierte Mietspiegel beigefügt werden. Enthält der Mietspiegel eine Spanne, so genügt die Mitteilung der Spanne.[54]

88 Fehlt der erforderliche Hinweis auf die Werte eines qualifizierten Mietspiegels, so ist das Mieterhöhungsverlangen unwirksam.[55] Allerdings kann dieser Hinweis im Rechtsstreit nachgeholt werden, was dann allerdings wiederum eine neue Überlegungsfrist zugunsten des Mieters auslöst.

89 Eine Besonderheit beschreibt § 558a Abs. 4 Satz 2 BGB. In zwei Alternativen ist es erlaubt, auf Mietspiegel zurückzugreifen, die den Anforderungen des § 558c BGB und/oder des § 558d BGB nicht genügen. Erste Alternative: Wurde ein einmal aufgestellter Mietspiegel nach 2 Jahren nicht fortgeschrieben oder nach 4 Jahren nicht neu erstellt, scheidet er als Begründungsmittel nicht völlig aus. Er kann gemäß§ 558a Abs. 4 Satz 2 BGB als „veralteter Mietspiegel" herangezogen werden. Zweite Alternative: Ist kein Mietspiegel vorhanden, kann auch ein Mietspiegel einer vergleichbaren Gemeinde verwendet werden. In diesem Fall ist der Vermieter aber zunächst gehalten, in der Begründung darzulegen, dass zwischen den beiden Gemeinden tatsächlich vergleichbare Parameter bestehen, etwa vergleichbare Einwohnerzahlen, vergleichbare Infrastruktur etc.[56]

90 *cc) Mietdatenbank.* Nach § 558a Abs. 2 Nr. 2 BGB kann sich der Vermieter statt auf einen Mietspiegel auch auf die Auskunft aus einer Mietdatenbank zur Begründung seines Mieterhöhungsverlangens stützen. Eine Mietdatenbank ist nach der Definition des § 558e BGB eine zur Ermittlung der ortsüblichen Vergleichsmiete fortlaufend geführte Sammlung von Mieten, die von der Gemeinde oder von Interessenvertretern der Vermieter und Mieter gemeinsam geführt und anerkannt wird und aus der Auskünfte gegeben werden, die für einzelne Wohnungen einen Schluss auf die ortsübliche Vergleichsmiete zulassen.

91 Bei der Erstellung und Unterhaltung der Mietdatenbank sind die gesetzlichen Vorgaben zur Ermittlung der ortsüblichen Vergleichsmiete gem. § 558 Abs. 2 BGB einzuhalten. Dies bedeutet, dass nur Entgelte berücksichtigt werden dürfen, die in den letzten vier Jahren vereinbart oder geändert worden sind. Die in der Mietdatenbank gesammelten Mietvereinbarungen und Mietänderungen sollen fortlaufend gesammelt,

[52] BGH NZM 2013, 138.
[53] Ein guter Überblick über die Praxis der qualifizierten Mietspiegel: Börstinghaus NZM 2003, 377.
[54] Schmidt-Futterer/Börstinghaus BGB § 558a Rn. 163.
[55] Schmidt-Futterer/Börstinghaus BGB § 558a Rn. 165.
[56] BGH NZM 2019, 813.

darüber hinaus strukturiert, aufgearbeitet und ausgewertet werden. Bei der heute vorhandenen Technik ist es möglich, eine Mietdatenbank aktuell zu halten, indem am Ende eines jeden Monats Daten, die älter als vier Jahre sind, gelöscht und die neuen Daten des laufenden Monats in die Datei hineingenommen werden. Zweifelhaft ist jedoch, ob eine Datenbank eine repräsentative Auswahl an Daten gewährleistet.

Auch bei Verwendung von Daten einer Mietdatenbank zur Begründung des Miet- 92
erhöhungsbegehrens gilt, dass der Vermieter im Zustimmungsverlangen auf den entsprechenden (möglicherweise niedrigeren) Wert des qualifizierten Mietspiegels hinweisen muss, § 558a Abs. 3 BGB, soweit ein solcher für die Gemeinde oder Teile der Gemeinde besteht. Unterlässt der Vermieter dies, kann das Mieterhöhungsverlangen allein aus diesem Grunde unwirksam sein. Insoweit sei auf die Ausführungen zu → Rn. 88 verwiesen.

dd) Vergleichsobjekte. Der Vermieter kann sich zur Begründung seines Mieterhöhungs- 93
begehrens gem. § 558a Abs. 1 Nr. 4 BGB auch auf die Entgelte für einzelne vergleichbare Wohnungen beziehen. Es genügt hier die Benennung von drei Wohnungen. Diese Wohnungen müssen zum Zeitpunkt des Zugangs des Mieterhöhungsverlangens vermietet sein. Steht also eine Wohnung leer, dann kann nicht etwa die früher dafür gezahlte Miete zugrunde gelegt werden.[57]

Die vom Vermieter benannten Vergleichswohnungen müssen grundsätzlich dem 94
örtlichen Wohnungsmarkt angehören.[58] Gibt es in der Gemeinde keine Vergleichswohnungen, darf der Vermieter ausnahmsweise auf drei Vergleichswohnungen aus einer Nachbargemeinde zurückgreifen.

Hierbei darf er auch zurückgreifen auf Vergleichswohnungen aus seinem eigenen 95
Bestand.[59] Die Vergleichswohnungen müssen mit der konkreten Wohnung, deren Miete erhöht werden soll, vergleichbar sein. Die Vergleichbarkeit muss jedoch nicht hinsichtlich aller fünf Wohnwertmerkmale gegeben sein, die Wohnungen müssen sich auch nicht vollständig entsprechen.[60] Allerdings fehlt es an der Vergleichbarkeit zwischen einer Wohnung mit Einzelöfen und einer Wohnung mit Etagen- bzw. Zentralheizung.[61]

Die Frage der Mietstruktur, somit die Frage nach der vereinbarten Miete (Nettokalt- 96
miete, Inklusiv Miete, Teilinklusiv Miete) der Vergleichswohnungen ist kein gesetzlich vorgesehenes Vergleichskriterium. Die Wirksamkeit des Mieterhöhungsbegehrens gem. § 558 BGB hängt deshalb nicht davon ab, dass der Vermieter im Falle einer Inklusiv-, Pauschal- oder Gesamtmiete den als Grund- oder Nettomiete von allen Nebenkosten bereinigten Mietanteil rechnerisch ermittelt und sein auf § 558 BGB gestütztes Erhöhungsverlangen auf den so errechneten Netto-Mietanteil ausrichtet und begrenzt. Es wird nicht einmal für erforderlich gehalten, dass der Vermieter auf die Unterschiede der Mietstruktur hinweist.

Die Angaben im Mieterhöhungsbegehren müssen dergestalt sein, dass der Mieter in 97
die Lage versetzt ist, die Berechtigung des Mieterhöhungsbegehrens nachzuprüfen. Es muss ihm möglich sein, zu überprüfen, ob die Wohnungen auch vergleichbar sind. Die Bezugnahme auf mehrere konkret bezeichnete Häuser, deren Wohnungen sämtlich als Vergleichswohnungen benannt werden, reicht daher nicht aus. Aus diesem Grunde müssen die Angaben im Erhöhungsverlangen so sein, dass der Mieter die Wohnung ohne weitere Nachforschungen suchen kann, die postalische Anschrift muss daher Ort, Straße und Hausnummer beinhalten.[62] Sind unter der postalischen Anschrift mehrere Wohnungen zu finden, müssen im Mieterhöhungsbegehren konkrete Angaben enthalten sein, die eine eindeutige Identifizierbarkeit der Wohnung ermöglichen. Interne Unterscheidungsmerkmale des Vermieters, wie zB Wohnungsnummer reichen nicht aus. Gibt

57 BeckFormB MietR/Flintrop C. IV. 5 Anm. 2.
58 Schmidt-Futterer/Börstinghaus BGB § 558a Rn. 106.
59 Schmidt-Futterer/Börstinghaus BGB § 558a Rn. 108.
60 Schmidt-Futterer/Börstinghaus BGB § 558a Rn. 109.
61 LG München I NZM 2003, 431.
62 Schmidt-Futterer/Börstinghaus BGB § 558a Rn. 132.

es in einem Mehrfamilienhaus mit mehreren Geschossen auf derselben Ebene mehr als eine Wohnung, sind für die Auffindbarkeit der Wohnung über die Angabe der Adresse und des Geschosses hinaus weitere Angaben erforderlich. Solche Angaben können die Beschreibung der genauen Lage der Wohnung im Geschoss, die Bezeichnung einer nach außen erkennbaren Wohnungsnummer oder der Name des Mieters sein. Die Angaben müssen so genau sein, dass keine weiteren eigenen Nachforschungen erforderlich sind.[63] Ansonsten ist die Angabe des Namens des Wohnungsmieters der Vergleichswohnung an sich nicht zwingend erforderlich.

98 Zur Überprüfung der Vergleichbarkeit ist die Kenntnis der Quadratmetermiete von entscheidender Bedeutung. In der Regel muss der Vermieter die **Quadratmetermiete,** die für die Vergleichswohnungen gezahlt wird, angeben. Dies gilt auch bei einer Mieterhöhung eines Einfamilienhauses. Allerdings kann dann auf die Angabe der Quadratmetermiete verzichtet werden, wenn diese für den Mieter leicht errechenbar ist, wenn im Mieterhöhungsbegehren nämlich Grundmiete und Wohnfläche angegeben sind.

99 Hat der Vermieter drei Vergleichswohnungen angegeben, von denen eine nicht identifizierbar oder nicht vergleichbar ist, ist das Mieterhöhungsbegehren nicht ausreichend begründet und unwirksam. Ganz allgemein ist festzustellen, dass an die „Vergleichbarkeit", der zur Begründung eines Mieterhöhungsverlangens genannten Wohnungen zu stellenden Anforderungen ein großzügiger Maßstab anzulegen ist. Eine Übereinstimmung oder gar „Identität" in allen wesentlichen Wohnwertmerkmalen ist nicht erforderlich.[64]

100 Die Zustimmung zur Mieterhöhung kann verlangt werden bis auf die niedrigste der angegebenen Vergleichsmieten, wobei auf die Quadratmetermiete abzustellen ist. Es ist also auf keinen Fall ein Durchschnitt der angegebenen Vergleichsmieten zu bilden.[65] Ist die Quadratmetermiete von mindestens drei Vergleichswohnungen nicht ebenso hoch oder höher als die geforderte neue Miete, so ist das Mieterhöhungsbegehren nicht unwirksam, sondern nur in Höhe der niedrigsten Vergleichsmiete begründet. Unschädlich ist es, wenn der Vermieter seinem Erhöhungsverlangen über die geforderten drei Vergleichswohnungen hinaus weitere Wohnungen benennt, die nicht die Voraussetzungen des § 558a Abs. 2 Nr. 4 BGB erfüllen. Das Mieterhöhungsverlangen ist dann weder insgesamt noch teilweise unwirksam. Ob der Umstand, dass die Miete einer der benannten Wohnungen unterhalt der verlangten Miete liegt, ist eine Frage der materiellen Begründetheit, nicht der Wirksamkeit des Erhöhungsverlangens.[66]

101 Gestatten die Mieter der Vergleichswohnungen nicht die Besichtigung der Wohnungen und verweigern auch ausreichende Auskünfte über die Wohnung, ist das Mieterhöhungsbegehren nicht deshalb unwirksam.

102 **Flächenabweichungen** der Vergleichswohnungen zur betroffenen Wohnung schaden grundsätzlich nicht. Fraglich kann dies jedoch sein bei sehr erheblichen Größenunterschieden zwischen der betroffenen Wohnung und den Vergleichswohnungen. Ein Einfamilienhaus ist kein taugliches Vergleichsobjekt i.S.d § 558 BGB für ein Reihenmittelhaus.

103 Unwirksam, weil unzulässig, ist dagegen ein Mieterhöhungsverlangen, wenn auch nur eine der drei angegebenen Vergleichsmieten unter Verstoß gegen ein gesetzliches Verbot zustande gekommen ist, etwa unter Verstoß gegen § 5 WiStG. Hat der Vermieter in diesem Fall nur drei Vergleichswohnungen angegeben, unterschreitet er die Mindestzahl. Gleiches gilt, wenn der Vermieter als Vergleichsmiete einen Betrag angibt, der zwischen den Parteien der Vergleichswohnung streitig ist, etwa weil ein Mieterhöhungsprozess schwebt.[67] Unschädlich ist es, wenn mehr als drei Wohnungen angegeben werden.[68]

---

63 BGH NZM 2003, 229.
64 BGH NZM 2014, 747.
65 Schmidt-Futterer/Börstinghaus BGB § 558a Rn. 141.
66 BGH NZM 2012, 415.
67 BeckFormB MietR/Flintrop Form. C. IV. 5 Anm. 6.
68 BGH NZM 2012, 415.

Auch hier gilt, dass der Vermieter, der die Mieterhöhung auf Vergleichswohnungen stützt, dennoch im Zustimmungsbegehren auf den entsprechenden (möglicherweise niedrigeren) Wert des qualifizierten Mietspiegels hinweisen muss, sofern ein solcher für die Gemeinde oder Teile der Gemeinde besteht, § 558a Abs. 3 BGB; unterlässt er dies, ist das Mieterhöhungsbegehren unwirksam (vgl. die Ausführungen unter → Rn. 90). 104

ee) Sachverständigengutachten. Der Vermieter kann sich zur Begründung des Mieterhöhungsbegehrens gem. § 558a Abs. 2 Nr. 3 BGB auf ein mit Gründen versehenes Gutachten eines öffentlich bestellten **und** vereidigten Sachverständigen berufen. 105

Das Gutachten, welches dem Mieterhöhungsbegehren beizufügen ist, ist ein **Parteigutachten,**[69] welches auf Grund eines privaten Gutachterauftrages erstellt wurde. Da das Gutachten dem Mieter ebenso wie ein Mietspiegel oder Vergleichsobjekte nur die notwendige Beschreibung/Information liefern soll, die er benötigt, um die Berechtigung des Mieterhöhungsbegehrens des Vermieters zu überprüfen, dürfen an das Gutachten keine allzu großen Anforderungen gestellt werden.[70] 106

Nach § 558a Abs. 2 Nr. 3 BGB muss der Sachverständige öffentlich bestellt und vereidigt sein. Der Zweck des Gesetzes erfordert es aber nicht, dass die öffentliche Bestellung und Vereidigung ausdrücklich für die Mietpreisbewertung erfolgt ist. Auch ein Sachverständiger, der für Grundstücks- und Gebäudeschätzungen öffentlich bestellt oder vereidigt ist, verfügt über die notwendige Sachkunde, um beim Mieter keine begründeten Zweifel an seiner Eignung für die Mietpreisbewertung aufkommen zu lassen.[71] Der Sachverständige muss auch nicht zwingend Kenntnisse des örtlichen Wohnungsmarktes haben. 107

Das Gutachten, welches dem Mieterhöhungsbegehren beizufügen ist, muss mit **Gründen** versehen sein. Der Gutachter muss für den Mieter nachvollziehbar darstellen, wie er zu seiner Wertfeststellung gelangt ist; es muss konkrete Grundlagen anführen, aus denen die Schlussfolgerung eines bestimmten Quadratmeterpreises als (nach Lage, Art, Ausstattung, Beschaffenheit, Größe) ortsüblich abgeleitet wird. Im Gutachten müssen dem Mieter die Informationen geliefert werden, die er benötigt, um festzustellen, ob seine bisherige Miete unter der ortsüblichen Vergleichsmiete liegt, ob er die Zustimmung erteilen muss oder nicht. Für die Wirksamkeit des Mieterhöhungsbegehrens ist es nicht erforderlich, dass der Sachverständige in dem Gutachten, in dem er sich auf ihm bekannte Vergleichswohnungen bezieht, einzelne vergleichbare Wohnungen konkret benennt. Bei der Erstellung des Gutachtens muss der Sachverständige vom richtigen Begriff der ortsüblichen Vergleichsmiete ausgehen,[72] die Feststellungen über Lage, Größe, Ausstattung und Beschaffenheit der Wohnung müssen zutreffend sein, das Gutachten muss die konkrete Wohnung betreffen. Ausnahmsweise reicht bei einer Wohnanlage die Besichtigung einer Wohnung gleichen Typs, also von gleicher oder nahezu gleicher Art, Ausstattung und Beschaffenheit.[73] Ein Mieterhöhungsverlangen, gestützt auf ein Sachverständigengutachten, ist auch dann formell in Ordnung, wenn diesem ein so genanntes „Typengutachten" beigefügt war, also ein Gutachten über eine der Wohnung des Mieters entsprechenden ähnlichen Wohnung aus dem Bestand des Vermieters. Eine Besichtigung der Wohnung des Mieters ist nicht notwendig.[74] Ganz allgemein lässt sich sagen, dass im Falle der Beifügung eines Sachverständigengutachtens der Vermieter seiner Pflicht zur Begründung des Mieterhöhungsverlangens grundsätzlich genüge getan hat, wenn das Gutachten Angaben über Tatsachen enthält, aus denen die geforderte Mieterhöhung hergeleitet wird und zwar in einem Umfange, der es dem Mieter gestattet, der Berechtigung des Erhöhungsverlangens nachzugehen und diese zumindest ansatzweise überprüfen zu können. Der Sachverständige muss somit 108

---

[69] Schmidt-Futterer/Börstinghaus BGB § 558a Rn. 72.
[70] Schmidt-Futterer/Börstinghaus BGB § 558a Rn. 84.
[71] Schmidt-Futterer/Börstinghaus BGB § 558a Rn. 79.
[72] Schmidt-Futterer/Börstinghaus BGB § 558a Rn. 86.
[73] BGH NZM 2013, 612.
[74] BGH NZM 2010, 576; NJW 2018, 2792.

eine Aussage über die tatsächliche ortsübliche Vergleichsmiete treffen und die zu beurteilende Wohnung in das örtliche Preisgefüge einordnen. Etwaige kleinere Mängel des Gutachtens führen nicht zur Unwirksamkeit des Mieterhöhungsverlangens aus formellen Gründen.[75]

109 Der Vermieter muss dem Mieterhöhungsbegehren das **Sachverständigengutachten** in vollem Wortlaut **beifügen.** Allerdings reicht nicht die schlichte Übersendung des Sachverständigengutachtens an den Mieter, vielmehr muss der Vermieter im Mieterhöhungsbegehren die notwendigen Tatsachen zur Begründung der Erhöhung der Miete dartun und kann sich auf das beigefügte Sachverständigengutachten berufen.[76]

110 Höchst streitig ist die Frage, **wie alt** das Sachverständigengutachten zum Zeitpunkt des Mieterhöhungsverlangens sein darf.[77] Da Mietspiegel nach zwei Jahren fortgeschrieben werden müssen, § 558d Abs. 2 BGB, wird man davon ausgehen können, dass ein Sachverständigengutachten zum Zwecke der Begründung des Mieterhöhungsbegehrens auch nicht älter als zwei Jahre sein darf.[78]

111 Auch hier gilt, dass bei Begründung des Mieterhöhungsbegehrens durch ein Sachverständigengutachten bei Vorliegen eines qualifizierten Mietspiegels der entsprechende (möglicherweise niedrigere) Wert des qualifizierten Mietspiegels im Mieterhöhungsbegehren angegeben werden muss. Unterlässt der Vermieter dies, ist das Mieterhöhungsbegehren unwirksam. Insoweit sei verwiesen auf die Ausführungen zu → Rn. 90.

Muster eines Mieterhöhungsbegehrens bei Bezugnahme auf Vergleichsobjekte:

112 Rechtsanwalt Dr. Cäsar
Vorgebirgstrasse 35
50677 Köln

Köln, 25.9.202Sehr geehrte Frau Müller,
sehr geehrter Herr Müller,

unter Beifügung einer auf mich lautenden Original-Vollmacht zeige ich an, dass mich Ihr Vermieter, Herr Franz Schmitz, beauftragt und bevollmächtigt hat, Sie um Zustimmung zu einer Mieterhöhung für die von Ihnen bewohnte Wohnung zu bitten. Das Zustimmungsverlangen stütze ich auf § 558 BGB.
Sie bewohnen zu einer seit mehr als einem Jahr unveränderten Miete von 800 EUR die im Hause meines Mandanten Siebengebirgsallee 83, 50677 Köln im 1. OG links befindliche Wohnung mit einer Größe von 100 qm. Bei der Miete handelt es sich um eine Nettokaltmiete. Die Kaltmiete von 800 EUR/Monat entspricht nicht mehr den Vergleichsmieten für Wohnungen der von Ihnen bewohnten Art. Diese liegen vielmehr wesentlich höher.
Das Haus, in dem sich Ihre Wohnung befindet, wurde 1972 bezugsfertig. Für Wohnungen dieser Art liegt die ortsübliche Vergleichsmiete über der von Ihnen gezahlten Miete. Zum Nachweis für die Richtigkeit dieser Aussage benenne ich Ihnen folgende Vergleichswohnungen:

a) Siebengebirgsallee 35, Köln, 3. OG links

Mieter: Müller 980 EUR/kalt
95 qm × 10,32 EUR/Monat/qm
Baujahr 1972

b) Siebengebirgsallee 89, Köln, EG

Mieter: Schmitz 955 EUR/kalt
95 qm = 10,05 EUR/Monat/qm
Baujahr 1969

c) Siebengebirgsallee 100, Köln, 2. OG

Mieter: Franz 976,50 EUR/kalt
93 qm = 10,50 EUR/Monat/qm
Baujahr 1971

[75] BGH NZM 2016, 355.
[76] Schmidt-Futterer/Börstinghaus BGB § 558a Rn. 92.
[77] Vgl. insoweit Schmidt-Futterer/Börstinghaus BGB § 558a Rn. 90.
[78] So auch in Schmidt-Futterer/Börstinghaus BGB § 558a Rn. 91.

Unter Berücksichtigung dieser vergleichbaren Wohnungen möchte ich daher feststellen, dass eine Miete für die von Ihnen bewohnte Wohnung in Höhe von 950 EUR monatlich die ortsübliche Vergleichsmiete nicht übersteigt.
Für meine Mandantschaft darf ich Sie bitten, einer Mieterhöhung auf 950 EUR ab dem 1.12.2024 zuzustimmen.
Hinzu kommen die bisherigen Heiz- und Betriebskostenvorauszahlungen.
Ihre Zustimmung erbitte ich bis 30.11.2024. Sollten Sie dieser Mieterhöhung nicht oder nicht in dem von mir dargestellten Umfange zustimmen, werde ich meinem Mandanten empfehlen, binnen dreier weiterer Monate auf Zustimmung zu klagen. Ich hoffe, dass dies nicht erforderlich sein wird.
Ich möchte auch festhalten, dass mit dieser Mieterhöhung die so genannte Kappungsgrenze nicht überschritten ist. Da Ihre Miete auch vor drei Jahren schon 800 EUR/Monat betrug, erhöht sich die Miete durch diese Mieterhöhung um weniger als 20 Prozent.[79]
Ich muss Sie gem. § 558a Abs. 3 BGB dahingehend belehren, dass der qualifizierte Mietspiegel der Stadt Köln[80] vom …… für Ihre Wohnung eine Miete von 8,80 EUR/Monat/qm/kalt ausweist.
Schließlich darf ich Sie dahingehend belehren, dass Ihnen ein Sonderkündigungsrecht zusteht.
Anlage
Vollmacht
Hochachtungsvoll Rechtsanwalt

d) Besonderheiten bei der Mieterhöhung. *aa) Mieterhöhung bei Inklusiv Miete/Teilinklusiv Miete.* Der Vermieter kann mit seinem Mieterhöhungsbegehren gem. § 558 BGB die Zustimmung zur Erhöhung der „vereinbarten Miete“ verlangen. Das Mieterhöhungsbegehren muss daher so formuliert sein, dass der Mieter, sofern das Mieterhöhungsverlangen formell und materiell berechtigt ist, lediglich „Ja“ oder „Nein“ sagen muss, es sei denn, er willige nur zum Teil in die Mieterhöhung ein.[81] Die vereinbarte Miete ist die, die Vermieter und Mieter bei Abschluss des Mietvertrages oder zu einem späteren Zeitpunkt vereinbart haben. Dies kann sein eine Nettokaltmiete, eine Inklusiv Miete oder eine Teilinklusiv Miete. 113

Schwierigkeiten können sich ergeben, falls eine Inklusiv Miete oder Teilinklusiv Miete erhöht werden soll, gestützt auf einen Mietspiegel, welcher lediglich Nettokaltmieten ausweist. Soll daher auf der Grundlage eines Netto-Mietspiegels die ortsübliche Vergleichsmiete einer Wohnung ermittelt werden, hinsichtlich derer die Parteien eine Inklusiv Miete vereinbart haben, muss zunächst Vergleichbarkeit hergestellt werden, die Nettokaltmiete des Mietspiegels muss in eine Inklusiv Miete für die konkrete Wohnung transformiert werden. Dies geschieht in der Weise, dass zunächst die ortsübliche Vergleichsmiete anhand des Nettomietspiegels ermittelt wird und sodann zu den Werten des Nettomietspiegels ein Zuschlag in Höhe der tatsächlichen auf die Wohnung entfallenden Betriebskosten, soweit diese in der Miete enthalten sind und den Rahmen des üblichen nicht überschreiten, hinzugerechnet wird.[82] Maßgebend sind die Betriebskosten, wie sie im Zeitpunkt des Mieterhöhungsverlangens anfallen.[83] Maßgebend sind die Betriebskosten für den dem Mieterhöhungsverlangen vorausgegangenen Abrechnungszeitraum. Der Zuschlag zu den Werten des Nettomietspiegels ist je nach den Vereinbarungen der Parteien zu berechnen. Ist eine Inklusiv Miete vereinbart, sind die aktuellen Betriebskosten des Jahres zu addieren, durch die Gesamtquadratmeterzahl des Hauses zu teilen, durch 12 Monate zu dividieren, so dass die Quadratmetermiete pro Monat ermittelt ist. Haben die Parteien eine Teilinklusiv Miete bei Umlagefähigkeit einiger Betriebskosten vereinbart, ist nach dem oben dargestellten Schema der Betriebskostenanteil der in der Miete enthaltenen Betriebskosten zu ermitteln. Die auf diese Weise ermittelte qm/Inklusiv Miete bzw. qm/Teilinklusiv Miete ist, der zuvor anhand 114

[79] In diesem Formulierungsvorschlag wird unterstellt, dass eine Kappungsgrenze von 20 Prozent besteht. Tatsächlich ist die Kappungsgrenze in der Stadt Köln auf 15 Prozent herabgesetzt.
[80] In diesem Formulierungsvorschlag wird unterstellt, dass ein qualifizierter Mietspiegel existiert, tatsächlich gibt es für die Stadt Köln zum Zeitpunkt des Redaktionsschlusses dieser Auflage keinen qualifizierten Mietspiegel.
[81] Schmidt-Futterer/Börstinghaus BGB § 558a Rn. 17.
[82] BGH NZM 2006, 101; 2008, 124.
[83] BGH NJW-RR 2004, 586.

des Nettomietspiegels der Gemeinde ermittelten ortsüblichen Nettokaltmiete hinzuzuaddieren, so dass die Addition die ortsübliche Inklusiv- bzw. Teilinklusiv Miete pro Monat/qm ergibt.

115 Im Mieterhöhungsverlangen muss der Vermieter zu den Betriebskosten keine Angaben machen, wenn die von ihm beanspruchte erhöhte Teilinklusiv Miete die ortsübliche Nettomiete nicht übersteigt.[84]

Muster für ein Mieterhöhungsbegehren einer Inklusiv-/Teilinklusiv Miete

116 Rechtsanwalt Dr. Cäsar
Vorgebirgstrasse 35
50677 Köln

Köln, 25.9.2025Sehr geehrte Frau Müller,
sehr geehrter Herr Müller,

unter Beifügung einer auf mich lautenden Original-Vollmacht zeige ich an, dass mich Ihr Vermieter, Herr Franz Schmitz, mit der Wahrnehmung seiner Interessen beauftragt und mich beauftragt und bevollmächtigt hat, Ihnen gegenüber ein Mieterhöhungsbegehren gem. § 558 BGB abzugeben.

Sie bewohnen zu einer seit mehr als einem Jahr unveränderten Miete von 800 EUR die im Hause meines Mandanten Siebengebirgsallee 83, 50677 Köln im 1. OG links befindliche Wohnung mit einer Größe von 100 qm. Die Wohnung besteht aus 3 Zimmern, Küche, Diele Bad/WC, Loggia und dazugehörigem Kellerraum.

Für meine Mandanten möchte ich von Ihnen Zustimmung zu einer Erhöhung der Miete bis zur ortsüblichen Vergleichsmiete verlangen, § 558 BGB, jedoch unter Beachtung der Kappungsgrenze. Ich bitte Sie um Zustimmung zu einer Mieterhöhung auf 920 EUR ab dem 1.12.2024. Hinzu kommen die Betriebskostenvorauszahlungen in bisheriger Höhe.

Zum Nachweis der Vergleichsmiete nehme ich Bezug auf den Mietspiegel für nicht öffentlich geförderten Wohnraum im Stadtgebiet von Köln, Stand Februar 20235Eine Abschrift des Mietspiegels füge ich in der Anlage bei. Aufgrund der im Mietspiegel enthaltenen Angaben bewerte ich die von Ihnen bewohnte Wohnung wie folgt:

1. Das Haus, in dem sich die Wohnung befindet, wurde im Jahre 1985 bezugsfertig. Es gilt die Baualtersklasse 3.
2. Ihre Wohnung ist 100 qm groß, sodass die Gruppe der Wohnungen um 100 qm Größe Anwendung findet.
3. Ihre Wohnung ist mit Bad, Heizung, WC und Gäste-WC ausgestattet. Die Wohnung hat Einbauschränke, sie verfügt über einen hochwertigen Marmorfußboden. Erwähnen will ich auch, dass Ihre Wohnung über einen großen, zum Garten hin gelegenen, Balkon verfügt. Bei einer solchen besonderen Ausstattung gilt die Ausstattungsgruppe 3.
4. Die von Ihnen bewohnte Wohnung liegt in einer guten mittleren Wohnlage. Hervorzuheben ist die gute Verkehrsanbindung sowohl mit öffentlichen Personennahverkehrsmitteln wie aber auch der gut zu erreichende nahe liegende Autobahnanschluss. Alle Geschäfte des täglichen Bedarfes aber auch Ärzte und Schulen sind fußläufig zu erreichen. Besondere Beeinträchtigungen durch Lärm und Schmutz sind nicht vorhanden. Es handelt sich um ein sehr gefragtes Wohngebiet mit überwiegend sanierten Altbauwohnungen, baumbestandenen Straßen, Gärten und Vorgärten.

In der hier maßgeblichen Gruppe beträgt die Mietzinsspanne 7,90-10,20 EUR pro Monat und qm. Der Mittelwert aus dieser Spanne beläuft sich auf 9,05 EUR. Es ist des Weiteren auch noch Folgendes zu berücksichtigen:

Der Mietspiegel, auf den ich mich stütze, gibt ausschließlich die so genannten Nettokaltmieten wieder. Diese Mieten sind ermittelt ohne jegliche Einrechnung von Betriebskosten nach der Betriebskostenverordnung. Zwischen Ihnen und meinem Mandanten ist jedoch vereinbart, dass die Betriebskosten Grundsteuer, Versicherungen, Straßenreinigung und Feuerlöscherwartung nicht umgelegt werden, sondern in der Miete enthalten sind. Diese Betriebskosten sind also Bestandteile der Miete.

Im aktuellen Jahr sind für die vorgenannten Betriebskostenpositionen folgende Kosten entstanden: Grundsteuer 900 EUR, Gebäudeversicherung 700 EUR, Haftpflichtversicherung 100 EUR, Straßenreinigung 150 EUR, Feuerlöscherwartung 59,49 EUR.

Das gesamte Haus hat eine Wohnfläche von 468 qm, sodass pro Monat und qm auf die vorgenannten Betriebskosten ein Anteil von 0,34 EUR entfällt. Dieser Betrag ist dem Mittelwert der in Frage kommenden Mietzinsspanne von 9,05 EUR hinzuzurechnen, sodass sich eine Miete von 9,39 EUR/qm/ Monat, insgesamt 939 EUR monatlich, ergibt. Ich bin der Auffassung, dass diese Miete die ortsübliche Vergleichsmiete nicht übersteigt.

Erwähnen möchte ich auch noch, dass die bisher von Ihnen gezahlte Miete seit mehr als 3 Jahren unverändert geblieben ist. Ich bin gehalten, das Mieterhöhungsverlangen, trotz höherer Vergleichsmiete,

[84] BGH NZM 2008, 124.

auf 15 Prozent der Ausgangsmiete zu beschränken. § 558 Abs. 4 BGB iVm der MieterschutzVO NRW sieht für das Stadtgebiet von Köln eine derartige Beschränkung des Erhöhungsverlangen vor.
Ich bitte Sie um Zustimmung zu einer Mieterhöhung auf 920 EUR zuzüglich Betriebskostenvorauszahlungen wie bisher bis zum 30.11.2024. Sollten Sie nicht oder nicht in voller Höhe zustimmen, werde ich für meinen Mandanten ein gerichtliches Zustimmungsverfahren einleiten müssen.

Hochachtungsvoll Rechtsanwalt

Das Mieterhöhungsbegehren gem. § 558 BGB sowie auch die spätere Klage – im Falle der Nichterteilung der Zustimmung durch den Mieter – muss den Rechenvorgang, wie oben dargestellt, enthalten, denn der Mieter muss nachvollziehbar erkennen können, dass die ortsübliche Vergleichsmiete die mit ihm vereinbarte bzw. zuletzt gezahlte Miete übersteigt. Dies kann er nur, wenn bei einer Inklusiv Miete, wie oben dargestellt, Vergleichbarkeit zwischen dem Mietspiegel mit Nettokaltmieten und der mit ihm vereinbarten Inklusiv Miete hergestellt wird. Ausnahmsweise kann auf die konkrete Benennung der in der Miete enthaltenen Betriebskosten und deren konkrete Berechnung verzichtet werden, wenn die vom Vermieter beanspruchte erhöhte Miete die ortsübliche Nettomiete nicht übersteigt.[85] **117**

Die Mieterhöhung der Inklusiv-/Teilinklusiv Miete ist allerdings nur dann zulässig, wenn die Anpassung an die ortsübliche Vergleichsmiete gemäß § 558 Abs. 1 verlangt wird. Die Miete kann nicht ausschließlich wegen gestiegener Betriebskosten erhöht werden.[86] **118**

bb) Mieterhöhung einer Miete bei Nichtübernahme der Schönheitsreparaturen durch Mieter. Nach dem gesetzlichen Leitbild des § 535 BGB hat der Vermieter dem Mieter die gemietete Wohnung in einem zum vertragsgemäßen Gebrauch geeigneten Zustand zu überlassen und sie während der Mietzeit in diesem Zustand zu erhalten. Dem Vermieter obliegt daher der Erhaltungsaufwand einschließlich der Schönheitsreparaturen. Überwiegend werden in Mietverträgen die Schönheitsreparaturen auf den Mieter abgewälzt. In diesem Fall stellt die Übernahme der Schönheitsreparaturen durch den Mieter eine Hauptpflicht des Mietvertrages dar, die Übernahme der Schönheitsreparaturen hat Entgeltcharakter. Haben die Parteien davon abgesehen, dem Mieter die Schönheitsreparaturen vertraglich aufzubürden, sind diese gem. § 535 BGB vom Vermieter vorzunehmen; daher ist dieser berechtigt, mit Zustimmung des Mieters, den für die Schönheitsreparaturen kalkulierten Anteil in die Miete einzukalkulieren.[87] Dies kann auch in der Weise geschehen, dass der Vermieter diesen „Schönheitsreparaturanteil“ durch einen „Zuschlag Schönheitsreparaturen“ im Mietvertrag gesondert ausweist, denn diese Ausweisung hat für das Mietverhältnis rechtlich keine Bedeutung und stellt beide Vertragsparteien nicht anders, als wenn sogleich eine um diesen Zustand höhere Grundmiete ausgewiesen wäre. Im Hinblick auf spätere Mieterhöhungen gehört der Zuschlag zur Ausgangsmiete, die mit der ortsüblichen Vergleichsmiete zu vergleichen ist. Im Mieterhöhungsverfahren kommt daher eine Mieterhöhung nur dann in Betracht, wenn die ortsübliche Vergleichsmiete für die Wohnung höher ist, als die bisherige so genannte „Grundmiete“ und der Zuschlag „Schönheitsreparaturen“. Auf keinen Fall darf der Zuschlag zur ortsüblichen Vergleichsmiete hinzugerechnet werden.[88] **119**

Auch kann **kein Zuschlag** zur Miete verlangt werden, wenn eine in einem **Formularmietvertrag enthaltene Klausel,** die den Mieter zur Vornahme von Schönheitsreparaturen verpflichtet, unwirksam ist.[89] In einem solchen Fall begründet sich der Zuschlag nicht durch die Vereinbarungen der Mietvertragsparteien. Durch die Unwirksamkeit der Schönheitsreparaturklausel gelten die allgemeinen Bestimmungen des § 535 Abs. 1 Nr. 2 BGB, wonach der Vermieter den vertragsgemäßen Gebrauch während der Miet- **120**

[85] BGH NZM 2008, 124.
[86] BGH NZM 2004, 253.
[87] BGH NZM 2017, 594.
[88] Börstinghaus Anm. zur Entscheidung BGH NZM 2017, 594.
[89] BGH NJW 2008, 2840.

zeit zu erhalten hat. Aus dem Gesetz ergibt sich nicht, dass in diesen Fällen ein Zuschlag zur Vergleichsmiete verlangt werden kann. Die Vergleichsmiete selber orientiert sich an den jeweiligen Marktverhältnissen. Ein – nicht zulässiger – Zuschlag für Schönheitsreparaturen orientiert sich an den Kosten, die aber die jeweilige Vergleichsmiete und die Marktverhältnisse nicht beeinflussen.

121 *cc) Mieterhöhung bei einer möblierten Wohnung.* Überlässt der Vermieter dem Mieter einer Wohnung zusätzlich Möbel bzw. Einrichtungsgegenstände, spart der Mieter deren Anschaffung. Es ist daher zulässig bei einer Mieterhöhung hinsichtlich einer derartigen Wohnung einen **Zuschlag** zu verlangen, der jedoch ebenso wie die übrigen Zuschläge Mietbestandteil wird.[90]

122 Umstritten ist, wie der Möblierungszuschlag berechnet wird. Der Möblierungszuschlag soll den Wert der Gebrauchsmöglichkeit für den Mieter widerspiegeln. Die überwiegende Meinung geht daher aus von Zeitwert = Nutzungswert für den Mieter, wobei der Zeitwert dem Wiederbeschaffungswert entspricht.[91] Dieser Wert ist sodann entsprechend dem Grundgedanken einer Miete für den Mieter zu verzinsen, wobei dem Umstand Rechnung zu tragen ist, dass die Gegenstände durch die Benutzung regelmäßig wertloser werden. Umstritten ist, mit welcher Abschreibung und unter welcher Verzinsung im Einzelfall zu rechnen ist.[92]

123 Die Rechtsprechung (nachstehende Tabelle nach Schmidt-Futterer/Börstinghaus BGB § 558a Rn. 65) hat folgende Werte angenommen:

Möblierungszuschlag:

- 11 % des Zeitwertes analog § 559 BGB
  LG Berlin GE 1996, 929; LG Mannheim WuM 1987, 362;
- jährliche Abschreibung von 10 %, Verzinsung 7,5 %
  LG Stuttgart WuM 1991, 600
- 2 % mtl. pauschal
  KG GE 1980, 863
- jährliche Abschreibung von 30 %, Verzinsung 10 %
  LG Köln ZMR 1975, 367
- Abschreibung und Verzinsung von je 15 %
  LG Köln WuM 1980, 180; LG Mannheim WuM 1977, 147

124 Auch hier gilt, wegen der Begründungspflicht des Mieterhöhungsbegehrens, dass der Möblierungszuschlag gesondert als Bestandteil der Miete ausgewiesen werden muss. Der Umstand, dass die Möbel mit dem Lauf der Zeit wertloser werden, bewirkt, dass der Möblierungszuschlag in späteren Mieterhöhungsbegehren geringer werden wird.

125 *dd) Kürzungsbeträge gem. § 558 Abs. 5 BGB.* Hat der Vermieter bei früheren Modernisierungsmaßnahmen **öffentliche Mittel** in Anspruch genommen, müssen die Zinsvorteile oder sonstigen geldwerten Vorteile von der ortsüblichen Vergleichsmiete in Abzug gebracht werden, § 558 Abs. 5 BGB. Nach dem Willen des Gesetzgebers sollen Mittel aus öffentlichen Haushalten an den Vermieter diesem weder bei einer Mieterhöhung nach § 559 BGB noch bei einer Mieterhöhung gem. § 558 BGB zugutekommen. Vielmehr soll erreicht werden, dass bei einer Erhöhung der Vergleichsmiete gem. § 558 BGB Leistungen aus öffentlichen Haushalten nur dem Mieter durch entsprechende Kürzungsbeträge zugutekommen.

126 Der Vermieter muss im Mieterhöhungsbegehren Angaben zu den Kürzungsbeträgen machen, wenn sie bei der Berechnung der Miete anzurechnen sind.[93] Unterlässt er dies, muss der Mieter dies so verstehen, dass der Vermieter erklärt, keine Förderungsmittel erhalten zu haben und keine Kürzungsbeträge in Anrechnung bringen zu müssen.[94] Ein

[90] Schmidt-Futterer/Börstinghaus BGB § 558a Rn. 53a.
[91] OLG Düsseldorf NJW-RR 1992, 426; Schmidt-Futterer/Börstinghaus BGB § 558a Rn. 65.
[92] Schmidt-Futterer/Börstinghaus BGB § 558a Rn. 65.
[93] BGH NZM 2012, 857; Schmidt-Futterer/Börstinghaus BGB § 558 Rn. 236.
[94] Schmidt-Futterer/Börstinghaus BGB § 558 Rn. 237.

Mieterhöhungsverlangen, in dem der Vermieter die an sich anzugebenden Kürzungsbeträge verschweigt, ist unzulässig.[95] Ein Mieterhöhungsverlangen ist auch dann formell unwirksam, wenn der Vermieter einen durch öffentliche Förderung verursachten Kürzungsbetrag zwar angibt, diesen aber nicht erläutert. Das gilt selbst dann, wenn der Hinweis auf einen Kürzungsbetrag irrtümlich erfolgt, weil in Wahrheit eine Förderung gar nicht erfolgt war.[96] Behauptet der Mieter im Zustimmungsrechtstreit gem. §§ 558 ff. BGB, der Vermieter habe bei früheren Mieterhöhungen öffentliche Mittel in Anspruch genommen, hat er die Darlegungs- und Beweislast hierfür. Bei Neuvermietung der Wohnung profitiert ein Folgemieter nicht vom Abzug der Kürzungsbeträge.

e) **Kappungsgrenze.** Gemäß § 558 Abs. 3 BGB darf bei Mieterhöhungen gem. § 558 Abs. 1 BGB die Miete innerhalb von drei Jahren, von Erhöhungen aus Anlass der Modernisierung der §§ 559–560 BGB abgesehen, nicht um mehr als 20 % erhöht werden (Kappungsgrenze). Ebenso bleiben bei der Berechnung der Kappungsgrenze auch solche Mieterhöhungen unberücksichtigt, die auf den in §§ 559 ff. BGB genannten Gründen beruhen, jedoch nicht in dem dort vorgesehenen Verfahren geltend gemacht, sondern einvernehmlich vereinbart wurden.[97] Die Kappungsgrenze ist gesenkt auf **15 Prozent** in solchen Gebieten oder Gemeinden, in denen die ausreichende Versorgung der Bevölkerung mit Mietwohnungen zu angemessenen Bedingungen gefährdet ist, § 558 Abs. 3 S. 2 BGB. Die Absenkung der Kappungsgrenze auf 15 Prozent setzt allerdings eine Rechtsverordnung der jeweiligen Landesregierung voraus, die für die Dauer von jeweils höchstens 5 Jahre bestimmt werden darf. Auch ist eine im preisgebundenen Wohnungsbau wegen gestiegener Kapitalkosten erklärte Mieterhöhung nach Wegfall der Preisbindung in die Berechnung der Kappungsgrenze mit einzubeziehen.[98] Die so genannte „Kappungsgrenze" stellt lediglich eine Obergrenze für die Mieterhöhung dar, falls die ortsübliche Vergleichsmiete mehr als 15 % oder 20 % über der vor drei Jahren verlangten Miete liegen sollte. Sie gibt dem Vermieter nicht etwa das Recht, jeweils nach drei Jahren eine Mieterhöhung um 15 % oder 20 % vorzunehmen. 127

Der Mietanstieg wird daher einmal begrenzt durch die ortsübliche Vergleichsmiete gem. § 558 Abs. 1 BGB, zum anderen durch die Kappungsgrenze des § 558 Abs. 3 BGB. Die jeweils niedrigere der beiden Begrenzungen bestimmt den Umfang des Mieterhöhungsrechts im Einzelfall. 128

aa) Nichtanwendung der Kappungsgrenze. Gemäß § 558 Abs. 4 BGB gilt die Kappungsgrenze nicht, 129

- wenn eine Verpflichtung des Mieters zur Ausgleichszahlung, die nach den Vorschriften über den Abbau der Fehlsubventionierung im Wohnungswesen bestand, wegen des Wegfalls der öffentlichen Bindung erloschen ist und
- soweit die Erhöhung den Betrag der zuletzt zu entrichtenden Ausgleichszahlung nicht übersteigt.

Die Regelung soll das unbefriedigende Ergebnis beseitigen, dass der Mieter, der auf Grund seines Einkommens zu Unrecht eine Sozialwohnung innehatte und somit anderen bedürftigen Wohnungssuchenden vorenthielt und deshalb mit einer Fehlbelegungsabgabe belastet wurde, nach dem Wegfall der Bindung angesichts der Kappungsgrenze, die bei der folgenden Mieterhöhung anzuwenden ist, besser als vorher gestellt würde. Die Gesamtbelastung dieses Mieters soll durch den Wegfall der Fehlbelegungsabgabe nicht sinken. Es sind daher nach Ende der Mietpreisbindung folgende Fälle denkbar: 130

Mieter zahlt keine Fehlbelegungsabgabe 131

- Liegt die ortsübliche Vergleichsmiete 20 Prozent oder weniger über der Ausgangsmiete, dann kann die ortsübliche Vergleichsmiete verlangt werden.

---

[95] BGH NZM 2004, 380.
[96] BGH NZM 2004, 380.
[97] BGH NZM 2004, 456.
[98] BGH NZM 2004, 545.

- Liegt die ortsübliche Vergleichsmiete mehr als 20 Prozent über der Ausgangsmiete, dann tritt die Kappungsgrenze von 20 Prozent gemäß § 558 Abs. 3 BGB in Kraft.

132 **Mieter zahlt Fehlbelegungsabgabe**

- Liegt die ortsübliche Vergleichsmiete 20 Prozent oder weniger über der Ausgangsmiete, kann die ortsübliche Vergleichsmiete verlangt werden.
- Beträgt die ortsübliche Vergleichsmiete mehr als 120 Prozent der Ausgangsmiete und ergeben die Ausgangsmiete und die Fehlbelegungsabgabe einen höheren Betrag als die ortsübliche Vergleichsmiete, dann kann die ortsübliche Vergleichsmiete verlangt werden.
- Beträgt die ortsübliche Vergleichsmiete mehr als 120 Prozent der Ausgangsmiete und liegen Ausgangsmiete und Fehlbelegungsabgabe unter der ortsüblichen Vergleichsmiete, kann eine Miete in Höhe der Ausgangsmiete und der Fehlbelegungsabgabe verlangt werden.
- Betragen Ausgangsmiete und Fehlbelegungsabgabe weniger als 120 Prozent der Ausgangsmiete und liegt die ortsübliche Vergleichsmiete über 20 Prozent der Ausgangsmiete, dann kann die Mieterhöhung in Höhe von 20 Prozent der Ausgangsmiete verlangt werden.

133 Der Vermieter hat vor Ablauf der Wohnungsbindung hinsichtlich der Wohnungen seines Hauses daher zu prüfen:

- Hat eine öffentliche Bindung der Wohnung bestanden?
- Hat der Mieter eine Fehlbelegungsabgabe gezahlt?
- Ist die Wohnung aus der öffentlichen Bindung entlassen worden und damit die Fehlbelegungsabgabe beendet?

134 Um die Höhe der Mieterhöhungsmöglichkeiten abschätzen zu können, hat der Vermieter gegenüber dem Mieter gemäß § 558 Abs. 4 BGB einen Auskunftsanspruch über die Höhe der vom Mieter zu zahlenden Fehlbelegungsabgabe. Der Auskunftsanspruch kann frühestens 4 Monate vor Ende der Mietpreisbindung geltend gemacht werden. Der Mieter ist verpflichtet, innerhalb eines Monats die Auskunft zu erteilen. Sowohl das Auskunftsverlangen wie auch die Auskunft sind empfangsbedürftige Willenserklärungen. Allerdings sind weder die Auskunft noch das Auskunftsersuchen an eine bestimmte Form gebunden. Erteilt der Mieter die Auskunft nicht, dann kann der Vermieter unmittelbar nach Ablauf der Monatsfrist auf Auskunft klagen, des Weiteren kann der Vermieter verlangen, dass der Mieter die Richtigkeit der Auskunft an Eides Statt versichert. Der Vermieter hat dagegen keinen Anspruch auf Vorlage von Belegen, insbesondere der Kopie des Bescheides über die Fehlbelegungsabgabe.

135 Umstritten ist, ob der Vermieter bei verweigerter Auskunft in seinem Mieterhöhungsverlangen die höchstmögliche Fehlbelegungsabgabe, die das Gesetz vorsieht, unterstellen kann, so dass die Kappungsgrenze nicht eingehalten zu werden braucht, oder ob das Mieterhöhungsverlangen ohne Berechnung einer etwaigen Fehlbelegungsabgabe und damit unter Beachtung der Kappungsgrenze erstellt werden kann.[99] Letztgenannter Meinung ist zu folgen, da der Vermieter in seinem Mieterhöhungsverlangen nur ihm bekannte Tatsachen vortragen darf und es grundsätzlich nicht zulässig ist, sein Mieterhöhungsverlangen auf Unterstellungen oder Vermutungen zu stützen. Der Vermieter ist in solchen Fällen auch nicht schutzlos. Er kann den Mieter auf Auskunft verklagen. Erteilt der Mieter später die Auskunft, dann hat der Vermieter einen Schadenersatzanspruch wegen Pflichtverletzung gemäß § 280 Abs. 1 BGB. Der Mieter hat dann den Schaden zu ersetzen, der dem Vermieter entstanden ist, weil er wegen fehlender Auskunft eine an sich mögliche Mieterhöhung nicht realisieren konnte. Letztlich muss der Mieter dann die Mieterhöhung rückwirkend zahlen.[100] Das Gleiche gilt, wenn der Mieter eine falsche Auskunft erteilt.

---

[99] Börstinghaus WuM 1994, 417; Schmidt-Futterer/Börstinghaus BGB § 558 Rn. 193.
[100] Schmidt-Futterer/Börstinghaus BGB § 558 Rn. 195.

Problematisch wird die Auskunft für den Mieter, wenn gegen den Fehlbelegungsbescheid Rechtsbehelf eingelegt wurde. Der Mieter ist verpflichtet, die tatsächlich geleistete Fehlbelegungsabgabe mitzuteilen. Bei einem späteren Mieterhöhungsverfahren kann er jedoch, sofern es hierauf ankommt, der Mieterhöhung unter Hinweis auf das laufende Rechtsbehelfsverfahren zustimmen. Stellt sich dann später rechtskräftig heraus, dass die tatsächlich geschuldete Fehlbelegungsabgabe geringer war als die gezahlte, und hatte dies Einfluss auf die Mieterhöhung, dann kann der Mieter vom Vermieter Rückforderung der entsprechend überzahlten Miete nach den Grundsätzen der ungerechtfertigten Bereicherung verlangen.[101] 136

bb) Anwendung der Kappungsgrenze. Die Kappungsgrenze gilt ohne Einschränkung für alle Mieterhöhungen, auch für Werkwohnungen. Sie gilt auch beim Übergang von preisgebundenen zu preisfreiem Wohnungsbau.[102] Die **Kappungsgrenze** gilt nur für Mieterhöhungen, die ihren **Rechtsgrund in § 558 BGB** haben, somit nicht für Mieterhöhungen aus Anlass von Modernisierung oder Betriebskostenerhöhungen. 137

Die Höhe der Kappungsgrenze beträgt gem. § 558 Abs. 3 BGB 20 Prozent, kann aber durch Verordnung der Landesregierung auf 15 % gesenkt werden. Maßgeblich für die Berechnung der Kappungsgrenze ist die so genannte Ausgangsmiete, also die Miete, die drei Jahre vor Wirksamwerden der neuen Mieterhöhung gezahlt wurde, ohne die im Umlageverfahren erhobenen Betriebskosten. Gilt zwischen den Parteien eine Inklusiv- oder Teilinklusiv Miete, wird die Kappungsgrenze hiervon errechnet. Dies folgt daraus, dass der Gesetzgeber in § 558 BGB den Begriff „Miete“ eben nicht ausdrücklich als Nettomiete bezeichnet hat, sondern durchaus hierunter Mieten mit unterschiedlicher Struktur versteht. Der Begriff der „Miete“ in § 558 BGB ist entsprechend dem allgemeinen Sprachgebrauch als der vom Mieter zu zahlende Betrag ohne zusätzlich vereinbarte Betriebskostenvorauszahlung zu verstehen.[103] Nur wenn die Parteien während der vergangenen drei Jahre die Mietstruktur dergestalt geändert haben, dass die bisherige Inklusiv Miete in eine Nettokaltmiete zzgl. Umlegung der Betriebskosten umgewandelt wurde, ist zur Ermittlung der Kappungsgrenze die fiktive Nettokaltmiete der vergangenen drei Jahre zu ermitteln.[104] Die Ausgangsmiete beinhaltet weiterhin Zuschläge, wenn sie länger als drei Jahre zurückliegen für beispielsweise Gartennutzung, Stellplatznutzung, Garage[105] oder Untermietzuschläge. Besteht das Mietverhältnis weniger als drei Jahre, so gilt statt der Frist von drei Jahren die bisherige kürzere Vertragszeit, somit als Ausgangsmiete die im Mietvertrag vereinbarte Anfangsmiete. 138

Bei **Übergang von der Kostenmiete zur freifinanzierten Miete ist** bei der Errechnung der Kappungsgrenze auszugehen von der drei Jahre vor Wirksamwerden der aktuellen Mieterhöhung geschuldeten Kostenmiete. Dabei sind keine Betriebskostenanteile herauszurechnen, da die bisherige Kostenmiete die Mietstruktur zum Zeitpunkt des Übergangs von der Mietpreisbindung zur Miete im preisfreien Wohnungsbau darstellt; die während des letzten Dreijahreszeitraumes durchgeführte Erhöhung der Kostenmiete wird auf die Kappungsgrenze angerechnet.[106] Demgegenüber bleiben die während der Mietpreisbindung durchgeführten Mieterhöhungen, die den Mietererhöhungen der §§ 559, 560 BGB entsprechen, außer Betracht. Mieterhöhungen wegen gestiegener Kapitalkosten sind dagegen mit einzuberechnen.[107] 139

Übersteigt die verlangte Miete die Kappungsgrenze, so wird lediglich der darüberhinausgehende Teil gekappt, eine Überschreitung der Kappungsgrenze macht das Mieterhöhungsverlangen nicht formal unwirksam. 140

101 BeckFormB MietR/Flintrop Form. C. IV. 10 Anm. 7.
102 Schmidt-Futterer/Börstinghaus BGB § 558 Rn. 150.
103 BGH NZM 2004, 218.
104 Schmidt-Futterer/Börstinghaus BGB § 558 Rn. 172.
105 Bub/Treier/Schultz III A Rn. 1125, 74.
106 Schmidt-Futterer/Börstinghaus BGB § 558 Rn. 150.
107 BGH NZM 2004, 545.

4. Rechtsfolgen

141 a) **Vertragsänderung durch Zustimmung des Mieters.** Da das Zustimmungsverlangen des Vermieters gem. § 558 BGB ein Vertragsangebot im Sinne der §§ 145 ff. BGB darstellt, entspricht die Zustimmung des Mieters einer Annahmeerklärung im Sinne dieser Vorschriften. Nur zwei übereinstimmende **Willenserklärungen** lassen den Änderungsvertrag zustande kommen. Auf die Zustimmungserklärung des Mieters sind die allgemeinen Vorschriften des BGB, somit über Anfechtung, Stellvertretung, Geschäftsfähigkeit, Zugang von Willenserklärungen sowie die sonstigen Vorschriften über die Wirksamkeit von Rechtsgeschäften und deren Auslegung anwendbar. Die Folge ist, dass der Mieter seine Willenserklärung wegen Inhalts – oder Erklärungsirrtums anfechten kann.

142 Der Inhalt der Willenserklärung des Mieters ist darauf gerichtet, dass er der Änderung der Miete auf die neue höhere verlangte Miete zustimmt. Die **Zustimmung** bezieht sich auf die künftig zu zahlende **neue Gesamtmiete;** sie bezieht sich nicht auf eine Quadratmetermiete.[108] Ist daher in einem Mietvertrag die Wohnung tatsächlich kleiner als im Mieterhöhungsverlangen angegeben, dann muss der Mieter einer Erhöhung der Miete, die unter Zugrundelegung der richtigen Fläche errechnet wurde, zustimmen. Hat der Mieter einer Mieterhöhung unter Zugrundelegung der falschen zu großen Fläche zugestimmt, dann ist die Mieterhöhung wirksam. Das gilt selbst dann, wenn man der Auffassung ist, dass ein Mieterhöhungsverlangen mit falscher Fläche unwirksam ist. Eine falsche Begründung des Mieterhöhungsverlangens stellt nämlich grundsätzlich einen materiellen Fehler dar.[109]

143 Der Mieter kann seine Annahmeerklärung hinsichtlich der Mietabänderungsvereinbarung anfechten, wenn er zu ihrer Abgabe durch eine arglistige Täuschung durch den Vermieter bestimmt wurde.[110] Dagegen ist ein Widerruf gem. §§ 312g, 355 BGB ausgeschlossen.[111]

Praxistipp:
Wichtig ist es, dem Mietermandanten zu erläutern, dass er ausschließlich der Mieterhöhung, also der erhöhten Miete zustimmt, nicht dagegen der Begründung des Mieterhöhungsverlangens. Die oft geführte Diskussion, ob etwa die vom Vermieter beschriebene Wohnlage so gut ist wie dargestellt, erübrigt sich, wenn die Mieterhöhung auch bei Zugrundelegung einer normalen, mittleren Wohnlage berechtigt wäre.

144 Das Gesetz sieht für die Zustimmung **keine Form** vor, die Zustimmung kann daher ausdrücklich (schriftlich oder mündlich) oder konkludent erfolgen.[112]

145 Grundsätzliche besteht kein Anspruch auf Erteilung einer schriftlichen Zustimmung, selbst bei Vorhandensein einer Schriftformklausel im Mietvertrag. Ob eine solche Klausel gem. § 307 BGB wirksam wäre, ist sowieso fraglich.[113]

146 Strittig ist allerdings, ob der Vermieter gegen den Mieter ein Anspruch auf schriftliche Zustimmung hat, wenn es sich um einen Mietvertrag handelt, der wirksam für länger als ein Jahr abgeschlossen wurde, § 550 BGB.

147 Nach diesseits vertretener Auffassung ist eine nicht die Schriftform beachtende Zustimmungserklärung des Mieters wirksam und führt zur Änderung des Mietvertrages in dem maßgeblichen Umfang. Eine bestimmte Form der Zustimmung kann nicht verlangt werden, da dies gegen § 558b Abs. 4 BGB verstößt.

---

108 Schmidt-Futterer/Börstinghaus BGB § 558b Rn. 11.
109 Schmidt-Futterer/Börstinghaus BGB § 558b Rn. 12.
110 Schmidt-Futterer/Börstinghaus BGB § 558b Rn. 12a.
111 BGH NZM 2018, 1011.
112 BGH NZM 2018, 279; Schmidt-Futterer/Börstinghaus BGB § 558b Rn. 21.
113 BGH NZM 2018, 279; Schmidt-Futterer/Börstinghaus BGB § 558b Rn. 19.

Würde der Vermieter trotz mündlicher oder konkludent erteilter Zustimmung den Mieter auf **schriftliche** Zustimmung verklagen, läuft er Gefahr, wegen fehlenden Rechtsschutzbedürfnisses abgewiesen zu werden. Ob eine Klage auf schriftliche Zustimmung ein hinreichendes Rechtsschutzbedürfnis hat, wenn die Klage nur wegen der Einhaltung des Formerfordernisses des § 550 BGB geführt wird, erscheint äußerst fraglich, da die Mietänderung durch die mündlich oder konkludent abgegebene Zustimmungserklärung des Mieters ja eingetreten ist. 148

Zwar mag es sein, dass durch die fehlende schriftliche Zustimmung die nachteilige Rechtsfolge des § 550 BGB, nämlich Umwandlung eines befristeten Mietverhältnisses in ein unbefristetes Mietverhältnis, eintritt, jedoch ist in diesen Fällen der Vermieter nicht schutzlos. 149

Es verstößt regelmäßig gegen Treu und Glauben, wenn der Mieter unter Berufung auf den von ihm veranlassten Formmangel nunmehr kündigt.[114] Dies kann allerdings nur dann gelten, wenn der Vermieter den Mieter ausdrücklich und unmissverständlich aufgefordert hat, dem Mieterhöhungsverlangen schriftlich zuzustimmen. Dies bedeutet auch, dass der Vermieter den Mieter, im Falle der formlosen Zustimmung zur Mieterhöhung, noch einmal ausdrücklich auf die Notwendigkeit der Schriftform für die Zustimmungserklärung hinweist. Das Formerfordernis der Zustimmungserklärung des Mieters ist, wenn der Mietvertrag wegen § 550 BGB der Form des § 126 BGB unterfällt, nur dann gewahrt, wenn die Parteien ihre Willensäußerungen in der gleichen Urkunde dokumentiert haben. Deshalb müssen grundsätzlich beide Vertragsparteien eine Vereinbarung unterzeichnen, in der die Vertragsänderung (Mieterhöhung) festgehalten ist.[115] Es genügt aber auch, wenn jede Partei die für die andere Partei bestimmte Urkunde unterzeichnet. Nicht ausreichend ist deshalb die Unterzeichnung einer isolierten „Zustimmungserklärung“, in welcher der Mieter einer Mieterhöhung zustimmt, ohne dass in dieser Erklärung auch die Willenserklärung des Vermieters enthalten ist. Anders ist es dann, wenn der Mieter dem Vermieter ein Exemplar des Mieterhöhungsverlangens zurückschickt und auf diesem Exemplar befindet sich die Zustimmung des Mieters. Dann reicht es aus, wenn das vom Vermieter unterschriebene Exemplar beim Mieter verbleibt und die vom Mieter unterschriebene Durchschrift zum Vermieter gelangt.[116] 150

Ausnahmsweise kann die Zustimmung auch durch **konkludentes Verhalten** erfolgen, jedoch nur, wenn der Vermieter aus einem bestimmten Verhalten den Schluss ziehen kann, dass der Mieter die verlangte Zustimmungserklärung damit abgeben wollte. Ob das Verhalten als konkludente Willenserklärung zu verstehen ist, ist durch Auslegung zu ermitteln, ausgehend von den konkreten Umständen des Einzelfalles. Hierbei ist insbesondere zu prüfen, ob aus dem Verhalten des Mieters der Schluss auf einen Rechtsbindungswillen gezogen werden kann. Die stärkste Form des konkludenten Verhaltens ist die vorbehaltlose Zahlung der erhöhten Miete. Hat der Vermieter den Mieter ausdrücklich aufgefordert, einer Mieterhöhung zuzustimmen und zahlt der Mieter dann, ohne zuvor sein Einverständnis ausdrücklich erklärt zu haben, die erhöhte Miete, dann weiß der Mieter, dass er rechtsgeschäftlich tätig wird, da er ja zur Zustimmung aufgefordert wurde. Der Vermieter darf aus der Sicht eines objektiven Empfängers bereits **eine einzige Zahlung** als Zustimmung verstehen. Es wird allerdings auch vertreten, dass erst bei mehrmaliger vorbehaltloser Zahlung von einer konkludenten Zustimmung auszugehen ist.[117] 151

Da die **Klagefrist** für den Vermieter nach § 558b Abs. 3 S. 2 BGB drei Monate nach Ablauf der Zustimmungsfrist für den Mieter abläuft, kann der Vermieter also drei Fälligkeitstermine abwarten, bevor er sich entscheiden muss, ob er die Zustimmungs- 152

[114] OLG München NJW-RR 1996, 654.
[115] BGH NJW 2001, 221.
[116] Schmidt-Futterer/Börstinghaus BGB § 558b Rn. 22.
[117] Vgl. hierzu Rechtsprechungsübersicht bei Schmidt-Futterer/Börstinghaus BGB § 558b Rn. 28.

klage erhebt. Zahlt der Mieter in dieser Zeit die erhöhte Miete vorbehaltlos, ist damit die Zustimmung erteilt.

153 Dagegen liegt keine konkludente Zustimmung vor, wenn der Vermieter von einer Einzugsermächtigung Gebrauch macht und die erhöhte Miete einzieht. Schweigt der Mieter hierauf, so ist dies ausdrücklich nicht als Zustimmung zu verstehen.[118]

Praxistipp:

Wegen des ansonsten bestehenden großen Haftungsrisikos hat insbesondere der den Vermieter vertretende Anwalt auf die Einhaltung des Schriftformerfordernisses zu achten. Ist also der Mietvertrag zwischen den Parteien für eine längere Zeit als ein Jahr abgeschlossen (Zeitmietvertrag, Kündigungsausschluss), ist bei einem Mieterhöhungsverfahren darauf zu achten, dass durch die Zustimmung des Mieters das Schriftformerfordernis eingehalten wird. Weigert sich der Mieter, hieran mitzuwirken, ist der Mandant unbedingt über die unklare Rechtslage aufzuklären. Um den sichersten Weg zu wählen, wird man dem Mandanten empfehlen müssen, den Mieter auf schriftliche Zustimmung zur Mieterhöhung zu verklagen, allerdings mit dem ausdrücklichen Hinweis darauf, dass die Klage wegen fehlendem Rechtsschutzbedürfnis abgewiesen werden kann.

154 *aa) Zustimmung unter einer Bedingung.* Die Zustimmung des Mieters auf das Mietererhöhungsbegehren ist bedingungsfeindlich. Erteilt der Mieter die Zustimmung unter einer Bedingung, etwa der Beseitigung von Mängeln, ist die erteilte Zustimmung nichtig. Erfolgt die Zustimmung unter einem Vorbehalt oder „ohne Anerkennung einer Rechtspflicht", so bedarf die Erklärung der Auslegung. Ergibt die Auslegung, dass die Zustimmung nur gelten soll, wenn weitere Umstände oder Ereignisse eintreten, fehlt eine wirksame Zustimmung. Allerdings enthält die Zustimmung mit Einschränkungen selbst ein neues wirksames Angebot auf Abschluss eines Mietänderungsvertrages, welches der Vermieter annehmen oder ablehnen kann. Lehnt er ab, muss er den gesamten Zustimmungsanspruch im Klagewege geltend machen.[119]

155 *bb) Teilweise Zustimmung.* Der Mieter kann dem Mieterhöhungsbegehren des Vermieters auch **teilweise** zustimmen. War das Mieterhöhungsbegehren formell nicht zu beanstanden, ist durch die Teilzustimmung die teilweise Mieterhöhung unabhängig vom Willen des Vermieters eingetreten, die allgemeine Regelung des § 150 Abs. 2 BGB, wonach eine Annahme oder Einschränkung als Ablehnung verbunden mit einem neuen Angebot zu betrachten ist, gilt hier nicht. An die Teilzustimmung ist der Mieter gebunden.

156 Besteht der Vermieter darauf, dass der Mieter in die begehrte volle Mieterhöhung einwilligt, muss er innerhalb der Klagefrist von drei Monaten klagen. Unterlässt er dies, ist eine Vertragsänderung über den Teilbetrag zustande gekommen, der Vermieter ist durch die Sperrfrist des § 558 BGB ein Jahr von der Abgabe eines neuen Mieterhöhungsbegehrens ausgeschlossen.

157 Hat der Vermieter in seinem Zustimmungsverlangen stillschweigend eine **Änderung der vereinbarten Mietstruktur** beispielsweise von einer Inklusiv Miete auf Nettokaltmiete bei Umlegung der Betriebskosten, soweit sie für die Wohnung anfallen, vorgenommen, so soll in der Zustimmung des Mieters zugleich auch eine vertragliche Änderung der Mietstruktur liegen, der Mieter wird auf die Anfechtung seiner Zustimmung wegen Inhaltsirrtums verwiesen.[120] Dies erscheint bedenklich. Der Vermieter, der stillschweigend eine Mieterhöhung abgibt, in welcher er bewusst nicht von der vereinbarten Mietstruktur ausgeht, handelt unredlich, er gibt eine unwirksame Mieterhöhungserklärung ab. Der Mieter, der bei Lesen des Mieterhöhungsbegehrens feststellt, dass die Mietstruktur geändert wurde, kann ablehnen. Der Mieter, der den Versuch der

[118] Schmidt-Futterer/Börstinghaus BGB § 558b Rn. 31.
[119] Schmidt-Futterer/Börstinghaus BGB § 558b Rn. 13.
[120] Schmidt-Futterer/Börstinghaus BGB § 558b Rn. 44.

stillschweigenden Änderung der Mietstruktur nicht erkennt und ausdrücklich oder konkludent zustimmt, wird durch die Zustimmung nicht gebunden. Da das Mieterhöhungsbegehren unwirksam war, tritt keine Änderung der Miete gem. § 558 BGB ein. Das unwirksame Mieterhöhungsbegehren kann jedoch aufzufassen sein als Antrag auf Abänderung des Mietvertrages, einmal hinsichtlich der Mietstruktur, zum anderen hinsichtlich der Höhe der Miete.

Der arglose Mieter, der, ohne zu erkennen, dass die Mietstruktur geändert werden 158
soll, zustimmt, schließt jedoch keinen Abänderungsvertrag gem. § 311 Abs. 1 BGB ab, da ihm das Erklärungsbewusstsein für die Abgabe einer derartigen Willenserklärung fehlt, es liegt ein Einigungsmangel vor. Erkannten weder Vermieter noch Mieter, dass das Zustimmungsbegehren zusätzlich eine Änderung der Mietstruktur enthält, scheitert ein Abänderungsvertrag gemäß § 311 Abs. 1 BGB an einem beiderseitigen Einigungsmangel. Stimmt **von mehreren Mietern nur einer** dem Mieterhöhungsverlangen zu, gilt dies als **Ablehnung,** der Vermieter muss klagen.

b) Zustimmungsfrist. Der Mieter kann die Zustimmung jederzeit ab Zugang des 159
Mieterhöhungsverlangens erteilen, und zwar bis Ablauf der Klagefrist.[121] Gemäß § 558b Abs. 2 S. 1 BGB steht dem Mieter eine Überlegungs-Zustimmungsfrist von **zwei Monaten** nach dem Zugang des Mieterhöhungsverlangens zu. Der Vermieter ist nicht gehindert eine Mieterhöhung erst mit Wirkung zu einem späteren Zeitraum als in § 558b Abs. 1 BGB bestimmt ist, geltend zu machen.[122] Erhebt der Vermieter vor Ablauf der zwei Monate Klage und stimmt der Mieter noch innerhalb der Überlegungsfrist von zwei Monaten zu, trägt der Vermieter die Kosten des Rechtsstreits.

c) Schweigen des Mieters. Reagiert der Mieter auf das Mieterhöhungsbegehren nicht, 160
schweigt er und zahlt auch den Erhöhungsbetrag nicht, verweigert er die Zustimmung. Will der Vermieter die Mieterhöhung durchsetzen, muss er klagen.

d) Sonderkündigungsrecht des Mieters. Mit Zugang des Mieterhöhungsbegehrens 161
beim Mieter steht diesem gem. § 561 Abs. 1 BGB ein Sonderkündigungsrecht zu. Gemäß § 561 BGB kann er bis zum Ablauf des zweiten Monats ab Zugang des Mieterhöhungsbegehrens außerordentlich zum Ablauf des übernächsten Monats kündigen. Macht er hiervon Gebrauch, tritt die Mieterhöhung nicht ein, § 561 Abs. 1 S. 2 BGB.

Beispiel:
Das Mieterhöhungsbegehren gem. § 558 BGB geht dem Mieter im September 2018 zu. Der Mieter kann dann bis zum Ablauf der Überlegungsfrist, 30.11.2018, das Mietverhältnis zum 31.1.2019 kündigen.

Die Ausübung des Sonderkündigungsrechts des § 561 BGB setzt nicht voraus, dass 162
das Mieterhöhungsbegehren des Vermieters wirksam war. Des Weiteren ändert sich an der einmal ausgesprochenen Kündigung des Mieters nichts, wenn der Vermieter das Mieterhöhungsverlangen zurücknimmt.[123]

5. Gerichtsverfahren

a) Zuständiges Gericht. Streitigkeiten zwischen den Parteien eines Mietverhältnisses 163
über Wohnraum sind gem. § 23 Abs. 2a GVG ohne Rücksicht auf den Streitwert dem Amtsgericht, gem. § 29a ZPO dem **Amtsgericht** zugewiesen, in dessen **Bezirk sich der Wohnraum befindet.**

b) Klage/Klageantrag. Lehnt der Mieter die Zustimmung der Mieterhöhung aus- 164
drücklich ab oder schweigt er bis zum Ablauf der Überlegungsfrist von 2 Monaten, muss der Vermieter gem. § 558b Abs. 2 S. 2 BGB innerhalb **dreier weiterer Monate** ab Ablauf der zweimonatigen Überlegungsfrist **Klage** erheben, will er seinen Anspruch auf Zustimmung nicht verlieren. Die Klage muss von allen Vermietern gegen alle Mieter gerichtet sein.

---

121 Schmidt-Futterer/Börstinghaus BGB § 558b Rn. 16.
122 BGH NZM 2013, 853.
123 Schmidt-Futterer/Börstinghaus BGB § 561 Rn. 12.

165 *aa) Klägerseite.* Sind Eigentümer und Vermieter **personenverschieden**, muss der Vermieter das Mieterhöhungsbegehren abgeben, er muss auch die **Zustimmungsklage** erheben.

166 Ist der Eigentümer zugleich Vermieter und tritt Zwangsverwaltung ein, muss der **Zwangsverwalter** das Mieterhöhungsbegehren abgeben sowie Zustimmungsklage erheben. Die Klage des Eigentümers wäre unzulässig.

167 Tritt nach Zugang des Mieterhöhungsbegehrens auf Vermieterseite **Rechtsnachfolge** ein, so tritt der Erwerber auch in die Rechte aus dem Mieterhöhungsverlangen ein.[124] Die Klage des ausgeschiedenen Vermieters kann die Klagefrist nicht mehr unterbrechen, da er nicht mehr Inhaber des Anspruchs ist.[125] Der Erwerber des Grundstücks tritt in das vom Veräußerer in Gang gesetzte Zustimmungsverfahren ein, der Erwerber tritt als Kläger auf, es handelt sich um einen Parteiwechsel und nicht um eine Parteiberichtigung.[126] Bei einem Parteiwechsel unterbricht die Klage die Klagefrist von 3 Monaten nur dann, wenn entweder die Klagefrist zum Zeitpunkt des Parteiwechsels noch nicht abgelaufen war oder, wenn die Klagefrist durch die Erhebung der Klage des ausgeschiedenen Vermieters bereits unterbrochen worden war. Dies jedoch ist nur dann der Fall, wenn der ausgeschiedene Vermieter zum Zeitpunkt der Zustellung der Klage noch im Grundbuch als Eigentümer eingetragen war.[127] Es wird allerdings auch vertreten, dass der veräußernde Vermieter, der ein Mieterhöhungsverlangen gemäß § 558a BGB gestellt hat, im anschließenden Zustimmungsprozess aktivlegitimiert bleibt, selbst wenn er während der Rechtshängigkeit des Prozesses sein Eigentum durch Eigentumsumschreibung verliert.[128]

168 *bb) Beklagtenseite.* Die Klage muss **gegen alle Mieter** gerichtet werden. Entscheidend ist die Mieterposition im Zeitpunkt der Zustellung der Klage. Ist der Mieter nach Zugang des Mieterhöhungsbegehrens verstorben, so ist die Klage gegen den Rechtsnachfolger zu richten, also entweder gegen den eintretenden Mieter, § 563 BGB, den überlebenden Mieter, § 563a BGB, oder gegen den Erben des Mieters, § 564 BGB. Im letztgenannten Fall kann es gegebenenfalls erforderlich sein, einen Nachlasspfleger zu bestellen.[129]

169 Bei **Personenmehrheit** auf Mieterseite liegt **gesamthänderische Bindung** der Mieter vor, die Entscheidung gegen die Mieter kann nur einheitlich erfolgen, die Mieter sind im Rechtsstreit **notwendige Streitgenossen** iSd § 62 Abs. 1 Alt. 2 ZPO.[130] Daran ändert es nichts, wenn ein Mieter vorprozessual bereits der Mieterhöhung zugestimmt hat. Auch er muss mitverklagt werden, da die Entscheidung einheitlich gegen alle erfolgen muss.

170 *cc) Klageantrag.* Der Klageantrag ist im Falle des § 558 BGB **auf Zustimmung zu einer Erhöhung** gerichtet, somit auf **Abgabe einer Willenserklärung.**[131] Mit Rechtskraft des Urteils ist die Willenserklärung des Mieters abgegeben, § 894 ZPO.

Formulierungsvorschlag für eine Zustimmungsklage/Antrag gegen mehrere Beklagte:

171 Die Beklagten werden zur gesamten Hand verurteilt, einer Erhöhung der monatlichen Miete für die von ihnen bewohnte Wohnung im Hause Vorgebirgsstr. 35, 50677 Köln auf ...... EUR zzgl. Betriebskosten- und Heizkostenvorauszahlungen wie bisher mit Wirkung ab ...... zuzustimmen.

172 Unzulässig ist die Klagehäufung von Zustimmungsklage und Zahlungsklage oder auch die Erhebung einer Stufenklage. Nur ausnahmsweise könnte die gleichzeitig mit

[124] LG Kassel NJWE-MietR 1996, 222.
[125] KG NJWE-MietR 1997, 170.
[126] KG NJWE-MietR 1997, 170.
[127] Schmidt-Futterer/Börstinghaus BGB § 558b Rn. 57.
[128] LG Köln NZM 2002, 288.
[129] Schmidt-Futterer/Börstinghaus BGB § 558b Rn. 60.
[130] BGH NJW 2004, 1797.
[131] Schmidt-Futterer/Börstinghaus BGB § 558b Rn. 63.

der Zustimmungsklage erhobene Zahlungsklage erstmals in der Berufungsinstanz zulässig werden, wenn zuvor der Mieter erstinstanzlich rechtskräftig zur Zustimmung verurteilt wurde.[132]

c) **Klagefrist.** Gemäß § 558 Abs. 2 S. 2 BGB schließt sich an die Zustimmungsfrist von zwei Monaten die Klagefrist von drei Monaten. Die Klagefrist ist eine Ausschlussfrist, eine Wiedereinsetzung nach Versäumung der Klagefrist ist nicht möglich. § 167 ZPO (Einhaltung der Klagefrist bei „demnächster Zustellung") ist anwendbar. 173

d) **Darlegung, Darlegungslast.** Zu einer schlüssigen Klage gehört der Vortrag aller Tatsachen zur Erfüllung der Voraussetzungen der §§ 258 ff. ZPO wie: 174

- Vorliegen eines Wohnraummietvertrages,
- Behauptung, dass die Miete ein Jahr unverändert ist,
- Zugang des Mieterhöhungsbegehrens,
- Vortrag, dass keine Zustimmung erfolgte,
- Vortrag der Höhe der Miete drei Jahre vor Wirksamwerden der erhöhten Miete,
- Behauptung, dass die ortsübliche Vergleichsmiete der geltend gemachten Miete entspricht,
- Tatsachenvortrag zu den in § 558 Abs. 2 BGB aufgeführten Merkmalen wie Art, Größe, Ausstattung, Beschaffenheit sowie Lage,
- Vortrag, dass bei Verwendung eines anderen Begründungsmittels als des qualifizierten Mietspiegels der entsprechende Wert des qualifizierten Mietspiegels im Mieterhöhungsbegehren angegeben wurde,
- Ggf. Vortrag, dass die Werte des qualifizierten Mietspiegels die ortsübliche Vergleichsmiete nicht wiedergeben.

Dem **Vermieter** obliegt die Darlegungs- und Beweislast hinsichtlich der klagebegründenden Tatsachen sowie für die Behauptung, dass die Vermutungswirkung des § 292 ZPO hinsichtlich der Werte des qualifizierten Mietspiegels nicht zutrifft, der qualifizierte Mietspiegel die ortsübliche Vergleichsmiete nicht wiedergibt, die Mieten vielmehr höher liegen. 175

Dem **Mieter** obliegt demgegenüber im Rechtsstreit die Darlegungs- und Beweislast für Behauptungen wie: 176

- Einbauten sowie Wohnwertverbesserung seien auf eigene Kosten vorgenommen
- Vermieter versuche, die Mietstruktur durch Mieterhöhungsbegehren und Rechtsstreit zu ändern.
- die Werte des qualifizierten Mietspiegels lägen zu hoch, die ortsübliche Vergleichsmiete liege unter den Werten.

Der Mieter ist in jedem Falle gehalten, substantiiert vorzutragen. Dies ist dann nicht der Fall, wenn er die vom Vermieter vorgetragene Wohnfläche der gemieteten Wohnung einfach bestreitet, ohne eigene positive Angaben über die Größe der Wohnung und seine Bemühungen, diese Größe festzustellen.[133] 177

Während des Rechtsstreits ist eine **Ergänzung oder Berichtigung** des Erhöhungsverlangens möglich. Liegt ein unwirksames Erhöhungsverlangen vor, kann der Vermieter dieses im Rechtsstreit nachholen § 558b Abs. 3 BGB, d.h. er kann ein neues Mieterhöhungsbegehren abgeben. Stimmt der Mieter dem im Prozess nachgeholten neuen Erhöhungsverlangen innerhalb der neu angelaufenen Zustimmungsfrist zu, trägt der Vermieter gem. § 91a ZPO die Kosten des Verfahrens, da der Mieter zur Klage keine Veranlassung gegeben hat. Dies ist auch dann nach §§ 91a, 93 ZPO der Fall, wenn der Mieter nach Ablauf der im Prozess laufenden Zustimmungsfrist, jedoch bis zur letzten mündlichen Verhandlung zugestimmt hat. Die Jahreswartefrist des § 558 Abs. 1 BGB muss nicht eingehalten werden, wenn der Mieter auf Grund eines teilweise wirksamen Erhöhungsverlangens im ersten Rechtszug verurteilt worden ist, der Erhöhung der 178

[132] BGH NZM 2005, 582.
[133] BGH NZM 2017, 435.

Miete auf einen geringeren als den vom Vermieter verlangten Betrag zuzustimmen und ein Mieterhöhungsbegehren im Berufungsverfahren nachgeholt wurde.

179 e) **Beweislast, Beweisaufnahme.** Im Rechtsstreit auf Zustimmung gem. §§ 558 ff. BGB gelten die **allgemeinen Beweisregeln der ZPO.** Das Gericht kann sich daher aller in der ZPO vorgesehenen Beweismittel zur Ermittlung der ortsüblichen Vergleichsmiete bedienen, damit es dann im Rahmen der freien Beweiswürdigung gem. § 286 ZPO entscheiden kann, ob die verlangte Miete die ortsüblichen Entgelte übersteigt oder nicht.[134]

180 Beschließt das Gericht die Einholung eines **Sachverständigengutachtens,** obliegt die Auswahl des Sachverständigen gemäß § 404 ZPO dem Prozessgericht. An das Sachverständigengutachten im Rechtsstreit sind höhere Anforderungen zu stellen als an das Gutachten als Begründungsmittel gemäß § 558 BGB. Der Gutachter muss im Gutachten zunächst erkennen lassen, dass er vom richtigen Begriff der ortsüblichen Vergleichsmiete ausgeht. Er muss darlegen, wie sich für vergleichbare Wohnungen die Mieten der letzten 6 Jahre entwickelt haben und zwar die Mieten bei Neuabschlüssen sowie die Mieten bestehender Mietverhältnisse durch Erhöhung.[135] Das Gutachten muss repräsentative Daten enthalten. Sofern die Gemeinde über einen Mietspiegel verfügt, muss sich das Gutachten mit den Mietspiegelwerten auseinandersetzen. Inwieweit der Gutachter die zugrunde liegenden Befundtatsachen im Gutachten angeben muss, hängt von den Umständen des Einzelfalls ab; der Umfang der Offenbarungspflicht hängt von der Qualität, der Nachvollziehbarkeit des Gutachtens ab.[136]

181 Gibt es in der Gemeinde einen **qualifizierten Mietspiegel,** der gem. den § 558d Abs. 1 und 2 BGB errichtet, anerkannt und fortgeschrieben ist, gilt im Prozess die – **widerlegbare – Vermutung,** dass die Entgelte des qualifizierten Mietspiegels die ortsübliche Vergleichsmiete wiedergeben. Bestätigen die Werte eines qualifizierten Mietspiegels den Klägervortrag hinsichtlich der Höhe der ortsüblichen Vergleichsmiete, bedarf es keiner weiteren Beweiserhebung über die Höhe der ortsüblichen Vergleichsmiete.

182 Bestreitet jedoch der Mieter die Richtigkeit des qualifizierten Mietspiegels, behauptet er, die ortsübliche Vergleichsmiete liege unter den Werten des qualifizierten Mietspiegels, muss das Gericht Beweis erheben, ob die Werte des qualifizierten Mietspiegels die ortsübliche Vergleichsmiete enthalten. Die Darlegungs- und Beweislast hat der Mieter. Behauptet demgegenüber der Vermieter, die Mietspiegelwerte des qualifizierten Mietspiegels seien zu niedrig, die ortsübliche Vergleichsmiete liege hierüber, bedarf es wiederum der Beweisaufnahme, die Darlegungs- und Beweislast obliegt dem Vermieter. Zu beachten ist, dass die Richtigkeitsvermutung des qualifizierten Mietspiegels so weit geht, dass im Prozessfall das Gericht gem. § 287 ZPO die ortsübliche Vergleichsmiete schätzen darf, wenn sich die Mieterhöhung innerhalb der Spannen bewegt und die Kosten eines Sachverständigengutachtens außer Verhältnis zu der begehrten Mieterhöhung stehen.[137]

183 f) **Beendigung des Verfahrens.** *aa) Durch Urteil.* Endet das Verfahren durch Urteil und obsiegt der Vermieter, ist mit **Rechtskraft des Urteils gem. § 894 ZPO** die vom Mieter verweigerte Willenserklärung – **Zustimmung in die Mieterhöhung** – ersetzt, die Zustimmung ist erteilt. Gemäß § 569 Abs. 3 BGB muss der Mieter binnen zwei Monaten nach Rechtskraft des Urteils die Rückstände, die durch die Mieterhöhung gem. § 558 BGB entstanden sind, ausgleichen, um – sofern die Rückstände die Summe von zwei Monatsmieten ausmachen – eine fristlose außerordentliche Kündigung zu vermeiden.

184 Zahlt der Mieter nach Rechtskraft des Zustimmungsurteils die zwischenzeitlich aufgelaufenen Rückstände nicht, muss der Vermieter, um einen Zahlungstitel zu erwirken, im Wege der **Leistungsklage auf Zahlung** klagen. In diesem Rechtsstreit kann der Mieter – sofern er gem. § 536c BGB Mängel gerügt hat – die Mängel in den Zahlungsrechtsstreit einführen, um eine Minderung der Miete zu erreichen. Dies ist bis zur Höhe der

[134] Schmidt-Futterer/Börstinghaus BGB § 558b Rn. 97.
[135] Schmidt-Futterer/Börstinghaus BGB § 558b Rn. 102.
[136] BGH NZM 2013, 610; Schmidt-Futterer/Börstinghaus BGB § 558b Rn. 105.
[137] BGH NZM 2013, 610.

eingetretenen Mieterhöhung sogar dann möglich, wenn der Mieter durch vorbehaltslose Zahlung der Miete trotz Vorliegens von Mängeln das Minderungsrecht verloren haben sollte. Zu beachten ist, dass dem Vermieter für die Zeit zwischen Wirksamwerden der Mieterhöhung und rechtskräftiger Entscheidung kein Anspruch auf Zahlung von Verzugszinsen wegen des Mietdifferenzbetrages zusteht. Dies folgt daraus, dass der Mieter erst mit Rechtskraft des Zustimmungsurteils in Verzug kommt.[138]

bb) Durch Vergleich. Auch im Zustimmungsprozess gem. § 558 BGB gilt die Dispositionsmaxime, so dass es den Parteien freisteht, zu jedem Zeitpunkt den Rechtsstreit durch einen **gerichtlichen oder außergerichtlichen Vergleich** zu beenden. Hierbei ist weder die Jahressperrfrist noch die Kappungsgrenze oder die Begrenzung auf die ortsübliche Vergleichsmiete zu beachten.[139] Allerdings darf auch ein gerichtlicher Vergleich nicht gegen ein gesetzliches Verbot verstoßen, so dass Mietvereinbarungen, welche gegen § 5 WiStG oder § 291 StGB verstoßen, unwirksam sind.[140] 185

Die Schonfrist des § 569 Abs. 3 BGB gilt für einen Zahlungsrückstand auf Grund eines gerichtlichen Vergleichs nicht.[141] Der Mieter kann jedoch, hinsichtlich der Fälligkeit des Rückstandes wie auch hinsichtlich der Vereinbarung einer Schonfrist, eine entsprechende Regelung wie in § 569 Abs. 3 BGB, im Vergleich treffen. 186

Vom Wortlaut des Vergleiches hängt es ab, ob er **vollstreckbar** ist. Verpflichtet sich der Mieter im Vergleich lediglich, einer Mieterhöhung zuzustimmen, bedarf es auch hier einer neuen Klage, um einen Leistungstitel auf Zahlung zu erwirken. 187

g) Streitwert. Für den **Gebührenstreitwert** eines Mieterhöhungsverfahrens gem. § 558 BGB enthält das Gesetz in § 41 Abs. 5 GKG eine ausdrückliche Regelung. Danach ist maßgebend höchstens der Jahresbetrag der zusätzlich geforderten Miete. 188

Hiervon zu unterscheiden ist der **Rechtsmittelstreitwert.** Die Frage, ob gegen ein Urteil ein Rechtsmittel möglich ist, bestimmt sich, abgesehen vom Ausnahmefall der Divergenzberufung gem. § 511 Abs. 2 Nr. 1 ZPO danach, ob der Wert des Beschwerdegegenstandes 600 EUR übersteigt. Maßgeblicher Zeitpunkt für die Feststellung des Rechtsmittelstreitwertes ist der Zeitpunkt der Rechtsmitteleinlegung. Für die Berechnung kommt es auf der Vermieterseite darauf an, ob und inwieweit die angegriffene Entscheidung vom letzten Antrag in der letzten mündlichen Verhandlung abweicht. Auf Beklagtenseite ist für die materielle Beschwer die Frage maßgeblich, inwieweit der Mieter durch die Entscheidung tatsächlich benachteiligt ist. 189

Der Rechtsmittelstreitwert für Zustimmungsklagen bemisst sich nach heute wohl ganz herrschender Auffassung in entsprechender Anwendung des § 9 ZPO auf das zweiundvierzigfache des Erhöhungsbetrages.[142] 190

6. Rechtsanwaltsvergütung

Ist der Anwalt mit der Erstellung des Mieterhöhungsverlangens beauftragt, ist es umstritten, ob sich der Streitwert nach dem Jahresbetrag der Erhöhung gemäß § 41 Abs. 5 GKG oder nach dem dreifachen Jahresbetrag nach § 25 KostO bemisst. Für letztgenannte Auffassung spricht, dass die höhere Bewertung der anwaltlichen Tätigkeit für das Mieterhöhungsverlangen sich daraus rechtfertigt, dass der Rechtsanwalt verschiedene Erhöhungsmöglichkeiten prüfen und abwägen muss, sodass seine Tätigkeit weitreichender ist als bei der bloßen Forderung auf Zustimmung zu einer konkret bereits veranlassten Mieterhöhung. Dies sollte sich im Gegenstandswert niederschlagen.[143] 191

[138] BGH NZM 2005, 496.
[139] Schmidt-Futterer/Börstinghaus BGB § 558b Rn. 141.
[140] Schmidt-Futterer/Börstinghaus BGB § 558b Rn. 141.
[141] Schmidt-Futterer/Börstinghaus BGB § 558b Rn. 143.
[142] BGH NZM 2004, 617.
[143] Lützenkirchen/Schneider N Rn. 356.

192 Es fällt eine **Geschäftsgebühr** an nach VV 2300 RVG. Inwieweit der Gebührenrahmen ausgeschöpft wird, ist eine Frage des Einzelfalls, jedoch dürfte ein **Gebührenansatz von 1,3** an sich immer angemessen sein. Die Geschäftsgebühr braucht auf das spätere Zustimmungsverfahren bei Gericht nicht angerechnet werden, weil es sich hierbei nicht um denselben Gegenstand handelt.[144]

193 Im **gerichtlichen Zustimmungsverfahren** richten sich die Gebühren nach den Gebührenziffern 3100 Verfahrensgebühr, 3104 Terminsgebühr und gegebenenfalls 1003 Einigungsgebühr. Streitwert ist der Jahresbetrag der Erhöhungsbeträge gemäß § 41 Abs. 5 GKG.

III. Mieterhöhung nach §§ 559, 559a, 559b, 559c und § 559e BGB

1. Einleitung

194 Der Gesetzgeber ist bei der Problematik, inwieweit ein Vermieter die Miete erhöhen kann, vom **Grundgedanken der Vertragsfreiheit** ausgegangen. Demnach können und sollen sich die Mietvertragsparteien über die Höhe des Mietzinses einvernehmlich einigen. Folgerichtig ist daher zB in §§ 558 ff. BGB auch nicht die einseitige Durchsetzbarkeit einer Mieterhöhung durch den Vermieter geregelt, sondern der Mieterhöhung ein **sog. „Zustimmungsverfahren"** vorangestellt worden. Gleichwohl hat der Gesetzgeber dem Vermieter in §§ 559 ff. BGB ein Instrumentarium an die Hand gegeben, das im Mieterhöhungssystem des freien Wohnungsbaus eine Ausnahmestellung einnimmt.[145] Die §§ 559 ff. BGB geben dem Vermieter nach der Durchführung von Modernisierungsmaßnahmen die Möglichkeit, eine bestimmte Mieterhöhung, die zu den Kosten der Modernisierungsmaßnahmen ins Verhältnis gesetzt wird, einseitig durchzusetzen.

195 Dieser **Ausnahmecharakter** wird noch dadurch verstärkt, dass hier nicht nur die Möglichkeit gewährt wird, die Miete an die durchschnittliche Miete für vergleichbaren modernisierten Wohnraum anzupassen, sondern dass eine an den Kosten der Modernisierungsmaßnahmen orientierte Mieterhöhung durchgesetzt werden kann.[146] Der Vermieter kann insoweit die jährliche Miete um grundsätzlich 8 % der für die Wohnraummodernisierung aufgewandten Kosten erhöhen.

196 a) **Normzweck.** Der Gesetzgeber verfolgt mit den Regelungen in §§ 559, 559a, 559b und 559c BGB den Zweck, dem Vermieter, der **Verbesserungen** an dem vermieteten Wohnraum durchgeführt und damit seinen vertraglichen Leistungsumfang verbessert bzw. erweitert hat, die Möglichkeit einzuräumen, auch die Gegenleistung an diese Verbesserungen anzupassen. Zumindest im Kern dient die Norm damit auch der **Wiederherstellung des Äquivalenzprinzips** von Leistung und Gegenleistung. Die einseitige Mieterhöhungsmöglichkeit nach §§ 559 ff. BGB stellt insoweit einen Ersatz für die aus Gründen des Mieterschutzes unzulässige Änderungskündigung dar.[147] Damit dienen die §§ 559 ff. BGB einerseits der **Förderung der Modernisierung von Altbauten,** dh dem Eigentümer soll ein finanzieller Anreiz gegeben werden, Altbaumodernisierungen durchzuführen, andererseits soll der Vermieter aber auch dazu angehalten werden, einen **sparsameren Umgang mit Heizenergie und Wasser** zu veranlassen.[148] Zuletzt darf nicht übersehen werden, dass die Regelungen in den §§ 559 ff. BGB auch eine **Schutzfunktion für den Mieter** erfüllen, denn ein Vermieter kann nur, wenn die Voraussetzungen der §§ 559 ff. BGB vorliegen, eine Kostenbeteiligung des Mieters über die Mieterhöhung erreichen und hat selbstverständlich gem. § 559a BGB bestimmte Finanzierungszuschüsse zu Gunsten des Mieters zu berücksichtigen. Zusammenfassend haben

[144] Lützenkirchen/Schneider N Rn. 356.
[145] Vgl. Schmidt-Futterer/Börstinghaus BGB § 559 Rn. 2.
[146] Schmidt-Futterer/Börstinghaus BGB § 559 Rn. 2.
[147] BeckOGK/Schindler BGB § 559 Rn. 8; Schmidt-Futterer/Börstinghaus BGB § 559 Rn. 4.
[148] BGH NZM 2004, 456; 2007, 727.

die Regelungen in §§ 559 ff. BGB also eine **wohnungspolitische, umweltpolitische und mieterschützende Funktion.**[149]

b) **Änderungen durch das MietAnpG 2018, das Mietrechtsreformgesetz 2021 und das GEG 2024.** Der § 559 BGB wurde im Zuge des Mietrechtsreformgesetzes, das am 1.9.2001 in Kraft getreten ist, eingeführt. Er geht zurück auf § 3 Abs. 1 MHG und ist wahrscheinlich die am häufigsten im Mietrecht geänderte Norm. Die Bestimmung wurde im Rahmen des Mietsrechtsänderungsgesetzes zum 1.5.2003 neu gefasst und um weitere Regelungen ergänzt. Weitere Änderungen erfolgten dann durch das Mietrechtsanpassungsgesetz zum 1.1.2019 und durch die GEG-Novelle, die zum 1.1.2024 in Kraft trat. Die Vorschrift versucht einen Kompromiss zwischen der Schaffung von Anreizen für den Vermieter alte Bausubstanz zu modernisieren und dem Bemühen, die Miethöhe nicht allzu sehr ansteigen zu lassen. Anders als gem. § 559 BGB wird dem Vermieter die Möglichkeit eröffnet, Kosten von Modernisierungsmaßnahmen auf den Mieter abzuwälzen und ohne Rücksicht auf die ortsübliche Vergleichsmiete zu erhöhen. Dabei folgt die Mieterhöhung nicht wie im Falle der §§ 558 ff. BGB im Rahmen eines Zustimmungsverfahrens und damit letztendlich durch Änderungsvertrag, auf den der Vermieter unter den gesetzlich normierten Voraussetzungen einen Anspruch hat, sondern durch einseitige Erklärung des Vermieters, dem damit ein Gestaltungsrecht auf einseitige Änderung des Vertragsinhalts eingeräumt wird. Den Vorschriften der §§ 559 ff. BGB kommen also sowohl eine wohnungspolitische wie umweltpolitische und auch mieterschützende Funktion zu. Die Gewichtung dieser drei Funktionen unterscheidet sich und variiert je nach Marktlage und politischer Führung. Mit dem Mietrechtsanpassungsgesetz vom 18.12.2018 wurde die Erhöhungsmöglichkeit von 11 % auf 8 % heruntergesetzt. Darüber hinaus wurde in § 559 Abs. 3a) BGB eine Kappungsgrenze eingeführt, die die Erhöhungsmöglichkeit innerhalb von 6 Jahren auf maximal 3,00 € pro Quadratmeter der Wohnfläche begrenzte. Beträgt die monatliche Miete vor der Mieterhöhung weniger als 7,00 € pro Quadratmeter der Wohnfläche, so darf die Miete sogar um nur 2,00 € pro Quadratmeter Wohnfläche erhöht werden. 197

Mit dem Mietrechtsreformgesetz von 2021 fand die Digitalisierung Eingang in das Mietrecht, § 555b Nr. 4a BGB privilegiert den erstmaligen Anschluss der Mietsache mittels Glasfaser an ein öffentliches Netz mit sehr hoher Kapazität im Sine des § 3 TKG als Modernisierungsmaßnahme. 198

Eingeführt durch das GEG wurde mit Wirkung ab dem 1.1.2024 § 559e BGB. Ziel der Vorschrift ist es, Mieter vor Belastungen durch den vorgeschriebenen Austausch von mit fossilen Brennstoffen betriebenen Heizungsanlagen zu schützen, die der Mieter nach dem neuen § 559 Nr. 1a BGB dulden muss. Die neue Modernisierungsumlage ist keine die Regelung des § 559 BGB verdrängende Spezialvorschrift, sondern sie gewährt dem Vermieter ein Wahlrecht zwischen beiden Erhöhungsmöglichkeiten zu wählen. § 559e BGB erhöht den Umlagebetrag von 8 % auf 10 %. Die Norm setzt allerdings nicht nur die grundsätzliche Förderfähigkeit voraus, sondern die Förderung muss auch tatsächlich erfolgt sein. Unterbleibt sie gleich aus welchem Grund bleibt dem Vermieter nur die die Umlagemöglichkeit nach § 559 BGB in Höhe von 8 %. 199

Eine Einschränkung erfolgt durch § 71o GEG im Jahr 2024. Danach kann der Vermieter bei dem Einbau einer Wärmepumpe nach § 71c GEG eine Mieterhöhung aufgrund einer Modernisierungsmaßnahme nach § 559 Abs. 1 BGB oder § 559e Abs. 1 BGB in voller Höhe nur verlangen, wenn er den Nachweis erbracht hat, dass die Jahresarbeitszeit der Wärmepumpe über 2,5 liegt. Sofern dieser Nachweis nicht erbracht wird, können für die Modernisierungsmieterhöhungen nur 50 % der für die Wohnung aufgewendeten Kosten zugrunde gelegt werden. 200

c) **Anwendungsbereich.** *aa) Mietverhältnis über Wohnraum gem. § 549 BGB, ausgenommen Wohnraum gem. § 549 Abs. 2 und 3 BGB.* § 559 BGB setzt aufgrund seiner systematischen Stellung selbstverständlich voraus, dass es sich um ein **Mietverhältnis über** 201

[149] Vgl. Schmidt-Futterer/Börstinghaus BGB § 559 Rn. 6 ff.

Wohnraum handelt. Dazu gehören auch die, mit den früheren gemeinnützigen Wohnungsunternehmen, insbes. Genossenschaften, abgeschlossenen, sog. Dauernutzungsverträge sowie Altenheimverträge, wenn sie im Kern Mietverträge sind und die Gebrauchsüberlassung einer Wohnung gegenüber den übrigen Dienstleistungen überwiegt bzw. bei **Mischmietverhältnissen,** wenn der eigentliche Vertragszweck auf eine überwiegend nicht gewerbliche Nutzung als Wohnung gerichtet ist.[150] Die Vorschrift gilt **nicht bei Gewerberaummietverhältnissen,** da insofern ein entsprechender Verweis in § 578 BGB fehlt. Hier besteht die Möglichkeit der Mieterhöhung nach durchgeführten Modernisierungsmaßnahmen nur im Wege privatautonomer Vereinbarung, dh entweder mittels einer Vereinbarung über die Möglichkeit der Mieterhöhung gem. §§ 559 ff. BGB bereits im Mietvertrag oder durch eine spätere Einigung der Parteien über eine Mieterhöhung.[151] Die Vorschrift gilt weiter **nicht bei den gem. § 549 Abs. 2 und 3 BGB ausgenommenen Mietverhältnissen,** also Mietverhältnissen über Wohnraum, die nur zum vorrübergehenden Gebrauch vermietet sind und Mietverhältnissen über Wohnraum, der Teil der vom Vermieter genutzten Wohnung ist und von diesem überwiegend mit Einrichtungsgegenständen ausgestattet wurde und nicht für Wohnraum in Studenten- und Jugendwohnheimen. In diesen Fällen hat der Vermieter stattdessen die Möglichkeit der Änderungskündigung.[152] Die Vorschrift gilt grds. auch **nicht bei öffentlich gefördertem Wohnraum,** für den eine Kostenmiete nach dem WoBindG zu entrichten ist. Etwas anderes gilt jedoch, wenn eine Mieterhöhung nach durchgeführten Modernisierungsmaßnahmen gem. §§ 559 ff. BGB im entsprechenden Landeswohnraumförderungsgesetz ausdrücklich gestattet wurde.[153] Eine Anwendung der §§ 559, 559c BGB ist ferner ausgeschlossen, wenn die Vertragspartner ausdrücklich oder konkludent etwas **anderes vereinbart** haben. Dies ergibt sich aus § 557 Abs. 3 BGB.

202 *bb) Verhältnis zu §§ 558 ff. BGB.* Die §§ 559 ff. BGB schließen die anderen Mieterhöhungsmöglichkeiten, insbes. eine Erhöhung gem. §§ 558 ff. BGB (Zustimmung zu einer Erhöhung der Miete bis zur ortsüblichen Vergleichsmiete), nicht aus. Vor allem sind §§ 559 ff. BGB nicht *lex specialis* zu §§ 558 ff. BGB. Dies ergibt sich aus der Verweisung in § 558 Abs. 5 BGB. Die Normen sind insoweit **unabhängig voneinander** anwendbar. Daher hat der Vermieter grds. auch ein Wahlrecht, ob er eine Mieterhöhung nach §§ 559 ff. BGB oder nach §§ 558 ff. BGB geltend macht.[154] Denkbar ist auch eine Kombination beider Möglichkeiten.[155]

203 Der Vermieter, der Modernisierungsmaßnahmen vornimmt, kann mithin zwischen **verschiedenen Möglichkeiten** wählen, wie er gegen den Mieter nach der Durchführung von Modernisierungsmaßnahmen vorgeht.

204 *(1) Erste Möglichkeit.* Der Vermieter hebt den Mietzins **ausschließlich nach §§ 559 oder 559c BGB** anteilig nach Durchführung der Modernisierungsmaßnahmen an, wobei er die jährliche Miete um 8 % der für die Wohnung aufgewendeten Kosten unter Berücksichtigung der weiteren Voraussetzung der §§ 559 ff. BGB anhebt. Der Vorteil dieser ausschließlichen Erhöhung gem. §§ 559 ff. BGB liegt nunmehr darin, dass der Vermieter hier **keine Wartefrist** (wie bei § 558 Abs. 1 S. 2 BGB) zu beachten hat. Der frühere Vorteil einer nicht vorhandenen **Kappungsgrenze** ist nach dem Mietrechtsanpassungsgesetz von 2018 nunmehr entfallen (vgl. § 559 Abs. 3a BGB). Die erhöhte Miete wird von dem Beginn des auf die ordnungsgemäße Erklärung folgenden übernächsten Monats an geschuldet und tritt an die Stelle des bisher geschuldeten Mietzinses. Die Mieterhöhung stellt also nicht etwa einen gesonderten Zuschlag zur Miete dar,

[150] Grüneberg/Weidenkaff BGB § 559 Rn. 2.
[151] BeckOK BGB/Schüller § 559 Rn. 7.
[152] Schmidt-Futterer/Börstinghaus BGB § 559 Rn. 18.
[153] Blank/Börstinghaus BGB § 559 Rn. 4.
[154] Schmidt-Futterer/Börstinghaus BGB § 559 Rn. 16; Grüneberg/Weidenkaff BGB § 559 Rn. 3.
[155] LG Berlin BeckRS 2014, 3537.

sondern wird vielmehr Teil der – nunmehr erhöhten – Grundmiete (arg. ex § 559b Abs. 2 S. 1 BGB).[156]

(2) Zweite Möglichkeit. Der Vermieter verlangt, **zusätzlich** zu der Mieterhöhung nach §§ 559 oder 559c BGB, eine **Mieterhöhung nach § 558 BGB (aufgespaltene Mieterhöhung nach Modernisierung).** Eine solche Vorgehensweise ist grds. zulässig.[157] Hier sind zwei Varianten möglich: 205

(a) Erste Variante. Der Vermieter versucht zunächst einmal eine **Anhebung der Miete auf das Niveau der ortsüblichen Vergleichsmiete** durchzusetzen, indem er die Miete für den noch unmodernisierte Wohnraum an das ortsübliche Vergleichsniveau für diesen unmodernisierten Wohnraum, durch Durchführung des Zustimmungsverfahrens gem. §§ 558 ff. BGB, anpasst. Zusätzlich führt er dann **Modernisierungsmaßnahmen** durch und erhöht den angepassten Mietzins nochmals nach Maßgabe der §§ 559 ff. BGB. 206

Wird allerdings zunächst die Mieterhöhung nach § 558 BGB auf der Basis des schon modernisierten Ausstattungszustandes vorgenommen, dann kann mit der Mieterhöhung nach § 559 BGB nur noch die Differenz zwischen dem Umlagebetrag nach § 559 BGB und dem schon nach § 558 BGB geltend gemachten Betrag verlangt werden.[158] 207

Bei dieser Variante stellt die ortsübliche Vergleichsmiete des modernisierten Wohnungszustands nicht die Obergrenze dar, denn es kann die **ortsübliche Vergleichsmiete überschritten** werden.[159] Hier wird die Obergrenze also allein durch die Beachtung der strafrechtlichen Regelungen in §§ 5, 6 WiStrG oder § 291 StGB gebildet. 208

(b) Zweite Variante. Bei der zweiten Variante führt der Vermieter zunächst eine **Mieterhöhung nach §§ 559 ff. BGB** durch und erhöht anschließend, weil die durch die Modernisierungsmaßnahmen erreichte Miethöhe noch nicht den ortsüblichen Mietzins für den modernisierten Wohnraum darstellt, die Miete **nochmals nach §§ 558 ff. BGB** bis zur ortsüblichen Vergleichsmiete für derart modernisierten Wohnraum. 209

Bei dieser Variante ist die **Grenze der Mieterhöhung** durch die ortsübliche Vergleichsmiete der modernisierten Wohnung vorgegeben. 210

(3) Dritte Möglichkeit. Zuletzt kann der Vermieter auch versuchen, **nur nach § 558 BGB** eine höhere Miete durchzusetzen, indem er die Miete nach Durchführung der Modernisierung an die ortsüblichen Vergleichsmieten für derart modernisierten Wohnraum anpasst. Dies muss natürlich im Rahmen und in den Grenzen des Verfahrens der §§ 558 ff. BGB, also insbes. unter **Berücksichtigung der Kappungsgrenze** und der Wartefristen, erfolgen. 211

cc) Verhältnis zu §§ 555b–555f BGB. Während §§ 555b–555f BGB die Änderungsmöglichkeiten des Vermieters bzw. die Verweigerungsmöglichkeiten des Mieters bzgl. des Leistungsgegenstandes, dh der Mietsache, betrifft, stellt § 559 BGB das Pendant bzgl. der für die Gebrauchsüberlassung der Mietsache vereinbarten Gegenleistung dar. Zunächst gilt auch im Rahmen des Mietvertrages der allgemeine **Grundsatz,** dass eine Partei bei den eigenen Vertragspflichten nicht einseitig, dh ohne die Zustimmung der anderen Vertragspartei, Änderungen vornehmen kann und insbes. auch nicht einseitig die Leistungspflicht der anderen Vertragspartei verändern kann. In **Abkehr von diesem Grundsatz** wird durch §§ 555b–555f BGB aber die Möglichkeit geschaffen, dass der Vermieter durch Veränderungen an der Mietsache einen veränderten Leistungsgegenstand durchsetzen kann bzw. der Leistungsgegenstand modernisiert wird. Davon ausgehend wird dem Vermieter unter bestimmten Voraussetzungen ein **einseitiges Gestaltungsrecht** eingeräumt, die Miete an diese „modernisierte" Leistung anzupassen. 212

Kurz gesagt bedeutet dies: Dem Vermieter wird durch §§ 559 ff. BGB das Recht verliehen, entgegen dem in § 311 Abs. 1 BGB verankerten Vertragsprinzip, einen Ver- 213

[156] BGH NZW 2008, 848.
[157] BGH NZM 2021, 297.
[158] BGH NZM 2021, 297.
[159] BeckOGK/Schindler BGB § 559 Rn. 19.

tragsbestandteil während der Vertragslaufzeit, ohne Zustimmung und zum Nachteil des Mieters, zu ändern.[160]

214 Zu beachten ist allerdings, dass die **formell wirksame Geltendmachung des Duldungsanspruchs** für eine Mieterhöhung gem. § 559 BGB grds. **nicht zwingend** notwendig ist. Denn auch in Fällen, in denen ein Mieter Modernisierungsmaßnahmen, ohne vorherige Ankündigung, in ihrer Ausführung **rein tatsächlich geduldet** hat, ist nach der Rspr. des BGH eine Erhöhung gem. § 559 BGB möglich.[161] Der BGH hat insoweit klargestellt, dass eine Mieterhöhung gem. § 559 BGB wegen einer tatsächlich durchgeführten Modernisierung nicht deshalb ausgeschlossen ist, weil der Vermieter die Modernisierungsmaßnahme nicht ordnungsgemäß angekündigt hat. Gleiches muss nunmehr auch für den neu einführten § 559c BGB gelten.

215 Maßgeblich ist also nicht, dass die Voraussetzungen der §§ 555b–555f BGB eingehalten wurden, um eine Mieterhöhung nach § 559 BGB durchzuführen; maßgeblich ist vielmehr allein, ob die Modernisierung geduldet wurde, wobei für die **Annahme einer Duldung** zumindest zu verlangen sein wird, dass der Mieter über die Art und den Umfang der Modernisierungsmaßnahme zumindest in groben Zügen aufgeklärt bzw. unterrichtet worden ist. Hiervon ist dann auszugehen, wenn die Modernisierungsmaßnahme in den von dem Mieter angemieteten Räumen stattfindet (sog. **Innenmodernisierung**) und der Mieter sich hiergegen nicht zur Wehr setzt. Bereits ein rein passives Verhalten bedeutet hier ein Dulden. Ein solches **passives Mieterverhalten** liegt insbes. dann vor, wenn sich ein Mieter so verhält, dass er dem Vermieter gegenüber weder gegen die ihm bekannte Modernisierungsabsicht, mündlich oder schriftlich, Einwände erhebt noch diesen, bei Innenmaßnahmen, durch Verweigerung des Zutritts an der Durchführung der Modernisierungsmaßnahme hindert.[162] Bei einer Modernisierungsmaßnahme außerhalb der von dem Mieter angemieteten Räume (sog. **Außenmodernisierung**) hingegen ist zu ermitteln, ob der Mieter sich dergestalt verhalten hat, dass sein Verhalten als Dulden zu beurteilen ist. Hiervon wird auszugehen sein, wenn der Mieter zumindest in groben Zügen Kenntnis über Art und Umfang der Modernisierungsmaßnahme hat und sich nicht gegen die Maßnahmen verwehrt hat.

216 Zum Teil wird in der Rspr. die Auffassung vertreten, dass eine Duldung nur bei einer sog. Innenmodernisierung in der Wohnung des Mieters vorliegen könne, mit der Folge, dass bei einer Außenmodernisierung eine Duldung ausscheidet und immer eine Ankündigung nach §§ 555b–555f BGB vorliegen muss.

2. Materielle und formelle Voraussetzungen

217 a) **Modernisierungsmaßnahmen durch den Vermieter als Bauherrn.** Voraussetzung für eine Modernisierungsmieterhöhung ist zunächst einmal, dass eine Modernisierungsmaßnahme iSd § 555b Nr. 1, 1a, 3, 4, 5 oder 6 BGB vorliegt. Insoweit hat der Gesetzgeber also **nicht für alle möglichen Modernisierungsmaßnahmen** des § 555b BGB die Möglichkeit geschaffen, eine Modernisierungsmieterhöhung zu beanspruchen, sondern die beiden Modernisierungsmaßnahmen nach § 555b Nr. 2, 7 BGB (dh bauliche Maßnahmen, die der nachhaltigen Einsparung von Primärenergie oder dem nachhaltigen Schutz des Klimas dienen und nicht bereits eine energetische Modernisierung nach Nr. 1 darstellen sowie die Schaffung von neuem Wohnraum) von der Möglichkeit zur Mieterhöhung ausgeschlossen. Eine Modernisierungsmieterhöhung ist demnach **nur bei folgenden Modernisierungsmaßnahmen** möglich:
- Bauliche Veränderung, durch die, in Bezug auf die Mietsache, Endenergie nachhaltig eingespart wird (energetische Modernisierung),
- Modernisierung der Heizungsanlage,
- bauliche Veränderung, durch die der Wasserverbrauch nachhaltig reduziert wird,

[160] Schmidt-Futterer/Börstinghaus BGB § 559 Rn. 2.
[161] BGH NJW 2011, 1220.
[162] KG NJW 1992, 1362; Sternel MietR aktuell Rn. 674.

- bauliche Veränderung, durch die nachhaltig der Gebrauchswert der Mietsache erhöht wird,
- Bauliche Veränderung durch die die Mietsache erstmalig mittels Glasfaser an ein öffentliches Netz mit sehr hoher Kapazität im Sinne des § 3 TKG angerschlossen wird;
- bauliche Veränderungen, durch die die allgemeinen Wohnverhältnisse auf Dauer verbessert werden sowie
- bauliche Veränderungen, die aufgrund von Umständen durchgeführt werden müssen, die der Vermieter nicht zu vertreten hat und die keine Erhaltungsmaßnahmen nach § 555a BGB sind.

Durch § 559 Abs. 2 BGB hat der Gesetzgeber klargestellt, dass Kosten, die für **Erhaltungsmaßnahmen iSd § 555a BGB** erforderlich gewesen wären, nicht zu den aufgewendeten Kosten nach § 559 Abs. 1 BGB gehören. Insoweit sind in § 559 Abs. 1 und 2 BGB Modernisierungsmaßnahmen von bloßen Instandsetzungs- und Instandhaltungsmaßnahmen zu unterscheiden. **Instandhaltungsmaßnahmen** sind alle Maßnahmen, die während der Nutzungsdauer zur Erhaltung des bestimmungsgemäßen Gebrauchs bzw. zur Aufrechterhaltung des ordnungs- und vertragsgemäßen Zustandes getätigt werden müssen, während **Instandsetzungsmaßnahmen** alle Maßnahmen sind, die für die Überführung eines ordnungs- oder vertragswidrigen Zustands in einen ordnungs- und vertragsgemäßen Zustand erforderlich sind. 218

Die Kosten des Instandhaltungsanteils müssen herausgerechnet werden. Aber auch bei der modernisierenden Erneuerung von Bauteilen, die zwar noch funktionsfähig und mangelfrei sind, aber bereits über einen nicht unerheblichen Zeitraum ihrer zu erwartenden Lebensdauer abgenutzt sind, ist ein entsprechender Abschlag vorzunehmen.[163] 219

Des Weiteren setzt § 559 Abs. 1 BGB voraus, dass die Modernisierungsmaßnahmen iSd § 559 Abs. 1 BGB **durch den Vermieter** durchgeführt sind. Der Vermieter muss also der Bauherr der baulichen Maßnahme sein.[164] Insoweit scheidet eine Mieterhöhung gem. §§ 559 ff. BGB aus, wenn eine bauliche Maßnahme iSd § 559 Abs. 1 BGB im Auftrag und auf Rechnung einer GmbH ausgeführt wird, und der Vermieter lediglich Gesellschafter der GmbH ist.[165] Unschädlich ist es hingegen, wenn der Vermieter einen Architekten oder Generalunternehmer beauftragt, der dann die Aufträge für die einzelnen Gewerke im eigenen Namen erteilt, da er in diesen Fällen weiterhin der Bauherr ist. 220

b) Ausschlussregelung des § 559 Abs. 4 BGB. Der Gesetzgeber hat im Rahmen des Mietrechtsänderungsgesetzes vom 11.3.2013 nunmehr in § 559 Abs. 4 BGB eine Ausschlussregelung (**sog. „Härtefallregelung"**) eingefügt. Danach ist die Mieterhöhung ausgeschlossen, soweit sie auch unter Berücksichtigung der voraussichtlichen künftigen Betriebskosten für den Mieter eine Härte bedeuten würde, die auch unter Würdigung der berechtigten Interessen des Vermieters nicht zu rechtfertigen ist. Früher hatte der Gesetzgeber die zu erwartende finanzielle Beeinträchtigung des Mieters bereits innerhalb der Abwägung, ob geduldet werden muss oder ob nicht geduldet werden muss, als Härtegrund berücksichtigt. Indem der Gesetzgeber nun in § 555d Abs. 2 BGB ausdrücklich geregelt hat, dass **die zu erwartende Mieterhöhung sowie die voraussichtlichen künftigen Betriebskosten** bei der Abwägung im Rahmen der Duldungspflicht außer Betracht bleiben, und ausdrücklich angeordnet hat, dass sie nur noch nach § 559 Abs. 4 und 5 BGB bei der Mieterhöhung zu berücksichtigen sind, wurde dieser Komplex hier aufgegriffen, nunmehr aber anders beurteilt. 221

Deshalb findet, soweit nicht einer der Ausnahmetatbestände des § 559 Abs. 4 BGB vorliegen, die finanzielle Mehrbelastung des Mieters durch die Mieterhöhung **allein im Rahmen der Abwägung nach § 559 Abs. 4 BGB** ihre Berücksichtigung. Diesbezüglich hat der Gesetzgeber in § 559 Abs. 4 klargestellt, dass nicht nur die erhöhte Kaltmiete als 222

[163] BGH NZM 2020, 795.

[164] BayObLG NJW 1981, 2259; LG Hildesheim WuM 1985, 340; OLG Hamm NJW 1983, 2331; AG Hamburg WuM 1987, 30; Bub/Treier MietR-HdB/Schultz Kapitel III. Rn. 1464; Schmidt-Futterer/Börstinghaus BGB § 559 Rn. 26.

[165] LG Berlin GE 1990, 371; Schmidt-Futterer/Börstinghaus BGB § 559 Rn. 27.

möglicher Härtegrund in § 555 Abs. 4 BGB zu berücksichtigen ist, sondern auch die voraussichtlichen künftigen Mietnebenkosten mit einzubeziehen sind, was bereits zuvor hM in der Lit. bzgl. der alten Rechtslage war.[166] Maßgeblich für die Frage, ob die Erhöhung der Miete einen Härtegrund darstellt, ist die zukünftige Miethöhe einschließlich der Nebenkosten, die der Vermieter im Rahmen seiner Ankündigung gem. § 555c Abs. 1 S. 2 Nr. 3 BGB angekündigt hat; falls dies nicht geschehen ist, die gem. § 559b Abs. 1 BGB geltend gemachte erhöhte Miete. Die Beurteilung, ob eine Erhöhung der Miete eine unzumutbare Härte ist wird allein durch die **individuelle Belastbarkeit des Mieters** bestimmt. Insoweit ist eine umfassende Betrachtung der Einkommens- und Vermögensverhältnisse des Mieters anzustellen (das Nettolohn-Einkommen allein wäre insoweit ungeeignet, da dann andere Einkünfte und Sachzuwendungen des Arbeitgebers nicht berücksichtigt werden würden).

223 Eine einheitliche Auffassung, ab wann eine **Belastungsquote** eine unzumutbare Härte ergibt, existiert nicht. Die Rspr. setzt deshalb die Belastungsquote teilweise bei 30 %,[167] teilweise bei 40 %,[168] bzw. teilweise sogar erst bei 50 %[169] an. Nach überwiegender Auffassung in der Lit. dürfte jedoch die Belastungsgrenze im Bereich zwischen 25 und 30 % des Nettoeinkommens liegen.[170] Teilweise wird aber in der Rspr. – unabhängig vom Einkommen – von einer unzumutbaren Härte ausgegangen, wenn der Mietzins nach der Mieterhöhung verdoppelt oder gar verdreifacht wird.[171]

224 Zu prüfen ist jedoch immer, ob die Mieterhöhung nicht zu einem Teil durch öffentliche Gelder, zum Beispiel Wohngeld, aufgefangen werden kann. Ein bestehender **Wohngeldanspruch** ist insoweit, unabhängig davon, ob er tatsächlich geltend gemacht wird, zum Nettoeinkommen des Mieters hinzuzurechnen.[172]

225 Des Weiteren ist natürlich nur die tatsächlich vom Vermieter geltend gemachte Mieterhöhung zu beurteilen. Verzichtet der Vermieter auf einen möglichen Teil der Mieterhöhung, ist dies bei der Prüfung des Vorliegens eines Härtegrunds zu berücksichtigen. Insoweit hat der Vermieter immer, wenn es um eine Lösung für den Härtegrund „Erhöhung der Miete" geht, die Möglichkeit, durch einen **vertraglichen Verzicht** die finanzielle Härte für den Mieter zu vermeiden.[173]

226 Eine Härtefallabwägung wegen der finanziellen Belastung des Mieters findet jedoch nicht statt, wenn eine der **drei Ausnahmen**, die der Gesetzgeber in § 559 Abs. 4 S. 1 und 2 sowie Abs. 5 BGB geregelt hat, vorliegen.

227 *aa) Die Modernisierungsmaßnahme versetzt die Mietsache lediglich in einen Zustand, der allgemein üblich ist.* Der Gesetzgeber macht zunächst in § 559 Abs. 4 S. 2 eine Einschränkung dahingehend, dass eine Abwägung in § 559 Abs. 4 S. 1 Nr. 1 BGB nicht stattfindet, wenn die Mietsache durch die Modernisierungsmaßnahme lediglich in einen Zustand versetzt wird, der **allgemein üblich** ist. Der Gesetzgeber will mit dieser Einschränkung erreichen, dass der Vermieter insbes. auch solche Modernisierungsmaßnahmen durchführt, mit denen lediglich ein Zustand erreicht wird, der als **allgemein anerkannter Standard** gilt. Unter „allgemein üblicher Zustand" versteht die höchstrichterliche Rspr. einen Zustand, der vorliegt, wenn dieser bei der überwiegenden Zahl von Mieträumen, dh bei **mindestens** $^2/_3$, **in Gebäuden gleichen Alters innerhalb der Region** angetroffen wird.[174] Dabei will die höchstrichterliche Rspr. „die Region" nicht auf örtliche oder innerörtliche Verhältnisse begrenzt wissen, sondern sieht diese eher

---

[166] Bub/Treier MietR-HdB/Krämer, 3. Aufl. 1999, Kapitel III. Rn. 1110, Schmidt-Futterer/Eisenschmidt, 9. Aufl. 2007, BGB § 554 Rn. 217.
[167] LG Berlin ZMR 1985, 338; LG Frankfurt a. M. WuM 1986, 312.
[168] LG Berlin GE 1986, 1960; AG Berlin-Tiergarten NM 1993, 327; Bub/Treier MietR-HdB/Schultz Kapitel III. Rn. 1631.
[169] LG Braunschweig WuM 1982, 208; LG Kiel WuM 1977, 120.
[170] Schmidt-Futterer/Eisenschmid BGB § 55 Rn. 105; LG Berlin GE 2005, 1491.
[171] LG Braunschweig WuM 1982, 208; LG Essen WuM 1983, 139.
[172] MüKoBGB/Artz § 559 Rn. 26; Schmidt-Futterer/Börstinghaus BGB § 559 Rn. 107.
[173] Bub/Treier MietR-HdB/Krämer, 3. Aufl. 1999, Kapitel III. Rn. 1112 mwN.
[174] BGH WM 1992, 181 = NJW 1992, 1386.

großräumig an. Obwohl die entsprechende Entscheidung des BGH seinerzeit nur auf die alten Bundesländer begrenzt war, geht das Schrifttum nach wie vor davon aus, dass, nachdem nunmehr auch die übrigen Sonderregelungen im Mietrecht für die neuen Bundesländer überwiegend ausgelaufen sind, die vom BGH entwickelte Begriffsdefiniton für „allgemein üblich" auch für die neuen Bundesländer anzuwenden ist.[175]

bb) Die Modernisierungsmaßnahme wurde auf Grund von Umständen durchgeführt, die der Vermieter nicht zu vertreten hatte. Ebenso kann die finanzielle Belastung des Mieters gem. § 559 Abs. 4 S. 2 Nr. 2 BGB dann nicht als Härtegrund herangezogen werden, wenn die Modernisierungsmaßnahme lediglich aufgrund von Umständen durchgeführt wurde, die der Vermieter nicht zu vertreten hat. Wie bereits oben in → § 20 Rn. 1 ff. im Rahmen des § 555b Nr. 6 BGB ausgeführt, handelt es sich um bauliche Veränderungen, die nur deshalb als Modernisierungsmaßnahmen gelten, weil sie **durch Gesetz oder eine Behörde angeordnet** sind, ohne dass es darauf ankommt, ob sich die Mietsache verbessert hat oder ob Energie eingespart wird. Auch hier bringt der Gesetzgeber, indem er diese Regelung in § 559 Abs. 2 BGB aufgenommen hat, zum Ausdruck, dass gesetzlich oder behördlich angeordnete Maßnahmen nicht zu Lasten des Vermieters durchgesetzt werden sollen, ohne dass dieser eine Kompensation in Form einer entsprechenden Mieterhöhung erhält. 228

„Vom Vermieter nicht zu vertreten" iSd § 559 Abs. 4 S. 2 Nr. 2 BGB ist weiter zu verstehen, als die Regelungen in § 276 BGB es für den Begriff „nicht zu vertreten" vorsieht. Aus dem Systemzusammenhang wird vielmehr deutlich, dass hier nicht nur ein Ausschluss bei **nicht vorwerfbarem Verhalten** des Vermieters gewünscht ist, sondern dass der Gesetzgeber in § 559 BGB und in § 555b BGB geregelt haben wollte, dass solche Modernisierungen oder sonstige baulichen Änderungen nicht zu Lasten des Vermieters gehen sollen, die nicht in seine Risikosphäre fallen oder die er auch bei einer ordnungsgemäßen Bewirtschaftung und Verwaltung nicht hätte vorhersehen können. Relevant sind hier vor allem **neu eingeführte gesetzliche Verpflichtungen** zur Installation bestimmter Anlagen, insbes. Nachrüstpflichten.[176] Schon der Wortlaut macht hingegen deutlich, dass vertragliche Verpflichtungen, die der Vermieter eingegangen ist, nicht unter die Regelung des § 559 Abs. 4 S. 2 Nr. 2 BGB fallen. 229

cc) Nichtberücksichtigung von Härtegründen. Zuletzt wird dann gem. § 559 Abs. 5 BGB noch eine **weitere Einschränkung** von der Berücksichtigung der finanziellen Belastung des Mieters im Rahmen der Härteabwägung des § 559 Abs. 4 BGB gemacht. Nämlich dann, wenn der Mieter im Rahmen des § 555d Abs. 3–5 BGB Umstände, die eine finanzielle Härte begründen, **nicht rechtzeitig geltend gemacht** hat. Auch für diesen Fall soll der Vermieter finanziell begründete Härteeinwände im Rahmen der Abwägung nach § 559 Abs. 4 S. 1 BGB nicht mehr berücksichtigen müssen. 230

Dies hat den **gesetzgeberischen Sinn,** dass der Vermieter frühzeitig erkennen soll, inwieweit er die Maßnahme mit finanzieller Unterstützung durch die Mieterhöhung durchführen kann bzw. inwieweit er zwar die Maßnahme durchführen kann, weil der Mieter die Maßnahme dulden muss, der Mieter sich aber nicht mit einer Mieterhöhung an den Kosten der Maßnahme beteiligen muss. Die Ausschlussfrist bzgl. finanzieller Härtegründe gilt aber dann nicht, wenn die tatsächlich geltend gemachte Mieterhöhung die angekündigte Mieterhöhung um mehr als 10 % übersteigt (§ 559 Abs. 5 S. 2 BGB). 231

Der Gesetzgeber hat somit in § 559 Abs. 4 und 5 BGB eine neue Regelung bzgl. der Modernisierungsmieterhöhung eingeführt, bei der auf der Stufe der Mieterhöhung nochmals zum Schutz des Mieters geprüft werden soll, ob finanzielle Belastungen vorliegen, die für diesen eine Härte darstellen, die im Rahmen der Abwägung dazu führen, dass die Modernisierungsmieterhöhung nicht verlangt werden kann, wobei andererseits die Härteprüfung im Falle des Vorliegens der voranstehend dargestellten Ausnahmeregelungen entfällt. 232

---

[175] Schmidt-Futterer/Eisenschmid BGB § 559 Rn. 116.
[176] Schmidt-Futterer/Börstinghaus BGB § 559 Rn. 118.

233 Nach diesseitiger Auffassung ist im Rahmen der Härteabwägung innerhalb des § 559 Abs. 4 S. 1 BGB ferner auch immer das **Gebot der Wirtschaftlichkeit** zu berücksichtigen. Es ist nach diesseitiger Auffassung auch nach dem Mietrechtsänderungsgesetz weiterhin so zu verfahren, dass ein Vermieter zumindest dann nicht berechtigt ist gem. §§ 559 ff. BGB die Kosten von Modernisierungsmaßnahmen auf die Mieter umzulegen, wenn die finanziellen Auswirkungen für den Mieter in keinerlei vernünftigem Verhältnis mehr zu dem erzielten Spareffekt stehen.

234 c) **Zu einzelnen Maßnahmen.** *aa) Zur energetischen Modernisierung gem. § 555b Nr. 1 und 1a BGB.* Als Modernisierungsvariante, aufgrund derer eine Mieterhöhung erfolgen kann, verweist § 559 Abs. 1 BGB zunächst auf § 555b Nr. 1 BGB. Dort ist die sog. **„energetische Modernisierung"** geregelt. Eine solche liegt nach der **Legaldefinition** des § 555b Nr. 1 BGB vor, bei „bauliche Veränderungen, durch die in Bezug auf die Mietsache Endenergie nachhaltig eingespart wird". Unter **Endenergie** ist diejenige Energiemenge zu verstehen, die in einem Gebäude zur Deckung des Energiebedarfs der Bewohner, etwa zum Betrieb der Heizungsanlage oder der Warmwasserbereitung, tatsächlich benötigt wird, einschließlich der Verluste, die bei der Erzeugung und Bereitstellung der nutzbaren Energie entstehen.[177] Hinsichtlich der **Nachhaltigkeit** der Energieeinsparung ist erforderlich, dass die Einsparung messbar und von Dauer ist, nicht aber, dass ein bestimmtes Maß an Energie eingespart wird.[178] Es kommt daher nicht darauf an, ob noch eine effizientere Einsparung möglich wäre. Die baulichen Veränderungen müssen in **Bezug auf die Mietsache** zur Einsparung von Endenergie führen, eine nur allgemeine Energieeinsparung ist nicht ausreichend.[179]

235 Eine **Modernisierung der Heizungsanlage** ist gegeben, wenn die neue Anlage den Anforderungen des § 71 GEG genügt. Anlagen, die diesem Anforderungsprofil nicht genügen erfüllen nicht den Begriff der Modernisierung und zwar auch dann nicht, wenn die neue Anlage gegenüber dem alten Zustand eine energetische Verbesserung aufweist.[180] Mit dem § 555b Nr. 1a BGB ist im Zuge des GEG ein neuer Modernisierungstatbestand geschaffen worden, dem mit § 559e BGB auch ein neu eingeführter Erhöhungstatbestand zur Seite steht. § 559e BGB tritt alternativ wie auch kumulativ neben § 559 BGB. Dem Vermieter steht insoweit ein Wahlrecht zu, wobei die Miete nur einmal erhöht werden kann.

Eine energetische Modernisierung liegt vor, wenn nach dem Abschluss der zu Modernisierungszwecken vorgenommenen Arbeiten zum (ex-ante-)Zeitpunkt der Abgabe der Mieterhöhungserklärung eine (allein) durch die erfolgte bauliche Veränderung hervorgerufene messbare und dauerhafte Einsparung von Endenergie zu erwarten ist. Dies hat der Tatrichter unter Berücksichtigung der baulichen Gegebenheiten – gegebenenfalls mit sachverständiger Hilfe – zu beurteilen, wobei auch auf anerkannte Pauschalwerte zurückgegriffen werden kann.

236 *bb) Zur Reduzierung des Wasserverbrauchs gem. § 555b Nr. 3 BGB.* Des Weiteren verweist § 559 Abs. 1 BGB auf die Modernisierungsvariante des § 555b Nr. 3 BGB. Hierunter fallen alle baulichen Veränderungen, die eine **Minderung des Wasserverbrauchs** zur Folge haben.

237 *cc) Zum Gebot der Wirtschaftlichkeit bei Maßnahmen zur Einsparung von Energie und Wasser.* Bei den Maßnahmen zur Einsparung von Energie und Wasser ist nach diesseitiger Auffassung stets das **Gebot der Wirtschaftlichkeit** zu berücksichtigen. Es ist zwar, im Gegensatz zu den sonstigen Modernisierungsmaßnahmen, bei den Energie- und Wassereinsparmaßnahmen nicht erforderlich, dass diese zu einer Verbesserung des Wohnwerts des einzelnen Mieters führen, sondern nur, dass sie dem grundlegenden öffentlichen

---

[177] MüKoBGB/Artz § 555b Rn. 5.

[178] BeckOGK/Schepers BGB § 555b Rn. 9.

[179] Blank/Börstinghaus BGB § 555b Rn. 20.

[180] Schmidt-Futterer/Eisenschmid BGB § 555b Rn. 38.

Interesse an der Einsparung von Energie aller Art und Wasser dienlich sind. Dies bedeutet aber nicht, dass aufgrund dieses volkswirtschaftlich-ökologischen Interesses an einer Energie- und Wassereinsparung gegen das Gebot der Wirtschaftlichkeit verstoßen werden kann. Deshalb muss neben dem durch die Maßnahme erreichbaren **objektiv messbaren Einsparungseffekt** an Energie oder Wasser gleichwohl auch die unmittelbare Auswirkung auf den einzelnen Mieter berücksichtigt werden. Infolgedessen muss die Energie- und Wassereinsparungsmaßnahme zumindest auch objektiv gesehen wirtschaftlich vertretbar sein. Aus **Gründen des Mieterschutzes** scheint daher ein Festhalten an der bisherigen Ansicht geboten, dass ein Vermieter nicht berechtigt ist gem. §§ 559 ff. BGB die Kosten von Energie- und Wassereinsparmaßnahmen auf die Mieter umzulegen, wenn die finanzielle Auswirkung für den Mieter in keinerlei **vernünftigem Verhältnis** mehr zu dem hierdurch erzielten Spareffekt steht.[181] Nach einem Rechtsentscheid des OLG Karlsruhe verstößt eine bauliche Maßnahme zur Einsparung von Heizenergie auf jeden Fall dann gegen das Gebot der Wirtschaftlichkeit, wenn die darauf gestützte Mieterhöhung die Energieeinsparung um mehr als 200 % übersteigt.[182]

dd) Zur Gebrauchswerterhöhung gem. § 555b Nr. 4 BGB. Als weitere Modernisierungsvariante erwähnt § 559 Abs. 1 BGB bauliche Maßnahmen „zur Gebrauchswerterhöhung" iSd § 555b Nr. 4 BGB. Eine **Gebrauchswerterhöhung** liegt dann vor, wenn die Nutzung des Mietobjekts durch die bauliche Maßnahme angenehmer und weniger arbeitsaufwändig, bequemer, gesünder und/oder sicherer wird. Dabei wird der Begriff der Gebrauchswerterhöhung durchweg weit ausgelegt.[183] Daher ist bei der Frage, ob eine Gebrauchswerterhöhung vorliegt, ein **rein objektiver Maßstab** anzulegen.[184] Die Gebrauchswerterhöhung muss sich immer aus einem Vergleich des ursprünglich geschuldeten vertraglichen Zustands mit dem nach der baulichen Maßnahme vorhandenen Zustand ergeben. Voraussetzung ist ferner, dass die zu einer Gebrauchswerterhöhung führende Verbesserung dem Mieter objektiv zugutekommt.[185] Aufgrund dieses rein objektiven Maßstabs spielt es deshalb keine Rolle, ob die Maßnahme für den Mieter von Interesse ist oder ob er subjektiv einen Vorteil aufgrund der Verbesserung hat. 238

ee) Maßnahmen aus sonstigen vom Vermieter nicht zu vertretenden Gründen gem. § 555b Nr. 6. Zuletzt verweist § 559 Abs. 1 BGB auf die Modernisierungsalternative des § 555b Nr. 6 BGB. Hierunter hat der Gesetzgeber all diejenigen baulichen Maßnahmen zusammenfassen wollen, die auf nachträglichen **gesetzlichen Geboten oder behördlichen Anordnungen** beruhen und die ein bei der Bewirtschaftung und Verwaltung auch noch so sorgfältiger Vermieter weder vorhersehen noch vermeiden konnte.[186] Hierunter zählen zB der vorgeschriebene Einbau von Wärmezählern zur Heizkostenverteilung aufgrund der Heizkostenverordnung, die Verpflichtung für jede Wohnung einen separaten Wasserzähler einzubauen, der nachträglich vorgeschriebene Anschluss an die Kanalisation, der vorgeschriebene Einbau von Öltanksicherungen, jegliche Maßnahme auf Grund neuerer Anforderungen von Immissionsschutzwerten usw. Letztlich wird wohl jede gesetzlich neu normierte **Nachrüstpflicht** für Bestandsgebäude hierunter zu subsumieren sein.[187] „Vom Vermieter nicht zu vertreten" ist insoweit weiter zu verstehen, als die Regelung in § 276 BGB für den Begriff „nicht zu vertreten" vorsieht. Aus dem Systemzusammenhang des § 559 BGB wird deutlich, dass hier nicht nur ein Ausschluss bei vorwerfbarem Verhalten des Vermieters gewünscht ist, sondern dass der Gesetzgeber in § 559 BGB geregelt haben wollte, dass der Vermieter alle Modernisie- 239

[181] OLG Karlsruhe WuM 1985, 17.
[182] OLG Karlsruhe WuM 1985, 17; so auch LG Bautzen WuM 1999, 45; LG Köln ZMR 1998, 562; LG Berlin GE 1992, 719; LG Aachen WuM 1991, 356.
[183] Vgl. Schmidt-Futterer/Börstinghaus BGB § 559 Rn. 77.
[184] LG München I WuM 1989, 27; MüKoBGB/Arzt § 559 Rn. 14.
[185] LG Berlin WuM 1986, 245; Schmidt-Futterer/Börstinghaus BGB § 559 Rn. 77.
[186] MüKoBGB/Artz § 555b Rn. 25 mwN.
[187] Blank/Börstinghaus BGB § 555b Rn. 57 f.

rungen oder sonstige Änderungen im Sinne des „nicht zu vertreten“ zu verantworten hat, die nicht in den Risikobereich des Vermieters fallen und die auch bei einer ordnungsgemäßen Wirtschaftung und Verwaltung angefallen wären. Gemeint ist hier im Ergebnis jede Modernisierungsmaßnahme, zu welcher der Vermieter rechtlich verpflichtet ist.[188] Bereits aus dem Wortlaut wird aber deutlich, dass vertragliche Verpflichtungen, die der Vermieter eingegangen ist, nicht unter die vierte Alternative des § 559 BGB fallen.

240 *ff) Übrige Maßnahmen.* Hinsichtlich dieser kann, wie auch vertiefend zu den vorgenannten Maßnahmen, auf die Ausführungen unter → § 20 Rn. 34 ff. dieses Werkes verwiesen werden.

241 d) **Einverständnis des Mieters mit der Maßnahme.** Auf Mieterseite sind diesbezüglich verschiedene Verhaltensweisen zu unterscheiden:

242 *aa) Erste Variante.* Nach einer **materiell und formell ordnungsgemäßen Ankündigung** gem. §§ 555b–555f BGB duldet der Mieter die Maßnahme ausdrücklich oder ist gerichtlich zu deren Duldung verurteilt worden. In diesem Fall ist eine Mieterhöhung nach §§ 559 ff. BGB problemlos möglich.

243 *bb) Zweite Variante.* Der Vermieter führt **keine Ankündigung** nach §§ 555b–555f BGB durch, sondern trägt dem Mieter das Angebot auf Abschluss einer Modernisierungsvereinbarung vor. Der Mieter nimmt dieses Angebot an. In diesem Fall erhöht sich die Miete um den Betrag, der zwischen den Parteien vereinbart wurde. Andernfalls ist in jedem Fall eine Mieterhöhung gem. §§ 559 ff. BGB möglich.

244 *cc) Dritte Variante.* Der Vermieter führt zwar eine Maßnahme nach §§ 555b–555f BGB durch, **unterlässt aber die ordnungsgemäße Ankündigung.** Hier ist zwischen folgenden Untervarianten zu unterscheiden:

245 • Der Mieter war **zur Duldung verpflichtet**; eine Mieterhöhung nach §§ 559 ff. BGB ist möglich, da die Mieterhöhung gem. § 559 Abs. 1 BGB unabhängig davon möglich ist, ob der Vermieter dem Mieter eine Ankündigung gem. § 555c BGB hat zukommen lassen.[189] Die Frage, ob eine ordnungsgemäße Modernisierungsankündigung Voraussetzung für eine Mieterhöhung ist, war bereits zur früheren Rechtslage umstritten, wurde aber bereits damals vom BGH[190] ablehnend entschieden und ist nunmehr in § 559b Abs. 2 S. 2 Nr. 1 BGB gesetzlich geregelt.

246 • Der Mieter war **nicht zur Duldung verpflichtet**; die Möglichkeit einer Mieterhöhung ist hier streitig. Der Gesetzeswortlaut, welcher nur an die erfolgte Durchführung einer Modernisierungsmaßnahme anknüpft, spricht insoweit für die Möglichkeit einer Mieterhöhung auch bei nicht bestehender Duldungspflicht.[191] Nach richtiger Ansicht ist die Möglichkeit einer Mieterhöhung aber vielmehr nur dann zu bejahen, wenn der Mieter zur Duldung der Maßnahme auch verpflichtet war.[192] Diese Ansicht ist deshalb vorzuziehen, weil sie berücksichtigt, dass die Mieterhöhungsmöglichkeit der Wiederherstellung des durch die Modernisierung gestörten Äquivalenzverhältnisses zwischen Leistung und Gegenleistung dient. Eine solche ist aber nur dann angemessen, wenn der Vermieter auch zur einseitigen Leistungsanpassung berechtigt war.

247 e) **Berechnung der Mieterhöhung.** Gem. § 559 Abs. 1 BGB kann der Vermieter 8 % der für die Wohnung aufgewendeten Kosten auf die jährliche Miete aufschlagen bzw. den Mietzins um diesen Betrag erhöhen.

248 Der bisherige Streit, ob unter **„jährlicher Miete“**, der insgesamt im letzten Jahr gezahlte Mietzins oder der 12-fache Betrag des im letzten Monat vor der Modernisierung gezahlten Mietzinses zu verstehen ist, ist durch die Begründung des Mietrechts-

188 Vgl. Schmidt-Futterer/Börstinghaus BGB § 559 Rn. 118.
189 Schmidt-Futterer/Börstinghaus BGB § 559 Rn. 15.
190 BGH NJW 2011, 1220.
191 Schmidt-Futterer/Börstinghaus BGB § 559 Rn. 15.
192 Hierzu ausführlich BeckOGK/Schindler BGB § 559 Rn. 24.

reformgesetzes zu § 559 BGB nun dahingehend entschieden, dass für die Berechnung der jährlichen Miete der 12-fache Betrag der aktuellen Miete zu verstehen ist.[193]

Umlagefähig sind **alle tatsächlich entstandenen Kosten** der Modernisierungsmaßnahme. Hierunter fallen zunächst die reinen Baukosten einschließlich der sog. Baunebenkosten. Wurden die Baumaßnahmen dagegen in Eigenarbeit fachmännisch durchgeführt, so kann der Vermieter als Kosten diejenigen Kosten in Ansatz bringen, die bei der Beauftragung eines Handwerkers entstanden wären.[194] Zu den Baunebenkosten gehören dagegen nicht Finanzierungskosten, Kapitalbeschaffungskosten oder die durch die Modernisierung entstandenen neuen Betriebskosten. Umlagefähig sind natürlich auch nur tatsächlich angefallene Kosten, mit Ausnahme der **Eigenleistungen** durch den Vermieter. Letztere können fiktiv in Ansatz gebracht werden, dh es ist derjenige Betrag anzusetzen, der bei Beauftragung eines entsprechenden Handwerksunternehmens entstanden wäre, abzgl. der nicht angefallenen Mehrwertsteuer.[195] Rabatte, Skonti, Nachlässe usw sind deshalb in vollem Umfang von den anrechenbaren Kosten abzuziehen, ebenso wie Arbeiten, die von Dritten für den Mieter oder vom Mieter selbst kostenlos durchgeführt werden. Diese können nicht fiktiv in Ansatz gebracht werden.[196] 249

Zu den sog. **Baunebenkosten** können auch Architekten- und Ingenieurhonorare zählen, falls die Beauftragung von Architekten und Ingenieuren auf Grund von Art und Umfang der Arbeiten notwendig war.[197] In diesem Zusammenhang ist immer abzugrenzen, ob es sich bei den Architektenkosten um notwendige Baunebenkosten handelt, oder ob lediglich nicht berücksichtigungsfähige Verwaltungsaufwendungen vorliegen, weil der Architekt lediglich Koordinierungs- oder Kontrollaufgaben wahrnimmt.[198] 250

Des Weiteren fallen unter die Baunebenkosten auch die Kosten der Gerüstaufstellung, Reinigungskosten und Kosten für Genehmigungsbescheide. 251

Zu beachten ist, dass ein etwaiger **Mietausfall wegen Mietminderung** während der Durchführung der Baumaßnahmen nie umlagefähige bzw. anrechenbare Kosten darstellen, da der Mietausfall nicht mit der durch die Modernisierungsmaßnahme einhergehenden Wertverbesserung zusammenhängt, sondern dadurch verursacht ist, dass der vertragsgemäße Gebrauch während der Bauzeit beeinträchtigt ist. 252

Neu eingeführt mit dem Mietrechtsanpassungsgesetz vom 18.12.2018 hat der Gesetzgeber nunmehr in § 559 Abs. 3a BGB erstmals eine Kappungsgrenze. Diese soll sog. Luxusmodernisierungen bzw. ein Herausmodernisieren der angestammten Mieterschicht verhindern. Bei einem Rückgriff des Vermieters auf die Erhöhungsmöglichkeit nach § 559 Abs. 1 BGB darf sich die Monatsmiete **innerhalb von 6 Jahren nur noch um max. 3 EUR pro Quadratmeter Wohnfläche** erhöhen. Soweit die Monatsmiete vor der Mieterhöhung unter 7 EUR pro Quadratmeter Wohnfläche lag, ist lediglich eine Erhöhung um max. 2 EUR pro Quadratmeter Wohnfläche gesetzlich zulässig. Anpassungen an die ortsübliche Vergleichsmiete (§ 558 BGB) wie auch die Umlage erhöhter Betriebskosten (§ 560 BGB) bleiben bei dieser Berechnung außen vor. Anknüpfungspunkt für die Kappungsgrenze ist die **Kaltmiete** ohne Berücksichtigung von Betriebskostenvoraus- 253

---

[193] Regierungsentwurf zum Mietrechtsreformgesetz, BT-Drs. 14/4553, 58; für 12-fachen Betrag des zuletzt gezahlten Monatsmietzinses: Bub/Treier MietR-HdB/Schultz Kapitel III. Rn. 1569; MüKoBGB/Arzt § 559 Rn. 14; Sternel IV Rn. 365; Schmidt-Futterer/Börstinghaus BGB § 559 Rn. 82; für jährliche Miete der insgesamt im letzten Jahr gezahlten Miete: Derleder WuM 1976, 224; Marienfeld ZMR 1978, 38.

[194] Schmidt-Futterer/Börstinghaus BGB § 559 Rn. 54; Bub/Treier MietR-HdB/Schultz Kapitel III. Rn. 1576.

[195] LG Halle ZMR 2003, 35; Schmidt-Futterer/Börstinghaus BGB § 559 Rn. 58 mwN.

[196] Schmidt-Futterer/Börstinghaus BGB § 559 Rn. 56; MüKoBGB/Arzt § 559 Rn. 15.

[197] Schmidt-Futterer/Börstinghaus BGB § 559 Rn. 60; Bub/Treier MietR-HdB/Schultz Kapitel III. Rn. 1574.

[198] LG Halle ZMR 2003, 35; Schmidt-Futterer/Börstinghaus BGB § 559 Rn. 60.

zahlungen oder -pauschalen.[199] Bei einer Teilinklusiv- oder Bruttomiete ist der zu zahlende Betrag maßgeblich ohne das Beträge herausgerechnet werden.[200]

254 Diese Kappungsgrenze wird jetzt durch eine weitere Kappungsgrenze für Modernisierungsmieterhöhungen nach § 559e BGB und § 559 Abs. 3a BGB ergänzt. Danach darf die Miete beim Einbau oder der Aufstellung einer Heizungsanlage innerhalb von 6 Jahren nur maximal um 0,50 € je Quadratmeter Wohnfläche erhöht werden.

255 *aa) Umlageschlüssel.* Der Gesetzgeber ist davon ausgegangen, dass grundsätzlich diejenigen Kosten für die Mieterhöhung in Ansatz gebracht werden, die **für die konkrete Wohnung** im Einzelnen aufgewendet werden mussten.[201] Sind Maßnahmen durchgeführt worden, deren Kosten nicht auf der unmittelbaren Wohnungsebene entstehen, sondern sind Kosten für mehrere Wohnungen angefallen, zB Zentralheizung, Wärmedämmung, Kinderspielplatz usw, so sind die Kosten vom Vermieter gem. § 559 Abs. 2 BGB angemessen zu verteilen, wobei der Vermieter im Rahmen der §§ 315, 316 BGB einen Verteilungsschlüssel nach **billigem Ermessen** bestimmen kann. Das Gericht darf nur prüfen, ob die durch die Billigkeit gezogenen Grenzen überschritten sind.[202]

256 Der Billigkeit würde es insoweit nicht entsprechen, wenn zB bestimmte Mieter oder Mietergruppen unberechtigterweise bevorzugt oder benachteiligt würden oder wenn zurzeit unvermietete Wohnungen aus der Verteilung ausgeklammert würden, oder wenn hier einzelne Wohnungen, ohne Begründung aus der Modernisierungsmaßnahme selbst, einen günstigeren Verteilungsschlüssel erhalten würden. Grundsätzlich hat der Vermieter dabei die Kosten auf die einzelnen Wohnungen zunächst nach dem **Verhältnis der jeweiligen Wohnfläche zur Gesamtwohnfläche** aufzuteilen. Selbstverständlich muss aber auch im Einzelfall auf den Unterschied und die unterschiedliche Wertverbesserung und den unterschiedlichen Nutzen für die jeweiligen Wohnungen abgestellt werden, wenn zB Maßnahmen in einer Wohnung umfangreicher sind als in einer anderen Wohnung. Insoweit kann auch eine Verteilung nach **Anzahl der Wohnungen** oder aber nach **Anzahl der einzelnen Maßnahmen** gerechtfertigt und billig sein. Unberücksichtigt lassen kann der Vermieter aber immer die Verteilung der Kosten bei unterschiedlichem Gebrauchswert.[203]

257 Im Allgemeinen spricht nichts gegen eine **Verteilung nach dem unterschiedlichen Gebrauchswert** durch den Vermieter. Es wird allerdings in der Realität kaum möglich sein, einen angemessenen und akzeptablen Verteilungsschlüssel nach dem unterschiedlichen Gebrauchswert zu finden, der die Verteilung für die Mieter nachvollziehbar macht.

258 So lässt sich nicht prinzipiell argumentieren, dass ein Erdgeschossbewohner kein Interesse an einer Fahrstuhlnutzung hat, wenn der Fahrstuhl bis in den Keller hinunter geht. Auch hier wäre ein objektiver Gebrauchswert gegeben. Nur wenn der Erdgeschossbewohner von dem Fahrstuhl überhaupt keinen Nutzen hätte, etwa weil dieser nur in die oberen Stockwerke geht, würde sich ein Umlageschlüssel nach Gebrauchswert nachvollziehen lassen, da es hinsichtlich der Erdgeschosswohnung dann gänzlich an einem erhöhten Gebrauchswert fehlen würde.

259 *bb) Vom Mietzuschlag abzuziehende Beträge.* Der Gesetzgeber hat in § 559a BGB eine **Anrechnungspflicht für bestimmte finanzielle Förderungsmaßnahmen** durch öffentliche Zuschüsse, zinsverbilligte Darlehen etc geregelt.

260 Voraussetzung ist, dass die öffentlichen Mittel auch Zuschüsse zu der Modernisierungsmaßnahme iSd § 555b BGB sind. Maßgeblich ist dabei allein der **Verwendungszweck** der Gelder, nicht deren tatsächliche Verwendung.[204] Eine Anrechnung ist vorzunehmen, wenn die Kosten der Baumaßnahme ganz oder wenigstens zum Teil durch

---

199 Vgl. hierzu den Regierungsentwurf zum Mietrechtsanpassungsgesetz, BT-Drs. 19/4672, 31.
200 Schmidt-Futterer/Börstinghaus BGB § 559 Rn. 87a.
201 Schmidt-Futterer/Börstinghaus BGB § 559 Rn. 75.
202 LG Berlin 10.9.2019 – 63 S 277/18, BeckRS 2019, 31761.
203 Schmidt-Futterer/Börstinghaus BGB § 559 Rn. 79.
204 Schmidt-Futterer/Börstinghaus BGB § 559a Rn. 8.

zinsverbilligte oder zinslose Darlehen aus öffentlichen Haushalten gedeckt werden, oder wenn hinsichtlich der laufenden Aufwendungen Zuschüsse oder Darlehen zu deren Deckung gewährt werden.[205] Ebenso werden die Mittel aus öffentlichen Haushalten, Mieterdarlehen, Mietvorauszahlungen sowie andere Leistungen von Dritten für den Mieter behandelt. Zahlungen, die ein Dritter als Zuschuss für die Kosten der Baumaßnahme leistet, sollten selbstverständlich auch Auswirkungen auf den Mieter im Rahmen der anrechenbaren Kosten haben, da ja dieser Kostenzuschuss zur **Verringerung der Belastung des Mieters** gewährt wurde. § 559a BGB unterscheidet insoweit bei der Berechnung der zu berücksichtigenden Beträge nach den Arten der Förderung. So ist bei **zinsverbilligten Darlehen** die jährliche Zinsersparnis zu errechnen. Hierfür ist die prozentuale Zinsverbilligung zu ermitteln, die sich aus einem Vergleich des Zinssatzes für ein erstrangiges Hypotheken- bzw. Grundschulddarlehen auf dem freien Markt zum Zeitpunkt der Beendigung der Baumaßnahme, mit dem tatsächlich vom Vermieter bezahlten Zinssatz ergibt. Die ermittelte prozentuale Zinsverbilligung ist dann auf den maßgeblichen Darlehensbetrag anzuwenden.[206] Würde also ein Vermieter ein Darlehen von 100.000 EUR zu einem Prozentsatz von 5 % erhalten, während der übliche Zinssatz der erstrangig abgesicherten Darlehen zum maßgeblichen Zeitpunkt bei Beendigung der Baumaßnahme 9 % beträgt, dann berechnet sich der Kürzungsbetrag mit 9 % abzüglich 5 %, ergibt 4 %; 4 % von 100.000 EUR sind 4.000 EUR, sodass bei einem derartigen Fall der Vermieter vom Jahresbetrag einer nach § 559a Abs. 2 S. 1 BGB möglichen Mieterhöhung 4.000 EUR abziehen müsste.

Bei einem anrechenbaren Bauaufwand von 200.000 EUR kann er deshalb die Jahres- 261 miete des Gesamtobjekts nicht um 16.000 EUR erhöhen (= 8 % von 200.000 EUR), sondern um 4.000 EUR weniger, also um 12.000 EUR.

Ebenso verhält es sich bei den nach § 559a Abs. 2 S. 4 BGB zu berücksichtigenden 262 **Aufwendungszuschüssen.** Wie voranstehend ausgeführt, sind auch Aufwendungszuschüsse unmittelbar von dem Jahresumlagebetrag abzuziehen. Wenn also der Vermieter für eine Modernisierung 100.000 EUR aufgewendet hat und einen Aufwendungsersatzzuschuss von 5 % der insoweit angefallenen Baukosten erhalten hat, dann ist gem. § 559a Abs. 2 S. 4 BGB die jährliche Mieterhöhung von 8.000 EUR um 5.000 EUR zu kürzen, so dass der Vermieter nur noch einen Betrag in Höhe von 3.000 EUR gem. § 559a Abs. 2 S. 4 BGB auf den Mieter höchstens umlegen kann.

Zu berücksichtigen ist insbesondere, für welche Wohnung der Zuschuss bezahlt 263 worden ist. Kann der Zuschuss nicht einer Wohnung zugeordnet werden, so sind die Zuschüsse nach dem **Verhältnis der für die jeweilige Wohnung aufzuwendenden Kosten** zu verteilen. Ebenso ist zu verfahren bei einem sog. Aufwendungsdarlehen. Bei diesem hat der Vermieter keinen Zuschuss zu laufenden Aufwendungen erhalten, sondern der Zuschuss besteht darin, dass ihm zur Finanzierung der laufenden Aufwendung ein zinsverbilligtes Darlehen gewährt wird, so dass die Förderung des Vermieters allein in dieser Zinsersparnis besteht. Insoweit ist auch nur diese Zinsersparnis von der möglichen Jahresmieterhöhung in Abzug zu bringen.

Der Vermieter ist aber **nicht verpflichtet,** für die Modernisierung öffentliche Mittel zu 264 beantragen.[207] Daher sind Zuschüsse nur zu berücksichtigen, soweit diese tatsächlich gewährt wurden. Im vereinfachten Verfahren nach § 559c BGB entfällt die Anrechnungspflicht aus Vereinfachungsgründen teilweise. Der Zinsvorteil zinsvergünstigter und zinsfreier Darlehn gemäß § 559a Abs. 2 S 1–3 BGB muss nicht angerechnet werden.

Bei den sog. **„verlorenen Baukostenzuschüssen"** ist der gesamte Baukostenvorschuss 265 von den aufgewendeten Kosten abzuziehen, sodass die Mieterhöhung von vornherein auf Grund des Abzuges des Zuschusses niedriger ausfällt.

Kosten, die für Erhaltungsmaßnahmen erforderlich gewesen wären, gehören nach 266 § 559 Abs. 2 BGB nicht zu den für die Modernisierung aufgewendeten Kosten. Sie sind

205 MüKoBGB/Artz § 559a Rn. 3.
206 Schmidt-Futterer/Börstinghaus BGB § 559a Rn. 16.
207 AG Miesbach WM 1981, 416.

notfalls durch Schätzung zu ermitteln. Dabei ist der Abnutzungsgrad der Bauteile und Einrichtungen angemessen zu berücksichtigen. Der Sinn und Zweck der Vorschriften über die Modernisierung und anschließende Mieterhöhung gebietet es, nicht nur in der Fallgestaltung, dass der Vermieter sich durch die Modernisierung bereits „fällige" Instandsetzungsmaßnahmen erspart oder solche anlässlich der Modernisierung miterledigt werden, nach § 559 Abs. 2 BGB einen Abzug des Instandhaltungsanteils von den aufgewendeten Kosten vorzunehmen, sondern auch bei der modernisierenden Erneuerung von Bauteilen und Einrichtungen, die zwar noch (ausreichend) funktionsfähig sind und (bislang) einen zu beseitigenden Mangel nicht aufweisen, aber bereits über einen nicht unerheblichen Zeitraum ihrer zu erwartenden Gesamtlebensdauer (ab-) genutzt worden sind.[208]

267 f) **Mitteilungspflicht des Vermieters.** Des Weiteren ist zu beachten, dass der Vermieter gemäß § 559b Abs. 2 BGB im Vorfeld dem Mieter die zu erwartende Erhöhung des Mietzinses nach § 555c Abs. 1 und 3–5 BGB angekündigt haben muss und die tatsächliche Mieterhöhung nicht um mehr als 10 % nach oben von der ursprünglich mitgeteilten Mieterhöhung abweichen darf. Ansonsten **verlängert** sich gem. § 559b Abs. 2 S. 2 BGB der Wirkungszeitpunkt der Mieterhöhung um 6 Monate, sodass, wenn dieser Hinweispflicht nicht Genüge getan worden ist, die Wirkung der Mieterhöhung erst ab dem 9. Monat, der nach dem Zugang eines Erhöhungsverlangens folgt, eintritt.

268 Dies gilt natürlich auch, wenn der Vermieter überhaupt **keine Modernisierungsankündigung** gem. § 555c Abs. 1 und 3–5 BGB vorgenommen, der Mieter aber Modernisierungsmaßnahmen geduldet hat, weil es auch dann an der Einhaltung der vorausgehenden Hinweispflicht durch den Vermieter fehlt. Die Hinweispflicht entfällt, wenn es sich um eine **Bagatellmaßnahme** handelt. Dies ergibt sich zwar nicht unmittelbar aus § 559b Abs. 2 S. 2 BGB, aber aus einer Auslegung nach dem Sinn und Zweck der Norm,[209] denn § 559b Abs. 2 S. 2 BGB will nur ein wesentliches Fehlverhalten des Vermieters sanktionieren.

269 Bei einem Verstoß des Vermieters gegen die Mitteilungspflicht nach § 555c BGB ist die Duldungspflicht nach § 555d BGB nicht fällig. Duldet der Mieter in diesem Fall die Maßnahme trotzdem macht das die Modernisierungsmaßnahme nicht materiell rechtswidrig.[210]

270 g) **Anforderungen an das Mieterhöhungsverlangen.** Die Mieterhöhungserklärung gem. § 559b BGB ist, ebenso wie die Kündigung, eine einseitige **empfangsbedürftige Willenserklärung** mit rechtsgestaltender Wirkung. Sie führt also im Gegensatz zu §§ 558 ff. BGB, wo der Vermieter erst einen Anspruch auf Zustimmung zu seinem Verlangen geltend macht, bereits unmittelbar durch die Erklärung selbst zu einer Erhöhung der Miete.

271 *aa) Inhalt.* § 559b Abs. 1 BGB setzt voraus, dass in der Erhöhungserklärung die **Erhöhung anhand der entstandenen Kosten berechnet** und entsprechend ihren Voraussetzungen nach § 559 und § 559a BGB erläutert wird.

272 Die Erklärung über eine Modernisierungsmieterhöhung genügt regelmäßig den formellen Anforderungen nach § 559b BGB, wenn sie die Gesamtkosten für die durchgeführte Modernisierungsmaßnahme und im Fall der Durchführung mehrerer verschiedener Modernisierungsmaßnahmen die jeweiligen Gesamtkosten für die einzelnen Maßnahmen ausweist. Das gilt nicht nur, wenn es sich bei der betreffenden Maßnahme um eine reine Modernisierungsmaßnahme handelt, sondern auch dann, wenn eine sog. modernisierende Instandsetzung durchgeführt wurde und der Vermieter sich deshalb nach Maßgabe des § 559 Abs. 2 BGB einen – in der Erhöhungserklärung (zumindest durch die Angabe einer Quote oder eines bezifferten Betrags) auszuweisenden – Instandsetzungsanteil anrechnen lassen muss. Eine Aufschlüsselung der für eine bestimm-

[208] BGH NZM 2020,795.
[209] Schmidt-Futterer/Börstinghaus BGB § 559b Rn. 55.
[210] Schmidt-Futterer/Eisenschmid BGB § 555c Rn. 66.

te Modernisierungsmaßnahme entstandenen Gesamtkosten nach den einzelnen angefallenen Gewerken oder anderen Bauleistungsbereichen ist grds. auch dann nicht erforderlich, wenn umfangreiche und entsprechend kostenträchtige bauliche Veränderungen oder Maßnahmen außerhalb der betroffenen Wohnung oder an mehreren Gebäuden ausgeführt wurden.[211]

Eine **Unterschrift** ist nicht erforderlich, da insoweit lediglich **Textform gem. § 126b BGB** vorgesehen ist. Daher kann die Erhöhungserklärung auch mit Hilfe einer automatischen Einrichtung gefertigt sein. 273

Eine Erhöhungserklärung, die nicht diesen formalen Voraussetzungen des § 559b BGB entspricht, ist **nichtig.**[212] In diesem Fall kann ein Mieter Zahlungen, die auf Grund einer solchen Erklärung erbracht wurden, zurückverlangen.[213] Zu prüfen ist hier jedoch immer, ob in der mehrmaligen Zahlung auf die einseitige nichtige Mieterhöhungserklärung in Verbindung mit anderen Umständen eine **konkludente Willenserklärung** zu sehen ist, mit der Folge, dass ein Mietabänderungsvertrag zustande gekommen ist[214] und ob dem Rückzahlungsverlangen nicht § 814 BGB entgegensteht 274

Eine einmal unwirksame Mieterhöhung ist **rückwirkend nicht heilbar.** Eine Nachbesserung der Modernisierungsmieterhöhungserklärung im Prozess ist -anders als beim Zustimmungsverlangen auf die ortsübliche Vergleichsmiete – nicht möglich.[215] Es bleibt dem Vermieter zwar unbenommen, eine neue Mieterhöhungserklärung zu erstellen. Es verschiebt sich dann aber der Zeitpunkt der Wirksamkeit der Mieterhöhung. Der BGH hat insoweit entscheiden, dass die Mieterhöhung **vollständig neu** vorgenommen werden muss.[216] Hat ein Mieter auf eine derartige unwirksame Mieterhöhung bezahlt, kann er die zu Unrecht bezahlten Beträge zurückfordern.[217] 275

Es gibt jedoch **keine Frist,** innerhalb derer die Erhöhungserklärung abgegeben werden muss, so dass ein Vermieter auch noch längere Zeit, nach Durchführung der Modernisierungsarbeiten die Mieterhöhung gem. § 559 BGB aussprechen kann, solange keine Verwirkung gegeben ist. Eine Mieterhöhung gem. § 559 BGB ist jedoch nicht mehr möglich, wenn in der Zwischenzeit **bereits eine Mieterhöhung nach § 558 BGB** auf der Basis der modernisierten Wohnung durchgeführt wurde. 276

Eine Mieterhöhung kann **frühestens nach Abschluss der baulichen Maßnahmen** gestellt werden. Dies folgt daraus, dass Voraussetzung für das Erhöhungsrecht ist, dass bauliche Maßnahmen auch tatsächlich durchgeführt worden sind. 277

Die Mieterhöhungserklärung nach § 559 BGB selbst muss, wie bereits ausgeführt, eine in sich **nachvollziehbare Errechnung des Erhöhungsbetrages** beinhalten. Das bedeutet, dass die Erklärung so gehalten sein muss, dass eine überschlägige Überprüfung des begehrten Mieterhöhungsbetrages dem Mieter ohne besondere Kenntnisse auf dem Gebiet der Rechnungsprüfung und ohne jegliche weitere Einsicht in Belege möglich ist.[218] Ein Aufteilung nach Gewerken ist nicht erforderlich.[219] 278

Insoweit müssen die gesamten **Grundlagen der Berechnung** angegeben werden, dh sämtliche für den Mieter notwendige Positionen spezifisch berechnet werden. Eine bloße **Bezugnahme** genügt nur, wenn die entsprechende Rechnung beigefügt ist. Demzufolge müssen die Positionen der Rechnung, auf die Bezug genommen wird, ebenfalls aus der Erhöhungsberechnung selbstständig hervorgehen, sofern die Rechnung nicht beigefügt ist. 279

---

[211] BGH NJW-RR 2022,1455.
[212] Schmidt-Futterer/Börstinghaus BGB § 559b Rn. 10, BGH NZM 2023, 766.
[213] LG Dresden WuM 1998, 216 (217); BeckOGK/Schindler BGB § 559b Rn. 38.
[214] LG Leipzig ZMR 1999, 767.
[215] BGH NZM 2006, 221.
[216] BGH WuM 2006, 157.
[217] LG Bautzen WuM 2007, 497; LG Dresden WuM 19, 216.
[218] LG Dresden WuM 1998, 216 (217); LG Görlitz WuM 1999, 44; Schmidt-Futterer/Börstinghaus BGB § 559b Rn. 9.
[219] BGH NJW-RR 2022,1455.

280 Des Weiteren ist es immer erforderlich, die jeweiligen **Gesamtkosten** der Maßnahme anzugeben. Es reicht nicht aus, dass bei Maßnahmen, die einen Gesamtwert mit mehreren Wohnungen betreffen, lediglich die Positionen, die sich auf die Wohnung des Mieters beziehen, herausgenommen werden.

281 Außerdem muss, wenn mehrere Modernisierungsmaßnahmen auf einmal durchgeführt werden, eine differenzierte Darstellung der Kosten bezüglich der verschiedenen einzelnen Modernisierungsmaßnahmen vorgenommen werden. Eine Aufteilung nach Gewerken ist nicht erforderlich.[220]

282 Niemals ausreichend wäre die bloße Angabe eines Gesamtbetrages, da dies keine Berechnung darstellen würde und der Gesamtbetrag in sich nicht überprüfbar wäre.[221]

283 Zu einer ordnungsgemäßen Berechnung gehört bei der Verteilung von Maßnahmen auf mehrere Wohnungen auch die **Angabe des Verteilungsschüssel** und die Darlegung, wie sich der Verteilerschlüssel zusammensetzt.

284 **Umstritten** ist, ob der Vermieter in einem Mieterhöhungsverlangen auch jeden einzelnen Rechnungsbetrag nach **Rechnungsdatum und bauausführendem Unternehmen** anzugeben hat,[222] oder ob, wie bei der Nebenkostenabrechnung, der Mieter nur durch eine geordnete Zusammenstellung der Gesamtkosten sowie Angabe und Erläuterung des Verteilerschlüssels und der Berechnung des Anteils, der auf den Mieter fällt, in die Lage versetzt werden soll, die Rechnung nachzuvollziehen.[223]

285 Eine **Beifügung von Belegen** ist für die Wirksamkeit der Erhöhungserklärung nicht Voraussetzung. Der Mieter hat aber immer ein Einsichtsrecht in die Belege gem. § 259 BGB.

286 Des Weiteren muss der Vermieter die Mieterhöhung nicht nur für den Mieter nachvollziehbar berechnen, sondern er muss sie auch – so die ausdrückliche Regelung in § 559b Abs. 1 BGB – erläutern.

287 Der Begriff **„Erläuterung“** ist nach Sinn und Zweck der Verpflichtung, die der Gesetzgeber hier dem Vermieter auferlegt hat, auszulegen, dh im Rahmen der Erläuterung ist die Gesamtheit der Informationen zu verlangen, die ein Mieter benötigt, um allein qualifiziert überprüfen zu können, ob ein berechtigter Anspruch auf Mieterhöhung vorliegt. Der Mieter soll durch die Erläuterung überprüfen können, ob die Tatbestandsmerkmale des § 559 BGB erfüllt sind. Zu erläutern ist also zunächst die Bauart, Umfang der baulichen Maßnahme bzw. welche Energie- und Wassereinsparung die zu erwartende mengenmäßige Einsparung, gegebenenfalls unterstützt durch technische Daten der eingebauten Materialien, ergibt. Des Weiteren sind natürlich auch die Kürzungsbeträge anzugeben, was sich unmittelbar aus § 559b Abs. 1 BGB ergibt, denn danach sind alle Voraussetzungen des §§ 559 und 559a BGB zu erläutern, wozu eben auch die Kürzungsbeträge nach § 559a BGB gehören.[224] Der zu zahlende Erhöhungsbetrag ist exakt in Euro anzugeben. Die bloße Berechenbarkeit oder Bestimmbarkeit des Erhöhungsbetrages genügt nicht.[225] Es reicht deshalb auch nicht die Angabe eines neuen Quadratmeterpreises.[226]

288 *bb) Form.* Wie bereits erwähnt, muss die Mieterhöhungserklärung nach § 559b Abs. 1 BGB nicht schriftlich, sondern lediglich in **Textform** erfolgen. Insoweit gelten die allgemeinen Regelungen **gem. § 126b BGB.** Danach wird nicht vorausgesetzt, dass die Urkunde eigenhändig vom Vermieter durch Unterschrift unterzeichnet sein muss. Somit ist die Übersendung durch Fernkommunikationsmittel (inbs. E-Mail, Telefax) möglich.

---

220 BGH NJW-RR 2022, 1455; BGH NZM 2023, 766.
221 LG Frankfurt a. M. WuM 1983, 115; LG Berlin GE 1984, 1127.
222 LG Köln WuM 1989, 308; AG Greifwand WuM 1994, 379; AG Lichtenberg MM 1997, 239; Sternel MietR aktuell Rn. 676.
223 Schmidt-Futterer/Börstinghaus BGB § 559b Rn. 12.
224 Schmidt-Futterer/Börstinghaus BGB § 559b Rn. 35.
225 BeckOK BGB/Schüller § 559b Rn. 18 mwN.
226 Schmidt-Futterer/Börstinghaus BGB § 559b Rn. 38; aA Bub/Treier MietR-HdB/SchultzKapitelIII. Rn. 1518.

Die Mieterhöhungserklärung gemäß § 559b BGB muss dann **sämtlichen Mietern** zugehen. Eine nicht an alle Mieter gerichtete Mieterhöhungserklärung ist unwirksam. 289

cc) Fälligkeit. Die Erklärung des Vermieters hat gem. § 559b Abs. 2 S. 1 BGB zur Folge, dass **mit Beginn des dritten Monats nach Zugang der Erklärung** der erhöhte Mietzins an die Stelle des bislang entrichteten Mietzinses tritt. Da die Mieterhöhungserklärung gem. § 559b Abs. 2 S. 1 BGB, wie voranstehend ausgeführt, eine einseitige, empfangsbedürftige Willenserklärung ist, greift für die in § 559b Abs. 2 BGB vom Gesetzgeber verordneten Fälligkeitsfristberechnung des § 130 BGB, wie der Gesetzgeber es auch ausdrücklich festgelegt hat, dh die Frist beginnt erst mit Zugang der Erhöhungserklärung zu laufen. Geht also eine Erklärung im Verlaufe des Januars einem Mieter zu, erhöht sich der Mietzins automatisch ab 1.4., vorausgesetzt, die Erhöhung war ordnungsgemäß bereits im Modernisierungsankündigungsschreiben gem. § 555c Abs. 1 S. 2 Nr. 3 BGB angezeigt worden. 290

Fehlt der Hinweis oder liegt eine Abweichung von mehr als 10 % vor, so verschiebt sich der wirksame Zeitpunkt, wie bereits oben dargestellt, um 6 Monate, wirkt hier also erst ab dem 9. Monat (§ 559b Abs. 2 S. 2 BGB). 291

Muster: Mieterhöhungsverlangen nach erfolgter Modernisierung[227]

Einschreiben gegen Rückschein 292
An …… *(sämtliche Mieter)*
Betreff: Modernisierungsmieterhöhung
Sehr geehrte/r Frau/Herr,[228]
unter Vorlage einer auf mich lautenden Vollmachtsurkunde (*Vollmachtserteilung* durch alle Vermieter) im Original gebe ich namens und in Vollmacht von …… *(alle Vermieter nennen)* nachfolgende Erklärung ab:
Mit Schreiben vom …… hatte ich/mein Mandant Sie fristgerecht zur Duldung der nachfolgend aufgeführten Modernisierungsmaßnahmen aufgefordert, wobei eine zu erwartende Mieterhöhung von …… EUR auf …… EUR zum …… *(Datum)* angekündigt worden war.
Die angekündigten Modernisierungsmaßnahmen im Einzelnen:
– …… *(einzelne Maßnahmen bitte vollständig und ausführlich darstellen)*
Diese wurden zwischenzeitlich durchgeführt und am …… *(Datum)* abgeschlossen.
Gemäß §§ 559, 559a und 559b BGB kann der Vermieter vom Mieter nach erfolgter Modernisierung die Zahlung einer erhöhten Miete verlangen.
Nachdem die Modernisierungsmaßnahmen abgeschlossen sind, darf ich Sie bitten, eine erhöhte Miete in Höhe von …… EUR statt bislang …… EUR nebst Nebenkosten wie bisher zu bezahlen. Diese erhöhte Miete schulden Sie ab dem …… *(Datum),* denn gemäß § 559b Abs. 2 BGB schuldet der Mieter die erhöhte Miete mit Beginn des dritten Monats nach Zugang der Erklärung.
Die Mieterhöhung erläutere und berechne ich Ihnen wie folgt:
……
(Es folgt eine ausführliche Erläuterung, dass bauliche Veränderungen vorgenommen worden sind, durch die in Bezug auf die Mietsache Endenergie nachhaltig eingespart wird, der Wasserverbrauch nachhaltig reduziert wird, der Gebrauchswert der Mietsache nachhaltig erhöht wird, die allgemeinen Wohnverhältnisse auf Dauer verbessert werden oder die aufgrund von Umständen durchgeführt wurden, die der Vermieter nicht zu vertreten hatte.)
Der Mieterhöhung liegen die nachstehend aufgezählten Kostenpositionen für die einzelnen baulichen Maßnahmen zu Grunde, wobei diejenigen Kosten, die Instandhaltung betreffen erkennbar ausgespart und ersparte notwendige Instandsetzung jeweils, soweit angefallen, am Ende der Kostenposition in Abzug gebracht worden sind und der jeweilige Erhöhungsbetrag für jede einzelne Maßnahme gesondert errechnet und am Schluss saldiert wurde:
……
(Ausführliche Zusammenstellung von Kostenpositionen für die einzelnen Maßnahmen, wobei Kosten für Instandhaltungsmaßnahmen nicht angerechnet werden dürfen bzw. ausgespart werden müssen und Kosten für ersparte notwendige Instandsetzungsmaßnahmen in Abzug zu bringen sind sowie die Berechnung der einzelnen Mieterhöhungsbeträge.)

Beispiel:
Einbau einer Hauseingangstür, einbruchsicher mit Sicherheitsverriegelung

• gemäß Rechnung der Firma ……		800 EUR
• hiervon 8 %	64 EUR	

[227] Weitere Muster siehe bei BeckForm MietR/Flintrop Form. C. V. 4 ff.
[228] Bei Mietermehrheit müssen alle Mieter angeschrieben werden.

- aufgeteilt auf die Gesamtfläche des Hauses von 200 qm 0,32 EUR
- pro Monat, somit 0,03 EUR
- soweit für ihre Wohnung mit der Wohnfläche 55 qm 1,65 EUR
- ...... *(alle weiteren Kostenpositionen)*

Es ergibt sich also aus den vorstehenden Erläuterungen und den Berechnungen eine Mieterhöhung von insgesamt ...... EUR, sodass Sie statt der bisherigen Miete von ...... EUR ab ...... eine neue Miete von ...... EUR nebst Nebenkosten wie bisher, bezahlen müssen.
Abschließend darf ich Sie darauf aufmerksam machen, dass Sie auch bis zum Ablauf des zweiten Monats nach Zugang dieser Mieterhöhung zum Ablauf des übernächsten Monats kündigen können (§ 561 BGB).
Mit freundlichen Grüßen
...... Rechtsanwalt

3. Vereinfachtes Verfahren gem. § 559c BGB

293 a) **Zielsetzung.** Mit Einführung des § 559c BGB durch das Mietrechtsanpassungsgesetz vom 18.12.2018 hat der Gesetzgeber nunmehr ein **vereinfachtes Verfahren** zur Durchführung einer Modernisierungsmieterhöhung eingeführt. Dies soll insbes. solche Kleinvermieter dazu ermutigen, entsprechende Modernisierungsmaßnahmen vorzunehmen, die hiervon aufgrund der rigiden Anforderungen der §§ 555b ff. BGB sowie §§ 559 ff. BGB bislang abgesehen haben.[229] Nachfolgend sollen die wesentlichen Abweichungen zum normalen Verfahren nach § 559 BGB erörtert werden.

294 b) **Anwendungsvoraussetzungen.** Soweit die vom Vermieter geltend gemachten Kosten für die **Modernisierungsmaßnahme den Betrag von 10.000 EUR nicht übersteigen,** kann der Vermieter die Mieterhöhung nach diesem vereinfachten Verfahren berechnen (§ 559c Abs. 1 S. 1 BGB). Auch im Rahmen des § 559c BGB ist Voraussetzung, dass eine Modernisierungsmaßnahme iSd § 559 Abs. 1 BGB vorliegt, dh reine Instandhaltungsmaßnahmen sind nicht erfasst.

295 c) **Modernisierungsankündigung.** Für die Modernisierungsankündigung bleibt auch im vereinfachten Verfahren nach § 559c Abs. 5 BGB weiterhin § 555c BGB grds. anwendbar. Allerdings muss der Vermieter **ergänzend** zu den dortigen Regelungen bereits in der Modernisierungsankündigung angeben, dass er von dem vereinfachten Verfahren nach § 559c BGB Gebrauch macht. Dafür entfällt zweckmäßigerweise die Angabe der voraussichtlichen künftigen Betriebskosten nach § 555c Abs. 1 S. 2 Nr. 3 BGB, da diese gerade bei energetischen Modernisierungen im Vorfeld oft nur unter großem Aufwand ermittelbar sind.

296 d) **Abzug fiktiver Instandhaltungskosten.** Gem. § 559 Abs. 1 S. 2 BGB werden solche Kosten die für Erhaltungsmaßnahmen erforderlich gewesen wären (§ 559 Abs. 2 BGB), **pauschal mit 30 %** von den geltend gemachten Modernisierungskosten in Abzug gebracht; eine konkrete Berechnung erfolgt mithin nicht. Dies stellt den **wesentlichen Vereinfachungsaspekt** des Verfahrens nach § 559c BGB dar, da idR eine Modernisierung zu einem Zeitpunkt erfolgt, zu dem auch eine Instandsetzung erforderlich gewesen wäre.[230]

297 e) **Kein Härteeinwand.** Gem. § 559c Abs. 1 S. 3 BGB findet § 559 Abs. 4 BGB im vereinfachten Verfahren keine Anwendung. Damit ist klargestellt, dass dem Mieter der finanzielle Härteeinwand gegen die Modernisierungsmieterhöhung nicht möglich ist.

298 f) **Modernisierungsmieterhöhung.** Auch im vereinfachten Verfahren kann der Vermieter die jährliche Miete **um 8 Prozent** der für die Wohnung aufgewendeten Kosten erhöhen (§ 559 Abs. 1 BGB), für die Erhöhungserklärung im vereinfachten Verfahren ist § 559b BGB entsprechend anzuwenden. Zusätzlich muss der Vermieter in der Mieterhöhungserklärung angeben, dass er die Mieterhöhung nach dem vereinfachten Verfahren berechnet hat. Bei der Berechnung ist der **Zinsvorteil zinsvergünstigter oder**

[229] Vgl. hierzu den Regierungsentwurf zum Mietrechtsanpassungsgesetz, BT-Drs. 19/4672, 33.
[230] Vgl. hierzu den Regierungsentwurf zum Mietrechtsanpassungsgesetz, BT-Drs. 19/4672, 34.

zinsloser Darlehen gem. § 559a Abs. 2 S. 1–3 BGB **nicht in Abzug zu bringen** (vgl. § 559c Abs. 1 S. 3 BGB). Ferner soll der Vermieter eine Mieterhöhung im vereinfachten Verfahren nicht mit einer Mieterhöhung nach § 559 BGB kombinieren können. Hat der Vermieter daher die Miete **in den letzten fünf Jahren** bereits nach § 559c BGB oder nach § 559 BGB erhöht, so mindern sich die Kosten, die im vereinfachten Verfahren für die weitere Modernisierungsmaßnahme geltend gemacht werden können, um die Kosten, die in diesen früheren Verfahren für Modernisierungsmaßnahmen geltend gemacht wurden (§ 559c Abs. 2 BGB), dh die 10.000,– EUR mindern sich um den Betrag, der für die früheren Modernisierungsmaßnahmen geltend gemacht worden ist.

g) Ausschluss einer weiteren Mieterhöhung. Hat der Vermieter eine Mieterhöhung im vereinfachten Verfahren geltend gemacht, so kann er gem. § 559c Abs. 4 BGB **innerhalb von fünf Jahren nach Zugang der Mieterhöhungsklärung** beim Mieter keine Mieterhöhungen nach § 559 BGB geltend machen. Dies gilt nicht, soweit der Vermieter in diesem Zeitraum Modernisierungsmaßnahmen aufgrund einer **gesetzlichen Verpflichtung** durchzuführen hat und er diese Verpflichtung bei Geltendmachung der Mieterhöhung im vereinfachten Verfahren nicht kannte oder kennen musste (Nr. 1). Ebenfalls gilt dies nicht, wenn der Vermieter Mitglied einer **Wohnungseigentümergemeinschaft** ist und insoweit eine Modernisierungsmaßnahme auf Grund eines Beschlusses von Wohnungseigentümern durchgeführt wird, der frühestens zwei Jahre nach Zugang der Mieterhöhungserklärung beim Mieter gefasst wurde (Nr. 2). Nicht ausgeschlossen durch § 559c Abs. 4 BGB ist ferner die abermalige Geltendmachung einer Modernisierungsmieterhöhung im vereinfachten Verfahren, sofern von dem Höchstbetrag in Höhe von 10.000,– EUR noch ein **Restbetrag** verbleibt. Insoweit kann dann dieser Rechtsbetrag ausgeschöpft werden. 299

4. Mieterhöhung nach § 559e BGB

Nach § 559e BGB kann der Vermieter die jährliche Miete um 10 % der für die Wohnung aufgewendeten Kosten abzüglich der in Anspruch genommenen Drittmittel erhöhen, wenn er Modernisierungsmaßnahmen nach § 555b Nr. 1a BGB durchgeführt hat, die die Voraussetzungen für Zuschüsse aus öffentlichen Haushalten erfüllen und er diese als Drittmittel im Sinne des § 559a BGB in Anspruch genommen hat. 300

Gegenstand dieses neuen Modernisierungstatbestandes ist ausschließlich die Heizungsanlage, die den Anforderungen des § 71 GEG genügt.

Zu den umlagefähigen Kosten zählen

- die Kosten des Wärmeerzeugers
- die Kosten der Wärmequelle
- sämtliche damit zusammenhängende Materialkosten
- die Personal- und Planungskosten
- die Kosten des hydraulischen Abgleichs.

Nicht dazu gehören die darüber hinaus gehenden Kosten der heizungstechnischen Anlage (Strangleitungen etc).[231] Eine Mieterhöhung wegen dieser Kosten kann nur über § 559 BGB erfolgen.

10 % dieser umlagefähigen Kostendarf der Vermieter auf die Grundmiete umlegen. Eine Privilegierung zum § 559 BGB.

Allerdings gilt für die Mieterhöhung nach § 559e BGB eine eigene Kappungsgrenze. Bei einer Heizungsanlagenmodernisierung nach § 555b Nr. 1a BGB darf sich der monatliche Grundmietbetrag innerhalb von 6 Jahren nicht um mehr als 0,50 €/m² erhöhen. Ist der Vermieter darüber hinaus zu Mieterhöhungen nach § 559 BGB berechtigt dürfen die in § 559 Abs. 3a BGB festgelegten Grenzen nicht überschritten werden. Damit darf sich die Grundmiete innerhalb von 6 Jahren nicht um mehr als 3 €/m² 301

[231] Lee NZM 2023, 780 ff.

erhöhen. Liegt die Grundmiete niedriger als 7 €/m² darf die Erhöhung in diesem Zeitraum maximal 2 €/m² betragen.

5. Mieterrechte auf Grund des Mieterhöhungsverlangens

302 a) **Gewährleistungsrecht.** Unabhängig von der Berechtigung und Wirksamkeit einer Mieterhöhung steht dem Mieter natürlich das Recht zu, die Miete zu mindern. Insoweit kann sich auf Grund der Modernisierungsmieterhöhung, die automatisch ab dem Fälligkeitszeitpunkt eintritt, auf Grund der Änderung des Leistungsgefüges ein Minderungsrecht **wegen Altmängeln** ergeben. Hat ein Mieter länger als 3 Monate die Miete vorbehaltslos bezahlt, seitdem die Mängel vorliegen, scheidet eine Minderung aus. Dieses Minderungsrecht lebt dann aber gerade im Falle der automatischen Erhöhung wieder auf, weil durch die Änderung des Leistungsgefüges der Mieter natürlich auch das Recht haben muss, die erhöhte Miete, zumindest in Höhe des Erhöhungsbetrages zu mindern.

303 Des Weiteren hat der Mieter natürlich sämtliche Gewährleistungs- und Schadensersatzansprüche, falls **während der Durchführung** der Modernisierung oder während des Zeitraums zwischen der Abgabe der Erhöhungserklärung und dem Wirksamwerden Mängel auftreten.

304 b) **Sonderkündigungsrecht gem. § 561 BGB.** Darüber hinaus hat der Gesetzgeber dem Mieter, nachdem diesem bereits gem. § 555e BGB bei der Durchsetzung der Duldung der Maßnahme durch den Vermieter ein Sonderkündigungsrecht eingeräumt wurde, auch im Rahmen der Mieterhöhung ein **weiteres Sonderkündigungsrecht** eingeräumt. Hat ein Mieter die Frist des Sonderkündigungsrechts gem. § 555e BGB verpasst oder mangels Ersatzwohnraum von seinem Sonderkündigungsrecht bis zum Ablauf der Frist keinen Gebrauch machen wollen, dann steht dem Mieter nochmals ein Sonderkündigungsrecht gem. § 561 BGB zu, sobald ihm die eigentliche Mieterhöhung nach Durchführung der Modernisierung zugeht. Auch hier kommt es nicht darauf an, ob die Mieterhöhungserklärung wirksam war oder nicht. Der Mieter ist vielmehr **nach Zugang einer Modernisierungsmieterhöhung** berechtigt, das Mietverhältnis bis zum Ablauf des 2. Monats nach dem Zugang der Erklärung des Vermieters, das Mietverhältnis außerordentlich **zum Ablauf des übernächsten Monats** zu kündigen. Hat der Vermieter die zu erwartende Erhöhung des Mietzinses nicht ordnungsgemäß nach §§ 555b–555f BGB mitgeteilt, oder weicht die tatsächliche Mieterhöhung gemäß dieser Mitteilung mehr als 10 % nach oben ab, hat dies entgegen der früheren Rechtslage keine Auswirkungen auf das Sonderkündigungsrecht, da das Sonderkündigungsrecht **nicht mehr in Abhängigkeit zur Wirksamkeit** der Mieterhöhung steht.

305 Voraussetzung für eine Kündigung ist aber in allen Fällen, dass der Mieter erst kündigen kann, wenn ihm ein entsprechendes Verlangen des Vermieters zugegangen ist. Eine vor Zugang der Mieterhöhung erklärte Kündigung ist unwirksam.[232]

306 Ein Sonderkündigungsrecht steht dem Mieter auch zu, wenn das Mietverhältnis **auf anderer rechtlicher Grundlage gekündigt** wurde, gleichgültig von welcher Seite gekündigt wurde, und das Mietverhältnis nur noch nicht beendet ist; ebenso, wenn das Mietverhältnis sich aufgrund eines Kündigungswiderspruchs in der Fortsetzungszeit befindet.

307 Kündigt der Mieter, so tritt auch die Mieterhöhung nicht ein (§ 561 Abs. 1 S. 2 BGB).

308 Auch für die Kündigung des Mieters gilt gemäß § 558 Abs. 1 BGB die Schriftform. Textform genügt nicht. In der **Kündigungserklärung** muss der Kündigungswille hinreichend zum Ausdruck kommen und bedingungsfrei sein. Einer Begründung bedarf es nicht.

309 Setzt der Mieter trotz Kündigung gem. § 561 BGB nach Kündigungsende das Mietverhältnis fort und widerspricht der Vermieter nicht gem. § 565 BGB bzw. enthält der Mietvertrag keinen wirksamen Ausschluss des § 545 BGB, wird das Mietverhältnis **zu**

[232] Schmidt-Futterer/Börstinghaus BGB § 561 Rn. 24.

unveränderten Bedingungen fortgesetzt, was aber bedeutet, dass die Mieterhöhung nicht greift. Aufgrund der Kündigung des Mieters ist ja die Wirkung der Mieterhöhung gem. § 561 Abs. 1 S. 2 entfallen, sodass das Mietverhältnis mit einer nicht erhöhten Miete fortgesetzt wird.[233]

c) **Härteeinwand.** Nach § 559 Abs. 4 S. 1 BGB ist die Mieterhöhung ausgeschlossen, soweit sie auch unter Berücksichtigung der voraussichtlichen Betriebskosten, für den Mieter eine Härte bedeuten würde, die auch unter Würdigung der berechtigten Interessen des Vermieters nicht zu rechtfertigen ist. Das gilt aufgrund der Verweisung in § 559e Abs. 4 BGB auch für die Mieterhöhung nach Einbau oder Aufstellung einer Heizungsanlage nach § 559e BGB. Erforderlich ist damit -von den Ausnahmefällen des § 559 Abs. 4 S. 2 BGB einmal abgesehen – abzuwägen zwischen dem Interesse des Mieters an dem fortwährenden Erhalt der Wohnung und dem Interesse des Vermieters an der Refinanzierung seine Modernisierungsaufwenden, wobei zu berücksichtigen gilt, das nicht nur das Eigentum des Vermieter, sondern auch der Besitz des Mieters über Art. 14 GG geschützt wird.[234] 310

Dabei sind die abwägungsrelevanten Interessen nicht schematisch, sondern einzelfallbezogen zu betrachten[235]

Dabei sind den Aspekten der Verwurzelung und der gesundheitlichen Situation des Mieters ein hoher Stellenwert beizumessen. Demgegenüber ist der Umstand, dass der Mieter gemessen an seinen wirtschaftlichen Verhältnissen und seinen Bedürfnissen eine deutlich zu große Wohnung nutzt, zulasten des Mieters einzubeziehen.[236] 311

Auf Seiten des Vermieters wird sich eine Nichtinanspruchnahme zur Verfügung stehender öffentlicher Mittel zu seinem Nachteil auswirken, wenn er nicht nachvollziehbare Gründe für die nicht Inanspruchnahme darlegen kann.

6. Abweichende Vereinbarungen/Ausschlüsse

In den §§ 559, 559a, 559b, 559e und 561 BGB ist jeweils im letzten Absatz geregelt, dass abweichende Vereinbarungen zu Lasten des Mieters **unwirksam** sind, was sich sowohl auf die materiellen als auch formellen Voraussetzungen bezieht.[237] So sind zunächst einmal sämtliche Vereinbarungen unwirksam, die den Vermieter teilweise oder vollständig von den **formellen Voraussetzungen der §§ 559 ff. BGB** befreien. Dies bezieht sich auf die Form, die Frist und den erforderlichen Inhalt, so dass auch die Berechnungs- und Erläuterungspflicht nicht nachteilig zu Lasten des Mieters eingeschränkt werden kann. 312

Unzulässig sind aber dann auch alle Vereinbarungen, die die **materiellen Voraussetzungen der §§ 559 ff. BGB** zum Nachteil des Mieters umgehen, etwa dergestalt, dass auch Maßnahmen, die nicht unter die Aufzählung des §§ 559 ff. BGB fallen, eine Mieterhöhung auslösen oder dass der gesetzlich normierte Umlageprozentsatz von 8 % erhöht wird. Insoweit ist auch eine bereits im Mietvertrag angekündigte Modernisierungsmaßnahme, die automatisch einen höheren Mietzins auslöst, als Vereinbarung unwirksam. 313

Zulässig wäre allerdings eine Einigung gem. § 557 Abs. 1 BGB dahingegen, dass die Miete sich wegen einer konkreten baulichen Maßnahme um einen festen Betrag erhöht, wenn diese bauliche Maßnahme erst während der Mietzeit stattfindet. Das Zustandekommen einer Vereinbarung durch schlüssiges Verhalten, indem der Mieter die verlangte neue Miete zahlt ist umstritten.[238] 314

---

233 Schmit-Futterer/Börstinghaus BGB § 561 Rn. 49; MüKoBGB/Arzt § 561 Rn. 11.
234 BVerfG NJW 1993,2025.
235 BGH NZM 2014, 193.
236 BGH NZM 1993, 2035.
237 Vgl. Schmidt-Futterer/Börstinghaus BGB § 559b Rn. 74 ff.
238 Dagegen LG Berlin GE 1996, 470; aA LG Berlin GE 2002, 804; ausdrücklich offen gelassen BGH NZM 2004, 252.

7. Übergangsregelung/Rechtslage vor Inkrafttreten des Mietrechtsänderungsgesetzes

315 Maßgeblich für die Anwendung des alten bzw. neuen Rechts ist auch hier, ob das Erhöhungsverlangen vor Inkrafttreten dem Mieter zugestellt wurde oder nicht (Art. 229 § 29 Einführungsgesetz zum Bürgerlichen Gesetzbuch EGBGB).

316 a) **Frühere Rechtlage.** Die maßgeblichen Regelungen für Modernisierungsmieterhöhungen befanden sich vor dem Mietrechtsänderungsgesetz vom 11.3.2013 ebenfalls in §§ 559 ff., zuvor, also vor dem Inkrafttreten des Mietrechtsreformgesetzes vom 1.9.2001, außerhalb des Bürgerlichen Gesetzbuches im sogenannten Miethöhegesetz (MHG). Hier war die maßgebliche Vorschrift, die sowohl die Voraussetzungen für eine Mieterhöhung nach durchgeführter Modernisierung, die Anrechnung von Drittmitteln als auch die Geltendmachung der Mieterhöhung sowie ihr Wirksamkeitszeitpunkt regelte in § 3 MHG zusammenfassend geregelt.

Die Rechtslage während der Zeit des Mietrechtsreformgesetzes vom 1.9.2001 gemäß den Regelungen in den §§ 559–559b BGB aF **entsprechen weitgehend den jetzigen Regelungen** in §§ 559–559b BGB.

317 b) **Rechtslage nach §§ 3–9 MHG.** Auch die Rechtslage vor Inkrafttreten des Mietrechtsreformgesetzes war, von kleinen Änderungen abgesehen, nahezu regelungsgleich, mit der Ausnahme, dass die Vorschriften außerhalb des BGB geregelt waren.

318 Bei der alten Rechtslage war lediglich der Kreis der duldungspflichtigen Modernisierungsmaßnahmen statt auf alle Maßnahmen zur Einsparung aller Arten von Energie **auf Heizenergieeinsparungsmaßnahmen beschränkt.**

319 Des Weiteren war vor Inkrafttreten des Mietrechtsreformgesetzes die Frist für das **Wirksamwerden der Mieterhöhung um einen Monat verkürzt.** Die Erklärung des Vermieters hätte nämlich gem. § 3 Abs. 4 MHG zur Folge, dass vom Beginn des auf die Erklärung folgenden übernächsten Monats an, der erhöhte Mietzins an die Stelle des bislang entrichteten Mietzinses trat.

320 Des Weiteren war früher ein **Sonderkündigungsrecht** für einen Mieter, der eine Modernisierungsmieterhöhung gem. § 3 MHG erhielt, gesondert gegenüber anderen Sonderkündigungsrechten **ausschließlich für den Fall der Modernisierungsmieterhöhung** gem. § 3 MHG in § 9 MHG geregelt. Der Mieter war nach § 9 MHG berechtigt, nach Zugang einer Modernisierungsmieterhöhung das Mietverhältnis spätestens am 3. Werktag des Monats, von dem an der Mietzins erhöht wird, für den Ablauf des übernächsten Monats zu kündigen. Hatte der Vermieter die zu erwartende Erhöhung des Mietzinses nicht ordnungsgemäß gem. § 541b Abs. 2 S. 1 BGB mitgeteilt, oder wich die tatsächliche Mieterhöhung gemäß dieser Mitteilung mehr als 10 % nach oben ab, verschob sich gem. § 3 Abs. 2 S. 2 MHG der Wirkungszeitraum um 6 Monate, was natürlich ebenfalls Auswirkungen auf die Überlegungsfrist hatte, so dass sich hier auch die Überlegungsfrist verlängerte. Die Kündigung wirkte immer zum Ablauf des übernächsten Monats, mit dem die Mieterhöhung eintreten sollte.

321 Des Weiteren war früher zusammenfassend in § 10 Abs. 1 MHG geregelt, dass abweichende Vereinbarungen zu Lasten des Mieters, bezüglich der Vorschriften des MHG, unwirksam waren, was sich ebenfalls sowohl auf die materiellen als auch formellen Voraussetzungen bezog.

8. Übergangsregelung bzgl. der Anwendung des MietAnpG

322 Übergangsregelungen für die Anwendung der alten Rechtslage vor Inkrafttreten des MietAnpG finden sich in Art. 229 § 49 EGBGB. Maßgeblich ist demnach der Tag des **Zugangs der Modernisierungsankündigung** gem. § 555c BGB. Soweit diese bis zum 31.1.2018 zugegangen ist, bleibt die alte Rechtslage anwendbar.

323 Hat der Vermieter die Modernisierungsmaßnahme nicht oder nicht ordnungsgemäß angekündigt, kommt es nach Art. 229 § 49 Abs. S. 2 EGBGB auf den Zeitpunkt der Mieterhöhungserklärung an.

§ 24 Betriebs- und Nebenkosten

Übersicht

Schrifttum:

Beyer, Contracting in der Wohn- und Gewerberaummiete, CuR 2012, 48; ders., Aktuelle Aspekte des Grundsatzes der Wirtschaftlichkeit im Wohnraummietrecht, NZM 2007, 1; ders. AGB – Kontrolle, Äquivalenzprinzip in der Wohnraummiete, NZM 2008, 12; Blank, Rechtsprechungsübersicht zum Wohnraummietrecht 2. Halbjahr 2017, MDR 2018, 380; Börstinghaus, Aktuelles zur verbrauchsabhängigen Heizkostenabrechnung, MDR 2000, 1345; ders., Umlagefähigkeit von Kompostabfuhrkosten, NZM 1998, 62; ders./Hannig, Euro-Umstellung im Miet- und Wohnungseigentumsrecht, 2000; Both, Umlage von Müllgebühren auf den Mieter von Wohnraum, NZM 1998, 457; Derleder, Die mietvertragsrechtlichen Voraussetzungen und Folgen des Outsourcing hinsichtlich der Wärmelieferung des Wohnungsvermieters, WuM 2000, 3; Eisenschmid, Die Auslagerung von Vermieterleistungen, WM 1998, 449; ders./Rips/Wall, Betriebskosten-Kommentar, 2. Aufl. 2006; Flatow, Mietrechtsänderungsgesetz 2013, NJW 2013, 1185; ders., DS-GVO und Betriebskostenabrechnung, NZM 2020, 623. Gather, Die rückwirkende Erhöhung und nachträgliche Einführung von Betriebskosten, DWW 2000, 299; Gruber, Heizkostenabrechnung und Nichterfassung des Verbrauchs, NZM 2000, 842; Hack, Energie-Contracting, 2. Aufl. 2012; Hannemann/Horst, Das neue Mietrecht, 2013,; Herrlein Die Rechtsprechung zur Wohnraummiete im ersten Halbjahr 2016 NJW 2016, 2851; ders., Die Rechtsprechung zur Wohnraummiete im ersten Halbjahr 2017 NJW 2017, 2801; ders., Die Rechtsprechung zum Wohnraummietrecht in zweiten Halbjahr 2017 NJW 2018, 1293; ders., Die Rechtsprechung zur Wohnraummiete im ersten Halbjahr 2018 NJW 2018,2840; Jacoby, Die Abrechnung der vermieteten Eigentumswohnung aufgrund des neuen § 556a III BGB, ZMR 2021, 1; Jendrek, Mietrecht und Versicherungsrecht, NZM 2003, 697; Kossmann, Handbuch der Wohnraummiete, 5. Aufl. 2000; Lammel, Wohnraummietrecht, 1998; ders., Die neuen Verordnungen zur Berechnung der Wohnfläche und zu den Betriebskosten, NZM 2004, 41; ders., Ungelöste Fragen der Umlage und Abrechnung von Betriebskosten, NJW 2008, 1269; ders., Zur Umlage der Wärmelieferungskosten beim Nahwärme-Contracting, NZM 2004, 375; Ludley, Folgen des vorbehaltslosen Ausgleichs eines Betriebskostensaldos, NZM 2008, 72; Milger, Die Umlage von Kosten der Wärmelieferung unter besonderer Berücksichtigung des Wirtschaftlichkeitsgebots, NZM 2008, 1; ders., Mindestanforderungen an die Betriebskostenabrechnung, NJW 2009, 625; Peruzzo, Heizkostenabrechnung nach Verbrauch, 5. Aufl. 1996; v. Seldeneck, Betriebskosten im Mietrecht, 1999; Schmid, Energiecontracting von Zentralheizung auf Fernwärme, NZM 2000, 25; ders., Handbuch der Mietnebenkosten, 4. Aufl. 1998; ders., Nebenkostenumlegung bei Erfassungsmängeln, NZM 1998, 499; ders., Übergang zur Wärmelieferung und Mietrecht, DWW 2000, 147; ders., Zur Kostenumlegung bei Übergang zur Wärmelieferung, WuM 2000, 339; ders., Die Umlegung von „Nutzerwechselgebühren" auf den Wohnraummieter, NZM 2008, 762; ders., Erhöhung der Betriebskostenvorauszahlungen, MDR 2011.1449; ders., Mietnebenkosten – Die neuere BGH – Rechtsprechung und ihre Folgen für die Praxis, MDR 2012, 746; ders., Erhöhung der Betriebskostenvorauszahlungen, MDR 2011, 1449; ders./Tiefenbacher, Einführung von Wärmecontracting in bestehende Mietverhältnisse bei bislang vermieterseitig beheizter Wohnung, NZM 2000, 161; Schmidt, Wärmecontracting auf dem Weg zum BGH?, WM 2002, 465; Streyl, Darlegungs- und Beweislast bei Verletzung des Wirtschaftlichkeitsgebots, NZM 2008, 23; Tiefenbacher, Einführung von Wärmecontracting in bestehende Mietverhältnisse bei bislang vermieterseitig beheizter Wohnung, NZM 2000, 161; Sternel, Mietrecht, 3. Aufl. 1988; ders., Mietrecht aktuell, 3. Aufl. 1996; Wall, Die Änderungen des Betriebskostenrechts durch die neue Betriebskostenverordnung, WM 2004, 10; Weyhe, Aktuelle Entwicklungen im Mietrecht, MDR 2000, 742.

I. Begriffsbestimmung

1 Der Begriff der Betriebskosten ist in § 1 Abs. 1 Nr. 1 der seit dem 1.1.2004 geltenden **Betriebskostenverordnung** legaldefiniert.[1] Die dortige Definition entspricht dem Wortlaut des § 556 Abs. 1 S. 2 BGB; diese entspricht dem Begriff der „Betriebskoten im weiteren Sinne".[2] Betriebskosten sind die Kosten, die dem Eigentümer oder Erbbauberechtigten durch das Eigentum oder Erbbaurecht am Grundstück oder durch den bestimmungsgemäßen Gebrauch des Gebäudes, der Nebengebäude, Anlagen, Einrichtungen und des Grundstücks laufend entstehen. Erforderlich ist, dass diese Kosten endgültig und mit Rechtsgrund aus dem Vermögen des Vermieters abgeflossen sind;

[1] BGBl. 2003 I 2346.
[2] BGH NZM 2019, 253.

diese Kosten sind letztendlich Teil der Miete im Sinne von § 535 Abs. 2 BGB[3] Sach- und Arbeitsleistungen des Eigentümers oder Erbbauberechtigten dürfen mit dem Betrag angesetzt werden, der für eine gleichwertige Leistung eines Dritten, insbesondere eines Unternehmers, angesetzt werden könnte; die Umsatzsteuer des Dritten darf nicht angesetzt werden, § 1 Abs. 1 BetrKV. Diese Begriffsbestimmung findet aufgrund von § 556 Abs. 1 BGB für Mietverhältnisse über preisfreien Wohnraum Anwendung. Modernisierungskosten sind keine Betriebskosten, wobei im Einzelfall die Abgrenzung zwischen Modernisierungs- und Betriebskosten im Einzelfall problematisch sein kann, beispielsweise beim hydraulischen Abgleich.

Zu den Betriebskosten gehören gemäß § 1 Abs. 2 BetrKV **nicht:** 2

- die Kosten der zur Verwaltung des Gebäudes erforderlichen Arbeitskräfte und Einrichtungen,
- die Kosten der Aufsicht,
- der Wert der vom Vermieter persönlich geleisteten Verwaltungsarbeit,
- die Kosten für die gesetzlichen oder freiwilligen Prüfungen des Jahresabschlusses,
- die Kosten für die Geschäftsführung (Verwaltungskosten) und
- die Kosten, die während der Nutzungsdauer zur Erhaltung des bestimmungsmäßigen Gebrauchs aufgewendet werden müssen, um die durch Abnutzung, Alterung oder Witterungseinwirkung entstehenden baulichen oder sonstigen Mängel ordnungsgemäß zu beseitigen (Instandhaltungs- und Instandsetzungskosten).

Weist ein nach dem 1.9.2001 – dh nach Inkrafttreten der Mietrechtsreform – abgeschlossener Mietvertrag im Hinblick auf die Vereinbarung einer Umlage einen Bezug zu § 556 Abs. 1 BGB auf, ist die neue Betriebskostenverordnung uneingeschränkt seit dem 1.1.2004 Vertragsbestandteil. 3

Liegt ein älterer oder ein nach dem 1.1.2004 geschlossener Mietvertrag vor, der auf § 27 der 2. BV Bezug nimmt, gilt der darin enthaltene Katalog der Betriebskosten als vereinbart und damit seinem Umfang nach festgelegt. Demgemäß verbietet es sich dem Vermieter, die neu in die Betriebskostenpositionen aufgenommenen Änderungen in den Vertrag einzuführen und die damit verbundenen Mehrkosten umzulegen. Der Vermieter ist also auf den Umfang der umlagefähigen Betriebskosten beschränkt, wie dies zwischen den Parteien vereinbart ist und der Aufstellung des § 27 der 2. BVO entspricht. 4

II. Gesetzliche Regelung, § 535 Abs. 1 S. 3 BGB

Der Vermieter hat die auf der Mietsache ruhenden Lasten zu tragen, § 535 Abs. 1 S. 3 BGB. Diese gesetzliche Regelung bezieht sich auf alle Verbindlichkeiten, die der Vermieter grundsätzlich tragen muss und die auf der Sache selbst ruhen.[4] Dabei kann es sich um öffentlich-rechtliche Lasten wie Grundsteuer, kommunale Abgaben für Müllabfuhr, Schornsteinfegergebühren oder Straßenreinigungskosten handeln. Ferner werden von § 535 BGB privatrechtliche Lasten erfasst wie Kapitalkosten, Reallasten oder Dienstbarkeiten.[5] Teilweise überschneiden sich die Kreise des § 535 BGB und der BetrKV. Öffentliche Lasten wie Grundsteuer, Müllgebühren, Beiträge zur gesetzlichen Feuerversicherung des Eigentümers stellen gleichzeitig Betriebskosten im Sinne der BetrKV dar. Zu den Betriebskosten zählen andererseits nicht die Erschließungskosten. Demgegenüber gehören Betriebskosten, die aufgrund persönlicher Verpflichtung des Vermieters entstehen, etwa Kosten für den Hausmeister, Beleuchtungskosten, Heizungs- und Warmwasserkosten, nicht zu den Lasten des § 535 BGB. Angesichts dieser relativen Unübersichtlichkeit ist eine Vereinbarung, nach welcher der Mieter „alle Lasten trägt/ 5

[3] BGH NZM 2025, 293.
[4] Schmidt-Futterer/Lehmann-Richter BGB § 556 Rn. 51.
[5] Sternel III 295.

übernimmt", mangels Bestimmtheit unwirksam.[6] Da nach der gesetzlichen Grundregel der Vermieter die Lasten der Sache zu tragen hat, besteht aus der Sicht des Vermieters ein starkes Interesse, soweit wie rechtlich möglich die Lasten auf den Mieter abzuwälzen.

6 Die Vorschriften der BetrKV selbst sind in sich nicht widerspruchsfrei. Nach § 1 Abs. 2 BetrKV sollen die Verwaltungs-, Instandhaltungs- und Instandsetzungskosten von den umlagefähigen Betriebskosten ausgenommen sein; allerdings sind nach dem Aufstellungskatalog des § 2 BetrKV in bestimmten Fällen derartige Kosten ausdrücklich als umlagefähig bezeichnet worden.[7] Die Kosten der Verbrauchserfassung und Aufteilung für Kaltwasser, Heizung/Warmwasser, oder Müll sind als Verwaltungskosten iSd § 1 Abs. 2 Nr. 1 BetrKV zu qualifizieren, ferner die Kosten für Aufbereitungsstoffe der Wasseraufbereitungsanlage, der Erneuerung von Pflanzen, Gehölzen und Spielsand als Instandhaltungs- bzw. als Instandsetzungskosten iSd § 2 Abs. 2 Nr. 2 BetrKV.

III. Vertragliche Vereinbarung zur Überwälzung der Betriebskosten auf den Wohnungsmieter, § 556 BGB

7 § 556 Abs. 1 BGB gestattet den Vertragsparteien, alle bisherigen zulässigen Mietstrukturen zu vereinbaren, also Brutto- und Bruttokaltmiete, ferner Teilinklusiv- und Nettomieten einschließlich Betriebskostenpauschale oder Vorauszahlungen.[8]

8 Für eine Überwälzung der Betriebskosten auf den Mieter ist eine **ausdrückliche und eindeutige Vereinbarung** notwendig.[9] Der Mieter muss transparent und eindeutig feststellen können, mit welchen Betriebskosten er zu rechnen hat.[10] Die Klausel „Der Mieter trägt die üblichen Nebenkosten" ist zu unbestimmt;[11] entsprechendes gilt für die Formulierung, wonach der Mieter „sämtliche Nebenkosten" zu tragen hat. Enthält der Mietvertrag eine beispielhafte Aufzählung, die mit dem Zusatz „ua, etc." versehen ist, können die im Mietvertrag nicht aufgeführten Betriebskosten grundsätzlich nicht auf den Mieter umgelegt werden; eine Umlage ist folglich nur hinsichtlich der tatsächlich benannten Kostenpositionen möglich. Maßgeblich sind bei der Auslegung der betreffenden vertraglichen Regelung jedoch stets die Umstände des Einzelfalls.[12] Ausreichend ist insoweit auch, dass der die bauliche und/oder technische Anlage, deren Betriebskosten zu tragen sind, benannt ist.[13] Voraussetzung für eine wirksame Umlage entstandener Betriebskosten ist auch, dass die Betriebsmaßnahme bezahlt wurde.[14] § 556 Abs. 1 S. 2 voraus, dass Geld endgültig und mit Rechtsgrund aus dem Vermögen des Vermieters abgeflossen ist.[15]

Im Falle einer wirksamen Betriebskostenvereinbarung bildet die Nettokaltmiete gemeinsam mit den monatlich geschuldeten Vorauszahlungen eine **einheitliche Forderung.**[16]

9 Eine Aufzählung von Betriebskosten im Mietvertrag wirkt abschließend.[17] Werden im Mietvertrag Vorauszahlungsbeträge für einzelne der vorgedruckten Betriebskostenpositionen eingetragen, kann der Vermieter mit der Umlage weiterer Betriebskosten mangels erforderlicher Vereinbarung ausgeschlossen sein.[18] In diesem Zusammenhang haben die

[6] OLG Düsseldorf ZMR 2000, 603; Schmidt-Futterer/Lehmann-Richter BGB § 556 Rn. 51; Sternel III 295.
[7] Langenberg NZM 2004, 41 (46).
[8] Langenberg NZM 2001, 783 (784).
[9] BGH NZM 2012, 608 = MDR 2012, 833; OLG Frankfurt a. M. NZM 2000, 757; OLG Düsseldorf ZMR 2000, 603; Wetekamp Kap. 6 Rn. 1.
[10] Schmidt-Futterer/Lehmann-Richter BGB § 556 Rn. 51; Schmid NZM 2002, 483.
[11] Grüneberg/Weidenkaff BGB § 556 Rn. 5; Langenberg NZM 2000, 801.
[12] Schmidt-Futterer/Lehmann-Richter BGB § 556 Rn. 58.
[13] BGH NZM 2022, 949.
[14] BGH NZM 2021, 32.
[15] BGH NZM 2025, 293.
[16] BGH NJW 2018, 3448.
[17] BGH NZM 2008, 81.
[18] Schmidt-Futterer/Langenberg BGB § 556 Rn. 37.

Parteien ohne weiteres die Möglichkeit, eine Umlegbarkeit bestimmter Betriebskostenpositionen zu vereinbaren, selbst wenn hierfür bislang keine Kosten anfallen und somit auch keine Vorauszahlungen erhoben werden.

Ebenso können die Parteien wirksam vereinbaren, dass der Mieter den Vorschuss an einen Dritten, insbesondere einen vom Vermieter beauftragten Versorger, zu zahlen hat.[19]

10 Angesichts § 556 Abs. 1 BGB reichte eine Bezugnahme auf die nicht dem Wohnungsmietvertrag beigefügte Anlage 3 zu § 27 der 2. BVO für eine formularvertragliche Einbeziehung in den Mietvertrag aus.[20] Nach Inkrafttreten der Betriebskostenverordnung ab 1.1.2004 ist eine Bezugnahme auf die Betriebskosten iSd § 2 BetrKV ausreichend, um eine Umlagefähigkeit der dort benannten Betriebskosten sicher zu stellen.[21] Die vertragliche Regelung „Neben der Miete sind monatlich die Kosten für Betriebskosten gem. § 2 BetrKV zu zahlen" ist hierfür ausreichend. Einer zusätzlichen Erläuterung des Betriebskostenkatalogs bei Vertragsschluss oder dessen Beifügung als Anlage zum Mietvertrag ist nicht erforderlich. Lediglich aus praktischen Erwägungen sowie zur Vermeidung von rechtlichen Auseinandersetzungen kann es sinnvoll sein, dem Mietvertrag eine Ablichtung des Betriebskostenkatalogs als Anlage beizufügen.[22] Das vorgenannten Formulierungsbeispiel stellt klar, die Kosten welcher Betriebskostenpositionen der Mieter zu tragen hat. Der Begriff „Betriebskosten" gehört zum allgemeinen Sprachgebrauch, jeder durchschnittliche Mieter besitzt eine Vorstellung über die wesentlichen umlegbaren Betriebskosten und im Text, auf den verwiesen wird, wird keine gesetzliche Bestimmung abbedungen, sondern eine mit der normativen Regelung des § 556 Abs. 1 BGB übereinstimmende Vereinbarung getroffen.[23]

11 Mangels einer besonderen Übergangsregelung in Art. 229 § 3 EGBGB ist die Regelung des § 556a BGB, wonach der Vermieter abweichend von den getroffenen mietvertraglichen Regelungen befugt ist, einseitig die Mietvertragsstruktur zu ändern, wenn die Betriebskosten ganz oder teilweise nach dem Verbrauch oder der Verursachung durch den Mieter erfasst werden, auch auf die vor Inkrafttreten des Mietrechtsreformgesetzes am 1.9.2001 bestehenden Mietverhältnisse uneingeschränkt anwendbar.[24]

12 Hat der Mieter nach Maßgabe des Mietvertrages Betriebskosten zu bezahlen und nimmt die entsprechende Klausel auf die Betriebskostenverordnung Bezug, so sind hiervon auch **neu eingeführte Betriebskosten,** die bisher noch nicht Berücksichtigung gefunden hatten, umfasst und umlagefähig. Dies gilt zB für eine Sach- und Haftpflichtversicherung, die der Vermieter erst im Laufe des Mietverhältnisses für das Gebäude abgeschlossen hat.[25] Entsprechendes gilt für die Kosten eines Hausmeisters, den der Vermieter während eines bestehenden Mietverhältnisses für das Mietobjekt einstellt; diese Kosten sind umlegbar, wenn im Mietvertrag diese Kosten konkret als umlegbar bezeichnet worden sind.[26]

13 Die Parteien des Mietvertrages können die Kostentragung hinsichtlich einzelner Betriebskostenpositionen auch durch **schlüssiges Verhalten** vereinbaren. Die Anforderungen hierfür sind streng. Entscheidend ist stets, dass ausreichend Tatsachen den Rückschluss auf das Vorhandensein eines Änderungswillens auf beiden Vertragsseiten zulassen. Aus der bloßen Zahlung nicht geschuldeter Betriebskosten kann nicht auf eine stillschweigende Abänderung des Vertrages geschlossen werden; durch bloße Zahlungen auf vertragswidrig abgerechnete Betriebskosten wird der Mietvertrag nicht geän-

[19] AG Hamburg ZMR 2025, 707.
[20] OLG Frankfurt a. M. NZM 2000, 757; Emmerich/Sonnenschein/Weitemeyer BGB § 556 Rn. 30; Kossmann Wohnraummiete-HdB S. 138.
[21] BGH NJW 2016, 1308.
[22] Gies/Wetekamp A. III. 6 Ziff. 3.
[23] Schmidt-Futterer/Langenberg BGB § 556 Rn. 42.
[24] BGH ZMR 2012, 89; Grüneberg/Weidenkaff BGB § 556a Rn. 2.
[25] BGH NZM 2006, 896; Blank NZM 2007, 233.
[26] AG Berlin-Neukölln NZM 2008, 127.

dert.[27] Dies gilt selbst für Zahlungen über längere Zeiträume und namentlich auch dann, wenn der Mieter aus Rechtsirrtum Zahlungen erbracht hat;[28] es fehlt insoweit an den Voraussetzungen für eine vertragsändernde Willenserklärung.

Nicht anzuerkennen ist ein auf § 242 gestützter Anspruch des Vermieters auf Vertragsänderung, der darauf gerichtet ist, dass eine nach der bisherigen Vereinbarung vom Mieter zu leistende Maßnahme (zB Hausreinigung) vom Vermieter mit dem Recht erbracht wird, die Kosten auf den Mieter umzulegen, der seiner Leistungspflicht nicht nachgekommen ist.[29]

14 In der **Übersendung einer vom Mietvertrag abweichenden Betriebskostenabrechnung** liegt nur dann ein schlüssiges Angebot zum Abschluss eines Änderungsvertrages, wenn die Parteien diese Frage zuvor erörtert haben und der Vermieter daraufhin den Eindruck gewinnen konnte, der Mieter sei mit der Erweiterung der Umlagevereinbarung einverstanden.[30] Für eine schlüssige Vereinbarung reicht es nicht aus, dass der Mieter die Abrechnung des Vermieters rechnerisch richtig stellt oder aber die vom Vermieter geforderten Vorauszahlungen entrichtet,[31] denn eine rechtsgeschäftliche Erklärung auf Vertragsänderung ist nicht gegeben.

15 Allerdings hat der Bundesgerichtshof[32] eine **jahrelange Übung** als ausreichend angesehen (10 Jahre), dass sich die Vertragsparteien stillschweigend darauf geeinigt haben, vom Vermieter in Rechnung gestellte Betriebskosten auf den Mieter abzuwälzen. Das Verhalten des Mieters konnte im zu entscheidenden Fall nur dahingehend ausgelegt werden, dass er mit der Auferlegung bestimmter Betriebskosten einverstanden war. Im Einzelnen ging es um die Kosten für eine Reinigung einer Dachrinne, deren Umlage die Parteien im Mietvertrag nicht vereinbarten. Durch jahrelange Übung – so der BGH – sei davon auszugehen, dass die Parteien sich stillschweigend darauf geeinigt hätten, die in Rechnung gestellten Betriebskosten seien von dem Mieter zu tragen. Auch **stillschweigend abgegebene Willenserklärungen** sind aus der Sicht eines objektiven Erklärungsempfängers auszulegen. Das Bezahlen einer Betriebskostennachzahlung ist dahingehend auszulegen, dass der Mieter mit der Auferlegung der fraglichen Reinigungskosten für die Dachrinne einverstanden sei. Diese Auffassung des BGH hat naturgemäß Kritik hervorgerufen und ist unter dem Gesichtspunkt der reinen Lehre über das Zustandekommen vertraglicher Vereinbarungen sehr bedenklich, berührt zudem die Grundfesten des § 812 BGB.[33] Die Rechtsprechung ist in diesem Zusammenhang nicht einheitlich; so hat das Landgericht Heilbronn entschieden, dass erst nach der dritten Bezahlung der in Abweichung vom ursprünglichen Mietvertrag aufgestellten Betriebskostenabrechnung angenommen werden müsse, dass der Mieter mit der Einstellung weiterer Nebenkostenpositionen einverstanden sei.[34] Der Vermieter hat hingegen keinen Anspruch auf Änderung des Vertrages gem. § 242 BGB mit dem Inhalt, **eine bislang vom Mieter zu erbringende Leistung nunmehr selbst zu erbringen bzw. erbringen zu lassen** mit der Konsequenz, die hierfür entstehenden Kosten auf den Mieter umlegen zu können.[35]

16 Im Rahmen eines **gewerblichen Mietverhältnisses** hat der Bundesgerichtshof[36] eine Vereinbarung über die Umlegung zunächst nicht anfallender Betriebskosten auch stillschweigend durch jahrelange Übung (6 Jahre) angenommen; Voraussetzung war jedoch, dass der Erklärungsempfänger das Verhalten des Handelnden nur dahin verstehen konnte, mit der Abwälzung der Betriebskosten einverstanden zu sein.

[27] OLG Düsseldorf MDR 2012, 1025.
[28] Schmidt-Futterer/Langenberg BGB § 556 Rn. 54 ff.
[29] AA LG Hanau NZM 2023, 368 mwN.
[30] BGH NJW 2014, 3722; NJW 2008, 283.
[31] Schmidt-Futterer/Langenberg BGB § 556 Rn. 55.
[32] BGH NZM 2004, 418.
[33] Vgl. Kappus NZM 2004, 411.
[34] LG Heilbronn NZM 2004, 459.
[35] AA LG Hanau 10.10.2022 – 2 S 87/21, NZM 2023, 368.
[36] BGH NZM 2000, 961 (962).

Die vorstehenden Erwägungen gelten sinngemäß auch **im umgekehrten Fall:** Werden **vertraglich vereinbarte Betriebskosten von Seiten des Vermieters nicht erhoben,** kommt es dadurch allein noch nicht zu einer Änderungsvereinbarung. Die gleichen strengen Anforderungen sind zu erfüllen wie im Falle schlüssiger Vereinbarung weiterer Betriebskosten. Der Vermieter ist grundsätzlich berechtigt, die vertraglich vereinbarten Betriebskosten auch dann zukünftig abzurechnen, wenn er dies zehn Jahre zuvor nicht getan hatte. Für die Vergangenheit ist der Mieter durch die Einrede der Verwirkung weitgehend geschützt. Entscheidend ist auch in diesem Falle, ob ein rechtsgeschäftlicher Änderungswille auf beiden Seiten vorhanden ist.[37] Der Mieter hat grundsätzlich keinen Anlass, in der Abrechnung nur eines Teils der umlegbaren Betriebskosten eine vertragsändernde Willenserklärung des Vermieters zu sehen. Diese Problematik stellt sich insbesondere dann, wenn der Vermieter über längere Zeiträume nicht abgerechnet hat, der über § 566 Abs. 1 BGB an seine Stelle tretende **Erwerber** nunmehr die Betriebskosten in vollem Umfang geltend macht, so wie dies im schriftlichen Mietvertrag vereinbart ist. Der Erwerber **tritt in das bestehende Mietverhältnis ein.** Inwieweit es in der Vergangenheit durch konkludentes Verhalten zu einer Änderung der vertraglichen Regeln kam, ist in diesem Zusammenhang unbeachtlich; derartige Änderungen betreffen das geltende Mietverhältnis und gelten somit ohne weiteres auch für den Erwerber. 17

Ein **rechtsgeschäftlicher Änderungswille** ist etwa anzunehmen, wenn der Vermieter in einem Rundschreiben an seine Mieter erklärt, künftig die Kosten der Grundsteuer und Haftpflichtversicherungen auf die Mieter umzulegen und der Mieter daraufhin jahrelang diese Betriebskosten bewusst zahlt.[38] 18

Demgegenüber sind sog. **Ausgliederungsklauseln** (*Beispiel: „Der Vermieter ist berechtigt, Betriebskosten durch Erklärung auf den Mieter im Wege der jährlichen Abrechnung umzulegen"* oder *„Erhöhen sich nach Abschluss dieses Mietvertrags die Betriebskosten, so ist der Vermieter berechtigt, die jährlich entstehende Mehrbelastung umzulegen"*) **unwirksam,** auch als Individualvereinbarung.[39]

Fehlt eine klare Vereinbarung über die abzurechnenden Betriebskosten, ist von einer **Inklusivmiete** auszugehen, selbst wenn der Mieter einmal eine Betriebskostennachzahlung geleistet hat; darin kann noch keine vertragliche Abänderung der ursprünglichen mietvertraglichen Vereinbarung gesehen werden.[40] 19

Der Mieter stimmt einer Umlage nicht vereinbarter Betriebskosten nicht allein dadurch zu, dass er gegen die in der Vergangenheit ein Guthaben zu seinen Gunsten ergebenden Betriebskostenabrechnungen **keine Einwendungen** erhebt.[41] Zwar könne ein Änderungsvertrag auch stillschweigend zustande kommen; erforderlich sei aber, dass der Vermieter nach den Gesamtumständen davon ausgehen könne, der Mieter stimme einer Umlage weiterer Betriebskosten zu. Fehlende Beanstandungen reichen für eine Vertragsänderung nicht aus.[42] Klauseln, welche den Vermieter berechtigen, gestiegene Betriebskosten durch einseitige Erklärung auf den Mieter umzulegen (sog. „Ausgliederungsklauseln") sind unwirksam, auch im Wege der Individualvereinbarung.[43] Diese Klauseln verstoßen gegen § 557 Abs. 5 und auch gegen § 556a Abs. 3, der eine solche Ausgliederung nur bei einer § 556a Abs. 2 entsprechenden, jedenfalls teilweisen verbrauchs- oder verursachungsbezogenen Abrechnung erlaubt.[44] 20

[37] Schmidt-Futterer/Langenberg BGB § 556 Rn. 58.
[38] BGH NZM 2008, 81.
[39] LG Berlin ZMR 2024, 480.
[40] Schmidt-Futterer/Langenberg BGB § 556 Rn. 61.
[41] BGH NZM 2008, 81.
[42] BGH NJW 2008, 1302; 2008, 283.
[43] LG Berlin 7.3.2023 – 63 S 218/21, GE 2023, 398.
[44] AG Spandau 13.12.2021 – 6 C 296/21, ZMR 2022, 565.

IV. Bruttomiete

21 Die vom Mieter zu leistende Miete kann sich aus mehreren Kostenteilen zusammensetzen. Diese gliedern sich auf n die **Grundmiete** und die **Betriebskosten.** Werden sämtliche Betriebskosten durch eine einheitliche Miete erfasst und abgegolten, liegt eine sog. **Bruttomiete** vor (**Inklusivmiete**). Die Vereinbarung einer derartigen Mietstruktur ist zulässig, § 556 Abs. 2 BGB. In diesem Falle trägt grundsätzlich der Vermieter das wirtschaftliche Risiko bei einer Erhöhung der Betriebskosten.

22 Es ist zu beachten, dass im Anwendungsbereich der Heizkostenverordnung den Vermieter gem. §§ 4, 6 HeizkostenV bei einer **zentralen Heizungs- oder Warmwasseranlage** oder bei der **Fernlieferung von Wärme oder Warmwasser;** eine Verpflichtung zur Verbrauchserfassung der Energie für Heizung und Warmwasser trifft die entsprechenden Kosten sind auf die Nutzer umzulegen.

V. Nettokalt- und Teilinklusivmiete

23 Eine **Nettokaltmiete** meint den Betrag, den der Mieter **ausschließlich** für die Berechtigung zur Nutzung der Mietsache zu zahlen verpflichtet ist, also ohne Betriebs- oder sonstige Betriebskosten. Die Parteien haben auch die Möglichkeit, die Zahlung einer Miete zu vereinbaren, welcher die Kosten für lediglich bestimmte Betriebskostenpositionen bereits enthalten sind; in diesem Fall liegt eine **Teilinklusivmiete** vor. Die nicht gesondert erwähnten Betriebskostenanteile sind in der Grundmiete enthalten. Bei einer derartigen Teilinklusivmiete ist eine Erhöhung wegen gestiegener Betriebskosten ausgeschlossen.[45] Allenfalls dann, wenn eine Teilinklusivmiete vereinbart ist und Betriebskosten nachträglich neu entstehen, können diese im Wege konkludenter Vereinbarung umgelegt oder zum Gegenstand von Vorauszahlungen gemacht werden.

24 Durch den Begriff der **Kaltmiete** wird klargestellt, dass in ihr nicht nur keine Betriebs-, sondern auch keine Heizkosten enthalten sind. Diese sind dann vom Mieter selbst zu tragen.

VI. Betriebskostenpauschalen

25 Die Parteien können die Umlage von Betriebskosten auf den Mieter auch dergestalt vereinbaren, dass die Abgeltung durch **Bezahlung einer Pauschale** erfolgt, **§ 556 Abs. 2 BGB.** Mangels Zahlung von Betriebskostenvorschüssen und somit auch eine **Abrechnung durch den Vermieter nicht erforderlich** und auch nicht vertraglich geschuldet. Das Risiko von Kostensteigerungen trägt diesem Falle grundsätzlich der Vermieter. Ob eine Pauschale vertraglich gewollt ist, ist durch **Auslegung** zu ermitteln. Maßgeblich ist insoweit zunächst der Wortlaut der vertraglichen Abreden.[46] Problematisch sind vor allem Mehrdeutigkeiten, welche dann vorliegen, wenn der Mietvertrag sowohl eine Abrechnungsabrede als auch eine Pauschalabrede enthält.[47] Handelt es sich bei den entsprechenden vertraglichen Regelungen um Allgemeine Geschäftsbedingungen, gehen Zweifel bei der Auslegung zu Lasten des Verwenders, § 305c Abs. 2 BGB.[48] Bei einer Individualabrede gelten die allgemeinen Auslegungsregeln des BGB. Ein – wenn auch schwaches – Indiz für eine Pauschale kann darin gesehen werden, dass der Nebenkostenanteil des Mieters betragsmäßig bis auf den Cent genau angegeben wird, während ein auf- oder abgerundeter Betrag eher auf eine Vorauszahlung hindeuten kann.[49] Für

---

[45] BGH NZM 2004, 253.
[46] Schmidt-Futterer/Langenberg BGB § 556 Rn. 23; Kossmann Wohnraummiete-HdB S. 137.
[47] AG Düsseldorf ZMR 2024, 847; AG Paderborn ZMR 2024, 220.
[48] Grüneberg/Grüneberg BGB § 305c Rn. 15; Wohnraummiete-HdB Kossmann S. 137.
[49] Sternel III Rn. 315.

eine Pauschale spricht die Angabe differenzierter Beträge für einzelne Betriebskostenarten sowie die fehlende Vereinbarung eines Umlageschlüssels.

Aus dem Umstand, dass über längere Zeit nicht über Betriebskosten abgerechnet 26 worden ist, kann sich grundsätzlich nicht ergeben, dass sich die Parteien abweichend von den Formulierungen im Mietvertrag darauf geeinigt hätten, dass die Betriebskosten mit der monatlichen Zahlung pauschal abgegolten sind. Das **bloße Untätigbleiben** der Parteien besitzt für sich genommen keinen rechtlich erheblichen Erklärungswert. Maßgeblich sind jedoch hier die Umstände des Einzelfalls. Nach allgemeinen Grundsätzen lässt die bloße **Unterlassung einer Abrechnung** – auch über mehrere Abrechnungsperioden – noch keinen Rückschluss darauf zu, eine Vertragsänderung sei angestrebt. Werden allerdings über einen Zeitraum von acht Jahren Betriebskostenguthaben entgegengenommen, so kann dies – konkludent – eine Umlegbarkeit der abgerechneten Betriebskosten begründen.[50]

Bei der Vereinbarung einer **Pauschale** trägt der Vermieter grundsätzlich das wirt- 27 schaftliche Kalkulationsrisiko; er ist regelmäßig mit Nachforderungen ausgeschlossen. Eine Erhöhung der Pauschale ist nur kraft Vereinbarung zulässig, die allerdings bereits im ursprünglichen Mietvertrag getroffen werden kann, § 560 Abs. 1 BGB.[51] eine entsprechende Erhöhungserklärung ist jedoch nur dann wirksam, wenn der Vermieter in ihr den Grund für die Umlage bezeichnet und erläutert, § 560 Abs. 1 BGB. Die Formvorschrift des § 126b BGB ist zu beachten. Die Gründe für die Erhöhung sind zu erläutern, so dass der Mieter sie nachvollziehen kann. Eine konkrete Abrechnung ist nicht erforderlich; eine Gegenüberstellung namentlich etwa durch Versorgungsunternehmen erteilter Gebührenbescheide erscheint zweckmäßig. Der Mieter hat ein Recht auf Einsichtnahme der zugrunde gelegten Belege; verweigert der Vermieter die Einsichtnahme, Erhöhungserklärung unwirksam.

Ein Auskunftsanspruch des Mieters gegen den Vermieter zur tatsächlichen Höhe der 28 bei der Wohnraummiete von einer Pauschale abgedeckten Betriebskosten gem. § 242 BGB kommt nach der Rechtsprechung des BGH[52] nur in Betracht, wenn konkrete Anhaltspunkte für eine nachträgliche Ermäßigung der Betriebskosten bestehen. Dabei sind Ermäßigungen einzelner Betriebskosten nicht relevant, wenn sie durch Erhöhungen in anderen Bereichen ausgeglichen werden.

Der Vermieter ist zu einer **Offenlegung** seiner anfänglichen Kalkulation nicht ver- 29 pflichtet. Der Mieter muss dennoch konkrete Anhaltspunkte dafür angeben, dass sich etwa die Betriebskosten nach § 560 Abs. 3 BGB ermäßigt haben.[53] Dabei darf er sich allerdings Betriebskostenspiegeln wegen des mangelnden Bezuges zur konkreten Wohnung nicht bedienen. Welchen Weg der Mieter zu gehen hat, ist bislang seitens des BGH nicht entschieden, nachdem auch der Weg der sog. sekundären Darlegungslast des Vermieters seitens des BGH abgelehnt worden ist.[54]

Der Mieter schuldet den auf ihn entfallenden Teil der Umlage mit Beginn des auf die 30 Erklärung folgenden übernächsten Monats, § 560 Abs. 2 Satz 1 BGB. Soweit die Erklärung darauf beruht, dass sich die Betriebskosten rückwirkend erhöht haben, wirkt sie auf den Zeitpunkt der Erhöhung der Betriebskosten, höchstens jedoch auf den Beginn des der Erklärung vorausgehenden Kalenderjahres zurück, sofern der Vermieter die Erklärung innerhalb von drei Monaten nach Kenntnis von der Erhöhung abgibt, § 560 Abs. 2 BGB.

---

50 LG Aachen NZM 2001, 707.
51 Grüneberg/Weidenkaff BGB § 556 Rn. 5.
52 BGH NJW 2012, 303.
53 BGH NJW 2011, 3028.
54 BGH NJW 2011, 3028 (3029); krit. dazu Herrlein NJW 2012, 2927 (2929).

Formulierungsvorschlag zur Erhöhung einer Pauschale bei vertraglichem Vorbehalt:

31 Sehr geehrte(r) ......,

Im Mietvertrag vom 1.1.2002 ist vereinbart, dass die Pauschale der Betriebskosten angehoben werden kann durch vertragliche Vereinbarung, wenn sich die Betriebskosten im laufenden Kalenderjahr um mindestens 8 % erhöhen. Wie Sie den beiliegenden Kopien des Grundsteuerbescheides sowie der Bescheide über Müllabfuhr, Straßenreinigung und Entwässerung entnehmen, sind diese Positionen im Vergleich zum Vorjahr erheblich angestiegen. Die übrigen Betriebskosten haben sich – nicht – nicht wesentlich – geändert – erhöht. Die Kostensteigerung wird wie folgt deutlich:

Kostenart	bisher	jetzt
Heizkosten	3.562,61 EUR	unverändert
Strom	300,79 EUR	unverändert
Müllabfuhr	662,94 EUR	967,94 EUR
Straßenreinigung	61,68 EUR	171,68 EUR
Versicherungen	1.962,83 EUR	unverändert
Hausreinigung/Garten	2.152,03 EUR	unverändert
Grundsteuer	281,92 EUR	472,50 EUR
	9.658,00 EUR	10.563,58 EUR

Damit haben sich die Kosten im Vergleichszeitraum um mehr als 9 % erhöht, so dass nunmehr die Voraussetzungen für eine Anpassung der Pauschale gegeben sind.

Ich bitte Sie höflich, mit Wirkung ab ...... einen zusätzlichen Betrag von ...... als Pauschale auf die Betriebskosten zu zahlen.

Wenn Sie Einsicht in die Betriebskostenunterlagen nehmen wollen, bitte ich um Ihren geschätzten Anruf zum Zwecke der Terminvereinbarung.

Mit freundlichen Grüßen

Ihr Vermieter

Anlagen

VII. Änderung der Mietstruktur

32 Bei preisfreiem Wohnraum steht den Parteien die Entscheidung über die geltende Mietstruktur frei. Die Parteien sind an eine getroffene Vereinbarung gebunden. Ein Anspruch auf **Änderung der Mietstruktur** besteht grundsätzlich nicht.[55] Dies gilt selbst für den Fall, dass eine Preisbindung endet; auch insoweit bleibt die vereinbarte Mietstruktur erhalten.

33 Die Änderung der vereinbarten Mietstruktur ist in preisfreiem Wohnraum durch Vereinbarung möglich; ein entsprechendes **konkludentes Verhalten** der Vertragsparteien genügt. Voraussetzung ist stets, dass aus dem Verhalten der Parteien auf das Vorliegen eines Erklärungsbewusstseins, also auf eine rechtsgeschäftliche **Willenserklärung** geschlossen werden kann.[56] Das Bewusstsein einer Vertragsänderung kann nicht unterstellt werden, wenn Betriebskosten mehrfach vertragswidrig angefordert und entsprechend geleistet worden sind.[57] Langjährige Praxis allein reicht grundsätzlich nicht aus; in Betracht kommen kann, dass trotz fehlenden Erklärungsbewusstseins eine rechtsgeschäftliche Willenserklärung angenommen wird, wenn der Leistende bei verkehrserforderlicher Sorgfalt hätte erkennen und vermeiden können, dass seine Äußerung nach §§ 157, 242 BGB als Willenserklärung aufgefasst werden durfte und wenn der

[55] Schmidt-Futterer/Langenberg BGB § 556 Rn. 10.
[56] Schmidt-Futterer/Langenberg BGB § 556 Rn. 10.
[57] LG Landau WuM 2001, 613; Emmerich/Sonnenschein/Weitemeyer BGB § 556 Rn. 34.

Empfänger sie auch tatsächlich so verstanden hat.[58] Darauf kann sich aber nicht berufen, wer ein solches Verhalten dadurch ausgelöst hat, dass er nicht geschuldete Betriebskosten in Rechnung gestellt und sich somit vertragswidrig verhalten hat.

Eine Änderung der Mietstruktur ist nach § 556a Abs. 2 BGB in einem Ausnahmefall durch einseitige Erklärung des Vermieters möglich. Voraussetzung ist eine Erfassung des unterschiedlichen Verbrauchs oder der unterschiedlichen Verursachung bestimmter Betriebskosten. Entsprechende Messeinrichtungen müssen vorhanden sein.[59] Der Verbrauch muss demgemäß konkret erfasst werden, etwa durch Müllmengenzähler, Kaltwasserzähler etc.; die Erklärung des Vermieters ist nur vor Beginn einer Abrechnungsperiode zulässig, § 556a Abs. 2 S. 2 BGB. Waren die Kosten bisher in der Miete enthalten, muss diese entsprechend herabgesetzt werden, § 556a Abs. 2 S. 3 BGB. 34

Der Vermieter ist dazu gehalten, im Falle der Vereinbarung einer veränderten Mietstruktur (Nettokaltmiete anstelle einer Bruttomiete) auch Betriebskosten Vorauszahlungen in angemessener Höhe festzulegen. Kommt der Vermieter dem nicht nach und erweckt er aufgrund offenkundig zu niedriger Betriebskostenvorauszahlungen auf Seiten des Mieters den Eindruck, diese würden die Gesamtkostenbelastung im Wesentlichen abdecken, ist er zum Ersatz des hierdurch entstehenden Schadens verpflichtet. Der Mieter ist in diesem Falle gemäß § 249 BGB so zu stellen, als würden die Vorauszahlungen die Betriebskostenbelastung abdecken. Lassen die Gesamtumstände jedoch ein pflichtwidriges Verhalten des Vermieters nicht erkennen, führt die bloße Vereinbarung zu niedriger Betriebskostenvorauszahlungen auch dann nicht zu einer Schadensersatzpflicht des Vermieters, wenn die Vorauszahlungen die tatsächlichen Kosten nicht nur geringfügig, sondern deutlich unterschreiten.[60] Derartige Umstände könnten vorliegen, wenn der Vermieter dem Mieter bei Vertragsschluss die Angemessenheit der Betriebskostenvorauszahlungen – also die wesentliche Deckung der tatsächlichen Betriebskosten – zusichert. Gleiches gilt für den Fall, dass der Vermieter die Vorauszahlungen bewusst zu niedrig bemessen hat und den Mieter die vermeintlich niedrigen Nebenkosten überhaupt erst zum Vertragsschluss veranlasst haben. Während eines laufenden Mietverhältnisses sind die voraussichtlichen Kosten – abgesehen von den verbrauchsabhängigen Betriebskosten – dem Vermieter in der Regel hinreichend bekannt, so dass er in weiterer Konsequenz grundsätzlich in der Lage ist, angemessene Vorauszahlungen zu bestimmen. Etwas anderes gilt in den Fällen des § 566 BGB, in denen der Erwerber kraft Gesetzes in die Vermieterstellung eintritt. Sind dem Erwerber die voraussichtlichen jährlichen Betriebskosten nicht bekannt, kann dem Vermieter keine Pflichtverletzung vorgeworfen werden, wenn die anfallenden tatsächlichen Betriebskosten die Summe der Vorauszahlungen deutlich übersteigen. 35

Rechnet der Vermieter nicht alle nach dem Mietvertrag als umlagefähig vereinbarten Betriebskosten ab, so ist dieser Umstand für sich genommen nicht als eine vertragsabändernde Willenserklärung des Vermieters zu bewerten.[61] 36

Haben die Parteien nichts anderes vereinbart, sind die Betriebskosten vorbehaltlich anderweitiger Vorschriften – etwa der Heizkostenverordnung – nach dem Anteil der **Wohnfläche** umzulegen, § 556a Abs. 1 S. 1 BGB. Wie die Wohnfläche zu ermitteln ist, ergibt sich aus der ab 1.1.2004 gültigen Wohnflächenverordnung. Die frühere Möglichkeit, den Maßstab nach § 315 BGB zu bestimmen, ist hierdurch weggefallen. 37

Die Mietvertragsparteien sind an den im Mietvertrag vereinbarten Umlageschlüssel gebunden; eine Änderung ist nur unter der Voraussetzung möglich, dass der Umlageschlüssel zu einer nicht zu rechtfertigenden **Mehrbelastung** des Mieters und somit zu einer **Ungleichbehandlung** der Mietparteien insgesamt ergibt. Eine Änderung des Um- 38

[58] Schmidt-Futterer/Langenberg BGB § 556 Rn. 61.
[59] Börstinghaus NZM 2004, 121 (123).
[60] BGH NJW 2004, 1102.
[61] AG Speyer NZM 2001, 708.

lageschlüssels muss dem Vermieter zumutbar sein.[62] die Änderung des Umlageschlüssels ist grundsätzlich nur für die **Zukunft** möglich.[63]

39 Verbrauchsunabhängige Betriebskosten sind nach dem Flächenmaßstab des § 556a Abs. 1 BGB umzulegen. In Ausnahmefällen mag ein Maßstab nach umbautem Raum als sachgerecht vereinbart werden, wenn es sich um ein Mietobjekt handelt, das unterschiedliche Raumhöhen aufweist; ebenso kann es angemessen sein, diesen Maßstab bei solchen Immobilien anzuwenden, deren Raumhöhen vier Meter übersteigen.

40 Bei der Abrechnung der Betriebskosten ist die **tatsächliche Fläche** des Mietobjekts maßgebend, auch wenn die laut Mietvertrag vereinbarte Fläche hiervon abweicht. Es wird zwar die Auffassung vertreten, dass dann auf die vereinbarte Wohnfläche abzustellen ist, wenn dieser Wert für den Mieter günstiger ist;[64] maßgeblich ist jedoch allein tatsächliche Fläche.[65] Die Angaben im Mietvertrag beruhen vielfach auf ungenauen Quellen; wenig sachgerecht ist eine Abrechnung auf der Basis unrichtiger Angaben. Eine derartige Abrechnung führt zu unbilligen Nachteilen, so dass allein die tatsächliche Fläche des Mietobjekts oder im Bereich der Heizkosten die tatsächlich beheizbare Fläche maßgeblich ist. Rechnet der Vermieter die Betriebskosten auf Grundlage der vertraglich vereinbarten Wohnfläche ab und **übersteigt** diese die tatsächliche Fläche, so ist er gegenüber dem Mieter zur Rückzahlung der dadurch berechneten Mehrkosten verpflichtet. Ein entsprechender Rückzahlungsanspruch des Mieters verjährt in drei Jahren, §§ 195, 199 BGB. **Unterschreitet** hingegen die vertraglich vereinbarte Wohnfläche die tatsächliche Fläche, ist der Vermieter für die Vergangenheit an diesen Umlagemaßstab gebunden. Eine rückwirkende Korrektur ist dem Vermieter nicht möglich, da es sich insoweit regelmäßig um einen unbeachtlichen Kalkulationsirrtum handelt; ex nunc hat der Vermieter hingegen die Möglichkeit, die tatsächliche Fläche seiner Abrechnung zugrundezulegen.[66] Entsprechendes hat der **Bundesgerichtshof** bereits 2007 entschieden.[67] Weicht die vertraglich vereinbarte Wohnfläche von der tatsächlichen Wohnfläche ab, so ist der Betriebskostenabrechnung die vereinbarte Wohnfläche zu Grunde zu legen, wenn die Abweichung nicht mehr als 10 Prozent beträgt.[68] Sofern und soweit Betriebskosten nach gesetzlichen Vorgaben (vgl. etwa § 556a Abs. 1 BGB; § 7 HeizkostenV) ganz oder teilweise nach Wohnflächenanteilen umgelegt werden, ist für die Abrechnung im Allgemeinen der jeweilige Anteil der tatsächlichen Wohnfläche der betroffenen Wohnung an der in der Wirtschaftseinheit tatsächlich vorhandenen Gesamtwohnfläche maßgebend (insoweit Aufgabe der im Urteil vom 31.10.2007 getroffenen Regelungen).

41 Die gesetzliche Regelung des § 556a BGB erfuhr im Zuge der Novellierung des Wohnungseigentumsgesetzes vom 1. Dezember 2020 (WeMoG) weitreichende Änderungen. Unter anderem gilt bei der Vermietung von **Wohnungseigentum** als lex specialis zu § 556a Abs. 1 BGB der neu eingeführte § 556a Abs. 3 BGB. Hiernach gilt im Grundsatz, dass im Falle der Vermietung von Wohnungseigentum die Betriebskosten in Abweichung von Abs. 1 nachdem für die Verteilung zwischen den Wohnungseigentümern jeweils geltenden Maßstab umzulegen sind, sofern die Parteien nichts anderes vereinbart haben. Der zwischen den Wohnungseigentümern geltende Verteilungsschlüssel bzw. Maßstab findet allerdings dann keine Anwendung, wenn dieser Maßstab billigem Ermessen widerspricht; in diesem Falle sind die Betriebskosten nach § 556a Abs. 1 BGB umzulegen. Dies soll ausweislich der Gesetzgebungsmaterialien den Mieter vor einer unverhältnismäßigen Kostenbelastung schützen.[69] Besondere **Überleitungs-**

[62] Schmidt/Futterer/Langenberg § 556a Rn. 8.

[63] Schmidt/Futterer/Langenberg § 556a Rn. 14; aA Blank DWW 1992, 69 (Änderungserklärung des Mieters bis zur Abrechnungsreife möglich).

[64] LG Hannover WuM 1990, 228 (229).

[65] LG Freiburg WuM 1988, 263; AG Hamburg WuM 1987, 230; Sternel III 408.

[66] AG Frankfurt a. M. DWW 1987, 104; Sternel I Rn. 132.

[67] BGH NJW 2008, 142.

[68] BGH NJW 2018, 2317.

[69] BT-Drs. 19/18791, 90; Schmidt-Futterer/Lehmann-Richter BGB § 556a Rn. 56.

vorschriften fehlen. Es gilt daher für den intertemporalen Anwendungsbereich das allgemeine mietrechtliche Prinzip, nachdem neues Recht auch auf Altverträge Anwendung findet, soweit der Gesetzgeber nichts Abweichendes anordnet, Vergleich Art. 171 EGBGB.[70]

Formulierungsvorschlag für eine Änderung der Mietstruktur auf „Netto-Kalt":

Sehr geehrte(r) ……, 42
ich nehme Bezug auf den Mietvertrag vom … und dort auf die Regelung nach § …… Hiernach schulden Sie die Zahlung einer monatlichen Miete in Höhe von … Euro. Betriebs- und Heizkosten sind in diesem Betrag bereits enthalten; es ist gegenwärtig somit eine sog. Bruttowarmmiete vereinbart. Ich schlage daher vor, die Mietstruktur dahingehend zu ändern, dass zukünftig sämtliche Betriebskosten im Sinne von § 2 BetrKV von Seiten des Mieters zu tragen sind. Die Bezahlung dieser Kosten erfolgt durch die Leistung monatlicher Vorschüsse in angemessener Höhe, über unter Beachtung von § 556 BGB jährlich ordnungsgemäß abgerechnet wird.
Die vorgeschlagene Änderung der Mietstruktur hat folgende Vorteile:
Die Abrechnung über die geleisteten Vorschüsse hat zur Folge, dass sie jährlich nur mit den Kosten belastet werden, mit denen sie belastet werden dürfen. Eine Überzahlung durch Vereinbarung einer zu hohen Bruttowarmmiete ist somit nicht möglich. Die Höhe der monatlich zu leistenden Vorschüsse ist zudem variabel und anpassbar, sodass sie diese durch ein ökonomisches Verbrauchsverhalten auch senken können. Dies hat wiederum insgesamt eine geringere finanzielle Belastung des Mieters zufolge.
Die Betriebskostenabrechnung versetzt den Mieter zudem in die Lage, die Höhe der einzelnen Kostenpositionen transparent und übersichtlich nachvollziehen können. Entsprechendes ist bei der Zahlung einer brutto Warmmiete mangels Abrechnung in dieser Form nicht gegeben.
Eine Abrechnung über die Betriebskostenvorauszahlungen kann selbstverständlich auch zu Rückerstattungen an den Mieter im Falle von Überzahlungen führen.
Ab …… soll die neue Mietstruktur gelten, die sich wie folgt darstellt:

	bisher	ab ……
Bruttomiete	1.000 EUR	1.150 EUR
Nettokaltmiete	800 EUR	1.000 EUR
Vorauszahlung auf die Betriebskosten	200 EUR	150 EUR
Vorauszahlung auf die Heiz- und Warmwasserkosten	150 EUR	

In der Anlage ist eine Kopie dieses Schreibens beigefügt. Wenn Sie mit der Änderung der Mietstruktur einverstanden sind, unterschreiben Sie bitte diese Kopie und senden Sie diese unter Verwendung des beiliegenden Freiumschlags an meine obige Adresse zurück.
Mit freundlichen Grüßen
Vermieter
Anlagen

VIII. Vorauszahlungen, § 556 Abs. 2 BGB

Die Pflicht zur Leistung von Betriebskostenvorauszahlungen erfordert eine entsprechende **Vereinbarung zwischen** den Parteien; Vorauszahlungen führt Betriebskosten dürfen nur in angemessener Höhe vereinbart werden, § 556 Abs. 2 BGB. 43

Diese Vereinbarung unterliegt keinem Formzwang, ist jedoch regelmäßig Bestandteil eines schriftlichen Mietvertrages. Haben die Parteien keine ausdrückliche Betriebskosten Vereinbarung getroffen, kann eine solche jedoch unter Beachtung der Umstände des Einzelfalls aus dem tatsächlichen Handeln der Vertragsparteien (faktische Leistung von Vorschüssen und ordnungsgemäße Abrechnung durch den Vermieter) oder anderen 44

[70] BGH NZM 2012, 630 Rn. 12; BGH NJW 2004, 3045 unter II 1a.

Umständen ergeben. Hieraus folgt regelmäßig eine hierdurch bewirkte konkludente Änderung der Vertragsstruktur mit der Konsequenz, dass der Mieter insgesamt und auch in Zukunft Vorauszahlungen auf die Betriebskosten zu leisten hat.[71] Der Mieter schuldet die Leistung von Vorauszahlungen nur für solche Betriebskostenpositionen, die im Mietvertrag als **umlagefähig vereinbart und aufgeführt** sind.[72] die Bestimmung eines Vorauszahlungsbetrages für jede einzelne Betriebskostenposition ist nicht erforderlich; es genügt die Festlegung eines monatlichen Gesamtbetrages.

45 Liegt eine Vereinbarung über die Leistung von Betriebskostenvorauszahlungen nicht vor, kann dies auch nicht gerichtlich durch entsprechende Vertragsergänzung herbeigeführt werden.[73] Daraus folgt jedoch nicht, dass der Vermieter entsprechende Betriebskosten nicht umlegen könnte; allein die Verpflichtung zur Leistung der Vorauszahlungen entfällt.

46 Die Parteien haben lediglich die Möglichkeit, Vorauszahlungen für Betriebskosten **in angemessener Höhe** zu vereinbaren, 556 Abs. 2 BGB. Die Höhe zu leistenden Betriebskosten ist dann angemessen, wenn vor allem unter Beachtung der Kosten der vergangenen Jahre davon ausgegangen werden darf, dass diese die zu erwartenden Betriebskosten decken. Preisanstieg sowie weitere Faktoren (z. B. gestiegener Verbrauch), die die Höhe der Vorauszahlungen unmittelbar beeinflussen, sind in diesem Zusammenhang zu berücksichtigen. Im Falle einer erstmaligen Vereinbarung von Betriebskostenvorauszahlungen ist auf belastbare Erfahrungswerte zurückzugreifen und die Höhe der Vorauszahlungen zu bemessen bzw. zu schätzen. Es ist nicht erforderlich, dass innerhalb einer Abrechnungsperiode die Vorauszahlungen gleich hoch sind.[74]

47 Sind Betriebskostenvorauszahlungen unangemessen hoch, ist die Vereinbarung, soweit sie die angemessene Höhe übersteigt, **teilunwirksam** mit der Folge, dass der Mieter nur zur Zahlung angemessener Vorauszahlungen verpflichtet ist.[75] Eine Pflicht zur Bezahlung des überhöhten Betrages besteht somit nicht. Für die Zukunft steht dem Mieter ein Recht auf Zustimmung zu einer Absenkung der Vorauszahlungen zu.

48 Bringt der Vermieter bereits im Mietvertrag bewusst **zu niedrige Betriebskostenvorauszahlungen** in Ansatz, kann er hierdurch gegenüber dem Mieter zur Leistung von **Schadensersatz** verpflichtet sein. Der Mieter kann den Schadensersatzanspruch gegen eine Nachzahlungsforderung aus der Betriebskostenabrechnung aufrechnen.[76] Dem Vermieter ist es nicht verwehrt, die Leistung von Betriebskostennachzahlungen auch dann vom Mieter zu verlangen, wenn die vereinbarten Betriebskostenvorauszahlungen deutlich zu gering waren. Dies gilt jedenfalls dann, wenn dem Vermieter die zu geringe Höhe der Vorauszahlungen nicht persönlich vorgeworfen werden kann.[77] Etwas anderes kann für den Fall gelten, dass der Vermieter den Mieter über die Höhe der Betriebskosten vorsätzlich getäuscht hat.[78] Vereinbart allerdings der Vermieter mit dem Mieter die Zahlung „angemessener" Vorauszahlungen auf die Betriebskosten und übersteigen diese sodann die vereinbarten Vorauszahlungen um mehr als 100 Prozent, so kann der Mieter den geltend gemachten Nachzahlungen ein Verschulden des Vermieters beim Vertragsabschluss entgegenhalten.[79] Hiervor kann sich der Vermieter lediglich dadurch schützen, dass er im Falle des Fehlens einer ausreichenden tatsächlichen Grundlage für die Berechnung der Höhe der Betriebskosten einen entsprechenden Hinweis in den Mietvertrag aufnimmt. Aus diesem muss sich ergeben, dass die tatsächlich entstehenden Kosten von den Vorauszahlungen in ganz erheblicher Weise abweichen können. Der-

[71] LG Berlin NZM 2002, 940; LG Aachen NZM 2001, 707; LG Frankfurt a. M. NZM 2001, 667; LG Heilbronn NZM 2004, 459.
[72] Grüneberg/Weidenkaff BGB § 556 Rn. 7; Kossmann, Wohnraummiete-HdB S. 139.
[73] OLG Düsseldorf ZMR 1988, 97.
[74] Grüneberg/Weidenkaff BGB § 556 Rn. 8.
[75] Barthelmess MHG § 4 Rn. 11.
[76] AG Spandau WuM 2000, 678.
[77] BGH NZM 2004, 251; krit. dazu Derckx NZM 2004, 321.
[78] OLG Hamm NZM 2003, 717.
[79] AG Wismar ZMR 2004, 200.

artige Fälle sind denkbar, wenn etwa der Vermieter im Wege einer Versteigerung oder einer Rechtsnachfolge Vermieter geworden ist, ohne bisher über die einzelnen Verhältnisse im Mietobjekt näher informiert zu sein und auch die angemessene Höhe der Betriebs- und Heizkosten zu kennen.

Erweisen sich die geschuldeten Betriebskostenvorauszahlung auf Grundlage einer 49 erfolgten Abrechnung als zu niedrig, ist der **Vermieter** nach Maßgabe von § 560 Abs. 4 BGB berechtigt, die Höhe der Vorauszahlungen in angemessenem Umfang anzupassen.[80] Die Befugnis zur Anpassung setzt grundsätzlich eine formell wirksame und inhaltliche Betriebskostenabrechnung voraus.[81] Ansonsten könnte dem Vermieter die Möglichkeit gegeben sein, aufgrund einer fehlerhaften Abrechnung Vorauszahlungen in einer Höhe zu erheben, die ihm bei korrekter Abrechnung nicht zustünden.[82]

Die gesetzliche Regelung des §§ 560 Abs. 4 BGB gewährt auch dem **Mieter** die 50 Befugnis, die Betriebskostenvorauszahlungen nach erfolgter Abrechnung auf eine angemessene Höhe anzupassen. Beanstandet der Mieter inhaltliche Fehler der ihm erteilten Betriebskostenabrechnung konkret und errechnet er das zutreffende Abrechnungsergebnis selbst, ist er nicht gehindert, eine Anpassung der Vorauszahlungen nach § 560 Abs. 4 BGB vorzunehmen.[83]

Die Erklärung der Anpassung der Betriebskostenvorauszahlungen bedarf der Text- 51 form, §§ 560 Abs. 4, 126b BGB.[84]

Der Vermieter trägt die **Darlegungs- und Beweislast** dafür, dass die Vertragsparteien 52 die Leistung von Betriebskostenvorauszahlungen vereinbart haben.[85]

Aus der Natur der Vorauszahlungen folgt, dass der Vermieter auch ohne ausdrück- 53 liche Vereinbarung zu deren Anpassung mit **Wirkung (nur) für die Zukunft** berechtigt ist, falls die Höhe der Vorauszahlungen unangemessen ist, § 560 Abs. 4 BGB.[86] Die Vorauszahlungen dienen einem doppelten dem Zweck. Zum einen sollen sie den Vermieter im laufenden Wirtschaftsjahr finanziell entlasten und die vollständige Vorfinanzierung der Betriebskosten zu verhindern. Zum anderen verfolgen sie das Ziel, den Mieter vor einer zu hohen Nachzahlung zu bewahren.

Die Miete ist gem. **§ 556b Abs. 1 BGB** zu Beginn, spätestens bis zum dritten Werktag 54 der einzelnen Zeitabschnitte zu entrichten, nach denen sie bemessen ist. Der Begriff der Miete umfasst auch die Leistung vereinbarter Betriebskostenvorauszahlung. Die Vertragsparteien können allerdings davon abweichende Vereinbarungen treffen.[87]

Die Versorgungsunternehmen können sich unter bestimmten Voraussetzungen auf ein 55 Leistungsverweigerungsrecht berufen, falls der Vermieter mit seinen Zahlungsverpflichtungen in Verzug gerät (zB § 33 Abs. 2 AVBEltV, § 33 Abs. 2 AVBFernwärmeV, § 33 Abs. 2 AVBGasV, § 33 Abs. 2 AVBWasserV). Kommt es daher zu einer rechtmäßigen Liefersperre mit Gütern der Daseinsvorsorge, können die hiervon betroffenen Mieter diese nur dann erfolgreich beseitigen, wenn sie sich gegenüber dem Versorgungsunternehmen verpflichten, die fälligen Zahlungsverpflichtungen des Vermieters zu erfüllen und die laufenden Zahlungen sicher zu stellen; denn weder aus § 862 BGB oder aus dem Gesichtspunkt des § 242 BGB[88] ergeben sich außerhalb direkter Vertragsbeziehungen unmittelbare Lieferansprüche gegen das Versorgungsunternehmen. Das Amtsgericht Flensburg[89] hat in diesem Zusammenhang entschieden, führen Zahlungsrückstände des

---

[80] AG Hamburg-Bergedorf NZM 2002, 435; Schmid MDR 2011, 1449 (1450).
[81] BGH NJW 2012, 2186; AG Dortmund NZM 2004, 220; Langenberg NJW 2008, 1269 (1272); Schmid MDR 2011, 1449.
[82] Vgl. dazu Schmid MDR 2012, 746.
[83] BGH NJW 2013, 1595.
[84] Schmid MDR 2011, 1449 (1451).
[85] Schmidt-Futterer/Langenberg BGB § 556 Rn. 526; Emmerich/Sonnenschein/Weitemeyer BGB § 556 Rn. 37.
[86] BGH NJW 2011, 2350; Schmid MDR 2011, 1449 (1451).
[87] Emmerich/Sonnenschein/Weitemeyer BGB § 556 Rn. 45.
[88] BGH NZM 2003, 551.
[89] AG Flensburg WuM 2004, 32.

Vermieters gegenüber dem Versorgungsunternehmen zu einer Liefersperre mit Fernwärme und Allgemeinstrom, so kann eine Mietpartei im Wohngebäude die Ersatzvornahme, der gegen den Vermieter erwirkten, einstweiligen Verfügung auf Gewährung der Versorgung bewirken. Verlangt das Versorgungsunternehmen vor der Aufnahme der Wohnungsversorgung von dem Mieter die Bezahlung der Rückstände des Vermieters, kann der Mieter von dem Vermieter den Geldbetrag als Vorschuss auf die Kosten der Ersatzvornahme verlangen. Das AG Flensburg hat sich dabei auf die Vorschrift des § 887 Abs. 1 und Abs. 2 ZPO gestützt. Ist der Vermieter Wohnungseigentümer und hat er seine Eigentumswohnung vermietet, ist die Wohnungseigentümergemeinschaft bei erheblichem Wohngeldrückstand des Vermieters und Wohnungseigentümers für die Vergangenheit berechtigt, gegenüber dem Mieter des säumigen Wohnungseigentümers die Versorgung der vermieteten Räume mit Energie, Elektrizität, Strom, und Wasser, bis zum Ausgleich der Rückstände zu unterbinden. Diese Befugnis der Gemeinschaft der Wohnungseigentümer steht auch im Verhältnis zum säumigen Wohnungseigentümer selbst.[90]

56 Die Versorgungsunternehmen sind grundsätzlich nicht verpflichtet, Versorgungsverträge mit den Mietern unter gleichzeitiger Entlassung des Vermieters aus seinem Vertragsverhältnis abzuschließen. Die direkte Abrechnung zwischen Mieter und Versorgungsunternehmen ist nur bei Bestehen eines entsprechenden Vertragsverhältnisses zwischen diesen Parteien möglich. Vor der Mietrechtsreform war es möglich, dass der Wohnungsvermieter den Mieter auf einen Direktvertrag mit dem Versorgungsunternehmen verwies, indem er von seinem Bestimmungsrecht nach § 4 Abs. 5 MHG Gebrauch machte und das Versorgungsunternehmen sich hiermit einverstanden erklärte; dieses Bestimmungsrecht ist seit der Mietrechtsreform entfallen. Ein Vertragsverhältnis zwischen Versorgungsunternehmen und Mieter bedarf ausdrücklicher vertraglichen Vereinbarungen; die bloße Entnahme etwa von Wasser – also die Inanspruchnahme der Leistung des Versorgungsunternehmens durch den Mieter – reicht für die Begründung eines Vertragsverhältnisses nicht aus, da das Leistungsangebot des Versorgungsunternehmens typischerweise an den Grundstückseigentümer adressiert ist. Nur dieser hat Anspruch auf Anschluss an die Wasserversorgung.[91]

57 Der **Zutritt zu einer Wohnung, um die Gasversorgung zu sperren,** stellt keine Durchsuchung iSv Art. 13 Abs. 2 GG, §§ 758, 758a ZPO dar. Dem Richtervorbehalt zum Schutz der Unverletzlichkeit der Wohnung (Art. 13 Abs. 1 GG) ist in einem solchen Fall dadurch Genüge getan, dass dem Schuldner in einer von einem Richter erlassenen Entscheidung aufgegeben wurde, dem Gläubiger Zutritt zu seiner Wohnung zu gestatten und die Einstellung der Gasversorgung zu dulden.[92] Einer weitergehenden, speziellen richterlichen Anordnung, wie sie bei Durchsuchungen im Hinblick auf die dort betroffene Geheimsphäre erforderlich ist, bedarf es nicht.

Formulierungsvorschlag: Erhöhung der Vorauszahlungen

58 Sehr geehrte(r) ...,
ich nehme Bezug auf die aktuelle Betriebskostenabrechnung vom ...
Wie Sie dieser entnehmen können, haben sich die Gesamtkosten im Vergleich zum Vorjahr um insgesamt ... EUR erhöht. Im Einzelnen ist diese Erhöhung zurückzuführen auf gestiegene Kosten für die Straßenreinigung von ...... auf ......, für Hausreinigung von ...... auf ...... und die Grundsteuer von ...... auf ....
In diesem Zusammenhang verweise ich auf die gesetzliche Regelung des § 560 Abs. 4 BGB. Hiernach kann jede Vertragspartei nach einer Abrechnung durch Erklärung in Textform eine Anpassung der Betriebskostenvorauszahlungen auf eine angemessene Höhe vornehmen.

[90] BGH ZMR 2005, 880.
[91] OLG Saarbrücken NJW-RR 1994, 436.
[92] BGH NJW 2006, 3352.

Von dieser Befugnis mache ich hiermit Gebrauch. Die Betriebskostenvorauszahlungen erhöhen sich daher unter Beachtung der vorstehend aufgezeigten Kostensteigerung wie folgt:
[…]
Mit freundlichen Grüßen
Vermieter

IX. Einzelne Betriebskosten

1. Die laufenden öffentlichen Lasten des Grundstücks, § 2 Nr. 1 BetrKV

59 Der **Begriff** der Betriebskosten wird in § 1 Abs. 1 Satz 1 BetrKV legaldefiniert. Betriebskosten sind hiernach die Kosten, die dem Eigentümer oder Erbbauberechtigten durch das Eigentum oder Erbbaurecht am Grundstück oder durch den bestimmungsmäßigen Gebrauch des Gebäudes, der Nebengebäude, Anlagen, Einrichtungen und des Grundstücks laufend entstehen.

60 Betriebskosten im Sinne von § 1 BetKV sind unter anderem die laufenden **öffentlichen Lasten** eines Grundstücks; hierzu gehört vor allem die **Grundsteuer.** Die Umlage derartiger Kosten erfordert eine entsprechende Abrede zwischen den Vertragsparteien.[93] Bei gemischt genutzten Objekten muss eine Aufteilung nach Wohn- und Gewerbeflächen vorgenommen werden; der Vermieter muss also den Anteil für die Gewerbefläche herausrechnen und kann diesen Anteil nicht auf die Wohnungsmieter umlegen.[94] Hintergrund ist der Umstand, dass der Wohnraummieter andernfalls mit ihm nicht zuzuordnenden Kosten belegt wäre, welche oftmals auch noch höher ausfallen, als der Steueranteil für Wohnraum.[95]

61 Der **Bundesgerichtshof** hält einen derartigen Vorwegabzug für die gewerblichen Flächen nicht für notwendig.[96] In Ausnahmefällen mag sich der Vermieter mit § 242 BGB behelfen, wenn die Grundsteuer hinsichtlich der Gewerbeflächen extrem höher ausfällt als im Bereich der Wohnungen.

62 In Rechtsprechung[97] und Literatur[98] wird mitunter die Auffassung vertreten, dass der Vermieter den gesamten Grundsteuerbetrag umlegen kann, wenn nach Maßgabe des Grundsteuerbescheids eine einheitliche Grundsteuerbemessung erfolgt, die nicht zwischen Wohn- und Gewerberaum unterscheidet.

63 Um eine möglichst gerechte Kostenverteilung zu erreichen, dürfen bei gemischt genutzten Gebäuden die Wohnungsmieter jedoch nicht mit Kosten belastet werden, die durch die teilweise gewerbliche Nutzung des Objektes entstehen. Der Vermieter ist daher gehalten, zwischen Wohn- und Gewerberaum zu differenzieren, wenngleich der Grundsteuerbescheid eine solche Differenzierung nicht vorsieht. Mit Hilfe des Grundsteuerwerts lassen sich die Anteile konkret berechnen. Nach der Ertragswertberechnung der Finanzbehörde lassen sich die unterschiedlichen Anteile für Wohn- und Gewerberäume feststellen. Entsprechend kann eine prozentuale Differenzierung zwischen den Gewerbemieten und den Wohnungsmieten erfolgen.[99] Zur differenzierten Umlage der Grundsteuer bedarf es also nur des Einheitswertbescheides bzw. des zugrundeliegenden Vorbogens zur Ermittlung der Jahresrohmiete. Sofern diese Unterlagen beim Vermieter nicht vorhanden sein sollten, ist der Vermieter gehalten, dieses beim zuständigen

[93] BGH NZM 2004, 580; OLG Jena NZM 2002, 70.
[94] LG Hamburg NZM 2001, 806.
[95] Staudinger/Weitemayer § 556a Rn. 34 ff.
[96] BGH NJW-RR 2017, 1095.
[97] AG Essen-Steele WuM 1993, 198 (199); AG Siegburg WuM 1997, 629.
[98] Sternel III Rn. 346; Herrlein/Kandelhard/Both § 556 Rn. 28.
[99] Vgl. dazu auch Schmidt-Futterer/Langenberg BGB § 556a Rn. 85; Laug WuM 1993, 171.

Finanzamt anzufordern. Eine differenzierende Verteilung der Grundsteuer führt regelmäßig zu einer spürbaren Entlastung der Wohnungsmieter und ist daher geboten.

64 Höchstrichterlich nicht geklärt ist bislang die Frage, wie mit einer **Grundsteuermehrbelastung** zu verfahren ist, die auf dem Ausbau eines Dachgeschosses beruht oder einer Aufteilung nach § 8 WEG. Sind anteilig alle Wohnungen oder nur die ausgebauten Wohnungen zu belasten? Nach dem Rechtsgedanken des § 36 Abs. 2 der 2. BVO dürfen bei Wiederherstellung, Ausbau und Erweiterung Bewirtschaftungskosten insoweit angesetzt werden, als sie für den Teil des Gebäudes oder der Wirtschaftseinheit, der Gegenstand der Berechnung ist, zusätzlich entstehen. Nach dieser Zuweisungsregel aus dem Recht für preisgebundenen Wohnraum dürften allein die ausgebauten Dachgeschosswohnungen mit der Grundsteuermehrbelastung berechnet werden.

65 Andererseits wird durch den Ausbau des Dachgeschosses eine Veränderung des Einheitswertes für das gesamte bebaute Grundstück herbeigeführt, so dass die Berechnungsgrundlagen für die übrigen Wohnungen tangiert werden. Der Eigentümer kann eine Aufteilung nach § 8 WEG jederzeit vornehmen. Vorzuziehen ist daher eine erhöhte Umlage auf den gesamten Wohnungsbestand.[100]

66 Die Aufteilung eines Grundstücks in Wohn- oder Teileigentum nach den Vorschriften des WEG führt regelmäßig zu einer **Grundsteuererhöhung,** die entweder den Eigentümer trifft, der nach der Umwandlung noch Gesamteigentümer bleibt, oder den Erwerber des Sondereigentums einschließlich des Miteigentumsanteils.

67 Der Mieter, dessen Mietverhältnis bereits vor der Umwandlung bestand, schuldet lediglich den Anteil an der Grundsteuer, der vor der Umwandlung auf ihn entfiel. Dieses sachgerechte Ergebnis wird erzielt durch eine Anlehnung an die Vorgaben des öffentlich geförderten Wohnraums; der Eigentümer und Vermieter hat ohne Notwendigkeit eine Erhöhung der Grundsteuer verursacht. Nach Begründung von Wohnungseigentum hat der Eigentümer eine Wirtschaftlichkeitsberechnung zu erstellen, aus der sich die Differenz zwischen der bisherigen Belastung und der infolge der Umwandlung nunmehr berechneten Gesamtbelastung ergibt. Diese Differenz, bezogen auf die Grundsteuer, hat der bisherige Eigentümer und Vermieter zu tragen, da er die Kostenerhöhung zu vertreten hat. Nach einer Veräußerung des Sondereigentums aber auch bei Begründung eines neuen Mietverhältnisses mit einem Mietnachfolger ist die erhöhte Grundsteuerbelastung umlegbar. Sachgerecht ist eine Übertragung dieser Rechtsgedanken auf preisfreien Wohnraum, da die Interessenlage identisch ist. Bis zum Verkauf schuldet der Mieter, dessen Mietverhältnis bereits vor der Umwandlung bestand, allein seinen Anteil an der ursprünglichen Grundsteuer.[101] Wird allerdings nach Veräußerung der Erwerber als Eigentümer in das Grundbuch eingetragen, ist dieser befugt, als Vermieter die erhöhte Grundsteuer auf den Mieter umzulegen.

2. Die Kosten der Wasserversorgung, § 2 Nr. 2 BetrKV

68 Die Kosten des Wasserverbrauchs umfassen die Grundgebühren, die Kosten der Anmietung oder anderer Arten der Gebrauchsüberlassung von Wasserzählern sowie die Kosten ihrer Verwendung einschließlich der Kosten der Eichung sowie der Kosten der Berechnung und Aufteilung, die Kosten der Wartung von Wassermengenreglern, die Kosten einer hauseigenen Wasserversorgungsanlage sowie einer Wasseraufbereitungsanlage einschließlich der Aufbereitungsstoffe.

69 Umlegbar sind **sowohl verbrauchsabhängige als auch nicht verbrauchsabhängige Kosten.**[102] Die vorläufige Rechnungserteilung während der Abrechnungsperiode ist nicht maßgebend; entscheidend ist die **Endabrechnung.**[103] Entsprechendes gilt im Hinblick auf die Abschlagszahlungen des Vermieters an das Versorgungsunternehmen; derartige Zahlungen stehen unter dem Vorbehalt endgültiger Abrechnung; daher darf

100 Vgl. Langenberg § 556 Rn. 107.
101 Schmidt-Futterer/Langenberg BGB § 556 Rn. 106.
102 BeckOK BGB/Wiederhold, 77. Ed. 1.2.2026, BGB § 556 Rn. 21.
103 AG Köln WuM 1997, 232; AG Hannover WuM 1994, 435.

der Vermieter derartige Zahlungen nicht als Betriebskosten in Rechnung stellen.[104] Findet während des Abrechnungszeitraums ein Mieterwechsel statt und gelten für diesen Zeitraum unterschiedliche Tarife eines Versorgungsunternehmens, so sind in der Abrechnung die Kosten des Versorgungsunternehmens nach den auf die Mietzeit entfallenden Kosten aufzuschlüsseln und aufzuteilen.

Die Kosten der Wasserversorgung setzen sich regelmäßig aus einem **Grundpreis** und einem **Verbrauchspreis** zusammen. Die Zivilgerichte sind dazu berufen, den Preis auf seine Billigkeit zu überprüfen.[105] Grundlage für die Billigkeitsprüfung bildet § 315 BGB. Der Vermieter ist für die Billigkeit des Preises darlegungs- und beweisbelastet. 70

Zu den Wasserkosten zählen im Zweifel nicht die **Abwasserkosten.**[106] Kosten der Wasserentkalkung und der erforderlichen Filter sind als Kosten der Wasseraufbereitungsanlage umlagefähig. Die Entwässerung umfasst sowohl das Schmutz- als auch das Regenwasser. Unterlässt der Vermieter es, das auf dem Grundstück anfallende Sprengwasser nach den hierfür geltenden günstigeren Preisen zu entwässern (**Sprengwasserabzug**), so liegt darin ein Verstoß gegen das Wirtschaftlichkeitsgebot des § 556 Abs. 3 S. 1 BGB.[107] Die Entwässerung umfasst sowohl das Schmutz- als auch das Regenwasser. Unterlässt der Vermieter es, das auf dem Grundstück anfallende Sprengwasser nach den hierfür geltenden günstigeren Preisen zu entwässern (Sprengwasserabzug), so liegt darin ein Verstoß gegen das Wirtschaftlichkeitsgebot des § 556 Abs. 3 S. 1. S. 1.[108] 71

Auch die Wartungskosten und Eichgebühren für Kalt- und Warmwasserzähler sind umlagefähig.[109] Stehen die Zwischen- und Einzelwasserzähler im Eigentum des Versorgungsunternehmens und hat der Vermieter diese angemietet, sind die hierfür anfallenden Kosten in vollem Umfang umlegbar. Stehen dagegen die Zähler im Eigentum des Vermieters, sind die Eichkosten unter dem Stichwort „Kosten ihrer Verwendung" umlegbar. Hat ein Zähleraustausch stattgefunden, können die Kosten bis zur Höhe der ersparten Eichkosten angesetzt werden, sollte der Austausch als Ersatz für die Eichung anzusehen sein.[110] 72

Ebenso ist es möglich, **Leasingkosten** für Kaltwasserzähler sowie die Ablese- und Abrechnungskosten umzulegen (4. VO zur Änderung wohnungsrechtlicher Vorschriften vom 13.7.1992, BGBl. I 1250).[111] Eine besondere Mitteilungspflicht wie in § 4 Abs. 2 HeizkostenV besteht hier nicht. 73

Nach § 2 Abs. 1 EichG[112] müssen Messgeräte geeicht sein, sollen sie im geschäftlichen Verkehr Verwendung finden. Diese Voraussetzungen sind regelmäßig gegeben, wenn die Messgeräte zur Grundlage eine Abrechnung über Betriebskosten herangezogen werden. Die **Eichung** ist grundsätzlich alle 6 Jahre durchzuführen. Nach der Verordnung zur Änderung der Eichordnung vom 24.9.1992[113] kann sich die Gültigkeitsdauer mehrfach verlängern. Ist jedoch der Gültigkeitszeitraum endgültig überschritten, lässt sich der Nachweis des tatsächlichen Verbrauchs mit diesen Messgeräten nicht mehr führen.[114] 74

Eine Abrechnung nach Verbrauch ist dann inhaltlich richtig, wenn dieser zutreffend erfasst ist und die Parteien eine solche Abrechnung vereinbart haben. Beruht die Verbrauchserfassung auf dem Einsatz eines geeichten Wasserzählers, spricht eine tatsächliche Vermutung dafür, dass die abgelesenen Werte den tatsächlichen Verbrauch ordnungsgemäß wiedergeben. Ist dagegen das Messgerät nicht mehr geeicht, entfällt diese 75

[104] AG Prenzlau WuM 1997, 231 (232); Sternel III Rn. 304.
[105] BGH ZMR 2016, 825.
[106] Sternel III Rn. 348.
[107] LG Berlin ZMR 2019, 122.
[108] LG Berlin ZMR 2019, 122.
[109] Schmidt-Futterer/Langenberg BGB § 556 Rn. 115; Sternel III Rn. 348.
[110] Schmidt-Futterer/Langenberg BGB § 556 Rn. 115.
[111] Vgl. BGH NJW 2011, 3514.
[112] BGBl. 1992 I 711.
[113] BGBl. 1992 I 1653 (1658).
[114] Schmidt-Futterer/Langenberg BGB § 556 Rn. 116.

Vermutung; dem Vermieter obliegt die volle Darlegungs- und Beweislast dafür, dass die angegebenen Verbrauchswerte dem tatsächlichen Verbrauch entsprechen.[115]

Schätzt der Vermieter lediglich den Verbrauch und bestreitet der Mieter die Richtigkeit dieser Schätzung, muss der Vermieter seine Schätzgrundlagen im Rechtsstreit offenlegen.[116]

76 Nicht umlagefähig sind die Mehrkosten, die durch Schäden im Leitungssystem etwa in Form von **Rohrbrüchen** entstanden sind.[117] Werden die Mehrkosten zurechenbar und schuldhaft durch einen Dritten verursacht, kann der Vermieter diese Kosten ggf. im Wege des Schadensersatzes erstattet verlangen. Nicht umlegbar sind auch solche Mehrkosten, die der Vermieter etwa durch im Mietobjekt durchgeführte Bauarbeiten selbst veranlasst hat. Die berücksichtigungsfähigen Kosten sind in diesen Fällen nach den Durchschnittswerten früherer Abrechnungsperioden zu ermitteln. Erhöht sich der Verbrauch sprunghaft und sinkt er in den folgenden Verbrauchsperioden wieder auf den früheren Umfang zurück, so trifft den Vermieter die Darlegungs- und Beweislast, wie es zu dem Mehrverbrauch gekommen ist. Gibt es hierfür keinen plausiblen Grund, so kann der Mieter mit den Mehrkosten nicht belastet werden. Entsprechendes gilt, wenn ein sprunghafter Anstieg der Wasserverbrauchskosten zu verzeichnen ist, ohne dass eine plausible Erklärung dafür ersichtlich wäre und der Vermieter die Ursache nicht nachvollziehbar erläutern bzw. darlegen kann. Unterlässt er diese Untersuchungen oder haben seine Nachforschungen kein Ergebnis, können die Mieter mit den Mehrkosten nicht belastet werden.[118]

77 Das Risiko dafür, dass der Wasserverbrauch nicht korrekt festzustellen ist oder die Kosten nicht angemessen verteilt werden können, trägt der Vermieter auch dann, wenn nicht auszuschließen ist, dass einige Mitmieter einen unvernünftig hohen Verbrauch hatten.[119] Führen außergewöhnliche Umstände zu einem erheblich abweichenden **erhöhten Verbrauch**, so kann der Vermieter eine Nachzahlungsforderung nur gegenüber den einzelnen Mietern geltend machen, wenn er nachweist, dass der jeweils in Anspruch genommene Mieter diese besonderen Umstände zu vertreten hat.[120]

78 Allerdings ist zu berücksichtigen, dass der Mieter verpflichtet ist, einen Mangel iSd § 536 BGB dem Vermieter anzuzeigen, § 536c Abs. 1 BGB; unterlässt der Mieter eine derartige Anzeige, obwohl ihm der Mangel im Hinblick auf den übermäßigen Wasserverbrauch durch einen Defekt bekannt ist, kann der Mieter auf Schadensersatz in Anspruch genommen werden mit der Folge, dass der Vermieter die Kosten des Mehrverbrauchs, die er ursprünglich allein zu tragen hatte, auf den anzeigepflichtigen Mieter umlegen kann.[121] Die Anzeigepflicht bezieht sich auf das Mietobjekt selbst sowie alle mitgenutzten Teile wie zB Kellerräume, Flure und Treppen. Ein durch Feuchtigkeitserscheinungen manifestierter Schaden in derartigen Räumen ist dem Vermieter unverzüglich anzuzeigen.

79 Ist der vom geeichten Hauptwasserzähler des Wohngebäudes gemessene Wasserdurchfluss erheblich höher als der durch Zwischenzähler in den Wohnungen nachweisbare Wasserverbrauch, so kann die Differenzmenge nicht mehr zu angemessenen Teilen auf die Mieter umgelegt werden.[122] Zu beachten ist allerdings, dass die Mengen, gemessen am Hauptzähler, nicht mit den gemessenen Ergebnissen der auf die Wohnungen verteilten Einzelmessgeräte identisch sein müssen.[123]

---

115 BGH NJW 2011, 598.
116 BGH NZM 2008, 403.
117 Schmidt-Futterer/Langenberg BGB § 556 Rn. 111.
118 Schmidt-Futterer/Langenberg BGB § 556 Rn. 110.
119 BeckOK MietR/Pfeifer BGB § 556 Rn. 493; AG Berlin-Lichtenberg BeckRS 2008, 3975.
120 Schmidt-Futterer/Langenberg BGB § 556 Rn. 110.
121 Schmidt-Futterer/Langenberg BGB § 556 Rn. 111.
122 Blank/Börstinghaus/Blank BGB § 556 Rn. 12.
123 Peters NZM 2000, 696.

Die Kosten für Maßnahmen des **Korrosionsschutzes** der Wasserleitung können nicht als Kosten der Wasseraufbereitung umgelegt werden.[124] Dieser Maßnahmen dienen nicht der Hebung der Wasserqualität, sondern der Vorbeugung von Lochfraß oder sonstigen Beschädigungen der Anlage. 80

Zu den Betriebskosten der Nr. 2 des § 2 BetrKV gehören auch die Kaltwasserzählergebühren, denn den Kosten des Wasserbezuges sind die Kosten der Messeinrichtungen zuzuordnen; im Interesse des Mieters liegt, dass die Kosten für den Wasserbezug nicht nach einem Wahrscheinlichkeitsmaßstab, sondern nach dem Wirklichkeitsmaßstab abgerechnet und umgelegt werden.[125] 81

Der Mieter hat grundsätzlich keinen Anspruch darauf, dass statt eines vereinbarten festen Maßstabs verbrauchsabhängig abgerechnet wird. Aus diesem Grunde kann er nicht verlangen, sich einen eigenen Wasserzähler zu setzen.[126] Der Vermieter ist generell nicht verpflichtet, **Einzelwasserzähler** einzubauen. Ein Anspruch auf Abänderung des Abrechnungsmodus zugunsten des Mieters ergibt sich jedoch dann, wenn der gegenwärtige Modus zu unbilligen Ergebnissen führt; dies kann unter anderem der Fall sein, wenn in einer bisher als Wohnung genutzten Einheit nunmehr eine Pension betrieben wird oder Gastarbeiterunterkünfte mit hoher Belegungsstärke eingerichtet werden oder eine Wohngemeinschaft mit häufigen Besuchern eingezogen ist. Diese Grundsätze sollen auch dann gelten, wenn sich durch die Abrechnung nachträglich herausstellt, dass sich im Falle einer Abrechnung nach Personenzahl die finanzielle Belastung des betroffenen Mieters halbieren würde.[127] 82

Wird das **Gebäude zu Wohn- und Gewerbezwecken gemischt genutzt,** so ist grundsätzlich eine gesonderte Erfassung des Wasserverbrauchs der gewerblich genutzten Einheiten notwendig. Eine derartige Vorerfassung ist dann nicht geboten, wenn der Vermieter einen Pauschalabzug zu Lasten des gewerblichen Bereichs vornimmt, etwa 25 % für ein Dentallabor, und in den übrigen gewerblichen Räumen nicht mehr Wasser anfällt als in den Haushalten der Wohnungen.[128] Dies ist denkbar bei Arztpraxen und Büros, in denen weder gewaschen, getrocknet, gekocht noch geduscht wird und die an Wochenenden nicht benutzt werden. Ist demgegenüber eine getrennte Erfassung objektiv ausgeschlossen, kann der Vermieter die Kosten nach dem Verhältnis der Wohn- und Nutzflächen oder des umbauten Raumes umlegen. 83

Der **Bundesgerichtshof**[129] hat entschieden, dass ein Vorwegabzug der auf Gewerbeflächen entfallenden Kosten für alle oder einzelne Betriebskostenarten dann nicht geboten ist, wenn diese Kosten nicht zu einer ins Gewicht fallenden Mehrbelastung der Wohnraummieter führen. 84

3. Die Kosten der Entwässerung, § 2 Nr. 3 BetrKV

Hierzu gehören die Gebühren für die Haus- und Grundstücksentwässerung, die Kosten des Betriebs einer entsprechenden nicht-öffentlichen Anlage und die Kosten des Betriebs einer Entwässerungspumpe. Die Entwässerung umfasst sowohl das Schmutz- als auch das Regenwasser. Unterlässt der Vermieter es, das auf dem Grundstück anfallende Sprengwasser nach den hierfür geltenden günstigeren Preisen zu entwässern (**Sprengwasserabzug**), so liegt darin ein Verstoß gegen das Wirtschaftlichkeitsgebot des § 556 Abs. 3 S. 1 BGB.[130] Ist vertraglich seitens des Mieters **„Wassergeld"** geschuldet, sind die Kosten der Entwässerung hiervon umfasst; finden im Mietvertrag hingegen 85

[124] AG Lörrach WuM 1995, 593; Langenberg Betriebskostenrecht A 49; aA AG Dresden NZM 2001, 708; Emmerich/Sonnenschein/Weitemeyer BGB § 556 Rn. 8.
[125] Schmidt-Futterer/Langenberg BGB § 556 Rn. 114.
[126] Schmidt-Futterer/Langenberg BGB § 556 Rn. 117.
[127] AG Lippstadt WuM 1995, 594 (595).
[128] LG Düsseldorf DWW 1990, 240.
[129] BGH NZM 2006, 340.
[130] LG Berlin ZMR 2019, 122; Schmidt-Futterer/Lehmann-Richter BGB § 556 Rn. 232.

nur die „Wasserkosten" Erwähnung, gehören im Zweifel die Abwasserkosten nicht dazu.[131] Die Höhe der Gebühren ergibt sich aus den Bescheiden der jeweiligen Versorgungsunternehmen.

86 Bei einer **nicht-öffentlichen Anlage** kann es sich um eine vollbiologische Kläranlage, eine Sammelgrube oder Sickergrube handeln.[132] Derartige Anlagen bedürfen regelmäßiger Überprüfung und Wartung. Die damit verbundenen Kosten, ferner die Kosten der Entleerung durch Abfuhr des gesammelten Schmutzwassers, sind umlegbar.[133] Durch den Betrieb einer Entwässerungspumpe wird gewährleistet, dass Abwasser von einer tieferliegenden Ebene in ein höher gelegenes Kanalnetz gepumpt wird. Insoweit fallen regelmäßig Strom-, Wartungs- und sonstige Instandsetzungskosten an. Demgegenüber sind Kosten für die Beseitigung einer Rohrverstopfung nicht umlegbar;[134] Verstopfungen sind grundsätzlich kein regelmäßig wiederkehrendes Ereignis, sodass es bereits aus diesem Grunde an einer wesentlichen Betriebskosten-Eigenschaft fehlt.

Ablagerungen in Abwasserleitungen, die deren Querschnitt verringern, sind vom Vermieter zu beseitigen, wenn ansonsten eine Gebrauchsbeeinträchtigung der Mietsache gegeben ist.[135]

87 Bei Überprüfung der Belege sollte gerade auf eine differenzierende Darstellung der einzelnen Leistungen geachtet werden, namentlich auf die Leistungsbeschreibung. Nach § 21 Abs. 3 NMV gehören bei preisgebundenem Wohnraum zu den Kosten der Entwässerung die Gebühren für die Benutzung einer öffentlichen Entwässerungsanlage oder die Kosten des Betriebs einer entsprechenden nicht öffentlichen Anlage sowie die Kosten des Betriebs einer Entwässerungspumpe. Der Umlegungsmaßstab richtet sich nach § 21 Abs. 2 NMV; daher sind bei der Berechnung der Umlage für die Kosten der Wasserversorgung zunächst die Kosten des Wasserverbrauchs abzuziehen, der nicht mit der üblichen Benutzung der Wohnungen zusammenhängt. Die verbleibenden Kosten dürfen nach dem Verhältnis der Wohnflächen oder nach einem Maßstab, der dem unterschiedlichen Wasserverbrauch der Wohnparteien Rechnung trägt, umgelegt werden. Wird der Wasserverbrauch, der mit der üblichen Benutzung der Wohnungen zusammenhängt, für alle Wohnungen eines Gebäudes durch Wasserzähler erfasst, hat der Vermieter die auf die Wohnungen entfallenden Kosten nach dem erfassten unterschiedlichen Wasserverbrauch der Wohnparteien umzulegen, § 21 Abs. 2 NMV.

4. Die Kosten der Straßenreinigung und Müllbeseitigung, § 2 Nr. 8 BetrKV

88 Zu den Kosten der **Straßenreinigung** gehören die für die öffentliche Straßenreinigung zu entrichtenden Gebühren und die Kosten entsprechender nicht-öffentlicher Maßnahmen; zu den Kosten der **Müllbeseitigung** gehören namentlich die für die Müllabfuhr zu entrichtenden Gebühren, die Kosten entsprechender nicht-öffentlicher Maßnahmen, die Kosten des Betriebs von Müllkompressoren, Müllschluckern, Müllabsauganlagen sowie des Betriebs von Müllmengenerfassungsanlagen einschließlich der Kosten der Berechnung und Aufteilung. Der Begriff ist nach Auffassung des BGH weit auszulegen.[136]

Dies gilt auch dann, wenn der Mieter die bereitgestellten Mülltonnen nicht nutzen sollte.[137]

89 Wird die Straßenreinigung von der Gemeinde/Stadt vorgenommen, ergeben sich die jeweiligen **Gebühren aus deren Kostenbescheiden.** Dabei sollte namentlich auf den von der Gemeinde gewählten Schlüssel geachtet werden (Frontmeter/Grundstückstiefe).

[131] LG Köln WuM 1986, 323.
[132] Schmidt-Futterer/Langenberg BGB § 556 Rn. 127.
[133] Schmidt-Futterer/Langenberg BGB § 556 Rn. 127.
[134] Schmidt-Futterer/Langenberg BGB § 556 Rn. 129.
[135] AG Hagen WuM 1990, 200.
[136] BGH NZM 2023, 322; BGH NZM 2022, 949.
[137] BGH NZM 2022, 949.

Entsprechendes gilt für die Durchführung des Winterdienstes (Beseitigung von Schnee und Eisglätte).

Wird die Straßenreinigung vom Eigentümer vorgenommen, sollte dies der Ortssatzung entsprechen, sind die Kosten auf den Mieter umlegbar, wobei sich der Vermieter auch gewerblicher Unternehmen bedienen kann, deren Kosten unter dem Gesichtspunkt der Wirtschaftlichkeit berücksichtigungsfähig sind. Die Straßenreinigung erfasst auch den **Winterdienst in Form einer Beseitigung von Schnee und Eis** bei Glätte.[138] Übernimmt der Mieter vertraglich die Straßenreinigung iSd § 2 Nr. 8 BetrKV, so wird damit auch die Fußwegreinigung erfasst, die sich auf ein Teilgebiet des Straßenbereichs bezieht.[139] 90

Im Rahmen der Schnee- und Glättebeseitigung müssen nicht Vorkehrungen gegen alle denkbaren und entfernten Möglichkeiten für einen Schadenseintritt getroffen werden, um der Verkehrssicherungspflicht nachzukommen; erforderlich sind vielmehr nur diejenigen Vorkehrungen, die nach den Sicherheitserwartungen des jeweiligen Verkehrs im Rahmen des wirtschaftlich Zumutbaren geeignet sind, Gefahren von Dritten abzuwenden, die bei bestimmungsgemäßer oder nicht ganz fern liegender Benutzung Dritten drohen.[140] Dabei ist bei der Frage der Abstumpfung von Wegen bei Eisglätte insbesondere auch deren Verkehrsbedeutung und der Umfang ihrer üblichen Benutzung zu berücksichtigen, und es sind nur diejenigen Gefahren auszuschließen, die ein sorgfältiger Benutzer nicht oder nicht rechtzeitig erkennen kann.[141] Dies hat zur Folge, dass auf Bürgersteigen, in Fußgängerzonen und auf belebten Fußgängerüberwegen in der Regel etwa eine Breite von 1 bis 1½ Metern gestreut werden muss, auf der Fußgänger vorsichtig aneinander vorbeigehen können. Auf Privatwegen, die für die Öffentlichkeit nicht zugänglich sein sollen, kann eine Breite von 1,0 bis 1,2m genügen. Zugänge zum Haus, zu Mülltonnen oder Parkplätzen müssen mit einer Breite von etwa 0,5 m geräumt und gestreut werden. An diesen Erfordernissen orientiert sich die Höhe der Aufwendungen für den Winterdienst. 91

Auch die Kosten der **Reinigungsmittel** und des **Streuguts** sind umlagefähig. Erfolgen die Arbeiten maschinell, können die Kosten für Benzinverbrauch, Steuer, Versicherung und Wartung berücksichtigt werden,[142] jedoch nur insoweit sich die Arbeiten konkret auf die Straßenreinigung beziehen. Im Hinblick auf die Anschaffung von Reinigungsgeräten und deren Ersatzbeschaffung ist eine differenzierte Lösung vorzuziehen: Erstanschaffungen obliegen dem Vermieter und sind von diesem zu finanzieren; Wartungs- und Reparaturkosten motorgetriebener Geräte sind dagegen umlagefähige Betriebskosten, was sich bereits dadurch rechtfertigt, dass der Einsatz maschineller Geräte regelmäßig kostengünstiger ist als Handarbeit und den damit verbundenen Lohnkosten.[143] 92

Dem Vermieter entstehen keine umlegbaren Kosten, falls vertraglich ein Mieter die Reinigungsarbeiten – etwa der Erdgeschossmieter – übernommen hat. Dies gilt erst recht, wenn zudem der Mieter die Kosten der Reinigungs- und Streumittel übernommen hat. Systematisch handelt es sich dabei um ein zusätzliches Entgelt für die Überlassung der Mietwohnung, was auch nach § 9 Abs. 6 S. 2 WoBindG im sozialen Wohnungsbau zulässig ist. Erhält der Mieter allerdings zum Ausgleich seiner Arbeitsleistung einen Mietnachlass, ist der Differenzbetrag auf die übrigen Mieter umlegbar.[144] 93

Die Gebühren für die **Müllabfuhr** ergeben sich aus den gemeindlichen Bescheiden. 94

Problematisch ist der Ansatz der Kosten von **Sperr- oder Sondermüll oder Entrümpelung von Böden.** Die Kosten der Sperrmüllabfuhr sind dann ansetzbar, wenn diese bei ordnungsgemäßer Bewirtschaftung **laufend** entstehen;[145] dies gilt namentlich auch 95

[138] Schmidt-Futterer/Langenberg BGB § 556 Rn. 140.
[139] AG Hannover WuM 1987, 275.
[140] Grüneberg/Retzlaff BGB § 823 Rn. 204.
[141] OLG Frankfurt a. M. NZM 2001, 1049.
[142] LG Hamburg WuM 1998, 640.
[143] AG Schöneberg NZM 2001, 808.
[144] Schmidt-Futterer/Langenberg BGB § 556 Rn. 142.
[145] LG Berlin ZMR 1995, 353; LG Berlin NZM 2003, 65; Emmerich/Sonnenschein/Weitemeyer BGB § 556 Rn. 15.

dann, wenn Mieter auf Fluren und anderen der Allgemeinheit dienenden Räumen Sperrmüll und sonstige Gegenstände **stetig** abstellen und der Vermieter gehalten ist, durch Sonderaktionen den vertragsgemäßen Zustand wieder herzustellen. Anders ist dann zu entscheiden, wenn nur einzelne Mieter gelegentlich ihren Sperrmüll vertragswidrig auf dem Mietgrundstück abstellen und der Vermieter insoweit gehalten ist, eine Sperrmüllabfuhr zu veranlassen; in diesen Fällen ist eine Umlage der entstandenen Kosten auf alle Mieter nicht zulässig, zumal eine Haftungsgemeinschaft der Mieter eines Objekts nicht angenommen werden kann.[146] Entsprechendes gilt, wenn der Vermieter allen Mietern unterschiedslos anbietet, Müll an bestimmten Tagen auf dem Hof abzustellen.[147]

Die rechtlichen Erwägungen für die Umlagefähigkeit von Kosten der Ungezieferbeseitigung geltend hier entsprechend.

96 Entstehen Kosten dadurch, dass Mieter zwar nicht jährlich, aber doch laufend unberechtigt Müll auf Gemeinschaftsflächen abstellen, handelt es sich um Kosten der Müllbeseitigung, die dem Vermieter als Eigentümer wiederkehrend entstehen.[148] Entsprechendes gilt, wenn Dritte unbefugt den Müll auf Gemeinschaftsanlagen ablagern.[149] Entscheidendes Kriterium ist auch insoweit die laufende Wiederkehr der anfallenden Kosten.

97 Die Höhe der Gebühren für die Müllabfuhr ergibt sich aus den Bescheiden der Stadtverwaltung oder der Versorgungsunternehmen. **Trinkgelder** sind keine Betriebskosten, da sie auf freiwilliger Basis geleistet werden und eine vertragliche Verpflichtung hierzu regelmäßig nicht besteht. Ob der zu beseitigende Müll sortiert ist oder nicht, spielt für die Frage der Umlegbarkeit der Gebühren keine Rolle. Ist zwischen den Parteien die Geltung der Betriebskostenverordnung vereinbart (früher Ziff. 8 der Anlage 3 zu § 27 der 2. BVO), braucht zwischen den einzelnen Müllarten wie Biomüll, Wertstoff oder Hausmüll, nicht unterschieden zu werden. Alle insoweit anfallenden Gebühren sind in vollem Umfang umlegbar.[150]

98 Die beim Vermieter anfallenden Kosten für **Müllkompressoren, Müllschluckern, Müllabsauganlagen** oder **Müllmengenerfassungsanlagen** sind regelmäßig umlegbare Betriebskosten im Sinne der Betriebskostenverordnung (§ 2 Nr. 8 BetrKV).[151]

99 Bei **gemischt genutzten Grundstücken** muss der Vermieter zwischen dem Wohnhausmüll und dem gewerblichen Müll – sofern dieser in bestimmbaren Umfang anfällt – unterscheiden, indem die Entsorgung der benannten Müllarten getrennt und folglich auch in getrennten Müllgefäßen erfolgt. Stehen separate Müllbehälter nicht zur Verfügung, ist der gewerbliche Anteil des Mülls zu schätzen. Ergibt sich aus den tatsächlichen Verhältnissen, dass die Gewerbeeinheiten keinen erhöhten Müllbeseitungsaufwand erfordern, kann von einem Vorwegabzug abgesehen werden.[152] Die Stadtgemeinden verfügen über Erfahrungswerte, die dort erfragt werden können. Zu beachten ist aber noch, dass eine formell ordnungsgemäße Betriebskostenabrechnung voraussetzt, dass dem Mieter auch dann die Gesamtkosten einer berechneten Kostenart mitgeteilt werden, wenn einzelne Kostenanteile nicht umlagefähig sind. Dem Mieter muss ersichtlich sein, ob und in welcher Höhe nicht umlagefähige Kosten vorab abgesetzt worden sind.[153]

100 Das wachsende Umweltbewusstsein hat dazu geführt, die Kosten der Entsorgung genauer zu ermitteln. Teilweise ist es üblich geworden, die Kosten der Müllabfuhr nach der Häufigkeit der Entleerungen der Müllgefäße zu berechnen. Soweit Müllgefäße und Müllfahrzeuge mit einem Scanner-System ausgerüstet sind, wird bei jeder Leerung

---

146 Schmidt-Futterer/Langenberg BGB § 556 Rn. 146.
147 LG Berlin NZM 2002, 65.
148 BGH NJW 2010, 1198 (1199).
149 BGH NJW 2010, 1198 (1199).
150 Börstinghaus NZM 1998, 62.
151 BGH NZM 2023, 322.
152 Eisenschmid/Rips/Wall/Wall Betriebskostenkommentar Rn. 2907.
153 BGH NJW 2007, 1059.

genau aufgezeichnet, welche Mülltonne geleert wurde. Durch den anschließenden Gebührenbescheid erhält der Vermieter aufgelistet, welche Tonne wie oft im Abrechnungszeitraum geleert wurde. Zu § 2 Nr. 8 BetrKV wird auch Bio-Müll und Altpapier gerechnet.[154]

Die Kosten der **Mülltrennung** sind nach Auffassung des Landgerichts Tübingen grundsätzlich keine umlegbaren Betriebskosten.[155] Im dort zu entscheidenden Fall hatte der Vermieter eine Firma mit der Mülltrennung beauftragt, weil zuvor diverse Mieter ihren Müll nicht getrennt entsorgten. Diese Kosten seien nach Auffassung des Landgerichts jedoch nicht umlagefähig; vielmehr habe der verursachende Mieter die Kosten der Mülltrennung zu tragen. Sei der Verursacher nicht zu ermitteln, verblieben die entsprechenden Kosten beim Vermieter. Darüber hinaus könne aus der bloßen Falschbefüllung der Mülltonnen nicht der Schluss gezogen werden, dass die Entsorgung selbst durch einen Mieter erfolgte; vielmehr kämen sonstige Dritte hierfür in Betracht. Auch aufgrund dieser Erwägung sei die gemeinschaftliche Belastung sämtlicher Mieter mit den entsprechenden Mehrkosten nicht zu rechtfertigen. 101

5. Die Kosten des Betriebs des Personen- oder Lastenaufzugs, § 2 Nr. 7 BetrKV

Hierzu gehören die Kosten des Betriebsstroms, die Kosten der Beaufsichtigung, der Bedienung, Überwachung und Pflege der Anlage, der regelmäßigen Prüfung ihrer Betriebsbereitschaft und Betriebssicherheit einschließlich der Einstellung durch eine Fachkraft sowie die Kosten der Reinigung der Anlage. Wird der Betriebsstrom nicht von einem gesonderten Zähler erfasst, muss der Stromverbrauch gleichmäßig auf alle Mieter verteilt werden. Ansonsten bleibt nur die Möglichkeit einer Schätzung auf sachgerechter Basis, wobei jedoch sichergestellt sein muss, dass alle Mieter gleichmäßig belastet werden. 102

Nach § 20 Aufzugsverordnung muss der Eigentümer des Mietobjekts einen Aufzugwärter bestellen, wenn der Aufzug der Personenbeförderung dient;[156] Um die jederzeitige Erreichbarkeit zu gewährleisten, wird mit dieser Aufgabe regelmäßig der Hausmeister (sofern vorhanden) oder eine entsprechende Fachfirma beauftragt. Die dadurch entstehenden Kosten sind grundsätzlich umlegbar.[157] Anstelle eines Aufzugswärters kann auch eine **Notrufbereitschaft** eingerichtet werden, die aus dem Fahrstuhl ständig erreichbar sein muss; die dadurch entstehenden Betriebskosten sind ebenfalls umlagefähig. Entsprechendes gilt für die Wartungskosten der Notrufanlage.[158] 103

Nach Auffassung des Oberlandesgerichts Frankfurt[159] sei der Vermieter verpflichtet, dass in einem Hochhaus die Aufzüge rund um die Uhr und folglich sowohl an Werktagen, wie auch an Sonn- und Feiertagen, in Betrieb zu halten seien. Bereits bei Gebäuden ab vier Stockwerken ist der Einbau von Fahrstühlen zwingend vorgeschrieben. Wenn Räume etwa im 10. Obergeschoss angemietet sind, muss sichergestellt sein, dass der Mieter jederzeit Zugang zu diesen Räumen hat; dies gilt auch für Sonn- und Feiertage. 104

Hat der Vermieter mit einer geeigneten Fachfirma einen **Wartungsvertrag** geschlossen, der ua auch die Lieferung von Ersatzteilen vorsieht, Reparatur und Ersatz von durch Verschleiß unbrauchbaren Teilen und Erneuerung von Tragseilen usw, handelt es sich der Sache nach um typische Instandhaltungs- und Instandsetzungsarbeiten, die nach dem Grundgedanken des § 535 Abs. 1 S. 2 BGB allein dem Vermieter auf seine Kosten obliegen. Beim Ansatz von Kosten des Aufzugs ist der Vermieter nicht berechtigt, neben 105

---

[154] Mitteilungen des Verbandes Norddeutscher Wohnungseigentümer eV v. 15.4.1998, NZM 1998, 400 zur früheren Ziff. 8 der Anlage 3 zu § 27 der 2. BVO; Emmerich/Sonnenschein/Weitemeyer BGB § 556 Rn. 15.

[155] LG Tübingen WuM 2004, 497.

[156] Vgl. Aufzugsverordnung BGBl. 1998 I 1410.

[157] LG Heidelberg ZMR 2014, 987; BR-Drs. 568/03, 31; s. auch BGH NZM 2020, 457.

[158] LG Gera WuM 2001, 615; OLG Düsseldorf MDR 2012, 635; Schmidt-Futterer/Langenberg BGB § 556 Rn. 133.

[159] OLG Frankfurt a. M. NZM 2004, 909.

den Wartungskosten die Kosten für die Beseitigung von Störungen und für die Lieferung kleinerer Ersatzteile umzulegen; denn diese Kosten gehen über die Aufwendungen für die bloße Wartung hinaus.[160] Werden in der Rechnung der Fahrstuhlfirma die Kosten zwischen Reparatur und Wartung differenziert dargestellt, kann der Vermieter eine entsprechende Unterscheidung vornehmen und den Mietern allein die Wartungskosten als umlagefähig anlasten. Ist allerdings eine pauschale Vergütung vereinbart, kann eine ordnungsgemäße Abrechnung den Mietern gegenüber nur dergestalt erfolgen, dass eine den tatsächlichen Verhältnissen entsprechende prozentuale Aufteilung der Arbeitsleistung der Aufzugsfirma hinsichtlich der dem Mieter zur Last fallenden Kosten einerseits und der dem Vermieter zur Last fallenden Kosten andererseits getroffen wird. Die durchschnittlichen Werte liegen bei 20 bis 40 Prozent,[161] teilweise aber auch bei 50 Prozent.[162] Die Kosten der Hauptprüfung nach § 10 Aufzugsverordnung und von Zwischenprüfungen nach § 11 Aufzugsverordnung sind einschließlich der Gebühren für Sachverständige und Helfer umlagefähig.

106 Ist eine Behebung von **Betriebsstörungen** mittels Wartungsarbeiten möglich, sind diese Kosten umlegbar.[163] Dies gilt dann nicht, wenn der Einsatz des Stördienstes auf eine vorangegangene mangelhafte Wartung zurückzuführen ist; insoweit ist der Vermieter auf Ansprüche gegen die Wartungsfirma zu verweisen.[164] Wird der Austausch von Kleinteilen an Ort und Stelle vorgenommen, ohne dass eine Bearbeitung in der Werkstatt notwendig ist, sollen die Kosten ebenfalls umlegbar sein.[165] Geht die Beseitigung der Störung über die Ausführung von Wartungsarbeiten hinaus, sind die Kosten nach anderer Ansicht nicht umlegbar.[166] Beruht die Betriebsstörung auf technischem Defekt, sollen die Kosten nicht umlegbar sein; anderes gilt, falls die Betriebsstörung auf unsachgemäße Bedienung durch die Mieter zurückzuführen ist.[167] Welchen Grund die Arbeiten hatten, ergibt sich regelmäßig aus den Tätigkeitsberichten der Fahrstuhlmonteure, die sich der Anwalt vorlegen lassen sollte. Nicht praktikabel erscheint eine Unterscheidung dahingehend, kann die Fachkraft den Aufzug mit dem mitgeführten Bordwerkzeug wieder in Betrieb setzen, gegebenenfalls unter Reparatur und Austausch kleinerer Teilstücke, oder ist eine Bearbeitung des Aufzugs oder Teilen davon in der Werkstatt der Fahrstuhlfirma erforderlich; ist die Ingangsetzung an Ort und Stelle möglich, handelt es sich um Wartung, im anderen Fall um Reparatur.[168] In diesen Fällen hängt die Umlegbarkeit der Kosten vom Geschick und der Erfahrung der Fachkraft ab. Daher empfiehlt es sich, derartige Kosten als nicht umlagefähig anzusehen, wenn die Beseitigung von Störungen über die regelmäßige Wartung hinausgeht.[169]

107 Die **Reinigung des Fahrkorbs** gehört zu Nr. 9 der Anlage 3 der 2. BVO; daher können Reinigungskosten der Fahrstuhlanlage nur konkret auf die Anlage selbst bezogen berücksichtigungsfähig sein, zB Reinigung der technischen Teile der Aufzugsanlage.

108 Auch der Mieter einer Wohnung im **Erdgeschoss** kann formularmietvertraglich an der Umlage der Aufzugskosten beteiligt werden.[170] Nur wenn der Aufzug für den Erdgeschossmieter gänzlich nutzlos ist, etwa wenn sich der Aufzug in einem Nebengebäude befindet, sollen die Kosten nicht umlegbar sein, wenn der Mieter diesen Aufzug nicht benutzt.[171] Eine formularmäßige Vereinbarung in einem Wohnraummietvertrag, durch die ein Mieter anteilig mit Kosten für einen Aufzug belastet wird, mit dem seine

[160] LG Hamburg NZM 2001, 806.
[161] LG Aachen DWW 1993, 42; AG Bruchsal WuM 1988, 62 (63).
[162] LG Essen WuM 1991, 702.
[163] Sternel III 298.
[164] Schmidt-Futterer/Langenberg BGB § 556 Rn. 138.
[165] LG Berlin GE 1987, 827.
[166] LG Hamburg NZM 2001, 806.
[167] Lützenkirchen Anwaltshandbuch Mietrecht L 226.
[168] Schmidt-Futterer/Langenberg BGB § 556 Rn. 138.
[169] LG Hamburg NZM 2001, 806; Schmidt-Futterer/Langenberg BGB § 556 Rn. 138.
[170] BGH NZM 2006, 895; Eisenschmid/Rips/Wall/Wall Betriebskostenkommentar Rn. 3352, 3353.
[171] LG Kiel NZM 2001, 92.

Wohnung nicht erreicht werden kann, weil sich der Aufzug in einem anderen Gebäudeteil befindet, benachteiligt den Mieter unangemessen, § 307 Abs. 1 S. 1 BGB.[172] Die Kosten des Aufzugs, der vom Erdgeschoss und dann wieder vom 3. Obergeschoss zu betreten ist, können nicht wirksam auf die Mieter des 1. und 2. Obergeschosses umgelegt werden.[173]

Bei einer Wirtschaftseinheit dürfen die Kosten des Aufzugs nicht auf die Mieter der Wohnungen umgelegt werden, die sich in Gebäuden befinden, die nicht mit Aufzügen ausgestattet sind.[174] Folglich müssen Abrechnungskreise innerhalb der Wirtschaftseinheit gebildet werden, um den Besonderheiten der Gebäude mit Aufzugsanlagen Rechnung zu tragen. 109

6. Die Kosten der Gartenpflege, § 2 Nr. 10 BetrKV

Hierzu gehören die Kosten der Pflege gärtnerisch angelegter Flächen einschließlich der Erneuerung von Pflanzen und Gehölzen, der Pflege von Spielplätzen einschließlich der Erneuerung von Sand und der Pflege von Plätzen, Zugängen und Zufahrten, die dem nicht-öffentlichen Verkehr dienen. Dafür ist maßgeblich, ob die Flächen entweder nach den bauplanerischen Bestimmungen der Öffentlichkeit gewidmet sind oder der Vermieter nach dem Gesamteindruck eine solche Widmung vorgenommen hat.[175] 110

Gemeint sind die **Kosten der Gartenpflege,** nicht die Gartenpflege selbst, die Kosten auslösen kann.[176] Ist der Mieter nach den vertraglichen Vereinbarungen – etwa bei der Anmietung eines Einfamilienhauses mit Garten – verpflichtet, die Pflege des Gartens vorzunehmen, sind hierunter nur einfache Pflegearbeiten zu verstehen, die weder besondere Fachkenntnisse des Mieters noch einen besonderen Zeit- oder Kostenaufwand erfordern, zB Rasenmähen, Unkrautjäten oder Entfernen von Laub.[177] Darüber hinausgehende Arbeiten unterfallen der Instandhaltungspflicht des Vermieters (§ 535 Abs. 1 S. 2 BGB). Von diesen einfachen Pflegemaßnahmen werden folgende Arbeiten nicht mehr erfasst: Pflanzenflächen düngen, Gehölze beschneiden, Rasenkante abstechen, Teich von Schlamm, Algen und Pflanzenbewuchs säubern, Teichrand freilegen, Rasenfläche vertikulieren, düngen, nachsähen und mit Kompost bestreuen, Pflanzenkübel und Schubkarre entsorgen. Diese Arbeiten gehören nicht mehr zu den einfachen Pflegeleistungen, wenn vertraglich dem Mieter die Gartenpflege übertragen worden ist. 111

Die **Kosten** der Gartenpflege sind nicht auf Mieter umlegbar, die **keine Berechtigung zur Gartenbenutzung** haben.[178] Entsprechendes gilt für die Kosten der Pflege einer Dachbegrünung, wenn der Mieter zur Nutzung der Dachbegrünung nicht berechtigt ist.[179] Der bloße Ausblick „ins Grüne" oder „aufs Grüne" rechtfertigt den Ansatz der Kosten nicht. Demgegenüber sind die Pflegekosten für einen Vorgarten ansatzfähig, auch wenn Vorgärten üblicherweise nicht betreten werden. 112

In Abweichung hiervon hat der BGH entschieden:[180] „Eine gepflegte Gartenfläche verschönert ein Wohnanwesen insgesamt und verbessert die Wohn- und Lebensqualität, was auch denjenigen Mietern zuteilwird, die den Garten nicht nutzen oder nutzen können. Deshalb dürfen die Kosten der Gartenpflege – mit Ausnahme der Flächen, die dem Vermieter oder Mietern zur alleinigen Nutzung zugewiesen sind – auf den Mieter umgelegt werden." Eine gepflegte Gartenfläche kommt ihnen zugute, während ein vernachlässigter Garten den Gesamteindruck eines Wohnanwesens beeinträchtigt und damit auch den Wohnwert für die im Wohnanwesen lebenden Mieter herabsetzt. 113

172 BGH NJW 2009, 2058.
173 AG Frankfurt (Oder) NZM 2000, 906.
174 BGH NZM 2009, 478.
175 BGH NJW 2016, 1439.
176 LG Berlin NZM 2003, 20.
177 OLG Düsseldorf NZM 2004, 866.
178 BGH NZM 2004, 545.
179 LG Karlsruhe WuM 1996, 230.
180 BGH NZM 2004, 545.

114 Kosten für Garten und Parkflächen, die nach Bauplanungsrecht oder durch den Vermieter für die Nutzung für die Öffentlichkeit gewidmet sind, können nicht mangels Bezuges zur Liegenschaft auf die Mieter umgelegt werden.[181]

115 Zu den Gartenpflegekosten zählen nicht die Kosten der **Pflanzenerneuerung,** die dadurch verursacht werden, dass unter gartenpflegerischen Gesichtspunkten der vorhandene Bewuchs gegen neuen ausgetauscht werden muss.[182] Entscheidend ist der Begriff des **Auswechselns;** denn für eine Anschaffung von Sträuchern können Gartenpflegekosten nicht angesetzt werden, da es sich um Instandsetzungskosten handelt.[183]

116 Zu den Gartenpflegekosten zählen mangels Verschulden des Vermieters auch die Aufwendungen für eine Beseitigung von **Sturmschäden.**[184] Die Pflege von gärtnerischen Flächen und die Erneuerung von Pflanzen umfasst auch das Entfernen und Fällen von Bäumen.[185] Dabei ist es unerheblich, ob es sich um einen Sturmschaden handelt.[186] Für die Annahme umlegbarer Betriebskosten ist nur erforderlich, dass sie mit einer gewissen **Regelmäßigkeit** anfallen.[187] Stellt sich demgegenüber ein Sturm als für die Region ungewöhnliches Naturereignis dar, soll es an dem Merkmal fortlaufender Wiederholbarkeit fehlen und somit sollen diese Kosten nicht ansatzfähig sein.[188]

117 Diese Auffassung erscheint problematisch, weil auch aperiodisch anfallende Arbeiten dem Bereich der umlagefähigen Betriebskosten zugeordnet werden können und zudem die notwendigen Beseitigungsmaßnahmen auf ein Naturereignis zurückzuführen sind, so dass es sachgerecht ist, die Kosten für entwurzelte oder erfrorene Bäume als umlagefähig zu bewerten.[189]

118 Kosten für das **Fällen kranker Bäume** sind indessen nicht berücksichtigungsfähig,[190] da es sich um Instandsetzungskosten handelt. Entsprechendes gilt grundsätzlich auch dann, wenn durch das Fällen von Bäumen einer Verkehrssicherungspflicht Rechnung getragen wird oder Rückschnitte in der Vergangenheit nicht fachgerecht durchgeführt worden sind oder das Nachbarrecht ein Fällen von Bäumen erfordert. Die Umlagefähigkeit entsprechender Kosten kann jedoch dann gegeben sein, wenn die Ausführung der vorgenannten Arbeiten regelmäßig zwecks Erfüllung einer bestehenden Verkehrssicherungspflicht erbracht werden bzw. erbracht werden müssen.

119 Wird nach länger unterlassener Pflege der Garten einer **Grundpflege** unterzogen, sind die dafür aufzuwendenden höheren Kosten nicht umlagefähig.[191] Die Behebung eines Wartungsstaus ist als Instandsetzung zu werten.[192] Demgegenüber sind die Kosten für die Neuanlegung eines Gartens ansatzfähig,[193] ebenso wie die Kosten für Erneuerung von Pflanzen und Gehölzen im Rahmen natürlichen Abgangs, wobei es sich nicht unbedingt um gleichartige und gleichwertige Bepflanzung handeln muss.[194]

120 Zu den Kosten einer Gartenpflege zählen auch diejenigen für Baumpflegearbeiten, die **aperiodisch** anfallen; sie gehören zu den regelmäßigen laufenden Aufwendungen, die in größeren Zeitabständen anfallen; diese Kosten können im Anschluss an ihre Entstehung umgelegt werden.[195]

---

[181] BGH NJW 2016, 1439.
[182] BeckOK MietR/Pfeifer, BGB § 556 Rn. 835; LG Hamburg WuM 1994, 695.
[183] Schmidt-Futterer/Langenberg BGB § 556 Rn. 157.
[184] arg. BeckOK MietR/Pfeifer BGB § 556 Rn. 835.
[185] BGH 10.11.2021 – VIII ZR 107/20, NJW 2022, 1095.
[186] Schmidt-Futterer/Langenberg BGB § 556 Rn. 158.
[187] LG Tübingen WuM 2004, 669; AG Reutlingen WuM 2004, 95; aA Bausch NZM 2006, 366.
[188] AG Königstein/T. WuM 1993, 410.
[189] Schmidt-Futterer/Langenberg BGB § 556 Rn. 158.
[190] AG Hamburg WuM 1989, 641.
[191] Schmidt-Futterer/Lehmann-Richter BGB § 556 Rn. 264.
[192] Schmidt-Futterer/Langenberg BGB § 556 Rn. 157; Sternel III Rn. 350.
[193] LG Hamburg WuM 1989, 191; Blank/Börstinghaus/Blank BGB § 556 Rn. 58.
[194] AG Neuss DWW 1993, 296.
[195] LAG Hessen WuM 1992, 545 (547).

Die Kosten für eine Erneuerung von **Plattenwegen** zu Spielplätzen und der dort befindlichen Sitzbänke sind nicht umlagefähig.[196] Anders ist zu entscheiden in den Fällen einer **Erstausstattung des Spielplatzes;** insoweit ist von Instandsetzungskosten auszugehen, die nicht umlagefähig sind;[197] die Aufwendungen für eine laufende Pflege von Spielplätzen sind allerdings umlagefähigen Betriebskosten zuzuordnen, ferner auch die Kosten für einen gelegentlichen Austausch veralteter oder verbrauchter **Spielgeräte.** 121

Die durch die Pflegemaßnahmen veranlassten **Personalkosten** sind umlagefähig.[198] Auch die entsprechenden **Sachkosten** sind umlegbar. Dabei handelt es sich um Materialien wie Pflanzen, Dünger oder Ähnliches,[199] und um Betriebskosten für Gartengeräte wie Rasenmäher und Traktoren in Form von Treibstoff, Schmiermittel, Steuer und Versicherung, auch für deren Wartung.[200] Soweit Ersatzgeräte angeschafft werden, handelt es sich der Sache nach um nicht umlegbare Instandsetzungskosten.[201] Die Kosten der Ersatzbeschaffung für einen Rasenmäher können ausnahmsweise als Kosten der Gartenpflege umlagefähig sein, wenn die Ersatzbeschaffung günstiger ist als die Reparatur.[202] Durch diese Einordnung werden die Mieter günstiger gestellt als in dem Falle, dass eine teurere Reparatur veranlasst wird. Es verbleibt allerdings bei dem Grundsatz, dass die **Anschaffungskosten und auch die Ersatzbeschaffungen** von Gerätschaften **als Betriebskosten nicht umlegbar** sind. Die Kosten allerdings für mutwillige Zerstörungen oder Beschädigungen, auch Verunreinigungen, sind nicht auf die Mieter umlegbar; in diesen Fällen ist der Vermieter allein auf den **Schadensersatzanspruch** gegen den Verursacher zu verweisen, da es nicht sachgerecht ist, die Mieter mit den Aufwendungen für eine Beseitigung mutwilliger Zerstörungen durch Dritte zu belasten. Falls es dem Vermieter nicht gelingt, den Verursacher zu ermitteln und einen Schadensersatzanspruch mit Erfolg im Wege der Zwangsvollstreckung gegen den Schädiger durchzusetzen, trägt der Vermieter den Schaden allein. 122

Um einen Überblick über den Umfang der umlagefähigen Kosten zu gewinnen, sollte der Anwalt von dem Recht seines Mandanten auf Einsicht in die (Original-)Belege Gebrauch machen, um die erforderlichen Informationen zu Art, Umfang und Ursache der entstandenen Kosten zu erhalten. Hierdurch sollte der Mieter auch Informationen dahingehend erhalten, ob Kosten geltend gemacht sind, die nur von bestimmten Mietern zu tragen sind, beispielsweise die Pflegekosten von Garagenzufahrten, die nur einem Teil der Mieter zur Benutzung überlassen sind. 123

7. Die Kosten der Gebäudereinigung und Ungezieferbekämpfung, § 2 Nr. 9 BetrKV

Zu den Kosten der Hausreinigung gehören die Kosten für die Säuberung der von den Bewohnern gemeinsam benutzten Gebäudeteile wie Zugänge, Flure, Treppen, Keller, Bodenräume, Waschküchen oder Fahrkorb des Aufzugs. Sie gliedern sich auf in Personal- und Sachkosten, namentlich die Kosten für Reinigungsmittel und Reinigungsgeräte. 124

Hausreinigungskosten können als Personalkosten nur im üblichen Umfang umgelegt werden;[203] üblich sind die Kosten, die einschlägigen Tarifverträgen entsprechen, und die tägliche Arbeitszeit der Stundenlohnberechnung angemessen zu Grunde gelegt wird. 125

Treppenreinigungskosten können grundsätzlich in voller Höhe umgelegt werden.[204] Bei einer nicht unwesentlichen Überschreitung der normalen Kosten besteht ein Indiz 126

[196] AG Hamburg-Altona ZMR 2014, 801.
[197] Schmidt-Futterer/Langenberg BGB § 556 Rn. 163.
[198] Schmidt-Futterer/Langenberg BGB § 556 Rn. 160.
[199] Schmidt-Futterer/Langenberg BGB § 556 Rn. 160.
[200] LG Hamburg WuM 1989, 640.
[201] Langenberg S. 32.
[202] AG Lichtenberg NZM 2004, 96.
[203] Schmidt-Futterer/Langenberg BGB § 556 Rn. 149.
[204] Sternel III Rn. 349.

für eine nicht ordnungsgemäße Bewirtschaftung, so dass der Vermieter den Anfall solcher Kosten plausibel erklären muss.[205]

127 **Personalkosten der Hausreinigung** können nicht gesondert angesetzt werden, falls die Arbeiten durch einen Hausmeister durchgeführt werden, dessen Kosten bereits umgelegt werden.[206] Die Kosten für eine Reinigung von Stellplätzen, die nicht allgemein zur Verfügung stehen, können nicht auf alle Mieter sondern nur auf die Stellplatzmieter umgelegt werden.[207] Entsprechendes gilt für Kosten, die eindeutig sich als Folge eines vertragswidrigen Verhaltens einzelner Mietparteien darstellen.[208] Sonderreinigungsmaßnahmen, auch einmalige wie zB Beseitigung von Farbschmierereien (Graffitis),[209] Baustaub, können nicht angesetzt werden, da es sich nicht um laufende Pflegemaßnahmen handelt. Kosten für eine Fassadenreinigung und die PVC-Beschichtung am Treppenhausfußboden betreffen Instandsetzungsmaßnahmen und sind daher als Betriebskosten nicht umlagefähig.[210] Ebenso wie die Versiegelung eines Parkettfußbodens in den Wohnungen der Mieter obliegt eine Versiegelung des Linoleumsbelages der Treppen dem Vermieter, wobei es sich nicht um eine Pflegemaßnahme, sondern um eine grundsätzliche Behandlung des Bodens handelt, damit dieser zur weiteren Benutzung den heutigen Anforderungen entsprechend tauglich ist. Anschaffungskosten für Reinigungsgeräte sind ebenfalls nicht umlagefähig.[211] Entsprechendes gilt für eine Ersatzbeschaffung.[212]

128 **Reinigungsmittel** sind demgegenüber in vollem Umfang berücksichtigungsfähig. Falls Mieter im Rahmen eines Reinigungsplans die turnusmäßig anfallenden Reinigungsarbeiten planmäßig in eigener Regie oder nach Plan ausführen, fallen besondere Kosten zu Lasten des Vermieters regelmäßig nicht an.

129 Bei der **Ungezieferbekämpfung** dürfen nur die Kosten für **wiederkehrende Bekämpfungsmaßnahmen** angesetzt werden. Sie brauchen nicht jährlich anzufallen.[213] Zu den Kosten gehören die Aufwendungen für regelmäßige Maßnahmen zur Prophylaxe gegen Ungeziefer,[214] nicht jedoch solche, die dadurch entstehen, dass ein konkreter Befall mit Ungeziefer auftritt. Eine **einmalige Schadensbeseitigungsmaßnahme ist nicht berücksichtigungsfähig,** da nämlich im Falle eines Ungezieferbefalls ein Mangel der Mietsache nach § 536 BGB vorliegt, den der Vermieter grundsätzlich auf eigene Kosten beheben muss.

130 Ein Kostenansatz ist nur für Maßnahmen auf **Gemeinschaftsflächen** zulässig, **nicht** jedoch für eine Entseuchung **in einzelnen Mietwohnungen.**[215] Für Maßnahmen in einzelnen Mietwohnungen kann ein Schadensersatzanspruch des Vermieters bestehen, falls der Mieter die Ungezieferplage verursacht hat. Ist nicht feststellbar, ob der Schaden auf das Verhalten des Mieters zurückzuführen ist, etwa wenn ein gesamtes Hochhaus mit Ungeziefer befallen ist, so trifft den Vermieter die Kostenlast für eine Beseitigung des Mangels; eine Umlagefähigkeit dieser Kosten ist ausgeschlossen.

131 Eine Holzbockbekämpfung – ebenso wie die Nachschau – ist als Instandhaltungsmaßnahme nicht umlagefähig.[216] Die Kosten für eine Bekämpfung von Ameisen, Wanzen oder Motten in einem Gebäude können **turnusgemäß** ausgeführt werden und sind damit umlagefähig. Anders ist zu entscheiden für eine Bekämpfung von Ungeziefer außerhalb des Mietobjekts. Zu den Betriebskosten gehören nicht die Aufwendungen für

[205] Blank/Börstinghaus/Blank BGB § 556 Rn. 55.
[206] Sternel III Rn. 349.
[207] Schmidt-Futterer/Langenberg BGB § 556 Rn. 149.
[208] Blank/Börstinghaus § 556 Rn. 55.
[209] Schmidt-Futterer/Langenberg BGB § 556 Rn. 149.
[210] Schmidt-Futterer/Langenberg BGB § 556 Rn. 150.
[211] Schmidt-Futterer/Langenberg BGB § 556 Rn. 149.
[212] Schmidt-Futterer/Langenberg BGB § 556 Rn. 149.
[213] KG GE 2002, 801; Schmidt-Futterer/Langenberg BGB § 556 Rn. 153.
[214] AG Oberhausen WuM 1996, 714 (715); aA AG Offenbach NZM 2002, 214.
[215] Schmidt-Futterer/Langenberg BGB § 556 Rn. 153.
[216] Langenberg S. 29.

die Beseitigung eines Bienennestes im Dachstuhl[217] oder eines Wespennestes im Mietobjekt, da diese Kosten dem Vermieter nicht mit einer gewissen Regelmäßigkeit entstehen. Die Kosten dieser einmaligen Maßnahme können daher nicht auf die Mieter über § 2 Nr. 9 BetrKV umgelegt werden.

Eine vertragliche Regelung, nach welcher die Ungezieferbekämpfung innerhalb der Mietwohnung Sache des Mieters sei, ist nach § 307 Abs. 1 BGB unwirksam.[218] Die Klausel lässt außer Acht, dass hinsichtlich der Ursächlichkeit des Ungezieferbefalls sowohl bauseitige Ursachen in Betracht kommen, die der Vermieterseite angelastet werden müssten, als auch vom Mieter zu vertretenden Ursachen. Eine unangemessene Benachteiligung des Mieters ist aus entsprechenden Erwägungen heraus auch im Falle der Klausel gegeben, dass der Mieter für Schäden durch das Beseitigen von Ungeziefer haftet, wenn die Beseitigungsmaßnahmen vom Vermieter veranlasst worden sind.[219] 132

8. Die Kosten der Beleuchtung, § 2 Nr. 11 BetrKV

Hierzu gehören die Kosten des Stroms für die Außenbeleuchtung und die Beleuchtung der von den Bewohnern gemeinsam benutzten Gebäudeteile wie Zugänge, Flure, Treppen, Keller, Bodenräume, Waschküchen. 133

Nach der Legaldefinition sind ausschließlich die **Kosten einer Beleuchtung von Gemeinschaftsflächen umlagefähig.** Werden Teile des Mietgrundstücks oder Teile des Gebäudes beleuchtet, die nicht allen Mietern zugänglich sind, zB Garagen und deren Zufahrten, dürfen die Kosten der Beleuchtung nur auf die Mieter umgelegt werden, die Zugang zu diesen Flächen haben.[220] Zu den **Stromkosten** gehören die Grundgebühren, die Verbrauchskosten und evtl. die Zählermiete. 134

Zu den Kosten der Beleuchtung **gehören nicht** die Kosten für den Ersatz von Glühbirnen; dabei handelt es sich um **nicht** umlagefähige Instandsetzungskosten.[221] Nach der Legaldefinition fallen darunter auch nicht die Kosten, die für eine Umstellung auf Energiesparlampen entstanden sind. Nicht umlagefähig sind auch die Aufwendungen für Lichtschalter oder Sicherungen.[222] 135

Der Betriebsstrom für eine zentrale Heizungsanlage ist grundsätzlich als Teil der Kosten des Betriebs der zentralen Heizungsanlage und nicht als Allgemeinstrom in der Betriebskostenabrechnung umzulegen.[223] 136

9. Die Kosten der Sach- und Haftpflichtversicherung, § 2 Nr. 13 BetrKV

Hierzu gehören namentlich die Kosten der Versicherung des Gebäudes gegen Feuer-, Sturm- und Wasser- sowie sonstige Elementarschäden, der Glasversicherung, der Haftpflichtversicherung für das Gebäude, den Öltank und den Aufzug. 137

Grundsätzlich ist dem Mieter anzuraten, sich vertraglich zu verpflichten, die **Feuerversicherungsprämie als Betriebskostenanteil** zu entrichten. Darin liegt nämlich die stillschweigende Beschränkung der Haftung des Mieters für die Verursachung von Brandschäden auf Vorsatz und grobe Fahrlässigkeit.[224] Hat der Mieter selbst eine Versicherung abgeschlossen, haftet er nach § 61 VVG lediglich für Vorsatz und grobe Fahrlässigkeit; es ist kein Grund ersichtlich, den Fall anders zu entscheiden, dass der Vermieter die Versicherung für das Gebäude abgeschlossen hat und der Mieter im Innenverhältnis zum Vermieter die Zahlung der Versicherungsbeiträge übernimmt. In der Gebäudeversicherung gilt selbst im gewerblichen Mietrecht ein konkludenter Regressverzicht des Versicherers in den Fällen, in denen der Brandschaden durch einfache 138

217 Schmidt-Futterer/Langenberg BGB § 556 Rn. 154.
218 LG Hamburg NZM 2001, 853.
219 Schmidt-Futterer/Langenberg BGB § 556 Rn. 154.
220 Emmerich/Sonnenschein/Weitemeyer BGB § 556 Rn. 18.
221 Langenberg S. 34; Sternel III Rn. 351.
222 Schmidt-Futterer/Langenberg BGB § 556 Rn. 165.
223 BGH ZWE 2017, 43.
224 BGHZ 22, 109 (113); BGH NJW 2001, 1353 = NZM 2001, 108; OLG Hamm NZM 2002, 503.

Fahrlässigkeit verursacht worden ist.[225] Der Mieter haftet für einfache Fahrlässigkeit auch dann nicht, wenn der Vermieter keine entsprechende Versicherung abgeschlossen hat, denn angesichts der Gestaltung der Betriebskostenregelung, nach welcher der Mieter die Prämie im Innenverhältnis der Mietvertragsparteien zu tragen hat, darf der Mieter auf eine Versicherung durch den Vermieter vertrauen.[226]

139 Die Kosten einer **Sach- und Haftpflichtversicherung** sind vertraglich nur dann umlegbar, wenn sie einer ordentlichen Geschäftsführung unter Einbeziehung der Mieterinteressen genügen.[227] Unter dieser Voraussetzung sind neben den genannten Versicherungen auch Aufwendungen für eine Versicherung für die **Starkstromleitung** des Fahrstuhls, die **Schwamm-** und **Hausbockversicherung** sowie die **Glasversicherung** umlagefähig.[228] Die Mieterinteressen werden insoweit berücksichtigt, als die erforderlichen finanziellen Mittel für eine Behebung etwa auftretender Schäden und damit für die Beseitigung für die Mieter damit verbundener Beeinträchtigungen des Mietgebrauchs zur Verfügung stehen.

140 Umlegbar sind darüber hinaus die Beiträge der Haftpflichtversicherungen für das Mietgrundstück. In diesem Zusammenhang ist zunächst auf die **Gebäudehaftpflichtversicherung** zu verweisen, durch die der Eigentümer seine Haftung Dritten gegenüber für Schäden durch das Gebäude versichert. Eine Differenzierung im Hinblick auf die in der Gebäudehaftpflichtversicherung eingeschlossene Grundbesitzerhaftpflicht ist nicht erforderlich, da es in der Sache keinen Unterschied macht, ob sich eine Gefahr infolge unterlassener Pflege des Gebäudes oder Grundstücks und dadurch bedingter Substanzschäden, zB – in Form abgelöster Dachziegel verwirklicht oder infolge nicht ausreichender Verkehrssicherung. Derartige Konstellationen fallen in den Verantwortungsbereich des Vermieters und sind daher unter dem Gesichtspunkt des § 2 Nr. 13 BetrKV auf die Mieter einschränkungslos umlegbar.[229] Zu beachten ist, dass auch im Rahmen einer Sach- und Haftpflichtversicherung die **Grundsätze der Wirtschaftlichkeit** zu berücksichtigen sind. Der Grundsatz der Wirtschaftlichkeit hat zur Folge, dass der Vermieter Versicherungen möglichst günstig abzuschließen hat. Er braucht nicht den billigsten Anbieter zu nehmen, aber unter Berücksichtigung der Besonderheiten des zu versichernden Objektes den günstigsten, dessen Regulierungsverhalten in der Vergangenheit keinen Anlass zu Beanstandungen gegeben hat.[230]

141 Haben die Mietvertragsparteien die Umlage der Kosten der Gebäudeversicherung nach § 2 Nr. 13 BetrKV auf den Mieter vereinbart, sind auch die Kosten eines in der Gebäudeversicherung mitversicherten **Mietausfalls** infolge eines Gebäudeschadens umlagefähig. Der BGH hat diese Problematik allerdings dahingehend entschieden, dass der Mietausfall in diesem Fall **kein eigenständiger Versicherungsfall** sei, sondern Bestandteil des Versicherungsfalls der Gebäudeversicherung. Daher falle die Prämie einer solchen „All-Risk-Versicherung“ insgesamt unter § 2 S. 1 Nr. 13 BetrKV.[231]

142 Die Kosten für den **Haus- und Mietrechtsschutz** sind nicht umlagefähig.[232] Ebenso wenig sind die Kosten einer **Reparaturversicherung** berücksichtigungsfähig.[233] Auch die Prämien für eine Versicherung der **Gegensprechanlage** im Aufzug kann nicht dem Katalog des § 2 Nr. 13 BetrKV zugeordnet werden.[234] Anders ist hingegen eine **Mietverlustversicherung** als Bestandteil der Gebäudeversicherung zu bewerten; Prämien ebenfalls umlagefähig sind.[235] Anders verhält es sich hingegen bei einer separaten

[225] BGH NZM 2002, 795; NJW 2015, 699.
[226] LG Berlin NZM 2012, 82.
[227] BGH NJW 1996, 715.
[228] Blank/Börstinghaus/Blank BGB § 556 Rn. 65.
[229] Schmidt-Futterer/Langenberg BGB § 556 Rn. 176.
[230] AG Leipzig NZM 2008, 83.
[231] BGH NZM 2018, 714.
[232] Schmidt-Futterer/Langenberg BGB § 556 Rn. 178.
[233] Langenberg S. 40.
[234] LG Berlin WuM 1986, 187 (188).
[235] BGH NZM 2018, 714.

Mietausfallversicherung. Entsprechendes gilt für die Umlage von Kosten einer Maschinenversicherung für den Heizungskessel, da es sich der Sache nach um eine Reparaturversicherung handelt.[236]

Problematisch ist, ob die Kosten für eine Versicherung von **Vandalismusschäden** umlegbar sind, da es sich der Sache nach um eine Reparaturversicherung handelt. Die Beiträge für Reparaturversicherungen sind nicht auf die Mieter umlagefähig.[237] Allerdings stellt die Versicherung des Vandalismusrisikos durchaus eine Versicherung des Gebäudes dar und ist als echte Sachversicherung zu bewerten, wie dies auch für die Versicherungen gegen Feuer-, Sturm- und Hagelschäden gilt. Daher ist im Ergebnis die Umlagefähigkeit der Versicherung gegen das Vandalismusrisiko zu bejahen.[238] 143

Prämienerhöhungen der **Leitungswasserversicherung** können dann nicht auf die Mieter umgelegt werden, wenn der Grund für die Erhöhungen in häufigen Rohrbrüchen liegt, welche wiederum darauf beruhen, dass der Vermieter seiner Instandhaltungspflicht nicht nachgekommen ist.[239] Demgegenüber können die Kosten einer **Glasbruchversicherung** umgelegt werden; Maßstab ist die anteilige Fensterfläche.[240] 144

Bei **gemischt genutzten Grundstücken** ist dem Vermieter anzuraten, sich bei dem Versicherer nach den Grundlagen für die Prämienkalkulation zu erkundigen. Erfahrungsgemäß schätzen Versicherungsunternehmen das Risiko bezogen auf gewerbliche und nicht-gewerbliche Objekte unterschiedlich ein. Die Wohnungsmieter dürfen nicht mit Kosten belastet werden, die durch ein erhöhtes Risiko der Gewerbemieter entstehen. Insoweit sollte nach den eingeholten Informationen des Vermieters ein Vorwegabzug zum Nachteil der Gewerbemieter vorgenommen werden. Eine formell ordnungsgemäße Betriebskostenabrechnung setzt im Übrigen voraus, dass dem Mieter auch dann die Gesamtkosten einer berechneten Kostenart mitgeteilt werden, wenn einzelne Kostenanteile nicht umlagefähig sind. Dem Mieter muss ersichtlich sein, ob und in welcher Höhe nicht umlagefähige Kosten vorab abgesetzt worden sind.[241] 145

Prämienrückvergütungen wegen Schadensfreiheit hat der Vermieter den Mietern gutzuschreiben in dem Jahr, in dem die Rückvergütung erfolgt ist.[242] Selbstbehaltes sind keine Betriebskosten, da sie nicht regelmäßig bzw. „laufend" entstehen.[243] Vom § 2 Nr. 13 BetrKV sind auch **Elementarversicherungen** umfasst. Die Kosten für diese Versicherungen sind bereits vor Inkrafttreten der Betriebskostenverordnung umlagefähig gewesen.[244] Als Elementarschäden werden Folgen von Naturereignissen aufgefasst, dh durch Überschwemmung, Erdbeben, Erdfall, Erdrutsch, Lawinen und Schneedruck sowie Vulkanausbruch. Demgegenüber sind durch Sturm, Feuer und Hagel verursachte Schäden regelmäßig durch die Gebäudeversicherung abgedeckt. 146

10. Die Kosten für den Hauswart, § 2 Nr. 14 BetrKV

Von den Kosten für den Hauswart erfasst sind zum einen Wartungs-, Reinigungs- und Pflegetätigkeiten sowie zum anderen routinemäßige Tätigkeiten, um in den Gemeinschaftsflächen des Mietobjekts für Sicherheit und Ordnung zu sorgen.[245] Hierzu gehören die Vergütung, die Sozialbeiträge und alle geldwerten Leistungen, die der Eigentümer oder Erbbauberechtigte dem Hauswart für seine Arbeit gewährt, soweit diese nicht die Instandhaltung, Instandsetzung, Erneuerung, Schönheitsreparaturen oder die Hausverwaltung betrifft; soweit Arbeiten vom Hauswart ausgeführt werden, dürfen Kosten 147

[236] AG Hamburg WuM 2004, 202.
[237] Schmidt-Futterer/Langenberg BGB § 556 Rn. 178.
[238] Schmidt-Futterer/Langenberg BGB § 556 Rn. 169; aA Jendrek NZM 2003, 697 (698).
[239] AG Hamburg WuM 1986, 346.
[240] LG Stuttgart WuM 1989, 521.
[241] BGH NJW 2007, 1059.
[242] Schmidt-Futterer/Langenberg BGB § 556 Rn. 180.
[243] BGH 16.9.2022 – V ZR 69/21, ZMR 2023, 55.
[244] Wall WuM 2004, 10 (11).
[245] BGH NZM 2020, 457.

für Arbeitsleistungen nach den Nummern 2–10 und 16 des § 2 BetrKV nicht angesetzt werden.

148 Zu den Hausmeisterkosten zählen die **Lohnnebenkosten,** wie pauschale Lohnsteuerbeträge;[246] entsprechendes gilt im Hinblick auf Urlaubsvertretung und das Weihnachtsgeld.[247] Bei größeren Wohnungsunternehmen werden regelmäßig sog. „Springer" eingesetzt für den Fall eines Einsatzes im Urlaub, einer Krankheit oder eines sonstigen Ausfalls des eigentlich zuständigen Hausmeisters. Insoweit entstehende Kosten sind auf die Mieter umlegbar, soweit die Ersatzkräfte tatsächlich zum Einsatz gekommen sind. Unrichtig ist die Praxis, die Hausmeisterwohnung von allen Betriebskosten auszunehmen. Zu den Kosten des Hauswarts gehören auch die auf die **Hausmeisterdienstwohnung** entfallenden Betriebskosten, wenn sie vom Hauswart nicht getragen werden, weil er als Teil seiner Vergütung mietfrei wohnt.[248]

149 Die Hausmeisterkosten umfassen das Entgelt für **körperliche Arbeiten** wie zB Haus-, Treppen- und Straßenreinigung einschließlich Schneeräumung, Gartenpflege, Heizungs- und Fahrstuhlbedienung sowie -überwachung. Bei Vollumlage ist eine Trennung nicht geboten; anders liegt der Fall, wenn etwa eine Teilinklusivmiete vereinbart ist, die Gartenpflegearbeiten dabei nicht als umlagefähig vereinbart sind, wohl aber die Hausmeisterarbeiten.[249]

150 Aus den Hausmeisterkosten sind die Anteile herauszurechnen, die sich auf **Verwaltung und Instandsetzung** beziehen.[250] Dabei können auch Quoten auf Prozentbasis gebildet werden. Insoweit ist eine Schätzung vorzunehmen, die sich an der zeitlichen Ausdehnung der Verwaltungs- und Instandsetzungsmaßnahmen orientiert. Auszusondern sind die Kostenanteile, die zB auf eine Überprüfung der Brennstoffvorräte entfallen, das Auswechseln von Glühbirnen, die Erstellung von monatlichen Wassergeldabrechnungen, das Kassieren des Waschmaschinenentgelts sowie die Annahme und Weiterleitung von Störmeldungen an die Hausverwaltung. Kosten eines Hausmeisterbüros sind als Verwaltungskosten nicht ansetzbar.[251] Ist der Hausmeister nach dem Hauswartvertrag verpflichtet, die allgemein genutzten Fenster, Türen und Absperrhähne für Gas und Warmwasser gangbar zu halten, handelt es sich um nicht umlagefähige Instandhaltungsmaßnahmen.[252]

151 Eine Differenzierung bei den **Telefonkosten** des Hausmeisters ist geboten: Grundsätzlich ist es zulässig, dass der Hausmeister die Telefonkosten, die im Zusammenhang mit seiner Hausmeistertätigkeit entstehen, erstattet bekommt und dass diese Kosten auf die Mieter umgelegt werden können. Soweit allerdings die Telefonkosten dem Verwaltungsbereich zuzuordnen sind, handelt es sich um nicht gesondert ansetzbare Verwaltungskosten.[253]

152 Dagegen sind ansatzfähig die Kosten für **Notdiensttätigkeiten** des Hauswarts, etwa bei Strom- und Heizungsausfall, auch bei Wasserrohrbruch.[254] Ansatzfähig sind allein die Kosten der Notdiensttätigkeit selbst, nicht die Kosten der Reparaturen, die als Instandsetzungsmaßnahmen nicht umlagefähig sind.

153 Liegt eine **gemischte Tätigkeit** des Hausmeisters vor, muss im Streitfall der Vermieter den berücksichtigungsfähigen Arbeitsumfang darlegen und gegebenenfalls beweisen.[255] Der Vermieter muss den Hausmeister oder die Reinigungskräfte zwar nicht verpflichten, ein Stundenbuch zu führen.[256] Den Beweis für das Vorliegen umlagefähiger Betriebs-

---

[246] Schmidt-Futterer/Langenberg BGB § 556 Rn. 187.
[247] Emmerich/Sonnenschein/Weitemeyer BGB § 556 Rn. 21.
[248] Schmidt-Futterer/Langenberg BGB § 556 Rn. 187.
[249] Langenberg S. 46.
[250] Langenberg S. 43.
[251] Allg. zur Nichtumlegbarkeit von Verwaltungskosten: BGH NZM 2020, 457.
[252] Schmidt-Futterer/Langenberg BGB § 556 Rn. 184.
[253] Blank/Börstinghaus § 556 Rn. 66.
[254] LG Köln WuM 1997, 230 (231).
[255] AG Köln WuM 2002, 615.
[256] Vgl. Schmidt-Futterer/Langenberg BGB § 556 Rn. 185.

kosten, namentlich deren Umfang, hat im Rechtsstreit der Vermieter durch die zulässigen Beweismittel der Zivilprozessordnung zu führen. Dabei kann er sich namentlich des Hausmeisters als Zeuge bedienen. Regelmäßig empfiehlt sich, den Arbeitsvertrag des Hausmeisters vorzulegen, aus dem sich die Teilbereiche des Arbeitsumfangs des Hausmeisters ergeben müssen.

Die Kosten für einen **Pförtner** sind bei großen Wohnanlagen als umlagefähig anzunehmen.[257] Zumindest sollte der Vermieter bei Vertragsschluss darauf achten, dass im Falle einer Erforderlichkeit die Kosten eines Pförtners über die sonstigen Betriebskosten iSd § 2 Ziffer 17 BetrKV erfasst werden, wobei eine konkrete Bezeichnung dieser Kosten im Vertrag notwendig ist.[258] Die Tätigkeit des Pförtners dient im Wesentlichen der Kontrolle der Besucher sowie der Bewohner und Aufrechterhaltung der Sicherheit und Ordnung im Interesse des Vermieters wie der Mieter. Entsprechendes gilt für die Kosten eines Wachdienstes,[259] wenn der bestimmungsgemäße Gebrauch der Mietsache durch Vandalismus, Obdachlose, Prostituierte oder Drogensüchtige beeinträchtigt wird.[260] Hier ist aber dem Grundsatz der Wirtschaftlichkeit besondere Aufmerksamkeit zu widmen, um nicht den Mieter mit überzogenen und überraschenden Betriebskostenforderungen zu überziehen. Im Regelfall nimmt der Hausmeister nämlich die Aufgaben der Überwachung des Mietobjekts wahr. Entsprechend bezieht sich seine Vergütung auch auf diese Tätigkeit. Daher bedarf es **besonderer Darlegung im Streitfall,** warum die Hinzuziehung eines besonderen Wachdienstes erforderlich war. Insoweit mag eine Darlegung erforderlich sein, warum die obligationsgemäße Betätigung des Hausmeisters die von Dritten ausgehenden Gefahren nicht zu beherrschen vermag. Ferner sind die Kosten des Bereitschaftsdienstes, der außerhalb der Arbeitszeit des Hausmeisters für Vermieter und Mieter tätig ist und zugleich den vorgeschriebenen Notdienst für eine vorhandene Aufzugsanlage wahrnimmt, umlegbar.[261] 154

Der **Grundsatz der Wirtschaftlichkeit** ist stets zu beachten. Nach diesem Grundsatz beurteilt sich, ob es überhaupt erforderlich ist, einen Hausmeister zu beschäftigen. Bei einem Verstoß gegen diesen Grundsatz ist der Mieter von den insoweit überhöhten Kosten **freizustellen.**[262] Sind die Arbeiten für Schneeräumung, Treppenhausreinigung und Gartenpflege anderweitig vergeben, muss der Vermieter die Erforderlichkeit der Einstellung eines Hausmeisters konkret im Streitfall darlegen.[263] Denkbar sind weitere Arbeiten des Hausmeisters: Arbeiten im Zusammenhang mit einer Bedienung der Heizung, des Müllschluckers oder des Fahrstuhls. 155

Eine besondere Begründungspflicht trifft den Vermieter, falls im Abrechnungsjahr die Ausgaben für den Hausmeister außerhalb jeden Vergleichsmaßstabs liegen.[264] Die Kosten eines Hausmeisters können nur im ortsüblichen Rahmen umgelegt werden;[265] ortsüblich wird ein Betrag von 0,25 EUR[266] bis 0,50 EUR[267] pro Quadratmeter und Monat angesehen. Abweichungen von diesen Regelsätzen sind naturgemäß aufgrund besonderer allerdings darzulegender Gesichtspunkte denkbar.[268] Übersteigen die Hauswartkosten einer im ländlichen Raum gelegenen Mietwohnung nach einem Wechsel der mit der Durchführung der Hauswarttätigkeit beauftragten Person die sich etwa aus Mietspiegeln ergebenden Vergleichswerte von Großstädten, ergeben sich Zweifel an der Wirtschaftlichkeit der Beauftragung. Zur Überprüfung der Wirtschaftlichkeit der Be- 156

[257] LG Köln WuM 1997, 230 (231); aA AG Berlin-Mitte NZM 2002, 523.
[258] BGH NZM 2004, 417 (418).
[259] LG Wuppertal WuM 1998, 319; AG Köln in Lützenkirchen Kölner Mietrecht 1/21; aA LG Hamburg ZMR 1997, 358.
[260] Emmerich/Sonnenschein/Weitemeyer BGB § 556 Rn. 21.
[261] AG Köln; Lützenkirchen Kölner Mietrecht 1/4.
[262] BeckOGK/Drager BGB § 556 Rn. 175.
[263] AG Hamburg WuM 1988, 308.
[264] AG Köln WuM 1996, 628.
[265] AG Köln WuM 1997, 273.
[266] AG Köln WuM 1997, 273.
[267] LG Wuppertal WuM 1999, 342.
[268] LG München I NZM 2002, 286 (287).

auftragung eines Hauswarts sind substantiierte Angaben des Vermieters im Rechtsstreit zu den vom Hauswart erbrachten Leistungen nach Art der Tätigkeit und Stundenaufwand erforderlich. Werden derartige Angaben im Rechtsstreit nicht gegeben, geht dies bei der Beurteilung der Umlagefähigkeit bei der Betriebskostenabrechnung unter dem Gesichtspunkt eines Verstoßes gegen das Prinzip der Wirtschaftlichkeit zu Lasten des Vermieters.[269]

157 Wird ein **Hausmeister für eine Wirtschaftseinheit** oder für mehrere entfernt liegende Gebäude tätig, können seine Kosten anteilig nach der Anzahl der Wohnungen in den einzelnen Gebäuden aufgeteilt werden; zu diesen Kosten gehören auch die Fahrtkosten einschließlich der PKW-Kosten, die nach Kilometerpauschalen abgerechnet werden und die Bewirtschaftungskosten abdecken können. Hierbei dürfen aber die Kosten, die bei Benutzung öffentlicher Verkehrsmittel zuzüglich des zeitlichen Mehraufwandes entstanden wären, nicht überschritten werden.[270]

158 Angesichts der Vielfalt der Gestaltungsmöglichkeiten für eine Beschäftigung des Hauswarts sollte der Anwalt die jeweiligen Verträge des Vermieters mit dem Hauswart einsehen und die Einzeltätigkeiten des Hausmeisters genau prüfen. Dies empfiehlt sich umso mehr, als etwa bei einer Teilinklusivmiete möglicherweise die Betriebskosten bezogen auf den Hausmeister vom Vermieter zu tragen sind, während Arbeiten zur Gartenpflege oder zur Hausreinigung von Dritten Personen wahrgenommen werden, deren Tätigkeit über § 2 Nr. 8 und 10 BetrKV auf die Mieter umlegbar ist.

159 Die Kosten eines Hausmeisters, den der Vermieter während eines bestehenden Mietverhältnisses für das Mietobjekt einstellt, können anteilig auf die Mieter umgelegt werden, wenn im Mietvertrag Hausmeisterkosten als umlagefähige Betriebskosten bezeichnet sind und dem Vermieter das Recht eingeräumt ist, auch neu entstehende Betriebskosten auf die Mieter umzulegen.[271]

160 Eine formell ordnungsgemäße Betriebskostenabrechnung setzt voraus, dass dem Mieter auch dann die Gesamtkosten einer berechneten Kostenart mitgeteilt werden, wenn einzelne Kostenanteile nicht umlagefähig sind. Dem Mieter muss ersichtlich sein, ob und in welcher Höhe nicht umlagefähige Kosten vorab abgesetzt worden sind.[272]

11. Die Kosten nach § 2 Nr. 15 BetrKV

161 **a) des Betriebs der Gemeinschafts-Antennenanlage.** Hierzu gehören die Kosten des Betriebsstroms und die Kosten der regelmäßigen Prüfung ihrer Betriebsbereitschaft einschließlich der Einstellung durch eine Fachkraft oder das Nutzungsentgelt für eine nicht zu dem Gebäude gehörende Antennenanlage sowie die Gebühren, die nach dem Urheberechtsgesetz für die Kabelweitersendung entstehen;

162 **b) des Betriebs der mit einem Breitbandkabelnetz verbundenen privaten Verteilanlage.** Gemäß § 2 S. 1 Nr. 15b) BetrKV sind seit dem **1.7.2024** Betriebskosten nur noch die Kosten des Betriebsstroms, beim Antennenfernsehen zusätzlich die Prüfkosten.[273] Nach der Legaldefinition zählt das Anschlussentgelt nicht zu den Betriebskosten und ist damit nicht umlagefähig; die Kosten können aber als Baukosten iSv § 559 BGB mieterhöhend angesetzt werden. Demgegenüber zählen die monatlichen Gebühren für die Anschlüsse an die Telekom und die Service-Gesellschaften zu den Betriebskosten und können umgelegt werden; entsprechendes gilt für die Betriebskosten der Hausverteileranlage und die Leasing-Kosten für die Gemeinschaftsantenne.[274]

163 Der Mieter ist auch dann zur Zahlung der Betriebskostenposition „Kabelgebühren" verpflichtet, wenn er kein Interesse mehr an einem Kabelanschluss hat und entsprechen-

[269] AG Wetzlar WuM 2004, 339.
[270] Sternel III 353.
[271] AG Berlin-Neukölln NZM 2008, 127.
[272] BGH NJW 2007, 1059.
[273] BT-Drs. 19/28865, 473.
[274] Langenberg S. 47; Sternel III Rn. 354.

de Leistungen nicht in Anspruch nimmt[275]; denn die vertragliche Grundlage hat sich nicht verändert. Die Verpflichtung zur Zahlung der Kabelgebühren kann nur durch eine einvernehmliche Vertragsänderung entfallen.[276]

Nutzt der Mieter nach Verkabelung die Gemeinschaftsantenne weiter, hat er alle damit verbundenen Kosten zu tragen.[277] Eine Vergütung (**„Netzpacht"**), die der Vermieter für die Überlassung des gebäudeinternen Kabelnetzes von einem Anbieter erhält, reduziert die Kosten gem. § 2 S. 1 Nr. 15 BetrKV, weil sie die Betriebskosten des Vermieters reduziert.[278] Die laufenden Kosten des Sperrfilters in der breitbandverkabelten Wohnung, der allein die Versorgung der zuvor über die stillgelegte Gemeinschaftsantenne empfangenen Rundfunksender dem Mieter, der dem Kabelanschluss widersprochen hat, sichert, kann der Vermieter nicht ohne besondere Vereinbarung auf den Mieter übertragen.[279] 164

Die Vereinbarung einer Umlegung von **Antennenkosten** führt im Wege **ergänzender Vertragsauslegung** zur Umlegbarkeit der **Breitbandkabelkosten,** wenn es sich um eine duldungspflichtige Modernisierung handelt.[280] Regelmäßig gehört zu den duldungspflichtigen Modernisierungsmaßnahmen in einer Wohnanlage auch den Anschluss an das Breitbandkabelnetz. Ob der Mieter den Kabelanschluss nutzt, ist ohne Bedeutung für die Umlegbarkeit der Kabelgebühren.[281] 165

§ 2 Nr. 15 BetrKV bestimmt erstmals, dass die Gebühren auf die Mieter umlegbar sind, die nach den Vorgaben des Urheberrechtsgesetzes für die Kabelweitersendung entstehen. Gem. § 20b UrhG unterliegt eine Weiterverbreitung von Rundfunk- und Fernsehprogrammen in Kabelnetzen dem Schutzgedanken des Urheberrechts. § 20b UrhG ist durch Gesetz vom 8.5.1998[282] in das Urheberrechtsgesetz aufgenommen worden. Die Vorschrift basiert auf der Rechtsprechung des Bundesgerichtshofs, der die kabelgestützte Weiterverbreitung von Rundfunk- und Fernsehprogrammen innerhalb eines Gebäudekomplexes als Eingriff in das Senderecht des Urhebers angesehen hat.[283] Da § 20b UrhG grundsätzlich alle Sendeanlagen erfasst, auch wenn sie nur der technischen Empfangsverbesserung dienen oder Einzelempfangsanlagen ersetzen,[284] kann der Vermieter durch die Verwendung einer Gemeinschaftsantennenanlage sich den Zahlungsansprüchen von Verwertungsgesellschaften ausgesetzt sehen. Entsprechendes gilt für den Fall einer eigenen Kabelkopfstation zwecks Weiterleitung von Fernseh- und Rundfunkprogrammen. Ist der Vermieter nach den Vorgaben des Urheberrechtsgesetzes von der Zahlung der Gebühren nicht befreit, stellt sich zumindest die Frage, ob er die insoweit ihn belastenden Gebühren auf die Mieter umlegen kann, die er auf diese Weise mit Rundfunk- und Fernsehprogrammen versorgt. Enthält der Mietvertrag lediglich eine Bezugnahme auf den Katalog der Anlage 3 zu § 27 der 2. BVO, sind die Gebühren des § 20b UrhG ausdrücklich nicht erfasst, so dass sie auf die Mieter über diese Ziffer nicht umgelegt werden können.[285] Eine Ausdehnung auf nicht im Mietvertrag genannte Betriebskostenpositionen ist grundsätzlich unzulässig.[286] Allerdings dürfte sich empfehlen, über Nr. 17 der Anlage 3 zur 2. BVO eine Umlagefähigkeit der Verwertungsgebühren anzunehmen, da nämlich diese Gebühren den Betriebskosten der Ziffern 1–16 ohne weiteres vergleichbar sind;[287] sie entstehen unmittelbar im Zusammenhang mit dem Betrieb des Mietobjekts. Außerdem wäre es sachwidrig, den Vermieter mit diesen 166

---

275 AG Frankfurt a. M. BeckRS 2018, 5399.
276 AG Münster NZM 2007, 771.
277 AG Karlsruhe-Durlach DWW 1987, 164 (165); aA Pfeilschifter WuM 1987, 279 (289).
278 Lehmann-Richter ZMR 2022, 522.
279 AG Freiburg WuM 1996, 285; aA Lützenkirchen L 274.
280 Schmidt-Futterer/Langenberg BGB § 556 Rn. 196.
281 BGH NJW 2007, 3060 (3061).
282 BGBl. I 902.
283 BGH NJW 1993, 2871 zur Verbreitung in einer Justizvollzugsanstalt.
284 Wall WuM 2004, 10 (12).
285 Schmidt-Futterer/Langenberg BGB § 556 Rn. 192.
286 Langenberg A 121.
287 Langenberg A 173.

Kosten allein zu belasten, obwohl die Auswirkungen der Belastung ausschließlich den Mietern zugutekommen. Hinzu tritt der Umstand, dass es wenig angemessen erscheint, diese Kosten als Verwaltungskosten allein dem Vermieter aufzubürden. Entschließt sich der Vermieter auf Veranlassung der Mieter zur Installation einer Anlage, die Gebühren nach dem Urheberrechtsgesetz zur Folge hat, lässt sich die Umlage auf eine vertragliche Basis gründen; insoweit ist von Willenserklärungen durch konkludentes Verhalten auszugehen, das die Mieter verpflichtet, anteilsmäßig die anfallenden Gebühren als Betriebskosten zu übernehmen.

167 c) **des Betriebs einer gebäudeinternen Verteileranlage (Glasfaser).** Unter diese Betriebskostenposition fallen neben dem Betriebsstrom ein Bereitstellungsentgelt gemäß § 72 Abs. 1 TKG. Erforderlich ist, dass die Verteileranlage mittels Glasfaser mit einem öffentlichen Netz mit sehr hoher Kapazität (§ 3 Nr. 33 TKG) verbunden ist und der Mieter seinen Anbieter frei wählen kann. Erforderlich ist auch hier eine entsprechende **Abgeltungsvereinbarung** zwischen den Parteien. Nehmen die Parteien auf § 2 S. 1 Nr. 15c Betriebskostenforderung ausdrücklich Bezug, ist dies ebenso unproblematisch, wie eine pauschale Bezugnahme auf § 2 Betriebskostenverordnung für Mietverträge, die nach dem 1. Dezember 2021 – also dem Inkrafttreten der gesetzlichen Regelung – geschlossen werden. Bei Altverträgen dürfte es regelmäßig an einer wirksamen Einbeziehung der entsprechenden Betriebskostenpositionen fehlen.

168 Das Bereitstellungsentgelt ist die vertraglich versprochene Gegenleistung des Vermieters für die Errichtung der gebäudeinternen Verteileranlage durch den Betreiber eines öffentlichen Telekommunikationsnetzes (vgl. § 3 TKG). Bei Wohnungseigentum genügt es, wenn sich der Anspruch gegen Gemeinschaft richtet. Das Entgelt unterliegt der Preiskontrolle nach § 72 Abs. 2, 3 TKG.

169 Weitere Voraussetzung für die Umlagefähigkeit eines Bereitstellungsentgelts besteht in Gestalt der „wirtschaftlichen Umsetzung der Maßnahme". Was hiermit gemeint ist, ist den Gesetzgebungsmaterialien leider nicht zu entnehmen.[288]

12. Die Kosten des Betriebs der Einrichtungen für die Wäschepflege, § 2 Nr. 16 BetrKV

170 Hierzu gehören die Kosten des Betriebsstroms, die Kosten für Überwachung, Pflege und Reinigung der Einrichtungen, der regelmäßigen Prüfung ihrer Betriebsbereitschaft und Betriebssicherheit sowie die Kosten der Wasserversorgung entsprechend Nr. 2, soweit sie nicht dort bereits berücksichtigt sind.

Einrichtungen der Wäschepflege sind etwa Waschmaschinen, Wäschetrockner und -schleudern sowie Bügelmaschinen.[289]

Verwaltungskosten, die in diesem Zusammenhang entstehen, sind keine Betriebskosten.[290]

171 Stromkosten für eine **Waschmaschine** können dann nicht angesetzt werden, wenn diese Kosten von den Mietern bereits durch den Betrieb der Waschmaschine aufgebracht worden sind, etwa durch die Betätigung von Münzautomaten.[291] Der Anwalt sollte daher prüfen, ob die Münzeinnahmen ausschließlich für den Betrieb der Waschanlage verwendet werden, nicht aber die Kosten der Instandhaltung sowie Instandsetzung damit gedeckt werden.[292] Zu beachten ist auch, dass die **Verwaltungskosten**, die durch die Abrechnung der Kosten für die maschinelle Wascheinrichtung entstehen, nicht umlegbar sind.[293]

172 Nunmehr werden auch die Kosten für die Einrichtungen zur Wäschepflege erfasst. Damit wird klargestellt, dass auch neben der **Gemeinschaftswaschmaschine** die Kosten

288 BT-Drs. 19/28865, 474.
289 AG Bad Schwalbach ZMR 2019, 409.
290 AG Mühlheim/Ruhr WuM 2000, 424.
291 Emmerich/Sonnenschein/Weitemeyer BGB § 556 Rn. 23.
292 Langenberg S. 50.
293 AG Mülheim/Ruhr NZM 2001, 335.

für andere Geräte umlegbar sind, so zum Beispiel für die **Wäschetrockner, Wäscheschleuder und Bügelmaschinen.**[294] Da bereits in Anlage 3 zu § 27 der 2. BVO in Nr. 16 die Kosten einer maschinellen Wascheinrichtung umlagefähig waren, handelt es sich der Sache nach lediglich um eine Klarstellung, da auch früher die Kosten von Bügelmaschinen, Wäscheschleudern und Trockengeräten umlegbar waren.[295] Für preisgebundenen Wohnraum gilt **§ 25 NMVO:** Für die Kosten der Instandhaltung darf ein Erfahrungswert als Pauschbetrag angesetzt werden.

13. Die Kosten der Schornsteinreinigung, § 2 Nr. 12 BetrKV

Hierzu gehören die Kehrgebühren, die auf den Rechtsverordnungen beruhen, die nach dem Schornsteinfegergesetz[296] erlassen worden sind. Diese Kosten fallen hier nur dann an, wenn die Reinigungskosten nicht nach § 7 Abs. 2 HeizkostenV umlegbar sind, dh nur dann, wenn sich im Haus eine Zentralheizung nicht befindet und der Mieter nur über eine Etagenheizung oder einen Einzelofen verfügt. 173

§ 2 Nr. 12 BetrKV betrifft ausschließlich **Einzelfeuerstätten,** zB an Schornsteine angeschlossene Kamine, Feuerstellen von Etagenheizungen oder Lüftungsanlagen. Entscheidend für die Umlage anfallender Kosten ist der Umstand, ob der Schornstein offen ist und einer Wartung bedarf. Demgemäß entfallen die umlagefähigen Kosten erst dann, nachdem einzelne Mieter sich etwa von dem Schornstein wegen der Installation einer Fernwärmeheizung abgekoppelt haben, wenn der Schornstein stillgelegt worden ist. Vor der Stilllegung ist der Schornstein zu prüfen und nach den Regeln des Schornsteinfegergesetzes zu reinigen.[297] 174

14. Sonstige Betriebskosten, § 2 Nr. 17 BetrKV

Dazu gehören Betriebskosten iSd § 1 BetrKV, die von den Nummern 1–16 nicht erfasst sind. Nach einer Auffassung reiche die pauschale Bezeichnung der „sonstigen Betriebskosten" im Mietvertrag reicht **nicht** aus, um eine Übertragung dieser Kosten auf den Mieter wirksam zu vereinbaren. Gerade mit Rücksicht auf § 535 Abs. 1 S. 3 BGB bedürfe es einer substantiierten Aufzählung der sonstigen Kosten, um eine wirksame Forderung sicherzustellen.[298] 175

Dem ist nicht zu folgen. Es ist nicht erforderlich, diese Kosten bereits im Mietvertrag zwingend zu konkretisieren; Nach Ansicht des BGH genüge die Bezeichnung der baulichen und technischen Anlagen, deren Kosten vom Mieter zu tragen sind.[299] Der Sache nach handelt es sich bei Nr. 17 um einen Auffangtatbestand für solche Betriebskosten, die nicht ausdrücklich geregelt sind. Auszugrenzen sind auch hier Verwaltungs-, Instandhaltungs- und Instandsetzungskosten. Die Gesetzessystematik macht es in Zweifelsfällen erforderlich, die jeweilige Kostenposition mit den Kostenarten aus § 2 S. 1 Nr. 1–16 BetrKV zu vergleichen. Von Bedeutung ist hier insbesondere die Beantwortung der Frage, ob im Lichte des Betriebskostenkatalogs eine Abgeltung durch den Mieter gerechtfertigt erscheint.[300] 176

Anerkannt sind **Kosten der Dachrinnenreinigung,**[301] **Kosten für Wartung von Feuerlöschgeräten,**[302] **Kosten für Miete und Wartung von Rauchmeldern,**[303] **Wartungskosten für eine Lüftungsanlage und Kosten für die Brandschutzwartung,**[304] **Kosten für** 177

---

[294] Wall WuM 2004, 10 (12).
[295] Langenberg A 126.
[296] Schornsteinfegergesetz v. 25.9.1969, BGBl. I 1634.
[297] Schmidt-Futterer/Langenberg BGB § 556 Rn. 167.
[298] OLG Düsseldorf MDR 2012, 1025; Emmerich/Sonnenschein/Weitemeyer § 556 Rn. 24.
[299] BGH NZM 2022, 949.
[300] BGH NJW-RR 2022, 877.
[301] BGH ZMR 2004, 417; WuM 2004, 292.
[302] BGH NJW 2007, 1356.
[303] LG Magdeburg NJW 2012, 544.
[304] LG Köln WuM 1997, 230.

den Betrieb von Müllschluckern,[305] TÜV-Gebühren für Überprüfung und Wartung von Blitzschutzanlagen,[306] Kosten für die Überprüfung und Wartung von Rauchmeldern und Sprinkleranlagen,[307] Klimaanlagen, Rückstausicherungen,[308] Gemeinschaftseinrichtungen wie Sauna, Kinderspielplatz[309] oder die Kosten eines Wachdienstes.[310]

178 Wiederkehrende Kosten, die dem Vermieter zur Prüfung der Betriebssicherheit einer technischen Anlage zB Elektroanlage entstehen, sind Betriebskosten, die bei entsprechender ausdrücklicher Vereinbarung der Mietvertragsparteien als „sonstige Betriebskosten" iSd § 2 Nr. 17 BetrKV auf den Mieter umgelegt werden können.[311]

179 **Nicht anerkannt** sind Wartungskosten der Klingel- und Gegensprechanlage,[312] Kosten für die Installation von Feuerlöschern,[313] die Kosten einer Wach- und Schließgesellschaft,[314] wenn dies ausschließlich den Eigentümerinteressen dient, den Mietern nur als Nebeneffekt zu Gute kommt, die Kosten für Fußmatten im Treppenhausflur eines Mehrfamilienhauses, Leasingkosten für einen Flüssiggastank oder einen Gastank,[315] ferner Kosten für Wartung von Fenstern,[316] oder die Wartung und vorbeugende Reinigung von Abflussrohren.[317] Nicht anerkannt ist darüber hinaus auch die Umlage der Kosten für eine Maschinenversicherung für den Heizungskessel, da es sich der Sache nach um eine Reparaturversicherung handelt.[318] Bei der Beurteilung, ob die Bestellung eines Wachdienstes zu umlagefähigen Betriebskosten führen könnte, sollte differenziert vorgegangen werden, namentlich sollte auf die Besonderheiten des Einzelfalles abgestellt werden; dient der Wachdienst in erster Linie den Interessen des Eigentümers und Vermieters, etwa weil sich der Eigentümer ausschließlich gegen Zerstörungen oder Beschädigungen seines Eigentums schützen will, kommt eine Umlagefähigkeit der damit verbundenen Kosten auf die Mieter nicht in Betracht. Der eventuell damit einhergehende Schutz auch der Mieter und deren Interessen steht so wenig im Vordergrund, dass eine Umlagefähigkeit dieser Kosten nicht als geboten erscheint. Ist demgegenüber der Wachdienst eingeschalt, um unerwünschte Dritte vom Objekt fernzuhalten, die Mieter, Lieferanten oder Besucher belästigen, kann der Hauptgrund für die Beschäftigung eines Wachdienstes darin gesehen werden, Mieterinteressen zu schützen, etwa bei besonders exklusiven Wohnlagen. Je nachdem, wo der Hauptgrund für die Heranziehung eines Wachdienstes liegt, sind die hierdurch entstandenen Aufwendungen als Betriebskosten ersatzfähig oder vom Vermieter selbst zu tragen. Sind hingegen beide Aspekte, nämlich Schutz des Eigentums wie auch Schutz der Mieterinteressen, gleichrangig, erscheint es nahe liegend, eine Quotelung der angefallenen Betriebskosten für den Wachdienst vorzunehmen, dies naturgemäß im Wege einer Schätzung.[319]

180 Anerkannt werden sollten die Gebühren, die nach dem Urheberrechtsgesetz zu Gunsten von Verwertungsgesellschaften zu Lasten des Vermieters anfallen nach Installation einer Antennenanlage oder einer Kabelkopfstation.[320] § 2 Nr. 17 BetrKV nimmt die Funktion eines Auffangtatbestandes wahr, so dass es sachgerecht ist, eine Umlagefähigkeit dieser Kosten zu befürworten, da es nämlich um Betriebskosten handelt, die

305 Bub/Treier/Bub II Rn. 435.
306 AG Bremervörde WuM 1987, 198.
307 LG Berlin NZM 2000, 27.
308 LG Braunschweig ZMR 1984, 243; Pfeifer ZMR 1993, 353 (355); aA Langenberg S. 64.
309 LG Osnabrück WuM 1995, 434; Langenberg S. 62.
310 LG Berlin WuM 2019, 584.
311 BGH NZM 2022, 949; BGH NZM 2007, 282.
312 AG Hamburg WuM 1988, 308; Langenberg S. 61.
313 AG St. Goar DWW 1990, 152.
314 OLG Düsseldorf DWW 1991, 283; str. vgl. Schmidt-Futterer/Langenberg BGB § 556 Rn. 213.
315 LG Bonn WuM 1989, 398.
316 Langenberg S. 60.
317 Schmidt-Futterer/Langenberg BGB § 556 Rn. 211.
318 AG Hamburg WuM 2004, 202.
319 Schmidt-Futterer/Langenberg BGB § 556 Rn. 213.
320 Langenberg A 173; Wall WuM 2004, 10 (13).

erst aufgrund neuer Entwicklungen entstanden sind und demgemäß vom Verordnungsgeber nicht berücksichtigt worden sind.[321]

15. Betriebskostenmehrbelastungsklauseln

Betriebskostenmehrbelastungsklauseln sind wirksam, soweit sie sich auf die in der 181
Betriebskostenverordnung genannten Betriebskosten beziehen. Auf eine Vorhersehbarkeit, Neueinführung oder Erhöhung kommt es nicht an, so zB bei dem Wegfall der Grundsteuerbefreiung für das Mietobjekt.[322] Ist eine Mehrbelastungsklausel zwischen den Mietparteien nicht vereinbart, ist nach Neueinführung von Betriebskosten, etwa nach Durchführung von Modernisierungsmaßnahmen in Form des Einbaus eines Aufzugs, eine Umlage der Kosten möglich,[323] wobei die Regelungslücke des Vertrages durch ergänzende Vertragsauslegung geschlossen werden kann.[324]

Allgemein wird folgende Klausel als wirksam angesehen:[325] 182

Formulierungsvorschlag:

Erhöhen sich nach Abschluss des Mietvertrages die Betriebskosten gem. § 2 BetrKV, so ist der Vermieter berechtigt, durch schriftliche Erklärung unter Angabe von Grund und Berechnung die jährlich entstehende Mehrbelastung auf die beteiligten Mieter im Verhältnis der Wohnflächen in Quadratmetern umzulegen. Die Zahlung der Umlage hat monatlich mit der Miete im Voraus zu erfolgen.

Nicht unbedenklich erscheint, dass die vorbezeichnete Klausel keine Beschränkung im 183
Hinblick auf eine rückwirkende Geltung beinhaltet, § 560 Abs. 2 BGB. Die Erhöhung kann auf erhöhtem Verbrauch beruhen, auf Erhöhungen von Gebühren oder etwa auf Neueinführung von Kostenpositionen. Auf die Frage, ob derartige Erhöhungen voraussehbar sind – wie etwa bei der Grundsteuer – kommt es nicht an.[326] Eine Erhöhung der Betriebskostenumlage ist allerdings erst dann zulässig, wenn die **gesamten** Betriebskosten sich im Ergebnis erhöht haben. Erhöhungen einzelner Betriebskostenpositionen und eine Ermäßigung anderer Betriebskostenarten führen zu einer Saldierung, so dass nur eine im Endergebnis erhöhte Betriebskostenbelastung zu einer Erhöhung der Umlage führen kann. Die Erhöhung der Umlage erfolgt durch Erklärung des Vermieters, wobei er sich der Form des § 126b BGB – Erklärung in Textform – bedienen kann. Die Erklärung ist von allen Vermietern gegenüber allen Mietern abzugeben; Vertretung ist nach allgemeinen Regeln zulässig. In der Erklärung ist die Erhöhung der Betriebskosten im Einzelnen zu erläutern. Empfehlenswert ist, bereits den Verteilerschlüssel anzugeben und den Anteil des Mieters an der Erhöhung darzulegen und konkret sowie nachvollziehbar zu berechnen. Die Folgerungen aus der Betriebskostenerhöhung ergeben sich sodann aus § 560 Abs. 2 BGB.

X. Betriebskostenabrechnung

1. Passivlegitimation

Der Anspruch des Mieters auf Erstellung einer Betriebskostenabrechnung richtet sich 184
gegen den Vermieter. Kommt es während des laufenden Mietverhältnisses zu einem Eigentums- bzw. Vermieterwechsel, stellt sich zwangsläufig die Frage, wie mit den unterschiedlichen Ansprüchen auf Mieter- und Vermieterseite zu verfahren ist.

---

321 Zutreffend Wall WuM 2004, 10 (13); Schmidt-Futterer/Langenberg BGB § 556 Rn. 244.
322 OLG Karlsruhe WuM 1981, 56.
323 Langenberg C 17.
324 Gather DWW 2000, 299 (303).
325 Langenberg C 21; Sternel aktuell Rn. 684.
326 Langenberg C 23.

185 Hier gilt es zunächst zu unterscheiden zwischen dem Anspruch des Vermieters auf Zahlung der Betriebskostenvorauszahlungen, der Anspruchs des Mieters auf Abrechnung dieser Vorauszahlungen und dem Anspruch auf Begleichung des Saldos. Maßgeblich für die Beantwortung der Frage, wer wem etwas schuldet, ist vor allem der Zeitpunkt des Eigentumsübergangs. Um die Gesamtthematik praktikabel zu handhaben, gilt nach überwiegender Meinung nicht streng das Fälligkeitsprinzip; vielmehr ist die Abrechnungsperiode maßgeblich.[327]

186 War die Abrechnungsperiode bereits vor Eigentumsumschreibung vollständig abgelaufen, ist der Veräußerer zur Abrechnung verpflichtet; ihm gebühren die Nachforderungen und er ist zur Auskehr eines etwaigen Guthabens an den Mieter verpflichtet.[328] Wann der Zahlungsanspruch fällig geworden ist, ist unerheblich.[329] Der Mieter hat folglich gegen den kraft Eigentumserwerbs in den Mietvertrag eintretenden Vermieter keinen Anspruch auf Abrechnung der Betriebskostenvorschüsse aus der Zeit vor dem Eigentumsübergang; eine entsprechende Anwendung von § 404 BGB scheidet aus.[330]

187 Fällt die Abrechnungsperiode hingegen vollständig in die Zeit nach erfolgter Eigentumsumschreibung, so treffen die entsprechenden Rechte und Pflichten den Erwerber. Dies gilt auch für den Fall, dass die Eigentumsübertragung während einer laufenden Abrechnungsperiode erfolgt.[331] eine Zwischenabrechnung ist wegen § 556 Abs. 3 S. 1 BGB nicht geschuldet; der Erwerber muss vielmehr über den vollständigen Zeitraum abrechnen. Der Veräußerer kann insoweit zur Unterstützung verpflichtet sein.[332] Es ist daher zu empfehlen, die näheren Einzelheiten hierzu zu regeln, insbesondere den Umfang der mitzuteilenden Informationen bzw. Unterlagen. Ist eine gütliche Einigung nicht möglich, kann der Anspruch des Erwerbers auf Herausgabe und Mitteilung vorhandener Informationen und Unterlagen klageweise geltend gemacht werden.[333]

188 Dem entspricht, dass die Rückzahlungsverpflichtung den neuen Vermieter trifft, wenn voraus zu entrichtende Betriebskosten für einen Abrechnungszeitraum vor Eigentumswechsel des Mietobjekts erst nach dem Eigentumsübergang abgerechnet und damit fällig gestellt werden.[334]

189 Die Erhebung der für die Abrechnung der Betriebskosten erforderlichen Daten verstößt nicht gegen die **DS-GVO.** Denn sie ist nach Art. 6 Abs. 1 lit. b DSGVO oder Art. 6 Abs. 1 lit. f DSGVO gerechtfertigt.[335]

190 Besteht der Mieter aus einer Personenmehrheit, haftet diese regelmäßig für die Mietforderungen des Vermieters einschließlich der Nebenkosten als Gesamtschuldner, §§ 421, 427 BGB. Der Vermieter ist daher berechtigt, nach seinem Belieben jeden Schuldner ganz oder teilweise in Anspruch zu nehmen. Ausgehend von diesen Grundsätzen ist der Vermieter nicht gehindert, die nach § 556 Abs. 3 BGB geschuldete Abrechnung der Betriebskosten, die eine Nachforderung zu seinen Gunsten ausweist, nur einem von mehreren Mietern gegenüber vorzunehmen und lediglich diesen auf Ausgleich des sich hieraus ergebenden Nachzahlungsbetrages in Anspruch zu nehmen.[336]

191 Der **Zwangsverwalter** eines Grundstücks hat die Betriebskosten für ein Mietobjekt auch für solche Abrechnungszeiträume abzurechnen, die vor seiner Bestellung liegen, sofern eine etwaige Nachforderung von der als Beschlagnahme geltenden Anordnung der Zwangsverwaltung erfasst wird, § 1123 Abs. 2 S. 1 BGB, §§ 21, 148 Abs. 1 S. 1 ZVG. Soweit der Zwangsverwalter zur Abrechnung verpflichtet ist, hat er auch ein

[327] BGH NZM 2001, 158; MüKoBGB/Häublein § 566 Rn. 51; Staudinger/Emmerich § 566 Rn. 55.
[328] BGH NZM 2001, 158.
[329] BGH NZM 2004, 188; ZMR 2004, 250; Grüneberg/Weidenkaff BGB § 535 Rn. 96.
[330] LG Berlin NZM 1999, 616.
[331] BGH NZM 2001, 158; BGH NZM 2004, 188.
[332] Börstinghaus NZM 2004, 486; Grüneberg/Weidenkaff BGB § 535 Rn. 96.
[333] AG Hamburg WuM 1992, 380.
[334] OLG Naumburg NZM 1998, 806.
[335] Näher hierzu Flatow NZM 2020, 623.
[336] BGH NJW 2010, 1965 (1966).

etwaiges Vorauszahlungsguthaben an den Mieter auszuzahlen; dies gilt auch dann, wenn ihm die betreffenden Vorauszahlungen nicht unmittelbar zugeflossen sind.[337] Nach § 152 Abs. 1 ZVG hat der Zwangsverwalter das Recht und die Pflicht, alle Handlungen vorzunehmen, die erforderlich sind, um das Grundstück in seinem wirtschaftlichen Bestand zu erhalten und ordnungsgemäß zu nutzen. Ansprüche, auf die sich die Beschlagnahme erstreckt, sind seitens des Zwangsverwalters geltend zu machen. An bestehende Miet- und Pachtverträge ist er gebunden. Bei der Zwangsverwaltung erstreckt sich die Beschlagnahme anders als bei der Zwangsversteigerung (§ 23 Abs. 2 ZVG) auch auf die Miet- und Pachtforderungen (§ 148 Abs. 1 S. 1 ZVG). Daraus folgt, dass der Verwalter zunächst rückständige Mieten einzuziehen hat. Für Betriebskosten auch in Form von Vorauszahlungen gilt nichts anderes. Soweit in der Vergangenheit Betriebskostenvorauszahlungen nicht oder nicht in der vereinbarten Höhe seitens des Mieters geleistet worden sind, demgemäß mit einer Nachforderung zu rechnen ist, ergibt sich die Verpflichtung zur Geltendmachung dieser Forderung unmittelbar aus § 152 Abs. 1 ZVG. Eine derartige Geltendmachung setzt allerdings eine ordnungsgemäße Betriebskostenabrechnung voraus, die daher der Zwangsverwalter zu erstellen insoweit verpflichtet ist, als die eventuelle Nachforderung der Beschlagnahme unterliegt. Ist der Zwangsverwalter zur Vornahme der Abrechnung verpflichtet, umfasst diese Verpflichtung auch den Ausgleich des sich aus der Abrechnung ergebenden Saldos unabhängig davon, ob es sich um einen Saldo zugunsten der Haftungsmasse, also des Zwangsverwalters, oder des Mieters handelt. Mit Rücksicht auf die Einheitlichkeit der Abrechnung kommt es nicht darauf an, ob der Zwangsverwalter die noch vom Vermieter oder dessen Hausverwaltung vereinnahmten Betriebskostenvorauszahlungen erhalten hat oder nicht.[338]

Der vom Zwangsverwalter zur Geltendmachung von Mietforderungen ermächtigte Vermieter kann Nachforderungen aus Betriebskostenabrechnungen im Wege der Prozessstandschaft im Rechtsstreit selbst geltend machen, wenn er Zahlung an den Zwangsverwalter verlangt.[339] 192

Wird über das Vermögen des **Vermieters** das **Insolvenzverfahren** eröffnet, bleibt hiervon der Bestand eines vollzogenen Mietvertrages unberührt. Der Mietvertrag ist nach § 108 Abs. 1 InsO auch der Insolvenzmasse gegenüber wirksam und der **Insolvenzverwalter** hat gegenüber dem Mieter die Ansprüche aus dem Mietvertrag zu erfüllen. Der Mieter ist verpflichtet, die Mieten wie auch die Betriebskosten an den Insolvenzverwalter zu zahlen.[340] Nach Eröffnung des Insolvenzverfahrens über das Vermögen des Vermieters ist der Insolvenzverwalter über § 80 InsO zur Abrechnung über die Betriebskosten verpflichtet und zwar unabhängig davon, ob der Abrechnungszeitraum vor oder nach Insolvenzeröffnung liegt.[341] Hat der Mieter einen Anspruch auf Auszahlung eines vor Insolvenzeröffnung entstandenen Betriebskostenguthabens, kann er ihn in der Insolvenz des Vermieters **nicht** mit laufenden Mieten aufrechnen; der Mieter muss seinen Guthabenanspruch vielmehr als Masseforderung anmelden. 193

Betriebskostennachforderungen des Vermieters im Falle einer **Insolvenz des Mieters** für den Zeitraum vor Insolvenzeröffnung stellen einfache Insolvenzforderungen dar, und zwar auch dann, wenn die Abrechnung erst nach Insolvenzeröffnung oder nach dem Wirksamwerden der Enthaftungserklärung (§ 109 Abs. 1 S. 2 InsO) des Insolvenzverwalters erfolgt.[342] 194

---

337 BGH NZM 2003, 473.
338 BGH NZM 2003, 473 (474).
339 LG Berlin NZM 2001, 707.
340 BGH NJW 1986, 3206.
341 Emmerich/Sonnenschein/Weitemeyer BGB § 556 Rn. 59.
342 BGH MDR 2011, 1504; Herrlein NJW 2011, 2858 (2860).

2. Form der Abrechnung

195 Die Betriebskostenabrechnung bedarf **keiner besonderen Form;** entsprechende Formvorschriften existieren nicht. Folglich könnte die Abrechnung dem Mieter grundsätzlich auch mündlich erteilt werden. Entsprechendes scheitert jedoch an dem Erfordernis, dass die Abrechnung für den Mieter **prüffähig** sein und die Abrechnung eine geordnete Zusammenstellung aller Betriebskostengruppen, der Gesamtkosten, der Anteile der auf die einzelnen Mieter entfallenden Kosten und die Vorauszahlungen enthalten muss. Entsprechendes wäre durch eine mündlich erteilte Betriebskostenabrechnung nicht gewährleistet, zumal vom Mieter nicht verlangt werden kann, sich das komplette Zahlenwerk zu merken. Eine eigenhändige Unterschrift ist nicht erforderlich.[343]

196 Sollte sich ein Betriebskostensaldo zugunsten des Vermieters ergeben, wird er regelmäßig mit der Abrechnung eine Leistungsaufforderung an den Mieter verbinden, den fälligen Betriebskostensaldo auszugleichen. Wenn auch insoweit Schriftform gesetzlich nicht vorgesehen ist, wird der Vermieter diese Leistungsaufforderung zweckmäßigerweise schriftlich vornehmen, damit in einem eventuell nachfolgenden Rechtsstreit die Voraussetzungen etwa eines Verzuges des Mieters dargelegt werden können. Die schriftliche Erklärung sollte mit der Unterschriftsleistung abgeschlossen werden.

197 Bei **preisgebundenem Wohnraum** muss die Betriebskostenabrechnung mit Rücksicht auf §§ 20 Abs. 4 S. 1, 4 Abs. 7 und 8 NMV 1970 den Formvorschriften des § 10 WoBindG genügen.[344] Erforderlich ist die Wahrung der Schriftform, wobei sich der Vermieter der Erleichterungen des § 10 Abs. 1 S. 5 WoBindG bedienen kann.[345] Hat der Vermieter seine Erklärung mit Hilfe automatischer Einrichtungen gefertigt, bedarf es seiner eigenhändigen Unterschrift nicht. Betriebskostenabrechnungen können sich angesichts zahlreicher Einzelheiten über mehrere Seiten erstrecken und bestehen regelmäßig aus einem Hauptteil sowie verschiedenen Anlagen.

198 Auch bei der Abrechnung über Betriebskosten ist der Grundsatz der **Einheitlichkeit der Urkunde** zu beachten. Die rechtlichen Wertungen des Bundesgerichtshofs zur gesetzlichen Schriftform sind auch hier zur Wahrung der Prüffähigkeit der Abrechnung zu berücksichtigen. Hiernach ist die erforderliche Einheit der Urkunde dann gewahrt, wenn die Zusammengehörigkeit einer aus mehreren Blättern bestehenden Urkunde entweder durch körperliche Verbindung oder sonst in geeigneter Weise erkennbar gemacht worden ist. Letzteres kann durch fortlaufende Seitenzahlen, fortlaufende Nummerierung der einzelnen Bestimmungen, einheitliche grafische Gestaltung, inhaltlichen Zusammenhang des Textes oder vergleichbare Merkmale geschehen, sofern sich hieraus die Zusammengehörigkeit der einzelnen Blätter zweifelsfrei ergibt.[346] Besteht die Urkunde aus einem Hauptteil und Anlagen, müssen die Anlagen in der Haupturkunde so genau bezeichnet werden, dass eine zweifelsfreie Zuordnung möglich ist; in einem derartigen Fall ist eine Unterzeichnung der beigefügten Anlagen nicht erforderlich.[347]

3. Grundsatz der Wirtschaftlichkeit

199 Der Grundsatz der Wirtschaftlichkeit ist gemäß § 556 Abs. 3 BGB generell im Bereich der Kosten zu beachten. Inhaltlich können nach diesem Grundsatz nur solche Betriebskosten vereinbart und umgelegt werden, die für eine ordnungsgemäße und sparsame Wirtschaftsführung im Mietobjekt unerlässlich sind.[348] Nach **hM** begrenzt der Wirtschaftlichkeitsgrundsatz allerdings nicht den Betriebskostenbegriff, sondern begründet eine Handlungspflicht des Vermieters, die bei Verstößen über das Schadensersatzrecht

---

343 Langenberg S. 227; Schmid, Handbuch der Mietnebenkosten, S. 204.
344 Schmidt-Futterer/Langenberg BGB § 556 Rn. 374.
345 Schmid, Handbuch der Mietnebenkosten, S. 205.
346 BGH WuM 2004, 666 (667).
347 BGH NJW 2003, 1248.
348 BGH NZM 2008, 78; Beyer NZM 2007, 1; Beyer NZM 2008, 12.

abgesichert wird. Folgerichtig fällt die Rüge einer Verletzung dieses Grundsatzes auch nicht unter § 556 Abs. 3 S. 5, 6 BGB.[349] Anders verhält es sich beim Kürzungsrecht nach § 12 HeizkostenV – dieses unterliegt der vorstehenden Einwendungsfrist. Der Grundsatz ist eine Ausprägung von § 242 BGB.[350] Der Wirtschaftlichkeitsgrundsatz rechtfertigt keinen besonderen Belegeinsichtsanspruch.[351]

Rechtskonform handelt jedoch nicht nur der Vermieter, der stets die günstigsten Kostenangebote annimmt oder die wenigsten Betriebskosten auslöst. Vielmehr steht dem Vermieter ein gewisser Ermessensspielraum zu; erst wenn das Verhalten des Vermieters als ermessensfehlerhaft zu bewerten ist, ist eine Umlage der Mehrkosten unzulässig. Die Unwirtschaftlichkeit kann sich sowohl auf die Betriebskostenart als solche als auch auf deren Höhe beziehen.[352] Besteht ein unwirtschaftlicher Versorgungsvertrag bereits bei Vertragsschluss, ist mithin zu prüfen, ob das Unterlassen der Kündigung den Wirtschaftlichkeitsgrundsatz verletzt.[353] Prozessual obliegt dem Vermieter im Falle eines mieterseitigen Bestreitens die Wirtschaftlichkeit der von ihm in Ansatz gebrachten Betriebskosten darlegen und zu beweisen, dass die angefallenen Betriebskosten erforderlich waren.[354] Der Grundsatz der Wirtschaftlichkeit beschränkt den Vermieter nicht auf den Ansatz üblicher Kosten, sondern räumt ihm vielmehr ein Ermessenspielraum ein, in welcher Weise er die Betriebsleistung erbringen möchte. Dabei hat er sich an den Erfordernissen des Gebäudes, für das die Betriebsleistungen zu erbringen sind, zu orientieren. 200

Das Gebot der Wirtschaftlichkeit lässt der Vermieter außer Acht, wenn etwa bei Wartungsleistungen und anderen dem Mietobjekt dienenden Leistungen durch Fremdunternehmen auf Veranlassung des Vermieters besondere Anstrengungen unternommen werden, die von der Sache her auch unter Zubilligung eines gewissen Ermessensspielraums des Vermieters nicht mehr erforderlich sind. Entsprechend verhält es sich bei Kostenexzessen des Vermieters, wenn dieser überhöhte Preise für solche Leistungen bezahlt, welche ohne erheblichen Aufwand wesentlich günstiger zu erlangen wären. Der Grundsatz der Wirtschaftlichkeit ist auch dann verletzt, wenn aufgrund von Verwaltungsfehlern oder mangelhafter Koordination der Verwaltung seitens des Vermieters überhöhte Betriebskosten entstehen.[355] Vom Vermieter darf erwartet werden, dass er sich die Prinzipien der Markwirtschaft zu Nutze macht und den Wettbewerb der Leistungsanbieter zu seinen Gunsten in Anspruch nimmt. Dies gilt namentlich für Produkte mit einem hohen Preiswettbewerb wie etwa Öl, Gas oder in neuerer Zeit auch für elektrischen Strom. Anders kann verfahren werden bei Leistungen, die nur in beschränktem Maße am Markt angeboten werden wie zB Firmen zur Beseitigung von Ungeziefer. Vermieter mit einem größeren Wohnungsbestand und vor allem Wohnungsunternehmen sind erst recht gehalten, sich am Markt zu orientieren und sich einen Überblick über die Marktüblichkeit einzelner Preise zu verschaffen. Allerdings ist zu beachten, dass dem Vermieter nicht nur in Bezug auf die Kostenhöhe, sondern auch im Rahmen der Auswahl einzelner Dienstleister ein Ermessen zusteht. Wegen geringfügiger Preisdifferenzen braucht der Heizöllieferant, der sich in der Vergangenheit als zuverlässig erwiesen hat, nicht gewechselt zu werden. Eine undifferenzierte Toleranzgrenze von 20 Prozent ist allerdings nicht zu akzeptieren;[356] im Einzelfall kann sie deutlich niedriger liegen, gelegentlich auch höher. 201

Will der Mieter den abgerechneten Betriebskosten erfolgreich entgegentreten, sollte er zunächst die Belege einsehen, um auf diese Weise die nötigen Informationen zu erhalten, 202

349 So etwa AG Dortmund ZMR 2016, 706; LG Karlsruhe BeckRS 2012, 11897; **aA** etwa LG Berlin WuM 2021, 557.
350 Langenberg S. 200.
351 BGH WuM 2021, 730.
352 Gather DWW 2000, 299 (303).
353 BGH 25.1.2023 – VIII ZR 230/21, NZM 2023, 322.
354 LG Hamburg NZM 2001, 806.
355 v. Seldeneck NZM 2002, 545 (552).
356 v. Seldeneck NZM 2002, 545 (550).

die für einen substantiierten Sachvortrag in einem Rechtsstreit erforderlich sind.[357] Ist allerdings nach substantiiertem Bestreiten der Angemessenheit der Höhe einzelner Betriebskostenpositionen ein derartiges Zurückweisen nicht möglich, bedarf es regelmäßig der Einholung eines **Sachverständigengutachtens** durch das Gericht. Insoweit ist der Vermieter angesichts seiner Darlegungs- und Beweislast im Falle eines Rechtsstreits zur Geltendmachung eines Betriebskostensaldos im Hinblick auf die Gebühren vorleistungspflichtig. Nicht immer kann erwartet werden, dass die einzelnen Gerichte so sachverständig sind, das sie sich der Vorschrift des § 287 ZPO im konkreten Falle bedienen können.

203 Der Vermieter muss sich im Hinblick auf die Lieferung von Strom den freien Wettbewerb zu Nutze machen. Die Liberalisierung des Marktes hat dazu geführt, dass eine Trennung zwischen den Funktionen Stromerzeugung, Netzbetrieb und Stromlieferung erfolgt ist.[358] Der **Vermieter kann als Strommakler tätig werden** und den Strom seinen Mietern anbieten. Dies kann vor allem bei größeren Wohnungs- und Verwaltungsunternehmen dazu führen, dass der Strom zu günstigeren Konditionen als bisher den Mietern überlassen wird, da größere Unternehmen über eine größere Marktmacht verfügen und damit eine effektivere Durchsetzungsfähigkeit aufweisen als einzelne Mieter. Anstelle einer Vermittlung kann der Vermieter auch als Stromhändler tätig werden. Der Vermieter kann seinen Strom preisgünstig bei seinem Energielieferanten einkaufen und an seine Mieter weiterverkaufen. In diesem Falle schließen die Mieter – bei Neuvermietungen – nicht mit dem Energielieferanten einen Vertrag ab sondern mit ihrem Vermieter als Stromlieferanten. Nicht besteht die Möglichkeit, dass der Vermieter als Energieversorger auftreten und den Mietern anbieten kann, deren Stromversorgung zu übernehmen.[359] Insoweit ist allerdings auf die Haftungsrisiken des Vermieters zu verweisen.[360]

204 Das Prinzip der Wirtschaftlichkeit erfordert vom Vermieter nicht, dass er eine **Kostenanalyse** zu erstellen hat, ob er sein Objekt mittels Gas- oder Ölheizung, mittels einer von ihm selbst betriebenen zentralen Heizungsanlage oder mittels Nah- oder Fernwärme zu versorgen und zu entscheiden hat, welche Art der Versorgung für die Mieter am preisgünstigsten ist.[361] Das Wirtschaftlichkeitsprinzip gilt ausschließlich innerhalb der gewählten Versorgungsart.[362]

205 Aus dem Grundsatz der Wirtschaftlichkeit lässt sich eine Verpflichtung des Vermieters zur Modernisierung einer vorhandenen, alten, die Wärmeversorgung der Wohnung aber sicherstellenden Heizungsanlage, nicht herleiten.[363] Dies folgt auch aus dem Umstand, dass ältere Heizungen im Vergleich zu moderneren Modellen im Einzelfall geringeren Wartungs- und auch Brennstoffkosten verursachen können. Maßgeblich sind insoweit regelmäßig die Umstände des Einzelfalls.

206 Die Nichtbeachtung des Grundsatzes der Wirtschaftlichkeit kann einen **Schadensersatzanspruch** des Mieters gegen seinen Vermieter nach § 280 Abs. 1 BGB zur Folge haben.[364] Der Vermieter verletzt in diesem Fall eine Pflicht aus dem Schuldverhältnis, nämlich eine Nebenpflicht im Sinne von § 241 Abs. 2 BGB; er ist folglich zum Ersatz des hierdurch entstehenden Schadens verpflichtet. Eine solche Pflichtverletzung liegt etwa dann vor, wenn ein möglicherweise erfolgreicher Antrag auf Ermäßigung von Gebühren zu stellen unterlassen worden ist,[365] oder wenn etwa bei der Hausmüllentsorgung durch

[357] AG Aachen WuM 2004, 611.
[358] Bub NZM 2001, 458 (459).
[359] Bub NZM 2001, 458 (464).
[360] Bub NZM 2001, 458 (463).
[361] BGH WuM 2007, 393.
[362] Milger NZM 2008, 1 (8).
[363] BGH NZM 2008, 35.
[364] Streyl NZM 2008, 23 (24).
[365] Emmerich/Sonnenschein/Weitemeyer BGB § 556 Rn. 53.

den Vermieter Überkapazitäten bereitgestellt werden.[366] das Verschulden des Vermieters wird vermutet, § 280 Abs. 1 BGB.

Da der Schaden des Mieters in der Belastung mit unnötigerweise entstandenen liegt, richtet sich der Anspruch auf Schadensersatz im Wege der Naturalrestitution nach § 249 Abs. 1 BGB auf eine Befreiung von dieser Kostenlast in Höhe des Betrages, der den unnötigen Betriebskosten entspricht.[367] Dieser Schadensersatzanspruch braucht nicht im Wege eines Zurückbehaltungsrechts nach § 273 BGB ausdrücklich im Rechtsstreit geltend gemacht zu werden; er ist als besondere Ausprägung des Grundsatzes von Treu und Glauben von Amts wegen zu berücksichtigen, § 242 BGB. Der Vermieter ist als Schuldner im Falle eines schuldhaften Verstoßes gegen den Grundsatz der Wirtschaftlichkeit zur Rückgewähr des Erlangten, nämlich des erhöhten Betriebskostenanteils, verpflichtet.[368] 207

Die **Darlegungs- und Beweislast** ist wie folgt verteilt: Der Mieter muss konkrete Anhaltspunkte dafür vortragen, dass die Auswahl eines anderen Bieters zur Entstehung geringerer Betriebskosten geführt hätte.[369] Anhaltspunkte dieser Art sind erhebliche Abweichung aus der Vorjahresabrechnung, ein Vergleich mit anderen Wohnungen gleichen Zuschnitts und vom Mieter selbst eingeholte Vergleichsangebote.[370] Erhebliche Abweichungen von Betriebskostenspiegeln liefern hingegen keine Anhaltspunkte im Rechtssinne.[371] Hintergrund ist der Umstand, dass die in einem Betriebskostenspiegel ausgewiesenen Durchschnittskosten keinen konkreten Bezug zu dem Mietobjekt aufweisen.[372] Von besonderer Bedeutung für die Praxis ist der Umstand, dass eine Bezugnahme auf den vom Deutschen Mieterbund eV aufgestellten Betriebskostenspiegel für Deutschland als ungenügend erachtet und dem Vermieter keine sekundäre Darlegungs- und Beweislast auferlegt wird.[373] 208

Legt der Mieter entsprechende Anhaltspunkte hinreichend dar, trifft den **Vermieter** wiederum die volle Darlegungs- und Beweislast für die Wirtschaftlichkeit der von ihm ausgelösten Betriebskosten. 209

4. Materielle Anforderungen

Im Hinblick auf die inhaltlichen Anforderungen gelten nach wie vor die Grundsätze aus der Entscheidung des Bundesgerichtshofs vom 23.11.1981.[374] Danach muss die Abrechnung den Anforderungen nach § 259 BGB entsprechen und nachprüfbar sein;[375] der Mieter muss sie inhaltlich **nachvollziehen** können. Aus diesem Grunde muss die Abrechnung klar, übersichtlich und verständlich sein. Auch bei großen Mietobjekten müssen dazu die Gesamtkosten, der Verteilungsschlüssel, die Berechnung des Anteils der einzelnen Mieter und die Vorauszahlungen angegeben werden. Der Mieter muss ferner die Möglichkeit haben, die Abrechnung nachzuprüfen. Hinzu tritt die Forderung, dass die Abrechnung vertragsgerecht ist.[376] 210

Die Abrechnung ist dem Vermieter unmöglich (§ 275 BGB), wenn die für die Abrechnung erforderlichen Informationen vom Vermieter oder von niemandem beschafft werden können und daher sich die Gesamtbetriebskosten einer Kostenposition nicht ermitteln lassen. Der Umstand, dass der Verwalter einer Gemeinschaft der Wohnungs- 211

366 AG Wennigsen WM 2003, 90.
367 AG Frankfurt a. M. WM 2002, 376; Emmerich/Sonnenschein/Weitemeyer BGB § 556 Rn. 53.
368 Emmerich/Sonnenschein/Weitemeyer BGB § 556 Rn. 53.
369 BGH NZM 2007, 563.
370 Vgl. LG Berlin NZM 2018, 36.
371 So aber Streyl NZM 2008, 23 (24).
372 BGH NJW 2010, 3363.
373 BGH NJW 2011, 3028.
374 BGH NJW 1982, 573; vgl. auch BGH NZM 2003, 196.
375 Etwa BGH 29.1.2020 – VIII ZR 244/18, WuM 2020, 210.
376 Grundlegend dazu Milger NJW 2009, 625.

eigentümer die Jahresabrechnung nicht (rechtzeitig) vorlegt, genügt hierfür jedoch nicht.[377]

212 Der **Anspruch auf Zahlung restlicher Betriebskosten** wird grundsätzlich erst mit der Erteilung einer ordnungsgemäßen Abrechnung fällig.[378] Die Einzelangaben in der Abrechnung müssen klar, übersichtlich und aus sich heraus verständlich sein. Abzustellen ist dabei auf das durchschnittliche Verständnis eines juristisch und betriebswirtschaftlich nicht vorgebildeten Mieters, der sich aber im zumutbaren Rahmen bemühen muss, die Abrechnung zu verstehen und sich die notwendigen Kenntnisse zuzulegen. Dazu gehört die Anschaffung eines Taschenrechners[379] ebenso wie die Einholung fachmännischen Rates. Auch eigene Bemühungen und eigene Recherchen sind dem Mieter im üblichen Umfang zuzumuten.

213 Hinsichtlich der Vorauszahlungen hat der Vermieter die vom Mieter im Abrechnungszeitraum **tatsächlich geleisteten Vorauszahlungen** in Abzug zu bringen. Nur so kann der Mieter überprüfen, welche von ihm erbrachten Leistungen der Vermieter bei der Berechnung seiner Saldoforderung berücksichtigt hat. Eine Abrechnung, in der lediglich die **geschuldeten Vorschüsse** aufgeführt worden sind (Soll-Abrechnung), entspricht dann den Anforderungen an eine ordnungsgemäße Betriebskostenabrechnung, wenn zum Zeitpunkt der Abrechnungslegung der Mieter für den Abrechnungszeitraum keinerlei Vorauszahlungen erbracht hat, die offenen Vorauszahlungsansprüche vom Vermieter bereits eingeklagt sind und auch noch keine Abrechnungsreife nach § 20 Abs. 3 S. 4 NMVO oder § 556 Abs. 3 BGB eingetreten ist.[380]

214 Im Anschluss an seine Rechtsprechung aus 2010,[381] wonach der Zugang einer den formellen Anforderungen nicht genügende Betriebskostenabrechnung die Einwendungsfrist des § 556 Abs. 3 S. 5 BGB nicht in Gang setzt, hat der BGH bestätigt, dass an Betriebskostenabrechnungen in *formeller* Hinsicht keine zu hohen Anforderungen zu stellen sind. Aus diesem Grund muss der Vermieter einem Mieter, der um seine offenen Vorauszahlungen wissen muss bzw. sein Zahlungsverhalten überprüfen kann, diese nicht mit „Null" vor Augen führen, sondern kann die Rubrik „Vorauszahlungen" leer- oder freilassen.

215 Eine Abrechnung der Betriebskosten auf der Basis der zwischen den Parteien vereinbarten Vorauszahlungen (**Soll-Vorschüsse**) anstatt der tatsächlich vom Mieter geleisteten Vorauszahlungen (**Ist-Vorschüsse**) ist formell wirksam. Ob die vorgenommenen Abzüge der Höhe nach zutreffend sind, betrifft die inhaltliche Richtigkeit der Abrechnung.[382]

216 Der Vermieter muss in der Abrechnung grundsätzlich den **Verteilerschlüssel** erläutern. Es genügt nicht, dass der Vermieter einen bestimmten Bruchteil oder Prozentsatz angibt; er hat vielmehr offen zu legen, wie er die jeweiligen Quoten ermittelt hat.[383] Solange konkrete Angaben dazu fehlen, ist der Anspruch des Vermieters auf Nachzahlung von Betriebskosten nicht fällig. Überzogene Anforderungen dürfen nicht gestellt werden: Ergibt sich der Verteilerschlüssel aus dem Vertrag oder kann die Berechnung unter Einsatz der vier Grundrechenarten nachvollzogen werden, ist eine Erläuterung entbehrlich.

217 Welche Anforderungen an eine **Erläuterung** der Betriebskostenabrechnung zu stellen sind, ist eine Frage des Einzelfalles. Die Abrechnung hat dem durchschnittlichen Verständnisvermögen eines juristisch und betriebswirtschaftlich nicht geschulten Mieters zu entsprechen.[384] Sie muss gedanklich und rechnerisch ohne allzu große Schwierigkeiten nachvollziehbar sein. In der Rechtswirklichkeit wird dieses Postulat teilweise auf

[377] Jacoby ZMR 2021, 1.
[378] OLG Düsseldorf NZM 2001, 383; AG Potsdam NZM 2001, 378.
[379] LG Köln WuM 1985, 371.
[380] BGH NZM 2003, 196.
[381] BGH NJW 2011, 1867.
[382] BGH NJW 2009, 3575.
[383] OLG Nürnberg WuM 1995, 308.
[384] BGH NJW 1982, 573.

eine harte Probe gestellt. Dies gilt namentlich in den Fällen einer Betriebskostenabrechnung für **gemischt genutzte Mietobjekte,** in denen teilweise von verschiedenen Abrechnungskreisen, von verschiedenen Umlageschlüsseln und teilweisen Trennung von gewerblichen Einheiten von privat genutzten Wohnungen ausgegangen werden muss. Auch wenn die Nachvollziehbarkeit der einzelnen Betriebskostenabrechnung schwer zu bewerkstelligen ist, so ist die Abrechnung doch wirksam. Die Betriebskostenabrechnung für Wohnraum im gemischt genutzten Gebäude bedarf grundsätzlich des Vorwegabzugs aller Kosten, die ihren Grund nicht in der Wohnnutzung haben, und der Herleitung des Kostenanteils aus den Gesamtkosten und aus der Trennung der Betriebskosten.[385] Die Wohnungsmieter dürfen nicht mit Kosten belastet werden, die aus nicht gleichartiger Nutzung des Gebäudes entstanden sind. Von diesem Grundsatz kann nur in Ausnahmefällen abgewichen werden, wenn die gewerbliche Nutzung zu keinem Mehrverbrauch geführt hat.

Die formelle Ordnungsmäßigkeit einer Betriebskostenabrechnung setzt eine Erläuterung der Ursachen von **Kostensteigerungen** gegenüber dem Vorjahr nicht voraus. Der Mieter ist insoweit auf eine Belegeinsichtsrecht (§ 556 Abs. 4 BGB) zu verweisen, aus der sich die Kostensteigerungen ergeben.[386] Er muss sich also selbst über die Ursache informieren. 218

Problematisch und umstritten ist die Frage, welche Anforderungen an die **Spezifizierung der einzelnen Betriebskostenpositionen** zu stellen sind. Das Landgericht Berlin[387] fordert eine Darstellung jeder einzelnen Ausgabe; die pauschale Kostenangabe der jeweiligen Betriebskostenart genüge nicht; vielmehr sei eine Aufschlüsselung jeder Kostenposition nötig. Ergänzend verweist das OLG Nürnberg[388] darauf, dass jede einzelne Position sich rechnerisch nachvollziehen lassen müsse. Die Abrechnung entspreche nicht den gesetzlichen Vorgaben, wenn sich die Einzelheiten erst aus den Belegen ergeben, deren Einsichtnahme der Vermieter dem Mieter anbietet. Vereinzelt ist gefordert worden, dass die Rechnungsdaten angegeben werden.[389] 219

Aus Gründen anwaltlicher Vorsicht sollte man sich an den Mindestvoraussetzungen orientieren, die der Bundesgerichtshof für eine wirksame Betriebskostenabrechnung aufgestellt hat.[390] Danach sind die Betriebskostengruppen einzeln zu bezeichnen, die Gesamtaufwendungen des Vermieters darzulegen, ferner der Anteil, der auf die Wohnung des Mieters entfällt und der Umlageschlüssel.[391] Hat der Mieter Zweifel im Hinblick die Berücksichtigung bestimmter Kostenpositionen bei der Berechnung des Vermieters, ist er gehalten, die zugehörigen Belege einzusehen. Dem entspricht prozessual, dass das Vorbringen des Mieters nur dann als substantiiert berücksichtigt wird, wenn er zuvor die Belege eingesehen hat. 220

Neben einer Zusammenstellung der Gesamtkosten – unabhängig davon, ob und in welcher Höhe diese umlegbar sind[392] – sind die auf die einzelnen Kostenpositionen entfallenden Aufwendungen anzugeben. Eine derartige Aufschlüsselung ist dem Vermieter ohne weiteres zuzumuten, da er zur Vorbereitung einer nachprüfbaren Abrechnung eine derartige differenzierte Angabe sich zu erarbeiten hat. Besonderheiten sind im Einzelnen zu erläutern, etwa wenn der Hausmeister für mehrere Objekte tätig ist, wenn unterschiedliche Versicherungskosten etwa wegen Gewerbeeinheiten anfallen, wenn bei einer Abrechnung nach Wirtschaftseinheiten nur in einem bestimmten Haus Betriebskosten anfallen, wenn ein Vollwartungsvertrag – über Aufzugsanlagen – besteht und der Reparaturanteil herausgerechnet werden muss, wenn der Hausmeister Verwaltungsaufgaben mitübernommen hat, deren Umfang zu bewerten ist, wenn neben den Hausmeis- 221

[385] AG Osnabrück WuM 2004, 668.
[386] BGH NJW 2010, 1198.
[387] WuM 1996, 154.
[388] WuM 1995, 308.
[389] LG Berlin ZMR 1997, 299 (300).
[390] BGH NJW 1982, 573.
[391] So auch KG NZM 1998, 620.
[392] Schmidt-Futterer/Langenberg BGB § 556 Rn. 337.

terkosten noch erhebliche Kosten für Schneeräumung und Gartenpflege in die Abrechnung aufgenommen worden sind.[393] Im Laufe eines Mietverhältnisses können sich die Anforderungen an eine sachgerechte Erläuterung der Abrechnung verringern, wenn dem Mieter durch frühere Abrechnungen und entsprechende Erläuterungen alle wesentlichen Umstände bekannt sind.[394]

222 Eine **formell ordnungsgemäße Betriebskostenabrechnung** setzt voraus, dass dem Mieter auch dann die Gesamtkosten einer berechneten Kostenart mitgeteilt werden, wenn einzelnen Kostenteile nicht umlegbar sind; dem Mieter muss ersichtlich sein, ob und in welcher Höhe nicht umlagefähige Kosten vorab abgesetzt worden sind.[395] Fehlt es an einer solchen Offenlegung, liegt ein formeller Mangel vor, der zur Unwirksamkeit der Abrechnung führt. Zieht sich der Fehler durchgängig durch die Betriebskostenabrechnung, ist sie insgesamt formell nicht ordnungsgemäß. Soweit ein gebotener Vorwegabzug nur im Hinblick auf einzelne Betriebskostenpositionen unterblieben ist, bleibt die Abrechnung iÜ beanstandungsfrei, wenn die Einzelpositionen herausgerechnet werden können.[396]

223 Der BGH[397] hat mit seiner Entscheidung vom 18.5.2011 insoweit für Klarheit gesorgt: Ein nur materieller Fehler der Betriebskostenabrechnung liegt vor:

- Betriebskostenumlage ist nicht vereinbart,[398]
- Betriebskosten sind abgerechnet trotz vereinbarter Pauschale,[399]
- Betriebskostenumlage, die nur durch einen Abgleich mit dem Mietvertrag nachvollziehbar sind,[400]
- unrichtige Vorauszahlungen, die in die Abrechnung aufgenommen worden sind.[401]

224 Geringfügige formelle Fehler, die ohne nennenswerten Aufwand aus der Abrechnung herausgerechnet werden können, führen nicht zur Unwirksamkeit der gesamten Betriebskostenabrechnung.[402] Dem durchschnittlich gebildeten, juristisch und betriebswirtschaftlich nicht geschulten Mieter wird durchaus zugemutet, angesichts von Einzelangaben bestimmte Rechenschritte selbst zu vollziehen; entsprechendes gilt für den Fall, dass in verschiedenen Abrechnungszeiträumen sich unterschiedliche Personenzahlen aus der Abrechnung ergeben.[403]

225 Soweit keine besonderen Abreden getroffen worden sind, muss die Abrechnung bei Gebäuden mit mehreren Wohneinheiten regelmäßig folgende Mindestangaben enthalten: eine Zusammenstellung der Gesamtkosten, die Angabe und Erläuterung der zu Grunde gelegten Verteilerschlüssel, die Berechnung des Anteils des Mieters und der Abzug seiner Vorauszahlungen. Nicht ausreichend ist, bereinigte Kosten anzugeben; die Gesamtkosten müssen auch dann mitgeteilt werden, wenn einzelne Kostenanteile nicht umlagefähig sind. Fehlt es an einer solchen Offenlegung, liegt ein formeller Mangel vor, der zur Unwirksamkeit der Betriebskostenabrechnung führt. Dies gilt allerdings nur für den Fall, dass sich der Fehler durch die gesamte Abrechnung zieht; soweit ein gebotener Vorwegabzug nur im Hinblick auf einzelne Ansätze unterblieben ist, bleibt die Abrechnung iÜ wirksam, wenn die jeweiligen Einzelpositionen unschwer herausgerechnet werden können.[404] Der Bundesgerichtshof hat ferner klargestellt, dass sich diese Recht-

[393] AG Berlin-Mitte NZM 2002, 523.
[394] Schmidt-Futterer/Langenberg BGB § 556 Rn. 354.
[395] BGH NJW 2007, 1059 = NZM 2007, 244.
[396] Kritisch Langenberg NJW 2008, 1269 (1270).
[397] BGH NJW 2011, 2786.
[398] BGH NJW 2008, 283.
[399] BGH NJW 2011, 842.
[400] BGH NJW 2011, 2786 (2787).
[401] BGH NJW 2009, 3575.
[402] BGH NJW 2011, 143; 2007, 1059.
[403] Vgl. Herrlein NJW 2012, 1185 (1187).
[404] Schmidt-Futterer/Langenberg BGB § 556 Rn. 467.

sprechung auch auf sog. „gemischte Kosten“ bezieht, dh in denen Kostenanteile enthalten sind, die nicht zu den Betriebskosten gehören.[405]

Nach bisheriger Rechtsprechung des BGH[406] war eine Betriebskostenabrechnung immer dann formell unwirksam, wenn der Vermieter die Gesamtkosten einer umlagefähigen Position um Vorwegabzüge reduzierte und ohne Offenlegung dieses Rechenschrittes die bereinigten Gesamtkosten in die Betriebskostenabrechnung einstellte. An dieser Auffassung hat der Bundesgerichtshof nicht mehr festgehalten.[407] Zur formellen Ordnungsgemäßheit genügt es hinsichtlich der Angabe der Gesamtkosten, wenn der Vermieter bei der jeweiligen Betriebskostenart den Gesamtbetrag angibt, den er auf die Wohnungsmieter der gewählten Abrechnungseinheit umlegt. Dies gilt auch dann, wenn der Vermieter diesen Gesamtbetrag vorab um nicht auf den Mieter umlagefähige Kosten bereinigt hat. Einer Angabe und Erläuterung der zum angesetzten Gesamtbetrag führenden Rechenschritte bedarf es nicht (Aufgabe der Rechtsprechung im Urt. v. 14.2.2007, NJW 2007, 1059). Der Mieter kann nunmehr anhand der Abrechnung nicht feststellen, ob ein Vorwegabzug vorgenommen worden ist. Für eine entsprechende Feststellung ist nunmehr eine Einsichtnahme in die Belege vorzunehmen.[408] 226

Nicht zulässig sind allerdings **Sammelpositionen,** unter denen der Vermieter verschiedene nicht miteinander zusammenhängende Betriebskostenpositionen verbirgt.[409] Nicht zulässig ist, Heizungskosten, Wasserkosten und die Kosten für eine Klimaanlage in einer Position zusammenzufassen. Eine derartige Abrechnung ist von vornherein nicht prüffähig, denn der Mieter muss die ihm angelasteten Kosten spezifiziert nach den einzelnen Betriebskostenarten getrennt der Abrechnung entnehmen können. 227

Das Amtsgericht Berlin-Mitte[410] verwirft eine Betriebskostenabrechnung, in der die Position „Versicherungen“ nicht aufgeschlüsselt ist in die Versicherungen, die nach § 2 Nr. 13 BetrKV umlagefähig sind und übrigen Versicherungen, wie zB Reparatur-, Mietausfall- und Rechtsschutzversicherungen. Insoweit wäre ausreichend gewesen, entweder pauschal anzugeben, dass nur Kosten für Sach- und Haftpflichtversicherungen abgerechnet werden, oder die versicherten Risiken im Einzelnen aufzuzählen. Ob diese Entscheidung zutreffend ist, kann diskutiert werden; fraglich wäre nämlich, ob über das Einsichtsrecht in die Belege die Abrechnung hätte gerettet werden können. 228

Der **BGH**[411] hat klargestellt, dass der Vermieter die Kosten der Sach- und Haftpflichtversicherung in einer Summe unter der Kostenposition „Versicherung“ abrechnen kann. Auch dürfen Frisch- und Schmutzwasser in einer Position zusammengefasst werden, sofern kein Schmutzwasserzähler existiert.[412] 229

Bei der **Vermietung einer Eigentumswohnung** werden keine geringeren Anforderungen an die Abrechnungspflicht des Vermieters gestellt. Die Betriebskostenabrechnung muss den gleichen Anforderungen genügen, wie die eines jeden anderen Vermieters. Dies wird im Einzelfall nicht immer möglich sein, da die Grundsätze des Mietrechts nicht identisch sind mit den Regeln, die innerhalb einer Wohnungseigentümergemeinschaft zur Anwendung gelangen.[413] Aber der BGH[414] stellt klar: Der Vermieter einer Eigentumswohnung hat über die Betriebskostenvorauszahlungen des Mieters grundsätzlich auch dann innerhalb der Jahresfrist des § 556 Abs. 3 S. 2 BGB abzurechnen, wenn zu diesem Zeitpunkt der Beschluss der Wohnungseigentümer gem. § 28 Abs. 5 WEG über die Jahresabrechnung des Verwalters der Wohnungseigentümergemeinschaft noch nicht vorliegt. Die Betriebskosten für die Wohnung fallen beim Vermieter nämlich nicht als 230

405 BGH NZM 2007, 770.
406 BGH NJW 2007, 1059.
407 BGH NJW 2016, 866.
408 Vgl. Herrlein NJW 2016, 2851 (2852).
409 BGH ZMR 2017, 464; OLG Dresden NZM 2002, 437.
410 AG Berlin-Mitte NZM 2002, 523.
411 BGH NJW 2009, 3575.
412 BGH NJW-RR 2009, 1383.
413 AG Tiergarten WuM 1989, 86; Schmid DWW 1990, 351.
414 BGH NJW 2017, 2608.

Teilmenge einer größeren Kostenmenge an, sondern entstehen bei ihm unmittelbar in Form der ihn wohnungseigentumsrechtlich treffenden Kosten.[415] Daher ist bei Vermietung einer Eigentumswohnung eine „reguläre“ Betriebskostenabrechnung erforderlich, bei der die Einzelbetriebskosten des Mieters aus den Gesamtbetriebskosten der Gemeinschaft der Wohnungseigentümer abgeleitet werden.[416]

231 Ist die Abrechnung des Verwalters der Wohnungseigentümergemeinschaft nicht korrekt, kann der Vermieter an den Verwalter die gleichen Anforderungen stellen wie der Mieter an den Vermieter im vergleichbaren Fall. Dem Vermieter wird bei einer derartigen Sachlage die ordnungsgemäße Abrechnung der Betriebskosten erheblich erschwert.

232 Der Verwalter der Gemeinschaft der Wohnungseigentümer ist nicht der Erfüllungsgehilfe des vermietenden Wohnungseigentümers iSd § 278 BGB im Hinblick auf die Abrechnung über die Betriebskosten.[417] Für die nach § 556 Abs. 3 BGB mögliche Entlastung des Vermieters hinsichtlich einer von ihm nicht fristgerecht vorgenommenen Betriebskostenabrechnung hat dieser konkret darzulegen, welche Bemühungen er unternommen hat, um eine rechtzeitige Abrechnung sicher zu stellen.

Muster für eine Betriebskostenabrechnung

233 Anschrift der Mieterin/des Mieters

Betr.: Abrechnung über die Betriebskosten 2018

Sehr geehrte Frau/sehr geehrter Herr ……!

Die Verwalterin der Eigentümergemeinschaft hat die Daten über die Betriebskosten 2018 für die von Ihnen angemietete Wohnung übermittelt. Demgemäß ergibt sich folgende Abrechnung:

	Gesamt	verteilt nach	Ihr Anteil
Heizkosten	3.562,61 EUR	s. Abrechnung	193,55 EUR
Strom (Stadtwerke)	300,79 EUR	1/9	33,42 EUR
Wasser (Stadtwerke)	1.319,31 EUR	Verbrauch	176,26 EUR
Kabelgebühren	1.325,46 EUR	1/9	147,27 EUR
Müllabfuhr	662,94 EUR	1/9	73,66 EUR
Straßenreinigung	61,68 EUR	1/9	6,85 EUR
Regenwasser	753,35 EUR	1/9	83,70 EUR
Wasserverbrauch	65,54 EUR	Verbrauch	65,54 EUR
Schmutzwasser	673,20 EUR	1/9	74,80 EUR
Versicherungen	1.962,83 EUR	1/9	170,77 EUR
Hausreinigung/Garten/Schnee	2.152,03 EUR	1/9	239,11 EUR
Grundsteuer	281,92 EUR		281,92 EUR
			1.551,95 EUR

Der Verteilerschlüssel ergibt sich aus den Eigentumsanteilen, so wie dies den vertraglichen Vereinbarungen entspricht; im Übrigen sind die Daten verbrauchsabhängig.

An Vorauszahlungen haben Sie insgesamt 1.200 EUR geleistet, so dass sich eine Differenz von 351,95 EUR ergibt.

Sehr geehrte Mieterin/sehr geehrter Mieter, ich bitte Sie, diesen Differenzbetrag auf mein Konto …… bei …… (BLZ) zu überweisen.

Die obigen Daten habe ich der Verwaltungsabrechnung vom …… entnommen. Falls Sie Einblick in die Belege nehmen wollen, bitte ich um kurzfristige Nachricht.

Mit freundlichen Grüßen

Ihr Vermieter

5. Belegeinsichts- und Prüfungsrecht

234 Der Saldo aus der Betriebskostenabrechnung wird nicht fällig, solange der Vermieter nicht die vom Mieter verlangte vollständige Einsicht in die Originalbelege der Abrech-

[415] Blank NZM 2004, 365; Lehmann-Richter ZWE 2019, 105.

[416] Schmidt-Futterer/Lehmann-Richter, BGB § 556 Rn. 394.

[417] BGH NJW 2017, 2608.

nung gewährt hat.[418] Die Erfüllbarkeit des Anspruchs setzt zuvor ein entsprechendes **Einsichtsverlangen** des Mieters voraus.[419]

Zwar gehört die Vorlage von Belegen nicht zur formellen Rechtmäßigkeit der Abrechnung, jedoch steht dem Mieter ein Zurückbehaltungsrecht nach § 273 BGB zu, solange der Vermieter trotz entsprechendem Verlangen des Mieters keine Belegeinsicht gewährt.[420] Der Anspruch des Mieters richtet sich grundsätzlich auf Einsicht in die **Originalunterlagen.** Hat der Vermieter Kopien vorgelegt, schließt dies eine Einsichtnahme in die Originalbelege nicht aus, hat der Mieter konkrete Gründe, sich mit den Kopien nicht zufrieden geben zu sollen, etwa wenn noch Aufklärungsbedarf bestehen sollte.[421] Eine **Begründung** des Einsichtsbegehren durch den Mieter ist nicht erforderlich. Dem Mieter sind die Belege in geordneter Form vorzulegen.[422] Der Anspruch unterliegt in analoger Anwendung von § 556 Abs. 3 S. 5 BGB der **Verfristung.** 235

Der Vermieter ist gehalten, neben den Originalbelegen auch **Verträge** vorzulegen, aus denen sich eine Berechnung der Betriebskosten ergibt. Dies gilt namentlich für Wartungsverträge, die vielfach auch Reparaturkostenanteile enthalten, ebenso für Hausmeisterverträge, in denen die Tätigkeit des Hausmeisters beschrieben ist und aus denen sich der Umfang der eventuellen Verwaltungstätigkeit ergibt. Um eine entsprechende Differenzierung der umlagefähigen Kosten vornehmen zu können, ist die Vorlage dieser Originalbelege unerlässlich; nur so ist es dem Mieter möglich, das Zahlenwerk in der Abrechnung vollständig und umfassend zu überprüfen. Ebenso kann dem Mieter nicht die Überprüfung verwehrt werden, ob die Kosten etwa beim zutreffenden Objekt angesetzt worden sind, wenn nach einer Wirtschaftseinheit abgerechnet worden ist. Insoweit muss dem Mieter die Nachprüfung ermöglicht werden, ob nach der **kleinstmöglichen Einheit** abgerechnet worden ist. Der Mieter muss sich nicht damit zufriedengeben, dass ihm der Vermieter allein gescannte Belege vorlegt; die ausgedruckten Unterlagen ersetzen das Original nicht. Durch den Ausdruck werden dem Mieter nur die Belege zur Verfügung gestellt, die in dem Computer des Vermieters oder der Vermietungsgesellschaft gespeichert sind. Ob allerdings der Inhalt dieses Ausdrucks mit den Originalbelegen übereinstimmt, lässt sich ohne nähere Prüfung der Originale nicht feststellen. Daher ist es sachgerecht, auch in diesen Fällen dem Mieter ein Einsichtsrecht in die Originalbelege zuzubilligen.[423] Die Regelungen der DS-GVO stehen der Belegeinsicht nicht entgegen; die Weitergabe der entsprechenden Daten an den Mieter ist jedenfalls nach Art. 6 Abs. 1 lit. f DS-GVO gerechtfertigt.[424] 236

Die Erfüllung des Einsichtsanspruchs ist auch durch Vorlage von **Belegscans** und/oder **Fotokopien** möglich, zumal heutzutage Vermieter mitunter über keine Originalbelege mehr verfügen oder diese selbst nur auf digitalem Wege erhalten.[425] 237

Auf die Büroführung des Vermieters kommt es im Ergebnis jedoch nicht an, da dieser gemäß § 556 Abs. 4 S. 2 BGB ohnehin berechtigt ist, die **Belege elektronisch bereitzustellen.** Hierbei handelt es sich um ein **Wahlrecht** iSv § 262 BGB. Den Leistungsort regelt das Gesetz nicht. Nach der Gesetzesbegründung soll die Regelung nicht dazu führen, dass der Vermieter die Belege mit Erfüllungswirkung „dem Internet übergibt" – sei es durch Absendung an den Mieter per E-Mail oder durch Bereitstellung in einem „digitalen Einsichtsort" (etwa in einem Mieterportal).[426] Entscheidend für die Bestimmung des Leistungsortes ist auch, welche Kommunikationswege der Mieter zu diesem Zwecke überhaupt eröffnet hat. Insofern kann die Bereitstellung per E-Mail Erfüllungs- 238

[418] OLG Düsseldorf NZM 2001, 48; AG Aachen MDR 1994, 271; Römer WuM 1996, 595.
[419] BGH 10.4.2019 – VIII ZR 250/17, NZM 2019, 620.
[420] BGH NJW 2018, 1599.
[421] Schmidt-Futterer/Langenberg BGB § 556 Rn. 480.
[422] BGH NJW 2018, 1599.
[423] Schmidt-Futterer/Langenberg BGB § 556 Rn. 481.
[424] Flatow NZM 2020, 623.
[425] AG Mainz ZMR 1999, 114; Scheffler/Petrick NZM 2003, 544.
[426] BT-Drs. 20/11306, 100.

wirkung haben, wenn die Parteien allgemein über diesen Weg Angelegenheiten das Mietverhältnis betreffend besprechen.

239 Eine generelle Verpflichtung des Vermieters, dem Mieter auf dessen Anforderung hin alle vorhandenen **Rechnungsbelege zu kopieren,** besteht nicht.[427] Der BGH[428] hat insoweit entschieden, dass der Mieter preisfreien Wohnraums grundsätzlich keinen Anspruch gegen seinen Vermieter auf Überlassung von Fotokopien der Abrechnungsbelege zur Betriebskostenabrechnung hat. Der Vermieter hat regelmäßig ein berechtigtes Interesse, den Mieter auf die Einsichtnahme in die Belege zu verweisen, um den zusätzlichen Aufwand, der mit der Erstellung der Fotokopien verbunden ist, zu vermeiden. Ein Recht auf Kopien soll der Mieter dann nicht haben, wenn dies für den Vermieter mit unverhältnismäßigem Aufwand verbunden ist und der Mieter in zumutbarer Weise Einsicht in die Belege nehmen kann.[429] Ein Anspruch des Mieters auf Übermittlung von Fotokopien der Rechnungsbelege kommt nach Treu und Glauben (§ 242 BGB) ausnahmsweise dann in Betracht, wenn dem Mieter die Einsichtnahme in die Abrechnungsunterlagen in den Räumen des Vermieters nicht zugemutet werden kann.[430] Führt der Verweis des Vermieters auf eine Einsichtnahme in die Belege zur Betriebskostenabrechnung im Ergebnis des jeweiligen Einzelfalls zu einer faktischen Vereitelung des Einsichtsrechts des – entfernt vom Aufbewahrungsort der Belege wohnenden – früheren Mieters, hat ihm der Vermieter unter dem Gesichtspunkt von Treu und Glauben Belegkopien zu übersenden.[431] Auf eine Einsichtnahme durch hierzu regelmäßig nur gegen Honorarabrede bereite Rechtsanwälte oder durch einen erklärtermaßen hierzu nicht bereiten Mieterverein braucht sich ein solcher Mieter nicht verweisen zu lassen. Kommt der Vermieter dem Ansinnen des Mieters auf Überlassung von Belegkopien nach, kann er seinen Sonderaufwand mit 0,25-0,50 EUR pro Kopie berechnen.[432]

240 Die Belege sind vorbehaltlich einer vertraglichen Regelung im Mietvertrag grundsätzlich am **Sitz des Vermieters** vorzulegen.[433] Ist dieser Sitz des Vermieters mit dem Mietobjekt identisch, ergeben sich keine Probleme. Dies gilt insbesondere dann, wenn sich am Sitz des Vermieters ein Büro der Hausverwaltung befindet. Zur systematischen Begründung kann auf die Vorschrift des § 269 BGB verwiesen werden, nach welcher die Leistung an dem Ort zu erfolgen hat, an welchem der Schuldner seinen Wohnsitz hat. Schuldner der Leistung ist der Vermieter, der die Belege vorzulegen hat, um dem Mieter Einsicht zu gewähren. Gelegentlich wird die Auffassung vertreten, die Vorlage der Belege sei am Ort der Mietwohnung notwendig.[434] Dies wird dann nicht verlangt werden können, wenn der Mieter nur einen unerheblichen Weg bis zum Sitz des Vermieters oder der Mietverwaltung zurückzulegen braucht. Liegt der Sitz der Verwaltung nicht am Ort der Mietwohnung, so kann der Mieter die Übersendung von Ablichtungen der Unterlagen gegen Kostenerstattung verlangen.[435] Der Mieter kann das **Einsichtsrecht auch durch Dritte** ausüben lassen.[436] Insbesondere bei Einsichtnahme in komplizierte Abrechnungsunterlagen hat sich bewährt, dass sie durch einen fachkundigen Anwalt vorgenommen worden ist. Der Anwalt sollte allerdings zuvor mit seinem Mandanten die Honorarfrage abgeklärt haben, da in vielen Fällen die Einsichtnahme in die Belege und der damit verbundene Aufwand zeitintensiv sind, namentlich wenn es

[427] Schmidt-Futterer/Lehmann-Richter, BGB § 556 Rn. 513–517.
[428] BGH NJW 2006, 1419 = NZM 2006, 340.
[429] LG Frankfurt a. M. WuM 1999, 576.
[430] LG Köln NZM 2001, 617 (618).
[431] BGH NJW 2010, 2288.
[432] LG Duisburg WuM 1990, 562 (0,50 DM bis 1 DM); aA AG Pankow/Weißensee NZM 2002, 655 (0,05 bis 0,1 EUR).
[433] LG Frankfurt a. M. NZM 2000, 27; aA AG Wiesbaden WuM 2000, 312.
[434] Schmid Nebenkosten 5088.
[435] Grüneberg/Weidenkaff BGB § 535 Rn. 97.
[436] LG Hamburg WuM 1985, 400; AG Hannover WuM 1987, 275; Sternel III Rn. 371; Schmidt-Futterer/Langenberg BGB § 556 Rn. 483.

sich um größere Mietobjekte oder Wohneinheiten handelt, während die Streitwerte relativ gering erscheinen, die der Rechtsanwalt regelmäßig seiner Berechnung für die von ihm ausgehenden Bemühungen zugrunde legen kann.

Ein Mieter kann im Rahmen der bei einer Betriebskostenabrechnung geschuldeten Belegvorlage vom Vermieter auch die Einsichtnahme in die von diesem erhobenen Einzelverbrauchsdaten anderer Nutzer eines gemeinsam versorgten Mietobjekts beanspruchen, um sich Klarheit zu verschaffen, ob bei einer verbrauchsabhängigen Abrechnung der Gesamtverbrauchswert mit der Summe der Verbrauchsdaten der anderen Wohnungen übereinstimmt, ob deren Werte zutreffend sind oder ob sonst Bedenken gegen die Richtigkeit der Kostenverteilung bestehen. Dabei ist die Darlegung eines besonderen Interesses nicht erforderlich.[437] 241

Nimmt der Mieter das Angebot des Vermieters auf Übersendung der Abrechnungsbelege zur Betriebskostenabrechnung **gegen angemessene Kostenerstattung** nicht an, ist er so zu behandeln, als sei ihm die Belegeinsicht gewährt worden.[438] In diesen Fällen kann der Mieter die Zahlung einer Betriebskostennachforderung nicht verweigern. Ein Zurückbehaltungsrecht steht dem Mieter nicht zu, wobei auf den allgemeinen Rechtsgedanken des § 162 BGB zurückgegriffen werden kann, demzufolge niemand Vorteile daraus ziehen kann, dass er sich selbst nicht vertragsgerecht verhält. 242

Bei Vermietung einer **Eigentumswohnung** hat der Mieter gelegentlich Nachteile, wenn er allein auf Einsicht in die Berechnungsunterlagen verwiesen wird, die der Verwalter dem Eigentümer ausgehändigt hat. Eine Ungleichbehandlung gegenüber sonstigen Wohnungsmietern ist aber nicht gerechtfertigt.[439] Zwischen den Rechtsbeziehungen der Wohnungseigentümer zum Verwalter und den Rechtsbeziehungen des vermietenden Wohnungseigentümers zum Mieter ist zu unterscheiden. ZB hat der Eigentümer Reparaturkosten des Aufzugs zu tragen, der Mieter grundsätzlich nicht. Daher ist dem Mieter ein umfassendes Einsichtsrecht in die Belege zuzugestehen, die **in den Räumen des Verwalters** vorzulegen sind.[440] Der Vermieter kann sich auch die Abrechnungsunterlagen beim Verwalter besorgen und diese – gegen Kostenerstattung – dem Mieter überlassen. Der Vermieter einer Eigentumswohnung hat regelmäßig allein die Abrechnung des Verwalters in seinen Händen, zusätzlich den Wirtschaftsplan bezogen auf ein Jahr. Aus diesen Unterlagen ergeben sich jedoch keine ausreichenden Hinweise darauf, ob die Reparaturkosten von den Wartungskosten ordnungsgemäß getrennt worden sind, ob Verwaltungskosten herausgerechnet worden sind oder aber die Aufwendungen für die Instandhaltungsrücklage nicht dem Mieter belastet worden sind. Zur Vereinfachung empfiehlt es sich für den Vermieter einer Eigentumswohnung, den Mieter zu ermächtigen, die Originalunterlagen beim Verwalter der Wohnungseigentümergemeinschaft einzusehen.[441] Gegenüber dem Recht jedes Wohnungseigentümers auf Einsicht in die der Jahresabrechnung zu Grunde liegenden Belege, kann sich der Verwalter nicht auf tatsächliche Schwierigkeiten berufen, die sich bei der Geltendmachung des Einsichtsanspruchs durch die zahlreichen Eigentümer einer großen Wohnanlage ergeben. Im Rahmen der Einsichtnahme hat der Wohnungseigentümer Anspruch auf Aushändigung von Fotokopien; die Kosten sind dem Verwalter dafür zu erstatten. Das Einsichtsrecht der Eigentümer wird allein durch den Grundsatz von Treu und Glauben und das Schikaneverbot begrenzt. 243

Allerdings hat der Mieter einer Eigentumswohnung keinen Anspruch darauf, dass ihm der Vermieter eine Einsicht in die **Beschlüsse der Wohnungseigentümergemeinschaft** verschafft. Auf diese Unterlagen bezieht sich der Anspruch des Mieters auf Einsicht in die Abrechnungsunterlagen der Betriebskostenabrechnung nicht.[442] 244

---

437 BGH NJW 2018, 1599.
438 AG Aachen WuM 2004, 611.
439 Windisch WuM 1996, 630.
440 OLG Hamm WuM 1981, 62.
441 BayObLG NZM 2000, 873.
442 BGH NZM 2012, 96; vgl. dazu auch Schmid MDR 2012, 746 (747).

245 Die mit der Einsichtnahme selbst verbundenen Kosten hat der Vermieter zu tragen. Der Sache nach handelt es sich um Kosten, die der Verwaltung des Mietobjekts zuzuordnen sind. Der Vermieter ist gehalten, die Belege dem Mieter in geordneter Form vorzulegen. Nicht ausreichend ist, dem Mieter eine Anzahl mehrerer Aktenordner zu präsentieren, aus denen er sich die passenden Unterlagen heraussuchen kann. Empfehlenswert ist in diesem Zusammenhang, die Unterlagen nach Betriebskostenarten getrennt aufzubewahren und die zusammengehörenden Belege dem Mieter zur Prüfung zur Verfügung zu stellen.[443] Zumutbar ist auch, dass der Vermieter die Belege gegen Kostenerstattung kopiert. Letztlich erscheint dies vor dem Hintergrund sachgerecht, dass der Vermieter im Hinblick auf die Betriebskosten und deren Vorauszahlungen als **Treuhänder für den Mieter** tätig wird.

246 Ein Bestreiten des Kostenansatzes im Rechtsstreit ist nur dann zu berücksichtigen, wenn der Mieter zuvor die Berechnungsunterlagen eingesehen hat; von dieser Möglichkeit muss der Mieter Gebrauch machen, soll sein Bestreiten nicht als unsubstantiiert und damit als rechtlich unerheblich angesehen werden.[444]

Formulierungsvorschlag für Verlangen des Mieters, Einsicht in die vorhandenen Belege zu nehmen:

247 Sehr geehrter Vermieter,

die Betriebskostenabrechnung vom 3.4.2019 für das Jahr 2018 habe ich erhalten. Da eine nicht zu erklärende Steigerung der Gesamtkosten/Kosten für Grundbesitzabgaben/Hausreinigung zu verzeichnen ist, möchte ich die vollständigen Unterlagen einsehen, die Grundlage der Abrechnung waren.

Ich wäre Ihnen sehr verbunden, wenn Sie die Unterlagen für mich am ...... in der Zeit von ...... bis ...... oder am ...... in der Zeit von ...... bis ...... bereitlegen könnten. Eine kurze telefonische Nachricht genügt.

Ich schlage Ihnen vor, die Einsichtnahme in die Belege in Ihrem Büro in der ......-Straße vorzunehmen.

Entstehende Kopierkosten werden mit 0,25 EUR ausgeglichen.

Mit freundlichen Grüßen

Ihr Mieter

248 Gem. § 35a EStG vermindert sich die zu zahlende Einkommenssteuer auf besonderen Antrag hin, wenn der Steuerpflichtige haushaltsnahe Dienstleistungen und/oder haushaltsnahe Handwerkerleistungen in Anspruch genommen und unbar bezahlt hat, § 35a Abs. 2 S. 1, § 35a Abs. 3 EStG. Der Steuerpflichtige hat die Aufwendungen durch Vorlage einer Rechnung und die Zahlung auf ein Konto des Handwerkers nachzuweisen. Grundlage bildet das Schreiben des Bundesfinanzministeriums vom 15.2.2010 zu haushaltsnahen Leistungen. Danach kann auch der Wohnungsmieter eine Steuerermäßigung nach § 35a EStG in Anspruch nehmen, wenn die von ihm geleisteten Betriebskostenzahlungen Teilbeträge beinhalten, die sich auf handwerkliche Arbeiten beziehen und sein Anteil an den vom Vermieter gezahlten Aufwendungen entweder aus der Jahresabrechnung hervorgeht oder durch eine Bescheinigung des Vermieters sich ergibt. Der Nachweis des Mieters gegenüber der Finanzbehörde geschieht dadurch, dass er die Jahresabrechnung vorlegt und sich aus dieser die Handwerkerleistungen ergeben oder aber durch eine entsprechende Bescheinigung des Vermieters.

249 Das Landgericht Berlin[445] hat dem Mieter einen Anspruch auf Ausstellung einer Bescheinigung nach § 35a EStG gegen den Vermieter versagt. Demgegenüber dürfte aber ein Anspruch des Mieters bestehen aus dem Gesichtspunkt einer Nebenpflicht aus dem Mietvertrag.[446]

[443] Grüneberg/Weidenkaff BGB § 535 Rn. 97.
[444] OLG Düsseldorf DWW 2000, 193 (194).
[445] LG Berlin BeckRS 2017, 130251.
[446] Vgl. dazu auch Blank MDR 2018, 380 (383).

6. Abrechnungsfrist, Abrechnungszeitraum und Ausschlussfristen

Es ist zu unterscheiden zwischen: Verbrauchszeitraum, Abrechnungszeitraum und Abrechnungsfrist. Verbrauchszeitraum und Abrechnungszeitraum werden sich häufig decken, was aber nicht zwangsläufig ist. Der Abrechnungszeitraum beträgt bei Wohnraummietverhältnissen höchstens 12 Monate, § 556 Abs. 3 S. 1 BGB („jährlich"). Hierbei handelt es sich um eine Höchstfrist, die sich mit dem Kalenderjahr nicht zwingend decken muss. Aus Gründen der Praktikabilität sind Abweichungen möglich, zB zwecks Umstellung des Abrechnungszeitraums auf das **Kalenderjahr.** Dabei darf jedoch der Abrechnungszeitraum in der Übergangsphase nur unerheblich überschritten werden.[447] Kosten, die nicht jährlich, sondern im Abstand mehrerer Jahre anfallen (**aperiodische Betriebskosten**), können im Jahr ihrer Entstehung angesetzt werden oder auf die nachfolgenden Jahre verteilt werden. Dies gilt zB für die Kosten von Baumpflegearbeiten[448] oder für den Austausch von Wärmezählern.[449] 250

Abrechnungszeitraum und tatsächlicher Ablesezeitraum können auseinanderfallen; im Allgemeinen gehört es zum Wesen einer ordnungsgemäßen Abrechnung, dass sich Abrechnungs- und Ablesezeitraum nach den technischen und wirtschaftlichen Möglichkeiten des Einzelfalls weitestgehend decken; die Grenze ist erst dann überschritten, wenn Abrechnungs- und Ablesezeitraum so auseinander klaffen, dass der ausgewiesene Abrechnungszeitraum und der tatsächlich abgerechnete Ablesezeitraum erheblich voneinander abweichen und nicht nur um einige Wochen.[450] 251

Es kann vorkommen, dass der vom Versorgungsunternehmen gegenüber dem Vermieter abgerechnete **Leistungszeitraum** nicht deckungsgleich mit dem vertraglich vereinbarten **Abrechnungszeitraum** zwischen Mieter und Vermieter ist. In diesem Falle hat der Vermieter drei unterschiedliche Möglichkeiten, über die ihm entstandenen Betriebskosten abzurechnen, nämlich nach Leistungen, nach Rechnungen oder nach Ausgaben.[451] Das Prinzip der **Leistungsabrechnung** ist vorzuziehen; abgerechnet wird über Betriebs**kosten.** Nach dem betriebswirtschaftlichen Begriff sind Kosten diejenigen Belastungen, die aus dem Verbrauch von Gütern materieller und immaterieller Art stammen. Sie sind unabhängig von Ausgaben und es kann nicht darauf ankommen, ob der Vermieter seinerseits die entsprechenden Kosten bei Dritten ausgeglichen hat. Maßgeblich ist, inwieweit Güter, die schon vor dem Abrechnungszeitraum oder während seiner Dauer angeschafft worden sind, bis zu seinem Ende verbraucht worden sind. Dieser Definition entspricht allein die Leistungsabrechnung.[452] Daher dürfen nur die Kosten angesetzt werden, die innerhalb des Abrechnungszeitraums entstanden sind.[453] Dabei ist das Rechnungsdatum unbeachtlich.[454] Maßgeblich ist der Kostenanfall, nicht der Zahlungsabfluss. Der Vermieter kann daher nicht die erbrachten Vorauszahlungen an die Versorgungsunternehmen in die Abrechnung einstellen.[455] Betriebskosten, die für zwei Abrechnungszeiträume angefallen sind, dürfen nur zeitanteilig einbezogen werden.[456] Ebenso wenig können die Kosten aus einer abgeschlossenen Abrechnungsperiode in die jetzige Abrechnung aufgenommen werden.[457] Um aber unhaltbare Ergebnisse zu vermeiden, können etwa die Heizkosten des Vorjahres dann in die Abrechnung des Folgejahres aufgenommen werden, wenn die Abrechnung des Wärmelieferanten nicht 252

---

[447] Grüneberg/Weidenkaff BGB § 535 Rn. 97.
[448] LAG Hessen WuM 1992, 252.
[449] AG Koblenz DWW 1996, 252.
[450] OLG Schleswig DWW 1990, 355 (356).
[451] Vgl. dazu Schmidt-Futterer/Langenberg BGB § 556 Rn. 303 ff.
[452] Schmidt-Futterer/Langenberg BGB § 556 Rn. 306.
[453] AG Leipzig WuM 2002, 376; AG Nürnberg NZM 2002, 859.
[454] AG Neuss DWW 1993, 296.
[455] AG Köln WuM 1997, 232.
[456] AG Hagen DWW 1990, 211.
[457] AG Tübingen WuM 1991, 122.

dem vertraglichen Abrechnungszeitraum angepasst ist und das Mietverhältnis sowohl im Vorjahr als auch im Folgejahr bestanden hat.[458]

253 Der **Bundesgerichtshof** hat die Streitfrage insoweit entschieden, als §§ 556 ff. BGB den Vermieter bei der Abrechnung von Betriebskosten nicht auf eine Abrechnung nach dem Leistungsprinzip festlegen. Auch eine Abrechnung nach dem Abflussprinzip ist grundsätzlich zulässig.[459] Dies gilt für die kalten Betriebskosten, die nach beiden Methoden abgerechnet werden können.

254 In Abgrenzung dazu hält der BGH[460] bei der Abrechnung von Heizkosten eine Abrechnung nach dem Abflussprinzip aufgrund der Sonderregelung in §§ 7 Abs. 2, 12 Abs. 1 HeizkostenV für unzulässig. Die Rechtsfolgen sind für den Vermieter umso schwerwiegender, als eine Kürzung der Nachforderung nach § 12 Abs. 1 HeizkostenV ausgeschlossen wird mit der Begründung, die im Abrechnungszeitraum verbrauchten Brennstoffe seien nicht ermittelt worden.[461]

255 Mit Ablauf der Abrechnungsfrist tritt **Abrechnungsreife** ein. Mit Abrechnungsreife ist der Vermieter nicht mehr in der Lage, mit Erfolg Vorauszahlungen auf die Betriebskosten geltend zu machen. Im steht allenfalls ein Anspruch auf Zahlung eines Saldos aus einer von ihm vorzunehmenden Abrechnung zu. Verzugszinsen bleiben hiervon unberührt. Tritt Abrechnungsreife während eines laufenden Rechtsstreits ein, in dessen Rahmen der Vermieter als Kläger u. a. Vorauszahlungen auf die Betriebskosten für einen vergangenen Zeitraum geltend gemacht hat, ist die Klage umzustellen auf den Saldo aus der Betriebskostenabrechnung. Unterlässt der Kläger dies und verfolgt er weiterhin die Vorauszahlungen auf die Betriebskosten, ist die Klage als unbegründet abzuweisen.[462]

256 Die Abrechnung ist dem Mieter spätestens bis zum Ablauf des zwölften Monats nach Ende des Abrechnungszeitraums mitzuteilen, § 556 Abs. 3 S. 2 BGB. Rechnet der Vermieter nicht oder nicht fristgerecht ab, kann der Mieter auf Rechnungslegung klagen, was insbesondere dann in Betracht zu ziehen ist, wenn sich der Mieter die Rückzahlung eines Überschusses an geleisteten Vorauszahlungen verspricht.

Formulierungsvorschlag für eine Klage des Mieters auf Abrechnungslegung:

257 An das Amtsgericht

Hiermit erhebe ich Klage gegen ...... (Name und ladungsfähige Anschrift des Vermieters), Beklagten, und bitte um Anberaumung eines Termins zur mündlichen Verhandlung, für welche ich folgende Sachanträge ankündige:

Der Beklagte wird verurteilt, hinsichtlich des Mietobjekts ...... über die Heiz- und Betriebskosten in dem Zeitraum vom 1.1.2018 bis 31.12.2018 unter Berücksichtigung der vom Kläger geleisteten Vorauszahlungen abzurechnen.

Begründung:

Der Kläger ist Mieter (Bezeichnung der Mietsache), der Beklagte Vermieter des Objektes ...... Grundlage hierfür ist der schriftliche Mietvertrag vom 1.1.1999. Nach § 2 dieses Mietvertrages beläuft sich die monatliche Grundmiete auf 500 EUR und die Vorauszahlungen auf die Betriebskosten entsprechend Anlage 3 zu § 27 der 2. BVO (§ 2 BetrKV) einschließlich Heizkosten auf 160 EUR pro Monat. Trotz Mahnung hat der Beklagte für das Jahr 2018 eine Abrechnung über die Betriebskosten nicht vorgelegt. Hinderungsgründe sind dem Kläger nicht bekannt. Der Kläger forderte den Beklagten erfolglos zur Abrechnung über die Betriebskosten des Jahres 2018 auf. Klageerhebung war daher geboten.

Unterschrift

258 Die **Ausschlussfrist** ist in § 556 Abs. 3 S. 3 BGB geregelt. Nach Ablauf dieser Frist ist die Geltendmachung einer Nachforderung durch den Vermieter ausgeschlossen, es sei

---

458 LG Düsseldorf DWW 1990, 51.
459 BGH NZM 2008, 277.
460 BGH NJW 2012, 1141.
461 BGH NJW 2012, 1141 (1142).
462 Schmidt-Futterer/Langenberg BGB § 556 Rn. 455.

denn, er hat die verspätete Geltendmachung nicht zu vertreten.[463] § 556 Abs. 3 BGB gilt aufgrund seiner systematischen Stellung sowie mangels Erwähnung in § 578 BGB nur für das Wohnraummietrecht. Eine analoge Anwendung auf die Gewerberaummiete hat der 12. Zivilsenat abgelehnt.[464] Anders verhält es sich dagegen mit dinglichen Wohnrechten, bei denen der 5. Zivilsenat eine entsprechende Anwendung des § 556 Abs. 3 BGB bejaht hat.[465] Der Zweck der Vorschrift, die an § 20 Abs. 3 S. 4 NMV angelehnt ist, liegt darin, dem Mieter Sicherheit über den Verbleib seiner Vorauszahlungen zu verschaffen und Streit über lange zurückliegende Zeiträume zu vermeiden.[466] Da es nach § 556 Abs. 3 S. 2 BGB auf die Mitteilung der Abrechnung ankommt, genügt zur Fristwahrung nicht die rechtzeitige Absendung der Abrechnung. Vielmehr muss sie dem Mieter noch innerhalb der Frist zugegangen sein, wobei es nicht darauf ankommt, ob der Mieter tatsächlich von ihr Kenntnis genommen hat. Der Zweck der gesamten Regelung ist darin zu sehen, dass beide Vertragsparteien möglichst zügig Klarheit über die Höhe der tatsächlich entstandenen bzw. zu zahlenden Betriebskosten zu erhalten.[467]

Dem Vermieter ist generell anzuraten, die Voraussetzungen für einen **Nachweis des rechtzeitigen Zugangs** beim Mieter für den Fall zu schaffen, dass dieser den Zugang (prozessual) bestreiten sollte. Der Nachweis, die Abrechnung per Post versandt zu haben, genügt nicht, da der Beweis des Versands nicht den Beweis des Zugangs indiziert.[468] Die Rechtsprechung geht davon aus, dass nach der Verkehrsanschauung Hausbriefkästen im Allgemeinen unmittelbar nach Abschluss der vor Ort üblichen Postzustellzeiten geleert werden.[469] Die Abrechnung kann auch über das **E-Mail-Postfach** des Mieters zugehen, da dieses zu seinem Machtbereich gehört, wenn es der Mieter gegenüber dem Vermieter insofern „gewidmet" hat. Die Möglichkeit der Kenntnisnahme besteht spätestens am Tag, der auf den Tag folgt, an dem die Abrechnung in der Mailbox des Mieters oder der des Providers abrufbar gespeichert wurde.[470] Denkbar ist auch der Zugang über ein **Datenportal des Vermieters,** sofern der Mieter sich damit einverstanden erklärt hat, Zustellungen auf diesem Wege zu erhalten. Der Zugang bei einem **Empfangsvertreter** des Mieters ist mit dem Zugang beim Mieter gleichzusetzen (§ 166 Abs. 2).[471] **259**

Der Vermieter ist für den Zugang der Betriebskostenabrechnung innerhalb der Abrechnungsfrist darlegungs- und beweispflichtig.[472] Versäumnisse seiner Hilfspersonen muss er sich wie eigenes Verschulden zurechnen lassen, § 278 BGB. Im Hinblick auf den Zugang der Betriebskostenabrechnung gelten die allgemeinen Regeln, wobei streitig ist, ob die Regeln über den Zugang von Willenserklärungen entsprechend oder überhaupt nicht angewendet werden können.[473] Rechtzeitig iSd § 556 Abs. 3 BGB geht die Betriebskostenabrechnung des Vermieters dem Mieter zu, wenn unter normalen Umständen damit gerechnet werden darf, dass diese noch vor Fristablauf Kenntnis genommen werden kann.[474] Ein am Silvestertag nach 19 Uhr beim Bevollmächtigten des Mieters eingehendes Telefaxschreiben geht demgemäß verspätet zu.[475] Wird ein Schriftstück erst am 31.12. nachmittags in den Briefkasten eines Bürobetriebs geworfen, in welchem branchenüblich zu dieser Zeit nicht mehr gearbeitet wird, so gilt die Abrechnung als erst am nächsten Werktag zugegangen. Anders ist nach Auffassung des Landgerichts Hamburg im Rahmen eines Wohnraummietverhältnisses der Einwurf einer Betriebskosten- **260**

463 BGH NJW 2008, 1150.
464 BGH NJW 2010, 1065.
465 BGH NJW 2009, 3644 = NZM 2009, 904.
466 Emmerich/Sonnenschein/Weitemeyer BGB § 556 Rn. 62.
467 Langenberg NZM 2001, 783 (785).
468 AG Duisburg-Ruhrort WuM 2004, 203; AG Meißen WuM 2007, 628.
469 BAG 22.8.2019 – 2 AZR 111/19, NJW 2019, 3666.
470 AG Hamburg MMR 2018, 551.
471 LG Cottbus 27.12.2019 – 2 O 136/19, ZMR 2020, 408.
472 Grüneberg/Weidenkaff BGB § 556 Rn. 11.
473 AG Köln NJW 2005, 2930; AG Hamburg-St. Georg NJW 2006, 162.
474 AG Ribnitz-Damgarten WuM 2007, 18.
475 Vgl. auch BGH NJW 2008, 843.

abrechnung an Sylvester um 17:34 Uhr zu bewerten. Diese sei dem Mieter rechtzeitig zugegangen.[476]

261 Die Ausschlussfrist beginnt mit dem **Ende des Abrechnungszeitraums.** Nach § 187 Abs. 1 BGB ist damit der erste Tag gemeint, der dem letzten Tag der Abrechnungsperiode folgt. Fristende ist der Ablauf des zwölften Monats nach dem Ende des Abrechnungszeitraums. Nach dem Sinn und Zweck der Vorschrift, einen Streit über lang zurückliegende Zeiträume zu vermeiden, ist das Vorliegen einer formell ordnungsgemäßen Abrechnung erforderlich, aber auch ausreichend, wobei es auf die materielle Richtigkeit der Abrechnung nicht ankommt.[477]

262 Nach Fristablauf kann der Vermieter eine **Nachzahlung** nur noch dann verlangen, wenn er die verspätete Geltendmachung **nicht zu vertreten** hat. Nach der gesetzlichen Systematik hat der Vermieter nach § 276 Abs. 1 BGB Vorsatz und Fahrlässigkeit zu vertreten. Daraus ist der Schluss abzuleiten, dass der Vermieter alles in seiner Macht Stehende zu veranlassen hat, um an die für Abrechnungserstellung erforderlichen Informationen zu gelangen, wobei er sich im Einzelfall auch gerichtlicher Hilfe bedienen muss. Dies gilt namentlich insbesondere für die Abrechnungen der von ihm beauftragten Versorgungsunternehmen. Dortige Verzögerungen, die außerhalb des Einflussbereichs des Vermieters liegen, hat dieser regelmäßig nicht zu vertreten. Bedient sich der Vermieter zwecks Zustellung der Abrechnung einem Postunternehmen, wird dieses insoweit als Erfüllungsgehilfe des Vermieters tätig. In einem solchen Falle hat der Vermieter ein Verschulden der Post gem. § 278 S. 1 BGB auch dann zu vertreten (§ 556 Abs. 3 S. 3 BGB), wenn auf dem Postweg für den Vermieter unerwartete und nicht vorhersehbare Verzögerungen oder gar Verluste von Postsendungen auftreten.[478] Im Einzelfall können auch Verzögerungen, die nicht im Einflussbereich des Vermieters liegen, diesen entschuldigen, § 276 BGB. Solche nicht zu vertretenden Verspätungen können ihre Ursache zB darin haben, dass Versorgungsunternehmen ihre Abrechnung erst lange nach Ablauf der Abrechnungsperiode erstellt haben, so dass die Frist nicht mehr eingehalten werden kann. Auch Steuern oder Abgaben werden manchmal erst sehr viel später festgesetzt. Als weitere Fälle entschuldigter Verspätungen kommen Streitigkeiten mit Lieferanten über die von ihnen ausgestellten Rechnungen in Betracht, Unstimmigkeiten mit Mietern über die Vorjahresabrechnung, die als Grundlage für die aktuelle Abrechnung dienen soll, oder auch längerer Ausfall der EDV-Anlage.[479]

263 Nach der gesetzlichen Systematik hat der Vermieter für den Fall einer Fristversäumung **im Rechtsstreit** darzulegen und zu beweisen, dass er die Fristversäumung seinerseits nicht zu vertreten hat.[480]. Um eventuelles Fremdverschulden darzulegen, insbesondere auch eigenes Verschulden substantiiert in Abrede zu stellen, bedarf es gegebenenfalls umfangreichen Sachvortrags.

264 Nach der gesetzlichen Systematik hat der Vermieter gem. § 276 BGB Vorsatz und Fahrlässigkeit zu vertreten. Daraus folgt, dass der Vermieter alles in seiner Macht Stehende veranlassen muss, um die Abrechnungen seiner Zulieferer zu erlangen, wobei er sich auch gerichtlicher Hilfe im Einzelfall bedienen muss. Nach der gesetzlichen Systematik findet grundsätzlich auch § 278 BGB Anwendung. Jedoch dürfte im Verhältnis des Vermieters zu seinen Mietern der Brennstofflieferant im Hinblick auf die Abrechnungspflicht des Vermieters zu seinen Mietern nicht als Erfüllungsgehilfe des Vermieters anzusehen sein.

265 Keine Besonderheiten treten auf bei der Frage, ob sich der Vermieter eine eventuelle Verzögerung der Abrechnung seitens des **WEG-Verwalters** zurechnen lassen muss. Nach einer Auffassung hat der Vermieter Verzögerungen, die ihren Ursprung in seinem

[476] LG Hamburg NZM 2017, 597.
[477] Gies NZM 2002, 514 (515); Langenberg NZM 2001, 783 (785); Emmerich/Sonnenschein/Weitemeyer BGB § 556 Rn. 63.
[478] BGH NJW 2009, 2197.
[479] Langenberg S. 214.
[480] Grüneberg/Weidenkaff BGB § 556 Rn. 12; Gies NZM 2002, 514.

Rechtskreis haben, immer zu vertreten.[481] Kommt der WEG-Verwalter seiner Verpflichtung zur zügigen Abrechnung nicht nach, stammt die Ursache der Verzögerung aus der Sphäre des Vermieters, so dass er sich die Verzögerung zurechnen lassen müsse. Nach anderer Auffassung[482] hat er die Verspätung nicht zu vertreten, wenn er sich nachdrücklich um die Vorlage der WEG-Abrechnung bemüht; nicht ausgeschlossen ist außerdem, dass der Vermieter gegen den Verwalter auf Erstellung einer Abrechnung klagt. Der WEG-Verwalter, der nicht zugleich das Sondereigentum verwaltet, ist nicht Erfüllungsgehilfe des Vermieters.[483] Er steht insoweit Dritten gleich, deren Rechnungen der Vermieter, gegebenenfalls mit zwischenzeitlichen nachdrücklichen Mahnungen, abwarten darf, ohne nach § 556 Abs. 3 S. 4 BGB zur Vornahme von Teilabrechnungen verpflichtet zu sein. Der Vermieter kann sich allerdings nicht darauf verlassen, der Verwaltungsbeirat oder andere Miteigentümer würden eine rechtzeitige Abrechnung durch den Verwalter erreichen. Notfalls muss er selbst Schritte einleiten und ggf. erforderliche Beschlüsse herbeiführen, um eine Abrechnung durch den Verwalter zu erzwingen.[484]

Der Bundesgerichtshof[485] hatte sich mit der Frage zu befassen, ob die in § 556 Abs. 3 **266**
S. 2 und 3 BGB geregelten Fristen insbesondere der Fristbeginn auch bei der Vermietung einer Eigentumswohnung gelten, wenn die Wohnungseigentümer nach verspäteter Abrechnung des Wohngeldes für die Eigentümer nach Ablauf der in § 556 Abs. 3 S. 2 BGB aufgeführten Frist die Abrechnung beschließen und demgemäß der vermietende Eigentümer die Frist verpasst. Nach Auffassung des Bundesgerichtshofs kommt es auf die Beschlussfassung durch die Eigentümer nicht an. Bereits nach dem Wortlaut des § 556 Abs. 3 BGB und dem Gesichtspunkt einer Gleichbehandlung sämtlicher Mieter ist allein auf die Jahresfrist abzustellen. Im Falle einer Verzögerung der Abrechnung durch den Verwalter bleibt dem vermietenden Wohnungseigentümer allein die Möglichkeit, selbst eine Abrechnung zu erstellen oder zumindest den Verwalter in Regress zu nehmen, nachdem der Eigentümer ihn rechtzeitig noch vor Ablauf der Frist gemahnt hat.[486]

Bei einem **einheitlichen Vorauszahlungsbetrag** auf die Betriebskosten, bei dem nicht **267**
zwischen den Heizkosten und den sonstigen Betriebskosten unterschieden wird, gilt eine Besonderheit. Der Vermieter rechnet am Jahresende über die Betriebskosten ab, nachdem das Ende der entsprechenden Heizperiode bereits seit 1½ Jahren zurücklag. Der Bundesgerichtshof[487] meint, dass die Ausschlussfrist des § 556 Abs. 3 BGB im Hinblick auf die Heizkosten nicht greife, weil angesichts des einheitlichen Betrages der Vorauszahlungen eine Verpflichtung zur gesonderten Abrechnung über die Heizkosten nicht bestanden habe; wenn aufgrund einheitlicher Vorauszahlungen auf die Betriebskosten eine Gesamtabrechnung über alle Betriebskosten zu erstellen ist, kann für den Nachforderungsausschluss auch nur eine einheitliche Abrechnungsfrist gelten, und zwar die für die Gesamtabrechnung.

Der Mieter, der aus der Mietwohnung auszieht, ohne seinem Vermieter seine neue **268**
Anschrift mitzuteilen, kann sich gegenüber einer Betriebskostennachforderung nicht auf den Ablauf der Jahresfrist des § 556 Abs. 3 S. 2 BGB berufen. Eine bewusste und gewollte Verzögerung des Zugangs ist allein auf das treuwidrige Verhalten des Mieters zurückzuführen, so dass er sich nicht auf den Ablauf der Ausschlussfrist berufen kann.[488]

Eine erteilte und ausgeglichene Betriebskostenabrechnung kann zu Lasten des Mieters **269**
geändert werden, wenn etwa das Finanzamt **nachträglich** die umlagefähige **Grundsteuer** erhöht hat.[489] Der Vermieter hat keinerlei Einfluss auf die Bearbeitung seiner Unterlagen

[481] Beuermann/Blümmel, Das neue Mietrecht, 2001, S. 117.
[482] Langenberg, Die Betriebskosten der vermieteten Eigentumswohnung, NZM 2004, 361 (365).
[483] BGH NJW 2017, 2608.
[484] Vgl. Herrlein NJW 2017, 2801 (2803).
[485] BGH ZMR 2017, 303.
[486] Vgl. Blank MDR 2017, 1161 (1164).
[487] BGH NZM 2008, 520 (522).
[488] AG Bad Neuenahr-Ahrweiler NZM 2008, 205.
[489] AG Köln NZM 2001, 708; LG Frankfurt a. M. NZM 2001, 583; 2002, 336.

durch die Finanzbehörden und deren Schnelligkeit. Er hat es daher nicht zu vertreten, wenn nachträglich Änderungen, seien sie auch erwartet worden, bei der Bemessung der Grundsteuer vorgenommen werden, etwa wenn nachträglich Vergünstigungen in Wegfall geraten sind.[490] Der Vermieter ist daher berechtigt, in diesem Fall eine Betriebskostenabrechnung nachträglich zu korrigieren.

270 Grundsätzlich kann der Vermieter nach Ablauf der Frist des § 556 Abs. 3 S. 2 BGB eine Abrechnung von Betriebskosten zum Nachteil des Mieters nicht mehr korrigieren. Davon macht der BGH[491] eine Ausnahme im Fall eines offenkundigen Rechenfehlers mit der Begründung, unter dem Gesichtspunkt von Treu und Glauben nach § 242 BGB sei der Mieter nicht schützenswert.

271 Eine Befugnis zur Korrektur der Betriebskostenabrechnung im Falle der Nachbelastung mit erhöhter Grundsteuer ist nicht mehr gegeben, ist das Mietverhältnis beendet.[492] Zur Begründung wird darauf verwiesen, dass im Zeitpunkt der Nachbelastung ein Mietverhältnis zwischen den Parteien nicht mehr vorliegt und der Mieter nur mit solchen Kosten belastet werden soll, die während seiner Mietzeit fällig geworden sind und damit seinem durch das Mietobjekt vermittelten Nutzungsvorteil entsprechen.

272 § 556 Abs. 3 S. 4 BGB stellt klar, dass der Vermieter nicht zu Teilabrechnungen verpflichtet ist; gleichwohl ist er hierzu im Umkehrschluss jedoch grundsätzlich berechtigt. Ob dies praktikabel ist, entscheidet sich im Einzelfall und hängt namentlich davon ab, ob erhebliche Nachzahlungen seitens des Vermieters erwartet werden.

273 Eine Teilabrechnung ist dem Vermieter dann zu empfehlen, wenn er die Belastungen durch eine Vorfinanzierung der Betriebskosten lindern möchte, aber trotz Abrechnungsreife nach Ende der Abrechnungsperiode nicht sämtliche Belege, etwa Abrechnungen der Energielieferanten, vorliegen. Die Ausschlussfrist für Einwendungen des Mieters bezieht sich sodann auf die geltend gemachte Teilabrechnung.

274 Auch wenn der Vermieter zu Teilabrechnungen nach § 556 Abs. 3 S. 4 BGB nicht verpflichtet ist, sollte beachtet werden, dass in Einzelfällen zwischen den Betriebskosten und den Heizkosten unterschieden werden muss. Grundsätzlich bezieht sich die Ausschlussfrist des § 556 Abs. 3 S. 3 BGB auf beide Nebenkostengruppen. Stehen dem Vermieter noch nicht alle Unterlagen für eine Abrechnung zur Verfügung, jedoch alle Belege für eine Heizkostenabrechnung, ist für den Fall einer im Mietvertrag vereinbarten einheitlichen Betriebskostenvorauszahlung der Vermieter nicht gehalten, eine separate Heizkostenabrechnung vorzunehmen; der Vermieter kann auf eine Teilabrechnung verzichten und innerhalb der Abrechnungsfrist eine Gesamtabrechnung vornehmen. Anders zu entscheiden ist für den Fall, dass im Mietvertrag getrennte Vorauszahlungen für Heiz- und sonstige Betriebskosten vereinbart sind. Ist demgemäß eine Abrechnung einerseits für Heizkosten möglich, andererseits für die übrigen Betriebskosten, ohne dass bereits sämtliche Belege aus beiden Abrechnungskreisen vorliegen, ist eine Teilabrechnung im Fall **getrennter Vorauszahlungen** geboten.[493] Die Ausschlussfrist des § 556 Abs. 3 S. 3 BGB ist für die jeweilige Betriebskostengruppe gesondert zu bestimmen.

275 Möchte der Vermieter einen Nachforderungsanspruch prozessual durchsetzen, müssen die Anspruchsvoraussetzungen zumindest schlüssig dargelegt werden, um ein Urteil zu seinen Gunsten zu erhalten. Dazu gehört die Darstellung der vertraglichen Beziehungen und die Vorlage der Abrechnung selbst, aus der sich der überschießende Saldo ergibt. Ferner ist der Sachvortrag erforderlich, dass dem Mieter die Abrechnung zugegangen ist, verbunden mit der Aufforderung, diesen Saldo auszugleichen.

276 § 556 Abs. 3 S. 3 BGB ist § 20 Abs. 3 S. 4 NMVO nachgebildet. In einem Rechtsstreit, den der Vermieter gegen den Mieter führen muss, um den Betriebskostensaldo zu erlangen, ist zusätzlich zu beachten:

[490] AG Bielefeld NZM 2003, 22.
[491] NJW 2011, 1957.
[492] LG Frankfurt a. M. NZM 2002, 336.
[493] Schmidt-Futterer/Langenberg BGB § 556 Rn. 478.

Regelmäßig dauert ein solcher der **Rechtsstreit** inklusive möglicher Berufungsinstanz mehr als ein Jahr; die gesetzliche Ausschlussfrist läuft somit regelmäßig im laufenden Rechtsstreit ab. Weist das Gericht die Klage des Vermieters mit der Begründung ab, eine ordnungsgemäße Abrechnung und damit eine fällige Nachzahlungsforderung nicht vorliege, stellt sich die Frage, ob der Vermieter unter Verwendung der gerichtlichen Hinweise eine korrigierte Abrechnung mit Erfolg durchsetzen kann. Die Ausschlussfrist des § 20 Abs. 3 S. 4 NMVO kommt nicht in Betracht, wenn der Vermieter die Betriebskostenabrechnung nach einem einschlägigen Prozess zwischen den Mietvertragsparteien unverzüglich neu erstellt und dem Mieter zuleitet.[494] Die Ausschlussfrist wurde damit begründet, der Mieter sollte sich nicht mehr nach einem bestimmten Zeitablauf mit Betriebskostennachforderungen überrascht sehen, die aus länger zurückliegenden Verbrauchszeiträumen resultieren. Ist die Abrechnung aber fristgerecht erstellt und dem Mieter zugegangen, kann bis zur Grenze der Verwirkung eine erneute Abrechnung erstellt werden, da der Mieter mit dieser Abrechnung rechnen muss, nachdem ein einschlägiger Prozess vom Vermieter erfolglos geführt wurde. Dem Vermieter muss Gelegenheit gegeben werden, die Hinweise und rechtlichen Erwägungen des Gerichts in einer neuen Abrechnung umzusetzen. Es ist jedoch zu fordern, dass nach Abschluss des Rechtsstreits die neue Abrechnung unverzüglich erfolgt. Da § 556 Abs. 3 S. 3 BGB von den gleichen Erwägungen getragen wird wie § 20 Abs. 3 S. 4 NMVO, gelten die vorstehenden Erwägungen selbstverständlich auch für die im Rechtsstreit geltend gemachten Betriebskostenforderungen im preisfreien Wohnraummietrecht. Eine verspätete Geltendmachung der Betriebskostennachforderung hat der Vermieter zu vertreten, wenn er nicht unverzüglich nach Wegfall des Verspätungsgrundes die Betriebskostenforderung durch Abrechnung fällig stellt.[495] Begründet wird diese Auffassung mit dem Zweck der Ausschlussfrist. Der Vermieter kann entschuldigt die Frist zur Erstellung einer Betriebskostenabrechnung verpasst haben, auch wenn er sich bemüht hat, fristgemäß die Abrechnung vorzulegen. § 556 BGB soll gewährleisten, dass beide Vertragsparteien schnell Klarheit über die noch zu leistenden Betriebskostennachzahlungen erhalten können. Diesem Zweck würde es zuwiderlaufen, wenn ein Vermieter, der aufgrund fehlenden Verschuldens die Abrechnung auch noch nach Ablauf der Ausschlussfrist erstellen kann, in der Folgezeit an keine Fristen mehr gebunden wäre. Denn in diesem Fall könnte der Vermieter noch bis zur Grenze der Verwirkung oder Verjährung Nachforderungen geltend machen; der Zweck der Ausschlussfrist erfordert jedoch, dass der Vermieter die Abrechnung unverzüglich nach Wegfall des Grundes für die Verspätung erstellt. 277

Der **Bundesgerichtshof**[496] hält eine unverzügliche Geltendmachung der Nachforderung nicht für erforderlich. Ausgehend von einer gesetzgeberischen Wertung anhand des § 560 Abs. 2 BGB und § 4 Abs. 8 S. 2 NMVO 1970 hält er einen Zeitraum von **3 Monaten** nach Wegfall des Hindernisses für ausreichend, um dem Mieter eine korrigierte Abrechnung zukommen zu lassen.[497] Erst wenn der Vermieter diese Frist von drei Monaten überschreitet, ist für eine erfolgreiche Nachforderung kein Raum mehr. 278

Wenn auch dem Vermieter unter engen Voraussetzungen die Möglichkeit einer Neuerstellung der Betriebskostenabrechnung nach Ablauf der Ausschlussfrist zugebilligt werden kann, ist die **Höhe** einer eventuellen Nachforderung begrenzt. Der Vermieter kann maximal fordern, was er in seiner ursprünglichen Abrechnung, die seinem Mieter fristgerecht zugegangen war, als Nachforderung ermittelt hat. Daraus ist die Schlussfolgerung abzuleiten, dass sich der Mieter, dessen Zahlungsunwilligkeit oder -unfähigkeit durch den bisherigen Verlauf des Rechtsstreits hinlänglich unter Beweis gestellt worden ist, ohne Risiko auf alle erdenklichen Einwendungen berufen und bei ent- 279

[494] AG Köln WuM 1995, 399.
[495] AG Tübingen WuM 2004, 342.
[496] BGH NJW 2006, 3350.
[497] So jetzt auch Schmidt-Futterer/Langenberg BGB § 556 Rn. 473; Grüneberg/Weidenkaff BGB § 556 Rn. 12.

sprechender Rechtsschutzversicherung und passendem Streitwert durch zwei Instanzen streiten kann.

280 **Einwendungen** gegen die Abrechnung hat der Mieter dem Vermieter spätestens bis zum Ablauf des zwölften Monats nach Zugang der Abrechnung mitzuteilen, § 556 Abs. 3 S. 5 BGB. Die Mitteilung ist eine **rechtsgeschäftsähnliche Handlung** in Form einer Wissenserklärung. Für diese gelten hinsichtlich der drohenden Fiktionswirkung des § 556 Abs. 3 S. 6 die Regeln über die Willenserklärungen entsprechend. Nach Ablauf dieser Frist kann der Mieter Einwendungen nicht mehr geltend machen, es sei denn, der Mieter hat die verspätete Geltendmachung nicht zu vertreten, § 556 Abs. 3 S. 6 BGB. Dies gilt jedoch nicht, wenn der Vermieter den Mangel der Abrechnung kannte oder hätte kennen müssen.[498] Dieser Einwendungsausschluss gilt auch für einen nachfolgenden Rechtsstreit, in dem der Vermieter den Betriebskostensaldo einklagt. Hat demgemäß der Vermieter die Anspruchsvoraussetzungen schlüssig dargelegt, ist der Mieter nach Fristablaufgrundsätzlich gehindert, seine eventuellen Einwendungen mit Erfolg durchzusetzen. Dies gilt namentlich bezüglich der Rüge, einzelne Betriebskostenarten seien unzutreffend berechnet. Zu den Einwendungen gegen eine Abrechnung des Vermieters über Vorauszahlungen für Betriebskosten, die der Mieter spätestens bis zum Ablauf des zwölften Monats nach Zugang einer formell ordnungsgemäßen Abrechnung geltend machen muss, gehört auch der Einwand, dass es für einzelne, nach § 556 Abs. 1 BGB grundsätzlich umlagefähige Betriebskosten an einer vertraglichen Vereinbarung über deren Umlage fehlt.[499] Entsprechendes gilt für den Einwand, dass der Vermieter Betriebskosten, die nach der mietvertraglichen Vereinbarung durch eine Teilinklusivmiete abgegolten sein sollten, abredewidrig konkret abgerechnet hat.[500]

281 Enthält auch die korrigierte Abrechnung bereits mieterseits gerügte Fehler, entbindet dies den Mieter nicht von seiner Verpflichtung, den wiederkehrenden Fehler erneut zu rügen.[501] Dies gilt auch für den Fall, dass die frühere Einwendung per Anwaltsschreiben geltend gemacht worden ist.

282 Legt der Vermieter eine nach Fristablauf **nachgebesserte Abrechnung** vor, kann sich der Mieter hiergegen mit allen prozessual zulässigen Mitteln verteidigen. Denn wenn dem Vermieter die Befugnis zusteht, nach Fristablauf auf gerichtliche Hinweise hin eine neue Abrechnung zu erstellen, ist es bereits aus Gründen der Waffengleichheit geboten, dem Mieter die Befugnis zuzugestehen, alle Einwendungen zu erheben.

283 Nach Ablauf der Frist von 12 Monaten kann der Mieter Einwendungen gegen die Abrechnung nicht mehr geltend machen, es sei denn, er hat die verspätete Geltendmachung nicht zu vertreten. Insoweit gelten die gleichen Maßstäbe, die für das fehlende Verschulden beim Vermieter als Beurteilungsgrundlage herangezogen worden sind. Im Hinblick auf die Grenzen des Einwendungsausschlusses ist Folgendes zu bemerken:

284 Beinhaltet die Vermieterabrechnung Kosten, die **nicht** zum Katalog des § 2 BetrKV gehören, etwa Kosten, die allein auf Wohnungseigentümer nach den Vorschriften des WEG umlegbar sind, kann der Mieter gegen diese Kosten auch noch nach Ablauf der Frist Einwendungen hiergegen vorbringen. Andernfalls läge ein Wertungswiderspruch vor, wenn das Gesetz in Form des § 2 BetrKV dem Vermieter verbieten würde, weitere Kostenarten umzulegen, und dem Mieter allein durch Fristablauf versagen würde, sich dagegen zu wehren.[502] Ebenso würde die Vorschrift des § 812 BGB unterlaufen werden.

285 Die Ausschlussfrist des § 556 Abs. 3 S. 3 BGB gilt **nicht** für Rückzahlungsansprüche des Mieters gegen den Vermieter wegen überzahlter Betriebskosten. Die Rechte des Mieters richten sich in diesem Fall wie bisher nach allgemeinen Vorschriften. Hat der Vermieter ordnungsgemäß abgerechnet und ergibt sich daraus eine Rückzahlung zugunsten des Mieters, so kann er diesen Betrag notfalls gerichtlich einklagen. Zu erwägen

---

498 AG Mannheim ZMR 2024, 214.
499 BGH NZM 2008, 80.
500 BGH NZM 2008, 361.
501 BGH NJW 2010, 2275.
502 Schmidt-Futterer/Langenberg BGB § 556 Rn. 503.

wäre auch, in eine Prüfung einzutreten, ob eine Aufrechnung gegen fällig werdende Mietzinsforderungen möglich wäre.

Dieser Auffassung hat das Amtsgericht Mettmann[503] widersprochen. Auch Ansprüche des Vermieters im Zusammenhang mit einer Überzahlung von Betriebskosten oder Forderungen aus § 812 BGB fallen danach unter den Tatbestand des § 556 Abs. 3 S. 3 BGB. Zu Unrecht war aufgrund eines Umrechnungsfehlers anlässlich der Einführung des EURO ein Guthaben des Mieters ermittelt worden und an den Mieter ausgezahlt worden. Der Umrechnungsfehler wurde dem Vermieter als fahrlässiges Verhalten angelastet und in dem Überschuss eine Nachforderung gesehen, deren Geltendmachung allerdings unter die Ausschlussfrist fiel. Nach dem Zweck der Vorschrift sei es dem Vermieter nach Fristablauf versagt, mehr zu fordern, als er in die Abrechnung eingestellt habe. Zusätzlich hat das Amtsgericht dahingehend argumentiert, dass durch die Auszahlung und widerspruchslose Annahme des überschießenden Betrages der Saldo verbindlich geworden sei. 286

Fehlt es bereits an einer Abrechnung, muss der Mieter zunächst im Wege einer Stufenklage auf Rechnungslegung klagen und kann dann anschließend Rückzahlung des überzahlten Betrages verlangen. Außerdem steht dem Mieter bis zur ordnungsgemäßen Abrechnung unter weiteren Voraussetzungen ein Zurückbehaltungsrecht zu. 287

§ 556 Abs. 4 BGB legt fest, dass eine **zum Nachteil des Mieters** abweichende Vereinbarung von den Regelungen des § 556 Abs. 2 S. 2 BGB über die Angemessenheit von Betriebskostenvorauszahlungen oder in Absatz 3 über die jährlich Abrechnungsperiode und die Ausschlussfristen unwirksam ist. Mit anderen als in § 556 Abs. 1 BGB in Verbindung mit § 2 BetrKV erfassten Betriebskostenarten dürfen die Mieter nicht belastet werden. Überhöhte Betriebskostenvorauszahlungen belasten die Mieter ebenfalls unangemessen, so dass sie sich nachteilig iSd § 556 Abs. 4 BGB auswirken und damit als unzulässig zu bewerten sind. Von den Regelungen des § 556 Abs. 3 BGB darf zum Nachteil der Mieter ebenfalls nicht abgewichen werden (vgl. § 556 Abs. 5 BGB). Die Einwendungsfrist für Mieter kann verlängert werden, nicht jedoch die Frist zur Abrechnung über die Vorauszahlungen für den Vermieter. Auch ist eine Festlegung im Mietvertrag, welche Umstände der Vermieter im Fall einer verspäteten Abrechnung nicht zu vertreten haben soll, dann unzulässig, wenn sie einer objektiven Nachprüfung im Einzelfall nicht standhält.[504] 288

Aus praktischen Erwägungen heraus hat der BGH[505] von diesen Grundsätzen eine Ausnahme gemacht: § 556 Abs. 3 S. 1, Abs. 4 BGB steht einer einmaligen einvernehmlichen Verlängerung der jährlichen Abrechnungsperiode zum Zweck der Umstellung auf eine kalenderjährliche Abrechnung nicht entgegen. Zur Begründung wird weiter ausgeführt, diese Regelung werde den beiderseitigen Interessen der Vertragsparteien besonders gerecht. 289

Neben der **Klage auf Rechnungslegung** und der Geltendmachung eines **Zurückbehaltungsrechts** nach § 273 BGB haben einzelne Instanzgerichte[506] dem Mieter einen Anspruch auf **Rückzahlung der Vorauszahlungen** zugebilligt, wenn der Vermieter eine ordnungsgemäße Abrechnung unterlässt oder er dazu nicht in der Lage ist. Das OLG Hamm hat dem in seinem Rechtsentscheid vom 26.6.1998[507] einen Riegel vorgeschoben: Für den Fall eines fortbestehenden Mietverhältnisses kann vom Vermieter die Rückzahlung auf die Betriebskosten geleisteter Vorauszahlungen nicht allein deshalb verlangt werden, weil der Vermieter seine Pflicht zur Abrechnung tatsächlich entstandener Nebenkosten nicht binnen angemessener Frist erfüllt hat. Der Rückzahlungsanspruch des Mieters wird erst nach einer Abrechnung fällig; liegt eine entsprechende Abrechnung des Vermieters nicht vor, ist keine Fälligkeit eines Rückzahlungsanspruchs 290

[503] AG Mettmann NZM 2004, 784.
[504] Schmidt-Futterer/Langenberg BGB § 556 Rn. 509.
[505] BGH NJW 2011, 2878.
[506] LG Essen WuM 1992, 200; LG Lüneburg WuM 1992, 380; LG Gießen WuM 1995, 442.
[507] OLG Hamm NZM 1998, 568.

gegeben. Demgemäß ist der Mieter gehalten, seinerseits auf Abrechnung zu klagen oder aber im Rechtsstreit eine Abrechnung vorzulegen, aus der sich schlüssig ergibt, dass Betriebskosten über einen bestimmten Betrag hinaus nicht angefallen sind. Dabei kann sich der Mieter auch früherer Abrechnungen aus vorausgegangenen Abrechnungsperioden bedienen, aus denen sich die Betriebskosten der Höhe nach ergeben können. Das OLG Braunschweig[508] hat ergänzt, dass der Mieter einen eventuellen Rückforderungsanspruch auf der Grundlage früherer Abrechnungen schätzen könne; nur wenn ausnahmsweise – etwa wegen kurzer Dauer – eine Schätzgrundlage nicht vorhanden sei, könne der Mieter aus Billigkeitserwägungen berechtigt sein, die gesamten Vorauszahlungen zurückzuverlangen, während es dem Vermieter unbenommen bleibt, seinerseits später abzurechnen und die Betriebskosten erstattet zu verlangen. Hat der Vermieter entgegen § 556 Abs. 3 S. 2 BGB nicht innerhalb der Frist von 12 Monaten abgerechnet, wird der Rückzahlungsanspruch spätestens nach Ablauf eines Jahres fällig.[509]

291 Die **Beweislast** für den Anfall der Betriebskosten trägt der Vermieter; dies gilt auch im Rückforderungsrechtsstreit, nachdem die Bezahlung der Betriebskosten unter Vorbehalt erfolgt ist.[510] Der allgemeine Grundsatz, dass der Bereicherungsgläubiger die tatsächlichen Voraussetzungen seines Bereicherungsanspruchs darlegen und gegebenenfalls beweisen muss,[511] findet dann keine Anwendung, wenn der Bereicherungsgläubiger auf eine Forderung **Abschlagszahlungen** erbracht hat, deren Höhe zurzeit der Leistung noch nicht feststand.[512] Vorauszahlungen sind der Sache nach Vorschussleistungen auf die im Zeitpunkt der Leistungsvornahme der Höhe nach noch nicht feststehende Forderung des Vermieters. Rechtsgrund für die letztliche Zuordnung zum Vermögen des Vermieters bildet die Abrechnung, in der die Forderung der Höhe nach konkretisiert wird.

292 Richtigerweise dürfte ein Rückzahlungsanspruch allerdings nur insoweit gegeben sein, wenn feststeht, dass die geleisteten Vorauszahlungen nicht verbraucht sind.[513] Auch dies hat der Vermieter als Bereicherungsschuldner darzulegen und gegebenenfalls zu beweisen. Unterlässt er dies, so ist die Klage des Mieters auf Rückzahlung der Betriebskostenvorauszahlungen schlüssig, namentlich reicht der Sachvortrag aus, um ein Versäumnisurteil gegen den Vermieter erlassen zu können, § 331 ZPO. Problematisch bleibt allein die Frage, ob der Mieter als Bereicherungsgläubiger gegen die Grundsätze der prozessualen Wahrheitspflicht verstößt, § 138 Abs. 1 ZPO, wenn er eine Rückforderung der gesamten Betriebskostenvorauszahlungen anstrebt, obwohl nach der Lebenserfahrung bestimmte Betriebskosten ganz oder teilweise verbraucht worden sind. Regelmäßig werden allerdings dem Mieter mangels Vorlage von Belegen die notwendigen Schätzgrundlagen fehlen; dies gilt insbesondere dann, wenn der Vermieter in der Anfangsphase eines Mietverhältnisses eine Abrechnung der Betriebskosten unterlässt und es damit dem Mieter verwehrt ist, auf frühere Abrechnungsgrundlagen zurückgreifen zu können. IÜ bleibt es dem Vermieter unbenommen, den prozessual negativen Folgen durch eine ordnungsgemäße Abrechnung noch während des Rechtsstreits zu entgehen,[514] so dass für den Fall einer Geltendmachung des Anspruchs aus § 812 Abs. 1 BGB seitens des Mieters der Vermieter nicht rechtlos gestellt ist.

293 Der **Bundesgerichtshof**[515] hat entschieden, dass der Anspruch auf Rückzahlung eines Überschusses aus a-conto-Zahlungen sich aus dem zugrundeliegenden Vertrag ergibt und nicht aus § 812 BGB. Aus einer Vereinbarung über Abschlagszahlungen folgt die vertragliche Verpflichtung des Auftragnehmers, seine Leistungen abzurechnen. Der Auftraggeber hat einen vertraglichen Anspruch auf Auszahlung eines Überschusses.

---

[508] OLG Braunschweig NZM 1999, 751; auch LG Duisburg NZM 1998, 808.
[509] Emmerich/Sonnenschein/Weitemeyer BGB § 556 Rn. 91.
[510] AG Hamburg-Harburg NZM 2000, 460.
[511] Grüneberg/Retzlaff BGB § 812 Rn. 103 ff.
[512] Emmerich/Sonnenschein/Weitemeyer BGB § 556 Rn. 92; Geldmacher DWW 1995, 105 (106).
[513] OLG Hamm NZM 1998, 568; LG Köln WM 1989, 28; Kossmann Wohnraummiete-HdB S. 150.
[514] LG Hamburg WuM 1997, 380; AG Brühl WuM 1996, 631; Emmerich/Sonnenschein/Weitemeyer BGB § 556 Rn. 93.
[515] BGH WuM 2004, 679.

Macht der Auftraggeber einen derartigen Anspruch geltend, so genügt er seiner Darlegungspflicht unter Hinweis auf die Abrechnung des Auftragnehmers und dem Vortrag, dass sich daraus ein Überschuss ergebe oder zumindest nach einer Korrektur ein derartiger Überschuss ergeben müsse. Sache des Auftragnehmers ist es sodann, dieser Berechnung entgegenzutreten und nachzuweisen, dass er berechtigt ist, die Abschlagszahlungen endgültig zu behalten.

Im Mietverhältnis wird aber zusätzlich differenziert. Rechnet der Vermieter nicht fristgerecht über die Betriebskosten eines Abrechnungszeitraumes ab, so kann der Mieter, wenn das **Mietverhältnis beendet** ist, sogleich die **vollständige Rückzahlung** der geleisteten Abschlagszahlungen verlangen; er ist nicht gehalten, zuerst auf Erteilung der Abrechnung zu klagen. In einem solchen Fall hindert selbst die Rechtskraft eines der Klage des Mieters stattgebenden Urteils den Vermieter nicht daran, über die Betriebskosten nachträglich abzurechnen und eine etwaige Restforderung einzuklagen.[516] Demgegenüber kann der Mieter bei einem **bestehenden Mietverhältnis** über Wohnraum **nicht die vollständige Rückzahlung** der geleisteten Abschlagszahlungen verlangen, wenn der Vermieter nicht fristgerecht über die Betriebskosten abgerechnet hat. In diesem Fall ist der Mieter ausreichend geschützt, dass ihm bis zur ordnungsgemäßen Abrechnung gem. § 273 Abs. 1 BGB ein Zurückbehaltungsrecht hinsichtlich der laufenden Betriebskostenvorauszahlungen zusteht.[517] Dazu hat der BGH[518] am 26.9.2012 eine wichtige **Einschränkung** vorgenommen: Dem Mieter kann bei Beendigung des Mietverhältnisses im Wege ergänzender Vertragsauslegung ein Anspruch auf Rückzahlung von Betriebskostenvorauszahlungen nur insoweit zugebilligt werden, als er während der Dauer des Mietverhältnisses nicht die Möglichkeit hatte, den Abrechnungsanspruch durch Geltendmachung eines Zurückbehaltungsrechts an den laufenden Vorauszahlungen durchzusetzen. Zur Begründung wird ausgeführt, der Mieter sei in diesem Fall nicht schutzwürdig, weil er während des Mietverhältnisses die Möglichkeit hatte, die laufenden Vorauszahlungen einzubehalten und auf diese Weise Druck auf den Vermieter zur Erteilung der geschuldeten Abrechnung auszuüben. Erst recht kommt eine ergänzende Vertragsauslegung nicht in Betracht, wenn der Abrechnungsanspruch des Mieters im Zeitpunkt der Beendigung des Mietverhältnisses bereits verjährt ist. 294

Ist bereits seitens des Mieters Klage erhoben worden und rechnet der Vermieter während des Rechtsstreits ab, kann der Rechtsstreit durch den Kläger nach § 91a ZPO **für erledigt** erklärt werden. Die Kosten des Rechtstreits trägt regelmäßig der Vermieter, da nämlich die Klage auf Abrechnung bis zum erledigenden Ereignis zulässig und begründet war und er zudem Anlass hierfür gegeben hat.[519] Bei übereinstimmender Erledigungserklärung kann es billigem Ermessen iSv § 91a Abs. 1 ZPO entsprechen, die Verfahrenskosten dem Mieter ganz oder anteilig aufzuerlegen, wenn der Vermieter die Abrechnungsfrist unverschuldet versäumt hat und er dem Mieter vor Erhebung der Klage die Hinderungsgründe mitgeteilt hat.[520] 295

Von der Ausschlussfrist des § 556 Abs. 3 BGB wird **nicht** der Fall erfasst, dass der Mieter die Vorauszahlungen nicht geleistet hat und der Vermieter diese Vorauszahlungen – nach einer Abrechnung – gerichtlich geltend macht. Zweck der Abrechnungsfrist ist es zudem **nicht,** dass ein binnen der Frist berechnetes, unzutreffendes **Betriebskostenguthaben** des Mieters **bestandskräftig** wird.[521] Aufgrund einer nach Ablauf der Abrechnungsfrist erteilten Abrechnung kann der Vermieter Betriebskosten bis zur Höhe der vereinbarten Vorauszahlungen des Mieters verlangen, wenn der Mieter diese Vorauszahlungen nicht erbracht hat, denn der Sache nach handelt es sich nicht um Nachforderungen iSd § 556 Abs. 3 BGB.[522] Nachforderungen liegen begrifflich dann vor, 296

[516] BGH NZM 2005, 373 = WuM 2005, 337.
[517] BGH NZM 2006, 533 = NJW 2006, 2552.
[518] BGH NJW 2012, 3508 = MDR 2012, 1334.
[519] Geldmacher DWW 1995, 105 (107).
[520] Emmerich/Sonnenschein/Weitemeyer BGB § 556 Rn. 95; Geldmacher DWW 1995, 105 (107).
[521] **AA** AG Berlin-Kreuzberg 3.3.2022 – 23 C 71/21, BeckRS 2022, 12186.
[522] BGH NZM 2008, 35.

wenn der Vermieter nach Ablauf der zwölfmonatigen Abrechnungsfrist einen Betrag verlangt, der eine bereits erteilte Abrechnung oder, falls er eine rechnerische Abrechnung nicht erstellt hat, die Summe der Vorauszahlungen des Mieters übersteigt. Dies gilt entsprechend, soweit der Mieter geschuldete Vorauszahlungen nicht erbracht hat.[523]

297 Hat der Mieter auf eine **verfristete Betriebskostenabrechnung** Zahlungen erbracht, liegt kein Fall des § 556 Abs. 3 S. 3 BGB vor; der Mieter kann seinen Anspruch aus § 812 Abs. 1 Alt. 1 BGB geltend machen. Der Ablauf einer Ausschlussfrist führt anders als der Fall einer Verjährung zu einem Untergang des Rechts. Der Schuldner, der nach Ablauf einer Ausschlussfrist Leistungen auf einen untergegangenen Anspruch erbringt, leistet ohne Rechtsgrund und kann daher das Geleistete aus dem Gesichtspunkt ungerechtfertigter Bereicherung kondizieren.[524]

298 Der **Streitwert** einer Klage auf Rückzahlung der Betriebskosten richtet sich nach der Höhe des Zahlungsbetrages, der sich aus dem Zahlungsantrag ergibt. Der Streitwert für eine Klage auf Abrechnung der Betriebskosten bemisst sich nicht nach der Summe der abzurechnenden Vorauszahlungen, sondern nach dem erfahrungsgemäß denkbaren Rückzahlungsanspruchs des Mieters.[525] Dieser Betrag ist zugleich auch Rechtsmittelbeschwer des Mieters.[526] Ein entsprechendes Ergebnis ist zu erzielen, wenn ein nach § 3 ZPO zu bewertender Teilwert der Hauptsache in Ansatz gebracht wird.[527] Maßgebend ist insoweit, in welchem Maß die Durchsetzbarkeit des Anspruchs des Klägers von der Auskunftserteilung des Beklagten abhängt; das Interesse ist umso höher zu bewerten, je geringer die Kenntnisse und das Wissen über die zur Begründung des Leistungsanspruchs maßgeblichen Tatsachen sind. Der Streitwert für das Erstellen einer Betriebskostenabrechnung soll sich nach der Höhe des Guthabens bestimmen, das der Mieter als Ergebnis der Abrechnung vermutet, mangels näherer Angaben hierzu nach einem Bruchteil (regelmäßig 1/3) der Höhe der geleisteten Vorauszahlungen.[528]

7. Verjährung und Verwirkung

299 Die Verjährungsfrist eines **Zahlungsanspruchs des Vermieters** aus der Betriebskostenabrechnung beträgt entsprechend § 195 BGB drei Jahre. Nach § 199 Abs. 1 BGB beginnt die Verjährungsfrist mit dem Schluss des Jahres, in dem der Anspruch entstanden ist, und der Gläubiger von den anspruchsbegründenden Umständen und der Person des Schuldners Kenntnis erlangt oder ohne grobe Fahrlässigkeit erlangen musste. Die Kenntnisse über die näheren Umstände ergeben sich regelmäßig aus dem Mietvertrag.

300 Im Hinblick auf den Anspruch des Vermieters auf Zahlung der Betriebskostenvorauszahlungen stellt sich die Frage der Verjährung nicht. Nach Ablauf der Abrechnungsfrist stellt sich Abrechnungsreife ein, so dass der Anspruch des Vermieters auf Zahlung eines Saldos aus der Betriebskostenabrechnung gerichtet ist. Die regelmäßige Verjährungsfrist gilt auch für ausstehende Betriebskostenpauschalen, §§ 195, 199 BGB.

301 Für den **Rückforderungsanspruch des Mieters wegen überzahlter Betriebskosten** bei fortbestehendem Mietverhältnis gilt ebenfalls die regelmäßige Verjährungsfrist von drei Jahren.[529] Auch hier wird die Verjährungsfrist nach Maßgabe des § 199 BGB in Lauf gesetzt zu dem Zeitpunkt, zu dem der Vermieter die Abrechnung erstellt.[530]

302 **Auskunftsansprüche** als Ausdruck des mieterseitigen Kontrollrechts unterliegen ebenfalls der regelmäßigen Verjährungsfrist des § 195 BGB; allerdings beginnt die Verjäh-

[523] Schmidt-Futterer/Langenberg BGB § 556 Rn. 470.
[524] BGH NZM 2006, 222.
[525] BGH NZM 2017, 358; Emmerich/Sonnenschein/Weitemeyer BGB § 556 Rn. 95; Schmidt-Futterer/Langenberg BGB § 556 Rn. 547.
[526] BGH ZMR 2022, 956.
[527] Zöller/Herget ZPO § 3 Stichwort „Auskunft"; Thomas/Putzo ZPO § 3 Stichwort „Auskunftsanspruch".
[528] AG Witten NZM 2003, 851.
[529] Schmidt-Futterer/Langenberg BGB § 556 Rn. 515.
[530] Schmidt-Futterer/Langenberg BGB § 556 Rn. 515.

rung nicht schon mit der Entstehung des Anspruchs, sondern setzt zusätzlich die Kenntnis der den Anspruch begründenden Umstände voraus oder deren grob fahrlässige Unkenntnis.[531] Sind in der Abrechnung des Vermieters Unklarheiten oder Ungereimtheiten festzustellen, hat sich der Mieter seiner Kontrollrechte zu bedienen, namentlich seines Rechtes auf Einsichtnahme in die Belege. Kommt er dieser Obliegenheit nicht nach, ist dem Mieter der Vorwurf grober Fahrlässigkeit nicht zu ersparen. Entsprechend verhält es sich, wenn der Vermieter Kosten angesetzt hat, die überhaupt nicht dem Katalog des § 2 BetrKV zugeordnet werden können. Stellt sich allerdings erst nach längerem Zeitablauf heraus, dass der Vermieter einzelne Positionen mit unberechtigten Kostenansätzen belastet und dies verschleiert hat, beginnt die Verjährung nicht vor Kenntnisnahme dieses Sachverhalts durch den Mieter.

Die **Rechtsfolgen der Verjährung** ergeben sich aus § 214 BGB. Nach Eintritt der Verjährung ist der Schuldner berechtigt, die Leistung zu verweigern. Das zur Befriedigung eines verjährten Anspruchs Geleistete kann nicht zurückgefordert werden, auch wenn in Unkenntnis der Verjährung geleistet worden ist, § 214 Abs. 2 S. 1 BGB. Das Gleiche gilt von einem vertragsgemäßen Anerkenntnis sowie einer Sicherheitsleistung des Schuldners, § 214 Abs. 2 S. 2 BGB. 303

Das Rechtsinstitut der **Verwirkung** ist im Betriebskostenrecht durch die Ausschlussfrist des § 556 Abs. 3 BGB fast gänzlich obsolet geworden. Der Eintritt der Verwirkung setzt kumulativ das Vorliegen eines Zeit- und Umstandsmoment voraus. Das **Zeitmoment** wird regelmäßig frühestens mit dem Ablauf der Ausschlussfrist des § 556 Abs. 3 S. 3 BGB vorliegen, während das **Umstandsmoment** eines zusätzlichen Gesichtspunktes bedarf, nämlich dass sich der Schuldner darauf eingerichtet hat und sich nach dem gesamten Verhalten des Berechtigten auch darauf einrichten durfte, dass dieser auch in Zukunft das Recht nicht mehr geltend machen werde.[532] Verwirkung mag im Einzelfall in Betracht kommen, wenn der Vermieter auf Einwendungen des Mieters gegen eine Betriebskostenabrechnung fast zwei Jahre geschwiegen hat.[533] Auch mag ein Anspruch verwirkt sein, macht der Vermieter nach Auseinandersetzung über eine Betriebskostenabrechnung aus einem seit fünf Jahren bestehenden Mietverhältnis erst zweieinhalb Jahre nach Beendigung der Auseinandersetzung den Anspruch aus der Betriebskostenabrechnung erneut geltend.[534] Eine abschließende Abrechnung etwa über die Kaution nach Mietende kann seitens des Mieters dahingehend verstanden werden, dass weitere Zahlungsansprüche aus dem beendeten Mietverhältnis nicht mehr geltend gemacht werden. 304

Die Verwirkung begründet eine **inhaltliche Begrenzung des Rechts.** Sie stellt eine rechtsvernichtende Einwendung dar und ist im Rechtsstreit von Amts wegen zu berücksichtigen, wenn die entsprechenden Tatsachen vorgetragen worden sind. Die Darlegungslast trägt der Verpflichtete, der sich auf das Rechtsinstitut der Verwirkung beruft.[535] 305

8. Prüfungsfrist und Ausgleich des Saldos

Hat der Vermieter eine formell ordnungsgemäße Betriebskostenabrechnung dem Mieter zukommen lassen, wird diesem nach vielfacher Auffassung eine Prüfungsfrist zugebilligt, innerhalb derer er die Abrechnung und die entsprechenden Belege prüfen kann. Diese Frist, die dem Mieter zur Prüfung der Schlüssigkeit der Abrechnung bleibe, ferner zur Beantwortung der Frage, ob er von seinen Rechten Gebrauch machen wolle, belaufe sich grundsätzlich auf einen Monat.[536] Diese Frist sei in den meisten Fällen 306

[531] Schmidt-Futterer/Langenberg BGB § 556 Rn. 516.
[532] Grüneberg/Grüneberg BGB § 242 Rn. 86.
[533] Schmidt-Futterer/Langenberg BGB § 556 Rn. 524.
[534] LG Berlin NZM 2002, 286.
[535] Grüneberg/Grüneberg BGB § 242 Rn. 96.
[536] LG Berlin NZM 2001, 707 (2 Wochen); Bub/Treier/v. Brunn III 123 (2 Wochen); Schmidt-Futterer/Langenberg BGB § 556 Rn. 437; aA Schmid Mietnebenkosten, 3330.

ausreichend, um dem Mieter Gelegenheit zu geben, das Rechenwerk der Abrechnung, gegebenenfalls die zu Grunde liegenden Belege einzusehen und sich über die Zahlungsverpflichtung nach entsprechender Nachprüfung der Grundlagen klar zu werden. Vor dem Hintergrund des § 286 Abs. 3 BGB habe die Zubilligung einer Prüfungsfrist erhebliches Gewicht.

307 Der **Bundesgerichtshof**[537] folgt dieser Auffassung nicht. Der Eintritt der Fälligkeit setze nicht voraus, dass nach Erteilung der Abrechnung zunächst eine angemessene Frist zur Überprüfung verstrichen sei. Gem. § 271 BGB könne der Gläubiger die Leistung sofort verlangen, wenn eine Zeit für die Leistung nicht bestimmt oder aus den Umständen zu entnehmen sei. Der Anspruch des Vermieters werde daher grundsätzlich mit der Mitteilung einer formell ordnungsgemäßen Betriebskostenabrechnung fällig.[538]

308 Vor Auszahlung eines Saldos oder Ausgleich der Nachforderung ist eine **Korrektur der Abrechnung** innerhalb der Fristen des § 556 Abs. 3 BGB möglich. Sobald ein Abrechnungssaldo zugunsten des Vermieters oder Mieters ausgeglichen ist, wurde früher vielfach angenommen, dass dadurch ein **deklaratorisches Schuldanerkenntnis** des Leistenden abgegeben werde;[539] Einwendungen, die der Leistende vor Zahlung hätte erheben können, seien dann ausgeschlossen.[540] Das OLG Hamburg[541] nahm einen Vertrag eigener Art an, gelangt damit jedoch zu gleichen Ergebnissen.

309 Dieser Auffassung ist **nicht** zu folgen. Die Einwendungsfrist kann wie auch im Falle sonstiger Fristen bis zu ihrem Ablauf voll ausgeschöpft werden. Demgemäß ergibt sich für den **BGH**,[542] dass vorbehaltslose Zahlungen oder Erstattungen kein deklaratorisches Schuldanerkenntnis darstellten, so dass Einwendungen auch noch nach Zahlung und Erstattung bis zum Fristablauf geltend gemacht werden könnten.

310 Das deklaratorische Anerkenntnis kann dann aber keine Bedeutung entfalten, wenn **nicht umlagefähige Kosten** in die Abrechnung aufgenommen worden sind, zB Teile des Wohngeldes eines Wohnungseigentümers, also Positionen, die nicht in dem Betriebskostenkatalog des § 2 BetrKV enthalten sind. Entsprechendes gilt, wenn der Vermieter versteckt und allenfalls nach Belegprüfung erkennbar nicht vereinbarte Betriebskosten angesetzt hat. In diesen Fällen ist der Vermieter aufgrund der Vorschrift des § 556 Abs. 3 S. 5 BGB nicht schutzwürdig.

311 Der sich aus § 812 Abs. 1 BGB ergebende Bereicherungsanspruch eines Wohnungsmieters, der die wegen Versäumung der Abrechnungsfrist des § 556 Abs. 3 S. 2 BGB nach § 556 Abs. 3 S. 3 BGB ausgeschlossene Betriebskostennachforderung des Vermieters bezahlt hat, ist nicht in entsprechender Anwendung des § 214 Abs. 2 S. 1 BGB ausgeschlossen.[543] Im Gegensatz zur Verjährung erlischt nach Ablauf der Ausschlussfrist das betroffene Recht, so dass eine gleichwohl erbrachte Leistung nach den Grundsätzen des Bereicherungsrechts zurückgefordert werden kann.[544]

312 Lehnt der Mieter trotz Aufforderung die Leistung von Zahlungen ab, sollte der Anwalt die formelle und materielle Rechtmäßigkeit der Abrechnung genau überprüfen. Eine Prüfung dieser Abrechnung im Übrigen aber auch eine Neuerstellung für den Vermieter ist mit **erheblichem Arbeitsaufwand** verbunden, so dass regelmäßig in Betracht gezogen werden sollte, eine **Honorarvereinbarung** zu treffen. Ebenso sollte abgewogen werden, ob sich der Zeitaufwand für die Erstellung einer Neuabrechnung angesichts im Verhältnis zum erwarteten Saldo lohnt. Entsprechende Überlegungen hat der Rechtsanwalt anzustellen, wenn er angesichts eines unzureichenden Abrechnungs-

[537] BGH NJW 2006, 1419 (1421).
[538] BGH NJW 2005, 1499.
[539] AG Aachen WuM 1994, 436; Emmerich/Sonnenschein/Weitemeyer BGB § 556 Rn. 85.
[540] AG Alsfeld NZM 2001, 707.
[541] WuM 1991, 199.
[542] BGH NJW 2011, 843.
[543] BGH NZM 2006, 222.
[544] Zweifelnd Ludley NZM 2008, 72; vgl. auch Langenberg NJW 2008, 1269; Langenberg NJW 1270, 1271.

werks des Vermieters eine Gegenrechnung anzufertigen hat, um Gegenansprüche des Mieters zu begründen.

9. Leerstände

Kosten, die auf leerstehende Wohnungen entfallen, hat grundsätzlich der Vermieter zu tragen.[545] Dies gilt selbstverständlich auch für die Grundkosten bei der Heizkostenabrechnung.[546] Die Umlage derartiger Kosten auf die Mieter ist unzulässig.[547] Auch eine Klausel, nach welcher die anfallenden Betriebskosten ausschließlich nach der vermieteten Wohnfläche umgelegt werden sollen, ist unzulässig. Dies beruht auf der Überlegung, dass für den Mieter nicht abschätzbar sei, mit welchen Kosten er in welcher Höhe belastet werde, was ihn wiederum unangemessen benachteilige;[548] zudem werde hierdurch in Ergebnis das Risiko der Vermietung unzulässigerweise auf den Mieter verlagert. Eine entsprechende Regelung kann auch nicht im Wege der Individualvereinbarung getroffen werden;[549] auf § 138 Abs. 1 BGB sei an dieser Stelle verwiesen. 313

Ist vereinbart, dass die Betriebskosten **nach Personenzahl** umgelegt werden sollen, müssen die Grundkosten, die auf leerstehende Wohnungen entfallen, vom Vermieter getragen werden, da er das Vermietungsrisiko trägt.[550] Angemessen ist, die leerstehenden Wohnungen so zu berücksichtigen, als seien sie jeweils wenigstens an eine Person vermietet.[551] Nach dem Grundsatz des § 556a Abs. 1 BGB sind die Betriebskosten aber regelmäßig nach dem Anteil der **Wohnfläche** umzulegen. Bei Beendigung eines Mietverhältnisses sind die Kosten nicht zwischen den übrigen Mietern aufzuteilen; vielmehr sind die Kosten, die für die leer stehenden Wohnungen angefallen sind, von dem Vermieter anteilig, dh entsprechend dem Wohnflächenanteil der leer stehenden Wohneinheit, zu tragen.[552] Bei **verbrauchsunabhängigen** Betriebskosten ergeben sich insoweit keine größeren Probleme, also bei Grundsteuern, Versicherungskosten, Antennenkosten, den Kosten für die Schornsteinreinigung oder den Kosten für den Hauswart.[553] Bei den **verbrauchsabhängigen** Wasserkosten werden die Wassergrundkosten, soweit sie auf die leere Wohnung entfallen, vom Vermieter getragen; die Verbrauchskosten werden wie üblich nach Verbrauch abgerechnet. Bei den Müllgebühren richtet sich die Aufteilung nach der Struktur der Gebühren.[554] Sollte eine Grundgebühr pro Wohnung seitens der Gemeinde erhoben werden, hat der Vermieter die auf die leerstehende Wohnung entfallende Grundgebühr zu tragen. Wird seitens der Gemeinde ohne Grundgebühr die Müllabfuhr berechnet, kann nach vermieteter Fläche abgerechnet werden; dies findet seine Berechtigung darin, dass ausschließlich auf den vermieteten Flächen Müll produziert wird.[555] 314

Auch die Kosten für die **Beleuchtung** sind nach dem Flächenmaßstab zu verteilen. Die Beleuchtung im Außen- und Innenbereich – etwa für Treppenhäuser – dient im wesentlichen Maße der Erfüllung der Verkehrssicherungspflicht. Demgemäß ist es nur sachgerecht, den Vermieter an diesen Kosten zu beteiligen, entsprechend dem Anteil der leerstehenden Einheit.[556] 315

Wird kein Flächenmaßstab vereinbart, vielmehr ausschließlich nach Verbrauch ohne Grundkosten abgerechnet, wird die leerstehende Wohnung von der Kostenverteilung 316

545 BGH NJW 2006, 2771; 2010, 3645 (3646); AG Weißenfels WuM 2004, 24; Langenberg S. 171.
546 BGH NZM 2004, 254; vgl. auch Peters NZM 2002, 1009 (1013).
547 Sternel III Rn. 359; Schmidt-Futterer/Langenberg BGB § 556a Rn. 34; Langenberg WuM 2002, 589; Schmid Mietnebenkosten S. 4010.
548 Langenberg WuM 2002, 589.
549 Langenberg WuM 2002, 589; aA Schmid Mietnebenkosten S. 4010.
550 BGH NJW 2010, 3645 (3646).
551 AG Köln WuM 1998, 290 (291); aA Schmid Mietnebenkosten S. 4013.
552 Langenberg S. 171; aA Bub/Treier MietR-HdB II Rn. 439; AG Zwickau NZM 2001, 467.
553 Vgl. BGH NZM 2003, 756.
554 Langenberg WuM 2002, 589 (591).
555 Schmidt-Futterer/Langenberg BGB § 556a Rn. 53.
556 AG Zwickau NZM 2001, 467; zu differenziert Schmidt-Futterer/Langenberg BGB § 556a Rn. 54.

praktisch ausgenommen. Dieses Ergebnis ist sachgerecht, da die leerstehende Wohnung keinerlei Verbrauchskosten verursacht. Daher ist in diesen Fällen der Ansatz, die leerstehende Wohnung müsse als mit einer Person belegt fingiert werden ebenso überflüssig, wie eine anteilsmäßige Belastung des Vermieters mit Durchschnittswerten, die auf Wohnungen vergleichbarer Art und Größe entfallen.[557]

317 Anders ist im Falle einer Abrechnung verbrauchsunabhängiger Kosten mit Betriebsanteil zu entscheiden, wenn nach Personen oder **„Kopfteilen"** abgerechnet werden soll. Vertreten wird in diesen Fällen, dass der Vermieter insoweit mit den Grundkosten zu belasten sei, als für die leerstehende Wohnung eine Person zu seinen Lasten in Ansatz gebracht wird.[558] Eine angemessene Beteiligung des Vermieters ist in diesen Fällen allerdings nur dann zu erzielen, wenn sich die Beteiligung an der durchschnittlichen Belegung der anderen Wohnungen orientiert.[559] Ansonsten werden die übrigen Mieter unangemessen benachteiligt. Dies gilt namentlich für die Grundkosten für Antennen, Wartungskosten des Aufzugs und der Kosten für die Einrichtungen der Wäschepflege.

318 Der **Bundesgerichtshof** hat klargestellt, dass der Vermieter bei einer nach § 7 Abs. 1 S. 2 HeizkostenV vorzunehmenden Abrechnung der verbrauchsunabhängigen Betriebskosten den auf leerstehende Wohnungen entfallenden Anteil zu tragen hat.[560]

319 Das **Leerstandsrisiko** kann der Vermieter nicht einseitig durch Änderung des Umlageschlüssels der Betriebskostenabrechnung verändern und auf die Mieter übertragen.[561] Dies gilt inhaltlich von einer Veränderung des Flächenmaßstabs hin zu einer Abrechnung nach Personenanzahl.

320 Der Grundsatz, dass der Vermieter das Leerstandsrisiko zu tragen hat, schränkt die nach § 556a Abs. 1 S. 2 BGB im Regelfall zulässige Umlegung der Gesamtkosten der Wasserversorgung nach erfasstem Verbrauch nicht schon dann ein, wenn etwa in einer größeren Abrechnungseinheit eine oder mehrere Wohnungen vorübergehend nicht vermietet sind. Diese Sachlage führt nicht ohne Weiteres zu einer unzumutbaren Mehrbelastung der anderen Mieter. Die Kosten geringfügiger Leerstände sind von den verbleibenden Mietern mitzutragen. Erst wenn Dauer und Umfang der Leerstände unter Berücksichtigung der Höhe der verbrauchsunabhängigen Kostenbestandteile eine für die Mieter nicht mehr hinnehmbare Mehrbelastung ergeben, ist der Vermieter verpflichtet, diesem Umstand durch eine Änderung des Umlegungsmaßstabs hinsichtlich der verbrauchsunabhängigen Kostenbestandteile der Wasserversorgung Rechnung zu tragen oder den Mietern in anderer Weise einen finanziellen Ausgleich zu verschaffen.[562] Die Grenze zu ziehen zwischen einer noch hinzunehmenden und einer unzumutbaren Mehrbelastung nach Treu und Glauben (§ 242 BGB) ist Aufgabe der Tatsacheninstanzen.

10. Abrechnung nach Wirtschaftseinheit

321 Grundsätzlich ist nach der kleinstmöglichen Einheit abzurechnen.[563] Dies wird jedoch im Einzelfall nicht immer möglich bzw. praktikabel sein. Soll die Abrechnung auf der Grundlage einer Wirtschaftseinheit erfolgen, muss dies **vereinbart** sein. Eine derartige Abrechnungsmethode ist sowohl bei preisgebundenen Wohnungen wie auch bei preisfreien Mietwohnungen grundsätzlich zulässig.[564] Die Anforderungen an eine entsprechende Vereinbarung sind gering. Es genügt, wenn dem Mietvertrag zum Ausdruck kommt, dass die angemietete Wohnung sich in einer Wirtschaftseinheit befindet. Eine

[557] AG Köln WuM 2000, 37 (38); Schmid Mietnebenkosten S. 4013; Emmerich/Sonnenschein/Weitemeyer BGB § 556a Rn. 20; aA AG Köln WuM 2002, 285.
[558] AG Köln WuM 1998, 290 (291).
[559] Schmidt-Futterer/Langenberg BGB § 556a Rn. 56.
[560] BGH NZM 2004, 254 (255); NJW 2003, 2902; missverständlich AG Rathenow WuM 2004, 342.
[561] AG Weißenfels WuM 2004, 24.
[562] BGH NJW 2010, 3645 (3647).
[563] LG Köln WuM 1983, 202 (203); LG Itzehoe ZMR 2004, 198; AG Köln WuM 1997, 232.
[564] Blank DWW 1992, 65 (66); Emmerich/Sonnenschein/Weitemeyer BGB § 556a Rn. 23.

Wirtschaftseinheit liegt vor, wenn die Gebäude in unmittelbarem **örtlichen Zusammenhang** stehen und zwischen den einzelnen Gebäuden **keine wesentlichen Unterschiede** bestehen, der **Wohnwert** im Wesentlichen **identisch** ist, sie einer **gleichartigen Nutzung** dienen und **einheitlich verwaltet** werden.[565] Da wesentlicher Faktor die einheitliche Verwaltung darstellt, kommt es nicht darauf an, ob die maßgeblichen Gebäude demselben Eigentümer gehören.[566] Eine Abrechnung der Betriebskosten auf der Basis größerer Wirtschaftseinheiten ist nur dann gerechtfertigt, wenn dem Vermieter eine Einzelabrechnung überhaupt nicht möglich wäre oder aber diese Einzelabrechnung unter Berücksichtigung der gegenseitigen mietvertraglichen Verpflichtungen als treuwidrig zu bewerten wäre.[567] Allerdings setzt dies voraus, dass entsprechende vertragliche Vereinbarungen zwischen den Parteien getroffen worden sind, zumindest der Mietvertrag einer derartigen Abrechnung nicht entgegensteht.[568]

Der Vermieter darf mehrere Gebäude zu einer Wirtschafts- und Abrechnungseinheit 322 zusammenfassen, sofern vertraglich nichts anderes geregelt ist.[569] Werden mehrere Wohngebäude von Beginn des Mietverhältnisses an durch eine Gemeinschaftsheizung versorgt, können diese Gebäude für die Heiz- und Warmwasserkostenabrechnung zu einer Abrechnungseinheit zusammengefasst werden, auch wenn als Mietsache im Mietvertrag nur eines der Gebäude bezeichnet wird. Einer dahingehenden mietvertraglichen Abrechnungsvereinbarung bedarf es nicht.[570] Zur Begründung wird darauf verwiesen, dass von Beginn an eine hausbezogene Abrechnung der Heiz- und Warmwasserkosten nicht möglich gewesen sei; in diesem Fall sei eine besondere Abrechnungsvereinbarung entbehrlich. Sofern vertragliche Vereinbarungen nicht entgegenstehen, ist der Vermieter preisfreien Wohnraums bei der Abrechnung umlagefähiger Betriebskosten regelmäßig berechtigt, mehrere von ihm verwaltete und der Wohnnutzung dienende zusammenhängende Gebäude vergleichbarer Bauweise, Ausstattung und Größe zu einer Abrechnungseinheit **zusammenzufassen.** Dies gilt auch dann, wenn nur hinsichtlich einzelner Betriebskosten ein unabweisbares technisches Bedürfnis für eine gebäudeübergreifende Abrechnung besteht.[571]

Eine vertragliche Vereinbarung ist auch dann anzunehmen, wenn der Mieter die 323 Wohnung vor Anmietung in dem entsprechenden Wohnkomplex besichtigt hat und sich aus der vertraglichen Objektbeschreibung eine Bezifferung der Wohnung und der Bezeichnung des Stockwerks ergebe; hieraus wird abgeleitet, dass sich das Mietobjekt in einem größeren Gesamtkomplex befindet; in diesen Fällen muss der Mieter redlicherweise sich darauf einlassen, dass die Betriebskosten nach größeren Einheiten abgerechnet werden. Voraussetzung ist jedoch stets, dass eine Abrechnung nach kleineren Einheiten nicht möglich ist.[572]

Eine Abrechnung nach Wirtschaftseinheiten ist für **jede Betriebskostenart gesondert** 324 zu prüfen. Ist eine gebäudebezogene Abrechnung verbrauchsabhängiger Betriebskosten wie zB der Müllabfuhrkosten möglich und entspricht die Berechnung der Gebühren den tatsächlichen Verhältnissen, ist der Vermieter zu einer Gesamtabrechnung im Rahmen einer Wirtschaftseinheit nicht berechtigt.[573] Die Kosten eines Aufzugs können nicht auf die Mieter einer Wirtschaftseinheit umgelegt werden, in deren Häusern sich ein Fahrstuhl nicht befindet;[574] insoweit sind separate Abrechnungsstränge zu bilden. Das Gleiche gilt, wenn bestimmte Kosten nur in einzelnen Einheiten anfallen, etwa wenn Gartenpflegearbeiten in einem Teilkomplex von den Mietern erledigt werden, in ande-

---

565 LG Hamburg WuM 2004, 498; Sternel III Rn. 901; Schmid Mietnebenkosten S. 4022.
566 Schmidt-Futterer/Langenberg BGB § 556a Rn. 62; anders noch Sternel III Rn. 901.
567 LG Köln WuM 1989, 82 (83).
568 LG Köln NZM 2001, 617.
569 BGH NJW 2005, 3135 = NZM 2005, 737.
570 BGH NJW 2010, 3229; vgl. dazu auch Schmid MDR 2012, 746 (747).
571 BGH NJW 2011, 368.
572 AA LG Darmstadt WuM 2000, 311; Blank DWW 1992, 65 (66).
573 Emmerich/Sonnenschein/Weitemeyer BGB § 556a Rn. 23.
574 Emmerich/Sonnenschein/Weitemeyer BGB § 556a Rn. 23.

ren Teilkomplexen die Arbeiten jedoch von der Verwaltung an externe Firmen vergeben werden müssen.[575]

325 Das Amtsgericht Pinneberg[576] hatte den Fall zu entscheiden, dass keine vertragliche Vereinbarung über eine Abrechnung nach einer Wirtschaftseinheit vorlag, aber gleichwohl nach diesen Grundsätzen abzurechnen war, wenn einer hausbezogenen Kostenerhebung faktische oder unzumutbare technische Hindernisse entgegenstehen, wie zB etwa bei gemeinsamem Versorgungsanschluss mehrerer gleichartiger Häuser oder gemeinsam genutzter Anlagen. Aus **Gründen der Praktikabilität** hat das Amtsgericht eine derartige Abrechnungsweise als zulässig erachtet. Diese Auffassung ist zutreffend angesichts der neueren Rechtsprechung des Bundesgerichtshofs.

11. Umlageschlüssel

326 Die nähere Ausgestaltung des Umlageschlüssels kann im Wohnraummietvertrag kann zwischen den Parteien ausgehandelt und vereinbart werden. Fehlt eine Vereinbarung über den Umlageschlüssel, gilt § 556a Abs. 1 BGB. Allerdings ist zu beachten, dass für die Fälle der Geltung der Heizkostenverordnung deren Regelungen zwingend vorgehen, § 2 HeizkostenV; im Übrigen ist auf die speziellen Normen der Neubaumietenverordnung zu verweisen. Die Betriebskosten sind gem. § 556a Abs. 1 S. 1 BGB nach dem **Anteil der Wohnfläche** umzulegen. Die näheren Einzelheiten hierzu ergeben sich regelmäßig aus den mietvertraglichen Vereinbarungen. Betriebskosten, die von einem erfassten Verbrauch oder einer erfassten Verursachung durch den Mieter abhängen, sind nach einem Maßstab umzulegen, der dem **unterschiedlichen Verbrauch** oder der **unterschiedlichen Verursachung** Rechnung trägt, § 556a Abs. 1 S. 2 BGB.

327 Ist in der Abrechnung über Betriebskosten der Verteilerschlüssel **unverständlich,** liegt ein **formeller Mangel** vor, der zur Unwirksamkeit der Betriebskostenabrechnung führt.[577] Wird demgegenüber ein **falscher Umlageschlüssel** verwendet, liegt **kein** formeller, sondern „lediglich" ein materieller Mangel der Betriebskostenabrechnung vor.[578] Sinn und Zweck der Angabe und Erläuterung des Verteilerschlüssels liegt darin, den Mieter in die Lage zu versetzen, die einzelnen Rechenschritte des Vermieters nachvollziehen zu können.

328 Die Umlage nach dem Flächenmaßstab erscheint gegenüber einer Umlage nach **Personenzahl,** die wegen der Abdingbarkeit des Flächenmaßstabs vertraglich vereinbart werden kann, leichter handhabbar, zumal sich die Personenzahl häufiger im Abrechnungszeitraum ändern kann und dies für den Vermieter nicht immer leicht feststellbar ist. Soweit es im Einzelfall zu einer krassen Unbilligkeit für einzelne Mieter kommt, hat dieser auch in Zukunft nach § 242 BGB einen Anspruch auf Umstellung des Umlagemaßstabs.

329 Ein Anspruch auf **Veränderung des Umlageschlüssels** entsteht nicht schon bei jeder Ungleichbehandlung der Mieter. Eine genaue und gleichmäßige Belastung lässt sich überdies nur in den Fällen erreichen, wenn eine Einzelerfassung des Verbrauchs oder des Gebrauchs veranlasst wird. Eine Korrektur des Umlagemaßstabs kommt dann in Betracht, wenn der Unterschied in der Belastung der Mietparteien erheblich ist und die Anwendung eines neuen Umlagemaßstabs für den Vermieter zumutbar ist.[579]

330 Der Anspruch des Vermieters auf Zustimmung zu einer Änderung des Verteilungsmaßstabs kann sich aus einem **vertraglichen Vorbehalt** ergeben, der bereits in dem schriftlichen Mietvertrag enthalten sein kann. In deinem derartigen Fall hat der Mieter bereits seine Zustimmung erklärt. Allerdings darf der Vermieter von dieser Befugnis nur Gebrauch machen, wenn aufgrund sachlicher Veränderungen eine Regelung angestrebt wird, die im Sinne der §§ 315, 316 BGB auf eine angemessene Neuverteilung der

---

575 Schmidt-Futterer/Langenberg BGB § 556a Rn. 62.
576 AG Pinneberg WuM 2004, 537.
577 BGH NZM 2008, 477.
578 BGH NJW 2005, 219; Milger NJW 2009, 625 (628).
579 Schmidt-Futterer/Lehmann-Richter BGB § 556a Rn. 30.

Betriebskosten gerichtet ist. Fehlt indessen ein vertraglicher Vorbehalt, aufgrund dessen der Vermieter bei erheblich geänderter Sachlage eine den Grundsätzen der Angemessenheit orientierte Neuverteilung der Betriebskostenlast vornehmen kann, ist eine Änderungsbefugnis der Vorschrift des § 242 BGB zu entnehmen. Der Anspruch richtet sich auf Zustimmung des Mieters zu dem im Verhältnis zu vergangenen Abrechnungsperioden veränderten Umlagemaßstab.[580] Die Zustimmung des Mieters kann nach allgemeinen Regeln erfolgen, ist mithin auch durch konkludentes Verhalten in Form vorbehaltlosen Ausgleichs eines auf dem neuen Umlagemaßstab beruhenden Abrechnungssaldos möglich. Eine derartige Veränderung des Umlagemaßstabs soll nur für die Zukunft wirken, nicht für bereits angeschlossene Abrechnungsperioden.[581]

Unter entsprechenden Voraussetzungen hat der Mieter einen **Anspruch auf Abänderung des Umlageschlüssels.** Soweit es sich um Kosten handelt, bei denen der unterschiedliche Verbrauch oder die unterschiedliche Verursachung durch die verschiedenen Mieter eines Objekts bereits erfasst werden, etwa die Kosten der Wasserversorgung, der Müllabfuhr oder der Entwässerung, kann der Mieter aufgrund des § 556a Abs. 1 S. 2 BGB verlangen, dass die Kosten nach dem tatsächlichen Verbrauch umgelegt werden.[582] Auch dieses Änderungsverlangen soll sich grundsätzlich nur auf die Zukunft beziehen und ergibt sich regelmäßig aufgrund von Abrechnungen, die sich auf vergangene Abrechnungsperioden beziehen. Dem Mieter ist ein Anspruch auf Änderung des Umlagemaßstabs mit Wirkung für die Zukunft eingeräumt worden, wenn eine Abrechnung nach der Anzahl der im Haus lebenden Personen für den betroffenen Mieter zu einer Halbierung der anteiligen Betriebskostenbelastung führen würde, wenn also der Verteilungsschlüssel grob unbillig geworden ist.[583] 331

Bei erfasstem Verbrauch oder erfasster Verursachung geht dieser Maßstab dem Flächenmaßstab vor. Der Vermieter ist also verpflichtet, in diesen Fällen verbrauchsabhängig abzurechnen. Der Mieter hat aber keinen zusätzlichen Anspruch auf Einbau von Geräten zur Verbrauchserfassung, zB Wasseruhren. Die entsprechende Verpflichtung ist vielmehr Regelungsgegenstand der Landesbauordnungen. 332

§ 556a Abs. 2 BGB gibt dem Vermieter die Möglichkeit, durch einseitige Erklärung eine verbrauchsabhängige Abrechnung aller verbrauchs- und verursachungsabhängig erfassten Betriebskosten einzuführen. Damit soll nicht nur mehr Abrechnungsgerechtigkeit geschaffen, sondern auch vor allem auch der sparsame und kostenbewusste Umgang mit Energie gefördert werden. 333

§ 556a Abs. 2 BGB gilt für den Fall, dass die Vertragsparteien zur Umlage der Betriebskosten bisher einen anderen Abrechnungsmaßstab vertraglich vereinbart hatten. Das **Änderungsrecht** im Sinne der vorbezeichneten Vorschrift besteht nur, wenn der Vermieter durch technische Einrichtungen oder auf ähnlich zuverlässige Weise die Voraussetzungen dafür geschaffen hat, dass die Kosten nach dem Verbrauchs- oder Verursachungsprinzip umgelegt werden. Der bloße Wechsel des Umlageschlüssels reicht dafür nicht aus.[584] Die Vorschrift findet darüber hinaus auch dann Anwendung, wenn die Parteien bislang gar keine oder nur eine teilweise gesonderte Umlage der Betriebskosten vereinbart hatten, so zB bei einer Brutto- oder Teilinklusivmiete oder bei einer Betriebskostenpauschale.[585] Dies kann je nach Höhe der bisherigen Miete und der Verbrauchskosten eine Kostenerhöhung zu Lasten der Mieter mit sich bringen; jedoch ist bei einem niedrigen Verbrauch auch eine Kostensenkung denkbar. Andererseits bringt die Umstellung für die Vermieterseite mehr Kostengerechtigkeit bei solchen Alt-, Brutto- oder Teilinklusivmietverträgen, die aufgrund der in den letzten Jahren stark angestiegenen Betriebskosten nicht mehr kostendeckend sind. Macht der Vermieter von 334

580 Sternel III 361; Emmerich/Sonnenschein/Weitemeyer BGB § 556a Rn. 9; Schmidt-Futterer/Lehmann-Richter BGB § 556a Rn. 30.
581 OLG Frankfurt a. M. ZMR 2004, 182 (183); Sternel III Rn. 362.
582 Schmidt-Futterer/Lehmann-Richter BGB § 556a Rn. 34.
583 OLG Düsseldorf IBRRS 2009, 2692; LG Mannheim NZM 1999, 366.
584 Blank WM 1993, 507.
585 LG Augsburg ZMR 2004, 269.

seinem Bestimmungsrecht Gebrauch, ist die Grundmiete entsprechend herabzusetzen, § 556a Abs. 2 S. 3 BGB.

335 Bei der **Ausübung seines Bestimmungsrechts** nach § 556a Abs. 2 S. 2 BGB kann die Abgabe der entsprechenden Erklärung in **Textform** erfolgen, § 126b BGB. Dabei ist nach allgemeinen Regeln auf den Empfängerhorizont des Empfängers, also auf den Mieter abzustellen; dieser muss erkennen können, dass der Vermieter den Umlagemaßstab geändert hat und in welcher Weise er für die Zukunft abzurechnen gedenkt. Das Bestimmungsrecht kann nur **vor** Beginn eines Abrechnungszeitraums ausgeübt werden, § 556a Abs. 2 S. 2 BGB.

336 Die Regelungen in § 556a Abs. 2 BGB sind insoweit zwingend, als von ihnen zum Nachteil des Mieters nicht abgewichen werden kann. Demgegenüber sind die Regelungen des § 556a Abs. 1 BGB nicht zwingend und unterliegen der Dispositionsbefugnis der Vertragsparteien.

337 Ist in einem Mietvertrag vereinbart, dass die Betriebskosten nach der Wohnfläche umgelegt werden sollen, kann der Mieter eine verbrauchsabhängige Abrechnung über die Betriebskosten grundsätzlich nicht verlangen.[586] Ist in einem Mietvertrag geregelt, dass die Umlage nach der anteiligen Wohnfläche zu erfolgen hat, ist dies eindeutig auch bei gemischt genutzten Gebäuden; sie erfordert hier eine **getrennte Erfassung des Gewerbeverbrauchs.**[587] Dies bedeutet, dass alle Kosten, die auf gewerbliche Flächen oder fremdgenutzte Garagen entfallen, vorweg abzuziehen sind. Die Begründung liegt darin, dass der Wohnungsmieter nicht mit Kosten belastet werden darf, die allein aus einer nicht gleichartigen Nutzung des Gebäudes herrühren. Im Übrigen gilt umgekehrt das Gleiche: Auch die Gewerberaummieter dürfen nicht mit Kosten belastet werden, die allein aus dem Bereich der Wohnungsmieter stammen. In Ausnahmefällen kann eine Trennung entfallen; dann ist allerdings der Anteil der Kosten für den gewerblichen Teil im Wege einer Schätzung zu ermitteln; im Rechtsstreit müssen die Tatsachen substantiiert dargelegt werden, auf denen diese Schätzung beruht. Eine formell ordnungsgemäße Betriebskostenabrechnung setzt voraus, dass dem Mieter auch dann die Gesamtkosten einer berechneten Kostenart mitgeteilt werden, wenn einzelne Kostenteile nicht umlagefähig sind. Dem Mieter muss ersichtlich sein, ob und in welcher Höhe nicht umlagefähige Kosten vorab abgesetzt worden sind.[588] Sämtliche Rechenschritte in diesem Zusammenhang müssen dokumentiert sein.

338 Sind Verbrauchserfassungsgeräte vorhanden, lag darin bereits in der Vergangenheit im Zweifel auch der schlüssig vereinbarte Umlageschlüssel begründet; heute kann insoweit auf § 556a Abs. 2 BGB verwiesen werden.

339 Rechnet der Vermieter preisfreien Wohnraums über Betriebskosten in **gemischt genutzten Abrechnungseinheiten** ab, ist – soweit die Parteien nichts anderes vereinbart haben – ein Vorwegabzug der auf Gewerbeflächen entfallenden Kosten für alle oder einzelne Betriebskostenarten jedenfalls dann nicht geboten, wenn diese Kosten nicht zu einer ins Gewicht fallenden Mehrbelastung der Wohnraummieter führen.[589] Rechnet der Vermieter preisfreien Wohnraums über Betriebskosten in gemischt genutzten Abrechnungseinheiten nach einem Flächenmaßstab ab, ohne einen Vorwegabzug der auf Gewerbeflächen entfallenden Kosten vorzunehmen, trägt der Mieter die **Darlegungs- und Beweislast** dafür, dass diese Kosten zu einer erheblichen Mehrbelastung der Wohnungsmieter führen und daher ein Vorwegabzug der auf die Gewerbeflächen entfallenden Kosten geboten ist.[590] Zur Begründung wird darauf verwiesen, § 556a Abs. 1 S. 1 BGB fordere nicht generell einen Vorwegabzug von Gewerbeflächen. Sache des Mieters sei, die Tatsachen vorzutragen, die einen Vorwegabzug ausnahmsweise aus Gründen der Billigkeit (§§ 315, 316 BGB) geboten erscheinen lassen. Hinsichtlich der

[586] LG Berlin NZM 2001, 707.
[587] Schmidt-Futterer/Lehmann-Richter BGB § 556a Rn. 23.
[588] BGH NJW 2007, 1059.
[589] BGH NJW 2006, 1419; 2007, 211.
[590] BGH NZM 2007, 83.

dafür erforderlichen Informationen könne der Mieter Auskunft vom Vermieter und Einsicht in die der Abrechnung zu Grunde liegenden Belege verlangen. Sollte der Mieter danach weiterhin nicht in der Lage sein, die für einen **Vorwegabzug der Gewerbeflächen** maßgebenden Tatsachen vorzutragen, während dem Vermieter Angaben zumutbar sind, komme zu Gunsten des Mieters eine Modifizierung seiner Darlegungslast nach den Grundsätzen über die sekundäre Behauptungslast in Betracht.[591]

Diese Rechtsprechung hat der **BGH** fortgesetzt.[592] Bei der Abrechnung der Betriebskosten für ein teils gewerblich, teils zu Wohnzwecken genutztes Gebäude gehört die Vornahme eines Vorwegabzuges für die gewerbliche Nutzung selbst dann nicht zu den an eine Abrechnung zu stellenden Mindestanforderungen, wenn durch die gewerbliche Nutzung ein erheblicher Mehrverbrauch verursacht wird und daher ein solcher Vorwegabzug geboten ist. Bei einer Abrechnung der Betriebskosten eines gemischt genutzten Objekts nach dem Flächenmaßstab obliegt dem Mieter die Darlegungs- und Beweislast dafür, dass durch die gewerbliche Nutzung erhebliche Mehrkosten pro Quadratmeter entstehen. Dabei ist hinsichtlich einzelner Betriebskosten zu unterscheiden und auf die konkreten Gegebenheiten des Gebäudekomplexes einerseits und die Art der gewerblichen Nutzung andererseits abzustellen; die in einem Betriebskostenspiegel ausgewiesenen Durchschnittskosten sind dabei ohne Belang.[593] Ein unberücksichtigter erheblicher gewerblicher Mehrverbrauch führt nicht zu einem formellen Fehler sondern lediglich zu einem materiellen Fehler der Betriebskostenabrechnung.[594] Von hoher praktischer Bedeutung ist der Umstand, dass der BGH dem Mieter die Darlegungs- und Beweislast für eine Erforderlichkeit des Vorwegabzugs zuordnet.[595] 340

In einem Wohnraummietvertrag kann vereinbart werden, dass bei vermieteten **Eigentumswohnungen** die Verteilung von Betriebskosten gem. den Wohnungseigentumsanteilen nach der Teilungserklärung erfolgt.[596] Der Mieter wird damit nicht anders gestellt als der Wohnungseigentümer. Eine derartige Vorgehensweise ist allerdings nur möglich, wenn die Mietfläche dem Umfang des Wohnungseigentums entspricht. Ausgeschlossen ist sie, wenn die Mietfläche kleiner ist als der Wohnungseigentumsanteil. Bei verbrauchsunabhängigen Betriebskosten kann in diesem Fall ein entsprechender Anteil – bei Zugrundelegung des Flächenmaßstabs – rechnerisch ermittelt werden, indem der durch die Wohnungseigentümerverwaltung übermittelte Endbetrag der einzelnen Betriebskostenart und die Gesamtfläche der vermieteten Eigentumswohnung in ein Verhältnis gesetzt werden zur Größe der tatsächlich vermieteten Wohnung; ist bei verbrauchsabhängigen Betriebskosten keine separate Erfassung dieser Kosten möglich, ist bei Geltung des Flächenmaßstabs ein entsprechender prozentualer Abschlag zu machen, der dem Vermieter anzulasten ist. 341

Ist im Mietvertrag eine bestimmte Wohnfläche vereinbart, muss davon ausgegangen werden, dass beide Parteien diese Angabe für die Kalkulation der nach Quadratmetern abzurechnenden Betriebskosten zugrunde legen wollten. Der Mieter kann sich darauf einstellen, dass die Umlage lediglich in entsprechender Höhe erfolgt.[597] Dieser Auffassung folgt auch das Landgericht Köln,[598] das nur dann die tatsächliche Größe der Wohnung bei der Kalkulation der Betriebskosten berücksichtigen will, wenn die Größenangabe als Eigenschaftszusicherung aufzufassen sei; denn wenn der Mieter wegen der geringen Wohnungsgröße nach § 536 Abs. 1 BGB mindern könne, dann müsse er sich auch bei den Betriebskosten auf diesen Umstand berufen können. Komme indessen – wie regelmäßig – der Größenangabe die Bedeutung zu, Streit über die vereinbarte und tatsächliche Größe zu vermeiden, sind beide Parteien mit dem Einwand, tatsächliche 342

[591] BGH NZM 2007, 83 (84), unter Hinweis auf BGH NZM 2005, 580.
[592] BGH NJW 2010, 3363.
[593] Vgl. dazu BGH NJW 2007, 211.
[594] BGH NZM 2011, 118.
[595] Im Anschluss an BGH NJW 2007, 211.
[596] BGH NZM 2004, 580.
[597] LG Hannover WuM 1990, 228 (229).
[598] LG Köln WuM 1993, 362.

und vereinbarte Größe fielen auseinander, ausgeschlossen. Um verfälschte Betriebskostenabrechnungen im Falle mehrerer Mitmieter zu vermeiden, muss sich in dem Falle, dass sich die vereinbarte Mietfläche geringer darstellt als die tatsächlich vermietete, der Vermieter die Differenz von der vereinbarten zur tatsächlich vermieteten Fläche zurechnen lassen. Weder sachgerecht noch billig wäre, den Mieter mit Kosten zu belasten, die er nicht verursacht hat oder die seinem Teil der gemieteten Fläche nicht zugeordnet werden können. Demgemäß ist auf die tatsächliche Fläche abzustellen.[599] Ist die vermietete Fläche kleiner als im Mietvertrag vereinbart, ist gleichwohl in der Vergangenheit unter Zugrundelegung der größeren Fläche abgerechnet worden, besteht zu Gunsten des Mieters ein Rückzahlungsanspruch, basierend auf § 812 Abs. 1 BGB; der Rückzahlungsanspruch bemisst sich nach dem prozentualen Anteil der Betriebskosten, der der nicht zu berücksichtigenden Fläche entspricht. Entsprechendes ergibt sich, wenn die Grundfläche aufgrund von Wertungen etwa nach § 4 der ab 1.1.2004 geltenden Wohnflächenverordnung zu ermitteln ist. Die Wohnfläche ist nach dieser Verordnung festzulegen, so dass es einen Wertungswiderspruch bedeutet, sie nicht auch bei der Ermittlung der Wohnfläche zur Abrechnung der Betriebskosten als maßgeblich heranzuziehen. Allerdings hat der **Bundesgerichtshof**[600] eine Einschränkung vorgenommen: Weicht die im Mietvertrag vereinbarte Wohnfläche von der tatsächlichen Wohnfläche ab, so ist der Abrechnung von Betriebskosten die vereinbarte Wohnfläche zu Grunde zu legen, wenn die Abweichung nicht mehr als 10 Prozent beträgt. Auf eine Flächendifferenz kommt es dann nicht an, wenn die Abweichung unerheblich ist, dh wenn die Abweichung nicht mehr als 10 Prozent beträgt. In diesem Fall ist genauso zu entscheiden wie im Falle einer Mietminderung.[601] Für die Abrechnung der Betriebskosten gilt nichts anderes. Aber heute gilt **folgende Regel nach der neuesten Entscheidung des Bundesgerichtshofs:**[602] Sofern Betriebskosten nach gesetzlichen Vorgaben – vgl. etwa § 556a Abs. 1 BGB – ganz oder teilweise nach Wohnflächenanteilen umgelegt werden, ist für die Abrechnung im Allgemeinen der jeweilige Anteil der tatsächlichen Wohnfläche der betroffenen Wohnung an der in der Wirtschaftseinheit tatsächlich vorhandenen Gesamtwohnfläche maßgeblich (insoweit Aufgabe von BGH NJW 2018, 142 = 10 %-Grenze).

343 Eine Umlage nach **„Kopfteilen"** in den Mieterhaushalten kann zwar vereinbart werden, ist aber aufgrund der schwierigen Handhabung grundsätzlich nicht empfehlenswert;[603] gemeint ist eine Umlage nach der Anzahl der in den Miethaushalten lebenden Personen. Eine Abrechnung von Warmwasserkosten nach Personenzahl verstößt indessen gegen § 9 HeizkostenV.

344 Rechnet der Vermieter das Wassergeld nach Personenzahl ab, hat er im Streitfall darzulegen und gegebenenfalls zu beweisen, in welchem Monat wie viele Personen im Haus wohnten. Werden die Angaben des Vermieters bestritten, muss er mit den üblichen Beweismitteln der Zivilprozessordnung nachweisen, wie viel Personen – gegebenenfalls bei wechselnder Anzahl – sich in einem bestimmten Zeitraum in den Wohnungen aufgehalten haben.[604] Ist vertraglich eine Umlegung der Betriebskosten nach der Kopfzahl der in einer Mietwohnung ständig lebenden Personen vereinbart, ist das Register nach dem Melderechtsrahmengesetz keine hinreichend exakte Grundlage für die Feststellung der wechselnden Personenzahl in einem Mietshaus mit einer Vielzahl von Wohnungen.[605] Auf die tatsächliche Benutzung der Wohnung ist abzustellen, nicht auf die melderechtliche Registrierung. Bei der Ermittlung der Personenzahl muss der Vermieter entweder die Anzahl der im Objekt wohnenden Personen tagesgenau ermitteln oder auf der Basis bestimmter Stichtage. Wie der Vermieter die Anzahl der Personen ermittelt hat, ist eine Frage der materiellen Richtigkeit der Betriebskostenabrechnung,

599 LG Köln WuM 1986, 121; Sternel III 408; Schmidt-Futterer/Langenberg BGB § 556a Rn. 28.
600 BGH NZM 2008, 35.
601 BGH NZM 2004, 453.
602 BGH NJW 2018, 2317.
603 Vgl. Herrlein NJW 2011, 1189 (1191).
604 AG Bad Iburg WuM 1986, 234.
605 BGH NZM 2008, 242.

die der Mieter im Wege einer Einsichtnahme in die Berechnungsunterlagen (Belegungsliste) konkret überprüfen kann.[606]

Formulierungsvorschlag für Veränderung des Umlagemaßstabs durch den Vermieter:

Sehr geehrte(r) Mieter, 345

gegenwärtig erfolgt die Abrechnung der ...kosten vertragsgemäß nach Personenzahl. Dabei ist es in der Vergangenheit zu Kostenungerechtigkeiten gekommen, weil nicht alle Mieter den Auszug oder Einzug von Familienangehörigen oder Lebensgefährten/Lebensgefährtinnen rechtzeitig oder überhaupt dem Vermieter mitgeteilt haben. Nach entsprechenden Hinweisen wurden komplizierte Neuberechnungen der ... kosten und anderer Betriebskostenarten notwendig, was die Hausverwaltung unnötig belastet hat.

Um diese Schwierigkeiten für die Zukunft zu vermeiden, schlage ich Ihnen vor, ab dem ...... (etwa 1.1. des Folgejahres) die ...kosten im Verhältnis der Wohnungsgrößen der einzelnen Wohnungen zu verteilen. Dieser Umlegungsmaßstab ist einfach, klar und nachvollziehbar. Bis zum Einbau separater Wasserzähler ist damit für größtmögliche Verteilungsgerechtigkeit gesorgt.

Zum Zeichen Ihres Einverständnisses senden Sie bitte die anliegende Kopie dieses Schreibens unterzeichnet unter Verwendung des beiliegenden Freiumschlags an meine o. e. Adresse zurück.

Mit freundlichen Grüßen

Ihr Vermieter

Anlage

Nach § 4 Abs. 5 S. 1 Nr. 2 MHG hatte der Vermieter die Befugnis, durch einseitige Erklärung zu bestimmen, dass die Kosten der Wasserversorgung, Entwässerung und Müllabfuhr unmittelbar zwischen den Mietern und dem Versorgungsunternehmen abgerechnet werden sollen. Durch die Mietrechtsreform ist mit Wirkung ab dem 1.9.2001 diese Befugnis entfallen. Nunmehr sind die Parteien des Mietverhältnisses darauf verwiesen, entsprechendes **im Wege vertraglicher Regelung** zu vereinbaren. Haben die Mieter mit den Versorgungsunternehmen Vertragsbeziehungen aufgenommen, orientieren sich mögliche Gewährleistungsrechte sowie das Leistungsstörungsrecht an den einschlägigen gesetzlichen Regelungen auf der Basis der geschlossenen Vereinbarungen. Etwaige Ansprüche des Mieters richten sich gegen das Versorgungsunternehmen; bei Störungen im Leistungsverhältnis zum Versorgungsunternehmen scheiden Gewährleistungsansprüche gegen den Vermieter aus. 346

Auch während eines laufenden Mietverhältnisses sind derartige vertragliche Regelungen zwischen den Mietparteien ohne weiteres denkbar. Problematisch erscheint allenfalls bei Vertragsschluss die Frage, ob im Wege einer Klausel der Mieter von vornherein auf eine Vertragsbeziehung zu einem Versorgungsunternehmen seitens des Vermieters verwiesen werden kann. Eine derartige Klausel dürfte dann zulässig sein und den Mieter nicht unangemessen benachteiligen, wenn der Verweis des Vermieters auf eine unmittelbare vertragliche Beziehung zu einem Versorgungsunternehmen gleichzeitig zu einer entsprechenden Entlastung des Mieters mit den anteiligen Betriebskosten und deren Vorauszahlungen bzw. Pauschale führt. Zwar hat die **Direktabrechnung des Mieters** mit seinem Versorgungsunternehmen zur Folge, dass eine teilweise Haftungsbefreiung des Vermieters eintritt;[607] dies führt indessen nicht zu einer unangemessenen Benachteiligung des Mieters, zumal eine derartige Möglichkeit noch bis zum 1.9.2001 auf gesetzlicher Basis möglich war und die alte gesetzliche Regelung nur deshalb nicht im Rahmen der Mietrechtsreform beibehalten wurde mit der Begründung, die Regelung habe sich in der Praxis nicht bewährt und von ihr sei kaum Gebrauch gemacht worden.[608] Der früheren gesetzlichen Regelung ist nicht entgegengehalten worden, sie beinhalte eine unangemessene Benachteiligung des Mieters. Die Haftung des Vermieters 347

[606] BGH NJW 2010, 3570 (3571).
[607] Schmidt-Futterer/Langenberg BGB § 556a Rn. 140.
[608] Vgl. Schmidt-Futterer/Langenberg BGB § 556a Rn. 140.

aus § 536 BGB bleibt allerdings erhalten, soweit er für den ordnungsgemäßen Zustand des Mietobjekts Sorge zu tragen hat und eventuell durch Mängel des Objekts der Mieter Einbußen bei der Leistung des Versorgungsunternehmens hinzunehmen hat.

348 Der finanzielle Ausgleich des Mieters für den Fall eines Direktbezugs von Leistungen durch Versorgungsunternehmen sollte sich auf der Basis wirtschaftlicher Betrachtungsweise ergeben. Bei einer **Herausrechnung der Betriebskostenanteile** sollte an die letzte Abrechnung angeknüpft werden, um einen aktuellen Bezug zur Höhe des Betriebskostenanteils und damit sachgerechten Entlastung des Mieters zu gewährleisten. Bei dieser Vorgehensweise wird eine verdeckte Mieterhöhung vermieden, andererseits der Druck auf den Mieter erhalten, mit den Leistungen des Versorgungsunternehmens sparsam umzugehen.

Formulierungsvorschlag für mieterseitige Änderung des Umlagemaßstabs:

349 Sehr geehrter Vermieter,

mit meiner Tochter lebe ich seit 5 Jahren in der angemieteten Wohnung, die 80 qm umfasst. Es befinden sich drei Wohnungen mit einer Größe von jeweils 63 im Hause. In der Vergangenheit lebten im Hause 21 bis 22 Personen, wobei sich in den 3 größeren Wohnungen insgesamt 8 Personen ständig aufhielten, in den 3 kleinen insgesamt 13 Personen.

In der Vergangenheit sind die verbrauchsabhängigen Betriebskosten nach Quadratmetern abgerechnet worden. Dies hat für mich bedeutet, dass ich bei einer Gesamtwohnfläche des Hauses von ca. 428 qm etwa 18 % der verbrauchsabhängigen Betriebskosten zahlen musste. Dies halte ich für unbillig, da nämlich bei einer personenbezogenen Abrechnung in einer Belegung von 22 Personen von mir nur noch 9 % der Betriebskosten des Hauses zu tragen wären.

Ich bitte daher, zukünftig, dh ab dem (Folgejahr) von dem bisherigen Umlagemaßstab abzuweichen und auf eine personenbezogene Umlage der Betriebskosten, soweit sie verbrauchsabhängig sind, umzustellen.

Mit freundlichen Grüßen

Ihr Mieter

Formulierungsvorschlag für Vermieter zur Änderung des Umlageschlüssels nach § 556a BGB:

Sehr geehrter Mieter!

Bis zum letzten Jahr habe ich die Wasserkosten nach dem Anteil der Wohnflächen der Mietwohnungen abgerechnet. Dieser Maßstab entspricht den vertraglichen Vereinbarungen gem. Mietvertrag vom ......

Nunmehr sind Wasseruhren in jede einzelne Mietwohnung eingebaut worden. Daher ist es sachgerecht, für die Zukunft ausschließlich nach Verbrauch abzurechnen, der sich aufgrund der Ablesungen ergeben wird.

Ab dem kommenden Kalenderjahr/ab Datum wird jährlich eine Ablesung der Wasseruhren erfolgen, so dass der konkrete Verbrauch in jeder einzelnen Mietwohnung ermittelt werden kann. Dieser so ermittelte Wert wird ab ...... der jährlichen Abrechnung zugrunde gelegt werden.

Mit freundlichen Grüßen

Ihr Vermieter

12. Kosten bei Mieterwechsel während der Abrechnungsperiode

350 Findet während der Abrechnungsperiode ein Mieterwechsel statt, sind die Betriebskosten anteilmäßig auf den ausziehenden und einziehenden Mieter zu verteilen. Bei verbrauchsabhängigen Betriebskosten kann eine Aufteilung nach Zeitanteilen vorgenommen werden.[609] Tarife, auch unterschiedliche Tarife, ergeben sich aus den Rechnungen der Versorgungsunternehmen, die zeitanteilig zu berücksichtigen sind. Sofern eine Ablesung von Messgeräten etwa bei Strom oder Wasserverbrauch erfolgt, hat der Mieter einen Anspruch auf Zwischenablesung; somit ergibt sich aus den Ablesequittun-

[609] Schmidt-Futterer/Langenberg BGB § 556 Rn. 362.

gen, wie hoch der Verbrauch zum Stichtag war. Dem Mieter sollte empfohlen werden, an der Ablesung selbst teilzunehmen.

Es ist umstritten, wie die **Kosten einer Zwischenablesung** zu verteilen sind. Nach dem Verursacherprinzip trägt der ausziehende Mieter diese Kosten;[610] zum Teil wird angenommen, sie auf alle Nutzer umzulegen.[611] Im Fall einer außerordentlichen Kündigung soll sie derjenige tragen, der sie zu verantworten hat.[612] Sachgerecht ist eine Kombination, basierend auf dem Verursacherprinzip: 351

Hat der Mieter gekündigt, trägt er die Kosten der Zwischenablesung; hat demgegenüber der Vermieter – etwa wegen Eigenbedarf – gekündigt, sind sie dem Vermieter anzulasten. Im Falle einer außerordentlichen Kündigung etwa wegen Zahlungsverzuges oder schwerwiegender schuldhafter Vertragsverletzung trägt die Kosten der Zwischenablesung derjenige, der den Kündigungsgrund zu vertreten hat.[613] Im Falle einvernehmlicher Vertragsauflösung ist es sachgerecht, die Kosten hälftig zu teilen. Den übrigen Nutzern können die Kosten nicht angelastet werden, da sie diese nicht verursacht haben.[614] 352

Der **Bundesgerichtshof**[615] hat klargestellt: Kosten der Verbrauchserfassung und der Abrechnung von Betriebskosten, die wegen des Auszuges eines Mieters vor Ablauf der Abrechnungsperiode entstehen, sind keine Betriebskosten, sondern Verwaltungskosten, die in Ermangelung anderweitiger vertraglicher Regelungen dem Vermieter zur Last fallen. Die Nutzerwechselgebühr falle nicht in wiederkehrenden periodischen Zeiträumen an, sondern im Laufe eines Mietverhältnisses lediglich einmal im Zusammenhang mit dem Auszug des Mieters an. 353

13. Übergangsvorschriften

Auf ein am 1.9.2001 bestehendes Mietverhältnis ist im Falle einer vor dem 1.9.2001 zugegangenen Erklärung über die Betriebskostenänderung § 4 Abs. 2–4 MHG in der bis zu diesem Zeitpunkt geltenden Fassung anzuwenden. Nach diesem Stichtag gelten die neuen Regelungen des § 556a BGB. 354

Auf ein am 1.9.2001 bestehendes Mietverhältnis ist im Falle einer vor dem Stichtag zugegangenen Erklärung über die Abrechnung von Betriebskosten § 4 Abs. 5 S. 1 Nr. 2 und § 14 MHG in der bis zu diesem Zeitpunkt geltenden Fassung anzuwenden; betroffen sind Wasserversorgung, Entwässerung und Müllabfuhr. Nach dem Stichtag kann der Vermieter die Mieter nicht mehr zwingend auf eine vertragliche Beziehung zum Versorgungsunternehmen verweisen. 355

Grundsätzlich gelten die neuen Regeln ab 1.9.2001. Damit hat der Gesetzgeber an dem Grundsatz festgehalten, dass eine schnellstmögliche Anwendung des neuen Rechts zur Beendigung des aus seiner Sicht derzeitig unbefriedigenden Rechtszustandes führt. 356

14. Zwangsvollstreckung

Die Erteilung einer Betriebskostenabrechnung stellt eine **vertretbare Handlung** dar, da eine Betriebskostenabrechnung nicht nur vom Vermieter persönlich erstellt werden kann, sondern grundsätzlich von jedermann; die Durchsetzung des Anspruchs auf Erteilung von Betriebskostenabrechnungen muss daher nach **§ 887 ZPO** erfolgen.[616] Dabei hat das Gericht die Möglichkeit, im Anordnungsbeschluss bereits einzelne zur Vornahme der erforderlichen Handlungen notwendige Anordnungen zu treffen, zB auf 357

610 AG Coesfeld WuM 1994, 696.
611 Schmidt-Futterer/Langenberg BGB § 556 Rn. 364.
612 AG Lörrach WuM 1993, 68; Bub/Treier MietR-HdB III Rn. 93.
613 Schmidt-Futterer/Langenberg BGB § 556 Rn. 365.
614 Bub/Treier MietR-HdB III 93.
615 BGH NZM 2008, 123; krit. dazu Langenberg NJW 2008, 1269 (1270); LG Görlitz WuM 2007, 265.
616 LG Münster NZM 2001, 333; aA AG Augsburg ZMR 2004, 272; Schmid Mietnebenkosten S. 7066.

Herausgabe von Unterlagen.[617] Der Bundesgerichtshof[618] differenziert hier wie folgt: Die Erstellung einer Abrechnung aufgrund von Unterlagen stellt eine vertretbare Handlung dar, während die Erteilung einer Betriebskostenabrechnung als eine nicht vertretbare Handlung aufzufassen ist. Grundlage für diese Abrechnung ist die Rechnungslegung des Schuldners über die Betriebskosten in den laufenden Abrechnungsperioden. Diese Rechnungslegung setzt verbindliche Erklärungen des Schuldners aufgrund seiner besonderen Kenntnisse voraus, die nur von ihm abgegeben werden können. Hinsichtlich der Betriebskostenvorauszahlungen kann sich der Mieter in einer **notariellen Urkunde** der Zwangsvollstreckung unterwerfen.[619]

15. Streitwert

358 Der **Streitwert** für eine Klage auf Abrechnung der Betriebskosten richtet sich nach der Höhe des Guthabens, das der Mieter nach einer Abrechnung erwartet.[620] Anhand von Erfahrungswerten aus früheren Abrechnungsperioden kann auch ein bestimmter Bruchteil geschätzt werden, der bei 1/3 der Höhe der Vorauszahlungen liegen kann. Sind allerdings keine Erfahrungswerte vorhanden, verbleibt allein eine Schätzung nach § 3 ZPO, die jedoch zu ähnlichen Ergebnissen gelangt. Vom Streitwert für das Verfahren ist der Wert für die **Beschwer im Berufungsverfahren** zu unterscheiden.[621] Ist der Vermieter auf Rechnungslegung Anspruch genommen worden und hat er in erster Instanz den Rechtsstreit verloren, bemisst sich seine Beschwer für das Berufungsverfahren nach seinem Aufwand und der Zeit für eine Erstellung einer Betriebskostenabrechnung.[622]

XI. Besonderheiten bei der Heizkostenverordnung

1. Geltungsbereich der Heizkostenverordnung

359 Die Verordnung über die verbrauchsabhängige Abrechnung der Heiz- und Warmwasserkosten in der Fassung mit Wirkung ab dem 1. Dezember 2021 gilt gemäß § 1 für die Verteilung der Kosten

1. des Betriebs zentraler Heizungsanlagen und zentraler Warmwasserversorgungsanlagen,
2. der eigenständig gewerblichen Lieferung von Wärme und Warmwasser, auch aus Anlagen nach Nr. 1 (Wärmelieferung, Warmwasserlieferung) durch den Gebäudeeigentümer auf die Nutzer der mit Wärme oder Warmwasser versorgten Räume.

360 Der Zweck der Heizkostenverordnung besteht darin, den jeweiligen Nutzer der Energie zur besonderen **Sparsamkeit** anzuhalten.[623] Die Heizkostenverordnung wendet sich an den Gebäudeeigentümer und die ihm gleichgestellten Personenkreise und ferner an die Nutzer der Wärmeenergie.

361 Die Überarbeitung der Heizkostenverordnung erfolgte zuletzt mit Wirkung zum 1. Dezember 2021. Für Abrechnungszeiträume, die vor diesem Datum beginnen, gilt nach wie vor die alte Verordnung in der Fassung vom 1. Januar 2009.

362 In § 1 Abs. 2 HeizkostenV ist geregelt, wer dem **Gebäudeeigentümer** gleichgestellt ist. Dem Gebäudeeigentümer stehen gleich der zur Nutzungsüberlassung im eigenen Namen und für eigene Rechnung Berechtigte, zB der **Nießbrauchsberechtigte** nach § 1030 BGB oder der Inhaber eines **Dauerwohnrechts** oder Dauernutzungsrechts nach § 37 WEG,[624] ferner derjenige, dem der Betrieb von Anlagen iSd § 1 Abs. 1 Nr. 1 Heiz-

[617] LG Münster NZM 2001, 333 (334).
[618] BGH NJW 2006, 2706 (2707).
[619] BGH NJW 2018, 551.
[620] AG Witten NZM 2003, 851.
[621] Vgl. Gies NZM 2003, 886.
[622] BGH NJW 1995, 664.
[623] Schmidt-Futterer/Lammel HeizkostenV § 1 Rn. 1.
[624] Schmidt-Futterer/Lammel HeizkostenV § 1 Rn. 35.

kostenV in der Weise übertragen worden ist, dass er dafür ein Entgelt vom Nutzer zu fordern berechtigt ist, darüber hinaus beim Wohnungseigentum die Gemeinschaft der Wohnungseigentümer im Verhältnis zum Wohnungseigentümer, bei Vermietung einer oder mehrerer Eigentumswohnungen der Wohnungseigentümer im Verhältnis zum Mieter, § 1 Abs. 2 Nr. 1–3 HeizkostenV. In Abs. 3 ist geregelt, dass diese Verordnung auch für die Verteilung der Kosten der Wärmelieferung und Warmwasserlieferung auf die Nutzer der mit Wärme und Warmwasser versorgten Räume gilt, soweit der Lieferer unmittelbar mit den Nutzern abrechnet und dabei nicht den für den einzelnen Nutzer gemessenen Verbrauch, sondern die Anteile der Nutzer am Gesamtverbrauch zugrunde legt; in diesem Fall gelten die Rechte und Pflichten des Gebäudeeigentümers aus dieser Vorschrift für den Lieferer.

In § 2 HeizkostenV ist der Vorrang der Vorschriften der Heizkostenverordnung vor 363 **rechtsgeschäftlichen Bestimmungen** der Vertragsparteien niedergelegt. Außer bei Gebäuden mit nicht mehr als zwei Wohnungen, von denen eine der Vermieter selbst bewohnt, gehen die Vorschriften der Heizkostenverordnung rechtsgeschäftlichen Bestimmungen vor. Zweck der Norm bildet das öffentliche Interesse an der Einsparung von Energie gegenüber privatautonom gestalteten Kostenverteilungen.[625]

Der **Vorrang der verbrauchsabhängigen Heizkostenabrechnung** vor anderslautenden 364 rechtsgeschäftlichen Bestimmungen nach § 2 HeizkostenV gilt auch für eine **Heizkostenpauschale,** die die Mietvertragsparteien vor Inkrafttreten der Heizkostenverordnung vereinbart haben.[626] Der Heizkostenanteil ist aus der Warmmiete herauszurechnen.[627] Bei Umrechnung einer Warmmiete in eine Kaltmiete ist der kalkulatorische Ansatz der Heiz- und Warmwasserkosten aus der ursprünglich vereinbarten oder der aufgrund der letzten Mietanpassung geschuldeten Pauschalmiete herauszurechnen und künftig als Vorauszahlung zu behandeln.[628]

Die vertragliche Anpassung an die Bestimmungen der Heizkostenverordnung kann im 365 Wege einer **Vereinbarung** zwischen dem Nutzer und dem Nutzungsgeber erfolgen oder aber auch einseitig durch den Nutzungsgeber selbst; bei der einseitigen Umgestaltung des Nutzungsvertrages ist § 315 BGB zu beachten. Aus den bisherigen Pauschalen sind die Anteile für die Heizkosten herauszurechnen.[629]

Die Heizkostenverordnung ist dann nicht anwendbar, wenn der **Ausnahmetatbestand** 366 **des § 11 HeizkostenV** gegeben ist. Nach bisheriger Fassung gilt dies ua für Räume, bei denen das Anbringen der Ausstattung für Verbrauchserfassung, die Erfassung des Wärmeverbrauchs oder die Verteilung der Kosten des Wärmeverbrauchs nicht oder nur mit unverhältnismäßig hohen Kosten möglich wäre. Die Erschwernisse, Heizkostenverteiler dort anzubringen, wo die Heizkörper verkleidet sind, ist kein technischer Hinderungsgrund, der einer Verbrauchserfassung iSv § 11 HeizkostenV entgegen steht.[630]

Ob die Kosten der Ausstattung des Gebäudes mit Erfassungsgeräten unverhältnis- 367 mäßig hoch sind, beurteilt sich aufgrund eines Vergleichs der Kosten für die Installation der Messgeräte sowie des Mess- und Abrechnungsaufwandes mit der möglichen Einsparung an Heizenergie.[631] Dies ist aufgrund eines hochgerechneten 10-Jahres-Vergleiches zu ermitteln, dh es ist zu prüfen, ob sich die Kosten für Installation, Wartung, Nacheichung und Abrechnung durch die eingesparten Energiekosten **innerhalb eines Zeitraums von zehn Jahren amortisiert** haben.[632] Im Übrigen gilt der Ausnahmetatbestand des § 11 HeizkostenV (aF) für Räume, die vor dem 1.7.1981 bezugsfertig geworden sind und in denen der Nutzer den Wärmeverbrauch nicht beeinflussen kann.

[625] Schmidt-Futterer/Lammel HeizkostenV § 2 Rn. 1.
[626] OLG Hamm DWW 1986, 69; aA wohl LG Berlin NZM 2000, 333 (334).
[627] Lammel in Schmidt-Futterer HeizkostenV § 3 Rn. 15 ff.
[628] Lammel in Schmidt-Futterer HeizkostenV § 2 Rn. 17 ff.; Kossmann Wohnraummiete-HdB S. 139.
[629] Schmidt-Futterer/Lammel HeizkostenV § 2 Rn. 14.
[630] LG Hamburg WuM 1992, 259.
[631] BGH WuM 1991, 282.
[632] KG WuM 1993, 300.

368 Nach § 11 Nr. 2 HeizkostenV gilt die Verordnung nicht für Räume in Alters- und Pflegeheimen, Studenten- und Lehrlingsheime, für Räume in vergleichbaren Gebäuden oder Gebäudeteilen, deren Nutzung Personengruppen vorbehalten ist, mit denen wegen ihrer besonderen persönlichen Verhältnisse regelmäßig keine üblichen Mietverträge abgeschlossen werden. Der Ausnahmetatbestand ist auch gegeben bei Räumen in Gebäuden, die überwiegend versorgt werden mit Wärme aus Anlagen zur Rückgewinnung von Wärme oder aus Wärmepumpen- oder Solaranlagen oder mit Wärme aus Anlagen der Kraft-Wärme-Koppelung oder aus Anlagen zur Verwertung von Abwärme, sofern der Wärmeverbrauch des Gebäudes nicht erfasst wird, wenn die nach Landesrecht zuständige Stelle im Interesse der Energieeinsparung und der Nutzer eine Ausnahme zugelassen hat. Sonstige Ausnahmen ergeben sich aus § 11 Abs. 1 Nr. 4 und 5 HeizkostenV. Die Ausnahmetatbestände beruhen auf ökologischen und ökonomischen Erwägungen.

369 Die am 1. Dezember 2021 in Kraft getretene Novellierung der HKVO basiert auf der erneuerten EU-Energieeffizienzrichtlinie von 2018. Damit kam es ab 2022 zu einigen Neuerungen und Änderungen für Vermieter, Eigentümer und Mieter:

a) **Zähler und andere Messgeräte,** welche neu installiert werden, müssen fernablesbar sein und außerdem an ein Smart-Meter-Gateway angebunden werden können. Ausnahmen sind nur gegeben, wenn dies technisch nicht möglich ist oder der Aufwand unzumutbar wäre, was wiederum in Einzelfällen zu prüfen ist.

b) **Interoperable Messgeräte:** Ebenfalls müssen die neu installierten oder nachgerüsteten Messgeräte mit den Systemen mehrerer Ablesedienste kompatibel sein, sodass ein Wettbewerb unter den Diensten möglich ist.

c) **Monatliche Verbrauchsinformationen:** Wenn in einer Immobilie fernablesbare Messgeräte eingesetzt werden, müssen Vermieter ihre Mieter jeden Monat über die aktuellen Heizkosten informieren.

370 Nach § 1 Abs. 1 Nr. 2 HeizkostenV wird auch die Lieferung von Wärme erfasst, die der Eigentümer entweder selbst produziert oder durch einen dritten gewerblichen Wärmelieferer bezieht. Die Wärme kann hergestellt werden in einem klassischen Fernheizwerk, das ganze Städte oder bestimmte Stadtteile versorgen kann, in Blockheizwerken, die eine Versorgung mehrerer Gebäude sicherstellen, aber auch in herkömmlichen Zentralheizungen. Eine eigenständige gewerbliche Lieferung iSd § 1 Abs. 1 Nr. 2 HeizkostenV liegt dann vor, wenn die Lieferung aufgrund eines Kaufvertrages erfolgt und dieser einer Gewinnerzielung dient.[633]

371 Nach § 4 Abs. 3 HeizkostenV sind gemeinschaftliche Räume von der Verbrauchserfassung ausgenommen, es sei denn, sie haben nutzungsbedingt einen höheren Wärme- oder Warmwasserverbrauch wie Schwimmbäder oder Saunen. Die auf die Gemeinschaftsräume entfallenden Kosten sind auf die Nutzer/Mieter nach rechtsgeschäftlichen Bestimmungen umzulegen, § 6 Abs. 3 HeizkostenV, bei Gemeinschaftsräumen wie Bäder oder Saunen nach dem Anteil der Nutzer am Gesamtverbrauch. Dies bedeutet, dass der Gemeinschaftsverbrauch – etwa in einem Treppenhaus – regelmäßig in den Gesamtverbrauch einfließt und entsprechend dem Maßstab für die Ermittlung des Einzelverbrauchs umgelegt und abgerechnet wird.

372 Ist in einem Wohnungsmietvertrag nicht geregelt, mit welcher Temperatur der Vermieter seine Pflicht zur Beheizung erfüllt, dann ist in der vom 1.10. bis 30.4. dauernden **Heizperiode** von 6 bis 23 Uhr in den Räumen eine Temperatur von 20°, in Bad und Toilette von 21° und in der Zeit von 23 bis 6 Uhr in allen Räumen von 18° zu unterhalten.[634] Ist dagegen das **Bad ohne Heizung** vermietet worden, besteht weder ein Anspruch auf eine bestimmte Temperaturregelung noch ein Anspruch auf Einbau einer Heizung. Warmwasser ist, wenn vertraglich keine Temperatur geregelt ist, mit 40° ohne zeitlichen Vorlauf zu liefern.[635]

---

633 Schmidt-Futterer/Lammel HeizkostenV § 1 Rn. 12.
634 Grüneberg/Weidenkaff BGB § 535 Rn. 64.
635 LG Berlin NZM 1999, 1039; vgl. auch Emmerich/Sonnenschein/Emmerich BGB § 535 Rn. 33.

2. Heizkosten

Nach § 7 Abs. 2 HeizkostenV gehören zu den Kosten des Betriebs der zentralen Heizungsanlage einschließlich der Abgasanlage die Kosten der verbrauchten Brennstoffe und ihre Lieferung, die Kosten des Betriebsstroms, die Kosten der Bedienung, Überwachung und Pflege der Anlage, der regelmäßigen Prüfung ihrer Betriebsbereitschaft und Betriebssicherheit einschließlich der Einstellung durch einen Fachmann, („Fachkraft") der Reinigung der Anlage und des Betriebsraums, die Kosten der Messungen nach dem Bundes-Immissions-Schutzgesetz, die Kosten der Anmietung oder anderer Arten der Gebrauchsüberlassung einer Ausstattung zur Verbrauchserfassung sowie die Kosten der Verwendung einer Ausstattung zur Verbrauchserfassung einschließlich der Kosten der Eichung sowie der Kosten der Berechnung, Aufteilung sowie der Abrechnungs- und Verbrauchsinformationen gemäß § 6a. 373

§ 7 Abs. 2 HeizkostenV regelt abschließend, welche Kosten des Betriebs der zentralen Heizungsanlage nach Maßgabe des § 7 Abs. 1 HeizkostenV umlagefähig sind. Dazu gehören Leasingkosten für Brenner, Öltank und Verbindungsleitungen nicht.[636] Sie finden in § 7 Abs. 2 HeizkostenV keine Erwähnung. Dort sind nur die Kosten einer Anmietung oder anderer Arten der Gebrauchsüberlassung einer Ausstattung zur Verbrauchserfassung aufgeführt. 374

Eine Klausel in einem vom Vermieter gestellten Formularmietvertrag, die dem Mieter die anteiligen Kosten der jährlichen Wartung einer Gastherme auferlegt, benachteiligt den Mieter nicht unangemessen, wenn die Klausel eine Obergrenze für den Umlagebetrag nicht vorsieht.[637] Diese Rechtsprechung erscheint problematisch, da dem Mieter ein unvorhersehbarer und unbegrenzter Kostenanfall auferlegt werden kann. Hinzu kommt, dass der Mieter zudem noch mit einer zusätzlichen Kleinreparaturklausel belastet werden kann, was die Kostenlast des Mieters unkalkulierbar erscheinen lässt. Eine Begrenzung der Kostenlast lässt sich nunmehr ausschließlich unter dem **Prinzip der Wirtschaftlichkeit** vornehmen. 375

Nach § 8 Abs. 2 HeizkostenV gehören zu den **Kosten des Betriebs** der zentralen Wasserversorgungsanlage die Kosten der Wasserversorgung, soweit sie nicht gesondert abgerechnet werden, und die Kosten der Wassererwärmung entsprechend § 7 Abs. 2 HeizkostenV. Zu den Kosten der Wasserversorgung gehören die Kosten des Wasserverbrauchs, die Grundgebühren und die Zählermiete, die Kosten der Verwendung von Zwischenzählern, die Kosten des Betriebs einer hauseigenen Wasserversorgungsanlage und einer Wasseraufbereitungsanlage einschließlich der Aufbereitungsstoffe. 376

Bei der Berechnung der Kosten der Brennstoffe muss der Anfangs- und Endbestand ausgewiesen werden.[638] Der den Mieter beratende Anwalt sollte seinen Mandanten um Vorlage der Unterlagen ersuchen, die sich beim Vermieter befinden. Aus den Rechnungen des Vermieters ergeben sich die Bestände. 377

Der Vermieter muss günstige Einkaufspreise und Liefermengen nach Auftragsgrundsätzen zugunsten des Mieters ausnutzen.[639] Seinen Lieferanten braucht er nicht ohne weiteres zu wechseln.[640] Insgesamt gilt das Gebot der Wirtschaftlichkeit.[641] Zusätzliche Kosten, die etwa durch ein Trockenheizen von Neubauwohnungen entstehen, dürfen nicht zu Lasten der Mieter angesetzt werden.[642] Die nach Erstbezug eines Neubaus erstellte Heizkostenabrechnung ist nicht ordnungsgemäß, wenn kein Abzug für das Trockenheizen vorgenommen und in der Abrechnung nachvollziehbar berechnet worden ist.[643] Der Mehrverbrauch kann mit 25 % geschätzt werden. 378

---

636 BGH NJW 2009, 667.
637 BGH NJW 2013, 597.
638 LG Köln WuM 1985, 303.
639 OLG Koblenz MDR 1986, 59.
640 LG Itzehoe WuM 1985, 398.
641 Börstinghaus MDR 2000, 1345.
642 Schmidt-Futterer/Eisenschmid BGB § 536 Rn. 238.
643 AG Köln WuM 1985, 371; Schmidt-Futterer/Eisenschmid BGB § 536 Rn. 238.

379 Wird der Stromverbrauch für die Heizung und die Beleuchtung des Heizungsraums durch einen **Zwischenzähler** erfasst, ist auf der Grundlage der dadurch ermittelten Werte abzurechnen. Falls kein Zwischenzähler vorhanden ist, obliegt es dem Vermieter, den Verbrauch des Betriebsstroms zu schätzen, wobei regelmäßig 5 % der Gesamtkosten, die beim Betrieb der Heizungsanlage entstehen, nicht überschritten werden sollen.[644] Eine darüber hinausgehende Schätzung ist nicht plausibel.

380 **Bedienungskosten** bei vollautomatischer Anlage können wegen ihrer Geringfügigkeit nicht angesetzt werden.[645] Ansonsten wird regelmäßig der Hausmeister mit der Bedienung und Überwachung der Heizungsanlage betraut. Insoweit kann ein Teilbetrag aus der Hausmeisterentlohnung in Ansatz gebracht werden, der dem zeitlichen Aufwand zu entsprechen hat, den der Hausmeister für den Heizbetrieb aufgewendet hat. Der den Mieter beratende Anwalt sollte hier Tätigkeitsnachweise des Hausmeisters verlangen, was insbesondere dann von Bedeutung ist, wenn zwar die Heizkosten mit Bedienungskosten umlegbar, die Kosten für den Hausmeister aber als nicht umlegbar im Mietvertrag vereinbart sind.

381 **Trinkgelder,** zB für Tankwagenfahrer oder Hausmeister, sind in keinem Falle umlagefähig.[646]

382 **Anschaffungs- und Reparaturkosten** können nicht als Wartungskosten berücksichtigt werden.[647] Der den Mieter beratende Anwalt sollte sich den Wartungsvertrag vorlegen lassen. Handelt es sich um einen **Vollwartungsvertrag,** müssen die Anteile für Reparaturen herausgerechnet werden. Auch hier wird von dem Vermieter ein prozentualer Abschlag gefordert, der den Reparaturkosten bestehend aus Kosten für Ersatzteile nebst Arbeitslohn entspricht. Ebenso wenig können Tankreinigungskosten angesetzt werden, die zur Vorbereitung einer Neubeschichtung des Öltanks anfallen,[648] ferner nicht die Kosten des Austauschs von Wärmemessgeräten.[649]

383 Kosten zur **Reinigung des Heizöltanks** fallen nicht in jedem Jahr an. Die Reinigung des Öltanks dient der Aufrechterhaltung des Betriebs der Heizungsanlage und der Sicherung ihrer Funktionstüchtigkeit. Die Tankreinigung unterscheidet sich damit nicht von einer Reinigung sonstiger Bestandteile der Heizungsanlage wie zB Brenner oder Umlaufpumpe, deren Kosten ebenfalls nach § 2 Nr. 4 Buchstabe a BetrKV umlegbar sind. Betriebskosten, die nicht jährlich, sondern in größeren zeitlichen Abständen wiederkehren, können grundsätzlich in dem Abrechnungszeitraum umgelegt werden, in dem sie entstanden sind.[650]

384 **Leasingkosten** für die **Ausstattung zur Verbrauchserfassung** dürfen nur umgelegt werden, wenn der Vermieter die Mieter vor der Anmietung der Anlage hierauf und auf die dadurch anfallenden Kosten hingewiesen und die Mehrheit der Mieter nicht widersprochen hat, § 4 Abs. 2 HeizkostenV.[651] Bei dem Hinweis handelt es sich um eine einseitige, empfangsbedürftige Willenserklärung, die keiner besonderen Form bedarf; jedoch ist ein Aushang im Treppenhaus nicht ausreichend.[652] Die Mitteilung braucht keine Begründung zu enthalten; jedoch muss der Vermieter seine Leasing-Absicht und die Höhe der Leasing-Kosten mitteilen.[653] Dabei muss der Kostenansatz dem Gebot der Wirtschaftlichkeit entsprechen. Der Anwalt sollte daher darauf achten, dass das Abrechnungsunternehmen deutlich unterscheidet zwischen den Kosten der Ablesung selbst und den Leasing-Kosten.

---

644 AG Hamburg WuM 1991, 50.
645 KG MDR 1976, 756; (aA Schmidt-Futterer/Lammel HeizkostenV § 7 Rn. 31 (nach festgestelltem Aufwand).
646 LG Mannheim MDR 1978, 317.
647 BayObLG ZMR 1997, 256; Schmidt-Futterer/Lammel HeizkostenV § 7 Rn. 33.
648 Schmidt-Futterer/Lammel HeizkostenV § 7 Rn. 36.
649 AG Nürnberg WuM 1990, 524.
650 BGH NJW 2010, 226.
651 LG Köln WuM 1990, 562; Börstinghaus MDR 2000, 1346.
652 AG Neuss WuM 1995, 46.
653 AG Hamburg WuM 1994, 695.

Formulierungsvorschlag für den Vermieter zur Einführung des Leasing-Verfahrens für Geräte zur Verbrauchserfassung:

Sehr geehrter Mieter, 385

die Geräte für die Verbrauchserfassung der Heizkosten ist veraltet und bedarf der Erneuerung. Ein von einem Wärmedienstunternehmen eingeholtes Angebot beläuft sich auf die Summe von ...... Diese Kosten könnten anteilmäßig auf die Mieter umgelegt werden.

Angesichts der Höhe der zu erwartenden Kosten befürworte ich allerdings die Anmietung entsprechender Geräte. Leasing-Kosten, die von den Kosten der Ablesung zu trennen sind, würden jährlich in Höhe von lediglich ...... anfallen, wie sich aus einem mir vorliegenden schriftlichen Angebot ergibt. Angesichts des Gebotes der Wirtschaftlichkeit ist daher dem Leasing-Verfahren der Vorrang einzuräumen.

Ich habe den Weg einer schriftlichen Benachrichtigung in Form eines Briefes an jeden Mieter gewählt, damit in Ruhe überlegt werden kann, ob Sie meinem Vorhaben folgen. In meinen Unterlagen habe ich eine Überlegungsfrist von einem Monat für Sie notiert.

Sollte bis zum Ablauf eines Monats kein Widerspruch bei mir eingegangen sein, gehe ich davon aus, dass Sie meinem Vorschlag zustimmen; sodann werde ich den Leasing-Vertrag zu den mitgeteilten Bedingungen abschließen, dies in der Hoffnung, damit einen Beitrag zur nachdrücklichen Senkung der Betriebskosten geleistet zu haben.

Mit freundlichen Grüßen

Vermieter

3. Verbrauchserfassung

Nach § 4 Abs. 1 HeizkostenV hat der Gebäudeeigentümer den anteiligen Verbrauch der Nutzer an Wärme und Warmwasser zu erfassen. Zur Erfassung des anteiligen Wärmeverbrauchs sind **Wärmezähler oder Heizkostenverteiler,** zur Erfassung des anteiligen Warmwasserverbrauchs **Warmwasserzähler** zu verwenden, § 5 Abs. 1 S. 1 HeizkostenV. 386

Ausstattungen zur Verbrauchserfassung nach Absatz 1 Satz 1 und nach § 9 Absatz 2 Satz 1, die nach dem 1. Dezember 2021 installiert werden, müssen **fernablesbar** sein und dabei den Datenschutz und die Datensicherheit nach dem Stand der Technik gewährleisten. Fernablesbar ist eine Ausstattung zur Verbrauchserfassung, wenn sie ohne Zugang zu einzelnen Nutzeinheiten abgelesen werden kann, § 5 Abs. 2 S. 2 HeizkostenV. Ab dem 1. Dezember 2022 dürfen nur noch solche fernablesbaren Ausstattungen installiert werden, die sicher an ein **Smart-Meter-Gateway** nach § 2 Satz 1 Nummer 19 des Messstellenbetriebsgesetzes unter Beachtung des in Schutzprofilen und Technischen Richtlinien des Bundesamtes für Sicherheit in der Informationstechnik niedergelegten Stands der Technik nach dem Messstellenbetriebsgesetz angebunden werden können. 387

Die vorstehenden Verpflichtungen bestehen jedoch nicht, wenn ein einzelner Zähler oder Heizkostenverteiler ersetzt oder ergänzt wird, der Teil eines Gesamtsystems ist und die anderen Zähler oder Heizkostenverteiler dieses Gesamtsystems zum Zeitpunkt des Ersatzes oder der Ergänzung nicht fernablesbar sind. Erfassen des Verbrauchs erfordert ein Messen dieses Verbrauchs, keine bloße Berechnung.[654] 388

Wird der Verbrauch der von einer Anlage iSd § 1 Abs. 1 HeizkostenV versorgten Nutzer nicht mit gleichen Ausstattungen erfasst, so sind zunächst durch Vorerfassung vom Gesamtverbrauch die Anteile der Gruppen von Nutzern zu erfassen, deren Verbrauch mit gleichen Ausstattungen erfasst wird. Der Gebäudeeigentümer kann auch bei unterschiedlichen Nutzungs- oder Gebäudearten oder aus anderen sachgerechten Gründen eine Vorerfassung nach Nutzergruppen durchführen, § 5 Abs. 2 HeizkostenV. In diesen Fällen sind die Kosten zunächst mindestens 50 vom Hundert nach dem Verhältnis 389

654 BGH NZM 2008, 767 (768).

der erfassten Anteile am Gesamtverbrauch auf die Nutzergruppen aufzuteilen, § 6 Abs. 2 S. 1 HeizkostenV. Werden die Kosten nicht vollständig nach dem Verhältnis der erfassten Anteile am Gesamtverbrauch aufgeteilt, sind die übrigen Kosten der Versorgung mit Wärme nach der Wohn- oder Nutzfläche oder nach dem umbauten Raum auf die einzelnen Nutzergruppen zu verteilen; es kann auch die Wohn- oder Nutzfläche oder der umbaute Raum der beheizten Räume zu Grunde gelegt werden; die übrigen Kosten der Versorgung mit Warmwasser sind nach der Wohn- oder Nutzfläche auf die einzelnen Nutzergruppen zu verteilen, § 5 Abs. 2 HeizkostenV. Die Kostenanteile der Nutzergruppen sind sodann auf die einzelnen Nutzer zu verteilen.

390 **Wärmezähler** sind Geräte zur physikalisch exakten Messung der in einem Heizungskreislauf angegebenen thermischen Energie.[655] Die verbrauchte Wärmemenge wird in Kilowattstunden gemessen (KWh). Bei Heizkostenverteilern ist zu unterscheiden zwischen den Geräten, die auf der Grundlage des Verdunstungsprinzips arbeiten und solchen, die auf elektrischer Messgrößenerfassung beruhen. Gebräuchlich sind heute die Heizkostenverteiler nach dem Verdunstungsprinzip. In einem Röhrchen befindet sich Messflüssigkeit, die je nach Einstellung des Heizkörpers langsamer oder schneller verdunstet. Die Menge der verdunsteten Flüssigkeit lässt sich an einer Skala ablesen. Der so abgelesene Wert wird mit dem vom Hersteller des Heizkörpers angegebenen Faktor multipliziert und findet somit seinen Eingang in die Abrechnung;[656] der den Mieter beratende Anwalt sollte darauf bestehen, dass dieser Weg erläutert wird durch den Vermieter, da sich nämlich aus den Ablesequittungen allein kein übersichtliches Bild für den Mieter ergibt.

391 **Wärmezähler** erfassen **physikalisch exakt** den Warmwasserverbrauch. Die gemessene Menge wird in Kubikmetern ermittelt (m^3). Die Wärmezähler bestehen aus drei Teilen, den Temperaturfühlern an Vor- und Rücklauf des Wärmeträgermediums, dem Messteil für das Volumen des durchfließenden Wärmeträgers und dem elektronischen Rechenwerk mit der Anzeige der verbrauchten Energie.[657] Die Geräte müssen alle 5 Jahre geeicht werden. Auch vor ihrem ersten Einsatz ist eine Eichung erforderlich.[658]

392 **Warmwasserzähler** messen den Durchfluss des erwärmten Wassers, also das Volumen, nicht die jeweilige Wassertemperatur. Auch diese Geräte sind eichpflichtig und müssen nach 5 Jahren zur Nacheichung vorgelegt werden.[659]

393 **Warmwasserkostenverteiler** funktionieren entweder als Verdunstungsgeräte oder auf mechanischer oder elektrischer Grundlage. Im konkreten Einzelfall muss – gegebenenfalls durch einen Sachverständigen – ermittelt werden, ob ihre Verwendung den Mindestanforderungen aus den anerkannten Regeln der Technik gerecht wird. Die Ausstattungen müssen nach § 5 Abs. 1 S. 4 HeizkostenV für das jeweilige Heizsystem geeignet sein und so angebracht werden, dass ihre technisch einwandfreie Funktion gewährleistet ist.[660]

394 Kann der Verbrauch nicht ermittelt werden, weil die Geräte zur Verbrauchserfassung ausgefallen sind oder andere vom Vermieter nicht zu vertretende zwingende Gründe vorliegen, so darf der Verbrauch der betroffenen Räume nach § 9a HeizkostenV auf folgender Grundlage geschätzt werden:

- nach dem Verbrauch in früheren Abrechnungszeiträumen oder
- nach dem Verbrauch vergleichbarer Wohnungen im Abrechnungszeitraum.

395 Die Schätzung ist unzulässig, wenn sich der Hinderungsgrund für die Verbrauchserfassung auf mehr als 25 % der gesamten Wohn- und Nutzfläche bezieht; in diesem Fall

[655] Bub/Treier/v. Brunn/Emmerich III A Rn. 424.
[656] Vgl. Schmidt-Futterer/Lammel HeizkostenV § 5 Rn. 14 ff.
[657] Schmidt-Futterer/Lammel HeizkostenV § 5 Rn. 26.
[658] Schmidt-Futterer/Lammel HeizkostenV § 5 Rn. 28.
[659] Schmidt-Futterer/Lammel HeizkostenV § 5 Rn. 29, 30.
[660] Bub/Treier/v. Brunn/Emmerich III A Rn. 426.

sind die Kosten nur nach einem festen Maßstab, zB anteilige Fläche, zu verteilen; außerdem greift hier das Kürzungsrecht des § 12 Abs. 1 HeizkostenV.[661]

Praxistipp:
Hat der Vermieter den in die Heizkostenabrechnung eingestellten Wert aufgrund einer Schätzung ermittelt und dies auch in der Abrechnung gekennzeichnet, muss er die Ermittlung des Schätzergebnisses bereits in der Abrechnung nachvollziehbar darstellen. Eine derartige Erläuterung ist nicht allein der Nachfrage des Mieters vorbehalten; sie muss vielmehr bereits in der Abrechnung als solcher nachvollziehbar enthalten sein. Damit ist dem Mieter die Möglichkeit eröffnet, anhand der Abrechnung die Plausibilität der Ermittlung des Schätzergebnisses zu prüfen und gegebenenfalls durch ergänzende Belegeinsicht die Richtigkeit der Einsatzwerte festzustellen.[662]
Der Brennstoffverbrauch einer zentralen Warmwasserversorgungsanlage ist nach § 9 Abs. 2 HeizkostenV zu ermitteln (§ 9 Abs. 1 S. 4 HeizkostenV). Hierzu stellt § 9 HeizkostenV grundsätzlich drei Berechnungsmethoden zur Verfügung, nämlich die in § 9 Abs. 2 S. 1–3 HeizkostenV enthaltene Berechnungsmethode und eine Ermittlung nach den allgemein anerkannten Regeln der Technik (§ 9 Abs. 2 S. 4 HeizkostenV). Dabei besteht zwischen der ersten und der zweiten Möglichkeit ein Wahlrecht. Von der dritten Möglichkeit darf nur dann Gebrauch gemacht werden, wenn das Volumen des verbrauchten Wassers nicht gemessen werden kann.[663]

Grundkosten wie Verbrauchskosten können nur dann ordnungsgemäß ermittelt werden, wenn bei der Abrechnung nicht **unterschiedliche Gebäudestrukturen** vermengt werden. Werden sowohl Mietwohnungen in Mehrfamilienhäusern als auch Einfamilienhäuser von einem Heizwerk mit Warmwasser zu Heizzwecken versorgt, ist es unbillig, den Grundkostenanteil der Heizkosten nach der Gesamtwohnfläche aller belieferten Objekte zu bemessen.[664] Anders verhält es sich dann, wenn eine Mehrheit von Gebäuden zu einer **Wirtschaftseinheit** zusammengefasst ist. Regelmäßig können nur die Kosten der zentralen Heizungsanlage abgerechnet werden, an der die Wohnung angeschlossen ist.[665] Grundsätzlich ist nach möglichst kleinen Einheiten abzurechnen. 396

4. Abrechnungs- und Verbrauchsinformationen

Wenn fernablesbare Ausstattungen zur Verbrauchserfassung installiert wurden, hat der Gebäudeeigentümer den Nutzern gem. § 6a HeizkostenV Abrechnungs- oder Verbrauchsinformationen für Heizung und Warmwasser auf der Grundlage des tatsächlichen Verbrauchs oder der Ablesewerte von Heizkostenverteilern in folgenden Zeitabständen mitzuteilen: 397

1. für alle Abrechnungszeiträume, die ab dem 1. Dezember 2021 beginnen
   a) auf Verlangen des Nutzers oder wenn der Gebäudeeigentümer sich gegenüber dem Versorgungsunternehmen für die Zustellung der Abrechnung auf elektronischem Wege entschieden hat, mindestens vierteljährlich und
   b) ansonsten mindestens zweimal im Jahr,
2. ab dem 1. Januar 2022 monatlich.

Diese Verbrauchsinformationen müssen gemäß **§ 61 Abs. 2 HeizkostenV** mindestens folgende Informationen enthalten: 398

1. Verbrauch des Nutzers im letzten Monat in Kilowattstunden,
2. einen Vergleich dieses Verbrauchs mit dem Verbrauch des Vormonats desselben Nutzers sowie mit dem entsprechenden Monat des Vorjahres desselben Nutzers, soweit diese Daten erhoben worden sind, und

[661] AG Köln WuM 1997, 273 (274).
[662] AG Neuruppin WuM 2004, 538 (539).
[663] BayObLG WuM 2004, 679 (680).
[664] LG Hildesheim WuM 1986, 118.
[665] AG Hamburg WuM 1987, 89.

3. einen Vergleich mit dem Verbrauch eines normierten oder durch Vergleichstests ermittelten Durchschnittsnutzers derselben Nutzerkategorie.

399 Beruhen die Abrechnungen auf dem tatsächlichen Verbrauch oder auf dem Ablesewert von Heizkostenverteilern, muss der Gebäudeeigentümer den Nutzern für Abrechnungszeiträume, die ab dem 1. Dezember 2021 beginnen, zusammen mit den Abrechnungen folgende Informationen zugänglich machen:

1. Informationen über
   a) den Anteil der eingesetzten Energieträger und bei Nutzern, die mit Fernwärme aus Fernwärmesystemen versorgt werden, auch über die damit verbundenen jährlichen Treibhausgasemissionen und den Primärenergiefaktor des Fernwärmenetzes, bei Fernwärmesystemen mit einer thermischen Gesamtleistung unter 20 Megawatt jedoch erst ab dem 1. Januar 2022,
   b) die erhobenen Steuern, Abgaben und Zölle,
   c) die Entgelte für die Gebrauchsüberlassung und Verwendung der Ausstattungen zur Verbrauchserfassung, einschließlich der Eichung, sowie für die Ablesung und Abrechnung,
2. Kontaktinformationen, darunter Internetadressen von Verbraucherorganisationen, Energieagenturen oder ähnlichen Einrichtungen, bei denen Informationen über angebotene Maßnahmen zur Energieeffizienzverbesserung, Endnutzer-Vergleichsprofile und objektive technische Spezifikationen für energiebetriebene Geräte eingeholt werden können,
3. im Falle eines Verbrauchervertrags nach § 310 Absatz 3 des Bürgerlichen Gesetzbuches die Information über die Möglichkeit der Durchführung von Streitbeilegungsverfahren nach dem Verbraucherstreitbeilegungsgesetz, wobei die §§ 36 und 37 des Verbraucherstreitbeilegungsgesetzes unberührt bleiben,
4. Vergleiche mit dem Verbrauch eines normierten oder durch Vergleichstests ermittelten Durchschnittsnutzers derselben Nutzerkategorie, wobei im Fall elektronischer Abrechnungen ein solcher Vergleich online bereitgestellt und in der Abrechnung darauf verwiesen werden kann,
5. einen Vergleich des witterungsbereinigten Energieverbrauchs des jüngsten Abrechnungszeitraums des Nutzers mit seinem witterungsbereinigten Energieverbrauch im vorhergehenden Abrechnungszeitraum in grafischer Form.

5. Kostenumlage

400 Nach § 7 Abs. 1 HeizkostenV sind 50 bis 70 % der Kosten verbrauchsabhängig abzurechnen. Nach § 10 Abs. 1 HeizkostenV kann ein höherer Verbrauchskostenanteil vereinbart werden, um einen **Anreiz** zu schaffen, **Heizenergie einzusparen.** Ist ein Verhältnis zwischen Grundkosten und verbrauchsabhängigen Kosten nicht festgelegt, so kann der Vermieter dieses bestimmen; Maßstab bilden die §§ 315, 316 BGB.[666] Die Wahl hat sich an den jeweiligen wärmespezifischen Eigenheiten des Gebäudes zu orientieren.[667] In Altbauten mit schlechter Isolierung und entsprechendem hohen Grundwärmebedarf widerspricht eine Heizkostenabrechnung überwiegend nach Verbrauchsanteilen der Billigkeit.[668] Die Grundlagen für einen eventuellen Ermessensfehlgebrauch können mittels Prüfung durch einen Sachverständigen herbeigeschafft werden.

401 Der Festkostenanteil darf nicht nach Wohnfläche, sondern muss nach beheizbarer Fläche berechnet werden, wenn die Räume in den einzelnen Wohnungen der Wohnanlage unterschiedlich mit Heizkörpern ausgestattet sind, sich einzelne Heizkörper in einigen Wohnungen auch in der Küche und im Flur befinden.[669] Dabei ist die tatsäch-

[666] Vgl. dazu BGH NZM 2004, 254.
[667] Schmidt-Futterer/Lammel HeizkostenV § 7 Rn. 5.
[668] AG Lübeck WuM 1988, 64.
[669] AG Hamburg WuM 1987, 230 (231).

liche und nicht die vereinbarte Wohnfläche anzusetzen.[670] Überhaupt muss ein gleicher Maßstab für alle Wohnungen zugrunde gelegt werden, der nach objektiven Kriterien festzulegen ist.[671] Dabei ist immer wieder von besonderer Bedeutung, wie Grundflächen von Terrassen und Balkonen angerechnet werden können. Auch insoweit ist ein einheitlicher Maßstab zu verwenden.[672] Weisen die Wohnungen eines Mietobjekts teils Balkone/Terrassen auf, teils nicht, kann nur die beheizbare Fläche zur Grundlage eines ermessensfehlerfreien Maßstabs gemacht werden.[673]

§ 7 Abs. 1 S. 2 HeizkostenV: In Gebäuden, die das Anforderungsniveau der Wärme- 402
schutzverordnung vom 16.8.1994 (BGBl. I 2121) nicht erfüllen, die mit einer Öl- oder Gasheizung versorgt werden und in denen die freiliegenden Leitungen der Wärmeverteilung überwiegend gedämmt sind, sind von den Kosten des Betriebs der zentralen Heizungsanlage 70 vom Hundert nach dem erfassten Wärmverbrauch der Nutzer zu verteilen. Anders ist zu entscheiden in Fällen überwiegend ungedämmter aber nicht freiliegender Leitungen der Wärmeversorgung. In diesem Fall ist eine Anwendung des § 7 Abs. 2 S. 3 HeizkostenV ausgeschlossen, selbst eine analoge Anwendung der Norm.[674] Zur Begründung wird darauf verwiesen, es fehle an einer planwidrigen Regelungslücke.[675]

Eine Umlage nach Miteigentumsanteilen ist unzulässig und führt zu einer Kürzung 403
nach § 12 Abs. 1 HeizkostenV.[676] **Netzverluste** der Fernwärmelieferung sind in der Heizkostenabrechnung nach einem festen Maßstab kostenmäßig zu quantifizieren; eine Umlage der Netzverluste entsprechend dem Nutzerverhalten, dh dem Verbrauch, ist fehlerhaft.[677] Netzverluste sind nach der Quadratmeterzahl im Sinne billigen Ermessens nach §§ 315, 316 BGB zu verteilen.

Zu den Kosten des Betriebs der zentralen Heizungsanlage einschließlich der Abgas- 404
anlage gehören die Kosten der verbrauchten Brennstoffe und ihrer Lieferung, die Kosten des Betriebsstroms, die Kosten der Bedienung, Überwachung und Pflege der Anlage, der regelmäßigen Prüfung ihrer Betriebsbereitschaft und Betriebssicherheit einschließlich der Einstellung durch einen Fachmann (HeizkostenV 2009 „Fachkraft"), der Reinigung der Anlage und des Betriebsraums, die Kosten der Messungen nach dem Bundes-Immissionsschutzgesetz, die Kosten der Anmietung oder anderer Arten der Gebrauchsüberlassung einer Ausstattung zur Verbrauchserfassung sowie die Kosten der Verwendung einer Ausstattung zur Verbrauchserfassung einschließlich der Kosten der Eichung sowie der Kosten der Berechnung, Aufteilung und Verbrauchsanalyse, § 7 Abs. 2 HeizkostenV. Die Verbrauchsanalyse sollte insbesondere die Entwicklung der Kosten für die Heizwärme- und Warmwasserversorgung der vergangenen drei Jahre wiedergeben.

Die Verteilung der Kosten der Versorgung mit **Wärme und Warmwasser** bei ver- 405
bundenen Anlagen regelt § 9 HeizkostenV. Ist die zentrale Anlage zur Versorgung mit Wärme mit der zentralen Warmwasserversorgungsanlage verbunden, so sind die einheitlich entstandenen Kosten des Betriebs aufzuteilen, § 9 Abs. 1 S. 1 HeizkostenV. Die Anteile an den einheitlich entstandenen Kosten sind bei Anlagen mit Heizkesseln nach den Anteilen am Brennstoffverbrauch oder am Energieverbrauch, bei eigenständiger gewerblicher Wärmelieferung nach den Anteilen am Wärmeverbrauch zu bestimmen. Kosten, die nicht einheitlich entstanden sind, sind dem Anteil an den einheitlich entstandenen Kosten hinzuzurechnen. Der Anteil der zentralen Anlage zur Versorgung mit Wärme ergibt sich aus dem gesamten Verbrauch nach Abzug des Verbrauchs der zentralen Warmwasserversorgungsanlage. Bei Anlagen, die weder durch Heizkessel

[670] LG Mannheim DWW 1987, 297.
[671] AG Hamburg WuM 1996, 778.
[672] LG Köln WuM 1987, 359.
[673] Schmidt-Futterer/Lammel HeizkostenV § 7 Rn. 11.
[674] BGH NZM 2017, 697.
[675] zB LG Ellwangen BeckRS 2016, 18144; AG Emmendingen BeckRS 2014, 23028; Blank/Börstinghaus/Blank § 556a Rn. 7.
[676] LG Frankfurt a. M. WuM 1988, 38.
[677] AG Bremerhaven WuM 1989, 194.

noch durch eigenständige gewerbliche Wärmelieferung mit Wärme versorgt werden, können anerkannte Regeln der Technik zur Aufteilung der Kosten verwendet werden. Der Anteil der zentralen Warmwasserversorgungsanlage am Wärmeverbrauch ist nach § 9 Abs. 2 HeizkostenV, der Anteil am Brennstoffverbrauch nach § 9 Abs. 3 HeizkostenV zu ermitteln.

406 § 9 Abs. 2 HeizkostenV: Die auf die zentrale Warmwasserversorgungsanlage entfallende Wärmemenge (Q) ist mit einem Wärmezähler zu messen. Kann die Wärmemenge nur mit einem unzumutbar hohen Aufwand gemessen werden, kann sie nach folgender Zahlenwertgleichung als Ergebnis in Kilowattstunden pro Jahr bestimmt werden:

Q = 2,5 × V × (tw-10).

Dabei sind zu Grunde zu legen:

1. der Wert 2,5 für die Erzeugeraufwandszahl des Wärmeerzeugers, die mittlere spezifische Wärmekapazität des Wassers, die Wärmeverluste für Warmwasserspeicher, Verteilung einschließlich Zirkulation, Messdatenerhebungen zum Warmwasserverbrauch,
2. das gemessene Volumen des verbrauchten Warmwassers (V) in Kubikmetern,
3. die gemessene oder geschätzte mittlere Temperatur des Warmwassers (tw) in Grad Celsius und
4. der Wert 10 für die übliche Kaltwassereintrittstemperatur in die Warmwasserversorgungsanlage in Grad Celsius. Die auf die zentrale Warmwasserversorgungsanlage entfallende Wärmemenge (Q) ist mit einem Wärmezähler zu messen. 2 Kann die Wärmemenge nur mit einem unzumutbar hohen Aufwand gemessen werden, kann sie nach folgender Zahlenwertgleichung als Ergebnis in Kilowattstunden pro Jahr bestimmt werden:

Q = 2,5 × V × (tw-10).

3 Dabei sind zu Grunde zu legen:

1. der Wert 2,5 für die Erzeugeraufwandszahl des Wärmeerzeugers, die mittlere spezifische Wärmekapazität des Wassers, die Wärmeverluste für Warmwasserspeicher, Verteilung einschließlich Zirkulation, Messdatenerhebungen zum Warmwasserverbrauch,
2. das gemessene Volumen des verbrauchten Warmwassers (V) in Kubikmetern,
3. die gemessene oder geschätzte mittlere Temperatur des Warmwassers (tw) in Grad Celsius und
4. der Wert 10 für die übliche Kaltwassereintrittstemperatur in die Warmwasserversorgungsanlage in Grad Celsius. Die auf die zentrale Warmwasserversorgungsanlage entfallende Wärmemenge (Q) ist mit einem Wärmezähler zu messen. 2 Kann die Wärmemenge nur mit einem unzumutbar hohen Aufwand gemessen werden, kann sie nach folgender Zahlenwertgleichung als Ergebnis in Kilowattstunden pro Jahr bestimmt werden:

Q = 2,5 × V × (tw-10).

3 Dabei sind zu Grunde zu legen:

1. der Wert 2,5 für die Erzeugeraufwandszahl des Wärmeerzeugers, die mittlere spezifische Wärmekapazität des Wassers, die Wärmeverluste für Warmwasserspeicher, Verteilung einschließlich Zirkulation, Messdatenerhebungen zum Warmwasserverbrauch,
2. das gemessene Volumen des verbrauchten Warmwassers (V) in Kubikmetern,
3. die gemessene oder geschätzte mittlere Temperatur des Warmwassers (tw) in Grad Celsius und
4. der Wert 10 für die übliche Kaltwassereintrittstemperatur in die Warmwasserversorgungsanlage in Grad Celsius.Die auf die zentrale Warmwasserversorgungsanlage entfallende Wärmemenge (Q) ist mit einem Wärmezähler zu messen. 2 Kann die Wärmemenge nur mit einem unzumutbar hohen Aufwand gemessen werden, kann sie nach folgender Zahlenwertgleichung als Ergebnis in Kilowattstunden pro Jahr bestimmt werden:

Q = 2,5 × V × (tw-10).

3 Dabei sind zu Grunde zu legen:

1. der Wert 2,5 für die Erzeugeraufwandszahl des Wärmeerzeugers, die mittlere spezifische Wärmekapazität des Wassers, die Wärmeverluste für Warmwasserspeicher, Verteilung einschließlich Zirkulation, Messdatenerhebungen zum Warmwasserverbrauch,
2. das gemessene Volumen des verbrauchten Warmwassers (V) in Kubikmetern,
3. die gemessene oder geschätzte mittlere Temperatur des Warmwassers (tw) in Grad Celsius und
4. der Wert 10 für die übliche Kaltwassereintrittstemperatur in die Warmwasserversorgungsanlage in Grad Celsius.

Wenn in Ausnahmefällen weder die Wärmemenge noch das Volumen des verbrauchten Warmwassers gemessen werden können, kann die Wärmemenge, die auf die zentrale Warmwasserversorgungsanlage entfällt, nach folgender Zahlenwertgleichung als Ergebnis in Kilowattstunden pro Jahr bestimmt werden: 407

Q = 32 × AWohn.

Dabei sind zu Grunde zu legen: 408

1. der Wert 32 für den Nutzwärmebedarf für Warmwasser, die Erzeugeraufwandszahl des Wärmeerzeugers, Messdatenerhebungen zum Warmwasserverbrauch und
2. die durch die zentrale Anlage mit Warmwasser versorgte Wohn- oder Nutzfläche (AWohn) in Quadratmeter.

§ 9 Abs. 3 HeizkostenV: Bei Anlagen mit Heizkesseln ist der Brennstoffverbrauch der zentralen Warmwasserversorgungsanlage (B) in Litern, Kubikmetern oder Kilogramm nach folgender Gleichung zu bestimmen: 409

B = Q/H

Dabei sind zu Grunde zu legen

- die auf die zentrale Warmwasserversorgungsanlage entfallende Wärmemenge (Q) nach § 9 Abs. 2 HeizkostenV in kWh;
- der Heizwert des verbrauchten Brennstoffes (Hi) in Kilowattstunden (hWh) je Liter (l), Kubikmeter (m^3), Kilogramm (kg). Als Heizwerte nach Satz 2 Nummer 2 sind die in den Abrechnungsunterlagen des Energieversorgungsunternehmens oder Brennstofflieferanten angegebenen Heizwerte zu verwenden. Wenn diese vom Energieversorgungsunternehmen oder Brennstofflieferanten nicht angegeben werden, können hilfsweise folgende Werte verwendet werden:
  - leichtes Heizöl EL 10 kWh/l
  - schweres Heizöl 10,9 kWh/l
  - Erdgas L 9 kWh/m^3
  - Flüssiggas 13,0 kWh/kg
  - Koks 8,0 kWh/kg
  - Braunkohle 5,5 kWh/kg
  - Steinkohle 8,0 kWh/kg
  - Holz (lufttrocken) 4,1 kWh/kg
  - Holzpellets 5,0 kWh/kg
  - Holzhackschnitzel 4 kWh/SRm

Enthalten die Abrechnungsunterlagen des Energieversorgungsunternehmens oder Brennstofflieferanten Hi-Werte, so sind diese zu verwenden. Soweit die Abrechnung über kWh-Werte erfolgt, ist eine Umrechnung in Brennstoffverbrauch nicht erforderlich. 410

§ 9 Abs. 4 HeizkostenV enthält für verbundene Anlagen den grundsätzlichen Hinweis, dass der Anteil an den Kosten der Versorgung mit Wärme nach § 7 Abs. 1 HeizkostenV und der Anteil an den Kosten der Versorgung mit Warmwasser nach § 8 Abs. 1 HeizkostenV zu verteilen ist, sofern die Heizkostenverordnung nichts anderes bestimmt oder zulässt. 411

6. Heizkostenabrechnung

412 a) **Betretungsrecht des Vermieters und Ablesung.** Der vertragstreue Mieter ist nicht verpflichtet, eine Heizkostenabrechnung rügelos zu akzeptieren, die in wesentlichen Teilen auf einer Schätzung der verbrauchten Wärmeeinheiten beruht; der Vermieter hat gegenüber seinem Mieter einen Anspruch auf Gewährung des Zutritts zu den Mieträumen, um die Wärmemessgeräte an den Heizkörpern ablesen zu lassen. Zur Durchsetzung dieses Anspruchs genügt es nicht, wenn der Vermieter durch sein Wärmedienstunternehmen einen oder zwei Ablesetermine festsetzen lässt, wenn diese Termine durch einen Aushang im Hausflur, Treppenhaus oder Aufzug bekannt gemacht werden. Macht ein Mieter an den bekannt gegebenen Terminen seine Wohnung nicht zugänglich, ist es Aufgabe des Vermieters, diesen Mieter durch andere geeignete Maßnahmen zur Duldung einer Ablesung der Wärmemessgeräte anzuhalten.[678] Der den Vermieter beratende Anwalt wird insbesondere bei einer Ablesung in größeren Wohneinheiten den **Erlass einer einstweiligen Verfügung** anstreben. Dazu muss er die Eilbedürftigkeit darlegen und glaubhaft machen – gegebenenfalls durch eidesstattliche Versicherungen des Vermieters und der Mitarbeiter des Wärmedienstes –, dass entsprechende und wirksame Ankündigungen gegenüber dem Mieter erfolgt sind.

Formulierungsvorschlag für einen Antrag auf Erlass einer einstweiligen Verfügung zwecks Betretung der mieterseitigen Wohnung:

413 An das Amtsgericht Köln
Luxemburger Str. 101
50939 Köln
In Sachen
des Vermieters ……, Antragsteller,
gegen
den Mieter ……, Antragsgegner,
wird im Wege einstweiliger Verfügung – gegebenenfalls ohne mündliche Verhandlung – beantragt, dem Antragsgegner aufzugeben, dem Antragsteller und einem von ihm beauftragten Monteur nach vorheriger schriftlicher Ankündigung eines Termins an einem Werktag [genaue Bezeichnung von 2 oder 3 Termintagen] zwischen 10 und 13 Uhr oder 15 und 18 Uhr Zutritt zur Wohnung …… zu gewähren durch Öffnen der Eingangstür und aller Zimmertüren.
Begründung:
Der Antragsteller ist Vermieter, der Antragsgegner Mieter der Wohnung …… im Objekt ……, das aus 128 Wohneinheiten besteht. Zur Vorbereitung der Heizkostenabrechnung für das Jahr 2018 soll eine Ablesung der Verdunstungsmessgeräte in der Woche vom …… bis …… erfolgen. Der Antragsgegner ist schriftlich aufgefordert worden, Zutritt zu der von ihm angemieteten Wohnung am …… in der Zeit von …… bis …… zu gewähren, damit eine Ablesung vorgenommen werden kann. Er hat sich jedoch ausdrücklich geweigert, Zutritt zur Wohnung zu gestatten.
Beweis: Glaubhaftmachung durch Vorlage der beiliegenden eidesstattlichen Versicherung des Antragstellers und des Mitarbeiters …… des Wärmemessunternehmens
Um unnötige Mehrkosten angesichts der Größe des Objekts zu vermeiden, ist Eile geboten. Daher ist dem Antrag auf Erlass einer einstweiligen Verfügung – ohne mündliche Verhandlung – stattzugeben.
Unterschrift des Rechtsanwalts oder des Vermieters

414 Die technische Entwicklung geht weiter. Nicht mehr in allen Fällen ist die Durchsetzung eines Betretungsrechts erforderlich, wenn der Vermieter die Messeinrichtungen auf Funkbasis hat umstellen lassen. Um allerdings eine derartige Umrüstung vornehmen zu können, ist das Betreten der Mietwohnung unerlässlich. Eine solche Maßnahme liegt

[678] LG Köln WuM 1985, 294; Schmidt-Futterer/Lammel HeizkostenV § 6 Rn. 5 ff.

im Interesse beider Vertragsparteien; der Mieter hat diese Maßnahme nach § 4 Abs. 2 S. 1 Hs. 2 HeizkostenV zu dulden.[679]

Im eigenen Interesse sollte der Mieter **an der Ablesung** der Messwerte **teilnehmen,** das Protokoll prüfen, bevor er es unterschreibt und am besten kurz vor dem Ablesetermin eine Kontrollablesung selbst durchführen. Behauptet der Mieter, das von ihm unterzeichnete Ableseprotokoll sei unrichtig, muss er diese Behauptung gegen die Urkunde beweisen.[680] Insoweit gelten die allgemeinen zivilprozessualen Grundsätze, wie ein Beweis gegen eine Privaturkunde geführt werden muss. 415

§ 6 Abs. 1 HeizkostenV beinhaltet eine zusätzliche Stärkung des Mieters; danach soll das Ergebnis der nicht fernablesbaren Ausstattung dem Nutzer in der Regel **innerhalb eines Monats mitgeteilt** werden. Kommt der Vermieter – wenn auch verspätet nach Ablauf der Monatsfrist – dieser Verpflichtung nach, dürfte dies für die Fälligkeit eines Anspruchs auf Ausgleich eines eventuellen Nachzahlungsbetrages aus der Heizkostenabrechnung keine negativen Konsequenzen haben; bis zur Vorlage der entsprechenden Information durch den Vermieter ist dem Mieter ein Leistungsverweigerungsrecht – im Hinblick auf fällig werdende Heizkostenvorauszahlungen – zuzubilligen, da der Vermieter seiner Verpflichtung zur Mitteilung der Ablesewerte nicht nachgekommen ist. Die Erfüllung dieser Verpflichtung wird vom Verordnungsgeber als erforderlich angesehen, wie sich aus dem Umkehrschluss für die Ausnahmeregelung in § 6 Abs. 1 HeizkostenV 2009 ableiten lässt. Anders ist die Rechtslage für den Fall einer endgültigen Weigerung des Vermieters auf Mitteilung der Ergebnisse der Ablesung: von einer ordnungsgemäßen Heizkostenabrechnung kann in diesem Fall nicht die Rede sein, zumal auch das Recht des Mieters auf Einsicht in die Belege nicht weiterhilft, da dieses Recht nur der Kontrolle des Mieters dient, die Informationsverpflichtung des Vermieters über § 6 Abs. 1 HeizkostenV 2009 unberührt lässt. In diesem Falle ist ein fälliger Anspruch auf Ausgleich eines Heizkostensaldos nicht gegeben. 416

Eine gesonderte Mitteilung ist nicht erforderlich, wenn das Ableseergebnis über einen längeren Zeitraum in den Räumen des Nutzers gespeichert ist und von diesem selbst abgerufen werden kann. Einer gesonderten Mitteilung des Warmwasserverbrauchs bedarf es auch dann nicht, wenn in der Nutzeinheit ein Warmwasserzähler eingebaut ist. 417

b) **Abrechnung.** Die Heizkostenabrechnung muss formell und inhaltlich den Anforderungen einer Betriebskostenabrechnung entsprechen. Die Abrechnung muss § 259 BGB entsprechen, eine geordnete Zusammenstellung der Einnahmen und Ausgaben enthalten, die Angabe des Gesamtverbrauchs und des Verteilungsschlüssels und die Einzelverteilung auf den Nutzer nach diesem Schlüssel.[681] Die Abrechnung muss für einen nicht geschulten Mieter aus sich heraus nachvollziehbar und verständlich sein,[682] wie einzelne Instanzgerichte gefordert haben. Der BGH[683] indessen ist nachsichtiger: Dass die Ermittlung der Wärmekosten in einer Betriebskostenabrechnung ohne Kenntnis der Vorschriften der Heizkostenverordnung kaum verständlich ist und diese Vorschriften einem durchschnittlichen, juristisch nicht vorgebildeten Mieter regelmäßig nicht bekannt sind, kann, jedenfalls unter dem Gesichtspunkt einer *formell* wirksamen Abrechnung, nicht dem Vermieter angelastet werden, der auch nicht verpflichtet ist, diese Vorschriften dem Mieter mitzuteilen oder zu erläutern.[684] Notwendig ist, dass die Abrechnung sämtliche Einzeldaten, die zur korrekten Aufteilung der Wärmekosten in Heiz- und Warmwasserkosten notwendig sind, enthält. Vom Mieter kann gefordert werden, dass er sich mit der Abrechnung auseinandersetzt und sich eines Hilfsmittels in Form eines Taschenrechners bedient.[685] Wenn allerdings die Ablesewerte nicht in die 418

679 BGH NJW 2010, 2571.
680 OLG Köln DWW 1985, 180.
681 Schmidt-Futterer/Lammel HeizkostenV § 6 Rn. 10.
682 AG Dortmund NZM 2004, 220 (221) – Heizkostenquiz; Sternel III 414.
683 BGH NJW 2012, 603.
684 Vgl. dazu auch Schmid MDR 2012, 746 (748).
685 LG Köln WuM 1985, 371.

Heizkostenabrechnung eingestellt werden, sondern stattdessen umgerechnete Verbrauchseinheiten ausgewiesen werden, ist der maßgebende **Umrechnungsfaktor** nachvollziehbar seitens des Vermieters zu erläutern.[686] Eine Abrechnung über die Heizkosten erfordert eine übersichtliche Gliederung und eine klare Abfolge der einzelnen Rechenschritte. Soweit demgegenüber die Abrechnung verwickelte und verwinkelte Rechenoperationen aufweist, dass sie auch unter Berücksichtigung sich einstellender Summierungseffekte nicht mehr nachvollzogen werden kann, ist sie unheilbar unwirksam, denn der abrechnende Vermieter darf mit seinem Mieter kein „Heizkostenquiz" veranstalten.[687] Eine Betriebskostenabrechnung, die auch ein Rechtskundiger nicht ohne weiteres nachvollziehen kann, ist nicht ordnungsgemäß.[688]

419 In die Abrechnung aufzunehmen sind zunächst die Kosten für den Brennstoff. Ob die Kosten des Brennstoffs in die Abrechnung aufzunehmen sind, entscheidet sich nach dem Datum der Lieferung, nicht etwa nach dem Datum der Rechnung oder gar der Bezahlung dieser Rechnung. Fällt die Lieferung in den Abrechnungszeitraum, steht einer Berücksichtigung nichts entgegen. Die Feststellung der Menge verbrauchten Gases wird durch Ablesung ermittelt.

420 Von der Gesamtsumme sind die Vorauszahlungen auf die Heizkosten in Abzug zu bringen. Dies ist rechnerisch dann uneingeschränkt möglich, sind die Vorauszahlungen auf die Heizkosten im Mietvertrag gesondert ausgewiesen. Falls lediglich ein einheitlicher Betrag als Vorauszahlung auf die gesamten Heiz- und sonstigen Betriebskosten nach der Betriebskostenverordnung geschuldet wird und von einer weiteren Differenzierung abgesehen wurde, muss die Abrechnung der Heizkosten als Teil einer Gesamtabrechnung verstanden werden.

421 Hat sich nach einer Abrechnung herausgestellt, dass die **Vorauszahlungen** auf die Heizkosten in der Vergangenheit sich als **zu niedrig** erwiesen haben, besteht für den Vermieter nach § 560 Abs. 4 BGB die Möglichkeit, für die Zukunft eine Heraufsetzung der Vorauszahlungen zu verlangen, um die wirtschaftlichen Nachteile durch eine auf seinen Schultern ruhende Vorfinanzierung zu mildern. Der Vermieter kann sich einer Erklärung in Textform bedienen, § 560 Abs. 4 BGB in Verbindung mit § 126b BGB. Haben sich dagegen die **Vorauszahlungen** auf die Heizkosten als **zu hoch** erwiesen, kann der Mieter eine entsprechende Herabsetzung der Vorauszahlungen verlangen.

422 Die **Abrechnungsfrist** beläuft sich bei preisgebundenem Wohnraum nach § 20 Abs. 3 S. 4 NMVO und für preisfreien Wohnraum nach § 556 Abs. 3 S. 2 BGB auf zwölf Monate nach Ende der Abrechnungsperiode. Der Sache nach handelt es sich um eine **Ausschlussfrist.** Wird die Frist versäumt, ist der Vermieter mit Nachforderungen grundsätzlich ausgeschlossen. Im Hinblick auf eine Nachholung der Abrechnung oder deren Korrektur wird auf die Ausführungen § 36 Abs. 10 S. 6 verwiesen.

423 Ist die formell und materiell zutreffende Abrechnung dem Mieter zugegangen, wurde nach früherer Auffassung eine eventuelle Nachforderung nicht sofort fällig. Dem Mieter sollte eine mindestens zwei Wochen lange Überprüfungsfrist zustehen.[689] Der Bundesgerichtshof[690] hat diese Überprüfungsfrist verworfen. Nach § 271 BGB könne der Gläubiger die Leistung sofort verlangen, wenn eine Zeit für die Leistung nicht bestimmt oder aus den Umständen zu entnehmen sei. Ist die Heizkostenabrechnung formell nicht zu beanstanden, tritt Fälligkeit der Forderung ein.

424 Im Falle einer **Zwischenablesung** gelten die Grundsätze, die bereits bei der Betriebskostenabrechnung (→ Rn. 282 ff.) dargestellt worden sind. Bei einer Zwischenablesung von Heizkostenverteilern nach dem Verdunstungsprinzip infolge Nutzerwechsels ist hinsichtlich der **Kaltverdunstungsvorgabe** eine Umrechnung vorzunehmen, wenn die Zwischenablesung gegen Ende oder Anfang eines Abrechnungszeitraums vorgenommen

---

686 LG Berlin ZMR 1988, 182.
687 AG Dortmund ZMR 2004, 589; NZM 2004, 220; 2004, 782.
688 AG Dortmund NZM 2004, 782.
689 Schmidt-Futterer/Lammel HeizkostenV § 6 Rn. 20.
690 BGH NJW 2006, 1419 (1421).

wird;[691] ansonsten werden grob unrichtige Ergebnisse erzielt, so dass eine unkorrigierte Abrechnung nicht akzeptiert werden kann.

Nach § 9b Abs. 1 HeizkostenV hat der Gebäudeeigentümer bei Nutzerwechsel innerhalb eines Abrechnungszeitraums eine Ablesung der Ausstattung zur Verbrauchserfassung der vom Wechsel betroffenen Räume vorzunehmen **(Zwischenablesung).** Die nach dem erfassten Verbrauch zu verteilenden Kosten sind auf der Grundlage der sich aus anerkannten Regeln der Technik ergebenden Gradtagszahlen oder zeitanteilig und die übrigen Kosten des Warmwasserverbrauchs zeitanteilig auf Vor- und Nachnutzer aufzuteilen, § 9b Abs. 2 HeizkostenV. Ist eine Zwischenablesung nicht möglich oder lässt sie wegen des Zeitpunktes des Nutzerwechsels aus technischen Gründen keine hinreichend genaue Ermittlung der Verbrauchsanteile zu, sind die gesamten Kosten nach den nach § 9b Abs. 2 HeizkostenV für die übrigen Kosten geltenden Maßstäben aufzuteilen. Ein Kürzungsrecht nach § 12 HeizkostenV scheidet in diesem Fall aus.[692] Entsprechendes gilt für die Fälle des § 9a HeizkostenV. Kann der anteilige Wärme- oder Warmwasserverbrauch von Nutzern für einen Abrechnungszeitraum wegen Geräteausfalls oder aus anderen zwingenden Gründen nicht ordnungsgemäß erfasst werden, ist er vom Gebäudeeigentümer auf der Grundlage des Verbrauchs der betroffenen Räume in vergleichbaren früheren Abrechnungszeiträumen oder des Verbrauchs vergleichbarer anderer Räume im jeweiligen Abrechnungszeitraum zu ermitteln, § 9a Abs. 1 S. 1 HeizkostenV. Der so ermittelte anteilige Verbrauch ist bei der Kostenverteilung an Stelle des erfassten Verbrauchs zu Grunde zu legen, § 9a Abs. 1 S. 2 HeizkostenV. **425**

Zu beachten ist aber, dass eine Rückrechnung von Heiz- bzw. Warmwasserkostenanteilen einen Mieterwechsel voraussetzt, im laufenden Mietverhältnis aber nicht einsetzbar ist.[693] Im laufenden Mietverhältnis steht die Anwendung der Gradtagsmethode nicht im Einklang mit den Vorschriften der §§ 6 ff. HeizkostenV. Nach §§ 6 ff. HeizkostenV in Verbindung mit §§ 7–9 HeizkostenV sind die Kosten der Versorgung mit Wärme und Warmwasser auf der Grundlage des tatsächlichen Verbrauchs der Nutzer zu verteilen. Dagegen handelt es sich bei dem Gradtagszahlverfahren im Ergebnis um ein als Hilfsmaßstab nur bedingt anerkanntes Schätzungsverfahren, das auf Grundlage eines 20-Jahres-Mittel gebildet worden ist. Betroffen sind allein Vor- und Nachmieter einer Nutzungseinheit; übrige Mieter werden davon nicht erfasst. **426**

Überschreitet die von der Verbrauchsermittlung nach § 9a Abs. 1 HeizkostenV betroffene Wohn- oder Nutzfläche oder der umbaute Raum 25 vom Hundert der für die Kostenverteilung maßgeblichen gesamten Wohn- oder Nutzfläche oder des gesamten maßgeblichen umbauten Raum, sind die Kosten ausschließlich nach den nach § 7 Abs. 1 S. 2 HeizkostenV und § 8 Abs. 1 HeizkostenV für die Verteilung der übrigen Kosten zu Grunde zu legenden Maßstäben zu verteilen, § 9a Abs. 2 HeizkostenV. Bei Überschreiten der Grenze von 25 Prozent verbietet sich aus praktischen Gründen die Anwendung eines Ersatzverfahrens.[694] Das Schätzverfahren ist in diesem Fall ausgeschlossen. Demgemäß ist nach den gesetzlichen Vorgaben die Kostenverteilung ausschließlich verbrauchsunabhängig nach dem zuvor gewählten oder vereinbarten Schlüssel der §§ 7 Abs. 1 S. 2 und 8 Abs. 1 HeizkostenV vorzunehmen. Dies gilt selbst für die Nutzer, bei denen die Verbrauchswerte ordnungsgemäß erfasst worden sind.[695] **427**

Seit 2021 ist beim Heizen mit Öl oder Erdgas eine zusätzliche Abgabe fällig: Die **CO2-Steuer.** Zunächst mussten Mieter diese Mehrkosten komplett tragen. Seit dem 1. Januar 2023 ist jedoch auch der Vermieter auf Grundlage des Gesetzes zur Aufteilung der Kohlendioxidkosten (CO2KostAuftG) an diesen Kosten zu beteiligen. Die Aufteilung der Kosten erfolgt nach dem sogenannten **Stufenmodell. Der Kostenanteil des Vermieters wird hierbei durch die Angaben in der Tabelle im Anhang zum** CO2KostAuftG **428**

---

691 LG Bonn WuM 1988, 72.
692 Pfeifer § 12 Rn. 4b; Kinne HeizkostenV § 12 Rn. 221; aA Schmidt-Futterer/Lammel HeizkostenV § 12 Rn. 12.
693 LG Osnabrück NZM 2004, 95.
694 Schmidt-Futterer/Lammel HeizkostenV § 9a Rn. 29.
695 Schmidt-Futterer/Lammel HeizkostenV § 9a Rn. 34.

bestimmt. Je nach Kohlendioxidausstoß und Wohnfläche, liegt dieser zwischen 0 % um 95 %. Nach § 2 Abs. 1 CO2KostAuftG gilt das Gesetz für alle Gebäude, in denen Brennstoff in getrennten oder verbundenen Anlagen zur Wärmeerzeugung für Heizung oder für Heizung und Warmwasser genutzt werden, für die in der Rechtsverordnung nach § 7 Abs. 4 des Brennstoffemmissionshandelsgesetz (BEHG) Standardwerte für Emissionsfaktoren festgelegt sind (Verordnung über die Emissionsberichterstattung nach dem Brennstoffemissionshandelsgesetz für die Jahre ab 2023 (EBeV 2030). Damit sind sämtliche Heizungen, die mit Kohle, Öl oder Gas betrieben werden, betroffen. Der Vermieter ist gemäß § 5 CO2KostAuftG verpflichtet, im Zuge der jährlichen Heizkostenabrechnung den Kohlendioxidausstoß des Gebäudes in Kilogramm CO2/Quadratmeter Wohnfläche und Jahr zu ermitteln. Die hierfür erforderlichen Informationen hat gemäß § 3 Abs. 1 CO2KostAuftG der Brennstoff-/Wärmelieferant auf den Rechnungen für die Lieferung von Brennstoffen oder Wärme auszuweisen. **Vereinbarungen,** nach denen der Mieter innerhalb eines Wohngebäudes mehr als den nach § 5 Abs. 2 CO2KostAuftG. Auf ihn entfallenden Anteil an den CO2-Kosten zu tragen hat, sind unwirksam (§ 6 Abs. 1 CO2KostAuftG), § 134 BGB. Der Mieter ist dazu gehalten, einen **Erstattungsanspruch** innerhalb von 12 Monaten ab dem Zeitpunkt, in dem der Lieferant der Brennstoffe oder der Wärmelieferant die Lieferung gegenüber dem Mieter abgerechnet hat, in Textform geltend zu machen (§ 6 Abs. 2 S. 2 CO2KostAuftG). Hierbei handelt es sich um eine **Ausschlussfrist.**

7. Einführung von Wärmecontracting

429 Unter **Contracting** wird der Vorgang verstanden, dass der **Vermieter den Betrieb von Einrichtungen des vermieteten Gebäudes an einen Dritten vergibt.**[696] Gemeinsam ist dem Begriff „Contracting", dass die der Versorgung eines Gebäudes mit Wärme und/oder Warmwasser dienende Anlage nicht vom Eigentümer dieses Gebäudes, regelmäßig dem Vermieter, sondern von einem gewerblich tätigen Dritten (= Contractor) installiert, betrieben, gewartet, instand gehalten und instand gesetzt wird.[697] Der Vermieter ist verpflichtet, das Objekt dem Mieter in einem vertragsgerechten Zustand zur Verfügung zu stellen und diesen Zustand aufrecht zu erhalten; er kann demgemäß ein Interesse daran haben, bestimmte Aufgaben auszulagern und sich eines Dritten zu bedienen, Heizenergie an den Mieter zu liefern, etwa weil der Dritte diese Lieferung einfacher oder preisgünstiger vornehmen kann oder der Vermieter Investitionskosten in eine neue Anlage ersparen will. Dies ist insbesondere insoweit für den Vermieter von Bedeutung, als er bei den Investitionskosten regelmäßig nicht den Anteil von 11 Prozent des gesamten Investitionsvolumens über § 559 BGB dem Mieter anlasten kann, weil die ersparten Reparaturkosten mit einem bestimmten Prozentsatz in Abzug zu bringen sind.[698] Beschränkt sich der Contractor darauf, die vorhandene im Eigentum des Gebäudeeigentümers verbleibende Anlage lediglich zu optimieren (Verbesserung des Wirkungsgrades der vorhandenen Anlage durch Wartung und Steuerung einschließlich der Brennstoffbeschaffung), zu betreiben, zu warten und instand zu halten, liegt **Betriebsführungscontracting** vor.[699] Unerheblich ist der Umstand, wo sich die Wärmeerzeugungsanlage befindet, etwa in dem Gebäude selbst oder in Form von Fernwärme zur Verfügung gestellt wird.[700]

430 Dem Vermieter steht es regelmäßig frei, in eigener Regie zu bestimmen, wie er seiner vertraglichen Verpflichtung auf Lieferung von Heizenergie und Warmwasser nachkommt. Wird durch eine Änderung im Zusammenhang mit der Heiz- und Wärmelieferung der vertragliche Anspruch des Mieters unberührt gelassen, ist eine derartige Veränderung ohne Zustimmung des Mieters möglich.

[696] Tiefenbacher NZM 2000, 161; Langenberg NZM 2004, 375.
[697] Hannemann/Horst/Hannemann Neues MietR § 8 Rn. 3 mwN.
[698] Vgl. Langenberg NZM 2004, 375 (378).
[699] Eisenschmid/Wall Rn. 3044; Flatow NJW 2013, 1185 (1188).
[700] Hannemann/Horst/Hannemann Neues MietR § 8 Rn. 4.

Bei **Abschluss eines Mietvertrages** sind Regelungen denkbar, denen zufolge der Vermieter dem Mieter auferlegt, die Kosten der Wärmelieferung zu übernehmen. Eine derartige Verpflichtung kann dem Mieter auch im Wege formularmäßiger Vereinbarung überbürdet werden. Der Vermieter kann den Mieter auch auf den Abschluss eines Versorgungsvertrages mit einem Unternehmen verweisen, das Strom oder Gas zu liefern bereit ist. In diesen Fällen tritt der Mieter in vertragliche Beziehungen zu dem Energielieferungsunternehmen; der Vermieter schuldet allein die Bereitstellung des Leitungsnetzes und den passenden Anschluss. Denkbar ist auch die Fallkonstellation, dass der Vermieter einen Lieferungsvertrag mit dem Versorgungsunternehmen abgeschlossen hat; in diesen Fällen rechnet der Vermieter nach allgemeinen Regeln über die Kosten der Energieversorgung mit seinem Mieter auf der Grundlage des Mietvertrages ab. Eine Freizeichnung des Vermieters für die Fälle von Schlechtlieferung oder gar vollständigen Ausfalls der Versorgung dürfte dann keine iSd § 307 BGB unangemessene Benachteiligung des Mieters darstellen, wenn sich der Vermieter verpflichtet, bei Ausfall des Versorgers unverzüglich einen Ersatz durch die Verpflichtung eines anderen Versorgungsunternehmens sich zu stellen.[701] 431

Anders ist der Fall zu beurteilen, dass sich der Mieter für die Zukunft formularmäßig verpflichten soll, mit einem Versorgungsunternehmen einen Vertrag abzuschließen, wenn die Versorgungsanlage des Vermieters stillgelegt wird. Nach dem Grundsatz der kundenfeindlichsten Auslegung liegt eine Benachteiligung des Mieters darin, dass er zum Abschluss eines Versorgungsvertrages verpflichtet wird unabhängig davon, ob die Versorgung durch ein Drittunternehmen technisch, ökonomisch oder ökologisch eine Verbesserung bringt, der Mieter seine Gewährleistungsrechte gegenüber seinem Vermieter verliert und den Mieter einer verdeckten Mieterhöhung aussetzt, ohne das dafür erforderliche Verfahren einzuhalten.[702] 432

In einem laufenden Mietverhältnis gelten Besonderheiten. War der Vermieter in der Vergangenheit für eine Beheizung des Mietobjekts nicht zuständig, etwa weil nach den technischen Vorgaben die Mieter sich mit einer Ofenheizung begnügen mussten, und lässt sodann der Vermieter eine zentrale Beheizung einbauen und von einem Dritten betreiben, kann der Vermieter die vollständigen vom Betreiber berechneten Kosten einschließlich der darin enthaltenen Investitionsanteile, Verwaltungskosten und den Unternehmergewinn auf die Mieter umlegen.[703] Eine Zustimmung der Mieter ist entbehrlich, da sich an der vertraglichen Situation nichts verändert hat und sofern die Grundsätze ordnungsgemäßer Bewirtschaftung des Mietobjekts eingehalten werden. Ob diese Entscheidung des Bundesgerichtshofs vom 16.7.2003 Anlass zu weiteren Auslegungsmöglichkeiten geben kann, erscheint nicht zweifelsfrei; denn die Entscheidung bezieht sich auf Besonderheiten des Beitrittsgebiets und lässt die höchst schwierige Kernfrage unberührt.[704] 433

Problematisch und höchst umstritten ist nämlich die Frage, ob und gegebenenfalls mit welchen Kosten der Mieter belastet werden kann, wenn eine vorhandene Heizanlage durch einen Dritten betrieben werden soll. Zunehmend gehen die Vermieter dazu über, die Heizanlage einem Versorgungsträger zu übergeben und mit ihm für eine feste Laufzeit (in der Regel 25 Jahre) einen Energieversorgungsvertrag zu schließen. Im Gegenzug verpflichtet sich der Versorgungsträger nicht nur zur Lieferung von Energie, sondern auch zur Wartung, Instandhaltung und gegebenenfalls auch zur Erneuerung der Anlage, wobei diese Kosten pauschal in den Energiepreis eingerechnet werden. Aus der Entscheidungsfreiheit des Vermieters lässt sich eine Zahlungsverpflichtung des Mieters nicht herleiten: Auch ist aus diesen Erwägungen heraus die vertragliche Regelung über die Vorauszahlungen auf die Betriebskosten nicht geeignet, eine Zahlungsverpflichtung zu Lasten des Mieters zu begründen, genauso wenig wie das Bestimmungsrecht des 434

701 Langenberg NZM 2004, 375 (376).
702 LG Braunschweig ZMR 2000, 832; Langenberg NZM 2004, 375 (376).
703 BGH NZM 2003, 757.
704 Vgl. dazu Glause WuM 2003, 323 (324).

Vermieters nach § 315 BGB. Eine einseitige Umstellung von bisheriger Eigenerzeugung von Heiz- und Wärmeenergie mit Belastung des Mieters in voller Höhe der Kosten des Drittbetreibers ist nicht zulässig. Soll eine derartige Umstellung vorgenommen werden, ist eine vertragliche Vereinbarung zwischen den Mietvertragsparteien erforderlich.[705] Ist bei Vertragsschluss eine Heizanlage im Mietobjekt vorhanden, orientieren sich die umzulegenden Kosten an § 7 Abs. 2 HeizkostenV. Der Vermieter kann sich davon nicht durch eine einseitige Erklärung lösen. Das Interesse des Vermieters besteht darin, Reparatur- und Instandsetzungskosten zu ersparen, obwohl der Mieter bisher die entsprechenden Anteile als Kalkulationsposten bei der Grundmiete weiter entrichtet. Neben diese doppelte Belastung tritt der Umstand, dass der Mieter die Gewinnquote des Betreibers tragen soll. Eine derartige Umstrukturierung der Miete erfordert konsequenterweise eine vertragliche Abrede zwischen den Vertragsparteien. Diese vertragliche Abrede kann auch formularmäßig getroffen werden, setzt allerdings voraus, dass die Rechte des Mieters in der Form gewahrt bleiben, dass sich der entsprechende kalkulatorische Anteil an der Grundmiete reduziert.[706]

435 Die Grundsätze der Rechtsprechung des Bundesgerichtshofs zum Wärme-Contracting nach der bisherigen Rechtslage lassen sich wie folgt zusammenfassen.

- Nach einer Umstellung der Wärmeversorgung kann der Vermieter die Kosten der Wärmelieferung auf die Mieter umlegen, wenn der Mieter zustimmt oder wenn dies im Mietvertrag vereinbart ist.
- Eine derartige Vereinbarung liegt nicht nur dann vor, wenn der Mietvertrag eine ausdrückliche Regelung über die Umstellung der Wärmeversorgung enthält; ausreichend ist auch die pauschale Bezugnahme auf den Betriebskostenkatalog der Anlage 3 zu § 27 der 2. BVO bzw. des § 2 BetrKV.
- Bei einer Bezugnahme auf die Anlage 3 zu § 27 der 2. BVO kommt es darauf an, welche Fassung im Zeitpunkt des Abschlusses des Mietvertrages gegolten hat: bis zum 28.2.1989 waren in Nr. 4c) und Nr. 5b) der Anlage 3 nur die Fernwärme und das Fernwarmwasser genannt. Erst mit der ab dem 1.3.1989 geltenden Fassung und der weiteren ab dem 1.3.1989 geltenden Fassung und dem weiteren Begriff der eigenständig gewerblichen Lieferung von Wärme bzw. eigenständig gewerblichen Lieferung von Warmwasser war auch das Contracting einbezogen.
- Obwohl der Mieter bei einer Umstellung der Wärmeversorgung mit dem Entgelt für die Wärmelieferung auch solche Kosten zu tragen hat, die vorher mit der Grundmiete abgegolten waren, ist der Vermieter zu einer Herabsetzung der Miete nicht verpflichtet.
- Wärmelieferung in Gestalt des Contracting ist rechtlich als Lieferung von Fernwärme zu behandeln; daher gelten die Vorschriften der AVBFernwärmeV.

Ausgenommen ist lediglich das Betriebsführungs-Contracting.[707]

436 Die Unsicherheit in der Vergangenheit, ohne Zustimmung aller betroffenen Mieter, die in der Praxis bei vollständiger und zutreffender Aufklärung nur schwerlich zu erreichen war, eine Umstellung auf Contracting sicher zu stellen, sollte durch die neue Vorschrift des § 556c BGB beseitigt werden. Geregelt werden die wesentlichen Voraussetzungen für eine Umlage von Kosten der gewerblichen Wärmelieferung als Betriebskosten in einem bestehenden Mietverhältnis. Das Gesetz ist am 1.5.2013 in Kraft getreten.

437 Die Vorschrift des § 556c Abs. 1 BGB setzt einen bestehenden Mietvertrag voraus, demzufolge die Kosten für Wärme oder Warmwasser vom Mieter zu tragen sind. Dieser Fall ist in der Praxis häufig anzutreffen. Mit dem Tatbestandsmerkmal „eigenständig gewerbliche Lieferung durch einen Wärmelieferanten" sind Energieliefercontracting, Nahwärme und Fernwärme erfasst.[708]

---

[705] Schmidt-Futterer/Lammel HeizkostenV § 1 Rn. 18; Langenberg NZM 2004, 375 (378).
[706] Vgl. dazu Beyer CuR 2012, 48 (54).
[707] Grundsätze zusammengefasst von Beyer CuR 2012, 48 (58).
[708] Hannemann/Horst/Hannemann Neues MietR § 8 Rn. 13.

Der soll für den Fall einer Umstellung die entstehenden Wärmelieferkosten als Betriebskosten vom Mieter beanspruchen können, wenn folgende Voraussetzungen gegeben sind: 438

- Die Wärme muss von einer vom Contractor errichteten neuen Anlage geliefert werden; sie kann alternativ über ein Wärmenetz bereitgestellt werden.
- Der Begriff des Wärmenetzes ist weit zu verstehen. Erfasst werden sollen sämtliche Formen von Wärmenetzen, von der klassischen Fernwärme bis hin zu Nahwärme-Netzen oder Quartierslösungen.[709]
- Die Umstellung muss mit einem Effizienzgewinn verbunden sein, § 556c Abs. 1 Nr. 1 BGB.
- Im Unterschied zur bisherigen Rechtslage wird festgelegt, dass die Kosten der Wärmelieferung die Betriebskosten für die bisherige Eigenversorgung mit Wärme und Warmwasser nicht übersteigen, § 556c Abs. 1 Nr. 2 BGB. Die Umstellung muss also **kostenneutral** erfolgen. Für den Mieter darf es nicht teurer werden.[710]

§ 556c Abs. 1 S. 2 BGB betrifft die Sonderregelung für das **Betriebsführungscontracting.** Neben dem Gebot der Kostenneutralität wird vorausgesetzt, dass die bisherige Anlage vor der Umstellung einen Jahresnutzungsgrad von mindestens 80 Prozent aufweist. Andernfalls kommt eine Kostenumlage nur unter den Voraussetzungen des § 556c Abs. 1 Nr. 1 BGB in Betracht. Der Jahresnutzungsgrad setzt die in einem Jahr erzeugte nutzbare Wärme ins Verhältnis zur eingesetzten Brennstoffenergie. Dabei kann die Brennstoffenergie durch eine Gasuhr oder einen Ölmengenzähler ermittelt werden. Die tatsächlich abgenommene Wärmeenergie kann über einen Wärmemengenzähler nach der Verteilung gemessen werden. 439

Sind die vorstehenden Voraussetzungen nicht erfüllt, fehlt es an einer Rechtsgrundlage für eine Umlage der Wärmelieferkosten als Betriebskosten auf die Mieter. Erfolgt dennoch eine Umstellung, kann der Vermieter nur die fiktiv zu berechnenden bisherigen Betriebskosten für die Versorgung mit Wärme oder Warmwasser vom Mieter verlangen, also insbesondere die Brennstoff- und Wartungskosten, nicht aber sonstige Kosten des Energielieferanten.[711] 440

Die Umstellungsankündigung ist in § 556c Abs. 2 BGB geregelt. Danach ist der Vermieter verpflichtet, dem Mieter die Umstellung der Wärmeversorgung drei Monate zuvor in Textform anzukündigen. Einzelheiten hinsichtlich des Inhalts aber auch die Folgen einer fehlenden oder fehlerhaften Umstellungsankündigung regelt die Wärmelieferverordnung (WärmeLV). 441

Die Wärmelieferverordnung trat am 1.7.2013 in Kraft. Dazu hat der Gesetzgeber ausgeführt, die Verordnung ergänze die für Fernwärme, aber auch für viele Contracting-Verträge nach allgemeiner Auffassung schon heute geltende Verordnung über Allgemeine Bedingungen für die Versorgung mit Fernwärme (AVB-FernwärmeV). Hierbei sei jedoch zu berücksichtigen, dass die AVBFernwärmeV auf die klassische Fernwärme mit einer monopolartigen Stellung der Anbieter und wirtschaftlich-technischen Besonderheiten leitungsgebundener Energieversorgung zugeschnitten sei. 442

Die WärmLV ist in drei Abschnitte unterteilt: 443

Abschnitt 1 zeigt den Gegenstand und den Aufbau der Verordnung auf.

Abschnitt 2 enthält Bestimmungen über Wärmelieferverträge, insbesondere über deren Inhalt. Sie dienen dem Vermieter, der unter dem Gesichtspunkt der Wirtschaftlichkeit eine Auswahlentscheidung treffen muss. Außerdem benötigt er die erforderlichen Auskünfte zwecks Erstellung der Umstellungsankündigung nach § 556c Abs. 2 BGB. Geregelt werden auch Fragen zu Preisänderungsklauseln vor allem wegen des Hintergrundes langfristiger Vertragsbindungen. Ferner wird das Verhältnis zur weiterhin geltenden AVBFernwärmeV geregelt.

709 BT-Drs. 17/10485, 23.
710 Vgl. Flatow NJW 2013, 1185 (1188).
711 BT-Drs. 17/10485, 23.

444 Abschnitt 3 regelt den Kostenvergleich, so wie er in § 556c Abs. 1 S. 1 Nr. 2 BGB gefordert wird, darüber hinaus die Umstellungsankündigung sowie die Folgen einer unterlassenen oder fehlerhaften Umstellungsankündigung, § 12 WärmeLV.

445 Die Neuregelung hat Kritik erfahren. Ob die seitens des Gesetzgebers erhoffte Energieeinsparung mit den gesetzlichen Vorgaben tatsächlich erzielt werden kann, erscheint zweifelhaft.[712]

8. Mängel und Fehler der verbrauchsabhängigen Heizkostenabrechnung

446 Zu unterscheiden ist zwischen Mängeln des Messsystems, die sich als Verteilerfehler auswirken, und Mängeln des Gebäudes oder der Anlage, die einen unwirtschaftlichen Mehrverbrauch zur Folge haben.

447 Der Vermieter ist gem. § 4 HeizkostenV verpflichtet, die vermieteten Räume mit verbrauchsabhängigen Ablesevorrichtungen für den Wärmeverbrauch zu versehen, ohne eine Aufforderung durch den Mieter abwarten zu müssen; das Fehlen solcher Vorrichtungen begründet das Recht des Mieters, die abgerechneten anteiligen Heizkosten um 15 % zu kürzen, § 12 HeizkostenV.[713]

448 Rechnet der Vermieter die Heizkosten nicht korrekt verbrauchsabhängig ab, steht dem Mieter ein Kürzungsrecht von 15 Prozent zu, §§ 5 Abs. 2, 12 Abs. 1 S. 1 HeizkostenV. Kann für einen Teil der Mieter der Verbrauch – wenn auch unter Verstoß gegen die Heizkostenverordnung – konkret keine Vorerfassung einer mit Heizkostenverteilern ausgestatteten Nutzergruppe gegenüber den Restnutzern mit Wärmemengenzähler – ermittelt werden, ist für diese Gruppe nicht nach der Wohnfläche, sondern nach dem ermittelten Verbrauch abzurechnen. Der Kürzungsbetrag ist dabei von dem für den einzelnen Nutzer in der Abrechnung ausgewiesenen Anteil der Gesamtkosten zu berechnen.[714]

449 Die allgemeine Systemrüge gegenüber dem Verdunstungsverfahren ist als unerheblich zurückgewiesen worden.[715] Auch die durch Eigenverdunstung entstehenden Ungenauigkeiten sind grundsätzlich unbeachtlich und hinzunehmen. Erfassungsfehler, die bei ordnungsgemäßer Befolgung der Heizkostenverordnung unvermeidlich sind, braucht sich der Vermieter nicht entgegenhalten zu lassen. Der Mieter kann aber mit solchen Einwendungen gehört werden, die ihren Grund in außerhalb der zulässigen Toleranzen liegenden Fertigungs-, Skalierungs-, Montage- oder Ablesefehlern haben.[716]

450 Wird durch Heizkörperverkleidungen die Wärmeabgabe der Heizkörper am Verdunstungsgerät verfälscht erfasst und die Funktion der Thermostatventile gestört, ist der Verbrauch nicht verbrauchsabhängig erfasst.[717] Damit ist der Vermieter nicht gänzlich rechtlos gestellt: Eine verbrauchsunabhängige Abrechnung ist möglich, wobei eine 15 % ige Kürzung nach § 12 Abs. 1 HeizkostenV in Kauf zu nehmen ist.

451 Wenn das Verbrauchserfassungsgerät am Heizkörper wegen der vom Mieter veranlassten Möblierung nicht abgelesen werden kann, kann der Wert einer früheren Ablesung der Heizkostenabrechnung zugrunde gelegt werden.[718] Eine Kette von Schätzungen ist wegen § 9a Abs. 1 S. 1 HeizkostenV unzulässig. Das LG Berlin[719] hat sodann weiter entschieden, dass sich der Mieter auf Ablesefehler nicht mehr berufen kann, hat er das Ableseprotokoll unterschrieben; durch die Unterschrift sei ein deklaratorisches Schuldanerkenntnis erfolgt; demgemäß sei der Mieter mit allen Einwendungen aus-

[712] Vgl. die Kritik von Beyer CuR 2012, 48 (60); Hannemann/Horst/Hannemann Neues MietR § 8 Rn. 26 ff.
[713] AG St. Blasien NZM 2003, 394.
[714] BGH NJW-RR 2016, 585.
[715] BGH WuM 1986, 214; OLG Köln DWW 1985, 180.
[716] LG Hamburg NJW-RR 1987, 1493.
[717] LG Hamburg WuM 1991, 561.
[718] LG Berlin ZMR 1997, 145; Börstinghaus MDR 2000, 1345 (1348).
[719] LG Berlin ZMR 1997, 145.

geschlossen, die ihm am Tage der Ablesung bekannt waren oder die er infolge Fahrlässigkeit nicht kannte.

Auch auf **Skalierungsfehler** sollte der Mieter achten;[720] ein Indiz dafür ist gegeben, wenn der Vermieter ohne ersichtlichen oder nachvollziehbaren Grund die Skalencodierung der Heizkostenverteiler ändert; in diesem Fall ist davon auszugehen, dass die vorangegangene Heizkostenverteilung nach Einschätzung des Vermieters wie auch der Heizkostenverteilerfirma unbrauchbar gewesen sein muss.[721] Eine Heizkostenabrechnung auf der Grundlage des bisherigen Ablesewertes begründet keine Fälligkeit einer Betriebskostennachforderung. Dem Vermieter verbleibt allerdings für den Fall eines nicht behebbaren Fehlers die Möglichkeit, den gekürzten Betrag nach § 12 Abs. 1 HeizkostenV geltend zu machen. 452

Mängel des Gebäudes oder der **Heizungsanlage** selbst können zu Nachteilen des Mieters führen. Lagenachteile der Wohnung oder des Gebäudes bleiben grundsätzlich unberücksichtigt.[722] Ein Anspruch auf zusätzliche wärmeisolierende Maßnahmen lässt sich nicht konstruieren, denn insoweit liegt vertragsgemäßer Gebrauch und Beschreibung des Mietobjekts als solches vor. Dass eine Wohnung aufgrund ihrer wärmetechnischen Beschaffenheit (große Fenster einfacher Bauart, verminderte Wärmedämmung) verhältnismäßig hohe Heizkosten verursacht, kann daher grundsätzlich nicht als Mangel aufgefasst werden. Eine nicht ausreichende Wärmedämmung bleibt unberücksichtigt, wenn sie noch der Baualterklasse des Gebäudes entspricht. Daraus, dass das Gebäude nicht den nach seiner Errichtung in Kraft getretenen Vorschriften über die Wärmedämmung entspricht, kann der Mieter weder eine Fehlerhaftigkeit der Heizkostenabrechnung noch Schadensersatz noch eine Mietminderung nach § 536 BGB ableiten. Anders ist zu entscheiden, wenn es zurzeit des Hausbaus keine entsprechenden Vorschriften gab.[723] Wenn der vertragsgemäße Gebrauch der Mieträume nur durch unverhältnismäßig hohe Aufwendungen der Bewohner erreicht werden kann, ist der Vermieter verpflichtet, den Mieter bei Abschluss des Mietvertrages auf diese Umstände hinzuweisen; den Mieter trifft allerdings ein hälftiges Mitverschulden, wenn er sich bei Bezug einer Altbauwohnung nicht insoweit informiert. 453

Mängel des Gebäudes, etwa eine **mangelhafte Wärmedämmung**, zugige Fenster, werden gewährleistungsrechtlich berücksichtigt; der mangelbedingte Mehrverbrauch an Heizenergie und die dadurch bedingten Mehrkosten bilden den Schaden des Mieters. Der Mieter kann die Nichtberücksichtigung dieses Mehrverbrauchs in der Abrechnung als Schadensausgleich verlangen.[724] Außerprozessual kann sich der Mieter mit einer Schätzung des Mehrverbrauchs begnügen; im Rechtsstreit obliegt dem Mieter der Beweis durch Bemühung eines Sachverständigen. 454

Auch die **Heizungsanlage** selbst kann **mangelhaft** sein. Dies kann jedoch dann nicht angenommen werden, wenn sie nicht modernisiert worden ist und der Mehrverbrauch ausschließlich auf das Alter der Anlage zurückzuführen ist. Auch sind überdimensionierte Heizkörper oder ein nicht normgerechter Heizwasserumlauf, die weder die Erfassung des Wärmeverbrauchs verfälschen noch zu einem unnötigen Verlust an Heizenergie führen, bei der Heizkostenabrechnung beachtlich. Der Mieter hat keinen Anspruch darauf, dass in seiner Wohnung Heizkörper vorhanden sind, die eine optimale Beheizung der Räume ermöglichen. Auf eine Einhaltung der richtigen Vorlauftemperaturen kommt es nicht an, da sämtliche Nutzer gleichermaßen begünstigt oder benachteiligt werden. Eine Heizkostenabrechnung wird nicht dadurch unrichtig, dass die Heizungsanlage überaltert ist und die Heizungsrohre im Keller unzureichend verkleidet sind; der Vermieter kann sich jedoch wegen Verletzung von Nebenpflichten schadensersatzpflichtig machen; ein 15 Jahre alter Kessel, der ständig gewartet aber nicht umge- 455

[720] Schmidt-Futterer/Lammel HeizkostenV § 12 Rn. 10.
[721] LG Saarbrücken WuM 1989, 311.
[722] Schmidt-Futterer/Lammel HeizkostenV § 6 Rn. 22.
[723] LG Frankfurt a. M. WuM 1987, 119.
[724] OLG Hamm NJW-RR 1987, 969.

rüstet worden ist, bedeutet noch kein Fehlverhalten des Vermieters.[725] Nur wenn ungewöhnlich hohe Heizkosten auf einem Fehler der Heizungsanlage beruhen, kann ein Mangel der Mietsache iSd § 536 BGB vorliegen. Ob aber ein Fehler der Heizungsanlage gegeben ist, muss nach dem Stand der Technik zur Zeit des Einbaus der Heizungsanlage beurteilt werden; der Vermieter ist ohne besondere Rechtsgrundlage nicht verpflichtet, die Anlage ständig auf dem neuesten Stand zu halten, und schuldet keine Verbesserung der dem technischen Stand zur Zeit der Gebäudeerrichtung entsprechenden Wärmedämmung. Er schuldet allerdings einen Mindeststandard, den der Mieter bei Vertragsschluss erwarten durfte.[726]

456 Der Mieter sollte die Heizkostenabrechnung einer **Plausibilitätskontrolle** unterziehen.[727] Dies gilt namentlich bei erheblichen Abweichungen von früheren Abrechnungen. Der Anwalt sollte sich zum Vergleich Abrechnungen aus verschiedenen Abrechnungsperioden vorlegen lassen. Die Ordnungsgemäßheit einer Abrechnung kann allerdings nicht allein mit dem Hinweis auf Abweichungen von einem allgemeinen Durchschnittsbetrag angegriffen werden.[728] Nur dann, wenn der Energieverbrauch sprunghaft in die Höhe geschossen ist, eine Änderung im Nutzerverhalten oder in Witterungseinflüssen nicht feststellbar ist, trifft den Vermieter die Darlegungs- und Beweislast, wie es zu diesem Mehrverbrauch gekommen ist. Soweit für diesen sprunghaften Mehrverbrauch kein Grund angegeben oder ermittelt werden kann, braucht der Mieter die auf den Mehrverbrauch entfallenden Kosten nicht zu tragen.[729]

457 Weist der Wohnungsnutzer nach, dass er die Heizkörper dauernd abgestellt hatte, kann er nicht verlangen, dass er von den verbrauchsabhängigen Kosten des Heizbetriebs gem. den bei ihm abgelesenen Verdunstungswerten völlig freigestellt wird. Er kann allenfalls nach § 242 BGB verlangen, so gestellt zu werden wie derjenige Nutzer einer Wohnung gleicher Größe, bei dem die niedrigsten Verbrauchswerte festgestellt worden sind.[730]

458 Unzulässig ist es, die Kosten für den Betriebsstrom einer Heizungsanlage über die Positionen Beleuchtung oder Allgemeinstrom abzurechnen.[731] Zur Begründung wird darauf verwiesen, diese Kosten seien grundsätzlich durch einen Zwischenzähler zu ermitteln. Sei ein solcher Zähler nicht vorhanden, müsse geschätzt werden, welcher Anteil an dem, Allgemeinstrom auf den Betriebsstrom für die Heizung entfalle. Die Wahl der Schätzmethode stehe im Ermessen des Vermieters, wobei zwischen vier und zehn Prozent zu berücksichtigen wären.[732]

459 Enthält die Abrechnung über die Heizkosten **behebbare Fehler,** insbesondere Rechenfehler, Einstellung periodenfremder Lieferdaten oder nicht belegte Kosten, führt dies grundsätzlich zu einer **Unbegründetheit der Nachforderung.** Nur dann, wenn sich unter Berücksichtigung der vier Grundrechenarten das richtige Ergebnis aus den vorgelegten Unterlagen und der Berechnung selbst in überschaubarer Weise ermitteln lässt, kann eine Korrektur durch den Mieter oder das Gericht veranlasst werden.[733]

460 Demgegenüber berechtigen **nicht behebbare Fehler** der Abrechnung, zB etwa fehlerhafte oder fehlende Ausstattung mit geeigneten Erfassungsgeräten, fehlerhafte Ablesung oder Vernichtung der alten Messampullen zu einer Herabsetzung der Forderung nach Maßgabe des § 12 HeizkostenV.[734] Soweit die Kosten der Versorgung mit Wärme oder Warmwasser entgegen den Vorschriften der Heizkostenverordnung nicht verbrauchsabhängig abgerechnet werden, hat der Nutzer das Recht, bei der nicht verbrauchs-

[725] LG Darmstadt NJW-RR 1987, 787.
[726] KG MDR 2008, 966.
[727] Schmidt-Futterer/Lammel HeizkostenV § 6 Rn. 21.
[728] AG Münster WuM 1989, 261.
[729] LG Düsseldorf DWW 1995, 286.
[730] BayObLG WuM 1988, 334.
[731] BGH ZWE 2017, 43.
[732] Schmidt-Futterer/Lammel HeizkostenV § 7 Rn. 30; Wall Rn. 5930.
[733] AA Schmidt-Futterer/Lammel HeizkostenV § 6 Rn. 25.
[734] BGH NZM 2008, 35; Schmidt-Futterer/Lammel HeizkostenV § 6 Rn. 26.

abhängigen Abrechnung der Kosten den auf ihn entfallenden Anteil um 15 vom Hundert zu kürzen, § 12 Abs. 1 S. 1 HeizkostenV. Dies gilt allerdings nicht beim Wohnungseigentum im Verhältnis des einzelnen Wohnungseigentümers zur Gemeinschaft der Wohnungseigentümer; insoweit verbleibt es bei den allgemeinen Vorschriften. Dem einzelnen Wohnungseigentümer verbleibt allein die Möglichkeit, gegenüber der Gemeinschaft auf das ihm zustehende Recht auf Durchführung der Heizkostenverteilung und Abrechnung nach der Heizkostenverordnung zu bestehen. Anwendbar ist dagegen das Kürzungsrecht im Verhältnis des einzelnen Eigentümers zu dem die Eigentumswohnung mietenden Nutzer.[735]

Die Gradtagszahlmethode zur Rückrechnung von Heiz- bzw. Warmwasserkosten- 461
anteilen ist im laufenden Mietverhältnis nicht einsetzbar.[736] Denn nach § 6 HeizkostenV in Verbindung mit §§ 7–9 HeizkostenV sind die Kosten der Versorgung mit Wärme und Warmwasser auf der Grundlage des tatsächlichen Verbrauchs der Nutzer zu verteilen. Dagegen handelt es sich bei dem Gradtagszahlverfahren um ein als Hilfsmaßstab nur bedingt anerkanntes Schätzverfahren, das auf der Grundlage eines 20-Jahre-Mittels entwickelt worden ist. Die Methode ist geeignet für einen Nutzerwechsel im laufenden Abrechnungszeitraum. Betroffen sind dabei allein der Vor- und der Nachmieter einer Nutzungseinheit. Die übrigen Mieter des Gebäudes werden davon nicht erfasst. Von der gesetzlichen Grundregel abweichende Vereinbarungen sind im Wege einer Individualvereinbarung zulässig, wenn alle Beteiligten in Form des Gebäudeeigentümers und der Vor- und Nachnutzer einverstanden sind. Bei Formularverträgen ist unter Berücksichtigung des § 307 BGB die Wertung des § 9b HeizkostenV zu beachten.[737]

Checkliste zur Prüfung einer Betriebskostenabrechnung

- ☐ Aktiv- und Passivlegitimation
- ☐ Sind Betriebskosten – gegebenenfalls welche – im Mietvertrag als umlagefähig vereinbart? Ergibt sich eventuell die Umlagefähigkeit aus anderen Gesichtspunkten?
- ☐ Abrechnungszeitraum
- ☐ Zusammenstellung der Gesamtkosten
- ☐ Erläuterung des Umlageschlüssels
- ☐ Berechnung des Anteils des Mieters
- ☐ Abzug der Vorauszahlungen
- ☐ Einzelne Erläuterungen:
- ☐ Wirtschaftseinheit
- ☐ Gewerbeanteil
- ☐ außergewöhnliche Erhöhung einzelner Positionen
- ☐ Reparatur- und Verwaltungskosten
- ☐ aperiodische Kosten
- ☐ Abrechnungskreise
- ☐ leerstehende Wohnungen

[735] Schmidt-Futterer/Lammel HeizkostenV § 12 Rn. 18.
[736] LG Osnabrück NZM 2004, 95 (96).
[737] Schmidt-Futterer/Lammel HeizkostenV § 9b Rn. 37.

§ 25 Preisgebundener Wohnraum und Sozialer Wohnungsbau

Übersicht

Checkliste:

- ☐ Nach welchen Vorschriften wurde das Haus gefördert? 1
- ☐ Bei Förderung über das WoFG ist der Genehmigungsbescheid einzusehen.
- ☐ Bei alter Förderung ist abzuklären, nach welcher Unterart gefördert wurde.
- ☐ Beim 1. und 2. Förderweg ist die Schlussabrechnung einzusehen.
- ☐ Beim 3. Förderweg ist die Vereinbarung mit dem öffentl. Darlehensgeber einzusehen.
- ☐ Bei mit Wohnungsfürsorgemitteln gefördertem Wohnraum sind Schlussabrechnung und Genehmigungsbescheid einzusehen.

Anzuwendende Vorschriften: WoFG, entsprechende Landesgesetze, Mietrecht des BGB, BK-VO, Wohnflächen-VO.

I. Förderung nach dem Wohnraumförderungsgesetz (WoFG)

2 Die alte Förderung mit der Kostenmiete gemäß den Bestimmungen des II. WoBauG endete mit Ablauf des 31.12.2001. Ab dem 1.1.2002 trat das WoFG in Kraft. Wesentliche Änderung gegenüber den alten Fördervorschriften war, dass nun keine Kostenmiete mehr ermittelt wurde, sondern durch Fördervereinbarung eine Ausgangsmiete vereinbart wurde. Ferner enthielt diese Vereinbarung auch eine Regelung, unter welchen Kriterien eine Erhöhung der Kaltmiete zulässig ist (zB: Anlehnung an den örtlichen Mietspiegel). Mieterhöhungen sind seitdem nach den allgemeinen Vorschriften der §§ 557 ff. BGB vorzunehmen. Nebenkosten dürfen umgelegt werden, das muss aber im Mietvertrag ausdrücklich geregelt werden.

3 Das Föderalismusreformgesetz 2005 verlagerte die Zuständigkeit für den geförderten Wohnungsbau vom Bund auf die Länder. Im Zusammenhang damit sind die bisherigen Bundesvorschriften, also WoFG, Wohnfl-VO, wie auch die besonderen Vorschriften des Sozialen Wohnungsbaus alter Förderung, vom Bund „freigegeben" worden. Sie gelten fort, soweit die Länder für ihr Landesgebiet nicht eigene Landesgesetze erlassen (Art. 125a GG). So gilt die Wohnfl-VO nach wie vor, da kein Land hier eine eigene gesetzliche Regelung geschaffen hat.[1]

4 Zwingend anzuwenden ist die Wohnfl-VO nur für den geförderten Wohnungsbau. Für den freien Wohnungsbau kann sie zur Bestimmung der Wohnungsgröße herangezogen werden, wenn dies von der Vorstellung der Parteien gedeckt ist.[2] Alternativen sind die §§ 42–44 II. BV oder die DIN 277.

Die BK-VO wurde schon vorher zum Bestandteil des Mietrechts im BGB und bleibt deshalb Bundesrecht.

5 Auf der Grundlage der neuen Kompetenzverteilung haben die meisten Länder inzwischen eigene Wohnraumförderungsgesetze erlassen. Soweit dies nicht erfolgte, sind zumindest ergänzende Verordnungen zum Bundes-WoFG erlassen worden, siehe zB das Gesetz zur Förderung und Nutzung von Wohnraum für das Land NRW vom 8.12.2009 (WFNG NRW), nachfolgend genannt WFNG).

- Es können nach wie vor Mietwohnungen, Genossenschaftswohnungen und selbst genutztes Wohnungseigentum gefördert werden;
- Zielgruppe sind Haushalte, die sich am Wohnungsmarkt nicht angemessen mit Wohnraum versorgen können (geringes Einkommen, Familien und Haushalte mit Kindern, Alleinerziehende, Schwangere, ältere Menschen, behinderte Menschen, Wohnungslose und sonstige hilfsbedürftige Menschen);
- Schaffung und Erhaltung (insbesondere durch Modernisierung) von preisgünstigem Wohnraum;
- Ermächtigung zur Bestimmung höchstzulässiger Mieten zur Erreichbarkeit tragbarer Wohnkosten;
- Bestimmung der Einkommensgrenzen und der Wohnungsgrößen;
- Vereinbarung von Belegungs- und Mietbindungen;
- Ahndung von Fehlförderungen mit zusätzlicher Bestimmung für die Förderung mit Wohnungsfürsorgemittel.

6 Die neue Förderung kennt nicht mehr den Begriff der Kostenmiete. Stattdessen wird eine höchstzulässige Miete zwischen Darlehensgeber und Bauherrn vereinbart. Die WFB des Landes NRW enthalten hierzu ausführliche Regelungen: Mietenstufen von 1–6 sowie Unterteilung in Einkommensgruppe A (Einkommen übersteigt nicht die Einkommensgrenze des WoFG), und die Einkommensgruppe B (Einkommen übersteigt die Einkommensgrenze um bis zu 40 %).

[1] Schreiben des Bundesministers für Verkehr an den Verfasser vom 21.4.2008.
[2] BGH NJW 2004, 2230.

Mieterhöhungen sind nach den Vorschriften des BGB durchzuführen, also nach den §§ 558 ff. BGB. Allerdings können Beschränkungen für Zeitraum und Höhe dieser Mieterhöhungen im Förderungsvertrag vereinbart werden. 7

Die Bindung kann auf bestimmte Zeit (zB 15 oder 20 Jahre) festgelegt werden, eine vorzeitige freiwillige Rückzahlung der öffentlichen Darlehen lässt diese Bindungszeit aber nicht vorzeitig enden. Wird dagegen das öffentliche Darlehen vom Darlehensgeber vorzeitig gekündigt, oder wird das Grundstück zwangsversteigert und das bestellte Grundpfandrecht erlischt, dann gelten andere Fristen (12 bzw. 3 Jahre). 8

Eine Freistellung ist von der Belegungsbindung, nicht aber von der vereinbarten Miete, zulässig. Es können sogar Belegungs- und Mietbindungen auf bisher preisfreien Wohnraum übertragen werden. 9

Eine rückwirkende Mieterhöhung ist nicht möglich. Die Kaution dient auch zur Absicherung von Mietrückständen. Ist die Umlage von Betriebskosten nicht oder nicht vollständig mit dem Mieter vereinbart, so ist eine einseitige „Reparatur" entsprechend (der inzwischen aufgehobenen Vorschrift des) § 25b NMVO nicht zulässig. 10

Bei der mietrechtlichen Beratung von Vermieter oder Mieter sind immer die maßgeblichen landesrechtlichen Förderbestimmungen und der Bewilligungsbescheid beizuziehen. Dem Mieter steht gegenüber dem Vermieter ein Auskunftsrecht zu. 11

II. Förderung nach dem I. und II. WohnBauG

Anzuwendende Vorschriften: I. und II. WohnBauG, WohnBindG, NMVO, II. BVO mit den Anlagen 1 und 2, BK-VO iVm den §§ 20 ff. NMVO, Wohnfl-VO bei baulichen Veränderungen ab dem 1.1.2004, Mietvorschriften des BGB. Darlehensvertrag oder Bewilligungsbescheid bestimmen, um welche Art öffentlich geförderten Wohnungsbau es sich handelt. 12

Änderungen durch das Föderalismusreformgesetz: 13

Auch hier ist die gesetzliche Zuständigkeit auf die Bundesländer übergegangen. Es muss nun bei jedem Bundesland überprüft werden, ob die Bundesvorschriften bestehen geblieben sind, durch Landesgesetz abgelöst wurden oder ganz aufgehoben wurden.

Baden-Württemberg hat die Kostenmiete zum 1.1.2009 ganz aufgehoben, es gelten nur noch BGB und Landes-WoFG; in Schleswig-Holstein galt die Kostenmiete nur noch bis 1.7.2014. NRW hat im „Gesetz zur Förderung und Nutzung von Wohnraum für das Land NRW (WFNG NRW)" vom 8.12.2009 sämtliche Vorschriften des WohnBindG und der zugehörigen VO (II. BV und NMVO) aufgehoben (§ 44 Abs. 1 S. 1). Die §§ 8–11 WohnBindG gelten jedoch weiterhin (dito Satz 2 Nr. 3) und hierzu auch die zur Bestimmung der Kostenkaltmiete erforderlichen VO (II. BV und NMVO) (§ 44 Abs. 2). 14

Dieser alte geförderte Wohnungsbau ist durch vorzeitige freiwillige und vollständige Rückzahlung der öffentlichen Mittel stark geschrumpft. Hatte der BGH in 2005 (→ Rn. 85 ff.) von auslaufendem Recht gesprochen, was damals unzutreffend war, so kann man diese Behauptung heute durchaus aufstellen. Verursacht wurde das vor allem durch die Zinspolitik der EZB unter ihrem Chef *Draghi*. Private Baudarlehen hatten so geringe Zinsen (2017/2018: 1,5 bis 2,4 % für eine Bindung von 10 Jahren, ja sogar bis zu 1,1 %), dass eine Ablösung der öffentlichen Mittel ohne Schwierigkeiten selbst bei hohen Darlehensbeträgen möglich war – und immer noch vorgenommen wird! Eine Beispielsrechnung findet sich in → Rn. 88 15

Die Regierung Schröder hat Anfang 2000 alle Bundeswohnungen verkauft, dazu gehörten auch die geförderten Post- und Bahnwohnungen. Die Erwerber waren Investmentfirmen (damals zB Deutsche Annington, heute Vonovia), die aber umgehend die noch vorhandenen öffentlichen Darlehen zurückzahlten und anschließend die Häuser in Eigentumswohnungen aufteilten. Diese kamen in großer Zahl zum Verkauf, wobei die Nachbindung von 10 Jahren sofort entfiel, wenn der in der Wohnung berechtigt lebende Mieter die Wohnung kaufte. Im Nachfolgenden werden die Vorschriften der alten

Förderung entsprechend den Vorgaben der II. BV und der NMVO erläutert, und insbesondere wird die Ermittlung der Kostenkaltmiete erklärt.

1. Sozialwohnungen

16 Es wurden öffentliche Mittel iSd § 6 Abs. 1 II. WohnBauG bewilligt. Nur die dort genannten Mittel sind „öffentliche Mittel", (alle anderen Mittel, obwohl sie von öffentlichen Darlehensgebern bewilligt werden, sind laut Definition „nichtöffentliche Mittel"). Die Wohnungen dürfen nur an Personen vermietet werden, welche mit ihrem Einkommen die in den §§ 25–25d II. WohnBauG genannten Einkommensgrenzen nicht überschreiten. Diese Förderung wird der 1. Förderweg genannt, nur diese Wohnungen sind Sozialwohnungen. Das WohnBindG und seine beiden Verordnungen gelten, ohne dass es einer diesbezüglichen Vereinbarung bedarf.

17 Im 2. Förderweg (§§ 88–88c II. WohnBauG) wurde freifinanzierter Wohnungsbau mit nichtöffentlichen Mitteln gefördert. Bezugsberechtigt waren Mieter, deren Einkommen die Einkommensgrenze des 1. Förderwegs um bis zu 60 % überschreitet, oder welche eine Sozialwohnung freimachen (§ 88a II. WohnBauG). Die Vorschriften des WohnBindG gelten nur insoweit, als auf sie gesetzlich verwiesen wird oder sie vertraglich vereinbart werden (siehe § 88b II. WohnBauG). Wegen des Verweises auf die §§ 8 ff. WoBindG gilt die Kostenmiete. Der Förderzeitraum beträgt grundsätzlich 15 Jahre.

18 Im 3. Förderweg (§ 88d II. WohnBauG) wurden ebenfalls nichtöffentliche Mittel bewilligt. Die geförderten Wohnungen waren nicht preisgebunden, die Miete wurde aber zwischen Darlehensgeber und Darlehensnehmer vertraglich festgelegt. Es greifen ergänzend die Vorschriften des BGB ein, soweit eine Mieterhöhung während der Dauer der Förderung, das sind in der Regel 15 Jahre, nach den vertraglichen Vereinbarungen zulässig ist (§ 88d Abs. 2 II. WohnBauG), also die §§ 557 ff. BGB. Die Vorschriften der §§ 8 ff. WoBindG gelten ausdrücklich nicht.

19 Dass auch bei dieser rechtlich eigentlich einfachen Förderung Schwierigkeiten auftreten können, zeigt das Urteil des LG Freiburg.[3] Ein weiteres Urteil des LG München (NZM 2012, 802) verbietet es dem Vermieter, ein Mieterhöhungsverlangen nach § 558 BGB unter Begründung eines örtlichen Mietspiegels zu stellen, weil der Mietspiegel nur freifinanzierten Wohnraum erfasst. Selbst die Nennung von Vergleichswohnungen soll nicht zulässig sein. Die Beiziehung eines SV-Gutachtens lässt das Gericht aber zu, was letztlich aber auch inkonsequent ist, weil der Sachverständige die ortsübliche Vergleichsmiete für freien Wohnraum ermittelt. Diese Entscheidung ist im Ergebnis abzulehnen. Wenn die Förderbestimmungen die gesetzlichen Vorschriften für den freien Wohnungsbau für Mieterhöhungen zulassen, so darf auf dieser Grundlage auch die Mieterhöhung unter Bezugnahme auf den örtlichen Mietspiegel erfolgen. Die Miete für die geförderte Wohnung soll sich ja an der freien Miete orientieren, ohne dass ihre Miete Aufnahme in den Mietspiegel gefunden hat. In diesem Sinne hat inzwischen eine andere Kammer des LG München entschieden.[4]

20 Der Darlehensgeber bestimmt auch hier, welche Personen die geförderten Wohnungen beziehen dürfen. Diese Förderung ist Vorbild für die Förderung nach dem WoFG gewesen.

2. Mit Wohnungsfürsorgemitteln geförderter Wohnraum §§ 87a–87b II. WohnBauG

21 Hier wurden nichtöffentliche Mittel bewilligt, um Wohnungen für die Unterbringung von Bediensteten der öffentlichen Hand zu schaffen, also für Beamte, Angestellte und Arbeiter des öffentlichen Dienstes, sowie auch für Soldaten. Die maßgeblichen Bestimmungen regelt der Darlehensvertrag, die Vorschriften des WoBindG greifen nur ergänzend ein, soweit auf sie vertraglich oder gesetzlich verwiesen wird. Das gilt namentlich für die Bestimmung und Höhe der Kostenmiete, es gelten die §§ 10 und 11 WoBindG,

[3] WuM 2003, 696.
[4] LG München I BeckRS 2018, 8678.

über § 87a Abs. 2–5 II. WohnBauG gelten auch die Vorschriften der §§ 8–8b sowie 18a–18d und 18f WoBindG.

Hierunter fallen auch die Postwohnungen und die Bahnwohnungen. Bei diesen kam es zum Teil auch zu einer Mischfinanzierung, nämlich mit Wohnungsfürsorgemitteln und zusätzlich mit öffentlichen Mitteln. In diesem Falle gelten die Darlehensbestimmungen und die Vorschriften des WoBindG nebeneinander, was vor allem für die Bestimmung des Endes der Bindung wichtig ist. 22

3. Steuerbegünstigter Wohnungsbau

Es handelt sich um freien Wohnungsbau, der steuerlich begünstigt wird, wenn der Wohnraum bestimmte Flächengrößen nicht überschreitet, so zB bei der Eigenheimförderung. Diese Förderungsart ist ersatzlos fortgefallen. 23

Wurden allerdings für diesen Wohnraum Aufwendungsdarlehen und/oder Aufwendungszuschüsse bewilligt, so unterlagen sie bei öffentlichen Mitteln der Preisbindung des 1. Förderwegs, bei nichtöffentlichen Mitteln den Bestimmungen des Darlehensvertrages. 24

4. Eigentumswohnung, Eigenheim

Neben dem Mietwohnungsbau wurde auch die Eigentumsbildung mit öffentlichen und nichtöffentlichen Mitteln gefördert. Der Status richtet sich hier ebenfalls nach der Art der gewährten Mittel. Es gibt also Eigentumswohnungen als Sozialwohnungen und solche mit Wohnungsfürsorgemittel geförderte Wohnungen. Entscheidend ist hier, dass der Bauherr die Wohnung/das Eigenheim selbst beziehen will, seine Einkommensverhältnisse sind maßgebend. Wird in einem Eigenheim auch eine Einliegerwohnung geschaffen, gilt für diese die vereinbarte Bindung, allerdings ist vom Mieter die Vergleichsmiete zu nehmen (§ 11 NMV). Dies gilt auch für die Hauptwohnung, wenn der Bauherr später aus seiner Wohnung/seinem Eigenheim auszieht und den Wohnraum dann vermietet. Der Übergang zur Kostenmiete ist zulässig, aber genehmigungsbedürftig. 25

5. Bauherrenwohnung

Gesetzlich geregelt ist sie nur im 1. Förderweg (§ 6 WoBindG), entsprechende vertragliche Regelungen sind in den anderen Förderungsbereichen möglich. Die Bauherrenwohnung ist ein Haftungsrisiko ersten Ranges. Nach außen erscheint sie wie eine freie Wohnung, in Wirklichkeit ist sie aber ebenfalls eine Sozialwohnung. Der Bauherr darf grundsätzlich nicht ohne Genehmigung der Bewilligungsstelle eine Wohnung in seinem Haus beziehen. Erstellt er bis zu drei Wohnungen, so kann er nur mit Wohnberechtigungsschein eine davon beziehen, er ist also jedem berechtigten Mieter gleichgestellt. Erstellt der Bauherr mehr als drei Wohnungen, erhält er auf Antrag die Zustimmung zum Bezug einer Wohnung, ohne dass er hier die Einkommensgrenzen einzuhalten hat. Dieses Privileg steht nur dem Bauherrn zu, also nicht einem späteren Eigentümer des Hauses. 26

Das Wesen als Sozialwohnung tritt wieder hervor, sobald der Bauherr diese Wohnung verlässt und sie neu vermietet. Sie darf nun – wie jede andere Wohnung im Haus – nur an solche Mietinteressenten vermietet werden, die hierzu berechtigt sind. 27

6. Bundes-, Landes- und Gemeindeeigene Wohnungen

Mit öffentlich geförderten Wohnungen nicht zu verwechseln sind Wohnungen, die im Eigentum der öffentlichen Hand stehen, also bundeseigene, landeseigene oder gemeindeeigene Wohnungen. Diese Wohnungen sind grundsätzlich freier Wohnraum, es sei denn, sie sind mit öffentlichen oder nichtöffentlichen Mitteln gefördert worden. Ansonsten darf für diese Wohnungen die Vergleichsmiete nach den §§ 557 ff. BGB verlangt 28 werden, es sei denn, durch Selbstbeschränkung ist nur eine geringere Miete vereinbart oder zulässig.[5]

7. Sonstige geförderte Wohnungen

29 Im Bundesland Berlin (ansonsten keine alte Förderung) wurden Modernisierungen der Wohnhäuser mit öffentlichen Mitteln unterstützt. Im Gegenzug musste sich der Vermieter verpflichten, die Modernisierungsmieterhöhung auf einen bestimmten Betrag zu beschränken. Der so geförderte Wohnraum ist nach wie vor freier Wohnraum, lediglich die Miete ist durch Vereinbarung beschränkt.[6]

30 Wird Wohnraum vermietet, der vom Mieter mit Sozialbindung an Berechtigte weitervermietet wird, so unterliegt nur der Untermietvertrag Zwischenmieter-Untermieter der öffentlichen Bindung; der Hauptmietvertrag Vermieter-Zwischenmieter kann sogar ein gewerblicher Mietvertrag sein.[7] Der Untermieter ist nicht berechtigt, einzelne Teilleistungen des Zwischenmieters zu kündigen.[8]

III. Die Kostenmiete

1. Die vorläufige Wirtschaftlichkeitsberechnung § 4 II. BV/§ 72 II. WohnBauG und die Schlussabrechnung gemäß § 72 Abs. 2 WohnBauG/§ 8a Abs. 4 WohnBindG

31 **Vorläufige Wirtschaftlichkeitsberechnung** (im Folgenden immer abgekürzt als WB): Das Gesetz spricht von der WB, welche bei Beantragung der öffentlichen Mittel zu erstellen ist. Das hierfür zu verwendende Formular (in NRW) folgt den Anforderungen des § 3 II. BVO und gliedert sich also wie folgt: eine Beschreibung der Baumaßnahme, die Anzahl und Größe der zu schaffenden Wohnungen, eine Zusammenstellung der Boden- und Baukosten und eine Aufstellung des Finanzierungsplans. Unter der Überschrift „Vorläufige Wirtschaftlichkeitsberechnung" folgt dann die Berechnung der Kostenmiete unter Zugrundelegung der Kosten und der Finanzierung.

32 Der Bauherr muss, um öffentliche Mittel zu erhalten, eine genaue Kostenschätzung vornehmen, nach Möglichkeit sollte er schon Verträge nach entsprechender Ausschreibung abgeschlossen haben. Was alles zu den Boden- und Baukosten gehört und damit bei der Ermittlung der Kosten berücksichtigt werden darf, ist in der **Anlage 1 zur II. BV** bestimmt. Es handelt sich dabei zB um den Wert des Grundstückes, seine Erschließungskosten, die Baukosten, die Baunebenkosten wie Architektenhonorar, die Finanzierungskosten wie Disagio oder Zwischenfinanzierung. Es sind also alle Kosten zu erfassen, diese bilden die Grundlage für die Ermittlung der Kostenmiete.

33 **Definition:** Für die Kostenmiete sind die Baukosten bestimmend. Die Kostenmiete wird auf der Grundlage dieser Baukosten nach den Vorgaben der Anlage 1 zur II.BV in der Form einer WB ermittelt.

34 Die vorläufige WB ist die Grundlage für die weitere Entwicklung der Kostenmiete. Innerhalb von zwei Jahren ab Bezugsfertigkeit des Hauses muss dann eine Schlussabrechnung eingereicht werden (§ 8a Abs. 4 WoBindG).

35 Da die vorläufige WB auf den geschätzten Baukosten aufbaut, können sich während der Bauphase Kostenänderungen ergeben, und zwar Verteuerungen wie Einsparungen (zB: inflationsbedingte Verteuerung, unerwartet höhere Gründungskosten wegen des Bodenzustands – zB sandiger Boden oder verschütteter Bunker aus der Zeit vor 1918 –, die Zinsen sind geringer als zunächst angegeben oder es werden mehr Eigenmittel eingesetzt). In allen diesen Fällen müssen die Veränderungen genehmigt werden, um Eingang in die Schlussabrechnung zu finden. Im Folgenden ist das **Original einer Schlussabrechnung wiedergegeben:**

[5] BayObLG NJW-RR 1999, 1100; WM 2000, 238.
[6] BGH WuM 2003, 694; NJW-RR 2004, 518; WuM 2004, 283; 2004, 284 = NZM 2004, 655.
[7] OLG Düsseldorf WuM 2003, 151.
[8] BGH WuM 2003, 573 = NZM 2004, 22.

Muster 8b WFB 1967

Schlussberechnungsanzeige und Wirtschaftlichkeitsberechnung (Kaufeigenheime, Trägerkleinsiedlungen und Kaufeigentumswohnungen für noch nicht feststehende Bewerber sowie Miet- und Genossenschaftswohnungen) **36**

I. Baugrundstück: 5 Köln 71 (Chorweiler);
II. Bauherr: 5 Köln 60
III. Betreuer/Beauftragter: 5 Köln 80
IV. Planverfasser: 5 Köln 80
V. Bewilligungsbescheid Nr. ...... vom 31.12.1975

An
Stadt Köln
Amt für Wohnungswesen
in 5 Köln 1/Lindenstraße 14

Anzeige

über die Aufstellung der Schlussabrechnung und Wirtschaftlichkeitsberechnung

A.

1. Gemäß Nr. 80 WFB 1967 wird hiermit angezeigt, daß die Schlußabrechnung gem. DIN 276 für das auf dem vorbezeichneten Grundstück errichtete Bauvorhaben aufgestellt worden ist und zur Nachprüfung durch Sie bereitgehalten wird. Das Bauvorhaben wurde am **30.6.1977/Bl. 265** bezugsfertig.
2. – Das Bauvorhaben ist – dem genehmigten Antrag auf Bewilligung öffentlicher Mittel – vom 22.4.1975 – entsprechend durchgeführt worden.*) – Bei der Durchführung des Bauvorhabens haben sich folgende Änderungen ergeben:*)

Art der Änderung	**Grund**
....	....
....	....
....	....
....	....

Die erforderlichen Unterlagen (ggf. Bauzeichnungen, Wohnflächen- und Raummeterberechnung, Abänderung der Baubeschreibung) sind beigefügt. Es wird beantragt, den Wertverbesserungen zuzustimmen; die Kosten der Wertverbesserungen sind bereits mit ...... DM in der Aufstellung enthalten. Der Antrag auf Anerkennung der Änderungen kann erst jetzt gestellt werden, weil

3. Die der Bewilligung der öffentlichen Mittel zugrunde liegenden Gesamtkosten
(Teil C Ziff. I des Antrages), die mit .... 3.384.700,00 DM
angesetzt waren, haben sich verändert auf .... 3.383.568,47 DM
verringert .... 3.383,53 DM

B. Wirtschaftlichkeitsberechnung

I. **Aufstellung der Gesamtkosten** (nach DIN 276, Ausg. März 1954) • ohne Kosten, die nach dem Zeitpunkt der Bezugsfertigkeit entstanden sind – • ohne Kosten von baulichen Veränderungen, die nur bei einem Teil der öffentlich geförderten Wohnungen entstanden sind[2)] –	Gesamtkosten die der Bewilligung der öffentlichen Mittel zugrunde gelegen haben DM	abgerechnete Gesamtkosten		
		Gesamtbetrag DM	Aufteilung der Gesamtkosten	
			auf die öffentlich geförderten Wohnungen DM	auf die sonstigen WE und den Geschäftsraum TG + DM PH
	1	2	3	4
1. Kosten des Baugrundstücks:				
1.1 Wert des Baugrundstücks (2.199,00 qm × 110,00 DM)	241.890,00	241.890,00	222.540,00	19.350,00
1.2 Erwerbskosten (Grundstücksnebenkosten)	4.100,00	3.712,14	3.413,99	298,15
1.3 Erschließungskosten	55.400,00	36.281,89	35.985,20	296,69
	301.390,00	281.884,03	261.939,20	19.944,83
2. Baukosten:				
2.1 Kosten der Gebäude (reine Baukosten) (2.199,00 qm × 110,00 DM)	1.979.100,00	1.979.098,02	1.979.098,02	19.350,00
2.11 im umbauten Raum (= . . . . . cbm) erfasste Bauteile (DIN 277 Abschn. 1.1–1.3) mithin Raummeterpreis = ... DM/cbm 8.277,41 DM/FP × 20	156.400,00	165.548,20		165.548,20
2.12 besonders zu veranschlagende Bauausführungen und Bauteile (DIN 277 Abschn. 1.4)Tieferfundierung nur nachrichtlich in 2.11 und 2.12 enthaltene Mehrkosten Heizung 140.000,00 DM Aufzug 42.800,00 DM Antenne 5.000,00 DM Warmwassergeräte 7.700,00 DM	23.700,00 18.000,00	28.160,00 23.700,00 17.632,81	28.160,00 23.700,00 17.632,81	
2.13 Wert der vorhandenen und **wiederverwendeten** Gebäudeteile; bei Wiederherstellung abzügl. der Hypothekengewinnabgabe		13.454,39	13.454,39	
2.2 Kosten der Außenanlagen	70.900,00	70.900,00	70.900,00	
2.3 Baunebenkosten	2.248.100,00	2.298.493,42	2.132.945,22	165.548,20
2.31 Architekten- und Ingenieurleistungen	2.176.010,00	176.010,00	162.610,00	13.400,00
2.32 Kosten der Verwaltungsleistungen	22.500,00	22.500,00	20.900,00	1.600,00
2.33 Kosten der Behördenleistungen	44.900,00	45.986,00	40.654,32	5.331,68
2.341 Kosten der Beschaffung der Dauerfinanzierungsmittel	566.800,00	537.484,32	528.444.32	9.040,00
2.342 Kosten der Beschaffung und Verzinsung der Zwischenfinanzierungsmittel				
2.35 Sonstige Baunebenkosten	22.500,00	20.059,04	18.718,66	1.341,28
2.4 Kosten der besonderen Betriebseinrichtungen				
2.5 Kosten der Geräte und der sonstigen Wirtschaftsausstattung	2.500,00	1.150,86	920,56	230,20
BNK.: I. Gesamtkosten	835.210,00	903.191,02	772.247,86	30.943,16
BK. + BNK.:	3.083.310,00	3.101.684,44	2.905.193,08	196.491,36
Gesamtkosten	3.384.700,00	3.383.568,47	3.167.132,28	216.436,19

II. Aufstellung der Finanzierungsmittel	Finanzierungsmittel die der Bewilligung der öffentlichen Mittel- zugrunde gelegehaben DM	neuer Finanzierungsplan		
			Aufteilung der Finanzierungsmittel	
		Gesamtbetrag DM	auf die öffentlich geförderten WE DM	auf die sonstigen WE und den Geschäftsraum TG + DM PH
	1	2	3	4
1. Fremdmittel:				
1.1 Dinglich gesicherte Fremdmittel (einschl. öffentlicher Baudarlehen) in der Reihenfolge der dinglichen Sicherung				
1.11 Darlehen der Centralboden AG Köln	1.644.700,00	1.644.700,00	1.588.700,00	56.000,00
1.12 Darlehen der WFA/ Centralboden AG Köln Zinssatz: 0,5 %; Tilgung 1 %; Auszahlung 96 %/8 %	1.103.200,00	1.103.200,00	1.103.200,00	
1.13 Darlehen des Landes NRW Zinssatz: 0,5 %; Tilgung 1 %; Auszahlung 99 %	120.000,00	120.000,00		120.000,00
1.14 Darlehen d ...... Zinssatz: ...... %; Tilgung ...... %; Auszahlung ...... %				
1.2 Sonstige Fremdmittel				
1.21 Darlehen d. ...... Zinssatz: ...... %; Tilgung ......%; Auszahlung ......%				
1.22 Darlehen d. ......Zinssatz: ...... %; Tilgung ......%; Auszahlung ......%				
2. Nicht rückzahlbare Baukostenzuschüsse (Ersteinrichtungszuschuss für Kleinsiedlungen, Zuschuss für die Bergschadensicherung, für kinderreiche Familien) a) ...... b) ...... c)				
3. Eigenleistungen:				
a) Bargeld und Guthaben 515.668,00 DM				
b) Sachleitungen ...... DM				
c) Selbsthilfe ...... DM				
d) Gebäuderestwert u. Wert vorhandener Gebäudeteile abzügl. Belastungen ...... DM				
e) Wert d. Baugrundstücks (abzügl. Belastungen) ...... DM				
insgesamt 515.668,00 DM				
davon mit 4 % Zinsen	516,800,00	515.668,00	475.232,00	40.436,00
II. Finanzierungsmittel	3.384.700,00	3.383.568,00	3.167.132,00	216.436,00

III. Aufstellung der Aufwendungen ohne Aufwendungen, die nach dem Zeitpunkt der Bezugsfertigstellung entstanden sind – • durch Umlagen gedeckt werden sollen –	Aufwendungen für öffentlich geförderte WE bei Bewilligung DM	Aufteilung der Aufwendungen im Zeitpunkt der Bezugsfertigstellung		
		auf die öffentlich geförderten-Wohnungen DM	auf die sonstigen WE und den Geschäftsraum TG + DM PH	Gesamtbetrag (Spalten 2 u. 3) DM
	1	2	3	4
1. Kapitalkosten:				
1.1 Fremdmittel-Zinsen				
a) Darlehen II. 1.11. 1.290.700,00 DM	96.803,00	96.803,00		96.803,00
b) Darlehen II. 1.12. 298.000,00 DM	7.450,00	7.450,00		7.450,00
c) Darlehen II. 1.13. 56.000,00 DM			4.200,00	4.200,00
d) Darlehen II. 1.14. 1.103.200,00 DM	5.516,00	5.516,00		5.516,00
e) Darlehen II. 1.14. 120.000,00 DM			600,00	600,00
f) Darlehen II. 1.22. ...... DM			600,00	600,00
1.2 Zinsersatz zur Aufbringung erhöhter Tilgungen (besonders berechnen) ...... DM				
1.3 Eigenkapital-Zinsen 4 % von 475.232,00 DM 4 % von 40.436,00 DM	19.008,00	19.909,00		19.909,00
1.4 Erbbauzinsen (...... qm × ...... DM)			1.617,00	1.617,00
1.5 Lfd. Gebühr für Bürgschaft				
2. Bewirtschaftungskosten: Garagen:				
2.1 Abschreibung 1 % von 196.491,36 DM 1 % von 2.905.193,08 DM 2 % von 140.000,00 DM 2 % von 42.800,00 DM 4 % von 7.700,00 DM	28.917,00 2.800,00 856,00 308,00	19.052,00 4.414,00	1.965,00	1.965,00 29.052,00 4.414,00
2.2 Verwaltungskosten 9 % von 5.000,00 DM 28 Wohnungen × 180,00 = 5.040,00 DM 20 Wagenplätze × 30,00 = 600,00 DM	450.005.040,00	5.040,00	600,00	5.640,00
2.3 Betriebskosten (lt. besonderer Aufstellung, der die Belege beigefügt sind; sonst Pauschalansatz) 2.199,00 qm Wohnfläche × 5,00 DM = 10.995,00 DM 20 Wagenplätze × 30,00 = 600,00 DM	6.597,00	10.995	600,00	11.595,00
2.4 Instandhaltungskosten 2.199,00 qm Wohnfläche × 8,00 DM = 17.592,00 DM 20 Wagenplätze × 50,00 = 1.000,00 DM	17.592,00	17.592,00	1.000,00	18.592,00
2.5 Mietausfallwagnis (2 % von 119.088,00 DM)	3.904,00	2.381,00	216,00	2.597,00
1.12 Darlehen der WFA/ Centralboden AG Köln	1.103.200,00	1.103.200,00	1.103.200,00	216.436,00
III. Aufwendungen insgesamt	195.241,00	198.252,00	10.798,00	209,09
abzüglich der Erträge aus der Vermietung von Garagen		198.252,00		
3. Verbleibende durch die Miete zu deckende Aufwendungen	195.241,00			

C.

Berechnung der Durchschnittsmiete im Zeitpunkt der Bezugsfertigstellung

1. Bei Förderung aller Wohnungen mit nach Art und Höhe gleichartigen öffentlichen Mitteln
Die Durchschnittsmiete beträgt

a) vor Abzug des Aufwendungserlasses 79.164,00 DM Bl. 75
198.252,00 DM : 12 : 2.199,00 qm Wohnfläche = 7,51 DM/qm/mtl.

b) nach Abzug des Aufwendungszuschusses 119.088,00 DM : 12 : 2.199,00 qm Wohnfläche = 4,51 DM/qm/mtl.

Durchschnittsmiete bei Bewilligung DM/qm/mtl.
4.40

Bl. 128

2. Bei Förderung mit nach Art und Höhe unterschiedlichen öffentlichen Mitteln. Gemäß anliegender Teilberechnung der laufenden Aufwendungen entfallen auf

	Teilaufwendungen jährlich DM	abzüglich Aufwendungszuschuss jährlich DM	bleiben Teilaufwendungen jährlich DM
	1	2	3
c) Wohnungen, die mit Normaldarlehen/Bankdarlehen und Aufwendungszuschuß in Höhe von 3,00 DM/qm gefördert sind ……		entfällt	
d) Wohnungen, die mit verringerten Darlehen/Bankdarlehen und Aufwendungszuschuß in Höhe von 3,00 DM/qm gefördert sind ……			

Die Durchschnittsmiete beträgt

Durchschnittsmiete bei Bewilligung DM/qm/mtl.

e) für Wohnraum gem. Nr. 2c …… DM (Nr. 2c Sp. 3): 12: …… qm Wohnfläche = …… DM/qm/mtl.

f) für Wohnraum gem. Nr. 2d …… DM (Nr. 2d Sp. 3): 12: …… qm Wohnfläche = …… DM/qm/mtl.

3. Gemäß § 20 NMV 1970 sollen folgende Umlagen erhoben werden:

Art der Leistung	vorgesehen		
	ursprünglich DM	jetzt DM	Grund der Veränderung
1. für die Kosten der Wasserversorgung und der Entwässerung ……			
2. für die Kosten des Betriebes der zentralen Heizungs- und Brennstoffversorgungsanlagen und der Versorgung mit Fernwärme ……	nach den tatsächlichen Kosten		
3. für die Kosten der zentralen Warmwasserversorgungsanlage und der Fernwasserversorgungsanlagen ……			
4. für die Kosten des Betriebes maschineller Aufzüge ……			

Abrechnung erfolgt am Ende eines Bewirtschaftungszeitraumes. Überzahlte Beträge werden erstattet, Nachforderungen bleiben vorbehalten. Neben der Einzelmiete werden die Kosten des Betriebes und der Instandhaltung für maschinelle Wascheinrichtungen auf die Benutzer umgelegt. Vorauszahlungen hierfür sind unzulässig.

D.

Nachträgliche Änderung von Aufwendungen[1]

1. Nach der Bezugsfertigstellung haben sich die Gesamtkosten einschließlich der Kosten für Wertverbesserungen bei sämtlichen Wohnungen erhöht.

E.

1. Wir – Bauherr – und Betreuer – versichern, die vorstehenden und die in den Anlagen enthaltender Angaben nach bestem Wissen und Gewissen richtig gemacht und keine Tatsachen verschwiegen zu haben, die für die Beurteilung von Bedeutung sein könnten.
2. Dieser Anzeige sind folgende Anlagen beigefügt:
Die erforderlichen Rechnungen, die gemäß Bewilligungsbescheid zum Nachweis der Kosten erforderlich sind.

5000 Köln 80, den 20.6.1989

.... Unterschrift des Bauherrn

.... Unterschrift des Betreuers

Anmerkungen:

*) Nichtzutreffendes ist zu streichen.

1) Notwendig wegen Höhe und Zeitpunkt einer Mieterhöhung

2) Kosten für bauliche Änderungen, die nur bei einem Teil der Wohnungen entstanden sind, berechtigen zu einem Zuschlag nach § 6 Abs. 2 und § 26 Abs. 5 NMV 1970.

37 Auf der 1. Seite ist das Haus beschrieben. Es handelt sich vorliegend um ein mehrstöckiges Haus mit 28 Wohnungen, fertiggestellt 1977 in Köln-Chorweiler-Nord (Stadt aus der Retorte mit überwiegend öffentlich geförderten Mehrfamilienwohnhäusern). Das Jahr der Bezugsfertigkeit ist entscheidend für den zutreffenden Kostenansatz der Instandhaltungspauschale.

38 Auf der Seite 2 sind die Baukosten aufgeführt, getrennt nach den Bodenkosten, wozu die Erschließungskosten gehören, und den eigentlichen Baukosten. Bei Letzteren sind einzelne Gewerke gesondert angegeben, es handelt sich um die Kosten, für die eine Sonderabschreibung angesetzt werden darf. Die Grundstückskosten dürfen bei der Abschreibung nicht berücksichtigt werden (§ 25 Abs. 2 II. BVO). Außerdem ist eine Aufteilung der Kosten vorgenommen zwischen Wohnhaus und Tiefgarage (TG) und Parkhaus (PH). Hier fließen also die Baukosten für die Garagenstellplätze nicht in die Baukosten der Wohnungen ein. Im nachfolgenden wird nur die Berechnung der Kostenmiete für das Wohnhaus weiter beschrieben.

39 Auf der Seite 3 ist dann die Finanzierung angegeben mit den Namen der Darlehensgeber, den Darlehensbeträgen und den Nominalzinssätzen. Disagio oder dergleichen sind zusätzliche Kreditkosten, die ebenfalls, aber gesondert angegeben werden dürfen. Ebenfalls hier angegeben ist die Summe der Eigenmittel. Diese müssen nicht immer aus Geldbeträgen bestehen, zumeist ist der Wert des eingebrachten Grundstücks angesetzt.

40 Auf der Seite 4 folgt sodann die Berechnung der Kostenmiete. Der Darlehenstilgungsbetrag ist nicht Bestandteil des Kostenaufwands und wird daher auch nicht berücksichtigt (dieser wird über die Abschreibung vergütet). Nur beim Aufwendungsdarlehen darf ab der Rückzahlungsverpflichtung neben Zins und Verwaltungskostenbeitrag auch die Tilgung angesetzt werden (§ 18 Abs. 3 II. BVO). Es sind die Darlehen mit ihrem Nominalbetrag angegeben und es wird der Aufwand anhand des Zinssatzes ermittelt. Beim erststelligen Darlehen fällt sofort auf, dass dieses aufgeteilt ist in einen Betrag von 1.290.700,00 DM, der mit dem vereinbarten Zins von 7,5 % berücksichtigt wird, und einem weiteren Teil von 298.000,00 DM, für den eine Verzinsung von lediglich 2,5 %

angesetzt ist (7.450,– DM × 100: 298.000,00 DM). Auf Blatt 5 findet sich der Hinweis hierzu: Es wird ein Aufwendungszuschuss durch Übernahme der Verzinsung des erststelligen Darlehens in Höhe von 5 % bewilligt. Dies geschieht, um die Miete zu senken und für die Mieter auf eine tragbare Höhe zu begrenzen. Dieser Zuschuss ist eine nichtrückzahlbare Subvention. Er fällt nach 10 Jahren fort, sodass ab dann das erststellige Darlehen in voller Höhe mit dem dann aktuellen Zinssatz angesetzt werden kann.

41 Bei den öffentlichen wie nichtöffentlichen Mitteln findet zumeist zunächst keine Verzinsung statt, sondern es wird ein Verwaltungskostenbeitrag (VKB) von 0,25 bis 0,5 % verlangt. Dieser VKB ist wie Zinsen zu berücksichtigen (§ 21 Abs. 1 S. 2 II. BVO). Die Eigenmittel dürfen ebenfalls verzinst werden, und zwar 15 % der Gesamtkosten nur mit 4 %, der darüber hinausragende Teil mit 6,5 %, bei vor 1974 bewilligten Bauvorhaben mit dem damals ortsüblichen Zinssatz (§ 20 Abs. 2 II. BVO). Angesetzt werden darf auch – mit besonderer Genehmigung – Zinsersatz (§ 22 II. BV). Dieser Ansatz ist nur zulässig, wenn Darlehen mit mehr als 1 % jährlich getilgt werden.

42 Es schließen sich dann an die Grundabschreibung (nur von den Baukosten) in Höhe von 1 % und die Sonderabschreibungen gemäß § 25 II. BVO. Diese Ansätze dürfen, wenn später gesetzlich eine höhere Abschreibung erlaubt wird, jedoch nicht angepasst werden (§ 30 Abs. 2 II. BVO). Es folgen sodann die beiden Pauschalen für Verwaltungskosten und Instandhaltungskosten. Diese dürfen mit den in den §§ 26 und 28 II. BVO angegebenen Höchstbeträgen angegeben werden ohne Nachweis, dass Kosten in dieser Höhe entstehen (§ 30 Abs. 1 II. BVO).

43 Die Verwaltungskostenpauschale wird mit der Anzahl der Wohnungen multipliziert, somit gehört die Anzahl der Wohnungen zu den zwingenden Grundlagen der Kostenmietberechnung.

44 Die Instandhaltungspauschale wird mit der Gesamtwohnfläche multipliziert. Damit gehört auch die Wohnfläche zu den zwingenden Grundlagen der Kostenmietberechnung. Zur Bestimmung der Wohnfläche enthält die II. BV in den §§ 42–44 ins Einzelne gehende Vorschriften zur Berechnung. Diese Vorschriften sind nach wie vor maßgebend. Die Wohnflächen-VO greift nur ein, wenn nach dem 31.12.2003 eine Wohnflächenvergrößerung stattfindet.

45 In der vorliegenden Schlussabrechnung ist noch ein Kostenansatz für Betriebskosten enthalten. Im Jahre 1977 – und zwar bis Juli 1984 – galt das Prinzip der Bruttokostenmiete. Bis auf Wasser, Waschmaschine und Heizkosten waren alle Betriebskosten in der Kostenmiete enthalten. Das ist 1984 geändert worden, seitdem sind die Betriebskosten (früher Anlage 3 zur II. BVO, heute BK-VO) außerhalb der WB anzusetzen und abzurechnen (siehe §§ 20 ff. NMV).

46 Zum Schluss folgt die Berechnung des Mietausfallwagnisses (MAW, § 29 II. BVO). Es beträgt 2 % der Erträge iSd § 31 der II. BVO. Da die Erträge nicht höher sein dürfen als die nach der WB ermittelte Kostenmiete, heißt dies, dass in der zulässigen Kostenmiete 2 % MAW enthalten sind. Das sind dann, rechnerisch auf die Summe der Kostenansätze ohne MAW berechnet, 2,04 %.

47 Auf Blatt 5 erfolgt eine weitere Berechnung der Kostenmiete. Außer durch den Zuschuss wird die Miete noch zusätzlich durch ein bewilligtes Aufwendungsdarlehen reduziert. Dieses Darlehen wird in 10 oder 12 Jahresraten (entweder in gleich hohen Beträgen oder in degressiver Staffelung) ausgezahlt und verringert damit ebenfalls die Kostenmiete. Im Gegensatz zum Zuschuss ist dieses Darlehen aber zurückzuzahlen. Die Rückzahlungsraten sind einschließlich Tilgung ansatzfähig (§ 18 Abs. 3 II. BVO).

48 Dem ermittelten Kostenaufwand sind die Erträge gegenüberzustellen. Die Erträge dürfen den Kostenaufwand nicht überschreiten (§ 31 II. BV). Erträge sind die Mieteinnahmen, was also bedeutet: Der Vermieter darf nicht mehr als die zulässige Kostenmiete nehmen.

49 Über den Antrag des Bauherrn entscheidet die Bewilligungsstelle durch Bewilligungsbescheid und damit öffentlich-rechtlich durch Verwaltungsakt. Die Bewilligungsbehörde kann dabei Kostenansätze streichen. Will der Bauherr sich hiergegen wehren, muss er den Verwaltungsrechtsweg beschreiten.

50 Vor der Bewilligung der öffentlichen Mittel hat der Bauherr außerdem zivilrechtliche Darlehensverträge zu unterschreiben, womit er sich auch zivilrechtlich bindet. Dieser zivilrechtliche Vertrag ist die Grundlage für die Eintragung entsprechender Grundpfandrechte und vertraglich vereinbarter Besetzungsrechte im Grundbuch.

2. Besonderheiten

51 **a) Teil- und Gesamtwirtschaftlichkeitsberechnung.** Wenn das zu errichtende Haus nicht nur Sozialwohnungen haben wird, sondern außerdem freie Wohnungen, Gewerbeflächen oder Garagen, so ist eine Teilwirtschaftlichkeitsberechnung aufzustellen (§§ 32ff. II. BV). Diese folgt dem Prinzip, dass die Kosten des Bauvorhabens aufgeteilt werden auf die Sozialwohnungen, die freien Wohnungen, den Gewerbebereich und die Garagen. Die Aufteilung erfolgt, soweit eine solche nach konkretem Aufwand nicht möglich ist, entweder nach Fläche oder nach umbautem Raum. Wie der umbaute Raum zu ermitteln ist, schreibt die Anlage 2 zur II. BV vor.

52 Die Kostenmiete wird dann nur von dem auf die Sozialwohnungen entfallenden Teil der Gesamtbaukosten ermittelt. Kosten und Einnahmen der übrigen Wohn- und Gewerbeflächen haben auf die Kostenmiete damit keinen Einfluss.

53 Grundsätzlich ist die **Teilwirtschaftlichkeitsberechnung** vorgeschrieben, mit Zustimmung der Bewilligungsstelle darf aber auch eine Gesamtwirtschaftlichkeitsberechnung aufgestellt werden (§ 37 II. BV). In diesem Fall werden die gesamten Baukosten zusammengefasst. Beim Ansatz der Pauschalen für Verwaltung und Instandhaltung sind für die freien Wohnungen und den Gewerbebereich nicht die Pauschbeträge der II. BV anzusetzen, sondern Pauschalen, die nach tatsächlichem Aufwand geschätzt werden. Der Gesamtaufwand ist dann angemessen auf den geförderten Wohnraum, auf den freien Wohnraum usw zu verteilen. Schon daran erkennt man, dass die Erstellung einer Gesamtwirtschaftlichkeitsberechnung mit einigen Mühen verbunden ist. Dies gilt erst recht, wenn zu späteren Zeitpunkten die Kostenmiete angepasst werden muss, was der Bauherr dann eigenverantwortlich vornehmen soll. Erst recht unattraktiv ist diese Art der Berechnung der Kostenmiete dann, wenn die Bewilligungsstellen im Bewilligungsbescheid festsetzen, dass die Überschüsse an Mieteinnahmen im Gewerbebereich und beim freien Wohnraum zur Ermäßigung der Kostenmiete heranzuziehen sind (Quersubventionierung).

54 **Gesamtwirtschaftlichkeitsberechnungen** finden sich daher auch nur selten, absolut vorherrschend ist die Teilwirtschaftlichkeitsberechnung.

55 **b) Bauherrenwohnung.** Auch hier gibt es unterschiedliche Ansatzmöglichkeiten. Früher war üblich, dass die Bauherrenwohnung ununterscheidbar in den Baukosten enthalten war, die Kostenmiete wurde damit einheitlich für Sozialwohnungen und Bauherrenwohnung bestimmt.

56 Später, besonders bedingt durch die unterschiedlich hohen Zuschüsse, wurden die Baukosten für die Bauherrenwohnung aus den Gesamtbaukosten herausgenommen und für diese eine eigene Kostenmiete ermittelt, welche regelmäßig höher war als die für die normalen Sozialwohnungen. Die Aufteilung erfolgte in Form von Teilwirtschaftlichkeitsberechnungen, jeweils eine für die Sozialwohnungen und eine nur für die Bauherrenwohnung.

57 Teilweise wurde die Bauherrenwohnung auch gar nicht gefördert, dann handelte es sich um eine freie Wohnung. In diesem Fall wurde nur für die Sozialwohnungen eine Teilwirtschaftlichkeitsberechnung erstellt, für die Bauherrenwohnung war in diesem Fall eine Kostenmiete nicht zu ermitteln. Sie war und ist dann aber auch keine Bauherrenwohnung iSd § 6 WoBindG, auch wenn in der Regel der Bauherr diese Wohnung bezog.

58 **c) Garagen.** Früher wurden die Kosten für die Erstellung von Garagen, ob im oder am Haus, in die Kostenaufstellung mit hineingenommen. Ansatzfähig sind in diesem Fall auch die Pauschalen für Verwaltung und Instandhaltung, die eigene Beträge für Garagen haben. Als „Gegenleistung" wurden die Mieterträge der Garagen vom ermittelten

Gesamtaufwand abgezogen, nur der Restbetrag bildete die Kostenmiete für den Wohnraum.

Gerade nach dem Aufkommen von Tiefgaragen, welche nicht unerhebliche Mehrkosten verursachten, wurde die vorbeschriebene Praxis geändert. Die Kosten für die Erstellung der Garagen wurden ausgesondert und fanden daher keine Berücksichtigung mehr bei der Ermittlung der Kostenmiete für den Wohnraum (siehe die oben gezeigte WB). Dementsprechend waren die Mieterträge der Garagen auch nicht mehr bei dem Gesamtaufwand des Wohnraums abzuziehen (vollständige Trennung). Auch hier ist für den Wohnraum eine Teilwirtschaftlichkeitsberechnung aufzustellen (zu den Problemen bei der Verteilung von Betriebskosten, wenn Garagen vorhanden sind, → Rn. 116 ff.). 59

d) Wirtschaftseinheit § 2 Abs. 2 II. BV. Darunter zu verstehen ist der Bau mehrerer gleichartiger Häuser durch denselben Bauherrn auf einem oder benachbarten Grundstücken mit einer einheitlichen Finanzierung. Beispiele hierfür sind die Bebauung eines Grundstücks mit einem aus mehreren Häusern bestehenden Wohnblocks, die Bebauung eines Straßeneckgrundstückes mit zwei aneinanderstoßenden Häusern, auch die Bebauung eines oder mehrerer aneinander liegenden Grundstücke mit mehreren freistehenden Häusern, dem sogenannten Siedlungsbau. 60

In allen diesen Fällen wird auf Antrag eine Wirtschaftseinheit genehmigt, die Baukosten aller Objekte werden also zusammengefasst und eine einheitliche gleich hohe Miete für alle betroffenen Wohnungen ermittelt (zu den Problemen bei den Betriebskosten → Rn. 116 ff.). 61

e) Eigenheim, Eigentumswohnung. Im 1. Förderweg wird für selbstgenutzte Eigenheime und Eigentumswohnungen keine WB aufgestellt, es wird die Vergleichsmiete ermittelt (§ 11 NMV und §§ 46 ff. II. BV). Solange der Bauherr die Wohnung selbst nutzt, hat das keine Auswirkungen. Wird der Eigengebrauch aber aufgegeben, darf nur gegen Vereinbarung der Vergleichsmiete vermietet werden. Auch ist die Bindung dann zu beachten, die Wohnung steht also nur dem begünstigten Personenkreis zur Verfügung. Bei Einliegerwohnungen im Eigenheim ist von Anfang an die Vergleichsmiete zu nehmen (§ 15 Abs. 3 NMV). 62

Ein Übergang von der Vergleichsmiete zur Kostenmiete unter Erstellung einer WB ist nur mit Genehmigung der Bewilligungsstelle zulässig (§ 15 NMV). 63

Bei von Anfang an zur Fremdvermietung bestimmten Eigentumswohnungen ergibt sich gegenüber den Mietwohnungen kein Unterschied. Es ist eine WB aufzustellen und die Kostenmiete mit dem Mieter zu vereinbaren. 64

Beim 2. und 3. Förderweg ist maßgebend der Inhalt des geschlossenen Darlehensvertrages. Bei Wohnungsfürsorgemitteln ist ebenfalls die Vergleichsmiete maßgebend (§ 18 NMV). 65

3. Durchschnittsmiete/Einzelmiete

Die Schlussabrechnung weist die Durchschnittsmiete aus (§ 3 Abs. 2 NMV), die Kostenmiete ist also für jede Wohnung pro qm gleich hoch. 66

Ausgehend von dieser Durchschnittsmiete hat der Vermieter unter Berücksichtigung von Lage und Ausstattung der jeweiligen Wohnung einen Zu- oder Abschlag von der Durchschnittsmiete vorzunehmen, er gelangt auf diese Weise zur Einzelmiete (§ 3 Abs. 3 NMV). 67

Zu- und Abschläge dürfen in ihrer Summe nicht dazu führen, dass die Durchschnittsmiete überschritten wird. 68

Beispiel:
6 gleich große und gleich ausgestattete Wohnungen in einem dreistöckigen Wohnhaus, Durchschnittsmiete 3,40 EUR pro qm.
Der Vermieter darf wie folgt staffeln: für die beiden EG-Wohnungen ein Abschlag von 0,06 EUR/qm auf 3,34 EUR; für die beiden Wohnungen im 1. OG ein Zuschlag von 0,04 EUR/qm auf 3,44 EUR, für die beiden Wohnungen im 2. OG ein Zuschlag von 0,02 EUR/qm auf 3,42 EUR. Insgesamt erhält der

Vermieter aber nicht mehr als die Durchschnittsmiete: (2 × 3,34 EUR) + (2 × 3,44 EUR) + (2 × 3,42 EUR): 6 Wohnungen = 3,40 EUR.

4. Einfrierungsgrundsatz und spätere Veränderungen

69 Die restriktive Berücksichtigung von Kostenänderungen zwischen Vorläufiger WB und Schlussabrechnung ergibt sich aus § 4a II. BV. Dahinter verbirgt sich der tragende Grundsatz der Einfrierung der Kostenmiete. Dieser gilt auch nach Genehmigung der Schlussabrechnung. Dieser Einfrierungsgrundsatz macht die vielen besonderen Vorschriften verständlich, die sich mit späteren Veränderungen der laufenden Aufwendungen, mit Ausbau, Modernisierung, Änderung der Wirtschaftseinheit, Wohnungsvergrößerung befassen (§§ 4–11 NMV), oder mit dem Fortfall der aufgenommenen Darlehen oder Ersetzung durch andere Kapitalmittel (§§ 18–23 II. BV).

70 Der Einfrierungsgrundsatz bezieht sich nur auf den Gesamtaufwand. Ändern sich Einzelansätze, ohne dass es zu einer Veränderung des Gesamtaufwandes kommt, so ist eine Änderung der Einzelansätze zulässig.[9]

71 Hat der Bauherr es unterlassen, nach Antragstellung, aber vor Bewilligung der öffentlichen Darlehen eingetretene Erhöhungen des Gesamtaufwands mitzuteilen, so kann er die Erhöhungsbeträge nach Bewilligung nicht mehr berücksichtigt bekommen. Der Bauherr ist in diesem Fall an seine Kostenansätze gebunden.[10]

72 Erhöhungen der Kosten zwischen Vorläufiger WB und Schlussabrechnung können, wenn sie vom Bauherrn nicht zu vertreten sind, in der Schlussabrechnung berücksichtigt werden.

73 Damit die Kostenmiete einen bestimmten Betrag nicht überschreitet, verlangt die Bewilligungsstelle bei Kostenerhöhungen bisweilen, dass zunächst auf den zulässigen Kostenaufwand teilweise verzichtet wird.

Beispiel:
Durch Erhöhung der Baukosten überschreitet die Durchschnittsmiete die mit 4,60 EUR bestimmte vorläufige Kostenmiete erheblich. Der Bauherr verzichtet auf alle Kostensteigerungen, damit die Durchschnittsmiete bei 4,60 EUR bleibt.

74 Der Bauherr ist allerdings nur 6 Jahre lang an diesen Kostenverzicht gebunden, danach kann er die Kosten voll in die WB einsetzen und die Kostenmiete erhöhen (§ 8b Abs. 1 WoBindG). Im Folgenden werden einzelne Fälle für eine Veränderung der Kostenmiete erläutert:

75 a) **Ausbau § 7 NMV.** Hier sind zwei Fallgruppen zu unterscheiden. Wird **neuer Wohnraum geschaffen,** ohne dass Zubehörräume in Anspruch genommen werden, die bisher Wohnraum dienten, so wird der so geschaffene neue Wohnraum freier Wohnraum. Nur wenn hierfür öffentliche Mittel zur Verfügung gestellt werden, unterfällt der Ausbau ebenfalls der Bindung.

76 Wird neuer Wohnraum unter Inanspruchnahme von Zubehörräumen **ausgebaut** (typischer Fall: Ausbau des Dachbodens, der bisher als Trockenspeicher diente), so wird der ausgebaute Wohnraum gebundener Wohnraum. Holt der Eigentümer neben der baurechtlichen Genehmigung auch die Genehmigung der Bewilligungsstelle ein, so wird freier Wohnraum geschaffen (Abs. 4).

77 Wird freier Wohnraum geschaffen, so ändert sich die Kostenmiete für den bisherigen geförderten Wohnraum nicht, sie ist allerdings in Form einer Teil-WB fortzuführen. Fallen Zubehörräume endgültig fort, weil der Vermieter keinen Ersatz schafft, so ist die Kostenmiete um einen angemessenen Betrag zu senken (wie im freien Wohnungsbau!). Für die Kündigung von Zubehörräumen gelten die Vorschriften des BGB.

78 Die vorbeschriebene Regelung gilt seit 1990. Die alte Fassung des § 7 NMV bestimmte, dass die ursprünglichen Erstellungskosten des Hauses nach Ausbau aufzuteilen waren auf die bisher vorhandenen Wohnungen und auf den neugeschaffenen Wohn-

[9] OVG Münster WM 1983, 163.
[10] BVerwG ZMR 1975, 124; KG NJW 1983, 2453.

raum. Die Kosten für den neugeschaffenen Wohnraum wären nur bei diesem zu berücksichtigen. Das führte dazu, dass sich der Kostenaufwand für die bisher vorhandenen Sozialwohnungen ermäßigte und damit auch die Kostenmiete zu senken war. Dies wiederum veranlasste viele Vermieter, von einem Ausbau abzusehen, obgleich dieser von Seiten des Staates erwünscht war.

b) Vereinigung und Trennung § 5a NMV. Wirtschaftseinheiten können jederzeit nach Erstellung der Schlussabrechnung getrennt oder gebildet werden. In diesem Fall müssen die Kosten auf die neu geschaffenen Einheiten verteilt oder zusammengefasst werden, für die entstandene neue Einheit ist also eine neue WB aufzustellen. Teilung und Vereinigung bedürfen der Zustimmung der Bewilligungsstelle. 79

c) Aufteilung in Wohnungseigentum § 5a Abs. 1 NMV. Die Vorschrift behandelt die Umwandlung in Eigentumswohnungen als Unterfall der Trennung einer Wirtschaftseinheit, es gelten also die Ausführungen unter b). Die Entscheidung des BVerwG,[11] welches die Genehmigungspflicht für verfassungswidrig hält, weil das WoBindG insoweit keine Ermächtigung geschaffen habe, ist inzwischen überholt, weil eine solche gesetzliche Regelung in § 8b Abs. 3 WoBindG geschaffen wurde. 80

d) Wohnungsvergrößerung § 8 NMV. Der Bauherr hat die Kostenmiete neu zu berechnen, die Bewilligungsstelle hat zuzustimmen. Sind alle Wohnungen vergrößert worden, so werden die Kosten der Vergrößerung in die WB aufgenommen. Sind nur einzelne Wohnungen vergrößert worden, so ist für diese Wohnungen ein Zuschlag im Wege einer Zusatzberechnung zu ermitteln. 81

e) Bauliche Änderungen § 11 Abs. 1–6 II. BV. Hier ist eine Abgrenzung erforderlich zwischen baulichen Änderungen und Instandsetzungen. Nur bei baulichen Änderungen, die keine Instandsetzungen sind, dürfen deren Kosten in die WB aufgenommen werden. Bauliche Änderungen sind **zB** die Einrichtung einer Nasszelle in einer Wohnung, die vorher eine solche nicht hatte; der erstmalige Einbau eines Aufzuges. Keine bauliche Änderung ist **zB** die „Modernisierung" des Bades, indem alle Sanitärartikel durch zeitgemäße ersetzt werden und die Verfliesung ebenfalls erneuert und erweitert wird. Die Abgrenzung ist oftmals schwierig, es sind die von den Ländern erlassenen Verwaltungsvorschriften (VV) zur II. BV heranzuziehen. 82

f) Modernisierung § 11 Abs. 6 und 7 II. BV. Der Begriff der Modernisierung ist derselbe wie im freien Wohnungsbau, umfasst ausdrücklich auch Maßnahmen zur Einsparung von Heizenergie. Kosten einer Modernisierung dürfen in die WB nur aufgenommen werden, wenn die Bewilligungsstelle der Modernisierungsmaßnahme zugestimmt hat. Keine Zustimmung ist erforderlich, wenn der Vermieter gesetzlich verpflichtet ist, Modernisierungsmaßnahmen durchzuführen. Das war der Fall bei Thermostatventilen. Die Genehmigung kann auch nachträglich und rückwirkend erteilt werden.[12] 83

Dabei ist zugunsten der betroffenen Mieter zu überprüfen, ob die Kostenmiete nach der Modernisierung noch tragbar ist. Die Länder haben hier Obergrenzen bestimmt, in NRW beträgt diese Grenze (Stand 2008 für Köln) 4,90 EUR mit zusätzlicher Beschränkung auf den doppelten Betrag der Energieeinsparung bei energieeinsparenden Modernisierungen (zB Iso-Fenster, neue Heizung, Wärmedämmung Fassade oder Dach) (zu den Rechten des Mieters → Rn. 129 ff.). 84

g) Ablösung von Finanzierungsmitteln § 21 II. BV. Werden öffentliche Mittel vorzeitig zurückgezahlt, so gilt seit 1990, dass sie mit dem Nominalbetrag und dem letzten gültigen Zinssatz in der WB verbleiben. Die Zinsen der Umfinanzierungsmittel dürfen also nicht angesetzt werden. Vor 1990 galt, dass der planmäßig getilgte Anteil mit dem letzten gültigen Zinssatz in der WB verblieb, der vorzeitig getilgte Anteil durfte aber mit 85

[11] BVerwG WM 1998, 671.
[12] BVerwG BBB 1980, 42.

5 % angesetzt werden. Hatte das öffentliche Darlehen zu diesem Zeitpunkt bereits einen höheren Zinssatz, so durfte dieser angesetzt werden.

86 Bei der planmäßigen Tilgung von privaten Darlehen bleibt der Kostenansatz in der WB mit dem letzten vereinbarten Zinssatz bestehen.

87 Wird ein privates Darlehen vorzeitig abgelöst, so bleibt der planmäßig getilgte Anteil mit dem letzten vereinbarten Zinssatz in der WB bestehen, der vorzeitig getilgte Anteil darf mit dem Zinssatz des Umfinanzierungsdarlehens angesetzt werden, allerdings darf dieser den marktüblichen Zinssatz für erststellige Hypotheken nicht überschreiten (§ 23 Abs. 4 II. BV). Werden Eigenmittel eingesetzt, so gilt § 20 II. BV.

88 Bei einem Kauf werden meistens alle Mittel vorzeitig abgelöst, es wird eine Umfinanzierung vorgenommen. Gerade auch für diesen Fall gelten die obigen Ausführungen. In der WB bleiben die Kostenansätze der Ursprungsfinanzierung. Der gegenüber den Baukosten in der Regel weitaus höhere Kaufpreis darf also der Kostenmiete nicht zugrunde gelegt werden.

Beispiel anhand der unter → Rn. 36 wiedergegebenen Schlussabrechnung:
Rückzahlung der öffentlichen Mittel in 2017 = 40 Jahre nach Bezugsfertigkeit (die folgenden Zahlen sind zur Vergleichbarkeit weiterhin in DM angegeben).
Das öffentliche Darlehen über 1.103.200,00 DM ist über 40 Jahre mit jährlich 1 % getilgt worden und ist damit um 40 % geringer, also sind noch 661.920,00 DM offen.
Bisher zu zahlen waren 1 % Tilgung und 0,5 % Verwaltungskostenbeitrag auf die ursprüngliche Darlehenssumme, also aus 1.103.200,00 DM. Das waren 16.548,00 DM im Jahr. Das Ersetzungsdarlehen beträgt 661.920,00 DM und ist mit 2 % Zinsen und (derzeit üblich) mit 2 % Tilgung zu bedienen, das sind 26.476,80 DM im Jahr. Die Differenz beträgt 9.928,80 DM im Jahr = 827,40 DM im Monat. Dieser Mehraufwand kann sowohl aus der Abschreibung wie auch aus den Pauschalen für Verwaltung und Instandhaltung ohne Schwierigkeiten bedient werden.

h) Wegfall der Abschreibungsbeträge des § 25 II. BV

Beispiel:
Die Kosten der Dachantenne sind mit 1 % in der Grundabschreibung enthalten und mit 9 % als Sonderabschreibung. Rein rechnerisch sind die Kosten der Antenne damit nach 10 Jahren abgeschrieben.

89 Der Kostenansatz verbleibt dennoch in der WB, denn es gilt der Einfrierungsgrundsatz des § 4a II. BVO. Die dort in Abs. 1 unter den Ziffern 1–4 genannten Ausnahmen greifen bei dieser Fallgestaltung nicht ein.

5. Rechte des Mieters bei der Festsetzung der Kostenmiete

90 Die mit der Bewilligung der öffentlichen Mittel genehmigte vorläufige Kostenmiete ist der Überprüfung durch die Zivilgerichte entzogen.[13]

91 Anders ist dies aber schon bei der Genehmigung der Schlussabrechnung. Hier kann das Zivilgericht von einer Erhöhungsgenehmigung nach § 8a Abs. 4 WoBindG zugunsten des Mieters abweichen.[14]

92 Der Mieter kann aber nicht im Verwaltungsrechtsweg gegen den Bescheid vorgehen.[15] Er ist auch nicht notwendig beizuladen, wenn der Vermieter gegen den Bescheid vorgeht.[16]

93 Nachprüfbar von den Zivilgerichten ist eine WB, die aus Anlass der Umwandlung in Wohnungseigentum aufgestellt wird.[17]

94 Bei einer Modernisierungsmieterhöhung kann das Zivilgericht die Modernisierung insgesamt nach Grund und Höhe überprüfen. Das Zivilgericht ist dabei an die Modernisierungsgenehmigung nicht gebunden. Verständlich ist dies, weil die Bewilligungsstelle zwar überprüft, ob es sich um eine Modernisierung handelt, jedoch dabei die

---

[13] OLG Hamm WM 1984, 321.
[14] OLG Hamm NJW-RR 1993, 1424.
[15] BVerwG ZMR 1986, 136.
[16] BVerwG ZMR 1972, 160.
[17] OLG Hamburg WM 1991, 151.

Angaben des Vermieters grundsätzlich ohne eigene Überprüfung vor Ort als wahr zu unterstellen hat.

IV. Die Mieterhöhung

1. Vorbemerkung

Im Gegensatz zum freien Wohnungsbau kann sich die Kostenmiete sowohl erhöhen als auch ermäßigen. Eine Senkung der Kostenmiete ist dem Mieter unverzüglich mitzuteilen, eine besondere Form ist dabei nicht einzuhalten. Es empfiehlt sich allerdings, die WB anzupassen. 95

Für eine Mieterhöhung sind dagegen Formvorschriften zu beachten. Festgelegt sind sie in § 10 WoBindG. Es handelt sich dabei, soweit nicht die §§ 557 ff. BGB anzuwenden sind, um die einzige Mieterhöhungsvorschrift für den gesamten Bereich des öffentlich geförderten Wohnungsbaus alter Prägung. 96

2. Die einzuhaltenden Formalien

a) **Entwicklung der Rechtsprechung.** Das Wohnungsbindungsgesetz trat 1965 in Kraft. Sein Vorgänger war das 1. Bundesmietengesetz, dessen § 18 die Voraussetzungen für eine Erhöhung der Kostenmiete regelte. 97

Zu dieser Vorschrift hatte der BGH mit Urteil vom 21.12.1960[18] ausgeführt, dass die Anforderungen an eine Mieterhöhung nicht überspannt werden dürfen. Der BGH bestätigte dies in einem weiteren Urteil vom 12.1.1966.[19] 98

Erst mit der Einführung des Rechtsentscheid-Verfahrens konnte sich der BGH erneut mit den formellen Anforderungen, jetzt des § 10 WoBindG, befassen. Vorher hatte allerdings das KG in seinem Rechtsentscheid vom 3.3.1982[20] die formellen Anforderungen an eine Mieterhöhungserklärung drastisch verschärft, soweit es um den Umfang der beizufügenden Unterlagen ging. Nach Vorlagebeschluss des OLG Hamm vom 28.7.1983[21] konnte der BGH dann durch Rechtsentscheid vom 11.1.1984[22] Folgendes ausführen: 99

„Es geht nicht an, die durch die komplizierten gesetzlichen Regelungen geschaffenen tatsächlichen und rechtlichen Schwierigkeiten des Vermieters aus Anlass einer Mieterhöhung durch überhöhte Anforderungen an formale Erfordernisse noch zu verstärken". 100

Der BGH bezog sich dabei auch ausdrücklich auf seine älteren Entscheidungen zu § 18 1. Bundesmietengesetz (siehe oben) und sorgte damit nicht nur für eine Kontinuität seiner Rechtsprechung, sondern berücksichtigte nun auch Entscheidungen des BVerfG zur Verfassungswidrigkeit einer Überdehnung formaler Anforderungen an mietrechtlichen Erklärungen. 101

Außer dieser grundsätzlichen Äußerung hatte der BGH während der Geltung des RE-Verfahrens nicht die Gelegenheit, zu weiteren Fragen der Mieterhöhung Stellung zu beziehen. Daran änderte sich ab 2002 zunächst nur wenig. Einzig in dem Urteil vom 6.4.2011[23] hat der BGH, wenn auch nur für einen Sonderfall (Abgrenzung zwischen gefördertem Wohnungsbau und Gewerbe), Ausführungen zu den formellen Anforderungen gemacht. Und auch die Entscheidung vom 4.12.2013[24] betrifft nur einen Teilaspekt (nicht notwendige Erläuterung der Einzelmiete, zu § 3 Abs. 3 NMV). Nur die Mieterhöhung ist zu berechnen und zu erläutern. Es fehlten aber klare Aussagen des 102

[18] BGH WPM 1961, 355.
[19] BGH WPM 1966, 225.
[20] KG NJW-RR 1982, 1468.
[21] OLG Hamm NJW 1983, 2352.
[22] BGH NJW 1984, 1034.
[23] NZM 2011, 545.
[24] NZM 2014, 71.

BGH zur Abgrenzung zwischen formeller Unwirksamkeit und materieller Unbegründetheit einer Mieterhöhung nach § 10 WoBindG.[25]

103 Verwirrend dazu die Urteile des BGH: So hat er bei der Einberechnung des Renovierungszuschlages (Bestandteil der Instandhaltungspauschale) nicht als notwendig befunden, eine WB beifügen zu müssen,[26] ein eklatanter Verstoß gegen § 10 WohnBindG. Auch bei dem Urteil des BGH vom 20.9.2017[27] (Mieterhöhung um den Renovierungszuschlag, weil die Renovierungsklausel im Mietvertrag unwirksam ist) fehlen Ausführungen zur formellen und materiellen Seite einer Mieterhöhung nach § 10 WohnBindG.[28]

104 Das hat sich aber nun grundlegend beim jetzigen VIII. ZS des BGH geändert. In seiner Entscheidung vom 6.4.2022 hat es sich ausdrücklich auf seinen RE von 1984 bezogen und Vorgaben gemacht, was bei einem Streit der Parteien um einzelne Positionen der Berechnung der Mieterhöhung zu tun ist. Zunächst ist zu überprüfen, ob die Mieterhöhung den formellen Anforderungen (die nicht hoch sein müssen) entspricht, wobei auch das Fragerecht des Mieters jederzeit in die Abwägung zu fließen hat. Dann hat das erkennende Gericht zu einem streitigen Kostenansatz materiell aufzuklären (!). Somit ist es nicht mehr zulässig, dass Untergerichte bei Streit um einzelne Kostenansätze die Mieterhöhung einfach zurückweisen (das ist in der Vergangenheit oft genug geschehen).

105 **b) Berechnen und Erläutern.** § 10 WoBindG verlangt 3 Dinge, die eine Mieterhöhungserklärung aufweisen muss: das Berechnen der Mieterhöhung, die Erläuterung der Mieterhöhung, das Beifügen einer bestimmten Urkunde (WB, Auszug WB, Zusatzberechnung oder Genehmigungsbescheid). Fehlt nur eine hiervon, ist die Mieterhöhungserklärung unwirksam. Ausgehend von Beispielen soll eine Verdeutlichung erfolgen.

Beispiel 1:
„Auf Grund Änderungen wohnungsrechtlicher Vorschriften erhöht sich Ihre Kostenmiete ab dem 1.8.1992 um 0,21 DM/qm, sodass die Kostenmiete ab dann 343,21 DM beträgt."

106 Hier fehlen alle drei Anforderungen, es wird weder berechnet noch erläutert noch eine Urkunde beigefügt. Nur einem Eingeweihten erschließt sich bei dieser Erklärung der Grund der Erhöhung, denn zum 1.8.1992 wurden die Pauschalen für Verwaltung und Instandhaltung erhöht. Diese Mieterhöhung ist damit schon aus formellen Gründen unwirksam.

Beispiel 2:
(Eine formell wirksame Mieterhöhung könnte so aussehen:)
„Der Bundesgesetzgeber hat mit Wirkung zum 1.8.1992 die Pauschalen für Verwaltung und Instandhaltung erhöht, und zwar die Verwaltungskostenpauschale von bisher 320,00 DM pro Wohnung auf jetzt 420,00 DM pro Wohnung, die Instandhaltungspauschale von bisher 15,60 DM pro qm Wohnfläche auf jetzt 19,30 DM pro qm Wohnfläche (bezogen auf Baujahr 1965 mit Zentralheizung)."
Das führt nun zu folgender Mieterhöhung:

Bisher	6 Wohnungen	× 320,00 DM		=	1.920,00 DM
Jetzt	6 Wohnungen	× 420,00 DM		=	2.520,00 DM,
Bisher	15,60 DM	× 360 qm		=	5.616,00 DM
Jetzt	19,30 DM	× 360 qm		=	6.948,00 DM
Mehraufwand damit			1.932,00 DM		
2,04 % Mietausfallwagnis			39,41 DM		
Mieterhöhung im Jahr			1.971,41 DM		

[25] BGH NZM 2006, 340 (Fotokopien); NJW 2006, 96 (vorheriger Abzug der auf Gewerbe entfallenden Betriebskosten).
[26] BGH NZM 2013, 312.
[27] NZM 2017, 759.
[28] Rspr.-Übersicht bei Börstinghaus NZM 2018, 536.

Mieterhöhung pro qm und Monat
(: 360 qm: 12 Monate) 0,4563 DM
Für Ihre 60 qm große Wohnung ergibt sich damit eine monatliche Mieterhöhung von 27,38 DM.
Ab dem 1.8.1992 zahlen Sie bitte:

Bisherige Kostenkaltmiete	252,60 DM
Mieterhöhung	27,38 DM
Vorauszahlung auf Betriebskosten	110,00 DM
Neue Miete ab 1.8.1992	389,98 DM

Als Anlage füge ich die neue Wirtschaftlichkeitsberechnung bei.

Das Beispiel zeigt, dass zunächst der Grund der Mieterhöhung genannt wird und erst danach die Berechnung erfolgt. Für die Erfüllung der formellen Anforderungen ist die Reihenfolge jedoch unbeachtlich, entscheidend ist immer, dass sowohl berechnet wie erläutert wird. Die beigefügte WB wird wirklich nur beigefügt, sie ersetzt also weder die Berechnung noch die Erläuterung (siehe auch die Beispiele in BeckFormB MietR). Zu einer solchen und auch anderen Mieterhöhungen Goch: Häufige Fehler bei der Berechnung der Kostenmiete in WuM 2016/11. 107

Die nicht ausreichende Berechnung oder Erläuterung:

Beispiel 3:
Ab dem 1.1.2008 haben sich die Pauschalen für Verwaltung und Instandhaltung um jeweils 6 % erhöht, und zwar die Verwaltungskostenpauschale von bisher 240,37 EUR auf jetzt 254,79 EUR, die Instandhaltungspauschale von bisher 12,02 EUR auf jetzt 12,74 EUR. Daraus ergibt sich folgende Mieterhöhung (es folgt die genaue Berechnung des Differenzbetrages, ein Auszug der WB ist beigefügt).

Berechnen heißt, der Mieter muss in der Lage sein, jeden Schritt der Mieterhöhung nachvollziehen zu können, er soll also selber nachrechnen können. Daran mangelt es in diesem Fall aber, denn der Vermieter hat nicht angegeben, wie er zu einer Veränderung der Pauschalen um 6 % gekommen ist. 108

Dazu hätte es der Gegenüberstellung der Indexzahlen von 10/04 zu 10/07 und der Berechnung des prozentualen Unterschiedes bedurft (siehe auch Beispiel in BeckFormB MietR/Bister Form. C. VIII. 1). Es fehlt damit folgende Berechnung: 109
Index 10/04 war 106,3.
Index 10/07 war 113.
Veränderung damit 113: 106,3 = x: 100; x = 113 × 100: 106,3; x = 106 = 6 %.

Da die Pauschalen seit 2002 sich nur noch aus der Steigerung des Verbraucherpreisindex erhöhen und im Gesetzestext nicht mehr angegeben werden, werden die neuen Werte von den Landesbauministerien offiziell festgesetzt und können per Internet abgefragt werden. Es ist deshalb auch ausreichend, bei dieser Mieterhöhung nicht auf die prozentuale Erhöhung hinzuweisen, sondern nur die neuen und alten Werte unmittelbar gegenüberzustellen (also den Satzteil „haben sich um 6 % erhöht" weglassen). Die Pauschalen können per Internet (Google oder DuckDuckGo) ermittelt werden, also von beiden Mietvertragsparteien. Parallele dazu: Indexmieterhöhung BGH NJW 2018, 700. 110

Beispiel 4:
Die Zinsen des erststelligen Darlehens haben sich ab dem 1.8.2007 von bisher 4,5 % auf dann 5,5 % erhöht. Daraus ergibt sich folgende Mieterhöhung (es folgt eine genaue Berechnung, ein Auszug aus der WB ist beigefügt).

Erläutern heißt, dem Mieter sind alle **notwendigen** Umstände mitzuteilen, damit er überprüfen kann, ob die Mieterhöhung berechtigt ist. Im vorliegenden Fall ist die Erläuterung unvollständig. Gemäß §§ 21 Abs. 3, 23 Abs. 1 II. BVO dürfen Zinserhöhungen nur umgelegt werden, wenn der Vermieter sie nicht zu vertreten hat. Folglich 111 hätte der Vermieter hier also auch den Grund der Zinserhöhung angeben müssen (zB Auslaufen der 10-jährigen Zinsfestschreibung).

112 In welchem Umfang zu berechnen und zu erläutern ist, hängt also entscheidend von den Gründen der Kostenveränderung ab. Berechnen und Erläutern sollen es dem Mieter ermöglichen, sich aus der Erklärung ein „einigermaßen deutliches Bild" darüber zu machen, woher der Vermieter die Berechtigung zur Anhebung der Miete um einen bestimmten Betrag herleitet.[29]

113 Wagen wir eine Betrachtung der BGH-Rspr. zu § 559b BGB (Modernisierungsmieterhöhung). Die Vorschrift hat viele Ähnlichkeiten mit § 10 WoBindG, auch hier ist die Mieterhöhung zu berechnen und zu erläutern. Dazu der BGH:[30]

114 Der Vermieter muss in der Mieterhöhungserklärung darlegen, inwiefern die von ihm durchgeführten Maßnahmen solche sind, die eine Modernisierung bewirken. Dabei genügt es, wenn der Mieter den Grund der Mieterhöhung anhand der Erläuterung als plausibel nachvollziehen kann.

115 Berechnen und Erläutern haben damit für beide Vorschriften denselben Inhalt. Der Mieter muss in die Lage versetzt werden, die Mieterhöhung plausibel nachvollziehen zu können. Die Rspr. des BGH zu § 559a BGB kann deshalb ohne Abstriche auf § 10 WoBindG übertragen werden. Augenfällig wird das vor allem dann, wenn über § 10 WoBindG eine Modernisierungsmieterhöhung durchgeführt wird.

116 **Fehler bei der Berechnung und Erläuterung:**
Es kommt oft genug vor, dass sich bei der Berechnung der Mieterhöhung Rechenfehler oder Fehler im Kostenansatz ergeben. Solange die dann fehlerhafte Berechnung für den Mieter gedanklich nachvollziehbar ist (und das ist sie zB, wenn der Mieter beim Nachrechnen den Fehler entdeckt), ist die formelle Seite eingehalten, die Mieterhöhung ist lediglich materiell – ganz oder teilweise – unberechtigt. Entsprechendes gilt für das Erläutern (siehe Urteil des BGH NZM 2022, 800).

117 c) **Beifügen eines WB, eines Auszuges daraus oder einer ZB.** Einer Mieterhöhung ist eine **WB**, ein **Auszug daraus**, eine **Zusatzberechnung** oder ein Genehmigungsbescheid der Bewilligungsstelle beizufügen.

118 Vollständige WB werden in der Regel nicht überreicht. Üblich ist die Beifügung eines Auszuges aus der WB gem. § 39 II. BV. Der Vermieter, der dem Mieter bereits eine WB oder einen Auszug daraus übergeben hatte (zweckmäßig bei Abschluss des Mietvertrages), kann auch eine Zusatzberechnung übergeben. Schließlich reicht es auch, wenn ein Genehmigungsbescheid der Bewilligungsstelle für diese konkrete Mieterhöhung beigefügt wird.

119 Zwar sagt das Gesetz, dass eine der vorgenannten Berechnungen beizufügen ist, die Rechtsprechung lässt es aber ebenso zu, dass eine Zusatzberechnung oder ein Auszug aus der WB in das Mieterhöhungsschreiben miteingearbeitet wird.[31]

120 Wenn der BGH in NZM 2013, 312 allerdings die Auffassung äußert, bei Verlangen nur des Renovierungszuschlages zur Instandhaltungsrücklage sei die Beifügung einer WB nicht erforderlich, so verstößt diese Auffassung gegen § 10 WohnBindG und sollte vorsichtshalber nicht angewendet werden.

121 Werden Zinsen öffentlicher Darlehen im Sinne der §§ 18a ff. WohnBindG erhöht, muss der Vermieter keine Anlagen beifügen. Zu beachten ist, dass die §§ 18a ff. nur für öffentliche Darlehen gelten, die vor 1970 bewilligt worden sind. Für Darlehen nach diesem Stichtag ist also eine Anlage zur Mieterhöhung erforderlich.

122 d) **Fehler in der WB.** Es stellt sich zunächst die Frage, ob für die WB irgendwelche Formalien einzuhalten sind. Der Gesetzestext schweigt zwar dazu, dürfte aber – das ergibt sich letztlich aus den §§ 4 und 5 II. BVO iVm der Anlage 1 zur BVO – davon ausgehen, dass als WB nur anzusehen ist, was eben vorgenannte Vorschriften berück-

[29] BGH LM I. BMG § 18 Nr. 8; WuM 1961, 355.
[30] BGH NZM 2004, 252; WuM 2005, 157.
[31] OLG Hamm ZMR 1983, 335.

sichtigt und entsprechend aufgebaut ist. Wird also eine WB beigefügt, welche überhaupt nicht nach §§ 4 ff. II. BVO aufgebaut ist, kann von einer WB nicht gesprochen werden, die Mieterhöhungserklärung leidet damit an einem formellen Mangel. Die Vereinfachte WB gemäß § 39 Abs. 1 II. BVO ist zwar wie eine WB aufgebaut, wird aber in § 10 WoBindG nicht genannt, sodass bei deren Beifügen ein formeller Mangel vorliegt.

Schwieriger zu beantworten ist jedoch, ob ein formeller Mangel vorliegt, wenn die WB zwar korrekt aufgebaut ist, aber falsche Zahlen enthält. Die Bandbreite reicht dabei von einer falschen Zahl bis zu vollkommen falschen Zahlen. Hier hat der BGH noch zur Vorgängervorschrift des § 18 1. Bundesmietengesetz wie folgt judiziert: 123

1. Die der Mieterhöhung beigefügte WB ist zwar nicht frei von Mängeln. Diese können jedoch auch insgesamt betrachtet nicht als so schwerwiegend angesehen werden, dass der Erklärung die Rechtswirksamkeit abzusprechen wäre.[32]
2. Eine Erklärung zur Erhöhung der Kostenmiete ist unwirksam, wenn die Berechnung der erhöhten Miete nicht auf den Herstellungskosten des Hausgrundstücks, sondern auf den Erwerbskosten aufbaut.[33]

Die Instanzgerichte haben diese Entscheidungen dahin interpretiert, dass „schwerwiegende Mängel" der WB die Mieterhöhungserklärung unwirksam (also in formeller Hinsicht) machen:

AG München WuM 1982, 159: wie BGH 1970.

LG Bremen WuM 1981, 135: wesentlicher Mangel der WB.

AG Rheine WuM 1981, 275: Dachwohnungsfläche nicht berücksichtigt.

AG Köln WuM 1981, 279: pauschale Betriebskostenangabe.

AG Lüdenscheid BBB 1970, 25: Berechnung der laufenden Aufwendungen und Erträge fehlt völlig.

AG Wuppertal WuM 1983, 197: Fehler in der WB haben die Unwirksamkeit der Mieterhöhungserklärung zur Folge.

LG Bonn WuM 1979, 172: Eine falsche WB ist als Grundlage einer Mieterhöhung ungeeignet.

Diese Instanzrechtsprechung übersieht, dass der BGH nicht auf schwere Mängel an sich abgestellt hatte. In seiner Entscheidung von 1970 heißt es, dass dem Mieter von vorneherein die Möglichkeit genommen worden sei, sich ein Bild darüber zu machen, ob das Mieterhöhungsverlangen berechtigt ist. Hinzu kommt, dass der Begriff „schwere Mängel" zu unbestimmt ist. Eine Abgrenzung zu einem „leichten Mangel" ist kaum vorstellbar und nicht scharf vollziehbar. Die Gefahr der Willkür besteht augenscheinlich. Und dazu ergibt sich aus dem Gesetzestext des § 10 WoBindG überhaupt kein Anhaltspunkt, dass Mängel der beigefügten WB überhaupt zur formellen Unwirksamkeit führen sollen. 124

Aber auch die Argumentation des BGH erscheint als Abgrenzungskriterium zu unscharf und unbestimmt. Wenn bei Berechnen und Erläutern keine allzu hohen Anforderungen zu stellen sind, so muss das erst recht für die WB gelten. 125

Dabei ist allerdings noch auf die Frage einzugehen, welche Funktion das Beifügen einer WB denn überhaupt haben soll. Diese ist die in Form gebrachte Berechnung der zulässigen Kostenkaltmiete. Die beigefügte WB gibt aber nicht irgendeine Kostenmiete an, sondern soll die aktuelle Kostenmiete angeben, also mit der Mieterhöhungserklärung korrespondieren. Wie der Vermieter zu dieser Kostenmiete gelangt ist, ist aus der WB nicht ersichtlich, es gibt in der WB keine Gegenüberstellung von alten und neuen Kostenansätzen. Die Veränderung darzulegen ist vielmehr Aufgabe der Erhöhungserklärung. Die WB ist daher für sich keine Willenserklärung, vielleicht noch eine Wissenserklärung. Ihre Funktion erschließt sich letztlich aus § 29 NMV. Der Mieter hat das Recht, die Mieterhöhungserklärung darauf zu überprüfen, ob die Kostenansätze zutreffend sind. Dazu kann er in die vollständige WB und auch in die Schlussabrechnung 126

[32] BGH DWW 1966, 63.
[33] BGH MDR 1970, 672.

einsehen. Über diese Kontrolle kann der Mieter feststellen, ob die vorgelegte WB die alte WB mit den dort vorhandenen Kostenansätzen fortschreibt. Und hierüber kann der Mieter dann auch den materiellen Gehalt der Mieterhöhungserklärung überprüfen. Daraus ergeben sich folgende Thesen:

127 Die WB dient grundsätzlich nur als rechnerischer Nachweis der aktuell verlangten Kostenmiete, darüber hinaus hat sie keinen Erklärungsinhalt. Wohl kann es sein, dass die WB Kostenansätze hat, die falsch sind und zu einem Zeitpunkt eingefügt wurden, der vor Mietbeginn liegt. Hier kann nur durch Einsicht in die Schlussabrechnung und durch Fragen an den Vermieter der Fehler aufgedeckt werden. Nur wenn dies festgestellt wird, kann von einer materiell unbegründeten Mieterhöhungserklärung ausgegangen werden (wenn der tatsächlich zutreffende niedrigere Kostenansatz die jetzige Mieterhöhung vernichtet).

128 Es kommt damit nicht darauf an, ob die beigefügte WB Fehler aufweist. Fehler in der WB sind dieselben wie in der Mieterhöhungserklärung. Wenn sie dort nicht die formelle Seite beeinflussen, können sie bei der WB nicht durchschlagen.

129 e) **Zeitpunkt der Wirksamkeit.** Bei der Mieterhöhung nach § 10 WohnBindG handelt es sich um eine einseitige empfangsbedürftige Willenserklärung, anders als bei § 558 BGB ist also die Zustimmung des Mieters nicht erforderlich. Eine entsprechende Klage ist also auch nicht auf Zustimmung gerichtet, sondern es sind die durch die Erklärung rückständig gewordenen Mieterhöhungsbeträge durch Zahlungsklage geltend zu machen. Die Mieterhöhungserklärung ist von allen Vermietern abzugeben und zu unterschreiben und muss an alle Mieter des bestehenden Mietverhältnisses gerichtet sein. Es gilt, anders als bei § 558 BGB, hier nach wie vor Schriftform, eine Erklärung in Textform ist also nicht zulässig. Der Vermieter kann die Mieterhöhung auch mit Hilfe automatischer Einrichtungen abgeben, dann ist eine Unterschrift nicht erforderlich (→ § 23 Rn. 273).

130 Die Mieterhöhung wird, wenn sie dem Mieter bis zum 15. des Monats zugeht, zum nächsten 1. wirksam; geht sie dem Mieter erst nach dem 15. zu, so wird sie zum 1. des übernächsten Monates wirksam.

Beispiel:
Die Mieterhöhungserklärung vom 8.2.2024 geht dem Mieter am 15.2.20 24 zu, sie wird damit wirksam zum 1.3.2024. Geht diese Erklärung dem Mieter erst am 16.2.2024 zu, wird sie zum 1.4.2024 wirksam.

131 Maßgebend für die Berechnung der Frist ist immer der Zugang beim Mieter. Der Vermieter sollte also dafür sorgen, dass er den Zugang beim Mieter sicherstellt und nachweisen kann. Es empfiehlt sich mindestens die Verwendung eines Einschreibens mit Rückschein, bei belasteten Mietverhältnissen sollte die Zustellung über den Gerichtsvollzieher erfolgen, nur dieser kann mit Postzustellungsurkunde zustellen. In diesem Fall ist auch eine Ersatzzustellung durch Niederlegung möglich, dh der Gerichtsvollzieher wirft den Brief in den Briefkasten des Mieters und schickt die von ihm ausgefüllte Zustellungsurkunde an den Vermieter zurück. Bei einem Brief, gleich in welcher Art der Versendung, kann dagegen die Zustellung durch Niederlegung nicht erreicht werden, der Zugang ist erst erfolgt, wenn der Mieter den Brief beim Postamt abholt. Nach der Regelung des § 10 WoBindG wirkt die Mieterhöhung in die Zukunft. Davon gibt es aber Ausnahmen.

132 Gemäß § 4 Abs. 8 NMV darf eine Mieterhöhung auch rückwirkend erfolgen. Das ist aber nur unter folgenden Voraussetzungen möglich: Die Mietvertragsparteien müssen im Mietvertrag die Geltung der jeweils zulässigen Kostenmiete vereinbart haben. Die Vereinbarung einer solchen Klausel ist wirksam und verstößt nicht gegen das Transparenzgebot.[34] Nach dem Grundsatz der Vertragsfreiheit ist es auch zulässig, nicht sämtliche Erhöhungen der laufenden Aufwendungen, sondern lediglich bestimmte Fälle

[34] BGH NJW 2004, 1598; WuM 2004, 25; NZM 2004, 93; NJW 2004, 1738; NZM 2004, 336; WuM 2004, 288.

der Kostenmieterhöhung einer Gleitklausel zu unterstellen.[35] Die Rückwirkung ist möglich bis zum Beginn des vorangegangenen Jahres.

Beispiel:
Die Verzinsung hat sich zum 1.1.2023 erhöht. Die Mieterhöhung wird erst am 14.10.2024 dem Mieter zugestellt. Die Mieterhöhung ist rückwirkend ab 1.1.2023 zulässig.

Eine noch weiter zurückwirkende Mieterhöhung ist zulässig, wenn der Vermieter ohne sein Verschulden gehindert war, eine Mieterhöhung bis zum Ablauf des auf die Erhöhung folgenden Kalenderjahres durchführen zu können. Der Vermieter muss aber die Mieterhöhung dann innerhalb von drei Monaten nach Fortfall der Hemmnisse nachholen. 133

Beispiel:
Die Hypothekenbank erhöht den Gleitzins zum 1.1.2022, macht davon dem Vermieter aber erst am 16.2.2024 Mitteilung und verlangt rückwirkende Zahlung. In diesem Fall darf der Vermieter innerhalb von drei Monaten die Mieterhöhung zum 1.1.2022 nachholen. Die Frist wird von ihm eingehalten, wenn die Erhöhungserklärung innerhalb der drei Monate beim Mieter eingeht.

Bei der Erhöhung der Zinsen öffentlicher Darlehen iSd §§ 18a ff. WoBindG ist eine rückwirkende Mieterhöhung gemäß § 4 Abs. 8 S. 3 NMV nicht zulässig. Zu beachten ist, dass die §§ 18a ff. nur für Darlehen gelten, die vor 1970 bewilligt worden sind. Für Darlehen ab 1970 gelten die §§ 18a ff. WoBindG jedoch nicht, hier ist also eine rückwirkende Mieterhöhung zulässig. 134

Eine weitere Möglichkeit einer rückwirkenden Mieterhöhung enthält § 8b Abs. 4 WoBindG. Weiter oben unter → II. 1. und 2. war die Entwicklung der Kostenmiete vom Antrag auf Förderung bis zur Schlussabrechnung beschrieben worden. Nach Bezugsfertigkeit des Hauses sind die Wohnungen unverzüglich zu vermieten und damit ihrem Zweck zuzuführen. Zu diesem Zeitpunkt liegen dem Bauherrn die endgültigen Kosten vielleicht schon vor, er kann vielleicht auch schon die Schlussabrechnung aufstellen, aber die Genehmigung der Schlussabrechnung fehlt auf jeden Fall. Zu diesem Zeitpunkt liegt also nur die Vorläufige WB mit der vorläufigen Kostenmiete vor, diese ist zu diesem Zeitpunkt die zulässige Kostenmiete. Der Vermieter ist damit verpflichtet, mit den Mietern diese vorläufige Kostenmiete zu vereinbaren. 135

Erst wenn die Schlussabrechnung genehmigt ist, tritt die hierdurch ermittelte Kostenmiete an die Stelle der vorläufigen Kostenmiete. Ist die endgültige Kostenmiete höher (das ist die Regel), so kann der Vermieter gem. § 10 WoBindG selbstverständlich für die Zukunft eine Mieterhöhung durchführen. Obige Vorschrift berechtigt den Vermieter in diesem Fall, auch eine rückwirkende Mieterhöhung durchzuführen. Die Voraussetzungen sind: 136

Die laufenden Aufwendungen müssen sich bis zur Anerkennung der Schlussabrechnung erhöht haben, spätestens bis 2 Jahre nach der Bezugsfertigkeit, die höhere Kostenmiete bedarf der Zustimmung der Bewilligungsstelle, die Rückwirkung ist auf eine Zeitspanne bis drei Monate vor Stellung des Antrages auf Schlussabrechnung mit prüffähigen Unterlagen begrenzt. Mit dem Mieter muss eine Regelung über eine rückwirkende Mieterhöhung für diesen Fall vereinbart sein. 137

Die ersten beiden Voraussetzungen sind Gegenstand der Prüfung durch die Bewilligungsstelle. Die beiden weiteren Voraussetzungen kann nur der Vermieter herbeiführen, er muss also so schnell wie möglich die Schlussabrechnung einreichen, und er muss mit dem Mieter im schriftlichen Mietvertrag eine entsprechende Klausel über eine rückwirkende Mieterhöhung für diesen Fall vereinbaren. Die Klausel „Die Geltung der jeweils zulässigen Kostenmiete ist vereinbart" erfasst diese Rückwirkung nicht. Üblich ist in Köln folgende Klausel: „Die vereinbarte Miete ist bei Erstbezug eine vorläufige und gilt nur bis zur Genehmigung der endgültigen Miete durch die Bewilligungsbehörde. Die endgültig genehmigte Miete ist dann rückwirkend vom Tage des Vertragsbeginns abzuzahlen." 138

[35] BGH WuM 2004, 345 (346).

139 f) **Heilung einer formell nicht ordnungsgemäßen Mieterhöhung.** Ist zwischen den Mietvertragsparteien die jeweils zulässige Kostenmiete nicht vereinbart, so führt erst eine formell ordnungsgemäß begründete Mieterhöhungserklärung zu einer Änderung der Kostenmiete.[36] Die Heilung einer formell nicht ordnungsgemäßen Mieterhöhungserklärung ist hier nur möglich durch eine neue Mieterhöhungserklärung, die den formellen Anforderungen des § 10 WoBindG entspricht (konstitutive Wirkung der Mieterhöhungserklärung).

140 Ist dagegen die jeweils zulässige Kostenmiete vereinbart, so tritt die Mieterhöhung automatisch ein. Die Mieterhöhung wird allerdings erst durch die Mieterhöhungserklärung fällig (deklaratorische Wirkung der Mieterhöhungserklärung). Hat diese Mieterhöhungserklärung Mängel bei der Erläuterung, so ist sie dadurch nur vorübergehend ohne Wirkung. Der Vermieter kann jederzeit seine Erklärung berichtigen und ergänzen, um sie formell begründet werden zu lassen. Dem Mieter steht so lange nur ein Leistungsverweigerungsrecht (Zurückbehaltungsrecht) zu.[37] Eine solche nachträgliche Erläuterung ist auch noch im laufenden Prozessverfahren zulässig. Für die anwaltliche Beratung ist aber darauf zu achten, dass seit der Änderung der ZPO eine Erläuterung, da Sachvortrag, grundsätzlich nur noch in der 1. Instanz möglich ist, nicht mehr im Berufungsverfahren.

Praxistipp:

Sowohl Vermieteranwalt wie Mieteranwalt sollten darauf bestehen, die Schlussabrechnung zu erhalten. Der Vermieteranwalt kann mit dieser Grundlage überprüfen, ob die Mieterhöhungserklärung formell und materiell begründet ist. Der Mieteranwalt kann durch Einsicht in die WB überprüfen, ob der Vermieter auf der zutreffenden Grundlage gerechnet hat.

3. Sonderfälle

141 a) **Modernisierung.** Auch wenn die Bewilligungsstelle beteiligt ist, muss der Vermieter zunächst das formelle Verfahren der §§ 555a ff. BGB (früher § 544 BGB) beschreiten, also die Modernisierung ordnungsgemäß ankündigen. Das Genehmigungsverfahren nach § 11 Abs. 7 S. 2 BV ist parallel dazu erforderlich. Die Mieterhöhung richtet sich jedoch wieder nach § 10 WohnBindG, eine rückwirkende Mieterhöhung ist zulässig.

142 Ebenso wie im freien Wohnungsbau hat der Vermieter bei seiner Mieterhöhung genau zu beschreiben, welche Arbeiten im Einzelnen durchgeführt wurden und wie hoch die Kosten hierfür waren. Anzugeben ist auch, ob gleichzeitig ein Abzug für Instandhaltung oder Instandsetzung vorzunehmen war, dieser Betrag ist ebenfalls nachprüfbar zu berechnen.[38] Ebenso wie im freien Wohnungsbau muss die Mieterhöhung nicht darlegen, dass die baulichen Maßnahmen zu einer „Wertverbesserung" geführt haben.[39] Und auch im geförderten Wohnungsbau ist bei Modernisierungen zur Einsparung von Wärmeenergie die Vorlage einer Wärmebedarfsrechnung zusammen mit der Mieterhöhung nicht notwendig (der Mieter hat aber ein Einsichtsrecht, eine solche Berechnung ist also anzufertigen).[40]

143 Während im freien Wohnungsbau die Modernisierungskosten wohnungsbezogen zu ermitteln sind,[41] entscheidet im geförderten Wohnungsbau die Schlussabrechnung, welche „Einheit" für die Ermittlung der Mieterhöhung maßgebend ist. In der Regel wird die Kostenmiete für das gesamte Haus – also alle Wohnungen – einheitlich ermittelt. Folglich werden auch die Modernisierungskosten für das gesamte Haus

[36] BGH NJW 1970, 1078.
[37] BGH NJW 1982, 1587.
[38] LG Köln WM 1991, 503.
[39] BGH NJW-RR 2004, 658.
[40] BGH NZM 2002, 519; NJW-RR 2004, 658; WuM 2004, 154.
[41] Siehe BeckFormB MietR/Flintrop Form. C. V. 6.

ermittelt und umgelegt, so dass sich für alle Wohnungen eine Mieterhöhung um denselben Betrag pro qm ergibt.[42] Ausnahmen: a) Modernisierung nur in einzelnen Wohnungen, hier ist wohnungsbezogen zu berechnen und eine Zusatzberechnung für diese Wohnung zu erstellen (Zuschlag zur Kostenmiete). b) Eigentumswohnung: Hier wird für jede Wohnung getrennt die Kostenmiete berechnet, dies gilt dann also auch für die Modernisierung. c) Es bestehen Teil-WB (zB Teil-WB für Sozialwohnungen und Teil-WB für die Bauherrenwohnung), hier sind die Kosten der Modernisierung auf die Teil-WB aufzuteilen und dann innerhalb dieser Teil-WB einheitlich umzulegen.

Im Gegensatz zum freien Wohnungsbau (11 % vom Aufwand) muss der Vermieter außerdem angeben, auf welche Weise er die Kosten der Modernisierung aufgebracht hat. Er muss also sagen, ob er einen Kredit aufgenommen hat oder Eigenmittel eingesetzt hat. Für die Mieterhöhung gelten die Vorschriften der II. BVO, der Vermieter darf also die Verzinsung, die Abschreibung und das Mietausfallwagnis ansetzen. 144

Beispiel 1:
Es werden in allen Wohnungen von zusammen 360 qm isolierverglaste Fenster eingebaut mit Kosten von 40.000,00 EUR. Der Betrag ist durch ein Darlehen mit 40.000,00 EUR finanziert mit Nominalzins von 6,3 % und Disagio von 10 %, das Disagio wird aus Eigenmitteln aufgebracht.
Modernisierungskosten:

Fenster		40.000,00 EUR
Disagio		4.000,00 EUR
Gesamte Kosten		44.000,00 EUR
Berechnung der Mieterhöhung:		
Kredit	40.000,00 EUR zu 6,3 % =	2.520,00 EUR
Eigenmittel	4.000,00 EUR zu 4 % =	160,00 EUR
Abschreibung	44.000,00 EUR zu 1 % =	440,00 EUR
Zwischensumme		3.120,00 EUR
2,04 % MAW		63,65 EUR
Gesamt		3.183,65 EUR
: 12 Monate: 360 qm =	0,7369 EUR/qm im Monat	

Selbstverständlich ist auch hier eine WB, ein Auszug daraus oder eine ZB beizufügen.

Beispiel 2:
Werden Eigenmittel eingesetzt, so können 15 % der Kosten mit 4 % Verzinsung angesetzt werden, der Rest von 85 % der Baukosten darf mit 6,5 % Verzinsung angesetzt werden (aber § 20 II. BV beachten). Die Abschreibung darf auch mit mehr als 1 % angesetzt werden. Das Gesetz geht bei 1 % Abschreibung von einer 100-jährigen Abschreibungszeit aus. Wird nach 30 Jahren eine Modernisierung durchgeführt, die das Lebensalter des Hauses nicht nachhaltig erhöht, wird die Abschreibung der Modernisierungsmaßnahme nach der Restlaufzeit berechnet, hier also nach 70 Jahren. Es darf damit eine Abschreibung von 100: 70 = 1,43 % angesetzt werden (§ 25 Abs. 1 S. 2 + § 30 Abs. 4 II. BV).

Beispiel 3:
Werden Thermostatventile eingebaut, so ist eine Abschreibung von 4 % zulässig, da diese Bestandteil der Heizanlage werden.

Beispiel 4:
Nur zwei Wohnungen werden mit Isolierfenstern ausgestattet. Hier kann ein Kostenansatz – bei sonst gleicher Berechnung – nicht in der WB erfolgen, sondern es ist für die beiden Wohnungen eine Zusatzberechnung zu erstellen, aus der sich dann die Höhe des Zuschlages ergibt.

Für energieeinsparende Modernisierungsmaßnahmen hatte die Rspr. die Mieterhöhung im freien Wohnungsbau auf das Doppelte der eingesparten Energiekosten begrenzt[43] und diesen Grundsatz beibehalten, obwohl das OLG Karlsruhe in seinem Rechtsentscheid eine solche starre Grenze ausdrücklich verworfen hatte.[44] Dieser Rspr. 145

[42] Siehe BeckFormB MietR/Bister Form. C. VIII. 2.
[43] Siehe LG Köln ZMR 1978, 562.
[44] OLG Karlsruhe RE WuM 1985, 17.

hat der BGH in zwei Entscheidungen nun ein Ende bereitet. Danach gibt es keine Begrenzung der Mieterhöhung unter wirtschaftlichen Zumutbarkeitsgesichtspunkten. Diese Entscheidungen sind für den geförderten Wohnungsbau ergangen, aus den Urteilsgründen ergibt sich aber, dass diese ebenso für den freien Wohnungsbau gelten sollen.[45] Die Bewilligungsstellen in NRW haben jedoch seit einem Runderlass des Landesbauministers Genehmigungen nach § 11 II. BV mit der Auflage versehen, dass die Mieterhöhung das Zweifache der eingesparten Heizenergie nicht überschreiten darf. Verursacht war dieser Runderlass durch die Auffassung, es sei unerträglich, dass im freien Wohnungsbau eine solche Begrenzung der Mieterhöhung gelte, nicht aber im sozialen Wohnungsbau. Durch die Entscheidung des BGH ist jedoch dem Runderlass diese Begründung der Einschränkung der Mieterhöhung entzogen worden. Der BGH hat in vorgenannter Entscheidung der Bewilligungsstelle allerdings nach wie vor das Recht zugesprochen, eine Begrenzung der Mieterhöhung anordnen zu dürfen, damit die Miete für den Mieter tragbar bleibt. Eine solche absolute Tragbarkeitsgrenze wird bei Modernisierungsmieterhöhungen in NRW jedoch immer bei der Genehmigung mit 4,90 EUR/qm (für Köln) angegeben, sie darf laut Bewilligung nicht überschritten werden. Die Beschränkung auf das Doppelte der Heizkostenersparnis ist dann eine zusätzliche Einschränkung. Der zuständige Landesbauminister NRW vertritt derzeit durch Runderlass weiterhin die Auffassung, dass die BGH-Entscheidung nicht zu beachten sei, sondern die Beschränkung auf den doppelten Betrag der Energieeinsparung zulässig und anzuwenden sei. Ob diese Anweisung rechtmäßig ist, bleibt einer gerichtlichen Überprüfung vor dem Verwaltungsgericht (Anfechtung der Modernisierungszustimmung) vorbehalten. Immerhin ist nicht einsehbar, dass neben der absoluten Zumutbarkeitsgrenze außerdem eine weitere Begrenzung angeordnet wird. Vermieter werden dadurch von Modernisierungsmaßnahmen abgeschreckt, obwohl diese vom Gesetzgeber als wünschenswert angesehen werden (siehe Energieeinsparungs-VO). Auch unter sozialen Gesichtspunkten reicht es zum Schutz des Mieters aus, eine einzige Obergrenze festzusetzen.

146 **b) Wärmecontracting § 5 Abs. 3 NMVO.** Die Umstellung auf fremdgewerbliche Wärmelieferung ist im geförderten Wohnungsbau jederzeit – und ohne Zustimmung der Bewilligungsstelle – möglich. § 5 Abs. 3 NMVO erfasst aber nicht den Fall, dass schon beim Bau des Hauses fremdgewerbliche Lieferung von Wärmeenergie vorgesehen wird, und auch nicht, dass das Haus gar keine Heizanlage hat und später eine solche bei fremdgewerblicher Lieferung eingebaut werden soll. Erfasst ist nur der Fall, dass das Haus von Anfang an eine Heizanlage hat, diese vom Eigentümer und Vermieter betrieben wird, und dass deren Kosten in den Baukosten des Hauses und damit in der Kostenmiete enthalten sind. Erfolgt in diesem Fall der Übergang auf Wärmecontracting, so hat der Vermieter für das Haus zwei Teil-WB aufzustellen. Die Teil-WB für das Haus darf keine Kostenansätze für die Heizung mehr enthalten, herauszunehmen sind also die Baukosten der Heizung, ihre Finanzierungskosten, die Grund- und Sonderabschreibung. Schließlich ist die Instandhaltungspauschale um 0,20 EUR/qm zu reduzieren (§ 28 Abs. 2 S. 2 II. BVO), ebenso ermäßigt sich das Mietausfallwagnis. Alle diese herausgenommenen Kostenansätze sind nun in eine zweite Teil-WB nur für die Heizanlage aufzunehmen. Auf diese Weise entstehen zwei Kostenkaltmieten, wobei die für die Heizanlage in die Heizkosten einfließt (siehe dazu unter Umlage von Betriebskosten). Wird nur die Heizung mit Brenner und angeschlossenen Pumpen ausgegliedert, so bleiben die Kosten für die Rohrleitungen und die Heizkörper innerhalb des Hauses in der Teil-WB für das Haus. Beim Finanzierungsaufwand regelt die Vorschrift nicht, ob das erststellige Fremddarlehen, eines oder alle öffentlichen Darlehen, die Eigenmittel oder aber alle in Anspruch genommenen Darlehen anteilmäßig zu verringern sind. Ungeklärt ist auch der Fall, dass die bisherige Altanlage – zB wegen der Übergangsfristen der Energieeinsparungs-VO – ganz entfernt wird und stattdessen vom Fremdwärmelie-

[45] BGH WuM 2004, 285; 2004, 288; NZM 2004, 336.

feranten eine neue Anlage eingebaut wird. Sind in diesem Fall die Kosten der neuen Anlage aus der alten WB auszugliedern oder doch nur die Kosten der alten Anlage? Letzteres dürfte zutreffend sein, denn die Kosten der neuen Anlage sind nie in der bisherigen WB enthalten gewesen. Außerdem korrespondiert nur diese Lösung mit § 11 Abs. 6 und 7 II. BVO. Wenn nämlich der Eigentümer selbst eine neue Heizanlage einbaut, kann er eine Modernisierungsmieterhöhung durchführen, womit sich die Kostenkaltmiete für das Haus erhöht. Würde der Eigentümer zunächst diesen Weg gehen und anschließend nach § 5 Abs. 3 NMVO auf Wärmecontracting umstellen, wären von dieser höheren Miete die Baukosten für die Heizanlage abzuziehen. Das bedeutet aber andererseits auch, dass beim Einbau einer neuen Heizanlage durch den Fremdwärmelieferanten die Kosten der alten Anlage aus der Haus-WB herauszunehmen sind, während die Teil-WB für die Heizanlage in diesem Fall aber die Kosten der neuen Anlage enthält. Die Vorschrift führt zu einer spürbaren Verringerung der Kostenkaltmiete für das Haus, für den Vermieter ergeben sich hieraus keine Vorteile, Wärmecontracting einzuführen.

Die Vorschrift des § 5 Abs. 3 NMVO enthält nur Bestimmungen über die Berechnung 147
der Kostenmiete für den Fall der Einführung von Wärmecontracting, aber keine darüber hinaus gehenden Regelungen. Nicht geregelt wird also insbesondere das vertragliche Problem, ob der Vermieter den Mieter verpflichten kann, mit dem Fremdwärmelieferanten einen eigenen Vertrag über den Bezug von Wärme abzuschließen.[46] Der BGH[47] verlangt eine Vereinbarung (siehe zu diesem Problem auch → § 24 – Betriebskosten).

c) Untervermietung § 21 WoBindG (§ 28 WFNO). Der Vermieter schuldet eine Zu- 148
stimmung zur Untervermietung nur nach den Bestimmungen des § 541 BGB. Ist danach eine Untervermietung zu dulden, wirkt sich dies auf die Kostenmiete wie folgt aus:

Der Mieter ist nicht an die Kostenmiete gebunden, wenn er dem Untermieter weniger 149
als die Hälfte seiner Wohnung untervermietet. Zur Berechnung der Hälfte werden nur die Wohnräume zugrunde gelegt. Vermietet der Mieter mehr als die Hälfte unter, so darf er vom Untermieter auch nur die Kostenmiete nehmen.

Der Vermieter darf aus Anlass einer Untervermietung die Kostenmiete nicht erhöhen, 150
aber er darf einen Mietzuschlag nehmen, der bei Untervermietung an 1 Person 2,50 EUR beträgt, bei Untervermietung an mehr als 1 Person 5,00 EUR (§ 26 NMV). Eine Mieterhöhung nach § 10 WohnBindG ist nicht erforderlich, der Zuschlag ist fällig und zahlbar, sobald eine Untervermietung vorliegt. Nimmt der Vermieter einen höheren als den gesetzlich zugelassenen Zuschlag, so hat er den überschießenden Teil ohne rechtlichen Grund erhalten, da ein Verstoß gegen § 8 WoBindG vorliegt.

d) Umstellung nach § 25b NMV. Diese Vorschrift ist ersatzlos weggefallen. Das 151
bedeutet aber nicht, dass auch ihr eigentlicher Zweck weggefallen ist. Zum Verständnis dieser Klausel muss auf die alte Rechtslage eingegangen werden. Bis 1984 waren die Betriebskosten bis auf Wasser, Heizung und Waschmaschine in der Kostenmiete enthalten. Veränderungen bei den Betriebskosten führten also zur Veränderung der Kostenmiete, eine Mieterhöhung wegen gestiegener Betriebskosten musste nach § 10 WohnbindG durchgeführt werden. Da die Betriebskosten ab Mitte der 70er Jahre rasant stiegen, waren immer öfters solche Erhöhungserklärungen notwendig, was für die Vermieter mit erheblichem Aufwand verbunden war. Deswegen, und auch um die Höhe der Nebenkosten transparenter zu machen und eine verbrauchsabhängige Abrechnung nicht nur für Wasser und Heizung zu ermöglichen, wurde § 25b NMV geschaffen. Der Vermieter hatte hiernach die Betriebskosten vollständig aus der Kostenmiete herauszunehmen. Damit wurde die Kostenkaltmiete eingeführt, die Betriebskosten waren per monatlicher Vorauszahlung umlegbar und jährlich (nicht unbedingt kalenderjährlich) abzurechnen. Die Vorschrift führte im Wesentlichen zu 2 Rechtsproblemen:

---

[46] Siehe hierzu Derleder NZM 2003, 737; Langenberg WuM 2004, 375; LG Köln WuM 2004, 400.
[47] BGH WuM 2005, 387.

152 Anfangs war nicht klar, ob für die Trennungserklärung irgendeine Form einzuhalten war. Es gab also Umstellungserklärungen, die wie folgt aussahen:

Beispiel:
Sie bezahlen derzeit eine Kostenmiete von 536,70 DM, darin sind 70,96 DM an Betriebskosten enthalten. Ab sofort wird die Kostenmiete auf 465,74 DM gesenkt, über den Betrag von 70,96 DM wird jährlich abgerechnet.

153 Solche Umstellungserklärungen wurden durch die Rechtsprechung als unwirksam betrachtet. Es stellte sich die Erkenntnis ein, dass die Umstellungserklärung in der Form des § 10 WoBindG abzugeben war mit der Besonderheit, dass nicht nur eine neue WB ohne jeden Betriebskostenanteil beizufügen war, sondern auch eine Aufstellung aller Betriebskosten nach Namen und Betrag, womit der Vermieter bestimmte und festlegte, welche Betriebskosten er in Zukunft umzulegen beabsichtigte.[48]

Beispiel:
Der Gesetzgeber hat in § 25b NMVO bestimmt, dass ich die Betriebskosten aus der Kostenmiete herausnehme und in Zukunft als Vorauszahlung verlange und über sie jährlich abrechne. Die letzte WB, die ich Ihnen mit Mieterhöhungsschreiben vom 1.1.1984 übergeben hatte, enthält noch alle Betriebskosten außer Wasser und Heizung. Als Anlage überreiche ich Ihnen nun eine neue WB, die Kostenansätze darin sind unverändert, nur die Betriebskosten sind darin nicht mehr enthalten. Es ergibt sich eine Kostenkaltmiete von 5,46 DM/qm. Daneben habe ich die Betriebskosten in einer weiteren Aufstellung beigefügt. Alle dort genannten Betriebskosten werden in voller Höhe umgelegt, ich rechne über sie kalenderjährlich ab. Es ergibt sich ein Anteil von 1,05 DM/qm. Für Sie ergibt sich damit folgende Miete:
Kostenkaltmiete ......
Vorauszahlung auf die Betriebskosten ......
Vorauszahlung auf die Heizkosten ......
Miete gesamt ......

154 Das zweite Problem wurde dadurch geschaffen, dass viele Vermieter bis Ende 1986 die Kostenmiete noch nicht umgestellt hatten sondern dies erst später taten oder bis heute überhaupt nicht. Die Frage, ob § 25b NMVO eine Ausschlussfrist gesetzt hatte, ist dahin entschieden, dass eine Umstellung auch heute noch jederzeit – aber nur für die Zukunft – zulässig ist.[49] Diese Auffassung ist zutreffend. Die Vorschrift kann den Willen des Gesetzgebers nur herbeiführen, wenn sie auch über den 31.12.1986 hinaus die Pflicht zur Trennung vorschreibt. Das ergibt sich auch aus dem Wortlaut, denn die Vorschrift verlangte eine sofortige Umstellung, gab aber dem Vermieter das Recht, bis Ende 1986 die Kostenmiete noch nach der alten Rechtslage berechnen und verlangen zu dürfen.

155 Selbst wenn der Vermieter nach dem 1.8.1984 noch einen Mietvertrag nach altem Schema abgeschlossen hatte, so darf er für die Zukunft die Trennung durchführen. Er darf sogar durch entsprechende Erklärung Betriebskosten für die Zukunft auf den Mieter umlegen, die bisher nicht als umlegbar vereinbart waren.[50]

156 Die Umstellungserklärung hat vertragsändernde Wirkung, durch einseitige empfangsbedürftige Willenserklärung in der Form des § 10 WoBindG kann also der Vermieter eine entgegenstehende Vereinbarung des Mietvertrages ändern. Da der schriftliche Mietvertrag meist nicht abgeändert wird, empfiehlt es sich deshalb, die Mietumstellungserklärung in den Mietvertrag einzuheften. Es haben sich nämlich die Fälle gehäuft, dass Mieter zehn und mehr Jahre nach der Umstellung plötzlich Nebenkostenabrechnungen mit dem Argument angreifen, im Mietvertrag sei die Umlage von Betriebskosten nicht oder nicht umfassend vereinbart. Hier hilft auf jeden Fall, das damalige Umstellungsschreiben vorzulegen und dessen damaligen Zugang nachzuweisen. Auch das Argument, dass die gegenwärtige Abrechnungspraxis seit mehr als 10 Jahren bestehe und vom Mieter anstandslos akzeptiert worden sei, dürfte helfen.

157 Diese Grundsätze gelten nach wie vor auch nach Aufhebung des § 25b NMVO. Als entsprechende gesetzliche Grundlage können nämlich die §§ 20 ff. NMVO herangezo-

[48] LG Kleve WM 1992, 201; LG Köln WM 1992, 254.
[49] LG Dortmund DWW 1991, 242.
[50] LG Köln WM 1991, 259.

gen werden. Aus diesen Vorschriften ergibt sich, dass in der Kostenkaltmiete keine Betriebskosten enthalten sein dürfen. Folglich ist die Umstellung einer Kostenmiete alter Prägung nach wie vor zwingend notwendig, auch wenn § 8 WoBindG nicht verletzt ist, weil die zulässige Kostenmiete nach wie vor die Summe von Kaltmiete, BK-Vorauszahlung, HK-Vorauszahlung und Zuschlägen zur Miete ist.

In vielen Fällen ist die Umstellung nicht unter Beachtung des § 10 WoBindG erfolgt. 158
Der Vermieter hat aber in den folgenden Jahren über die Betriebskosten immer formal ordnungsgemäß abgerechnet, Guthaben oder Nachzahlung sind ausgeglichen worden. Hier hat die Instanzrechtsprechung diese Abrechnungen trotz der unwirksamen Umstellungserklärung als wirksam angesehen, weil die Parteien jahrelang die Umlage so praktiziert und damit einverständlich eine Vertragsänderung herbeigeführt haben. Dem hat sich der BGH angeschlossen.[51]

e) **Neubestimmung der Kostenmiete.** Eine Anpassung der Kostenkaltmiete an geän- 159
derte Kosten ist immer unproblematisch, wenn der Vermieter seine WB im aktuellen Zustand hält und seinen Mietern jede Änderung mitteilt. In diesem Fall kann der Vermieter auch – wie es der Wortlaut des § 10 WoBindG sagt – die Mieterhöhung berechnen und erläutern. Leider gibt es jedoch immer wieder Fälle, wo der Vermieter über Jahre hinweg Kostenänderungen nicht mitteilt. Oder das Haus wird verkauft oder – was für den Erwerber (!) wegen fehlender Unterlagen weitaus schlimmer ist – zwangsversteigert. Oft genug ist Hintergrund der Veräußerung langanhaltender Streit zwischen den Mietparteien über die Höhe der zulässigen Kostenkaltmiete und über die Wirksamkeit von Mieterhöhungen. Wenn dann die Mieter die zulässige Kostenmiete nach eigenem Gutdünken bestimmen, steht in solchen Fällen der Erwerber vor einem „Mietchaos". Er kann eine Mieterhöhung ausgehend von der derzeit gezahlten Miete weder erläutern noch berechnen, weil er nicht weiß, auf welcher Grundlage der Mieter gerade diese Miete zahlt.

Der Vermieter muss damit die Kostenmiete auf eine sichere Basis zurückbringen. Das 160
kann er in diesen Fällen nur, indem er ausgehend von der Schlussabrechnung alle Veränderungen in den Kostenansätzen nachvollziehbar berechnet und erläutert, um den nach § 10 WoBindG vorgeschriebenen Formalien zu genügen. Neben der immer notwendigen aktuellen WB sollte auch die Schlussabrechnung beigefügt werden, beide WB dienen als Grundlage der Erläuterung, welche Kostenansätze sich verändert haben. Je nach Umfang der Veränderungen kann das zu einem mehrere Seiten langen Mieterhöhungsschreiben führen. Auch ist bei jeder veränderten Kostenposition die Veränderung zu berechnen, (die WB sind beizufügen, ersetzen aber nicht die Berechnung!). Die Instanzgerichte haben diese Art der Mieterhöhung akzeptiert[52] (siehe dazu im BeckFormB MietR das Formular C VIII 6).

4. Rechte des Mieters

Der Mieter kann nach Erhalt der Mieterhöhung das Mietverhältnis mit einer Frist von 161
zwei Monaten kündigen (§ 11 WoBindG). In diesem Falle tritt die Mieterhöhung nicht ein. Der Mieter kann vom Vermieter, wenn dieser ihm einen Auszug aus der WB oder eine Genehmigung vorgelegt hat, die Einsicht in die vollständige WB verlangen (§ 10 Abs. 3 WoBindG).

Daneben hat der Mieter ein umfassendes Auskunftsrecht nach § 29 NMVO.[53] Er hat 162
darüber hinaus das Recht, vom Vermieter Kopien der Berechnungsunterlagen zu verlangen gegen Kostenersatz.

---

[51] BGH NJW-RR 2000, 1463; NJW 1998, 445; 2004, 877 = WuM 2004, 290 und WuM 2004, 292.

[52] Nicht veröffentlichte Urteile des LG Köln: 5.3.1992 – 1 S 349/91; 19.5.1994 – 1 S 377/93; 2.3.1994 – 10 S 402/93.

[53] LG Duisburg WM 1990, 562.

5. Folgen einer unwirksamen Mieterhöhungserklärung

163 Wird eine Mieterhöhungserklärung nach § 10 WoBindG nicht in der gebotenen Form durchgeführt, so entfaltet die Erklärung keine Wirkung. Wird die Form eingehalten, ist sie aber materiell nicht begründet, entfaltet sie keine materielle Änderung der Kostenmiete.

164 Stimmen in der WB einzelne Kostenansätze nicht oder sind Rechenfehler vorhanden, so ist die Mieterhöhung nur materiell nicht oder nicht ganz begründet. Das mit der Sache befasste Gericht hat alle Kostenansätze selbstständig zu überprüfen und – nach entsprechender Aufklärung – selbst zu berichtigen und die Kostenmiete nachzurechnen.[54] Nur wenn die vorgelegte WB schwere Fehler hat, also zB ihr der Kaufpreis des späteren Erwerbers zu Grunde gelegt wird, soll auch ein formeller Mangel vorliegen.[55]

165 Hat der Mieter seine Miete entsprechend der Mieterhöhungserklärung angepasst, so stehen ihm folgende Rückforderungsansprüche zu:

166 a) **Materiell unberechtigt.** Ist die Mieterhöhung materiell nicht oder nicht ganz berechtigt, so ist die Überzahlung als ungerechtfertigte Bereicherung nach § 812 BGB zu erstatten. Der Vermieter hat in diesem Fall mehr als die zulässige Kostenmiete verlangt.

167 b) **Formell unwirksam.** Liegt eine zwar materiell berechtigte, aber formell unwirksame Mieterhöhungserklärung vor, so muss wiederum unterschieden werden:

168 Haben die Parteien nicht die jeweils zulässige Kostenmiete vereinbart, so hat die Mieterhöhungserklärung eine konstitutive Wirkung, dh die Mieterhöhung tritt nur dann mit Rechtsgrund ein, wenn die Formalien eingehalten sind. Ist dies nicht so, erfolgt eine Zahlung durch den Mieter ohne Rechtsgrund iSd § 812 BGB, daraus ergibt sich auch der Rückforderungsanspruch.[56]

169 Wurde die jeweils zulässige Kostenmiete vereinbart, so tritt die Mieterhöhung sofort ein, ohne dass eine Mieterhöhungserklärung hierfür notwendig wäre. Die Erhöhungserklärung ist aber trotzdem abzugeben, weil erst dadurch die Forderung des Vermieters auf höhere Miete fällig wird. Die Mieterhöhungserklärung hat in diesem Fall nur deklaratorische Bedeutung. Bei einer formell unwirksamen Mieterhöhungserklärung hat der Mieter in diesem Fall keine Rückforderungsansprüche, denn der Vermieter hat nicht mehr als die jeweils zulässige Kostenmiete erhalten.[57]

170 Die Vereinbarung der jeweils zulässigen Kostenmiete hat also eine dreifache Wirkung. Neben der Möglichkeit, eine Mieterhöhung auch rückwirkend durchführen zu dürfen, und der Möglichkeit, fehlende Erläuterungen nachholen zu können, verhindert sie auch Rückforderungsansprüche des Mieters.

171 c) **Rückforderungsansprüche des Mieters.** Rückforderungsansprüche des Mieters aus § 812 BGB verjähren in 3 Jahren (für am 1.1.2002 bereits laufende Verjährungsfristen nach altem Recht ist die Übergangsregelung des Art. 229 § 6 Abs. 4 EGBGB zu beachten, die Verjährung trat in diesen Fällen spätestens mit Ablauf des 31.12.2004 ein).

V. Einmalige Mieterleistungen

1. Vorbemerkung

172 Gemäß § 9 Abs. 1 WoBindG sind Vereinbarungen über einmalige Mieterleistungen unwirksam, jedoch zulässig nach den Abs. 2–6. Die Vorschrift gilt nicht bei mit

[54] LG Dortmund WM 1994, 81; so ausdrücklich BGH 6.4.2022 – VIII ZR 246/20, NZM 2022, 800.
[55] BGH WPM 1966, 225.
[56] LG Münster WM 1988, 214.
[57] OLG Schleswig WM 1984, 327; BGH NJW 1982, 1587.

Wohnungsfürsorgemitteln geförderten Wohnungen, hier sind die Bestimmungen des Darlehensvertrages maßgebend.

Unwirksam sind verlorene Baukostenzuschüsse, Mieterdarlehen, Mietvorauszahlungen. Auch persönliche Dienste des Mieters beim Bau des Hauses sind unzulässig, soweit sie zu einer Erhöhung des Herstellungsaufwandes führen. Das gilt zB für die Übernahme der Erstrenovierung durch den Mieter.[58] Sonderwünsche, die über den vorgegebenen Baustandard hinausgehen, dürfen dagegen vom Mieter wirksam übernommen werden, zB der Mieter baut eine Nirostaspüle ein, bauseits vorgegeben ist ein Porzellanbecken. 173

Unwirksam ist auch eine Regelung, wonach der Nachmieter Miet- und Nebenkostenschulden des Vormieters durch Vereinbarung mit dem Vermieter übernimmt.[59] Die zulässigen Ausnahmen sind: 174

2. Übernahme der Kleinreparaturen und der Schönheitsreparaturen

Dies ergibt sich unmittelbar aus § 28 II. BV: § 28 Abs. 3 II. BV berechtigt den Vermieter, kleine Instandhaltungen auf den Mieter abzuwälzen. Was unter kleinen Instandhaltungen zu verstehen ist, ist in Abs. 3 S. 2 definiert. Als Gegenleistung hat der Vermieter die Instandhaltungspauschale der Abs. 1 und 2 um einen bestimmten Betrag zu senken, derzeit sind das 1,57 EUR/qm (seit 2023). Hat ein Mieter eine unwirksame Kleinreparaturklausel in seinem Mietvertrag (es gilt die Rechtsprechung zum freien Wohnungsbau), so darf der Vermieter einen vorgenommenen Abzug rückgängig machen (durch Mieterhöhung nach § 10 WohnBindG). 175

Die Instandhaltungspauschale nach den Abs. 1 und 2 des § 28 dient nur der Deckung von Instandhaltungs- und Instandsetzungskosten, nicht aber zur Deckung von Schönheitsreparaturen. Hierfür darf der Vermieter eine zusätzliche Pauschale ansetzen, deren Höhe sich aus Abs. 4 ergibt. Voraussetzung ist lediglich, dass der Vermieter die Schönheitsreparaturen trägt, eine entsprechende Vereinbarung im Mietvertrag ist also nicht notwendig. Hat der Mieter die Schönheitsreparaturen übernommen, so ist die Wirksamkeit dieser Abrede wie im freien Wohnungsbau nach der dort ergangenen Rechtsprechung zu beurteilen. Dabei ist allerdings darauf zu achten, dass Abs. 4 eine Definition enthält, was unter Schönheitsreparaturen zu verstehen ist Eine Klausel im Mietvertrag kann also schon deshalb unwirksam sein, weil sie Arbeiten enthält, die in Abs. 4 nicht angeführt sind. 176

Erweist sich eine Vereinbarung mit dem Mieter, wonach dieser die Schönheitsreparaturen übernimmt, als unwirksam, so kann der Vermieter diese Unwirksamkeit dadurch heilen, dass er stattdessen nun die zusätzliche Instandhaltungspauschale für Schönheitsreparaturen verlangt (BGH NZM 2011, 478; Form: § 10 WoBindG). Zumindest im Kölner Raum hat sich zu den formellen Anforderungen der entsprechenden Erklärung ein Streit entwickelt, der sich aus der automatischen Anpassung des Pauschalansatzes des § 28 II. BV alle drei Jahre ergibt. Die gesetzliche Regelung des § 28 II. BV gibt nach wie vor die Pauschalen mit Stand 1.1.2002 an. Von Mieterseite wurde nun verlangt, dass beim Ansatz der Renovierungspauschale zB in 2012 nicht nur der derzeit geltende Pauschalbetrag anzugeben ist, sondern ausgehend von dem im Gesetz genannten Betrag aus 2002 auch dessen Entwicklung bis 2012. Dem hat das LG Köln mit zwei bisher nicht veröffentlichten Entscheidungen aus 2013 nicht entsprochen, sondern darauf hingewiesen, dass nach § 10 WohnBindG die „Mieterhöhung" zu begründen ist, nicht aber die Entwicklung der Instandhaltungspauschale ab 2002. 177

3. Mietvorauszahlung und Mieterdarlehen zum Bau der Wohnung

Eine solche Vereinbarung bedarf der Zustimmung der Bewilligungsbehörde. Bei vorzeitiger Vertragsbeendigung ist § 547 BGB (früher § 557a BGB) anzuwenden. 178

[58] AG Rheine WM 1981, 278.
[59] LG Berlin MDR 1981, 848.

4. Mietvorauszahlung und Mieterdarlehen zur Modernisierung der Wohnung

179 Hier ist die Zustimmung der Bewilligungsbehörde nur für die Modernisierung notwendig. Der vom Mieter zur Verfügung gestellte Betrag darf nicht höher sein als zur Durchführung der Modernisierungsmaßnahme erforderlich ist, er darf außerdem nicht höher als die vierfache Jahresmiete sein.

5. Übernahme von Finanzierungsbeiträgen durch den Nachmieter

180 Nicht zulässig ist eine direkte Vereinbarung zwischen Vormieter und Nachmieter. Zulässig ist nur eine Vereinbarung zwischen dem Vermieter und dem Nachmieter und nur unter der Voraussetzung, dass der Vormieter vorzeitig ausgezogen ist und den Rest seiner Finanzhilfe ausbezahlt bekommen hat. In Höhe dieses vorzeitig zurückgezahlten Betrages darf dann auch eine gleichartige neue Vereinbarung mit dem Nachmieter und nur für den Rest der ursprünglich vorgesehenen Laufzeit getroffen werden.

6. Kaution

181 Die Vereinbarung einer Kaution ist zulässig, allerdings nur zur Absicherung von Ansprüchen des Vermieters aus der Verschlechterung der Mietsache oder unterlassener Schönheitsreparaturen. Der Hauptzweck der Kaution, auch Mietrückstände abzusichern, ist also im geförderten Wohnungsbau nicht zulässig. Dafür erhält der Vermieter in der Kostenmiete eine Pauschale, nämlich das Mietausfallwagnis. Im Übrigen gilt § 551 BGB.

182 Diese eingeschränkte Sicherung gilt für Sozialwohnungen 1. und 2. Förderweg direkt aus § 9 WoBindG, für mit Aufwendungsdarlehen oder -zuschüssen geförderte Wohnungen gemäß § 88 II. WoBauG über §§ 17, 10 NMVO, für Wohnungen, für die die Vergleichsmiete zu ermitteln ist, über §§ 18, 10 NMVO.

183 Keinen Verweis hat § 16 NMVO, der für mit Wohnungsfürsorgemitteln geförderte Wohnungen gilt. Daraus hat das LG München geschlossen, dass hier eine Kaution überhaupt nicht vereinbart werden darf.[60] Das ist unzutreffend. Aus § 87a II. WohnBauG ergibt sich ein Verweis nur auf die Vorschriften der §§ 8–8b, 10 und 18 ff. WoBindG, nicht aber auf § 9 WoBindG. Diese Vorschrift ist also mangels Verweisung nicht anzuwenden, sondern es gilt eine entsprechende Vereinbarung im Darlehensvertrag oder § 551 BGB unmittelbar.

184 Der Streit, ob nur die entsprechende Teilbestimmung oder die gesamte Kautionsklausel unwirksam ist, wenn nach der Klausel die Kaution auch für Mietrückstände vereinbart wird, dürfte auf Grund der neuesten Entscheidungen des BGH[61] dahin beendet worden sein, dass der unwirksame Teil der Klausel nicht die ganze Klausel unwirksam macht (weil der Vermieter grundsätzlich Anspruch auf eine Kaution hat). Auch ist auf § 8 Abs. 2 WoBindG hinzuweisen, danach sind Mietpreisvereinbarungen „nur insoweit" unwirksam, als sie die zulässige Kostenmiete überschreiten. Damit soll nur Teilnichtigkeit und nicht Gesamtnichtigkeit eintreten.

185 Streitig ist nach wie vor, ob nach Ende des Mietverhältnisses der Vermieter gegen den Anspruch des Mieters auf Rückzahlung der Kaution mit Mietzinsansprüchen aufrechnen darf.[62] Der Vermieter wird hier seinen Mietrückstand per Widerklage geltend machen müssen, um dann den Kautionsrückzahlungsanspruch pfänden zu können. Die Zweckbestimmung der Kaution hindert nicht die Pfändung gerade durch den begünstigten Vermieter. Besonders aufpassen muss der Vermieter, wenn er selbst Kläger ist. Er darf die Kaution nur gegen Ansprüche aus Verschlechterung der Mietsache oder wegen unterlassener Schönheitsreparaturen aufrechnen. Hat er nur Mietzinsforderungen, so kann er nicht verrechnen (wohl aber der Mieter). Für diesen Fall empfiehlt sich, den

[60] LG München WM 1985, 399.
[61] BGH NJW 2003, 2899 = WuM 2003, 495; BGH NJW 2004, 1240.
[62] Verneinend AG Köln WM 2000, 22; ebenso Bellinger WuM 2007, 178.

rückständigen Mietzins in voller Höhe einzuklagen Zug um Zug gegen Herausgabe der Kaution.[63]

7. Möblierungszuschlag, Übernahme von Arbeiten, Kauf von Gegenständen

Der Mieter soll grundsätzlich davor geschützt werden, neben der Anmietung von Wohnraum auch noch damit gekoppelte Geschäfte abschließen zu müssen. 186

Zulässig ist die Anmietung einer Garage, eines Stellplatzes oder eines Gartens. Zulässig ist auch die Übernahme von Sach- und Arbeitsleistungen, die zu einer Verringerung der Bewirtschaftungskosten führen, zB die Hausmeistertätigkeit im Rahmen der umlagefähigen „Betriebskosten-Arbeiten" (Gartenpflege, Reinigung, regelmäßige Überwachung der technischen Anlagen). 187

Unzulässig ist die Verknüpfung des Mietvertrages mit dem Kauf von Einrichtungsgegenständen. Zulässig ist dagegen die Anmietung von Einrichtungsgegenständen, zB einer Einbauküche. Hierzu ist die Zustimmung der Bewilligungsstelle notwendig, wenn die vertragliche Regelung zu Beginn des Mietverhältnisses erfolgt (aus Anlass des Vertragsabschlusses). Wird dagegen in einem bereits bestehenden Mietverhältnis später ein Möbliertzuschlag vereinbart, so ist hier keine Zustimmung mehr notwendig.[64] 188

Der Mietzuschlag muss angemessen sein, das prüft die Bewilligungsstelle selbstständig. Üblich und angemessen ist ein Zuschlag, der sich an der regelmäßigen Nutzungsdauer des Gegenstandes orientiert (Abschreibung).[65] 189

8. Erstattungsanspruch des Mieters

Soweit die Vereinbarung von Zuschlägen und einmaligen Leistungen unwirksam ist, hat der Vermieter die empfangene Leistung zurückzugeben und vom Tage des Empfangs an zu verzinsen. Es handelt sich nicht um einen Anspruch aus § 812 BGB, sondern um einen Erstattungsanspruch eigener Art[66] (§ 9 Abs. 7 WoBindG). Die Verjährungsfrist beginnt erst mit Ende des Mietverhältnisses zu laufen, die Verjährung tritt 1 Jahr nach Mietvertragsende ein. 190

9. Erstattungspflichtiger

Erstattungspflichtig ist immer der Vermieter, der die Leistung empfangen hat. 191

VI. Betriebskosten

Da die Betriebskosten gemäß BetrK-VO Bestandteil der Kostenmiete sind, war festzulegen, welche Kosten als Betriebskosten gelten. Diese Bestimmung erfolgte vor 2003 in der Anlage 3 zur II. BV, heute ist die BK-VO maßgebend. Diese VO ist im Rahmen des geförderten Wohnungsbaus verbindlich, weitere Betriebskosten, die hier nicht genannt sind, dürfen also nicht umgelegt werden (§ 27 II. BV). Möglich ist nur eine Zuordnung unter Ziffer 17 = sonstige Betriebskosten. Diese müssen aber im Mietvertrag namentlich angegeben sein. Die frühere Rspr., wonach solche auch durch jahrelange wiederholte Abrechnung vereinbart worden sein können,[67] ist inzwischen aufgehoben. Nur wenn weitere Umstände hinzutreten, kann von einer wirksamen Einwilligungserklärung des Mieters ausgegangen werden.[68] 192

---

[63] Siehe Nies NZM 2003, 349 zur Unwirksamkeit von Kautionsklauseln im freien Wohnungsbau (inzwischen wegen der neuen Rspr. des BGH überholt).

[64] BVerwG NZM 1998, 885.

[65] LG Dortmund WM 1999, 463.

[66] BGH ZMR 1973, 350 ff.

[67] BGH WuM 2004, 290 (292); NZM 2004, 417 (418); inzwischen sehr zweifelhaft, siehe BGH WuM 2008, 225 = NJW 2008, 1302.

[68] BGH NZM 2014, 748.

193 Die BK-VO ist Ergänzung zu § 556 BGB. Es kann daher auf die grundlegende Darstellung in § 24 dieses Buches verwiesen werden. Grundsätzlich gilt die gesamte heutige Rspr. des BGH zur Abrechnung von Betriebskosten unter formellen und materiellen Gesichtspunkten.[69] Nach wie vor nicht für den geförderten Wohnungsbau gilt aber BGH WuM 2006, 684 = NZM 2007, 83 (zur Beweislastverteilung). Auch im Sozialen Wohnungsbau ist nach tatsächlicher Wohnfläche abzurechnen (BGH 16.1.2019 – VIII ZR 173/17, NZM 2019, 288).

194 Die Vorschriften der §§ 20 ff. NMVO enthalten einige vom freien Wohnungsbau abweichende Regelungen, die hier zu besprechen sind:

1. Umlagefähigkeit

195 Gemäß § 20 Abs. 1 NMVO hat der Vermieter Betriebskosten, die er umlegen will, nach Art und Höhe bei Überlassung der Wohnung bekannt zu geben. Maßgebender Zeitpunkt ist dabei der Abschluss des Mietvertrages.

196 Das geschieht nicht durch bloßen Verweis auf die BetrK-VO, sondern nur durch eine Aufzählung aller Betriebskosten, die umgelegt werden sollen.[70] Streit besteht nach wie vor darüber, was die Anforderung des § 20 Abs. 1 NMVO = „nach Art und Höhe bei Überlassung der Wohnung anzugeben" dem Vermieter für Pflichten aufbürdet. Die Rechtsprechung ist überwiegend der Auffassung, dass es ausreicht, die BK-Arten im Mietvertrag anzugeben und eine Vorauszahlung für alle Betriebskosten anzugeben (so die Mietabteilungen des AG Köln). Die andere Meinung verlangt vom Vermieter, dass dieser zu jeder BK-Art auch den Kostenanteil für die Wohnung im Mietvertrag angibt.[71]

197 Nach diesseitiger Auffassung ist der vorgenannte Passus nur eine Ergänzung zu § 29 NMVO. Nach dieser Vorschrift ist der Vermieter verpflichtet, dem Mieter auf Verlangen Auskunft über die Ermittlung und Zusammensetzung der zulässigen Miete zu geben und Einsicht in die WB und sonstige Unterlagen, die eine Berechnung der Miete ermöglichen, zu gewähren. Da die WB keine Betriebskosten angibt, bezieht sich diese Vorschrift nur noch auf die Kostenkaltmiete und die vereinbarten Zuschläge, während § 20 NMVO für die BK damit eine Ergänzung vornimmt. Sowohl eine Verletzung des § 29 NMVO wie eine des § 20 NMVO ist sanktionslos, allerdings kann der Mieter den Vermieter auf Auskunft verklagen und notfalls auch die Mietzahlung zurückhalten. Weitere Sanktionen, insbesondere die Nichtigkeit der Vereinbarung der Kostenmiete wie der Umlage der BK, sind nicht erkennbar, gerade im Hinblick auf § 8 WohnBindG, der die Vereinbarung der zulässigen Kostenmiete (das sind Kaltmiete + BK + Zuschläge) zulässt.[72]

198 Fazit: Sind die BK im Mietvertrag im Einzelnen angegeben und ist nur eine Vorauszahlung hierfür vereinbart, so ist diese Regelung wirksam. Der Mieter hat aber das Recht, die einzelnen Anteile an den verschiedenen BK zu erfragen. Dazu genügt es dann auch, ihm die letzte BK-Abrechnung für seine Wohnung vorzulegen.

199 Das OLG Oldenburg hat 1997 einen RE zu dieser Rechtsfrage abgelehnt, weil „nach einhelliger Ansicht" die Verletzung der Bekanntgabe mit der ersten Nebenkostenabrechnung geheilt wird.[73]

200 Auf die Betriebskosten darf der Vermieter auch ein Umlagenausfallwagnis aufschlagen, die Berechnungsformel lautet hier (§ 25a NMVO): Das Umlagenausfallwagnis darf 2 vom Hundert der im Abrechnungszeitraum auf den Wohnraum entfallenden Betriebskosten nicht überschreiten. Damit dürfen 2 % aufgeschlagen werden.

---

[69] Siehe auch BeckFormB MietR/Bister Form. C. X. 1 Anm. 1 ff.
[70] LG Köln WM 1991, 259.
[71] Sternel MietR Kap. III Rn. 380.
[72] Siehe hierzu auch Lützenkirchen NZM 2008, 630.
[73] OLG Oldenburg NJW-RR 1998, 12.

2. Aufteilung

a) **Umlagemaßstab.** Die Betriebskosten sind zwingend nach der Wohnfläche umzulegen, es sei denn, die §§ 20 ff. NMVO lassen einen anderen Maßstab zu oder schreiben ihn zwingend vor. 201

Wasser und Abwasser – Schmutzwasser – können gemäß § 21 NMVO auch nach einem anderen Maßstab umgelegt werden, zB nach der Anzahl der im Haus lebenden Personen. Wird der Wasserverbrauch allerdings durch eingebaute Wasseruhren erfasst, so ist zwingend nach abgelesenem Verbrauch abzurechnen. Dieser Zwang besteht aber nur, wenn alle Wohnungen mit Wasseruhren ausgestattet sind. Ansonsten hat der Mieter, nur in dessen Wohnung eine Wasseruhr vorhanden ist, keinen Anspruch auf eine verbrauchsabhängige Abrechnung.[74] 202

Die Kosten für **Heizung und Warmwasser** sind gemäß § 22 NMVO zwingend nach den Vorschriften der Heizkosten-VO abzurechnen. Für den Altbestand, der am 30.4.1984 die Kosten für Heizung und Warmwasser unaufgeteilt umlegte, bleibt diese Abrechnungsart auch weiterhin zulässig. 203

Die Kosten der **Müllabfuhr** können gemäß § 22a NMVO nach einem Maßstab umgelegt werden, der einer unterschiedlichen Müllverursachung Rechnung trägt. Das kann eine Aufteilung nach Personenzahl sein, aber auch eine Zuordnung einzelner Müllgefäße zu bestimmten Mietern, soweit diese Müllgefäße allein nutzen. 204

Die Kosten des Betriebs einer **zentralen Brennstoffversorgungsanlage** dürfen gemäß § 23 NMVO nur nach dem Brennstoffverbrauch umgelegt werden. 205

Die Kosten des Betriebs **maschineller Aufzüge** dürfen gemäß § 24 NMVO mit Einverständnis der Mieter auch nach einem anderen Maßstab als der Wohnfläche umgelegt werden. Der Wohnraum im Erdgeschoss kann auch von der Umlage befreit werden. 206

Für die Kosten des **Breitbandkabelnetzes** enthält § 24a NMVO zwei Umlagemaßstäbe. Betriebsstrom, regelmäßige Wartung und Entgelt für eine Verteileranlage sind nach Wohnfläche umzulegen, sofern nicht mit Zustimmung der (= aller) Mieter ein anderer Umlagemaßstab festgelegt wird. Die laufenden monatlichen Gebühren des Anschlusses sind dagegen zwingend zu gleichen Teilen auf die angeschlossenen Wohnungen zu verteilen. 207

Die Betriebs- und Instandhaltungskosten der **maschinellen Wascheinrichtung** nehmen eine Sonderstellung ein. Gemäß § 25 NMVO darf für diese Kosten keine Vorauszahlung genommen werden, die Kosten dürfen nur auf die Nutzer umgelegt werden, was idR durch Münzen erfolgt. Auch der Ansatz von Instandhaltungskosten ist zulässig. Die Erlöse aus dem Verkauf der Münzen sind zu verrechnen mit den Kosten der Waschanlage, also Strom, Wasser und Instandhaltung. Das Ergebnis der Verrechnung, gleich ob Überschuss oder Verlust, ist in die BK-Abrechnung aufzunehmen und nach Wohnfläche umzulegen. 208

b) **Verteilung bei gemischt genutzten Objekten.** § 20 Abs. 2 NMVO bestimmt, dass Betriebskosten, die nicht für Wohnraum angefallen sind, vorweg abzuziehen sind. Der BGH hat hierzu inzwischen entschieden, dass diese Regelung keine formellen Anforderungen stellt, sondern nur die materielle Seite der Abrechnung betrifft (BGH NZM 2012, 155). Damit hat sich der BGH auch hier dafür entschieden, dass die Abrechnung der Betriebskosten so einfach und übersichtlich sein soll, damit der Mieter sie ohne weiteres nachvollziehen kann. Formell ist eine Abrechnung der Betriebskosten also auch nach § 20 Abs. 2 NMVO in Ordnung, die keine Aufspaltung der Kosten in Gewerbe, freien Wohnraum und geförderten Wohnraum vornimmt. In materieller Hinsicht muss aber darauf Rücksicht genommen werden, dass der geförderte Wohnungsbau nicht mit Kosten belastet werden darf, die für den freien oder gewerblich genutzten Teil des Hauses und auf Garagen anfallen. 209

[74] BGH WuM 2008, 288 = NJW 2008, 1876 = NZM 2008, 444.

210 Wird der Abzug bei allen BK-Arten vorgenommen, so wird die Nebenkostenabrechnung sehr schnell unübersichtlich. Dem Mieter müsste begründet werden, nach welchem Maßstab die Aussonderung erfolgt und welche Betriebskosten davon betroffen sind. Das ist aber nicht notwendig. Für Betriebskosten, deren gewerblicher Anteil nicht festgestellt werden kann, sieht das Gesetz selbst die Ausnahme vor: diese Betriebskosten dürfen auf Wohnraum und Gewerbe im Verhältnis des umbauten Raumes oder der Wohn- und Nutzflächen aufgeteilt werden (§ 20 Abs. 2 S. 2 Hs. 2 NMVO). Es sind also nur die Betriebskosten vorweg auszusondern, die unterscheidbar für Gewerberaum, freien Wohnraum oder Garagen angefallen sind.

211 Eine vorherige Aussonderung ist möglich: Bei Geschäftsraum ein Prämienzuschlag zur Wohngebäudeversicherung oder Haushaftpflichtversicherung (Gaststätten!), bei einer Glasversicherung nur für den Gewerberaum.

212 Die Grundsteuer kann (nicht muss! Siehe BGH NJW-RR 2017, 1095) nach dem Verhältnis der Teileinheitswerte verteilt werden. Die Grundsteuer wird bestimmt aus dem Produkt von Steuermessbetrag und Hebesatz. Der Hebesatz wird durch Ratsbeschluss der Gemeinde festgesetzt, der Steuermessbetrag durch das örtlich zuständige Finanzamt. Der Steuermessbetrag ist wiederum das Produkt aus Einheitswert und Steuersatz. Während letzterer im Gesetz (BewG) festgelegt ist, wird der Einheitswert bestimmt nach den Mieteinnahmen. Hierfür ist ebenfalls das Finanzamt zuständig. Bei gemischt genutzten Häusern sind die Mieteinnahmen unterschiedlich hoch, es werden deshalb Teileinheitswerte für Gewerbe, für öffentlich geförderten Wohnraum, für freifinanzierten Wohnraum und auch für Garagen bestimmt. Damit lässt sich die Grundsteuer auch nach dem Verhältnis der Teileinheitswerte verteilen. Diese Verteilung führt meist zu prozentual anderen Anteilen als bei einer Umlage nach Fläche.[75]

213 Bei **Wasser** ist nach der Art des Gewerbes zu unterscheiden. Reine Büroräume dürften weniger Wasser verbrauchen als Wohnungen, eine Umlage nach Fläche oder Personenzahl ist danach zulässig, würde höchstens den Büromieter benachteiligen.

214 Bei verbrauchsintensiven Gewerben (Gaststätten, Wäschereien zB) verbietet sich eine pauschale Umlage nach Fläche. Eine Umlage nach Personenzahl erscheint bedenklich, weil auch hier der Verbrauch nur geschätzt werden könnte. Hier ist der Einbau eines Wasserzwischenzählers erforderlich, der den Wasserverbrauch messen kann. In Köln war und ist es üblich, dass die Bewilligungsstelle in solchen Fällen den Einbau von Wasserzwischenzählern bereits bei Genehmigung des Bauvorhabens verlangt.

215 **Abwasser** – Schmutzwasser – kann entsprechend des Wasserverbrauchs umgelegt werden. Abwasser – bebaute Fläche – ist dagegen, da verbrauchsunabhängig, nach der Fläche zu verteilen.

216 Kosten der **Müllabfuhr** sind meist trennbar. Entweder hat der Gewerbemieter mit dem örtlich zuständigen Abfallentsorgungsunternehmen einen eigenen Vertrag abgeschlossen und erhält also auf eigene Rechnung Müllgefäße, oder aber der Vermieter stellt dem Gewerbe nur für ihn zu nutzende Müllgefäße zur Verfügung. Bei reinen Büroräumen dürfte sich eine Sonderstellung wegen des geringen Müllaufkommens erübrigen.

217 **Garagen:** Die Problematik der Berücksichtigung von Garagen bei der Abrechnung von Betriebskosten ist bis heute nicht abschließend geklärt.

218 Nach einer verbreiteten Auffassung[76] sind Garagen als Zubehör zum Wohnraum (§ 42 II. BV) anzusehen und damit nicht bei der Verteilung der Betriebskosten zu berücksichtigen, wenn zu jeder Wohnung eine Garage gehört und vom Wohnungsinhaber genutzt wird. Ein Leerstand soll nicht schaden, auch nicht, wenn eine einzelne Garage fremd vermietet ist. Dieser Auffassung kann sich der Verfasser nicht anschließen.

219 Wie oben in → Rn. 10 f. unter dem Stichwort Besonderheiten ausgeführt, sind Garagen auf ganz unterschiedliche Weise bei der Ermittlung der Kostenmiete berücksichtigt

[75] Siehe dazu BeckFormB MietR/Bister Form. C. X. 4.
[76] Fischer-Dieskau/Pergande/Schwender zu § 42 II. BV Anm. 12.6.

worden. Danach hat sich auch zu richten, ob die Betriebskosten anteilig auf die Garagen zu verteilen sind.

220 Sind die Baukosten der Garagen in der WB enthalten und werden die Erträge aus der Vermietung der Garagen vom Gesamtaufwand abgezogen – und damit den Wohnungsmietern gutgebracht –, so führt ein Vergleich der Rechtslage bis 1984 und den Änderungen danach im Hinblick auf die §§ 20 ff. NMVO zu folgender Klärung: Bis 1984 waren fast alle Betriebskosten in der Kostenmiete enthalten und wurden anteilig nur auf die Wohnungsmieter umgelegt. Der auf die vorhandenen Garagen etwa anfallende Anteil an Betriebskosten wurde ausgeglichen durch Berücksichtigung der vollen Mieterträge dieser Garagen.

221 Die Neufassung der §§ 20 ff. NMVO hat zu einem ungewollten Bruch in diesem System geführt. Zwar wurden die Betriebskosten aus der Kostenmiete vollständig herausgenommen, die Erträge der Garagen blieben jedoch in voller Höhe in der Kostenkaltmiete. Da nun Garagenmieten Bruttomieten sind (Garagenmietverträge mit Aufteilung in Kaltmiete und NK-Vorauszahlung sind eher selten), wird mit der Zahlung der Garagenmiete auch der Anteil an den Betriebskosten mit abgegolten. Dieser Anteil kommt also den Wohnungsmietern zugute.

222 Die Lösung kann also für diesen Fall nur lauten: Die Garagen sind bei der Umlage von Betriebskosten nicht zu berücksichtigen, wenn sie mit Aufwand und Ertrag in die Berechnung der Kostenmiete für den Wohnraum einfließen.

223 Sind die Garagen jedoch bei der Ermittlung der Kostenmiete von Anfang an ausgegliedert, so sind die Garagen bei der Verteilung der Betriebskosten anteilig zu berücksichtigen.

224 Bei diesen „ausgegliederten" Garagen gelten obige Ausführungen zum Gewerberaum entsprechend. Problematisch ist allerdings der Verteilungsmaßstab. Fallen Betriebskosten nachweisbar nur für Garagen an, sind sie vorher auszusondern. Fallen sie für Wohnraum und Garagen an, so ist eine verhältnismäßige Verteilung notwendig. Die Nutzfläche der Garagen wie das Verhältnis der Garagenmieten zu den Wohnungsmieten sind geeignete Maßstäbe (siehe auch BGH NZM 2005, 61).

225 Bei der Grundsteuer nach Teileinheitswert aufzuteilen ist nicht zwingend.[77] Bei Versicherungen kommt es auf eine unterschiedliche Gefahrenklasse an, wenn danach die Prämie berechnet ist. Wasser und Abwasser können nur dann anteilig umgelegt werden, wenn Garagen über einen Wasseranschluss verfügen. Dasselbe gilt für Stromkosten.

226 Für den Vermieter besteht immer die Schwierigkeit, eine angemessene Verteilung der Betriebskosten vorzunehmen. Trotz der zwingenden Anordnung des § 20 Abs. 2 NMVO wird der Vermieter daneben immer auch eine Verteilung unter Berücksichtigung des § 315 BGB vorzunehmen haben.

227 **Wirtschaftseinheit:** Der Vermieter hat hier das Wahlrecht. Er kann die Betriebskosten hausbezogen oder für die Wirtschaftseinheit einheitlich abrechnen.

228 Umlegung von Heizkosten beim **Wärmecontracting:** Die Heizkosten-VO lässt die Umlage von Kosten bei fremdgewerblicher Lieferung von Heizenergie zu. Zu diesen Kosten gehören nicht nur die Kosten des Energieträgers, sondern auch Fixkosten, Arbeitslohn, Abschreibung und Gewinn. Im Falle des § 5 Abs. 3 NMVO (siehe oben Stichwort Wärmecontracting) setzt sich die zulässige Kostenmiete aber nach wie vor aus den eigentlichen Brennstoffkosten, Stromkosten, Emissionsmessgebühren, Wartung und Reinigung der Heizanlage und nun auch aus der in der Teil-WB berechneten Kostenmiete für die Heizanlage zusammen. Wenn weitere Kosten hätten angesetzt werden dürfen, wäre es nicht notwendig, die Kosten der Heizanlage in einer eigenen Teil-WB festzuschreiben. § 22 NMVO enthält insoweit keine entgegenstehende Regelung und ist mit § 5 Abs. 3 NMVO abgestimmt auszulegen.

229 Da nun die HK-VO eine Aufteilung der Kosten nach Heizverbrauch und Wohnfläche vorschreibt, fließen die Kosten der Teil-WB Heizung ebenfalls in diese Aufteilung. Damit wird vom Ergebnis her eine gleichartige Abrechnung wie beim originären

[77] BGH NJW-RR 2017, 1095.

Wärmecontracting erreicht, wenn auch nicht alle Kosten wie dort umlegbar sind. Die vorstehenden Vorschriften sind zwingend.

3. Jahresfrist

230 Über die Betriebskosten ist innerhalb eines Jahres nach Ablauf der Abrechnungsperiode in Schriftform (§ 20 Abs. 4 iVm § 4 Abs. 7 und 8 NMV und § 10 WoBindG) abzurechnen. Maßgebend für die Einhaltung der Frist ist der Zugang der Abrechnung beim Mieter. Für den Mieter läuft aber keine Jahresfrist für Einwendungen!

231 Entspricht die Abrechnung nicht den geringen formellen Anforderungen der BGH-Rspr., ist die Abrechnung formell unwirksam. Sie kann innerhalb der laufenden Jahresfrist jederzeit wiederholt werden.

232 Üblicherweise erfolgt die Abrechnung nach dem Leistungsprinzip: Alle für das Abrechnungsjahr bestimmte Rechnungen werden umgelegt, auch wenn die Zahlung nachträglich oder im Voraus erfolgte.

Beispiel:
Die Gebäudeversicherung für 2008 wird bereits im Dezember 2007 bezahlt, Sie ist einzustellen in die Abrechnung für 2008.

233 Nach BGH darf aber auch das Abflussprinzip zugrunde gelegt werden.[78]

Beispiel wie oben:
Die bezahlte Rechnung ist in der Abrechnung 2007 zu berücksichtigen, weil in diesem Jahr bezahlt.

234 Auch im geförderten Wohnungsbau ist die Wahl des Abrechnungsprinzips zulässig, da keine entgegenstehende Vorschrift vorhanden ist.

235 Nach Ablauf der Jahresfrist kann der Vermieter aus einer danach erstellten Abrechnung keine Forderungen mehr herleiten. Dem Mieter steht aber auch nach Ablauf der Jahresfrist das Recht zu, vom Vermieter die Abrechnung zu verlangen. Ein Guthaben ist an den Mieter auszuzahlen, mit Nachforderungen ist der Vermieter ausgeschlossen. Die Entscheidung des BGH,[79] wonach der Vermieter nach Ablauf der Abrechnungsfrist, die nicht geleisteten Vorauszahlungen weiterhin verlangen darf, ist auf den geförderten Wohnungsbau übertragbar.

236 Inzwischen hat der BGH in einer Vielzahl von Entscheidungen die Abgrenzung zwischen formeller Unwirksamkeit der Abrechnung und materiellen Fehlern der Abrechnung weitgehend geklärt. Diese Rspr. gilt auch für die Abrechnung nach § 20 NMV.

4. Erhöhung der Vorauszahlung

237 Ergibt sich aus der Jahresabrechnung eine nennenswerte Nachforderung zu Lasten des Mieters, so darf der Vermieter die Vorauszahlung auf die Betriebskosten in Schriftform erhöhen. Dies erfolgt in sinngemäßer Anwendung des § 10 WoBindG. Beizufügen ist hier allerdings nicht eine WB (das wäre sinnlos, weil die WB keine Betriebskosten ausweist), sondern die Betriebskostenabrechnung. Die Erhöhung kann mit der Abrechnung zusammen erfolgen, sie kann auch später nachgeholt werden Die Anhebung ist, auch wenn die jeweils zulässige Kostenmiete vereinbart ist, immer nur für die Zukunft zulässig (§ 20 Abs. 4 S. 2 NMVO).

VII. Die vorzeitige Rückzahlung der öffentlichen Mittel

1. Sozialer Wohnungsbau

238 Die vorzeitige Rückzahlung der öffentlichen Mittel ist – soweit der Darlehensvertrag nicht eine feste Mindestlaufzeit vorsieht – jederzeit möglich (§ 16 WoBindG). Die

[78] BGH WuM 2008, 285 = NJW 2008, 1300 = NZM 2008, 277; bestätigt NZM 2008, 403 = NJW 2008, 1801.
[79] BGH WuM 2007, 700.

vorzeitige Rückzahlung führt aber nicht dazu, dass das Haus sofort aus der Bindung entlassen ist. Die Unterscheidung, ob das Gebäude in einem Gebiet mit erhöhtem Wohnbedarf liegt (dann immer Nachbindung) oder in einem Gebiet ohne erhöhtem Wohnbedarf (dann uU Nachbindung), ist 1990 aufgehoben worden zugunsten einer generellen Nachbindung von 10 Jahren. Diese Frist beginnt nur zu laufen, wenn alle öffentlichen Mittel vorzeitig und freiwillig zurückgezahlt werden. Gerechnet wird die Frist ab dem Schluss des Jahres, in dem die Mittel zurückgezahlt worden sind (Eingang beim Darlehensgeber).

Beispiel 1:
Rückzahlung am 23.2.2012 bei der Stadt, am 24.3.2012 beim Land. Die Nachfrist beginnt am 1.1.2013 und endet am 31.12.2022.

Beispiel 2:
Rückzahlung 20.12.2012 bei der Stadt, am 26.12.2012 beim Land; die Frist beginnt ebenfalls am 1.1.2013.

Würden die öffentlichen Darlehen bei planmäßiger Tilgung aber schon vor Ablauf der 239
10 Jahre getilgt, so läuft die Nachbindung nur bis zu diesem Zeitpunkt.

Beispiel 3:
Wie vor. Die Mittel wären planmäßig aber schon am 31.12.2017 getilgt gewesen. Die Nachbindung endet ebenfalls mit diesem Tag.

Wichtig: Die Nachbindung beginnt erst, wenn alle öffentlichen Darlehen zurück- 240
gezahlt sind (§ 18 Abs. 6 WoBindG).

Wurden pro Wohnung öffentlicher Gelder von nicht mehr als durchschnittlich 241
1.550,00 EUR bewilligt, so endet die Bindung sofort mit der Rückzahlung (§ 16 Abs. 2 WoBindG). Hat der öffentliche Darlehensgeber die Mittel fristlos gekündigt, so läuft eine 12-jährige Nachbindung (§ 15 Abs. 1 WoBindG). Im Falle der Zwangsversteigerung endet die Nachbindung 3 Jahre ab Ende des Jahres, in dem der Zuschlag erfolgte, wenn die Grundpfandrechte der öffentlichen Mittel mit dem Zuschlag erloschen sind (§ 17 WoBindG). Während der Nachbindung gelten alle Vorschriften des WoBindG weiterhin uneingeschränkt.

2. Bei Wohnungsfürsorgemitteln

Die §§ 15 ff. WoBindG gelten hier nicht, da keine Verweisung in den §§ 87a und b 242
II. WoBauG vorliegt. Maßgebend sind also allein die vertraglichen Vereinbarungen. Üblich ist die Vereinbarung eines zeitlich festgelegten Belegungsrechts zugunsten des öffentlichen Darlehensgebers. Werden diese Darlehen – soweit eine Mindestlaufzeit nicht vereinbart ist – vorzeitig abgelöst, so endet die Bindung aber erst, wenn auch das Belegungsrecht ausläuft (§ 87a Abs. 4 II. WoBauG).

Beispiel 1:
Das Belegungsrecht ist für einen Zeitraum bis zum 31.12.2017 vereinbart. Die Mittel werden 2009 vorzeitig und freiwillig zurückgezahlt. Die Bindung endet 31.12.2017.

Beispiel 2:
wie vor, die Mittel werden aber erst am 30.12.2018 vorzeitig zurückgezahlt. Die Bindung endet ebenfalls am 30.12.2018.

3. Sonstige öffentliche Förderung

Beim 2. Förderweg läuft die Bindung bis zum Ende des vereinbarten Förderungs- 243
zeitraumes, also grundsätzlich 15 Jahre. Werden die öffentlichen Darlehen vorzeitig vollständig zurückgezahlt, so endet die Bindung sofort (§ 88c Abs. 3 II. WoBauG). Wird auf die restliche Auszahlung des Aufwendungsdarlehens verzichtet, so verringert sich die Bindungszeit um den Zeitraum, für den der Darlehensrestbetrag vorgesehen war, allerdings nicht um mehr als 3 Jahre.

Verzichtet der Bauherr auf die weitere Auszahlung von Aufwendungszuschüssen, so 244
endet die Bindung, sobald die bereits gewährten Zuschüsse den Aufwand nicht mehr

verringern (§ 88c Abs. 3 II. WoBauG). Beim 3. Förderweg gelten die Bestimmungen des Darlehensvertrages (§ 88d II. WoBauG).

4. Wohnungseigentum

245 a) **Vermietet.** Es gilt § 16 WoBindG, also die Nachbindung von 10 Jahren bei Sozialeigentumswohnungen; bei anderweitiger Förderung gelten die obigen Ausführungen unter 3. entsprechend.

246 b) **Selbstgenutzt.** Bei der geborenen Eigentumswohnung endet die Bindung mit dem Tag, an dem alle öffentlichen Mittel zurückgezahlt sind (§ 16 Abs. 5 S. 1 WoBindG).

247 Bei einer umgewandelten Eigentumswohnung endet die Bindung nur dann sofort mit der Rückzahlung, wenn der Eigentümer zum Bewohnen berechtigt ist im Sinne der §§ 20–24 WoFG (§ 16 Abs. 5 S. 3 WoBindG). Ist der selbst nutzende Eigentümer kein berechtigter Bewohner, gilt die 10-jährige Nachbindung.

Beispiel 1:
Der Eigentümer ist als Mieter in diese Wohnung mit WBS eingezogen und hat sie nach der Umwandlung gekauft und die Mittel beim Kauf abgelöst. Dieser Eigentümer ist ein berechtigter Bewohner der Wohnung, mit der Rückzahlung endet die Bindung.

Beispiel 2:
Die umgewandelte Eigentumswohnung ist vom Mieter geräumt worden, der Käufer zieht selbst ein und löst bei Kauf die Mittel ab. Der Käufer ist ein unberechtigter Bewohner, die Wohnung ist nach wie vor gebunden und er hätte einen WBS zum Bezug der Wohnung haben müssen. Es gilt die 10-jährige Nachbindung. Dieser Käufer kann jedoch einen WBS auch noch nachträglich beantragen. Bekommt er ihn, so endet die Bindung mit diesem Tag.

248 c) **Eigenheim.** Die unter → b) genannten Grundsätze gelten auch für das selbstgenutzte Eigenheim, welches der Bauherr veräußert. Der Käufer benötigt grundsätzlich einen WBS, um das Haus rechtmäßig beziehen zu dürfen. Es empfiehlt sich deshalb, dass der Verkäufer zunächst die öffentlichen Mittel vorzeitig ablöst und dann das aus der Bindung entlassene Eigenheim veräußert.[80]

249 d) **Zwangsversteigerung.** Die Bindung erlischt sofort mit dem Zuschlag, wenn die Grundpfandrechte der öffentlichen Mittel mit dem Zuschlag erloschen sind (§ 17 Abs. 1 S. 1 WoBindG).

VIII. Mieterhöhung zum Ende der öffentlichen Bindung

1. Anzuwendende Vorschriften

250 Mit dem Ende der Bindung geht die vermietete Wohnung in den freien Wohnungsmarkt über. Die vom Mieter bisher verlangte Kostenkaltmiete wird zur Kaltmiete.

251 Die bisherige Mietstruktur bleibt bestehen. Wurde also die Kostenmiete wirksam umgestellt auf Kostenkaltmiete und BK-Vorauszahlung, so bleibt diese Struktur.[81] Wurde keine Umstellung vorgenommen, so hat der Mieter jetzt eine Teilinklusivmiete zu zahlen, die Betriebskosten, die vorher umgelegt wurden, können auch weiterhin umgelegt werden.[82] Um die Vorteile einer Kaltmiete mit voll umlegbaren Betriebskosten zu haben, ist es ratsam, die Kostenmiete noch vor Ablauf der Bindung umzustellen. Nur während der Bindung ist dies zulässig, da § 25b NMVO die entsprechende Berechtigung gibt. Im freien Wohnungsbau gibt es für eine einseitige Änderung der Kostenstruktur keine gesetzliche Ermächtigung außer in § 556a Abs. 2 BGB.

[80] So jetzt auch BVerwG NJW 2004, 173 = WuM 2003, 697 = NZM 2004, 267.
[81] BGH NZM 2010, 736.
[82] AG Dortmund WM 1989, 333; BGH NZM 2010, 736.

2. Zeitpunkt der Erhöhung

Die Mieterhöhung nach § 558 BGB (früher § 2 MHG) darf noch während der Bindung ausgesprochen werden für den 1. Tag nach Ende der Bindung.[83] 252

Beispiel:
Ablauf der Bindung 31.12.2012; Mieterhöhungserklärung zulässig im Oktober 2012 zum 1.1.2013.

3. Kappungsgrenze und Fehlbelegungsabgabe

Für die Mieterhöhung gelten alle Voraussetzungen, also auch die Einhaltung der Kappungsgrenze und die Jahressperrfrist. Vorangegangene Mieterhöhungen zurzeit der Bindung werden dabei nach den §§ 558 ff. BGB (früher §§ 2–5 MHG) bewertet.[84] 253

Beispiel 1:
Ablauf der Bindung 31.12.2018, Miete 6,50 EUR, letzte Mieterhöhung wegen Anhebung der Pauschalen für Verwaltung und Instandhaltung zum 1.1.2017 in Höhe von 0,08 EUR. Diese Mieterhöhung wird als Mieterhöhung nach § 558 BGB gewertet, für die Kappungsgrenze ist also von der Miete am 1.1.2016 = 6,42 EUR auszugehen, das führt bei 15 % Kappungsgrenze (zB in Köln) zu einer neuen Miete von 7,38 EUR, bei 20 % Kappungsgrenze zu 7,70 EUR.

Beispiel 2:
Ablauf der Bindung wie vor, aber keine Mieterhöhung zum 1.1.2017, also Miete 6,42 EUR. Stattdessen Einbau isolierverglaster Fenster zum 1.1.2018 mit einer Mieterhöhung von 0,76 EUR, Miete bei Ablauf der Bindung also 6,42 EUR + 0,76 EUR = 7,18 EUR. Die Mieterhöhung in 2018 wird als solche nach § 559 BGB angesehen, sodass nach § 556 Abs. 1 S. 3 BGB zu rechnen ist 6,42 EUR + 15 % Kappungsgrenze = 7,38 EUR + 0,76 EUR Modernisierungszuschlag = 8,14 EUR neue Miete. Darüber hinaus muss diese neue Miete im Rahmen der Mietspiegelwerte liegen.

So ist auch zu rechnen, wenn die Modernisierung nicht durch einseitige Mieterhöhung durchgesetzt worden ist, sondern auf einer Vereinbarung der Mietparteien beruht.[85] Für den geförderten Wohnungsbau ist dabei allerdings zu berücksichtigen, dass die vereinbarte Mieterhöhung nicht höher sein darf als die gesetzlich zulässige Mieterhöhung. In welcher Höhe diese zulässig ist, entscheidet letztlich das zuständige Wohnungsamt, denn jede Modernisierungsmaßnahme bedarf – wenn sie zu einer Erhöhung der Kostenmiete führen soll – der Zustimmung dieses Amtes (§ 6 NMV). Eine Vereinbarung, die darüber hinaus ginge, wäre deshalb unwirksam (§ 8 WoBindG). 254

Beispiel 3:
Wie vor, das erststellige private Darlehen ist 2015 planmäßig getilgt. Wegen des Einfrierungsgrundsatzes bleibt der Kostenansatz in der Kostenkaltmiete bestehen, diese verringert sich also nicht. Nach dem früher geltenden § 5 Abs. 3 S. 2 MHG musste der Wegfall aber berücksichtigt werden. Wegen des zum Sozialen Wohnungsbau bestehenden unüberbrückbaren Widerspruchs findet diese Vorschrift aber keine Anwendung.[86]

Beispiel 4:
Wie vor, der Zins des weiterhin vorhandenen erststelligen Darlehens hat sich aber zum 1.1.2018 erhöht, wodurch die Kostenmiete von 6,42 EUR auf 6,75 EUR gestiegen ist. Die Mieterhöhung darf in diesem Fall nur von 6,42 EUR ausgehend um 15 %/20 % erhöht werden.[87]

Zahlt der Mieter eine Fehlbelegungsabgabe, so kann die Kappungsgrenze überschritten werden. Es gelten allerdings folgende Einschränkungen: 255

Der Mieter muss noch bis zum Ablauf der Bindung diese Fehlbelegungsabgabe zu bezahlen haben. Bisherige Kostenkaltmiete + Fehlbelegungsabgabe dürfen die Vergleichsmiete nicht überschreiten. (Achtung: in vielen Bundesländern (NRW seit 1.1.2006) wird keine Fehlbelegungsabgabe mehr erhoben). 256

---

83 OLG Hamm NJW 1981, 234; KG NJW 1982, 2077.
84 OLG Hamm WM 1990, 538.
85 BGH WuM 2004, 344 = NJW 2004, 2088 = NZM 2004, 456.
86 OLG Hamm WM 1990, 333.
87 BGH WuM 2004, 345 (348) = NZM 2004, 545 (735).

Beispiel 1 (ohne Fehlbelegungsabgabe):
6,50 EUR Kostenkaltmiete zum 31.12.2018, keine Mieterhöhung in den letzten drei Jahren, nach Mietspiegel Vergleichsmiete 8,75 bis 9,80 EUR.
Mieterhöhung zulässig 6,50 EUR + 20 % = 7,80 EUR (bei 15 % = 7,48 EUR). Da dieser Betrag weit unter der Vergleichsmiete liegt, ist die Mieterhöhung gerechtfertigt.

Beispiel 2:
Wie vor, aber Fehlbelegungsabgabe von 3,00 EUR. Mieterhöhung danach 6,50 EUR + 3,00 EUR = 9,50 EUR. Dieser Betrag liegt noch innerhalb der Vergleichsmiete, aber am oberen Rand. In diesem Fall sollte der Vermieter begründen, warum diese Miete gerechtfertigt ist.

Beispiel 3:
Miete 6,50 EUR, Fehlbelegungsabgabe 3,50 EUR. Eine Mieterhöhung von 6,50 EUR + 3,50 EUR führt zu einer neuen Miete von 10,00 EUR. Dieser Betrag liegt aber außerhalb der Vergleichsmiete und ist damit nicht gerechtfertigt. Die Fehlbelegungsabgabe kann also hier nicht voll ausgeschöpft werden.

Beispiel 4:
6,50 EUR Miete, 1,00 EUR Fehlbelegungsabgabe. Die Summe beider Beträge führt zu einer Miete von 7,50 EUR. Bei Anwendung der Kappungsgrenze von 20 % erreicht man aber eine Miete von 7,80 EUR. Der Vermieter hat hier ein Wahlrecht, er kann die für ihn günstigere Alternative wählen. Bei einer Kappungsgrenze von 15 % kommt man zu einer Mieterhöhung von 7,48 EUR, hier ist der Zuschlag der Fehlbelegungsabgabe für den Vermieter günstiger, aber auch hier könnte er wählen.

Muster eines Mieterhöhungsverlangens:
257 Hiermit bitten wir Sie um Zustimmung zu einer Mieterhöhung ab dem 1.1.2019 gemäß 558 BGB. Sie zahlen seit dem 1.1.2016 eine Kostenkaltmiete von 350,00 EUR, das sind bei einer Wohnungsgröße von 60 m2 5,83 EUR/m2 im Monat. Ihre Wohnung ist laut Mietspiegel der Stadt Köln von Januar 2017 wie folgt einzuordnen: Gruppe 2 (bezugsfertig 1963), mittlere Wohnlage, Wohnungen um 60 m2, Ausstattungsgruppe 2 (mit Heizung, Bad/WC). Für diese Wohnungen nennt der Mietspiegel Vergleichsmieten von 7,10 bis 9,30 EUR. Unter Berücksichtigung der Kappungsgrenze darf eine Mieterhöhung von 15 % vorgenommen werden, das sind also 350,00 EUR + 15 % = 402,50 EUR = 6,71 EUR/m2. Dieser Mietbetrag liegt weit unter der Vergleichsmiete und ist deshalb gerechtfertigt. Sie zahlen aber eine Fehlbelegungsabgabe von monatlich 240,00 EUR, das sind bei 60 m2 4,00 EUR/m2. Wir sind berechtigt, als Mieterhöhung diesen Betrag zu verlangen, wenn die Vergleichsmiete dadurch nicht überschritten wird, also 5,83 EUR + 4,00 EUR = 9,83 EUR. Diese Miete liegt bereits oberhalb der Vergleichsmiete und wird deshalb begrenzt auf 8,70 EUR = 522,00 EUR. Diese Miete liegt im mittleren Drittel der Vergleichsmiete und ist damit gerechtfertigt. Wir bitten deshalb um Zustimmung zu einer Mieterhöhung von derzeit 350,00 EUR auf dann 522,00 EUR ab dem 1.1.2019. Hinzu kommen wie bisher die Vorauszahlungen auf die Betriebskosten mit monatlich 150,00 EUR, neue Gesamtmiete also 672,00 EUR. Die Zustimmung ist von Ihnen bis zum 31.12.2018 schriftlich zu geben. Sie können hierzu das beigefügte Doppel unterschreiben und uns zurückgeben. Geht Ihre Zustimmung nicht ein, verlangt das Gesetz, dass wir die Zustimmung einklagen müssen, anderenfalls wir die Rechte aus diesem Erhöhungsverlangen verlieren.[88]

4. Auskunftsanspruch § 558 Abs. 4 BGB

258 Der Vermieter kann 4 Monate vor Ablauf der Bindung vom Mieter Auskunft verlangen, ob und in welcher Höhe dieser eine Fehlbelegungsabgabe bezahlt. Es ist zweckmäßig, dem Mieter hierfür eine Frist zu setzen, damit noch im Oktober die Mieterhöhungserklärung abgegeben werden kann.

Beispiel:
Ende dieses Jahres läuft die Bindung des Hauses ab. Ich werde Ihnen im Oktober ein Mieterhöhungsverlangen zum 1.1. zuschicken. Dazu bitte ich um Ihre Auskunft, ob und in welcher Höhe Sie derzeit eine Fehlbelegungsabgabe bezahlen. Ich verweise insoweit auf § 558 Abs. 4 BGB. Ich bitte um Antwort bis zum 30.9.

259 Gibt der Mieter die Auskunft, so kann der Vermieter im Oktober das Mieterhöhungsverlangen fristgerecht abgeben. Es sind alle Formalien des § 558 BGB zu beachten. Probleme ergeben sich aber, wenn der Mieter schweigt.

260 § 558 Abs. 4 BGB gibt dem Vermieter ein Recht auf Auskunft und damit auch das Recht zu einer entsprechenden Auskunftsklage. Diese ist an sich unproblematisch, doch die Vollstreckung umso mehr. Es handelt sich um eine unvertretbare Handlung, die also nur der Mieter erbringen kann. Schweigt der Mieter weiterhin, kann sich die Vollstre-

[88] Nach der Rspr. muss die Überschreitung des Mittelwertes nicht begründet werden. Der Kölner Mietspiegel ist kein qualifizierter Mietspiegel.

ckung hinziehen. Unterdessen ist der Vermieter gezwungen, um die Fristen einzuhalten, die Mieterhöhung zunächst ohne Berücksichtigung einer Fehlbelegungsabgabe durchzuführen.

Gibt der Mieter dann irgendwann später die Auskunft, so steht dem Vermieter als 261
Schadensersatzanspruch das Recht zu, vom Mieter rückwirkend ab Mieterhöhungsbeginn die um die Fehlbelegungsabgabe erhöhte Miete verlangen zu dürfen, das ist ein Schadensersatzanspruch in Geld, für die Zukunft schuldet der Mieter die um die Fehlbelegungsabgabe erhöhte Miete. Diesen Schadensersatz muss der Vermieter aber notfalls wiederum einklagen. Insgesamt drohen also drei Klagen: Auskunftsklage, Klage auf Zustimmung zur Mieterhöhung und Schadensersatzklage.

Die Rechtsprechung hat einen weitaus kürzeren Weg anerkannt: Der schweigsame 262
Mieter wird vom Vermieter so behandelt, als zahle er die höchste Fehlbelegungsabgabe. Dementsprechend darf dann auch das Mieterhöhungsverlangen begründet werden. Der Mieter kann dann während der Zustimmungsfrist immer noch sein Schweigen brechen und die zutreffende Höhe seiner Fehlbelegungsabgabe mitteilen. Schweigt er aber auch bis zum Ablauf der Zustimmungsfrist, so kann der Vermieter entsprechend seinem Erhöhungsverlangen auch Klage erheben. Auch in diesem Verfahrensstadium kann der Mieter seine Auskunft noch nachholen, jetzt allerdings mit der Konsequenz, dass er die vollen Prozesskosten übernehmen muss, wenn seine Fehlbelegungsabgabe geringer ist.[89]

Dieser Weg, der 2 Prozesse und eine langwierige Zwangsvollstreckung erspart, ist nur 263
deshalb begehbar, weil die Einhaltung der Kappungsgrenze, um die es hier geht, keine formelle Voraussetzung für ein wirksames Mieterhöhungsverlangen ist, sondern nur die Höhe des materiellen Anspruchs betrifft.[90] Weitere Voraussetzung ist, dass der Vermieter den Mieter im Auskunftsverlangen ausdrücklich darauf hinweist, dass sein Schweigen dahin interpretiert wird, dass er die höchste Fehlbelegungsabgabe bezahlt. Wenn der Mieter dann tatsächlich keine Auskunft gibt, so wird von Seiten des Vermieters nichts „ins Blaue hinein" unterstellt. Da der Vermieter Anspruch auf Auskunft hat, darf das Schweigen des Mieters in diesem Sinne ausgelegt werden. Zu berücksichtigen dabei ist auch, dass der Mieter gegenüber der für die Festsetzung der Fehlbelegungsabgabe zuständigen Behörde ebenfalls keine Angaben über die Höhe seines Einkommens machen muss. In diesem Fall wird ihm unterstellt, dass er die Einkommensgrenze weit übersteigt, es wird auf sein Schweigen hin die Höchststufe der Fehlbelegung festgesetzt. Dem Mieter ist also daraus bekannt, dass sein Schweigen eine für ihn nachteilige Rechtsfolge auslöst.

5. Vereinbarung einer Staffelmiete

Gerade wenn ein Mieterwechsel in den letzten zwei Jahren vor Ablauf der Bindung 264
stattfindet, wäre ein einfacherer Weg die Vereinbarung einer Staffelmiete. Eine solche kann noch während der Bindungszeit vereinbart werden. Zu beachten ist lediglich, dass die Anfangsmiete nicht höher als die zulässige Kostenmiete sein darf und dass sie mindestens 1 Jahr und bis zum Ablauf der Bindung unverändert bleiben muss.[91]

IX. Umwandlung in Wohnungseigentum

1. Verfahren

Auch Sozialwohnungen können jederzeit in Eigentumswohnungen umgewandelt 265
werden. Insoweit gibt es keine weitergehenden Beschränkungen als bei freien Wohnungen.

[89] LG Köln MDR 1998, 1282.
[90] BayObLG NJW-RR 1988, 721.
[91] BGH WuM 2004, 28 = NZM 2004, 135.

266 Gerade zum Schutz der Sozialmieter hat § 2 WoBindG iVm § 32 Abs. 3 WoFG (früher in § 2a WoBindG geregelt) den Vermieter verpflichtet, der Bewilligungsbehörde umgehend die Umwandlung in Wohnungseigentum mitzuteilen. Siehe § 21 WFNG.

267 Diese Mitteilung sollte nicht vergessen werden oder verspätet oder unvollständig erfolgen. Die Verletzung dieser Verpflichtung führt einmal zu einer Geldleistung in Höhe von bis zu 5,00 EUR je qm im Monat gemäß § 33 WoFG/§ 21 WFNG. Außerdem ist der Verstoß bußgeldbewehrt mit Geldbuße bis zu 2.500,00 EUR gemäß § 52 WoFG/§ 26 WoBindG/§ 27 WFNG.

268 Dagegen ist die früher in § 2a WoBindG vorgeschriebene Pflicht der Bewilligungsstelle, den Mieter über den Verkauf einer Eigentumswohnung oder die Aufteilung in Wohnungseigentum zu unterrichten, ersatzlos fortgefallen. Stattdessen gelten hier nun die Vorschriften der §§ 577 ff. BGB. Diese verpflichten nur den Vermieter zur Mitteilung und nur für den Fall eines Verkaufs der in Wohnungseigentum umgewandelten Wohnung.

269 Die Bildung von Wohneigentum tangiert die Kostenmiete. Die Umwandlung wird als Änderung der Wirtschaftseinheit nach § 5a NMVO angesehen, es ist also für jede umgewandelte Wohnung eine neue Kostenmiete zu berechnen. Die Genehmigung durch die Bewilligungsbehörde ist in § 5a Abs. 3 NMVO vorgesehen, dieser Teil der Vorschrift war aber vom BVerwG als mit der Ermächtigung des WoBindG nicht vereinbar für unwirksam angesehen worden.[92] Diese Entscheidung ist inzwischen überholt, denn es ist nun die Genehmigungspflicht zusätzlich auch im WohnBindG geregelt worden (§ 8b Abs. 3 WohnBindG).

270 Die Einschaltung der Bewilligungsstelle ist schon deshalb erforderlich, weil die Wohnungen mit unterschiedlich hohen öffentlichen Darlehen gefördert gewesen sein können, sodass eine Aufteilung der Darlehen nach Wohnfläche nicht richtig ist und zu unzutreffenden neuen Kostenmieten nach § 8 WoBindG führen kann.

271 Die neu ermittelte Kostenmiete kann vom Zivilgericht in vollem Umfang überprüft werden.[93]

272 Wird die umgewandelte Eigentumswohnung verkauft, so hat der Verkäufer der Bewilligungsstelle dies unverzüglich mitzuteilen (§ 2 WohnBindG iVm § 32 Abs. 3 WoFG). Die Unterlassung der Mitteilung oder die verspätete oder unvollständige Mitteilung sind auch hier nach § 52 WoFG/§ 26 WoBindG bußgeldbewehrt. Außerdem droht auch eine Geldstrafe nach § 33 WoFG in NRW; §§ 21, 27 WFNG.

Der Mieter hat folgende Rechte:

2. Vorkaufsrecht § 577 BGB (früher in § 2b WohnBindG geregelt)

273 Dieses Vorkaufsrecht wurde bis zur Änderung des WohnBindG zum 1.1.2002 in § 2b WohnBindG für den geförderten Wohnungsbau geregelt. Durch der Gesetzesänderung sind die §§ 2a und 2b WohnBindG ersatzlos fortgefallen. Dadurch sind Mieter einer geförderten Wohnung aber nicht rechtlos geworden. Für sie gelten nun dieselben Vorschriften wie für Mieter freier Wohnungen. Damit kommt § 577 BGB zur Anwendung.

274 Das Vorkaufsrecht besteht nur beim erstmaligen Verkauf nach Umwandlung, dazu gehört auch die Zwangsversteigerung.[94] Ungeschützt ist der Mieter bei einer Schenkung[95] und bei der privilegierten Veräußerung an Familienangehörige[96] Anwendbar ist die Vorschrift auch bei Realteilung des mit Einfamilienwohnhäusern bebauten Grundstücks.[97]

275 Der Mieter hat gemäß § 577 BGB iVm den Vorschriften des Vorkaufsrechts, hier § 469 Abs. 2 BGB, 2 Monate Zeit, sich zu entscheiden. Seine Erklärung, das Vorkaufs-

[92] BVerwG WM 1998, 671.
[93] OLG Hamburg WM 1991, 152.
[94] BGH NZM 1999, 629.
[95] OLG Zweibrücken NJW-RR 2000, 94.
[96] BGH WuM 2007, 464 = NJW 2007, 2699.
[97] BGH NJW 2008, 2257 (bedenklich siehe Drasdo NJW spezial 2008, 481).

recht auszuüben, bedarf der Schriftform (§ 577 Abs. 3 BGB). Ergänzend ist auf § 48 dieses Buches hinzuweisen.

Dieses Vorkaufsrecht ist allerdings nur obligatorisch ausgestaltet, und nicht dinglich abgesichert. Es wäre wohl besser gewesen, dem Mieter das dingliche Vorkaufsrecht nach §§ 1094 ff. BGB zu gewähren, in diesem Fall wäre der Mieter umfassend geschützt gewesen. 276

Der Mieter ist damit ziemlich ungeschützt gegenüber bösgläubigem Verhalten von Verkäufer und Käufer, die das Vorkaufsrecht unterlaufen wollen. Das kann geschehen durch fehlende, durch zu späte oder durch unvollständige Unterrichtung. Wenn der Käufer erst einmal im Grundbuch eingetragen ist, kann das Vorkaufsrecht nicht mehr zum Erfolg führen. Dem Mieter stehen dann nur noch Schadensersatzansprüche aus § 242 BGB und wohl auch aus §§ 823, 826 BGB zu.[98] 277

Die Berechnung des eingetretenen Schadens kann erfolgen durch Vergleich des Kaufpreises mit dem tatsächlichen Wert des Objekts. Möglich ist auch ein Vergleich, ob der Mieter sich mit einer Kaufpreisfinanzierung besser gestanden hätte als mit der weiterhin zu zahlenden Miete.[99] 278

Als einziges Sicherungsmittel erscheint hier, sich nicht zu lange mit der Entscheidung über das Vorkaufsrecht Zeit zu lassen, sondern dieses unverzüglich auszuüben. Auch kann der Mieter durch Einstweilige Verfügung eine Vormerkung ins Grundbuch eintragen lassen.[100] 279

3. Kündigungsschutz nach § 577a BGB

Dieser Kündigungsschutz ist – im Gegensatz zum Vorkaufsrecht – sehr stark ausgebildet. Er war bis zum 31.12.2001 in § 6 Abs. 7 WohnBindG geregelt. Auch diese Vorschrift ist fortgefallen. Geregelt ist dieser Kündigungsschutz jetzt in § 2 WoBindG iVm § 32 Abs. 3 WoFG/§ 21 WFNG und § 577a BGB. Der Mieter ist vor Eigenbedarfskündigungen des Erwerbers der umgewandelten Eigentumswohnung iSd § 573 BGB (früher § 564b Abs. 2 Nr. 2 BGB) geschützt bis zum Ablauf der Bindung. Löst der Erwerber also die öffentlichen Mittel nicht ab, so läuft der Kündigungsschutz bis zur planmäßigen Tilgung dieser Mittel. Werden die öffentlichen Mittel vor oder bei Verkauf abgelöst, so läuft der Kündigungsschutz bis zum Ablauf der Nachbindung. 280

Darüber hinaus kann das jeweilige Bundesland gemäß Abs. 2 des § 577a BGB eine verlängerte Sperrfrist von bis zu 10 Jahren anordnen. Die meisten Bundesländer hatten eine solche Regelung getroffen. Ob diese noch besteht oder verlängert wurde, ist jeweils zu überprüfen. In NRW (KündigungssperrfristVO von 2020) läuft diese Sperrfrist von 5 Jahren für viele kreisangehörige Gemeinden bis 30.6.2025. Die entsprechende VO für das Land Berlin wurde als wirksam anerkannt (BGH 22.6.2022 – VIII ZR 356/20, NZM 2022, 653). 281

Zu beachten ist, dass die Sperrfrist wie im freien Wohnungsbau ab dem erstmaligen Verkauf der Wohnung zu laufen beginnt. 282

Beispiel:
Verkauf der Wohnung 1.8.2008, Ende der Bindung 31.12.2014. Wegen Eigenbedarfs ist eine Kündigung bis zum Ablauf der Bindung nach § 21 Abs. 7 WFNG nicht zulässig. Gilt für das Gebiet eine längere Sperrfrist, so läuft diese anteilig so lange, bis zB 10 Jahre ab Verkauf erreicht sind.
Die Kündigung für eine Pflegeperson des Vermieters ist laut BGH (NZM 2009, 430) zulässig, weil es sich nicht um eine Eigenbedarfskündigung handelt.

Zur Beachtung: Eine nicht umgewandelte geförderte Wohnung kann vom Vermieter wegen Eigenbedarf gekündigt werden, ohne dass eine Sperrfrist besteht. Neben den für den freien Wohnungsbau geltenden Voraussetzungen muss der Vermieter aber auch einen Wohnberechtigungsschein für konkret diese von ihm gewünschte Wohnung 283

---

[98] BGH WuM 2004, 211 zum Fall der unvollständigen Unterrichtung.
[99] BGH WuM 2004, 211.
[100] OLG München NJW-RR 1999, 1314.

erhalten und bei Ausspruch der Kündigung auch bereits innehaben. Ansonsten ist die Kündigung unwirksam (siehe zB § 17 Abs. 7 WFNG).

X. Verstöße gegen die öffentliche Bindung

1. Allgemein

284 Öffentlich geförderter Wohnraum unterliegt der Mietpreisbindung und steht dazu nur bestimmten Bevölkerungsgruppen zur Verfügung. Der Vermieter kann in mannigfaltiger Weise hiergegen verstoßen. Diese Verstöße führen zu einer im Mietrecht ansonsten seltenen Konstellation der widerstreitenden Interessen. Der Vermieter sieht sich nicht nur etwaigen Ansprüchen seines Mieters ausgesetzt, sondern auch Maßnahmen der Bewilligungsstelle. Der Vermieter muss also an „zwei Fronten" kämpfen.

285 Die Auseinandersetzung mit dem Mieter ist vor dem Zivilgericht auszutragen, es handelt sich um eine Mietrechtsstreitigkeit. Die Auseinandersetzung mit der Bewilligungsstelle ist, soweit der Bestand der öffentlichen Darlehen betroffen ist, ebenfalls zivilrechtlicher Natur. Soweit Maßnahmen nach § 25 WoBindG erlassen werden, ist der Verwaltungsrechtsweg gegeben. Da viele Verstöße außerdem bußgeldbewehrt sind, ist auch der Rechtsweg des OWiG zu beachten, siehe § 27 WFNG.

2. Mietpreisüberhöhung

286 Gemäß § 8 WoBindG darf der Vermieter nicht mehr als die zulässige Kostenmiete verlangen. Bleibt der Vermieter darunter, ist dies unschädlich. Die Kostenmiete ist die Summe von Kostenkaltmiete, Vorauszahlung für Betriebskosten und Heizkosten, einmalige Leistungen des Mieters und Zuschläge. Bis auf die im Gesetz genannten Fälle ist die Kostenmiete vom Vermieter eigenverantwortlich zu ermitteln. Die Gefahr, dabei die Kostenmiete zu überschreiten, ist relativ hoch.

287 Bei den Betriebskosten liegt ein Verstoß nicht vor, wenn der Vermieter einen Vorschuss verlangt, der über 1/12 des tatsächlichen Jahresanteils liegt. Der Vermieter darf einen angemessenen Vorschuss verlangen (§ 20 Abs. 3 NMVO), und nur wenn der Vorschuss unangemessen hoch ist, ist ein Preisverstoß denkbar.

288 Wenn eine Kaution auch als Sicherheit für Mietrückstände dienen soll, liegt ein Preisverstoß vor, führt aber nicht zur Ahndung, weil die Regelung unwirksam ist. Wird ein Untermietzuschlag von mehr als dem in § 26 NMVO zugelassenen Zuschlag verlangt, ist ein Preisverstoß gegeben. Dasselbe gilt, wenn ein Möblierungszuschlag ohne Zustimmung der Bewilligungsstelle verlangt wird oder während der Mietzeit zu einem unverhältnismäßigen Betrag vereinbart wird.

3. Fehlbelegung, § 4 WohnBindG

289 Eine solche liegt vor, wenn der eingezogene Mieter zum Bezug dieser Wohnung nicht berechtigt war. Der Mietinteressent für eine Sozialwohnung benötigt einen Wohnberechtigungsschein (WBS), § 5 WoBindG iVm § 27 WoFG, § 18 WFNG. Dieser WBS wird nicht für eine bestimmte Wohnung ausgestellt, kann dies aber, wenn der Mieter das ausdrücklich beantragt. Für den Vermieter ist der WBS der einzige Nachweis, dass der Interessent zum begünstigten Kreis der Wohnungssuchenden gehört. Der Vermieter hat sich deshalb, bevor er einen Mietvertrag abschließt, vom Mieter den WBS vorlegen zu lassen. Tut er das nicht und hat der Mieter keinen WBS, so ist ein trotzdem abgeschlossener Mietvertrag gültig, jedoch liegt eine Fehlbelegung vor.

290 Aber auch mit WBS kann eine Fehlbelegung eintreten. Im WBS finden sich Angaben über die Person des Berechtigten und seiner Familienangehörigen, die mit ihm die Wohnung beziehen dürfen, über die zulässige Wohnungsgröße, über einen etwa vorhandenen besonderen Förderungsstatus.

291 Wohnberechtigter: Es darf nur die Person die Wohnung beziehen, die im WBS als Begünstigter angegeben ist.

Zulässige Wohnungsgröße: Es wird nach den Verwaltungsvorschriften (VV) der Länder eine Staffelung vorgenommen, zB in NRW: 292

1 Person bis 45 qm, 2 Personen 60 qm oder 2 Wohnräume, 3 Personen 75 qm oder 3 Räume, 4 Personen 90 qm oder 4 Räume; für jede weitere Person weitere 15 qm oder 1 Raum. Für junge Familien und für besondere Bedürfnisse können zusätzliche Räume bewilligt werden.

Sozialwohnungen werden teilweise für besondere Gruppen gefördert, zB Aussiedler, Flüchtlinge, ehemalige Verfolgte. Solche Wohnungen dürfen auch nur an diese Personen vermietet werden. 293

Beispiele einer Fehlbelegung:
Der WBS ist auf den Ehemann ausgestellt, die Familie trennt sich, nur die Frau mietet für sich und ihre Kinder und zieht ein.
Zwei nicht miteinander verheiratete Personen haben jeder für sich einen WBS über 45 qm und mieten zusammen eine 2-Zimmer-Sozialwohnung. Fehlbelegung, weil WBS nicht zusammengezählt werden dürfen. Es wäre ein WBS für beide Personen zusammen notwendig gewesen (wird erteilt für Verlobte, Geschwister, auch schon für Studenten bei Unterversorgung mit Wohnraum).

Beispiele für keine Fehlbelegung:
Keine Fehlbelegung dagegen trotz § 4 Abs. 7 WoBindG: Die Familie trennt sich eine Zeit nach Bezug der Wohnung, der Ehemann zieht aus. Das Ehegattenprivileg des früheren § 4 Abs. 7 WoBindG ist zwar aufgehoben worden. Der BayVWGH hat aber unter Hinweis auf Art. 3 GG entschieden, dass die Ehefrau als Mitbegünstigte anzusehen ist und damit wohnen bleiben darf, ohne einen neuen WBS beantragen zu müssen.[101]
Keine Fehlbelegung auch, wenn der Begünstigte stirbt. Die Personen, die nach § 563 Abs. 1–3 BGB durch den Tod in den Mietvertrag eingetreten sind, können wohnen bleiben, ohne einen WBS zu benötigen.

Der berechtigt eingezogene Mieter darf die Wohnung so lange bewohnen, wie es ihm beliebt. Steigt sein Einkommen im Laufe der Jahre über die Einkommensgrenze, so hat das auf sein Wohnrecht keine Auswirkung, wohl aber wird der Mieter zur Fehlbelegungsabgabe herangezogen, soweit eine solche im jeweiligen Bundesland erhoben wird (AFWoG des Bundes in Verbindung mit dem Ausführungsgesetz des jeweiligen Bundeslandes). 294

Bei Untervermietung ist zu unterscheiden: Der Vermieter kann eine von ihm bewohnte geförderte Wohnung untervermieten, zu weniger oder mehr als die Hälfte, ohne dass der Untermieter einen WBS benötigt. Der Vermieter ist allerdings an die Kostenmiete gebunden, wenn er mehr als die Hälfte der Wohnung untervermietet (§ 21 Abs. 2 WoBindG). 295

Der Mieter darf auch untervermieten. Bei weniger als der Hälfte des Wohnraums benötigt der Untermieter keinen WBS, es darf die freie Miete genommen werden. Wird mehr als die Hälfte untervermietet, gilt die Kostenmiete, der Untermieter braucht auch einen WBS (§ 21 Abs. 1 WoBindG, § 31 NMVO). 296

Ein Wohnungstausch ist nur zulässig, wenn beide Mietparteien sich für die jeweils andere Wohnung einen gezielten WBS neu ausstellen lassen. Natürlich muss in diesem Fall auch der Vermieter noch zustimmen. 297

Zweckentfremdung, früher geregelt in § 12 WoBindG, seit dem 1.1.2002 in § 28 Abs. 7 WoFG geregelt: Es handelt sich um dieselbe Definition wie in Art. 6 – Zweckentfremdung –, behandelt in § 34 dieses Buches, siehe dort § 21 WFNG. 298

In diesem Rahmen ist auf das „leer stehen lassen" einzugehen. Sozialwohnungen sind spätestens mit dem Auszug des bisherigen Mieters dem zuständigen Wohnungsamt als leer zur Neuvermietung zu melden. Dabei spielt es keine Rolle, ob der bisherige Mieter eine längere Kündigungszeit hatte und vorzeitig ausgezogen ist. Der Vermieter darf die Wohnung nicht bis zum Ablauf der tatsächlichen Kündigungszeit leer stehen lassen, nur weil er meint, der bisherige Mieter schulde noch die Miete bis zum Ablauf der Kündigungsfrist.[102] 299

---

101 BayVWGH ZMR 1995, 503.
102 OVG Münster WM 2000, 23.

300 Auch die Bauherrenwohnung darf nach dem Auszug des Bauherrn nur an wohnberechtigte Mieter neu vermietet werden. Auch ein Erwerber des Hauses darf diese Wohnung nur mit WBS beziehen.

301 Eine selbstgenutzte Eigentumswohnung/ein Eigenheim darf nach Auszug des Bauherrn nur an Wohnberechtigte mit WBS vermietet werden. Das gilt auch für den Käufer einer umgewandelten Eigentumswohnung, der in diese Wohnung einziehen will.

4. Folgen des Verstoßes

302 a) **Bei Mietpreisüberhöhung.** Bei der Mietpreisüberhöhung ist der Vermieter verpflichtet, die zu viel erlangten Mietteile an den Mieter zu erstatten. Wurde die überhöhte Miete vereinbart, so ergibt sich der Erstattungsanspruch aus § 8 Abs. 2 WoBindG. Dieser Anspruch verjährt in 4 Jahren, von jedem Monat der Überzahlung aus einzeln berechnet, bei Ende des Mietverhältnisses endet die Verjährungsfrist 1 Jahr danach.

303 Wurde die überhöhte Miete durch Mieterhöhung verlangt, so besteht der Erstattungsanspruch aus § 812 BGB mit der hierfür geltenden Verjährungsfrist. Diese Erstattungsansprüche stehen nicht nur dem Mieter zu, der berechtigt in der Wohnung lebt, sondern auch dem ohne Berechtigung dort wohnenden Mieter.[103] Auseinandersetzungen gehören vor das Zivilgericht – Mietabteilung.

304 Erfährt die zuständige Bewilligungsstelle von einer Mietpreisüberhöhung, schaltet sie sich von Amts wegen ein. Grundlage hierfür ist das Auskunftsrecht des § 32 Abs. 2 WoFG (früher § 2 Abs. 3 WoBindG alte Fassung bis 2002). Damit gekoppelt sind die Rechte aus den §§ 25 und 26 WoBindG.

305 Gemäß § 25 WoBindG kann die Behörde eine Geldleistung festsetzen, diese beläuft sich nach den VV der Länder meist in derselben Höhe wie die überzahlte Miete. Die Festsetzung erfolgt durch Verwaltungsakt, Rechtsmittel sind im Verwaltungsrechtsweg einzulegen. Die Behörde kann außerdem ein Bußgeld nach § 26 WoBindG verhängen, es gilt der Rechtsweg des OWiG. Der öffentliche Darlehensgeber kann in solchen Fällen auch das Darlehen fristlos kündigen, das hat eine 12-jährige Nachbindung zur Folge. Meist erfolgt aber hier keine Kündigung, da die Bindung bestehen bleiben soll.

306 Verwaltungsakt wie Bußgeldbescheid richten sich an den Verfügungsberechtigten. Das ist der vermietende Eigentümer, das ist aber auch ein mit Vollmacht ausgestatteter Vertreter, der selbstständig handeln darf, zB Verwalter, Generalbevollmächtigter. Die fristlose Kündigung des Darlehensvertrages richtet sich notwendigerweise nur an den Darlehensnehmer.

307 Nach den VV zu § 25 WoBindG soll die Behörde bei Feststellung einer Mietpreisüberhöhung dem Verfügungsberechtigten zunächst die Möglichkeit geben, den gesamten überzahlten Mietzins an den betroffenen Mieter zurückzuzahlen. Dabei brauchte die Behörde bisher keine Rücksicht auf eine etwa eingetretene Verjährung für die eigenen Ansprüche des Mieters gegenüber dem Vermieter zu nehmen. Das hat sich allerdings seit dem 1.1.2002 geändert. Vorherrschende Auffassung ist weiterhin, dass öffentlich-rechtliche Ansprüche nach den Regelungen der §§ 197 ff. BGB verjähren, also nach altem Recht grundsätzlich in 30 Jahren. Ab dem 1.1.2002 ist aber die Verjährungsfrist grundsätzlich auf drei Jahre, maximal 10 Jahre bei Unkenntnis, herabgesetzt worden. Somit wird auch die Bewilligungsstelle seit dem 1.1.2002 nicht mehr rückwirkend für eine unbestimmte Zeit eine Erstattung zugunsten des Mieters verlangen dürfen, sondern nur noch in den Grenzen der neuen Regelverjährung.[104]

308 Erstattet der Vermieter alsdann den überzahlten Mietzins komplett an den Mieter, sieht die Behörde in der Regel von einem Geldleistungsbescheid ab. Zeigt sich der Vermieter jedoch uneinsichtig, so setzt die Behörde eine Geldleistung rückwirkend für den gesamten Zeitraum des Verstoßes und für die Zukunft fest, die Höhe der monatlichen Geldleistung entspricht mindestens der Mietpreisüberhöhung. Daneben hat der

[103] OLG Hamm NJW-RR 1988, 1037.
[104] Siehe Mansel/Budzikiewicz NJW 2005, 323.

Mieter für die unverjährten Zeiten weiterhin seinen Erstattungsanspruch, sodass der Vermieter also seinen Verstoß für den unverjährten Zeitraum zweifach bezahlen muss.

Bei vorsätzlichem oder leichtfertigem Verhalten des Vermieters kann ein höheres Bußgeld verhängt werden (§ 26 Abs. 3 WoBindG). 309

Die Verjährungsfrist für die Festsetzung von Geldleistungen beträgt – mangels anderweitiger Regelung – 30 Jahre, für Bußgelder ist § 31 OWiG zu beachten. 310

Beispiel:
Ein Vermieter hat 1982 bis 1986 eine zu hohe Kostenmiete genommen. 1993 erfährt die Behörde davon. Eine Geldleistung kann festgesetzt werden, für ein Bußgeld ist Verfolgungsverjährung eingetreten.

b) Bei Fehlbelegung. Bei Fehlbelegung kann ebenfalls eine Geldleistung festgesetzt werden, sie richtet sich nach dem Schaden, der dem öffentlichen Darlehensgeber entsteht, dass die Wohnung nicht einer wohnberechtigten Person zur Verfügung gestellt worden ist. Die Geldleistung ist nach den Länderregelungen pauschaliert, in NRW 2,50 EUR pro qm im Monat. Sie wird festgesetzt für den Zeitraum ab Beginn der Fehlbelegung und wird auch für die Zukunft festgesetzt. Endet die Fehlbelegung, hat der Vermieter dies der Behörde mitzuteilen, der Bescheid wird dann für den Zeitraum ab Ende des Verstoßes aufgehoben. Ein Bußgeld kann daneben verhängt werden (§ 26 Abs. 1 Nr. 2 WohnBindG). 311

c) Bei Zweckentfremdung. Bei der genehmigten Zweckentfremdung hat der Vermieter eine Ausgleichszahlung zu erbringen, soweit dies im Bescheid festgesetzt wird – was die Regel ist. 312

Bei der ungenehmigten Zweckentfremdung wird eine Geldleistung von 5,00 EUR/qm im Monat (WFNG NRW) festgesetzt. Auch wird hier die Aufhebung des bestehenden Mietverhältnisses verlangt sowie der Rückbau der Räume zu Wohnzwecken, jeweils durch Verwaltungsakt.[105] 313

d) Rechtsnachfolge in der Haftung. Geht das Mietverhältnis durch Universalsukzession (zB Erbfall) über, so haftet der Gesamtrechtsnachfolger in vollem Umfang auch für das Verhalten seines Vorgängers. Hier tritt eine Unterbrechung der Haftungskette nicht ein.[106] 314

Anders ist die Haftung bei Einzelrechtsnachfolge (zB Kauf). Die Haftung des Vorgängers geht nicht auf den Erwerber über, die Haftungskette wird unterbrochen. Der Erwerber haftet aber für eigenes Handeln wie auch Unterlassen. Eine eigene Haftung entsteht erst, wenn der Erwerber von einem Verstoß erfährt und ihn nicht in angemessener Frist beseitigt. Erst für den Zeitraum danach kann eine Geldleistung gegen den Erwerber festgesetzt werden. 315

Beispiel 1:
Erblasser überlässt die Wohnung einem Mieter ohne WBS. Der Erbe haftet für das Verhalten des Erblassers und zusätzlich – ohne dass Kenntnis vorhanden sein muss – ab Erbfall auch für eigenes Verhalten.

Beispiel 2:
Vermieter verkauft das Haus. Vermieter haftet für Fehlbelegung bis zum Tag des Eigentumsübergangs. Der Käufer haftet solange nicht, bis er erfährt, dass eine Fehlbelegung vorliegt. Er hat dann umgehend zu versuchen, die Fehlbelegung abzustellen, hier durch Kündigung. Tut er dies umgehend nach Kenntnis, so liegt ein Verschulden auch dann nicht vor, wenn die Fehlbelegung wegen eines notwendigen Räumungsprozesses erst sehr viel später beendet werden kann.
Ergänzung zu Beispiel 1: Der Erbe haftet auch für die Zeit des Räumungsprozesses und bis zur endgültigen Räumung der Wohnung.

e) Behebung des Verstoßes. Wegen der erheblichen Strafen wird der Vermieter meistens bestrebt sein, den Verstoß von sich aus zu beenden. 316

Bei einem Mietpreisverstoß ermäßigt der Vermieter die Kostenmiete auf die zulässige Höhe, damit ist für die Zukunft der Verstoß beseitigt. Außerdem hat er die zu hohen 317

[105] Siehe hierzu auch OVG Berlin-Brandenburg NZM 2016, 479.
[106] OVG Münster WM 1980, 272; BVerwGE 64, 105; OVG Münster WuM 2004, 162.

Mietanteile an die betroffenen Mieter zurückzuzahlen, damit der Verstoß auch rückwirkend beseitigt wird.

318 Bei einer Fehlbelegung stehen dem Vermieter mehrere Wege offen: Zum einen kann er mit dem Mieter zusammen versuchen, für diesen noch nachträglich einen WBS zu erhalten. Nach der Rspr. des BVerwG liegt nämlich bei Fehlbelegung nur ein formaler Verstoß vor, wenn der Mieter Anspruch auf einen WBS hat. Erhält der Mieter also noch auf seinen nachträglichen Antrag hin ab Einzug einen WBS, so wird der Verstoß rückwirkend beseitigt. Verdiente der Mieter bei Bezug der Wohnung zu viel, kann auch überprüft werden, ob er zu einem späteren Zeitpunkt ein Einkommen innerhalb der Einkommensgrenzen hatte. Dann kann zu diesem Zeitpunkt ein WBS ausgestellt werden. Das hat für den Vermieter den Vorteil, dass er zu Geldleistungen nach § 25 WohnBindG nur für eine bestimmte Zeit herangezogen wird.

319 Es kann versucht werden, eine Freistellung nach § 7 WohnBindG iVm § 30 WoFG zu erreichen. Eine solche ist möglich unter den in § 30 Abs. 1 Nr. 1–4 normierten Voraussetzungen. Es wird eine Freistellung also nicht aus jedem Grund bewilligt.

320 Überwiegend private Gründe sind zB:

- die Aufnahme von Verwandten oder Dritten als Pflegeperson für den im Haus lebenden pflegebedürftigen Vermieter,
- die Aufnahme einer Person, die bereit ist, die im Haus anfallenden umfangreichen Hausmeisterarbeiten durchzuführen, wenn der Vermieter hierzu nicht mehr in der Lage ist und eine Fremdfirma nicht beauftragt werden kann, weil der Hausmeister immer am Haus erreichbar sein muss,
- wenn Mieter mit WBS auch unter Einschaltung des Wohnungsamtes nicht zu finden sind.

321 In allen diesen Fällen wird in der Regel eine Freistellung genehmigt. Diese ist aber verbunden mit einer Ausgleichsabgabe zu Lasten des Vermieters von 1,00 EUR/qm im Monat. Für den Vermieter ist das allerdings ohne großes Interesse, da er diese Abgabe auf den Mieter abwälzen darf. Die Abgabe wird regelmäßig zeitlich begrenzt (auf 2–3 Jahre) und fällt dann fort. Dafür wird der Mieter danach zur Fehlbelegungsabgabe herangezogen, wenn er die Einkommensgrenze weiterhin übersteigt.

322 Kann die Fehlbelegung nicht beseitigt werden, bleibt als letzte Konsequenz nur die Kündigung des Mietverhältnisses. Dabei ist unproblematisch, dass selbstverständlich der Mieter jederzeit die ordentliche Kündigung aussprechen kann. Eine fristlose Kündigung dürfte dagegen nur zulässig sein, wenn den Vermieter ein erhebliches Verschulden (wie Kenntnis der Bindung) bei Abschluss des Mietverhältnisses trifft.

323 Der Vermieter kann sich lediglich auf ein berechtigtes Interesse nach § 573 BGB berufen. Aber auch dann steht ihm ein Kündigungsrecht nicht immer zu. Sind beide Vertragspartner bei Abschluss des Mietvertrages gutgläubig oder ist der Vermieter allein gutgläubig, so ist die ordentliche Kündigung durch den Vermieter zulässig.[107] Sind beide Vertragspartner bösgläubig bei Vertragsabschluss, verdient der Mieter ebenfalls keinen Schutz, die Kündigung ist also zulässig. Eine Kündigung ist aber problematisch, wenn der Vermieter wusste oder wissen musste, dass er diesen Mieter nicht nehmen durfte, er Mieter dagegen gutgläubig war. In diesem Fall wird überwiegend trotzdem ein Kündigungsrecht des Vermieters angenommen.[108] Für alle Fälle soll aber weiterhin Voraussetzung sein, dass die Bewilligungsbehörde Sanktionen (gemäß § 25 WoBindG) angedroht hat. Ein Kündigungsrecht soll ohne diese Voraussetzung zulässig sein, wenn die Behörde eine Räumungsverfügung nach § 27 Abs. 6 WoFG androht. Das praktische Problem ist hier aber, dass die zuständigen Behörden in der Regel von diesem Recht keinen Gebrauch machen, sondern den Verstoß lieber nach § 25 WohnBindG mit einer Geldleistung bestrafen. Der betroffene Vermieter hat auch keinen Anspruch, dass eine Räumungsverfügung angedroht oder erlassen wird.

---

[107] OLG Hamm NJW 1982, 2563; WuM 1982, 244.
[108] Siehe Schmidt-Futterer/Blank BGB § 573 Rn. 189 ff.

Diese Grundsätze gelten für den Vermieter, der selbst den Mietvertrag abgeschlossen hat, sie gelten aber auch für den Verfügungsberechtigten, also den Verwalter oder Bevollmächtigten des Vermieters. 324

Geht das Mietverhältnis durch Gesamtrechtsnachfolge (zB Erbfall) über, so ist die Bösgläubigkeit des früheren Eigentümers maßgebend, nicht die des Nachfolgers. Wird dagegen das Haus verkauft (Einzelrechtsnachfolge), so wird die „Haftung“ unterbrochen, die Bösgläubigkeit des bisherigen Vermieters geht auf den Erwerber nicht über. Es ist allein auf die Kenntnis des Erwerbers abzustellen. Das bedeutet im Ergebnis, dass bei alleiniger Bösgläubigkeit des bisherigen Vermieters der Verkauf des Hauses das Kündigungsrecht „erleichtert“. 325

f) Speziell Eigentumswohnung und Eigenheim. Nur bei der von Anfang an fremdvermieteten geborenen oder später umgewandelten Eigentumswohnung gelten obige Ausführungen uneingeschränkt. 326

Bei der selbstgenutzten Eigentumswohnung und beim Eigenheim gelten die §§ 25, 26 WoBindG nicht, sondern es sind die Bestimmungen des abgeschlossenen Darlehensvertrages oder Bewilligungsbescheides maßgebend; außerdem gelten hier die Vorschriften des Art. 6 des Gesetzes zur Verbesserung des Mietrechts und zur Begrenzung des Mietanstiegs – Zweckentfremdung. 327

g) Geltungsbereich der §§ 25, 26 WoBindG. Die §§ 25, 26 WoBindG gelten nur für die Sozialwohnungen des 1. und 2. Förderweges. Sie sind durch gesetzliche Regelungen der Länder ersetzt worden (siehe WFNG NRW). 328

Für alle anderen Förderungstypen gelten die Bedingungen des abgeschlossenen Darlehensvertrages oder Bewilligungsbescheides. Dort sind Strafen für Verstöße gegen die vereinbarte Bindung geregelt, zum Beispiel Vertragsstrafen, Kündigungsrecht in Bezug auf den Darlehensvertrag. Es handelt sich um vertragliche Rechte, soweit ein Darlehensvertrag abgeschlossen wurde, sodass hier der Zivilrechtsweg gegeben ist. Wurde nur ein Bewilligungsbescheid erlassen, so ist der Verwaltungsrechtsweg gegeben. Oft werden Bescheid und Vertrag nebeneinander vorliegen (zweistufiges Verwaltungshandeln), dann kommt es darauf an, aus welcher Grundlage die öffentliche Hand vorgeht. 329

§ 26 Mietsicherheiten

Übersicht

Schrifttum:
Antoni, Aktuelle Entwicklung zum Recht der Mietkaution, WuM 2006, 359; Artz/Eisenschmid/Schmidt/Streyl, Facetten des Mietrechts – Festschrift für Ulf P. Börstinghaus zum 65. Geburtstag, 2020; Bellinger, Zum Anspruch des Mieters einer Sozialwohnung auf Rückerstattung unzulässiger einmaliger Leistungen, insbesondere einer Kaution, WuM 2007, 177; Börstinghaus, Die aktuelle Rechtsprechung des BGH zum Mietrecht, NZM 2019, 226; Both, Die Abwicklung der Mietkaution bei Beendigung des Mietverhältnisses, WuM 2019, 545; ders., Ansprüche aus dem Mietverhältnis im Urkundenprozess, NZM 2007, 156; Bruns, Aufrechnung mit verjährter Schadensersatzforderung ohne Ausübung der Ersetzungsbefugnis, LMK 2024, 816851; Derleder, Die Neuregelung der Mietsicherheiten und ihre Rechtsfolgen, WuM 2002, 239; Drasdo, Die Kaution des Mieters nach Anordnung der Zwangsverwaltung, ZfIR 2024, 290; ders., „Negativzinsen" auf die Mietkaution, NJW-Spezial 2022, 161; ders., LG München I 23.6.2022 – 31 S 12015/21: Ladestation für E-Mobil des Mieters: Wer bestimmt den Handwerker?, NJW-Spezial 2022, 513; ders., Genossenschaftliches Wohnen, NZM 2012, 585; ders., Kautionsvereinbarung im Heimvertrag, NJW-Spezial 2018, 353; ders., Klage auf Zahlung der Mietkaution: Wem gehören die Prozesszinsen?, NJW-Spezial 2022, 609; ders., Die Mietsicherheit in der Insolvenz, NJW-Spezial 2018, 289; Durst, Die Bankbürgschaft als Mietsicherheit und die Verjährung gesicherter Ansprüche, NZM 1999, 64; Fevers, Wohnungssuche in Ballungszentren: Vermieterpraktiken auf dem Prüfstand, NZM 2015, 105; Fischer, Die Bürgschaft auf erstes Anfordern als formularmäßige Mietsicherheit, NZM 2003, 497; Flatow, Verjährte Forderungen des Vermieters und Aufrechnung gegen die Barkaution, AnwZert MietR 3/2023 Anm. 1; Geldmacher, Mietbürgschaft und Einrede der Verjährung der Hauptschuld – Übersicht über die Rechtslage und Handlungsstrategien, NZM 2003, 502; Häublein, Zur Fälligkeit der Mieteransprüche und dem damit verbundenen Informationsdefizit, ZMR 2017, 445; Herrlein, Die Rechtsprechung zur Wohnraummiete im zweiten Halbjahr 2018, NJW 2019, 1265; Hinz, Die Kautionsabrechnung in der Wohnraummiete, NZM 2019, 76; Jacoby, Kaution bei Eigentümerwechsel, Zwangsverwaltung und Insolvenz, ZMR 2015, 1; ders./Lützkirchen, Die Kaution in der Zwangsverwaltung und Vermieterinsolvenz, MDR 2021, 723; Kießling, Die Kaution im Miet- und Pachtrecht, JZ 2004, 1146; Kraemer, Kaution und Mietbürgschaft nach der Mietrechtsreform, NZM 2001, 737; Lehmann-Richter, Zum Inhalt des Anspruchs auf Rückgewähr einer Bar- bzw. Kontokaution, WuM 2014, 8; Leo/Schmitz, Die Bürgschaft – ein bedingt taugliches Sicherungsmittel der Gewerberaummiete, NZM 2007, 387; Milger, Miete und Kaution in der Zwangsverwaltung, NJW 2011, 1249; Neuhaus, Handbuch der Geschäftsraummiete, 6. Aufl. 2017; zur Nieden, Insolvenz des Mieters und Filialisten: Typische mietrechtliche Probleme und Lösungsansätze, NZI 2018, 465; Plagemann, Die Behandlung von Mietsicherheiten in Grundstückskaufverträgen, NotBZ 2013, 2; Rind/Wendt, Die Kautionsversicherung und die Besteuerung der „Kautionsrückversicherung", VersR 2008, 1601; Roth, „Kappung" genossenschaftlicher Anteilszeichnungspflicht unter Berufung auf mietrechtlichen Kautionsrahmen?, NZM 2008, 356; Schlößer, Die Hemmung der Verjährung des Bürgschaftsanspruchs nach neuem Schuldrecht, NJW 2006, 645; Schmid, Mietkaution und Verjährung, ZMR 2014, 256; K. Schmidt, Insolvenzordnung, 20. Aufl. 2023; Schneider, Streitwerte in Verfahren über Mietsicherheiten, NZM 2010, 466; Streyl, Kaution und Verjährung, WuM 2024, 241; Stürner/Eidenmüller/Schoppmeyer, Münchener Kommentar zur Insolvenzordnung, 5. Aufl. 2025; Thomas/Dreher, Der Kautionsversicherungsvertrag im System des Privatversicherungsrechts, VersR 2007, 731; Weber, Aufrechnung mit verjährten Ansprüchen bei Barkaution aufgrund von § 216 BGB, ZMR 2022, 620; Wiek, Unbegrenzte Mietbürgschaft außerhalb § 551 BGB?, WuM 2014, 119; Witt, Beginn und Ende mietrechtlicher Verjährungsfristen, NZM 2012, 545; Woitkewitsch, Kautionsrückforderung bei Mehrheit von Mietern, ZMR 2005, 426; Wolf/Eckert/Ball, Handbuch des gewerblichen Miet-, Pacht- und Leasingrechts, 10. Aufl. 2009; Zehelein, Auf Sand gebaut: Vermieters Aufrechnung mit verjährten Ansprüchen auf Kautionsrückforderungsprozess, NZM 2022, 937; Zeibig, Die Mietkaution, Diss. Tübingen 2012.

I. Kaution

1. Einführung

a) **Zweck und Herkunft.** Mietsicherheiten dienen dazu, während und nach Beendigung des Mietverhältnisses Ansprüche des Vermieters für den Fall mangelnder Zahlungsbereitschaft bzw. Zahlungsunfähigkeit des Mieters abzusichern. 1

Als das BGB geschaffen wurde, war die Mietsicherheit nur in ihrer Ausgestaltung als Vermieterpfandrecht (dazu § 63 in diesem Buch) und im Rahmen des Vermieterwechsels ein Thema. Die heute in § 566a S. 1 BGB stehende Regelung, wonach der Grundstückserwerber in die Rechte aus der Sicherheit eintritt, fand sich in § 572 S. 1 BGB aF. Die damaligen §§ 559–563 BGB zum Vermieterpfandrecht stehen seit der großen Mietrechtsreform aus dem Jahr 2001 weitgehend unverändert in §§ 562-562d BGB. Das Vermieterpfandrecht gab es schon im römischen Recht (invecta illata inducta). Für 2 andere Sicherheiten hatten gewöhnliche Wohnraummieter schlichtweg kein Geld. Im späten 19. Jahrhundert konnten sie neben den hohen Lebensmittelpreisen oft nicht einmal die ganze Miete zahlen, wenn sie nicht gleichzeitig Teile der Wohnung untervermieteten.[1] Noch der Deutsche Einheitsmietvertrag, den die Spitzenverbände der Hausbesitzer und der Mieter im Jahr 1934 als Vertragsmuster vorschlugen, enthielt nur Regelungen zum Vermieterpfandrecht.[2] Erst mit dem Wirtschaftsaufschwung nach dem 2. Weltkrieg fand die Kaution breiten Eingang in die Formularmietverträge. Dies lag auch daran, dass das Vermieterpfandrecht dabei war, zunehmend an Bedeutung zu verlieren. Der geringe Wert von Gebrauchsgütern, die hohe Zahl unpfändbarer Sachen und die vollstreckungsrechtliche Vorgabe in § 812 ZPO, Haushaltsgegenstände nur dann zu verwerten, wenn der Erlös dazu beitragen kann, die Schuld des Mieters nennenswert zu mindern, machten dieses Sicherungsmittel weitgehend unbrauchbar. Die Pflicht zur Vorauszahlung der Miete bzw. das vertraglich ausbedungene Aufrechnungsverbot (s. aber § 28 MSchG, nunmehr § 556b Abs. 2 BGB) konnten dies nicht ausgleichen.

3 In der Folge gingen Vermieter vor allem in Ballungszentren dazu über, sehr hohe Barkautionen zu fordern und die Kautionszinsen einzubehalten. Daher schuf der Gesetzgeber 1983 als § 550b aF nach dem Vorbild der damaligen Bestimmung für den sozialen Wohnungsbau (§ 9 Abs. 5 WoBindG aF)[3] Schutzvorschriften für die Wohnraummieter, die seit der Mietrechtsreform aus dem Jahr 2001 in § 551 BGB stehen.

4 **b) Rechtsnatur.** Der Begriff der Mietsicherheit meint im Allgemeinen die Kaution in all ihren Ausprägungen, nicht hingegen das Vermieterpfandrecht, obwohl es ebenfalls der Absicherung des Vermieters dient. In den Gesetzesmaterialien ist von der Mietkaution als einer „besonderen Rechtsfigur" die Rede.[4] Der BGH hat die Mietkaution ebenfalls als Besonderheit (unregelmäßiges Nutzungspfand) bezeichnet.[5] 1984 hat er in einer Entscheidung aber zutreffend darauf hingewiesen, dass die Mietkaution in die diejenige Rechtskategorie einzuordnen ist, die nach dem Parteiwillen als angemessen erscheint (zB als vertragliches Pfandrecht oder als Sicherungsabtretung).[6]

5 **c) Keine gesetzliche Pflicht zur Stellung einer Mietsicherheit.** Heute wie früher hat der Mieter eine Mietsicherheit nicht von Gesetzes wegen zu stellen.[7] § 551 BGB sieht daher nur Anschlussregelungen vor. Im Hinblick auf die heute ungebrochen große Verbreitung von Mietsicherheiten wird man es nicht als Verstoß gegen § 305c Abs. 1 BGB zu werten haben, wenn die vom Vermieter vorgegebene Pflicht zur Stellung einer Mietsicherheit in der Vertragsurkunde nicht optisch herausgehoben ist, sondern sich etwa unter „Sonstiges" findet.[8]

6 Ist eine Mietsicherheit vereinbart, ist sie ein Thema sowohl bei der Anbahnung als auch bei der Abwicklung des Mietverhältnisses. Dementsprechend sollte der Rechtsanwalt in jeder Mietangelegenheit zumindest vorsorglich Angaben zur Mietsicherheit (Art der Sicherheit? – wieviel, wann und wie geleistet? – Nachweis sicherer Anlage?) aufnehmen,[9] dies schon deshalb, weil oft der Nachweis einer sicheren Anlage iSd § 551 Abs. 3 S. 1 BGB fehlt und sich da nachhaken lässt (→ Rn. 66).

7 **d) Kautionsarten/Vor- und Nachteile.** Die am meisten verbreitete Mietsicherheit ist die **Barkaution.** Das ist seit Änderung des § 550b BGB im Jahr 2001 (= § 551 BGB nF) auch der gesetzliche Regelfall. Im Rahmen der Mietrechtsreform 2001 wurde hart

[1] HKK-BGB/Oestmann §§ 535-580a Rn. 124.
[2] DJ 1934, 304; dazu Roquette JW 1935, 1670.
[3] BGBl. 1980 I 1120.
[4] BT-Drs. 9/2079, 10.
[5] BGHZ 84, 345 = NJW 1982, 2186; ebenso BGH NJW-RR 2010, 633 Rn. 8 für das Leasing.
[6] BGH NJW 1984, 1749 (1750).
[7] Zur Ausnahme nach § 563b Abs. 3 BGB → Rn. 39.
[8] MüKoBGB/Bieber § 551 Rn. 6.
[9] S. die Übersicht in → § 1 Rn. 2.

gerungen, ob der Mieter die Wahl haben sollte, statt der Barkaution eine Bankbürgschaft zu stellen, um ihn nicht in einen Liquiditätsengpass zu treiben. Letztlich wurde die Barkaution als Regelfall aber alternativlos gestellt.[10]

Praxistipp:
Ist nur vereinbart, dass eine Mietsicherheit bzw. Kaution zu stellen ist, hat der Mieter eine Barkaution zu stellen.

Die Barkaution nimmt der Vermieter in bar oder als Gutschrift auf dem Empfängerkonto entgegen und wird dadurch zunächst Eigentümer des Bargeldes bzw. Inhaber der Forderung aus der Gutschrift seiner Bank. Mit diesem Betrag muss er die in § 551 Abs. 3 S. 1 BGB bestimmten Zinsen erwirtschaften. Diese Verpflichtung stößt inzwischen auf Schwierigkeiten, da die Kreditinstitute keine Kautionssparbücher mehr ausstellen, weder solche, die auf den Namen des Mieters, noch solche, die auf den Namen des Vermieters lauten. Zur Rechtslage hinsichtlich Kautionssparbüchern → 5. Aufl. 2019, § 26 Rn. 10 ff., 67, 162. Der Vermieter muss daher individuell für eine möglichst sichere Vermögensanlage sorgen, aus der er die gesetzlichen Zinsen (§ 551 Abs. 3 S. 1 BGB) erwirtschaften kann.[11] 8

Die Parteien können vom Regelmodell der Barkaution **abweichen.** Im Grunde lässt sich dazu auf alle in § 232 BGB genannten Sicherungsmittel zurückgreifen. 9

Wichtigste Alternative zur Barkaution ist die **Bürgschaft,** früher meistens als Bankbürgschaft, heute auch in Form der Kautionsversicherung. Die **Kautionsversicherung** ist keine Versicherung, sondern eine von einem Versicherer (zB r+v, Allianz, württembergische) aufgrund eines mit dem Mieter geschlossenen Geschäftsbesorgungsvertrags (§ 675 BGB) abgegebene Bürgschaft.[12] Meistens tritt als Bürge ein Kreditinstitut auf, das hierfür eine Bankbürgschaft ausstellt. Ist nur die Stellung einer Bürgschaft vereinbart, muss der Mieter keine Bürgschaft erbringen, sondern kann auch eine Versicherungslösung anbieten.[13] Dieses Produkt, mit Slogans wie Kautionsfuchs oder moneyfix beworben, ist seit der Jahrtausendwende auf dem Markt und befindet sich auf dem Vormarsch, da die Finanzierung des auf diese Weise gedeckten Kreditbedarfs den Mieter weniger belastet als ein Überziehungskredit. Schätzungsweise gibt es deutschlandweit derzeit etwa eine Viertelmillion solcher Verträge.[14] 10

Mietbürgschaften werden **selbstschuldnerisch** (§ 773 Abs. 1 Nr. 1 BGB iVm § 349 S. 2 HGB bzw. § 239 Abs. 2 BGB), manchmal sogar **auf erstes Anfordern**[15] gestellt. Bei einer Bürgschaft auf erstes Anfordern erfüllt der Bürge regelmäßig bereits auf Zuruf, also ohne detaillierte Anspruchsprüfung und ohne Zustimmung des Mieters die geltend gemachte Zahlungsanforderung des Vermieters (ggf. gegen Rückgabe der Bürgschaftsurkunde, s. § 1223 Abs. 2 BGB). In Wohnraummietverhältnissen kommen fast nur selbstschuldnerische Bürgschaften ohne die Möglichkeit der vereinfachten Anforderung 11

[10] Zur Kontroverse s. BT-Drs. 14/4553, 48 (Regierungsbegründung); BT-Drs. 14/4553, 84 (Stellungnahme des Bundesrats), BT-Drs. 14/4553, 99 (Gegenäußerung der Bundesregierung), BT-Drs. 14/4553, 10 (Rechtsausschuss); missverständlich BGH NJW 2011, 59 Rn. 19.

[11] Zum Problem von Negativzinsen s. Drasdo NJW-Spezial 2022, 161.

[12] BGHZ 168, 276 = NJW-RR 2007, 50 Rn. 8; NJW-RR 2007, 848 Rn. 7; aA Thomas/Dreher VersR 2007, 731 (738); Rind/Wendt VersR 2008, 1601 (1603): Versicherungsvertrag.

[13] AA AG Berlin-Lichtenberg BeckRS 2015, 08084; Drasdo NJW-Spezial 2022, 513 (514), da die Versicherung bei Nichtzahlung der Beiträge durch den Mieter erlischt.

[14] In der Bauwirtschaft gab es diese Sicherheit schon früher. Nach Angaben des Gesamtverbandes der Deutschen Versicherungswirtschaft (GDV) lag die Zahl der Kautionsbürgschaften 2007 bei insgesamt etwa 3,5 Mio., zit. nach Rind/Wendt VersR 2008, 1601 in Fn. 1. Allg. zur Kautionsversicherung Thomas/Dreher VersR 2007, 731.

[15] Zur Bürgschaft auf erstes Anfordern allg. → § 63 Rn. 96 und Fischer NZM 2003, 497; s. auch BGH NJW 1999, 2361 (2362 f.).

vor.[16] Damit kann der Vermieter zwar unmittelbar gegen den Bürgen vorgehen, dem die Einrede der Vorausklage nicht zusteht (§ 773 Abs. 1 Nr. 1 BGB), muss aber den Bestand der Hauptforderung darlegen, so dass der Bürge immer die Möglichkeit hat, die Zahlung nach Rücksprache mit dem Mieter zunächst zu verweigern.[17]

12 Grundlage für die Zahlung des Bürgen ist ein zwischen ihm und dem Vermieter geschlossener **Bürgschaftsvertrag,** dem im Innenverhältnis ein zwischen dem Mieter als Hauptschuldner und dem Bürgen geschlossener **Avalkreditvertrag** korrespondiert.[18] Das ist ein entgeltlicher Geschäftsbesorgungsvertrag, durch den der Bürge es gegen Zahlung einer **Avalprovision** übernimmt, sich zugunsten seines Kunden (Mieter) ggü. dem Vermieter zu verbürgen, also Zahlungsforderungen aus dem Mietvertrag zu begleichen.[19] Dieser Vertrag begründet Verpflichtungen lediglich zwischen dem Bürgen und seinem Kunden, nicht aber zugunsten des Dritten (Vermieter), demgegenüber der Bürge einstehen soll. Der Vermieter erwirbt erst dann Rechte gegen den Bürgen, wenn in Ausführung des Avalkreditvertrags der Bürgschaftsvertrag abgeschlossen wird.[20] Der Bürge kann dann in Anspruch genommen werden, sobald die gesicherte Forderung fällig wird. Damit beginnt auch die Verjährung des Anspruchs gegen den Bürgen. Insoweit gelten §§ 195, 199 Abs. 1 BGB; die Verjährung läuft auch ohne eigene Leistungsaufforderung ggü. dem Bürgen an, da das Gesetz eine solche Fälligkeitsvoraussetzung nicht kennt.[21] Mit der Zahlung geht die Forderung des Vermieters auf den Bürgen über (§ 774 S. 1 BGB). Dieser kann dann auch gem. §§ 675, 670 BGB gegen den Mieter vorgehen. Das setzt nicht voraus, dass die Forderung des Vermieters wirklich besteht. Der Bürge muss nur die Rechtslage sorgfältig geprüft haben; ansonsten steht ihm kein Aufwendungsersatz zu.[22]

13 **Nachteil** der Bürgschaft ist die Selbstständigkeit der Verträge, die sich vor allem in der **getrennten Verjährung** von Haupt- und Bürgschaftsforderung äußert.[23] Klagt der Vermieter gegen den Mieter, hemmt das die Verjährung des Bürgenanspruchs nicht; umgekehrt läuft bei einer Klage des Vermieters gegen den Bürgen die Verjährung der Hauptforderung gegen den Mieter weiter. Da der Bürge nur so weit haftet wie der Hauptschuldner (§ 768 Abs. 1 S. 1 BGB), kann er sich jederzeit auf Verjährung berufen, im Wege der Vollstreckungsgegenklage (§ 767 ZPO) sogar noch nach Abschluss des Bürgschaftsprozesses.[24]

Praxistipp:

Eine Klage gegen den Bürgen unterbricht die Verjährung des gesicherten Anspruchs gegen den Hauptschuldner nicht. Darauf ist insbes. bei kurzen Verjährungsfristen zu achten. Regelmäßig bedarf es daher einer Streitverkündung. Beabsichtigt der Vermieter, den Bürgen und den Mieter zusammen zu verklagen, ist darauf zu achten, dass der (zwingende) Mietgerichtsstand des § 29a ZPO Ansprüche des Vermieters gegen den Bürgen nicht erfasst.[25]

14 Diese Unabhängigkeit ist vor allem dann zu beachten, wenn der Vermieter **Mietausfallschäden** gem. § 546a Abs. 2 iVm §§ 280 Abs. 2, 286 BGB geltend macht, da die kurze Verjährungsfrist aus § 548 Abs. 1 BGB für Ersatzansprüche des Vermieters wegen Veränderungen oder Verschlechterungen der Mietsache auch für alle damit zusammen-

[16] Wegen § 771 S. 2 BGB kann die einfache Bürgschaft den Vermieter sogar noch besser absichern als die selbstschuldnerische, dazu Schlößer NJW 2006, 645.
[17] Durst NZM 1999, 64.
[18] BGH NJW 1984, 2088 f.; 1989, 1482 (1483).
[19] BGHZ 95, 375 = NJW 1986, 310 (311); BGHZ 168, 276 = NJW-RR 2007, 50 Rn. 8.
[20] BGH NJW 1984, 2088 f.
[21] BGHZ 175, 161 = NJW 2008, 1729 Rn. 24.
[22] BGH NJW 2005, 2552 (2554).
[23] Dazu BGHZ 139, 214 = NJW 1998, 2972 (2973); Leo/Schmitz NZM 2007, 387 (389).
[24] BGH NJW 1999, 278 (279).
[25] BGHZ 157, 220 = NJW 2004, 1239 f.

hängenden Ersatzansprüche gilt, insbesondere solche auf Ersatz des Mietausfalls.[26] Die Verjährungsfrist beginnt nach § 548 Abs. 1 S. 2 BGB mit Rückgabe der Mietsache. Nach Auffassung des BGH gilt der Fristbeginn einheitlich für alle voraussehbaren künftigen Mietausfälle, so dass es auf den jeweiligen monatlichen Entstehungszeitpunkt der Mietausfälle nicht ankommt. Dies folgert der BGH zum einen aus der umfassenden Zielsetzung des § 548 Abs. 1 BGB, der für eine rasche Abwicklung aller aus einem beendeten Mietverhältnis resultierenden Ersatzansprüche des Vermieters sorgen will, zum anderen aus dem Grundsatz der Schadenseinheit, wonach der aus einem bestimmten Ereignis (zB der Verletzung der Instandsetzungspflicht) erwachsene Schaden (hier: die Mietausfälle) „als einheitliches Ganzes aufzufassen ist, für den auch ein einheitlicher Verjährungsablauf gilt, soweit nur beim Auftreten des ersten Schadens mit den später eintretenden Schäden zu rechnen war."[27] Der Vermieter kann daher nach Ablauf der Verjährungsfrist aus § 548 Abs. 1 BGB nicht einmal mehr Mietausfall geltend machen, der noch keine 6 Monate zurückliegt. Ist eine Bürgschaft gestellt, muss er während der kurzen Verjährungsfrist verjährungshemmende Maßnahmen nicht nur gegen den Mieter, sondern auch gegen den Bürgen ergreifen.

Überdies sind Bankbürgschaften oft befristet (zB für Ansprüche, die bis zu 6 Monaten nach Beendigung des Mietverhältnisses fällig werden, das ist kein Fall des § 777 BGB), so dass auch von daher Deckungslücken, vor allem für noch nicht abgerechnete Betriebskosten, entstehen können. 15

Die den Hauptinhalt der Bürgschaftsverpflichtung bildenden wesentlichen Vertragsbestandteile müssen sich in hinlänglich klaren Umrissen aus dem Text der **Bürgschaftsurkunde** ergeben. Dies ist primär eine Forderung aus § 766 S. 1 BGB,[28] gilt aber allgemein, also auch dann, wenn die Bürgschaftsurkunde nur erstellt wird, um den Sicherungsumfang zu dokumentieren. Da die Bürgenschuld hiernach deutlich erkennbar sein muss, kann es zu Problemen bei der Bestimmung des **Sicherungsumfangs** kommen (s. auch § 767 Abs. 1 S. 2, 3 BGB). So soll ohne ausdrückliche Regelung nicht davon auszugehen sein, dass der Bürge auch Ansprüche gegen den Rechtsnachfolger des Mieters sichert, die erst gegen diesen entstanden sind wie zB gem. § 564 BGB bei Übernahme des Mietverhältnisses nach dem Tod des Mieters.[29] Das ist kein Fall des § 566 Abs. 1 BGB („Kauf bricht nicht Miete"). Tritt ein Dritter als Rechtsnachfolger auf Vermieterseite in den Mietvertrag ein, schützt die Bürgschaft aber auch seine Forderungen.[30] Erfasst sind ferner Ansprüche, die durch eine ursprünglich vereinbarte Verlängerungsoption entstehen,[31] was freilich im Wohnraumverhältnis kaum eine Rolle spielt. Mit Entlassung eines Mitmieters aus dem Mietverhältnis kann auch die Bürgschaft ihre Wirkung verlieren.[32] Allein der Tod des Mieters lässt die Bürgschaftsforderung aber unberührt (§ 768 Abs. 1 S. 1 BGB). Daher entfällt die Haftung des Bürgen bei einer Mietergesellschaft auch nicht bei Anwachsung der Gesellschaftsanteile auf einen Gesellschafter nach Austritt der übrigen Gesellschafter aus der Mietergesellschaft.[33] Wo die Grenze verläuft, ist häufig unklar. Wie unsicher die Beurteilung des Sicherungsumfangs sein kann, zeigt sich am Fall, dass das Mietverhältnis zunächst gekündigt, dann aber zu den alten Bedingungen wieder aufgenommen wird. Da die Kündigung damit nur neutralisiert wird, spricht viel dafür, es nicht zu formalistisch anzugehen und die Sicherung für den nunmehr neuen Mietvertrag nicht schon deshalb entfallen zu lassen.[34] 16

[26] BGH NJW 1998, 1303 (1304) für den inhaltsgleichen § 558 Abs. 1 BGB aF.
[27] BGH NJW 1998, 1303 (1304); s. auch BGH NJW 2015, 1007 Rn. 12; NZG 2017, 753 Rn. 15.
[28] BGH NJW 1989, 1484 (1486).
[29] LG Münster BeckRS 2008, 24232.
[30] BGHZ 95, 88 = NJW 1985, 2528 (2531).
[31] OLG Hamburg BeckRS 1999, 30859882; aA OLG Düsseldorf BeckRS 2016, 09634.
[32] OLG Frankfurt a. M. NZM 2006, 900.
[33] BGH NJW 1993, 1917 (1918).
[34] So aber OLG Düsseldorf BeckRS 2013, 15010; Neuhaus Geschäftsraummiete-HdB Kap. 18 Rn. 82.

Erst recht deckt die Mietbürgschaft Ansprüche, die bei einer Fortsetzung des Mietverhältnisses nach § 545 BGB entstehen.[35]

17 Nachteilig an der Bürgschaft ist ferner, dass der Bürge den Bürgschaftsvertrag **kündigen darf,** wenn ihm die weitere Durchführung unzumutbar wird. Dieses Recht besteht vor allem dann, wenn sich die Vermögensverhältnisse des Hauptschuldners (Mieter) erheblich verschlechtert haben (arg. § 321 Abs. 2 S. 2 BGB),[36] wobei die Kündigung erst zu einem Zeitpunkt erfolgen darf, in dem der Vermieter das (unbefristete) Mietverhältnis ordentlich kündigen darf und dadurch das Auflaufen weiterer Rückstände verhindern kann.[37] Ob der Bürge von der Bürgschaft auch bei einem befristeten Mietvertrag Abstand nehmen darf,[38] ist zweifelhaft, bei langfristiger Bindung aber zu bejahen. Der Mieter muss dann eine neue Bürgschaft stellen.[39] Kann er das nicht, kommt sogar eine außerordentliche Kündigung des Mietvertrags gem. § 543 Abs. 1 BGB in Betracht, wenn dem Vermieter die fehlende Absicherung auch kurzzeitig nicht zuzumuten ist.[40]

18 Der Bürge hat nur wenige Möglichkeiten, seine Haftung in Grenzen zu halten. Die notwendigen Informationen über die Vermögenslage des Mieters muss er sich selbst beschaffen.[41] Der Gläubiger (Vermieter) ist grundsätzlich nicht verpflichtet, den künftigen Bürgen ungefragt über den Umfang seines Risikos oder die Vermögensverhältnisse des Hauptschuldners zu unterrichten,[42] und muss den Bürgen später auch nicht über die Entwicklung der Hauptschuld auf dem Laufenden halten.[43] Auf der anderen Seite darf der Vermieter im Fall eines Zahlungsverzugs des Mieters im Verhältnis zum Bürgen nicht lange zuwarten, bis er von den ihm zu Gebote stehenden rechtlichen Mitteln, insbes. einer Kündigung, Gebrauch macht. Andernfalls kann er nach Treu und Glauben gehindert sein, vom Bürgen mehr zu verlangen, als ihm bei einer (fristlosen) Kündigung des Mietvertrags zugestanden hätte.[44] In jedem Fall bleibt der Bürge für Verbindlichkeiten, die der Mieter bis zur Wirksamkeit dieser (fiktiven) Kündigung begründet hat, in der Haftung.

19 **Andere Sicherheiten** sind zB die **Hinterlegung** oder die **Sicherungsabtretung.** Die Aufnahme eines weiteren Vertragspartners ist keine solche Sicherheit und daher nicht vom Übersicherungsverbot aus § 551 Abs. 1 BGB (dazu → Rn. 37) erfasst.[45] Da kaum etwas besser sichert als ein zusätzlicher Vertragspartner, geht die Beratungspraxis dahin, auf Mieterseite möglichst viele Personen in den Mietvertrag einzubinden, bei einem jungen Mieter etwa auch dessen Eltern. Auch sollte nicht unklar bleiben, ob es sich bei der Sicherheit um einen Vertragsbeitritt, einen Schuldbeitritt oder eine Bürgschaft handelt. Der Vertragsbeitritt wirkt erst ab dem Eintrittszeitpunkt. Bei einem **Schuldbeitritt** wird regelmäßig auch für Altforderungen gehaftet.[46] Im Zweifel ist eine (ggf. formunwirksame) Bürgschaft, mithin eine angelehnte Schuld anzunehmen.[47] Als Mietsicherheit kommt auch ein gemeinsames (Und-)Konto von Vermieter und Mieter in Betracht; hier ist dann aber darauf zu achten, dass das Konto als offenes Treuhandkonto ausgewiesen wird.

---

[35] AA LG Gießen NJW-RR 1995, 586 f.; FA-MietR/Riecke Kap. 6 Rn. 13.
[36] BGH NJW 1985, 3007 (3008); 1986, 252 (253); NJW-RR 1993, 944 f.
[37] OLG Düsseldorf NJW 1999, 3128 (3129); aA Blank/Börstinghaus/Siegmund/Börstinghaus BGB § 551 Rn. 14: 3 Monate analog § 489 Abs. 2 BGB.
[38] So KG BeckRS 2007, 12609; Bub/Treier MietR-HdB/von der Osten/Schüller Kap. III Rn. 2157.
[39] Bub/Treier MietR-HdB/von der Osten Kap. III Rn. 2022.
[40] Wolf/Eckert/Ball Gewerbl. Miet-/Pacht-/LeasingR-HdB/Eckert Rn. 813.
[41] OLG Hamburg BeckRS 1999, 30859882.
[42] BGH NJW-RR 1991, 170; NJW 2010, 861 Rn. 33.
[43] OLG Düsseldorf NZM 2002, 23.
[44] BGH NJW 1995, 1886 (1888) für den Leasingbereich.
[45] AA LG Leipzig NJW-RR 2005, 1250 (1251); LG Lübeck BeckRS 2010, 7276; FA-MietR/Riecke Kap. 6 Rn. 39.
[46] S. etwa OLG Düsseldorf BeckRS 2007, 19461.
[47] BGH NJW 1967, 1020 (1021); 1981, 47; 1986, 580.

e) **Sicherungsumfang.** Wenig erörtert wird in der Kommentarliteratur die sachliche Reichweite der Sicherheit. Im Zweifel ist die Sicherungsabrede, die in den Formularmietverträgen oft nur rudimentär bezeichnet wird (zB „Der Mieter hat Sicherheit in Höhe von … zu leisten"), weit auszulegen, umfasst also alle – auch die noch nicht fälligen – Ansprüche des Vermieters, die sich aus dem Mietverhältnis und seiner Abwicklung ergeben,[48] sofern sie auf Geld gerichtet sind oder sich in Zahlungsansprüche umwandeln können.[49] 20

Vom Sicherungsumfang erfasst sind Forderungen wegen unterlassener Schönheitsreparaturen.[50] Die von einem Untermieter gestellte Kaution sichert auch den Anspruch des Hauptmieters auf Freistellung von Kosten, die der Vermieter wegen nicht getätigter Schönheitsreparaturen einfordern darf.[51] Gesichert sind ferner Forderungen auf Nutzungsausfallentschädigung bzw. Schadensersatz iSd § 546a BGB, weil zur Einhaltung des Mietvertrags auch die rechtzeitige Rückgabe des Mietobjekts gehört.[52] Gesichert sind sodann in direkter oder entsprechender Anwendung der §§ 767 Abs. 2, 1210 Abs. 2 BGB die Kosten von Rechtsverfolgungsmaßnahmen (Räumungsprozess- und Versteigerungskosten),[53] aber auch Ansprüche wegen einer nach § 574a Abs. 2 BGB angeordneten zeitlichen Verlängerung des Mietverhältnisses, zumal die Sicherheit umfangmäßig schnell erschöpft ist (vgl. § 551 Abs. 1 BGB). Zur Einschränkung des Sicherungsumfangs bei preisgebundenem Wohnraum → Rn. 29). 21

f) **Sicherungszweck (§ 551 Abs. 3 BGB).** Der Mietsicherheit kommt eine **Treuhandfunktion** zu.[54] Daher muss der Vermieter die Barkaution gem. § 551 Abs. 3 S. 3 BGB getrennt von seinem Vermögen anlegen. Die Sonderanlage hat zur Folge, dass **Gläubigern** des Vermieters der **Zugriff** auf den Kautionsbetrag **verwehrt** ist. Eine Pfändung kann der Mieter dann durch sein Widerspruchsrecht aus § 771 Abs. 1 ZPO verhindern.[55] In der Insolvenz des Vermieters steht dem Mieter ein Aussonderungsrecht zu (§ 47 S. 1 InsO).[56] Daher darf der Mieter auch darauf bestehen, die Kaution gleich auf ein solches, vom Vermieter zu benennendes Sonderkonto zu überweisen.[57] Es wäre mit dem Treuhandcharakter nicht zu vereinbaren, wenn dem Mieter der vom Gesetz intendierte Schutz nicht sogleich gewährt und stattdessen § 551 Abs. 3 S. 1 BGB, wonach der Vermieter eine ihm als Sicherheit „überlassene Geldsumme" anzulegen hat, beim Wort genommen würde. 22

Praxistipp:

Der Mieter sollte vom Vermieter vor Vertragsbeginn immer fordern, ein Treuhandkonto genannt zu bekommen, auf das die Kaution überwiesen werden kann.

Die Treuhandfunktion der Kaution bringt verschiedene **Verbote** mit sich: 23

Der Mieter darf gegen eine Forderung auf Stellung einer Barkaution bis zum Ablauf der Prüfungsfrist nach Beendigung des Mietverhältnisses mit eigenen Forderungen

[48] BGH NJW 2006, 1422 Rn. 12; 2016, 3231 Rn. 13: Betriebskostennachzahlungen.

[49] Bub/Treier MietR-HdB/von der Osten/Schüller Kap. III Rn. 2033; s. auch Lindner-Figura/Oprée/Stellmann Geschäftsraummiete-HdB/Moeser Kap. 12 Rn. 49, wonach die Regelungen zum Vermieterpfandrecht insoweit Leitbildcharakter aufweisen.

[50] BT-Drs. 9/2079, 14.

[51] Nach OLG München NJW-RR 1995, 461.

[52] BGH NJW 1972, 721 (723) für die Barkaution; OLG Hamburg BeckRS 1999, 30859882; OLG Rostock BeckRS 2002, 08654 Rn. 78, jeweils für die Mietbürgschaft; ebenso BGHZ 213, 302 = NJW 2017, 1301 Rn. 16, 19 für die Leasingbürgschaft.

[53] OLG Düsseldorf NZM 2001, 380 (381); differenzierend Hinz NZM 2019, 76 (78): nur bei Streitigkeiten aus dem Mietvertrag, nicht aus Prozessen, die wegen der Sicherungsabrede geführt werden.

[54] BGH NJW 2014, 2496 Rn. 10; NJW-RR 2015, 1289 Rn. 3, 4.

[55] BGHZ 61, 72 = NJW 1973, 1754 (1755); BGH NJW 2016, 1451 Rn. 14, 22.

[56] BGH NJW 2008, 1152 Rn. 8.

[57] BGH NJW 2011, 59 Rn. 18.

gegen den Vermieter **nicht aufrechnen.**[58] Hiervon **ausgenommen** sind Forderungen, die **rechtskräftig festgestellt, unstreitig oder sofort beweisbar (liquide)** sind.[59] Solange die Kaution nicht abgerechnet werden kann, darf der Mieter auch mit seinem Anspruch auf Kautionsrückzahlung nicht aufrechnen, zB indem er die Kaution ‚abwohnt'. Obwohl dies in der Praxis oft so gehandhabt wird, muss sich der Mieter klarmachen, dass er dadurch in Verzug gerät und für entsprechende Abwehrmaßnahmen (zB Mahn- und Kündigungsschreiben) aufzukommen hat. Nach Ablauf der Prüfungsfrist hat der Mieter, der eine Barkaution gestellt hat, Anspruch auf Rückzahlung zumindest eines Teils der Kaution. In diesem Umfang ist auch eine Aufrechnung möglich, da die Zweckbindung der Barkaution insoweit aufgehoben ist. Wie eine Aufrechnung ist dem Mieter bis zur Kautionsreife auch die Ausübung eines **Zurückbehaltungsrechts** verwehrt.[60]

24 Umgekehrt darf der **Vermieter** nur mit Forderungen **aufrechnen,** die **aus dem aktuellen Mietverhältnis** stammen. Dieses Konnexitätserfordernis ergibt sich aus § 551 Abs. 1 BGB, da „seine" Pflichten solche aus dem konkreten Mietverhältnis sind, ansonsten aus dem Wesen des Treuhandverhältnisses.[61] Will der Vermieter wegen mietvertragsfremden Forderungen auf den Rückzahlungsanspruch zugreifen, muss er wie ein Dritter seinen Anspruch titulieren lassen und die Rückforderung hernach pfänden und einziehen. Bei mehreren zur Aufrechnung gestellten Forderungen verlangen Gerichte häufig eine **Tilgungsbestimmung.** Dieses Erfordernis wird aber schon durch die Zweifelsregelung in §§ 396 Abs. 1 S. 2, 366 Abs. 2 BGB erfüllt. Welcher Forderung der Vorrang gebührt, lässt sich hiernach indes nicht immer einfach klären.[62] Schon aus diesem Grund ist jeder Partei zu raten, bei mehreren Forderungen die Tilgungsreihenfolge anzugeben (→ Rn. 117, 126).

25 Während der Mietzeit darf der Vermieter gegen den Anspruch auf Kautionsrückzahlung aufgrund der Sicherungsabrede nur mit **rechtskräftig festgestellten oder unstreitigen Forderungen aufrechnen.**[63] Rechtskräftig festgestellten und unstreitigen Forderungen stehen solche gleich, die **offensichtlich begründet** sind, so dass ein Bestreiten mutwillig erschiene.[64] Dies gilt unabhängig davon, ob dieses Recht im Mietvertrag steht oder nicht. Der oft gehörte Hinweis, der Vermieter mache sich strafbar, wenn er mit der Kautionsrückzahlungsforderung im laufenden Mietverhältnis aufrechnet, stimmt daher so nicht. **Nach Beendigung des Mietvertrags** muss der Vermieter über die Kaution unverzüglich abrechnen und darf hernach **auch mit streitigen Forderungen** aus dem Mietverhältnis **aufrechnen.** Denn mit der (ausdrücklichen oder konkludenten) Abrechnung über die Barkaution wird ein Stadium erreicht, in dem sich der Vermieter – ohne weitere Schritte ergreifen zu müssen – wegen seiner nunmehr bestimmten und bezifferten Ansprüche aus der Barkaution befriedigen kann, etwa durch Aufrechnung seiner Forderungen gegen die Forderung des Mieters auf Rückzahlung der Kaution.[65] Tut er das schon vor der Abrechnung über die Kaution, macht er sich uU wegen **Untreue** strafbar (→ Rn. 64). Ohnehin ist bei einer solchen Vorgehensweise zu berücksichtigen, dass die Kaution dadurch geschmälert wird und der Vermieter sich zur Wiederauffüllung dann doch wieder an den Mieter halten muss (→ Rn. 28). Die Kautionsbank ist in solchen Fällen nicht verpflichtet, die Rechte des Mieters zu wahren und unberechtigte

---

[58] BGH NJW 1972, 721 (723); BGHZ 101, 244 = NJW 1987, 2372 (2373).

[59] Staudinger/V. Emmerich BGB § 551 Rn. 16a.

[60] OLG München NJW-RR 2000, 1251; LG Hamburg BeckRS 1990, 07743; LG Nürnberg-Fürth NJW-RR 1992, 335.

[61] Für letzteres BGH NJW 2012, 3300 Rn. 10; s. auch BGH NJW-RR 1999, 1192; 2021, 15 Rn. 47.

[62] Für den Vorrang der Betriebskostenforderung ggü. der Miete BGH NZM 2018, 444 Rn. 48, weil der Anspruch auf Erbringung von Betriebskostenvorauszahlungen nach Eintritt der Abrechnungsreife oder erfolgter Abrechnung grds. nicht mehr geltend gemacht werden kann und daher weniger sicher ist als die Nettomietforderung.

[63] BGH NJW 2014, 2496 Rn. 11; BGHZ 218, 132 = NJW 2018, 2042 Rn. 11.

[64] LG Mannheim NJWE-MietR 1996, 219 (220).

[65] BGH 24.7.2019 – VIII ZR 141/17, NJW 2019, 3371 Rn. 25; 28.10.2020 – VIII ZR 230/19, NJW-RR 2021, 15 Rn. 47.

Auszahlungen an den Vermieter zu verhindern.[66] Der Mieter hat bei einer unberechtigten Aufrechnung gem. §§ 280 Abs. 1, 551 BGB Anspruch auf Rückzahlung des entnommenen Kautionsbetrags.[67] Gegen diesen darf der Vermieter nicht aufrechnen.[68]

Der Sicherungszweck der Kaution zeigt sich ferner darin, dass der Vermieter den Kautionsanspruch an Dritte **nicht abtreten** darf (vgl. § 399 Alt. 2 BGB), wenn die Kaution dadurch nicht gerade ihrem Zweck zugeführt wird.[69] 26

Mit **Fälligkeit** einer Geldforderung aus dem Mietvertrag (Miete, Betriebskosten) wird die zur Befriedigung aus der Barkaution nötige **Pfandreife** geschaffen (§§ 1282 Abs. 1 S. 1, 1228 Abs. 2 BGB). Der Vermieter darf von da an auf die Kaution zugreifen (§ 1282 Abs. 1 S. 1 und 2 BGB). Damit der Mieter nicht in eine Deckungslücke hinsichtlich der ihm gesetzlich fortdauernd zustehenden Kautionszinsen gerät, wird man darüber hinaus aber noch verlangen müssen, dass er sich mit der Zahlung in **Verzug** befindet.[70] Hinsichtlich einer auf einem Treuhandkonto des Vermieters angelegten Barkaution erfolgt die **Verwertung** durch Abhebung des Betrags. Der Vermieter muss sich freilich nicht darauf einlassen, die Kaution zur Schuldentilgung zu nutzen, sondern kann stattdessen die Forderung gegen den Mieter einklagen oder ggf. den Mietvertrag verzugsbedingt kündigen.[71] 27

Der Vermieter kann nach der Verwertung bei fortbestehendem Sicherungsbedürfnis sofort **Wiederauffüllung** der Kaution bzw. Rückzahlung an den Bürgen verlangen.[72] Dieser Anspruch ergibt sich entweder aus § 240 BGB oder allgemein aus dem Umstand, dass die Mietsicherheit nach § 551 Abs. 1 BGB für alle Forderungen des Vermieters aus dem Mietverhältnis („Erfüllung seiner Pflichten") als Dauerverpflichtung einstehen und damit in vollem Umfang bereitstehen muss. Daher muss der Mieter selbst dann erneut Sicherheit leisten, wenn eine Bürgschaft berechtigterweise gekündigt ist.[73] Hat der Vermieter sich aus einer Barkaution bedient, umfasst der Wiederauffüllungsanspruch die volle Kautionssumme einschließlich der bislang aufgelaufenen Zinsen.[74] 28

g) Preisgebundener Wohnraum. Für preisgebundenen Wohnraum ist eine Sicherheitsleistung des Mieters gem. § 9 Abs. 5 S. 1 WoBindG nur insoweit zulässig, als sie dazu dient, Ansprüche des Vermieters gegen den Mieter aus Schäden an der Wohnung oder unterlassenen Schönheitsreparaturen zu sichern. In diesem Rahmen gilt dann auch § 551 BGB (§ 9 Abs. 5 S. 2 WoBindG). Voraussetzung ist, dass die öffentlichen Mittel bis zum 31.12.2001 bewilligt wurden (§ 50 Abs. 1 S. 1 Nr. 1 WoBindG). Bei solchen Wohnungen lassen sich Mietrückstände nicht mittels Kaution absichern, da der Vermieter für Miet- und Betriebskostenrückstände bereits über das Umlageausfallwagnis als Bestandteil der Kostenmiete (§ 29 S. 3 II. BV: bis zu 3 % der Miete; s. auch § 25a NMV) abgesichert ist. Erfolgte die Mittelbewilligung später, kommt es nach § 28 Abs. 4 Nr. 2 WoBindG für die zulässige Reichweite einer Kautionsvereinbarung auf die Auflagen im Bewilligungsbescheid an.[75] 29

Soweit die Kautionsabrede die Aufrechnung nicht deckt, ist der Betrag zurückzuerstatten und vom Empfang an zu verzinsen (§ 9 Abs. 5 S. 1, Abs. 7 S. 1 WoBindG).[76] 30

---

[66] Bub/Treier MietR-HdB/von der Osten/Schüller Kap. III Rn. 2097.

[67] BGH NJW 2014, 2496 Rn. 10.

[68] Ebenso LG Bremen NJW-RR 1993, 19 für den Fall der Übersicherung, → Rn. 45; aA Dickersbach WuM 2006, 595 (597 f.); Sternel MietR aktuell, Rn. III 171.

[69] BGH NJW 2012, 3032 Rn. 23; OLG Düsseldorf NZM 2001, 380 (381 f.); s. auch Staudinger/V. Emmerich BGB § 551 Rn. 4a, wonach der Kautionsanspruch nur zusammen mit der gesicherten Forderung aus dem Mietverhältnis abtretbar ist.

[70] OLG Hamm BeckRS 2016, 03555 Rn. 31; Zeibig Mietkaution S. 209 f.; Dickersbach WuM 2006, 595; Bub/Treier MietR-HdB/von der Osten/Schüller Kap. III Rn. 2036.

[71] BGH BeckRS 1972, 31126541 (zu I 2b aa).

[72] BGH BeckRS 1972, 31126541 (zu I 2b aa); OLG Düsseldorf NJOZ 2006, 4053 (4056).

[73] Bub/Treier MietR-HdB/von der Osten/Schüller Kap. III Rn. 2022.

[74] Bub/Treier MietR-HdB/von der Osten/Schüller Kap. III Rn. 2039.

[75] Lützenkirchen/Lützenkirchen BGB § 551 Rn. 67; Harsch MietRB 2020, 215 (216).

[76] S. auch LG Aachen BeckRS 2006, 00791. Allg. zum Erstattungsanspruch aus § 9 Abs. 7 WoBindG Bellinger WuM 2007, 177.

Weitergehend darf nach einem Urteil des LG München I bei steuerbegünstigten oder frei finanzierten Wohnungen, die gem. § 16 NMV mit Wohnungsfürsorgemitteln für Angehörige des öffentlichen Dienstes oder ähnliche Personengruppen unter Vereinbarung eines Wohnungsbesetzungsrechts gefördert wurden, überhaupt keine Kaution vereinbart werden, weil das in den Preisbildungsvorschriften der §§ 1 Abs. 3, 16 NMV nicht vorgesehen ist.[77]

31 h) **Wohnungsgenossenschaften.** Genossenschaftliche Vermieter, die ihren Mitgliedern Wohnungen zur Verfügung stellen, können von den Mitgliedern verlangen, dass sie nicht nur einen Mietvertrag (sog. **Dauernutzungsvertrag**) schließen, sondern auch Genossenschaftsanteile erwerben. Es verstößt nicht gegen das in § 551 Abs. 1 BGB normierte Übersicherungsverbot, wenn ein genossenschaftlicher Vermieter sowohl den Erwerb von Genossenschaftsanteilen als auch eine Mietsicherheit verlangt.[78] Auch eine Nachschusspflicht ist damit unschädlich. Zwar werden die Anteile bei Beendigung des Mietverhältnisses wie eine Kaution zurückerstattet, auch wenn sich die Fälligkeit wegen § 65 Abs. 2 S. 1 GenG (Kündigung nur zum Schluss eines Geschäftsjahres) und der Notwendigkeit, die Feststellung im Jahresabschluss abzuwarten, nur selten mit der Abrechnungsreife hinsichtlich der Kaution deckt. Genossenschaftsanteile haben aber eine andere Funktion, weil sie keine Forderungsausfälle absichern, sondern das Mitgliedschaftsverhältnis zur Genossenschaft begründen, aus dem sich die Mitbestimmungsrechte ergeben.[79] Daher ist zB im Gegensatz zur Barkaution eine ratenweise Zahlung der Genossenschaftsanteile nicht zulässig.[80]

32 i) **Alters- und Pflegeheime.** Im Anwendungsbereich des Wohn- und Betreuungsvertragsgesetzes (WBVG),[81] das gem. § 1 Abs. 1 WBVG für Alters- und Pflegeheime gilt, darf keine Mietsicherheit vereinbart werden, sofern die Bewohner Leistungen nach SGB IX[82] oder SGB XII beziehen (§ 14 Abs. 4 S. 1 WBVG). Zuvor vereinbarte Sicherheiten bleiben aber bestehen und dürfen auf die Sozialleistungen nicht angerechnet werden.[83] Das Verbot greift auch dann, wenn ein solcher Bewohner die Sozialleistungen an sich selbst auszahlen lässt.[84] Mit Selbstzahlern kann eine Sicherheitsleistung hingegen vereinbart werden. Die Voraussetzungen ergeben sich aus § 14 WBVG und sind § 551 BGB nachgebildet. Im Unterschied zu § 551 BGB hat der Bewohner von Gesetzes wegen das Recht, statt einer Sicherheit (Barkaution oder Sicherheit iSd § 232 Abs. 1 BGB)[85] eine Garantie oder ein sonstiges Zahlungsversprechen eines im Geltungsbereich des WBVG zum Geschäftsbetrieb befugten Kreditinstituts oder Kreditversicherers oder einer öffentlich-rechtlichen Körperschaft zu stellen (§ 14 Abs. 1 S. 3 WBVG). Nach § 16 WBVG sind Vereinbarungen unwirksam, die von den Vorschriften dieses Gesetzes zum Nachteil des Bewohners abweichen. Daher kommen andere Sicherheiten wie etwa eine Bankbürgschaft nur in Betracht, wenn die damit verbundenen Kosten nicht vom Bewohner getragen werden.[86] Außerdem ist die Obergrenze der Kaution uU höher als bei der normalen Mietsicherheit, weil sie zwar das zweifache Monatsentgelt nicht übersteigen darf (§ 14 Abs. 1 S. 2 WBVG), dieses aber auch Dienstleistungsanteile enthält. Das ist nur anders, wenn mit den Leistungserbringern gesonderte Verträge abgeschlossen werden; in diesem Fall gilt für denjenigen, der nur den Wohnraum

---

[77] LG München I WuM 1985, 399; zustimmend Blank/Börstinghaus/Siegmund/Börstinghaus BGB § 551 Rn. 5.

[78] LG Regensburg NZM 2010, 360; AG Kiel NZM 2012, 610 mN; Feßler/Kegel WuM 2007, 693; Roth NZM 2008, 356 (358); aA AG Saarbrücken BeckRS 2008, 2047 Rn. 28; aA wohl auch BGH NJW 2018, 2259 Rn. 24.

[79] LG Regensburg NZM 2010, 360; AG Kiel NZM 2012, 610 mN.

[80] Drasdo NZM 2012, 585 (590).

[81] Vom 29.7.2009, BGBl. I 2319; dazu → § 33 Rn. 278 ff.

[82] Zum Anwendungsbereich OLG Köln NJOZ 2017, 1720 ff.

[83] Drasdo NJW-Spezial 2018, 353.

[84] AA Drasdo NJW-Spezial 2018, 353.

[85] BGH NJW 2018, 1808 Rn. 19: „Die Sicherheit ist wie eine mietrechtliche Kaution zu verstehen.“.

[86] Offen gelassen in BGH NJW 2015, 2573 Rn. 20.

bereitstellt, die Regelung in § 551 BGB (§ 14 Abs. 2 WBVG). Die Höchstgrenze richtet sich dann nach dem Mietanteil.[87]

j) **Kaution als Teil der Wohnungsbeschaffungskosten (§ 22 Abs. 6 S. 1 Hs. 2 SGB II).** Ist der Mieter arm, hat er gegen den zuständigen kommunalen Leistungsträger bzw. das Jobcenter Anspruch auf Übernahme der Aufwendungen für die Kaution, bei Genossenschaftswohnungen auch für den Erwerb der erforderlichen Genossenschaftsanteile (§ 22 Abs. 6 S. 1 Hs. 2 SGB II). Diese Geldmittel sollen als Darlehen ausgereicht werden (§ 22 Abs. 6 S. 3 SGB II), da Sozialleistungen nicht der Vermögensbildung dienen. Mitunter lässt sich die Behörde den Rückzahlungsanspruch gegen den Vermieter zur Sicherheit abtreten, was zur Folge haben kann, dass der Mieter oft Jahre nach Begleichung des Darlehens auf die Suche gehen muss, um von der dann zuständigen Behörde eine Erledigungserklärung zu bekommen. Auf der anderen Seite erscheint eine Sicherungsabtretung auch nötig, zumal das BSG Zweifel geäußert hat, ob die Darlehensraten gem. § 42a Abs. 2 S. 1 SGB II vom Regelsatz abgezogen werden dürfen.[88] 33

k) **Tod des Mieters (§ 563b Abs. 3 BGB).** Stirbt der Mieter, rücken seine Erben in die Mieterstellung ein (§ 1922 Abs. 1 BGB). Weitergehend gibt das Gesetz in § 563 BGB Haushaltsangehörigen das Recht, den Mietvertrag zu übernehmen oder ihn gem. § 563a BGB als Mitmieter fortzusetzen. Von diesen Personen, die er sich nicht ausgesucht hat, kann der Vermieter eine Mietsicherheit selbst dann verlangen, wenn der verstorbene Mieter keine Sicherheit geleistet hat (§ 563b Abs. 3 BGB). Der Erbe ist zur Erbringung einer Mietsicherheit ohne Regelung im Mietvertrag hingegen nicht verpflichtet (arg. § 563b Abs. 1 S. 2 BGB). Ist die Kautionsforderung verjährt, lebt sie auch durch die Regelung in § 563b Abs. 3 BGB nicht wieder auf.[89] Insoweit ist § 563b Abs. 1 S. 2 BGB unklar gefasst („falls der verstorbene Mieter keine Sicherheit geleistet hat"), aber auch in einem anderen Punkt: Hiernach kann der Vermieter „nach Maßgabe des § 551 eine Sicherheitsleistung verlangen." Da nicht anzunehmen ist, dass der Gesetzgeber die Beteiligten vor Gericht sehen will, wenn der neue Mieter mit der Festlegung durch den Vermieter nicht einverstanden ist (vgl. § 315 Abs. 3 S. 2 BGB), und die Ausschöpfung des Höchstsatzes (drei Kaltmieten) üblicher Vertragspraxis entspricht, muss der Haushaltsangehörige eine Barkaution in Höhe der vollen drei Kaltmieten stellen; entscheidend ist die Miethöhe zum Zeitpunkt des Eintritts in den Vertrag. Konsequenterweise kann der Vermieter von den Rechtsnachfolgern auch die Aufstockung des Kautionsbetrags verlangen, wenn die bislang geleistete Kaution diesen Umfang nicht erreicht. 34

2. Begrenzungen der Pflicht zur Stellung einer Mietsicherheit (§ 551 BGB)

a) **§ 551 BGB als Spezialvorschrift für Wohnraummietverhältnisse.** Das BGB ordnet bis auf den Ausnahmefall des § 563b Abs. 3 BGB (→ Rn. 34) nicht an, dass der Mieter eine Kaution stellen muss. Wird eine solche jedoch vereinbart, gelten nach § 551 BGB Schutzvorschriften, wenngleich nur bei Anmietung von Wohnraum einschließlich des in § 549 Abs. 2 und 3 BGB genannten Sonderwohnraums. Bei Wohnraum nach § 549 Abs. 3 BGB (in einem Studenten- oder Jugendwohnheim) gilt nur die Verzinsungspflicht aus § 551 Abs. 3 S. 1 BGB nicht (§ 551 Abs. 3 S. 5 BGB). Für sonstige Raummietverträge (vor allem Geschäftsraummietverträge) und Mietverträge über Grundstücke findet § 551 BGB auch analog keine Anwendung (arg. § 578 Abs. 1 und 2 BGB).[90] Zwar ist mangels anderweitiger Regelung eine Kaution wie nach § 551 Abs. 3 S. 1 BGB auch bei Geschäftsraummietverträgen zu verzinsen. Diese Folge zieht der BGH aber nicht aus § 551 BGB, sondern aus einer ergänzenden Vertragsauslegung.[91] Für Mischmietverhält- 35

[87] AA BeckOGK/Drasdo WBVG, Stand 1.4.2026 § 14 Rn. 21: Deckelung auf 2 Monatsmieten gem. Abs. 1.
[88] BSG BeckRS 2016, 70110 Rn. 12.
[89] Schmidt-Futterer/Streyl BGB § 563b Rn. 26.
[90] S. auch BT-Drs. 9/2079, 13.
[91] BGHZ 127, 138 = NJW 1994, 3287 (3288); s. auch BGHZ 84, 345 = NJW 1982, 2186 (2187).

nisse gilt die Schwerpunkttheorie.[92] Hiernach ist § 551 BGB anzuwenden, wenn die Wohnnutzung überwiegt.

36 b) **Grundsatz Barsicherheit.** Seit der großen Mietrechtsreform im Jahr 2001 ist klar, dass das Gesetz, wenn eine Kautionsverpflichtung nur allgemein vereinbart ist, eine Barkaution verlangt (→ Rn. 7). Mit einer Barkaution fährt der Vermieter am besten, weil er uneingeschränkt mit verjährten Forderungen aus dem Mietverhältnis aufrechnen kann (→ Rn. 121) und kein Dritter in die Begründung und Rückabwicklung der Mietsicherheit eingebunden ist. Die Parteien haben weder ein Wahlrecht noch eine Ersetzungsbefugnis. Sie können jedoch nach § 551 Abs. 3 S. 2 BGB eine andere Anlageform vereinbaren. Das muss nicht die „Geldsumme" sein, von der in § 551 Abs. 3 S. 1 BGB die Rede ist, so dass Abs. 3 S. 2 als eigener Absatz zu lesen ist. Gängigste Alternative ist inzwischen die Mietbürgschaft, die in den Gesetzesmaterialien neben der Hinterlegung und der Hypothek eigens erwähnt ist.[93] Die Parteien können sogar eine spekulative Anlage wählen,[94] ohne dass das Gesetz hierfür Grenzen setzt. Auch dann stehen die Erträge im Zweifel gem. § 551 Abs. 3 S. 3 BGB dem Mieter zu. Umgekehrt hat der Mieter für Negativzinsen sowie Verwahrentgelte aufzukommen, wenn sich das Geld nur mit dieser Folge anlegen lässt.[95] Die Begrenzung in § 551 Abs. 3 S. 1 BGB (Zinssatz, der für Spareinlagen mit 3-monatiger Kündigungsfrist üblicherweise gezahlt wird) wird durch eine solche Vereinbarung stillschweigend abbedungen. Schlimmstenfalls verliert der Vermieter die Sicherheit, der Mieter den Rückzahlungsanspruch.[96] Die Vereinbarung benachteiligt nicht von vornherein den Mieter, so dass § 551 Abs. 4 BGB keine Anwendung findet. Eine Wiederauffüllungspflicht würde gegen § 551 Abs. 4 BGB verstoßen; auch § 240 BGB findet angesichts der vertraglichen Risikoverteilung keine Anwendung.[97] Den Vermieter trifft in diesen Fällen, wenn nicht konkret ein Informationsgefälle besteht, weder eine Aufklärungspflicht noch muss er die Anlage ständig überwachen, um dem Mieter Gefahrenanzeichen zu melden.[98]

37 c) **Höchstgrenze.** Das Gesetz bestimmt in § 551 Abs. 1 BGB, dass die Mietsicherheit höchstens das **3-fache der monatlichen Miete** betragen darf. Diese Begrenzung gilt nicht nur für die Barkaution, sondern für alle Sicherheiten,[99] auch für die Bürgschaft.[100] Gemeint ist die **Kaltmiete ohne** (konkrete, bei Verträgen, die ab dem 1.9.2001 geschlossen wurden, auch pauschale) **Betriebskosten,** also ohne die Differenzierung in § 41 Abs. 1 S. 2 GKG. Ist eine Inklusivmiete ohne Ausweis von Betriebskostenanteilen vereinbart, ist der gesamte Mietbetrag zugrunde zu legen. Bei **preisgebundenem Wohnraum** ist nicht das zulässige Entgelt iSd § 8a Abs. 7 WoBindG maßgebend, sondern die Einzelmiete nach § 8a Abs. 5 WoBindG.[101] Mit dem Hinweis in § 551 Abs. 1 BGB, wonach die Höchstgrenze nicht von den Kautionszinsen beeinflusst wird („vorbehaltlich des Absatzes 3 Satz 4"), zeigt das Gesetz, dass es für die Bestimmung der Höchstgrenze auf den Zeitpunkt der Kautionsvereinbarung ankommt.[102] Dies hat Bedeutung etwa dann, wenn die Kautionsabrede anlässlich einer Mieterhöhung getroffen wird, was auch durch § 551 Abs. 4 BGB nicht verboten wird.[103] Bei Mängeln, die nicht (mehr)

[92] Dazu BGH NJW-RR 1986, 877 und BeckOK MietR/Bruns, Stand 1.5.2026, BGB § 549 Rn. 6.
[93] BT-Drs. 9/2079, 13.
[94] BT-Drs. 14/4553, 48.
[95] Mülbert in FS Köndgen, 2016, 413 (425 f.); Staudinger/V. Emmerich BGB § 551 Rn. 18a; Drasdo NJW-Spezial 2022, 161 f.
[96] BT-Drs. 14/4553, 48.
[97] IErg Kießling JZ 2004, 1146 (1151); Bub/Treier MietR-HdB/von der Osten/Schüller Kap. III Rn. 2105; aA AG Berlin-Tempelhof-Kreuzberg BeckRS 2014, 08518; Staudinger/V. Emmerich BGB § 551 Rn. 6.
[98] So aber Staudinger/V. Emmerich BGB § 551 Rn. 21.
[99] BT-Drs. 9/2079, 13.
[100] BGHZ 107, 210 = NJW 1989, 1853.
[101] FA-MietR/Riecke Kap. 6 Rn. 44.
[102] BT-Drs. 9/2079, 13.
[103] Blank/Börstinghaus/Siegmund/Börstinghaus BGB § 551 Rn. 59.

behoben werden können, besteht im Umfang der Mietminderung kein Sicherungsbedürfnis des Vermieters. In diesem Fall ist die geminderte Miete bei der Berechnung des Höchstbetrags nach § 551 Abs. 1 BGB zu Grunde zu legen.[104] Gleiches gilt, wenn die Miete zB wegen eines Verstoßes gegen § 139 BGB iVm § 5 Abs. 2 WiStG, § 138 Abs. 1, Abs. 2 BGB oder § 556d Abs. 1 BGB (Mietpreisbremse) zu hoch angesetzt ist.

Der Höchstbetrag gilt auch dann, wenn verschiedene Mietsicherheiten vereinbart 38
sind. Aus § 551 Abs. 1 BGB ergibt sich ein **Kumulationsverbot.**[105] Die Sicherheiten sind wertmäßig zu erfassen und an der Obergrenze zu messen.

Beispiel:[106]
Der Mieter soll eine Kaution in Höhe von 3 Monatsmieten stellen und darüber hinaus einen Festbetrag für die Tankfüllung der Heizung zahlen, der bei Auszug verrechnet wird. Beides zusammen geht nicht.

Gesetzliche Spezialsicherheiten wie etwa nach § 258 S. 2 Hs. 2 BGB oder § 890 Abs. 3 39
ZPO werden vom Kumulationsverbot nicht erfasst.[107] Gleiches gilt für das Vermieterpfandrecht bzw. die Sicherheitsleistung nach § 562c BGB. Auch eine Vollstreckungsunterwerfung (§ 794 Abs. 1 Nr. 5 ZPO) ist einer Sicherheit iSd §§ 551, 232 BGB nicht gleichzustellen, da sie den Gläubiger nur der Notwendigkeit enthebt, sich vor der Zwangsvollstreckung einen Titel gegen den Mieter zu beschaffen.[108] Kautionszinsen sind ebenfalls nicht Gegenstand des Kumulationsverbots, obwohl sie die Sicherheit erhöhen (§ 551 Abs. 3 S. 4 BGB). Außen vor bleiben ferner Sicherheiten für **Sonderrisiken** (sog. Sonderkautionen), die dadurch entstehen, dass der Vermieter dem Mieter weitergehende Rechte an der Mietsache eingeräumt hat, zB zur Sicherung der Rückbauverpflichtung bei Gestattung von baulichen Änderungen oder der Installation einer Parabolantenne.[109] In § 554a Abs. 2 S. 1 BGB hat der Gesetzgeber dies für bauliche Veränderungen, die für eine behindertengerechte Nutzung der Wohnung erforderlich sind, ausdrücklich bestimmt. Vom Kumulationsverbot erfasst sind hingegen Sicherheiten, die bei **gleichbleibendem Vertragssoll** zusätzlich vereinbart werden, zB für einen Teppichboden oder für Schönheitsreparaturen.[110] Für den Fall der Entlassung eines von mehreren Mietern aus dem Mietvertrag lässt das Gesetz eine Aufstockung der Kaution ebenfalls nicht zu, auch wenn sich das Ausfallrisiko des Vermieters dadurch erhöht.

Überschreitet die Mietsicherheit die Höchstgrenze aus § 551 Abs. 1 BGB, ist sie wegen 40
§ 551 Abs. 4 BGB hinsichtlich des darüber hinausgehenden Anteils nichtig.[111] Die Sicherheitsabrede bleibt somit bis zu dieser Grenze, also im höchstzulässigen Umfang wirksam.

Sind mehrere Sicherheiten vereinbart, die zusammen die Höchstgrenze überschreiten, 41
ist zu klären, welche der Sicherheiten in Fortfall gerät. Wird die Obergrenze erst durch eine nachfolgende Vereinbarung überschritten, ist nur diese (in Höhe des überschießenden Teils) unwirksam.[112] Fehlt es an einer zeitlichen Stufung, würden die Vorschriften zur Wahlschuld (§§ 262 ff. BGB) passen, schaffen aber bis zur Wahlentscheidung eine Schutzlücke, die mit den Anforderungen an eine Mietsicherheit nicht in Einklang zu bringen ist. Auch der BGH geht davon aus, dass eine der Sicherheiten ganz oder in Höhe

---

[104] BGH NJW 2005, 2773 (2774): Tatsächliche Wohnungsgröße bleibt deutlich hinter der im Mietvertrag angegebenen Wohnfläche zurück.
[105] BGHZ 107, 210 = NJW 1989, 1853; BGH NJW 2004, 3045 (3046).
[106] Nach AG Büdingen WuM 1994, 537 f.
[107] Bub/Treier MietR-HdB/von der Osten/Schüller Kap. III Rn. 1994.
[108] BGH NJW 2018, 551 Rn. 19.
[109] Blank/Börstinghaus/Siegmund/Börstinghaus BGB § 551 Rn. 55; wohl auch OLG Karlsruhe NJW 1993, 2815 (2817); aA Staudinger/V. Emmerich BGB § 551 Rn. 10; AG Köln NJW-RR 2009, 377.
[110] Blank/Börstinghaus/Siegmund/Börstinghaus BGB § 551 Rn. 56; ebenso LG Berlin NZM 1999, 305 (306) für das Schlüsselpfand.
[111] MüKoBGB/Bieber § 551 Rn. 11.
[112] Wiek WuM 2014, 119.

der Übersicherung automatisch wegfällt.[113] V. Emmerich[114] befürwortet eine entsprechende Anwendung des § 366 Abs. 2 BGB. Diese Vorschrift macht aber nur in einem Erfüllungskontext Sinn. M. Schmid[115] entnimmt § 774 iVm §§ 412, 401 BGB den Rechtsgedanken, dass die Bürgschaft ggü. anderen Sicherheiten nachrangig ist, so dass die Bürgschaft in Höhe der Übersicherung unwirksam sein soll. Wiek[116] will die stärkere Sicherheit bestehen lassen, wobei die Barkaution ggü. einer Mietbürgschaft Vorrang haben soll. Nach Derleder[117] soll die Sicherheit bestehen bleiben, die den Mieter weniger belastet. Richtig ist wohl, die Sicherheiten anteilig zu kürzen, da es nicht gerechtfertigt erscheint, im Wege ergänzender Vertragsauslegung eine der Parteien zu bevorzugen, und es überhaupt schwer ist, die Belastungsintensität von Mietsicherheiten zu bewerten.

42 In Ausnahmefällen soll nach Ansicht des BGH die Höchstgrenze überschritten werden dürfen, wenn ein Dritter die zusätzliche Sicherheit „unaufgefordert" anbietet und der Mieter dadurch nicht zusätzlich belastet wird.[118] Das Freiwilligkeitspostulat ist unsicher, weil es sich leicht instrumentalisieren lässt. Nach dieser Logik wäre nichts einzuwenden, wenn der Mieter vor Abschluss des Mietvertrags eine hohe Kaution von dritter Hand anbietet. Tatsächlich lässt sich bei Vier-Augen-Gesprächen im Nachhinein aber kaum mehr ermitteln, ob ein solches Angebot freiwillig oder aus der Not heraus (Wohnungsmangel!) erfolgte. Zu Recht ist der BGH daher dazu übergegangen, (nur oder auch) Rechtfertigungsgründe für die zusätzliche Sicherheit zu fordern. So verneint er einen Umgehungsfall, wenn ein Dritter dem Vermieter eine zusätzliche Mietsicherheit zur Abwendung einer drohenden Kündigung wegen Zahlungsverzugs stellt.[119]

43 Schwierig ist die Bewertung eines **Schuldbeitritts.** Üblicherweise erfolgt die Unterscheidung zur Bürgschaft nach dem Grad des wirtschaftlichen Eigeninteresses des Dritten.[120] Da der Mietbürge regelmäßig auf die Einrede der Vorausklage verzichtet (§§ 771, 773 Abs. 1 Nr. 1 BGB) und sich eine solche Bürgschaft vom Schuldbeitritt kaum mehr unterscheidet, dürfte das Kumulationsverbot auch für den Schuldbeitritt gelten.[121]

44 Andere Umgehungswege hat der BGH bislang unbeanstandet gelassen. Auch die Aufnahme einer weiteren (vermögenden) Person in den Mietvertrag ist möglich (→ Rn. 19).

45 Soweit die Sicherheitsleistung das nach § 551 Abs. 1 BGB höchstzulässige Maß überschreitet, steht dem Mieter, der die Sicherheit in gefordertem Umfang gestellt hat, ein **Rückforderungsanspruch** zu.[122] Im Fall einer Barkaution darf er mit diesem auch aufrechnen, ohne dass der Vermieter eine Gegenaufrechnung vornehmen darf.[123] Diesen Anspruch verortet der BGH nicht in der Sicherungsabrede, sondern in § 812 Abs. 1 S. 1 BGB mit der Folge, dass der Anspruch gem. §§ 195, 199 Abs. 1 BGB verjährt.[124] Im Wege ergänzender Auslegung der Sicherungsabrede ist der Differenzbetrag bei Verjährung des Rückzahlungsanspruchs allerdings der Kaution zuzuschlagen.[125] Hat der

[113] BGH NJW 2004, 3045 (3046) hinsichtlich Barkaution und Bürgschaft: Unwirksamkeit der Bürgschaft; missverständlich BGHZ 107, 210 = NJW 1989, 1853 (zu 2a aE), wonach alle Sicherheiten freizugeben sind.

[114] Staudinger/V. Emmerich BGB § 551 Rn. 9b; ebenso Bub/Treier MietR-HdB/von der Osten/Schüller Kap. III Rn. 1993.

[115] Schmid WuM 2011, 2345 f.

[116] Wiek WuM 2014, 119 f.

[117] Derleder NZM 2006, 601 (605 f.).

[118] BGHZ 111, 361 = NJW 1990, 2380.

[119] BGH NJW 2013, 1876 Rn. 13, 15.

[120] Zur Abgrenzung von Bürgschaft und Schuldbeitritt → Rn. 24 aE.

[121] Fervers NZM 2015, 105 (109 f.).

[122] BGHZ 213, 302 = NJW 2017, 1301 Rn. 17.

[123] LG Bremen NJW-RR 1993, 19.

[124] BGH NJW 2011, 2570 Rn. 21.

[125] Witt NZM 2012, 545 (552); Schmid ZMR 2014, 256 (258 f.); Staudinger/V. Emmerich BGB § 551 Rn. 11a; unklar BGH NJW 2011, 2570 Rn. 19: „vor dem Rückerhalt der Wohnung nicht verpflichtet, ... den Teil der Kaution herauszugeben.".

Mieter die Kaution noch nicht gestellt, darf er die Zahlung des überschießenden Anteils nach der Dolo-agit-Regel (§ 242 BGB) verweigern. Gleiches gilt gem. § 768 Abs. 1 S. 1 BGB für den Bürgen[126] und gem. § 1211 Abs. 1 S. 1 BGB, wenn ein Pfandrecht bestellt ist.

d) **Recht zur Ratenzahlung (Fälligkeit).** § 551 Abs. 2 S. 1 BGB gibt dem Wohnraummieter, der als Sicherheit eine **Geldsumme** bereitzustellen hat, das Recht, diesen Betrag **in 3 gleichen monatlichen Raten** zu zahlen. Die Regelung ist auf den Höchstsatz zugeschnitten, gilt als Pro-rata-Regelung aber auch dann, wenn eine geringere Kaution vereinbart ist.[127] Die 1. Rate ist zu Beginn des Mietverhältnisses fällig (§ 551 Abs. 2 S. 2 BGB). Das meint nicht den Tag des Vertragsschlusses, sondern den Zeitpunkt der Überlassung des Mietobjekts,[128] so dass der Vermieter berechtigt ist, die Schlüssel zur Wohnung Zug-um-Zug mit Zahlung der 1. Rate auszuhändigen. Sofern in den Gesetzesmaterialien die Ansicht vertreten wird, die 1. Rate sei idR mit dem 1. Mietzins zahlbar,[129] ist das nur ungenau, zumal die 1. Rate der Kaution auch dann sofort erwartet wird, wenn für die ersten Monate (zB als Ausgleich für durchzuführende Schönheitsreparaturen) noch keine Miete anfällt. Die 2. und 3. Rate gem. § 551 Abs. 2 S. 3 BGB werden zusammen mit den unmittelbar folgenden Mietzahlungen fällig. 46

Praxistipp:

Wird für die erste Zeit des Mietverhältnisses Mietfreiheit vereinbart, sollte eine Regelung zur Kautionsfälligkeit nicht fehlen.

Wird der Wohnraum wegen Nichtzahlung der 1. Kautionsrate nicht überlassen, steht dem Vermieter gleichwohl die Miete zu (§ 326 Abs. 2 S. 1 BGB). Das setzt allerdings voraus, dass er sein Zurückbehaltungsrecht (§ 273 Abs. 1 BGB) geltend gemacht, also die Sicherheit verlangt, wenn nicht der Mieter die Zahlung von vornherein iSd § 286 Abs. 2 Nr. 3 BGB „ernsthaft und endgültig verweigert". Ist der Vermieter verpflichtet, das Mietobjekt in einen bestimmten Zustand zu versetzen, darf umgekehrt der **Mieter** die Kaution bis dahin **zurückbehalten.**[130] Dieses Recht ergibt sich ebenfalls aus § 273 Abs. 1 BGB und muss daher (zB durch Aufforderung zur ordnungsgemäßen Übergabe) geltend gemacht werden, bevor hieran Rechtsfolgen wie zB eine Kündigung geknüpft werden können.[131] Nach Übergabe des Mietobjekts darf der Mieter Kautionsanteile wegen Mängeln nicht mehr zurückbehalten.[132] 47

Will der Vermieter die Ratenzahlung vermeiden, muss er eine andere Mietsicherheit vereinbaren, etwa eine Mietbürgschaft. Für die Fälligkeit ist dann im Zweifel der Zeitpunkt des Abschlusses der Sicherungsabrede maßgeblich (§ 271 Abs. 1 BGB). 48

In der Praxis ist das Recht zur Ratenzahlung nur wenig bekannt. Zwar gilt auch für die Ratenzahlung ein Umgehungsverbot. Da die Sicherungsabrede, aus der das Recht zur Ratenzahlung letztlich stammt, nicht ohne den Mietvertrag geschlossen wird, kann die vollständige Kautionszahlung vor Einzug aber zur faktischen Bedingung für den Abschluss des Mietvertrags gemacht werden.[133] Denn vor allem in Ballungszentren wird der Vermieter schnell die Lust verlieren, Wohnraum einem Mieter zu überlassen, der 49

---

[126] BGHZ 107, 210 = NJW 1989, 1853.
[127] Blank/Börstinghaus/Siegmund/Börstinghaus BGB § 551 Rn. 61.
[128] Sternel MietR aktuell Rn. III 166; ebenso wohl LG Mannheim BeckRS 1989, 03097: vereinbarter Überlassungstermin; Staudinger/V. Emmerich BGB § 551 Rn. 12a: Invollzugsetzung des Mietverhältnisses wie bei § 556b Abs. 1 BGB; aA Bub/Treier MietR-HdB/von der Osten/Schüller Kap. III Rn. 2012: Tag des Vertragsschlusses.
[129] BT-Drs. 9/2079, 14.
[130] Staudinger/V. Emmerich BGB § 551 Rn. 16; aA BGH NJW-RR 2007, 884 Rn. 25; aA ebenso OLG Celle NJW-RR 2003, 155 (156) für die Pacht.
[131] OLG Brandenburg BeckRS 2011, 05567 (zu II 1b aa).
[132] OLG Düsseldorf BeckRS 2006, 05706.
[133] Kraemer NZM 2001, 737 (739).

ihm nicht sofort die volle Kaution bringt. Verlangt der Mieter Ratenzahlung, ist damit oft schon ein erster Vertrauenstest fehlgeschlagen. Die vorzeitige Zahlung bleibt auch nach Abschluss des Mietvertrags folgenlos (§ 813 Abs. 2 BGB).

50 Wird die Kautionsvereinbarung **später geschlossen,** ist wegen § 551 Abs. 2 BGB ebenfalls nur in 3 monatlichen Raten zu zahlen, wobei die 1. Rate sofort fällig wird (§ 271 Abs. 1 BGB).

51 In **Verzug** mit der Erbringung der Mietsicherheit kommt der Mieter aufgrund Kalenderfälligkeit oder durch Mahnung (§ 286 BGB). Ab dann fallen Verzugszinsen an, die nicht gem. § 551 Abs. 3 S. 3 BGB die Kaution erhöhen, sondern wie Prozesszinsen dem Vermieter zugutekommen, da die Pflicht zur Zahlung von Verzugszinsen den Schuldner zur alsbaldigen Erfüllung anhalten soll.[134]

52 e) **Keine Werterhaltungspflicht.** Mit der Kautionsvereinbarung wird die Höhe der Kaution festgelegt. Dieser Betrag steht dann auch für die Zukunft fest. Die Kaution verliert zwar mit der Zeit an Wert. Dieser Verlust wird auf Mieterseite durch die Verzinsungspflicht (§ 551 Abs. 3 S. 4 BGB) ausgeglichen (→ Rn. 68). Auf Vermieterseite besteht für den Wertverlust keine gesetzliche Auffüllungspflicht, weder bei einer Mieterhöhung noch aufgrund von Abzügen durch Bankenentgelte oder die Abgeltungsteuer. Vereinbarungen, die dagegen verstoßen, indem sie etwa eine Aufstockungspflicht bei Mieterhöhungen vorsehen, verstoßen gegen § 551 Abs. 4 BGB und sind unwirksam, wenn damit die Grenze des § 551 Abs. 1 BGB (3-fache Kaltmiete) überschritten wird.[135] Ist eine spekulative Anlage vereinbart, besteht im Zweifel selbst dann keine Nachschusspflicht, wenn die Kaution verfallen ist. Dann muss der Vermieter allerdings auch nichts zurückzahlen (→ Rn. 36).

53 f) **Außerordentliches Kündigungsrecht bei Ausbleiben der Mietkaution (§ 569 Abs. 2a BGB).** Der Vermieter darf die Übergabe der Wohnung von der Zahlung der 1. Kautionsrate abhängig machen (→ Rn. 46). Zahlt der Mieter trotz Fristsetzung nicht, darf der Vermieter gem. § 323 Abs. 1 BGB vom Mietvertrag zurücktreten. Auch eine Kündigung soll möglich sein.[136]

54 Ist der Mieter eingezogen und stellt keine Kaution, sollte er nicht zuwarten, bis der Vermieter die Kautionszahlung anmahnt. Denn der Vermieter darf den Mietvertrag ohne Mahnung und sogar fristlos kündigen (§ 569 Abs. 2a BGB), sobald der Rückstand **2 Kaltmieten** beträgt; er darf dies also nicht schon bei Ausbleiben der 1. Rate tun. Deshalb gilt die Kündigungsvorschrift auch nur für Mietsicherheiten, die als Geldsumme bereitzustellen sind. Andere Kündigungsrechte wie etwa aus § 543 Abs. 1 BGB für die außerordentliche oder aus § 573 Abs. 2 Nr. 1 BGB für die ordentliche Kündigung sind für den Bereich der Kautionszahlung damit versperrt.[137] Die Rückstände dürfen nicht zusammengerechnet, also etwa für eine Kündigung nach § 569 Abs. 2a BGB mit einem Mietrückstand addiert werden. § 569 Abs. 2a BGB gilt für Mietverträge, die nach Inkrafttreten des Mietrechtsänderungsgesetzes am 1.5.2013 abgeschlossen wurden (Art. 229 § 29 Abs. 2 EGBGB). Bei älteren Mietverträgen finden die allgemeinen Kündigungsvorschriften Anwendung.[138] IÜ gilt, wie allgemein im Wohnraummietrecht, dass die Kündigung schriftlich erfolgen muss (§ 568 BGB). Außerdem ist sie zu begründen (§ 569 Abs. 4 BGB). Es müssen dabei der Verzug mit der Kautionszahlung als

---

[134] Drasdo NJW-Spezial 2022, 609; Schmidt-Futterer/Flatow BGB § 551 Rn. 51; ebenso BGHZ 94, 330 = NJW 1985, 2325 (2326) für den Kostenvorschuss des Bestellers; aA LG Nürnberg-Fürth NJW-RR 1992, 335; AG Dortmund NZM 2019, 91 Rn. 6; Staudinger/V. Emmerich BGB § 551 Rn. 13; differenzierend Bub/Treier MietR-HdB/von der Osten/Schüller Kap. III Rn. 2025: Vermieter behält Differenz zwischen Anlage- und Verzugszinsen.

[135] Lammel, AnwK WohnraummietR, BGB § 551 Rn. 18.

[136] OLG Düsseldorf NJW-RR 2003, 155.

[137] BT-Drs. 17/10485, 25; BeckOK BGB/Wöstmann, Stand 1.5.2026, § 569 Rn. 13; aA Lützenkirchen/Lützenkirchen, 3. Aufl. 2021, BGB § 569 Rn. 75; anders bei der Geschäftsraummiete, s. BGH NJW-RR 2007, 886 Rn. 18; KG BeckRS 2018, 30269 Rn. 36.

[138] BT-Drs. 17/10485, 25.

Kündigungsgrund genannt und der Gesamtbetrag der offenen Kaution angegeben werden.[139] Fehlt dies, ist die Kündigung unwirksam (§ 125 S. 1 BGB).

Das Kündigungsrecht aus § 569 Abs. 2a BGB besteht auch dann, wenn es darum geht, dass der Mieter die Kaution wieder auffüllt. Sofern in der Regierungsbegründung angegeben ist, dass die Vorschrift diese Zielrichtung nicht verfolgt,[140] findet diese Ansicht im Gesetz keine Stütze und ist auch nicht sinnvoll. 55

Auf die Pflicht zur Zahlung einer Mietsicherheit in Alters- und Pflegeheimen nach § 14 WBVG (dazu → Rn. 32) findet § 569 Abs. 2a BGB ebenfalls Anwendung. Zwar nimmt diese Regelung nur auf § 551 BGB Bezug. Allerdings darf die in § 14 Abs. 1 S. 2 WBVG auf 2 Monatsentgelte gedeckelte Kaution wie nach § 551 Abs. 2 S. 1 BGB in 3 Raten gezahlt werden (§ 14 Abs. 3 S. 1 WBVG), was keinen Sinn machen würde, wenn nicht auch § 569 Abs. 2a BGB Anwendung fände, der ebenfalls an 3 Raten anknüpft. Zumindest wird man ein solches Fehlverhalten nach der Parallelwertung in § 569 Abs. 2a BGB als „gröbliche Pflichtverletzung" iSd § 12 Abs. 1 S. 3 Nr. 3 WBVG anzusehen haben, die gem. § 12 Abs. 4 S. 1 WBVG die fristlose Kündigung des Heimvertrags ermöglicht.[141] In das WBVG konnte diese Überlegung nicht einfließen, weil dieses Gesetz schon 2009, also vor der Regelung des § 569 Abs. 2a BGB in Kraft trat. 56

Das Kündigungsrecht aus § 569 Abs. 2a BGB entfällt mit Verjährung der Kautionsforderung. 57

Häufig wird übersehen, dass für eine Kündigung nach § 569 Abs. 2a BGB dieselben Heilungsmöglichkeit bestehen wie bei einem Mietverzug. Hiernach wird die außerordentliche (nur diese!) Kündigung unwirksam, wenn die Kaution vor Zugang der Kündigung, spätestens aber bis zum Ablauf von 2 Monaten nach Eintritt der Rechtshängigkeit des Räumungsanspruchs gestellt wird, oder sich eine öffentliche Stelle zur Befriedigung verpflichtet (§ 569 Abs. 2a S. 4 iVm Abs. 2 S. 2, Abs. 3 Nr. 2 S. 1 BGB). 58

g) Anlagepflicht. Der Vermieter hat die Barkaution getrennt von seinem Vermögen anzulegen (§ 551 Abs. 3 S. 1, 3 BGB). Da er insoweit eine gesetzliche Pflicht erfüllt, darf er dem Mieter hierfür keine Kosten berechnen.[142] Die Anlage muss so beschaffen sein, dass in diesen Betrag nicht hineingepfändet werden kann. Die Kaution muss nach außen erkennbar als treuhänderisch verwaltetes Vermögen auf einem offen ausgewiesenen Sonderkonto (**offenes Treuhandkonto**) angelegt werden,[143] da sich das Pfandrecht der Kreditinstitute für Forderungen gegen den Vermieter als Kontoinhaber[144] auch auf verdeckt treuhänderisch geführte Konten und Sparbücher erstreckt.[145] Allein die Bezeichnung als „Mietkonto" reicht nicht aus, ebenso wenig die Kenntnis des Kreditinstituts, dass das Konto zum Einzug der Mietkaution bestimmt ist, und auch nicht ein entsprechender Sperrvermerk zugunsten des Vermieters, der als bloßer Hinweis auf ein Und-Konto verstanden werden kann.[146] Selbst eine spätere Offenlegung der Treuhandbindung verhindert nicht, dass das Kreditinstitut kraft eigenen Pfandrechts vorrangig auf den Kautionsbetrag zugreifen darf.[147] 59

---

139 Ebenso BGH NJW 2004, 850 (851); 2010, 3015 Rn. 26 für die auf Mietverzug gestützte Kündigung.
140 BT-Drs. 17/10485, 25.
141 AA Drasdo NJW-Spezial 2018, 353 (354).
142 LG München I NZM 1998, 32 (33).
143 BGH NJW-RR 2015, 1289 Rn. 4.
144 Ziff. 14 Abs. 1 S. 2 AGB Banken 2018, Ziff. 21 Abs. 1 S. 3 AGB Sparkassen 2018.
145 BGH NJW 1991, 101; NJW-RR 2015, 1289 Rn. 5.
146 Einschränkend OLG Nürnberg NZM 1998, 660 (661): kein Zugriffsrecht, wenn die Bank den Sperrvermerk aus eigenem Antrieb eingetragen hat.
147 BGHZ 61, 72 = NJW 1973, 1754; NJW 1991, 101 f.; NJW-RR 2015, 1289 Rn. 4 f.

Praxistipp:
Die Aussonderungsbefugnis bezüglich eines Kontoguthabens besteht nur dann, wenn das Konto ausschließlich zur Aufnahme von treuhänderisch gebundenen Fremdgeldern bestimmt ist.

60 Der Vermieter ist in der Auswahl des Kreditinstituts grds. frei. Allerdings wird die Sicherheitsabrede im Zweifel dahingehend auszulegen sein, dass er ein Kreditinstitut wählen muss, das über eine Einlagensicherung verfügt; bei Kreditinstituten mit Sitz in Deutschland ist das immer der Fall.

61 Verwahrt der Vermieter Kautionen für mehrere Mietverhältnisse, darf er das auch auf einem **Sammelkonto** tun.[148] Er darf das Treugut nur nicht mit eigenem Vermögen vermischen.[149]

62 Der Mieter kann die Erfüllung der Anlagepflicht gerichtlich erstreiten. Ein solches Urteil ist nach § 887 ZPO zu **vollstrecken.** Das gilt für die Barkaution ebenso wie für die Bürgschaft.[150]

63 Solange die Sonderverwahrung nicht erfolgt ist, hat der Mieter ein **Zurückbehaltungsrecht** an weiteren Kautionsraten und an der laufenden Miete in Höhe der restlichen Kaution.[151] Dieses ergibt sich mangels Gegenseitigkeitsverhältnisses von Kautionsanspruch und Anspruch auf Gebrauchsgewährung nicht aus § 320 BGB, sondern aus § 273 BGB,[152] ist also zuvor geltend zu machen, wenn nicht der Vermieter den Nachweis von vornherein iSd § 286 Abs. 2 Nr. 3 BGB verweigert hat. Macht der Mieter davon keinen oder zu spät Gebrauch und wird der Vermieter insolvent, eröffnet dies Spielraum für eine **Insolvenzanfechtung.** Denn auch bei einer Kautionszahlung als kongruenter Deckung (§ 130 InsO)[153] läuft ein Mieter, der wegen eines sich abzeichnenden Vermögensverfalls seines Vermieters auf eine gesonderte Anlage der Barkaution drängt, Gefahr, die Kaution im Wege der **Vorsatzanfechtung** (§ 133 InsO) zu verlieren, weil schädliche Kenntnis nach § 133 Abs. 1 S. 2 InsO vermutet wird, wenn der Mieter Umstände erkannt hat, die auf eine drohende Zahlungsunfähigkeit hindeuten.[154] Deshalb darf und sollte der Mieter schon von Beginn an darauf bestehen, die Kaution auf ein solches Sonderkonto zu überweisen.[155]

64 Die Kaution sichert die Forderungen des Vermieters bis zur Beendigung des Mietverhältnisses. Allerdings **endet die Zweckbindung der Kaution erst mit Abrechnung bzw. wenn geklärt ist, dass dem Vermieteraus dem Mietverhältnis keine Forderungen mehr zustehen** (Rn. 109). Bis dahin trifft den Vermieter eine strafbewehrte **Vermögensbetreuungspflicht** iSd § 266 Abs. 1 StGB.[156] Denn mit der Kaution erhält der Vermieter die tatsächliche Einwirkungsmöglichkeit mit Raum für eigenverantwortliche Entscheidungen, die nicht vom Mieter kontrolliert werden.[157] Die Vermögensbetreuungspflicht hat zum Gegenstand, die Kaution getrennt vom sonstigen Vermögen des Vermieters treuhänderisch zu verwahren.[158] Für den Untreuevorwurf reicht eine schadensgleiche Gefährdung des Vermögens aus. Hiervon ist allerdings nur dann auszugehen, wenn der Vermieter bereits im Zeitpunkt der Stellung der Kaution überschuldet war. Über § 823

[148] BT-Drs. 14/4553, 48. S. dazu allerdings das Schreiben des Bundesministers der Finanzen v. 9.5.1994, NJW 1994, 2600, wonach der Vermieter dann als Vermögensverwalter iSd § 34 Abs. 3 AO eine besondere Steuererklärung fertigen und den Mietern die Feststellungsbescheide überlassen muss.
[149] BGH NJW 1971, 559 (560); 1996, 1543; 2008, 1152 Rn. 6.
[150] OLG Köln BeckRS 1988, 3501 für die Bankbürgschaft.
[151] BGH NJW 2008, 1152 Rn. 8; 2013, 1243 Rn. 7; NJW-RR 2015, 1289 Rn. 8.
[152] BGH NJW 2009, 3505 Rn. 10; 2013, 1243 Rn. 8; NJW-RR 2015, 1289 Rn. 8.
[153] MüKoInsO/Eckert Vor A. V Rn. 113.
[154] MüKoInsO/Eckert Vor A. V Rn. 113.
[155] BGH NJW 2011, 59 Rn. 18; 2013, 1243 Rn. 7.
[156] BGH NJW 1996, 65 (66); 2008, 1827 Rn. 9.
[157] BGH NJW 2018, 3093 Rn. 14 f.
[158] BGH NJW 2008, 1827 Rn. 9 f., 15 ff.; 2018, 3093 Rn. 19.

Abs. 2 BGB können bei vermietenden Kapitalgesellschaften so auch deren Entscheidungsträger zur Verantwortung herangezogen werden (§ 14 Abs. 1 Nr. 1 StGB).[159]

h) Nachweispflicht. Der Mieter kann verlangen, dass der Vermieter ihm die gesetzeskonforme Anlage auf einem offenen Treuhandkonto nachweist,[160] wenn die Kaution nicht ohnehin auf ein solches Konto transferiert wurde. Die Verpflichtung hierzu ergibt sich als selbstständig einklagbare Nebenpflicht (§ 241 Abs. 2 BGB) aus der Sicherungsabrede. Im Gegensatz zum Anspruch auf Stellung einer Kaution (→ Rn. 76) ist der Nachweisanspruch ein Daueranspruch, der keiner Verjährung unterworfen ist.[161] Für den Nachweis reicht die Übermittlung einer Kontostandsanzeige bzw. einer Ablichtung der Zinsstände im Sparbuch nicht; vielmehr muss ersichtlich sein, dass das Sparbuch als Treuhandkonto geführt wird.[162] Auskunft zum aktuellen Zinsstand kann der Mieter nur fordern, wenn er auf die Angabe angewiesen ist, was nur selten der Fall sein wird. 65

Viele Mieter meinen, sich um einen solchen Nachweis nicht kümmern zu müssen, da sie bei Insolvenz des Vermieters dann einfach keine Miete mehr zahlen. Das ist so nicht richtig. Nach Auffassung des BGH ist das Zurückbehaltungsrecht gem. § 108 Abs. 3 InsO wirkungslos, wenn über das Vermögen des Vermieters ein Insolvenzverfahren eröffnet wird, weil der Anspruch auf insolvenzfeste Anlage bereits mit der Zahlung der Kautionssumme entsteht und damit Insolvenzforderung iSd § 38 InsO wird.[163] 66

Praxistipp:

Mieter sollten den Kautionsbetrag entweder sofort auf das Treuhandkonto überweisen oder sich diese Anlage zumindest gleich nachweisen lassen. Ansonsten kann das Geld verloren sein, wenn über das Vermögen des Vermieters ein Insolvenzverfahren eröffnet wird. Insbesondere dürfen dann keine Mietzahlungen zurückbehalten werden, um die Kaution zu retten.

Wird das Mietobjekt nur zwangsverwaltet, besteht diese Gefahr nicht. § 108 Abs. 3 InsO gilt nur für das Insolvenzverfahren. Für die Zwangsverwaltung heißt es in § 152 Abs. 2 ZVG, dass der Mietvertrag auch dem Zwangsverwalter ggü. wirksam ist, so dass das Zurückbehaltungsrecht erhalten bleibt und nur eben ggü. dem Zwangsverwalter auszuüben ist.[164] 67

i) Verzinsungspflicht. Stellt der Mieter eine Barkaution, hat der Vermieter hierauf Anlagezinsen in einer Höhe zu zahlen, die dem für Spareinlagen mit dreimonatiger Kündigungsfrist üblichen Zinssatz entspricht (§ 551 Abs. 3 S. 1 BGB). Ob der Vermieter ein Kreditinstitut findet, das ihm ein solches Sparbuch oder überhaupt ein Kautionssparbuch ausstellt, spielt keine Rolle. Inzwischen sind wohl die meisten, wenn nicht alle Kreditinstitute dazu übergegangen, so etwas nicht mehr anzubieten. Die Zinsen (inkl. Zinseszinsen gem. § 248 Abs. 2 S. 1 BGB) gebühren dem Mieter (§ 551 Abs. 3 S. 3 BGB), und zwar auch dann, wenn der Vermieter mehr erwirtschaftet als nach dem Gesetz vorgeschrieben (§ 551 Abs. 3 S. 3 BGB: „die" Erträge).[165] Die Parteien können sich auf eine spekulative Anlage einigen (→ Rn. 36). Wählt der Vermieter ohne Absprache mit dem Mieter eine Kapitalanlage, die Verlustrisiken aufweist, obwohl er die Kaution auch zinsbringend hätte anlegen können, macht er sich gem. § 280 Abs. 1 BGB schadensersatzpflichtig, wenn ein Verlust tatsächlich eintritt. In jedem Fall müssen die Zinsen bis zum Mietende auf dem Konto verbleiben, wenn der Vermieter die Kaution nicht zulässigerweise verwertet (→ Rn. 25). Die Verzinsungspflicht soll verhindern, dass 68

[159] LG Hannover NJW-RR 1991, 593; LG Hamburg NJW-RR 2004, 1530.
[160] BGH NJW 2008, 1152 Rn. 8.
[161] Wolf/Eckert/Ball Gewerbl. Miet-/Pacht-/LeasingR-HdB/Eckert Rn. 787.
[162] AG Bremen BeckRS 2012, 02199.
[163] BGH NJW 2013, 1243 Rn. 10.
[164] BGH NJW 2013, 1243 Rn. 15.
[165] LG Düsseldorf BeckRS 1992, 3724; Bub/Treier MietR-HdB/von der Osten/Schüller Kap. III Rn. 2113.

die Kaution inflationsbedingt an Wert verliert. Diesem Anliegen kann die Regelung in einer Null- bzw. sogar Negativzinsphase nicht genügen. Gleichwohl lässt das Gesetz keine Auslegung zu, die dem Mieter einen wie auch immer zu bemessenden Mindestzins sichert.

69 j) **Abweichende Vereinbarungen.** § 551 Abs. 4 BGB verbietet Vereinbarungen, die von den Regelungen in § 551 BGB zum Nachteil des Mieters abweichen. Auch der eingeschränkte Sicherungszweck in § 9 Abs. 5 WoBindG (→ Rn. 29) unterliegt einem Änderungsverbot.[166] Das Gesetz stellt den Parteien in § 551 Abs. 3 S. 2 BGB nur frei, eine andere Anlageform als die übliche Barkaution zu vereinbaren. Dies gilt selbst dann, wenn die Nachteile für den Mieter überwiegen oder die Sicherheit keine Zinsen erbringt. Durch die Wahl einer Bürgschaft als Mietsicherheit wird der Mieter nicht benachteiligt.[167]

70 Unzulässig sind hiernach vor allem Überschreitungen der Kautionsobergrenze. Vereinbarungen, die eine Aufstockungspflicht bei Mieterhöhungen vorsehen, verstoßen gegen § 551 Abs. 4 BGB, wenn sie die Grenze des § 551 Abs. 1 BGB überschreiten (→ Rn. 38). Als AGB verstoßen sie regelmäßig auch gegen § 305c Abs. 1 BGB. Zu den Folgen eines solchen Verstoßes → Rn. 40.

71 Änderungen, die sich neutral auswirken, sind unschädlich. Bei Vertragsklauseln, in denen die Vor- und Nachteile verteilt sind, ist im Rahmen des § 307 Abs. 1 S. 1 BGB ein Gesamtvergleich anzustellen. Wird die Begünstigung des Verwenders durch Vorteile für den Vertragspartner **kompensiert,** spricht dies für die inhaltliche Ausgewogenheit der Klausel.[168] Eine solche Abwägung wird indes nicht ohne dezisionistisches Moment auskommen.

72 k) **Zwangsverwaltung.** Wird das Mietobjekt zwangsverwaltet, rückt der Zwangsverwalter in die Rolle des Vermieters ein (§ 152 Abs. 2 ZVG). Er ist dann auch hinsichtlich der Mietsicherheit aktivlegitimiert und darf eine nicht geleistete Kaution einziehen.[169] Der Vermieter hat ihm die Kaution auszuhändigen. Tut er das nicht, kann der Zwangsverwalter dies aus dem Anordnungsbeschluss erzwingen.[170] Diese Berechtigung wirkt auch ggü. Dritten. Hat der Mieter einer Eigentumswohnung die Mietkaution nicht an den Vermieter, sondern an den Verwalter des Wohnungseigentums geleistet, ist der Zwangsverwalter der Wohnung, dem nach § 152 Abs. 1 ZVG die Aufgabe obliegt, das Objekt in seinem wirtschaftlichen Bestand zu erhalten und ordnungsgemäß zu verwalten, berechtigt, die Überlassung der Mietkaution direkt von dem Verwalter des Wohnungseigentums zu fordern.[171]

73 l) **Insolvenz des Vermieters.** Wird über das Vermögen des Vermieters ein Insolvenzverfahren eröffnet, wird das Mietverhältnis dadurch nicht beendet (§ 108 Abs. 1 S. 2 InsO). Anders als nach § 109 InsO im Fall der Mieterinsolvenz hat der Insolvenzverwalter kein spezielles Kündigungsrecht. Erst bei Veräußerung des Mietobjekts darf der Erwerber außerordentlich kündigen, um die Rentabilität des Mietobjekts wiederherzustellen (§ 111 InsO). Hierfür gelten dann alle Mieterschutzvorschriften, also das Erfordernis eines berechtigten Interesses iSd § 573 BGB wie auch die Sozialklausel.[172] Den Insolvenzverwalter treffen alle Rechte und Pflichten aus dem Mietverhältnis. Er ist daher ebenso wie der Zwangsverwalter befugt, den Kautions- bzw. Wiederauffüllungsanspruch geltend zu machen.

74 m) **(Privat-)Insolvenz des Mieters.** Im Fall der Mieterinsolvenz darf der Insolvenzverwalter das Mietverhältnis gem. § 109 Abs. 1 S. 1 InsO mit einer Kündigungsfrist von

[166] LG Berlin BeckRS 2012, 11769.
[167] BT-Drs. 9/2079, 14.
[168] BGHZ 205, 83 = NJW 2015, 2571 Rn. 18; BGHZ 217, 1 = NJW 2017, 3707 Rn. 24.
[169] Nach LG Saarbrücken Rpfleger 2017, 573, erhöhen eingezogene Kautionsbeträge den Betrag, nach dem der Zwangsverwalter vergütet wird.
[170] BGH NJW-RR 2005, 1032 (1033).
[171] BGH NJW-RR 2015, 1493 Rn. 9.
[172] BT-Drs. 12/2443, 148; K. Schmidt InsO/Ringstmeier § 111 Rn. 11.

höchstens 3 Monaten zum Monatsende kündigen. Bis dahin treffen ihn alle Rechte und Pflichten aus dem Mietverhältnis. Der **Kautions- bzw. Wiederauffüllungsanspruch** nimmt den Rang einer einfachen Insolvenzforderung nach § 38 iVm § 108 Abs. 3 InsO ein.[173] Hat der Mieter die Kaution geleistet, fällt der **Kautionsrückzahlungsanspruch** grundsätzlich in die Insolvenzmasse. In die Insolvenzmasse fällt gemäß § 35 Abs. 1 InsO das gesamte Vermögen des Schuldners, das ihm zur Zeit der Eröffnung des Verfahrens gehört und das er während des Verfahrens erlangt. Dem Insolvenzbeschlag unterliegt daher regelmäßig auch der Anspruch auf Rückzahlung einer Mietkaution, der aufschiebend bedingt durch die Beendigung des Mietverhältnisses und die Rückgabe der Mietsache bereits mit der Entrichtung der Kaution an den Vermieter entsteht.[174] Dies gilt gemäß § 36 Abs. 1 InsO allerdings nicht, wenn dieser Anspruch **unpfändbar** ist. Aus **§ 850i Abs. 1 S. 1 Fall 2 ZPO** kann sich eine Unpfändbarkeit **nicht** ergeben. Diese Vorschrift setzt voraus, dass es sich bei den sonstigen Einkünften um selbst erwirtschaftete Einkünfte handelt.[175] Ziel des Gesetzgebers ist es, dass die Mittel, die der Schuldner zu seinem Lebensunterhalt braucht, vorrangig von ihm selbst erwirtschaftet werden sollen. Ein weitergehender Schutz des Schuldners vom Gesetz nicht beabsichtigt, weil es auch die Interessen des Gläubigers an einer effektiven Befriedigung berechtigter Forderungen berücksichtigt. Vor diesem Hintergrund stellen Geldforderungen, die der Schuldner nicht auf Grund eigener wirtschaftlicher Betätigung erwirbt, keine sonstigen Einkünfte iSd § 850i ZPO dar.[176] **Unpfändbar** ist der Kautionsrückzahlungsanspruch aber dann, wenn sich der Mieter die Kautionsrückzahlung **auf** die von ihm bezogenen **Leistungen nach dem SGB II anrechnen lassen muss.** Einkommen eines Schuldners, der Leistungen nach dem SGB II bezieht, ist unpfändbar und fällt gemäß § 36 Abs. 1 InsO nicht in die Insolvenzmasse, soweit es die Leistungen mindert, die der Schuldner zur Deckung seines Bedarfs nach dem SGB II erhält. Wäre in diesen Fällen eine Pfändung zulässig, würde sie zu Lasten öffentlicher Mittel erfolgen, die dem Leistungsbezieher das Existenzminimum sichern sollen. Dies ist nach Auffassung des BGH nicht hinzunehmen.[177]

75 Gibt der Insolvenzverwalter für das Wohnraummietverhältnis eine Enthaftungserklärung nach § 109 Abs. 1 S. 2 InsO ab, geht die Verfügungs- und Verwaltungsbefugnis hinsichtlich des Mietverhältnisses in vollem Umfang wieder auf den Mieter über.[178] Mit Wirksamwerden der Enthaftungserklärung scheidet der Anspruch auf Rückzahlung der Mietkaution bis zur gesetzlich zulässigen Höhe aus der Insolvenzmasse aus, so dass der Mieter die Kaution wieder für sich verwenden kann, wenn sie nicht zur Deckung von Forderungen des Vermieters benötigt wird.[179] Dasselbe gilt für die hierauf entfallenden Kautionszinsen.[180]

76 **n) Verjährung des Kautionsanspruchs.** Oft wird der Kautionsanspruch erst Jahre später geltend gemacht. Dabei wird übersehen, dass hierfür wie auch für den Wiederauffüllungsanspruch die 3-jährige Regelverjährung mit Anlaufhemmung zum Jahresende (§§ 195, 199 Abs. 1 BGB) gilt.[181] Zwar handelt es sich bei der Pflicht zur Stellung einer Mietsicherheit um eine Dauerverpflichtung.[182] Andernfalls gäbe es auch keine Wiederauffüllungspflicht (dazu → Rn. 28). Aus dem Umstand, dass die Kaution zu Beginn des Mietverhältnisses in Raten zu zahlen ist, wird aber gemeinhin gefolgert,

[173] zur Nieden NZI 2018, 465 (467 ff.).
[174] BGH NJW-RR 2019, 586 Rn. 12.
[175] BGH 21.2.2019 – IX ZB 7/17, NJW-RR 2019, 586 Rn. 16.
[176] BGH 21.2.2019 – IX ZB 7/17, NJW-RR 2019, 586 Rn. 16.
[177] BGH NJW 2013, 2819 Rn. 8; 21.2.2019 – IX ZB 7/17, NJW-RR 2019, 586 Rn. 22.
[178] BGH NJW 2014, 2585 Rn. 14; BGHZ 206, 1 = NJW 2015, 3087 Rn. 20; BGH NJW 2017, 1747 Rn. 9.
[179] BGH NJW 2017, 1747 Rn. 10; BeckRS 2017, 118524 Rn. 7.
[180] Drasdo NJW-Spezial 2018, 289 (290).
[181] KG NJW-RR 2008, 1182; LG Duisburg NZM 2006, 774; LG Darmstadt NJW-RR 2007, 1516.
[182] BGH BeckRS 1972, 31126541 (zu I 2b aa); NJW 2012, 3032 Rn. 34; s. auch BGH NJW 2010, 1292 Rn. 17 für die Überlassungspflicht aus § 535 Abs. 1 S. 2 BGB.

dass die Verjährung bereits mit der Ratenfälligkeit, also zu Beginn des Mietverhältnisses anläuft.[183] Die Anlagepflicht erneuert sich damit nicht „während der Mietzeit fort und fort", entsteht also nur einmal, und zwar in dem Zeitpunkt, in dem der Vermieter die Barkaution erhält.[184] Damit beginnt die Verjährung mit Abschluss der Kautionsabrede bzw. entsprechend der gesetzlichen Ratenfolge und hinsichtlich des Wiederauffüllungsanspruchs mit Inanspruchnahme der Kaution, da damit schon der Auffüllungsanspruch entsteht.[185]

Beispiel:
Einzug Anfang Dezember 2024. 1. Rate der Kautionsforderung verjährt Ende 2027, die weiteren Raten verjähren Ende 2028.

3. Zuständigkeitswechsel/Rechtsnachfolge

77 a) **Vermieterwechsel.** Wird der vermietete Wohnraum an einen Dritten veräußert, tritt anstelle des Vermieters der Erwerber in die sich aus dem Mietverhältnis ergebenden Rechte und Pflichten ein (§ 566 Abs. 1 BGB). Zwischen dem **Erwerber** und dem Mieter entsteht gem. § 566 Abs. 1 BGB ein neues, mit dem alten inhaltsgleiches Mietverhältnis.[186] Dadurch gehen die gesicherten Rechte und Pflichten über („anstelle des Vermieters"). Der Veräußerer haftet gem. § 566 Abs. 2 S. 1 BGB subsidiär. Ansprüche im Hinblick auf die Mietsicherheit gehören nicht zu den Rechten und Pflichten, die bei einem Eigentümerwechsel gem. § 566 BGB auf den Erwerber übergehen, weil sie sich nicht aus dem Mietverhältnis selbst, sondern aus einer ergänzenden Sicherungsabrede ergeben.[187] Deshalb enthält das BGB seit seiner Ursprungsfassung eine Spezialregelung für Mietsicherheiten (zunächst als § 572, seit 2001 modifiziert in § 566a). Nach § 566a S. 1 BGB tritt der Erwerber veräußerten Wohnraums auch in die durch eine Mietsicherheit begründeten Rechte und Pflichten ein. Ob die Sicherungsabrede dadurch modifiziert wird[188] oder ob das Gesetz eine eigene (zusätzliche) Sicherungsabrede zwischen dem Erwerber und dem Mieter fingiert,[189] ist eine eher theoretische Frage. Zumindest wird der Veräußerer dadurch verpflichtet, alles Nötige (zB Herausgabe des Kautionssparbuchs oder der Bürgschaftsurkunde) beizutragen, damit der Wechsel umgesetzt werden kann.[190]

78 Nach der Vorgängerfassung in § 572 S. 2 BGB aF war der Erwerber zur Rückgewähr der Sicherheit nur verpflichtet, wenn sie ihm ausgehändigt wurde oder er dem Vermieter ggü. die Verpflichtung zur Rückgewähr übernommen hatte. Die Neuregelung verschärft die Erwerberhaftung, wenn der Eigentümerwechsel nach dem 31.8.2001 erfolgte. Der Erwerber haftet seither selbst dann, wenn die Kaution beim Veräußerer oder einem der früheren Vermieter **verschollen** ist.[191] Sie muss nur überhaupt einmal geleistet worden sein. Voraussetzung für die Erwerberhaftung ist, dass im Zeitpunkt des Eigentümerwechsels ein wirksames Mietverhältnis besteht. Allerdings trifft die Pflicht zur Rückgewähr der Mietsicherheit den Erwerber auch dann, wenn das Mietverhältnis im Zeitpunkt des Eigentümerwechsels zwar beendet ist, der Mieter die Wohnung aber noch nicht geräumt hat.[192]

79 Für die Rückgewähr der Sicherheit bestimmt § 566a S. 2 BGB hilfsweise, dass der **Veräußerer** zur Rückgewähr verpflichtet ist, wenn der Mieter die Sicherheit bei Beendi-

---

[183] Staudinger/V. Emmerich BGB § 551 Rn. 4a.
[184] Hinz/Lützenkirchen MDR 2021, 723 (725).
[185] LG Bochum BeckRS 2011, 24302; Schmid ZMR 2014, 256 (257).
[186] BGH NJW 2012, 3032 Rn. 25.
[187] BGHZ 141, 160 = NJW 1999, 1857 (1858 f.) unter Bezugnahme auf Prot. II, 261.
[188] So Staudinger/V. Emmerich BGB § 566a Rn. 8.
[189] So ist wohl die Entscheidung BGH NJW-RR 2014, 214 zu verstehen, wonach die bisherigen Mietvertragsparteien über die Sicherheit auch noch nach Übertragung des Grundstücks (für ihr Verhältnis) disponieren können.
[190] Plagemann NotBZ 2013, 2 (4).
[191] BGH NZM 2012, 81 Rn. 7.
[192] BGH NJW 2007, 1818 Rn. 8, 9.

gung des Mietverhältnisses vom Erwerber nicht erlangen kann. Der Veräußerer kann seine Einstandspflicht nicht durch Hinterlegung abwenden,[193] darf die Kaution aber an den Mieter zurückgeben und die Pflicht, eine Kaution zu stellen, dadurch aufheben. Ansonsten ist die Einstandspflicht zwingend. Die subsidiäre Haftung ist an die Regelung in § 566 Abs. 2 S. 1 BGB angelehnt, betrifft aber nur die Rückgewähr der Kaution.

§ 566a BGB betrifft allein das Verhältnis zum Mieter, nicht auch das Innenverhältnis 80
zwischen dem alten und dem neuen Vermieter. § 566a S. 1 BGB bestimmt den Eintritt des Erwerbers in die Rechte und Pflichten aus der Sicherheitsabrede, aber im Gegensatz zur Formulierung in § 566 Abs. 1 BGB nicht „anstelle des Vermieters", also nur durch **Erstreckung der Abrede auf den Erwerber** als weiterem Beteiligten. Die Regelung in S. 2 soll vor diesem Hintergrund nur die Abkehr von § 572 S. 2 BGB aF klarstellen. Es widerspräche auch dem Fälligkeitsprinzip („während der Dauer seines Eigentums"), das der Regelung in § 566 Abs. 1 BGB zugrunde liegt, wenn dem Veräußerer die Sicherheit für Forderungen entzogen würde, die nicht einmal übergehen.

Nach Sinn und Zweck der Sicherungsabrede behält der Veräußerer deshalb nach 81
Übergang des Mietverhältnisses seinen Anspruch auf Kautionsgestellung, wenn ihm noch Ansprüche aus dem Mietverhältnis offenstehen.[194] Dagegen spricht auch nicht, dass der Erwerber nach § 566a S. 1 BGB in die durch die Sicherheit begründeten Rechte und Pflichten nur eintritt, wenn der Mieter dem Vermieter für die Erfüllung seiner Pflichten Sicherheit „geleistet hat". Denn diese Regelung soll nur ein Auseinanderfallen von Mietvertrag und Kautionsabrede vermeiden.[195] Insofern greift die Rspr., wonach der Vermieter bei offenen Forderungen selbst bei beendetem Mietvertrag noch seinen Kautionsanspruch behält (→ Rn. 93), auch hier. Im Hinblick auf die (analog anwendbare) Regelung des § 566a BGB sind für den Anspruch sowohl der Veräußerer als auch der Erwerber aktivlegitimiert. Damit hat die Stellung der Kaution an Veräußerer und Erwerber gemeinsam zu erfolgen (§ 432 Abs. 1 S. 1 BGB).

Zum anderen darf der Veräußerer die Kaution auch noch nach Abschluss des 82
Eigentümerwechsels zur Sicherung seiner Ansprüche aus dem Mietvertrag verwenden. Dies gilt jedenfalls dann, wenn die Ansprüche nicht bestritten sind und der Veräußerer die Kaution noch nicht an den Erwerber ausgehändigt hat.[196] Der Anspruch auf Wiederauffüllung der Kaution steht dann nur dem Erwerber zu.[197] Im Hinblick darauf muss die Mietsicherheit im Umfang des künftigen Wiederauffüllungsanspruchs aus dem Vermögen des Veräußerers ausscheiden, da der Mieter die Kaution nur einmal stellen muss. Rechtstechnisch ist das so zu lösen, dass der Kautionsanspruch zwar in voller Höhe übergeht, jedoch auflösend bedingt um die Deckung der dem Veräußerer zustehenden (gesicherten) Altforderungen. Dies trägt auch dem Umstand Rechnung, dass der Erwerber in die Mietsicherheit nur für die Zeit seiner Eigentumsherrschaft eintritt. Der Veräußerer darf damit sogar noch nach Eigentumsübergang (bis zum Ablauf der Verjährungsfrist) auf die Kaution zugreifen.[198] Ansonsten müsste die Kaution bis zur Klärung in fraglicher Höhe oder (wenn nicht teilbar) insgesamt hinterlegt werden, was dem gesetzlichen Anliegen, sofort einen Zuständigkeitswechsel herbeizuführen, nicht gerecht würde. Bedient sich der Veräußerer zu Unrecht aus der Kaution, macht er sich ggü. dem Erwerber schadensersatzpflichtig. Kommt dies in Betracht, sollte der Erwerber bei gerichtlicher Geltendmachung des Wiederauffüllungsanspruchs dem Veräußerer den Streit verkünden.

§ 566a BGB findet auf **alle Mietsicherheiten** Anwendung, in erster Linie auf solche, die 83
der Mieter stellt, aber auch und gerade dann, wenn ein Dritter dafür aufkommt, wie das

[193] BGH BeckRS 2018, 26448 Rn. 6; s. auch Börstinghaus NZM 2019, 226 (232).
[194] OLG Hamburg NJWE-MietR 1997, 276 f.; Zeibig Mietkaution S. 260; aA Kraemer NZM 2001, 737 (742); unentschieden BGH NJW 2012, 3032 Rn. 38.
[195] BGH NJW 2007, 1818 Rn. 11.
[196] OLG Frankfurt a. M. BeckRS 2011, 10901.
[197] Bub/Treier MietR-HdB/von der Osten/Schüller Kap. III Rn. 2040.
[198] OLG Frankfurt a. M. BeckRS 2011, 10901; aA Kraemer NZM 2001, 737 (742); MüKoBGB/Häublein § 566a Rn. 10; Hinz NZM 2019, 76 (85).

etwa bei einer Bankbürgschaft der Fall ist.[199] Bis auf die Bürgschaft werden andere Mietsicherheiten wie die Kaution behandelt. Sparkonten und Wertpapiere gehen damit nicht einfach auf den Erwerber über,[200] sondern werden durch § 566a S. 1 BGB in ihrer Wirkung auf diesen nur erstreckt.

84 Sind auf Seiten des Veräußerers keine Forderungen aus dem Mietverhältnis mehr offen, können sowohl der Erwerber als auch der Mieter verlangen, dass der Veräußerer alles unternimmt, damit die Mietsicherheit auf den Erwerber übergeht.[201] Bei einer angelegten **Barkaution** muss er das Konto auf den Nachfolger umschreiben lassen. Bei einer **vom Mieter angelegten Kaution** muss der Veräußerer die ihm vom Mieter abgetretene (ggf. verpfändete) Zahlungsforderung gegen die Bank an den Nachfolger weiterabtreten. Bei einer **Mietbürgschaft** geht die Inhaberschaft analog § 401 BGB ohne weiteres auf den Erwerber über. Der Veräußerer muss ihm nur die zur Geltendmachung der Bürgschaft nötigen Unterlagen herausgeben.[202]

85 Hat der Veräußerer dem Erwerber die Kautionssumme überwiesen bzw. ausgehändigt, verliert er das Recht, auf die Kaution zuzugreifen.[203] Dieses Ergebnis verwundert, da der Veräußerer dann immer noch ein Sicherheitsbedürfnis haben kann. Allerdings gibt er die Mietsicherheit aus der Hand und lässt damit erkennen, dass er an dieser nicht mehr interessiert ist. Dies gilt auch dann, wenn er sich zur Übergabe irrtümlich für verpflichtet ansah, da dies auf einem unbeachtlichen Motivirrtum beruhte.[204] Auch bei der Bürgschaft verliert der Veräußerer mit Übergang des Eigentums alle Rechte aus der Bürgschaft. Gibt er die Sicherheit an den Mieter zurück, ist damit sogar das zum Veräußerer bestehende Sicherungsverhältnis (und damit auch seine Haftung) **beendet.**[205] Ggü. dem Erwerber sorgt § 566a S. 1 BGB für einen Anspruch auf identische Sicherung, so dass dieser durch das Handeln der früheren Mietvertragsparteien keinen Nachteil erleidet.

86 Die **subsidiäre** Haftung des Veräußerers aus § 566a S. 2 BGB greift, wenn der Mieter vom Erwerber keine Befriedigung erlangen kann. Dazu muss die Inanspruchnahme des Erwerbers aussichtslos erscheinen.[206] Das ist zB der Fall, wenn eine erneute Zwangsverwaltung über das Mietgrundstück angeordnet wurde und eine Auszahlung des Kautionsbetrags wegen einer Kontopfändung derzeit nicht möglich ist.[207] Der Mieter muss darlegen, warum er vom Erwerber keine Befriedigung erlangen kann.[208] Abverlangt werden ihm nur zumutbare Anstrengungen. Dazu muss er den Erwerber nicht verklagen.[209] Das Gesetz spricht nur von der Verpflichtung zur Rückgewähr der Sicherheit, meint aber eine Pflicht aus der Sicherungsabrede. Nach der gesetzlichen Wertung des § 566a S. 1 BGB übernimmt der Erwerber damit – quasi als Belastung des Mietobjekts – auch das Insolvenzrisiko des früheren Vermieters,[210] wenn dieser die Mietsicherheit zwar erhalten, aber weder insolvenzfest angelegt noch dem Erwerber ausgehändigt hat.[211] Auf der anderen Seite gerät der Veräußerer in Gefahr, zeitlich unbefristet nach § 566a S. 2 BGB auf Herausgabe der Mietsicherheit in Anspruch genommen zu werden, also das Insolvenzrisiko nicht nur des Erwerbers, sondern

[199] MüKoBGB/Häublein § 566a Rn. 6.
[200] So aber OLG Düsseldorf NJW-RR 1997, 1170; Kraemer NZM 2001, 737 (742); Derleder WuM 2002, 239 (243); wie hier Kießling JZ 2004, 1146 (1152).
[201] OLG Karlsruhe NJW-RR 1989, 267 (268); ebenso bereits RGZ 53, 247 (251) – Rittergut; Staudinger/V. Emmerich BGB § 566a Rn. 12; Plagemann NotBZ 2013, 2 (11).
[202] Lindner-Figura/Oprée/Stellmann Geschäftsraummiete-HdB/Kuß/Leutner Kap. 2 Rn. 201.
[203] Sternel MietR aktuell Rn. III 207.
[204] Vgl. BGHZ 142, 23 = NJW 1999, 2664 (2665).
[205] BGH NJW-RR 2012, 214 Rn. 12.
[206] BGHZ 141, 160 = NJW 1999, 1857 (1859).
[207] BGH NJW-RR 2013, 457 Rn. 19.
[208] LG Heilbronn BeckRS 2017, 147243 Rn. 4.
[209] Plagemann NotBZ 2013, 2 (4); aA Schmidt-Futterer/Streyl BGB § 566a Rn. 28.
[210] BGH NJW 2012, 1353 Rn. 8. Absonderungsrechte werden dadurch nicht begründet, s. Jacoby ZMR 2015, 1 (3).
[211] BGH NJW 2012, 1353 Rn. 8.

(solange das Mietverhältnis andauert) auch aller künftigen Eigentümer zu tragen, wenn er die Sicherheit an den Erwerber herausgibt. Durch Regelungen im notariellen Kaufvertrag lassen sich diese Risiken kaum einstellen. Gleichwohl sollten die Kaufvertragsparteien dafür sorgen, diese Gefahren möglichst gering zu halten.

Praxistipp:
Aufgrund seiner Einstandspflicht sollte der Erwerber im Kaufvertrag sicherstellen, dass er die Mietsicherheit tatsächlich vom Veräußerer erhält. Ergänzend sollte der Veräußerer dafür sorgen, dass der Mieter ihn von der subsidiären Haftung freistellt. Ein solcher Verzicht ist möglich, da es sich bei § 566a S. 2 BGB nicht um zwingendes Recht handelt.[212] Hat der Erwerber sich ggü. dem Veräußerer insoweit zu einer befreienden Schuldübernahme verpflichtet, bedarf es auch hierfür der Zustimmung („Genehmigung") des Mieters (§ 415 Abs. 1 S. 1 BGB). Ansonsten bleibt dem Veräußerer, wenn der Kaufvertrag das zulässt, nur die Rückgabe der Kaution. Nimmt der Mieter die Sicherheit kommentarlos entgegen, wird die Sicherungsabrede nach Auffassung des BGH[213] dadurch aufgehoben. Hat sich der Veräußerer im Kaufvertrag zur Kautionsherausgabe an den Erwerber verpflichtet, bestehen zumindest Zweifel, ob es für eine Enthaftung ausreicht, wenn der Verkäufer die Rückgabe mit dem Hinweis verbindet, dass damit kein Verzicht auf die Stellung der Sicherheit verbunden ist.[214]

Wird das Mietverhältnis nicht durch Veräußerung des Grundstücks auf einen neuen Vermieter übergeleitet, sondern durch **rechtsgeschäftliche Übertragung** des Mietvertrags, gilt § 566a S. 1 BGB weder direkt noch analog. Der Mieter ist in die Vertragsübernahme daher zwingend einzubinden (vgl. § 415 Abs. 1 S. 1 BGB); ansonsten wäre sie als Vertrag zu Lasten Dritter nichtig.[215] Auch die Sicherungsabrede ist Sache der jeweiligen Vertragsparteien; insofern unterscheidet sich die Rechtslage vom Vermieterpfandrecht, das auch dann (automatisch) auf den Rechtsnachfolger übergeht, wenn das Grundstück nicht veräußert, sondern der Mietvertrag durch Vertragsübernahme auf einen neuen Vermieter übergeht. 87

b) Zwangsverwaltung. Steht das Mietobjekt unter Zwangsverwaltung, fallen die Pflichten aus der Kautionsabrede in den Aufgabenbereich des Zwangsverwalters, weil er gem. § 152 Abs. 2 ZVG an den Mietvertrag gebunden ist.[216] Der Zwangsverwalter wird deshalb in allen Fällen, in denen Rechte und Pflichten aus dem Mietverhältnis berührt sind, wie ein Vermieter behandelt (→ Rn. 72). Er muss die Pflichten aus der Sicherungsabrede erfüllen,[217] und zwar selbst dann, wenn neben der Zwangsverwaltung des Mietobjekts ein Insolvenzverfahren über das Vermögen des Vermieters schwebt.[218] Ein Mietverhältnis, das beendet ist, bevor der gerichtliche Beschluss wirksam ist, der die Beschlagnahme des Grundstücks anordnet (§§ 22 Abs. 1, 146 Abs. 1, 151 Abs. 1 ZVG), fällt dagegen nicht unter die Regelung des § 152 Abs. 2 ZVG.[219] 88

Ist der vermietende Grundstückseigentümer im Besitz einer Kaution, muss er sie an den Zwangsverwalter herausgeben, wobei der Anordnungsbeschluss und die Ermächtigung des Zwangsverwalters gem. § 150 Abs. 2 ZVG einen Vollstreckungstitel zur Durchsetzung dieses Anspruchs bilden. Dieser Titel kann nach § 883 ZPO vollstreckt werden, obwohl sich die Beschlagnahme nach § 148 Abs. 1 S. 1 iVm § 21 Abs. 2 ZVG nicht unmittelbar auf den Anspruch auf Überlassung der Mietkaution erstreckt.[220] Hat 89

---

212 BGH NJW-RR 2013, 457 Rn. 17, 18.
213 BGH NJW 2012, 214 Rn. 19.
214 AA Plagemann NotBZ 2013, 2 (11).
215 S. etwa BGH GRUR 1970, 195 (196).
216 BGH NJW-RR 2005, 1029 (1030); 2006, 1021 Rn. 5; NJW 2009, 1673 Rn. 8.
217 BGH NJW 2009, 1673 Rn. 8; Milger NJW 2011, 1249 (1252 f.).
218 BGH NJW 2009, 3505 Rn. 13.
219 BGH NJW-RR 2006, 1021 Rn. 5; s. auch Hinz/Lützenkirchen MDR 2021, 723 (724) zur Frage, ob es für die Beendigung auf die Rückgabe des Mietobjekts ankommt.
220 BGH NJW-RR 2005, 1032 (1033); 2015, 1493 Rn. 8.

der Mieter die Kaution vereinbarungsgemäß nicht an den Vermieter, sondern an den Verwalter der Wohnung bzw. Wohnungseigentumsanlage ausgehändigt, ist der Zwangsverwalter gem. § 152 Abs. 2 ZVG berechtigt, die Kaution direkt von diesem zu fordern.[221] Der Zwangsverwalter hat die Kaution dann wie der Vermieter anzulegen. Für den Zwangsverwalter ist es von eminenter Bedeutung, in den Besitz der Sicherheit zu gelangen. Denn er muss dem Mieter nachweisen, dass die Kaution korrekt, also auf einem offenen Treuhandkonto angelegt ist,[222] und nach Beendigung des Mietvertrags muss er sie dem Mieter zurückgeben, beides unabhängig davon, ob er sie vom Vermieter erhalten hat.[223] Die Pflicht zur Rückgewähr gilt sogar dann, wenn der Zwangsverwalter selbst keine Mieten vereinnahmt hat.[224]

90 c) **Insolvenz des Vermieters.** Der Mieter muss darauf achten, dass die Kaution schnellstmöglich getrennt vom Vermögen des Vermieters angelegt wird, damit er bei Eröffnung eines Insolvenzverfahrens über das Vermögen des Vermieters ein Aussonderungsrecht aus § 47 InsO hat. Ansonsten ist seine Position hinsichtlich der Kaution sehr schwach. Ansprüche aus einem gem. § 108 Abs. 1 S. 1 InsO nach Insolvenzeröffnung fortbestehenden Mietverhältnis sind Masseverbindlichkeiten, wenn ihre Erfüllung für die Zeit nach der Eröffnung des Insolvenzverfahrens erfolgen muss (§ 55 Abs. 1 Nr. 2 Alt. 2 InsO). Ansprüche für die Zeit davor kann der Mieter gem. § 108 Abs. 3 InsO nur als Insolvenzgläubiger geltend machen.[225] Da Ansprüche des Mieters wegen vertragswidriger Nichtanlage der Mietsicherheit regelmäßig schon vor Insolvenzeröffnung entstehen, handelt es sich insoweit meistens um einfache Insolvenzforderungen iSd § 38 InsO, die nur an der Quote teilhaben, selbst wenn das Mietverhältnis durch den Insolvenzverwalter fortgesetzt wird. Gegen fällig gewordene Mieten steht dem Mieter dann auch kein Zurückbehaltungsrecht wegen einer nicht insolvenzfest angelegten Barkaution zu (→ Rn. 66);[226] ebenso wenig kann er mit seinem Anspruch auf Rückzahlung des Kautionsbetrags aufrechnen. Demgegenüber behält der Mieter in der Einzelvollstreckung sein Zurückbehaltungsrecht, also auch dann, wenn dem Vollstreckungsgläubiger die Mietforderung nach Pfändung überwiesen worden ist (§ 404 BGB, §§ 829, 835 f. ZPO).[227]

91 Im Fall eines Eigentumswechsels haftet der Erwerber nach § 566a S. 1 BGB für die Kautionsrückzahlung, also auch dann, wenn er sie gar nicht erhalten hat (→ Rn. 78). Diese Vorschrift lässt sich nicht dahingehend teleologisch reduzieren, dass der Mieter ggü. dem Erwerber so lange keinen Rückzahlungsanspruch hat, wie der Erwerber seinerseits an der Durchsetzung seines Anspruchs ggü. dem Veräußerer auf Auskehrung der Kaution insolvenzrechtlich gehindert ist.

4. Die Mietsicherheit nach Vertragsende

92 a) **Die ausgebliebene Mietsicherheit.** Die Mietsicherheit deckt im Zweifel alle Forderungen aus dem Mietverhältnis, auch solche, die bei Beendigung des Mietverhältnisses noch nicht fällig sind. Dies hat zur Folge, dass der Vermieter bei fortbestehendem Sicherungsbedürfnis noch nach Mietende die Sicherheit bzw. die Wiederauffüllung des Kautionskontos verlangen darf.[228] Eine Parallele findet sich in § 562b Abs. 2 S. 1 BGB für das Vermieterpfandrecht, wonach der Vermieter vom Mieter auch noch nach dessen Auszug die Einräumung des Besitzes an Sachen verlangen kann, die seinem Pfandrecht

---

[221] BGH NJW-RR 2015, 1493 Rn. 9.
[222] BGH NJW 2009, 1673 Rn. 9.
[223] BGH NJW-RR 2005, 1029 (1030); 2015, 1493 Rn. 8.
[224] Drasdo ZfIR 2024, 290 (292); aA LG Leipzig NJ 2004, 84 f. (LS).
[225] BGH NJW 2013, 1243 Rn. 10, 11 mit Hinweis auf die Zäsurwirkung des § 108 Abs. 3 InsO.
[226] BGH NJW 2013, 1243 Rn. 9. Nach dem Leitsatz scheint das nur vor Insolvenzeröffnung fällig gewordene Mieten zu betreffen; richtigerweise kommt es darauf aber nicht darauf an.
[227] Jacoby ZMR 2015, 1 (2).
[228] BGH NJW 2012, 996 Rn. 2; OLG Koblenz BeckRS 2018, 12962; ebenso BGH NJW 1981, 976 (977) für die Pacht.

unterliegen und die der Mieter ohne sein Wissen bzw. trotz Widerspruchs entfernt hat. Da die Verjährung des Kautionsanspruchs nach ganz hM bereits mit Abschluss der Sicherheitsabrede beginnt (→ Rn. 76), ist ein solches Unterfangen nur in nicht verjährter Zeit sinnvoll, also wenn der Mietvertrag bzw. die Kautionsabrede vor nicht mehr als 3–4 Jahren vereinbart wurden oder die Entnahme, die zur Wiederauffüllung verpflichtet, aus diesem Zeitraum stammt.

Selbst eine **Kautionsklage** ist nach Beendigung des Mietvertrags möglich, ohne dass gesagt werden kann, dass die Abrechnungsreife bis zum Vorliegen eines Vollstreckungstitels ohnehin erreicht sein würde, eine solche Klage also für erledigt erklärt werden müsste oder nach Titulierung einer Vollstreckungsabwehrklage (§ 767 ZPO) zum Opfer fallen würde. Zur Schlüssigkeit der Kautionsklage gehört nur, dass zu sichernde Forderungen überhaupt noch bestehen;[229] die Kosten der Kautionsklage sind hierbei nicht zu berücksichtigen.[230] Die schlichte Behauptung, dem Vermieter stehe ein zu sichernder Anspruch zu, reicht nicht aus. Erforderlich ist vielmehr, dass der Vermieter schlüssig vorträgt, es beständen in fraglicher Höhe noch Zahlungsansprüche gegen den Mieter, zu deren Sicherung er die Kaution benötigt.[231] Der Vermieter muss auch nicht das einklagen, was an gesicherten Forderungen schon fällig ist, und nur eine etwaige Restkaution berücksichtigen.[232] Keinesfalls darf der Vermieter die Kaution zusammen mit gesicherten Zahlungsansprüchen einklagen, weil er bei Erfüllung dieser Forderungen die Kaution insoweit sofort wieder zurückgeben müsste (§ 242 BGB).[233] 93

Nach hiesiger Auffassung muss der Vermieter allerdings schon gleich nach Auszug des Mieters fast die gesamte Kaution zurückzahlen, wenn keine größeren Beträge ausstehen (→ Rn. 112), so dass für eine nachträgliche Kautionsklage nur wenig Raum bleibt. 94

Erhält der Vermieter die Kaution, muss er auch nach Beendigung des Mietverhältnisses (solange das Sicherungsbedürfnis anhält) alle Vorgaben des § 551 BGB für die Anlage der Mietsicherheit erfüllen.[234] Auf der anderen Seite gilt § 551 BGB auch weiterhin für den Mieter, so dass er die Kaution in 3 Monatsraten erbringen darf. 95

b) Verwertungsrecht des Vermieters. Nach ganz hM darf der Vermieter sich im laufenden Mietverhältnis nur zur Begleichung fälliger unstreitiger Forderungen an die Kaution halten (→ Rn. 25) und dann auch Wiederauffüllung verlangen. Für die Zeit **nach Beendigung** des Mietverhältnisses darf sich der Vermieter **auch bei streitigen fälligen Forderungen** aus der Kaution bedienen. Nach Auffassung des BGH entspricht dies nicht nur dem Interesse des Vermieters, sondern auch dem des Mieters, da damit das beendete Mietverhältnis so schnell wie rechtlich und tatsächlich möglich zu einem endgültigen Abschluss gebracht wird.[235] Für den Mieter ist dies besonders deshalb von Vorteil, weil der Vermieter mit der Abrechnung die Möglichkeit hat zu entscheiden, für welche von ggf. mehreren Forderungen die Kaution vorrangig verwertet werden soll, und sein Verwertungsinteresse damit auf die abgerechneten Forderungen beschränkt.[236] 96

Bestreitet der Mieter die zur Aufrechnung gestellten Vermieterforderungen, kann er auf Rückzahlung der Kaution klagen; in diesem Rechtsstreit wird geklärt, ob die Forderungen des Vermieters bestehen oder nicht. Entsprechendes gilt, wenn der Vermieter die Abrechnung durch Klageerhebung vornimmt. In beiden Fällen trägt der Vermieter die Darlegungs- und Beweislast für das Bestehen der von ihm beanspruchten Forderungen. Auch der Umstand, dass der Mieter nach einem Zugriff des Vermieters auf die Barkaution das Risiko der Insolvenz des Vermieters trägt, vermag es nicht zu 97

---

229 OLG Koblenz BeckRS 2018, 12962 mAnm Bub/Bernhard FD-MietR 2018, 406812, die eine Parallele zu § 562b Abs. 2 BGB ziehen.

230 OLG Düsseldorf NZM 2001, 380 f.

231 OLG Düsseldorf NZM 2001, 380; ebenso BGH NJW 1981, 976 (977) für den Pachtvertrag.

232 S. aber Kießling JZ 2004, 1146 (1155), der den Vermieter darauf verweist, die ausstehenden Leistungen direkt einzuklagen, ohne noch eine (Rest-)Kaution einfordern zu können.

233 BGH NJW 1981, 976 (977), wonach dann beides unzulässig ist.

234 BGH NJW-RR 2015, 1289 Rn. 7.

235 BGH 24.7.2019 – VIII ZR 141/17, NJW 2019, 3371 Rn. 27.

236 BGH 24.7.2019 – VIII ZR 141/17, NJW 2019, 3371 Rn. 29.

rechtfertigen, den Vermieter bei der Kautionsabrechnung auf unstreitige oder rechtskräftig festgestellte Forderungen zu verweisen. Denn nach der Abrechnung über die Kaution durch den Vermieter und der sich daran anschließenden Verwertungsphase stehen sich Mieter und Vermieter gegenüber wie jeder sonstige Sicherungsgeber seinem Sicherungsnehmer.

98 c) **Kautionsabrechnung.** Hat der Mieter eine **Barkaution** gestellt, muss der Vermieter nach Auszug des Mieters die aufgelaufenen Zinsen sowie die Abzüge (Gegenansprüche, Kosten der Kautionsanlage, Abgeltungsteuer) abrechnen. Die Abrechnung ist Fälligkeitsvoraussetzung für den Kautionsrückgewähranspruch (→ Rn. 115) und selbstständig einklagbare Nebenpflicht (§ 241 Abs. 2 BGB) aus der Sicherungsabrede. Für andere Mietsicherheiten gilt die Abrechnungspflicht nicht. Die Kautionsabrechnung ist nach Maßgabe des § 259 BGB, mithin als geordnete Zusammenstellung der gegenseitigen Forderungen zu fertigen.[237]

99 Da über die Kaution schon bald nach Rückgabe des Mietobjekts bzw. Schlüsselrückgabe abzurechnen ist (→ Rn. 112), darf der Vermieter damit auch nicht zuwarten, bis er mit Erfolg die Zwangsvollstreckung aus einem rechtskräftigen Kautionsurteil betrieben hat.[238] Umgekehrt wird die Zwangsvollstreckung aus einem solchem Titel wie bei einer Vorauszahlungsklage[239] mit Abrechnungsreife unzulässig.[240] Läuft der Kautionsprozess noch, muss der Vermieter die Klage auf Zahlung der Restforderung umstellen bzw. ohne Restforderung für erledigt erklären; ansonsten wird die Klage auf seine Kosten abgewiesen.

100 Da die Abrechnungspflicht auf eine nicht vertretbare Handlung des Vermieters gerichtet ist (→ Rn. 161), darf der Mieter nicht im Wege der Ersatzvornahme selbst abrechnen, wenn er ohne Antwort bleibt (→ Rn. 115). Der Anspruch auf Abrechnung der Kaution **verjährt** zusammen mit dem Anspruch auf Kautionsrückzahlung.[241]

101 Die Kautionsabrechnung, die Auszahlung des Kautionsguthabens bzw. die Freigabe der Mietsicherheit werden als **negatives deklaratorisches Schuldanerkenntnis** iSd § 397 Abs. 2 BGB gewertet[242] mit der Folge, dass die Geltendmachung von Ansprüchen versperrt ist, die der Vermieter gekannt hat oder hätte kennen können.[243] Dies liegt daran, dass Ungewissheit über das Bestehen von Gegenforderungen oder die Zinsen besteht und der Vermieter sich äußern muss, wenn die Überlegungszeit beendet ist. Der BGH nimmt einen solchen Bindungswillen schon dann an, wenn der Vermieter nach Beendigung des Mietvertrags Forderungen gegen den Mieter einklagt. Dem Vermieter ist dann die Geltendmachung weiterer Forderungen aus dem Mietvertrag versagt.[244] Richtigerweise sind Forderungen auch hier ausgenommen, die der Vermieter zu diesem Zeitpunkt nicht kennen konnte.

102 d) **Rückforderungsanspruch.** Sobald das Sicherungsbedürfnis entfallen ist, hat der Mieter Anspruch auf Rückgewähr der Mietsicherheit.

103 *aa) Rechtsgrundlage.* Der Rückforderungsanspruch ergibt sich nicht aus § 812 Abs. 1 BGB, sondern aufschiebend bedingt aus der (meistens im Mietvertrag enthaltenen) Sicherungsabrede, die der Hingabe der Kaution zugrunde liegt.[245] Die Bedingung liegt zum einen darin, dass die Sicherheit ausgereicht wird, um anderen darin, dass keine

[237] OLG Karlsruhe NJW-RR 2010, 585 Rn. 11.
[238] So aber KG BeckRS 2009, 14756.
[239] BGH NJW 2011, 145 Rn. 22; 2011, 2350 Rn. 19.
[240] LG Nürnberg-Fürth WuM 1994, 708; aA OLG Düsseldorf NJW-RR 1997, 520.
[241] OLG Düsseldorf NZM 2005, 783 (784).
[242] S. etwa OLG München NJW-RR 1990, 20 für die Pacht. Anders bei preisgebundenem Wohnraum LG Berlin NZM 2003, 280 (Ls.).
[243] BGH NJW 1998, 1492; 2006, 903 Rn. 15.
[244] BGH 24.7.2019 – VIII ZR 141/17, NJW 2019, 3371 Rn. 29.
[245] BGHZ 84, 345 = NJW 1982, 2186 (2187); BGHZ 213, 302 = NJW 2017, 1301 Rn. 15.

Ansprüche mehr bestehen, für die die Mietsicherheit haftet, das Sicherungsbedürfnis also entfallen ist.[246]

bb) Inhalt des Rückforderungsanspruchs. Wird die Mietsicherheit (zB als Bürgschaft) ohne Verzinsungspflicht ausgereicht, geht der Rückgewähranspruch auf Rückgängigmachung der Rechtsakte, die zur Stellung der Sicherheit geführt haben. Hat der Mieter den Kautionsbetrag auf seinen Namen angelegt und dem Vermieter die Auszahlungsforderung gegen das Kreditinstitut verpfändet, muss der Vermieter die Sicherheit dergestalt zurückgewähren, dass er das Pfandrecht an der im Sparbuch verbrieften Forderung aufgibt (§§ 1273 Abs. 2 S. 1 iVm § 1255 Abs. 1 BGB) und das Kautionssparbuch an den Mieter als Verpfänder zurückgibt (§ 1273 Abs. 2 S. 1 iVm § 1223 Abs. 1 BGB), wenn er es erhalten hat.[247] Eine Zahlungsklage wäre hier unschlüssig.[248] Gegen einen Anspruch auf Rückgabe, der nicht auf einen Geldanspruch gerichtet ist, kann der Vermieter auch nicht aufrechnen. Im Bürgschaftsfall muss der Vermieter die Bürgschaftsurkunde zurückgeben, sobald keine gesicherten Forderungen mehr bestehen (§ 767 Abs. 1 S. 1 BGB: als akzessorische Sicherheit erlöscht die Bürgschaft dann automatisch), nach Wahl des Mieters entweder an ihn oder an den Bürgen.[249] Insofern ist die Rechtslage nicht anders als im Hinblick auf § 109 Abs. 2 S. 1 ZPO.[250] Bei der Barkaution ist der Anspruch wegen der Zinsen, die dem Mieter zustehen (§ 551 Abs. 3 S. 3 BGB), mehr als nur ein Rückzahlungsanspruch. Mit dieser auf eine Geldzahlung gerichteten Forderung darf der Mieter aufrechnen. 104

Die Forderung auf Rückgewähr der Sicherheit richtet sich gegen den Vermieter. Das wird in der Praxis nicht immer beachtet.[251] 105

Praxistipp:

Häufig lässt sich der Vermieter durch einen Dritten, etwa eine Hausverwaltung, vertreten. Dieser ist für den Rückgewähranspruch auch dann nicht passivlegitimiert, wenn er im Besitz des Sparbuchs ist. Anders ist die Rechtslage, wenn der Vermieter den Verwalter ermächtigt, diesen Anspruch zu erfüllen.

Bei einer **Mietermehrheit** darf ein Mieter die Kaution nur dann zu seinen Händen herausverlangen, wenn er von den Mitmietern Abtretungserklärungen beibringt. Ansonsten tritt er gem. § 432 Abs. 1 S. 1 BGB als Prozessstandschafter auf und kann nur Leistung an alle einklagen.[252] Dies gilt wegen § 267 Abs. 1 S. 1 BGB auch dann, wenn die Kaution von ihm (allein) gestellt wurde,[253] und selbst dann, wenn das Kautionskonto (nur) unter seinem Namen geführt wird. Scheidet ein Mitmieter aus dem Mietvertrag aus, verliert er damit im Zweifel seinen Anspruch auf Kautionsherausgabe. Der Vermieter kann mit Forderungen aus rückständiger Miete auch dann ggü. dem aktuellen Mieter aufrechnen, wenn die Mietsicherheit im Innenverhältnis einem früheren Mitmieter gebührt. Im **Innenverhältnis** regelt sich der Ausgleich im Zweifel nach § 430 BGB. Diese Vermutung (hälftige Teilung) ist etwa dann widerlegt, wenn der Kautionsbetrag ohne Rechtspflicht nur von einem der Mitmieter gestellt wurde.[254] 106

Wurde die Wohnung von **Eheleuten** angemietet, sind beide zur Rückforderung der Kaution (an sich gemeinsam) berechtigt. Wird die Wohnung im Rahmen des Schei- 107

[246] BGHZ 141, 160 = NJW 1999, 1857 (1858).
[247] BGH NJW 2016, 3231 Rn. 12.
[248] LG Kaiserslautern BeckRS 2002, 15095.
[249] BGH NJW 1989, 1482 (1483); NJW-RR 1992, 1005 (1006 f.); NJW 2009, 218 Rn. 12; aA BGH NJW 2004, 3553 (3555) unter Hinweis auf § 371 BGB: Herausgabe nur an den Bürgen (Pachtfall); ebenso OLG Frankfurt a. M. BeckRS 2012, 16599; Wiek WuM 2014, 119 in Fn. 16.
[250] Dazu BGH NJW 2009, 218 Rn. 9 ff.; BGHZ 206, 203 = NJW 2015, 2961 Rn. 18.
[251] S. etwa LG Kaiserslautern BeckRS 2002, 15095.
[252] LG Flensburg BeckRS 2009, 5085.
[253] KG BeckRS 2012, 06991; LG Hamburg WuM 1989, 569 (Ls.); LG Gießen NJW-RR 1996, 1162.
[254] Woitkewitsch ZMR 2005, 426.

dungsverfahrens von dem Ehepartner übernommen, der die Kaution nicht gestellt hat, ist im Rahmen des § 1568a Abs. 1 BGB anerkannt, dass die Kaution beim Vermieter verbleibt, da das Mietverhältnis durch die Übernahme der Wohnung nur – wenn auch in anderer Konstellation – fortgesetzt wird.[255] Der Vermieter ist dann bei Abrechnungsreife nicht nur berechtigt, die Kaution an den Ehepartner herauszugeben, der die Wohnung übernommen hat, sondern muss dies auch.

108 Regeln die Eheleute das nicht anders, bildet § 430 BGB auch hier den Rechtsgrund für die hälftige Teilung im **Innenverhältnis.** Allein der Umstand, dass der Kautionsbetrag ausschließlich aus dem Arbeitseinkommen eines **der Eheleute** finanziert wird, entkräftet die Vermutung nicht.[256] Denn die Leistung des auf den anderen Ehepartner entfallenden Kautionsanteils stellt eine Unterhaltsgewährung iSd §§ 1360, 1360a BGB dar,[257] wenn dieser Anteil – was die Regel ist – von demjenigen Ehegatten erbracht wird, der nicht den Haushalt führt, sondern die Ehe finanziell absichert. Für den Fall, dass er mehr leistet, tut er das im Zweifel ohne den Willen, vom anderen hierfür Ersatz zu fordern (§ 1360b BGB). Zugewandt wird auch nicht nur die Stellung einer Sicherheit, sondern der hälftige Sicherungsbetrag.[258] Anders ist dies, wenn der Mietvertrag **nur mit einem** der Eheleute geschlossen wurde. Dieser kann den Mietvertrag kündigen und die Kaution zurückholen.[259] Tritt anlässlich der Scheidung der andere Ehegatte gem. § 1568a Abs. 3 S. 1 BGB in den Mietvertrag ein, bleibt der bisherige Mieter forderungsberechtigt. Die Auffassung, er müsse zuwarten, bis das übergegangene Mietverhältnis beendet ist,[260] findet im Gesetz keine Stütze. Freilich erhält der bisherige Mieter die Kaution nur insoweit zurück, als aus seinem Mietverhältnis keine Forderungen des Vermieters mehr offen sind.

109 *cc) Anspruchsvoraussetzungen.* Der Rückgewähranspruch besteht unter 3 Voraussetzungen:

- Das **Mietverhältnis** muss **beendet** sein.[261]
- Das **Mietobjekt** muss **zurückgegeben** sein.[262]
- Da die Mietsicherheit alle Forderungen des Vermieters aus dem Mietverhältnis abdecken soll, setzt der Rückgewähranspruch schließlich voraus, dass **keine gesicherten Forderungen mehr offen** sind.[263] Dem steht gleich, dass der Vermieter die Kaution **abgerechnet** hat, ohne auf (weitere) Gegenforderungen hinzuweisen.[264]

110 Der Anspruch auf Rückzahlung einer Mietkaution entsteht (als sogenannter verhaltener Anspruch) aufschiebend bedingt durch die Beendigung des Mietverhältnisses und die Rückgabe der Mietsache bereits mit der Entrichtung der Kaution an den Vermieter.[265] Sofern diese Voraussetzungen vorliegen, ist der Rückgewähranspruch auch **fällig.** In der Praxis lässt sich die Frage, ob noch Forderungen des Vermieters bestehen, allerdings oft nicht schnell klären. Vor allem deckt die Mietsicherheit auch Betriebskostennachzahlungen ab,[266] die uU erst geraume Zeit nach Beendigung des Mietverhältnisses abgerechnet werden können. Auf der anderen Seite benötigt der Mieter die Kaution für das nächste Mietverhältnis. Das droht den gesetzgeberischen Willen, wonach der Mieter nicht mehr als 3 Monatsmieten für die Kaution einsetzen muss (§ 551 Abs. 1 BGB), mit fortschreitender Zeit auszuhöhlen, da der Mieter für das

[255] OLG München NJOZ 2013, 1017.
[256] OLG Köln BeckRS 1987, 31154861.
[257] OLG München NJOZ 2013, 1017; OLG Köln BeckRS 2016, 108140 Rn. 10.
[258] OLG Köln BeckRS 2016, 108140 Rn. 10.
[259] KG NJW-RR 2018, 590 Rn. 18.
[260] KG NJW-RR 2018, 590 Rn. 21; zustimmend Herrlein NJW 2019, 1265 (1268).
[261] BGHZ 101, 244 = NJW 1987, 2372 (2373); NJW 2006, 1422 Rn. 8.
[262] BGH NJW-RR 2015, 180 Rn. 7.
[263] BGHZ 141, 160 = NJW 1999, 1857 (1858); NJW 2016, 3231 Rn. 12; ebenso BGHZ 213, 302 = NJW 2017, 1301 Rn. 18 für den Leasingvertrag.
[264] BGH 24.7.2019 – VIII ZR 141/17, NJW 2019, 3371 Rn. 29.
[265] BGHZ 84, 345 = NJW 1982, 2186 (zu III 3b); NJW-RR 2019, 586 Rn. 12.; s. bereits → Rn. 103.
[266] BGH NJW 2006, 1422 Rn. 12.

nächste Mietverhältnis ebenfalls sofort Mittel für eine Kaution bereitstellen muss. Der BGH begegnet dem mit einer Pflicht zur zeitnahen Abrechnung.[267]

Die Rechtsprechung trägt den Interessen des Vermieters dadurch Rechnung, dass sie ihm im Anschluss an die Beendigung des Mietverhältnisses eine **Überlegungsfrist** einräumt, um über die Kaution abzurechnen und für die Fälligkeit des Rückgewähranspruchs zu sorgen.[268] Wurde als Mietsicherheit eine **Bankbürgschaft** ausgereicht, muss der Vermieter beachten, dass viele Kreditinstitute Mietbürgschaften zeitlich befristen, etwa auf bis zu 6 Monate nach Beendigung des Mietvertrags, so dass diese Sicherheiten nach Ablauf dieser Zeit untergehen. Bis zum Ende der Überlegungsfrist darf der Vermieter die Mietsicherheit **zurückbehalten.**[269] Dieses Recht ergibt sich nicht aus § 273 Abs. 1 BGB, da noch nicht fällige Ansprüche kein Zurückbehaltungsrecht iSd § 273 BGB begründen können, sondern aus der Kautionsabrede.[270] 111

Die **Dauer der Abrechnungsfrist** ist individuell zu bestimmen. Klar ist nur, dass der Vermieter mit der Prüfung sofort nach Rückgabe der Mietsache beginnen muss; gelangt er dabei zu wichtigen Erkenntnissen für die Mietsicherheit, muss er den Mieter ungefragt aufklären.[271] Formularmäßig würde eine feste Abrechnungsfrist gegen § 307 Abs. 1 S. 1 BGB verstoßen, da dem Mieter dadurch die Chance einer kürzeren Frist genommen wird; zulässig sind nur Formulierungen, die eine Höchstfrist von bis zu 6 Monaten für die Fälligkeit des Rückforderungsanspruchs festlegen (→ Rn. 129). Auch eine Regelfrist lässt sich nicht bestimmen. Mitunter nehmen Gerichte wohl im Hinblick auf die Regelung in § 548 Abs. 1 S. 1 BGB (= § 558 Abs. 1 BGB aF) an, dass die Prüffrist nach 6 Monaten endet.[272] Allerdings behandelt § 548 Abs. 1 S. 1 BGB nur einen Spezialfall, enthält also keine übergreifenden Gesichtspunkte, die für das Abrechnungswesen allgemein Bedeutung haben. Der BGH hat mehrmals entschieden, dass nach den Umständen des Einzelfalls auch mehr als 6 Monate für den Vermieter erforderlich und dem Mieter zumutbar sein können.[273] Vor allem die für die Betriebskosten geltende Jahresfrist gem. § 556 Abs. 3 S. 2 BGB steht einer schnellen Erfassung der Restschuld entgegen. Die Jahresfrist ist nicht deshalb zu kürzen, weil das Mietverhältnis beendet ist und der Mieter die Kaution benötigt;[274] dem Mieter steht insoweit auch keine Zwischenabrechnung zu (§ 556 Abs. 3 S. 4 BGB analog).[275] 112

Deshalb gibt der BGH dem Mieter Anspruch auf Rückgewähr einer **Teilkaution,** sobald feststeht, dass nur noch geringfügige Forderungen des Vermieters offen bzw. zu erwarten sind.[276] Das ist vor allem dann der Fall, wenn zB anhand des Abnahmeprotokolls feststeht, dass keine Schadensersatzforderungen drohen und daher allenfalls noch eine Betriebskostennachzahlung aussteht. Fehlen hinreichende Anhaltspunkte aus früheren Abrechnungen für eine Schätzung des zu erwartenden Nachzahlungsbetrags, soll es angemessen sein, hierfür einen Betrag in Höhe der dreifachen monatlichen Vorauszahlung zugrunde zu legen.[277] 113

Diese Lösung gibt dem Mieter indes Steine statt Brot, weil er uU mehrere Prozesse führen muss, um seine Kaution vollständig auszulösen. Das Sicherheitsbedürfnis des Vermieters zwingt zu solchen Halbheiten auch nicht. Der Vermieter hat es in der Hand, 114

---

[267] BGH 24.7.2019 – VIII ZR 141/17, NJW 2019, 3371 Rn. 27.

[268] BGHZ 101, 244 = NJW 1987, 2372 (2373); BGHZ 141, 160 = NJW 1999, 1857; NJW 2016, 3231 Rn. 12.

[269] BGHZ 101, 244 = NJW 1987, 2372 (2373); NJW 2006, 1422 Rn. 13.

[270] BGH NJW 2006, 1422 Rn. 13.

[271] Häublein ZMR 2017, 445 (452 f.); nach Hinz NZM 2019, 76 (81) korrespondiert damit ein Auskunftsanspruch.

[272] Etwa LG Oldenburg BeckRS 2013, 08035; AG Hamburg WuM 1997, 213; AG Neuss BeckRS 2005, 05529.

[273] BGHZ 101, 244 = NJW 1987, 2372 (2373); BGH NJW 2006, 1422 Rn. 10; 10.7.2024 – VIII ZR 184/23, NJW-RR 2024, 1140 Rn. 30; ebenso BT-Drs. 14/4553, 99; 14/5663, 77.

[274] MüKoBGB/Zehelein § 556 Rn. 46; Hinz NZM 2019, 76 (80).

[275] AG Wetzlar NJW-RR 2006, 516; Hinz NZM 2019, 76 (80); aA Antoni WuM 2006, 359 (364).

[276] BGH NJW 2006, 1422 Rn. 15; zur Umsetzung Hinz NZM 2019, 76 (80).

[277] KG BeckRS 2013, 07547.

die Vorauszahlungsbeträge für die Betriebskosten auskömmlich zu kalkulieren und bei Bedarf anzupassen (§ 560 Abs. 4 BGB). Tut er das nicht, darf das nicht zu Lasten des Mieters gehen, indem ihm abgenötigt wird, monatelang auf die Rückzahlung der Kaution zu warten. Nicht immer sofort geklärt werden kann nur die Frage, ob noch Schadensersatzforderungen im Raum stehen. Dafür benötigt der Vermieter aber keine 6 Monate, sondern kann das wenige Wochen nach Rückgabe der Wohnung notfalls mit sachverständiger Hilfe geklärt haben. Auch Sonderfälle wie etwa Rechtsverfolgungskosten aus einem noch laufenden Prozess mit dem Mieter, die von der Mietkaution ebenfalls erfasst sind (→ Rn. 21), lassen sich regelmäßig gut einschätzen. Bei Abwägung aller Umstände erscheint es daher nötig, aber auch ausreichend, dem Vermieter für die Kautionsabrechnung im Regelfall **einen Monat nach Beendigung des Mietverhältnisses und Auszug des Mieters** Zeit zu lassen.[278] Auch die Untergerichte lassen zuweilen eine Abrechnungsfrist von weit unter 6 Monaten genügen.[279] Inhaltlich ist zu berücksichtigen, dass der Schadensersatzanspruch innerhalb der Prüfungsfrist nicht immer feststehen wird. Auch eine abschließende Betriebskostennachzahlung lässt sich nicht genau abschätzen. Das macht einen **Sicherheitsabschlag** erforderlich, wofür im Zweifel **10 % der Kaution** ausreichen dürften. Damit besteht, wenn keine konkreten Forderungen des Vermieters ersichtlich sind, schon wenige Wochen nach Rückgabe der Wohnung Anspruch auf Rückgewähr des um den Sicherheitsabschlag gekürzten Kautionsbetrags, bei anderen Sicherheiten auf Rückübertragung Zug um Zug gegen Zahlung dieses Betrags.

115 Voraussetzung für den Rückgewähranspruch bzw. dessen Fälligkeit ist die Vorlage einer **Kautionsabrechnung** durch den Vermieter.[280] Nach dem Ende des Mietverhältnisses hat sich der Vermieter ggü. dem Mieter zu erklären, ob und (ggf.) welche aus dem beendeten Mietverhältnis stammenden Ansprüche er gegen diesen erhebt. Mit einer solchen Erklärung wird die Mietsicherheit abgerechnet, da der Vermieter damit deutlich macht, ob und (ggf.) in Bezug auf welche Forderungen er ein Verwertungsinteresse an der gewährten Mietsicherheit hat.[281] Die Erklärung kann ausdrücklich erfolgen, indem der Vermieter gem. § 259 BGB sämtliche ihm – seiner Auffassung nach – zustehenden Forderungen im Einzelnen bezeichnet und der Kautionsrückzahlungsforderung gegenüberstellt, oder konkludent, wobei der BGH hierfür eine Zahlungsklage nach Beendigung des Mietverhältnisses genügen lässt.[282] Soll die Klage keine abschließende Wirkung haben, muss der Vermieter einen Vorbehalt des Inhalts anbringen, dass noch mit weiteren Forderungen aus dem Mietverhältnis zu rechnen ist (etwa auf Betriebskostennachzahlungen, selbst wenn diese erwartbar waren). Dies muss sogleich bei Klageerhebung erfolgen; mit einer Klageerweiterung könnte er die Ausschlusswirkung nicht rückgängig machen.[283] Grund hierfür ist das beiderseitige Interesse von Vermieter und Mieter, das beendete Mietverhältnis – so schnell wie rechtlich und tatsächlich möglich – zu einem endgültigen Abschluss zu bringen.[284] Das ist auch der Grund, warum der BGH dem Vermieter erlaubt, nach Beendigung des Mietverhältnisses auch mit bestrittenen Forderungen aufzurechnen.[285] Für die Fälligkeit des Rückzahlungsanspruchs ist eine solche Erklärung unabdingbar, wenn nicht anderweitig geklärt ist, dass dem Vermieter aus dem Mietverhältnis keine Ansprüche mehr zustehen. Bleibt die Überlegungsfrist ungenutzt und legt der Vermieter die Abrechnung trotz Mahnung nicht vor, ist der Mieter nicht berechtigt, selbst abzurechnen[286] und hierfür zB Schätzwerte für den

[278] Enger Häublein ZMR 2017, 445 (452): höchstens 2 Wochen nach Rückgabe des Mietobjekts; ebenso Kießling JZ 2004, 1146 (1154); noch enger Staudinger/V. Emmerich BGB § 551 Rn. 33: wenige Tage nach Beendigung des Mietvertrags.
[279] S. etwa OLG Köln BeckRS 1998, 854: 2,5 Monate aufgrund konkreter Umstände.
[280] BGH 24.7.2019 – VIII ZR 141/17, NJW 2019, 3371 Rn. 29.
[281] BGH 24.7.2019 – VIII ZR 141/17, NJW 2019, 3371 Rn. 20.
[282] BGH 24.7.2019 – VIII ZR 141/17, NJW 2019, 3371 Rn. 20.
[283] Zutreffend Bothe FS Börstinghaus, 2020, 21 (29).
[284] BGH 24.7.2019 – VIII ZR 141/17, NJW 2019, 3371 Rn. 27.
[285] BGH 24.7.2019 – VIII ZR 141/17, NJW 2019, 3371 Rn. 26.
[286] AA OLG Karlsruhe NJW-RR 2010, 585 Rn. 12.

Sicherheitszuschlag und die Zinsen unter Berücksichtigung der dreimonatigen Kündigungsfrist für die Anlage (§ 551 Abs. 3 S. 1 BGB) zugrunde zu legen.

Wohnraummieter sind hiernach gut beraten, gleich bei Auszug die Abrechnung über der Barkaution zu fordern, auch wenn sie damit riskieren, dass der Vermieter rechtzeitig für die Gleichartigkeit seiner Gegenforderungen sorgt (→ Rn. 119). Sind – wie häufig – die Betriebskosten für die letzte Mietzeit noch nicht abgerechnet, sollte, wenn eine Barkaution gestellt wurde, die Rückzahlung nur eines Teilbetrags gefordert werden, der die zu erwartende Nachzahlung nebst einem Puffer ausspart. Sind eine Bürgschaftsurkunde oder ein Sparbuch übergeben worden, sollte der Mieter den Ablauf der Jahresfrist für die Betriebskostenabrechnung (§ 556 Abs. 3 S. 2 BGB) abwarten, den Vermieter anschließend unter Setzung einer 2-Wochen-Frist zur Rückgewähr der Mietsicherheit auffordern und ihn sodann durch Mahnung in Verzug setzen. Ab diesem Zeitpunkt muss der Vermieter für die Kosten einer Kautionsrückzahlungsklage aufkommen, wenn er die Sicherheit nicht freigibt. 116

dd) Gegenansprüche. Gegenstand der Kautionsabrechnung ist die Klärung der gegenseitigen Ansprüche der Mietparteien. Dabei ist der Vermieter bei einer Barkaution daran interessiert, gegen den Anspruch auf Kautionsrückzahlung mit Gegenforderungen **aufzurechnen.** Hat er mehrere Forderungen, sollte er die Reihenfolge für die Aufrechnung gem. § 396 Abs. 1 S. 1 BGB vorgeben. Da es sich bei den betroffenen Ansprüchen nicht nur um unselbstständige Rechnungsposten handelt, geht es dabei um Aufrechnung, nicht um Verrechnung, auch wenn die rechtliche Behandlung weitgehend identisch wäre.[287] In der Entscheidung BGHZ 101, 244 kommen beide Begriffe vor, was aber nur auf einer ungenauen Formulierung beruht. Da es sich bei der Aufrechnung um eine Gestaltungserklärung handelt, kann der Vermieter davon nicht Abstand nehmen, bleibt also gebunden.[288] 117

Hierbei ist zunächst darauf zu achten, ob und inwieweit **Aufrechnungsverbote** bestehen. Insbes. darf der Vermieter keine Forderungen zur Aufrechnung stellen, die nicht aus dem Mietvertrag herrühren (sog. **Konnexitätsgrundsatz** → Rn. 24). Die Barkaution dient – soweit nicht ausnahmsweise etwas anderes vereinbart ist – ausschließlich der Sicherung von Forderungen des Vermieters aus dem konkreten Mietverhältnis. Die darin liegende Zweckbindung endet erst mit Abrechnung über die Kaution bzw. dann, wenn klar ist, dass dem Vermieter aus dem Mietverhältnis keine Ansprüche aus dem Mietverhältnis keine Ansprüche mehr zustehen. Hat der Vermieter eine zu hohe Kaution erhalten, darf er gegen den überschießenden Teil nicht aufrechnen. Bei **preisgebundenem Wohnraum** ist § 9 Abs. 5 S. 1 WoBindG zu entnehmen, dass nur mit den dort genannten Schadensersatzansprüchen aufgerechnet werden darf (→ Rn. 29). Zwar ist umstritten, ob das Aufrechnungsverbot noch gilt, wenn der Mietvertrag beendet ist.[289] Richtigerweise ist das zu bejahen, da es ansonsten gerade dann wertlos würde, wenn es vor allem zur Anwendung kommt, nämlich im Rahmen der Beendigung des Mietverhältnisses.[290] 118

Des Weiteren ist zu berücksichtigen, dass nur mit **gleichartigen** Forderungen aufgerechnet werden darf (§ 387 BGB). Bei Mietforderungen ist das ohne weiteres der Fall. Forderungen, die der kurzen Verjährung des § 548 Abs. 1 S. 1 BGB unterfallen, sind nicht ohne weiteres auf Geld gerichtet. Ansprüche aus §§ 280 Abs. 1, Abs. 3 iVm § 281 BGB, vor allem wegen nicht getätigter Schönheitsreparaturen, werden erst zu einer Geldforderung, wenn die Abhilfefrist verstrichen ist, der Vermieter also Schadensersatz statt der Leistung fordert (§ 281 Abs. 1 S. 1, Abs. 4 BGB).[291] Bei einer Vermietermehrheit ist die Ersetzungsbefugnis gemeinsam (einheitlich) auszuüben.[292] 119

[287] S. dazu BGHZ 179, 1 = NJW 2009, 1071 Rn. 11, 15, wonach § 396 Abs. 1 S. 1 BGB auch auf Verrechnungen Anwendung findet.
[288] Anders im Gerichtsprozess: BGHZ 179, 1 = NJW 2009, 1071 Rn. 12.
[289] Dagegen etwa Dickersbach WuM 2006, 595 (598); Sternel Mietrecht aktuell III Rn. 159a.
[290] LG Berlin GE 1997, 431; Harsch MietRB 2020, 215 (218).
[291] Zehelein NZM 2022, 937 (942); Streyl WuM 2024, 241 (245).
[292] Zehelein NZM 2022, 937 (942).

Praxistipp:
Um bei Forderungen aus §§ 280 Abs. 1, Abs. 3 iVm § 281 BGB (zB wegen ausgebliebener Schönheitsreparaturen), die gem. § 548 BGB schon nach 6 Monaten verjähren, die Aufrechnungslage nicht zu verpassen, sollte der Vermieter eine Abhilfefrist von mindestens 2 Wochen setzen, die weniger als 6 Monate nach Rückgabe der Wohnung abläuft. Dies ist für die Verjährung bedeutsam und daher schriftlich mit Zugangsnachweis einzufordern. Bei rückständigen Mieten, die mit der Kaution aufgerechnet werden sollen, ist sicherzustellen, dass sie bis zum Ablauf der Überlegungsfrist noch nicht verjährt sind.

120 Ansprüche aus § 280 Abs. 1 BGB wegen Beschädigung der Mietsache sind primär auf Naturalrestitution gerichtet und werden zu einem Schadensersatzanspruch erst dann, wenn gem. § 249 Abs. 2 S. 1 BGB Ersatz in Geld gefordert wird.[293] An sich muss der Vermieter damit in nicht verjährter Zeit, also binnen 6 Monaten nach Rückerhalt der Mietsache, Schadensersatz statt Naturalrestitution fordern. Hat er das nicht beachtet, wäre zu prüfen, ob die Umwandlung in einen Geldanspruch durch schlüssiges Verhalten erfolgt ist. So kann schon im Rückgabeprotokoll aufgenommen worden sein, dass ein Kostenanschlag für die Schäden eingeholt wird und der Schadensbetrag von der Kaution abgezogen wird. Eher theoretisch erscheint die Möglichkeit, dass schon im Mietvertrag eine solche Ausrichtung vorgenommen werden kann. Die gängigen Standardverträge enthalten eine solche Klausel nicht. Es ist auch zweifelhaft, ob eine solche Klausel überhaupt wirksam wäre.[294] Nach Auffassung des BGH ist das aber auch nicht nötig. Er leitet aus der Barkautionsabrede die Entbehrlichkeit der Ausübung der Ersetzungsbefugnis ab.[295] Für eine solche Auslegung gibt die Sicherungsabrede indes nichts her. Gleichwohl überzeugt das Ergebnis. Im Rahmen der Klärung, wieviel von der Kaution zurückzuzahlen ist, ist die Konkretisierung in einen Geldanspruch eine bloß formale Angelegenheit, die in den häufigen Fällen, die der kurzen Verjährungsfrist aus § 548 Abs. 1 S. 1 BGB unterliegen, zu einer regelrechten Aufrechnungsfalle werden kann, da der Ersetzungsbedarf nicht auf der Hand liegt. § 215 BGB stellt den Gläubiger davon frei, verjährungshemmende Maßnahmen zu ergreifen, um seine Forderungen nicht zu verlieren. In weiterem Sinne mag dazu auch die Ausübung der Ersetzungsbefugnis zählen. Das System der Barkaution ist darauf ausgelegt, dass der Vermieter die Ausübung der Ersetzungsbefugnis zum Zwecke einer reibungslosen Abwicklung entweder schon bei Rückgabe der Wohnung oder aber zusammen mit der Abrechnung bzw. Aufrechnung vornimmt. Das ist auch gängige Praxis. Kaum ein Vermieter würde auf den Gedanken kommen, vom Mieter als Zwischenschritt zur Aufrechnung Schadensersatz zu fordern, wenn das Thema nicht schon bei der Abnahme diskutiert oder protokolliert wurde. Für Ansprüche aus §§ 280 Abs. 1, Abs. 3 iVm § 281 BGB lässt sich auf den Zwischenschritt, nämlich die Fristsetzung gem. § 281 Abs. 1 S. 1, Abs. 4 BGB, indes nicht verzichten.[296]

121 Hat der Vermieter eine **Barkaution** erhalten, darf er nach § 215 BGB (= § 390 S. 2 BGB aF) ggf. auch mit **verjährten** Forderungen aus dem Mietvertrag gegen den Kautionsrückzahlungsanspruch **aufrechnen,** insbes. mit solchen, die der 6-monatigen Verjährung nach § 548 Abs. 1 BGB unterfallen.[297] § 215 BGB enthält damit eine Ausnahme vom Grundsatz, dass mit Forderungen, die bedingt oder einredebehaftet sind, nicht aufgerechnet werden kann. Während die zur Aufrechnung gestellte (unbestrittene oder bestrittene) Forderung (sog. Gegenforderung) vollwirksam, also durchsetzbar sein

[293] BGH 10.7.2024 – VIII ZR 184/23, NJW-RR 2024, 1140 Rn. 26; KG 2.12.2019 – 8 U 104/17, BeckRS 2019, 36788 Rn. 3.
[294] Dafür Zehelein NZM 2022, 937 (943); Streyl WuM 2024, 241 (245).
[295] BGH 10.7.2024 – VIII ZR 184/23, NJW-RR 2024, 1140 Rn. 29, 34.
[296] Näher Bruns LMK 2024, 816851.
[297] BGHZ 101, 244 = NJW 1987, 2372 (2373); BGHZ 138, 49 = NJW 1998, 981 (982).

muss,[298] muss die Hauptforderung (hier: auf Rückzahlung der Barkaution) nach § 387 BGB nur entstanden bzw. **erfüllbar** sein („Leistung bewirken kann").[299] Zwar kann gegen aufschiebend bedingte Forderungen wie die auf Kautionsrückzahlung vor Bedingungseintritt nicht aufgerechnet werden (vgl. § 390 BGB).[300] Auch eine solche Forderung ist aber erfüllbar und kann damit noch vor Bedingungseintritt, bei der Barkaution also vor Wegfall des Sicherungsinteresses einer Aufrechnung zugänglich sein. Die Frage der Erfüllbarkeit hat eminente Bedeutung für den Sicherungsumfang einer Barkaution. Richtigerweise entsteht der Rückzahlungsanspruch schon bei Abschluss der Sicherungsabrede, regelmäßig also bei Einzug in die Wohnung, und ist von da an auch erfüllbar.[301] Er sichert damit auch Mietforderungen, die vielleicht schon längst verjährt sind. Ohne Begründung nimmt die hM indes an, dass der Rückzahlungsanspruch erst mit Rückgabe der Wohnung erfüllbar ist,[302] so dass der Vermieter mit Forderungen, die bis dahin verjährt sind, nicht mehr aufrechnen kann.

Mit einer **Bürgschaft** ist der Vermieter schlechter gestellt, weil hier keine Aufrechnungsmöglichkeit besteht. § 215 BGB greift mangels Gegenseitigkeit der beiderseitigen Forderungen nicht (vgl. § 387 BGB), und § 216 BGB ist eine eng umrissene Ausnahmevorschrift, die sich auf Bürgschaften nicht anwenden lässt.[303] Der Bürge kann sich ggü. seiner Inanspruchnahme daher gem. § 768 Abs. 1 S. 1 BGB auf die Einrede der Verjährung der Hauptschuld berufen, wenn der Vermieter bei vergleichbarer Sachlage und Stellung einer Barkaution gegen den Kautionsrückzahlungsanspruch auch mit verjährten Forderungen hätte aufrechnen können. Mitunter wird zwar die Bürgschaft auf erstes Anfordern verjährungsrechtlich einer Barkaution gleichgestellt, da sie dem Vermieter sofort liquide Mittel zuführt und einer Barkaution so wirtschaftlich gleichkommt.[304] Diese Ansicht kann den Akzessorietätsgrundsatz aber nicht aushebeln und ist daher abzulehnen. Ohnehin kommt eine Bürgschaft auf erstes Anfordern in der Wohnrummete praktisch nicht vor; Bankbürgschaften werden nur als selbstschuldnerische Bürgschaften ausgereicht. Um das Problem der unterschiedlichen Verjährungen zu bewältigen, lassen sich Angleichungen im Bürgschaftsvertrag vornehmen. Die Alternative einer Verlängerung der kurzen Verjährungsfrist im Mietvertrag ist hingegen formularmäßig nicht möglich, und zwar selbst dann nicht, wenn die Fristverlängerung für beide Vertragsteile gelten soll, sich also auch auf mieterseitige Ansprüche erstreckt.[305] 122

Praxistipp:[306]
Um den Gleichlauf der Verjährungen herzustellen, sollte der Mieter die Geltendmachung des Anspruchs aus dem Mietverhältnis durch den Vermieter im Bürgschaftsvertrag zur Fälligkeitsvoraussetzung des Bürgschaftsanspruchs erheben oder mit dem Bürgen vereinbaren, dass die Bürgschaftsansprüche nicht vor den Hauptansprüchen verjähren bzw. insoweit auf die Verjährungseinrede verzichtet wird.

[298] BGH 24.7.2019 – VIII ZR 141/17, NJW 2019, 3371 Rn. 26; 28.10.2020 – VIII ZR 230/19, NJW-RR 2021, 15 Rn. 47.
[299] BGH 10.7.2024 – VIII ZR 184/23, NJW-RR 2024, 1140 Rn. 23.
[300] BGHZ 103, 362 = NJW 1988, 2542 (2543).
[301] Streyl WuM 2024, 241 (243), der allerdings annimmt, dass der Anspruch mit Leistung der Sicherheit entsteht.
[302] Blank/Börstinghaus/Siegmund/Börstinghaus BGB § 551 Rn. 109; Both WuM 2019, 545 (548); s. auch OLG Düsseldorf BeckRS 2001, 30215452.
[303] BGHZ 138, 49 = NJW 1998, 981 (982) zur Vorgängerfassung in § 223 BGB aF. Umgekehrt lässt sich § 216 BGB nicht auf Barkautionen anwenden, so aber AG Hannover BeckRS 2016, 10365; Weber ZMR 2022, 620 (624).
[304] OLG Oldenburg BeckRS 2018, 3675 Rn. 19; zuvor bereits OLG Hamm NJW-RR 1994, 1073 (1074).
[305] BGHZ 217, 1 = NJW 2017, 3707 Rn. 26 ff.
[306] Nach Lindner-Figura/Oprée/Stellmann Geschäftsraummiete-HdB/Moeser Kap. 12 Rn. 183; s. auch BGH NJW-RR 2009, 378 Rn. 18; Formulierungsvorschlag bei Durst NZM 1999, 64 (66); ihm folgend Geldmacher NZM 2003, 502 (504); Leo/Schmitz NZM 2007, 387 (389).

123 Bei Formularbürgschaften, wie sie im Wohnraummietrecht Anwendung finden, sind solche Regelungen allerdings nur schlecht durchzusetzen.

124 Nachteile bestehen für den Vermieter auch hinsichtlich **Sparkonten,** die auf den **Namen des Mieters** lauten. Diese fallen unabhängig davon, ob sie im Rahmen einer Verpfändungslösung oder aufgrund Sicherungsabtretung als Mietsicherheit dienen, als dingliche Sicherheiten unter § 216 Abs. 1 BGB (Befriedigung trotz Verjährung).[307] So dass die verpfändete Sparforderung insoweit auch für verjährte Forderungen des Vermieters aus dem Mietverhältnis verwertbar ist. Der Vermieter ist aufgrund der Verpfändung in Höhe der gesicherten Forderungen gem. § 1282 Abs. 1 BGB Inhaber eines Einziehungsrechts und kann als Pfandgläubiger vom Kreditinstitut insoweit auch ohne gerichtlichen Titel die Auszahlung der Sparforderung an sich verlangen. § 1211 Abs. 1 S. 1 BGB sperrt diese Vorschrift nicht. Allerdings regelt § 216 Abs. 3 BGB eine wichtige Ausnahme für wiederkehrende Leistungen. Dies betrifft nicht nur die Mieten und Nutzungsentschädigungen gem. § 546a Abs. 1 BGB, sondern nach Auffassung des BGH sogar die gem. § 556 Abs. 3 S. 1 BGB jährlich abzurechnenden Betriebskosten,[308] so dass insoweit keine Möglichkeit besteht, solche Forderungen auf diese Weise zum Erlöschen zu bringen.

Beispiel:
Das Mietverhältnis endet 2025. Fordert der Mieter 2028 gem. §§ 1273, 1223 Abs. 1 BGB bzw. aus der Sicherungsabrede das als Mietsicherheit überreichte Sparbuch zurück, darf der Vermieter eine Nachzahlungsforderung für Betriebskosten aus dem Jahr 2023 nicht entgegenhalten, selbst wenn er die Betriebskosten fristgerecht in 2024 abgerechnet hat und den Nachzahlungsbetrag von einer Barkaution hätte abziehen können.

125 Auf Seiten des Mieters gestaltet sich eine **Aufrechnung** im Falle einer Barkaution wesentlich schwieriger, weil der Kautionsrückzahlungsanspruch seine Gegenforderung ist, die vollwirksam und fällig sein muss. **Fällig** wird der Kautionsrückzahlungsanspruch nach neuerer Rspr. des BGH erst dann, wenn der Vermieter die Kaution abgerechnet hat oder feststeht, dass keine Forderungen aus dem Mietverhältnis mehr offen sind, weil erst damit das Sicherungsinteresse entfällt.[309] Insofern tritt Fälligkeit nicht schon dann ein, wenn die Überlegungszeit oder die vom Mieter gesetzte Abrechnungsfrist verstreicht.[310] Das bedeutet zum einen, dass der Vermieter mit allen Forderungen aus dem Mietvertrag aufrechnen darf, die zum Zeitpunkt der Rückgabe der Wohnung noch nicht verjährt waren. Zum anderen heißt das, dass der Mieter erst viel später mit seinem Anspruch auf Kautionsrückzahlung aufrechnen darf, nämlich sobald der Vermieter die Kaution abgerechnet hat oder klar ist, dass ihm keine Forderungen aus dem Mietverhältnis mehr zustehen (zur Ausnahme eines Anspruchs auf Rückzahlung einer Teilkaution (→ Rn. 113). Vor allem hat er nicht das Recht, die Kaution durch Nichtzahlung der 3 letzten Mieten ‚abzuwohnen'.[311] Der Vermieter kann sich dagegen mit dem Anfall von Mahnkosten oder einer Vergütungsklage wehren, letzteres zweckmäßigerweise im Wege des Urkundenprozesses, der eine schnelle Titulierung ermöglicht (→ Rn. 154).

126 Aufrechnen darf der Mieter aber mit einem Anspruch auf Rückzahlung eines **Teils** der Barkaution, sobald die Wohnung zurückgegeben ist und Klarheit besteht, dass das Sicherungsbedürfnis insoweit entfallen ist, etwa weil die offenen Forderungen des Vermieters im Übergabeprotokoll vermerkt sind (dazu → Rn. 113). Damit kommt er ggf. auch einer Aufrechnung des Vermieters (uU mit verjährten Forderungen!) zuvor. Bei mehreren Gegenforderungen sollte er die Reihenfolge für die Aufrechnung in entsprechender Anwendung des § 396 Abs. 1 S. 1 BGB ausdrücklich bestimmen. Auch der BGH geht davon aus, dass der Mieter zum Zwecke der Aufrechnung die Reihenfolge der

[307] Grüneberg/Ellenberger BGB § 216 Rn. 3, 4; s. ferner BGH NJW 2016, 3231 Rn. 15.
[308] BGH NJW 2016, 3231 Rn. 17.
[309] Seit BGH NJW 2016, 3231 Rn. 12; ebenso BGH 24.7.2019 – VIII ZR 141/17, NJW 2019, 3371 Rn. 29; → Rn. 109.
[310] Deutlich BGHZ 213, 302 = NJW 2017, 1301 Rn. 18 für den Leasingvertrag; aA Staudinger/V. Emmerich BGB § 551 Rn. 38; Zehelein NZM 2022, 937 (938).
[311] BGH NJW 1972, 721 (723); BGHZ 101, 244 = NJW 1987, 2372 (2373); → Rn. 23.

Tilgung bestimmen darf.[312] Tut er das vor Ablauf der Überlegungsfrist, ist diese Erklärung nicht unwirksam, sondern in eine Erklärung zum Zeitpunkt des Ablaufs der Überlegungsfrist umzudeuten (§ 140 BGB).

ee) Zurückbehaltungsrecht. Ist keine Barkaution gestellt, besteht hinsichtlich der Rückführung keine Aufrechnungsmöglichkeit. Auch Teillösungen verbieten sich. Ein verpfändetes Sparbuch ist erst herauszugeben, wenn die gesicherten Forderungen vollumfänglich beglichen sind. Gleiches gilt bei einer Mietbürgschaft. 127

ff) Verjährung. Der Anspruch auf Rückgewähr der Kaution verjährt in 3 Jahren mit Anlaufhemmung zum Jahresende (§§ 195, 199 Abs. 1 BGB); nach Eintritt der Verjährung darf der Mieter aber noch feststellen lassen, dass Forderungen aus dem Mietverhältnis auf Seiten des Vermieters nicht mehr bestehen.[313] Die Verjährung beginnt mit Fälligkeit des Anspruchs,[314] also wenn der Vermieter die Kaution abgerechnet hat bzw. sicher ist, dass dem Vermieter keine Forderungen aus dem Mietverhältnis mehr zustehen. Vorsorglich sollte der Mieter die Verjährungsfrist immer ab dem Zeitpunkt seines Auszugs aus dem Mietobjekt berechnen. 128

Beispiel:
Auszug am 16.3.2025, Rückzahlungsklage spätestens Ende 2028.

Oft sehen Wohnraummietverträge vor, dass die Kaution gewisse Zeit (3 oder 6 Monate) nach Rückgabe der Mietsache an den Mieter zurückzuzahlen ist. Solche Klauseln sind nur zulässig, wenn der Zeitraum als Höchstfrist bezeichnet ist, da dem Mieter als Klauselgegner nicht eine frühere Fälligkeit versagt werden darf (→ Rn. 112).[315] Dann wird der Anspruch auf Kautionsrückgewähr spätestens mit Ablauf dieser Zeit fällig. Regelmäßig wird in solchen Klauseln auch bestimmt, dass der Vermieter berechtigt ist, einen Teil der Kautionssumme zurückzubehalten, sofern ihm zu diesem Zeitpunkt noch eine Forderung gegen den Mieter zustehen kann. Eine solche Klausel hält der AGB-Kontrolle stand, da sie nur den Inhalt des dispositiven Rechts wiedergibt, nämlich das Zurückbehaltungsrecht des Vermieters.[316] 129

e) Die Mietsicherheit im Zugewinnausgleich. Im Scheidungsverfahren kann die Mietkaution, die für die Ehewohnung geleistet wurde, für die Ermittlung des **Zugewinns** eine Rolle spielen. Nach § 1376 Abs. 2 BGB wird für die Berechnung des Endvermögens der Wert zugrunde gelegt, den das bei Beendigung des Güterstands vorhandene Vermögen der Ehepartner in diesem Zeitpunkt hatte. Steht der Anspruch auf Kautionsrückgewähr als Mieter einem der Eheleute zu, muss er es seinem Endvermögen hinzurechnen. Zwar stellen solche Forderungen sog. unsichere Rechte dar, die lediglich in Höhe des sicheren Teils, also mit ihrem Schätzwert in die Vermögensbilanz einzustellen sind. Anhaltspunkte hierfur konnen beispielsweise sein, ob die Mietwohnung zum Stichtag beschädigt oder der Mieter mit Mietzahlungen in Rückstand war. Unsicherheiten müssen dabei zu Lasten des Ehegatten gehen, der als Ausgleichsgläubiger die Beweislast für das Endvermögen beider Parteien trägt.[317] Regelmäßig ist der Anspruch deshalb nur dann dem Endvermögen des Ehegatten zuzurechnen, der die Kaution gestellt hat, wenn dieser auch der Ausgleichsgläubiger ist.[318] Im Regelfall wird der Rückzahlungsanspruch im Zugewinn daher keine Rolle spielen. 130

f) Zugriff durch Gläubiger des Mieters (Pfändung). Gläubiger des Mieters, die gegen ihn einen (vorläufig) vollstreckbaren Zahlungstitel haben, können auf den Kautionsrückzahlungsanspruch im Wege der Pfändung zugreifen, da dieser Anspruch keine fiduziarische Bindung aufweist. Dies kann auch schon zu einem Zeitpunkt erfolgen, in 131

[312] BGHZ 218, 139 = NJW 2018, 3448 Rn. 44.
[313] LG Berlin BeckRS 2012, 19221.
[314] BGH NJW 2012, 3633 Rn. 19.
[315] Ebenso BGH NJW 2012, 3633 Rn. 21 für die Geschäftsraummiete.
[316] So auch BGH NJW 2012, 3633 Rn. 22 für die Geschäftsraummiete.
[317] Zur Beweislastverteilung BGH NJW-RR 2015, 897 Rn. 29.
[318] OLG Karlsruhe FPR 2003, 367.

dem diese Bindung noch besteht, da nach § 380 BGB auch aufschiebend bedinge Ansprüche pfändbar sind, sofern ihr Rechtsgrund und der Drittschuldner im Zeitpunkt der Pfändung bestimmt sind.[319]

132 g) **Zwangsverwaltung.** Mit Beschlagnahme des Mietobjekts wird der Zwangsverwalter zum Vermieter (§ 152 Abs. 2 ZVG). Ihn treffen dann alle Pflichten im Hinblick auf die Rückgabe der Mietsicherheit.

133 In der Zwangsverwaltung treffen den Verwalter dieselben Pflichten wie den Vermieter. Er muss die Kaution herausgeben, wenn der Mieter sie nur irgendwann einmal gestellt und nicht zurückerhalten hat. (→ Rn. 78). Der Zwangsverwalter übernimmt das Mandat sozusagen mit dieser finanziellen Belastung. Wird das beschlagnahmte Mietobjekt vom Mieter ersteigert und der Mietvertrag dadurch beendet (Fall der Konfusion), muss der Zwangsverwalter dem (bisherigen) Mieter eine Mietkaution, die der Vermieter vom Mieter erhalten, aber nicht an den Zwangsverwalter ausgefolgt hat, nicht herausgeben.[320]

134 h) **Insolvenz des Vermieters.** Aufgrund der Zäsurwirkung in § 108 Abs. 1 und 3 InsO hindern bei einer Vermieterinsolvenz Altforderungen des Vermieters einen Verbrauch der Kaution. Denn der Insolvenzverwalter darf gegen den Anspruch auf Rückgewähr der vom Mieter an den Vermieter erbrachten Barkaution gem. §§ 95 Abs. 1 S. 3, 110 Abs. 3 S. 2 InsO nicht mit Mietforderungen aufrechnen, die vor Insolvenzeröffnung fällig geworden sind.[321]

135 War die Kaution bei Einleitung des Insolvenzverfahrens noch nicht getrennt vom Vermögen des Vermieters angelegt, muss es auch der Insolvenzverwalter nicht tun, sondern darf den Betrag zur Masse ziehen.[322] Der Vermieter macht sich ersatzpflichtig, wenn er die Kaution nicht sicher anlegt; dieser Anspruch ist aber ebenso nur einfache Insolvenzforderung nach §§ 38, 87 InsO[323] wie der Anspruch auf Rückführung der Kaution und im Regelfall daher kaum werthaltig.

136 i) **Insolvenz des Mieters.** In der Insolvenz des Mieters ist der Insolvenzverwalter berechtigt, die Kaution zu vereinnahmen, sobald der Rückzahlungsanspruch fällig ist. Regelmäßig gibt er die Wohnung jedoch gem. § 109 Abs. 1 S. 2 InsO frei. Hat er die Enthaftungserklärung abgegeben, erhält der Mieter in vollem Umfang die Verfügungs- und Verwaltungsbefugnis über seine Wohnung zurück.[324] Auf der anderen Seite darf der Vermieter von da an sofort gegen den Mieter vorgehen.[325] Die Kündigungssperre des § 112 InsO entfällt mit Ablauf der 3-Monats-Frist aus § 109 Abs. 1 S. 1 InsO, so dass der Vermieter das Mietverhältnis dann sofort wegen rückständiger Miete aus der Zeit vor Eröffnung nach § 543 Abs. 1, 2 Nr. 3 BGB außerordentlich kündigen kann, soweit der Schuldner dies nicht nach § 569 Abs. 3 Nr. 2 BGB abwendet. Mit Übergang der Verfügungs- und Verwaltungsbefugnis auf den Mieter ist der Kautionsrückzahlungsanspruch zwar als Anwartschaftsrecht gem. § 35 Abs. 1 InsO Bestandteil der Masse, hat zum Zeitpunkt der Enthaftungserklärung aber noch keinen sicheren Vermögenswert und fällt daher bis zur gesetzlichen Höchstgrenze an den Mieter zurück.[326]

137 Ohne Enthaftungserklärung bleibt der Kautionsrückzahlungsanspruch in der Masse, auch wenn der Schuldner in die Wohlverhaltensperiode entlassen wird und der Mietvertrag später endet. Denn bei diesem Anspruch handelt es sich um einen Gegenstand der (früheren) Insolvenzmasse, weil er (aufschiebend bedingt) entstand, als der Mieter die Kaution stellte (→ Rn. 103). Der Mieter muss daher (auch noch lange nach Aufhebung des Insolvenzverfahrens) mit einer Anordnung gem. § 203 Abs. 1 Nr. 3 InsO

[319] BGH NJW-RR 1989, 286 (290); NJW 2003, 1457 (1458).
[320] BGH NJW-RR 2010, 1237 Rn. 22.
[321] BGH NJW 2013, 1243 Rn. 18.
[322] OLG Hamburg NJW-RR 1990, 213 (214).
[323] BGH NJW 2013, 1243 Rn. 7.
[324] BGH NJW 2014, 2585 Rn. 14; 2017, 1747 Rn. 9.
[325] BGH NJW 2014, 1954 Rn. 13; 2017, 1747 Rn. 9.
[326] BGH NJW 2017, 1747 Rn. 10.

rechnen, die die Beschlagnahme der Kaution und eine entsprechende Nachtragsverteilung zum Gegenstand hat.[327]

Bei einem Privatinsolvenzverfahren muss der Mieter die als Mietsicherheit verpfändete Forderung im nach § 305 Abs. 1 Nr. 3 InsO einzureichenden Vermögensverzeichnis angeben. Von ihm bestellte Sicherheiten sind Teil seines Vermögens. Tut er das grob fahrlässig oder gar vorsätzlich nicht, riskiert er die Versagung der Restschuldbefreiung. Der Verschuldensgrad der groben Fahrlässigkeit ist in § 290 Abs. 1 Nr. 5 InsO nicht definiert. Die Rspr. versteht darunter eine subjektiv schlechthin unentschuldbare Pflichtverletzung, ein Handeln, bei dem dasjenige unbeachtet geblieben ist, was sich im gegebenen Fall jedem aufgedrängt hätte.[328] Das wird man nicht einfach so annehmen können. 138

5. Prozessuales

Zuständig für alle Klagen rund um die Kaution ist das Amtsgericht der belegenen Sache (Mietgericht), örtlich gem. § 29a ZPO, sachlich gem. § 23 Nr. 2a GVG. Im Verhältnis des Vermieters zum Bürgen gilt hingegen der allgemeine Gerichtsstand.[329] Das ist auch dann das Zivilgericht und nicht das Sozialgericht, wenn die Bürgschaft vom Jobcenter im Rahmen des § 22 Abs. 6 S. 1 SGB II (→ Rn. 33) zur Meidung einer Barzahlung ausgereicht wird, da zwar das zugrundeliegende Zuwendungsverhältnis öffentlich-rechtlicher Natur ist, die Parteien sich in Fragen der Bürgschaft aber auf rechtlich gleichgeordneter Ebene gegenüberstehen, so dass die Bürgschaftsbeziehung privatrechtlichen Charakter hat.[330] 139

a) Kautionsklage. Stellt der Mieter nicht die vereinbarte Sicherheit, richtet sich der Klageantrag bei einer Kautionsklage danach, welche Sicherheit vereinbart ist. Ist eine Barkaution vereinbart oder zur Mietsicherheit nichts Näheres bestimmt, richtet sich der Antrag auf Zahlung der Kautionssumme. Wird im Verlauf des Prozesses das Zielkonto geklärt, ist der Antrag ohne Kostennachteil für den Vermieter dahingehend zu ändern, dass Zahlung auf dieses Bankkonto verlangt wird. Ist vereinbart, dass der Mieter ein Kautionskonto auf eigenen Namen anlegt, ist der Klageantrag besonders zu fassen. 140

Beispiel:
Die Beklagte wird verurteilt, 2.400,00 EUR auf ein von ihr bei einem europäischen Kreditinstitut auf ihren Namen lautendes Girokonto mit Treuhandvermerk zugunsten des Klägers anzulegen.

Bei einer Bürgschaft ist der Klageantrag etwa wie folgt zu fassen: 141

Beispiel:
Der Beklagte wird verurteilt, dem Kläger eine Bürgschaft eines europäischen Kreditinstituts zur Abdeckung aller Forderungen des Klägers aus dem zwischen den Parteien geschlossenen Wohnraummietvertrag vom 18.4.2024 im Höchstumfang von 2.400,00 EUR zu stellen.

b) Klage auf Anlage/Wiederanlage der Kaution. Hat der Vermieter die von seinem Vermögen getrennte (Wieder-)Anlage der Kaution nicht nachgewiesen, geht eine Klage zweckmäßigerweise nicht auf Auskunft, sondern gleich auf Kontoanlage bzw. Einzahlung; ansonsten müsste er ggf. noch einen Folgeprozess führen, um eine ordnungsgemäße Kautionsanlage zu erreichen. 142

Beispiel für Wiederanlage:
Die Beklagte wird verurteilt, auf das auf sie lautende, bei der A-Bank unter Nr. XX geführte Treuhandkonto 1.159,34 EUR nebst Zinsen in Höhe von 5 Prozentpunkten über dem Basiszinssatz seit dem Entnahmezeitpunkt einzuzahlen.

Zweckmäßigerweise wird der Mieter hier aber nicht die Gerichte bemühen, sondern die Miete hinsichtlich des nicht nachgewiesenen Kautionsbetrags zurückbehalten. Da 143

[327] BGH NJW-RR 2015, 180 Rn. 7; s. auch BT-Drs. 14/5680, 27.
[328] BGH NZI 2007, 733 Rn. 9.
[329] BGHZ 157, 220 = NJW 2004, 1239 f.
[330] BSG NZS 2018, 667.

das Recht dazu aus § 273 Abs. 1 BGB stammt, muss es geltend gemacht werden, ist also anzukündigen.

144 c) **Klage auf Auskunft hinsichtlich der Anlage.** Der Mieter hat bei triftigem Grund im Verlauf des Mietverhältnisses und bei jedem Eigentümerwechsel Anspruch auf Auskunft über die Anlage der Kaution, nicht ohne weiteres jedoch hinsichtlich des Zinsstandes (→ Rn. 65).

Beispiel:
Die Beklagte wird verurteilt, dem Kläger Auskunft über die Anlage der ihr vom Kläger für das Mietobjekt (Ort, Straße, Stockwerk) überlassenen Barkaution durch Nennung der Anlageform, des Anlagedatums, des Sonderungsvermerks, des Kreditinstituts und der Kontonummer zu geben.

145 d) **Klage auf Rückzahlung/Freigabe der Sicherheit.** Die Fassung des Antrags einer Klage auf Rückgewähr der Mietsicherheit hängt wie bei der Kautionsklage von der Art der vereinbarten Sicherheit ab.

146 Hat der Vermieter eine **Barkaution** erhalten, geht der Klageantrag auf Zahlung nebst Zinsen. Der Mieter muss zur Höhe konkret vortragen, darf also nicht einfach Zinsen nach einem Mittelwert berechnen oder die Kaution aus dem Grund zurückfordern, weil der Vermieter keine Abrechnung vorgelegt hat.[331]

147 Oft wird bei fehlender Kenntnis der aufgelaufenen Zinsen bzw. von Gegenforderungen des Vermieters **Stufenklage** erhoben.[332] Das ist **zu umständlich.** Wird nach Klageerhebung Auskunft erteilt und ergibt sich daraus, dass die Kautionsabrechnung bei Klageerhebung noch nicht fällig war oder kein Leistungsanspruch besteht, tritt außerdem keine Erledigung der Hauptsache ein,[333] so dass die Kosten des Verfahrens vom Kläger zu tragen sind. Hat der Mieter vorgerichtlich Auskunft gefordert und ist der Vermieter dem nicht oder nicht rechtzeitig nachgekommen, kann jedoch der Antrag des Mieters, die Erledigung der Hauptsache festzustellen, in einen Antrag umgedeutet werden, die Ersatzpflicht des Vermieters für die nutzlos aufgewandten Kosten festzustellen; den Schaden bilden die frustrierten Kosten der Stufenklage.[334]

148 Befindet sich das Guthaben auf einem verpfändeten und dem Vermieter überlassenen **Sparbuch** des Mieters, kann sofort auf Herausgabe des Sparbuchs geklagt werden, wenn Ansprüche des Vermieters gegen den Mieter nicht mehr bestehen, da das Pfandrecht dann ohne weiteres erlischt (§§ 1273 Abs. 2, 1252 BGB). Ist ein **Sperrvermerk** eingetragen, genügt das nicht, weil die Bank den Zugriff des Mieters bei fehlender Zustimmung des Vermieters verweigern kann.[335] Dem ist durch eine erweiterte Klagefassung Rechnung zu tragen.

Beispiel:
Der Beklagte wird verurteilt, das Sparbuch zum Konto des Klägers Nr. XX bei der A-Bank an den Kläger herauszugeben und auf sein Pfandrecht an dem Sparguthaben zu verzichten.

149 Auch ohne Sperrvermerk kann die Verpfändungsanzeige nach § 1280 BGB Probleme bereiten, wenn der Vermieter der Rücknahme der Anzeige nicht zustimmt. Da der Mieter die Anzeige dann gem. §§ 1275, 409 Abs. 1 BGB weiter gegen sich gelten lassen muss, kann er die dadurch begründeten Rechtsscheinwirkungen nur mittels Zustimmungsklage gegen den Vermieter beseitigen lassen (vgl. § 409 Abs. 2 BGB).[336]

Beispiel:
Der Beklagte wird verurteilt, der Rücknahme der Anzeige über die Verpfändung des Sparguthabens auf dem Konto des Klägers Nr. XX bei der A-Bank zuzustimmen.

150 Hat der Mieter ein Sparbuch angelegt und es **ohne Verpfändungsanzeige** an den Vermieter ausgehändigt, seine Auszahlungsforderung gegen die Bank also abgetreten,

[331] OLG Karlsruhe NJW-RR 2010, 585 Rn. 12.
[332] Zur Antragsfassung Lehmann-Richter WuM 2014, 8 (10).
[333] BGH NJW 1994, 2895.
[334] BGH NJW 1994, 2895 (2896).
[335] Lehmann-Richter WuM 2014, 8 (10).
[336] Lehmann-Richter WuM 2014, 8 (10 f.).

hängt die Rückabwicklung davon ab, ob dies auflösend bedingt erfolgte oder eine Rückübertragung erforderlich ist. Im Zweifel ist nicht von einer Bedingung auszugehen,[337] so dass der Klageantrag sich nicht auf die Rückgabe des Sparbuchs beschränken darf.

Beispiel:
Der Beklagte wird verurteilt, das Sparbuch zum Konto des Klägers Nr. XX bei der A-Bank an den Kläger herauszugeben und den Anspruch auf Auszahlung des Sparguthabens an den Kläger abzutreten.

Dieser Antrag reicht dann (im Verhältnis zum Vermieter) auch aus, einen im Sparbuch eingetragenen Sperrvermerk zu überwinden. 151

Bei einer **Bürgschaft** geht der Anspruch auf Herausgabe der Bürgschaftsurkunde. 152

Beispiel:
Der Beklagte wird verurteilt, die Bürgschaftsurkunde der A-Bank Nr. XX an den Kläger (oder an die A-Bank → Rn. 104) herauszugeben.

Behauptet der Vermieter zu Unrecht, dass ihm noch Forderungen gegen den Mieter zustehen, kommt eine **negative Feststellungsklage** gegen den Vermieter in Betracht.[338] 153

Beispiel:
Es wird festgestellt, dass das Pfandrecht des Beklagten an dem aus dem Sparbuch zum Konto des Klägers Nr. XX bei der A-Bank ersichtlichen Guthaben erloschen ist.

e) **Urkundenprozess (§§ 592 ff. ZPO).** Der in §§ 592 ff. ZPO geregelte Urkundenprozess ist für Zahlungsklagen statthaft (§ 592 S. 1 ZPO). Darunter fällt die Stellung einer Barkaution, aber auch der Antrag auf Hinterlegung einer Kaution, obwohl eine Hinterlegung keine Zahlung bewirkt.[339] Ziel ist es, das Gerichtsverfahren zu beschleunigen und dem Kläger rasch zu einem Urteil zu verhelfen. Dazu sind die Beweismittel beschränkt (keine Zeugen, kein Sachverständigengutachten), eine Widerklage nicht zulässig und die Zwangsvollstreckung ohne Sicherheitsleistung möglich (§ 708 Nr. 4 ZPO). Für eine Klage im Urkundenprozess bedarf es insbes. nicht der Vorlage öffentlich beglaubigter Urkunden. Der Vermieter muss nur den Mietvertrag bzw. die Kautionsabrede vorlegen. Dagegen steht eine Reihe von Nachteilen, vor allem die Gefahr, dass sich ein zeitraubendes Nachverfahren mit neuen Kosten anschließt, das als ganz normaler Prozess mit allen Beweismitteln zu führen ist. Andererseits kann der Mieter gegen den Kautionsanspruch kaum etwas einwenden, so dass es mit dem Vorbehaltsurteil sein Bewenden haben dürfte. 154

Für eine Rückzahlungsklage des Mieters steht die Urkundenklage nur dann zur Verfügung, wenn die Abrechnung vorliegt, da das Ende des Sicherungsbedarfs ansonsten nicht urkundlich belegt werden kann.[340] Allerdings münden solche Klagen meistens nicht in eine vorläufige Regelung bzw. einen schnellen Titel; im Rückforderungsprozess wird der Vermieter immer in das Nachverfahren gehen, weil er idR Gegenansprüche verfolgt, wenn er die Kaution nicht zurückzahlt. Deshalb spielt der Urkundenprozess für die Durchsetzung des Kautionsrückgewähranspruchs in der Praxis so gut wie keine Rolle. 155

f) **Verfügungsverfahren.** In Kautionsangelegenheiten ist einstweiliger Rechtsschutz nur selten erforderlich. Am ehesten kommt ein Verfügungsverfahren in Betracht, wenn es darum geht zu verhindern, dass der Vermieter unzulässigerweise auf die Kaution zugreift.[341] Da der Vermieter dies auch wegen streitiger Forderungen tun darf, lässt sich 156

[337] BGH NJW 1991, 353 (354).
[338] LG Berlin BeckRS 2012, 19221.
[339] BGH NJW 1953, 1707 f.
[340] Ebenso wohl Both NZM 2007, 156 (159); aA (im Urkundenprozess unstatthaft) FA-MietR/Riecke Kap. 6 Rn. 171; Staudinger/V. Emmerich BGB § 551 Rn. 42.
[341] LG Berlin BeckRS 2002, 30927449; NZM 2018, 285 f.; LG Wuppertal NJW-RR 2004, 1309 (1310); LG Halle NZM 2008, 685 f.; LG Darmstadt BeckRS 2009, 1400; Streyl WuM 2024, 241 (242).

ein Verfügungsgrund allerdings kaum einmal glaubhaft machen.[342] In der Beratungspraxis sollte verdeutlicht werden, dass die Chancen, ein solches Verfügungsverfahren zu gewinnen, nicht übermäßig hoch sind, und es primär nur darum gehen kann, eine Verhandlungsplattform zu schaffen, da viele Gerichte über das Gesuch nicht ohne mündliche Verhandlung entscheiden und dort auf einen Vergleich drängen.

157 Unterlassungstitel werden nach § 890 ZPO vollstreckt. Zweckmäßigerweise ist der dazu nötige Androhungsantrag (§ 890 Abs. 2 ZPO) schon Bestandteil des Verfügungsantrags.

Beispiel:
Der Antragsgegnerin wird aufgegeben, es bei Meidung eines für jeden Fall der Zuwiderhandlung festzusetzenden Ordnungsgeldes bis zu 250.000,00 EUR, ersatzweise Ordnungshaft, oder einer Ordnungshaft bis zu 6 Monaten zu unterlassen, von dem bei der A-Bank auf den Namen der Antragsgegnerin geführten Treuhandkonto Nr. XX wegen rückständiger Mietforderungen Beträge zu entnehmen.

158 **g) Gebührenstreitwerte.** Der für die Anwaltsgebühren maßgebliche Gebührenstreitwert richtet sich in forensischen Angelegenheiten nach den für die Gerichtsgebühren geltenden Vorschriften (§ 23 Abs. 1 RVG), ergibt sich also primär aus §§ 39 ff. GKG, ansonsten aus §§ 3 ff. ZPO. Für die Bemessung gelten weitgehend dieselben Grundsätze wie für die Bestimmung des Zuständigkeitsstreitwerts. Abweichungen bestehen vor allem darin, dass Nebenforderungen nach § 43 Abs. 1 GKG bei der Bemessung des Gebührenstreitwerts unberücksichtigt bleiben. Die Regelung ist an § 4 ZPO angelehnt, trifft in Abs. 2 und 3 aber weitergehende Festlegungen. Bei einer Stufenklage (§ 254 ZPO) ist gem. § 44 GKG für den Gebührenstreitwert nur der Wert des höchsten Einzelanspruchs maßgeblich; für den Zuständigkeitsstreitwert ordnet § 5 ZPO die Wertaddition an. Zu den Unterschieden bei der Zusammenrechnung von Klage und Widerklage sowie von Haupt- und Hilfsanträgen s. § 45 GKG einerseits, §§ 4, 5 ZPO andererseits.

159 Für Prozessanträge im Zusammenhang mit der Mietsicherheit sind folgende Gebührenstreitwerte anzusetzen:
- Klage auf Leistung der Sicherheit: Wert der Sicherheit (§ 6 ZPO);
- Klage auf ordnungsgemäße Anlage der Kaution: der mit der Anlage verbundene zeitliche und finanzielle Aufwand: bis zu 500,00 EUR;[343]
- Klage auf Auskunft bzw. Nachweis einer insolvenzfesten Kautionsanlage: der mit der Auskunft verbundene zeitliche und finanzielle Aufwand: bis zu 500,00 EUR;[344]
- Verfügungsantrag auf Untersagung der Verwertung: volle Kautionssumme (ohne Zinsen) wie bei einer negativen Feststellungsklage;[345]
- Klage auf Verwertung der Mietbürgschaft: verlangter Betrag;[346]
- Klage auf Herausgabe der Bürgschaftsurkunde: voller Wert der Mietsicherheit;[347]
- Klage auf Kautionsabrechnung: der mit der Rechnungslegung verbundene zeitliche und finanzielle Aufwand: bis zu 500,00 EUR;[348]
- Klage auf Herausgabe der Bürgschaftsurkunde, um Missbrauch zu begegnen: 1/5 der Bürgschaftssumme;[349]
- Klage auf Kautionsrückzahlung: geforderter Betrag nebst Zinsen, die bis zum Zeitpunkt der Klageerhebung angefallen sind (keine Nebenforderung, weil die Zinsen gem. § 551 Abs. 3 S. 4 BGB das Kapital erhöhen).[350]

[342] S. etwa LG Potsdam BeckRS 2008, 02455 Rn. 8; AG Hamburg-St. Georg 2.3.2023 – 913 C 32/23, BeckRS 2023, 18445.
[343] AA LG Essen BeckRS 2005, 13207: volle Kautionssumme.
[344] BGH NJW 2017, 739 Rn. 4.
[345] Schneider NZM 2010, 466 (467); aA LG Bonn NZM 2008, 664: nur der Zinsschaden.
[346] BGH BeckRS 1958, 31370661.
[347] BGH NJW-RR 1994, 758; BeckRS 2006, 03432 Rn. 7 f.; KG BeckRS 2001, 30185039.
[348] OLG Köln BeckRS 2007, 15646.
[349] BGH NJW-RR 1994, 758.
[350] LG Köln BeckRS 1995, 09345; LG Hamburg NJWE-MietR 1997, 199; LG Essen BeckRS 2005, 13207; Staudinger/V. Emmerich BGB § 551 Rn. 42.

h) **Zwangsvollstreckung.** Die Zwangsvollstreckung richtet sich danach, ob eine Geldforderung, eine vertretbare (§ 887 ZPO) oder eine unvertretbare Handlung (§ 888 ZPO) tituliert ist. 160

Während es sich bei den meisten, nicht auf Geld gerichteten Handlungen um vertretbare handelt (zB die Pflicht zur Stellung einer Bürgschaft),[351] richtet sich die Pflicht des Vermieters zur Abrechnung über die Kaution – wie bei einer Betriebskostenabrechnung –[352] auf eine unvertretbare Handlung, da diese Rechnungslegung verbindliche Erklärungen des Vermieters auf Grund besonderer Kenntnisse voraussetzt, die dementsprechend nur von ihm abgegeben werden können. Unschädlich ist hierbei, dass Teile der **Abrechnung** auch von einem Dritten gefertigt werden könnten.[353] 161

II. Vermieterpfandrecht (§§ 562-562d BGB)

1. Bedeutung für die Wohnraummiete

Mietsicherheit ist in weiterem Sinne auch das Vermieterpfandrecht, wenngleich nicht iSd § 551 BGB, so dass es etwa für das Kumulationsverbot aus § 551 Abs. 1 BGB („höchstens das Dreifache") keine Rolle spielt. Das Vermieterpfandrecht besteht von Gesetzes wegen, lässt sich jedoch abbedingen. Im BGB nimmt es seit der Ursprungsfassung mit 5 Paragrafen (§§ 559–563 BGB aF, heute §§ 562 ff. BGB) breiten Raum in den mietrechtlichen Vorschriften ein. Gedacht war es vor allem als Ausgleich für die damals bestehende nachschüssige Zahlungsweise der Miete.[354] Dieser Zweck hat sich mit Einführung der vorschüssigen Zahlungsweise in § 556b Abs. 1 BGB erledigt. Es bleibt die Notwendigkeit einer Sicherung, weil dem Mieter mit der Wohnung ein erheblicher Vermögenswert anvertraut ist, und Mietausstände schnell ein beträchtliches Ausmaß erreichen können. Der Gesetzgeber misst diesen Vorschriften daher eine „wichtige Appellwirkung" zu.[355] Der Vermieter soll auf Eigentum des Mieters, das sich im Mietobjekt befindet und der Pfändung unterliegt, zugreifen können, wenn seine Forderungen aus dem Mietverhältnis nicht beglichen werden (§ 562 BGB). Diese Sicherung ist im Wohnraummietverhältnis gleichwohl nur von geringer Bedeutung, da Wohnraummieter, die ihre Schulden nicht begleichen, vielfach keine pfändbaren Gegenstände besitzen. Größere Bedeutung hat das Vermieterpfandrecht im Bereich der Geschäftsraummiete und des Leasings. Die Vorschriften zum Vermieterpfandrecht (§§ 562 ff. BGB) hat der Gesetzgeber zwar (aus systematischen Gründen) in das Wohnraummietrecht eingeordnet. Nach § 578 Abs. 1 BGB gelten sie aber gleichermaßen für Mietverhältnisse über Grundstücke und nach § 578 Abs. 2 BGB auch für Mietverhältnisse über Räume, die keine Wohnräume sind, also vor allem Geschäftsräume. 162

2. Keine Besonderheiten für das Wohnraummietrecht

In rechtlicher Hinsicht bestehen im Hinblick auf die Anwendung der Vorschriften zum Vermieterpfandrecht keine Unterschiede zwischen der Wohnraummiete und anderen Raummietverträgen. Insbes. gelten diese Vorschriften in vollem Umfang auch für preisgebundenen Wohnraum sowie für Genossenschafts- und Werkmietwohnungen (§§ 576 f. BGB).[356] Daher wird das Vermieterpfandrecht in § 63 Abs. 1 dieses Buchs zusammenhängend erörtert. 163

---

351 OLG Köln BeckRS 1988, 3501.
352 BGH NJW 2006, 2706 Rn. 13; anders BGH NJW 2016, 3536 Rn. 18 für eine Jahresabrechnung nach § 28 Abs. 3 WEG.
353 BGH NJW 2006, 2706 Rn. 12.
354 Verhandlungen des 20. Deutschen Juristentages (1889), Bd. IV, 432.
355 BT-Drs. 14/4553, 60.
356 Für Werkdienstwohnungen gelten die Vorschriften zum Vermieterpfandrecht nicht, s. BeckOK MietR/Bruns, Stand 1.5.2026, BGB § 576b Rn. 34.

10. Abschnitt. Beendigung des Wohnraummietverhältnisses

§ 27 Vorzeitiger Auszug des Mieters

Übersicht

Schrifttum:

Blank, Kündigungsausschluss und Mobilitätsinteresse: Ersatzmietergestellung, NZM 2015, 887; *Streyl,* Vorzeitige Vertragsbeendigung bei der Miete von Wohn- und Geschäftsräumen – Mögliche Auswege aus einem Kündigungsausschluss, NZM 2005, 361; *Kandelhard,* Aufhebungsvertrag und Ersatzmieterstellung, NZM 2004, 846; *Rädler,* Der Mieter im „Annahmeverzug" – zur Vorschrift des § 552 BGB, NJW 1993, 689; *Heile,* Ersatzmietergestellung bei Wohn- und Geschäftsraummiete, ZMR 1990, 249; *Röchling,* Die Pflicht des Vermieters zur Annahme eines vom Mieter gestellten Ersatzmieters, NJW 1981, 2782; *Röhrmann,* Die Pflicht des Vermieters zur Aufnahme eines Ersatzmieters, NJW 1971, 787; *Schmidt-Futterer,* Der Mietzinsanspruch bei vorzeitiger Räumung des Mieters, NJW 1970, 917.

I. Zahlungspflicht

1. Allgemeines

1 **a) Grundsatz.** Ausziehen und vorzeitig die Wohnung zurückgeben, kann der Mieter nach h. M. immer[1]; er kann sogar den Vermieter vor Beendigung des Mietverhältnisses mit einem Rücknahmeverlangen in Annahmeverzug setzen.[2] Der Mieter wird dadurch allerdings nicht frei. Denn er trägt das Risiko der persönlichen Verwendungsmöglichkeit der Wohnung. Er muss auch dann den Mietzins zahlen, wenn er die Wohnung aus persönlichen Gründen nicht nutzt. Das Gesetz sagt: „Der Mieter wird von der Entrichtung der Miete nicht dadurch befreit, dass er durch einen in seiner Person liegenden

---

[1] Schmidt-Futterer/Langenberg § 537 BGB Rn 9; Schmidt-Futterer/Streyl § 546 BGB Rn 77; offen gelassen in BGH WuM 2012, 95 Rn 19.

[2] Emmert/Griebel/Wiek, Handbuch des Mietrechts § 22 Rn 4.

Grund an der Ausübung seines Gebrauchsrechts gehindert wird." (§ 537 Abs. 1 S. 1 BGB).[3] Insbesondere bei langfristigen Mietverträgen kommt es vor, dass der Mieter die Räume nicht während der gesamten restlichen Laufzeit nutzen kann und vorzeitig auszieht. Er bleibt jedoch gemäß § 537 BGB an den Vertrag gebunden. Es bleibt bei dem allgemeinen Grundsatz **Pacta sunt servanda.** Für die Anwendung der Grundsätze des Wegfalls der Geschäftsgrundlage oder der Unmöglichkeit ist insoweit kein Raum.[4] Daran hat selbst die Covid-19-Pandemie nichts geändert.[5] Persönliche Verhinderung, Vermögensverfall oder wirtschaftliche Schwierigkeiten des Mieters begründen grundsätzlich keine Änderung der ursprünglichen Risikoverteilung für das Verwendungsrisiko.[6] Entscheidend und insoweit vorrangig ist, ob der Vermieter erfüllungsbereit und -fähig ist. Ist das der Fall, behält er den Mietzinsanspruch, auch wenn der Mieter nicht nutzt. Auf eine einfache Formel gebracht: Der Mieter trägt das Gebrauchs-, der Vermieter das Gebrauchsüberlassungsrisiko.

b) Anwendungsbereich des § 537 BGB. § 537 BGB findet vor allem auch auf die Mietverhältnisse Anwendung, die für den Mieter nicht nach § 573c BGB kündbar sind. Zwar wollte der Gesetzgeber die Mobilität der Mieter stärken und hat daher eine zum Nachteil des Mieters von den ordentlichen Kündigungsfristen abweichende Vereinbarung für unwirksam erklärt, § 573 Abs. 4 BGB. Die Vorschrift läuft jedoch leer. Nach der auf harter Überzeugung beruhenden Rechtsprechung des BGH[7] sollen Kündigungsausschlussvereinbarungen auf bis zu vier Jahre nach Vertragsabschluss weiterhin zulässig sein. Die Begründung hierfür ist so formalistisch wie unverständlich: Eine Kündigung nach § 573c BGB soll nach dem BGH nicht in Betracht kommen, wenn die Parteien einen Kündigungsverzicht vereinbart haben. Die Anwendung des § 573c BGB soll also erst in Betracht kommen, wenn eine Kündigung möglich ist – die vom BGH zur Begründung herangezogene Unterscheidung zwischen der Zulässigkeit der Kündigung einerseits und der Kündigungsfrist andererseits zur Begründung der Zulässigkeit eines Kündigungsausschlusses entgegen § 573 Abs. 4 BGB stellt einen klassischen Zirkelschluss dar. Es ist nicht auszuschliessen, dass sei es der Gesetzgeber noch einmal auf der Mobilität der Mieter besteht, sei es der BGH seine Rechtsprechung *contra legem* aufgibt. Denn es besteht ein klarer Wille des Gesetzgebers, dem Wohnraummieter Mobilität zuzubilligen. Die geltende Praxis führt jedoch dazu, dass sich die Möglichkeit der Kündigung für den Mieter stark reduziert. Das Gebrauchsrisiko bleibt auf diese Weise weitgehend beim Mieter, der allenfalls über eine Nachmieterstellung – also mit in der Regel nicht unerheblichen Schwierigkeiten – sich von seinem Vertrag lösen kann. § 537 BGB kommt auch in den Fällen zur Anwendung, in denen der Mieter gar nicht erst einzieht. Es ist unerheblich, ob das Gebrauchshindernis **vor oder nach Überlassung** der Mietsache eintritt.[8] Die passivische Konstruktion des § 537 Abs. 1 S. 1 BGB („gehindert wird") legt eine Einschränkung nahe. Es sind jedoch alle Fälle erfasst, in denen der Mieter nicht nutzen kann oder will.[9] Auf die Ursache für die Nichtausübung des Mietgebrauchs kommt es nicht an. Es reicht, dass die Gründe in der Person des Mieters zu suchen sind. 2

c) Dispositives Recht. § 537 BGB ist **abdingbar.** Jeglicher Ausschluss der Verpflichtung, den Mieter vorzeitig aus dem Vertrag zu entlassen, dürfte aber formularmäßig 3

3 § 537 BGB ist seit 1.9.2001 in Kraft; er entspricht inhaltlich dem vorherigen § 552 BGB, der nunmehr in zwei Absätze aufgeteilt und sprachlich geringfügig geändert ist. Die alte Rechtsprechung und Kommentarliteratur bis 2001 zu § 552 BGB bleibt daher in vollem Umfang anwendbar. Die jüngsten Mietrechtsreformen haben keine Änderungen gebracht.

4 Rädler NJW 1993, 689.

5 allgemein s. Streyl, Pandemiebedingte Risikotragung im Mietverhältnis, NZM 2020, 817; Sittner, Mietrecht unter Covid-19 – Update des BGH; BGH NJW 2022, 1370.

6 BGH WuM 1979, 236.

7 BGH NJW 2015, 3780 mAnm Streyl; BGH NJW 2005, 1574 und NJW 2004, 1440.

8 BGH NJW-RR 1991, 267; OLG Naumburg WuM 1998, 283; OLG Düsseldorf ZMR 1992, 536; Blank/Börstinghaus/Blank BGB § 537 Rn. 1.

9 OLG Köln NJW-RR 1992, 443.

unwirksam sein. Auch ein formularmäßiger Ausschluss von § 537 Abs. 1 S. 2 und Abs. 2 BGB verstößt gegen § 307 Abs. 2 S. 1 BGB.[10]

4 d) **Entgelt für vorzeitige Entlassung.** Unübersichtlich ist die Rechtsprechung zum Entgelt für eine Entlassung aus dem Mietverhältnis. Die formularmäßige Vereinbarung einer **Bearbeitungsgebühr** bei vorzeitiger Beendigung des Mietverhältnisses ohne Einräumung der Nachweismöglichkeit eines geringeren Schadens soll unwirksam sein.[11] Unwirksam soll auch die Vereinbarung einer **Geldzahlung als Gegenleistung** für die vorzeitige Vertragsaufhebung sein.[12] Dagegen ist die Wirksamkeit einer Klausel bejaht worden, nach der der Mieter zur Zahlung einer Monatsmiete für die pauschale Abgeltung der Unkosten bei vorzeitiger Entlassung verpflichtet wird, sofern darin keine Vertragsstrafe, sondern eine **Aufwendungsersatzpauschale** liege.[13]

Praxistipp:

Generell gilt: Vereinbarungen mit Vertragsstrafencharakter werden zumeist unwirksam sein, maßvoller Aufwendungsersatz dagegen nicht. Werden die Aufwendungen erklärt und sind sie nachvollziehbar, dürfte ihre Vereinbarung wirksam sein. Ein erläuternder Zusatz, welche Aufwendungen gemeint sind, hilft also.

2. Einschränkungen der Zahlungspflicht des Mieters

5 Die Pflicht zur Zahlung der Miete entfällt jedoch bzw. wird in folgenden Ausnahmefällen eingeschränkt:

- Der Vermieter erlangt Vorteile durch anderweitige Verwendung oder erspart Aufwendungen (§ 537 Abs. 1 S. 2 BGB).
- Der Vermieter ist nicht in der Lage, den Gebrauch zu gewähren (§ 537 Abs. 2 BGB).

6 a) **Anrechenbare Vorteile.** *aa) Ersparte Aufwendungen, § 537 Abs. 1 S. 2 BGB.* Der Vermieter soll keinen Vorteil durch die persönliche Verhinderung des Mieters erlangen. Er muss sich daher neben Vorteilen aus anderweitiger Verwertung auch **ersparte Aufwendungen** anrechnen lassen, § 537 Abs. 1 S. 2 BGB. Entsprechend können Vorauszahlungen auf die Betriebskosten zu kürzen sein, sofern die Betriebskosten nach den vertraglichen Vereinbarungen gesondert umlegbar sind.[14]

7 Für das Vorliegen ersparter Aufwendungen trägt der Mieter die **Beweislast.** Die praktische Bedeutung dieser Vorteilsausgleichung ist gering. Zu denken ist an den Wegfall von **Wartungs-, Instandhaltungs- und Bereithaltungspflichten.**[15] Hier kann allerdings auch ein Anspruch gegen den Mieter entstehen. Trifft der Vermieter nach dem vorzeitigen Auszug des Mieters Vorsorgemaßnahmen zur Vermeidung eines drohenden Schadens, für die ansonsten der Mieter verantwortlich gewesen wäre, so wird dem Vermieter Anspruch auf Ersatz der Kosten dieser Vorsorgemaßnahme zugebilligt, also zB für Heizkosten zur Verhinderung des Einfrierens während der Frostperiode.[16]

8 *bb) Anderweitige Verwendung, § 537 Abs. 1 S. 2 BGB.* Durch **anderweitige Verwendung** erlangte Vorteile muss der Vermieter sich anrechnen lassen. In der Praxis ist vor allem die **Vermietung an einen Dritten** bedeutsam. Zwar kann der Vermieter dem ursprünglichen Mieter die Räume in einem solchen Fall nicht zur Verfügung stellen. Der Mieter kann sich gegenüber dem Mietzinsanspruch des Vermieters aber nicht darauf berufen,

[10] Staudinger/Emmerich BGB § 537 Rn. 38 unter Hinweis auf BGH NJW 2008, 1148 Rn. 25 = NZM 2008, 206 f.
[11] LG Berlin GE 1996, 607.
[12] AG Berlin-Charlottenburg GE 1996, 869.
[13] OLG Hamburg (RE) WuM 1990, 244; kritisch dazu Sternel Aktuell Rn. 519.
[14] AG Arnsberg DWW 1988, 213.
[15] OLG Düsseldorf ZMR 1985, 382.
[16] LG Berlin GE 1988, 251.

der Vermieter sei wegen der Weitervermietung zu einer Gebrauchsüberlassung an ihn nicht mehr in der Lage gewesen.[17] In der Praxis bereiten Fälle des unklaren Auszugs des Mieters oder dessen Verschwinden immer wieder Schwierigkeiten, wenn der Vermieter dann im eigenen und im Interesse des Mieters – gegebenenfalls zu einem geringeren Mietzins – weitervermietet.[18] Die Begründung für das Weiterbestehen des Differenzanspruchs und gegebenenfalls ein Aufleben des vollen Anspruchs, wenn die Weitervermietung endet, ist zweifach: zum einen als eine Art der Geschäftsführung des Vermieters ohne Auftrag, zum anderen als **Rechtsmissbrauch,** aus einem Verhalten des Vertragspartners Rechte herzuleiten, das der andere durch einen groben Vertragsbruch erst herbeigeführt hat. Wenn allerdings der Mieter aus nachvollziehbaren Gründen annehmen durfte, der Mietvertrag sei zB durch Kündigung wirksam beendet, ist seine Berufung auf § 537 BGB nicht rechtsmissbräuchlich.[19] In den Fällen der Weitervermietung bei eigentlich bestehendem Mietvertrag ist also zunächst Klarheit für Mieter und Vermieter darüber erforderlich, ob das Mietverhältnis beendet ist. Ist das nicht der Fall, ist es für den Vermieter wichtig, deutlich zu machen, dass er auch im Interesse des Mieters weitervermietet.

Praxistipp:

Sofern nicht eindeutig feststeht, ob der Mieter endgültig ausgezogen ist, empfiehlt sich für den Vermieter eine Mitteilung an den Mieter, er werde versuchen, die Mietsache im beiderseitigen Interesse weiterzuvermieten, behalte sich aber die Geltendmachung einer eventuellen Mietdifferenz vor.[20] Reagiert der Mieter auf eine solche Mitteilung nicht, wird es ihm regelmäßig verwehrt sein, sich zB nachträglich darauf zu berufen, er habe die Mietsache nicht endgültig aufgeben wollen, sondern nur vorübergehend nicht genutzt.

Macht der Mieter – etwa durch **Übersendung der Wohnungsschlüssel**[21] – deutlich, 9
dass er endgültig auszieht, so begründen die Entgegennahme der Schlüssel durch den Vermieter oder gemeinsames **Ablesen der Zählerstände** für sich noch keine konkludente Zustimmung zu einer Vertragsauflösung.[22] Gleiches gilt, wenn der Mieter auf Grund einer Kündigung auszieht, die der Vermieter für unwirksam hält und der er aus diesem Grund widerspricht. Eine endgültige Klärung wird in solchen Fällen möglicherweise erst nach einem längeren Rechtsstreit erfolgen. Auch kann auf Grund der wirtschaftlichen Lage des Mieters die Realisierbarkeit von Mietzinsforderungen sich als beträchtliches Risiko darstellen. Der Vermieter ist daher in der Regel gut beraten, bei vorzeitigem Auszug des Mieters von diesem die Schlüssel entgegenzunehmen, um gegebenenfalls Zugang zu den Mieträumen zu haben.

Auch die Überlassung der **Schlüssel an einen Mietinteressenten** soll keine Gebrauchs- 10
überlassung an diesen begründen, selbst dann nicht, wenn der Mietinteressent die Wohnung verbotswidrig bereits bezieht.[23]

Allein die Bereitschaft, vom Mieter vorgeschlagene **Mietinteressenten als Nachmieter** 11
in Betracht zu ziehen, begründet keinen Anspruch des Mieters. Dieser kann sich dadurch gegenüber dem Vermieter nicht auf eine Ersetzungsbefugnis durch einen Nachmieter berufen.[24] Der Mieter, der den bisherigen Mietvertrag beenden möchte, muss weiter tätig werden. Er muss sich gegebenenfalls beim Vermieter **erkundigen,** ob der

[17] BGH NJW 1993, 1645; OLG Düsseldorf NJOZ 2004, 2216.
[18] Vgl. BGH NZM 2008, 206 für Anmietung eines Messestands; OLG Brandenburg BeckRS 2010, 29957.
[19] BGH NJW 1993, 1645.
[20] Vgl. BGH NJW 1993, 1645 (1647); Blank/Börstinghaus/Blank BGB § 537 Rn. 14.
[21] LG Düsseldorf DWW 1996, 281.
[22] BGH WuM 1981, 57. S. o. Rn 1.
[23] KG NZM 1998, 659.
[24] OLG Hamburg WuM 1997, 214.

vorgeschlagene Nachmietvertrag zustande gekommen ist.[25] Andererseits muss aber auch der Vermieter **Auskunft** über seine Gründe geben, wenn er keinen der vorgeschlagenen Interessenten akzeptieren will.[26] Den Abschluss eines neuen Mietvertrages mit einem Nachmieter wird man allerdings auch als Angebot an den bisherigen Mieter ansehen können, den alten Vertrag aufzuheben.[27]

12 Der Vermieter ist nicht nach § 254 BGB verpflichtet, für eine **anderweitige Vermietung** zu sorgen.[28] Das gilt auch bei einem angespannten Wohnungsmarkt.[29] Der auszugswillige Mieter profitiert in solchen Fällen bereits von der verstärkten Nachfrage insofern, als er dem Vermieter leichter geeignete Nachmieter präsentieren kann. Ein Grund zur Verschärfung der Vermieterpflichten ergibt sich ferner nicht aus den Grundsätzen eines sozialen Mietrechts, da der Mieter dann zweifach privilegiert wäre.[30] Da der Vermieter nach § 537 BGB grundsätzlich den Erfüllungsanspruch gegen den ausgezogenen Mieter behält, kommen schadenersatzrechtliche Normen nicht zur Anwendung. Es gibt also insbesondere keine Schadensminderungspflicht des Vermieters.[31]

13 Zu den anrechenbaren anderweitigen Verwertungen rechnet auch die **Eigennutzung** durch den Vermieter selbst. Zieht der Vermieter selbst ein, so muss er sich den vertraglich vereinbarten Mietzins anrechnen lassen. Für einen Differenzanspruch dürfte – auch bei einem gesunkenen Mietpreisniveau – kein Raum sein. Gleichgestellt sind die Fälle der Eigennutzung zum Zwecke der **Renovierung.** Der Vermieter muss sich so behandeln lassen, als hätte er die Wohnung an Dritte zur Verfügung gestellt.[32]

14 Problematisch sind die Fälle, in denen der Vermieter die Mietsache umbaut. In der Regel geschieht dies mit der Begründung, die Mietsache lasse sich sonst anderweitig nicht weitervermieten. Die Rechtsprechung hat bisher dem Mieter regelmäßig die Berufung auf § 537 Abs. 2 BGB als rechtsmissbräuchlich versagt, da sie davon ausgegangen ist, der vertragsbrüchige Mieter haben den Vermieter zum **Umbau** veranlasst.[33] Dies sollte selbst dann gelten, wenn anschließend eine Vermietung an die Ehefrau erfolgte.[34] Einzelne Instanzen urteilen anders. Das AG Kiel hat etwa den vorzeitig ausgezogenen Mieter von der Mietzahlungspflicht befreit, soweit der Vermieter etwa 1¹/ 2 Monate vor Fristende mit Umbauten begonnen hatte, die ein Bewohnen der Wohnung unmöglich machten.[35]

15 Richtig ist: dem Vermieter ist hinsichtlich der Bemühungen, die er (auch) im Interesse des ausgezogenen Mieters zur Weitervermietung der Räume unternimmt, ein **Beurteilungsspielraum** zuzugestehen. Dabei ist auf eine **ex-ante-Betrachtung** abzustellen. Sofern er jedoch etwa Umbauten vornimmt, die nach Beendigung des Mietverhältnisses ohnehin erforderlich gewesen wären, erlangt er eigene Gebrauchsvorteile. Diese muss er sich anrechnen lassen.[36] In den Umbaufällen wird man daher immer fordern müssen, dass der Vermieter die Mietsache (auch) im Interesse des Mieters umbaut und dies wie in den Fällen der Geschäftsführung ohne Auftrag **nach außen** erkennbar wird, etwa durch **Anzeige** der beabsichtigten anderweitigen Nutzung an den Mieter.[37]

---

25 LG Wuppertal WuM 1997, 328.
26 AG Recklinghausen WuM 1996, 409.
27 AA LG Gießen WuM 1997, 370: erforderlich sei Vollzug des Vertrages.
28 OLG Düsseldorf NJW 1991, 1143 (1144).
29 AA AG Neuss WuM 1989, 554.
30 OLG Hamm (RE) NJW-RR 1995, 1438.
31 OLG Koblenz WuM 2002, 552 (554); LG Köln WuM 1979, 186. Für § 254 BGB: AG Pinneberg ZMR 1999, 264 und LG Braunschweig WuM 1998, 220: Schadensminderung nach Treu und Glauben.
32 AG Lörrach WuM 1999, 303.
33 LG Berlin GE 2002, 1269; ZMR 1998, 229.
34 LG Magdeburg BeckRS 1996, 12866.
35 AG Kiel WuM 2000, 629.
36 Bei grundlegender Sanierung: LG Gießen ZMR 1996, 143.
37 OLG Hamm NJW 1986, 2321.

Praxistipp:
Der Vermieter sollte in diesen Fällen daher dem Mieter mitteilen, dass er einen Umbau vornehme, um die Wohnung weitervermieten zu können.

Häufig ist der vorzeitig ausgezogene Mieter unerreichbar. Bei entsprechenden erfolg- 16
losen Nachforschungen soll in diesen Fällen die Anzeige entbehrlich sein.[38]

b) Fehlende Gebrauchsermöglichung. Solange der Vermieter infolge der Überlassung 17
des Gebrauchs an einen Dritten außerstande ist, dem Mieter den Gebrauch zu gewähren, ist der Mieter nach § 537 Abs. 2 BGB dem Grundsatz nach zur Entrichtung der Miete nicht verpflichtet.[39] Es muss sich jedoch um eine dauerhafte Weitervermietung handeln. Kann der Vermieter dem Mieter die Räume jederzeit zur Verfügung stellen, ist dem Mieter die Berufung auf § 537 Abs. 2 BGB versagt.[40] Mit dieser Vorschrift hat der Gesetzgeber eine Regelung geschaffen, nach der bei einer **Erfüllungsverhinderung durch den Vermieter** die Gegenleistungspflicht des Mieters entfällt. Die hM geht davon aus, dass der Mieter gegebenenfalls die Vorenthaltung beweisen muss;[41] nach aA muss der Vermieter beweisen, dass er erfüllungsbereit war, da dies Voraussetzung für den Mietzinsanspruch sei.[42] Richtig dürfte sein: Es handelt sich um einen Fall gesetzlich angeordneter Vorteilsausgleichung. Für diese trägt der Ersatzpflichtige, also der Mieter die Beweislast, da sie sich zu seinen Gunsten auswirkt.[43]

Dies gilt jedoch nur dann, wenn der Mieter die **Weitervermietung nicht selbst pro-** 18
voziert, diese also durch seinen Auszug veranlasst hat. Die Rechtsprechung geht grundsätzlich davon aus, dass der Mieter eine Vermietung an einen Dritten in einem solchen Fall herbeigeführt hat und spricht dem Vermieter den Anspruch auf die Mietdifferenz trotz marktgerechter Weitervermietung zu.[44] Nach einer Entscheidung des OLG Naumburg[45] soll sich der Mieter auch dann nicht auf § 537 Abs. 2 BGB berufen dürfen, wenn zwar die Weitervermietung gelingt, der neue Mieter aber nicht zahlt. Der Vermieter soll in diesem Fall den ursprünglichen – vertragsbrüchigen – Mieter auf Zahlung der gesamten Miete in Anspruch nehmen können. Hier tobt die Einzelfallgerechtigkeit.[46] Eine durchgängige Wertung ist in der Rechtsprechung nur insofern erkennbar, als der alte Mieter dem Grundsatz nach als vertragsbrüchig angesehen und entsprechend behandelt wird. Andererseits gilt: bei **nicht marktgerechter Weitervermietung** unter dem erzielbaren Marktpreis soll dem Mieter die Berufung auf § 537 Abs. 2 BGB erhalten bleiben.[47] Der Vermieter darf nicht schlechthin darauf vertrauen, dass der Mieter die Differenz zahlen muss; er kann also nicht ohne hinreichenden Grund unter dem Marktpreis weitervermieten.

Die **Beweislast** für die Behauptung, dass der Vermieter die Wohnung nicht zur Ver- 19
fügung stellen kann, trifft den Mieter. Dies betrifft auch die Behauptung, der Vermieter habe die Wohnung selbst bezogen.[48] Der Vermieter kann allerdings den Gegenbeweis antreten, dass er gleichwohl in der Lage war, dem ursprünglichen Mieter den Mietgebrauch wieder zu gewähren.[49]

---

[38] OLG Hamm WuM 1986, 201; LG Berlin ZMR 1998, 229.
[39] AG Neuruppin WuM 2009, 227 = BeckRS 2009, 14017.
[40] LG Koblenz 16.2.2021 – 6 S 188/20, BeckRS 2021, 55490.
[41] Blank/Börstinghaus/Blank BGB § 537 Rn. 20; Schmidt-Futterer/Langenberg BGB § 537 Rn. 28; Gramlich Mietrecht BGB § 537 Rn. 4; KG WuM 1998, 472 (473).
[42] Staudinger/Emmerich § 537 Rn. 39.
[43] Schmidt/Futterer/Langenberg BGB § 537 Rn. 28.
[44] Grundlegend: BGH NJW 1993, 1645; 2000, 1105.
[45] OLG Naumburg WuM 1998, 283.
[46] Vgl. dazu insbes. LG Berlin GE 2002, 1269 mit Bespr. von Schach GE 2002, 1235.
[47] BGH NJW 1993, 1645 (1647).
[48] OLG Oldenburg WuM 1981, 177.
[49] OLG Celle ZMR 2003, 343.

20 Das ursprüngliche Vertragsverhältnis wird durch anderweitige Vermietung nicht aufgehoben. Die gegenseitigen Leistungspflichten werden jedoch durch § 537 Abs. 2 BGB suspendiert, solange der Vermieter die Mietsache nicht zur Verfügung stellen kann.

Praxistipp:

Der Mieter kann allerdings gemäß § 543 BGB kündigen, wenn der Vermieter wegen anderweitiger und endgültiger Gebrauchsüberlassung den vertragsgemäßen Gebrauch der Mietsache nicht einräumen kann, sobald seine persönliche Verhinderung entfällt.[50]

21 Andernfalls kann der volle vertragliche Mietzinsanspruch auch wieder aufleben, wenn die Gebrauchsüberlassung an den Dritten endet und der Vermieter zur Gebrauchsüberlassung an den ursprünglichen Mieter wieder imstande ist. Durch § 537 Abs. 2 BGB reduzieren sich im Ergebnis die vertraglichen Ansprüche des Vermieters bei endgültiger Überlassung des Gebrauchs an einen Dritten zu einem niedrigeren Mietzins.

22 Er kann insofern nämlich gegen den ursprünglichen Mieter keinen ergänzenden vertraglichen oder schadenersatzrechtlichen Anspruch geltend machen.

Praxistipp:

Der Vermieter kann dieser Rechtsfolge jedoch dadurch entgehen, dass er das Mietverhältnis mit dem ursprünglichen Mieter vor Weitervermietung kündigt. In diesem Fall behält er seine Schadenersatzansprüche.

23 Die Fälle der Eigennutzung und die Umbaufälle können nur dann sachgerecht gelöst werden, wenn die **Kausalität zwischen Vertragsbruch und Gebrauchsverhinderung** genauer untersucht wird: es ist also stets zu fragen, ob das Fehlen der Gebrauchsüberlassungsmöglichkeit auf dem Vertragsbruch des Mieters beruht oder ob sie dem Vermieter zuzurechnen ist. Letzteres ist insbesondere bei Umabaumaßnahmen gegeben, die den Wert der Sache erhöhen bzw. deren weitere Vermietbarkeit erst ermöglichen. Diese Fälle sind wirtschaftlich der Sphäre des Vermieters zuzurechnen und führen daher zu einem Wegfall der Vergütungspflicht. In der Regel ist jedoch davon auszugehen, dass dem Vermieter bei anderweitiger Vermietung der **Differenzanspruch** erhalten bleibt.[51] Denn die Rechtsprechung versagt dem Mieter, der vor Beendigung des Mietverhältnisses auszieht und seine Mietzahlung einstellt, regelmäßig die Berufung auf § 537 Abs. 2 BGB.[52]

---

[50] BGHZ 38, 295 (301).

[51] LG Berlin GE 2001, 1540; LG Erfurt GE 2000, 1184.

[52] OLG Düsseldorf NJOZ 2004, 2216; BGH NJW 1993, 1645; OLG Düsseldorf WuM 1994, 469; OLG Koblenz NJW-RR 1995, 394.

3. Übersicht: Zahlungspflicht bei Auszug

3. Übersicht: Zahlungspflicht bei Auszug 24

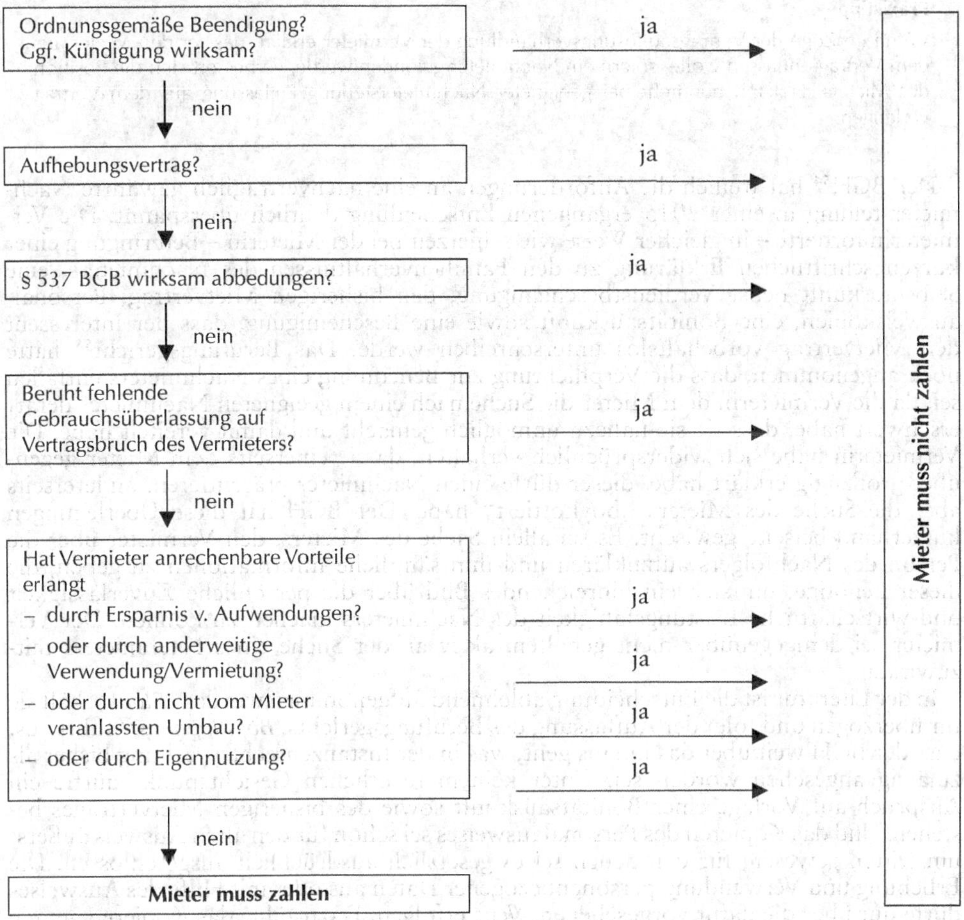

II. Vorzeitige Vertragsentlassung bei Stellung eines Nachmieters

1. Vertragliche Nachmieterklausel

a) **Vertraglich.** Die Parteien können bereits im ursprünglichen Mietvertrag vereinbaren, dass der Vermieter gegebenenfalls einen **Nach- oder Ersatzmieter,** etwa bei Benennung von drei solventen Interessenten, akzeptieren muss. Dem Vermieter bleibt auch hier ein Widerspruchsrecht, sofern der vorgeschlagene Nachmieter nicht über die persönliche oder wirtschaftliche Eignung verfügt.[53] Der Vermieter soll nicht schlechter gestellt werden als gegenüber dem bisherigen Mieter. 25

[53] OLG Düsseldorf DWW 1995, 257.

26 b) **Nachvertraglich.** Die Befugnis des Mieters, gegen Stellung eines Nachmieters aus dem Mietvertrag entlassen zu werden, kann sich auch aus einer sogenannten **nachvertraglichen Nachmietervereinbarung** ergeben.

Praxistipp:

Wenn im Zuge der Vertragsauflösungsverhandlung der Vermieter erklärt, dass er den Mieter aus dem Vertrag entlassen wolle, sofern ein Nachmieter gefunden werde, verbessert sich die Position des Mieters. Er kann nunmehr bei geeigneter Nachmieterstellung Entlassung aus dem Vertrag verlangen.

27 Der BGH[54] hat freilich die Anforderungen an eine nachvertraglich gewährte Nachmieterstellung in einer 2015 ergangenen Entscheidung deutlich überspannt. Die Vermieterin forderte – in gleicher Weise wie seinerzeit bei der Mieterin – Beibringung einer kurzen schriftlichen Erklärung zu den Familienverhältnissen des Nachmieters, eine Selbstauskunft nebst Verdienstbescheinigung, den bisherigen Mietvertrag, Personalausweiskopien, eine Bonitätsauskunft sowie eine Bescheinigung, dass der Interessent den Mietvertrag vorbehaltslos unterschreiben werde. Das Berufungsgericht[55] hatte noch angenommen, dass die Verpflichtung zur Benennung eines Nachmieters entfallen sei, da die Vermieterin dem Mieter die Suche nach einem geeigneten Nachmieter derart erschwert habe, dass sie sie nahezu unmöglich gemacht und damit vereitelt habe. Die Vermieterin habe sich widersprüchlich verhalten, da sie einerseits dem Mieter gegenüber großzügig erklärt habe, dieser dürfe einen Nachmieter präsentieren, andererseits aber die Suche des Mieters „boykottiert" habe. Der BGH hat diese Überlegungen kurzerhand beiseite gewischt. Es sei allein Sache des Mieters, den Vermieter über die Person des Nachfolgers aufzuklären und ihm sämtliche Informationen zu geben, die dieser benötige, um sich ein hinreichendes Bild über die persönliche Zuverlässigkeit und wirtschaftliche Leistungsfähigkeit des Nachmieters machen zu können. Der Vermieter sei demgegenüber nicht gehalten, aktiv an der Suche eines Nachmieters mitzuwirken.

In der Literatur ist die Entscheidung ablehnend aufgenommen worden. *Blank*[56] hält sie für überzogen und folgt der Auffassung des Berufungsgerichts. *Börstinghaus*[57] führt aus, dass der BGH weit über das hinaus geht, was in der Instanzenrechtsprechung bisher als zulässig angesehen worden sei. Unter keinem rechtlichen Gesichtspunkt dürfte ein Anspruch auf Vorlage einer Bonitätsauskunft sowie des bisherigen Mietvertrages bestehen. Und das Kopieren des Personalausweises sei schon für den alten Ausweis äußerst umstritten gewesen, für den neuen sei es gesetzlich ausdrücklich ausgeschlossen. Die Erhebung und Verwendung personenbezogener Daten aus oder mit Hilfe des Ausweises dürfe nur über die dafür vorgesehenen Wege erfolgen. Dazu zähle das Kopieren gerade nicht.

2. Stellung eines Nachmieters nach Treu und Glauben (§ 242 BGB)

28 a) **Allgemeines.** Fehlt eine vertragliche **Nachmieterklausel,** dann gilt: Der Vermieter muss sich grundsätzlich nicht auf einen Nachmieter einlassen. Zwar sah der Mustermietvertrag 1976 eine Nachmieterklausel vor, nach der bei Stellung von mindestens drei akzeptablen und vom Vermieter abgelehnten Nachmietern der Mieter einen Anspruch auf Entlassung aus dem Mietverhältnis hatte. Eine allgemeine Regel, nach der bei Präsentation von einem oder bis zu drei Interessenten, die bereit und in der Lage sind,

[54] BGH NJW 2015, 3780 mAnm Streyl.
[55] LG Duisburg 25.7.2014 – 13 S 94/14.
[56] Blank NZM 2015, 887 (889).
[57] Börstinghaus, Die aktuelle Rechtsprechung des BGH zum Mietrecht, NZM 2016, 417 (430).

in das Mietverhältnis einzutreten, der Vermieter den Mieter entlassen muss, existiert indes nicht.[58]

b) Entlassung ohne besonderes Interesse des Mieters? Zwar wird vereinzelt mit durchaus beachtlichen Gründen ein Anspruch auf Entlassung aus Mietverhältnissen auch ohne Vorliegen eines **berechtigten Interesses** diskutiert, sofern der Mieter Gründe für eine vorzeitige Beendigung hat, die nicht das Gewicht einer besonderen Härte (also zB Auffinden einer günstigeren Wohnung) haben.[59] Es ist nicht zu verkennen, dass langfristige Mietverträge einseitig den Vermieter begünstigen. Der Mieter ist häufig gezwungen, die für ihn ungünstige langfristige Bindung einzugehen. Zur Korrektur dieses Ungleichgewichts behilft sich die Rechtsprechung, indem sie eine **Fürsorgepflicht** annimmt, wenn der Vermieter ohne größere Schwierigkeiten neu vermieten kann[60] oder sogar **Wartelisten** führt.[61] 29

c) Deutlich überwiegendes Interesse des Mieters. Es gilt also grundsätzlich die vereinbarte vertragliche Bindung. Die Rechtsprechung lässt gleichwohl Ausnahmen zu, wenn nach Treu und Glauben (§ 242 BGB) ein Festhalten am Vertrag unbillig wäre. Folgende Voraussetzungen müssen gegeben sein:[62] 30

- berechtigtes, d. h. **deutlich überwiegendes Interesse** des Mieters,
- Nachmieter muss **persönlich und wirtschaftlich geeignet** sein,
- **erhebliche Restlaufzeit.**

Die Bejahung eines deutlich überwiegenden Interesses des Mieters setzt voraus, dass die Interessenabwägung zwischen dem Vermieterinteresse am Fortbestand dem Mieterinteresse an der Beendigung des Mietverhältnisses zugunsten des Mieters ausfällt. Das Interesse des Mieters muss *deutlich* überwiegen. Dies ist dann der Fall, wenn er Gründe für die vorzeitige Beendigung vorbringen kann, die **nicht vorhersehbar** waren. Es muss sich also um Gründe handeln, die **nachträglich eingetreten** sind und die **ohne willentliche** oder **zurechenbare Herbeiführung** durch den Mieter entstanden sind. Kernpunkt aller Entscheidungen ist eine **Interessenabwägung.** 31

Diese Abwägung fällt zugunsten des Mieters aus, wenn er ein deutliches Überwiegen reklamieren kann. Ein solches ist dann gegeben, wenn die Gründe sich als **schicksalhaft** darstellen. Dabei dürfen die Anforderungen nicht zu hochgesteckt werden. Es reicht in vielen Fällen aus, dass der Mieter **unverschuldet** an einer angemessenen Nutzung der Wohnung gehindert ist. 32

aa) Vorliegen eines berechtigten Interesses bejaht. Dies ist der Fall zB bei 33

- bevorstehender **Heirat,**[63]
- wenn die Wohnung wegen **Vergrößerung der Familie** des Mieters zu klein wird,[64]
- auch wenn durch **Geburt eines Kindes** die Wohnung zu teuer wird,[65]
- mangelnder Zahlungsfähigkeit auf Grund unverschuldeter **Arbeitslosigkeit,**[66]
- beruflicher und privater **Neuorientierung** an einem anderen Ort,[67]
- **Arbeitsplatzwechsel,**[68]

[58] HM; aA aber Schmidt-Futterer NJW 1970, 917 (920).
[59] *Wetekamp,* Mietrecht nach Rechtsentscheiden, S. 312.
[60] LG Hannover WuM 1994, 424.
[61] AG Gießen WuM 1993, 609.
[62] OLG München ZMR 1995, 156.
[63] LG Hannover WuM 1988, 12.
[64] OLG Karlsruhe (RE) NJW 1981, 1741; LG Osnabrück WuM 1995, 394; LG Köln WuM 1989, 283.
[65] LG Landshut WuM 1996, 542.
[66] LG Berlin 20.7.1999 – 64 S 112/99, n. v.
[67] LG Bielefeld WuM 1993, 118.
[68] LG Hamburg NJW-RR 1988, 723. Der BGH NJW 2015, 3780 Rn. 23 hat die Frage für den selbst herbeigeführten Arbeitsplatzwechsel ausdrücklich offengelassen. Streyl meint in seiner Anmerkung zu dieser Entscheidung, NJW 2015, 3781 (3782), man könne fast um das „richtige" Ergebnis würfeln. Er sieht – allerdings gegen den BGH – eine Tendenz zur Auflockerung der Vertragsbindung – also zugunsten des beendigungswilligen Mieters.

- schwerer **Erkrankung**, die zu Wohnsitzwechsel nötigt,[69]
- Aufnahme in ein **Altenheim.**[70]

34 *bb) Vorliegen eines berechtigten Interesses verneint.* Ein berechtigtes Interesse des Mieters an der vorzeitigen Beendigung wird immer dann verneint, wenn er die **Gründe selbst herbeigeführt** hat oder diese **vorhersehbar** waren.

35 **Kein berechtigtes Interesse** besteht also zB bei

- Einzug in ein selbst erstelltes **Eigenheim,**[71]
- Wunsch nach einer qualitativ **besseren, billigeren** oder **verkehrsgünstigeren** Wohnung,[72]
- Aufnahme einer **eheähnlichen Lebensgemeinschaft,**[73]
- **Arbeitsplatzwechsel,** wenn bisher schon langer Anfahrtsweg zur Arbeitsstätte gegeben war.[74]
- **ungebührlicher Verzögerung um 1,5 Jahre** nach Oberschenkelhalsbruch 91 Jahre alter Mieterin.[75]

36 **d) Persönliche und wirtschaftliche Eignung des Nachmieters.** *aa) Persönliche Eignung.* **Persönliche Eignung** des Nachmieters ist eine Frage des Einzelfalls. Der Vermieter darf in dem Maß seine subjektiven Anschauungen zur Grundlage der Beurteilung machen, so lange diese nicht ersichtlich unvernünftig, also **schikanös** sind. Einigkeit besteht insoweit, als der Nachmieter dem Vermieter **zumutbar** sein muss. Denn bei der Wohnungsmiete handelt es sich – jedenfalls in der überwiegenden Zahl der Mietverhältnisse – um langfristige vertragliche Bindungen, bei denen das Vertrauen der Vertragspartner zueinander eine nicht unbeachtliche Rolle spielt.[76] Hier gilt: je enger die **persönliche und räumliche Beziehung** der Parteien, umso mehr ist auf die Belange des Vermieters Rücksicht zu nehmen.[77] Liegt die Mietwohnung in einem auch vom Vermieter bewohnten Wohnhaus, soll der Vermieter höhere Anforderungen an den Nachmieter stellen können.[78] Auch weltanschauliche Fragen sind stärker zu berücksichtigen, wenn Mieter und Vermieter unter einem Dach wohnen; bei Vermietung einer Wohnung in einer „Mietskaserne" dagegen weniger.[79] Zumutbar soll ferner nur der Nachmieter sein, von dem erwartet werden kann, dass er die Wohnung **nicht weniger pfleglich** behandelt als sein Vorgänger.[80] Das Kind eines Nachmieters ist kein Hindernis.[81] Dabei ist auch zu berücksichtigen, ob und inwieweit der vorgeschlagene Nachmieter sich vom auszugswilligen Mieter unterscheidet. Eigenschaften, die der Vermieter einmal beim Mieter akzeptiert hat, kann er beim Nachmieter nicht mehr beanstanden.[82] Soweit also etwa der Nachmieter die Wohnung als Wohngemeinschaft nutzen will, ist er zumutbar, sofern der bisherige Mieter dies mit

---

[69] MüKoBGB/*Bieber* § 537 BGB, Rn. 13. AA aber OLG Düsseldorf NZM 2008, 807 für schwere Krebserkrankung des Mieters mit bemerkenswerter Begründung: Zu dem vom Mieter zu tragenden Risiko gehöre auch der Erhalt seiner Gesundheit; selbst sein Tod falle in seinen Risikobereich, beende also das Mietverhältnis nicht, sondern lasse es auf die Erben übergehen.
[70] AG Calw WuM 1999, 463; AG Münster WuM 2000, 306.
[71] OLG Karlsruhe (RE) NJW 1981, 1741.
[72] OLG Oldenburg WuM 1981, 177.
[73] LG Wiesbaden WuM 1989, 76 = II. Instanz zu AG Wiesbaden WuM 1988, 400.
[74] LG Gießen WuM 1997, 327.
[75] AG Lemgo NZM 1999, 1047.
[76] OLG Hamm (RE) NJW 1983, 1564.
[77] So auch Röchling NJW 1981, 2782 (2784).
[78] AG Neuwied WuM 1992, 189.
[79] OLG Hamm (RE) NJW 1983, 1564 (1566).
[80] Röhrmann NJW 1971, 787 (789).
[81] BGH NZM 2003, 277.
[82] AG Hannover WuM 1980, 206 für „wilde Ehe".

Einverständnis des Vermieters getan hat.[83] Auch bloße **Ausländereigenschaft** stellt keinen Ablehnungsgrund dar.[84]

Nicht zumutbar sollen aber eine **„begründete Antipathie"** oder auch **freundschaftliche Beziehung** zwischen Vermieter und Nachmieter sein, da es in letzterem Fall dem Vermieter unangenehm sein kann, bei vertragswidrigem Verhalten des Interessenten diesen auf seine Pflichten aufmerksam machen zu müssen.[85] Dem Vermieter wird grundsätzlich zugebilligt, bei der Auswahl des Nachmieters Gefühle wie **Sympathie oder Antipathie** zugrunde zu legen.[86] Sie müssen jedoch plausibel gemacht werden. 37

Praxistipp:

Der Vermieter sollte daher dem Mieter die Gründe benennen, warum er einen vorgeschlagenen Nachmieter nicht akzeptiert.

Dies gilt nicht zuletzt deshalb, um dem auszugswilligen Mieter Gelegenheit zu geben, die Vorstellungen des Vermieters bei der Auswahl weiterer Nachmieter zu berücksichtigen.

bb) Wirtschaftliche Eignung. Die in der Praxis häufigste Frage zur Eignung des Nachmieters ist seine **Bonität.** Zumutbar ist ohnehin nur **gleiche** oder **zumindest vergleichbare** Zahlungskraft.[87] Maßgeblicher Zeitpunkt für den Vergleich der Einkommenslage der Vor- und Nachmieter ist der beabsichtigte **Zeitpunkt des Eintritts des Nachmieters** in den Mietvertrag. Es ist unerheblich, wenn der ursprüngliche Mieter zu Beginn des Mietverhältnisses ein höheres Einkommen erzielte. Denn entscheidend ist der Erhalt der Position des Vermieters durch den Mieterwechsel.[88] Der Vermieter soll durch den Mieterwechsel weder besser noch schlechter gestellt werden. Die **Solvenz** des Nachmieters muss der Mieter beweisen, allerdings nur dann, wenn der Vermieter diesbezüglich Zweifel äußert.[89] Das Risiko einer nachträglich sich ergebenden fehlenden Solvenz des Nachmieters trägt der Vermieter.[90] 38

Verneint wurde eine Zumutbarkeit in folgenden Fällen: 39

- bei einer **alleinstehenden Person mit unsicherem Einkommen** als Ersatzmieter für eine Familie mit regelmäßigen Einkommen,[91]
- **Ehepaar** als Nachmieter für Einzimmerwohnung,[92]
- kinderreiche **Gastarbeiterfamilie,**[93]
- in Scheidung lebende einkommenslose Mieterin mit **Kleinkind,**[94]
- wenn mit **Kindern** und damit verbundener **Unruhe** zu rechnen ist in einem bisher ausschließlich von kinderlosen älteren Mietern bewohnten Sechsfamilienhaus,[95]
- beabsichtigte **Nutzungsveränderung** der Mieträume,[96]
- wenn der Nachmieter nicht bereit ist, die mit dem Mieter vereinbarten Vertragsbedingungen uneingeschränkt zu akzeptieren.[97]

[83] LG Hamburg WuM 1986, 326.
[84] LG Saarbrücken WuM 1995, 313 für ausländischen Fußballspieler des 1. FC Saarbrücken; LG Hannover WuM 1977, 223. In diesem Zusammenhang ist auch das Diskriminierungsverbot des AGG zu beachten; s. a. MünchKommBGB/Bieber § 537 Rn 14.
[85] KG WuM 1992, 9.
[86] AG Halle WuM 1986, 314.
[87] LG Bremen, NZM 2002, 337.
[88] LG Hamburg WuM 1986, 326.
[89] LG Hamburg WuM 1979, 144.
[90] LG Köln WuM 1989, 18.
[91] LG Darmstadt DWW 1976, 135.
[92] LG Hamburg MDR 1966, 846.
[93] LG Hannover MDR 1973, 1021.
[94] AG Lemgo NZM 1999, 1047.
[95] AG Lemgo NZM 1999, 1047.
[96] LG Hannover MDR 1973, 1021.
[97] OLG Frankfurt a. M. ZMR 1970, 49.

40 Auf eine **Änderung der Vertragsbedingungen** muss sich der Vermieter nicht einlassen.[98] Der Vermieter ist auch nicht verpflichtet, mit dem Nachmieter einen neuen Vertrag abzuschließen oder den Wunsch des Nachmieters zu akzeptieren, die Wohnung zwar zu der alten Miete, aber über das Ende der ursprünglichen Vertragszeit anzumieten.[99] Andererseits handelt derjenige Vermieter treuwidrig, der die Akzeptanz eines Nachmieters an **bisher nicht gestellte Bedingungen** knüpft. In einem solchen Fall wird der Mieter durch den Vorschlag eines geeigneten und zumutbaren Nachmieters frei.[100] Der Versuch, durch eine Vertragsänderung mit dem Nachmieter geänderte Konditionen zu vereinbaren, ist allerdings unschädlich. Der Vermieter darf mit dem Nachfolger **verhandeln.**[101] Er darf auch dann vom Nachmieter eine erhöhte Miete verlangen, wenn er bereits gegen den bisherigen Mieter einen Anspruch auf Mieterhöhung hatte.[102] Treuwidrig handelt er jedoch, wenn er vom Nachmieter eine Miete verlangt, die mehr als 60 % über der bisher gezahlten liegt.[103]

Praxistipp:

Bei mehreren Ersatzmietern steht das Auswahlrecht allein dem Vermieter zu. Der Mieter hat auch nicht das Recht, einen bestimmten Ersatzmieter zu verlangen, weil dieser etwa bereit ist, eine Abstandszahlung für Einrichtungen zu leisten.[104] Dem Mieter steht insoweit auch kein Schadenersatzanspruch aus positiver Vertragsverletzung gegen den Vermieter zu.[105]

41 e) **Erhebliche Restlaufzeit des Vertrages.** Bei lediglich **kurzer restlicher Mietzeit** stellt sich ein Festhalten des Mieters am Vertrag nicht als Härte dar, so dass er auch bei Präsentation eines eintrittswilligen Nachmieters keine Entlassung aus dem Mietverhältnis fordern kann.[106] Der Mieter kann durch die außerordentliche Vertragsaufhebung nicht besser gestellt werden als ein vergleichbarer Mieter, der ordentlich kündigt. Die restliche Vertragslaufzeit muss daher mindestens die Frist betragen, die bei einer ordentlichen Kündigung einzuhalten wäre.[107]

42 Der Vermieter muss die persönliche und wirtschaftliche Eignung des Nachmieters prüfen können. Ihm wird daher überwiegend eine **Überlegensfrist** auch dann zugebilligt, wenn ihm der Mieter einen Nachmieter präsentiert, der zum sofortigen Eintritt bereit ist. Als angemessen wird eine „Quasi-Kündigungsfrist" entsprechend der gesetzlichen Kündigungsfrist angesehen;[108] bei engem räumlichem Zusammenleben des Vermieters mit dem Mieter auch mehr.[109]

43 f) **Folgen einer unberechtigten Ablehnung.** Der Vermieter ist nicht verpflichtet, einen Nachmieter zu akzeptieren. Er kann die Wohnung auch unvermietet lassen. Sofern der Mieter einen Mietinteressenten präsentiert, den der Vermieter nach Treu und Glauben akzeptieren müsste, ist der Mieter nach Ablauf der Überlegens- und Kündigungsfrist aus dem Vertrag zu entlassen. Der auszugswillige Mieter ist auch nicht verpflichtet, mehrere geeignete Bewerber zu präsentieren. Es genügt die **Bestimmung eines zumutbaren Bewerbers,** der bereit ist, in den Mietvertrag einzutreten.[110]

[98] Heile ZMR 1990, 249.
[99] OLG Oldenburg (RE) ZMR 1982, 285.
[100] LG Hamburg DWW 1988, 85; OLG München NJW-RR 1995, 393.
[101] OLG Hamburg ZMR 1987, 173.
[102] LG Trier DWW 1986, 246.
[103] AG Dortmund WuM 1998, 438; LG Düsseldorf DWW 1999, 156.
[104] BGH NJW 1963, 1299.
[105] LG Düsseldorf DWW 1999, 156.
[106] LG Berlin BeckRS 2016, 5399.
[107] Heile ZMR 1990, 249 (251).
[108] LG Köln WuM 1989, 18.
[109] LG Gießen WuM 1997, 264.
[110] LG Saarbrücken WuM 1995, 313.

Auch sofern der Vermieter einen Nachmieter ohne Prüfung unter Inanspruchnahme der Überlegensfrist ablehnt, wird der Mieter von der Pflicht zu weiterer Mietzinszahlung frei.[111] 44

Praxistipp:

Bei **grundloser Ablehnung** eines Nachmieters verliert der Vermieter den Mietzinsanspruch gegen den Mieter.[112] Dieser ist so zu stellen, als sei er zu dem Zeitpunkt aus dem Mietverhältnis ausgeschieden, zu dem der Vermieter mit dem Nachmieter einen Mietvertrag hätte schließen können.

3. Übersicht: Nachmieterstellung

3. Übersicht: Nachmieterstellung 45

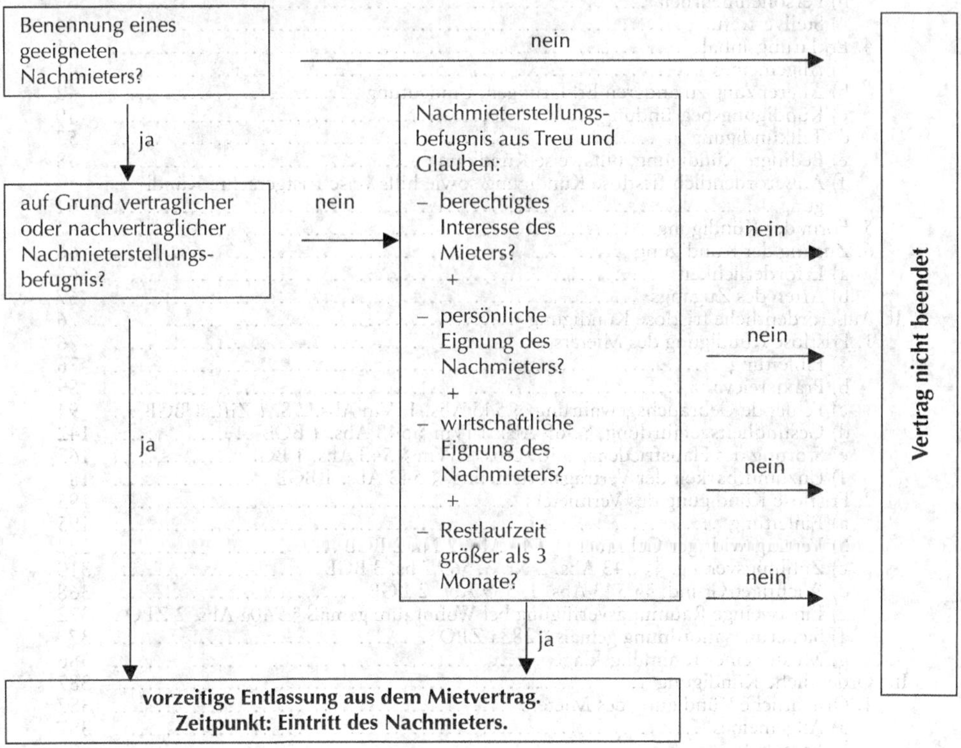

[111] LG Oldenburg WuM 1997, 491.
[112] LG Oldenburg WuM 1982, 124.

§ 28 Vertragsbeendigung durch Kündigung

Übersicht

Schrifttum:
Börstinghaus, Die Entwicklung des Mietrechts seit der Mietrechtsreform 2001, NZM 2018, 297 ff.; *Bottenberg/Kühnemund,* Der Sonnabend als einer von drei Werktagen im Wohnraummietrecht, ZMR 1999, 221; *Derleder,* Zeitmiete und zeitlicher Kündigungsausschluss im neuen Mietrecht, NZM 2001, 649; *ders.,* Zum Kündigungsrecht des Mieters nach einer Mieterhöhung, MDR 1976, 804; *Häublein,* Ist der Sonnabend ein Werktag? Das kommt auf den Zweck der Regelung an, NZM 2010, 651 ff.; *Hinz,* Langer Zeitmietvertrag und Kündigungsausschluss bei der Wohnraummiete, NZM 2003, 659; *Timme,* Verzicht des Mieters auf gesetzliches Kündigungsrecht, NJW 2004, 1639.

I. Allgemeine Grundlagen

1. Begriff und Arten der Kündigung

a) Allgemeines. Eine Kündigung ist eine einseitige empfangsbedürftige Willenserklärung, die rechtsgestaltend unter der Voraussetzung ihrer Wirksamkeit das Mietverhältnis beendet.[1] Als rechtsgestaltende Erklärung kann eine Kündigung nach Zugang nicht mehr einseitig „zurückgenommen“ werden.[2] Die Erklärung einer Rücknahme einer Kündigung kann jedoch umgedeutet werden in ein Angebot zum Abschluss eines neuen Vertrages, der zustande kommt, wenn dieses Angebot von dem Empfänger der Kündigungserklärung (konkludent) angenommen wird. 1

Teilweise wurde hierzu vertreten, es handele sich bei diesem Vorgang weder um den Neuabschluss des Mietvertrages noch um die Fortsetzung eines beendeten Mietvertrages sondern um einen Vertrag über die Aufhebung der Kündigungswirkungen.[3] Demgegenüber dürfte richtigerweise darauf abzustellen sein, zu welchem Zeitpunkt die „Rücknahme“ der Kündigung und deren Annahme erfolgen: 2

Finden die benannten Ereignisse vor Ablauf der Kündigungsfrist statt, ist von einer Vereinbarung über die Fortsetzung des noch nicht beendeten Mietverhältnisses auszugehen. Ist die Kündigungsfrist bereits abgelaufen (was insbesondere in Fällen einer

[1] Grüneberg/Weidenkaff BGB § 542 Rn. 12; Schmidt-Futterer/Blank BGB § 542 Rn. 12 u. 13; Bub/Treier MietR-HdB/Grapentin Rn. 2, S. 983.
[2] Grüneberg/Weidenkaff BGB § 542 Rn. 12; Schmidt-Futterer/Blank BGB § 542 Rn. 87.
[3] Schmidt-Futterer/Streyl BGB § 542 Rn. 27.

fristlosen Kündigung denkbar wäre), ist die Begründung eines neuen Mietverhältnisses anzunehmen.

3 Treffen die Parteien keine anderweitigen Vereinbarungen, ist von der Begründung eines neuen Mietverhältnisses mit den Konditionen des bereits beendeten Mietverhältnisses auszugehen. In beiden Konstellationen (siehe Rn. 1) gelten im Ergebnis somit zumindest inhaltlich die bisherigen Regelungen des Mietvertrages fort. Soweit die Vereinbarung jedoch zu einem Zeitpunkt getroffen ist, zu dem aufgrund der ausgesprochenen Kündigung das alte Mietverhältnis bereits beendet war, greift die Vorschrift des § 550 BGB ein mit der Folge, dass bei Nichteinhaltung der Schriftform das alte Mietverhältnis zwar erneuert wird, jedoch eine in dem alten Mietvertrag enthaltene Befristung nicht weiterhin Gültigkeit hat.[4]

4 **b) Arten der Kündigung.** *aa) Ordentliche Kündigung.* Die ordentliche Kündigung eines Mietverhältnisses beendet dieses unter Beachtung der jeweils maßgeblichen Kündigungsfrist (gesetzlich/vertraglich).

Der Vermieter unterliegt bei der Kündigung eines Wohnraummietverhältnisses grundsätzlich den Beschränkungen des § 573 BGB. Etwas anderes gilt grundsätzlich nur für solche Mietverhältnisse, die nicht den gesetzlichen Regelungen zum Schutz des Mieters unterliegen (vgl. § 549 Abs. 2 BGB).

5 Sieht der Mietvertrag für alle Vertragsparteien die Geltung einer kürzeren Kündigungsfrist vor, ist diese Vereinbarung zumindest für den Vermieter unwirksam (vgl. § 573 Abs. 4 BGB); dem Mieter ist es hingegen nicht verwehrt, sich zu seinen Gunsten auf die kürzere Frist zu berufen.[5]

6 Ältere Formularmietverträge enthalten mitunter die Regelung, dass das Mietverhältnis zum 3. eines Monats für den Ablauf des übernächsten Monats gekündigt werden kann, ohne dass die Verlängerung der Kündigungsfristen bei länger andauerndem Mietverhältnis gemäß § 573c BGB Erwähnung findet. In diesem Falle kann der Mieter mit der vertraglichen Frist kündigen, der Vermieter muss jedoch die von Gesetzes wegen verlängerte Kündigungsfrist beachten.

7 *bb) Außerordentliche fristlose Kündigung.* Mieter und Vermieter können ein Mietverhältnis aus wichtigem Grund außerordentlich fristlos kündigen. Wichtige Gründe sind im Gesetz geregelt. Eine darüber hinaus gehende Vereinbarung wichtiger Gründe zugunsten des Vermieters ist rechtlich nicht möglich. **§ 569 Abs. 5 BGB** bestimmt:

„Eine Vereinbarung, die zum Nachteil des Mieters von den Absätzen 1 bis 3 dieser Vorschrift oder von § 543 abweicht, ist unwirksam." „Ferner ist eine Vereinbarung unwirksam, nach der der Vermieter berechtigt sein soll, aus anderen als den im Gesetz zugelassenen Gründen außerordentlich fristlos zu kündigen."

8 Eine außerordentliche Kündigung aus wichtigem Grund muss nicht als solche bezeichnet werden. Sie kann auch als fristgemäße Kündigung ausgesprochen werden oder als Kündigung mit einer „Auslauffrist". Soweit eine Kündigung aus wichtigem Grund jedoch ausgesprochen wird mit der Maßgabe, dass das Mietverhältnis erst zu einem späteren Zeitpunkt und nicht fristlos beendet werden soll, ist im Einzelfall zu prüfen, ob die Angabe des späteren Beendigungszeitraumes nicht ein Indiz dafür darstellt, dass ein wichtiger Grund im Sinne des Gesetzes doch nicht vorhanden sei.

9 *cc) Außerordentliche Kündigung mit gesetzlicher Frist.* Darüber hinaus sieht das Gesetz diverse Möglichkeiten vor, ein Mietverhältnis außerordentlich unter Beachtung einer gesetzlich bestimmten Frist zu kündigen. Auf die Ausführungen unter → Rn. 666 ff. sei verwiesen.

---

[4] BGH NJW 1998, 2664.
[5] LG Köln WuM 88, 404.

2. Kündigungsbefugter

a) **Vertragspartei.** Kündigungsberechtigt sind die Parteien des Mietvertrages – also Mieter und Vermieter. 10

Fallen Vermieter- und Eigentümereigenschaft auseinander (Beispiel Nießbrauch), ist der Eigentümer selbst nicht zur Kündigung des Mietverhältnisses befugt. Ebenso wenig hat der Bewohner der Wohnung, der selbst nicht Mietvertragspartner ist, keine rechtliche Möglichkeit, gegenüber dem Vermieter durch Kündigungserklärung ein Mietverhältnis zu beenden.

b) **Personenmehrheit.** Bei Personenmehrheiten steht das Kündigungsrecht jeweils der Personenmehrheit als solcher zu und nicht einer jeweiligen Einzelperson. Mehrere Mieter und/oder Vermieter können nur gemeinschaftlich kündigen. Die Kündigung durch lediglich einen Teil der Personenmehrheit ist unwirksam. 11

Sofern eine GbR Partei eines Mietverhältnisses ist, sind die zur Geschäftsführung berufenen Gesellschafter vertretungsberechtigt (§ 125 HGB, § 709 BGB). Folglich muss eine Kündigung durch alle vertretungsberechtigten Gesellschafter erfolgen; andernfalls ist auch hier die Kündigung unwirksam.[6] 12

Die Kündigung, die nicht von allen ausgesprochen wird, ist allerdings wirksam, wenn sie mit vorheriger Zustimmung der übrigen erklärt wird.[7] Eine nachträglich erteilte Zustimmung hat nicht die Wirksamkeit der Kündigung zur Folge. 13

Gibt ein Mitmieter erkennbar den Mitbesitz an einer Wohnung dadurch auf, dass er bereits vor längerer Zeit ausgezogen ist, kann dieses Verhalten gegenüber den verbleibenden Mitmietern als Einwilligung (§ 183 S. 1 BGB) dahingehend ausgelegt werden, auch ohne seine Mitwirkung das Mietverhältnis durch Kündigungserklärung zu beenden. 14

c) **Stellvertretung.** Die Kündigung durch einen Stellvertreter ist zulässig. Die allgemeinen Regelungen der Stellvertretung gem. §§ 164 ff. BGB finden insoweit Anwendung. 15

aa) Gesetzliche Stellvertretung. Bei gesetzlicher Stellvertretung steht das Kündigungsrecht jeweils dem gesetzlichen Vertreter zu, nicht dem Vertreten. Im Falle der Betreuung steht das Recht im Rahmen seines Aufgabenkreises dem Betreuers gemäß § 1902 BGB zu. Das Kündigungsrecht des Betreuten selbst wird hierdurch noch nicht ausgeschlossen, wenn der Betreute nicht geschäftsunfähig ist; das Kündigungsrecht des Betreuten entfällt jedoch dann, wenn ein Einwilligungsvorbehalt gemäß § 1903 BGB angeordnet ist. 16

bb) Rechtsgeschäftliche Stellvertretung. Eine rechtsgeschäftliche Stellvertretung bei der Kündigungserklärung ist grundsätzlich zulässig. Eine Formularklausel, wonach sich mehrere Mieter wechselseitig zum Ausspruch einer Kündigung bevollmächtigen, verstößt jedoch gegen § 307 BGB; es stellt eine unangemessene Benachteiligung dar, wenn Mieter sich bereits bei Vertragsabschluss gegenseitig zur Aufhebung des Vertrages bevollmächtigen sollen.[8] 17

cc) Widerspruchsmöglichkeit gemäß § 174 BGB. Die Erteilung der Vollmacht für eine Stellvertretung ist formlos möglich. Bei Erklärung einer Kündigung durch einen Stellvertreter ohne Vorlage einer schriftlichen Originalvollmacht hat jedoch der Empfänger der Kündigungserklärung die Möglichkeit, gemäß § 174 BGB – unter Hinweis auf die unterbliebene Vorlage einer Originalvollmacht – die Kündigung unverzüglich zurückzuweisen. 18

Der Widerspruch gemäß § 174 BGB ist eine einseitige empfangsbedürftige Willenserklärung, die bei fehlender Vorlage einer Vollmacht zurückgewiesen werden kann.[9] Im 19

[6] OLG Frankfurt a. M. ZMR 2018, 665.
[7] Schmidt-Futterer/Streyl BGB § 542 Rn. 55.
[8] OLG Frankfurt a. M. WuM 1992, 57 (61).
[9] MüKoBGB/Schubert § 174 Rn. 25.

Falle eines unverzüglichen Widerspruchs – also ohne schuldhaftes Zögern – ist die Kündigung unwirksam.

20 Im Falle der wirksamen Zurückweisung der Kündigung gibt es keine Möglichkeit, diese durch Nachreichung einer Originalvollmacht zu heilen. Die Abgabe einer neuen Kündigungserklärung ist zwingend erforderlich.[10]

Im Falle der gesetzlichen Stellvertretung ist § 174 BGB nicht anwendbar.[11]

21 **d) Ermächtigung.** Der Vermieter hat nach Auffassung des BGH auch die Möglichkeit, einen Dritten zu ermächtigen, die Kündigung im eigenen Namen zu erklären.[12]

22 Eine solche Ermächtigung ist nur dann wirksam, wenn der Ermächtigte einen Kündigungsgrund – soweit für die Kündigung erforderlich – geltend macht, den auch der Ermächtigende geltend machen könnte.[13] Es kommt rechtlich somit maßgeblich auf die Person des Vermieters an.

23 Veräußert beispielsweise der Vermieter seine Wohnung, kann der Veräußerer den Erwerber nicht zur Kündigung wegen Eigenbedarfs ermächtigen, da ein derartiges Interesse auf Seiten des Veräußerers nicht (mehr) vorliegen kann. Der Erwerber kann lediglich nach erfolgter Eigentumsübertragung gemäß § 566 BGB die Kündigung mit einem eigenen Eigenbedarf begründen.

24 Erfolgt die Erklärung einer Kündigung auf Grundlage einer Ermächtigung, findet die Vorschrift des § 174 BGB entsprechend Anwendung. Der Kündigungsempfänger kann die Kündigungserklärung daher ebenfalls mit der Begründung zurückweisen, dass ihm eine schriftliche Original-Ermächtigung nicht vorgelegt worden sei.

Praxistipp:
Wenn eine Kündigungserklärung vorliegt, ist zu prüfen, ob sie von der richtigen Person ausgesprochen worden ist. Wenn der Kündigende nicht selbst Vertragspartei ist, ist zu prüfen, ob die Kündigung im Namen der Vertragspartei – also als Vertreter der Vertragspartei – ausgesprochen worden ist. Falls dies zu bejahen ist, Vorlage der Vollmacht prüfen. Ist diese nicht – im Original – beigefügt, der Kündigung für den Mandanten – mit Vorlage einer schriftlichen Vollmacht – widersprechen. Der Widerspruch muss zwar unverzüglich erfolgen, nicht jedoch sofort. Es kann zweckmäßig sein, einige Tage mit dem Widerspruch abzuwarten, wenn damit erreicht wird, dass ein Kündigungstermin bei einer sodann zu erwartenden neuen Kündigung überschritten wird.
Falls ein „Falscher" die Kündigung erklärt hat – zB der Erwerber der Wohnung, der noch nicht als Eigentümer eingetragen ist und der sich auch nicht auf eine Vollmacht oder Ermächtigungserklärung des Vermieters beruft – kann es sinnvoll sein, nicht zu widersprechen, um nicht den Fehler frühzeitig erkennen zu lassen und damit eine neue nunmehr ordnungsgemäße Kündigung zu provozieren.

3. Erklärungsempfänger

25 **a) Vertragspartei.** Die Kündigungserklärung ist an die jeweils andere Vertragspartei zu richten. Eine Kündigungserklärung gegenüber Dritten – beispielsweise gegenüber dem tatsächlichen Bewohner einer Wohnung – ist unwirksam. Auch in einem solchen Falle muss die Kündigung des Mietverhältnisses stets gegenüber dem Mieter erfolgen.

26 Die Kündigung des Mietverhältnisses auch gegenüber dem eigentlichen Wohnungsnutzer birgt zudem die Gefahr, dass der Vermieter hierdurch zu erkennen gibt, den Wohnungsnutzer ebenfalls als Mieter anzusehen. Die Ausweitung des Mietverhältnisses auch auf diesen Dritten (zumindest konkludentes Einverständnis sämtlicher Vertragsparteien vorausgesetzt) ist möglich. In diesem Falle gelten die gesetzlichen Schutzrege-

---

[10] Schmidt-Futterer/Blank BGB § 542 Rn. 49.
[11] OLG Düsseldorf NJW-RR 1993, 470.
[12] BGH NZM 1998, 146.
[13] Schmidt-Futterer/Streyl BGB § 542 Rn. 62.

lungen auch für diese Person. Von einer Kündigung gegenüber einem Nicht-Vertragspartner ist somit abzuraten.

Unter Beachtung der vorstehenden Ausführungen ist im Falle unklarer Vertragsver- 27
hältnisse daher abzuwägen, ob eine Kündigung gegenüber sämtlichen (möglichen) Vertragspartnern zu erklären ist.

Eine solche Kündigung erhöht zwar die Wahrscheinlichkeit einer wirksamen Beendigung des Mietverhältnisses, zugleich jedoch auch das Kostenrisiko des Vermieters für den Fall, dass sich der Nichtvertragspartner zur Abwehr der Kündigung anwaltlicher Hilfe bedient mit der Konsequenz, dass der Vermieter mit entsprechenden Kosten belastet werden könnte.[14]

Wer Erklärungsempfänger der Kündigung ist, bestimmt sich nach allgemeinen Aus- 28
legungsregelungen. Eine an den Verwalter des Mietobjektes gerichtete Kündigung ist zu verstehen als Erklärung gegenüber dem Vermieter. Wenn Eheleute Mieter sind, ist eine Erklärung, gerichtet an „Familie" als Kündigungserklärung gegenüber dem Ehepaar zu verstehen.[15]

Im Falle eines Vermieterwechsels gemäß § 566 BGB wird man eine Kündigung des 29
Mieters gegenüber dem bisherigen Vermieter in entsprechender Anwendung des § 407 BGB als rechtswirksam ansehen müssen, wenn die Kündigung erklärt worden ist zu einem Zeitpunkt, zu dem der Eigentumswechsel dem Mieter noch nicht bekannt war.[16] Gleiches gilt für den Fall, dass der bisherige Vermieter den Mieter über einen Eigentümerwechsel informiert hat, der mangels Umschreibung im Grundbuch tatsächlich noch nicht stattgefunden hat.

b) Personenmehrheit. Bei Mieter und/oder Vermieter aus einer Personenmehrheit, ist 30
gegenüber sämtlichen Mietern/Vermietern die Kündigung des Mietverhältnisses zu erklären. Aufgrund der Teilrechtsfähigkeit der GbR ist eine Kündigung durch diese und ihr gegenüber zu erklären. Auf die korrekte Bezeichnung des Adressaten kommt es auch hier nicht an. Vielmehr ist der tatsächliche Adressat unter Beachtung der allgemeinen Regelungen durch Auslegung zu ermitteln.

Der Auszug lediglich eines Mieters aus der angemieteten Wohnung hat nicht die 31
Beendigung des Mietverhältnisses für diesen zur Folge; er bleibt vielmehr unverändert Vertragspartei. Der Vermieter muss somit unverändert gegenüber sämtlichen Mietern des Mietverhältnisses kündigen.

Maßgeblich ist in diesem Zusammenhang, dass die Kündigung einheitlich – also in 32
engem zeitlichen Zusammenhang – gegenüber sämtlichen Mietern erfolgt.[17] Es ist hingegen nicht erforderlich, dass die Kündigungserklärung gegenüber allen Mietern in einer Urkunde enthalten ist. Es ist dem Vermieter unbenommen, gegenüber jeder einzelnen Person mit separaten Erklärungen das Mietverhältnis zu kündigen.

Ausnahmsweise ist eine Kündigung gegenüber dem als ausgezogenen Mitmieter dann 33
entbehrlich, wenn der Auszug schon längere Zeit zurückliegt und sich aus den Gesamtumständen ergibt, dass der Mieter mit der Wohnung nichts mehr zu tun haben will und die übrigen Vertragsparteien zum Ausdruck bringen, die entsprechende Person nicht mehr als Mieter anzusehen.[18]

c) Stellvertretung. *aa) Gesetzliche Stellvertretung.* Bezüglich der gesetzlichen Stellver- 34
tretung gelten dieselben Grundsätze für den Empfang der Kündigungserklärung wie bei deren Abgabe.

bb) Rechtsgeschäftliche Stellvertretung. Die Kündigung kann auch erklärt werden 35
gegenüber einem rechtsgeschäftlich Bevollmächtigten des Kündigungsempfängers (§ 164 Abs. 3 BGB).

---

[14] Schmidt-Futterer/Streyl BGB § 542 Rn. 69.
[15] Schmidt-Futterer/Streyl BGB § 542 Rn. 68.
[16] Grüneberg/Weidenkaff BGB § 566 Rn. 19; LG Duisburg NJW-RR 1997, 1171.
[17] Schmidt-Futterer/Streyl BGB § 542 Rn. 68.
[18] OLG Frankfurt a. M. WuM 1991, 76; LG Stuttgart WuM 1996, 94.

36 Die in der Praxis häufig anzutreffenden Empfangsvollmachtsklauseln, wonach sich Mieter und Vermieter gegenseitig zum Empfang und zur Entgegennahme von Willenserklärungen für den jeweils anderen bevollmächtigen, sind unwirksam.[19]

37 Enthält der konkrete Mietvertrag eine derartige Klausel, ist der Vermieter – basierend auf der Entscheidung des BGH – demzufolge in der Lage, auch bei einem ihm bekannten Auszug eines von mehreren Mietern die Kündigung auszusprechen gegenüber der in der Wohnung verbliebenen Mieter bzw. Mietern auch in ihrer Eigenschaft als Empfangsvertreter des ausgeschiedenen Mieters.

38 Eine Formularklausel mit dem Inhalt, dass mehrere Mieter sich wechselseitig zu Entgegennahme von Willenserklärungen bevollmächtigen, ist gem. § 307 BGB unwirksam. Diese Rechtsfolge betrifft gleichermaßen Mietverhältnisse über Wohn- und Gewerberaum.[20]

39 Insoweit gelten die gleichen Regelungen wie bei der Abgabe der Kündigungserklärung nach Maßgabe folgender Abweichungen:

Wenn der Kündigungsempfänger eine GbR ist, die am kaufmännischen Verkehr teilnimmt, reicht der Zugang an einen der Gesamtvertretungsberechtigten Gesellschafter aus.[21] Das gleiche gilt in anderen Fällen der Gesamtvertretung von Handelsgesellschaften und juristischen Personen.

40 Eine Formularklausel in Mietverträgen, wonach sich mehrere Mieterwechselseitig zur Entgegennahme von Kündigungserklärungen bevollmächtigen, ist nach der Rechtsprechung wirksam.[22] Enthält der konkrete Mietvertrag eine derartige Klausel, ist der Vermieter demzufolge in der Lage, auch bei einem ihm bekannten Auszug eines von mehreren Mietern die Kündigung auszusprechen gegenüber dem in der Wohnung verbliebenen Mieter bzw. Mietern auch in ihrer Eigenschaft als Empfangsvertreter des ausgeschiedenen Mieters.

Praxistipp für den Mieter:

Wenn die Kündigung an den Falschen gerichtet ist, dem Richtigen lediglich bekannt wird, kann es richtig sein, nicht zu widersprechen, um den Irrtum nicht frühzeitig aufzudecken und damit eine erneute Kündigung, nunmehr an den Richtigen, zu veranlassen. Dies gilt auch für die Fälle, dass mehrere Mieter vorhanden sind und die Kündigung fehlerhaft nur an einen der Mieter gerichtet ist.

Praxistipp für den Vermieter:

Umgekehrt ist bei Ausspruch der Kündigung sorgfältig darauf zu achten, dass sie an die richtige Partei gerichtet ist. Bei bestehenden Unklarheiten – zB mündlicher Mietvertrag, bei dem nicht klar ist, ob er nur mit dem Ehemann oder mit den Eheleuten abgeschlossen ist oder auch noch mit einem anderen erwachsenen Familienmitglied – sollte die Kündigung vorsorglich gegenüber allen ernsthaft in Betracht kommenden ausgesprochen werden. Das Risiko, dass einer der Beteiligten sich gegen die Kündigung mit anwaltlicher Hilfe zur Wehr setzt mit der Begründung, er sei nicht Vertragspartner und daher die Kündigung ihm gegenüber unberechtigt, sollte in Kauf genommen werden, zumal in diesem Falle zweifelhaft ist, ob dadurch entstandene Anwaltskosten überhaupt erstattet werden müssen (wenn tatsächlich mit dem Betreffenden kein Vertragsverhältnis bestanden hat, kann die Kündigung auch keine positive Vertragsverletzung bedeuten; eine anderweitige Anspruchsgrundlage für die Erstattung von Anwaltskosten kommen kaum in Betracht).

[19] LG München ZMR 2017, 56.
[20] KG BeckRS 2018, 4938.
[21] Grüneberg/Heinrichs BGB § 167 Rn. 14.
[22] BGH NZM 1998, 22; aA LG Limburg WuM 1993, 47.

4. Erklärungsinhalt

a) Allgemeines. Aus der Erklärung muss hervorgehen, dass das Mietverhältnis nach dem Willen des Erklärenden sein Ende finden soll. Die Nutzung des Begriffs „Kündigung" ist nicht zwingend erforderlich. Die Erklärung eines Rücktrittes von dem Mietvertrag ist als Kündigungserklärung zu verstehen, da auch diese Erklärung die Äußerung des rechtsgeschäftlichen Willens zur einseitigen Vertragslösung beinhaltet.[23] 41

b) Abgrenzung zu anderen Erklärungen, Umdeutung. Die Kündigungserklärung ist abzugrenzen von Äußerungen, die den vorgenannten rechtsgeschäftlichen Willen nicht enthalten. Dies gilt beispielsweise für die Äußerung des Mieters, dass dieser „am liebsten demnächst ausziehen möchte". Auch der Wunsch des Vermieters, es wäre ihm am liebsten, wenn der Mieter sich eine andere Wohnung suche[24], ist nicht als Kündigung zu bewerten. 42

Soweit ein Mieter seinen Vermieter über einen bevorstehenden Auszug „informiert" kann eine derartige Erklärung nicht als Kündigung gewertet werden.[25] 43

Die Äußerung des Wunsches, das Mietverhältnis einvernehmlich zu beenden, kann als Kündigung zu bewerten sein, wenn aus der Erklärung hervorgeht, dass unabhängig von dem Verhalten des Vertragspartners eine einseitige Beendigung des Mietverhältnisses gewünscht wird.[26] 44

Ob die Erhebung einer Räumungsklage oder die Einreichung von Schriftsätzen im Rahmen eines Räumungsprozesses als Kündigung zu verstehen ist, ist jeweils eine Frage der Auslegung. Entscheidend ist, dass aus dem schriftsätzlichen Vorbringen deutlich wird, dass auch eine materiell-rechtliche Erklärung im Hinblick auf die Beendigung des Mietverhältnisses abgegeben werden soll. Wenn einer Räumungsklage ausschließlich Gründe für eine vorprozessual angeblich oder tatsächlich erklärte Kündigung dargelegt werden, also lediglich eine früher abgegebene Erklärung rechtlich verteidigt wird, kann in der Klageerhebung keine materiell-rechtliche Kündigungserklärung gesehen werden. Wenn dagegen beispielsweise in einem Räumungsklageprozess zur Begründung des Räumungsbegehrens Sachverhalte vorgetragen werden, die zeitlich später liegen als die ursprünglich angeblich oder tatsächlich erklärte Kündigung, so kann die schriftsätzliche Darstellung als neue Kündigungserklärung ausgelegt werden. Für die Praxis ist es jedoch empfehlenswert, in derartigen Fällen in dem Prozessverfahren eine eindeutige Erklärung dahingehend abzugeben, dass vorsorglich eine erneute Kündigung ausgesprochen werde. 45

Wichtig ist in diesem Falle, dass die Kündigungserklärung dem Empfänger auch zugehen muss. Wenn die Klage oder der sonstige Schriftsatz nur durch Niederlegung zugestellt wird, liegt ein Zugang im Rechtssinne nicht vor, wenn der Empfänger das zuzustellende Schriftstück nicht abgeholt hat.[27] 46

Die Umdeutung einer mangels ausreichender Kündigungsgründe unwirksamen Kündigung in ein anderes Rechtsgeschäft gemäß § 140 BGB ist nur in engen Grenzen zulässig. Eine fristgemäß ausgesprochene Kündigung kann nicht umgedeutet werden in eine fristlose Kündigung, selbst wenn die Begründung der fristgemäßen Kündigung auch eine fristlose Kündigung rechtfertigen würde; eine derartige Umdeutung würde dem erklärten Willen des Kündigenden widersprechen. 47

Eine fristlose Kündigung kann, soweit aus der Erklärung hervorgeht, dass der Kündigende auf jeden Fall das Vertragsverhältnis so bald wie möglich beenden wolle, in eine fristgemäße Kündigung umgedeutet werden. Dies gilt auch für den Fall, dass eine fristgemäße Kündigung nur deswegen zulässig ist, weil der Mietvertrag, der eine Klausel über einen zeitlich begrenzten Kündigungsverzicht enthält, nur wegen Nichteinhaltung 48

23 Schmidt-Futterer/Streyl BGB § 542 Rn. 27; BGH ZMR 1987, 143 (144).
24 Schmidt-Futterer/Streyl BGB § 542 Rn. 181.
25 OLG Dresden BeckRS 2018, 2620.
26 Schmidt-Futterer/Streyl BGB § 542 Rn. 183.
27 BGH WM 1987, 209.

der Schriftform gem. § 550 BGB kündbar ist und der Kündigende sich auf diesen Formmangel nicht beruft.[28] Empfehlenswert ist jedoch, in einem derartigen Fall wenigstens hilfsweise eine ordentliche Kündigung auszusprechen, wenn beispielsweise Zweifel daran bestehen, ob die Gründe für eine fristlose Kündigung ausreichen, für eine fristgemäße Kündigung jedoch genügend erscheinen. Eine Umdeutung einer fristlosen Kündigung aus wichtigem Grund in eine fristgemäße Kündigung widerspricht jedoch, wenn der Kündigende erkennbar nur das Vorliegen ganz bestimmter Gründe – die sich tatsächlich als nicht vorhanden herausstellen – geltend macht.[29]

49 Die Umdeutung einer unwirksamen Kündigungserklärung in ein Angebot auf Abschluss eines Mietaufhebungsvertrages ist regelmäßig nicht zulässig. Eine Umdeutung ist ausnahmsweise möglich, wenn sich der Kündigende bei dem Ausspruch der Kündigung hinsichtlich der mangelnden Wirksamkeit der Kündigung bewusst gewesen ist und aus der Erklärung hervorgeht, dass der Erklärungsempfänger aufgefordert worden ist, eine Entschließung über eine vorzeitige Vertragsaufhebung kundzutun.

Praxistipp:
Bei Überprüfung einer Erklärung, die auf die Beendigung eines Mietverhältnisses gerichtet ist, ist jeweils sorgfältig zu prüfen, ob im Rechtssinne eine Kündigungserklärung vorliegt.
Andererseits ist ebenfalls bei dem Wunsch einer Beendigung des Vertragsverhältnisses im Einzelnen zu prüfen, ob eine Kündigung ausgesprochen werden kann. Der Ausspruch einer ungerechtfertigten Kündigung gegenüber dem Vertragspartner kann Schadensersatzansprüche wegen positiver Vertragsverletzung – zB Anwaltskosten durch Inanspruchnahme eines Anwalts zur Abwehr der Kündigung – herbeiführen.
Wenn eine Kündigung erklärt werden soll, sollte dies klar und unmissverständlich erfolgen. Dies gilt auch für die Fälle, in denen im Rahmen eines Räumungsrechtsstreites eine möglicherweise vorgerichtlich ausgesprochene Kündigung hinsichtlich der Wirksamkeit zweifelhaft ist und deswegen eine neue Kündigung erklärt werden soll. Man sollte sich nicht darauf verlassen, dass Erklärungen im Prozess vielleicht als neue Kündigungserklärung ausgelegt werden.
Wenn beispielsweise vorprozessual wegen Zahlungsverzuges des Mieters gekündigt worden ist, im Prozess von dem Mieter vorgetragen wird, dass Gegenansprüche bestehen, die möglicherweise den nach dem Gesetz erforderlich Umfang des Zahlungsverzuges ausschließen, während des Prozessverfahrens jedoch ein weiterer Zahlungsverzug eingetreten ist, ist es empfehlenswert, unbedingt im Prozess eine neue Kündigung auszusprechen. Der bloße schriftsätzliche Hinweis darauf, dass zwischenzeitlich weitere Mietrückstände angefallen sind, wird vom Gericht möglicherweise nicht als ausreichend angesehen werden, um darin eine neue Kündigung zu sehen.

50 c) **Kündigungsbegründung.** Die ordentliche Kündigung des Mietverhältnisses durch den Mieter bedarf keiner Begründung.

Demgegenüber sind im Falle einer ordentlichen Kündigung durch den Vermieter die Gründe für ein berechtigtes Interesse im Kündigungsschreiben anzugeben, § 573 Abs. 3 S. 1 BGB. Die Angabe von Gründen ist Wirksamkeitsvoraussetzung.

51 Eine Begründung der Kündigung kann auch im Rahmen eines Rechtsstreites noch nachgeholt werden, soweit diese Gründe nachträglich entstanden sind, § 573 Abs. 3 S. 2 BGB. Gänzlich neu entstandene Kündigungsgründe können keine Berücksichtigung finden. Hier steht auf Seiten des Vermieters lediglich die Möglichkeit, eine erneute Kündigung des Mietverhältnisses unter Angabe dieser später entstandenen Gründe zu erklären.

52 Im Falle einer ordentlichen Kündigung des Vermieters ist der Lebenssachverhalt, der dem berechtigten Interesse im Sinne des § 573 BGB zugrunde liegt, umfassend darzustellen. Es genügt nicht, im Kündigungsschreiben lediglich auf den vorliegenden „Eigenbedarf" hinzuweisen. Es ist vielmehr im Detail zu konkretisieren, aus welchen

[28] BGH NJW-RR 2018, 1101.
[29] BGH WuM 1981, 57.

Umständen der Vermieter die Wohnung für sich oder eine andere gesetzlich privilegierte Person benötigt.

Praxistipp:

Soweit die Kündigung einer Begründung bedarf, sollte die Begründung bereits in der Kündigung möglichst konkret angegeben werden. Wenn beispielsweise bei Eigenbedarf die konkrete Entwicklung, bezogen auf den Wohnungsbedarf, feststeht, sollte dieser auch bereits in der Kündigungserklärung entsprechend dargelegt werden. Dies gilt auch im Hinblick darauf, dass derjenige Mieter, dem gegenüber der Wohnbedarf des Vermieters oder seiner Angehörigen konkret und glaubhaft geschildert wird, eher dazu geneigt sein wird, freiwillig zu räumen und es nicht auf die Räumungsklage ankommen zu lassen.

Andererseits kann es angebracht sein, bei ungewissem Verlauf in der Zukunft sich in der Kündigungserklärung nicht eindeutig festzulegen. Wenn der Vermieter die Wohnung für seinen Sohn haben will, der die Wohnung mit seiner Freundin beziehen will, ist es durchaus sinnvoll, in der Kündigungserklärung die Tatsache, dass die Wohnung von Sohn und Lebensgefährtin bezogen werden soll, anzugeben. Sollte die Wohnung jedoch von dem Sohn auch bewohnt werden, falls das Verhältnis mit der Freundin auseinander geht, sollte auch diese Alternative mit einbezogen werden, etwa in dem Sinne:

„Mein Sohn will die Wohnung mit seiner Freundin beziehen. Er ist jedoch unabhängig davon daran interessiert, in die Wohnung einzuziehen, da er auch als Alleinstehender diese Wohnung bewohnen will."

d) Teilkündigung. Die Teilkündigung eines Mietverhältnisses ist grundsätzlich nicht 53
möglich. Ein Mietverhältnis kann lediglich als Ganzes beendet werden.

Der Vermieter hat vor diesem Hintergrund nicht die Möglichkeit, ein mit mehreren 54
Mietern bestehendes Mietverhältnis lediglich einem Mieter gegenüber mit dem Ziel zu kündigen, dass dieser aus den Mietverhältnis ausscheide. Teilweise ist in der Rechtsprechung hierzu vertreten worden, es bestehe sogar eine Verpflichtung des Vermieters, die Kündigung auf einen von mehreren Mieter zu beschränken, wenn nur diesem ein vertragswidriges Verhalten zur Last falle und dem Vermieter die Fortsetzung des Vertrages mit dem anderen Mieter zugemutet werden könne.[30] Dieser Auffassung ist nicht zu folgen, da sie bereits nicht mit dem Grundsatz des einheitlichen Vertragsverhältnisses zu vereinbaren ist.

Unwirksam ist grundsätzlich die Kündigung des Mietverhältnisses nur hinsichtlich 55
eines Teils der Mietsache. Ein in der Praxis immer wieder anzutreffende Beispiel ist die Vermietung einer Wohnung sowie eines Stellplatzes im Rahmen eines einheitlichen Mietvertrages. Der Vermieter begehrt oftmals, das Mietverhältnis zumindest in Bezug auf den Stellplatz zu kündigen. Eine derartige, isolierte Kündigung des Stellplatzes ist jedoch nicht möglich. Für die Praxis ist daher der Abschluss zweier separater Mietverträge dringend zu empfehlen.

Eine Ausnahme von dem Verbot der gegenständlichen Teilkündigung bietet jedoch für 56
den Vermieter die Regelung des § 573b BGB bezüglich von nicht zum Wohnen bestimmter Nebenräume.

Weiterhin nicht möglich ist die Kündigung hinsichtlich einzelner vertraglicher Rege- 57
lungen des Mietverhältnisses. Der Vermieter kann demzufolge beispielsweise nicht durch eine entsprechende Teilkündigung erreichen, dass eine im Mietvertrag enthaltene Nebenkostenpauschale umgeändert wird in eine Nebenkostenvorauszahlung mit Abrechnung.

e) Bedingte Kündigung, hilfsweise Kündigung. Eine echte bedingte Kündigung ist 58
unzulässig. Die Kündigung ist als einseitige, empfangsbedürftige Willenserklärung bedingungsfeindlich. Potestativbedingungen sowie Rechtsbedingungen sind hingegen zulässig.

[30] LG Frankfurt a. M. WuM 1987, 21; LG Darmstadt WuM 1983, 54.

59 Die Parteien haben ferner die Möglichkeit, eine hilfsweise Kündigung Mietverhältnisses zu erklären. Ein derartiges Vorgehen ist in der Praxis auch allgemein üblich, in die Parteien neben der außerordentlichen fristlosen hilfsweise auch die ordentliche Kündigung des Mietverhältnisses erklären. Ist die außerordentliche fristlose Kündigung unwirksam, entfaltet die hilfsweise erklärte ordentliche Kündigung volle Wirkung.

60 Eine Änderungskündigung ist grundsätzlich zulässig. Im Rahmen des Wohnraummietverhältnisses ist jedoch eine vermieterseitige Änderungskündigung zum Zwecke der Mieterhöhung ausgeschlossen, § 573 Abs. 1 S. 2 BGB.

Praxistipp:

Im Rahmen eines Räumungsprozesses ist dringend zu empfehlen, Kündigungen mehrmals zu erklären. Dies gilt insbesondere für den Fall, dass im Laufe des Verfahrens andere bzw. neue Kündigungsgründe hinzukommen.
Entscheidend ist letztendlich nur die Wirksamkeit einer der erklärten Kündigungen. Um welche Kündigung es sich hierbei handelt, kann der kündigenden Partei letztendlich egal sein.

61 **f) Außerordentlich fristlose Kündigung sowie hilfsweise fristgerechte Kündigung.** Der Mieter hat im Falle einer außerordentlichen fristlosen Kündigung wegen Zahlungsverzuges die Möglichkeit, die Unwirksamkeit dieser Kündigung durch Ausgleich der vollständigen Mietrückstände innerhalb der gesetzlichen Schonfrist (zwei Monate nach Zustellung der Räumungsklage) herbeizuführen, § 569 Abs. 3 Nr. 2 BGB. Der nachträgliche Ausgleich der vollständigen Mietrückstände lässt jedoch nur die Wirksamkeit der außerordentlichen fristlosen Kündigung entfallen. Hat der Vermieter neben der außerordentlichen fristlosen Kündigung hilfsweise auch die ordentliche Kündigung des Mietverhältnisses aufgrund des bestehenden Zahlungsverzuges erklärt, bleibt deren Wirksamkeit von dem Ausgleich der Mietrückstände unberührt.[31]

Praxistipp:

Die Kündigung sollte nach Benennung der Mietrückstände im Einzelnen wie folgt formuliert werden:
„Aufgrund der bestehenden Mietrückstände kündige ich hiermit wegen Zahlungsverzuges das Mietverhältnis außerordentlich fristlos.
Rein vorsorglich und lediglich hilfsweise erfolgt zugleich auch die ordentliche Kündigung des Mietverhältnisses zum nächstmöglichen Zeitpunkt. Klarstellend weise ich darauf hin, dass vorrangig die außerordentlich fristlose Kündigung maßgeblich ist. Lediglich im Falle ihrer Unwirksamkeit tritt die hilfsweise ordentliche Kündigung des Mietverhältnisses in Kraft."

5. Form der Kündigung

62 Die Kündigung des Mietverhältnisses bedarf der schriftlichen Form, § 568 BGB. Sie ist somit eigenhändig durch Namensunterschrift oder mittels notariell beglaubigten Handzeichens zu unterzeichnen, § 126 BGB. Die gesetzliche Regelung gilt für Kündigungen sämtlicher Parteien, also gleichermaßen für Mieter und Vermieter.

63 Diese gesetzliche Schriftform ist nur dann eingehalten, wenn die Willenserklärung dem Empfänger im Original oder in einer Ausfertigung der Urkunde übermittelt wird. Ein Telegramm oder ein Telefax ist nicht ausreichend. Möglich ist auch eine Kündigung in elektronischer Form gemäß § 126a BGB. Soll demnach die schriftliche Form durch die elektronische Form ersetzt werden, muss der Aussteller der Erklärung dieser seinen Namen hinzufügen und das elektronische Dokument mit seiner qualifizierten elektronischen Signatur versehen, § 126a Abs. 1 BGB. Diese Möglichkeit ist vor allem bei

[31] BGH 13.10.2021 – VIII ZR 91/20, NJW-RR 2022, 80.

Kündigungen mittels besonderem elektronischen Anwaltspostfach (beA) von Bedeutung (vgl. nachstehend Rn. 65). Bei einer Zustellung der Kündigung durch den Gerichtsvollzieher reicht der Zugang einer beglaubigten Abschrift nach § 132 Abs. 1 BGB aus.

Soweit in einem Rechtsstreit eine Kündigung durch den Prozessbevollmächtigten erklärt wird, soll der Beglaubigungsvermerk auf der Schriftsatzabschrift, die dem Kündigungsempfänger zugestellt wird, für den Zugang der Kündigung ausreichen.[32] Für die Praxis galt lange Zeit die Empfehlung, einen Schriftsatz, welcher auch eine Kündigungserklärung enthält, nicht nur zu beglaubigen, sondern diesen im Original zu unterzeichnen.

Diese Empfehlung ist in Anbetracht der seit dem 1. Januar 2022 grundsätzlich geltenden Nutzungspflicht des **besonderen elektronischen Anwaltspostfachs (beA)** inzwischen überholt (vgl. § 130d ZPO).

Die **Einhaltung der Schriftform mittels eines elektronischen Dokuments** ist auf zwei Wegen möglich: 64

Der Kündigende hat zunächst die Möglichkeit, einen den Anforderungen des § 126a BGB genügenden Schriftsatz bei Gericht einzureichen. Dies gilt allerdings nur für qualifizierte elektronische Signaturen nach Art. 3 Nr. 10–12 VO (EU) Nr. 910/2014 iVm Art. 26 VO (EU) Nr. 910/2014 (eIDAS-VO). Diese Art der Signatur ist verkehrsfähig und damit nicht nur für den ersten Empfänger (das Gericht), sondern grundsätzlich auch für Dritte überprüfbar.[33] Die Abgabe einer Kündigungserklärung im laufenden Zivilprozess war folglich dann unproblematisch, wenn der Kündigungsempfänger bzw. Mieter anwaltlich vertreten ist; dieser fügt technisch über die Möglichkeit, die Signatur des Absenders zu überprüfen.[34] Anders war hingegen bis zum 16. Juli 2024 der Fall zu bewerten, dass in einem Verfahren vor dem Amtsgericht das Mietverhältnis gegenüber dem nicht anwaltlich vertretenen Mieter erfolgen soll. Diesem konnte bereits, wie vom BGH gefordert, der Schriftsatz bereits nicht elektronischem Wege der eingereichten Form zugestellt werden; folglich war ihm auch nicht die Überprüfung der qualifizierten elektronischen Signatur möglich.

Seit dem 17. Juli 2024 fingiert die gesetzliche Regelung des § 31i ZPO nunmehr den formgerechten Zugang der Willenserklärung in schriftlicher Form, wenn die in einem elektronischen Dokument nach § 130a ZPO eingereichte empfangsbedürftige Willenserklärung, die der schriftlichen oder elektronischen Form bedarf, dem Empfänger durch das Gericht zugestellt oder mitgeteilt wurde. Nach dem Willen des Gesetzgebers soll im Interesse einer medienbruchfreien Kommunikation eine Erklärung dann als formgerecht zugegangen gelten, wenn ihre Abgabe unter Einhaltung der materiell-rechtlichen Schriftform oder elektronischen Form erfolgte. Die Art der gerichtlichen Zustellung richtet sich nach §§ 169 ff. ZPO. Ein Verstoß gegen die gerichtlichen Zustellungsvorschriften (zB formlose Übermittlung statt Zustellung) hindert das Eintreten der Formfiktion nicht.[35] im Einzelfall können hierdurch jedoch Nachweis Schwierigkeiten entstehen. Die Zustellungsfiktion gilt auch für Zustellungen von Anwalt zu Anwalt (§ 195 ZPO), sofern der entsprechende Schriftsatz parallel hierzu in elektronischer Form auch bei Gericht eingereicht wird.[36] 65

6. Zugang der Kündigung

a) **Erforderlichkeit.** Die Kündigungserklärung ist nur dann wirksam, wenn sie dem Kündigungsempfänger zugegangen ist. Zugang bedeutet, dass die Erklärung so in den Bereich des Empfängers gelangt sein muss, dass dieser unter normalen Verhältnissen die 66

---

[32] BGH WuM 1987, 209.
[33] BGH NZM 2025, 423.
[34] BGH ZMR 2025, 385.
[35] BT-Drs. 20/10934, 57.
[36] BT-Drs. 20/10934, 57.

Möglichkeit hat, von dem Inhalt Kenntnis zu nehmen.[37] Ob der Empfänger tatsächlich Kenntnis genommen hat, ist unerheblich.

67 **b) Arten des Zugangs.** *aa) Persönliche Übergabe.* Die sicherste Form des Zugangs bildet die persönliche Übergabe der Kündigungserklärung. Praktisch relevant sind hier vor allem Übergaben durch die kündigende Vertragspartei in Person oder unter Zuhilfenahme eines Boten.

68 Ausreichend ist auch der Einwurf der Kündigungserklärung in den Briefkasten des Empfängers, wobei ein Zugang in diesem Falle erst dann anzunehmen ist, wenn zu erwarten ist, dass der Empfänger seinen Briefkasten leert. Ein Einwurf beispielsweise um 20.00 Uhr in den Briefkasten bewirkt einen Zugang erst am nächsten Tag, wenn die Post regelmäßig vormittags ausgetragen wird.

69 *bb) Versendung per Post.* Die Übersendung der Kündigung per Post ist grundsätzlich ebenfalls möglich. Diese Art der Übersendung ist auch dann ausreichend, wenn der Mietvertrag die Regelung enthält, wonach die Kündigung durch eingeschriebenen Brief zu erfolgen habe. Die Vereinbarung eines derartigen Übermittlungsweges ist nicht als Wirksamkeitserfordernis anzusehen. Wenn die Kündigungserklärung dem Empfänger in anderer Weise zugeht, ist sie gleichwohl wirksam.[38]

70 Die Übersendung durch einfachen Brief hat den entscheidenden Nachteil, dass der Absender keinen Nachweis über den Zugang der Kündigung beim Empfänger erhält. Der Beweis der Absendung des Briefes ist hierzu kein ausreichender Nachweis. Der Beweis der Absendung des Schriftstückes ist als Beweis für den Zugang nicht ausreichend.[39]

71 Aus ähnlichen Gründen ist auch von einer Übermittlung der Kündigung mittels Einschreiben/Rückschein dringend abzuraten.

Nimmt der Kündigungsempfänger das entsprechende Einschreiben nicht an, gilt es auch als nicht zugegangen. Einen weiteren bzw. einen anderen Nachweis des Zugangs erhält der Absender nicht.

72 Die Zustellung der Kündigung per Einschreiben/Einwurf ist in der Praxis häufig verbreitet und grundsätzlich als geeignetes Mittel zu bewerten. Das Einschreiben gilt mit dem Einwurf in den Briefkasten des Empfängers als zugegangen. Auf die tatsächliche Kenntnisnahme des Empfängers kommt es hier nicht an. Der Absender enthält regelmäßig einen online abrufbaren Nachweis über den Zugang des Einschreibens.

73 *cc) Zustellung durch Gerichtsvollzieher.* Für den Fall, dass mit einem Versuch der Zugangsvereitelung gerechnet werden muss, empfiehlt sich die Zustellung durch den Gerichtsvollzieher nach § 132 BGB. Diese Art der Zustellung ist als äußerst sicher zu bewerten.

74 *dd) Öffentliche Zustellung.* Möglich ist auch die öffentliche Zustellung der Kündigungserklärung gemäß § 132 Abs. 2 BGB. Diese Art der Zustellung kommt dann in Betracht, wenn der Absender – ohne dass ihm dies vorgeworfen werden könnte – in Unkenntnis über den Aufenthalt des Empfängers ist. Eine öffentliche Zustellung kommt im Einklang mit § 184 ZPO jedoch nur dann in Betracht, wenn eigene Recherchen des Absenders zum Aufenthalt des Empfängers zuvor erfolglos waren.

Praxistipp:

Es ist dringend davon abzuraten, eine Form des Zugangs zu wählen, die eine Nachweisbarkeit nicht zulässt. Dies gilt auch für den Fall, dass der Absender mit einem Bestreiten des Zugangs durch den Empfänger nicht rechnet.

Darüber hinaus sollte der Absender zwingend auf die lückenlose Beweisbarkeit der Kündigungserklärung sowie ihres Zugangs achten. Das bedeutet, dass einem Boten oder einer anderen

[37] BGH NJW 1980, 990; BAG NJW 1984, 1651; 1993, 1093.
[38] BAG NJW 1980, 1304.
[39] BGH NJW 1964, 1176; 1996, 2035; BAG NJW 1961, 2132.

Zustellungsperson nicht nur ein verschlossener Umschlag übergeben werden sollte, sondern der Zusteller auch vom Inhalt des Schreibens Kenntnis haben und dies dokumentieren sollte.
Im Falle einer gewollten öffentlichen Zustellung sind zunächst Recherchebemühungen des Absenders erforderlich. Der Absender sollte hier sämtliche Möglichkeiten zur Informationsbeschaffung ausschöpfen. Dies umfasst zunächst den Versuch der Kontaktierung über sämtliche, dem Absender bekannte Kontaktdaten (Telefonnummern, E-Mail-Adresse). Hat der Absender hiermit keinen Erfolg, sind weitere Recherchen erforderlich, wie das Nachfragen bei bekannten Personen, Freunden und Nachbarn. Zuletzt sollte auch eine Internet-Recherche erfolgen. Erst wenn diese Bemühungen ohne Erfolg sind, hat die Genehmigung der öffentlichen Zustellung Aussicht auf Erfolg.

Checkliste: Kündigungserklärung mit Stichworten und Beispielen

75

- ☐ Liegt eine Kündigungserklärung vor oder soll eine Kündigungserklärung abgegeben werden? Klargestellt sein muss das Ziel einer einseitigen Beendigung des Mietverhältnisses und nicht eine bloße Absichtserklärung. Nicht: „Ich möchte das Mietverhältnis beenden …", sondern: „Hiermit kündige ich das Mietverhältnis …".
- ☐ Wird die Erklärung abgegeben von dem Richtigen an den Richtigen? Erklärung von Vermieter an Mieter und umgekehrt, bei Abgabe durch Vertreter, Klarstellung, dass Handeln im Namen des Vertretenen und nicht im eigenen Namen („Namens und in Vollmacht Ihres Vermieters kündige ich…").
  Bei Abgabe der Kündigungserklärung an Vertreter, Klarstellung, dass Vertreter als solcher angesprochen wird („Ich erkläre Ihnen in Ihrer Eigenschaft als Vertreter des Vermieters, dass ich das Mietverhältnis kündige.").
- ☐ Liegt bei Kündigung durch rechtsgeschäftlichen Vertreter eine schriftliche Vollmacht vor? Beifügung der schriftlichen Vollmacht. Widerspruch bei Erhalt einer Kündigung ohne schriftliche Vollmacht unter Hinweis auf das Fehlen der schriftlichen Vollmacht; Widerspruch unverzüglich, aber nicht unbedingt sofort (läuft möglicherweise Kündigungstermin ab?).
- ☐ Ist der Zugang der Kündigung sichergestellt? Übergabe gegen Empfangsbekenntnis, Einschaltung eines Boten, bei Kündigung per Post, im Zweifel doppelt und zwar Einschreiben/Einwurf und normale Post.
- ☐ Sind Kündigungsgründe erforderlich, wenn ja, sind sie angegeben? Falls Begründung erforderlich, entsprechende Sachverhaltsdarstellung, die wenigstens eine Individualisierbarkeit der Gründe ermöglicht.
  Nicht einfach: „Ich kündige wegen bestehenden Eigenbedarfs", sondern „Ich kündige das Mietverhältnis, weil mein zwischenzeitlich erwachsener Sohn, der noch innerhalb der elterlichen Wohnung wohnt, einen eigenständigen Haushalt begründen will".
- ☐ Ist die Kündigung geeignet, das Mietverhältnis zu beenden? Überprüfung von Form und Frist und Überprüfung, ob die Begründung ausreichend ist und auch Überprüfung, ob im Falle des Bestreitens die Gründe beweisbar sind.
- ☐ Zu welchem Zeitpunkt endet das Mietverhältnis? Außerordentliche oder ordentliche Kündigung, Berechnung der Kündigungsfrist.

II. Außerordentliche fristlose Kündigung

1. Fristlose Kündigung des Mieters

a) **Einleitung.** Wie bei jedem sonstigen Dauerschuldverhältnis über § 314 BGB als Norm des allgemeinen Schuldrechts kann auch das Mietverhältnis **ohne Einhaltung einer Frist** für die Zukunft gekündigt werden. Eine außerordentliche Kündigung setzt das Vorliegen eines wichtigen Grundes voraus, der dann anzunehmen ist, wenn Tatsachen gegeben sind, die unter Berücksichtigung aller Umstände des konkreten Falles und unter Abwägung der beiderseitigen Interessen die Fortsetzung des Vertrages für den Kündigenden unzumutbar machen. 76

Die außerordentliche fristlose Kündigung ist in zwei Vorschriften geregelt. Für Mietverhältnisse im Allgemeinen wird das Recht zur fristlosen Kündigung in der **zentralen** 77

Vorschrift, § 543 BGB, zusammengefasst. Für Wohnraummietverhältnisse im Besonderen ist ergänzend noch **§ 569 BGB** zu beachten.

78 Entgegen dem Wortlaut der Überschrift von § 543 BGB muss eine außerordentliche Kündigung nicht mit dessen Zugang sofort wirksam sein. Tatsächlich kann der Kündigende bei Abgabe der Kündigungserklärung mittels freiwilliger Selbstbindung an eine Frist die Beendigung auf den Ablauf der Kündigungsfrist hinausschieben.

79 Neben der Generalklausel des § 543 Abs. 1 BGB finden sich im Gesetz **zwei Tatbestände,** die ein außerordentliches Kündigungsrecht **ausschließlich für den Mieter** vorsehen: (1) § 543 2 Ziff. 1 BGB gibt dem Mieter ein Kündigungsrecht für den Fall, dass der Vermieter seiner Hauptleistungspflicht, der **Gebrauchsgewährung,** nicht nachkommt oder den einmal gewährten Gebrauch wieder entzieht. (2) § 569 Abs. 1 BGB betrifft für Wohnräume und andere zum Aufenthalt von Menschen bestimmte Räume (§ 578 Abs. 2 S. 3 BGB) einen Fall bei dem die Mieträume so beschaffen sind, dass deren Gebrauch eine erhebliche **Gesundheitsgefährdung** mit sich bringt.

80 Ein weiter Grund für den Mieter zur außerordentlichen fristlosen Kündigung ist die Störung des Haufriedens durch den Vermieter oder einer ihm zuzurechnenden Personen, gem. § 569 Abs. 2 iVm § 543 Abs. 1 BGB. Im Übrigen kommt eine außerordentliche fristlose Kündigung bei Vorliegen eines wichtigen Grundes für den Mieter in Betracht, soweit dieser zur Unzumutbarkeit der Vertragsfortsetzung führt, gem. § 543 Abs. 1 BGB.

81 Die Kündigung von Wohnraummietverträgen muss **schriftlich** erfolgen, § 568 i. V. m. § 126 Abs. 1 BGB. Zur Wahrung der Schriftform muss die Kündigungserklärung eigenhändig durch den Kündigenden durch Namensunterschrift oder mittels notariell beglaubigtem Handzeichen unterschrieben werden. Über § 126 Abs. 3 BGB kommt auch die Übermittlung der Kündigungserklärung in elektronischer Form, unter Wahrung der Formerfordernisse des § 126a BGB in Betracht.

82 Mehr noch als bei anderen Kündigungen ist es bei einer fristlosen Kündigung seitens des Mieters wichtig, im Streitfall den **Zugang der Erklärung** beweisen zu können. Der Mieter, der fristlos kündigt, hat im Regelfall bereits ein anderes Objekt angemietet oder konkret in Aussicht. Kann er dann den Zugang der Kündigung nicht beweisen, ist zu seinen Lasten von dem Fortbestand des Mietverhältnisses auszugehen. Er kann folglich weiterhin durch den (alt) Vermieter in Anspruch auf Zahlung des Mietzinses genommen werden und muss ggf. auch für das neue Objekt zahlen.

83 Um einer Beweisfälligkeit zu entgehen, kommt die Übersendung der Erklärung durch **Einschreiben/Rückschein** in Betracht, allerdings muss dabei beachtet werden, dass die Erklärung bei Abwesenheit des Empfängers erst zugeht, wenn dieser den Brief nach Benachrichtigung bei der Post abholt. Unterbleibt dies, ist die Erklärung in der Regel (Ausnahme: Zugangsverhinderung, § 242 BGB) nicht zugegangen. Der Absender bemerkt das in der Regel erst etwa drei Wochen später und kann dann erst für einen Zugang sorgen. Bei der Übersendung als **Einwurf/Einschreiben** wird das Schreiben hingegen in den Briefkasten des Empfängers eingelegt und der Postbote vermerkt auf dem Beleg die Zustellung.

84 Die sicherste Art besteht in der **Zustellung der Erklärung per Gerichtsvollzieher,** weil dieser das Schreiben niederlegen kann und weil der Gerichtsvollzieher auch die Erklärung selbst fotokopiert. Mindestens sollte die **Erklärung per Boten überbracht** werden, wobei der Einwurf in den Briefkasten des Empfängers ausreicht. Der Bote sollte das Schreiben jedoch zuvor lesen, dann selbst einkuvertieren und sodann abgeben oder einwerfen. Sinnvoll ist es, das bereits unterschriebene Schreiben zu kopieren und auf der Kopie zu vermerken:

Formulierungsvorschlag:

85 Ich, (Name des Boten), habe das hier in Fotokopie wiedergegebene Schreiben gelesen, einkuvertiert und samt Vollmacht vom (Datum) am (Datum) in den Briefkasten von (Name des Vermieters) eingeworfen.

Damit kann, notfalls durch Befragung des Boten als Zeugen, der Zugang bewiesen werden. Natürlich sollte sich aus der Kündigungserklärung eindeutig ergeben, dass es sich um eine **außerordentliche Kündigung** handelt, um so Unklarheiten und die Unwägbarkeiten einer Auslegung der Willenserklärung zu vermeiden. Formulierungen wie eine „schnellstmögliche Beendigung des Mietverhältnisses" sind deshalb zu vermeiden. 86

Bei der Kündigung durch einen Vertreter sollte darauf geachtet werden, dass der Vertreter der Kündigungserklärung eine auf ihn lautende Originalvollmacht der kündigenden Vertragspartei beifügt, um zu vermeiden, dass der Kündigungsgegner von seinem Recht aus § 174 Abs. 1 S. 1 BGB auf unverzügliche Zurückweisung Gebrauch macht. Kündigt man neben der fristlosen Kündigung hilfsweise auch fristgerecht, was im Regelfall zu empfehlen ist, muss man zudem darauf achten, dass die Vollmacht sich nicht alleine auf eine fristlose Kündigung beschränkt.[40] 87

Darüber hinaus müssen die **allgemeinen Voraussetzungen** der Kündigung beachtet werden, wie bei jeder Kündigung, → Rn. 1 ff. 88

b) Praxisrelevanz. Für den Mieter ist die Bedeutung des Rechts auf außerordentliche fristlose Kündigung beschränkt. Der Wohnraummieter kann ohnehin auf eine relativ kurze Kündigungsfrist von 3 Monaten zurückgreifen, § 573c Abs. 1 S. 1 BGB. In der Regel ist dem Mieter durch diese überschaubare Zeitspanne bereits hinreichend geholfen. Zu überlegen ist nämlich immer, ob nicht dem Mieter schon damit gedient ist, dass die ordentliche Kündigung ausgesprochen wird. Diese beendet das Mietverhältnis zwar nur innerhalb der 3-Monatsfrist, ist dafür aber grundlos möglich, so dass der Mieter einem Streit über die Wirksamkeit der fristlosen Kündigung und das Vorliegen eines insofern rechtfertigenden Grundes aus dem Weg geht. 89

Bei **befristeten Mietverträgen** oder bei **Ausschluss der ordentlichen Kündigung** hat die außerordentliche Kündigung höhere Bedeutung, denn in beiden Fällen kann der Mietvertrag wegen § 542 Abs. 2 BGB nicht durch eine ordentliche Kündigung mit gesetzlicher Frist vorzeitig beendet werden. 90

c) Fehlende Gebrauchsgewährung, § 543 Abs. 1 iVm Abs. 2 S. 1 Ziff. 1 BGB. 91
aa) Einleitung. Gemäß § 543 Abs. 1 iVm Abs. 2 Ziff. 1 BGB steht dem Mieter das Recht der fristlosen Kündigung zu, wenn ihm der **vertragsmäßige Gebrauch der Mietsache** ganz oder zum Teil **nicht rechtzeitig gewährt** oder **wieder entzogen** wird.[41] Wegen der Anknüpfung an die Hauptleistungspflicht des Vermieters iSd § 535 Abs. 1 S. 1 u. 2 BGB (Risikosphäre des Vermieters) richtet sich dieses Recht jedoch ausschließlich an den Mieter. 86§ 543 Abs. 2 S. 1 Ziff. 1 BGB gilt wegen seiner systematischen Stellung im Gesetz unter der Überschrift „Allgemeine Vorschriften für Mietverhältnisse") für alle Arten von Mietverhaltnissen.

Der Sinn dieses Kündigungsrechtes ist klar: Kommt der Vermieter seiner Hauptleistungspflicht, der Gebrauchsgewährung, während der Mietzeit nicht nach, soll der Mieter nicht auf eine ordentliche Kündigung beschränkt sein. 92

Bei völliger Zerstörung des Mietobjekts erlischt das Mietverhältnis zwar nicht automatisch, der Gebrauchsgewährungsanspruch geht für diesen Fall jedoch nach § 275 Abs. 1 BGB, zusammen mit dem Anspruch auf Entrichtung des Mietzinses nach § 536 Abs. 1 BGB bzw. § 326 Abs. 1 S. 1 BGB unter.[42] 93

bb) Beginn des Kündigungsrechts. Grundsätzlich steht dem Mieter das Kündigungsrecht nach § 543 Abs. 2 S. 1 Nr. 1BGB erst ab Beginn der Mietzeit zu. Erst ab diesem Zeitpunkt hat der Mieter gegenüber dem Vermieter nämlich einen fälligen und durchsetzbaren Anspruch auf Gebrauchsüberlassung nach § 535 Abs. 1 S. 2 BGB, dessen Nichterfüllung den Mieter zum Ausspruch der fristlosen Kündigung nach diesem Abschnitt berechtigen kann. 94

---

40 LG Berlin NZM 2002, 829.
41 Grüneberg/Weidenkaff BGB § 543 Rn. 18.
42 Schmidt-Futterer/Lehmann-Richter BGB § 535, Rn. 790 ff.; aA LG Karlsruhe NZM 2005, 221.

95 Vor Beginn der Vertragslaufzeit ist der Mieter wegen des Fehlens eines Anspruchs auf Gebrauchsüberlassung nur ausnahmsweise dazu berechtigt eine Kündigung nach § 543 Abs. 2 S. 1 Nr. 1 BGB auszusprechen. Eine solche Ausnahme liegt u. a. dann vor, wenn hinreichend feststeht, dass der Vermieter den Gebrauch nicht rechtzeitig gewähren kann, zB wegen Unmöglichkeit.[43] Die Überlassung des Mietobjektes ist jedenfalls nicht Voraussetzung für den Beginn des Kündigungsrechts.[44]

96 *cc) Voraussetzungen. (1) Nichtgewährung des Gebrauchs oder Entzug.* Wie der Wortlaut der Vorschrift schon klarstellt, führen sowohl die **komplette Nichtgewährung** oder der **komplette Entzug des Gebrauchs** zum Kündigungsrecht wie auch die **teilweise Nichtgewährung** oder der **teilweise Entzug.**

Praxistipp:

Festzustellen ist zunächst, welcher Gebrauch seitens des Vermieters geschuldet wird. Dafür sind die Vereinbarungen im Mietvertrag maßgebend.[45]

97 Neben der Verletzung der Pflicht des Vermieters zur Gebrauchsgewährung kommt es auf die Unzumutbarkeit der Vertragsfortführung, ein Verschulden oder eine Abwägung der widerstreitenden Interessen der Vertragsparteien nicht an und sind in dem Regelbeispiel des § 543 Abs. 2 S. 1 Nr. 1 BGB nicht zu prüfen.[46]

98 Eine Gebrauchsstörung im Sinne der Vorschrift kann nicht nur in der völligen **Verhinderung des Gebrauchs** liegen, sondern kann sich auch aus der **Mangelhaftigkeit des Mietgegenstandes** oder dem **Fehlen einer zugesicherten Eigenschaft** ergeben.[47] Bei der Prüfung, ob eine Gebrauchsstörung infolge der Mangelhaftigkeit des Mietobjekts vorliegt, sind deshalb die Grundsätze des § 536 BGB heranzuziehen.[48]

99 Eine Verhinderung des Mietgebrauchs liegt vor, wenn der Vermieter dem Mieter den Gegenstand nicht übergibt oder ihn dem Mieter wieder entzieht. Dabei reicht es aus, dass der Mietgegenstand nur teilweise übergeben oder teilweise entzogen wird. Darauf, ob der Mieter die Mietsache auch tatsächlich nutzt, kommt es nicht an. Die Gründe, warum der Vermieter seine Gebrauchsgewährungspflicht nicht erfüllt, kommt es regelmäßig nicht an. Eine Ausnahme von diesem Grundsatz liegt dann vor, wenn der Vermieter seine Gebrauchsgewährungspflicht deswegen nicht erfüllt oder erfüllen kann, weil der Mieter aus Gründen, die allein in seiner Person liegen, am Mietgebrauch gehindert ist[49]. Dies ist der Fall, wenn der Mieter den Mietgegenstand nicht nutzen möchte oder nicht nutzen kann.

100 **Mängel,** die eine Gebrauchsbeeinträchtigung darstellen, müssen ihre Ursache nicht im Mietgegenstand selbst haben. Ebenfalls können Umweltmängel in Form von zB Lärm oder Geruchsbelästigungen aus dem Umfeld des Mietobjekts eine hinreichende Gebrauchsstörung darstellen. Auch behördliche Verfügungen, die einen Gebrauch in der vertraglich vereinbarten Art und Weise ausschließen oder einschränken stellen eine solche Gebrauchsstörung dar, soweit die Ursache für das hoheitliche Einschreiten in dem Mietgegenstand selbst beruht.[50]

101 Sobald ein **Sachmangel** den Gebrauch nicht unerheblich beeinträchtigt, kann dieser grundsätzlich auch für eine Kündigung nach § 543 Abs. 2 S. 1 Nr. 1 BGB herangezogen

[43] BGH NZM 2005, 500; LG Freiburg WM 1986, 246; AG Jever NJW 1971, 1086.
[44] Staudinger/Emmerich BGB § 543 Rn. 16; Grüneberg/Weidenkaff BGB § 543 Rn. 53.
[45] Schmidt-Futterer/Streyl BGB § 543 Rn. 124.
[46] BGH NZM 2006, 929; OLG Köln BeckRS 2012, 19425; BGH NJW 1974, 2233; Schmidt-Futterer/Streyl BGB § 543 BGB Rr. 10; MüKoBGB/Bieber BGB § 543 Rn. 20; Grüneberg/Weidenkaff BGB § 543 Rn. 18.
[47] Staudinger/Emmerich BGB § 543 Rn. 21.
[48] MüKoBGB/Bieber BGB § 543 Rn. 18.
[49] BGHZ 38, 295; OLG Düsseldorf ZMR 1994, 402.
[50] BGH NJW 2017, 1104.

werden.[51] **Rechtsmängel** können zum Kündigungsrecht führen, wenn die Mietsache nicht unbelastet von Rechten Dritter übergeben wird. Dabei reicht das Bestehen des Rechtes aber nicht aus, weil dies allein den Gebrauch des Mietgegenstandes noch nicht beeinträchtigt.[52] Dies ist nur gegeben, wenn der Dritte sein Recht auch ausübt[53] bzw. die Ausübung androht.[54] Wird das Objekt vom Besitzer vermietet, ohne dass er dazu vom Eigentümer ermächtigt worden ist, ist dies kein ausreichender Grund für eine fristlose Kündigung, erst dann, wenn der Eigentümer vom Mieter die Herausgabe nach § 985 BGB verlangt.[55] Auch die **fehlende Zustimmung zur Untervermietung** führt zu einem Kündigungsrecht des Mieters, wenn er einen Anspruch auf eine entsprechende Erteilung hat, denn auch in diesem Fall wird der Mieter in seinem Gebrauch beeinträchtigt.[56]

Wie oben schon ausgeführt, reichen **unerhebliche Gebrauchsbeeinträchtigungen** für eine fristlose Kündigung nicht aus. Die Frage, ob eine Beeinträchtigung erheblich oder unerheblich ist, kann nur für den Einzelfall beantwortet werden. Dabei kommt es immer auf den Vertragszweck an. Eine objektiv gleich hohe Lärmbelästigung kann in einem Gewerbeobjekt noch hinzunehmen sein, während in einem Wohnraummietverhältnis bereits eine erhebliche Gebrauchsbeeinträchtigung vorliegen kann. Ein Mangel ist jedenfalls dann grds. nicht erheblich, wenn er ohne großen finanziellen und zeitlichen Aufwand leicht behoben werden kann.[57] Eine Rückausnahme zu diesem Grundsatz ist dann anzunehmen, wenn der Mieter ein vertraglich anerkanntes Interesse an der beeinträchtigten Gebrauchsgewährung hat oder die Gebrauchsstörung zu einer spürbaren Beeinträchtigung des vertragsgemäßen Gebrauchs führt. Zwar lässt der Gesetzgeber laut dem Wortlaut offen, ob auch eine unerhebliche Behinderung des Mietgebrauchs ausreicht. Das führt aber nicht dazu, dass auch sämtliche unerheblichen Behinderungen ohne weiteres für eine Kündigung ausreichen. Denn es gilt der Grundsatz, dass Kündigungsrechte **nicht missbräuchlich** ausgenutzt werden dürfen.[58] Würde man aber jede noch so geringe Gebrauchsbeeinträchtigung zur fristlosen Kündigung ausreichen lassen, die laut § 536 Abs. 1 S. 3 BGB nicht einmal zur Minderung berechtigt, stünde dies außer Verhältnis zu den Interessen der Vertragsparteien. Zu berücksichtigen ist zudem, dass der Mieter in einem solchen Fall nicht schutzlos bleibt. Vielmehr verbleibt ihm auch bei einer unerheblichen Beeinträchtigung der Erfüllungsanspruch, den er geltend machen kann.[59] Ebenso kann der Mieter bei einem Mietverhältnis auf unbestimmte Dauer mit einer 3-monatigen Kündigungsfrist (§ 573c Abs. 1 S. 1 BGB) unabhängig von der bereits verstrichenen Mietzeit ordentlich kündigen. 102

Für den Ausschluss von Bagatellfällen spricht auch die dogmatische Überlegung, wonach § 543 Abs. 2 S. 1 Nr. 1 BGB als Regelbeispiel des Grundtatbestandes § 543 Abs. 1 BGB gilt und dieser eine gewisse schwere der Pflichtverletzung einer Vertragspartei voraussetzt. 103

Eine unerhebliche Gebrauchsbeeinträchtigung kann für den Ausspruch einer fristlosen Kündigung umgekehrt jedoch auch dann ausreichen, wenn die Beeinträchtigung in dem Fehlen einer zugesicherten Eigenschaft liegt, weil der Mieter dann zu erkennen gegeben hat, dass es ihm gerade auf diese Möglichkeit ankam.[60] Erheblichkeit kann auch vorliegen, wenn mehrere Mängel vorliegen, die jeder für sich betrachtet zwar unerheblich sind, in ihrer **Gesamtheit** aber nicht mehr hingenommen werden müssen. 104

---

[51] Einzelfälle Schmidt-Futterer/Streyl BGB § 543 Rn. 117.
[52] BGH NJW-RR 1995, 715.
[53] BGHZ 63, 132.
[54] Schmidt-Futterer/Streyl BGB § 536 Rn. 104.
[55] OLG Düsseldorf DWW 1992, 15.
[56] BGH NJW 1984, 1031; OLG Düsseldorf WM 1995, 585.
[57] OLG Düsseldorf ZMR 1994, 402.
[58] OLG Köln BeckRS 2012, 19425; Grüneberg/Weidenkaff BGB § 543 Rn. 19.
[59] Im Ergebnis auch Kraemer, Die Kündigung aus wichtigem Grund nach altem und neuem Recht, NZM 2001, 553 (560).
[60] LG Hamburg ZMR 1998, 560.

105 *(2) Fristsetzung oder Abmahnung.* In § 543 Abs. 3 BGB ist unter allgemeiner Bezugnahme auf die vorher geregelten Kündigungsgründe für Mieter und Vermieter geregelt, dass die Kündigung erst nach erfolglosem Ablauf einer zur **Abhilfe bestimmten angemessenen Frist** oder nach **erfolgloser Abmahnung** zulässig ist, **wenn der wichtige Grund in der Verletzung einer Pflicht aus dem Mietvertrag besteht.**[61] Diese Vorschrift ist § 314 Abs. 2 BGB nachgebildet.

106 Die **Mängelanzeige** nach § 536c BGB ersetzt hierbei nicht bereits die erforderliche Fristsetzung oder Abmahnung.[62]

107 Zunächst bedeutet dies, dass geprüft werden muss, ob die Beeinträchtigung auf eine **Vertragspflichtverletzung** zurückzuführen ist oder nicht, wobei aber schuldhaftes Verhalten des Vermieters nicht gefordert wird.[63] Der hier in den Blick genommene Kündigungstatbestand § 543 Abs. 2 Nr. 1 BGB bezieht sich offenkundig auf eine vertragliche Pflichtverletzung, nämlich der Gebrauchsgewährung nach § 535 Abs. 1 S. 1, 2 BGB. Die nachfolgenden Ausführungen erfolgen daher zum Verständnis der Vorschrift § 543 Abs. 3 BGB:

108 Als in § 543 Abs. 3 BGB geforderte Pflichtverletzung kommt sowohl die Verletzung einer Hauptleistungspflicht wie auch einer Nebenleistungspflicht in Betracht. Fehlt es an einer solchen Pflichtverletzung, ist nach dem Wortlaut der Vorschrift eine **Fristsetzung oder eine Abmahnung nicht notwendig.** Offensichtlich geht aber der Gesetzgeber davon aus, dass, abgesehen von den in § 543 Abs. 3 S. 2 BGB genannten Ausnahmen, immer eine Fristsetzung oder eine Abmahnung erforderlich ist. In der Begründung des Regierungsentwurfs wird nämlich zu § 543 Abs. 3 BGB darauf hingewiesen, dass in Übereinstimmung mit der bisherigen Rechtsprechung ausdrücklich feststehe, dass als weitere Voraussetzung für die fristlose Kündigung **grundsätzlich eine Abmahnung oder Fristsetzung zur Abhilfe** erforderlich ist. Lediglich bei Vorliegen besonderer Umstände (Satz 2) werde auf dieses Erfordernis verzichtet.[64]

109 Zu empfehlen ist jedenfalls, immer abzumahnen oder eine Frist zu setzen, damit über die Frage bei Fehlen einer Abmahnung oder einer Fristsetzung nicht gestritten werden muss.

110 Der Unterschied zwischen einer Abmahnung und einer Fristsetzung liegt in dem von der gegnerischen Vertragspartei begehrten Verhaltens. Soll der Vermieter durch die Erklärung dazu gebracht werden ein pflichtwidriges Verhalten für die Zukunft zu unterlassen, ist die Abmahnung zu erklären. Soll der Vermieter indes angehalten werden aktiv zu werden, um einen pflichtwidrigen Zustand zu beseitigen ist eine Frist zu setzen. Im Einzelfall kann es jedoch auch erforderlich sein eine Abmahnung mit einer Frist zu versehen, wenn dem Vermieter ein sofortiges Unterlassen schlechterdings nicht möglich ist.

Praxistipp:

Der Anwalt sollte immer empfehlen, dem Vermieter eine angemessene Frist zu setzen.

111 Während die Fristsetzung dem Vertragspartner bereits zu erkennen gibt, dass bei Nichteinhaltung ernste Konsequenzen für das Vertragsverhältnis drohen, ist nach Auffassung des BGH in der Abmahnung die Kündigung anzudrohen, mindestens jedoch zum Ausdruck zu bringen, dass die Fortführung des Vertragsverhältnisses von der Beseitigung des Mangels abhängt.[65]

---

[61] AG Hamburg-Wandsbek NJOZ 2017, 1084.
[62] Staudinger/Emmerich BGB § 543 Rn. 74.
[63] Begründung Regierungsentwurf zu § 543.
[64] Begründung Regierungsentwurf zu § 543 Abs. 3.
[65] BGH NJW 2012, 53; AG Köln BeckRS 2016, 20858.

Wenn der Vermieter noch nichts von der Gebrauchsbeeinträchtigung weiß, so muss der Mieter die Gebrauchsbeeinträchtigung dem Vermieter **anzeigen** und ihm eine **angemessene Frist** zur Beseitigung des vertragswidrigen Zustandes setzen. 112

Soweit es um das Unterlassen einer vertraglichen Pflichtverletzung geht, kann der Mieter den Vermieter erst **abmahnen,** wenn der Vermieter auf die Anzeige die Beeinträchtigung nicht beseitigt, kann der Mieter ihn abmahnen. Das bedeutet, dass der Mieter auf jeden Fall zweimal tätig werden muss, wobei unklar ist, wieviel Zeit der Mieter zwischen Anzeige und Abmahnung verstreichen lassen muss. Kennt der Vermieter bereits die Beeinträchtigung, so könnte der Mieter ihn zwar bereits abmahnen, auch dann ist aber unklar, ob und ggf. wie lange noch abgewartet werden muss, bis der Mieter seine Kündigung aussprechen kann. Diese Unsicherheiten umgeht der Mieter, wenn er dem Vermieter eine **Frist zur Abhilfe** setzt. Zudem wird der Mangel regelmäßig noch andauern, in diesen Fällen ist es besser, eine Frist zur Beseitigung zu setzen.[66] 113

Die Aufforderung zur Abhilfe oder ggf. die Abmahnung muss die **Mängel,** deren Beseitigung der Mieter verlangt, so konkret wie möglich **bezeichnen.**[67] **Nur wegen der Mängel, die bezeichnet und deren Abhilfe verlangt wurde, kann später gekündigt werden.** Der Vermieter muss aus der Aufforderung erkennen können, welche Arbeiten zu erledigen sein sollen, wobei der Mieter weder verpflichtet noch berechtigt ist, dem Vermieter bestimmte Anweisungen zu geben.[68] 114

Praxistipp:

Die Mängel oder Störungen, die zu beseitigen sind, müssen genau bezeichnet werden.

Aus dem Merkmal „bestimmt" ergibt sich, dass der Mieter bei Setzung der Abhilfefrist erkennen lässt, bis wann er die Beseitigung der Pflichtverletzung erwartet. Eine nach dem **Kalender bestimmter oder bestimmbare Frist** bedarf es hierfür nicht.[69] Über die Frage, ob eine Frist kalendermäßig bestimmt oder bestimmbar ist oder nicht, muss man sich nicht streiten, wenn man in der Beseitigungsaufforderung einen Kalendertag angegeben hat. 115

Praxistipp:

Wegen des zu wählenden „sichersten Wegs" sollte der Anwalt deshalb in der Aufforderung zur Mängelbeseitigung einen bestimmten Kalendertag als Ende der Beseitigungsfrist angeben. Nur dann, wenn Mängel **sehr kurzfristig** behoben werden müssen (Rohrbrüche und ähnliches), sollte man es dabei belassen, den Vermieter „unverzüglich" oder „sofort" zur Abhilfe aufzufordern.

Schließlich muss die Frist **angemessen** sein. Das kann nicht allgemein bestimmt werden, sondern hängt von vielerlei **Faktoren im Einzelfall** ab. So ist z. B. auf die Schwere der Beeinträchtigung, die Möglichkeiten der Beseitigung, das Interesse des Mieters an der Beseitigung und ggf. auf die Jahreszeit an. Die Frist muss jedenfalls so bemessen sein, dass der Vermieter die **Beanstandungen prüfen** und sodann **Angebote zur Erledigung** einholen kann. Dies muss er zügig, aber nicht überstürzt einschließlich der Vergabe des Auftrags und der Durchführung der Arbeiten erledigen können. Das kann auch eine längere Zeitspanne sein, wenn es beispielsweise um die Beseitigung von Lärmbelästigungen durch Nachbarn geht.[70] 116

---

66 Grüneberg/Weidenkaff BGB § 543 Rn. 46.
67 Staudinger/Emmerich BGB § 543 Rn. 74; MüKoBGB/Bieber § 543 Rn. 62.
68 MüKoBGB/Bieber § 543 Rn. 62.
69 BGH NJW 2009, 3153.
70 Schmidt-Futterer/Streyl BGB § 543 Rn. 223.

117 Wird die Frist zu kurz bemessen, ist die Aufforderung aber nicht unwirksam, sondern wird durch die im Fall angemessene Frist ersetzt.[71] Dies muss beim Ausspruch der Kündigung beachtet werden, da die Kündigung erst mit Ablauf einer gesetzten angemessenen Frist oder nach einer erfolglosen Abmahnung wirksam ausgesprochen werden kann.

118 Die Fristbestimmung oder Abmahnung ist **formfrei** möglich. Die Vereinbarung der Schriftform im Wohnraummietverhältnis ist unzulässig. Das ergibt sich aus § 569 Abs. 5 BGB. Auch hier gilt aber, dass der **Anwalt** die beabsichtigte Erklärung tunlichst **schriftlich und nachweisbar** abgibt, um im Rahmen eines sich anschließenden Prozesses auch diese Tatbestandsvoraussetzung für eine wirksam ausgesprochenen Kündigung beweisen zu können.[72]

119 Nach § 543 Abs. 3 S. 2 BGB ist eine **Fristsetzung oder Abmahnung** unter den dort genannten Voraussetzungen Ziff. 1–3 **entbehrlich.** Ziff. 3 bezieht sich dabei nur auf die Kündigung des Vermieters wegen Zahlungsverzug, kann in diesem Abschnitt zu § 543 Abs. 2 Nr. 1 BGB also unberücksichtigt bleiben. Eine Abmahnung oder Fristsetzung kann unterbleiben, wenn dies **offensichtlich keinen Erfolg** verspricht (Ziff. 1) oder die **sofortige Kündigung aus besonderen Gründen unter Abwägung der beiderseitigen Interessen gerechtfertigt** ist (Ziff. 2).

120 Nach **Ziff. 1** ist die Kündigung unmittelbar möglich, wenn die Fristsetzung oder Abmahnung **keinen Erfolg verspricht.** Das ist z. B. dann der Fall, wenn dem Vermieter die Beseitigung der Gebrauchsbeeinträchtigung rechtlich oder tatsächlich dauerhaft oder auf absehbare Zeit unmöglich ist, wobei es ausreicht, wenn der Mieter davon ausgehen durfte, dem Vermieter werde eine Beseitigung nicht möglich sein.[73] Dies kann dann der Fall sein, wenn schon verschiedene **Mängelbeseitigungsversuche** des Vermieters **gescheitert** sind.[74] Vorsicht ist aber angezeigt, wenn es bei der Gebrauchsstörung um die Geltendmachung von Rechten Dritter geht. Dann hat nämlich der Vermieter immer noch die Möglichkeit, sich mit dem Dritten zu einigen. Vorsicht ist generell angebracht, wenn es sich um subjektive Unmöglichkeit handelt.

121 Eine Fristsetzung oder eine Abmahnung ist selbstverständlich ohne Erfolgsaussicht, wenn der Vermieter die Erfüllung **ernsthaft und endgültig verweigert** hat. Die Hürde für den Mieter ist hoch, denn an die ernsthafte und endgültige Erfüllungsverweigerung werden hohe Anforderungen gestellt.

122 **Ziff. 2** stellt auf eine **Interessenabwägung** zwischen Mieter und Vermieter ab bei der Frage, ob Umstände vorliegen, die eine weitere Fortsetzung des Mietverhältnisses ausschließen. Man muss hier also prüfen, wessen Interesse (Mieter: sofortiges Beendigungsinteresse/Vermieter: Bestandsinteresse) überwiegt.

123 Der **Anwalt** sollte jedenfalls unter dem Gesichtspunkt des zu empfehlenden sichersten Weges bei der **Annahme einer solchen Ausnahme zurückhaltend** sein.

124 *(3) Untätigkeit des Vermieters.* Weitere Voraussetzung ist, dass die gesetzte Frist erfolglos verstrichen oder die Abmahnung erfolglos geblieben ist. Dies ist nicht nur dann der Fall, wenn der Vermieter **untätig** geblieben ist, sondern auch dann, wenn die **Mangelbeseitigung fehlgeschlagen** oder nur teilweise gelungen ist.

125 Wird die Gebrauchsbeeinträchtigung erst nach Ablauf der Frist, aber vor Ausspruch der Kündigung beseitigt, ist die Rechtslage streitig: Nach einer Ansicht soll die Kündigung nicht mehr möglich sein.[75] Nach anderer Auffassung ist das Kündigungsrecht mit erfolglosem Ablauf der Abhilfefrist oder erfolglos gebliebenen Abmahnung entstanden.[76] Hier wird es jedoch im Einzelfall darauf ankommen, in welchem zeitlichen Zusammenhang im Nachgang zur Beseitigung der Gebrauchsbeeinträchtigung die

[71] LG Frankfurt a. M. WM 1987, 55.
[72] → Rn. 1 f.
[73] OLG Karlsruhe ZMR 1988, 224.
[74] OLG Hamm NJW 1989, 2629 (2630).
[75] LG Saarbrücken WM 1995, 159.
[76] OLG Düsseldorf MDR 1988, 866; Schmidt-Futterer/Streyl BGB § 543 Rn. 217.

Kündigung dem Vermieter gegenüber erklärt wird, also ob über die Verwirkung gemäß § 242 BGB eine Kündigung ausscheidet. In den Fällen des § 543 BGB kann diese Frage auch bei der Interessenabwägung als weiterer Umstand zu berücksichtigen sein. Gleichermaßen noch nicht höchstrichterlich entschieden ist die Frage, ob es ausreicht, dass die Kündigungsvoraussetzungen bereits bei Abgabe der Kündigungserklärung oder erst bei Zugang beim Adressaten vorliegen.

Wichtig ist, dass es nicht darauf ankommt, ob dem Vermieter die Beseitigung der Beeinträchtigung möglich ist oder nicht,[77] denn bei der Gebrauchsgewährung handelt es sich um die Hauptleistungspflicht des Vermieters. **126**

dd) Ausschluss des Kündigungsrechts. Selbst wenn die Tatbestandsvoraussetzungen für eine fristlose Kündigung vorliegen, kann der Mieter mit diesem Recht ausgeschlossen sein. Ein **vertraglicher Ausschluss** zu Lasten des Mieters kommt wegen § 569 Abs. 5 BGB im Wohnraummietrecht jedoch nicht in Betracht, gleich ob als Individualvereinbarung oder Allgemeine Geschäftsbedingung. **127**

Nach § 543 Abs. 4 S. 1 BGB iVm § 536b BGB scheidet ein Kündigungsrecht aus, wenn der Mieter bei Abschluss des Vertrages **die Gebrauchsbeeinträchtigung kannte** und er sich ein Kündigungsrecht **nicht vorbehalten** hat.[78] **128**

Nur der Vollständigkeit halber sei auf § 543 Abs. 4 S. 1 BGB iVm § 536d BGB hingewiesen. Nach § 536d BGB kann sich der Vermieter auf eine Vereinbarung, welche die Rechte des Mieters wegen eines Mangels ausschließt oder beschränkt, nicht berufen, wenn er den Mangel arglistig verschwiegen hat. Diese Vorschrift hat für Wohnraummietverhältnisse nur geringe Bedeutung, denn ein vertraglicher Ausschluss ist ja bereits nach § 569 Abs. 5 BGB nicht möglich. **129**

Ein Recht zur fristlosen Kündigung gleich welcher Art kann der Mieter auch **verwirken** (§ 242 BGB), wenn er nicht zeitnah nach dem Auftreten der Beeinträchtigung und der Kenntnis hiervon tätig wird.[79] Für die Annahme einer Verwirkung kommt es im Wesentlichen auf die verstrichene Zeit (Zeitmoment) seit dem zur fristlosen Kündigung berechtigenden Fehlverhalten an. Das sonst für die Verwirkung geforderte Umstandsmoment tritt dahinter zurück, was auf den Leitgedanken der allgemeinen Vorschrift § 314 Abs. 3 BGB zurück zu führen ist.[80] Der Gesetzgeber hat in der Begründung zu § 543 BGB ausdrücklich darauf hingewiesen, dass die Rechtsprechung zur Verwirkungsmöglichkeit des Kündigungsrechts auch weiter gelten soll und nur deshalb von der Festlegung bestimmter Fristen, innerhalb derer eine Kündigung ausgesprochen werden muss, abgesehen, weil er die möglichen Fallgestaltungen für zu vielschichtig hält, um sie mit einer Frist abzudecken.[81] **130**

Der Gesetzgeber hat bewusst auch in § 314 Abs. 3 BGB von der Vorgabe einer bestimmten Ausübungsfrist abgesehen, da eine einheitliche Frist dem jeweiligen Einzelfall nicht gerecht werden kann.[82] Die Frist schwankt von zwei Wochen[83] bis zu mehreren Monaten.[84] Jedenfalls kann die 2-Wochen-Frist des § 626 Abs. 2 BGB nicht analog herangezogen werden.[85] **131**

Kündigen darf der Mieter auch nicht, wenn er den **Kündigungsgrund selbst oder mit verursacht hat,**[86] oder er die rechtzeitige **Beseitigung der Beeinträchtigung verhindert hat.**[87] Hat der Mieter bei der Fristsetzung angedroht, nach erfolglosem Ablauf eine Ersatzvornahme vorzunehmen, verliert er ebenfalls sein Kündigungsrecht, denn er hat **132**

---

[77] BGH NJW 1974, 2233.
[78] OLG Brandenburg NZM 2013, 151.
[79] BGH WM 1967, 515 (517); MüKoBGB/Bieber § 543 Rn. 30.
[80] Schmidt-Futterer/Streyl BGB § 543 Rn. 232.
[81] Begründung Regierungsentwurf zu § 543, Ziff. 5.
[82] Grüneberg/Grüneberg BGB § 314 Rn. 10.
[83] MüKoBGB/Bieber § 543 Rn. 30.
[84] Beispiele bei Schmidt-Futterer/Streyl BGB § 543 Rn. 235.
[85] BGHZ 133, 331; Grüneberg/Weidenkaff BGB § 543 Rn. 53; aA MüKoBGB/Bieber § 543 Rn. 30.
[86] Schmidt-Futterer/Streyl BGB § 543 Rn. 14.
[87] OLG Düsseldorf ZMR 1993, 522.

dann einen Vertrauenstatbestand dergestalt gesetzt, dass es ihm nicht auf die Kündigung, sondern auf die Fortsetzung des Vertrages ankommt.

133 *ee) Teilkündigung.* Eine Teilkündigung ist nicht möglich.

134 *ff) Kündigungserklärung.* Die Kündigung muss **schriftlich** erklärt werden, § 568 BGB.[88] Die Kündigungserklärung muss als einseitiges empfangsbedürftiges Rechtsgeschäft dem Erklärungsempfänger für ihre Wirksamkeit auch zugehen, gemäß § 130 Abs. 1 S. 1 BGB.

135 Der Erklärende kann sich auch durch einen Dritten vertreten lassen (§§ 164 ff. BGB). Erklärt ein Dritter, zB der Anwalt die Kündigung für den Mieter, so ist zur Vermeidung einer Anwaltshaftung eine **Originalvollmacht** wegen § 174 BGB beizufügen. Geschieht dies nicht und weist der Empfänger die Kündigung aus diesem Grunde unverzüglich zurück, wobei auf die Zurückweisungserklärung ebenfalls § 174 BGB anzuwenden ist, so ist die ausgesprochene Kündigung unwirksam. Das kann im Extremfall dazu führen, dass eine dann erforderliche erneute Kündigung verspätet ist, weil die erneute Kündigung dann möglicherweise nicht mehr zeitnah ist.

136 Die **Angabe des Kündigungsgrundes** in der Kündigungserklärung ist nötig. Dies ist in § 569 Abs. 4 BGB normiert, so dass der zur Kündigung führende Grund im Kündigungsschreiben anzugeben ist. Zwar ist diese Regelung in dem hier interessierenden § 543 BGB nicht enthalten, so dass man die Angabe des Kündigungsgrundes für nicht erforderlich halten könnte, zumal der Vermieter bereits aus der Fristsetzung oder Abmahnung weiß, weswegen gekündigt wird. Allerdings steht § 569 BGB in dem Abschnitt II (Mietverhältnisse über Wohnraum), so dass bei solchen Mietverhältnissen der Kündigungsgrund anzugeben ist. § 569 Abs. 4 BGB unterscheidet im Übrigen nicht zwischen Vermieter und Mieter, so dass die Pflicht, den Kündigungsgrund anzugeben, für alle außerordentlichen Kündigungen im Wohnraummietverhältnis gilt.

137 Für den Umfang der Begründung gilt folgendes: Aus anwaltlicher Sicht sollte man für eine möglichst genaue Begründung sorgen. Aus der Begründung sollte hervorgehen, welcher Umstand (wo, was, wann etc) dazu geführt hat, dass eine Gebrauchsbeeinträchtigung vorliegt. Dem Kündigungsgegner muss es möglich sein, den Grund von möglichen anderen Gründen abzugrenzen. Er soll die Erfolgsaussichten einer Verteidigung gegen die Kündigung abschätzen können.[89]

138 *gg) Darlegungs- und Beweislast.* Grundsätzlich hat der Mieter die Voraussetzungen seines Kündigungsrechts **vollumfänglich zu beweisen.**[90] Der Mieter muss also, hat er den Mietgegenstand angenommen, darlegen und ggf. beweisen, dass eine Gebrauchsbeeinträchtigung besteht. Geht es aber darum, ob der Vermieter von Anfang an seiner Gebrauchsgewährungspflicht nicht nachgekommen ist oder er rechtzeitig die Beeinträchtigung beseitigt hat, **kehrt sich die Beweislast** zugunsten des Mieters gemäß § 543 Abs. 4 S. 2 BGB **um.** Die Darlegungslast bleibt aber beim Mieter.

139 Im Übrigen muss der Mieter die Beeinträchtigung, die Fristsetzung oder Abmahnung sowie die Kündigung darlegen und beweisen.[91]

140 Behauptet der Vermieter, die Gebrauchsbeeinträchtigung sei unerheblich oder der Mieter habe den Eintritt der Beeinträchtigung verschuldet oder die Beseitigung behindert, so ist der Vermieter dafür beweispflichtig. Demgegenüber muss der Mieter wiederum darlegen und beweisen, dass ein Festhalten am Vertrag trotz der Unerheblichkeit des Mangels unzumutbar gewesen sei.

---

[88] → Rn. 1 f.
[89] Staudinger/Emmerich BGB § 569 Rn. 57.
[90] BGH NJW 1985, 2328.
[91] Schmidt-Futterer/Streyl BGB § 543 Rn. 121.

hh) Checkliste

- ☐ allgemeine Voraussetzungen der Kündigung 141
- ☐ Schriftform, Begründung, sichere Zustellung
- ☐ Vertrag bereits begonnen? Wenn nicht, vielleicht Ausnahme?
- ☐ Nichtgewährung oder Entzug des Gebrauchs, ganz oder teilweise
  Ausnahme: unerhebliche Beeinträchtigung
- ☐ Angemessene Fristsetzung oder Abmahnung
  Ausnahmsweise entbehrlich?
- ☐ Richtige Bezeichnung der Mängel
- ☐ Untätigkeit des Vermieters
- ☐ Kündigungsrecht ausgeschlossen oder verwirkt? Frist?
- ☐ Wer trägt die Beweislast?

d) Gesundheitsgefährdung, § 569 Abs. 1 iVm § 543 Abs. 1 BGB. *aa) Einleitung.* Die Kündigungsmöglichkeit wegen Gesundheitsgefährdung (Regeltatbestand) betrifft einen **Sonderfall der Kündigung wegen Nichtgewährung des vertragsgemäßen Gebrauchs gemäß § 543 Abs. 2 S. 1 Nr. 1 BGB.** Auch dann, wenn die Wohnung zwar zur Verfügung gestellt ist, jedoch der Zustand der Wohnung gesundheitsgefährdend ist, liegt ein Mangel vor, auch hierin liegt eine Nichtgewährung des Gebrauchs. Wie bei § 543 Abs. 1 iVm Abs. 2 BGB ist Fristsetzung oder Abmahnung erforderlich.[92] 142

Die Vorschrift gilt nicht nur für Wohnraum. Zwar betrifft § 569 Abs. 1 BGB dem Wortlaut nach nur Wohnraum, jedoch wird bezüglich anderer Räume, die zum Aufenthalt von Menschen bestimmt sind, in § 578 Abs. 2 S. 2 BGB auf § 569 Abs. 1 BGB verwiesen. Das Kündigungsrecht ist nach § 569 Abs. 4 S. 1 BGB nicht abdingbar. 143

bb) Voraussetzung: **Erhebliche Gesundheitsgefährdung.** Voraussetzung ist, dass mit der Benutzung des Wohnraums eine **erhebliche Gefährdung der Gesundheit** verbunden ist. Eine Beeinträchtigung der Gesundheit muss noch nicht eingetreten sein, es reicht aus, dass in absehbarer Zeit eine Beeinträchtigung konkret zu befürchten ist. Eine lediglich abstrakte Gefährdung reicht jedoch nicht aus.[93] 144

Notwendig ist somit, darzulegen, dass die Gesundheitsgefährdung **durch die Beschaffenheit des Mietobjekts** entsteht, der Zustand der Wohnung muss also **kausal** für die Gesundheitsgefährdung des Mieters sein. Dabei ist ein objektiver Maßstab anzulegen, es kommt also nicht auf die individuellen Verhältnisse des Mieters an.[94] Beweispflichtig für diesen Umstand ist der Mieter.[95] Das bedeutet, dass der Mieter nicht nur den Sachverhalt darlegen und beweisen muss, aus dem er die Gesundheitsgefährdung ableitet, also in der Regel den Mangel, sondern auch, dass dieser Umstand **objektiv gesundheitsgefährdend** ist, wobei aber nicht erforderlich ist, dass schon eine Beschädigung der Gesundheit eingetreten ist. Der Beweis kann in der Regel nur über ein **medizinisches Sachverständigengutachten** geführt werden. Atteste des Hausarztes reichen in aller Regel nicht aus, weil die Ärzte oft die Ausführungen des Patienten (Mieter) zum Zustand der Wohnung übernehmen, jedenfalls eine Kausalitätsprüfung nicht stattfindet. 145

(1) Gesundheitsgefährdung. Eine **Gefährdungslage** nach § 569 Abs. 1 BGB ist anzunehmen, wenn eine gewisse Wahrscheinlichkeit dafürspricht, dass durch die Beschaffenheit des Mietobjekts gesundheitliche Beeinträchtigungen beim Mieter hervorgerufen werden. 146

[92] BGH NJW 2007, 2177; Grüneberg/Weidenkaff BGB § 569 Rn. 9.
[93] Staudinger/Emmerich BGB § 569 Rn. 7.
[94] Schmidt-Futterer/Streyl BGB § 569 Rn. 15.
[95] OLG Brandenburg BeckRS 2014, 04899.

147 Für die Gesundheitsgefährdung ist es **nicht erforderlich,** dass bereits eine **Gesundheitsbeschädigung** aufgetreten ist, sondern es reicht aus, wenn der Mieter die Mietsache nur unter der Befürchtung benutzen kann, die Gefährdung könnte sich verwirklichen.[96]

148 Welche Anforderungen an die Wahrscheinlichkeit zu stellen sind hängt davon ab, mit welchen Folgen bei fortgesetzter Nutzung des mangelhaften Mietobjekts zu rechnen ist. Je höher das gefährdete Rechtsgut (Leben in Verhältnis zur Gesundheit) oder je beträchtlicher die drohende Gesundheitsbeeinträchtigung, umso geringer sind die Anforderungen an die Wahrscheinlichkeit. Droht zB die Decke einzustürzen (Lebensgefahr), reicht es aus, wenn sich dies nicht mehr ausschließen lässt, während es regelmäßig bei der Feuchtigkeit (regelmäßig geringere Gesundheitsgefahr) darauf ankommt, wie sicher die Gefährdung ist.

149 Bei der Frage nach Auswirkungen der Mangelhaftigkeit auf die Gesundheit des Nutzers kommt es nicht auf den konkreten Mieter an. Vielmehr ist auf einen durchschnittlichen Mieter ohne Überempfindlichkeiten oder gesundheitlichen Schwächen abzustellen.

150 Nicht immer muss ein **Mangel der Mietsache im hygienischen Sinn** vorliegen. So kann eine Gefährdung der Gesundheit auch dann gegeben sein, wenn die Standsicherheit des Gebäudes beeinträchtigt ist.[97] Beispielhaft seien folgende Umstände genannt, die zur Kündigung berechtigen können: Pilz- und Schwammbefall,[98] übermäßige Feuchtigkeit,[99] ungenügende Heizung,[100] Ungeziefer,[101] gesundheitsgefährdende Beschaffenheit von Sicherheitseinrichtungen des Gebäudes oder Trinkwasserrohre aus Blei, wenn Grenzwerte überschritten sind.[102] Verschulden des Vermieters ist jedenfalls nicht Voraussetzung für die Ausübung des Kündigungsrechts.[103]

151 Der Umstand, aus dem die Gesundheitsgefährdung abgeleitet, muss auch von gewisser Dauer sein.[104] Unberücksichtigt bleiben also Dinge, die ihrer Natur nach nur vorübergehend sind, zB Baustellenlärm.

152 Zwei Problemkreise haben sich in den letzten Jahren herausgebildet: Belastung einer Wohnung mit Schimmel oder Asbest. Dabei ist zu berücksichtigen, dass eine abstrakte Gefährdung nicht ausreicht. Zur Darlegung einer Gesundheitsgefährdung reicht es also nicht aus, bspw. darzulegen, in einem Nachtspeicherofen befände sich Asbest, sondern es muss dargelegt werden, dass der Asbest in die Atemluft austreten kann. Entsprechendes gilt für den Schimmel: Es reicht nicht aus, lediglich Feuchtigkeitsschäden darzulegen, sondern es muss auch konkret aufgezeigt werden, dass durch einen Feuchtigkeitsschaden Schimmelbefall entstanden ist.

153 *(2) Erheblichkeit.* Entscheidend für die Erheblichkeit der Gefährdungslage ist, wie nachhaltig die Gefährdung ist, ein bloßes Unbehagen des Mieters reicht nicht aus.[105] An der Erheblichkeit wird es jedenfalls regelmäßig fehlen, wenn die Gefährdung rasch behoben werden kann.[106] Generell trägt jedenfalls der Vermieter die Prognoserisiken.[107]

154 Betrifft die Gefährdung nur einen Raum der Wohnung, ist entscheidend, ob dadurch die Benutzbarkeit der Wohnung erheblich eingeschränkt ist.[108]

---

[96] OLG Hamm NJW-RR 1987, 267.
[97] AG Saarlouis WM 1990, 389.
[98] OLG Brandenburg BeckRS 2014, 04899; AG Saarbrücken BeckRS 2017, 136093; AG Hamburg-Wandsbek NJOZ 2017, 1084.
[99] OLG Düsseldorf ZMR 1987, 263.
[100] LG Traunstein WM 1986, 93.
[101] LG Saarbrücken WM 1991, 91; LG Freiburg WM 1986, 246; AG Berlin-Tiergarten MM 1997, 243; AG Kiel WM 1980, 235.
[102] AG Hamburg NJW-RR 1988, 914; AG Frankfurt a. M. NJW-RR 1988, 311.
[103] Schmidt-Futterer/Streyl BGB § 569 Rn. 9; Grüneberg/Weidenkaff BGB § 569 Rn. 10.
[104] OLG Koblenz ZMR 1989, 376.
[105] OLG Brandenburg NZM 2013, 151.
[106] Schmidt-Futterer/Streyl BGB § 569 Rn. 20.
[107] Schmidt-Futterer/Streyl BGB § 569 Rn. 15.
[108] Schmidt-Futterer/Streyl BGB § 569 Rn. 21.

(3) Abmahnung oder Fristsetzung. Auch bei dem Kündigungsrecht wegen Gesundheitsgefährdung ist es notwendig, den Mangel entweder abzumahnen oder eine Frist zur Abhilfe zu setzen.[109] Bei besonders gravierenden Gesundheitsgefahren kommt eine Ausnahme von dem Erfordernis eine Frist zur Abhilfe zu setzen laut § 543 Abs. 3 S. 2 Nr. 2 BGB in Betracht. **155**

cc) Ausschluss des Kündigungsrechts und Verwirkung. Stark umstritten ist die Frage, ob das Kündigungsrecht aus § 569 Abs. 1 BGB ausgeschlossen ist, wenn der Mieter den Umstand, der zur Kündigung berechtigen soll, **selbst herbeigeführt** hat. Dies kann bspw. dann der Fall sein, wenn der Mieter den Schimmelpilzbefall dadurch herbeigeführt hat, dass er die Wohnung nicht ausreichend beheizt und gelüftet hat. **156**

Eine Richtung der Literatur vertritt die Ansicht, dass der Mieter auch dann kündigen kann, wenn er den Zustand der Wohnung selbst herbeigeführt hat. Dabei wird als Begründung angeführt, die Vorschrift habe allein den Zweck, die **Gesundheit des Mieters bzw. die Volksgesundheit zu schützen.** Dem Vermieter stünden ggf. Schadensersatzansprüche zu.[110] Dem wird entgegengehalten, dass ein rücksichtsloser Mieter in einem solchen Fall **selbst die Voraussetzungen dafür schaffen kann,** sich aus einem Mietverhältnis zu befreien.[111] **157**

ME muss der Zweck der Vorschrift hier zurückstehen. Verträge sind einzuhalten, mit diesem Grundsatz ist es nicht vereinbar, dass ein Vertragspartner absichtlich oder unabsichtlich ein Kündigungsrecht selbst schafft. Dabei hilft der Verweis auf Schadensersatzansprüche nicht weiter, denn der Erfüllungsanspruch kann leichter geltend gemacht werden als der Schadensersatzanspruch. **158**

Dabei ist aber zu beachten, dass der Vermieter eventuell bestehende Ausschlusstatbestände darlegen und beweisen muss. Steht fest, dass bspw. Feuchtigkeitsschäden vorhanden sind, liegt es am Vermieter, darzulegen und zu beweisen, dass die Schäden auf das Verhalten des Mieters zurückzuführen sind. **159**

Anders als andere Kündigungsrechte aus wichtigem Grund kann das Kündigungsrecht wegen Gesundheitsgefährdung **nicht verwirken.**[112] Dies folgt aus dem Umstand, dass das Kündigungsrecht aus § 569 BGB nicht einmal einvernehmlich wegen § 569 Abs. 5 BGB aufgehoben werden kann. Im Gegensatz zu der Kündigung wegen Nichtgewährung des Gebrauchs in § 543 Abs. 2 S. 1 Nr. 2 BGB fehlt ein Verweis auf § 536b BGB (§ 543 Abs. 4 BGB) in § 569 BGB. Die Kenntnis des zur Kündigung berechtigenden Umstandes schon bei Abschluss des Mietvertrages schadet also nicht. Eine zeitnahe Ausübung dieses Kündigungsrechtes muss nicht erfolgen: Solange die Gesundheitsgefährdung noch besteht, ist die Kündigung möglich. Ggfs. Ist bei längerem Zuwarten jedoch die Setzung einer erneuten Abhilfefrist erforderlich.[113] Bezogen auf den Eintritt der Gefährdung kommt es also auf die Einhaltung einer angemessenen Frist gem. § 314 Abs. 3 BGB nicht an.[114] **160**

dd) Kündigungserklärung. Für die Erklärung der Kündigung gelten zunächst die allgemeinen Hinweise.[115] Auch hier ist also für die Kündigung **Schriftform** erforderlich und die Kündigung ist zu begründen.[116] Die Begründung muss erkennen lassen, dass der Mieter eine Gesundheitsgefährdung annimmt und diese Gefährdung auf den **Zustand der Wohnung** zurückführt.[117] **161**

[109] Wegen der Einzelheiten → Rn. 105 ff.
[110] Harsch, Zur Kündigung des Mieters wegen Gesundheitsgefährdung (§ 544 BGB), WM 1989, 162 (163).
[111] BGH NJW 2004, 311; LG Mannheim DWW 1978, 72; Grüneberg/Weidenkaff BGB § 569 Rn. 8.
[112] Schmidt-Futterer/Streyl BGB § 569 Rn. 32.
[113] BGH NZM 2011, 32.
[114] MüKoBGB/Häublein § 569 Rn. 15.
[115] → Rn. 1 f.
[116] → Rn. 50.
[117] BGH BeckRS 2005, 9701.

Checkliste

162 ☐ allgemeine Voraussetzungen der Kündigung
☐ Gesundheitsgefährdung
Ausnahme: unerheblich?
☐ Kausalität durch Benutzung der Wohnung
☐ Ausschluss oder Verwirkung?

163 **e) Störung des Hausfriedens, § 569 Abs. 2 iVm § 543 Abs. 1 BGB.** *aa) Einleitung.* § 569 Abs. 2 BGB legt für Wohnraummietverhältnisse fest, dass ein **wichtiger Grund** iSd § 543 Abs. 1 BGB in der Störung des Hausfriedens liegen kann. Dieses Kündigungsrecht steht Mieter und Vermieter gleichermaßen zu, wird aber in der Regel nur von Vermieterseite geltend gemacht.

164 Anders als in den Fällen der Regelbeispiele nach §§ 543 Abs. 2, 569 Abs. 1 BGB kann bei Nichtvorliegen der Voraussetzungen des § 569 Abs. 2 BGB oder auch wahlweise auf die Generalklausel des § 543 Abs. 1 BGB zurückgegriffen werden. Wegen dem Erfordernis im Falle des § 569 Abs. 2 BGB eine Einzelfallabwägung vorzunehmen, wie bei § 543 Abs. 1 BGB spricht man bei der Hausfriedensstörung von einem **Anwendungsfall** des § 543 Abs. 1 BGB und nicht wie bei §§ 543 Abs. 2, 569 Abs. 1 BGB von einem Regelbeispiel, welches eine Abwägung der Umstände des Einzelfalls nicht erfordert.[118]

165 *bb) Voraussetzungen. (1) Störung des Hausfriedens.* Das Tatbestandsmerkmal „Hausfrieden" wird weder in § 569 BGB noch an anderer Stelle im BGB näher definiert, lässt sich auch nicht aus §§ 123, 124 StGB ableiten.[119] Als Faustformel gilt, dass der Vertragspartner von dem Mietobjekt nur insoweit Gebrauch machen soll, als hierdurch Beeinträchtigungen anderer Bewohner des Hauses entstehen, die über das bei einem bestimmungsgemäßen Gebrauch der Mieträume unvermeidbaren Maß hinausgehen. Das Nähere regelt eine Hausordnung, wenn eine solche vereinbart ist, im Übrigen ist auf die Verkehrssitte abzustellen. Dies gilt natürlich nicht nur für die Mieter, sondern auch für den im Hause wohnenden Vermieter.[120]

166 Eine Störung des Hausfriedens liegt dann vor, wenn die zur **Wahrung des Hausfriedens notwendigen Verhaltenspflichten zur gegenseitigen Rücksichtnahme verletzt** und dies zur Beeinträchtigung eines anderen, hier des Mieters, führt. Dafür ist nicht notwendig, dass der Vermieter im Hause wohnt, auch eine Störung anlässlich eines Besuches oder der Durchführung von Arbeiten im Hause reicht grundsätzlich aus.

167 Um von einer Störung des Hausfriedens sprechen zu können, muss der gestörte Mieter im Haus selbst wohnen. Umgekehrt ist es jedoch nicht Voraussetzung, dass auch der Störer, zB der Vermieter dort wohnhaft ist. Die häufigsten Fälle sind jedoch Streitigkeiten zwischen Bewohnern desselben Hauses. Da der Kündigungsgrund aus der Sphäre des Kündigungsempfängers stammen muss und da der störende Nachbar kein Erfüllungsgehilfe des Vermieters ist, selbst wenn er ebenfalls dessen Mieter seien sollte, wäre bei dem Prüfungspunkt der Störung darauf abzustellen, ob der Vermieter es trotz Möglichkeit unterlassen hat die Störungen des anderen Nutzers zu unterbinden.[121]

168 Im Wesentlichen kommen **Lärmstörungen** als Kündigungsgründe in Betracht. Möglich ist eine Verletzung des Hausfriedens aber auch durch das unbefugte Betreten der Mieträume durch den Vermieter. Bei Lärmstörungen ist zu beachten, dass nicht nur Randalieren oder Ähnliches zur Kündigung führen kann, sondern auch die eigentlich bestimmungsgemäße Nutzung von Radio, Fernseher, Musikanlage und Musikinstrumenten, wenn deren Nutzung zu Störungen führt. Dabei ist darauf abzustellen, ob nach

[118] Schmidt-Futterer/Streyl BGB § 569 Rn. 33.
[119] Schmidt-Futterer/Streyl BGB § 569 Rn. 36.
[120] MüKoBGB/Häublein § 569 Rn. 20.
[121] Schmidt-Futterer/Streyl BGB § 569 Rn. 37.

objektiven Maßstäben eine Störung tatsächlich vorliegt. Fälle dieser Art zeichnen sich nämlich häufig dadurch aus, dass Streit darüber besteht, was im Rahmen eines geordneten Zusammenlebens noch hingenommen werden muss. Die Auffassungen der Parteien sind dabei in der Regel von **subjektiven Empfindlichkeiten geprägt,** weil die Frage, ob jemand durch Lärm gestört wird, eine subjektive Frage ist. Die „Störungsschwelle" ist eben unterschiedlich hoch angesetzt. Ob eine Lärmstörung tatsächlich vorliegt, ist daher aus der Sicht eines durchschnittlichen Mieters zu beurteilen. Auf eine Aufzählung verschiedener Einzelfälle wird deshalb an dieser Stelle verzichtet. Bei der Prüfung darf jedenfalls nicht übersehen werden, dass in einem Mehrfamilienhaus Beeinträchtigungen durch andere Bewohner nicht ausgeschlossen werden können und deshalb im notwendigen Umfang auch hinzunehmen sind. Ausführlich zum Mietgebrauch → § 16 Rn. 1 ff.

Die Störung muss auch **nachhaltig** sein, also jedenfalls häufiger vorkommen.[122] Eine 169
einmalige Störung reicht daher für eine Kündigung im Regelfall nicht aus.

(2) Unzumutbarkeit der Vertragsfortsetzung. § 569 Abs. 2 BGB definiert lediglich einen 170
weiteren wichtigen Grund, der nach § 543 BGB zur Kündigung berechtigt. Die **übrigen Tatbestandsmerkmale des § 543 BGB** müssen deswegen auch vorliegen, insbesondere muss durch die nachhaltige Störung des Hausfriedens die Fortsetzung des Vertragsverhältnisses für die andere Partei, hier den Mieter, **unzumutbar** sein. Dabei sind die **Interessen** beider Vertragspartner gegeneinander **abzuwägen,** auf der einen Seite also das Kündigungsinteresse des Mieters und auf der anderen Seite das Interesse des Vermieters, am Vertrag festzuhalten. Dabei kann zu Lasten des Mieters zu berücksichtigen sein, dass ihm die Beendigung des Mietverhältnisses unabhängig von der Dauer immer mit einer Frist von drei Monaten möglich ist, so dass es ihm unter Umständen zuzumuten ist, diese Zeit noch abzuwarten. Die Zumutbarkeitsfrage kann auch, wie die Frage der Störung, nur im Einzelfall entschieden werden. Dabei sind die persönlichen Verhältnisse der Parteien zu berücksichtigen.

(3) Verschulden? § 569 BGB fordert als absolute Kündigungsvoraussetzung nicht, dass 171
schuldhaftes Handeln auf Seiten des Kündigungsempfängers gegeben sein muss. Das Verschulden einer Vertragspartei (oder beider Vertragsparteien) ist im Gesetz lediglich über § 543 Abs. 1 BGB als zu berücksichtigender Umstand des Einzelfalles bei der Gesamtabwägung genannt. Weil dieser Umstand allerdings als einziger expressis verbis genannt wurde, kann man jedenfalls annehmen, dass das **Verschulden bei der Abwägung eine gewichtige Rolle** spielen soll.[123] Umgekehrt kann allerdings bei fehlendem Verschulden nicht darauf geschlossen werden, dass der Tatbestand auf jeden Fall nicht erfüllt ist. Denn eine Gebrauchsbeeinträchtigung, die zur Kündigung berechtigen würde, kann durchaus auch eintreten, ohne dass der Vermieter dies schuldhaft herbeigeführt hat. Umgekehrt führt auch schuldhaftes Handeln nicht unbedingt zu einem zur Kündigung berechtigenden Grund, wenn nämlich die Schwelle der Unzumutbarkeit nicht überschritten wird.

Festzuhalten ist also, dass **schuldhaftes Handeln nicht Tatbestandsvoraussetzung** ist, 172
wohl aber im Rahmen der Abwägung hier zu berücksichtigen ist, da es sich bei dem Kündigungsgrund der Hausfriedensstörung nicht um ein Regelbeispiel handelt und mithin die Voraussetzungen des § 543 Abs. 1 BGB ebenfalls zu prüfen sind. Fehlt das Verschulden, müssen besonders gewichtige Gründe vorliegen, wenn man die Unzumutbarkeit annehmen will.[124]

cc) Abmahnung oder Fristsetzung. Durch § 543 Abs. 3 BGB wird festgelegt, **dass eine** 173
Abmahnung oder eine Fristsetzung regelmäßig erforderlich ist und nur unter den Voraussetzungen des § 543 Abs. 3 S. 2 BGB darauf verzichtet werden kann.

dd) Darlegungsprobleme. Bei der verhaltensbedingten Kündigung wegen Störungen 174
des Hausfriedens nach §§ 543 Abs. 1 iVm §§ 569 Abs. 2, 573 Abs. 2 Nr. 1 BGB bereitet

---

[122] Schmidt-Futterer/Streyl BGB § 569 Rn. 41.
[123] Schmidt-Futterer/Streyl BGB § 569 Rn. 33.
[124] Grüneberg/Weidenkaff BGB § 543 Rn. 33.

die Beweisbarkeit und die Substantiierung und ordnungsgemäße Abmahnung regelmäßig Probleme; – insbesondere dann, wenn fortlaufendes Verhalten wie Lärmstörungen, Beleidigungen, Vermüllung, etc eine Rolle spielen. Von Seiten des Mieters müssen dann die Vorgänge insgesamt im Einzelnen dargelegt werden, ein pauschaler Vortrag wird vom Gericht regelmäßig nicht für ausreichend gehalten. Die Vorlage eines förmlichen Protokolls ist nach der Entscheidung des BGH in NJW 2012, 1647, nicht erforderlich, aber es muss nachvollziehbar dargestellt werden, welche Art von Beeinträchtigungen vorliegen, zu welchen Tages- und Nachtzeiten, wie lange die Störungen im Einzelnen dauern und in welcher Frequenz sie auftreten.[125] In diesem Fall sollte daher den Nachbarn des Störers nahegelegt werden, ein Protokoll über die einzelnen Störungen zu führen. Dort sollte das Datum, die Art der Störung und die Dauer der Störung mit den Uhrzeiten aufgeführt und von den Mietern dann unterzeichnet werden. Derartige Protokolle können dann im Räumungsprozess vorgelegt und den Mietern bei deren Zeugeneinvernahme vorgehalten werden.

175 Lärmstörungen können im Regelfall nicht anders als durch **Zeugenbeweis** nachgewiesen werden. Im Ausnahmefall kann einmal ein **Lärmmessgutachten** erforderlich sein, aber auch dann wird man zum Beweis der Frage, aus welcher Wohnung der Lärm kam, auf den Zeugenbeweis nicht verzichten können.

176 Notwendig ist deswegen in der Regel, dass die Störungen nach Art, Intensität, Datum, Uhrzeit und Dauer vorgetragen werden können. Dabei hat sich bewährt, dem Mandanten zu empfehlen, ein **Lärmprotokoll** tabellarisch zu führen. Dabei kommt es dann auf folgende Kriterien an:[126]

- □ Hörbarkeit in der eigenen Wohnung
- □ Notwendigkeit, die eigenen Fenster zu schließen
- □ Notwendigkeit, die eigene Stimme zu erheben
- □ Tages- oder Nachtzeit
- □ Sonstige Ruhezeiten
- □ Maskierung durch Hintergrundgeräusche
- □ Störung des Einschlafens und der Weckreaktion
- □ Störung konzentrierten Lesens oder Arbeitens
- □ Störung eigenen Musikhörens
- □ Art der Töne
- □ Wechsel von Sprache und Musik.

177 Dabei empfiehlt es sich zu notieren, ob und ggf. welche **Zeugen** die Störung ebenfalls zur Kenntnis genommen haben. Dieses Protokoll muss den **gesamten maßgeblichen Zeitraum** abdecken, der zunächst zur Grundlage der Abmahnung/Fristsetzung geworden ist und später zur Grundlage der fristlosen Kündigung, also die Vorfälle, die zur Abmahnung oder Fristsetzung führen und das Verhalten des Störenden danach. Diese Prozedur wird häufig von den Mandanten als unangenehm empfunden, sie ist aber nach Erfahrung des Verfassers die einzige sichere Möglichkeit, die Berechtigung der Kündigung später darlegen zu können, vom Beweis ganz zu schweigen.

178 *ee) Ausschluss und Verwirkung.* Nach § 569 Abs. 5 BGB ist eine Vereinbarung, die zum Nachteil des Mieters von § 569 Abs. 1–4 BGB oder von § 543 BGB abweicht, unwirksam. Damit kann das Kündigungsrecht wegen Störung des Hausfriedens im Wohnraummietverhältnis vertraglich **weder ausgeschlossen noch eingeschränkt** werden.

179 Eine **Verwirkung** des Kündigungsrechtes ist allerdings möglich, wenn der Berechtigte bei Vorliegen eines Kündigungsgrundes zu lange zuwartet, weil dann angenommen wird, dass eine Unzumutbarkeit der Vertragsfortsetzung nicht vorliegt.[127] Bezüglich der Länge des Abwartens ist die Rechtsprechung der Instanzgerichte höchst unterschiedlich,

[125] LG München I BeckRS 2016, 3474.
[126] Lärmstörungen – Gutachten und Lärmlexikon, S. 28 (8. Aufl. 1998), Materialien des Zentralverbandes der deutschen Haus-, Wohnungs- und Grundeigentümer eV.
[127] BGH NJW-RR 1988, 77.

Auffassungen von einem Monat[128] bis 2 Jahren[129] werden vertreten. Dabei sind die Gründe für das Zuwarten zu berücksichtigen. Nach einer Stimme in der Literatur darf der Mieter abwarten, bis er eine Ersatzwohnung gefunden hat.[130] Der in § 314 Abs. 3 BGB enthaltene Rechtsgrundsatz, wonach bei längerem Zuwarten nach Kenntnis des Kündigungsgrundes von einer Unzumutbarkeit der Vertragsfortsetzung nicht mehr ausgegangen werden kann. Zur Kündigungserklärung wird auf die obigen Ausführungen verwiesen.[131]

Checkliste

- ☐ allgemeine Voraussetzungen des Kündigungsrechts 180
- ☐ Störung des Hausfriedens, Unzumutbarkeit der Vertragsfortsetzung
  Darlegung und Nachweis möglich? Lärmprotokoll!
  Liegt objektive Störung vor?
- ☐ Abmahnung oder Fristsetzung
- ☐ Ausschluss oder Verwirkung

f) Unzumutbarkeit der Vertragsfortsetzung, § 543 Abs. 1 BGB. *aa) Einleitung.* Nach der Generalklausel in § 543 Abs. 1 BGB kann jeder Vertragsteil das Mietverhältnis aus wichtigem Grund außerordentlich fristlos kündigen. Die **Legaldefinition des wichtigen Grundes** findet sich in Satz 2 und orientiert sich im Interesse der Rechtseinheitlichkeit an § 626 BGB:[132] Ein wichtiger Grund liegt danach vor, wenn dem Kündigenden unter Berücksichtigung aller Umstände des Einzelfalles, insbesondere eines Verschuldens der Vertragsparteien und unter Abwägung der beiderseitigen Interessen die Fortsetzung des Mietverhältnisses bis zum Ablauf der Kündigungsfrist oder bis zur sonstigen Beendigung des Mietverhältnisses nicht zugemutet werden kann. 181

bb) Kündigungsfrist. Es heißt im Gesetzestext, aus wichtigem Grund könne man fristlos kündigen. Damit wäre nach dem Wortlaut auch nur eine sofortige Beendigung möglich. Nach dem Zweck der Vorschrift darf man dies aber nicht eng auslegen, sondern muss eine Kündigung **„ohne Einhaltung einer Kündigungsfrist"** lediglich zulassen, so dass auch die Kündigung mit einer geringeren als der gesetzlichen Kündigungsfrist möglich ist. 182

cc) Voraussetzungen. (1) Verschulden? Verschulden ist nicht zwingende Tatbestandsvoraussetzung, sondern ein eventuell zu berücksichtigender Umstand des Einzelfalles.[133] 183

(2) Wichtiger Grund. Der Gesetzestext ist, worauf die Begründung des Regierungsentwurfs hinweist, an § 626 BGB angelehnt, so dass es angezeigt erscheint, die Definition des wichtigen Grundes ähnlich wie dort vorzunehmen: 184

- Zunächst müssen Tatsachen vorliegen, die einen wichtigen Grund darstellen können.
- Es müssen alle Umstände des Einzelfalles berücksichtigt werden, ggf. auch solche, die mit dem wichtigen Grund nicht unmittelbar zusammenhängen.
- Interessenabwägung zwischen dem Interesse des Kündigungsempfängers an der Vertragsfortsetzung und dem des Kündigenden an der sofortigen Beendigung des Vertragsverhältnisses. Dabei muss dann zu Lasten des Vermieters etwa vorhandenes Verschulden berücksichtigt werden, wobei fehlendes Verschulden nicht automatisch entlastet.
- Unzumutbarkeit muss im Wesentlichen nach der noch möglichen Länge des Vertragsverhältnisses beurteilt werden, wobei zu Lasten des Mieters zu berücksichtigen ist,

[128] AG Delmenhorst WM 1980, 163.
[129] OLG Düsseldorf DWW 1997, 435 (438).
[130] Schmidt-Futterer/Streyl BGB § 5643 Rn. 232.
[131] → Rn. 74 ff.
[132] Begründung Regierungsentwurf zu § 543 E.
[133] → Rn. 171.

dass im unbefristeten Mietverhältnis die Kündigung für den Mieter ohne weiteres mit einer Frist von 3 Monaten möglich ist. Hat der im Hause lebende Vermieter infolge einer Krankheit oder infolge seines Lebensalters besonders unter den Vertragsverletzungen zu leiden, so ist dies bei der Abwägung zu würdigen[134] und mithin vom Anwalt des Vermieters in der Klagschrift auszuführen.

185 Wie oben schon erwähnt, dient § 543 Abs. 1 BGB auch dem Ersatz des bisher von der Rechtsprechung gestalteten außerordentlichen Kündigungsrechts. Weil diese Regelung im Wesentlichen der bis zur Mietrechtsreform 2001 geltenden Rechtslage entsprechen soll,[135] kann man auf die vorher ergangene Rechtsprechung zurückgreifen.

186 *(3) Abmahnung.* Eine **Abmahnung ist laut § 543 Abs. 3 BGB grundsätzlich immer dann erforderlich,** wenn der wichtige Grund in der Verletzung einer vertraglichen Pflicht liegt. Hierfür reichen auch Nebenpflichten aus dem Vertragsverhältnis, wie z. B. Schutz- und Rücksichtnahmepflichten iSd § 241 Abs. 2 BGB aus ausnahmsweise kann eine Abmahnung oder Fristsetzung entbehrlich sein, wenn ein Fall des § 543 Abs. 3 S. 2 Nr. 1–3 BGB vorliegt.

187 Da das Gesetz das Erfordernis der Abmahnung oder Fristsetzung ausdrücklich auf die Verletzung mietvertraglicher Pflichten beschränkt, könnte man im Zirkelschluss davon ausgehen, dass in anderen Fällen eine Abmahnung nicht erforderlich sein soll. Grds. soll eine Abmahnung allerdings notwendig sein.[136] Dafür spricht, dass eine Kündigung – von Ausnahmefällen abgesehen – gänzlich ohne Verschulden und ohne Abmahnung nur schwer vorstellbar ist und wird mE dem Grundsatz, dass Verträge einzuhalten sind, nicht gerecht. Der Anwalt sollte jedenfalls grundsätzlich dem Mieter dazu raten, eine Abmahnung auszusprechen oder eine Frist zur Abhilfe zu setzen. Zudem kann eine vorhergehende Abmahnung oder Fristsetzung auch in solchen Fällen als weiterer Umstand das Zünglein an der Waage sein, ob eine Fortsetzung des Vertragsverhältnisses unzumutbar ist.

188 *(4) Einzelfälle.* Dabei müssen zwei Gruppen unterschieden werden: Der **Kündigungsgrund** liegt entweder in der **Zerrüttung des Mietvertrages** oder er ergibt sich aus der **Interessensphäre des Kündigenden.**

189 Die Zerrüttung des Mietvertrages setzt voraus, dass der **Kündigungsgrund in der Person des Gekündigten oder mindestens in dessen Risikosphäre liegt.** Dies sind alle Vertragspflichtverletzungen mit einigem Gewicht, ohne dass es unmittelbar darauf ankommt, ob schuldhaftes Handeln gegeben ist oder nicht.

190 Deswegen besteht ein Kündigungsrecht nach § 543 Abs. 1 BGB dann, wenn der Vermieter sich gegenüber dem Mieter strafbar macht. Dabei kommen im Wesentlichen schwere Beleidigungen, Tätlichkeiten, Verleumdung, Diebstahl, Hausfriedensbruch und ähnliches in Betracht. Immer muss man sich in solchen Fällen fragen, ob es durch den Vorfall **unzumutbar wird, das Vertragsverhältnis fortzusetzen.** In solchen Fällen kann auch häufig über § 543 Abs. 3 S. 2 Nr. 2 BGB ohne Abmahnung gekündigt werden, da auch eine Abmahnung nichts mehr an der Zerrüttung des Vertragsverhältnisses zu ändern vermag.

191 Weiter gehört hierhin der Fall der leichtfertigen Strafanzeige gegen den Mieter. Dies kann nämlich ein Kündigungsgrund sein, wenn bei der Strafanzeige der Grundsatz der Verhältnismäßigkeit nicht beachtet wird. Dies ist selbstverständlich dann der Fall, wenn die Anzeige auf erfundenen Tatsachen beruht, denn dann liegt auch in der Regel der Tatbestand der Verleumdung oder üblen Nachrede vor. Aber auch dann, wenn die der Anzeige zugrundeliegenden Tatsachen wahr sind, kann diese zur Kündigung führen. Es kommt dann darauf an, ob der Anzeigenerstatter zur Wahrung eigener Interessen[137]

---

[134] Schmidt-Futterer/Streyl BGB § 543 Rn. 170.
[135] Begründung Regierungsentwurf zu § 543 E.
[136] Schmidt-Futterer/Streyl BGB § 543 Rn. 218.
[137] ZB eine Anzeige nach § 5 Wirtschaftsstrafgesetz.

oder aus staatsbürgerlicher Pflicht[138] handelt, oder ob die Anzeige lediglich aus Böswilligkeit oder aus nichtigem Anlass heraus erstattet wird.[139]

Sorgfältig muss man in diesen Fällen die **Beweislastverteilung** beachten: Der Mieter, der auf Grund der Anzeige des Vermieters das Mietverhältnis kündigt, muss lediglich den einfachen Beweis führen, dass der Vermieter die Anzeige erstattet hat. Der Vermieter muss dann beweisen, dass der Sachverhalt wahr und die Anzeige nicht leichtfertig ist.[140] Dies ergibt sich für den Fall der Verleumdung (§ 187 StGB) und der üblen Nachrede (§ 186 StGB) bereits daraus, dass der Tatbestand dadurch erfüllt wird, dass der Täter „wider besseren Wissens" handelt oder die Tatsache „nicht erweislich wahr" ist. Diese strafrechtliche Verteilung der Beweislast wirkt sich auch mietrechtlich aus.[141] Das bedeutet also, dass der durch die Anzeige Beschwerte, in diesem Fall der Mieter, lediglich nachweisen muss, dass die Anzeige vom Vermieter stammt. Dieser verhält sich schon dann pflichtwidrig, wenn er die Richtigkeit des angezeigten Sachverhalts nicht nachweisen kann. 192

In der 2. Gruppe (Kündigungsgrund aus der Interessensphäre des Kündigenden) kann sich ein Kündigungsgrund nach den Grundsätzen des **Wegfalls oder der Veränderung der Geschäftsgrundlage** ergeben. Dies hat jetzt seine Grundlage in §§ 313 ff. BGB.[142] Wird dabei die Kündigung auf Umstände gestützt, auf die der Gekündigte, hier der Vermieter, keinen Einfluss hat, ist die Kündigung nur ganz ausnahmsweise wirksam, denn grundsätzlich kann eine Kündigung nicht auf Umstände gestützt werden, die nicht in der Risikosphäre des Gekündigten liegen. So kann der Mieter die Wohnung nicht außerordentlich kündigen, wenn die Wohnung wegen Familienzuwachs zu klein oder auf Grund negativer Einkommensentwicklung beim Mieter zu teuer geworden ist.[143] Da es dem Mieter bei unbefristeten Mietverhältnissen immer möglich ist, das Mietverhältnis mit einer Frist von 3 Monaten zu beenden ist der Bedeutungsgehalt dieser Gruppe auch als äußerst gering zu bezeichnen. 193

Checkliste

194
- ☐ allgemeine Voraussetzungen, s. § 40
- ☐ Wichtiger Grund
- ☐ Unzumutbarkeit der Vertragsfortsetzung
- ☐ Verschulden nicht erforderlich
- ☐ Abmahnung

2. Fristlose Kündigung des Vermieters

a) Einleitung. Die fristlose Kündigung des Vermieters stößt unter dem Gesichtspunkt des landläufig propagierten Mieter- und Kündigungsschutzes gern auf Widerstand bei Gericht, zumal dann, wenn der Kündigungsgrund nicht im Zahlungsverzug besteht, sondern in einem anderen vertragswidrigen Verhalten; die kaum nachvollziehbare Entscheidung des AG Nürnberg vom 11.5.1994 zur Zurückweisung der Räumungsklage, wenn der Vermieter vom Mieter als „A. . .loch und Drecksau" betitelt wird[144] ist kein Einzelfall. 195

Nachdem meist nur Entscheidungen der Amts- und Landgerichte zu den einzelnen Kündigungssachverhalten vorliegen, fällt die Argumentation vor dem eigenen Amts- oder Landgericht mit obergerichtlicher Rechtsprechung zuweilen schwer. Der mit der 196

[138] ZB bei schweren Straftaten.
[139] Schmidt-Futterer/Streyl BGB § 543 Rn. 68.
[140] Schmidt-Futterer/Streyl BGB § 543 Rn. 68.
[141] Schmidt-Futterer/Streyl BGB § 543 Rn. 68.
[142] Bub-Treier/Grapentin IV Rn. 388.
[143] LG Frankfurt a. M. DWW 1986, 45.
[144] AG Nürnberg DWW 1996, 87, Bespr. Pfeiffer.

Durchsetzung einer Kündigung beauftragte Anwalt wird daher vor dem eigentlichen Klagverfahren in mehreren Richtungen ausloten müssen, wie eine Räumung des missliebigen Mieters gelingen kann; er wird das Gericht davon überzeugen müssen, dass „dem Kündigenden unter Berücksichtigung aller Umstände des Einzelfalles und unter Abwägung der beiderseitigen Interessen die Fortsetzung des Mietverhältnisses bis zum Ablauf der Kündigungsfrist oder bis zur sonstigen Beendigung des Mietverhältnisses nicht zugemutet werden kann".[145]

197 Wie auch im Rahmen des § 314 BGB braucht es für die Zerstörung der Vertrauensgrundlage, auf der das Mietverhältnis fußt eines pflichtwidrigen Verhaltens der Gegenseite. Eine sonstige Zerrüttung des Mietverhältnisses ist indes nicht ausreichend.[146]

198 *aa) Reform der Kündigungsvorschriften.* Durch das Mietrechtsänderungsgesetz, das am 1.5.2013 in Kraft getreten ist, wollte der Gesetzgeber neben einer Erleichterung der energetischen Modernisierung von vermietetem Wohnraum auch die vereinfachte Durchsetzung von Räumungstiteln gemäß § 885a ZPO (vormals „Berliner Modell") ermöglichen. Soweit eine wirksame Beendigung des Mietverhältnisses durch den Vermieter vorliegt, ist es für diesen von zentraler Bedeutung, seinen Räumungsanspruch auch zeitnah und kostengünstig durchsetzen zu können.

199 Daher sind von Seiten des Gesetzgebers Änderungen im Zwangsvollstreckungsrecht sowie im Recht der einstweiligen Verfügung und bei den Kündigungsvorschriften des materiellen Rechtes eingeführt worden.

200 Die wesentlichen Änderungen sind:

- Eine Beschleunigung bei der Terminierung und Abwicklung von Räumungssachen, **§ 272 Abs. 4 ZPO**;[147]
- Neuerungen bei der Herausgabevollstreckung gemäß **§ 885 ZPO;**
- Gesetzliche Regelung der „Berliner Räumung" gemäß **§ 885a ZPO;**
- Zulässigkeit einer einstweiligen Räumungsverfügung bei Wohnraum, **§ 940a ZPO.**[148]

201 Während sich die Räumung gemäß § 885a ZPO beim nicht rechtsschutzversicherten Vermieter großer Beliebtheit erfreut, weil erhebliche Kosten eingespart werden können, spielt die einstweilige Räumungsverfügung gemäß § 940 ZPO in der Praxis kaum eine Rolle. In materieller Hinsicht wird dem Wohnraumvermieter ein weiteres Recht zur fristlosen Kündigung ohne vorherige Abmahnung eingeräumt, wenn der Mieter mit einem Betrag der Sicherheitsleistung in Verzug kommt, der zwei Kaltmieten erreicht, § 569 Abs. 2a BGB. Mit § 551 Abs. 2 S. 3 BGB ist überdies nunmehr ausdrücklich eine gesetzliche Fälligkeitsregelung bezüglich der zweiten und dritten Rate der vereinbarten Mietsicherheit geschaffen worden.

202 Die Schonfrist gemäß § 569 Abs. 3 Nr. 2 S. 1 BGB gilt bei dieser neuen Kündigungsmöglichkeit wegen rückständiger Kaution ebenfalls. Eine Aufrechnung des Mieters mit Gegenansprüchen ist gegenüber der Kaution nicht zulässig, nachdem in § 569 Abs. 2a BGB gerade nicht auf § 543 Abs. 2 S. 3 BGB verwiesen wird. Dies ist folgerichtig, da die Kaution im laufenden Mietverhältnis das Sicherungsmittel des Vermieters ist. Weiterhin ist es grundsätzlich nicht erforderlich, dem Mieter bei Zahlungsverzug eine allgemeine Abhilfefrist zu setzen bzw. abzumahnen, nachdem die Zahlungsforderungen kalendermäßig bestimmt sind und der Mieter automatisch in Verzug gerät. Bei der fristlosen Kündigung wegen Hausfriedensverstößen gemäß § 569 Abs. 2 BGB ist demgegenüber eine Abmahnung erforderlich.

203 *bb) Taktische Überlegungen.* Der Vermieteranwalt tut gut daran, den mit mehr oder weniger guten Gründen aufgebrachten Vermieter auf die Notwendigkeit einer überlegten Vorbereitung der fristlosen Kündigung einzustimmen. Dem Vermieter können

[145] BGH NJW 1981, 1264; 1978, 947.

[146] BGH 29.11.2023 – VIII ZR 211/22, NZM 2024, 278.

[147] Schmid, „Die vorrangige und beschleunigte Durchführung von Räumungssachen", ZMR 2013, 417 ff.

[148] Horst, „MietrÄndG 2013 – Die vereinfachte Räumung von Wohnraum", DWW 2013, 122 ff.

hierbei die lokalen Besonderheiten bei Gericht, Erfahrungen über die Verfahrensdauer, Tendenzen zu schriftlichem Vorverfahren oder mündlicher Verhandlung etc aufgezeigt werden, um in die Euphorie, den Gang zum Anwalt bewältigt zu haben, die Erkenntnis einzumischen, dass vor dem eigentlichen Erfolg ein Behördengang stehen kann, dem eine schwer zu beeinflussende Eigendynamik innewohnt.

Im Einzelfall kann sinnvoll sein, die fristlose Kündigung einer weiteren Abmahnung vorzuziehen, wenn damit „Bewegung in die Sache" kommt und ein Kompromiss über einen Auszug sich anbahnen könnte. Oft zeigt sich der schwierige Mieter, der mancherlei mehr oder weniger professionelle Schreiben seines Vermieters erhalten hat, erst dann beeindruckt, wenn er ein Schreiben von dessen Anwalt erhalten hat, wenn also eine weitere Stufe der Eskalation erklommen wurde. Weiterer Druck kann auf den vertragswidrig handelnden Mieter aufgebaut werden, wenn ihm weitere Kosten vor Augen gehalten werden, die ihm infolge seiner Weigerung einer Kündigung Folge zu leisten, entstehen können. Es ist daher für den Anwalt des Vermieters sinnvoll, wenn er die Tragweite seiner Einschaltung dem zu kündigenden Mieter auch vor Augen führt durch Formulierungen wie: 204

Formulierungsvorschlag:

Sie sind bereits jetzt verpflichtet, auf Grund Ihrer Vertragsverstöße die Kosten meiner Einschaltung zu tragen. Diese Kosten werden gemäß anliegender Kostennote bekannt gegeben und sind bis spätestens ...... von Ihnen auf einem der Konten des Unterzeichners als inkassobevollmächtigtem Rechtsanwalt zum Ausgleich zu bringen. Diese Kosten werden sich erheblich erhöhen, wenn gerichtliche Hilfe in Anspruch genommen und überdies der Gerichtsvollzieher eingeschalten werden muss. Es ist daher in Ihrem eigenen Interesse, eine außergerichtliche Einigung anzustreben. 205

Soweit der Mieter beeindruckt werden soll, kann auch hilfreich sein, die Abmahnung/Kündigung durch den Gerichtsvollzieher zustellen zu lassen. 206

Soweit das Mietverhältnis wirksam beendet worden ist, schuldet der Mieter eine Nutzungsentschädigung (§ 546a Abs. 1 BGB) zumindest in der bisherigen Miethöhe. Soweit die aktuelle Miete unterhalb der ortüblichen Miete liegt, kann vom Vermieter bis zum Tag der Rückgabe Nutzungsentschädigung in Höhe der Marktmiete verlangt werden, die bei Neuabschluss eines Mietvertrages über vergleichbare Räume üblich ist. Der Vermieter ist folglich nicht durch die Kappungsgrenze nach § 558 Abs. 3 BGB oder durch die ortsübliche Vergleichsmiete im Sinne des § 558 Abs. 2 BGB beschränkt. Hierbei könnte folgendermaßen eine entsprechende Ankündigung im Rahmen des Kündigungsschreibens formuliert werden: 207

„Soweit Sie die Mietsache nicht spätestens bei Beendigung des Mietverhältnisses zurückgegeben, sind Sie verpflichtet eine monatliche Nutzungsentschädigung nach § 546a Abs. 1 BGB zu bezahlen, welche sich nach der ortsüblichen Miete (ortsüblicher Neuvermietungspreis) richten kann. Die Geltendmachung weitergehender Schäden nach § 546a Abs. 2 BGB bleibt ausdrücklich vorbehalten. Sie müssen daher damit rechnen, dass erhebliche Nachforderungen an Nutzungsentschädigung Ihnen gegenüber geltend gemacht werden, wenn Sie nicht pünktlich ausziehen." 208

Wegen des Kostenrisikos, welches der Vermieter bei dem Versuch einer gerichtlichen Durchsetzung seines Rückgabeanspruches eingeht, hängt die Entscheidung über ein sofortiges gerichtliches Vorgehen oder die Aufnahme außergerichtlicher Kontakte ua davon ab, ob eine Chance besteht, den Mieter mit einer raschen Kündigung und weiterer außergerichtlicher Ansprache zu beeindrucken. Entscheidend kann hierbei auch sein, ob der Vermieter dem Kostenrisiko bei einer Niederlage im Prozess oder bei der erfolglosen Beitreibung der Kosten nach obsiegendem Urteil mehr oder weniger entspannt gegenüberstehen kann (Rechtsschutzversicherung). 209

Kündigt der Vermieter fristlos, ohne dass ihm ausreichende Kündigungsgründe zur Verfügung stehen, so macht er mit seiner unwirksamen Kündigung dem Mieter den Gebrauch der Mietsache streitig und verletzt damit seine Pflichten aus dem Mietvertrag; 210

handelt er dabei mindestens fahrlässig und erwächst dem Mieter daraus ein Schaden (beispielsweise Kosten anwaltlicher Beratung), so ist er diesem zum Ersatz des daraus entstehenden Schadens aus §§ 280 Abs. 1, 241 Abs. 2 BGB (vgl. → § 42 Rn. 191 ff.) verpflichtet.[149]

211 Um eine solche Haftung zu vermeiden und auch eine hinreichende Beratung des eigenen Mandanten zu gewährleisten, bietet es sich an bereits bei der Vorbesprechung zur Abfassung der Kündigungserklärung einen Blick auf die Beweisbarkeit der Umstände zu werfen, die den wichtigen Grund der fristlosen Kündigung tragen sollen. Der Vermieter argumentiert nämlich häufig mit Indizien, die ihn zu Folgerungen verleiten, die eine fristlose Kündigung rechtfertigen würden – hierbei muss der Vermieter deutlich auf die **Beweisbarkeit von Wahrnehmungen** hingewiesen werden, dass das Gericht also zwischen bewiesenen und unbewiesenen Tatsachen unterscheiden wird und dass die instinktiven Folgerungen des Vermieters keine Rolle spielen werden.

212 Nach der Entscheidung des BGH vom 20.2.2008 hat der Mieter gegenüber dem Vermieter keinen Anspruch auf Beseitigung oder Unterlassung einer von ihm als unberechtigt erachteten Abmahnung. Eine Klage auf Feststellung, dass eine vom Vermieter erteilte Abmahnung aus tatsächlichen Gründen unberechtigt war, ist unzulässig.[150] Auch ein Schadensersatzanspruch wegen einer unberechtigten Abmahnung hat der Vermieter nicht zu befürchten, so dass das Risiko des Vermieters im Wege des Schadensersatzes wegen dieser in Anspruch genommen zu werden nicht in die Entscheidungsfindung eine Abmahnung/Fristsetzung an den Mieter zu richten einzufließen braucht.

213 Die Vermieterseite kann mit dem Mieter auch in Verhandlungen über den Abschluss einer Mietaufhebungsvereinbarung eintreten, bei dem ein wechselseitiger Verzicht auf Rechtspositionen der Vertragsparteien die Bereitschaft zum Abschluss einer solchen Aufhebungsvereinbarung steigern soll. Hierbei könnte wie folgt formuliert werden:

„Für den Fall einer fristgerechten Räumung zum ... und Herausgabe der Wohnung verzichtet der Vermieter

- *auf die Vornahme fälliger Schönheitsreparaturen;*
- *auf den Rückbau der durch den Mieter vorgenommenen baulichen Veränderung innerhalb der Mieträumlichkeiten;*
- *auf die Nachzahlung der Betriebskosten für das Jahr 2022.*

214 *An dieses Vergleichsangebot hält sich der Vermieter bis ... gebunden. Bis dahin muss diese Vereinbarung gegengezeichnet von allen Mietvertragsparteien an den Unterzeichner zurückgereicht werden.“*

215 *cc) Ausübungsfrist.* Die fristlose Kündigung ist innerhalb angemessener Zeit seit Kenntnis von dem Kündigungsgrund auszusprechen, um dem Einwand der Verwirkung des Kündigungsrechts über § 242 BGB zu entgehen.[151]

216 Bei der Reform des Mietrechts wurde ausdrücklich **keine allgemeine Ausschlussfrist** für die fristlose Kündigung in § 543 BGB eingeführt. Eine entsprechende Frist findet sich im Gesetz in der allgemeinen Vorschrift des § 314 Abs. 3 BGB oder im Dienstvertragsrecht unter § 626 BGB. Soweit man sich mit einem Teil der Rechtsprechung an § 626 BGB orientiert und vom Vermieter fordert, dass er die Kündigungserklärung innerhalb von zwei Wochen nach Kenntnis vom Vorliegen des Vertragsverstoßes zugehen lässt,[152] ist für den Anwalt des Vermieters eiliges Vorgehen angezeigt, um Rechtsnachteile für den Mandanten zu verhindern. Diese Auffassung überzeugt indes nicht, indem der Gesetzgeber davon Abstand genommen hat in § 543 BGB eine entsprechende bestimmte Frist aufzunehmen hat er zu erkennen gegeben, dass eine solche – anders als im Dienstvertragsrecht – nicht von ihm gewollt ist. Würde man die Anwendbarkeit des § 314 Abs. 3 BGB bejahen, kann die Kündigung nur innerhalb einer angemessenen Frist

[149] BGHZ 89, 296.
[150] BGH NJW 2008, 1303.
[151] Schmidt-Futterer/Streyl BGB 543, 232.
[152] OLG Frankfurt a. M. WuM 1991, 475 (477).

erfolgen. Diese richtet sich nach den Umständen des Einzelfalles und beträgt mindestens zwei Wochen.[153] Da § 543 BGB weder auf die Vorschrift in § 314 Abs. 3 BGB verweist und zudem die spezielle mietvertragliche Regelung der allgemeinen Vorschrift vorgeht, ist eine unmittelbare Anwendbarkeit des § 314 Abs. 3 BGB zu verneinen.

Soweit es um Fälle der Generalklausel oder ihres Anwendungsbeispiels in § 569 Abs. 2 BGB geht, kann das Problem eines zu langen Zuwartens des Vermieters mit Abmahnung und Kündigung nach den Vertragsverstößen über die Tatbestandsvoraussetzung der Unzumutbarkeit der Fortsetzung des Vertragsverhältnisses gelöst werden. Diese Argumentation findet seine Grenzen jedoch bei den u. a. in § 543 Abs. 2 S. 1 BGB aufgeführten Regelbeispielen, da dort eine Prüfung der Unzumutbarkeit nicht stattfindet, vielmehr wird diese durch das Vorliegen des Regelbeispiels indiziert. Hier bedient sich die Rechtsprechung daher dem Rechtsinstitut der Verwirkung über § 242 BGB.[154] Anders als sonst üblich muss neben dem Zeitmoment kein eigenständiges Umstandsmoment hinzukommen. Vielmehr liegt das Umstandsmoment in dem Verstreichenlassen einer angemessenen Frist nach Kenntniserlangung der zur fristlosen Kündigung berechtigenden Umstände, da der Kündigende durch sein Verhalten ein Vertrauen darauf schafft, dass ein entsprechendes Vorgehen ausbleibt.[155] 217

Es bleibt im Ergebnis festzuhalten, dass zur Vermeidung von Diskussionen über die Rechtzeitigkeit der Kündigung rasch gehandelt werden sollte; nach Ablauf einer Frist von vier bis fünf Monaten zwischen Abmahnung und Kündigung wird überwiegend der Kündigungsgrund als verwirkt angesehen.[156] Dieser manchmal recht kurze Zeitraum kann zuweilen mit dem Argument verlängert werden, dass die Ermittlung des die Kündigung rechtfertigenden Sachverhalts noch nicht abgeschlossen war und dass weitere Nachforschungen angestellt werden mussten, um Gewissheit zu schaffen. Bei Mietern, die sich im Zahlungsverzug befinden, gilt zudem, dass derjenige Vermieter, der mit dem Ausspruch der Kündigung noch einige Monate zuwartet, statt diese gleich zum ersten zur Kündigung berechtigenden Termin auszusprechen, keine Rechtsnachteile erleidet.[157] 218

Ein weiteres Haftungsproblem besteht in denjenigen Fällen, in welchen dem Mieter die **erste Kündigung in der Klagschrift** übermittelt wird;[158] häufig drängt der Vermietermandant auf raschestes Vorgehen und ist daher über diese Möglichkeit aufzuklären. Hierbei besteht dann jedoch die Gefahr, dass der klagende Vermieter Kosten des Rechtsstreits auferlegt bekommt, wenn der Mieter sofort anerkennt, §§ 93, 93b Abs. 3 ZPO. Auf jeden Fall ist der Mandant auf die Gefahr des sofortigen Anerkenntnisses bei dem gewünschten raschen Vorgehen aufmerksam zu machen. 219

In krassen Fällen empfiehlt es sich, vorprozessual keine Kündigung mehr auszusprechen, sondern sogleich zu klagen und die Kündigung in der Klagschrift zu erklären. In denjenigen Fällen, in welchen ein **Einmietbetrug** durch sogenannte Mietnomaden auf der Hand liegt, geht für den Vermieter nur unnötig Zeit verloren, wenn außergerichtlich noch eine Kündigung ausgesprochen wird, ggf. auch noch mit dem Problem, wirksam zustellen zu können. Auch im Fall hoher Aggressivität des Mieters und damit einhergehender erheblicher Straftaten kann sich eine ausgeprägte vorgerichtliche Korrespondenz erübrigen. 220

dd) Beschaffung von Informationen. Häufig bereitet es Schwierigkeiten, in kurzer Zeit ausreichend Informationen darüber zu erhalten, welche Vertragsverstöße in welchem Umfang begangen worden sind und insbesondere, inwieweit diese beweisbar sind, ob also beispielsweise Zeugen zur Verfügung stehen. 221

[153] Schmidt-Futterer/Streyl BGB § 543 Rn. 233.
[154] BGH NZM 2016, 791.
[155] BGH NZM 2016, 791.
[156] Schmidt-Futterer/Streyl BGB § 543 Rn. 235 mwN.
[157] BGH NZM 2009, 314.
[158] Zur Zulässigkeit: OLG Hamm NJW 1982, 452; BayObLG NJW 1981, 2197.

222 Für den Fall des Zahlungsverzugs (§ 543 Abs. 2 Nr. 3 BGB iVm § 569 BGB), wird von Mieterseite nicht selten mit **Mängeln** der Mietsache und einer damit einhergehenden Mietzinsminderung argumentiert, die einen ausreichenden Zahlungsverzug iSd §§ 543 Abs. 2 S. 1 Nr. 3, 569 Abs. 3 Nr. 1 BGB entgegenstehen, um so der Räumung zu entrinnen. Ob dieser Einwand nur vorgeschoben ist und in welcher Höhe eine Minderung einschließlich Zurückbehaltung gerechtfertigt ist, kann „vom Schreibtisch aus" nur vage auf Grund, der vom Mandanten zur Verfügung gestellten Angaben beurteilt werden. Gegenüber dem Gericht kann die Glaubwürdigkeit des Mieters dadurch erschüttert werden, wenn der Vermieter Informationen über die Vermögensverhältnisse des Mieters beibringen kann, also durch Einschaltung von **Auskunfteien** und Recherchediensten. Auch **Rückfragen beim vorherigen Vermieter** sind meist aufschlussreich und immer dann anzuraten, wenn das im Streit stehende Mietverhältnis erst kurze Zeit andauert.

223 Nachdem die Beschaffung der Informationen Aufgabe des Mandanten ist, kann die entsprechende Tätigkeit des Anwalts Gegenstand einer gesonderten **Honorarvereinbarung** sein; dies zumindest dann, wenn die entsprechende Tätigkeit eine besondere Bedeutung für die Bearbeitung des Mandats hat und ein nicht unerheblicher Umfang an Tätigkeit entfaltet wird, wie dies bei der Rückfrage bei vorherigen Vermietern des Mieters oder bei anderen Hausbewohnern der Fall ist. Auch die außergerichtliche Kündigung kann Gegenstand einer gesonderten Vereinbarung sein. Eine Honorarvereinbarung könnte wie folgt lauten:

224 **Muster einer Honorarvereinbarung:**

225 Der/die Auftraggeber verpflichtet/en sich gemäß § 4 RVG

a) soweit durch die RAe ...... eine Kündigung ausgesprochen wurde, die Gebühren für die außergerichtliche Tätigkeit zusätzlich zu den im Rahmen des Räumungsverfahrens anfallenden Gebühren zu zahlen;

b) für den Fall, dass durch die RAe ...... außergerichtlich Kontakt mit potentiellen Zeugen und Sachverständigen zur Vorbereitung der Klage aufgenommen werden soll, zusätzlich zu den gesetzlichen Gebühren eine Gebühr von 1,3 gemäß Nr. 2400 Vergütungsverzeichnis zu zahlen;

Die Bedeutung dieser Honorarvereinbarung wurde im Einzelnen erläutert ......

226 *ee) Mieterverhalten nach Kündigung.* Soweit der störende Mieter nach Ausspruch der Kündigung weitere Vertragsverstöße begeht, sind diese für eine Räumungsklage von besonderer Bedeutung und sollten entsprechend konkret im laufenden Räumungsprozess vorgetragen werden können. Hierbei empfiehlt sich, dem Vermieter bereits beim ersten Gespräch ein entsprechendes **Muster** mitzugeben, welches er selbst nutzen oder den weiteren Hausbewohnern **aushändigen** kann, damit diese die Vertragsverstöße notieren und an den Vermieteranwalt weiterreichen können. Auf dieser Grundlage können dann weitere Kündigungen ausgesprochen oder der neue Sachverhalt im Rahmen des bereits laufenden Räumungsprozesses verwendet werden. Eine solche Handreichung kann wie folgt aussehen:

227
- Art der Vertragsverstöße (Bsp.: Zahlungsverzug, Lärm, Beleidigungen (wem gegenüber), Handgreiflichkeiten, unerlaubte Veränderungen der Mietsache ......)
- Wer hat die Vertragsverstöße begangen ......
- Wann haben die Vertragsverstöße stattgefunden, Datum, Uhrzeit, von ...... bis
- Wer kann die Vertragsverstöße bezeugen ......
- Liegen schriftliche Protokolle der Verstöße vor ......
- Welche Zeugen haben bereits zugesagt, auch vor Gericht auszusagen ......

228 Dem Mandanten muss klar vor Augen gehalten werden, dass allgemeine Ausführungen über Vertragsverstöße nicht ausreichen, sondern dass diese „beweisfest" sein müssen. Die Angaben müssen also genau sein und die Zeugen sollten anhand ihrer **Aufschriebe** vortragen können, dass sie immer nach dem jeweiligen Vertragsverstoß eine entsprechende Notiz angefertigt haben, um ein hohes Maß an Glaubwürdigkeit und Authentizität zu gewährleisten.

ff) Form der Kündigung. Die fristlose Kündigung muss schriftlich erfolgen, § 568 BGB, und gem. § 569 Abs. 4 BGB schriftlich begründet werden. 229

Bei mehreren Vermietern, die an verschiedenen Orten wohnen, bereitet dies zuweilen Schwierigkeiten (vgl. § 12). Oft ist den Mandanten nicht klar, ob sie allein – oder zusammen mit anderen – Vermieter des störenden Mieters sind. Der Anwalt der Vermieter sollte insbesondere in folgenden Fällen „nachbohren“: 230

- seit Jahren bestehende Erbengemeinschaften, deren Bestand ggf. gewechselt hat;
- Minderjährige als Mitglieder von Eigentümergemeinschaften, wobei deren gesetzlicher Vertreter ausgemacht werden muss;
- einzelne Mitglieder der Gemeinschaft befinden sich in einem Heim/stehen unter Betreuung und der Betreuer ist ausfindig zu machen, um von diesem eine Vollmacht zu erhalten;
- es besteht Nießbrauch und diese haben die Vollmacht zu unterzeichnen;
- der Mietvertrag wurde von Nichteigentümern abgeschlossen und unterzeichnet und diese haben dann die Vollmacht zu unterzeichnen.

gg) Vollmacht. Der den/die Vermieter vertretende Anwalt bedarf der **Original (!)-vollmachten** aller Vermieter, um nicht Gefahr zu laufen, dass der Kündigungsempfänger wegen des Fehlens einer Vollmacht im Original die Kündigung unverzüglich zurückweist (§ 174 BGB). Daher muss besondere Aufmerksamkeit dem Herausfinden des/der Vermieter/s geschenkt werden, wenn ein Haftungsfall vermieden werden soll. 231

Es führt zu zeitlichen Verzögerungen, wenn mehrere Vollmachten den einzelnen Vermieter übermittelt werden müssen, damit diese das Original (§ 174 BGB) zurücksenden können, um dem Vermieteranwalt die Möglichkeit zu geben, eine an § 174 BGB gemessene „rechtsfeste“ Kündigung auszusprechen. Bei Dauermandanten (beispielsweise Vermietungsgesellschaften, Erbengemeinschaften mit größerem Grundvermögen, gewerbliche Zwischenvermieter) empfiehlt es sich **„auf Vorrat“** Originalvollmachten bereitzuhalten, um rechtzeitig handeln zu können, nachdem diese Gläubiger zur gesamten Hand sind; das Kündigungsrecht ist nicht teilbar.[159] Auch dies entbindet mE nicht davon, zumindest von Zeit zu Zeit nach Änderungen im Bestand der Gemeinschaften zu fragen. 232

Vor diesem Hintergrund empfiehlt es sich, größeren Eigentümergemeinschaften den Rat zu erteilen, in abzuschließenden Mietverträgen **nur ein Mitglied der Gemeinschaft als Vermieter** im Vertragsformular aufzunehmen oder diesen dort als Bevollmächtigten auch für die Abgabe entsprechender Gestaltungserklärungen aufzuführen. Damit ist dann gewährleistet, dass rasch Vollmachten besorgt werden können, wenn dies erforderlich wird und die weiteren Mitglieder der Gemeinschaft, die im selben Haus wie die Mieter wohnen, können als Zeugen in einem Prozess auftreten, weil sie nicht Vermieter und damit auch nicht Partei des Räumungsprozesses geworden sind. Je weniger Vermieter vorhanden sind desto einfacher gestaltet sich die Beschaffung der erforderlichen Vollmachten. 233

Bei Annahme des Mandats sollte der Vermieteranwalt sich auch bei einem **Einzelmandat mehrere Originalvollmachten** ausstellen lassen, um den in Betracht kommenden Eventualitäten vorbeugen zu können und den Mandanten nicht damit zu verärgern, erneut zur Unterzeichnung von Vollmachten vorbeikommen zu müssen, bzw. zurückzusenden. 234

Nachdem eine Originalvollmacht der Kündigung beigefügt werden sollte um den negativen Folgen des Zurückweisungsrechts nach § 174 BGB zu entgehen, sollte in die Handakte auch eine **Kopie** derjenigen Vollmacht genommen werden, die der Kündigung beigefügt wurde. Dies dient dem Einwand des Mieters entgegen treten zu können, wonach dem Kündigungsschreiben eine Originalvollmacht nicht beigefügt gewesen ist. Die bearbeitende Sekretärin kann sodann als Zeugin für die Ordnungsmäßigkeit der Kündigung und beigefügte Vollmacht benannt werden. 235

---

[159] BayObLG NJW 1981, 2197.

236 Soweit eine Kündigung im Rahmen eines Rechtsstreits mittels Schriftsatzes erfolgen soll, so findet § 174 BGB keine Anwendung, wenn die Kündigung auf der bestehenden Prozessvollmacht (§ 81 ZPO) beruht, da die Vorschriften der ZPO insoweit vorgehen. Es ist ausreichend, wenn eine entsprechende Vollmacht zu den Gerichtsakten gereicht wird, wie sich aus § 80 S. 1 ZPO ergibt.[160]

237 Eine besondere Schwierigkeit ergibt sich, wenn der Vermieter oder einer der Vermieter wegen angeordneter Betreuung oder längerer Ortsabwesenheit durch notarielle Urkunde einen Vertreter zur Regelung seiner Angelegenheiten' bestellt hat. Hierbei muss zunächst untersucht werden, ob die ausgestellte **notarielle Vollmacht/Bestellungsurkunde** auch zum Ausspruch einer Kündigung des Mietverhältnisses berechtigt. Es kommt durchaus vor, dass die notarielle Vollmacht zur Durchführung von „Grundstücksgeschäften" ermächtigt, nicht aber zur „Begründung, Aufhebung und Kündigung von Mietverhältnissen". Gleichermaßen umfasst eine Betreuerbestellung nicht automatisch umfassend für den Betroffenen tätig zu werden. Je nach den Einschränkungen der Handlungsfähigkeit im Rechtsverkehr richten sich die übertragenen Aufgabenbereiche (§ 1815 Abs. 1 S. 1 u. 2 BGB).

238 Zudem ist zu bedenken, dass die notarielle Urkunde dem Kündigungsschriftsatz in einer **Ausfertigung** (§ 47 BeurkG) beizufügen ist, da die Ausfertigung die Urschrift im Rechtsverkehr vertritt. Das Beifügen von Abschriften der notariellen Urkunde ist nicht ausreichend.[161] Der notariell bestellte Vertreter sollte daher angehalten werden, sogleich weitere Ausfertigungen der notariellen Vollmacht sich zu besorgen, um dem Anwalt zu ermöglichen, ausreichend ausgestattet (vgl. oben) die Räumung in die Wege zu leiten.

239 Soweit der Mandant die üblichen Anwaltsvollmachten unterzeichnet, gilt Folgendes: Aus der beizufügenden Originalvollmacht muss die Befugnis zur Kündigung eindeutig hervorgehen. Es genügt also für den Anwalt des Vermieters nicht, die üblichen **Vollmachtsformulare** mit dem Betreff „Mietsache" auszufüllen. Hieraus ergibt sich noch nicht mit der notwendigen Klarheit, dass der Anwalt auch berechtigt ist, einseitige Willenserklärungen abzugeben. Daher soll in den Betreff der Vollmachtsurkunde aufgenommen werden:

Formulierungsvorschlag:

240 wegen: Kündigung Mietverhältnis, Räumung, Zahlung

241 Geht aus der vorgelegten Vollmachtsurkunde nicht oder nicht hinreichend deutlich hervor, dass der Vertreter zum Ausspruch einer fristlosen Kündigung berechtigt ist, so kann der Empfänger der Kündigung unverzüglich nach § 174 BGB zurückweisen. Dies gilt natürlich gleichermaßen, wenn keine Vollmachtsurkunde oder lediglich eine Abschrift, Kopie oder Telefax vorgelegt wird. Die Zurückweisung muss erkennen lassen, dass diese auf die unterbliebene Vorlegung der Vollmachtsurkunde gestützt wird, wobei auch eine Zurückweisung „aus formalen Gründen" ausreichend ist.[162]

242 Die **Zurückweisung** muss **unverzüglich, also ohne schuldhaftes Zögern (Definition siehe § 121 Abs. 1 BGB)** erfolgen. Eine über die für eine Prüfung bzw. die Einholung von Rechtsrat notwendige Zeit hinausgehende Überlegungsfrist steht dem Kündigungsempfänger somit nicht zu. In der Regel wird man eine Frist von 10 bis 14 Tagen annehmen können.[163] Für den Anwalt des Mieters ist dies eine lässige Möglichkeit, Zeit für die Prüfung der weiteren Vorgehensweise zu finden. Soweit sich der Mieter bei der Zurückweisung ebenfalls vertreten lässt, gilt für diesen gleichermaßen § 174 BGB und dessen Anforderungen zu beachten.

[160] Grüneberg/Ellenberger BGB § 174 5.
[161] Einzelheiten: Nies NZM 1998, 221; BGH NJW 1981, 1210.
[162] OLG Hamburg WuM 1978, 120.
[163] Grüneberg/Ellenberger BGB § 174 Rn. 6.

Gemäß § 174 S. 1 BGB ist die Kündigung unwirksam, wenn sie zurückgewiesen wird. Eine Heilung durch nachträgliche Genehmigung ist nicht möglich. Wird die Kündigung jedoch nicht innerhalb der angemessenen Frist von 10 bis 14 Tagen zurückgewiesen, so verbleibt es bei der Wirksamkeit der ausgesprochenen Kündigung. 243

Sollte es an einer Vollmacht des Erklärenden generell fehlen ist § 180 BGB zu beachten, wonach eine Kündigungserklärung nichtig ist, wenn diese von einem Vertreter ohne Vertretungsmacht erklärt wird. Eine Genehmigung nach § 177 BGB scheidet in diesem Fall aus. Eine Rückausnahme sieht § 180 S. 2 BGB in den Fällen vor, dass der Erklärungsempfänger die fehlende Vertretungsmacht bei der Vornahme nicht beanstandet oder ist er damit einverstanden gewesen; dann wird durch Verweis auf die Vorschriften über Verträge und damit § 177 BGB anwendbar. 244

hh) Weitere Kündigungsmöglichkeiten. Zu einer erschöpfenden Vorbereitung der beabsichtigten Räumung der Wohnung gehört es, den Vermieter gezielt nach den weiteren Kündigungsmöglichkeiten zu befragen, insbesondere auch zu Möglichkeiten einer **fristgemäßen Kündigung;** so ist beispielsweise die Sonderkündigungsmöglichkeit bei Einliegerwohnungen, § 573a Abs. 1 BGB, auf Mieter- und Vermieterseite kaum bekannt. 245

Regelmäßig empfiehlt es sich, weitere Kündigungsgründe im Kündigungsschreiben aufzuführen, also den Mandanten zu befragen, ob Besonderheiten vorliegen, die weitere Kündigungsmöglichkeiten eröffnen. Soweit Vertragsverstöße nach §§ 543 Abs. 2 Nr. 2 oder 553 Abs. 2 Nr. 3 iVm 569 Abs. 3 Nr. 1, 2 bzw. 543 Abs. 1 iVm 569 Abs. 2 BGB vorliegen, ist regelmäßig hilfsweise auch eine fristgemäße Kündigung nach § 573 Abs. 1 Nr. 1 BGB oder gegebenenfalls auch nach § 573a Abs. 1 BGB (Einliegerwohnung) auszusprechen, um sämtliche Rechte des Vermieters wahrzunehmen. Entfällt beispielsweise die fristlose Kündigung, weil der Mieter innerhalb der Schonfrist von zwei Monaten die Zahlungsrückstände ausgleicht, so bleibt die fristgemäße Kündigung wegen Vertragsverstößen gemäß § 573 Abs. 2 Nr. 1 BGB weiterhin bestehen sowie eine möglicherweise ausgesprochene Kündigung bei Zwei-Familien-Wohnhäusern gemäß § 573a Abs. 1 BGB. 246

Werden nicht sämtliche Kündigungsmöglichkeiten ausgeschöpft, so entsteht für den Vermieteranwalt eine Haftungsproblematik. 247

ii) Nachschieben von Kündigungsgründen. Ein Nachschieben von Kündigungsgründen, die beim Zugang der Kündigung schon bestanden haben, ist dann möglich, wenn sämtliche gesetzlichen Voraussetzungen (zB eine Abmahnung) vorliegen und keine Verwirkung eingetreten ist.[164] Nach Zugang entstehende Kündigungsgründe können indes eine unwirksame Kündigung nicht heilen, wohl aber eine neue wirksame Kündigung begründen.[165] 248

Setzt der Kündigungsgrund eine Gesamtwürdigung des Verhaltens des Kündigungsgegners oder der Interessen des Kündigenden voraus (Beispiel: Erheblichkeit der Beeinträchtigung der Interessen des Vermieters bei vertragswidrigem Gebrauch, § 543 Abs. 2 Nr. 2 BGB), so dürfen Kündigung und Räumungsklage auch auf ein vertragswidriges Verhalten gestützt werden, welches bereits Gegenstand einer erfolglosen Räumungsklage gewesen ist. Durch eine entsprechende Klageabweisung wird nämlich nicht rechtskräftig festgestellt, dass das vertragswidrige Verhalten per se einer Kündigung nicht zugänglich seien kann, sondern nur ob dieses ausreichend für den Ausspruch der Kündigungserklärung gewesen ist. Vom Vermieter dürfen somit für die erneute Kündigung auch solche Gründe herangezogen werden, die im Zeitpunkt der letzten mündlichen Verhandlung zwar schon vorgelegen hatten, ihm aber zu dieser Zeit nicht bekannt waren.[166] 249

Mit anderen Worten: Kündigungsgründe, die dem Gericht nicht ausreichend erschienen, eine Räumungsklage zu rechtfertigen, können für eine weitere Räumungsklage als 250

---

164 OLG Karlsruhe NJW 1982, 2004.
165 OLG Karlsruhe NJW 1982, 2004.
166 BGH NZM 1998, 33.

Begründung herangezogen werden, wenn weitere Vertragsverstöße nach Abweisung der Klage aufgetreten sind. Insbesondere für Vertragsverstöße **zwischen den Instanzen** ist dies von erheblicher Bedeutung, wenn der Mieter also unter dem Eindruck der zurückgewiesenen Räumungsklage des Vermieters und mit gestärktem Selbstbewusstsein sich zu weiteren Aktionen aufschwingt.

251 *jj) Inhalt der Kündigung.* Nach dem **Regierungsentwurf** zu § 568 BGB bedurfte die Kündigung lediglich noch der schriftlichen Form. Entgegen der früheren Rechtslage, § 564a BGB aF, wonach die „Gründe der Kündigung" im Kündigungsschreiben angegeben werden mussten, sollte dies nach neuer Rechtslage gemäß § 573 Abs. 3 BGB nur noch bei der fristgemäßen Kündigung für erforderlich gehalten worden. Der Gesetzgeber hielt es in der Begründung zum Entwurf der Mietrechtsreform für ausreichend, die Begründungspflicht des Vermieters lediglich bei der fristgemäßen Kündigung einzuführen.

252 Auf **Initiative des Bundesrats** war im Gesetzgebungsverfahren eingelenkt worden und daher ist – wie bisher – in sämtlichen Kündigungen eine Begründung aufzunehmen.[167] Für die fristlose Kündigung folgt dies im Wohnraummietrecht aus § 569 Abs. 4 BGB.

253 Das Fehlen der Angabe der Kündigungsgründe macht die Kündigung unwirksam.[168] Die fehlende Angabe einzelner Kündigungsgründe, neben denen, die Eingang in das Kündigungsschreiben gefunden haben macht die Kündigung als solches zwar nicht wegen des Verstoßes gegen § 569 Abs. 4 BGB oder § 573 Abs. 3 S. 1 BGB per se unwirksam. Nur die tatsächlich ausgeführten Gründe können jedoch Berücksichtigung bei der Prüfung der Kündigungsvoraussetzungen spielen und können bei der fristlosen Kündigung auch nicht nachgeschoben werden. Soweit der Mieter der fristgemäßen Kündigung widerspricht und Fortsetzung des Vertrages verlangt, werden bei der **Interessenabwägung** zugunsten des Vermieters auch nur die im Kündigungsschreiben angegebenen Gründe berücksichtigt (§ 574 Abs. 3 BGB), soweit die Gründe nicht nachträglich entstanden sind (Einzelheiten: § 42 Abs. 2 Nr. 6). Für den Anwalt des Vermieters gilt, lieber einen Satz zu viel in die Kündigung mit aufnehmen, als einen Satz zu wenig.

254 Die Kündigungsgründe selbst sind in der Kündigung so genau zu bezeichnen, dass sie identifiziert und von anderen Sachverhalten und Lebensvorgängen unterschieden werden können.[169] Hierdurch soll dem Nachschieben von Kündigungsgründen im Prozess einen Riegel vorgeschoben werden.

255 In der Kündigung braucht also nicht die Klagebegründung vorweggenommen zu werden und es brauchen nicht alle möglicherweise entscheidungserheblichen Tatsachen und Beweismittel dargestellt zu werden. Es wird jedoch als nicht ausreichend angesehen, eine Bezugnahme auf frühere mündliche oder schriftliche Mitteilungen des Kündigenden oder auf das Vorbringen in einem früheren Rechtsstreit Bezug zu nehmen. Die Vermieterseite hat vielmehr im Kündigungsschreiben klarzustellen, auf welche Gründe die Kündigung gestützt werden soll.[170]

256 Inwieweit dem Amtsrichter eine Bezugnahme auf Einzelheiten der Kündigungstatbestände, die lediglich in der außergerichtlichen Kündigung aufgeführt sind, ausreicht, ist eine andere Frage. Soweit dem Amtsgericht die Angaben in der Klagschrift nicht ausreichen sollten, würde ein richterlicher Hinweis ergehen (müssen); der mit dem richterlichen Hinweis befasste Anwalt wird sich bei seiner Pflicht zur Prozessförderung jedenfalls leichter tun, wenn er auf Einzelheiten in der außergerichtlichen Kündigung zurückgreifen kann, statt beim Mandanten nach Details der Kündigungsgründe fragen zu müssen, was den Eindruck hinterlassen kann, der Anwalt hätte sich nicht ausreichend mit dem Fall befasst. Daher empfiehlt sich, die außergerichtliche Kündigung bereits **„breit" anzulegen.**

[167] Bericht in WuM 2000, 650 (652); NZM 2001, 20 (37).
[168] BGH NJW 2004, 850.
[169] BayObLG WuM; 1985, 50.
[170] BayObLG WuM 1985, 50.

kk) Hinweis auf Kündigungswiderspruch. Wegen der regelmäßig in Betracht kommenden fristgemäßen Kündigung, soll der Mieter auch auf die Möglichkeit des Widerspruches nach §§ 574–574c BGB hingewiesen werden, worauf § 568 Abs. 2 BGB ausdrücklich hinweist. Rechtsfolge einer unterbliebenen Belehrung wäre, dass dem Mieter das Recht zum Kündigungswiderspruch und zum Fortsetzungsverlangen bis zum ersten Termin des Räumungsrechtsstreits erhalten bleibt (vgl. wegen Einzelheiten § 42 Abs. 2 Nr. 6). 257

Eine bestimmte Form des Hinweises ist nicht vorgeschrieben. Eine Belehrung über das Recht zum Widerspruch verlangt der Gesetzgeber nicht. Es empfiehlt sich jedoch, eine Kopie der Gesetzesvorschriften beizufügen und wie folgt einen Hinweis zu erteilen: 258

Formulierungsvorschlag:

Nach der Vorgabe des § 568 Abs. 2 BGB weise ich Sie daraufhin, dass Sie die Möglichkeit haben dieser Kündigung zu widersprechen. Dieser Widerspruch ist spätestens zwei Monate vor Beendigung des Mietverhältnisses mir gegenüber zu erklären und bedarf der schriftlichen Form. Sollten Sie von diesem Recht Gebrauch machen werden Sie gebeten, mir über die Gründe hierfür Auskunft zu erteilen. Die Vorschriften von §§ 574–574c BGB fügen wir noch als Kopie anbei. 259

Es ist nicht lohnend, sich bei der Umsetzung der Gesetzessprache in Umgangssprache zu verkünsteln. Für Gericht und Mieterseite ist es meist leicht, eine Unklarheit in die umgangssprachliche Übersetzung des Gesetzestextes hineinzuinterpretieren und so dem Mieter die Möglichkeit zu eröffnen, noch im laufenden Prozess den Sozialwiderspruch anzubringen.[171] Durch **Beifügung der Vorschriften in Kopie,** welche der dauerhaft mit mietrechtlichen Mandaten befasste Anwalt in einem gesonderten Ordner zusammen mit den Vollmachten seiner Dauermandanten in Kopie stets bereithält, und dem entsprechenden Hinweis auf die beigefügte Kopie des Gesetzestextes, ist dieser Punkt daher kurz und knapp erledigt.[172] 260

ll) Zugang der Kündigung. Um den Zugang der Kündigung zu erleichtern, empfiehlt sich, dem Mandanten das Original der Kündigung zu übermitteln oder mitzugeben, damit er dieses unter **Zeugen** kuvertiert und beim Mieter einwirft oder diesem übergibt. Andere Möglichkeiten der Zustellung werfen häufig Probleme auf. 261

Die Übermittlung der schriftlichen Kündigung durch den **Gerichtsvollzieher** ist zwar ein sicherer Weg der Zustellung, dauert jedoch bei fristlosen Kündigungen in der Regel zu lange und verursacht unnötige Kosten. 262

Soweit eine Zustellung der Kündigung nachweisbar erfolgen soll, stehen folgende Möglichkeiten zur Verfügung: 263

- Zustellung durch Boten (auch Familienangehörige);
- Einschreiben mit Rückschein (mit der Gefahr, dass der unterbliebenen Abholung durch den Adressaten);
- Einwurf-Einschreiben;
- Aushändigung gegen Quittung (mit der Gefahr, dass keine Quittierung erfolgt);
- Zustellung durch Gerichtsvollzieher (mit der Gefahr einer verzögerten Zustellung);
- öffentliche Zustellung (Eine weitere Verzögerung der Zustellung ist damit einhergehend);
- Zustellung von Anwalt zu Anwalt (auch insoweit Verzögerungsgefahr wegen verspäteter Rückgabe der Empfangsbestätigung).

Vor diesem Hintergrund empfiehlt sich die Zustellung der Kündigung durch Boten mit entsprechender schriftlicher Bestätigung des Boten, dass eine Zustellung tatsächlich zu einem gewissen Zeitpunkt auch erfolgt ist. Hierbei ist jedoch auch zu beachten, dass der Bote den Inhalt, der von ihm zu übermittelnden fremden Erklärung kennt, um als 264

[171] LG Kempten NJW-RR 1993, 1101.
[172] Schmidt-Futterer/Streyl BGB § 568 Rn. 240.

dienlicher Zeuge in einem Rechtsstreit über den streitigen Zugang der Kündigungserklärung Auskunft geben zu können.

265 Die Kündigung mittels **eingeschriebene Briefes** kann daran scheitern, dass der Empfänger nicht angetroffen wird und die Sendung auf dem Postamt niedergelegt wird. Die Kündigung ist dann nicht schon mit der Benachrichtigung über die Niederlegung zugegangen, sondern erst mit der Abholung der Sendung.[173] Holt der Erklärungsempfänger trotz Benachrichtigung die Nachricht nicht ab, so rechtfertigt dieser Umstand allein nach einer Entscheidung des BGH[174] nicht die Annahme einer gegen Treu und Glauben verstoßenden Zugangsvereitelung mit der Folge, dass die Erklärung als zugegangen behandelt werden dürfte. Anders dann, wenn der Erklärungsempfänger grundlos die Annahme der Sendung verweigert, obwohl er mit rechtsgeschäftlichen Erklärungen seines Vertragspartners rechnen musste.[175] Ein solcher Nachweis ist in der Regel jedoch schwer zu führen.

266 Bei der Zustellung mit einem **Zeugen** besteht zudem die Möglichkeit, dass der mitgeführte Zeuge **Wahrnehmungen** über weitere Vertragsverstöße macht, die dann vor Gericht verwendet werden könnten. Besonders gilt dies, wenn der Vermieter sich entschließen sollte, die Kündigung persönlich zu übergeben; dabei entstehende Wortwechsel lassen nicht selten den ausschlaggebenden Kündigungsgrund entstehen, also dann, wenn der Mieter ausfällig wird oder droht. In den weniger eindeutigen Fällen wird nicht selten auf diese Weise der entscheidende Kündigungsgrund provoziert, wobei sich allerdings nur besonders robuste Vermieter zu diesem Schritt entschließen.

267 *mm) Vollmachtsklauseln.* Soweit es sich bei der im Vertrag enthaltenen Regelung um eine **Individualvereinbarung** handelt, ist eine solche ohne weiteres zulässig und wirksam. Werden entsprechende Regelungen vom Vermieter als **Formularklauseln** gestellt, ist zwischen einer Empfangsvollmacht und einer Aktivvollmacht zu unterscheiden. Die in Formularmietverträgen häufig enthaltene Klausel, dass die Mieter sich gegenseitig zum Empfang von Willenserklärungen des Vermieters bevollmächtigen (**Empfangsvollmacht**), ist nach dem BGH[176] auch dann wirksam, wenn sie den Empfang einseitiger Erklärungen einschließen, welche die Grundlagen des Vertrags berühren wie Mieterhöhungen und Kündigungen. Eine unangemessene Benachteiligung iSd § 307 Abs. 1 S. 1 BGB ist jedoch dann anzunehmen, wenn sich die Mieter durch die Klausel unwiderruflich für die Mietzeit bevollmächtigen würden. Ein solcher Widerruf einer erteilten Empfangsvollmacht kann durchaus in der Mitteilung des Auszugs von dem ausziehenden Mieter an den Vermieter zu sehen sein.[177] Eine vom Vermieter verwendete Formularklausel, die den Mietern wechselseitig eine Vollmacht zur Abgabe einer Kündigung erteilt oder eine solche mitumfasst (**Aktivvollmacht**) verstößt ebenfalls gegen § 307 Abs. 1 S. 1 BGB und ist mithin unwirksam.[178] Umgekehrt ist eine von den Vermietern verwendete Klausel, wonach sich die Vermieter untereinander Bevollmächtigen auch Gestaltungserklärungen abzugeben ohne weiteres wirksam. Als Verwender können diese sich nicht auf § 307 BGB berufen, da sich die unangemessene Benachteiligung auf den Vertragspartner des Verwenders beziehen muss.

268 In denjenigen Fällen, in welchen einer der Mieter ausgezogen und nicht mehr auffindbar ist, ist jedoch gleichwohl zu empfehlen, das Mietvertragsformular auf eine derartige Klausel hin zu untersuchen. Zwar ist nach einer Entscheidung des OLG Frankfurt a. M.[179] die Kündigung gegenüber nur einem Mitmieter ausnahmsweise nach § 242 BGB wirksam, wenn der andere Mitmieter schon vor langer Zeit die Wohnung verlassen

[173] BGHZ 67, 271; OLG Celle NJW 1974, 1386.
[174] BGH NJW 1998, 1976.
[175] BGHZ 67, 271.
[176] BGH NJW 1997, 3437.
[177] BGH NJW 1997, 3437.
[178] OLG Celle WuM 1990, 103.
[179] OLG Frankfurt a. M. WuM 1991, 76.

hatte; – der Hinweis des Gerichts auf § 242 BGB zeigt jedoch, dass man sich auf dünnem Eis befindet, wenn man sich auf jene Entscheidung bezieht.

Soweit das zuständige Amtsgericht dahin tendieren sollte, die gegenseitige Empfangs- 269
vollmacht zu verneinen, bleibt noch die – zeitraubende – Möglichkeit einer öffentlichen Zustellung der Kündigung nach § 132 Abs. 2 BGB.

nn) Trick mit dem Untervermieter. Problematisch im Rahmen einer Zwangsvollstre- 270
ckung kann werden, dass der mit einer fristlosen Kündigung konfrontierte Mieter Untermieter aufnimmt, um die Durchführung des Räumungstitels zu verhindern. Der vom Schuldner konstruierte Untermieter steht regelmäßig nicht im Räumungstitel und der Gerichtsvollzieher ist gehindert, gegen diesen die Zwangsräumung durchzusetzen. Mit Beschluss des BGH vom 25.6.2004 war entschieden worden, dass der Vermieter aus einem Räumungstitel nicht vollstrecken kann, wenn sich in der Wohnung ein im Räumungstitel nicht aufgeführter Ehegatte aufhält. Dies würde selbst dann gelten, wenn nur einer von beiden Ehepartnern Partei des Mietvertrags sei.[180]

In dem Beschluss des BGH vom 13.7.2017 (NJW 2018, 399) war es auch gegenüber 271
Hausbesetzern vom BGH für erforderlich gehalten worden, dass zur sicheren Identifizierung des Schuldners dessen namentliche Bezeichnung im Vollstreckungstitel erforderlich ist. Wenn der Gläubiger die Namen der Hausbesetzer nicht in Erfahrung bringen könne, sei er gehalten, eine Räumung nach dem Polizei- und Ordnungsrecht herbeiführen zu lassen. Alternativ kann im Falle der Hausbesetzung ein Strafantrag gegen Unbekannt wegen Hausfriedensbruch oder ggfs. Sachbeschädigung gestellt werden, so dass die Polizei als Hilfsorgan der Staatsanwaltschaft die Namen der Hausbesetzer ermittelt. Diese Namen können dann über eine Akteneinsicht in Erfahrung gebracht werden.

Mit weiterem Beschluss des BGH vom 19.3.2008 war ausgeurteilt worden, dass auch 272
gegen nichteheliche Lebensgefährten ein eigener Räumungstitel erforderlich sei, soweit dieser Mitbesitzer der Wohnung ist. Bei der bloßen Aufnahme eines Lebenspartners in die Wohnung sei noch nicht von Mitbesitz auszugehen. Dieser Mitbesitz müsse „nach außen dokumentiert" sein. Hierbei sei es ausreichend, wenn der Mieter die Aufnahme des Lebensgefährten gegenüber dem Vermieter anzeige oder diesen beim Einwohnermeldeamt anmelde. Minderjährige Kinder seien regelmäßig bloße Besitzdiener. Ein Vollstreckungstitel gegen die Eltern sei hierbei ausreichend.[181] Nachdem der BGH in seiner Entscheidung angedeutet hat, dass der Grundsatz von Treu und Glauben nicht unberücksichtigt bleiben darf, ist dem Anwalt des Vermieters zu raten, im Rahmen der Kündigung den Mieter dazu aufzufordern, nach weiteren in der Wohnung lebenden Personen zu befragen, damit diese in die Räumungsklage einbezogen werden können. Soweit der Mieter auf diese Anfrage hin keine oder falsche Auskunft erteilen sollte, wäre damit zu rechnen, dass ein Verstoß gegen Treu und Glauben vorliegt, der eine Durchsetzung der Zwangsräumung dann doch noch ermöglicht.[182]

oo) Muster einer „geballten" Kündigung. Vorstehend wurde darauf hingewiesen, dass 273
es für den einen Vermieter vertretenden Anwalt wichtig ist, alle in Betracht kommenden Möglichkeiten bereits bei der außergerichtlichen Kündigung auszuschöpfen, diese also „breit" anzulegen.

Im Kündigungsschriftsatz müssen zwingend bezeichnet sein: 274

- alle Vermieter, welche die Kündigung aussprechen;
- Namen der Vertreter des Vermieters, welche die Kündigung in deren Namen aussprechen unter Vollmachtsvorlage;
- alle Mieter, gegen welche sich die Kündigung richtet;
- Bezeichnung des Beendigungstermines, also fristlos bzw. hilfsweise fristgerecht „zum nächst zulässigen Termin";
- das Mietobjekt, welches gekündigt werden soll.

[180] BGH NZM 2004, 7001.
[181] BGH NZM 2004, 7001.
[182] Klimesch ZMR 2009, 431 ff.

275 Das Muster einer fristlosen Kündigung wegen mehrerer unterschiedlicher Vertragsverstöße und auf Grund unterschiedlicher Kündigungstatbestände kann wie folgt aussehen:

Muster: „Geballte Kündigung"

276 Übergabe durch Boten
Herrn
Heinrich Unpünktlich
Eigenheimstraße 8
74076 Heilbronn
Betr.: Kündigung
Sehr geehrter Herr Unpünktlich,
wir zeigen an, dass wir Ihre Vermieter, die Eheleute Werner und Agathe Lieblich, Eigenheimstraße 8, 74076 Heilbronn vertreten. Eine Originalvollmacht haben wir diesem Schreiben beigefügt.
Wir beziehen uns auf das zwischen Ihnen und unseren Mandanten seit dem 1.1.2020 bestehende Mietverhältnis über die Wohnung im ……-Geschoss links auf dem Anwesen Eigenheimstraße 8, 74076 Heilbronn.
Namens und mit Vollmacht erklären wir Ihnen gegenüber die

fristlose Kündigung

zu dem vorgenannten Mietverhältnis aus.
Aus anwaltlicher Vorsorge erklären wir Ihnen gegenüber auch die

ordentliche Kündigung

zum nächsten zulässigen Zeitpunkt. Dies ist der 31.8.2025
Sie werden hiermit aufgefordert, die Mietsache bis spätestens zum

31.8.2025

in vertragsgerechtem Zustand zurückzugeben.

I.

Die ausgesprochene fristlose Kündigung wird auf folgende wichtige Gründe gestützt:

1.) Zahlungsverzug *(Anm. 1)*

Gemäß § 543 Abs. 2 Nr. 3b) BGB ist der Vermieter zur Kündigung ohne Einhaltung einer Frist berechtigt, wenn sich der Mieter mit mehr als zwei Monatsmieten im Zahlungsverzug befindet
Laut §.. des Mietvertrages schulden Sie eine monatliche Miete inklusive Betriebskosten in Höhe von zusammen …… €. Gemäß §.. des Mietvertrages in Übereinstimmung mit § 556b Abs. 1 BGB ist die Miete von Ihnen monatlich im Voraus jeweils bis spätestens zum dritten Werktag des Monats zu entrichten.
Dieser Verpflichtung sind aus dem Mietvertrag sind Sie in den Monaten Januar bis Juli 2025 nicht nachgekommen. Sie befinden sich somit mit mehr als 2 Monatsmieten im Zahlungsverzug, was zur fristlosen Kündigung sowie über auch zur ordentlichen Kündigung berechtigt. Von diesen Rechten haben wir Namens unserer Mandanten gemäß obiger Rangfolge Gebrauch gemacht.

2.) Vertragswidrige Nutzung, § 543 Abs. 1, 569 Abs. 2 BGB

Des Weiteren kam es in der Vergangenheit zu erheblichem vertragswidrigen Verhalten von Ihnen *(Anm. 2):*

- So haben Sie im Zeitraum vom Einzugstermin, dem 1.1.2020 bis heute, an jedem Wochenende mit Ihren Bekannten in der Wohnung Feste veranstaltet, die bis morgens gegen 2.00 Uhr andauerten und an eine Nachtruhe für unsere Mandanten nicht denken ließen. Laute Musik und Geschrei gingen damit einher, wie auch Gejaule und Gebell des von Ihnen unerlaubt gehaltenen Hundes. Hinsichtlich der Einzelheiten und der Intensität der Beeinträchtigungen darf auf das in der Anlage beigefügte Lärmprotokoll Bezug genommen werden.
- Mehrfache Versuche unserer Mandanten, eine Besserung herbeizuführen, wurden von Ihnen mit Beleidigungen wie „Idiot„ „Halt's Maul, du Depp!", „Ich schlag' dir auf'd Gosch, wenn du nicht verschwindest!" beantwortet, insbesondere am 30.3.2025 um 22.45 Uhr …… Zeugen hierfür stehen zur Verfügung ……
- Mehrfache mündliche und schriftliche Abmahnungen unserer Mandanten unter jeweiligem Hinweis auf die Vertragsverstöße, zuletzt am ……. haben keinerlei Besserung gebracht.

II.

1.) Zahlungsverzug, § 573 Abs. 2 Nr. 1 BGB

Die hilfsweise ausgesprochene ordentliche Kündigung wird zum einen auf den Zahlungsverzug gemäß den obigen Ausführungen unter Ziff. I., 1.) gestützt. Hinsichtlich der Einzelheiten darf entsprechend auf die obigen tatsächlichen und rechtlichen Ausführungen verweisen werden.

2.) Erleichterte Kündigung, § 573a BGB

Soweit die hilfsweise ausgesprochene ordentliche Kündigung auf § 573a Abs. 1 BGB gestützt wird resultiert dies daraus, dass Ihre Wohnung sich in einem Zwei-Familien-Wohnhaus befindet, das auch vom Vermieter bewohnt wird. Hierzu weisen wir noch darauf hin, dass diese Kündigung nicht auf die Voraussetzungen von § 573 BGB gestützt wird.
Hierbei verlängert sich die Kündigungsfrist um 3 Monate, so dass das Mietverhältnis für diesen Fall zum

30.11.2025

endet.

Nach der Vorgabe des § 568 Abs. 2 BGB weise ich Sie daraufhin, dass Sie die Möglichkeit haben dieser Kündigung zu widersprechen. Dieser Widerspruch ist spätestens zwei Monate vor Beendigung des Mietverhältnisses mir gegenüber zu erklären und bedarf der schriftlichen Form. Sollten Sie von diesem Recht Gebrauch machen werden Sie gebeten, mir über die Gründe hierfür Auskunft zu erteilen. Die Vorschriften von §§ 574–574c BGB fügen wir noch als Kopie anbei.
Der Fortsetzung des Mietverhältnisses über diesen Zeitpunkt hinaus wird gemäß § 545 BGB bereits jetzt widersprochen. Noch eingehende Zahlungen werden als Nutzungsentschädigung entgegengenommen *(Anm. 3)*.
Des Weiteren wird vom Vermieterpfandrecht nach § 562 BGB im gesetzlichen Umfang Gebrauch gemacht. Sie werden darauf hingewiesen, dass ein Verstoß gegen das Vermieterpfandrecht Strafbarkeit nach § 289 Strafgesetzbuch auslöst *(Anm. 4)*.
Aufgrund Ihres Zahlungsverzuges und Ihrer Vertragsverstöße sind Sie verpflichtet, die Kosten unserer Einschaltung zu tragen. Diese Kosten werden noch in einem gesonderten Schriftsatz bekanntgegeben *(Anm. 5)*.
Wir sind bereits jetzt beauftragt, Räumungsklage gegen Sie beim Amtsgericht Heilbronn zu erheben. Soweit wir Räumungsklage erheben müssen, werden sich die Kosten unserer Einschaltung erheblich erhöhen, weshalb es in Ihrem eigenen Interesse ist, einen freiwilligen Auszug vorzunehmen, gegebenenfalls nach vorheriger Kontaktaufnahme mit uns *(Anm. 6)*.
Mit freundlichen Grüßen

Rechtsanwalt

Anm. 1: Inwieweit die fristgemäße Kündigung auf jeden Fall erhalten bleibt, wenn der Mieter innerhalb der Schonfrist gezahlt hat, war umstritten; nach den Rechtsentscheiden OLG Stuttgart vom 28.8.1991[183] soll die fristgemäße Kündigung jedoch aufrechterhalten bleiben. Durch Urteil des BGH vom 16.2.2005[184] bleibt die fristgemäße Kündigung aufrechterhalten, wenn dem Mieter ein Verschulden zur Last fällt. Unzulässig ist jedoch, nach Zahlung der Rückstände innerhalb der Schonfrist eine fristgemäße Kündigung auszusprechen und mit den nicht mehr bestehenden Rückständen zu begründen. Daher ist auf jeden Fall im Rahmen der fristlosen Kündigung hilfsweise auch die fristgemäße Kündigung auszusprechen.
Anm. 2: Die einzelnen Vertragsverstöße müssen „individualisierbar" aufgeführt sein; pauschale Vorhaltungen sind nicht ausreichend. Zur Straffung des Textes wurde auf weitere Einzelheiten verzichtet.
Anm. 3: Um die Unbedingtheit der Kündigung zu unterstreichen sollte darauf hingewiesen werden, dass in der Empfangnahme von Geld kein neuer Mietvertrag begründet wird oder der alte Mietvertrag fortgesetzt.
Anm. 4: Obwohl das Vermieterpfandrecht im Bereich der Wohnraummiete gemeinhin als „stumpfe Waffe" bezeichnet wird, lässt sich die Mieterseite hiervon gleichwohl zuweilen beeindrucken (vgl. → § 38 Rn. 40 ff.). Auf jeden Fall wäre es ein Kunstfehler, dieses Recht des Vermieters nicht ebenfalls geltend zu machen, zumal sich aus dem möglichen Bruch des Vermieterpfandrechts durch den Mieter, ein weiterer Kündigungsgrund sich ergeben kann. Dieser Kündigungsgrund könnte – auch im laufenden Räumungsprozess – nachgeschoben werden, und zwar auch dann, wenn beispielsweise auf Grund von Zahlungen des Mieters nur noch die fristgemäße Kündigung übrigbleiben sollte.
Anm. 5: Hier sollten die bei dem Anwalt angefallenen Kosten rechnerisch dargestellt werden..
Anm. 6: Soweit es zu einer Kontaktaufnahme durch den Mieter kommt, könnte ein Mietaufhebungsvertrag (§ 44 Abs. 3) abgeschlossen werden, welcher in dem im Muster geschilderten Fall etwas Kreativität erfordert: Dem Vermieter müsste gestattet werden, sofort eine Klage auf Räumung einzureichen, wenn die Störungen des Hausfriedens nicht abreißen.

b) Vertragswidriger Gebrauch, § 543 Abs. 2 Nr. 2 BGB. Begeht der Mieter einen vertragswidrigen Gebrauch der gemieteten Sache, so kann sich der Vermieter dadurch zur Wehr setzen, dass er den Mieter auf Unterlassung in Anspruch nimmt (§ 541 BGB) oder das Mietverhältnis fristlos kündigt. Eine fristlose Kündigung wegen vertragswidrigen Gebrauchs des Mietobjekts kann entweder auf § 542 Abs. 2 S. 1 Nr. 2 BGB oder auf die Generalklausel in § 543 Abs. 1 BGB gestützt werden, wobei darauf zu achten ist, dass wegen der Negativwirkung des Regelbeispiels eine Anwendbarkeit von § 543 Abs. 1 BGB nur dann in Betracht kommt, wenn kein Fall der Sachgefahr oder der Gebrauchsüberlassung an Dritte als Form des vertragswidrigen Gebrauchs vorliegt. 277

Die für alle Mietverhältnisse geltende Vorschrift von § 543 Abs. 2 Nr. 2 BGB nennt – nicht abschließend – Beispielsfälle des vertragswidrigen Gebrauchs, und zwar 278

- der Mieter verletzt die Rechte des Vermieters dadurch, dass er sie durch Vernachlässigung der ihm obliegenden Sorgfalt gefährdet;
- der Mieter überlässt die Mietsache unbefugt einem Dritten.

[183] OLG Stuttgart ReMiet 2/91 = WuM 1991, 429.
[184] BGH NZM 2005, 334.

279 Es wird als ausreichend angesehen, wenn einer von mehreren Mietern sich vertragswidrig verhält.[185]

280 *aa) Verhältnis zu anderen Kündigungstatbeständen.* Häufig wird im Kontext zu § 543 Abs. 2 S. 1 Nr. 2 BGB der dort geregelte Kündigungsgrund lapidar mit dem „vertragswidrigen Gebrauch" des Mietobjekts durch den Mieter überschrieben, so auch hier. Dies ist nicht völlig unproblematisch, da dies den Anwalt dazu verleiten könnte die Generalklausel in § 543 Abs. 1 BGB als Auffangtatbestand zu § 543 Abs. 2 S. 1 Nr. 2 BGB zu verstehen.

281 Mit dem Verhältnis der Regelbeispiele (§§ 543 Abs. 2, 569 Abs. 1, 2a BGB) zu der Generalklausel ist dies nicht vereinbar.

282 Indem bei Vorliegen eines Regelbeispiels stets und ohne weitere Interessenabwägung oder Prüfung der Unzumutbarkeit stets von einem wichtigen Grund auszugehen ist, bedeutet dies umgekehrt, dass ein Sachverhalt, der von seinem Typus her dem Regelbeispiel zuzuordnen ist, jedoch nicht alle Voraussetzungen erfüllt, der Annahme eines wichtigen Grundes zwingend entgegensteht (Negativwirkung)

283 Der Vermieter sollte daher konkret nach allen in Betracht kommenden Vertragsverstößen umfassend befragt werden, also neben dem rein vertragswidrigen Verhalten auch nach dessen Auswirkungen auf das Mietobjekts selbst, wenn dies angezeigt scheint, um so zu verhindern, dass bei unzureichender Sachgefahr für das Mietobjekts und damit der Verneinung des § 543 Abs. 2 S. 1 Nr. 2 BGB nicht auch § 543 Abs. 1 BGB ausgeschlossen ist.

284 *bb) Unerlaubte Gebrauchsüberlassung.* Klassisch für den Fall der unerlaubten Gebrauchsüberlassung ist die Aufnahme weiterer Personen mit dem Hinweis des Mieters, dass eine **„Lebensgemeinschaft"** bestehen würde, also keine Untervermietung vorläge.

285 *(1) Anspruch auf Erlaubnis.* Nach § 553 BGB kann dem Mieter ein Anspruch auf Erteilung der Erlaubnis zur Untervermietung zustehen, wenn nach Abschluss des Mietvertrags ein berechtigtes Interesse des Mieters an der Untervermietung entstanden ist (vgl. § 15).[186] Die Vorschrift ist unabdingbar, § 553 Abs. 3 BGB, weshalb die häufig in Formularverträgen anzutreffende Formulierung über die Anzahl der Bewohner zunächst kein Anhaltspunkt für eine Überbelegung ist.

286 Der Vermieter kann die Untervermietung verweigern, wenn

- in der Person des Dritten ein wichtiger Grund vorliegt;
- der Wohnraum übermäßig belegt würde;
- die Überlassung aus sonstigen Gründen nicht zumutbar ist.

287 Nachdem die Prüfung der Voraussetzungen von § 543 Abs. 2 Nr. 2 BGB regelmäßig einer **Beweisaufnahme** bedarf, kann der Vermieter nicht darauf hoffen, eine fristlose Kündigung wegen unerlaubter Untervermietung in kurzer Zeit durchzusetzen, wenn der Mieter einwendet, er habe einen Anspruch auf Gestattung.

288 Die Annahme eines Anspruches auf Erlaubnis nach § 553 BGB ändert nichts daran, dass die Gebrauchsüberlassung des Mietobjekts an Dritte unbefugt ist, solange der Mieter nicht auf die zu erteilende Erlaubnis dringt, da sich der Vermieter dann in Wiedersprüche begeben würde. Dennoch wird man in einem solchen Fall kaum noch von einer **erheblichen** Beeinträchtigung des Vermieters sprechen können, was § 543 Abs. 2 S. 1 Nr. 2 BGB voraussetzt. Ein solcher Anspruch auf Erlaubnis dürfte sich auch letztlich auf das Recht zur ordentlichen Kündigung nach § 573 Abs. 2 Nr. 1 BGB auswirken, da eine Kündigung rechtsmissbräuchlich (§ 242 BGB) wäre, da der Mieter seinerseits einen Anspruch gegenüber dem Vermieter auf Erlaubnis der Überlassung an Dritte hätte.[187]

[185] OLG Düsseldorf ZMR 1987, 423; Schmidt-Futterer/Blank BGB § 543 Rn. 55.
[186] OLG Hamm NJW 1982, 2876.
[187] BGH NJW 2011, 1065.

(2) Gebrauchsüberlassung. Für den Fall, dass der Mieter die Wohnung bereits verlassen hat und sodann an eine andere Person zur alleinigen Nutzung überlässt, liegt der Fall der unerlaubten Gebrauchsüberlassung auf der Hand. Es ist dem Mieter nach der Instanzrechtsprechung auch nicht gestattet, den Gebrauch der Mietsache ausschließlich nächsten Familienangehörigen zu überlassen.[188] Inwieweit dem Mieter ein Anspruch auf Überlassung oder zeitweilige Überlassung an Dritte zusteht, beurteilt sich nach § 553 BGB und die hierzu ergangene Rechtsprechung. 289

Wohnt der Mieter demgegenüber noch in der Wohnung, so ist ihm nach der Rechtsprechung erlaubt, weitere **Familienangehörige** in die Wohnung aufzunehmen. So auch: Aufnahme der Eltern[189] oder des Lebensgefährten.[190] Zu beachten ist hier zudem, dass enge Angehörige des Mieters nicht als Dritte anzusehen sind, so dass der Zuzug eigener Kinder, des Ehepartners und dessen Kinder nicht als vertragswidriger Gebrauch für eine fristlose Kündigung in Betracht kommt.[191] 290

Soweit der Mieter jedoch ausgezogen ist, scheidet eine Überlassung der Mietsache an nichteheliche Lebenspartner oder Geschwister aus.[192] Gleiches gilt auch, wenn der Mieter die Wohnung für seinen erwachsenen Sohn und/oder dessen Familie freimacht.[193] Obwohl es nach dem Gesetz nicht erforderlich ist, dass von der unbefugten Gebrauchsüberlassung konkrete Störungen ausgehen, ist es sinnvoll, den Mandanten hiernach zu befragen und dann in Kündigung und Klage hierzu vorzutragen, um die Durchsetzbarkeit einer hilfsweise zusätzlich erklärten Kündigung nach §§ 543 Abs. 1, 569 Abs. 2 BGB oder nach § 573 Abs. 2 Nr. 1 BGB zu verstärken. Einer solchen fristlosen Kündigung stünde auch nicht die Negativwirkung entgegen, da Anlass der Klage nicht die unbefugte Gebrauchsüberlassung ist, sondern die Störung des Hausfriedens durch Lärm. 291

Der **Anwalt des Mieters** wird in den Fällen der Gebrauchsüberlassung regelmäßig vortragen, sein Mandant sei entweder berechtigt, die weitere Person in die Wohnung mit aufzunehmen, weil er mit dieser eine Lebensgemeinschaft gegründet habe, oder aber, es liege Gestattung oder Duldung des Vermieters vor bzw. dem Mieter stehe ein Anspruch auf Untervermietung zu. 292

Soweit der Vermieter die Gebrauchsüberlassung einige Monate sehenden Auges geduldet hat, kann der Kündigungsgrund der unerlaubten Gebrauchsüberlassung verwirkt sein und zwar sowohl hinsichtlich der fristlosen, wie auch hinsichtlich der fristgemäßen Kündigung.[194] 293

Fälle der unbefugten Gebrauchsüberlassung sind: 294

- Untervermietung und Fortsetzung derselben nach Abmahnung;
- Überbelegung, auch bei nur zeitweiser Überlassung;
- erlaubte Untervermietung, wenn der Mieter nicht verhindert, dass der Untermieter nochmals untervermietet.[195]

(3) Erheblichkeit. Die unbefugte Gebrauchsüberlassung an Dritte muss zu einer erheblichen Beeinträchtigung der Vermieterrechte führen. Durch diese Voraussetzung soll sichergestellt werden, dass das zur fristlosen Kündigung berechtigende Verhalten eine hinreichende schwere aufweist, die auch mit den übrigen Regelbeispielen in Einklang steht. Es sollen folglich Bagatellen, wie z. B. eine nur kurzfristige Gebrauchsüberlassung nicht sogleich zur fristlosen Kündigung berechtigen. Obwohl im Rahmen des § 543 Abs. 2 S. 1 Nr. 2 BGB eine Prüfung von Beeinträchtigungen des Vermieters als Folge der unbefugten Gebrauchsüberlassung ausbleibt, kann es für den Vermieter sinnvoll sein in 295

[188] LG Frankfurt a. M. NJW-RR 1993, 143.
[189] BayObLG NZM 1998, 29; LG Hamburg NJW-RR 2000, 602.
[190] BGH NZM 2004, 22.
[191] OLG Hamm WuM 1997, 364.
[192] LG Berlin WuM 1995, 569. – Einzelheiten: Sternel XII Rn. 117.
[193] LG Cottbus WuM 1995, 38.
[194] LG München I NJW-RR 1991, 1112.
[195] OLG Hamm NJW-RR 1992, 783.

der Kündigung und im **Prozess** entsprechende Beeinträchtigungen des Vermieters oder weiterer Bewohner des Hauses darzulegen, um so die Tatbestandsvoraussetzung der Erheblichkeit der Beeinträchtigung des Vermieters zu untermauern.[196]

296 Soweit von Mieterseite eingewendet wird, es bestehe ein Anspruch auf Gebrauchsüberlassung an Dritte oder die Kündigung des Vermieters sei rechtsmissbräuchlich, ist eine **Interessenabwägung** maßgebend.[197] Soweit der Mieter jedoch verschleiert, dass er einen Dritten in die Wohnung ohne Erlaubnis aufgenommen hat oder soweit der Mieter den zuvor geäußerten (und beweisbaren) Willen des Vermieters missachtet hat, ist von einer Erheblichkeit der Vertragsverletzung auszugehen.[198] Jedenfalls reicht es für eine fristlose Kündigung nach § 543 Abs. 2 Nr. 2 BGB nicht aus, wenn der Mieter lediglich übersehen hat, dass er eine Genehmigung des Vermieters einholen muss.[199] In diesem Fall kann lediglich die fristgemäße Kündigung gem. § 573 Abs. 2 Nr. 1 BGB zum Zuge kommen.

297 Abzulehnen ist die Auffassung, dass bei nicht genehmigter Untervermietung die in der Abmahnung gesetzte Frist zur Abhilfe grundsätzlich der für das Untermietverhältnis geltenden Kündigungsfrist entsprechen müsse, weil der Mieter andernfalls zur Abhilfe außerstande sei. Dies hätte im Fall der befristeten Untervermietung zur Folge, dass auf lange Zeit die Abmahnung nicht durchsetzbar wäre und es könnte den Mieter und den Untermieter reizen, entsprechend vorzutragen, dass beispielsweise ein mehrjähriges Untermietverhältnis begründet worden sei.[200]

298 *(4) Räumungsvollstreckung bei Drittbesitz.* Die Räumungsvollstreckung kann nur gegen diejenigen Personen betrieben werden, die auch im Vollstreckungstitel namentlich genannt sind, § 750 ZPO.[201] Eine Ausnahme hiervon wird bei minderjährigen Kindern des Mieters gemacht, da diese regelmäßig keinen eigenständigen Mitbesitz an dem Mietobjekt haben.[202] Es soll auch vorgekommen sein, dass der Räumungsschuldner bewusst dritte Personen am Tag der Räumung vorweist und als Nutzer der Wohnung angibt. In diesem Fall wird der Gerichtsvollzieher, der diese Tatsachen nicht überprüfen kann, die Räumungsvollstreckung regelmäßig abbrechen.

299 Dem Gläubiger und Vermieter bleibt dann regelmäßig nur die Möglichkeit einer Vollstreckungserinnerung gemäß § 766 Abs. 2 ZPO mit der Begründung, der Gerichtsvollzieher habe die Vollstreckung zu Unrecht abgelehnt, verbunden mit dem Antrag, dem Gerichtsvollzieher aufzugeben, die Vollstreckung aus diesem Grunde nicht verweigern zu dürfen. Diese Vollstreckungserinnerung wird in der Regel erfolglos bleiben, soweit nicht ein kollusives Zusammenwirken zwischen dem Dritten und dem Räumungsschuldner nachgewiesen werden kann.

300 Die einzige weitere Möglichkeit für den Gläubiger/Vermieter war bis zur Einführung des § 940a Abs. 2 ZPO, eine neue Klage auf Räumung gegen den Dritten einzuleiten, was mit Kosten und Zeitverlust verbunden ist. Durch § 940a Abs. 2 ZPO soll es dem Vermieter ermöglicht werden effektiv seinen gerichtlich festgestellten Räumungsanspruch gegenüber dem Mieter auch gegenüber dem Dritten zeitnah durchsetzen zu können, soweit der Vermieter von der Inbesitznahme durch den Dritten bis zum Schluss der mündlichen Verhandlung keine Kenntnis hat. Für eine einstweilige Verfügung braucht es neben dem Verfügungsanspruch (regelmäßig § 546 Abs. 2 BGB) noch einen Verfügungsgrund. Dieser muss jedoch nicht in einem wesentlichen Nachteil gemäß § 940 ZPO bestehen, vielmehr reicht das Vorliegen der Tatbestandsvoraussetzungen des § 940a Abs. 2 ZPO aus.

---

[196] BGH NJW 1985, 2527; OLG Hamburg NJW 82, 1157; OLG Frankfurt a. M. NJW-RR 1989, 10; BayObLG NJW-RR 1991, 461.
[197] BayObLG NJW-RR 1990, 461; BayObLG WuM 1995, 378.
[198] OLG Hamm WuM 1997, 364.
[199] LG Kiel WuM 1991, 548; LG München I WuM 1991, 548.
[200] LG Mannheim WuM 1985, 262.
[201] BGH ZMR 2009, 21.
[202] BGH FamRZ 2008, 1174 ff.

Eine weitere Möglichkeit für den Gläubiger kann unter Umständen sein, auf eine Räumung nach dem „Berliner Modell" überzugehen. Hiernach macht der Vermieter an allen Gegenständen sein Vermieterpfandrecht geltend und beauftragt den Gerichtsvollzieher, diese Gegenstände zu pfänden. Das Gegenargument der Mieterseite, die entsprechenden Gegenstände würden nicht in seinem Eigentum stehen, bleiben hierbei außer Betracht, weil der Gerichtsvollzieher lediglich den Gewahrsam des Schuldners zu prüfen hat und nicht die materielle Rechtslage, § 809 ZPO. 301

Allerdings ist zu bedenken, dass gemäß § 885 ZPO nur derjenige Schuldner sein kann, der aus dem Titel ersichtlich ist. 302

cc) Gefährdung der Mietsache. Obwohl der Vermieter verpflichtet ist, die Mietsache in einem gebrauchsfähigen Zustand zu erhalten, treffen den Mieter Sorgfaltspflichten (§ 241 Abs. 2 BGB): 303

- So obliegt es dem Mieter das in seinem Gewahrsam befindliche Mietobjekt pfleglich und schonend zu behandeln und vor Schäden zu bewahren, die ihren Ausgang in der Risikosphäre des Mieters hat.
- Er ist auch nach § 536c Abs. 1 BGB zur **Anzeige** verpflichtet, wenn die Mietsache mangelhaft wird, wenn gewisse Vorkehrungen zum Schutz der Mietsache gegen eine nicht vorhergesehene Gefahr erforderlich wird oder wenn sich ein Dritter ein Recht an der Mietsache anmaßt.

Soweit der Mieter die ihm obliegenden Anzeige- und Obhutspflichten trotz Abmahnung (§ 543 Abs. 3 BGB) nicht erfüllt und soweit die Mietsache dadurch erheblich gefährdet wird, liegt ein Tatbestand für die fristlose Kündigung vor. Der Streit entzündet sich also regelmäßig daran, wann eine **erhebliche Gefährdung** der Mietsache vorliegt, ob also beispielsweise erste Anzeichen von Schimmel an den Wänden ausreichen. Beim Suchen nach den Vorgängen ist nach der aktuellen Entscheidung des BGH vom 28.5.2008 (NJW 2008, 2432) dem Mieter kein Vorwurf zu machen und der Vermieter ist verpflichtet, entsprechende Schäden zu beseitigen. 304

Soweit die Kündigung auf die Gefährdung der Mietsache gestützt werden soll, ist zu beachten, dass Zweifel zu Lasten des Vermieters gehen, nachdem dieser beweispflichtig ist, dass die Gefährdung **konkret** gegeben ist. Es besteht hierbei ein gewisses Wagnis, den Angaben des eigenen Mandanten zu vertrauen, da der Vermieter regelmäßig ein ausgeprägtes Interesse an dem Substanzerhalt seines Eigentums hat. 305

Die Rechtsprechung zu dieser Problematik ist dünn: Nach einer Entscheidung des AG Wiesbaden vom 15.5.1991 ist eine Kündigung nach § 543 Abs. 2 Nr. 2 BGB gerechtfertigt, wenn der Mieter innerhalb von vier Jahren vier Wasserschäden mit seiner Waschmaschine verursacht hat und hierdurch beim vierten Vorfall ein Schaden von 5.000, – EUR entstanden ist.[203] 306

dd) Weitere Einzelfälle. Weitere Fälle, in denen eine Kündigung nach § 553 BGB, jetzt: § 543 Abs. 2 Nr. 2, für zulässig erachtet worden ist: 307

- **Bauliche Veränderungen:** Wenn der Mieter bauliche Veränderungen durchführt und der Vermieter von einem Dritten zu Recht auf Beseitigung dieser baulichen Veränderungen in Anspruch genommen wird, insbesondere also bei Eigentumswohnungen;[204] eigenmächtiger Ausbau eines Dachbodens zu Wohnzwecken.[205]
- **Beschädigungen der Mietsache:** Wasserschäden.[206]
- **Geruchsbelästigung:** Der Mieter pflegt seine Wohnung nicht, so dass die Nachbarn durch einen unzumutbaren Geruch belästigt werden.[207]

---

203 AG Wiesbaden NJW-RR 1992, 76; Schmidt-Futterer/Streyl BGB § 543 Rn. 139 ff.
204 LG Gießen NJW-RR 1994, 1102.
205 LG Hamburg WuM 1992, 190.
206 AG Helmstedt ZMR 1988, 148.
207 AG Rheine ZMR 2008, 803.

- **Gewerbliche Nutzung:** Der Mieter betreibt ein Elektrogewerbe in der Wohnung und lagert im Keller und in der Garage Materialien ein.[208]
- Ein Kfz-Stellplatz wird als Kfz-Werkstatt benutzt.[209]
- Familienangehörige veranstalten zwischen 1.00 Uhr und 1.30 Uhr durch Knallen von Wohnungstüren Lärm und der Mieter lässt es zu, dass seine Kinder noch um 23.00 Uhr im Garten Fußball spielen.[210]
- **Prostitution:** Soweit der Mieter der Prostitution in der Wohnung nachgeht, ist eine Kündigung berechtigt, wobei freilich der Nachweis derselben aufwändig sein kann.[211]
- **Rauschgift:** In der Wohnung wird mit Rauschgift gehandelt oder es werden in der Mietsache Cannabis- und Marihuana-Pflanzen vorgefunden, die über den erlaubten Besitz für Erwachsene hinausgehen[212]
- **Schönheitsreparaturen:** Wenn der Mieter zur Durchführung von Schönheitsreparaturen verurteilt ist und diese Verpflichtung gleichwohl nicht erfüllt[213] sowie wenn der Mieter die Durchführung notwendiger Instandsetzungsarbeiten behindert und dies zu einer Gefährdung der Bausubstanz führt und wenn der Mieter Gerümpel und Müll in der Wohnung lagert und hierdurch die Mitmieter durch Gerüche belästigt werden, die Bausubstanz konkret gefährdet wird oder Belange des Brandschutzes betroffen sind.[214]
- **Sperrmüll:** Der Mieter lagert Abfall, Karton, Zweiräder und Gartengeräte im Kellerflur ab mit der Folge, dass andere Mieter ihre Kellerräume nur schwer erreichen können und der Brandschutz nicht mehr gewährleistet ist.[215]
- **Tauben:** Der Mieter füttert Tauben an, was in hygienischer und akustischer Hinsicht nicht mehr für die anderen Mieter hinnehmbar ist.[216]
- **Tierhaltung:** Der Mieter hält zwei Katzen vertragswidrig.[217] Trotz Widerrufs der Erlaubnis zur Tierhaltung, weil der Hund andere Hausbewohner gebissen hat, hält der Mieter den Hund weiterhin.[218]
- Die Mieterin hält mehrere Katzen und einen Hund, was erhebliche Geruchsbelästigungen verursacht.[219] Allerdings ist bei den Entscheidungen zur vertragswidrigen Tierhaltung zu beachten, dass nach der Entscheidung des BGH vom 14.11.2007,[220] eine Klausel in einem formularmäßigen Wohnraummietvertrag, wonach die Haltung von Hunden und Katzen untersagt sein soll, einer Inhaltskontrolle nach § 307 Abs. 1 BGB nicht standhält und daher unwirksam ist. Daher dürfte nur noch in denjenigen Fällen, in welchen von der Tierhaltung extreme Belästigungen für die anderen Hausbewohner ausgehen, eine Kündigung möglich sein.
- **Überbelegung:**
  Eine Überbelegung kann selbst dann vorliegen, wenn dies durch die Geburt von Kindern oder den Zuzug von Familienangehörigen entstanden ist. Nach dem RE des OLG Hamm vom 6.10.1982[221] richtet sich dies nach den Umständen des Einzelfalles, da es in der Regel keine verbindlichen Vorschriften gebe. Nach einer Entscheidung des LG Oldenburg, die vom BVerfG bestätigt wurde,[222] ist eine Überbelegung gegeben,

[208] AG Lüdinghausen WuM 1983, 327.
[209] LG Berlin GE 1991, 1253.
[210] LG Frankfurt a. M. ZMR 2012, 352.
[211] LG Lübeck NJW-RR 1993, 525.
[212] AG Linz NJW-RR 1991, 1225.
[213] AG Münster WuM 2007, 70.
[214] LG Berlin ZMR 2011, 873.
[215] AG Dortmund DWW 1990, 179.
[216] AG Frankfurt a. M. WuM 1977, 66.
[217] LG Berlin GE 1987, 1111.
[218] LG Berlin GE 1993, 97.
[219] LG Berlin GE 1996, 1433.
[220] BGH NZM 2008, 78.
[221] DWW 1982, 335.
[222] WuM 1994, 119.

wenn eine 70 qm große 4-Zimmer-Wohnung am Nachmittag und am Abend von 4 Erwachsenen und 3 Kindern genutzt wird.
Keine Überbelegung soll demgegenüber gegeben sein, wenn eine 20 qm große Wohnung von zwei Erwachsenen und einem Kind bewohnt werden.[223]
Einen Anhaltspunkt zur Feststellung der Überbelegung im Einzelfall können die **Landesgesetze** zur Beseitigung von Wohnungsmissständen geben, beispielsweise das Bayerische Wohnungsaufsichtsgesetz vom 24.7.1974, wonach Wohnungen nur dann überlassen und genutzt werden dürfen, wenn für jede mindestens 6 Jahre alte Person eine Wohnfläche von mindestens 10 qm und für jede noch nicht 6 Jahre alte Person mindestens 6 qm Wohnfläche vorhanden sein müssen. Mit diesem Gesetz kann mit guten Gründen auch in Bundesländern argumentiert werden, die über keine entsprechenden Landesgesetze verfügen.
Zwar soll nach einer Entscheidung des LG München I[224] aus dem Verstoß gegen das Wohnungsaufsichtsgesetz nicht zwangsläufig die Möglichkeit einer fristlosen Kündigung erfolgen – nachdem ein Verstoß gegen dieses Gesetz jedoch mit einem erheblichen Bußgeld bewehrt ist und die Ordnungsbehörden zum Einschreiten aufgefordert sind, wird man ohne weiteres von einem vertragswidrigen Gebrauch von erheblichem Gewicht sprechen können.

- **Urinieren** des Mieters einer Erdgeschosswohnung in den zur Wohnung gehörenden Garten[225]
- **Nutzung als Wohnung:** Der Mieter nutzt Gewerberäume vertragswidrig zu Wohnzwecken.[226]

Nachdem zu den einzelnen Kündigungsgründen von § 543 Abs. 2 Nr. 2 BGB meist nur Entscheidungen der Instanzgerichte vorliegen, ist es in Grenzfällen ratsam, die im Rechtsentscheid des OLG Koblenz vom 16.7.1997[227] enthaltene Aufzählung in der Klage zu zitieren, um den Entscheidungen der Amtsgerichte eine gewisse Qualität und Autorität zu verschaffen.

ee) Abmahnung. Gemäß § 543 Abs. 3 BGB ist bei jeder Kündigung, die auf die Verletzung einer Pflicht aus dem Mietvertrag gestützt wird, eine Fristsetzung erforderlich. Dem Mieter ist Gelegenheit zu geben, binnen angemessener Frist den vertragswidrigen Zustand abzustellen und es ist ihm vor Augen zu halten, dass das Mietverhältnis beendet wird, wenn der vertragswidrige Zustand nicht abgestellt wird. Abmahnung und Fristsetzung sind dann nicht erforderlich, wenn 308

- eine Frist oder Abmahnung offensichtlich keinen Erfolg verspricht;
- die sofortige Kündigung aus besonderen Gründen unter Abwägung der beiderseitigen Interessen gerechtfertigt ist oder
- Zahlungsverzug mit mehr als zwei Monatsmieten vorliegt.

Eine verlässliche Abgrenzung dazu, ob und wann eine Abmahnung „offensichtlich keinen Erfolg verspricht", bzw. wann eine „Abwägung der beiderseitigen Interessen" besondere Gründe ergeben kann, die eine Abmahnung überflüssig werden lassen, wird von der Rechtsprechung gefunden werden müssen. Für den Vermieteranwalt wird jedoch **im Zweifel eine Abmahnung** immer ausgesprochen werden, um einer Zurückweisung der Räumungsklage wegen fehlender Abmahnung und mithin fehlender Kündigungsvoraussetzungen vorbeugen zu können.[228] 309

c) Zahlungsverzug, §§ 543 Abs. 2 Nr. 3, 569 Abs. 3 BGB. *aa) Allgemeines.* Die auf den ersten Blick einfache Kündigungsmöglichkeit von §§ 543 Abs. 2 Nr. 3, 569 Abs. 3 BGB gestaltet sich im Hinblick auf Mietminderungen, Zurückbehaltungsrechten und einer Aufrechnung im Einzelfall ggfs. schwierig. 310

---

223 LG Köln WuM 1983, 237.
224 WuM 1983, 22.
225 AG Köln WuM 2012, 272.
226 OLG Düsseldorf NJW-RR 1987, 1370.
227 NJW-RR 1998, 659.
228 Schmidt-Futterer/Streyl BGB § 543 Rn. 228.

311 Vor Einreichung der Klage gegen den säumigen Mieter ist zu entscheiden, ob gleichzeitig Räumungs- und Zahlungsklage erhoben werden soll oder ob ein getrenntes Vorgehen vorzugswürdig ist. Werden Räumung und Zahlung getrennt eingeklagt, entstehen höhere Kosten und eine Verbindung beider Klagen ist daher kostengünstiger. Überdies besteht die Möglichkeit einer Sicherungsanordnung nach § 283a ZPO. Hiervon wird in der Praxis jedoch kaum Gebrauch gemacht, nachdem die Hürde der „hohen Erfolgsaussicht“ leicht von Mieterseite zu erschüttern ist, wenn diese Mietmängel einwendet oder Zeugenbeweis anbietet.

312 Der Nachteil einer verbundenen Klage besteht darin, dass das Gericht dann bei der Zahlungsverzugskündigung über die Rückstände ausentscheiden muss, was mit einer Beweisaufnahme den Prozess verzögern kann; insbesondere, wenn ein Sachverständigengutachten eingeholt werden muss.

313 *(1) Mietrückstand.* Nach § 543 Abs. 2 Nr. 3 BGB muss sich der Mieter mit fälligen, durchsetzbaren und vom Mieter laufend geschuldeten Mieten im Verzug (§ 286 BGB) befinden. Das Kündigungsrecht entsteht mit der Aufsummierung der in § 543 Abs. 2 Nr. 3 BGB genannten Rückstände.[229] Der Grundsatz, dass die Wirksamkeitsvoraussetzungen, die den Inhalt der Kündigung betreffen bei Zugang der Kündigungserklärung vorzuliegen haben, wird infolge des § 543 Abs. 2 S. 2 BGB durchbrochen. Ist ein kündigungsrelevanter Zahlungsverzug vor Zugang der Kündigungserklärung einmal eingetreten erlischt das daraus resultierende Kündigungsrecht erst mit vollständigem Ausgleich des Zahlungsrückstandes; eine erst nach Ausgleich zugegangene Kündigungserklärung zieht mithin nicht die Rechtsfolge des §§ 542 Abs. 1, 543 Abs. 2 Nr. 3 BGB nach sich. Die rückständigen Mieten, wegen welcher der Vermieter die Kündigung ausspricht, müssen also noch im Zeitpunkt der Abgabe der Kündigungserklärung offen sein.

314 *(2) Modalitäten.* Die Vorschrift von § 543 Abs. 2 Nr. 3 BGB enthält mehrere Modalitäten der Kündigung:

a) die Kündigung bei Verzug mit zwei aufeinander folgenden Terminen in Höhe der Gesamtmiete;
b) die Kündigung bei Verzug mit zwei aufeinander folgenden Terminen in Höhe einer Monatsmiete zuzüglich einen Cent;
c) die Kündigung bei Verzug über einen Zeitraum von mehr als zwei Terminen in Höhe zweier Monatsmieten, womit die Möglichkeit des Mieters, jede zweite, vierte, sechste Miete zu zahlen, also Mieten zu „überspringen“, verhindert werden soll.

315 Soweit diese Voraussetzungen nicht gegeben sind, tritt die Gestaltungswirkung der Kündigung wegen Zahlungsverzugs nicht ein mit der Folge, dass das Mietverhältnis fortbesteht, wenn nicht die fristgerechte Kündigung greift. Liegen diese Voraussetzungen des § 543 Abs. 2 Nr. 3 BGB jedoch vor, spielt laut dem Gesetzeswortlaut die Höhe des einzelnen monatlichen Rückstandes (bedeutender oder unbedeutender Teilbetrag) keine Rolle.[230]

316 Die **Umdeutung** einer unwirksamen Kündigung in ein Angebot zum Abschluss eines Mietaufhebungsvertrags kommt grundsätzlich nicht in Betracht.[231] Der Vermieter kann sogar schadenersatzpflichtig gegenüber dem Mieter werden, wenn ihm hinsichtlich des Ausspruchs der Kündigung Vorsatz oder Fahrlässigkeit zur Last gelegt werden kann, und der Mieter im Vertrauen auf die Wirksamkeit der Kündigung aus dem Mietobjekt auszieht.[232]

317 *bb) Begriff der Miete.* Hierzu gehören die regelmäßigen Leistungen, die der Mieter als Entgelt für die Überlassung des Gebrauchs der Mietsache zu erbringen hat, also die

[229] BGH NJW 2022, 1014.
[230] BGH NZM 2022, 131.
[231] BGH NJW 1984, 1028.
[232] BGH NJW 1984, 1028.

Grundmiete sowie die Betriebskostenvorauszahlung oder die Betriebskostenpauschale.[233]

Nicht unter den Begriff der Miete fallen die nicht regelmäßig wiederkehrenden vertraglichen Zahlungsverpflichtungen also die Rückstände mit Betriebskostennachzahlungen,[234] die Kaution,[235] Finanzierungsbeiträge, die Kosten vorangegangener Prozesse, die der Mieter verloren hat und Ansprüche auf Schadensersatz oder Verzugszinsen.[236] Zur rückständigen Mietkaution ist ein gesonderter Kündigungstatbestand mit § 569 Abs. 2a BGB geschaffen worden. **318**

(1) Besonderheit nach Mieterhöhung. Soweit eine rechtskräftige gerichtliche Entscheidung wegen Mieterhöhung (§§ 558–560 BGB) vorliegt, ist § 569 Abs. 3 Nr. 3 BGB zu beachten. Hiernach kann der Vermieter nicht vor Ablauf von zwei Monaten nach rechtskräftiger Entscheidung kündigen. Die Sperrfrist nach § 569 Abs. 3 Nr. 3 BGB gilt jedoch weder bei anderen Mieterhöhungen noch bei einer Anhebung infolge eines Prozessvergleichs z. B. im Rahmen der Klage auf Zustimmung iSd § 558b Abs. 2 BGB.[237] Dann kann sofort entsprechend der Fälligkeitsregelung im Vergleich gekündigt werden. Es sollte im Falle einer vergleichsweisen Einigung darauf geachtet werden bei einer rückwirkenden Anhebung des Mietzinses auch eine Fälligkeitsregelung über die sodann bestehenden Zahlungsrückstände mit aufzunehmen. **319**

(2) Fälligkeit der Miete. Als Fälligkeitszeitpunkt orientieren sich die Standartmietverträge regelmäßig an der Vorschrift des § 556b Abs. 1 BGB, wonach die Miete zu Beginn, spätestens zum 3. Werktag der einzelnen vereinbarten Zeitabschnitte zu entrichten ist. Wegen diese nach dem Kalender bestimmten Fälligkeitsregelung bedarf es für den Verzugseintritt keiner Mahnung (§ 286 Abs. 2 Nr. 1 BGB). Abweichende vertragliche Regelungen zur Fälligkeit bleiben zulässig. **320**

(3) Rechtzeitigkeit der Zahlung, §§ 269, 270 BGB. Auch wenn die Erfüllung (§ 362 BGB) der Mietzinsverbindlichkeiten (§ 535 Abs. 2 BGB) erst mit Zugang des Geldes beim Vermieter eintritt, ist es bei Überweisungen für die Rechtzeitigkeit der Zahlung und damit für die Vermeidung einer Verzugslage ausreichend die Leistungshandlung, also der Überweisungsauftrag gegenüber der ausführenden Bank am Fälligkeitstag vorzunehmen. Nach § 270 Abs. 1 BGB handelt es sich bei Geldschulden im Rahmen des Überweisungsverkehrs um eine qualifizierte Schickschuld. Der Mieter trägt mithin die Gefahr des Leistungserfolges nicht jedoch die der Verzögerung. Der § 270 Abs. 1 BGB birgt für den Vermieter und dessen Anwalt folglich die Gefahr in sich, dass er kündigt/klagt, obwohl die Zahlung der Rückstände bereits angewiesen worden ist und durch ein Versehen der Bank noch nicht dem Konto des Vermieters gutgeschrieben wurde. Der Mieter hat also die Möglichkeit, dem Vermieter zu beweisen, dass er die Überweisung rechtzeitig der Bank in Auftrag gegeben hat und die Ausführung dieses Auftrags auf Grund eines Versehens der Bank erst einige Tage später erfolgte. Dies würde zur Folge haben, dass ein Verzug nicht vorgelegen hat.[238] Bei § 556b Abs. 1 BGB handelt es sich um dispositives Recht, so dass eine individualvertragliche abweichende Regelung über die Rechtzeitigkeit der Zahlung zwischen den Parteien des Mietvertrages erfolgen kann. Eine Rechtzeitigkeitsklausel, wonach es für die Frage der Rechtzeitigkeit der Zahlung und damit dem Ausschluss der Verzugslage auf den Geldeingang bei der Vermieterbank ankommt, ist jedoch wegen § 307 BGB unwirksam, da durch eine solche Klausel dem Mieter einseitig das Risiko von Fehlern der beteiligten Banken auferlegt werden würde. **321**

---

[233] OLG Hamm WuM 1997, 364.
[234] LG Kiel WuM 1991, 548; LG München I WuM 1991, 548; OLG Koblenz NJW 1984, 2396.
[235] LG Hamburg WuM 1974, 54.
[236] Einzelheiten: Schmidt-Futterer/Streyl BGB § 543 Rn. 161 ff.
[237] OLG Hamm NJW-RR 1992, 340.
[238] Schmidt-Futterer/Streyl BGB § 543 Rn. 193.

322 *(4) Zurückbehaltungsrechte, Mietminderung.* Für eine Verzugslage muss der Anspruch auf die Mietzahlung möglich, fällig und durchsetzbar sein. Der Mieter kommt daher nicht in Verzug, wenn ihm die Einrede des nicht erfüllten Vertrags gegenüber dem Vermieter gem. § 320 BGB zusteht; das sich hieraus ergebende Zurückbehaltungsrecht muss nicht ausdrücklich geltend gemacht werden, weil schon sein Bestehen den Eintritt des Leistungsverzugs verhindert.[239] In den Fällen des § 273 BGB bleibt es jedoch dabei, dass diese Einrede erklärt werden muss, um einer Verzugslage vorzubeugen bzw. diese zu beenden.

323 Ist die Mietsache mangelhaft hat der Mieter neben dem Recht zur Mietzinsminderung gegenüber dem Vermieter einen Anspruch auf Herstellung des vertragsgemäßen Zustands (§ 535 Abs. 1 S. 2 Alt. 2 BGB), der dem Mietzinsanspruch nach § 320 BGB entgegen steht. Es wird für den Vermieter also schwierig, seine Ansprüche rasch und ohne eine umfang- und kostenreiche Beweisaufnahme durchzusetzen. Nachdem die Rechtsprechung Analogien zum Werkvertragsrecht zieht und das Drei- bis Fünffache der ausstehenden Leistung als angemessenes Zurückbehaltungsrecht ansieht,[240] wäre der Vermieter nicht selten gehalten, dem Mieter noch Geld zu bringen, bevor er diesen wegen Zahlungsrückständen angeht. Wenn die Mieteinbehalte das Drei- bis Fünffache des voraussichtlichen Kostenaufwands für eine Schadenbeseitigung erreicht haben, ist die Ausübung eines weiteren Zurückbehaltungsrechts nicht mehr zulässig (Einzelheiten: § 23).

324 Für den Fall der Mietminderung nach § 536 Abs. 1 BGB geht der Anspruch auf Mietzahlung nach § 535 Abs. 2 BGB von Gesetzes wegen unter, so dass eine Verzugslage in der geminderten Höhe von vornherein ausscheidet. Es fehlt nämlich an dem für eine Verzugslage nach § 286 BGB erforderlichen Anspruch. In diesem Zusammenhang sind jedoch die Ausschlussgründe für die Minderungs- und Zurückbehaltungsansprüche gem. §§ 536b, 536c BGB zu beachten, die einer Minderung oder einem Zurückbehaltungsrecht entgegenstehen können. Zu beachten ist des Weiteren der § 556b Abs. 2 BGB: Diese Regelung erlaubt die Aufrechnung oder eine Zurückbehaltung gegenüber dem Anspruch auf Mietzahlung mit Schadens- u. Aufwendungsersatzansprüchen nach § 536a BGB oder § 539 BGB und Bereicherungsansprüchen wegen zu viel gezahlter Miete auch bei einem vertraglich vereinbarten Verbot, wenn der Mieter seine Absicht zur Aufrechnung oder Zurückbehaltung mindestens einen Monat vor Fälligkeit der Miete in Textform angezeigt hat. Bevor man jedoch vorschnell auf § 556b Abs. 2 BGB abstellt ist zunächst zu prüfen, ob die Verbotsregelung wirksam vereinbart wurde. Bei einer AGB-Kontrolle sind insbesondere § 309 Nr. 2 u. 3 BGB. Nach § 309 Nr. 2 BGB ist jegliche Einschränkung des Zurückbehaltungsrechts für den Gegenüber des AGB-Verwenders bereits unzulässig, so dass sich insoweit die Bedeutung des § 556b Abs. 2 BGB zum Zurückbehaltungsrecht im Wohnraummietverhältnis in Grenzen hält.

325 Soweit der Mieter die Mängel, Minderungsansprüche und Zurückbehaltungsrechte gesetzeskonform schriftlich angezeigt hat, gilt es, dem Gericht plausibel zu machen, dass die Höhe der Minderungen/Zurückbehaltungsrechte völlig überzogen sind und ggf. den schwierigen Weg eines Antrages gemäß § 283a ZPO in Erwägung ziehen. Soweit der Mieter sich weigert, Zutritt zur Wohnung zu gewähren, um die Mietsache ausreichend zu untersuchen, ist dies ein Indiz dafür, dass die Mängel nur vorgeschoben sind. Ansprüche des Mieters auf Minderung können dann zudem **verwirkt** sein, was einzuwenden ist (Einzelheiten: § 23).

326 *(5) Unregelmäßige Zahlungen des Mieters.* Soweit unregelmäßig Zahlungen seitens des Mieters eingehen, ist genau zu beachten, inwieweit der Mieter eine **Tilgungsbestimmung** ausdrücklich oder konkludent getroffen hat. Der prozessuale Streitgegenstand ist dadurch festzulegen, dass genau bestimmt wird, welche Mieten der Mieter mit seinen Zahlungen ausgleichen wollte und welche noch offen sind. Hierbei genügt ein Blick auf

[239] BGH NJW 1966, 200.
[240] BGH NJW 1992, 1632; LG Hamburg WuM 1989, 172.

den „**Verwendungszweck**" des entsprechenden Überweisungsträgers oder des Bareinzahlungsbeleges.

Hat der Mieter eine Leistungsbestimmung nicht getroffen und reichen die Zahlungen nicht aus, um sämtliche offenen Mietforderungen zu erfüllen, greift die Reihenfolge in § 366 Abs. 2 BGB. Hiernach sind bei einer fehlenden Tilgungsbestimmung des Mieters die geleisteten Zahlungen 327
- zunächst auf die fälligen Schulden,
- bei mehreren fälligen Schulden auf die, die dem Vermieter weniger Sicherheit bietet (z. B. Betriebskostenvorauszahlung gegenüber der Nettomiete),
- bei gleicher Sicherheit, auf die lästigere Schuld,
- bei gleicher Lästigkeit die ältere Schuld u.
- verhältnismäßig auf jede Schuld zu verteilen, wenn nicht eine der vorgenannten Tilgungsbestimmungen eingreift,

zu verrechnen.

Inwieweit der konkreten Tilgungsbestimmung des Mieters mit Formularklauseln begegnet werden kann, ist zweifelhaft[241] und sollte im Regelfall außer Betracht gelassen werden. 328

Bei zahlreichen Vermietern ist zu beobachten, dass eingehende Zahlungen des Mieters **„wild" verbucht** werden und unklar wird, welche Rückstände tatsächlich bestehen, nachdem mit den eingehenden Zahlungen oft Zinsen, Betriebskostennachzahlungen, Verzugspauschalen etc in Verrechnung kommen. Inwieweit dem Vermieter in dieser Situation angesonnen werden kann, die Verbuchungen in Ordnung zu bringen, was einen erheblichen Erklärungsaufwand bedeuten kann (freilich muss die so erklärte Hausaufgabe dann auch wieder vom Anwalt des Vermieters überprüft werden) oder ob es nicht vorteilhafter ist, dies als Anwalt des Vermieters „gerichtsfest" selbst zu tun, bleibt Frage des Einzelfalls und ggf. der Bereitschaft des Vermieters, diese zusätzliche buchhalterische Aufgabe gesondert zu vergüten. 329

Zuweilen reicht es den Gerichten aus, wenn auf eine Verrechnung nach § 366 Abs. 2 BGB hingewiesen wird; hierauf kann man sich jedoch nicht verlassen und der Vermietermandant ist auf das entsprechende Risiko, dass die Rückstände nicht schlüssig nachgewiesen sind, hinzuweisen. Instruktiv in diesem Zusammenhang ist die Entscheidung des BGH vom 22.12.2003[242] und des AG Dortmund vom 28.5.2003,[243] in welchem zwischen „einfachen" und „komplizierten" Fällen von Zahlungsverzug unterschieden wurde. Um dem Risiko der Einordnung eines Kündigungssachverhaltes als kompliziert bei nur knapper Darstellung der Rückstände zu entgehen, sollte die Zahlungsentwicklung genau dargestellt und mitgeteilt werden, welche Mieten oder anteiligen Monatsmieten rückständig sind. 330

(6) Sonderfall: Mieter ist gleichzeitig Vermieter. Soweit der Mieter gleichzeitig Mitglied einer Vermietergemeinschaft ist, ist besondere Vorsicht geboten. Wenn also eine aus mehreren Personen bestehende Eigentümergemeinschaft an einen der Miteigentümer vermietet hat und dieser keine Mieten mehr zahlt, kann nur Leistung an die Gesamthand der Miteigentümer/Mitvermieter verlangt werden. Der beklagte Mieter kann in diesem Fall nicht gleichzeitig als Kläger im Rubrum mitaufgeführt werden.[244] 331

cc) Die einzelnen Kündigungstatbestände von § 543 Abs. 2 Nr. 3 iVm § 569 Abs. 3 BGB. 332
(1) Kündigung gem. §§ 543 Abs. 2 Nr. 3a, 569 Abs. 3. Der Kündigungsgrund nach § 543 Abs. 2 Nr. 3a BGB sieht der Höhe nach zwei verschiedene Sachverhalte vor, auf die der Vermieter seine fristlose Kündigung stützen kann. Zunächst ist eine fristlose Kündigung

[241] BGH NJW 1984, 2404.
[242] BGH NZM 2004, 187.
[243] AG Dortmund NZM 2003, 596; LG Dortmund NZM 2004, 189, zur sog. „Saldoklage" – Junglas in ZMR 2008, 673 ff.
[244] OLG Düsseldorf NJW-RR 1998, 11.

wegen Zahlungsverzug zulässig, wenn der Mieter für zwei aufeinander folgende Termine mit der Entrichtung der Miete in Verzug ist.

333 Nach der zweiten Variante des § 543 Abs. 2 Nr. 3a BGB besteht die Kündigungsbefugnis auch dann, wenn der Mieter für zwei aufeinander folgende Termine mit der Entrichtung eines nicht unerheblichen Teils der Miete im Verzug ist. Nachdem im Rahmen der letzten Auflage noch auf den Meinungsstreit in Rechtsprechung und Literatur verwiesen werden musste, hat der BGH (BGH NZM 2022, S. 131) mit Entscheidung aus dem Jahre 2020 klargestellt, dass bei der Wohnraummiete nach § 569 Abs. 3 Nr. 1 BGB die Erheblichkeitsschwelle bei einer Monatsmiete plus 1 Cent bei zwei aufeinander folgenden Terminen erreicht ist.

334 Die Erheblichkeitsschwelle bemisst sich nach der zuletzt geschuldeten Miete. Eine Mietminderung bleibt hierfür jedoch außer Betracht.

335 *(2) Kündigung gem. §§ 543 Abs. 2 Nr. 3b, 569 Abs. 3 Nr. 1 BGB.* Nach dieser Vorschrift ist die Kündigung zulässig, wenn der Rückstand, der sich über mehr als zwei Termine erstreckt, eine Höhe von mindestens zwei Monatsmieten erreicht hat.

336 Vor diesem Zeitpunkt kann der Vermieter lediglich gemäß § 573 Abs. 1 Nr. 1 BGB fristgemäß kündigen, wenn sich der Mieter mit einem Betrag von mehr als einer Monatsmiete zumindest einen Monat im Zahlungsverzug befindet (BGH NZM 2013, S. 20).

337 *dd) Schonfrist, § 569 Abs. 3 Nr. 2 BGB.* Nach dieser Vorschrift kann der Mieter die fristlose Kündigung unwirksam machen, wenn er die Rückstände bis spätestens vor Ablauf von **zwei Monaten seit Zustellung der Klagschrift** vollständig ausgleicht oder sich eine öffentliche Stelle zur Befriedigung des Vermieters verpflichtet. Die Frist endet zwei Monate nach Zustellung der Räumungsklage unter Anwendung von §§ 187 Abs. 1, 188 Abs. 2 BGB. Bei Fristende an einem Samstag, Sonntag oder Feiertag ist die Zahlung am nächsten Werktag nach § 193 BGB rechtzeitig. Bei einer Mehrheit von Mietern kommt es darauf an, wann dem letzten Mieter die Klage zugestellt worden ist.

338 Der Anwalt des Vermieters hat daher zu beachten und zu überprüfen, ob der Mieter innerhalb der Schonfrist alle zum Zeitpunkt der Zahlung offenen Mietzinsrückstände und Ansprüche des Vermieters auf Nutzungsentschädigung in Höhe der zuletzt vereinbarten Miete ausgleicht. Geschieht dies nicht, kommt dem Mieter diese Rechtswohltat nicht zugute.[245] Der Mieter muss daher auch Rückstände ausgleichen, auf die die Kündigung nicht gestützt war. Dies betrifft jedoch nur die laufenden Mietzahlungen und nicht sonstige Zahlungsansprüche des Vermieters wegen Nachzahlungen aus Betriebskostenabrechnungen, Zinsen, Schadenersatzansprüchen, Rechtsanwaltskosten oder sonstigen Kostenerstattungsansprüchen.[246]

339 Nach der Entscheidung des BGH vom 27.9.2017 (NJW 2018, 939) ist es nicht ausreichend, wenn der Mieter vor dem Erhalt einer fristlosen Kündigung wegen Zahlungsverzuges den zur Kündigung berechtigenden Mietrückstand nur zum Teil ausgleicht. Nachdem es bei der Wohnraummiete für die formelle Wirksamkeit einer Kündigung maßgebend ist, dass der zur Kündigung führende Grund in dem Kündigungsschreiben gemäß § 569 Abs. 4 BGB angegeben wird, ist es ausreichend, wenn der Vermieter den Rückstand nach der vertraglich vereinbarten Miete berechnet. Eine so begründete Kündigung ist formell wirksam.

340 Die Rückstände sind von Mieterseite **vollständig** auszugleichen und es spielt keine Rolle, ob die Zahlung in Raten erfolgt; das Ende der Schonfrist ist maßgebend. Es ist nicht ausreichend, dass der Mieter nur die Mietrückstände ausgleicht, die Gegenstand der Kündigung gewesen sind. Auch die im Anschluss an die Kündigung fällig gewordenen Nutzungsentschädigungen nach § 546a BGB sind für die Anwendbarkeit der Heilungsvorschrift des § 569 Abs. 3 Nr. 2 BGB innerhalb der Schonfrist auszugleichen. Auch solche Zahlungen der Mieterseite, die unter dem Vorbehalt der Rückforderung

[245] Einzelheiten: Schmidt-Futterer/Streyl BGB § 569 Rn. 80 ff.
[246] LG Berlin NZM 2023, 417.

erfolgt sind, finden Berücksichtigung. Für die Rechtzeitigkeit der Befriedigung gilt das Gleiche wie für die Rechtzeitigkeit der Zahlung nach §§ 269, 270 BGB gesagte entsprechend, es kommt mithin auf die Rechtzeitigkeit der Leistungshandlung bei der Überweisung an.

Der Mieter ist auch berechtigt, mit Gegenforderungen aufzurechnen, also insbesondere mit Mietminderungsansprüchen oder Aufwendungsersatz und Zurückbehaltungsrecht. Hierbei ist es für den Mieter ausreichend, wenn die Aufrechnungsansprüche erst nach Zugang der Kündigung überhaupt fällig oder geltend gemacht werden. 341

Die Kündigung wird auch dann nachträglich unwirksam, wenn sich eine öffentliche Stelle gegenüber dem Vermieter verpflichtet, alle aufgelaufenen Rückstände zu übernehmen. 342

Dies bedeutet also in aller Regel, dass das zuständige Jobcenter (§ 22 Abs. 8 SGB II) oder das Wohnungs- oder Sozialamt (§ 36 Abs. 1 SGB XII) die Übernahme der Rückstände gegenüber dem Vermieter erklärt. Deshalb darf deren Wirksamkeit nicht davon abhängig gemacht werden, dass der Vermieter bestimmte Handlungen vornimmt. Umstritten ist es, ob die Klarstellung schädlich ist, dass der Mietrückstand nur dann übernommen wird, wenn die Rechtsfolge von § 569 Abs. 3 Nr. 2 S. 1 BGB eingreift.[247] 343

Die **Übernahmeerklärung** muss direkt an den Vermieter erfolgen. Es genügt nicht, wenn die Übernahmeerklärung an Dritte, gegenüber dem Mieter oder gegenüber dem Gericht erfolgt.[248] Eine besondere Form sieht das Gesetz in § 569 Abs. 3 Nr. 2 BGB für die Übernahmeerklärung gegenüber dem Vermieter nicht vor. 344

Der Mieteranwalt wird daher seinem Mandanten raten, unverzüglich Kontakt mit dem Jobcenter, Wohnungs- oder Sozialamt aufzunehmen, insbesondere dort persönlich vorzusprechen, um die Leistungen nach dem SGB II oder SGB XII zu erhalten. Die Erklärung muss jedoch innerhalb der Schonfrist dem Vermieter zugehen.[249] Die Erklärung der Sozialbehörde muss eindeutig sein. Es ist nicht ausreichend, wenn insoweit Bedingungen von Seiten der Behörde an den Vermieter gerichtet werden, wie beispielsweise die Rücknahme der Räumungsklage.[250]. Die „Bedingung", dass mit Zahlung durch die öffentliche Hand die fristlose Kündigung keine Wirkung mehr haben soll, ist indes unschädlich, da es sich hierbei um einen reinen Verweis auf die gesetzlich vorgesehene Rechtsfolge des § 569 Abs. 3 Nr. 2 BGB handelt. Soweit der Vermieter auch fristgemäß nach § 573 Abs. 2 Nr. 1 BGB gekündigt hat, bleibt diese weitere Kündigung aufrechterhalten.[251] Insoweit gilt § 569 Abs. 3 Nr. 2 BGB weder direkt noch analog für eine ausgesprochene ordentliche Kündigung infolge des bestehenden Zahlungsverzugs.[252] 345

Soweit im Verlauf des Räumungsprozesses die Rückstände ausgeglichen werden oder eine Zusage des Sozialamtes erfolgt, die Rückstände zu übernehmen, wäre der Rechtsstreit bezüglich der fristlosen Kündigung in der Hauptsache für erledigt zu erklären mit der Folge, dass eine Entscheidung nach **§ 91a ZPO** erfolgt. Hierbei werden die Kosten des Rechtsstreits regelmäßig dem Mieter auferlegt. Die fristgerechte Kündigung und der Antrag auf Räumung zu diesem Term können als Hilfsanträge aufrechterhalten bleiben. 346

Nachdem die nach dem SGB II oder SGB XII zuständige Behörde für den Kostenerstattungsanspruch des Vermieters nicht eintrittspflichtig ist, erhält der Vermieter durch die gesetzliche Regelung in § 569 Abs. 3 Nr. 2 BGB Steine statt Brot, nachdem die Prozesskosten gegebenenfalls die Mietrückstände übersteigen. Dem Vermieter bleibt daher nur, im Wege der Zwangsvollstreckung zu versuchen, seinen **Kostenerstattungsanspruch** durchzusetzen, was freilich ein wenig aussichtsreiches Unterfangen ist, wenn das Sozialamt lediglich die Übernahme der Mieten zugesagt hat. 347

[247] Schmidt-Futterer/Streyl BGB § 569 Rn. 90.
[248] BayOLG NJW 1995, 338.
[249] BayOLG WuM 1994, 598.
[250] LG Bielefeld WuM 1994, 206.
[251] BGH WuM 2005, 250.
[252] BGH NZM 2023, 28; NZM 2023, 554.

348 Soweit der Mieter zum zweiten Mal innerhalb von **zwei Jahren** in einen Rückstand im Sinne von §§ 543 Abs. 2 Nr. 3, 569 Abs. 3 Nr. 1, 2 BGB geraten ist, kommt eine erneute Schonfrist nicht mehr in Betracht, § 569 Abs. 3 Nr. 2 S. 2 BGB. Bei derartigen „Zweitfällen" kann es vorkommen, dass die öffentliche Hand sich ausnahmsweise auch bereiterklärt, den Kostenerstattungsanspruch zu erfüllen, wenn das Mietverhältnis einvernehmlich fortgeführt wird. Möglich ist hierbei auch, dass das Amt die weitere anwaltliche Tätigkeit, also die Gebühren, die durch den Abschluss eines außergerichtlichen Vergleiches in dieser Situation entstehen, übernimmt. Soweit der Vermieter rein wirtschaftlich denkt, wäre eine vergleichsweise Einigung über den Fortbestand des Mietverhältnisses nicht uninteressant.

349 In der Regel wird sich der Anwalt des Vermieters nicht so weit aus dem Fenster wagen, bei der Vereinbarung mit dem Sozialamt auf den Räumungstitel zu verzichten. Demgegenüber ist zweckmäßig, auf ein Anerkenntnis zu drängen und den somit geschaffenen Räumungstitel unter Bedingungen vollstreckungsfähig zu erhalten. Die Grundbedingung für eine **vergleichsweise Einigung** ist in der Regel, dass eine Vollstreckung aus dem Räumungstitel nicht erfolgt, sofern die künftigen Raten auf Zahlung von Miete/Nutzungsentschädigung vom Mieter pünktlich und vollständig gezahlt werden. Soweit erneut Zahlungsrückstände auftreten, hat der Vermieter also die Möglichkeit, nicht erneut fristlos wegen Zahlungsverzuges kündigen zu müssen, sondern er kann unmittelbar im Wege der Räumungsvollstreckung gegen den säumigen Mieter vorgehen.

350 Vorsicht ist insoweit angebracht, als die Vereinbarung als Abschluss eines neuen Mietvertrages gelten könnte. In der vergleichsweisen Einigung sollte daher auf jeden Fall aufgenommen werden, dass für eine gewisse Dauer Nutzungsentschädigung entgegengenommen wird und dass ausdrücklich **kein neuer Mietvertrag** begründet werden soll.

351 *ee) Fristlose und fristgemäße Kündigung bei Zahlungsverzug.* Um der Problematik der Schonfristregelung als Anwalt des Vermieters zu begegnen, empfiehlt sich regelmäßig, alle Kündigungsmöglichkeiten auszuschöpfen, also insbesondere auch eine Kündigung nach § 573 Abs. 2 Nr. 1 BGB zu erklären.

352 Selbst wenn der Mieter innerhalb der Schonfrist zahlen würde, bliebe die fristgemäße Kündigung aufrechterhalten.[253] Gibt der Mieter gerichtlich oder außergerichtlich an, dass er die fristgemäße Kündigung nicht akzeptiert, besteht **Anlass zur Klagerhebung.** Es kann daher Klage auf künftige Räumung erhoben werden (§ 259 ZPO), bzw. der Klagantrag wird bei Zahlung nach Erhebung der Klage teilweise für erledigt erklärt und wegen fristgemäßer Räumung aufrechterhalten.

353 Fristlose und ordentliche Kündigung können wegen ihrer Gestaltungswirkung weder alternativ noch kumulativ ausgesprochen werden. Zulässig ist die Staffelung in einem Hilfsverhältnis.[254]

354 Dieser hilfsweisen Erklärung der ordentlichen Kündigung, für den Fall der Unwirksamkeit der fristlosen Kündigung steht nicht die Bedingungsfeindlichkeit von Gestaltungserklärungen entgegen, da es sich hierbei um eine reine Rechtsbedingung handelt.

355 *ff) Kündigung wegen laufend verspäteter Zahlungen.* Laufend verspätete Zahlungen können eine fristlose Kündigung nur nach der Generalklausel des § 543 Abs. 1 BGB erklärt werden, soweit nicht zugleich ein Rückstand nach §§ 543 Abs. 2 Nr. 3, 569 Abs. 3 Nr. 1 BGB eingetreten ist.

356 Da für die fristlose Kündigung wegen Verletzung vertraglicher Verpflichtungen eine **Abmahnung** erforderlich ist, sollte der Anwalt des Vermieters im Falle laufend verspäteter Zahlungen folgende Einzelheiten in das Abmahnschreiben aufnehmen:

---

[253] OLG Stuttgart NJW-RR 1991, 1487.
[254] Schmidt-Futterer/Streyl BGB § 542 Rn. 14 ff.

Checkliste: Abmahnung

- ☐ Hinweis, dass die nach dem Vertrag geschuldete Miete zu einem bestimmten Zeitpunkt fällig ist und dass dieser Fälligkeitszeitpunkt überschritten wurde 357
- ☐ Auflistung der Zahlungseingänge in den vergangenen Monaten
- ☐ Aufforderung, künftig vertragsgemäß die Miete zu zahlen
- ☐ Ankündigung, dass das Mietverhältnis fristlos oder fristgemäß gekündigt werden wird, wenn die Vertragsverstöße anhalten

Soweit in den darauffolgenden Monaten gleichwohl erneut Rückstände auftreten 358 sollten, kann fristlos und hilfsweise fristgemäß gekündigt werden.

gg) Verzug des Mieters mit der Sicherheitsleistung. Gemäß § 569 Abs. 2a BGB liegt ein 359 wichtiger Grund auch dann vor, wenn der Mieter mit der Sicherheitsleistung nach § 551 BGB in Höhe eines Betrages in Verzug ist, der der zweifachen Monatsmiete entspricht. Entsprechend der Regelung des § 551 BGB sind nach § 569 Abs. 2a S. 2 BGB auch hier Betriebskostenpauschalen oder -vorauszahlungen bei der Berechnung des Betrages nicht zu berücksichtigen.

Es ist gemäß § 569 Abs. 2a S. 3 BGB nicht erforderlich, eine Abhilfefrist oder eine 360 Abmahnung auszusprechen.

Zu den hier relevanten Sicherheitsleistungen zählen nur solche die durch Geldleistung 361 zu erbringen sind, wozu die Barkaution und die Verpfändung eines Sparbuches gehören. Nicht erfasst werden die Mietbürgschaft oder sonstige Formen der Sicherheitsleistung, da es hierbei nicht zu einem Zahlungsverzug kommen kann.

Der Mieter muss sich, wie bei § 543 Abs. 2 Nr. 3 BGB im Verzug mit den Sicherheits- 362 zahlungen in Höhe zweier Nettomieten befinden. Für die erforderliche Verzugslage ist eine Mahnung nicht erforderlich, da entweder durch vertragliche Absprache im Rahmen des § 551 BGB eine Fälligkeitsregelung getroffen wurde oder auf die gesetzliche Fälligkeitsregelung in § 551 Abs. 2 S. 2 u. 3 BGB verwiesen werden kann. Eine Mahnung ist somit über § 286 Abs. 2 Nr. 1 BGB entbehrlich.

Gemäß § 569 Abs. 2a S. 4 BGB steht dem Mieter gegen eine fristlose Kündigung ein 363 Nachholrecht zu. Die fristlose Kündigung wegen Kautionsverzuges wird unwirksam, wenn der Vermieter spätestens zwei Monate nach Rechtshängigkeit des Räumungsanspruches befriedigt wird oder eine öffentliche Stelle sich zur Befriedigung verpflichtet.

Soweit eine geringere Mietkaution als zwei Monatsmieten vereinbart ist, soll eine 364 fristlose Kündigung gemäß § 569 Abs. 2a BGB ausgeschlossen sein.[255]

Dem Vermieter steht während der Mietzeit ein Anspruch auf Wiederauffüllung der 365 Kaution auf die ursprünglich vereinbarte Höhe zu, wenn er sich wegen eines Anspruches aus der Kaution berechtigterweise befriedigt hat.[256] Allerdings ergibt sich aus dem Wortlaut, Zweck und dem systematischen Zusammenhang der Vorschrift von § 569 Abs. 2a BGB, dass in diesem Fall ein fristloses Kündigungsrecht nicht besteht. Hierbei kommt allenfalls eine fristgemäße Kündigung in Betracht.

Zu beachten ist, dass es sich bei der fristlosen Kündigung wegen eines Verzuges bei der 366 Sicherheitsleistung um einen eigenständigen und von § 543 Abs. 2 Nr. 3 BGB zu trennenden Kündigungsgrund handelt. Eine wechselseitige Hinzurechnung der rückständigen Beträge, um so auf einen für die fristlose Kündigung ausreichenden Zahlungsrückstand zu kommen ist somit nicht möglich. Ein Rückstand mit Mietzahlungen ist auch für das Nachholrecht gegen eine fristlose Kündigung wegen Kautionsverzuges unschädlich. Die Nachholrechte in beiden Fällen unterliegen unterschiedlichen Voraussetzungen, nachdem bei einem Zahlungsverzug mit der Miete eine Aufrechnung durch

[255] Börstinghaus „Pflichtverletzungen im Mietverhältnis" (PIG 90) 2011, S. 67 und NZM 2012, 702.
[256] Schmidt-Futterer/Flatow BGB § 551 Rn. 69; Sternel Mietrecht aktuell Rn. III 187.

den Mieter vorgenommen werden kann, während dies bei einer rückständigen Kaution nicht möglich ist.[257]

367 Die Kündigung gemäß § 569 Abs. 2a BGB ist im Hinblick auf die Möglichkeit der Verwirkung (§ 242 BGB) rechtzeitig auszusprechen. Eine Frist von vier Monaten ab Kenntniserlangung des Kündigungsberechtigten soll noch rechtzeitig sein.[258]

368 d) **Wichtiger Grund, §§ 543 Abs. 1, 569 Abs. 2 BGB.** *aa) Allgemeines.* Der Vermieter ist zur fristlosen Kündigung über die Generalklausel des § 543 Abs. 1 BGB berechtigt, wenn ein wichtiger Grund zur fristlosen Kündigung vorliegt. Das Gesetz führt in § 543 Abs. 1 S. 2 BGB aus, wann ein solcher vorliegt: Ein wichtiger Grund ist anzunehmen, wenn bei Abwägung der beiderseitigen Interessen von Vermieter und Mieter unter Berücksichtigung der Umstände des Einzelfalls, insbesondere des Verschuldens des anderen Teils eine Fortsetzung des Mietverhältnisses bis zum Ablauf der Kündigungsfrist oder bis zur sonstigen Beendigung des Mietverhältnisses nicht zugemutet werden kann.

369 Typische Kündigungssachverhalte im Rahmen des § 543 Abs. 1 BGB sind:

- Unpünktliche Mietzahlungen
- Lärmstörungen
- Beleidigungen, Nötigung und Tätlichkeiten
- Unberechtigte Strafanzeigen
- Unseriöses Prozessverhalten
- Straftaten, insbesondere Diebstahl
- Verletzung von Aufklärungspflichten
- Gefährdungen und Beschädigungen der Mietsache.

370 *bb) Einzelfälle.* Als Kündigungsgründe im Sinne von § 543 Abs. 1 BGB, wurden anerkannt:

- Verletzung vorvertraglicher Aufklärungspflicht;[259]
- wiederholte und nachhaltige Störungen des Hausfriedens durch unverschuldete, insbesondere krankheitsbedingte Handlungen, wenn fortgesetzt höchstpersönliche Rechtsgüter verletzt oder gefährdet werden;[260]
- wiederholte grobe oder öffentliche formale Beleidigungen;[261]
- andauernde unzumutbare Belästigungen anderer Mieter, auch wenn sie von Kindern ausgehen;
- Belästigungen durch Geruch;[262]
- nicht zu beseitigender Befall mit Ungezierer;[263]
- unberechtigtes Anzapfen einer Stromleitung;[264]
- fortdauernde unpünktliche Zahlung;[265]
- Waffengebrauch des Mieters gegen Nachbarn;[266]
- Lärmstörungen durch unerlaubt gehaltenen Hund;[267]
- Drohen mit Gewaltanwendung;[268]
- vorsätzlich oder leichtfertig unrichtige Strafanzeige gegenüber Vermietern;[269]
- wiederholtes Veranlassen von Polizeieinsätzen mit gewaltsamem Öffnen der Tür;[270]

[257] Sternel Rn. III 160.
[258] BGH NZM 2007, 400.
[259] OLG Düsseldorf ZMR 1995, 465; BGH NJW 1969, 1845; LG Itzehoe ZMR 2008, 536.
[260] LG Köln MDR 1974, 232; LG Bielefeld ZMR 1968, 172.
[261] LG Köln WuM 1993, 349.
[262] LG Berlin NJW-RR 1997, 395.
[263] AG Bremen NJW 1998, 3283.
[264] LG Köln NJW-RR 1994, 909.
[265] BGH NJW-RR 1988, 77.
[266] LG Berlin GE 1993, 207.
[267] AG Frankfurt a. M. WuM 1978, 127.
[268] LG Berlin GE 1991, 933.
[269] LG Berlin GE 1990, 1079; LG Frankfurt a. M. WuM 1994, 15.
[270] LG Mannheim DWW 1994, 50.

- Beleidigung von Angehörigen, Mitarbeitern oder Hausverwaltern des Vermieters;[271]
- in der Presse veröffentlichte Beleidigungen;[272]
- Anbringen eines beleidigenden Transparentes an der Außenwand der Mietwohnung;[273]
- Bezeichnen des Vermieters als „Arschloch";[274] als „Penner" und als „Sau";[275]
- ob man dem Vermieter ein Angebot mit dem „Götz-Zitat" unterbreiten darf, ist demgegenüber umstritten (Kündigung zulässig;[276] Kündigung unzulässig);[277]
- Unterstützung von Hausbesetzern durch den Mieter;[278]
- Weigerung des Mieters, mit Hausverwalter zusammenzuarbeiten;[279]
- Aufruf an Mitmieter, ihn beim Kampf gegen die Willkür des Vermieters zu unterstützen;[280]
- Verleumdung anderer Mieter im Haus;[281]
- Stromdiebstahl zu Lasten des Vermieters;[282]
- vertragswidrige Nutzung einer Garage als Kfz-Werkstatt;[283]
- bewusst wahrheitswidrige Angaben über die Vermögensverhältnisse in der Mieterselbstauskunft;[284]
- erhebliche Substanzgefährdungen der vermieteten Räume durch Verzug des Mieters mit vertraglichen Leistungspflichten;[285]
- unterlassene Aufklärung des Vermieters über Einzelheiten der Nutzung des Mietobjekts durch dritte Personen;[286]
- unberechtigte Nutzung des Gartens durch den Mieter;[287]
- Versuch des Mieters, das Haus in die Luft zu sprengen;[288]
- wiederholte Verursachung von schweren Wasserschäden;[289]
- Verursachung eines Wohnungsbrandes durch einen unerlaubt gehaltenen Hund;[290]
- unerlaubt gehaltener Hund greift anderen Mieter an;[291]
- Nutzung der Wohnung als Bordell trotz Abmahnung;[292]
- Zerstörung von Einrichtungsgegenständen in betrunkenem Zustand aus Verärgerung über Kündigung oder Mieterhöhung;[293]
- unzulässiges Füttern von Tauben;[294]
- Aufbewahrung von Rauschgift in der Wohnung;[295]
- unberechtigtes Parken auf Vermietergrundstück;[296]

---

[271] LG Berlin WuM 1987, 56.
[272] LG Köln DWW 1988, 325.
[273] LG München WuM 1983, 263.
[274] LG Berlin GE 1991, 151.
[275] LG Berlin GE 1991, 933.
[276] LG Berlin WuM 1987, 56; LG Köln WuM 1986, 250.
[277] LG Offenburg WuM 1986, 250.
[278] AG Wedding und AG Frankfurt a. M. WuM 1981, 210.
[279] LG Götting WuM 1980, 19.
[280] LG Koblenz WuM 1976, 78.
[281] LG Kaiserslautern WuM 1983, 263.
[282] LG Köln NJW-RR 1994, 909.
[283] LG Berlin GE 1991, 1253.
[284] LG Wuppertal WuM 1999, 39.
[285] LG Düsseldorf WuM 1999, 333.
[286] OLG Hamburg ZMR 1992, 23.
[287] AG Steinfurt WuM 1987, 260.
[288] WuM 1989, 569.
[289] LG Berlin GE 1988, 145.
[290] LG Berlin GE 1991, 151.
[291] LG Berlin GE 1993, 97.
[292] AG Köln WuM 1984, 281.
[293] LG Mannheim DWW 1976, 33.
[294] AG Frankfurt a. M. WuM 1977, 66.
[295] AG Frankfurt a. M. NJW-RR 1990, 911; AG Linz NJW-RR 1991, 1225.
[296] AG Lörrach WuM 1989, 180.

- freies Laufenlassen des Hundes auf Gemeinschaftsflächen entgegen der Hausordnung und Abmahnungen;[297]
- mehrfache grundlose Verweigerung des Zugangs eines Handwerkers/Monteurs trotz Terminvorgaben u. Terminangeboten für Einbau von Rauchwarnmeldern oder Heizkostenverteiler, auch während einer Pandemie.[298]

371 Demgegenüber wurde eine Kündigung abgelehnt in folgenden Fällen:

- öffentliche Kritik an einem überhöhten Mietzins;[299]
- bei normalem Kinderlärm;[300]
- bei Überbelegung der Wohnung durch Zuzug von Kindern des Mieters;[301]
- bei Weigerung, eine Wohnungsbesichtigung durch Kaufinteressenten zu gestatten;[302]
- bei Tätlichkeit gegenüber Mietern eines anderen Hauses;[303]
- die Aufzeichnung eines Gesprächs mit dem Vermieter durch ein Diktiergerät, wenn diese Aufzeichnung nicht heimlich erfolgt ist:[304]
- bei fristloser Kündigung wegen Strafanzeige gegenüber dem Geschäftsführer der Vermieterin, bei Wahrnehmung berechtigter Interessen des Mieters.[305]

372 e) **Einstweilige Räumungsverfügung bei Wohnraum gemäß § 940a Abs. 2 ZPO.** Nach § 940a Abs. 2 ZPO soll „durch einstweilige Verfügung auch gegen Dritte ein Räumungstitel geschaffen werden können, um so zu verhindern, dass der Mieter durch stetiges Nachschieben von Untermietern im Rahmen der Räumungsvollstreckung die Zwangsräumung in zeitlicher Hinsicht erheblich verzögert. Voraussetzung für eine Leistungsverfügung nach § 940a Abs. 2 ZPO ist neben dem Verfügungsanspruch (regelmäßig § 546 Abs. 2 BGB) auch ein Verfügungsgrund. Der Verfügungsgrund besteht in den Tatbestandsvoraussetzungen des § 940a Abs. 2 BGB: (1.) Der Verfügungsschuldner muss ein vom Mieter verschiedener Besitzer der Wohnung sein; (2.) Es braucht einen vollstreckbaren Räumungstitel gegenüber dem Mieter/den Mietern; (3.) Unkenntnis des Vermieters von dem Besitzerwerb vor Schluss der mündlichen Verhandlung. Der **Verfügungsschuldner muss Besitzer** des Mietobjekts (Wohnraum) sein. Unerheblich ist, auf welchem Rechtsgrund der Besitzerwerb beruht, soweit der Besitz zumindest mit Duldung des Mieters erlangt worden ist. Während das Mietverhältnis zwischen Vermieter und Mieter nach dem klaren Wortlaut des Gesetzes auf Wohnraumnutzung gerichtet seien muss, spielt der vereinbarte Nutzungszweck zwischen dem Mieter und dem Dritten für die Anwendbarkeit des § 940a Abs. 2 ZPO keine Rolle.

373 Der Vermieter darf vor dem Schluss der mündlichen Verhandlung im Rahmen des Räumungsrechtsstreits mit dem Mieter **keine Kenntnis von der Besitzüberlassung** an den Dritten haben. Soweit der Vermieter nicht im gleichen Haus wohnt, in dem sich auch das Mietobjekt befindet, oder der Mieter von sich aus oder auf Anfrage offenbart, dass er die Wohnung einem Dritten zum Besitz/Mitbesitz überlassen hat, wird es für den Vermieter schwer im Vorfeld zu einer Räumungsklage feststellen zu können, ob der Mieter der ausschließliche Adressat einer Räumungsklage ist. Eine Einwohnermeldeamtsanfrage bringt hier nur bedingt einen Erkenntnisgewinn, da das Melderegister keine abschließende Auflistung der Besitzer von Wohnraum abbildet. Da § 940a Abs. 2 ZPO vor allem die Fälle im Blick hat, indem der Mieter zur Vereitelung einer Zwangsräumung einen Dritten in den Besitz der Wohnung setzt, wird es regelmäßig erst bei der Zwangsräumung zu dem Erkenntnisgewinn des Vermieters kommen, dass eine weitere Person Besitz an dem Mietobjekt erworben hat. Der Gerichtsvollzieher muss im

[297] BGH NJW-RR 2020, 200.
[298] AG Brandenburg 5.11.2021 - 31 C 32/21.
[299] AG Solingen WuM 1991, 97.
[300] LG Lübeck WuM 1989, 627.
[301] BGH NJW 1993, 2528.
[302] AG Erkelenz WuM 1986, 251.
[303] LG Paderborn WuM 1992, 191.
[304] LG Hamburg WuM 1999, 333.
[305] BGH NZM 2023, 881.

Rahmen der Räumungsvollstreckung sodann feststellen und dokumentieren, wer sich eines eigenen Besitzrechts neben dem Titelschuldner an dem Mietobjekt berühmt. Bei der Feststellung wird regelmäßig an der Identitätsfeststellung kein Weg vorbeiführen, um dem Dritten ein eigenes Besitzrecht zuzuschreiben. Auch aus den gewonnenen Informationen des Gerichtsvollziehers ist somit ein Vorgehen über § 940a Abs. 2 ZPO denkbar. Fraglich wie es sich verhält, wenn der Vermieter vor dem Schluss der mündlichen Verhandlung von der Besitzüberlassung an einen Dritten Kenntnis erlangt, jedoch ohne Kenntnis des Namens. Zweck des § 940a Abs. 2 BGB ist es dem Vermieter ein schnelles und einfaches Instrument an die Hand zu geben, da er infolge der vom Mieter zu verantwortenden Unkenntnis keine Möglichkeit hatte das Hauptsacheverfahren auf den besitzenden Dritten zu erstrecken.[306] Hat der Vermieter also Kenntnis von dem Besitz eines Dritten vor Schluss der mündlichen Verhandlung, ist ihm die Identität des Dritten jedoch unbekannt, müsste der Vermieter die Räumungsklage um den Antrag auf Auskunft des Namens des Besitzers erweitern. Ein entsprechender Auskunftsanspruch ergibt sich aus einer bestehenden vertraglichen Nebenpflicht aus dem beendeten Mietverhältnis, gemäß § 242 BGB (OLG Karlsruhe NJW 1984, 1905). Alternativ kann bei Vorliegen der Voraussetzungen (§§ 935, 940 ZPO) auch ein Antrag auf einstweilige Verfügung auf entsprechende Auskunft bei Gericht gestellt werden. Gibt der Mieter vor Schluss der mündlichen Verhandlung die Identität Preis, muss der Vermieter seine Räumungsklage auch auf diese Person erstrecken.

Ein Antrag gemäß § 940a ZPO kann folgendermaßen formuliert werden: 374

„Dem Antragsgegner wird aufgegeben, die Wohnung im Erdgeschoss des Anwesens Eigenheimstraße 8 in 74076 Heilbronn, bestehend aus vier Zimmern, Küche, Bad, zugehörigem Abstellraum im Keller, Autoabstellplatz und Garage, ca. 100 m² Wohnfläche zu räumen und an die Antragsteller herauszugeben."

Soweit der Vermieter den Namen des unbekannten Dritten nicht kennt, kann auch 375
kein Verfügungsantrag gegen diesen gestellt werden. Die Vorschrift von § 940a Abs. 2 ZPO macht nur dann Sinn, wenn dem Vermieter auch die Möglichkeit an die Hand gegeben wird, im Wege einer einstweiligen Verfügung gegen seinen Mieter Auskunftsansprüche bezüglich des Namens des Untermieters geltend zu machen.[307] Ein entsprechender Auskunftsanspruch könnte gestützt werden auf die Entscheidung des OLG Karlsruhe vom 15.3.1984, NJW 1984, 1905.

Aufgrund der vorstehend geschilderten Probleme wird der Vermieter dann damit 376
rechnen müssen, dass der derart fragwürdig vorgehende Mieter und seine vorgeblichen Untermieter auch nicht davor zurückschrecken werden, gegenüber dem Gerichtsvollzieher oder dem zuständigen Amt für öffentliche Ordnung Suizidabsichten mitzuteilen, was eine weitere Verzögerung der Räumung zur Folge haben wird.[308]

f) Sicherungsanordnung gemäß § 283a ZPO. Bei einer Räumungs- und Zahlungs- 377
klage ist gemäß § 283a ZPO auf Antrag des Klägers/Vermieters hat der Beklagte wegen Geldforderungen, die nach Rechtshängigkeit der Klage fällig geworden sind, Sicherheit zu leisten, soweit

- die Klage auf diese Forderungen hohe Aussicht auf Erfolg hat und
- die Anordnung nach Abwägung der beiderseitigen Interessen zur Abwendung besonderer Nachteile für den Kläger gerechtfertigt ist. Hinsichtlich der abzuwägenden Interessen genügt deren Glaubhaftmachung.

Wird diese Sicherheitsleistung angeordnet und zahlt der Mieter gleichwohl nicht, so 378
kann gemäß § 940a Abs. 3 ZPO eine einstweilige Verfügung auf Räumung der Wohnung erlassen werden. Die Sicherungsanordnung soll den Anreiz für den Mieter mindern, den Zivilprozess als Instrument zu missbrauchen, den Ausgleich berechtigter

[306] BT-Drs. 17/11894 S. 25; a. A. Schmidt-Futterer/Stryl § 940a ZPO, Rd. 26.
[307] Hannemann IMR 2011, 261 (269).
[308] Schuschke, Aktuelle Probleme der Räumungsvollstreckung, NZM 2012, 209 ff.

Geldforderungen hinauszuzögern. Ein Antrag gemäß § 283a ZPO kann folgendermaßen formuliert werden: „Namens und im Auftrag der Kläger wird ergänzend beantragt, den Beklagten im Wege einer Sicherungsanordnung gemäß § 283a ZPO aufzugeben, die monatliche Nutzungsentschädigung in Höhe der vereinbarten Miete von monatlich 700,– EUR beim Amtsgericht Heilbronn als Sicherheit jeweils zum dritten Werktag eines jeden Monats, erstmals am … bis zur rechtskräftigen Entscheidung der Klage beim Amtsgericht Heilbronn, Aktenzeichen …"

379 Die entsprechende Sicherungsanordnung soll nur dann erlassen werden, wenn die Anordnung nach umfassender Interessenabwägung bis zur Abwendung besonderer Nachteile für den Vermieter gerechtfertigt ist. Der klagende Vermieter muss also konkret dartun, welche besonderen Nachteile er über den Ausfall der Forderung hinaus zu erwarten hat. Hierbei ist die wirtschaftliche Bedeutung der Forderung für den Vermieter von Belang, soweit die Mieten zur Deckung finanzierter Belastungen benötigt werden. Bei Großvermietern dürfte also ein entsprechender Antrag von vornherein aussichtslos sein. Auch in denjenigen Fällen, in welchen Mietminderungs- oder Aufrechnungsansprüche des Mieters erhoben werden, dürfte ein entsprechender Antrag kaum von Erfolg gekrönt sein. Entsprechend hat sich das Instrument in § 283a ZPO als wenig bedeutsam erwiesen.

380 Der entsprechende Antrag auf Erlass einer Sicherungsanordnung kann mit sofortiger Beschwerde durch den Mieter angefochten werden. Gemäß § 108 Abs. 1 S. 1 ZPO liegt es im freien Ermessen des Gerichts, Art und Höhe der Sicherheitsleistung zu bestimmen, also auch, ob der Betrag hinterlegt werden soll oder ob eine Bankbürgschaft ausreicht.

381 Soweit der Kläger im Räumungs- und Zahlungsrechtsstreit obsiegt, ist er berechtigt, sich aus der Sicherheit zu befriedigen. Bestand und Höhe dieser Berechtigung hat das Prozessgericht in der den Rechtsstreit abschließenden Entscheidung oder Regelung festzustellen. Geschieht dies nicht, so kann beantragt werden.

Formulierungsvorschlag:

382 …… im Wege der Urteilsergänzung gemäß § 283a ZPO:
Es wird festgestellt, dass die Kläger berechtigt sind, den bei der Hinterlegungsstelle des Amtsgerichts Heilbronn, Aktenzeichen …… als Sicherheit hinterlegten Betrag von EUR …… für die Monate …… bis …… zur Auszahlung anzufordern.

383 Soweit der Vermieter unterliegt, entfällt bei Rechtskraft der gerichtlichen Entscheidung der Grund für die Sicherheitsleistung und der Mieter als Sicherungsgeber hat das berechtigte Interesse, die Sicherheitsleistung zügig und ohne Aufwand zurückzubekommen. Das Gericht hat also auf Antrag eine Frist zu bestimmen, welche die Freigabe der Sicherheitsleistung vom Sicherungsberechtigten zu erklären ist. Soweit der Sicherungsberechtigte sich weigert, kann nach fruchtlosem Fristablauf von Seiten des Gerichts die Rückgabe der Sicherheit angeordnet werden.

384 Der Vermieter trägt also das Risiko einer abweichenden Endentscheidung in der Hauptsache. Gemäß § 717 Abs. 2 S. 2 ZPO kann der Mieter einen entsprechenden Anspruch im Wege einer Widerklage geltend machen.

385 Durch dieses Verfahren werden keine gesonderten Rechtsanwaltsgebühren ausgelöst, sondern § 19 Abs. 1 S. 2 Nr. 3 RVG ist einschlägig. Es ist damit zu rechnen, dass die neue Vorschrift theoretischer Natur bleibt und in der Regel keine Anwendung findet. Soweit der Mieter Mietminderungen oder Aufrechnungsansprüche anwendet, fehlt es von vornherein an einer hohen Erfolgsaussicht, welche Voraussetzung für die Anwendung von § 283a ZPO ist.[309]

[309] Horst DWW 2013, 122 ff. „Die vereinfachte Räumung von Wohnraum".

g) Muster einer Räumungsklage

Muster
Amtsgericht 386
……

Klage

der Eheleute ……,

– Kläger –

Proz.bev.: ……

gegen

Herrn Hans Müller, ……
Frau Johanna Müller, ……

– Beklagte –

wegen Räumung von Wohnraum und Zahlung;
Streitwert: 11.100,– EUR;
(Räumung: 12x 700,– EUR = 8.400,– EUR; Zahlung: 2.700,– EUR);
Gerichtskosten: 726,– EUR per Verrechnungsscheck anbei
Namens der Kläger erheben wir Klage mit dem

Antrag:

1. **Die Beklagten werden als Gesamtschuldner verurteilt, die Wohnung im Erdgeschoss des Anwesens Eigenheimstraße 8, 74076 Heilbronn, bestehend aus vier Zimmern, Küche, Bad, zugehörigem. Abstellraum im Keller, Autoabstellplatz und Garage, ca. 100 m^2 Wohnfläche, zu räumen und an die Kläger als gemeinschaftliche Gläubiger herauszugeben.**
2. **Die Beklagten werden als Gesamtschuldner verurteilt, an die Kläger als gemeinschaftliche Gläubiger 2.700,00 € nebst 5 Zinspunkten über dem Basiszinssatz**
   – aus 900,00 € vom 5.3.2024 bis 4.4.2024,
   – aus 1.800,00 € vom 5.4.2024 bis 6.5.2024 und
   – aus 2.700,00 € seit dem 7.5.2024
   zu zahlen.
3. **Die Beklagten werden als Gesamtschuldner verurteilt, an die Kläger als gemeinschaftliche Gläubiger 1.054,10,52 EUR nebst Jahreszins in Höhe von 5 Prozentpunkten über dem Basiszinssatz hieraus seit Zustellung der Klage zu zahlen.**
4. **Die Beklagten tragen die Kosten des Rechtsstreits.**
5. **Das Urteil ist vorläufig vollstreckbar. Angeordnete Sicherheitsleistungen können von den Klägern durch Bankbürgschaft erbracht werden.**

Für den Fall, dass das Gericht das schriftliche Vorverfahren anordnet wird bei Vorliegen der Voraussetzungen beantrag,

ohne mündliche Verhandlung durch Versäumnisurteil zu entscheiden.

Begründung:
Die Kläger begehren im Wesentlichen als gemeinschaftliche Gläubiger von den Beklagten als Gesamtschuldner die Rückgabe des Mietobjekts nach fristloser Kündigung wegen Zahlungsverzug, sowie noch ausstehenden Mieten und Nutzungsentschädigung.

I.

Zum 1.5.2018 haben die Parteien ein Wohnraummietverhältnis über die im Klagantrag Ziff. 1 näher bezeichnete Wohnung abgeschlossen. Die Miete setzt sich zusammen aus

Grundmiete	700,– EUR
Betriebskostenvorauszahlung	200,– EUR
Gesamtmiete:	900,– EUR

Beweis: Mietvertrag vom …… gemäß § 133 Abs. 1 S. 2 ZPO einfach beigefügt in Kopie, Anlage K 1

Laut §.. des Mietvertrages ist die Miete im Einklang mit der gesetzlichen Vorschrift in § 556b BGB monatlich im Voraus spätestens zum 3. Werktag eines jeden Monats zu entrichten.

Beweis: Mietvertrag vom …… gemäß § 133 Abs. 1 S. 2 ZPO einfach beigefügt in Kopie, Anlage K 1

Nachdem die Beklagten mit den Mieten 03/24 und 04/24 gänzlich in Rückstand gerieten, wurden sie mit Schreiben vom 15.4.2024 fristlos gekündigt. Die Kündigung wurde im Beisein von Zeugen in den Briefkasten der Beklagten eingeworfen. Räumungsfrist wurde bis 30.4.2024 gewährt.

Beweis: Fristlose Kündigung, gemäß § 133 Abs. 1 S. 2 ZPO einfach beigefügt, in Kopie, Anlage K 2; Zeugnis N. N.

Nachdem eine Reaktion auf das Kündigungsschreiben und die dortige Aufforderung zur Rückgabe des Mietobjekts und Zahlung der Mietrückstände nicht erfolgte, war Klage geboten.
Neben dem Zahlungsrückstand, der die Grundlage für die fristlose Kündigung vom 15.4.2024 bildete hatten die Beklagten auch die Nutzungsentschädigung für den Monat Mai 2024 in Höhe der zuletzt geschuldeten Miete nicht entrichtet.

II.

1.) Rückgabe, § 546 Abs. 1 BGB
Die Kläger machen gegenüber den Beklagten vorliegend den Anspruch auf Rückgabe des im Klageantrag Ziff. 1 näher bezeichneten Mietobjekts geltend, gem. §§ 546 Abs. 1, 432, 427 BGB.
Das Mietverhältnis hat durch die fristlose Kündigung vom 15.4.2024 durch den Zahlungsrückstand der beiden Monatsmieten für August und September 2024 gemäß §§ 542 Abs. 1, 543 Abs. 2 Nr. 3a) BGB sein Ende gefunden.
2.) Miete/Nutzungsentschädigung
Gemäß Klageantrag Ziff. 2 machen die Kläger ihren Anspruch auf Mietzinszahlungen für die Monate März und April 2024 gemäß §§ 535 Abs. 2, 432, 427 BGB und die Nutzungsentschädigung für den Monat Mai 2024 nach §§ 546a, 432, 427 BGB geltend.
Sowohl die Höhe des Mietzinses als auch der Nutzungsentschädigung richtet sich nach der zuletzt geschuldeten Miete, die sich inklusive Betriebskostenvorauszahlung auf monatlich 900,00 € belief. Die Rückstände setzen sich folgendermaßen zusammen:
Miete bzw. Nutzungsentschädigung 03/24 bis 05/24, 3x 900,– EUR = 2.700,– EUR
3.) Vorgerichtliche Rechtsanwaltskosten
Die vorgerichtlich entstandenen Anwaltskosten gemäß Klagantrag Ziff. 3 schulden die Beklagten als Verzugsschaden aus §§ 286, 280 Abs. 1, 2, 432, 426 BGB.
Die Kosten der außergerichtlichen Beauftragung eines Rechtsanwalts zur Erklärung der fristlosen Kündigung vom 10.9.2014 und der Aufforderung zur Zahlung der ausstehenden Mieten errechnen sich folgendermaßen:

Gegenstandswert: 10.200,– EUR	
Geschäftsgebühr §§ 13, 14 RVG, Nr. 2300 VV RVG 1,3	865,80 EUR
Pauschale für Post und Telekommunikation Nr. 7002 VV RVG	20,— EUR
Zwischensumme netto	885,80 EUR
19 % Mehrwertsteuer Nr. 7008 VV RVG	168,30 EUR
Gesamtbetrag	1.054,10 EUR

Der Zinsanspruch ergibt sich aus §§ 288, 286 BGB.

Rechtsanwalt

III. Ordentliche Kündigung

1. Ordentliche Kündigung des Mieters

387 a) **Allgemeines.** Die ordentliche Kündigung eines Wohnraummietverhältnisses ist ein Gestaltungsakt im Sinne einer **einseitigen empfangsbedürftigen Willenserklärung** im Sinne der allgemeinen Vorschriften der §§ 116–144 BGB. Die Möglichkeit zur Kündigung eines Mietverhältnisses – sowohl außerordentlich fristlos als auch ordentlich – eröffnet § 542 Abs. 1 BGB.

Die näheren Einzelheiten der ordentlichen Kündigung regeln die mietrechtlichen Vorschriften der §§ 573 ff. BGB.

388 Inhalt der Kündigung ist die Erklärung einer Vertragspartei, das Mietverhältnis zu einem bestimmten Zeitpunkt zu beenden. Die Angabe des Kündigungstermins ist nicht erforderlich, die Mitteilung eines zu frühen Termins ist unschädlich. In diesem Falle erfolgt eine Umdeutung der Kündigungserklärung dahingehend, das Mietverhältnis zum nächstmöglichen Zeitpunkt beenden zu wollen, § 140 BGB.[310] Der Lauf der Frist beginnt mit dem Zugang der Kündigung beim Empfänger, § 130 BGB.

389 Die Kündigung des Mietverhältnisses bedarf der **Schriftform,** § 568 Abs. 1 BGB. Eine **Begründungspflicht** besteht lediglich im Falle einer vermieterseitigen Kündigung (§ 573 Abs. 3 BGB); dem Mieter ist die Kündigung des Mietverhältnisses ohne Angabe von

[310] BGH 10.4.2024 – VIII ZR 286/22, BeckRS 2024, 9411.

Gründen möglich. Im Übrigen gelten die unter → Rn. 62 f. dargestellten formalen Anforderungen auch für die mieterseitige Kündigung.

390 **b) Fristen.** *aa) Anwendungsbereich des § 573c Abs. 1 BGB.* Die Vorschrift des § 573c BGB gilt für alle **Wohnraummietverhältnisse.** Die Kündigung ist hiernach spätestens am dritten Werktag eines Kalendermonats zum Ablauf des übernächsten Monats zulässig. Diese Kündigungsfrist gilt für Kündigungen des Mieters und auch des Vermieters.

Das Gesetz sieht eine Verlängerung dieser Kündigungsfrist lediglich für vermieterseitige Kündigungen vor (vgl. § 573c Abs. 1 S. 2 BGB). Maßgeblich für die Verlängerung der Kündigungsfrist ist hiernach die **Dauer des Mietverhältnisses.** So verlängert sich die Kündigungsfrist für den Vermieter nach fünf und acht Jahren seit der Überlassung des Wohnraums um jeweils drei Monate.

Dem Mieter ist hingegen stets die Kündigung des Mietverhältnisses unter Beachtung der Frist nach § 573c Abs. 1 S. 1 BGB möglich. Besonderheiten gelten nach § 573c Abs. 2 BGB für Wohnraum zu vorübergehendem Gebrauch (→ Rn. 398) und nach § 573c Abs. 3 iVm § 549 Abs. 2 Nr. 2 BGB für möblierte Einliegerwohnungen (→ Rn. 400).

391 *bb) Fristberechnung.* Unter der **„Kündigungsfrist"** ist der Zeitraum zwischen dem Zeitpunkt des Zugangs der Kündigung (sog. **„Kündigungstag"**) und dem Beendigungszeitpunkt des Mietverhältnisses zu verstehen (auch **„Kündigungstermin"** genannt).

392 Kündigungstag ist spätestens der dritte Werktag eines Kalendermonats. Dies gilt für alle Mietverhältnisse über Wohnraum, sowohl Haupt- als auch Untermietverhältnisse.

Die gesetzliche Kündigungsfrist beträgt drei Monate abzüglich der Karenz von drei Werktagen („[…] *zum Ablauf des übernächsten Monats* […]").

393 Maßgeblich für die Fristberechnung ist der Zeitpunkt des Zugangs der Kündigungserklärung beim Kündigungsempfänger.

Geht die Kündigung bis zum Ablauf des dritten Werktages eines Monats beim Kündigungsempfänger ein, endet das Mietverhältnis mit Ablauf des übernächsten Monats. Der Zugang bestimmt sich nach den allgemeinen Regeln (vgl. § 130 BGB), wobei die Erklärung dann als zugegangen gilt, wenn sie derart in den Machtbereich des Empfängers gelangt ist, dass dieser üblicherweise Kenntnis nehmen konnte.

394 Umstritten ist, wie bei der **Karenzberechnung** der Samstag zu bewerten ist.[311]

Nach einer Meinung soll der Samstag gar nicht als Werktag im Sinne der Vorschrift gelten und deshalb bei Berechnung der Karenz nicht mitzuzählen sein.[312] Gegenstimmen bewerten den Samstag als Werktag und halten zugleich § 193 BGB bei der Karenzberechnung für unanwendbar.[313] Eine vermittelnde Ansicht[314] bewertet den Samstag zwar grundsätzlich auch als Werktag, wendet jedoch § 193 BGB mit der Folge an, dass der Samstag als erster und zweiter Werktag mitgezählt wird, als dritter Werktag jedoch nicht in Betracht kommt, vielmehr in diesem Fall noch am folgenden Montag gekündigt werden kann.

395 Der BGH hat für den Bereich der Wohnraummiete entschieden, dass der Samstag ein Werktag im Sinne der Vorschriften ist.[315] Er ist also bei der Karenz stets mitzuzählen, wenn der erste oder zweite Werktag auf einen Samstag fällt.[316] Die Frage der Anwendung des § 193 BGB hat der VIII. Senat des BGH in dieser Entscheidung bedauerlicherweise bewusst offengelassen;[317] allerdings hatte der III. Senat wenige Monate vor dieser

[311] Bottenberg/Kühnemund ZMR 1999, 221 mwN; zur Zugangsfiktion bei Niederlegung eines Einschreibens am Samstag: LG Freiburg NZM 2004, 617 f.; Häublein NZM 2010, 651.

[312] Bottenberg/Kühnemund ZMR 1999, 221; MüKoBGB/Häublein § 573c Rn. 13.

[313] BGH WuM 2005, 247 = NZM 2005, 391 f.; Schach in Kinne/Schach/Bieber BGB § 573c Rn. 5; Börstinghaus/Siegmund/Siegmund BGB § 573c Rn. 10.

[314] LG Aachen WuM 2004, 32; LG Wuppertal ZMR 1994, 226; LG Kiel WuM 1994, 543; Grüneberg/Weidenkaff BGB § 573c Rn. 10; Grüneberg/Ellenberger BGB § 193 Rn. 3; Staudinger/Rolfs BGB § 573c Rn. 12; Emmerich/Sonnenschein/Haug BGB § 573c Rn. 8.

[315] BGH WuM 2005, 465 f. = NZM 2005, 532 f., bestätigt durch BGH NZM 2010, 661.

[316] Grüneberg/Weidenkaff BGB § 573c Rn. 10.

[317] Bub/Treier MietR-HdB/Fleindl § 64 Rn. 6.

Entscheidung ausdrücklich festgestellt, dass § 193 BGB auf Kündigungsfristen weder direkt noch analog anzuwenden ist.[318] In einer späteren Entscheidung zur Fälligkeit der Miete[319] hat der BGH dann zwar entschieden, dass der Samstag bei der Karenz des § 556b BGB nicht mitzuzählen ist, allerdings betrifft diese Entscheidung allein die Mietzahlungspflicht und ist für die Kündigungsfrist des § 573c BGB nicht einschlägig. Aus dieser Entscheidung lässt sich allerdings herauslesen, dass der BGH davon ausgeht, dass eine Kündigung an einem Samstag wirksam zugestellt werden kann, was dafür sprechen würde, den Samstag bei der Karenzberechnung mitzuzählen.[320]

396 Solange die Frage, wie die Karenz zu berechnen ist, wenn der dritte Werktag auf einen Samstag fällt, nicht höchstrichterlich entschieden ist, kann dem anwaltlichen Berater des Mieters aus Gründen des sichersten Weges nur empfohlen werden, den Samstag stets mitzuzählen und § 193 BGB nicht anzuwenden.

Praxistipp:

Bei der Kündigung eines Wohnraummietverhältnisses ist bei der Berechnung der Karenzzeit von drei Werktagen der Samstag grundsätzlich mitzuzählen; fällt der dritte Werktag auf einen Samstag, ist streitig, ob noch bis zum folgenden Montag gekündigt werden kann. Sicherer ist es, den Zugang der Kündigung noch am Samstag zu bewirken.

397 Auf den **Kündigungstermin** findet § 193 BGB keine Anwendung; das Mietverhältnis endet also auch dann mit Ablauf des übernächsten Monats, wenn der Monatsletzte ein Samstag ist. Die Rückgabeverpflichtung des Mieters nach § 546 BGB ist hiervon begrifflich zu trennen, hier wird in der Praxis § 193 BGB entsprechend angewendet.[321]

398 *cc) Vermietung von Wohnraum zum vorübergehenden Gebrauch, § 573c Abs. 2 BGB.* Erfolgt die Vermietung von Wohnraum nur zum vorübergehenden Gebrauch, kann eine kürzere Kündigungsfrist vereinbart werden; der Mieter ist nach Ansicht des Gesetzgebers insoweit weniger schutzwürdig, da bereits zu Beginn des Mietverhältnisses von Seiten der Vertragsparteien nur ein zeitlich begrenzter Gebrauch der Mietsache gewollt ist.

Erfolgt die Vermietung von Wohnraum nur zum vorübergehenden Gebrauch, gilt grundsätzlich auch hier die Kündigungsfrist nach § 573c Abs. 1 BGB.[322] Die **Vereinbarung** einer kürzeren Kündigungsfrist ist jedoch möglich. Bei diesen Mietverhältnissen steht die Kurzfristigkeit der Überlassung im Vordergrund, etwa die Vermietung einer Wohnung als Unterkunft während einer Messe oder eines Kuraufenthalts. Oftmals ergibt sich die Kündigungsfrist aus den vertragsbegleitenden Umständen oder aus der Verkehrssitte (zB tägliche Kündigungsmöglichkeit des Hotelgastes). Für diese Fristen besteht zudem kein Benachteiligungsverbot zugunsten des Mieters, sie können daher beliebig verkürzt werden.[323]

399 Soll hingegen ein auf Dauer angelegter Wohnbedarf befriedigt werden, kommen auch anders lautende Vertragsklauseln nicht in Betracht und es liegt ein unbefristetes Mietverhältnis vor.[324]

400 *dd) Kündigungsfristen bei Mietverhältnissen über möblierten Einliegerwohnraum.* Es gelten für die Kündigung einer möblierten Wohnung grundsätzlich die allgemeinen Kündigungsfristen des § 573c BGB. Auf die vorstehenden Ausführungen sei an dieser Stelle verwiesen. Etwas anderes gilt lediglich für die Kündigung von Wohnraum im Sinne von § 549 Abs. 2 Satz 2 BGB (möblierte Ein-Personen-Einliegerwohnung). Hier-

[318] BGH WuM 2005, 247 f. = NZM 2005, 391 f.
[319] BGH WuM 2010, 495 ff. = NZM 2010, 661 ff.
[320] BGH WuM 2010, 495 ff. = NZM 2010, 661 ff. Rn. 50; aA LG Berlin WuM 2017, 215.
[321] Grüneberg/Weidenkaff BGB § 546 Rn. 10.
[322] BeckOGK/Geib/Sesing-Wagenpfeil BGB § 573c Rn. 37.
[323] Schmidt-Futterer/Börstinghaus BGB § 573c Rn. 14.
[324] Staudinger/Rolfs BGB § 573c Rn. 33; Emmerich/Sonnenschein/Haug BGB § 573c Rn. 17.

nach ist die Kündigung spätestens am 15. eines Monats zum Ablauf dieses Monats zulässig (keine Karenzregelung!); dies gilt auch dann, wenn der 15. ein Samstag, Sonntag oder Feiertag ist.[325]

Ist möblierter Einliegerwohnraum dem Mieter zum **dauernden Gebrauch** für seine Familie überlassen, findet § 573c Abs. 3 BGB keine Anwendung, was sich aus der Bezugnahme auf § 549 Abs. 2 Nr. 2 BGB ergibt; es gilt die Regelfrist des § 573c Abs. 1 BGB. 401

c) Kündigungsfristen bei Altmietverträgen. Bei vor dem 1.9.2001 geschlossenen Mietverträgen ergaben sich sowohl aus dem Überleitungsrecht der Mietrechtsreform 2001 als auch aufgrund der wenige Monate später zum 1.1.2002 in Kraft getretenen Schuldrechtsreform zahlreiche Unsicherheiten hinsichtlich der Kündigungsfristen. Die damaligen Streitfragen sind zwischenzeitlich durch die Rechtsprechung[326] und den Gesetzgeber[327] geklärt. Wegen der Einzelheiten der Rechtsentwicklung[328] kann hier auf die Ausführungen von Börstinghaus in Schmidt-Futterer zu § 573c BGB verwiesen werden. 402

d) Abweichende Vereinbarungen. *aa) Allgemeines.* Nach § 573c Abs. 4 BGB sind abweichende Vereinbarungen zum Nachteil des Mieters unwirksam. Nachteilig sind solche Vereinbarungen, die entgegen § 573c Abs. 1 und Abs. 3 BGB die Verlängerung der Kündigungsfrist des Mieters oder Verkürzungen der vom Vermieter einzuhaltenden Frist vorsehen. Dies gilt auch für die Staffelung der längeren Kündigungsfristen: auch hier ist eine Verkürzung zu Lasten des Mieters unzulässig. 403

bb) Einseitige Vereinbarungen. Die Vereinbarung einer kürzeren Frist nur zugunsten des Mieters ist stets möglich.[329] Eine solche Vereinbarung kann auch konkludent getroffen werden.[330] Maßgeblich sind insoweit die Umstände des Einzelfalls. Ebenso ist die Vereinbarung einer längeren als der gesetzlichen Frist für die Vermieterkündigung zulässig.[331] 404

cc) Beiderseitige Vereinbarungen. Ist eine Verkürzung der Kündigungsfristen zugunsten beider Parteien vereinbart, so ist eine solche Regelung als teilunwirksam zu bewerten (§ 139 BGB) mit der Folge, dass für den Mieter die verkürzte vertragliche Frist und für den Vermieter die gesetzliche Regelung (ggf. mit Verlängerung) gilt.[332] 405

Dasselbe gilt im Fall der Verlängerung der gesetzlichen Fristen.[333] Für den Mieter verbleibt es danach stets bei der gesetzlichen Dreimonatsfrist, der Vermieter ist an die verlängerte Frist gebunden. 406

Die Vereinbarung eines anderen als des im Gesetz bestimmten Kündigungstages, beispielsweise des 1. oder 15. eines Kalendermonats, ist ebenfalls unwirksam,[334] sofern die Verschiebung des Kündigungstages zu einer Verlängerung der Kündigungsfrist zulasten des Mieters führt. 407

Beispiel:
Das Mietverhältnis kann spätestens zum 15. eines jeden Kalendermonats mit Wirkung zum 15. des dritten auf den Zugang der Kündigung folgenden Monats gekündigt werden.

Das Beispiel zeigt, dass solche Klauseln rein praktisch nur schwer eindeutig und wirksam zu vereinbaren sind; denn die gesetzliche Kündigungsfrist beträgt drei Monate 408

---

[325] Schmidt-Futterer/Börstinghaus BGB § 573c Rn. 15; BGHZ 59, 265 = NJW 1972, 2083.
[326] BGH NZM 2005, 417 f. = WuM 2005, 342 ff.; BGH WuM 2005, 520 f.; 2005, 584 f.; NZM 2004, 336 = WuM 2004, 275.
[327] BGBl. 2005 I 1425.
[328] Ausführlich Schmidt-Futterer/Börstinghaus BGB § 573c Rn. 23–30; Börstinghaus NZM 2018, 297 (300 ff.).
[329] LG Baden-Baden WuM 1988, 402; Schmidt-Futterer/Börstinghaus BGB § 573c Rn. 16 f.
[330] LG Wiesbaden WuM 1988, 59.
[331] Schmidt-Futterer/Börstinghaus BGB § 573c Rn. 20.
[332] LG München I NZM 1998, 153; aA LG Köln WuM 1988, 404.
[333] Schmidt-Futterer/Börstinghaus BGB § 573c Rn. 20.
[334] MüKoBGB/Häublein BGB § 573c Rn. 25–29.

abzüglich dreier Karenztage. Der dritte Werktag müsste also vom Kündigungstag aus berechnet und dies sprachlich verständlich vereinbart werden, ansonsten liegt ein Verstoß gegen § 573c Abs. 4 BGB vor.

409 *dd) Befristeter Kündigungsausschluss.* Die Zulässigkeit eines befristeten Ausschlusses der ordentlichen Kündigung war seit Inkrafttreten der Mietrechtsreform am 1.9.2001 stark umstritten. Die Kritiker hatten vor allem eingewandt, dass hierdurch die zwingenden gesetzlichen Regelungen des § 573c Abs. 1 BGB umgangen und so eines der Kernziele der Reform, das „Mobilitätsleitbild", ausgehöhlt werden würde.[335] Der BGH hat die grundsätzliche Zulässigkeit in mehreren Entscheidungen bejaht.[336] Als Leitlinie kann festgehalten werden, dass ein Kündigungsausschluss auch in Formularverträgen grundsätzlich bis zur Dauer von **vier Jahren** zulässig ist, wenn der Bindungszeitraum durch die Klausel nicht überschritten wird.[337] Wegen der Einzelheiten wird auf die Darstellung in → § 29 Rn. 96 ff. verwiesen.

2. Ordentlich befristete Kündigung des Vermieters

410 a) **Einführung.** Die **ordentliche befristete Kündigung** eines Wohnraummietverhältnisses ist in der Praxis eines der wesentlichen Instrumente, die zur Beendigung eines Mietverhältnisses führen. Das Gesetz regelt dazu in § 542 BGB den Grundsatz, dass ein Mietverhältnis wie jedes Dauerschuldverhältnis von beiden Parteien durch eine Kündigung beendet werden kann[338]. Allerdings kann man sich als Vermieter eben gerade nicht beliebig von einem warum auch immer lästig gewordenen Mietverhältnis befreien. Vielmehr ist zu beachten, dass die Möglichkeit der Kündigung eines Mietvertrages für den Vermieter nicht zuletzt unter sozialen Gesichtspunkten sehr eingeschränkt werden kann. Schon früh erkannte der Gesetzgeber die Wichtigkeit der sozialen Ausrichtung des Mietrechts an und regelte dies entsprechend im Gesetz. Ziel ist es, den Mieter zu schützen, der in der Wohnung seinen Lebensmittelpunkt gefunden hatte und findet. Durch die Regelungen des sozialen Mieterschutzes soll der Mieter vor dem ungewollten Verlust dieses Lebensmittelpunktes geschützt werden. Der Verlust soll auf Ausnahmefälle beschränkt sein. Nicht zuletzt unter diesen Gesichtspunkten ist im Gesetz geregelt, dass der Vermieter das Mietverhältnis nur ausnahmsweise durch eine einseitige Erklärung beenden kann, nämlich dann, wenn sein Wunsch besonders gerechtfertigt ist. Bei der ordentlichen Kündigung bedarf er zumindest eines berechtigten Interesses.

411 *aa) Grundsatz.* Wenn jemand ein Dauerschuldverhältnis beenden möchte, kann er dies durch eine **Kündigung.**[339] Während Kündigungen grundsätzlich immer möglich sein sollten, kann der Gesetzgeber hiervon aber auch Ausnahmen zulassen. Das wird er dann tun, wenn er ein besonderes gesetzgeberisches Interesse daran hat, dass die Dauerschuldverhältnisse nicht ohne weiteres beendet werden können. Insbesondere dort, wo eine der Parteien schwächer zu sein scheint, greift der Gesetzgeber ein.

412 *(1) Ziel.* So sind es auch im Mietrecht soziale Gründe, die den Gesetzgeber dazu brachten, die Rechte des Vermieters, das Mietverhältnis frei zu kündigen, zu beschränken.[340] Der Gesetzgeber will verhindern, dass der Mieter ohne echte Berechtigung des Vermieters seinen Lebensmittelpunkt verliert oder dass der Vermieter ihn mit diesem Verlust bedrohen kann. Daher knüpft der Gesetzgeber das Recht des Vermieters, das Mietverhältnis durch ordentliche befristete Kündigung zu beenden, an strenge Voraus-

---

[335] Dokumentation NZM 2002, 722 (724); Hinz NZM 2003, 659 (664 f.); Derleder NZM 2001, 649 (652).

[336] BGH NZM 2004, 216 = ZMR 2004, 251 mAnm Häublein; Timme NJW 2004, 1639; BGH NZM 2004, 733 f.; 2005, 419 f.; 2006, 256 f.; 2006, 254 f.; WuM 2011, 35 f. = NZM 2011, 150 f.; BGH WuM 2012, 99 f. = NZM 2012, 111.

[337] BGH NZM 2017, 71.

[338] Grüneberg/Weidekaff BGB § 542 Rn. 1.

[339] vgl. ua Grüneberg/Grüneberg BGB § 313 Rn. 42.

[340] Schmidt-Futterer/Blank/Börstinghaus BGB § 573 Rn. 4.

setzungen. **Der Vermieter** kann idR nur dann ordentlich kündigen, wenn er ein **berechtigtes Interesse** an der Beendigung des Mietverhältnisses hat. Dieses muss er in der Begründung, die er dem Mieter erteilen muss, angeben. **Der Mieter** seinerseits kann sich – selbst wenn die Kündigung grundsätzlich berechtigt ist – immer noch damit wehren, dass die Beendigung des Mietverhältnisses für ihn oder seine Angehörigen eine **nicht zu rechtfertigende Härte bedeutet.**[341]

(2) Abgrenzung. Die ordentliche befristete Kündigung ist zunächst von der außerordentlichen befristeten Kündigung und von der außerordentlichen fristlosen Kündigung abzugrenzen. Die außerordentliche befristete Kündigung gewährt dem Vermieter zu einer Zeit, in der er grundsätzlich nicht kündigen dürfte, unter besonderen Umständen eine Möglichkeit, das Mietverhältnis fristgerecht zu beenden. Ein solcher Fall tritt zum Beispiel ein, wenn der „alte" Mieter stirbt und seine Erben durch Gesamtrechtsnachfolge in den Vertrag eintreten. Gab es hier etwa einen langjährigen beiderseitigen Kündigungsverzicht, kann der Vermieter gleichwohl ordentlich kundigen, wenn die übrigen Voraussetzungen der §§ 563 Abs. 4, 564 und 580 BGB vorliegen. **413**

Eine **außerordentliche fristlose Kündigung** kann im Wohnraummietrecht dann erklärt werden, wenn die Fortsetzung des Mietverhältnisses bis zum Ablauf der ordentlichen Kündigungsfrist dem Vermieter nicht mehr zugemutet werden kann (zB weil ihn der Mieter tätlich angegriffen hat). Zum Teil wird auch vertreten, dass eine außerordentliche Kündigung in eine ordentliche Kündigung umgedeutet werden kann.[342] Weiterhin gibt es noch Beendigungstatbestände wie die **Befristung** (im Wohnraummietrecht eher unerwünscht und daher nur unter engen Voraussetzungen möglich), **den Rücktritt** (etwa, weil die am Reißbrett vermietete Wohnung noch nicht fertig ist), aber auch die **Anfechtung** gemäß §§ 119 ff. BGB. **Der wichtigste Grund zur Beendigung des Mietverhältnisses aber ist die Kündigung.** **414**

bb) Allgemeine Wirksamkeitsvoraussetzungen. Die Kündigung des Mietvertrages durch den Vermieter ist – wie jede Kündigung eines Dauerschuldverhältnisses – eine Willenserklärung, also ein einseitiges empfangsbedürftiges Rechtsgeschäft mit rechtsgestaltender Wirkung.[343] Sie ist gerichtet auf die Herbeiführung der Rechtsfolge, dass das zwischen den Parteien bestehende Mietverhältnis beendet werden soll. **415**

(1) Allgemeine Tatbestandselemente der Willenserklärung. Damit muss sie sowohl den objektiven als auch den subjektiven Tatbestand einer Erklärung erfüllen. Diese Tatbestandselemente regelt das Gesetz in den §§ 116 bis 144 BGB. Die Willenserklärung ist die (objektive) Äußerung eines auf die Herbeiführung einer Rechtsfolge gerichteten Willens. Subjektiv setzt die Willenserklärung einen Handlungswillen, der das äußere Verhalten bestimmt, das Erklärungsbewusstsein und den Geschäftsführungswillen voraus. Bei der Kündigung eines Mietvertrages sollten diese Tatbestandsmerkmale stets geprüft werden. Sie muss vom richtigen Erklärenden gegenüber dem richtigen Empfänger abgegeben werden. **416**

Die Erklärung wirkt mit dem Zugang, dh dass sie ihre rechtsgestaltende Wirkung in genau dem Augenblick entfaltet, in dem unter normalen Umständen mit der Zurkenntnisnahme durch den richtigen Empfänger zu rechnen ist.[344] Tatsächlich entzündet sich bereits hier ein nicht unerheblicher Teil der Streitigkeiten, die die Gerichte im Zusammenhang mit der ordentlichen Kündigung des Mietverhältnisses beschäftigen. So ist schon hier zu fragen, ob ein Verhalten des Mieters, das zeitlich nach dem Zugang der Kündigung liegt, überhaupt Auswirkungen auf die Wirksamkeit, also auf die rechtsgestaltende Wirkung der Kündigung des Vermieters haben kann. Da die Kündigung mit dem Zugang wirkt, kann sie nach dem Zugang, nachdem sie also ihre Rechtswirkungen **417**

[341] Schmidt-Futterer/Hartmann BGB § 574 BGB Rn. 1.
[342] OLG Düsseldorf ZfIR 2017, 700.
[343] Grüneberg/Ellenberger BGB § 130 Rn. 2.
[344] Grüneberg/Ellenberger BGB § 130 Rn. 5.

entfaltet hat, grundsätzlich nicht mehr „zurückgenommen" werden[345] (eine Formulierung, die man in der Praxis durchaus nicht selten liest).

418 Die ordentliche fristgerechte Kündigung des Wohnraummietvertrages hat neben den Anforderungen, die das BGB in seinem allgemeinen Teil an sie stellt, noch andere Voraussetzungen. Der Grundsatz, dass Mietverträge durch eine Kündigung beendet werden können, ist in § 542 Abs. 1 BGB normiert. Dieser wird für die ordentliche fristgerechte Kündigung durch die §§ 573 ff. BGB ergänzt und ausgefüllt.

419 *(2) Form.* Die Kündigung eines Wohnraummietverhältnisses hat gemäß § 568 Abs. 1 BGB schriftlich zu erfolgen. Schriftlich heißt dabei gemäß § 126 Abs. 1 BGB, dass die Urkunde vom Aussteller handschriftlich zu unterzeichnen ist.[346] Damit betont der Gesetzgeber die Warnfunktion. Derjenige, der die Kündigung erklären will, soll sich gut überlegen, ob er wirklich seine Unterschrift unter eine Urkunde setzen möchte, durch die er die Beendigung eines Dauerschuldverhältnisses herbeiführen kann.

420 Zweifelhaft war bislang, ob die im Gesetz angeordnete Schriftform im laufenden Prozess ersetzt werden kann. Dass eine erneute Kündigung im Prozess zulässig ist, dürfte unstreitig sein.[347] Ob es allerdings ausreicht, dass der Vermieteranwalt die neue Kündigungserklärung über das Gericht per beA an den ebenfalls anwaltlich vertretenen Mieter zustellen lässt, war höchst streitig. Nachdem zunächst wohl die überwiegende Auffassung in der Justiz das für zulässig du wirksam erachtete,[348] gab es auch namhafte Stimmen, die dies mit guten Gründen verneinten.[349] Mit Urteil vom 27.11.2024[350] hat sich der BGH der letzten Meinung angeschlossen. Eine Kündigung per beA erfüllt nach seiner Auffassung das Schriftformerfordernis nicht. Dies gilt insbesondere deshalb, weil die Schriftform auch bei Zugang noch vorliegen müsse. Der Gesetzgeber hat sich dieses Problems angenommen und eine gesetzliche Regelung eingeführt, nämlich die sog. Formfiktion des § 130e ZPO.

Praxistipp:

421 Als anwaltlicher Vertreter sollte man immer den sichersten Weg wählen, also die Kündigung schriftlich zustellen lassen, und zwar an den Mieter und an den Mieteranwalt.

422 *(3) Frist.* Die ordentliche Kündigung des Mietverhältnisses ist für beide Seiten fristgebunden. Allerdings hat der Gesetzgeber mit dem Ziel, dem Mieter eine größere Freiheit bei seiner Lebensgestaltung zu gewähren, die Fristen für beide Parteien unterschiedlich gestaltet. Geregelt sind die Fristen in § 573c BGB; die Vorschrift gilt für alle ordentlich kündbaren Wohnraummietverhältnisse.

423 *(a) Mieter.* Für den Mieter ist die Frist in § 573c Abs. 1 S. 1 BGB normiert. Sie beträgt knapp drei Monate. Sie kann bis zum dritten Werktag eines Kalendermonats erklärt werden und wirkt dann zu Ablauf des übernächsten Monats (siehe → Rn. 396).

424 *(b) Vermieter.* Diese kurze Frist gilt für den Vermieter nur in den ersten Jahren des Mietverhältnisses. Die Kündigungsfrist verlängert sich für ihn nämlich gemäß § 573c Abs. 1 S. 2 BGB nach fünf Jahren und acht Jahren nach der Überlassung des Wohnraums um jeweils 3 Monate. Betont sei hier, dass es nicht auf den Abschluss des Mietvertrages ankommt, sondern eben auf die Überlassung des Wohnraums,[351] was man als Anwältin oder Anwalt also sorgfältig prüfen sollte.

[345] AG Donaueschingen 18.7.2022 – 2 C 30/22, IMR 2023, 140.
[346] Zur elektronischen Form nach § 126 Abs. 3 BGB siehe Grüneberg/Ellenberger BGB § 126 Rn. 8.
[347] Vgl. LG Frankfurt am Main 30.9.2019 – 2–11 S 63/19, IMR 2020, 7.
[348] Vgl. LG Berlin 16.11.2022 – 64 S 160/22, IMR 2023, 399 mwN.
[349] So ua LG Bonn 29.6.2023 – 6 S 97/22, IWW 241295, AG Rheinbach 23.8.2023 – 3 C 110/21, IMR 2024, 242 und AG Charlottenburg 26.6.2024 – 211 C 33/23, IMR 2024, 370.
[350] BGH 27.11.2024 – VIII ZR 135/23, NZM 2024, 507.
[351] Vgl. Schmidt-Futterer/Blank/Börstinghaus BGB § 573c Rn. 10 mwN.

(c) Altverträge. Auch wenn der Verweis auf **Altverträge** fast schon historisierend anmutet, ist er in der Praxis nicht ohne Relevanz. Bis zum 1.9.2001 sah das Gesetz nämlich eine Verlängerung der Kündigungsfrist auf 1 Jahr vor, wenn seit der Überlassung der Mietsache mehr als 10 Jahre vergangen waren (vgl. § 565 Abs. 2 S. 2 BGB aF). Diese längeren Fristen können nach einer Grundsatzentscheidung des BGH ggf. gültig bleiben. Jedenfalls zu Lasten des Vermieters können bei Verträgen mit wirksam vereinbarter längerer Kündigungsfrist die längeren Fristen fortgelten.[352] 425

(d) Kürzere Fristen. Kürzere Fristen können gemäß § 573c Abs. 2 BGB nur ausnahmsweise vereinbart werden, nämlich bei besonderen Mietverhältnissen, zum Beispiel bei Wohnraum, welcher nur zu vorübergehendem Gebrauch vermietet wird. Bei möblierten Zimmern iSv § 549 Abs. 2 Nr. 2 BGB beträgt die Kündigungsfrist gemäß § 573c Abs. 3 BGB 14 Tage zum Monatsende; die Kündigung ist spätestens zum 15. eines Kalendermonats zum Ablauf dieses Monats zulässig. 426

(e) Abweichungen. Abweichungen sind zu Lasten des Mieters gemäß § 573c Abs. 4 BGB nur bei Wohnraum zulässig, der zu vorübergehendem Gebrauch vermietet wurde (wenn dort eine ordentliche Kündigung nicht in toto ausgeschlossen ist) oder bei Altverträgen, wenn dort vor dem 1.9.2001 wirksam eine kürzere Frist zu Lasten des Mieters vereinbart wurde.[353] Ansonsten hat der Vermieter die Fristen für die ordentliche Kündigung zu beachten. 427

(f) Berechnung der Frist. Für die Berechnung der Kündigungsfrist ist der Zeitpunkt der tatsächlichen Überlassung der Wohnung maßgebend. Auf den Abschluss des Mietvertrages kommt es nicht an.[354] Für die Berechnung der Überlassungszeit kommt es auf den Zeitpunkt des Zugangs der Kündigung an, nicht auf den Ablauf der Kündigungsfrist.[355] So kann der Vermieter, wenn die Kündigung noch rechtzeitig zum Ablauf des Fünfjahreszeitraumes seit Überlassung zugeht, mit einer Frist von drei Monaten kündigen, auch wenn dann die Vertragsdauer unter Berechnung der Kündigungsdauer länger als fünf Jahre ist.[356] 428

(4) Inhalt. Die ordentliche befristete Kündigung des Vermieters muss grundsätzlich die Angaben enthalten, die die Prüfung der Wirksamkeit der Kündigung ermöglichen. 429

(a) Absender. Sie muss Angaben zum Absender enthalten; es muss klar werden, wer die Erklärung abgibt, insbesondere ob der Erklärende sie im eigenen Namen oder im Namen eines Dritten, also als dessen Vertreter abgibt. Dabei ist zur Vermeidung von Weiterungen auch noch einmal zu prüfen, ob der Erklärende überhaupt sachgefugt ist, ob er also tatsächlich berechtigt ist, die Kündigung zu erklären. Probleme sind hier zum Beispiel nach der Veräußerung einer Wohnung denkbar, wenn zwar schon der Lasten-/Nutzenübergang erfolgt ist, der Erwerber aber noch nicht ins Grundbuch eingetragen ist, so dass der Vermieterwechsel kraft Gesetztes gemäß § 566 BGB noch nicht eingetreten ist. 430

(b) Inhalt. Aus der Erklärung muss sich klar und unzweideutig das Begehr erkennen lassen. Es muss deutlich werden, dass der Vermieter die Beendigung des Mietverhältnisses herbeiführen will. An dieser Stelle sei noch einmal an ein Grundprinzip des BGB-AT erinnert: Wird ein einseitiges empfangsbedürftiges Rechtsgeschäft mit rechtsgestaltender Wirkung unter einer Bedingung abgegeben, ist es nichtig.[357] Formulierungen wie „hiermit kündige ich, wenn Sie nicht bis zum 10.5. gezahlt haben" verbieten sich damit. 431

(c) Begründung. Gemäß § 573 Abs. 3 S. 1 sind die Gründe für die Kündigung anzugeben. Da der Vermieter nur dann kündigen darf, wenn er ein berechtigtes Interesse 432

---

[352] LG Mannheim 8.7.2020 – 4 S 76/19, IMR 2020, 403.
[353] Zu den Fristen siehe auch den sehr instruktiven Aufsatz von Brückner IMR 2021, 301 ff.
[354] Schmidt-Futterer/Blank/Börstinghaus BGB § 573c Rn. 9 f.
[355] Schmidt-Futterer/Blank/Börstinghaus BGB § 573c Rn. 10.
[356] Schmidt-Futterer/Blank/Börstinghaus BGB § 573c Rn. 10.
[357] Grüneberg/Ellenberger BGB vor § 158 Rn. 13.

nachweisen kann, ist hier genau darzustellen, woraus der Vermieter sein Interesse ableitet, mit dem er seine Kündigung rechtfertigen möchte. Hinzuweisen ist bereits hier darauf, dass für die Prüfung der materiell-rechtlichen Wirksamkeit der Kündigung nur die Gründe herangezogen werden, die in der Begründung auftauchen (vgl. § 573 Abs. 3 S. 2 BGB); andere Gründe dürfen nur dann Berücksichtigung finden, wenn sie nachträglich entstanden sind.

433 *(d) Hinweis auf Widerspruchsrechte.* Gemäß § 568 Abs. 2 BGB soll der Vermieter bereits in der Kündigung den Mieter auf dessen Möglichkeit, der Kündigung zu widersprechen, hinweisen. Dabei soll der Vermieter den Mieter auch auf die Form des Widerspruchs und die Frist – wie sie sich aus den §§ 574 ff. BGB ergeben – hinweisen.

434 *(e) Wahrung der Schriftform.* Schließlich ist die Urkunde handschriftlich zu unterzeichnen. Auch hier ist darauf zu achten, dass die Unterschrift von dem oder den Erklärenden stammt und alle vollständig unterzeichnet haben. Tritt ein Vertreter auf, sollte er grundsätzlich auf seine Stellung hinweisen und zwar „i. V." unterzeichnen. Eine Unterzeichnung nur „im Auftrag" („i. A.") reicht regelmäßig nicht aus.[358] Auch hat er stets eine Originalvollmacht anzufügen (§ 174 BGB).

435 *(5) Entäußerung.* Damit die Erklärung Wirksamkeit entfalten kann, muss der Erklärende sich ihrer willentlich entäußert haben. Diese Voraussetzung ergibt sich wiederum aus den Regeln des BGB-AT.

436 *(6) Zugang.* Damit eine Willenserklärung ihre rechtsgestaltende Wirkung entfalten kann, muss sie dem Empfänger zugehen. Gemäß § 130 Abs. 1 BGB wird eine Willenserklärung, die einem Abwesenden gegenüber abzugeben ist, nämlich erst dann wirksam, wenn sie ihm zugegangen ist.

437 *(a) Richtiger Empfänger.* Der Zugang der Erklärung ist dann gegeben, wenn sie so in den Herrschaftsbereich des richtigen Erklärungsempfängers gelangt ist, dass er sie unter normalen Umständen zur Kenntnis nehmen kann. Ob er sie tatsächlich zur Kenntnis genommen hat, ist dagegen unerheblich. Dieses Tatbestandsmerkmal sollte insbesondere in einer gerichtlichen Auseinandersetzung nicht vergessen werden. Hierzu sind Vortrag und Beweisantritt erforderlich. Wenn die Erklärung gegenüber mehreren (also zB einer Mietermehrheit) abzugeben ist, muss sie allen Mietern zugehen.[359] Daran sollte man sich stets orientieren, auch wenn die Rechtsprechung hier gelegentlich Erleichterungen zulässt.[360] Übliche AGB-Verträge enthalten dazu regelmäßig eine Vertretungsregelung, zB dergestalt, dass die Mieter sich gegenseitig bevollmächtigen, rechtsgeschäftliche Erklärungen anzunehmen und eine Erklärung bereits dann als zugegangen gilt, wenn bei einem Mieter die Möglichkeit der Kenntnisnahme gegeben war. Derartige Regelungen sind zurückhaltend zu bewerten. Es gibt etliche Instanzgerichte, die derartige Regelungen insbesondere bezogen auf Grundlagengeschäfte für unwirksam erachten.[361] Sicherheitshalber sollte man die Erklärung also so abgeben, dass alle Mieter sie zur Kenntnis nehmen können.

438 *(b) Zustellung.* Die Erklärung muss so in den Herrschaftsbereich des Erklärungsempfängers gelangt sein, dass unter normalen Umständen mit der Kenntnisnahme zu rechnen ist.[362] Dabei erfüllt eine Zustellung zur Unzeit – zB am späten Abend oder am Sonntag – diese Voraussetzung gerade nicht.[363] Das gilt auch dann, wenn der Einwurf in

[358] BAG NJW 2008, 1243; LG Wuppertal 4.8.2021 – 9 T 128/21, IMR 2021, 393.

[359] So ua der BGH NJW 2015, 6; dem folgend die Instanzrechtsprechung so zB AG Ludwigsburg 8.12.2022 – 1 C 843/22, IMR 2023, 405.

[360] So zB LG Berlin 25.3.2019 – 64 S 218/18, IMR 2020, 197, wonach die Zustellung an einen Mieterben ausreicht, damit die Erklärung gegenüber allen Erben wirkt. Ähnlich im Falle, dass einige Mieter seit Jahren nicht mehr auffindbar sind auch LG Frankfurt a. M. IMR 2018, 412.

[361] So zB LG München IMR 2017, 231; aA LG Hamburg IMR 2016, 454.

[362] Statt vieler: OLG Rostock 24.8.2020 – 3 U 18/19, IMR 2021, 192.

[363] Vgl. LG Krefeld 21.9.2022 – 2 S 27/21, BeckRS 2022, 33069 in Bezug auf eine Kündigung, die um 22:30 Uhr in den Kasten des Mieters eingeworfen wurde.

den Briefkasten zuvor telefonisch angekündigt worden war. Regelmäßig reicht der Einwurf in den Briefkasten aus. Dass der Mieter die Kündigung auch tatsächlich gelesen hat, ist dagegen nicht erforderlich.[364]

(c) Nachweis. Da der Mieter einer Kündigung häufig nicht Folge leistet, sind die Voraussetzungen der Kündigung so zu erfüllen, dass der Eintritt auch nachweisbar ist. Dazu sollte die Kündigung so in den Herrschaftsbereich des Empfängers verbracht werden, dass dies einfach dazulegen und auch zu beweisen ist. Dies kann durch persönlichen Einwurf des Schriftstücks, durch einen Zeugen oder im Beisein von Zeugen geschehen. Am Rande sei hier vermerkt, dass der Hausverwalter, der den Eigentümer vertritt, sich sehr gut als Zeuge eignet. Der Verwalter ist gerade nicht Partei. Überlässt man die Zustellung einem Dritten als Boten – etwa einem Hausmeister oder einer Mitarbeiterin des Anwalts – ist zu gewährleisten, dass er oder sie weiß, was in dem Umschlag, den sie in den Kasten gesteckt hat, enthalten war. Dies lässt sich zum Beispiel praktisch dadurch erledigen, dass man eine Kopie zieht und darauf einen Stempelaufdruck anbringt, auf dem vermerkt ist, dass der Unterzeichner das Original durch Einwurf in den Briefkasten an einem bestimmten Tag zu einer bestimmten Zeit zugestellt hat. Man kann dies auch fotografieren. Möglich ist auch die Zustellung per Einwurf-Einschreiben. Der Vorlage der Ausdrucke des Zugangsnachweises aus dem Internet hat der BGH zumindest eine starke Indizwirkung zuerkannt. Eher ungeeignet dagegen scheint die Zustellung per Einschreiben-Rückschein mittlerweile zu sein. Nimmt der Mieter das Einschreiben nicht entgegen, wird das Schriftstück noch für einige Tage in der nächsten Poststation gelagert, bevor es zurückgeht. Damit ist der Nachweis erbracht, dass die Erklärung gerade nicht zugegangen ist. 439

(d) Keine Rücknahme der Kündigung. Auch wenn man dies in der Praxis häufig liest, ist eine Rücknahme der Kündigung nicht mehr möglich, wenn Sie zugegangen ist. Auch ein Widerruf ist nach dem Zugang nicht mehr möglich.[365] 440

b) Einschränkungen der Kündigungsmöglichkeit. Eine ordentliche Kündigung durch den Vermieter ist allerdings nicht ohne Einschränkung zulässig. Unter dem Gesichtspunkt des sozialen Schutzes des Mieters hat der Gesetzgeber etliche Beschränkungen des freien Kündigungsrechts des Vermieters verfasst.[366] Dabei ist neben dem Erfordernis, dass der Vermieter ein berechtigtes Interesse haben muss, auch zu nennen, dass der Mieter besondere Schutzrechte reklamieren kann, wenn der Verlust der Wohnung eine besondere Härte für ihn bedeutete. Denkbar sind aber auch solche Einschränkungen des Kündigungsrechts, die die Parteien vereinbart haben. 441

aa) Einschränkungen durch Beschränkung der Kündigungsmöglichkeit. Denkbar sind Einschränkungen des Kündigungsrechts durch Beschränkung. 442

(1) Vertragliche Beschränkung. Den Parteien steht es frei, die Kündigungsmöglichkeit durch eine vertragliche Vereinbarung zumindest zu Lasten des Vermieters zu beschränken.[367] Die Möglichkeit zur Beschränkung der Kündigung betrifft allerdings nur die ordentliche Kündigung. Die außerordentliche Kündigung bei Vorliegen eines wichtigen Grundes kann nicht ausgeschlossen werden, auch nicht zu Lasten des Vermieters. Dabei sind durchaus etliche **vertragliche Kündigungsbeschränkungen** denkbar: 443

(a) Ausschluss einzelner Kündigungsgründe. Zu denken ist an den **Ausschluss von einzelnen Gründen,** aus denen sich ein berechtigtes Interesse ableiten ließe, wie zum Beispiel der Eigenbedarfskündigung[368] oder der Verwertungskündigung. Dies kann durch eine ausdrückliche Regelung im Mietvertrag geschehen, wobei diese Regelung nicht der Schriftform bedarf.[369] Enthält der Vertrag eine derartige Vereinbarung, gilt 444

364 LG Berlin 29.1.2020 – 65 S 231/19, IMRRS 2020, 0563.
365 AG Donaueschingen 22.7.2022 – 2 C 30/22, IMR 2023, 140.
366 Schmidt-Futterer/Blank/Börstinghaus BGB § 573 Rn. 3.
367 LG Berlin 27.10.2021 – 65 S 125/21, IWW 228966.
368 LG Marburg 13.5.2019 – 5 S 98/18, ZfIR 2019, 644.
369 LG Berlin 28.3.2019 – 67 S 22/19, IMR 2019, 402.

diese auch gegenüber einem späteren Erwerber.[370] Dies kann aber auch dergestalt geschehen, dass der Veräußerer dem Erwerber einer Immobilie im Kaufvertrag auferlegt, gegenüber dem Mieter keine Eigenbedarfskündigung zu erklären.[371] Eine vertragliche Beschränkung kann sich auch im Kaufvertrag zwischen dem vermietenden Veräußerer und dem Erwerber einer Immobilie befinden. Ist im Kaufvertrag eine „lebenslanges Wohnrecht" zugunsten des Mieters vereinbart, gilt dieser Vertrag als echter Vertrag zugunsten Dritter, hier also des Mieters.[372]

445 *(b) Befristeter Kündigungsverzicht.* Zu denken ist auch an einen befristeten Kündigungsausschluss im Wege eines **vertraglichen Kündigungsverzichts.** So ist es durchaus möglich, dass beide Parteien gemeinsam auf das Recht zur ordentlichen Kündigung für bis zu 4 Jahre verzichten.[373] Ein länger dauernder Kündigungsausschluss kann jedoch formularmäßig nicht vereinbart werden.[374] Nach Auffassung des BGH ist eine derartige Regelung jedoch individuell möglich.[375] Denkbar sind auch Kombinationen, so etwa, wenn der Vermieter einseitig für eine gewisse Zeit auf sein Recht zur Kündigung verzichtet. Ein Verzicht auf das Recht zur ordentlichen Kündigung durch den Vermieter ist allerdings nicht darin zu sehen, dass im Vertrag für den Mieter Regelungen zur ordentlichen und außerordentlichen Kündigung enthalten sind, für den Mieter aber nur das Recht zu außerordentlichen Kündigung geregelt ist. Hier kann sich der Vermieter zumindest auf die gesetzlichen Gründe berufen.[376] Dabei muss der Verzicht jedenfalls im Mietvertrag erkennbar sein, zum Beispiel drucktechnisch hervorgehoben sein.[377] Zu beachten ist, dass eine vertragliche Beschränkung für länger als 30 Jahre nicht möglich ist (§ 544 BGB).

446 *(c) Befristung.* Zu denken ist auch daran, einen befristeten Mietvertrag zu schließen. Sofern dieser zulässig ist (vgl. § 575 BGB), ist eine ordentliche Kündigung nicht möglich.

447 *(2) Beschränkung durch das Gesetz.* Auch das Gesetz sieht an etlichen Stellen eine Beschränkung der Kündigung vor. Das gilt besonders, weil das Gesetz eine ordentliche Kündigung von Wohnraummietverträgen grundsätzlich nur dann zulässt, wenn der Vermieter ein berechtigtes Interesse an der Kündigung hat (§ 573 BGB). Das gilt aber jedenfalls vom Ergebnis betrachtet her damit, dass der Mieter das gesetzliche Recht hat, sich gegen eine grundsätzlich zulässige Kündigung zur Wehr zu setzen, wenn sie für ihn eine besondere Härte bedeuten würde (§ 574 BGB). Weiterhin kann das Recht zur ordentlichen Kündigung durch das Gesetz für einen bestimmten Zeitraum ausgeschlossen werden, zB wenn eine Immobilie in Eigentumswohnungen aufgeteilt und eine Wohnung in eine Eigentumswohnung umgewandelt wird (§ 577a BGB). Ein Ausschluss kann auch im Falle einer Pandemie – wie in der Coronakrise durch Art. 240 § 2 Abs. 1 EGBGB – verfügt werden.[378]

448 *(3) Treu und Glauben.* Eine Beschränkung der Kündigungsmöglichkeit kann sich auch unter dem Gesichtspunkt von **Treu und Glauben** ergeben (§ 242 BGB).[379] Hier sind zum Beispiel Fälle denkbar, in denen der Mieter im Einvernehmen mit dem Vermieter erhebliche Investitionen in die Mietsache eingebracht hat, die sich noch nicht amortisiert haben. Auch wenn der Mieter **Finanzierungsbeiträge** etwa durch Gewährung eines Darlehens oder durch Baukostenzuschüsse geleistet hat, kann eine ordentliche Kündigung für einen gewissen Zeitraum (regelmäßig abhängig von der Höhe der Leistung des Mieters) gegen Treu und Glauben verstoßen. Weiterhin gibt es Gerichte, die nach einer

[370] AG Bremen IMR 2015, 230; LG Berlin 8.2.2022 – 63 S 146/20, IMR 2022, 391.
[371] LG Berlin 18.6.2019 – 64 S 220/18, IMR 2019, 401.
[372] BGH ZMR 2018, 996 (997).
[373] Schmidt-Futterer/Lindner BGB § 575 Rn. 35 mwN.
[374] Vgl. BGH NJW-RR 2017, 137 ff.
[375] BGH WuM 2018, 437 ff.; aA LG Düsseldorf NZM 2017, 808.
[376] So LG Berlin IMR 2015, 235.
[377] AG Bremen 29.11.2019 – 25 C 405/19, IMR 2020, 324.
[378] Dazu auch AG Hanau 31.7.2020 – 32 C 136/20, IWW 219433.
[379] Grüneberg/Grüneberg BGB § 242 Rn. 77.

zeitnahen Schonfristzahlung das Festhalten an einer ordentlichen Kündigung als Verstoß gegen Treu und Glauben ansehen und für rechtsmissbräuchlich halten.[380] Eine Kündigung kann jedenfalls wegen **Rechtsmissbrauchs** unwirksam sein.[381]

bb) Einschränkung durch Ausschluss der Kündigung. Die Möglichkeit zur ordentlichen Kündigung durch den Vermieter kann aber auch komplett ausgeschlossen sein. 449

(1) Verwirkung. Das Recht zur Kündigung kann verwirkt sein. Die **Verwirkung** setzt regelmäßig zwei Tatbestandsmerkmale voraus, nämlich das Zeitelement und das Umstandselement.[382] 450

(a) Zeitelement. Damit der Vermieter sein Kündigungsrecht verwirkt, muss zunächst das **Zeitelement** erfüllt sein. Das heißt, dass der Vermieter von einem tatsächlich vorliegenden Kündigungsrecht über längere Zeit keinen Gebrauch gemacht haben darf. Ein allgemeingültiger Zeitraum lässt sich hier nicht definieren; vielmehr ist es fallabhängig, wann der Zeitraum als „länger" in diesem Sinne zu betrachten ist. Wenn ein Grund vorliegt, der im Zweifel auch eine außerordentliche Kündigung rechtfertigen könnte (zB eine Beleidigung), heißt es rasch zu handeln. Liegt der Kündigungsgrund etwa darin, ob der Vermieter die Wohnung für sich oder seine Angehörigen benötigt, ist dem Vermieter eine längere Überlegungsfrist zuzubilligen. 451

(b) Umstandselement. Hinzukommen muss aber noch ein **Umstandselement.** Der Vermieter muss eine Handlung „begangen" haben, die den Mieter darauf vertrauen lässt, dass der Vermieter sein Kündigungsrecht nicht mehr ausüben werde. Eine solche Handlung kann zB darin liegen, dass der kündigungswillige Vermieter den Mieter noch mit einer Mieterhöhung iSv §§ 558 ff. BGB überzieht. Wie oben gezeigt, enthält die Aufforderung zur Zustimmung zur Erhöhung der Netto-Kaltmiete ja dogmatisch das Angebot, den Mietvertrag zu geänderten Konditionen fortzusetzen. 452

(2) Verlust. Der Vermieter kann sein Kündigungsrecht aber auch verlieren. Nutzt er den Sachverhalt, der Anlass zur Kündigung bietet, für eine **Abmahnung,** kann er nicht anschließend auf denselben Grund eine Kündigung stützen.[383] Durch die Abmahnung hat der Vermieter sein Recht, für denselben Anlass noch härtere Maßnahmen zu ergreifen, verloren.[384] Duldet er ein bestimmtes Verhalten über Jahre (zB die im Vertrag beschränkte Untervermietung), kann er darauf ebenfalls keine Kündigung mehr stützen.[385] 453

(3) Zeitablauf. Die Kündigung kann aber auch ausgeschlossen sein, weil die Zeit innerhalb derer die Kündigung hätte erklärt werden müssen, abgelaufen ist. So kann man nicht Monate zuwarten, um einen Pflichtverstoß des Mieters mit einer Kündigung zu sanktionieren.[386] Wenn der Mieter zB den Vermieter beleidigt, muss dieser umgehend reagieren. Durch Zuwarten kann es hier zum Verlust des Kündigungsrechts kommen. 454

(4) Ausschluss durch Dritte. Die Kündigung kann von der Zustimmung Dritter abhängig sein, wie etwa die Kündigung einer Werkswohnung von der Zustimmung des Betriebsrates. Wird diese verweigert, ist die Kündigung ausgeschlossen. 455

(5) Ausschluss durch das Gesetz. Die Kündigung kann aber auch qua Gesetz ausgeschlossen sein. Ist zB ein Mietverhältnis iSv § 575 zulässigerweise befristet, so kann es während der Befristungsdauer nicht ordentlich gekündigt werden. Auch ist es gesetzlich untersagt, ein Mietverhältnis zum Zwecke der Mieterhöhung zu kündigen. Dazu heißt es in § 573 Abs. 1 S. 2 BGB wörtlich: „Die Kündigung zum Zwecke der Mieterhöhung ist ausgeschlossen". Allerdings führte es zu weit, wollte man die Kündigung eines 456

[380] LG Bonn WuM 2015, 293 ff.
[381] Vgl. LG Stuttgart 16.12.2022 – 20 O 256/21, IMR 2023, 276.
[382] Grüneberg/Grüneberg BGB § 242 Rn. 93 und 95.
[383] LG Berlin IMR 2017, 481.
[384] LG Dresden BeckRS 2016, 112297.
[385] LG Berlin 11.10.2022 – 67 S 111/22, IMR 2023, 53.
[386] Vgl. AG Paderborn 3.3.2021 – 55 C 281/20, BeckRS 2021, 15692.

hochbetagten Mieters als Verletzung der Menschenwürde und damit als Verstoß gegen Art. 1 GG ansehen.[387]

457 c) **Kündigungsgründe.** Während der Mieter grundsätzlich keine Begründung dafür angeben muss, warum er sich von einem unliebsam gewordenen Mietverhältnis lösen möchte, und im Allgemeinen auch der Vermieter eines Gewerbeobjekts ohne Weiteres kündigen kann, darf der Vermieter einer Wohnung gemäß § 573 Abs. 1 S. 1 BGB nur dann kündigen, wenn er ein berechtigtes Interesse an der Beendigung des Mietverhältnisses hat. Das Gesetz gibt in § 573 Abs. 2 BGB Regelbeispiele an, bei denen ein berechtigtes Interesse zu bejahen ist. Die erste Variante ist die **erhebliche Pflichtverletzung** durch den Mieter (§ 573 Abs. 2 Nr. 1 BGB). Als zweite Variante gibt das Gesetz den **Eigenbedarf** an (§ 573 Abs. 2 Nr. 2 BGB). Die dritte Variante ist die sogenannte **Verwertungskündigung** (§ 573 Abs. 2 Nr. 3 BGB). Dass es sich dabei um **Regelbeispiele** handelt, ergibt sich aus der Formulierung **„liegt insbesondere vor"**. Damit bringt der Gesetzgeber zum Ausdruck, dass er neben den genannten Regelbeispielen auch andere Gründe gelten lassen will, wenn sie gleichschwer wiegen, wie die Beispiele.

458 *aa) Pflichtverletzung des Mieters.* Das erste Regelbeispiel, das im Gesetz benannt ist, ist dann erfüllt, wenn der Mieter seine vertraglichen Pflichten nicht unerheblich verletzt hat (§ 573 Abs. 2 Nr. 1 BGB).

459 *(1) Arten.* Zu denken ist hier an verschiedene Fälle, wie etwa das Nichtzahlen von Miete, das unpünktliche Zahlen von Miete, Verstöße gegen sonstige vertragliche Pflichten (etwa die Hausordnung oder die Verpflichtung zur Erhaltung der Mietsache, vertragswidrige Nutzung einer Wohnung als Gewerbeobjekt), Angriffe gegen den Vermieter, dessen Angehörige oder Mitarbeiter oder gegen andere Mieter im Hause – etwa durch Verbalinjurien oder auch körperlich, Beschädigung der Mietsache oÄ.[388]

460 *(a) Schwere des Verstoßes.* Die Verstöße unterfallen dann dem Regelbereich des § 573 BGB, wenn sie von der Schwere unterhalb der Schwelle liegen, die für eine außerordentliche Kündigung überschritten sein muss. Eine außerordentliche Kündigung ist gemäß den §§ 543, 569 BGB dann berechtigt, wenn es dem Vermieter wegen der Schwere des Verstoßes nicht mehr zumutbar ist, bis zum Ablauf einer Kündigungsfrist zu warten. Das heißt umgekehrt, dass ein Verhalten, das noch nicht für eine außerordentliche Kündigung „reicht", durchaus geeignet sein kann, eine ordentliche Kündigung zu rechtfertigen. Das ist insbesondere dann der Fall, wenn dem Vermieter zugemutet werden kann, trotz der Vertragsverletzung noch bis zum Ablauf einer Kündigungsfrist (die ja immerhin bis zu 9 Monate betragen kann) zuzuwarten.

461 *(b) Hilfsweiser Ausspruch der ordentlichen Kündigung.* Da ein Pflichtenverstoß, der zwar (noch) nicht geeignet ist, eine außerordentliche Kündigung zu rechtfertigen, sehr wohl aber zur Begründung einer ordentlichen Kündigung ausreichen kann, ist es zwingend erforderlich, beim Ausspruch einer außerordentlichen Kündigung immer auch **hilfsweise** eine **ordentliche Kündigung** zu erklären. Damit kann man letztlich durchaus auch zum gewünschten Erfolg kommen, sich von dem unliebsam gewordenen Mieter zu trennen. Dabei ist zu beachten, dass nicht darauf verzichtet werden kann, hilfsweise eine ordentliche Kündigung zu erklären, weil die erklärte außerordentliche Kündigung jedenfalls eine ordentliche Kündigung beinhalte. Eine Umdeutung in diesem Sinne scheidet nämlich aus. Insbesondere wenn man hier als Anwältin oder Anwalt tätig ist, weiß man, was man tut. Eine eindeutige Erklärung bleibt so wie sie erklärt wurde.[389] Bedenkt man in diesem Zusammenhang, wie lang ein streitig geführter Räumungsprozess dauern kann, liegt es auf der Hand, dass man möglicherweise über die streitige außerordentliche Kündigung gar nicht mehr diskutieren muss, weil die Frist für die hilfsweise erklärte ordentliche Kündigung längst abgelaufen ist. Auch sind Mieter-

[387] LG Berlin 25.5.2021 – 67 S 345/18, IMR 2021, 313.
[388] Schmidt-Futterer/Blank/Börstinghaus BGB § 573 Rn. 47.
[389] AG Brühl 5.7.2021 – 28 C 58/19, IMR 2021,402.

schutzmöglichkeiten wie etwa die Schonfristzahlung beim Verzug mit der Miete qua Gesetz auf die außerordentliche Kündigung beschränkt. Das heißt, dass die Heilungswirkung der Schonfristzahlung sich nur auf die außerordentliche Kündigung beschränkt, aber keine Auswirkungen auf die hilfsweise erklärte ordentliche Kündigung hat (wenn man nicht gerade in Berlin wohnt).

(2) Verschulden. Wie jeder Verstoß gegen die gesetzlichen Regeln zieht auch eine Verletzung vertraglicher Pflichten stets nur dann eine negative Rechtsfolge für den Verpflichteten nach sich, wenn sie **schuldhaft** erfolgte. Das heißt, sie muss dem Verpflichteten vorwerfbar und zurechenbar sein. 462

(a) Grundsatz. Gemäß § 276 BGB hat der Schuldner **Vorsatz** und **Fahrlässigkeit** zu vertreten. Fahrlässig handelt, wer die im Verkehr erforderliche Sorgfalt außer Acht lässt. Leichteste Fahrlässigkeit, für die der Schuldner ebenfalls grundsätzlich haftet, ist bereits dann zu bejahen, wenn er die verkehrsübliche Sorgfalt nur ein wenig, also in durchaus geringem Umfang, außer Acht gelassen hat. Dieser Haftungsmaßstab ist sehr streng. Im Mietrecht ist der strenge allgemeine Haftungsmaßstab etwas modifiziert. Hier muss der Mieter seine Pflicht „nicht unerheblich" verletzt haben.[390] Schuldhaftes Handeln ist bereits dann indiziert, wenn der Verpflichtete, also der Mieter, rechtswidrig gegen die Pflichten aus dem Vertrag verstößt. Das mag man sich vor Augen halten, wenn man zu entscheiden hat, ob die Verfolgung eines pflichtwidrigen Verhaltens sinnvoll erscheint. So ist die Rechtsprechung zT schnell dabei, das Verschulden zu verneinen, etwa wenn es um die Qualität einer Verbalinjurie geht oder wenn es um den Verzug bei der Mietzahlung geht. Ob hier dogmatisch immer einwandfrei argumentiert wird oder ob man nicht unter dem Gesichtspunkt „Mieterschutz" hier an einer Stellschraube dreht, mag dahinstehen. Allerdings kommt es auch auf das Umfeld an, indem etwa eine Beleidigung ausgesprochen wurde. Fiel die Äußerung zB in einem familiären Umfeld (zB weil Vermieter und Mieter eng verwandt sind), kann ein anderer Maßstab anzulegen sein als etwa gegenüber Fremden.[391] 463

Wenn der Mieter nicht selbst gehandelt hat, sondern stattdessen eine seiner Sphäre zuzuordnende Person, muss sich der Mieter deren Verhalten zunächst einmal nach der allgemeinen Norm des § 278 BGB zurechnen lassen. Nach § 278 BGB muss man sich als Schuldner das Verschulden eines Dritten zurechnen lassen, wenn der Dritte **Erfüllungsgehilfe** des Schuldners ist. Der Begriff des Erfüllungsgehilfen meint, dass sich der Schuldner des Dritten zur Erfüllung einer Verbindlichkeit bedient. Der Dritte muss also als Hilfsperson dem Schuldner bei der Erfüllung einer dem Schuldner obliegenden Verbindlichkeit unterstützen. Wichtig ist in diesem Zusammenhang die Norm des **§ 540 Abs. 2 BGB.** Danach muss der Mieter sich das **Verschulden eines Dritten,** dem er den Besitz an den Mieträumen überlassen hat, wie eigenes Verschulden zurechnen lassen. Im Ergebnis muss sich der Mieter damit jeden Vertragsverstoß, der von einem Dritten ausgeht, der sich mit seinem Wissen und Wollen in der Mietsache aufhält und diese nutzt, zurechnen lassen. Allerdings kann es sein, dass der Vermieter den Mieter erst auf die Vertragsverstöße des Dritten hinweisen muss, also zB eine Abmahnung erklären muss.[392] Im Übrigen ist eine Abmahnung jedoch in den meisten Fällen vor Ausspruch einer ordentlichen Kündigung nicht erforderlich.[393] 464

(b) Problem: Schuldunfähigkeit des Mieters. Ein Problem stellt sich dann, wenn der **Mieter nicht schuldfähig** ist. Das Gesetz knüpft insoweit bei den §§ 827 ff. BGB an. Danach ist derjenige nicht schuldfähig, der sich in einem Zustand befindet, der die freie Willensbildung ausschließt.[394] Dies kann krankhafte Ursachen haben. Dies kann aber auch daran liegen, dass sich der Mieter durch die Einnahme von Alkohol oder anderen 465

---

[390] BGB § 573 Abs. 2 Nr. 1.

[391] IdS etwa LG Berlin 22.8.2019 – 67 S 109/19, BeckRS 2019, 19938.

[392] So auch AG Stuttgart 11.12.2020 – 35 C 4063/20, BeckRS 2020, 35622.

[393] So etwa das AG Düsseldorf 7.10.2020 – 29 C 133/20, IMR 2021, 15, in einem Fall, in dem es eine Abmahnung ausnahmsweise doch für erforderlich hielt.

[394] Grüneberg/Sprau BGB § 827 Rn. 1.

Rauschmitteln in einen solchen Zustand gebracht hat. Im letzteren Falle jedoch greifen die aus dem Strafrecht bekannten Grundsätze der actio libera in causa. Der Mieter haftet dann wie, wenn er die Tat fahrlässig begangen hätte (§ 827 S. 2 BGB). Handelt nicht der Mieter selbst, sondern ein Dritter, ist zu prüfen, ob dieser schuldhaft gehandelt haben kann. Hier kommt insbesondere die Begehung der Handlung durch Kinder in Betracht. Hat ein Kind das siebente Lebensjahr noch nicht vollendet, ist es schuldunfähig. Es haftet gar nicht (§ 828 Abs. 1 BGB). Ob das den Mieter allerdings stets entlasten kann, ist zweifelhaft, weil ihm zur Last gelegt werden kann, dass er seine Aufsichtspflicht (selbst) schuldhaft verletzt hat.

466 Praktisch relevant sind Fälle, in denen der Mieter zB an Schizophrenie leidet oder auf Grund seines fortgerückten Alters demenzkrank wird und es zu massiven Störungen des Hausfriedens kommt. Allerdings ist es auch in solchen Fällen denkbar, eine Kündigung zu erklären, wenn die Störungen für die Hausgemeinschaft unerträglich werden.[395] Andererseits kann eine massive Erkrankung an Depressionen das Verschulden bei einem Zahlungsverzug entfallen lassen, so dass die ordentliche Kündigung des Vermieters mangels Verschuldens unwirksam wäre.[396] Auch bei anderen schweren Psychosen kann das Verschulden am Zahlungsverzug entfallen.[397] Auch bei Beleidigungen des Vermieters durch den psychisch schwer kranken Mieter können Zweifel am Verschulden aufkommen.[398] In derartigen Fällen ist sorgfältig zu prüfen, ob das Verhalten dem Mieter vorgeworfen werden kann oder ob er nicht schuldhaft gehandelt hat. Etliche Entscheidungen setzen sich mit diesem Problem auseinander, wobei meist versucht wird, eine angemessene Abwägung zu treffen.

467 *(3) Einzelfälle.* Es gibt eine Fülle von Urteilen nicht nur der Instanzgerichte, sondern sogar des BGH, die sich mit Fällen auseinandersetzen, die regelmäßig wiederkehren.

468 *(a) Zahlungsverzug.* Eine der Pflichtverletzungen, die wohl mit am häufigsten den Praktiker und damit auch die Rechtsprechung beschäftigen ist der **Verzug mit der Mietzahlung.** Wie bereits beim Thema außerordentliche Kündigung gezeigt wurde, liegt hier ein Schwerpunkt, mit dem man sich als Anwalt auseinandersetzen muss. Für eine fristlose Kündigung reicht es, wenn der Mieter mit Miete in nicht unerheblicher Höhe in Verzug geraten ist. Das ist bei der außerordentlichen Kündigung dann bereits dann der Fall, wenn der Mieter für zwei aufeinanderfolgende Monate eine Monatsmiete und einen Cent nicht bezahlt hat. Sind die monatlichen Rückstände geringer, müssen zwei Monatsmieten erreicht sein.

469 Für eine ordentliche Kündigung reicht es aus, wenn der Mieter mit **Miete in Höhe einer Monatsmiete** in Verzug ist. Dieser Rückstand kann schnell erreicht sein, zB wenn der Mieter meint, zur Minderung der Miete berechtigt zu sein. Der BGH ist hier sehr streng. So entschied der BGH in seinem Urteil vom 8.12.2021[399] bei der Frage, ob ein Rückstand zur Kündigung berechtige, dass es auf den Gesamtrückstand ankomme und nicht darauf, ob in einzelnen Monaten höhere oder niedrigere Beträge nicht gezahlt worden seien. Mindert der Mieter die Miete zu Unrecht oder in zu großer Höhe riskiert er den Bestand des Mietverhältnisses.[400] Selbst wenn er zuvor Rechtsrat eingeholt hatte, dieser aber ersichtlich zu weit ging (also zB ein Minderungsrecht überspannt wurde) riskiert der Mieter eine Kündigung. Das Verschulden eines Beraters nämlich muss sich der Mieter gemäß § 278 BGB zurechnen lassen.[401] Auch wenn der Mieter entgegen der klaren Ansage der Rechtsprechung ein Zurückbehaltungsrecht überspannt oder es gar unterlässt, den zurückbehaltenen Betrag nach Wegfall des Zurückbehaltungsrechts unverzüglich nachzuzahlen, riskiert der Mieter eine Kündigung. Die Rechtsprechung

[395] So das LG Frankfurt a. M. NZM 2018, 904 ff.
[396] LG Kassel WuM 2018, 435 ff.
[397] AG Münster 27.10.2020 – 4 C 3363/19, BeckRS 2020, 43451.
[398] LG Krefeld 1.3.2023 – 2 S 27/22 BeckRS 2023, 13799.
[399] BGH 8.12.2021 – VIII ZR 32/20, NZM 2022, 131.
[400] So zB LG Berlin 3.3.2020 – 67 S 212/19, IMR 2020, 279.
[401] BGH NJW 2012, 2882.

gibt dem Mieter die Möglichkeit, unter Vorbehalt zu zahlen und zu viel gezahlte Beträge hinterher zu kondizieren.

Wie die kündigungsrelevante Miethöhe in Minderungsfällen zu berechnen ist, hat der BGH in seinem Urteil vom 27.9.2017[402], sehr klar dargestellt: Bei der Ermittlung der kündigungsrelevanten Rückstände ist bei behebbaren Mängeln von der ungeminderten Miete auszugehen. Bei unbehebbaren Mängeln (zB die Wohnung ist um mehr als 10 % kleiner als vereinbart) ist von der geminderten Miete auszugehen. Dabei wird der Vermieter regelmäßig eine außerordentliche Kündigung aussprechen. Wenn er aber – wie geboten – **hilfsweise eine ordentliche Kündigung** erklärt hat, kann es regelmäßig dahinstehen, ob die außerordentliche Kündigung wirksam war. Bis das Gericht darüber zu befinden hat, sind die Fristen für die ordentliche Kündigung häufig bereits abgelaufen. Wichtig ist, dass bei Zahlungsverzug das Verschulden grundsätzlich vermutet werden darf: Geld hat man zu haben. 470

Wie oben gezeigt gibt es aber auch Ausnahmen, so dass der Klägervertreter hierzu auf jeden Fall vortragen sollte. Will sich umgekehrt der Mieteranwalt darauf berufen, dass sein Mandant unvorhergesehen in eine **finanzielle Notlage** geraten sei, muss er wiederum sehr substantiiert dazu vortragen.[403] Allerdings zeigt sich die Rechtsprechung in einigen Fällen unerwartet großzügig. So lässt es selbst der BGH genügen, dass der Mieter – wenn die Bank seine Anweisung verspätet ausführt, er dadurch in Rückstand mit der Miete gerät – alles ihm Zumutbare getan hat, damit seine Überweisung rechtzeitig ausgeführt wird. Er muss also für hinreichende Kontodeckung gesorgt haben, die Bank rechtzeitig angewiesen haben (also zB ganz old fashioned den Überweisungsträger rechtzeitig eingeworfen haben usw) und auch eine gewisse Banklaufzeit beachtet haben. Kommt es trotzdem zum Verzug, ist dieser nicht durch den Mieter verschuldet. Der BGH hat dabei auch klargestellt, dass die EU-Zahlungsrichtlinie im Wohnraummietrecht nicht zu Lasten des Mieters gelte.[404] Ob der BGH seine Rechtsprechung wegen Zahlungsverzuges angesichts der Tatsache aufrechterhalten kann, dass heute fast jeder Mieter mit der Möglichkeit des Online-Bankings gesegnet ist und damit in der Lage ist, eine sogenannte Echtzeitüberweisung zu veranlassen, wird sich weisen. Der BGH weicht mit der oben genannten Entscheidung im Übrigen auch von seiner stringenten Rechtsprechung ab, die er zB in Fällen äußert, in denen die **Miete durch das Job-Center** gezahlt wird. Auch wenn der Mieter hier seinen Antrag rechtzeitig gestellt hat und die materiellen Voraussetzungen für den Bezug gegeben sind, muss sich der Mieter das Verschulden der Behörde zurechnen lassen. Zahlt die BA zu spät, geht jedenfalls die ordentliche Kündigung durch.[405] 471

(b) Ständig unpünktliche Mietzahlung. Im Zusammenhang mit dem Zahlungsverzug, der zu einer ordentlichen Kündigung berechtigt, stellt sich auch die Frage, wie die Rechtslage ist, wenn der Mieter zwar im Ergebnis die Miete zahlt, aber immer wieder unpünktlich. Auch in der **unpünktlichen Zahlung** kann eine Pflichtverletzung liegen, die den Vermieter zu einer Kündigung berechtigt.[406] Allerdings sind hier die Anforderungen für den Vermieter bzw. die Anwältin und den Anwalt auf Vermieterseite deutlich strenger zu beachten. Der Vermieter muss zunächst einmal klargemacht haben, dass er die unpünktliche Mietzahlung nicht akzeptiert. Er muss also zumindest **gemahnt** haben. Der Vermieter muss auf jeden Fall stringent agieren. Wer über Jahre hinweg die unpünktliche Mietzahlung akzeptiert, kann nicht auf einmal (plötzlich und unerwartet) eine Kündigung daran knüpfen.[407] Will er vertragsrechtliche Konsequenzen an den Vertragsverstoß des Mieters knüpfen, muss er dies dem Mieter mitteilen, das heißt er muss ihn **abmahnen.** Dabei sollte der Vermieter genau darstellen, weshalb er dem Mieter 472

402 BGH NJW 2018, 939.
403 Vgl. BGH WuM 2016, 682 ff.
404 BGH NJW 2017, 142 ff.; dem folgend LG Berlin 10.12.2020 – 65 S 189/20, BeckRS 2020, 42254.
405 BGH MDR 2015, 11.
406 So zB LG Würzburg IMR 2015, 16; LG Nürnberg-Fürth IMR 2017, 393.
407 LG Leipzig 12.5.2020 – 2 S 401/19, IWW 217472.

eine Abmahnung erteilt. Die Abmahnung sollte gut begründet sein. Da es Gerichte gibt, die die Auffassung vertreten, eine Abmahnung solle den Mieter zum Überdenken seines Handelns und zur Besserung bewegen, empfiehlt es sich, hier zuzuwarten und im Zweifel nochmals abzumahnen. Jedenfalls in der zweiten Abmahnung sollte auf die drohende Kündigung hingewiesen werden. Dem Mieter muss klar sein, dass er den Bestand des Mietverhältnisses gefährdet. Zahlt der Mieter dann trotz Abmahnung immer wieder unpünktlich, hat die Kündigung jedenfalls Erfolg.[408]

473 Risiken geht der Vermieter mit einer Abmahnung nicht ein. Anders als im Arbeitsrecht gibt es im Mietrecht keine Möglichkeit, die Wirksamkeit einer Abmahnung als solche gerichtlich überprüfen zu lassen.[409] Der Klageantrag, eine Abmahnung zurückzunehmen und aus der Mieterakte zu entfernen ist unzulässig. Das Gericht prüft die Wirksamkeit einer Abmahnung stets nur inzident im Zusammenhang mit einer Räumungsklage.

474 Der BGH hat mehrfach entschieden, dass die Miete, bei der in Deutschland üblicherweise vereinbarten **Bruttowarmmiete** aus zwei Elementen besteht, nämlich aus dem fixen Bestandteil, also der Nettokaltmiete, und aus dem variablen Bestandteil, also den Nebenkosten(voraus)zahlungen. Dabei stellt sich die Frage, welcher Bestandteil offen sein muss, damit eine Kündigung auf das Fehlen gestützt werden kann. Hierzu wurde früher einmal vertreten, dass es auf die Nettokaltmiete ankommt. ZT wurde auch vertreten, dass jedenfalls auch Nettokaltmiete offen sein muss. Die Rechtsprechung teilt diese Auffassung nicht mehr. Bereits vor einigen Jahren urteilte der BGH aus, dass dem Mieter, der eine Nebenkostenerhöhung nicht zahlt, gekündigt werden kann.[410] Das hat der BGH später dahin spezifiziert, dass die Nebenkostenabrechnung jedenfalls keinen Bedenken begegnen darf.[411] Mittlerweile wurde sogar ausgeurteilt, dass der Verzug mit der Zahlung des Abrechnungssaldos aus der Nebenkostenabrechnung, wenn er hoch genug ist (zur Erinnerung: für eine ordentliche Kündigung reicht ein Gesamtrückstand von einer Monatsmiete) eine Kündigung berechtigen kann.[412] In seinem Urteil vom 15.5.2018[413], entschied der BGH – diese Auffassung bekräftigend – dass wenn neben einer symbolischen Nettomiete von 1,00 EUR die Zahlung von realistischen Nebenkostenvorauszahlungen vereinbart sei und diese nicht gezahlt würden, allein auf deren Ausbleiben die Kündigung gestützt werden könne. Nur der Vollständigkeit halber sei erwähnt, dass das Nichtzahlen der Kaution sogar eine außerordentliche Kündigung rechtfertigt und damit erst recht mit einer ordentlichen Kündigung sanktioniert werden kann.

475 Wurde dem Mieter wegen Zahlungsverzuges gekündigt, stellt sich die Frage, ob er die Kündigung durch sein Verhalten nach dem Zugang heilen kann. Dogmatisch betrachtet geht das grundsätzlich nicht. Die Kündigung ist und bleibt ein einseitiges, empfangsbedürftiges, das durch den Zugang wirkt. Der allgemeine Teil des BGB ist da völlig eindeutig. Die wesentliche Ausnahme im Gesetz, nämlich die sogenannte **Schonfristzahlung,** kann nur deshalb zur rückwirkenden Unwirksamkeit der außerordentlichen Kündigung liegen, weil der Gesetzgeber diese Ausnahme, die die Dogmatik durchbricht, explizit angeordnet hat. Er hat sie in eine Sonderregelung aufgenommen (§ 569 Abs. 3 Nr. 2 BGB). Darin steht aber ausdrücklich nur die außerordentliche Kündigung bezeichnet, nicht die Kündigung allgemein.

476 Der BGH hat daraus klar abgeleitet, dass die Schonfristzahlung, die zwar rückwirkend im Wege einer Fiktion die Wirksamkeit der außerordentlichen Kündigung beseitigt, die hilfsweise oder allein erklärte ordentliche Kündigung unberührt lässt.[414] Die

[408] So zB AG Schöneberg IMR 2018, 19.
[409] Schmidt-Futterer/Flatow BGB § 541 Rn. 10.
[410] BGH NJW 2012, 3089 f.
[411] BGH WuM 2012, 681 ff.
[412] So LG Frankfurt a. M. 9.6.2023 – 2-11 S 13/23, BeckRS 2023, 14521; LG Berlin IMRSS 2015, 0625.
[413] BGH BeckRS 2018, 11562.
[414] IdS BGH WuM 2018,1017 f.; BGH 5.10.2022 – VIII ZR 307/21, ZMR 2023, 101 f.

ordentliche Kündigung wird nicht geheilt. Auch wenn der Mieter noch innerhalb der Schonfrist seinen Rückstand komplett ausgleicht, muss er raus!

Dies ist die klare und dogmatisch gut begründete Rechtsprechung des Bundesgerichtshofs. Allerdings gibt es gleichwohl Instanzgerichte, die sich darüber hinwegsetzen und die Regelung des § 569 Abs. 3 Nr. 2 analog auf die ordentliche Kündigung anwenden. So urteilt neben anderen auch das Landgericht Berlin immer wieder ausdrücklich gegen den BGH.[415] Auch andere Gerichte versuchen, hier eine gewisse Großzügigkeit an den Tag zu legen. So kann man durchaus lesen, dass die nachträgliche Zahlung das Verschulden des Mieters in einem deutlich milderen Licht erscheinen lassen,[416] dass es für eine Kündigung gerade nicht mehr reichen soll. 477

Der strengeren Auffassung ist hier zu folgen. Die Argumentation ist stringent und klar. Wenn der Gesetzgeber, der die seit Jahren geführte Diskussion kennt, etwas anderes wünscht, muss er das Gesetz ändern. Solange er das nicht tut, will er eben auch nicht, dass die Schonfristzahlung eine ordentliche Kündigung wegen Zahlungsverzuges heilt. 478

(c) Übergriffe. Eine weitere Gruppe von Pflichtverstößen, die die Rechtsprechung immer wieder beschäftigt, sind Übergriffe des Mieters auf den Vermieter, Personen, die in seiner Sphäre stehen, oder auf andere Mieter im Objekt. Dabei kann man feststellen, dass diese Vorfälle, allgemein gesprochen, idR nicht den Weg zum BGH finden, sondern von der Instanzrechtsprechung beurteilt werden. Das ist letztlich auch richtig, da es sich meistens um Fälle handelt, die auf der Tatsachenebene, weniger indessen auf der rechtlichen Ebene gelöst werden. Unter der Kategorie der Übergriffe lassen sich durchaus einige Fallgruppen feststellen, die die Rechtsprechung beschäftigen: 479

bb) Beleidigungen. Zu nennen sind zuerst **Beleidigungen** und **Verbalinjurien** zu Lasten des Vermieters. Dabei ist dem Erfindungsreichtum der Mieter kaum eine Grenze gesetzt. Vermieter werden als „Kapitalistenschweine", „fette Sau" oder „faul" bezeichnet. In der Regel kommt es danach zur außerordentlichen fristlosen Kündigung. ZT sind Gerichte mit derartigen Ausbrüchen aber auch recht großzügig, so dass es für den Beratenden auch hier unabdingbar ist, hilfsweise eine ordentliche Kündigung zu erklären, auf die der Räumungsantrag im Prozess gestützt werden kann. Allerdings reicht nicht jeder Ausbruch für eine Kündigung. So wurde es durch die Rechtsprechung als so gerade noch zulässig erachtet, wenn der Mieter seinen Vermieter als „Scheißdeutschen" tituliert.[417] Auch wenn der Mieter ohnehin an psychischen Problemen leidet, ist unter dem Gesichtspunkt „Verschulden" zu prüfen, ob dem Mieter die Aussage wirklich so vorgeworfen werden kann, dass es zu einer Kündigung reicht. Dabei muss sich ein selbst schuldunfähiger Mieter uU auch die Beleidigungen zurechnen lassen, die sein Betreuer gegenüber der Vermieterseite ausspricht.[418] Die Beleidigungen werden häufig in erhitzt geführten Gesprächen ausgesprochen. Kommt es dabei zu zahlreichen Vorfällen, in denen der Mieter oder seine Besucher andere Mieter im Hause beleidigen oder bedrohen, kann das Mietverhältnis durch ordentliche Kündigung beendet werden.[419] 480

Allerdings ist ein neuer Trend festzustellen, wonach sich der Mieter für seine Äußerungen **moderner Medien** bedient. Das betrifft zum einen das Tatmittel: So werden Beleidigungen häufig per WhatsApp oder per E-Mail[420] versandt. Zum anderen betrifft dies aber auch den Tatort: Mittlerweile ist es üblich geworden, den Vermieter auf entsprechenden **Onlineportalen** an den Pranger zu stellen. Dazu werden die Worte, die man ihm nicht ins Gesicht sagen mag, eben auf der Plattform geäußert. Zum anderen gibt es aber auch etliche Fälle, bei denen Vermieter „bewertet" werden, wozu meist noch 481

[415] ZB LG Berlin 15.3.2023 – 64 S 180/21, BeckRS 2023, 8040; 31.3.2023 – 66 S 149/22, BeckRS 2023, 6033; ähnlich auch: LG Gießen 22.11.2022 – 1 S 81/22, IMRRS 2023, 0071; LG Berlin 5.2.2020 – 66 S 293/19, IMR 2020, 277.

[416] So selbst der BGH BGHZ 220, 1.

[417] LG Berlin IMR 2017, 55.

[418] BGH MDR 2017, 20 f.

[419] BGH 25.8.2020 – VIII ZR 59/20, WuM 2020, 730 ff.

[420] So in dem vom LG Frankfurt a. M. entschiedenen Falle IMRRS 2015, 1072.

ein eigener Kommentar gepostet wird.[421] Die Rechtsprechung ist in den meisten Fällen eher streng und lässt zumindest die ordentliche Kündigung durchgehen.

482 *cc) Strafanzeigen.* An die Kategorie Beleidigung schließen sich Fälle an, in denen der Mieter seinen Vermieter mit Strafanzeigen heimsucht. Als Praktiker erlebt man in Beratungssituationen häufig, dass der Mieter, der empört seine Betriebskostenabrechnung mit einem Nachzahlungssaldo im unteren dreistelligen Eurobereich zur Prüfung stellt, den Anwalt oder die Anwältin fragt, ob der Vermieter nicht wegen Betruges anzuzeigen wäre, weil er sich um 10 EUR verrechnet hat. Auch kommt es vor, dass Naturalparteien sich in einer mündlichen Verhandlung zu ehrabschneidenden Äußerungen hinreißen lassen, wonach dem Gegner Prozessbetrug oÄ unterstellt wird, wenn er einen Sachverhalt anders darstellt, als der jeweilige Gegner. Der Gegner wird der Lüge bezichtigt.[422] Als Berater muss man hier mäßigend eingreifen und deeskalierend wirken.

Praxistipp:

Der Berater sollte unbedingt mäßigend auf den Mandanten einwirken, damit die Situation nicht eskaliert. Sonst droht etwa dem Mieter eine erneute Kündigung wegen seiner impulsiven Äußerungen.

483 Zeigt der Mieter allerdings den Vermieter an, weil tatsächlich der Anfangsverdacht einer Straftat vorliegt, liegt keine leichtfertige Anzeige wider besseres Wissen vor. Eine darauf gestützte Kündigung ist unwirksam.[423] Erstattet der Mieter vorsätzlich oder fahrlässig eine falsche Strafanzeige, kann das sehr wohl zur Kündigung reichen. Dies gilt allerdings dann nicht, wenn die Anzeige auf eine im Kern zutreffende Tatsachenbehauptung zurückgeht.[424]

484 *dd) Sonstige Straftaten zu Lasten des Vermieters.* Interessant sind auch Fälle, in denen der Mieter sonstige Straftaten zu Lasten des Vermieters begeht, also keine Beleidigung oder Sachbeschädigung, sondern etwa einen Betrug. Dafür kann es nach Auffassung des BGH ausreichen, wenn der Mieter im Prozess unwahre Behauptungen aufstellt. Allerdings sind immer Bedeutung und Tragweite der unwahren Behauptung in ihrem Sinnzusammenhang zu bewerten.[425]

485 Häufig werden auch Mitarbeiter oder Hilfspersonen des Vermieters mit derartigen Äußerungen überzogen. So hatte die Rechtsprechung sich mit der Frage zu befassen, ob der Mieter den Hausmeister als „faul" bezeichnen darf.[426] Auch Schimpfworte ohne jeglichen „Tatsachenkern" werden Hilfskräften des Vermieters wie Reinigungskräften häufig nachgerufen („dreckig" ist durchaus beliebt). Die Hausverwalterin als „dümmliche Schlampe aus Stuttgart" zu bezeichnen, reichte jedenfalls in München für eine ordentliche Kündigung.[427]

486 *ee) Beleidigungen von Mitmietern.* Nicht eben selten sind auch ehrabschneidende Äußerungen gegenüber Mitmietern. Diese werden zT in direkten Konfrontationssituationen gebracht, also beim typischen Streit im Treppenhaus, etwa wenn einem älteren Ehepaar vorgehalten wird, eine Mitbewohnerin als „alte Schlampe" bezeichnet zu haben. ZT geht es aber auch um Äußerungen, die Dritten gegenüber gemacht werden, so wenn es um das typische Anschwärzen von Mitbewohnern gegenüber dem Vermieter oder der Hausverwaltung geht. Hier ist darauf zu achten, dass der Vermieter letztlich dafür Sorge zu tragen hat, dass der Hausfrieden gewahrt bleibt. Wenn also ein Mieter

[421] AG Charlottenburg BeckRS 2015, 5781.
[422] So im Fall AG Breisach 21.10.2022 – 1 C 7/22, IMR 2023, 13.
[423] AG Schweinfurt 29.1.2024 – 3 C 1081/23, IMR 2024, 100.
[424] BGH 8.8.2023 – VIII ZR 234/22, NJW 2023, 3496 ff.
[425] BGH 25.10.2023 – VIII ZR 147/22, NJW-RR 2023, 1432 ff.
[426] AG Charlottenburg IMR 2015, 277, das Gericht sah den Begriff „faul" eher als im unteren Spektrum liegend an und wies die Räumungsklage ab.
[427] Vgl. LG München I 8.2.2023 – 14 S 7769/22, BeckRS 2023, 15872.

versucht, sich als „Blockwart" aufzuspielen, indem er gegen andere Bewohner Strafanzeigen stellt, sie beim Vermieter anschwärzt, dauernd und wegen Kleinigkeiten die Polizei alarmiert, kann eine ordentliche Kündigung durchaus gerechtfertigt sein.[428]

ff) Eigene Rechtstreue des Vermieters. In diesem Zusammenhang ist auf einen wesentlichen Punkt hinzuweisen: Die Vorwürfe stammen häufig aus eskalierten Situationen, also aus Streitigkeiten, die kurz davorstehen, gewaltsam ausgetragen zu werden. Wenn sich nicht klären lässt, wer begonnen hat oder ob es um wechselseitige Beleidigungen geht, sollte der Berater erst einmal eine Abmahnung empfehlen. Auch für den Vermieter selbst gilt, dass er sich nur dann auf eine Pflichtverletzung berufen kann, wenn er sich selbst rechtstreu verhält. Provoziert er dagegen den Mieter, wird er mit seinem Räumungsantrag vor Gericht scheitern. Auch wenn der Vermieter sich zur Aufklärung eines Verdachts unlauterer Methoden bedient (zB Fertigen unbefugter Bildaufnahmen durch Überwachungskameras; unbefugtes Betreten der Mieträume zum Auffinden von Beweismitteln) kann er sich nicht auf den Kündigungsgrund berufen.[429] 487

d) **Sachbeschädigung.** Häufig bleibt es nicht bei Beleidigungen. Die Instanzrechtsprechung musste sich daher letzthin gelegentlich mit Fällen beschäftigen, in denen es um **Sachbeschädigungen** ging. Auch hier sind im Wesentlichen zwei Fallgruppen zu erkennen. 488

aa) Schleichende Beschädigung durch mangelhafte Nutzung. Zum einen geht es um eher schleichende Beschädigungen. In diese Kategorie gehören Fälle, in denen der Mieter die Wohnung nicht vertragsgerecht nutzt, also zum Beispiel **nicht richtig heizt**[430] **und lüftet.** Stellt der Vermieter hier Verstöße fest (muffiger Geruch, im Winter beschlagene Scheiben, Schimmel in einer beim Vormieter durchweg schimmelfreien Wohnung) ist es in der Regel erforderlich, zunächst einmal die wahre Ursache zu erforschen, also sich sachkundiger Hilfe zu bedienen. Hier sollten keine Kosten zB für einen Gutachter gescheut werden. Ansonsten zahlt man hinterher im Prozess drauf. Dann sollte der Mieter sachlich auf sein Fehlverhalten hingewiesen werden. Anschließend sollte wieder unter sachkundiger Begleitung kontrolliert werden, ob der Mieter sein Verhalten angepasst hat. Wenn nicht, sollte der Mieter abgemahnt werden. Erst wenn dann festgestellt wird, dass es diesen nicht interessiert, sollte mit der Kündigung agiert werden. 489

bb) Gewaltsame Sachbeschädigung. Zum anderen geht es um aktive, gewollte Beschädigungen. In diese Kategorie gehören Fälle, in denen der Mieter eine **gewaltsame Sachbeschädigung** verübt. Dazu können das Besprühen von Hausbereichen gehören, aber auch das Einschlagen und Eintreten von Türen. Der Kreativität von Mietern sind hier keine Grenzen gesetzt. So gibt es Fälle, in denen Mieter im Backofen offenes Feuer machten, um Heizkosten zu sparen. Die Durchführung von Arbeiten im eigenen Interesse (Manipulationen an der Gasheizung im Haus; Angrillen im Februar auf dem Balkon vor der großen Scheibe, die dann platzt; ja sogar das Herausbrechen von Wänden) sind nicht unüblich. Hier ist eine Abmahnung eher nicht mehr erforderlich, zB wenn der alkoholisierte Mieter nachts den Herd anstellt und einen Teller mit Essen darauf abstellt, so dass es beinahe zu einem Wohnungsbrand kommt.[431] Auch wenn der psychisch kranke Mieter die Wohnung anzündet, droht ein Wohnungsverlust.[432] Als Sanktion ist jedenfalls die ordentliche Kündigung in der Regel berechtigt. Bricht allerdings der Mieter die Nachbarwohnung auf, weil er einen Schaden festgestellt hat (Wassereinbruch aus der darüber liegenden Wohnung), ist er gerechtfertigt und eine Kündigung ist nicht berechtigt.[433] 490

---

428 AG Garmisch-Partenkirchen 29.7.2020 – 6 C 281/19, BeckRS 2020, 21996.
429 LG Berlin IMR 2018, 414.
430 AG Hannover 15.3.2021 – 428 C 12798/20, IMRRS 2021, 0430.
431 LG Itzehoe BeckRS 2018, 39385.
432 AG Neukölln BeckRS 2015, 00416.
433 LG Berlin 22.9.2022 – 66 S 162/22, IMR 2023, 220.

491 *cc) Messie-Fälle.* Thematisch schließen sich hier die **Messie-Fälle** an. Dabei stopfen Mieter die Wohnung so mit Gegenständen und Müll voll, dass so gut wie kein Platz zum Leben mehr bleibt. Hier gilt es eine Abstufung zu beachten. Unordnung allein reicht nicht aus.[434] Auch das reine Vollstellen der Wohnung mit Gegenständen oder das Nichtaufräumen reicht nicht.[435] Das Lagern von Trödel reicht ebenfalls nicht.[436] Erst wenn sich aus dem Fehlverhalten **negative Folgen für die Mietsache** ergeben (die Wohnung ist so vollgestopft, dass nicht mehr gelüftet werden kann und Schimmelbefall droht[437]) oder der Befall mit Ungeziefer droht (Ratten, Mäuse, Kakerlaken), kann das Fehlverhalten sanktioniert werden.[438] Auch hier sollte indessen vorab eine Abmahnung erfolgen. Auch dann, wenn Dritte betroffen sind (es stinkt im Treppenhaus und die Mitmieter beschweren sich) kann letztlich gekündigt werden. Zu denken ist auch hier daran, dass Messie-Mieter häufig auch psychische Probleme haben. Hier ist auf jeden Fall ausführlicher Vortrag zum Verschulden erforderlich.

492 e) **Ruhestörung.** Neben den genannten Fällen gibt es auch immer wieder die Problematik der **Ruhestörung** im Objekt. Geht sie vom Mieter selbst aus, ist festzustellen, welchen Umfang sie hat. Kommt es nur zu gelegentlichen Störungen, ist vor Ausspruch einer Kündigung jedenfalls eine Abmahnung (ggfs. auch zwei) zu erklären. Kommt es dagegen häufig zu Vorfällen und zu massiven Störungen anderer Mieter, kann uU sofort gekündigt werden. Auch ist zu fragen, ob der Lärm als sozial-adäquat hinzunehmen ist, was das AG München für zu häufigen und zu lauten Geschlechtsverkehr verneinte.[439] Sind Verursacher der Störungen erwachsene Dritte, die sich mit Kenntnis und Wollen des Mieters im Objekt aufhalten, gilt das Vorgesagte.[440] Allerdings verlangen manche Gerichte hier unabhängig von der Intensität eine Abmahnung.

493 Sind Verursacher der Störung Kinder, ist zwingend zu beachten, dass **Kinderlärm** privilegiert ist (vgl. § 22 Abs. 1a BImSchG); Kinderlärm kann idR. einer Kündigung nicht zugrunde gelegt werden. Etwas anderes aber kann gelten, wenn die Eltern durch ihr eigenes Verhalten den Lärm provozieren, also Mitschreien, in der Wohnung Mitkicken usw. Auch wenn Eltern nicht das Ihre tun, um die Kinder zur Ruhe anzuhalten, kann man sie letztlich zur Verantwortung ziehen und die Verstöße gegen die Hausordnung sanktionieren.[441] Hier gilt aber besonders, dass die Kündigung, auch die „nur" ordentliche Kündigung, die ultima ratio ist. Zuvor ist sachlich zu kommunizieren und ggfs. abzumahnen. Sonst bleibt der Kündigung der Erfolg versagt.

494 f) **Sonstige Fälle.** Neben den genannten Kategorien, die die Rechtsprechung wohl in Bezug auf Pflichtverletzungen am häufigsten beschäftigen, gibt es aber auch noch andere Fälle von Pflichtverletzung, die (zumindest) eine ordentliche Kündigung nach sich ziehen können.

495 *aa) Vereitelung des Besichtigungsrechts.* Hier ist zunächst einmal der Fall zu nennen, in denen der Mieter sich beharrlich weigert, dem Vermieter oder den von diesem beauftragten Personen **Zutritt zur Wohnung** zu gewähren.[442] Bekanntlich gibt es kein anlassloses **Besichtigungsrecht**, auf das der Vermieter sich stützen könnte. Auch eine entsprechende Geschäftsbedingung im Vertrag würde hier nicht weiterhelfen, hat der BGH diese AGB doch als nichtig bezeichnet. Im Umkehrschluss ergibt sich aber daraus, dass dem Vermieter eben gerade ein anlassbezogenes Besichtigungsrecht zu Gebote steht. Das gilt zum Beispiel, wenn der Vermieter die Wohnung verkaufen will, er Investitionen in die Immobilie vornehmen will oder er Erhaltungsmaßnahmen iSv § 555a BGB ausfüh-

---

[434] AG Stuttgart 19.3.2021 – 35 C 2527/20, BeckRS 2021, 6527.
[435] LG Berlin BeckRS 2014, 20888.
[436] AG Gießen 29.1.2021 – 39 C 114/20, IMR 2021, 104.
[437] LG Karlsruhe 22.5.2019 – 9 S 2/19, BeckRS 2019, 18014.
[438] AG Neustadt/Aisch IMR 2017, 235.
[439] AG München BeckRS 2015, 11938 (Honi soit qui male y pense).
[440] AG Köln 11.11.2022 – 219 C 95/21, BeckRS 2022, 44767.
[441] LG Frankfurt a. M. IMR 2018, 457 und LG Berlin 30.7.2021 – 65 S 104/21, IMR 2022, 135.
[442] Schmidt-Futterer/Blank/Börstinghaus BGB § 573 Rn. 54.

ren lassen möchte. Gerade in solchen Fällen gibt es Mieter, die sich gern auch einmal bockig anstellen und dem Vermieter keinen Zutritt zu seiner Wohnung gewähren. Dies kann nach der Rechtsprechung jedenfalls dann, wenn der Mieter auch noch abgemahnt wurde, zu einer ordentlichen Kündigung langen.[443] Dies gilt für Fälle, in denen es nur um die Besichtigung geht, etwa wegen des gewollten Verkaufs der Immobilie. Der Mieter, der glaubt, den Verkauf dadurch verhindern zu können, dass er keine Besichtigung zulässt, riskiert den Bestand des Mietverhältnisses. Das gilt umso mehr auch für solche Fälle, in denen Bauarbeiten in der Wohnung durchzuführen sind, etwa weil ein Mangel aufgetreten ist[444] oder weil der Vermieter durch öffentliches Recht gezwungen ist, Maßnahmen in der Wohnung vorzunehmen (Bsp.: Montage von Rauchwarnmeldern[445]). Dies gilt auch beim erforderlichen Austausch der Heizkostenverteiler.[446] Drohen dem Vermieter aus der Verweigerungshaltung des Mieters nachteilige Folgen (weil zum Beispiel ein Mangel nicht repariert werden kann und der Schaden sich fortfrisst oder weil der Vermieter seine öffentlich-rechtliche Pflicht nicht erfüllen kann und gegen ihn ein Bußgeld verhängt werden kann) bedarf es in der Regel nicht einmal mehr einer Abmahnung. Nach Auffassung des BGH kann auch eine Kündigung erfolgen, wenn der Mieter sich weigert, eine formell wirksam angekündigte und in der Sache berechtigte **Modernisierung** zuzulassen.[447]

bb) Verstöße gegen die Hausordnung. Verstöße, die sich in der letzten Zeit vermehrt in der Mietrechtsprechung widerspiegeln, sind auch sonstige **Verstöße gegen die Hausordnung.** Hier ist zum Beispiel das Vollstellen von Flächen zu nennen, die gerade nicht zur Wohnung gehören. Jede Mietrechtlerin kennt das Problem der Schuhschränkchen im Treppenhaus. Abgesehen davon, dass das weder schön aussieht noch gut riecht, ergibt sich daraus auch eine erhebliche **Brandgefahr.** Das Treppenhaus ist im Falle eines Brandes der wichtigste Fluchtweg. Wenn hier brandgefährliche Stoffe (Holzschränkchen, Kunststoffbesohlte Schuhe, Gummistiefel) stehen, die ihrerseits leicht entzündlich sind, ist der Fluchtweg verbaut. Dinge, die Mieter gern in Gemeinflächen lagern, gibt es unzählige: Fahrräder, Kinderwagen, Rollatoren, „Kartonsammlungen", Zeitungen, Kisten mit Müll („zu verschenken") usw. All diesen Dingen ist es gemeinsam, dass sie leicht brennen. 496

cc) Andere Pflichtverletzungen. Beim Erfinden von Pflichtverstößen scheinen Vermieter immer wieder sehr kreativ zu sein. So musste sich die Rechtsprechung mit Mietern, die „ständig in den Garten pinkeln", befassen.[448] Häufig sind auch Fälle, in denen Mieter zu stark **rauchen** und ihre nichtrauchenden Nachbarn stören. Zu beachten ist insoweit allerdings, dass Rauchen in der Wohnung nicht durch AGB verboten werden kann. Auch hält der BGH 15 Zigaretten am Tag für hinzunehmen.[449] Hierhin gehören auch Fälle, in denen die Wohnung zur Produktion oder zum Konsum verbotener Drogen genutzt wird.[450] Auch hier sollte man ohne Abmahnung bei Bekanntwerden sofort ordentlich kündigen dürfen. 497

dd) Verdachtskündigung. Interessant ist in diesem Zusammenhang, dass die Rechtsprechung mittlerweile sogar eine **Verdachtskündigung** zulässt.[451] Das Institut der Verdachtskündigung wurde im Arbeitsrecht entwickelt.[452] Man durfte es anwenden, wenn man zwar keinen echten Beweis für eine Straftatbegehung durch den Arbeitnehmer hatte, es aber massive Indizien für eine Tatbegehung durch ihn gab, so dass der Verdacht 498

443 Vgl. LG Aachen 14.6.2022 – 2 T 51/22, IMR 2022, 351.
444 LG Berlin BeckRS 2015, 07458.
445 LG Freiburg 2.5.2019 – 3 S 266/18, BeckRS 2019, 12114.
446 AG Brandenburg 5.11.2021 – 31 C 32/21, ZMR 2022, 220 ff.
447 BGH NJW 2015, 6.
448 So AG Brühl 5.7.2021 – 28 C 15/21, BeckRS 2021, 42529.
449 BGH NJW 2015, 1239 ff.
450 AG Frankfurt a. M. 8.2.2019 – 33 C 2802/18, BeckRS 2019, 5738.
451 So zB LG Potsdam 21.2.2023 – 52 O 6/22, IMR 2023, 326.
452 Vgl. zur Herleitung AG Wedding 22.6.2022 – 7 C 92/22, BeckRS 2022, 24393.

nahelag (Bsp.: immer beim selben Kassierer fehlt Geld in der Kasse). Dieses Institut wird auch im Mietrecht angewandt. Allerdings ist die Schwelle für eine wirksame Verdachtskündigung extrem hoch. Daher sollte man als Berater von diesem Institut eher abraten, zumindest aber eine Abmahnung erklären, bevor die Kündigung erfolgt.

499 *ee) Zerrüttungskündigung.* In jüngerer Zeit wird auch über das Institut der **Zerrüttungskündigung** gesprochen. Sei das Mietverhältnis so zerrüttet (ein Begriff, der bekanntlich aus dem Familienrecht stammt), dass der Vermieter nicht mehr daran festgehalten werden könne, sei eine Kündigung statthaft.[453] Der BGH hat in einer jüngst verkündeten Entscheidung festgestellt, dass die Anforderungen hier sehr hoch liegen.[454] So muss zumindest ein Fehlverhalten des Mieters vorliegen.[455] Ansonsten könnte jeder Vermieter, dem ein Mieter unliebsam geworden ist, erklären, das Mietverhältnis sei zerrüttet.

500 *ff) Besonderheit: Genossenschaftswidriges Verhalten.* Auch ein **genossenschaftswidriges Verhalten** kann zur Kündigung berechtigen. Nutzt der Mieter eine Genossenschaftswohnung als Zweitwohnung, obwohl das nach der Satzung untersagt ist, kann die Genossenschaft kündigen.[456]

501 *gg) Missbrauch von Wohnräumen als Geschäftsräume.* Weiterhin sei noch eine Gruppe von Pflichtverstößen benannt, die jedenfalls eine ordentliche Kündigung rechtfertigen, nämlich der Missbrauch der Wohnung. Macht der Mieter von der Wohnung vertragswidrigen Gebrauch, kann ihm uU sogar ohne Abmahnung gekündigt werden. Ein häufiger Fall liegt darin, dass der Mieter die **Wohnung als Geschäftsräume nutzt.** So gibt es gelegentlich Entscheidungen zur Frage, ob eine Wohnung für den Betrieb einer Kindertagespflege genutzt werden darf oder zum Betrieb einer Praxis. Zum Teil geht es hier auch um die Mitnutzung einer Wohnung für eine freiberufliche Tätigkeit; sucht man hier, wird man zB auf ebay fündig. Es gibt viele Mieter, die dort einen Handel betreiben, der über ihre Privatwohnung abgewickelt wird. Hier gilt es allerdings zu prüfen: Wenn aus der Tätigkeit kein Nachteil für die Mitmieter im Hause droht, muss man zuvor abmahnen. Beendet der Mieter daraufhin die (teil-)geschäftliche Nutzung und beseitigt die Spuren (Klingelschild usw) kommt eine Kündigung nicht mehr in Betracht.[457] Betreibt der Anwalt, der eine Wohnung gemietet hat, in einem kleinen Teil der gemieteten Räume seine Anwaltskanzlei (sog. „Wohnzimmerkanzlei"), findet aber kein Mandantenverkehr statt, ist eine Kündigung wegen unerlaubter teilgewerblicher Nutzung nicht begründet.[458] Sorgt aber der Anwalt, der in der Wohnung eine „Wohnzimmerkanzlei" betreibt, dafür, dass tagsüber sämtliche Stellplätze im Umfeld von Mandantenautos zugeparkt werden, kann durchaus ein Nachteil angenommen werden. Die Beraterin oder der Berater werden hier Fingerspitzengefühl benötigen. Im Zweifel sollte eine Abmahnung erfolgen.

502 *hh) Unbefugte Drittüberlassung.* Auch die **Aufnahme Dritter** in die Wohnung kann problematisch sein. Zwar rechtfertigt die Aufnahme der neuen Lebensgefährtin keine Kündigung.[459] Wird die Wohnung aber vollständig Dritten zur eigenen Nutzung überlassen (und seien es die Kinder des Mieters), ist die Kündigung wirksam.[460] Vermietet der Mieter die Wohnung unter, obwohl er keine Erlaubnis hat, die er aber rechtzeitig beantragt hatte und die auch hätte erteilt werden müssen, kann nicht gekündigt werden.[461]

---

453 Dazu ua AG Dortmund ZMR 2019, 284 ff.
454 BGH 29.11.2023 – VIII ZR 211/22, WuM 2024, 139 ff.
455 AG München IMR 2016, 12.
456 AG Hamburg-St. Georg 11.6.2020 – 925 C 201/18, IMR 2020, 415; LG Freiburg 1.7.2021 – 3 S 89/20, BeckRS 2021, 34292.
457 LG Berlin IMR 2015, 401.
458 LG Berlin IMRRS 2016, 0796.
459 LG Berlin IMR 2017, 354.
460 LG Berlin BeckRS 2018, 6651.
461 LG Berlin 27.9.2023 – 64 S 270/22, BeckRS 2023, 28515.

ii) Eigenbedarf des Vermieters. Ein berechtigtes Interesse, das den Vermieter zur Kündigung des Mietverhältnisses berechtigt, liegt nach der gesetzlichen Regelung dann vor, wenn der Vermieter die Räume als Wohnung für sich, seine Familienangehörigen oder Angehörige seines Haushalts benötigt (vgl. § 573 Abs. 2 Nr. 2 BGB). Man spricht insoweit verkürzt auch von **Eigenbedarf.**[462] 503

(1) Entwicklung der Rechtsprechung. Die Frage nach den Voraussetzungen des „Eigenbedarfs" und danach, was im Prozess vorzutragen ist, hat ebenso wie die Frage, welchen Umfang das Prüfungsrecht der Justiz hat, gerade in den letzten Jahren nicht zuletzt auch die Rechtsprechung des BGH immer wieder befasst. Zwischenzeitlich dürften die Voraussetzungen als geklärt gelten. Auch die Frage, in welchem Umfang die Rechtsprechung eine Angemessenheitsprüfung durchführen darf, sollte als abschließend geklärt gelten. Im Ergebnis darf man wohl davon ausgehen, dass der Vermieter grundsätzlich zur Kündigung berechtigt ist, wenn er behaupten und beweisen kann, dass er die vermieteten Räume für sich bzw. seine Angehörigen benötigt. Anders als bei der Kündigung wegen einer Pflichtverletzung des Mieters, ist es bei der Eigenbedarfskündigung so, dass der Mieter die Wohnung durchaus jahrelang als vertragstreuer Partner des Vermieters bewohnt haben kann und dann trotzdem – ohne sein Verschulden – durch die Kündigung seines Lebensmittelpunktes „beraubt" wird. Hier prallen widerstreitende Interessen aufeinander, die letztlich nicht nur beide Verfassungsrang genießen, sondern durchaus durch denselben Artikel des Grundgesetzes, nämlich Art. 14 GG, geschützt sind. Gleichwohl hat das Bundesverfassungsgericht bereits im Februar 1989[463] entschieden, dass die Gerichte den Wunsch des Vermieters, seine Wohnung selbst zu nutzen, grundsätzlich zu respektieren haben. 504

In der jüngeren Zeit kam es nicht zuletzt deshalb immer wieder zu Rechtstreitigkeiten über die Frage, ob eine Eigenbedarfskündigung berechtigt ist, weil sich gerade viele junge Familien bislang vermietete Eigentumswohnungen gekauft haben, um diese selbst zu bewohnen. Hier zeigt sich, in welchem Umfang beiderseits **berechtigte Interessen** vorliegen und welche Dilemmata daraus resultieren können. Auf der einen Seite steht eine junge Familie, die dringend Wohnraum benötigt. Auf der anderen Seite steht möglicherweise ebenfalls eine junge Familie, deren Interessen gleichgelagert sind, oder es stehen dort ältere Herrschaften, denen auf ihre alten Tage ein Verlust der seit Jahrzehnten gewohnten Umgebung zugemutet wird. Gerade in den großen Ballungszentren mit ihren extrem hohen Mieten kann das alle Beteiligten vor erhebliche Probleme stellen. Um hier ausgleichend zu wirken, hat das Gesetz strenge **Voraussetzungen für die Eigenbedarfskündigung** formuliert, die durch die Rechtsprechung im Sinne der Beteiligten weitgehend sozial ausgewogen interpretiert und ausgestaltet worden sind. 505

(2) Voraussetzungen. Damit der Vermieter im Ergebnis erfolgreich eine Eigenbedarfskündigung erklären kann, müssen verschiedene Voraussetzungen erfüllt sein. Die Kündigung muss zugunsten einer Person erklärt werde, deren Bedarf vom Gesetzgeber für berechtigt und beachtenswert gehalten wird. Der Bedarf muss objektiv gegeben sein. Schließlich muss auch der Wille der Bedarfsperson vorhanden sein, die Räume zu Wohnzwecken zu nutzen. 506

(a) Begünstigter Personenkreis. Die Person, zugunsten derer der Vermieter einen Wohnbedarf anmeldet, also die sogenannte **Bedarfsperson,** muss zu denjenigen gehören, deren Bedarf der Gesetzgeber als beachtenswert definiert hat. Das sind nach der gesetzlichen Regelung der **Vermieter** selbst, seine **Angehörigen** sowie **Angehörige seines Haushalts.** 507

Grundsätzlich sollte es keine Probleme machen, festzustellen, wer der Vermieter selbst ist. Handelt es sich beim Vermieter um **eine natürliche Person,** gibt es hier in der Tat weniger Schwierigkeiten. Wenn also im Vertrag eine natürliche Person als Vermieter 508

---

[462] Schmidt-Futterer/Blank/Börstinghaus BGB § 573 Rn. 58.
[463] BVerfGE 89, 1 (9).

eingetragen ist und den Eigenbedarf reklamiert, gibt es keine Bedenken gegen die grundsätzliche Berechtigung.

509 Etwas anderes gilt aber, wenn eine GbR als Vermieter im Vertrag steht (unabhängig davon, ob es sich um eine eingetragene GbR handelt oder nicht); hier muss klar sein, dass derjenige, der den Eigenbedarf reklamiert, als Gesellschafter berechtigt ist.[464] Noch problematischer kann es sein, wenn Vermieter eine juristische Person ist, etwa eine AG. Hier ist es grundsätzlich unzulässig, einen Eigenbedarf für sich selbst zu reklamieren. Eine juristische Person kann nicht wohnen. Auch die Übertragung von Gesellschaftsanteilen an einen Gesellschafter, der dann für sich selbst den Wohnbedarf reklamiert, stieß in der Rechtsprechung auf Ablehnung.[465] Im Ergebnis bleibt festzuhalten, dass der Vermieter, wenn es sich bei ihm um eine natürliche Person handelt, als Bedarfsperson grundsätzlich immer berechtigt ist; bei anderen Konstellationen sieht es dagegen eher problematisch aus.

510 Auch **Angehörige des Vermieters** kommen als Bedarfsperson in Betracht. Dabei stellt sich allerdings die Frage, wer Angehörige in diesem Sinne sein können. Wenig Streit gibt es, wenn es sich um die Ehefrau bzw. den Ehemann oder einen Lebenspartner des Vermieters oder der Vermieterin handelt oder wenn es um die Kinder geht. Beim Ehegatten oder der Ehegattin kann es sich unstreitig auch um die getrenntlebenden Partner gehen; bei Kindern spielt es auch keine Rolle, ob sie etwa ehelich geboren wurden. Allerdings kommt nach der Rechtsprechung des BGH auch die bereits geschiedene Ehefrau in Betracht, was auf den ersten Blick vielleicht überraschen mag.[466] Als unproblematisch dürfte auch der Bedarf für die biologischen Eltern oder Geschwister gelten. Problematischer wird es bei den Schwiegereltern, wobei auch hier die herrschende Meinung die Stellung als potenzielle Bedarfsperson bejaht. ZT wird hier versucht, zur Definition auf die Prozessordnung zurückzugreifen und all diejenigen als Bedarfsperson zu definieren, denen bei der Zeugeneinvernahme ein Zeugnisverweigerungsrecht nach § 383 Abs. 1 Nr. 1–3 ZPO zusteht.[467] Dieser Rückgriff wird nunmehr auch vom BGH als angängig erachtet. So kommen entfernte Verwandte, wie etwa Cousinen und Cousins, die nicht zur Zeugnisverweigerung berechtigt sind, als Bedarfsperson nicht in Betracht.[468] Angehörige können nach der Rechtsprechung auch Großeltern und Enkelkinder sein. Ob Großneffen und Großnichten noch dazu gehören, ist allerdings eher kritisch zu betrachten.[469]

511 Schließlich kommen als Bedarfspersonen auch **Angehörige des Haushalts** der vermietenden Person in Betracht. Dabei wird der Begriff des Haushaltsangehörigen heute durchaus extensiv interpretiert. Angehörige des Haushalts sind nicht nur solche Personen, die mit dem Vermieter zusammenleben und sich bereits in seinem Haushalt aufhalten, wie etwa die Lebensabschnittsgefährtin oder der Freund. Angehörige sind auch nicht nur als Dienstpersonal beschäftigte Personen wie der Buttler oder die Hausdame. Angehörige in diesem Sinne können auch **Pflegepersonen** sein.[470] Das gilt selbst dann, wenn der Vermieter die Pflegeperson erst zukünftig benötigt und diese mit der Maßgabe anstellen will, ihr auch eine adäquate eigene Wohnung zur Verfügung stellen zu können. Auch **Au-pair-Mädchen** können Angehörige in diesem Sinne sein.[471] Allerdings reicht die Angabe, man benötige die Wohnung zur Unterbringung zukünftig zu beschäftigender Au-pairs nicht ohne weiteres. Hier muss schon ausführlicher dargestellt werden, wie der Bedarf sich rechtfertigt.[472] Das soll insbesondere gelten, wenn

[464] Vgl. BGH WuM 2017, 94 ff., der die Anwendung des § 573 Abs. 2 Nr. 2 BGB zumindest analog für möglich hält.
[465] LG München I 10.7.2019 – 14 S 15871/18, IMR 2019, 405.
[466] BGH 2.9.2020 – VIII ZR 35/19, NJW 2020, 1310 f.
[467] So zB AG Berlin-Mitte 28.4.2023 – 25 C 183/22, BeckRS 2023, 12948.
[468] BGH 10.7.2024 – VIII ZR 276/23, BeckRS 2024, 16477.
[469] AG Fürstenfeldbruck 9.8.2019 – 5 C 364/19, IMR 2020, 16.
[470] AG Reinbek BeckRS 2018, 21728.
[471] So zB AG München 12.1.2021 – 473 C 11647/20, BeckRS 2021, 698.
[472] LG Berlin 23.3.2021 – 67 S 11/21, IMR 2021, 314.

die Person des künftigen Au-pairs noch gar nicht feststeht.[473] Wichtig ist nur, dass die Person im weiteren Sinne zum Haushalt der Vermieterseite gehört. Allerdings dürfte die Tochter der Lebensgefährtin, die nie mit dem Vermieter in einem Hausstand gewohnt hat, als Bedarfsperson nicht in Betracht kommen.[474]

(b) Bedarf (objektiv). Der Bedarf der Person muss auch **objektiv** gegeben sein. Bei diesem Tatbestandsmerkmal geht es nicht in erster Linie darum, eine nur vorgeschobene Eigenbedarfskündigung zu identifizieren. Vielmehr geht es darum, rein objektiv festzustellen, ob die Bedarfsperson wirklich auf die Wohnung angewiesen ist. Man leitet dieses Tatbestandsmerkmal aus der im Gesetz enthaltenen Formulierung „benötigt“ ab. Allerdings versteht die Rechtsprechung das Merkmal „benötigen“ nicht im engen Wortsinne, etwa im Sinne von „ohne geht es nicht“. Es kommt also nicht darauf an, dass die Bedarfsperson ohne die Wohnung unzureichend untergebracht wäre. „Benötigen“ wird vielmehr im Sinne des Vorhandenseins eines unter objektiven Gesichtspunkten nachvollziehbaren und in der Realität tatsächlich vorhandenen Nutzungsbedürfnisses verstanden. Der Bedarf orientiert sich damit vor allem am objektiven Vorliegen eines tatsächlichen Nutzungsbedürfnisses. 512

Dieses tatsächliche Nutzungsbedürfnis liegt nicht vor, wenn die potenzielle Bedarfsperson noch gar nicht feststeht; dies ist zB der Fall, wenn der Vermieter mehrere Kinder hat und den Eigenbedarf damit begründet, dass bestimmt demnächst eines der Kinder in die Wohnung einziehen werde, ohne dass bereits bekannt wäre, welches Kind warum einziehen möchte.[475] Man könnte diese Konstellation auch als eine **Vorratskündigung** begreifen, die nach der Rechtsprechung jedenfalls ausgeschlossen ist. Eine Vorratskündigung kann auch darin liegen, dass der Vermieter die Wohnung kündigt, weil er möglicherweise irgendwann einmal seine Eltern darin unterbringen will, um sie dort pflegen zu können. Erst wenn die Angehörigen in absehbarer Zeit konkret auf die Hilfe angewiesen sind, kann eine Eigenbedarfskündigung erklärt werden.[476] Wichtig ist auch, dass es für die Frage, ob eine unzulässige Vorratskündigung vorliegt, nicht primär auf die Vorstellungen des Vermieters ankommt, sondern der Nutzungswunsch der Bedarfsperson relevant ist.[477] Im Ergebnis ist jedenfalls festzustellen, dass eine Vorratskündigung unzulässig ist und regelmäßig nicht zum Erfolg führt.[478] 513

Weiterhin muss, damit der Bedarf objektiv feststellbar ist, die Bedarfsperson nachvollziehbare Gründe für den Bedarf vorweisen können. Es dürfte nicht ausreichend sein, dass der Sohn der Vermieter vielleicht einmal seine Partys in der Wohnung feiern möchte. Es muss vielmehr tatsächlicher **Wohnbedarf** vorliegen. Dh, dass die Bedarfsperson grundsätzlich ihren Lebensmittelpunkt in die vermietete Wohnung verlegen und ihn dort künftig umsetzen möchte. 514

In diesem Zusammenhang stellt sich die Frage, ob es als Kündigungsgrund ausreicht, dass die eigentlich körperlich und geistig noch „fitten“ Vermieter angeben, die Wohnung beziehen zu wollen, weil sich dieser Zustand auf Grund ihres fortgeschrittenen Alters ja auch einmal ändern könnte und sie dann nicht mehr in der Lage wären, den erforderlichen Umzug zu bewältigen. Der hier als Eigenbedarfsgrund benannte **Pflegebedarf** muss noch nicht konkret vorhanden sein; es reicht aber auch nicht aus, dass er vielleicht in ferner Zukunft möglicherweise einmal eintreten könnte. Wenn also eine Vermieterin mit Mitte oder Ende siebzig diesen potenziellen Pflegebedarf reklamiert, wird man den Kündigungsgrund unter objektiven Gesichtspunkten nachvollziehen können. Etwas anderes gilt, wenn der Vermieter gerade 30 Jahre alt geworden ist. 515

473 AG Kreuzberg 3.2.2022 – 23 C 196/21, IMR 2022, 232.
474 AG Siegburg 17.10.2018 – 105 C 97/18, WuM 2019, 33 f.
475 LG Berlin 14.2.2023 – 67 S 288/22, BeckRS 2023, 3101.
476 AG Recklinghausen WuM 2016, 368 f.
477 LG Berlin 13.4.2021 – 67 S 10/21, IMRRS 2021,0552.
478 BGH MDR 2017, 21 f.;
dem folgend LG München I 15.3.2023 – 14 S 14047/22, BeckRS 2023, 19891.

516 Umgekehrt ist in dem Fall, dass der Vermieter für ein noch minderjähriges Kind einen Eigenbedarf anmeldet, besondere Sorgfalt bei der Prüfung der Berechtigung geboten.[479] Auch wenn der **Eigenbedarf nur befristet** besteht, etwa weil der Vermieter für eine bestimmte, genau definierbare Zeit in die Stadt, in der die Wohnung liegt, ziehen wird, aber bereits absehbar ist, dass sein Aufenthalt dort nur von befristeter Dauer ist, ist es fraglich, ob Eigenbedarf im Sinne von „benötigen" anzunehmen ist. Das dürfte wohl der Fall sein, wenn die Nutzung so lange währen soll, dass man tatsächlich von „Wohnen" iSv Lebensmittelpunkt, sprechen kann. Wie die Fallbeispiele zeigen, dürfte hier stets eine Abwägung vorzunehmen sein, die der Tatrichter zu treffen haben wird. Schematische Festlegungen verbieten sich hier.

517 In der Rechtsprechung lassen sich aber einige Beispiele finden, die hier eher eine großzügige Auslegung zugunsten des Vermieters bzw. zugunsten der Bedarfsperson widerspiegeln. So wurde es von der Rechtsprechung als ausreichend angesehen, wenn der Vermieter die Wohnung als **Zweitwohnung** zu regelmäßigem Aufenthalt nutzen will.[480] Allerdings muss hier die geplante Nutzungsdauer angegeben werden.[481] Will die Bedarfsperson die Wohnung nur gelegentlich als Zweitwohnung nutzen, kann von „benötigen" iSd Gesetzes keine Rede sein.[482] Eine Nutzung der Wohnung als Zweitwohnung nur an etwa drei Tagen in zwei Monaten, reicht daher nicht aus.[483] Will der Vermieter die Wohnung zunächst nur als Zweitwohnung, später im Ruhestand aber als Dauerwohnsitz nutzen, stellt auch dies ein berechtigtes Interesse dar.[484] Es wurde als ausreichend angesehen, dass die Vermieterseite die Wohnung als **Ferienwohnung** nutzen will.[485] Auch, dass die Zweitwohnung von einem geschiedenen Vater zum Umgang mit seiner bei der Kindesmutter lebenden Tochter nutzen wollte, wurde als hinreichend betrachtet. Dies gilt auch, wenn der von der Tochter des Vermieters getrenntlebende Schwiegersohn die Wohnung zur Ausübung seines Umgangsrechts mit den Enkelkindern des Vermieters nutzen will.[486]

518 In Zeiten der Wohnungsnot gerade in Ballungszentren können auch **wirtschaftliche Gründe** eine Rolle spielen. So kann der Vermieter, der selbst teure Miete für seine Mietwohnung zahlt, durchaus als Grund für die Eigenbedarfskündigung anführen, dass er durch die Nutzung seiner eigenen Wohnung seine Lebenshaltungskosten deutlich senken kann. Als ausreichend für eine Eigenbedarfskündigung wurde es auch angesehen, dass der Vermieter die Wohnung für seinen Sohn benötigt, der darin während seiner Referendarszeit leben möchte. Dass er bereits einen Referendariatsplatz zugewiesen erhalten hat, ist dagegen nicht erforderlich.[487] Wichtig ist, dass der Grund nachvollziehbar ist und dass er tatsächlich vorliegen muss. Außerdem muss der Eigenbedarf realisierbar sein. Hat die Bedarfsperson zum Beispiel keine Aufenthaltsgenehmigung, kann zu Ihren Gunsten kein Eigenbedarf reklamiert werden.[488]

519 *(c) Nutzungswille (subjektiv).* Neben dem Erfordernis, dass der Bedarf objektiv vorliegen muss, lässt sich aus dem Merkmal „benötigen" auch ableiten, dass der Bedarf **subjektiv** auch von einem **Nutzungswillen** getragen sein muss. Plakativ gesagt gibt es ohne Nutzungswillen keine Eigenbedarfskündigung.[489] Als Nutzungswillen kann man den konkreten Wunsch der Bedarfsperson bezeichnen, die Wohnung für sich zu nutzen. **Der Nutzungswille muss bei der Bedarfsperson vorliegen,** nicht zwingend beim Vermieter. Dieser muss nur dann den Willen zur Nutzung haben, wenn er selbst die

[479] LG Berlin BeckRS 2018, 20084.
[480] BGH WuM 2017, 721 f.
[481] LG Berlin 7.1.2020 – 67 S 249/19, BeckRS 2020, 1726.
[482] LG Berlin 22.6.2022 – 64 S 340/21, IMRRS 2023, 0506.
[483] LG Traunstein 3.5.2023 – 3 S 2451/22, BeckRS 2023, 9329.
[484] AG Schöneberg 24.6.2020 – 104 C 37/20, IMR 2021, 65.
[485] BGH ZMR 2019, 118 ff.
[486] AG Eutin IMRRS 2016, 0755.
[487] LG Ravensburg 4.5.2023 – 1 S 22/23, IMR 2023, 400.
[488] LG Berlin 3.7.2019 – 65 S 227/18, BeckRS 2019, 23600.
[489] AG Berlin-Mitte 15.3.2023 – 21 C 50/23, IMR 2024, 52.

Wohnung für sich nutzen will. Damit werden zunächst einmal all die Fälle ausgeschieden, in denen der Bedarf nur vorgeschoben ist, etwa um einen missliebig gewordenen Mieter rauszuwerfen.

Der Nutzungswille muss im Zeitpunkt des Zugangs der Kündigung bestehen.[490] Als Anwalt sollte man sich hier davon überzeugen, dass der Nutzungswille tatsächlich besteht. Es ist in der Tat strafbar, wenn der Vermieter hier falsche Angaben macht, etwa gar nicht umziehen will, sondern dies aus taktischen Gründen nur angibt. Erhält man als Anwältin oder Anwalt hiervon Kenntnis, hat man den Mandanten darauf hinzuweisen, dass eine Eigenbedarfskündigung ohne Nutzungswillen nicht verfängt. 520

Praxistipp:

Erweist sich der Mandant als beratungsresistent oder erweist sich, dass er vorsätzlich handeln will, sollte man das Mandat niederlegen. Das gebieten nicht nur der Anstand und das Standesrecht, sondern auch das Eigeninteresse: Wird man als Mittäter verurteilt, kann es durchaus schon an die Zulassung gehen.

Der Nutzungswille muss jedenfalls zum Zeitpunkt des Zugangs der Kündigung vorliegen. Fällt er zuvor weg, kann man die Kündigung nach den allgemeinen Regeln wie jede Willenserklärung vor Zugang oder gleichzeitig mit dem Zugang widerrufen werden (§ 130 Abs. 1 S. 2 BGB). Der Nutzungswille muss auch konkret vorliegen und hinreichend bestimmt sein;[491] ein nur vager und nicht konkretisierter Wunsch legt nahe, dass die Kündigung nur vorgeschoben (und damit unwirksam!) ist.[492] Zur Verdeutlichung: Hier geht es nicht um die Frage des nachträglichen Wegfalls des Eigenbedarfs, sondern darum, ob die Kündigung von einem Nutzungswillen getragen ist. Ist sie dies nicht, ist die Eigenbedarfskündigung unwirksam. 521

(3) Darstellung des Bedarfs. Wird man als Anwältin oder Anwalt mit dem Thema Eigenbedarfskündigung befasst, kann das aus der Perspektive des Vermietervertreters geschehen, der den Mandanten beraten soll, ob eine Eigenbedarfskündigung möglich ist und wie sie durchgesetzt wird. Als Mietervertreter wird man hingegen mit der Frage konfrontiert, wie sich der Mieter am besten gegen eine Eigenbedarfskündigung zur Wehr setzen kann. Für beide Seiten ist es unabdingbar, zu wissen, wie eine Eigenbedarfskündigung zu begründen ist. 522

Dass die **Kündigung zu begründen ist,** ergibt sich bereits aus dem Gesetz (vgl. § 573 Abs. 3 S. 1 BGB). Die Gründe sind auch umfassend und vollständig anzugeben, weil sie ansonsten grundsätzlich keine Beachtung mehr finden (§ 573 Abs. 3 S. 2 BGB). Soweit also der Grund für die Eigenbedarfskündigung im Kündigungsschreiben nicht aufgeführt ist, findet er keine Berücksichtigung.[493] 523

(a) Begründung. Früher war es sehr umstritten, wie eine Eigenbedarfskündigung zu begründen ist. Dabei wurden insbesondere durch die Instanzrechtsprechung die Hürden so hochgelegt, dass sie kaum noch zu überwinden waren. So wurde nicht nur verlangt, anzugeben, wer als Bedarfsperson die Wohnung zukünftig nutzen will. Es wurde auch verlangt, dass in der Begründung anzugeben ist, wozu konkret die Bedarfsperson die Wohnung nutzen will.[494] Das ging so weit, dass Vermieter sich gezwungen sahen, seitenweise über die Lebensplanung der eigenen Kinder zu dozieren (etwa: Meine Tochter Marie-Luise, 23 Jahre alt, hat sich verlobt; sie möchte mit ihrem zukünftigen Ehemann, Max Mustergatte, eine Familie gründen. Dies soll in der Wohnung geschehen; dort sollen auch die geplanten 4 Kinder aufwachsen usw.). Es wurde auch verlangt, 524

490 AG Hamburg 26.10.2022 – 49 C 441/21, BeckRS 2022, 34738.
491 BGH NJW 2015, 6.
492 LG Berlin 29.6.2021 – 65 S 344/29, IMR 2022, 101.
493 LG Berlin 19.7.2023 – 64 S 260/22, BeckRS 2023, 23336.
494 So zB die doch überzogenen Anforderungen, die das AG Düsseldorf in seinem Urteil vom 7.8.2017 stellt, AG Düsseldorf WuM 2018, 20.

genau anzugeben, warum gerade die vermietete Wohnung benötigt werde, etwa um prüfen zu können, ob der Bedarf auch angemessen und nicht etwa überhöht sei; es wurde die Angabe verlangt, warum die Bedarfsperson nicht gleich woanders hinziehe.

525 Der BGH hat diesen überzogenen Forderungen eine Absage erteilt. Ua mit seinem Urteil vom 15.3.2017[495] hat er noch einmal deutlich gemacht, dass die **Begründung dazu diene, den reklamierten Kündigungsgrund so darzustellen, dass er identifiziert werden kann und von anderen Gründen zu unterscheiden ist.** Dazu gehört die Angabe der Person, für die der Eigenbedarf reklamiert wird, und die Darlegung des Interesses, das die Bedarfsperson an der Erlangung der Wohnung hat. Ausführungen zu Alternativwohnung sind nicht erforderlich. Dazu reicht es zB, wenn im Kündigungsschreiben angegeben ist, dass die Tochter des Vermieters in der Wohnung einen eigenen Hausstand gründen möchte. Ob sie dort mit ihrem Freund zusammenziehen will, wie der Freund heißt, ob später geheiratet werden soll und wie viele Kinder geplant sind, ist dagegen nicht anzugeben.[496] Dem folgt jetzt wohl auch weitgehend die Instanzrechtsprechung. Danach muss der Vermieter vortragen, dass er die Wohnung einer Bedarfsperson überlassen will und dass dafür vernünftige Gründe vorliegen.[497] Er muss in der Begründung neben der Bedarfsperson also das **Erlangungsinteresse** angeben.[498]

526 Allerdings muss die Begründung in sich schlüssig sein. Das beginnt damit, dass die Angaben zur Bedarfsperson zutreffend sein müssen. Werden zum Beispiel die persönlichen Daten völlig falsch angegeben, kann damit eine Eigenbedarfskündigung nicht begründet werden.[499] Wird der Eigenbedarf damit begründet, dass der Vermieter, ein jungverheirateter Ehemann, die Wohnung für seine Lebensgefährtin benötige, ist das Vorbringen eher nicht als Grund für eine Kündigung geeignet. Im Prozess sind nicht nur die objektiven Tatbestandsmerkmale substantiiert vorzutragen und unter Beweis zu stellen. Der den Eigenbedarf erklärende Vermieter muss auch sein Nutzungsinteresse und seinen konkreten und ernsten Nutzungswillen vortragen und beweisen.[500] Ein pauschaler Hinweis auf „eigene Zwecke" reicht nicht aus.[501] Fehlt die konkrete Angabe des Nutzungsinteresses, ist die Eigenbedarfskündigung unwirksam.[502]

527 Entfällt der Kündigungsgrund nachträglich, aber noch vor Ablauf der Kündigungsfrist, muss der Vermieter dies angeben. Es ist rechtsmissbräuchlich, wenn er den Räumungsanspruch weiterverfolgt.[503]

528 *(b) Anbietpflicht.* In der Instanzrechtsprechung wurde auch verlangt, dass der Vermieter eine **Alternativwohnung,** die ihm zur Verfügung stehe, wenn schon nicht selbst beziehen, so doch zumindest anbieten müsste. Dies gelte insbesondere, wenn die Wohnung zB während des Rechtsstreites frei werde. Die Rechtsprechung, so auch der BGH, leitete dieses Erfordernis zB in seinem Urteil vom 14.12.2016[504], aus dem **Gebot der Rücksichtnahme** ab. Wenn der Vermieter dieses Gebot nicht erfülle, sei die Kündigung bzw. werde die Kündigung nachträglich unwirksam.[505] Diese Schlussfolgerung hat der BGH mit seinem oben zitierten Urteil explizit aufgegeben. Ein Verstoß gegen die Anbietpflicht mache eine ursprünglich wirksame Eigenbedarfskündigung nicht unwirksam, könne aber **Schadensersatzansprüche** nach § 280 BGB auslösen. Mittlerweile hat der BGH sogar ausgeurteilt, dass der Vermieter selbst dann, wenn ihm eine freie Alternativwohnung zur Verfügung stehe, wirksam eine Eigenbedarfskündigung erklä-

[495] BGH NJW 2017, 1474.
[496] BGH 28.4.2021 – VIII ZR 6/19, NZM 2021, 597.
[497] So unter Hinweis auf die BGH-Rechtsprechung das AG Hamburg 4.5.2022 – 49 C 438/21, BeckRS 2022, 9349.
[498] LG Itzehoe IMR 2015, 18.
[499] LG Berlin 14.2.2023 – 67 S 5/23, BeckRS 2023, 4292.
[500] LG München 16.1.2019 – 14 S 11239/18, BeckRS 2019, 15696.
[501] LG Berlin IMRRS 2017; AG Oldenburg 23.9.2020 – 7 C 7093/20, IMR 2021, 149.
[502] AG Kreuzberg 26.11.2024 – 6 C 246/24, IMR 2025, 275.
[503] LG Berlin 29.1.2019 – 67 S 9/18, BeckRS 2019, 876.
[504] BGH NJW 2017, 547.
[505] So noch das LG Berlin BeckRS 2015, 08209.

ren könne, wenn er vernünftige und nachvollziehbare Gründe für das Festhalten an der streitgegenständlichen Wohnung habe.[506]

In der Instanzrechtsprechung wird dazu vertreten, dass der Vermieter verpflichtet ist, eine zur Vermietung freistehende oder im Kündigungszeitraum freiwerdende Wohnung im selben Hause oder in derselben Wohnanlage grundsätzlich anzubieten habe. Daher könne er nicht von vornherein Wohnungen, die ihm unpassend (zB zu klein) erschienen, aussondern. Allerdings sei er nicht verpflichtet, die Wohnung zu den gleichen Konditionen anzubieten.[507] **Die Anbietpflicht endet mit Ablauf der Kündigungsfrist.** Eine danach freiwerdende Wohnung muss dem Mieter grundsätzlich nicht mehr angeboten werden.[508] Die Alternativwohnung muss dem Mieter jedoch nicht zu den alten Preisen angeboten werden, also zu der Miete, die er für die alte Wohnung bezahlt hat. Die Wohnung kann vielmehr zu marktgerechten Konditionen angeboten werden.[509] 529

(c) Nachschieben von Kündigungsgründen. Wie sich schon aus dem Gesetzestext ergibt, **kann der Vermieter grundsätzlich keine Kündigungsgründe nachschieben.** Dies kann er nur ausnahmsweise tun, nämlich dann, wenn sie nachträglich entstanden sind. Stellt sich im Prozess heraus, dass die Begründung so schwach war, dass das Gericht die Kündigung bereits als formell unwirksam ansieht (weil es meint, dass eine Begründung gar nicht vorliege), kann der Vermieter auch keine Gründe nachschieben. Er muss halt sorgfältig vortragen.[510] Die Schlussfolgerung, die daraus für den Berater oder die Beraterin zu ziehen ist, lautet, die Begründung sorgfältig zu formulieren. 530

Allerdings ist es dazu nicht erforderlich, gleich einmal vier Seiten in die Begründung der Eigenbedarfskündigung hineinzuschreiben, wie dies von einigen Autoren empfohlen wird. Wer viel schreibt, neigt zur Wiederholung oder – schlimmer noch – dazu viel Unsinn zu schreiben. Der BGH hat die Anforderungen – wie dargestellt – nachvollziehbar formuliert. Mehr braucht es nicht. Lediglich dann, wenn man glaubt, den Mieter von der Dringlichkeit des Bedarfs durch ausführlichere Darstellungen überzeugen zu können, könnte man an eine etwas umfassendere Begründung denken. 531

(4) Missbrauch der Eigenbedarfskündigung. In der Praxis scheint es kaum einen Kündigungsgrund zu geben, der so gerne missbraucht wird, wie die Eigenbedarfskündigung. 532

(a) Vorgetäuschter Eigenbedarf. Als Anwältin oder Anwalt wird man immer wieder mit Vermietern konfrontiert, die sich darüber ärgern, dass der Mieter der verlangten Mieterhöhung nicht zugestimmt hat und die deshalb mit der Idee an den Berater herantreten, dann eben eine Eigenbedarfskündigung zu erklären. Gleiches kommt vor, wenn die angestrebte Verwertungskündigung keinen Erfolg gezeitigt hatte.[511] Dabei geht es gerade um das **Vortäuschen von Eigenbedarf.** Oben wurde schon davor gewarnt, sich als Anwalt vor diesen Karren spannen zu lassen. Wenn ein Bedarf, die Wohnung selbst zu nutzen nicht besteht, kann man eben auch keine Kündigung erklären. Gleichwohl hat man in der Beratungssituation immer wieder mit vorgeschobenem Eigenbedarf zu tun. In der Regel wird dabei der Vermieter nicht selbst als Bedarfsperson benannt. Vielmehr wird nach eher entfernten Verwandten gesucht, die als Bedarfsperson benannt werden können. So taucht plötzlich ein entfernter Neffe auf, der die Wohnung als Studentendomizil nutzen möchte. Allerdings schließt eine **kurzzeitige Zwischennutzung** durch einen Angehörigen den vorgetäuschten Eigenbedarf nicht aus.[512] 533

Die Rechtsprechung fährt hier eine klare Linie. Wenn sich herausstellt, dass der Eigenbedarf nur vorgetäuscht ist, ist die Kündigung unwirksam. Sie wird häufig nicht nur als rechtsmissbräuchlich bewertet, sondern als sittenwidrig. Damit ist sie nichtig. 534

[506] BGH 28.4.2021 – VIII ZR 6/19, NZM 2021, 597.
[507] LG Berlin 11.3.2020 – 64 S 197/18, IMR 2020, 318.
[508] AG Pforzheim 18.1.2019 – 4 C 318/18, IMRRS 2019, 0137.
[509] AG München 27.10.2020 – 473 C 2138/20, BeckRS 2020, 28575.
[510] LG Oldenburg IMR 2016, 105.
[511] So im Fall des AG Hamburg-Blankenese IMRRS 2018, 1227.
[512] BGH ZMR 2016, 2.

Von vorgetäuschtem Eigenbedarf spricht man, wenn die **Bedarfsperson gar nicht einziehen will.** Als vorgetäuschter Eigenbedarf gilt es aber bereits dann, wenn der Vermieter die Wohnung der angeblichen Bedarfsperson gar nicht überlassen will.[513] Auch wenn die angebliche Bedarfsperson in Wirklichkeit nur als Strohmann vorgeschoben wird, ist der Eigenbedarf vorgetäuscht.[514] Bereits hier liegt eine Täuschung im Rechtsverkehr vor. Die Kündigung ist sittenwidrig. Dies muss man als Anwalt dem Mandanten klar machen: Ist ein Rechtsgeschäft sittenwidrig, ist dies von Amts wegen zu beachten. Außerdem gilt, dass letztlich – wenn die Kündigung nichtig ist – das Mietverhältnis fortbesteht. Das kann zu weitreichenden Folgen führen, die es zu erwägen gilt. Ähnlich zu behandeln wie der vorgetäuschte Eigenbedarf ist der **künstlich herbeigeführte Eigenbedarf.** Gibt die Bedarfsperson die bislang bewohnte Wohnung freiwillig auf, damit der Vermieter diese besser verkaufen kann und kündigt der Vermieter dann, um die Bedarfsperson in der Wohnung des Mieters unterzubringen, ist seine Kündigung **rechtsmissbräuchlich** und damit unwirksam.[515]

535 *(b) Absehbarer Eigenbedarf.* Rechtsmissbrauch kann aber auch darin gesehen werden, dass der **Eigenbedarf** beim Abschluss des Mietverhältnisses bereits **absehbar** war. Wusste der Vermieter bereits bei Abschluss des Mietvertrages, dass er die Wohnung in absehbarer Zeit für eine Bedarfsperson brauchen würde, und verschweigt dies dem Mieter, kann die Kündigung gegen Treu und Glauben verstoßen. Das gilt auch dann, wenn er den Eigenbedarf bei Abschluss des Mietvertrages ernsthaft erwogen hat.[516] Dann ist die Kündigung ebenfalls unwirksam.

536 Dies ergibt sich letztlich auch aus dem Gesetz. Während der Gesetzgeber im Wohnraummietrecht eine Befristung grundsätzlich nicht will, gewährt er hier ausnahmsweise dem Vermieter die Möglichkeit, einen Mietvertrag begründeterweise zu befristen. In § 575 Abs. 1 Nr. 1 BGB heißt es nämlich ausdrücklich, dass eine Befristung dann zulässig ist, wenn der Vermieter die Wohnung nach Ablauf der Mietzeit für sich, seine Familienangehörigen oder Angehörige seines Haushalts nutzen möchte. Die Formulierung entspricht der in § 573 Abs. 1 Nr. 2 BGB. Wenn dem Vermieter aber durch das Gesetz ausdrücklich ein Instrument zur Verfügung gestellt wurde, mit dem er seine Lebenswünsche umsetzen kann, er dieses Instrument jedoch nicht nutzt, geht das Versäumnis zu seinen Lasten. Dann ist das **Schutzinteresse** des Mieters deutlich höher zu bewerten und die Kündigung wird unwirksam.

537 Allerdings muss der Vermieter sich nicht vor Abschluss eines unbefristeten Mietvertrages Gedanken darüber machen, ob es sein kann, dass er die Wohnung vielleicht doch dereinst mal für sich selbst benötigen wird. Die Geltendmachung von Eigenbedarf zwei Jahre nach Abschluss eines unbefristeten Mietvertrages ist jedenfalls nicht per se treuwidrig.[517] Tatsächlich gibt es sehr wohl auch Umstände, aus denen sich die Absehbarkeit des Eigenbedarfs nicht herleiten lässt. So kann aus erheblichen Ehedifferenzen des Vermieters mit seiner Frau zum Zeitpunkt des Vertragsabschlusses nicht geschlossen werden, dass der Eigenbedarf für ihn absehbar war.[518]

538 *(5) Folgen des vorgetäuschten Eigenbedarfs.* Das Vortäuschen eines eigenen Bedarfs macht die **Kündigung** nicht nur **unwirksam.** Es zeitigt für den Vermieter auch erhebliche Folgen: Dabei ist danach zu unterscheiden, ob der Mieter der Kündigung bereits gefolgt ist oder ob er noch in der Wohnung wohnt. Hat sich der Mieter also beispielsweise gegen die Eigenbedarfskündigung gewehrt, hat ihr also nicht Folge geleistet und wohnt noch in der Wohnung, kann er dort verbleiben. Wenn sich der Mieter verklagen lässt und sich im Prozess herausstellt, dass der Eigenbedarf nur vorgetäuscht war, verbleibt er in der Wohnung. Die Klage würde abgewiesen werden. Die Folgen wären jedenfalls, dass der

[513] AG Frankfurt a. M. 25.5.2022 – 33 C 2877/21, IMRRS 2022, 1520.
[514] LG München I 27.11.2019 – 14 S 11886/18, BeckRS 2019, 35276.
[515] LG Berlin 2.6.2023 – 66 S 170/22, IMR 2023, 316.
[516] LG Heilbronn 21.11.2022 – 2 S 12/22, IMR 2023, 222.
[517] BGH NJW 2019, 1087 ff.
[518] LG Dessau-Roßlau BeckRS 2016, 113977.

im Prozess obsiegende Mieter gemäß § 91 Abs. 1 ZPO die ihm entstandenen Kosten (im gesetzlichen Umfange) ersetzt erhält. Hat der Mieter aber zum Beispiel höhere Kosten aufgewandt (etwa, weil er in seiner Bedrängnis die Hilfe eines ausgewiesenen Experten unter Maßgabe einer Honorarvereinbarung über die gesetzlichen Gebühren hinaus entgelten musste) hat ihm der Vermieter wohl auch die übersteigenden Kosten zu ersetzen. Nicht erstattungsfähig sind Kosten, die nur ins Blaue hinein behauptet werden. Auch, wenn die auf einen vorgetäuschten Eigenbedarf gestützte Kündigung wirksam auf einen anderen Grund hätte gestützt werden können, kann der Mieter keinen Schaden ersetzt verlangen.[519] Ist der Mieter allerdings bereits ausgezogen, hat also schon eine neue Wohnung angemietet, ist der Schaden des Mieters regelmäßig deutlich höher.

(a) Schadensersatz. Der Vermieter, der einen Eigenbedarf vortäuscht, begeht dadurch 539 zunächst einmal eine Pflichtverletzung.[520] Damit schuldet er unter den (weiteren) Voraussetzungen des § 280 BGB den **Ersatz des** aus seiner Täuschung resultierenden **Schadens.**[521] **Schadensersatz** ist dabei zunächst – wie sich aus § 249 BGB herleiten lässt – als Naturalrestitution denkbar. Der Mieter ist so zu stellen, wie er stünde, wenn das schädigende Ereignis nicht stattgefunden hätte. Wäre er der Kündigung nicht gefolgt, könnte er noch in der Wohnung leben. Also kann die Naturalrestitution so aussehen, dass der Vermieter dem Mieter den Besitz an der Wohnung wieder einzuräumen hat. Allerdings dürfte dies in den meisten Fällen eher ausscheiden. Zum einen wird der Mieter bereits eine neue Wohnung bezogen haben. Zum anderen könnte die Wohnung – ja nach dem Ziel des Vermieters – nicht mehr zur Verfügung stehen, etwa weil sie anderweitig vermietet und vom neuen Mieter bereits bezogen ist, oder etwa, weil die Wohnung umgebaut wird oder ist.

In diesen Fällen muss dem Mieter sein **finanzieller Schaden** ersetzt werden. Dieser 540 kann sich aus Umzugskosten, einer Maklerprovision für die Anmietung einer Ersatzwohnung oder Kosten für die Anschaffung neuer Möbel herleiten lassen. Die Maklerprovision für den Erwerb einer Eigentumswohnung ist indessen kein ersatzfähiger Schaden.[522] Zu denken ist aber auch an die Erstattung der Mietdifferenz, weil der Mieter eine höhere Miete zahlen muss.[523] Weiterhin zu denken ist an eher nicht auf den ersten Blick ersichtliche Kosten, wie etwa Fahrtkosten für den längeren Arbeitsweg, Kosten, weil die Kinder zur nunmehr entfernter liegenden Schule gebracht werden müssen, aber auch an etwa höhere Energiekosten, weil der Mieter in einer energetisch schlechter ausgestatten Wohnung leben muss (wobei diese Position ggfs. auch unter den Ersatz höherer Mietkosten subsummiert werden kann). Hat der Mieter auf die Mietwohnung teure Aufwendungen geleistet, etwa eine besondere Dekoration vorgenommen, die nicht abgewohnt ist, kann er auch die Kosten hierfür ersetzt verlangen. Der Anwalt des Mieters kann in dieser Situation durchaus ein gewisses Maß an Kreativität aufwenden und sollte dies auch tun.

Der Anspruch kann sich weiterhin aber auch aus § 823 Abs. 1 BGB herleiten lassen. 541 Zu denken wäre insoweit an eine Verletzung eines eigentumsgleichen Rechts. Wie das BVerfG entschieden hatte, genießt das Besitzrecht des Mieters den Schutz des Art. 14 GG. Hierin kann durch das Vortäuschen eines Eigenbedarfs zur Begründung einer Kündigung eingegriffen werden. Weitergehend kann auch ein Anspruch aus § 823 Abs. 2 BGB iVm einem Schutzgesetz hergeleitet werden. Als Schutzgesetz kann hier durchaus auf § 263 StGB rekurriert werden, der bekanntlich den Betrug unter Strafe stellt. Das Vortäuschen eines Eigenbedarfs kann auch als vorsätzliche, sittenwidrige Schädigung betrachtet werden, so dass sich auch aus der Norm des § 826 BGB ein Anspruch herleiten lässt.

[519] OLG München BeckRS 2018, 31443.
[520] Schmidt-Futterer/Blank/Börstinghaus BGB § 573 Rn. 79.
[521] LG Berlin IMRRS 2018, 0812.
[522] BGH 9.12.2020 – VIII ZR 238/18, ZMR 2021, 211 ff.
[523] AG Steinfurt 14.1.2021 – 21 C 444/20, BeckRS 2021, 15137.

542 *(b) Strafbarkeit.* Der Verweis auf einen Anspruch aus § 823 Abs. 2 BGB iVm § 263 StGB zeigt, dass auch eine strafrechtliche Würdigung nicht fernliegt. Diese wird nicht nur durch eine Anzeige seitens des Mieters oder dessen Anwalts herbeigeführt. Vielmehr sollte die Regelung des § 183 GVG nicht außer Acht gelassen werden. Danach ist der Richter verpflichtet, eine Straftat, die während der Sitzung geschieht, unverzüglich zur Anzeige zu bringen und die zuständigen Strafverfolgungsbehörden zu informieren. Das heißt, dass der Richter, wenn er einen versuchten Prozessbetrug erkennt, seinerseits gehalten ist, die Angelegenheit weiter verfolgen zu lassen. IdR sind die Strafverfolgungsbehörden in derartigen Fällen eher streng. Es gilt dabei nicht nur, die Tat des Vermieters als solche zu ahnden. Vielmehr liegen auch generalpräventive Gründe nahe. Alle Vermieter, die daran denken, einen missliebig gewordenen Mieter durch einen Missbrauch des Rechtsstaats loszuwerden, müssen erkennen, dass dies für sie die schärfsten Folgen haben kann.

543 *(c) Außerordentliche Kündigung des Mieters.* Kein Mieter muss es sich gefallen lassen, dass der Vermieter zu seinen Lasten eine Straftat begeht. Daher kann der Mieter seinerseits mit einer außerordentlichen Kündigung reagieren. Obschon der Mieter selbst das Mietverhältnis grundsätzlich seinerseits mit einer Frist von drei Monaten ordentlich kündigen kann, kann es ihm grundsätzlich nicht mehr zugemutet werden, bis zum Ablauf der Frist zuzuwarten. Daher kann es unter Umständen Sinn machen, sich vorzeitig vom Mietverhältnis zu lösen. Das gilt zum Beispiel, wenn der Mieter kurzfristig eine adäquate Ersatzwohnung anmieten könnte. Dies gilt erst recht, wenn sich der Mieter etwa durch einen beiderseitigen Kündigungsverzicht, der bekanntlich bis zu vier Jahren vereinbart werden kann, durch eine ordentliche Kündigung nicht kurzfristig vom Vertrag lösen kann. Gerade in diesen Fällen macht es Sinn, außerordentlich – gegebenenfalls mit einer angemessenen Auslauffrist – zu kündigen.

544 *(d) Reaktion des Anwalts.* An dieser Stelle sei noch einmal ein Appell an die Anwältin oder den Anwalt des Vermieters gerichtet: Erkennt man in der Beratungssituation oder im laufenden Verfahren, dass man vor den Karren des bösgläubigen Vermieters gespannt werden soll oder bereits gespannt ist, sollte man das Mandat niederlegen. Ansonsten droht eine Anklage wegen Beihilfe zum Betrug oder wegen Betruges. Dies führt bekanntlich auch zu Konsequenzen für die Zulassung.

545 *(6) Behandlung im Prozess.* Leistet der Mieter der Eigenbedarfskündigung nicht Folge, schließt sich gemeinhin ein **gerichtliches Verfahren** an. Dabei sind zum einen die Parteivertreter/-vertreterinnen gefragt, zum anderen letztlich aber auch das Gericht. Für die Anwälte gilt schlagwortartig gesagt, dass jeder das vortragen muss, was seiner Mandantschaft nützt.

546 *(a) Vermieter.* Der Anwalt, der den Vermieter vertritt, muss also vortragen, dass eine Eigenbedarfskündigung in der gebotenen Form (schriftlich) erklärt wurde; er muss vortragen, dass der Mieter im Kündigungsschreiben auf seine Widerspruchsrechte (§ 574 BGB) hingewiesen wurde. Er muss dann (und das darf nicht vergessen werden) vortragen, dass und wann das Schreiben dem Mieter mit welchem Medium (zB per Einwurf-Einschreiben oder per Boten) zugestellt wurde und zugegangen ist. Dann ist darzustellen, dass der Kündigungsgrund substantiiert beschrieben und ausgeführt wurde und er muss – unter Beweisantritt – vortragen, dass der Kündigungsgrund auch materiell besteht. Sofern der Mieter der Kündigung unter Hinweis auf soziale Gründe widersprochen hat, muss der Vermieteranwalt auch dazu vortragen. Sinnvollerweise sollte er bereits in der Klageschrift die vom Mieter benannten Gründe benennen und ausführlich widerlegen. Auch hier muss man durchaus – ggfs. unter Protest gegen die Beweislast – Beweismittel präsentieren, sofern solche bekannt sind. So macht es sich beispielsweise nicht schlecht, wenn man vortragen und beweisen kann, dass der Mieter längst eine Ersatzwohnung hat, sich ein eigenes Haus gebaut hat oder gar wegziehen möchte. Man erlebt in Prozessen nämlich immer wieder, dass Mieter gegen eine Eigenbedarfskündigung angehen, um sich eine höhere Abfindung zu erstreiten. Auch

dies kann bereits in der Klageschrift benannt werden. Wichtig ist, dass der Vermieter hinsichtlich des behaupteten Eigenbedarfs den Vollbeweis erbringen muss.[524] Er ist insoweit darlegungs- und beweispflichtig.[525]

(b) Mieter. Der Mietervertreter dagegen sollte zunächst einmal sorgfältig die Formalien der Kündigung prüfen und ggfs. dazu vortragen. Fehlt zum Beispiel (was durchaus nicht selten vorkommt) der Vortrag des Klägers zum Zugang der Kündigung, sollte über diese Position nicht einfach hinweggegangen werden. Vielmehr sollte gerügt werden, dass der Vortrag des Vermieters bislang unschlüssig ist. Sodann sollte thematisiert werden, dass die Kündigung nicht ausführlich genug und nicht entsprechend den Vorgaben der Rechtsprechung begründet wurde. Anschließend sollte der Mietervertreter sich ausführlich mit der Frage auseinandersetzen, ob überhaupt ein Eigenbedarf besteht. Dies kann mit Nichtwissen bestritten werden.[526] Besser aber ist es, hier substantiiert zu bestreiten, wenn man Anhaltspunkte dafür hat, dass der Eigenbedarf nicht besteht. Ahnt der Mieter beispielsweise, dass die Wohnung leer gezogen werden soll, um sie hernach besser verkaufen zu können, lohnt ein Blick in die einschlägigen Angebotsmedien wie etwa ins Internet unter immoscout24. Es kommt durchaus vor, dass Vermieter die streitgegenständliche Wohnung auf dem Immobilienmarkt bereits wieder anbieten. Die Treuwidrigkeit des Nutzungswunsches jedenfalls ist vom Mieter darzulegen und zu beweisen.[527] Auch die Angemessenheit des Wohnbedarfs ist zu thematisieren. Auch wenn der BGH hier eher zurückhaltend urteilt, gibt es immer wieder Instanzgerichte, die dieses Thema problematisieren. Zuletzt hat die Mieteranwältin dann ausführlich zu den sozialen Gründen vorzutragen, die einen **Anspruch auf Fortsetzung des Mietverhältnisses** rechtfertigen können. Dabei ist ausführlich und substantiiert darzutun, warum die in § 574 BGB bezeichneten Gründe einer Kündigung entgegenstehen können. Schließlich sollte der Mietervertreter immer daran denken, dass er eine lange Räumungsfrist beantragt und ggfs. die Vollstreckung ohne Sicherheitsleistung – hilfsweise gegen Sicherheitsleistung – auszusetzen. Zur Länge der Räumungsfrist und zur Sicherheitsleistung ist ebenfalls ausführlich vorzutragen. 547

Am Rande sei noch folgender Hinweis gegeben: Es kommt immer wieder vor, dass Mieter sich durch eine Eigenbedarfskündigung persönlich angegriffen fühlen. Hier hat der Berater klar und unmissverständlich auf den Mieter einzuwirken, sich etwaiger Attacken zu enthalten. Greift der Mieter nämlich nach dem Zugang der Erklärung seinerseits den Vermieter persönlich an, stellt er zum Beispiel den Vermieter zur Rede oder beschimpft ihn gar, wird anschließend nicht mehr nur die Eigenbedarfskündigung diskutiert werden, sondern die auf den Angriff erfolgte außerordentliche Kündigung. Dies gilt erst recht für Kommentare im Netz. Wer seinen Vermieter nach dem Zugang einer Eigenbedarfskündigung in den sozialen Medien bloß stellt, riskiert ebenfalls eine Kündigung. Auch eine laufende Kamera schützt hier nicht. Wer meint, derartige Auseinandersetzungen im „Frühstücksfernsehen" ausfechten zu müssen, riskiert ebenfalls eine Kündigung. 548

Merke: Ein Prozess ist dort zu führen, wo er hingehört, nämlich vor Gericht.

(c) Justiz. Dritter Beteiligter in einem Gerichtsverfahren ist (last not least) das Gericht. Hier stellt sich die Frage, was das Gericht bei seiner Entscheidung zu prüfen hat. Selbstverständlich muss das Gericht prüfen, ob die Voraussetzungen der Kündigung in formeller und materieller Hinsicht gegeben sind. Es muss die erforderlichen Beweise erheben und sich ein Urteil bilden. Verbleiben Zweifel an den lauteren Motiven der Eigenbedarfskündigung, gehen diese zu Lasten des Vermieters. Das Gericht weist die Klage ab.[528] Kommt es zur Berechtigung der Kündigung, sind anschließend etwa von Mieterseite erhobene Einwände zu prüfen, etwa ob die Voraussetzungen des § 574 BGB 549

[524] LG Berlin BeckRS 2018, 794.
[525] LG Berlin 2.10.2020 – 63 S 192/19, BeckRS 2020, 35070.
[526] LG Berlin 2.10.2020 – 63 S 192/19, BeckRS 2020, 35070.
[527] AG Aachen 20.5.2021 – 121 C 109/19, BeckRS 2021, 17556.
[528] LG Berlin 11.5.2022 – 64 S 280/21, IMR 2023, 357.

erfüllt sind und dem Vollzug der Kündigung entgegenstehen. In diesem Zusammenhang können Richterin oder Richter auch gehalten sein, über das Vorliegen etwaiger Gründe Beweis zu erheben. Das kann so weit gehen, dass das Gericht bei entsprechenden Hinweisen von Amts wegen ein Gutachten einzuholen hat, etwa wenn sich im Prozess Anhaltspunkte dafür ergeben, dass der Mieter suizidgefährdet ist.

550 Allerdings gibt es auch Argumente, die das Gericht eher nicht zu prüfen hat. So stellt sich die Frage, wie weit etwa die Prüfung gehen darf, ob der Wohnraum für die Bedarfsperson überhaupt angemessen ist. Dabei darf das Gericht gerade nicht von seinen eigenen Vorstellungen ausgehen. Dass das Gericht den **Wohnbedarf** zum Beispiel unter Berücksichtigung eigener Vorstellungen prüft (etwa nach dem Motto: „Wissen Sie, wie ich als Student gewohnt habe"), soll nach der Rechtsprechung des BGH gerade nicht stattfinden.[529] Auch wenn der Richter selbst als Student in einer 5er WG gewohnt hat, kann er dem Vermieter das Recht, seinen Sohn während des Studiums in einer 100 Quadratmeter Wohnung wohnen zu lassen, nicht absprechen. Die Instanzrechtsprechung indessen kann sich von ihren Vorbehalten – der eigentlich deutlichen Rechtsprechung des BGH zum Trotz – nicht lösen. So urteilte beispielsweise das AG Bonn noch 2021, dass eine Kündigung wegen Eigenbedarfs rechtsmissbräuchlich sei, wenn die Bedarfsperson ein Schulabgänger sei und eine Vierzimmerwohnung für sich reklamiere.[530] Das LG Berlin entschied, dass eine 19-jährige keine 120 m^2 große Wohnung benötige.[531] Auch Fragen nach der Lebensplanung verbieten sich. Da Instanzgerichte hier regelmäßig dazu neigen, diese Gedanken der Urteilsfindung zugrunde zu legen, sollte der Vermieteranwalt hier von vorne herein gegensteuern und die einschlägige Rechtsprechung des BGH – wenn sich insoweit Streit andeutet – zitieren. Lässt sich die Instanz nicht von derartigen Erwägungen abhalten, sollte man das einschlägige Rechtsmittel nicht scheuen.

551 *(7) Wegfall des Eigenbedarfs.* Abzugrenzen von den oben geschilderten Fällen des vorgetäuschten Eigenbedarfs sind solche Fälle, in denen der Eigenbedarf tatsächlich später entfällt. Gemeint sind hier die Fälle, in denen der Eigenbedarf im Zeitpunkt des Ausspruchs der Kündigung tatsächlich vorhanden war, aber später wirklich wegfällt. Denkt man beispielsweise an den oben geschilderten Pflegebedarf zugunsten der eigenen Eltern der Vermieter, kann es durchaus vorkommen, dass diese zwischenzeitlich sterben und damit die Bedarfsperson entfällt. Wie diese Fälle zu lösen sind, hängt davon ab, wann der Eigenbedarf entfällt.

552 *(a) Vor Zugang der Kündigungserklärung.* Entfällt der Eigenbedarf vor Zugang der Kündigungserklärung, kann der Vermieter die Erklärung zunächst einmal nach den allgemeinen Vorschriften widerrufen (§ 130 Abs. 1 S. 2 BGB). Dies wäre in einem funktionierenden Mietverhältnis als Akt der Fairness zu erwarten. Ein Widerruf muss letztlich nicht förmlich als solcher deklariert werden. Es reicht, wenn der Vermieter den Mieter einfach informiert. Dabei bedarf der Widerruf nach § 130 Abs. 1 S. 2 BGB nicht der Form, die für das Rechtsgeschäft vorgeschrieben ist. Wenn also die – schriftliche – Kündigungserklärung unterwegs ist, kann der Vermieter den Mieter anrufen oder ihm eine WhatsApp schreiben, um die Erklärung zu widerrufen. Tut er dies nicht, ist die Kündigung unwirksam, weil materiell kein Kündigungsgrund vorliegt. Wenn der Vermieter die Kündigung also weiterlaufen lässt, entfaltet die Erklärung keine Rechtswirkung, weil die materiellrechtlichen Voraussetzungen im Zeitpunkt des Zugangs nicht vorliegen.

553 *(b) Nach Zugang vor Ablauf der Kündigungsfrist.* Entfällt der Eigenbedarf nach Zugang der Kündigung, aber vor Ablauf der Kündigungsfrist, kann die Lösung des Problems nicht so ohne weiteres angenommen werden. Da ein empfangsbedürftiges Rechtsgeschäft seine Wirkung mit dem Zugang entfaltet und im Zeitpunkt des Zugangs die

[529] So bereits BGH MDR 2015, 637 f.
[530] AG Bonn 8.6.2021 – 206 C 42/21, BeckRS 2021, 19468.
[531] LG Berlin 20.1.2021 – 64 S 50/20, IMR 2021, 395.

Voraussetzungen der Kündigung erfüllt waren, wäre das Mietverhältnis eigentlich wirksam beendet. Der Mieter ist allerdings noch nicht ausgezogen. In diesen Fällen sieht es die Rechtsprechung als geboten an, den Mieter zu informieren. Sie räumt ihm das Recht ein, in der Wohnung wohnen zu bleiben.[532] Hergeleitet wird dies aus dem **Gebot gegenseitiger Rücksichtnahme,** das das Mietrecht besonders präge. Wird der Räumungsanspruch gleichwohl weiterverfolgt, ist dies rechtsmissbräuchlich. Das heißt dogmatisch, dass die Kündigung zwar nicht unwirksam wird, der Vermieter aber keine Rechte mehr daraus herleiten darf.

(c) Nach Ablauf der Kündigungsfrist. Entfällt der Bedarfsgrund nach **Ablauf der Kündigungsfrist,** ist dies für die Wirksamkeit der Kündigung dagegen **unerheblich.** Dies hat der BGH in seinem Urteil vom 22.5.2019[533] noch einmal ausdrücklich klargestellt. Das oberste Bundesgericht leitet diese Rechtsfolge daraus ab, dass der Vermieter die Wohnung im Rechtssinne nicht erst dann „benötige", wenn er sie tatsächlich nutzen müsse, also auf die Nutzung angewiesen sei. Er benötige sie vielmehr bereits dann, wenn er seinen Eigenbedarfswillen formuliert und auf vernünftige und nachvollziehbare Gründe gestützt habe. Damit bleibt der Räumungsanspruch bestehen. Eine Wideranbietungspflicht des Vermieters oder etwa Schadensersatzansprüche des Mieters wie beim vorgetäuschten Eigenbedarf scheiden aus. 554

(d) Im Prozess. Grundsätzlich wird ein Prozess im Zusammenhang mit einer Eigenbedarfskündigung immer erst dann angestrengt werden, wenn die Kündigungsfrist abgelaufen ist. Nur ausnahmsweise, nämlich wenn der Mieter vor Ablauf der Frist unmissverständlich zum Ausdruck gebracht hat, dass er die Kündigung keinesfalls befolgen werde, ist der Vermieter nach § 259 ZPO befugt, auf zukünftige Leistung, hier also auf Räumung und Herausgabe zu klagen. Wenn also der Prozess erst nach Ablauf der Kündigungsfrist erhoben wird, gilt das unter c) Gesagte. Die Kündigung bleibt wirksam. 555

Allerdings sind Gericht und Anwälte in jeder Phase des Verfahrens gehalten, sich um eine gütliche Streitbeilegung zu bemühen. Dieser Ansatz darf durchaus genutzt werden, um das Verfahren zu erledigen. Denn wenn der Vermieter die Wohnung des Mieters nicht mehr braucht, kann man sich ja durchaus auf den Fortbestand des Mietverhältnisses verständigen. Hier sollte man allerdings bei der **Formulierung eines Vergleiches berücksichtigen, dass das alte Mietverhältnis beendet ist.** Entweder man vereinbart gleich einen neuen Mietvertrag und schreibt hinein, dass die Parteien diesen neuen Mietvertrag als Anschlussmietvertrag verstehen. Oder man erklärt übereinstimmend, dass an der Kündigung nicht weiter festgehalten werden soll und die Parteien darüber einig sind, dass die Kündigung keine Rechtsfolgen mehr zeitigen soll. 556

(8) Besonderheiten. Der Vollständigkeit halber ist noch darauf hinzuweisen, dass es im Zusammenhang mit Wohnungseigentum einige Besonderheit zu beachten gilt. 557

(a) Kündigungssperre bei der Umwandlung in Wohnungseigentum. Hier geht es nicht um den Fall, dass der spätere Vermieter eine vermietete Wohnung erwirbt, um nach Eintritt in die Vermieterstellung selbst eine Eigenbedarfskündigung zu erklären. Dieses Vorgehen begegnet keinen Bedenken.[534] Es geht vielmehr um den Fall, dass eine vermietete Wohnung, die in einem „normalen" Mehrfamilienhaus liegt, in eine Eigentumswohnung umgewandelt wird, entweder nach § 3 WEG durch vertragliche Einräumung von Sondereigentum oder nach § 8 WEG durch Aufteilung des Hauses und entsprechende Erklärung gegenüber dem Grundbuchamt. Hier greift nach § 577a Abs. 1 BGB eine dreijährige Sperrfrist, wenn die Wohnung veräußert wird. Nach dieser Regelung kann in solchen Fällen der Erwerber eine Eigenbedarfskündigung oder auch eine Verwertungskündigung erst nach Ablauf von drei Jahren seit der Umwandlung erklären. Die Sperrfrist beginnt mit der **erstmaligen Veräußerung** zu laufen. Wird die Aufteilung der Eigentumswohnungen nach dem WEG jedoch später geändert (also konkret: wird die 558

[532] LG Berlin 29.1.2019 – 67 S 9/18, BeckRS 2019, 876.
[533] BGH 22.5.2019 – VIII ZR 167/17, NJW-RR 2019, 972.
[534] Vgl. BGH NJW 2017, 8.

Teilungserklärung später modifiziert), so dass die Wohnung mit geändertem Miteigentumsanteil später erneut veräußert wird, kann die Frist neu zu laufen beginnen.

559 *(b) Verlängerung der Sperrfrist.* Nach § 577a Abs. 2 BGB kann die **Sperrfrist durch Landesverordnung auf bis zu 10 Jahre verlängert** werden, wenn die ausreichende Versorgung der Bevölkerung mit Mietwohnungen zu angemessenen Bedingungen in einer Gemeinde oder einem Teil einer Gemeinde besonders gefährdet ist und diese Gebiete nach Satz 2 bestimmt sind. Die Landesregierungen werden ermächtigt, diese Gebiete und die Frist nach Satz 1 für längstens 10 Jahre durch Rechtsverordnung zu bestimmen. Von dieser Ermächtigung haben die meisten Bundesländer mittlerweile für bestimmte Bereiche Gebrauch gemacht, so die Länder Baden-Württemberg, Bayern, Berlin, Bremen, Hamburg, Hessen, Niedersachen und Nordrhein-Westfalen. Andere Länder dagegen, wie zB Sachsen, haben von dieser Möglichkeit bislang keinen Gebrauch gemacht. In Berlin gilt eine 10jährige Sperrfrist.[535] Das heißt, dass in Berlin für Eigenbedarfskündigungen mindestens 10 Jahre seit der Veräußerung der Wohnung vergangen sein müssen. Der BGH hat die dieser Regelung zugrundeliegende Verordnung (Kündigungsschutzklausel-Verordnung vom 13.8.2013, GVBl. S. 488) im Jahre 2022 überprüft und sie für wirksam erachtet.[536] Auch wenn sich das Urteil noch auf die Vorgängervorschrift der aktuellen Regelung (Verordnung iSd § 577a Abs. 2 S. 2 des Bürgerlichen Gesetzbuchs über den verlängerten Kündigungsschutz bei Umwandlung einer Mietwohnung in eine Eigentumswohnung, Kündigungsschutzklausel-Verordnung vom 13.6.2023 GVBl. 228) bezieht, lässt sich daraus ableiten, dass der BGH diese begrenzte Ausweitung des Kündigungsverbotes für zulässig hält.

560 Die Kündigungssperrfrist nach § 577a BGB beginnt grundsätzlich mit der erstmaligen Veräußerung des zu Wohnungseigentum umgewandelten Mietobjekts. Wird die Aufteilung allerdings später grundlegend geändert und das neu gebildete (andere) Sondereigentum wiederum veräußert, wird die Sperrfrist erneut in Kraft gesetzt.[537] Welche Fassung der Kündigungsschutzklauselverordnung gilt, bestimmt sich nicht nach dem Zeitpunkt der Veräußerung des Wohnungseigentums, sondern nach dem Zeitpunkt des Zugangs der Kündigung.[538] Eine **gesetzesverstärkende Bestandsschutzklausel** macht eine Eigenbedarfskündigung fast unmöglich.[539] Eine Nutzung als Zweitwohnung wie oben grundsätzlich für zulässig erklärt scheidet dann aus. Nur wenn die Kündigung des Mietverhältnisses „notwendig“ ist, kann die Eigenbedarfskündigung in derartigen Fällen ausnahmsweise denkbar erscheinen.[540] Der Vermieter kann auch nicht hingehen und den Grund, der als Grund für eine ordentliche Kündigung ausgeschlossen ist, zum Anlass für eine außerordentliche Kündigung nehmen.[541]

561 *(c) Sperrfrist durch Fördervertag.* Werden Eigentumswohnungen unter Verwendung öffentlich-rechtlicher Fördermittel gebaut, kann im Fördervertrag eine Sperrklausel zugunsten etwaiger Mieter vereinbart werden. Derartige Programme gibt es zB in Berlin. Während des Bindungszeitraums ist die Eigenbedarfskündigung dann auf Grund des Vertrages ausgeschlossen. Wird ein derartiger Fördervertrag später gekündigt, kann die Sperrwirkung gleichwohl fortbestehen, wenn nämlich eine Regelung im Mietvertrag für diesen Fall übersehen wurde. Das Fehlen geht zu Lasten des Vermieters.[542]

562 *(d) DDR-Mietverträge.* Ein besonderes Problem stellt sich in den neuen Bundesländern und Ost-Berlin. Hier war der Eigenbedarf nur sehr ausnahmsweise ein Grund, der zur Kündigung berechtigte. Sind die Parteien durch einen alten DDR-Mietvertrag verbunden, so ist das Mietverhältnis nur ausnahmsweise wegen Eigenbedarfs kündbar, nämlich

535 LG Berlin IMRRS 2016, 0624.
536 BGH 22.6.2022 – VIII ZR 356/20, NJW 2022, 3631.
537 LG Berlin 26.10.2022 – 66 S 249/21, BeckRS 2022, 38684.
538 AG Charlottenburg IMR 2017, 138.
539 LG Berlin 14.3.2023 – 67 S 10/23, BeckRS 2023, 8787.
540 LG Berlin 2.11.2021 – 67 S 237/21, IMR 2022, 17.
541 LG Berlin 22.8.2019 – 67 S 51/19, BeckRS 2019, 19969.
542 LG Berlin 19.8.2021 – 67 S 159/21, IMR 2022, 100.

dann, wenn der **Bedarf** nach § 122 Abs. 1 S. 1 ZGB-DDR **„dringend"** ist.[543] Der BGH hat zwischenzeitlich entschieden, dass auch DDR-Altmietverträge wegen Eigenbedarfs gekündigt werden können.[544] Dieses Thema erledigt sich allerdings gerade wegen Zeitablaufs.

jj) Verwertungskündigung. Als drittes Fallbeispiel, aus dem sich ein berechtigtes Interesse herleiten lässt, hat der Gesetzgeber die so genannte **„Verwertungskündigung"** benannt und in § 573 Abs. 2 Nr. 3 BGB geregelt. 563

(1) Allgemein. Das berechtigte Interesse des Vermieters an einer Beendigung des Mietverhältnisses kann sich auch daraus ergeben, dass der Vermieter durch den Fortbestand des Mietverhältnisses an einer angemessenen wirtschaftlichen Verwertung der Immobilie gehindert wäre. Der Kündigungsgrund der Verwertungskündigung ist nach dem Wortlaut des Gesetzes dann gegeben, wenn der Vermieter durch die Fortsetzung des Mietverhältnisses an einer angemessenen wirtschaftlichen Verwertung des Grundstücks gehindert und dadurch erhebliche Nachteile erleiden würde (§ 573 Abs. 2 Nr. 3 1. HS BGB). Dabei bleibt die Möglichkeit, durch eine anderweitige Vermietung als Wohnraum eine höhere Miete zu erzielen allerdings außer Betracht; erst recht kann der Vermieter sich nicht darauf berufen, dass er die Mieträume im Zusammenhang mit einer beabsichtigten oder nach Überlassung an den Mieter erfolgten Begründung von Wohnungseigentum veräußern will. Dabei kommt es nicht nur auf eine gewisse Renditesteigerung an. Vielmehr ist es erforderlich, dass die dem Vermieter drohenden Nachteile, wenn er die Immobilie nicht verkaufen kann, für ihn geradezu existenzbedrohlich sind. 564

(2) Voraussetzungen. Damit die Voraussetzungen der Verwertungskündigung erfüllt sind, müssen die objektiven und subjektiven Tatbestandsmerkmale, die in § 573 Abs. 2 Nr. 3, 1. HS BGB erfüllt sein. 565

(a) Objektive Voraussetzungen. Damit der Vermieter sich auf den Kündigungsgrund der Verwertungskündigung berufen kann, müssen im Wesentlichen zwei Voraussetzungen objektiv erfüllt sein. Zum einen muss der Vermieter durch den **Fortbestand der Immobilie an einer angemessenen wirtschaftlichen Verwertung des Grundstücks gehindert sein.** Nach der Rechtsprechung ist eine Verwertung dann angemessen, wenn sie **von vernünftigen, nachvollziehbaren Erwägungen getragen wird.**[545] Das kann bereits dann der Fall sein, wenn der Vermieter den Abriss des Gebäudes plant, weil der Erhalt des Bestandsgebäudes unrentabel ist. Das kann auch dann der Fall sein, wenn ein Bestandsgebäude so heruntergewirtschaftet ist, dass sich Modernisierungsmaßnahmen iSd §§ 555b ff. BGB nicht mehr lohnen, sondern der Gesamtabriss und Neubau zur Schaffung adäquaten Wohnraums schlicht preiswerter ist.[546] Auch wenn das Gebäude durch den geplanten Neubau oder grundlegenden Umbau eine erhebliche Umgestaltung erfährt (zB, weil viele kleine Wohnungen zu einigen großen Wohnungen zusammengelegt werden), kann sich daraus ableiten lassen, dass der Vermieter durch den Fortbestand der alten Mietverhältnisse an einer wirtschaftlichen Nutzung seiner Immobilie gehindert würde. Dass der Vermieter nach dem Abriss eines Wohngebäudes an dessen Stelle eine Gewerbeimmobilie errichten will, reicht für die Annahme einer angemessenen wirtschaftlichen Verwertung ebenfalls aus. Ein erheblicher Nachteil kann auch darin liegen, dass der Vermieter die Immobilie, solange sie vermietet ist, nur zu einem solch geringen Betrag veräußern kann, dass sich ein Verkauf nicht mehr lohnt.[547] 566

Weiterhin ist objektive Voraussetzung für die Wirksamkeit der Verwertungskündigung, dass der Vermieter durch den Fortbestand des Mietverhältnisses **erhebliche Nachteile** erleiden muss.[548] Wann dies der Fall ist, ist sehr umstritten. Die Rechtspre- 567

---

[543] LG Berlin 15.12.2022 – 67 S 221/22, ZfIR 2023, 152.
[544] BGH 13.11.2024 – VIII ZR 15/23, IMR RS 2024, 1556.
[545] AG München IMR 2018, 418.
[546] LG Köln MDR 2018, 860 f.
[547] LG Potsdam BeckRS 2014, 23031.
[548] LG Heidelberg BeckRS 2017, 131829.

chung legt die Latte hier sehr hoch. Bereits vor Inkrafttreten der heutigen Regelung musste sich das Bundesverfassungsgericht mit der Frage auseinandersetzen, wie weit der Gesetzgeber die freie Verfügung eines Eigentümers über seine Immobilie unter Beachtung der Eigentumsgarantie des Art. 14 GG einschränken dürfe. Das BVerfG hat dem Gesetzgeber dabei allerdings unter Berücksichtigung der Gemeinnützigkeit des Eigentums einen nicht unerheblichen Spielraum eingeräumt. Daher ist es durchaus gerechtfertigt, wenn der Gesetzgeber ein weiteres erheblich einschränkendes Tatbestandsmerkmal ins Gesetz aufnimmt. Wie dieses Merkmal des Erleidens erheblicher Nachteile auszulegen ist, überließ die höchstrichterliche Rechtsprechung dem Tatrichter, da generalisierende Betrachtungsweisen sich hier verböten. Klar ist, dass die **Nachteile beim Vermieter selbst** eintreten müssen. Ein Nachteil, der nur bei einer Schwestergesellschaft der Vermieterin eintritt, ist nach der Rechtsprechung des BGH nicht beachtlich.[549] Dem Vermieter (selbst) müssen Nachteile drohen.

568 Ein Nachteil liegt nicht bereits darin, dass der Vermieter durch die Entmietung einen erhöhten Gewinn erzielen kann. Denn allein in der **Gewinnoptimierungsmöglichkeit** liegt kein **Kündigungsgrund.**[550] Auch wenn nach der höchstrichterlichen Rechtsprechung das Interesse, die Wohnung leergezogen besser verkaufen zu können, nicht von vorneherein ausgeschlossen werden darf, sind Entscheidungen, in denen dieser Wunsch einer Verwertungskündigung zum Erfolg verhalf, nicht eben häufig zu finden. Dabei ist festzustellen, dass viele Entscheidungen im Ergebnis den Kündigungsgrund verneinen und erläutern, warum im konkreten Einzelfall kein Nachteil ersichtlich war. Eine generelle (positive) Definition, wann ein Nachteil vorliegt, fällt dabei durchaus nicht leicht. Auch begründet allein ein Sanierungskonzept für einen unstreitig sanierungsbedürftigen Gebäudekomplex für sich genommen noch keinen Nachteil iSd Gesetzes. Dabei ist auch zu beachten, dass dem Eigentümer das Hinnehmen von Verlusten durchaus zugemutet werden kann. Der Hinweis darauf, die finanzierende Bank verlange die Kündigung im Rahmen des Finanzierungskonzeptes, reicht ebenfalls nicht aus. Ein Nachteil – als solcher – ist jedenfalls dann anzunehmen, wenn der Vermieter bei Fortbestand des Mietverhältnisses die Nutzung der Immobilie nur zu solchen Konditionen fortsetzen kann, die ihn finanziell – also letztlich in Bezug auf sein Vermögen – vor objektiv ersichtliche Probleme stellen.

569 Allein das Vorliegen derartiger **Probleme** reicht aber nicht aus. Diese **müssen** auch **erheblich sein.** Erheblich sind die Probleme jedenfalls dann, wenn sie den Vermieter in seiner **wirtschaftlichen Existenz gefährden.** Dabei stellt die Instanzrechtsprechung unter Umständen sogar auf die gesamte wirtschaftliche Situation des Vermieters ab. Wie gezeigt, gelten gewisse Verluste als durchaus hinnehmbar. Dabei ist auch dazwischen zu unterscheiden, ob es sich um einen institutionellen Anleger oder einen großen Immobilienkonzern handelt oder ob der Vermieter eine Naturalpartei mit schwachem Budget ist. Zum Teil wird hier verlangt, dass der **Vermieter sein Vermögen insgesamt aufdeckt** und darstellt, warum er durch den Fortbestand des Mietverhältnisses so nachhaltige Verluste erleidet, dass diese für ihn existenzbedrohend sein können. Ob man so weit gehen darf, ist durchaus zu bezweifeln. Der Gesetzgeber spricht nicht vom Ruin des Vermieters, sondern von erheblichen Nachteilen, Diese müssen nicht zwingend in einem Verlust bestehen. Allerdings reicht die reine Gewinnoptimierung nicht aus. Jedenfalls kann es durchaus sein, dass das Gericht eine **vergleichende Wirtschaftlichkeitsberechnung** verlangt. Auch darin, dass der Vermieter durch den Fortbestand des Mietverhältnisses an einer sinnvollen Nutzung gehindert wird, liegt nicht unbedingt ein erheblicher Nachteil iSd Gesetzes. Was sich als probat erwiesen hat, ist, wenn man das Gebäude umbauen und sozialen Wohnraum – etwa im Rahmen von Förderprogrammen – herstellen will.

570 *(b) Subjektive Voraussetzungen.* Der Vermieter muss die geplante anderweitige Verwertung der Immobilie auch wollen. Das heißt, dass er die Kündigung deshalb aus-

549 BGH, NJW-RR 2018, 12.

550 LG Berlin IMR 2015, 14; dem folgend AG Berlin-Mitte 17.8.2023 – 25 C 80/23, IMR 2024, 245.

spricht, damit er durch das Ende des Mietverhältnisses in die Lage versetzt wird, die Immobilie anderweitig angemessen zu nutzen. Dieses subjektive Element kann sich zum Beispiel daraus ableiten lassen, dass das Objekt in einem so miserablen Zustand ist, dass aktuelle Hygieneanforderungen durch eine Modernisierung nicht herzustellen sind. Besteht ein Gebäude aus etlichen Kleinsteinheiten ohne Sanitäreinrichtung und müssen viele Mieter sich eine Toilette (noch dazu ohne Handwaschmöglichkeit) teilen, besteht eine Vermutung, dass der Vermieter mit seiner Kündigung wirklich eine wirtschaftlich sinnvolle und angemessene Nutzung ermöglichen will. Auch muss sich sein **Nutzungswunsch** bereits soweit verdichtet haben, dass eine baldige Umsetzung der Pläne angenommen werden kann. Das ist dann nicht der Fall, wenn der Vermieter nicht nur einen Plan mit dem Gebäude gefasst hat, sondern Alternativen in Betracht zieht. Dann ist sein Nutzungswunsch eben noch nicht soweit gediegen, dass er für die Beendigung des Mietverhältnisses ausreichte. Eine **Vorratskündigung** ist jedenfalls nicht möglich. Diese liegt gerade dann vor, wenn sich der Nutzungswunsch im Zeitpunkt des Zugangs der Kündigung noch nicht soweit in Plänen manifestiert hat, dass man von einer hinreichenden Verfestigung des konkreten Nutzungswunsches ausgehen könnte.[551] Hat der Vermieter öffentlich-rechtliche Voraussetzungen, die seine Umnutzungspläne reglementieren können, noch nicht angegangen, fehlt etwa eine erforderliche **Zweckentfremdungsgenehmigung** oder gibt es denkmalschutzrechtliche Bedenken, die noch gar nicht angegangen wurden, ist die konkrete Nutzungsabsicht zu verneinen. Wenn der Vermieter das Haus, in dem die Wohnung liegt, bereits anderweitig zum Kauf angeboten hat (auch hier lohnt ein Blick auf die einschlägigen Marktplätze im Netz), besteht ebenfalls kein Verwertungswille mehr.

(3) Vortrag. Damit stellt sich die Frage, was der Vermieter vortragen muss, um eine 571
Verwertungskündigung zu begründen.

(a) Begründung der Kündigung. Gemäß § 573 Abs. 3 BGB ist die Kündigung, also das 572
Kündigungsschreiben als solches, vom Vermieter zu begründen. Das heißt, er muss angeben, warum er ein berechtigtes Interesse an der Beendigung des Mietverhältnisses hat. Beruft er sich auf die Verwertungskündigung muss er also einen Sachverhalt vortragen und schriftlich niederlegen, aus dem sich die objektiven und subjektiven Tatbestandsmerkmale ableiten lassen.

Dazu muss er zunächst einmal darstellen, dass er durch den Fortbestand des Miet- 573
verhältnisses an einer angemessenen wirtschaftlichen Verwertung des Grundstücks gehindert ist. Dann muss er vortragen, dass er dadurch einen erheblichen Nachteil erleidet. Schließlich muss er vortragen, dass er bereits konkrete Pläne zu einer Alternativnutzung hat. Insbesondere in Bezug auf die erheblichen wirtschaftlichen Nachteile ist höchst strittig, wie weit und wie substantiiert der Vermieter die Kündigung hier begründen muss. Wie dargestellt, gehen manche Autoren und Instanzgerichte so weit, dass der Vermieter hier quasi einen kompletten Vermögensvergleich einmal mit geänderter Nutzung im Verhältnis nicht geänderter Nutzung darstellen und substantiiert unterlegen muss. Das geht so weit, dass Vortrag gefordert wird, den nicht einmal das Finanzamt verlangen würde. Ob man wirklich so weit gehen muss, ist eher zweifelhaft. Allerdings kann man als Anwältin oder Anwalt dem Mandanten nur dazu raten, eher mehr als weniger vorzutragen. Dies gebietet die Regelung des § 573 Abs. 3 S. 2 BGB, wonach das Nachschieben von Gründen (und eben auch von Begründungselementen) grundsätzlich ausgeschlossen ist. Das Risiko besteht hier darin, dass ein Gericht die Erläuterung der Begründung etwa auf Nachfrage des Mieters nicht als Ergänzung der bereits gebrachten Gründe verstehen könnte, sondern als neue und damit unzulässige Begründung.

Zum **subjektiven Element** reicht es aus, **konkrete Pläne zur Alternativnutzung** (etwa 574
eine Bauvoranfrage, bereits erstellte Pläne, Grundlagen für eine Ausschreibung oÄ) in Bezug zu nehmen und darauf zu verweisen. Auch dies sollte bereits bei der Kündigung

[551] LG Berlin IMR 2019, 13.

erfolgen, damit der Mieter Anknüpfungstatsachen erkennen kann, aus denen er ableiten kann, dass der Vermieter ehrlich zu ihm ist.

575 *(b) Im Prozess.* Hat man die Kündigung gut begründet, muss man im Prozess eigentlich nur das abschreiben, was man im Kündigungsschreiben angegeben hat. Man muss also substantiiert zum Vorliegen der objektiven und subjektiven Tatbestandsmerkmale der Verwertungskündigung vortragen. Spätestens hier sollte man, wenn man die erheblichen Nachteile darlegen will, einen **Vermögensvergleich**, der mit Zahlen unterlegt ist, vorlegen. Dazu sollte man sich durchaus sachkundiger Hilfe bedienen. Man sollte nicht davor zurückscheuen, ein Privatgutachten etwa eines Wirtschaftsprüfers vorzulegen. Der Hinweis der Bank auf eine günstige Finanzierungsvariante oder eine wortreiche verbale Darstellung, dass man sonst Verlust mache, reicht den Gerichten gerade nicht aus.[552] Auch die unstreitige Sanierungsbedürftigkeit eines Objekts für sich genommen reicht nicht aus.

576 Man muss auch bedenken, dass es im Gericht nicht nur um den Vortrag als solchen geht, sondern eben auch um den Beweis der eigenen Behauptungen. Jeder Gutachter, den das Gericht hier mit der Prüfung der Frage beauftragt, ob ein erheblicher Nachteil droht, wird sich an den Zahlen orientieren. Man kommt also nicht darum herum, seine Vermögenssituation aufzudecken.

577 In Bezug auf die subjektiven Tatbestandsmerkmale sollte man sich davor hüten, Alternativen zum in der Kündigung genannten konkreten Nutzungswusch zu äußern. Damit zeigt man, dass man noch keinen konkreten Nutzungswunsch hat. Als Anwalt oder Anwältin sollte man den Mandanten hier an die kurze Leine nehmen. Auf keinen Fall sollte der Vermieter – etwa in Person angehört – im Gericht einen ausufernden Vortrag zum Thema „was man mit der Immobilie alles an Schönem machen könnte, wenn sie leer stünde" halten. Damit widerlegte er sich selbst.

578 *(c) Folgen für die Praxis.* Erläutert man der Mandantin oder dem Mandanten, welcher Aufwand für eine Verwertungskündigung zu betreiben ist und in welch großem Umfang der Vermieter seine Zahlen gegenüber einem Mieter aufdecken muss, scheuen die meisten Mandanten zurück. Häufig wird die Idee, eine Verwertungskündigung zu versuchen, verworfen. Als Anwalt sollte man darüber offen reden, dass die Verwertungskündigung das Instrument ist, das am wenigsten Durchschlagskraft hat. Auch sollte man darauf verweisen, dass **im Prozess** eingeholte Gutachten **erhebliche Kosten** verursachen können. Öffentlich bestellte und vereidigte Wirtschaftsprüfer oder Sonderfachleute sind nicht preiswert. Eine Alternative besteht immer darin, das Geld nicht in einen Prozess, sondern darein zu stecken, dass man dem Mieter eine Abfindung anbietet und ihm sein „Besitzrecht" abkauft.

579 *(4) Ausschluss der Verwertungskündigung.* Die Verwertungskündigung kann aber auch ausgeschlossen sein. Dazu gibt das Gesetz selbst Anhaltspunkte: Der Hinweis darauf, dass man nach der Kündigung die Wohnung weiter als solche nutzen könnte, aber dafür eine deutlich höhere Miete verlangen könnte, scheidet als Argument nach § 573 Abs. 2 Nr. 3, 2. HS explizit aus. Interessant ist die Formulierung. Diese weist nämlich darauf hin, dass die **Verwertungskündigung ausgeschlossen ist, wenn man die Wohnung als solche teurer vermieten will.**

580 Im Umkehrschluss könnte man daraus ableiten, dass man dann, wenn man die Wohnung künftig als Gewerbeeinheit zur gewerblichen Nutzung teurer vermieten will, eine Verwertungskündigung durchaus erklären könnte. Allerdings gibt es insoweit einen Ausschlussgrund, der diese Überlegung in der Regel ausschließt: Die **geänderte Nutzung müsste genehmigt werden.** Wie dargelegt muss man, um eine Verwertungskündigung erklären zu können, eine Zweckentfremdungsgenehmigung oder eine Baugenehmigung zur Nutzungsänderung präsentieren können.[553] Eine Bauvoranfrage oder auch eine Abrissgenehmigung können ausreichen. Fehlen diese aber, ist eine Verwertungskündi-

[552] AG Bremen BeckRS 2015, 18981.
[553] AG Köln IMR 2018, 371 und AG München 15.5.2020 – 473 C 4290/19, IMR 2020, 325.

gung ausgeschlossen. Erst recht ausgeschlossen ist eine Verwertungskündigung dann, wenn man entsprechende Anträge noch gar nicht gestellt hat, also etwa ein Antrag auf Zweckentfremdungsgenehmigung nicht eingereicht ist. Dies gilt umso mehr, als eine Zweckentfremdungsgenehmigung ja durchaus mieterschützenden Charakter hat.

Es gibt aber auch andere Umstände, die eine Verwertungskündigung ausschließen. 581
Oben wurde bereits darauf hingewiesen, dass sich der Ausschluss daraus ergeben kann, dass der Vermieter das Objekt verkaufen will. Dadurch bringt er ja gerade zum Ausdruck, dass er selbst durch den Bestand des Mietverhältnisses nicht an der wirtschaftlichen Verwertung des Objekts gehindert ist. Er verwertet es ja wirtschaftlich durch den Verkauf. Die Rechtsprechung lässt in diesem Zusammenhang den Abschluss des Kaufvertrages als Verpflichtungsgeschäft ausreichen.[554] Eine Eintragung ins Grundbuch muss nicht erfolgt sein. Das ist konsequent. Eine Eintragung des Erwerbers im Grundbuch würde die Folgen des § 566 BGB auslösen, so dass der Erwerber neuer Vermieter wäre und die Interessen des Veräußerers ohnehin keine Rolle mehr spielen könnten. Auch wenn der Vermieter sich durch sein Verhalten selbst in die finanzielle Schwierigkeit hineinmanövriert hat, ist eine Verwertungskündigung ausgeschlossen. Hat der Vermieter beispielsweise über Jahrzehnte hinweg eine weit unter Markt liegende Niedrigmiete erhoben und von den einschlägigen Erhöhungsmöglichkeiten keinen Gebrauch gemacht, kann er sich nicht auf eine mangelnde Rentabilität und Verwertungsmöglichkeit berufen, wenn die Miete nicht einmal mehr reicht, um notwendige Sanierungsmaßnahmen durchzuführen.[555] **Ausschließen** kann man die Verwertungskündigung schließlich auch **durch eine entsprechende Regelung im Mietvertrag,** sei es, indem man das Recht der Parteien zur ordentlichen Kündigung für einen bestimmten Zeitraum (bis zu 4 Jahre) ausschließt, sei es, indem der Mietvertrag einen einseitigen Verzicht des Vermieters enthält.

(5) Sperre. Es kann aber auch sein, dass die Verwertungskündigung durch eine Sperre 582
gehindert ist. Eine solche **Sperre** kann ebenfalls **vertraglich vereinbart** sein. Eine solche Sperre kann sich aber auch aus dem Gesetz ergeben, nämlich zum Beispiel aus § 577a Abs. 1 BGB. Wird die Wohnung nach Abschluss des Mietvertrages in Wohnungseigentum umgewandelt und veräußert, kann sich der Erwerber grundsätzlich für drei Jahre nicht auf ein berechtigtes Interesse berufen. Diese Frist kann wie oben erläutert auf bis zu 10 Jahre verlängert werden (§ 577a Abs. 2 BGB). Die Regelung greift nicht, wenn die Umwandlung dem Erwerb des bisher nicht geteilten Hausgrundstücks durch eine Personenhandelsgesellschaft nachfolgt.[556] Eine Sperre kann sich auch aus einem Vertrag zwischen dem Vermieter und einem Dritten ergeben. Denkbar sind hier Kaufverträge, in denen der Veräußerer (etwa um seinen alten liebgewonnenen Mieter zu schützen) eine Sperre in den Kaufvertrag aufnimmt. Denkbar sind aber auch **Förderprogramme** (also ein Vertrag mit der öffentlichen Hand), die beinhalten, dass der Vermieter für eine gewisse Zeit nicht ordentlich kündigen darf. Der Mieteranwalt sollte hier einmal versuchen, entsprechende Erkundigungen einzuziehen. Der Vermietervertreter sollte beim Fehlen entsprechender Vorbehalte von vorneherein darauf hinweisen, dass es solche Gründe nicht gibt.

kk) Sonstige Gründe. Wie sich aus der Formulierung in § 573 Abs. 2 BGB ergibt, sind 583
die in den Nummern 1–3 dargestellten Gründe als **Regelbeispiele** zu verstehen. Das folgt aus dem Wort **„insbesondere"**. Daraus ist zu schlussfolgern, dass die Aufzählung nicht abschließend ist[557] und es auch andere Gründe geben muss, die ein berechtigtes Interesse des Vermieters an der Beendigung Mietverhältnisses geben muss.

(1) Allgemein. Der Gesetzgeber geht mit seiner Formulierung davon aus, dass es 584
Gründe geben kann, die den Vermieter berechtigen, das Mietverhältnis zu beenden, die

[554] AG Köln 6.1.2022 – 205 C 215/21, IMRRS 2022, 0700.
[555] LG Osnabrück 29.1.2020 – 1 S 117/19, BeckRS 2020, 1105.
[556] BGH 6.8.2025 – VIII ZR 161/24, IMR 2025, 393.
[557] Grüneberg/Weidenkaff BGB § 573 Rn. 12.

aber keiner ausdrücklichen Regelung bedürfen. Hintergrund dürfte sein, dass es ein berechtigtes Interesse geben kann, das weniger häufig auftritt oder dass ein berechtigtes Interesse sich aus Gründen ergeben kann, an die der Gesetzgeber nicht zwingend denken konnte. Im Ergebnis aber müssen die Gründe genauso schwer wiegen, wie die Regelbeispiele. **Auch sonstige Gründe müssen so stark sein, dass das Interesse des Mieters am Behaltendürfen seines Lebensmittelpunktes hinter das Beendigungsinteresse des Vermieters zurücktritt.** Ein einfacher, plausibler aber eben nicht schwerwiegender Grund reicht dafür nicht aus.

585 *(2) Einzelfälle.* Demzufolge haben sich in der Rechtsprechung und Literatur einige Fallgruppen herauskristallisiert, die so schwer wiegen, dass man ebenfalls ein berechtigtes Interesse des Vermieters an der Auflösung des Mietverhältnisses bejahen kann. Diese lassen sich im Wesentlichen auf vier Gruppen zurückführen. Dabei ist aber noch einmal darauf hinzuweisen, dass es auch weitere Gründe geben kann, die allerdings so selten auftreten, dass sie in der Jurisdiktion noch nicht wirklich Niederschlag gefunden haben.

586 *(a) Betriebsbedarf.* Ein Grund, der auch den BGH bereits mehrfach beschäftigt hat, ist der sogenannte Betriebsbedarf. Von Betriebsbedarf spricht man, wenn der Vermieter die Wohnräume für sich zur Ausübung einer beruflichen – etwa freiberuflichen – Tätigkeit benötigt. Dogmatisch siedelt der BGH den Betriebsbedarf in der Nähe des Eigenbedarfs an[558]; in der Instanzrechtsprechung gibt es dazu auch Gegenstimmen, wie zB das Amtsgericht Stuttgart in seinem Urteil vom 12.11.2021.[559] Der BGH hat sich des Themas im Zusammenhang mit einer Wohnungskündigung beschäftigt, bei der zur Begründung angegeben wurde, der Vermieter wolle die Wohnung seiner Frau zum Betrieb einer Anwaltskanzlei überlassen. Die Juristin wollte die Kanzlei im eigenen Haus betreiben, weil sie selbst in der Nachbarwohnung lebte. So könne sie immer wieder mal nach den Kindern schauen oder diese könnten in die Kanzlei kommen. Der BGH hatte hierfür Verständnis und gab der Anwältin Recht. Allerdings dämpfte das Gericht die anschließend aufgekommene Euphorie, nunmehr könne auch ein allgemeiner Betriebsbedarf als Quasi-Eigenbedarf herangezogen werden, indem es anschließend klarstellte, dass die Hürden hier sehr hoch anzusetzen seien. Im Allgemeinen gehe das Wohnrecht des Mieters einer rein gewerblichen Nutzung vor. Nur wenn weitere erhebliche Umstände – wie erstgenannten Falle – hinzuträten, könne der Betriebsbedarf Vorrang haben. Dazu müssten die Räume für die betrieblichen Abläufe der Bedarfsperson wesentliche Bedeutung haben.[560] Wenn eine Wohnung für eine rein geschäftliche Nutzung herangezogen werden soll, müssen die Gründe für die Auflösung des Mietvertrages belegen, dass der Fortbestand des Mietverhältnisses einen Nachteil von einigem Gewicht darstelle, also zum Beispiel die berufliche Tätigkeit der Bedarfsperson anderenfalls nicht gewinnbringend durchgeführt werden können.[561] Betriebsbedarf kann auch vorliegen, wenn ein Rechtsanwalt seine Wohnung zu Wohnzwecken und gleichzeitig zum Betrieb seiner Anwaltskanzlei („Wohnzimmerkanzlei") nutzen möchte. Die Kündigung ist berechtigt, wenn ansonsten beim Vermieter ein beachtenswerter Nachteil einträte.[562] In der Instanzrechtsprechung wurde Betriebsbedarf für den Fall verneint, dass die öffentlich-rechtlichen Voraussetzungen nicht gegeben sind, also zum Beispiel eine Zweckentfremdungsgenehmigung nicht vorliegt.

587 *(b) Werkswohnung.* Auch die beabsichtigte Nutzung einer Wohnung als Werkswohnung kann uU ein berechtigtes Interesse darstellen, das den Vermieter zur Kündigung berechtigt. Allerdings ist auch hier darauf zu achten, dass das Interesse des Vermieters an einer Nutzung das Interesse des Mieters, seinen Lebensmittelpunkt zu behalten,

[558] BGH NJW 2017, 2018.
[559] AG Stuttgart 12.11.2021 – 34 C 1880/21, BeckRS 2021, 51748.
[560] BGH 23.2.2021 – VIII ZR 213/20, NZM 2021, 432.
[561] BGH NJW 2017, 2018.
[562] BGH 10.4.2024 – VIII ZR 286/22, WuM 2024, 333 ff.

deutlich überwiegen muss.[563] Dazu reicht es nicht, wenn eine Kirchengemeinde die Wohnung für ihren Küster braucht, ohne dass erklärt werden könnte, warum er nicht auch in eine Wohnung in der Nähe der Kirche ziehen könnte, von der er seinen Arbeitsplatz auch zügig erreichen könnte. Auch hier zeigt sich – wie der BGH immer wieder postuliert – dass sich eine generalisierende Betrachtung verbietet und im Einzelfall eine umfassende Interessenabwägung durchzuführen ist.

(c) Abrisskündigung. Als berechtigtes Interesse wird auch der Wille angesehen, die Immobilie abzureißen, ohne eine neue Immobilie errichten zu wollen. Hier zeigt sich der Unterschied zur Verwertungskündigung. Dabei geht es dem Vermieter darum, das Objekt adäquat wirtschaftlich verwerten zu können. Bei der **Abrisskündigung** geht es dagegen darum, **das Objekt zu beseitigen.** Nach der Wende wurde von diesem Instrument insbesondere in den östlichen Bundesländern Gebrauch gemacht. Dazu gab es sogar staatliche Förderprogramme, mit denen der Komplettrückbau etwa leer gewordener Plattenbauten subventioniert wurde. Statt der abgerissenen Häuser wurde – ohne jede Verwertungsabsicht – oft eine gärtnerische Nutzung durchgeführt, also schlichtweg Gras gesät. Auch hier wurde anerkannt, dass die letzten Mieter gekündigt werden durften. 588

(d) Gründe des Gemeinwohls. Eine letzte Gruppe sind Kündigungen, die aus Gründen des **Gemeinwohls** erfolgen, also quasi einen **öffentlich-rechtlichen Hintergrund** haben. So erkannte der BGH eine Wohnungskündigung als berechtigt an, die ausgesprochen wurde, weil eine Kommune die in ihrem Eigentum stehende Wohnung zum Betrieb einer karitativen Einrichtung benötigte. Die Gemeinde wollte in der Wohnung eine psychosoziale Einrichtung betreiben. Der BGH verlangte in seinem Urteil vom 10.5.2017[564] aber eine nachhaltige Einzelfallabwägung, bei der festgestellt werden müsse, dass der Vermieter ein beachtenswertes Interesse an der Auflösung des Mietverhältnisses habe. Auch der Bedarf einer Wohnung zum Betrieb einer Kindertagesstätte stellt ein derart berechtigtes öffentliches Interesse dar.[565] 589

Nicht nur eine Kommune kann unter diesen Gesichtspunkten kündigen. Auch ein gemeinnütziger Verein, der die Wohnung zur Erweiterung seiner Kindereinrichtung benötigt, kann damit ein berechtigtes Interesse belegen.[566] Erhebliche Diskussionen gab es allerdings, als eine Gemeinde zur Unterbringung von Geflüchteten ein Wohnraummietverhältnis mit einer 81-jährigen Mieterin kündigte, die Jahre in der Wohnung gewohnt hatte.[567] Insbesondere in rechten Kreisen sorgte die Kündigung für Furore. Wenn man sich allerdings sachlich mit der Thematik auseinandersetzt und die oben dargestellten Kriterien zugrunde legt und Tatbestandsmerkmal für Tatbestandsmerkmal durchprüft, wird man auch in derart politisch brisanten Fällen zu einer vertretbaren Lösung kommen. Im Ergebnis ist jedenfalls festzuhalten, dass der Vermieter gut beraten ist, sein **Interesse sorgfältig** zu **formulieren** und unter geeignetem Beweisantritt **substantiiert vorzutragen.** 590

ll) Nebenräume. Nach § 573b BGB kann der Vermieter einen Mietvertrag über Wohnraum teilweise kündigen, ohne dass er ein berechtigtes Interesse iSv § 573 BGB hätte. Dieses besondere (Teil-)Kündigungsrecht bezieht sich auf Nebenräume und sonstige Grundstücksteile. 591

(1) Definition. Das Kündigungsrecht bezieht sich auf **Nebenräume und Grundstücksteile, die nicht zum Wohnen bestimmt sind.** Voraussetzung ist, dass der Vermieter damit Wohnraum zum Zwecke der Vermietung schaffen will oder den neu zu schaffenden Wohnraum oder vorhandenen Wohnraum mit Nebenräumen oder Grundstücksteilen ausstatten möchte. 592

[563] BGH 11.11.2020 – VIII ZR 191/18, WuM 2021, 47 ff.
[564] BGH NZM 2017, 559.
[565] LG Hamburg 12.2.2021 – 307 S 16/20, BeckRS 2021, 11710.
[566] AG Hamburg-Blankenese IMR 2016, 281.
[567] Nach einer Stern.de-Reportage die Gemeinde Nieheim in Ostwestfalen.

593 *(a) Gegenstand.* Damit umfasst das Teilkündigungsrecht zunächst einmal Räume, also umbaute Teile des Grundstücks. Die Räume dürfen **nicht zu Wohnzwecken** bestimmt gewesen sein. Derartige Räume sind Abstellkammern, Kellerabteile, Dachbodenteile, Ateliers oder Speicher.[568] Diese Nebengelasse sollen nach dem Mietvertrag nicht zu Wohnzwecken genutzt werden. Wie sie tatsächlich genutzt werden, ist demgegenüber unerheblich. Es kommt nur darauf an, welchem Zweck zu dienen sie nach dem Vertrag bestimmt waren. Das Teilkündigungsrecht bezieht sich weiterhin auch auf sonstige Grundstücksteile. Insoweit kommen vor allem Stellflächen, Gartenanteile aber auch Garagen in Betracht.

594 *(b) Teil der Mietsache.* Die genannten Räume müssen **Teil der Mietsache,** also der vermieteten Wohnung gewesen sein. Das heißt, dass sie als Wohnungsbestandteil in den Mietvertrag aufgenommen sind. Davon ist dann auszugehen, wenn sie mit der übrigen Wohnung in einer Vertragsurkunde aufgeführt sind. Sind sie dagegen Gegenstand einer zweiten Vertragsurkunde, spricht eine tatsächliche Vermutung dafür, dass sie nicht zur Wohnung gehören. In diesem Fall greifen andere Kündigungsregeln. Hiervon abzugrenzen sind durchaus kreativ zu nennende Versuche, Teile der Wohnung aus dem Mängelrecht oder den Erhaltungsverpflichtungen des Vermieters herauszunehmen, zB indem in den Vertrag aufgenommen wird, die Küche sei zur kostenfreien Nutzung überlassen oder der Keller werde leihweise übergeben. Derartige Formulierungen sind schon deshalb von vorneherein zum Scheitern verurteilt, weil der Vermieter sich damit rechtswidrig seiner gesetzlichen Pflichten entziehen will. Derartige Regelungen spielen hier demnach keine Rolle.

595 *(2) Gründe.* Auch wenn der Vermieter kein berechtigtes Interesse iSv § 573 BGB haben muss, bedarf es für die **erleichterte (Teil-)Kündigung** doch einer Begründung bzw. einer vom Gesetz anerkannten Motivation des Vermieters. Diese Gründe lassen sich aus § 573b Abs. 1 BGB ableiten. Das Gesetz benennt (abschließend!) zwei Gründe. Einmal steht dem Vermieter das besondere Kündigungsrecht zu, wenn er **neuen Wohnraum** aus den Nebengelassen oder den Grundstücksflächen herstellen und diesen dann zu Wohnzwecken vermieten will. Das ist zum Beispiel dann der Fall, wenn der Vermieter den Dachboden ausbauen und dort eine neue Wohnung herstellen will. Der andere Fall liegt darin, dass der Vermieter die Nebengelasse oder Grundstücksflächen **einer anderen Wohnung** – sei es einer neu errichteten oder einer Bestandswohnung – **zuschlagen** möchte. Im letzteren Fall wird man sorgfältig zu begründen haben, warum die andere Wohnung einen höheren Bedarf geltend machen kann als der Mieter, dem die Teile nach dem Vertrag zustanden.[569]

596 *(3) Folgen.* Liegen die Voraussetzungen vor, kann der Vermieter gemäß § 573b Abs. 2 eine (Teil-)Kündigung erklären. Er muss darin angeben, auf welchen Teil der Mietsache (welches Nebengelass, welche Grundstücksfläche) sich die Kündigung konkret bezieht und was er damit machen möchte. Die Kündigung ist zum dritten Werktag eines Kalendermonats zum Ablauf des übernächsten Kalendermonats zulässig. Sodann muss die Miete gemäß § 573b Abs. 4 BGB auf Verlangen des Mieters angemessen ermäßigt werden. Wenn sich die Umbauarbeiten verzögern, kann der Mieter die einstweilige Fortsetzung des Mietverhältnisses über die gekündigte Teilfläche verlangen.

597 *mm) Garagen/Keller.* Von den mitvermieteten Teilflächen abzugrenzen sind solche Bereiche des Grundstücks oder des Gebäudes, die dem Mieter außerhalb des Vertrages, also insbesondere auf einer anderen vertraglichen Grundlage überlassen wurden. Dabei handelt es sich insbesondere um solche Teile, über die ein anderer Vertrag abgeschlossen wurde und die gerade nicht im Wohnungsmietvertrag aufgeführt sind.

598 *(1) Garagen.* Bereits in den Jahren 2012 und 2013 hat der BGH in etlichen Entscheidungen klargestellt, dass solche Teile des Grundstücks oder des Gebäudes, die der

[568] Grüneberg/Weidenkaff BGB 573b Rn. 3.
[569] Vgl. idS auch LG Hamburg IMR 2017, 25.

Mieter nicht auf Grund des Wohnungsmietvertrages, sondern aufgrund einer separaten vertraglichen Vereinbarung nutzen darf, nicht Bestandteil der Wohnung sind. Der BGH hat dabei deutlich gemacht, dass in den Fällen, in denen über Nebenflächen eine gesonderte Vertragsurkunde errichtet wurde, eine tatsächliche Vermutung Platz greife, dass es sich auch um zwei getrennte und getrennt zu behandelnde Verträge handele. Daher gelten hier auch unterschiedliche Regelungen.[570] Insbesondere für die Kündigung sei in derartigen Fällen auf die Regeln über die Kündigung sonstiger Flächen (§ 580a BGB) anzuwenden sind. Diese Rechtsprechung hat auch in der Instanzrechtsprechung ihren Widerhall gefunden. Der BGH hat sie vor kurzem wiederholt und noch einmal ganz deutlich gemacht, dass die von sozialem Mieterschutz zeugenden Kündigungsregeln über Wohnraum für gesondert vermietete Nebenflächen nicht anwendbar sind.

(2) Keller. Diese Rechtsprechung hat der BGH nunmehr auch auf einen Kellerraum 599
ausgedehnt, über den die Parteien eine Nutzungsvereinbarung in einer gesonderten Urkunde geschlossen hatten. Der Keller war nicht als Bestandteil der Wohnung im Wohnungsmietvertrag aufgeführt worden. Vielmehr hatten die Parteien eine zweite Mietvertragsurkunde nur bezogen auf den Kellerraum errichtet. Der BGH ließ auch hier die tatsächliche Vermutung Platz greifen, dass es sich damit um zwei verschiedene Verträge handele, die auch rechtlich unterschiedlich zu behandeln sind.[571]

g) Mietverhältnisse mit ermäßigtem Kündigungsschutz. Grundsätzlich bedarf der 600
Vermieter einer Wohnung eines berechtigten Interesses. Es gibt aber auch Fälle, in denen von diesem Grundsatz abgewichen wird. Das ist dann der Fall, wenn es Gründe gibt, die es unbillig erscheinen lassen, an den Regelungen zum berechtigten Interesse festzuhalten. Der Gesetzgeber orientiert sich bei der Frage, wann der Vermieter privilegiert sein soll, maßgeblich an der Art der Wohnung bzw. der vermieteten Räume.

aa) Erleichterte Kündigung. Der erste Fall, in dem der Gesetzgeber dem Vermieter ein 601
Privileg in Bezug auf die Kündigung zubilligt, ist § 573a BGB. Danach bedarf der Vermieter dann keines berechtigten Interesses, wenn Mieter und Vermieter örtlich oder gar räumlich eng beieinander wohnen. Das Gesetz benennt dazu in der Überschrift zu § 573a BGB den Begriff der „erleichterten Kündigung". Dabei werden in § 573a BGB zwei Fälle genannt, in denen eine erleichterte Kündigung zulässig ist.

bb) Fälle. (1) Wohnung in von Vermieter selbst bewohnten Zweifamilienhaus. Der erste 602
Fall ist dann erfüllt, wenn die Wohnung in einem Gebäude liegt, in dem es nur zwei Wohnungen gibt, also zB ein Zweifamilienhaus mit Einliegerwohnung. Eine der Wohnungen muss der Vermieter selbst bewohnen.[572] Die andere Wohnung ist die vermietete Wohnung, die gekündigt werden soll. Wenn Vermieter und Mieter damit quasi allein unter einem Dach leben, soll der Vermieter nicht derselben Prozedur und Beschränkung unterworfen sein, wie wenn dies nicht der Fall wäre, also beide Parteien etwa in getrennten Häusern wohnten oder im Haus etliche weitere Mieter lebten. Grundsätzlich braucht es sich bei dem Gebäude nicht um ein Zweifamilienhaus zu handeln. Auch wenn es sich um ein Geschäftshaus mit mehreren gewerblich genutzten Einheiten handelt, in dem nur zwei Wohnungen vorhanden sind, greift die Regelung zur erleichterten Kündigung. Wenn allerdings in einem solchen Gebäude auch solche Einheiten sind, die zwar derzeit gewerblich genutzt werden, aber auch zu Wohnzwecken genutzt werden könnten, greift das Privileg aus § 573a Abs. 1 BGB nicht, wie der BGH in seinem Urteil vom 18.2.2015[573] entschieden hatte.

(2) Räume innerhalb der vom Vermieter genutzten Wohnung. Der zweite Fall der erleich- 603
terten Kündigung ist in § 573a Abs. 2 BGB geregelt. Diese Norm erklärt die Regelung des Absatzes 1 für analog anwendbar, wenn sich die Räume, die der Mieter gemietet hat,

---

[570] BGH NZM 2013, 726 u. BeckRS 2013, 17811 sowie BeckRS 2013, 20413 und 14.12.2021 – VIII ZR 95/20, BeckRS 2021, 46543.
[571] BGH 5.7.2023 – VIII ZR 94/21, BeckRS 2023, 24399.
[572] Schmidt-Futterer/Blank/Börstinghaus BGB § 573a Rn. 14.
[573] BGH NZM 2015, 452.

in einer vom Vermieter selbst gemieteten Wohnung befindet. Voraussetzung ist, dass es sich nicht um möblierten Wohnraum iSv § 549 Abs. 2 Nr. 2 BGB handelt. Es liegt auf der Hand, dass dann, wenn Vermieter und Mieter sogar in derselben Wohnung leben, auch eine erleichterte Kündigung möglich sein muss.

604 *(3) Berufung auf die erleichterte Kündigung.* Will sich der Vermieter auf das Recht zur erleichterten Kündigung berufen, muss er dies in seinem Kündigungsschreiben angeben (§ 573a Abs. 3 BGB).

605 Macht der Vermieter von seinem Recht Gebrauch, hat dies zur Folge, dass sich die Kündigungsfrist für ihn um 3 Monate verlängert. Damit soll wiederum der Mieter geschützt werden. Das kann bedeuten, dass Vermieter und Mieter bei langdauernden Mietverhältnissen nach Zugang der Kündigung längstens noch fast 12 Monate miteinander auskommen müssen.

606 *(4) Gegenrechte des Mieters.* Wichtig ist, dass der Mieter keineswegs rechtlos gestellt ist und keine Möglichkeit hätte, der Kündigung entgegenzutreten. Abgesehen von der Verlängerung der Kündigungsfrist hat der Mieter auch in Fällen der erleichterten Kündigung die Möglichkeit, der Kündigung zu widersprechen (§ 574 BGB). Daraus lässt sich für den Vermieter ableiten, dass er einerseits bereits bei der Kündigung angeben sollte, was ihn zu seinem Schritt motiviert. Sollte es sich hier um nachvollziehbare und respektable Gründe handeln, sollte der Vermieter keinen Hehl daraus machen. Wenn seine Motivation sich sogar unter einen der Gründe subsummieren lässt, die in § 573 BGB zur Begründung eines berechtigten Interesses aufgeführt sind, spricht nichts dagegen, sich zur Begründung der Kündigung ggfs. hilfsweise auch darauf zu stützen. Wenn der Vermieter einer Einliegerwohnung in einem Zweifamilienhaus, in dem er selbst lebt, diese kündigen möchte, weil seine mittlerweile volljährig gewordene Tochter darin einen eigenen Hausstand gründen möchte, sollte er sich (auch bzw. hilfsweise) auf diesen Grund ebenfalls berufen. Praktisch ist das allerdings auch deshalb sinnvoll, weil dem Mieter damit ein plausibler und billigenswerter Grund benannt wird. Das macht die Kündigung für den normaldenkenden Mieter akzeptabler, als wenn er das Gefühl hätte, dem Vermieter „gefalle seine Nase nicht mehr".

607 *cc) Studenten- oder Jugendwohnheim.* Die strengen Kündigungsregelungen gelten auch nicht, wenn die Wohnung in einem Studentenwohnheim oder einem Jugendwohnheim liegt, wie in § 549 Abs. 4 BGB explizit geregelt ist. Da hier – anders als in § 549 Abs. 3 BGB – nicht normiert ist, dass der Vermieter eine juristische Person des öffentlichen Rechts oder ein anerkannter privater Träger der Wohlfahrtspflege sein muss, umfasst die Vorschrift auch private Studentenwohnheime und Jugendwohnheime. Voraussetzung ist, dass der Vermieter ein Wohnkonzept hat, das einen planmäßigen und zügigen Bewohnerwechsel nach abstrakt-generellen Regeln enthält und an das der Vermieter gebunden sein muss. Wie sich aus § 549 Abs. 4 BGB ergibt kann sich aber auch in derartigen Fällen der Mieter auf die Regelung des § 574 BGB berufen und ist etwa der Willkür des Vermieters nicht schutzlos ausgesetzt.

608 *dd) Werkmietwohnungen.* Bei Werkmietwohnungen muss der Vermieter für die Kündigung zwar grundsätzlich ein berechtigtes Interesse haben. In § 576 Abs. 1 BGB sind aber weitere über § 573 BGB hinausgehende Gründe genannt, die dann im Ergebnis zu einer deutlich erleichterten Kündigungsmöglichkeit führen. Hat das Mietverhältnis noch keine 10 Jahre gedauert, kann der Vermieter darauf verweisen, dass er die Wohnung für einen anderen Dienstnehmer benötigt. Erfordert das Dienstverhältnis die Überlassung von Wohnraum und steht die Wohnung in unmittelbarer Beziehung oder Nähe zum Arbeitsplatz, kann der Wohnraum aus dem gleichen Grund gekündigt werden, wenn er für einen anderen Dienstnehmer benötigt wird. Bemerkenswert ist noch, dass der Mieter hier sich zwar grundsätzlich auf die §§ 574 ff. BGB berufen kann. Das gilt aber nicht, wenn der Vermieter nach § 576 Abs. 1 Nr. 2 BGB gekündigt hat oder der Mieter das Dienstverhältnis von sich ausgelöst hat, ohne dass hierfür ein Grund vorlag

oder der Mieter durch sein Verhalten gegenüber dem Dienstherrn einen Anlass gegeben hat, der eine Kündigung des Dienstverhältnisses rechtfertigen würde.

h) Mietverhältnisse „ohne" Kündigungsschutz. Es gibt auch Mietverhältnisse, die frei gekündigt werden können, in denen der Mieter quasi ohne den üblichen sozialen Kündigungsschutz steht. Diese Mietverhältnisse sind allerdings auf Ausnahmen beschränkt. Aus der Art und dem Zweck des Mietverhältnisses zeigt sich auch, dass in diesen Fällen ein Kündigungsschutz zugunsten des Mieters nicht erforderlich ist. 609

aa) Mietverhältnisse nur zu vorübergehendem Gebrauch. Die Regelung hierzu findet sich in § 549 Abs. 1 Nr. 1 BGB. Mietverhältnisse nur zu vorübergehendem Gebrauch sind solche Mietverhältnisse, bei denen Wohnung zwar durchaus für einen längeren Zeitraum, aber eben nur zum vorübergehenden Gebrauch vermietet werden Dabei kann es sich zum Beispiel um eine Monteurswohnung handeln, die der Monteur selbst für sich anmietet, die er aber nur benötigt, solange er „auf Montage" ist. Es kann sich um eine (unbefristet angemietete) Ferienwohnung handeln oder auch um Pensions- und Hotelzimmer. Allerdings sind damit nicht solche Verträge gemeint, die ohnehin nur für eine befristete Zeit abgeschlossen sind, wie etwa bei der Anmietung einer Ferienwohnung an der Ostsee für zwei Wochen oder bei der Anmietung eines Hotelzimmers für zwei Nächte etwa zum Besuch einer Fachtagung. In diesen Fällen liegt eine (zulässige!) Befristung vor, so dass hier die ordentliche Kündigung insgesamt ausgeschlossen ist. Gemäß § 549 Abs. 1 BGB gelten hier die Regelungen des sozialen Mieterschutzes, insbesondere aber die §§ 574 bis 575 BGB nicht. 610

bb) Möblierte Zimmer in der Wohnung des Vermieters. Auch für möblierte Zimmer, die in der Wohnung des Vermieters liegen, gelten die sozialen Mieterschutzrechte gerade nicht. Voraussetzung ist, dass sich der Mietvertrag auf Wohnraum bezieht, der in der Wohnung des Vermieters liegt, die der Vermieter selbst bewohnt. Der Vermieter muss die dem Mieter überlassenen Teile der Wohnung selbst möbliert haben, dh er muss die wesentlichen Möbel, die der Mieter zum Wohnen braucht, gestellt haben. Wenn diese Voraussetzungen vorliegen, greifen die Regelungen des sozialen Mieterschutzes ebenfalls grundsätzlich nicht ein. Allerdings gibt es hier eine Ausnahme: Wurde der Wohnraum nämlich dem Mieter und seiner Familie oder Personen, mit denen der Mieter dauernd einen gemeinsamen Hausstand führt, überlassen, gilt die Ausnahme nicht. Der Gesetzgeber hat hier also eine Ausnahme zur Ausnahme formuliert. Ob dieser Sonderfall praktisch relevant ist, mag dahinstehen. Denkbar ist, dass ein Mieter einen Untermietvertrag schließt und die Räume der von ihm selbst angemieteten Wohnung möbliert an ein junges Pärchen mit Kind vermietet, was bei studentischen Wohnprojekten gelegentlich vorkommt. 611

cc) Wohnraum eines Wohlfahrtsträgers. Wohnraum eines Wohlfahrtsträgers, die an Menschen mit dringendem Wohnbedarf überlassen werden. Schließlich hat der Gesetzgeber in § 549 Abs. 1 Nr. 3 BGB noch geregelt, dass die strengen Mieterschutznormen auch dann nicht gelten sollen, wenn es sich um Wohnraum handelt, den eine juristische Person des öffentlichen Rechts oder ein anerkannter privater Träger der Wohlfahrtspflege selbst angemietet hat, um diesen Wohnraum an Personen mit dringendem Wohnbedarf zu überlassen. Die juristische Person des öffentlichen Rechts oder der anerkannte private Träger der Wohlfahrtspflege wird dabei zum Zwischenmieter. Der Wohnraum wird dabei angemietet, um ihn an solche Personen zu überlassen, die auf dem freien Wohnungsmarkt nur schwer eine Wohnung finden (zum Beispiel eine haftentlassene Person, die eine Strafe wegen Sexualdelikten verbüßt hat). Voraussetzung ist, dass der Mieter bei Abschluss des Mietvertrages auf die Sonderregelung und die Ausnahme von den in § 549 Abs. 1 BGB benannten Normen hingewiesen wurde. 612

i) Gegenrechte des Mieters. Wie bereits mehrfach erwähnt, ist der Mieter einer ordentlichen nicht schutzlos ausgeliefert. Auch wenn die Kündigung formell wirksam erklärt wurde und wenn für sie materiell zutreffende Gründe streiten, der Vermieter also 613 gerade ein berechtigtes Interesse an der Beendigung des Mietverhältnisses hat, kann der Mieter der Kündigung entgegentreten.

614 *aa) Überblick.* Der Mieter kann der Kündigung gemäß § 574 Abs. 1 BGB (Sozialklausel[574]) nämlich widersprechen und vom Vermieter die Fortsetzung des Mietverhältnisses verlangen, wenn die Beendigung des Mietverhältnisses für ihn selbst, seine Familie oder Angehörige seines Haushalts eine besondere Härte bedeuten würde, die auch unter Würdigung der berechtigten Interessen des Vermieters nicht zu rechtfertigen wäre. Eine derartige Härte kann sowohl dauernder Natur wie auch vorübergehender Natur sein. Dauernder Natur ist sie dann, wenn sie für unabsehbare Zeit vorliegt. Das kann zum Beispiel eine unheilbare Krankheit des Mieters sein. Vorübergehender Natur ist die Härte dann, wenn sie durch Zeitablauf oder einen äußeren Umstand endet. Ein Beispiel hierfür kann das Examen eines studierenden Mieters sein. Niemand wird dem cand. jur., der kurz vor dem Freischussexamen steht, zumuten, dieses ausfallen zu lassen und erst einmal die Wohnung zu räumen und herauszugeben. Das kann einige Wochen nach dem Examen immer noch geschehen. Auch das Argument, dass Ersatzwohnraum zu adäquaten Bedingungen nicht beschaffbar ist, kann die Härte im Sinne des § 574 Abs. 1 BGB begründen (vgl. § 574 Abs. 2 BGB).

615 Um es noch einmal deutlich zu sagen: § 574 BGB regelt den Fall, dass der Vermieter eine wirksame Kündigung erklärt hat, die zur Beendigung des Mietverhältnisses führt. Der Mieter kann das Fortlaufen des (alten) Vertrages verlangen; die Wirkung der Kündigung wird dann quasi in Gänze aufgehoben oder zumindest für eine bestimmte Zeit ausgesetzt. Wie der BGH in seiner Entscheidung vom 22.5.2019 sehr deutlich ausgeführt hat, stehen sich mit der berechtigten Kündigung einerseits und dem berechtigten Widerspruch andererseits zwei von Verfassungswegen gleich geschützte Rechte und Interessen gegenüber. Die Gerichte müssen daher eine sorgfältige Interessenabwägung vornehmen.[575] Dazu aber bedarf es sowohl seitens des Vermietervertreters als auch seitens des Mietervertreters sehr ausführlichen und substantiierten Vortrags.

616 Auf die Härte kann der Mieter sich nicht berufen, wenn der Kündigungsgrund auch für eine außerordentliche, fristlose Kündigung ausgereicht hätte (also zB bei einer Zahlungsverzugskündigung nach §§ 543, 569 BGB, die durch eine Schonfristzahlung geheilt wurde, so dass die hilfsweise erklärte ordentliche Kündigung zur Beendigung des Mietverhältnisses führt). Das Gericht nimmt in solchen Fällen eine Interessenabwägung vor und setzt das Interesse des Vermieters am Auszug aus der Wohnung in Relation zum Interesse des Mieters, den Besitz an der Wohnung behalten zu dürfen. Fällt die Entscheidung zugunsten des Mieters aus, darf er (eventuell nur vorläufig) in der Wohnung bleiben. Ansonsten muss er ausziehen.

617 *bb) Voraussetzungen im Einzelnen.* Damit sich der Mieter wirksam auf die Sozialklausel in § 574 BGB berufen und die Fortsetzung des Mietverhältnisses verlangen kann, müssen die allgemeinen Voraussetzungen wie Anwendbarkeit der Regelung, Beachtung der formellen Voraussetzungen und Vorliegen der materiellen Gründe erfüllt sein. Hinzukommen muss, dass die im Gesetz geregelten Ausschlussgründe nicht Platz greifen.

618 *(1) Wohnungsmietvertrag.* Zwischen den Parteien muss ein Wohnungsmietvertrag bestanden haben. § 574 BGB greift nur für das Wohnungsmietrecht. Nur hier gilt, dass der Lebensmittelpunkt des Mieters geschützt werden soll. Bei Mietverhältnissen, in denen die gewerbliche Nutzung der vermieteten Räume überwiegt, greift die Schutzregelung gerade nicht Platz. In derartigen Fällen gilt insgesamt das Recht der gewerblichen Miete, das derartige Schutzrechte zugunsten des Mieters ebengerade nicht vorsieht.[576]

---

[574] Schmidt-Futterer/Hartmann BGB § 574 Rn. 1.
[575] BGH 22.5.2019 – VIII ZR 180/18, NJW 2019, 2765 ff.
[576] LG Köln 20.1.2021 – 4 O 84/20, BeckRS 2021, 1236.

(2) Wirksame Kündigung. Das Mietverhältnis muss durch den Vermieter wirksam gekündigt worden sein. Wenn keine wirksame Kündigung erklärt wurde, endet das Mietverhältnis auch nicht, so dass der Mieter keines Schutzes bedarf. Eines Schutzes bedarf der Mieter auch dann nicht, wenn er das Mietverhältnis selbst gekündigt hat. In der Praxis liest man nicht selten, dass der Mieter seine Kündigung „zurücknimmt". Das geht aus juristischen Gründen nicht, weil eine Kündigung im Augenblick des Zugangs wirkt. Danach kann er dem Vermieter einen Antrag auf Abschluss eines neuen Mietvertrages übermitteln. Wenn dieses Angebot jedoch nicht angenommen wird, ist der Mieter nach Ablauf der Kündigungsfrist zur Räumung und Herausgabe der Räume verpflichtet. Auch wenn der Mieter einem Aufhebungsvertrag zugestimmt hat (sei es außergerichtlich oder im Verfahren im Rahmen eines Räumungsvergleiches) kann der Mieter sich auf das Vorliegen einer Härte iSv § 574 BGB nicht berufen.[577] Gleiches gilt, wenn ein Mietverhältnis zulässigerweise befristet abgeschlossen wurde, wobei hier die ordentliche Vermieterkündigung ohnehin ausgeschlossen sein dürfte. 619

(3) Widerspruch. Der Mieter muss der Kündigung widersprechen. Dabei muss der Begriff „Widerspruch" nicht unbedingt fallen. Bekanntlich schadet eine Falschbezeichnung nicht, wenn sich nur aus der Äußerung und den Umständen ergibt, dass der Mieter die Kündigung nicht akzeptieren will und er ihr unter Beschreibung (auch hier muss nicht die gesetzliche Formulierung wiederholt werden) seiner Härtegründe entgegentritt. Als Widerspruch dürfte also der Satz des Mieters: „Wenn ich ausziehen muss, bringe ich mich um" durchaus ausreichen, um eine Diskussion im Rahmen von § 574 BGB zu eröffnen. 620

(4) Form. Der Widerspruch ist gemäß § 574b Abs. 1 S. BGB schriftlich zu erklären. Schriftlich heißt gemäß § 126 Abs. 1 BGB auf einer Urkunde (also idR auf Papier), die handschriftlich unterzeichnet werden muss (der zweite Fall des § 126 Abs. 1 BGB, nämlich der des notariell beglaubigten Handzeichens spielt in der Praxis keine Rolle mehr). Das Problem, das hier liegt, sind – wenn man so will – die modernen Medien, also WhatsApps, SMS, Faxe (insofern diese heute noch als modern gelten), E-Mails uÄ Gerade jüngere Mieter verwenden die Schriftform idR nicht mehr, sondern kommunizieren mit dem Vermieter auf Internetplattformen oder eben mittels Handy. Das Bewusstsein, dass eine derartige Erklärung gerade nicht ausreicht, gibt es oft nicht. Zu beobachten ist, dass dies auch gilt, wenn der Vermieter bei der Kündigung pflichtgemäß auf die Schriftform des Widerspruchs hingewiesen hatte. Für viele Teilnehmer am Rechtsverkehr ist eine E-Mail „schriftlich" ebenso wie eine WhatsApp. Beachtet die Erklärung des Widerspruchs aber nicht die nach § 574b Abs. 1 S. 1 BGB vorgeschriebene Schriftform, entfaltet sie uU keine Wirkung. 621

(5) Frist. Die Erklärung ist fristgebunden. Sie muss gemäß § 574b Abs. 2 S. 1 BGB bis spätestens zwei Monate vor der Beendigung des Mietverhältnisses zugegangen sein. Ansonsten kann der Vermieter den Widerspruch ablehnen. Nur wenn der Vermieter nicht pflichtgemäß auf die Wirksamkeitsvoraussetzungen des Widerspruchs hingewiesen hatte, verlängert sich die Frist (§ 574b Abs. 2 S. 2 BGB). Der Widerspruch kann dann noch bis zum Ende der ersten mündlichen Verhandlung im Räumungsrechtsstreit erklärt werden. Aus der Frist lässt sich auch ableiten, dass die Gründe vor Ablauf der Kündigungsfrist vorgelegen haben müssen,[578] muss der Mieter sie doch grundsätzlich zwei Monate vor Beendigung des Mietverhältnisses vorbringen. Gründe, die erst nach Beendigung des Mietverhältnisses entstanden sind, sind nicht zu berücksichtigen. Umgekehrt gilt aber auch, dass die Härtegründe noch am Schluss der mündlichen Verhandlung vorliegen müssen.[579] 622

[577] Schmidt-Futterer/Hartmann BGB § 574 Rn. 15.
[578] LG Berlin 28.9.2023 – 67 S 101/23, IMRRS 2023,1301.
[579] AG München 10.3.2023 – 461 C 1702/21, IMR 2024, 21.

623 *(6) Gründe.* Gemäß § 574 Abs. 1 S. 2 BGB ist der Widerspruch auf Verlangen des Vermieters zu begründen. Dabei können verschiedene Gründe Platz greifen, wobei auch mehrere Gründe nebeneinander Wirksamkeit entfalten können.

624 *(a) Fehlender Ersatzwohnraum.* Eine soziale Härte, auf die der Mieter sich berufen kann, wenn er gegen die Kündigung vorgehen will, ist das Fehlen von angemessenem Ersatzwohnraum, der zu zumutbaren Bedingungen beschafft werden kann. Dieses Fallbeispiel sieht der Gesetzgeber als so wichtig an, dass er ihm eine eigene Regelung gewidmet hat. In § 574 Abs. 2 BGB ist nämlich geregelt, dass eine Härte im genannten Sinne auch dann vorliegt, wenn angemessener Ersatzwohnraum zu zumutbaren Bedingungen nicht beschafft werden kann. Ob sich das allein daraus ableiten lässt, dass die Mieter Sozialhilfe beziehen, mag indessen bezweifelt werden.[580] Auch die Tatsache, dass Wohnraum allgemein knapp ist, stellt für sich keinen Härtegrund dar.[581] Auf das Fehlen von Ersatzwohnraum kann sich der Mieter aber nur dann berufen, wenn er alles ihm Zumutbare unternommen hat, um Ersatzwohnraum aufzufinden. Dies erfordert zwingend die Entfaltung von Anmietbemühungen vor Ablauf der Kündigungsfrist. Im Prozess muss er dazu umfassend und substantiiert vortragen.[582] In diesem Zusammenhang sei noch darauf hingewiesen, dass Rechtsprechung und Literatur bei der Beschaffung von Ersatzwohnraum stets nur an die Anmietung denken. Noch nicht diskutiert wurde indessen, ob auch der Kauf einer Eigentumswohnung als zumutbare Beschaffung von Ersatzwohnraum betrachtet werden kann. Insbesondere in Zeiten extrem niedriger Bauzinsen und umfassender Förderprogramme, wie es sie in der Vor-Corona-Zeit gab, konnte es durchaus sein, dass es zwar keine Mietwohnungen zu zumutbaren Neuvermietungsmieten gab, sehr wohl aber Eigentumswohnungen günstig zu finanzieren waren.

625 *(b) Alter/Krankheit.* Als Härtegrund wird immer wieder das Alter der Mieter, häufig verbunden mit dem Verweis auf altersbedingte Gesundheitseinschränkungen, ins Feld geführt. Dabei ging die Instanzrechtsprechung früher davon aus, dass ein hohes Lebensalter der Mieter, ggfs. in Kombination mit altersgerechten Krankheitssymptomen, per se einen Härtegrund darstellte.[583] Dem hat der BGH in etlichen Entscheidungen eine klare Absage erteilt. Allein das Lebensalter der Mieter lässt keinen Schluss darauf zu, ob der Verlust der Wohnung für den Mieter eine unzumutbare Härte darstellt.[584] Zunächst einmal ist der Verlust der Wohnung verbunden mit dem Zwang, aus dem gewohnten Umfeld wegzuziehen und einen Umzug in Ersatzwohnraum vorzunehmen, für jeden Mieter belastend. Umzüge sind per se nicht schön. Dies gilt auch für ältere Herrschaften. Allerdings soll es auch ältere Mieter geben, die körperlich und geistig sehr fit sind und die darüber hinaus in einer finanziellen Situation leben, die ihnen nicht nur kleine Sprünge ermöglicht. Warum es für diese Personengruppe allein auf Grund ihres Alters belastender sein soll, ihre Wohnung wechseln zu müssen, als etwa für eine junge Familie mit drei kleinen Kindern, erschließt sich nicht. Der BGH hat daher zurecht postuliert, dass zum Lebensalter weitere Umstände hinzutreten müssen, die den Verlust der Wohnung als sozial ungerechtfertigt erscheinen lassen. So hat der BGH mit Urteil vom 3.2.2021[585], klargestellt, dass die Feststellung, der Mieter sei sehr alt, für sich genommen ohne weitere Feststelllungen zu Folgen des Wohnungsverlustes für den Mieter keine Härte begründe. Es müssten erst weitere Umstände hinzutreten, die konkrete negative Folgen belegen könnten. Gleiches gelte auch für das langjährige Wohnen in der Wohnung. Auch hier müssten weiter Umstände hinzutreten, etwa inwieweit der Mieter auf sein gegenwärtiges Lebensumfeld angewiesen sei (Drohen von Vereinsamung in einem

[580] IdS aber AG Lübeck 1.2.2022 – 33 C 1544/21, IMR 2022, 437.
[581] So der BGH 22.5.2019 – VIII ZR 180/18, NJW 2019, 2765; dem folgend AG Schöneberg 17.10.2022 – 105 C 191/22, IMRRS 2023, 0430.
[582] BGH 11.12.2019 – VIII ZR 144/19, MDR 2020, 402 f.
[583] So zB AG Pforzheim IMR 2017, 315.
[584] So in der Instanz auch AG Berlin-Mitte 11.8.2021 – 10 C 3/19, IMR 2022, 179.
[585] BGH 3.2.2021 – VIII ZR 68/19, NJW-RR 2021, 461.

neuen sozialen Umfeld, eine sich um den Mieter kümmernde Gemeinschaft und soziale Kontakte, Ärzte vor Ort usw). Diese Entscheidung hat der BGH mit Beschluss vom 15.3.2022[586] noch einmal ausführlich bestätigt. Hinzukommen müssten etwa Umstände wie eine langwierige Krankheit des Mieters, die sich durch den Umzug verschlimmern könnte (etwa Demenz).[587] Auch schwere psychische Beeinträchtigungen können einen Härtegrund darstellen und einer Kündigung entgegenstehen.[588]

Auch die Instanzgerichte folgen zwischenzeitlich diesen Vorgaben. Ähnlich wie der 626
BGH entschied das Amtsgericht Berlin-Mitte in einem Urteil vom 11.8.2021.[589] Auch hier wurde dargelegt, dass allein das Alter keinen Härtegrund darstelle, sondern weitere Umstände, wie etwa eine Krankheit, deren Verschlimmerung droht, hinzukommen müsste. Sogar noch härter entschied das AG München; nach seinem Urteil vom 26.7.2018 reichen nicht einmal Alter „plus" Armut aus, um einen Härtegrund hinreichend zu rechtfertigen.[590] Der BGH weist darauf hin, dass es Aufgabe der Gerichte sei, bei Zweifeln ein Gutachten einzuholen. Dies könne und solle im Zweifel auch von Amts wegen geschehen. Behauptet also zB ein Mieter, ihm sei ein Umzug wegen einer bestehenden Erkrankung nicht zuzumuten und legt zum Beweis ein ärztliches Attest vor, muss im Falle des Bestreitens gleichwohl ein Gutachten eingeholt werden.[591] Interessant ist in diesem Zusammenhang noch eine Entscheidung des AG Berlin-Mitte, das ausgeurteilt hat, dass die krankheitsbedingte Unfähigkeit, sich eine neue Wohnung zu suchen, als Härtegrund durchaus in Betracht komme.[592]

(c) Behinderung. In eine ähnliche Richtung wird auch in Bezug auf die Behinderung 627
des Mieters argumentiert. Auch hier reicht die Tatsache, dass der Mieter oder ein Familienmitglied des Mieters behindert ist, für sich noch nicht aus, um eine unzumutbare Härte zu begründen. Es müssen vielmehr weitere Umstände hinzutreten. So muss eine Verschlechterung der Behinderung zu gewärtigen sein, eine Krankheit der behinderten Person dem Umzug entgegenstehen, eine medizinische oder soziale Versorgung in der neuen Umgebung nicht ohne weiteres möglich sein usw. Hier wird das Gericht ebenfalls im Falle substantiierten Bestreitens ein Gutachten einzuholen haben. Haben die Mieter mit Wissen und Wollen hinsichtlich der Behinderung bereits erhebliche Investitionen in die Wohnung eingebracht, die sich noch nicht amortisiert haben, kann auch dies für unzumutbare Härte sprechen. In Extremfällen jedoch dürften die Voraussetzungen des § 574 BGB gegeben sein. Ist der Sohn des Mieters geistig schwerstbehindert und auch noch blind, geht das Interesse des Mieters am Behaltendürfen der Wohnung dem Erlangungsinteresse des Vermieters vor.[593]

(d) Es passt gerade nicht. Ein sozialer Härtegrund muss nicht bis zum Ende aller Zeiten 628
vorliegen. Es kann durchaus sein, dass der angeführte Grund nur vorübergehender Natur ist. Schließlich kann das Gericht die Fortsetzung des Mietverhältnisses auch für „nur" eine bestimmte Zeit anordnen. Fälle, die sich hier einordnen lassen, sind zum Beispiel die Berufsausbildung eines Kindes des Mieters. Steht ein Kind beispielsweise in einem Ausbildungsverhältnis bei einem Arbeitgeber, der seinen Sitz in fußläufiger Entfernung hat und steht das Ende der Ausbildung kurz bevor, kann das Gericht die Kündigung als sozial ungerechtfertigt judizieren, aber das Mietverhältnis nur für eine begrenzte Zeit fortsetzen. Zu dieser Bewertung gehören auch Prüfungsereignisse, etwa ein Examen an der Universität. Steht ein studierender Mieter etwa 1 Jahr vor dem Examen, kann eine Kündigung für ihn eine unzumutbare Härte bedeuten, weil er mitten in der Prüfungszeit umziehen müsste. Hat er sein Studium dann erfolgreich absolviert,

586 BGH 15.3.2022 – VIII ZR 81/20, BeckRS 2022, 7991.
587 BGH 22.9.2019 – VIII ZR 180/18, NJW 2019, 2765 ff.
588 AG Köln 23.6.2020 – 210 C 224/12, IMR 2020, 370.
589 AG Berlin-Mitte 11.8.2021 – 10 C 3/19, IBRRS 2022, 0534.
590 AG München IMR 2019, 369.
591 BGH 28.4.2021 – VIII ZR 6/19, NZM 2021, 597.
592 AG Berlin-Mitte IMR 2016, 508.
593 LG Lübeck IMRRS 2015, 0343.

kann das Mietverhältnis getrost beendet werden. Auch wenn Kinder der Mieter hier von einer Prüfungssituation betroffen sind (Beispiel: Abitur), kann eine vorübergehende Aussetzung der Kündigung eine soziale Härte vermeiden. Dies gilt uU auch für die Schwangerschaft der Mieterin. Eine soziale Härte kann auch darin liegen, dass die Mieterin zum Zeitpunkt des Beendigungstermins niederkommen würde. Weder einer Frau unmittelbar vor der Niederkunft noch einer Wöchnerin kann zugemutet werden, einen Wohnungsumzug zu organisieren. Anderes gilt, wenn die Geburt einige Zeit zurückliegt und das Kind bereits einige Monate alt ist.

629 *(e) Investitionen in die Wohnung.* Auch Investitionen in die Wohnung, die der Mieter gemacht hat, können eine Kündigung als unzumutbar iSd § 574 erscheinen lassen. Voraussetzung ist, dass der Mieter die Investitionen in die Mietsache mit Wollen und Willen des Vermieters durchgeführt hat, also er zumindest eine Zustimmung des Vermieters hatte. Dann ist auf die Höhe der Investitionen einzugehen. Finanziell unwesentliche Leistungen kommen dabei nicht als Begründung in Betracht, hohe Leistungen jedoch schon. Dabei wird man sich daran zu orientieren haben, wie hoch die Leistungen für den Mieter sind, ob sie ihn also extrem belasten oder ob er sie quasi aus der Portokasse bezahlt hat. Anschließend ist es wichtig, ob die Leistungen sich bereits amortisiert haben. Liegt etwa der Einbau der teuren Regalsysteme bereits 20 Jahre zurück, ist die Situation eine andere, als wenn der Einbau erst vor kurzem erfolgt wäre.

630 *(f) Suizidgefahr.* Als letztes Beispiel soll auf das Argument der Suizidgefahr hingewiesen werden, das in der Praxis eine immer größere Rolle spielt. Dies gilt umso mehr, als ja bereits das BVerfG entschieden hatte, dass es dem Eigentümer unter dem Gesichtspunkt der Sozialpflichtigkeit des Eigentums zumutbar sei, einen Suizidgefährdeten in der Wohnung zu dulden, weil der Schutz des Lebens höherwertig sei, als der des Eigentums. Eine mit Zugang der Kündigung beginnende Depression mit Suizidgefahr eines 90-jährigen Mieters stellt einen Härtegrund dar.[594] Auch die Ablehnung einer möglichen Therapie durch den suizidgefährdeten Mieter führt nicht grundsätzlich dazu, dass kein Härtegrund mehr vorliegt.[595] Auch hier hat das Gericht ggfs. weitere Gutachten einzuholen und eine umfassende Gesamtwürdigung der Umstände durchzuführen. Der BGH hat die Anforderungen an die gerichtliche Prüfung des Vorliegens einer ernsthaften Suizidgefahr noch einmal ausführlich präzisiert.[596] Das Argument der Suizidgefahr ist wegen seiner Brisanz als höchst problematisch einzustufen. Leider ist festzustellen, dass auf einschlägigen Mieterforen im Netz darauf hingewiesen wird, welch schlagkräftiges Argument die Rechtsprechung hier dem auszugsunwilligen Mieter an die Hand gegeben habe.

631 Hier sind manche Anwälte aber auch Gerichte (von Amts wegen) dazu übergegangen, die für den Führerschein zuständigen Behörden zu informieren und darauf zu verweisen, dass der Inhaber einer Fahrerlaubnis sich selbst als suizidgefährdet bezeichnet habe und damit möglichweise eine Gefahr für Leib und Leben anderer Verkehrsteilnehmer darstelle, da nicht auszuschließen sei, dass er sein KFZ zum Suizid nutzen werde. In diesen Fällen kann die Behörde den Führerschein einziehen. Der ein oder andere Mieter stellt an dieser Stelle fest, dass er doch nicht so labil ist und behält lieber seine Fahrerlaubnis als die Wohnung.

632 *cc) Folgen.* Wenn der Mieter der Kündigung widerspricht, weil er den Verlust der Wohnung für eine unzumutbare Härte ansieht, und er die Fortsetzung des Mietverhältnisses verlangt, sieht das Gesetz vor, dass die Parteien sich über die weitere Verfahrensweise einigen sollen. Dazu regelt § 574a Abs. 1 BGB, dass der Mieter verlangen kann, dass das Mietverhältnis so lange fortgesetzt wird, wie dies unter Berücksichtigung aller Umstände angemessen ist. Dabei sind verschiedene Varianten denkbar.

[594] AG München 22.11.2019 – 411 C 19436/18, BeckRS 2019, 29050.
[595] BGH 26.10.2022 – VIII ZR 390/21, NJW-RR 2023, 14.
[596] BGH 10.4.2024 – VIII ZR 114/22, WuM 2024, 281 ff.

(1) Vorübergehende Fortsetzung des Mietverhältnisses. Die erste Variante, an die zu denken ist und die das Gesetz in § 574a Abs. 1 BGB tatsächlich auch so vorsieht, ist die vorübergehende Fortsetzung des Mietverhältnisses. Dabei stellt das Gesetz selbst eine Abwägung der widerstreitenden Interessen in den Raum. Die Fortsetzung des Mietverhältnisses soll so lange andauern, wie dies unter Berücksichtigung aller Umstände angemessen ist. Das heißt auf der einen Seite sind die Gründe des Mieters zu berücksichtigen, die den Verlust des Mietverhältnisses für ihn unzumutbar machen. Auf der anderen Seite ist das Erlangungsinteresse des Vermieters zu berücksichtigen. 633

Sind die Gründe, die für den Mieter streiten, ersichtlich nur vorübergehender Natur (Bsp.: Examen), wird die Entscheidung eher zu seinen Gunsten ausfallen und dem Vermieter wird ein gewisses Zuwarten mit der Besitzerlangung zugemutet. Wenn die Gründe, die für den Mieter sprechen, jedoch ersichtlich länger andauernder Natur sind oder eine Besserung nicht abzusehen oder gar ausgeschlossen ist (Bsp.: Altersbedingte Demenz), wird die Abwägung schwieriger. Das Gesetz stellt zur Lösung als erste Alternative eine Einigung der Parteien in den Raum. Diese wird leichter sein, wenn die Gründe nur kurz vorübergehender Natur sind. Eine Einigung wird schwieriger werden, wenn beide Seiten langfristige Argumente ins Feld führen. Das Gesetz gibt eine Anregung, wie man sich eine Lösung vorstellen kann. In § 574a Abs. 1 S. 2 wird nämlich darauf verwiesen, dass der Vermieter uU für ihn verbesserte Konditionen verlangen kann, wenn wiederum ihm eine Fortsetzung des Mietverhältnisses zu den bisherigen Bedingungen nicht zumutbar ist. Zu denken ist hier vor allem an die Zahlung einer erhöhten Miete. 634

Kommt keine Einigung zustande, kann der Mieter eine Klage auf Fortsetzung des Mietverhältnisses erheben. In diesem Fall kann das Gericht die Konditionen, zu denen das Mietverhältnis fortgesetzt wird, bestimmen. Es kann die Dauer, für die das Mietverhältnis fortgesetzt wird, festlegen. Es kann auch eine höhere Miete ansetzen. 635

(2) Fortsetzung auf unbestimmte Zeit. Ist dagegen nicht absehbar, wann die Umstände, auf Grund derer eine Beendigung des Mietverhältnisses eine Härte bedeutet, enden, kann das Gericht auch anordnen, dass das Mietverhältnis auf unbestimmte Zeit fortgesetzt wird.[597] In derartigen Fällen sollten die Parteivertreter anregen, dass die zukünftigen Mietkonditionen gleich mitbestimmt werden, also insbesondere die Miethöhe geregelt werden. Eine solche dauernde Fortsetzung kommt zum Beispiel in Betracht, wenn der Mieter nicht räumungsfähig ist, weil sich sein Zustand in absehbarer Zeit eher verschlechtern als verbessern wird.[598] 636

(3) Fortsetzung nach Ablauf der Fortsetzungsfrist. Auch wenn es sich zunächst paradox anhört, ist der letztgenannte Fall hier doch durchaus nicht selten anzunehmen. Einigen sich die Parteien auf eine Auslauffrist bzw. interimsweise Fortsetzung des Mietverhältnisses oder ordnet das Gericht im Urteil eine befristete Fortsetzung an, kann es vorkommen, dass der Grund, der zunächst nur als vorübergehend angenommen wurde, sich in Wirklichkeit als länger anhaltend erweist. Wird zum Beispiel eine Ausweichwohnung, die dem Mieter fest zugesagt war, plötzlich doch nicht frei, hat das Pflegeheim für den dementen Altmieter doch keinen Pflegeplatz oder muss der Prüfling zeitnah in die Nachprüfung, kann das Mietverhältnis noch einmal weiter fortgesetzt werden. Das ist nach § 574c Abs. 1 BGB ausdrücklich so vorgesehen. Voraussetzung ist aber, dass eine wesentliche Änderung der der Einigung oder dem Urteil zugrundeliegenden Gründe eingetreten ist. Gleiches gilt, wenn Umstände nicht eingetreten sind, deren Eintritt Grundlage für Einigung bzw. Urteil war. Der im Gesetz geregelte Fall ähnelt dem Wegfall der Geschäftsgrundlage. Der Mieter kann hier die Fortsetzung des Mietverhältnisses erneut verlangen bis die neuen Gründe ebenfalls wieder weggefallen sind. Dies gilt auch, wenn der Vermieter ein Mietverhältnis kündigt, dessen Fortsetzung durch das Gericht auf unbestimmte Zeit angeordnet war. Insoweit gilt nämlich, dass der Vermieter 637

[597] AG Köln 10.2.2021 – 214 C 58/19, IMR 2021, 316.
[598] LG Heilbronn 7.4.2022 – 3 S 22/21, IMR 2022, 352.

das fortgesetzte Mietverhältnis seinerseits erneut kündigen kann, wenn neue Gründe auftreten, die eine Kündigung rechtfertigen könnten.

638 *(4) Praktische Herangehensweise.* In Fällen, die der Konstellation des § 574 BGB zugrunde liegen, sollte man – wie vom Gesetzgeber vorgegeben – eine einvernehmliche Lösung suchen. Als Vermietervertreter empfiehlt es sich, seinem Mandanten die Gewährung einer langfristigen Räumungsfrist und die Zahlung einer Umzugsbeihilfe oder Abfindung nahezulegen. Mieteranwältin oder Mieteranwalt hingegen sollten hier Kompromissbereitschaft signalisieren und zum Beispiel eine höhere Mietzahlung anbieten. Auch der barrierefreie Umbau der Wohnung kann mit der Maßgabe angeboten werden, dass der Vermieter nach endgültigem Besitzübergang an ihn die eingebrachten Gegenstände entschädigungsfrei behalten darf. Der Hinweis des Gesetzgebers, vorrangig nach einer Einigung zu suchen, sollte ernst genommen werden. Eine Festlegung der Mietkonditionen für die Fortsetzungszeit durch das Gericht ist nicht die beste Lösung. Wichtig ist noch eins: Wer sich gegen eine Kündigung wehrt, muss sich keine neue Wohnung suchen. Das heißt, dass ihm eine Räumungsfrist durch das Gericht nicht mit dem Argument versagt werden darf, er hätte sich schon lange (nämlich seit Zugang der angegriffenen Kündigung) darauf einstellen können, dass er ausziehen muss.[599]

639 **j) Unberechtigte Kündigung.** Der Vermieter benötigt, wenn er eine ordentliche Kündigung wirksam aussprechen will, grundsätzlich ein berechtigtes Interesse an der Beendigung des Mietverhältnisses. Da er die Kündigung begründen muss, muss er die Gründe, die sein Erlangungsinteresse rechtfertigen, substantiiert vortragen. Allerdings kommt es immer wieder vor, dass der Vermieter Gründe angibt, die in Wirklichkeit gar nicht vorliegen, um sich von einem missliebigen Mieter zu lösen.

640 *aa) Allgemein: Vorgetäuschte Gründe.* Es ist erstaunlich, welche Kreativität brave biedere Vermieter und Vermieterinnen an den Tag legen, wenn es darum geht, Gründe zu erfinden, die eine Kündigung rechtfertigen können. Ausgangspunkt ist häufig, dass der Mieter seine Rechte wahrnimmt, oder dass er sich gegen unberechtigte Forderungen des Vermieters wehrt. Jede Anwältin und jeder Anwalt kennt die Situation, dass ein Vermieter um Rat nachsucht, weil der Mieter unberechtigt Mängel gerügt habe oder er sich weigert, einer Mieterhöhung zuzustimmen, etwa weil die formellen Anforderungen an ein Mieterhöhungsverlangen nicht erfüllt sind. Spätestens wenn die Beraterin oder der Berater erläutert, dass der Mieter im Recht ist, kommt spontan der Einfall, man könne doch wegen Eigenbedarfs kündigen. An dieser Stelle sollte man Vorsicht walten lassen. Wenn man das Mandat nicht gleich beenden will (was allerdings dringend anzuraten wäre), wird man den Vermieter deutlich darauf hinweisen müssen, dass es strafbar ist, zur Erlangung eines rechtswidrigen Vermögensvorteils falsche Behauptungen aufzustellen.

641 Wichtig ist also für die beratende Person, den Mandanten zu fragen, ob es in dieser Richtung vielleicht bereits Kommunikation gab. Erhält man ein neues Mandat wegen einer Kündigung angetragen, kann man als Vermietervertreter durchaus die Frage stellen, ob hier eine Kommunikation in diese Richtung stattgefunden hat. Man kann also fragen, ob der Mieter Stress gemacht hat, ob einer Mieterhöhung nicht zugestimmt hat oÄ. Auch der Mietervertreter, der mit einer Kündigung konfrontiert ist, tut gut daran, in diese Richtung zu recherchieren. Aus diesen Tatsachen kann er nämlich maßgebliche Gründe herausfiltern, die ihm die Argumentation gegen eine Kündigung erleichtern. Der Vermieter bringt etwa durch ein Mieterhöhungsverlangen zum Ausdruck, dass er den Vertrag gerne zu geänderten Konditionen fortsetzen möchte. Dies passt mit einer in zeitlich engem Zusammenhang ausgesprochenen Kündigung nicht zusammen. Auch lässt sich mieterseits gut mit einem Verstoß gegen Treu und Glauben argumentieren.

[599] LG Berlin 17.2.2020 – 64 S 160/19, IMR 2020, 231.

bb) Die Gründe stimmen nicht. Insbesondere wenn die Gründe nicht stimmen, kann dies für den Vermieter, der die falschen Angaben macht, erhebliche negative Folgen haben. Er kann seinen Anwalt verlieren. Dem Anwalt, der hier vor den Karren einer vorgetäuschten Kündigung gespannt wird, kann nur angeraten werden, sein Mandat zu beenden. Dies kann – wenn es im laufenden Verfahren geschieht – sehr schnell zu einem Prozessverlust führen. Wenn also der Vermieteranwalt während eines laufenden Verfahrens mitbekommt, dass die von ihm angegebenen Gründe nicht stimmen, und er das Mandat niederlegt, wird das Gericht sicherlich verstehen, was den Anwalt zu seinem Schritt motiviert hat und dies bei der Entscheidungsfindung berücksichtigen. Ein Prozessverlust kann sich auch – ganz banal – daraus ergeben, dass der Kündigungsgrund nicht bewiesen werden kann. Wenn zB eine Abrisskündigung erklärt wird und der Mieter im Räumungsprozess nachweisen kann, dass eine andere Wohnung im Hause gerade neu vermietet wurde, liegt ein Prozessverlust auf der Hand. Aber auch, wenn der Vermieter seinen Grund nicht beweisen kann, wird er den Prozess verlieren. Räumungsverfahren gehören im Wohnraummietrecht zu den in der Regel kostenintensiveren Verfahren. Als Gegenstandswert wird die Jahresnettokaltmiete angesetzt. Damit ergibt sich ein Kostenrisiko für zwei Instanzen, das durchaus einen unteren fünfstelligen Betrag ausmachen kann. Wer falsche Angaben zu den Gründen macht, macht sich strafbar. Die Justiz findet es in der Regel nicht besonders spaßig, wenn jemand versucht, einen anderen mit den Mitteln des Rechtsstaats zu betrügen. Darauf, dass der Vermieter sich schadensersatzpflichtig macht, wurde bereits hingewiesen. Angesichts der vielen denkbaren Schadenspositionen, die hier anzudenken sind, kann auch hier leicht ein fünfstelliger Betrag zustande kommen. Schließlich verliert der Vermieter auch bei etwa anderen Mietern oder sonst im geschäftlichen oder gesellschaftlichen Umfeld seine Reputation und seine Glaubwürdigkeit. Auch dieser Umstand sollte nicht unterschätzt werden. 642

cc) Insbesondere Eigenbedarf. An dieser Stelle soll noch einmal darauf eingegangen werden, dass es gerade bei einer Kündigung wegen Eigenbedarfs immer wieder zu Problemen mit dem Kündigungsgrund kommen kann und kommt. 643

(1) Echte Täuschung. Ein Punkt, über den ausführlich berichtet wurde, ist die Tatsache, dass gar kein Eigenbedarf vorliegt, der Grund also von Anfang an falsch behauptet wurde. Dies ist als echte Täuschung über das Vorliegen eines Kündigungsgrundes zu verstehen. Die Auswirkungen und Folgen wurden ausführlich beschrieben. 644

(2) Wegfall. Gar nicht selten ist aber auch der Fall, dass der Eigenbedarf, der ursprünglich tatsächlich vorhanden war, später wegfällt (die Bedarfsperson stirbt, die Bedarfsperson ändert ihre Lebensplanung usw). In der Folge ist der Vermieter – wie gezeigt – verpflichtet, über den Wegfall Mitteilung zu machen. Im Prozess sollte zuerst der eigene Anwalt informiert werden, der dann darauf hinzuweisen hat, dass insoweit eine Mitteilung an die Gegenseite erfolgen sollte. Oft allerdings kommt es vor, dass der Vermieter, der nun einmal mitten im Prozess steht, gar nicht daran denkt, den Wegfall des Eigenbedarfs mitzuteilen. Immerhin besteht ja noch die Möglichkeit, den Mieter, der sich ja allein im Streitverfahren als renitent erwiesen hat, loszuwerden. Dieser Fall kommt von der rechtlichen Würdigung her einer Täuschung über das Vorliegen eines Bedarfsgrundes gleich. Aus den gegenseitigen Schutzobliegenheiten, die jedes Dauerschuldverhältnis prägen, lässt sich eine Handlungs- bzw. Informationspflicht herleiten. Verstößt man gegen diese Aufklärungspflicht, macht man sich wegen eines Unterlassens trotz Handlungspflicht schadensersatzpflichtig. Auch hier sollte man als Anwalt den Mandanten oder die Mandantin stets darauf hinweisen, wie die Rechtslage ist. Die denkbare Höhe des Schadensersatzes steht der bei einer echten Täuschung nicht nach. 645

dd) Folgen. Die Folgen einer unberechtigten Kündigung wurden umfangreich dargestellt. Im Fall einer Täuschung über das Vorliegen des Kündigungsgrundes drohen unabsehbare strafrechtliche und zivilrechtliche Folgen. In dem Fall, dass ein Kündigungsgrund guten Glaubens angenommen wurde, aber nicht bewiesen werden kann, drohen zumindest die Kosten für den Prozessverlust. All dies macht es erforderlich, den 646

Mandanten oder die Mandantin, vor Eintritt in einen Gerichtstreit sorgfältig darüber zu beraten, ob der in Aussicht genommene Prozess tatsächlich Sinn macht.

647 k) **Prozess.** Akzeptiert der Mieter die Kündigung nicht, wendet er also formelle Fehler und materielle Defizite ein oder wehrt er sich mich einer unzumutbaren Härte, kann der Vermieter seine berechtigten Interessen nur im Prozesswege zum Durchbruch führen. Daher muss man, wenn man sich mit dem Thema der ordentlichen Vermieterkündigung befasst, die Problematik der prozessualen Durchsetzung der Ansprüche immer mit in Betracht ziehen.

648 *aa) Allgemein.* Wenn man sich mit dem Thema Räumungsprozess befasst, sind zwei Punkte als besonders wichtig zu benennen, nämlich die nicht unerheblichen Kosten und das damit verbundene Risiko für den Fall des Unterliegens und – ganz wichtig – die Verfahrensdauer. Die übrigen Punkte wie formell ordnungsgemäße Klageerhebung, substantiierter Vortrag und Beweisbarkeit der eigenen Tatsachenbehauptungen spielen sicherlich auch eine Rolle. Diesen Bereich aber deckt der Anwalt, der den Vermieter vertritt, ab. Hinsichtlich des Kostenrisikos kann man den Mandanten oder die Mandantin beraten. Die größte Unwägbarkeit aber steckt in der Dauer der gerichtlichen Auseinandersetzung. Dies muss dem Mandanten klar sein, wenn er sich auf einen Kündigungsrechtsstreit einlässt. Bei einer fristlosen Kündigung wegen Zahlungsverzuges geht es im Verhältnis zu einem streitig geführten Eigenbedarfsverfahren schnell. Zahlungsverzug ist ohnehin ein schwer zu widerlegendes Argument. Spätestens die hilfsweise erklärte ordentliche Kündigung wird rasch zum Prozesserfolg führen.

649 Anders sieht das bei den übrigen Gründen, die eine Kündigung berechtigt erscheinen lassen, aus. Wird beispielsweise der Eigenbedarf bestritten, muss idR eine umfangreiche Beweisaufnahme geführt werden. Selbst wenn der Vermieter hier noch zeitlich einigermaßen durchkommt, gibt es spätestens dann, wenn es um die Gegenargumente des Mieters geht, der sich auf § 574 BGB beruft, weitere endlos erscheinende Diskussionen und weitere Beweisaufnahmen Auf die Verpflichtung des Gerichts, im Zweifel ein Gutachten von Amts wegen einzuholen, wurde bereits verwiesen. Wenn man als Anwältin oder Anwalt allein den Begriff „Gutachten" hört, treibt es einem – bildlich gesprochen – die Schweißperlen auf die Stirn. Um es einmal mit Zahlen zu unterlegen: Ein Räumungsprozess in Bezug auf eine Verwertungskündigung etwa wird nach etwa drei bis vier Monaten erstmals terminiert (wenn es gut läuft). Scheitert der Gütetermin, setzt das Gericht die Verhandlung streitig fort. Es wird einen nächsten Termin anberaumen, in dem dann Beweis über die Berechtigung der kläger-/vermieterseits gebrachten Gründe und die diese unterlegenden Tatsachen erhoben wird. Bei der Verwertungskündigung werden dabei zum einen die Urkunden in Betracht gezogen werden, aus denen sich die Verwertungsabsicht ableiten lässt. Dann aber wird bereits hier das erste Gutachten im Verfahren eingeholt werden, mit dem die erheblichen wirtschaftlichen Nachteile verifiziert werden sollen. Ein solches Gutachten wird sicherlich 9 bis 12 Monate Zeit benötigen. Anschließend wird dazu der Sachverständige angehört und zum bisherigen Ergebnis der Beweisaufnahme verhandelt werden.

650 Schafft der Vermieter es bis hierher, wird das Gericht die Argumente des Mieters untersuchen, also insbesondere seinen Vortag zu den Voraussetzungen des § 574 BGB verifizieren. Auch dies erfolgt über ein Gutachten, das wiederum 9 bis 12 Monate Zeit verbrauchen wird. Auch hierzu wird anschließend verhandelt werden. Wenn man also ganz groß schätzt, wie lange sich ein von Mieterseite professionell betreutes Verfahren hinzieht, kommt man schnell auf 3 Jahre für die erste Instanz. Nimmt man dann noch einmal eine zweite Instanz hinzu (an die Revision darf man gar nicht denken), so kann man – wenn man den Vermieter realistisch beraten will – eine Verfahrensdauer um die 5 Jahre einkalkulieren. Das ist sicher nicht das, was der Vermieter hören möchte. Es macht aber keinen Sinn, ihm hier Sand in die Augen zu streuen. Vielmehr sollte man sich gerade bei kurzfristig ansetzenden Gründen von der möglichen Dauer des Verfahrens leiten lassen und versuchen, eine gütliche Einigung zu erzielen. Wichtig ist, dass es

keinen Anlass zur Räumungsklage gibt, wenn der Mieter glaubhaft den baldigen Auszug in Aussicht stellt.[600]

bb) Vortrags- und Beweislast. Zur Vortrags- und Beweislast kann allgemein gesagt werden, dass jeder das vortragen und beweisen muss, was für ihn günstig ist. 651

(1) Vermieter. Der Vermieter muss darlegen, dass er eine Kündigung erklärt hat, die die formellen Voraussetzungen, wie etwa Schriftform, Zugang) wahrt. Er muss vortragen, dass sie materiell begründet ist. Dazu muss er die Gründe substantiiert vortragen und entsprechend Beweis anbieten. Er muss gegebenenfalls vortragen, dass die Gründe zur rechten Zeit vorlagen und dargestellt wurden. Auf verspätete Gründe kann er sich grundsätzlich nicht beziehen. Er muss sie so vortragen, dass das Gericht sie begutachten lassen kann. Will man Beweis durch Zeugen anbieten, macht es Sinn, wenn man Zeugen hat, die nicht verwandt oder verschwägert sind und gerade kein eigenes Interesse am Ausgang des Verfahrens haben. Bei der Eigenbedarfskündigung wird man zwar nicht umhinkommen, eine Bedarfsperson zu benennen, die die Voraussetzungen des § 573 Abs. 2 Nr. 2 BGB erfüllt, also zum Beispiel eben eine Familienangehörige. Ansonsten aber kann man sich zum Vorliegen der Gründe auf Externe beziehen. Will man zum Beispiel den Betriebsbedarf für die Nutzung einer Wohnung begründen, sollte man sich der Expertise eines Wirtschaftsprüfers oÄ bedienen, die dem Gericht erläutert, warum der Vermieter wirtschaftlich auf die Räume unbedingt angewiesen ist. 652

Unter dem Gesichtspunkt der Verfahrensdauer sollte der Vermieteranwalt anregen, Beweise gleichzeitig zu erheben, also zum Beispiel ein Gutachten zum Vorliegen der Voraussetzungen der Verwertungskündigung gleichzeitig mit dem Gutachten zu den Gründen für die erheblichen Gründe des Vermieters, der der Kündigung widerspricht. Das mag überflüssig sein, wenn der Vermieter den Beweis nicht erbringt, dass seine Kündigung berechtigt ist. Es verkürzt aber die Verfahrensdauer erheblich, wenn der Vermieter die Berechtigung seiner Kündigung beweisen kann. 653

(2) Mieter. Der Mieter muss seine Bedenken darlegen und substantiiert vortragen. Dazu sollte er sich nicht auf ein Bestreiten mit Nichtwissen zurückziehen, soweit es um die Gründe des Vermieters geht, sondern versuchen, substantiiert dagegen zu argumentieren. Der Mieter kann sich bei einer Eigenbedarfskündigung durchaus im Umfeld des Vermieters erkundigen, ob man dort etwas von den vorgetragenen Berechtigungsgründen gehört hat. Auch die Frage, ob es Alternativwohnungen gab, kann man im Umfeld stellen oder durch einen Blick auf Immoscout 24 oder andere einschlägige Foren im Netz überprüfen. Es soll durchaus schon vorgekommen sein, dass ein Vermieter die Wohnung, die gerade Gegenstand eines Eigenbedarfsprozesses ist, auf einer dieser Plattformen zum Kauf als unvermietete Wohnung angeboten hat. Auch ansonsten macht es Sinn, sich mit Gegenargumenten gegen die Kündigung zu wehren. Will der Vermieter seine Kündigung auf ein Fehlverhalten des Mieters stützen, kann der Mieter sich im Prozess damit wehren, dass der Vermieter sich selbst nicht an die Regeln gehalten habe. 654

Erst recht substantiiert vortragen und unter Beweis stellen muss der Mieter die Argumente, auf die er etwa einen Widerspruch nach § 574 BGB stützen will. Hier reicht es nicht, quasi den Gesetzeswortlaut zu wiederholen. Es hilft dem Mieter nicht, wenn er sagt, die Kündigung bedeute für ihn eine nicht zu rechtfertigende Härte. Man muss sich schon die Mühe machen, vorzutragen, aus welchen Tatsachen sich das ergeben soll und welche Gründe man konkret hat. Dazu bietet es sich durchaus an, mit Privatgutachten zu den Härtegründen in den Prozess zu gehen. Die Argumente muss man dann auch unter Beweis stellen. Auch hier sollte versucht werden, als Zeugen unabhängige Dritte (etwa den behandelnden Arzt) zu benennen und nicht gerade den Ehepartner, der zufällig nicht Vertragspartei geworden ist. Allerdings kann es im Falle der Beweisnot auch zulässig sein, eine Parteieinvernahme als Beweismittel anzubieten.[601]

[600] KG IMR 2017, 301.
[601] LG Berlin IMR 2015, 41.

655 Zum Ende des Verfahrens kommt es zu einer prozessualen Lösung. Diese kann in einem Vergleich liegen. Diese kann in einem Urteil liegen, dass die Klage abweist. Diese kann in einem Urteil liegen, mit dem das Mietverhältnis für eine gewisse Zeit fortgesetzt wird. Diese kann in einem Urteil liegen, das die unbefristete Fortsetzung des Mietverhältnisses anordnet. Diese kann in Räumungsurteil liegen. Für den letzten Fall sollte der Mietervertreter die Gewährung einer Räumungsfrist beantragen. Diese kann das Gericht nicht mit dem Argument verweigern, der Mieter habe ja schon den ganzen Prozess über Zeit gehabt, sich eine Alternativwohnung zu suchen. Der Mieter kann nicht dafür bestraft werden, dass er seine prozessualen Rechte wahrnimmt. Im Ergebnis sollten die Parteien jedoch versuchen, eine gütliche Einigung zu finden. Allein die Verfahrensdauer, die für beide Parteien ja auch eine erhebliche psychische Belastung mitbringt, legt eine gütliche Einigung sehr nahe.

IV. Außerordentliche Kündigung mit gesetzlicher Frist

1. Sonderkündigungsrechte des Mieters

656 a) **Allgemeines.** Unter einem Sonderkündigungsrecht versteht man die nach Vertrag oder Gesetz bestehende Möglichkeit, aufgrund bestimmter Umstände ein Mietverhältnis vorzeitig bzw. unter Einhaltung einer abweichenden Kündigungsfrist zu beenden.

657 Die für die ordentliche Kündigung des Mieters maßgebliche Regelung des § 573c BGB sieht unabhängig von der Dauer des Mietverhältnisses keine Verlängerung der Kündigungsfrist für den Mieter vor; den Sonderkündigungsrechten des Mieters kommt daher praktische Bedeutung nur noch in drei Fällen zu: Bei vor dem 1.9.2001 abgeschlossenen Zeitmietverträgen, bei Altverträgen mit verlängerter Kündigungsfrist und in den Fällen zulässigen Kündigungsausschlusses. Im Gesetz finden sich enumerativ geregelte Tatbestände, die Sonderkündigungsrechte zugunsten des Mieters von Wohnraum begründen. Diese werden als „außerordentliche Kündigung mit gesetzlicher Frist" bezeichnet (vgl. § 573d BGB). Hinsichtlich des Kündigungstages und des Kündigungstermines sind die jeweiligen Sonderkündigungsrechte unterschiedlich ausgestaltet; teilweise sieht das Gesetz Ausschlussfristen vor, binnen derer die Kündigung erklärt sein muss.

658 b) **Sonderkündigungsrecht des Mieters wegen Versagung der Untermieterlaubnis gem. § 540 Abs. 1 S. 2 BGB.** *aa) Allgemeines.* Möchte der Mieter seine Wohnung an einen Dritten zur Nutzung überlassen, bedarf er der **Erlaubnis** des Vermieters; versagt der Vermieter die Erlaubnis, kann der Mieter unter Einhaltung der gesetzlichen Frist kündigen, sofern nicht ein wichtiger Grund in der Person des Dritten vorliegt und die Versagung der Genehmigung dadurch rechtfertigt, § 540 Abs. 1 S. 2 BGB.

659 Der Mieter hat grundsätzlich **keinen Anspruch auf Erlaubniserteilung** zur Gebrauchsüberlassung der **gesamten** Wohnung. Da der Mieter jedoch das Verwendungsrisiko trägt, schafft § 540 Abs. 1 S. 2 BGB im Fall der Verweigerung der Erlaubnis einen Ausgleich.[602] Dies gilt sowohl im Bereich der Wohnraum- als auch der Gewerberaummiete. Für Wohnungsmieter besteht allerdings nach § 553 BGB unter bestimmten Voraussetzungen ein Anspruch auf Erlaubniserteilung zur Untervermietung eines Teils der Wohnung. Einzelheiten hierzu sind in § 12 dargestellt.

660 Jede Form der vollständigen Gebrauchsüberlassung an Dritte bedarf der Genehmigung des Vermieters nach § 540 Abs. 1 S. 1 BGB. Dies gilt sowohl dann, wenn der Mieter auszieht und einem Dritten die Wohnung ganz oder teilweise zum selbstständigen Gebrauch zur Verfügung stellt[603] als auch im Fall der lediglich unselbstständigen Gebrauchsüberlassung durch Aufnahme des Dritten in den (gemeinsamen) Haushalt.[604] Der in der Praxis wichtigste Fall ist die **Untervermietung.** Genehmigungsfrei ist lediglich die Aufnahme naher Familienangehöriger, also von Ehegatten und Kindern; deren

[602] BGH 13.9.2023 – VIII ZR 109/22, ZMR 2024, 20.
[603] LG Berlin ZMR 2018, 668.
[604] BGH NZM 2004, 22; Schmidt-Futterer/Blank BGB § 540 Rn. 2.

Mitnutzung stellt keine Drittüberlassung iSd § 540 BGB dar.[605] Vereinzelt wird die Auffassung vertreten, dass formalrechtlich die Aufnahme auch solcher Personen der Genehmigung bedarf mit der Maßgabe, dass der Mieter einen Anspruch auf Erteilung einer entsprechenden Genehmigung hat. Gleiches gilt für zum Haushalt gehörende Angestellte oder Pflegepersonal des Mieters.[606] Wegen weiterer Einzelheiten zur Abgrenzung wird ebenfalls auf die Darstellung unter § 12 verwiesen.

bb) Erlaubnisverweigerung. In sämtlichen Fällen der **Erlaubnisverweigerung** zur Gebrauchsüberlassung steht dem Mieter das **Sonderkündigungsrecht** nach § 540 Abs. 1 S. 2 BGB zu. Voraussetzung ist demnach, dass der Mieter eine Erlaubnis zur Gebrauchsüberlassung an Dritte vom Vermieter begehrt und dieser die Erteilung verweigert. Die Feststellung dieser Voraussetzungen bereitet in der Praxis häufig Schwierigkeiten, wenn entweder das Ersuchen des Mieters nur allgemein gehalten ist oder der Vermieter ausweichend reagiert oder gar schweigt. 661

Folgende Konstellationen sind denkbar:

(1) Versagung der Genehmigung zur Untervermietung. Erklärt der Vermieter **ausdrücklich**, dass er die Untervermietung ablehne, steht dem Mieter das Sonderkündigungsrecht des § 540 Abs. 1 S. 2 BGB zu.[607] Dies gilt auch für den Fall, dass der Mieter allgemein und ohne Benennung einer konkreten Person eine entsprechende Erlaubnis begehrt, der Vermieter diese jedoch generell ablehnt.[608] 662

Nach einschränkender Ansicht ist eine **generelle Anfrage** des Mieters nicht ausreichend, eine entsprechende Ablehnung des Vermieters lässt kein Sonderkündigungsrecht entstehen.[609] Hiernach müsste der Mieter trotz ihm bekannter ablehnender Haltung des Vermieters einen konkreten Untermieter präsentieren, um nach dann erklärter weiterer Ablehnung des Vermieters kündigen zu können. Diese Ansicht überzeugt jedenfalls bei der ausdrücklich erklärten Verweigerung nicht. 663

Sofern die Versagung der Erlaubnis zur Gebrauchsüberlassung an eine bestimmte Person bereits ein Sonderkündigungsrecht des Mieters entstehen lässt, muss dies erst recht für den Fall gelten, dass der Vermieter generell und umfassend eine solche Gebrauchsüberlassung ablehnt. 664

(2) Schweigen des Vermieters. **Schweigt** der Vermieter oder reagiert er nicht binnen **angemessener Frist,** ist umstritten, ob und wann dieses Verhalten ein Sonderkündigungsrecht des Mieters entstehen lässt. Nach herrschender Meinung in Literatur und Rechtsprechung gilt die Erlaubnis zumindest dann als verweigert, wenn der Mieter einen **konkreten Untermieter** benannt hat.[610] Denn dem Vermieter obliegt die Mitwirkung auf Grund des Mietvertrages; der Mieter darf erwarten, dass der Vermieter sich auf seine Nachfrage außert, Stellung nimmt und eine abschließende Entscheidung trifft. 665

Schweigt der Vermieter auf eine **generelle Anfrage** des Mieters, ist umstritten, ob dies rechtlich als Verweigerung der Genehmigung zu bewerten ist.[611] 666

Ob eine Frist **angemessen** ist, richtet sich nach den Umständen des Einzelfalls. Sinn und Zweck der Frist ist es, dem Vermieter die Überprüfung des Anliegens des Mieters hinreichend überprüfen zu können. 667

---

[605] MüKoBGB/Bieber § 540 Rn. 5 f.

[606] AA Schmidt-Futterer/Flatow BGB § 540 Rn. 2.

[607] LG München 2.8.2023 – 14 S 3149/23, ZMR 2023, 988.

[608] KG ZMR 1996, 648 mwN; LG Köln WuM 1994, 468; LG Berlin ZMR 1998, 372; AG Dülmen WuM 1998, 346; LG Waldshut-Tiengen WuM 1998, 22; LG Berlin NZM 1999, 405; LG Hamburg NZW 1998, 1003.

[609] OLG Celle ZMR 2003, 344 (zu Gewerberaum); LG Mönchengladbach NZM 2000, 18; LG Gießen WuM 1997, 368; LG Berlin WuM 1996, 763; LG Landshut WuM 1996, 408.

[610] OLG Köln WuM 2000, 597; AG Köln WuM 1998, 346.

[611] Sonderkündigungsrecht bejaht: LG Nürnberg-Fürth WuM 1995, 587; AG Hamburg-Wandsbeck WuM 1986, 314; verneint: AG Wiesbaden ZMR 2000, 391 mAnm Peter ZMR 2000, 357; LG Gießen NZM 2000, 617; einschränkend wiederum: LG Braunschweig WuM 1999, 216.

Feiertage und Wochenenden sind bei der Bewertung der Angemessenheit zu beachten. Eine Frist von nur einer Woche ist grundsätzlich zu kurz.[612] Die Angemessenheit ist eine Frage des Einzelfalls; grundsätzlich ist nach Auffassung der Rechtsprechung ein Zeitraum von mindestens 10 Tagen[613] bis zwei Wochen[614] als angemessen anzusehen. Allerdings können auch zwei Wochen zu kurz sein, wenn der Vermieter seine Hausverwaltung mit der Prüfung beauftragt hat und dies dem Mieter umgehend mitteilt.[615]

668 *(3) Unklare Antworten des Vermieters.* Erteilt der Vermieter auf eine generelle Anfrage des Mieters eine grundsätzliche Erlaubnis und **behält sich eine abschließende Entscheidung vor,** bis ihm weitere Angaben zur Person des konkreten Untermieters vorliegen, führt dies nicht zur Entstehung eines Sonderkündigungsrechts.[616] Der Vermieter ist schließlich nicht verpflichtet, eine von der Person des Untermieters unabhängige pauschale Erlaubnis zu erteilen.

669 Erteilt der Vermieter die Erlaubnis unter **Auflagen** und/oder **Bedingungen,** auf die er keinen Anspruch hat[617] oder die unerfüllbar sind,[618] gilt die Erlaubnis als verweigert mit der Folge der Entstehung des Sonderkündigungsrechts zugunsten des Mieters.

670 Reagiert der Vermieter **ausweichend,** ist zu unterscheiden: Grundsätzlich muss der Mieter ein Taktieren nicht hinnehmen.[619] Erklärt der Vermieter aber beispielsweise, er habe die Anfrage des Mieters an die von ihm beauftragte Hausverwaltung zur Prüfung und weiteren Bearbeitung abgegeben, soll noch kein Sonderkündigungsrecht bestehen, wenn diese nicht innerhalb der vom Mieter gesetzten Zweiwochenfrist antwortet.[620]

671 **Zweifel** am Inhalt der Vermietererklärung gehen zu seinen Lasten; grundsätzlich ist demnach von einer Verweigerung der Erlaubnis auszugehen und somit die Entstehung eines Sonderkündigungsrechts zu bejahen.[621]

672 *cc) Handlungsempfehlungen.* Anhand der vorstehend dargestellten Praxisfälle empfiehlt sich folgendes zweckmäßiges Vorgehen:

673 *(1) Für den Mieter.* Der Mieter sollte beim Vermieter zunächst erfragen, ob dieser grundsätzlich bereit wäre, eine vollständige Gebrauchsüberlassung der Mietsache an einen Dritten zu genehmigen. Lehnt der Vermieter ausdrücklich, generell und somit umfassend ab, steht dem Mieter das benannte Sonderkündigungsrecht zu. Bleibt eine Antwort aus, kann der Mieter – um sicherzugehen – nochmals unter ausdrücklicher Fristsetzung nachfragen. Nach hier vertretener Ansicht besteht das Sonderkündigungsrecht jedoch auch aufgrund der pflichtwidrig unterbliebenen Mitwirkung des Vermieters in solchen Fällen.

674 *(2) Für den Vermieter.* Der Vermieter sollte auf eine solche Mieteranfrage weder mit einer pauschalen Ablehnung noch mit Schweigen reagieren, da in beiden Fällen die Entstehung des Sonderkündigungsrechts droht.

675 Dem Vermieter ist allgemein zu empfehlen, sich inhaltlich mit dem Anliegen des Mieters auseinanderzusetzen. Eine entsprechende Nebenpflicht resultiert zudem direkt aus dem bestehenden Mietvertrag.

676 Bei der Überprüfung des mieterseitigen Anliegens ist zu beachten, dass der Vermieter vom Mieter nur die Mitteilung solcher Informationen verlangen kann, die ihm die Überprüfung ermöglichen, ob in der Person des Dritten ein Ablehnungsgrund vor-

[612] LG Berlin ZMR 1998, 558.
[613] LG Berlin NZM 1999, 405.
[614] AG Köln WuM 1998, 348.
[615] LG Mannheim ZMR 1998, 565.
[616] KG NJW-RR 1992, 1229.
[617] AG Hamburg-Harburg WuM 2000, 188; AG Albstadt WuM 1998, 556.
[618] AG Köln WuM 2000, 187.
[619] AG Baden-Baden ZMR 2000, 619.
[620] LG Mannheim ZMR 1998, 565.
[621] AG Bergisch-Gladbach WuM 1999, 514.

liegt.[622] Zu diesen Informationen gehören ua die Mitteilung des vollständigen Namens, der Adresse sowie der beruflichen Tätigkeit des Dritten.

Die finanziellen Verhältnisse des Dritten sind grundsätzlich irrelevant, da im Falle einer Gebrauchsüberlassung zwischen dem Vermieter und dem Dritten keine vertragliche Beziehung zustande kommt. Der Mieter bleibt unverändert in vollem Umfang gegenüber dem Vermieter nach Maßgabe des Mietvertrages.[623] Ein berechtigtes Interesse an einer Bewertung der finanziellen Leistungsfähigkeit des Dritten besteht daher auf Seiten des Vermieters regelmäßig nicht. 677

Etwas anderes gilt nach der Rechtsprechung des BGH in der **Gewerberaummiete.**[624] Andererseits soll fehlende Kreditwürdigkeit auch den Vermieter von Wohnraum dann zur Ablehnung berechtigen, wenn der Mieter auf die Mietzahlungen des Dritten angewiesen ist, um seinerseits die Miete zahlen zu können.[625] 678

Der Vermieter ist grundsätzlich nicht verpflichtet, seine Ablehnung gegenüber dem Mieter zu begründen. Allerdings ist der Vermieter verpflichtet, auf entsprechende Nachfrage des Mieters die Gründe seiner Ablehnung insoweit mitzuteilen, als dass Gründe in der Person des Dritten ursächlich für die Ablehnung sind; andernfalls ist es dem Mieter nicht möglich zu prüfen, ob ein Sonderkündigungsrecht vorliegt.[626] 679

dd) Rechtsfolge der verweigerten Erlaubniserteilung. Verweigert der Vermieter die begehrte Erlaubnis, hat der Mieter ein Recht zur **außerordentlichen Kündigung mit gesetzlicher Frist.** 680

(1) Form und Frist. Wie jede Kündigung im Wohnraummietrecht bedarf die Kündigungserklärung auch hier der **Schriftform,** § 568 Abs. 1 BGB. 681

Die Kündigung ist spätestens am dritten Werktag eines Kalendermonats zum Ablauf des übernächsten Monats zulässig, bei Wohnraum nach § 549 Abs. 2 Nr. 2 BGB spätestens am Fünfzehnten eines Monats zum Ablauf dieses Monats (gesetzliche Frist), § 573d Abs. 2 BGB. 682

Die **Ausübung** des Kündigungsrechts ist an keine bestimmte Frist gebunden, jedoch empfiehlt sich aufgrund möglicher Verwirkungstatbestände eine Ausübung in zeitlichem Zusammenhang zur Entstehung des Kündigungsrechts, nämlich der verweigerten Erlaubniserteilung. 683

Ein Zuwarten bei der Wahrnehmung des Kündigungsrechts begründet die Gefahr, dass der Mieter sein Kündigungsrecht **verwirkt.**[627] Eine spätere Erlaubniserteilung des Vermieters nach vorheriger Ablehnung führt nicht zum Erlöschen eines einmal entstandenen Kündigungsrechts. 684

Der Mieter hat keine **Überlegungsfrist** bei der Frage der Ausübung seines Kündigungsrechts. Der Mieter gibt mit dem Begehren, die Mietsache vollständig einem Dritten überlassen zu wollen, zugleich grundsätzlich zu erkennen, sich von dem Mietverhältnis lösen zu wollen. Lehnt der Vermieter daher die begehrte Genehmigung ab, darf dieser auch eine alsbaldige Kündigung des Mietverhältnisses durch den Mieter erwarten. Maßgeblich sind auch hier die Umstände des Einzelfalls. 685

Im Übrigen ist der Mieter nicht gehindert, von dem Sonderkündigungsrecht des § 540 BGB auch noch während des Laufs einer regulären Kündigungsfrist Gebrauch zu machen.[628] Des Weiteren schließen sich auch Verhandlungen über einen Mietaufhebungsvertrag und eine Kündigung nach § 540 BGB nicht aus.[629] 686

Ein Muster einer Mieterkündigung nach § 540 Abs. 1 S. 2 BGB mit Erläuterungen findet sich bei BeckFormB MietR/Gies/Over Form. D. XII.2. 687

---

622 KG WuM 1992, 350; LG Berlin WuM 1996, 763; LG Hamburg WuM 1991, 585.
623 LG Berlin WuM 1993, 344.
624 BGH NZM 2007, 127.
625 Bub/Treier MietR-HdB/Grapentin Kap. IV Rn. 215 mwN.
626 MüKoBGB/Bieber § 540 Rn. 19; BGH NJW 1972, 1267.
627 Schmidt-Futterer/Flatow BGB § 540 Rn. 76.
628 LG Hamburg NZM 1998, 1003.
629 LG Wiesbaden WuM 1988, 265.

688 *(2) Ausschluss des Kündigungsrechts.* Ein Sonderkündigungsrecht entsteht auf Seiten des Mieters dann nicht, wenn der Vermieter die begehrte Erlaubnis aufgrund eines **wichtigen Grundes** in der Person des Dritten verweigert. Der Begriff des „wichtigen Grundes" ist **weit zu fassen.** In Betracht kommen alle schützenswerten Interessen des Vermieters, welche nach objektiven Kriterien zu bestimmen sind; auf die subjektive Betrachtungsweise des Vermieters kommt es nicht an.

Im Streitfall sind die Gründe vom Vermieter darzulegen und zu beweisen.

689 Wichtige Gründe können sein:

- der begründete Verdacht, der Dritte werde die Mietsache beschädigen oder den Hausfrieden stören,
- Überbelegung der Wohnung,
- Verlangen des Untermieters nach Abschluss eines unbefristeten Mietverhältnisses bei befristetem Hauptmietvertrag. Die bloße Zugehörigkeit zu einer bestimmten Bevölkerungsgruppe allein reicht allerdings nicht aus.

690 *ee) Unabdingbarkeit.* Das Sonderkündigungsrecht des Mieters von Wohnraum ist unabdingbar, §§ 573d Abs. 3 bzw. 553 Abs. 3 BGB. Eine zum Nachteil des Mieters abweichende Vereinbarung ist unwirksam.

691 **c) Sonderkündigungsrecht bei Mietvertrag mit mehr als 30-jähriger Dauer nach § 544 BGB.** *aa) Allgemeines.* Die Vorschrift des § 544 BGB betrifft solche Fälle, in denen auf Grund vertraglicher Vereinbarung das Recht zur ordentlichen Kündigung auf mehr als 30 Jahre ausgeschlossen ist. Die praktische Relevanz der Vorschrift ist gering und insbesondere im Wohnraummietrecht durch § 575 BGB stark eingeschränkt.

692 Die Vorschrift bezweckt den Ausschluss der „Erbmiete": Miete ist grundsätzlich entgeltliche Gebrauchsüberlassung auf Zeit. Das Mietobjekt soll nicht durch vertragliche Vereinbarungen dem Rechtsverkehr gänzlich entzogen werden können. Eine Ausnahme stellt § 544 S. 2 BGB für Lebenszeitverträge auf, welche rechtlich als befristete Mietverhältnisse zu bewerten sind.[630]

693 Die Vorschrift gilt sowohl im Gewerbe- als auch im Wohnraummietrecht, was aus ihrer systematischen Stellung im allgemeinen Teil folgt. Das Sonderkündigungsrecht des § 544 BGB gilt für beide Vertragsteile unter denselben Voraussetzungen.[631]

694 *bb) Voraussetzungen.* Es muss eine bestimmte **vertragliche Laufzeit von mehr als 30 Jahren** vereinbart sein. Die Begründung eines Mietverhältnisses auf **unbestimmte Zeit** genügt nicht.[632] Die Formvorschrift des § 550 BGB **(Schriftform)** ist bei Wohn- und Gewerberaummietverhältnissen gleichermaßen zu beachten. Dort gilt die vorgenannte Regelung gemäß § 578 Abs. 1 Satz 2 BGB jedoch mit der Maßgabe, dass der Mietvertrag den Anforderungen der **Textform** genügen muss.

695 Neben den Fällen der ausdrücklichen Befristung auf einen Zeitraum von mehr als 30 Jahren ist ansonsten zur Beurteilung der Vereinbarung auf die **Situation bei Vertragsschluss** abzustellen.[633]

Beispiele:
Ein Mietvertrag mit einer kürzeren Laufzeit als 30 Jahre unterfällt dann dem § 544 BGB, wenn einem Vertragspartner eine **Verlängerungsoption** eingeräumt wird und deren Ausübung zu einer Verlängerung der Gesamtlaufzeit von über 30 Jahren führt.[634]
Gleiches gilt, wenn das Kündigungsrecht für einen Vertragsteil für einen Zeitraum von mehr als 30 Jahren ausgeschlossen ist.[635]
So genannte **Kettenmietverträge**, die eine jeweils kürzere Laufzeit haben, aneinandergereiht jedoch eine Gesamtlaufzeit von mehr als 30 Jahren erreichen, fallen ebenso wenig unter § 544 BGB wie Verträge auf

---

[630] BayObLG NJW-RR 1993, 1164 = WuM 1993, 523 = ZMR 1993, 462.
[631] Schmidt-Futterer/Lammel BGB § 544 Rn. 17.
[632] LG Berlin 30.5.2024 – 65 S 189/23, WuM 2024, 599.
[633] BGH NJW 1996, 2078.
[634] RGZ 130, 143 (146).
[635] OLG Hamm NZM 1999, 753; OLG Frankfurt a. M. NZM 1999, 419; OLG Hamburg ZMR 1998, 28.

unbestimmte Dauer, bei denen es nach § 545 BGB zu einer tatsächlich länger als 30 Jahre andauernden Überlassung kommt.
Wird die Beendigung hingegen an ein ungewisses Ereignis geknüpft, welches erst nach 30 Jahren eintreten kann, so soll § 544 BGB anwendbar sein.[636]

cc) Kündigungsrecht. Ein Verstoß gegen § 544 BGB hat leidglich die Kündbarkeit des Mietvertrages zur Folge; im Übrigen und bis dahin bleibt dieser vollumfänglich wirksam. 696

(1) Fristbeginn. Die gesetzliche Neuregelung stellt nunmehr ausdrücklich klar, dass die 30-jährige Frist erst mit der (vertraglich vereinbarten) **Überlassung** beginnt. Wird nach Überlassung der Wohnung eine Verlängerungsvereinbarung getroffen, die zu einer mehr als 30-jährigen Bindung führt, ist der Zeitpunkt dieser Vereinbarung maßgeblich.[637] 697

(2) Schriftform. Im Falle der Beendigung eines Wohnraummietverhältnisses bedarf die Kündigung der Schriftform, § 568 Abs. 1 BGB. 698

(3) Kündigungszeitpunkt. Der Ausspruch der Kündigung kann erst nach Ablauf der 30-jährigen Frist erfolgen, wie § 544 S. 1 BGB ausdrücklich klarstellt. Eine vor Ablauf der Frist ausgesprochene Kündigung ist unwirksam.[638] 699

(4) Kündigungsfrist. Die Kündigung wirkt mit der gesetzlichen Frist von drei Monaten gemäß §§ 573d Abs. 1 bzw. 575a Abs. 3 BGB. 700

(5) Keine Ausübungsfrist. Eine Frist zur Ausübung des Kündigungsrechts besteht nicht. Die Kündigung kann sofort nach Ablauf der 30-jährigen Laufzeit erklärt werden, zwingend ist dies jedoch nicht.[639] Das Kündigungsrecht verwirkt oder erlischt auch nicht durch Fortsetzung des Mietverhältnisses.[640] 701

dd) Abdingbarkeit/Vertragsgestaltung. Das Kündigungsrecht aus § 544 S. 1 BGB ist unabdingbar, was sich aus dem eingangs dargestellten Gesetzeszweck ergibt und der herrschenden Meinung entspricht.[641] 702

Eine vertragliche Bindung auf mehr als 30 Jahre kann nur durch Individualvereinbarung wirksam getroffen werden; in Formularverträgen verstößt eine solche Klausel gegen § 307 Abs. 2 BGB.[642] 703

d) Sonderkündigungsrecht wegen Modernisierungsmaßnahmen des Vermieters, § 555e BGB. *aa) Allgemeines.* Den Vermieter trifft nach § 555c Abs. 1 BGB eine Ankündigungspflicht bei der Durchführung von Modernisierungsmaßnahmen im Sinne von § 555b BGB. Wegen der Einzelheiten des Begriffs der Modernisierung wird auf die Darstellung in → § 20 Rn. 1 ff. verwiesen. 704

Das Sonderkündigungsrecht des Mieters ist **einmalig** und knüpft begrifflich und zeitlich an diese Ankündigung an. Hierdurch soll ihm die Möglichkeit gewährt werden, sich den Beeinträchtigungen durch die angekündigte Maßnahme entziehen zu können.[643] 705

bb) Voraussetzungen. (1) Ankündigung von Modernisierungsmaßnahmen. Der Vermieter muss dem Mieter die beabsichtigte Modernisierungsmaßnahme in **Textform** mitteilen (§ 555c Abs. 1 BGB); eine mündliche Ankündigung des Vermieters genügt nicht.[644] Holt der Vermieter eine zunächst unterlassene Mitteilung nach, verschiebt sich der Kündigungszeitpunkt entsprechend; Gleiches gilt im Fall der Ergänzung oder Berichtigung einer unwirksamen Mitteilung. 706

---

636 Emmerich/Sonnenschein/Emmerich BGB § 544 Rn. 4; OLG Hamburg ZMR 1998, 28 (29).
637 BGH NJW 1996, 2028 = WuM 1996, 476 = ZMR 1996, 424.
638 OLG Celle NJW-RR 1994, 1473 f.
639 Kossmann/Meyer-Abich Wohnraummiete-HdB § 93 Rn. 12 mwN.
640 MüKoBGB/Voelskow § 567 Rn. 4; Schmidt-Futterer/Lammel BGB § 544 Rn. 16.
641 Schmidt-Futterer/Lammel BGB § 544 Rn. 5.
642 OLG Hamm ZMR 1988, 386; Emmerich/Sonnenschein/Emmerich BGB § 544 Rn. 1; Schmidt-Futterer/Lammel BGB § 544 Rn. 11.
643 BGH 18.3.2021 – VIII ZR 305/19, ZMR 2021, 572.
644 Bub/Treier MietR-HdB/Kraemer Kap. III A Rn. 1115.

707 *(2) Duldungspflicht des Mieters nicht erforderlich.* Eine materielle Duldungspflicht des Mieters zur Durchführung der beabsichtigten Maßnahmen ist für das Sonderkündigungsrecht nicht erforderlich. Durch die Möglichkeit, das Mietverhältnis außerordentlich beenden zu können, soll gerade der Streit über Grund und Umfang der Duldungspflicht des Mieters verhindert werden.[645]

708 Es genügt, wenn die formelle Voraussetzung der Duldungspflicht, nämlich eine ordnungsgemäße (form- und fristgerechte) Ankündigung nach § 555c Abs. 1 BGB, vorliegt. Das Kündigungsrecht des Mieters besteht folglich auch dann, wenn er nicht zur Duldung verpflichtet gewesen wäre.

709 *(3) Ausschluss des Kündigungsrechts bei Bagatellmaßnahmen.* § 555e Abs. 2 BGB verweist auf § 555c Abs. 4 BGB. Hiernach ist das Kündigungsrecht des Mieters (ebenso wie die Mitteilungspflicht des Vermieters) im Fall von sogenannten **Bagatellmaßnahmen** ausgeschlossen. Das Gesetz stellt hierzu **zwei Voraussetzungen** auf: Zum einen dürfen mit der beabsichtigten Maßnahme überhaupt keine oder nur unerhebliche Einwirkungen „auf die vermieteten Räume" verbunden sein, zum anderen darf die Maßnahme zu keiner oder nur zu einer unbedeutenden Erhöhung der Miete führen.

710 Unter **Einwirkungen auf die Mietsache** sind in zeitlicher Hinsicht sowohl solche Einwirkungen zu verstehen, die sich während der Ausführung der Arbeiten ergeben als auch solche, die zu dauernden Änderungen in der Wohnung führen.

711 In räumlicher Hinsicht muss die Wohnung selbst (wegen des Gesetzeswortlauts einschließlich der gemieteten Nebenräume) betroffen sein, es muss also die Nutzung der Mietsache zum vertragsgemäßen Gebrauch beeinträchtigt sein. Arbeiten an der Außenanlage bleiben daher ebenso wie Arbeiten an der Fassade oder im Treppenhaus außer Betracht. Arbeiten in der Wohnung fallen unter die Bagatellklausel, wenn sie entweder kurzfristig andauern oder die Benutzbarkeit lediglich objektiv verbessern. Hierzu zählen beispielsweise die Installation einer Gegensprechanlage,[646] einer neuen Klingelanlage,[647] der Einbau von Thermostatventilen,[648] der Anschluss an das Kabelnetz,[649] ebenso die Anbringung einer Briefkastenanlage, eines Durchlauferhitzers, einer Gemeinschaftsantenne, die Aufstellung eines Waschautomaten, die Einrichtung eines Sandkastens und der Austausch der Wohnungseingangstür gegen eine einbruchhemmende Tür, wenn die Kosten allein vom Vermieter getragen werden.[650]

712 Die Maßnahme darf des Weiteren zu keiner oder nur zu einer unerheblichen **Mieterhöhung** führen. Diese Voraussetzung ist zugleich Indikator für die Erheblichkeit bzw. Unerheblichkeit der Einwirkung auf die Räume. Im Gesetz ist der Begriff der Unerheblichkeit der Mieterhöhung nicht legaldefiniert. In der Literatur und Rechtsprechung werden hierzu verschiedene Ansichten vertreten. Nach einer Meinung ist die Grenze der Erheblichkeit bei einer Steigerung der Miete von ca. 4–5 % anzusetzen.[651] In der Rechtsprechung ist eine Steigerung von 5 % als Maximum des noch Unerheblichen angesehen worden.[652] Nach anderer Ansicht ist eine prozentuale Bestimmung in keinem Fall interessengerecht, vielmehr muss die Geringfügigkeit objektiv bestimmt werden und ist nicht am Einkommen des Mieters zu messen.[653] In der Rechtsprechung wurden teilweise Grenzen in absoluten monatlichen Mehrbeträgen gesetzt: zu DM-Zeiten wurden Beträge von 10–15,- DM,[654] teilweise von 20,- DM[655] genannt. Eine monatliche Erhöhung um 68,- EUR ist bei einer Bruttowarmmiete von 502,12 EUR und einem Gesamtein-

[645] Kossmann/Meyer-Abich Wohnraummiete-HdB § 44 Rn. 80.
[646] AG Berlin-Tiergarten GE 1991, 153.
[647] AG Charlottenburg GE 1989, 683.
[648] LG Berlin ZMR 1986, 444.
[649] AG Hamburg WuM 1990, 498.
[650] LG Köln WuM 1993, 608.
[651] Kossmann/Meyer-Abich Wohnraummiete-HdB § 44 Rn. 87.
[652] LG Berlin ZMR 1986, 444; WuM 1987, 386.
[653] Schmidt-Futterer/Eisenschmid BGB § 555c Rn. 61.
[654] LG Berlin WuM 1987, 386; LG Detmold WuM 1990, 121.
[655] AG Charlottenburg GE 1991, 255.

kommen einer dreiköpfigen Familie von rd. 1.385,- EUR als unzumutbar angesehen worden.[656]

cc) Form und Frist. Die Kündigung des Mieters bedarf der **Schriftform,** § 568 Abs. 1 BGB. 713

Nach § 555e Abs. 1 S. 2 BGB muss die Kündigung bis zum Ablauf des Monats erfolgen, der auf den Zugang der Modernisierungsankündigung folgt. Diese gesetzlich normierte Überlegungsfrist beträgt somit maximal knapp zwei Monate. Wegen der Formulierung in § 555e Abs. 1 S. 2 BGB „bis zum Ablauf" endet das Mietverhältnis unabhängig vom Zeitpunkt der Kündigungserklärung stets mit Ablauf des übernächsten Monats.[657]

Geht dem Mieter die Ankündigung des Vermieters beispielsweise am 15.5. zu, kann er 714
die Kündigung ab diesem Tag jederzeit bis zum 30.6. (Zugang beim Vermieter!) erklären, das Mietverhältnis endet dann zum 31.7.

Formulierungsvorschlag:

Unter Bezugnahme auf Ihre Mitteilung vom ...... die am ...... bei mir eingegangen ist, kündige ich 715
hiermit das zwischen uns bestehende Mietverhältnis über die Wohnung ...... zum ...... (Ablauf des folgenden Monats).
Eigenhändige Unterschrift.

Das Sonderkündigungsrecht des § 555e BGB gibt dem Mieter **einmalig** die Möglich- 716
keit, das Mietverhältnis aufgrund einer zuvor angekündigten Modernisierungsmaßnahme zu beenden. Versäumt der Mieter die Kündigungsfrist nach § 555e BGB, erlischt das Kündigungsrecht; ein „Nachholen" der Kündigung ist in diesem Falle nicht möglich. Das Kündigungsrecht entsteht jedoch neu, wenn der Vermieter eine Mitteilung nachholt oder eine unwirksame Mitteilung erneuert.

Praxistipp:

Die Kündigungsfrist des § 555e BGB ist – wie dargestellt – kurz bemessen und wird für den Mieter häufig nicht ausreichen, geeigneten Ersatzwohnraum zu finden. Übt der Mieter das Sonderkündigungsrecht nach § 555e BGB nicht bis spätestens zum Ablauf des nach Zugang der Mitteilung des Vermieters folgenden Monats aus, erlischt dies.
Kündigt der Vermieter die Ausführung einer Modernisierungsmaßnahme sowie eine anschließende Modernisierungsmieterhöhung an, ist dem grundsätzlich auszugswilligen Mieter zu raten, die Ausführung der Maßnahme zunächst zu dulden (soweit die materiellen Voraussetzungen hierfür vorliegen) und die hierfür benötigte Zeit weiter für die Suche nach geeigneten Ersatzwohnraum zu nutzen. Die zu erwartende Mieterhöhung nach § 559 BGB lässt auf Seiten des Mieters erneut ein Sonderkündigungsrecht nach § 561 BGB entstehen (→ Rn. 740 ff.).

dd) Rechtsfolgen der mieterseitigen Kündigung. Macht der Mieter von seinem Kündi- 717
gungsrecht Gebrauch, entfällt seine Duldungspflicht.

ee) Unabdingbarkeit. Eine zum Nachteil des Mieters abweichende Vereinbarung ist 718
nach § 555e Abs. 3 BGB unwirksam. Die Vereinbarung einer **Verkürzung** der Kündigungsfrist ist somit nicht möglich, eine **Verlängerung** der Überlegungs- und der Kündigungsfrist mangels Nachteil für den Mieter jedoch schon. Möglich ist auch, die Entstehung eines Sonderkündigungsrechts für den Fall zu vereinbaren, dass mit der angekündigten Modernisierungsmaßnahme nur eine unerhebliche Einwirkung auf die Mietsache verbunden ist oder diese zu einer unerheblichen Mieterhöhung führt (Bagatellklausel, § 555c Abs. 4 BGB).[658]

---

[656] LG Berlin NZM 1999, 705.
[657] BT-Drs. 17/10485, 22.
[658] Kossmann/Meyer-Abich Wohnraummiete-HdB § 44 Rn. 98, 100.

719 **e) Kündigungsrecht bei Staffelmietvereinbarung, § 557a Abs. 3 BGB.** *aa) Allgemeines.* Die gesetzliche Regelung des § 557a Abs. 3 BGB eröffnet dem Mieter bei Staffelmietvereinbarung unter bestimmten Voraussetzungen eine weitere Kündigungsmöglichkeit. Diese ist im Gesetz als „teilweise Unwirksamkeit einer Kündigungsbeschränkung" ausgebildet, woraus hervorgeht, dass es sich nicht um ein Sonderkündigungsrecht im eigentlichen Sinne handelt.

720 Die ordentliche Kündigung kann von den Parteien durch Abschluss eines Zeitmietvertrages nach § 575 BGB beidseitig ausgeschlossen werden. Treffen die Parteien zusätzlich eine Staffelmietvereinbarung, ist der Ausschluss der ordentlichen Kündigung nicht zeitlich unbegrenzt möglich, sondern unabhängig von der eigentlichen Vertragslaufzeit nur für 4 Jahre ab Abschluss der Staffelmietvereinbarung.

721 *bb) Voraussetzungen.* Es müssen ein **Zeitmietvertrag** und eine **Staffelmietvereinbarung** in einem Mietverhältnis zusammentreffen. Beide können jeweils unabhängig voneinander eine längere Laufzeit als vier Jahre haben. Zu den Einzelheiten der Staffelmiete → § 22 Rn. 1 ff.

722 Treffen jedoch beide in einem Vertragsverhältnis zusammen, führt dies zur Kündbarkeit des Vertrages nach vier Jahren, da das Gesetz eine längere Bindung des Mieters an eine Staffelmietvereinbarung verhindern will; ein Zeitraum von vier Jahren wurde vor der Mietrechtsreform 2001 als Grenze dessen angesehen, was für den vorausschauenden Mieter überblickbar ist.[659] Nach Ablauf dieser Zeit soll der Mieter frei sein können, auch wenn der Vertrag selbst noch eine längere Laufzeit hat.

723 Die 4-Jahres-Frist beginnt mit dem **Abschluss der Staffelmietvereinbarung,** § 557a Abs. 3 BGB.

724 *cc) Rechtsfolge.* Der Mietvertrag wird lediglich **kündbar;** er endet jedoch nicht automatisch, wie dem Wortlaut von § 557a Abs. 3 BGB („Ausschluss des Kündigungsrechts") zu entnehmen ist.

Die Beendigung des Mietverhältnisses erfordert somit eine **Kündigungserklärung** des Mieters. Dieser hat lediglich die Möglichkeit, das Mietverhältnis insgesamt, nicht jedoch isoliert die Staffelmietvereinbarung zu beenden.[660]

725 Die Kündigungsfrist bestimmt sich nach § 573c Abs. 1 BGB. Die Kündigung muss **schriftlich** erfolgen, § 568 BGB. Einen besonderen Kündigungstermin sieht § 557a Abs. 3 BGB nicht vor. Das Mietverhältnis kann daher auch schon vor Ablauf der Frist ordentlich zum Ende des vierten Jahres gekündigt werden.[661]

726 Nach Ablauf von vier Jahren seit Abschluss der Staffelmietvereinbarung ist das Mietverhältnis wie ein unbefristetes zu behandeln und daher **jederzeit kündbar.** Eine sonstige vertragliche Beschränkung – beispielsweise auf einen einzigen Kündigungszeitpunkt – ist unwirksam.[662] Es gelten die allgemeinen Regeln:

Beispiel:
Mietvertrag vom 1.7.2015 mit 10-jähriger Dauer. Vertragsende: 30.6.2025.
Staffelmietvereinbarung am 1.4.2016, bis ins Jahr 2021 laufend.
Die Kündigung ist frühestens **zum** 31.3.2020 (4 Jahre nach dem 1.4.2016) möglich, diese Kündigung muss dem Vermieter bis zum 3. Werktag des Monats Januar 2020 zugehen.

727 Eine verfrühte Kündigung ist nicht unwirksam, sondern ist dahingehend auszulegen, dass sie nach den allgemeinen Regeln zum ersten zulässigen Termin Wirkung entfaltet.

728 Ein Muster einer Mieterkündigung nach § 557a Abs. 3 BGB mit Erläuterungen findet sich bei BeckFormB MietR/Hannemann/Tabor Form. D. V.12.

729 *dd) Unabdingbarkeit.* Eine zum Nachteil des Mieters abweichende Regelung ist unwirksam, § 557a Abs. 4 BGB.

---

[659] Schmidt-Futterer/Börstinghaus (7. Aufl.) zur Vorgängervorschrift MHG § 10 Rn. 127.
[660] Schmidt-Futterer/Börstinghaus BGB § 557a Rn. 68.
[661] Emmerich/Sonnenschein/Weitemeyer BGB § 557a Rn. 15.
[662] BGH NZM 2004, 736.

f) Sonderkündigungsrecht des Mieters bei Mieterhöhungen, § 561 BGB. *aa) Anwendungsbereich.* Nach § 561 BGB steht dem Mieter von nicht preisgebundenem Wohnraum ein außerordentliches Kündigungsrecht im Falle einer **Mieterhöhung zur ortsüblichen Vergleichsmiete** (§ 558 BGB) oder einer **Modernisierungsmieterhöhung** (§ 559 BGB) zu. 730

Betriebskostenerhöhungen nach § 560 BGB sowie **Staffelmiet- und Mietanpassungsvereinbarungen** gem. § 557 BGB lassen kein Sonderkündigungsrecht entstehen.

Frühere Kündigungen einer Vertragspartei sind für das Kündigungsrecht des § 561 BGB irrelevant. Allein maßgeblich ist das Erhöhungsverlangen des Vermieters. 731

bb) Materielle Voraussetzungen. Umstritten ist, ob das Kündigungsrecht des § 561 BGB zuvor die Abgabe einer **wirksamen Erhöhungserklärung** voraussetzt. Diese Auffassung wird teilweise mit dem Argument vertreten, dass nur ein wirksames Erhöhungsverlangen Rechtswirkungen entfalten könne.[663] Diese Meinung würde in der Konsequenz dem Mieter zumuten, die Begründetheit bzw. Unbegründetheit eines Mieterhöhungsverlangens uU erst gerichtlich prüfen zu lassen. 732

Die überwiegende Meinung lehnt diese Ansicht daher ab.[664] In der Rechtsprechung ist versucht worden, Abgrenzungen zu schaffen, die jedoch nicht immer trennscharf sind: So soll demjenigen Mieter kein Sonderkündigungsrecht zustehen, der die Unwirksamkeit eines Erhöhungsverlangens selbst zweifelsfrei erkennt.[665] Dieser Fall dürfte für den Vermieter nur schwer nachzuweisen sein und deswegen nur selten vorliegen. Selbst bei einem mündlichen und damit (eindeutig) unwirksamen Erhöhungsverlangen soll dem Mieter das Sonderkündigungsrecht zustehen.[666] Es ist dem Vermieter auch verwehrt, sich auf die Unwirksamkeit seines eigenen Zustimmungsverlangens zu berufen, wenn der Mieter im Vertrauen auf dessen Wirksamkeit das Sonderkündigungsrecht ausgeübt hat.[667] Die Grenze ist allenfalls im Gebot von Treu und Glauben (§ 242 BGB) dort zu ziehen, wo eine formale Rechtsposition missbräuchlich ausgenutzt wird. 733

Nach den Gesetzgebungsmaterialien der gesetzlichen Regelung soll es nur auf das bloße Verlangen des Vermieters ankommen, was der Wortlaut der Vorschrift klarstellt.[668] Das Gesetz verlangt insofern lediglich, dass der Vermieter eine Mieterhöhung geltend macht, nicht jedoch, dass diese auch wirksam ist. 734

Der Mieter muss die Kündigung auf jeden Fall binnen der Überlegungsfrist erklären; der gegenteiligen Ansicht, nach welcher die Frist erst ab Rechtskraft eines Mieterhöhungsurteils zu laufen beginnt,[669] ist nicht zu folgen.[670]

cc) Fristen. (1) Überlegungsfrist. Das Gesetz begründet zugunsten des Mieters nach § 561 Abs. 1 BGB eine **Überlegungsfrist.** Hiernach kann der Mieter bis zum Ablauf des zweiten Monats nach dem Zugang der Mieterhöhungserklärung des Vermieters das Mietverhältnis außerordentlich zum Ablauf des übernächsten Monats kündigen. Die Überlegungsfrist entspricht derjenigen des § 558b Abs. 1 u. 2 BGB für die Zustimmung und gilt nunmehr auch für Mieterhöhungen nach Modernisierung (§ 559b Abs. 3 BGB). Binnen der Überlegungsfrist kann der Mieter entscheiden, ob er der Erhöhung ganz oder teilweise zustimmen oder aber das Mietverhältnis kündigen will. 735

(2) Kündigungsfrist. Die **Kündigungsfrist** beträgt einheitlich zwei Monate. Die Formulierung „zum Ablauf des übernächsten Monats" bezieht sich auf den in der Vorschrift unmittelbar zuvor genannten Zeitpunkt des Ablaufs des zweiten Monats, der auf den Zugang der Erklärung des Vermieters folgt. Der Zeitpunkt der Kündigungserklärung 736

---

[663] Barthelmess MHG § 9 Rn. 4; AG Bergisch-Gladbach WuM 1983, 182.

[664] Emmerich/Sonnenschein/Weitemeyer BGB § 561 Rn. 6; Schmidt-Futterer/Börstinghaus BGB § 561 Rn. 14.

[665] AG Bad Münsingen WuM 1997, 499.

[666] AG Bad Herfeld WuM 2000, 36.

[667] AG Andernach WuM 1994, 547.

[668] Vgl. die Begründung der BReg zum Gesetzesentwurf, BT-Drs. 14/4553, 59.

[669] Derleder MDR 1976, 804.

[670] Schmidt-Futterer/Börstinghaus § 561 Rn. 16 und 38.

des Mieters ist insoweit unerheblich, als auch eine sofort nach Zugang des Erhöhungsverlangens erklärte Kündigung zum Ablauf des übernächsten Monats (nach Ablauf der Überlegungsfrist) wirkt.[671] Dies gilt auch, wenn der Vermieter die Mieterhöhung mit einer längeren Frist ausspricht als die des § 558b Abs. 1 BGB.[672]

737

Zugang des Mieterhöhungsverlangens gem. § 558b BGB im Lauf des Monats	Zugang der Kündigung beim Vermieter bis spätestens Ende des Monats	Wirkung der Kündigung zum Ende des Monats
Januar	März	Mai
Februar	April	Juni
März	Mai	Juli
April	Juni	August
Mai	Juli	September
Juni	August	Oktober
Juli	September	November
August	Oktober	Dezember
September	November	Januar
Oktober	Dezember	Februar
November	Januar	März
Dezember	Februar	April

738 *dd) Formelle Anforderungen an die Kündigungserklärung.* Es gelten keine Besonderheiten im Vergleich zu sonstigen Kündigungserklärungen: Die Erklärung des Mieters bedarf der **Schriftform** gem. § 568 Abs. 1 BGB. Bei **Personenmehrheiten** müssen auf Mieterseite alle Mieter nicht zeitgleich, allerdings **einheitlich** kündigen; im Falle einer Personenmehrheit auf Vermieterseite, muss die Kündigung ebenfalls gegenüber sämtlichen Vermietern einheitlich erklärt werden. Eine **Begründung** der Kündigung ist nicht erforderlich, jedoch sollte der Mieter klarstellen, dass er von seinem Sonderkündigungsrecht nach § 561 BGB Gebrauch macht.

739 *ee) Wirkung der Kündigung.* Das Mietverhältnis endet zum übernächsten Monat nach Ablauf der Überlegungsfrist. Des Weiteren tritt gem. § 561 Abs. 1 S. 2 BGB die Mieterhöhung nicht ein.

740 *ff) Abdingbarkeit.* (1) Nach § 561 Abs. 2 BGB ist eine **zum Nachteil des Mieters abweichende Regelung** unwirksam. Insbesondere sind hiernach Vereinbarungen unwirksam, die das Kündigungsrecht des Mieters erschweren oder gar ausschließen, zB Verschärfungen der Schriftform, Begründungserfordernisse, Verkürzungen der Überlegungsfrist, Verlängerungen der sich anschließenden Kündigungsfrist oder die Verpflichtung zur Zahlung des erhöhten Mietzinses trotz Kündigung.

741 Ein Muster einer Mieterkündigung nach § 561 BGB mit Erläuterungen findet sich bei BeckFormB MietR/Hannemann/Tabor Form. D. V.11.

742 (2) Abweichende Vereinbarungen zum **Vorteil** des Mieters sind allerdings möglich, so zB alle Formerleichterungen und diejenigen Fristverlängerungen, die dem Mieter zugutekommen.

743 **g) Sonderkündigungsrechte bei Tod des Mieters.** *aa) Kündigungsberechtigte Personen.* Die §§ 563–564 BGB sehen in Abweichung vom Prinzip der Gesamtrechtsnachfolge (§ 1922 BGB) zwei Möglichkeiten vor, beim Tod des Mieters im Wege der Sonderrechtsnachfolge Partei des Mietverhältnisses zu werden, nämlich

- durch **Eintritt** (bei Ehegatten, Lebenspartnern, Familienangehörigen sowie Personen, mit denen ein gemeinsamer Haushalt geführt worden war, § 563 BGB)
  oder

[671] AG Hannover WuM 1996, 154.
[672] BGH NJW 2013, 3641.

• durch **Fortsetzung** (bei Mietermehrheit, § 563a BGB).

Eintritt und Fortsetzung gehen der Erbfolge vor und schließen somit zunächst den Erben als Rechtsnachfolger des verstorbenen Mieters aus. 744

Im Fall der Fortsetzung besteht ein Sonderkündigungsrecht, beim Eintritt besteht die Möglichkeit, diesen durch Erklärung rückwirkend entfallen zu lassen. Der nachrangig fortsetzende Erbe hat ebenfalls ein Sonderkündigungsrecht, § 564 BGB.

bb) Privilegierte Personen. Das Gesetz privilegiert hinsichtlich des Eintritts in das Mietverhältnis folgende Personen:

(1) Nach § 563 Abs. 1 BGB tritt der **Ehegatte** in den Mietvertrag ein, soweit er mit dem verstorbenen Mieter einen gemeinsamen Haushalt geführt hat. Die rechtliche Bewertung richtet sich nach den tatsächlichen Gegebenheiten und den Umständen des Einzelfalls. 745

Es kommt hierbei auf die **häusliche,** nicht die geistige oder persönliche Gemeinschaft an.[673] Ist die Ehe gescheitert, wird die häusliche Gemeinschaft jedoch aufrechterhalten, sind die Vorschriften anwendbar; leben Eheleute hingegen getrennt, ohne sich scheiden zu lassen, besteht kein gemeinsamer Hausstand mehr.[674] Eine nur vorübergehende Trennung hebt allerdings den gemeinsamen Hausstand nicht auf, auch wenn die Trennung auf unabsehbare Zeit erfolgt.[675]

(2) Die gleichen Rechte stehen nach § 563 Abs. 1 S. 2 BGB dem eingetragenen **Lebenspartner** nach dem Lebenspartnerschaftsgesetz[676] zu. 746

(3) Leben in dem gemeinsamen Haushalt Kinder des Mieters, treten diese mit dem Tod des Mieters in das Mietverhältnis ein, wenn nicht der Ehegatte oder Lebenspartner eintritt, § 563 Abs. 2 S. 1 BGB. 747

(4) **Andere Familienangehörige** treten unter derselben Voraussetzung des gemeinsamen Hausstandes ein, jedoch nachrangig zum Ehegatten/Lebenspartner, § 563 Abs. 2 S. 1 BGB. Der Begriff des Familienangehörigen ist umstritten und nach hM weit auszulegen.[677] Neben den verwandten (§ 1589 BGB) und verschwägerten (§ 1590 BGB) Personen gehören auch Adoptiv- und Pflegekinder[678] dazu, ferner die Kinder eines verstorbenen Lebensgefährten aus anderer Ehe oder Beziehung. 748

(5) § 563 Abs. 2 S. 4 BGB erweitert den berechtigten Personenkreis auf **„Personen, die mit dem Mieter einen auf Dauer angelegten gemeinsamen Haushalt führen".** Diese treten ebenso nachrangig wie andere Familienangehörige ein. Damit besteht nach dem neuen Recht ein für den Vermieter nicht mehr zu überschauender Kreis von Berechtigten. Trennscharfe Abgrenzungskriterien des Merkmals „auf Dauer angelegt" fehlen, insbesondere ist eine Mindestdauer der zurückliegenden gemeinsamen Haushaltsführung nicht geregelt. 749

Mit der gesetzlichen Regelung wollte der Gesetzgeber den gewandelten Lebensverhältnissen in der Bevölkerung und der wachsenden Bedeutung dieser Form des Zusammenlebens Rechnung tragen.[679] Zum einen wurde die bisherige Streitfrage gelöst, wie der Partner einer nichtehelichen Lebensgemeinschaft beim Tode des Mieters zu behandeln ist; zum anderen wird durch die Verwendung des geschlechtsneutralen Begriffs „Personen" klargestellt, dass sowohl die hetero- als auch die homosexuelle Partnerschaft als auch weitere Arten des dauerhaften Zusammenlebens (etwa das Zusammenleben älterer Menschen als Alternative zum Alten- oder Pflegeheim) geschützt werden.[680] Nach der Begründung der Neuregelung ist das Vorliegen geschlecht- 750

---

[673] Emmerich/Sonnenschein/Rolfs BGB § 563 Rn. 6.

[674] Bub/Treier MietR-HdB/Heile Kap. II Rn. 850; Kossmann/Meyer-Abich Wohnraummiete-HdB § 16 Rn. 2–4.

[675] Emmerich/Sonnenschein/Rolfs BGB § 563 Rn. 6 mwN.

[676] Gesetz zur Beendigung der Diskriminierung gleichgeschlechtlicher Gemeinschaften: Lebenspartnerschaftsgesetz vom 22.2.2001, BGBl. I 266 (266–287).

[677] BGH NJW 1993, 999 = BGHZ 121, 116 ff. = WuM 1993, 254 = ZMR 1993, 261.

[678] BGH NJW 1993, 999 = BGHZ 121, 116 ff. = WuM 1993, 254 = ZMR 1993, 261.

[679] Vgl. die Begründung der BReg zum Gesetzesentwurf, BT-Drs. 14/4553, 60 f.

[680] Begründung der BReg zum Gesetzesentwurf, BT-Drs. 14/4553, 61.

licher Beziehungen nicht maßgebend, weshalb auch deren jeweilige Ausprägung keine Rolle spielt.[681] Allerdings muss es sich um eine besonders enge Lebensgemeinschaft handeln, an welche wegen der anknüpfenden Folgen hohe Anforderungen zu stellen sind. Da hierbei anders als bei Ehe oder familiären Bindungen in der Regel keine urkundliche Dokumentation geführt wird, müssen objektiv nachprüfbare Kriterien gegeben sein, um Rechtsmissbrauch ausschließen zu können. Hierzu können die vom BGH[682] zum Begriff der nichtehelichen Gemeinschaft aufgestellten Kriterien herangezogen werden. Es muss hiernach eine auf Dauer angelegte, durch innere Bindung ausgezeichnete und zugleich weitere Bindungen gleicher Art ausschließende Lebensgemeinschaft bestehen, die ein gegenseitiges füreinander Einstehen begründet und über die reine Wohn- und Wirtschaftsgemeinschaft hinausgeht.

751 *cc) Mietermehrheit – Mitmieter.* Stirbt einer von mehreren Mietern, wird das Mietverhältnis gem. § 563a BGB mit den nach § 563 BGB eintrittsberechtigten Personen fortgesetzt: neben dem Ehegatten sind der Lebenspartner einer eingetragenen Partnerschaft sowie Familienangehörige ausdrücklich genannt. Voraussetzung ist in allen Fällen, dass diese Personen mit dem verstorbenen Mieter einen gemeinsamen Haushalt geführt haben (zum Begriff und zur Abgrenzung von der bloßen Haushalts- und Wirtschaftsgemeinschaft vorstehend → Rn. 758).

752 *dd) Erbe.* Soweit keine Sonderrechtsnachfolge nach §§ 563, 563a BGB stattfindet, tritt der Erbe in das Mietverhältnis ein. Ihm steht dann ein Sonderkündigungsrecht zu, § 564 S. 2 BGB.

753 *ee) Ausübung des Kündigungsrechts. (1) Überlegungsfrist.* Sowohl den Eintrittsberechtigten (Personenkreis des § 563 BGB) als auch den Kündigungsberechtigten (Mitmieter, Erben) steht eine **einmonatige Überlegungsfrist** zu, welche mit Kenntnis des Todes des Mieters beginnt.

754 Bei dem zur Kündigung berechtigten Erben oder Mitmieter entfällt durch die Einführung der Überlegungsfrist der §§ 563a Abs. 2, 564 S. 2 BGB die Beschränkung der Kündigung auf den ersten zulässigen Termin, so dass die Härtefälle nach dem früheren Recht vermieden werden.

755 *(2) Kündigungsfrist.* Als außerordentliche Kündigung mit gesetzlicher Frist (§ 573d Abs. 2 BGB) wirkt die Kündigung mit dreimonatiger Frist abzüglich der Karenztage.

756 Die Kündigung kann von mehreren Mitmietern nur einheitlich ausgeübt werden, was sich aus den allgemeinen schuldrechtlichen Grundsätzen ergibt, aber auch in § 563a Abs. 2 BGB ausdrücklich klargestellt ist.

757 Im Falle des Erben beginnt die einmonatige Überlegungsfrist mit Kenntnis vom Tode und davon, dass ein Eintritt in das Mietverhältnis oder dessen Fortsetzung nicht erfolgt ist; dies kann zu einer zeitlichen Verschiebung der Ausübungsfrist führen.

758 *(3) Erklärung.* Eintrittsberechtigte Personen können innerhalb eines Monats ab Kenntniserlangung eine **Ablehnungserklärung** abgeben, § 563 Abs. 3 BGB. Eine Änderung zum früheren Recht besteht nicht. Durch die Ablehnung gilt der Eintritt in das Mietverhältnis als nicht erfolgt.

759 *ff) Abdingbarkeit.* Vereinbarungen zum Nachteil von Eintrittsberechtigten (§ 563 Abs. 5 BGB) oder Mitmietern (§ 563a Abs. 3 BGB) sind **unwirksam.**

760 Ein Muster der Kündigung des überlebenden Mieters findet sich bei BeckFormBMietR/Hannemann/Tabor unter Form. D. V.7; ein Muster der Kündigung des Erben unter Form. D. V.6.

761 **h) Sonderkündigungsrecht des Mieters bei Versetzung gemäß § 570 BGB aF.** *aa) Allgemeines.* Nach § 570 BGB aF (bis 31.8.2001) bestand zu Gunsten von **Beamten im Falle der Versetzung** an einen anderen Dienstort ein Sonderkündigungsrecht hinsichtlich der von ihnen oder von ihrer Familie genutzten Wohnung. Die Vorschrift, die als Privileg für

[681] Begründung der BReg zum Gesetzesentwurf, BT-Drs. 14/4553, 61.
[682] BGHZ 121, 116 = NJW 1993, 999.

Staatsbedienstete konzipiert war, war zuletzt umstritten, hauptsächlich hinsichtlich ihres Anwendungsbereichs bzw. einer Ausdehnung auf Arbeitnehmer des öffentlichen Dienstes oder der Privatwirtschaft. Sie ist **im Zuge der Mietrechtsreform 2001 ersatzlos entfallen.** Die Übergangsregelung bestimmt in Art. 229 § 3 Abs. 3 EGBGB, dass § 570 BGB aF bei einfachen Zeitmietverträgen alten Rechts weiter anzuwenden ist, wenn das Mietverhältnis bereits vor dem 1.9.2001 bestand.

Eine entsprechende Regelung zu Zeitmietverträgen neuen Rechts fehlt, die §§ 575, 762
575a BGB enthalten kein Sonderkündigungsrecht des Mieters bei Versetzung. Der amtlichen Begründung ist zu entnehmen, dass „sich der Mieter im Einzelfall auch zukünftig nach den von der Rechtsprechung entwickelten Grundsätzen unter bestimmten Voraussetzungen durch Stellung eines Nachmieters vorzeitig aus dem Mietverhältnis lösen" können soll.[683] Dieser Hinweis in der Begründung ist mehr als verwirrend: Es hätte dem Gesetzgeber freigestanden, eine dem § 570 BGB aF entsprechende Regelung bei der Zeitmiete aufzunehmen, was er jedoch unterlassen hat. Der Begründung ist aber zu entnehmen, dass der Gesetzgeber von einer „analogen" Weitergeltung bei Zeitmietverträgen in den Fällen des alten § 570 BGB auszugehen scheint. Wie diese aussehen soll, wird nur vage angedeutet; die Erwähnung eines Nachmieters in diesem Zusammenhang macht keinen Sinn, da es bei § 570 BGB aF um Kündigung, nicht um Mietaufhebung geht.

Fraglich ist ferner, ob § 570 BGB aF in Fällen verlängerter Altvertragskündigungs- 763
fristen und vereinbarten Kündigungsverzichts weiter angewendet werden kann. Hierzu enthält das Übergangsrecht keine Regelungen, da der Gesetzgeber diese Konstellationen offensichtlich nicht vorausgesehen hat. Dem betroffenen Mieter kann hier nur geraten werden, sich auf eine analoge Anwendung des Art. 229 § 3 Abs. 3 EGBGB zu berufen.

Da der Anwendungsbereich dieser Vorschrift aus den genannten Gründen nur noch 764
gering ist und kontinuierlich abnimmt, wird wegen der Einzelheiten an dieser Stelle auf die Vorauflage (MAH MietR, 5. Aufl. 2019) unter → § 28 Rn. 660 ff. verwiesen.

2. Sonderkündigungsrechte des Vermieters

Nicht nur dem Mieter stehen unter bestimmten Voraussetzungen Sonderkündigungs- 765
rechte zu Gebote. Auch für den Vermieter sind Situationen denkbar, in denen er ein Mietverhältnis außerordentlich, aber unter Beachtung der einschlägigen gesetzlichen Kündigungsfrist, also befristet im Rechtssinne, kündigen kann. Als gesetzliche Frist ist dabei auf die kurze Frist des § 573c Abs. 1 S. 1 BGB abzustellen. Der Vorteil kann sein, dass das Sonderkündigungsrecht auch bei befristeten Verträgen bestehen kann.[684]

Dabei ist folgendes zu beachten: Auch bei Sonderkündigungsrechten benötigt der 766
Vermieter für die Wirksamkeit der Kündigung ein berechtigtes Interesse iSv § 573 BGB (vgl. § 573d Abs. 1 BGB). Die Sonderkündigungsrechte bewirken damit im Wohnraummietrecht maßgeblich eine Verkürzung der Kündigungsfrist.

a) Vertrag über mehr als 30 Jahre (§ 544 BGB). Wurde eine Mietvertag für länger als 767
30 Jahre geschlossen, gewährt § 544 BGB beiden Parteien ein Sonderkündigungsrecht, wenn 30 Jahre abgelaufen sind. Dieses Sonderkündigungsrecht gilt also sowohl für den Mieter als auch für den Vermieter. Dabei beginnt die 30-jährige Frist mit der Überlassung der Mietsache zu laufen. Ein Vertrag, der über längere Zeit als 30 Jahre geschlossen wurde, kann daher nach Ablauf von dreißig Jahren nach Überlassung der Mietsachen unter Einhaltung der gesetzlichen Frist gekündigt werden.

Die Regelung des § 544 BGB hat in der Praxis des Wohnraummietrechts kaum eine 768
Relevanz. Abgesehen davon, dass derart lange Verträge in praxi nicht wirklich vorkommen, ist auch unter gesetzlichen Gesichtspunkten die Bedeutung sehr eingeschränkt, da § 575 BGB Befristungen weitgehend ausschließt.

---

[683] Begründung der BReg zum Gesetzesentwurf, BT-Drs. 14/4553, 67.
[684] Schmidt-Futterer/Streyl BGB § 542 Rn. 151.

769 **b) Tod des Mieters (§§ 563 Abs. 4, 564, 580 BGB).** Auch wenn der Mieter stirbt, steht dem Vermieter ein Sonderkündigungsrecht zu.

Zu den Voraussetzungen und den für die unterschiedlichen Fälle geltenden Regelungen sei der Verweis auf § 11 „Tod des Mieters" gestattet. Bemerkenswert ist in diesem Zusammenhang eine Entscheidung des BGH aus dem Jahre 2018 (Urteil vom 31.1.2018 – VIII ZR 105/17).[685] Danach kann eine objektiv feststehende finanzielle Leistungsunfähigkeit desjenigen, der nach dem Tod des Mieters in den Vertrag eintritt, einen wichtigen Grund für eine außerordentliche Kündigung darstellen. Der Vermieter muss nicht erst zuwarten, bis die Voraussetzungen der §§ 543, 569 BGB erfüllt sind.

770 **c) Erlöschen des Nießbrauchs (§ 1056 Abs. 2 S. 1 BGB).** Bekanntlich kann auch ein Nießbraucher wegen seiner dinglichen Rechtsstellung die Wohnung, an der ihm ein Nießbrauch zusteht, vermieten (§ 1030 Abs. 1 BGB), wenn seine Berechtigung dazu nicht nach § 1030 Abs. 2 BGB eingeschränkt ist. Dieses Recht steht ihm zu, auch wenn er nicht Eigentümer ist. Damit das Erlöschen des Nießbrauchs nicht zur Beendigung des Mietverhältnisses führt, regelt das Gesetz durch einen Verweis auf § 566 BGB, dass sich das Mietverhältnis mit dem Eigentümer fortsetzt.

771 Allerdings darf dieser das Mietverhältnis unter Einhaltung der gesetzlichen Frist zu kündigen. Sofern er ein berechtigtes Interesse iSv § 573 BGB hat.

772 **d) Kündigungsrecht des Nacherben (§ 2135 BGB).** Im Erbrecht ist auch der Vorerbe auf Grund seiner Erbenstellung bis zum Eintritt des Nacherbfalls zur Vermietung berechtigt. Tritt der Nacherbfall ein, greift auch hier auf Grund des Verweises in § 2135 BGB die Regelung des § 1056 BGB. Dies führt dazu, dass – wie oben beschrieben – der Nacherbe in den Mietvertrag eintritt. Allerdings steht auch ihm ein Sonderkündigungsrecht zu Gebote, sofern er sich auf eine berechtigtes Interesse berufen kann.[686]

773 **e) Erlöschen des Erbbaurechts.** Auch ein Erbbrauberechtigter darf bei der Ausübung seines Rechts Mietverträge abschließen. Hat er eine Wohnung vermietet, geht das Mietverhältnis bei Erlöschen des Erbbaurechts nach § 566 BGB auf den Grundstückseigentümer über. Sofern das Erbbaurecht durch Zeitablauf nach §§ 27–29 ErbbauVO erlischt, kann der Eigentümer das Mietverhältnis mit der gesetzlichen Frist kündigen, und zwar für einen der beiden ersten Termine, für die die Kündigung zulässig ist (§ 30 Abs. 2 ErbbauVO).

774 **f) Erwerb in der Zwangsversteigerung (§ 57a ZVG).** Auch bei einem Erwerb in der Zwangsversteigerung ergibt sich für den Erwerber ein Sonderkündigungsrecht. Dieses ist in § 57a ZVG geregelt. Zu den Voraussetzungen und Folgen sei auf → § 39 Rn. 1 ff. „Zwangsversteigerung" verwiesen.

775 **g) Beendigung des Dauerwohnrechts (§ 37 WEG).** Ist ein Dauerwohnrecht begründet und erlischt dieses, erlischt automatisch auch das Mietverhältnis (§ 37 Abs. 1 WEG). Der Wohnraummieter kann sich in einem solchen Fall nicht auf Bestandsschutz berufen. Hier besteht eine Lücke im Bestandsschutz des sozialen Mietrechts. Im Rahmen des WeMoG, das zum 1.12.2020 in Kraft getreten ist, wurde die Norm trotz der bereits seit längerem daran geübten Kritik nicht geändert. Gleichwohl ist – wie bereits früher – festzustellen, dass es in der Praxis bislang nicht zu größeren Problemen kam. Das Dauerwohnrecht des WEG ist nach wie vor nicht wirklich verbreitet.

776 Wird das Dauerwohnrecht in der Zwangsversteigerung erworben, wird nach § 37 Abs. 3 S. 2 WEG auf § 57a ZVG verwiesen. Daher kann auf die Ausführungen unter → § 39 Rn. 1 ff. Bezug genommen werden.

777 **h) Insolvenz.** Im Fall der Insolvenz bestehen besondere Regelungen über die Kündigung. Soweit darf auf die Ausführungen in → § 57 Rn. 1 ff.verwiesen werden.

---

[685] BGH IWW-Abrufnummer 199864.
[686] BGH NJW 2015, 2650.

§ 29 Vertragsbeendigung ohne Kündigung

Übersicht

Schrifttum:
Barthelmess, Wohnraumkündigungsschutzgesetz/Miethöhegesetz, 5. Aufl. 1995; Blank, Das Vierte Mietrechtsänderungsgesetz, WuM 1993, 573; ders., Der Ausschluss der Mieterhöhung nach § 1 MHG, PiG 40, 143; Börstinghaus, Die Rechtsprechung des BGH zu Kündigungsrechtsausschlussvereinbarungen, NZM 2011, 187; ders., Kündigungsausschlussvereinbarungen nach neuem Recht, WuM 2003, 487; ders./Eisenschmid, Arbeitskommentar Neues Mietrecht, 2001; Brock/Lattka, Kündigungsverzicht in Formularmietverträgen über Wohnraum, NZM 2004, 729; Bub, Das 4. Mietrechtsänderungsgesetz, NJW 1993, 2897; Derleder, Zeitmiete und zeitlicher Kündigungsausschluss im neuen Mietrecht, NZM 2001, 649; ders., Der Kündigungsverzicht des Wohnraummieters, NZM 2004, 247; ders., Befristeter Kündigungsverzicht und benigna interpretatio, NZM 2012, 147; Derckx, Vereinbarungen über den Kündigungsausschluss im neuen Mietrecht – Erwiderung auf Derleder, NZM 2001, 649, NZM 2001, 826; Feuerlein, Nichts Neues beim Zeitmietvertrag?, WuM 2001, 371; Fischer, Zulässigkeit eines befristeten Kündigungsausschlusses bei Wohnraummietverträgen?, WuM 2004, 123; Franke, Der „wiederentdeckte" § 566 BGB – Schriftform für Mietverträge, ZMR 1998, 529; Gather, Der Zeitmietvertrag über Wohnraum, DWW 1991, 69; ders., Ausgewählte Fragen der Mietvertragsgestaltung, DWW 1992, 353; ders., Zeitmietvertrag, Tod des Mieters und Eintrittsrecht Dritter in den Wohnraummietvertrag, NZM 2001, 57; Gellwitzki, Mit welchen Fristen kann ein Zeitmietvertrag mit Verlängerungsklausel und mit eventueller Staffelmiete gekündigt werden?, WuM 2004, 575; Götz, Die Ehewohnung nach der Scheidung, NZM 2010, 383; dies./Brudermüller, Schnittstellen zwischen Familien- und Mietrecht in § 1568a BGB, NJW 2010, 5; Grundmann, Die Mietrechtsreform – Wesentliche Inhalte und Änderungen gegenüber der bisherigen Rechtslage, NJW 2001, 2497; Haase, Das mietvertragliche Formerfordernis und das Prinzip der Einheitlichkeit der Urkunde: Die ratio legis des § 566 BGB als Regulativ des Zusammenwirkens der §§ 566, 126 BGB, WuM 1995, 625; Hannemann, Im Überblick: Risiken des Zeitmietvertrags bei der Wohnraummiete, NZM 1999, 585; Hinz, Langer Zeitmietvertrag und Kündigungsausschluss bei der Wohnraummiete, NZM 2003, 659; ders., Kündigungsverzicht und „Mindestmietzeit" bei der Wohnraummiete, WuM 2004, 126; Horst, ZAP F. 4, 359; Kandelhard, Zur Wirksamkeit von Kündigungsausschlüssen, WuM 2004, 129; ders., Aufhebungsvertrag und Ersatzmieterstellung, NZM 2004, 846; Lammel, Ersatz des Zeitmietvertrages durch einen Kündigungsausschluss?, WuM 2003, 123; Landfermann, Gesetz zur Erhöhung des Angebots an Mietwohnungen, 1983; Langenberg, Mietrechtsreform im Rechtsausschuss, NZM 2001, 212; Lechner, Aktuelle Probleme des Mietrechts, ZMR 1982, 166; Lützenkirchen, Wohnraummietvertrag: Mindestlaufzeit durch wechselseitigen Kündigungsverzicht?, MDR 2004, 926; Nies, Fallstricke im Mietprozeß: Kündigungswiderspruch, stillschweigende Vertragsfortsetzung, Fortsetzungs-verlangen, NZM 1998, 18; Schimmel/Meyer, Fortbestand der Altmietvertragskündigungsfristen auch nach der Schuldrechtsreform, NJW 2004, 1633; Schläger, Rechtsentscheide in Wohnraummietsachen seit Mitte 1989, ZMR 1990, 241; Schlemminger, Das Schriftformerfordernis bei Abschluß langfristiger Mietverträge, NJW 1992, 2249; Schönleber, Sonderkündigungsrecht bei Verweigerung der Erlaubnis zur Untervermietung, NZM 1998, 948; Schopp, Art. 1 des Gesetzes zur Erhöhung des Angebots an Mietwohnungen, ZMR 1983, 109; Sternel, Neues Wohnraummietrecht, MDR 1983, 265; Thaler, Die Mär von der Nachmietergestellung, NZM 1998, 994; Ulmer/Brandner/Hensen, AGB-Recht, 13. Aufl. 2022; Wetekamp, Neue Bedeutung für die Sozialklausel der §§ 556a–c BG, DWW 1990, 102; Wiek, Der Kündigungsverzicht des Mieters nach der Mietrechtsreform, WuM 2004, 509.

I. Zeitmietvertrag

1. Einführung

1 Ein Zeitmietvertrag ist ein befristeter Mietvertrag, bei dem das Mietverhältnis grundsätzlich mit dem Ablauf der Zeit endet, für die es eingegangen ist, ohne dass es einer Kündigung bedarf. So lautet die gesetzliche Regelung in § 542 Abs. 2 BGB, die der grundsätzlichen Rechtslage auch bei sonstigen befristeten Vertragsverhältnissen entspricht. Damit ist in einem solchen Vertrag, wenn die Parteien das nicht anders regeln, eine ordentliche Kündigung nicht möglich,[1] weder auf Vermieter- noch auf Mieterseite. Das Risiko, an den Vertrag ggf. jahrelang gebunden zu sein, trifft beide Parteien gleichermaßen und lässt sich über § 242 BGB grds. nicht aushebeln. Eine außerordentliche Kündigung ist in Dauerschuldverhältnissen, also auch im Mietvertrag, immer möglich.

2 Dies verleitet Vermieter wie auch Mieter – und manchmal sogar Juristen jedenfalls dann, wenn sie nicht ständig mit mietrechtlichen Problemen befasst sind – häufig zu

[1] BGH NJW 2007, 2177 Rn. 19.

unrichtigen Annahmen mit „schmerzlichem Erwachen" oft erst nach dem Ende eines zeit- und kostenaufwendigen Rechtsstreits. Beide Parteien sind in der Regel der Auffassung, ein Zeitmietvertrag könne ohne weitere Voraussetzungen rechtswirksam befristet abgeschlossen werden. Vermieter gehen weiter zB davon aus, dass der Abschluss eines Zeitmietvertrags – und sei es auch zur „Erprobung"[2] des Mieters vor Abschluss eines unbefristeten Mietvertrags – gewährleistet, dass der Mieter in jedem Fall spätestens nach Ablauf der vereinbarten Mietzeit ausziehen muss, oder, dass damit der Mieter zumindest für die Vertragslaufzeit an die Wohnung gebunden ist und ständige Mieterwechsel verhindert werden. Mieter sind gewissermaßen umgekehrt zB der Auffassung, sie müssen zwingend zum vertraglich festgelegten Ende der Mietzeit die Wohnung räumen, könnten aber ggf. auch früher ausziehen, sofern sie nur kündigen oder zumindest drei Nachmieter stellen. Sonstige Nachteile während der Laufzeit eines befristeten Mietverhältnisses gegenüber einem Mietvertrag auf unbestimmte Zeit vermuten die Vertragsparteien meist nicht.

Nach der Rechtslage bis zur Mietrechtsreform, mithin bis zum 31.8.2001, wurde 3 differenziert zwischen dem sog. **einfachen Zeitmietvertrag mit Bestandsschutz** (§ 564c Abs. 1 BGB aF) und dem sog. **qualifizierten Zeitmietvertrag** ohne Bestandsschutz (§ 564c Abs. 2 BGB aF). Das Mietrechtsreformgesetz sieht demgegenüber nur noch eine Variante des Zeitmietvertrags vor, die sich an den bisherigen qualifizierten Zeitmietvertrag in § 564c Abs. 2 BGB aF anlehnt (§ 575 BGB). Jeder Zeitmietvertrag, der die dort normierten Voraussetzungen nicht erfüllt, gilt nach § 575 Abs. 1 S. 2 BGB als auf unbestimmte Zeit geschlossen und ist daher wie jeder unbefristete Wohnraummietvertrag kündbar (§ 542 Abs. 1 BGB). Der bisherige einfache Zeitmietvertrag kann daher seit dem 31.8.2001 nicht mehr rechtswirksam befristet abgeschlossen werden. Für am 1.9.2001 bereits bestehende Mietverhältnisse auf bestimmte Zeit iSd § 564c Abs. 1 BGB aF gilt ohne zeitliche Beschränkung das bisherige Recht unverändert weiter (Art. 229 § 3 Abs. 3 EGBGB), das daher im Folgenden auch noch dargestellt wird. Maßgeblich ist, ob der Mietvertrag vor dem 31.8.2001 abgeschlossen wurde; dann gelten die §§ 564 Abs. 1, 564c BGB aF, auch wenn die vereinbarte Mietzeit erst danach begonnen hat.[3]

2. Voraussetzungen eines Zeitmietvertrags

Nach der bereits genannten gesetzlichen Grundregel des § 542 Abs. 2 BGB setzt ein 4 Zeitmietvertrag voraus, dass das **Mietverhältnis auf bestimmte Zeit eingegangen** wird. Es bedarf folglich einer ausdrücklichen vertraglichen Regelung über die Mietzeit, andernfalls liegt kein Zeitmietvertrag vor (so zB bei einem Mietvertrag, bei dem nur der Mietzins für einen bestimmten Zeitraum unverändert bleiben soll).[4] Wann ist nun die Vertragsdauer in diesem Sinne auf bestimmte Zeit festgelegt?

a) **Befristung.** Die Mietzeit ist zunächst dann bestimmt, wenn der **Tag der Beendigung** 5 **des Mietverhältnisses** kalendermäßig genau festgelegt oder aufgrund des Vertragsinhaltes hinreichend **bestimmbar** ist, so dass es keiner Kündigung oder sonstiger Erklärungen der Mietvertragsparteien bedarf, um das Mietverhältnis zu beenden.[5] So etwa durch Angabe eines bestimmten Kalendertages, eines variablen Festtages für ein bestimmtes Jahr oder auch durch Vereinbarung einer festen, nach Tagen, Monaten oder Jahren bemessenen Frist ab dem kalendermäßig festgelegten Beginn des Mietverhältnisses.[6]

Die Fristbestimmung muss aber nicht ausdrücklich erfolgen, sondern kann sich auch 6 aus der Vertragsauslegung ergeben, sofern die Vertragsdauer zumindest bestimmbar ist.[7] Heranzuziehen ist daher zB der Vertragszweck, aus dem sich etwa dann eine Befristung ergeben kann, wenn die Wohnung für eine bestimmte Saison, für eine Messe

[2] OLG Stuttgart NJW 1982, 2673; LG Duisburg ZMR 1994, 17.
[3] BGH NJW-RR 2007, 10 (11).
[4] BGH NJW 1976, 1351.
[5] Vgl. statt vieler Staudinger/Rolfs BGB § 542 Rn. 136.
[6] Staudinger/Rolfs BGB § 542 Rn. 137.
[7] Gather DWW 1991, 69; Horst ZAP F. 4, 359.

oder einen sonstigen, nach der Verkehrssitte bestimmbaren Zeitraum, wie etwa ein Semester, dem Mieter überlassen wird.[8] Dagegen ist die Vermietung zB für die Dauer eines Studiums wegen der großen zeitlichen Schwankungsbreite kein in diesem Sinne bestimmbarer Zeitraum.[9] Ein Zeitmietvertrag liegt somit auch ohne kalendermäßig bestimmte Zeit immer dann vor, wenn sich die Mietzeit nach einem von vornherein zeitlich begrenzten Gebrauchszweck des Mieters richtet.[10]

7 **b) Verlängerungsregelung.** Ein Mietvertrag mit **Verlängerungsklausel**[11] ist zunächst ein auf bestimmte Zeit abgeschlossener Vertrag, der sich automatisch erneut einmal oder mehrfach auf bestimmte oder auch auf unbestimmte Zeit verlängert,[12] wenn nicht zumindest eine der beiden Vertragsparteien – idR innerhalb einer festgelegten Frist – vor Ablauf der ursprünglichen Vertragslaufzeit die weitere Fortsetzung des Mietverhältnisses ablehnt.[13] Über die rechtliche Einordnung dieser Erklärung besteht Streit: Trotz der häufigen – untechnischen – Bezeichnung als Kündigung soll damit lediglich die Willensbekundung gemeint sein, mit der die Fortsetzung des Vertrags abgelehnt werde.[14] Es wird daher danach differenziert, ob nach Ablauf der ursprünglichen Befristung ohne Kündigung oder – je nach Formulierung im Mietvertrag – Widerspruch ein neuer, inhaltsgleicher Mietvertrag zustande gekommen ist[15] oder ob das Mietverhältnis nach Verstreichen des Kündigungstermins einfach auf der Grundlage der ursprünglichen vertraglichen Regelungen befristet oder unbefristet fortgesetzt wird.[16] Damit korrespondiert die Frage, ob ein Mietvertrag mit Verlängerungsklausel jeweils zu hintereinandergeschalteten befristeten Mietverträgen führt,[17] oder ob es sich um jeweils um unbefristete Mietverhältnisse handelt, bei denen die Kündigungsmöglichkeiten eingeschränkt werden, es sich also faktisch um wiederholte Kündigungsausschlüsse handelt.[18] Für letzteres spricht, dass die Vertragsbeendigung anders als beim Zeitmietvertrag nicht durch Zeitablauf, sondern durch Kündigung erfolgt.[19] Im zuerst genannten Fall muss § 575 BGB im zuletzt genannten § 573c Abs. 1 (wegen dessen Abs. 4) BGB eingehalten werden, ganz abgesehen davon, dass in dieser Klausel dann bei kundenfeindlichster Auslegung auch ein Ausschluss des gesetzlichen Rechts des Mieters zur außerordentlichen Kündigung liegen würde mit der Folge des Verstoßes gegen § 307 BGB.[20] Bestand der Vertrag schon am 1.9.2001, hält die erste Auffassung die danach mangels Kündigung/Widerspruch erfolgenden Vertragsverlängerungen für unwirksam, sofern § 575 BGB nicht eingehalten wird.[21] Die Gegenmeinung hält demgegenüber § 575 Abs. 1 S. 2 BGB nicht für anwendbar, sondern prüft über Art. 229 § 3 Abs. 3 EGBGB iVm § 565a Abs. 1 BGB aF, wonach ein befristetes Mietverhältnis mit Verlängerungsklausel bezogen auf die Anwendung der Kündigungsvorschriften einem

[8] Bub/Treier MietR-HdB/Grapentin Kap. IV Rn. 481; Staudinger/Rolfs BGB § 542 Rn. 137.
[9] LG Berlin WuM 1989, 632.
[10] Bub/Treier MietR-HdB/Grapentin Kap. IV Rn. 481.
[11] Zu § 9 AGBG, jetzt § 307 BGB vgl. OLG Karlsruhe NJW-RR 1989, 243; AG Gelsenkirchen-Buer NJW-RR 1989, 245.
[12] Vgl. LG Augsburg WuM 1996, 169.
[13] Gather DWW 1991, 69; Staudinger/Rolfs BGB § 542 Rn. 152.
[14] BGH NJW 1975, 40; OLG Düsseldorf WuM 1993, 673; LG Wuppertal NJW 1976, 2215; Grüneberg/Weidenkaff BGB § 542 Rn. 10; Staudinger/Rolfs BGB § 542 Rn. 152; aA LG Gießen ZMR 1977, 157; Schmidt-Futterer/Blank, 6. Aufl.1988, B 27.
[15] RGZ 86, 60 (62); 107, 300 (301); BGH NJW 1975, 40 für ein Gewerberaummietverhältnis.
[16] BGHZ 150, 373 = NJW 2002, 2170; Grüneberg/Weidenkaff BGB § 542 Rn. 10; vgl. auch Staudinger/Emmerich BGB Vor § 535 Rn. 105 mwN.
[17] Gellwitzki WuM 2004, 575 (578 f.); dort im Übrigen unter IV. näher bei Neu- wie auch Altmietverträgen zur Variante Verlängerungsklausel und **Staffelmiete**; vgl. hierzu auch BGH NZM 2004, 736, wonach die Beschränkung der Kündigung auf eine Möglichkeit im Jahr gegen § 10 Abs. 2 S. 6 MHG bzw. jetzt § 557a Abs. 3 BGB verstößt.
[18] Derleder NZM 2001, 649 (657).
[19] Vgl. BGH NJW 1991, 1348.
[20] So in anderem Zusammenhang Fischer WuM 2004, 123 (125); Hinz WuM 2004, 126 (128); Wiek WuM 2004, 509 (511).
[21] AA wohl Lützenkirchen MDR 2004, 926 (927).

unbefristeten Mietverhältnis gleichzustellen ist, ob die danach allein maßgebliche Kündigungsregelung vor dem 1.9.2001 vereinbart wurde. Dann gilt Art. 229 § 3 Abs. 10 S. 1 EGBGB,[22] so dass die Kündigungsregelung wirksam wäre. Der **BGH** teilt – auch wenn er den og Meinungsstreit über die Rechtsnatur der Fortsetzung des Mietvertrags dahingestellt sein lässt – die zuletzt genannte Auffassung und hält bei dieser Gelegenheit fest, dass die Übergangsregelung zu Schuldrechtsreform in Art. 229 § 5 S. 2 EGBGB für die Zeit ab 1.1.2003 hieran nichts ändert.[23] Es ist mithin wie folgt zu differenzieren: **Kündigungsfristen** in einem Altmietvertrag unterfallen Art. 229 § 3 Abs. 10 EGBGB und gelten für den Vermieter unverändert fort.[24] Für **Kündigungstermine** in vor dem 1.9.2001 abgeschlossenen Wohnraummietverträgen gilt Art. 229 § 3 Abs. 3 EGBGB mit der Folge, dass auch nach dem 31.8.2001 nur zu dem im Mietvertrag vereinbarten Ablauftermin gekündigt werden kann.[25]

Auch für den fortgeltenden einfachen Zeitmietvertrag nach **altem Recht** sind nach § 565a Abs. 1 BGB aF alle Kündigungsvorschriften unmittelbar anwendbar,[26] von der Schriftform und dem Begründungserfordernis des § 564a Abs. 1 BGB aF[27] über die einzuhaltenden Fristen des § 565 Abs. 2 oder 3 BGB aF[28] bis hin zum Erfordernis des berechtigten Interesses nach § 564b BGB[29] und der Geltung der Sozialklausel gemäß §§ 556a, 556c BGB aF, ohne die Einschränkungen des § 556b Abs. 2 BGB aF.[30] Oft wird dies in die Verlängerungsregelung mit aufgenommen.[31] Abweichende Vereinbarungen sind nur nach § 565a Abs. 3 BGB aF zuungunsten des Mieters zulässig. § 564c Abs. 1 BGB aF ist dagegen auf diese Vertragsgestaltung nicht anwendbar,[32] außer das Mietverhältnis soll sich nach der Verlängerungsklausel lediglich einmal um eine feste bestimmte Zeit verlängern.[33] Ist die Zahl der Verlängerungen in einem am 1.9.2001 bereits bestehenden Zeitmietverhältnis aber gewissermaßen umgekehrt unbegrenzt, kann das Mietverhältnis nur nach § 565a Abs. 1 BGB aF enden.[34] 8

c) **Option.** Während bei einer Verlängerungsklausel mindestens eine Vertragspartei aktiv werden muss, um das Mietverhältnis zu beenden, wird eine Option dadurch gekennzeichnet, dass der berechtigte Vertragspartner etwas tun muss, um das Mietverhältnis zu verlängern. Ein Mietvertrag mit Optionsrecht ist daher ein auf bestimmte Zeit abgeschlossener Vertrag, der die Vereinbarung enthält, dass eine Partei berechtigt ist, ihn durch einseitige Erklärung einmal oder mehrfach über die ursprünglich ver- 9

[22] Beachte aber ab dem 1.6.2005 Art. 229 § 3 Abs. 10 S. 2 EGBGB.

[23] BGH NJW 2005, 1572; aA zuerst BGH NJW 2003, 1748 (1749); AG Speyer WuM 2004, 86; demgegenüber wie BGH ua Schimmel/Meyer NJW 2004, 1633; BGH WuM 2004, 407.

[24] BGH NJW 2005, 1572; 2008, 1661.

[25] BGH NJW 2007, 2760; NZM 2018, 1017; vgl. auch BGH NJW 2007, 728.

[26] LG Kaiserslautern ZMR 1986, 167; MüKoBGB/Voelskow, 3. Aufl. 1995, § 565a Rn. 3; Staudinger/Sonnenschein, 13. Aufl. 1997, BGB § 565a Rn. 10; aA LG Kaiserslautern NJW 1975, 1325; LG Wuppertal NJW 1976, 2215.

[27] LG Freiburg WuM 1990, 300.

[28] LG Frankfurt a. M. WuM 1981, 10 mAnm Ronimi; AG Arnsberg DWW 1987, 80; die Erklärung kann bereits vor Ablauf der Mietzeit abgegeben werden, um eine frühestmögliche Beendigung zu erreichen: LG Mannheim WuM 1970, 11; AG Köln WuM 1970, 22, aber erst zum Ablauf der in der Verlängerungsklausel vereinbarten Periode: LG Memmingen WuM 1979, 255; AG Köln WuM 1970, 22.

[29] LG Arnsberg WuM 1990, 434; LG Freiburg WuM 1990, 300; LG Gießen NJW 1976, 1455; LG Köln NJW-RR 1990, 520; AG Büdingen WuM 1979, 255; AG Pinneberg WuM 1979, 193; AG Würzburg WuM 1978, 191.

[30] HM Bub/Treier MietR-HdB/Grapentin Kap. IV Rn. 526; Staudinger/Sonnenschein, 13. Aufl. 1997, BGB § 565a Rn. 14; Sternel MietR aktuell Kap. IV Rn. 332; aA Palandt/Putzo, 60. Aufl. 2001, BGB § 565a Rn. 6, der § 556b Abs. 2 BGB anwenden will.

[31] AG Bad Hersfeld WuM 1996, 706; AG Bremen-Blumenthal WuM 1987, 395.

[32] LG Düsseldorf WuM 1989, 414; AG Pinneberg WuM 1979, 193; ganz hM Barthelmess BGB § 564c Rn. 6; MüKoBGB/Voelskow, 3. Aufl. 1995, § 564c Rn. 7; Staudinger/Sonnenschein, 13. Aufl. 1997, BGB § 564c Rn. 9.

[33] LG Augsburg WuM 1996, 169; Staudinger/Sonnenschein, 13. Aufl. 1997, BGB § 565a Rn. 9.

[34] AG Arnsberg DWW 1987, 80; AG Würzburg WuM 1978, 191.

einbarte Mietzeit hinaus um den in der Optionsklausel[35] vorgesehenen Zeitraum oder auf unbestimmte Zeit zu verlängern.[36] Unter den Voraussetzungen des § 550 BGB bedarf die Optionsvereinbarung der Schriftform.[37] Die Optionsausübung kann von der Einhaltung einer Frist abhängig gemacht werden, die sich auch aus der Vertragsauslegung ergeben kann.[38] Andernfalls kann das Optionsrecht noch bis zum Ablauf der Mietzeit ausgeübt werden,[39] was durch ausdrückliche und zweifelsfreie Erklärung[40] aller Berechtigter[41] geschehen muss. Allein zB die bloße Weiterzahlung des Mietzinses genügt nicht, sofern den Parteien der Ablauf des Mietverhältnisses nicht bewusst war.[42]

10 Liegt ein wirksamer **Zeitmietvertrag nach § 575 BGB** vor, begegnet ein Optionsrecht, den Vertrag unbefristet zu verlängern, keinen Bedenken. Eine Verlängerung wiederum auf bestimmte Zeit ist dagegen nur erneut unter den Vorgaben des § 575 BGB zulässigerweise möglich, außer es handelt sich – wie meist – um ein allein dem Mieter zustehendes Optionsrecht. Zu dessen Gunsten sind Abweichungen nach § 575 Abs. 4 BGB selbstverständlich zulässig.

11 Wird das **Optionsrecht ausgeübt**, erlischt es. Eine erneutes Optionsrecht bedarf einer eindeutigen Vereinbarung.[43] Dies gilt auch bei mehrfach vereinbarten Verlängerungsoptionen. Zeitlich nachfolgende Optionsrechte können nur dann wirksam ausgeübt werden, wenn zeitlich frühere Verlängerungsoptionen rechtzeitig ergriffen worden waren. Andernfalls wandelt sich das Mietverhältnis nach Ablauf der ursprünglich vereinbarten Laufzeit wegen nicht rechtzeitiger Optionsausübung in ein unbefristetes um, so dass eine erneute Befristung durch ein neues Optionsrecht einer schriftlichen Ergänzungsvereinbarung bedarf (§ 550 S. 2 BGB).[44] Wird die **Option nicht wahrgenommen**, endet ein wirksam befristetes Mietverhältnis durch Zeitablauf.[45] Ansonsten bedarf es der Kündigung nach den gesetzlichen Vorschriften.

12 Liegt ein fortgeltender **alter einfacher Zeitmietvertrag** vor, findet § 565a BGB aF keine Anwendung.[46] § 564c Abs. 1 BGB aF greift weiter uneingeschränkt dann ein, wenn der Vermieter sein Optionsrecht nicht ausübt.[47] Nimmt der Mieter sein Optionsrecht nicht wahr, gilt § 564c Abs. 1 BGB aF nach einer Meinung in jedem Fall,[48] nach anderer Auffassung jedenfalls dann, wenn die Optionsvereinbarung eine Vertragsverlängerung nur unter ungünstigeren Bedingungen für den Mieter zulässt als nach der gesetzlichen Regelung (Verstoß gegen §§ 564c Abs. 1 S. 2, 564b Abs. 6 BGB aF).[49]

13 d) **Kombination.** Verlängerungsklausel und Option können in einem Zeitmietvertrag verbunden werden. Lehnt keine der Parteien die Vertragsfortsetzung ab, würde das Mietverhältnis schon aufgrund der Verlängerungsklausel (auf bestimmte Zeit nur unter den Voraussetzungen des § 575 BGB) fortgesetzt.[50] Andernfalls kann eine Vertragspartei durch unverzügliche Ausübung ihres Optionsrechtes (jedoch nicht vor Ablauf der

[35] Darf der Mieter den Vermieter nur um die Abgabe eines Angebots zur Vertragsfortsetzung zu geänderten Bedingungen bitten, ist die Optionsklausel nach § 9 Abs. 2 Nr. 2 AGBG unwirksam – OLG Hamburg DWW 1990, 176; 1991, 307; Gather DWW 1991, 69 (70).

[36] Gather DWW 1991, 69; Staudinger/Rolfs BGB § 542 Rn. 149.

[37] BGH NJW-RR 1987, 1227.

[38] OLG Düsseldorf ZMR 1992, 52.

[39] OLG Düsseldorf MDR 1981, 847; AG Hamburg-Blankenese ZMR 1986, 17.

[40] BGH WM 1967, 935; NJW 1982, 2770.

[41] LG Berlin GE 1990, 763.

[42] OLG Köln NJWE-MietR 1996, 200; LG Berlin GE 1995, 1209.

[43] BGH NJW-RR 1995, 714.

[44] OLG Hamburg NZM 1998, 333.

[45] Staudinger/Rolfs BGB § 542 Rn. 149.

[46] Bub/Treier MietR-HdB/Grapentin Kap. IV Rn. 512 ff.; Staudinger/Sonnenschein, 13. Aufl. 1997, BGB § 565a Rn. 7.

[47] Staudinger/Sonnenschein, 13. Aufl. 1997, BGB § 564c Rn. 11 aE.

[48] Sternel IV Rn. 531; unklar Staudinger/Sonnenschein, 13. Aufl. 1997, BGB § 564c Rn. 11.

[49] Bub/Treier MietR-HdB/Grapentin Kap. IV Rn. 512 f.; MüKoBGB/Voelskow, 3. Aufl. 1995, § 564c Rn. 7; anders bei widersprüchlichem Mieterverhalten über § 242 BGB: Staudinger/Sonnenschein, 13. Aufl. 1997, BGB § 564c Rn. 11.

[50] Staudinger/Rolfs BGB § 542 Rn. 149.

Kündigungsfrist) die Ablehnungserklärung der anderen Seite wirkungslos machen und damit verhindern, dass das Mietverhältnis endet.[51]

14 e) **Laufzeit von mehr als 30 Jahren.** Mietverträge mit einer vereinbarten[52] Laufzeit von mehr als 30 Jahren – und sei es durch Optionseinräumung oder Ausschluss des Kündigungsrechts einer Partei für diesen Zeitraum,[53] sofern individualvertraglich vereinbart[54] – genießen ab diesem Zeitpunkt den Bestandsschutz eines unbefristeten Mietverhältnisses. Ungeachtet einer etwa abweichenden vertraglichen Regelung[55] ist ein derartiger Mietvertrag erstmals 30 Jahre nach Überlassung der Mietsache an den Mieter[56] bzw. vom Abschluss einer entsprechenden Verlängerungsvereinbarung an[57] gemäß § 544 S. 1 BGB mit gesetzlicher Frist außerordentlich kündbar,[58] gemäß § 573d BGB unter Beachtung der §§ 573, 573c und 574 ff. BGB.[59] Ein Rückgriff auf § 564c BGB aF bei Altverträgen scheidet aus.

15 f) **Mietvertrag auf Lebenszeit.** Ein nach § 550 BGB schriftlich[60] zu vereinbarender Mietvertrag auf Lebenszeit unterliegt nicht der Kündigungsmöglichkeit nach § 544 S. 1 BGB; vielmehr bleibt gemäß § 544 S. 2 BGB die Kündigung auch nach Ablauf von 30 Jahren unzulässig. Die Rechtsnatur eines derartigen Vertrags ist umstritten. Nach einer Meinung soll es sich um einen unbefristeten und damit zu kündigenden Vertrag handeln,[61] nach der anderen um einen Vertrag unter einer auflösenden Bedingung.[62] Mit der hM ist aufgrund der Tatsache, dass der Tod sicher eintreten wird und nur ungewiss ist, wann, von einem befristeten Mietverhältnis auszugehen.[63] Auch bei Annahme einer Zweckbefristung findet § 575 Abs. 1 S. 2 BGB nach Sinn und Zweck des § 575 keine Anwendung, da der Mieter vor dem Verlust der Wohnung bei solchen Mietverhältnissen nicht geschützt werden muss.[64]

16 War ein zum 1.9.2001 bestehender Vertrag an die Lebenszeit des Vermieters (oder eines Dritten) geknüpft, gelten die §§ 564c Abs. 1, 556b BGB aF mit der Maßgabe, dass sämtliche Fristen erst mit der Beendigung des Mietverhältnisses durch den Tod zu laufen beginnen.[65] Bei einem Mietverhältnis auf Lebenszeit des Mieters ist zu differenzieren: Existieren Eintrittsberechtigte iSd § 563 BGB, die von ihrem Widerspruchsrecht keinen Gebrauch machen, setzt sich das Mietverhältnis mit diesen nicht erneut auf Lebenszeit, sondern auf unbestimmte Zeit fort mit vollem Kündigungsschutz.[66] Wird das Mietverhältnis mit beiden Eheleuten an die Lebenszeit des einen gebunden, setzt es sich gemäß § 563a BGB mit dem anderen, überlebenden Ehegatten ebenfalls auf unbestimmte Zeit fort.[67] Gibt es keine Eintrittsberechtigten, endet das Mietverhältnis mit

---

[51] BGH NJW 1985, 2581, 1992, 2281.

[52] Dies gilt nicht, wenn ein unbefristetes Mietverhältnis länger als 30 Jahre angedauert hat: Sternel MietR aktuell Kap. IV Rn. 532.

[53] Staudinger/Emmerich BGB § 544 Rn. 5 mwN.

[54] OLG Celle MDR 1990, 154; LG Kassel NJW-RR 1995, 269; aA OLG Hamm NJW-RR 1992, 270.

[55] § 567 BGB ist zwingend: BGH NJW 1951, 974; LG Kassel NJW-RR 1995, 269.

[56] OLG Celle NJW-RR 1994, 1473; Bub/Treier MietR-HdB/Grapentin Kap. IV Rn. 442; Staudinger/Emmerich BGB § 544 Rn. 8; Sternel MietR aktuell Kap. IV Rn. 273; unklar: BGH NJW 1993, 1651.

[57] BGH NJW 1996, 2028.

[58] BGH NJW-RR 2018, 843.

[59] Staudinger/Emmerich BGB § 544 Rn. 7.

[60] BGH NJW 1958, 2062; LG Berlin WuM 1991, 498; LG Hannover WuM 1991, 349.

[61] AG Bruchsal WuM 1983, 142; Schmidt-Futterer/Blank, Wohnraumschutzgesetze B 22.

[62] Sternel MietR aktuell Kap. IV Rn. 274; anders, Sternel MietR aktuell Rn. 1149.

[63] BayObLG NJW-RR 1993, 1164; LG Arnsberg WuM 1989, 380; LG Frankfurt a. M. WuM 1990, 82; LG Mannheim WuM 1987, 353; AG Trier WuM 1993, 196; Bub/Treier MietR-HdB/Grapentin Kap. IV Rn. 65, 481, 527; Staudinger/Rolfs BGB § 542 Rn. 142.

[64] Blank/Börstinghaus/Siegmund/Siegmund BGB § 575 Rn. 69.

[65] BayObLG NJW-RR 1993, 1164 in einem obiter dictum; Staudinger/Rolfs BGB § 542 Rn. 143.

[66] BayObLG NJW-RR 1993, 1164; Bub/Treier MietR-HdB/Grapentin Kap. IV Rn. 260; Staudinger/Rolfs BGB § 542 Rn. 143.

[67] AG Bruchsal WuM 1983, 142.

dem Tod des Mieters; eine irgendwie geartete Rechtsposition kann in diesem Fall nicht vererbt werden, so dass kein Fortsetzungsanspruch des oder der Erben besteht.[68]

17 **g) Mietvertrag bis zum Eintritt eines bestimmten Ereignisses.** Die Einordnung eines derartigen Mietverhältnisses hängt davon ab, ob dieses zukünftige bestimmte Ereignis nach dem Willen der Parteien (also nicht etwa im naturwissenschaftlichen Sinne) mit Gewissheit eintreten wird oder ob sein Eintritt ungewiss ist. Im zuerst genannten Fall handelt es sich um einen befristeten, ansonsten um einen **auflösend bedingten Mietvertrag.**[69]

18 Für den befristeten Mietvertrag gilt § 575 BGB, bei alten einfachen Zeitmietverträgen die §§ 564c, 556b BGB aF, auch wenn das mit Gewissheit eintretende Ereignis in der Hand nur einer Vertragspartei liegt (zB Hausbau).[70]

19 Als auflösende Bedingungen kommen demgegenüber zB in Betracht: Beendigung des Arbeitsvertrags bei Werkwohnungen,[71] Auszug des Mitmieters,[72] Versetzung des Mieters,[73] Verlust des Bleiberechtes in Deutschland, Verlust der Mitgliedschaft in einer Genossenschaft oder sonstigen Organisation, von der die Wohnung angemietet wurde,[74] die Beendigung des Hauptmietverhältnisses[75] oder der Abbruch bzw. die Sanierung der Mietsache.[76] Da es sich nicht um eine Beendigung durch Zeitablauf, sondern aufgrund sonstiger Umstände handelt, greifen die Regelungen über den Zeitmietvertrag nicht ein.[77] Nach **neuem Recht** kann sich zwar der Mieter, nicht aber der Vermieter auf die Bedingung berufen (§ 572 Abs. 2 BGB). Nach **bisherigem Recht** galt demgegenüber gemäß § 565a Abs. 2 BGB aF das Mietverhältnis ab dem Bedingungseintritt als auf unbestimmte Zeit verlängert und bedurfte daher zur Beendigung der Kündigung.[78]

20 Umstritten ist in diesem Zusammenhang, ob das Wohnraummietverhältnis auch **vor Bedingungseintritt gekündigt** werden kann. Eine Meinung verneint dies,[79] nach anderer Auffassung soll die Kündigung schon vor Eintritt der Bedingung erklärt werden können, die Frist aber erst mit Bedingungseintritt zu laufen beginnen.[80] Richtigerweise ist zu differenzieren: Handelt es sich um ein unbefristetes Mietverhältnis, kann jederzeit, also auch vor Bedingungseintritt, gekündigt werden, sofern nicht, etwa gerade durch die Vereinbarung der auflösenden Bedingung, Anhaltspunkte dafür bestehen, dass das Kündigungsrecht ausgeschlossen wurde. § 572 Abs. 2 BGB will nur die Vertragsbeendigung gerade durch den Bedingungseintritt verhindern, so dass die Kündigungswirkung erhalten bleibt, wenn während der Kündigungsfrist die Bedingung eintritt.[81] War das Mietverhältnis dagegen rechtwirksam befristet, ist eine Kündigung vor Zeitablauf unwirksam.[82] Tritt die Bedingung allerdings vor Ablauf der Mietzeit ein, wandelt sich der Zeitmietvertrag nach altem Recht in ein unbefristetes Mietverhältnis um.[83]

[68] BayObLG NJW-RR 1993, 1164; Staudinger/Rolfs BGB § 542 Rn. 143.
[69] Vgl. nur Staudinger/Rolfs BGB § 542 Rn. 140.
[70] AG Dresden ZMR 1994, 411.
[71] LG Aachen WuM 1985, 149; LG Düsseldorf WuM 1985, 151; AG Gelsenkirchen-Buer WuM 1973, 138; KreisG Görlitz WuM 1992, 684.
[72] LG Göttingen WuM 1989, 184.
[73] MüKoBGB/Voelskow, 3. A. (1995), § 565a Rn. 10.
[74] LG Lübeck WuM 1970, 201.
[75] LG Osnabrück WuM 1994, 24.
[76] Lechner ZMR 1982, 166 (169).
[77] Staudinger/Rolfs BGB § 542 Rn. 140 mit Verweis auf Staudinger/Rolfs BGB § 572 Rn. 7 ff.
[78] Staudinger/Sonnenschein, 13. Aufl. 1997, BGB § 565a Rn. 16 ff.
[79] Sternel MietR aktuell Kap. IV Rn. 334.
[80] Bub/Treier MietR-HdB/Grapentin Kap. IV Rn. 528; MüKoBGB/Voelskow, 3. Aufl. 1995, § 565a Rn. 9.
[81] Staudinger/Sonnenschein, 13. Aufl. 1997, BGB § 565a Rn. 21; aA Schmidt-Futterer/Blank, Wohnraumschutzgesetze, 6. Aufl. 1988, B 877.
[82] Staudinger/Sonnenschein, 13. Aufl. 1997, BGB § 565a Rn. 22.
[83] Bub/Treier MietR-HdB/Grapentin Kap. IV Rn. 528.

h) Befristung durch richterlichen Gestaltungsakt. *aa) Die Ehewohnung nach der Scheidung.* Nach § 1568a Abs. 5 BGB kann sowohl der Ehegatte, der Anspruch auf Überlassung der Ehewohnung nach § 1568a Abs. 1 oder 2 BGB hat, als auch die zur Vermietung berechtigte Person die Begründung eines Mietverhältnisses zu ortsüblichen Bedingungen verlangen, sofern über die Ehewohnung kein Mietverhältnis bestand. Unter den Voraussetzungen des § 575 Abs. 1 BGB oder wenn die Begründung eines unbefristeten Mietverhältnisses unter Würdigung der berechtigten Interessen des Vermieters unbillig ist, kann der Vermieter eine angemessene Befristung des Mietverhältnisses durch das Familiengericht verlangen. Kommt eine Einigung über die Höhe der Miete nicht zustande, kann der Vermieter eine angemessene Miete, im Zweifel die ortsübliche Vergleichsmiete, verlangen.[84] Über §§ 14, 17 LPartG gilt § 1568a BGB auch für eingetragene gleichgeschlechtliche Lebenspartner. 21

bb) Sozialklausel. Wird ein Mietverhältnis dagegen aufgrund der Sozialklausel nach § 574a Abs. 2 BGB durch Gerichtsurteil auf bestimmte Zeit verlängert, ist für die Frage der Vertragsfortsetzung allein § 574c BGB maßgebend. Bei am 1.9.2001 bestehenden einfachen Zeitmietverträgen findet § 564c Abs. 1 BGB aF, der den Bestandsschutz auf einer völlig anderen Ebene des Wohnraumkündigungsschutzes (der des § 564b BGB aF, jetzt § 573 BGB – Erfordernis eines berechtigten Interesses) gewährleistet, die im Rahmen der Sozialklausel gewissermaßen schon durchschritten ist, daher keine Anwendung.[85] 22

i) Kettenmietvertrag. Die **wiederholte Befristung** eines Mietverhältnisses wird als Kettenmietvertrag bezeichnet. Dient der so vermietete Wohnraum der Befriedigung des allgemeinen Wohnbedarfs des Mieters, etwa mangels anderweitiger Bleibe, liegt kein Mietverhältnis zu vorübergehendem Gebrauch vor, selbst wenn bloß eine relativ kurze Mietzeit vereinbart ist.[86] Anders ist das bei einer kurzfristigen Gebrauchsüberlassung aus besonderem Anlass, deren Entzug den Mieter nicht schwer treffen kann.[87] 23

Ein nach dem 1.9.2001 abgeschlossener Kettenmietvertrag dürfte heute kaum die Voraussetzungen des § 575 BGB erfüllen, so dass derartige wiederholte Befristungen, bei denen der Mietvertrag durch Zeitablauf endet, unwirksam sind und jeweils von einem Wohnraummietverhältnis auf unbestimmte Zeit auszugehen ist (§ 575 Abs. 1 S. 2 BGB). Davon zu unterscheiden ist der Fall eines befristeten Wohnraummietverhältnisses, das sich zB jeweils um ein Jahr verlängern soll, wenn es nicht gekündigt wird; da in diesem Fall die Vertragsbeendigung einer Kündigung mit dem uneingeschränkten Mieterschutz bedarf, gilt § 575 Abs. 1 S. 2 BGB nicht. Allerdings wird damit ein vom Gesetz abweichender Kündigungstermin vereinbart, so dass ein Verstoß gegen § 573c Abs. 4 BGB vorliegt (allerdings nicht bei vor dem 1.9.2001 abgeschlossenen Altmietverträgen).[88] Zur Rechtslage bei **Mietverträgen mit Verlängerungsklauseln** vorstehend unter → Rn. 7 f. 24

Am 1.9.2001 bereits bestehende Kettenmietverträge sind auch bei noch so kurzer Laufzeit der aneinandergereihten Befristungen grundsätzlich nicht nach §§ 564c Abs. 1 S. 2, 564b Abs. 7 Nr. 1 BGB aF vom Bestandsschutz befreit. Nach einer Mindermeinung waren derartige Kettenmietverträge, die unter Ausnutzung einer beengten Wohnungsmarktlage zustande kamen, nach § 138 BGB nichtig, insbesondere wegen „der Umgehung der Vorschriften des 2. WKSchG und des § 565 BGB".[89] Die hM hatte keine Bedenken gegen die Zulässigkeit von Kettenmietverträgen.[90] Auch nach der Recht- 25

---

[84] Wegen der Einzelheiten vgl. Götz NZM 2010, 383 ff.; Götz/Brudermüller NJW 2010, 5 ff.

[85] LG Siegen NJW-RR 1991, 1113; MüKoBGB/Voelskow, 3. Aufl. 1995, § 564c Rn. 8; Staudinger/Sonnenschein, 13. Aufl. 1997, BGB § 564c Rn. 8 aE.

[86] OLG Hamm WuM 1986, 217; OLG Frankfurt a. M. NJW-RR 1991, 268; Sternel MietR aktuell Kap. III Rn. 501; die Klausel im Mietvertrag, dass die Überlassung zu nur vorübergehendem Gebrauch erfolgt, vermag hieran nichts zu ändern: Barthelmess BGB § 564b Rn. 32 mwN.

[87] OLG Hamm WuM 1986, 217.

[88] BGH NZM 2005, 417.

[89] AG Tübingen WuM 1982, 275.

[90] Bub/Treier MietR-HdB/Bub Kap. II Rn. 2436; Bub/Treier MietR-HdB/Grapentin Kap. IV Rn. 485.

sprechung waren Mietverträge, die für dieselbe Wohnung mehrfach nacheinander ausdrücklich nur für ein Jahr geschlossen werden, grundsätzlich wirksam, da der Mieter sich nicht auf den jeweils vom Vermieter vorgesehenen Neuabschluss eines Mietvertrags einzulassen brauchte, wenn er das Verlängerungsrecht gemäß § 564c Abs. 1 BGB aF form- und fristgemäß ausübte.[91] In diesem Fall wurde das Mietverhältnis auf der Grundlage des letzten befristeten Vertrags zu den dort vereinbarten Bedingungen auf unbestimmte Zeit fortgesetzt.[92] Auch dem unkundigen Mieter sollte es zugemutet werden können, sich über den Fortsetzungsanspruch des § 564c Abs. 1 BGB aF rechtzeitig zu informieren, so dass die Unkenntnis hierüber dem Kettenmietvertrag kein sittenwidriges Gepräge geben konnte.[93] Dies kann bei Altverträgen auch heute noch in der Praxis zu nicht unerheblichen Problemen und auch Ungerechtigkeiten führen.[94] Rechtsprechung und Schrifttum stützen sich dabei, zT ohne dies zu betonen, auf die ganz überwiegenden Meinung, dass der Vermieter nicht verpflichtet ist, den Mieter rechtzeitig auf sein Fortsetzungsrecht aus § 564c Abs. 1 BGB aF hinzuweisen, wodurch die Rechtsstellung des Mieters entscheidend verkürzt wird.[95] Da eine analoge Anwendung der §§ 556a Abs. 6 S. 2, 564a Abs. 2 BGB aF nicht in Betracht kommt,[96] ist bei der Beurteilung, ob durch einen Kettenmietvertrag unzulässig in unabdingbare Schutzrechte des Mieters eingegriffen wird, je nach den konkreten Umständen eine differenzierte Einzelfallentscheidung erforderlich.[97] Immerhin besteht die „naheliegende Möglichkeit, dass diese Vertragsgestaltung einer Umgehung der unabdingbaren Schutzrechte des Mieters in § 564b Abs. 6 BGB aF und § 10 Abs. 1 MHG Vorschub leistet".[98]

26 j) **Nachträgliche Änderung der Laufzeit.** Die Vertragsparteien können wirksam ein Mietverhältnis auf unbestimmte Zeit nachträglich unter Beachtung der Vorgaben in § 575 BGB befristen oder umgekehrt, wobei sich diese zuletzt genannte Rechtsfolge auch aus § 545 BGB ergeben kann.

3. Zeitmietvertrag

27 Gegenüber der bisherigen, nach Ansicht des Gesetzgebers komplizierten und für juristische Laien schwer verständlichen Vorschrift des § 564c BGB aF wurde mit § 575 BGB ein Zeitmietvertrag geschaffen, der nach Ablauf der vereinbarten Mietzeit tatsächlich zur Beendigung des Mietverhältnisses führt. Nach der Gesetzesbegründung im Kabinettsentwurf[99] soll dies eine erhebliche Rechtsvereinfachung zur Folge haben und zugleich dem zunehmenden Bedürfnis der Mietvertragsparteien an Mobilität Rechnung tragen. Die Neuregelung orientiert sich am bisherigen qualifizierten Zeitmietvertrag iSd § 564c Abs. 2 BGB aF. Wie dort hat der Mieter künftig keinen Verlängerungsanspruch nach Ablauf der vereinbarten Mietzeit und kann einer Kündigung auch nicht nach der sog. Sozialklausel (§§ 574-574c BGB) widersprechen. Dem Mieter kann keine gerichtliche Räumungsfrist nach §§ 721, 794a ZPO gewährt werden. Die bisherige zeitliche Beschränkung der Befristung ist entfallen.

28 **§ 575 BGB gilt nicht** für diejenige Mietverhältnisse, die ohnehin keinen Bestandsschutz genießen. Dies sind die Mietverhältnisse nach § 549 Abs. 2 und 3 BGB, also

- Wohnraum, der nur zum vorübergehenden Gebrauch vermietet ist;
- Wohnraum, der Teil der vom Vermieter selbst bewohnten Wohnung ist und den der Vermieter überwiegend mit Einrichtungsgegenständen auszustatten hat, sofern der

[91] OLG Frankfurt a. M. NJW-RR 1991, 268; zweifelnd Sternel MietR aktuell Rn. 9.
[92] Barthelmess BGB § 564b Rn. 32.
[93] So aber Sternel MietR aktuell Kap. III Rn. 501 Fn. 62.
[94] Vgl. Börstinghaus ZAP F. 4 R, 20.
[95] Staudinger/Sonnenschein, 13. Aufl. 1997, BGB § 564c Rn. 18 mwN.
[96] LG Frankfurt a. M. NJW-RR 1986, 1146; AG München DWW 1978, 150; Staudinger/Sonnenschein, 13. Aufl. 1997, BGB § 564c Rn. 18; offengelassen: LG Karlsruhe DWW 1990, 178.
[97] Hannemann/Wiek/Wiek, Handbuch der Mietrechtsentscheide, Kap. 25/1.1.4.
[98] Sternel MietR aktuell Rn. 9.
[99] GE NZM 2000, 812 ff.; ebenso bereits der Referentenentwurf NZM 2000, 415 (450 f.).

Wohnraum dem Mieter nicht zum dauernden Gebrauch mit seiner Familie oder mit Personen überlassen ist, mit denen er einen auf Dauer angelegten gemeinsamen Haushalt führt;

- Wohnraum, den eine juristische Person des öffentlichen Rechts oder ein anerkannter privater Träger der Wohlfahrtspflege angemietet hat, um ihn Personen mit dringendem Wohnungsbedarf zu überlassen, wenn sie den Mieter bei Vertragsschluss auf die Zweckbestimmung des Wohnraums und die Ausnahme von den (im Einzelnen aufgeführten Wohnraumschutz-)Vorschriften hingewiesen hat;
- Wohnraum in einem Studenten- oder Jugendwohnheim.

In diesen Fällen bleibt es wie bisher dabei, dass Zeitmietverträge uneingeschränkt zulässig sind. 29

Durch das **Mietrechtsanpassungsgesetz** vom 18.12.2018 wurde abweichend davon geregelt, dass die §§ 575 und 575a BGB entsprechend anzuwenden sind auf Verträge über die Anmietung von Räumen durch eine juristische Person des öffentlichen Rechts oder einen anerkannten privaten Träger der Wohlfahrtspflege, die geschlossen werden, um die Räume Personen mit dringendem Wohnungsbedarf (zB Flüchtlinge) zum Wohnen zu überlassen (§ 578 Abs. 3 BGB). Diese Regelung ist erforderlich, da es sich bei derartigen Verträgen, bei denen der Mieter die Mieträume nicht zu eigenen Wohnzwecken anmietet, nicht um Wohnraummietverhältnisse handelt, so dass die genannten Vorschriften ohne diese ausdrückliche Regelung nicht gelten würden. 30

a) **Voraussetzungen.** Ein qualifizierter Zeitmietvertrag liegt nur vor, wenn die sogleich dargestellten zwingenden (§ 575 Abs. 4 BGB) Voraussetzungen erfüllt sind, die kumulativ gegeben sein müssen. Andernfalls gilt das Mietverhältnis als auf unbestimmte Zeit geschlossen (§ 575 Abs. 1 S. 2 BGB). Die Darlegungs- und Beweislast hierfür trägt der Vermieter.[100] 31

aa) Vertragliche Höchstdauer. Während nach § 564c Abs. 2 S. 1 Nr. 1 BGB aF die Laufzeit des Vertrags 5 Jahre nicht übersteigen durfte, sieht § 575 BGB **keine zeitliche Begrenzung** mehr vor. Zeitmietverträge können daher für jede beliebige Dauer abgeschlossen werden. Der Gesetzgeber hat hierzu in der Gesetzesbegründung zum Kabinettsentwurf wörtlich folgendes ausgeführt:[101] 32

Durch die Streichung der Laufzeitbegrenzung wird den Vertragsparteien mehr Gestaltungsspielraum gelassen. Längere Vertragslaufzeiten können für beide Seiten Vorteile haben. Der Vorteil des Mieters besteht darin, dass er die Sicherheit hat, während der Vertragslaufzeit nicht ordentlich gekündigt zu werden. Falls er also in absehbarer Zeit keine räumlichen Veränderungen zu erwarten hat, wird gerade der Abschluss eines längeren Zeitmietvertrags in seinem Interesse liegen. Der Vermieter hat den Vorteil, auch für einen längeren Zeitraum als fünf Jahre Planungssicherheit zu haben.

Am 1.9.2001 **bereits bestehende qualifizierte Zeitmietverträge** iSv § 564c Abs. 2 BGB aF gelten fort (Art. 229 § 3 Abs. 3 EGBGB). Maßgeblich ist, ob der Mietvertrag vor dem 31.8.2001 abgeschlossen wurde; dann gelten die §§ 564 Abs. 1, 564c BGB aF, auch wenn die vereinbarte Mietzeit erst danach begonnen hat.[102] Damals konnte, da eine Mindestfrist gesetzlich nicht vorgesehen war, eine beliebige Laufzeit bis zur Grenze von 5 Jahren vereinbart werden.[103] Bei geringer Vertragslaufzeit ist aber zu prüfen, ob nach dem Vertragszweck der allgemeine Wohnbedarf des Mieters abgedeckt werden soll, oder ob es sich um ein Mietverhältnis zu nur vorübergehendem Gebrauch handelt, auf das § 564c BGB aF angesichts der Verweisung in dessen Abs. 1 S. 2 auf § 564b Abs. 7 Nr. 1 BGB aF überhaupt nicht anzuwenden ist.[104] Wurde die Laufzeit von höchstens 33

[100] Staudinger/Rolfs BGB § 575 Rn. 82; vgl. auch § 575 Abs. 3 S. 3 BGB.

[101] GE NZM 2000, 812 ff.; vgl. auch, soweit übereinstimmend mit dem Referentenentwurf NZM 2000, 415 (450 f.).

[102] BGH NJW-RR 2007, 10.

[103] Staudinger/Sonnenschein, 13. Aufl. 1997, BGB § 564c Rn. 40.

[104] Vgl. zur Abgrenzung nur Barthelmess BGB § 564b Rn. 26 ff. mwN.

5 Jahren nach den vertraglichen Vereinbarungen überschritten, fiel das Mietverhältnis uneingeschränkt unter den Bestandsschutz nach §§ 564c Abs. 1, 556b BGB aF.[105]

34 Nach überwiegender Auffassung war die **Fünfjahresfrist** ab dem vereinbarten Mietbeginn bis zum vertraglich vorgesehenen Endtermin zu **berechnen**, unabhängig vom Zeitpunkt des Abschlusses des Mietvertrags.[106] Anderes galt aber dann, wenn ein bislang auf unbestimmte Zeit abgeschlossener Wohnungsmietvertrag in einen Zeitmietvertrag geändert oder aufgehoben und durch einen Zeitmietvertrag ersetzt wurde. In diesen Fällen war der Zeitpunkt der Änderungsvereinbarung maßgebend.[107] Nach einer Meinung im Schrifttum sollte für die Einhaltung der Fünfjahresfrist die Gesamtwohnzeit maßgebend sein, um der Verwurzelung des Mieters in seinem Wohnquartier Rechnung zu tragen.[108] Nach überwiegender Auffassung sollte dagegen unter Heranziehung von Gesetzeswortlaut und Zweck die Fünfjahresfrist danach zu berechnen sein, für welche Zeit der geänderte oder neue befristete Mietvertrag „eingegangen worden ist", so dass es allein auf die Restdauer ankam.[109] Die hM überzeugte nicht.[110] Der Gesetzgeber hatte sich seinerzeit gegen die Zulassung eines qualifizierten Zeitmietvertrags auf eine längere Zeit als 5 Jahre mit der Begründung gewandt, damit „der Mieter dann nicht mehr unter den erleichterten Voraussetzungen des Zeitmietverhältnisses die Wohnung verlieren sollte, weil er in deren Umgebung schon stark verwurzelt ist".[111] Dies legte entgegen der hM die Wertung nahe, dass nach einer Gesamtwohnzeit von mehr als 5 Jahren das Bestandsinteresse des Mieters Vorrang hatte. Hinzu kam, dass die nachträgliche Vereinbarung eines Zeitmietvertrags eine atypische Fallgestaltung ist, auf die der Gesetzeszweck nicht unmittelbar abzielt.[112]

35 § 564c Abs. 2 S. 1 Nr. 1 und 3 BGB aF betraf nur den Neuabschluss eines Vertrags.[113] Die Ausnahme vom Bestandsschutz sollte durch die zeitlich eindeutige Begrenzung des Mietverhältnisses Vermietern einen Anreiz bieten, für vorübergehende Zeit Wohnraum zu vermieten, den sie bei Geltung des Bestandsschutzes leer stehen ließen.[114] Bei nachträglicher Vereinbarung eines Zeitmietvertrags bestand aber mit dem betreffenden Mieter bereits ein (unbefristetes) Mietverhältnis mit Bestandsschutz. Der Vermieter konnte also in derartigen Fällen nicht mehr „durch die Möglichkeit, kurz befristete Wohnungsmietverträge abzuschließen, veranlasst werden, freien Wohnraum anzubieten und zu vermieten."[115]

36 *bb) Befristungsgründe.* § 575 Abs. 1 BGB verlangt bestimmte Verwendungsabsichten des Vermieters, die das Gesetz alternativ auf **drei Fallgestaltungen** abschließend beschränkt. Eine darüber hinausgehende vertragliche Erweiterung ist unwirksam.[116] Diese drei Alternativen schließen sich nach überwiegender Meinung nicht aus, sondern können **nebeneinander oder haupt- und hilfsweise** geltend gemacht werden.[117] Entfällt daher zB eine Verwendungsabsicht während der Vertragslaufzeit, kann sich der Ver-

[105] Statt vieler Palandt/Putzo, 60. Aufl. 2001, BGB § 564c Rn. 12.

[106] Barthelmess § 564c Rn. 56; Bub/Treier MietR-HdB/Grapentin Kap. IV Rn. 269; MüKoBGB/Voelskow, 3. Aufl. 1995, § 564c Rn. 33; Staudinger/Sonnenschein, 13. Aufl. 1997, BGB § 564c Rn. 40; aA Palandt/Putzo, 60. Aufl. 2001, BGB § 564c Rn. 12.

[107] Schmidt-Futterer/Blank, 7. Aufl. 1999, BGB § 564c BGB Rn. 34.

[108] Sternel MietR aktuell Kap. IV Rn. 308 bei Fn. 46; Schläger ZMR 1990, 241 (243).

[109] BayObLG NJW-RR 1990, 17; Barthelmess BGB § 564c Rn. 56; Bub/Treier MietR-HdB/Grapentin Kap. IV Rn. 269; MüKoBGB/Voelskow, 3. Aufl. 1995, § 564c Rn. 33; Palandt/Putzo, 60. Aufl. 2001, BGB § 564c Rn. 12; Staudinger/Sonnenschein, 13. Aufl. 1997, BGB § 564c Rn. 41; so auch für die Berechnung der 30-Jahrefrist des § 567 BGB aF BGH NJW 1996, 2028.

[110] Vgl. Hannemann/Wiek/Wiek, Handbuch der Mietrechtsentscheide, Kap. 25/1.2.2.1.

[111] Begründung des RegE, BT-Drs. 9/2079, 15 zu § 564c BGB aF.

[112] Hannemann/Wiek/Wiek, Handbuch der Mietrechtsentscheide, Kap. 25/1.2.2.1.

[113] Staudinger/Sonnenschein, 13. Aufl. 1997, BGB § 564c Rn. 41.

[114] Begründung RegE, BT-Drs. 9/2079, 7 zu § 564c BGB aF.

[115] So aber BayObLG NJW-RR 1990, 17.

[116] So auch zu § 564c Abs. 2 BGB aF LG Lübeck WuM 1988, 277.

[117] Barthelmess BGB § 564c Rn. 64; Bub/Treier MietR-HdB/Grapentin Kap. IV Rn. 270; Staudinger/Sonnenschein, 13. Aufl. 1997, BGB § 564c Rn. 42.

mieter rechtzeitig vor Vertragsende auf die weiter aufgeführten Verwendungsabsicht berufen.[118] Die **Beweislast** für den Befristungsgrund trifft diejenige Mietpartei, die sich darauf beruft.

Ein **Auswechseln** des Befristungsgrundes ist wie bisher[119] nicht zulässig.[120] Das ergibt sich zum einen aus dem Zitiergebot (§ 575 Abs. 1 S. 1 aE), zum anderen aus der nach § 575 Abs. 4 BGB zwingenden Rechtsfolge des § 575 Abs. 3 S. 2 BGB (Anspruch auf unbefristete Fortsetzung des Mietvertrags). Nach dem Willen des Gesetzgebers[121] soll allerdings die Veränderung des Sachverhaltes bei ansonsten gleichbleibendem Befristungsgrund nicht ausgeschlossen sein. Werde derselbe Befristungsgrund lediglich durch einen geänderten Sachverhalt erfüllt, stelle dies keinen Wechsel des Befristungsgrundes dar, so zB, wenn an Stelle der Tochter nun der Sohn des Vermieters die Wohnung nutzen will,[122] oder der Vermieter statt des bisher geplanten wesentlichen Umbaus eine allerdings ebenfalls wesentliche Instandsetzung durchführen möchte.[123] Nach anderer Ansicht soll dies dazu führen, dass der Vermieter Befristungsgründe auf Vorrat einführen könne, was ebenso wie sog. Vorratskündigung[124] unzulässig sei.[125] Diese abweichende Auffassung verkennt, dass der Vermieter jedenfalls nach hM auch bei einer ordentlichen Kündigung unter entsprechend engen Grenzen berechtigt ist, innerhalb gleichartiger Kündigungsgründe den bisherigen Grund durch einen vor dessen Wegfall bereits entstandenen Grund zu ersetzen, wenn auch nicht völlig auszuwechseln oder neue Gründe nachzuschieben.[126] Warum soll dies dann bei den Befristungsgründen iSv § 575 Abs. 1 BGB nicht gelten? 37

Liegt der **Befristungsgrund** von vornherein **nicht** vor **oder** handelt es sich um einen **nicht** von § 575 Abs. 1 BGB **erfassten** Befristungsgrund, führt dies zu einem unbefristeten Wohnraummietverhältnis (§ 575 Abs. 4 BGB). Der Mietvertrag als solches bleibt somit grundsätzlich wirksam, sofern nicht ein Fall des § 154 BGB vorliegt, also ohne Befristung nach dem Willen beider Parteien kein Mietvertrag abgeschlossen werden sollte.[127] 38

(1) Eigennutzung. Die in § 575 Abs. 1 Nr. 1 BGB genannte Eigennutzungsabsicht des Vermieters entspricht § 564c Abs. 2 S. 1 Nr. 2a BGB aF. Sie unterscheidet sich vom Eigenbedarf iSv § 573 Abs. 2 Nr. 2 BGB dadurch, dass der Vermieter die Räume **nicht benötigen** muss. Der Vermieter muss lediglich den ernsthaften Willen haben, die Räume selbst oder durch ihm nahestehende Personen zu nutzen.[128] Es genügt somit allein der Nutzungswunsch, der nicht begründet zu werden braucht.[129] 39

Der Wortlaut ist mit dem des § 573 Abs. 2 Nr. 2 BGB identisch. Der **Kreis der begünstigten Personen** stimmt daher mit dem für die Eigenbedarfskündigung überein.[130] Das Gesetz privilegiert damit zum einen den Vermieter, zum anderen sein Umfeld. Bei Familienangehörigen wird die persönliche Nähe vermutet. Geschwister und sonstige enge Verwandte gehören dazu. Einen Anknüpfungspunkt dafür, wie weit der Kreis der 40

[118] Horst ZAP F. 4, 359 (361).
[119] BT-Drs. 14/4553, 71.
[120] GE NZM 2000, 812 ff.; vgl. auch, soweit übereinstimmend mit dem Referentenentwurf NZM 2000, 415 (450 f.).
[121] GE NZM 2000, 812 ff.; vgl. auch, soweit übereinstimmend mit dem Referentenentwurf NZM 2000, 415 (450 f.).
[122] AG Berlin-Charlottenburg GE 1992, 1155.
[123] BT-Drs. 14/4553, 71.
[124] BVerfG NJW 1990, 3259.
[125] Börstinghaus/Eisenschmid Neues MietR BGB § 575 S. 560.
[126] S. nur Sternel MietR aktuell Kap. IV Rn. 106 ff. mwN.
[127] Hierfür genügt allein die Nichteinhaltung der Formvorgabe des § 550 BGB nicht: BGH NZM 2000, 548.
[128] BGH NJW 2007, 2177 Rn. 27; ebenso schon Begründung RegE, BT-Drs. 9/2079, 15 zu § 564c BGB aF.
[129] LG Wuppertal WuM 1994, 543; Bub/Treier MietR-HdB/Grapentin Kap. IV Rn. 495; Palandt/Putzo, 60 Aufl. 2001, BGB § 564c Rn. 13.
[130] Begründung RegE, BT-Drs. 9/2079, 15 zu § 564c BGB aF.

Familienangehörigen in diesem Sinn zu ziehen ist, bieten die Regelungen über das Zeugnisverweigerungsrecht aus persönlichen Gründen (§ 383 ZPO, § 52 StPO), in denen der Kreis der privilegierten Familienangehörigen – unabhängig vom tatsächlichen Bestehen persönlicher Bindungen – konkretisiert wird. Gem. § 383 Abs. 1 Nr. 3 ZPO und § 52 Abs. 1 Nr. 3 StPO steht ein Zeugnisverweigerungsrecht – neben Verlobten, Ehegatten und Lebenspartnern (§ 383 Abs. 1 Nr. 1, Abs. 2 und Abs. 2a ZPO, § 52 Abs. 1 Nr. 1, Abs. 2 und Abs. 2a StPO) – auch denjenigen zu, die mit einer Partei in gerader Linie verwandt oder verschwägert sind, sowie denjenigen, die in der Seitenlinie bis zum 3. Grad verwandt oder bis zum 2. Grad verschwägert sind oder waren.[131] Damit gehören etwa auch Nichten und Neffen noch zu dem Personenkreis, dem allein auf Grund enger verwandtschaftlicher Beziehung zur Partei ein Zeugnisverweigerungsrecht zusteht, nicht jedoch etwa Cousins.[132] Bei entfernten Verwandten ist ein zusätzliches Kriterium heranzuziehen, das auf die konkrete persönliche oder soziale Bindung zwischen dem Vermieter und seinem Angehörigen im Einzelfall abstellt. Je weitläufiger der Grad der Verwandtschaft oder Schwägerschaft ist, umso enger muss die über die bloße Tatsache der Verwandtschaft oder Schwägerschaft hinausgehende persönliche oder soziale Bindung zwischen dem Vermieter und dem Angehörigen im konkreten Einzelfall sein, um eine Kündigung wegen des Wohnbedarfs eines Angehörigen zu rechtfertigen.[133]

41 Auch zu Angehörigen des Haushalts kann eine persönliche Nähe bestehen. Wie in § 573 Abs. 2 Nr. 2 BGB wurde der Begriff der „zum Hausstand“ des Vermieters „gehörenden Personen“ in „Angehörige seines Haushalts“ geändert. Damit sollen nicht nur Personen, die mit dem Mieter einen auf Dauer angelegten gemeinsamen Haushalt führen, sondern auch Personen erfasst werden, die dauerhaft im Haushalt des Vermieters leben, so zB Pflegekinder des Vermieters oder Kinder des Lebenspartners des Vermieters.[134] Die Personen müssen zu Beginn des Mietverhältnisses zumindest bestimmbar sein,[135] wobei es genügt, wenn die Zugehörigkeit zum begünstigten Personenkreis spätestens am Ende des Mietverhältnisses vorliegt.[136]

42 Ausweislich des Gesetzeswortlauts muss der Vermieter die – auch einzelnen[137] – Räume **zu Wohnzwecken** benutzen wollen. Eine gewerbliche Nutzungsabsicht scheidet aus.[138] Allerdings muss sich der Nutzungswunsch nicht darauf beziehen, dass die Wohnräume künftig den Lebensmittelpunkt des Vermieters oder des begünstigten Personenkreises bilden, so dass auch die Nutzung als Zweit- oder Ferienwohnung ausreicht.[139]

43 *(2) Baumaßnahmen.* Die zweite, in § 575 Abs. 1 Nr. 2 BGB genannte Verwendungsabsicht betrifft – ähnlich wie in § 573 Abs. 2 Nr. 3 BGB hinsichtlich einer Verwertungskündigung – zwei Gruppen von Baumaßnahmen, einmal die Beseitigung der Mieträume und zum anderen deren wesentliche Veränderung oder Instandsetzung. Sie entspricht unverändert dem bisherigen Recht, nachdem der noch im Kabinettsentwurf vorgesehene Wegfall der Voraussetzung, dass die Baumaßnahme durch die Fortsetzung des Mietverhältnisses erheblich erschwert sein müsse, nach den Beratungen im Rechtsausschuss gewissermaßen in letzter Minute doch unterblieb. Die bisherigen Streitpunkte gelten somit unverändert fort:

44 Im Schrifttum bestehen unterschiedliche Auffassungen, was unter **Beseitigung der Mieträume** zu verstehen ist. Nach einer Meinung genügt es, wenn die Mietsache nach der Baumaßnahme nicht mehr in ihrer ursprünglichen räumlichen Gestalt vorhanden

[131] BGHZ 184, 138 = NJW 2010, 1290 Rn. 22, zu § 573 BGB.
[132] BGH 10.7.2024 – VIII ZR 276/23, BeckRS 2024, 16477, zu § 573 BGB.
[133] BGHZ 184, 138 = NJW 2010, 1290 Rn. 20, zu § 573 BGB.
[134] NZM 2000, 812 ff.; ebenso bereits der Referentenentwurf NZM 2000, 415 (447 f.) zu § 573.
[135] Horst ZAP F. 4, 359 (361).
[136] Staudinger/Rolfs BGB § 575 Rn. 20.
[137] Eine selbständige „Wohnung“ ist nicht erforderlich: Barthelmess BGB § 564c Rn. 71.
[138] Gather DWW 1991, 69 (74).
[139] BGH NJW-RR 2019, 130 Rn. 23, zu § 573 BGB.

ist,[140] so dass auch ein teilweiser Abbruch ausreichen würde.[141] Da die rechtlich zulässige Beseitigung stets die Auflösung des Mietverhältnisses voraussetze, müsse nicht noch die Erschwerung durch die Fortsetzung des Mietverhältnisses hinzukommen.[142] Abgesehen davon, dass sich diese – sogleich näher behandelte – weitere Voraussetzung nach dem Gesetzeswortlaut auch auf die Beseitigung der Mieträume bezieht,[143] belegen die Gesetzesmaterialien zu § 564c BGB aF, dass der Gesetzgeber bei dieser Alternative ausschließlich von einem vollständigen Abriss der Mieträume ausging.[144] Dieser wird natürlich so gut wie immer durch den Fortbestand des Mietverhältnisses erschwert werden, da der Vertragsgegenstand vollständig untergeht, so dass das Mietverhältnis vorher beendet werden muss.[145] Bei einer bloßen Veränderung der Mietsache könnte demgegenüber das Mietverhältnis bestehen bleiben und wäre allenfalls anzupassen, außer die Maßnahmen würden dadurch erheblich erschwert.[146]

Unter die zweite Gruppe von Baumaßnahmen – **wesentliche Veränderung oder Instandsetzung** – fallen nach den Gesetzesmaterialien[147] einmal Ausbauten, Umbauten sowie Erhaltungsmaßnahmen und sonstige Modernisierungsmaßnahmen iSv § 554 BGB,[148] auch wenn § 575 Abs. 1 Nr. 2 BGB lediglich die Instandsetzung ausdrücklich erwähnt.[149] Schönheitsreparaturen oder geringfügige Instandhaltungsmaßnahmen werden allerdings nicht erfasst,[150] wobei der Streit im Schrifttum, ob sich dies bereits aus den vom Gesetz genannten Maßnahmen[151] oder aus der weiteren Tatbestandsvoraussetzung der erheblichen Erschwerung durch die Fortsetzung des Mietverhältnisses[152] ergibt, rein akademischer Natur ist. 45

Beide Gruppen von baulichen Maßnahmen müssen öffentlich-rechtlich,[153] aber auch zivilrechtlich[154] zulässig (**genehmigungsfähig**) sein. Die Genehmigung muss dabei noch nicht bei Vertragsschluss, sondern erst bei Vertragsende vorliegen.[155] Sie muss bei Vertragsschluss auch noch nicht beantragt sein. Unerheblich ist zudem, ob die beabsichtigte Baumaßnahme wirtschaftlich sinnvoll ist, oder ob der Vermieter ohne deren Durchführung erhebliche Nachteile etwa iSv § 573 Abs. 2 Nr. 3 BGB erleiden würde.[156] 46

Schließlich muss der **Fortbestand des Mietverhältnisses,** also die unterbliebene Räumung, die Durchführung dieser Baumaßnahmen zwar nicht unmöglich machen,[157] mindestens aber **erheblich erschweren.** Dies kann sowohl aus tatsächlichen, rechtlichen 47

[140] Barthelmess BGB § 564c Rn. 81.
[141] Palandt/Putzo, 60. Aufl. 2001, BGB § 564c Rn. 13.
[142] Barthelmess BGB § 564c Rn. 81.
[143] Vgl. nur Bub/Treier MietR-HdB/Grapentin Kap. IV Rn. 495; aA gestützt auf die Satzstellung: Staudinger/Rolfs BGB § 575 Rn. 26.
[144] Begründung RegE, BT-Drs. 9/2079, 15 zu § 564c BGB aF.
[145] AG Freiburg WuM 1992, 193.
[146] Staudinger/Rolfs BGB § 575 Rn. 25 f.
[147] Dort werden als Beispiele genannt: Vereinigung zweier kleiner Wohnungen zu einer großen, Ersatz morscher Holzdecken eines Altbaus, Einrichtung eines Bades in einem Raum, der bisher zu anderen Zwecken genutzt wurde, Begründung RegE, BT-Drs. 9/2079, 14, 15 zu § 564c BGB aF.
[148] LG Hamburg NJW 1993, 201; AG Wuppertal WuM 1994, 543; aA Schmidt-Futterer/Blank, Wohnraumschutzgesetze, 6. Aufl. 1988, B 805.
[149] Staudinger/Rolfs BGB § 575 Rn. 28.
[150] Gather DWW 1991, 69 (74); Bub/Treier MietR-HdB/Grapentin Kap. IV Rn. 495; MüKoBGB/Häublein § 575 Rn. 21 aE.
[151] Barthelmess BGB § 564c Rn. 83.
[152] Staudinger/Rolfs BGB § 575 Rn. 29.
[153] ZB Genehmigung zum Abbruch, zur Errichtung, Änderung oder zur Zweckentfremdung eines Gebäudes, so Begründung RegE, BT-Drs. 9/2079, 15 zu § 564c BGB aF.
[154] Staudinger/Rolfs BGB § 575 Rn. 32; aA Schmidt-Futterer/Blank, Wohnraumschutzgesetze, 6. Aufl. 1988, B 802.
[155] Barthelmess BGB § 564c Rn. 85; Bub/Treier MietR-HdB/Grapentin Kap. IV Rn. 495; MüKoBGB/Häublein § 575 Rn. 19; Staudinger/Rolfs BGB § 575 Rn. 31; Sternel MietR aktuell Kap. IV Rn. 310.
[156] Blank/Börstinghaus/Siegmund/Siegmund BGB § 575 Rn. 12; Begründung RegE, BT-Drs. 9/2079, 15 zu § 564c BGB aF.
[157] Staudinger/Rolfs BGB § 575 Rn. 29 f.

oder auch finanziellen Gründen der Fall sein.[158] So zB auch dann, wenn der Mieter nicht zur Duldung nach § 555a Abs. 1 BGB verpflichtet oder das Bestehen eines entsprechenden Duldungsanspruchs zweifelhaft ist.[159] Es genügt daher, wenn bei bestehender Duldungspflicht des Mieters, also seinem Verbleib in der Wohnung, die baulichen Arbeiten erschwert und dadurch erheblich verzögert oder teurer werden würden. Kleinere Modernisierungsmaßnahmen, bei denen offensichtlich ist, dass sie vom Mieter geduldet werden müssen (Beispiel: Einbau einer Sammelheizung, Austausch alter Fenster gegen Isolierglasfenster), können den Fortbestand des Mietverhältnisses nicht erschweren. Der Einbau eines Badezimmers gehört ebenfalls zu den duldungspflichtigen Maßnahmen, da die Durchsetzung einer solchen Maßnahme regelmäßig auch keine sonstigen Erschwernisse mit sich bringt. Der Umstand, dass der Mieter trotz bestehender Duldungspflicht duldungsunwillig ist, spielt keine Rolle. Dem Vermieter ist es zuzumuten, die Duldung gerichtlich durchzusetzen.[160]

48 *(3) Dienstverhältnis.* Das 4. MietRÄndG hatte seit dem 1.9.1993 mit § 564c Abs. 2 S. 1 Nr. 2c BGB aF eine weitere Verwendungsabsicht für den Abschluss eines qualifizierten Zeitmietvertrags für den Vermieter einer **Werkmietwohnung** eröffnet, sofern er diese nach Ablauf der Mietzeit an einen anderen Arbeitnehmer vermieten will. Neben dem Arbeits- oder Dienstvertrag musste dabei ein selbständiger Mietvertrag bestehen, entweder über eine werkseigene Wohnung, eine vom Arbeitgeber angemietete und/oder direkt bzw. über zB eine Vermietungsgesellschaft an den Mitarbeiter untervermietete Wohnung oder auch über die Wohnung eines Dritten, an welcher dem Dienstberechtigten ein Belegungsrecht zusteht.[161] Eine Werkdienstwohnung schied daher ebenso aus wie die Vermietung an einen betriebsfremden Dritten, selbst wenn die Wohnung dann nach Mietvertragsende einem Arbeitnehmer überlassen werden sollte.[162] Im zuletzt genannten Fall liegt gerade noch keine Werkswohnung vor, sondern soll erst geschaffen werden, was nicht zu den qualifizierten Befristungsgründen zählte.[163]

49 Mit dieser Erweiterung des Anwendungsbereichs sollte nach dem Willen des Gesetzgebers erreicht werden, dass sich die Wirtschaftsunternehmen „in stärkerem Maße dem Bau von Werkwohnungen zuwenden."[164] Die Beendigung des Dienst- bzw. Arbeitsverhältnisses mit dem Mieter, ggf. sogar gleichzeitig mit der Beendigung des Mietverhältnisses, war aber nicht erforderlich. Auch bei unbefristeten Dienst- oder Arbeitsverhältnissen konnte daher für eine erste Übergangszeit eine Werkmietwohnung zur Verfügung gestellt werden, bis eine andere Miet- oder als Eigentum erworbene Wohnung bezogen werden konnte, etwa um auswärtige Kräfte zu gewinnen.[165]

50 Grundsätzlich gilt dies auch für die **jetzige Rechtslage** in § 575 Abs. 1 Nr. 3 BGB mit der Änderung, dass es nicht mehr erforderlich ist, dem Mieter selbst die Räume mit Rücksicht auf das Bestehen eines Dienstverhältnisses zu vermieten. Vielmehr kann die Werkwohnung auch an einen Nicht-Werkangehörigen befristet vermietet werden, wenn sie nur nach Fristablauf wieder an einen Werkangehörigen vermietet werden soll. Nach dem Willen des Gesetzgebers soll damit die Möglichkeit geschaffen werden, Räume, die an sich Werkwohnungen sind, zur Vermeidung von unnötigen Leerständen zwischenzeitlich anderweitig zu vermieten, wenn zur Zeit kein Interesse eines zur Dienstleistung Verpflichteten besteht.[166]

51 Daher ist die Absicht ausreichend, die Wohnung künftig einem Arbeitnehmer – und sei es auch wiederum für denselben Arbeitgeber, dem ein Belegungsrecht zusteht –

[158] LG Hamburg NJW 1993, 201; Barthelmess BGB § 564c Rn. 86; Horst ZAP F. 4, 359 (362); MüKoBGB/Voelskow, 3. Aufl. 1995, § 564c Rn. 31.
[159] Bub/Treier MietR-HdB/Grapentin Kap. IV Rn. 495.
[160] Blank/Börstinghaus/Siegmund/Siegmund BGB § 575 Rn. 15.
[161] Ausführlich Barthelmess BGB § 564c Rn. 89a.
[162] Staudinger/Rolfs BGB § 575 Rn. 34.
[163] OLG Stuttgart NJW-RR 1991, 1294 und NJW-RR 1993, 1102.
[164] Begründung RegE, BT-Drs. 12/3254, 9, 18 zu § 564c BGB aF.
[165] Begründung RegE, BT-Drs. 12/3254, 18 zu § 564c BGB aF.
[166] GE NZM 2000, 812 ff.; ebenso bereits der Referentenentwurf NZM 2000, 415 (450 f.).

befristet oder auch auf unbestimmte Zeit zu überlassen.[167] Ein „Benötigen", etwa sogar schon bei Abschluss des qualifizierten Zeitmietvertrags, war und ist dagegen nicht erforderlich.[168]

(4) Mietverhältnisse mit juristischen Personen des öffentlichen Rechts oder anerkannten privaten Trägern der Wohlfahrtspflege. Für Verträge über die Anmietung von Räumen durch eine juristische Person des öffentlichen Rechts oder einen anerkannten privaten Träger der Wohlfahrtspflege, die geschlossen werden, um die Räume Personen mit dringendem Wohnungsbedarf (zB Flüchtlinge) zum Wohnen zu überlassen (vgl. § 549 Abs. 2 Nr. 3 BGB) wurde durch das **Mietrechtsanpassungsgesetz** vom 18.12.2018 neu geregelt, dass diese Verträge zusätzlich zu den in § 575 Abs. 1 S. 1 BGB genannten Gründen auch dann auf bestimmte Zeit abgeschlossen werden können, wenn der Vermieter die Räume nach Ablauf der Mietzeit für ihm obliegende oder ihm übertragene öffentliche Aufgaben nutzen will (§ 578 Abs. 3 S. 2 BGB). 52

cc) Anfangsmitteilung. § 575 Abs. 1 S. 1 aE BGB verlangt wie bisher § 564c Abs. 2 S. 1 Nr. 3 BGB aF, dass der Vermieter dem Mieter bei Abschluss des Mietvertrags seine Verwendungsabsicht(-en) schriftlich mitteilt, um jegliche Zweifel hierüber auszuschließen[169] und eine Selbstbindung des Vermieters herbeizuführen.[170] Diese Mitteilung muss nicht in den Mietvertrag aufgenommen werden, so dass ein **gesondertes Schreiben ausreicht,** sofern es in einem unmittelbaren zeitlichen Zusammenhang vor oder mit dem Vertragsschluss (aber in keinem Fall mehr danach)[171] dem Mieter zugeht.[172] Allerdings ist die Aufnahme der Mitteilung in den Mietvertrag aus Beweisgründen empfehlenswert.[173] Für die Form gilt § 126 BGB,[174] und zwar auch dann, wenn der Vermieter dem Mieter hiervon zuvor auf andere Art und Weise Kenntnis – etwa mündlich[175] – gegeben hat.[176] Textform (Fax, E-Mail, Messenger-Dienst) reicht hiernach nicht. Ohne Einhaltung der Schriftform gilt der Vertrag als unbefristet (§ 575 Abs. 1 S. 2 BGB).[177] Eine erst nach Vertragsschluss erfolgte Mitteilung über einen Befristungsgrund iSv § 575 Abs. 1 BGB führt zu einem kündbaren Wohnraummietverhältnis auf unbestimmte Zeit (§ 575 Abs. 4 iVm Abs. 1 S. 2 BGB). 53

Die Verwendungsabsicht des Vermieters muss so ausreichend (**„hinreichend konkret"**)[178] **bezeichnet** sein, dass dem Mieter eine Nachprüfung möglich ist.[179] Hieran sind strenge[180] bzw. erhebliche[181] Anforderungen zu stellen. Die Mitteilung des Befristungsgrundes soll es dem Mieter ermöglichen, die Berechtigung der Befristung zu überprüfen.[182] Deshalb muss der Vermieter bei einer Befristung des Mietverhältnisses zB wegen einer wesentlichen Veränderung oder Instandsetzung der Räume die geplanten Maßnahmen so genau angeben, dass der Mieter beurteilen kann, ob diese Maßnahmen durch eine Fortsetzung des Mietverhältnisses erheblich erschwert würden und damit eine Befristung nach § 575 Abs. 1 S. 1 Nr. 2 Alt. 2 BGB rechtfertigen.[183] Die bloße 54

[167] Barthelmess BGB § 564c Rn. 89a.
[168] Staudinger/Rolfs BGB § 575 Rn. 35.
[169] Begründung RegE, BT-Drs. 9/2079, 15 zu § 564c BGB aF.
[170] Bub/Treier MietR-HdB/Grapentin Kap. IV Rn. 500.
[171] Damit scheidet ein Nachbessern oder Nachschieben aus.
[172] Staudinger/Rolfs BGB § 575 Rn. 43.
[173] Horst ZAP F. 4, 359 (362).
[174] Staudinger/Rolfs BGB § 575 Rn. 44.
[175] Horst ZAP F. 4, 359 (363).
[176] Barthelmess BGB § 564c Rn. 92 mwN.
[177] Der qualifizierten Zeitmietvertrag iSv § 564c Abs. 2 BGB aF gilt dann als einfacher Zeitmietvertrag nach § 564c Abs. 1 BGB aF: AG Ebersberg WuM 1988, 23.
[178] Begründung RegE, BT-Drs. 9/2079, 8 zu § 564c BGB aF; Barthelmess BGB § 564c Rn. 78; Bub/Treier MietR-HdB/Grapentin Kap. IV Rn. 500; Staudinger/Rolfs BGB § 575 Rn. 37.
[179] LG Hamburg WuM 1992, 374 (376).
[180] LG München I WuM 1994, 543; AG Freiburg WuM 1992, 193.
[181] LG Berlin GE 1990, 1037; 1996, 127.
[182] BT-Dr 14/4553, S. 70 = NZM 2000, 415 (451).
[183] BGH NJW 2007, 2177 Rn. 22.

Wiederholung des Gesetzeswortlauts genügt – ähnlich wie bei § 573 Abs. 3 BGB – nicht. Ebenso wenig genügen formelhafte oder schlagwortartige Angaben.[184] Einer Aufklärung über die Rechtsfolgen des § 575 BGB ist dagegen wie bisher nicht erforderlich.[185]

55 So reicht bei der beabsichtigten **Eigennutzung** die Begründung mit „Eigenbedarf"[186] oder die bloße Berufung auf „familiäre Gründe"[187] nicht aus. Wie bisher muss mitgeteilt werden, für welche konkrete Person die Wohnung nach Ablauf der Mietzeit vorgehalten werden soll. Andererseits ist die namentliche Benennung der Nutzungsberechtigten nicht erforderlich, deren Kreis – auch etwa zwei Gruppen kumulativ wie alternativ[188] – aber konkretisiert werden muss.[189] Inwieweit die Auffassung, die bloße Bezeichnung als Familien- oder Haushaltsangehöriger mit der Möglichkeit der späteren freien Auswahl innerhalb dieser Gruppe reiche nicht aus,[190] angesichts der gegenüber § 564c Abs. 2 S. 1 Nr. 2c BGB aF gleichgebliebenen Regelung in § 575 Abs. 1 Nr. 1 BGB, bei der ebenfalls der Hinweis auf die Gruppe genügt, aufrecht erhalten werden kann, wird zu Recht in Frage gestellt.[191]

56 Aus der Mitteilung beabsichtigter **Baumaßnahmen/Modernisierung** muss ersichtlich sein, dass sie von ihrem Umfang her zum Abschluss eines Zeitmietvertrags berechtigen.[192] Bei der Beseitigungsabsicht genügt eine hierauf beschränkte Mitteilung auch ohne nähere Begründung,[193] also etwa, dass das bestehende Gebäude abgerissen und durch einen Neubau ersetzt werden soll.[194] Die Angabe des genauen Abrissdatums und der genauen geplanten Baumaßnahme auf der Grundlage einer konkreten und genehmigungsfähigen Bauplanung ist nicht erforderlich.[195] Bei der geplanten wesentlichen Veränderung oder Instandsetzung reichen dagegen Angaben wie „Modernisierung",[196] „grundlegender bzw. wesentlicher Umbau"[197] oder „Sanierung"[198] nicht aus. Vielmehr müssen die beabsichtigten Baumaßnahmen und deren Auswirkungen auf den Mieter so genau bezeichnet werden, dass Art und Dauer der Störung ggf. von einem Sachverständigen beurteilt werden können und erkennbar ist, inwieweit die Fortsetzung des Mietverhältnisses hier erheblich erschwerend wirkt,[199] was beim Totalabriss – wie dargelegt – grundsätzlich zu vermuten ist. Dabei ist zB die Angabe, die Wohnung würde keinen Strom und kein Wasser mehr haben, nicht ausreichend.[200] Konkrete Baupläne oder Entwürfe müssen allerdings nicht vorliegen.[201] Es ist sachgerecht, die gleichen Anforderungen zu stellen wie an die Modernisierungsankündigungspflicht nach § 555c BGB.[202] Abriss, Veränderung und Instandsetzung können alternativ oder eventualiter

---

184 So ausdrücklich die Gesetzesbegründung: GE NZM 2000, 812 ff. vgl. auch, soweit übereinstimmend mit dem Referentenentwurf NZM 2000, 415 (450 f.); vgl. auch Gather DWW 1991, 69 (74).

185 Barthelmess § 564c Rn. 97; Staudinger/Rolfs BGB § 575 Rn. 37; aA LG Berlin ZMR 1993, 118; Bub/Treier MietR-HdB/Grapentin Kap. IV Rn. 500.

186 LG Berlin GE 1996, 127.

187 LG Berlin ZMR 1993, 118.

188 Barthelmess BGB § 564c Rn. 78.

189 Bub/Treier MietR-HdB/Grapentin Kap. IV Rn. 500; MüKoBGB/Häublein § 575 Rn. 25; Staudinger/Rolfs BGB § 575 Rn. 38 f.; aA Sternel MietR aktuell Kap. IV Rn. 313.

190 LG München I WuM 1994, 543.

191 Staudinger/Rolfs BGB § 575 Rn. 39.

192 Landfermann S. 36.

193 AG Freiburg WuM 1992, 193; Barthelmess BGB § 564c Rn. 87; Staudinger/Rolfs BGB § 575 Rn. 40.

194 BGH NJW 2007, 2177.

195 BGH NJW 2007, 2177.

196 LG Berlin GE 1990, 1037.

197 LG Hamburg WuM 1992, 375.

198 AG Freiburg WuM 1992, 193.

199 Barthelmess BGB § 564c Rn. 87; Bub/Treier MietR-HdB/Grapentin Kap. IV Rn. 500; Staudinger/Rolfs BGB § 575 Rn. 40 f.

200 AG Köln WuM 1992, 616.

201 Barthelmess BGB § 564c Rn. 87; Staudinger/Rolfs BGB § 575 Rn. 40 f.

202 Staudinger/Rolfs BGB § 575 Rn. 40 f.

kombiniert werden, so dass sich der Vermieter die Entscheidung bis zur Beendigung des Zeitmietvertrags vorbehalten kann.[203]

Besteht die Verwendungsabsicht in der betrieblichen Verwendung als **Werkmietwohnung,** reicht die Mitteilung des Vermieters aus, dass es sich um eine Werkwohnung handelt, die er nach Ablauf der Mietzeit einem Arbeitnehmer überlassen möchte.[204] Zum Zeitpunkt des Vertragsschlusses muss der als neuer Mieter vorgesehene Arbeitnehmer weder namentlich bekannt sein noch muss seine dienstliche Stellung genannt werden.[205] Es ist auch nicht erforderlich, dass der spätere Mieter bereits jetzt zum Kreis der Arbeitnehmer gehört.[206] Diese geringeren Anforderungen an die Anfangsmitteilung folgen hier aus dem Gesetzeszweck, auch die beabsichtigte Überlassung einer Werkwohnung an neue Arbeitnehmer zu privilegieren.[207] 57

dd) Schlussmitteilung bei qualifizierten Alt-Zeitmietverträgen. Nach § 564c Abs. 2 S. 2 BGB aF, also bei **am 1.9.2001 bereits bestehenden qualifizierten Zeitmietverträgen,** die fortgelten (Art. 229 § 3 Abs. 3 EGBGB), muss der Vermieter dem Mieter **mindestens drei Monate vor Ablauf der Mietzeit schriftlich** (§ 126 BGB) **mitteilen,** dass die Verwendungsabsicht noch besteht. Maßgebend zur Fristwahrung ist der Zugang beim Mieter.[208] Aus dieser Schlussmitteilung muss sich weiter ergeben, dass die Verwendungsabsicht zum Zeitpunkt der Vertragsbeendigung noch verwirklicht werden kann.[209] Spätestens jetzt hat der Vermieter die Personen namentlich zu benennen, für die er den Eigennutzungswunsch geäußert hat (ergänzt um die genaue familiäre Beziehung zum Vermieter) oder der die Werkmietwohnung überlassen werden soll; bei Baumaßnahmen ist darzutun, ob spätestens bis zum Vertragsende mit dem Vorliegen der erforderlichen Genehmigungen gerechnet werden kann.[210] Nur dann, wenn dies bereits in der Anfangsmitteilung enthalten war, genügt nunmehr die bloße Bezugnahme hierauf.[211] 58

Die übermittelte Verwendungsabsicht muss mit der in der **Anfangsmitteilung** genannten Absicht identisch sein; ein Auswechseln des Befristungsinteresses ist unzulässig,[212] sofern sich der Vermieter keine Alternativen vorbehalten hat.[213] Andernfalls entsteht ebenso wie beim Wegfall der Verwendungsabsicht nach der Schlussmitteilung, worauf der Vermieter den Mieter hinweisen muss, ein Fortsetzungsanspruch des Mieters nach § 564c Abs. 1 BGB aF.[214] 59

Besondere Probleme entstehen beim **zwischenzeitlichen Vermieterwechsel,** sei es im Wege der Gesamtrechts-, der Einzelrechtsnachfolge oder über § 566 BGB. Die Rechtsfolgen des § 564c Abs. 2 BGB aF bleiben erhalten, wenn der Rechtsnachfolger oder Erwerber die ursprüngliche Verwendungsabsicht übernimmt und realisiert, etwa die geplanten Baumaßnahmen oder bei Verwendung der Mietsache als Werkmietwohnung, sofern er Betriebsinhaber ist oder die Verpflichtungen aus einem Werkförderungsvertrag übernommen hat.[215] Schwierigkeiten bereitet dagegen der Eigennutzungswunsch. Nach einer Meinung muss es sich nach wie vor um dieselbe Nutzungsperson bzw. Personengruppe handeln, auch wenn mit dem neuen Vermieter keine Familienangehörigkeit oder Haushaltszugehörigkeit besteht.[216] Nach anderer Auffassung bleibt der neue Vermieter 60

[203] Barthelmess BGB § 564c Rn. 89; Staudinger/Rolfs BGB § 575 Rn. 41 aE.
[204] Staudinger/Rolfs BGB § 575 Rn. 42.
[205] Barthelmess BGB § 564c Rn. 89a; MüKoBGB/Häublein § 575 Rn. 25.
[206] Staudinger/Rolfs BGB § 575 Rn. 42.
[207] Blank WuM 1993, 576.
[208] LG Hamburg WuM 1992, 375; Staudinger/Rolfs BGB § 575 Rn. 62.
[209] Barthelmess BGB § 564c Rn. 107; Sternel MietR aktuell Kap. IV Rn. 307, 317.
[210] Staudinger/Rolfs BGB § 575 Rn. 59.
[211] Schmidt-Futterer/Blank, Wohnraumschutzgesetze, 6. Aufl. 1988, B 810.
[212] Barthelmess BGB § 564c Rn. 103; Staudinger/Rolfs BGB § 575 Rn. 58.
[213] LG Stuttgart WuM 1994, 690.
[214] Bub/Treier MietR-HdB/Grapentin Kap. IV Rn. 510; Horst ZAP F. 4, 359 (363); aA Barthelmess BGB § 564c Rn. 106, der lediglich eine Verlängerung des Mietverhältnisses um einen entsprechenden Zeitraum zulassen will.
[215] Staudinger/Rolfs BGB § 575 Rn. 60.
[216] Barthelmess BGB § 564c Rn. 67, 68.

zwar an die mitgeteilte Verwendungsabsicht gebunden, die Eigennutzung ist aber auch durch eine andere Person als die in der Anfangsmitteilung genannte statthaft, sofern diese in der Schlussmitteilung aufgeführt wird.[217] Nach der überwiegenden Auffassung können die bisher benannten Personen nicht zulässigerweise einfach durch den entsprechenden Personenkreis beim neuen Vermieter ersetzt werden.[218] Nach Sternel tritt sogar der Erwerber im Falle des § 566 BGB überhaupt nicht in die ursprüngliche Rechtsposition des bisherigen Vermieters ein, so dass § 564c Abs. 1 BGB aF gilt.[219]

61 Der Zeitpunkt, wann der Vermieter frühestens vor Ablauf der 3-Monats-Frist die Schlussmitteilung abgeben darf, reicht nach den im Schrifttum vertretenen Meinungen von drei Wochen[220] über einen Monat,[221] ein bis zwei Monate[222] bis zu drei Monaten.[223] Richtigerweise wird man einen **zeitlichen Zusammenhang mit dem Vertragsende** verlangen müssen, damit der Zweck der Schlussmitteilung, den Mieter an das vereinbarte Vertragsende zu erinnern, erreicht und dem Mieter bis zum Beginn der Drei-Monats-Frist noch präsent ist.[224]

62 **Versäumt der Vermieter die Mitteilungsfrist,** so kann der Mieter eine Verlängerung des Mietverhältnisses um einen entsprechenden Zeitraum verlangen. Diese Bestimmung wurde erst durch das 4. MietRÄndG eingefügt. Zuvor hatte ein Verstoß gegen die Mitteilungsfrist zur Folge, dass dann nicht mehr ein qualifizierter, sondern ein einfacher Zeitmietvertrag vorlag, auf den § 564c Abs. 1 BGB aF anwendbar ist.[225] Darin sieht der Gesetzgeber jetzt ein unerwünschtes Hindernis für den Abschluss von Zeitmietverträgen.[226] Nunmehr verlängert sich das Mietverhältnis um die Dauer der Verzögerung, sofern diese vom Vermieter nicht verschuldet ist (§ 564c Abs. 2 S. 2 BGB aF). Holt der Vermieter vor Ablauf der vorgesehenen Mietzeit die Schlussmitteilung nach, kann der Mieter verlangen, dass das Mietverhältnis um die Zeit der Verspätung – gerechnet ab Beginn der Drei-Monats-Frist – verlängert wird. Da es sich hierbei begrifflich nicht um ein Fortsetzungsverlangen handelt,[227] gilt die Zwei-Monats-Frist des § 564c Abs. 1 BGB aF nicht.[228] Eine Frist für das Verlängerungsverlangen besteht vielmehr ebenso wenig wie eine Formvorgabe, so dass auch ein mündliches Verlangen ausreicht.[229]

63 *ee) Auskunfts- und Fortsetzungsverlangen iSd § 575 Abs. 2 BGB.* Dieser Auskunftsmechanismus wird durch § 575 BGB modifiziert. Nach dessen Abs. 2 muss der Mieter initiativ werden und erhält **frühestens vier Monate vor Ablauf der Mietzeit** einen Auskunftsanspruch gegenüber dem Vermieter auf Mitteilung darüber, ob der angegebene Befristungsgrund noch besteht. Dann ist der Vermieter verpflichtet, **binnen eines Monats** nach Zugang des Auskunftsverlangens des Mieters **zu antworten,** das heißt, dass die Antwort innerhalb dieser Frist dem Mieter zugegangen sein muss. Wie sich aus der Initiativlast des Mieters ergibt, ist der Vermieter nicht verpflichtet, von selbst auf Verlängerungsgesichtspunkte hinzuweisen.[230] Er kann also abwarten und hoffen, dass der Mieter nicht nachfragt, wenn er nicht selbst an einer Verlängerung des Mietvertrags interessiert ist. Erzwingen kann er eine Verlängerung aber nicht; einen Verlängerungsanspruch hat nur der Mieter (§ 575 Abs. 3 BGB). Ohne Geltendmachung dieses An-

[217] MüKoBGB/Voelskow, 3. Aufl. 1995, § 564c Rn. 40.
[218] Bub/Treier MietR-HdB/Grapentin Kap. IV Rn. 501; Staudinger/Rolfs BGB § 575 Rn. 60.
[219] Sternel MietR aktuell Kap. IV Rn. 316.
[220] Sternel MietR aktuell Kap. IV Rn. 314.
[221] Barthelmess BGB § 564c Rn. 102.
[222] Schopp ZMR 1983, 109 (112).
[223] Bub/Treier MietR-HdB/Grapentin Kap. IV Rn. 501; MüKoBGB/Voelskow, 3. Aufl. 1995, § 564c Rn. 37.
[224] Staudinger/Rolfs BGB § 575 Rn. 55.
[225] Hannemann/Wiek/Wiek, Handbuch der Mietrechtsentscheide, Kap. 25/1.2.3.
[226] Begründung RegE, BT-Drs. 12/3254, 18 zu § 564c BGB aF.
[227] Zutreffend Blank WuM 1993, 576 f.
[228] So aber Bub NJW 1993, 2897 (2902).
[229] Hannemann/Wiek/Zahn/Wiek MietR-HdB § 27 Rn. 48.
[230] Schmidt-Futterer/Lindner BGB § 575 BGB Rn. 37; aA MüKoBGB/Häublein, 9. Aufl. 2023, § 575 Rn. 34.

spruchs wird der Mietvertrag aber auch nicht verlängert. Weder das Auskunftsverlangen noch die Antwort, die auch nicht Willens-, sondern Wissenserklärung ist, sind an eine Form gebunden. Da die Beantwortung nach § 575 Abs. 2 S. 1 BGB fristgebunden ist und nach § 575 Abs. 2 S. 2 BGB durch einen Verlängerungsanspruch des Mieters sanktioniert wird, sind indes sowohl der Mieter als auch der Vermieter gehalten, für eine entsprechende Dokumentation zu sorgen, wofür jedoch die Textform ausreichen dürfte.

Ursprünglich war eine Frist von drei Monaten vorgesehen, die im Rahmen der Beratungen im Rechtsausschuss auf vier Monate verlängert wurde, um dem Mieter ausreichend Zeit zu geben, auszuziehen. Dabei wurde gleichzeitig die Verpflichtung des Vermieters aufgenommen, auf das Auskunftsverlangen binnen eines Monats zu antworten, damit dem Mieter in jedem Falle drei Monate bis zum Ende der Mietzeit verbleiben.[231] Vor diesem Hintergrund ist es zulässig, dass der Mieter auch **früher als vier Monate** vor Ablauf der Befristung **Auskunft** vom Vermieter **begehrt.** Ein solches Vorgehen ist als Auskunftsersuchen zum zulässigen Termin umzudeuten. Die einmonatige Antwortfrist beginnt dann 4 Monate vor der vereinbarten Beendigung des Zeitmietvertrags. Im Hinblick auf den Mieterschutz (§ 575 Abs. 4 BGB) ist für das Auskunftsersuchen aber nicht erforderlich, dass ein (enger) zeitlicher Zusammenhang zum vereinbarten Vertragsende gewahrt ist.[232] 64

Regelmäßig wird der Vermieter auf den ursprünglich genannten Befristungsgrund Bezug nehmen können. Auf Änderungen der Planung oder Umsetzung des Befristungsbedarfs (zB ein Stocken des Baugenehmigungsverfahrens) hat er hinzuweisen. Hat er bei Vertragsabschluss mehrere Verwendungsabsichten genannt, muss er sich jetzt festlegen.[233] Ist die **Auskunft** des Vermieters **unrichtig oder unzureichend,** steht dem Mieter einen Schadensersatzanspruch gem. § 280 Abs. 1, 241 Abs. 2 BGB zu. Gleiches gilt, wenn der Vermieter überhaupt nicht antwortet. Wie sich aus § 575 Abs. 2 S. 2 BGB ergibt, ist der Schadensersatzanspruch nicht auf eine unbefristete Fortsetzung des Mietvertrags gerichtet.[234] Er bekommt nur die Kosten für einen verfrühten Umzug ersetzt. Bleibt er wohnen, richtet sich der Fortbestand des Mietverhältnisses nach § 545 BGB. 65

Wird die erbetene Auskunft fristgerecht erteilt und besteht der Befristungsgrund fort, so endet das Mietverhältnis zum vereinbarten Zeitpunkt (zu der Fallkonstellation, dass sich die beabsichtigte Verwendung verzögert oder der Befristungsgrund gar entfallen ist, näher sogleich unter → Rn. 72). Dabei schadet es nicht, wenn der Befristungsgrund zuvor vorübergehend entfallen war.[235] Erfolgt die **Auskunft** des Vermieters **verspätet,** kann der Mieter eine Verlängerung des Mietverhältnisses um den Zeitraum der Verspätung verlangen (§ 575 Abs. 2 S. 2 BGB). 66

Wie bisher (vgl. vorstehend unter dd)) handelt es sich bei dem **Fortsetzungsverlangen** des Mieters um ein Angebot, den Zeitmietvertrag über den vertraglich vereinbarten Endtermin hinaus um den Zeitpunkt der Verzögerung fortzusetzen.[236] Das Fortsetzungsbegehren wird nicht dadurch gehindert, dass es der Vermieter im Rahmen der erteilten Auskunft bereits abgelehnt hat, das Mietverhältnis – befristet oder unbefristet – fortzusetzen.[237] Da das Fortsetzungsverlangen vom Inhalt der vom Vermieter erteilten Auskunft abhängt (es richtet sich bei Verspätung nach § 575 Abs. 2 S. 2 BGB oder Verzögerung iSv § 575 Abs. 3 S. 1 BGB auf befristete Fortsetzung und unter den Voraussetzungen des § 575 Abs. 3 S. 2 BGB auf unbefristete Fortsetzung) kann es nicht gleichzeitig mit dem Auskunftsbegehren gestellt werden. 67

Wie sich aus der gewechselten Initiativlast ergibt, muss der Vermieter nicht von selbst aufklären, wenn er vom Scheitern des Gesetzeszwecks erfährt. 68

[231] BT-Drs. 14/5663, 181 f.
[232] AA Blank/Börstinghaus/Siegmund/Siegmund BGB § 575 Rn. 27.
[233] LG Hamburg WuM 1982, 375; Blank/Börstinghaus/Siegmund/Siegmund BGB § 575 Rn. 39.
[234] AA Blank/Börstinghaus/Siegmund/Siegmund BGB § 575 Rn. 42 in Analogie zu § 575 Abs. 3 S. 2 BGB.
[235] Barthelmess BGB § 564c Rn. 66.
[236] Staudinger/Rolfs BGB § 575 Rn. 64.
[237] LG Karlsruhe DWW 1990, 178.

69 *ff) Verzögerung oder Wegfall der beabsichtigten Verwendung.* Liegt zum 1.9.2001 ein fortgeltender **qualifizierter Zeitmietvertrag nach altem Recht** vor und verzögert sich die vom Vermieter beabsichtigte Verwendung der Räume ohne sein Verschulden (Schulfall: Baugenehmigung lässt auf sich warten),[238] so kann der Mieter nach § 564c Abs. 2 S. 2 BGB aF eine **Verlängerung des Mietverhältnisses um einen entsprechenden Zeitraum** verlangen. Die **Darlegungs- und Beweislast** hierfür trägt der Mieter.[239] Die Verlängerung bemisst sich somit nach der Dauer der Verzögerung. Der Mieter kann folglich eine Verlängerung auf bestimmte Zeit bis zu dem Zeitpunkt verlangen, bis zu dem die Verwendungsabsicht des Vermieters voraussichtlich zu verwirklichen ist.[240] Dies kann formlos auch noch am letzten Tag der Mietzeit geschehen.[241] Erfährt der Mieter erst nach Ablauf der Mietzeit von der bereits zuvor feststehenden Verzögerung, kann er aus Schadensersatzgesichtspunkten wegen Verletzung einer Nebenpflicht Wiederbegründung des Mietverhältnisses und dessen Fortsetzung auf bestimmte Zeit verlangen.[242] Stellt sich die vom Vermieter nicht verschuldete Verzögerung erst nach Mietende heraus, hilft allenfalls noch § 545 BGB, falls der Mieter noch nicht ausgezogen ist.[243]

70 Es schadet nicht, wenn durch die Verlängerung die **Höchstfrist von fünf Jahren** seit dem Beginn des Mietverhältnisses **überschritten** wird.[244] Die frühere gegenteilige Regelung in § 564c Abs. 2 S. 2 Hs. 2 BGB aF ist durch das 4. MietRÄndG ersatzlos gestrichen worden, um die Entstehung eines Anspruchs des Mieters auf unbefristete Fortsetzung bei einer über das 5. Vertragsjahr hinausreichenden Verzögerung zu verhindern.[245] Der Vermieter ist zur Mitteilung der Verzögerung an den Mieter verpflichtet[246] und zwar nach der strengeren und daher vorsorglich zu beachtenden Auffassung schriftlich drei Monate vor dem regulären Ende des Mietverhältnisses.[247] Andernfalls greifen – und sei es im Wege des Schadensersatzes wegen Verletzung einer vertraglichen Nebenpflicht[248] – die soeben dargestellten Folgen einer unterbliebenen bzw. verzögerten Schlussmitteilung ein. Einer erneuten Mitteilung über den Fortbestand der ursprünglichen Verwendungsabsicht bedarf es dagegen nicht.[249] Unternimmt der Mieter nichts, endet das Mietverhältnis nach der Grundregel des § 564 Abs. 1 BGB aF durch Zeitablauf.[250]

71 Hat der Vermieter die **Verzögerung verschuldet,** ist das Mietverhältnis als einfacher Zeitmietvertrag nach § 564c Abs. 1 BGB aF zu behandeln.[251] Darin liegt zugleich eine Schranke für eine beliebig lange Überschreitung der ursprünglichen Höchstdauer von fünf Jahren. Je länger sich die vom Vermieter beabsichtigte Verwendung verzögert, desto näher liegt die Annahme eines Verschuldens, das auf einem zu vertretenden Planungsfehler beruht.[252] Sofern der Mieter erst nach Ablauf der Zwei-Monats-Frist des § 564c Abs. 1 BGB aF hiervon erfährt, ist dies nach § 242 BGB oder pVV (positive Vertrags-

---

[238] ISv Sorgfalt in eigenen Angelegenheiten Schmidt-Futterer/Blank, 7. Aufl. 1999, BGB § 564c Rn. 62 aE; Staudinger/Sonnenschein, 13. Aufl. 1997, BGB § 564c Rn. 78; Sternel MietR aktuell Kap. IV Rn. 321.

[239] Staudinger/Rolfs BGB § 575 Rn. 68.

[240] Staudinger/Rolfs BGB § 575 Rn. 60.

[241] Staudinger/Rolfs BGB § 575 Rn. 61.

[242] Staudinger/Rolfs BGB § 575 Rn. 61.

[243] Staudinger/Rolfs BGB § 575 Rn. 61.

[244] Staudinger/Sonnenschein, 13. Aufl. 1997, § 564c Rn. 76.

[245] Begr. zum RegE, BT-Drs. 12/3254, 19 zu § 564c BGB aF.

[246] Als vertragliche Nebenpflicht Barthelmess BGB § 564c Rn. 122; Staudinger/Rolfs BGB § 575 Rn. 59 bzw. Bestandteil der Schlussmitteilung Schmidt-Futterer/Blank, Wohnraumschutzgesetze, 6. Aufl. 1988, B 815 oder deren Ersatz Sternel MietR aktuell Kap. IV Rn. 322.

[247] Blank WuM 1993, 503; Blank WuM 1993, 576 (577).

[248] Staudinger/Rolfs BGB § 575 Rn. 61.

[249] Staudinger/Rolfs BGB § 575 Rn. 60; aA Barthelmess BGB § 564c Rn. 133; Sternel MietR aktuell Kap. IV Rn. 325.

[250] Staudinger/Rolfs BGB § 575 Rn. 60.

[251] Barthelmess BGB § 564c Rn. 141; Staudinger/Sonnenschein, 13. Aufl. 1997, BGB § 564c Rn. 82; Sternel MietR aktuell Kap. IV Rn. 323 f.

[252] Blank WuM 1993, 577.

verletzung: § 280 Abs. 1 BGB) unschädlich, sofern er das Fortsetzungsverlangen dann unverzüglich schriftlich stellt.[253]

Beim **heutigen Zeitmietvertrag** kann der Mieter nach § 575 Abs. 3 S. 1 BGB Verlängerung des Mietvertrags um den Zeitraum verlangen, um den der **Befristungsgrund** erst **später** als vorgesehen **eintritt.** Der Verlängerungszeitraum entspricht somit dem Zeitraum zwischen dem Ablauf der einmonatigen Antwortfrist und dem Zugang der Antwort des Vermieters. Die Frist beginnt mit dem ursprünglich vereinbarten Ende des Mietvertrags und ist hinsichtlich des Fristablaufs nach § 188 Abs. 1 BGB zu berechnen. Die Dauer der Verzögerung ist unerheblich. Der Grund für die Verzögerung spielt keine Rolle mehr. Ist der Befristungsgrund ganz **entfallen,** steht dem Mieter Anspruch auf **Verlängerung** des Wohnraummietvertrags **auf unbestimmte Zeit** zu (§ 575 Abs. 3 S. 2 BGB). Dies gilt auch dann, wenn bei Vertragsende ein neuer Befristungsgrund vorhanden ist. Dafür streiten zum einen Aspekte des Bestandsschutzes, zum andern der Umstand, dass das Gesetz von Entfallen „des“ Befristungsgrundes spricht und damit zum Ausdruck bringt, dass die Befristung nur einmal erfolgen darf. In beiden Fällen verlängert sich der Vertrag somit nicht automatisch. Der Mieter muss seinen Verlängerungsanspruch geltend machen. Bei einer Mehrheit von Vermietern oder Mietern muss die Geltendmachung als Angebot zum Abschluss eines Verlängerungsvertrag von allen Mieters ggü. allen Vermietern erfolgen.[254] Eine Frist besteht hierfür nicht. Die Geltendmachung muss auch nicht in einem (engen) Zusammenhang zur Antwort des Vermieters erfolgen.[255] Die Gesetzeslage entspricht im Wesentlichen der bisherigen Fassung. Neu ist, dass den Vermieter insoweit die **Beweislast** trifft, und zwar sowohl für den Eintritt des Befristungsgrundes als auch für die Dauer der Verzögerung (§ 575 Abs. 3 S. 3 BGB). 72

b) Rechtsfolgen. Der Zeitmietvertrag iSd § 575 BGB endet ebenso wie der frühere qualifizierte Zeitmietvertrag iSd § 564c Abs. 2 BGB aF durch Zeitablauf, ohne dass der Mieter dies verhindern kann. Der Mieter kann also keine Fortsetzung des Mietverhältnisses unter Berufung auf §§ 573 ff., 574 ff. BGB verlangen (vgl. § 564c Abs. 2 S. 1 BGB aF), außer auch nur eine der vorgenannten Voraussetzungen wäre nicht erfüllt. Auch die Vorschriften über die Räumungsfrist sind ausgeschlossen (§§ 721 Abs. 7, 794a Abs. 5 ZPO). Nicht ausgeschlossen ist lediglich der Vollstreckungsschutz nach § 765a ZPO. Anwendbar ist auch § 545 BGB[256] (hierzu näher sogleich). 73

Dies gilt aber nur, wenn das Mietverhältnis durch Zeitablauf endet. **Kündigt** der Vermieter zuvor **fristlos,** ist der gerichtliche Räumungsschutz nach § 721 ZPO nicht ausgeschlossen. Bei Ausspruch einer außerordentlichen befristeten Kündigung (**Sonderkündigung** – vgl. § 573d BGB) durch den Vermieter während der Laufzeit des qualifizierten Zeitmietvertrags, die eines berechtigten Vermieterinteresses iSd § 573 BGB bedarf (ebenso gilt § 573a BGB – so § 575a Abs. 1 BGB), gilt auch die Sozialklausel nach den §§ 574-574c BGB (§ 575a Abs. 2 BGB). Die Kündigung ist spätestens am dritten Werktag eines Kalendermonats zum Ablauf des übernächsten Monats zulässig, bei Wohnraum nach § 549 Abs. 2 Nr. 2 BGB spätestens am 15. eines Monats zum Ablauf dieses Monats (gesetzliche Frist). § 573a Abs. 1 S. 2 BGB findet keine Anwendung (575a Abs. 3 BGB). Eine Vertragsfortsetzung über den im Zeitmietvertrag vorgesehenen Endtermin scheidet gemäß § 575a Abs. 2 BGB aber aus.[257] Diese Regelungen sind zum Nachteil des Mieters auch nicht durch Individualvereinbarung abdingbar (575a Abs. 4 BGB). 74

253 Sternel MietR aktuell Kap. IV Rn. 324.

254 Blank/Börstinghaus/Siegmund/Siegmund BGB § 575 BGB Rn. 51.

255 AA Blank/Börstinghaus/Siegmund/Siegmund BGB § 575 BGB Rn. 50: ein Monat nach Zugang der Information (§ 575 Abs. 2 S. 1 BGB analog).

256 Barthelmess BGB § 564c Rn. 111.

257 Zum alten Recht: Barthelmess BGB § 564c Rn. 109; Staudinger/Sonnenschein, 13. Aufl. 1997, BGB § 564c Rn. 65; Sternel MDR 1983, 265 (273).

75 Hat der Vermieter eine nach § 575 Abs. 1 BGB (bzw. § 564c Abs. 2 BGB aF) privilegierte Verwendungsabsicht vorgespiegelt, deren Wegfall oder die Verzögerung ihrer Realisierung nicht angezeigt, können sich **Schadensersatzansprüche** aus cic, pVV oder unerlaubter Handlung ergeben, vor Räumung auf befristete oder unbefristete Vertragsverlängerung, danach auf Ersatz sämtlicher finanzieller Einbußen hinsichtlich der bisherigen Wohnung wie auch sämtlicher Aufwendungen im Hinblick auf die neue Wohnung.[258]

76 c) **Abweichende Vereinbarungen.** Von den soeben dargestellten Regelungen in § 575 Abs. 1–3 BGB kann zuungunsten des Mieters weder individualvertraglich, geschweige denn durch Formularvertrag abgewichen werden (§ 575 Abs. 4 BGB). Dies bedeutet, dass zum einen der Vermieter an die (unwirksame) Befristung gebunden bleibt und zum anderen allein der Mieter die Wahl hat, ob er die Befristung akzeptiert oder eine Fortsetzung des Wohnraummietvertrags verlangen will („kann der Mieter…" – § 575 Abs. 2 und 3 BGB).[259] Allerdings ist zu beachten, dass ein Wohnraummietvertrag mit unwirksamer Befristungsabrede **in einen beiderseitigen Kündigungsverzicht** für die Dauer der von beiden Seiten gewünschten Befristung ausgelegt (wohl richtiger **umgedeutet**) werden kann, so dass beide Seiten den Mietvertrag (frühestens) zum Ablauf der vereinbarten Mietzeit (bzw. bei Ausübung einer Option zum Ablauf des entsprechenden zusätzlichen Zeitraums) fristgerecht kündigen dürfen. Auf diese Weise wird das von beiden Parteien erstrebte Ziel einer bestimmten Bindungsdauer erreicht.[260]

4. Alt-Zeitmietvertrag mit Bestandsschutz

77 Nach Art. 229 § 3 Abs. 3 BGB gilt ein zum 1.9.2001 bestehender bisheriger einfacher Zeitmietvertrag iSd § 564c Abs. 1 BGB unverändert und ohne zeitliche Begrenzung fort. Maßgeblich ist, ob der Mietvertrag vor dem 31.8.2001 abgeschlossen wurde; dann gelten die §§ 564 Abs. 1, 564c BGB aF, auch wenn die vereinbarte Mietzeit erst danach begonnen hat.[261] Daher wird für diese Fälle nachstehend noch die **bisherige Rechtslage** dargestellt.

78 Insoweit gibt es aber eine Unklarheit, die aus der unterschiedlichen Wortwahl in der vorzitierten Übergangsregelung einerseits und der Gesetzesbegründung andererseits resultiert. In Art. 229 § 3 Abs. 3 EGBGB wird darauf abgestellt, ob am 1.9.2001 ein **Mietverhältnis** auf bestimmte Zeit nach § 564c BGB aF besteht. Demgegenüber wird in der Gesetzesbegründung festgehalten, dass die bisherigen Vorschriften weitergelten, wenn der **Mietvertrag** am 1.9.2001 bereits bestanden hat.[262] Es handelt sich dabei nicht lediglich um verschiedene Worte für denselben Tatbestand, sondern um unterschiedliche Sachverhalte: kommt es auf den Abschluss des Mietvertrags an, ist damit in aller Regel ein früherer Zeitpunkt gemeint, vor Überlassung der Mietsache an den Mieter. Erst dann, wenn die Mietsache dem Mieter übergeben ist, wird der Mietvertrag vollzogen und das Mietverhältnis entsteht.[263] Stellt man folglich allein auf den – erster Linie maßgeblichen – Wortlaut der vorzitierten Übergangsvorschrift ab, ist das neue Recht dann anwendbar, wenn die Mietsache nach dem 31.8.2001 dem Mieter übergeben worden ist, unabhängig davon, wann der Mietvertrag abgeschlossen wurde.[264]

79 Der Gesetzgeber wollte ursprünglich sicherstellen, dass die Regelung des § 564b BGB aF über den **Kündigungsschutz nicht durch die Vereinbarung befristeter Mietverhält-**

[258] Barthelmess BGB § 564c Rn. 156 ff.; MüKoBGB/Voelskow, 3. Aufl. 1995, § 564c Rn. 39; Staudinger/Sonnenschein, 13. Aufl. 1997, BGB § 564c Rn. 83, § 564b Rn. 193 ff. mwN; Sternel MietR aktuell Kap. IV Rn. 329; vgl. auch BVerfG NJW 1997, 2377. Ausführlich zum Schadensersatzanspruch BeckOK MietR/Bruns, Stand 1.6.2026, BGB § 542 Rn. 213 ff.

[259] So auch Lützenkirchen Neue Mietrechtspraxis Rn. 418 f.

[260] BGH NJW 2013, 2820 Rn. 16; NJW-RR 2014, 397 Rn. 10.

[261] BGH NJW-RR 2007, 10.

[262] BT-Drs. 14/4553, 75.

[263] Vgl. nur BGH NJW 1979, 1288.

[264] BGH NJW-RR 2007, 10 (11).

nisse umgangen wird, und hat daher § 564c Abs. 1 BGB aF anstelle des fast wortgleichen Art. 2 des 2. WKSchG als Dauerregelung in das BGB aF aufgenommen.[265] IErg waren befristete und unbefristete Mietverhältnisse damit hinsichtlich des Bestandsschutzes gleichgestellt.[266]

a) **Fortsetzungsverlangen nach § 564c Abs. 1 BGB aF.** *aa) Bestandsschutz.* Der Gesetzgeber hat den Bestandsschutz von Zeitmietverträgen vor dem 1.9.2001 nicht etwa dahingehend ausgestaltet, dass sich das Mietverhältnis nach Ablauf der Vertragszeit gewissermaßen automatisch kraft Gesetzes fortsetzt. Vielmehr muss der Mieter tätig werden und nach § 564c Abs. 1 S. 1 BGB aF **spätestens zwei Monate vor Ablauf der vereinbarten Mietzeit** durch **schriftliche** Erklärung gegenüber dem Vermieter die Fortsetzung des Mietverhältnisses auf unbestimmte Zeit verlangen. In diesem **Fortsetzungsverlangen** liegt dogmatisch ein Vertragsangebot iSd § 145 BGB, das auf eine Vertragsänderung dahin gerichtet ist, den befristeten Mietvertrag nach dem vertraglich vorgesehenen Endtermin auf unbestimmte Zeit fortzusetzen.[267] Es muss auch dann erklärt werden, wenn es der Vermieter schon zuvor abgelehnt hat, den Vertrag fortzusetzen.[268] Bei einem form- und fristgerechten Fortsetzungsverlangen ist der Vermieter verpflichtet, in die Vertragsänderung (kein neuer Mietvertrag) einzuwilligen. Aufgrund der über § 564c Abs. 1 S. 2 BGB aF entsprechenden Geltung des § 564b BGB aF[269] darf der Vermieter ein ordnungsgemäßes Fortsetzungsverlangen nur ablehnen, wenn er ein berechtigtes Interesse an der Beendigung des Mietverhältnisses hat. Das Abwehrrecht des Vermieters gegen das Verlangen des Mieters, den befristeten Mietvertrag in ein unbefristetes Mietverhältnis umzuwandeln, ist demnach in gleicher Weise an das Vorliegen berechtigter Interessen gebunden wie die ordentliche Vermieterkündigung bei einem unbefristeten Mietverhältnis.[270] 80

Die bereits erwähnte Verweisung in § 564c Abs. 1 S. 2 BGB aF auf § 564b BGB aF erfasst diese Vorschrift in allen ihren Absätzen.[271] § 564c Abs. 1 BGB aF gilt also nicht für Mietverhältnisse der in § 564b Abs. 7 BGB aF bezeichneten Art. Bei einem befristeten Mietverhältnis über **Einliegerwohnraum** braucht der Vermieter in seiner Widerspruchserklärung kein berechtigtes Interesse an der Beendigung des Mietverhältnisses darzulegen, sondern kann sich auf den in § 564b Abs. 4 S. 4 BGB aF vorgesehenen Hinweis beschränken. Das Mietverhältnis endet dann – vorbehaltlich § 556b BGB aF – entsprechend § 564b Abs. 4 S. 2 BGB aF drei Monate nach Ablauf der vereinbarten Mietzeit.[272] Eine von § 564c Abs. 1 BGB aF zum Nachteil des Mieters abweichende Vereinbarung ist gemäß § 564b Abs. 6 BGB aF unwirksam.[273] 81

Ohne Fortsetzungsverlangen endet das befristete Mietverhältnis durch Zeitablauf. Ein Fortsetzungsverlangen bedarf der **Schriftform** gemäß § 126 BGB; Telefax-Schreiben genügt für diese materiell rechtliche Willenserklärung[274] nicht.[275] Grunde braucht der Mieter auch auf Nachfrage des Vermieters nicht anzugeben.[276] Tut er es dennoch, soll dies nach überwiegender Auffassung ein Fortsetzungsverlangen nach § 564c Abs. 1 BGB aF, welches gegenüber § 556b BGB aF das stärkere Recht gewährt, nicht unwirk- 82

---

[265] Staudinger/Sonnenschein, 13. Aufl. 1997, BGB § 564c Rn. 2, 4.
[266] Staudinger/Sonnenschein, 13. Aufl. 1997, BGB § 564c Rn. 4 aE.
[267] Staudinger/Sonnenschein, 13. Aufl. 1997, BGB § 564c Rn. 13.
[268] LG Karlsruhe DWW 1990, 178.
[269] Vgl. nur Staudinger/Sonnenschein, 13. Aufl. 1997, BGB § 564c Rn. 19 f. mwN.
[270] Hannemann/Wiek/Wiek, Handbuch der Mietrechtsentscheide, Kap. 25/1.1.1.1.
[271] Begründung RegE, BT-Drs. 9/2079, 14 zu § 564c BGB aF.
[272] Barthelmess BGB § 564c Rn. 30; MüKoBGB/Voelskow, 3. Aufl. 1995, § 564c Rn. 21; Palandt/Putzo, 60. Aufl. 2001, BGB § 564c Rn. 7; Staudinger/Sonnenschein, 13. Aufl. 1997, BGB § 564c Rn. 22 f.; Sternel MietR aktuell Kap. IV Rn. 292.
[273] Vgl. statt vieler Staudinger/Sonnenschein, 13. Aufl. 1997, BGB § 564c Rn. 85 ff.
[274] Daher sind die zu prozessrechtlichen Erklärungen entwickelten Grundsätze nicht übertragbar: BGH NJW 1983, 1489; 1990, 188; BAG NJW 1989, 1822.
[275] BGH NJW 1993, 1126 (1127); OLG Frankfurt a. M. NJW 1991, 2154; OLG Hamm NJW 1991, 1185; aA OLG Düsseldorf NJW 1992, 1050; AG Schöneberg WuM 1985, 286.
[276] AG Wuppertal WuM 1994, 543.

sam machen, sofern sich aus dem Wortlaut keine gegenteilige Auslegung ergibt, etwa wenn sich der Mieter ausdrücklich auf § 556b BGB aF beruft.[277] Sein Fortsetzungsverlangen muss sich aber auf den Abschluss eines Vertrags auf **Fortsetzung des Mietverhältnisses auf unbestimmte Zeit** richten. Verlangt der Mieter hingegen eine Fortsetzung des Mietverhältnisses nur zu geänderten Bedingungen oder bloß auf bestimmte Zeit, so liegt darin ein nicht durch § 564c Abs. 1 BGB aF privilegierter Antrag auf Vertragsänderung, den der Vermieter ohne weiteres ablehnen darf.[278] In diesen Fällen kommt aber eine Auslegung dahin in Betracht, dass die Erklärung als Fortsetzungsverlangen nach §§ 556b, 556a BGB aF angesehen werden kann.[279]

83 Bei Beendigung des Zeitmietverhältnisses steht dem Mieter ungeachtet dessen **Räumungsschutz** gemäß §§ 721, 794a ZPO und **Vollstreckungsschutz** gemäß § 765a ZPO zu. Bezieht sich das Begehren des Mieters allein auf diese Vorschriften handelt es sich um kein Fortsetzungsverlangen nach § 564c Abs. 1 BGB aF[280] Zweifel gehen allein zu Lasten des Mieters; der Vermieter muss nicht nachfragen.[281]

84 *bb) Verspätetes Fortsetzungsverlangen.* Trotz des materiell-rechtlich gleichwertigen Bestandsschutzes von befristeten und unbefristeten Mietverhältnissen liegt die Tücke für den Mieter bei Zeitmietverträgen im Verfahren, da Rechtsunkenntnis zu einem Rechtsverlust führen kann.[282] Das Fortsetzungsverlangen des Mieters muss dem Vermieter wie dargelegt **spätestens zwei Monate vor der Beendigung des Mietverhältnisses zugehen** (§ 130 BGB), wobei § 193 BGB gilt.[283] Eine Karenzzeit von drei Tagen besteht aber nicht.[284] Im Streitfall obliegt dem Mieter die **Darlegungs- und Beweislast** für den rechtzeitigen Zugang.[285]

85 Ein **verspätetes Fortsetzungsverlangen** ist unwirksam und kann nicht nachgeholt werden. Es handelt sich hier um eine **Ausschlussfrist,**[286] so dass auch eine Wiedereinsetzung in den vorigen Stand ausscheidet.[287] Wird die Frist versäumt, verliert der Mieter sein Fortsetzungsrecht aus § 564c Abs. 1 BGB aF.[288] Nur in Ausnahmefällen kann das Fortsetzungsrecht trotz Versäumung der Ausschlussfrist unter dem Gesichtspunkt von Treu und Glauben (§ 242 BGB) noch nachträglich geltend gemacht werden, etwa dann, wenn der Vermieter den Mieter von der Stellung eines rechtzeitigen Fortsetzungsverlangens abgehalten hat.[289] Im Übrigen kann auch umgekehrt ein Fortsetzungsverlangen des Mieters **treuwidrig** sein, wenn er seinen Auszug zum Ablauf der Mietzeit ausdrücklich zugesagt und der Vermieter daraufhin entsprechend disponiert hat.[290]

86 Nach allgemeiner Meinung ist der **Vermieter** entgegen der Regelung der §§ 564a Abs. 2, 556a Abs. 6 S. 2 BGB aF hinsichtlich des Fortsetzungsanspruchs nach § 564c Abs. 1 BGB aF **nicht verpflichtet,** den Mieter auf den bevorstehenden Ablauf der Frist des § 564c Abs. 1 S. 1 BGB aF und die Möglichkeit eines schriftlichen Fortsetzungs-

---

[277] Staudinger/Sonnenschein, 13. Aufl. 1997, BGB § 564c Rn. 14; Sternel MietR aktuell Kap. IV Rn. 286; aA Barthelmess BGB § 564c Rn. 17 aE: im Zweifel § 556b BGB.

[278] Hannemann/Wiek/Wiek, Handbuch der Mietrechtsentscheide, Kap. 25/1.1.1.1 aE.

[279] Barthelmess BGB § 564c Rn. 15; 57.

[280] Schmidt-Futterer/Blank, Wohnraumschutzgesetze, 6. Aufl. 1988, B 775.

[281] Barthelmess BGB § 564c Rn. 14; Bub/Treier MietR-HdB/Grapentin Kap. IV Rn. 485 ff.; MüKoBGB/Voelskow, 3. Aufl. 1995, § 564c Rn. 10; Staudinger/Sonnenschein, 13. Aufl. 1997, BGB § 564c Rn. 14 aE; aA Schmidt-Futterer/Blank, Wohnraumschutzgesetze, 6. Aufl. 1988, B 775.

[282] Hannemann/Wiek/Wiek, Handbuch der Mietrechtsentscheide, Kap. 21/1.1.1.2.

[283] AG München WuM 1980, 196; Barthelmess BGB § 564c Rn. 20; MüKoBGB/Voelskow, 3. Aufl. 1995, § 564c Rn. 11.

[284] Staudinger/Sonnenschein, 13. Aufl. 1997, BGB § 564c Rn. 17 aE.

[285] Barthelmess BGB § 564c Rn. 42.

[286] Staudinger/Sonnenschein, 13. Aufl. 1997, BGB § 564c Rn. 18.

[287] Barthelmess BGB § 564c Rn. 18; MüKoBGB/Voelskow, 3. Aufl. 1995, § 564c Rn. 11.

[288] LG Frankfurt a. M. NJW-RR 1986, 1146; LG Hildesheim WuM 1990, 209; LG Lüneburg DWW 1985, 322; AG München DWW 1978, 150; MüKoBGB/Voelskow, 3. Aufl. 1995, § 564c Rn. 11; Sternel MietR aktuell Kap. IV Rn. 287.

[289] AG Frankfurt a. M. WuM 1987, 321.

[290] AG Marburg WuM 1991, 285.

verlangens **hinzuweisen.**[291] Eine fehlende Belehrung durch den Vermieter hat daher auf den Fristablauf keinen Einfluss; § 556a Abs. 6 S. 2 BGB aF findet auch keine analoge Anwendung.[292] Allerdings kann ein verspätetes Fortsetzungsverlangen in ein Fortsetzungsverlangen nach §§ 556b, 556a BGB aF **umgedeutet** werden,[293] wobei dann aber auch die Frist des § 556a Abs. 6 BGB aF zu beachten ist.[294]

cc) Einverständnis des Vermieters. Der Vermieter kann das im Fortsetzungsverlangen liegende Vertragsangebot des Mieters **formlos annehmen.**[295] Das Mietverhältnis wird dann auf unbestimmte Zeit, ansonsten aber zu den bisherigen Vertragsbedingungen fortgesetzt, welche die Parteien natürlich einvernehmlich ändern können (bei erneuter Befristung ist ggf. § 550 BGB beachten).[296] Dabei ist es ohne Bedeutung, ob der Vermieter sein Einverständnis vor oder erst nach Ablauf der vertraglich vorgesehenen Mietzeit erklärt.[297] Umstritten ist allerdings, was gilt, wenn der **Vermieter** bis zum Ende der Mietzeit **nicht reagiert.** Nach einer Meinung soll dann ein Verlängerungsvertrag durch stillschweigende Annahme nach § 151 BGB schlüssig zustande kommen.[298] Richtigerweise ist aber bloßes Schweigen, also allein der unterlassene Widerspruch des Vermieters, keine Willenserklärung und reicht daher für die Annahme einer konkludenten Zustimmung nicht aus.[299] 87

dd) Widerspruch des Vermieters. Demgegenüber muss der Widerspruch des Vermieters gegen das Fortsetzungsverlangen des Mieters nach § 564c Abs. 1 BGB aF form- und fristgerecht erfolgen (§ 564b Abs. 3 BGB aF analog). Der Verlängerungswiderspruch bedarf der **Schriftform** und ist zu **begründen.**[300] Als berechtigte Interessen des Vermieters, die einer Vertragsfortsetzung auf unbestimmte Zeit entgegenstehen, werden daher nur die Gründe berücksichtigt, die in dem Verlängerungswiderspruch angegeben sind, soweit sie nicht nachträglich entstanden sind. Der Verlängerungswiderspruch muss dem Mieter **spätestens am letzten Tage des Mietverhältnisses zugehen.**[301] Ein mündlicher oder verspäteter Widerspruch ist wirkungslos, könnte aber ggf. als Fortsetzungswiderspruch nach § 545 BGB umgedeutet werden.[302] In diesem Fall steht dem Mieter ein Anspruch auf Vertragsfortsetzung nach § 564c Abs. 1 BGB aF zu.[303] 88

---

[291] LG Frankfurt a. M. NJW-RR 1986, 1146; LG Hildesheim WuM 1990, 209; LG Lüneburg DWW 1985, 322; AG München DWW 1978, 150; MüKoBGB/Voelskow, 3. Aufl. 1995, § 564c Rn. 11; Sternel MietR aktuell Kap. IV Rn. 287.

[292] LG Frankfurt a. M. NJW-RR 1986, 1146; LG Hildesheim WuM 1990, 209; LG Lüneburg DWW 1985, 322; AG München DWW 1978, 150; offen gelassen LG Karlsruhe DWW 1990, 178; als im Interesse des Mieters für wünschenswert erachtet: Staudinger/Sonnenschein, 13. Aufl. 1997, BGB § 564c Rn. 18.

[293] Barthelmess BGB § 564c Rn. 20.

[294] Zu den Gemeinsamkeiten und Unterschieden zwischen dem Verlängerungsanspruch des § 564c Abs. 1 BGB und dem Fortsetzungsanspruch nach § 556b BGB instruktiv Sternel MietR aktuell Kap. IV Rn. 298.

[295] AG Wuppertal WuM 1994, 543.

[296] Staudinger/Sonnenschein, 13. Aufl. 1997, BGB § 564c Rn. 33.

[297] Grüneberg/Putzo, 60. Aufl. 2001, BGB § 564c Rn. 10; Staudinger/Sonnenschein, 13. Aufl. 1997, BGB § 564c Rn. 33.

[298] Barthelmess BGB § 564c Rn. 21.

[299] Bub/Treier MietR-HdB/Grapentin Kap. IV Rn. 485; MüKoBGB/Voelskow, 3. Aufl. 1995, § 564c Rn. 12; Grüneberg/Putzo, 60. Aufl. 2001, BGB § 564c Rn. 10; Staudinger/Sonnenschein, 13. Aufl. 1997, BGB § 564c Rn. 32; einschränkend Sternel MietR aktuell Kap. IV Rn. 295, der jedenfalls bei fehlender Reaktion des Vermieters auf Nachfrage eine Zustimmung ableiten will.

[300] LG Berlin ZMR 1993, 118; LG Hamburg WuM 1992, 252; Barthelmess BGB § 564c Rn. 31; MüKoBGB/Voelskow, 3. Aufl. 1995, § 564c Rn. 14; Staudinger/Sonnenschein, 13. Aufl. 1997 BGB § 564c Rn. 24; Sternel MietR aktuell Kap. IV Rn. 291.

[301] AG Frankfurt a. M. WuM 1981, 237; Barthelmess BGB § 564c Rn. 34; MüKoBGB/Voelskow, 3. Aufl. 1995, § 564c Rn. 14; Staudinger/Sonnenschein, 13. Aufl. 1997, BGB § 564c Rn. 25; Sternel MietR aktuell Kap. IV Rn. 293.

[302] Sternel MietR aktuell IV Rn. 294.

[303] Schmidt-Futterer/Blank, Wohnraumschutzgesetze, 6. Aufl. 1988, B 787.

89 Ein **Nachschieben von Gründen** ist nur unter denselben engen Voraussetzungen möglich, wie bei der Kündigung (nachträglich, vor Wegfall des angegebenen Grundes entstandener, gleichartiger Grund).[304]

90 Ist die **Ablehnung** danach **rechtmäßig,** endet das Mietverhältnis durch Zeitablauf, allerdings kann sich der Mieter immer noch auf die **Sozialklausel** berufen (hierzu näher sogleich → Rn. 89).[305] Andernfalls muss der Mieter zur Durchsetzung seiner Rechte aus § 564c Abs. 1 BGB aF gerichtliche Hilfe in Anspruch nehmen.

91 *ee) Gerichtliche Geltendmachung.* Der Mieter kann seinen Anspruch auf Fortsetzung des Mietverhältnisses bei Vorliegen der Voraussetzungen des § 564c Abs. 1 BGB aF durch **Leistungsklage** gegen den Vermieter **auf Abgabe einer Zustimmungserklärung** zur Fortsetzung des Mietverhältnisses erzwingen. Die Wirkung eines obsiegenden Urteils tritt nach § 894 ZPO mit materieller Rückwirkung auf den Zeitpunkt des Ablaufs der vereinbarten Vertragszeit erst mit der formellen Rechtskraft ein.[306] Aus prozessökonomischen Gründen kann es sich in einem derartigen Fall für den Vermieter empfehlen, **Widerklage auf Räumung** zu erheben,[307] unter den Voraussetzungen des § 530 Abs. 1 ZPO auch noch in der Berufungsinstanz. Hat der Vermieter umgekehrt bereits Räumungsklage erhoben, ist der Mieter nach hM gehalten, seinen Anspruch auf Fortsetzung des Mietverhältnisses hiergegen durch **Widerklage auf Abgabe der Zustimmungserklärung** geltend zu machen.[308] Entgegen der abweichenden Auffassung kann der Mieter den Fortsetzungsanspruch **nicht als bloße Einwendung** geltend machen,[309] da die Fortsetzung erst vollzogen werden muss.[310] Weiter kommt hinzu, dass nach § 308a ZPO eine Vertragsfortsetzung durch richterlichen Gestaltungsakt nur im Rahmen der Sozialklausel möglich ist.[311] Das Gericht kann aber erforderlichenfalls nach § 139 ZPO verpflichtet sein, den Mieter auf eine richtige Antragstellung hinzuweisen.[312]

92 **b) Sozialklausel gemäß § 556b BGB aF.** Aus § 564b Abs. 5 BGB aF folgt, dass das Fortsetzungsrecht des § 564c Abs. 1 BGB aF – wie bereits kurz dargelegt – nicht die weitergehenden Schutzrechte des Mieters verdrängt, von denen nur zu seinen Gunsten abgewichen werden kann (§§ 556b Abs. 1 S. 2, 556a Abs. 7 BGB aF). Der Mieter kann folglich **zusätzlich oder alternativ aufgrund der Sozialklausel** nach §§ 556b, 556a BGB aF die **befristete oder unbefristete Fortsetzung des Mietverhältnisses,** ggf. zu veränderten Bedingungen, schriftlich geltend machen.[313] Auf Verlangen der Vermieters hat er weiter nach §§ 556b Abs. 1 S. 2, 556a Abs. 5 S. 2 BGB aF unverzüglich Auskunft über die Gründe seines Fortsetzungsbegehrens zu erteilen, andernfalls können ihn Kostennachteile nach § 93b Abs. 2 ZPO treffen.[314] In diesem Verlangen liegt zugleich ein Widerspruch gegen die Beendigung des Mietverhältnisses,[315] so dass eine gesonderte Widerspruchserklärung daneben nicht erforderlich ist, zumal § 556b Abs. 1 S. 2 BGB aF

[304] Vgl. nur AG Frankfurt a. M. WuM 1981, 237; Staudinger/Sonnenschein, 13. Aufl. 1997, BGB § 564c Rn. 26, § 564b Rn. 184 ff. mwN.

[305] Staudinger/Sonnenschein, 13. Aufl. 1997, BGB § 564c Rn. 28 ff.

[306] Barthelmess BGB § 564c Rn. 46; Grüneberg/Putzo, 60. Aufl. 2001, BGB § 564c Rn. 11; Staudinger/Sonnenschein, 13. Aufl. 1997, BGB § 564c Rn. 35; aA LG München I ZMR 1974, 49: Gestaltungsklage.

[307] Hannemann/Wiek/Wiek, Handbuch der Mietrechtsentscheide, Kap. 25/1.1.1.5.

[308] LG Berlin WuM 1986, 340; LG Bonn MDR 1976, 495; LG Kaiserslautern ZMR 1975, 306; LG München I ZMR 1974, 49; LG Regensburg WuM 1992, 194; AG Münster WuM 1988, 364; AG Wuppertal WuM 1994, 543; Barthelmess BGB § 564c Rn. 47; Bub/Treier MietR-HdB/Grapentin Kap. IV Rn. 485; MüKoBGB/Voelskow, 3. Aufl. 1995, § 564c Rn. 22; Staudinger/Sonnenschein, 13. Aufl. 1997, BGB § 564c Rn. 36.

[309] So aber LG Berlin GE 1996, 127; AG Ebersberg WuM 1988, 23; AG Frankfurt a. M. WuM 1981, 237; AG Uelzen WuM 1989, 23; Sternel MietR aktuell Kap. IV 296.

[310] Zweifelnd Sternel MietR aktuell Kap. IV Rn. 296.

[311] Staudinger/Sonnenschein, 13. Aufl. 1997, BGB § 564c Rn. 36.

[312] Sternel MietR aktuell Kap. IV Rn. 296.

[313] Statt aller Barthelmess BGB § 564c Rn. 36.

[314] Staudinger/Sonnenschein, 13. Aufl. 1995, BGB § 556b Rn. 26.

[315] Als „wesensgleiches Minus“ bzw. zumindest im Wege der Umdeutung: Horst ZAP F. 4, 359 (367).

lediglich „im übrigen" auf die „sinngemäße" Geltung von § 556a BGB aF verweist.[316] Anders als beim Fortsetzungsverlangen des Mieters nach § 564c Abs. 1 BGB aF, muss der Mieter sein Begehren aber nicht – wie ausgeführt – gerichtlich geltend machen (er kann aber auf Fortsetzung des Mietverhältnisses klagen, wobei der Vermieter dann dagegen Räumung im Wege der Widerklage begehren sollte). Eine entsprechende **Einrede** etwa **im Räumungsprozess** genügt.[317]

Das Fortsetzungsrecht aus § 564c Abs. 1 BGB aF ist für den Mieter das günstigere Recht. Einem Fortsetzungsverlangen nach § 556b BGB aF kommt daher im Regelfall erst dann Bedeutung zu, wenn der Vermieter das Fortsetzungsverlangen des Mieters aus § 564c Abs. 1 BGB aF wegen berechtigter Interessen abwehren kann.[318] Dennoch ist dem Mieter, zumal für das Fortsetzungsverlangen nach § 556b BGB aF in § 556a Abs. 6 S. 1 BGB aF ebenfalls eine **Zwei-Monats-Frist** bestimmt ist, bei deren Nichteinhaltung der Vermieter die Fortsetzung des Mietverhältnisses ohne weiteres ablehnen darf, zu empfehlen, bereits bei der Stellung des Fortsetzungsverlangens nach § 564c Abs. 1 BGB aF hilfsweise auch die Fortsetzung nach § 556b BGB aF zu verlangen.[319] Dies sollte aus Mietersicht aber erst kurz vor Ablauf der Zwei-Monats-Frist geschehen; andernfalls kann der Vermieter Zeit gewinnen, in dem er **Klage auf künftige Räumung** nach §§ 257, 259 ZPO erhebt.[320] Ist unklar, ob der Mieter eine Fortsetzung nach § 564c Abs. 1 BGB aF oder aufgrund der Sozialklausel des § 556b BGB aF anstrebt, ist im Zweifel von der für den Mieter günstigeren Alternative auszugehen.[321] 93

Gegenüber der Verweisung in § 556b Abs. 1 S. 2 BGB aF auf § 556a BGB aF ist die Einschränkung des § 556b Abs. 2 BGB aF zu beachten: Hat der Mieter schon bei Abschluss des Mietvertrags die Umstände positiv gekannt, welche das Interesse des Vermieters an der fristgemäßen Rückgabe der Mietsache nach Ablauf der Mietzeit begründet haben, sind zugunsten des Mieters nur solche **Härtegründe** zu berücksichtigen, **die nachträglich eingetreten sind.** Aus Sicht des Vermieters ist daher eine entsprechende Fixierung derjenigen Umstände, die ihn zum Abschluss eines Zeitmietverhältnisses bewogen haben, im Mietvertrag zu Beweiszwecken sinnvoll.[322] 94

Nach § 564a Abs. 2 BGB aF soll der **Vermieter** den Mieter auf die Möglichkeit des Widerspruchs nach § 556a BGB aF sowie auf die Form und die Frist des Widerspruchs **rechtzeitig hinweisen.** Dies gilt über § 556b Abs. 1 S. 2 BGB aF auch bei Zeitmietverträgen.[323] Hat der Vermieter diesen Hinweis nicht rechtzeitig erteilt, so kann der Mieter nach § 556a Abs. 6 S. 2 BGB aF den Widerspruch noch im ersten Termin des Räumungsrechtsstreits erklären. Belehrt der Vermieter aber den Mieter entsprechend und verlangt dieser daraufhin die Vertragsfortsetzung unter Beachtung der Zwei-Monats-Frist, besteht aus Vermietersicht die Gefahr, dass dieses Begehren nicht lediglich nach § 556b BGB aF beurteilt wird, sondern möglicherweise über § 564c Abs. 1 BGB aF erneut den Bestandsschutz eröffnet.[324] 95

Die in der Regel befristete Fortsetzung des Mietverhältnisses aufgrund der Sozialklausel erfolgt entweder durch **Einigung der Parteien oder** durch **richterlichen Gestaltungsakt,** ggf. auch rückwirkend. Nach §§ 556b Abs. 1 S. 2, 556a Abs. 1 S. 3, 564a Abs. 1 S. 2 BGB aF hat dabei eine Interessenabwägung zwischen den Gründen des Mieters für sein Fortsetzungsbegehren nach § 556b BGB aF und den vom Vermieter unverzüglich dem Mieter mitzuteilenden Gründen, weshalb er dessen Begehren zurück- 96

[316] Wetekamp DWW 1990, 102 (106).
[317] Grüneberg/Weidenkaff BGB § 574a Rn. 6.
[318] Hannemann/Wiek/Wiek, Handbuch der Mietrechtsentscheide, Kap. 25/1.1.2.
[319] Barthelmess BGB § 564c Rn. 17; Sternel MietR aktuell Kap. IV Rn. 286.
[320] Vgl. hierzu Nies NZM 1998, 18.
[321] Barthelmess BGB § 564c Rn. 15; Bub/Treier MietR-HdB/Grapentin Kap. IV Rn. 485 ff.; Sternel MietR aktuell Kap. IV Rn. 286.
[322] Sternel MietR aktuell Kap. IV Rn. 302.
[323] OLG Hamm NJW-RR 1991, 1485; vgl. weiter nur Staudinger/Sonnenschein, 13. Aufl. 1995, BGB § 556b Rn. 25 mwN.
[324] Barthelmess BGB § 564c Rn. 15; Sternel MietR aktuell Kap. IV Rn. 297 aE.

weist, zu erfolgen, soweit die Gründe nicht nachträglich entstanden sind.[325] Beruft sich der Vermieter dabei auf Beendigungsgründe, die er dem Mieter vor oder bei Vertragsschluss so konkret (unter dem Gesichtspunkt der positiven Kenntnis) nicht mitgeteilt hatte, so entfällt für den Mieter die Beschränkung des § 556b Abs. 2 BGB aF[326] Reagiert der Vermieter nicht, riskiert er nicht nur den Erfolg des Fortsetzungsbegehrens des Mieters nach § 556b BGB aF, sondern, selbst bei erfolgreichem Räumungsverfahren, die **Kostenfolge** des § 93b Abs. 1 ZPO.

97 c) **Wiederholte Anwendung der Sozialklausel nach § 556c BGB aF.** Ändern sich die für eine befristete Fortsetzung des Mietverhältnisses aufgrund der Berufung des Mieters auf die Sozialklausel durch Einigung oder Urteil maßgeblichen Umstände entweder auf Mieter- oder Vermieterseite wesentlich oder treten erwartete Umstände nicht ein, kann der Mieter – ggf. mehrfach – schriftlich spätestens zwei Monate vor der erneuten Beendigung wiederum Fortsetzung des Mietverhältnisses idR um bestimmte Zeit, ausnahmsweise sogar unbefristet,[327] verlangen.[328]

98 Erfolgte die **Verlängerung durch Urteil** auf unbestimmte Zeit, kann der Mieter nach § 556c Abs. 2 S. 1 BGB aF, mangels Verweisung ohne Beachtung einer Form oder Frist, bei unveränderten Umständen oder nur unerheblichen Veränderungen einer erneuten Kündigung des Vermieters widersprechen.[329] Bei erheblichen veränderten Umständen – vom Vermieter zu beweisen[330] – kommt ein Kündigungswiderspruch nebst Fortsetzungsverlangen gemäß § 556c Abs. 2 S. 2 BGB aF aber ausschließlich nach § 556a BGB aF in Betracht.[331] Wird das Mietverhältnis aufgrund **Einigung** der Vertragsparteien – und sei es im Rahmen eines Prozessvergleichs – auf unbestimmte Zeit fortgesetzt, fehlt es an einer gesetzlichen Regelung. Nach überwiegender Meinung gilt dann ebenfalls § 556a BGB aF.[332]

5. Vereinbarungen über den Kündigungsausschluss

99 Die praktische Bedeutung des qualifizierten Zeitmietvertrags iSd § 564c Abs. 2 BGB aF war gering.[333] Dies wird auch bei dem echten Zeitmietvertrag iSd § 575 BGB so bleiben. Von ungleich größerer Bedeutung in der Praxis war dagegen der einfache Zeitmietvertrag nach § 564c Abs. 1 BGB, der nunmehr aber – wie dargelegt – gem. § 575 Abs. 4 BGB unwirksam ist. Vor diesem Hintergrund stellte sich als Folge der Mietrechtsreform die Frage, was gelten soll, wenn die Vertragsparteien, insbesondere auch der Mieter, dennoch eine langfristige Bindung wünschen, aber ein Befristungsgrund iSd § 575 Abs. 1 BGB nicht vorliegt.

100 Dem Gesetzgeber war diese Problematik bewusst. So hat er mit dem möglichen Interesse des Mieters wie auch Vermieters den Wegfall der vertraglichen Höchstdauer beim Zeitmietvertrag begründet[334] und daneben auch außerhalb der nach § 575 BGB zulässigen befristeten Wohnraummietverträge wörtlich folgendes ausgeführt:

„Der bisherige „einfache" Zeitmietvertrag des § 564c Abs. 1 BGB aF mit Verlängerungsoption und Geltung der „Sozialklausel" entfällt zukünftig im Zuge der Umgestaltung im Interesse der Rechtsvereinfachung und Rechtssicherheit. Durch Neuregelung herrscht anders

---

325 Sternel MietR aktuell Kap. IV Rn. 300 f.; Staudinger/Sonnenschein, 13. Aufl. 1997, BGB § 556b Rn. 21; zweifelnd Bub/Treier MietR-HdB/Grapentin Kap. IV Rn. 522.

326 Sternel MietR aktuell Kap. IV Rn. 304.

327 OLG Stuttgart NJW 1969, 1070 (1071); LG Mannheim WuM 1975, 213.

328 Staudinger/Sonnenschein, 13. Aufl. 1995, BGB § 556c Rn. 18.

329 Staudinger/Sonnenschein, 13. Aufl. 1995, BGB § 556c Rn. 27 f.

330 OLG Stuttgart NJW 1969, 1070 (1071); Staudinger/Sonnenschein, 13. Aufl. 1995, BGB § 556c Rn. 30.

331 Staudinger/Sonnenschein, 13. Aufl. 1995, BGB § 556c Rn. 29.

332 Staudinger/Sonnenschein, 13. Aufl. 1995, BGB § 556c Rn. 21 f.

333 So schon Hannemann NZM 1999, 585 (602 f.); Bericht der Expertenkommission Wohnungspolitik, BT-Drs. 13/159, Rn. 5417).

334 → Rn. 31 ff.

als bisher zwischen Vermieter und Mieter von Beginn an Klarheit über die Dauer und den Ablauf der Mietzeit. Dies ist der eigentliche Sinn und Zweck eines Zeitmietvertrags. Liegt bei Vertragsschluss kein Befristungsgrund auf Vermieterseite vor, so kann dem Interesse des Mieters an einer langfristigen Bindung des Mietverhältnisses vertraglich dadurch Rechnung getragen werden, dass die Parteien einen unbefristeten Mietvertrag schließen und für einen vertraglich festgelegten Zeitraum das ordentliche Kündigungsrecht beiderseits ausschließen. Damit wirkt sich auch für ihn der Wegfall des „einfachen" Zeitmietvertrags nicht nachteilig aus."[335]

Der Gesetzgeber hat folglich die Möglichkeit eines vertraglich vereinbarten Kündigungsausschlusses als völlig problemlos dargestellt. Dem hat sich ein Teil des Schrifttums angeschlossen.[336] Ganz so einfach, wie dies scheint, ist die Beantwortung der vorstehenden Frage aber nicht.[337] **101**

Die soeben zitierte Auffassung des Gesetzgebers geht, worauf Wiek[338] zutreffend hingewiesen hat, zurück auf den Bericht der Bund-Länder-Arbeitsgruppe „Mietrechtsvereinfachung", in dem es heißt: **102**

„Liegt der Schwerpunkt des Interesses der Parteien nicht darin, dass der Vermieter seine Mietsache rechtzeitig zurückerhält, sondern vielmehr darin, dass eine bestimmte Dauer des Mietverhältnisses gewährleistet ist, so kann die Vertragsgestaltung gewählt werden, dass beiderseitig das Kündigungsrecht einen bestimmten Zeitraum ausgeschlossen ist. Diese Möglichkeit ist schon im geltenden Recht eröffnet (vgl. MüKoBGB/Voelskow, 3. Aufl., § 564 Rn. 7), doch war sie weniger wesentlich, da die gewünschte Rechtsfolge im befristeten Mietvertrag nach § 564c Abs. 1 BGB mitenthalten war."[339]

Richtig ist, dass es nach bisherigem Recht zulässig war, die ordentliche Kündigung über Wohnraum für einen bestimmten Zeitraum auszuschließen.[340] Auch entsprechende vorformulierte Kündigungsausschlüsse verstießen nicht gegen § 9 AGBG, jetzt § 307 BGB,[341] außer sie sollten für die gesamte Dauer eines unbefristeten Mietverhältnisses gelten.[342] Problematisch war auch, wenn nur zu Lasten des Mieters das Recht zur ordentlichen Kündigung einseitig für mehrere Jahre ausgeschlossen war.[343] Vorliegend hilft aber der Hinweis auf die bisherige Rechtslage vor dem 1.9.2001 nicht weiter. Zum damaligen Zeitpunkt waren lediglich Vereinbarungen verboten, die dem Vermieter eine kürzere Kündigungsfrist, als in § 565 Abs. 2 BGB aF statuiert, einräumten, nicht aber – und sei es durch Befristungen – Verlängerungen der Kündigungsfristen des § 565 Abs. 2 BGB aF auch zu Lasten des Mieters.[344] Anders die aktuelle Rechtslage seit dem 1.9.2001 angesichts der Regelungen in § 573 Abs. 4 und § 575 Abs. 4 BGB. Bereits bei individuellen Vereinbarungen kommt es allein auf diese gesetzlichen Regelungen und ihren Wortlaut an. Bei vorformulierten Klauseln sind darüber hinaus noch die §§ 305c Abs. 1 und 307 BGB zu beachten. Die Begründung des Gesetzgebers ist dagegen für die Gesetzesauslegung gegen den Wortlaut der jeweiligen Norm nicht bindend,[345] so dass allein hierauf die Zulässigkeit vereinbarter wechselseitiger befristeter Kündigungsaus- **103**

[335] Gesetzesbegründung im Referentenentwurf, im Kabinettsentwurf unverändert übernommen NZM 2000, 415 (450).
[336] Derckx NZM 2001, 826 ff.; Grundmann NJW 2001, 2497 (2505); Langenberg NZM 2001, 212 (217); Lützenkirchen Neue Mietrechtspraxis Rn. 393 ff.
[337] Vgl. nur Derleder NZM 2001, 649 ff. oder schon früh Gather NZM 2001, 57 (58).
[338] BGH WuM 2001, 442.
[339] Bericht zur Neugliederung und Vereinfachung des Mietrechts, 1997, S. 225.
[340] Vgl. nur Sternel MietR aktuell Kap. IV Rn. 59.
[341] LG Berlin ZMR 1999, 26.
[342] LG Karlsruhe WuM 1979, 192.
[343] AG Lübeck ZMR 1985, 164; AG Nauen WuM 2001, 339.
[344] Börstinghaus/Eisenschmid BGB § 557 S. 243; vgl. auch OLG Zweibrücken WuM 1990, 8; KG NZM 1998, 299.
[345] BGH 2001, 442 (443) unter Hinweis auf Larenz Methodenlehre/Canaris S. 149 f.

schlüsse nicht mit Erfolg gestützt werden kann.[346] Auch § 557a Abs. 3 S. 1 BGB (früher § 10 Abs. 2 S. 6 MHG) scheidet zur Begründung der grundsätzlichen Rechtswirksamkeit von Kündigungsausschlüssen auf Zeit für beide Mietvertragsparteien aus,[347] da diese außerordentliche Kündigung mit gesetzlicher Frist iSv § 573d BGB gerade einen zulässigen Ausschluss der ordentlichen Kündigung, etwa durch einen Zeitmietvertrag gemäß § 575 BGB, voraussetzt.[348]

104 Eindeutig ist allerdings, dass Kündigungsausschlussvereinbarungen – auch individualvertraglich – in keinem Fall das **Recht zur außerordentlichen Kündigung** mit umfassen dürfen (§ 569 Abs. 5 BGB);[349] formularvertraglich liegt hierin ein Verstoß gegen § 307 BGB.[350] Es bedarf aber jeweils einer konkreten Auslegung und Prüfung im Einzelfall.[351]

105 a) **Individualvereinbarungen.** Die gesetzlichen Verbote in den §§ 575 Abs. 4 und 573c Abs. 4 BGB betreffen selbstverständlich auch abweichende individuelle Absprachen allerdings nur zu Lasten des Mieters. Aus diesem Grunde ist, so auch – soweit ersichtlich – die einhellige Meinung, ein einseitiger Ausschluss der ordentlichen Kündigung des Vermieters zulässig.[352] Nach der hier vertretenen Meinung gilt dies auch für individuelle Vereinbarungen über den wechselseitigen Kündigungsausschluss, also auch zu Lasten des Mieters. Der **BGH** hat darüber hinaus sogar einen **individuell** vereinbarten Ausschluss der ordentlichen Kündigung **allein zu Lasten des Mieters** für einen Zeitraum von **5 Jahren** für wirksam erachtet,[353] und einen **wechselseitigen individuellen** Ausschluss des ordentlichen Kündigungsrechts von **10**[354] und sogar (mit Verlängerungsoption) **bis zu 13 Jahren.**[355] Zuletzt hat der BGH festgehalten, dass die individuelle Vereinbarung eines dauerhaften Ausschlusses der ordentlichen Kündigung grundsätzlich möglich bis zur Grenze des § 138 BGB ist. Nach Ablauf von 30 Jahren gilt allerdings die außerordentliche Kündigungsmöglichkeit mit gesetzlicher Frist des § 544 BGB, die nicht auf den ersten möglichen Termin nach diesem Zeitablauf beschränkt ist.[356] Ein – beidseitiger – individualvertraglicher Kündigungsverzicht von mehr als 4 Jahren im Rahmen einer Staffelmietvereinbarung ist nicht insgesamt, sondern nur insoweit unwirksam, als der Zeitraum von 4 Jahren überschritten wird,[357] beginnend vom Zeitpunkt der Vereinbarung.[358]

106 *aa) Verstoß gegen § 575 Abs. 4 BGB.* Die Vereinbarung über den Ausschluss der ordentlichen Kündigung ist kein Verstoß gegen § 575 Abs. 4 BGB.[359] § 575 BGB soll eine automatische Beendigung des Wohnraummietverhältnisses allein durch Zeitablauf außerhalb der dort privilegierten Befristungsgründe verhindern, ohne dass der Mieter Kündigungsschutz genießt. Bei der Vereinbarung über einen wechselseitigen Kündigungsausschluss liegt dagegen ein unbefristetes Mietverhältnis vor. Es geht – anders als beim Zeitmietvertrag iSv § 575 BGB, der das Rückerlangungsinteresse des Vermieters

[346] So aber Lützenkirchen Neue Mietrechtspraxis Rn. 398.
[347] Grundmann NJW 2001, 2497 (2505) Fn. 29; Derckx NZM 2001, 826 (827).
[348] Börstinghaus/Eisenschmid BGB § 557 S. 243; § 557a S. 253; § 575 S. 559; Rips/Eisenschmid Neues MietR S. 138; BGH WuM 2001, 442 (443).
[349] Vgl. etwa BGH ZMR 1978, 207.
[350] Fischer WuM 2004, 123 (125); Hinz WuM 2004, 126 (128); Wiek WuM 2004, 509 (511).
[351] BGH NJW 2012, 521; 2270; näher dazu Derleder NZM 2012, 147 ff.
[352] BGH NZM 2004, 216; Börstinghaus/Eisenschmid BGB § 557 S. 559; Derleder NZM 2001, 649 (653 f.); Rips/Eisenschmid Neues MietR S. 139; BGH WuM 2001, 442 (443).
[353] BGH NJW 2004, 1448; zustimmend Brock/Lattka NZM 2004, 729 ff.; vgl. die kritischen Anmerkungen hierzu Derleder NZM 2004, 247 ff.; Fischer WuM 2004, 123 ff.; Häublein ZMR 2004, 252 ff.; Hinz WuM 2004, 126 ff.; Kandelhard WuM 2004, 129 ff.
[354] BGH NJW 2011, 59.
[355] BGH NJW 2013, 2820.
[356] BGH NJW-RR 2018, 843.
[357] BGH NJW 2006, 2696; eine entsprechende Formularklausel ist dagegen insgesamt unwirksam: BGH NJW 2006, 1059.
[358] BGH NJW-RR 2004, 1309; 2006, 229, jeweils zum alten Recht.
[359] So aber Börstinghaus/Eisenschmid BGB § 557 S. 558.

sichern soll – um die Sicherung einer festen Laufzeit.[360] Dem Mieter bleibt dabei der volle Wohnraumkündigungsschutz, vor allem nach den §§ 573 ff. und 574 ff. BGB, erhalten.[361] Da – etwa bei entsprechender Vereinbarung – auch ein Zeitmietvertrag gekündigt werden kann, verbietet es sich, eine Befristung mit einem Kündigungsausschluss gleichzusetzen.

bb) Verstoß gegen § 573c Abs. 4 BGB. Ebenso wenig verstößt ein befristeter Kündigungsausschluss gegen § 573c Abs. 4 BGB.[362] Vertragliche Vereinbarungen über die Verlängerung einer Kündigungsfrist sind schon begrifflich etwas anderes als der befristete vertragliche Ausschluss der Kündigung selbst. Es ist sicherlich zutreffend, dass beides im Ergebnis zu einer längerfristigen Bindung des Mieters an den Wohnraummietvertrag führt.[363] Dies allein genügt aber für einen Verstoß gegen § 573c Abs. 4 BGB nicht. Gesetzliche Verbote sind eng und restriktiv auszulegen mit der Folge, dass das Verbot von Kündigungsfristverlängerungen nicht erstreckt werden kann auf Kündigungsausschlüsse. Die Frage der Länge einer Kündigungsfrist setzt zunächst voraus, dass überhaupt zulässigerweise ordentlich gekündigt werden kann. Gerade dies soll aber vertraglich ausgeschlossen werden.[364] 107

b) Formularklauseln. Vorab stellt sich bereits die Frage, ob ein konkret zeitlich unter Angabe eines bestimmten Datums vereinbarter wechselseitiger Ausschluss der ordentlichen Kündigung überhaupt eine vorformulierte Regelung iSv § 305 Abs. 1 BGB darstellt. Insoweit kann zur Vermeidung unnötiger Wiederholungen auf die nachstehenden Ausführungen zu Frage vorformulierter Befristungen unter Ziff. 6a Bezug genommen werden, die hier entsprechend gelten. 108

Geht man von der Anwendung des AGB-Rechts aus, so könnte ein derartiger Kündigungsausschluss einmal gegen § 305c Abs. 1 BGB und zum anderen gegen § 307 BGB verstoßen und zwar immer zu Lasten des jeweiligen Verwenders des entsprechenden Wohnraummietvertragsformulars. 109

aa) Verstoß gegen § 305c Abs. 1 BGB. Vereinbaren die Parteien eines Wohnraummietvertrags eine Laufzeit auf unbestimmte Zeit und wird in dem vom Vermieter verwendeten Formular ohne weitere Hervorhebung (sei es im selben Abschnitt oder gar, noch schlimmer, an systematisch anderer Stelle) geregelt, dass die Parteien etwa bis zum Ablauf von zwei oder fünf und noch mehr Jahren wechselseitig die ordentliche Kündigung ausschließen, liegt mit Sicherheit eine überraschende Klausel iSv § 305c Abs. 1 BGB vor, die nicht Vertragsinhalt wird. 110

Dieser Rechtsfolge lässt sich aber durch drucktechnische Hervorhebungen an systematischer Stelle im Zusammenhang mit der Vereinbarung über die Laufzeit des Wohnraummietvertrags begegnen.[365] 111

bb) Verstoß gegen § 307 BGB. Gewichtiger ist ein möglicher Verstoß gegen § 307 BGB. Dies würde voraussetzen, dass der vorformulierte Ausschluss der ordentlichen Mieterkündigung in einem vom Vermieter verwendeten Wohnraummietvertragsformular zum Nachteil des Mieters vom gesetzlichen Leitbild abweicht. Hiervon geht die überwiegende Meinung jedenfalls der veröffentlichten Auffassungen aus und hält die zwingende 112

[360] Börstinghaus WuM 2003, 487; Hinz WuM 2004, 126; vgl. auch Häublein ZMR 2004, 1.
[361] So auch Derckx NZM 2001, 826 (827).
[362] Börstinghaus/Eisenschmid BGB § 557 S. 558; Feuerlein WuM 2001, 371 (372); Rips/Eisenschmid Neues MietR S. 138; BGH WuM 2001, 442 (443); differenzierend Derleder NZM 2001, 649 (653 f.), „wenn der Mieter ein Interesse an langfristiger Bindung bekundet und deswegen einen beiderseitigen Kündigungsausschluss im Vertrag verankert hat"; aA Börstinghaus WuM 2003, 487 ff. (490) aE: „Zumindest würde eine formularvertragliche Vereinbarung eines Kündigungsausschlusses gegen § 307 BGB verstoßen."; Lammel WuM 2003, 123 ff.
[363] Börstinghaus/Eisenschmid BGB § 557 S. 558; Feuerlein WuM 2001, 371 (372); Rips/Eisenschmid Neues MietR S. 138; BGH WuM 2001, 442 (443).
[364] So auch Derckx NZM 2001, 826 (827).
[365] Statt vieler Ulmer/Brandner/Hensen BGB § 305c Rn. 23 f.

kurze Kündigungsfrist des § 573c BGB für ein gesetzliches Leitbild eines Wohnraummietvertrags.[366] Dies überzeugt nicht.[367]

113 Zunächst ist festzuhalten, dass ein ausdrückliches gesetzliches Verbot des wechselseitigen Ausschlusses einer ordentlichen Kündigung in einem unbefristeten Wohnraummietvertrag nicht besteht. Die überwiegende Auffassung stützt sich daher auch ausschließlich auf § 573c BGB und die dortige zwingende kurze Kündigungsfrist von drei Monaten, die ausweislich der Gesetzesbegründung wie folgt erläutert wird:

„Lässt sich der Vermieter nämlich nicht auf den Abschluss eines Aufhebungsvertrags ein, so kann der Mieter die Wohnung nicht kurzfristig aufgeben, obwohl er die Wohnung nicht mehr weiter nutzen kann, etwa weil er beispielsweise seinen Arbeitsplatz wechselt oder aus gesundheitlichen Gründen kurzfristig in ein Alten- oder Pflegeheim ziehen muss. Deshalb werden mit der vorliegenden Regelung die Fristen für die Mieterkündigung verkürzt. Damit auch dem Interesse des Vermieters einen ausreichenden Zeitraum für die Suche eines neuen Mieters genüge getan.“[368]

114 Wenn man aber nun letztendlich allein auf den in der Gesetzesbegründung zum Ausdruck kommenden Willen des Gesetzgebers abstellt, dann muss dies auch vollständig geschehen, um so ein angebliches „Mobilitätsleitbild“ nach der Mietrechtsreform zu begründen.[369] Dies bedeutet, dass dann, wenn der vorrangige Gesetzeswortlaut keine Lösung liefert, selbstverständlich auch auf den Willen des Gesetzgebers abgestellt werden kann, vor allem in dem Fall, in dem wie hier nur dieser Wille gerade zur Begründung eines angeblichen wohnraummietvertraglichen Leitbildes herangezogen wird. Der Gesetzgeber hat nun aber an verschiedenen Stellen selbst das Mobilitätsinteresse des Wohnraummieters hintangestellt zu Gunsten anderer Interessen, etwa dem Interesse des Mieters an der Sicherheit, während der Vertragslaufzeit nicht ordentlich gekündigt werden, selbst wenn auf Seiten des Vermieters aller erforderlichen Voraussetzungen hierfür vorliegen – nur muss dies der Mieter dann ausdrücklich vereinbaren. So etwa, wie zT bereits zitiert:

„Längere Vertragslaufzeiten können für beide Seiten Vorteile haben. Der Vorteil des Mieters besteht darin, dass er die Sicherheit hat, während der Vertragslaufzeit nicht ordentlich gekündigt zu werden. Falls er also in absehbarer Zeit keine räumlichen Veränderungen zu erwarten hat, wird gerade der Abschluss eines längeren Zeitmietvertrags in seinem Interesse liegen.[370]
Liegt bei Vertragsschluss kein Befristungsgrund auf Vermieterseite vor, so kann dem Interesse des Mieters an einer langfristigen Bindung des Mietverhältnisses vertraglich dadurch Rechnung getragen werden, dass die Parteien einen unbefristeten Mietvertrag schließen und für einen vertraglich festgelegten Zeitraum das ordentliche Kündigungsrecht beiderseits ausschließen. Damit wirkt sich auch für ihn der Wegfall des „einfachen“ Zeitmietvertrags nicht nachteilig aus.[371]
Dem bei zunehmender gesellschaftlicher Mobilität bestehenden Bedürfnis von Mietern und Vermieter nach einem einfach zu handhabenden Zeitmietvertrag wird durch eine wesentliche Vereinfachung der gesetzlichen Regelung Rechnung getragen.[372]
Wir gestalten Zeitmietverträge vernünftig, bei steigender Mobilität steigert das Bedürfnis von Mietern und Vermietern, Zeitmietverträge (Mietverträge, die eine bestimmte Dauer haben) abzuschließen.“[373]

---

[366] Börstinghaus/Eisenschmid BGB § 557 S. 558; Derleder NZM 2001, 649 (652); Feuerlein WuM 2001, 371 (372); Rips/Eisenschmid Neues MietR S. 138; BGH WuM 2001, 442 (443).
[367] Ebenso Derckx NZM 2001, 826 (828); Lützenkirchen Neue Mietrechtspraxis Rn. 398.
[368] Kabinettsentwurf NZM 2000, 802 (816); Referentenentwurf NZM 2000, 415 (448 f.).
[369] Derleder NZM 2001, 649 (653).
[370] Referentenentwurf NZM 2000, 415 (450 f.).
[371] Referentenentwurf NZM 2000, 415 (450).
[372] Referentenentwurf NZM 2000, 415 (430).
[373] Presseerklärung des BMJ vom 14.3.2001, NZM-aktuell, 2001, Heft 7, S. VI.

115 Wo findet sich nun das gesetzliche Leitbild einer maximalen Bindung eines Mieters an einen Wohnraummietvertrag für eine Zeit von drei Monaten? Vielmehr wird deutlich, dass offensichtlich allein die zwingende kurze Kündigungsfrist das Mobilitätsinteresse des Mieters in bestimmten Fallgestaltungen fördern soll, dies aber nicht ausnahmslos, sofern der Mieter etwa aufgrund anderer Interessenlage mit abweichenden (auch formular-)vertraglichen Vereinbarungen einverstanden ist. Dieser Schutzzweck des § 573c BGB würde überdehnt, und dies findet in der vorzitierten Gesetzesbegründung auch keine Stütze, wollte man hieraus ein gesetzliches Leitbild dahingehend postulieren, dass der Schutzzweck dieser Norm auch formularvertragliche Vereinbarungen der Parteien über den Ausschluss der ordentlichen Kündigung verbieten will.[374]

116 Daher hat der **BGH**[375] auch zu Recht **formularvertragliche** Kündigungsausschlussvereinbarungen, sofern sie **wechselseitig** sind und § 305c Abs. 1 BGB beachten, **bis zu maximal 4 Jahren** (vgl. als Orientierung § 557a Abs. 3 S. 1 BGB) grundsätzlich für zulässig erachtet.[376] Somit sind auch vorformulierte Kündigungsausschlüsse von knapp 1 Jahr,[377] von 14 Monaten[378] oder „innerhalb der ersten 2 Jahre“[379] wirksam. Ausnahmen gelten aber dann, wenn ein für den Vermieter erkennbares schutzwürdiges Bedürfnis des Mieters nach einem besonderen Maß an Mobilität und Flexibilität besteht, ohne ins Gewicht fallende Interessen des Vermieters an einer längeren Bindung, so etwa bei einem Mietvertrag über ein Studierzimmer, bei dem sogar ein beiderseitiger formularvertraglicher Kündigungsausschluss von nur 2 Jahren gegen § 307 Abs. 1 S. 1 BGB verstößt.[380] Ein in einem Staffelmietvertrag formularmäßig vereinbarter beidseitiger Kündigungsverzicht von mehr als 4 Jahren ist insgesamt unwirksam; die zur Vorgängerbestimmung des § 10 Abs. 2 S. 6 MHG ergangene Rechtsprechung lässt sich auf § 557a BGB nicht übertragen.[381] Dabei beginnt die 4-Jahres-Frist nicht mit dem Tag des Mietbeginns, sondern dem des Vertragsschlusses (nicht: Beginn der Vertragslaufzeit), und endet genau 4 Jahre danach zum Monatsende, bezogen auf den erstmöglichen Beendigungszeitpunkt (nicht: Kündigungszeitpunkt).[382] Auch ein **einseitiger** formularmäßig erklärter Kündigungsverzicht des Mieters benachteiligt diesen nicht unangemessen, wenn er zusammen mit einer zulässigen Staffelmietvereinbarung vereinbart wird und nicht länger als 4 Jahre seit deren Abschluss gilt.[383] Außerhalb einer wirksamen Staffelmietvereinbarung oder eines wirksamen Zeitmietvertrags kann dagegen ein einseitiger formularvertraglicher Kündigungsverzicht des Mieters nicht wirksam vereinbart werden (Verstoß gegen § 307 Abs. 1 S. 1 BGB) – auch nicht für weniger als 4 Jahre und selbst bei Vereinbarung des Rechts des Mieters zur Stellung eines Nachmieters.[384]

117 Im Übrigen bedarf ein für mehr als 1 Jahr geltender Kündigungsverzicht der **Schriftform** des § 550 S. 1 BGB.[385]

6. Befristung und AGB-Recht

118 Wird ein rechtswirksamer befristeter Wohnraummietvertrag iSv § 575 BGB abgeschlossen oder liegt ein einfacher Alt-Zeitmietvertrag gemäß § 564c Abs. 1 BGB aF nach Art. 229 § 3 Abs. 3 EGBGB vor, können sich aus dem AGB-Recht weitere Probleme ergeben.

---

374 Ebenso Derckx NZM 2001, 826 (828).
375 Vgl. den Überblick von Börstinghaus NZM 2011, 187 ff.
376 BGH NJW 2005, 1574.
377 BGH WuM 2004, 672.
378 BGH NZM 2004, 734 mAnm Wiek WuM 2004, 509 ff.
379 BGH NJW 2004, 3117 mAnm Wiek WuM 2004, 509 ff.
380 BGH NJW 2009, 3506.
381 BGH NJW 2006, 1059.
382 BGH NJW-RR 2006, 1236; NJW 2011, 597; NJW-RR 2017, 137; so schon zu § 10 Abs. 2 S. 6 MHG: BGH NZM 2005, 782.
383 BGH NJW 2006, 1056; 2009, 353.
384 BGH NJW 2009, 912; LG Duisburg NZM 2003, 354; noch offengelassen: BGH NJW 2006, 1056.
385 BGH NJW 2007, 1742.

119 **a) Klauselmäßige Befristung bei Altverträgen.** Die üblichen Wohnraummietvertragsformulare geben keine vorformulierte bestimmte Vertragslaufzeit vor. Vielmehr können die Vertragspartner eine bestimmte Laufzeit einsetzen, sofern sie nicht alternativ hierzu einen Mietvertrag auf unbestimmte Zeit abschließen wollen. Fraglich ist daher, ob hierin überhaupt eine Allgemeine Geschäftsbedingung iSv § 305 Abs. 1 BGB liegt.

120 Sind Regelungen in Formularverträgen ergänzungsbedürftig, ohne dass dadurch ihr sachlicher Gehalt beeinflusst werden würde, dann berührt das Ausfüllen dieser Vertragsbestimmungen, etwa im Verlauf der Vertragsverhandlungen, ihren AGB-Charakter nicht.[386] Anders bei individuell ausgehandelten Ergänzungen, die selbst den wesentlichen Inhalt der Klausel festlegen, wie zB die Länge der Vertragsdauer.[387] Enthält das Vertragsformular eine offene Stelle hinsichtlich der Vertragslaufzeit, die von den Vertragsparteien in freier Entscheidung als selbständige Ergänzung auszufüllen ist, ohne dass vom Verwender vorformulierte Entscheidungsvorschläge hinzugefügt wurden, so stellt dieser Formularteil in der Regel keine Allgemeine Geschäftsbedingung dar.[388]

121 Grundsätzlich bergen daher Befristungen in Wohnraummietvertragsformularen keine AGB-rechtlichen Risiken. Anders aber dann, wenn der Verwender konkrete Vorgaben für eine bestimmte Vertragsdauer vorgegeben hat. Liegt eine derartige vorformulierte Vereinbarung einer bestimmten Vertragslaufzeit bei Dauerschuldverhältnissen vor, trifft § 309 Nr. 9a BGB eine Beschränkung mit der Begrenzung auf eine Laufzeit von maximal 2 Jahren. Diese Vorschrift erfasst nach ihrem Wortlaut aber ausschließlich Verträge, welche die regelmäßige Lieferung von Waren oder die regelmäßige Erbringung von Dienst- oder Werkleistungen zum Gegenstand haben, sofern es sich nicht um die Lieferung „als zusammengehörig verkaufter Sachen"[389] nach § 309 Nr. 9 BGB handelt. Dazu gehören Gebrauchsüberlassungsverträge, wie Miete, Pacht oder Leasing, nicht.[390] Eine Inhaltskontrolle findet in diesen Fällen nur nach § 307 BGB statt.[391]

122 Besteht danach für eine Laufzeit von mehr als 2 Jahren ein Bedürfnis, begegnen entsprechende Befristungen keinen Bedenken.[392] Dies ist bei der Wohnraummiete grundsätzlich der Fall. Allerdings sind feste Laufzeiten von mehr als 10 Jahren – auch im Hinblick auf die nach § 575 BGB zulässigen Befristungsgründe vor dem Hintergrund der Regelung in § 307 BGB risikobehaftet; nachdem bis zu 4 Jahre formularvertraglich wechselseitig auf die ordentliche Kündigung verzichtet werden kann und der Gesetzgeber sogar die beim früheren besonderen Zeitmietvertrag vorgesehene maximale Laufzeit von 5 Jahren jetzt bei § 575 BGB entfallen ließ, sollten Befristungen **bis zu 10 Jahren** wirksam sein.[393] Problematisch kann weiter ein Verstoß gegen das Transparenzgebot des § 307 Abs. 1 S. 2 BGB sein, etwa wenn die Laufzeit eines Wohnraummietvertrags aus den entsprechenden Klauseln nicht überschaubar ist.[394]

123 **b) Auswirkungen der Unklarheitenregelung des § 305c Abs. 2 BGB.** Aus unklaren oder widersprüchlichen Angaben gerade in den üblichen Formularmietverträgen kann sich ein weiteres Risiko ergeben, das sich nach § 305c Abs. 2 BGB allein zu Lasten des Verwenders auswirkt.[395]

---

[386] BGH NJW 1992, 746; 1991, 2768 f.; 1991, 1677; 1988, 558 f.; 1987, 1636 f.; 1983, 1603; 1982, 1035.
[387] BGH WM 1998, 562 (564).
[388] BGH WM 1998, 562 (564); NJW 1996, 1676 ff.
[389] ZB ein Kaufvertrag über eine 24-bändige Buchreihe, OLG Stuttgart NJW-RR 1992, 887.
[390] BGH NJW 1985, 2328.
[391] Vgl. auch BVerfG NJW 1986, 243.
[392] MüKoBGB/Kieninger § 309 Nr. 9 Rn. 11; Ulmer/Brandner/Hensen BGB § 309 Nr. 9 Rn. 3.
[393] Hinz NZM 2003, 659 (662), der Probleme bei Laufzeiten in Formularverträgen von mehr als 5 Jahren sieht.
[394] Vgl. OLG Stuttgart NJW-RR 1992, 887 (888).
[395] LG Berlin GE 1997, 189; LG Gießen NJW-RR 1996, 1293; AG Bremen-Blumenthal WuM 1987, 395.

Enthält ein vorformulierter Wohnraummietvertrag neben einer ausgefüllten Vereinbarung über eine bestimmte Vertragslaufzeit eine Klausel, in der – zB angelehnt an § 573c BGB bzw. § 565 Abs. 2 BGB aF (vgl. Art. 229 § 3 Abs. 10 EGBGB) – Kündigungsfristen abhängig von der Überlassungszeit der Mietsache aufgeführt werden, bleibt offen, ob die Parteien einvernehmlich ein befristetes oder unbefristetes Mietverhältnis gewollt haben. Lässt die Vertragsgestaltung insoweit auch bei oberflächlicher Lektüre für jeden durchschnittlich gebildeten Vertragspartner des Verwenders eine eindeutige und unmissverständliche Auslegung des Inhalts zu, dass sich die Kündigungsfristen nur auf Kündigungen beziehen, die nach Ablauf der festen Mietvertragslaufzeit ausgesprochen werden, bleibt es bei der wirksamen Befristung und damit beim Ausschluss einer ordentlichen Kündigung.[396] Gleiches gilt, wenn das Kündigungsrecht ausdrücklich auf Mietverhältnisse beschränkt ist, die auf unbestimmte Zeit abgeschlossen sind.[397] Könnte sich die vorformulierte Kündigungsregelung dagegen auch auf die feste Vertragslaufzeit beziehen – oder ist dies zumindest unklar – kann der Zeitmietvertrag trotz vereinbarter Befristung ordentlich gekündigt werden.[398] 124

7. Zeitmietvertrag und Mieterhöhung

Während der Laufzeit eines Zeitmietvertrags sind gegenüber einem Mietverhältnis auf unbestimmte Zeit in der Regel keine Besonderheiten zu beachten[399] – mit einer Ausnahme für Mieterhöhungen. 125

Die Parteien des Mietvertrags können die Möglichkeit einer Mieterhöhung vertraglich ausschließen. Ein derartiger Ausschluss kann auch stillschweigend vereinbart werden oder sich aus den Umständen ergeben (§ 557 Abs. 3 BGB). 126

Nach dem **bis zum 31.8.2001 geltenden Recht** stellte § 1 S. 3 MHG als wichtigsten Fall für einen solchen, sich aus den Umständen ergebenden Ausschluss die Vereinbarung eines befristeten Mietverhältnisses mit einem festen Mietzins heraus. Dies resultierte aus der früheren Rechtslage, bei der sich ein Mieter gegen Änderungskündigungen des Vermieters, mangels gesetzlicher Anspruchsgrundlagen damals die einzige Möglichkeit zur Durchsetzung von Mieterhöhungen, am besten durch die Vereinbarung einer festen Vertragslaufzeit schützen konnte – ein Schutz, der auch nach Einführung des MHG erhalten bleiben sollte.[400] Bei § 1 S. 3 MHG handelte es sich nach überwiegender Meinung um eine gesetzliche Vermutung, die widerlegt werden kann, so dass auch während eines Zeitmietvertrags Mieterhöhungen nach dem MHG möglich bleiben.[401] 127

Wann wurde nun eine derartige Ausschlussvereinbarung vermutet? Nach ursprünglich einhelliger Meinung war ein „fester" Mietzins iSd § 1 S. 3 MHG vereinbart, wenn der Zeitmietvertrag keinen Erhöhungsvorbehalt enthielt.[402] Dann sollte die bloße (auch handschriftliche) Einfügung eines bestimmten Geldbetrags als Mietzins in einen Formularvertrag mit bestimmter Laufzeit hierfür nicht ausreichen, wenn sonstige, auf die 128

[396] AG Bad Hersfeld WuM 1996, 706; vgl. auch AG Hamburg-Blankenese WuM 1973, 7; LG Wiesbaden WuM 1999, 117, so schon, wenn im Mietvertrag zwischen der vorformulierten Befristungsregelung und der Kündigungsfristenklausel keinerlei Bezug enthalten ist, unter ausdrücklicher Aufgabe von WuM 1994, 430; vgl. dazu auch OLG Frankfurt a. M. WuM 1999, 117.

[397] AG Bremen-Blumenthal WuM 1987, 395.

[398] LG Frankfurt a. M. WuM 1999, 114; LG Gießen WuM 1999, 115; NJW-RR 1996, 1293; LG Kassel WuM 1997, 679; LG Wiesbaden WuM 1994, 430; AG Alsfeld WuM 1999, 116; AG Bad Homburg WuM 1999, 114; AG Bremen-Blumenthal WuM 1987, 395.

[399] Vgl. etwa zur Parabolantennenproblematik AG Charlottenburg GE 1997, 1175; zu den Schönheitsreparaturen LG Essen ZMR 1991, 70.

[400] Blank WuM 1994, 421 f.

[401] Barthelmess MHG § 1 Rn. 34a; Sternel MietR aktuell Kap. III Rn. 535, 539; nach aA soll es sich um eine Auslegungsregel handeln: AK-BGB/Derleder MHG § 1 Rn. 3; Soergel/Kummer, 11. Aufl. 1987/1988 MHG § 1 Rn. 6; Hannemann/Wiek/Wiek, Handbuch der Mietrechtsentscheide, Anm. zu OLG Stuttgart Nr. 28.

[402] Vgl. nur Hannemann/Wiek/Wiek, Handbuch der Mietrechtsentscheide, Anm. zu OLG Stuttgart Nr. 28 mwN.

Vereinbarung eines festen Mietzinses hindeutende Hinweise fehlen.[403] Man verlangte also außer der Befristung noch weitere Vereinbarungen. Diese Auffassung überzeugte nicht. Abgesehen davon, dass die soeben dargelegte Entstehungsgeschichte des § 1 S. 3 MHG zu Unrecht nicht berücksichtigt wurde,[404] hätte § 1 S. 3 MHG insoweit seinen Anwendungsbereich verloren, wenn über das Fehlen eines Erhöhungsvorbehalts hinaus weitere Umstände erforderlich wären, die „diese Vereinbarung hinreichend deutlich zum Ausdruck bringen." Dadurch wurde das Tatbestandsmerkmal „fester Mietzins" auch nicht überflüssig, da bei einem Zeitmietverhältnis mit Erhöhungsvorbehalt eben keine feste Miete vereinbart war.[405]

129 In der **ab dem 1.9.2001 geltenden** Nachfolgevorschrift zu § 1 MHG, nämlich § 557 BGB, ist der letzte Halbsatz des § 1 S. 3 MHG gestrichen worden, wonach insbesondere die Vereinbarung eines Mietverhältnisses auf bestimmte Zeit mit festem Mietzins ein Umstand ist, der den Ausschluss einer Mieterhöhung vermuten lässt. Nach den Ausführungen in der Gesetzesbegründung sollte damit eine inhaltliche Änderung nicht verbunden sein. Unter Hinweis auf den Rechtsentscheid des OLG Stuttgart stellte der Gesetzgeber dort fest, dass es für die Frage, ob ein Erhöhungsausschluss vorliegt, entscheidend auf die konkrete Ausgestaltung des Vertrags ankommen sollte, mithin ausschließlich auf die jeweiligen Umstände des Einzelfalls.[406] Diese gesetzgeberische Intention legt die Vermutung nahe, dass bei einem Vertrag mit fester Laufzeit die Vereinbarung einer bestimmten Miete auch ohne ausdrücklichen Erhöhungsvorbehalt während dieser Zeit Mieterhöhungen nicht ausschließt.[407] Damit verkennt der Gesetzgeber allerdings die vorstehend dargestellte Funktion des ehemaligen § 1 S. 3 MHG.[408] Dennoch muss jetzt ein Zeitmietvertrag dahingehend überprüft werden, ob damit auch ein Ausschluss der Mieterhöhung gewollt gewesen ist. Erfolgt die Befristung ausschließlich im Interesse des Vermieters, wie bei den einzigen, noch zulässigen Zeitmietverträgen iSv § 575 BGB, dürfte hiervon kaum auszugehen sein.[409] Anders dann, wenn, etwa auf Veranlassung des Mieters, ein wechselseitiger Kündigungsverzicht vereinbart wird (näher vorstehend unter Ziff. 5) oder eine unzulässige, weil zB gegen § 575 BGB verstoßende Befristung entsprechend umgedeutet werden kann.[410] Die neue Rechtslage bedeutet daher eine höhere Unsicherheit, da bislang ein Zeitmietvertrag grundsätzlich die Mieterhöhungsmöglichkeit ausschloss, sofern die Parteien nicht ausdrücklich einen Erhöhungsvorbehalt vereinbart haben.

130 Ein **sich aus den Umständen ergebender Ausschluss der Mieterhöhung** ist weiter anzunehmen zB bei Mietverträgen auf Lebenszeit des Mieters,[411] bei Ausschluss des Kündigungsrechts des Vermieters für eine bestimmte Zeit,[412] bei auflösend bedingten Mietverhältnissen[413] oder bei Vereinbarung einer Option oder Verlängerungsklausel. Allgemein lässt sich sagen, dass umso mehr für einen derartigen Ausschluss spricht, je kurzfristiger der Vertrag abgeschlossen wird.[414] Eine Mieterhöhung nach Ausübung der Option soll danach nur bei entsprechender ausdrücklicher Vereinbarung möglich

---

[403] OLG Stuttgart NJW-RR 1994, 1291; Barthelmess MHG § 1 Rn. 35a; aA Blank WuM 1994, 421 f.; Sternel MieR aktuell Rn. 647.

[404] Blank WuM 1994, 421 f.; Hannemann/Wiek/Wiek, Handbuch der Mietrechtsentscheide, Anm. zu OLG Stuttgart Nr. 28.

[405] Hannemann/Wiek/Wiek, Handbuch der Mietrechtsentscheide, Anm. zu OLG Stuttgart Nr. 28.

[406] Kabinettsentwurf NZM 2000, 802 (814).

[407] Lützenkirchen Neue Mietrechtspraxis Rn. 173.

[408] Börstinghaus/Eisenschmid BGB § 557 S. 243.

[409] Börstinghaus/Eisenschmid BGB § 557 S. 243.

[410] AA Börstinghaus/Eisenschmid BGB § 557 S. 243 mit der Begründung, dass unwirksame Vereinbarungen eine Mieterhöhung auch nicht ausschließen können.

[411] LG Lübeck WuM 1972, 58; LG Mannheim WuM 1987, 353; AG Trier WuM 1993, 196.

[412] Barthelmess MHG § 1 Rn. 38; aA AG Dortmund WuM 1992, 624.

[413] Barthelmess MHG § 1 Rn. 38.

[414] Staudinger/Weitemeyer BGB § 557 Rn. 56.

sein.[415] Bei einem befristeten Mietverhältnis mit Verlängerungsklausel soll der Ausschluss der Mieterhöhung nur für die ursprünglich vereinbarte Mietzeit gelten, im Zweifel aber nicht mehr für den Verlängerungszeitraum.[416] Dabei macht es keinen Unterschied, ob eine Verlängerung auf bestimmte oder unbestimmte Zeit vorgesehen ist.[417] Nach OLG Hamm[418] soll in einem solchen Fall schon vor Ablauf der Befristung ein Mieterhöhungsverlangen zulässig sein mit dem Ziel, dass die Erhöhungswirkung schon alsbald nach Ablauf der festen Mietzeit eintritt; die Fristen nach § 558b BGB laufen dann schon während der Dauer der Befristung. Der BGH hat allerdings für den ähnlichen Fall des Zugangs eines Mieterhöhungsverlangens während der Sperrfrist nach § 558 Abs. 1 BGB eine derartige Vorwirkung abgelehnt.[419] Es erscheint daher fraglich, ob die Auffassung des OLG Hamm[420] noch Bestand haben kann.

Eine einmal getroffene Vereinbarung eines Mieterhöhungsausschlusses kann auch 131
wieder aufgehoben werden. Eine solche Aufhebung ergibt sich aber noch nicht schlüssig daraus, dass der Mieter eine Mieterhöhung akzeptiert hat.[421] Ob aus wiederholten Zustimmungen zu Mieterhöhungen ein entsprechender Vertragswille des Mieters zu folgern ist,[422] ist eine Auslegungsfrage.

Auch wenn auf der Grundlage der vorstehenden Ausführungen in Zweifel allein im 132
Abschluss eines Zeitmietvertrags kein Ausschluss der Mieterhöhung mehr gesehen werden kann, empfiehlt es sich dennoch vorsorglich, einen **Mieterhöhungsvorbehalt** aufzunehmen, und sei es auch nur klarstellend.[423] Ein derartiger Erhöhungsvorbehalt kann in jedem Fall individualvertraglich vereinbart werden,[424] aber auch durch **Formularklausel**[425] selbst an einer anderen Stelle als der Vereinbarung der Befristung.[426] Allerdings darf diese Formularklausel wegen § 305b BGB nicht einer individuellen Vereinbarung über die Befristung des Mietvertrags mit festem Mietzins widersprechen.[427] Der Erhöhungsvorbehalt muss weiter in jedem Fall nach zwei Richtungen eindeutig sein: einmal hinsichtlich der Erhöhungsmöglichkeit selbst und zum anderen in Bezug auf die Befristungsabrede; die Erhöhungsklausel muss sich auf den Zeitmietvertrag beziehen.[428] Andernfalls kann zu Lasten des Verwenders § 305c Abs. 2 BGB eingreifen. Daher **reichen** folgende Klauseln **nicht** aus:[429]

[415] OLG Düsseldorf WuM 1995, 433, dessen Ausführungen – wie Lützenkirchen zutreffend festhält WuM 1998, 129 f. – auch auf die Wohnraummiete übertragen werden können.

[416] OLG Hamm NJW 1982, 829; OLG Karlsruhe NJW-RR 1996, 329; OLG Zweibrücken WuM 1981, 273; OLG Frankfurt a. M. WuM 1983, 73; LG Mannheim ZMR 1996, 35.

[417] Bub/Treier MietR-HdB/Schultz Kap. III Rn. 303.

[418] OLG Hamm NJW 1982, 829.

[419] BGH NJW 1993, 2109.

[420] OLG Hamm NJW 1982, 829.

[421] LG Lübeck WuM 1972, 58; Sternel MietR aktuell Kap. III Rn. 546.

[422] LG Lübeck WuM 1972, 58.

[423] Lützenkirchen Neue Mietrechtspraxis Rn. 174.

[424] LG Köln WuM 1991, 352; AG Braunschweig WuM 1982, 299; AG Eutin DWW 1993, 46; AG Neumünster WuM 1991, 352; AG Nürnberg WuM 1993, 618; AG Tettnang WuM 1993, 406.

[425] LG Berlin GE 1984, 923; 1986, 501; LG Bonn WuM 1992, 254; LG Kiel WuM 1992, 623; Barthelmess MHG § 1 Rn. 34a; Blank PiG 40, 143 (149 f.); Gather DWW 1992, 353 (357); Bub/Treier MietR-HdB/Schultz Kap. III Rn. 307; Sternel MietR aktuell III Rn. 535; Staudinger/Weitemeyer BGB § 557 Rn. 61.

[426] Kein Verstoß gegen § 3 AGBG, jetzt § 305c Abs. 1 BGB: AG Bonn NJW-RR 1992, 455; aA AG Offenbach ZMR 1987, 472 mablAnm Schulz.

[427] LG Köln WuM 1991, 353 mwN; AG Nürnberg WuM 1993, 618; Horn WuM 1992, 175; Sternel MietR aktuell Rn. 649.

[428] Blank PiG 40, 143 (151); Hannemann/Wiek/Wiek, Handbuch der Mietrechtsentscheide, Anm. zu OLG Stuttgart Nr. 28.

[429] Vgl. auch Barthelmess MHG § 1 Rn. 34c mwN; aA Gather DWW 1992, 353 (357), mit der Begründung, kein Mieter dürfe bei einem langfristigen Mietvertrag damit rechnen, dass die Miete unverändert bleibe; angesichts eventueller Gesetzesänderungen sei die genaue Angabe der einschlägigen Vorschriften im Übrigen untunlich.

Der Vermieter kann während der vereinbarten Vertragszeit die gesetzlich zugelassenen Mieterhöhungen verlangen.[430] (Damit wird auch auf § 557 Abs. 3 BGB verwiesen.)
Für sonstige Mieterhöhungen gelten die gesetzlichen Vorschriften und Fristen.[431] (Auch hier ist § 557 Abs. 3 BGB mit eingeschlossen.)
Der Vermieter hat einen sofortigen Anspruch auf die preisrechtlich zulässige Miete.[432]

133 **Offen gelassen** bei folgender Klausel:

Der Vermieter ist berechtigt, nach Maßgabe der gesetzlichen Bestimmungen die Zustimmung zur Erhöhung des Mietzinses jeweils nach Ablauf eines Jahres zum Zwecke der Anpassung an die geänderten wirtschaftlichen Verhältnisse auf dem Wohnungsmarkt zu verlangen. (Damit soll zusätzlich zu den Vorgaben des BGB Voraussetzung für eine Mieterhöhung sein, dass sich seit Beginn des Mietverhältnisses die ortsüblichen Mieten insgesamt erhöht haben.)[433]

134 Barthelmess[434] schlägt folgende **zulässige Klausel** vor:

Ist das Mietverhältnis auf bestimmte Zeit vereinbart, so ist der Vermieter gleichwohl berechtigt, die Miete nach den Bestimmungen des BGB während der Vertragslaufzeit zu erhöhen.

135 Daneben kann sich der Erhöhungsvorbehalt auch aus der unwirksamen Vereinbarung einer Staffelmiete[435] oder einer Mietanpassungsvereinbarung[436] ergeben, allerdings beschränkt auf den durch diese unwirksamen Absprachen vorgegebenen Rahmen, sofern das BGB weitergehende Mieterhöhungsmöglichkeiten erlauben würde.[437]

136 Eine weitere Folge der Vereinbarung eines Zeitmietvertrags mit festem Mietzins soll darin bestehen, dass die von der obergerichtlichen Rechtsprechung angenommene gleitende Nichtigkeit der Mietpreisüberhöhung nach § 5 WiStG[438] zu Lasten des Vermieters keine Anwendung finden soll.[439] Inwieweit dies angesichts der vorstehend dargestellten Änderungen von § 1 S. 3 MHG zu § 557 Abs. 3 BGB noch gelten kann, erscheint fraglich.

8. Weiternutzung durch den Mieter

137 Bei Untätigkeit des Vermieters eines rechtwirksamen Zeitmietvertrags iSv § 575 BGB nach Ablauf der vereinbarten Mietzeit ist § 545 BGB zu beachten, der auch bei befristeten Mietverhältnissen gilt,[440] soweit er nicht wirksam vertraglich – auch durch Formularklausel[441] – abbedungen ist.[442] Widerspricht der Vermieter nach Ablauf der vereinbarten Mietzeit nicht innerhalb einer Frist von zwei Wochen[443] der ihm bekannten Fortsetzung des Gebrauchs der Wohnung durch den Mieter, so tritt eine **Fortsetzung des Mietverhältnisses auf unbestimmte Zeit** schon nach § 545 BGB ein. Hat der Mieter eines fortgeltenden einfachen Zeitmietvertrags (→ Rn. 74) ein ordnungsgemäßes Fortsetzungsverlangen nach § 564c Abs. 1 BGB aF gestellt, ist zu prüfen, ob im Nichtstun des Vermieters ausnahmsweise eine konkludente Zustimmung gesehen werden kann oder

---

[430] LG Köln WuM 1991, 353; aA LG Kiel WuM 1992, 623.
[431] LG und AG Bonn WuM 1992, 254; AG Friedberg WuM 1994, 216; AG Tettnang WuM 1993, 406.
[432] AG Neumünster WuM 1991, 353.
[433] AG Rastatt WuM 1997, 177.
[434] MHG § 1 Rn. 34a.
[435] LG Berlin WuM 1992, 198; LG Bonn WuM 1992, 199.
[436] Vgl. nur Staudinger/Weitemeyer BGB § 557 Rn. 62 f. mwN.
[437] Staudinger/Weitemeyer BGB § 557 Rn. 62 f.
[438] OLG Frankfurt a. M. WuM 1985, 139; OLG Hamm NJW 1983, 1622; KG WuM 1995, 38.
[439] AG Dortmund WuM 1997, 440.
[440] MüKoBGB/Voelskow, 3. Aufl. 1995, § 564c Rn. 12.
[441] BGH NJW 1991, 1750.
[442] OLG Hamm NJW 1983, 826; OLG Schleswig NJW 1995, 2858.
[443] Ggf. ausnahmsweise auch früher, sofern der Widerspruch in einem engen zeitlichen wie auch sachlichen Zusammenhang mit der Vertragsbeendigung und dem Fristbeginn steht: BGH NJW 1986, 1020; BayObLG NJW 1981, 2759; OLG Hamburg NJW 1981, 2258; OLG Schleswig NJW 1982, 449; LG Ansbach NJW-RR 1996, 1479 f.; LG Bonn WuM 1992, 617; aA Sternel MietR aktuell Kap. IV Rn. 84.

ob – bei Vorliegen sowohl des sog. Zeit- wie auch des sog. Umstandsmomentes[444] – ggf. Verwirkungsgesichtspunkte eingreifen.

Lässt der **Vermieter** eines Zeitmietvertrags nach § 575 BGB (ebenso wie bei dem fortgeltenden qualifizierten Zeitmietvertrag iSv § 564c Abs. 2 BGB aF) den Termin der vertragsmäßigen Beendigung des Mietverhältnisses verstreichen, **ohne** dem Mieter gegenüber **reagiert** zu haben, gilt nach § 545 BGB das Mietverhältnis ebenfalls als auf unbestimmte Zeit verlängert, sofern nicht der Vermieter seinen entgegenstehenden Willen spätestens binnen einer Frist von zwei Wochen dem Mieter gegenüber erklärt.[445] Gibt der Vermieter auf ein entsprechendes Begehren des Mieters Auskunft iSv § 575 Abs. 2 BGB oder holt der Vermieter eines nach wie vor geltenden qualifizierten Alt-Zeitmietvertrags innerhalb dieser Frist die Schlussmitteilung nach, so liegt darin zugleich ein Widerspruch gegen die Gebrauchsfortsetzung nach § 545 BGB, so dass der Mieter dann eine Verlängerung des Mietverhältnisses um einen entsprechenden Zeitraum verlangen kann.[446] 138

Haben die Parteien **§ 545 BGB vertraglich abbedungen,**[447] besteht eine gesetzliche Regelungslücke, wenn der Vermieter nicht reagiert und das Mietverhältnis über die vereinbarte Vertragszeit hinaus fortgesetzt wird.[448] Einem dann verzögert geltend gemachten Räumungsbegehren steht der Einwand der Verwirkung entgegen.[449] Hiergegen wird vorgebracht, dass das von der Rechtsprechung neben dem Zeitmoment geforderte Umstandsmoment, wonach der Verpflichtete darauf vertrauen darf, der Berechtigte werde ihn nicht mehr in Anspruch nehmen, fehle, wenn der Vermieter durch den Ausschluss von § 545 BGB dem Mieter gerade deutlich mache, dass das Mietverhältnis in jedem Fall nach Ablauf der Mietzeit enden soll.[450] Dies überzeugt nicht. Zwar wird es sicherlich auf die Umstände des Einzelfalls ankommen. Für das Vorliegen des Umstandsmoments ist aber nicht auf die Geltung von § 545 BGB abzustellen, sondern allein auf die unterbliebene Reaktion des Vermieters und einen etwa dadurch beim Mieter ausgelösten Vertrauenstatbestand. 139

Unabhängig davon ist weiter stets zu prüfen, ob die fehlende Reaktion ihren Grund darin hat, dass der Vermieter die in der Anfangsmitteilung genannte Verwendungsabsicht aufgegeben hat. Ein Wegfall dieser Verwendungsabsicht hat zur Folge, dass der Mieter nunmehr das Fortsetzungsverlangen nach § 575 Abs. 3 S. 2 BGB stellen kann.[451] 140

9. Anspruch des Mieters auf vorzeitige Entlassung aus einem Zeitmietvertrag

Mit den bisherigen Ausführungen ist die in der Einführung aufgeworfene Problematik allerdings noch nicht geklärt, ob der Vermieter sicher sein kann, dass ihm der Mieter bis zum Ablauf des Zeitmietvertrags erhalten bleibt und ständige Mieterwechsel vermieden werden, bzw. ob sich der Mieter nicht doch vorfristig – abgesehen von Sonderkündigungsrechten (zB §§ 540 Abs. 1 S. 2, 554 Abs. 3 S. 2, 561, 564 BGB) oder fristlosen Kündigungsmöglichkeiten bei Vorliegen eines wichtigen Grundes (vgl. §§ 543, 569 BGB) – aus dem befristeten Mietvertrag lösen kann. 141

Abgesehen von den sogleich behandelten Fallkonstellationen soll dem Mieter jedenfalls dann die bei einem Zeitmietvertrag ansonsten ausgeschlossene Möglichkeit einer ordentlichen, fristgerechten Kündigung eröffnet sein, wenn der Vermieter – ggf. längerer 142

[444] Grundlegend BGH NJW 1984, 1684; vgl. auch BGH NJW-RR 1995, 109.
[445] Begründung RegE, BT-Drs. 12/3254, 19.
[446] So zu § 564c Abs. 2 BGB aF Blank WuM 1993, 577 (577).
[447] BGH NJW 1991, 1750; OLG Hamm NJW 1983, 826; OLG Schleswig NJW 1995, 2858.
[448] Blank WuM 1993, 573 (577).
[449] Blank WuM 1993, 573 (577); Eisenschmid, Die mietrechtlichen Neuregelungen des Jahres 1993, Vortrag anlässlich der Bad Salzufler Mietrechtstage 1993, Deutsches Volksheimstättenwerk eV, S. 7.
[450] Horst ZAP F. 4, 359 (364).
[451] Begründung RegE, BT-Drs. 9/2079, 15 zu § 564c BGB aF.

Auseinandersetzungen überdrüssig – dem Mieter freistellt, „sich ungeachtet des befristeten Mietvertrags kurzfristig nach einer Ersatzwohnung umzusehen".[452]

143 a) **Ersatzmieterstellung.**[453] Abgesehen vom nicht sehr häufigen und daher hier nicht näher behandelten Fall der Vereinbarung einer sog. **echten oder unechten Ersatzmieterklausel,**[454] steht dem Mieter entgegen weit verbreiteter Meinung kein Anspruch zu, vorzeitig aus einem Zeitmietverhältnis auszuscheiden, wenn er nur einen oder mehrere akzeptable Nachmieter stellt.[455] Ein derartiger Anspruch besteht – abgeleitet letztlich aus § 242 BGB – ausnahmsweise nur dann, wenn das Interesse des Mieters dasjenige des Vermieters an der vereinbarten Fortsetzung des Vertrags nach entsprechender Interessenabwägung ganz erheblich überragt.[456] Hierfür ist zunächst Voraussetzung, dass dem Mieter **ein unverschuldeter und nicht vorhersehbarer Grund** zur Seite steht, zB eine berufliche Versetzung (§ 570 BGB wurde ersatzlos gestrichen),[457] Familienzuwachs[458] oder Krankheit.[459] Nach anderer Auffassung reichen Gründe nicht aus, die allein im Risikobereich des Mieters liegen, wie etwa die mangelnde Verwendbarkeit der Mietsache,[460] oder die bei Vertragsschluss absehbar waren.[461] Weiter muss die **restliche Vertragslaufzeit mehr als 3 Monate** betragen; ein Festhalten am Vertrag für diesen geringen Zeitraum ist in jedem Fall zumutbar.[462] Schließlich muss der Mieter dem Vermieter **einen geeigneten und zumutbaren Ersatzmieter** benennen, der bereit ist, in das bisherige Mietverhältnis einzutreten und es zu den bisherigen Bedingungen fortzuführen.[463] Bei der Prüfung des Vorliegens dieses unbestimmten Rechtsbegriffs auf den konkreten Einzelfall steht dem Tatrichter ein Beurteilungsspielraum zu, der zB nicht überschritten wird, wenn ein alleinerziehender Ersatzmieter mit Kind benannt wird, nachdem die von Kindern ausgehenden Lärmeinwirkungen in einem Mehrfamilienhaus grundsätzlich hinzunehmen sind.[464] Dem Vermieter steht insoweit eine angemessene Überlegungsfrist von bis zu drei Monaten zu.[465] Unklar ist, was gilt, wenn der Mieter zwar keinen geeigneten Ersatzmieter gefunden hat, dem Vermieter aber eine Nachvermietung zu den bisherigen Bedingungen mit nur geringem Zeit- und Kostenaufwand möglich ist, etwa weil ihm Mietinteressenten bekannt sind, ohne dass er diesen andere, leerstehende Wohnungen aus seinem Bestand anbieten kann. Sternel hält in diesen Ausnahmefällen den Vermieter aus der jedem Dauerschuldverhältnis innewohnenden Vorgabe, den anderen Vertragspartner vor Schaden zu bewahren, zur vorzeitigen Entlassung des Mieters für verpflichtet.[466]

144 Hat sich der **Vermieter** mit der vorzeitigen Entlassung bei Stellung eines geeigneten Ersatzmieters **einverstanden** erklärt, kommt es nur noch auf das Stellen eines solventen

[452] LG Koblenz NZM 1998, 859.
[453] Ausführlich hierzu Kandelhard NZM 2004, 846 ff.
[454] OLG Frankfurt a. M. NJW-RR 1992, 143; OLG Düsseldorf WuM 1995, 391; KG WuM 1992, 8; im Einzelnen Staudinger/Emmerich BGB § 537 Rn. 17 ff.; Sternel MietR aktuell Kap. I Rn. 97 f.
[455] Vgl. hierzu Thaler NZM 1998, 994 f.
[456] OLG Karlsruhe NJW 1981, 1741; OLG Hamm NJW 1983, 1564; OLG Oldenburg WuM 1981, 125; entspr. für die Abkürzung einer langen gesetzlichen Kündigungsfrist LG Mannheim WuM 1987, 395.
[457] BayObLG WuM 1985, 140; LG Berlin GE 1989, 415.
[458] LG Bonn WuM 1992, 16; LG Berlin GE 1989, 1111; 1992, 1323; LG Hamburg NJW-RR 1988, 723; LG Köln WuM 1989, 283; AG Gießen WuM 1993, 609; AG Schöneberg WuM 1991, 267.
[459] Welche zB das Treppensteigen unmöglich macht LG Mannheim DWW 1997, 152 (154).
[460] OLG Hamburg NJW-RR 1987, 657; WuM 1987, 145.
[461] OLG Oldenburg WuM 1981, 125.
[462] OLG Oldenburg WuM 1982, 124; ebenso LG Gießen NJW-RR 1995, 395 für 7 Monate.
[463] Staudinger/Emmerich BGB § 537 Rn. 24 ff.
[464] BGH NJW 2003, 1246.
[465] LG Berlin GE 1988, 409; LG Gießen WuM 1997, 264; LG Köln WuM 1989, 18; LG Saarbrücken WuM 1995, 313.
[466] Sternel MietR aktuell Kap. IV Rn. 353 aE.

und zumutbaren Ersatzmieters an.[467] Dabei obliegt die Umsetzung der Ersatzmieterstellung nach wie vor allein dem Mieter.[468] Weigert sich der Vermieter grundlos – ggf. auch ohne die ihm zustehende Überlegungsfrist in Anspruch zu nehmen – trotz Vorliegens dieser Voraussetzungen, den Mieter vorzeitig zu entlassen, kann der Mieter verlangen, so gestellt zu werden, wie wenn er zum Zeitpunkt des Eintritts eines zumutbaren Mietnachfolgers aus dem Mietverhältnis ausgeschieden wäre.[469] Dies gilt auch, wenn der Vermieter an den Ersatzmieter zusätzliche Anforderungen stellt, also vor allem sein Einverständnis mit der vorzeitigen Entlassung von einer Mieterhöhung abhängig macht.[470] Lehnt es der Vermieter von vornherein ab, irgendeinen Ersatzmieter zu akzeptieren, braucht sich der Mieter auch nicht weiter zu bemühen; es gilt dieselbe Rechtslage wie bei der grundlosen Ablehnung eines konkreten Ersatzmieters bzw. der grundlosen Weigerung, den Mieter zu entlassen.[471]

b) Verweigerung der Gebrauchsüberlassung an einen Dritten. Als Alternative hierzu – 145
und „Geheimtipp",[472] der bei Nichtanwendung sogar zur Anwaltshaftung führen kann[473] – wird das Sonderkündigungsrecht des Mieters wegen unberechtigter Verweigerung der Gebrauchsüberlassung an einen Dritten als Spezialfall der Untervermietung angesehen.[474]

Grundsätzlich benötigt der Mieter, nicht zuletzt wegen der Personenbezogenheit eines 146
Mietverhältnisses, eine Erlaubnis des Vermieters, wenn er die Mieträume einem Dritten überlassen will (§ 540 Abs. 1 S. 1 BGB). Nach § 540 Abs. 1 S. 2 BGB kann der Mieter das Mietverhältnis bei Verweigerung dieser Erlaubnis, sofern nicht in der Person des Dritten ein wichtiger Grund vorliegt, außerordentlich mit einer Frist von drei Monaten (vgl. § 575a Abs. 3 BGB) kündigen, unabhängig von der bisherigen Überlassungszeit und zB auch während des Laufs der regulären Kündigungsfrist.[475] Dieses Sonderkündigungsrecht gilt insbesondere auch bei Zeitmietverträgen, bei denen eine ordentliche Kündigung ausscheidet.[476] Es kann jedenfalls durch Formularklausel nicht wirksam abbedungen werden.[477] Diese außerordentliche befristete Kündigungsmöglichkeit wird nicht ausgeschlossen, wenn sich die Parteien nach Verweigerung der Untermieterlaubnis von Seiten des Vermieters dennoch um eine Ersatz- bzw. Nachmieterstellung bemühen.[478]

Die vorzeitige Loslösungsmöglichkeit des Mieters von einem Zeitmietvertrag besteht 147
aber nur, wenn der Vermieter trotz Benennung eines konkreten Untermietinteressenten – Mitteilung zumindest des Namens, nicht aber der Vermögens- und Einkommensverhältnisse[479] – ohne Grund die Erlaubniserteilung verweigert. Die wirtschaftlichen Verhältnisse beim Untermieter stellen dabei ebenso wenig einen Grund dar, wie allein dessen Eigenschaft als Ausländer.[480] Dagegen ist der Vermieter nicht verpflichtet, gewisserma-

---

[467] OLG Düsseldorf NJW-RR 1992, 657; nach OLG Hamburg WuM 1997, 214, soll der Vermieter dennoch potentielle Ersatzmieter aus „verständlichen" Gründen, die nicht wie bei der vereinbarten Ersatzmieterklausel „triftig" sein müssen, ablehnen können.

[468] LG Wuppertal WuM 1997, 328.

[469] LG Oldenburg WuM 1997, 491; Staudinger/Emmerich BGB § 537 Rn. 31 f.

[470] OLG Oldenburg WuM 1981, 125; LG Bielefeld WuM 1993, 118; LG Hamburg WuM 1988, 125; aA LG Köln WuM 1989, 374, wenn das ursprüngliche Mietverhältnis nur noch 3 Monate andauert für die Zeit danach; LG Saarbrücken WuM 1995, 313.

[471] OLG Hamm NJW 1983, 1564; LG Berlin GE 1992, 1323; AG Gelsenkirchen WuM 1983, 231; vgl. auch OLG Zweibrücken WuM 1998, 147.

[472] Schönleber NZM 1998, 948.

[473] Vgl. LG Hamburg NZM 1998, 806.

[474] Zuletzt Thaler NZM 1998, 994 (995).

[475] LG Hamburg NZM 1998, 1003.

[476] Vgl. etwa LG Berlin MM 1996, 453.

[477] LG Ellwangen WuM 1982, 297; LG Hamburg WuM 1992, 689 mwN; zur Gewerberaummiete vgl. BGH WuM 1995, 481.

[478] LG Bielefeld WuM 1998, 557.

[479] LG Hamburg WuM 1991, 585.

[480] LG Köln WuM 1978, 50.

ßen abstrakt eine von der Person des potentiellen Untermieters unabhängige, generelle Untermieterlaubnis zu erteilen.[481] Eine entsprechende allgemeine Anfrage des Mieters kann der Vermieter daher gerade deswegen negativ verbescheiden, ohne dass dadurch das Sonderkündigungsrecht des Mieters ausgelöst werden würde.[482] Etwas anderes gilt aber dann, wenn der Vermieter eine derartige globale Erlaubniserteilungsbitte des Mieters generell ablehnt, mithin deutlich macht, dass er grundsätzlich seine Zustimmung zu einer Untervermietung verweigert bzw. verweigern wird, unabhängig davon, welche Person(-en) der Mieter konkret als mögliche Untermieter benennt.[483] In diesem Fall wird dem Mieter auch ohne namentliche Benennung eines in Aussicht genommenen Untermieters[484] ebenso das Sonderkündigungsrecht eröffnet, wie dann, wenn der Vermieter innerhalb einer Frist von 10,[485] maximal 14 Tagen[486] überhaupt nicht antwortet. Eine ausbleibende Reaktion – selbst auf eine allgemeine Anfrage des Mieters – soll nach bisheriger Rechtsprechung als generelle Ablehnung gewertet werden können.[487] Nach einem Rechtsentscheid des OLG Koblenz[488] kann ein derartiges Schweigen nicht als generelle Verweigerung iSv § 540 Abs. 1 S. 2 BGB angesehen werden, jedenfalls dann, wenn der Mieter nur allgemein um Erlaubnis zur Untervermietung bittet ohne Benennung eines bestimmten Untermietinteressenten. Zur Begründung hat das OLG ausgeführt, dass bloßes Schweigen allenfalls dann einer Willenserklärung gleichstehen kann, wenn der Schweigende verpflichtet ist, seinen gegenteiligen Willen zum Ausdruck zu bringen.[489] Ein derartiger Fall würde dann vorliegen, wenn der Mieter dem Vermieter einen konkreten Untermietinteressenten benennt. Hieran fehlt es. Daher kann vorliegend bloßes Schweigen grundsätzlich keine rechtsgeschäftliche Erklärung darstellen. Etwas anderes gilt auch nicht nach den Grundsätzen von Treu und Glauben. Gegenteiliger Auffassung ist das OLG Köln.[490]

148 Bittet der Mieter demgegenüber um Erlaubnis zur Untervermietung der gesamten Mietwohnung, soll er nicht verpflichtet sein, dem Vermieter bereits zu diesem Zeitpunkt einen konkreten Untermieter zu benennen.[491] Die Erteilung einer Untermieterlaubnis unter Bedingungen oder Auflagen gilt im Übrigen als Verweigerung.[492]

149 Diese Möglichkeit einer vorfristigen Loslösung von einem Zeitmietvertrag ist aber für den Mieter nicht ohne Risiko, das von denjenigen, die diese Alternative propagieren, nur selten erwähnt wird: Erteilt der Vermieter die Untervermietungserlaubnis, trägt der Mieter das gesamte Risiko seines Untermieters. Für Schäden oder ein sonstiges Fehlverhalten des Untermieters muss der Mieter vor allem gegenüber dem Vermieter wie für eigenes Verschulden einstehen (§ 540 Abs. 2 BGB). Zahlungsschwäche oder gar Zahlungsunfähigkeit des Untermieters befreien den Mieter nicht von der Erfüllung seiner weiterhin fortbestehenden (Zahlungs-)Verpflichtungen gegenüber dem Vermieter – im Gegenteil. Der Mieter muss ggf. sogar noch die Kosten einer Räumungsklage wie auch der Räumung selbst tragen.

150 c) **Fehlende Schriftform.** Als „Griff in die Trickkiste" wurde aus Mietersicht schließlich noch die Möglichkeit angesehen, sich wegen Nichteinhaltung der Schriftform des §§ 550, 126 BGB vorzeitig von einem Zeitmietvertrag unter Beachtung der gesetzlichen

[481] KG NJW-RR 1992, 1229.
[482] LG Gießen WuM 1997, 368.
[483] Vgl. nur BGH NJW 1972, 1267; KG NJW-RR 1997, 333; LG Bremen WuM 1987, 152; LG Köln WuM 1994, 468; LG Nürnberg-Fürth WuM 1995, 587; LG Waldshut-Tiengen WuM 1998, 22; AG Dülmen WuM 1998, 346.
[484] LG Berlin NZM 1998, 372; LG Gießen NJWE-MietR 1997, 243; LG Hamburg NZM 1998, 1003.
[485] LG Nürnberg-Fürth WuM 1995, 587.
[486] AG Hamburg-Wandsbek WuM 1986, 314; AG Köln WuM 1998, 346.
[487] LG Berlin MM 1986, 453; LG Nürnberg-Fürth WuM 1995, 587; AG Hamburg-Wandsbek WuM 1986, 314; AG Köln WuM 1998, 346.
[488] NZM 2001, 581 = WuM 2001, 272 = ZMR 2001, 530.
[489] BGH NJW 1990, 1601; 1951, 711.
[490] NZM 2001, 38; ebenso LG Berlin NZM 2001, 231.
[491] LG Köln WuM 1998, 154.
[492] AG Albstadt WuM 1998, 556.

Kündigungsfrist nach § 575a Abs. 3 BGB frühestens für den Schluss des ersten Vertragsjahres gemäß § 550 S. 2 BGB zu lösen. Nach der ursprünglichen Rechtsprechung des BGH war diese Möglichkeit dann gegeben, wenn die einzelnen Blätter eines Zeitmietvertrags bei Vertragsschluss nach dem Willen der Parteien nicht körperlich fest miteinander verbunden waren (etwa durch Heften oder Kleben).[493] Eine Zusammenfassung mittels Büroklammer bzw. Heftstreifens oder das Abheften in einen Ordner erlaubte daher die ordentliche Kündigung eines Zeitmietvertrags, erst recht das bloße Ineinanderlegen von Doppelblättern.[494] Hiervon ist der BGH abgerückt und hat es als ausreichend erachtet, wenn sich die Urkundeneinheit, also die Authentizität der in der Regel auf dem letzten Blatt befindlichen Unterschriften iSv § 126 Abs. 2 BGB, etwa aus der fortlaufenden Paginierung der Blätter, fortlaufender Nummerierung der einzelnen Bestimmungen, einheitlicher grafischer Gestaltung, inhaltlichem Zusammenhang des Textes oder vergleichbaren Merkmalen zweifelsfrei ergibt.[495] Er hat also – auch in Bezug auf dem Vertrag beigefügte Anlagen – eine „gedankliche Verbindung" genügen lassen.[496]

Damit ist die vorzeitige Loslösungsmöglichkeit des Mieters von einem Zeitmietvertrag wegen fehlender Schriftform zwar eingeschränkt, nicht aber ausgeschlossen: Sternel hat zurecht darauf hingewiesen, dass die Urkundeneinheit kaum dokumentiert sein dürfte, wenn der Zeitmietvertrag etwa die Seitenzahlfolge 1, 1a, 2, 3, 3a, 3b, 4 usw aufweist, wenn andere grafische Gestaltungen (etwa ein wechselndes Schriftbild oder unterschiedliche Schriftarten) festzustellen sind oder ein fehlender inhaltlicher Zusammenhang zB bei Vorliegen eines gemischten Vertrags.[497] In derartigen Fällen kann der Mieter somit auch nach der Auflockerungs-Rechtsprechung des BGH den Zeitmietvertrag vorzeitig kündigen. Diese Möglichkeit kann auch bestehen, wenn dem Zeitmietvertrag Anlagen beigefügt sind, die zum Vertragsinhalt werden sollen, wie zB Pläne, Baubeschreibungen, Flächenberechnungen, Hausordnung oder eine Aufstellung der umlagefähigen Betriebskosten nach § 2 BetrKV, ohne zweifelsfreie gedankliche Bezugnahme.[498] 151

Bei nachträglichen Änderungen oder Ergänzungen, auch etwa bei nachträglich beigefügten Anlagen, ist zu beachten, dass dort auf den Ursprungsvertrag ausdrücklich Bezug genommen werden muss. Zweifelsfrei zum Ausdruck kommen muss, dass es bei dessen Regelungen, bis auf die Änderungen oder Ergänzungen, verbleiben soll, und die neue Urkunde von beiden Parteien unterschrieben werden muss.[499] Andernfalls sind nicht nur die Änderung oder Ergänzung, sondern ggf. sogar der zunächst formgültig geschlossene ursprüngliche Zeitmietvertrag vorzeitig nach § 550 S. 2 BGB kündbar.[500] 152

d) Eigenmächtiger Auszug des Mieters. Zieht der Mieter aus, obwohl die soeben dargestellten Voraussetzungen für seine vorzeitige Loslösung aus einem Zeitmietvertrag nicht gegeben sind, ist der Vermieter nach allgemeiner Auffassung nicht verpflichtet, sich einen Ersatz- oder Nachmieter zu suchen.[501] Er kann vielmehr weiterhin bis zum Ablauf der Mietzeit vom Mieter die vereinbarte Miete verlangen, unter Abzug etwaiger, durch den Auszug des Mieters ersparter Aufwendungen (vor allem der verbrauchs- 153

[493] BGH NJW 1964, 395; vgl. auch NJW 1962, 1388; anders bei Änderungen oder Ergänzungen: BGH NJW 1992, 2283; näher sogleich.

[494] OLG Brandenburg ZMR 1997, 410; OLG Karlsruhe 16.8.1995 – 1 U 65/95, nv; aA OLG Düsseldorf WiB 1996, 356; WuM 1994, 271; DB 1991, 720; MDR 1989, 641; OLG Stuttgart NJW-RR 1996, 10; LG Frankfurt a. M. DWW 1992, 84; umfassend zur damaligen Formproblematik Schlemminger NJW 1992, 2249; Haase WuM 1995, 625.

[495] BGH NJW 1998, 58.

[496] Hierzu ausführlich → § 47 Rn. 1 ff.

[497] BGH MDR 1998, 31 (34).

[498] Ausführlich → § 47 Rn. 1 ff.

[499] BGH NJW 1992, 2283.

[500] BGH NJW 1987, 948; 1968, 1230; Franke ZMR 1998, 529 (535).

[501] BGH WM 1984, 171 (172); NJW 1981, 43; OLG Hamm NJW-RR 1995, 1438; OLG Düsseldorf ZMR 1993, 114 (115); OLG Köln ZMR 1998, 91 (92); OLG München ZMR 1995, 579 (582); Bub/Treier MietR-HdB/von Brunn Kap. III Rn. 633 f.; MüKoBGB/Voelskow, 3. Aufl. 1995, § 552 Rn. 4.

abhängigen Betriebskosten) nach § 537 Abs. 1 S. 2 Alt. 1 BGB sowie unter Anrechnung derjenigen Vorteile, die der Vermieter durch eine anderweitige Verwertung der Mietsache erlangt (§ 537 Abs. 1 S. 2 Alt. 2 BGB). § 537 Abs. 1 S. 2 BGB beinhaltet entgegen etwa §§ 324 Abs. 1 S. 2, 615 S. 2, 649 S. 2 BGB keine Verpflichtung zur Anrechnung böswillig unterlassenen Erwerbs.[502] Bei § 537 Abs. 1 S. 1 BGB handelt es sich weiter um einen Erfüllungsanspruch, so dass eine Schadensminderungspflicht des Vermieters oder die Anwendung des § 254 BGB von vornherein ausscheiden.[503] Denkbar wären allenfalls aus § 242 BGB abgeleitete Rechtsmissbrauchsgesichtspunkte.[504]

154 Etwas anderes gilt allerdings dann, wenn der Vermieter etwa wegen Zahlungsverzugs des ausgezogenen Mieters den Zeitmietvertrag fristlos nach § 543 Abs. 2 S. 1 Nr. 3 BGB kündigt und die Fortentrichtung der Miete aus Schadensersatzgesichtspunkten verlangt. In diesem Fall ist der Vermieter verpflichtet, sich zumindest über § 254 BGB in zumutbarem Umfang um eine Weitervermietung zu bemühen.

155 Vermietet der Vermieter die Mietsache dennoch weiter und ist dadurch außerstande, dem ausgezogenen Mieter weiterhin den Gebrauch zu gewähren, wird der Mieter grundsätzlich von seiner Pflicht zur Fortentrichtung der vereinbarten Miete nach § 537 Abs. 2 BGB frei. Dies gilt ausnahmsweise dann nicht, wenn der Mieter endgültig ausgezogen ist und die Weiterzahlung der Miete ernsthaft und endgültig verweigert. In diesem Fall bleibt der ausgezogene Mieter entgegen § 537 Abs. 2 BGB aus Rechtsmissbrauchsgesichtspunkten zur Zahlung der Mietdifferenz verpflichtet, sofern der Vermieter trotz Weitervermietung zum dann ortsüblichen Marktpreis nur eine geringere Mieteinnahme erzielt.[505] Der Mieter hat auch einzustehen, wenn der Ersatzmieter keine Miete zahlt. Der Einwand rechtsmissbräuchlichen Verhaltens ist aber dann nicht gerechtfertigt, wenn der Mieter – etwa aufgrund zweifelhafter Rechtslage – aus nachvollziehbaren Gründen davon ausgegangen ist, der Mietvertrag sei beendet. In einem derartigen Fall hat der Vermieter wegen § 537 Abs. 2 BGB seine Absicht, im beiderseitigen Interesse anderweitig zu vermieten, mitzuteilen und erst die Reaktion des Mieters hierauf abzuwarten. Reagiert der Mieter nicht, kann er sich nicht nachträglich darauf berufen, er habe den Besitz an der Mietsache nicht endgültig aufgeben wollen, sondern die Wohnung nur vorübergehend nicht genutzt.[506]

II. Vereinbartes Rücktrittsrecht/Auflösende Bedingung (§ 572 BGB)

1. Allgemeines

156 Die Vorschrift des § 572 BGB regelt, dass sich der **Vermieter** nach der Überlassung des Wohnraumes nicht auf die Vereinbarung eines Rücktrittsrechtes (§ 572 Abs. 1 BGB) oder auf eine auflösende Bedingung (§ 572 Abs. 2 BGB) berufen kann, dies gilt nur für Wohnraummietverhältnisse, freilich aller Art (auch nach §§ 549 Abs. 2, Abs. 3 BGB). Zweck der Vorschrift ist es, eine Umgehung der Kündigungsschutzvorschriften des Wohnraummieters zu verhindern.[507] Eine Abbedingung zum Nachteil des Mieters ist demzufolge nicht möglich.

---

[502] OLG München ZMR 1995, 579 (582).

[503] BGH NJW 1988, 2665 (2666); 1982, 42; 1972, 721 (722); Bub/Treier MietR-HdB/von Brunn Kap. III Rn. 633 f.; Sternel MietR aktuell Kap. III Rn. 109; Staudinger/Emmerich BGB § 537 Rn. 1; aA LG Braunschweig WuM 1998, 220; LG Hannover WuM 1995, 697 (698).

[504] Vgl. LG Gießen WuM 1997, 327.

[505] BGH NJW 1993, 1645; vgl. auch OLG Frankfurt a. M. WuM 1995, 483 (484); eine Weiterhaftung des eigenmächtig ausgezogenen Mieters trotz Weitervermietung sogar zu einer höheren Miete soll fortbestehen, wenn er vom Vermieter ausdrücklich nicht aus der Haftung entlassen wurde: OLG Düsseldorf WuM 1998, 483 (484) zur Gewerberaummiete.

[506] BGH NJW 1993, 1645; Staudinger/Emmerich BGB § 537 Rn. 36 f. mwN.

[507] Begründung des Regierungsentwurfs zu § 572 BGB, BT-Drs. 14/4553.

2. Rücktrittsrecht

Die Vorschrift setzt voraus, dass ein Rücktrittsrecht vertraglich vereinbart ist oder dass sich eine Partei den Rücktritt vertraglich vorbehalten hat (§ 346 BGB), für das gesetzliche Rücktrittsrecht gilt § 572 Abs. 1 BGB nicht; die Fälle des gesetzlichen Rücktritts werden bei der Miete nach der Übergabe durch das Recht zur Kündigung nach § 543 Abs. 1 BGB verdrängt.[508] 157

Bis zur Überlassung des Wohnraums, das ist die Einräumung des Besitzes, zB durch Übergabe der Wohnungsschlüssel, ist ein vereinbartes Rücktrittsrecht wirksam und zwar auch zugunsten des Vermieters. Bei Vorliegen der materiell-rechtlichen Voraussetzungen der vertraglichen Vereinbarung ist das Rücktrittsrecht auch durchsetzbar, das gilt auch für gesetzliche Rücktrittsrechte, zB § 323 BGB. Bei Ausübung des Rücktritts (§ 349 BGB) wird der Vertrag rückwirkend aufgelöst. **Nach der Überlassung** des Wohnraums kann der **Vermieter** nicht mehr vom Vertrag zurücktreten, vielmehr tritt an die Stelle des Rücktritts die Kündigung, von der der Vermieter nur nach Maßgabe des Vorliegens eines gesetzlichen Kündigungstatbestandes Gebrauch machen kann. Bei Einhaltung der formellen und materiellen Voraussetzungen für die Wirksamkeit einer Kündigung kann ein erklärter Rücktritt in eine Kündigungserklärung umgedeutet werden.[509] 158

Ein **Rücktritt des Mieters** kann vereinbart werden, dieser kann dann vom Vertrag zurücktreten, wenn die vereinbarten Rücktrittsvoraussetzungen vorliegen, der Rücktritt wirkt dann nur für die Zukunft. 159

3. Auflösende Bedingung

Wird rechtsgeschäftlich bestimmt, dass das Ende des Wohnraummietverhältnisses vom Eintritt eines zukünftigen ungewissen Ereignisses abhängen soll (§ 158 Abs. 2 BGB), liegt ein auflösend bedingter Mietvertrag vor. Auf den Eintritt der Bedingung kann sich der Vermieter nicht berufen, während die Vereinbarung zum **Vorteil des Mieters** wirksam ist. 160

Abzugrenzen ist die auflösende Bedingung (Eintritt ungewiss) von der Befristung (Eintritt gewiss, zB Mietverhältnis auf Lebenszeit), was im Einzelfall schwierig sein kann. Es kommt auf die übereinstimmenden Vorstellungen der Parteien an, im Zweifelsfall ist nach Beweislastgrundsätzen zu entscheiden. 161

Praktische Beispiele auflösender Bedingungen sind die Verknüpfung der Vermietung bei einer Werkwohnung an das Ende eines (auch kirchlichen) Dienst- oder Arbeitsverhältnisses[510]; bei Untermietverhältnissen an die Beendigung des Hauptmietvertrages[511]; bei einem Nutzungsverhältnis einer Wohnungsgenossenschaft an den Bestand der Mitgliedschaft; bei Studentenwohnheimen an die Beendigung des Studiums; oder bei mehreren Mietern an den Auszug nur eines Mieters.[512] Falls der Mietgebrauch enden soll, wenn die Behörde die Nutzung der Mietsache untersagt.[513] Die Räumungsverpflichtung des Mieters, für den Fall des Eintritts von Zahlungsverzug in einem gerichtlichen Vergleich, hat der BGH[514] nicht unter dem Gesichtspunkt des § 572 Abs. 2 BGB entschieden. 162

Wirkt sich die Bedingung sowohl zum Vorteil, wie auch zum Nachteil des Mieters aus, soll sich der Mieter auf § 572 Abs. 2 BGB berufen können.[515] Nicht abschließend 163

---

[508] Schmidt-Futterer/Streyl BGB § 572 Rn. 3.
[509] Schmidt-Futterer/Streyl BGB § 572 Rn. 7.
[510] Hierzu BGH NZM 2021, 137 = NJW-RR 2021, 84.
[511] Dazu LG Oldenburg WuM 1994, 24.
[512] Dazu LG Göttingen WuM 1989, 184.
[513] BGH NZM 2009, 433 = NJW 2009, 927 (928).
[514] BGH NZM 2010, 39 = NJW 2010, 859, Anmerkung Blank in NZM 2010, 31 zur Problematik des § 572 Abs. 2 BGB.
[515] Schmidt-Futterer/Streyl BGB § 572 Rn. 13.

geklärt ist bislang die Frage, ob ein Mietverhältnis vor Bedingungseintritt ordentlich gekündigt werden kann oder dieses gar bis zum Bedingungseintritt unkündbar wäre. Nach der wohl überwiegenden Auffassung ist auf den beim Vertragsabschluss zum Ausdruck kommenden Willen der Parteien abzustellen, es ist schlicht eine Frage der Auslegung, ob weitergehende Abreden zum Kündigungsrecht geschaffen werden sollten.[516] Für den Vermieter besteht vor Eintritt der Bedingung kein ordentliches Kündigungsrecht.

164 **Rechtsfolge** des Eintritts einer auflösenden Bedingung ist, dass sich der Mieter auf den Bedingungseintritt berufen und sich von dem Mietverhältnis lösen kann, ansonsten, dass sich das Mietverhältnis nach Bedingungseintritt auf unbestimmte Zeit verlängert, also von beiden Vertragsteilen nur noch durch Kündigung beendet werden kann.

III. Mietaufhebungsvertrag

1. Einleitung

165 a) **Zustandekommen.** Der Abschluss eines Mietaufhebungsvertrages kann für die Parteien insbesondere dann von Bedeutung sein, wenn zwischen den Parteien ein **zeitlich langfristiger** Mietvertrag besteht und eine Partei ein Interesse daran hat, das Mietvertragsverhältnis vorzeitig zu beenden. Dies können für den Mieter berufliche Gründe sein, die ihn dazu zwingen, in eine andere Stadt zu ziehen. Für den Vermieter kann es manchmal von Vorteil sein, das Objekt anderweitig zu vermieten oder gar zu verkaufen, wenn die Mietsache geräumt ist. Auch Streitigkeiten über die Wirksamkeit einer Kündigung können über einen Aufhebungsvertrag gelöst werden.

166 Bevor es jedoch zum Abschluss eines Mietaufhebungsvertrages kommt, sollte geprüft werden, ob nicht doch eine **Kündigungsmöglichkeit aus anderen Gründen** besteht. So wird häufig beispielsweise die Vorschrift des § 557a Abs. 3 BGB übersehen. Dort besteht nämlich bei langfristig geschlossenen Mietverträgen, für die eine wirksame Staffelmiete vereinbart ist, die Möglichkeit des Mieters, bereits nach Ablauf von 4 Jahren mit gesetzlicher Frist von 3 Monaten zu kündigen. Die ordentliche Kündigung darf in diesem Fall nämlich maximal für höchstens 4 Jahre ausgeschlossen werden.

167 Das Zustandekommen eines Mietaufhebungsvertrages richtet sich, ebenso wie dessen Wirksamkeit, nach den allgemeinen Vorschriften des BGB. Maßgeblich sind daher die §§ 145 ff. BGB. Bestehen auf Vermieter- oder Mieterseite die Vertragsparteien aus **mehreren Personen**, müssen alle Vertragspartner beteiligt sein. Vereinbaren beispielsweise nur zwei von drei Mietern mit dem Vermieter einen Mietaufhebungsvertrag, so ist der Aufhebungsvertrag unwirksam.[517] Dies gilt auch dann, wenn der Mitmieter bereits seit einiger Zeit ausgezogen war, weil diese Tatsache allein nicht genügt, um eine einvernehmliche Aufhebung des Mietverhältnisses annehmen zu können.[518] Gegenseitige Bevollmächtigung ist hierzu möglich. Die vorzeitige Aufhebung eines Mietvertrages setzt daher die Einigung der Vertragspartner über alle regelungsrelevanten Fragen voraus. Im Gegensatz zum Kündigungsschreiben (vgl. § 568) bedarf ein Mietaufhebungsvertrag auch im Wohnraummietrecht keiner Schriftform.[519] Es empfiehlt sich jedoch, schon aus Beweisgründen bzw. auch um späteren Streit zu vermeiden, die wesentlichen Regelungen über die Beendigung des Mietverhältnisses schriftlich festzuhalten.

---

[516] Schmidt-Futterer/Streyl BGB § 572 Rn. 14, mit weiteren Nachweisen tendenziell auch BGH NJW-RR 2021, 84 Rn. 42; Grüneberg/Weidenkaff BGB § 572 Rn. 5 für ordentliche Kündbarkeit, wenn diese nicht ausgeschlossen ist, was in der Wohnraummiete durch AGB nur zeitlich befristet, maximal 4 Jahre, möglich ist (BGH NZM 2005, 419; 2017, 71).

[517] LG München WuM 1990, 335 (336).

[518] BayObLG WuM 1983, 107.

[519] Bub/Treier MietR-HdB/Feindl Kapitel IV. Rn. 534.

168 **b) Formbedürftigkeit.** Gesetzlich ist eine bestimmte Form für einen Mietaufhebungsvertrag **nicht vorgeschrieben.** Allerdings kann im Mietvertrag **vereinbart** sein, dass für eine Mietaufhebungsvereinbarung eine bestimmte Form, in der Regel **Schriftform,** gelten soll.

169 Selbst dann dürfte jedoch ein mündlich geschlossener Vertrag wirksam sein, weil eine vereinbarte Schriftform auch mündlich aufgehoben werden kann.[520] So können die Parteien nach den Grundsätzen der Rechtsprechung willentlich von der getroffenen Formvereinbarung abweichen und einen nur mündlich abgeschlossenen Aufhebungsvertrag als wirksam ansehen. Es muss aber immer erkennbar sein, dass die formfreie Absprache gelten soll, wenn nicht der Zweck der Schriftformvereinbarung völlig ausgehöhlt werden soll.[521] Die Aufhebung des Schriftformerfordernisses setzt zumindest eine Einigung der Parteien darüber voraus, dass die Schriftformklausel des Mietvertrages abgeändert werden soll.[522]

170 Bei Zweifeln über das Zustandekommen eines Mietaufhebungsvertrages gelten die allgemeinen Regeln. Danach trifft die **Darlegungs- und Beweislast** für das Zustandekommen eines Aufhebungsvertrages denjenigen, der daraus die günstige Rechtsfolge ableiten will.[523] So trägt beispielsweise im Räumungsprozess der Vermieter die Beweislast für das Zustandekommen des Mietaufhebungsvertrages.

171 Auch durch **konkludentes Handeln** kann ein Mietaufhebungsvertrag zustande kommen. Allerdings setzt dies voraus, dass der **Wille zur Vertragsbeendigung** aus den Handlungen der Vertragsparteien eindeutig hervorgeht.[524] Das bloße Schweigen eines Vertragspartners auf eine unwirksame Kündigung des anderen Vertragspartners ist für das Zustandekommen eines Aufhebungsvertrages nicht ausreichend. Ebenso wenig lässt sich aus dem bloßen Auszug des Mieters auf einen Erklärungswillen zum Abschluss eines Mietaufhebungsvertrags schließen. Grundsätzlich sind an eine Mietaufhebungsvereinbarung durch schlüssiges Verhalten wegen der weitreichenden Folgen hohe Anforderungen zu stellen.[525]

172 Deshalb kann bei **Stellung von Nachmietern** erst der Vollzug und nicht bereits schon der Abschluss des Mietvertrages mit dem Ersatzmieter als schlüssige Erklärung des Vermieters gewertet werden, dass dieser der Auflösung des bisherigen Mietverhältnisses zustimme.[526,527] Vereinbart der Vermieter jedoch mit einem Dritten in Gegenwart des Mieters einen Mietvertrag über die an den auszugswilligen Mieter vermietete Wohnung, so liegt hierin ein schlüssiges Angebot auf einen Aufhebungsvertrag.[528]

173 Grundsätzlich kommt kein Mietaufhebungsvertrag zustande, wenn der Mieter vor dem durch eine vermieterseitige Kündigung bestimmten Ende des Mietverhältnisses aus der Wohnung auszieht und dies dem Vermieter durch die Zusendung der Wohnungsschlüssel mitteilt.[529]

174 Häufig geht dem Mietaufhebungsvertrag eine Kündigung durch den Vermieter voraus. Probleme stellen sich insbesondere dann, wenn die **Kündigungserklärung** des

520 BGH NJW 1976, 1395; gleiches gilt bei der sog. doppelten Schriftformklausel: Bub/Treier MietR-HdB/Heile/Landwehr Kapitel II. Rn. 2540 ff.

521 BGHZ 66, 378 (381); OLG Koblenz BeckRS 2005, 5347.

522 BGH NJW-RR 1991, 1289; BFH NJW 1997, 1327; BGH NJW 2019, 1017; OLG Brandenburg BeckRS 2008, 9639.

523 LG Mannheim WuM 1973, 22.

524 AG Berlin-Mitte BeckRS 2018, 7902.

525 Schmidt-Futterer/Streyl BGB § 542 Rn. 9.

526 LG Giessen NJW-RR 1997, 1441 f.

527 LG Köln WuM 1989, 18; andere Auffassung: LG Saarbrücken NJW-RR 1997, 968 f., danach erlischt der alte Mietvertrag ohne weiteres mit dem Abschluss des Folgemietvertrages. Das Risiko eines erfolgreichen Verlaufs des Folgemietvertrages trägt der Vermieter.

528 AG Nordhorn BeckRS 1996, 9280; jedenfalls sind – nach Auffassung des BGHs – in der zuvor erläuterten einzelfallorientierten instanzgerichtlichen Rechtsprechung keine abweichenden abstrakte Rechtssätze aufgestellt, so dass eine einheitliche Rspr. zu sichern nicht geboten war, BGH NZM 2012, 341.

529 LG Düsseldorf LSK 1997, 400310.

Vermieters unwirksam ist. Liegt eine unwirksame Kündigung des Vermieters vor, dann ist in der Regel ein Aufhebungsvertrag dann zustande gekommen, wenn der Vermieter die Räume mit Wissen und erkennbarer Billigung des Mieters ab dem Kündigungstermin anderweitig vermietet oder aber der Mieter wunschgemäß die Räumung durchführt bzw. wenn der nicht wirksam gekündigte Mietvertrag vom Vertragspartner ausdrücklich als beendigt anerkannt wird, es sei denn, der Mieter ist in Unkenntnis der Rechtslage ausgezogen.[530]

175 Bei **unwirksamer Kündigungserklärung des Mieters** ist zu prüfen, ob der Vermieter die Beendigung des Mietverhältnisses will. Das wird in der Regel dann der Fall sein, wenn der Vermieter Ansprüche gegen den Mieter geltend macht, die die Beendigung des Mietverhältnisses voraussetzen oder er die Kaution abrechnet.

176 c) **Auslegungsfragen.** Zur Frage, welche Vereinbarung letztlich getroffen wurde, gelten die **allgemeinen Auslegungsregeln.** Insbesondere sind die Gesamtumstände des Zustandekommens der Vereinbarung zu würdigen. Hierzu kann im Wesentlichen auf die oben unter → Rn. 104 ff. dargelegte Rechtsprechung verwiesen werden.

Praxistipp:

Um Auslegungsschwierigkeiten auszuschließen, sollte der Anwalt immer auf den schriftlichen Abschluss eines Mietaufhebungsvertrags drängen.

2. Anspruch auf Abschluss

177 a) **Grundsatz.** Ein **gesetzlicher Anspruch** auf Abschluss einer Mietaufhebungsvereinbarung **besteht** bei einem **unbefristeten Wohnraummietvertrag** grundsätzlich **nicht.** Dafür besteht auch kein Bedarf, denn der Mieter kann sich aus einem unbefristeten Mietvertrag sowieso mit einer Kündigungsfrist von 3 Monaten aus dem Mietverhältnis lösen. Die gegenteilige Rechtsprechung stammt aus der Zeit vor der Mietrechtsreform 2001, als sich die Kündigungsfristen für den Mieter mit fortdauerndem Mietverhältnis verlängerten. Dabei gestand die Rechtsprechung dem Mieter zu, unter bestimmten Voraussetzungen mit einer Frist von 3 Monaten mittels Mietaufhebungsvertrag das Mietverhältnis zu beenden.[531] Das entspricht der heutigen gesetzlichen Kündigungsfrist.

178 b) **Gesetzlicher Anspruch.** Aus **§ 242 BGB** kann aber ausnahmsweise ein Anspruch auf Abschluss bestehen, wenn der Mietvertrag wirksam befristet oder die ordentliche Kündigung wirksam ausgeschlossen ist und der Mieter deshalb länger an den Mietvertrag gebunden ist. Die weit verbreitete Meinung, eine solche Verpflichtung entstehe allein durch die Benennung dreier Nachmieter, ist allerdings unzutreffend.[532]

179 *aa) Berechtigtes Interesse.* Erste Voraussetzung ist ein **berechtigtes Interesse des Mieters** an einer vorzeitigen Beendigung des Mietverhältnisses. Dabei ist grds. eine Interessenabwägung vorzunehmen. Das berechtigte Interesse des Mieters an einer Vertragsaufhebung muss das des Vermieters am Bestand des Vertrages ganz erheblich überragen.[533] Berechtigte Interessen des Mieters können beispielsweise sein: **Schwere Erkrankung, berufsbedingter Umzug** (allerdings nicht bei freiwilligem Wechsel des Arbeitsplatzes, sondern bei Gründen zum Arbeitsplatzwechsel, die nicht vom Mieter veranlasst sind, beispielsweise betriebliche Umstrukturierung, Mieter kann aus gesundheitlichen Gründen seinen bisherigen Beruf nicht ausüben, dienstliche Versetzung etc), Heirat und **Geburt eines Kindes,** wenn die bisherige Wohnung für das familiäre Zusammenleben zu klein ist.

---

[530] Schmidt-Futterer/Streyl BGB § 542 Rn. 9, dort auch weitere Beispiele für Konkludenz.
[531] LG Mannheim BeckRS 2009, 20988.
[532] Bub/Treier MietR-HdB/Landwehr Kapitel II. Rn. 2622 mwN.
[533] OLG Karlsruhe NJW 1981, 1741.

Kein berechtigtes Interesse liegt beispielsweise vor bei Interesse an einer günstigeren Wohnung oder am Bezug eines eigenen Hauses.[534] 180

bb) Zumutbarer Nachmieter. Zweite Voraussetzung ist, dass ein **zumutbarer Nachmieter** gestellt wird. Das bedeutet zunächst, dass der potenzielle Nachmieter bereit sein muss, **ohne Änderung der Vertragsbedingungen** in den bestehenden Mietvertrag einzutreten. Insbesondere gilt dies bei einer wirksamen Befristung. Der Nachmieter muss bereit sein, diese zu akzeptieren.[535] Der Vermieter kann auch verlangen, dass der Nachmieter von der **Person** her zumutbar ist. Schließlich ist ein Mietverhältnis ein Dauerschuldverhältnis und wird, gerade bei privaten Vermietern, in Ansehung der Person begründet. Der Mieter, der einen Aufhebungsvertrag wünscht und deshalb einen oder mehrere Nachmieter vorschlägt, ist deshalb über dessen Person auskunftspflichtig.[536] **Solvent** muss der Nachmieter ebenfalls sein, mindestens so solvent wie der ausziehende Mieter.[537] Ob ein Nachmieter zu akzeptieren ist, kann immer erst nach **Würdigung aller Umstände des Einzelfalles** beantwortet werden.[538] 181

cc) Verpflichtung. Ist ein berechtigtes Interesse des Mieters gegeben und ein zumutbarer Nachmieter gefunden, besteht insoweit eine **Verpflichtung des Vermieters nach § 242 BGB,** den Mietvertrag aufzuheben. 182

c) **Vereinbarung.** Bereits bei Begründung des Mietverhältnisses kann vereinbart werden, dass der Mieter berechtigt sein soll, gegen Gestellung eines Nachmieters die Auflösung des Mietvertrages verlangen zu können. 183

aa) Einfache Nachmieterklausel. Eine Nachmieterklausel kann beispielsweise dahingehend vereinbart werden, dass das Mietverhältnis unmittelbar auf einen Nachmieter übertragen werden kann. Eine solche Vertragsklausel könnte wie folgt lauten: 184

Formulierungsvorschlag:

Der Mieter kann das Mietverhältnis auf einen Nachmieter übertragen.

Diese für den Mieter günstige Regelung besagt, dass dieser ohne weiteres das Mietverhältnis auf eine andere Person übertragen kann. Der Vermieter kann insoweit nicht den Abschluss eines neuen Vertrages verlangen. Der bisher bestehende Vertrag läuft weiter, lediglich wird der Mieter ausgetauscht. Insoweit besteht auch kein Prüfungsrecht hinsichtlich der Person des Nachmieters. Lediglich nach Treu und Glauben bestehende begründete Bedenken des Vermieters gegen die Person des Nachmieters können berücksichtigt werden. 185

bb) Qualifizierte Nachmieterklausel. Ein befristeter Mietvertrag kann eine **Nachfolgeklausel bzw. Ersatzmietklausel** auch dahingehend enthalten, dass eine vorzeitige Aufhebung des Vertrages eintritt, wenn der Mieter einen zumutbaren Mietnachfolger stellt **und** dieser in den bestehenden Mietvertrag eintritt. Darin kann dann das bindende Angebot des Vermieters zum Abschluss eines Aufhebungsvertrages gesehen werden, so dass es dem Vermieter in diesem Falle nicht mehr freisteht, den Abschluss eines derartigen Vertrages abzulehnen. Sobald der Mieter seinen Willen zum vorzeitigen Auszug bekannt gibt und dem Vermieter einen zumutbaren Ersatzmieter zuführt, der eintreten will, gilt der Aufhebungsvertrag als zustande gekommen. Eine solche Klausel kann beispielsweise lauten: 186

---

[534] OLG Karlsruhe NJW 1981, 1741 für den Bezug eines eigenen Hauses.
[535] Bub/Treier MietR-HdB/Landwehr Kapitel II. Rn. 2616.
[536] BGH NJW 2015, 3780.
[537] Bub/Treier MietR-HdB/Landwehr Kapitel II. Rn. 2617 ff.
[538] BGH NZM 2003, 277.

Formulierungsvorschlag:

Der Mieter kann einen geeigneten Nachmieter zum Eintritt in den Mietvertrag benennen.

187 Der Mieter kann mit dieser Klausel seine Entlassung aus dem Vertrag erreichen, indem er einen geeigneten Nachmieter benennt. Entscheidend ist hier die Benennung. Bedingung der Entlassung aus dem Mietvertrag ist somit nicht, dass tatsächlich zwischen Nachmieter und Vermieter ein Vertrag abgeschlossen wird, weil beispielsweise der Vermieter zu für ihn günstigen Konditionen (höhere Miete) abschließen will.[539]

188 Selbstverständlich kann eine solche Klausel auch um weitere Bedingungen ergänzt werden, sowohl hinsichtlich der Person des Nachmieters wie auch bezüglich der Bedingungen des Aufhebungsvertrages oder ergänzender Bedingungen bezüglich der Weiterführung des Mietverhältnisses.[540] Das kann auch die Berechtigung des Vermieters beinhalten, mit dem Nachmieter neue Konditionen auszuhandeln.

189 Dies bedeutet aber dann nicht, dass der Vermieter vollkommen frei wäre, die Konditionen eines neuen Mietvertrages anders zu verlangen. Aus Sinn und Zweck der Vereinbarung kann sich trotz einer solchen Formulierung ergeben, dass der neue Vertrag wenigstens für die restliche Laufzeit des bisherigen Vertrages zu den bisherigen Konditionen abgeschlossen werden soll. Mindestens an die gewöhnlichen Beschränkungen betreffend Miethöhe und Befristung dürfte der Vermieter gebunden sein.[541]

3. Inhalt

190 **Mindestinhalt** in allen Fällen ist die Vereinbarung eines **bestimmten oder bestimmbaren Beendigungszeitpunkts.**[542] Der weitere Inhalt ist dann abhängig davon, ob ein Aufhebungsvertrag mit oder ohne Nachmieter abgeschlossen wird und ob und inwieweit die Parteien die daraus folgende Abwicklung des Mietverhältnisses regeln wollen. Insbesondere zu Letzterem ist zu beachten, dass zwischen den Parteien eher eine **Individualvereinbarung** vorliegen kann, als dies beim Neuabschluss eines Mietvertrages der Fall ist. Grundsätzlich ist jedenfalls anzunehmen, dass bezüglich der Abwicklung des Mietverhältnisses die Vereinbarungen im Mietvertrag gelten sollen, wenn im Aufhebungsvertrag keine abweichenden Vereinbarungen getroffen werden.[543]

191 a) **Ohne Nachmieter.** *aa) Reine Aufhebung.* Einigt man sich lediglich darüber, dass das Mietverhältnis aufgehoben werden soll, reicht ein einfacher Vertrag.

Formulierungsvorschlag:

Der Mietvertrag vom (Datum) über die Wohnung (genaue Bezeichnung) wird zum (Beendigungszeitpunkt) aufgehoben.

192 *bb) Regelungen zur Abwicklung.* Man kann allerdings, wenn man bestimmte Dinge betreffend die Abwicklung des Mietverhältnisses regeln will, konkrete weitere Vereinbarungen treffen. Zum Beispiel:

- Ob und welche Leistungen der Mieter nach dem Mietvertrag noch zu erbringen hat (zB Schönheitsreparaturen, Instandsetzungen).
- Ob und welche Zahlungen sonst vom Mieter zu leisten sind (Nebenkostenabrechnung).

---

539 OLG München ZMR 1995, 156; LG Hannover WuM 1995, 697.
540 Bub/Treier MietR-HdB/Landwehr Kapitel II. Rn. 2563 ff.
541 Ähnlich Schmidt-Futterer/Streyl BGB § 542 Rn. 210.
542 Schmidt-Futterer/Streyl BGB § 542 Rn. 187.
543 Bub/Treier MietR-HdB/Grapentin Kapitel IV. Rn. 539.

- In welchem Zeitraum eine vom Mieter erbrachte Mietkaution abzurechnen ist.
- Ob und welche Zahlungen vom Vermieter an den Mieter zu leisten sind (zB Erstattung von Mietvorauszahlungen).
- Welche vom Mieter eingebrachten Einrichtungen wieder zu entfernen sind bzw. welche Ausstattungen und Einrichtungen vom Vermieter übernommen werden und welche Zahlungen hierfür zu leisten sind.

Wird ein Mietaufhebungsvertrag verhandelt, kann man gerade bei Schönheitsreparaturen und/oder Beschädigungen auf den konkreten Zustand des Objekts eingehen und darüber individuelle Vereinbarungen treffen, bspw.: 193

Formulierungsvorschlag:

Der Vermieter verzichtet auf die Durchführung von Schönheitsreparaturen und die Beseitigung von Schäden.

Oder

Formulierungsvorschlag:

Der Mieter verpflichtet sich, folgende Arbeiten noch auszuführen bzw. ausführen zu lassen: (Liste)

cc) Besonderheiten beim Aufhebungsvertrag gegen Abfindung. Nicht selten wird vereinbart, dass der Mieter für den Abschluss des Aufhebungsvertrages eine **Zahlung** erhält. Das ist selbstverständlich möglich. Bei der Formulierung muss darauf geachtet werden, ob die **Abfindung** nur gezahlt werden soll, wenn der Mieter zum Beendigungszeitpunkt auch tatsächlich die Wohnung geräumt herausgibt oder die Abfindung auch dann fällig wird, wenn der Mieter verspätet zurückgibt. Möglich ist beides.[544] 194

Im ersten Fall ist darauf zu achten, dass die Herausgabeverpflichtung einerseits und die Pflicht zur Zahlung einer Abfindung andererseits unabhängig voneinander formuliert werden: 195

Formulierungsvorschlag:

Der Mietvertrag vom (Datum) über die Wohnung (genaue Bezeichnung) wird zum (Beendigungszeitpunkt) aufgehoben. Der Mieter hat die Wohnung spätestens bis zum (Beendigungszeitpunkt) geräumt herauszugeben.
Gibt der Mieter die Wohnung bis zum (Beendigungszeitpunkt) geräumt heraus, erhält er vom Vermieter (Betrag). Dieser Betrag ist (sofort oder bis zum) fällig. Bei einer späteren oder Herausgabe entfällt der Betrag; die Pflicht zur Herausgabe bleibt bestehen.

Im anderen Fall (wohl seltener) muss deutlich gemacht werden, dass die Abfindung auch bei verspäteter Herausgabe zu zahlen ist: 196

Formulierungsvorschlag:

Der Mietvertrag vom (Datum) über die Wohnung (genaue Bezeichnung) wird zum (Beendigungszeitpunkt) aufgehoben. Der Mieter hat die Wohnung spätestens bis zum (Beendigungszeitpunkt) geräumt herauszugeben.
Der Mieter erhält (Betrag) nach Herausgabe. Dies gilt auch bei verspäteter Herausgabe.

---

[544] Schmidt-Futterer/Streyl BGB § 542 Rn. 190.

Praxistipp:

Um die Auszugsbereitschaft des Mieters zu fördern, ist es auch möglich, einen bestimmten Beendigungszeitpunkt zu wählen, für diesen Zeitpunkt die Abfindung auf einen bestimmten Betrag zu vereinbaren und dann die Verpflichtung des Vermieters aufzunehmen, bei früherem Auszug eine ggf. nach Zeiträumen gestaffelte höhere Abfindung zu zahlen.

197 *dd) Besonderheiten bei streitiger Kündigung.* Wird ein Aufhebungsvertrag im Zusammenhang mit einer Kündigung geschlossen, deren Wirksamkeit vom Mieter in Zweifel gezogen wird, sollte klargestellt werden, ob der Aufhebungsvertrag ausschließlich die Räumungsverpflichtung des Mieters und ggf. die Abfindung (ggf. auch Modalitäten der Abwicklung) regeln oder auch den Streit über die Wirksamkeit der Kündigung beenden soll. Insbesondere bei Eigenbedarfskündigungen kann es trotz Abschluss eines Aufhebungsvertrages, auch gerichtlich im Räumungsprozess, zum Streit über die Berechtigung zur Kündigung und daraus resultierenden Schadenersatzforderungen des Mieters kommen.[545] Wird der Aufhebungsvertrag „ohne Anerkenntnis einer Rechtspflicht" abgeschlossen, dürfte der Mieter weiterhin ggf. Schadenersatzansprüche (bei Vorliegen entsprechender Voraussetzungen) geltend machen können. Wird formuliert:

Formulierungsvorschlag:

Nach Räumung kann der Vermieter über die Wohnung frei verfügen.

oder

Formulierungsvorschlag:

Hiermit ist auch der Streit über die Wirksamkeit der Kündigung beendet.

dürften Ansprüche des Mieters nach Einschätzung des Verfassers ausgeschlossen sein. Die bloße Formulierung, dass sämtliche Ansprüche zwischen den Parteien abgegolten sind, soll lediglich zum Zeitpunkt des Abschlusses bestehende Ansprüche umfassen.[546]

Praxistipp:

Bei streitiger Kündigung sollten die Folgen des Aufhebungsvertrages eindeutig geregelt sein.

198 b) **Mit Nachmieter.** Soll ein Nachmieter in den Mietvertrag eintreten, sollte auch aus Sicht des Vermieters über das **Beendigungsdatum** hinaus mindestens das Schicksal einer **Mietsicherheit** geregelt werden. Darüber hinaus ist es aus Sicht des Vermieters wünschenswert, jedenfalls die Entlassung des ausziehenden Mieters aus dessen Zahlungspflicht aufeinander abzustimmen. Deshalb ist es sachgerecht, den Aufhebungsvertrag mit der Eintrittserklärung des Nachmieters zu verbinden.

199 *aa) Dreiseitige Vereinbarung.* Zu empfehlen ist also eine **dreiseitige Vereinbarung** zwischen Vermieter, Mieter und Nachmieter. Dort wird dann geregelt, dass zu einem bestimmten Zeitpunkt der bisherige Mieter aus dem Mietverhältnis ausscheidet und der Nachmieter eintritt. Zu diesem Datum entfällt dann die Zahlungsverpflichtung des bisherigen Mieters und diejenige des Nachmieters beginnt.

---

545 Dazu BGH NZM 2009, 429.
546 Schmidt-Futterer/Börstinghaus BGB § 573 Rn. 81.

Praxistipp:
Einer dreiseitigen Vereinbarung sollte der bisherige Mietvertrag als Anlage beigefügt werden.

In diese Vereinbarung können dann alle Vereinbarung aufgenommen werden, die alle drei Parteien betreffen (bspw. zu Betriebskosten), aber auch diejenigen, die nur das Verhältnis zwischen bisherigem Mieter und Nachmieter betreffen (bspw. zu Inventar). 200

bb) Insbesondere: Mietsicherheit. Die **Mietsicherheit** wird bei der Wohnraummiete im Regelfall durch Barkaution geleistet, aber auch Bankbürgschaft kommt durchaus vor. Bei **Barkaution** kommt in Betracht, dass der bisherige Mieter dem Nachmieter den Rückzahlungsanspruch abtritt. Es kann aber auch vereinbart werden, dem bisherigen Mieter die Kaution auszuzahlen und dem Nachmieter aufzugeben, seinerseits die Kaution zu zahlen. In diesem Fall bietet es sich an, die Rückzahlungsverpflichtung des Vermieters von der Zahlung der Kaution durch den Nachmieter abhängig zu machen. 201

Wenn die Sicherheit durch **Bankbürgschaft** gestellt wurde, kann dies in aller Regel nicht übertragen werden, weil die bürgende Bank nicht für einen anderen als den bisherigen Mieter bürgen will. Also muss die Bürgschaft zurückgegeben werden, der Nachmieter muss eine neue Bürgschaft oder Barkaution stellen. 202

4. Widerrufsrecht

Auch Mietaufhebungsverträge können Verbraucherverträge sein, so dass ein Widerrufsrecht entstehen kann.[547] 203

a) **Außergerichtliche Vereinbarung.** Die Frage, ob **Mietaufhebungsverträge** ebenfalls unter § 312 BGB fallen, war früher stark umstritten. § 312 Abs. 1 BGB setzt eine **entgeltliche Leistung des Unternehmers** als Gegenstand des Vertrages voraus. Während teilweise die Entgeltlichkeit des Mietaufhebungsvertrages mindestens für den Fall verneint wurde, dass keine Ausgleichsansprüche Bestandteil des Mietaufhebungsvertrages waren,[548] standen andere auf dem Standpunkt, dass eine Entgeltlichkeit schon deswegen vorliege, weil auf schuldrechtliche Positionen verzichtet werde. Durch einen Aufhebungsvertrag verliere der Mieter sein aus dem Mietvertrag folgendes Nutzungsrecht an der Wohnung, es komme zum Verzicht auf einen vermögenswerten Anspruch.[549] 204

Aus der Begründung zum Entwurf des Gesetzes zur Umsetzung der Verbraucherrechterichtlinie ergibt sich jedoch, dass § 312 Abs. 4 S. 2 BGB (regelt die Ausnahme der Anwendung des Gesetzes bei Abschluss von Mietverträgen bei vorheriger Besichtigung) nur für die Begründung des Wohnraummietverhältnisses gilt. Für spätere Vertragsänderungen der zustande gekommenen Verträge gelte Satz 1, wobei **ausdrücklich der Aufhebungsvertrag erwähnt** wird.[550] 205

Zwar gibt es eine höchstrichterliche Entscheidung für den Mietaufhebungsvertrag noch nicht, man wird allerdings angesichts der eindeutigen Gesetzesbegründung davon ausgehen müssen, die auch mit dem Wortlaut des § 312 Abs. 4 BGB übereinstimmt, dass auch Mietaufhebungsverträge Widerrufsrechte bei Vorliegen der übrigen Voraussetzungen auslösen. 206

b) **Räumungsvergleich vor Gericht.** Mietaufhebungsverträge werden allerdings auch häufig **vor Gericht** geschlossen. Anlässlich Räumungsstreitigkeiten kommt es häufig dazu, dass ein **gerichtlicher Räumungsvergleich** geschlossen wird. Liegt die Unternehmereigenschaft des Vermieters vor, handelt es sich um einen Verbrauchervertrag. Unzweifelhaft gehört der Gerichtssaal nicht zu den Geschäftsräumen des Vermieters. 207

[547] Dazu und zu den generellen Voraussetzungen → § 11 Rn. 1 ff.
[548] So AG Halle BeckRS 2009, 28397.
[549] Rolfs/Möller, Widerrufsrechte im Wohnraummietrecht, NJW 2017, 3275.
[550] BR-Drs. 817/12, 77.

Damit liegen grundsätzlich die Voraussetzungen dafür vor, dass ein Widerrufsrecht des Mieters auch in solchen Situationen entsteht.

208 Dies wird teilweise befürwortet, weil die Bundesregierung von einer nach Art. 3 III i Richtlinie 2011/83/EU zulässigen Ausnahme keinen Gebrauch gemacht hat. Danach wäre es möglich gewesen, gerichtliche Vergleiche von der Anwendung des § 312 BGB auszuschließen. Weil dies nicht erfolgt ist, und der Prozessvergleich auch ein privatrechtlicher Vertrag sei, entstehe durch den Abschluss vor Gericht ein Widerrufsrecht.[551]

209 Andere nehmen einen generellen Ausschluss des Widerrufsrechtes bei einem Prozessvergleich an, denn in § 312g Abs. 2 Nr. 13 BGB ist das Widerrufsrecht bei notariell beurkundeten Verträgen ausgeschlossen, soweit es sich nicht um im Fernabsatz geschlossene Verträge über Finanzdienstleistungen handelt.[552]

210 Würde ein solcher Mietaufhebungsvertrag also vor einem Notar beurkundet, entstünde ein Widerrufsrecht eindeutig nicht. § 127a BGB bestimmt, dass die notarielle Beurkundung bei einem gerichtlichen Vergleich durch die Aufnahme der Erklärungen in einem nach den Vorschriften der ZPO errichteten Protokoll ersetzt. Daraus wird geschlossen, dass auch ein gerichtlicher Vergleich der notariellen Beurkundung gleichzusetzen ist mit der Folge, dass ein Widerrufsrecht nicht entsteht.

211 Dem Mieter ein Widerrufsrecht auch im Falle eines gerichtlichen Vergleiches zu gewähren, ist nach diesseitiger Auffassung nicht sachgerecht. Zu bedenken ist, dass ein Gericht noch stärker zur Neutralität und Unparteilichkeit verpflichtet ist als ein Notar und damit fehlt es an einer sachlichen Rechtfertigung für ein Widerrufsrecht. Darüber hinaus steht ein einseitiges gesetzliches Widerrufsrecht im Widerspruch zum Zweck des Prozessvergleiches, der eine Streitigkeit beenden und Rechtsfrieden schaffen möchte. Es darf nicht außer Acht gelassen werden, dass das gesetzliche Widerrufsrecht den Verbraucher vor einer Überrumplung und überstürzten Entscheidungen schützen möchte. Ein Mieter, der ein Gerichtsverfahren führt, befindet sich gerade nicht in einer solchen Situation – und erst recht nicht, wenn er anwaltlich vertreten ist.[553]

212 Solange keine höchstrichterliche Entscheidung vorliegt, muss der Anwalt des Vermieters den sichersten Weg gehen. Er sollte daher darauf bestehen, dass das Gericht dem anwesenden Mieter zu Protokoll darüber belehrt, dass Widerrufsrechte nach § 312g BGB nicht bestehen.[554]

IV. Öffentlich-rechtliche Gründe

213 Im Bereich des Baurechts können Verwaltungsbehörden Miet- und Pachtverhältnisse durch **Verwaltungsakt** beenden. Der Verwaltungsakt wirkt unmittelbar auf die privatrechtlichen Beziehungen der Vertragsparteien ein. Im Verhältnis zwischen den Vertragsparteien und den Verwaltungsbehörden finden die privatrechtlichen Vorschriften bezüglich der Kündigungsvoraussetzungen und der Kündigungsfristen, auch im Bereich des Wohnraummietrechts, keine Anwendung, ihnen kommt mithin keinerlei Vorrang zu.[555] Die Verwaltungsbehörden haben ihr Vorgehen jedoch an dem **Grundsatz der Verhältnismäßigkeit** auszurichten.

214 In einem **Umlegungsgebiet** gibt § 61 Abs. 1 S. 1 BauGB der Verwaltungsbehörde die Ermächtigung, Miet- und Pachtverhältnisse in Bezug auf ein in einem Umlegungsgebiet gelegenes Grundstück durch den Umlegungsplan aufzuheben. Der Eingriff der Verwaltungsbehörde in das Miet- oder Pachtverhältnis kann Entschädigungsansprüche nach § 61 Abs. 2 BauGB auslösen.

---

[551] Mediger, das Neue (?) Widerrufsrecht des Mieters, NZM 2015, 185 (188); Hau, Verbraucherschützende Widerrufsrechte im Wohnraummietrecht, NZM 2015, 435 (440).

[552] AG Hanau BeckRS 2015, 14439; Rolfs/Möller, Widerrufsrechte im Wohnraummietrecht, NJW 2017, 3275 (3277).

[553] Schmidt-Futterer/Fervers BGB § Vor 535 Rn. 175 ff. mwN.

[554] Schmidt-Futerer/Fervers BGB § Vor 535 Rn. 178 mwN.

[555] OVG Lüneburg NZM 2004, 268.

Gemeinden können nach § 182 Abs. 1 BauGB in einem förmlich festgelegten **Sanierungsgebiet** Miet- und Pachtverhältnisse aufheben, wenn Ziele und Zwecke der Sanierung dies erfordern. Darüber hinaus ist eine Aufhebung im **städtebaulichen Entwicklungsbereich** oder bei Maßnahmen nach §§ 176–179 BauGB möglich. Die Aufhebung erfolgt durch die Gemeinde auf Antrag des Eigentümers. Bei Vorliegen städtebaulicher Gebote bedarf es keines Antrags des Eigentümers, die Gemeinde kann die Aufhebung also ohne entsprechenden Antrag des Eigentümers veranlassen. Bei Wohn- und Geschäftsräumen beträgt die **Aufhebungsfrist** mindestens sechs Monate. Bei einem **land- oder forstwirtschaftlich genutzten Grundstück** kann die Aufhebung nur zum Schluss eines Pachtjahres erfolgen. 215

Begrenzten **Schutz** gewährt den Mietern und Pächtern§ 182 Abs. 2 BauGB. Ist Wohnraum betroffen, so **darf** die Gemeinde das Mietverhältnis nur aufheben, wenn angemessener Ersatzwohnraum für den Mieter und die zu seinem Hausstand gehörenden Personen zu zumutbaren Bedingungen zur Verfügung steht. Hierbei kommt es nicht auf den Zeitpunkt der Kündigung, sondern den Zeitpunkt der Beendigung des Mietverhältnisses an.[556] Strebt der Mieter oder Pächter von Geschäftsraum eine anderweitige Unterbringung an, **soll** die Gemeinde das Miete- oder Pachtverhältnis nur aufheben, wenn im Zeitpunkt der Beendigung anderer geeigneter Geschäftsraum zu zumutbaren Bedingungen zur Verfügung steht. 216

Gemäß § 182 Abs. 3 BauGB kann in einem förmlich festgelegten Sanierungsgebiet der **Mieter** oder **Pächter** von Geschäftsraum seinerseits die Aufhebung des Miet- oder Pachtverhältnisses mit einer Frist von sechs Monaten beantragen, wenn seine Erwerbsgrundlage in Folge der Durchführung städtebaulicher Sanierungsmaßnahmen wesentlich beeinträchtigt ist und ihm auf Grund dessen die Fortsetzung des Miet- oder Pachtverhältnisses nicht zugemutet werden kann. 217

Die Aufhebung von Miet- oder Pachtverhältnissen von **unbebauten Grundstücken** kann nach § 183 BauGB erfolgen, wenn der Bebauungsplan eine andere Nutzung vorsieht und die alsbaldige Änderung der Nutzung beabsichtigt ist. Die Aufhebung durch die Gemeinde erfolgt auf Antrag des Eigentümers. 218

Entstehen durch die Aufhebung der Miet- und Pachtverhältnisse den Betroffenen Vermögensnachteile, richtet sich der **Entschädigungsanspruch** der Betroffenen nach § 185 BauGB. Für die im Rahmen einer Enteignung aufgehobenen Miet- und Pachtverhältnisse richtet sich der Entschädigungsanspruch nach §§ 93 f. BauGB. Besteht kein Anspruch auf eine Ausgleichs- oder Entschädigungsleistung, so besteht nach § 181 BauGB die Möglichkeit, unter Billigkeitsgesichtspunkten einen **Härteausgleich** in Geld zu gewähren. Eine **Verlängerung** von Miet- und Pachtverhältnissen ist auf Antrag des Mieters oder Pächters unter den Voraussetzungen des § 186 BauGB möglich. 219

Baupolizeiliches Einschreiten oder eine behördlich beanstandete Vermietung unter **Verstoß gegen ein Zweckentfremdungsverbot** führen nicht zur unmittelbaren Mietvertragsbeendigungsmöglichkeit der öffentlichen Hand, sondern stellen einen Gewährleistungsansprüche des Mieters auslösenden Mangel der Mietsache dar.[557] Die **Fehlbelegung einer Sozialwohnung** als solche oder die behördliche Räumungsaufforderung an den Mieter führen nicht zur Vertragsbeendigung; allerdings kann die Behörde die Beseitigung der Fehlbelegung vom Vermieter verlangen, ohne Rechtsbehelf des Mieters dagegen.[558] 220

---

[556] OVG Lüneburg NZM 2004, 268.
[557] Vgl. nur Schmidt-Futterer/Eisenschmid BGB § 536 Rn. 78 ff., 99 f.
[558] Schmidt-Futterer/Blank BGB § 573 Rn. 197 mwN.

§ 30 Vertragsverlängerung gemäß § 545 BGB

Übersicht

Schrifttum:
Eckert, Bedeutung der Mietrechtsreform für die gewerbliche Miete, NZM 2001, 409.

I. Einleitung

1 Setzt der Mieter nach Ablauf der Mietzeit den Gebrauch der Mietsache fort, ohne dass eine Vertragspartei ihren entgegenstehenden Fortsetzungswillen innerhalb von zwei Wochen erklärt, verlängert sich das Mietverhältnis kraft gesetzlicher Anordnung des § 545 BGB auf unbestimmte Zeit. Auf den Willen der Parteien soll es bei der Vertragsverlängerung nicht ankommen. Der Zweck der Vorschrift besteht darin, Rechtsklarheit zwischen den Vertragsparteien über den Fortbestand des Mietverhältnisses innerhalb von zwei Wochen zu schaffen, ob der Vertrag fortbesteht oder nicht,[1] bei einer Fortsetzung bleiben die Vertragsbedingungen unverändert. Die Regelung gilt für **alle Arten von Mietverhältnissen,** Pachtverhältnisse, Leasingverträge und mietähnliche Verträge sowie Untermietverträge, nicht anwendbar ist § 545 BGB auf die Leihe.[2]

2 Die Vorschrift wirkt sich regelmäßig zu Gunsten des Mieters aus, soll aber den Mieterschutz nicht erweitern, sondern einen vertragslosen Zustand verhindern. Rechtspolitisch ist § 545 BGB (vormals § 568 BGB) eine gravierende gesetzgeberische Fehlentscheidung, die sich in der Alltagspraxis als üble Falle erweisen kann, die unnötige Prozesse auslöst.[3] Das ohnehin mit Formvorschriften überlastete Mietrecht erfährt in § 545 BGB eine weitere Bereicherung, der juristische Laien nicht gewachsen sind und die in Fachkreisen durch unterschiedliche Rechtsanwendungen und Meinungen als Einfallstor für Haftungsfallen sorgen kann. Die kurze Widerspruchsfrist kann zu deutlichen Nachteilen für beide Vertragsteile sorgen.

II. Tatbestandliche Voraussetzungen

1. Ablauf der Mietzeit

3 Das Mietverhältnis muss zunächst beendet sein, das kann durch jede Kündigungsart geschehen, auch durch Kündigung des Mieters, aber auch durch Zeitablauf bei einer Befristung (die im Wohnraummietrecht aber nach § 575 BGB zulässig sein muss) oder durch Mietaufhebungsvereinbarung.[4]

[1] BGH NJW-RR 1988, 76 = WuM 1988, 59 (60); NZM 2018, 333; NZM 2016, 467 Rn. 34.
[2] Schmidt-Futterer/Streyl BGB § 545 Rn. 3.
[3] Siehe hierzu auch Eckert NZM 2001, 409 (414).
[4] Sternel MietR aktuell Kap. X. Rn. 169; strittig siehe hierzu differenzierend Schmidt-Futterer/Streyl BGB § 545 Rn. 8, 11.

Praxistipp:
Schon die Mietaufhebungsvereinbarung muss zwingend die Formulierung enthalten, dass die Anwendung des § 545 BGB ausgeschlossen wird.

Die teilweise vertretene Meinung, dass § 545 BGB bei einer **außerordentlichen fristlosen Kündigung** keine Bedeutung habe, weil sich hieraus schon der unbedingte Beendigungswillen des Kündigenden ergebe, ist unangebracht; jede Kündigung setzt einen Beendigungswillen des Mietverhältnisses voraus,[5] zudem bietet die gesetzliche Regelung keine Veranlassung für eine Differenzierung zwischen einzelnen Beendigungsarten. 4

Praxistipp:
Auch in der außerordentlichen fristlosen Kündigung muss, um den sicheren Weg zu gehen, der Gebrauchsfortsetzung nach § 545 BGB widersprochen werden.

§ 545 BGB ist auch anwendbar, wenn eine vereinbarte oder gerichtlich angeordnete befristete Fortsetzung des Mietverhältnisses nach § 574a BGB (so genannte Sozialklausel) abläuft bzw. endet. Auch bei einer **Anfechtung** des Mietvertrages ist § 545 BGB zu beachten. 5

Keine Anwendbarkeit des § 545 BGB besteht dagegen bei gerichtlichen und außergerichtlichen Räumungsvergleichen, letztere mit sofortiger Beendigung des Mietverhältnisses unter Gewährung einer Räumungsfrist, da hier der Räumungsanspruch lediglich gestundet sein soll bzw. im Räumungsvergleich kein Mietvertrag zu sehen ist.[6] Hierbei ist freilich Vorsicht geboten und muss auf den obigen Praxistipp verwiesen werden, gerade bei einem Räumungsvergleich kann ohne Not zur Klarstellung vereinbart werden, dass die Anwendung des § 545 BGB ausgeschlossen wird. 6

§ 545 BGB ist schließlich eindeutig unanwendbar bei einem titulierten Räumungsanspruch, auch wenn eine Gebrauchsfortsetzung auf einer gerichtlichen Entscheidung über die Gewährung einer Räumungsfrist (§§ 721, 794a ZPO) oder auf Vollstreckungsschutz (§ 765a ZPO) beruht.[7] 7

2. Gebrauchsfortsetzung durch den Mieter

Die Vertragsverlängerung tritt nur ein, wenn der Mieter den Gebrauch der Mietsache fortsetzt. Maßgeblich sind die objektiven Gegebenheiten, auf die Vorstellungen des Mieters über den Grund der Gebrauchsfortsetzung kommt es nicht an.[8] Erforderlich ist, dass der Mieter die Sache weiter entsprechend dem an sich beendeten Mietvertrag nutzt,[9] maßgeblich ist, dass der Mietgebrauch so ausgeübt wird, wie er vor der Vertragsbeendigung ausgeübt wurde, als wäre das Mietverhältnis nicht beendet. 8

Dementsprechend ist es unerheblich, ob der Mieter ortsabwesend ist, die Mietsache nicht gebrauchstauglich ist oder von einem Untermieter weiter gebraucht wird oder ob 9

[5] HM BGH NJW 1980, 1577 (1578); Schmidt-Futterer/Streyl BGB § 545 Rn. 10 mwN, auch zu der Mindermeinung. Die Problematik ergibt sich daraus, ob in der Kündigung schon ein konkludent erklärter Widerspruch zu sehen ist, siehe hierzu Sternel MietR aktuell Kap. X. Rn. 175 f., mit zahlreichen weiteren Nachweisen aus der Rechtsprechung.

[6] OLG München ZMR 2001, 347 = BeckRS 2001, 30158066; Schmidt-Futterer/Streyl BGB § 545 Rn. 6.

[7] Schmidt-Futterer/Streyl BGB § 545 Rn. 6.

[8] Schmidt-Futterer/Steyl BGB § 545 Rn. 13.

[9] BGH NJW-RR 1988, 76 = WuM 1988, 59; OLG Düsseldorf DWW 1990, 272 (273) = MDR 1990, 1115.

ein Nichtmieter wie der Ehegatte oder Lebensgefährte bzw. ein Mitmieter die Mietsache alleine weiter nutzt. Für die GbR gilt insoweit keine Ausnahme.[10]

Das soll jedoch dann anders sein, wenn bei einem Mietverhältnis mit mehreren Mietern ein Mieter aus dem Mietverhältnis ausscheidet und das bisherige Mietverhältnis seine bisherige personelle Identität verliert, also der Mietgebrauch nicht mehr wie vor Vertragsbeendigung ausgeübt wird.[11]

10 Die Gebrauchsfortsetzung ist mehr als die bloße Vorenthaltung nach § 546a BGB. Keine **Gebrauchsfortsetzung** liegt vor, wenn der Mieter ausgezogen ist, aber noch nicht geräumt hat,[12] ebenso in Fällen, in denen der Mieter noch Schönheitsreparaturen durchführt sowie bei Schlechterfüllung der Räumungspflicht.

3. Widerspruchserklärung

11 Eine Vertragsverlängerung tritt nicht ein, wenn eine der beiden Vertragsparteien dem anderen Teil seinen entgegenstehenden Willen erklärt. Der Widerspruch ist eine einseitige empfangsbedürftige Willenserklärung, für die Abgabe und Zugang der Erklärung gelten die allgemeinen Vorschriften der §§ 116 ff. BGB. Bei allen Arten der Vertragsbeendigung sollte der Kündigungswiderspruch ausdrücklich schon in der Beendigungserklärung erklärt werden.

12 Der Widerspruch bedarf keiner besonderen **Form** und keiner **Begründung**, er muss zum Ausdruck bringen, dass der Erklärende mit einer Verlängerung des Mietverhältnisses auf unbestimmte Zeit nicht einverstanden ist, die Erklärung darf keine Bedingung oder Auflage enthalten.[13]

Praxistipp:

Ist ein Rechtsanwalt zur Widerspruchseinlegung beauftragt, muss eine Originalvollmacht vorgelegt werden, um einer Zurückweisung nach § 174 BGB zu begegnen. Ansonsten reicht möglicherweise die Zweiwochenfrist nicht, um die Willenserklärung mit Vollmacht nachzuholen – nur die Vollmacht nachzureichen heilt die Unwirksamkeit nicht!

13 Bei einer **Personenmehrheit auf Vermieterseite** genügt es, wenn einer der Vermieter der Vertragsfortsetzung widerspricht. Will der Mieter widersprechen, so muss seine Erklärung an alle Vermieter gerichtet sein. Bei einer **Mehrheit von Mietern** gilt entsprechendes für den Vermieter. Im Mietvertrag enthaltene Empfangsvollmachten sind, auch in Formularklauseln, für die Widerspruchserklärung wirksam.[14]

Formulierungsvorschlag:

14 Einer stillschweigenden Verlängerung des Mietverhältnisses nach § 545 BGB wird ausdrücklich widersprochen.

15 Die Widerspruchserklärung kann sich auch durch **schlüssiges Verhalten** ergeben, nämlich wenn der Wille des Erklärenden, die Fortsetzung des Vertrages abzulehnen, hinreichend deutlich zu Tage tritt.[15] Dies ist angenommen worden, wenn der Vermieter mit der fristlosen Kündigung eine Räumungsfrist gewährt hat,[16] aber auch, wenn nach erfolgter Kündigung später die Räumung verlangt oder mit der Kündigung zum Aus-

[10] Schmidt-Futterer/Streyl BGB § 545 Rn. 14.
[11] BGH NZM 2016, 467 Fn. 34.
[12] Schmidt-Futterer/Streyl BGB § 545 Rn. 12; teilweise aA Bub/Treier MietR-HdB/Fleindl Kap. IV. Rn. 57.
[13] BayObLG NJW 1981, 2759 = WuM 1981, 253.
[14] LG Aschaffenburg WuM 1994, 691; Sternel MietR aktuell Kap. X. Rn. 170.
[15] BGH NJW-RR 1988, 76 = WuM 1988, 59 (60).
[16] OLG München ZMR 2001, 347 = BeckRS 2001, 30158066.

druck gebracht wird, zu einer Verlängerung des Mietverhältnisses nur bei der vom Vermieter vorgeschlagenen Mieterhöhung bereit zu sein.[17] Besonders nahe liegt ein Fortsetzungswiderspruch durch schlüssiges Handeln, wenn in einer fristlosen Kündigung Gründe genannt sind, aus denen sich die Unzumutbarkeit der Vertragsfortsetzung ergibt und zum Ausdruck kommt, das Mietverhältnis nicht fortsetzen zu wollen,[18] allerdings soll nicht in jeder fristlosen Kündigung gleichzeitig ein Fortsetzungswiderspruch zu sehen sein.[19]

Praxistipp:
Der sichere Weg gebietet, es nicht darauf ankommen zu lassen, dass der Fortsetzungswiderspruch nur schlüssig erklärt wird.

4. Widerspruchsfrist

Die Widerspruchsfrist beträgt **zwei Wochen,** es gelten die §§ 187, 188 und 193 BGB. 16
Für den Mieter **beginnt** die Frist mit der Fortsetzung des Gebrauchs nach rechtlicher Beendigung des Mietverhältnisses. Für den Vermieter beginnt die Frist mit der positiven Kenntniserlangung von der Gebrauchsfortsetzung, die nicht mit fahrlässiger Unkenntnis gleichzusetzen ist. Bei mehreren Vermietern müssen alle Vermieter von der Gebrauchsfortsetzung Kenntnis haben. Vertreterwissen muss sich der Vermieter zurechnen lassen (§ 166 Abs. 1 BGB analog), das gilt auch bei einer Mehrheit von Vermietern, wenn nur einer die Vermietergeschäfte führt oder für einen Hausverwalter.[20]

Der Fortsetzungswiderspruch kann **vor Fristbeginn** erklärt werden, also insbesondere 17
schon in der Kündigungserklärung. Der früher geforderte zeitliche Zusammenhang zwischen Vertragsbeendigung und Widerspruchserklärung hat sich durch die geänderte Rechtsprechung des Bundesgerichtshofs[21] erledigt.

Praxistipp:
Bei allen Kündigungsarten ist bereits in der Kündigungserklärung ausdrücklich mit aufzunehmen, dass der Fortsetzung des Gebrauchs nach § 545 BGB widersprochen wird.

In der Erhebung einer Räumungsklage ist zugleich auch die Geltendmachung eines 18
Fortsetzungswiderspruchs nach § 545 BGB zu sehen, erfolgt die Einreichung der Klage innerhalb der Frist des § 545 BGB und wird die Klage demnächst nach § 167 ZPO zugestellt, ist die Widerspruchsfrist gewahrt..[22]

III. Rechtsfolgen

Wird einer Fortsetzung des Mietverhältnisses nicht wirksam widersprochen, verlän- 19
gert sich das Mietverhältnis zu den bisherigen Bedingungen auf unbestimmte Zeit, ohne dass ein neues Mietverhältnis entsteht. Eine vereinbarte Kaution bleibt erhalten.

Freilich werden die Mietbedingungen gegenstandslos, die an eine ursprünglich ver- 20
einbarte Befristung anknüpfen, also Verlängerungsklauseln, Sonderkündigungsrechte, die im Hinblick auf die Befristung vereinbart wurden sowie Optionsregelungen, bei

[17] BGH NZM 2006, 699 (700) = GuT 2006, 241 (242); BGH NZM 2018, 333; Sternel MietR aktuell Kap. X. Rn. 176 f.
[18] Siehe hierzu OLG Rostock NZM 2004, 423 (424); OLG Brandenburg ZMR 2008, 116 (117).
[19] BGH NZM 2018, 333; Schmidt-Futterer/Streyl BGB § 545 Rn. 20.
[20] Schmidt-Futterer/Streyl BGB § 545 Rn. 24 mwN.
[21] BGH NJW 2010, 2124 = NZM 2010, 510.
[22] BGH NZM 2014, 580; Schmidt-Futterer/Streyl BGB § 545 Rn. 22 mwN.

einer Bürgschaft haftet der Bürge im Zweifel nicht für solche Mietverpflichtungen, die nach einer Vertragsfortsetzung nach § 545 BGB entstanden sind.[23] Es gelten dann die gesetzlichen Kündigungsfristen (§ 580a BGB).

Liegen die Voraussetzungen des § 545 BGB nicht vor oder ist die Anwendung von § 545 BGB wirksam abbedungen (→ Rn. 21), bleibt der Mietvertrag mit allen Beendigungsfolgen beendet.

IV. Abweichende Vereinbarung

21 Ein individualvertraglicher und ein formularvertraglicher Ausschluss der Fortsetzungsfiktion des § 545 BGB ist grundsätzlich wirksam möglich.[24] Bei Formularklauseln kann dies Probleme bereiten. So wurde die Klausel:

Wird nach Ablauf der Mietzeit der Gebrauch der Mietsache vom Mieter fortgesetzt, so findet § 545 BGB keine Anwendung.[25]

als unwirksam angesehen, da die Klausel gegen das Transparenzgebot nach §§ 305 Abs. 2 Nr. 2, 307 Abs. 1 S. 2 BGB verstößt. Die bloße Benennung einer Norm, ohne Benennung ihres Regelungsgegenstandes und der Rechtsfolgen ist nur für Juristen verständlich. Freilich ist die Rechtsprechung insoweit durchaus widersprüchlich, als in anderen Entscheidungen auch schon die Benennung einer Norm, mit einem wesentlich umfangreicheren Inhalt als genügend angesehen wurde, so der Verweis auf den Betriebskostenkatalog nach § 2 BetrKV.[26]

Eine **wirksame Klausel** kann lauten:

Formulierungsvorschlag:

22 Setzt der Mieter den Gebrauch der Mietsache nach Ablauf der Mietzeit fort, so gilt das Mietverhältnis nicht als verlängert, § 545 BGB findet keine Anwendung.[27]

Jedenfalls in Gewerbemietverhältnissen ist ein **formularmäßiger Ausschluss** der Verlängerungsfiktion von § 545 BGB stets zulässig.[28]

V. Darlegungs- und Beweislast

23 Die Partei, die sich auf die Fortsetzungswirkung des § 545 BGB beruft, muss die Voraussetzungen darlegen und beweisen, da die Verlängerung des Vertrages die Ausnahme gegenüber der Vertragsbeendigung durch Zeitablauf, Kündigung oder Aufhebungsvertrag ist.

24 Will der Mieter in einem Räumungsprozess geltend machen, dass Vertragsverlängerung eingetreten ist, muss er darlegen und beweisen, dass er den Mietgebrauch nach Ende der Mietzeit fortgesetzt hat. Der Vermieter muss in diesem Fall beweisen, dass er widersprochen hat. Für eine etwaige Verfristung des Widerspruchs ist der Mieter beweispflichtig.[29]

---

[23] Schmidt-Futterer/Streyl BGB § 545 Rn. 26 mwN.
[24] OLG Dresden NZM 2022, 911 Rn. 33.
[25] So OLG Schleswig NJW 1995, 2858; LG Berlin WuM 1996, 707; aA OLG Rostock NJW 2006, 3217 = NZM 2006, 584; LG Erfurt WuM 2008, 283.
[26] Siehe hierzu Schmidt-Futterer/Lehmann-Richter BGB § 556 Rn. 56 mwN; BGH NJW 2016, 1308.
[27] BGH NJW 1991, 1750 = WuM 1991, 381 (382); OLG Hamm NJW 1983, 826.
[28] OLG Köln 7.9.2012 – 1 U 50/11 BeckRS 2012, 19425, Orientierungssatz 5.
[29] BGH NZM 1998, 779 = WuM 1998, 549 (550).

11. Abschnitt. Abwicklung des beendeten Mietverhältnisses

§ 31 Wechselseitige Abwicklungsansprüche

Übersicht

Schrifttum:
Föller, Balkonkraftwerke, WuM 2023, 513; Gather, Das Wegnahmerecht des Mieters und die Abwendung durch den Vermieter; DWW 2008, 122; Hinz, Die Wohnungsabnahme, NZM 2016, 622; Horst, Elektromobilität: Ladeinfrastruktur im Mietverhältnis, NZM 2022, 313; Lehmann-Richter, Die Schadenshaftung des Gläubigers bei der beschränkten Räumung neuen Rechts, NZM 2013, 260; Sternel, Verbleibende Verpflichtungen der Vertragspartner bei Wohnungsübergabe, NZM 2017, 169.

I. Fälle des beendeten Mietverhältnisses

Zunächst soll ein Überblick gegeben werden, in welchen Fällen und zu welchem Zeitpunkt das Mietverhältnis endet, da neben den allgemein bekannten Standardfällen auch eine Reihe von Sonderfällen besteht, deren praktische Relevanz nicht unterschätzt werden sollte. 1

Checkliste: Ende des Mietverhältnisses

2

Beendigungsgrund	Beendigungszeitpunkt
Ablauf der vertraglich vereinbarten Mietzeit (qualifizierter Zeitmietvertrag)	→ Vertraglich vereinbartes Datum
Fristgerechte Kündigung	→ Ablauf des Monatsletzten, zu dem die Kündigung mit gesetzlicher Frist wirksam wird.
Fristlose Kündigung	→ Zugang der Kündigungserklärung, bei unberechtigter Annahmeverweigerung der Zeitpunkt zu dem die Aushändigung angeboten wird (OLG Düsseldorf WM 1995, 585)
Mietaufhebungsvereinbarung (gerichtlich oder außergerichtlich)	→ Zeitpunkt gemäß Vereinbarung
Gestaltung der Ehegatten im Scheidungsverfahren	→ Zugang der Mitteilung der Ehegatten an den Vermieter oder Rechtskraft der Endentscheidung im Wohnungszuweisungsverfahren (§ 1568a BGB)
Veräußerung des Objektes, § 566 BGB (zu den weiteren Gestaltungen, die analog behandelt werden, vgl. § 17)	→ Tag der Grundbucheintragung des Erwerbers

Checkliste: Keine Beendigung des Mietverhältnisses

- ☐ Tod des Vermieters; stattdessen Gesamtrechtsnachfolge durch die Erben des Vermieters
- ☐ Tod des Mieters; stattdessen Fortsetzung mit weiteren Mietern und/oder Eintrittsrechte Dritter (§ 563 BGB) oder durch die Erben (§ 564 BGB)
- ☐ Nicht qualifizierter Zeitmietvertrag § 575 Abs. 4 BGB
- ☐ Wohnungsüberlassung gemäß § 1361b BGB während des Getrenntlebens ist allein Nutzungszuweisung ohne Eingriff in den Bestand des Mietvertrages
- ☐ Anordnung der Zwangsverwaltung (nur Entzug von Verwaltung und Benutzung durch den Schuldner und Übertragung der Befugnisse gemäß § 152 ZVG, § 566 BGB analog auf den Zwangsverwalter. Fortbestehen des Mietverhältnisses zwischen Schuldner und Mieter; nach Ende der Zwangsverwaltung führt der Schuldner wieder mit allen Rechten und Pflichten das Mietverhältnis fort)
- ☐ Wohnungszuweisung nach dem Gewaltschutzgesetz (nur Nutzungszuweisung ohne Eingriff in den Bestand des Vertrages zwischen Vermieter und Mieter)

Praxistipp:

Stets Wiederaufleben/Verlängerung des Mietverhältnisses bei Nutzungsfortsetzung ohne entgegenstehende fristgebundene Erklärung (§ 545 BGB) prüfen, → § 45 Rn. 1 ff.

Trotz oder wegen hoher Praxisrelevanz der unterschiedlichen Fragen ist festzustellen, dass die rechtlichen Lösungen sich seit längerer Zeit bewährt haben und kaum neue Ansätze zu verorten sind.

II. Ansprüche des Vermieters gegen den Mieter

1. Räumung und Herausgabe

a) **Besitzrückgabe.** Der Mieter muss dem Vermieter wieder den unmittelbaren Besitz einräumen.[1] Die bloße Besitzaufgabe ist nicht ausreichend, beispielsweise Zurücklassung der Schlüssel in der Mietsache und Räumung ohne Kenntnis des Vermieters.[2] Auch das bloße Einwerfen der Schlüssel in den Briefkasten des Vermieters, ohne dessen Kenntnis, ist nicht ausreichend.[3] Auch die Übergabe an den Prozessbevollmächtigten des Vermieters mit dem Treuhandauftrag, vom Schlüssel nur zum Zweck der Besichtigung mit Nachmietern Gebrauch zu machen, ist keine Rückgabe;[4] ebenso wenig der Einwurf der Schlüssel in den Briefkasten des Hausmeisters[5] oder Zurücklassung in der Nachbarschaft.[6] Ausnahmsweise kann aber im Einzelfall die Rückgabe nur eines von mehreren Schlüsseln ausreichen, sofern der Wille des Mieters zur endgültigen Besitzaufgabe hervortritt.[7] 3

Eine Schlüsselübergabe mit Einverständnis des Vermieters unmittelbar an den Nachmieter ist ausreichend.[8] Ausnahmsweise ausreichend ist die Besitzaufgabe des Mieters, wenn der Vermieter mit dem bisherigen Untermieter ein neues Mietverhältnis unmittelbar im Anschluss an das Ende des bisherigen Mietverhältnisses abgeschlossen hat und der bisherige Untermieter den unmittelbaren Besitz mit Einverständnis des Vermieters behält.[9] Andererseits ist die bloße Schlüsselrückgabe für sich allein noch keine Besitzaufgabe.[10] 4

Der Anspruch auf Räumung und Herausgabe entfällt, soweit der Vermieter nach dem Berliner oder Hamburger Modell in der Zwangsvollstreckung statt des umfänglichen Räumungsauftrages ein umfassendes Vermieterpfandrecht geltend macht und allein Besitzeinweisung verlangt.[11] Da die beschränkte Räumung gemäß § 885a ZPO den Besitz überträgt und den Gläubiger zur Wegnahme berechtigt, entfällt der Anspruch auf Räumung und Herausgabe auch bei dieser Vollstreckungsvariante.[12] 5

b) **Beteiligte.** Die Rückgabe ist keine höchstpersönliche Verpflichtung, so dass auch ein Dritter diese auf Seiten des Mieters durchführen kann.[13] Der Vermieter kann sich ebenfalls vertreten lassen. Er kann aber auch den Rückgabeanspruch abtreten.[14] Ab Eintragung ins Grundbuch steht er dem neuen Eigentümer zu,[15] der gemäß § 566 BGB in die Vermieterstellung eintritt. 6

Besonderheiten treten auf, sofern gegen den Mieter zum Zeitpunkt der Rückgabepflicht das Insolvenzverfahren läuft. Hier sind je nach Zeitpunkt der Räumungspflicht der Gemeinschuldner oder der Insolvenzverwalter zuständig;[16] Näheres → § 39. 7

c) **Übergabetermin/Übergabeprotokoll und sonstige Beweismittel.** Regelmäßig wird die Übergabe bei einem gemeinsamen Termin zur Besichtigung der Mietsache erfolgen. Anlässlich dieses gemeinsamen Termins wird neben der Schlüsselübergabe üblicher- 8

---

[1] BGH 27.2.2019 – XII ZR 63/18,NZM 2019, 408.
[2] OLG München ZMR 1985, 298.
[3] LG Köln DWW 1987, 236.
[4] OLG München ZMR 1996, 557.
[5] LG Berlin GE 2003, 1431.
[6] AG Wedding BeckRS 2008, 12875.
[7] OLG Köln BeckRS 2006, 05624; OLG Saarbrücken BeckRS 2006, 04380.
[8] LG Berlin MDR 198, 675.
[9] BGH WM 1992, 71. = WM 1992, 71.
[10] LG Berlin GE 2006, 1171.
[11] KG NZM 2005, 422.
[12] Differenzierend Schmidt-Futterer/Lehmann-Richter ZPO § 885a Rn. 9.
[13] OLG Düsseldorf DWW 1987, 129.
[14] BGH NJW 1983, 112.
[15] BGH NJW 1978, 2148.
[16] Eckert NZM 2006, 610; LG Mannheim NZM 2007, 443; OLG Celle ZMR 2007, 956.

weise eine Ablesung der Zähler (Heizung, Wasser, Gas, Strom, usw) erfolgen. Darüber hinaus ist vor allem der Vermieter daran interessiert, den Zustand der Mietsache zu überprüfen, um Verschlechterungen, die über die normale Abnutzung hinausgehen, und Beschädigungen festzustellen. Letztlich wird typischerweise die Vollständigkeit der überlassenen Einrichtungsgegenstände, Entfernung von Einbauten sowie die Frage der Schönheitsreparaturen in Übergabeprotokollen angesprochen.

9 Ein Anspruch auf einen gemeinsamen Übergabetermin besteht für keine Seite; ebenso wenig ein Anspruch auf Mitwirkung an der Erstellung eines Abnahmeprotokolls.

10 Will der Vermieter Ansprüche wegen übermäßiger Abnutzung, Verletzung vertraglicher Pflichten oder Beschädigungen geltend machen, muss er diese beweisen. Es stellt sich dabei die Frage, welche **Beweismittel** ihm zur Verfügung stehen. Weit verbreitet ist das **Abnahmeprotokoll**, das von beiden Vertragsparteien unterzeichnet ist. Ein derartiges Protokoll hat aber Vor- und Nachteile (→ § 18).

11 Das Abnahmeprotokoll ist grundsätzlich **kein konstitutives Schuldanerkenntnis durch den Mieter.**[17] Es ist daher weder eigene Anspruchsgrundlage noch unterbricht es die kurze Verjährung. Kann mittels des Abnahmeprotokolls (ggf. unter Zuhilfenahme weiterer Beweismittel) ein Mangel nachgewiesen werden, ist der Mieter nur mit der Behauptung es habe gar kein Mangel vorgelegen ausgeschlossen. Dem Mieter bleibt es aber unbenommen, nachzuweisen, dass er den festgestellten Mangel nicht zu vertreten hat.

12 **Für den Vermieter** ist das Abnahmeprotokoll jedoch regelmäßig ein **negatives Schuldanerkenntnis.**[18] Die Ansicht, wonach es sich um eine Quittung über den im Übrigen ordnungsgemäßen Zustand handelt, führt zum gleichen Ergebnis.[19] Alle nicht ausdrücklich aufgenommenen Mängel und Schäden können nachträglich nicht mehr geltend gemacht werden, gleichgültig ob ohne weiteres erkennbar (fehlende Türen, neue Wanddurchbrüche) oder nicht ohne weiteres feststellbar (beschädigte Stromleitung in der Wand).[20]

13 Das Protokoll muss aussagekräftig verfasst werden, damit es die zugedachte Beweisfunktion erfüllen kann. Zunächst ist der zu protokollierende Gegenstand möglichst genau zu bezeichnen. Es hat in erster Linie alle Tatsachen wertungsfrei zu enthalten. Einigen die Parteien sich bei dieser Gelegenheit auch über Wertungsfragen bis hin zur Beseitigungsverpflichtung oder Lastentragung, so ist auch diese Vereinbarung separat zu vermerken. Eine derartige ausdrückliche Vereinbarung kann dann durchaus schuldbegründenden Charakter haben, eine eigene Anspruchsgrundlage bilden und die kurze Verjährung verhindern. Sofern eine Vertragspartei eindeutig eine bestimmte Tatsache oder die Verantwortlichkeit hierfür abstreitet, sollte auch dies im Protokoll vermerkt werden. Es erspart ggf. die Nachfristsetzung.

14 **Weitere Beweismittel** für den Zustand der Mietsache bei Übergabe außer dem Abnahmeprotokoll können sein:

- **Foto-** oder gar **Videoaufnahmen** der Mietsache; wegen der auch für Laien immer leichteren Manipulationsmöglichkeiten mit Hilfe des Computers wird diese Beweismöglichkeit aber möglicherweise an praktischer Bedeutung zumindest für digital erstellte Aufnahmen verlieren.
- Bewusst von einer Vertragspartei **hinzugezogene Zeugen;** in der Praxis führt dies teilweise zu widerstreitenden Zeugenaussagen, je nachdem für welche Partei der Zeuge auftritt. Insbesondere bei Familienangehörigen ist der Beweiswert nicht stets ausreichend. Die Rechtsprechung erstreckt ihre Skepsis auf Vermieterseite auch auf beauftragte Verwalter oder beigezogene Handwerker, da letztere wegen des eigenen Auftragsinteresses dazu neigen sollen, das Vorliegen von reparaturbedürftigen Schäden zu bejahen.

---

[17] Schmidt-Futterer/Langenberg BGB § 538 Rn. 397; Hinz NZM 2016, 622 (624).
[18] Hinz NZM 2016, 622.
[19] Schmidt-Futterer/Langenberg BGB § 538 Rn. 395.
[20] Lehmann-Richter ZMR 2006, 833.

- Der **Zufallszeuge**, der spontan beigezogen wird; dieser ist häufig wenig an der Sache interessiert und wird in einem späteren Prozess Monate nach dem Vorfall oft nur wenig zur Sachverhaltsaufklärung beitragen können.
- Der **verfahrensbevollmächtigte Rechtsanwalt** als fachkundiger Zeuge wird beispielsweise von *Blank* favorisiert. Abgesehen von der Frage, ob sich der Anwalt zur Durchführung derartiger Termine bereit erklärt, kann nicht ohne weiteres angenommen werden, dass er die notwendige Sachkompetenz besitzt. Wird er auch das Protokoll rechtlich zutreffend abfassen können, liegen die Streitpunkte doch üblicherweise im tatsächlichen Bereich, der eher Sachverständigen vorbehalten sein könnte.
- **Selbstständiges Beweisverfahren;** dieses klärt den Sachverhalt durch Gutachten im Regelfall abschließend. Angesichts der Verfahrenskosten ist hier aber vor allem die Wirtschaftlichkeit des Verfahrens im Auge zu behalten. Selbst der erwiesene Mangel geht nicht stets zu Lasten des Mieters. Bis zum Abschluss der Begutachtung ist eine Nutzung der Mietsache oftmals ausgeschlossen.

d) Rückgabe der Schlüssel. Gemäß § 546 Abs. 1 hat der Mieter die Mietsache nach Ende der Mietzeit zurückzugeben. So selbstverständlich diese Verpflichtung ist, so fraglich kann die Erfüllung im Einzelfall sein. 15

Ein Problem ergibt sich in Bezug auf die vollständige Rückgabe der Schlüssel. Der Mieter ist verpflichtet, sämtliche Schlüssel zurückzugeben. Behält der Mieter Schlüssel zurück, so nahm der BGH[21] noch an, dass die Rückgabeverpflichtung nicht erfüllt sei. Das OLG Brandenburg[22] setzt gegen diese klare Abgrenzung eine wertende Betrachtung und kommt dadurch zum Ergebnis, dass die Rückgabepflicht auch erfüllt sein kann, wenn nicht alle im Besitz des Mieters befindlichen Schlüssel zurückgegeben werden. Umstritten ist, ob die Rückgabepflicht erfüllt ist, sofern Schlüssel während der Mietzeit verloren gegangen sind.[23] Zusätzlich vom Mieter gefertigte Schlüssel braucht dieser nur gegen Kostenerstattung zurückzugeben; ohne Kostenerstattung muss er jedoch die Vernichtung nachweisen.[24] Hat der Mieter selbst neue Schlösser eingebaut, ist die Übergabe der hierzu gehörenden Schlüssel ausreichend.[25] Ob bei fehlendem Schlüssel allein dieser[26] zu ersetzen ist oder gar die komplette Schließanlage,[27] ist in der Instanzrechtsprechung umstritten. Ein Abzug „neu für alt" ist bei einer funktionsfähigen Schließanlage nicht zu berücksichtigen.[28] 16

e) Umfang der Räumung. Die Räumung muss vollständig erfolgen, da eine Teilräumung gemäß § 266 BGB unzulässig ist. Eine Frage des Einzelfalls ist es, ab wann eine vollständige Räumung anzunehmen ist. 17

Hat der Mieter Tanks auf einer Fläche von 70 m² (ca. 10 % der Mietfläche) zurückgelassen, so liegt keine Räumung vor,[29] gleichfalls nicht bei Zurücklassung von acht LKW-Ladungen mit Kunststoffabfällen;[30] ebenso wenig, wenn ein Großteil der Möbel zurückgelassen wird,[31] aber auch die bloße Nichträumung des Kellers und Zurücklassung von Müll und Unrat in der Wohnung kann im Einzelfall ausreichen.[32] Das OLG Hamm[33] sah die Grenze bei der Notwendigkeit zur Beseitigung der zurückgelassenen 18

---

[21] BGH NJW 1983, 1049; hM Schmidt-Futterer/Blank BGB § 546 Rn. 36.
[22] LG Brandenburg NZM 2000, 463; ebenso OLG Hamburg ZMR 1995, 18 (20).
[23] Für Rückgabe: OLG Düsseldorf DWW 1987, 129; Staudinger/Sonnenschein BGB § 556 Rn. 13; Fischer-Dieskau/Pergande/Schwender-Franke BGB § 556 Anm. 3, 4. Gegen eine Rückgabe: OLG München DWW 1987, 124; LG Düsseldorf WuM 1992, 191; Schmidt-Futterer/Grather BGB § 546 Rn. 37.
[24] Bub/Treier/Scheuer Kap. V. A. Rn. 9; Emmerich/Sonnenschein BGB § 556 Rn. 13.
[25] AG Köln WM 1975, 191.
[26] LG Wiesbaden NZM 1999, 308; Flatow NZM 2011, 660.
[27] LG Heidelberg BeckRS 2013, 10950.
[28] AG Frankfurt a. M. 2010, 862.
[29] BGH NJW 1988, 2665.
[30] OLG Köln DWW 1996, 189.
[31] LG Mannheim MDR 1965, 140; AG Ludwigshafen ZMR 1980, 888.
[32] AG Berlin-Neukölln DGVZ 1980, 42.
[33] OLG Hamm ZMR 1996, 372.

Gegenstände einen Container zu benötigen. Wurden hingegen nur wenige Gegenstände und Gerümpel hinterlassen, so ist von einer Räumung auszugehen.[34] Einen Restbestand an Heizöl darf der Mieter aber zurücklassen und erhält hierfür auch eine Entschädigung;[35] umstritten ist allenfalls die Berechnung dieser Entschädigung (Tagespreis oder Einkaufspreis).

19 Der Vermieter steht in den Fällen der unvollständigen Räumung nicht nur vor der Frage, ob eine Räumung im Rechtssinn erfolgt ist oder noch Räumungsklage erhoben werden muss. Er kann die zurückgelassenen Gegenstände auch nicht ohne weiteres anderweitig unterbringen oder gar entsorgen.[36] Es trifft den Vermieter eine Obhutspflicht, diese Gegenstände vor Verlust und Beschädigung zu bewahren.[37] Formularvertragliche Klauseln, die die Vernichtung zurückgelassener Gegenstände zulassen sind ebenso wenig wirksam[38] wie Klauseln, die die Einlagerung gestatten sollen.[39] Da diese Obhutspflicht sich auch bei geringwertigen Dingen auf einige Wochen erstrecken kann, ist dem Vermieter anzuraten, den ehemaligen Mieter unter Androhung der Entsorgung mit Fristsetzung zur Abholung aufzufordern. Lässt der Mieter nach Zugang einer derartigen Erklärung die Frist ungenutzt verstreichen, kann dies als Besitzaufgabe gedeutet werden, womit eine Entsorgung möglich würde.

20 Der Zustand der Mietsache ist grundsätzlich ohne Bedeutung für die Frage der Rückgabe.[40] Von praktischer Bedeutung ist allenfalls die Frage der Reinigung der Mietsache.[41] Die übliche Formulierung einer „besenreinen" Rückgabe umfasst die Beseitigung aller groben Verschmutzungen in der Mietsache, unabhängig von der räumlichen Lage der Verschmutzung (Spinnenweben an der Decke).[42] Eine allgemeine Reinigungspflicht umfasst auch die Reinigung der Fenster.[43]

2. Folgen bei verspäteter Herausgabe

21 a) **Nutzungsentschädigung.** Der Mieter schuldet bei verspäteter Herausgabe keine Mietzahlung mehr, da kein Mietverhältnis mehr besteht. Er schuldet jedoch eine Nutzungsentschädigung, selbst wenn er zur Rückgabe bereit ist, hieran aber durch den unmittelbaren Besitz eines Untermieters tatsächlich gehindert ist.[44] Diese kann in Höhe der bisherigen vertraglichen Miete angesetzt werden, aber auch mit der höheren ortsüblichen Miete, wie § 546a BGB nun auch ausdrücklich klar stellt. Dies ist die Marktmiete als üblicher Neuvermietungspreis,[45] in der Höhe allenfalls begrenzt durch die Regelungen der Mietpreisbremse. Dieser Anspruch entsteht auch automatisch und muss vom Vermieter nicht erst geltend gemacht werden.[46] Der Anspruch entfällt, wenn der Vermieter die Wohnung gewaltsam öffnet und dadurch unmittelbaren Besitz erhält.[47] Ein Anspruch auf Nutzungsentschädigung gemäß § 546a BGB besteht auch dann nicht, wenn die Vorenthaltung der Mietsache nicht dem Willen des Vermieters widerspricht,[48] beispielsweise soweit der Mieter aufgrund der Aufforderung des Vermieters noch Schönheitsreparaturen ausführt. In diesen Fällen bleibt ggf. ein Schadensersatzan-

[34] BGH NJW 1988, 2665; 1983, 1049.
[35] AG Oberndorf WM 1990, 195; AG Weilheim WM 1987, 221.
[36] BGH NJW-RR 2004, 493.
[37] BGH ZMR 1967, 268; WM 1971, 943; Schmidt-Futterer/Gather BGB § 546 Rn. 56.
[38] Westphalen/Trinkner AGB Rn. 67.
[39] Fischer-Dieskau/Pergande/Schwender-Franke BGB § 566 Anm. 3.1.
[40] BGHZ 104, 285.
[41] Sternel NZM 2017, 169 (179).
[42] BGH NJW 2006, 2915.
[43] BGH NZM 2018, 900.
[44] OLG Düsseldorf MDR 2003, 82.
[45] BGH NZM 2017, 186.
[46] BGH NJW 1999, 2808.
[47] LG Frankfurt (Oder) MM 2002, 335.
[48] BGH NZM 2010, 815.

spruch, der jedoch den Nachweis eines Schadens (konkrete Vermietbarkeit während der Nutzungszeit) voraussetzt.

b) Keine Duldung der Ausdehnung des Nutzungsumfangs. Muss der Vermieter zwar die weitere Nutzung dulden und kann er diese allein im Wege der Zwangsvollstreckung beenden, so muss eine Ausdehnung der Nutzung nicht hingenommen werden. Der Vermieter braucht daher weder die Anbringung neuer Einrichtungen (Telefonanschluss)[49] zu dulden, noch die zusätzliche Gebrauchsüberlassung an Dritte oder die Haltung eines neu angeschafften Tieres. Der Empfang von Besuch bleibt hingegen zu dulden; woraus sich die Abgrenzungsprobleme im Einzelfall erschließen. 22

c) Weiterer Schadensersatz. Gemäß § 546a Abs. 2 BGB kann der Vermieter weiteren Schaden ersetzt verlangen. Anspruchsgrundlage ist jedoch nicht § 546a BGB selbst. In Betracht kommt Verzugsschaden oder Schadensersatz aus positiver Vertragsverletzung. 23

In beiden Fällen ist die Verpflichtung zum Schadensersatz an ein Verschulden des Mieters gebunden. Dies kann beispielsweise bei einem Rechtsirrtum über die Rückgabepflicht fehlen.[50] Unter den Voraussetzungen der §§ 280, 281 BGB könnte gar die Möglichkeit eines „Zwangskaufs" als Schadensersatz statt der Leistung bei Verletzung der Rückgabepflicht bestehen.[51] 24

3. Durchführung von Schönheitsreparaturen

Hier ist auf die Ausführungen in → § 19 Rn. 1 ff. dieses Buches zu verweisen. 25

4. Schadensersatz wegen Beschädigung/Verschlechterung oder vertragsgemäßer Gebrauch

a) Dübellöcher. Auch ohne vertragliche Regelung hat der Mieter grundsätzlich Schrauben, Haken und Nägel zu entfernen und Dübellöcher zu verschließen;[52] dies gilt nicht, sofern der Mieter notwendige Vorrichtungen zum **vertragsgemäßen Gebrauch** erst anbringen muss.[53] Diese Einschränkung, wie viele Dübellöcher zum vertragsgemäßen Gebrauch gehören, lässt zugunsten des Mieters ausreichend Spielraum. Setzt der Mieter die Bohrlöcher trotz objektiver Möglichkeit nicht in die Fugen, so ist er bei übermäßiger Zahl von Dübellöchern auch zum Ersatz der Kacheln verpflichtet; sofern keine Ersatzfliesen vorhanden sind, kann sich daraus im Einzelfall ein Anspruch des Vermieters auf Neuverfliesung ergeben.[54] Dabei ist aber ein Abzug „Neu für Alt" vorzunehmen. 26

b) Abmahnung und Fristsetzung. Der Vermieter kann Ansprüche wegen schuldhaft verursachter Schäden gegen den Mieter geltend machen; eine schuldhafte Verursachung durch Erfüllungsgehilfen des Mieters ist ausreichend. Sofern die Schadensersatzpflicht sich aus der Verletzung von Obhutspflichten oder vertraglichen Obliegenheiten ergibt, ist auch keine Abmahnung oder Androhung von Ersatzansprüchen notwendig.[55] Der Schadensersatz neben der Leistung nach § 280 Abs. 1 BGB erfordert keine vorherige Fristsetzung.[56] 27

c) Einzelne typische Schadensbereiche

- Schäden am **Parkettboden**, beispielsweise durch übermäßiges Abtreten, das zu Vertiefungen führt, durch Pfennigabsätze[57] (aber nur im Wohnraummietverhältnis, nicht 28

[49] AG Waldshut-Tingen WuM 1981, 212.
[50] AG Langen WuM 1980, 7.
[51] Kritisch Kazenstein/Hüftle NZM 2004, 601.
[52] AG Gießen WuM 2002, 212.
[53] LG Darmstadt NJW-RR 1988, 80; BGH NJW 1993, 1061.
[54] LG Göttingen ZMR 1990, 145.
[55] BGH WuM 1988, 52.
[56] BGH NZM 2018, 320.
[57] LG Mannheim MDR 1974, 314.

bei Geschäftsräumen)[58] oder Wasserflecke[59] sind zu beseitigen. Kleinere Kratzer sind jedoch als normale Abnutzung zu bewerten; ebenso Verblassen oder der Verlust des Glanzes. Für die üblichen Fristen zum Abschleifen und Neuversiegeln von Parkettböden schwanken die Ansichten zwischen 12 und 20 Jahren.[60]

- **Folgeschäden** nach Entfernung des verklebten **Teppichbodens** am Untergrund sind zu beseitigen; strittig ist dies, soweit der Vermieter mit dem Verkleben einverstanden war.[61]
- **Rotwein-** oder **Brandflecke** auf dem Fußboden sind nach überwiegender Auffassung zu entfernen. Auf Amtsgerichtsebene kann aber durchaus die Meinung angetroffen werden, dass jedem mal ein Glas umfallen oder eine Zigarette herunterfallen könne und es deshalb am Verschulden fehlen kann. Jedenfalls ist nur der Zeitwert des Bodenbelags zzgl. der Verlegekosten zu ersetzen.[62] Nach Überschreiten der üblichen Nutzungsdauer ergibt sich daher letztlich kein Ersatzanspruch mehr.[63] Für Teppichböden werden Nutzungsdauern mit regelmäßig 10 Jahren[64] angenommen; je nach Qualität kann die Nutzungsdauer aber zwischen 5 und 15 Jahren schwanken.[65]
- Bei **Badewannen** ist die Frage der Abstumpfung umstritten. Nach ca. zwölf Jahren soll eine Abstumpfung normal sein.[66] Liegt Ursache aber im jahrelangen nicht ordnungsgemäßen Reinigen der Wanne, kann auch die Erneuerung vom Mieter verlangt werden.[67] Emailabsplitterungen können auf unsachgemäßen Gebrauch hinweisen.[68] Langenberg geht bei Stahlbadewannen von einer Lebensdauer mit 23 Jahren aus.[69]
- gekürzte **Türen** brauchen grundsätzlich nur „angelängt" zu werden.[70] Wird die Tür zur Anbringung von Haken jedoch durchbohrt, ist Schadensersatz zu leisten.[71]
- letztlich können **unterlassene Wartungsarbeiten,** zu denen der Mieter vertraglich wirksam verpflichtet wurde, Grundlage für Schadensersatzansprüche beispielsweise bei **Warmwassergeräten** sein.

29 Zur Abgrenzung zwischen Beschädigung und vertragsgemäßem Gebrauch kann auf die Entscheidung des BGH zum übermäßigen Gebrauch durch Rauchen abgestellt werden. Danach liegt kein vertragsgemäßer Gebrauch mehr vor, sofern zur Beseitigung mehr als die Schönheitsreparaturen iSd § 28 Abs. 4 S. 3 II. BVO durchgeführt werden muss.[72] Bei diesem Maßstab dürfte die Annahme eines Schadens, der auch durch Tapezieren nicht beseitigt werden kann, schwerer fallen – eine restriktivere Rechtsprechung könnte die Folge sein.

5. Rückbauverpflichtungen

30 Bei baulichen Änderungen durch den Mieter ist zu unterscheiden:

Wurden die Änderungen ohne Zustimmung des Vermieters vorgenommen, so sind diese grundsätzlich zu beseitigen.[73] Dabei sollen die Kosten der notwendigen Maßnahmen für den Mieter unbeachtlich sein.[74]

[58] OLG Karlsruhe WuM 1997, 211.
[59] LG Potsdam GE 2009, 655.
[60] Langenberg, Schönheitsreparaturen, 2. Aufl., 2. Teil Rn. 77.
[61] Gegen eine Verpflichtung: LG Mannheim ZMR 1976, 181.
[62] LG Hamburg WuM 1988, 107; LG Münster WuM 1989, 508.
[63] AG Kassel WuM 1996, 757.
[64] AG Köln WuM 2000, 435.
[65] Langenberg, Schönheitsreparaturen, 2. Aufl., 2. Teil Rn. 77.
[66] AG Köln WuM 1984, 197.
[67] LG Düsseldorf DWW 1996, 281.
[68] AG Köln WuM 1986, 85; LG Köln WuM 1987, 258.
[69] Langenberg, Schönheitsreparaturen, 2. Aufl., 2. Teil Rn. 80.
[70] LG Mannheim WuM 1977, 96.
[71] AG Kassel WuM 1996, 757.
[72] BGH NZM 2008, 318.
[73] BGH NJW 1974, 1463.
[74] LG Düsseldorf NJW-RR 1987, 1043; Schmidt-Futterer/Gather BGB § 546 Rn. 52.

Regelmäßig soll aber auch bei Zustimmung des Vermieters die Rückbauverpflichtung bestehen,[75] da der Nutzungsvorteil in erster Linie für den Mieter besteht und dem Vermieter aus der bloßen Zustimmung kein Nachteil entstehen dürfe. So wurde der Mieter verpflichtet, angebrachten Rauputz zu entfernen,[76] verlegte Gasrohre zu entfernen,[77] den Bodenfliesenbelag[78] zu entfernen oder Holz- und Türverkleidungen zu entfernen.[79] Die Entscheidung des LG Berlin[80] hat die Entfernung von Wandfliesen in Küche und Bad aber auch darauf gestützt, dass diese nicht fachgerecht angebracht waren. Dies zeigt aber auch die Problematik, dass die Instanzgerichte durchaus zumindest über § 242 BGB die Rückbauverpflichtung in Frage stellen. Diese Frage wird sicher bei der Rückbauverpflichtung von Maßnahmen nach der Regelung zur „Barrierefreiheit" an Gewicht gewinnen; wo liegt das Interesse des Vermieters am Rückbau der rollstuhlgerecht verbreiterten Badezimmertür auf das vorherige schmalere Maß? Der Rückbau gesetzlich privilegierter Maßnahmen wird voraussichtlich differenziert beurteilt werden müssen. Bei Maßnahmen zur E-Mobilität (Einbau einer Wallbox) wird ähnlich wie bei den Maßnahmen zur Barrierefreiheit die Frage zu stellen sein, welches Interesse der Vermieter geltend machen könnte.[81] Die Anbringung eines Steckersolargerätes wird hingegen allein im Interesse des Mieters liegen, der dieses auch wieder zu entfernen hat.[82] Ob eine Rückbauverpflichtung des Mieters auch anzunehmen ist, soweit die Anbringung auf Wunsch des Mieters der vermieteten Eigentumswohnung durch die Wohnungseigentümergemeinschaft erfolgte, wird derzeit eine Einzelfallentscheidung sein. 31

Keine Rückbauverpflichtung besteht, sofern der Vormieter vertraglich die Baumaßnahme übernommen hatte, da dann der Vorteil dem Vermieter zugutekomme. Ebenfalls keine Rückbauverpflichtung besteht für Maßnahmen, die die Mietsache erst in einen vertragsgerechten Zustand versetzt haben.[83] Ebenfalls ausgeschlossen wird die Rückbauverpflichtung, sofern der Vermieter anschließend derart umbauen will, dass die Maßnahmen des Mieters dabei wieder beseitigt würden.[84] 32

6. Vermieterpfandrecht

Hier ist auf die Ausführungen in → § 26 Rn. 1 ff. dieses Buches zu verweisen. 33

III. Ansprüche des Vermieters gegen einen Untermieter oder Dritte

1. Räumung und Herausgabe

§ 546 Abs. 2 BGB gibt dem Vermieter ausdrücklich auch den Herausgabeanspruch gegen Dritte, denen der Mieter die Mietsache überlassen hat, also gegenüber dem Untermieter. Diese Möglichkeit gilt auch bei mehreren hintereinandergeschalteten Untermietverhältnissen.[85] Da der Dritte nicht zur Rückgabe verpflichtet ist, ist davon auszugehen, dass der Anspruch auf Herausgabe für den Vermieter erst mit Geltendmachung entsteht.[86] 34

---

[75] BGH NJW 1959, 2163; OLG Hamburg WuM 1990, 390; OLG Düsseldorf WuM 1990, 218; aA LG Hamburg WuM 1988, 305 für einen Badeinbau.
[76] AG Kerpen WuM 1990, 198.
[77] LG Frankfurt a. M. 1989, 562.
[78] AG Homburg WuM 2012, 674.
[79] LG Berlin GE 1989, 115.
[80] LG Berlin ZMR 1997, 243.
[81] Horst NZM 2022, 313.
[82] Föller WuM 2023, 513.
[83] OLG Düsseldorf ZMR 1990, 218; LG Köln WuM 1995, 654; OLG Düsseldorf ZMR 2012, 438.
[84] BGHZ 96, 141.
[85] OLG Hamm NJW-RR 1992, 783.
[86] LG Köln NJW-RR 1990, 1231.

35 Prozessual ist der Räumungsanspruch gegen alle Mitbesitzer der Mietsache geltend zu machen;[87] dies sind Ehegatten und Lebensgefährten. Auch volljährige Kinder werden hingegen als Besitzdiener anzusehen sein.[88] Zumindest, wenn die Volljährigkeit während des Mietverhältnisses eintritt, bleibt es bei der Besitzdienerschaft.[89] Die behördliche Anmeldung des Kindes nach Eintritt der Volljährigkeit führt zum Erfordernis eines Räumungstitels.[90]

2. Nutzungsentgelt

36 Gegenüber dem Dritten hat der Vermieter keinen Anspruch aus § 546a BGB. Es verbleibt allenfalls bei Ansprüchen aus ungerechtfertigter Bereicherung und dem Eigentümer-Besitzer-Verhältnis oder Verzug.

37 Eine Bereicherung findet jedoch nur statt, sofern eine Nutzung durch den Dritten erfolgt. Beschränkt der Dritte sich allein auf den bloßen Besitz (Innehaltung der Schlüssel), bleibt für Ansprüche aus dem Bereicherungsrecht kein Raum. Regelmäßig leitet der Untermieter sein Besitzrecht vom Mieter ab, was einen Bereicherungsanspruch ausschließt.[91] Die Bereicherung ergäbe sich aus dem objektiven Mietwert.[92]

38 Ansprüche aus dem Eigentümer-Besitzer-Verhältnis nach § 987 BGB bestehen ebenfalls nur hinsichtlich der Gebrauchsvorteile. Bei Nichträumung durch den Untermieter gibt der BGH für die Dauer einer gerichtlichen Räumungsfrist dem Vermieter eine Nutzungsentschädigung in Höhe der vom Hauptmieter bei Nichträumung geschuldeten Nutzungsentschädigung.[93]

39 Ansprüche aus Verzug setzten voraus, dass der Dritte Kenntnis von seiner Herausgabepflicht hat.

IV. Ansprüche des Mieters gegen den Vermieter

1. Wegnahme von Einrichtungen

40 Nach § 539 Abs. 2 BGB ist der Mieter berechtigt, Einrichtungen, mit denen er die Mietsache versehen hat, wegzunehmen. Der Begriff der „Einrichtung“ erfasst **bewegliche Sachen, die vorübergehend eingebracht werden.**[94]

41 **Einrichtungen sind demnach:**
- die Ölzentralheizung (BGHZ 53, 324);
- Öfen (LG München ZMR 1962, 198; LG Mannheim MDR 1969, 763);
- Teppichböden (AG Aachen WuM 1987, 123; KG ZMR 1972, 80);
- Bodenbeläge (OLG Frankfurt a. M. ZMR 1986, 358);
- zusätzliche Sicherheitsschlösser und Türspione (LG Karlsruhe WuM 1998, 22);
- vom Mieter selbst gepflanzte Bäume (OLG Köln ZMR 1994, 509).

Nicht zu Einrichtungen zählen:
- Zwischendecken und Wände;
- Heizöl im Tank des Einfamilienhauses;
- Mobiliar (BGHZ 101, 37).

Umstritten sind:
- Kücheneinrichtungen (OLG Düsseldorf MDR 1972, 147; Schmidt-Futterer/Langenberg BGB § 539 Rn. 12; aA OLG München WuM 1985, 90).

---

[87] BGH NZM 2004, 701.
[88] AA AG Berlin-Lichtenberg NZM 2006, 120.
[89] BGH NZM 2008, 400; 2012, 309.
[90] AG Wuppertal JurBüro 2011, 319.
[91] BGHZ 40, 272; LG Freiburg WuM 1989, 287.
[92] BGH ZMR 1973, 238; NJW 1974, 556.
[93] BGH 11.12.2020 – V ZR 26/20, NJW 2021, 1088.
[94] BGH NJW 1969, 40; Schmidt-Futterer/Langenberg BGB § 539 Rn. 12 f.; Gather DWW 2008, 122.

Das Wegnahmerecht des Mieters korrespondiert mit dem **Anspruch auf Entfernung durch den Vermieter.** Zunächst besteht für den Mieter die Wegnahmepflicht des § 546 BGB. Erst wenn der Vermieter die Belassung der Einrichtung verlangt, ergibt sich die Frage des Wegnahmerechts. Der Vermieter kann die Sache dann allein bei Zahlung eines angemessenen Ausgleichs erlangen, § 552 BGB, sofern nicht der Mieter ein berechtigtes Interesse an der Wegnahme hat. 42

2. Kautionsabrechnung

Hier kann auf die Ausführungen in § 38 dieses Buches verwiesen werden. Sofern noch die Betriebskostenabrechnung erfolgen muss, kann die Kautionsabrechnung angemessen terminiert werden; ggf. ist eine Teilauszahlung unter Berücksichtigung voraussichtlicher Nachforderungen zu veranlassen.[95] 43

3. Nutzungsrecht bei verspäteter Herausgabe

Wird die Mietsache vom Mieter nach Beendigung des Mietverhältnisses dem Vermieter vorenthalten, räumt der Mieter also nicht, entsteht ein gesetzliches Abwicklungsverhältnis. Der Vermieter darf weder im Wege der Selbsthilfe räumen,[96] noch Wohnungs- oder Hausschlösser austauschen. Der Mieter hat weiterhin ein Recht auf Besitz, das der Vermieter akzeptieren muss. Der Mieter darf daher auch Nebenräume (Keller, Waschküche, etc) weiterhin mitbenutzen. Der Vermieter darf die Versorgungseinrichtungen nicht unterbrechen (Heizung,[97] Gas, Wasser, Strom, Kabelfernsehen, Gemeinschaftsantenne, Fahrstuhl, etc). Bei „Luxuseinrichtungen" war dies bereits bisher umstritten.[98] Die Rechtsprechung erkennt in der Versorgungssperre keine Besitzstörung,[99] kommt aber über die Grundsätze von Treu und Glauben im Einzelfall zur Unzulässigkeit[100] zumindest, wenn der Mieter die Vorauszahlungen für die Betriebskosten leistet,[101] nicht jedoch bei Zahlungsverzug.[102] 44

Der Mieter hat aber regelmäßig keinen Anspruch mehr gegen den Vermieter auf Instandhaltung der Mietsache, selbst wenn er während des bestehenden Mietverhältnisses beispielsweise zur Beseitigung von Feuchtigkeitsschäden verurteilt wurde;[103] anders allenfalls, sofern Leben und Gesundheit gefährdet werden.[104] 45

4. Rückgabe sonstiger Mieterleistungen

Gemäß § 547 BGB sind Mietzinsvorauszahlung zu erstatten. Diese werden mit Beendigung des Mietverhältnisses fällig. Ebenfalls nach dieser Vorschrift richten sich Baukostenzuschüsse, wobei bei Wohnraum nach dem BaukZuSchG und dem WoBindG auch sogenannte verlorene Baukostenzuschüsse teilweise erstattet werden müssen. Auch Mieterdarlehen sind wie Mietzinsvorauszahlungen nach § 547 BGB zu behandeln. 46

5. Aufwendungsersatz

Während das Mietrecht ursprünglich die Unterscheidung zwischen Aufwendungen und Verwendungen machte, spricht die Regelung in §§ 536a und 539 BGB nun allein vom Aufwendungsersatz. 47

95 AG Köln Mietrechtexpress 2005, 56; einschränkend LG Berlin Mietrechtexpress 2005, 44.
96 BGH NJW-RR 2004, 493.
97 AG Miesbach WuM 1988, 57.
98 Versagend Bub/Treier MietR-HdB/Scheuer Kap. V. A. Rn. 84; zusprechend AG St. Blasien WuM 1996, 286 für Schwimmbadbenutzung.
99 BGH NJW 2009, 1947.
100 AG Oldenburg BeckRS 2013, 17954.
101 LG Frankfurt a. M. InfoM 2011, 65.
102 BGH NJW 2009, 1947.
103 LG Berlin MDR 1992, 478.
104 LG Mannheim MDR 1967, 130.

48 Während § 536a BGB den Aufwendungsersatzanspruch während des Mietverhältnisses bei Mangelbeseitigung regelt, sieht § 539 BGB vor, dass der Mieter alle anderen Aufwendungen auf die Mietsache nach den Regeln über die Geschäftsführung ohne Auftrag erstattet verlangen kann. Erfasst werden hiermit die bisher mit den Begriffen „nützliche Verwendungen" und „Luxusverwendungen" sowie „aufgedrängte Verwendung" bezeichneten Fälle. Voraussetzung ist jedenfalls die Führung eines fremden Geschäftes mit Fremdgeschäftsführungswillen durch den Mieter und die Geschäftsführung muss dem Interesse sowie dem wirklichen oder mutmaßlichen Willen des Vermieters entsprechen. Der Wille des Vermieters ist dann nicht entscheidend, wenn er die Maßnahme genehmigt hat (§ 684 BGB), wobei die Zustimmung zur Maßnahme noch keine Genehmigung darstellen muss.[105]

49 Nachdem die Rechtsprechung die überwiegende Zahl der Schönheitsreparaturklauseln für unwirksam erklärt hat, steht dem Mieter, der trotz unwirksamer Klausel die Schönheitsreparaturen ausgeführt hat, ein Aufwendungsersatzanspruch zu, der gemäß § 548 Abs. 2 BGB der kurzen Verjährungsfrist unterliegt.[106]

V. Ansprüche des Mieters gegen einen Untermieter

50 Diese Ansprüche sind mit den Ansprüchen eines Vermieters gegen seinen Mieter identisch.

VI. Checklisten zur Abwicklung

Checkliste: Abwicklung Mietverhältnis durch den Vermieter

- ☐ Mietverhältnis beendet?
- ☐ Übergabetermin vereinbart?
- ☐ Vermieterpfandrecht prüfen?
- ☐ Wahl des Beweismittels für den Zustand der Mietsache bei Übergabe (Übergabeprotokoll, Zeugen, Kamera, Fotoapparat, Sachverständiger)?
- ☐ Mietsache vollständig geräumt?
- ☐ Alle Schlüssel übergeben?
- ☐ Nutzungsentschädigung ermitteln, falls Übergabe nicht vollständig erfolgt ist?
- ☐ Räumungsklage erheben, falls Übergabe nicht vollständig erfolgt ist?
- ☐ Schönheitsreparaturen vertragsgemäß erledigt?
- ☐ Mängel der Mietsache aufgenommen?
- ☐ Einigung über Mängelbeseitigung erfolgt?
- ☐ Fristsetzung zur Mängelbeseitigung notwendig?
- ☐ Selbstständiges Beweisverfahren einleiten?
- ☐ Fristsetzung und Ankündigung der Ersatzvornahme?
- ☐ Kautionsabrechnung (ggf. Betriebskostenabrechnung berücksichtigen)?
- ☐ Abrechnung weiterer Mieterleistungen?
- ☐ Wegnahmerecht des Mieters abwenden?

Checkliste: Abwicklung Mietverhältnis durch den Mieter

- ☐ Mietverhältnis beendet?
- ☐ Übergabetermin vereinbart?
- ☐ Wahl des Beweismittels für den Zustand der Mietsache bei Übergabe (Übergabeprotokoll, Zeugen, Kamera, Fotoapparat, Sachverständiger)?
- ☐ Mietsache vollständig geräumt?

[105] OLG Karlsruhe NJW 1972, 2224; AG Lüdenscheid WuM 1988, 303.
[106] BGH NJW 2011, 777.

- ☐ Alle Schlüssel übergeben?
- ☐ Einrichtungen weggenommen?
- ☐ Entschädigungsanspruch für auf Wunsch des Vermieters zurückgelassene Einrichtungen?
- ☐ Mangel- oder Schadensbeseitigung notwendig?
- ☐ Kautionsabrechnung erfolgt (ggf. Betriebskostenabrechnung berücksichtigen)?
- ☐ Abrechnung von Aufwendungen?

§ 32 Verjährung und Verwirkung

Übersicht

Schrifttum:

Dieckmann, Verjährung des Unterlassungsanspruchs bei vertragswidrigem Mietgebrauch, NZM 2024, 521; Eckert, Die Verjährung der Aufwendungsersatzansprüche des Mieters, NZM 2008, 313; Finger, Die Verjährung nach § 558 BGB, ZMR 1988, 1; Geldmacher, Rückständige Betriebskostenvorauszahlungen und Erteilung der Betriebskostenabrechnung, NZM 2001, 921; Ghassemi-Tabar, Der Tatbestand der Verwirkung in der Gewerberaummiete, NZM 2013, 129; Heinze, Rückerstattungsanspruch bei formell unrichtigem Mieterhöhungsverlangen nach dem Wohnungsbindungsgesetz, NJW 1991, 1849; Herrlein, Die Entwicklung des Rechts der Wohnraummiete im ersten Halbjahr 2006, NJW 2006, 3393; Horst,

Repetitorium: Die (kurze) mietrechtliche Verjährung, NZM 2023, 905; Kandelhard, Die Verlängerung der Verjährung zum Ende des Mietverhältnisses Klauselvorschlag, NJW 2002, 929; Kraemer, Kaution und Mietbürgschaft nach der Mietrechtsreform, NZM 2001, 737; Lützenkirchen, Die Entwicklung des Mietrechts in der obergerichtlichen Rechtsprechung des Jahres 1996, WuM 1997, 135; Ulrich, Grundzüge des selbstständigen Beweisverfahrens im Zivilprozess, AnwBl. 2003, 78; Witt, Beginn und Ende mietrechtlicher Verjährungsvorschriften, NZM 2012, 545; Zehelein, Auf Sand gebaut: Vermieters Aufrechnung mit verjährten Ansprüchen im Kautionsrückforderungsprozess, NZM 2022, 937.

I. Verjährung

1. Allgemeines und Begriff

Verjährung begründet für den Verpflichteten das Recht, nach einem bestimmten Zeitablauf das von einem anderen verlangte Tun oder Unterlassen zu verweigern (§§ 194 Abs. 1, 214 Abs. 1 BGB). Es handelt sich um ein dauerndes Leistungsverweigerungsrecht, von dem der Schuldner Gebrauch machen kann. Im Prozess ist die Einrede zu erheben, da eine Prüfung von Amts wegen nicht erfolgt. Grundsätzlich gelten auch im Mietrecht die allgemeinen zivilrechtlichen Verjährungsvorschriften der §§ 194–218 BGB, sowohl aus Gesetzen als auch aus Vereinbarungen können sich andere insbesondere kürzere Verjährungsvorschriften ergeben. Sonderregelungen für Dauer, Beginn und Ablauf der Verjährung enthält hauptsächlich § 548 BGB. 1

Das zur Befriedigung eines verjährten Anspruchs Geleistete kann nicht zurückgefordert werden, auch dann nicht, wenn die Leistung in Unkenntnis der Verjährung erfolgte oder ein vertragsmäßiges Anerkenntnis oder eine Sicherheitsleistung des Verpflichteten vorliegt, § 214 Abs. 2 BGB. 2

Die Verjährung beruht auf den Gedanken des Schuldnerschutzes und des Rechtsfriedens. Der Schuldner soll davor bewahrt werden, noch längere Zeit nach der Abwicklung eines Geschäftes mit von ihm nicht mehr erwarteten Ansprüchen überzogen zu werden. Der Gläubiger soll veranlasst werden, rechtzeitig gegen den Schuldner vorzugehen.[1] 3

2. Miete

Der Anspruch des Vermieters auf Zahlung von **Miete** bzw. Nutzungsentschädigung gemäß §§ 535 Abs. 2, 546a, 571 BGB[2] und Zahlung von Nebenkosten verjährt gemäß §§ 195, 199 BGB in 3 Jahren. 4

Der Lauf der Verjährungsfrist beginnt gemäß § 199 Abs. 1 BGB mit dem Schluss des Jahres, in welchem die Ansprüche auf Miete und Nutzungsentschädigung fällig werden und der Gläubiger von den Anspruch begründenden Umständen und der Person des Schuldners Kenntnis erlangt oder ohne grobe Fahrlässigkeit erlangen müsste. 5

3. Rückforderung überzahlter Kostenmiete (Altförderung)

Der **Rückforderungsanspruch** des Mieters im Bereich des sozialen Wohnungsbaus, für Altfälle bis 31.12.2001, bzw. Förderfälle die noch der Kostenmiete nach dem WoBindG, der II. BV und der NMV unterliegen, wegen anfänglich überhöhter **Kostenmiete** verjährt gemäß § 8 Abs. 2 S. 3 WoBindG nach Ablauf von 4 Jahren nach der jeweiligen Leistung, spätestens jedoch nach Ablauf eines Jahres seit Beendigung des Mietverhältnisses. Die Jahresfrist gilt auch, wenn das Mietverhältnis auf Grund Eigentumsübergangs auf einen Erwerber beendet worden ist.[3] 6

---

[1] Vgl. statt vieler: BGH NJW 1995, 252 (253); NZM 2022, 908 Rn. 35 f., mwN.

[2] BGH NZM 2009, 358; Schmidt-Futterer/Lehmann-Richter BGB § 535 Rn. 926 u. Schmidt-Futterer/Streyl BGB § 546a Rn. 74.

[3] AG Solingen WuM 1998, 227 = BeckRS 1997, 11923.

7 Der Preisverstoß iSv § 8 Abs. 1 S. 1 WoBindG führt zur teilweisen Nichtigkeit und ist nach dem Wortlaut der Vorschrift auch auf eine einvernehmlich erfolgte Mieterhöhung anwendbar.

8 Davon ist die einseitige Erklärung des Vermieters gemäß § 10 WoBindG zu unterscheiden. Beruht die überhöhte Kostenmiete auf einer solchen Erklärung, war lange umstritten, ob für die Verjährung § 195 BGB aF oder § 8 Abs. 2 WoBindG maßgeblich ist. Teilweise wurde angenommen, die kurze Verjährungsfrist sei analog anzuwenden. Die Rechtsprechung hat sich der Ansicht angeschlossen, es gelte die 30-jährige Verjährung gemäß § 195 BGB aF[4] Begründet wird dies im Wesentlichen damit, dass sich § 8 Abs. 2 WoBindG nach dem eindeutigen Wortlaut nur auf Vereinbarungen beziehe. § 10 WoBindG befasse sich hingegen mit den Wirksamkeitsvoraussetzungen einer einseitigen Mieterhöhung, der rechtsgestaltende Wirkung zukomme. Wenn in dieser Vorschrift kein Rückerstattungsanspruch gesondert geregelt sei, spreche die systematische Auslegung des Gesetzes dafür, dass § 8 Abs. 2 WoBindG eine Sonderregelung enthalte und mithin eine analoge Anwendung auf eine einseitige Mieterhöhungserklärung ausscheide. Auch Zweck- und Sinnzusammenhang der Vorschriften stünden einer analogen Anwendung entgegen.[5] Folgt man dieser Argumentation, beträgt die Verjährungsfrist nunmehr nach § 195 BGB nF 3 Jahre, beginnend mit Kenntniserlangung der den Anspruch begründenden Umstände oder grob fahrlässiger Unkenntnis (§ 199 Abs. 1 BGB).

9 Entsprechendes gilt, wenn die Kostenmiete beispielsweise wegen gesunkener Zinsen zu verringern ist. Da nur die jeweils zulässige Kostenmiete verlangt werden darf, sind Ermäßigungen der Belastungen an den Mieter weiter zu geben. Geschieht dies verspätet, ist die Überzahlung gemäß § 8 WoBindG iVm § 812 BGB zu erstatten. Die Verjährung richtet sich dann ausschließlich ach BGB.

4. Auskunftsanspruch: §§ 8 Abs. 4 WoBindG, 29 NMV (Altförderung)

10 Um festzustellen, ob ein Rückforderungsanspruch besteht, hat der Mieter gegenüber dem Vermieter **Auskunftsansprüche** aus §§ 8 Abs. 4 WoBindG, 29 NMV. Richtiger Ansicht nach verjährt der Anspruch nicht schon dann, wenn etwaige Erstattungsansprüche bezüglich des Zeitraums, für den die Auskunft verlangt wird, verjährt wären.[6] Denn nach Sinn und Zweck des § 8 Abs. 4 WoBindG ist dem Mieter in jedem Falle die Möglichkeit zu geben, die Richtigkeit der zu zahlenden Miete an Hand der entsprechenden Berechnungen zu überprüfen. Dies muss auch für einen Zeitraum gelten, für den möglicherweise eine Rückforderung infolge Verjährung ausgeschlossen ist, weil mehrere Mieterhöhungen aufeinander aufbauen können. Ob die verlangte Miete zutreffend ermittelt wurde, kann in der Regel nur überprüft werden, wenn auch Berechnungen aus bereits verjährten Zeiträumen zur Verfügung gestellt werden.[7] Dies gilt jedenfalls dann, wenn der Vermieter durch bewusstes Vorspielen unwahrer Tatsachen eine höhere Kostenmiete als preisrechtlich zulässig erhalten hat.[8]

11 Im Unterschied zu § 199 BGB beginnt die Verjährungsfrist mit der jeweiligen Leistung zu laufen, also jeden Monat, § 8 Abs. 2 S. 3 WoBindG.

Für die Neuförderung nach dem WoFG im preisgebundenen Wohnraum des sozialen Wohnungsbaus seit dem 1.1.2002 gelten durchgängig die allgemeinen Verjährungsvorschriften des BGB.[9]

[4] BayObLG WuM 1985, 217 = ZMR 1985, 272; OLG Hamm NZM 1998, 152.
[5] OLG Hamm NZM 1998, 152 (153).
[6] Str., vgl. Sternel III Rn. 943 mwN; aA LG Hamburg WuM 1984, 156 u. WuM 1985, 390.
[7] AG Wuppertal WuM 1988, 431 f.
[8] AG Wuppertal WuM 1982, 328.
[9] Siehe hierzu Schmidt-Futterer/Lehmann-Richter BGB § 556 Rn. 631 ff.

5. Mietpreisüberhöhung: § 5 WiStG

12 Im Falle der **Mietpreisüberhöhung** iSv § 5 WiStG ist die Mietzinsvereinbarung insoweit nichtig, als der Mietpreis die Wesentlichkeitsgrenze übersteigt.[10] Dies ist der Fall, wenn die vereinbarte Miete den ortsüblichen Mietzins um mehr als 20 % übersteigt.

13 Die Rückforderungsansprüche des Mieters aus §§ 134, 812 Abs. 1 BGB verjähren in drei Jahren seit der jeweiligen Leistung. Entsprechendes gilt für den Anspruch aus § 823 Abs. 2 BGB iVm § 5 WiStG.[11]

6. Betriebskostenabrechnung

14 Sowohl der Anspruch des Mieters auf Auszahlung eines Abrechnungsguthabens als auch die Nachforderung des Vermieters auf Grund einer rechtzeitig erteilten und wirksamen Abrechnung verjähren binnen 3 Jahren, § 195 BGB.

15 Der Anspruch des Mieters auf Abrechnung der Betriebskostenvorauszahlungen wird 12 Monate nach Ende der Abrechnungsperiode fällig und unterliegt der dreijährigen Verjährungsfrist.[12]

16 Der Anspruch des Vermieters auf Zahlung einer Nachforderung aus einer **Betriebskostenabrechnung** entsteht mit dem Zugang der Abrechnung beim Mieter,[13] freilich ist für den Vermieter von Wohnraum von Bedeutung, dass ab Ablauf der Abrechnungsperiode auch die Ausschlussfrist des § 556 Abs. 3 S. 3 BGB zu laufen beginnt. Der Nachforderungsanspruch ist mit Zugang einer formell ordnungsgemäßen Abrechnung fällig und auszugleichen,[14] es besteht allenfalls ein Zurückbehaltungsrecht, wenn der Vermieter sich weigert, Einsicht in die Abrechnungsunterlagen zu gewähren.[15] Der Lauf der 3-jährigen Verjährungsfrist des § 195 BGB beginnt mit dem Ende des Jahres, innerhalb dessen dem Mieter die Abrechnung über die Betriebs-/Heizkosten zugeht, eine Verlängerung der Verjährungsfrist durch § 199 BGB ist grundsätzlich kaum denkbar, anders jedoch bei einem Nachberechnungsvorbehalt, hier beginnt die Verjährung nicht vor Kenntnis des Vermieters von den anspruchsbegründenden Umständen zu laufen.[16]

17 Rechtzeitig erteilt ist die Abrechnung nur, wenn sie bis zum Ablauf des zwölften Monats nach dem Ende der Abrechnungsperiode zugeht, § 556 Abs. 3 S. 2 BGB. Die Norm wurde aus dem Bereich des sozialen Wohnungsbaus übernommen.

18 Erfolgt die Abrechnung nicht innerhalb des genannten Zeitraums, ist der Vermieter mit der Nachforderung grundsätzlich ausgeschlossen, § 556 Abs. 3 S. 3 BGB bzw. § 20 Abs. 3 S. 4 NMV. Dies gilt auch für die Heizkostenabrechnung.[17] Abrechnungskorrekturen sind bei der Wohnraummiete nur innerhalb der Ausschlussfrist möglich.

19 Eine analoge Anwendung der Ausschlussfrist kommt hingegen im Gewerberaummietrecht nicht in Betracht.[18]

Wegen bereits verjährten Betriebskostennachforderungen kann sich der Vermieter nicht aus einer geleisteten Mietsicherheit befriedigen, da die Nachforderungen wiederkehrende Leistungen iSd § 216 Abs. 3 BGB darstellen.[19]

---

[10] BGH NJW 1984, 722 = WuM 1984, 68; OLG Hamburg NJW-RR 1992, 1366 = WuM 1992, 527 (Wesentlichkeitsgrenze bei erhöhten laufenden Aufwendungen).

[11] Grüneberg/Ellenberger BGB § 195 Rn. 5; Schmidt-Futterer/Börstinghaus BGB Nach § 556g Rn. 84 zu § 5 WiStG.

[12] BGH NZM 2012, 832; LG Neubrandenburg WuM 2007, 390; Schmidt-Futterer/Lehmann-Richter BGB § 556 BGB Rn. 472, zur Fristberechnung Rn. 418 f.

[13] BGH NJW 1991, 836 = WuM 1991, 150.

[14] BGH NZM 2005, 373; 2006, 340.

[15] BGH NZM 2006, 340.

[16] BGH NZM 2013, 84.

[17] Sternel MietR aktuell Rn. V 366 f.

[18] BGH NZM 2010, 240; 2011, 121; OLG Düsseldorf NZM 2008, 167 mwN.

[19] BGH NZM 2016, 762.

Praxistipp:

Unbedingt darauf achten, dass der Zugang der Abrechnung beim Mieter beweisbar ist.

20 Bestreitet der Mieter den Zugang der Abrechnung und hat er in der Folgezeit weder die Nachzahlung noch erhöhte Betriebskostenvorauszahlungen geleistet, ist die erneute Erteilung der Abrechnung durch den Vermieter nach Fristablauf nicht möglich.[20] Erfolgt die Korrektur einer unvollständigen Abrechnung nach Ablauf der Ausschlussfrist, so kann diese damit nicht umgangen werden.[21]

21 Eine Ausnahme macht das Gesetz nur, wenn der Vermieter die verspätete Geltendmachung nicht zu vertreten hat. Dies ist beispielsweise der Fall, wenn dem Vermieter die Abrechnung eines Versorgungsunternehmens nicht rechtzeitig vorlag.[22] Liegt sie vor, muss der Vermieter die Abrechnung unverzüglich, das heißt ohne schuldhaftes Zögern, erstellen, sonst ist er mit seiner Nachforderung gemäß § 556 Abs. 3 S. 3 BGB ausgeschlossen.[23] Die Nachberechnung muss spätestens 3 Monate nach Wegfall des Abrechnungshindernisses erfolgen.[24] Abrechnungskorrekturen durch einen gerichtlichen Hinweis in einem einschlägigen Rechtsstreit fallen in den Risikobereich des Vermieters, der sich nicht auf eine Verzögerung durch das Gericht berufen kann.[25]

Praxistipp:

Liegt die Abrechnung eines Energieunternehmens verspätet vor, sollte die Nebenkostenabrechnung dem Mieter spätestens innerhalb der nächsten 2 Wochen vorgelegt werden. Ratsam ist es, dem Mieter die Gründe der Verzögerung der Abrechnung während der Abrechnungsfrist mitzuteilen. Es ist auch ein Nachberechnungsvorbehalt denkbar.[26]

22 Die Ausschlussfrist hat keinen Einfluss auf den Abrechnungsanspruch des Mieters und einen Anspruch auf Auszahlung eines Abrechnungsguthabens.

23 Die Frage, ob der Vermieter die Aufrechnung etwa mit dem Kautionsrückforderungsanspruch erklären kann, wenn er die Abrechnungsfrist des § 20 Abs. 3 S. 4 NMV nicht eingehalten hat, dürfte nach Sinn und Zweck der Ausschlussfrist zu verneinen sein. In der Literatur wird hierzu vertreten, dass § 390 S. 2 BGB aF (§ 215 BGB) weder direkt noch analog anwendbar ist, wenn eine Forderung infolge Ablaufs einer Ausschlussfrist erloschen ist.[27]

24 a) **Rückforderung überzahlter Betriebskosten.** Die Verjährung differenziert dahingehend, ob es sich um preisgebundenen Wohnraum nach der Altförderung bis 31.1.2001 handelt, bzw. der Anwendung des WobindG, der II. BV und der NMV unterliegen (vier Jahre nach der Leistung bzw. spätestens ein Jahr nach Ende des Mietverhältnisses – § 8 Abs. 2 WoBindG). Es handelt sich hierbei um eine Sondervorschrift. Bei der Neuförderung gelten die Verjährungsvorschriften des BGB.

25 Bei preisfreiem Wohnraum beläuft sich die Verjährungsfrist auf 3 Jahre, wobei es auch darauf ankommt, ob unter Vorbehalt bezahlt wurde oder es sich um Kostenarten handelt, die nicht zu den umlagefähigen Betriebskosten zählen, nur hier wird die Verjährungsproblematik überhaupt relevant. Ansonsten ist die Problematik eine Frage

---

[20] AG Duisburg-Ruhrort WuM 2004, 203.
[21] AG Köln WuM 2001, 290.
[22] Grüneberg/Weidenkaff BGB § 556 Rn. 12.
[23] AG Tübingen WuM 2004, 342 (343).
[24] BGH NZM 2006, 740; 2013, 84.
[25] BGH NZM 2009, 78.
[26] Die Nachberechnung kann den Verjährungsbeginn verzögern: BGH NZM 2013, 84.
[27] Grüneberg/Ellenberger BGB § 215 Rn. 1 unter Hinweis auf BAG NJW 1968, 813; vgl. dazu auch: AG Siegburg WuM 2001, 245; ferner: Geldmacher NZM 2001, 921 (923).

der ausschlussbewehrten Abrechnungs- und Einwendungsfristen nach § 556 Abs. 3 S. 2, 3 bzw. S. 5, 6 BGB.[28]

b) Rückforderung geleisteter Vorauszahlungen. Der dreijährigen Verjährungsfrist unterliegen auch die Rückforderung periodisch geleisteter Vorauszahlungen und Betriebskostenvorschüsse denen von vornherein ein Rechtsgrund fehlte. Hierzu bezieht sich das OLG Hamm[29] auf Rechtsprechung, die zum Thema rechtsgrundlos geleisteter wiederkehrender Leistungen ergangen ist und auf dem Grundsatz beruht, dass die bereicherungsrechtliche Verjährung der vertraglichen anzugleichen ist, wenn bei der Rückabwicklung eines fehlgeschlagenen Schuldverhältnisses ein Bereicherungsanspruch wirtschaftlich an die Stelle des vertraglichen Anspruches tritt.[30] 26

Ein Rückzahlungsanspruch aller Vorauszahlungen steht dem Mieter dann zu, wenn das Mietverhältnis beendet ist und der Vermieter innerhalb der Abrechnungsfrist nicht abgerechnet hat oder nur eine formell unwirksame Abrechnung hat zukommen lassen; dieser Anspruch ist mit Ablauf der Abrechnungsfrist fällig[31] und verjährt ab da in drei Jahren.

c) Rückforderung bei Zahlung auf verspätete Abrechnung. Der Mieter, der in Unkenntnis der Abrechnungsfrist des § 556 Abs. 3 S. 3 BGB auf eine verfristete Nebenkostenabrechnung geleistet hat, kann seine Zahlung gestützt auf den Bereicherungsanspruch des § 812 Abs. 1 S. 1 Alt. 1 BGB zurückfordern. Der Anspruch verjährt nach drei Jahren, § 195 BGB. Verjährungsvorschriften sind auf die Ausschlussfrist des § 556 Abs. 3 S. 3 BGB nicht anzuwenden. § 214 Abs. 2 S. 1 BGB kann nicht analog angewendet werden.[32] Die Verjährung beginnt nach § 199 BGB erst, wenn dem Mieter die Folgen der Ausschlussfrist bekannt oder grob fahrlässig unbekannt geblieben sind. 27

7. Kaution

a) Anspruch auf Zahlung der Kaution. Der Anspruch des Vermieters auf Zahlung der Mietsicherheit verjährt in 3 Jahren.[33] Die Verjährung beginnt mit dem Schluss des Jahres in dem die Kaution fällig war. Der Anspruch auf Wiederauffüllung der Kaution nach § 240 BGB stellt einen eigenen Anspruch dar, für den eine neue Verjährungsfrist gilt.[34] 28

b) Rückzahlung der Kaution. Der Anspruch des Mieters auf **Rückzahlung der Kaution** und der Kautionszinsen verjährt ebenso gemäß § 195 BGB in 3 Jahren. Der Lauf der Verjährung beginnt mit der Fälligkeit des Rückforderungsanspruchs des Mieters.[35] 29

Ein 3 Monatsmieten übersteigender Kautionsbetrag ist zwar teilnichtig und der Vermieter ungerechtfertigt bereichert, der Rückzahlungsanspruch vor Vertragsende soll jedoch der dreijährigen Verjährung seit Ablauf des Jahres der Leistung unterliegen.[36]

c) Fälligkeit. Der Rückzahlungsanspruch wird **fällig,** wenn eine angemessene Überlegungsfrist abgelaufen ist und dem Vermieter keine Forderungen aus dem Mietverhältnis mehr zustehen.[37] Die Frage, innerhalb welcher Frist über die Kaution abzurechnen ist, war umstritten. Teilweise wurde vertreten, dass die Frist für den Vermieter 3 Monate beträgt.[38] Nach anderer Auffassung war die Abrechnung spätestens 6 Mona- 30

[28] BGH NZM 2011, 242.
[29] OLG Hamm NJW-RR 1996, 523.
[30] BGH NJW 1986, 2564 f.; vgl. ferner: Lützenkirchen WuM 1997, 135 (141).
[31] BGH NZM 2005, 373.
[32] BGH NJW 2006, 903 (904) = NZM 2006, 222.
[33] KG NZM 2009, 743; Schmidt-Futterer/Flatow BGB § 551 Rn. 53.
[34] LG Bochum WuM 2011, 563.
[35] BGH NZM 2016, 762; Schmidt-Futterer/Flatow BGB § 551 Rn. 90; Sternel MietR aktuell Rn. III 200; OLG Düsseldorf NZM 2005, 783.
[36] BGH NZM 2011, 625.
[37] BGH NZM 2016, 762.
[38] LG Köln WuM 1984, 109; LG Berlin GE 1997, 1473: mindestens 3 Monate.

te nach Beendigung des Mietverhältnisses vorzunehmen.[39] Der BGH will dem Vermieter je nach Umständen des Einzelfalles mehr als 6 Monate Zeit geben, um über die Kaution abzurechnen.[40] Jedenfalls gibt es keine feste Abrechnungsfrist.[41] Die Abrechnungsfrist kann sich einerseits erheblich verzögern, wenn noch über Betriebskosten abzurechnen ist, die erst im Folgejahr abgerechnet werden können, andererseit aber auch verkürzen, wenn der Vermieter alsbald feststellen kann, welche Ansprüche ihm gegen den Mieter zustehen.[42]

31 d) **Aufrechnung.** Macht der Mieter seinen Kautionsrückforderungsanspruch geltend, kommt es häufig zur **Aufrechnung** des Vermieters. Gemäß § 390 S. 2 BGB aF bzw. § 215 BGB schließt die Verjährung die Aufrechnung grundsätzlich nicht aus, wenn die verjährte Forderung zu der Zeit, zu welcher sie gegen die andere Forderung aufgerechnet werden konnte, noch nicht verjährt war. Eine Ausnahme für Ansprüche des Vermieters lässt sich dem Gesetz nicht entnehmen. Die Aufrechnung des Vermieters greift nicht, wenn der Mieter schon vorher seinen fälligen Rückzahlungsanspruch gegen eine andere, unverjährte Forderung des Vermieters wirksam aufgerechnet hat.[43] Aus der Vereinbarung über die Gestellung einer Kaution ergibt sich kein stillschweigender Ausschluss der Aufrechnungsmöglichkeit.[44]

32 Sind die Forderungen des Vermieters verjährt, ist zu differenzieren: Bei der Barkaution ist die Aufrechnung dann unproblematisch, wenn eine Aufrechnungslage bestand. Eine solche Aufrechnungslage soll nicht bestehen, wenn dem Vermieter Schadensersatzansprüche wegen Beschädigungen der Mietsache primär nach § 249 Abs. 2 S. 1 BGB ein Anspruch auf Naturalrestitution zusteht, der durch Ausübung der Ersetzungsbefugnis dazu führt, dass ein Geldbetrag geschuldet ist. Wird diese Ersetzungsbefugnis nicht innerhalb unverjährter Zeit (§ 548 BGB) ausgeübt, ist der Geldanspruch verjährt, da während unverjährter Zeit keine Gleichartigkeit der Ansprüche nach § 397 BGB und damit keine Aufrechnungslage vorliegen würde.[45] Dieser Meinung ist nunmehr freilich der BGH mit Urteil vom 10.7.2024 entgegen getreten.[46]

33 Ist die Kaution in Form einer **Bankbürgschaft** erbracht worden, gilt: Bürge und Mieter oder Pächter sind nicht gehindert, sich auf die Verjährung der durch die Bürgschaft gesicherten Ansprüche zu berufen. Eine analoge Anwendung des § 215 BGB dürfte ausscheiden, jedenfalls wurde dies zu § 390 S. 2 BGB aF entschieden.[47] Ist die Gegenforderung des Vermieters verjährt und wird die Zahlung verweigert, so kann der Vermieter weder den Mieter auf Zustimmung zur Auszahlung der Bürgschaftssumme in Anspruch nehmen noch ist der Anspruch gegen den Bürgen selbst durchsetzbar. Der Vermieter ist verpflichtet, die Kautionsbürgschaftsurkunde herauszugeben, grundsätzlich an den Bürgen.[48]

34 Selbst ein Titel gegen den Bürgen ändert nichts daran, dass hinsichtlich der Hauptschuld Verjährung eintreten kann.[49] Der Bürge kann sich dann sogar noch nach seiner rechtskräftigen Verurteilung zur Zahlung an den Vermieter auf die Einrede der Verjährung der Hauptschuld berufen und Vollstreckungsabwehrklage erheben.[50]

---

[39] OLG Karlsruhe NJW-RR 1987, 720; LG München I WuM 1996, 541; LG Berlin GE 1998, 1397; ZMR 1999, 762.
[40] BGH NJW 1987, 2372 = WuM 1987, 310.
[41] BGH NJW 2006, 1422; Herrlein NJW 2006, 3393 (3394).
[42] Zum Meinungsstand Schmidt-Futterer/Flatow BGB § 551 Rn. 82, mit zahlreichen weiteren Nachweisen.
[43] Kraemer NZM 2001, 737 (741) mwN.
[44] BGH NJW 1987, 2372.
[45] Zehelein NZM 2022, 937; AG Ludwigsburg WuM 2022, 606 (608); KG 2.12.2019 – 8 U 104/17, BeckRS 2019, 36788; aA Schmidt-Futterer/Flatow BGB § 551 Rn. 86.
[46] BGH 10.7.2024 – VIII ZR 184/23, NZM 2024, 751.
[47] BGH NJW 1998, 981 = WuM 1998, 224.
[48] BGH NZM 2004, 907 (909).
[49] Vgl. dazu: BGH NJW 1998, 2972; AG Starnberg NZM 2001, 378.
[50] BGH NJW 1999, 278; Schmidt-Futterer/Flatow BGB § 551 Rn. 86 am Ende.

Praxistipp:
Prüfen, ob gegen den Bürgen und den Mieter zwei Prozesse geführt werden müssen. Unter Umständen muss zur Verjährungshemmung dem Bürgen der Streit verkündet werden.

8. Sonstige Ansprüche

Der Anwendungsbereich des § 548 BGB erfasst Miet-, Pachtverträge (§ 581 Abs. 2 BGB), Landpachtverträge (§ 591b BGB) und Leihverhältnisse (§ 606 BGB) sowie den Kauf auf Probe (§ 454 BGB).[51] 35

a) **Ansprüche des Vermieters.** Nach § 548 Abs. 1 BGB verjähren die Ansprüche des Vermieters wegen **Veränderungen oder Verschlechterungen der Mietsache** in 6 Monaten. Der Begriff ist nach herrschender Auffassung weit auszulegen, er umfasst solche Ansprüche, die aus dem (vertragswidrigen) Zustand der Mietsache abgeleitet werden. Darunter fallen vertragliche und gesetzliche Ansprüche, solange sie auf dem gleichen Sachverhalt beruhen, gleichgültig ist es auch, ob es sich um eine Haupt- oder Nebenpflichten handelt.[52] 36

aa) Anwendbarkeit. Keine Anwendung findet § 548 BGB: 37

- Nach dem Gesetzeswortlaut auf **Personenschäden.**
- Nur bei völliger **Vernichtung und Untergang** der Mietsache greift die regelmäßige Verjährungsfrist ein.[53] Etwas anderes gilt, wenn das Mietobjekt nicht vollständig zerstört ist. Sind noch Teile der Mietsache vorhanden, beurteilt sich die Frage der Verjährung nach § 548 BGB.[54] Das gilt auch im laufenden Mietverhältnis, insoweit ist eine analoge Anwendung geboten.[55]
- Es genügt nicht, dass der Schaden auf eine Verletzung mietvertraglicher Obhutspflichten zurückzuführen ist; der Schaden als solcher muss einen hinreichenden Bezug zum Mietobjekt haben. Voraussetzung für die Anwendbarkeit des § 548 Abs. 1 BGB ist also, dass es sich um Schäden handelt, die entweder an der Mietsache selbst oder an anderen Sachen des Vermieters entstanden sind.[56] Letzteres soll ausdrücklich auch gelten, wenn die Beschädigung an einer Sache eintritt, die sich auf einem ebenfalls dem Vermieter gehörenden Nachbargrundstück befindet.[57]
- Auf mietvertragliche **Erfüllungsansprüche** des Vermieters findet § 548 Abs. 1 BGB keine Anwendung, also auf die Zahlung der Miete oder wirtschaftlich an Stelle des Anspruchs auf Miete treten (Nutzungsentschädigung nach § 546a BGB),[58] gleiches gilt für damit konkurrierende bzw. ergänzende Ansprüche aus Schadensersatz, ungerechtfertigter Bereicherung oder Eigentümer-Besitzer-Verhältnis. Weitere Zahlungsansprüche auf Nachzahlungen von Betriebskostenabrechnungen, Leistung der Kaution und ihre Wiederauffüllung.
- Der aus § 541 BGB folgende Anspruch auf Unterlassung eines vertragswidrigen Gebrauchs der Mietsache.[59] Der Anspruch verjährt in drei Jahren, die Verjährung

---

[51] Grüneberg/Weidenkaff BGB § 548 Rn. 5; Schmidt-Futterer/Streyl BGB § 548 Rn. 4 ff.
[52] BGH NJW 1993, 2797 (2798) = WuM 1993, 535; NZM 2021, 560 Rn. 11; Fälle mit Lösungen bei Horst NZM 2023, 905.
[53] BGH NJW 1981, 2406 (2407) = WuM 1981, 956; NJW 2006, 2399 = NZM 2006, 234.
[54] BGH NJW 2006, 2399 = NZM 2006, 234 mit zahlreichen weiteren Nachweisen.
[55] BGH NJW 1986, 2103 = WuM 1986, 276.
[56] BGH NJW 1994, 251 = WuM 1994, 20; vgl. dazu auch: BGH NJW 2000, 3203 = WuM 2000, 419.
[57] BGHZ 86, 71 (81).
[58] BGH NJW 2009, 1488 = NZM 2009, 358.
[59] BGH NZM 2019, 143 Rn. 28.

beginnt allerdings im laufenden Mietverhältnis solange nicht, solange der Eingriff bzw. die zweckwidrige Nutzung andauert.[60]

- Der schuldrechtliche Anspruch auf Rückgabe der Mietsache nach § 546 Abs. 1 BGB einschließlich des Zubehörs.[61]
- Ausgleichsansprüche des Gebäudeversicherers gegen den Haftpflichtversicherer, da es sich nicht um den übergegangenen Anspruch des Vermieters gegen den Mieter handelt.[62] Anspruch des Untervermieters gegen den Untermieter auf Freistellung von einem Schadensersatzanspruch des Vermieters gegen den Mieter/Untervermieter wegen unterlassener Schönheitsreparaturen.[63]
- Der Bereicherungsanspruch aus § 812 Abs. 1 S. 2 BGB auf Rückzahlung eines verlorenen Baukostenzuschusses fällt nicht unter § 548 BGB.[64]
- Ansprüche wegen vorsätzlicher sittenwidriger Schädigung des Vermieters nach § 826 BGB sind dem Privileg der kurzen Verjährungsfrist nicht unterworfen,[65] wohl aber sonstige konkurrierende Ansprüche aus (auch vorsätzlicher) unerlaubter Handlung.[66]

Zu der weitergehenden Vielzahl von nicht von § 548 Abs. 1 BGB erfassten Ansprüchen wird auf die Kasuistik in den entsprechenden Kommentaren verwiesen.[67]

38 *bb) Zurückerhalten der Mietsache.* Gemäß § 548 Abs. 1 S. 2 BGB beginnt die Verjährungsfrist der Ansprüche des Vermieters mit dem Zeitpunkt, in dem er die Sache zurückerhält, und zwar unabhängig davon, ob das Mietverhältnis beendet ist oder nicht.[68] Da § 548 Abs. 1 BGB eine Sonderregelung enthält, die der allgemeinen Regelung in § 199 Abs. 3 S. 1 Nr. 2 BGB vorgeht, kann Anspruchsverjährung vor Rückgabe nicht eintreten, auch wenn das den Schaden auslösende Ereignis schon länger als 30 Jahre zurückliegt.[69] Um zu verhindern, dass die Ersatzansprüche des Vermieters vor Mietende verjähren, wenn er die Mietsache vorzeitig zurückerhält, kann der Vermieter einen sofort fälligen Anspruch auf Zahlung eines Vorschusses in Höhe der erforderlichen Renovierungskosten einklagen. Leistungs- und Feststellungsklage sind zulässig.[70] **Zurückerhalten** hat der Vermieter die Mietsache dann, wenn er nach Aufgabe des unmittelbaren Besitzes durch den Mieter selbst den unmittelbaren Besitz wieder eingeräumt bekommen hat. Das ist nicht schon der Fall, wenn der Mieter durch Auszug aus der Wohnung deren Besitz endgültig aufgegeben hat, sondern erst in dem Augenblick, in dem der Vermieter freien Zugang zu der Mietsache erhalten hat. Denn erst dann ist der Vermieter in der Lage, die Mietsache auf etwaige Mängel hin zu überprüfen. Der BGH[71] stellt grundsätzlich darauf ab, dass der Vermieter in die Lage versetzt wird bzw. die Möglichkeit hat, sich „ungestört" ein umfassendes Bild von dem Zustand der Sache zu machen und die Mietsache auf Mängel oder Veränderungen zu untersuchen. Ein freier Zutritt noch während des Besitzes des Mieters genügt nicht,[72] genau so wenig wie der Einwurf der Wohnungsschlüssel in den eigenen Briefkasten des Mieters bei verweigerter Schlüsselrückgabe vor Mietende „auf Zuruf".[73] Auf die Frage, zu welchem Zeitpunkt

[60] Dieckmann NZM 2024, 521 ff. (523) mit weiteren Nachweisen. Schmidt-Futterer/Flatow BGB § 541 Rn. 14.
[61] Schmidt-Futterer/Streyl BGB § 548 Rn. 64 mwN, kritisch bei Zubehör.
[62] BGH NZM 2010, 450 (452).
[63] OLG München WuM 1995, 532 (533).
[64] OLG Düsseldorf NZM 2001, 1093.
[65] BGH NJW 2001, 2253 (2254) = NZM 2001, 668; Schmidt-Futterer/Streyl BGB § 548 Rn. 22.
[66] BGH NJW 2010, 2652 u. NZM 2006, 624.
[67] Schmidt-Futterer/Streyl BGB § 548 Rn. 13 ff., 64; Sternel MietR aktuell Rn. XIII 186 ff.
[68] BGH NJW 2006, 1588 = NZM 2006, 503 = WuM 2006, 319; BGH NJW 2012, 144 = NZM 2012, 21; NZM 2019, 408 Rn. 12; OLG Celle ZMR 1969, 283; OLG Köln WuM 1988, 22.
[69] BGH NZM 2022, 908 Rn. 35.
[70] BGH NJW 2006, 1588 = WuM 2006, 319; mit grundlegenden Hinweisen zur Vorgehensweise.
[71] BGH WuM 2004, 21; 1994, 328; NJW 1991, 2416 = WuM 1991, 550; BGH NJW 1986, 2103 = WuM 1986, 276.
[72] BGH NJW 1991, 2416 (2418); 2000, 3203 (3206).
[73] BGH NJW 2012, 144 = NZM 2012, 21.

der Vermieter die Veränderung oder Verschlechterung der Mietsache erkennen konnte, kommt es nicht an.[74]

Gibt der Mieter die Mietsache **einseitig auf** und ist es dem Vermieter ohne weiteres möglich, das Mietobjekt auf Verschlechterungen hin zu prüfen, so verjähren Schadensersatzansprüche von dem Zeitpunkt an, in dem der Vermieter Kenntnis von der Besitzaufgabe erhält.[75] 39

Besteht die Mietsache aus mehreren Teilen, welche wirtschaftlich getrennt nutzbar sind, kann es zu einem unterschiedlichen Verjährungsbeginn kommen, grundsätzlich wird freilich der Verjährungsbeginn erst nach vollständiger Rückgabe in Betracht kommen.[76] 40

Unmittelbaren Besitz erhält der Vermieter grundsätzlich durch Übergabe aller Schlüssel,[77] einschließlich selbst beschaffter Zusatzschlüssel.[78] Im Einzelfall kann allerdings die Rückgabe nur eines von mehreren Wohnungsschlüsseln für die Rückgabe der Wohnung ausreichend sein und die Verjährungsfrist in Gang setzen, maßgeblich kommt es nicht auf den Besitz an den Schlüsseln an, sondern auf den Besitz an der Mietsache an.[79] 41

Alleine die Besitzaufgabe des Mieters an der Mietsache ist nicht ausreichend, um eine Veränderung der Besitzverhältnisse zugunsten des Vermieters zu bewirken, vielmehr muss der Vermieter in die Lage versetzt werden, die unmittelbare Sachherrschaft auszuüben. Werden die Schlüssel an eine vom Vermieter bevollmächtigte Person übergeben, steht dies einer Rückgabe an den Vermieter gleich. Ohne ausdrückliche Beauftragung reicht die Rückgabe an den Hauswart nicht, an den Prozessbevollmächtigen des Vermieters freilich schon.[80] 42

Die für den Beginn der Verjährungsfrist des § 548 Abs. 1 BGB maßgebende Rückübertragung des Besitzes an den Vermieter kann darin bestehen, dass der Mieter die Schlüssel zur Wohnung in den Briefkasten des Vermieters einwirft, auch wenn diese Art der Besitzaufgabe nicht den vertraglichen Vereinbarungen entspricht; gleichwohl ist hierin eine Veränderung der Besitzverhältnisse zu sehen.[81] Freilich kommt es auf die Umstände des Einzelfalles an, insbesondere auf den Willen den Besitz der Mietsache aufzugeben, der auch durch konkludentes Verhalten zum Ausdruck kommen kann, wie auch auf die Möglichkeit des Vermieters, hiervon Kenntnis zu nehmen. 43

Keinen Einfluss auf den Lauf der Verjährungsfrist hat es freilich, wenn nach endgültiger Besitzaufgabe durch den Mieter dieser im Einverständnis mit dem Vermieter einen Schlüssel behält, um noch Schönheitsreparaturen auszuführen, sonstigen Pflichten nachzukommen oder die Mietsache Mietinteressenten zeigt.[82] 44

Wird aus einem Räumungstitel die Zwangsvollstreckung betrieben und die Mietsache geräumt, so erlangt der Vermieter die Herrschaft über die Sache zurück, so dass die Verjährungsfrist damit beginnt.[83] Dies gilt nicht bei der Vollstreckung aus einem vorläufig vollstreckbaren Urteil, da eine Erfüllung erst mit Rechtskraft eintritt.[84] 45

Befindet sich der Vermieter im **Annahmeverzug** mit der Rücknahme der Mietsache, beginnt die Verjährung mit Verzugseintritt. Dies setzt allerdings voraus, dass der Mieter den Vermieter in die Lage versetzt hat, die Mietsache ungestört zu untersuchen, also den Besitz aufgegeben hat oder der Vermieter sich selbst dieser Möglichkeit begeben hat, 46

[74] OLG Frankfurt a. M. WuM 2001, 397 = ZMR 2001, 707.
[75] BGH NJW 1991, 2416; 2000, 3203; 2006, 2399; 2014, 684 = BeckRS 2013, 20415; Schmidt-Futterer/Streyl BGB § 548 Rn. 36.
[76] Siehe hierzu Schmidt-Futterer/Streyl BGB § 548 Rn. 41; hierzu auch BGH NJW 2006, 2399 (2401).
[77] OLG Hamburg WuM 2004, 471; OLG Hamm NZM 2003, 26.
[78] Schmidt-Futterer/Streyl BGB § 546 Rn. 28 u. 34, mit weiteren Nachweisen.
[79] OLG Brandenburg NZM 2000, 463; KG ZMR 2012, 693; Sternel MietR aktuell Rn. XIII 9 f.
[80] So jedenfalls LG Hannover NZM 1998, 627.
[81] LG Mannheim DWW 1995, 86.
[82] Schmidt-Futterer/Streyl BGB § 546 Rn. 28 mwN.
[83] LG Köln ZMR 1980, 318 (319).
[84] Schmidt-Futterer/Streyl BGB § 546 Rn. 29.

indem er einen vereinbarten Rückgabetermin nicht wahrgenommen oder die Rücknahme der Mietsache wegen nicht ordnungsgemäßem Zustand verweigert.[85]

47 *cc) Einzelfälle. (1) Renovierung.* Hauptanwendungsfall des § 548 Abs. 1 BGB ist die Problematik des Schadensersatzes wegen nicht bzw. schlecht durchgeführter Renovierungsarbeiten nach Mietende.

48 Es kann hierbei zunächst um einen Erfüllungsanspruch (nicht zu verwechseln mit dem Erfüllungsanspruch als Gegenleistung des Mieters für die Gebrauchsüberlassung aus § 535 Abs. 2 BGB) aus wirksam übernommenen mietvertraglichen Verpflichtungen zB zur Durchführung von Schönheitsreparaturen gehen, der sich nur bei Einhaltung des Verfahrens nach § 281 Abs. 1 BGB in einen Schadensersatzanspruch umwandelt.[86] Für beide Ansprüche beginnt die Verjährung einheitlich nach § 548 Abs. 1 S. 2 BGB mit dem Rückerhalt der Mietsache, auch wenn sich eine Geltendmachung des Schadensersatzanspruchs durch die Einräumung einer Nacherfüllungsmöglichkeit verzögert.[87]

49 Davon sind Ansprüche des Vermieters zu unterscheiden, die darauf beruhen, dass der Mieter die Grenzen des vertragsgemäßen Gebrauchs überschritten hat oder seine Obhutspflicht verletzt hat, so dass sich ein Anspruch aus § 280 Abs. 1 S. 1 BGB ergibt, sofern der Mieter schuldhaft handelte. In diesem Fall muss das Verfahren nach § 281 BGB nicht eingehalten werden, vielmehr erwächst dem Vermieter ein unmittelbarer Schadensersatzanspruch aus § 249 BGB. Im Einzelfall ist die Abgrenzung möglicherweise schwierig. Zu beachten ist freilich, dass der Mieter nach § 538 BGB für Veränderungen und Verschlechterungen der Mietsache nicht einzustehen hat, die durch vertragsgemäßen Gebrauch entstehen.[88] Stichwortartig sei erwähnt: übermäßige Anzahl von Dübellöcher; Raucherwohnung.[89]

Praxistipp:

Vor einem klageweisen Vorgehen gegen den Mieter wegen Schäden, übermäßigen Abnutzungen, nicht oder schlecht durchgeführten Renovierungen etc immer eine Nachfrist setzen.
Keine Nachfrist erforderlich:
§ 283 Abs. 1 BGB iVm § 280 Abs. 1 BGB > § 275 Abs. 1–3 BGB
§ 282 Abs. 1 BGB iVm § 280 Abs. 1 BGB.

50 Die Fristsetzung ist gemäß § 281 Abs. 2 BGB entbehrlich, wenn der Mieter die Ausführung der Schönheitsreparaturen ernsthaft und endgültig verweigert hat. Daran sind strenge Anforderungen zu stellen.[90] Der bloße Auszug des Mieters reicht ebenso wenig aus[91] wie die Erklärung über rechtliche Zweifel an der Schönheitsreparaturverpflichtung.[92]

Praxistipp:

Bestehen Zweifel, ob eine endgültige Erfüllungsverweigerung vorliegt: Nachfrist setzen!

---

[85] Schmidt-Futterer/Streyl BGB § 548 Rn. 42, § 546 Rn. 30, 77; OLG München ZMR 2010, 285, OLG Brandenburg BeckRS 2018, 14979.

[86] Schmidt-Futterer/Streyl BGB § 546a Rn. Rn. 81 ff.

[87] BGH NJW 2005, 739; 2006, 1588 = NZM 2006, 503; hierzu auch Horst NZM 2023, 905 (909), Fall 4.

[88] Schmidt-Futterer/Lehmann-Richter BGB § 538 Rn. 11; zahlreiche Einzelfälle in Lehmann-Richter BGB § 538 Rn. 33 ff.

[89] BGH NJW 2006, 2915 = NZM 2006, 691.

[90] BGH NJW 1988, 1778; ausführlich hierzu Schmidt-Futterer/Streyl BGB § 546a Rn. 84; Grüneberg/Grüneberg BGB § 281 Rn. 14 ff.

[91] OLG Hamburg WuM, 1992, 70.

[92] LG München I WuM, 1993, 346.

Der Schadensersatzanspruch gemäß § 280 Abs. 1 BGB tritt neben den Erfüllungsanspruch. Erst wenn der Vermieter tatsächlich Schadensersatz verlangt, ist gemäß § 281 Abs. 4 BGB der Anspruch auf die Leistung ausgeschlossen. Folglich kann der Mieter, selbst wenn die Nachfrist verstrichen ist, immer noch renovieren. Da es sich bei Schadensersatz einerseits und Erfüllung andererseits um unterschiedliche Streitgegenstände handelt, sind die daraus resultierenden Ansprüche bei Klageerhebung zur Unterbrechung der Verjährung geltend zu machen.[93] Am Verjährungsbeginn und der einheitlichen Verjährung der Ansprüche nach § 548 Abs. 1 BGB ändert sich hierdurch nichts. 51

Haben die Vertragspartner die ursprünglich vereinbarte Pflicht des Mieters zur Renovierung der Mietsache später einverständlich dahingehend abgeändert, dass stattdessen der Mieter den für die Renovierung erforderlichen Geldbetrag zu zahlen hat, so unterliegt dieser Zahlungsanspruch ebenfalls der kurzen Verjährungsfrist des § 548 Abs. 1 BGB.[94] 52

(2) Nebenansprüche. Zu einem Ersatzanspruch gehören nach dem Grundsatz der Schadenseinheit nicht nur der Hauptanspruch, sondern auch alle damit verbundenen Nebenansprüche, wie der **Mietausfallschaden,** dessen Darlegung und Beweis immer sehr problematisch ist,[95] die ebenfalls der Verjährung nach § 548 Abs. 1 BGB unterliegen (§ 217 BGB). Der kurzen Verjährungsfrist unterfallen freilich nur die Mietausfallschäden, die auf der Verletzung von Rückgabepflichten (Schlechterfüllung) beruhen. 53

Davon zu unterscheiden sind Ansprüche auf Nutzungsentschädigung nach § 546a BGB wegen Vorenthaltung der Mietsache, die nicht § 548 Abs. 1 BGB unterfallen (Nichterfüllungsschaden). 54

Der kurzen Verjährungsfrist unterliegen weitere Nebenansprüche, wie Ersatz der Sachverständigenkosten zur Feststellung eines Schadens, Verzugsschaden und Rechtsverfolgungskosten.

dd) Weitere Einzelfälle

- Culpa in contrahendo (§ 311 Abs. 2 BGB)[96] und positive Vertragsverletzung.[97] 55
- Schlechter Dekorationszustand, insbesondere nicht oder schlecht ausgeführte Schönheitsreparaturen.[98]
- Schadensersatzansprüche, die aus Beschädigung der Mietsache durch vertragswidrigen Gebrauch herrühren,[99] wie zB Beschädigung mitvermieteter Teile[100] oder Zubehör.
- Ansprüche betreffend Schäden an Gegenständen, die im Alleinbesitz des Vermieters stehen.[101]
- Ansprüche des Vermieters auf Wiederherstellung des früheren Zustandes der Mietsache, auf Beseitigung von Einrichtungen und Umbauten.[102] Rekultivierungsmaßnahmen sind einer vertraglich geschuldeten Wiederherstellung des ursprünglichen Zustandes der Mietsache gleichzustellen.[103] Auf die Kenntnis des Vermieters vom Zurückbleiben der Einrichtungen des Mieters soll es nicht ankommen.[104]

---

[93] BGH NJW 1988, 1778; OLG Hamburg WuM 1998, 17 = NZM 1998, 403 (Ls.); LG Baden-Baden WuM 2001, 603.
[94] OLG Düsseldorf NJW-RR 1991, 208 und ZMR 1994, 402 (410).
[95] Schmidt-Futterer/Streyl BGB § § 546a Rn. 96 ff.
[96] BGH NJW 2006, 1963; Schmidt-Futterer/Streyl BGB § 548 Rn. 23.
[97] LG Kiel WuM 1996, 618.
[98] BGH NJW 2006, 1588; NJW 2012, 3031 Rn. 31; OLG Düsseldorf NZM 2006, 866.
[99] BGH NJW 1980, 389; OLG Düsseldorf NZM 2006, 866.
[100] LG Berlin ZMR 1988, 63 (64).
[101] BGH NJW 1986, 2103 = WuM 1986, 276.
[102] BGH NJW 1988, 1778; 2006, 1588.
[103] OLG Nürnberg JurBüro 2002, 500.
[104] OLG Düsseldorf DWW 1993, 138.

- Ansprüche wegen unterlassener Wiederherstellung des ursprünglichen Zustandes nach Wegnahme einer Einrichtung;[105] oder eines vertraglich übernommenen, bei Rückgabe vorhandenen Umbauzustandes.[106]
- Verletzung von Obhuts- und Fürsorgepflichten.[107]
- Verletzung der Anzeigepflicht des § 536c BGB.[108]
- Geschäftsführung ohne Auftrag.[109]
- Ansprüche aus unerlaubter Handlung.[110] Dies gilt auch für Hilfspersonen des Mieters oder Personen, die in den Schutzbereich des Mietvertrages einbezogen sind, wenn ein Schaden des Vermieters aus unerlaubter Handlung gegenüber diesen Personen direkt geltend gemacht wird. Auch sie können sich auf die kurze Verjährungsfrist berufen.[111] Voraussetzung ist jedoch eine enge wirtschaftliche Verflechtung zwischen Eigentümer und Vermieter oder bei Gestattung der Vermietung durch den Eigentümer, dann ist § 548 BGB analog anzuwenden, dies gilt nicht für Ansprüche einer WEG gegen den Mieter wegen Beschädigung des Gemeinschaftseigentums.[112]
- Da es auf ein Verschulden des Mieters nicht ankommt, greift § 548 Abs. 1 BGB auch bei vorsätzlicher Beschädigung der Mietsache durch den Mieter. Dies gilt nicht bei einer sittenwidrigen Schädigung iSv § 826 BGB.[113]
- Ansprüche aus ungerechtfertigter Bereicherung.[114]
- Ansprüche aus Eigentum, insbesondere Beseitigungs- und Unterlassungsanspruch gemäß § 1004 BGB.[115]
- Ansprüche aus § 22 WHG.[116]
- Für Ansprüche nach dem Haftpflichtgesetz[117] gilt § 548 BGB entsprechend.
- Ansprüche des Verpächters auf Auskehr einer Milchaufgabevergütung.[118]
- Sogar Ansprüche des Vermieters im bestehenden Mietverhältnis sollen der kurzen Verjährung unterliegen, wenn er das teilzerstörte Mietobjekt vorübergehend zurückerhalten hat, um es wiederherzustellen.[119]

56 *ee) Allgemeiner Hemmungstatbestand: Verhandlungen der Mietparteien.* § 203 BGB sieht die Hemmung der Verjährung bei Verhandlungen ausdrücklich vor. Der Begriff der Verhandlungen ist weit auszulegen. Darunter ist jeder Meinungsaustausch über den Schadensfall zwischen dem Berechtigten und dem Verpflichteten zu verstehen, wenn nicht sofort erkennbar die Verhandlungen über die Ersatzpflicht oder jeder Ersatz abgelehnt werden.[120] Es wurde schon als ausreichend angesehen, wenn der Schuldner den Eindruck erweckte, dass er die Argumente des Gläubigers einer näheren Überprüfung unterziehe. Das kann zB durch eine Anfrage des Schuldners geschehen, ob und gegebenenfalls welche Ansprüche geltend gemacht werden sollen[121] oder zur Aufklärung des Sachverhaltes beizutragen, wenn der Gläubiger ihn näher darlegen.[122] Nicht erforderlich ist, dass eine Vergleichsbereitschaft oder eine Bereitschaft zum Entgegen-

[105] BGH NJW 1970, 1182.
[106] BGH NZM 2021, 560.
[107] BGH NJW 1964, 545.
[108] Schmidt-Futterer/Streyl BGB § 548 Rn. 19.
[109] BGH NJW 1987, 187 = WuM 1987, 22; OLG Karlsruhe NJW-RR 1994, 594.
[110] Schmidt-Futterer/Streyl BGB § 548 Rn. 22 mwN.
[111] Schmidt-Futterer/Streyl BGB § 548 Rn. 28.
[112] BGH NJW 2011, 2717. Kritisch Schmidt-Futterer/Streyl BGB § 548 Rn. 30.
[113] BGH NJW 1993, 2797; 2001, 2253 zur vergleichbaren Vorschrift für die Landpacht.
[114] BGH NJW 1987, 187.
[115] BGH NJW 1997, 1983 = WuM 1997, 372.
[116] BGH NJW 1987, 187.
[117] OLG Karlsruhe NJW-RR 1994, 594.
[118] BGH NJW-RR 2001, 194.
[119] BGH NJW 1986, 2103 = WuM 1986, 276.
[120] BGH NJW 2004, 1654; 2007, 65; Grüneberg/Ellenberger BGB § 203 Rn. 2; Horst NZM 2023, 905 (913) f., mit zahlreichen Einzelfällen.
[121] BGH NJW 2001, 1723.
[122] BGH NJW-RR 2001, 1168.

kommen signalisiert wird. Führen die Parteien einen Musterprozess, so muss ein Stillhalteabkommen bezüglich weiterer, nicht rechtshängiger Ansprüche ausdrücklich vereinbart werden, da diese sonst verjähren können.[123] Wann Verhandlungen enden, ist eine Frage des Einzelfalles, grundsätzlich erfordern sie ein doppeltes „Nein", nämlich zum Anspruch und zu weiteren Gesprächen hierüber.[124] Nach dem Ende der Hemmung tritt Verjährung gemäß § 203 S. 2 BGB frühestens nach drei Monaten ein.

Praxistipp:

Verhandlungen dokumentieren! Als Mieteranwalt auf Angebote des Vermieters unter Umständen nicht reagieren, um Zeit zu gewinnen, da die Verjährungsfrist kurz ist.

ff) Hemmung der Verjährung, §§ 203 ff. BGB. Die bis zum Eintritt der Hemmung abgelaufene Verjährungsfrist wird berechnet. Der während der Hemmung verstrichene Zeitraum wird gemäß § 209 BGB nicht in die Verjährungsfrist eingerechnet; ist der hemmende Tatbestand beendet, läuft die Verjährungsfrist weiter. Gemäß § 203 S. 2 BGB tritt die Verjährung frühestens drei Monate nach dem Ende der Hemmung ein. Folgerichtig hat der BGH[125] entschieden, dass die Verjährung eines von dem Vergleich erfassten Schadensersatzanspruches durch einen im Rahmen der gerichtlichen Güteverhandlung geschlossenen Widerrufsvergleich der Parteien gemäß § 203 S. 1 BGB bis zur Erklärung des Widerrufs gehemmt ist. 57

(1) Selbstständiges Beweisverfahren. Gemäß § 204 Nr. 7 BGB wird die Verjährung durch die Zustellung des Antrags auf Durchführung eines selbstständigen Beweisverfahrens gehemmt. Abs. 2 des § 204 bestimmt das Ende der Hemmung sechs Monate nach der rechtskräftigen Entscheidung oder anderweitigen Beendigung des eingeleiteten Verfahrens. Eine dem § 212 BGB aF entsprechende Regelung, wonach die Unterbrechung bei Klagerücknahme als nicht erfolgt galt, gibt es nicht. Die entsprechende Anwendung des § 212 BGB aF war allgemein anerkannt. Deshalb tritt die in § 204 Abs. 2 S. 1 BGB geregelte Hemmung jetzt auch in Fällen der späteren Rücknahme ein.[126] 58

(2) Anträge auf Prozesskostenhilfe oder Verfahrenskostenhilfe, einstweilige Verfügung und Arrest. Sie führen zur Hemmung der Verjährung gemäß § 204 Abs. 1 Nr. 9 u. 14 BGB. 59

(3) Feststellungs- und Leistungsklage. Gemäß § 204 Abs. 1 Nr. 1 BGB wird die Verjährung gehemmt, wenn der Berechtigte auf Befriedigung oder auf **Feststellung** des Anspruchs Klage erhebt. Entsprechendes gilt für einen prozessual zunächst nur hilfsweise geltend gemachten Schadensersatzanspruch,[127] oder Ansprüche, wenn zum Zeitpunkt der wirksamen Klageerhebung noch nicht alle Anspruchsvoraussetzungen vorliegen, zB die Fristsetzung nach § 281 Abs. 1 S. 1 BGB noch fehlt.[128] 60

Eine Leistungsklage auf Ersatz eines Mietausfallschadens unterbricht die Verjährung für **künftige Mietausfälle** auch dann nicht, wenn es sich um einen einheitlichen Verzugsschaden handelt.[129] Mithin ist in diesen Fällen zusätzlich ein Feststellungsantrag notwendig. Klagt nur einer von mehreren Vermietern auf Zahlung an sich, soll dies die Verjährung nicht unterbrechen, wenn diese nicht abgetreten wurde oder innerhalb der Verjährungsfrist die Prozessführungsbefugnis offen gelegt ist.[130] 61

---

[123] BGH NJW 1998, 2274.
[124] Sternel MietR aktuell Rn. XIII 233 ff. mit zahlreichen weiteren Nachweisen.
[125] BGH NJW 2005, 2004 = NZM 2005, 535.
[126] Ulrich AnwBl 2003, 78 (87).
[127] BGH NZM 2000, 547.
[128] BGH NZM 2014, 242 = NJW 2014, 920.
[129] BGH NJW 1998, 1303 = WuM 1998, 155 = DWW 1998, 42; vgl. ferner: AG Bad Segeberg WuM 1999, 601.
[130] OLG Düsseldorf ZMR 2000, 210; Grüneberg/Grüneberg BGB § 432 Rn. 3 mwN.

62 *(4) Mahnbescheid.* Die Zustellung eines Mahnbescheides (§ 204 Nr. 7 BGB) hat verjährungshemmende Wirkung nur dann, wenn er die geltend gemachten Ansprüche unverwechselbar erkennen lässt, eine Individualisierung in einer den Anforderungen des § 690 Abs. 1 S. 3 ZPO entsprechenden Weise genügt zwar, ist jedoch dann problematisch, wenn eine Vielzahl von Forderungen und Ansprüchen geltend gemacht werden. Der Schuldner muss erkennen können, welcher Anspruch bzw. welche verschiedenen Ansprüche gegen ihn geltend gemacht werden. Der Anspruch muss durch seine Kennzeichnung im Mahnbescheid von anderen Ansprüchen so unterschieden und abgegrenzt werden können, dass er Grundlage eines der materiellen Rechtskraft fähigen Vollstreckungstitels sein und der Schuldner erkennen kann, welcher Anspruch oder welche Ansprüche gegen ihn geltend gemacht werden, damit er beurteilen kann ob und in welchem Umfang er sich zur Wehr setzen will.[131] Hierzu ist ausreichend, dass bei einer Mehrzahl von Einzelforderungen deren Bezeichnung im Mahnbescheid die Zusammensetzung des verlangten Gesamtbetrages aus für ihn unterscheidbaren Ansprüchen ermöglichen, wozu auch die Bezugnahme auf vorprozessuale Schreiben genügen kann.[132] Art und Umfang der erforderlichen Angaben hängen im Einzelfall von dem zwischen den Parteien bestehenden Rechtsverhältnis und der Art des Anspruchs ab, ausreichend ist, dass für den betroffenen Wohnraummieter als Antragsgegner erkennbar ist, wegen welcher Schäden in welcher Höhe Ansprüche gegen ihn geltend gemacht werden, auf die Erkennbarkeit für einen Dritten kommt es nicht an.[133]

Praxistipp:

Renovierungsforderungen können durchaus per Mahnbescheid geltend gemacht werden, sie sollten freilich vorher in einem Anwaltsschreiben, dessen Zugang nachzuweisen ist, aufgeschlüsselt werden. Im Mahnantrag kann auf dieses Schreiben Bezug genommen werden, ohne dass es beigefügt sein muss. Angesichts der kurzen Verjährungsfrist ist dieses Verfahren empfehlenswert.

63 Eine Differenzierung zwischen Ansprüchen auf Miete, auf Instandsetzungskosten und Nutzungsausfall soll ausreichend sein. Abgestellt wurde im Wesentlichen auf die notwendige Unterscheidung zwischen vertraglichem Anspruch einerseits und Schadensersatzanspruch andererseits.[134]

64 Ein unterschriebenes **Wohnungsübergabeprotokoll** ist durchaus als deklaratorischen Anerkenntnis zu betrachten,[135] das zur Hemmung der Verjährung führt, freilich tatsächlich keine Auswirkungen hat, wenn die Rückübertragung des Besitzes auf den Vermieter zeitgleich erfolgt.

65 *gg) Abtretung der Ansprüche.* Macht der Vermieter aus **abgetretenem Recht** Schadensersatzansprüche des Eigentümers geltend, gilt § 548 BGB.[136] Sind Eigentümer und Vermieter wirtschaftlich eng miteinander verbunden, so dass die Personenverschiedenheit von Eigentümer und Vermieter aus Sicht des Mieters zufällig ist, greift gleichfalls die kurze Verjährungsfrist des § 548 BGB.[137] Selbst auf Ansprüche des Eigentümers gegen den Mieter wegen Veränderungen des Grundstückes aus § 1004 BGB ist § 548 BGB anwendbar, wenn der Eigentümer dem Vermieter die Nutzung des Grundstückes durch die Vermietung an den in Anspruch genommenen Mieter erlaubt hat. Der BGH erläutert, durch die Gestattung der Vermietung ermögliche der Eigentümer dem Vermieter die Überlassung der Sache an den Dritten. Sei das Gestattungsverhältnis zwischen dem Eigentümer und dem Vermieter auf das Mietverhältnis zwischen dem Vermieter

[131] BGH NJW 2000, 1420; 2001, 305; Schmidt-Futterer/Streyl BGB § 548 Rn. 60.
[132] BGH NJW 2008, 1220 = NZM 2008, 202.
[133] BGH NJW 2007, 1952 = NZM 2007, 403; BGH NJW 2011, 613 = NZM 2011, 198.
[134] LG Köln WuM 1999, 36 (37) = BeckRS 1999, 350420; KG WuM 2002, 614.
[135] Schmidt-Futterer/Streyl BGB § 546 Rn. 57 mwN.
[136] Schmidt-Futterer/Streyl BGB § 548 Rn. 29.
[137] BGH NJW 1992, 1820 (1821) = WuM 1992, 127; BGH NJW 2011, 2717.

und dem Mieter abgestimmt, müsse dem Mieter gegenüber Ansprüchen des Eigentümers die Berufung auf die Verjährung aus dem Mietvertrag erlaubt sein.[138] § 548 Abs. 1 BGB findet freilich keine Anwendung auf Ansprüche einer **Wohnungseigentümergemeinschaft** gegen den Mieter einer Eigentumswohnung wegen Beschädigung des Gemeinschaftseigentums.[139]

66 **b) Ansprüche des Mieters.** *aa) Rechtliche Beendigung des Mietverhältnisses.* Gemäß § 548 Abs. 2 BGB beginnt die Verjährung der **Ansprüche des Mieters** auf Ersatz von Aufwendungen oder auf Gestattung der Wegnahme einer Einrichtung mit der rechtlichen Beendigung des Mietverhältnisses.[140] Die Ansprüche entstehen schon mit Vornahme der Aufwendungen.[141] Während der Laufzeit des Mietvertrages setzt deshalb die regelmäßige Verjährung des § 195 BGB ein. Kommt es nach Mietende zu Überschneidungen, so kürzt § 548 Abs. 2 BGB die regelmäßige Verjährungsfrist ab.[142]

67 Vereinbaren die Parteien eine Fortsetzung des Mietverhältnisses bis zu einem bestimmten Termin, so ist dieser entscheidend. Gleiches gilt für eine Vertragsverlängerung iSv § 545 BGB (Fortsetzung auf unbestimmte Zeit) oder auf Grund der Sozialklausel nach den §§ 574 ff. BGB (Ablauf der Fortsetzungszeit). Die Gewährung einer Räumungsfrist oder von Vollstreckungsschutz ist dagegen auf den Fristbeginn ohne Einfluss, da dies die rechtliche Beendigung des Vertragsverhältnisses unberührt lässt.

68 Hinsichtlich der Ansprüche des Mieters unter dem Blickwinkel des § 548 Abs. 2 BGB wird also – anders als bei den Vermieteransprüchen nach § 548 Abs. 1 BGB – auf die **rechtliche Beendigung** des Mietverhältnisses abgestellt. Mithin geht es um den Ablauf der vereinbarten Mietzeit oder den Zeitpunkt der Wirksamkeit der Kündigung. Dies gilt auch im Falle der fristlosen Kündigung. § 548 Abs. 2 BGB trägt dem allgemeinen Rechtsgrundsatz Rechnung, dass niemand aus eigener Vertragsuntreue Vorteile ziehen können soll. Der Mieter, der nicht vertragstreu ist und mit Ablauf seines vertraglichen Nutzungsrechtes die Sache nicht an den Vermieter zurückgibt, soll durch dieses Verhalten nicht noch begünstigt werden.[143] Konsequenz dieser Rechtsprechung ist, dass der Mieter, der sich gegen eine Kündigung zur Wehr setzt, gehalten ist, seine Verwendungsersatz- und Wegnahmeansprüche in einer die Verjährung unterbrechenden Weise geltend zu machen, dh im Räumungsprozess ist Hilfswiderklage zu erheben.[144]

Praxistipp:
Bei unberechtigter Kündigung des Vermieters und Verwendungsersatzansprüchen des Mieters: Im Räumungsprozess ist Hilfswiderklage zu erheben.

69 *bb) Anwendbarkeit.* Die Verjährungsvorschrift des § 548 Abs. 2 BGB erfasst **Aufwendungsersatzansprüche,** das sind freiwillige Vermögensopfer für die Interessen des Vermieters. Der frühere Begriff der Verwendungen ist sachlich identisch.[145]

70 Neben den Aufwendungen iSv § 536a Abs. 2 BGB werden sonstige Aufwendungen gemäß § 539 Abs. 1 BGB erfasst. Auch auf den Aufwendungsersatzanspruch des § 555a Abs. 3 BGB soll die kurze Verjährungsfrist angewendet werden.[146] Mit diesen Ansprüchen konkurrierende Ansprüche unterliegen, wegen des Zwecks der Vorschrift, das

138 BGH NJW 1997, 1983 = WuM 1997, 372.
139 BGH NJW 2011, 2717; Schmidt-Futterer/Streyl BGB § 548 Rn. 30 mit kritischer Anmerkung u. wN.
140 BGH NJW 2008, 2256.
141 BGH NJW 1988, 705.
142 Str., vgl. Eckert NZM 2008, 313 (315), siehe hierzu auch Schmidt-Futterer/Streyl BGB § 548 Rn. 54 mwN.
143 OLG Hamm WuM 1996, 474 = ZMR 1996, 653 = BeckRS 1996, 08506.
144 Vgl. Lützenkirchen WuM 1997, 135 (141).
145 Siehe hierzu Schmidt-Futterer/Streyl/BGB § 548 Rn. 48.
146 Schmidt-Futterer/Streyl BGB § 548 Rn. 48; Witt NZM 2012, 545 (548).

Mietverhältnis möglichst schnell abzuwickeln, in analoger Anwendung des § 548 Abs. 2 BGB ebenfalls der kurzen Verjährung, es handelt sich hierbei um Ansprüche aus Geschäftsführung ohne Auftrag, Bereicherungsrecht oder Eigentümer-Besitzer-Verhältnis.[147] Hauptanwendungsfälle sind Aufwendungen aufgrund unwirksamer Schönheitsreparaturklauseln, Quotenhaftungsklauseln und Bagatellschadensklauseln.[148]

71 Der Anspruch des Mieters auf **Mängelbeseitigung** ist während der Mietzeit unverjährbar, da die Gebrauchsgewährung eine in die Zukunft gerichtete Dauerverpflichtung darstellt, die ständig neu entsteht.[149]

72 § 548 BGB ist nicht anzuwenden, auf Ansprüche der Parteien, die sich aus Rechtsverhältnissen ergeben, die neben dem Mietvertrag bestehen und wenn ein rechtlicher Zusammenhang zum Mietvertrag fehlt, etwa weil Vermieter und Mieter einen Werkvertrag über die Reparatur der Mietsache abschließen, oder: der Mieter macht Verwendungen auf die Mietsache in der Erwartung, er oder seine Ehefrau werde später erben, diese Erwartung wird aber enttäuscht.[150]

73 Das **Minderungsrecht** gemäß § 536 BGB als solches unterliegt nicht der Verjährung, weil es keinen Anspruch darstellt Der Verjährung nach § 195 BGB unterliegt jedoch der Rückforderungsanspruch der wegen Mangels der Mietsache zuviel bezahlten Miete.[151] Auch der Schadensersatzanspruch des Mieters gemäß § 536a Abs. 1 BGB (§ 538 BGB aF) wird von der kurzen Verjährung nicht erfasst.[152] Anders dagegen verjährt der Aufwendungsersatzanspruch nach § 536a Abs. 2 BGB nach hM binnen sechs Monaten nach Vertragsende.[153]

74 **Schadensersatzansprüche** des Mieters im Anschluss an eine unberechtigte fristlose Kündigung des Vermieters fallen gleichfalls nicht unter § 548 Abs. 2 BGB.[154]

75 Es ist nicht ersichtlich, dass § 548 BGB nur solche Ansprüche des Mieters erfasst, die bereits vor Vertragsende entstanden sind. Entstehen die Ansprüche erst nach Ende des Mietverhältnisses, kommt es für die Verjährung darauf an, ob es sich um Ansprüche handelt, die denjenigen des § 548 Abs. 2 BGB gleichstehen. Es ist kein Grund ersichtlich, Ersatzansprüche für ohne Rechtsgrund erbrachte Renovierungsleistungen, die nach Vertragsende erbracht wurden, einer längeren Verjährungsfrist zu unterwerfen, als gleichartige Leistungen während der Vertragslaufzeit. Die Verjährung richtet sich nach den allgemein für die jeweilige Anspruchsgrundlage maßgebenden Fristen.[155] Ein Anspruch des Mieters auf Auskehrung einer Entschädigung, die der Vermieter auf Grund einer Versicherung auch im Hinblick auf vom Mieter eingebrachte Gegenstände erhalten hat, ist der kurzen Verjährung nicht unterworfen, da es sich um keinen Aufwendungsersatzanspruch handelt.

76 Ansprüche des Mieters auf Rückerstattung vorausbezahlter Mieten (§ 547 BGB) unterliegen den allgemeinen Verjährungsvorschriften der §§ 195, 199 BGB.[156] Deshalb gilt die kurze Verjährungsfrist nicht, wenn die Parteien eine vereinbarte Verwendung des Mieters und seinen daraus folgenden Ersatzanspruch als Mietzinsvorauszahlung behandelt haben.[157]

77 **Wegnahmeansprüche** des Mieters ergeben sich aus §§ 539 Abs. 2, 258 BGB und unterliegen ebenfalls der kurzen Verjährung des § 548 Abs. 2 BGB. Einrichtungen sind bewegliche Sachen, die mit der Mietsache vorübergehend verbunden sind, um ihrem

[147] BGH NJW 2011, 1866 = NZM 2011, 452; BGH NJW 2012, 3031; Witt NZM 2012, 545 (550).
[148] BGH wie Fn. 146.
[149] BGH NJW 2010, 1292 = NZM 2010, 235; so auch Grüneberg/Weidenkaff BGB § 535 Rn. 31; strittig, zum Meinungsstand siehe auch Schmidt-Futterer/Streyl BGB § 548 Rn. 66.
[150] BGH NJW 1989, 2745; Staudinger/Emmerich BGB § 548 Rn. 22a; siehe hierzu auch Schmidt-Futterer/Streyl BGB § 548 Rn. 49, mwN.
[151] Grüneberg/Weidenkaff BGB § 536 Rn. 31.
[152] BGH NJW-RR 1994, 379; Grüneberg/Weidenkaff BGB § 536a Rn. 8.
[153] BGH NJW 2022, 3419; Schmidt-Futterer/Lehmann-Richter BGB § 536a Rn. 142.
[154] Schmidt-Futterer/Streyl BGB § 548 Rn. 65; Staudinger/Emmerich BGB § 548 Rn. 22.
[155] BGH NJW 1991, 3031 (3032).
[156] BGH NJW 2008, 2256; Staudinger/Rolfs BGB § 547 Rn. 24.
[157] BGH NJW 1970, 2289 (2290); 2008, 2256; Staudinger/Rolfs BGB § 547 Rn. 24.

wirtschaftlichen Zweck zu dienen.[158] Beispiele sind: Türen, Schlösser, Waschbecken, Badewannen, Küchenzeilen, Einbauschränke, lose verlegte Bodenbeläge, umpflanzbare Pflanzen.

Ist die Berechtigung des Mieters, eine Einrichtung, mit der er die Sache versehen hat, wegzunehmen, verjährt, führt dies zu einem dauernden Besitzrecht eines Dritten.[159] Entschädigung kann der Mieter dann von niemandem mehr verlangen.[160] Ist die Mietsache zurückgegeben, tritt an die Stelle des Wegnahmerechtes der Anspruch auf Gestattung der Wegnahme. Für diesen gilt, wie für den vertraglichen oder gesetzlichen Entschädigungsanspruch, die kurze Verjährungsfrist.[161] Der Lauf der Verjährungsfrist wird nicht dadurch gehemmt, dass der Vermieter gegen den Anspruch des Mieters auf Duldung der Wegnahme sein Vermieterpfandrecht geltend macht.[162] Einigen sich die Mietparteien auf eine finanzielle Abgeltung zur Vermeidung der Wegnahme im Sinne von § 539 Abs. 2 BGB, so verjährt der Anspruch des Mieters nach sechs Monaten.[163]

c) **Ansprüche Dritter gegen den Mieter.** Hier geht es vor allen Dingen um Ansprüche 78
einer **Wohnungseigentümergemeinschaft** gegen einen Mieter, wenn dieser Eigentum der Gemeinschaft beschädigt oder zerstört hat. Gesetzliche Ansprüche Dritter sollen nicht der kurzen Verjährungsfrist des § 548 BGB unterliegen. Es gehe nicht um die Konkurrenz zwischen vertraglichen und deliktischen Ansprüchen,[164] die WEG ist am Mietvertrag nicht beteiligt, die Vorschrift ist auf das durch die vertragliche Beziehung geprägte Verhältnis Mieter/Vermieter zugeschnitten, so dass die Grenzen einer noch zulässigen weiten Gesetzesauslegung überschritten wäre.[165] Die Gegenmeinung stellt darauf ab, dass der Mieter die Gemeinschaftseinrichtungen im Rahmen des Mietvertrages mitbenutze, es mache keinen Unterschied, ob er eine Mietwohnung in einem Mietshaus oder eine Eigentumswohnung gemietet habe, dies wäre eher zufällig, der Gesetzeszweck der kurzen Verjährung von Ansprüchen im Zusammenhang mit dem Zustand des Mietobjektes lasse keine Unterscheidung zu, dem ist der BGH nicht gefolgt.[166]

d) **Ansprüche des Vermieters gegen Dritte.** Ansprüche des Vermieters gegen Dritte – 79
die in den Schutzbereich des Mietvertrages einbezogen sind (insbesondere Familienangehörige)[167] – unterliegen der kurzen Verjährungsfrist des § 548 BGB.[168]

9. Das Eintreten Dritter in das Mietverhältnis

a) **Vermieterwechsel.** Wechselt der Vermieter in Folge Veräußerung des Grundstücks 80
gemäß § 566 BGB, so endet das Mietverhältnis mit dem ursprünglichen Vermieter mit dessen Ausscheiden aus dem Mietverhältnis. Maßgeblicher Zeitpunkt ist die Eintragung in das Grundbuch. Der Mieter bleibt unmittelbarer Besitzer der Wohnung, der mittelbare Besitz geht auf den neuen Eigentümer über. Für den Beginn der Verjährungsfrist des § 548 BGB wird auf den Eigentumsübergang und den damit zusammenhängenden Wechsel des mittelbaren Besitzes abgestellt.

Ein fälliger Aufwendungsersatzanspruch des Mieters geht nicht auf den neuen Ver- 81
mieter über. Deshalb beginnt die Verjährungsfrist zu laufen, wenn der Vermieterwechsel rechtswirksam erfolgt ist und der Mieter sichere Kenntnis von der Eintragung des

[158] BGH NJW 1987, 2861.
[159] KG BeckRS 2015, 18485 = ZMR 2016, 862 = MDR 2016, 264.
[160] BGH NJW 1981, 2564 u. BGH NJW 1987, 2861.
[161] LG Mannheim WuM 1986, 279.
[162] BGH NJW 1987, 2861 = WuM 1987, 262; KG siehe Fn. 158.
[163] OLG Bremen NZM 2002, 292.
[164] LG Stuttgart NJW-RR 2008, 751 = NZM 2008, 36.
[165] BGH NJW 2011, 2717; hierzu auch Schmidt-Futterer/Streyl BGB § 548 Rn. 30; sehr strittig, siehe auch Witt NZM 2012, 545 (547), im Ergebnis zustimmend.
[166] BGH NJW 2011, 2717.
[167] BGH NJW 2006, 2399 = WuM 2006, 437; Schmidt-Futterer/Streyl BGB § 548 Rn. 28–31.
[168] BGH NJW-RR 1988, 1358; NJW 2011, 2717; Schmidt-Futterer/Streyl BGB § 548 Rn. 31 mwN.

Erwerbers als Eigentümer ins Grundbuch erlangt hat.[169] Eine Erkundigungspflicht des Mieters besteht nicht. Der kurzen Verjährungsfrist unterliegen in diesem Fall Ansprüche des Mieters (in ganz seltenen Fällen des Untermieters) gegen den Veräußerer auf Aufwendungsersatz und Gestattung der Wegnahme.

82 Praktische Relevanz erlangt die kurze Verjährungsfrist freilich nur bei den Aufwendungsersatzansprüchen, die bei Eigentumsübergang fällig waren, nicht jedoch bei noch nicht fälligen Aufwendungsersatzansprüchen oder Wegnahmeansprüchen.[170] Grundsätzlich gilt das Fälligkeitsprinzip,[171] freilich nicht ausnahmslos, ein Anspruch der schon gegenüber dem Veräußerer verjährt ist, lebt beim Erwerber nicht mehr auf (zB Anspruch auf Kautionsleistung).

83 Da der **Wegnahmeanspruch** des Mieters aus § 539 Abs. 2 BGB erst mit der Rückgabe des Mietobjektes fällig wird, besteht dieser Anspruch dem Erwerber gegenüber und unterliegt diesem gegenüber der Verjährung nach § 548 BGB.[172] Eine ähnliche Interessenlage besteht für **Ersatzansprüche** des Veräußerers gegenüber dem Mieter oder einer rechtsgeschäftlichen Vertragsübernahme, sei es auf Vermieter- oder Mieterseite, wie auch bei einer Wohnungsüberlassung nach § 1568a Abs. 3 BGB. Auch das Ausscheiden eines Mieters auf Grund einer Vereinbarung aller Beteiligten stellt eine mit § 566 BGB vergleichbare Situation dar. Ab dem Wirkungszeitpunkt des Ausscheidens läuft die kurze Verjährungsfrist des § 548 BGB für und gegen den Ausgeschiedenen.[173]

84 **b) Beendigung eines Zwischenmietverhältnisses.** Bei Beendigung eines Zwischenmietverhältnisses beginnt die Verjährungsfrist der Ersatzansprüche des Vermieters gegen den Zwischenvermieter mit dem Zeitpunkt zu laufen, in dem der Vermieter nach § 565 BGB in den Mietvertrag mit dem Endmieter eintritt. Maßgeblich ist die Übertragung des mittelbaren Besitzes.[174]

85 Scheidet ein Mieter, der die Mietsache **untervermietet** hatte, im Einvernehmen mit seinem Vermieter und seinem Untermieter aus beiden Mietverhältnissen zu Gunsten eines an seine Stelle tretenden Dritten aus, so ist dieser Zeitpunkt für den Beginn der Verjährungsfrist entscheidend.[175] Argument ist jeweils, dass ein Vermieter, der sich freiwillig der Möglichkeit begebe, nach Beendigung des Mietverhältnisses die unmittelbare Sachherrschaft zu erlangen, so behandeln lassen müsse, als hätte er die Sache zurückerhalten.[176] Für **Schadensersatzansprüche** von Hilfspersonen und Schutzbefohlenen der Mietparteien gilt § 548 BGB.[177]

86 **c) Inanspruchnahme des vollmachtlosen Vertreters.** Auch das Vorgehen des Vermieters gegen einen vollmachtlosen Vertreter unterfällt der kurzen Verjährungsfrist.[178]

10. Abweichende Vereinbarungen

87 Die **Fälligkeit** der von § 548 BGB erfassten Ansprüche kann durch Vereinbarung hinausgeschoben werden.[179] Der Eintritt der Fälligkeit darf nicht allein von einer Handlung des Vermieters abhängen.[180] Eine Absprache, wonach die 6-monatige Verjährungsfrist erst nach ergebnislosen Verhandlungen der Mietparteien zu laufen beginnt, ist zulässig.[181]

[169] BGH NJW 2008, 2256; Schmidt-Futterer/Streyl BGB § 548 Rn. 56; Staudinger/EmmerichBGB § 548 Rn. 37; alle mwN.
[170] Schmidt-Futterer/Streyl BGB § 548 Rn. 56.
[171] BGH NZM 2005, 17.
[172] Schmidt-Futterer/Streyl BGB § 548 Rn. 56.
[173] Schmidt-Futterer/Streyl BGB § 548 Rn. 57 u. 58 mwN.
[174] LG Hamburg WuM 1997, 372.
[175] BGH NJW 1992, 687 = WuM 1992, 71.
[176] BGH NJW 1968, 2241; OLG Karlsruhe WuM 1994, 281.
[177] Finger ZMR 1988, 1 (5) mwN.
[178] BGH NJW 2004, 774 = NZM 2004, 98 = WuM 2004, 21.
[179] BGH NJW 1991, 3031 = WuM 1991, 486 (487); Finger ZMR 1988, 1 (3).
[180] BGH NJW 1986, 1608 (1609).
[181] BGH NJW 1989, 1854.

§ 202 Abs. 2 BGB bietet die Möglichkeit, die **Verjährung durch Rechtsgeschäft** zu verlängern oder den Verjährungsbeginn für Vermieteransprüche an das Vertragsende anzuknüpfen (anstatt an den Zeitpunkt des Rückerhalts), wobei die weiten Grenzen der Vorschrift allenfalls für individualvertragliche Vereinbarungen gelten. Handelt es sich um allgemeine Geschäftsbedingungen unterliegen diese den Schranken des § 307 BGB und der sich hieraus ergebenden Inhaltskontrolle. Die Frage, ob die Verjährungsregelung des § 548 BGB zum Leitbild mietrechtlicher Vorschriften gehört, ist umstritten.[182] Vom Sinn und Zweck der kurzen Verjährungsregelung ausgehend, ist allenfalls eine moderate Verlängerung der Verjährungsfrist auf ein Jahr zulässig.[183] Formularvertragliche Erschwerungen des § 548 BGB zum Vorteil des Vermieters und zum Nachteil des Mieters sollen in aller Regel gegen § 307 Abs. 2 Nr. 1 BGB verstoßen.[184] Der BGH hat zwischenzeitlich bestätigt, dass in der Wohnraummiete eine formularvertragliche Verlängerung der Verjährungsfrist den Mieter unangemessen benachteiligt.[185] 88

Praxistipp:

Verjährungsverlängerung auf ein Jahr einzelvertraglich bei Abschluss des Mietvertrages vereinbaren.

Vor dem Hintergrund der zitierten Entscheidung des BGH erscheint es fraglich, ob generell formularvertraglich von den Verjährungsvorschriften des § 548 BGB abgewichen werden kann, dessen zentraler Gesetzeszweck eine möglichst rasche Klärung der wechselseitigen Ansprüche ist. Insoweit sind Erschwerungen der Verjährungsregelungen in Formularverträgen nicht mit dem Grundgedanken der gesetzlichen Regelung vereinbar, das gilt sowohl für die Verlängerung der Verjährungsfrist als auch für die Verschiebung des Verjährungsbeginns. 89

11. Verjährungseinrede als unzulässige Rechtsausübung

Wegen der Funktion der Verjährungseinrede, dem Rechtsfrieden zu dienen, sind an die Voraussetzungen eines Verstoßes gegen Treu und Glauben bei der Berufung auf Verjährungsfristen strenge Maßstäbe anzulegen. Es ist nur dann eine unzulässige Rechtsausübung anzunehmen, wenn der Schuldner den Gläubiger durch sein Verhalten von der Klage abgehalten oder ihn nach objektiven Maßstäben zu der Annahme veranlasst hat, er werde ohne Prozess vollständig zahlen. Aus den Umständen muss sich unmissverständlich die Leistungsbereitschaft des Schuldners ergeben.[186] 90

12. Verhältnis altes zu neuem Verjährungsrecht

Auf nach dem 1.1.2002 entstandene Ansprüche aus einem Schuldverhältnis, das vor diesem Stichtag unter der Geltung des alten Verjährungsrechts begründet wurde, finden die neuen Verjährungsvorschriften nach Art. 229 § 6 EGBGB zumindest analog Anwendung.[187] 91

13. Fristenberechnung

Die Verjährungsfrist berechnet sich gemäß §§ 186 ff. BGB. Für den Beginn gilt § 187 Abs. 1 BGB, das Fristende ist gemäß §§ 188 Abs. 2, 193 BGB zu bestimmen. 92

182 Schmidt-Futterer/Streyl BGB § 548 Rn. 62 mwN.
183 Schmidt-Futterer/Streyl BGB § 548 Rn. 62; Kandelhard NZM 2002, 929 (932).
184 Staudinger/Emmerich BGB § 548 Rn. 46.
185 BGH NJW 2017, 3707.
186 BAG NJW 2008, 2877.
187 BGH NJW-RR 2008, 459 = WuM 2008, 80.

93 Für Hemmung der Verjährung gelten die allgemeinen Regeln der §§ 203 ff. BGB. Zu beachten ist, dass bei Schadensersatzansprüchen gegen den Mieter für jede einzelne Schadensposition eine eigene Verjährungsfrist läuft.

94 Der Neubeginn der Verjährung richtet sich nach § 212 BGB; die bis zum Neubeginn verstrichene Zeit bleibt außer Betracht.

II. Verwirkung

1. Begriff

95 Ein Recht ist verwirkt, wenn der Berechtigte es **längere Zeit (Zeitmoment)** hindurch nicht geltend gemacht hat und der Verpflichtete sich nach dem gesamten Verhalten des Berechtigten darauf einrichten durfte und eingerichtet hat, dass dieser das Recht auch in Zukunft nicht geltend machen werde (**Umstandsmoment**).[188] Es handelt sich um einen Fall der illoyalen Verspätung der Rechtsausübung. Zwischen Zeitablauf und Umstandsmoment besteht insofern eine Wechselwirkung, als der Zeitablauf umso kürzer sein kann, je gravierender die sonstigen Umstände sind, und dass umgekehrt an die Umstände desto geringere Anforderungen gestellt werden, je länger der abgelaufene Zeitraum ist.[189] Je kürzer die Verjährungsfrist, desto seltener ist ein Verwirkungstatbestand wahrscheinlich.

96 Die Verwirkung ist eine rechtsvernichtende Einwendung, die auch den Rechtsnachfolger bindet,[190] die Verwirkung ist im Prozess von Amts wegen zu berücksichtigen.[191] Die **Beweislast** für das Vorliegen der Voraussetzungen der Verwirkung trägt der Schuldner, der Gläubiger muss darlegen, wann und wie er den Anspruch geltend gemacht hat.[192] Von den beiden Tatbestandsmerkmalen Zeit- und Umstandsmoment ist der Schwerpunkt auf das Letztere zu legen.

97 Bei dem **Zeitmoment** richtet sich die erforderliche Dauer des Zeitablaufs nach den Umständen des jeweiligen Falles. Während des Zeitraumes darf der Berechtigte nichts zur Durchsetzung seines Rechts getan haben.

98 Das **Umstandsmoment** umfasst zwei Voraussetzungen, einerseits ein Verhalten des Berechtigten, auf Grund dessen der Verpflichtete sich darauf eingerichtet hat, der Berechtigte werde sein Recht nicht mehr durchsetzen. Andererseits ist auf ein Verhalten des Verpflichteten abzustellen, nämlich dass dieser sich tatsächlich darauf eingerichtet hat, nicht mehr in Anspruch genommen zu werden. Bloße Untätigkeit des Gläubigers reicht grundsätzlich nicht aus, um Verwirkung zu bejahen.

99 Da die Anwendung des Verwirkungstatbestandes von auf den Einzelfall bezogenen Abwägungen abhängt, beschränkt sich seine praktische Anwendung auf Ausnahmen. Bei der Wohnraummiete wird die Bedeutung der Verwirkung in der praktischen Rechtsanwendung mE überschätzt zumal die Verwirkung hinter Ausschlussfristen zurücktritt.

2. Zahlung der Miete

100 Für den **Anspruch auf Zahlung der Miete,** als wiederkehrende Leistung, kann die Verwirkung angesichts der dreijährigen Verjährungsfrist vor Ablauf der Verjährungsfrist nur aus ganz besonderen Gründen angenommen werden.[193]

101 Einer der Hauptanwendungsfälle für den Einwand der Verwirkung besteht dann, wenn der Mieter über einen längeren Zeitraum die **Miete mindert** und der Vermieter dies rügelos hinnimmt. Jedenfalls eine rückwirkende Geltendmachung der geminderten Miete kann verwirkt sein, wenn der Vermieter sich mit einer Minderung dem Grunde

[188] Grüneberg/Grüneberg BGB § 242 Rn. 87 mwN.
[189] BGHZ 146, 217 = NJW 2002, 751 (Ls.) = BeckRS 2000, 30151103; BGH NZM 2006, 58.
[190] OLG Celle NJW-RR 2007, 234 (235).
[191] BGH NJW 1966, 345.
[192] Grüneberg/Grüneberg BGB § 242 Rn. 96.
[193] OLG Düsseldorf NZM 2010, 820.

nach einverstanden erklärt, auch wenn die Höhe später streitig gestellt wird, die Mängelbeseitigung zugesagt hat, diese Zusage nicht einhält und die Minderung jahrelang hinnimmt.[194] Ebenso ist Verwirkung des Mietzahlungsanspruchs anzunehmen, wenn der Vermieter die geminderten Beträge erstmals nach Vertragsbeendigung im Wege der Widerklage gegen den Kautionsrückzahlungsanspruch geltend macht.[195]

Eine Verwirkung kann der Vermieter dadurch verhindern, dass er einer Mietminderung entgegentritt, dieser widerspricht oder die Zahlungen nicht vorbehaltlos annimmt.[196] Ist Verwirkung eingetreten, ist auch ein Erwerber hieran nach §§ 566, 578 BGB gebunden. 102

Parallel zur Problematik der Verwirkung von Vermieteransprüchen stellt sich die Frage der **Verwirkung des Mietminderungsrechtes** des Mieters, wenn dieser ihm bekannte Mängel nicht beanstandet und den Vertrag über geraume Zeit, bei vorbehaltloser Weiterzahlung der Miete, fortsetzt.[197] Die vorbehaltlose Zahlung der Miete über einen Zeitraum von einem halben Jahr führt nicht automatisch zum Verlust des Mietminderungsrechtes. Eine analoge Anwendung des § 536b BGB scheidet aus (für Altfälle bis 31.8.2001 war die entsprechende vormalige Vorschrift des § 539 BGB aF analog angewandt worden), da sich die Frage, ob und in welchem Umfang gemindert werden kann, nach § 536c BGB beantwortet oder wegen § 814 BGB aufgrund vorbehaltloser Zahlung an einer Rückforderung gehindert ist.[198] Die bloße Untätigkeit des Mieters führt nicht zum Rechtsverlust, vielmehr müssen noch Umstände hinzukommen, die die Annahme rechtfertigen, der Mieter würde von seinen Rechten keinen Gebrauch mehr machen wollen. 103

Wird der Mangel nicht angezeigt, verliert der Mieter sein Minderungsrecht (§ 536c Abs. 2 S. 2 BGB). Eine Zahlung unter Vorbehalt schließt die Rückforderung nicht aus, ebenso die Mangelanzeige und die Einleitung eines selbstständigen Beweisverfahrens.[199] 104

3. Rückerstattung preisrechtswidriger Leistungen, § 8 WoBindG

Der Anspruch des Mieters auf **Rückerstattung** preisrechtswidriger Leistungen im Bereich der **Kostenmiete** des sozialen Wohnungsbaus unterliegt grundsätzlich nicht der Verwirkung. Es fehlt ein schutzwürdiger Vertrauenstatbestand zu Gunsten des Vermieters. Ein solcher kann nicht entstehen, sofern der Vermieter keine Kenntnis von dem Erstattungsanspruch des Mieters hatte. Hatte er Kenntnis, ist sein Vertrauen angesichts des am Gemeinwohl orientierten sozialpolitischen Zwecks der Kostenbindung nicht schutzwürdig.[200] 105

Einem obiter dictum aus einem Rechtsentscheid des OLG Hamm lässt sich entnehmen, dass es möglicherweise treuwidrig ist, Rückforderungsansprüche aus § 8 Abs. 2 S. 2 WoBindG geltend zu machen, wenn der Mieter von Anfang des Mietverhältnisses an seine Nichtberechtigung gekannt und sich möglicherweise sogar den Genuss der öffentlich geförderten Wohnung erschlichen hat.[201] 106

In diesem Zusammenhang wird vertreten, dass eine **Verwirkung des Auskunftsanspruchs** über die Zusammensetzung der Kostenmiete in Betracht kommt. Dies gelte jedenfalls dann, wenn auch der Rückzahlungsanspruch verwirkt sei.[202] Die Auffassung ist bedenklich wegen der aufeinander aufbauenden Mieterhöhungen und der deshalb notwendigen, vollständigen Berechnungen.[203] 107

---

[194] BGH NJW-RR 2003, 727 = NZM 2003, 355; BGH NZM 2006, 58 = NJW 2006, 219.
[195] LG Hamburg WuM 1994, 608 = BeckRS 1991, 01068.
[196] BGH WuM 2004, 198 (199) = BeckRS 2004, 02782; BGH NZM 2006, 58.
[197] BGH NJW 2003, 2601 = NZM 2003, 679; BGH NJW 2007, 147 = NZM 2006, 929.
[198] Fritz/Geldmacher/Leo/Leo § 8 Rn. 98, mwN.
[199] AG Berlin-Tempelhof-Kreuzberg GE 2007, 151 = BeckRS 2007, 02698.
[200] Sternel III Rn. 955.
[201] OLG Hamm NJW-RR 1988, 1037.
[202] LG Köln WuM 2002, 53.
[203] AG Wuppertal WuM 1988, 431 f.

108 Ausnahmsweise kommt Verwirkung in Betracht, wenn der Mieter Mietzahlungen auf Grund einer nicht den **Formvorschriften** des § 10 Abs. 1 WoBindG entsprechenden Mieterhöhungserklärung des Vermieters geleistet hat. Grundsätzlich besteht in diesen Fällen ein Anspruch aus ungerechtfertigter Bereicherung. Bei der Frage, ob dieser Anspruch des Mieters der Verwirkung unterliegen kann, geht es ausschließlich um folgende Konstellation: Der Vermieter hat eine Mieterhöhungserklärung iSd § 10 Abs. 1 WoBindG abgegeben, was Wirksamkeits- und nicht nur Fälligkeitsvoraussetzung ist.[204] Die Mieterhöhungserklärung ist nur formell nicht ordnungsgemäß, materiell aber begründet. Der Mieter zahlt über einen langen Zeitraum die geforderte erhöhte Kostenmiete.

109 Das OLG Karlsruhe[205] weist darauf hin, dass nur aus besonderen Gründen im Einzelfall das Rückforderungsverlangen des Mieters unbillig erscheinen könne. Dies komme vor allem dann in Betracht, wenn die erhöhte Miete über besonders lange Zeit hinweg geleistet worden sei. Dann sei zu prüfen, ob eine Rückforderung wegen Verwirkung ausscheide, oder deshalb abzulehnen sei, weil sich die Berufung auf die Mängel der Erklärung als treuwidrig erweise. Zusätzlich wird argumentiert, die Folge der Nichtigkeit des Mieterhöhungsverlangens gem. § 125 BGB könne dem Mieter nicht zugutekommen, wenn er über den Zeitraum eines Jahres hinaus die erhöhte Kostenmiete geleistet habe. Damit schaffe der Mieter einen eigenständigen, rechtlich relevanten Tatbestand, der unter Berücksichtigung der Vertrauenshaftung gem. §§ 122, 179 Abs. 2, 307, 309 BGB (aF) zum Ausschluss eines Rückerstattungsanspruches bzw. zum Wegfall der Bereicherung beim Vermieter gem. § 818 Abs. 3 BGB führe.[206]

110 Eine ähnliche Problematik besteht dann, wenn die Parteien irrtümlich von einer Preisgebundenheit der Wohnung ausgegangen sind und der Mieter verlangte Mieterhöhungsbeträge aufgrund insoweit unwirksamer einseitiger Mieterhöhungserklärungen nach §§ 10, 8a WoBindG vorbehaltlos bezahlt hat. Einem Rückforderungsanspruch aus ungerechtfertigter Bereicherung steht auch in diesem Fall die Verwirkung oder eine unzulässige Rechtsausübung entgegen, da der Vermieter im Vertrauen auf die Richtigkeit der Mieterhöhung daran gehindert war, die Miete nach §§ 558 ff. BGB zu erhöhen, zudem müsse eine Vertragsanpassung auf die ortsübliche Miete erfolgen.[207]

4. Rückerstattung wegen Mietpreisüberhöhung

111 Dem Anspruch des Mieters auf Zurückzahlung des wegen **Mietpreisüberhöhung** iSv § 5 WiStG ungerechtfertigt erlangten Mietzinses kann der Vermieter regelmäßig nicht mit dem Einwand der Verwirkung begegnen, er ist nicht schutzwürdig.[208] Etwas anderes soll gelten, wenn der Mieter trotz Veröffentlichung dreier Mietspiegel mehr als 6 Jahre die vereinbarte Miete zahlte und der Vermieter diese bestandskräftig versteuerte. In diesem Fall hatte der Mieter seine Rückforderungsansprüche verwirkt.[209]

5. Räumungs- und Herausgabeanspruch

112 Lässt der Vermieter längere Zeit verstreichen, bevor er seinen Herausgabeanspruch gerichtlich geltend macht, führt dies nicht zur Verwirkung des **Räumungs- und Herausgabeanspruchs.** Bei einem wirksam beendeten Mietverhältnis muss vom Mieter erwartet werden, dass er die Verpflichtungen aus §§ 985, 546 Abs. 1 BGB freiwillig erfüllt. Wartet der Vermieter längere Zeit, so darf ihm hieraus kein Nachteil erwachsen. Ansonsten würde neben der Problematik des § 545 BGB ein weiterer Tatbestand der

---

[204] Heinze NJW 1991, 1849 (1851).
[205] OLG Karlsruhe RE NJW-RR 1986, 887 = WuM 1986, 166 = ZMR 1986, 239.
[206] Vgl. Heinze NJW 1991, 1849 (1853 f.) unter Verweis auf § 818 Abs. 3 BGB; vgl. zuletzt: LG Essen WuM 2000, 254 mwN und Anmerkung Wiek.
[207] BGH BeckRS 2010, 11853.
[208] AG Hamburg WuM 1998, 495.
[209] LG Frankfurt a. M. NZM 2000, 615 = WuM 1999, 707.

Fortsetzung eines an sich beendeten Mietverhältnisses treten.[210] Ohne neue vertragliche Bindung tritt keine Verwirkung des Räumungs- und Herausgabeanspruchs ein.

6. Räumungstitel

Keine Einigkeit besteht darüber ob die Verwirkung eines gerichtlich **titulierten Räumungsanspruchs** in Betracht kommt..[211] An die Anforderungen eines Umstandsmoments sind in diesem Fall erhebliche Ansprüche zu stellen, wobei zutreffender Weise auch hier ohne neue vertragliche Bindung (zumindest konkludent) keine Verwirkung der Ansprüche aus dem Titel eintreten kann.[212] Beispielsfälle können sein, die jahrelange Fortzahlung des Mietzinses die der Vermieter vorbehaltlos annimmt oder das Verlangen des Vermieters auf Zustimmung zu einer Mieterhöhung. 113

7. Außerordentliche Kündigungsbefugnis des Vermieters

Auch das Recht zur außerordentlichen Kündigung unterliegt der Verwirkung.[213] Das hat nicht zur Folge, dass der Vermieter innerhalb angemessener Frist kündigen muss (§ 314 Abs. 3 BGB). Ihm ist eine angemessene Frist einzuräumen, innerhalb derer er überlegen kann, ob er von seinem Kündigungsrecht Gebrauch macht. Maßgeblich muss dabei die Schwere des Vorwurfes sein, der dem Mieter gemacht wird. Es ist höchstrichterlich noch nicht eindeutig entschieden, ob § 314 Abs. 3 BGB überhaupt bei Kündigungen wegen Zahlungsverzugs gilt, der BGH[214] hat dies letztlich offengelassen, eine Kündigung erst 5 Monate nach Kenntnis vom Verzug wäre nicht unwirksam. Es kommt nach diesseitiger Auffassung auf die Umstände des Einzelfalles an, eine Verwirkung von vorneherein generell auszuschließen ist nicht angebracht. 114

§ 314 Abs. 3 BGB wird freilich durchgängig bei Kündigungen aus wichtigem Grund angewandt, so bei der Nichtleistung der Kaution im Gewerbemietverhältnis[215] (bei Wohnraummiete jetzt nach § 569 Abs. 2a BGB als eigener Tatbestand), wegen vertragswidriger Nutzung eines Freizeitgrundstücks, so dass die Erwägung einer Verwirkung durchaus auch bei verhaltensbedingten Gründen eine Rolle spielt. Eine starre zeitliche Obergrenze für die Ausübung der Kündigung gibt es freilich nicht, wobei die kurze arbeitsrechtliche Frist des § 626 Abs. 2 BGB von zwei Wochen ohnehin ausscheidet.[216] In der Regel muss von 2 bis 4 Monaten ab Kenntnis vom Kündigungsgrund als angemessener Frist ausgegangen werden, ansonsten besteht die Gefahr der Verwirkung des Kündigungsrechtes.[217] Für die Abmahnung selbst und den zeitlichen Zusammenhang zwischen Abmahnung und Kündigung gilt entsprechendes.[218] 115

8. Kündigungsbefugnis des Mieters

Ob eine fristlosen Kündigung wegen **Gesundheitsgefahren** iSv § 569 Abs. 1 BGB verwirken kann, ist bislang höchstrichterlich nicht eindeutig entschieden, dagegen spricht, dass nach der gesetzlichen Regelung ein Verzicht auf dieses Kündigungsrecht 116

---

[210] BGH NJW-RR 1988, 77 (78) = WuM 1988, 125; hierzu auch Schmidt-Futterer/*Streyl* BGB § 546 Rn. 80.

[211] Bejahend OLG Hamm NJW 1982, 341 = ZMR 1982, 13 = WuM 1981, 257; verneinend Schmidt-Futterer/Streyl BGB § 546 Rn. 80, mit weiteren Nachweisen.

[212] Schmidt-Futterer/Streyl BGB § 546 Rn. 80; Ghassemi-Tabar NZM 2013, 129 (137).

[213] BGH NZM 2016, 791 (Wohnraummiete) BGH NZM 2006, 929; 2007, 400 (Gewerberaummiete); 2009, 314.

[214] BGH NZM 2009, 314 = WuM 2009, 231. Überzeugend dagegen: Schmidt-Futterer/Streyl BGB § 543 Rn. 231, solange der Rückstand besteht tritt eine Verwirkung nur im Ausnahmefall ein. Siehe hierzu auch Sternel aktuell Rn. X 73 f., 76.

[215] BGH NZM 2007, 400 = NJW-RR 2007, 886.

[216] BGH NJW 1982, 2432; Sternel aktuell Rn. X 75.

[217] Weitere Fallbeispiele mit Nachweisen bei Sternel aktuell Rn. X 75.

[218] LG Halle NZM 2003, 309 (Kinderlärm).

nicht möglich ist. Deshalb kommt Verwirkung erst recht nicht in Betracht.[219] Andererseits hat der BGH, insbesondere der für das Gewerbemietrecht zuständige Senat, eine Tendenz dahingehend erkennen lassen, eine Kündigung an § 314 Abs. 3 BGB zu messen.[220]

117 Eine Verwirkung des Kündigungsrechtes bei Mietmängeln unterliegt den gleichen rechtlichen Gesichtspunkten, wie sie für die Verwirkung des Minderungsrechtes gelten (→ Rn. 100). Auch bei rügeloser Fortzahlung der Miete ist das Kündigungsrecht des Mieters bei länger bestehende Mietmängeln nicht verwirkt, wenn der Mieter Anlass hatte, davon auszugehen, der Vermieter würde weitere Sanierungsmaßnahmen durchführen.[221] Alleine die Untätigkeit des Mieters reicht für die Annahme eines Rechtsverlustes nicht aus, vielmehr müssen weitere Umstände vorliegen, aus denen sich ergibt, dass der Mieter von seinen Rechten keinen Gebrauch mehr machen will.[222] Um ein Kündigungsrecht freilich nicht der Gefahr des Verwirkungseinwandes auszusetzen, empfiehlt es sich, mit dem Ausspruch nicht allzu lange zu warten oder sich das Recht ausdrücklich vorzubehalten bzw. eine Abmahnung auszusprechen.

9. Mieterhöhung

118 a) **Staffelmiete, § 557a BGB.** Die automatisch eintretende Mieterhöhung auf Grund einer **Staffelmiete** gemäß § 557a BGB führt dazu, dass der Mieter ohne weiteres in Verzug gerät. Zahlt der Mieter nicht und der Vermieter fordert die Erhöhung längere Zeit nicht, so kann sein Anspruch verwirkt sein. Bloße Untätigkeit des Vermieters reicht nicht aus, es müssen weitere Umstände hinzukommen, so wenn der Vermieter über eine Einzugs- und Abbuchungsermächtigung verfügt, von der er keinen Gebrauch gemacht hat.[223]

119 b) **Indexmiete, § 557b BGB.** Bei einer vereinbarten **Indexmiete** gemäß § 557b BGB muss zwischen Wohn- und Gewerberaum unterschieden werden. Bei der Wohnraummiete setzt die Erhöhung eine Erklärung voraus, die nur für die Zukunft wirkt – ein Vertrauen des Mieters kann somit nicht enttäuscht werden.[224]

120 Bei der Gewerberaummiete kann mittels **echter Gleitklausel** eine automatische Mieterhöhung vereinbart werden. Hier tritt Verwirkung der Vermieteransprüche ein, wenn zusätzlich zu dem Zeitablauf besondere Umstände vorgelegen haben, die darauf hindeuten, dass der Mieter darauf vertrauen durfte, keine Nachforderungen mehr zu erhalten, so wenn der Vermieter in den vorherigen Jahren die indexbedingten Mieterhöhungen jeweils umgehend schriftlich geltend gemacht hatte.[225] Ein Zeitablauf von 7 Jahren allein genügt nicht, um Verwirkung anzunehmen.[226] Anders soll es sein, wenn der Vermieter Mieterhöhungen 4 Jahre unterlassen hat und bei Verhandlungen mit dem Mieter die eingetretenen Änderungen des Index nicht anführte. Dann kann der Vermieter eine nachträgliche Mietanpassung nicht mehr fordern,[227] das Umstandsmoment ist auch dann erfüllt, wenn die ursprüngliche Miete in Mahnschreiben und gerichtlich eingefordert wird.[228]

121 c) **Modernisierung, § 559 BGB.** Nach Durchführung der Modernisierungsmaßnahmen iSv § 559 BGB ist die **Mieterhöhung** in angemessener Frist nach Durchführung der baulichen Maßnahmen geltend zu machen. Durch mehrjährige Nichtgeltendmachung

[219] LG Paderborn WuM 1998, 21; LG Duisburg NZM 2002, 214 Ls.; Schmidt-Futterer/Streyl BGB § 569 Rn. 32; Ghassemi-Tabar NZM 2013, 129 (136).
[220] BGH NZM 2007, 400 (401) = NJW-RR 2007, 886; BGH NZM 2011, 32 (33).
[221] BGH NZM 2006, 929 (930); NJW 2003, 2601 = NZM 2003, 679.
[222] Schmidt-Futterer/Streyl BGB § 543 Rn. 230 ff. 43 mwN.
[223] Schmidt-Futterer/Börstinghaus BGB § 557a Rn. 58, mwN; LG Hamburg WuM 1997, 331 (332).
[224] Schmidt-Futterer/Börstinghaus BGB § 557b Rn. 47.
[225] OLG Düsseldorf NZM 1998, 480 = WuM 1999, 172.
[226] OLG Celle GuT 2002, 41.
[227] OLG Düsseldorf NZM 2001, 892 (893); ebenso OLG Nürnberg NZM 2014, 794.
[228] OLG Düsseldorf NJW-RR 1993, 1036 (1037).

kann Verwirkung eintreten. Dies soll jedenfalls gelten, wenn 4 Jahre lang keine Mieterhöhung erfolgt ist.[229] Ob das erforderliche Zeitmoment hier von so entscheidender Bedeutung sein kann, muss bezweifelt werden. Auch bei mehrjähriger Unterlassung der Geltendmachung des Erhöhungsrechts kann sich der Mieter nicht darauf eingerichtet haben, dass die Nutzung der Modernisierung „unentgeltlich" erfolgte und zudem §§ 559, 559b BGB gerade keine zeitliche Grenze für die Geltendmachung des Mieterhöhungsrechtes vorsehen. Deshalb ist Verwirkung nur in Ausnahmefällen anzunehmen.[230]

Umgekehrt kann im Einzelfall auch Verwirkung der auf ein unwirksames Erhöhungs- 122
verlangen geleisteten Zahlungen des Mieters eingewandt werden, da diese grundsätzlich zurückverlangt werden können.[231] Auch eine vorbehaltlose Zahlung schließt die Rückforderung nicht aus, wenn der Mieter keine positive Kenntnis von der Nichtschuld hatte.[232]

10. Betriebskosten, § 556 BGB

Bei Wohnraum hat die Verwirkung bei **Betriebskostenabrechnungen** durch die Aus- 123
schlussfrist und Einwendungsfrist des § 556 Abs. 3 S. 3 u. S. 5 BGB in erheblichem Umfang an Bedeutung verloren. Nur ganz ausnahmsweise sind Fälle denkbar, in denen ein Anspruch auf Nachzahlung verwirkt sein kann. Die Erfüllung des **Zeitmoments** bedarf in aller Regel einer deutlichen Überschreitung der Ausschlussfrist, die Jahresfrist bleibt außer Betracht, da der Vermieter diese ausschöpfen darf.[233]

Besondere Bedeutung hat auch hier das **Umstandsmoment** des Verwirkungstatbestan- 124
des, das dann erfüllt sein soll, wenn der Vermieter auf Einwendungen des Mieters gegen die Abrechnung jahrelang schwieg[234] oder nach Beanstandungen an der Abrechnung drei Jahre bis zum Antrag auf Erlass eines Mahnbescheides verstreichen ließ[235] oder nach beanstandeten Abrechnungen die Forderungen teilweise verjähren ließ, während die letzte Nachzahlungsforderung erst kurz vor Eintritt der Verjährungsfrist von drei Jahren gerichtlich geltend gemacht wurde.[236] Bei einer vertraglich vereinbarten Abrechnungsfrist wurde Verwirkung in einem gewerblichen Mietverhältnis allein wegen Zeitablaufs zu Recht verneint.[237] Eine Abrechnung nach der Jahresfrist ist im gewerblichen Mietverhältnis nicht ausgeschlossen, da § 556 Abs. 3 BGB nicht analog anzuwenden ist, wobei auch die Abrechnung vereinbarter Betriebskosten, wenn diese jahrelang nicht abgerechnet wurden, keine konkludente Vertragsänderung darstellt und keine Verwirkung rechtfertigen.[238] Auch alleine die Tatsache, dass der Vermieter 20 Abrechnungen unterlassen hat, rechtfertigt nicht, dass eine erstmalige Abrechnung verwirkt wäre.[239]

Maßgebliche Bedeutung für das **Umstandsmoment** haben die Einwendungen des 125
Mieters innerhalb der Einwendungsfrist und die Reaktion des Vermieters hierauf, nimmt diese der Vermieter längere Zeit unwidersprochen hin, darf der Mieter den berechtigten Eindruck haben, der Vermieter lenke insoweit ein und sehe daher von Nachforderungen ab.

Die Verwirkung spielt freilich bei der Beendigung bzw. nach **Beendigung des Miet-** 126
verhältnisses eine Rolle. Hier kann der Mieter eher damit rechnen, dass keine Nachforderungen mehr gestellt werden, insbesondere dann, wenn eine Sicherheitsleistung

---

229 LG Hamburg WuM 1989, 308; AG Hamburg WuM 1985, 366: 1 Jahr; LG Stuttgart ZMR 1997, 29 Ls.: alleine der Zeitablauf von 10 Jahren genügt für die Verwirkung nicht.
230 Staudinger/Emmerich BGB § 559b Rn. 8.
231 BGH NZM 2023, 766; LG Dresden WuM 1998, 216 (218) = ZMR 1998, 292 (293).
232 Schmidt-Futterer/Börstinghaus BGB § 559b Rn. 10 mwN.
233 Schmidt-Futterer/Lehmann-Richter BGB § 556 Rn. 559.
234 AG Plön WuM 1988, 132.
235 OLG Düsseldorf NZM 2005, 379.
236 BGH NZM 2012, 677 = WuM 2012, 317.
237 OLG Düsseldorf WuM 2000, 133 (134); OLG Koblenz GuT 2002, 43 (44).
238 BGH NZM 2010, 240 = NJW 2010, 1065.
239 BGH NZM 2008, 276 = NJW 2008, 1302.

vorbehaltlos zurückbezahlt oder freigegeben wird. Aber auch hier muss die Abrechnungsfrist überschritten sein oder sonstige Umstände hinzutreten, um einen Vertrauenstatbestand beim zu Mieter schaffen, der die Einwendung der Verwirkung rechtfertigt.

Praxistipp:
Im Prozess muss der Mieter ausführlich Tatsachen darlegen, aus denen sich ergibt, dass er darauf vertrauen konnte und auch tatsächlich vertraut hat, nicht mehr mit Nachforderungen konfrontiert zu werden.

127 Hat ein Vermieter als umlagefähig vereinbarte Betriebskostenpositionen, die ihm entstanden sind, zunächst nicht abgerechnet, bedeutet dies nicht, dass er durch Verwirkung auch zukünftig an der Geltendmachung dieser Betriebskostenpositionen gehindert wäre, hierzu bedarf es weiterer Umstände.[240]

128 Ist nach beendetem Mietverhältnis die Kaution vorbehaltlos ausgezahlt worden, so liegt darin kein Anerkenntnis des Inhaltes, auf Nachzahlungsbeträge nicht fälliger Betriebskostennachzahlungen zu verzichten,[241] hierzu wäre ein Anerkenntnisvertrag erforderlich. Auch Verwirkung kann angesichts der strittigen Frage, ob die Kaution wegen noch nicht fälliger Betriebskosten über den regulären Abrechnungszeitraum hinaus zurückbehalten werden darf,[242] nicht eintreten.

Praxistipp:
Es kann nicht schaden, wenn der Vermieter bei der Kautionsabrechnung einen Vorbehalt hinsichtlich noch nicht fälliger Betriebskostenabrechnungen erklärt, zweckmäßiger wäre es freilich, einen angemessenen Teil der Mietkaution mit der Begründung zurückzubehalten, dass mit einer Nachforderung zu rechnen ist und der Mieter sich bis zu der dem Vermieter zustehenden Abrechnungsfrist gedulden möge, dies ist von der Rechtsprechung des BGH gedeckt (→ Fn. 243).

11. Einzelfälle

129 a) **Unterlassungsansprüche des Vermieters.** Sie können gemäß **§ 541 BGB** können verwirkt sein. Bei diesem Anspruch handelt es sich um einen Erfüllungsanspruch.[243] Macht der Vermieter seinen Unterlassungsanspruch nicht zeitnah geltend, muss er mit dem Verwirkungseinwand rechnen, das gilt insbesondere wenn zwischen Abmahnung und Klageerhebung ein längerer Zeitraum liegt und der Mieter aufgrund besonderer Umstände davon ausgehend durfte, der Vermieter würde die Sache nicht mehr weiterverfolgen. Zum reinen Zeitablauf müssen besondere, auf dem Verhalten des Berechtigten beruhende Umstände hinzutreten, um das Umstandsmoment des Verwirkungstatbestandes zu erfüllen.[244] Hat es der Vermieter zB jahrelang geduldet, dass der Mieter im Hausflur Gegenstände aufstellt, ist der Anspruch des Vermieters verwirkt, wenn jegliches schutzwürdige Eigeninteresse fehlt.[245] Es kommt in jedem Fall auf die Einzelumstände an, ein Anspruch bei dem die Verjährungsfrist noch nicht zu laufen begonnen hat, kann nicht verwirkt sein.

130 b) **Gewährleistung, §§ 536, 536a BGB.** Der Mieter kann seine **Gewährleistungsansprüche** der §§ 536, 536a BGB unter den allgemeinen Voraussetzungen der Verwirkung

[240] BGH NZM 2014, 748; BGH NZM 2010, 240 (242) = NJW 2010, 1065 unter Verweis auf BGH NZM 2008, 81 und BGH NZM 2000, 961 zum umgekehrten Fall, dass der Mieter nicht vereinbarte Betriebskostenpositionen über Jahre hinweg bezahlt hat; LG Waldshut-Tiengen WuM 2001, 245.
[241] Schmidt-Futterer/Flatow BGB § 551 Rn. 78.
[242] BGH NZM 2006, 343 = NJW 2006, 1422; Schmidt-Futterer/Flatow BGB § 551 Rn. 78 mwN.
[243] Staudinger/Emmerich BGB § 541 Rn. 1.
[244] BGH NZM 2019, 143 Rn. 28; Dieckmann NZM 2024, 521 (531).
[245] AG Bergisch Gladbach WuM 1994, 197; sehr strittig.

gemäß § 242 BGB verlieren.[246] Ist eine Wohnung mängelfrei angemietet worden, findet § 536b BGB keine – auch keine analoge – Anwendung. Hat der Mieter später aufgetretene Mängel angezeigt, kann die vorbehaltlose Weiterzahlung der Miete beim Vermieter keinen Vertrauenstatbestand setzen. Der Vermieter weiß, dass das Äquivalenzverhältnis gestört ist und darf aus einer solchen Mitteilung keinen Vertrauenstatbestand zum Nachteil seines Vertragspartners ableiten. Dennoch kann die Minderung im Einzelfall unter den Voraussetzungen des Verzichts oder der Verwirkung ausgeschlossen sein[247] Ein verwirkter Anspruch kann wieder aufleben, wenn sich die den Mangel begründenden Umstände erheblich verändert haben.[248]

c) **Erfüllungsanspruch, § 535 BGB.** Der aus § 535 BGB resultierende **Erfüllungsanspruch** des Mieters auf Gebrauchsgewährung und auf Mangelbeseitigung unterliegt nicht der Verwirkung.[249] Dies folgt daraus, dass der Anspruch während der Dauer der Mietzeit nach herrschender Meinung unverjährbar ist und ständig neu entsteht.[250] Gleichwohl können im Einzelfall unter den Voraussetzungen des Verzichts, als Ausfluss der Privatautonomie, oder der sich aus Treu und Glauben ergebenden Verwirkung konkrete Gebrauchsgewährungsansprüche entfallen.[251] 131

d) **Aufwendungsersatz, § 539 BGB.** Der Aufwendungsersatzanspruch des Mieters entsteht mit Vornahme der Aufwendungen. Der Anspruch verjährt 6 Monate nach Mietende (§ 548 Abs. 2 BGB), er kann verwirken, wenn zwischen dem Entstehen des Anspruchs und dem Verlangen des Mieters ein sehr langer Zeitraum verstrichen ist und Umstände hinzutreten, die den Vermieter darauf vertrauen lassen, der Mieter würde den Anspruch nicht mehr geltend machen. Auch hier genügt das Zeitmoment alleine nicht. Beispielsfälle können sein, wenn die Aufwendungen mehr als 10 Jahre zurücklagen, ihnen durch eine geringere Miete Rechnung getragen wurde und die Mieter zwischenzeitlichen Ersatz für andere Aufwendungen verlangt hatten, nicht jedoch für die früheren Aufwendungen oder wenn es der Mieter in Kenntnis eines Rechtsnachfolgers mehr als 4 Jahre unterlassen hat, seinen Aufwendungsersatzanspruch gegen diesen geltend zu machen. 132

III. Übersicht: Verjährungsfristen

Vermieteransprüche	**Norm**	**Laufzeit**
Vernichtung der Mietsache	§ 199	Höchstfrist: 30 Jahre
Miete – auch gewerbsmäßig – Nutzungsentschädigung	§ 195	3 Jahre
Betriebskostenabrechnung	§ 195	3 Jahre Beginn: mit Ende des Kalenderjahres innerhalb dessen Abrechnung zugeht
	§ 556 Abs. 3 S. 2	**Ausschlussfrist:** 1 Jahr
	§ 20 Abs. 3 S. 4 NMV	**Ausschlussfrist:** 1 Jahr Abrechnung ist spätestens bis zum Ablauf des 12. Monats nach Ende des Abrechnungszeitraums mitzuteilen.

[246] BGH NJW 2003, 824; NZM 2006, 929 = NJW 2007, 147.

[247] BGH NJW 2003, 2601 (zum Wohnraummietrecht) BGH ZMR 2005, 770 (zur Gewerbemiete); Schmidt-Futterer/Streyl BGB § 536 Rn. 296 ff. mwN.

[248] Sternel aktuell Rn. VIII 420.

[249] LG Berlin WuM 1999, 35 (36).

[250] BGH NZM 2010, 235 = NJW 2010, 1292; kritisch Schmidt-Futterer/Lehmann-Richter BGB § 535 Rn. 816; Staudinger/Emmerich BGB § 535 Rn. 14, alle mit weiteren Nachweisen.

[251] Schmidf-Futterer/Lehmann-Richter BGB § 535 Rn. 817 u. 820 mit weiteren Nachweisen und unter Verweis auf BGH NZM 2010, 235 Rn. 19.

Vermieteransprüche	Norm	Laufzeit
Mietausfallschaden iSv § 286	§ 548 Abs. 1	6 Monate
Unterlassungsansprüche § 541 BGB	§ 195	3 Jahre nicht während des laufenden Mietverhältnisses, solange die zweckwidrige Nutzung andauert.[252]
Veränderung, Verschlechterung, Beschädigung (§ 823)	§ 548 Abs. 1	6 Monate
Mieteransprüche	**Norm**	**Laufzeit**
Erfüllunganspruch auf Gebrauchsgewährung	§ 535	unverjährbar während der Dauer der Mietzeit
Rückerstattung vorausbezahlter Mieten	§ 195	3 Jahre
Kaution incl. Zinsen	§ 195	3 Jahre
Mietpreisüberhöhung	§ 195	3 Jahre seit der jeweiligen Leistung
Aufwendungsersatz gem. §§ 536a, 539, 554 Abs. 4	§ 548 Abs. 2	6 Monate
anfänglich überzahlte Kostenmiete	§ 8 Abs. 2 S. 3 WobindG	4 Jahre nach der jeweiligen Leistung, aber: 1 Jahr nach Beendigung des Mietverhältnisses
auf Grund Vermietererklärung iSv § 10 WobindG überzahlte Kostenmiete	§ 195	3 Jahre
überzahlte Betriebskosten;	§ 195	3 Jahre seit der jew. Leistung
geleistete Vorauszahlungen	§ 195	3 Jahre
Rückforderung bei Zahlung auf gemäß § 556 Abs. 3 S. 3 verfristete Nebenkostenabrechnung	§ 195	3 Jahre
GoA, Delikts- oder Bereicherungsrecht	§ 548 Abs. 2	6 Monate seit der rechtlichen Beendigung des Mietverhältnisses

[252] BGH NZM 2019, 143.

12. Abschnitt. Sonderprobleme

§ 33 Besondere Mietobjekte

Übersicht

I. Die vermietete Eigentumswohnung

Schrifttum:
Armbrüster/Müller, Wohnungseigentumsrechtliche Gebrauchsbeschränkungen und Mieter, FS Seuß, 2007, 3 ff. = ZWE 2007, 227 ff.; Armbrüster/Müller, Direkte Ansprüche der Wohnungseigentümer gegen Mieter, insbesondere bei zweckwidrigem Gebrauch, ZMR 2007, 321 ff.; Becker, Die Ableitung der Betriebskostenabrechnung aus der Jahresabrechnung – Blick aus dem Wohnungseigentumsrecht, WuM 2013, 73 ff.; Beyer, Die Ableitung der Betriebskostenabrechnung aus der Jahresabrechnung – Blick aus dem Mietrecht, WuM 2013, 77 ff.; Blank, Gebrauchsregelungen – Blick aus dem Mietrecht, WuM 2013, 94 ff.; ders., Vermietung von Wohnungs- und Teileigentum, PiG (Partner im Gespräch) 15 (1984), 33 ff.; ders., Jahresabrechnung und Betriebskostenabrechnung, NZM 2004, 365 ff.; ders., Die Betriebskosten der vermieteten Eigentumswohnung, FS Bärmann und Weitnauer, 1990, 29; ders., Gerechtigkeit und Praktikabilität der Betriebskostenabrechnung, DWW 1992, 65 ff.; Briesemeister, Zur Durchsetzung einer Versorgungssperre gegen den Mieter eines Wohnungseigentümers durch die Wohnungseigentümergemeinschaft, ZMR 2007, 661 ff.; Bub, Ansprüche der Wohnungseigentümer gegen Miteigentümer auf Beendigung von Mietverhältnissen, PiG (Partner im Gespräch) 26 (1987), 137 ff.; Dötsch, „Drittwirkung“ von Gebrauchsregelungen (§ 15 WEG) gegenüber Mietern? – Blick aus dem Wohnungseigentumsrecht, WuM 2013, 90 ff.; Emmerich, Disharmonie WEG und Mietrecht – Unterschiedliche Abrechnungsschlüssel, ZWE 2012, 245; Emmerich, Auswirkungen der Mietrechtsänderungen auf Kündigungen, WuM 2013, 323 ff.; Häublein, Die Umwandlung der vermieteten Bestandsimmobilie – Überlegungen zur Überleitung bestehender Mietverhältnisse auf Wohnungseigentümer, WuM 2013, 68 ff.; Herrlein, Versorgungssperre im Mietrecht: Possessorischer Besitzschutz als Legitimation offensichtlich rechtsmissbräuchlichen Mieterverhaltens?, NZM 2006, 527 ff.; Horst, Die Folgen von Modernisierungsmaßnahmen für den vermietenden Wohnungseigentümer, NZM 2012, 289 ff.; Jacoby, Ahndung von Verstößen

eines Mieters gegen Gebrauchsregelungen der Eigentümer, ZWE 2012, 70 ff.; Klühs, Mietervorkaufsrecht bei en bloc-Verkauf, NZM 2013, 809 ff.; Kümmel, Abwehransprüche der Wohnungseigentümer gemäß § 1004 BGB gegen Mieter und sonstige Nutzer des Sonder- und Gemeinschaftseigentums, ZWE 2008, 273 ff.; Langenberg, Die Betriebskosten der vermieteten Eigentumswohnung, NZM 2004, 361 ff.; ders., Richtige Betriebskostenabrechnung, Partner im Gespräch (PiG) 58 (1999), Aktuelle Erfordernisse im Mietrecht der neuen Länder, S. 79 ff.; Lehmann-Richter, Änderungen der mietvertraglichen Geschäftsgrundlage aufgrund von Wohnungseigentümerbeschlüssen, ZWE 2009, 345 ff.; ders., Duldungspflichten des Mieters bei Baumaßnahmen in der Wohnungseigentumsanlage, WuM 2013, 82 ff.; Riecke, Risiken und Besonderheiten bei der Betriebskostenabrechnung für vermietetes Sondereigentum, WuM 2003, 309 ff.; ders., Besonderheiten bei Betriebskostenabrechnungen für vermietetes Wohnungseigentum, ZMR 2001, 77 ff.; ders., Nebenkostenabrechnung bei vermietetem Wohnungseigentum, WE 2002, 220 f.; Scheidacker, Der Zutritt zu Räumen zwecks Durchführung einer Versorgungssperre, NZM 2007, 591 ff.; Schmid, Zur Haftung für Schäden wegen verzögerter Reparatur des Gemeinschaftseigentums, ZWE 2011, 202 ff.; ders., Aufteilung in Wohnungseigentum und Eintritt in das Mietverhältnis, ZWE 2013, 311 ff.; ders., Die Hausordnung in Miete und Wohnungseigentum, NJW 2013, 2145 ff.; ders., Mietnebenkostenumlegung bei vermieteten Eigentumswohnungen, Weimarer Immobilienrechtstage 2004, 83 ff.; Schmidt, Die Durchsetzung der WEG-Hausordnung gegenüber dem Mieter und dem Eigentümer durch den WEG-Verwalter, ZMR 2009, 325 ff.; Scholz, Versorgungssperre bei vermietetem Sondereigentum, NZM 2008, 387 ff.; Schuschke, Kann die Gemeinschaft einen Wohnungseigentümer zur Kündigung eines unliebsamen Mietverhältnisses zwingen?, NZM 1998, 176 ff.; Seuß, Jahresabrechnung, WE 1993, 69 ff.; Suilmann, Versorgungssperren gegen den Mieter von Wohnungseigentum, ZWE 2012, 111 ff.; ders., Zum Anspruch des Mieters auf Instandsetzung der vermieteten Sache bzw. auf Vornahme oder Duldung baulicher Veränderungen bei vermietetem Wohnungseigentum, WuM 2013, 86 ff.; Wirth, Probleme des Mietervorkaufsrechts nach § 570b BGB, NZM 1998, 390 ff.

1. Konfliktsituation zwischen Wohnungseigentums- und Mietrecht

Während das **Mietrecht** ein (Dauer-)Schuldverhältnis regelt mit relativen Rechten und Pflichten ausschließlich zwischen den Mietvertragsparteien, stellt das **Wohnungseigentum** grundsätzlich ein unbeschränktes dingliches, also ein sog. absolutes Recht dar, das gegenüber jedermann wirkt. Das Wohnungseigentumsrecht unterliegt im Kern dem sachenrechtlichen Typenzwang, während die Miete als Schuldverhältnis vom Grundsatz der Vertragsfreiheit als wesentlicher Ausprägung der Privatautonomie (wenn auch mit erheblichen Einschränkungen aus Gründen des sozialen Mieterschutzes) bestimmt wird. 1

(Rechts-)Probleme bei der Vermietung von Wohnungseigentum können daher einmal ausschließlich auf der **wohnungseigentumsrechtlichen Seite** auftreten (zB bei der Frage der Zulässigkeit der Vermietung von Sondereigentum) zum anderen auf der **mietrechtlichen Seite** (zB im Umwandlungsfall) und drittens schließlich an der **Schnittstelle** beider Rechtskreise. So etwa, wenn der vermietete Wohnungseigentümer seine wohnungseigentumsrechtlichen Bindungen nicht beachtet und zB seinem Mieter mehr Gebrauchsrechte einräumt, als ihm selbst gegenüber den anderen Wohnungseigentümern zustehen. 2

Konfliktpotenzial kann daher gleich in mehrfacher Hinsicht bestehen: 3

- Konflikte zwischen den Wohnungseigentümern einerseits und dem vermietenden Wohnungseigentümer andererseits
- Konflikte zwischen dem vermietenden Wohnungseigentümer und seinem Mieter
- Konflikte zwischen den Wohnungseigentümern und dem Mieter.

Entscheidend ist, dass beide Rechtskreise **streng voneinander zu trennen** sind. Jedes Konfliktpotenzial ist unter strikter Beachtung der Vorgaben des jeweils betroffenen Rechtskreises, wie nachstehend zu zeigen sein wird, zu lösen.

2. Mietvertragsabschluss trotz Vermietungsbeschränkungen

§ 13 Abs. 1 WEG **erlaubt** jedem Wohnungseigentümer ausdrücklich, die „im Sondereigentum stehenden Gebäudeteile" **zu vermieten.** Hierin liegt eine zulässige gesetzliche Inhaltsbestimmung des Eigentums iSv Art. 14 Abs. 1 S. 2 GG.[1] Dabei schließt diese Vermietungsbefugnis auch das Recht ein, dem Mieter ein **Mitgebrauchsrecht an ge-** 4

[1] BayObLG WE 1988, 33.

meinschaftlichen Einrichtungen zu übertragen.[2] Hiervon ist die **Vermietung des Gemeinschaftseigentums** selbst zu unterscheiden. Insoweit gilt der Grundsatz, das jedem Wohnungseigentümer das Recht zum Mitgebrauch gemeinschaftlicher Einrichtungen im gleichen Umfang zusteht.[3] Daher kann gemeinschaftliches Eigentum (zB gemeinschaftliche Einrichtungen oder auch Gemeinschaftsflächen) grundsätzlich nicht durch Beschluss einzelnen Wohnungseigentümern oder Dritten zur Alleinnutzung zugewiesen werden,[4] außer den Wohnungseigentümern erwachsen keinerlei Nachteile und eine Vereinbarung steht nicht entgegen[5] oder im Zusammenhang mit einer nach § 20 Abs. 2 WEG privilegierten Maßnahme.[6] Die ausschließliche Nutzung von Gemeinschaftseigentum kann aber in Form einer Vereinbarung bestimmten Wohnungseigentümern zugewiesen werden.[7]

5 Der vollständige **Ausschluss des Vermietungsrechts** durch Vereinbarung, also insbesondere in der Gemeinschaftsordnung, kann bei Diskriminierung bzw. über die Treuepflicht der Eigentümer untereinander Bedenken begegnen.[8] In keinem Fall ist dies durch eine Mehrheitsbeschlussfassung möglich. Zulässig ist dagegen die **Übertragung des Vermietungsrechts** des Wohnungseigentümers unter dessen Ausschluss auf Dritte.[9] Zulässig sind auch **Vermietungsbeschränkungen,** aber nicht durch Mehrheitsbeschluss sondern nur durch Vereinbarung.[10] So kann die Vermietung von Wohnungseigentum rechtswirksam von der Zustimmung des Verwalters oder der anderen Wohnungseigentümer abhängig gemacht werden.[11] In entsprechender Anwendung der Grundsätze zur Zustimmung im Rahmen der Veräußerung von Wohnungseigentum nach § 12 Abs. 2 S. 1 WEG kann die **Zustimmung** dabei nur aus wichtigem Grund verweigert werden.[12] Der Zustimmungspflichtige muss im jeweiligen konkreten Einzelfall nachweislich die Zustimmungsverweigerung damit begründen, dass die Vermietung zu einer voraussehbaren, unzumutbaren Störung der übrigen Wohnungseigentümer führen wird, etwa bei einer Vermietung zu einem zweckbestimmungswidrigen, störenden Gebrauch.[13]

6 Die Rechtsprechung hat festgehalten, dass die Zustimmung nicht generell, sondern nur bei konkreter Gefahr von Störungen zu Recht verweigert werden kann, so etwa bei:

- Vermietung einer Wohnung als Bordell[14]
- Vermietung an Ausländer, Asylanten[15] oder Aus- und Übersiedler[16]
- Vermietung an eine Wohngemeinschaft[17]

---

[2] OLG Düsseldorf ZMR 1996, 96.
[3] BayObLG NJW 1972, 1286.
[4] BayObLG NJW 1974, 152; OLG Karlsruhe MDR 1983, 672; OLG Zweibrücken NJW-RR 1986, 1338; vgl. auch BayObLG WE 1988, 22.
[5] BGH NJW 2000, 3211; BayObLG NZM 2000, 41.
[6] BGH NZM 2024, 241.
[7] AG Köln ZMR 1977, 84.
[8] Vgl. nur Bärmann/Suilmann WEG § 13 Rn. 64 ff.
[9] So zB Ferienwohnungen auf eine Verwalterin: BGH NJW 1986, 1173 oder auf einen Hotelbetreiber: BayObLG WE 1986, 73, sogar die ganze Wohnanlage: BayObLG WE 1992, 208 und 1992, 83, oder auf einen gewerblichen Zwischenvermieter: BayObLG DWE 1994, 40, auch unter Ausschluss der Eigennutzung: BayObLG WE 1992, 208.
[10] BayObLGZ 1975, 233 (237); aA OLG Frankfurt a. M. Rpfleger 1979, 109; zulässig ist dagegen eine Verpflichtung des vermietenden Eigentümers durch Mehrheitsbeschluss, dem Verwalter Name und Beruf des Mieters mitzuteilen, um eine zulässigerweise vereinbarte Vermietungsbeschränkung durchzusetzen: BayObLG DWE 1994, 40; vgl. auch LG Mannheim ZMR 1979, 319.
[11] BGH NJW 1962, 1613; BayObLGZ 1982, 9 und 1975, 237.
[12] BayObLG WuM 1992, 278; WE 1988, 73; ZMR 1980, 125; OLG Frankfurt a. M. DWE 1983, 61.
[13] BayObLG WuM 1992, 278.
[14] BayObLG WuM 1993, 557 und 1985, 163; DWE 1987, 27.
[15] LG Koblenz ZWE 2017, 133; BayObLG NJW 1992, 917: Vermietung in einem „guten Wohnhaus"; anders bei Teileigentum: BGH NJW 2018, 41 = NZM 2018, 90; vgl. auch die nicht zulässige Nutzung von Teileigentum zu Wohnzwecken: BGH NJW-RR 2018, 1227 = NZM 2018, 754.
[16] KG NJW 1992, 304; OLG Hamm WE 1993, 225 und OLGZ 1992, 300; OLG Stuttgart WE 1993, 25.
[17] LG Mannheim DWE 1977, 125.

- Vermietung an wechselnde Feriengäste[18]
- Vermietung an „Medizintouristen“[19]
- Vermietung von Tiefgaragen-Stellplätzen an ein benachbartes Hotel.[20]

Daher ist auch die Zustimmung nicht generell, sondern nur für den Einzelfall zu erteilen.[21]

Schließt ein Wohnungseigentümer einen Wohnraummietvertrag unter **Verstoß gegen zulässige Vermietungsbeschränkungen** ab, berührt dies die Wirksamkeit des Mietvertrages nicht.[22] Wirksame Vermietungsbeschränkungen wirken nur schuldrechtlich zwischen den Wohnungseigentümern[23] sowie relativ dinglich gem. § 10 Abs. 3 S. 1 WEG gegenüber deren Sondernachfolgern, nicht jedoch absolut gegenüber jedermann, also insbesondere nicht gegenüber dem außerhalb der Gemeinschaft stehen dem Mieter. § 12 Abs. 3 WEG ist nicht anwendbar. 7

Die Konsequenz hieraus ist, dass der vermietende Eigentümer den übrigen Eigentümern gegenüber zu Unterlassung der Vermietung verpflichtet ist. Diese Verpflichtung stellt aber kein berechtigtes Interesse zur Kündigung des Mietvertrages iSv § 573 BGB dar,[24] sodass die Eigentümergemeinschaft Schadensersatz wegen positiver Vertragsverletzung beanspruchen kann. Gelingt es den Eigentümern, auch etwa im Wege einstweiligen Rechtsschutzes, den Einzug des Mieters zu verhindern, macht sich der vermietende Wohnungseigentümer diesem gegenüber schadensersatzpflichtig; seinem Mieter gegenüber bleibt er zur Gebrauchsüberlassung und -gewährung auf der Grundlage des rechtswirksam Wohnraummietvertrages verpflichtet. 8

3. Betriebskostenumlage und -abrechnung[25]

Ausgangspunkt der hier anzustellenden Überlegungen sind die unterschiedlichen Anforderungen an die Abrechnung nach WEG und im Mietrecht: Bei der Gesamtabrechnung nach § 28 WEG handelt es sich um eine Einnahmen- und Ausgabenrechnung, die sämtliche Zahlungseingänge und -ausgänge während des Abrechnungszeitraums dokumentiert, unabhängig davon, für welchen Zeitraum die Zahlungen erfolgt sind (**Zufluss- und Abflussprinzip**), wobei die Einzelabrechnung gegenüber jedem Eigentümer hiervon wieder abweichen kann, da es bei ihr allein darum geht, die sich aus der Gesamtabrechnung für den jeweiligen Abrechnungszeitraum ergebenden Einnahmen und Ausgaben „intern“ zu verteilen. Dagegen hatte eine mietrechtliche Betriebskostenabrechnung nach früher überwiegender Auffassung alle Kosten – nicht Ausgaben – zu erfassen, die während des Abrechnungszeitraums entstanden sind, unabhängig davon, wann der Vermieter gezahlt hat (**Leistungs- oder Zeitabgrenzungsprinzip**).[26] Nach Auffassung des BGH legen die §§ 556 ff. BGB den Vermieter aber grundsätzlich nicht auf eine Abrechnung der Betriebskosten nach dem Leistungsprinzip fest, sondern auch eine Abrechnung nach dem **Abflussprinzip** ist grundsätzlich zulässig, jedenfalls für „kalte“ Betriebskosten (konkret entschieden für Wasserkosten) und solange es während des Abrechnungszeitraums nicht zu einem Mieterwechsel gekommen 9

[18] BayObLG WE 1988, 32; BayObLGZ 1978, 305, wobei der BGH die Nutzung einer Wohnung als Ferienwohnung noch als wohntypische Nutzung angesehen hat, sofern sie nicht zu weitergehenden Beeinträchtigungen führt (worunter der auch tägliche Nutzerwechsel nicht fallen soll) und sich aus der Teilungserklärung bzw. aus einer Vereinbarung der Wohnungseigentümer nichts anderes ergibt: BGH NJW 2010, 3093 = NZM 2010, 285 und ZWE 2011, 78.

[19] LG München I ZWE 2016, 264; LSK 2017, 107486.

[20] BayObLG WuM 1992, 278.

[21] BayObLGZ 1982, 14.

[22] BayObLGZ 1983, 55.

[23] BayObLGZ 1983, 55.

[24] Sternel IV Rn. 163.

[25] Vgl. Emmerich ZWE 2012, 245 ff.; Becker WuM 2013, 73 ff.; Beyer WuM 2013, 77 ff.

[26] Blank NZM 2004, 365 (366); Riecke ZMR 2001, 77; Riecke WuM 2003, 309 (310) jew. mwN.

ist.[27] Ob eine derartige Betriebskostenabrechnung bei einem Mieterwechsel unwirksam oder lediglich über § 242 BGB zu korrigieren ist, hat der BGH allerdings offen gelassen. Anderes gilt angesichts der zwingenden Vorgaben der HeizKV aber für die Wärme- und Warmwasserkosten: wegen § 7 Abs. 2 HeizKV sind insbesondere die Kosten der „verbrauchten Brennstoffe" in die Abrechnung einzustellen, so dass die Heranziehung des Abflussprinzips nicht zulässig ist.[28] Entsprechendes hat der BGH für die Einzelabrechnung nach dem WEG festgehalten,[29] so dass zumindest insoweit ein Gleichlauf besteht. Damit sind aber noch nicht alle Probleme der Betriebskostenumlage und -abrechnung bei der vermieteten Eigentumswohnung gelöst – im Gegenteil. Die durch die **WEG-Reform** seit dem 1.7.2007 erleichterte Möglichkeit der Eigentümer, gem. § 16 Abs. 3 WEG den Umlageschlüssel für Betriebskosten zu ändern sowie die insoweit noch weitergehende neue Regelung des § 16 Abs. 2 S. 2 WEG seit dem 1.12.2020[30], auch außerhalb des einseitigen Optionsrechts des Vermieters nach § 556a Abs. 2 BGB, hat die Probleme sogar noch verschärft.[31] Dem kann auch durch die ebenfalls mit dem WEMoG neu geschaffene Regelung des § 556 Abs. 3 S. 1 BGB nur teilweise begegnet werden. Zwar soll hiernach die Verteilung der Betriebskosten nach dem zwischen den Wohnungseigentümern jeweils geltenden Maßstab erfolgen, dies gilt jedoch nur, sofern und soweit die Mietvertragsparteien nichts anderes vereinbart haben.

10 Nach **herrschender Meinung** sind bei der Abrechnung der Betriebskosten einer vermieteten Eigentumswohnung durch den Vermieter keine Besonderheiten zu beachten. Die nach den wohnraummietvertraglichen Vereinbarungen zum Teil auf den Mieter umzulegenden Gesamtbetriebskosten entsprechen danach denjenigen, die bei der Eigentümergemeinschaft insgesamt anfallen. Auf der Grundlage der Abrechnung zwischen den Wohnungseigentümern ist dann die Abrechnung des vermietenden Eigentümers gegenüber seinem Mieter zu erstellen. Der vermietende Eigentümer hat die vom Verwalter erhaltene Ausgabenabrechnung in eine Leistungsabrechnung umzuwandeln.[32] Der Mieter hat somit auch konsequenterweise das Recht zur Einsichtsnahme in die Abrechnungsunterlagen der Gemeinschaft.[33] Damit wird die vermietete Eigentumswohnung als Teil eines Mietshauses behandelt, auch wenn der vermietende Eigentümer auf die durch die Teilungserklärung und die Eigentümerbeschlüsse über die Jahresabrechnung vorgegebenen Betriebskosten keinen großen Einfluss hat und die Kosten auch nicht auf mehrere Mieter umlegen, sondern nur an einen Mieter weitergeben kann.[34]

11 Die **abweichende Auffassung** unterscheidet demgegenüber zunächst zwischen den Betriebskosten des Sondereigentums (zB Grundsteuer, Etagenheizung, Reinigung und Wartung vermietereigener Einrichtungen und auch die verbrauchabhängigen Kosten für Wasser, Entwässerung, Heizung, Müll)[35] und des Gemeinschaftseigentums. Erstere soll der Eigentümer ohne Weiteres an den Mieter „durchreichen" können, sofern der Wohn-

[27] BGH NJW 2008, 1801 = NZM 2008, 403; NJW 2008, 1300 = NZM 2008, 277; OLG Schleswig 4.10.1990 – 4 RE-Miet 1/88, RE WuM 1991, 333; LG Wiesbaden NZM 2002, 944; aA Riecke WE 2002, 220; Blank DWW 1992, 65 f. im Fall des Mieterwechsels.

[28] NJW 2012, 1141 = NZM 2012, 230 und BeckRS 2012, 10074.

[29] BGH NJW 2012, 1434 = NZM 2012, 344.

[30] Änderung durch das Wohnungseigentumsmodernisierungsgesetz (WEMoG), BGL I, Nr. 47/2020 vom 22.10.2020, 2187.

[31] Vgl. hierzu nur Drasdo ZMR 2008, 421 ff.

[32] Riecke ZMR 2001, 77; aA Seuß WE 1993, 69 (70 ff.); differenzierend: Langenberg NZM 2004, 361 (363 ff.): Grundsatz bleibt die Leistungsabrechnung; die Ausgabenabrechnung kann aber mietvertragliche vereinbart werden, sofern dies den Mieter nicht benachteiligt (also unter Berücksichtigung eines Korrekturkatalogs); ähnlich v. Seldeneck, Betriebskosten im Mietrecht, Rn. 3249: Heranziehung der Ausgabenabrechnung über §§ 315, 316 BGB (Problem: jetzt noch wegen § 556 Abs. 4 BGB zulässig?), außer bei offenkundig untragbaren Ergebnissen.

[33] BGH WuM 1982, 207; LG Düsseldorf DWW 1990, 207.

[34] Blank spricht zutreffend von einer „gebäudebezogenen Kostenerfassung" NZM 2004, 365 (367).

[35] BGH NZM 2003, 952 ff. = WuM 2003, 712 ff.; Bub ZWE 2001, 457; Jennißen ZWE 2001, 461; Wenzel ZWE 2001, 226 (236).

raummietvertrag eine entsprechende Umlagevereinbarung enthält. Da keine Gesamtkosten zwischen mehreren Nutzern zu verteilen sind, soll es auch keiner Kostenaufteilung bedürfen. Gleiches soll auch für die Betriebskosten des Gemeinschaftseigentums gelten, soweit sie zulässigerweise auf den Wohnraummieter umgelegt werden können (§ 556 Abs. 1 BGB). Der sich aus der bestandskräftigen Einzelabrechnung für den vermietenden Eigentümer ergebende Anteil an den Lasten und Kosten iSv § 16 Abs. 2 WEG sei identisch mit den Betriebskosten des Vermieters,[36] so dass es ebenfalls keiner Kostenverteilung sondern der bloßen Weitergabe der dem vermietenden Eigentümer in Rechnung gestellten Beträge an den Mieter bedarf.[37] Diese abweichende Auffassung verlangt weiter eine Trennung zwischen den Betriebskosten für das Sondereigentum und das Gemeinschaftseigentum in der Abrechnung dem Mieter gegenüber, der seinerseits ein Recht zur Einsichtnahme in die Belege des Vermieters für die zuerst genannten Betriebskosten und in die Einzelabrechnung des Verwalters zur Prüfung der vom vermietenden Eigentümer an die Eigentümergemeinschaft zu zahlenden Beträge für die Betriebskosten des Gemeinschaftseigentums hat. Der Mieter soll geschützt werden über den Grundsatz der Wirtschaftlichkeit (vgl. §§ 556 Abs. 3 S. 1, 560 Abs. 5 BGB), woraus sich die Verpflichtung des Vermieters ergeben soll, gegen die Willensbildungen der übrigen Eigentümer im Wege der Beschlussanfechtung vor dem Wohnungseigentumsgericht vorzugehen, sofern die entsprechenden Abrechnungen den Mieter etwa wegen Verstoßes gegen die Regelungen des WEG und der Teilungserklärung unangemessen benachteiligen.[38]

Die abweichende Auffassung hat den Vorteil der größeren Praktikabilität und verdient bei einer entsprechenden zweifelsfreien wohnraummietvertraglichen Vereinbarung den Vorzug. So etwa, wenn im Mietvertrag ausdrücklich und nicht überraschend geregelt ist, dass der Mieter die umlagefähigen Betriebskostenpositionen für das Gemeinschaftseigentum entsprechend der Abrechnung der Eigentümergemeinschaft zu übernehmen hat.[39] In jedem Fall müsste eine Abrechnung nach dem Abflussprinzip im Mietvertrag ausdrücklich vereinbart werden, die von der dargestellten abweichenden Auffassung für uneingeschränkt rechtswirksam gehalten wird;[40] eine höchstrichterliche Entscheidung liegt allerdings hierzu noch nicht vor. § 556 Abs. 3 S. 1 BGB ist insoweit nicht hilfreich, da diese Regelung lediglich die Anwendung des Verteilerschlüssels der WEG regelt. Sind im Mietvertrag dagegen bestimmte Umlageschlüssel für einzelne Betriebskostenpositionen vereinbart, kann der Mieter aus dem maßgeblichen Gesichtspunkt des Empfängerhorizonts beanspruchen, dass er nur mit den auf der Grundlage dieses Verteilungsmaßstabs errechneten Kostenpositionen belastet wird. Der Mieter darf darauf vertrauen, dass zB die Kosten für Wasser/Abwasser oder Müll nach dem Maßstab umgelegt werden (zB nach Köpfen), wie er von ihm im Wohnraummietvertrag akzeptiert wurde und nicht nach einem Verteilungsschlüssel gemäß WEG, der ihm gegebenenfalls überhaupt nicht bekannt ist. Selbstverständlich dürfen auf diesem Wege 12

[36] Überzeugend hergeleitet von Blank NZM 2004, 365 (366), aus den §§ 40 ff. II. BerechnungsVO und der dort normierten Lastenberechnung für eigengenutzte Eigentumswohnungen im Unterschied zur Wirtschaftlichkeitsberechnung bei vermieteten Wohnungen.

[37] Blank NZM 2004, 365 (370 ff.) – „wohnungsbezogene Kostenerfassung"; Blank WE 1991, 39; Blank FS Bärmann und Weitnauer, 1990, 29 ff.; vgl. auch Langenberg PiG 58, 79 (113).

[38] Eingehend Blank NZM 2004, 365 (370 ff.).

[39] Zulässig ist mithin auch die ausdrückliche Vereinbarung der Umlage nach Miteigentumsanteilen (OLG Braunschweig WuM 1999, 173; OLG Hamm WuM 1981, 62; Lützenkirchen ZWE 2003, 99 (115); Münstermann-Schlichtmann FS Deckert, 2002, 271 (286); Riecke FS Deckert, 2002, 353 (379)). Dies gilt auch, wenn diese nicht entsprechend der Wohnflächenanteile gebildet worden sind (LG Düsseldorf DWW 1988, 210; aA Langenberg NZM 2004, 361 (362): nur wenn die Miteigentumsanteile in etwa den verschiedenen Wohnflächen entspricht). Die bloße pauschale Verweisung auf die Jahresabrechnung der Eigentümergemeinschaft oder die Beschlüsse der Wohnungseigentümer genügt dagegen nicht (LG Hannover WuM 1985, 92; Schmidt-Futterer/Langenberg § 556 Rn. 53, 318; Riecke ZMR 2001, 77 (78)). Zur Frage der Auswirkungen nachträglicher Änderungen des Umlageschlüssels durch die Wohnungseigentümer auf das Mietverhältnis vgl. → Rn. 25 aE.

[40] So auch Schmid, Weimarer Immobilienrechtstage, 2004, 83 (89).

keine nicht umlagefähigen Kosten (etwa für Instandhaltung, Instandsetzung, Verwaltung, Anschaffungen) auf den Mieter abgewälzt werden (§ 556 Abs. 4 BGB). Der Mieter kann weiter nicht zur Zahlung höherer Beträge an den vermietenden Eigentümer verpflichtet werden, als dieser an die Eigentümergemeinschaft zahlt.[41] Manipulationen der Eigentümer – etwa zu Lasten vermieteter Einheiten, durch zeitliches Hinausschieben von Abrechnungen ua – werden einmal über den **Grundsatz der Wirtschaftlichkeit** (§ 556 Abs. 3 S. 1 Hs. 2 BGB) unterbunden, dessen Einhaltung der Vermieter zu beweisen hat.[42] Weiter ist zu beachten, dass im Fall des **Mieterwechsels** der neue Mieter nicht mit Kosten belastet werden darf, die nicht in seine Mietzeit fallen.[43]

13 Zur Kontrolle steht dem Mieter das **Recht auf Einsicht** in die Verwaltungsunterlagen im Ort der Mietsache[44] zu, auch bei größeren Wohnanlagen.[45] Hierzu kann ihn der vermietende Eigentümer ermächtigen,[46] wobei der Mieter dieses Recht seinerseits durch einen Dritten, zB einen Rechtsanwalt, ausüben darf.[47]

14 Die sich aus der Verwalterabrechnung ergebenden Beträge entstehen zwar im Verhältnis der Wohnungseigentümer untereinander erst durch deren (Mehrheits-)Beschluss über die aus den Gesamt- und Einzelabrechnung resultierenden Zahlungspflichten.[48] Dies hindert aber den Vermieter nicht, auf der Grundlage der noch nicht (schon gar nicht bestandskräftig) beschlossenen Abrechnungen gegenüber seinem Mieter abzurechnen.[49] Die Anfechtung des Beschlusses über die Abrechnung hat somit auch auf die Fälligkeit keinen Einfluss.[50] Verzögert sich die Abrechnung des WEG-Verwalters oder ändert sich der Abrechnungsbetrag, kann der Vermieter auch nach Ablauf der Ausschlussfrist des § 556 Abs. 3 BGB noch abrechnen, wenn er die Verzögerung nicht zu vertreten hat. Ein etwaiges Verschulden des WEG-Verwalters – wohl aber des Sondereigentums- oder Mietverwalters – wird ihm nicht zugerechnet, sofern er gegenüber dem WEG-Verwalter auf eine rechtzeitige Abrechnung hingewirkt hat, sonst ggf. eigenes Verschulden.[51] So muss der Vermieter substantiiert vortragen, was er selbst veranlasst hat, nachdem für ihn zB vor Ablauf der Ausschlussfrist erkennbar wurde, dass die bisherige Hausverwaltung die Wohngeldabrechnung, die er als Grundlage für die von ihm selbst erstellte Betriebskostenabrechnung benötigte, nicht rechtzeitig vorlegen würde oder eine schließlich erstellte Abrechnung so fehlerhaft war, dass sie sich nicht als Grundlage für die Betriebskostenabrechnung eignete.[52] Im Fall einer sich rechtzeitig abzeichnenden Änderung oder einer erkannten Unvollständigkeit der Abrechnung und zu erwartenden Nachforderungen sollte der vermietende Eigentümer einen ausdrück-

---

[41] LG Berlin GE 1988, 1169.

[42] Kinne GE 2003, 711.

[43] Langenberg NZM 2004, 361 (364).

[44] Ein Verweis auf die Räume der jeweiligen Hausverwaltung benachteiligt den Mieter dagegen unangemessen: AG Wiesbaden WuM 2000, 312; vgl. auch Schmidt-Futterer/Lehmann-Richter § 556 Rn. 503; es empfehlen sich korrespondierende Regelungen im Miet- und Verwaltervertrag, etwa die Verpflichtung des Verwalters, die Beleg am Ort der Wohnanlage zur Einsicht zur Verfügung zu stellen, so der Vorschlag von Schmid Weimarer Immobilienrechtstage 2004, 83 (91).

[45] BayObLG NZM 2000, 873; OLG Hamm NZM 1998, 724.

[46] LG Frankfurt a. M. WuM 1997, 52.

[47] LG Hamburg WuM 1985, 400; AG Hamburg WuM 1991, 282; Schmidt-Futterer/Lehmann-Richter § 556 Rn. 498.

[48] Siehe den seit dem 1.12.2020 mit dem WEMoG geänderten Wortlaut des § 28 Abs. 2 S. 1 WEG.

[49] BGH NJW 2017, 2608 = NZM 2017, 216; Jennißen NZM 2002, 236; Münstermann-Schlichtmann FS Deckert, 2002, 271 (288); Riecke ZMR 2001, 77 (79); aA OLG Düsseldorf NZM 2001, 48; Lützenkirchen ZWE 2003, 99 (112); Jennißen NZM 2002, 236; Münstermann-Schlichtmann FS Deckert, 2002, 271 (288); Riecke ZMR 2001, 77 (79).

[50] Schmidt-Futterer/Lehmann-Richter § 556 Rn. 395; Jennißen NZM 2002, 236; Riecke ZMR 2001, 77 (79); AA OLG Düsseldorf NZM 2001, 48; Geldmacher DWW 1997, 167.

[51] BGH NJW 2017, 2608 = NZM 2017, 216; vgl. auch Drasdo NZM 2004, 372 (373 f.) mwN; allerdings soll dies nur dann gelten, wenn sich der vermietende Eigentümer nachdrücklich um die Vorlage der WEG-Abrechnung bemüht (Sternel ZMR 2001, 937 (940)) und ggf. den Verwalter sogar auf Abrechnung verklagt (Börstinghaus/Eisenschmid, Arbeitskommentar Neues Mietrecht, § 556, S. 208).

[52] BGH NJW 2017, 2608 = NZM 2017, 216.

lichen Nachforderungsvorbehalt für diesen Fall in die Betriebskostenabrechnung mit aufnehmen.[53]

15 Der BGH[54] hat festgehalten, dass der Vermieter die von der Gemeinde für eine vermietete Eigentumswohnung erhobene Grundsteuer – ohne weitere „Rechenoperationen" – in die Betriebskostenabrechnung als vom Mieter geschuldete Position (sofern im Mietvertrag vereinbart) übernehmen darf. Vom Mieter zu tragende Betriebskosten, die wie hier von einem Dritten (Gemeinde) speziell für die einzelne Wohnung erhoben werden, sind an den Mieter in der Betriebskostenabrechnung schlicht „weiterzuleiten". Für die Anwendung eines gesetzlichen oder vertraglich vereinbarten Umlageschlüssels ist – anders als noch die frühere, jetzt ausdrücklich aufgegebene Rechtsprechung[55] – kein Raum, da es bei derartigen Positionen nichts umzulegen gibt. Inwieweit damit die Tür geöffnet ist, der vorstehend wiedergegebenen abweichenden Auffassung zu einem gewissen Durchbruch zu verhelfen (bezogen auf alle direkt für die Wohnung in Rechnung gestellten Betriebskosten, bei denen es nichts weiter zu verteilen gibt), oder ob sich dies allein auf den konkret entschiedenen Fall beschränkt (nicht von der WEG, sondern von Dritten – wie hier der Gemeinde – erhobene Beträge) wird die Zukunft zeigen.

4. Wohnungseigentumsrechtswidrige Einräumung von Gebrauchsrechten[56]

16 Der Umfang der Gebrauchsrechte des Mieters, die der vermietende Wohnungseigentümer diesem während der gesamten Mietzeit uneingeschränkt zu gewährleisten hat, wird ausschließlich vom Mietvertrag bestimmt. Der Umfang der Gebrauchsbefugnis des vermietenden Wohnungseigentümers gegenüber den anderen Eigentümern richtet sich dagegen ausschließlich nach etwaigen Vereinbarungen (auch in der Teilungserklärung oder Gemeinschaftsordnung) und rechtswirksamen Beschlüssen der Eigentümergemeinschaft. Stehen dem Mieter auf Grund des Mietvertrages weniger Rechte als dem vermietenden Wohnungseigentümer zu oder entsprechen sich beide Rechte inhaltlich, besteht kein Konfliktpotenzial. Anders dann, wenn sich der Wohnungseigentümer seinem Mieter gegenüber im Mietvertrag verpflichtet hat, diesem mehr Gebrauchsrechte zu gewähren, als ihm (dem vermietenden Wohnungseigentümer) als Mitglied der Eigentümergemeinschaft zustehen.

So zB:

- Vermietung im Widerspruch zur Zweckbestimmung nach dem WEG;[57] 17
- Vermietung von Gemeinschaftseigentum, insbes. Gemeinschaftsflächen oder gemeinschaftlichen Einrichtungen;[58]

[53] Vgl. BGH NJW 2013, 456 = NZM 2013, 84; s. auch Blank NZM 2004, 365 (372), die dort früher noch angenommene Anerkenntniswirkung nach vorbehaltlosem Ausgleich einer Nachforderung durch den Mieter oder vorbehaltloser Auskehrung eines Guthabens durch den Vermieter gilt jedenfalls seit dem 1.9.2001 vor Ablauf der Ausschlussfrist des § 556 Abs. 3 BGB nicht mehr: BGH NJW 2011, 843 = NZM 2011, 241.

[54] BGH NJW-RR 2013, 785 = NZM 2013, 457; dies hatte sich schon durch folgende BGH-Entscheidungen abgezeichnet: NJW 2008, 2105 = NZM 2008, 442; NJW-RR 2011, 812 = NZM 2011, 581; NZM 2012, 96 und BeckRS 2011, 26806.

[55] BGH NJW-RR 2004, 1237 = NZM 2004, 580.

[56] Vgl. Eingehender Jacoby ZWE 2012, 70 ff.; Dötsch WuM 2013, 90 ff.; Blank WuM 2013, 94 ff.

[57] BGH NJW 2018, 41 = NZM 2018, 90; BGH NJW-RR 2018, 1227 = NZM 2018, 754; BayObLG WuM 1994, 393; 1993, 557 und 1985, 163; DWE 1987, 27; OLG Frankfurt a. M. WuM 1994, 713 und OLGZ 1990, 419; Rpfleger 1981, 148; OLG Hamm NJW-RR 1993, 786 und Rpfleger 1992, 102; KG WuM 1992, 554; OLG Stuttgart WuM 1992, 555; AG Hildesheim WuM 1986, 25 – eine zweckwidrige Nutzung kann aber – unter typisierender Betrachtungsweise: BayObLG WuM 1996, 490 – dann zulässig sein, wenn sie nicht mehr stört als eine bestimmungsgemäße Nutzung: BayObLG NJW-RR 1991, 849 und WuM 1991, 302; KG WuM 1993, 752; OLG Zweibrücken ZMR 1997, 482; zu Frage, wann eine derartige Zweckbestimmung vorliegt und nicht lediglich ein unverbindlicher Gestaltungsvorschlag vgl. BayObLG WuM 1990, 454.

[58] BayObLGZ 1982, 407; OLG Düsseldorf Rpfleger 1975, 308.

- Verpflichtung im Mietvertrag, derartiges Gemeinschaftseigentum dem Mieter mitzuüberlassen, obwohl dem vermietenden Eigentümer die entsprechende Rechtsmacht nicht zusteht;
- Mietvertragliche Gestattung eines im Verhältnis der Wohnungseigentümer untereinander ausgeschlossenen Gebrauchs der vermieteten Eigentumswohnung, etwa bei der Tierhaltung,[59] Musizieren,[60] Gebrauchsüberlassung an Dritte, Parabolantenne, Hausordnung,[61] Schließzeiten der Haustür,[62] Ruhezeiten bei der Benutzung von Gemeinschaftseinrichtungen,[63] Modernisierung (hierzu näher nachstehend unter → Rn. 21 ff.).

18 Dem vermietenden Eigentümer ist daher zwingend zu raten, durch sorgfältige Mietvertragsgestaltung derartige Kollisionen zu vermeiden. Er hat genau darauf zu achten, dass die entsprechenden mietvertraglichen Regelungen zumindest deckungsgleich mit den ihm wohnungseigentumsrechtlich eingeräumten Befugnissen sind. Nach Abschluss des Wohnraummietvertrages getroffene Willensbildungen der Eigentümer, die den Umfang der dem vermietenden Wohnungseigentümer zustehenden Gebrauchsrechte einschränken, die dieser bereits mietvertraglich seinem Mieter eingeräumt hat, haben auf das Wohnraummietvertragsverhältnis nur insoweit Auswirkungen, als der vermietende Eigentümer auf rechtlich zulässige Art und Weise eine Änderung der dem Mieter im Mietvertrag eingeräumten Rechte erreichen kann. Die Eigentümergemeinschaft kann von ihm nichts rechtlich Unmögliches verlangen.[64]

Die wohnungseigentumsrechtswidrige Einräumung von Gebrauchsrechten durch den vermietenden Eigentümer an dessen Mieter löst komplexe **Rechtsfolgen** aus:

19 **a) Verhältnis Eigentümergemeinschaft – vermietender Eigentümer.** Zunächst kann die Wohnungseigentümergemeinschaft[65] den vermietenden Eigentümer auf Unterlassung in Anspruch nehmen im Wohnungseigentumsverfahren nach den §§ 43 ff. WEG.[66] Die Wohnungseigentümergemeinschaft kann dann aus der Entscheidung des Wohnungseigentumsgerichts gegen den Vermieter vollstrecken § 890 ZPO, nicht nach § 888 ZPO.[67] Theoretisch denkbar wäre auch die Verurteilung zu einem positiven Tun,[68] soweit vertretbar gem. § 887 ZPO zu vollstrecken (Antrag auf Ermächtigung zur Ersatzvornahme und auf Zahlung eines Kostenvorschusses). Dies setzt allerdings voraus, dass der Vollstreckungsschuldner, also der vermietende Eigentümer, noch unmittelbaren Besitz an dem Wohnungseigentum hat; im Falle der Gebrauchsüberlassung an Dritte ist die Vollstreckung nur nach§ 888 ZPO möglich.[69] Allerdings setzt die Verhängung eines Zwangs- bzw. Ordnungsgeldes nach § 888 ZPO bzw. § 890 ZPO voraus, dass der Vermieter schuldhaft gehandelt hat.[70] Gleiches gilt im Übrigen für den An-

[59] BGH WuM 1995, 447; BayObLG WuM 1994, 392; OLG Frankfurt a. M. NJW-RR 1993, 981; KG WuM 1998, 616 und WuM 1991, 440; OLG Karlsruhe ZMR 1988, 184; OLG Köln WuM 1996, 109; OLG Stuttgart WuM 1985, 93.

[60] BayObLG WuM 1996, 488 und BayObLGZ 1985, 104; OLG Hamm NJW-RR 1986, 500 und NJW 1981, 465.

[61] Vgl. Schmid NJW 2013, 2145 ff.

[62] BayObLG WE 1991, 202; KG WuM 1992, 110.

[63] KG WE 1992, 110; OLG Stuttgart WuM 1998, 430.

[64] Eingehender Lehmann-Richter ZWE 2009, 345 ff.

[65] Ansprüche des einzelnen Wohnungseigentümers gemäß § 1004 BGB und § 14 Abs. 2 Nr. 1 WEG können mit der Neuregelung des § 9a Abs. 2 WEG von diesem nur im Falle der (zumindest auch bestehenden) erheblichen Beeinträchtigung des Sondereigentums selbst durchgesetzt werden, und sind auf Unterlassungs- und Beseitigungsansprüche beschränkt, BGH 11.6.2021 – V ZR 41/19, NJW-RR 2021,1166. Ist nur das Gemeinschaftseigentum von der Störung betroffen und lehnt die GdWE ein Vorgehen ab, muss der Eigentümer mit der Beschlussersetzungsklage gegen die GdWE vorgehen, BGH 28.1.2022 – V ZR 86/21, ZWE 2022, 256.

[66] BayObLG NJW-RR 1991, 658; WE 1992, 22; 1987, 97; LG Bremen NJW-RR 1991, 1423.

[67] BayObLG DWE 1991, 76; OLG Hamm WE 1992, 135.

[68] Vgl. etwa BayObLG NZM 2001, 672.

[69] BayObLG NZM 2000, 303.

[70] Vgl. eingehender Adomeit NJW 1967, 1994; v. Gamm NJW 1955, 1346; Göppinger NJW 1967, 177; Zieres NJW 1972, 751.

spruch der Wohnungseigentümergemeinschaft auf Schadensersatz,[71] auf den die Eigentümergemeinschaft beschränkt ist, da sie in aller Regel nicht verlangen kann, dass der störende Miteigentümer das Mietverhältnis kündigt und die Räumung betreibt (vgl. sogleich unter → Rn. 21).[72] An einem Verschulden des Vermieters dürfte es aber regelmäßig fehlen, wenn er vergeblich alles Zumutbare – einschließlich der Inanspruchnahme gerichtlicher Hilfe – getan hat, um den Mieter zur Aufgabe der zweckwidrigen Nutzung oder zur Räumung bzw. zur Vornahme oder Duldung der Handlung zu bewegen (bis hin zu ggf. nicht unerheblichem finanziellem Entgegenkommen).[73] Auf welche Art und Weise er dieses Ziel erreicht, bleibt aber allein ihm überlassen.[74]

Das Verfahren vor dem Wohnungseigentumsgericht ist daher lediglich eine stumpfe und wenig effektive Waffe.[75] Dies soll allerdings nicht bedeuten, dass man grundsätzlich überhaupt nicht gegen den vermietenden Eigentümer vorgehen sollte: Dies macht zum einen selbstverständlich dann Sinn, wenn dessen Mieter seine gesetzlichen oder mietvertraglichen Verpflichtungen verletzt (dann kann der vermietende Eigentümer gegen ihn vorgehen und damit die Eigentümergemeinschaft vollstrecken). Zum anderen kann das unmittelbare Vorgehen gegen den vermietenden Eigentümer auch dann zielführend sein, wenn man nicht sogleich mit Erfolg vollstrecken kann: der vermietende Eigentümer wird angehalten, selbst im Rahmen des Zumutbaren aktiv zu werden und künftig bei der Gestaltung seiner Mietverträge sorgfältiger auf Übereinstimmung mit den wohnungseigentumsrechtlichen Vorgabe zu sorgen, im Fall des Mieterwechsels kann gleich vollstreckt werden und bei unsicher Rechtslage werden alle Rechtsverhältnisse dieses „Dreiecks" einer gerichtlichen Klärung unterworfen, sofern – dies der dringende Rat – die Eigentümergemeinschaft zugleich dem Mieter den Streit verkündet. 20

b) Verhältnis vermietender Eigentümer – Mieter. Wird der vermietende Eigentümer im vorgenannten Sinne von der Eigentümergemeinschaft auf Unterlassung in Anspruch genommen, ist er dennoch nicht zur Kündigung des Mietverhältnisses berechtigt.[76] Dies vor allem auch deshalb, da die Kündigungsgründe aus seinem eigenen Risikobereich stammen.[77] 21

Weiter kann der vermietende Wohnungseigentümer auch nicht mit Erfolg Unterlassung des wohnungseigentumsrechtswidrigen Gebrauchs vom Mieter verlangen, zu dessen Gewährung er sich im Wohnraummietvertrag gerade verpflichtet hat. Die bindungswidrige Einräumung von Gebrauchsrechten durch einen Nichtberechtigten ist nämlich schuldrechtlich wirksam. 22

Der Mietvertrag ist auf eine subjektiv und nicht objektiv unmögliche Leistung gerichtet, da die Wohnungseigentümer die unzulässige Nutzung genehmigen könnten. 23

c) Verhältnis Eigentümergemeinschaft – Mieter. Aus Sicht der Wohnungseigentümergemeinschaft kann es folglich effektiver sein, unmittelbar gegen den Mieter im Zivilprozess vorzugehen. Zwar besteht in dieser Rechtsbeziehung keine vertragliche Verbindung, wohl aber ein gesetzliches Schuldverhältnis mit der Folge, dass zB § 1004 BGB anwendbar ist. Das Schrifttum hat insoweit ursprünglich die Besonderheiten der WEG völlig außer Betracht gelassen und daher, wie in jedem anderen Nachbarrechtsfall auch, eine Beschränkung der Ansprüche aus § 1004 BGB durch die Ortsüblichkeit nach § 906 BGB angenommen.[78] Soweit ersichtlich hat erstmals Weitnauer festgehalten, dass die im Grundbuch eingetragenen Bestimmungen der Gemeinschaftsordnung/Teilungserklärung zum Inhalt des Eigentums werden mit der Folge, dass bereits der bloße Verstoß 24

[71] Vgl. AG Frankfurt a. M. NZM 2003, 447, soweit nicht wie dort eine Mietminderung als Schaden im Raum steht, gestaltet sich der Nachweis und die Bezifferung des Schadens schwierig.
[72] BayObLG NJW-RR 1991, 658.
[73] BayObLG NZM 2000, 303; NJW-RR 1989, 462; vgl. hierzu eingehender Schuschke NZM 1998, 176.
[74] Vgl. etwa OLG Frankfurt a. M. NZM 2004, 231.
[75] BGH NJW 1996, 714 (715) unter Hinweis auf Bub PiG 26, 137 (147).
[76] BGH NJW 1996, 714.
[77] BayObLG NJW-RR 1991, 658.
[78] Wangemann WuM 1987, 43 (46); vgl. auch Blank PiG 15, 33 (39 f.).

hiergegen ungeachtet § 906 BGB eine Eigentumsstörung darstellt, der die Eigentümer (-gemeinschaft) berechtigt, gegen den Mieter als Störer gemäß § 1004 BGB und nunmehr § 9a Abs. 2 WEG in Bezug auf das Gemeinschaftseigentum oder eine einheitliche Rechtsverfolgung erfordernde Rechte unmittelbar vorzugehen.[79] Die Wohnungseigentümergemeinschaft ist nicht zur Duldung der Störung (§ 1004 Abs. 2 BGB) verpflichtet, zumal der Mietvertrag oder sonstige Erklärungen des vermietenden Eigentümers im Mietverhältnis ihr gegenüber nicht gilt.[80] Der Mieter kann sich demgegenüber nur dann auf ein Recht zur Störung berufen, wenn er dieses von seinem Vermieter ableiten kann, wenn also auch dieser zur entsprechenden Störung berechtigt wäre.[81] Dem hat sich zunächst das OLG München[82] angeschlossen und danach zu Recht die Rechtsprechung im Übrigen.[83] Das Urteil des Zivilgerichts gegen den Mieter ist problemlos gemäß § 890 ZPO oder §§ 887 f. ZPO zu vollstrecken, da der Mieter in der Lage ist, die zweckwidrige Nutzung einzustellen bzw. die erforderliche Handlung vorzunehmen oder zu dulden. Es ist dann Sache des Mieters, wegen der sich daraus ergebenden Einschränkungen seines Mietgebrauchs[84] die ihm zustehenden Rechte zu ergreifen,[85] so dass der „Schaden" letztlich bei demjenigen „hängen bleibt", der ihn auch ausgelöst hat – beim vermietenden Eigentümer.

25 Allerdings lässt die Rechtsprechung die Anwendung des § 1004 BGB gegen den Mieter immer dann zu, wenn dieser die wohnungseigentumsrechtlichen Gebrauchsgrenzen überschreitet. Dies lässt den vorstehenden Ausgangspunkt, wohl aus Praktikabilitätserwägungen, zu Unrecht außer Betracht, dass § 1004 BGB einen Verstoß gegen eine Gebrauchsbeschränkung voraussetzt, die zum Inhalt des (Sonder-) Eigentums geworden ist. Hierzu bedarf es grundsätzlich der Eintragung ins Grundbuch oder aufgrund einer gesetzlichen[86] oder vereinbarten Öffnungsklausel wirksam gefasster Beschlüsse.[87] Es bedarf also einer dinglich wirkenden gebrauchsbeschränkenden Regelung, zu der auch die Bezeichnung als Wohnungs- oder Teileigentum gehört, außer die wohnungseigentumsrechtliche Gebrauchsbeschränkungen missachtende Nutzung stört nicht wesentlich stärker als der zulässige Gebrauch. Für eine unmittelbare Vorgehensweise gegen den Mieter aus § 1004 BGB genügen daher Vereinbarungen oder Beschlüsse der Wohnungseigentümer, die nicht Inhalt des (Sonder-)Eigentums geworden sind, mithin ausschließlich das Verhältnis der Wohnungseigentümer untereinander regeln, nicht, außer der Gebrauch durch den Mieter würde eine nicht nach § 906 BGB hinzunehmende Eigentumsstörung darstellen.[88]

26 Ein erfolgreiches Vorgehen gegen den Mieter aus § 1004 BGB, der auch einen Anspruch auf bloße Duldung der Beseitigung des beeinträchtigenden Zustands umfasst,[89] setzt weiter zum einen voraus, dass dieser entweder **Handlungsstörer** ist, die Beeinträchtigung/Störung durch eigene Handlung adäquat mitverursacht oder ihre

---

[79] Weitnauer WEG Nach § 13 Rn. 4.

[80] BGH NJW 1996, 714 (715); NJW-RR 1995, 715.

[81] § 1004 iVm § 986 Abs. 1 S. 2 BGB; BGH NJW 1958, 2061; LG Karlsruhe NJW 1961, 1166; ausführlich Müller ZMR 2001, 506 (509 f.) mwN.

[82] OLG München NJW-RR 1991, 1492 mzustAnm Merle WE 1993, 148.

[83] BGH NJW-RR 1995, 715; OLG Frankfurt a. M. NJW-RR 1993, 981; KG NJW-RR 1989, 140; OLG Karlsruhe NJW-RR 1994, 146; OLG Oldenburg MDR 1990, 552; OLG Stuttgart NJW-RR 1993, 24; AG Hannover ZMR 2002, 873.

[84] Hierfür genügt zwar nicht das bloße Bestehen eines derartigen Rechts der Eigentümer, wohl aber der Umstand, dass hiervon Gebrauch gemacht wird: BGH NJW 1975, 44 (46).

[85] Minderung gem. § 536 BGB, Schadensersatz gem. § 536a BGB: BGH NJW-RR 1995, 715; OLG Düsseldorf WuM 1999, 37, oder auch fristlose Kündigung gem. § 543 Abs. 2 Nr. 1 BGB und Inanspruchnahme des Vermieters auf Ersatz des Kündigungsfolgeschadens.

[86] Vgl. etwa §§ 12 Abs. 4, 16 Abs. 3 und 4, 21 Abs. 5 Nr. 1 und Abs. 7, 22 Abs. 2 WEG.

[87] Armbrüster/Müller ZWE 2007, 227 (230 f.); Schmidt ZMR 2009, 325 (327) va bezogen auf die **Hausordnung.**

[88] Vgl. hierzu ausführlich mit überzeugenden Gründen Armbrüster/Müller FS Seuß, 2007, 1 ff.; Armbrüster/Müller ZWE 2007, 227 (229); Armbrüster/Müller ZMR 2007, 321 ff.; s. auch instruktiv Kümmel ZWE 2008, 273 (274 ff.).

[89] BGH NJW 2007, 432 = NZM 2007, 130 unter II 3; BayObLG NJW-RR 2002, 660.

Beseitigung entgegen einer Handlungspflicht unterlassen (kein Zustandsstörer)[90] hat.[91] Anders als bei der Ausübung des zwar zulässigen Mietgebrauchs unter Verstoß gegen wohnungseigentumsrechtliche Bindungen muss der Mieter entweder positives Tun oder pflichtwidriges Unterlassen an den Tag gelegt haben. Die Beeinträchtigung/Störung muss zumindest mittelbar auf seinen Willen zurückgehen[92] bzw. auf einen gefahrenträchtigen Zustand der Mietsache zurückzuführen sein. Zum anderen kann den Mieter auch als **Zustandsstörer** dann eine Duldungspflicht (keine Pflicht zur Störungsbeseitigung) treffen, wenn durch ihn die Beeinträchtigung zwar nicht verursacht, aber durch seinen Willen der beeinträchtigende Zustand aufrechterhalten wird.[93] Dies setzt zum einen voraus, dass der Mieter die Möglichkeit zur Störungsbeseitigung hat, und zum anderen, dass ihm die Beeinträchtigung zurechenbar ist, wofür allein das Eigentum oder der Besitz nicht genügt.[94] Vielmehr ist in wertender Betrachtung des Einzelfalls zu prüfen, ob die Beeinträchtigung wenigstens mittelbar auf den Willen des Eigentümers oder Besitzers der störenden Sache zurückgeht.[95] Dabei ist entscheidend, dass der Mieter sein Besitzrecht vom (vermietenden) Eigentümer ableitet und daher gegenüber Dritten, die dingliche Ansprüche in Bezug auf die Wohnung geltend machen, keine weitergehenden Rechte haben kann.[96] Unter diesen beiden Voraussetzungen der „Quellenbeherrschung" und der „Zurechenbarkeit" kann also der Rechtsnachfolger eines Handlungsstörers als Zustandsstörer zur Duldung der Störungsbeseitigung verpflichtet sein.[97]

Damit ist festzuhalten, dass die Wohnungseigentümergemeinschaft in den Fällen der zweckwidrigen oder sonstigen „überschießenden" (mietrechtlich zulässigen) Nutzung durch den Mieter gleich von Anfang an unmittelbar gegen diesen vorgehen sollte. 27

d) Verhältnis Mieter – vermietender Eigentümer. Wird der Mieter auf Unterlassung in Anspruch genommen, liegt ein Rechtsmangel vor, da der nach dem Wohnraummietvertrag vereinbarte Mietgebrauch wegen des Rechts der Wohnungseigentümergemeinschaft nicht ausgeübt werden kann. Hierfür genügt zwar nicht das bloße Bestehen eines derartigen Rechts, wohl aber der Umstand, dass hiervon Gebrauch gemacht wird.[98] Der Mieter kann daher 28

- die Miete mindern (§ 536 BGB)
- Schadensersatz wegen Nichterfüllung verlangen (§ 536a BGB)[99]
- das Mietverhältnis fristlos kündigen (§ 543 Abs. 2 Nr. 1 BGB) und den Vermieter auf Ersatz des Kündigungsfolgeschadens in Anspruch nehmen.

5. Willensbildungen der Eigentümer über bauliche Veränderungen und die Duldungspflicht des Mieters[100]

Die Willensbildung der Wohnungseigentümer in Bezug auf die Vornahme von Baumaßnahmen wurde bereits mit der WEG-Novelle 2007 wesentlich erleichtert. Mit den 29

[90] Vgl. auch BGH NJW-RR 2001, 1208.

[91] OLG München NZM 2003, 445; die hiergegen eingelegte Nichtzulassungsbeschwerde hat der BGH mit Beschl. v. 25.9.2003, BeckRS 2013, 08486 – mangels Erreichens des notwendigen Beschwerdewertes von 20.000,00 EUR gem. § 26 Nr. 8 ZPO verworfen. Zu dem Fragenkomplex ausführlich Hannemann NZM 2004, 531.

[92] Vgl. BGH NZM 1999, 821 und NJW 2003, 2377.

[93] BGH NJW-RR 2003, 953 (955); 2001, 232.

[94] BGH NJW 2007, 432 = NZM 2007, 130; aA noch KG NJW-RR 2006, 1239 = NZM 2006, 636, das die Zustandsstörereigenschaft allein von der Duldungspflicht abgeleitet hat.

[95] BGH NJW 2007, 432 = NZM 2007, 130 mwN unter II 2 (2).

[96] BGH NJW 2007, 432 = NZM 2007, 130; aA OLG München NZM 2003, 445; vgl. für den entsprechenden Fall der Rechtsnachfolge im Eigentum BGH NJW-RR 2001, 232; KG NJW-RR 1991, 1421; vgl. auch BGH NJW 1998, 3273.

[97] BGH NJW 2007, 432 = NZM 2007, 130; OLG Düsseldorf ZMR 2008, 731.

[98] BGH NJW 1975, 44 (46).

[99] BGH NJW-RR 1995, 715; OLG Düsseldorf WuM 1999, 37.

[100] Näher Horst NZM 2012, 289 ff.; Lehmann-Richter WuM 2013, 82 ff.; Suilmann WuM 2013, 86 ff.

infolge des WEMoG[101] zum 1.12.2020 eingetretenen Änderungen, sind nunmehr sowohl Instandsetzungsmaßnahmen (nach § 19 Abs. 1, Abs. 2 Nr. 2 WEG) als auch sämtliche über eine bloße ordnungsgemäße Erhaltung des Gemeinschaftseigentums hinausgehenden Maßnahmen (nach § 20 Abs. 1 – 5 WEG) der einfachen Mehrheitsbeschlussfassung zugänglich. Gerade in diesem Zusammenhang sind auch die in § 25 Abs. 3 WEG eingetretenen Änderungen mit dem Wegfall des Beschlussquorums von besonderer Bedeutung. Die Beschlusskompetenz des § 20 Abs. 1 WEG umfasst nunmehr alle baulichen Maßnahmen jenseits der Erhaltung des Gemeinschaftseigentums, also auch die modernisierende Instandsetzung, die Modernisierung sowie anderweitige bauliche Veränderungen.[102] Privilegierte Maßnahmen nach § 20 Abs. 2 WEG dürfen nur unter den strengen Voraussetzungen des § 20 Abs. 4 WEG nicht beschlossen werden.[103] Soweit sich derartige bauliche Veränderungen bei einer vermieteten Eigentumswohnung auf die „Mietsache" im Sinne der §§ 555a und 555b BGB auswirken, stellt sich daher die Frage, ob und in welchem Umfang der Mieter zur Duldung verpflichtet ist.

30 a) **Duldungspflichten des Mieters gegenüber dem Vermieter.** Handelt es sich um **Instandhaltungs- oder Instandsetzungsmaßnahmen**, genügt wohnungseigentumsrechtlich ein Mehrheitsbeschluss (§ 19 Abs. 1, Abs. 2 Nr. 2 WEG) und mietrechtlich ist der Mieter gemäß § 555a Abs. 1 BGB nach rechtzeitiger Information (außer bei Notmaßnahmen) iSv § 555a Abs. 2 BGB in der Regel zur Duldung verpflichtet, wobei ihm gemäß § 555a Abs. 3 BGB ein Aufwendungsersatzanspruch zusteht und ihm die Gewährleistungsansprüche erhalten bleiben. Handelt es sich dagegen wohnungseigentumsrechtlich um eine **modernisierende Instandsetzung** (wozu gemäß § 20 Abs. 1 WEG ebenfalls ein Mehrheitsbeschluss genügt), wird also angesichts eines aktuellen oder absehbaren Instandsetzungsbedarfs nicht einfach der vormalige Zustand reproduziert, sondern darüber hinaus ein aktueller, zeitgemäßer Standard – sofern wirtschaftlich sinnvoll (Kosten-Nutzen-Analyse) – geschaffen, dann richtet sich nach allgemeiner Meinung die Duldungspflicht des Mieters nach § 555d BGB. Gleiches gilt für **Modernisierungsmaßnahmen,** welche nunmehr ebenfalls nach § 20 Abs. 1 WEG beschlossen werden können. Es bedarf also nicht nur einer Modernisierungsankündigung gemäß § 555c BGB unter Beachtung der gesetzlichen Form- und Fristvorgaben, sondern auch einer umfassenden Interessenabwägung vor dem Hintergrund der in § 555d Abs. 2 BGB normierten Härtegründe.

31 Bei **sonstigen baulichen Veränderungen,** die nicht unter die bisher behandelten Fallgruppen fallen, richtet sich die Duldungspflicht nach § 242 BGB mit der Folge, dass es einer umfassenden wechselseitigen Interessenabwägung nach den konkreten Umständen des Einzelfalls bedarf unter Berücksichtigung der Notwendigkeit und des sachlichen Grundes, des Umfangs, der Dringlichkeit und der dauernden Folgen der geplanten Maßnahme im Verhältnis zur Zumutbarkeit auf Mieterseite.[104] Gleiches gilt für Maßnahmen zur Barrierefreiheit iSd § 554 BGB.[105] In beiden Fällen bedarf es keiner Ankündigung nach Maßgabe des § 555c BGB, sondern die an eine Ankündigung zu stellenden Anforderungen richten sich nach den vorstehend aufgelisteten Kriterien im konkreten Einzelfall.[106]

32 **Wohnungseigentumsrechtliche Abwehrmöglichkeiten** stehen dem vermietenden Eigentümer kaum zur Seite. Allenfalls könnte er sich noch auf die unzulässige grundlegende Umgestaltung der Wohnanlage oder das Vorliegen einer unbilligen Benachtei-

[101] Änderung durch das Wohnungseigentumsmodernisierungsgesetz (WEMoG), BGL I, Nr. 47/2020 vom 22.10.2020, 2187.

[102] BT-Ds. 19/18791, S. 62.

[103] BGH 9.2.2024–V ZR 33/23, NZM 2024, 340.

[104] Vgl. BGH NJW 2009, 1736 = NZM 2009, 394 zur Rechtslage vor Inkrafttreten des MietRÄndG am 1.5.2013.

[105] Zu § 554a BGB näher → § 20 Rn. 178 ff.

[106] BGH NJW 2009, 1736 = NZM 2009, 394 zur Rechtslage vor Inkrafttreten des MietRÄndG am 1.5.2013.

ligung im Sinne von § 20 Abs. 4 WEG berufen.[107] Ansonsten spielen „mietrechtliche Nachteile" keine Rolle im Verhältnis des Abwägungsprozesses innerhalb der Willensbildung der Wohnungseigentümer, etwa vor dem Hintergrund der Regelung in § 22 Abs. 2 WEG, dass eine unbillige Beeinträchtigung des einzelnen Wohnungseigentümers vermieden werden muss (womit die Schwelle des § 14 Nr. 1 WEG nach allgemeiner Meinung heraufgesetzt wird). In jedem Fall ist aber bei der Willensbildung der Eigentümer dafür Sorge zu tragen, dass der vermietende Eigentümer die realistische Möglichkeit hat, die formellen und materiellen Voraussetzungen vor allem der §§ 555c und 555d BGB gegenüber seinem Mieter einzuhalten.

b) Duldungspflichten des Mieters gegenüber der Wohnungseigentümergemeinschaft. 33
Im Rahmen der Umsetzung von Instandsetzungen oder baulichen Veränderungen und Modernisierungsmaßnahmen durch die Wohnungseigentümergemeinschaft bestand in der Vergangenheit regelmäßig das Problem, dass eine Duldungspflicht des Mieters nur im Falle der Vornahme einer Ankündigung durch den vermietenden Eigentümer im Mietverhältnis ausgelöst werden konnte. Ansprüche der Wohnungseigentümergemeinschaft selbst konnten allenfalls aus §§ 1004, 906, 903 BGB hergeleitet werden, wirksame mietvertragliche Lösungsmöglichkeiten bestanden nicht.[108] Mit den Änderungen durch das WEMoG[109] und der Neuregelung in § 15 WEG ergeben sich nunmehr zusätzlich zu den Ansprüchen des vermietenden Eigentümers eigene Duldungsansprüche der GdWE sowohl in Bezug auf die Durchführung von Instandsetzungsmaßnahmen als auch im Zusammenhang mit Modernisierungen. Die Regelung soll sicherstellen, dass die Durchführung derartiger Maßnahmen nicht an Gebrauchsrechten Dritter scheitert.[110] Dabei ist unerheblich, ob die geplante Maßnahme sich auf das Gemeinschaftseigentum oder das Sondereigentum erstrecken soll.[111]

Nach § 15 Nr. 1 WEG muss jeder Drittnutzer, der Wohnungseigentum gebraucht, 34
ohne selbst Wohnungseigentümer zu sein – was auch insbesondere für den Mieter gilt[112] –, die Erhaltung des gemeinschaftlichen Eigentums und des Sondereigentums, die ihm rechtzeitig angekündigt wurde, dulden. Für die Ankündigung gilt § 555a Absatz 2 BGB entsprechend.

Maßnahmen, die über die Erhaltung hinausgehen, sind gegenüber der GdWE nach 35
Maßgabe des § 15 Nr. 2 WEG zu dulden, wenn sie von der WEG gegenüber dem Mieter spätestens drei Monate vor ihrem Beginn in Textform angekündigt wurden. Für diese Ankündigung sind § 555c Absatz 1 Satz 2 Nummer 1 und 2, Absatz 2 bis 4 BGB und § 555d Absatz 2 bis 5 BGB entsprechend anzuwenden. Durch die GdWG anzukündigen sind somit die Art und der voraussichtliche Umfang der Modernisierungsmaßnahme in wesentlichen Zügen, sowie deren voraussichtlicher Beginn und die voraussichtliche Dauer. Letztere Angabe sollte unbedingt auch die Dauer der Ausführung der Arbeiten in der Wohnung beinhalten. Zudem soll der Mieter auf die Form und die Frist des Härteeinwands nach § 555d Absatz 3 Satz 1 hingewiesen werden. Aus dem Verweis auf § 555d BGB folgt, dass der Mieter gegenüber der GdWE Härteeinwände in vollem Umfang geltend machen kann, lediglich der Einwand der wirtschaftlichen Härte bleibt in Bezug auf die Duldungspflicht außer Betracht.

Der Vermieter ist an der Abgabe einer eigenen Ankündigung im Mietverhältnis 36
hierdurch nicht gehindert. Insbesondere die Modernisierungsankündigung ist für den vermietenden Eigentümer auch zusätzlich und mit den weiteren in §§ 555c und 555d

---

[107] wobei eine grundlegende Umgestaltung der Wohnanlage bei einer Maßnahme, die der Verwirklichung eines Zweckes iSd § 20 Abs. 2 Satz 1 WEG dient, zumindest typischerweise nicht anzunehmen sein soll, BGH 9.2.2024 V ZR 33/23 – NZM 2024, 337-34, BGH 9.2.2024 V ZR 244/22 – NZM 2024, 242.

[108] Siehe MAH MietR/Hannemann § 33 Rn. 34.

[109] Änderung durch das Wohnungseigentumsmodernisierungsgesetz (WEMoG), BGL I, Nr. 47/2020 vom 22.10.2020, 2187.

[110] BT-Ds. 19/18791, S. 54.

[111] BT-Ds. 19/18791, S. 54.

[112] BT-Ds. 19/18791, S. 54.

BGB vorgesehenen Informationen erforderlich, wenn das Betreten der Wohnung für die Umsetzung der Maßnahme zwingend erforderlich ist. Nur hierdurch kann der Vermieter den mietvertraglichen Duldungsanspruch sicherstellen und damit auch seine Ansprüche auf Geltendmachung einer Mieterhöhung nach den §§ 559 ff. BGB wahren sowie insbesondere das Eingreifen der „Straffrist" des § 559b Abs. 2 Nr. 1 BGB vermeiden.

37 Der Wohnungseigentümergemeinschaft und dem vermietenden Eigentümer ist dringend anzuraten, eine Abstimmung zum Inhalt der Ankündigung, insbesondere zur Beschreibung der konkret durchzuführenden baulichen Arbeiten vorzunehmen, um das Auftreten von widersprüchlichen oder missverständlichen Ausführungen, welche die Duldungspflicht des Mieters wohl vereiteln würden, zu vermeiden.

6. Problem der Versorgungssperre[113]

38 Nach überwiegender Auffassung von Rechtsprechung und Schrifttum im **Wohnungseigentumsrecht** kann die Eigentümergemeinschaft gegen einen mit mindestens 6 monatlichen Wohn- bzw. Hausgeldbeträgen säumigen Eigentümer per Mehrheitsbeschluss eine Versorgungssperre verhängen, sofern sie vorher ausdrücklich angedroht wurde,[114] wobei im Fall der vermieteten Einheit die Gemeinschaft die Versorgungssperre auch dem Mieter gegenüber ankündigen müsse.[115] In diesem Beschluss liegt zugleich der auf § 273 BGB gestützte Rechtsgrund für das Betretungsrecht der Schuldnerwohnung (des Verwalters oder Dritter als Erfüllungsgehilfen); im Falle der Weigerung bedarf es aber eines Vollstreckungstitels,[116] auch gegenüber dem Mieter.[117]

39 Umstritten ist die Frage, inwieweit eine derartige Sperre bei einer vermieteten Einheit auch gegenüber dem Mieter zulässig ist. Einschlägige Rechtsprechung ist überwiegend im **Gewerberaummietrecht** zu finden: Danach soll die Sperre nur in „besonders gelagerten Fallkonstellationen . . . ausnahmsweise" gerechtfertigt sein, wobei ein solcher Ausnahmefall noch nicht vorliege, wenn (nur) ein noch nicht rechtskräftiges Räumungsurteil erlassen sei, und wenn der Mieter die laufenden Betriebskostenvorauszahlungen weiterzahle.[118] Nach anderer Auffassung soll bereits die Beendigung des Mietverhältnisses genügen,[119] sogar schon die fristlose Kündigung wegen Zahlungsverzugs.[120] Diese Rechtsprechung stützt sich auf § 273 BGB und argumentiert, dem Mieter könnten nicht mehr Rechte zustehen als dem vermietenden Eigentümer.[121] Selbst bei **Wohnraummietverhältnissen** soll eine Sperre zulässig sein.[122] Die Gegenmeinung hält dagegen Versorgungssperren generell als verbotene Eigenmacht für unzulässig.[123]

40 Der **BGH** hat für das Gewerberaummietrecht dieser Gegenmeinung eine Absage erteilt, wobei noch ungeklärt ist, ob sich diese Erwägungen auch auf die besonders geschützte Wohnung eines Mieters – und sei es auch nur teilweise – übertragen lassen.[124] Er ist der Auffassung, dass der Besitz als rein tatsächliche Sachherrschaft keinen Anspruch auf eine bestimmte Nutzung verschaffe, sondern allein Abwehransprüche gegen Eingriffe von außen, dies aber auch zugunsten eines unrechtmäßigen Besitzers,

---

113 Instruktiv Herrlein NZM 2006, 527 ff.; Scholz NZM 2008, 387 ff.; Suilmann ZWE 2012, 111 ff. jeweils mwN.

114 BGH NJW 2005, 2622 = NZM 2006, 626; BayObLG NJW-RR 2004, 1328 = NZM 2004, 556; KG NJW-RR 2006, 446 = NZM 2006, 23; aA OLG Köln NJW-RR 2001, 301 = NZM 2000, 1026.

115 Scholz NZM 2008, 387 (389).

116 Zur Durchsetzung im Einzelnen Briesemeister ZMR 2007, 661 ff.

117 Scholz NZM 2008, 387 (390); Scheidacker NZM 2007, 591 ff.

118 OLG Celle NZM 2005, 741.

119 BGH NJW 2009, 1947 = NZM 2009, 482; Vorinstanz KG NZM 2007, 923.

120 KG NJW-RR 2004, 1665 = NZM 2004, 65.

121 KG NJW-RR 2001, 1307 = NZM 2001, 761.

122 KG NZM 2002, 221.

123 OLG Köln NZM 2005, 67; OLG Saarbrücken GuT 2005, 218.

124 Vgl. aus der Instanzrechtsprechung AG Waldshut-Tiengen BeckRS 2009, 20185; AG Lahnstein NJW-RR 2010, 1522; NZM 2011, 72.

der nach Beendigung des Mietvertrages zur Räumung verpflichtet sei. Im Fall einer Versorgungssperre liege aber ein solcher Eingriff nicht vor; der Besitz verleihe kein Recht auf eine fortgesetzte Belieferung mit Versorgungsgütern, sonst müsste auch die Sperre eines Energieversorgers eine Besitzverletzung darstellen. Ein Anspruch des Mieters auf Fortsetzung von Versorgungsleistungen könne sich daher nur aus dem Mietvertrag ergeben oder nach Beendigung des Mietverhältnisses allenfalls nach § 242 BGB im Einzelfall aus sog. nachvertraglichen Pflichten. Diese Pflicht endet aber jedenfalls dann, wenn der Vermieter hierfür kein Entgelt erhalte und ihm durch die weitere Belieferung ein Schaden drohe.[125]

Selbst die Anhänger der Zulässigkeit einer Versorgungssperre auch gegenüber dem Mieter verneinen allerdings einen Anspruch auf **Zutritt zur Mietwohnung und Duldung** des Absperrens der dort befindlichen Versorgungsanlagen.[126] Dies überzeugt nicht, Anspruchsgrundlage hierfür ist vielmehr § 1004 BGB (vgl. soeben → Rn. 19 ff.). Alle hierfür nach **BGH** erforderlichen Voraussetzungen sind in derartigen Fällen in der Regel erfüllt: Der Mieter hält im Falle der Weigerung, das Betreten der Wohnung zu dulden, die Störung willentlich aufrecht, obwohl der die Möglichkeit zur Beseitigung der ihm zuzurechnenden Störung hat.[127] 41

7. Mängel im Gemeinschaftseigentum

Der Anspruch des Mieters einer Eigentumswohnung gegenüber seinem Vermieter auf Mangelbeseitigung (§ 535 Abs. 1 S. 2 BGB) wird dadurch, dass hierfür Eingriffe in das Gemeinschaftseigentum erforderlich sind, nicht berührt. Dies gilt selbst dann, wenn ein hierfür wohnungseigentumsrechtlich erforderlicher Beschluss der Eigentümergemeinschaft noch nicht vorliegt oder sich die Eigentümergemeinschaft sogar weigert, eine Willensbildung über eine entsprechende Instandsetzungs- oder Instandhaltungsmaßnahme vorzunehmen. Dies alles kann den Vermieter gegenüber seinem Mieter nicht entlasten. Dabei spielt es ebenfalls keine Rolle, ob der Vermieter selbst Eigentümer der Wohnung ist[128] oder ob er seinerseits die Wohnung vom Eigentümer gemietet hat.[129] 42

Zu erwägen wäre, ob dem Mieter im Falle der (unberechtigten) Weigerung der Eigentümergemeinschaft, an der Mangelbeseitigung mitzuwirken, gewissermaßen spiegelbildlich zu seiner direkten Inanspruchnahme durch die Gemeinschaft über § 1004 BGB (vgl. soeben → Rn. 19) ein unmittelbarer Anspruch gegen die Gemeinschaft zusteht. Schuldrechtlich bestehen insoweit nur Ansprüche gegen den Vermieter. Denkbar wären aber Anspruchsgrundlagen aus dem Sachenrecht aufgrund der durch den Mangel ausgelösten Beeinträchtigungen: Mangels eigentumsähnlicher Stellung scheidet zwar § 1004 BGB aus; denkbar wäre aber ein **Anspruch aus § 862 BGB,** der jedenfalls bezogen auf die Mangelbeseitigung in der Regel schneller und zielführender sein kann als zunächst ein Vorgehen gegen den Vermieter. 43

Dem Mieter stehen neben dem Anspruch auf Mangelbeseitigung uneingeschränkt Minderungsansprüche (§ 536 BGB), Zurückbehaltungsrechte (§§ 273, 320 BGB) und auch das Recht zur fristlosen Kündigung (§ 543 Abs. 2 Nr. 1 BGB) zu. Ebenso sind Schadensersatzansprüche etwa wegen schuldhafter Verzögerung der Beseitigung von Mängeln im Gemeinschaftseigentum, denkbar.[130] Das Recht zur Selbstbeseitigung auf Kosten des Vermieters (§ 536a Abs. 2 Nr. 2 BGB) kann der Mieter allerdings nur dann durchsetzen, wenn die übrigen Eigentümer damit einverstanden sind. 44

[125] BGH NJW 2009, 1947 = NZM 2009, 482.

[126] KG NJW-RR 2006, 658 = NZM 2006, 297; Scheidacker NZM 2007, 591 ff.

[127] BGH NJW 2007, 432 = NZM 2007, 130; aA noch KG NJW-RR 2006, 1239 = NZM 2006, 636, das die Zustandsstörereigenschaft allein von der Duldungspflicht abgeleitet hat.

[128] KG NJW-RR 1990, 1166.

[129] OLG Zweibrücken NJW-RR 1995, 270.

[130] Näher dazu Schmid ZWE 2011, 202 ff.

8. Anpassungsklauseln an wohnungseigentumsrechtliche Bindungen

45 Die vorstehenden Ausführungen legen es nahe, im Wohnraummietvertrag durch entsprechende Regelungen zu versuchen, den Mieter an die Willensbildungen der Eigentümergemeinschaft zu binden. **Individualvertraglich** sind insoweit lediglich über §§ 134, 138 und 242 BGB Grenzen gesetzt, auch im Hinblick auf entsprechende Änderungsvorbehalte, wobei dann dem Mieter die jeweiligen Änderungsbeschlüsse der Eigentümergemeinschaft mitgeteilt werden müssen.[131] Meistens dürfte es sich aber um **formularvertragliche Regelungen** handeln:

46 Die Mietvertragsparteien können vereinbaren, den Mietgebrauch zB durch die **bereits bestehenden Wohnungseigentümerbeschlüsse** zu konkretisieren. Dabei ist aber zum einen § 305 Abs. 2 BGB zu beachten mit der Folge, dass diese Beschlüsse dem Mieter zur Kenntnis gebracht werden müssen. Zum anderen darf dadurch nicht der Eindruck entstehen, abweichende individuelle Vereinbarungen zwischen den Parteien des Wohnraummietverhältnisses seien nachrangig (§ 305b BGB). Der Überraschungseffekt nach § 305c Abs. 1 BGB muss vermieden werden[132] und es darf zu keiner Benachteiligung des Mieters führen, die eine Unwirksamkeit nach § 556 Abs. 4 BGB zur Folge hätte.[133] Diese mietrechtliche Rechtslage wird durch einen Beschluss der Eigentümer etwa über die Abrechnung grundsätzlich nicht berührt.[134]

47 Die vorformulierte Bindung des Mieters an **künftige Wohnungseigentümerbeschlüsse** bedarf eines Änderungsvorbehaltes, der wiederum die Vorgaben in § 308 Nr. 4 BGB beachten muss. Hierfür ist eine Prüfung im jeweiligen konkreten Einzelfall erforderlich. Allgemein lässt sich festhalten, dass die jeweilige Änderung unter Berücksichtigung der Interessen des Vermieters grundsätzlich dann für den Mieter zumutbar ist, wenn ihm nicht zusätzliche, im Mietvertrag ansonsten nicht vereinbarte Verpflichtungen (zB Reinigungs- und Räumpflichten) auferlegt bzw. bereits mietvertraglich eingeräumte Rechte (etwa die Gestattung der Tierhaltung) nachträglich entzogen werden.

9. Der Umwandlungsfall

48 Wird eine Mietwohnung während eines bestehenden Mietverhältnisses in eine Eigentumswohnung umgewandelt[135], sind folgende Besonderheiten zu beachten:

49 a) **Aufteilungsprobleme („Umwandlungsfalle").**[136] Bei Umwandlung in Wohnungseigentum kann es dazu kommen, dass die Mietsache verschiedene neue Eigentümer und damit mehrere Vermieter erhält. So werden zB die **mitvermieteten Keller** häufig als Gemeinschaftseigentum ausgewiesen. Wenn die einzelnen Wohnungen dann veräußert sind, sieht sich der Mieter, der schon vor der Aufteilung angemietet hatte, zwei Berechtigten gegenüber: Für seine Wohnung zeichnet der Wohnungskäufer verantwortlich, und für seinen Keller die Gemeinschaft aller Wohnungseigentümer. Findige Mietrechtler haben daraus die Konsequenz gezogen, dass Mietzahlungsansprüche, Kündigungs- oder Mieterhöhungsrechte nur vom Wohnungskäufer und den übrigen Wohnungseigentümern ausgeübt werden könnten. Wenn der Wohnungskäufer allein klage, fehle es an der Aktivlegitimation. Der Mieter könnte sich dann zurücklehnen: Der Vermieter sitzt in der „Umwandlungsfalle".

---

[131] Die Frage, ob die mietvertraglich individuell vereinbarte Bindung des Mieters an Beschlüsse der Eigentümer wirksam ist, ist streitig: unwirksam: Schmid DWW 1990, 352; einschränkend: Geldmacher DWW 1990, 208; wirksam: LG Düsseldorf DWW 1990, 51.

[132] Sternel I Rn. 329; aA Abramenko ZMR 1999, 678 f.

[133] Schmidt-Futterer/Lehmann-Richter § 556 Rn. 319; zum preisgebundenen Wohnraum vgl. AG Wuppertal WuM 1990, 560.

[134] AG Dortmund WuM 1981, 229.

[135] Beachte zur Zulässigkeit § 250 BauGB und die dazu ergangenen Landesverordnungen.

[136] Vgl. eingehender Häublein WuM 2013, 68 ff.; Schmid ZWE 2013, 311 ff. jeweils mwN.

Der BGH hat hierzu klargestellt: „Der Erwerber einer vermieteten Eigentumswohnung ist alleiniger Vermieter".[137] Der BGH gewinnt dieses Ergebnis dogmatisch aus einer einschränkenden Anwendung des § 566 Abs. 1 BGB. Er erschließt aus der Rechtsgeschichte, dass diese Vorschrift dazu dient, eine Schlechterstellung des Mieters beim Verkauf des Mietobjekts zu vermeiden. Er folgert daraus weiter, dass die Vorschrift nicht dazu dient, den Mietvertrag zu verändern oder zu „verkomplizieren". Das folge außerdem aus dem Grundsatz der Einheitlichkeit des Mietverhältnisses. 50

Die Rechtslage ist nicht anders, als wenn der Wohnungskäufer das Sondereigentum an Wohnung und Kellerraum erworben hätte. Der vermietende Wohnungskäufer kann also auch dann die Vermieterrechte allein geltend machen, wenn die Kellerräume sich im Eigentum aller Wohnungseigentümer befinden. Die Umwandlungsfalle ist passé. 51

Zu beachten ist, dass dies nicht gilt, wenn zB das Sondereigentum an der Mietwohnung und daneben Sondereigentum an einer **mitvermieteten Garage** oder ein Sondernutzungsrecht an einem **mitvermieteten Stellplatz** besteht. Im Verkaufsfall erhält der ursprüngliche Mieter dann ggf. 2 Vermieter mit gesamtschuldnerischer Bindung. Der vorzitierte Rechtsentscheid des BGH gilt für diese Fälle nicht. 52

b) Vorkaufsrecht des Mieters. Nach der zwingenden Vorschrift des § 577 BGB steht dem Mieter ein Vorkaufsrecht für den Fall zu, dass die Mietwohnung nach Abschluss des Mietvertrages in eine Eigentumswohnung umgewandelt wird. Dies gilt – in analoger Anwendung der §§ 577, 577a BGB – auch dann, wenn ein mit Reihenhäusern bebautes Gesamtgrundstück real in (vermietete) Einzelgrundstücke aufgeteilt und diese dann veräußert werden.[138] Ein Vorkaufsrecht des Mieters nach § 577 Abs. 1 S. 1 Alt. 2 BGB analog wird weiter bei Veräußerung eines noch ungeteilten Gesamtgrundstücks und beabsichtigter Realteilung dann begründet, wenn der Verkäufer als Vorkaufsverpflichteter in dem mit dem Erwerber abgeschlossenen Kaufvertrag die Verpflichtung zur Aufteilung übernommen hat. Ob dies der Fall ist, ist dem Kaufvertrag im Wege der Auslegung zu entnehmen. Weiter setzt die Entstehung eines solchen Vorkaufsrechts voraus, dass die vom Vorkaufsrecht erfasste zukünftige Einzelfläche in dem Kaufvertrag bereits hinreichend bestimmt oder zumindest bestimmbar ist.[139] 53

Aus § 577 Abs. 1 S. 3 BGB ergibt sich nunmehr ausdrücklich, dass die Vorschriften über das **vertragliche Vorkaufsrecht** nach den §§ 504 ff. BGB anzuwenden sind, insbesondere die **Zweimonatsfrist** des § 510 Abs. 2 S. 1 BGB für die Ausübung des Vorkaufsrechts ab Mitteilung des Vertrages mit dem Dritten an den Mieter. Dies entspricht bereits der vor dem Inkrafttreten der Mietrechtsreform bestehenden einhelligen Meinung. Das Recht steht dem Mieter nur für **den ersten Verkauf** nach der Umwandlung zu,[140] also nicht, wenn die Eigentumswohnung vor dem 1.9.1993, dem Inkrafttreten der Vorgängervorschrift des § 577 BGB (§ 570b BGB aF) bereits einmal verkauft worden war und danach erneut verkauft wird.[141] 54

Das Vorkaufsrecht ist gem. § 512 BGB ausgeschlossen, wenn der Verkauf im Wege der **Zwangsvollstreckung** oder durch den **Insolvenzverwalter** erfolgt. Ebenso entfällt das Vorkaufsrecht des Mieters, wenn die Wohnräume an einen Familienangehörigen des Vermieters oder einen Angehörigen seines Haushalts veräußert werden (§ 577 Abs. 1 S. 2 BGB). Dennoch handelt es sich dabei um den ersten Verkaufsfall, so dass beim Weiterverkauf (also der zweite Verkaufsfall) kein Vorkaufsrecht mehr besteht.[142] Im 55

[137] NZM 1999, 553.

[138] BGH NJW 2008, 2257 = NZM 2008, 569, was auch verfassungsrechtlich nicht zu beanstanden ist: BVerfG NJW 2011, 1723 = NZM 2011, 479; mit weiterem BGH-Urteil NJW 2010, 3571 = NZM 2010, 821 auch auf den Fall der Realteilung eines mit zu Wohnzwecken vermieteten Zweifamilien bebauten Grundstücks erstreckt.

[139] BGH NJW-RR 2016, 910 = NZM 2016, 543; Fortführung von BGH NJW 2014, 850 = NZM 2014, 133.

[140] BayObLG NZM 2001, 747.

[141] BGH NJW 2007, 2699 = NZM 2007, 640; NJW 2006, 1869 = NZM 2006, 505.

[142] BGH NJW 2007, 2699 = NZM 2007, 640.

Falle des Todes des Mieters geht das Vorkaufsrecht auf die Eintrittsberechtigten nach § 563 Abs. 1 und 2 BGB über (§ 577 Abs. 4 BGB).

56 Der § 577 Abs. 3 BGB statuiert für die Ausübung des Vorkaufsrechts **Schriftform.** Die frühere, auf § 505 Abs. 1 BGB gestützte höchstrichterliche Rechtsprechung ist damit überholt.[143]

Das Vorkaufsrecht des Mieters entsteht nach § 577 Abs. 1 S. 1 **Alt. 1** BGB, wenn nach der Überlassung der vermieteten Wohnräume an den Mieter Wohnungseigentum begründet worden ist und dieses dann an einen Dritten verkauft wird.[144] Dass vor der Überlassung der Mietsache an den Mieter die für die Aufteilung in Wohnungseigentum erforderliche Teilungserklärung (§ 8 WEG) bereits notariell beurkundet worden ist, hindert das Entstehen des Vorkaufsrechts nach dieser Alternative nicht, weil die Teilung erst mit der Anlegung der Wohnungsgrundbücher wirksam wird.[145] Die Entstehung eines Vorkaufsrechts nach § 577 Abs. 1 S. 1 **Alt. 2** BGB ist davon abhängig, dass nach der Überlassung der vermieteten Wohnräume an den Mieter Wohnungseigentum begründet werden soll und das zukünftige Wohnungseigentum an einen Dritten verkauft wird. Ein Vorkaufsrecht besteht daher nach dieser Alternative nicht, wenn die Absicht, Wohnungseigentum zu begründen, schon vor der Überlassung der vermieteten Wohnräume an den Mieter gefasst worden und sich nach außen hinreichend manifestiert hat, etwa durch die notarielle Beurkundung einer Teilungserklärung).[146]

57 Dem Mieter steht das Vorkaufsrecht weiter nur dann zu, wenn Gegenstand des Kaufvertrags die einzelne Wohnung ist, selbst wenn ein Teil der Wohnungen gemeinsam („en bloc") verkauft wird, auch ohne Teilkaufpreise zu bestimmen.[147] Wird dagegen **das Gebäude als solches verkauft,** hat der Mieter kein Vorkaufsrecht.[148] So insbesondere, wenn etwa ein mit einem Mehrfamilienhaus bebautes Grundstück verkauft wird und erst die (auch selbst nutzenden) Erwerber durch Teilungsvereinbarung gem. § 3 WEG Wohnungseigentum begründen,[149] wobei in diesem Fall die Kündigungssperre des § 577a Abs. 1a BGB gilt (hierzu näher sogleich). Anders dann, wenn zuvor die Aufhebung des Sondereigentum vereinbart wurde (§ 4 WEG), dann das Gebäude nach Schließung der Wohnungsgrundbücher gem. § 9 WEG veräußert wird und danach plangemäß eine erneute Aufteilung in Wohnungseigentum erfolgt. § 577 BGB ist dann wegen des **Umgehungstatbestandes** einer derartigen Vertragsgestaltung entsprechend anzuwenden.[150] Weiter erstreckt sich das Vorkaufsrecht nur auf die vermietete Wohnung und deren Verkauf und nur bei einem einheitlichen Mietvertrag auch auf eine etwa mit gemietete **Garage** oder sonstiges Zubehör.[151]

58 Macht der Mieter von seinem Vorkaufsrecht Gebrauch, entsteht einmal der Kaufvertrag mit dem Ersterwerber und zum anderen der Kaufvertrag mit dem Mieter. Allerdings wird der Mieter durch Bestimmungen, die nicht zum Wesen eines Kaufvertrages gehören, sondern dort einen Fremdkörper darstellen, nicht gebunden.[152] **Beide Käufer haben einen Erfüllungsanspruch,** aber nur einer kann erfüllt werden. Maßgeblich ist daher, welcher Antrag etwa auf Eintragung einer Vormerkung zuerst beim Grundbuchamt eingegangen ist – § 883 Abs. 2 BGB.[153] Tritt der Mieter in Ausübung seines Vorkaufsrechts in den vom Vermieter geschlossenen Kaufvertrag über ein unter **Zwangsverwaltung** stehendes Objekt ein, richtet sich der Eigentumsverschaffungsan-

143 BGH NZM 2000, 858.

144 BGH NJW-RR 2017, 206 = NZM 2017, 146; NJW 2017, 156 = NZM 2017, 540; NJW 2014, 850 = NZM 2014, 133 Rn. 5; NJW 2006, 1869 = NZM 2006, 505 Rn. 10.

145 BGH NJW 2017, 156 = NZM 2017, 540.

146 BGH NJW-RR 2017, 206 = NZM 2017, 146; NJW 2017, 156 = NZM 2017, 540.

147 BGH NJW 2007, 2699 = NZM 2007, 640; vgl. hierzu ausführlich Klühs NZM 2013, 809 ff.

148 Wirth NZM 1998, 390 (392).

149 BGH NJW 2014, 850.

150 Schmidt-Futterer/Blank/Fervers § 577 Rn. 17.

151 Schmidt-Futterer/Blank/Fervers § 577 Rn. 13.

152 BGH NJW 1996, 654; OLG Düsseldorf MDR 1999, 800.

153 Eingehender zum Auflassungsanspruch Schmidt-Futterer/Blank/Fervers § 577 Rn. 65 ff.

spruch des Mieters gegen den Vermieter und nicht gegen den Zwangsverwalter, dem gegenüber dem Mieter bis zur Eigentumsübertragung kein Zurückbehaltungsrecht gegenüber dessen Mietzahlungsanspruch aus § 535 BGB, § 152 ZVG) zusteht.[154]

Einem Mieter, der seine in Wohnungseigentum umgewandelte Mietwohnung durch Ausübung des Vorkaufsrechts (§ 577 BGB) erwirbt, wird dadurch unter Ersetzung der bisherigen mietvertraglichen Nutzungsrechte eine nunmehr dem Inhalt des Kaufvertrags entsprechende Rechtsposition verschafft. Demgemäß kann sich der Wohnungserwerber gegenüber den anderen Wohnungseigentümern grundsätzlich nicht auf fortbestehende Nutzungsbefugnisse aus dem **erloschenen Mietverhältnis** berufen, die mit der Teilungserklärung und der Gemeinschaftsordnung nicht in Deckung zu bringen sind.[155] 59

Vereitelt der Vermieter etwa durch eine sittenwidrige Preisgestaltung das Vorkaufsrecht des Mieters, so bleibt zwar der Kaufvertrag, sofern er eine salvatorische Klausel enthält, grundsätzlich wirksam. Der Mieter hat dann aber einen **Schadensersatzanspruch** in Höhe der Differenz zwischen dem Verkehrswert der Wohnung und dem – ggf. anteiligen – Kaufpreis.[156] Dies gilt auch, wenn der Vermieter den Mieter den vorkaufsberechtigten Mieter nicht über den Inhalt des mit einem Dritten über die Mietwohnung abgeschlossenen Kaufvertrags sowie über das Bestehen des Vorkaufsrechts unterrichtet hat; dann kann der Mieter, der infolgedessen von diesen Umständen erst nach Erfüllung des Kaufvertrags zwischen Vermieter und Drittem Kenntnis erlangt, Ersatz der Differenz von Verkehrswert und Kaufpreis (abzüglich im Falle des Erwerbs der Wohnung angefallener Kosten wie Notarkosten, im Kaufvertrag geregelte Maklerkosten, Grundbuchgebühren, Grunderwerbsteuer) verlangen und zwar selbst dann, wenn der Mieter sein Vorkaufsrecht nach Kenntniserlangung überhaupt nicht ausgeübt hat.[157] Die im Falle des vereitelten Vorkaufsrechts notwendige Fortzahlung der Miete kann nicht zusätzlich neben dem Verkehrswert der Sache als Schadensposition angesetzt werden, denn die jedem Eigentum innewohnende Möglichkeit, die Sache selbst oder durch Vermietung nutzen zu können, ist in ihrem Verkehrswert bereits enthalten; auch im Wege der Vorteilsausgleichung ist für diese Berücksichtigung der Miete kein Raum.[158] Wird in einem Kaufvertrag über eine mit einem Vorkaufsrecht des Mieters belastete Eigentumswohnung zwischen dem Vorkaufsverpflichteten (Verkäufer) und dem Dritten (Erstkäufer) eine Abrede getroffen, wonach der vorkaufsberechtigte Mieter einen höheren Preis zu bezahlen hat als der Erstkäufer, stellt diese Abrede in Bezug auf den höheren Preis eine unzulässige und deshalb insoweit unwirksame Vereinbarung zu Lasten Dritter dar.[159] 60

c) Besonderheiten bei der Kündigung des Erwerbers. Ist an vermieteten Wohnräumen nach der Überlassung an den Mieter Wohnungseigentum begründet und das Wohnungseigentum veräußert worden, so kann sich ein Erwerber gemäß § 577a Abs. 1 BGB auf berechtigte Interessen im Sinne des § 573 Abs. 2 Nr. 2 oder 3 BGB erst nach Ablauf von drei Jahren seit der Veräußerung berufen. Gem. § 577a Abs. 3 S. 1 BGB beträgt diese Frist bis zu zehn Jahre, wenn die ausreichende Versorgung der Bevölkerung mit Mietwohnungen zu angemessenen Bedingungen in einer Gemeinde oder einem Teil einer Gemeinde besonders gefährdet ist und diese Gebiete nach Satz 2 bestimmt sind. Es handelt sich um eine Kombination einer bundeseinheitlichen Mindestkündigungssperr- 61

---

[154] BGH NZM 2009, 151.

[155] BGH NJW-RR 2016, 784 = NZM 2016, 467.

[156] BGH NJW-RR 2005, 1534 = NZM 2005, 779.

[157] BGH BeckRS 2016, 19831; NJW 2017, 156 = NZM 2016, 540 Rn. 19, 21 mwN; NJW 2015, 1516 = NZM 2015, 334 Rn. 29 f.; Fortführung von Urt. v. 15.6.2005, NJW-RR 2005, 1534 = NZM 2015, 779.

[158] BGH BeckRS 2016, 19831: Der im Wege des Schadensersatzes auszugleichende Vorteil, der mit dem Kauf der gemieteten Wohnung hätte erlangt werden können, entspricht schon seiner Art nach nicht der Ersparnis künftiger Mietzahlungen, so dass es für deren Anrechenbarkeit bereits wertungsmäßig an der für eine Vorteilsausgleichung erforderlichen Kongruenz mit den gegenüber zu stellenden Erwerbsaufwendungen fehlt.

[159] BGH NZM 2022, 505.

frist von drei Jahren mit einer Verordnungsermächtigung der Landesregierungen und somit um **abgestufte Kündigungssperrfristen** im Veräußerungsfall.[160] Der Eintritt dieser Kündigungssperre setzt voraus, dass die **Umwandlung nach der Überlassung der Wohnung an den Mieter** erfolgt ist, unabhängig davon, ob die Wohnungen ggf. von Anfang an als Eigentumswohnungen geplant worden sind.[161] Dabei rückt auch ein Eintrittsberechtigter iSv § 563 BGB, der zur Zeit der Begründung des Wohnungseigentums mit dem verstorbenen Mieter in der umgewandelten Wohnung gelebt hat, auch im Hinblick auf die Wartefrist in die Rechtsposition des verstorbenen Mieters ein.[162] Die unter der Geltung des Sozialklauselgesetzes noch bestehende zusätzliche Sozialklauselbestimmung nach Wegfall der Kündigungssperre ist entfallen.

62 Somit besteht folgendes – zu Lasten des Mieters unabdingbare – **System:**

- Bundeseinheitliche **Sperrfrist von drei Jahren** für Eigenbedarfs- und Verwertungskündigungen nach § 573 Abs. 2 Nr. 2 und 3 BGB (§ 577a Abs. 1 BGB). **Andere Kündigungsgründe** bleiben unberührt.
- Verlängerung der Sperrfrist auf **bis zu zehn Jahren,** wenn die Landesregierungen eine Rechtsverordnung erlassen haben, in der Gebiete ausgewiesen sind, in denen die ausreichende Versorgung der Bevölkerung mit Mietwohnungen zu angemessenen Bedingungen in einer Gemeinde oder einem Teil einer Gemeinde gefährdet ist (§ 577a Abs. 2 BGB). Hierfür haben die Landesregierungen entsprechend der Mindestkündigungssperrfrist drei Jahre Zeit (Art. 229 § 3 Abs. 6 EGBGB).

63 Für den **Beginn der Kündigungssperrfrist** ist der erste Veräußerungsfall im jeweiligen Anwesen maßgeblich. Bei weiteren Veräußerungen wird die Kündigungssperrfrist nicht erneut im Lauf gesetzt.[163]

64 Noch nicht geklärt ist, ob der **Wegfall landesrechtlicher Verordnungen** nach Verkauf an einen Erwerber die zum Zeitpunkt des Eigentumswechsels geltende Sperrfrist von 10 Jahren auf 3 Jahre (nachträglich) verkürzt. Die Sperrfrist beginnt nach allgemeiner Meinung mit der Eintragung des ersten Erwerbers im Grundbuch und kann rechtswirksam erst nach Fristablauf ausgesprochen werden.[164] Von besonderen Vertrauensschutzerwägungen abgesehen (zB Nicht-Ausübung des Vorkaufsrechts durch den Mieter im Vertrauen auf die 10-jährige Sperrfrist), kommt es daher darauf an, welche Sperrfrist zu diesem Zeitpunkt gilt.

65 Ansonsten bleibt die **obergerichtliche Rechtsprechung** unter der Geltung des bisherigen Sozialklauselgesetzes weiterhin gültig:

- Kündigung vor dem 1.5.1993[165]
- Veräußerung vor dem 1.8.1990[166]
- Veräußerung vor dem 1.5.1993.[167]

66 *aa) Umgehung durch das „Münchener Modell".* Durch das **MietRÄndG**[168] wurde § 577a BGB um die Absätze 1a und 2a erweitert mit dem Ziel, die faktische Umgehung des bestehenden Kündigungsschutzes bei der Umwandlung von Miet- in Eigentumswohnungen gem. § 577a BGB nach dem so genannten „Münchener Modell" zu unterbinden und dadurch eine Schutzlücke zu Gunsten des Mieters zu schließen.

67 *(1) Begriff des „Münchener Modells".* Der gesetzlich in den §§ 577, 577a BGB geregelte Mieterschutz geht davon aus, dass ein Erwerbsinteressent eine während der Mietzeit

[160] Unter Veräußerung fällt dabei auch die Übertragung von Wohnungseigentum in Erfüllung eines Vermächtnisses: BayObLG NZM 2001, 747.
[161] Blank/Börstinghaus § 577 Rn. 7.
[162] BGH NJW 2003, 3265 = NZM 2003, 847, BGH NZM 2022, 654.
[163] BayObLG WuM 1982, 46.
[164] Schmidt-Futterer/Blank/Fervers BGB § 577a Rn. 15 und 17.
[165] BayObLG NJW-RR 1995, 1034.
[166] OLG Hamburg NJW-RR 1997, 460; OLG Hamm NJW-RR 1998, 153; KG NJW-RR 1996, 1226.
[167] BGH NZM 2001, 188; OLG Stuttgart NJW-RR 1995, 908.
[168] Gesetz über die energetische Modernisierung von vermietetem Wohnraum und über die vereinfachte Durchsetzung von Räumungstiteln vom 11.3.2013 BGBl. I S. 434 (Nr. 13); Geltung ab 1.5.2013.

des aktuellen Mieters in eine Eigentumswohnung umgewandelte Wohnung kauft, um dann eine Eigenbedarfs- oder Verwertungskündigung auszusprechen. In diesem Falle kommt der Mieter in den Genuss des Vorkaufsrechts nach § 577 BGB und genießt die Kündigungssperrfrist für den Erwerber von mindestens drei, ggf. aber sogar bis zu zehn Jahren gemäß § 577a BGB. Das sog. „Münchener Modell" ist demgegenüber dadurch geprägt, dass sich mehrere Erwerbsinteressenten zusammenschließen, um gemeinsam zB ein Mehrfamilienhaus ohne vorherige Umwandlung in Eigentumswohnungen zu erwerben, und danach den Mietern etwa wegen Eigenbedarfs zu kündigen. Der 1. Erwerber will, wie ggf. intern auch vereinbart, die Wohnung Nummer 1 nutzen, der 2. Erwerber die Wohnung Nummer 2 und zB der 10. Erwerber die letzte und 10. Wohnung. Oft wird danach doch noch die Umwandlung in Eigentumswohnungen vollzogen und jeder Erwerber erhält die von ihm ohnehin schon genutzte Wohnung zu Alleineigentum.

(2) frühere Rechtslage. Der BGH hatte 2009 die Gelegenheit, die Zulässigkeit dieses „Münchener Modells" auch vor dem Hintergrund einer möglichen Umgehung des Mieterschutzes nach den §§ 577, 577a BGB zu prüfen.[169] Der BGH hatte etwa ein Jahr zuvor entschieden, dass diese Bestimmungen auf die Realteilung eines mit zu Wohnzwecken vermieteten Einfamilienhäusern bebauten Grundstücks analog Anwendung finden mit der Begründung, dass in diesem Fall dem Mieter wie bei der Umwandlung in Wohnungseigentum nach einem Verkauf ein neuer Vermieter gegenüber stünde, der sich auf Eigenbedarf berufen könnte, so dass von einer im wesentlichen gleichen Interessenlage auszugehen sei.[170] Daher hätte man durchaus erwarten können, dass der BGH auch beim sog. „Münchener Modell" diese Mieterschutzvorschriften analog anwendet. Aber weit gefehlt: 68

Der dem BGH vorliegende Sachverhalt[171] zeichnete sich dadurch aus, dass sich mehrere Erwerbsinteressenten zu einer Gesellschaft bürgerlichen Rechts zusammengeschlossen hatten, die ein Mehrfamilienhaus insgesamt erworben hat. Zweck der Gesellschaft war die Eigennutzung der vermieteten Wohnungen in dem Anwesen durch die Gesellschafter. Jedem Gesellschafter war entsprechend seines Gesellschaftsanteils das alleinige Sondernutzungsrecht für eine bestimmte Wohnung zugewiesen worden. Die GbR kündigte dann jeweils wegen Eigenbedarfs des einzelnen Gesellschafters das Mietverhältnis über die Wohnung, die für diesen Gesellschafter nach den internen Absprachen vorgesehen war. Wie angeblich von Anfang an geplant, wurde danach das von der GbR erworbene Anwesen in Eigentumswohnungen aufgeteilt und als Eigentümer der einzelnen Wohnung der jeweilige, für diese nach den internen Vereinbarungen vorgesehene Gesellschafter in das Grundbuch eingetragen. 69

Der BGH hat zunächst festgehalten, dass eine BGB-Gesellschaft als Vermieterin einem Mieter grundsätzlich wegen Eigenbedarfs eines ihrer Gesellschafter kündigen dürfe[172] und zwar auch dann, wenn die BGB-Gesellschaft durch Veräußerung gemäß § 566 Abs. 1 BGB in den Mietvertrag eingetreten sei. § 566 BGB schütze den Mieter dadurch, dass der Erwerber anstelle des alten Vermieters in alle sich aus dem Mietverhältnis ergebenden Rechte und Pflichten ohne Änderung eintrete. Diese Vorschrift schütze den Mieter aber nicht davor, dass eine Personenmehrheit in den Mietvertrag eintrete, unabhängig davon, ob es sich um eine Eigentümergemeinschaft, eine Erbengemeinschaft oder eine Gesellschaft bürgerlichen Rechts handele.[173] Ein Grund, Vermieter, die sich zu einer GbR zusammengeschlossen hätten, schlechter zu stellen als eine einfache 70

[169] BGH NJW 2009, 2738 = NZM 2009, 613.

[170] BGH NJW 2008, 2257 = NZM 2008, 569; mit weiterem BGH Urteil NJW 2010, 3571 = NZM 2010, 821 auch auf den Fall der Realteilung eines mit zu Wohnzwecken vermieteten Zweifamilien bebauten Grundstücks erstreckt. Die vom BGH postulierte analoge Anwendung der §§ 577, 577a BGB ist jedenfalls verfassungsrechtlich nicht zu beanstanden: BVerfG NJW 2011, 1723 = NZM 2011, 479.

[171] Vgl. BGH NJW 2009, 2738 = NZM 2009, 613 Rn. 1–5.

[172] BGH NJW 2009, 2738 = NZM 2009, 613 Rn. 10 ff.; nicht aber eine GmbH, AG oder eine Personenhandelsgesellschaft: vgl. nur BGH NJW 2011, 993 = NZM 2011, 276.

[173] BGH NJW 2009, 2738 = NZM 2009, 613 Rn. 13.

Mehrheit von Vermietern, die sich mit Erfolg auf einen eigenen Eigenbedarf jedes Vermieters berufen könnten, sei nicht erkennbar.[174] Dabei hat der BGH ausdrücklich offen gelassen, ob er noch an seiner früheren Auffassung festhält, dass nur der Wohnbedarf von Gesellschaftern oder deren Familien- oder Haushaltsangehörigen beachtlich sei, die bereits bei Abschluss des Mietvertrags Gesellschafter gewesen seien.[175]

71 Da § 577a BGB vorsehe, dass nach der Überlassung der Wohnräume an den Mieter Wohnungseigentum begründet und danach dieses Wohnungseigentum veräußert worden sei, scheide eine unmittelbare Anwendung dieser Norm aus[176] Für eine analoge Anwendung fehle es an der erforderlichen planwidrigen Regelungslücke: § 577a BGB habe den Zweck, dem durch die Umwandlung in Wohnungseigentum gefährdeten Bestandsschutzinteresse des Mieters Rechnung zu tragen. Gerade die erhöhte Gefahr einer Eigenbedarfskündigung nach Umwandlung des vermieteten Wohnraums in einer Eigentumswohnung und Veräußerung an einen neuen Eigentümer stelle nach Auffassung des Gesetzgebers die Rechtfertigung für die mit der (verlängerten) Kündigungssperrfrist verbundene Beschränkung der verfassungsrechtlich geschützten Eigentümerbefugnisse (Art. 14 GG) sowohl des Veräußerers als auch des Erwerbers dar. Daher biete § 577a BGB keinen Schutz vor einer unabhängig von der Umwandlung bestehenden Eigenbedarfslage und greife folglich konsequenterweise nicht schon bei der Begründung von Wohnungseigentum durch den bisherigen Eigentümer, sondern erst nach Veräußerung der Eigentumswohnung an deren Erwerber ein.[177]

72 Wenn die Gesellschafter einer BGB-Gesellschaft sich in der Weise auseinandersetzen würden, wie vorliegend, dass das Eigentum der GbR unter den Gesellschaftern aufgeteilt werde, fehle es am Tatbestandsmerkmal der Veräußerung im Sinne von § 577a BGB, das einen tatsächlichen Wechsel in der Person des Wohnungseigentümers voraussetze.[178] Ein Grundstück, das im Eigentum einer Gesellschaft bürgerlichen Rechts stehe, sei zwar kein (gesamthänderisch gebundenes) Eigentum ihrer Gesellschafter als natürliche Personen.[179] Dennoch finde der mit der Übertragung des Wohnungseigentums auf einen einzelnen Gesellschafter kein Wechsel in der Rechtsträgerschaft statt, der geeignet sei, neuen, bis zu diesem Zeitpunkt für den Mieter nicht zu befürchtenden Eigenbedarf zu schaffen.[180] Die Möglichkeit und das Risiko einer Eigenbedarfskündigung durch die GbR zu Gunsten ihrer Gesellschafter habe schon vor der Begründung des Wohnungseigentum bestanden, so dass es an dem nach dem Schutzzweck des § 577a BGB vorausgesetzten erhöhten Risiko einer Eigenbedarfskündigung gerade durch die Begründung und Veräußerung von Wohnungseigentum fehle.[181]

73 Fazit: Nach BGH findet § 577a BGB auf das sog. „Münchener Modell" weder unmittelbar noch entsprechend Anwendung. Diese Auffassung hat der BGH zwischenzeitlich wiederholt ausdrücklich bestätigt.[182]

74 *(3) Ergänzende Regelungen und ihre Folgen.* Der Gesetzgeber will zunächst nichts daran ändern, dass eine Personengesellschaft wie auch die Mitglieder einer einfachen Vermietermehrheit nach wie vor berechtigt sein sollen, bei Eigenbedarf eines Gesell-

---

[174] BGH NJW 2009, 2738 = NZM 2009, 613 Rn. 14.

[175] BGH NJW 2009, 2738 = NZM 2009, 613 Rn. 15 unter Hinweis auf BGH NJW 2007, 2845 = NZM 2007, 679 Rn. 17. Diese Auffassung hat der BGH dann im Urteil NJW-RR 2012, 237 = NZM 2012, 150 Rn. 21 ff. aufgegeben und festgehalten, dass sich eine GbR auch auf den Eigenbedarf eines Gesellschafters berufen könne, der dieser Gesellschaft bei Abschluss des Mietvertrages oder bei Eintritt der Gesellschaft in einen bestehenden Mietvertrag noch nicht angehört hat.

[176] BGH NJW 2009, 2738 = NZM 2009, 613 Rn. 17.

[177] BGH NJW 2009, 2738 = NZM 2009, 613 Rn. 19.

[178] BGH NJW 2009, 2738 = NZM 2009, 613 Rn. 21.

[179] BGH NJW 2006, 3716 = NZM 2006, 900 Rn. 11.

[180] Allerdings findet § 566 BGB sehr wohl Anwendung, der anders als der eingeschränkte Schutzzweck des § 577a BGB den vom Eigentümer anmietenden Mieter vor eine „Vertreibung" bewahren soll (BGH NJW-RR 2012, 237 = NZM 2012, 150 Rn. 12 ff., insbes. Rn. 19 unter Hinweis auf BGH NJW 1989, 2053 sowie BGH NJW 2008, 2773 = NZM 2008, 726).

[181] BGH NJW 2009, 2738 = NZM 2009, 613 Rn. 21.

[182] BGH NJW-RR 2017, 583 = NZM 2017, 285; NJW 2017, 547 = NZM 2017, 111.

schafters bzw. eines jeden Vermieters den Mietvertrag zu kündigen. Allerdings nur unter Beachtung der Kündigungssperrfrist des § 577a BGB.[183] Auch die analoge Anwendung auf den Fall der Realteilung soll weiterhin gelten.[184]

75 *bb) Inhalt des neuen § 577a Abs. 1a und 2a BGB.* Jede **Veräußerung** eines mit Mietwohnraum bebauten Grundstücks **an eine Personengesellschaft oder an mehrere Erwerber** löst nun gem. § 577a Abs. 1a S. 1 Nr. 1 BGB die Kündigungssperrfrist nach § 577a Abs. 1 BGB aus und zwar beginnend mit dem Erwerb, also der Eintragung im Grundbuch (§ 577a Abs. 2a BGB). Dies betrifft nicht nur die Eigenbedarfskündigung, sondern auch die Verwertungskündigung nach § 573 Abs. 2 Nr. 3 BGB. Nach dem Gesetzeswortlaut ist jede Personengesellschaft betroffen, in der Gesetzesbegründung wird aber ausnahmslos die BGB-Gesellschaft erwähnt. Obwohl eine Personenhandelsgesellschaft wie eine OHG oder KG bislang nicht wegen Eigenbedarfs kündigen konnte,[185] wird sie von der Neuregelung erfasst.[186]

76 Darüber hinaus will der Gesetzgeber ausdrücklich verhindern, dass § 577a BGB über andere rechtliche Konstruktionen als den Erwerb umgangen werden kann, etwa durch Bestellung eines Erbbaurechts, eines Nießbrauchs oder **sonstiger dinglicher Rechte im Sinne von § 567 S. 1 BGB.** Über diese Vorschrift ist § 566 BGB entsprechend anzuwenden mit der Folge, dass der Inhaber dieser dinglichen Rechte während der Dauer ihres Bestehens in die Vermieterstellung eintritt und daher auch zur Eigenbedarfs- oder Verwertungskündigung bei Vorliegen der Voraussetzungen des § 573 Abs. 2 Nr. 2 bzw. Nr. 3 BGB berechtigt ist. Mit der Neuregelung in § 577a Abs. 1a S. 1 Nr. 2 BGB soll auch für diese Fälle die Sperrfrist nach § 577a Abs. 1 BGB gelten, beginnend mit der Belastung des Grundstücks (§ 577a Abs. 2a BGB).

77 Für den Fristbeginn ist also die Eintragung der Personengesellschaft oder mehrerer Erwerber bzw. der Belastung zu deren Gunsten im Grundbuch relevant, so dass die künftige Aufnahme weiterer Gesellschafter oder Erwerber die Frist nicht erneut auslöst. Wie schon bei § 577a Abs. 1 BGB tritt also ein 2. wie auch jeder weitere Erwerber in die bereits laufende Frist ein; ist die Frist schon abgelaufen, greift § 577a BGB nicht ein.[187]

78 § 577a Abs. 1 S. 2 BGB sieht **Ausnahmen** für bestimmte Personengruppen vor, wenn die Gesellschafter oder Erwerber derselben Familie oder demselben Haushalt angehören und ein bebautes Grundstück zur Selbstnutzung erwerben. Dann soll das Schutzinteresse der betroffenen Mieter hinter dem Interesse dieser Erwerber zurückstehen, die aufgrund der engen personalen Bindung ein legitimes Interesse an einer zeitnahen Kündigung haben. Bei der Auslegung dieses Begriffspaares der **„Familien- oder Haushaltsangehörigen"** soll auf die Rechtsprechung zu § 573 Abs. 2 Nr. 2 BGB zurückgegriffen werden können.[188]

79 Weiter wird allein zur Klarstellung festgehalten, dass die Kündigungssperrfrist mangels Schutzbedürftigkeit des Mieters dann keine Anwendung findet, wenn **Wohnungseigentum bereits vor Überlassung an den Mieter begründet** worden ist, was sich eigentlich bereits aus dem unverändert bleibenden § 577a Abs. 1 BGB ergibt.

80 Zur Abrundung des bezweckten Mieterschutzes wird die Regelung in § 577a Abs. 2 BGB ausdrücklich auch auf die Fallgestaltungen nach dem neuen Abs. 1a erstreckt.

81 Besonders hervorzuheben ist, dass der Gesetzgeber den Anwendungsbereich der Kündigungssperrfrist durch die neue Regelung in Abs. 1a des § 577a BGB auf die Veräußerung von vermietetem Wohnraum an eine Personengesellschaft oder mehrere Erwerber bzw. die Belastung zu deren Gunsten ausgedehnt wissen will. Würden mehrere Erwerber bzw. die Personengesellschaft **danach die Umwandlung in Wohnungseigen-**

[183] BT-Drs. 17/10485, 38 f.
[184] BGH NJW 2008, 2257 = NZM 2008, 569 und NJW 2010, 3571= NZM 2010, 821; BT-Drs. 17/10485, 39 f.
[185] BGH NJW 2011, 993 = NZM 2011, 276.
[186] So auch Emmerich WuM 2013, 323 ff.
[187] BayObLG NJW 1982, 451.
[188] Siehe zu getrenntlebenden Ehegatten BGH NZM 2020, 984.

tum betreiben, könnte man zwar daran denken, dass dadurch erneut eine Sperrfrist zu laufen beginnt. Einen derartigen **zweifachen Fristlauf** in den Fällen der einem Erwerb oder einer Belastung gemäß § 577a Abs. 1a BGB nachfolgenden Begründung von Wohnungseigentum hält der Gesetzgeber jedoch nicht für angemessen. Er will den Mieter allein vor dem erhöhten Verdrängungsrisiko bei einer Veräußerung an eine Personengesellschaft oder mehrere Erwerber schützen und hält fest, dass sich dieses Risiko mit dem Erwerb der mit Mietwohnraum bebauten Liegenschaft bzw. der Belastung des Wohnraums nach § 567 Abs. 1 BGB bereits verwirklicht hat und durch eine nachfolgende Begründung von Wohneigentum nicht erhöht wird.[189]

82 *cc) Wertungswidersprüche.* Der Verweis in § 577a Abs. 1a BGB auf die Regelung in Absatz 1 könnte dem Wortlaut nach noch Rückschluss zulassen, dass auch die Kündigungsbeschränkung nach Abs. 1a nach dem Erwerb oder die Belastung des vermieteten Wohnraums durch eine Personengesellschaft oder mehrere Erwerber eine Umwandlung in Wohnungseigentum erfordere. Wie der Gesetzgeber aber deutlich gemacht hat, soll allein diese Veräußerung oder Belastung für die Kündigungssperre genügen, völlig unabhängig davon, ob es zur Bildung von Wohnungseigentum kommt, dies also entgegen der Überschrift des Kapitels 6 vor § 577 BGB: „Besonderheiten bei der Bildung von Wohnungseigentum an vermieteten Wohnungen".[190] Dies hat auch der BGH ausdrücklich bestätigt.[191] Selbst für den Fall, dass es doch noch zur Umwandlung von Wohnungseigentum kommen sollte, greift nach dem Willen des Gesetzgebers die Kündigungsbeschränkung des § 577a BGB nicht erneut ein.

83 Dies hat nun schwer verständliche Wertungswidersprüche zur Folge:

- Nach ihrem Wortlaut greift die neue Sperrfrist des § 577a Abs. 1a BGB auch ein, wenn eine Personengesellschaft oder mehrere Erwerber bereits umgewandelten Wohnraum erwerben, sofern diese Umwandlung nach Überlassung an den Mieter erfolgt ist. In diesen Fällen scheidet die Kündigungsbeschränkung nach § 577a Abs. 1 BGB aus, wird aber nun nach § 577a Abs. 1a BGB gewährt.
- Erwirbt eine GmbH, AG oder eine Personenhandels- bzw. Kapitalgesellschaft eine nicht umgewandelte Wohnung, kann sie ohne Sperrfrist eine Verwertungskündigung aussprechen, eine Personengesellschaft nach der Neuregelung aber nicht.
- Erwerben mehrere Personen, die derselben Familie oder demselben Haushalt angehören, eine nach Überlassung an den Mieter umgewandelte Wohnung, können sie sofort kündigen, ein Alleinstehender muss dagegen die Kündigungssperrfrist beachten.

84 *dd) Keine Geltung für § 577 BGB.* Liegen die Voraussetzungen des neuen § 577a Abs. 1a BGB vor, steht dem Mieter aber kein Vorkaufsrecht nach § 577 BGB zu. § 577 BGB bleibt vielmehr unverändert.

85 *ee) Abdingbarkeit.* Auch § 577a BGB ist ausweislich der Regelung in Absatz 3 nach wie vor halbzwingend ausgestaltet. Daher soll auch an dieser Stelle auf den bei § 555f BGB deutlich gewordenen Willen des Gesetzgebers hingewiesen werden, dass dieses Verbot nur generelle Abreden im Mietvertrag oder in späteren Ergänzungen zu Lasten des Mieters erfassen soll.[192] Vereinbarungen nach Vertragsschluss, die einen konkreten Einzelfall betreffen, sollen danach auch bei einer für den Mieter nachteiligen Abweichung von den halbzwingenden gesetzlichen Vorgaben zulässig sein.[193] Hierzu scheint

[189] BT-Drs. 17/10485, 39.
[190] Nach Auffassung des Deutschen Mietgerichtstages, NZM 2012, 58 (63), „schießt die Neuregelung damit über das Ziel hinaus".
[191] BGH NJW 2018, 2187 = NZM 2018, 388.
[192] BT-Drs. 17/10485, 32 unter Hinweis auf Kossmann, Handbuch der Wohnraummiete, 6. Aufl. 2002, § 144 Rn. 3, und Sternel MietR aktuell Rn. VII 183.
[193] BT-Drs. 17/10485, 32 unter Verweis auf Sternel MietR aktuell Rn. VII 183.

auch der BGH zu tendieren.[194] Ein fristverkürzender Aufhebungsvertrag wäre daher zulässig.

§ 577a Abs. 1, 2 und 3 BGB ist seit dem 1.9.2001 mit den **Übergangsregelungen** gemäß Art. 229 § 3 Abs. 6 EGBGB anwendbar: 86

Für **§ 577a Abs. 1a und 2a BGB fehlt** es dagegen an einer **Übergangsnorm** (vgl. Art. 229 § 29 EGBGB). Es gilt daher der für Dauerschuldverhältnisse geltende allgemeine Grundsatz, dass mit Inkrafttreten einer Neuregelung diese auch für bereits bestehende Vertragsverhältnisse gilt (vgl. Art. 171 EGBGB). Allerdings müssen abgeschlossene Sachverhalte unberührt bleiben. 87

II. Die Werkswohnung

Schrifttum:
Bruns, Die Werkmietwohnung, NZM 2014, 535 ff.; Bub/Bernhard, Unmittelbare Anwendbarkeit des § 565 BGB zum Schutz des Mieters bei Weitervermietung als Werkswohnung, FD-MietR 2018, 401931; Buch, Die Kündigung von Werkwohnungen, NZM 2000, 167; Fischer-Dieskau/Pergande/Schwender/Franke, Wohnungsbaurecht, (Loseblattausgabe); Fitting, Betriebsverfassungsgesetz: BetrVG, 32. Aufl. 2024; Hess/Worzalla/Glock, Betriebsverfassungsgesetz, 10. Aufl. 2018, Meyer-Abich, Der Mietprozess von A–Z, NZM 2016, 329;;

1. Die Werkmietwohnung (§ 576 BGB)

Die Überlassung einer **Werkmietwohnung** an einen zur Dienstleistung Verpflichteten erfolgt auf Grund eines eigenständigen Mietvertrages. Die Vermietung erfolgt zwar mit Rücksicht auf das Bestehen eines Dienstverhältnisses, dieses ist Motiv für den Abschluss des Werkmietvertrages, Werkmietvertrag sowie Dienstvertrag sind jedoch getrennte, unabhängige Verträge.[195] Daher kann Vermieter sowohl der Dienstberechtigte/Arbeitgeber als auch ein Dritter sein, der dem Dienstberechtigten auf Grund eines Vertrages (Werkförderungsvertrages) verpflichtet ist, seine Wohnungen für Dienstverpflichtete zu Verfügung zu stellen (Wohnungsbelegungsrecht).[196] In der Vergangenheit war es nicht unüblich, dass die großen Konzerne zur Wahrnehmung ihrer sozialen Verantwortung gegenüber Ihren Mitarbeitern Dritten, bspw. gemeinnützigen Wohnungsunternehmen, Grundstücke und Darlehen gegeben haben, damit diese günstigen Wohnraum für Mitarbeiter – abgesichert über ein Belegungsrecht – zur Verfügung gestellt haben. Zu den Werkmietwohnungen gehören somit zusammenfassend die werkeigenen Wohnungen, ferner diejenigen Wohnungen, die das Werk anmietet und an seine Arbeitnehmer weitervermietet und schließlich die Wohnungen, die von einem Dritten auf Grund eines dem Arbeitgeber zustehenden Belegungsrechts vermietet werden. Für Streitigkeiten ist das Amtsgericht gem. § 23 Nr. 2a GVG und nicht das Arbeitsgericht zuständig.[197] Streiten sich die Parteien wegen Miete und Arbeitsentgelt, ist dieser Streit – auch bei erfolgter Aufrechnung – vor zwei Gerichten zu führen. Da es sich dabei nicht um das Kerngeschäft handelte, haben viele Unternehmen Werkswohnungen im Zuge der letzten Finanzkrise 2007 verkauft. Gerade die öffentliche Hand will hier aber gegensteuern und in Ballungszentren für ihre Mitarbeiter vermehrt Wohnungen durch die privatrechtlich organisierten städtischen Wohnungsbaugesellschaften bauen und vermieten lassen. 88

Hiervon zu unterscheiden ist das Rechtsverhältnis über eine **Werkdienstwohnung.** Die Überlassung der Wohnung erfolgt hier im Rahmen eines Dienstverhältnisses, sie stellt einen Teil der dem Dienstberechtigten gegenüber dem Dienstverpflichteten obliegenden 89

[194] BGH NJW 2011, 2878 = NZM 2011, 624 zur einvernehmlichen einmaligen Verlängerung der 12-Monats-Frist des § 556 Abs. 3 S. 1, Abs. 4 BGB. Dabei verweist der BGH auf das „Kompensationsmodell" von Lehmann-Richter WuM 2010, 3 ff.; vgl. auch Schmid NZM 2012, 193 f.
[195] BeckOK BGB/Hannappel § 576 Rn. 15.
[196] Schmidt-Futterer/Lindner BGB Vor § 576 Rn. 7.
[197] LG Berlin BeckRS 2012, 24300.

Gegenleistung dar (§ 576b BGB), ein besonderer Mietvertrag wird nicht abgeschlossen.[198] Für Streitigkeiten ist das Arbeitsgericht zuständig.[199]

90 a) **Mietvertrag.** Bei der Werkmietwohnung sind zwei unterschiedliche Vertragstypen zu unterscheiden, nämlich Mietverträge über **gewöhnliche Werkmietwohnungen** und solche über so genannte **funktionsgebundene Werkmietwohnungen.** Der Unterschied ist der, dass der Mieter einer **funktionsgebundenen** Werkmietwohnung die Wohnung in engem Zusammenhang mit der dienstvertraglich geschuldeten Leistung überlassen erhält, da die Art seiner Tätigkeit im Rahmen des Dienstverhältnisses ein Wohnen in der Nähe des Arbeitsplatzes erfordert; es muss ein sachlicher oder räumlicher Zusammenhang zwischen Dienstverhältnis und der Wohnraumüberlassung vorliegen.[200] Die Wohnung ist somit einem bestimmten Kreis von Mitarbeitern, die besondere vorbestimmte Funktionen im Betrieb ausüben (betriebliche Funktionsträger), vorbehalten. Die Zweckbestimmung der Wohnung für diese Funktion besteht und bleibt bestehen auch nach dem Ausscheiden des Mieters aus dem Dienstverhältnis.

Beispiele:
Pförtner, Hausmeister, Klinikarzt, Pflegepersonal eines Krankenhauses, Angehörige der Betriebsfeuerwehr.

91 Schwierig ist vor allem die Abgrenzung der funktionsbedingten Werkmiet- zur Werkdienstwohnung, also zu Wohnraum, dessen Überlassung Teil der Gegenleistung aus dem Dienstvertrag ist (§ 576b Abs. 1 BGB – Wohnraum, der „im Rahmen" des Dienstverhältnisses überlassen ist). Die Abgrenzung ist anhand von Indizien vorzunehmen. Entscheidende Kriterien sind das Nutzungsentgelt und die Residenzpflicht. Fällt kein Nutzungsentgelt an oder ist es marginal und besteht zudem eine Residenzpflicht, liegt eine Werkdienstwohnung vor.[201]

92 Demgegenüber liegt ein Rechtsverhältnis über eine **gewöhnliche Werkmietwohnung** dann vor, wenn der Dienstverpflichtete die Wohnung mit Rücksicht auf das Arbeitsverhältnis auf Grund besonderen Mietvertrages bewohnt, ohne dass er eine besondere Funktion im Betrieb ausüben müsste.[202]

93 Im Mietvertrag bedarf es des Hinweises, dh der Vereinbarung, dass die Wohnung als gewöhnliche Werkmietwohnung vermietet wird oder aber als funktionsgebundene Werkmietwohnung, da hiervon gemäß § 576 BGB die Länge der Kündigungsfrist abhängt.

94 So könnte bei einer **einfachen** Werkmietwohnung in etwa formuliert werden wie folgt:

Formulierungsvorschlag:

Die Werkmietwohnung wird dem Mieter im Hinblick auf seine Tätigkeit als …… im Betriebe der Firma C. H. Beck während der Dauer des Dienstverhältnisses überlassen.

95 Demgegenüber sollte bei einer **funktionsgebundenen** Werkmietwohnung ausdrücklich auf die Funktionsgebundenheit der Wohnung im Vertrag hingewiesen werden, etwa wie folgt:

Formulierungsvorschlag:

Die Werkmietwohnung wird als funktionsgebundene Wohnung dem jeweiligen Oberarzt der Abteilung Innere Medizin der Klinik xy zur Verfügung gestellt. Sie wird ab 1.1.2026 dem derzeitigen Oberarzt, dem Mieter, überlassen.

---

[198] BAG WuM 1990, 284; 1993, 353; Schmidt-Futterer/Herrlein BGB § 576b Rn. 1.
[199] LAG Hamm BeckRS 2012, 70642.
[200] Schmidt-Futterer/Lindner BGB § 576 Rn. 14.
[201] Bruns NZM 2014, 544.
[202] Emmerich/Sonnenschein/Haug BGB § 576b Rn. 17; Grüneberg/Weidenkaff BGB § 576 Rn. 5; Erman/Jendrek BGB § 576 Rn. 11.

Die Annahme eines Werkmietverhältnisses setzt zunächst voraus, dass ein Dienstverhältnis in Form einer **weisungsgebundenen und abhängigen Tätigkeit** vorliegt, wobei ausreichend ist, wenn das Dienstverhältnis gemeinsam mit Abschluss des Mietvertrages begründet wird.[203] Der Wortlaut ist insoweit missverständlich. Weiter ist erforderlich, dass der Dienstvertrag **Geschäftsgrundlage** für den Mietvertrag ist.[204] 96

Ein Werkmietverhältnis iSd § 576 BGB liegt auch vor, wenn eine Wohnung auf Grund privatrechtlicher Grundlage Beamten, Angestellten oder Arbeitern des öffentlichen Dienstes vermietet worden ist;[205] ist die Dienstwohnung einem Angehörigen dieses Personenkreises ohne Abschluss eines Mietvertrages zugewiesen worden, gilt dies nicht, vielmehr findet öffentliches Recht Anwendung.[206] 97

Besteht das Mietverhältnis bereits und wird zeitlich danach das Dienstverhältnis abgeschlossen, ist die Begründung eines Werkmietverhältnisses nicht mehr möglich, da diese Vereinbarung die Rechte des Mieters im Hinblick auf Kündigungsfristen sowie Widerspruch verkürzen, somit gegen zwingendes Recht, nämlich die Vorschriften der §§ 573c Abs. 4, 574 Abs. 3 BGB verstoßen würde.[207] Das abgeschlossene Mietverhältnis unterliegt in diesem Fall vielmehr den allgemeinen Regeln des Mietrechts, ohne dass dem Vermieter ein Sonderkündigungsrecht zusteht. 98

Die Parteien können jedoch das bestehende Mietverhältnis einvernehmlich aufheben, sodann ein Werkmietverhältnis und gleichzeitig ein separates Dienstverhältnis begründen. Vermieter auf Grund des Werkmietvertrages kann einmal der Arbeitgeber sein, zu dem der Mieter in einem Dienstverhältnis steht. Es bestehen dann zwei selbstständige Verträge, einmal der Dienstvertrag, zum anderen hiervon getrennt, der Mietvertrag. 99

Vermieter kann jedoch auch ein **Dritter** sein. Dies ist bspw. dann der Fall, wenn ein beliebiger Dritter von einem Arbeitgeber/Unternehmer ein Darlehen zur Errichtung oder Modernisierung des Hauses erhält und sich in einem Vertrag (Werkförderungsvertrag) dem Arbeitgeber/Unternehmer gegenüber verpflichtet, die Wohnungen nur an Arbeitnehmer des Arbeitgebers zu vermieten (**Belegungsrecht**); teilweise gekoppelt an eine in der Höhe beschränkte Miete (Mietpreisbindung).[208] In diesen Fällen ist Vermieter ein Dritter, Mieter ist der Arbeitnehmer, der gleichzeitig Dienstverpflichteter des Arbeitgebers (Darlehensgebers) ist. 100

Der Arbeitgeber/Darlehensgeber kann das ihm vom Vermieter eingeräumte Belegungsrecht auch durch die Eintragung einer beschränkt persönlichen Dienstbarkeit im Grundbuch absichern lassen, welche den Inhalt hat, dass die Wohnungen des Hauses nur einem besonderen Personenkreis überlassen werden dürfen.[209] Dies ist sinnvoll für den eventuellen Fall der Veräußerung des Grundstücks an einen Dritten; denn dieser tritt zwar kraft Gesetzes (§ 566 BGB) in den Mietvertrag ein, nicht jedoch in die durch den Darlehensvertrag zwischen Arbeitgeber (Darlehensgeber) und Vermieter (Darlehensnehmer) eingegangenen Verpflichtungen im Hinblick auf Belegungsrecht und Mietpreisbindung.[210] Das Belegungsrecht bleibt auch dann bis zum Ablauf der vereinbarten Zeit bestehen, wenn der Vermieter das Darlehen vorzeitig zurückzahlt.[211] Nur dann, wenn die 101

---

[203] Schmidt-Futterer/Lindner BGB Vor § 576 Rn. 3; Emmerich/Sonnenschein/Haug BGB § 576b Rn. 2; Erman/Lützenkirchen/Selk § 576 Rn. 4; Staudinger/Rolfs BGB § 576 Rn. 6.

[204] BeckOGK/Bruns, BGB § 576 Rn. 11, 12.

[205] Schmidt-Futterer/Blank BGB Vor § 576 Rn. 4; Bub/Treier MietR-HdB/Fleindl Kap. IV Rn. 266; differenzierend Staudinger/Rolfs § 576 Rn. 7: bejahend bei Angestellten und Arbeitern des öffentlichen Dienstes, wenn privatrechtliches Arbeitsverhältnis, verneinend bei öffentlich-rechtlichem Dienstverhältnis der Beamten und Soldaten.

[206] Schmidt-Futterer/Lindner BGB Vor § 576 Rn. 3.

[207] AG Hamburg WuM 1985, 152: für längere Zeit nach Begründung des Mietverhältnisses abgeschlossenen Hauswartvertrag; Schmidt-Futterer/Lindner BGB Vor § 576 Rn. 4.

[208] Bub/Treier MietR-HdB/Scheuer/Fleindl Kap. IV Rn. 266; Schmidt-Futterer/Lindner BGB Vor § 576 Rn. 8.

[209] OLG München MittBayNot 1999, 479; OLG Düsseldorf NJWE-MietR 1996, 114.

[210] BGHZ 48, 244; Söllner JZ 1968, 183; Bub/Treier MietR-HdB/Schultz Kap. III A Rn. 743.

[211] BGH NJW 1975, 381.

Vorteile des Hauseigentümers durch die Gewährung des zinslosen Wohnungsbau-Darlehens und die Einbußen durch die Ausübung des Wohnungsbelegungsrechts so weit auseinanderklaffen, dass sich die vereinbarte Bindung fortan als wirtschaftliche Knebelung darstellt oder das weitere Festhalten an der Vertragsdauer gegen Treu und Glauben verstößt, ist eine angemessene Verkürzung der Vertragszeit in Erwägung zu ziehen.[212]

102 Im Rahmen des Vertrages zwischen Darlehensnehmer (Vermieter) und Darlehensgeber (Arbeitgeber) können auch Regelungen für die abzuschließenden Mietverhältnisse zwischen Mieter und Vermieter getroffen werden, etwa dass eine Mieterhöhung für einen bestimmten Zeitraum ausgeschlossen ist,[213] oder dass im Verhältnis zwischen Vermieter und Mieter nur die gesetzlich zulässige Kostenmiete vereinbart werden darf;[214] diese ist dann nach den Grundsätzen der **WoBindG, NMV, II. BV** bzw. nach den im Wege der Föderalismusreform an die Stelle getretenen landesrechtlichen Regelungen zu erhöhen. Der Arbeitgeber wird weiterhin mit dem Vermieter oftmals vereinbaren, dass eine vermieterseitige Kündigung von seiner, des Arbeitgebers, Zustimmung abhängig ist.

103 **b) Mitbestimmungsrecht des Betriebsrates gem. § 87 Abs. 1 Nr. 9 BetrVG.** Besteht in dem Unternehmen, in welchem der Mieter der Werkmietwohnung Dienstverpflichteter ist, ein Betriebsrat, hat dieser gemäß § 87 Abs. 1 Nr. 9 BetrVG ein Mitbestimmungsrecht bei der Zuweisung der Wohnung, bei der allgemeinen Festlegung der Nutzungsbedingungen sowie bei der Kündigung. Es kommt hierbei nicht darauf an, ob der Arbeitgeber Eigentümer der Wohnung ist; maßgeblich ist nur, dass er die Person des Wohnungsnutzers auswählen kann/ein Belegungsrecht hat.[215]

104 *aa) Mitbestimmungsrecht bei der Zuweisung der Wohnung.* Durch die Einräumung des Mitbestimmungsrechts des Betriebsrates bei der Zuweisung von Werkwohnungen wird der Betriebsrat ermächtigt bei der Entscheidung über die Person des Begünstigten, der die Wohnung erhält, mitzubestimmen.[216] Unter Zuweisung im Sinne dieser Vorschrift ist nicht der Abschluss des Mietvertrages zu verstehen, so dass ein Mietvertrag, welcher unter Umgehung des Mitbestimmungsrechts bei der Vergabe der Wohnung zustande gekommen ist, wirksam ist. Der Betriebsrat muss auch nicht in jedem Einzelfall zustimmen, vielmehr reicht es aus, wenn Arbeitgeber und Betriebsrat Anwärterlisten erstellen und die Wohnungen entsprechend der gemeinsam erstellten Liste vergeben werden.[217] Nach der Rechtsprechung des BAG erstreckt sich das Mitbestimmungsrecht bei der Zuweisung auch auf die Zuweisung von Wohnungen an Dritte.[218] Die gleichen Grundsätze gelten gemäß § 79 Abs. 1 Ziff. 2 BPersVG bei Arbeitnehmern des öffentlichen Dienstes.

105 *bb) Mitbestimmungsrecht bei allgemeiner Festlegung der Nutzungsbedingungen.* Das dem Betriebsrat in § 87 Abs. 1 Nr. 9 BetrVG eingeräumte Mitbestimmungsrecht bei der allgemeinen Festlegung der Nutzungsbedingungen von Werkwohnungen besagt, dass der Betriebsrat die generelle Regelung der mit dem Mietvertrag zusammenhängenden Fragen mitbestimmen darf. Dies bedeutet: Mitwirkung bei dem Entwurf eines Mustermietvertrages nebst Hausordnung, generelle Festlegung der Richtlinien bei der Bestimmung der Miete sowie der Betriebskosten sowie deren jeweilige Erhöhung.[219] Die Mieterhöhung bzw. Erhöhung der Betriebskosten im Einzelfall bedarf keiner Mitbe-

[212] OLG Düsseldorf NJWE-MietR 1996, 114.
[213] BGH NJW 1970, 603; Bub/Treier MietR-HdB/Schultz Kap. III A Rn. 744; beachte bei beschränkenden Vereinbarungen: kein Übergang auf einen neuen Eigentümer/Vermieter nach § 566 BGB, AG München ZMR 2021, 670.
[214] BGH WuM 1976, 44.
[215] OLG Frankfurt a. M. WuM 1992, 52 = ZMR 1992, 443.
[216] Schmidt-Futterer/Lindner BGB Vor § 576 Rn. 13, 14.
[217] Schmidt-Futterer/Lindner BGB Vor § 576 Rn. 14.
[218] BAG NZA 1993, 272.
[219] Schmidt/Futterer/Lindner BGB Vor § 576 Rn. 16.

stimmung.[220] Die gleichen Grundsätze gelten gemäß § 79 Abs. 1 Ziff. 2 BPersVG bei Arbeitnehmern des öffentlichen Dienstes.

cc) Mitbestimmungsrecht bei der Kündigung von Wohnungen. Besteht das Dienstverhältnis zwischen Dienstberechtigtem und Dienstverpflichteten/Mieter noch, bedarf die vermieterseitige Kündigung des Mietverhältnisses, wenn sich im Betrieb des Dienstberechtigten ein Betriebsrat gebildet hat gemäß § 87 Abs. 1 Nr. 8 BetrVG der Zustimmung des Betriebsrats. Das Vorliegen der Zustimmung ist Wirksamkeitsvoraussetzung für die Kündigung, sie muss bereits bei Ausspruch der Kündigung vorliegen, in der Kündigung als erteilt vorgetragen werden und schriftlich (§ 568 BGB) nachgewiesen werden; anderenfalls kann der Mieter die Kündigung wegen Fehlens der Zustimmung gemäß §§ 182 Abs. 3, 111 S. 2, 121 BGB zurückweisen,[221] so dass sie unwirksam wird und wiederholt werden muss. Die Zustimmung ist erforderlich bei der ordentlichen wie der außerordentlichen Kündigung. 106

Die gleichen Grundsätze gelten gemäß § 79 Abs. 1 Ziff. 2 BPersVG bei Arbeitnehmern des öffentlichen Dienstes hinsichtlich der **Mitbestimmung des Personalrates** bei der Kündigung von Wohnungen, die im Rahmen der Wohnungsbauförderung errichtet und auf Grund eines Belegungsvertrages vom Vermieter an einen Arbeitnehmer des öffentlichen Dienstes vermietet worden ist.[222] 107

c) **Beendigung des Mietverhältnisses über eine Werkmietwohnung.** *aa) Befristung gem. § 575 Abs. 1 Nr. 3 BGB.* Ohne Kündigung, vielmehr durch **Zeitablauf** enden gem. § 575 Abs. 1 Nr. 3 BGB befristete Mietverträge über Mietwohnungen,[223] ohne dass der Mieter das Mietverhältnis verlängern könnte, wenn nachstehende Voraussetzungen vorliegen: 108

- Der Vermieter muss den Mieter **bei Vertragsabschluss schriftlich** darauf hinweisen, dass er die Wohnung nach Ablauf der vereinbarten Zeit an einen Arbeitnehmer vermieten will.
- Der vereinbarte Beendigungsgrund **muss bei Ablauf der vereinbarten Zeit noch vorliegen.**

Die Befristung ist vor allem in zwei Konstellationen von Bedeutung: Zum einen für die Unterbringung von Arbeitnehmern, deren Tätigkeit von vorne herein befristet ist und die danach durch einen anderen Arbeitnehmer abgelöst werden sollen. Zum anderen kann ein Unternehmen seine Anziehungskraft auf auswärtige, qualifizierte Bewerber vergrößern, wenn es den Interessenten in einem engen Mietmarkt (München, Hamburg, Frankfurt etc) für eine Übergangszeit eine Werkwohnung zur Verfügung stellen kann, bis der neue Arbeitnehmer eine andere Wohnung gefunden hat. Gleichzeitig soll sich der neue Arbeitnehmer nicht auf Dauer in der Wohnung niederlassen, da dieses Anwerbeargument dann mit dem ersten neuen Arbeitnehmer verbraucht wäre. 109

Der Vermieter muss bei Abschluss des Mietvertrages die Absicht haben, die Wohnung nach Ablauf der Befristung einem Mieter, der in einem Dienstverhältnis mit ihm oder einem Dritten steht oder ein solches begründet, auf Grund Mietvertrages zu überlassen. Das Befristungsinteresse muss so genau umschrieben werden, dass es von anderen Interessen unterschieden werden kann.[224] Eine Wiederholung des Gesetzestextes muss ausreichen. Gibt der Vermieter an, dass er die Wohnung nach dem Befristungsende „an einen zur Dienstleistung Verpflichteten/Arbeitnehmer vermieten will", steht zweifelsfrei 110

[220] BVerwG WuM 1995, 596; Blank BGB Vor § 675 Rn. 15.

[221] Schmidt-Futterer/Lindner BGB Vor § 576 Rn. 15; Bub/Treier MietR-HdB/Fleindl Kap. IV Rn. 264; Staudinger/Rolfs BGB § 576b Rn. 20.

[222] BAGE 58, 156; Schirmer/Hess BPersVG § 74 Anm. 1c; Fitting/Engels/Schmidt/Trebinger/Linsenmaier BetrVG § 87 Rn. 105, 112; Fischer-Dieskau/Pergande/Schwender/Franke § 576b Anm. 7.3; Altvater/Bacher/Hörter/Sabottig/Schneider/Vohs BPersVG § 79 Rn. 3; Staudinger/Rolfs BGB § 576 Rn. 20; Bub/Treier MeitR-HdB/Fleindl Kap. IV Rn. 264.

[223] Hinsichtlich vor dem 1.9.2001 abgeschlossener Verträge, → Rn. 75 ff.

[224] Schmidt-Futterer/Lindner § 575 Rn. 23; LG Stuttgart WuM 1994, 690; LG Hamburg ZMR 1992, 505; LG Berlin GE 1990, 1037.

fest, dass ein vom Gesetz anerkanntes Befristungsinteresse vorliegt.[225] Ein besonderes Nutzungsinteresse muss, anders als bei der Kündigung gem. § 573 Abs. 1 BGB,[226] nicht bestehen. Wobei abhängig von der Vermieterkonstellation (Arbeitnehmer – Konzerngesellschaft uÄ) eine weitergehende Erläuterung notwendig sein wird.

111 Hat der Zeitmietvertrag eine längere Laufzeit als ein Jahr, so muss sich das Befristungsinteresse aus der schriftlichen Vertragsurkunde ergeben, §§ 550, 126 BGB. Andernfalls ist die Befristung unwirksam, das Mietverhältnis gilt als auf unbestimmte Zeit geschlossen, §§ 575 Abs. 1 S. 2, 550 S. 1 BGB.

112 Auch hier gilt, dass Vermieter und Dienstberechtigter (Arbeitgeber) nicht identisch sein müssen; allerdings muss beim Auseinanderfallen von Arbeitgeber und Vermieter ersterer ein Belegungs- oder sonstiges Recht (bspw. auch im Wege der Untervermietung als Mieter) an den zur Vermietung anstehenden Wohnungen haben (→ Rn. 90 ff.). Eine zeitliche Vorgabe für die Länge der Befristung gibt es nicht.

113 Der Mieter hat gemäß § 575 Abs. 2 BGB gegen den Vermieter einen **Auskunftsanspruch** binnen **eines Monats** mitzuteilen, ob der bei Beginn mitgeteilte Befristungsgrund noch besteht oder weggefallen ist. Diesen Anspruch kann er frühestens **4 Monate** vor Ablauf der vereinbarten Mietzeit formlos geltend machen. Ergibt die Auskunft des Vermieters, dass der Eintritt des Befristungsgrundes sich verzögert, kann der Mieter Verlängerung des Mietverhältnisses um einen entsprechenden Zeitraum verlangen. Das Gleiche gilt, wenn der Vermieter nicht binnen der Monatsfrist Auskunft erteilt, sondern erst später, § 575 Abs. 2 BGB. Lautet die Auskunft, dass der Befristungsgrund auf Dauer entfallen ist, hat der Mieter Anspruch auf Verlängerung des Mietverhältnisses auf unbestimmte Zeit. Erfolgt gar keine Auskunft des Vermieters, gilt § 575 Abs. 1 S. 2 BGB analog und das Mietverhältnis verlängert sich auf unbestimmte Zeit. Wird die Information erst längere Zeit nach dem vereinbarten Vertragsende erteilt, so ist vom Anwalt des Mieters zu prüfen, ob Zeit- und Umstandsmoment vorliegen, so dass der Herausgabeanspruch verwirkt wäre.

114 Dem Mieter obliegt im Fall eines Rechtstreits die **Beweislast** für die Geltendmachung des Auskunftsanspruchs und den Zugang des Ersuchens. Umgekehrt obliegt dem Vermieter gemäß § 575 Abs. 3 S. 3 BGB die Beweislast für den Eintritt des Befristungsgrundes und die Dauer einer eventuellen Verzögerung.

Formulierungsvorschlag Befristungsklausel:

115 Die Parteien sind sich einig, dass es sich bei der vertragsgegenständlichen Wohnung um eine Werkmietwohnung für den jeweiligen Oberarzt der Chirurgie handelt. Da der derzeitige Oberarzt nunmehr in einem Eigenheim unweit der Klinik wohnt, wird die vertragsgegenständliche Wohnung erst ab dessen nach derzeitigem Stand geplanten Ausscheiden aus den Diensten der Uni-Klinik benötigt. Das vorliegende Mietverhältnis ist deshalb gem. § 575 Abs. 1 Nr. 3 BGB befristet und endet ohne dass es hierfür einer Kündigung bedarf, zum 30.4.2022, da der Vermieter die Wohnung dann an den neu einzustellenden Oberarzt vermieten will.

Muster: Auskunftsverlangen

116 Sehr geehrter Herr …
Ich bitte gem. § 575 Abs. 2 BGB binnen eines Monats ab Erhalt dieses Schreibens um schriftliche Auskunft, ob Sie die von mir bewohnte Wohnung, wie in § …… des Mietvertrags vereinbart ab 1.5.2022 für einen neuen Betriebsangehörigen benötigen oder ob der Befristungsgrund weggefallen ist bzw. erst später eintritt.
Datum, Unterschrift

---

[225] Ebenso Schmidt-Futterer/Lindner BGB § 575 Rn. 23.
[226] BGH NZM 2007, 639.

Die Voraussetzungen eines Verlängerungstatbestandes führen nicht automatisch zur Vertragsfortsetzung. Der Mieter muss erklären, dass er das Mietverhältnis fortsetzen will, Antrag auf Abschluss eines Fortsetzungsvertrags gem. § 145 BGB. Mit dem Anspruch des Mieters korrespondiert die Pflicht des Vermieters zur Abgabe der Annahmeerklärung. Willigt der Vermieter nicht in die Vertragsfortsetzung ein, steht dem Mieter ein im Klagewege durchsetzbarer Anspruch auf Einwilligung in die Vertragsfortsetzung zu, der im Wege der Leistungsklage geltend zu machen ist, im Fall der vermieterseitigen Klage auf Räumung im Wege der Widerklage.[227] 117

Stellt der Mieter kein Auskunftsverlangen, räumt jedoch auch nicht zum Ablauf der vereinbarten Zeit, setzt sich das Mietverhältnis gemäß § 545 BGB auf unbestimmte Zeit fort, wenn keine der beiden Vertragsparteien ihren entgegenstehenden Willen innerhalb zwei Wochen erklärt hat, wobei die Frist für den Mieter mit der Fortsetzung des Gebrauchs, für den Vermieter mit dem Zeitpunkt beginnt, in dem er von der Fortsetzung Kenntnis erlangt hat. 118

Fällt bereits nach Abschluss des Mietvertrages die Verwendungsabsicht weg, ist der Vermieter verpflichtet dies dem Mieter mitzuteilen. Siehe im Übrigen die Erörterungen zum befristeten Wohnraummietverhältnis in diesem Buch. 119

Wird die Wohnung während der gemäß § 575 BGB vereinbarten Laufzeit des Vertrages veräußert, tritt der Erwerber in das Mietverhältnis gem. § 566 BGB ein. Die Befristung bleibt bestehen.[228] Ist auch der Grundstückserwerber Arbeitgeber, kann er den Befristungsgrund des § 575 Abs. 1 Nr. 3 BGB geltend machen, wenn er die Wohnung zur Unterbringung eines neuen Arbeitnehmers verwenden will und der ursprüngliche Befristungsgrund dies zulässt.[229] 120

Handelt es sich um ein befristetes Mietverhältnis, empfiehlt es sich für den Vermieter/Arbeitgeber, das Arbeitsverhältnis zeitgleich mit dem Mietverhältnis zu befristen. Die Formulierung einer derartigen Vereinbarung könnte wie folgt lauten: 121

Formulierungsvorschlag:

Der Vermieter/Arbeitgeber vermietet dem Arbeitnehmer mit Rücksicht auf das bestehende Arbeitsverhältnis die Werkmietwohnung in …… Straße ……, …… Geschoss, links/rechts, bestehend aus …… Zimmern, Küche, Bad …… qm Wohnfläche zur Nutzung während des Bestehens des Arbeitsverhältnisses. Das Mietverhältnis wird für die Dauer des mit Sachgrund für das Projekt xy befristeten Arbeitsvertrages, 1.1.2019 bis 31.12.2022 abgeschlossen. Es endet, ohne dass es einer Kündigung bedarf, mit dem 31.12.2022. Der Vermieter will die Räume ab dem 1.1.2023 an einen anderen zur Dienstleistung Verpflichteten/Arbeitnehmer vermieten. 122

bb) Kündigung eines Werkmietverhältnisses auf unbestimmte Zeit gemäß § 576 BGB wegen Betriebsbedarfs. Ein auf **unbestimmte** Zeit abgeschlossenes Mietverhältnis über eine Werkmietwohnung kann – abgesehen vom Fall der einvernehmlichen Aufhebung gemäß § 305 BGB – nur durch **Kündigung** beendet werden. 123

Die Vorschrift des § 576 BGB, die die Kündigungsfrist bei Werkmietwohnungen regelt, schafft keinen neuen/eigenen Kündigungsgrund, sondern regelt nur, dass der Vermieter bei einem **beendeten** Dienstverhältnis, wenn die Voraussetzungen für eine Kündigung des Mietvertrags gemäß § 573 BGB vorliegen, mit verkürzten Kündigungsfristen gegenüber den allgemeinen Kündigungsfristen des § 573c BGB kündigen kann.[230] Die Kündigung kann auch vom Vermieter, der nicht Arbeitgeber ist, mit der verkürzten Frist ausgesprochen werden, wenn der Arbeitgeber die Kündigung verlangt. 124

---

227 MüKoBGB/Häublein § 575 Rn. 39; Schmidt-Futterer/Lindner BGB § 575 Rn. 66.

228 So auch: Schmidt-Futterer/Lindner BGB § 575 Rn. 71. AA Herrlein/Kandelhard/Kandelhard BGB § 575 Rn. 30.

229 Staudinger/Rolfs BGB § 575 Rn. 61; Schmidt/Futterer/Lindner BGB § 575 Rn. 72.

230 BT-Drs. 14/4553 Erl. zu § 576 Nr. 3 BGB; Schmidt-Futterer/Lindner § 576 Rn. 1; MüKoBGB/Artz § 576 Rn. 1.

Der Vermieter hat in diesem Fall ein Wahlrecht, ob er von den verkürzten Kündigungsfristen des § 576 BGB Gebrauch macht oder mit der normalen Frist des § 573c BGB kündigt.[231]

125 Die Kündigung setzt voraus, dass (1) es eine Werkmietwohnung ist, (2) das Arbeitsverhältnis beendet ist oder dass dessen Beendigung kurz bevor steht;[232] (3) dass der Vermieter die Absicht hat, die Wohnung einem anderen Arbeitnehmer oder einem künftigen Arbeitnehmer zu überlassen – Kündigungsgrund des Betriebsbedarfs gem. § 573 Abs. 1 BGB.

126 In diesem Zusammenhang ist vor allem der Kündigungsgrund des **Betriebsbedarfs** im Sinne der §§ 573 Abs. 1, 576 Abs. 1 Nr. 1 BGB zu erörtern, dh dass der Vermieter/Arbeitgeber die Wohnung für einen anderen Arbeitnehmer bzw. Bewerber für eine Arbeitsstelle benötigt.[233] Das berechtigte Interesse des Vermieters iSd § 573 Abs. 1 BGB muss ebenso schwer wiegen wie in den in § 573 Abs. 2 BGB normierten Fällen.[234] Die Absicht darf nicht vorgetäuscht werden, sie muss mit hinreichender Sicherheit feststehen und eindeutig sein.

127 Die Kündigung wegen Betriebsbedarfs ist eine besondere Form der Eigenbedarfskündigung. Die bei der Eigenbedarfskündigung bekannten Einschränkungen greifen auch hier, bspw. Unwirksamkeit der Kündigung bei freier und gleichwertiger Alternativwohnung; keine Vorratskündigung wenn der Vermieter noch gar keinen Arbeitnehmer (gefunden) hat, der eventuell die Wohnung haben will; Überlassungsabsicht zum Zeitpunkt der Kündigung; Pflicht zum neuerlichen Angebot der Wohnung an den gekündigten Mieter, wenn die Überlassungsabsicht nach erfolgter Kündigung entfällt; Pflicht zum Angebot einer freiwerdenden und nicht für andere Arbeitnehmer gebrauchten Wohnung.

Praxistipp:

Die Kündigung einer Nicht-Werksmietwohnung zugunsten eines Betriebsangehörigen wird oft scheitern: Der Vermieter kann idR nicht darlegen, dass das Wohnen seines Mitarbeiters gerade in dieser Wohnung nach seiner betrieblichen Funktion und Aufgabe für den Betriebsablauf von nennenswertem Vorteil ist.

128 War die Werkmietwohnung dem Mieter/Arbeitnehmer weniger als 10 Jahre überlassen, beträgt die Kündigungsfrist für den Vermieter gemäß § 576 Abs. 1 Nr. 1 BGB drei Monate; bei 10-jähriger und längerer Überlassung 8 Monate, § 573 Abs. 1 S. 2 BGB.

129 Handelt es sich bei der zu kündigenden Wohnung jedoch um eine **funktionsgebundene Werkmietwohnung** und benötigt der Vermieter die Wohnung aus den gleichen Gründen für einen anderen zur Dienstleistung Verpflichteten in dieser Position, beträgt die Kündigungsfrist gemäß § 576 Abs. 1 Nr. 2 BGB einen Monat.

130 Fallen Vermieter und Dienstberechtigter auseinander, hat jedoch der Mieter/Dienstverpflichtete die Wohnung vom Vermieter auf Grund des dem Dienstberechtigten zustehenden Belegungsrechts angemietet gelten die gleichen Grundsätze.

131 Hat sich im Betrieb des Dienstberechtigten/Arbeitgebers ein Betriebsrat oder Personalrat gebildet so bedarf die Kündigung jedenfalls der **Zustimmung des Betriebsrats/Personalrats gemäß § 87 Abs. 1 Nr. 8 BetrVG, bzw. § 79 Abs. 1 Nr. 2 BPersVertrG,** wenn sie in einem Zeitpunkt erfolgt, da das Arbeitsverhältnis noch besteht,[235] die

[231] BT-Drs. 14/4553 Erl. zu § 576 Nr. 3 BGB; Schmidt-Futterer/Lindner § 576 Rn. 7 BGB.
[232] Für die Gleichstellung entgegen dem Wortlaut: Schmidt-Futterer/Blank BGB § 573 Rn. 191; BeckOK BGBSiegmund § 573 Rn. 106.
[233] BGH NZM 2007, 639; BeckOK BGBSiegmund § 573 Rn. 105; Schmidt-Futterer/Börstinghaus BGB § 573 Rn. 189 ff.; OLG Stuttgart OLGZ 1992, 98; AG Säckingen NJW-RR 1990, 400; LG Hannover NJW 1974, 1094; LG Osnabrück WuM 1977, 9; LG Tübingen NJW-RR 1987, 405.
[234] Schmidt-Futterer/Börstinghaus BGB § 573 Rn. 186,187; Barthelmess BGB § 564b Rn. 102.
[235] Schmidt-Futterer/Lindner BGB Vor § 576 Rn. 15; OLG Frankfurt a. M. WuM 1992, 52.

Zustimmung ist Wirksamkeitsvoraussetzung für die Kündigung, sie muss bei Ausspruch der Kündigung vorliegen und in schriftlicher Form der Kündigung beigefügt werden, da anderenfalls die Gefahr der Zurückweisung gemäß §§ 182 Abs. 3, 111 S. 2 BGB besteht. Streitig ist, ob die Zustimmung auch Wirksamkeitsvoraussetzung für die Kündigung des Werkmietverhältnisses ist, wenn das Arbeitsverhältnis beendet ist; bejaht wird dies vom BAG,[236] verneint von OLG Frankfurt a. M.,[237] LG Ulm,[238] sowie Blank,[239] denn nach Beendigung des Arbeitsverhältnisses ist kein Bedürfnis und kein Raum mehr für die Mitbestimmung des Betriebsrats.

Kündigt der Dienstberechtigte/Vermieter das Werkmietverhältnis aus anderen Gründen, etwa wegen nicht unerheblicher schuldhafter Vertragsverletzungen, gem. § 573 Abs. 2 Nr. 1 BGB fristgerecht, gelten die allgemeinen Kündigungsfristen des § 573c BGB. Auch hier bedarf der Vermieter, sofern das Dienstverhältnis noch besteht, der Zustimmung des Betriebsrats. Das Gleiche gilt für die fristlos außerordentliche Kündigung durch den Vermieter.[240] 132

d) Anwendung der Sozialklausel bei Kündigung von Werkmietwohnungen § 576a BGB. § 576a BGB regelt, dass im Falle des Widerspruchs des Mieters gegen die Kündigung bei der im Rahmen der §§ 574–574c BGB vorzunehmenden Interessenabwägung zusätzlich zu den Vermieterinteressen und Mieterinteressen auch die Interessen des Dienstberechtigten/Arbeitgebers zu berücksichtigen sind. 133

Damit sind, wenn Vermieter und Mieter auseinanderfallen, bei der Interessenabwägung auch die Interessen eines Dritten, des Dienstberechtigten, mit zu berücksichtigen. Auf diese Weise werden bei der Frage, ob das Werkmietverhältnis endet oder verlängert wird, fremde Belange, nämlich betriebsbezogene, in die Interessenabwägung einbezogen. 134

Eine Vertragsfortsetzung nach § 576a BGB gemäß §§ 574–574c BGB kommt nicht in Betracht, wenn: 135

- der Vermieter das Werkmietverhältnis hinsichtlich einer **funktionsgebundenen Wohnung wegen Betriebsbedarfs gemäß § 576 Abs. 1 Nr. 2 BGB gekündigt hat,**
- der **Mieter seinerseits das Dienstverhältnis gelöst hat,** ohne dass Dienstberechtigte ihm gesetzlich begründeten Anlass zur Auflösung gegeben hat,
- der Mieter/Dienstverpflichtete dem Dienstberechtigten **durch sein Verhalten gesetzlich begründeten Anlass zur Auflösung des Dienstverhältnisses gegeben hat.**

In diesen Fällen ist der Mieter nicht mehr schutzwürdig.[241] Aus der Formulierung und dem Zweck der Vorschrift „gelöst hat" wird geschlossen, dass nicht nur die Kündigung des Dienstverhältnisses hierunter fällt, sondern auch der Abschluss eines Aufhebungsvertrages (wenn auf Initiative des Mieters veranlasst)[242] oder die Anfechtung des Dienstverhältnisses durch den Mieter.[243] 136

Ein gesetzlich begründeter Anlass wird bereits dann angenommen, wenn die Kündigung infolge des vorwerfbaren Verhaltens des Mieters arbeitsrechtlich nicht als sozial ungerechtfertigt iSd § 1 Abs. 2 KSchG anzusehen ist.[244] Hat der Mieter durch sein Verhalten Anlass zur Auflösung des Arbeitsverhältnisses gegeben, ist es unerheblich, ob der Dienstberechtigte kündigt oder ob es zu einem Aufhebungsvertrag kommt.[245] Anders soll es sein, wenn das Probearbeitsverhältnis wegen fehlender Eignung gekün- 137

[236] BAG NZA 1993, 272; so auch Staudinger/Rolfs BGB § 576 Rn. 24 und Schmitz-Justen WuM 2000, 272.
[237] OLG Frankfurt a. M. WuM 1992, 525.
[238] LG Ulm, WuM 1979, 244.
[239] Schmidt-Futterer/Lindner BGB Vor § 576 Rn. 15.
[240] Schmidt-Futterer/Lindner BGB Vor § 576 Rn. 15.
[241] Schmidt-Futterer/Herrlein BGB § 576a Rn. 4, 5, 6, 7, 8.
[242] Bub/Treier MietR-HdB/Fleindl Kap. IV Rn. 274; Schmidt-Futterer/Herrlein BGB § 576a Rn. 6.
[243] Staudinger/Rolfs BGB § 576 Rn. 22; Schmidt-Futterer/Herrlein BGB § 576a Rn. 6.
[244] Bub/Treier MietR-HdB/Fleindl Kap. IV Rn. 274; Schmidt-Futterer/Herrlein BGB § 576a Rn. 7; Grüneberg/Weidenkaff BGB § 576a Rn. 5.
[245] Schmidt-Futterer/Herrlein BGB § 576a Rn. 7.

digt wird oder, wenn das Dienstverhältnis wegen dringender betrieblicher Erfordernisse (betriebsbedingte Kündigung) aufgekündigt wird; dann soll kein Fall vorliegen, der zum Ausschluss des Widerspruchsrechts gemäß § 576a BGB führt.[246]

138 **e) Mieterhöhung bei Werkmietverhältnis.** Da das Vertragsverhältnis über eine Werkmietwohnung ein **echtes Mietverhältnis** darstellt, richtet sich das Recht der Mieterhöhung nach den allgemeinen Grundsätzen. Handelt es sich um ein Mietverhältnis über eine öffentlich geförderte Wohnung, so finden die jeweils einschlägigen bundes- oder landesrechtlichen Regelungen bzw. eventuelle Beschränkungen aus den städtebaulichen Verträgen („Sozialer Bindungsvertrag") Anwendung, liegt eine frei finanzierte Wohnung zugrunde, richtet sich die Mieterhöhung nach den Vorschriften der §§ 557ff. BGB.

139 Allerdings können sich Beschränkungen bei der Mieterhöhung ergeben durch:

- **Allgemeine Festlegungen oder Regelungen über die Änderung der Miete durch den Betriebsrat gemäß § 87 Abs. 1 Nr. 9 BetrVG bzw. den Personalrat nach § 79 Abs. 1 Ziff. 2 BPersVG.** Jedoch ist darauf hinzuweisen, dass die Mieterhöhung im Einzelfall nicht der Zustimmung des Betriebsrats unterliegt (nur die *allgemeine* Festlegung der Nutzungsbedingungen, § 87 Abs. 1 Nr. 9 BetrVG).[247]
- **Vertragliche Beschränkungen der Mieterhöhung auf Grund von Vereinbarungen zwischen Vermieter/Dienstberechtigtem und Mieter/Dienstverpflichtetem oder Vereinbarungen zwischen Dienstberechtigtem und Vermieter, wenn diese auseinanderfallen.** In diesem Fall liegt ein Vertrag zugunsten Dritter (zugunsten des Mieters/Dienstverpflichteten) vor.

Praxistipp:

Liegt die Miete, die der Arbeitnehmer für seine Werkmietwohnung zahlt, unter der ortsüblichen Vergleichsmiete – bspw. aufgrund einer Betriebsvereinbarung – sollte der Arbeitgeber prüfen, inwiefern er bei der Entgeltabrechnung einen geldwerten Vorteil für den Sachbezug Mietwohnung zu berücksichtigen hat. Überlässt ein Arbeitgeber seinen Arbeitnehmern Wohnungen und werden Nebenkosten (zT) nicht erhoben, liegt eine verbilligte Überlassung und damit ein Sachbezug vor, soweit die tatsächlich erhobene Miete zusammen mit den tatsächlich abgerechneten Nebenkosten die ortsübliche Miete (Kaltmiete plus umlagefähige Nebenkosten) unterschreitet.[248] Der Arbeitgeber haftet dem Arbeitnehmer gem. § 280 BGB auf Schadensersatz, wenn er bei der Einbehaltung und Abführung der Lohnsteuer und der Sozialversicherungsbeiträge schuldhaft Nebenpflichten verletzt und dadurch Schäden des Arbeitnehmers verursacht. Dabei hat der Arbeitgeber für die verkehrsübliche Sorgfalt einzustehen (§ 276 BGB). Dies zieht bei unklarer Rechtslage regelmäßig die Notwendigkeit nach sich, eine Anrufungsauskunft beim Betriebsstättenfinanzamt einzuholen (§ 42e EStG).

140 Ist der Wohnraum vom Arbeitgeber im Hinblick auf den Bestand des Arbeitsverhältnisses verbilligt überlassen worden, ist dieser Umstand auch bei einem Mieterhöhungsverlangen zu berücksichtigen, indem der Mietvorteil nominal von der ortüblichen Vergleichsmiete abzusetzen ist, ansonsten ist er zu schätzen. Kein Abschlag ist vorzunehmen, wenn das Arbeitsverhältnis zum Zeitpunkt des Mieterhöhungsverlangens nicht mehr besteht oder das Hausgrundstück auf einen Dritten übergegangen ist.

141 **f) Übergang des Werkmietverhältnisses und des Arbeitsverhältnisses auf einen Erwerber.** Mit dem Übergang des Eigentums an einer (Hausmeister Werksmiet-)Wohnung geht das Mietverhältnis auf den Erwerber über, § 566 BGB. Mit dem Übergang von Besitz, Nutzen und Lasten am Grundstück tritt der Erwerber gemäß § 613a BGB auch in die Rechte und Pflichten bezüglich eines Hausmeister-Arbeitsverhältnisses ein. Ein

[246] Schmidt-Futterer/Herrlein BGB § 576a Rn. 7.
[247] BVerwG WuM 1995, 596; Schmidt-Futterer/Lindner BGB Vor § 576 Rn. 16.
[248] BFH NZM 2012, 244.

Miethaus/eine Wohnanlage mit mehreren Mietwohnungen, in dem ein Hausmeister tätig ist, kann als Betrieb iSd § 613a Abs. 1 BGB angesehen werden.[249] Die Übernahme der sächlichen und immateriellen Betriebsmittel kennzeichnet einen Betriebsübergang iSv § 613a BGB dann, wenn auch der neue Inhaber mit ihnen und mit Hilfe der Arbeitnehmer bestimmte arbeitstechnische Zwecke verfolgen kann.[250]

g) Übergang des Untermiet-Werkmietverhältnisses auf den Hauptvermieter bei gewerblicher Weitervermietung, § 565 BGB. § 565 Abs. 1 S. 1 BGB ist auch in den Fällen (unmittelbar) anwendbar, in denen der Hauptmieter mit der Weitervermietung der betreffenden Wohnung keinen Gewinn zu erzielen beabsichtigt, sondern sie als Arbeitgeber Arbeitnehmern als Werkswohnung zur Verfügung stellt.[251] Auch ein Arbeitgeber, der Wohnungen an seine Arbeitnehmer weitervermietet, verfolgt hiermit (zumindest auch) eigene wirtschaftliche Interessen, selbst wenn er keinen Aufschlag auf die Miete nimmt. Die für § 565 BGB notwendige berufsmäßige, auf Dauer gerichteten Tätigkeit in Gewinnerzielungsabsicht ist in dem Bestreben zu sehen, für das Unternehmen Arbeitnehmer an sich zu binden und sich Wettbewerbsvorteile gegenüber anderen Unternehmen zu verschaffen, die ihren Arbeitnehmern keine entsprechenden Werkswohnungen anbieten können.[252] 142

2. Werkdienstverhältnis (§ 576b BGB)

Während die Überlassung einer Werkmietwohnung an einen zur Dienstleistung Verpflichteten auf Grund eines eigenständigen Mietvertrages erfolgt, erfolgt die Überlassung einer Werkdienstwohnung im Rahmen des **Dienstverhältnisses,** die Überlassung der Wohnung stellt einen Teil der dem Dienstberechtigten gegenüber dem Dienstverpflichteten obliegenden Gegenleistung dar; ein besonderer Mietvertrag wird nicht abgeschlossen. 143

Kennzeichnend für Werkdienstwohnungen sind diese Elemente: 144

- dass der Arbeitsvertrag alleinige Rechtsgrundlage für die Nutzung des Wohnraums ist; Vorschriften des Mietrechts können allenfalls ergänzend herangezogen werden;
- dass die Überlassung und Nutzung des Wohnraums für die sachgerechte Erfüllung der Arbeitspflichten in der Regel unerlässlich und der Arbeitnehmer daher zur Nutzung der Wohnung verpflichtet ist; diese Pflicht kann nicht selbstständig gekündigt werden;
- dass in den meisten Fällen die Nutzung des Wohnraums Teil des Arbeitsentgelts ist.[253]

a) **Dienstverhältnis.** Zur Annahme eines Werkdienstverhältnisses ist erforderlich, dass zwischen Dienstberechtigtem und Dienstverpflichtetem ein privatrechtliches Dienstverhältnis über unselbstständige weisungsgebundene Arbeitsleistungen besteht. 145

Beispiele:
Hausmeister eines Unternehmens, einer Wohnanlage, eines Krankenhauses; landwirtschaftlicher Arbeiter, Angestellter eines Unternehmens, Ausbildungsverträge mit Lehrlingen, Praktikanten und Volontären, vorübergehende Unterbringung von Werkstudenten, Heimleiter, Internatsleiter, Wachpersonal, Pfarrer.

Es scheiden daher einmal Dienstwohnungen von Beamten oder von Personen aus, die auf Grund öffentlich-rechtlicher Vorschriften überlassen worden sind,[254] zum anderen können auch Dienstwohnungen von Organen juristischer Personen ausscheiden. Das Vertragsverhältnis ist zwar ein freier Dienstvertrag nach den Bestimmungen in §§ 611 ff. BGB, da die Organe idR aber nicht weisungsgebunden sind, sollen sie aus dem Anwendungsbereich des § 576b BGB herausfallen.[255] 146

[249] LG Berlin BeckRS 2011, 00827.
[250] BAG ZIP 1988, 48.
[251] BGH NJW-RR 2018, 459.
[252] Bub/Bernhard FD-MietR 2018, 401931.
[253] MüKoBGB/Artz § 576b Rn. 3.
[254] RGZ 105, 46 (48); AG Grevenbroich WuM 1990, 283 für Beamte, Richter und Soldaten.
[255] Schmidt-Futterer/Herrlein BGB § 576b Rn. 6.

147 **b) Rechtsgrund der Überlassung.** Die Raumüberlassung erfolgt bei der Werkdienstwohnung auf Grund des Dienstvertrages; sie stellt einen Teil der Vergütung für die geleisteten Dienste dar.[256] Der Dienst-/Arbeitsvertrag ist die alleinige Rechtsgrundlage für die Nutzung des Wohnraums.[257] Dies gilt selbst dann, wenn der Dienstvertrag die Wohnraumüberlassung nicht ausdrücklich als Gegenleistung für die zu leistenden Dienste bezeichnet, hierüber schweigt, wenn jedenfalls der Dienstverpflichtete nicht zur Zahlung eines Entgelts für die Wohnraumüberlassung verpflichtet wird. Es gilt dann das von den Parteien Gewollte.[258] Daraus folgt, dass das Recht und die Pflicht die Wohnung zu nutzen nicht durch Teilkündigung beendet werden kann, da es sich um einen unselbstständigen Bestandteil des Dienstvertrags handelt.

148 Die Rechte und Pflichten aus dem Dienstwohnungsverhältnis richten sich grundsätzlich nach den arbeitsrechtlichen Vereinbarungen und nicht nach den Vorschriften des Mietrechts. Haben die Parteien über die Wohnraumnutzung keine oder keine vollständigen Vereinbarungen getroffen, muss der Dienstvertrag im Wege der ergänzenden Vertragsauslegung ausgefüllt werden,[259] wobei Mietrechtsvorschriften herangezogen werden können.[260] Die Mieterhöhungsvorschriften der §§ 558 ff. BGB sind allerdings nie anwendbar. Für Streitigkeiten aus der Überlassung einer Werkdienstwohnung sind die Arbeitsgerichte zuständig, § 2 Abs. 1 Nr. 3 lit. a ArbGG.[261]

149 **c) Beendigung des „Rechtsverhältnisses" über den Wohnraum § 576b BGB.** § 576b BGB regelt, dass auf die Beendigung des Rechtsverhältnisses hinsichtlich der Wohnung **teilweise Mietrecht** entsprechende Anwendung findet, und zwar dann, wenn der zur Dienstleistung Verpflichtete den Wohnraum

- **überwiegend mit Einrichtungsgegenständen** ausgestattet hat
- **oder in dem Wohnraum mit seiner Familie oder mit Personen lebt, mit denen er einen auf Dauer angelegten gemeinsamen Haushalt führt.**

„Überwiegend" ist im Sinne von „mehr als die Hälfte" der notwendigen Gegenstände zu verstehen.

150 Entscheidend sind die Verhältnisse beim Ende des Vertragsverhältnisses. Maßgeblich ist nicht, ob der Verpflichtete zur Ausstattung der Räume verpflichtet gewesen ist, sondern ob er sie tatsächlich ausgestattet hat.

151 Liegt eine dieser Voraussetzungen vor, gilt **Mietrecht** im Hinblick auf die Beendigung des Rechtsverhältnisses hinsichtlich der überlassenen Wohnräume.[262]

152 Bei einem auf **unbestimmte Zeit abgeschlossenen Dienstverhältnis bedeutet dies,** dass sowohl der Dienstberechtigte als auch der Dienstverpflichtete das Rechtsverhältnis hinsichtlich der überlassenen Räume schriftlich unter Einhaltung der Kündigungsfristen des § 573c BGB kündigen können; die Kündigung des Dienstberechtigten setzt das Vorliegen von Kündigungsgründen gemäß § 573 BGB voraus, die gemäß § 573 Abs. 3 BGB im Kündigungsschreiben angegeben werden müssen.

153 Kündigt der Dienstberechtigte das Rechtsverhältnis hinsichtlich der Wohnung noch während des Bestehens des Dienstverhältnisses, etwa zum Ende des Dienstverhältnisses, gelten die allgemeinen Kündigungsfristen des § 573c BGB; ist demgegenüber im Zeitpunkt des Ausspruchs der Kündigung der Wohnung durch den Dienstberechtigten das Dienstverhältnis beendet und erfolgt die Kündigung wegen Betriebsbedarfs, gelten die verkürzten Kündigungsfristen des § 576 BGB.[263] Der Kündigung des Rechtsverhält-

[256] BAG WuM 1990, 391; 1993, 353; Bub/Treier MietR-HdB/Fleindl Kap. IV Rn. 264; Schmidt-Futterer/Herrlein BGB § 576b Rn. 8; LG Köln BeckRS 2018, 16353.
[257] BAG NZA 2000, 277.
[258] Schmidt-Futterer/Herrlein BGB § 576b Rn. 8.
[259] Schmidt-Futterer/Herrlein BGB § 576b Rn. 10.
[260] Schmidt-Futterer/Herrlein BGB § 576b Rn. 10.
[261] BAG NZA 2000, 277; Meyer-Abich NZM 2016, 329.
[262] Schmidt-Futterer/Herrlein BGB § 576b Rn. 13, 16.
[263] Staudinger/Rolfs BGB § 576b Rn. 22; Schmidt-Futterer/Herrlein BGB § 576b Rn. 19.

nisses an der Wohnung kann der Dienstverpflichtete gemäß § 576a BGB widersprechen, das Widerspruchsrecht kann jedoch gemäß § 576a Abs. 2 BGB ausgeschlossen sein.

Besteht zwischen Dienstberechtigtem und Dienstverpflichteten ein Dienstverhältnis 154 auf bestimmte Zeit, endet mit dem Dienstverhältnis auch das Recht zur Wohnraumnutzung.[264] Da Mietrecht keine Anwendung finden soll, kann auch die Fortsetzung bei fehlendem Widerspruch gem. § 545 BGB nicht eintreten.

Die Kündigung des Rechtsverhältnisses an einer Dienstwohnung unterliegt nach 155 hM[265] nicht dem Mitbestimmungsrecht des Betriebsrats.

In einem Dienstvertrag kann vereinbart werden, dass das Recht zur Nutzung der 156 Dienstwohnung widerruflich ist. Ein solcher Widerrufsvorbehalt ist wirksam, wenn die Möglichkeit des Widerrufs auf den Fall der Fortdauer des Dienstvertrages beschränkt wird; anderenfalls verstößt der Widerrufsvorbehalt gegen § 576b Abs. 2 BGB.

Lebt der Dienstberechtigte allein in einer ihm überlassenen möblierten Wohnung 157 findet Mietrecht keine Anwendung, das Rechtsverhältnis an der Wohnung richtet sich nach Dienstvertragsrecht. Mit Ende des Dienstverhältnisses ist der Dienstberechtigte zur Räumung verpflichtet,[266] er kann gemäß § 985 BGB auf Räumung und Herausgabe in Anspruch genommen werden.[267]

Lebt der Dienstberechtigte mit Familie in der Dienstwohnung, bzw. hat er die 158 Wohnung mit Möbeln ausgestaltet, bedarf es bei Ende des Dienstverhältnisses zur Beendigung des Rechtsverhältnisses hinsichtlich der Wohnung einer Kündigung nach den mietrechtlichen Vorschriften der §§ 573 ff., 574 ff. oder 576 ff.,[268] es sei denn, es handelte sich um ein Mietverhältnis nach § 549 Abs. 2 S. 1 BGB[269] oder die Voraussetzungen des § 573a BGB lägen vor.[270]

Die meisten Arbeitsverhältnisse sind auf bestimmte Zeit abgeschlossen – nämlich bis 159 zum Renteneintritt. Hier endet auch das Nutzungsverhältnis (§ 575 BGB analog), wenn dessen Voraussetzungen, etwa des Abs. 1 S. 1 Nr. 3, vorliegen und dies dem Dienstberechtigten bei Vertragsschluss schriftlich mitgeteilt worden ist. In der Regel enthalten die Verträge die Klausel, dass das Nutzungsrecht ebenfalls spätestens mit Renteneintritt endet, weil das Haus/die Wohnung dann für den Nachfolger gebraucht wird. Ist das nicht geschehen, gilt das Nutzungsverhältnis in entsprechender Anwendung des § 575 Abs. 1 S. 2 BGB als auf unbestimmte Zeit fortbestehend. Auch § 575 Abs. 2–4 BGB lässt sich auf Werkdienstwohnungen entsprechend anwenden.[271]

d) Rechtsbeziehungen über Wohnraum nach Beendigung des Dienstverhältnisses. Ist 160 das Dienstverhältnis beendet, das Rechtsverhältnis über die Dienstwohnung wirksam gekündigt, ohne dass der Dienstverpflichtete räumt, so schuldet er für die Dauer der Vorenthaltung der Wohnung Nutzungsentschädigung in Höhe des für die Überlassung der Dienstwohnung geschuldeten Entgelts,[272] deren Höhe sich, wenn der Anteil nicht feststellbar ist, aus entsprechender Anwendung des § 546a BGB ergibt.[273] Der über die Wohnung Verfügungsberechtigte kann jedoch vom zur Räumung Verpflichteten früheren Dienstverpflichteten ein Entgelt in Höhe der ortsüblichen Miete für Wohnraum

264 Emmerich/Sonnenschein/Haug BGB § 576b Rn. 32; Staudinger/Rolfs BGB § 576b Rn. 14; Fischer-Dieskau/Franke BGB § 565e Rn. 4; Soergel/Heintzmann BGB § 565e Rn. 7; aA RGRK-GEG/Gelhaar § 565e Rn. 3, der Kündigung für erforderlich hält; einschränkend MüKoBGB/Artz, der eine Beendigung in entsprechender Anwendung von § 575 Abs. 1 S. 1 Nr. 3 BGB nur bei Vorliegen der Voraussetzungen dieser Vorschrift annimmt.

265 BAG WuM 1993, 353.

266 Fischer-Dieskau/Franke BGB § 565e Anm. 5; Staudinger/Rolfs BGB § 576b Rn. 12; Soergel/Heintzmann BGB § 565e Rn. 3; Wetekamp BGB § 565e Rn. 1.

267 Erman/Lützenkirchen/Selk BGB § 576b Rn. 5; Buch NZM 2000, 167.

268 Erman/Lützenkirchen/Selk BGB § 576b Rn. 6; Schmidt-Futterer/Herrlein BGB § 576b Rn. 13 ff.

269 MüKoBGB/Artz § 576b Rn. 5; Schmidt-Futterer/Herrlein BGB § 576b Rn. 15, 16, 17.

270 MüKoBGB/Artz § 576b Rn. 6.

271 MüKoBGB/Artz § 576b Rn. 6.

272 LG Hamburg WuM 1991, 550; Schmidt-Futterer/Herrlein BGB § 576b Rn. 17.

273 Bub/Treier MietR-HdB/Fleindl Kap. IV Rn. 277; Erman/Lützenkirchen/Selk BGB § 576b Rn. 4.

vergleichbaren Art bis zur Räumung verlangen, da die Geschäftsgrundlage für die Raumüberlassung zu einem Vorzugspreis mit Ende des Rechtsverhältnisses hinsichtlich des Wohnraums weggefallen ist.[274]

161 Ist demgegenüber nach Ende des Dienstverhältnisses das Rechtsverhältnis über den Wohnraum nicht beendet, etwa weil der Dienstberechtigte nicht oder nicht wirksam gekündigt hat oder weil ihm ein Kündigungsgrund nicht zusteht, werden hinsichtlich des Rechtscharakters des Rechtsverhältnisses über den Wohnraum die unterschiedlichsten Auffassungen vertreten:

162 Die überwiegende Meinung[275] geht von einem gesetzlichen Schuldverhältnis aus, wobei sich nach Rolfs[276] die Höhe des Nutzungsentgelts nach der Höhe der früheren (Teil-)Vergütung für die Überlassung der Räume richtet, wobei sich die übrigen Rechte und Pflichten aus § 546a BGB (Vorenthaltung der Mietsache) ergäben. Bis zu dieser Grenze könne der Dienstberechtigte das Entgelt nach den §§ 315, 316 BGB bestimmen. Sternel, Herrlein sowie Caspers[277] gehen demgegenüber von einem gesetzlichen Schuldverhältnis aus, dessen Inhalt sich aus § 242 BGB ergebe. Da der Dienstverpflichtete die Räume weiterhin nutze, müsse er ein Entgelt zahlen, dessen Höhe sich nach der für vergleichbaren Wohnraum richte. Der frühere Dienstberechtigte könne bei Ende des Dienstverhältnisses die Höhe nach §§ 315, 316 BGB bestimmen. Für spätere Mieterhöhungen gelten die gesetzlichen Bestimmungen über Mieterhöhungen §§ 558 ff. BGB analog.[278]

163 Allein die letzterwähnte Auffassung wird den unterschiedlichen Interessen der Beteiligten gerecht. Besteht das Dienstverhältnis noch, ist dieses Rechtsgrund für die Überlassung der Wohnung, wobei Sonderkonditionen für die Überlassung der Wohnung gelten. Ist das Dienstverhältnis beendet, besteht kein Grund mehr für eine Bevorzugung des früheren Dienstverpflichteten in Bezug auf die Höhe der Nutzungsentschädigung/Miete oder andere Konditionen gegenüber freien Mietern.[279] Der zur Dienstleistung Verpflichtete muss die Voraussetzungen der ihm günstigen Ausnahmetatbestände des § 576b BGB dartun und beweisen.[280]

164 e) **Gerichtsstand.** *aa) Werkmietwohnung.* Für Streitigkeiten aus einem Werkmietverhältnis ist das Amtsgericht gemäß § 23 GVG, § 29a ZPO ausschließlich zuständig.[281] Die gilt auch in den Fällen, in denen die Kündigung des Mietverhältnisses gemäß § 87 Abs. 1 Nr. 9 BetrVG zustimmungsbedürftig ist.[282]

165 *bb) Werkdienstwohnung.* Während des Bestehens des Dienstverhältnisses ist für Streitigkeiten über die Dienstwohnung das Arbeitsgericht zuständig,[283] nach Beendigung des Dienstverhältnisses, da nunmehr Mietrecht Anwendung findet, das Amtsgericht.[284]

---

[274] Schmidt-Futterer/Herrlein BGB § 576b Rn. 21; aA LG Hamburg WuM 1991, 550; Staudinger/Rolfs BGB § 576b Rn. 17.

[275] Staudinger/Rolfs BGB § 576b Rn. 17; MüKoBGB/Artz § 576b Rn. 8; BeckOK BGB/Caspers § 576b Rn. 13; Herrlein/Kandelhardt/Knops BGB § 576 Rn. 5; Schmidt/Futterer/Herrlein BGB § 576b Rn. 21; aA Sternel MietR aktuell Kap. IV Rn. 269: kraft gesetzlicher Novation Mietverhältnis.

[276] In Staudinger/Rolfs BGB § 576b Rn. 17.

[277] Schmidt-Futterer/Herrlein BGB § 576b Rn. 23; BeckOK BGB/Caspers § 576b Rn. 14.

[278] Schmidt-Futterer/Herrlein BGB § 576b Rn. 23.

[279] So im Ergebnis auch Sternel MietR aktuell Kap. IV Rn. 269.

[280] Erman/Lützenkirchen/Selk BGB § 576b Rn. 8.

[281] LG Berlin BeckRS 2012, 24300.

[282] BAG WuM 1990, 391; BGH 12.9.2023 – X ARZ 576/22, BeckRS 2023, 25964; LAG Hamm BeckRS 2012, 70642.

[283] BAG NZA 2000, 277.

[284] LG Detmold WuM 1969, 28; LG Augsburg ZMR 1994, 333; AG Garmisch ZMR 1972, 117; Schmidt-Futterer/Lindner BGB Vor § 576 Rn. 12; offen gelassen von BAG NZA 2000, 277.

III. Die Genossenschaftswohnung

Schrifttum:
Beuthien, Genossenschaftsgesetz, 16. Aufl. 201Börstinghaus, Die aktuelle Rechtsprechung des BGH zum Mietrecht – Berichtszeitraum Juli 2004 bis Juli 2005, NZM 2005, 761; Drasdo, Genossenschaftliches Wohnen: Zwischen Miete und Gesellschaftsrecht, NJW-Spezial 2013, 97; Drasdo,Wohnraumüberlassung an der Schnittstelle von Miete und Gesellschaftsrecht, NZM 2012, 585;bitte Angaben überprüfen, nicht auffindbar 2377; Jäger/Greve, Wohnungsbaugenossenschaften vor neuen Herausforderungen – Eine Strukturanalyse, ZfgG 1996, 5; Jäger/Koppmann, Marketing- und Finanzierungskonzepte für Wohnungsgenossenschaften, 1994; Lang/Weidmüller, GenG, 40. Aufl. 2021; Lützenkirchen, Das Kündigungsrecht der Wohnungsgenossenschaft nach § 564b I BGB, WuM 1994, 5; Müller, Kommentar zum Genossenschaftsgesetz: GenG, 2. Aufl. 1991; Pöhlmann/Fandrich/Bloehs, Genossenschaftsgesetz, 4. Aufl. 2012; Riebandt-Korfmacher, Wohnungsbaugenossenschaften – Abspaltung zur Neugründung, ZfgG 48, 113; Rippert, Die Rechtstellung des Mitglieds in der Wohnungsbaugenossenschaft, Diss. Mainz 1993; Roth, Beendigung des genossenschaftlichen Nutzungsverhältnisses wegen Aufgabe der Mitgliedschaft – ein Tabubruch?, NZM 2000, 743; Roth, Genossenschaftsausschluss als berechtigtes Kündigungsinteresse, NZM 2004, 129; Roth, „Kappung" genossenschaftlicher Anteilszeichnungspflicht unter Berufung auf mietrechtlichen Kautionsrahmen?, NZM 2008, 356.

1. Vorbemerkungen

Eine Wohnungsgenossenschaft ist ein Wohnungsunternehmen in der Rechtsform der 166
eingetragenen Genossenschaft. Sie fördert als rechtlich **selbständige Selbsthilfevereinigung** ihre Mitglieder unter der Firmenbezeichnung „Bauverein", „Baugenossenschaft", „Wohnungsgenossenschaft" oder „Wohnungsbaugenossenschaft" durch Überlassung von preisgünstigem Wohnraum. In Literatur und Rechtsprechung hat sich die Bezeichnung **Wohnungsgenossenschaft** durchgesetzt.[285] In Deutschland gibt es heute fast 2.000 Wohnungsgenossenschaften, die über zwei Millionen Wohnungen bewirtschaften und dafür allein im Jahr 2016 5,1 Milliarden Euro investierten.[286] Über 10 % des gesamten Mietwohnungsbestandes in Deutschland wird von Genossenschaftsmitgliedern genutzt.[287] Damit ist genossenschaftliches Wohnen für die Wohnraumversorgung in Deutschland die **dritte tragende Säule** neben dem Wohnen in Miet- und in Eigentumswohnungen.[288]

Wer eine Genossenschaftswohnung beziehen will, muss in der Regel zunächst Genosse 167
werden durch Erwerb wenigstens eines Genossenschaftsanteils.[289] Bei SGB II-Empfängern ist der Grundsicherungsleistungsträger verpflichtet, die Kosten dafür als Wohnungsbeschaffungskosten darlehnsweise zur Verfügung zu stellen.[290] Der Bewohner einer Genossenschaftswohnung ist nicht nur „Mieter", sondern zugleich Mitglied der vermietenden Genossenschaft. Durch diese **Doppelstellung** wird das Wohnen in Genossenschaftswohnungen strukturell geprägt. Deswegen wird das Rechtsverhältnis des „Mieters" zur Genossenschaft traditionell nicht „Mietverhältnis", sondern **„Nutzungsverhältnis"** genannt. Der Bewohner ist sowohl Nutzer der Wohnung als auch ihr – durch die Mitgliedschaft vermittelter – (Mit-)Eigentümer.

Genossenschaftswohnungen sind begehrt. Denn wohnen in Genossenschaften bietet 168
den Bewohnern ein größeres Maß an **Wohnsicherheit** als gewöhnliche Mietwohnungen.[291] Damit werben viele Genossenschaften zu Recht. Die besondere Wohnsicherheit, angesiedelt zwischen Miete und Eigentum, kennzeichnet das Wohnen in Genossenschaftswohnungen.

[285] Lang/Weidmüller/Holthaus/Lehnhoff GenG § 1 Rn. 59.
[286] Jahresstatistik 2016 des GdW Bundesverbandes Deutscher Wohnungs- und Immobilienunternehmen eV, https://web.gdw.de/researchcenter?view=article&id=288, zuletzt abgerufen am 15.7.2026.
[287] Lang/Weidmüller/Holthaus/Lehnhoff GenG § 1 Rn. 70.
[288] Zu Einzelheiten vgl.: Bericht der Expertenkommission Wohnungsgenossenschaften „Wohnungsgenossenschaften Potentiale und Perspektiven" (2004) des Bundesministeriums für Verkehr, Bau- und Wohnungswesen.
[289] Vgl. BGH NZI 2009, 374 (375).
[290] SG Reutlingen NJW-RR 2007, 445.
[291] Vgl. Jäger/Koppmann/Jäger § 33; Roth NZM 2000, 743.

169 Trotzdem nehmen die nutzenden Mitglieder der Genossenschaften ihre Genossenschaftswohnungen häufig als Mietwohnungen wahr. So sehen viele in dem bei Abschluss des Vertrages zu zahlenden Mitgliedsbeitrag für die Genossenschaft lediglich eine kautionsähnliche Sonderzahlung.[292]

170 Aus der Doppelbeziehung „Nutzung/Mitgliedschaft" ergeben sich **(miet-)rechtliche Besonderheiten.** Es stellen sich insbesondere die Fragen, in welchem Umfang die wechselseitigen Pflichten zwischen der Genossenschaft und dem Mitglied aus dem Mitgliedschaftsverhältnis auf das Nutzungsverhältnis einwirken sowie ob und in welchem Umfang die genossenschaftsrechtlichen Schutzmechanismen den mietrechtlichen Individualschutz verdrängen oder überlagern können. Besonderheiten zeigen sich in der Höhe des Entgeltes, bei der Kündigung und im Erbgang.

2. Grundlagen

171 a) **rechtliche Rahmenbedingungen.** Die rechtlichen Rahmenbedingen werden geschaffen durch

- Das Genossenschaftsgesetz
- Die Satzung der jeweiligen Genossenschaft mit dem zwingenden Inhalt der §§ 6 und 7 GenG
- Der Dauernutzungsvertrag.

172 b) **Mustersatzung.** Der GdW Bundesverband Deutscher Wohnungs- und Immobilienunternehmen eV gibt als Fach- und Interessenverband der Wohnungswirtschaft in Deutschland Mustersatzungen für Wohnungsgenossenschaften heraus, die er regelmäßig überarbeitet. Die aktuelle Mustersatzung liegt in der Ausgabe 2022 vor. Die Genossenschaften nutzen üblicherweise die vom GdW herausgegebenen Mustersatzungen als Grundlage für ihre eigene Satzung.[293] Da allerdings neue Mustersatzungen nur sehr langsam in der Praxis eingeführt oder umgesetzt werden, arbeiten die meisten Genossenschaften mit älteren Mustersatzungen.[294] Das sollte bei der konkreten Fallprüfung berücksichtigt werden.

173 c) **Musternutzungsverträge.** Neben den Mustersatzungen für Wohnungsgenossenschaften hat der GdW Bundesverband Deutscher Wohnungs- und Immobilienunternehmen eV auch Muster für Nutzungsverträge entwickelt.[295] Die bisher gesonderten Allgemeinen Vertragsbestimmungen (AVB) zu den Nutzungsverträgen wurden bereits ab der Ausgabe April 2008 in die Musternutzungsverträge integriert. Auf Grund der starken verbandlichen Einbindung der Wohnungsgenossenschaften werden diese Musternutzungsverträge in der Praxis ebenfalls sehr oft eingesetzt.

174 Die Nutzungsverträge unterliegen der Prüfung durch die **AGB-Vorschriften** der §§ 305 ff. BGB. Der AGB-Kontrolle entzogen sind die Rechtsbeziehungen der Genossenschaft mit ihren Mitgliedern nur dann, wenn sich sämtliche Rechte der nutzenden Mitglieder unmittelbar aus der Satzung ergeben.[296] Der Bundesgerichtshof wendet auf die Dauernutzungsverträge uneingeschränkt die mietrechtlichen Bestimmungen und die Schutzvorschriften der §§ 535 ff. BGB an[297] Ebenso finden die Räumungsvorschriften der ZPO Anwendung.

---

[292] Vgl. Jäger/Koppmann/Jäger § 36.
[293] Lang/Weidmüller/Holthaus/Lehnhoff GenG § 1 Rn. 60.
[294] Zur Rechtslage vor dem Wegfall des Wohnungsgemeinnützigkeitsgesetzes (WGG) 1990 vgl. die früheren § 7 WGG, § 12 WGGDV; siehe auch: Lang/Weidmüller/Holthaus/Lehnhoff GenG § 1 Rn. 62.
[295] GdW (Hrsg.), Nutzungsvertrag, Stand: 2017, Haufe-Lexware GmbH & Co. KG, Freiburg; GdW (Hrsg.), Dauernutzungsvertrag, Stand: 2017.
[296] BGHZ 103, 219.
[297] BGH NZM 2004, 25.

d) **Ordnungspolitik.** Im Rechtsstreit ist es zur Erläuterung und Argumentation oft sinnvoll und hilfreich, auf die ordnungspolitischen Zusammenhänge genossenschaftlicher Wertungen hinzuweisen: 175

Das Rechtsverhältnis zwischen den Nutzern und der Genossenschaft ist geprägt von mietrechtlichen und genossenschaftsrechtlichen Wertungen. Während im **Mietrecht** der vom Sozialgedanken geprägte Individualschutz des Mieters im Vordergrund steht, sichert das **Genossenschaftsrecht** zugleich die Funktionsfähigkeit der Mitgliedergruppe. Der Gesetzgeber hat sicheres Wohnen nicht nur durch mietrechtlichen Individualschutz, sondern hier auch durch vereinsrechtlichen Gruppenschutz hergestellt. Die besondere Schwierigkeit genossenschafts-mietrechtlicher Fragen besteht darin, dass die **Wertungen** des Genossenschaftsrechts und des Mietrechts zuweilen **gegenläufig** sind. 176

Wohnungsgenossenschaften haben bereits vor Einführung des mietrechtlichen Sozial- und Wohnungsschutzes ihren Mitgliedern sicheres Wohnen ermöglicht.[298] Sie sind entstanden in der zweiten Hälfte des 19. Jahrhunderts aus der sozialen Not vor allem der Arbeiterschicht.[299] Sie dienten den Mitgliedern zur Selbsthilfe, gerade in Zeiten, in denen soziale Sicherungssysteme noch weitgehend unbekannt waren. Fehlender Individualschutz wurde durch den Verbund der Nutzer ersetzt. Oft ergänzten Wohnungsgenossenschaften ihre Wohnungsbautätigkeit zugunsten der Mitglieder durch Spareinrichtungen.[300] Im Genossenschaftsgesetz hat das genossenschaftliche Modell mit den Grundsätzen der **Selbsthilfe, Selbstverwaltung** und **Selbstverantwortung** rechtlich Gestalt angenommen.[301] Aus der personalistischen Verbundenheit der Genossenschaftsmitglieder ergibt sich, dass die Bewohner strukturell **besser abgesichert** sind, als „einfache“ Mieter. Genossenschaftliches Wohnen ist daher typischerweise besonders sicheres Wohnen.[302] 177

Das Schutzbedürfnis des Mieters hängt nicht allein von der rechtlichen Gestaltung des Nutzungs- oder Mitgliedsverhältnisses ab. Berücksichtigt werden müssen zugleich die tatsächlichen **Mitwirkungsmöglichkeiten** des Mitglieds in „seiner“ Genossenschaft. Je weniger das Mitglied selbst über seine Wohnbedingungen mitentscheiden kann, desto mehr bedarf es des mietrechtlichen Individualschutzes und umgekehrt Die Mitwirkungsmöglichkeiten der Mitglieder sind ihrerseits durch das (Binnen-)Recht der Genossenschaft vorgegeben. Daraus ergibt sich: je mehr die Genossenschaft ihre Mitglieder/Nutzer über Mitgliederversammlungen, Ausschüsse, regelmäßige Beiräte oder ad-hoc-Gremien in die wohnungswirtschaftlichen Entscheidungen einbezieht und je mehr der einzelne Nutzer die konkrete Möglichkeit hat, auf geschäftspolitische Entscheidungen Einfluss zu nehmen, desto weniger bedarf es des spezifisch mietrechtlichen Schutzes und umso eher kann es sachgerecht sein, die mietrechtlichen Besonderheiten durch genossenschaftsrechtliche Wertungen zu überlagern. Die Einflussmöglichkeiten des einzelnen Mitglieds/Nutzers nehmen naturgemäß ab, je mehr Mitglieder eine Genossenschaft hat, je größer sie also ist. 178

3. Nutzungsverhältnis

a) **Rechtsnatur.** Nachdem Die Rechtsnatur des wohnungsgenossenschaftlichen Nutzungsvertrages lange umstritten war.[303] Hat der Bundesgerichtshof in seinem Urteil vom 10.9.2003 klargestellt, dass auf diese Dauerschuldverhältnisse uneingeschränkt das soziale Mietrecht Anwendung findet. 179

---

[298] Zur Geschichte vgl. Riebandt-Korfmacher, Wohnungsbaugenossenschaften, S. 1805 ff. ZfgG 48, 113–127.

[299] Vgl. Jäger/Greve ZfgG 1996, 5 ff.; Glenk Genossenschaftsrecht Rn. 1.

[300] Vgl. Lang/Weidmüller/Holthaus/Lehnhoff GenG § 1 Rn. 67 zu den Besonderheiten der heutigen Wohnungsgenossenschaften mit Spareinrichtung.

[301] Vgl. Möhlenkamp S. 119.

[302] Roth NZM 2000, 743.

[303] Vgl. Beuthien/Beuthien GenG § 1 Rn. 66und Lang/Weidmüller/Holthaus/Lehnhoff GenG § 1 Rn. 70 jeweils mwN.

180 **b) Mietrecht.** Die Nutzung der Genossenschaftswohnung ist üblicherweise in einem (Dauer-)Nutzungsvertrag geregelt, der einen Mietvertrag darstellt.[304]

„Den wesentlichen Inhalt [des Dauernutzungsvertrages] bildet die entgeltliche Überlassung von Wohnraum. [...] Die einzige grundlegende Abweichung von einem gewöhnlichen Wohnraummietvertrag liegt in der Bindung des Nutzungsrechts an die Mitgliedschaft bei der Genossenschaft. [...] Diese Abrede, die aus der körperschaftsrechtlichen Beziehung zwischen der Genossenschaft und ihren Mitgliedern entstanden ist, gibt dem Vertrag jedoch kein Gepräge, das ihn grundlegend von einem Mietverhältnis unterscheidet."

181 Allerdings sind bei der Anwendung des Mietrechts die Besonderheiten aus den verbandsrechtlichen Beziehungen der Parteien als Genossenschaft und Mitglied zu berücksichtigen, insbesondere die **körperschaftliche Bindung,** der in der Satzung gemeinsam festgelegte **Zweck,** sowie die sich daraus ergebenden beiderseitigen **Treuepflichten.**[305]

182 Die Anwendung des Mietrechts auf den Nutzungsvertrag betrifft aber nicht die genossenschaftsrechtlichen Beziehungen des Mitglieds zu seiner Genossenschaft. Hier gilt kein Mietrecht, sondern allein Genossenschaftsrecht als spezieller Teil des Gesellschaftsrechts.

183 **c) Genossenschaftsrecht.** Das Genossenschaftsrecht strahlt mit seinen Wertungen in das Mietverhältnis hinein. Voraussetzung für den Abschluss des Mietvertrages ist der Beitritt zur Genossenschaft.

Beruht die Nutzung der Genossenschaftswohnung allein auf der Genossenschaftssatzung, besteht ein **körperschaftsrechtliches Verhältnis,** auf das das Mietrecht nicht anwendbar ist.[306] Stattdessen beherrscht das Genossenschaftsrecht das Nutzungsverhältnis, wenn die Rechtsbeziehungen der Vertragsparteien vollständig oder ganz überwiegend in der Satzung geregelt sind.[307] Doch bereits die Mustersatzung 1995 enthielt kaum noch Vorschriften, die für das Nutzungsverhältnis von Bedeutung waren.[308] Die Mustersatzung 2000 reduzierte die für das Nutzungsverhältnis relevanten Vorschriften der Satzung noch weiter. Der Trend setzte sich in den Mustersatzungen der Folgejahre weiter fort. Damit dürfte es in der Praxis kaum noch Genossenschaften geben, deren Nutzungsverhältnisse mit den Mitgliedern allein körperschaftsrechtlich ausgestaltet sind.

184 Doch selbst wenn die Nutzung der Genossenschaftswohnung allein auf der Genossenschaftssatzung beruht, wird es als nicht sachgerecht angesehen, wenn sich eine Wohnungsgenossenschaft allein durch die körperschaftliche Ausgestaltung des Nutzungsverhältnisses sogar den **wesentlichen sozialen Bindungen des Mietrechts** entziehen könnte. Dem Genossen muss daher auch auf der Ebene des Gesellschaftsrechts ein zwar nicht in jeder Beziehung inhaltsgleicher Mieterschutz, aber doch ein vergleichbarer **sozialer Mindestschutz** gewährt werden, den er beim Eintritt in eine Wohnungsgenossenschaft nach **Treu und Glauben** mit der Rücksicht auf die Verkehrssitte erwarten kann, § 242 BGB. Die von der Genossenschaft dem Mitglied geschuldete Treue- und Rücksichtnahme ist daher an den grundlegenden Wertungen des sozialen Mietrechts zu messen, so dass dessen zwingende Vorschriften anwendbar sind, soweit sie nach ihrem Schutzzweck auf das mitgliedschaftlich geprägte Nutzungsverhältnis übertragbar sind.[309]

185 Ist kein eigenständiger Nutzungsvertrag geschlossen und regelt auch die Satzung die Nutzung nicht oder nur lückenhaft, nutzt das Mitglied die Wohnung also allein auf

[304] BGH NZM 2004, 25.
[305] BGH NJW-RR 2004, 12; Lang/Weidmüller/Holthaus/Lehnhoff GenG § 1 Rn. 70; MüKoBGB/Häublein Vor § 535 Rn. 40.
[306] BGH NJW 1988, 1729; MüKoBGB/Häublein Vor § 535 Rn. 40.
[307] Beuthien/Beuthien GenG § 1 Rn. 68.
[308] Vgl. aber §§ 13 (2), 14, 15 der Mustersatzung 1995.
[309] Beuthien/Beuthien GenG § 1 Rn. 68.

Grund der Mitgliedschaft und einer Einweisung durch die Genossenschaft, sind die mietrechtlichen Vorschriften jedenfalls analog anwendbar.[310]

d) Genossenschaftsrechtliche Wertungen im Nutzungsverhältnis. Da die überwiegende Zahl wohnungsgenossenschaftlicher Nutzungsverhältnisse mietrechtlich angeknüpft wird, ist im Rechtsstreit der Einfluss genossenschaftsrechtlicher Wertungen auf diese Nutzungsverhältnisse besonders wichtig. Die genossenschaftlichen Wesensmerkmale **„Förderzweck", „Gleichbehandlung"** und **„Treuepflicht"** sind auch dann im Nutzungsverhältnis zu beachten, wenn nach den oben ausgeführten Grundsätzen vorrangig das Mietrecht anwendbar ist.[311] Die genossenschaftsrechtliche Ergänzung des Mietrechts beruht darauf, dass der Nutzer zugleich „Mieter" und Mitglied der Genossenschaft ist. Soweit diese Doppelbindung besteht, durchwirken die genossenschaftlichen Grundsätze das Nutzungsverhältnis.[312] 186

aa) Förderzweck. Der Förderzweck ist das zentrale Charakteristikum Genossenschaft[313], der sie von anderen Gesellschaftsformen unterscheidet. Er ist unabdingbar und kann sich in vielerlei Hinsicht manifestieren. Es gibt den Erwerbsföderzweck, den Wirtschaftsförderungszweck und die Förderung sozialer und kultureller Belange. Diese Förderzwecke, die auch kumulativ verfolgt werden können, sind in der jeweiligen Satzung festzulegen und auszugestalten. 187

Unter Förderung wird dabei wird dabei jede Unterstützungshandlung unabhängig vom Erfolgseintritt und ihrer Effektivität verstanden. Im Bereich der Wohnungsbaugenossenschaften besteht die Förderleistung in der Nutzung der genossenschaftlichen Einrichtungen (Wohnungen).[314] 188

Der Förderzweck kann jedoch insofern von Bedeutung sein, als die Mitglieder ihre Förderung in der **Satzung** unterschiedlich ausgestalten. In der Satzung legen die Mitglieder den Förderrahmen fest.[315] Je konkreter der Förderrahmen gefasst ist und je eindeutiger sich aus der Satzung **individuelle Förderansprüche** des Mitglieds ergeben, desto eher vermag das Genossenschaftsrecht den mietrechtlichen Individualschutz zu unterstützen und – im Einzelfall – zu verdrängen. Es kommt allerdings nicht auf den Satzungstext an, sondern darauf, wie die Satzung in der Genossenschaft **gelebt** wird. 189

Aus dem Förderzweck folgt weiter, dass die Genossenschaft Wohnungen grundsätzlich nur ihren **Mitgliedern** überlassen darf. Das **Nichtmitgliedergeschäft** – also die Vermietung an genossenschaftsfremde Personen – ist nur ausnahmsweise zulässig, zum Beispiel als Ergänzungsgeschäft zur Auslastung ungenutzter Wohnungskapazitäten. Die Mitglieder können in der Satzung jedoch bestimmen, dass die Genossenschaft ihren Geschäftsbetrieb auf Personen ausdehnt, die nicht Mitglieder der Genossenschaft sind, § 8 Abs. 1 Nr. 5 GenG. Wegen der **steuerrechtlichen Folgen**, § 5 Abs. 1 Nr. 10 S. 2 KStG (**„Vermietungsgenossenschaften"**),[316] wird die Genossenschaft allerdings regelmäßig nicht mehr als 10 % des Wohnungsgeschäfts mit Nichtmitgliedern abschließen. 190

bb) Gleichbehandlungsgrundsatz. In der Praxis wichtiger ist der genossenschaftliche **Gleichbehandlungsgrundsatz.** Benachteiligende Maßnahmen lösen eine Anspruch auf Gleichstellung aus. Das können Ansprüche auf Erfüllung, Unterlassung Freistellung, Schadenersatz oder sogar ein Anfechtungsrecht sein. 191

[310] Müller GenG Anh. § 1 Rn. 84.
[311] Enger Beuthien/Beuthien GenG § 1 Rn. 67 („Vielmehr wirkt die treuepflichtgebundene Mitgliedschaft lediglich in einzelnen Bereichen […] in den Mietvertrag hinein").
[312] Großfeld/Aldejohann BB 1987, 2377; Schulz ZdW Bay. 2/94, 84.
[313] Pöhlmann/Fandrich/Bloehs/Fandrisch GenG § 1 Rn. 5–7 unter Hinweis auf BT-Drucksache 16/1025, S. 81.
[314] Henssler/Strohn/Geibel, GesR, 5. Aufl. 2021 § 1 GenG Rn, 3.
[315] Beuthien Wohnungsgenossenschaften S. 3.
[316] Pohl ZdW Bay. 1/91, 8 (11); Lang/Weidmüller/Holthaus/Lehnhoff GenG § 1 Rn. 64.

Der Gleichbehandlungsgrundsatz wird als **oberster, beherrschender Grundsatz** im Verhältnis der Genossenschaft zu den Mitgliedern bezeichnet.[317] Er beherrscht nicht nur die mitgliedschaftliche Stellung als solche, sondern ist von der Genossenschaft auch im Nutzungsverhältnis zu beachten.[318]

192 Die rechtliche Gleichstellung der Mitglieder ist jedoch **nicht absolut.** Inhalt des Gleichbehandlungsgrundsatzes ist vielmehr, einzelne Mitglieder der Genossenschaft nicht ohne sachlichen Grund anders zu behandeln als andere Mitglieder. Die Genossenschaft verletzt den Gleichheitsgrundsatz, wenn sie wesentlich gleiche Sachverhalte **willkürlich** ungleich oder wesentlich Ungleiches willkürlich gleich behandelt.[319] Dieser **relative** Gleichbehandlungsgrundsatz verlangt einen **einheitlichen Gleichbehandlungsmaßstab.** Unterschiede in der Art oder Lage der Wohnung, im Zustand der Einrichtung oder in der Zahl der Mitbewohner können unterschiedliche Rechte und Pflichten, vor allem ein unterschiedliches Nutzungsentgelt nach sich ziehen. Differenzierungen, die ihren Grund in der Person des nutzenden Mitglieds haben, sind grundsätzlich unzulässig. Es kann aber ein sachlicher Grund zur Ungleichbehandlung von Alt- und Neumietern vorliegen, wenn die Marktnachfrage für die Wohnungen der Genossenschaft rückläufig ist.[320] Die Abstände, in denen bei Abschluss von Neuverträgen Anpassungen des Nutzungsentgeltes an die Vergleichsmieten vorgenommen werden, dürfen dann nicht zu gering sein.[321] Der Vorstand der Genossenschaft hat einen weiten **Ermessensspielraum,** welche tatsächlichen Umstände er als so gleich oder so ungleich ansehen will, dass sie eine gleiche oder ungleiche Behandlung rechtfertigen. Diesen Ermessensspielraum muss der Vorstand gem. § 27 Abs. 1 GenG eigenverantwortlich ausfüllen. Der Ermessensspielraum des Vorstandes findet seine Schranken im **Ermessensmissbrauch** oder im **Ermessensfehlgebrauch.**[322]

193 Eingeschränkt ist das Ermessen des Vorstandes nicht nur in Bezug auf die Auswahl des Gleichbehandlungsmaßstabes. Auch dem Grade nach sind die Ungleichheiten zu gewichten. Wohl wichtigster Ausdruck des Gleichbehandlungsgrundsatzes ist die Pflicht des Vorstandes der Genossenschaft, ein auf nachvollziehbaren Grundsätzen beruhendes Preisgefüge für die Genossenschaftswohnungen festzusetzen.

194 *cc) Treuepflicht.* Eine weitere Besonderheit des Genossenschaftsrechts ist die **Treuepflicht** der Mitglieder zur Genossenschaft und umgekehrt. Der besondere genossenschaftliche Treuegedanke beruht auf dem genossenschaftlichen Förderzweck[323] und ist eng verbunden mit dem Gleichbehandlungsgrundsatz. Die Treuepflicht ist Ausdruck einer allgemeinen gesellschaftsrechtlichen Loyalitätspflicht und richtet sich vor allem an die Mitglieder. Das Mitglied hat solche Handlungen zu unterlassen, die die Genossenschaft in ihrer Aufgabe beeinträchtigen, ihre sich aus Gesetz und Satzung ergebenden Förderaufgaben wahrzunehmen.[324] Insofern besteht auch eine Nähe zur genossenschaftlichen **Duldungspflicht.**[325] Ob die spezifisch genossenschaftliche Duldungspflicht nur im Mitgliedsverhältnis oder auch in der Geschäftsbeziehung gilt, ist umstritten.[326] Es folgt aber bereits aus der Treuepflicht, dass das Mitglied im Rahmen des Zumutbaren die Interessen der Genossenschaft zu berücksichtigen und gegebenenfalls seine Interessen zurückzustellen hat. Dem Recht des Mitglieds auf Dauernutzung und auf ein möglichst günstiges Nutzungsentgelt steht die Pflicht zur Rücksichtnahme gegenüber.

---

317 Schulz ZdW Bay. 2/94, 81 (86).

318 Vgl. BGH NJW 1960, 2142; NZM 2010, 121.

319 BGH NZM 2010, 121; LG Kassel ZfgG 1975, 156; Drasdo NZM 2012, 585 (589).

320 LG Berlin NZM 2000, 936; LG Hamburg GWW 1980, 546; Hannig GWW 1/1988, 36 (37).

321 LG Berlin NZM 2000, 936, hat einen Zeitraum von neun Monaten für angemessen gehalten. Zwei Monate seien dagegen zu kurz.

322 LG Kassel ZfgG 1975, 156.

323 Vgl. Lützenkirchen WuM 1995, 423 (424).

324 Beuthien Wohnungsgenossenschaften S. 27.

325 Vgl. dazu Glenk GenossenschaftsR Rn. 220.

326 Schulz ZdW Bay. 2/94, 84 (87). Dafür wohl Lützenkirchen WuM 1995, 423 (424); unklar LG Duisburg GW 1978, 600.

Ein Genossenschaftsmitglied darf nicht durch sein Verhalten Mehrkosten verursachen, die letztlich alle Genossen gemeinsam tragen müssten.[327]

Der genossenschaftliche Treuegedanke kann die Mitglieder darüber hinaus zu einem Tun verpflichten, vor allem wenn es gilt, Schaden von der Genossenschaft mit zumutbaren Mitteln abzuwenden. Es gilt ein **höherer Maßstab** als der des § 242 BGB („Treu und Glauben"). [328] In Einzelfällen führt die Treuepflicht dazu, dass ein Mitglied **Rechte nicht wahrnehmen** darf, die ihm formal zustehen, etwa hinsichtlich der Erhebung von Einreden gegenüber einer Forderung der Genossenschaft.[329] Jedoch besteht auch in Genossenschaften keine allgemeine Pflicht, auf erworbene Rechte zu verzichten. Es bedarf vielmehr einer sehr sorgfältigen **Abwägung,** ob die Interessen der Genossenschaft an dem Rechtsverzicht dem Interesse des Mitglieds an der Ausübung seiner Rechtsposition vorgehen. Ob die Fälle der genossenschaftlichen Treuepflicht ebenso gut mit dem Grundsatz von Treu und Glauben, § 242 BGB, bewältigt werden können,[330] kann offen bleiben. 195

4. Rechte und Pflichten des Mitgliedes

Die Pflichten des Mitglieds ergeben sich in der Regel aus einem gesonderten (Dauer-) Nutzungsvertrag, den die Genossenschaft mit dem nutzenden Mitglied abschließt. 196

a) **Nutzungsentgelt.** Wie im Mietverhältnis die Zahlung des Mietzinses Hauptpflicht des Mieters ist, ist auch im Nutzungsverhältnis die Zahlung des Nutzungsentgeltes Hauptpflicht des Nutzers. Der Nutzer ist verpflichtet, das im Nutzungsvertrag festgesetzte Nutzungsentgelt für die Genossenschaftswohnung zu entrichten, § 3 der Musternutzungsverträge. Über die Höhe des Entgelts in Nutzungsneuverträgen sowie über Entgelterhöhungen und -anpassungen beschließt, soweit die Satzung nicht etwas anderes festlegt, der Vorstand der Genossenschaft nach den Grundsätzen ordnungsgemäßer Bewirtschaftung und unter Beachtung zwingender preisrechtlicher Vorschriften.[331] 197

aa) Höhe des Nutzungsentgeltes. Der Genossenschaftsvorstand ist bei der Festsetzung des Nutzungsentgeltes im Rahmen der Grundsätze ordnungsgemäßer Bewirtschaftung frei. Beschränkt ist das Ermessen des Genossenschaftsvorstandes jedoch durch den Grundsatz der genossenschaftlichen Gleichbehandlung sowie durch den Förderzweck. Vergleichbarer Wohnraum ist von den Mitgliedern vergleichbar zu bezahlen. Das bedeutet nicht, dass die Höhe des Nutzungsentgeltes in ein mathematisch exaktes Verhältnis zum ohnehin schwer identifizierbaren Wohnwert gesetzt werden muss.[332] Entscheidend ist, dass der Vorstand die Grenzen seines **pflichtgemäßen Ermessens** einhält. Diese Grenzen sind der Ermessensmissbrauch und der Ermessensfehlgebrauch.[333] 198

bb) Entgeltmodelle. Aus der Bindung des Vorstandes an den Gleichbehandlungsgrundsatz und an den Förderzweck ergeben sich Beschränkungen für die Festsetzung des zulässigen Nutzungsentgeltes. Dem Entgeltmodell, das die Genossenschaft wählt, muss zum einen ein nachvollziehbarer Gleichbehandlungsmaßstab zugrunde liegen. Zum anderen sind die Entgelte so auszugestalten, dass die Mitglieder der Genossenschaft gefördert werden können. Der Vorstand der Genossenschaft ist schließlich zur ordnungsgemäßen Geschäftsführung verpflichtet. Er muss wirtschaftlichen Schaden von der Genossenschaft abwenden.[334] Die Entgelte müssen daher so hoch sein, dass der **Bestand** und die **Leistungsfähigkeit** der Genossenschaft **dauerhaft gesichert** bleiben. 199

[327] AG Essen-Stehle 22.12.1992 – 11a C 336/92; Schulz ZdW Bay. 2/94, 81 (84).
[328] Schulz ZdW Bay. 2/94, 81 (83) mit Hinweis auf LG Duisburg BeckRS 1994, 122888.
[329] AG Starnberg ZfgG 1982, 139.
[330] So Beuthien Wohnungsgenossenschaften S. 29.
[331] Vgl. OLG Hamburg GWW 1961, 67; LG Hamburg GWW 1963, 339.
[332] LG Kassel ZfgG 1975, 156.
[333] LG Kassel ZfgG 1975, 156.
[334] LG Berlin NZM 2000, 936; Keßler DWW 2001, 36.

Unter diesem Gesichtspunkt kann es gerechtfertigt sein, nach einigen Monaten das Nutzungsentgelt für Neuverträge an die Vergleichsmiete anzupassen, auch wenn die Genossenschaft zuvor von anderen Mitgliedern für vergleichbaren Wohnraum ein anderes Nutzungsentgelt verlangt hat.[335]

200 Man mag mit *Beuthien*[336] vier grundlegende **Entgeltmodelle** identifizieren: Die objektbezogene Kostenmiete, also die Kosten pro Mietobjekt, die unternehmensbezogene Kostenmiete, also die gesamten Kosten der Genossenschaft für Vermietung und Neubau, die Vergleichsmiete iSd § 558 BGB sowie Mischmodelle, etwa die unternehmensbezogenen Kostenmiete auf Vergleichsmietenbasis. Die Modelle verdeutlichen einige Gesichtspunkte, die Genossenschaften beachten müssen, wenn sie das Nutzungsentgelt festlegen. Letztlich ist bei jedem Entgeltmodell zu prüfen, ob das Entgelt für die Genossenschaftswohnungen die Mitglieder sowohl gleichbehandelt als auch fördert.

201 Die **objektbezogene Kostenmiete** ist außerhalb des öffentlich geförderten Wohnraums problematisch. Sie behandelt die Mitglieder ungleich, da diese für gleichwertigen Wohnraum unterschiedliche Nutzungsgebühren zu zahlen haben. Nicht die Mitglieder werden bei der objektbezogenen Kostenmiete gleich behandelt, sondern die Wohnobjekte, abhängig vom Zeitpunkt ihrer Errichtung. Das ist nur schwer mit dem genossenschaftlichen Gleichbehandlungsgrundsatz vereinbar.[337] Mit dem Förderzweck reibt sich die objektbezogene Kostenmiete insofern, als mit der Kostenmiete neuer Wohnraum nicht geschaffen werden kann. Noch nicht versorgte Mitglieder sind schlechter gestellt als bereits nutzende Mitglieder.

202 Bei der **wohnwert- oder unternehmensbezogenen Kostenmiete** sind die betriebswirtschaftlichen Gesamtkosten der Genossenschaft für den Neubau und den Erhalt aller Wohnungen Grundlage der Festsetzung der Nutzungsgebühr, die dann nach Wohnwerten gestaffelt wird. Die wohnwertbezogene Kostenmiete fördert die Mitglieder gleichmäßig, unabhängig davon, ob sie mit Wohnraum versorgt sind oder nicht. Nachteilig ist, dass die wohnwertbezogene Kostenmiete schwer zu handhaben ist. Die Wohnwertkriterien müssen für die gesamte Genossenschaft einheitlich festgelegt werden. Als Maßstab dafür könnten die Kriterien des § 558 Abs. 2 BGB herangezogen werden. Darüber hinaus ist es aber kaum willkürfrei möglich, das höchste und niedrigste Nutzungsentgelt für die Genossenschaftswohnungen festzusetzen.

203 Diesen Nachteil beheben das System der **wohnwertbezogenen Kostenmiete auf Vergleichsmietenbasis** und das System der **Vergleichsmiete.** Bei Nutzungsentgelten auf Vergleichsmietenbasis ist jedoch zu beachten, dass sie sich gerade nicht an den Kosten, sondern (auch) an den Verhältnissen des lokalen Wohnungsmarktes orientieren. Das kann mit Blick auf den Förderzweck bedenklich sein, da es in Phasen knappen Wohnraums vorkommen kann, dass der Vergleichsmietzins die Kosten des Unterhalts und Neubaus von Wohnungen weit übersteigt. Andererseits deckt in Zeiten eines großen Wohnungsangebotes das Nutzungsentgelt oft nicht die Kosten, so dass über einen längeren Zeitraum ein gewisser Ausgleich stattfindet, der das Vergleichsmietensystem rechtfertigen könnte.

204 Die Pflicht zur ordnungsgemäßen Bewirtschaftung kann den Vorstand darüber hinaus in Zeiten niedriger Vergleichsmieten veranlassen, für später abgeschlossene Nutzungsverhältnisse ein niedrigeres Entgelt zu vereinbaren als für frühere. Eine nachhaltige Veränderung der Marktlage ist in aller Regel ein hinreichendes Differenzierungskriterium für eine abweichende Gestaltung des Nutzungsentgelts.[338] Die Genossenschaft sollte jedoch darauf achten, den benachteiligten Mitgliedern vorübergehende Abweichungen des Nutzungsentgeltes auf Grund der Vergleichsmietenschwankung im Laufe der Zeit bei sich erneut verändernden Marktlagen auszugleichen.

[335] LG Berlin NZM 2000, 936: „kein Verstoß gegen den Gleichbehandlungsgrundsatz, wenn 9 Monate verstrichen sind."; vgl. Bultmann GE 2000, 314 ff.

[336] Vgl. Beuthien Wohnungsgenossenschaften S. 5 ff., dort auch ausführlich zum Folgenden.

[337] Beuthien Wohnungsgenossenschaften S. 6.

[338] LG Berlin ZMR 2001, 710 nv; Keßler DWW 2001, 36.

205 Die Genossenschaft muss sich letztlich für ein nachvollziehbares Entgeltmodell entscheiden, das sowohl den **Gleichbehandlungsgrundsatz** als auch den **Förderzweck** berücksichtigt. In diesem weiten Rahmen ist die Genossenschaft durch das **Willkürverbot** begrenzt. Entscheidend ist also, dass die Genossenschaft überhaupt ein nachvollziehbares, auf Gleichbehandlung und Förderzweck ruhendes Entgeltmodell entwickelt. Die Wahl eines konkreten Entgeltmodells hindert die Genossenschaft nicht, das Entgeltmodell umzustellen etwa auf Grund veränderter Kosten- und Entgeltstrukturen. Zu beachten ist dann, dass auch bei der Anpassung des Nutzungsentgeltes der Gleichheitsgrundsatz gewahrt bleibt.

Die Mieterhöhungsmöglichkeiten des sozialen Mietrechts finden auch in diesem Zusammenhang Anwendung. Sie sind auch enumerativ. Darüber hinausgehende Mieterhöhungsmöglichkeiten gibt es für die Wohnungsbaugenossenschaften nicht.

206 *cc) Rechtsfolgen bei Ungleichbehandlung.* Der einzelne Nutzer hat keinen eigenen Anspruch auf ein allgemein gleichbehandelndes Entgeltsystem.[339] Dieses kann das Genossenschaftsmitglied nur auf der Mitglieder- oder Generalversammlung über sein Stimmrecht versuchen zu erreichen.[340]

207 **Beschlüsse** der Generalversammlung, die das Gleichbehandlungsgebot verletzen, sind ausnahmsweise **nichtig,** etwa wenn der Beschluss gegen zwingende Vorschriften verstößt. In der Regel sind gleichheitswidrige Beschlüsse lediglich **anfechtbar,** § 51 GenG. Findet die Ungleichbehandlung im Nutzungsverhältnis statt, dann ist der der Ungleichbehandlung zugrunde liegende Rechtsakt ebenfalls nur ausnahmsweise nichtig,[341] nämlich dann, wenn er gegen zwingendes Recht, § 134 BGB, oder gegen die guten Sitten, § 138 BGB, verstößt oder nach sonstigen Regeln einen Nichtigkeitsgrund darstellt.

208 Ist der der Ungleichbehandlung zugrunde liegende Rechtsakt dagegen lediglich **unwirksam,** dann ist die Genossenschaft zwar grundsätzlich berechtigt, dem gleichheitswidrig bevorzugten Mitglied den gewährten Vorteil wieder zu entziehen.[342] Damit sind jedoch die Möglichkeiten der Genossenschaft nicht erschöpft. Es liegt in ihrem **Ermessen,** wie sie die Ungleichbehandlung der Mitglieder aufheben und die Gleichbehandlung wieder herstellen will.[343] Neben der Möglichkeit, den bevorzugten Mitgliedern den Vorteil zu entziehen, kann sie den benachteiligten Mitgliedern die gleichen Vorteile gewähren, wie den anderen Mitgliedern auch. Das ist vor allem dann der richtige Weg, wenn der Entzug des Vorteils unbillig oder wegen §§ 814, 813 Abs. 2 BGB ausgeschlossen ist.[344] Denkbar ist schließlich eine Mischform zwischen Entzug und Vorteilsgewährung: die Genossenschaft könnte den nur einigen Mitgliedern gewährten Vorteil teilweise entziehen und auf alle Mitglieder gleichmäßig verteilen.[345]

209 Die benachteiligten Mitglieder haben grundsätzlich keinen Anspruch darauf, dass die Genossenschaft dem bevorzugten Mitglied den Vorteil wieder entzieht. Sie können aber verlangen, so gestellt zu werden, wie das bevorzugte Mitglied.[346] Etwaige Nachteile sind dem Mitglied auszugleichen. Hat die Genossenschaft etwa das Nutzungsentgelt gleichheitswidrig nur für einige Mitglieder im laufenden Nutzungsverhältnis erhöht, können die dadurch benachteiligten Mitglieder verlangen, dass ihr Nutzungsentgelt wieder reduziert wird und das zu viel Bezahlte zurückverlangen.[347] Ein Anspruch auf Anhebung des Nutzungsentgeltes der anderen Mitglieder scheidet dagegen aus. Oder verlangt die Genossenschaft bei Neuabschlüssen niedrigere Nutzungsentgelte als für vergleichbare ältere Nutzungsverhältnisse können deren Nutzer im Hinblick auf den Gleichbehand-

[339] Beuthien Wohnungsgenossenschaften S. 22.
[340] Vgl. Beuthien Wohnungsgenossenschaften S. 18.
[341] Vgl. Rippert S. 88.
[342] BGH NJW 1960, 2142 (2143).
[343] Vgl. Müller GenG § 18 Rn. 36; vgl. Beuthien/Beuthien GenG § 18 Rn. 63 ff.
[344] Vgl. Großfeld/Aldejohann BB 1987, 2377.
[345] Lang/Weidmüller/Holthaus/Lehnhoff GenG § 1 Rn. 79.
[346] BGH NJW 1991, 550; LG Berlin NZM 2000, 936; vgl. Lang/Weidmüller/Holthaus/Lehnhoff GenG § 1 Rn. 79.
[347] Rippert S. 92.

lungsgrundsatz die Herabsetzung ihres Nutzungsentgeltes verlangen, wenn die neuen Nutzungsentgelte willkürlich festgesetzt wurden und nicht durch geänderte Marktverhältnisse sachlich gerechtfertigt waren.[348] Der Anspruch auf Teilhabe an einer Bevorzugung hat Bestand bis die Genossenschaft die Ungleichbehandlung aufhebt, etwa durch den Entzug des Vorteils.[349] Das berührt den Anspruch auf Nachteilsausgleich für die Vergangenheit nicht.

210 Ist der Entzug des Vorteils einerseits nicht möglich und belastet andererseits die Gewährung weiterer Vorteile die Genossenschaft übermäßig, dann kann der nur einigen Mitgliedern gewährte Vorteil zwischen diesen und den benachteiligten Mitgliedern aufgeteilt werden.[350] Wie die Aufteilung zu erfolgen hat, hängt von einer umfassenden **Abwägung** der Interessen der Genossenschaft einerseits und der Interessen der Mitglieder andererseits im konkreten Einzelfall ab.[351] Fehlt es an einem erkennbar gleichbehandelnden Entgeltsystem gänzlich, dann ist das klagende Mitglied grundsätzlich so zu stellen wie das Mitglied, das ein niedrigeres Nutzungsentgelt in einer vergleichbaren Wohnung zahlt.

211 Das nutzende Mitglied hat darzulegen und zu beweisen, dass es durch das konkret vereinbarte Entgelt gegenüber anderen Mitgliedern **willkürlich ungleich** behandelt wird.[352] Die Genossenschaft hat dem Mitglied Auskunft zu erteilen, welcher Gleichbehandlungsmaßstab dem Nutzungsentgelt des Mitglieds zugrunde liegt.[353]

212 **b) Mietsicherheit.** Viele sehen in dem bei Abschluss des Vertrages zu zahlenden Mitgliedsbeitrag für die Genossenschaft bereits eine kautionsähnliche Sonderzahlung.[354] Dennoch darf die Wohnungsgenossenschaft unabhängig von den Mitgliedsbeiträgen zur Genossenschaft auch eine **mietrechtliche Kaution** vereinbaren; § 551 BGB steht dem nicht entgegen.[355] Jedenfalls dann, wenn ein Dauernutzungsvertrag keine eigentliche Mietsicherheit vorsieht, soll die Zeichnung von Anteilen an der Genossenschaft – soweit sie den Pflichtanteil überschreitet – als Mietsicherheit gewertet werden, auf dessen Höhe § 551 BGB Anwendung findet[356] Das soll nicht für den Pflichtanteil gelten, denn der folgt aus § 7 Nr. 1 GenG und gehört damit zu den Essentialia der Mitgliedschaft, weswegen auch eine Anwendung von § 551 BGB nicht in Betracht kommt. Aus vergleichbaren Erwägungen sieht die sozialrechtliche Rechtsprechung die Aufwendungen für den Erwerb von Pflichtanteilen an einer Wohnungsbaugenossenschaft als Unterkunftsbedarf im Sinne des (damaligen) § 12 BSHG (heute) und als Wohnungsbeschaffungskosten iSd§ 22 Abs. 6 S. 1 SGB II[357] Demgegenüber ist eine Anwendung ausgeschlossen, wenn neben dem Erwerb von Genossenschaftsanteilen zusätzlich auch noch eine Mietsicherheit verlangt wird.[358] In der Literatur wird teilweise auch die Auffassung vertreten,[359] dass die Anwendung von § 551 BGB grundsätzlich abzulehnen sei.

213 Dabei verstößt die Wohnungsgenossenschaft nicht gegen das AGG und auch nicht gegen den **genossenschaftlichen Gleichbehandlungsgrundsatz,** wenn sie eine Mietsicherheit nur von finanziell schwachen Personengruppen verlangt, sofern es dabei ausschließlich um eine finanzielle Absicherung geht, die Genossenschaft also Zweifel hat, dass die

[348] Lang/Weidmüller/Holthaus/Lehnhoff GenG § 1 Rn. 79 mwN.
[349] Müller GenG § 18 Rn. 36.
[350] BGH NJW 1960, 2142; Müller GenG § 18 Rn. 36; vgl. Lang/Weidmüller/Holthaus/Lehnhoff GenG § 1 Rn. 79.
[351] Müller GenG § 18 Rn. 36.
[352] Beuthien Wohnungsgenossenschaften S. 21.
[353] Für preisgebundenen Wohnraum vgl. Erbrath WM 1995, 418; Keßler DWW 2001, 36: „Beweislast für eine Veränderung der Marktstruktur liegt bei der Genossenschaft.“.
[354] Vgl. Jäger/Koppmann/Jäger § 36.
[355] LG Regensburg NZM 2010, 360; AG Kiel NZM 2012, 610 (mwN); Roth NZM 2008, 356; Drasdo NZM 2012, 585 (590).
[356] AG Saarbrücken BeckRS 2008, 2047.
[357] OVG Lüneburg NVwZ-RR 2003, 441.
[358] AG Kiel NZM 2012, 610.
[359] Schmidt-Futterer/Flatow BGB § 551 BGB Rn. 75; Roth NZM 2008, 356.

fragliche Personengruppe stets die potentiellen Ansprüche der Genossenschaft wird ausgleichen können. Es handelt sich hierbei um ein sachlich gerechtfertigtes Differenzierungskriterium, das für eine willkürliche genossenschaftliche Ungleichbehandlung keinen Raum lässt. Die Anforderung einer Kautionsleistung neben dem Erwerb der Genossenschaftsanteile, kann also ohne Verletzung des Gleichbehandlungsgebotes von der Bonität des Wohnungsnutzers abhängig gemacht werden.[360]

c) **Betriebskosten.** Hinsichtlich der Betriebs- oder Nebenkosten und deren Umlage ist allgemeines Mietrecht anwendbar. Nach § 535 Abs. 1 S. 3 BGB trägt der Vermieter die auf der Mietsache ruhenden Lasten. Das Gesetz geht somit davon aus, dass der Vermieter die Betriebs- oder Nebenkosten übernimmt, sie also durch die vereinbarte Miete abgegolten sind. Die gesetzlich vorgesehene Miete ist die „Brutto-Warm-Miete".[361] 214

Die Vertragsparteien können jedoch gemäß § 556 Abs. 1 und 2 BGB im **Nutzungsvertrag** vereinbaren, dass das nutzende Mitglied die Betriebskosten als **Pauschale** oder als **Vorauszahlung** zu tragen hat. Die Musternutzungsverträge enthalten entsprechende Klauseln, § 3 Musternutzungsverträge. Ein Erhöhungsvorbehalt bei vereinbarter Betriebskostenpauschale gem. § 560 Abs. 1 BGB ist zu empfehlen. Sind Betriebskostenvorauszahlungen vereinbart, gilt § 560 Abs. 4 BGB. 215

Betriebskostenerhöhungen auf Grund genossenschaftlicher Duldungspflicht jenseits der Voraussetzungen des § 560 BGB sind angesichts des § 560 Abs. 5 BGB auch bei Vorliegen besonderer Voraussetzungen nicht möglich.[362] Außerdem sind die Mitglieder nicht verpflichtet, die Nebenkosten objektbezogen oder insgesamt solidarisch zu tragen. 216

d) **Sonderzahlungen.** Nutzungsbezogene Sonderzahlungen, die nicht im Nutzungsvertrag vereinbart sind, darf die Genossenschaft nicht erheben. Die Zulässigkeit von Sonderumlagen aufgrund von Beschlüssen durch die Mitgliederversammlung richtet sich nach den Vorschriften des GenG. Sie sind nur sehr begrenzt erlaubt, etwa bei drohender Insolvenz der Genossenschaft, § 87a Abs. 2 GenG. Im Übrigen sind die Geldleistungspflichten der Mitglieder von Genossenschaften im laufenden Geschäftsbetrieb im GenG abschließend geregelt, so dass die Genossenschaft weitere Geldleistungen nur aufgrund einer besonderen Vereinbarung im Nutzungsvertrag fordern kann. 217

e) **Änderung des Nutzungsentgeltes.** Nach den mietrechtlichen Vorschriften können Änderungen des Nutzungsentgeltes einerseits durch **Vereinbarungen** zwischen den Vertragsparteien erfolgen, § 557 BGB. Hierbei sind die genossenschaftlichen Grundsätze zu beachten, insbesondere der Gleichbehandlungsgrundsatz. 218

Andererseits kann das Nutzungsentgelt auch ohne Vereinbarung angepasst werden. Dazu enthalten die genossenschaftlichen Musternutzungsverträge die Klausel, dass die Genossenschaft berechtigt ist, die gesetzlich zulässigen Erhöhungen der Nutzungsgebühr vorzunehmen, § 3 Abs. 3 Nutzungsverträge. Gesetzlich zulässig sind im preisfreien Wohnraum vor allem Erhöhungen gem. §§ 558–560 BGB.[363] Die in den Normen enthaltenden Entgeltbegrenzungsregeln sind zwingend. 219

Aus dem Gleichheitsgrundsatz folgt, dass die Nutzungsentgelte für **sämtliche** nutzenden Mitglieder nach einem vergleichbaren Maßstab zu verändern sind.[364] Das gilt für Erhöhungen ebenso wie für Herabsetzungen des Nutzungsentgeltes. Auf ein mathematisch exaktes Verhältnis kommt es nicht an. Unterschiede des Nutzungsentgeltes, die durch Schwankungen der örtlichen Vergleichsmiete entstanden sind, können – und sollten – anlässlich einer allgemeinen Änderung des Nutzungsentgeltes moderat angepasst werden. Ein vermeintlich der genossenschaftlichen Treuepflicht widersprechendes 220

---

[360] AG Kiel NZM 2012, 610; Drasdo NZM 2013, 1045 (1046).

[361] Schmidt-Futterer/Eisenschmid BGB § 535 Rn. 628 f.

[362] Zu genossenschaftsrechtlichen Besonderheiten zum MHG aF vgl. Schulz ZdW Bay. 2/95, 63; Beuthien Wohnungsgenossenschaften S. 21 ff., gestützt auf zulässige freiwillige Vereinbarungen gem. § 10 Abs. 1 Hs. 2 MHG aF.

[363] BGH NZM 2010, 121.

[364] Vgl. Beuthien Wohnungsgenossenschaften S. 45.

Verhalten eines Mitglieds rechtfertigt keine exemplarische Erhöhung des Nutzungsentgeltes unter Verletzung des Gleichheitsgebotes.[365]

221 Die Genossenschaft verstößt jedoch nicht gegen den Gleichbehandlungsgrundsatz, wenn sie von nur einem Mitglied die Zustimmung zur Mieterhöhung (§§ 558 ff. BGB) einfordert, wenn dieses Mitglied als einziges die Miete wegen der durch vorausgegangene Bauarbeiten verursachten Beeinträchtigung berechtigterweise gemindert hat. Das mindernde Mitglied kann unter dem Gesichtspunkt der Gleichbehandlung mit den anderen Genossenschaftsmietern nicht verlangen, in den Genuss sowohl der Mietminderung als auch des freiwilligen Verzichts der Genossenschaft auf eine nach § 558 BGB zulässige Mieterhöhung zu kommen.[366]

222 Für Genossenschaften ist außerdem die Frage von Bedeutung, ob sie von ihren Mitgliedern ausnahmsweise unter Abweichung von den Voraussetzungen der §§ 558–560 BGB die **Zustimmung zu Entgelterhöhungen** verlangen können.[367] Eine solche Möglichkeit käme dem Verzicht auf den Schutz der Mietpreisregeln gleich.

223 Eine Pflicht zum Verzicht einer Rechtsposition für Mitglieder einer Genossenschaft besteht grundsätzlich nicht. Jedoch kann die genossenschaftliche **Treuepflicht** den Mitgliedern ausnahmsweise gebieten, dass sie auf die Voraussetzungen der Schutznormen der §§ 558 ff. BGB verzichten.[368] Ein freiwilliger Verzicht auf den Schutz des Preisrechts ist wegen § 557 Abs. 1 BGB zulässig. Der Verzicht auf den Schutz des Mietpreisrechts durch das Mitglied ist Ausfluss der Vertragsfreiheit von Genossenschaft und Mitglied.

224 Die Voraussetzungen, unter denen ein Mitglied ausnahmsweise auf Grund seiner genossenschaftlichen Treuepflicht auf eine **Rechtsposition verzichten** muss, sind allerdings eng. Für die **Mieterhöhung nach § 558 BGB** kann eine Pflicht zum Rechtsverzicht allenfalls dann angenommen werden, wenn das Interesse der Genossenschaft an einer zügigen Anpassung des Nutzungsentgeltes an die ortsübliche Vergleichsmiete das Interesse des Mitglieds an einem weiterhin niedrigen Entgelt ganz eindeutig überwiegt.[369]

225 Praktische Bedeutung erlangte das Problem, als es galt, nach Wegfall des Wohnungsgemeinnützigkeitsgesetzes (WGG) zum 1.1.1990 die Nutzungsentgelte auf ein wohnungswirtschaftlich vernünftiges Maß anzuheben. In der Literatur wurde gerade in diesem Zusammenhang vertreten, dass Genossenschaften auch dann das Nutzungsentgelt erhöhen dürfen, wenn die Voraussetzungen des § 558 BGB nicht vorlägen.[370]

226 Der Verzicht auf die Kappungsgrenze sollte dem einzelnen Mitglied jedoch nur dann abverlangt werden können, wenn die **Nutzungsentgelte** in der Genossenschaft trotz etwa gleicher Wohnwerte **grob verzerrt** seien, die Genossenschaft die Kappungsgrenze des § 558 Abs. 3 BGB nur maßvoll überschreite und sich die überwältigende Mehrheit der übrigen Mitglieder mit der Erhöhung des Nutzungsentgeltes einverstanden erklärt habe.[371]

227 Mit Blick auf § 559 BGB scheidet eine Pflicht aus, Erhöhungen über die **Modernisierungskosten** hinaus zu übernehmen. Mit einer ähnlichen Begründung wie zu § 558 BGB wurde in der Literatur vertreten, dass zwar grundsätzlich keine Pflicht des nutzenden Mitglieds bestehe, auf den Schutz des § 559 BGB zu verzichten. Ausnahmsweise könne die Genossenschaft aber auf Grund der genossenschaftlichen Treuepflicht die Zustimmung des Mitglieds zur Erhöhung des Entgeltes verlangen.[372]

228 f) **Minderung.** Besonderheiten gelten für die Minderung des Nutzungsentgeltes gem. § 536 BGB. Da regelmäßig Mietrecht das Nutzungsverhältnis beherrscht, tritt zwar

[365] LG Offenburg WuM 1998, 289.
[366] BGH NZM 2010, 121.
[367] Beuthien Wohnungsgenossenschaften S. 49.
[368] Vgl. LG Dresden WuM 1998, 216; aA Lang/Weidmüller/Holthaus/Lehnhoff GenG § 1 Rn. 80.
[369] Vgl. Beuthien Wohnungsgenossenschaften S. 41 ff.; aA Lang/Weidmüller/Holthaus/Lehnhoff GenG § 1 Rn. 80.
[370] Beuthien Wohnungsgenossenschaften S. 48.
[371] Beuthien Wohnungsgenossenschaften S. 35.
[372] Beuthien Wohnungsgenossenschaften S. 49.

grundsätzlich auch die Minderung des Nutzungsentgeltes ein, wenn die gesetzlichen Voraussetzungen vorliegen. Es gelten insoweit die allgemeinen Voraussetzungen der Minderung. Die genossenschaftliche **Treuepflicht** kann jedoch dazu führen, dass sich das nutzende Mitglied im konkreten Einzelfall nicht auf die Minderung berufen kann.[373] Dem steht § 536 Abs. 4 BGB nicht entgegen, da sich die genossenschaftliche Treuepflicht aus § 18 GenG ergibt und nicht aus einer Vereinbarung zwischen Vermieter und Mieter.[374]

Darüber hinaus ist zu beachten, dass ein Mangel oder eine Gebrauchstauglichkeit **„unerheblich"** iSd § 536 Abs. 1 S. 3 BGB sein kann. Was „erheblich" ist, richtet sich nach dem Äquivalenzprinzip. Bei der konkreten Fallprüfung sind die **genossenschaftsrechtlichen Besonderheiten** zu berücksichtigen.[375] So wird man den Mitgliedern für einen gewissen Zeitraum eine Beeinträchtigung zumuten können, wenn sie über ihre Mitgliedschaft mittelbar von der Werterhöhung einer Maßnahme profitieren. Die Mitglieder dürfen sich dann redlicherweise nicht auf eine erhebliche Minderung berufen.[376] Das einzelne Mitglied darf aber im Vergleich zu anderen Mietern nicht unverhältnismäßig und nicht erheblich zu lange durch die Maßnahme beeinträchtigt sein.[377] 229

g) Schönheitsreparaturen. Der BGH erklärte schon 2007 folgende in den Allgemeinen Geschäftsbedingungen eines Wohnraummietvertrages enthaltene Regelung wegen Unklarheit (§ 305c Abs. 2 BGB) und daraus resultierender unangemessener Benachteiligung des Mieters (§ 307 Abs. 1 BGB) insgesamt für **unwirksam:**[378] 230

„Schönheitsreparaturen sind fachgerecht auszuführen. Der Mieter darf nur mit Zustimmung des Wohnungsunternehmens von der bisherigen Ausführungsart abweichen."

Es sei nicht eindeutig, was unter **„Ausführungsart"** zu verstehen sei: Grundausstattung, Ausgestaltung im Einzelnen oder beides. Damit sei nicht zu erkennen, ob jegliche Veränderung zustimmungspflichtig sein solle, was den Mieter unangemessen beschränke, sich in der Wohnung nach seinem Geschmack einzurichten. Folge sei die Unwirksamkeit der Abwälzung der Pflicht zur Vornahme von Schönheitsreparaturen auf den Mieter schlechthin. 231

Die genannte Klausel war bereits seit den 1960er Jahren auch in den Musternutzungsverträgen des GdW enthalten. Seit April 1997 wurde die abgeschwächte Formulierung benutzt: 232

„Der Mieter darf nur mit Zustimmung des Wohnungsunternehmens von der bisherige Ausführungsart erheblich abweichen."

Auch diese Klausel dürfte gemäß den Ausführungen des BGH unwirksam sein, da weiterhin unklar ist, was unter „Ausführungsart" zu verstehen ist. Erst die Musternutzungsverträge ab Stand November 2006 sind von der genannten Rechtsprechung nicht mehr betroffen. Aufgrund des circa 40 Jahre langen Gebrauchs der unwirksamen Klausel ist von einer **sehr weiten Verbreitung** auch in noch bestehenden Nutzungsverhältnissen auszugehen. 233

Im Rechtsstreit bleibt auf Seiten der Genossenschaft nur, sich auf die genossenschaftliche Bindung und den Gleichbehandlungsgrundsatz zu berufen. Es läge eine sachlich nicht gerechtfertigte Ungleichbehandlung vor, wenn einige Mitglieder Schönheitsreparaturen durchführen müssten, während andere davon frei wären aufgrund der zufällig unterschiedlichen Vertragsgestaltung. 234

[373] Lützenkirchen WuM 1995, 423 ff.; aA LG Dresden ZMR 1998, 292 und Lang/Weidmüller/Holthaus/Lehnhoff GenG § 1 Rn. 80.
[374] AA AG Köln WuM 1995, 312.
[375] Lützenkirchen WuM 1995, 423 (425).
[376] Lützenkirchen WuM 1995, 423 (425).
[377] Lützenkirchen WuM 1995, 423 (425).
[378] BGH NZM 2007, 398; bestätigend BGH NZM 2012, 557.

235 Bereits 2004 sah der BGH[379] eine andere in den Musternutzungsverträgen des GdW enthaltene, **zweigeteilte Schönheitsreparaturklausel** als wirksam an. Nach einer Regelung mit einem starren Fristenplan folgte eine Klausel, wonach in besonderen Ausnahmefällen die Genossenschaft auf Antrag des Mitglieds die Fristen nach freiem Ermessen verlängern kann. Durch die Verlängerungsmöglichkeit sah der BGH dem Interesse des Mitglieds Genüge getan, sich bei fehlendem Bedarf der Renovierungsverpflichtung zu entziehen. Diese Rechtsprechung bestätigte der BGH 2005,[380] wobei er klarstellte, dass es sich bei dem Ermessen des Vermieters um gebundenes Ermessen handele, so dass der Mieter einen Anspruch auf die Fristverlängerung habe bei fehlendem Schönheitsreparaturbedarf. Von der Regelung sind circa sechs Millionen Nutzungsverträge betroffen, die auf Grundlage der Musternutzungsverträge des GdW abgeschlossen wurden.[381]

5. Rechte und Pflichten der Genossenschaft

236 a) **Bereitstellung der Wohnung.** Die Genossenschaft ist durch den Förderzweck gehalten, dem Mitglied eine Genossenschaftswohnung zur Verfügung zu stellen. Aus dem Förderzweck ergibt sich, dass die Genossenschaft einen Nutzungsvertrag abzuschließen hat, wenn das Mitglied die Zuteilungskriterien der Genossenschaft erfüllt, insbesondere die oft erforderliche Wartezeit eingehalten ist. Auch soziale Gesichtspunkte können bei der Auswahl des konkret förderberechtigten Mitglieds herangezogen werden.[382]

237 Allerdings lässt sich aus dem besonderen Förderauftrag kein allgemeiner Anspruch des einzelnen Mitglieds auf ein bestimmtes Fördergeschäft ableiten. Der Anspruch des Mitglieds auf Abschluss des konkreten Nutzungsvertrages entsteht erst, wenn das zuständige Genossenschaftsorgan (Vorstand) den besonderen **Zuteilungsbeschluss** fasst und dem Mitglied mitteilt. Allein die Erfüllung der statuarischen und/oder die allgemein in der Genossenschaft geübten Voraussetzungen begründen nur eine allgemeine Anwartschaft. Die Verfügungsbefugnis verbleibt bei der Wohnungsgenossenschaft.[383]

238 b) **Einbeziehung der Ehegatten und Kinder.** Grundsätzlich hat allein das Mitglied einen Anspruch auf Nutzung der Genossenschaftswohnung. Zwar kann sich gerade in Wohnungsgenossenschaften der allgemeine Förderanspruch auch auf die Familie des Mitglieds erstrecken.[384] Im konkreten Nutzungsverhältnis ist aber zunächst allein das Mitglied Träger von Rechten und Pflichten. Jedoch haben der Ehegatte und die Kinder auch an der Genossenschaftswohnung ein Mitbenutzungsrecht.[385] Die Überlassung der Genossenschaftswohnung an sie gehört unabhängig von der Rechtsnatur des Nutzungsverhältnisses zum **vertragsgemäßen Gebrauch** der Genossenschaftswohnung. Daher können sie auch **aus eigenem Recht** Ansprüche aus dem Nutzungsverhältnis gegen die Genossenschaft geltend machen. Ansprüche aus dem Mitgliedsverhältnis sind dagegen allein dem nutzenden Genossenschaftsmitglied vorbehalten. Daher können sich Familienangehörige des nutzenden Mitglieds nicht auf den Gleichbehandlungsgrundsatz berufen.

239 c) **Einbeziehung anderer Dritter.** Die Genossenschaft kann die Erlaubnis der Aufnahme Dritter in die Wohnung gem. § 540 Abs. 1 S. 1 BGB **verweigern.** Die Genossenschaft muss dann jedoch beachten, dass es nicht zu einer gleichheitswidrigen Ablehnung der Einbeziehung Dritter kommt.[386]

---

379 BGH NZM 2005, 58.
380 BGH NZM 2005, 299.
381 Börstinghaus NZM 2005, 761 (771).
382 Müller GenG Anh. § 1 Rn. 82a.
383 Lang/Weidmüller/Holthaus/Lehnhoff GenG § 1 Rn. 68.
384 OLG Karlsruhe NJW 1984, 2584.
385 Vgl. OLG Stuttgart NJW 1963, 497.
386 Vgl. OLG Celle ZfgG 1965, 48.

d) **Geschiedener Ehegatte.** Auf das Nutzungsverhältnis war früher die Hausratsverordnung anwendbar.[387] Mit der Neuregelung des gerichtlichen Verfahrens in Familiensachen zum 1.9.2009 wurde die Hausratsverordnung jedoch weitgehend aufgehoben. Die formell-rechtlichen Vorschriften wurden in das **FamFG** aufgenommen, das nun maßgeblich und auf das Nutzungsverhältnis anwendbar ist. 240

Die **Zuweisung** der Genossenschaftswohnung an einen geschiedenen Ehegatten, der nicht Mitglied der Genossenschaft ist, ist zunächst unbedenklich. Die Genossenschaft ist **Beteiligte** iSd § 204 Abs. 1 FamFG und daher anzuhören. Das Gericht kann – und sollte – jedoch den Ehegatten verpflichten, den **Geschäftsanteil** des anderen Mitglieds zu **übernehmen,** § 76 GenG. Wenn nicht sachliche Gründe dem Erwerb des Anteils entgegenstehen, wird die Genossenschaft regelmäßig verpflichtet sein, dem Erwerb des Anteils durch den geschiedenen Ehegatten zuzustimmen. Stehen sachliche Gründe dem Anteilserwerb entgegen, ist das bereits im Verfahren nach dem FamFG zu berücksichtigen. 241

Ist der geschiedene Ehegatte nicht bereit, Mitglied in der Genossenschaft zu werden, dann kann die Genossenschaft das Nutzungsverhältnis jedenfalls dann zum nächst zulässigen Termin kündigen, wenn der oder die Zugewiesene die Mitgliedschaft willkürlich ablehnt und ein dringender Wohnungsbedarf anderer Genossenschaftsmitglieder besteht.[388] Das gilt auch dann, wenn das geschiedene Mitglied trotz Wohnungsbedarfs noch nicht versorgter Mitglieder nicht bereit ist, eine angemessen kleinere Wohnung der Genossenschaft zu nutzen. 242

6. Beendigung des Nutzungsverhältnisses

Wohnen in Genossenschaften ist besonders sicheres Wohnen. Die besondere Sicherheit zeigt sich vor allem in der beschränkten Kündigungsmöglichkeit der Genossenschaft. Grundsätzlich zu trennen ist zwischen der Kündigung des (Dauer-)Nutzungsvertrages und der Kündigung der Mitgliedschaft, die die Beendigung des Nutzungsverhältnisses zur Folge haben kann. 243

a) **Kündigung des Nutzungsverhältnisses.** Aus dem genossenschaftlichen Förderzweck folgt, dass Mitglieder einen Anspruch auf Zuteilung und Nutzung einer Genossenschaftswohnung haben. Diesen Anspruch kann die Genossenschaft nur unter besonderen Bedingungen entziehen. Die Überlassung einer Wohnung an ein Mitglied begründet ein dauerndes Nutzungsrecht, das während des Bestehens der Mitgliedschaft nur unter den im Nutzungsvertrag festgesetzten Bedingungen aufgehoben werden kann. 244

aa) Einfacher Nutzungsvertrag. Das Muster für den **einfachen Nutzungsvertrag** enthält – abweichend vom Dauernutzungsvertrag – die Regelung, dass sich die **ordentliche Kündigung** durch die Genossenschaft nach den **gesetzlichen Bestimmungen** richtet, § 6 Abs. 4 des einfachen Musternutzungsvertrages. Die Kündigungsfristen sind einzuhalten.[389] Befristete Nutzungsverhältnisse für Genossenschaftsmitglieder kommen in der Praxis selten vor, da die genossenschaftlichen Nutzungsverhältnisse typischerweise auf lange Zeit angelegt und nach dem Musternutzungsvertrag auf unbestimmte Zeit abgeschlossen sind. Wenn ausnahmsweise dennoch eine Befristung aufgenommen worden ist, gilt für die Kündigung allgemeines Mietrecht. 245

Will die Genossenschaft einen Nutzungsvertrag ohne Dauerklausel ordentlich **kündigen,** muss das **berechtigte Interesse** der Genossenschaft ein ähnliches Gewicht haben wie die Konstellationen des § 573 Abs. 2 BGB.[390] Die Fortsetzung des Nutzungsverhältnisses darf der Genossenschaft unter Berücksichtigung aller Umstände nicht zumutbar sein.[391] 246

---

[387] BayObLG NJW 1955, 753; Lang/Weidmüller/Holthaus/Lehnhoff GenG § 1 Rn. 78.
[388] Lang/Weidmüller/Holthaus/Lehnhoff GenG § 1 Rn. 78.
[389] Rippert S. 158.
[390] OLG Hamburg ZfgG 1985, 64.
[391] OLG Karlsruhe ZfgG 1985, 198.

247 Als berechtigtes Interesse ist die **wirtschaftliche Verwertung** eines Grundstücks anerkannt.[392] Auch kann eine **erhebliche Unterbelegung** einer Genossenschaftswohnung bei gleichzeitiger Unterversorgung anderer Mitglieder die Kündigung rechtfertigen.[393] Die Genossenschaft muss dem Mitglied zuvor eine Wohnung mit angemessener Größe erfolglos angeboten haben. Entscheidend für die Kündigung ist nicht ein öffentliches Interesse an der allgemeinen Wohnraumversorgung, sondern das Eigeninteresse der Genossenschaft an der Wohnungsversorgung ihrer Mitglieder.[394] Zieht nur eine von mehreren Personen aus einer Wohnung aus, handelt es sich dagegen um eine nur geringfügige Minderbelegung, die regelmäßig außer Betracht bleibt.

248 Noch nicht höchstrichterlich entschieden ist die Frage, ob auch die **Fehlbelegung** einer Genossenschaftswohnung als Kündigungsgrund nach § 573 Abs. 1 BGB anzuerkennen ist.[395] Von einer Fehlbelegung, die im Widerspruch zur satzungsgemäßen Aufgabe bzw. zum Satzungszweck steht, kann jedenfalls nur dann ausgegangen werden, wenn klare genossenschaftliche Regelungen zur „richtigen" Belegung überhaupt bestehen, zu denen dann die tatsächliche Belegung in Widerspruch stehen muss. Fehlt es an solchen genossenschaftlichen Regelungen zur „richtigen" Belegung und Vergabe, kann schon nach dem Wortsinn nicht von einer Fehlbelegung gesprochen werden. Bei Fehlen einer solchen Regelung kann sich die Genossenschaft auch nicht auf ihre Satzung oder ihre satzungsgemäßen Zwecke als Kündigungsinteresse berufen, denn die Belegung widerspricht dann nicht den (tatsächlich nicht vorhandenen) Vergabe- und Belegungsgrundsätzen.[396] Die lediglich zeitweilige Nutzung einer Genossenschaftswohnung als **Zweitwohnung**[397] oder ihr **Leerstehen** kann ebenfalls eine Kündigung durch die Genossenschaft rechtfertigen.[398] Das gilt jedoch dann nicht, wenn die Genossenschaftswohnung von einem älteren Mitglied genutzt wird, das im **Altenheim** lebt. Das schutzwürdige Interesse an der Aufrechterhaltung der vertrauten Umgebung für alte Menschen überwiegt regelmäßig das Interesse der Genossenschaft an der Versorgung der wartenden Mitglieder.[399] Insbesondere ältere Mitglieder können sich darüber hinaus auf § 574 BGB berufen. Wurde der genossenschaftliche Nutzungsvertrag vor dem 3.10.1990 in den **neuen Bundesländern** abgeschlossen, ist Art. 232 § 2 Abs. 2 EGBGB zu beachten, der die Berufung des Vermieters auf ein berechtigtes Interesse ausschließt.

249 Die Kündigung des genossenschaftlichen Nutzungsverhältnisses kann auch dann gerechtfertigt sein, wenn das Mitglied das Zusammenleben in der Genossenschaft erheblich und für die übrigen Nutzer **unzumutbar stört.** Zwar tragen die satzungsgemäße **Treuepflicht** und damit auch die **Rücksichtnahmepflicht** der Mitglieder der Genossenschaft untereinander nur dort, wo nicht bereits die Treuepflicht der Mitglieder gegenüber der Genossenschaft verletzt und damit die Interessen der Mitgenossen nur mittelbar beeinträchtigt sind.[400] Trotzdem ist für das Kündigungsrecht in Wohnungsgenossenschaften auf die besondere Sozialstruktur in der jeweiligen Genossenschaft zu achten. Denn das genossenschaftlich vermittelte Miteigentum an der Wohnung ist nicht nur ein Recht, sondern auch eine Pflicht der Mitglieder. Ein bewusst auf Dauer angelegtes Nutzungsverhältnis erfordert von den Nutzern eine besondere **Rücksicht** der Mitbewohner. Ein zu kleinlicher Maßstab wäre unangebracht. Anders als bei einer

[392] LG Köln WuM 1976, 163; Lützenkirchen WuM 1994, 5 (9).

[393] OLG Stuttgart WuM 1991, 379; LG München WuM 1992, 16; Hufnagel ZdW 1/92, 16 (18); Lützenkirchen WuM 1994, 5 (8); Beuthien Wohnungsgenossenschaften S. 53; aA LG Köln WuM 1991, 589; für die Sonderrechtsnachfolge im Erbgang OLG Karlsruhe WuM 1984, 43 = NJW 1984, 2584; allerdings str., siehe hierzu LG Heidelberg NZM 2014, 468 (469).

[394] OLG Stuttgart WuM 1991, 379 (380); Lang/Weidmüller/Holthaus/Lehnhoff GenG § 1 Rn. 74.

[395] Verneinend OLG Karlsruhe NJW 1984, 2584; bejahend OLG Stuttgart NJW-RR 1991, 1226.

[396] LG Heidelberg NZM 2014, 468 (469).

[397] AG Dresden ZMR 1994, 518; dafür, dass nur sporadische Nutzung sogar zum Ausschluss aus der Genossenschaft führen kann: LG Nürnberg-Fürth WuM 1993, 280.

[398] LG München WuM 1992, 16; aA LG Köln WuM 1991, 589; LG Wiesbaden 13.6.1988 – 1 S 107/87; Hufnagel ZdW 1/92, 16 (17).

[399] AG Bielefeld WuM 1994, 22; vgl. Hanke DWW 1991, 461.

[400] Vgl. BGH BB 1975, 1450.

Kündigung wegen Störung des Hausfriedens nach allgemeinem Mietrecht kommt es stärker auf das konkrete genossenschaftliche Wohnumfeld an. Die Kündigung auf Grund grober Störungen kann stets nur von der Genossenschaft, nicht von anderen Mitgliedern, ausgesprochen werden. Der Kündigung hat eine **Abmahnung** vorauszugehen, wenn das Ausmaß der Störung nicht ausnahmsweise eine Kündigung ohne Abmahnung rechtfertigt.

bb) Dauernutzungsvertrag. Anders als das Muster für einen einfachen Nutzungsvertrag 250 enthält das Muster für den genossenschaftlichen **Dauernutzungsvertrag** die Klausel, dass die Genossenschaft von sich aus das Nutzungsverhältnis während des Fortbestehens der Mitgliedschaft grundsätzlich **nicht auflösen** wird, § 6 Abs. 4 S. 1 des Musterdauernutzungsvertrages. In besonderen Ausnahmefällen soll eine Kündigung durch die Genossenschaft dennoch zulässig sein, wenn wichtige berechtigte Interessen der Genossenschaft eine Beendigung des Nutzungsverhältnisses notwendig machen, § 6 Abs. 4 S. 2 des Musterdauernutzungsvertrages.

Der Hinweis, dass nur „wichtige" berechtigte Interessen die Beendigung „notwendig" 251 machen, bedeutet, dass eine ordentliche Kündigung nur im Ausnahmefall möglich sein soll mit der weiteren Folge, dass die gesetzlichen Vorschriften über die außerordentliche fristlose Kündigung unberührt bleiben.[401] Es ist aber ein noch strengerer Maßstab anzulegen ist als der des § 573 Abs. 2 BGB.[402] Das nutzende Mitglied muss seine vertraglichen Pflichten nicht nur „schuldhaft nicht unerheblich" verletzt haben, sondern in **besonders grober Weise.** Auch an die zu erwartenden erheblichen wirtschaftlichen Nachteile iSd § 573 Abs. 2 Nr. 3 BGB sind besonders hohe Maßstäbe anzulegen. Sonst würde die Dauernutzungsklausel leer laufen, da für die Kündigung eines Nutzungsverhältnisses während der Mitgliedschaft im Übrigen die allgemeinen mietrechtlichen Bestimmungen gelten.[403]

Eine Kündigung wegen **Unterbelegung** ist im Dauernutzungsverhältnis unzulässig, 252 wenn sich die Genossenschaft nicht im Nutzungsvertrag ausdrücklich eine Unterbelegungskündigung vorbehält.[404] Erhöhte (Treue- und Duldungs-)Pflichten, die das Mitglied zu beachten hat, gleichen den besonderen Kündigungsschutz aus.

Beim **Verkauf einer Genossenschaftswohnung** tritt der Erwerber in die sich aus dem 253 Nutzungsverhältnis ergebenen Rechten und Pflichten ein, § 566 BGB. Damit geht der besondere genossenschaftliche Kündigungsschutz zwar grundsätzlich auf den Erwerber über.[405] Das OLG Karlsruhe hat aber dennoch in einem Einzelfall einem privaten Eigentümer die Kündigung aus Eigenbedarf nach § 573 BGB zugestanden, obwohl die Wohnungsgenossenschaft – also die alte Eigentümerin – dieses Recht nicht gehabt hätte.[406] Da somit das Mitglied durch den Verkauf der Genossenschaftswohnung nicht nur seine besondere Doppelstellung als Mitglied und Nutzer verliert, sondern dadurch auch eine erhebliche Rechtseinbuße erleidet, sind ihm als Ausgleich eine gleichwertige Genossenschaftswohnung zu verschaffen und die Umzugskosten zu erstatten. Ist eine Ausgleichswohnung nicht verfügbar, ist ihm der Wohnkostenmehraufwand auszugleichen.[407]

Bei **ersatzlosem Abriss** eines Gebäudes kann die Genossenschaft ein berechtigtes 254 Interesse (§ 573 Abs. 1 BGB) haben an der Kündigung eines Nutzungsvertrages über eine sich im Gebäude befindliche Genossenschaftswohnung. Das gilt jedenfalls dann, wenn der Erhaltungsaufwand zehnmal höher als die Einnahmen ist.[408] Eine Abrisskündigung ist **keine wirtschaftliche Verwertung** iSd § 573 Abs. 2 Nr. 3 BGB.[409]

---

[401] BGH NJW 2012, 2270.
[402] LG Trier WuM 1993, 192.
[403] OLG Karlsruhe GWW 1985, 571.
[404] Vgl. LG Berlin MM 1992, 355.
[405] OLG Karlsruhe WuM 1985, 77; Emmerich/Sonnenschein Vor §§ 535, 536 Rn. 60.
[406] OLG Karlsruhe WuM 1984, 43; Lang/Weidmüller/Holthaus/Lehnhoff GenG § 1 Rn. 75.
[407] Lang/Weidmüller/Holthaus/Lehnhoff GenG § 1 Rn. 76 mwN.
[408] AG Halle-Saalkreis NZM 2002, 782; Lang/Weidmüller/Holthaus/Lehnhoff GenG § 1 Rn. 77.
[409] BGH NZM 2004, 377.

255 *cc) Fristlose Kündigung.* Die **fristlose Kündigung** eines genossenschaftlichen Nutzungsverhältnisses aus besonderem Grund ist sowohl in einfachen Nutzungsverhältnissen als auch in Dauernutzungsverhältnissen möglich. Es gelten §§ 543, 569 BGB. Bei Dauernutzungsverträgen wird man aber auch bei der fristlosen Kündigung besonders sorgfältig die besonderen Interessen der Genossenschaft und des Mitglieds im Lichte der Dauernutzungsklausel abwägen müssen.[410]

256 Die Genossenschaft kann insbesondere fristlos kündigen, wenn das nutzende Mitglied die Genossenschaftswohnung trotz Abmahnung fortgesetzt **vertragswidrig gebraucht,** in **Zahlungsverzug** gerät oder seine Pflichten in besonderem Maße verletzt. Die gegenseitige Treuepflicht kann unter besonderen Umständen die Genossenschaft verpflichten, ein vertragswidriges Verhalten kurzzeitig hinzunehmen. Andererseits hat das Mitglied einer Wohnungsgenossenschaft die Pflicht, auf die besondere Sozialstruktur seines genossenschaftlichen Wohnumfeldes Rücksicht zu nehmen.

257 *dd) Wiedereinsetzung in die gekündigte Wohnung.* Kündigt die Genossenschaft ausschließlich den Nutzungsvertrag, dann ändert sich an der mitgliedschaftlichen Verbundenheit des Nutzers zur Genossenschaft zunächst nichts. Dadurch entsteht die merkwürdige Situation, dass einem Mitglied, dem gerade das Nutzungsverhältnis gekündigt wurde, nach der Kündigung und Räumung der Wohnung unmittelbar wieder ein mitgliedschaftlicher Anspruch auf Zuteilung einer Genossenschaftswohnung zusteht.

258 In den Fällen der berechtigten befristeten oder unbefristeten Kündigung des Nutzungsvertrages durch die Genossenschaft liegen in der Regel auch die Voraussetzungen für die Kündigung der Mitgliedschaft vor. So bestimmt § 11 Abs. 1a) der Mustersatzung, dass die Genossenschaft ein **Mitglied ausschließen** kann, wenn es der Genossenschaft gegenüber trotz in der Regel zu erfolgender Abmahnung seine **Pflichten** aus der Satzung, aus dem sonstigen Genossenschaftsrecht, aus den allgemeinen Gesetzen sowie aus der Förderbeziehung (insbesondere aus dem Nutzungsvertrag über die Wohnung) schuldhaft oder für die Genossenschaft und ihre Mitglieder unzumutbar **verletzt;** als Pflichtverletzung in diesem Sinne gilt es insbesondere, wenn das Mitglied das Ansehen der Genossenschaft in der Öffentlichkeit schädigt oder zu schädigen versucht oder wenn es die Beteiligung mit geschuldeten Geschäftsanteilen (Pflichtanteile) sowie die Einzahlung auf übernommene Geschäftsanteile (Pflichtanteile und weitere Anteile) unterlässt. Die Genossenschaft kann ferner die Mitgliedschaft kündigen, wenn über das Vermögen des Mitglieds ein Antrag auf Eröffnung eines Insolvenzverfahrens gestellt wurde, § 11 Abs. b) Mustersatzung oder wenn das Mitglied unbekannt verzogen ist, insbesondere keine zustellungsfähige Anschrift hinterlässt oder sein Aufenthalt länger unbekannt ist, § 11 Abs. 1c) Mustersatzung.

259 Daraus folgt jedoch nicht, dass die Genossenschaft das Nutzungsverhältnis erst dann kündigen darf, wenn sie die Mitgliedschaft gekündigt hat.[411] Das ergibt sich insbesondere nicht aus § 1 Abs. 4 der Musternutzungsverträge. Danach ist das Nutzungsrecht an die Mitgliedschaft gebunden. Das bedeutet jedoch nur, dass die Mitgliedschaft grundsätzlich Voraussetzung für den Abschluss des Nutzungsvertrages ist, also nur Mitglieder Anspruch auf Abschluss eines Nutzungsvertrages haben. Das gilt nicht auch umgekehrt. Das Vorhandensein eines Nutzungsvertrages ist keineswegs zugleich Voraussetzung für die Mitgliedschaft. Besteht also zwischen dem Mitglied und der Genossenschaft kein Nutzungsvertrag (mehr), entfällt nicht automatisch die Mitgliedschaft. Das zeigt auch der allgemein anerkannte Status des (noch) nicht mit einer Wohnung versorgten Genossenschaftsmitglieds.

260 Wird trotz Kündigung des Nutzungsverhältnisses die Mitgliedschaft nicht beendet, dann muss die Genossenschaft dem Mitglied eine neue Wohnung anbieten, sobald eine angemessene Wohnung frei wird und sofern die Gründe für die Kündigung des Nut-

---

[410] Vgl. LG Trier WuM 1993, 192; vgl. Drasdo NJW-Spezial 2013, 97 (99).

[411] So aber Lützenkirchen WuM 1994, 5 (8), mit Hinweis auf Riebandt-Korfmacher GWW 1975, 24 (25); MüKoBGB/Häublein Vor § 535 Rn. 40.

zungsvertrages nicht mehr fortwirken. Die **Einrede der unzulässigen Rechtsausübung** kann das Mitglied der Kündigungs- und Räumungsklage beim Fortbestehen der Mitgliedschaft der Genossenschaft nicht entgegenhalten, da ein Anspruch des Mitglieds auf Zuweisung einer konkreten Wohnung – und damit auf Zuweisung der bisher genutzten Wohnung – regelmäßig nicht besteht.[412] Allenfalls dann, wenn alle wartenden Mitglieder versorgt sind, sämtliche anderen Wohnungen der Genossenschaft auf Dauer belegt sind und der Grund für die Kündigung eindeutig entfallen ist, kann die Genossenschaft verpflichtet sein, dem gekündigten Mitglied die bisherige Wohnung trotz Kündigung wieder einzuräumen. Das Mitglied hat diese Umstände – insbesondere den Wegfall des Kündigungsgrundes – darzulegen und zu beweisen.

b) Beendigung der Mitgliedschaft. Das Recht des Mitglieds, die Wohnung nutzen zu dürfen, ist nach § 1 Abs. 4 der Musternutzungsverträge an den Fortbestand der Mitgliedschaft gebunden. Der Verlust der Mitgliedschaft ist somit **auflösende Bedingung** des Nutzungsverhältnisses, § 158 Abs. 2 BGB.[413] Allerdings kann sich zumindest die Genossenschaft nach § 572 Abs. 2 BGB nicht auf eine auflösende Bedingung des Nutzungsverhältnisses berufen. 261

Die Musternutzungsverträge enthalten jedoch weiterhin übereinstimmend die Klausel, dass die Genossenschaft das Nutzungsverhältnis kündigen kann, wenn das Mitglied zu Lebzeiten aus der Genossenschaft **ausscheidet,** § 6 Abs. 3 S. 2 Musternutzungsverträge. Eine **Kündigung** des Nutzungsverhältnisses ist allerdings nur möglich, wenn die allgemeinen Kündigungsvoraussetzungen erfüllt sind.[414] Es ist ein **berechtigtes Interesse** der Genossenschaft erforderlich, § 573 Abs. 1 BGB.[415] 262

Die Beendigung der Mitgliedschaft durch **Ausschluss** aus der Genossenschaft (§ 68 GenG)[416] reicht dazu allein noch nicht.[417] Ein berechtigtes Interesse besteht aber, wenn zusätzlich die Genossenschaft die Wohnung für die Versorgung eines anderen Mitglieds benötigt. Dann überwiegen die Interessen der Genossenschaft am bestimmungsgemäßen Einsatz ihres Wohnungsbestandes und das Interesse des noch nicht versorgten Mitglieds an der Erlangung einer preiswerten Genossenschaftswohnung den Belangen des Nichtmitglieds.[418] Die Situation ist mit der Eigenbedarfskündigung gem. § 573 Abs. 2 Nr. 2 BGB vergleichbar.[419] 263

Wird ein Mitglied einer Wohnungsgenossenschaft, das von der Wohnungsbaugenossenschaft eine Wohnung gemietet hat, gemäß § 68 GenG aus der Genossenschaft ausgeschlossen, so hat die Genossenschaft ein berechtigtes Interesse an der Beendigung des Mietverhältnisses, wenn sie die Wohnung für ein anderes Mitglied benötigt.[420] Davon ist auszugehen, wenn eine Warteliste geführt wird.[421] 264

Uneinigkeit herrscht jedoch darüber, ob die Beendigung der Mitgliedschaft als berechtigtes Interesse für die Kündigung des Nutzungsverhältnisses, § 573 Abs. 1 BGB, alleine ausreicht, wenn das Mitglied seine Zugehörigkeit zur Genossenschaft **freiwillig kündigt** (§§ 65, 67a GenG), etwa um sich seinen Genossenschaftsanteil auszahlen zu lassen. Einerseits wird auch hier zusätzlich gefordert, dass die Genossenschaft die Wohnung für die Versorgung eines anderen Mitglieds benötigen müsse. Das hat der 265

[412] AG Bernkastel-Kues GWW 1976, 548.

[413] Bub/Treier MietR-HdB/Emmerich Kap. II. Rn. 690; Rippert S. 154; aA offenbar AG Kamenz ZMR 1999, 261.

[414] Vgl. Begründung des Referentenentwurfes NZM 2000, 447.

[415] Vgl. Drasdo NJW-Spezial 2013, 97 (99).

[416] Zum Ausschluss auf Grund sporadischer Nutzung vgl. LG Nürnberg-Fürth WuM 1993, 280; LG München ZdW Bay. 7/87, 388; AG München 16.11.1995 – 281 C 22.304/95; Roth NZM 2000, 745.

[417] So aber Roth NZM 2004, 129; zum Ausschluss aus der Genossenschaft wegen Nichtnutzung der überlassenen Genossenschaftswohnung vgl. OLG München NZG 2016, 71.

[418] BGH NJW-RR 2004, 12.

[419] OLG Stuttgart WuM 1991, 379; Emmerich/Sonnenschein BGB § 564b Rn. 102.

[420] BGH NZM 2004, 25.

[421] LG Berlin BeckRS 2002, 13082.

BGH zwar 2003 ausdrücklich offengelassen,[422] setzt es in einer Entscheidung in 2009[423] für ein berechtigtes Interesse an der Kündigung des Nutzungsverhältnisses aber voraus und verweist als alleinige Begründung auf seine Entscheidung aus 2003.

266 Richtig dürfte allerdings sein, dass die alleinige freiwillige Beendigung der Mitgliedschaft durch das Mitglied als berechtigtes Interesse für die Kündigung des Nutzungsverhältnisses ausreicht, da sich das Mitglied **widersprüchlich** verhält, wenn es seine Zugehörigkeit zur Genossenschaft freiwillig kündigt und trotzdem auf Fortführung des (Dauer-)Nutzungsverhältnisses mit seinen Vorteilen besteht.[424] Außerdem finanziert sich die Genossenschaft wesentlich aus den Einlagen ihrer Mitglieder, so dass sie zur Erhaltung ihres Wohnungsbestandes und letztlich ihrer selbst ein vitales Interesse daran hat, dass Mitglieder, die die Vorteile in Form von sicherem und günstigem Wohnen genießen, nichts aus dem Gesellschaftsvermögen abziehen. Es gefährdete den **Bestand der Genossenschaft** erheblich, wenn Mitglieder, einmal in den Genuss einer Genossenschaftswohnung gekommen, sich ihren Anteil an der Genossenschaft auszahlen lassen könnten. Das gilt vor allem aufgrund der zwangsläufigen Gefahr von Nachahmungen durch andere Mitglieder, die die Kündigung der Mitgliedschaft als ein jedenfalls auf den ersten Blick gefahrloses Mittel ansehen könnten, an Geld zu gelangen.[425] Ansonsten könnte ein Interessent einer Genossenschaftswohnung die Mitgliedschaft lediglich zur Erlangung einer regelmäßig preisgünstigen Wohnung eingehen, um nach Abschluss eines Dauernutzungsvertrages sofort aus der Genossenschaft auszutreten und damit auch der besonderen **Treuepflicht** gegenüber der Genossenschaft und den übrigen Mitgliedern zu entfliehen.[426] Das Modell des genossenschaftlichen Wohnens wäre todgeweiht.

267 Die Kündigung der Mitgliedschaft in einer Wohnungsgenossenschaft durch den Gläubiger (§ 66) oder den Insolvenzverwalter (§ 66a) ist nach § 67c GenG ausgeschlossen, wenn die Mitgliedschaft Voraussetzung für die Nutzung der Wohnung des Mitglieds ist und das Geschäftsguthaben des Mitglieds höchstens das Vierfache des auf einen Monat entfallenden Nutzungsentgelts ohne die als Pauschale oder Vorauszahlung ausgewiesenen Betriebskosten oder höchstens 2 000 Euro beträgt.

268 Der Gesetzgeber hat mit dieser Vorschrift auf die zuvor herrschende Meinung reagiert, die Kündigungen eines Gläubigers oder eines Insolvenzverwalters für wirksam hielten und Ihnen auch das Recht auf das Auseinandersetzungsguthaben zusprachen. Entgegenstehende Satzungsbestimmungen wurden für unwirksam gehalten.[427]

7. Erbgang

269 Stirbt das nutzende Mitglied, dann geht die Mitgliedschaft gem. § 77 Abs. 1 GenG auf den Erben über. Die Mitgliedschaft des Erben endet zum Schluss des Geschäftsjahres, in dem der Erbfall eingetreten ist, § 77 Abs. 1 S. 2 GenG.[428] Die Mustersatzung wiederholt fast wortgleich den Gesetzestext, § 9 Mustersatzung.

270 Hinsichtlich des Nutzungsverhältnisses gelten grundsätzlich die §§ 563 ff. BGB.[429] Nach dem Erbfall setzt sich der Nutzungsvertrag mit dem Ehegatten oder dem Partner einer eingetragenen Lebenspartnerschaft fort, sofern ein **gemeinsamer Haushalt** geführt wurde, § 563 Abs. 1 BGB. Kinder treten unter dieser Bedingung ein, wenn der Ehegatte nicht eintritt, § 563 Abs. 2 S. 1 BGB. Andere Familienangehörige treten in das Nutzungsverhältnis ein, wenn der Ehegatte oder Partner einer eingetragenen Lebenspart-

[422] BGH NJW-RR 2004, 12 (13).
[423] BGH NZI 2009, 374 (375).
[424] LG Cottbus NJOZ 2007, 2389; Lang/Weidmüller/Holthaus/Lehnhoff GenG § 1 Rn. 71; MüKo-BGB/Häublein § 573 Rn. 42; Beuthien GenG § 1 Rn. 71.
[425] LG Cottbus NJOZ 2007, 2389; AG Senftenberg BeckRS 2007, 02886.
[426] LG Cottbus NJOZ 2007, 2389.
[427] BGH NZM 2018, 785.
[428] Ausführlich Rippert S. 163 ff.
[429] Lang/Weidmüller/Holthaus/Lehnhoff GenG § 1 Rn. 72.

nerschaft nicht eintreten, § 563 Abs. 2 S. 3 BGB. Dasselbe gilt für nichteheliche Lebenspartner, nicht eingetragene gleichgeschlechtliche Lebenspartnerschaften und Gemeinschaften von auf Dauer zusammenlebenden alten Menschen als Alternative zum Alters- oder Pflegeheim, § 563 Abs. 2 S. 4 BGB.

Hat der Erblasser keinen gemeinsamen Haushalt mit den genannten Personen geführt 271
und wird das Nutzungsverhältnis auch nicht mit überlebenden Mietern nach § 563a BGB fortgesetzt, wird es mit dem **Erben** fortgeführt, § 564 S. 1 BGB. In dem Fall können die Genossenschaft und der Erbe das Nutzungsverhältnis innerhalb eines Monats außerordentlich mit der gesetzlichen Frist kündigen, § 564 S. 2 BGB.

Da das Nutzungsverhältnis seinen Bestandsgrund in der Mitgliedschaft des Erblassers 272
hatte, ist der Eintretende grundsätzlich gehalten, die Mitgliedschaft in der Genossenschaft zu erwerben. Ist der Eintretende bereits Mitglied der Genossenschaft, ohne dass ihm eine Wohnung zugewiesen wurde, dann bereitet die Fortsetzung des Nutzungsverhältnisses keine Probleme.[430] Ein Anspruch des Eintretenden auf **Erwerb der Mitgliedschaft** besteht grundsätzlich nicht,[431] kann aber darauf gestützt werden, dass die Genossenschaft in vergleichbaren Situationen die in Nutzungsverhältnisse eintretenden Personen ebenfalls aufgenommen hat.[432] Ein Anspruch des Eintretenden auf Aufnahme in die Genossenschaft kann sich ferner aus einem Vertrag zugunsten des Eintretenden zwischen dem Erblasser und der Genossenschaft ergeben, § 328 BGB.

§ 13 Abs. 4 der Musternutzungsverträge enthält die Klausel, dass die Genossenschaft 273
das Nutzungsverhältnis **kündigen** kann, wenn es sich mit dem Ehegatten, Lebenspartner, Kind, Familienangehörigen, Erben des verstorbenen Mitglieds oder einer anderen Person fortsetzt, ohne dass diese die Mitgliedschaft bei der Genossenschaft erwerben. Das begründet jedenfalls eine gewisse Erwartung der genannten Personen auf Zulassung zur Mitgliedschaft. Die Genossenschaft ist jedoch nicht gehindert, den Rechtsnachfolger abzulehnen, wenn berechtigte Interessen der Genossenschaft die Ablehnung rechtfertigen. Die Genossenschaft darf die Mitgliedschaft des Eintretenden nicht allein deswegen verweigern, weil Mitglieder der Genossenschaft noch nicht versorgt sind.

Erwirbt der nach § 563 BGB Eintretende die Mitgliedschaft trotz Aufforderung der 274
Genossenschaft[433] nicht, hängt das **außerordentliche Kündigungsrecht** der Genossenschaft nach § 563 Abs. 4 BGB davon ab, ob die fehlende Mitgliedschaft unter den konkreten Umständen des Einzelfalles[434] für die Genossenschaft ein **wichtiger Kündigungsgrund in der Person** des Eintretenden ist.

Da es sich bei § 563 Abs. 4 BGB um die Möglichkeit einer außerordentlichen 275
Kündigung mit gesetzlicher Frist handelt, muss die Genossenschaft zugleich ein **berechtigtes Interesse** an der Kündigung haben, §§ 573d Abs. 1, 573 BGB.[435] Liegt kein wichtiger Grund für eine Kündigung vor, kann auch ein berechtigtes Interesse an der Kündigung gem. § 573 BGB die Kündigung nicht rechtfertigen.[436]

Ob die **fehlende Mitgliedschaft durch Nichterwerb** trotz Aufforderung durch die 276
Genossenschaft allein ein wichtiger Kündigungsgrund ist, ist im Einzelfall wertungsmäßig anhand der gleichen Kriterien zu beurteilen, wie das Vorliegen eines berechtigten Kündigungsinteresses (§ 573 Abs. 1 BGB) bezüglich des Nutzungsvertrages bei Ausschluss aus der Genossenschaft (§ 68 GenG), freiwilliger Kündigung (§§ 65, 67a GenG) oder Kündigung durch einen Gläubiger (§ 66 GenG).[437] Ein wichtiger Kündigungs-

---

[430] Vgl. Siegel ZfgG 1985, 70, Anm. zu OLG Hamburg ZfgG 1985, 64.
[431] Siegel ZfgG 1985, 70, Anm. zu OLG Hamburg ZfgG 1985, 64.
[432] BGH GWW 1964, 257; OLG Celle ZfgG 1965, 49; LG Göttingen GWW 1962, 21.
[433] LG Köln WuM 1994, 23.
[434] OLG Hamburg ZfgG 1985, 64; OLG Karlsruhe ZfgG 1985, 198; LG Köln WuM 1994, 23.
[435] OLG Hamburg ZfgG 1985, 64.
[436] OLG Karlsruhe ZfgG 1985, 198; LG Nürnberg-Fürth WuM 1985, 228 („§ 564b BGB findet in Fällen des § 569a Abs. 5 BGB keine Anwendung").
[437] Unter → Rn. 261 ff. (Beendigung der Mitgliedschaft).

grund besteht jedenfalls dann, wenn zusätzlich zur fehlenden Mitgliedschaft die Genossenschaft die Wohnung für die **Versorgung eines anderen Mitglieds** benötigt.[438]

277 Ist der das Nutzungsverhältnis Fortsetzende **bereits Mitglied** und nutzt schon eine andere Wohnung der Genossenschaft, dann ist die Kündigung des vormals mit dem Erblasser bestehenden Nutzungsverhältnisses zulässig.[439] Dass die Genossenschaftswohnung nach dem Erbgang **unterbelegt** ist, berechtigt zur Kündigung nur dann, wenn die Satzung oder der Nutzungsvertrag ausdrücklich darauf hinweisen.[440] Die Genossenschaft muss den in das Nutzungsverhältnis Eintretenden darüber aufklären, dass sie das Nutzungsverhältnis möglicherweise kündigen kann, wenn die Mitgliedschaft nicht erworben wird.[441] Ob darüber hinaus in der Person des Eintretenden ein wichtiger Kündigungsgrund vorliegt, richtet sich nach den Kriterien des allgemeinen Mietrechts.

IV. Das Wohn- und Betreuungsvertragsgesetz (WBVG)

Schrifttum:
Biber/Eupen, Mietrecht in Einkaufszentren und anderen Spezialimmobilien, 1. Aufl. 2010; Börstinghaus, Mietminderungstabelle, 4. Aufl. 2017; Christl, Konkurrenz von Prozess-/Verfahrenskostenhilfe und Sozialleistungen nach SGB II, SGB XII, NZS 2016, 293; Crößmann/Iffland/Mangels, Taschenkommentar zum Heimgesetz, 5. Aufl. 2002; Drasdo, Die Geltendmachung von Gewährleistungsansprüchen nach dem Wohn- und Betreuungsvertragsgesetz, JM 2014, 404; Drasdo, Rückerstattungsanspruch bei ersparter Heimverpflegung, NJW 2008, 654; Drasdo, Das Wohn- und Betreuungsvertragsgesetz, NJW 2010, 1174; Drasdo, Anm. zu VG Düsseldorf: Kaution als verwertbares Vermögen und Pflegewohngeld, NJW-Spezial 2012, 65; Drasdo, Die öffentlich-rechtlichen Einflüsse auf den Heimvertrag neuen Rechts, NJW-Spezial 2012, 225; Drasdo, Der Heimvertrag nach der Föderalismusreform, NVwZ 2008, 639; Drasdo, Tod des Pflegeleistungsempfängers beendet Heimvertrag, NVwZ 2011, 1181; Drasdo, Zwangsvollstreckungsunterwerfung im Bauträgervertrag mit Nachweisverzicht, NZM 1999, 1; Drasdo, Die Raumüberlassung unter dem Heimgesetz – Ein Überblick zu den zivilrechtlichen Grundlagen einer Vertragstypenmischung, NZM 2008, 665; Drasdo, Heimunterbringung und „Betreutes Wohnen", NZM 2013, 289; Drasdo, Die Zuständigkeit für Klagen bei Ansprüchen aus dem Wohn- und Betreuungsvertragsgesetz, Seniorenrecht aktuell 2014, 161; Drasdo, AGB: Kautionsvereinbarung bei selbstzahlendem Heimbewohner, Seniorenrecht aktuell 2017, 80; Drasdo, Sicherheitsleistung im Heimvertrag, WuM 2023, 657; Düncher/Schweigler, Entgelterhöhung im Wohn- und Betreuungsvertrag, GuP 2017, 5; Fuchs, Judex non calculat: Die Rechtsprechung zur Entgelterhöhung nach dem Heimgesetz, NJW 1995, 2905; Graf v. Westphalen/Thüsing/Pamp, Vertragsrecht und AGB-Klauselwerke, 50. Aufl. 2024;; Hebeler/Buhr, Die bauplanungsrechtliche Einordnung des betreuten Wohnens, NVwZ 2015, 1020; Heinrichs, Gesamtunwirksamkeit oder Teilaufrechterhaltung von Formularklauseln in Mietverträgen unter besonderer Berücksichtigung der aktuellen Rechtsprechung zu Schönheitsreparatur- und Kautionsklauseln, NZM 2005, 201; Herberger/Martinek/Rüßmann/Weth/Würdinger (Hrsg.), juris PraxisKommentar BGB, 10. Aufl. 2023 (zit. jurisPK-BGB); Iffland/Düncher, WBVG – Wohn- und Betreuungsvertragsgesetz, 1. Aufl. 2011; Kassen/Pitzer/Zabel/Esmeier/Fahnenstich, Wohn- und Teilhabegesetz Nordrhein-Westfalen, 1. Aufl. 2011; Markus, Rechtsprobleme des betreuten Wohnen, WuM 2005, 290; Pattar, Sozialhilferechtliches Dreiecksverhältnis – Rechtsbeziehung zwischen Hilfebedürftigen, Sozialhilfeträgern und Einrichtungsträgern, SRa 2012, 85; Pauly, Betreutes Wohnen – notwendige Problembewältigung einer neuen Wohnform, ZMR 2008, 864; Schmid, Entgelterhöhungen nach dem Heimgesetz bei Selbstzahlern, NJW 1995, 436; Schmitt, Kündigung des Heimvertrags durch den Heimträger wegen verschlechterten Befindens des Heimbewohners, LMK 2005, 3; Steffens, Verträge in Seniorenheimen nach dem Wohn- und Betreuungsvertragsgesetz (WBVG), Seniorenrecht aktuell 2014, 78; Stein, Erhöhung des Heimentgelts, Seniorenrecht aktuell 2016, 190; Tamm, Das Wohn- und Betreuungsvertragsgesetz (WBVG): Zivilrechtlicher Verbraucherschutz für Heimbewohner, VuR 2016, 370; Theusinger/Thomas, Transaktionsstrukturen bei Erwerb und Veräußerung von Seniorenimmobilien, ZfIR 2008, 5; Thier, Transaktionsstrukturen bei Erwerb und Veräußerung von Seniorenimmobilien, NZM 2003, 264; Von und zu Franckenstein/Gräfenstein-Griffiths, Brandschutzdilemma bei Sonderbauten am Beispiel der Pflegeimmobilie – Haftungsrisiko ohne Ende?, ZfIR 2015, 305; Weber, „Verbraucherschutz" bei Verträgen über Wohnraum in Verbindung mit Pflege- und Betreuungsdienstleistungen – Das Wohn- und Betreuungsvertragsgesetz (WBVG), NZM

[438] BGH NJW-RR 2004, 12; Lang/Weidmüller/Holthaus/Lehnhoff GenG § 1 Rn. 72; siehe auch: LG Köln WuM 1994, 23; LG Mainz 26.2.1991 – 3 S 298/90; AG Bremen 21.11.1980 – 2b C 205/80; Hufnagel ZdW 1/92, 16 (17).
[439] LG Nürnberg-Fürth WuM 1985, 228, wohl zustimmend LG Köln WuM 1994, 23.
[440] OLG Karlsruhe NJW 1984, 2584.
[441] Lützenkirchen WuM 1994, 5 (7).

2010, 337; Weber, Häusliche Krankenpflege nach SGB V in einer stationären Einrichtung der Eingliederungshilfe, NZS 2011, 650.

1. Einführung

Die Unterbringung pflege- oder zumindest hilfsbedürftiger Personen ist nicht nur aus sozialrechtlicher Betrachtung von Bedeutung. Verträge zwischen den Patienten beziehungsweise Bewohnern einerseits und den Betreibern entsprechender Einrichtungen andererseits bedürfen einer zivilrechtlichen Ausgestaltung. Die ausschließlich ordnungsbehördliche Aufsicht über die Einrichtungen, wie sie lange bestanden hat,[442] konnte letztlich keine vertragliche Grundlage ersetzen. Auch öffentlich-rechtliche Vorgaben für eine Vertragsgestaltung sind wenig geeignet, das Verhältnis der Bewohner zu dem Unternehmer der Einrichtung zu regeln. Grundlage ist dafür nunmehr das Wohn- und Betreuungsvertragsgesetz.[443] 278

Das WBVG verdankt seine Entstehung der so genannten Föderalismusreform.[444] Mit dieser war das in dem HeimG aF[445] kodifizierte Heimrecht in die Gesetzgebungskompetenz der Länder übertragen worden. Da es zivilrechtliche Bestimmungen für einen Unterbringungs- und Versorgungsvertrag damit auf der bundesgesetzlichen Ebene nicht gab, wären die Länder berechtigt gewesen, einen entsprechenden zivilrechtlichen Vertragstypus zu schaffen. Dies hätte eventuell für eine Rechtszersplitterung gesorgt, so dass der Bundesgesetzgeber im Rahmen der konkurrierenden Gesetzgebung das WBVG als zivilrechtliche Grundlage für die Verträge hinsichtlich der Unterbringung in einem Pflege- oder Altenheim geschaffen hat. 279

Dabei erfolgte unter teilweiser Bezugnahme auf das Mietrecht erstmalig die Schaffung zivilrechtlicher Bestimmungen. Denn das HeimG aF war dem öffentlichen Recht zuzuordnen, so dass die darin enthaltenen Vorschriften über die Vertragsgestaltung nur den jeweiligen Betreiber auf dieser Ebene anhalten konnten, Verträge in bestimmter Form zu gestalten.[446] Für die Bewohner hatte dies dann nur eine Reflexwirkung, stellte aber kein Zivilrecht dar. 280

Ausdrücklich wird das WBVG als Verbraucherschutzgesetzt bezeichnet. Damit soll ein Schutz der Bewohner vor dem Unternehmer geschaffen und das Selbstbestimmungsrecht der Bewohner gewährleistet werden.[447] 281

2. Vertragliche Einordnung

Bei dem WBVG handelt es sich um ein zivilrechtliches Gesetz. Es schafft einen Vertragstypus eigner Art. Dieser enthält Elemente des Miet-, Dienst- und Werk- sowie in Einzelfällen auch des Kaufrechts. Ein typengemischter Vertrag liegt damit nicht mehr vor. 282

Dass öffentlich-rechtliche und sozialrechtliche Bestimmungen auf den Inhalt des Vertrages und seine Abwicklung Einfluss haben, ändert an dieser Einordnung nichts. 283

a) Verwaltungsrechtliche Einflüsse. Verwaltungsrechtliche Einflüsse auf die nach dem WBVG abzuschließenden Verträge ergeben sich bereits daraus, dass die Vorgaben für die Eröffnung und Betreibung eines Alten- oder Pflegeheims dem öffentlichen-Recht 284

---

442 Crößmann/Iffland/Mangels HeimG Grundsätzliches Rn. 3.

443 Gesetz zur Neuregelung der zivilrechtlichen Vorschriften des Heimgesetzes nach der Föderalismusreform – Gesetz zur Regelung von Verträgen über Wohnraum mit Pflege und Betreuungsleistungen (Wohn- und Betreuungsvertragsgesetz – WBVG), v. 29.7.2009, BGBl. 2009 I 2319.

444 Gesetz zur Änderung des Grundgesetzes (Art. 22, 23, 33, 52, 72, 73, 74, 74a, 75, 84, 85, 87c, 91a, 91b, 93, 98, 104a, 104b, 105, 107, 109, 125a, 125b, 125c, 143c GG) v. 28.8.2006, BGBl. 2006 I 2034, dort Art. 1 Nr. 7 lit. a dd zu Art. 74 Abs. 1 Nr. 7 GG; dazu auch Drasdo NVwZ 2008, 639; Theusinger/Thomas ZfIR 2008, 5.

445 Heimgesetz v. 5.11.2001, BGBl. 2001 I 2970.

446 Drasdo NVwZ 2008, 639; Drasdo NZM 1999, 1 zu der ähnlich gelagerten Problematik bei der MaBV; aA wohl Theusinger/Thomas ZfIR 2008, 5.

447 BT-Drs. 16/12409, 1; BT-Drs. 16/12882, 1; Pattar SRa 2012, 85; Steffens Seniorenrecht aktuell 2014, 78; Tamm VuR 2016, 370; Weber NZS 2011, 650; Weber NZM 2010, 337.

zugeordnet sind. Die entsprechende Gesetzgebungskompetenz steht den Ländern zu. Insoweit werden die Ausgestaltungen der Verträge in diesem Rahmen durch Länderrecht bestimmt.[448] Dies kann unterschiedliche Auswirkungen haben, was sich insbesondere dadurch zeigt, dass die verschiedenen in Betracht kommenden Wohnformen nicht in allen heimrechtlichen Gesetzen der Bundesländer Erwähnung finden. Soweit dennoch teilweise Übereinstimmungen hinsichtlich der Wohnformen bestehen, gibt es wiederum unterschiedliche Vorgaben für die Überwachung durch die jeweiligen Ordnungs- und Aufsichtsbehörden. Daher ist bei der Vertragsgestaltung eine bundeseinheitliche Vorgabe nicht möglich.

285 **b) Sozialrechtliche Einflüsse.** Der Pflegeversicherung und der Bedürftigkeit zahlreicher Personen ist geschuldet, dass auch die SGB XI und SGB XII nicht unerheblich sich auf die Gestaltung und Abwicklung der nach dem WBVG geschlossenen Verträge auswirken. Die Leistungen, die nach diesen Vorgaben zu erbringen sind, werden im Regelfall durch die landesrechtlichen Rahmenverträge vorgegeben. Dies gilt sowohl für die Leistungen des Unternehmers als auch für die diesem zustehenden Entgelte.

286 Von besonderer Bedeutung ist dabei auch das so genannte sozialrechtliche Dreiecksverhältnis. Durch dieses werden zwar wegen des damit verbundenen Schuldbeitritts der Grund der Leistungen[449] als auch deren Höhe[450] und Fälligkeit[451] beeinflusst. Der Vertrag als solcher ändert seinen zivilrechtlichen Charakter dadurch jedoch nicht.[452] Dies gilt auch für Änderungen, die gegenüber dem Sozialhilfeträger nur wirksam sind, wenn sie zwischen dem Bewohner und dem Betreiber vereinbart wurden.[453]

3. Gestaltungsmöglichkeiten

287 Wie bei allen zivilrechtlichen Verträgen sind die Parteien in den Gestaltungsmöglichkeiten auch im Hinblick auf das WBVG frei. Selbstverständlich sind bei Formularverträgen die §§ 305 ff. BGB zu beachten.

288 Darüber hinaus sieht § 15 WBVG jedoch eine weitere Einschränkung vor. Nach § 15 Abs. 1 müssen Verträgen mit Verbrauchern, die Leistungen nach dem Elften Buch Sozialgesetzbuch in Anspruch nehmen, den Regelungen des siebten und achten Kapitels des Elften Buches Sozialgesetzbuch sowie den aufgrund des Siebten und achten Kapitels des Elften Buches Sozialgesetzbuch getroffenen Regelungen entsprechen. Ist dies nicht der Fall, hat dies deren Unwirksamkeit zur Folge.

289 In Verträgen mit Verbrauchern, die Leistungen nach dem zwölften Buch Sozialgesetzbuch in Anspruch nehmen, müssen nach § 15 Abs. 2 die Vereinbarungen den aufgrund des Zehnten Kapitels des Zwölften Buches Sozialgesetzbuch getroffenen Regelungen entsprechen. Andernfalls liegt ebenso eine Unwirksamkeit vor.

290 Insoweit vermittelt § 15 WBVG eine sozialrechtliche Bindung, die allerdings auch nur unter den Umständen besteht, dass Sozialleistungen in Anspruch genommen werden und mit dem Betreiber unmittelbar abgerechnet werden.

291 Letztlich verbietet § 16 mit der Androhung der Unwirksamkeit, Vereinbarungen zu treffen, die zum Nachteil des Verbrauchers von den Vorgaben des WBVG abweichen. Damit wird ein zivilrechtliches Verbot statuiert. Für ihn vorteilhafte Regelungen sind damit zulässig.

292 Nicht ausgeschlossen werden kann, dass beide Verbote nebeneinander bestehen. Denn Grundlage der Leistungspflicht der Sozialhilfeträge ist immer der Bestand eines Vertrages im Sinne des WBVG.

---

[448] Vgl. zu den unterschiedlichen Landesrechtlichen Regelungen einschließlich eventueller Ausführungsbestimmung BeckOGK/Drasdo WBVG § 1 Rn. 57 ff.

[449] BSG BeckRS 2009, 52433; 2010, 67012; LSG Baden-Württemberg BeckRS 2012, 69516; Pattar SRa 2012, 85.

[450] BSG NJW 2012, 2540; LSG Rheinland-Pfalz BeckRS 2011, 69866.

[451] VG Aachen BeckRS 2010, 53177.

[452] BGH BeckRS 2016, 07170.

[453] BSG NJW 2012, 2540; BGH BeckRS 2011, 66995; Drasdo NJW-Spezial 2012, 225.

4. Die einzelnen Regelungstatbestände des WBVG

Das der Wohn- und Betreuungsvertrag einen eigenen Vertragstypus darstellt, muss das Gesetz dessen einzelnen Bedingungen und Regelungen vollständig erfassen, wenn es dem verbraucherschützenden Gedanken seiner Intention gerecht werden will. 293

a) **Anwendungsbereich.** Nach § 1 Abs. 1 S. 1 WBVG ist das Gesetz anzuwenden auf einen Vertrag zwischen einem Unternehmer und einem volljährigen Verbraucher, in dem sich der Unternehmer zur Überlassung von Wohnraum und zur Erbringung von Pflege- oder Betreuungsleistungen verpflichtet, die der Bewältigung eines durch Alter, Pflegebedürftigkeit oder Behinderung bedingten Hilfebedarfs dienen. Nicht von Bedeutung ist, ob die Pflege- oder Betreuungsleistungen nach den vertraglichen Vereinbarungen vom Unternehmer zur Verfügung gestellt oder vorgehalten werden. Damit stellt die Regelung ausschließlich auf die rechtlichen Umstände einer Verpflichtung, nicht aber auch gleichzeitig auf das tatsächliche Können der angebotenen Leistungen ab. 294

Unbeachtlich ist auch, in welcher Kombination die einzelnen erforderlichen Leistungen erbracht werden sollen. Das WBVG findet entsprechend § 1 Abs. 2 S. 1 WBVG auch Anwendung, wenn die geschuldeten Leistungen Gegenstand unterschiedlicher Verträge sind. Dabei ist gleichgültig, ob der Bestand des Vertrags über die Überlassung von Wohnraum von dem Bestand des Vertrags über die Erbringung von Pflege- oder Betreuungsleistungen abhängig ist (§ 1 Abs. 2 S. 1 Nr. 1 WBVG), der Verbraucher an dem Vertrag über die Überlassung von Wohnraum nach den vertraglichen Vereinbarungen nicht unabhängig von dem Vertrag über die Erbringung von Pflege- oder Betreuungsleistungen festhalten kann (§ 1 Abs. 2 S. 1 Nr. 2 WBVG) oder der Unternehmer den Abschluss des Vertrags über die Überlassung von Wohnraum von dem Abschluss des Vertrags über die Erbringung von Pflege- oder Betreuungsleistungen tatsächlich abhängig macht (§ 1 Abs. 2 S. 1 Nr. 3 WBVG). 295

Nach § 1 Abs. 2 S. 3 WBVG entfällt die Anwendung auch nicht dadurch, dass die Verträge von verschiedenen Unternehmern mit dem Bewohner geschlossen werden. 296

Damit hat der Gesetzgeber letztlich allen Varianten für mögliche Umgehungsvereinbarungen vorgebeugt und auf die tatsächlichen Verhältnisse, sind auf die rechtlichen Rahmenbedingungen abgestellt. 297

Ebenfalls nicht anzuwenden ist das WBVG auf das so genannte Betreute Wohnen. § 1 Abs. 1 S. 2 WBVG regelt dies ausdrücklich. Das Betreute Wohnen stellt keine heimartige Unterbringung dar und richtet sich damit nach anderen Vorgaben.[454] Wann ein solches vorliegt, ist im Einzelfall schwierig zu beurteilen. Das WBVG beschreibt dies in der Weise, dass eine Wohnraumüberlassung vorliegt und neben dieser allgemeinen Unterstützungsleistungen wie die Vermittlung von Pflege- oder Betreuungsleistungen, Leistungen der hauswirtschaftlichen Versorgung oder Notrufdienste Vertragsgegenstand sind. 298

Weitere Anwendungsausschlüsse finden sich in § 2 WBVG. Danach werden traditionsgemäß Verträge der Krankenhäuser, Vorsorge- oder Rehabilitationseinrichtungen iSd § 107 des Fünften Buches Sozialgesetzbuch sowie der Internate der Berufsbildungs- und Berufsförderungswerke als auch der iSd § 41 SGB VIII und letztlich die Verträge, die im Rahmen von Kur- oder Erholungsaufenthalten geschlossen werden, ausgenommen. Der Gesetzgeber geht davon aus, dass bei Abschluss solcher Verträge keine besondere Schutzbedürftigkeit der Bewohner besteht. Denn diese sind anders als die eines Alten- oder Pflegeheims nicht auf einen dauerhaften Aufenthalt des Bewohners ausgerichtet. 299

b) **Vertragsabschluss.** Der Abschluss des Vertrages iSd WBVG erfolgt nach allgemeinen Regeln. Das die Frage der Geschäftsfähigkeit wegen des Alters oder Gesundheitszustandes des Bewohners von besonderer Bedeutung sein kann, ist leicht erkennbar. 300

[454] Dazu → Rn. 412 f.

Hier gelten die Regelungen der §§ 104 ff. BGB und die Vorschriften des Familienrechtes über die rechtliche Betreuung, §§ 1896 ff. BGB.

301 *aa) Vorvertragliche Pflichten.* Den Betreiber der Einrichtungen treffen vor dem Vertragsschluss weitere Informationspflichten. Die Regelung des § 3 WBVG entspricht der bei der BGB-InfoV[455] angewandten Gesetzgebungstechnik. Eine gesonderte Regelung musste erfolgen, weil das WBVG nicht im BGB als Vertragstyp aufgenommen wurde. Mit den Informationspflichten soll der Verbraucher bereits vor dem Abschluss des Vertrages über das Leistungsangebot des Unternehmers ausreichend unterrichtet werden.

302 Die Information ist in **Textform** zu erteilen. Es gilt § 126b BGB. Zu erfolgen hat dies in leicht verständlicher Sprache, worunter man eine Ausdrucksweise ohne Fremdwörter und Fachbegriffe zu verstehen haben wird. Der Text muss somit aus sich heraus und für jeden beim ersten Durchlesen verständlich sein. Eine optische Hervorhebung ist hingegen nicht notwendig. Eine Ausnahme ergibt sich aufgrund der ausdrücklichen Regelung des § 3 Abs. 2 S. 2 WBVG nur für die nach § 3 Abs. 3 Nr. 5 WBVG zu erteilende Auskunft über den Umfang und die Folgen eines Ausschlusses der Angebotspflicht nach § 8 Abs. 4 WBVG. Die **Information** soll jeweils bezogen auf den Einzelfall[456] rechtzeitig vor Abgabe der Vertragserklärung des Verbrauchers erteilt werden. Maßstab kann eventuell § 17 Abs. 2a Nr. 2 BeurkG sein. Auf die Informationsrechte kann wegen § 16 WBVG nicht vertraglich verzichtet werden. Allerdings darf eine solche Vereinbarung nicht mit der faktischen Ablehnung der Information durch den Verbraucher verwechselt werden. Soweit der Unternehmer die Information anbietet, der Verbraucher diese aber nicht zur Kenntnis nehmen will, ist der Bestimmung des § 3 WBVG genüge getan.[457] Die Darlegungs- und Beweislast trägt der Verbraucher, wenn er sich auf die sich aus § 3 WBVG ergebenden Rechtsfolgen beruft. Im umgekehrten Fall, wenn sich der Unternehmer auf die Informationserteilung beruft, treffen diese ihn.

303 Die Informationen beziehen sich zunächst auf die allgemeinen Zustände des Objekts und des Betriebes, so dass auf den jeweiligen Betrieb abzustellen ist.[458] Sie betreffen aber nicht den jeweiligen Verbraucher, sondern das allgemeine Leistungsbild des Unternehmens.[459]

304 Nach Abs. 2 Nr. 1 WBVG sind Informationen über die Ausstattung und die Lage des Gebäudes, in dem sich der Wohnraum befindet, erteilen. Daher muss die Gebäudesubstanz und die Ausstattung beschrieben werden. Auch die Lage, demnach die postalische Anschrift, muss genannt werden. Im Rahmen der Information über die Nutzungsbedingungen muss der Unternehmer auf Regelungen hinweisen, die bereits für die Inanspruchnahme der einzelnen Anlagen und Einrichtungen bestehen.[460]

305 Zudem soll der Unternehmer die in den Gebäuden und gemeinschaftlichen Anlagen und Einrichtungen enthaltenen Leistungen nach Art, Inhalt und Umfang beschreiben.

306 Der Unternehmer muss die Ergebnisse der nach § 115 Abs. 1a S. 1 SGB XI durchgeführten Qualitätsprüfungen offenlegen. Wenn Landesgesetze eine solche Prüfung vorsehen,[461] sieht § 3 Abs. 2 Nr. 3 WBVG ebenfalls eine entsprechende vorvertragliche Informationspflicht vor. Diese Verpflichtung trifft den Unternehmer nur, wenn veröffentlichungspflichtigen Prüfberichte vorliegen. Die Informationspflicht bezieht sich auf den aktuellen Bericht.[462]

307 Im Gegensatz zu den nach § 3 Abs. 2 WBVG zu erteilenden Informationen bezieht sich Abs. 3 nicht auf generelle Auskünfte, sondern verlangt von dem Unternehmer eine

[455] Verordnung über Informationen und Nachweispflichten nach bürgerlichem Recht (BGB-Informationspflichten-Verordnung – BGB-InfoV) v. 5.8.2002, BGBl. 2002 I 3002.
[456] BT-Drs. 16/12409, 16.
[457] BT-Drs. 16/12409, 16.
[458] Iffland/Düncher WBVG § 3 Rn. 6.
[459] BT-Drs. 16/12409, 16.
[460] BT-Drs. 16/12409, 16.
[461] Etwa Art. 6 BayPfleWoqG; § 20 NRWWTG; § 12 LWTG RhPf.
[462] Iffland/Düncher WBVG § 3 Rn. 6.

auf die Person des jeweiligen Verbrauchers und dessen Bedürfnisse gestützte Unterrichtung.[463] Dadurch wird der der Verbraucher nicht nur in die Lage versetzt, zu prüfen, ob die Einrichtung für ihn sachgerecht ist.

Zudem müssen nach § 3 Abs. 3 Nr. 1 WBVG Darstellungen über Wohnraum, Pflege- 308 und Betreuungsleistungen sowie Verpflegung erfolgen. Diese beziehen sich zunächst auf die Beschaffenheit und die Qualität des Wohnraums, demnach, ob es sich um ein Einzel-, Doppel- oder Mehrbettzimmer handelt, in welches der Verbraucher einziehen soll. Die Grundausstattung des Zimmers ist ebenso zu beschreiben wie Möglichkeiten, eigene Möbel und andere Einrichtungsgegenstände noch in diesem unterbringen zu können. Auch die Betreuungsleistungen sollen beschrieben werden, was allerdings schwierig sein kann, weil der Unternehmer vor dem Vertragsschluss kaum Kenntnisse von den Bedürfnissen des Bewohners haben wird. Gemeint ist wohl, dass vorhandene Betreuungsangebote beschrieben werden. Dazu werden Sport- und Spiel- und sonstige Freizeitveranstaltungen rechnen. Soweit die Verpflegung zu beschreiben ist, bezieht sich dies auf den Umfang. Maßgeblich ist daher, welche Mahlzeiten angeboten werden.

Weiterhin müssen nach § 3 Abs. 2 WBVG Darstellungen über das Leistungskonzept 309 erfolgen. Dies wird oftmals in epischer Weise vorgenommen,[464] was für den Unternehmer mit dem Risiko behaftet, dass diese von ihm selbst statuierten Vorgaben über § 6 Abs. 3 WBVG zum Inhalt des Vertrages werden.[465] Werden die Vorgaben nicht erfüllt, gibt dies dem Verbraucher nach § 10 Abs. 1 WBVG das Recht zur Minderung.

Der Unternehmer muss gemäß § 3 Abs. 3 Nr. 3 WBVG die Entgelte, die für die 310 Leistungen, die er anbietet, auflisten. Anzugeben sind auch die Investitionskosten. Letztlich ist ein Gesamtbetrag darzustellen. Wenn in den Pflegevereinbarungen Tagessätze vereinbart wurden, sollen auch diese darzustellen sein.[466] Dies erscheint mangels Gesetzesgrundlage fraglich, kann aber nicht schaden.

Der Unternehmer hat wegen des Dauerschuldverhältnisses die Möglichkeit, auf Ver- 311 änderungen im Bereich der Pflege und Kosten zu reagieren. Daher soll er nach § 3 Abs. 3 Nr. 4 WBVG auch über die Voraussetzungen der Leistungs- und Entgeltveränderungen den Verbraucher informieren. Dies betrifft insbesondere den Grund und die Berechnungsmethode. Dies wird eine umfassende Darstellung der Grundlagen und Voraussetzungen von §§ 8 und 9 WBVG erforderlich machen.[467]

Will der Unternehmer verhindern, dass er seine Leistungspflicht nach § 8 Abs. 1 312 WBVG dem Pflege- und Betreuungsbedarf des Bewohners anpassen muss, ist er gehalten einen dahingehenden Ausschluss bereit in dem Vertrag nach § 8 Abs. 4 WBVG zu vereinbaren. Damit eröffnet er sich auch die Kündigungsmöglichkeit nach § 12 Abs. 1 Nr. 2 Lit. b WBVG. Erfolgt ein solcher anfänglicher Ausschluss nicht, kann sich wegen der Anbietungspflicht für den Unternehmer ein unkalkulierbares Anpassungsrisiko ergeben.

Die Informationen sind zutreffend und vollständig zu erteilen. Kommt der Unterneh- 313 mer dem nicht nach, so hat dies nicht die Nichtigkeit des Vertrages zur Folge. Vielmehr regelt § 3 Abs. 4 WBVG, dass sich die Rechtsfolgen an § 6 Abs. 2 S. 2 und 3 WBVG orientieren. Der Verbraucher kann den Vertrag fristlos kündigen. Ein Kausalzusammenhang zwischen der unterlassenen Information und dem Vertragsschluss ist nicht erforderlich. Kommt der Unternehmer seinen Verpflichtungen später nach, entfällt in entsprechender Anwendung des § 6 Abs. 2 S. 3 WBVG allerdings das Kündigungsrecht des Verbrauchers. Abschließend stellt § 3 Abs. 4 klar, dass weitergehende zivilrechtliche Ansprüche des Verbrauchers bestehen bleiben. Dies dürfte vornehmlich Ansprüche aus Verschulden bei Vertragsschluss gemäß §§ 311 Abs. 2 BGB, 241 Abs. 2 BGB betreffen.

---

463 BT-Drs. 16/12409, 17.
464 Iffland/Düncher WBVG § 3 Rn. 7.
465 So auch bereits die Beschreibung des Gesetzgebers als besonders ausgestaltete Geschäftsgrundlage, vgl. BT-Drs. 16/12409, 17.
466 Iffland/Düncher WBVG § 3 Rn. 7.
467 Iffland/Düncher WBVG § 3 Rn. 7.

314 Weitergehende Informationspflichten nach anderen Gesetzen bleiben dem Verbraucher erhalten. Der Gesetzgeber hat dies mit § 3 Abs. 5 ausdrücklich klargestellt. Andere Informationspflichten können sich den jeweiligen Gesetzen der Bundesländer ergeben.

315 *bb) Formvorschriften.* In zahlreichen Regelungen sieht das WBVG Formvorschriften vor. Im Regelfall ist eine Schriftform anzuwenden.[468] Die elektronische Form[469] hat der Gesetzgeber im Hinblick auf das Alter oder die Betreuungsnotwendigkeit der Bewohner sowie die damit oftmals verbundene mangelnde Kenntnis elektronischer Medien weitgehend ausgeschlossen. Die Textform kann jedoch gelegentlich zur Anwendung kommen.[470] Auch eine sog. hervorgehobene Form wird gefordert.[471]

316 Im Hinblick auf das weitgehend geltende Schriftformgebot werden konkludente Vertragsabschlüsse oder Änderungsvereinbarungen kaum in Betracht zu ziehen sein.[472]

317 **c) Vertragsdauer.** Der Vertrag wird nach § 4 Abs. 1 S. 1 WBVG auf unbestimmte Dauer geschlossen. Dies dient dem Schutz des Verbrauchers, damit dieser nicht, weil er aufgrund seines Pflegezustandes nicht mehr Geschäfte selbst wahrnehmen kann, ohne Unterbringungsmöglichkeit verbleibt.[473] Befristete Verträge kommen damit grundsätzlich nicht in Betracht. Sie sind nach § 4 Abs. 1 S. 2 WBVG nur zulässig, wenn sie im Interesse des Verbrauchers liegen. Damit wird ein Vertrag für eine so genannte Kurzzeitpflege[474] oder vorübergehende Leistungen im Rahmen der Eingliederungshilfe ermöglicht.[475] Liegen die Voraussetzungen für eine Befristung nicht vor, gilt der Vertrag als unbefristet geschlossen, wenn nicht der Bewohner seinen anderweitigen Willen innerhalb von zwei Wochen nach Beendigung der zunächst festgelegten Vertragsdauer dem Unternehmer mitteilt.

318 Sein Ende findet der Vertrag, wenn nicht eine Kündigung nach §§ 11, 12 WBVG erfolgt, gemäß § 4 Abs. 2 WBVG mit dem Tode des Bewohners. Eine Fortgeltung des Vertrages im Hinblick auf die Wohnraumüberlassung kann für maximal zwei Wochen gegen Fortzahlung des betreffenden Entgeltbestandteiles vereinbart werden. Dies hat den Zweck, eine geordnete Räumung durch die Angehörigen oder eine Desinfektion der Räume zu ermöglichen. Allerdings finden sich hinsichtlich der Zahlungspflichten auch insoweit sozialrechtliche Einschränkungen, weil nach § § 87a Abs. 1 SGB XI die Zahlungspflicht des Sozialhilfeträgers mit dem Tode des Bewohners endet.[476] Bei einer frühzeitigen Neuvergabe des Zimmers oder der Räume innerhalb der zwei Wochen zu entfällt die Zahlungspflicht.[477]

319 Der Vertragspartner muss geschäftsfähig sein. Es gelten die allgemeinen Regeln. Allerdings tritt nicht die Folge des § 105 Abs. 1 BGB ein. Der Vertrag ist vielmehr schwebend unwirksam. Die Wirksamkeit hängt nach § 4 Abs. 2 von der Genehmigung eines Bevollmächtigten oder Betreuers ab.[478] Nach § 4 Abs. 2 S. 3 besteht eine Rückwirkung. Dies folgt aus dem Schutzzweck des WBVG. Der Unternehmer gemäß § 108 Abs. 2 BGB nur die Genehmigung erbitten. Wird sie nicht erteilt, kommt der Vertrag nicht zu Stande. Sie bedarf nach § 182 Abs. 2 BGB nicht der Schriftform iSd § 6 Abs. 1 S. 1 WBVG. Eine konkludente Genehmigung ist damit zulässig. Ein Fristablauf für die Genehmigung hat nach § 108 Abs. 2 S. 2 BGB deren Verweigerung zur Folge. Liegt die Genehmigung vor, wird der Vertrag gem. § 184 Abs. 1 BGB rückwirkend wirksam. Für den bis dahin bestehenden Schwebezustand wird nach § 4 Abs. 2 S. 4 WBVG die

[468] Siehe etwa in § 6 Abs. 1; § 7 Abs. 4; § 8 Abs. 3; § 8 Abs. 4; § 9 Abs. 2; § 11 Abs. 1; § 12 Abs. 1 S. 2 WBVG?

[469] Siehe etwa in § 6 Abs. 1; § 8 Abs. 4 WBVG.

[470] Siehe etwa in § 3 Abs. 1 WBVG.

[471] Siehe etwa in § 3 Abs. 3 S. 2 WBVG.

[472] Offen gelassen von BSG BeckRS 2016, 67936.

[473] Tamm VuR 2016, 370.

[474] BT-Drs. 16/12409, 18; Iffland/Düncher WBVG § 3 Rn. 5.

[475] BT-Drs. 16/13209, 10.

[476] BVerwG BeckRS 2010, 50098; OLG Düsseldorf BeckRS 2011, 01716; Drasdo NVwZ 2011, 1181.

[477] BGH NJW 2003, 453.

[478] BSG BeckRS 2017, 127285; Drasdo NVwZ 2011, 1181; Tamm VuR 2016, 370.

Wirksamkeit des Vertrages fingiert. Wir die Genehmigung endgültig verweigert, kommt der Vertrag somit nicht zu Stande, gelten ab diesem Zeitpunkt die allgemeinen Bestimmungen. Der Unternehmer kann nur nach bereicherungsrechtlichen Grundsätzen[479] oder nach denen der Geschäftsführung ohne Auftrag[480] seine bis dahin entstandenen Ansprüche geltend machen. Der Bewohner kann sich immer von dem unwirksamen Vertragsverhältnis lösen.[481] Die Abwicklung erfolgt nach bereicherungsrechtlichen Vorgaben abzuwickeln.

d) Vertragsinhalte. Was Inhalt des Vertrages wird, unterliegt der Parteivereinbarung. Abweichungen von den Vorgaben des WBVG sind jedoch nach § 16 WBVG nicht zulässig. Zudem schränkt § 15 WBVG die Möglichkeiten der Vertragsgestaltung bei dem Bezug von Leistungen nach dem SGB XI und dem SGB XII ein. 320

aa) Leistungspflichten des Unternehmers. Zu den wesentlichen Leistungspflichten des Unternehmers rechnen die Wohnraumüberlassung und die Zurverfügungstellung von Pflege- und Betreuungsleistungen. Welche Räume dem Bewohner überlassen werden, wird mit diesem vereinbart. Hingegen ergibt sich der Umfang der Pflege- und Betreuungsleistungen im Fall des Bezuges von Leistungen nach dem SGB XI oder SGB XII nicht nur nach dem mit dem Bewohner abgeschlossenen Vertrag, sondern orientiert sich in erheblichem Umfang an den sozialversicherungsrechtlichen Rahmenverträgen der jeweiligen Bundesländer. Diese stellen auch klar, welche Leistungen mit der Grundvergütung bei dem Bezug von Sozialleistungen abgegolten werden. Im Hinblick auf § 15 WBVG ist der Unternehmer an diese Vorgaben gebunden. 321

Handelt es sich bei dem Bewohner um einen so genannten Selbstzahler, können die Leistungen des Unternehmers und deren Vergütung mit dem Bewohner frei ausgehandelt werden. Dieser Vertrag ändert sich auch nicht, wenn später Sozialleistungen bezogen werden. Soweit Leistungen vereinbart wurden, die über die Vereinbarungen in den Rahmenverträgen hinausgehen, wird der Vertrag hinsichtlich des überschießenden Teils nicht nach § 15 WBVG unwirksam. Denn für die Frage der Wirksamkeit ist auf den Zeitpunkt des Vertragsabschlusses abzustellen. Der Bewohner muss dann für die die Rahmenverträge überschreitenden Leistungen die Vergütung des Unternehmers aus eigenen Mittel aufbringen. 322

bb) Zahlungspflichten des Verbrauchers. Nach § 7 Abs. 2 WBVG trifft den Verbraucher die Pflicht zur Zahlung eines Entgeltes für die zu erbringenden Leistungen. Die Höhe ist frei vereinbar, solange nicht Leistungen nach dem SGB XI oder SGB XII erbracht werden. Denn sind nach § 7 Abs. 2 S. 2 und 3 WBVG die dort maßgeblichen oder auf Grund entsprechender Rahmenverträgen festgelegten Sätze maßgeblich. Alle Leistungen des Betreibers sind davon erfasst, so dass Mehrleistungen, sofern wirksam vereinbart, nur dann vergütet werden können, wenn sie in den sozialrechtlichen Vorgaben nicht genannt werden. Das Entgelt muss angemessen kalkuliert werden.[482] Unangemessene Kalkulationen führen nach § 134 BGB zur Unwirksamkeit der Vereinbarung. Bei der Ermittlung der Angemessenheit ist zunächst der objektive Wert der Leistung festzustellen. Eine genaue Kostenermittlung ist jedoch nicht erforderlich, weil immer noch ein Beurteilungsspielraum über die Art der Leistungsgewährung besteht.[483] Daran anschließend ist eine Prüfung vorzunehmen, ob der Verbraucher die Leistung auch benötigt. 323

Die Struktur der Vergütungsgestaltung ist in § 7 Abs. 3 WBVG festgelegt. Als Ausfluss des Gleichbehandlungsgrundsatzes sind einheitliche Grundlagen bei der Kalkulation anzuwenden. Ausnahmen sind nur in eng umgrenzten Fällen möglich. 324

---

[479] Grüneberg/Weidenkaff WBVG § 4 Rn. 3.
[480] Iffland/Düncher WBVG § 4 Rn. 6.
[481] Kassen/Pitzer/Zabel/Esmeier/Fahnenstich Kap. K Rn. 42.
[482] OLG Celle BeckRS 2015, 02453.
[483] Drasdo NZM 2008, 665.

325 Da eine temporäre Abwesenheit des Verbrauchers nicht ausgeschlossen werden kann, muss der Unternehmer nach § 7 Abs. 5 WBVG den Wert der dadurch ersparten Aufwendungen ihm anrechnen. Pauschalierungen sind dabei möglich. Die Anrechnungsbeträge werden im Regelfall nicht sehr hoch sein, da die Abwesenheit nicht dazu führt, dass die Kosten der Personalstärke und der Vorhaltung des Wohnraumes sinken. Die Ersparnis wird sich daher oftmals nur auf die Kosten der Mahlzeiten beschränken.[484] Der Unternehmer sich nicht darauf berufen kann, dass er keine Aufwendungen für die Verpflegung erspart, weil er selbst die Verpflegung von einem anderweitigen Unternehmen bezieht.[485] Dies hätte nämlich zu Folge, dass für den Bewohner ein Nachweis ersparter Aufwendungen insoweit ausscheidet.

326 Anrechnungen sind erst ab dem dritten Tage der Abwesenheit vorzunehmen. Die Beurteilung hat für jeden Einzelfall der Abwesenheit zu erfolgen. Eine Addition innerhalb eines Jahres erfolgt nicht.[486]

327 Wenn der Bewohner Leistungen nach dem SGB XI erhält, endet seine Zahlungspflicht, wenn er ungeachtet der Einhaltung von Kündigungsfristen im Hinblick auf den Grundsatz der taggenauen Abrechnung nach § 87a Abs.: 1 SGB XI mit dem endgültigen Verlassen des Alten- oder Pflegeheims.[487] Der Heimbewohner muss bei einer Kündigung die Kosten nur vollständig bis zum Ablauf der Kündigungsfrist tragen, wenn er seinen Aufenthalt aus eigenen Mitteln finanziert.

328 Nicht geregelt ist, wann die Leistung des Verbrauchers fällig ist. Auch aus dem SGB XI ergibt sich keine Fälligkeitsregelung.[488] Das Pflegegeld muss daher erst mit dem Entstehen der Sozialleistung entrichtet werden. Die Zahlung ist daher zu einem bestimmten Termin nicht vorgesehen.[489] Eine Fälligkeitsvereinbarung kann im Hinblick auf § 16 WBVG nicht getroffen werden. Die Zahlung ist somit erst nach Ablauf der vereinbarten Zeiträume oder der Erbringung der Leistung zu bewirken. Wegen des bestehenden Widerrufsrechtes kann eine Teilnahme am Lastschrifteinzugsverfahren vereinbart werden.[490] Da ein Widerruf bei Abbuchungsermächtigungen nicht vorgesehen ist, kann eine solche Vereinbarung keine Wirkung haben.[491]

329 e) **Entgelterhöhungen.** Das WBVG gibt dem Unternehmer die Möglichkeit, die zunächst vereinbarten Entgelte zu erhöhen. Dabei sind zwei Verfahren zu unterscheiden. Das eine betrifft die Entgelterhöhung aus Gründen, die in der Person des Bewohners liegen. Das andere knüpft an objektive Umstände der Kostenentwicklung an.

330 *aa) Änderung des Pflege- und Betreuungsbedarfs.* Nach § 8 Abs. 1 WBVG muss der Unternehmer dem Bewohner bei Änderung des Pflege- und Betreuungsbedarfs eine Leistungsanpassung offerieren. Diese Pflicht ist für den Unternehmer zwingend. Nach § 8 Abs. 4 WBVG kann sie jedoch ausgeschlossen werden, wenn der Unternehmer daran ein zu begründendes Interesse hat. Die Ausschlussvereinbarung muss bereits in schriftlicher Form bereits anfänglich vereinbart werden.

331 Das Angebot führt aber nicht zu einer Änderung des Vertrages. Vielmehr muss der Bewohner dem Änderungsangebot, wenn auch eventuell nur teilweise, zustimmen. In dem Umfang der sich daraus ergebenden Vertragsanpassung ändert sich dann auch die Vergütung des Betreibers. Wird das Anpassungsangebot abgelehnt, kommt die Vertragsänderung nicht zu Stande. Der Unternehmer ist dann auch nicht verpflichtet, Mehrleistungen zu erbringen.

[484] BGH MDR 2014, 393; Drasdo NZM 2008, 665.
[485] BGH NJW 2008, 653 mAnm Drasdo NJW 2008, 654; OLG Karlsruhe VersR 2006, 1416.
[486] BSG BeckRS 2017, 108647.
[487] BGH NZM 2018, 956.
[488] Drasdo NZM 2013, 289.
[489] LSG Hessen BeckRS 2008, 58250.
[490] LG Neuruppin VuR 1998, 316; Drasdo NZM 2008, 665.
[491] Graf v. Westphalen/Thüsing/Pamp VertragsR/AGB-Klauselwerke Heimvertrag Rn. 22; Drasdo NZM 2008, 665.

Soweit Leistungen nach dem SGB XI oder SGB XII erbracht werden, reicht für die Änderung des Vertrages und der damit verbundenen Erhöhung der Vergütung jedoch nach § 8 Abs. 2 WBVG die einseitige Erklärung des Unternehmers aus. 332

Das Angebot ist nach § 8 Abs. 3 WBVG vergleichend zu gestalten. Die bisher vertraglich vereinbarten Leistungen müssen aufgezählt werden. Ihnen sind die aus der Sicht des Unternehmers notwendigen neuen oder erweiterten Leistungen gegenüberzustellen. Zudem sind die jeweiligen Entgelte für die Leistungen auszuweisen Zur besseren Verständlichkeit sind entsprechende Gegenüberstellungen vorzunehmen.[492] 333

Ist das Erhöhungsverlangen unwirksam, führt dies nicht zu einer Änderung des Vertrages. Soweit dennoch die bereits, wenn auch unwirksam angebotenen Leistungen gegenüber dem Bewohner erbracht wurden, hat dies keine Rückforderungsansprüche des Unternehmers zur Folge,[493] weil ansonsten der Schutzgedanke des § 8 WBVG ausgehöhlt wird.[494] 334

bb) Änderung der Berechnungsgrundlage. Demgegenüber verschafft § 9 Abs. 1 WBVG dem Unternehmer die Möglichkeit der Entgelterhöhung, wenn sich die Kosten der Unterbringung und Pflege erhöht haben. 335

Dabei muss nicht nur das erhöhte Entgelt, sondern auch die Erhöhung als solche angemessen sein. Das ist nach objektiven Kriterien unter Beachtung des aus dem Mietrecht bekannten Wirtschaftlichkeitsgebot zu beurteilen. Allgemeine Marktentwicklungen bilden dabei einen entsprechenden Maßstab.[495] Bezieht der Heimbewohner Leistungen nach dem SGB XI oder SGB XII, erfolgt keine doppelte Prüfung der Angemessenheit nach § 9 Abs. 1 S. 3. Es wird eine Begründungserleichterung geschaffen.[496] Die Vermutung gilt somit nicht für Selbstzahler.[497] 336

Die ursprünglichen der Preisbildung zu Grunde liegenden Berechnungsgrundlagen müssen sich geändert haben. Unbeachtlich ist, wie hoch diese ausfallen,[498] weil die betriebliche Kostenstruktur insgesamt ermittelt werden muss. Eine zeitliche Eingrenzung für das Erhöhungsverlangen besteht anders als in § 558 BGB nicht, weil Kosten die Ursache der Anhebung darstellen. Grenzen ergeben sich nur aus §§ 134, 138, 226 und 242 BGB. 337

Solche eine Anpassung des Entgeltes verursachende Entwicklung kann in der Erhöhung oder Verminderung der Sach- und Personalkosten liegen. Zu den Kostenpositionen, die einer Veränderung unterliegen, rechnet auch ein Unternehmergewinn.[499] Der Unternehmer muss sich nicht auf eine die Steigerung vermindernde Querfinanzierung verweisen lassen. 338

Entgelterhöhungen für getätigte **Investitionen** werden nach § 9 Abs. 1 S. 4 nur im Rahmen berücksichtigt, wenn sie nach der Art des Betriebes notwendig sind und nicht durch öffentliche Fördermittel gedeckt wurden. Damit sollen zu Gunsten des Verbrauchers Luxussanierungen verhindert werden.[500] Liegt eine öffentliche Förderung vor, kommt in diesem Rahmen ein Ansatz ebenfalls nicht in Betracht. 339

Die Wirkung der Erhöhung erfolgt nicht automatisiert ein. Der Unternehmer muss sie herbeiführen.[501] Dafür ist ein Angebot an den Bewohner und dessen Annahme erforderlich.[502] Liegt eine Erhöhung des Entgelts bereits aufgrund einer Vereinbarung im 340

---

[492] BGH NJW 2008, 1818; OLG Hamm BeckRS 2017, 116573.
[493] BGH NJW 2008, 1818; OLG Hamm BeckRS 2017, 116573; OLG Hamm NJOZ 2005, 1698.
[494] OLG Hamm NJOZ 2005, 1698.
[495] Fuchs NJW 1995, 2905; Schmid NJW 1995, 436.
[496] BGH NJW 1995, 1222; OLG Köln 28.2.2024 – 5 U 60/23, BeckRS 2024, 4804; Fuchs NJW 1995, 2905.
[497] OLG Karlsruhe NJW 1995, 464.
[498] Schmid NJW 1995, 436.
[499] VGH Kassel BeckRS 2012, 53859; Fuchs NJW 1995, 2905; Schmid NJW 1995, 436; Stein Seniorenrecht aktuell 2016, 190.
[500] BT-Drs. 16/12409, 23.
[501] Schmidt-Futterer/Blank BGB Vor § 535 Rn. 132d.
[502] LG Aurich BeckRS 2017, 131566.

Sinne des SGB XI oder des SGB XII vor, so bedarf es im Hinblick auf § 15 dennoch einer gesonderten Zustimmung des Verbrauchers.[503]

341 Das dafür notwendige Verlangen muss die Entgelterhöhung beinhalten die nach § 9 Abs. 2 S. 3 notwendige Begründung enthalten sowie nach § 9 Abs. 2 S. 2 den Zeitpunkt angeben, ab dem das erhöhte Entgelt zu entrichten sein wird.[504] Die Schriftform gem. § 126 BGB ist vorgeschrieben.[505] Der Erklärung des Unternehmers kann der Verbraucher zustimmen. Die Zustimmung kann nicht in der Duldung des weiteren Gebrauchs einer zuvor erteilten Einzugsermächtigung[506], wohl aber in der Zahlung des erhöhten Entgeltes[507] gesehen werden Eine Zustimmungspflicht besteht nicht. Verbleibt der Verbraucher ohne diese in den Räumen und spricht auch keine Kündigung nach § 1 Abs. 1 S. 2 WBVG aus, muss der Unternehmer die Zustimmung einklagen. Mit der Rechtskraft der dahingehenden Entscheidung gilt nach § 894 S. 1 ZPO die Zustimmung als erteilt. Ohne die Zustimmung des Verbrauchers kommt eine wirksame Vereinbarung über die Erhöhung des Entgeltes nicht zu Stande[508].

342 Stimmt der Verbraucher dem Verlangen des Unternehmers zu und haben die Parteien die Form gewahrt, tritt die Änderung des Vertrages in Form der Entgelterhöhung ein. Eine Zahlung des erhöhten Entgelts kann eine konkludente Zustimmung bedeuten.[509] Bei einer Abbuchung durch den Heimträger ist dies nicht der Fall.[510] Eine teilweise Zustimmung kommt nicht in Betracht. Eine solche würde die Rechtsfolge des § 150 BGB begründen.,[511] womit wiederum die Annahme durch den Unternehmer notwendig wird.

343 Das Erhöhungsverlangen muss begründet werden. Die Begründung muss nachvollziehbar die Kostensteigerung darstellen. Dies erfordert hinsichtlich jeder betroffenen Kostenposition die Darstellung der Veränderung dem Grunde und der Höhe nach.[512] Die Begründung kann umfangreich sein. Der Maßstab orientiert sich am Einzelfall sowohl der Einrichtung als auch der Kostenposition, die betroffen sind. Es muss eine vergleichende Darstellung der ursprünglichen und der Nunmehr geforderten Kosten erfolgen.[513] Bezugszeitpunkt ist der Termin der Änderung. Belege müssen der Begründung nicht beigefügt werden.[514] Mangelt es an einer Begründung oder ist diese fehlerhaft, hat dies die Unwirksamkeit des Erhöhungsverlangens zur Folge.[515]

344 Das erhöhte Entgelt wird von dem Verbraucher nach § 9 Abs. 2 S. 4 WBVG frühestens vier Wochen nach dem Zugang des Erhöhungsverlangens geschuldet. Dies setzt aber eine nach § 9 Abs. 2 S. 3 WBVG vorliegt. Den Zugang muss der Unternehmer voraus.[516] Spätere Fälligkeitstermine können vereinbart oder festgesetzt werden. Der Verbraucher soll dadurch eine ausreichende Bedenkzeit hinsichtlich der Erhöhungsforderung bekommen.[517] Zudem gibt ihm der Zeitraum die Möglichkeit von den ihm nach § 9 Abs. 2 S. 5 WBVG zustehenden Überprüfungsrechten Gebrauch zu machen.

---

503 BGH NJW-RR 2016, 944.

504 OLG Köln 28.2.2024 – 5 U 60/23, BeckRS 2024, 4804; OLG Zweibrücken 20.8.2024 – 8 U 62/23, BeckRS 2024, 20960.

505 LG Aurich BeckRS 2017, 131566.

506 LG Arnsberg BeckRS 2014, 02671; LG Berlin BeckRS 2013, 02047; Düncher/Schweigler GuP 2017, 5.

507 OLG Köln 28.2.2024 – 5 U 60/23, BeckRS 2024, 4804.

508 OLG Zweibrücken 20.8.2024 – 8 U 62/23, BeckRS 2024, 20960.

509 Düncher/Schweigler GuP 2017, 5.

510 Iffland/Düncher WBVG Rn. 18 unter fälschlicher Bezugnahme auf LG Traunstein NJW-RR 1994, 245; Düncher/Schweigler GuP 2017, 5.

511 BGH NJW-RR 2016, 944.

512 BT-Drs. 16/12409, 24; OLG Hamm NJOZ 2005, 1698; OLG München NJW 1995, 463; Stein Seniorenrecht aktuell 2016, 190.

513 BT-Drs. 16/12409, 24; OLG Köln 28.2.2024 – 5 U 60/23, BeckRS 2024, 4804; Iffland/Düncher WBVG § 9 Rn. 8.

514 Schmid NJW 1995, 436.

515 BGH NJW 1995, 2923; OLG Hamm NJOZ 2005, 1698.

516 Iffland/Dilcher § 9 Rn. 9.

517 BT-Drs. 16/12409, 24.

Nach § 9 Abs. 2 S. 5 WBVG muss dem Verbraucher die Gelegenheit eingeräumt werden, die die Angaben des Unternehmers durch Einsicht in die Kalkulationsgrundlagen zu überprüfen. Ein Verstoß führt zur Unwirksamkeit des Erhöhungsverlangens.[518] Die Absicht der Einsichtnahme muss rechtzeitig angekündigt und ermöglicht werden.

f) Sicherheitsleistung. Durch § 14 Abs. 1 WBVG wird den Parteien die Möglichkeit eröffnet, eine Sicherheitsleistung zu vereinbaren. Die Vorschrift orientiert sich an der mietrechtlichen Regelung des § 551 BGB. Anders als dort, ist die Höhe der Kaution auf zwei Monatsentgelte beschränkt. Tatsächlich ist der Betrag im Vergleich zum Mietrecht jedoch höher, weil er sich nicht nur an den Kosten für die Wohnraumüberlassung, sondern an den Gesamtkosten, demnach auch denen, die auf die Pflege entfallen, orientiert.[519] Dies gilt wiederum nicht, wenn gemäß § 1 Abs. 2 WBVG verschiedene Verträge für die Wohnraumüberlassung und die Pflegerbringung vorliegen. Dann richtet sich nach § 14 Abs. 2 WBVG die Höhe der Sicherheit ausschließlich nach den Kosten der Wohnraumüberlassung. 345

Zulässig ist sowohl eine so genannte Barkaution als auch die Stellung einer Garantie oder Sicherheit durch eines im Geltungsbereich dieses Gesetzes zum Geschäftsbetrieb befugten Kreditinstituts oder Kreditversicherers oder einer öffentlich-rechtlichen Körperschaft. 346

Ausgeschlossen ist eine Vereinbarung über die Leistung einer Sicherheit nach § 14 Abs. 4 WBVG, wenn der Bewohner Leistungen nach den §§ 42 und 43 des Elften Buches Sozialgesetzbuch in Anspruch nimmt oder ihm Hilfe in Einrichtungen nach dem Zwölften Buch Sozialgesetzbuch gewährt wird sowie wenn er Leistungen iSd § 36 Abs. 1 S. 1 des Elften Buches Sozialgesetzbuch erhält. Dies gilt nicht, wenn der Unternehmer mit dem Bewohner unmittelbar abrechnet.[520] Dies ist nach § 91 Abs. 1 SGB XI unter Verzicht auf die Vergütung gegenüber dem Sozialhilfeträger möglich. Ein sozialrechtliches Dreiecksverhältnis besteht dann nicht.[521] 347

Problematisch wird die Lage, wenn zunächst der Bewohner die Leistungen an den Betreiber aus eigenem Vermögen leistet und erst später Sozialhilfeleistungen in Anspruch nimmt. Maßgeblich für die Frage, ob eine Kaution vereinbart werden darf, ist der Zeitpunkt des Vertragsabschlusses.[522] Solange dieser keine Sozialleistungen bezieht, kann eine Vereinbarung nach § 14 Abs. 1 WBVG erfolgen. Eine später erfolgende Leistung hat dann nicht die Nichtigkeit der Vereinbarung zu Folge,[523] weil für die Beurteilung der Zeitpunkt des Vertragsschlusses nach allgemeinen Grundsätzen heranzuziehen ist.[524] Die nachträgliche Änderung der tatbestandlichen Voraussetzungen kann nicht zu einer Nichtigkeit des Vertrags führen.[525] Dies gilt auch für Dauerschuldverhältnisse, bei denen die Voraussetzungen für eine Nichtigkeit bei Vertragsabschluss noch nicht gegeben waren. Jede anderweitige Beurteilung würde dem Vertrauensschutzgedanken widersprechen. 348

Ansonsten gilt hinsichtlich der Möglichkeit von Teilleistungen der Sicherheit und deren Anlage, Verwertung sowie Abrechnung und Verjährungsfragen weitgehend die mietrechtlich bekannten Vorschriften. Dennoch sind Besonderheiten zu beachten. 349

[518] Iffland/Düncher WBVG § 9 Rn. 11.
[519] Drasdo WuM 2023, 657.
[520] BGH NJW 2018, 1808; OLG Köln BeckRS 2016, 117693 mAnm Drasdo Seniorenrecht aktuell 2017, 80; Drasdo Seniorenrecht aktuell 2017, 81; Drasdo WuM 2023, 657.
[521] BGH NJW 2018, 1808.
[522] AG Dortmund BeckRS 2014, 11383; Drasdo NVwZ 2011, 1181; Drasdo NJW-Spezial 2012, 65; Drasdo WuM 2023, 657.
[523] AG Dortmund BeckRS 2014, 11383; wohl auch AG Erkelenz BeckRS 2010, 14360, das nur aus anderen vermeintlich zutr. Gründen von einer Unwirksamkeit ausgeht; Drasdo NVwZ 2011, 1181.
[524] BGHZ 45, 322; BayObLG BB 2001, 908; OLG Düsseldorf NJW-RR 1993, 249; Drasdo NVwZ 2011, 1181.
[525] Drasdo WuM 2023, 657; aA VG Düsseldorf BeckRS 2011, 55297.

350 Werden höhere als gesetzlich zulässige Leistungen vereinbart, ist der Teil des Vertrages, der die Grenzen überschreitet nichtig.[526] Eine Erhöhung der Entgelte führt ebenso wie im Mietrecht nicht zu einer Nachforderungsmöglichkeit des Betreibers.[527] Spiegelbildlich muss dieser bei einer Minderung des Entgeltes eine Rückzahlung aber ebenfalls nicht vornehmen.[528] Soweit Überzahlungen auftreten, sind diesen nach bereicherungsrechtlichen Grundsätzen abzuwickeln.[529] Zu einer Übersicherung rechnet auch die Stellung eines Bürgen neben der bereits vollständig geleisteten Kaution,[530] wenn nicht dieser freiwillig seine Haftung anbietet.[531] Nicht eindeutig geklärt ist, ob auch ein Schuldbeitritt eine Übersicherung begründen kann.[532] Ein solcher hat letztlich aber die Wirkungen einer Bürgschaft, so dass von einer Übersicherung ausgegangen werden kann.[533] Ein Schuldbeitritt führ somit immer dann zu einer unwirksamen Übersicherung, wenn der dem Vertrag Beitretende keinerlei eigenes Interesse an dem Vertragsabschluss hat. Der Schuldbeitritt ist zudem nur wirksam, wenn er vereinbart wurde. Lediglich die Abrede, eine Sicherheitsleistung zu stellen, reicht nicht aus, weil dies nicht einen Schuldbeitritt einschließt.[534]

351 Zahlt der Mieter die Kaution nicht, kann dies im Mietrecht nach § 556 Abs. 2a BGB einen Kündigungsgrund darstellen. Das WBVG sieht einen solchen Kündigungsgrund nicht vor. Die Nichtzahlung kann daher nur im Rahmen des § 12 Abs. 1 Nr. 3 WGVG einen Kündigungsgrund darstellen.[535] Die Situation muss für den Betreiber der Einrichtung daher nicht mehr zumutbar sein. Wegen des Ausnahmecharakters des § 556 Abs. 2a BGB scheidet jedenfalls eine analoge oder entsprechende Anwendung aus.

352 **g) Beendigung des Vertragsverhältnisses.** Die Beendigungsmöglichkeiten des Vertragsverhältnisses sind im WBVG ausdrücklich geregelt. Dabei wird ähnlich wie im Mietrecht zwischen den Kündigungsmöglichkeiten des Bewohners und denen des Unternehmers differenziert.

353 *aa) Kündigung durch den Bewohner.* Die Kündigung durch den Bewohner ist nach § 11 Abs. 1 WBVG jederzeit möglich. Zudem normiert § 11 WBVG noch weitere Kündigungsgründe, die in den Verantwortungsbereich des Unternehmers fallen. Weitergehende Kündigungsrechte des Verbrauchers ergeben sich aus § 3 Abs. 4 WBVG und § 6 Abs. 2 S. 2 WBVG. Einer Begründung der Kündigung bedarf es nicht.[536] Eine Abdingbarkeit der Regelung scheidet nach § 16 WBVG zulasten des Verbrauchers aus. Eine Verlängerung der Kündigungsfrist kann daher auch nicht vereinbart werden.[537] Die Kündigung ist bei einem Vertrag mit einer festen Laufzeit ausgeschlossen.[538]

354 § 11 Abs. 3 WBVG gibt dem Bewohner zudem nach allgemeinen Gesichtspunkten das Recht, eine fristlose Kündigung auszusprechen, wenn ihm die Fortsetzung des Vertragsverhältnisses nicht zugemutet werden kann. Die wechselseitigen Interessen sind bei der Beurteilung gegeneinander abzuwiegen, wobei die des Verbrauchers in der Regel überwiegen.[539] Da im WBVG bereits sehr kurze Kündigungsfristen bestehen, sind die Anforderungen an das Vorliegen einer Unzumutbarkeit hoch.[540]

---

[526] BGH NJW 2004, 3045; OLG Hamburg NZM 2001, 375.
[527] LG Berlin WuM 2005, 454.
[528] LG Berlin WuM 2005, 454; Drasdo WuM 2023, 657.
[529] BGH NZM 2011, 625.
[530] BGHZ 107, 210.
[531] BGH NJW 1990, 2380; LG Berlin BeckRS 2014, 15217.
[532] Zum Streitstand Schmidt-Futterer/Blank/Blank BGB § 551 Rn. 36.
[533] Schmidt-Futterer/Blank/Blank BGB § 551 Rn. 36.
[534] BGH NJW 2015, 2573; aA OLG Oldenburg BeckRS 2016, 112038; OLG Zweibrücken BeckRS 2014, 16284.
[535] Drasdo WuM 2023, 657.
[536] Iffland/Düncher WBVG § 11 Rn. 5; Drasdo WuM 2023, 657.
[537] Grüneberg/Weidenkaff WBVG § 11 Rn. 1.
[538] Grüneberg/Weidenkaff WBVG § 11 Rn. 1.
[539] Iffland/Düncher § 11 Rn. 11.
[540] Grüneberg/Weidenkaff WBVG § 11 Rn. 3.

Die Kündigung muss schriftlich erfolgen. Mündliche Erklärungen oder eine elektronische Form reichen nicht aus. Das Gebot der Schriftform bezieht sich nicht nur auf die ordentliche Kündigung des Abs. 1, sondern auch auf die Kündigungen, die gem. den nachfolgenden Absätzen ausgesprochen werden können.[541] Dies ist zwar in den jeweiligen Absätzen nicht ausdrücklich geregelt, ergibt sich aber aus den Zweckrichtungen des WBVG und dem Umstand, dass mit der Schaffung des § 11 WBVG lediglich § 8 HeimG aF ersetzt werden sollte.[542] Zudem legen die nachfolgenden Absätze nur Kündigungsgründe fest, lassen die Form der Erklärung jedoch offen. Daraus kann aber nicht der Schluss gezogen werden, dass die Formvorgabe des Abs. 1 keine Anwendung finden soll. Der Gesetzgeber ist nämlich nicht gehindert, Kündigungsformen in einer Vorschrift einleitend zu regeln und diese für alle nachfolgenden Tatbestände ebenfalls gelten zu lassen.[543] Auch die Intention des Gesetzgebers, einen Schutz des Verbrauchers zu schaffen, um ihn vor übereilten Entscheidungen zu bewahren, spricht für die Anwendung der Schriftform im gesamten Bereich des § 11 WBVG. Einer Wiederholung der Form der Kündigung in den weiteren Absätzen bedurfte es daher nicht. 355

Nach Abs. 1 S. 1 kann der Bewohner den Vertrag jederzeit mit einer Frist von einem Monat abzüglich einer Karenzzeit von drei Tagen zu kündigen. Für die Fristberechnung gelten die §§ 187 ff. BGB. Eine Kündigung ist auch bereits vor dem Vollzug des Vertrags möglich.[544] Besonderheiten bestehen, wenn dem Verbraucher die Vertragsurkunde erst nach Überlassung des Wohnraums zugeht. Dann beginnt die Frist von zwei Wochen erst mit dem Zeitpunkt der Übergabe. Mangelt es an einem wirksamen Vertragsschluss, weil die Schriftform nach § 6 Abs. 1 WBVG nicht eingehalten wurde, kann der Verbraucher jederzeit nach § 6 Abs. 2 S. 2 WBVG bis zum Abschluss eines schriftlichen Vertrags kündigen. 356

Hat der Verbraucher hinsichtlich der Wohnraumüberlassung und der Erbringung von Pflege- und Betreuungsleistungen mehrere Verträge iSd § 1 Abs. 2 S. 1 Nr. 1 und 2 WBVG abgeschlossen, muss er nach § 11 Abs. 1 S. 3 WBVG alle kündigen. Bestehen die Verträge nach § 1 Abs. 2 S. 2 WBVG mit unterschiedlichen Unternehmern, muss die Kündigung nach § 11 Abs. 1 S. 4 WBVG gegenüber allen Vertragspartnern erklärt werden. 357

Mit der Kündigung wird der Vertrag zu einem bestimmten Termin beendet. Bis zu diesem Datum steht dem Unternehmer sind die wechselseitigen Verpflichtungen zu erfüllen. Soweit das Vertragsverhältnis durch den Bewohner gekündigt wird, führt dies bei der Gewährung von Sozialleistungen nach § 87a SGB XI zur Einstellung der Leistungen mit dem Auszug des Bewohners. Damit entfällt auch die zivilrechtliche Zahlungspflicht des Bewohners. 358

Nach § 11 Abs. 1 S. 2 WBVG kann die Kündigung erfolgen, wenn der Unternehmer die Erhöhung des Entgelts nach § 9 WBVG verlangt. Ist Veränderung der Leistung nach § 8 Abs. 1 S. 3 WBVG mit einer Entgelterhöhung verbunden ist, besteht ebenfalls ein Kündigungsrecht. Zudem darf der Bewohner zwei Wochen nach Beginn des Vertragsverhältnisses eine Kündigung ohne Einhaltung einer Frist auszusprechen. Damit ermöglicht ihm ein Probewohnen.[545] 359

Kündigt der Unternehmer bei der Vorlage verschiedener Verträge einen Vertrag, kann der Fortbestand der anderen Verträge für den Verbraucher nicht mehr von Interesse sein. Aus diesem Grund gewährt ihm § 11 Abs. 5 WBVG das Recht, die verbleibenden Verträge zu beenden. Ein Zwang dazu besteht aber nicht. Eine eventuelle Erklärung gegenüber dem nicht kündigenden Vertragspartner ist unverzüglich abzugeben. 360

---

541 LG Nürnberg-Fürth BeckRS 2017, 152392; AG Nürnberg BeckRS 2016, 134064; Iffland/Düncher WBVG § 11 Rn. 5; aA jurisPK-BGB/WBVG § 11 Rn. 17; Grüneberg/Weidenkaff WBVG § 11 Rn. 3.

542 LG Nürnberg-Fürth BeckRS 2017, 152392; AG Nürnberg BeckRS 2016, 134064.

543 LG Nürnberg-Fürth BeckRS 2017, 152392; AG Nürnberg BeckRS 2016, 134064.

544 BGH NJW 1979, 1288.

545 BT-Drs. 16/12409, 25; Iffland/Düncher WBVG § 12 Rn. 2; Steffens Seniorenrecht aktuell 2014, 78.

361 *bb) Kündigung durch den Unternehmer.* Wegen Schutzbedürftigkeit des Verbrauchers erfolgt eine weitgehende Einschränkung der Kündigungsrechte des Unternehmers. § 12 WBVG schließt eine ordentliche Kündigung durch den Unternehmer zum Schutze des Verbrauchers aus. Ihm verbleibt nur eine Kündigung aus wichtigem Grund. Die Kündigung muss schriftlich iSd § 126 BGB erklärt werden. Eine elektronische Form des § 126a BGB ist jedoch nicht ausgeschlossen.[546]

362 Der Unternehmer muss die Kündigung begründen. Daran sind strenge Anforderungen zu stellen, auch wenn ein konkreter Kündigungsgrund nicht genannt werden muss. Der Verbraucher muss aber den erhobenen Vorwurf nachvollziehen können.

363 Werden die eine Kündigung rechtfertigenden Umstände nur von einem Vertragspartner erfüllt, kann dies dazu führen, dass sich dies der andere, insbesondere bei einer Belegung in einem Doppelzimmer, zurechnen lassen muss.[547] Werden jedoch für jeden Bewohner, auch Ehegatten, die in einem Doppelzimmer wohnen, getrennte Verträge abgeschlossen, kommt eine Zurechnung der Tatbestandsverwirklichung durch einen Bewohner bei dem anderen nicht in Betracht.[548]

364 Dem Unternehmer steht ein Kündigungsrecht nach § 12 Abs. 1 S. 1 WBVG nur bei Vorliegen eines wichtigen Grundes, der im WBVG nicht definiert ist, zu. Wie bei allen unbestimmten Rechtsbegriffen ist er auszulegen. Dies hindert den Gesetzgeber jedoch nicht, beispielhaft wichtige Gründe zu nennen. Solche Kündigungsgründe sind, wie sich aus dem in § 12 Abs. 1 WBVG verwandten Wort „insbesondere" ergibt, in Abs. 1 nur exemplarisch aufgeführt.[549] Demnach kommen noch weitere Gründe in Betracht. Diese müssen, was sich aus einer Wertung mit den in § 12 Abs. 1 S. 3 Nr. 1–4 WBVG genannten Gründen ergibt, mindestens ebenso schwerwiegend sein.[550] Solche wichtigen Gründe können vorliegen, wenn der Bewohner Mitarbeiter des Unternehmers oder andere Bewohner der Einrichtungen bedroht oder tätlich angreift.[551] Eine andauernde Beschimpfung kann ausreichend sein. Sexuelle Belästigungen anderer Bewohner oder der Mitarbeiter kommen ebenfalls als wichtiger Grund in Betracht.[552]

365 Nach § 12 Abs. 1 S. 3 Nr. 1 WBVG ist die vollständige oder teilweise Betriebseinstellung ein wichtiger Grund. Auf den Grund für die Einstellung Kommt es nicht an.,[553] so dass auch gewerberechtliche Untersagungen der Betriebsführung oder in Anordnungen der Heimaufsichtsbehörden zu Grunde liegen können.[554] Eine Betriebsstilllegung liegt auch vor, wenn das Unternehmen aufgegeben werden muss, weil der Mietvertrag über die Räumlichkeiten endet oder gekündigt worden ist.[555] Der wichtige Grund iSd § 12 Abs. 1 S. 3 Nr. 1 WBVG liebt immer nur vor, wenn die Fortsetzung des Vertragsverhältnisses für den Unternehmer eine unzumutbare Härte darstellt. Kurzfristige Beeinträchtigungen werden nicht erfasst.

366 Ein weiterer wichtiger Grund liegt nach § 12 Abs. 1 S. 3 Nr. 2 WBVG vor, wenn in der Person des Bewohners bezüglich der Pflege und Betreuung nach Vertragsabschluss eine Bedarfsänderung eintritt. Diese muss dauerhaft sein.[556] Der Unternehmer kann nach Abs. 1 S. 3 Nr. 2 lit. a WBVG den Vertrag kündigen, wenn der Verbraucher ein ihm nach § 8 Abs. 1 WBVG unterbreitetes Angebot nicht annimmt. Eine weitere Kündigungsmöglichkeit wird dem Unternehmer eingeräumt, wenn er eine Anpassung seiner Leistungen aufgrund einer Vereinbarung nach § 8 Abs. 4 WBVG nicht anbieten muss.

---

546 Iffland/Düncher WBVG § 12 Rn. 5.
547 OLG Düsseldorf NJW-RR 1987, 1370 zum Mietrecht.
548 LG Freiburg NZM 2013, 286.
549 BT-Drs. 16/12409, 26; OLG Frankfurt a. M. BeckRS 2016, 14138; OLG Hamm BeckRS 2017, 144916.
550 BT-Drs. 16/12409, 26; OLG Frankfurt a. M. BeckRS 2016, 14138; OLG Hamm BeckRS 2017, 144916.
551 OLG Hamm BeckRS 2017, 144916.
552 LG Essen BeckRS 2013, 19310; LG Kleve BeckRS 2016, 15380.
553 LG Hamburg BeckRS 2016, 124366.
554 LG Bonn BeckRS 2018, 23243; 2018, 23245; AG Bonn BeckRS 2017, 150076.
555 Von und zu Franckenstein/Gräfenstein-Griffiths ZfIR 2015, 305.
556 Iffland/Düncher WBVG § 12 Rn. 11.

Die auch dafür erforderliche Unzumutbarkeit ist erst gegeben, wenn alle Voraussetzungen des Änderungsangebots und der damit notwendigerweise zu verbindenden Hinweise einschließlich der Fristabläufe erfüllt sind.[557] Dies erfordert, das Angebot des Unternehmers nach § 8 Abs. 1 WBVG gegenüber dem Verbraucher unter Aufzeichnungen der möglichen Folgen einer Ablehnung zu wiederholen.[558]

Zudem gewähren grobe Pflichtverletzungen des Verbrauchers dem Unternehmer das Recht zur Kündigung nach § 12 Abs. 1 S. 3 Nr. 3 WBVG. Dem Verhalten muss ein besonderes Gewicht beizumessen sein. Darunter werden vor allem Zahlungspflichtverletzungen, soweit diese nicht unter Abs. 1 S. 3 Nr. 4 WBVG fallen, zu rechnen sein.[559] Verstöße gegen die Hausordnungen oder eine Gefährdung des Gebäudes sowie des Wohnraums werden als wichtiger Grund, wenn eine besondere Schwere vorliegt, ausreichen. Sexuelle Übergriffe gegenüber anderen Bewohnern reichen eventuell aus.[560] Jedoch kann nicht jedes sexuell motivierte Handeln eine Pflichtverletzung iSd § 12 Abs. 1 S. 3 Nr. 3 WBVG.[561] Der belästigte Bewohner muss eindeutig erkennbar die Näherungsversuche abgelehnt haben.[562] Eine willkürlich erstattete Strafanzeige des Verbrauchers gegen den Betreiber einer Einrichtung rechtfertigt eine fristlose Kündigung des Heimvertrags.[563] Der Verbraucher muss schuldhaft die Pflichtverstöße verwirklichen. Es gelten § 276 BGB und die Zurechnungsnorm des § 278 BGB.[564] Wegen der Vermutung des § 280 Abs. 1 S. 2 BGB trifft den Verbraucher die Beweislast dafür, dass ein Verschulden seinerseits nicht vorliegt.[565] 367

Letztlich kann der Unternehmer nach § 12 Abs. 1 S. 3 Nr. 4 WBVG das Vertragsverhältnis kündigen, wenn der Verbraucher seinen Zahlungsverpflichtungen nicht oder nicht hinreichend nachkommt. Der Unternehmer muss dem Verbraucher nach § 12 Abs. 3 WBVG noch eine gesonderte Frist zur Zahlung mit der Androhung der beabsichtigten Kündigung setzen. In der Kündigungserklärung muss eindeutig ersichtlich sein, welche Beträge schuldig geblieben sind.[566] Bei sich summierenden Teilschulden muss jeweils die Entwicklung des Gesamtbetrags nachvollziehbar unter Angabe der durch den Unternehmer vorgenommenen Verrechnungen der Zahlungen erfolgen.[567] Dabei ist zu berücksichtigen, dass Entgelte aufgrund von Abwesenheiten nach § 7 Abs. 5 WBVG gemindert sein können. Zahlungen des Sozialversicherungsträgers und Eigenleistungen müssen getrennt aufgeführt werden, weil sonst nicht eindeutig erkennbar ist warum es zu Rückständen gekommen ist. Die Kündigung wird nach § 12 Abs. 3 S. 3 WBVG unwirksam, wenn der Unternehmer bis zum Ablauf von zwei Monaten nach Rechtshängigkeit der Räumungsklage hinsichtlich des fälligen Entgelts für die Überlassung des Wohnraums befriedigt wird oder sich eine öffentliche Stelle zur Befriedigung verpflichtet. 368

Eine Kündigung zum Zwecke der Erhöhung des Entgelts ist nach § 12 Abs. 1 S. 4 WBVG ausgeschlossen. Die Regelung hat aber nur deklaratorische Bedeutung.[568] 369

Gerade im Bereich der Pflege- und Betreuungseinrichtungen kann nicht ausgeschlossen werden, dass die Bewohner in Einzelfällen nicht mehr schuldfähig sind. Eine Kündigung des Vertrags nach § 12 Abs. 1 Nr. 3 WBVG kommt dann oftmals nicht in Frage.[569] Dennoch kann objektiv der Tatbestand eines wichtigen Grundes sein und andere Bewohner, Mitarbeiter oder auch der Unternehmer in ihren Persönlichkeits- oder 370

[557] Grüneberg/Weidenkaff WBVG § 12 Rn. 4.
[558] BT-Drs. 16/12409, 27.
[559] Grüneberg/Weidenkaff WBVG § 12 Rn. 4.
[560] LG Essen BeckRS 2013, 19310; LG Kleve BeckRS 2016, 15380.
[561] LG Freiburg NZM 2013, 286.
[562] LG Essen BeckRS 2013, 19310.
[563] OLG Karlsruhe BeckRS 2016, 72198.
[564] Iffland/Düncher WBVG § 12 Rn. 12.
[565] LG Kleve BeckRS 2016, 15380.
[566] BGH NZM 2004, 187.
[567] BGH NZM 2010, 548; LG München I NZM 2003, 850.
[568] BT-Drs. 16/12409, 27.
[569] OLG Schleswig BeckRS 2015, 02452.

Selbstbestimmungsrechten verletzt sein können.[570] Auch die Hervorrufung materieller Schäden ist möglich. Da § 12 Abs. 1 S. 3 WBVG nur exemplarisch wichtige Gründe für eine Kündigung nennt, besteht die Möglichkeit, weitere solcher Gründe zu bestimmen. Diese können mit de, objektiven Tatbestand der beispielhaften Aufzählungen übereinstimmen, müssen aber nicht an ein Verschulden gebunden sein.[571] Somit ist eine Kündigung des Vertrags nach § 12 Abs. 1 WBVG auch möglich, wenn ein Verschulden nicht vorliegt.[572]

371 § 12 Abs. 4 WBVG regelt unterschiedliche Kündigungsfristen. Eine Kündigung aus wichtigem Grund ist bis zum dritten Werktag eines Kalendermonats zum Ablauf des nächsten Monats nach § 12 Abs. 4 S. 2 WBVG zulässig. Damit wird den Parteien für die ordentliche Kündigung Gelegenheit gegeben, sich auf den notwendigen Umzug einzustellen, insbesondere eine neue Unterkunft zu finden und den Nachweispflichten des § 13 WBVG nachzukommen.[573] Nach Abs. 4 S. 1 kann in den Fällen der Nr. 2–4 der Unternehmer ohne Einhaltung einer Frist kündigen.

372 Ist die Kündigung wirksam, wird der Vertrag beendet. Anders als im Mietrecht werden die sich weiter ergebenden Folgen jedoch in § 13 Abs. 2 und 4 WBVG teilweise zu Lasten des Unternehmers gestaltet. Dies dient dem Schutz des Verbrauchers bei ordentlichen Kündigungen.

373 Bestehen zwischen den beteiligten Personen verschiedene Verträge iSd § 1 Abs. 2 WGVB, soll durch § 12 Abs. 5 WBVG dem Unternehmer ermöglicht werden, bei der Kündigung nur eines Vertrags auch die anderen zu beenden. Unter Vorlage der Voraussetzungen der Abs. 1–4 wird damit eine Teilkündigung eines verbundenen Vertragssystems ermöglicht. Wer einen der bestehenden Verträge kündigt, ist ohne Bedeutung.

374 Auch in diesem Fall so die Fortsetzung des Vertrags dem Unternehmer unter Berücksichtigung der Interessen des Verbrauchers nicht zugemutet werden können. Damit wird erreicht, dass der Verbraucher sich berechtigt von einem der Verträge lösen kann, aber der Unternehmer nicht die daraus erwachsenden Lasten zu tragen hat.[574] Liegen bei den verschiedenen Verträgen ineinandergreifende Mischkalkulationen vor, soll der Verbraucher nicht zu seinen Gunsten kalkulierte Verträge alleine fortsetzen können.[575] Ein wichtiger Grund für die weiteren Kündigungen abweichend von § 12 Abs. 1 WBVG nicht notwendig.[576] Die Kündigung der weiteren Verträge muss unverzüglich erfolgen. Es gilt § 121 Abs. 1 BGB.[577]

375 *cc) Besonderer Schutz des Bewohners.* Kommt es trotz der Schutzmechanismen des WBVG zu einer Auflösung des Vertrags, muss im Hinblick auf die oftmals vorliegende Hilfsbedürftigkeit der Verbraucher deren Versorgung angemessen sichergestellt sein. Bis auf den Fall, dass der Verbraucher seinen finanziellen Pflichten nicht nachkommt, wird der Unternehmer nach § 13 WBVG zu weiteren fürsorglichen Handlungen verpflichtet. Der Verbraucher soll vor den wirtschaftlichen Folgen einer von dem Unternehmer zu vertretenen Kündigung bewahrt werden. Verstöße gegen § 13 WBVG führen zu einer Schadensersatzpflicht des Unternehmers.[578]

376 Kündigt der Verbraucher nach § 11 Abs. 3 S. 1 WBVG so hat der Unternehmer nach § 13 Abs. 1 S. 1 WBVG ihm einen Nachweis für einen angemessen Leistungsersatz zu zumutbaren Bedingungen zu gewähren und die anfallenden Umzugskosten in angemessenem Umfang zu ersetzen. In anderen von dem Verbraucher veranlassten Fällen einer

[570] BGH NZM 2005, 74.
[571] AG Gießen BeckRS 2016, 02217 für die Kündigung eines Bewohners mit geistiger Behinderung.
[572] BGH NZM 2005, 74; OLG Hamm BeckRS 2017, 144916; AG Gießen BeckRS 2016, 02217; Iffland/Düncher WBVG § 12 Rn. 8.
[573] BT-Drs. 16/12409, 27.
[574] Iffland/Düncher WBVG § 12 Rn. 15.
[575] BT-Drs. 16/12409, 28.
[576] Grüneberg/Weidenkaff BGB § 543 Rn. 6.
[577] BT-Drs. 16/12409, 28.
[578] BGH NJW 2005, 147; Iffland/Düncher WBVG § 13 Rn. 10.

Kündigung, treffen den Unternehmer keine Pflichten iSd § 13.[579] Der Verbraucher muss jedoch seine Ansprüche geltend macht.[580] Eine automatisierte Leistungspflicht des Unternehmers besteht nicht. Er muss lediglich den Nachweis erbringen, so dass es auf eine weitere Erklärung, insbesondere eine Zustimmung des Verbrauchers nicht ankommt.

Die Verpflichtung trifft den Unternehmer auch, wenn dieser die Kündigung aus einem Grund ausspricht, der in seinem Verantwortungsbereich liegt. Der Verbraucher soll wegen der Unternehmerinteressen keine finanziellen Nachteile hinnehmen müssen.[581] Der Nachweis ist für eine angemessene Unterbringung ist aber keine Wirksamkeitsvoraussetzung für Kündigung. Denn erst das Verlangen des Verbrauchers löst nach § 13 Abs. 1 und 2 WBVG die Pflichten des Unternehmers aus.[582] Es kann lediglich der Räumungsanspruch nicht durchgesetzt werden. 377

Nach § 13 Abs. 3 WBVG kann der Verbraucher den Nachweis bereits verlangen, wenn er die Kündigung noch nicht ausgesprochen hat. Dies hilft ihm bei der Entscheidung, ob das Vertragsverhältnis tatsächlich beendet werden soll.[583] 378

Erfolgte eine Kündigung durch den Unternehmer nach § 12 Abs. 1 S. 3 Nr. 1 WBVG, so trifft diesen auch die Pflicht, dem Verbraucher die Umzugskosten in angemessenem Umfang zu erstatten. Welche Kosten dies sind, kann generell nicht beschrieben werden. Dies hängt von der persönlichen Lebensweise des Bewohners, der Einrichtung der Räume und seinen Bedürfnissen ab. Auf den Unternehmer ist nicht Rücksicht zu nehmen. Die Angemessenheit bestimmt sich unter Berücksichtigung der persönlichen Umstände des Verbrauchers nach der allgemeinen Verkehrsanschauung. Werden verschiedene Bewohner bei einem Umzug in dieselbe andere Einrichtung ziehen, so kann zur Kostenminimierung auf dieselben Umzugskräfte zurückgegriffen werden. Allerdings ergibt sich aus der Kostenübernahmepflicht des Unternehmers ergibt sich nicht, dass er auch den Umzug zu organisieren hat.[584] 379

Bei Vorlage unterschiedlicher Verträge ist § 13 Abs. 1–3 WBVG nach § 13 Abs. 4 S. 1 WBVG ebenfalls anzuwenden. 380

Allerdings muss die Kosten des Umzugs der Unternehmer nur tragen, wenn auch eine Kündigung des den Wohnraummietvertrages erfolgt. Den Nachweis eines angemessenen Leistungsersatzes kann der Verbraucher aber von jedem Unternehmer verlangen. Sowohl für den Nachweis des Leistungsersatzes als auch für die Übernahme der angemessenen Umzugskosten haften die Unternehmer nach § 13 Abs. 4 S. 4 WBVG als Gesamtschuldner.[585] 381

Neben den nach § 13 WBVG zu erbringenden Leistungen kann der Verbraucher Schadensersatz verlangen, wenn der Umzug auf ein von dem Unternehmer zu vertretenes Handeln oder Unterlassen zurückzuführen ist.[586] Dies folgt nicht aus § 13 WBVG, der nämlich ein Verschulden nicht voraussetzt, sondern aus allgemeinen schuldrechtlichen Erwägungen. 382

h) **Regelungsverbote.** Selbstverständlich geltend im Rahmen der Vertragsbeziehungen nach dem WBVG die allgemeinen Verbotsnormen der §§ 134, 138 BGB und die Ausgleichsnorm des § 242 BGB. Auch das Recht der Allgemeinen Geschäftsbedingungen hat uneingeschränkte Gültigkeit. 383

Daneben enthält das WBVG jedoch auch eigene Verbotsnormen. § 15 WBVG sieht vor, dass die Verträge mit Bewohnern, die Leistungen nach dem Elften Buches des SGB XI oder nach dem Zwölften Buches des SGB XII beziehen, den im einzelnen 384

[579] Iffland/Düncher WBVG § 13 Rn. 5.
[580] Iffland/Düncher WBVG § 13 Rn. 2.
[581] BT-Drs. 16/12409, 28.
[582] BGH NJW 2005, 147; OLG Frankfurt a. M. NZM 2016, 838; Drasdo NZM 2008, 665; Schmitt LMK 2005, 3.
[583] BT-Drs. 16/12409, 29.
[584] Iffland/Düncher WBVG § 13 Rn. 8; Grüneberg/Weidenkaff WBVG § 13 Rn. 3.
[585] BT-Drs. 16/12409, 29.
[586] LG Bonn BeckRS 2018, 23243; 2018, 23245; AG Bonn BeckRS 2017, 150076.

genannten Regelungen entsprechen müssen. Auf private Pflegeversicherung ist die Norm nicht anzuwenden. Mit ihr soll sichergestellt werden, dass in Umsetzung des sozialrechtlichen Dreiecksverhältnisses der Bewohner nicht benachteiligt wird. Ihm soll nicht mehr abverlangt werden als er im Falle der Inanspruchnahme sozialversicherungsrechtlicher Leistungen erstattet bekommt. Die in den jeweiligen auf Länderebene in den jeweiligen Rahmenverträgen vereinbarten Bedingungen gelten als angemessen. Entgegenstehende vertragliche Regelungen sind unwirksam. § 15 WBVG stellt nur auf die vertragliche Gestaltung ab. Ob eine Zulassung des Heimbetreibers vorliegt, ist nicht von Bedeutung.

385 Demgegenüber postuliert § 16 WBVG allgemein, dass zum Nachteil des Verbrauchers von dem WBVG abweichende Vereinbarungen unwirksam sind. Damit soll dem Verbraucherschutz in besonderer Weise Rechnung getragen werden.[587] Abweichende, aber begünstigende Regelungen, sind hingegen zulässig. Die Anwendbarkeit der Bestimmung ist jedoch dadurch eingeschränkt, dass gesetzliche Ausnahmeregelungen wie etwa in § 8 Abs. 4 WBVG davon nicht betroffen sind. Die Nichtigkeitsfolge bezieht sich nur auf die jeweilige Regelung. Hinsichtlich des Vertrages gilt ansonsten § 139 BGB, da ansonsten der gewollte Verbraucherschutz ausgehebelt würde.[588]

5. Gewährleistungsansprüche

386 Da es sich bei dem Wohn- und Betreuungsvertrag um einen eigenständigen Vertragstypus handelt, musste der Gesetzgeber auch diesem angepasste Gewährleistungsvorschriften schaffen. Dies ist anlehnend an mietrechtliche Vorgaben in § 10 WBVG erfolgt.

387 Dieser gewährt einen Mangelanspruch bei einer gänzlichen oder teilweisen Nichtleistung sowie einer Schlechtleistung. Erfasst werden alle Verletzungen von Haupt- und Nebenpflichten, demnach vor allem die Raumüberlassung und die zu erbringende Dienstleistung.[589] Die Nicht- oder Schlechtleistung muss sich in der Person des Verbrauchers realisiert.[590] Verletzt der Unternehmer seine Pflichten gegenüber dem **Sozialversicherungsträger,** findet § 10 WBVG keine Anwendung.[591]

388 Eine teilweise oder gänzliche **Nichtleistung** ist häufig leicht feststellbar, weil es an deren Erbringung fehlt. Hingegen wird eine Schlechtleistung schwieriger zu definieren sein. Anknüpfend an die miet- und dienstvertraglichen Vorgaben gilt im Rahmen des § 10 Abs. 1 WBVG gilt ebenfalls der subjektive Fehlerbegriff.[592] Eine solche Schlechtleistung erfordert jedoch, dass tatsächlich eine Handlung erbracht wurde.

389 Die Abgrenzung zwischen einer Nicht- und einer Schlechtleistung ist im Hinblick auf qualitativen und quantitativen Beeinträchtigungen oftmals nicht einfach.[593] Eine erbrachte Leistung aber in ihrer Ausführung und Menge so schlecht sein, dass sie einer Nichtleistung gleichkommt. Auch bei der Leistung einer anderen als der vereinbarten kann sich eine Abgrenzung als schwierig gestalten.[594]

390 Die Regelung des § 10 Abs. 1 WBVG hat keinen ausschließlichen Charakter.[595] Weitergehende Ansprüche können daneben bestehen. Dem Verbraucher wird unbeschadet weitergehender zivilrechtlicher Ansprüche das Recht eingeräumt, eine angemessene Kürzung des Entgeltes bis zu sechs Monaten **rückwirkend** vorzunehmen, wenn der Träger die Leistung ganz oder teilweise nicht oder nur mangelhaft erbringt. Ob den Unternehmer die Nicht- oder an der Schlechtleistung verschuldet, ist unerheblich.[596]

[587] BT-Drs. 16/12409, 13.
[588] BGH NJW 1977, 1058; 2001, 818; Heinrichs NZM 2005, 201.
[589] Grüneberg/Weidenkaff WBVG § 10 Rn. 2; Drasdo JM 2014, 404.
[590] Drasdo JM 2014, 404.
[591] Iffland/Düncher WBVG § 10 Rn. 6; Drasdo JM 2014, 404.
[592] Iffland/Düncher WBVG § 10 Rn. 10.
[593] Grüneberg/Weidenkaff WBVG § 10 Rn. 2.
[594] Iffland/Düncher WBVG § 10 Rn. 6.
[595] Drasdo NZM 2008, 665.
[596] Iffland/Düncher WBVG § 10 Rn. 7; Drasdo JM 2014, 404.

Was unter einer solchen angemessenen Kürzung zu verstehen ist, kann nur im Einzelfall beurteilt werden. Es muss ein adäquates Verhältnis zwischen der Leistungsbeeinträchtigung und der Kürzung des Entgelts vorliegen.[597] Welcher Minderungsbetrag angemessen ist, kann zwischen den Parteien auch vereinbart werden, wenn § 10 Abs. 4 WBVG eingreift. Kommt eine Einigung nicht zustande, muss der Bewohner eine Schätzung vornehmen. In einem sich anschließenden Verfahren wird dies nach § 287 Abs. 1 ZPO auch durch das Gericht vorgenommen. Der Bewohner trägt letztlich das Risiko einer sachgerechten Einschätzung. Zu hohe Kürzungsbeträge muss er später nachentrichten. Soweit Verzug vorliegt, hat er auch für weitergehende Schäden nach § 287 BGB einzustehen. Eine vollständige Minderung dürfte nur in extremen Ausnahmefällen in Betracht kommen. Der verbleibende Restbetrag muss termingerecht zur Vermeidung der Kündigung iSd § 12 Abs. 1 S. 3 Nr. 4 WBVG geleistet werden. 391

§ 10 WBVG führt nicht dazu, dass die Erfüllungsansprüche des Verbrauchers verloren gehen. Der Unternehmer muss trotz der Entgeltkürzung den Wohnraum weiter zu Verfügung stellen und die Betreuungs- oder Pflegeleistungen erbringen.[598] Andernfalls kann der Bewohner seine Rechte aus § 320 BGB geltend machen. Daneben stehen ihm auch sonstige vertraglichen oder gesetzlichen Haftungsansprüche zu. Dies gilt auch für die Einhaltung der Verkehrssicherungspflichten. Der Verbraucher kann auch bereicherungsrechtliche Ansprüche geltend machen. 392

Wie im Mietrecht ist aber das Rücktrittsrecht nach der Überlassung der Räumlichkeiten ausgeschlossen.[599] Der Verbraucher kann bei Vorlage der Voraussetzungen nur nach § 11 WBVG den Vertrag kündigen. 393

Der Kürzungsanspruch ist durch den Bewohner geltend zu machen. Er erfordert somit anders als im Mietrecht dessen aktives Handeln.[600] Der Verbraucher muss diesen geltend machen. Erst nach Eingang der Anzeige bei dem Unternehmer kann das Kürzungsrecht für den Zeitraum von maximal sechs Monaten rückwirkend geltend gemacht werden.[601] Andernfalls gehen seine Rechte wegen des Vorliegens einer materiellrechtlichen Ausschlussfrist unter.[602] 394

Auf das Verlangen des Verbrauchers als geschäftsähnliche Handlung[603] sind die Regelungen über die Willenserklärung entsprechend anzuwenden.[604] Dies gilt auch für die Frage des Vorliegens einer Geschäftsfähigkeit.[605] Dies kann nachteilig sein, wenn sich erst später Mängel der Geschäftsfähigkeit herausstellen. Die Erklärung wäre dann nicht wirksam, sodass die Kürzungsrechte nicht oder nicht in dem erwarteten Umfang entstünden. 395

Die Abgabe einer konkludenten Erklärung ist denkbar. Allein die Minderzahlung des vereinbarten Entgelts reicht dafür jedoch nicht aus,[606] weil dann nicht eine Erklärung, sondern um eine Handlung vorliegt. 396

Es handelt sich um eine materielle Ausschlussfrist.[607] Das Fristversäumnis oder die nicht rechtzeitige Anzeige führen daher zum Rechtsverlust.[608] 397

In Bezug auf die Überlassung des Wohnraums normiert § 10 Abs. 2 WBVG eine dem § 536c Abs. 1 S. 1 BGB entnommene Anzeigepflicht des Verbrauchers.[609] Wegen anderer Mängel ist eine solche nicht vorgesehen. Es handelt sich um eine Obhutspflicht des Verbrauchers, deren Verletzung einen Verlust des Kürzungsanspruchs, für den Zeit- 398

[597] Iffland/Düncher WBVG § 10 Rn. 10.
[598] Grüneberg/Weidenkaff WBVG § 10 Rn. 2.
[599] Grüneberg/Weidenkaff WBVG § 10 Rn. 2.
[600] OLG Frankfurt a. M. BeckRS 2013, 22591; Drasdo JM 2014, 404.
[601] OLG Frankfurt a. M. BeckRS 2013, 22591.
[602] LG Bochum BeckRS 2013, 15353.
[603] OLG Frankfurt a. M. BeckRS 2013, 22591; Drasdo JM 2014, 404.
[604] OLG Düsseldorf MDR 2011, 907; Grüneberg/Ellenberger BGB Überbl. v. § 104.
[605] Schmidt-Futterer/Blank BGB Vor § 535 Rn. 132p.
[606] OLG Düsseldorf MDR 2011, 907.
[607] OLG Düsseldorf MDR 2011, 907; Drasdo NJW 2010, 1174.
[608] OLG Düsseldorf MDR 2011, 907; Grüneberg/Weidenkaff WBVG § 10 Rn. 3.
[609] BT-Drs. 16/12409, 13, 25; Drasdo JM 2014, 404.

raum, in dem der Unternehmer wegen der Unterlassung keine Abhilfe schaffen kann, nach sich zieht.[610] Die Anzeige bedarf keiner bestimmten Form. Eine Schriftform kann wegen § 16 WBVG nicht vereinbart werden. Denn diese erschwert für den Verbraucher die Erfüllung seiner Obliegenheiten.

399 Es muss ein Mangel, dessen Begriff weiter als im Mietrecht zu verstehen ist, vorliegen. Denn es ist keine Beeinträchtigung einer Gebrauchstauglichkeit notwendig.[611] Der Unternehmer soll bereits im Entstehungsstadium eines Mangels verhindern können, dass Ausweitungen, die die Nutzbarkeit beeinträchtigen können, eintreten.[612] Vor nicht erkennbaren Mängeln kann nicht gewarnt werden.

400 Die Anzeige muss gegenüber dem Unternehmer, dem sie nach § 130 BGB zugehen muss, erklärt werden. Dafür ist ausreichend ist, wenn dies gegenüber den mit der Verwaltung und Betreuung der Einrichtung von ihm beauftragten Personen, wenn diese mit solchen Aufgaben betraut wurden, erfolgt. en sein.

401 Die Anzeige hat unverzüglich zu erfolgen vornehmen. Maßstab ist § 121 BGB.[613] Eine Verspätung steht einer unterlassenen Anzeige in den Wirkungen gleich.[614] Die Verletzung der Anzeigepflicht hat keine Schadensersatzpflicht des Verbrauchers zur Folge, weil es im Vergleich zu § 536c Abs. 2 S. 1 BGB an einer dahingehenden gesetzlichen Vorgabe mangelt.

402 Die Berechnung der Minderung erfolgt wie im Mietrecht nach einheitlichen Grundsätzen. Die Minderung ist daher von dem Gesamtbetrag einschließlich aller Nebenkosten vorzunehmen.[615] Letztlich muss aber immer eine Beurteilung im Einzelfall vorgenommen werden, weil Vorgaben sich wegen der individuellen Pflegeleistungen, die zu erbringen sind und deren Nichtleistung unterschiedliche Auswirkungen haben werden, kaum aufstellen.

403 Im Bereich des Mietrechts hat sich eine Übersicht entwickelt,[616] in welcher quotalen Höhe für bestimmte Mangel Minderungen der Miete vorgenommen werden dürfen. Eine Übertragung dieses Systems auf die Minderung bei einer Heimunterbringung ist jedoch mit Bedenken verbunden.[617] Je geringer der Anteil der auf die Raumüberlassung entfallenden Beträge im Vergleich zu den Gesamtkosten ist, desto höher ist die auf die sonstigen Vergütungen entfallende, wegen einer bei diesen nicht vorliegenden Mängeln ungerechtfertigte Kürzung.[618] Die mietrechtlich entwickelten Minderungsquoten dürfen daher nur auf den Teil des Entgelts Anwendung finden, der auf die Raumüberlassung entfällt.[619] Dieser ist leicht zu berechnen, weil nach § 3 Abs. 3 Nr. 3 die Leistungen des Trägers nach Art, Inhalt und Umfang gegliedert in Einzelpositionen auszuweisen sind.

404 Zudem können Mängel oder Nichtleistungen bezüglich der Betreuungseinrichtungen zu Minderungen des Entgelts führen. Denn diese wirken sich nicht nur auf die nicht oder nur unzureichend erbrachte Betreuungsleistung aus. Sie stellen auch einen Mangel der Mietsache dar, weil deren vereinbarte Verbrauchstauglichkeit gemindert wird.[620]

405 Besonderheiten bestehen, wenn Leistungen nach dem SGB XI erbracht werden, weil in den Rahmenverträgen des jeweiligen Bundeslandes festgelegt wird, welche Kürzungsbeträge bei bestimmten Tatsachen anzusetzen sind. Erfüllt die Pflegeeinrichtung ihre gesetzlichen oder vertraglichen Pflichten nicht, sind die iSd §§ 82 ff. SGB XI vereinbarten Entgelte und Leistungen gem. § 115 Abs. 3 S. 1 SGB XI für die Dauer der Pflichtverletzung entsprechend zu kürzen. Dies betrifft jedoch innerhalb des sozialrecht-

---

[610] Grüneberg/Weidenkaff WBVG § 10 Rn. 4.
[611] Grüneberg/Weidenkaff BGB § 536c Rn. 7.
[612] Iffland/Düncher WBVG § 10 Rn. 11; Schmidt-Futterer/Eisenschmid BGB § 536c Rn. 17.
[613] BT-Drs. 16/12409, 13, 25; Iffland/Düncher WBVG § 10 Rn. 13.
[614] Grüneberg/Weidenkaff BGB § 536c Rn. 7.
[615] BGH NJW 2010, 2648; 2005, 2773; 2005, 1713.
[616] Börstinghaus Mietminderungstabelle Rn. 1 ff.
[617] Drasdo NZM 2008, 665.
[618] Drasdo NZM 2008, 665.
[619] Drasdo NZM 2008, 665.
[620] Drasdo NZM 2008, 665.

lichen Dreiecksverhältnisses nur das Leistungsverhältnis zwischen Sozialversicherungsträger und der Einrichtung. Der Bewohner als Vertragspartner wird davon nicht betroffen.[621] Er kann jedoch nach § 10 Abs. 1 WBVG wegen der Nichterbringung der Leistung, eine Kürzung des Entgelts ebenfalls vornehmen.[622]

Soweit der Verbraucher Leistungen nach dem SGB XII erhält, sollen Kürzungsbeträge nach § 10 Abs. 5 S. 1 WBVG dem Träger der Sozialhilfe bis zur Höhe der erbrachten Leistung zugutekommen. Für Leistungen nach dem SGB XI hat der Gesetzgeber gem. § 10 Abs. 5 S. 2 WBVG eine andere Entscheidung getroffen. Kürzungen sind bis zur Höhe der Eigenleistung dem Verbraucher zuzurechnen. Erst danach wird die Pflegekasse begünstigt. 406

§ 10 WBVG ist wegen § 16 WBVG zum Nachteil des Verbrauchers nicht abdingbar. Dies hat auch zur Folge, dass Klauseln die ein Zurückbehaltungs- oder Aufrechnungsrecht ausschließen oder einschränken ungeachtet der Vorgaben des § 309 Nr. 2 lit. b, Nr. 3 BGB unwirksam sind. 407

6. Schadenersatzansprüche

Neben den nach § 13 WBVG zu erbringenden Leistungen kann der Unternehmer zudem Schadenersatz schulden, wenn der Umzug auf ein von ihm zu vertretenes Handeln oder Unterlassen zurückzuführen ist.[623] Dies ergibt sich allerdings nicht aus § 13 WBVG, der letztlich ein Verschulden nicht voraussetzt, sondern aus allgemeinen schuldrechtlichen Erwägungen, die neben der Norm weiterhin Anwendung finden. Das entsprechende Verschulden wird bei Vorlage der Voraussetzungen nach § 280 Abs. 1 BGB vermutet. 408

Ein solches Verschulden, kann etwa darin liegen, dass der Unternehmer die Einrichtung schließen muss, weil eine dahingehende öffentlich-rechtliche Anordnung erfolgt. Muss der Bewohner aus diesem Grunde in einen anderen Heimbetrieb umziehen, muss der Unternehmer die damit eventuell verbundenen Mehrkosten des nunmehr erfolgenden Aufenthaltes tragen.[624] Das gilt auch dann, wenn der Unternehmer wegen der sofortigen Vollziehbarkeit einer öffentlich-rechtlichen Anordnung keine Möglichkeit mehr hat, eine fristgerechte Kündigung auszusprechen. 409

Der Schadensersatzanspruch des Bewohners wegen eventuell höherer Heimkosten in der aufnehmenden Einrichtung ist jedoch auf die Kosten beschränkt, die bis zum Zeitpunkt der nächsten von dem Unternehmer aussprechbaren Kündigung besteht.[625] Denn dann hätte der Verbraucher ehedem einen neuen Heimplatz eigenverantwortlich suchen müssen. Anders als im Mietrecht kann der Unternehmer den Heimvertrag nach § 12 Abs. 1 auch kündigen, wenn die Gründe in seine Risikosphäre fallen. Den Ausgleich schafft insoweit § 13. Auch wenn wegen weitergehender Schäden dessen Anwendungsbereich nicht eröffnet sein sollte, muss das Kündigungsrecht des Unternehmers jedoch insoweit Beachtet werden, als dass dies zu zeitlichen grenzen für den Umfang weitergehender Schadenersatzansprüche führt.[626] 410

Bereits nach Abs. 4 sind bei einer Kündigung des Unternehmers die Umzugskosten zu ersetzen. Aber auch, wenn § 13 keine Anwendung findet, kann ein solcher Ersatz iR des Schadensersatzrechts zu leisten sein.[627] Dies gilt auch für Fahrtkosten, die damit und in der Folge bis zur nächsten Kündigungsmöglichkeit des ursprünglichen Vertrages verbunden sind.[628] 411

621 Drasdo NZM 2013, 289.
622 BT-Drs. 16/12409, 13, 25.
623 LG Bonn BeckRS 2018, 23243; 2018, 23245; AG Bonn BeckRS 2017, 150076.
624 LG Bonn BeckRS 2018, 23243.
625 LG Bonn BeckRS 2018, 23243; 2018, 23245; aA AG Bonn BeckRS 2017, 150076.
626 LG Bonn BeckRS 2018, 23245.
627 LG Bonn BeckRS 2018, 23245; AG Bonn BeckRS 2017, 150076.
628 LG Bonn BeckRS 2018, 23245; AG Bonn BeckRS 2017, 150076.

7. „Betreutes Wohnen"

412 Das Betreute Wohnen fällt nicht in den Anwendungsbereich des WBVG. Es definiert sich durch die Überlassung von Räumlichkeiten in Verbindung mit einigen Serviceleistungen sowie dem Angebot, bei Bedarf weitere in Anspruch zu nehmen. Im Gegensatz zum Heimvertrag besteht hinsichtlich einer Pflege- und Betreuungsleistungen keine Verpflichtung, diese zu erbringen oder abzunehmen. Zu den typischen Serviceleistungen rechnen vor allem die Installation eines Notrufssystems, die Unterstützung bei der Haushaltsführung und sonstiger kleinerer Unterstützungsleistungen.

413 Nach allgemeiner Auffassung richtet sich der Vertrag überwiegend nach mietrechtlichen Vorgaben. Da es sich um einen typengemischten Vertrag handelt, können daneben die Vorschriften des Dienst-, Werkvertrags- oder Kaufrechts, abhängig davon welche Leistung betroffen ist, eingreifen. Bezüglich der Raumüberlassung gelten aber nur die mietrechtlichen Bestimmungen, was insbesondere für die Kündigung, die Mieterhöhungen und die Gewährleistungsansprüche sowie die Zahlungspflichten des Bewohners von Bedeutung ist. Auch die Leistung einer Kaution orientiert sich ausschließlich an den mietrechtlichen Vorgaben.

8. Sonstige alters- oder behindertengerechte Wohnformen

414 Neben der Möglichkeit oder der Notwendigkeit seinen Lebensabend im Rahmen des „Betreuten Wohnens" oder im Falle einer Behinderung in einem Heim verbringen zu können, haben sich durch die weiter zunehmende Selbständigkeit zahlreicher älterer oder behinderter Menschen weitere Formen des Zusammenlebens herausgebildet.

415 Diese sich neben der klassischen Form des „Betreuten Wohnens" neu gebildeten alters- oder behindertengerechten Wohnformen sind unterschiedlich strukturiert und haben sich auch auf Grund verschiedener Interessenlagen gebildet. Insoweit sind auf dem Markt als

- Seniorenwohnimmobilien[629] (Service Wohnen,[630] Wohnen plus, Wohnen und mehr, vernetztes Wohnen)
- Gasteinrichtungen[631]
- Wohnen in Residenzen
- Wohnen in Wohnstiften
- integriertes Wohnen
- (ambulant betreute) Wohngemeinschaften[632]
- Betreute Wohngruppen[633]
- Wohneinrichtungen[634]
- Trainingswohngruppen[635]
- Selbstorganisierte Wohngemeinschaften[636]
- Mehrgenerationenwohnen[637]

in Erscheinung getreten. Dabei sind die tatsächlichen Unterschiede oftmals nicht zu erkennen. Sie werden durch die Bewohner selber oder durch dritte Personen entgeltlich oder unentgeltlich, gemeinnützig oder gewerblich betrieben und organisiert. Ihnen ist jedoch gemeinsam, dass weder eine dauerhafte Pflege- beziehungsweise Betreuung noch eine auf eine Person fixierte sonstige Leistung erbracht wird. In der Regel dienen diese

---

629 Bieber/Eupen MietR in Spezialimmobilien E I Rn. 3.
630 §§ 2 Abs. 2, 6 HambWBG.
631 §§ 2 Abs. 5, 18 HambWBG.
632 §§ 2 Abs. 3, 9 HambWBG; §§ 2 Abs. 5, 13 Abs. 2, 16 EQG MV; VG Berlin 21.8.2013 – 14 K 80.12 zu Demenz-Wohngemeinschaften.
633 §§ 2 Abs. 6, 13 Abs. 2, 16 EQG MV.
634 §§ 2 Abs. 3, 11 HambWBG.
635 §§ 2 Abs. 7, 13 Abs. 2, 16 EQG MV.
636 § 4 WTG LSA.
637 Auch die Aufzählung bei Hebeler/Buhr NVwZ 2015, 1020.

Wohnformen dazu, die Selbständigkeit im Alter zu erhalten und bei einer Behinderung weitestgehend zu fördern. Die Integration in eine Gemeinschaft mit unterschiedlichen Kenntnissen und Fähigkeiten soll dies ermöglichen. Hilfe soll daher allenfalls in ambulanter Form erfolgen. Geschieht dies, so sind Leistungspflichten der Sozialversicherungsträger gemäß § 98 Abs. 5 SGB XII oftmals davon abhängig, dass keine Eigeninitiative der Bewohner, sondern ein organisiertes Konzept vorliegt.[638]

Die alternativen, altersgerechten Wohnformen müssen von dem Heimbetrieb abgegrenzt werden. Charakterisiert werden sie unter anderem durch die Führung eines selbständigen Haushalts.[639] Das WBVG findet nach § 1 Abs. 1 S. 3 WBVG keine und das länderbezogene Heimrecht nicht zwangsläufig Anwendung. Die Abgrenzung zum Heim erfolgt wie in § 1 Abs. 2 HeimG aF teils in negativer Weise.[640] Teilweise erfolgt wie in § 1 Abs. 1 S. 3 WBVG eine Umschreibung. Insgesamt sollen bestimmte Erscheinungsweisen des altersgerechten Wohnens von dem Anwendungsbereich des Heimrechts und damit folgend auch des WBVG ausgenommen werden.[641] 416

9. Verfahrensfragen

Obwohl die Regelungen des WBVG teilweise an das Mietrecht angelehnt sind, müssen verfahrensrechtliche Besonderheiten beachtet werden. 417

Da bei den Leistungsbeziehungen zivil- und sozialrechtliche Probleme auftreten, ist die Bestimmung des Rechtswegs oftmals mit Schwierigkeiten verbunden. 418

Streitigkeiten im Rahmen des sozialrechtlichen Dreiecksverhältnisses das zivilrechtliche Erfüllungsverhältnis betreffen, sind nach § 13 GVG vor den ordentlichen Gerichten auszutragen..[642] An diesen Verfahren wird der Sozialhilfeträger nicht beteiligt, weil die ZPO eine Beiladung im Regelfall nicht kennt. 419

Demnach ist auch für die Ansprüche des Verbrauchers wegen der Erstattung überzahlter Beträge ist der Zivilrechtsweg gegeben.[643] Dies ist auch der Fall, wenn diese ihren Ursprung darin haben, dass sozialrechtliche Normen die Grundlage für eine solche Mehrleistung bieten.[644] 420

Die für Wohnraummietverhältnisse bestehende Sonderregelung des § 23 Nr. 2 lit. a GVG gilt nur in den Fällen, wenn die Raumüberlassung in Form der Wohnraummiete ein Übergewicht einnimmt, zumindest einen wesentlichen Leistungsbestandteil darstellt.[645] Bei Einrichtungen des „Betreuten Wohnens" kann davon regelmäßig ausgegangen werden.[646] Bei Heimverträgen ist dies wegen der überwiegend medizinischen oder pflegerischen Betreuung in der Regel nicht der Fall.[647] Bei Verträgen nach dem WBVG muss es daher bei der allgenmeinen streitwertabhängigen Zuständigkeitsverteilung zwischen Amts- und Landgerichten verbleiben. 421

Für Klagen gegen den Gewerbetreibenden ergibt sich die örtliche Zuständigkeit nach dem allgemeinen Regeln der §§ 12 ff. ZPO. Örtlich zuständig für gegen den Bewohner gerichtete Klagen ist gem. § 13 ZPO das Gericht, in dessen Bezirk dieser seinen Wohnsitz hat. Das wird sich regelmäßig an dem Ort des Heims orientieren. Ausnahmen 422

[638] LSG Baden-Württemberg BeckRS 2011, 72516.

[639] BVerwG NZM 2006, 668; BFH BStBl. II 2006, 559; Drasdo NZM 2008, 665.

[640] Harsch MietRB 2007, 302; Markus WuM 2005, 290; Pauly ZMR 2008, 864; siehe insoweit auch die Tabelle bei Thier NZM 2003, 264.

[641] OLG Frankfurt a. M. NJW 2000, 396; VGH Mannheim BeckRS 2003, 24933; OVG Münster WuM 1999, 412.

[642] BGH BeckRS 2015, 10709; OLG Hamm BeckRS 2017, 116573; Drasdo Seniorenrecht aktuell 2014, 161; Pattar SRa 2012, 85.

[643] BSG NZS 2007, 34; OLG Saarbrücken BeckRS 2008, 22069; LG Bielefeld BeckRS 2013, 07828.

[644] LG Neuruppin VersR 2002, 591.

[645] KG NJOZ 2008, 4554; LG Essen BeckRS 2013, 19310; LG Göttingen ZMR 1981, 274; LG Köln BeckRS 2015, 04518.

[646] AG Rendsburg NZM 2001, 423; Drasdo NZM 2008, 665.

[647] LG Essen BeckRS 2013, 19310; LG Kleve SRa 2012, 259; BeckRS 2016, 15380; LG Köln BeckRS 2015, 04518; Drasdo NZM 2008, 665.

bestehen für die Ansprüche hinsichtlich der Kurzzeitpflege. Bei dem Heimbewohner kann zudem der Gerichtsstand des Erfüllungsortes iSd § 29 Abs. 1 ZPO gegeben sein.[648]

423 Der Streitwert bestimmt sich nach den allgemeinen Regelungen. Für den Räumungsprozess ist daher nach § 41 Abs. 2 GKG das Jahresnutzungsentgelt maßgeblich.[649] Aus der auf die gesamte nicht nur für die Raumüberlassung abstellende Wertung des § 12 Abs. 1 S. 3 Nr. 4 Lit. a WBVG ergibt sich, dass dieser Grundsatz auch für die Höhe des Streitwerts heranzuziehen ist.[650] Neben den kalkulatorischen Kosten für die Raumüberlassung sind daher auch die der Pflegeleistung bei der Berechnung des Streitwertes zu berücksichtigen. Betriebskostenzahlungen für die Raumüberlassung angesetzten Teil des Entgeltes sind diese nach § 41 Abs. 1 S. 2 GKG nur bei der Berechnung des Streitwertes zu berücksichtigen, wenn es sich um eine Pauschale handelt. Bei Zahlungsansprüchen richtet sich der Wert gem. § 48 Abs. 1 GKG, §§ 3 ff. ZPO nach dem geltend gemachten Betrag. Im Übrigen gelten die allgemeinen Vorschriften.

424 Der Gewerbetreibende muss dem Bewohner nach § 12 Abs. 1 S. 3 Nr. 1 und Abs. 4 WBVG oder bei einer Kündigung des Bewohners nach § 11 Abs. 1 WBVG gem. § 13 Abs. 2 WBVG auf dessen Verlangen eine anderweitige Unterkunft und Betreuung zu zumutbaren Bedingungen nachweisen.[651] Dieser Nachweis ist Voraussetzung für die Titulierung und die Durchsetzung des Räumungsanspruchs.[652] Wenn die Prüfung auf Verlangen des Schuldners bereits im Erkenntnisverfahren zu erfolgen hat,[653] muss der Nachweis im Zweifel auch im Vollstreckungsverfahren geführt werden. Denn wenn der Ersatzunterbringungsraum im streitigen Verfahren vorliegt, später aber verloren geht, kann dies nicht dem Bewohner angelastet werden. Wegen der Angleichung an das Mietrecht kann bei einem Zahlungsrückstand von mehr als zwei monatlichen Beträgen die fristlose Kündigung auch ohne Gewährung einer Räumungsfrist gemäß § 721 ZPO zulässig sein, wenn eine Fortzahlung des Entgeltes nicht zu erwarten ist.[654]

425 Im Rahmen von Verfahren nach dem WBVG kann Prozesskostenhilfe gewährt werden. Leistungen nach dem SGB XII sind als Einkommen nach § 115 Abs. 1 ZPO zu berücksichtigen.[655] Hingegen sind die Leistungen der Pflegeversicherung nach dem SGB XI nicht im Rahmen des § 115 Abs. 1 ZPO zu berücksichtigen.

---

648 OLG Karlsruhe BeckRS 2016, 16821.

649 OLG Stuttgart NZM 2005, 966; LG Kleve SRa 2012, 259; BeckRS 2016, 15380; Drasdo NZM 2008, 665.

650 LG Kleve SRa 2012, 259; Drasdo Seniorenrecht aktuell 2014, 161.

651 Drasdo NZM 2008, 665.

652 OLG Frankfurt a. M. BeckRS 2016, 14138.

653 BGH NJW 2005, 147; OLG Frankfurt a. M. BeckRS 2016, 14138; Drasdo NZM 2008, 665; Schmitt LMK 2005, 3.

654 LG Kleve SRa 2012, 259.

655 Christl NZS 2016, 293.

§ 34 Zweckentfremdung

Übersicht

Schrifttum:
Discher/Lippert, Bauplanungs- und zweckentfremdungsrechtliche Zulässigkeit flexibler Wohnkonzepte, NVwZ 2020,685; Henke/Singbartl/Zintl, Mietwohnungsüberlassung an Touristen: Wimdu, Airbnb & Co. aus zivilrechtlicher Perspektive, NZM 2018, 1 ff.; Herrlein/Hoff/Muchow, Straftaten und Ordnungswidrigkeiten im Vermietungsgeschäft, NZM 2021,57, Hinrichs, Hamburgs neue Instrumente gegen die rechtswidrige Nutzung von Wohnraum als Ferienwohnung, NZM 2013, 782; ders., Leerstand in Hamburg: Wohnungsnutzungsgebot und Einsetzung eines (privaten, auch anwaltlichen) Treuhänders, NZM 2018, 185; Rast, Rechtlicher Rahmen des Micro-Livings, NJW-Spezial 2024, 556; Weber, Die Auszehrung der Städte durch Ferienwohnnutzung: noch aufzuhalten?, NZM 2018, 374; ders., Zum Begriff des „Wohnens", NZM 2018, 70; ders., Ferienwohnungsvermietung zwischen Bau- und Zweckentfremdungsrecht, NZM 2017, 584; Winkler Die Regulierung von Bestandsbauten in angespannten Wohnungsmärkten, Diss. Regensburg 2023.

I. Die formellen Voraussetzungen

1. Einleitung

1 Das Gesetz zur Verbesserung des Mietrechts und zur Begrenzung des Mietanstiegs sowie zur Regelung von Ingenieur- und Architektenleistungen vom 4.11.1971 (MVerbG) enthält in Art. 6 das Verbot der Zweckentfremdung von Wohnraum. Eine bestehende Mangellage auf dem Wohnungsmarkt soll nicht dadurch vergrößert werden, dass bestehender Wohnraum diesem Zweck entzogen wird.

2 Auf dieser Grundlage, die verfassungsrechtlich keinen Bedenken unterliegt,[1] hatten die meisten Bundesländer (nach der Wende auch die neuen Bundesländer) entsprechende Verordnungen erlassen, die zumeist zeitlich unbegrenzt waren und damit Geltung verlangten, wenn die Wohnungsnot nicht mehr bestand. Das hatte zur Frage geführt, ob das Verbot der Zweckentfremdung automatisch außer Kraft tritt, wenn keine Woh-

[1] BVerfG NJW 1975, 727. Auch kein Verstoß gegen EU-Recht (für Paris entschieden) EUGH NZM 2020,878.

nungsnot im Sinne des Gesetzes mehr vorliegt. Das BVerwG[2] hat diese Frage bejaht: „wenn ein Ende der Mangellage auf dem Wohnungsmarkt insgesamt deutlich in Erscheinung getreten und das Zweckentfremdungsverbot daher offensichtlich entbehrlich geworden ist“. Es handelte sich bei dieser Frage um eine solche der Tatsachenwürdigung.

3 Für Berlin wurde gerichtlich ein Ende der Wohnungsnot ab 2000 festgestellt.[3] In anderen Bundesländern wurde die gesetzliche Regelung aufgehoben, so in Baden-Württemberg und in NRW mit Ablauf des 31.12.2006, in Niedersachsen zum 31.12.2003, in Hessen zum 31.12.2005.

4 Durch das Föderalismusreformgesetz 2006 wurde die Gesetzeszuständigkeit für Wohnraumangelegenheiten auf die Länder übertragen, davon ist auch das Verbot der Zweckentfremdung erfasst. Das hatte dann gemäß Art. 125a GG zur Folge, dass die bundesgesetzliche Regelung von jedem Bundesland weiter als Grundlage für eine entsprechende Regelung verwendet werden kann, oder aber durch ein eigenes Gesetz aufgehoben werden kann. Für jedes Bundesland ist seitdem zu prüfen, ob dort eine Regelung zum Verbot der Zweckentfremdung vorhanden ist. Liegt eine Landes-VO vor, so stützt sie sich weiterhin auf die bundesgesetzliche Regelung. Ist ein Landesgesetz vorhanden, so ist die bundesgesetzliche Regelung damit aufgehoben.

5 Inzwischen haben 13 der 16 Bundesländer eigene Gesetze gegen eine Zweckentfremdung von Wohnraum erlassen. In Thüringen wurde 2024 ein entsprechender Gesetzesentwurf im Landtag eingebracht. Im Saarland gibt es nach wie vor keine rechtliche Regelung, lediglich für den öffentlich geförderten Wohnraum wurde in 2024 ein Gesetz eingebracht, dieses hat für solche Wohnungen auch ein Zweckentfremdungsverbot. In Sachsen-Anhalt gibt es nach wie vor nur eine VO auf der Grundlage des o. a. Bundesgesetzes. Beispiel: In NRW wurde 2021 das Gesetz zur Stärkung des Wohnungswesens (WohnStG) erlassen. Darauf fußt dann die Satzung der Stadt Köln ebenfalls von 2021: Satzung zum Schutz und Erhalt von Wohnraum. Diese ist als Beispiel nachfolgend angegeben:

Satzung zum Schutz und Erhalt von Wohnraum (Wohnraumschutzsatzung) vom 30. Juni 2021

Aufgrund § 12 Abs. 1 des Gesetzes zur Stärkung des Wohnungswesens in Nordrhein-Westfalen (Wohnraumstärkungsgesetz -WohnStG NRW-) vom 1.7.2021 in Verbindung mit den §§ 7 Abs. 1 und 2, 41 und 77 Gemeindeordnung für das Land Nordrhein- Westfalen (GO NRW) vom 14. Juli 1994 (GV NRW S. 666, SGV NRW 2023) in der Fassung des Artikels 3 des Gesetzes vom 29. September 2020 (GV. NRW. S. 916) sowie der §§ 4 und 5 des Kommunalabgabengesetzes für das Land Nordrhein-Westfalen vom 21. Oktober 1969 (GV NW 1969 S. 712) in der Fassung des Gesetzes vom 19. Dezember 2019 (GV. NRW. S. 1029) hat der Rat der Stadt Köln in seiner Sitzung am 24.6.2021 folgende Satzung zum Schutz und Erhalt von Wohnraum in Köln (Wohnraumschutzsatzung) neu beschlossen, welche die bisher bestehende Wohnraumschutzsatzung vom 31.5.2019 ablöst und fortführt.

Präambel

Das am 1.7.2021 in Kraft getretene Gesetz zur Stärkung des Wohnungswesens in Nordrhein-Westfalen (Wohnraumstärkungsgesetz – WohnStG NRW) hat das bisherige Wohnungsaufsichtsgesetz (WAG NRW) vom 10. April 2014 abgelöst. Mit § 10 WAG NRW erhielten die Gemeinden ein Satzungsrecht für Gebiete mit erhöhtem Wohnungsbedarf. Die Stadt Köln hat von dieser Befugnis Gebrauch gemacht und zunächst die bis 30.6.2019 gültige Wohnraumschutzsatzung vom 4.7.2014 beschlossen. Mit der Wohnraumschutzsatzung vom 31.5.2019, in Kraft getreten am 1.7.2019, wurde die Wohnraumschutzsatzung aus 2014 neu gefasst und um fünf weitere Jahre verlängert.

Das neue Wohnraumstärkungsgesetz ermöglicht den Gemeinden ebenfalls, durch das Instrument der Satzung mit einer Geltungsdauer von höchstens fünf Jahren zu bestimmen, dass Wohnraum nur mit behördlicher Genehmigung überwiegend anderen als Wohnzwecken zugeführt werden darf.

---

[2] BVerwGE 59, 195 = NJW 1980, 1970; NVwZ 2003, 1125; WuM 2008, 602 (605).
[3] VG Berlin NVwZ 2004,371.

Aufgrund der besonderen Gefährdung einer ausreichenden Versorgung der Bevölkerung mit Mietwohnungen zu angemessenen Bedingungen ist die Stadt Köln nach § 12 Abs. 1 Wohnraumstärkungsgesetz zum Erlass einer solchen Satzung berechtigt, die die Nutzung von Wohnraum zu anderen als Wohnzwecken (Zweckentfremdung) im Stadtgebiet unter Genehmigungsvorbehalt stellt. Zugleich werden in diesem Gesetz die Handlungsmöglichkeiten gegen verstärkt auftretende Formen der Zweckentfremdung von Wohnraum erweitert, indem ein Verfahren zur Identifizierung der Anbieter von Wohnraum zur Kurzzeitvermietung eingeführt wird.
Die Stadt Köln ist angesichts des geringen Angebots an Wohnraum im Stadtgebiet sowie erhöhten Wohnbedarfs wahrhaftig bestrebt, durch den effektiven und umfassenden Schutz von Wohnraum die ausreichende Versorgung der Kölner Bevölkerung mit Mietwohnungen zu angemessenen sozialen Bedingungen auch für die Zukunft zu gewährleisten. Der Verknappung des Wohnungsangebots durch illegale Kurzzeitvermietungen und andere unerlaubte zweckfremde Nutzungen von Wohnraum soll wirksam und nachhaltig entgegengetreten werden. Zur ernsthaften Verfolgung dieser Zwecke erlässt der Rat der Stadt Köln im Rahmen der kommunalen Selbstverwaltung im Bewusstsein der Bedeutung des Wohnens für ein menschenwürdiges Leben folgende, die Regelungen der §§ 12 ff. Wohnraumstärkungsgesetz NRW ausfüllende und ergänzende Wohnraumschutzsatzung:

§ 1 Gefährdung der Wohnungsversorgung

(1) Im ganzen Gebiet der Stadt Köln ist die ausreichende Versorgung der Bevölkerung mit Mietwohnungen zu angemessenen Bedingungen besonders gefährdet. Es besteht ein erhöhter Wohnungsbedarf.
(2) Die Landesregierung Nordrhein-Westfalen hat mit der Verordnung zur Festlegung des Anwendungsbereichs bundesrechtlicher Mieterschutzvorschriften im Land Nordrhein-Westfalen, Mieterschutzverordnung – MietSchVO NRW –, vom 9.6.2020 die Stadt Köln aufgrund gutachterlicher Feststellungen als Gebiet festgelegt, in dem die ausreichende Versorgung der Bevölkerung mit Mietwohnungen zu angemessenen Bedingungen besonders gefährdet ist.
(3) Das von der Landesregierung Nordrhein-Westfalen in Auftrag gegebene Gutachten zur sachlichen und räumlichen Differenzierung der Wohnraumförderung in Nordrhein-Westfalen aus 2020 nimmt das Gebiet der Stadt Köln mit jeweils hohem Kosten- und Bedarfsniveau in die Gebietskulisse auf. Das Bedarfsniveau erfasst die lokalen Wohnraumbedarfe.

§ 2 Maßnahmen zur Wohnraumverbesserung

Die Stadt Köln wird im Sinne des § 12 Abs. 1 Satz 3 Wohnraumstärkungsgesetz über die in dieser Satzung vorgesehenen Maßnahmen hinaus insbesondere folgende Maßnahmen ergreifen, um die Versorgung der Bevölkerung mit Wohnraum im Gültigkeitszeitraum dieser Satzung zu verbessern:
1. Die bestehenden Instrumente zur öffentlichen Förderung des Wohnungsbaus werden konsequent angewendet, evaluiert und dem zuständigen Landesministerium werden Anregungen zur Optimierung dieser Instrumente unterbreitet,
2. insbesondere das bestehende kooperative Baulandmodell, das in Neubaugebieten einen Anteil von mindestens 30 Prozent an öffentlichen gefördertem Wohnungsbau vorsieht, wird fortgeführt, evaluiert und Reformvorschläge werden mit dem Rat und den zuständigen Ausschüssen erörtert sowie
3. auslaufende Belegungsbindungen für öffentlich-geförderte Wohnungen werden verlängert oder Belegungsbindungen von freifinanzierten Wohnungen durch die Stadt Köln erworben.

§ 3 Anwendungsbereich der Satzung

(1) Die Satzung erfasst alle freifinanzierten Miet- und Genossenschaftswohnungen, die am 1.7.2014 Wohnraum waren oder danach wurden. Ab dem 1.7.2019 betrifft sie Wohnraum insgesamt, also Miet- und Genossenschaftswohnungen, Einfamilienhäuser, Eigenheime mit und ohne Einliegerwohnung oder zweiter Wohnung sowie Eigentumswohnungen.
(2) Gegen Zweckentfremdung durch andere Vorschriften geschützter öffentlich-geförderter Wohnraum wird von dieser Satzung nur erfasst, wenn seine Zweckbindung gemäß den Bestimmungen des Gesetzes zur Förderung und Nutzung von Wohnraum für das Land NRW – WFNG NRW – (§§ 22 u. 23) entfällt.

§ 4 Wohnraum

(1) Wohnraum im Sinne dieser Satzung, der gegen Nutzung zu anderen als Wohnzwecken (Zweckentfremdung) geschützt ist, umfasst alle Räume, die zu Wohnzwecken objektiv geeignet und subjektiv bestimmt sind.

(2) Räume sind objektiv zu Wohnzwecken geeignet, wenn sie baurechtlich genehmigt oder wenigstens genehmigungsfähig sind oder nicht so schwere Mängel oder Missstände aufweisen, dass die Bewohnbarkeit nach den Bestimmungen des Wohnraumstärkungsgesetzes nicht wiederhergestellt werden kann. Zudem müssen sie alleine oder zusammen mit anderen Räumen die Führung eines selbständigen Haushalts ermöglichen.
(3) Räume sind subjektiv zu Wohnzwecken bestimmt, wenn sie als solche von dem oder der Verfügungsberechtigten im Rahmen des geltenden Rechts durch ausdrückliche Erklärung oder schlüssiges Verhalten nach außen gewidmet sind oder werden.
(4) Die Wohnfläche des Wohnraums ist die Summe der anrechenbaren Grundflächen der ausschließlich zur Wohnung gehörenden Räume (§ 24 Wohnraumstärkungsgesetz). Maßgeblich für die Berechnung sind die Vorschriften der Wohnflächenverordnung vom 25. November 2003 (BGBl. I S. 2346) in der jeweils geltenden Fassung.

§ 5 Nicht geschützter Wohnraum

Nicht gegen Zweckentfremdung im Sinne des § 4 dieser Satzung geschützt sind:

1. Unterkünfte im Sinne des § 3 Abs. 3 Wohnraumstärkungsgesetz,
2. Einrichtungen zur öffentlich-rechtlichen Unterbringung,
3. Gebäude, die im Rahmen eines öffentlich-rechtlichen Anstalts- oder Nutzungsverhältnisses benutzt werden,
4. Gebäude, die als Wohneinrichtung nach dem Gesetz zur Weiterentwicklung des Landespflegerechtes und Sicherung einer unterstützenden Infrastruktur für ältere Menschen, pflegebedürftige Menschen und deren Angehörige (Alten- und Pflegegesetz Nordrhein-Westfalen – APG NRW) genutzt werden,
5. Gebäude, die für andere (Wohn-)Heime genutzt werden, wenn die Führung eines selbständigen Haushaltes nicht erforderlich ist, weil die Haushaltsführung in gemeinschaftlich genutzten Räumen erfolgt sowie
6. Wohnraum, der vor den in § 3 dieser Satzung genannten Zeitpunkten und seitdem ununterbrochen im ganzen Zeitraum zu anderen als Wohnzwecken diente; dabei wird der Wohnraum nach dieser Satzung dann wieder geschützt, wenn auch nur durch schlüssiges Verhalten die Absicht erkennbar geworden ist oder wird, den Wohnraum wieder zu Wohnzwecken zu nutzen.

§ 6 Persönlicher Anwendungsbereich des Zweckentfremdungsverbots

(1) Verpflichtet zum Schutz des Wohnraums vor zweckfremder Nutzung nach dieser Satzung sind:

1. Die über den Wohnraum verfügungsberechtigten natürlichen oder juristischen Personen, also insbesondere
   a) Eigentümerinnen und Eigentümer,
   b) die oder der Erbbauberechtigte oder
   c) die aufgrund eines Nießbrauchsrechts oder eines anderen dinglichen Rechts Berechtigten sowie
2. die Nutzungsberechtigten, also insbesondere Mieterinnen und Mieter, aber auch sonstige Bewohnerinnen und Bewohner.

(2) Den in Abs. 1 genannten Personen stehen die in § 3 Abs. 5 Wohnraumstärkungsgesetz genannten Beauftragten (vor allem Wohnungsverwalterinnen und -verwalter, Hausverwalterinnen und -verwalter) sowie Vermieterinnen und Vermieter gleich.

§ 7 Zweckentfremdung

(1) Wohnraum wird zweckentfremdet, wenn er durch Verfügungs- oder Nutzungsberechtigte ohne Genehmigung nach § 8 dieser Satzung gemäß § 12 Abs. 2 des Wohnraumstärkungsgesetzes für andere Zwecke als zu Wohnzwecken verwendet wird. Eine solche ohne Genehmigung erfolgende Nutzung von Wohnraum ist verboten.
(2) Eine bestimmungsgemäß als Zweitwohnung genutzte Wohnung kann ebenfalls diesem Verbot der Zweckentfremdung unterfallen.
(3) Kurzzeitvermietungen stellen insbesondere sowohl die Vermietung von Ferienwohnungen als auch die an einen bestimmten Zweck geknüpfte, auch nicht gewerbliche Vermietung von Wohnräumen dar, insbesondere für Zwecke vorübergehender beruflicher Tätigkeit oder für eine von vorneherein nur kurzfristig angelegte Unterbringung zum Zwecke der Ausbildung oder des Studiums oder während eines Aufenthalts zur medizinischen Behandlung.

(4) Werden bei einem Leerstand von Wohnraum Um- oder Neubaumaßnahmen geplant und würden die beabsichtigten Maßnahmen durch den Abschluss eines unbefristeten Mietverhältnisses erheblich erschwert, ist die Anordnung einer Zwischennutzung zu Wohnzwecken, zum Beispiel durch den Abschluss von Zeitmietverträgen (§ 575 BGB), zur Abwendung von Zweckentfremdungen durch Leerstehenlassen in der Regel zumutbar.

§ 8 Genehmigung der Zweckentfremdung

(1) Wohnraum im Sinne des § 4 Abs. 1 dieser Satzung darf nur mit Genehmigung der Stadt Köln zu anderen als Wohnzwecken verwendet werden. Über den Antrag auf Erteilung einer Genehmigung entscheidet das zuständige Amt für Wohnungswesen nach Eingang der vollständigen Antragsunterlagen abweichend von § 13 Abs. 3 Satz 1 Wohnraumstärkungsgesetz innerhalb einer Frist von sechs Monaten. Nach Ablauf der Frist gilt die Genehmigung als erteilt. Hat die Antragstellerin oder der Antragsteller den die Wohnnutzung beeinträchtigenden Zustand mindestens fahrlässig durch unterlassene Instandhaltung und Instandsetzung verursacht, ist die Genehmigung in der Regel zu versagen.

(2) Eine Genehmigung wird erteilt, wenn die Wiederherstellung des Wohnraums nach § 15 Abs. 2 Satz 4 Wohnraumstärkungsgesetz unmöglich oder unzumutbar ist oder ein überwiegendes öffentliches oder ein berechtigtes Interesse Verfügungsberechtigter oder Nutzungsberechtigter an der zweckfremden Nutzung gegeben ist, welches das öffentliche Interesse am Erhalt der Wohnnutzung überwiegt (§ 13 Abs. 1 WohnStG NRW). Das öffentliche Interesse am Erhalt des Wohnraums tritt in der Regel zurück, wenn durch die Schaffung von angemessenem Ersatzwohnraum oder ausnahmsweise durch Ausgleichszahlung der durch die Zweckentfremdung eintretende Wohnraumverlust ausgeglichen wird (§§ 9, 10 dieser Satzung).

(3) Ein überwiegendes öffentliches Interesse kann insbesondere vorliegen, wenn

1. der Wohnraum zur Verwirklichung städtebaulicher Ziele beseitigt werden muss oder dieser
2. aus Denkmalschutzgründen nicht mehr zu Wohnzwecken genutzt werden kann oder
3. ein vordringlicher Bedarf an Einrichtungen oder Diensten besteht, um die soziale und gesundheitliche Versorgung der Bevölkerung sicherzustellen.

(4) Ein überwiegendes berechtigtes privates Interesse kann insbesondere vorliegen, wenn

1. Geschäfts- oder Gewerbebetriebe erweitert werden müssen, um eine wirtschaftliche Existenzgefährdung abzuwenden und
2. die Versagung der Genehmigung unabdingbar zu einer unmittelbaren Notlage oder zu einer Abwanderung des Unternehmens führen würde.

(5) Die Genehmigung ist an die berechtigte Person, den Wohnraum sowie den Nutzungszweck gebunden. Sie erlischt mit dem Wechsel der Verfügungs- oder Nutzungsberechtigung oder der Änderung des Verwendungszweckes, es sei denn der Ersatzwohnraum nach § 9 dieser Satzung wurde geschaffen oder die einmalige Ausgleichzahlung nach § 10 dieser Satzung geleistet. Der Rechtsnachfolger oder die Rechtsnachfolgerin kann einen neuen Antrag auf Genehmigung der Zweckentfremdung stellen.

§ 9 Genehmigung aufgrund von Ersatzwohnraum

(1) Die Genehmigung nach § 8 Abs. 1 dieser Satzung ist auf Antrag in der Regel zu erteilen, wenn durch die Schaffung eines angemessenen, beachtlichen und verlässlichen Angebots an Ersatzwohnraum gemäß § 13 Abs. 2 Satz 2 Wohnraumstärkungsgesetz der durch die Zweckentfremdung eintretende Wohnraumverlust ausgeglichen wird.

(2) Notwendige Voraussetzung für die Erteilung einer Genehmigung ist, dass der Ersatzwohnraum in einem engen zeitlichen Zusammenhang geschaffen worden ist oder geschaffen wird.

(3) Es ist sicherzustellen, dass der Ersatzwohnraum, soweit er nicht von den Verfügungsberechtigten selbst genutzt wird, bei einer Vermietung dem Wohnungsmarkt zu angemessenen Bedingungen zur Verfügung steht. Angemessene Bedingungen setzen Mieten voraus, die für Wohnungen der entsprechenden Art von einem durchschnittlich verdienenden Arbeitnehmer* innenhaushalt allgemein aufgebracht werden können. Zuschnitt und Standard des Ersatzwohnraums müssen zudem für die allgemeine Wohnversorgung geeignet sein und familiengerechter Wohnraum soll nur durch ebensolchen Wohnraum ersetzt werden.

§ 10 Genehmigung bei Ausgleichzahlung

(1) Bei einem berechtigten Interesse kann bei vorübergehender Umnutzung der Räume zu anderen als Wohnzwecken oder einem entsprechendem Leerstand oder ausnahmsweise, falls die Schaffung

von Ersatzwohnraum nachweisbar objektiv oder subjektiv nicht möglich ist, eine Genehmigung erteilt werden, wenn durch eine einmalige oder laufende Ausgleichszahlung das öffentliche Interesse an der Erhaltung eines bestimmten Wohnraums ausgeglichen wird.
(2) Mit der Ausgleichszahlung sollen die durch die Zweckentfremdung bedingten Mehraufwendungen der Allgemeinheit für die Schaffung neuen Wohnraums (Wohnungsbauförderung) kompensiert und so ein Ausgleich für den Verlust des Wohnraums geschaffen werden. Die Ausgleichsbeträge sind daher zweckgebunden für die Schaffung neuen Wohnraums zu verwenden.
(3) Die Berechnung der Ausgleichszahlungen für die von der Zweckentfremdung betroffene Wohnfläche orientiert sich im Geltungszeitraum dieser Satzung an den durchschnittlichen Neubaukosten/qm des geförderten Wohnungsbaus in Köln im Zeitpunkt der Antragstellung.
(4) Bei vorübergehender Umnutzung der Räume zu anderen als Wohnzwecken oder einem entsprechendem Leerstand soll regelmäßig eine laufende, monatlich zu entrichtende, Ausgleichszahlung in Höhe der im Genehmigungszeitraum gültigen Bewilligungsmiete in der sozialen Wohnraumförderung (Einkommensgruppe A) erhoben werden.
(5) Die Ausgleichszahlung kann im Einzelfall auf Antrag oder von Amts wegen abgesenkt oder es kann ein Verzicht erklärt werden, insbesondere wenn bei gewerblicher oder freiberuflicher Nutzung die Festsetzung einer Ausgleichszahlung in voller Höhe nachweislich zu einer Existenzgefährdung führen würde. Das Gleiche gilt, wenn die Zweckentfremdung nachweislich in erheblichem Maße der Sicherung bestehender oder der Schaffung neuer Arbeitsplätze dient.

§ 11 Nebenbestimmungen zur Genehmigung

(1) Die Genehmigung zur Zweckentfremdung von Wohnraum kann befristet, bedingt oder unter Auflagen erteilt werden.
(2) Eine Genehmigung gemäß §§ 8, 10 dieser Satzung ist in der Regel mit der Auflage zur Entrichtung einer Ausgleichszahlung zu verbinden.
(3) Ist aufgrund einer Nebenbestimmung, durch Fristablauf oder Eintritt einer Bedingung, die Wirksamkeit einer Genehmigung erloschen, so ist der Wohnraum umgehend wieder Wohnzwecken zuzuführen.
(4) Die wohnungsrechtliche Genehmigung zur Zweckentfremdung ersetzt keine nach anderen Bestimmungen erforderlichen, insbesondere baurechtlichen Genehmigungen.

§ 12 Negativattest

Auf Antrag wird durch ein Negativattest bestätigt, dass eine Genehmigung zur Zweckentfremdung für die beabsichtigte Maßnahme nicht erforderlich ist.

§ 13 Anordnungen bei Zweckentfremdung

(1) Wird entgegen des Verbots der Zweckentfremdung Wohnraum nicht zum Wohnen genutzt, kann die Gemeinde die in § 15 Wohnraumstärkungsgesetz vorgesehenen Anordnungen (Wohnnutzungs-, Räumungs- und Wiederherstellungsgebot) treffen.
(2) Bei einer festgestellten Zweckentfremdung wird der oder dem Verfügungsberechtigten oder der oder dem Nutzungsberechtigten unter Fristsetzung aufgegeben, den Wohnraum wieder zu Wohnzwecken zu verwenden.
(3) Wird die Wiederherstellung des Wohnraums angeordnet, ist der Zustand, der vor der bestimmungswidrigen Nutzung bestanden hat, auf eigene Kosten wiederherzustellen oder zumindest ein gleichwertiger Zustand zu schaffen. § 15 Abs. 2 Satz 2 ff. Wohnraumstärkungsgesetz ist zu beachten. Unzumutbar ist insbesondere ein Aufwand, soweit dieser innerhalb der folgenden zehn Jahre nur unerheblich hinter den Kosten eines vergleichbaren Ersatzbaus zurück bleibt.

§ 14 Auskunftspflichtige

(1) Die in § 16 Abs. 1 und 2 Wohnraumstärkungsgesetz genannten Personen sind unter den dort genannten Voraussetzungen zur allgemeinen Auskunft verpflichtet.
(2) Bei den in § 16 Abs. 2 Satz 1 auskunftspflichtigen Diensteanbietern handelt sich um Anbieter von Telemediendiensten nach § 1 Abs. 1 Satz 1, § 2 Satz 1 Nummer 1 Telemediengesetz.

§ 15 Besondere Pflichten bei Leerstand

Im Fall eines Leerstandes von Wohnraum gelten für die oder den Verfügungsberechtigten die in § 17 Abs. 1 bis 3 Wohnraumstärkungsgesetz genannten besonderen Verpflichtungen.

§ 16 Besondere Pflichten bei Kurzzeitvermietung

(1) § 17 Absätze 4 bis 7 Wohnraumstärkungsgesetz sehen Registrierungs- sowie Nachweispflichten für Verfügungsberechtigte oder Nutzungsberechtigte vor.

(2) Die Registrierungspflicht gilt darüber hinaus gemäß § 17 Abs. 8 Wohnraumstärkungsgesetz für alle Nutzerinnen und Nutzer von Internetplattformen, Anzeigenblättern oder vergleichbaren Angeboten, die der Öffentlichkeit überwiegend Angebote von als Ferienwohnung überlassenem Wohnraum verfügbar machen.
(3) § 17 Abs. 9 Wohnraumstärkungsgesetz begründet Verpflichtungen von Vermittlerinnen und Vermittlern, insbesondere Diensteanbietern im Sinne des Telemediengesetzes und Anbieterinnen und Anbietern von Print- oder anderen Medien, Werbung für solche Angebote nicht ohne Wohnraum-Identitätsnummer zu veröffentlichen.

§ 17 Wohnraum-Identitätsnummer

(1) Die Vergabe der amtlichen Nummer (Wohnraum-Identitätsnummer) richtet sich nach § 17 Abs. 4 bis 8 Wohnraumstärkungsgesetz.
(2) Die Erteilung der Wohnraum-Identitätsnummer ersetzt nicht die erforderliche behördliche Genehmigung zur zweckfremden Nutzung nach § 8 Abs. 1 Satz 1 dieser Satzung.
(3) Bei einer genehmigungsfreien Nutzung kann die Wohnraum-Identitatsnummer befristet werden. Bei Erteilung einer befristeten Genehmigung gilt die Frist der Genehmigung auch für die Wohnraum-Identitätsnummer. Ist die Wohnraum-Identitätsnummer befristet, wird sie nach ihrem Ablauf ungültig.
(4) Die Wohnraum-Identitätsnummer kann nicht auf Dritte übertragen werden. Sie kann von der oder dem Anzeigenden zudem nicht für anderen Wohnraum genutzt werden.

§ 18 Mitwirkungs- und Duldungspflichten

Verfügungsberechtigte, Nutzungsberechtigte sowie Bewohnerinnen und Bewohner sind nach § 18 Wohnraumstärkungsgesetz zur Mitwirkung und Duldung im Verwaltungsverfahren verpflichtet.

§ 19 Ordnungswidrigkeiten

(1) Ordnungswidrig handelt, wer vorsätzlich oder fahrlässig gegen einer der in § 21 Abs. 1 Nr. 7 bis 12 Wohnraumstärkungsgesetz aufgeführten Tatbestände zuwider handelt.
(2) Bereits der Versuch, Wohnraum ohne die erforderliche Genehmigung für andere als Wohnzwecke zu verwenden oder zu überlassen (21 Abs. 1 Nr. 7 Wohnraumstärkungsgesetz), stellt eine Ordnungswidrigkeit dar.
(3) Die Verfolgung und Ahndung der Ordnungswidrigkeiten richten sich nach dem Gesetz über Ordnungswidrigkeiten (OWiG).

§ 20 Verwaltungsgebühren

(1) Für die Erteilung einer Genehmigung zur teilweisen oder vollständigen Zweckentfremdung einer Wohnung im Sinne der §§ 8 ff dieser Satzung wird je nach Aufwand eine Verwaltungsgebühr zwischen 110 € und 210 € je Wohneinheit erhoben; die Gebühr ist auf maximal 800 € je Gebäude beschränkt.
(2) Für die Erteilung einer Negativbescheinigung nach § 12 dieser Satzung (Nichtanwendbarkeit der Wohnraumschutzsatzung) sowie die Ablehnung bzw. Verfahrenseinstellung nach Rücknahme eines Antrages auf Zweckentfremdung wird je nach Aufwand eine Gebühr zwischen 50 € bis 100 € je Wohnung erhoben. Je Gebäude beträgt die Gebühr maximal 400 €.
(3) Die Regelungen einer auf Grund § 28 Absatz 1 und Absatz 2 Satz 2 des Wohnraumstärkungsgesetzes NRW erlassenen Verordnung gehen den Absätzen 1 und 2 vor.

§ 21 Zuständigkeit

(1) Nach § 21 Abs. 5 des Wohnraumstärkungsgesetzes ist die Gemeinde Verwaltungsbehörde im Sinne des § 36 Abs. 1 Nummer 1 des Gesetzes über Ordnungswidrigkeiten (OWiG).
(2) Vollzugsbehörde innerhalb der hiernach zuständigen Stadt Köln ist das Dezernat Soziales, Umwelt, Gesundheit und Wohnen, Amt für Wohnungswesen.
(3) Zum Vollzug dieser Satzung gehören die Überwachung des Verbots einschließlich notwendiger Ermittlungen, der Erlass von Anordnungen nach § 11 dieser Satzung, die Erteilung von Genehmigungen nach §§ 8 ff oder eines Negativattests nach § 12 dieser Satzung.
(4) Gesetzliche Grundlagen für die Verfolgung von Ordnungswidrigkeiten bilden das Verwaltungsverfahrensgesetz für das Land Nordrhein-Westfalen (VwVfG NRW), das Verwaltungsvollstreckungsgesetz für das Land Nordrhein-Westfalen (VwVG NRW) sowie das Gesetz über Ordnungswidrigkeiten (OWiG).

§ 22 Inkrafttreten, Außerkrafttreten

Diese Satzung tritt am 1.7.2021 in Kraft und löst die bis dahin bestehende Wohnraumschutzsatzung ab.

Die Gültigkeit der Satzung wird auf fünf Jahre befristet. Vorstehende Satzung wird hiermit öffentlich bekanntgemacht. Es wird auf die Rechtsfolgen nach § 7 Abs. 6 Satz 1 der Gemeindeordnung für das Land Nordrhein-Westfalen hingewiesen.

6 Der Wohnungsmarkt ist derzeit stark angespannt (nicht nur in den Großstädten wie Berlin, Hamburg, Köln, München). Mehrere Gründe sind dafür verantwortlich: teils ungeordneter Zuzug von Flüchtlingen (derzeit etwa 3,1 Mio, davon 790.000 Ukrainer), stark gestiegene Baupreise, erhebliche Verschärfungen der Dämmvorschriften und Heizvorschriften zur Verringerung des CO2-Ausstosses und damit Rückgang der Bautätigkeit, fehlende Ausweisung von Bauland durch die Gemeinden.

2. Begriff des Wohnraums

7 Das Verbot der Zweckentfremdung betrifft ausschließlich Wohnraum. Was darunter zu verstehen ist, hat die Rechtsprechung anhand verschiedener Kriterien wie folgt bestimmt.[4]

8 **Wohnraum** ist danach:

- Raum, der im Zeitpunkt des Inkrafttretens der Landesregelung oder später als Wohnraum genutzt wurde; Wohnraum, welcher vor Inkrafttreten der Regelung zum Büroraum oder für andere Zwecke bestimmt und auch genutzt wurde, fällt also nicht unter das Verbot der Zweckentfremdung. Er untersteht erst dann wieder dem Verbot, wenn er wieder zum Wohnraum bestimmt und genutzt wird.
- Raum, der zur Nutzung als Wohnraum objektiv geeignet ist. Das ist nicht der Fall
  - bei Notunterkünften oder abbruchreifen Räumlichkeiten,[5]
  - wenn der Raum als Wohnraum nicht genutzt werden darf, da er bauordnungsrechtlich nicht genehmigt und auch nicht genehmigungsfähig ist. Ist der Raum nur formal baurechtswidrig, greift das Verbot jedoch ein,
  - wenn Wohnraum bauplanmäßig dauernd nicht zum Wohnen vorgesehen ist, wie zB bei Kleingartenanlagen,
  - wenn Wohnraum vom Markt als solcher nicht mehr angenommen wird.[6]
- Raum, der zur Nutzung als Wohnraum auch subjektiv bestimmt ist. Dies bestimmt ausschließlich der Verfügungsberechtigte. Bei Neubau von Wohnungen ergibt sich der Nutzungszweck aus der Baugenehmigung. Bei der Errichtung von Eigentumswohnungen durch einen Bauträger, der die Einheiten verkauft, wird die Bestimmung erst durch den Käufer getroffen. Dieser kann also – vor der Schlussabnahme – beim Bauamt einen Antrag auf Nutzungsänderung stellen, wenn er die Einheit nach Kauf beruflich oder gewerblich nutzen will. In diesem Fall ist nur eine Nutzungsänderung zu beantragen, daneben ist eine Zweckentfremdungsgenehmigung nicht erforderlich. Notwendig ist hier nur eine Unbedenklichkeitsbescheinigung des zuständigen Wohnungsamtes. Bei **gemischt genutzten Räumlichkeiten** (zB Laden mit anschließender Wohnung) erfasst das Verbot den Wohnteil.[7]
- Ein **Umbau von Wohnraum,** der auch nach dem Umbau wieder zu Wohnzwecken zur Verfügung steht, stellt keine Zweckentfremdung dar. So darf eine Wohnung durch Einbau einer Nasszelle, für die ein Wohnraum genommen wird, umgebaut werden. Es dürfen Wohnungen zusammengefasst und geteilt werden. Es dürfen Wohnungen im Grundriss geändert werden.

---

[4] Siehe auch Weber NZM 2018, 70.
[5] BVerfG NJW 1975, 727.
[6] BVerwG NJW 1983, 2895.
[7] AA OVG Berlin ZMR 1980, 80.

II. Die materiellen Tatbestände

Als Zweckentfremdung ist jede Handlung und auch jede Unterlassung anzusehen, durch welche die Bestimmung für Wohnzwecke aufgehoben und der Wohnraum seiner eigentlichen Bestimmung entzogen wird. Das ist weit auszulegen.[8] Das Verbot richtet sich an den Eigentümer, den Verfügungsberechtigten wie auch an den Mieter(!).[9] 9

1. Umwandlung in Geschäftsraum

Diese liegt vor, wenn die Räume ausschließlich für ein Gewerbe, eine selbstständige oder freiberufliche Tätigkeit genutzt werden. Werden die Räume aber weiterhin auch zu Wohnzwecken genutzt und nur daneben auch für geschäftliche Zwecke mitbenutzt, liegt keine Zweckentfremdung vor.[10] 10

Beispiel:
Der Handelsvertreter hat im Wohnzimmer einen Schreibtisch stehen, den er für seine berufliche Tätigkeit nutzt.

Streitig ist, ob eine Zweckentfremdung zu bejahen ist, wenn ein Raum in der Wohnung ausschließlich gewerblich oder beruflich genutzt wird. Das Steuerrecht verlangt für die steuerliche Anerkennung eines beruflich genutzten Arbeitsraumes, dass dieser Raum ausschließlich beruflich genutzt wird. Es würde zu einem unlösbaren Widerspruch führen, wenn diese steuerlich notwendige ausschließliche berufliche Nutzung als Zweckentfremdung anzusehen wäre. Zweckentfremdung kann also nur vorliegen, wenn der Wohnungsinhaber in diesem beruflich oder geschäftlich genutzten Raum Personal beschäftigt, das nicht zur Familie gehört und nicht in der Wohnung lebt. Wird ein Wohnraum zur gewerblichen Nutzung an einen Dritten untervermietet, liegt Zweckentfremdung vor. Gesetzliche Regelung in NRW WohnStG § 12: Verwendung oder Überlassung zu mehr als 50 % der Gesamtwohnfläche für gewerbliche oder berufliche Zwecke ist Fehlbelegung. 11

2. Fremdenbeherbergung

Darunter zu verstehen ist die Überlassung von Wohnraum an Personen, die nur vorübergehend diesen Raum nutzen. Die Überlassung muss aber geschäftsmäßig sein, also auf länger andauernde Ausübung der Beherbergung ausgerichtet sein. Der Besuch von Verwandten ist also keine Zweckentfremdung. Eine solche soll auch nicht vorliegen, wenn nur vorübergehend zB aus Anlass einer Messe vermietet wird. Eine solche wird aber angenommen, wenn Familien den Krankenhauspatienten begleiten und nicht im Hotel wohnen, sondern eine Wohnung anmieten. 12

Zum Wesen der **Beherbergung** gehören meist auch **zusätzliche Leistungen wie Frühstück, Herrichtung und Reinigung des Raumes, Waschen der Wäsche.** Doch sind das nur Anhaltspunkte für eine Fremdenbeherbergung. Maßgebend dürfte immer sein, dass eine gegenüber der Wohnungsvermietung ungewöhnliche Fluktuation der Nutzer vorliegt. Unterfall ist die gewerbliche Zimmervermietung, heute üblich die gewerbliche Vermietung der gesamten Wohnung an Feriengäste (wimdu, Airbnb). Sie muss gewerblich sein, also auf Gewinnerzielung ausgerichtet sein. Die Abgrenzung zwischen Wohnen und Fremdenbeherbergung ist schwierig, das zeigen die nachfolgenden Kommentare und Urteile: 13

Rechtsprechungs- und Literaturübersicht:
Rast NJW-Spezial 2024,556, Rechtlicher Rahmen des Micro-Livings
Herrlein/Hoff/Muchow NZM 2021,57, Straftaten und Ordnungswidrigkeiten im Vermietungsgeschäft

---

[8] BVerfG NJW 1975, 727.
[9] BayObLG WM 1983, 355.
[10] BayObLG WM 1978, 221.

Discher/Lippert NVwZ 2020,685, Bauplanungs- und zweckentfremdungsrechtliche Zulässigkeit flexibler Wohnkonzepte
Künstlerunterbringung: OVG Berlin-Brandenburg NZM 2019,484
Milieuschutz: OLG München NJW-RR 2016, 137
Berliner Umwandlungs-VO 2015: KG ZWE 2016, 82 aufgehoben vom BGH am 12.10.2016 NJW 2017, 1546
Abgrenzungsmerkmal „Heimstatt im Alltag" (eine auf Dauer angelegte Häuslichkeit):
VGH München NZM 2025,147; VGH München NZM 2021,659 Co-Living und VGH München NZM 2021,812,
weitere Probleme:
Zusammenhang Zweckentfremdung-Ersatzwohnraum: OVG Berlin-Brandenburg NZM 2024,284
regelmäßige Vermietung als Ferienwohnung: OVG Berlin-Brandenburg NVwZ-RR 2016,650
Vermietung Zweitwohnung an Feriengäste: OVG Berlin-Brandenburg NZM 2021,50
Berliner Zweckentfremdungsverbot, hier Ferienwohnung: BVerfG NZM 2022,604
Medizintouristen: BayVerfGH NZM 2017,739 (mit Anm. Weber NZM 2017,741) und NvvwZ 2018,1798
Zweitwohnung, Ferienwohnung, Unterbringung ukrainischer Familie: VGH München NZM 2022,670
Abgrenzung Wohnnutzung von gewerblicher Fremdenvermietung: VGH München NZM 2024,764
Auskunftsanspruch der Gemeinde, wenn Anhaltspunkte für eine Zweckentfremdung vorliegen: VGH München NZM 2024,150
Zweckentfremdungsverbot erlaubt keine Wohnraumbewirtschaftung: VGH München BeckRS 2021, 963 Rdn 42
Gewerblicher Vermieter ist nicht anders zu beurteilen (strenger) als ein privater Vermieter: VGH München NZM 2025, 145:
Regelung in NRW: WohnStG § 12 iVm § 17:
DieNutzung von Wohnraum für längstens 90 Tage im Kalenderjahr für Zwecke der Kurzzeitvermietung wird nicht als Zweckentfremdung angesehen, wenn folgende weiteren Voraussetzungen erfüllt werden (§ 17 Abs. 4 WohnStG). Vor der Vermietung ist eine entsprechende Anzeige bei der Gemeinde abzugeben, diese gibt dann die Genehmigung sowie eine Wohnraum-Identitätsnummer. Der Vermieter hat diese Nummer bei allen Werbeanzeigen, auch im Internet bei Fremdanbietern, immer anzugeben und angeben zu lassen. Die Steuerbehörde wird darüber ebenfalls informiert (ESt und GewerbeSt).
Zur entsprechenden Satzung der Stadt Köln → Rn. 5.

Schlafstellen sind solche Räume, die nur zum Schlafen überlassen werden, nicht jedoch zum dauernden Aufenthalt.

3. Dauerndes Leerstehen lassen

14 Ein Leerstehen lassen beim geförderten Wohnraum liegt in der Regel vor, wenn eine Wohnung länger als 3 Monate nicht genutzt wird. Diese Bestimmung kann auf den freien Wohnungsbau nicht übertragen werden. Hier bestimmt das jeweilige Landesgesetz, ab welchem Zeitraum das Leerstellen lassen eine Zweckentfremdung ist. In NRW WohnStG § 12: länger als 6 Monate. Das jeweilige Landes-Zweckentfremdungsgesetz bestimmt, die zulässige Frist, in NRW z. B. 6 Monate.

15 Als berechtigten Grund für eine Überschreitung der gesetzlichen Frist hat das KG den Fall angesehen, dass der Vermieter nach der Errichtung neuer Wohnungen zunächst enorme Probleme hatte, diese zu einem Mietzins zu vermieten, welche die Belastungen ausgleichen.[11] Von einem Verstoß kann auch nicht gesprochen werden, wenn Wohnraum zur Sanierung oder Renovierung leer steht, jedenfalls so lange eine Wiedervermietung alsbald vorgesehen ist.

16 Wird ein Umbau zu gewerblichen Zwecken vorgenommen, so dürfte damit weniger ein Leerstehen lassen vorliegen, sondern bereits der Beginn einer gewerblichen Nutzung, zumindest aber ein Unbewohnbarmachen. Kann der Wohnraum nicht mehr mit vertretbarem Aufwand instandgesetzt werden, liegt kein Wohnraum mehr vor.[12]

17 Nicht erfasst ist jedoch die vom Eigentümer, Verfügungsberechtigten oder Mieter selbst genutzte Wohnung. Diese darf so lange ungenutzt sein, wie dies gewünscht oder

[11] KG NZM 1999, 919.
[12] OLG Karlsruhe ZMR 1983, 383.

gewollt ist, solange sie jedenfalls zur ausschließlichen Nutzung durch den Berechtigten bestimmt ist.

Beispiel:
Der Eigentümer nutzt sein Ferienhaus nur sporadisch.

4. Unbewohnbarmachen

Darunter fällt das vorsätzliche wie leichtfertige Unbewohnbarmachen von Wohnraum, zB die **Entkernung** eines Wohnhauses. Es reicht aber schon, wenn ein wesentlicher Teil einer Wohnung entfernt wird, sodass die Wohnung nicht mehr als solche genutzt werden kann: Entfernung der Nasszelle, Entfernung aller Fenster. **Umbau für gewerbliche Zwecke** soll ebenfalls ein Unbewohnbarmachen begründen.[13] 18

5. Abbruch von Wohnraum

Auch die vollständige Vernichtung von Wohnraum ist unter das Verbot gestellt, und zwar unabhängig davon, was der Verfügungsberechtigte damit bezweckt.[14] Deshalb ist auch ein Abbruch wegen des Vorhabens, auf dem Grundstück neuen Wohnraum zu errichten, eine Zweckentfremdung. 19

III. Erteilung und Versagung der Genehmigung

Die Zweckentfremdung kann genehmigt werden. Dabei soll aber grundsätzlich das Verbot der Zweckentfremdung Vorrang haben und somit die Genehmigung die Ausnahme bilden. Die Genehmigung steht im pflichtgemäßen Ermessen der zuständigen Behörde. Nach den Landesgesetzen wird eine Genehmigung davon abhängig gemacht, dass ein überwiegendes öffentliches oder ein überwiegendes berechtigtes Interesse des Verfügungsberechtigten an der anderweitigen Nutzung vorliegt, die Genehmigung bedarf also einer eingehenden Abwägung.[15] Eine vom Wortlaut und Sinn gleichartige Regelung gibt es in § 7 WohnBindG für die Freistellung einer Sozialwohnung sowie auch in § 27 Abs. 7 WoFG (früher § 12 WohnBindG) für die Zweckentfremdung einer geförderten Wohnung. 20

In NRW ist die Genehmigung der Zweckentfremdung eine Selbstverwaltungsangelegenheit, so dass also die kreisfreien Städte und die Kreise selbst Regeln aufstellen können, unter welchen Kriterien sie eine Zweckentfremdungsgenehmigung erteilen wollen, siehe die oben abgedruckte Satzung der Stadt Köln von 2021. 21

1. Überwiegende öffentliche Interessen

Sie bestehen: 22

- im Rahmen von Straßenbaumaßnahmen oder im U-Bahn-Bau, wenn dabei Wohnraum teilweise oder ganz beseitigt werden soll;
- in einem festgelegten Sanierungs- und Stadterneuerungsgebiet, wenn im Einzelfall die Zweckentfremdung zur Erreichung der Sanierung erforderlich ist;
- wenn soziale Einrichtungen (zB Kindergärten, Schulen, Betreuungseinrichtungen und Ausbildungszentren) und andere notwendige lebenswichtigen Dienste zur Versorgung der Bevölkerung nicht bereitstehen und kein anderer Raum hierfür zur Verfügung steht und auch nicht geschaffen werden kann. Hierunter dürfte auch der Antrag fallen, Wohnraum in eine Arztpraxis umzuwandeln, weil in dem Viertel bisher keine oder keine ausreichende ärztliche Versorgung vorhanden ist.

---

[13] BVerwG WM 1966, 143.
[14] BVerfG NJW 1975, 727.
[15] OVG Münster ZMR 1982, 77.

2. Überwiegende private Interessen

23 Sie sind gegeben:

- wenn der Antragsteller nachweist, dass ein ablehnender Bescheid seine standortabhängige wirtschaftliche Existenz erheblich gefährden oder vernichten würde. Dabei unbeachtlich ist eine Verminderung der gegebenen Vermögens- und Einkommenssituation. Kein Grund ist, wenn die Zweckentfremdung der Existenzgründung oder der Beschaffung der hierfür notwendigen Geldmittel dienen soll. Weitere Voraussetzung ist, dass andere Räume in ausreichender Nähe nicht zur Verfügung stehen oder geschaffen werden können.

Beispiel:
Typischer Fall des überwiegenden privaten Interesses ist aber die Zweckentfremdung zur Schaffung von Arztpraxen.[16]

- wenn der Wohnwert vermindert und fast schon unzumutbar geworden ist, außerdem ein erhebliches wirtschaftliches Interesse an der Zweckentfremdung nachgewiesen wird;

Beispiel:
Ein altes – nicht unter Denkmalschutz stehendes (!) – Wohnhaus verfügt über Kleinwohnungen mit gefangenen Zimmern, es sind keine Nasszellen vorhanden, die Toilette ist im Treppenhaus; die Wohnungen können wegen der Bausubstanz und des Zuschnitts des Hauses nicht zeitgemäßen Ansprüchen entsprechend saniert und modernisiert werden. Hier kann eine Abrissgenehmigung erteilt werden, wenn der Verfügungsberechtigte neuen Wohnraum auf diesem Grundstück schaffen will.

- wenn Wohnraum von unbedeutendem Umfang in einem Gebäude zweckentfremdet werden soll, welches in weit überwiegendem Teil anderen als Wohnzwecken dient;

Beispiel:
In einem nur gewerblich genutzten Haus befindet sich hinter dem Laden im Erdgeschoss eine Kleinwohnung, die früher vom Ladeninhaber bewohnt wurde. Da der Laden jetzt von einem Filialunternehmen betrieben werden soll und der Laden erweitert werden muss, soll der Wohnraum zu Ladenfläche umgebaut werden.

- wenn Ersatzwohnraum gestellt wird.

Beispiel:
Wohnung im EG wird zu Gewerbe umgebaut, dafür wird eine Wohnung durch Ausbau des bisher ungenutzten Dachgeschosses neu geschaffen.

24 In der Praxis handelt es sich um den hauptsächlichen Grund für eine Zweckentfremdungsgenehmigung. Für den Ersatzwohnraum müssen allerdings folgende Voraussetzungen erfüllt sein:

- der Ersatzwohnraum wird auf dem von der Zweckentfremdung betroffenen Grundstück geschaffen oder jedenfalls innerhalb derselben Gemeinde,
- der Ersatzwohnraum wird in zeitlichem und sachlichem Zusammenhang mit der Zweckentfremdung geschaffen,
- zweckentfremdeter Wohnraum und neu geschaffener Wohnraum stammen von demselben Verfügungsberechtigten,
- der angebotene neue Wohnraum beträgt sowohl nach Wohnfläche wie auch Wohnungsanzahl mindestens das Zweifache des zweckentfremdeten Wohnraums, soweit planungs- und baurechtliche Beschränkungen nicht entgegenstehen,
- der Ersatzwohnraum ist nicht luxuriöser Art = Baukosten und Wohnungsgröße dürfen den durchschnittlichen Aufwand für die Schaffung steuerbegünstigter Wohnungen iSd § 82 II. WoBauG nicht um mehr als 20 % überschreiten,
- der Ersatzwohnraum steht dem allgemeinen Wohnungsmarkt hinsichtlich der möglichen Bewohner so zur Verfügung wie vorher der zweckentfremdete Wohnraum.[17]

---

[16] OVG Münster WuM 2008, 605.
[17] Grundlegend BVerwG NJW 1982, 2269.

IV. Bedingungen, Befristungen und Auflagen

Die Zweckentfremdung kann mit Bedingungen, Befristungen und Auflagen verbunden werden. Davon wird regelmäßig Gebrauch gemacht, damit das Verbot der Zweckentfremdung auch erreicht wird. Die Genehmigung endet automatisch in dem Augenblick, in dem der durch Zweckentfremdung berechtigte Nutzer die Nutzung dieser Räume aufgibt. 25

Beispiel:
Einem Zahnarzt wird die Genehmigung erteilt, in einer Wohnung eine Zahnarztpraxis einzurichten und zu betreiben. Endet diese Nutzung zB durch Umzug des Zahnarztes in andere Praxisräume, so endet damit die Zweckentfremdungsgenehmigung. Der Vermieter oder der neue Mieter müssen eine neue Zweckentfremdungsgenehmigung beantragen.[18]

1. Befristung

Innerhalb einer bestimmten Zeit muss der Abriss durchgeführt und mit dem Neubau begonnen werden. 26

2. Bedingungen

Als Bedingung wird zB die Stellung einer Sicherheit verlangt, die sich nach der Fläche des zu zweckentfremdenden Wohnraumes richtet, in bar, durch Sparbuch oder durch selbstschuldnerische Bankbürgschaft. 27

3. Auflagen, insbesondere Ausgleichszahlungen

Als Auflage kann angeordnet werden, dass der Ersatzwohnraum innerhalb einer bestimmten Frist, in dem geforderten Umfang und nicht in luxuriöser Art geschaffen wird.[19] Auch ist der Neubau innerhalb des Gebiets der Gemeinde zu errichten. Werden diese Auflagen nicht erfüllt, so hat der Bauherr eine Ausgleichszahlung je qm zweckentfremdeter Wohnfläche zu entrichten. 28

Bisher sind solche Auflagen von der Rechtsprechung gebilligt worden, das BVerwG hat allerdings die Auflage für unwirksam erklärt, dass der neugeschaffene Wohnraum nur zur Kostenmiete vermietet werden dürfe.[20] 29

Ausgleichszahlungen werden verlangt: 30

- wenn Grundstücke ohne Neuerstellung von Wohnraum abgeräumt werden, in Höhe der durchschnittlichen Neubaukosten für neuen Wohnraum.
- bei vorübergehender Umnutzung eine Ausgleichszahlung in Höhe der monatlichen Vergleichsmiete pro qm Wohnfläche

V. Rechtsbehelfe

Die restriktive Handhabung der Genehmigung, verbunden mit den beschriebenen Bedingungen, Befristungen und Auflagen, hindert nachhaltig die gewünschte Zweckentfremdung. Gleichzeitig verhindern die Regelungen aber auch die Anpassung der Bausubstanz an veränderte Wohnverhältnisse und Wohnvorstellungen, Abriss und Neubau sind nur durch Schaffung zusätzlichen Wohnraums möglich; hier ist die Rechtslage allerdings durch die Rechtsprechung des BVerwG sanktioniert. 31

In den übrigen Fällen der Zweckentfremdung steht eine obergerichtliche Rechtsprechung noch aus. Das dürfte vor allem daran liegen, dass kaum ein Verfügungsberechtigter finanziell in der Lage ist, einen Zweckentfremdungsantrag durch alle Instanzen zu 32

---

[18] OVG Münster WuM 2008, 605.
[19] Siehe Runderlass des Ministers für Stadtentwicklung, Wohnen und Verkehr vom 30.7.1981 – IV C 4–6.03, 755/81 NRW.
[20] BVerwG NJW 1998, 94; VGH Kassel NZM 2003, 35.

treiben. Ihm bleibt in der Regel nur die Wahl, entweder seine Vorstellungen aufzugeben oder sich den Bedingungen der jeweiligen Gemeinde zu fügen.

33 Möglich wäre allerdings, gegen den Zweckentfremdungsbescheid zunächst vorsorglich Widerspruch einzulegen und nach Beendigung der Maßnahme zu entscheiden, ob der Widerspruch weiterverfolgt werden soll. Sinnvoll wäre dies vor allem, wenn Ausgleichszahlungen in beträchtlicher Höhe verlangt werden.

34 Eine Zweckentfremdung kann auch nachträglich und rückwirkend genehmigt werden, ist aber dann aber immer mit Ausgleichszahlungen verbunden für die Zeit der bisher ungenehmigten Zweckentfremdung.

35 Die vorsätzliche Zweckentfremdung stellt darüber hinaus eine Ordnungswidrigkeit dar und kann mit einem Bußgeld bis zu 500.000,00 EUR (!) geahndet werden. Gegen einen solchen Bescheid sind die Rechtsbehelfe des OWiG gegeben.

VI. Auswirkungen auf ein bestehendes Mietverhältnis

1. Wiederzuführung zum Wohnungsmarkt durch Verwaltungsakt

36 Wird eine schon durchgeführte Zweckentfremdung nicht genehmigt, so kann die zuständige Gemeinde die Wiederzuführung zum allgemeinen Wohnungsmarkt verlangen.

2. Aufhebung/Kündigung/Anfechtung des Mietvertrages

37 Neben einer einverständlichen Aufhebung des Mietvertrages kommt die Kündigung in Betracht. Zwar gilt kein besonderer Kündigungsschutz gegenüber dem Mieter, wohl aber kann der Verfügungsberechtigte gehindert sein, den Mietvertrag zu beenden, weil er zB einen Zeitmietvertrag abgeschlossen hat, was bei gewerblichen Mietverträgen die Regel ist. Der Verfügungsberechtigte hat in diesen Fällen keine eigene Handhabe gegen den Mieter, sondern muss zum Ablauf der vereinbarten Vertragszeit kündigen oder den Mieter darauf hinweisen, dass eine Verlängerung des Mietvertrages nicht in Frage kommt. Teuer wird diese Rechtslage für den Vermieter auf jeden Fall, da er bis zur Beseitigung der Zweckentfremdung zumindest eine Ausgleichszahlung an die Gemeinde erbringen muss.

38 Möglich erscheint auch die Anfechtung wegen Irrtums über eine wesentliche Eigenschaft der vermieteten Sache, wenn der Vermieter nicht weiß, dass er eine nur zu Wohnzwecken bestimmte Wohnung gewerblich vermietet. Das kann zB passieren, wenn die Wohnung schon vorher vom Verkäufer gewerblich vermietet war und der Käufer deshalb annimmt, es handele sich um gewerblich nutzbare Fläche. Nachteil einer Anfechtung ist allerdings der Schadensersatzanspruch des Anfechtungsgegners gemäß § 122 BGB. Der Vermieter steht in einem solchen Fall vor dem Dilemma, dass er genau rechnen muss, ob nun die Ausgleichsforderung der Behörde oder die Schadensersatzforderung des Mieters höher sein wird. Ihm könnten hier möglicherweise auch eigene Schadensersatzansprüche gegen den Verkäufer zustehen.

VII. Zweckentfremdungsverbot auf der Grundlage anderer Rechtsvorschriften:

39 **Wohnungseigentumsrecht:**

Wohnraum wird zur Erweiterung einer Kita herangezogen: OVG Hamburg NZM 2019,692

Eigentumswohnung zur Vermietung und Unterbringung von Medizintouristen: BGH NZM 2020,664

Nutzung eines Ladens (laut Teilungserklärung) als Ferienwohnung: BGH NZM 2020,666

Nutzung einer Teileigentumseinheit als Wohnung: BGH NZM 2022,845 (in Fortführung von BGH NZM 2018,754 Rdn. 9)

Teileigentumseinheit als Buchhaltungsbüro: LG Karlsruhe NZM 2023,333

Swimmingpool auf Nutzungshälfte im Garten: BGH NZM 2023,370

Baurecht: 40

§ 22 BauGB Fremdenverkehrssatzung: VGH München NZM 2020,76

§ 172 I 1 Nr. 2 BauGB: Die Stadt Berlin hat per Satzung einige Stadtgebiete zu Milieuschutzgebieten erklärt, der Chamissoplatz ist inzwischen auch gerichtsbekannt: BVerwG NZM 2022,257 zur Abgrenzung zwischen § 24 BauGB und § 26 BauGB

§ 250 I 1 BauGB, § 201a S. 3,4 BauGB: Begründung oder Teilung von Wohnungseigentum im Gebiet mit angespanntem Wohnungsmarkt KG NZM 2022,109

BauNVO: Unterkunft für ausländische Monteure im reinen Wohngebiet OVG Lüneburg NZM 2020,892

§ 4 BauNVO, § 79 NdsBauO: Baugenehmigung zum Wohnen schließt eine Nutzung als Ferienwohnung aus (Norderney-Entscheidung) OVG Lüneburg NZM 2024,343

§ 35 Wohnungsvermittlung und Maklerrecht

Übersicht

Schrifttum:
Fischer, Das Bestellerprinzip im Maklerrecht, WuM 2016, 391; ders., Die Entwicklung des Maklerrechts seit 2014, NJW 2015, 3278; ders., Das neue Wohnimmobilien-Maklerrecht, IMR 2021, 88; ders., Aktuelles zum Bestellerprinzip, IMR 2016, 446; Schmidt, Maklerlohn nach der Reform 2020: Wer verteilt? Wer zahlt? Und was? Vor allem: Wann?, NZM 2021, 289.

I. Anwendungsbereich

1 Das Gesetz zur Regelung der Wohnungsvermittlung (WoVermG) vom 4.11.1971, zuletzt geändert am 21.4.2015, enthält Regelungen zum Schutz des Wohnraumsuchenden. Das Gesetz enthält Sonderbestimmungen für Maklerverträge, die den Nachweis oder die Vermittlung von Wohnräumen zum Gegenstand haben. Das Gesetz enthält Vorschriften für den Wohnungsvermittler (§ 1 Abs. 1 WoVermG) und ordnungsrechtliche Vorschriften (zB § 7 WoVermG).

2 Die **Einführung des Bestellerprinzips zum 1.6.2015** bedeutete rechtlich und praktisch einen tiefen Einschnitt in die Tätigkeit der Wohnungsmakler. Die Textform ist seither für alle Wohnraummaklerverträge zwingend; die Einführung des Bestellerprinzips erlaubt eine Provisionspflicht des wohnungssuchenden Maklerkunden nur noch, wenn er dem Makler einen eigenständigen Suchauftrag erteilt und dieser für den Kunden nach außen suchend tätig wird. Die Gesetzesänderung hat zu einem **massiven Einbruch des Maklergeschäftes** in diesem Bereich geführt.[1] https://datenportal.cms.beck.de/sf6beckprod

[1] Vgl. Süddeutsche Zeitung vom 1.6.2016, Wirtschaftswoche vom 5.7.2017.

portal/api/files/sf184-634831?format=normal Damit korrespondiert ein erheblicher Rückgang von Rechtstreitigkeiten.

Das WoVermG ist nur anwendbar für gewerblich tätige Wohnungsvermittler (§ 7 WoVermG), nicht für den Gelegenheits- oder Hobbymakler. Dabei ist die Gewerbsmäßigkeit im Sinne von § 7 WoVermG an § 34c Abs. 1 Nr. 1 GewO angelehnt. Das WoVermG enthält im Verhältnis zu den Regelungen der §§ 652 ff. BGB Spezialnormen, ausschließlich auf Wohnraum beschränkt; es ist nicht anwendbar für die Vermietung von Gewerberäumen. Das WoVermG ist anwendbar, wenn der gewünschte Vertrag auf die Begründung eines Mietverhältnisses über Wohnraum abzielt.[2] Die bloße Weitergabe von Wohnungswünschen an andere Wohnungsvermittler oder Makler ist keine Wohnungsvermittlung.[3] 3

II. Wohnungsvermittler

Wer den Abschluss von Mietverträgen über Wohnräume vermittelt oder die Gelegenheit zum Abschluss von Mietverträgen über Wohnräume nachweist, wird im Sinne von § 1 Abs. 1 des WoVermG als „Wohnungsvermittler“ bezeichnet. Der Begriff des Wohnungsvermittlers entspricht inhaltlich dem Begriff des Maklers in § 652 Abs. 1 BGB.[4] Der Begriff des Wohnungsvermittlers kann nicht losgelöst von den gesetzlichen Merkmalen des Maklerbegriffs gesehen werden. Das WoVermG bzw. der Wohnungsvermittler betrifft im Gegensatz zu § 652 BGB nur die Vermittlung bzw. den Nachweis von Wohnraummietverträgen, nicht jedoch von Geschäftsraummietverträgen.[5] In § 2 Abs. 2 Nr. 2 und 3 WoVermG ist klargestellt, dass Eigentümer, Verwalter und Vermieter im Sinne dieses Gesetzes gerade keine Wohnungsvermittler sind. Sie haben daher auch keinen Provisionsanspruch. Das WoVermG schützt nur den Wohnungssuchenden, nicht etwa einen Investor, der an einen Mieter ein Entgelt dafür geleistet hat, dass der Mieter die Wohnung räumt;[6] es schützt auch nicht den Vermieter, der einen Wohnungsvermittler eingeschaltet hat. 4

Das WoVermG ist auch im Rahmen der Tätigkeit, die so genannte „Location Services“ ausüben, anwendbar; diese Unternehmen organisieren Umzüge und vermitteln in diesem Zusammenhang auch Wohnungen. 5

1. Anspruch auf Entgelt

Der Wohnungsvermittler hat einen Anspruch auf Entgelt nur dann, wenn infolge seiner Vermittlung oder infolge seines Nachweises ein Mietvertrag im Sinne der §§ 535 ff. BGB zustande kommt (§ 2 Abs. 1 WoVermG). Grundvoraussetzung für den Provisionsanspruch gegenüber dem späteren Mieter ist also ein Maklervertrag zwischen Mietinteressent und Wohnungsvermittler. Selbstverständlich kann der Makler auch eine Provision vom Vermieter (= Berechtigter iSd WoVermG) verlangen; eine Doppelmaklertätigkeit ist grundsätzlich erlaubt.[7] Der Wohnraum-Vermittlungsvertrag bedarf seit der Novelle 2105 der Textform, § 2 Abs. 2 S. 2 WoVermittG. Der Gesetzeswortlaut spricht von Vermittlungsvertrag. Dabei handelt es sich aber um einen Oberbegriff, so dass auch Maklerverträge über einen Nachweis erfasst sind. 6

Inhaltlich sind vier Voraussetzungen für das Entstehen des Provisionsanspruches erforderlich: 7

- Es muss zwischen dem Interessenten und dem Wohnungsvermittler ein Maklervertrag zustande gekommen sein, und zwar in

[2] BGHZ 135, 269.
[3] BGH NJW-RR 1995, 880.
[4] OLG Hamburg WRP 1995, 849.
[5] BGH WRP 1995, 809.
[6] OLG Dresden WuM 1997, 223.
[7] Vgl. § 6 Abs. 1 WoVermG.

- Textform.
- Der Makler muss eine entsprechende Tätigkeit entwickeln (Nachweis und/oder Vermittlung), die dann
- ursächlich (Kausalität) für den Erfolg (Hauptvertrag/Mietvertrag) ist.

8 Nur wenn alle vier Voraussetzungen iSd § 652 BGB gegeben sind, hat der Wohnungsvermittler auch einen Anspruch auf Entgelt gem. § 2 WoVermG (Provision/Vermittlungsgebühr/Courtage). Diese Voraussetzungen gelten auch im Verhältnis zwischen Vermieter und Makler, wenn der Wohnungsvermittler Provision vom Vermieter verlangen möchte.

2. Vertrag

9 a) **Form.** Um der Textform zu genügen, muss die Erklärung in einer Urkunde oder in einer anderen zur dauerhaften Wiedergabe in Schriftzeichen geeigneten Weise abgegeben werden. Danach reichen Verkörperungen auf Papier, USB-Stick, Diskette, CD-Rom, ferner E-Mail oder ein Computerfax aus. Auch ein Kontaktaufbau über WhatsApp wird ausreichend sein.[8] Im Rechtsalltag ist der Austausch von Emails vorherrschend.[9]

10 Wird die Form nicht beachtet, so ist der Vertrag gem. § 125 S. 1 BGB nichtig und der Makler kann auch im Erfolgsfall keine Provision beanspruchen. Das gilt auch für den Fall, dass der Maklerkunde sich weigert, das Formerfordernis zu erfüllen.[10]

Eine Nachholung der Form zwecks Heilung des Verstoßes ist nicht möglich.[11] Das ist nur anders, wenn der Makler seine Leistung noch nicht erbracht hat.

11 b) **Zustandekommen des Vertrages.** Vgl. hierzu § 69 Rn. 22 ff. mit der Maßgabe, dass bei Wohnraumvermittlungsverträgen die Textform zu beachten ist.

3. Ausschluss des Provisionsanspruches

12 Das jetzt geltende **Bestellerprinzip** versagt jeglichen Provisionsanspruch gegen den Wohnungssuchenden, soweit nicht der Wohnungsvermittler **ausschließlich** aufgrund des Vermittlungsvertrages des Wohnungssuchenden vom anderen Vertragsteil den Auftrag eingeholt hat, die Wohnung anzubieten, § 2 Abs. 1a WoVermG.

13 Der Wohnungsvermittler hat ferner dann keinen Provisionsanspruch, wenn nach Maßgabe von § 2 Abs. 2 WoVermG lediglich ein Mietvertrag über die selben Wohnräume verlängert,[12] fortgesetzt, erneuert oder eine Option ausgeübt wird. Auch steht dem Wohnungsvermittler ein Anspruch nicht zu, wenn er Eigentümer, Verwalter, Mieter oder Vermieter ist und gleichzeitig als Wohnungsvermittler auftritt.

14 Ebenso in den Fällen des § 2 Abs. 2 Nr. 3 WoVermG, wenn der Wohnungsvermittler mit dem Eigentümer, Verwalter oder Vermieter in irgendeiner Form rechtlich oder wirtschaftlich (juristische Person) verbunden ist. Wird ein Mietvertrag über preisgebundenen Wohnraum abgeschlossen (§ 2 Abs. 3 WoVermG), so steht dem Wohnungsvermittler ebenfalls keine Provision zu.

15 a) **Bestellerprinzip.** Der Makler darf vom Wohnungssuchenden nur dann eine Provision verlangen, wenn ein Wohnungsvermittlungsvertrag zwischen ihm und dem Wohnungssuchenden besteht und der Vermittler nur zu dessen Erfüllung Wohnungsangebote einholt. Der Wohnungssuchende, der sich auf eine Wohnungsvermittlungsanzeige hin an den Makler wendet, darf mithin nicht mehr zur Zahlung verpflichtet werden.[13]

---

[8] Schmidt NZM 2021, 289 (290).
[9] Fischer IMR 2021, 88 (90).
[10] Fischer WuM 2016, 391 (394).
[11] Fischer WuM 2016, 391 (394).
[12] AG Düsseldorf WuM 1998, 731.
[13] BT-Drs. 18/3121, 36.

Wohnungssuchender ist nicht nur der Mietinteressent, der für sich selbst eine Wohnung anmieten will. Unter den Schutzzweck der Norm fallen auch diejenigen, die für einen Dritten eine Wohnung suchen. Das betrifft zB Unternehmen, die für ihre Arbeitnehmer eine Wohnung suchen oder Familienangehörige.[14] 16

Will der Makler auf eine konkrete Suchanfrage hin dem Wohnungssuchenden ein Objekt vorstellen, muss er hierfür nach § 6 Abs. 1 WoVermG einen „Auftrag" zum Angebot vom Vermieter oder einem anderen Berechtigten erhalten haben. Es genügt die Zustimmung des Vermieters oder einer anderen nach § 6 Abs. 1 WoVermittG berechtigten Person. Die Zustimmung kann formlos erteilt werden und ist unabhängig davon, ob der Vermieter einen Maklervertrag abschließt.[15] 17

Zu beachten ist das in § 2 Nr. 1a WoVermG niedergelegte Prinzip der Ausschließlichkeit. Eine Provisionspflicht des Wohnungssuchenden kann nur entstehen, wenn der Makler „ausschließlich" im Interesse des Wohnungssuchenden tätig wird.[16] Erfolgt die Tätigkeit des Wohnungsmaklers nicht ausschließlich im Interesse des Wohnungssuchenden, sondern zumindest auch im Vermieterinteresse, ist eine Provisionspflicht des Wohnungssuchenden ausgeschlossen.[17] 18

Beauftragen mehrere Wohnungssuchende den Makler mit der Suche nach vergleichbaren Räumlichkeiten innerhalb kurzer Zeit und macht der Makler einen geeigneten Vermieter ausfindig und wird der Mietvertrag nicht von dem ersten Wohnungsinteressenten, sondern von einem zweiten oder einem anderen Interessenten des Maklers abgeschlossen, darf der Makler nach dem Wortlaut der Bestimmung *ausschließlich wegen des Vermittlungsvertrages* von seinem Zweitkunden keine Provision verlangen. Das Mietobjekt ist dann für die Provision „verbrannt".[18] 19

Schuldhafte Verstöße des Maklers gegen § 2 Abs. la WoVermittG werden nach § 8 Abs. 1 Nr. 1, Abs. 2 WoVermittG als Ordnungswidrigkeit mit einer Geldbuße bis zu 25.000,- EUR geahndet. Bereits das Verlangen einer Provision durch den Makler kann den Ordnungswidrigkeitentatbestand begründen.[19] 20

b) Nichtigkeit des Hauptvertrages. Der Wohnungsvermittler kann keine Provision verlangen, wenn der Mietvertrag (= Hauptvertrag) später von Anfang an für nichtig erklärt wird (zB aufgrund Anfechtung). 21

c) Widerruf des Maklervertrages. → § 69 Rn. 43

d) Sonstige Beendigung des Hauptvertrages. Der Wohnungsvermittlungsvertrag endet mit dem erfolgreichen Nachweis oder der Vermittlung einer Mietwohnung an den Mietinteressenten. Er kann beendet werden durch eine übereinstimmende Vertragsaufhebung. Sowohl Makler als auch Auftraggeber sind berechtigt, gem. § 626 BGB das Vertragsverhältnis fristgemäß zum nächstmöglichen Zeitpunkt zu kündigen. Eine Begründung für die Kündigung ist nicht erforderlich. Das Vertragsverhältnis zwischen den Parteien ist dann noch beendbar durch eine fristlose Kündigung, wenn eine Partei die vertraglichen Verpflichtungen in erheblichem Masse verletzt. 22

e) Folgeverträge. Kein Provisionsanspruch besteht nach § 2 Abs. 2 Nr. 1 WöVermittG für Fortsetzungs-, Verlängerungs- oder Erneuerungsverträge. Keine Provision darf auch für Optionen oder die Ausübung einer Option auf derartige Verträge beansprucht werden. 23

f) Vorschussverbot. Auch, ebenso wie dem Immobilienmakler, ist es dem Wohnungsvermittler verboten, Vorschüsse zu nehmen (§ 2 Abs. 4 WoVermG). Angeforderte oder bezahlte Vorschüsse müssen vom Makler zurückbezahlt werden, wie das OLG Mün- 24

---

[14] Fischer NJW 2015, 3278.
[15] BT-Drs. 18/3121, 36.
[16] BT-Drs. 18/3121, 17.
[17] BVerfG NJW-RR 2016, 1349.
[18] BR-Drs. 447/14, 6 f.
[19] Fischer IMR 2016, 446 (450).

chen entschieden hat,[20] allerdings nicht speziell für die Wohnraumvermietung. Ein klarer Verstoß des Wohnungsvermittlers gegen § 2 Abs. 4 WoVermG führt eben zur Rückzahlungsverpflichtung.

25 **g) Ohne Auftrag des Berechtigten.** Strittig ist, welche Folgen es für die Provision hat, wenn der gewerbsmäßige Wohnungsvermittler nicht im Auftrage des Vermieters oder eines sonstigen Berechtigten tätig geworden ist (§ 6 Abs. 1 WoVermG). Danach darf der Wohnungsvermittler nur Wohnräume anbieten, wenn er dazu einen Auftrag hat.

26 Unter dem Begriff „Auftrag" ist jede ausdrücklich oder konkludent, schriftlich oder mündlich erklärte Zustimmung des Berechtigten zur Vermittlung der betreffenden Wohnung durch einen bestimmten Makler zu verstehen.[21] § 6 Abs. 1 will verhindern, so die Intention des Gesetzgebers, dass Wohnungsvermittler Wohnräume anbieten, von denen sie gerade nur zufällig erfahren haben oder sich die Möglichkeiten zur Vermittlung über Privatanzeigen, die Wohnungsvermieter aufgegeben haben, beschaffen. Nach Auffassung des Amtsgerichts Frankfurt/Main,[22] wenn der Wohnungsvermittler Wohnräume anbietet, ohne hierzu beauftragt zu sein entfällt dann das Wohnungsvermittlungsentgelt. Insbesondere wenn der Makler zufällig die Adresse der Wohnung aus einer Zeitungsanzeige des Vermieters erfahren hat und diese Adresse an einen Dritten weitergegeben hat. Der Wohnungsvermittler wird hier als „Trittbrettfahrer" bezeichnet.

27 Es ist dann keine Gewähr dafür gegeben, dass der Wohnungsvermittler auch tatsächlich dafür sorgen kann, dass schlussendlich ein Hauptvertrag (= Mietvertrag) zwischen dem Interessenten und dem Vermieter abgeschlossen wird. Es soll vermieden werden, dass dem Interessenten hierdurch ein unnötiger Zeit- und Kostenaufwand verursacht wird.[23]

28 Dieser Intention des Gesetzgebers ist der BGH in seiner Entscheidung vom 25.7.2002[24] zivilrechtlich nicht gefolgt:

„...... § 6 Abs. 1 WoVermG normiert ein einseitig an den Wohnungsvermittler gerichtetes Verbot, Wohnungen ohne Auftrag des Vermieters oder eines sonst Berechtigten anzubieten ...... Die Bestimmung soll unterbinden, dass Wohnungsvermittler Wohnräume anbieten, von denen sie zufällig durch Dritte erfahren oder sie aus Anzeigen in Zeitungen entnommen haben, ohne dass sie von den Berechtigten einen entsprechenden Auftrag haben. Dadurch sollen den Wohnungssuchenden Zeit und Unkosten für vergebliche Besichtigungen erspart werden ...... Die vor beschriebene Zielrichtung mag zwar mittels der Nichtigkeitssanktion am besten erreicht werden ...... Dies genügt indes für die Annahme eines Verbotsgesetzes im Sinne von § 134 BGB nicht ......"

III. Verflechtung

29 Der Provisionsanspruch des Wohnungsvermittlers entfällt dann, wenn er im Sinne von § 2 Abs. 2 Nr. 2 WoVermG Eigentümer, Verwalter, Mieter oder Vermieter der zu vermietenden Wohnung ist. Dazu reicht die Stellung als Miteigentümer aus.[25]

1. Verwalter

30 Außerordentlich problematisch ist die Frage, wann ein Wohnungsvermittler als „Verwalter" anzusehen ist. Der Begriff des Verwalters ist nicht gleichzustellen mit dem Begriff des Verwalters aus dem WEG.[26] Keinen Provisionsanspruch hat der sog. „Sondereigentumsverwalter". Diesen Begriff kennt im Übrigen das WEG nicht. Allein die Tätigkeit der Verwaltung von Wohnungseigentum schließt nicht aus, dass der Verwalter hinsichtlich dieser Wohnungen als Nachweismakler und/oder Vermittlungsmakler für

[20] BeckRS 2007, 16388.
[21] Anders/Gehle/Baader § 6 Rn. 6.
[22] AG Frankfurt a. M. RDM Rspr. D 534, Bl. 16.
[23] BT-Drs. VI/1549, 13.
[24] BGH NJW 2002, 3015.
[25] Anders/Gehle/Baader § 2 Rn. 43.
[26] LG Stade ZMR 1997, 261.

die Vermietung tätig werden kann.[27] Allerdings kann schon eine Hausmeistertätigkeit ausreichen, um den Provisionsanspruch entfallen zu lassen.[28] Hat der Wohnungsvermittler also einen entsprechenden Vertrag mit dem Eigentümer geschlossen, zB einen Mietvertrag, einen Garantiemietvertrag, einen Treuhandvertrag oder einen Vermögensbetreuungsvertrag, so entfällt jeglicher Provisionsanspruch.[29]

Ein Provisionsanspruch des Maklers ist nach dem Normzweck des § 2 Abs. 2 Nr. 2 WoVermG auch dann ausgeschlossen, wenn der Makler lediglich Mitarbeiter des Verwalters ist, aber nach dem äußeren Eindruck im Lager des Vermieters steht.[30] Die klagende Maklerin war Mitarbeiterin des Verwalters und wurde entsprechend auf der Internetseite des Verwalters so vorgestellt. Aus dem Normzweck ergibt sich, dass ein Provisionsanspruch nicht nur für den Mietverwalter selbst ausgeschlossen ist, sondern auch dann, wenn sich der Makler durch seine Nähe zum Vermieter in einem institutionalisierten Interessenkonflikt befindet. Nur so kann effektiv eine Umgehung der Regelung verhindert werden. Von entscheidender Bedeutung für die Praxis muss gewertet werden, dass die Rechtsprechung auf den Blickwinkel des Wohnungssuchenden abstellt. Es reicht daher aus, dass für den Wohnungssuchenden der Eindruck entsteht, der Makler stehe im Lager des Vermieters. 31

2. Verwaltungsaufgaben

Auch die Übernahme einzelner Verwaltungsaufgaben des Wohnungsvermittlers kann den Anspruch auf Provision entfallen lassen. **Einzelfälle:** 32

Wenn der Wohnungsvermittler vom Vermieter (Eigentümer/Berechtigter) beauftragt wird, die Kaution entgegen zu nehmen und die Miete einzuziehen,[31] wenn er also im Lager des Vermieters steht.[32] Der Provisionsanspruch kann auch dann entfallen, wenn der Wohnungsvermittler (Makler) befugt ist und beauftragt wurde, vom Mieter Mängelrügen entgegenzunehmen oder Besichtigungen bezüglich der Mängel durchzuführen.[33] Auch die Unterzeichnung des Mietvertrages als Vertreter des Vermieters kann den Wohnungsvermittler zum Verwalter iSd § 2 Abs. 2 Nr. 2 WoVermG werden lassen.[34] Dieser Auffassung folgt allerdings das OLG Frankfurt a. M.[35] nicht. Ähnliches gilt, wenn der Eigentümer oder der Miteigentümer bzw. Vermieter dem Wohnungsvermittler auch die Auswahl des Mieters überlässt.[36] 33

Das Landgericht Berlin[37] hat zB entschieden, dass die bloße Übersendung des Mietvertrages verbunden mit der Entgegennahme der Barkaution und der ersten Miete für das Merkmal „Verwalter" im Sinne des WoVermG nicht ausreicht. 34

3. WEG-Verwalter

Kein Verwalter im Sinne des WoVermG ist der Wohnungseigentumsverwalter, der lediglich das gemeinschaftliche Eigentum verwaltet,[38] deshalb kann er für die Vermittlung einer Wohnung an einen Mieter Entgelt verlangen.[39] Häufig betreiben Maklerbetriebe auch Hausverwaltungen. Wenn der Wohnungsvermittler, der auch gleichzeitig Verwalter des gemeinschaftlichen Eigentums ist, beispielsweise berechtigt ist, die Miet- 35

[27] LG Köln NJW-RR 1997, 369.
[28] LG Paderborn NZM 1999, 134.
[29] LG Stade ZMR 1997, 261.
[30] LG Hamburg NJW-RR 2009, 1286.
[31] LG Kiel WuM 1985, 91.
[32] LG Kiel WuM 1999, 586.
[33] LG Berlin NJW 1991, 721.
[34] LG Aachen NJW-RR 1992, 341.
[35] OLG Frankfurt a. M. RDM Rspr. A 145, Bl. 42.
[36] LG Hagen WuM 1998, 294.
[37] LG Berlin NZM 1998, 274.
[38] LG Düsseldorf NJW-RR 1993, 401.
[39] OLG Hamburg DB 1976, 577 und OLG München MDR 75, 931.

kaution und die erste Monatsmiete per Vollmacht entgegen zu nehmen, dann besteht keine rechtliche Verflechtung zwischen dem Wohnungsvermittler und dem Vermieter.[40]

36 Wer im Zusammenhang mit der beabsichtigten Gebäudesanierung durch eine Bauherrengemeinschaft und der Veräußerung der durch Umwandlung entstandenen Sondereigentumsrechte Maklerdienste erbracht hat und in der Teilungserklärung dann zum Verwalter bestellt worden ist, kann einen Provisionsanspruch aus Wohnungsvermittler in der Wohnungseigentumsanlage gegenüber dem Wohnungsmieter nicht geltend machen.[41]

37 In einer grundlegenden Entscheidung hat der BGH[42] festgestellt, dass der (gewöhnliche) Verwalter gem. §§ 20 ff. WEG seinen Anspruch auf Entgelt für die Vermittlung, oder den Nachweis der Gelegenheit zum Abschluss von Mietverträgen über Wohnräume, nach § 2 Abs. 2 S. 1 Nr. 2 WoVermG nicht verliert, da er kein Verwalter von Wohnräumen im Sinne dieser Bestimmung ist:

„...... Nach den unangegriffenen Feststellungen des Berufungsgerichts hatte die Klägerin die Stellung einer „WEG-Verwalterin". Sie verwaltete das gemeinschaftliche Eigentum. Darüber hinaus trat sie weder als Bevollmächtigte des Wohnungseigentümers auf noch erbrachte sie erhebliche Verwaltungsleistungen für die einzelnen Eigentumswohnungen. Die Verwaltung der im Sondereigentum stehenden Wohnungen, insbesondere deren Vermietung, lag vielmehr – entsprechend der gesetzlichen Aufgabenzuweisung (vgl. §§ 13 Abs. 1, 20 Abs. 1 WEG) – bei dem jeweiligen Wohnungseigentümer ...... Die dem Verwalter nach § 20 Abs. 1 WEG zukommende Verwaltung des gemeinschaftlichen Eigentums erstreckt sich allein auf das Grundstück sowie auf die Teile, Anlagen und Einrichtungen des Gebäudes, die nicht im Sondereigentum oder im Eigentum eines Dritten stehen (§ 1 Abs. 5 WEG). Die im Sondereigentum stehenden Wohnungen wären allerdings ohne eine ordnungsgemäße Verwaltung der Gegenstände der gemeinschaftlichen Verwaltung nicht nutzbar. Dadurch wird der Verwalter des gemeinschaftlichen Eigentums aber noch nicht zum Verwalter der – seiner Zuständigkeit gerade entzogenen (vgl. § 1 Abs. 2, 5 iVm § 20 Abs. 1 WEG) – einzelnen Wohnungen. Er gewährleistet durch die Verwaltung des gemeinschaftlichen Eigentums lediglich die Rahmenbedingungen für die selbständige Verwaltung der Eigentumswohnung durch den Wohnungseigentümer ...... Der (gewöhnliche) WEG-Verwalter ist nach Sinn und Zweck des § 2 Abs. 2 S. 1 Nr. 2 WoVermittG nicht als Verwalter über Wohnräume anzusehen ...... Der Verwalter nach §§ 20 ff. WEG steht nicht in einer solchen Nähe zum Wohnungseigentümer, dass der Provisionsausschluss nach der vorbeschriebenen gesetzgeberischen Zielrichtung gerechtfertigt wäre. Der gewöhnliche WEG-Verwalter kann nicht zum „Lager" des Wohnungseigentümers und Vermieters gezählt werden ...... Zwischen dem gewöhnlichen wohnungsvermittelnden WEG-Verwalter und dem Wohnungseigentümer besteht auch keine derartige Verflechtung, wie sie nach der Rechtsprechung des Bundesgerichtshofs für den Makler einen „institutionalisierten Interessenkonflikt" begründet ......".

38 Allerdings kann schon eine Hausmeistertätigkeit ausreichen, um den Provisionsanspruch entfallen zu lassen. Hat der Wohnungsvermittler also einen entsprechenden Vertrag mit dem Eigentümer geschlossen, zB einen Mietvertrag, einen Garantiemietvertrag, einen Treuhandvertrag oder einen Vermögensbetreuungsvertrag, so entfällt jeglicher Provisionsanspruch.

4. Wirtschaftliche Beteiligung

39 Für eine wirtschaftliche Beteiligung iSd § 2 Abs. 2 Nr. 3 WoVermG ist es ausreichend, wenn Eigentümer, Verwalter oder Vermieter am Vermögenserhalt und am Gedeihen der juristischen Person Interesse haben und faktisch in der Lage sind, deren Willensbildung irgendwie zu beeinflussen.[43] Der Wohnungsvermittler kann des Weiteren keine Provision verlangen, wenn nicht unerhebliche Zweifel an seiner Eigenschaft als neutraler Vermittler bestehen. Der Wohnungsvermittler hatte als Vertreter des Vermieters den Mietvertrag abgeschlossen und nicht nur die vollständige Anschrift des Wohnungsvermittlers angegeben, sondern auch eine Telefonnummer, unter der der Wohnungsvermittler zu erreichen sei. Hiermit hat der Wohnungsvermittler den Eindruck erweckt, dass auch nach Abschluss des Mietvertrages der Wohnungsvermittler die Interessen des

[40] LG Berlin NZM 1998, 274.
[41] LG Bautzen WuM 1999, 472.
[42] NJW 2009, 1393 = NZM 2003, 358.
[43] OLG Celle RDM Rspr. D 534, Bl. 14.

Vermieters bei der Durchführung des Vertrages wahrnimmt. Ein Verstoß gegen § 2 Abs. 2 Nr. 2 WoVermG ist daher als gegeben angesehen worden.

Sind der Geschäftsführer des Vermieters und des Maklers ein und dieselbe Person, so besteht eine Interessenverflechtung iSd § 3 Abs. 3 S. 1 Nr. 3 WoVermG, die einen Provisionsanspruch zu Gunsten des Maklers ausschließt.[44] Dies ist ein typischer Verflechtungsfall. Der Kunde kann allerdings verpflichtet sein, Provision zu bezahlen, wenn er ein selbständiges Provisionsversprechen in Kenntnis der Umstände abgibt, also zB in Kenntnis der Umstände, dass der Geschäftsführer des Vermieters und der Geschäftsführer des Maklers in Personalunion tätig sind. Allerdings stellt § 2 Abs. 5 WoVermG ausdrücklich klar, dass vom Gesetz abweichende Vereinbarungen unwirksam sind. Die Regelung ist daher nicht disponibel und steht nicht im Belieben der Parteien. Bei einer Personalunion im Wohnungsvermittlungsgesetz ist ein Provisionsanspruch zu Gunsten des Maklers nicht zu erlangen. 40

IV. Entgelt und Auslagen

1. Erfolgsunabhängige Provisionen

Bei der Vermittlung von Wohnräumen dürfen erfolgsunabhängige Provisionen weder in allgemeinen Geschäftsbedingungen noch in Individualvereinbarungen verlangt werden. Bei der Wohnraumvermittlung ist das Erfolgsprinzip strikt vorgeschrieben. Abweichende Vereinbarungen sind gem. § 2 Abs. 5 WoVermG unwirksam. 41

2. Provisionsteilung

Die Abrede zwischen Vermieter und Wohnungsvermittler, sich die gezahlte Provision des Wohnungssuchenden zu teilen, widerspricht nicht § 2 Abs. 2 Nr. 2 WoVermG,[45] da kein verbotenes Umgehungsgeschäft vorliegt. Es ist dem Eigentümer unbenommen, einen Vermittler einzuschalten, der ihm nahe steht, mit dem er aber nicht „verflochten" ist. Auch der Mitgliedsbeitrag zu einem Vermittlungsverein ist als Umgehung im Sinne von § 2 WoVermG anzusehen und daher als verbotswidriges Handeln zu qualifizieren. Der Beitrag ist zurückzuzahlen.[46] 42

3. Provisionshöhe

Für die Höhe der Provision ist der Wohnungsvermittler berechtigt, im Sinne von § 3 WoVermG für die Vermittlung oder den Nachweis eines Mietvertrages über Wohnraum nur maximal zwei Monatsmieten zzgl. gesetzlicher Mehrwertsteuer zu verlangen. Vereinbart der Makler einen höheren Provisionssatz, so kann der Interessent die Differenz zwischen dem überhöhten und der üblichen Provision zurückverlangen (§ 5 WoVermG). Im Übrigen begeht der Makler eine Ordnungswidrigkeit (§ 8 WoVermG). 43

4. Monatsmiete

Die Höhe der Provision ist im Sinne von § 3 Abs. 1 WoVermG als Bruchteil oder Vielfaches der Monatsmiete anzugeben. Was unter „Monatsmiete" zu verstehen ist, ist in § 3 Abs. 2 S. 2 WoVermG definiert. Die Definition lehnt sich an §§ 551 u. 556 BGB an. Es sind also die Nebenkostenvorauszahlungen „herauszurechnen". Wird entgegen § 6 HeizKO eine Bruttoinklusivmiete vereinbart, so ist diese als „Monatsmiete" im Sinne von § 3 WoVermG anzusehen.[47] Der Wohnungsvermittler darf dann noch zu den beiden Monatsmieten (maximal) die gesetzliche Mehrwertsteuer hinzuschlagen. 44

[44] LG Konzstanz NZM 2007, 372.
[45] LG München I NJW-RR 1997, 1283.
[46] AG Köln WuM 1982, 332.
[47] Anders/Gehle/Baader § 3 Rn. 27.

45 Das WoVermG hat als Bezugsgröße für die Berechnung der Wohnungsvermittlungsprovision allerdings nicht die Nettomiete festgeschrieben. Es unterliegt der Vereinbarung der Parteien des Maklervertrages, ob die Kalt- oder die Warmmiete der Berechnung des Wohnungsvermittlungsentgeltes zugrunde zu legen ist, und dass im Zweifel die Ortsüblichkeit entscheidet.[48]

46 Auch bemisst sich die Höhe der Maklerprovision nicht an dem im nachgewiesenen Wohnungsmietvertrag vereinbarten Miete, sondern an dem unter Berücksichtigung einer Mietpreisüberhöhung zulässigerweise geschuldeten Miete.[49] Die Teilnichtigkeit des Mietvertrages gem. § 134 BGB, insbesondere weil die verlangte Miete gem. § 5 WiStG unangemessen hoch war, wirkt sich hier also auch auf die Höhe der Maklerprovision aus.

5. Aufwendungen/Auslagen

47 Nach § 3 Abs. 2 S. 1 WoVermG ist es grundsätzlich dem Wohnungsvermittler verboten, neben der Vermittlungsprovision noch Aufwendungsersatz (so genannte Einschreibegebühren, Schreibgebühren, Exposékosten etc) zu vereinbaren oder entgegen zu nehmen. **Aber:** Diesen Aufwendungsersatz kann er allerdings dann verlangen, wenn nach S. 2 des § 3 Abs. 2 WoVermG die Auslagen nachweislich den Betrag einer Monatsmiete übersteigen. Natürlich nur dann, wenn eine Erstattung der Auslagen mit dem Auftraggeber (Vermieter oder Mietinteressent) vereinbart ist. Es bleibt also bei der Grundregel des § 652 Abs. 2 BGB. Erst recht kann der Wohnungsvermittler Auslagenersatz verlangen, wenn ein Mietvertrag nicht zustande kommt. Die Beweislast für den Nachweis der Entstehung des Aufwandes und dessen konkreten Bezug zu dem Auftrag beim Makler, hat der Wohnungsvermittler zu führen. Anzumerken ist in diesem Zusammenhang noch, dass eine Erstattung von Auslagen im Sinne von § 652 Abs. 2 BGB im Rahmen der Wohnungsvermittlung ohne Vereinbarung nicht in Betracht kommt. Der Wohnungsvermittler muss also seinen Auftraggeber entsprechend informieren und eine Vereinbarung treffen.

48 Eine Möglichkeit zur Pauschalierung der Auslagen besteht allerdings nicht, es sind immer die konkret angefallenen und nachgewiesenen Auslagen gemeint. Der Wortlaut des § 3 Abs. 3 S. 3 WoVermG lässt keine andere Interpretation zu. Es wird ausdrücklich von den „nachweisbar entstandenen Auslagen" gesprochen.

6. Weitere Dienste

49 Auch sind dem Wohnungsvermittler gem. § 3 Abs. 3 WoVermG Vereinbarungen untersagt, mit denen der Interessent sich im Zusammenhang mit der Wohnungsvermittlung zu weiteren Diensten des Wohnungsvermittlers verpflichtet. Der Wohnungsvermittler darf zB die Wohnungseinrichtung nicht mit verkaufen. Solche Verträge sind unwirksam.[50]

50 Für gewerbliche Beratungstätigkeit bei der Wohnungssuche kann ein Honorar ebenfalls nicht gefordert werden. Eine entsprechende Dienstleistungsvereinbarung ist unwirksam, weil sie gegen ein gesetzliches Verbot im Sinne von § 134 BGB und §§ 2 und 3 WoVermG verstößt. Wenn man nicht zu dem Ergebnis der Nichtigkeit kommt, so kann der Wohnungssuchende im Wege der Einrede die Zahlung der Provision gem. § 242 BGB verweigern.[51] Ein hauptsächlich mit der Wohnraumvermittlung befasster Verein verstößt durch die Erhebung eines Aufnahme- und Mitgliedsbeitrages unabhängig von dem Erfolg der auf Wohnraumvermittlung gerichteten Tätigkeiten gegen § 2 WoVermG. Der Beitrag ist als erfolgsunabhängiges Honorar anzusehen.[52]

[48] OLG Frankfurt a. M. NJW-RR 1992, 1462.
[49] LG Frankfurt a. M. WuM 1996, 548.
[50] Koeble/Grziwotz Immobilien-HdB/Pause 212 Rn. 82.
[51] AG Ulm RDM Rspr. D 534, Bl. 7.
[52] LG Hamburg RDM Rspr. D 534, Bl. 5.

V. Vertragsstrafe

1. Begrenzung

Nach Maßgabe von § 4 WoVermG ist eine Vertragsstrafe betragsmäßig begrenzt und darf 10 % der vereinbarten Provision nicht übersteigen, höchstens jedoch 25,– EUR betragen. Die Regelung ist so unbefriedigend, dass sie in der Praxis keine Anwendung gefunden hat. 51

2. Rückzahlung

Des Weiteren kann der Interessent gem. § 5 WoVermG Leistungen vom Wohnungsvermittler zurückverlangen, wenn der Wohnungsvermittler ein nach dem WoVermG nicht zustehendes Entgelt erhalten hat. Hinzuweisen ist noch, dass § 817 S. 2 BGB nicht anwendbar ist. Der Anspruch auf Rückforderung verjährt in vier Jahren vom Zeitpunkt der Zahlung an. 52

§ 36 Gewaltschutzgesetz

Übersicht

Schrifttum:

Brudermüller, Zuweisung der Mietwohnung bei Ehegatten, Lebenspartnern, Lebensgefährten, WuM 2003, 250; Cirullies., Rechtsprechungsübersicht zum Gewaltschutzrecht (2020 – 2021), NZFam 2022, 93; Cirullies, Rechtsprechungsübersicht zum Gewaltschutzrecht (2022 – 2023), NZFam 2024, 392; Finger, Zum Entwurf eines Gesetzes zur Verbesserung des zivilgerichtlichen Schutzes bei Gewalttaten und Nachstellungen sowie zur Erleichterung der Überlassung der Ehewohnung bei der Trennung, WuM 2001, 313; Giers, Einstweilige Anordnung, NZFam 2014, 207; Götz, Nutzungs- und Rechtsverhältnisse an Ehewohnung und Haushaltsgegenständen, Verfahren nach dem GewSchG, FamRZ 2023, 241; Götz/ Brudermüller, Nutzungs- und Rechtsverhältnisse an Ehewohnung und Haushaltsgegenständen, Verfahren nach dem GewSchG, FamRZ 2011, 1840 bis 1845; Grziwotz, Schutz vor Gewalt in Lebensgemeinschaften und vor Nachstellungen, NJW 2002, 872; Kay, Wohnungsverweisung – Rückkehrverbot zum Schutz vor häuslicher Gewalt, NVwZ 2003, 521; Löhnig, Darlegung der Voraussetzungen des Anspruchs auf Wohnungsüberlassung, FPR 2003, 37 ff.; Löhning, Zivilrechtliche Probleme des neuen § 238 StBG, FamRZ 2007, 518 ff.; Müller, Der Rechtsanwalt in Gewaltschutzsachen, NJW 2010, 2640 f.; Peschel-Gutzeit, Gesetz zur Verbesserung des zivilrechtlichen Schutzes bei Gewalttaten, Nachstellungen sowie zur Erleichterung der Überlassung der Ehewohnung bei Trennung (Gewaltschutzgesetz), FPR 2001, 243; Schumacher, Die Wohnungsüberlassung nach dem geplanten Gewaltschutzgesetz unter mietrechtlichen Gesichtspunkten, NZM 2001, 572; *dies.*, Mehr Schutz bei Gewalt in der Familie, FamRZ 2002, 645; *dies.*, Das neue Gewaltschutzgesetz und seine Auswirkungen bei Mietverhältnissen WuM 2002, 420; Schumacher/Janzen, Gewaltschutz in der Familie, 2003; Schuschke, Titel auf Wohnungsräumung nach neuem FamFG, NZM 2010, 137–142.

I. Überblick

Zum 1.1.2002 ist das Gesetz zum zivilrechtlichen Schutz vor Gewalttaten und Nachstellungen (Gewaltschutzgesetz – GewSchG)[1] in Kraft getreten.[2] Es enthält neben den allgemeinen Regelungen des § 1 über Voraussetzungen für Schutzanordnungen in § 2 die Anspruchsgrundlage für die – ggf. zeitweise – Überlassung einer gemeinsam genutzten Wohnung, wenn die verletzte Person mit dem Täter einen auf Dauer angelegten gemeinsamen Haushalt führt. Ziel ist es nicht, eine Trennung von Paaren zu regeln, sondern einen möglichst effektiven zivilrechtlichen Schutz vor Gewalt und Nachstellung zu gewährleisten.[3] Deswegen setzt § 2 GewSchG keine bestimmte Rechtsform voraus, in der Täter und Opfer zusammenleben müssen. 1

Bezug zum Mietrecht haben in erster Linie die Regelungen zur Wohnungsüberlassung nach § 2 GewSchG. Aber auch allgemeine Schutzanordnungen nach § 1 GewSchG in Verbindung mit zivilrechtlichen Abwehr- und Unterlassungsansprüchen können – ggf. ergänzend zur Wohnungsüberlassung – eine Rolle spielen. 2

Wichtig sind die am 1.9.2009 in Kraft getretenen Regelungen des FamFG, da sich hieraus das Verfahren und die ausschließliche Zuständigkeit der Amtsgerichte als Familiengerichte ergeben. 3

II. Wohnungsüberlassung nach § 2 GewSchG

§ 2 GewSchG ist – im Gegensatz zu § 1 GewSchG – nicht „nur" eine Verfahrensvorschrift, sondern eine materiell-rechtliche Anspruchsgrundlage auf (zeitweise) Überlassung einer gemeinsam genutzten Wohnung.[4] 4

1. Anspruchsvoraussetzungen

a) **Auf Dauer angelegter gemeinsamer Haushalt.** Voraussetzung für einen **Anspruch auf Wohnungsüberlassung** ist, dass die verletzte Person mit dem Täter einen **auf Dauer angelegten gemeinsamen Haushalt** geführt hat, § 2 Abs. 1 GewSchG. Der Begriff des auf Dauer angelegten gemeinsamen Haushaltes in § 2 Abs. 1 GewSchG ist § 563 BGB nachgebildet.[5] Der Personenkreis umfasst daher neben Ehegatten und eingetragenen Partnern auch nichteheliche Lebensgemeinschaften sowie das „dauerhafte Zusammenleben alter Menschen als Alternative zum Alters- oder Pflegeheim, die ihr gegenseitiges Füreinandereinstehen zum Beispiel durch gegenseitige Vollmachten dokumentieren".[6] Auch eine Wohngemeinschaft zwischen Studenten oder eine Lebensgemeinschaft zwischen einem volljährigen Kind und seinen Eltern fällt in den Anwendungsbereich, wobei bei Letzterem keine überzogenen Anforderungen an den Nachweis des Zusammenlebens zu stellen sind.[7] Im Fall einer bestehenden Ehe ist für die Anwendbarkeit des GewSchG anders als für § 1361b BGB ein Getrenntleben oder beabsichtigtes Getrenntleben keine Voraussetzung. 5

Bloße Wirtschaftsgemeinschaften, „reine" Wohngemeinschaften und Untermietverhältnisse fallen nicht unter § 2 GewSchG,[8] so dass in diesem Fällen allgemeine Schutzanordnungen gemäß § 1 GewSchG möglich sind. 6

---

[1] Vom 11.12.2001, BGBl. 2001 I 3513.
[2] Vgl. zur Entstehungsgeschichte auch: Finger WuM 2001, 313.
[3] Schumacher, Erläuterungen zum Gewaltschutzgesetz, Das Deutsche Bundesrecht II C 26, S. 5; Bub/Treier MietR-HdB/Emmerich II. 10.5 Rn. 2997 ff.
[4] BT-Drs. 14/5429, 19.
[5] → § 12 III. Rn. 38 ff.
[6] So in der Begründung zur Mietrechtsreform, BR-Drs. 439/00, 92.
[7] MüKoBGB/Duden § 2 Rn. 6; AG Hamburg-Barmbek FamRZ 2004, 473 zur Zuständigkeit des Familiengerichts.
[8] MüKoBGB/Duden § 2 Rn. 6.

7 Das Tatbestandsmerkmal des auf Dauer angelegten gemeinsamen Haushalts führt allerdings nicht dazu, dass sich die Tat in der Wohnung ereignet haben muss.[9] Die verletzte Person muss auch nicht zum Zeitpunkt der Geltendmachung dieses Anspruchs mit dem Täter in der bisher gemeinsam genutzten Wohnung gelebt haben, was im Umkehrschluss aus der Ausnahmeregelung des § 2 Abs. 3 Nr. 2 GewSchG hergeleitet wird.[10]

8 Wie bei der Anwendung des § 1361b BGB gehören zur Wohnung auch Nebenräume wie Keller, Garage, Sport- und Fitnessräume, sofern diese von den Parteien vor der Trennung genutzt wurden. Solche Räumlichkeiten verlieren ihren Charakter als gemeinsamer Haushalt nicht dadurch, dass ein Ehegatte wegen erheblicher ehelicher Spannungen auszieht.[11] Voraussetzung ist aber immer, dass Opfer und Täter dieselbe Wohnung ursprünglich gemeinsam genutzt haben. Es genügt daher nicht, wenn sie zwei untereinanderliegende Wohnung in demselben Mehrfamilienhaus bewohnt haben.[12]

9 **b) Gewalttat (§ 1 Abs. 1 GewSchG).** Weitere Voraussetzung für einen Anspruch auf Wohnungsüberlassung nach § 2 GewSchG ist eine **vollendete Gewalttat iSd § 1 Abs. 1 S. 1 GewSchG.** Andere unerlaubte Handlungen reichen nicht aus.[13] § 1 Abs. 1 GewSchG bestimmt:

Hat eine Person vorsätzlich den Körper, die Gesundheit, die Freiheit oder die sexuelle Selbstbestimmung einer anderen Person widerrechtlich verletzt, hat das Gericht auf Antrag der verletzten Person die zur Abwendung weiterer Verletzungen erforderlichen Maßnahmen zu treffen.

10 Der Täter kann den Körper des Opfers durch jeden unbefugten – physischen oder psychischen – Eingriff verletzen, der zu einer Störung der körperlichen, geistigen oder seelischen Befindlichkeit führt.[14]

11 Eine **Gesundheitsverletzung** liegt vor, wenn ein von den normalen körperlichen Funktionen nachteilig abweichenden Zustands hervorgerufen oder gesteigert wird.[15] Hierzu gehört auch die Störung des seelischen Wohlbefindens des Opfers, sofern sie medizinisch feststellbar und von einigem Gewicht ist.[16]

12 Eine **Freiheitsverletzung** in diesem Sinne liegt nicht schon dann vor, wenn der Täter das Opfer aus der Wohnung aussperrt. Hierunter fallen nur Vorgänge, die dem Opfer – auch nur kurzfristig – die Möglichkeit nehmen, einen bestimmten Ort zu verlassen (Entzug der körperlichen Bewegungsfreiheit), nicht aber Handlungen, durch welche der Zutritt verhindert wird.[17]

13 Der **Schutz der sexuellen Selbstbestimmung** ist zum 1.7.2021 aufgenommen worden, um den Opfern solcher Gewalt einen erweiterten Zugriff auf die Schutzmaßnahmen des GewSchG zu ermöglichen.[18] Dieser Tatbestand umfasst auch eine ungewünschte Veröffentlichung von Nacktbildern im Internet oder eine sexuellen Belästigung nach § 184i StGB, ohne dass das Opfer zugleich eine Körper- oder Gesundheitsverletzung darlegen muss.[19]

---

[9] Schumacher NZM 2001, 572 (574).
[10] Schumacher, Erläuterungen zum Gewaltschutzgesetz, Das Deutsche Bundesrecht II C 26, S. 13.
[11] Für § 1361b BGB: OLG Jena NJW-RR 2004, 435.
[12] BGH NJW 2014, 1381 (1382).
[13] AG Tempelhof-Kreuzberg FamRZ 2010, 919.
[14] BeckOK BGB/Reinken,73. Ed, § 1 Rn. 11.
[15] BGHZ 114, 284.
[16] Schumacher FamRZ 2002, 645; OLG Rostock BeckRS 2006, 13075.
[17] OLG Köln FamRZ 2003, 1281 f. mwN = BeckRS 2003, 30305427; OLG Brandenburg NJW-RR 2006, 220.
[18] Eingefügt durch Art. 19 des Gesetzes zur Fortentwicklung der Strafprozessordnung und zur Änderung weiterer Vorschriften, Gesetz vom 25.6.2021, BGBl. I 2021 37 vom 30.6.2021.
[19] Cirullies NZFam 2022, 93 (98 f.); 2024, 392 (393).

14 Die **Widerrechtlichkeit** der Rechtsverletzung und auch die **Wiederholungsgefahr** werden vermutet. Dem Antragsgegner obliegt es, diese Vermutung zu widerlegen, wobei an den Vortrag hohe Anforderungen zu stellen sind.[20]

15 Sind die in § 1 Abs. 1 genannten Rechtsgüter bereits verletzt worden, besteht der Anspruch auf Wohnungsüberlassung ohne weitere Voraussetzungen. Die Erforderlichkeit der Maßnahme wird unterstellt.

16 c) **Drohung mit einer Gewalttat (§ 2 Abs. 6 GewSchG).** Durch § 2 Abs. 6 GewSchG iVm § 1 Abs. 2 S. 1 Nr. 1 GewSchG ist es auch möglich, bei einer **widerrechtlichen Drohung** mit Verletzungen der vorgenannten Rechtsgüter und des Lebens eine Wohnungszuweisung anzuordnen. Umstritten ist, ob bloße Beschimpfungen, Nötigungen oder ein fahrlässig verursachter Autounfall eine Anordnung der Wohnungsüberlassung zur alleinigen Benutzung rechtfertigen,[21] wobei aber die Voraussetzungen des § 1 Abs. 2 Nr. 1 GewSchG nicht besonders geprüft werden.[22] Wiederholte Drohungen gegenüber einer Frau und ihren Kindern mit einer Körperverletzung mit Aussagen wie ‚ich knall dir eine' oder ‚ich hau dir eine auf die Schnauze' reichen für die Anwendung des GewSchG aus.[23] Der Tatbestand kann auch durch Drohgebärden, Gesten oder eine „Drohkulisse" erfüllt werden[24] oder – infolge der Erweiterung des § 1 Abs. 1 S. 1 GewSchG[25] um das Rechtsgut der sexuellen Selbstbestimmung – durch die Drohung, einvernehmlich überlassene Nacktaufnahmen im Internet zu verbreiten.[26]

17 Im Falle des Hausfriedensbruchs und der Nachstellungen iSd § 1 Abs. 2 Nr. 2 GewSchG kommt dagegen – da diese Fallalternative in § 2 nicht genannt ist – eine Wohnungsüberlassung nicht in Betracht.[27]

18 Eine zusätzliche Anspruchsvoraussetzung ist, dass die Wohnungsüberlassung erforderlich ist, um eine unbillige Härte für das Opfer zu vermeiden (§ 2 Abs. 6 S. 1 Hs. 2 GewSchG). Der Begriff der unbilligen Härte ist der Regelung unter § 1361b BGB nachempfunden. Es reicht dabei zur Annahme der unbilligen Härte aus, wenn ohne die Wohnungsüberlassung das Wohl von im Haushalt lebenden Kindern beeinträchtigt ist (§ 2 Abs. 6 S. 2 GewSchG).

19 d) **Sonstiges.** Ob der Täter die maßgebliche Tat in einem durch Alkoholisierung oder durch andere Rauschmittel verursachten unzurechnungsfähigen Zustand begangen hat, ist für einen Anspruch unerheblich (§ 1 Abs. 3 GewSchG).[28] Befand sich der Täter in einem Zustand einer geistigen Grunderkrankung, ohne dass er sich vorübergehend durch geistige Getränke oder durch andere Rauschmittel in einen unzurechnungsfähigen Zustand versetzt hat, sollen keine Maßnahmen nach dem Gewaltschutzgesetz in Betracht kommen.[29] Insofern kommt jedoch der Rückgriff auf den Unterlassungsanspruch aus §§ 823, 1004 BGB analog in Betracht, da dieser einen Schutz auch ohne Vorsatz ermöglicht.[30] Über einen solchen Anspruch entscheiden nach § 17 Abs. 2 GVG analog auch das Familiengericht, wenn es angerufen wurde, um effektiven Rechtsschutz zu gewährleisten.[31]

---

[20] OLG Brandenburg NJW-RR 2006, 220; OLG Saarbrücken FamRZ 2014, 951 = BeckRS 2013, 16419.

[21] Dies verneinend: OLG Rostock FamRZ 2007, 921 = NJW-RR 2007, 661 (662); OLG Frankfurt a. M. FamFR 2012, 545 = BeckRS 2012, 18680.

[22] So zu Recht die ablehnende Anmerkung von Nagel FamRZ 2007, 922.

[23] OLG Schleswig NZM 2004, 240.

[24] So zB KG Berlin 7.2.2023 – 16 UF 154/22, NZFam 2023, 716: Zerstören des Mobiltelefons, mit dem das Opfer versucht hat, das Geschehen zu Beweiszwecken zu dokumentieren.

[25] Hierzu → Rn. 13.

[26] OLG Hamm 13.7.2023 – 1 WF 93/23, BeckRS 2023, 17778.

[27] Schumacher FamRZ 2002, 645 (647).

[28] Schumacher, Erläuterungen zum Gewaltschutzgesetz, Das Deutsche Bundesrecht II C 26, S. 11.

[29] OLG Frankfurt a. M. FamRZ 2010, 1812 = BeckRS 2010, 27552.

[30] OLG Frankfurt a. M. FamRZ 2010, 1812 = BeckRS 2010, 27552.

[31] OLG Frankfurt a. M. FamRZ 2010, 1812 = BeckRS 2010, 27552.

20 Für eine einstweilige Anordnungen nach § 1 Abs. 2 Nr. 1, 2, Abs. 6 GewSchG ist es unerheblich, warum sich die Beziehung zwischen Täter und Opfer verschlechtert hat oder was die Auseinandersetzung verursacht hat. Eine Anordnung kann auch dann erlassen werden, denn das Opfer durch eigenen Alkoholkonsum ein Mitschuld trägt.[32]

2. Ausschluss nach § 2 Abs. 3 GewSchG

21 Der Anspruch auf Wohnungsüberlassung ist unter den in § 2 Abs. 3 GewSchG geregelten, abschließenden Voraussetzungen ausgeschlossen.

22 a) **Keine Wiederholungsgefahr (§ 2 Abs. 3 Nr. 1 GewSchG).** Besteht keine Wiederholungsgefahr, so ist eine Wohnungszuweisung ausgeschlossen. Dabei ist jedoch zu beachten, dass § 1 Abs. 1 S. 1 GewSchG vermutet, dass in den Fällen, in denen es bereits zu einer Gewalttat gekommen ist, weitere Gewalttaten zu erwarten sind. Die Formulierung stellt klar, dass der Täter diese Vermutung widerlegen muss; ihn trifft die Darlegungs- und ggf. Beweislast dafür, dass eine Wiederholungsgefahr nicht gegeben ist.[33] Es sind hohe Anforderungen an die Widerlegung zu stellen. Das Opfer kann zudem dem Vortrag des Täters durch konkrete, die Wiederholunggefahr indizierende Umstände entgegentreten. Ist dem Opfer wegen der **Schwere der Tat** ein weiteres Zusammenleben mit dem Täter nicht zuzumuten, kommt es auf einen Wegfall der Wiederholungsgefahr nicht an (Nr. 1 Hs. 2). In Betracht zu ziehen sind dabei Fälle der schweren Körperverletzung oder Fälle von Vergewaltigung oder versuchten Totschlags.[34] Gleiches gilt wegen die **Belange der Kinder** ein Zusammenleben als nicht zumutbar erscheinen lassen (§ 2 Abs. 6 S. 2).

23 b) **Zeitablauf (§ 2 Abs. 3 Nr. 2 GewSchG).** Sind seit der Tat drei Monate vergangen, ohne dass das Opfer vom Täter die Überlassung der Wohnung **schriftlich** verlangt hat, ist der Anspruch auf Wohnungsüberlassung nach § 2 Abs. 3 Nr. 2 GewSchG ausgeschlossen (**Ausschlussfrist**). Der Gesetzeswortlaut enthält keine Regelung zu der Frage, ob es auf den Zugang des Verlangens oder auf dessen Absendung ankommt. Anhand allgemeiner Grundsätze wird man allerdings auf den Zugang abstellen müssen, da das Gesetz keine Regelung (wie etwa § 355 Abs. 1 S. 2 Hs. 2 BGB) enthält, die die Absendung genügen lässt. Den Zugang muss im Zweifel das Opfer beweisen.[35] Für die Fristberechnung ist nur auf das schriftliche Verlangen abzustellen, nicht etwa auf die gerichtliche Geltendmachung. Erfolgt aber der Antrag bei Gericht nach dem erfolglosen schriftlichen Verlangen nicht zügig, kommt eine Verwirkung des Anspruchs in Betracht. Wo die zeitliche Grenze zu ziehen ist, ist bisher nicht entschieden. In Betracht kommt, etwa auf den doppelten Zeitraum der Drei-Monats Frist abzustellen, was der normalen Höchstfrist der Wohnungszuweisung in Fällen ohne Mitberechtigung der verletzten Person an der Wohnung entspricht.

24 c) **Entgegenstehende Belange des Täters (§ 2 Abs. 3 Nr. 3 GewschG).** Letztlich ist der Anspruch auf Wohnungsüberlassung in solchen Fällen ausgeschlossen, in denen besonders schwerwiegende Belange des Täters entgegenstehen. Als solche Fälle werden eine Behinderung oder eine schwere Erkrankung genannt, die dazu führen, dass der Täter auf die gemeinsam genutzte Wohnung angewiesen ist.[36] Dies könnte bei einem aufwändigen behindertengerechten Umbau gemäß den Erfordernissen des Täters in Be-

---

[32] OLG Schleswig NZM 2004, 240.

[33] OLG Koblenz ZFE 2003, 252 = BeckRS 2003, 3030459; Schumacher, Erläuterungen zum Gewaltschutzgesetz, Das Deutsche Bundesrecht II C 26, S. 12 unten unter Verweis auf die Gesetzesbegründung BT-Drs. 14/5429, 31.

[34] Schumacher, Erläuterungen zum Gewaltschutzgesetz, Das Deutsche Bundesrecht II C 26, S. 12 unten unter Verweis auf die Gesetzesbegründung BT-Drs. 14/5429, 31.

[35] MüKoBGB/Duden § 2 Rn. 16.

[36] BT-Drs. 14/5429, 31; Schumacher, Erläuterungen zum Gewaltschutzgesetz, Das Deutsche Bundesrecht II C 26, S. 13.

tracht kommen. Dabei sollen durch die im Gesetz verwandte Formulierung „soweit" flexible Lösungen möglich sein.[37] Es wird aber darauf ankommen, ob der Einzelfall und die zu treffende Abwägung solche Lösungen erlauben.[38]

3. Regelungsmöglichkeiten und Regelungszweck des § 2 GewSchG

Liegen die Anspruchsvoraussetzungen vor, kann das zuständige Gericht anordnen, die gemeinsame Wohnung dem Antragssteller zur alleinigen Nutzung zu überlassen. § 2 GewSchG dient dem Schutz vor Gewalttaten und nicht der Auseinandersetzung der häuslichen Gemeinschaft.[39] Die Dauer der Überlassung bemisst sich nach dem Rechtsverhältnis an der Wohnung. 25

a) **Alleinberechtigung des Opfers.** Ist allein das Opfer die/der Berechtigte der Wohnung, muss die Dauer der Zuweisung **zeitlich** nicht beschränkt werden. Dies ist daraus zu schließen, dass allein in den Fällen, in denen zumindest eine Mitberechtigung des Täters besteht, in § 2 Abs. 2 GewSchG eine Befristung vorgesehen ist. 26

b) **Rechtsgemeinschaft zwischen Täter und Opfer.** Sind Täter und Opfer gemeinsam Mieter, ist die Dauer der Überlassung nach § 2 Abs. 2 S. 1 GewSchG zu befristen.[40] Eine zeitliche Grenze für die **Befristung** sieht § 2 Abs. 2 S. 1 GewSchG nicht vor. Dies soll dem Gericht eine den Umständen des Einzelfalls entsprechende Regelung ermöglichen.[41] Wegen des Verbots der Vorwegnahme der Hauptsache müssen einstweilige Anordnungen zu Gewaltschutzsachen aber grundsätzlich befristet werden; bei der Bestimmung der Frist ist zu berücksichtigen, ob der Täter wiederholt die Rechtsgüter des Opfers verletzt hat, und auch die Schwere der Rechtsgutsverletzung ist von Bedeutung.[42] 27

Praxistipp:
Wer den Antragssteller vertritt, sollte bereits bei der Antragsstellung auf eine zeitliche Befristung achten.

c) **Alleinberechtigung des Täters.** Ist allein der Täter der Berechtigte der Wohnung (ggf. zusammen mit einem Dritten), so sieht § 2 Abs. 2 S. 2 GewSchG eine **Befristung** der Wohnungsüberlassung auf **höchstens sechs Monate** vor. Diese Frist kann um höchstens weitere sechs Monate verlängert werden, wenn die verletzte Person in der zunächst bestimmten Frist anderen Wohnraum zu zumutbaren Bedingungen nicht beschaffen konnte (Satz 3). Ein Antrag auf eine derartige Fristverlängerung setzt voraus, dass die verletzte Person genau darlegt und ggf. beweist, welche Bemühungen sie unternommen hat und warum es die Gegebenheiten auf dem örtlichen Wohnungsmarkt nicht zuließen, eine Ersatzwohnung zu finden. Eine Fristverlängerung ist nicht zu gewähren, wenn überwiegende Belange des Täters oder des mit an der Wohnung berechtigten Dritten entgegenstehen. Für solch überwiegende Belange (genannt wird zB eine schwere Erkrankung des Täters)[43] trägt ausweislich der Gesetzesformulierung der Täter oder der Dritte die Darlegungs- und Beweislast. 28

---

[37] BT-Drs. 14/5429, 31; Schumacher, Erläuterungen zum Gewaltschutzgesetz, Das Deutsche Bundesrecht II C 26, S. 13.

[38] OLG Brandenburg NJOZ 2020, 935: ernsthafte Selbstmordgefährdung des Täters als ein besonders schwerwiegender Belang nach § 2 III Nr. 3 GewSchG.

[39] Schumacher, Erläuterungen zum Gewaltschutzgesetz, Das Deutsche Bundesrecht II C 26, S. 11.

[40] OLG Saarbrücken FamFR 2010, 569 (mAnm Heiß); OLG Saarbücken FamRZ 2010, 1810.

[41] Schumacher, Erläuterungen zum Gewaltschutzgesetz, Das Deutsche Bundesrecht II C 26, S. 12; MüKoBGB/Duden § 2 Rn. 10 ff.

[42] OLG Saarbrücken FamRZ 2010, 1810.

[43] Schumacher, Erläuterungen zum Gewaltschutzgesetz, Das Deutsche Bundesrecht II C 26, S. 12; Lönig FPR 2005, 36 (38).

29 d) **Anspruchskonkurrenz.** In den Fällen, in denen es sich bei den Streitparteien um **Eheleute** oder eine **eingetragene Partnerschaft** handelt und diese getrennt leben oder beabsichtigen, getrennt zu leben, sind auch die Regelungen in § 1361b BGB bzw. § 14 LPartG einschlägig, die die speziellere Norm sein können. Solange die Parteien allerdings einen auf Dauer angelegten gemeinsamen Haushalt führen, können sie auch den Schutz des § 2 GewSchG in Anspruch nehmen. Auf Grundlage von § 3 Abs. 2 GewSchG kann davon ausgegangen werden, dass die Normen nebeneinander anwendbar sind und ein Wahlrecht des betroffenen Ehegatten besteht.[44] Besteht eine Anspruchskonkurrenz ist daher darauf abzustellen, welches Ziel der Anspruchssteller verfolgt (dauerhafte Trennung oder nur Wohnungsüberlassung).[45] Ferner kommt es darauf an, ob weitere Schutzmaßnahmen (beispielsweise ein Näherungsverbot) erforderlich sind; letzteres ist nur über einen Antrag nach § 1 GewSchG möglich. In der Praxis ist festzustellen, dass viele Gerichte die Überlassung der Ehewohnung gestaffelt vornehmen, also erst nach § 2 GewSchG und später nach § 1361b BGB.[46]

30 Zur persönlichen Anwendbarkeit wird durch § 3 GewSchG eine Ausnahme für **minderjährige Kinder** im Verhältnis zu ihren Eltern und zu anderen sorgeberechtigten Personen (wie Vormund oder Pfleger) gemacht, obwohl das GewSchG grundsätzliche für jede Person gilt. In Fällen, bei denen bei erwachsenen Personen gemäß Gewaltschutzgesetz zu verfahren wäre, ist für minderjährige Kinder, wenn sie durch sorgeberechtigte Personen verletzt werden, in diesem Verhältnis die Regelung durch das Familiengericht auf der Grundlage des insoweit vorrangigen § 1666 BGB zu treffen. Wenn das Kind von einem Dritten verletzt wird, ist das GewSchG Regelungsgrundlage, was zu einem zweispurigen Rechtsschutz führt, da § 1666 BGB auch im Verhältnis des Kindes zu Dritten gilt.[47] Werden Eltern oder andere Sorgeberechtigte von dem unter ihrer Sorge stehenden (minderjährigen) Kind verletzt, ist das GewSchG anwendbar.[48]

4. Sonstige Anordnungen

31 a) **Unterlassungsanordnung.** Besteht für die Wohnung ein Mietvertrag des Täters, so sieht das Gesetz nicht vor, dass etwa ein Mietvertrag zwischen dem Opfer und dem Vermieter begründet werden könnte. Die Regelung des § 2 Abs. 4 GewSchG bestimmt – wie § 1361b Abs. 3 S. 1 BGB – nur, dass der Täter alles zu unterlassen hat, was geeignet ist, die Ausübung des der verletzten Person zugewiesenen Alleinnutzungsrechts an der Wohnung zu erschweren oder zu vereiteln.

32 Gestützt auf diese Vorschrift kann das Gericht in geeigneten Fällen verhindern, dass etwa der Täter, der Allein- oder Mitberechtigter (ob als Eigentümer oder Mieter) der Wohnung ist, die Wohnung kündigt oder veräußert, um so die Wohnungsüberlassung zu vereiteln. Es kann daher eine Untersagung erfolgen, derartige Rechtshandlungen vorzunehmen. Erfolgen sie dennoch, verstoßen sie gegen ein in der gerichtlichen Anordnung bestehendes **relatives Verfügungsverbot** und sind daher gemäß §§ 135, 136 BGB zugunsten der geschützten Person relativ unwirksam und nach § 4 GewSchG strafbewehrt. Ferner kann angeordnet werden, dass der Täter alle Handlungen zu unterlassen hat, die geeignet sind, dass Mietverhältnis auf andere Weise (beispielsweise durch Aussetzen der Mietzahlung, Abschluss eines Mietaufhebungsvertrages) zu beenden.

33 Das Gericht kann dem Täter, gestützt auf § 2 Abs. 4 GewSchG, auch verbieten, Mobiliar aus der Wohnung zu entfernen.[49] Aber auch ohne eine solche Anordnung darf der Täter nach § 2 Abs. 4 GewSchG kein Mobiliar aus der Wohnung entfernen, dass für die Nutzung derselben erforderlich ist oder diese erleichtert (zB Wäschetrock-

[44] Cirullies, NZFam 2024, 392 (393); OLG Nürnberg 10.6.2021 – 11 UF 227/21, BeckRS 2021, 19989.
[45] BeckOK BGB/Reinken, 73. Edition, § 2 Rn. 2 f.
[46] OLG Brandenburg 22.6.2022 – 13 UF 49/22, BeckRS 2022, 16032.
[47] Schumacher, Erläuterungen zum Gewaltschutzgesetz, Das Deutsche Bundesrecht II C 26, S. 14.
[48] So auch die Gesetzesbegründung BT-Drs. 14/5429, 32; Schumacher FamRZ 2002, 645 (646).
[49] Götz FamRZ 2023, 241 (249); LG Mannheim 24.8.2023 – 6 O 130/23, BeckRS 2023, 47316.

ner, Spülmaschine, Bettwäsche, Sideboard).[50] Rein persönlich genutzte Gegenstände des Täters (zB dessen persönliche Kleidung) sind hiervon nicht umfasst und dürfen von Täter als Eigentümer herausverlangt werden.[51]

Praxistipp:
Wer einen Antragsteller im Verfahren laut GewSchG vertritt, wird in Fällen, in denen das Opfer nicht Mitmieter oder Miteigentümer ist, auf eine entsprechende Antragsergänzung und darauf bezogenen Sachvortrag achten müssen.

b) **Nutzungsvergütung.** Wenn es der Billigkeit entspricht, kann der Täter von der verletzten Person eine Vergütung für die Nutzung verlangen. Dies wird regelmäßig der Fall sein, wenn der Täter entweder auf Grund eines Mietvertrages oder durch dingliche Berechtigung eine Nutzungsbefugnis an der Wohnung hat.[52] Durch die Möglichkeit, eine **Billigkeitsentscheidung** zu treffen, hat das Gericht die Möglichkeit, nicht nur eine volle Nutzungsentschädigung anzuordnen, sondern kann zB anordnen, dass nur ein Teil der Miete oder des Nutzungswertes zu vergüten ist, weil die Wohnung noch Lagerfunktion für bestimmte Sachen des Täters hat, zu denen er – ggf. unter näher zu regelnden Voraussetzungen wie der Anwesenheit verlässlicher Dritter – Zugriff hat, zB zum Abholen von Kleidung, Austausch von Winterkleidung gegen Sommerkleidung. Dem Gericht sind hier für sinnvolle Gestaltungen weite Ermessensspielräume eingeräumt. Dies schließt ein, auf die Anordnung der Zahlung einer Nutzungsvergütung zu verzichten, weil ansonsten der der Wohnung verwiesene Antragsgegner erhöhten Ehegattentrennungsunterhalt zahlen müsste.[53] 34

5. Einfluss auf bestehende Mietverträge

Hierzu enthält das GewSchG keine ausdrücklichen Bestimmungen. Aus dem Umstand, dass die Verfahrensvorschriften der §§ 210 ff. FamFG keine zwingende Beteiligung des Vermieters vorsehen, ist abzuleiten, dass der Vermieter in Verfahren gemäß dem GewSchG nicht zu beteiligen ist. 35

Praxistipp:
Kommt es zu Verfügungsverboten gemäß § 2 Abs. 4 GewSchG, sollte der Antragsteller dafür Sorge tragen, dass eine Anordnung, die dem Antragsgegner die Kündigung der Wohnung untersagt, dem Vermieter nachweislich zugeht.

Der Regelungsinhalt des GewSchG besteht nicht darin, das Rechtsverhältnis zum Vermieter zu regeln. Daher bleiben die Parteistellungen eines Mietvertrages über die betroffene Wohnung unberührt. Auch der Alleinmieter, der die Wohnung dem Opfer zur Alleinnutzung überlassen muss, ist weiter dem Vermieter zur Mietzahlung verpflichtet. Wegen des Rechts des Mieters, von der verletzten Person gemäß § 2 Abs. 5 GewSchG eine Nutzungsvergütung zu verlangen, muss der Täter keine zwei Wohnungen finanzieren. Der überlassungspflichtige Mieter muss auch Nebenpflichten aus dem Mietvertrag erfüllen, etwa Reinigungs- und Streupflichten, da er diese nicht höchstpersönlich erfüllen muss, sondern im Falle eines gerichtlichen Hausverbotes gemäß § 1 GewSchG dritte Personen mit der von ihm geschuldeten Leistung beauftragen kann.[54] 36

---

[50] So zutreffend und mit weiteren Beispielen: LG Mannheim 24.8.2023 – 6 O 130/23, BeckRS 2023, 47316.
[51] LG Mannheim 24.8.2023 – 6 O 130/23, BeckRS 2023, 47316.
[52] Schumacher, Erläuterungen zum Gewaltschutzgesetz, Das Deutsche Bundesrecht II C 26, S. 13.
[53] OLG Stuttgart NZM 2004, 239.
[54] Schumacher NZM 2001, 572 (576).

37 Das Recht des Vermieters, das Mietverhältnis zu kündigen, bleibt unberührt. So kann er wegen Eigenbedarfs, aber auch wegen Zahlungsverzuges kündigen.[55] Der zur Wohnungsüberlassung verpflichtete Täter kann daher die Vermieterkündigung durch Nichtzahlung der Miete provozieren. Ob dagegen die Anordnungsmöglichkeiten des § 2 Abs. 4 GewSchG ausreichende Abhilfe bieten können, erscheint zweifelhaft, da hiernach nur ein Unterlassen angeordnet werden kann, aber nicht eine Handlung wie die Mietzahlung. Ggf. kommt in solchen Fällen in Betracht, dass die nutzungsberechtigte Person für den Täter die Miete noch innerhalb der Schonfrist des § 569 Abs. 3 Nr. 2 BGB an den Vermieter zahlt, ggf. mit Hilfe öffentlicher Stellen (Sozialamt), was zur Unwirksamkeit der außerordentlichen (nicht aber der ordentlichen) Kündigung führt.

38 Im Falle eines gemeinsam mit dem Täter abgeschlossenen Mietvertrages besteht nicht die Gefahr, dass der Täter allein den Mietvertrag kündigt, um dem Opfer die Wohnung zu entziehen. Denn die Kündigung ist in solchen Fällen nur gemeinsam möglich. Eine gemeinsame Kündigung kann von beiden Seiten verlangt werden und ggf. gerichtlich geltend gemacht werden.[56] Ein solches Verlangen ist im normalen Prozesswege geltend zu machen, so dass es nicht zu Eilentscheidungen kommen kann. Der Vermieter ist nach erfolgter Kündigung allerdings nicht verpflichtet, mit dem verbleibenden Mieter einen neuen Mietvertrag abzuschließen. In die Rechte des Vermieters kann über § 2 GewSchG nicht eingegriffen werden.[57]

III. Schutzanordnungen nach § 1 GewSchG

39 Neben einer Anordnung nach § 2 GewSchG sind auch Schutzanordnungen nach § 1 GewSchG im Mietrecht denkbar, auf die nachfolgend vollständigkeitshalber kurz eingegangen wird. Solche Anordnungen können einerseits flankierend zu einer Wohnungszuweisung nach § 2 GewSchG (beispielsweise ein Betretungs- oder Annäherungsverbot) in Betracht kommen oder andererseits eine Rolle spielen, wenn die Voraussetzungen des § 2 GewSchG nicht vorliegen.

1. Anspruchsvoraussetzungen

40 § 1 GewSchG ist eine **verfahrensrechtliche Vorschrift.**[58] Allgemeine Grundlage für eine gerichtliche Regelung nach § 1 GewSchG ist daher, dass ein materiell-rechtlicher Anspruch aus §§ 823, 1004 BGB auf Unterlassung der Beeinträchtigung der angegebenen Rechtsgüter besteht.[59] Insoweit hat das Gesetz die bisher aus der analogen Anwendung der §§ 823, 1004 BGB hergeleiteten Regelungsbefugnisse auf eine ausdrückliche gesetzliche Grundlage gestellt. Erfasst werden nur vorsätzlich begangene Taten.[60] Zu den Voraussetzungen der Verletzung der geschützten Rechtsgüter kann und muss auf die allgemeinen Auslegungskriterien verwiesen werden.[61]

41 Um ein Gewaltschutzverfahren gemäß §§ 210 ff. FamFG einleiten zu können, muss eine Person vorsätzlich den Körper, die Gesundheit, die Freiheit oder die sexuelle Selbstbestimmung einer anderen Person **widerrechtlich verletzt** haben und weitere Verletzungshandlungen müssen zu befürchten sein (§ 1 Abs. 1 GewSchG). Andere unerlaubte Handlungen reichen nicht aus.[62]

---

[55] Schumacher FamRZ 2002, 645 (653); Bub/Treier MietR-HdB/Emmerich Kap. II. 10.5 Rn. 3015 (zu § 1568a BGB).

[56] → § 12 Rn. 102.

[57] BeckOK BGB/Reinken, 73. Edition, § 2 Rn. 17.

[58] OLG Brandenburg 22.4.2021 – 9 UF 53/21, BeckRS 2021, 10758; BeckOK BGB/Reinken, 73. Edition, § 1 Rn. 6.

[59] BGH NJW 2014, 1381 Rn. 13.

[60] Schumacher FamRZ 2002, 645 (646).

[61] Hierzu → Rn. 9 ff.

[62] AG Tempelhof-Kreuzberg FamRZ 2010, 919 = BeckRS 2010, 14230.

Durch § 1 Abs. 2 GewSchG ist es auch möglich, bei einer **widerrechtlichen Drohung**[63] mit Verletzungen der vorgenannten Rechtsgüter und des Lebens sowie bei der Verletzung des Hausrechts und bei anderen, dort näher genannten unzumutbaren Belästigungen, insbesondere Nachstellungen („Stalking") geeignete Schutzanordnungen zu treffen. 42

2. Allgemeine Maßnahmen

Liegen die vorgenannten Voraussetzungen vor, kann das Gericht allgemeine Maß- 43 nahmen zum Schutz vor Gewalt und Nachstellung treffen. Die zu treffenden Maßnahmen werden allgemein als „Schutzanordnungen" bezeichnet. Neben der Wohnungszuweisung nach § 2 GewSchG kommen als flankierende Maßnahmen vor allem das Verbot in Betracht, sich in einem bestimmten Umkreis zur Wohnung des Opfers aufzuhalten, Orte aufzusuchen, die das Opfer regelmäßig aussucht oder Verbindung mit dem Opfer aufzunehmen. Ausnahmsweise kann dem Täter auch aufgegeben werden, eine von ihm und dem Opfer nicht gemeinsam genutzte Wohnung aufzugeben.[64]

Schutzanordnungen sind regelmäßig zu befristen, wobei die Frist verlängert werden 44 kann (§ 1 Abs. 1 S. 2 GewSchG). Stets ist bei Anordnungen der Grundsatz der Verhältnismäßigkeit zu beachten. Dieser Grundsatz kann verletzt sein, wenn bei parallelen Anordnungen zu § 1361b BGB neben einem Betretensverbot bzgl. des Hausanwesens, in dem die Wohnung liegt, gestützt auf das GewSchG ein zusätzliches Verbot, sich der verletzten Person auf weniger als 100 m zu nähern und sich in weniger als 100 m Umkreis des Grundstücks aufzuhalten, ausgesprochen wird.[65]

IV. Zuständigkeit, Verfahren und Vollstreckung

1. Zuständigkeit

a) **Sachliche Zuständigkeit.** Die Zuständigkeit für Anträge aus dem GewSchG ist 45 durch die Einführung des FamFG per 1.9.2009 geändert worden. Zum Aufgabenkatalog des Familiengerichts gehören seither nach § 111 Nr. 6 FamFG auch die Verfahren gemäß §§ 1 und 2 GewSchG, für die zuvor die allgemeinen Zivilgerichte zuständig waren. Nur noch für Altfälle, also für Verfahren, die schon vor dem 1.9.2009 beantragt wurden, gilt das frühere Abgrenzungskriterium, das in Fällen, in denen die verletzte Person und der Täter einen auf Dauer angelegten gemeinsamen Haushalt führen oder innerhalb von sechs Monaten vor Antragstellung einen solchen Haushalt geführt haben, das **Familiengericht** zuständig ist (§ 23a Nr. 7, § 23b Abs. 1 Nr. 8a GVG aF), während bei einer über sechs Monate hinaus andauernden Trennung von Eheleuten das allgemeine Zivilgericht (mit Zuständigkeit des Amtsgerichts oder des Landgerichts je nach Streitwert) zuständig war. Darin war kein Redaktionsversehen des Gesetzgebers zu sehen.[66] Dies führt dazu, dass in Gewaltschutzsachen das Familiengericht heute auch für solche Angelegenheiten nach §§ 23a Abs. 1 Nr. 1, 23b GVG, 111 Nr. 6 FamFG zuständig ist, bei denen keine besondere Nähebeziehung der Hauptbeteiligten besteht.[67] Für weitergehende Abwehransprüche nach den §§ 823, 1004 BGB und Schadensersatzansprüche sind allerdings nach wie vor die allgemeinen Zivilgerichte zuständig, soweit

---

63 Zum Begriff der Drohung → Rn. 16 ff.

64 BGH NJW 2014, 1381 Rn. 10 ff.

65 OLG Stuttgart NZM 2004, 239 = NJW-RR 2004, 434 = FamRZ 2004, 876, zur sog. Bannmeile; OLG Stuttgart BeckRS 2004, 406 mwN.

66 OLG Hamm FamRZ 2006, 1767 = BeckRS 2006, 10437; OLG Rostock FamRZ 2007, 742 = BeckRS 2007, 00514; zu den Problemen der Zuständigkeitsaufspaltung: Löhnig FamRZ 2007, 518 (521).

67 MüKoFamFG/Fischer § 111 Rn. 14.

nicht eine sonstige Zuständigkeit der Familiengerichte begründet wird (beispielsweise nach § 266 FamFG bei Verlobten, Eheleuten, ehemals Verheirateten).[68]

46 b) **Örtliche Zuständigkeit.** Die Regelungen zur örtlichen Zuständigkeit (nach Wahl des Antragstellers) finden sich in § 211 FamFG. Hiernach kann der Antragssteller zwischen dem Gericht, in dessen Bezirk die Tat begangen wurde (Nr. 1), sich die gemeinsame Wohnung befindet (Nr. 2) oder in dessen Bezirk der Antragsgegner seinen gewöhnlichen Aufenthalt hat, wählen.[69] Wichtig ist, dass es sich um eine **ausschließliche Zuständigkeit** handelt, was eine Begründung der Zuständigkeit durch Vereinbarung oder rügeloses Verhandeln ausschließt.[70] Ist der Antrag bei einem gemäß § 211 FamFG zuständigen Gericht gestellt und dadurch das Wahlrecht ausgeübt, erlischt das Wahlrecht.[71] Durch einen isolierten Antrag auf Erlass einer einstweiligen Anordnung wird das Wahlrecht für die Hauptsache jedoch nicht verbraucht.[72] Die örtliche Zuständigkeit für eine einstweilige Anordnung richtet sich nach § 50 FamFG. Hiernach ist die örtliche Zuständigkeit des Hauptsachverfahrens entscheidend (Abs. 1).[73]

47 c) **Sonstiges.** Die **Polizei** darf bei häuslicher Gewalt zum Schutz des Opfers nur kurzfristig einen Wohnungsverweis gegenüber dem Täter aussprechen, bis das Opfer Gelegenheit hat, Maßnahmen nach dem Gewaltschutzgesetz beim Amtsgericht zu beantragen.[74]

2. Verfahren

48 a) **Grundsätzliches.** Gewaltschutzsachen sind Angelegenheiten der freiwilligen Gerichtsbarkeit. Für dieses **Verfahren** gelten daher seit 1.9.2009 **die Regelungen des FamFG, soweit sich aus den §§ 210–216a FamFG** keine Besonderheiten ergeben. So wird das Familiengericht nur auf Antrag tätig. Der Antrag ist nach §§ 23, 25 Abs. 1 FamFG schriftlich oder zur Niederschrift der Geschäftsstelle zu stellen und muss vom Antragssteller unterschrieben werden. Eine telefonische Antragsstellung, über die die Rechtspflegerin eine Aktennotiz anfertigt, genügt nicht.[75] Es gilt der **Amtsermittlungsgrundsatz** (§ 26 FamFG). Wenn ein Kind in dem Haushalt lebt, ist das Jugendamt gemäß § 212 FamFG auf seinen Antrag hin zu beteiligen, nach § 213 Abs. 1 FamFG anzuhören und ihm nach § 213 Abs. 2 FamFG die Entscheidung mitzuteilen. Nach § 215 FamFG soll das Gericht in der Endentscheidung über die Wohnungszuweisung auch die hierzu erforderlichen Anordnungen treffen. Gleichwohl sollten diese vom Antragssteller im eigenen Interesse in der Antragsschrift oder im weiteren Verlauf möglichst konkret bezeichnet werden.[76]

49 b) **Einstweilige Anordnung.** Für den Erlass einer einstweiligen Anordnung im Sinne von §§ 214, 49 Abs. 1 FamFG sind das Vorliegen eines Anordnungsgrundes und eines Anordnungsanspruchs Voraussetzung (ähnlich wie im Verfahren über den Erlass einer einstweiligen Verfügung). Ein Anordnungsgrund liegt dabei nach § 214 S. 2 FamFG in der Regel vor, wenn eine Gewalttat nach § 1 GewSchG[77] begangen wurde oder aufgrund konkreter Umstände damit zu rechnen ist.[78] Zum Anordnungsgrund und Anordnungsanspruch muss der Antragssteller vortragen und diese glaubhaft machen (§ 31

---

[68] BeckOK BGB/Reinken, 73. Ed., § 1 Rn. 46; Löhnig FamRZ 2007, 518 (521).
[69] Näher hierzu: MüKoBGB/Duden § 1 Rn. 7 ff.
[70] Prütting/Helms/Neumann FamFG § 211 Rn. 2 f.
[71] Prütting/Helms/Neumann FamFG § 211 Rn. 2 f.
[72] Prütting/Helms/Neumann FamFG § 211 Rn. 2 f.
[73] Hierzu ausführlich: MüKoFamFG/Soyka § 50 Rn. 1 ff.
[74] VG Karlsruhe becklink 239 602 = BeckRS 2007, 26339.
[75] OLG Nürnberg FamRZ 2014, 63 = BeckRS 2014, 00101.
[76] BeckOK BGB/Reinken, 73. Ed., § 2 Rn. 30.
[77] Zum Begriff der Gewalttat → Rn. 9.
[78] MüKoFamFG/Erbarth § 214 Rn. 7.

FamFG).[79] Die Mittel der Glaubhaftmachung sollten ausgeschöpft werden und nicht nur eidesstattliche Versicherungen, sondern auch Protokolle über einen polizeilichen Platzverweis oder ärztliche Atteste vorgelegt werden.[80]

Eine einstweilige Anordnung in Gewaltschutzsachen ist – anders als bei der Hauptsache – auch ohne entsprechende Anordnung sofort wirksam. Die Zustellung des Beschlusses erfolgt nach § 214 Abs. 2 S. 1 FamFG von Amts wegen. Der Gerichtsvollzieher wird von der Geschäftsstelle nach § 214 Abs. 2 S. 2 FamFG mit der Zustellung beauftragt. Vor der Zustellung kann eine Vollstreckung nach § 53 Abs. 2 FamFG nur erfolgen, wenn das Gericht die Vollstreckung vor der Zustellung an den Verpflichteten ausdrücklich anordnet.[81] 50

Praxistipp:

Die Anordnung der Vollstreckung vor der Zustellung an den Verpflichteten sollte durch den Antragssteller beantragt werden.

Der Antragssteller muss nach § 14 Abs. 2 FamGKG für das Verfahren auf Erlass einer einstweiligen Anordnung keinen Gebührenvorschuss bezahlen, so dass insoweit keine Einschränkungen bei der Zustellung bestehen. 51

Wird ohne mündliche Verhandlung entschieden und sind die Voraussetzungen des § 53 Abs. 2 FamFG gegeben, führt dies dazu, dass der Antragsgegner faktisch erst im Moment der Vollstreckung von der Existenz einer solchen einstweiligen Anordnung erfährt und daher ein Rechtsmittel erst im Nachhinein und nach erfolgter Vollstreckung einlegen kann. In diesem Fall ist auf Antrag des Antragsgegners aufgrund einer mündlichen Verhandlung nach § 54 Abs. 2 FamFG erneut zu entscheiden. Die mündliche Verhandlung ist zeitnah anzusetzen. Ein Termin sechs Wochen nach Antrag und Erlass der einstweiligen Anordnung verletzt die Verfahrensrechte des Antragsgegners aus § 54 Abs. 2 FamFG, was gemäß § 62 FamFG festgestellt werden kann.[82] 52

Nach § 51 Abs. 3 FamFG iVm § 214 Abs. 1 FamFG ist ein Antrag auf Erlass einer einstweiligen Anordnung auch ohne Hauptsacheverfahren möglich. Die einstweilige Anordnung ist ein selbständiges Verfahren. Umstritten ist, ob neben einem Antrag auf Erlass einer einstweiligen Anordnung auch ein Hauptsacheantrag unter Bewilligung von PKH gestellt werden darf. Die Gerichte nehmen zum Teil bei einem gleichzeitigen und wortgleich formulierten sowie begründeten Hauptsacheantrag an, dass bei Gewaltschutzsachen Mutwilligkeit iSd § 114 ZPO vorliegt, und verweigern daher die Prozesskostenhilfe.[83] Andererseits wird – zutreffend – auch für die Hauptsache grundsätzlich Prozesskostenhilfe gewährt.[84] Auch eine nicht-vermögende Partei muss sich nicht mit einer Entscheidung zufrieden geben, in der die Rechtslage nur summarisch geprüft wurde, sondern muss in der Lage sein, endgültige Klarheit und Rechtssicherheit zu schaffen. Eine Entscheidung des BGH ist zu dieser Frage bisher nicht ergangen. 53

Ob ein Anwalt beizuordnen ist, ist ebenfalls umstritten. Die hM bejaht dies.[85] Die Entscheidungen scheinen stark von den jeweiligen Umständen des Einzelfalles zur Beherrschung der deutschen Sprache und anderer Kriterien geprägt zu sein, so dass 54

---

[79] AG München 1.10.2021 – 543 F 9253/21, BeckRS 2021, 28882: kein Anordnungsgrund bei der Beantragung, dass kein Nutzungsentschädigung vom Opfer zu zahlen ist.

[80] Giers NZFam 2014, 207 (209).

[81] BGH FamRZ 2012, 1216 = BeckRS 2012, 11971; OLG Hamm FamRZ 2011, 830 = BeckRS 2011, 2032.

[82] OLG München FamRZ 2010, 1755 = BeckRS 2010, 13132.

[83] OLG Celle FamRZ 2010, 1586 = BeckRS 2010, 12477; OLG Zweibrücken FamRZ 2010, 666 = BeckRS 2009, 87200; dazu Anmerkung van Els FamRZ 2010, 1757.

[84] OLG Müchen BeckRS 2015, 05549; OLG Karlsruhe NZFam 2017, 863; OLG Stuttgart FamRZ 2010, 1266 = BeckRS 2010, 18772; OLG Hamm FamRZ 2010, 825.

[85] OLG Zweibrücken NZM 2010, 215; OLG Brandenburg FamRZ 2010, 1689 = BeckRS 2010, 24196; OLG Bremen NJW 2010, 2067; aA: OLG Celle FamRZ 2010, 1267 = BeckRS 2010, 03676.

eine klare Linie nicht zu erkennen ist. Eine Rechtsbeschwerdeentscheidung des BGH steht aus.[86]

55 Ist eine Unterlassungspflicht in einem (gerichtlichen) Vergleich bereits mit Vertragsstrafeversprechen geregelt, besteht kein **Rechtsschutzinteresse** für eine inhaltlich identische Unterlassungsanordnung nach dem Gewaltschutzgesetz.[87]

56 Wurde im Rahmen eines Gewaltschutzverfahrens ein **Vergleich** geschlossen, kann das Verfahren nicht wieder aufgenommen werden[88] oder der Vergleich abgeändert werden.[89] Ist jedoch die Geschäftsgrundlage für einen Vergleich weggefallen, kommt eine Vollstreckungsabwehrklage in Betracht.[90]

3. Streitwert

57 Der Streitwertwert für das **Hauptsacheverfahren** gemäß § 1 GewSchG ist regelmäßig auf 2.000,– EUR und für das Hauptsacheverfahren gemäß § 2 GewSchG auf 3.000,– EUR festzusetzen (§ 49 Abs. 1 FamGKG). Hat der Antragssteller sowohl Anträge aus § 1 als auch aus § 2 GewSchG gestellt, sind diese Regelstreitwert für jeden der Anträge festzusetzen und zu addieren.[91] Für **einstweilige Anordnungen** ist gemäß § 41 S. 2 FamGKG die Hälfte des Wertes der Hauptsache gesondert anzusetzen, also für Anordnungen nach § 2 GewSchG regelmäßig ein Wert von 1.500,– EUR und Anordnungen nach § 1 GewSchG regelmäßig ein Wert von 1.000,00,– EUR. Bei Unbilligkeit kann das Gericht gemäß § 49 Abs. 2 FamGKG einen höheren oder niedrigeren Wert festsetzen.

58 Wird in einem einstweiligen Anordnungsverfahren bzgl. einer Gewaltschutzsache eine endgültige Vereinbarung getroffen, ist der Verfahrenswert (nur) für den Vergleich nach hM mit dem Wert des jeweiligen (durch den Vergleich vermiedenen) Hauptsacheverfahrens anzusetzen.[92]

59 Der erste Antrag auf Erlass einer Gewaltschutzmaßnahme und der Antrag auf Verlängerung der Befristung beinhalten jeweils selbstständige materielle Ansprüche, so dass keine Identität der Gegenstände vorliegt und die Anträge jeweils gesonderte Vergütungen auslösen.[93]

4. Vollstreckung

60 Für die Vollstreckung ordnet § 95 Abs. 1 FamFG die Anwendbarkeit der **Vorschriften der ZPO** an, insbesondere der §§ 885, 890, 891 ZPO, soweit sich aus den §§ 86–94 FamFG nichts Abweichendes ergibt. Dabei muss ggf. gemäß § 890 Abs. 2 ZPO Ordnungsgeld oder Ordnungshaft angedroht worden sein, um dies später festsetzen zu können. Eine Androhung gemäß § 35 FamFG reicht nicht als Grundlage aus, da diese Vorschrift nur bei verfahrensleitenden Verfügungen anwendbar ist.[94] Verstößt der Antragsgegner während der Verbotsfrist gegen ein befristetes Unterlassungsgebot nach § 1 GewSchG, kann auch noch nach Fristende ein Ordnungsgeld verhängt werden.[95] Durch § 96 Abs. 1 FamFG ist die Anwendung unmittelbaren Zwangs durch den

[86] Bei persönlichem Umgang: BGHZ 186, 70 = BeckRS 2010, 17431.
[87] LG Kassel NJW-RR 2006, 37.
[88] OLG Frankfurt a. M. FamRZ 2010, 1584 = BeckRS 2010, 23017.
[89] OLG Rostock NJW-RR 2009, 877; dagegen Weber NJW 2010, 3071 (3077).
[90] LG Essen NJW-RR 2009, 1454.
[91] OLG Frankfurt a. M. NZFam 2015, 84; OLG Nürnberg NJOZ 2008, 2289; OLG Dresden FamRZ 2006, 803 = BeckRS 2008, 24321.
[92] OLG Schleswig NJW-Spezial 2011, 220; OLG Jena FamRZ 2012, 737 = BeckRS 2011, 24973; OLG Celle FamRZ 2011, 757 = BeckRS 2011, 11320; aA: OLG Düsseldorf FamRZ 2010, 1936 = BeckRS 2010, 19790.
[93] OLG Zweibrücken NJW-RR 2012, 1094 (1095), OLG Frankfurt a. M. FamRZ 2007, 849 = BeckRS 2007, 9040.
[94] OLG Celle NJW 2010, 2223 = FamRZ 2010, 1593; Musielak/Borth/Frank/Frank FamFG § 96 Rn. 3.
[95] BGH NJW-RR 2017, 836 = BeckRS 2017, 111836.

Gerichtsvollzieher zulässig, um Anordnungen durchzusetzen. Der Gerichtsvollzieher kann hierzu die Polizei hinzuziehen. Daneben kann nach §§ 95 Abs. 1 Nr. 4, 96 Abs. 1 S. 3 FamFG, §§ 890, 891 ZPO die Verhängung von Ordnungsmitteln beantragt werden. Eine einstweilige Anordnung in einer Ehewohnungssache nach § 2 GewSchG kann nach § 96 Abs. 2 FamFG iVm § 885 ZPO mehrfach während ihrer Geltungsdauer vollzogen werden. Die (erste) Räumung verbraucht den Titel nicht. Die einstweilige Anordnung muss dem Verpflichteten nicht erneut zugestellt werden (§ 96 Abs. 2 S. 2 FamFG). Zu beachten ist bei der Antragstellung, dass die Zwangsvollstreckung wegen Telefonanrufen nach dem Gewaltschutzgesetz nur zulässig ist, wenn der Vollstreckungstitel diese konkret (durch ein Verbot, unter Verwendung von Fernkommunikationsmitteln Verbindung zu der Gläubigerin aufzunehmen, wie es nach § 1 Abs. 1 S. 3 Nr. 4, Abs. 2 S. 1 Nr. 2 lit. b Alt. 2 GewSchG als besondere Anordnung möglich ist) verbietet. Ein allgemeines Belästigungsverbot ist nicht ausreichend.[96]

Auch bei einstweiligen Anordnungen ist für die Verhängung eines Ordnungsgeldes bei Zuwiderhandlungen gegen ein Unterlassungsgebot nach dem Gewaltschutzgesetz der Vollbeweis für die schuldhafte Zuwiderhandlung zu erbringen. Wegen seines Strafcharakters greift das Ordnungsgeld stark in die Rechte des Schuldners ein. Eine Glaubhaftmachung reicht nicht aus.[97] 61

Im Zwangsvollstreckungsverfahren wegen Verstoßes gegen Anordnungen nach dem GewSchG kommt die **Beiordnung eines Rechtsanwalts** in Betracht und muss angesichts der tatsächlichen und rechtlichen Schwierigkeiten bei nahezu jedem Vollstreckungsvorgang als die Regel angesehen werden.[98] 62

5. Titelverbrauch und Titelherausgabe

Wohnen im Falle der **Versöhnung** nach Anordnung einer Maßnahme nach dem Gewaltschutzgesetz die Parteien wieder zusammen, so muss der Antragsteller den Titel herausgeben und darf ihn nicht „auf Vorrat" für den Fall behalten, dass er noch einmal beabsichtigen sollte, gegen den Antragsgegner (aus neuen Gründen) zu vollstrecken.[99] Der Antragsteller muss vielmehr bei „neuen" Gründen einen neuen Antrag stellen. Bei **Antragsrücknahme** nach einem strafbewehrten Verbot, das gemäß GewSchG ergangen ist, ist zwar das Verfahren beendet, es ist dennoch ein klarstellender Beschluss über die Folgen der Antragsrücknahme zu fassen und der Polizei mitzuteilen, da ansonsten für den Antragsgegner die Gefahr einer unberechtigten Strafverfolgung bestehen kann.[100] 63

6. Strafbarkeit gemäß § 4 GewSchG

Verstößt der Täter gegen eine auf § 1 Abs. 1 S. 1 oder 3 GewSchG gestützte gerichtliche Schutzanordnung oder einen gerichtlich bestätigten Vergleich gemäß § 214a FamFG macht er sich nach § 4 GewSchG strafbar und kann mit bis zu 2 Jahren[101] Freiheitsstrafe oder Geldstrafe bestraft werden. Bei § 4 GewSchG handelt es 64

---

[96] OLG Karlsruhe NJW 2008, 450.

[97] Im Hauptsachverfahren: OLG Schleswig NZFam 2014, 812 = BeckRS 2014, 08207; OLG Frankfurt a. M. MMR 2013, 791 = BeckRS 2013, 15310; OLG Bremen NJW-RR 2007, 662; bei einstweiligen Anordnungen: OLG München NJW-RR 2015, 1204 Rn. 14; (zum Gewaltschutzgesetz) KG FPR 2004, 267 = BeckRS 9998, 52003.

[98] OLG Saarbrücken NJW-RR 2011, 944; OLG Brandenburg FamRZ 2007, 57 = BeckRS 2006, 10037.

[99] KG NJOZ 2005, 2997 = BeckRS 2005, 06003.

[100] AG Neustadt FamRZ 2004, 1392 = BeckRS 2009, 5148; MüKoBGB/Duden § 4 Rn. 6.

[101] Durch das Gesetz zur Änderung des Strafgesetzbuches – effektivere Bekämpfung von Nachstellungen und bessere Erfassung des Cyberstalkings sowie Verbesserung des strafrechtlichen Schutzes gegen Zwangsprostitution (StGBUaÄndG) vom 10.8.2021 (BGBl. I 3513) ist der Strafrahmen mit Wirkung zum 1.10.2021 von 1 Jahr auf 2 Jahre erhöht worden.

sich um ein **Offizialdelikt.**[102] Die wirksame Zustellung[103] einer im Beschlusswege ergangenen einstweiligen Verfügung oder die Anordnung der Vollstreckbarkeit[104] ist Voraussetzung für die Strafbarkeit gemäß § 4 GewSchG. Die bloße Kenntnis des Verpflichteten vom Inhalt genügt nicht.[105] Eine gerichtliche Anordnung gemäß § 1 GewSchG bildet auch dann eine ausreichende rechtliche Grundlage für die Strafverfolgung nach § 4 GewSchG, wenn sie fehlerhaft, aber nicht nichtig ist. Das Strafgericht hat im Rahmen der Strafverfolgung gemäß § 4 GewSchG alle Voraussetzungen für die Anordnung ohne Bindung an das Vorverfahren selbst zu prüfen[106], wobei es dann, wenn der Anordnung fehlerhaft eine Fristbestimmung fehlt, selbst zu entscheiden hat, ob der Verstoß gegen die Anordnung innerhalb einer dem Grundsatz der Verhältnismäßigkeit entsprechenden Frist begangen wurde.[107]

[102] BeckOK BGB/Reinken, 73. Ed., § 4 Rn. 1 f.
[103] Zur Zustellung → Rn. 50 f. sowie zur Rechtsfolge bei Zustellungsfehlern: BGH 5.5.2020 – 4 StR 137/20, BeckRS 2020, 10612.
[104] Hierzu → Rn. 50 f.
[105] BGH NStZ-RR 2016, 155 = BeckRS 2016, 04961.
[106] BGH NJW 2014, 1749; KG Berlin 18.11.2021 – (2) 121 Ss 134/21 (27/21), NZFam 2022, 332.
[107] BGH NZFam 2018, 863 = BeckRS 2018, 17138.

§ 37 Versicherungsrechtliche Fragen

Übersicht

Schrifttum:

Beckmann/Matusche-Beckmann (Hrsg.), Versicherungsrechts-Handbuch,43. Aufl. 2025; Höra/Schubach (Hrsg.), Münchener Anwaltshandbuch Versicherungsrecht, 5. Aufl. 2022.

I. Versicherungen des Vermieters

In aller Regel unterhalten sowohl der Vermieter als auch der Mieter **Versicherungen** für das Wohngebäude bzw. für die Mietwohnung, um bei unvorhergesehenen Schadenfällen finanziell abgesichert zu sein, wobei der Vermieter die Kosten der Sach- und Haftpflichtversicherungen nach § 2 Nr. 13 BetrKV auf den Mieter **umlegen** kann, soweit das Gebot der Wirtschaftlichkeit beachtet ist (zur Umlagefähigkeit im Einzelnen → § 24 Rn. 133 ff.). 1

Die wichtigsten Versicherungen für den Vermieter sind: 2

- Wohngebäudeversicherung,
- Gebäudehaftpflichtversicherung,
- Rechtsschutzversicherung (hierzu im Einzelnen → § 2 Rn. 1 ff.).

Daneben gibt es eine Reihe von **Spezial- bzw. Zusatzversicherungen,** unter anderem: 3

- Glasversicherung,
- Versicherung für Schäden an elektrotechnischen oder elektronischen Anlagen,
- Vandalismusschadenversicherung,
- Gewässerschadenversicherung,
- Schwamm- und Hausbockversicherung.

Praxistipp für den Vermieter:

Der Vermieter sollte auf jeden Fall die Wohngebäude- und die Gebäudehaftpflichtversicherung abgeschlossen haben. Eine Gewässerschadenhaftpflichtversicherung empfiehlt sich, wenn das vermietete Gebäude mit einer Ölheizung ausgestattet ist. Empfehlenswert ist auch der Abschluß einer Rechtsschutzversicherung mit Pauschalprämie (→ § 2 Rn. 20).

1. Wohngebäudeversicherung

4 a) **Rechtsgrundlagen.** §§ 74–99 VVG. Die nachfolgende Darstellung orientiert sich an den Allgemeine Wohngebäude-Versicherungsbedingungen VGB 2010-Wohnflächenmodell in der Version 1.1.2013. Das Wohnflächenmodell wird mittlerweile von den Versicherern gegenüber dem Modell Wert 1914 bevorzugt. Denn die Bewertung nach den vorliegenden qm zu berechnen, ist die genauere Wertbestimmung. Den Versicherungsverträgen können auch die VGB 62, VGB 88 und VGB 2000 zugrunde liegen.

5 b) **Versicherte Sachen, § 5 VGB.** Versichert sind die in dem Versicherungsvertrag bezeichneten Gebäude mit ihren Gebäudebestandteilen und Gebäudezubehör einschließlich unmittelbar an das Gebäude anschließender Terrassen auf dem im Versicherungsschein bezeichnenden Versicherungsgrundstück. Weitere Grundstücksbestandteile sind nur versichert, soweit diese ausdrücklich in den Versicherungsumfang einbezogen sind, § 5 Abs. 1 VGB.

6 **Versicherte wesentliche Gebäudebestandteile sind:**

- Heizungsanlagen,
- Anlagen der Warmwasserversorgung,
- Elektroinstallation,
- Einbaumöbel, wenn sie mit dem Gebäude fest verbunden sind und eine wesentliche Wertsteigung für das Gebäude darstellen,
- sanitäre Einrichtungen,
- Schwimmbad und Sauna,
- mit dem Gebäude fest verbundene Bodenbeläge (Parkett, Fliesen und Teppichböden, soweit diese fest verlegt sind),
- Anstriche und Tapeten,
- Balkone,
- Antennen.

7 **Grenzfälle sind:**

- Ableitungsrohre der Wasserversorgung, die unterhalb des Kellerbodens zwischen den Fundamenten verlaufen, befinden sich „innerhalb des Gebäudes“.[1]
- Eine Terrasse, die unmittelbar neben dem versicherten Gebäude angelegt ist, kann nicht als Gebäudebestandteil angesehen werden.[2] In den VGB 2010 jetzt ausdrücklich mitversichert.
- Schäden durch Wasser aus Regenfallrohren sind keine versicherten Wasserschäden, weil das Regenfallrohr nicht der Wasserversorgung dient.[3]

8 **Nicht versichert sind** in das Gebäude eingefügte Sachen, die ein Mieter auf seine Kosten beschafft oder übernommen hat und für die er die Gefahr trägt. Die Versicherung dieser Sachen kann aber vereinbart werden, § 5 Abs. 1 VGB.

9 c) **Versicherte Gefahren, § 1 VGB.** Folgende Gefahren sind durch die Wohngebäudeversicherung abgedeckt:

- Brand; Blitzschlag; Explosion (Definition § 2 VGB),
- Leitungswasserschäden (Definition § 3 VGB),
- Rohrbruch- und Frostschäden (Definition § 3 VGB),
- Sturm- und Hagelschäden (Definition § 4 Abs. 2 VGB).
- Weitere Elementarschäden (Definition § 4 Abs. 3 VGB). Aufgrund der immer häufiger vorkommenden starken Regenfälle sollte die Gefahr Starkregen eingeschlossen werden.

[1] BGH NJW-RR 1998, 1034; OLG Nürnberg r+s 1998, 163; OLG Frankfurt a. M. ZfS 1998, 109.
[2] LG Köln r+s 1999, 425.
[3] OLG Frankfurt a. M. VersR 2000, 723.

d) **Entschädigungsberechnung.** Grundlage für die Entschädigungsberechnung sind die ortsüblichen **Wiederherstellungskosten (einschließlich der Architektengebühren sowie sonstiger Konstruktion- und Planungskosten)** § 11 Abs. 1a VGB. 10

Praxistipp für den Vermieter:

Bei Abschluss einer Wohngebäudeversicherung sollte die Berechnung des Versicherungswertes vom Versicherungsmakler oder Ausschließlichkeitsvertreter vorgenommen werden, die für unzutreffende Berechnungen einstehen müssten. Desweitere sollte das Wohnflächenmodell zugrunde gelegt werden. Da die Preise für die Baustoffe in den letzten Jahren stark gestiegen sind sollten die Versicherungsverträge alle drei bis vier Jahre geprüft werden, ob noch ausreichender Versicherungsschutz über den Versicherungswert besteht. Ansonsten kann eine Unterversicherung bestehen.

Weitere Entschädigungsleistungen sind: 11

- Aufräum- und Abbruchkosten, § 7 Nr. 1a VGB.
- Bewegungs- oder Schutzkosten, § 7 Nr. 1b VGB. Dies sind Kosten, die dadurch entstehen, dass zum Zweck der Wiederherstellung oder Wiederbeschaffung von versicherten Sachen andere Sachen bewegt, verändert oder geschützt werden müssen.
- Mietausfall, § 9 VGB.
  Bei vermieteten Räumen wird auf den Versicherungsfall zurückzuführender Mietausfall oder Mietminderung für normalerweise 12 Monate (VGB 62: 6 Monate) ersetzt. Bewohnt der Versicherungsnehmer das Gebäude selbst, wird der ortsübliche Mietwert ersetzt, ebenfalls für maximal 12 Monate. Bei gewerblich genutzten Räumen ist der Mietausfall nur gegen besondere Vereinbarung versichert.
- Wenn versicherte Sachen infolge des versicherten Schadenereignisses **abhanden** kommen, wird auch hierfür Entschädigung geleistet, § 11 Nr. 1c VGB.

e) **Wiederherstellungsklausel.** Den Neuwert bekommt der Versicherungsnehmer nur dann ersetzt, wenn er innerhalb von 3 Jahren nach dem Eintritt des Versicherungsfalles die versicherte Sache wiederherstellt oder wiederbeschafft bzw. er die Wiederherstellung oder Wiederbeschaffung bis dahin sichergestellt hat, § 11 Nr. 9 VGB. 12

f) **Grob fahrlässige oder vorsätzliche Herbeiführung des Versicherungsfalles.** Wie § 103 VVG nunmehr bestimmt, ist der Versicherer von der Verpflichtung zur Leistung frei, wenn der Versicherungsnehmer den Versicherungsfall vorsätzlich und widerrechtlich herbeiführt. Bei grob fahrlässiger Herbeiführung ist das „Alles-oder-Nichts-Prinzip" des alten Versicherungsvertragsgesetzes in der Neufassung des VVG vom 23.11.2007 aufgegeben worden. Im Falle grober Fahrlässigkeit kommt es daher nur zu einem Recht des Versicherers auf Leistungskürzung. Die Problematik der Abgrenzung zwischen grober und nur normaler Fahrlässigkeit bleibt freilich bestehen. Insbesondere zu den versicherten Gefahren Leistungswasserschaden und Feuerschaden existiert zur Frage der **groben Fahrlässigkeit** umfangreiche Kasuistik. **Grobe Fahrlässigkeit** wurde **bejaht:** 13

- Unbewachter Betrieb einer Wasch- oder Geschirrspülmaschine,[4]
- unterlassenes Entleeren einer Wasserleitung während längerem Leerstand oder einer Frostperiode,[5]
- Rauchen im Bett,[6]
- sonstiger unachtsamer Umgang mit Zigaretten,[7]

---

[4] OLG Oldenburg VersR 1996, 1492; LG Düsseldorf r+s 1994, 109; AG Frankfurt a. M. ZfS 1994, 301; AG Bielefeld ZfS 1994, 300; LG Hamburg VersR 1986, 564.

[5] OLG Bremen VersR 2003, 1569; OLG Saarbrücken VersR 1989, 397; LG Köln VersR 1988, 1258.

[6] OLG Oldenburg NJW-RR 1991, 924; LG Osnabrück VersR 1994, 1184; LG Köln VersR 1980, 1018.

[7] BGH VersR 1990, 893; OLG Hamm VersR 1979, 997; LG Hamburg VersR 1980, 226.

• unachtsamer Umgang mit Kerzen,[8]

Praxistipp für den Vermieter:

Bei Abschluss der Wohngebäudeversicherung sollte ein Versicherer gewählt werden, der auf den Einwand der groben Fahrlässigkeit verzichtet.

2. Gebäudehaftpflichtversicherung

14 In der Gebäudehaftpflichtversicherung wird die gesetzliche Haftung als Eigentümer oder Besitzer des im Versicherungsschein beschriebenen Hauses oder Grundstückes nach den Vorschriften der §§ 836–838 BGB und bei schuldhafter Verkehrssicherungsverletzung (Streupflicht) versichert. Es handelt sich um einen einzelnen Versicherungszweig der Allgemeinen Haftpflichtversicherung. Von der Versicherungswirtschaft werden für den Eigentümer bzw. Vermieter entsprechende Verträge bereitgehalten. Typischer Haftungsfall ist das Ablösen bzw. Herabfallen von Gebäudeteilen wie Steinen, Dachziegeln, Verkleidung etc. Die Gebäudehaftung umfasst aber auch den Fall, dass eine Person zB durch Einbrechen eines nicht genügend gesicherten Fußbodens zu Schaden kommt.[9]

II. Versicherung des Mieters

1. Hausratversicherung

15 Die Hausratversicherung versichert die mit dem Gebäude **nicht fest verbundenen Sachen.**

16 a) **Rechtsgrundlage.** Allgemeine Hausratversicherungsbedingungen (VHB), die in den Fassungen von 1942, 1966, 1974, 1984, 1992, 2000 und 2010 ff vorliegen. Die nachfolgende Darstellung orientiert sich an den VHB 2010-Quadratmetermodell in der Version 1.1.2011.

17 b) **Versicherte Sachen.** Versichert ist der gesamte **Hausrat.** Hierzu gehören alle Sachen, die einem privaten Haushalt zur Einrichtung oder zum Gebrauch oder Verbrauch dienen, einschließlich **Bargeld** und **Wertsachen,** letztere allerdings nur in den Entschädigungsgrenzen des § 6 Abs. 2b VHB.

18 Nach § 6 Nr. 2c aa VHB sind auch in das Gebäude eingefügte Sachen versichert, die der Versicherungsnehmer **als Mieter** auf seine Kosten beschafft oder übernommen hat und daher hierfür die Gefahr trägt. Weiterhin gehören nach § 6 Abs. 2bb auch Anbaumöbel und Anbauküchen, die serienmäßig produziert worden sind und nicht individuell für das Gebäude gefertigt wurden zum Hausrat.

Ebenso sind Rundfunk – und Fernsehantennenanlagen sowie Markisen versichert, die ausschließlich der versicherten Wohnung dienen, § 6 Abs. 2cc VHB.

19 **Nicht** versichert ist ua Hausrat von **Untermietern,** soweit er diesen nicht durch den Versicherungsnehmer überlassen worden ist, § 4e VHB. Nach § 6 Abs. 4f VHB sind auch solche Sachen nicht versichert, die aufgrund eines separaten Versicherungsvertrages versichert sind, zB teure Pelze, Kunstgegenstände oder Musikinstrumente.

20 Bei **Teppichboden** handelt es sich um Hausrat, wenn er jederzeit entfernt werden kann, ohne dass das Gebäude unbewohnbar wird oder wenn der Teppichboden vom Mieter eingebracht wird.[10]

[8] OLG Hamburg VersR 1994, 89; LG Koblenz r+s 1994, 185; AG St. Goar r+s 1998, 122.
[9] Grüneberg/Sprau BGB § 836 Rn. 11.
[10] LG Oldenburg VersR 1988, 1285 mwN.

2. Versicherte Gefahren, VHB 2010

Folgende Gefahren sind durch die Hausratversicherung abgedeckt: 21

- Brand (Definition § 2 Abs. 2),
- Blitzschlag (Definition § 2 Abs. 3),
- Explosion (Definition § 2 Abs. 4),
- Einbruchdiebstahl (Definition § 3 Abs. 2),
- Raub (Definition § 3 Abs. 4),
- Vandalismus nach einem Einbruch (§ 3 Abs. 3),
- Leitungswasser und Frostschäden (Definition § 4 Abs. 1),
- Sturm und Hagel (Definitionen § Abs. 2).

3. Versicherte Kosten, § 8 VHB 2010

Neben der Sachversicherungsleistung sind auch Kosten im Zusammenhang mit dem Versicherungsfall zu ersetzen, und zwar insbesondere **Aufräumkosten, Schlossänderungskosten** und **Hotelkosten.** 22

4. Versicherungswert, § 8 VHB 2010

Versicherungswert ist der **Wiederbeschaffungspreis** von Sachen gleicher Art und Güte im neuwertigen Zustand (Neuwert). 23

5. Nicht versicherte Schäden § 5 Abs. 4 VHB 2010

- Vorsätzliche oder grob fahrlässige Herbeiführung des Versicherungsfalles durch den Versicherungsnehmer oder durch seinen Repräsentanten (§ 8 Abschnitt B VHB 2010). Bei der groben Fahrlässigkeit wird dann eine Quotelung je nach Verschulden vorgenommen, 24
- durch Kriegsereignisse, innere Unruhen oder Kernenergie entstandene Schäden (§ 1 Abs. 2 VHB 2010),
- bei Brand, Blitzschlag und Explosion gibt es kein Versicherungsschutz auf **Sengschäden,** die nicht durch einen Brand entstanden sind (§ 2 Abs. 6 VHB 2010),
- bei Leitungswasser kein Versicherungsschutz auf Schäden durch **Plantsch-** oder **Reinigungswasser** und durch **Grundwasser,** stehendes oder fließendes Gewässer, **Hochwasser** oder Witterungsniederschläge oder ein durch diese Ursachen hervorgerufenen Rückstau, Erdsenkung oder Erdrutsch, und Schwamm (§ 4 Abs. 3a VHB 2010),
- durch Erdbeben, Schneedruck, Lawinen oder Vulkanausbruch verursachte Schäden (§ 4 Abs. 3a) aa) VHB 2010.

Praxistipp für den Mieter:
Bei Abschluss der Hausratversicherung sollte ein Versicherer gewählt werden, der auf den Einwand der groben Fahrlässigkeit verzichtet.

6. Privathaftpflichtversicherung

Die Haftpflichtversicherung ist im 1. Kapitel des 2. Teiles des VVG geregelt, hier sind die §§ 100–112 VVG maßgebend. Versicherungsschutz besteht für den Fall, dass der Versicherungsnehmer aufgrund eines Schadenereignisses nach den gesetzlichen Haftpflichtbestimmungen von einem Dritten in Anspruch genommen wird (§ 1.1 AHB). Deshalb sind für den Mieter die sogenannten Mietsachschäden mitversichert. Darunter fallen zB das Beschädigen des Waschbeckens durch herabgefallenen Gegenstand, Schäden, die durch nicht gelöschte Kerzen entstehen, auslaufendes Wasser aus dem Spülmaschinenschlauch. Nicht versichert sind Beschädigungen an Glasteilen, wie zB eine 25

Duschwand. Dies deshalb, weil hier eine separate Glasversicherung abgeschlossen werden kann.

III. Schutzbereich der Versicherungsverträge

Zur Abgrenzung der folgenden Beispielsfälle:
Der Mieter installiert in der Küche eine neue Spülmaschine. Da er eine Muffe nicht richtig anschließt, tritt beim Spülgang Wasser aus. Durch das Wasser wird der Küchenboden beschädigt und es tropft von der Decke in der unteren Wohnung.
Die vom Vermieter abgeschlossene Gebäudeversicherung (inclusive Leitungswasser), reguliert den entstandenen Schaden am Gebäude federführend. Hier also wird der Küchenboden erneuert und die Wände getrocknet.
Der Gebäudeversicherer nimmt dann Regress bei dem Privathaftpflichtversicherer des Mieters. Diese ersetzt nach den Haftpflichtbedingungen nur den Zeitwert des beschädigten Küchenbodens.
Bei einem Einbruchdiebstahl, Versuch genügt, werden im Normalfall Türen oder Fenster der vermieteten Wohnung beschädigt. Die Wiederherstellung wird von der Hausratversicherung des Mieters übernommen, obwohl es um Gebäudeschäden handelt. Da diese in der Gebäudeversicherung des Vermieters meist nicht mitversichert sind, sollte dieser bestrebt sein, dass der Mieter eine Hausratversicherung abgeschlossen hat. Dasselbe gilt für Glasschäden.

Praxistipp für den Vermieter und Mieter:

Um im Schadenfall abgesichert zu sein, sollte der Vermieter einen Wohngebäudeversicherungsvertrag abschließen. Der Mieter benötigt eine Privathaftpflicht- und eine Hausrat- mit Glasversicherung.

26 Von besonderem Interesse sind die Fälle, in denen der Wohnungsmieter mietvertraglich verpflichtet ist, die (anteiligen) Kosten der für das Wohngebäude abgeschlossenen Versicherungen des Wohnungseigentümers zu zahlen. Bei dieser in aller Regel vorliegenden Konstellation ergab sich die Frage, ob und inwieweit der Mieter dadurch, dass er letztlich die Kosten der Versicherungen des Eigentümers bzw. Vermieters trägt, mitversicherte Person oder nur Dritter iSd § 86 Abs. 1 S. 1 VVG ist mit der Folge, dass nach dieser Vorschrift der Übergang eines gegen ihn gerichteten Schadenersatzanspruchs des Wohnungseigentümers auf den Versicherer nicht ausgeschlossen ist. In seinem grundlegenden Urteil vom 13.12.1995[11] hat der BGH hierzu entschieden, dass der Mieter trotz der Kostentragungspflicht „Dritter" ist, sich jedoch aus der Verpflichtung zur Zahlung der (anteiligen) Kosten der Versicherung im Wege der ergänzenden Vertragsauslegung eine **stillschweigende Beschränkung der Haftung des Mieters für die Verursachung eines Schadens auf Vorsatz und grobe Fahrlässigkeit** ergibt. Der BGH hat dies konkret für die Gebäudefeuerversicherung entschieden. Eine Beschränkung der Regressmöglichkeit ist für den Fall eines Glatteisunfalls ebenfalls bejaht worden.[12] Nach neueren Entscheidungen des BGH ist der Regressverzicht für leichte Fahrlässigkeit unabhängig davon, ob der Mieter im Einzelfall eine Haftpflichtversicherung abgeschlossen hat oder nicht und ob die Versicherungskosten als umlegbar vereinbart worden sind, möglich.[13]

[11] BGH NJW 1996, 715 und weiter WuM 2006, 624; 2005, 57.
[12] AG Waiblingen WuM 1996, 771.
[13] BGH MDR 2001, 272 mAnm van Bühren; NJW 2006, 3707 (3711).

13. Abschnitt. Verfahrensfragen

§ 38 Erkenntnisverfahren

Übersicht

I. Zuständigkeit

1. Örtliche Zuständigkeit

1 Die örtliche Zuständigkeit ist in § 29a ZPO geregelt. Für Streitigkeiten aus Miet- oder Pachtverhältnissen über Räume oder über das Bestehen solcher Verhältnisse ist das Gericht ausschließlich zuständig, in dessen Bezirk sich die Räume befinden. Erfasst werden von dieser Vorschrift auch Untermiet- und Unterpachtverhältnisse sowie Zwischenvermietungsverträge,[1] auch die gewerbliche Zwischenvermietung von Wohnraum. Eine Ausnahme gilt lediglich für Wohnraum iSd § 549 Abs. 2. Die ausschließliche Zuständigkeit schließt eine Prorogation aus, § 40 Abs. 2 ZPO.

2 § 29a ZPO gilt auch für Mietverhältnisses über **Werkmietwohnungen,**[2] nicht jedoch für Mietverhältnisse über **Werkdienstwohnungen bei bestehendem Dienstverhältnis.** Für diese ist das Arbeitsgericht zuständig,[3] → § 33 Rn. 133.

3 Auch für Schadensersatzansprüche gerichtet auf **Schmerzensgeld** wegen Verletzung von Verkehrssicherungspflichten aus einem Mietverhältnis greift § 29a ZPO.[4]

2. Sachliche Zuständigkeit

4 Bei der **sachlichen** Zuständigkeit ist zu unterscheiden: Für Streitigkeiten über Wohnraum ist gemäß § 23 Nr. 2a GVG das Amtsgericht ausschließlich zuständig.

---

[1] LG Köln WuM 1991, 563; Zöller/Schultzky ZPO § 29a Rn. 8.
[2] BAG MDR 1960, 656; BAG WuM 2000, 362; Schmidt-Futterer Linder BGB Vor § 576 Rn. 11.
[3] BAG MDR 2000, 600.
[4] OLG Düsseldorf WuM 2006, 46.

5 Ist ein **Mischmietverhältnis** Gegenstand einer gerichtlichen Auseinandersetzung, richtet sich die sachliche Zuständigkeit nach dem Schwerpunkt des Vertrages.[5] Lässt sich bei einem einheitlichen Mietverhältnis über Wohn- und Geschäftsraum eine überwiegende gewerbliche Nutzung nicht feststellen, ist von der Geltung der Wohnraumschutzvorschriften auszugehen.

6 Hat eine der Parteien ihren allgemeinen Gerichtsstand im Zeitpunkt der Rechtshängigkeit in der ersten Instanz im **Ausland,** so ist für die Berufung gemäß § 119 Abs. 1 Nr. 1b GVG das Oberlandesgericht zuständig. Ist der ausländische oder inländische Gerichtsstand einer Partei erstinstanzlich unstreitig geblieben, erfolgt die Überprüfung des Gerichtsstandes der Partei im Rechtsmittelverfahren in der Regel nicht mehr. Die Verlegung des Wohnsitzes nach Rechtshängigkeit in das Ausland begründet jedoch nicht die Zuständigkeit des Oberlandesgerichts nach § 119 Abs. 1 Nr. 1b GVG. Vielmehr bleibt es bei der allgemeinen Zuständigkeit gemäß § 119 GVG.[6] Genießt der Beklagte als Mieter mit Wohnsitz im Ausland das Recht der **Exterritorialität,** richtet sich der Gerichtsstand gemäß § 15 Abs. 1 S. 1 ZPO nach seinem letzten inländischen Wohnsitz.[7]

II. Parteien des Mietprozesses

1. Vertragspartner

7 Parteien des Mietprozesses sind grundsätzlich die **Vertragspartner** (→ § 11). Dabei ist unerheblich, ob das Mietobjekt auch von allen Mietern bewohnt wird. Vor Einleitung eines Prozesses ist daher zunächst zu klären, wer aktuell Vertragspartei ist. Sollte es während der Dauer des Mietverhältnisses zu einem Wechsel der Vertragsparteien gekommen sein, so ist dieser im Prozess kurz darzustellen.

Formulierungsvorschlag für den Wechsel auf Vermieterseite durch Verkauf des Objekts:

8 Ursprünglich bestand das Mietverhältnis zwischen den im Mietvertrag genannten Vertragsparteien. Der Kläger ist durch Erwerb des Objekts seit dem …… auf Vermieterseite in das Mietverhältnis mit dem Beklagten eingetreten.
Beweis: Vorlage des Grundbuchauszugs.

Formulierungsvorschlag für einen Wechsel auf der Mieterseite:

9 Ursprünglich war neben der Beklagten auch deren geschiedener Ehemann Mieter des Objekts. Im Rahmen der Scheidung ist der Ehemann einvernehmlich aus dem Mietverhältnis ausgeschieden.
Beweis: Vorlage der von allen ursprünglichen Vertragsparteien unterzeichneten Erklärung.

10 Der Mieter, der polizeilich der Wohnung verwiesen und von der Gemeinde anderweitig untergebracht wurde, verliert durch diese Maßnahmen nicht seine Mieterstellung.[8] Weder der **polizeiliche Platzverweis** noch die anderweitige Unterbringung des Mieters durch die Gemeinde haben Einfluss auf den Mietvertrag.

11 Bei **Zahlungsklagen** ist der Vermieter in seiner Entscheidung frei, ob er alle Mieter als Gesamtschuldner oder nur Einzelne gerichtlich in Anspruch nimmt. Es empfiehlt sich, die Zahlungsklage gegen alle Vertragspartner zu richten. Andernfalls besteht die Gefahr, dass doppelte Verfahrenskosten anfallen, wenn sich der Vermieter später entschließt,

---

[5] OLG Karlsruhe MDR 1988, 414; OLG München ZMR 1995, 295; Zöller/Lückemann GVG § 23 Rn. 9.
BGH NJW 2014, 2864.
[6] BGH WuM 2008, 457.
[7] BGH WuM 2006, 268.
[8] AG Ludwigsburg WuM 2004, 608.

seine Zahlungsforderung auch gegenüber den übrigen Vertragspartnern gerichtlich geltend zu machen. Darüber hinaus muss berücksichtigt werden, dass die Vertragspartner, die nicht gerichtlich in Anspruch genommen wurden, als Zeugen in Betracht kommen.

Das Verfahren auf **Zustimmung zur Mieterhöhung** ist zwingend gegen alle Mieter zu richten. Zwischen den Mietern besteht eine notwendige Streitgenossenschaft, da die Zustimmung als Vertragsänderung nur einheitlich für alle Vertragspartner erfolgen kann. 12

2. Dritte

Ist zwischen den Parteien die Räumungsverpflichtung des Mieters streitig, ist die Klage grundsätzlich gegen alle Mitmieter zu richten. Darüber hinaus kann es erforderlich sein, auch **Dritte** in den Räumungsrechtsstreit einzubeziehen. Denn ein lediglich gegen den Mieter erwirkter Räumungstitel erstreckt sich nicht auf ebenfalls im Objekt wohnende Dritte. Hat der im Objekt wohnende Dritte Mitgewahrsam an den Mieträumen, so ist die Räumungsklage ist auch gegen den im Objekt wohnenden Dritten zu richten. Dritte sind der Ehegatte des Mieters, soweit dieser nicht bereits Vertragspartei ist, Lebenspartner,[9] Untermieter und andere im Objekt wohnende Personen, die ein selbständiges Besitzrecht an der Wohnung haben [10a] Der Räumungsanspruch stützt sich auf § 546 Abs. 2 BGB und – wenn der Vermieter zugleich Eigentümer ist – auf § 985 BGB. 13

Eine Ausnahme bilden lediglich **minderjährige Familienangehörige** des Mieters: Ein Räumungstitel gegen den Mieter erstreckt sich auch auf die im Haushalt des Mieters lebenden minderjährige Familienangehörige,[10] da diese als Besitzdiener von der Weisung des Mieters abhängig sind. Daran ändert sich nichts durch das Erreichen der Volljährigkeit. 14

3. Bereits ausgezogene Vertragspartei

Wird nach Beendigung des Mietverhältnisses das Mietobjekt nicht von allen Mietern herausgegeben, so ist die Räumungsklage gegen alle, auch gegen bereits **ausgezogene Mitmieter,** zu richten.[11] Die Herausgabe des Mietobjekts an den Vermieter kann nur gemeinsam durch alle Mieter erfolgen. Darüber hinaus besteht die Gefahr, dass Mitmieter, die die Wohnung bereits verlassen hatten, in die Wohnung zurückkehren. Gegen diese Mitmieter wäre dann ein neuer Prozess zu führen, wenn gegen den anderen Mieter das Räumungsurteil bereits vorliegt bzw. dieses Verfahren zur Entscheidung reif ist, so dass nicht ohne weiteres die Klage erweitert werden kann. Die Räumungsklage ist daher auch gegen einen bereits ausgezogenen Mieter begründet. 15

III. Sicherungsanordnung nach § 283a ZPO

Im Rahmen einer auf **Räumung und Zahlung aus demselben Rechtsverhältnis** gerichteten Klage kann ein Antrag auf Erlass einer Sicherungsanordnung gestellt werden. Die Sicherungsanordnung soll der Gefahr von übermäßigen Forderungsausfällen entgegenwirken. Dem Zahlungsanspruch können Mietrückstände, Nebenkostennachforderungen und Kautionsansprüche zu Grunde liegen. 16

Die Sicherheitsleistung kann nur für Geldforderungen, die nach Rechtshängigkeit der Klage fällig geworden sind, angeordnet werden. 17

---

[9] LG Kiel WuM 1991, 507.
[10] LG Berlin ZMR 1992, 395; BGH WuM 2004, 555.
AG Wiesbaden WuM 2015, 633.
[11] BGHZ 131, 176; aA OLG Schleswig NJW 1982, 2672; LG Hagen WuM 1991, 359.

18 Gemäß § 108 Abs. 1 S. 1 ZPO entscheidet das Gericht nach freiem Ermessen über Art und Höhe der Sicherheitsleistung. Es empfiehlt sich jedoch die nach Rechtshängigkeit fällig gewordene Zahlungsforderung zu beziffern:

Formulierungsvorschlag

19 Es wird beantragt, den Beklagten zu verurteilen, Sicherheit in Höhe von 5.000,00 EUR in bar oder durch eine selbstschuldnerische Bürgschaft einer deutschen Großbank zu leisten und dem Beklagten aufzugeben, die Leistung der Sicherheit innerhalb einer vom Gericht zu bestimmenden Frist nachzuweisen.

Für den Fall, dass der Beklagte die Sicherheitsleistung nicht innerhalb der ihm gesetzten Frist nachweist, wird bereits jetzt beantragt, den Beklagten im Wege der einstweiligen Verfügung zur Räumung der Wohnung (Anschrift nennen) zu verurteilen.

20 Voraussetzung für die Sicherungsanordnung sind hohe Erfolgsaussichten der Klage, dem Zahlungsanspruch dürfen nach dem bisherigen Streitstand mit hoher Wahrscheinlichkeit keine berechtigten Einwendungen oder Einreden entgegenstehen[12] und die Anordnung muss nach Abwägung beiderseitiger Interessen zur Abwendung besonderer Nachteile des Klägers gerechtfertigt sein. Das allgemeine Prozessrisiko des Gläubigers, die Forderung nicht realisieren zu können, stellt keinen besonderen Nachteil dar.[13] Dem Kläger müsste durch die im Prozess fällig gewordenen Zahlungsforderungen über den bloßen Forderungsanfall hinaus ein besonderer wirtschaftlicher Nachteil drohen. Ein solcher könnte vorliegen, wenn der Kläger auf die Zahlungen zur Sicherung seiner Altersvorsorge, zum Bestreiten seines Lebensunterhalts oder zur Tilgung eines Darlehens angewiesen ist.[14] Die Parteien haben ihre Interessen glaubhaft zu machen.

21 Die Erfolgsaussichten der Klage sind kritisch zu prüfen. § 283a Abs. 4 ZPO verpflichtet den Kläger zum Schadensersatz, soweit er nach Beendigung des Verfahrens sich aus der Sicherheit nicht befriedigen darf.

IV. Klage auf künftige Räumung

22 Gibt der Mieter eindeutig zu erkennen, dass er die Wohnung zu dem bereits feststehenden Beendigungszeitpunkt nicht herausgeben wird, kann der Vermieter Klage auf künftige Räumung gemäß § 259 ZPO erheben. Die Klageerhebung kann bereits vor Ablauf der Widerspruchsfrist nach § 574b BGB erfolgen, wenn der Mieter eindeutig zum Ausdruck gebracht hat, seiner Räumungsverpflichtung nicht nachzukommen. Der bereits vor Ablauf der Widerspruchsfrist erklärte Widerspruch gegen die Kündigung,[15] als auch sonstige Erklärungen, die Mietsache nicht herauszugeben, lassen die nicht rechtzeitige Räumung besorgen, so dass das Rechtsschutzbedürfnis gegeben ist. Der Tatbestand des „sich Entziehens" gem. § 259 ZPO ist erfüllt, wenn der Wille der Leistugspflicht nicht nachzukommen, zum Ausdruck gebracht wird. Auf die Begründung für die Leistungsverweigerung kommt es nicht an.[16] Im Klageantrag muss durch Angabe des Beendigungszeitpunkts klar zum Ausdruck kommen, ab wann der Mieter nicht mehr zum Besitz berechtigt ist.

[12] OLG Celle NZM 2013, 729 (730).
[13] Begr. BT-Drs. 17/10485, 46.
[14] OLG Celle NZM 2013, 729 (730).
[15] LG Berlin ZMR 1992, 346.
[16] BGH NZM 2023, 155.

Formulierungsvorschlag:
Der Beklagte wird verurteilt, die Wohnung …… (volle Anschrift und Lage im Gebäude), bestehend aus vier Zimmern, Küche, Diele, Bad sowie dazugehörigem Kellerraum nach dem …… zu räumen und an den Kläger herauszugeben. 23

Fällt das Ende der Vertragszeit auf einen Sonnabend, Sonntag oder Feiertag, so ist der Mieter wegen § 193 BGB berechtigt, die Herausgabe erst am nächsten Werktag zu bewerkstelligen. Im Räumungsantrag ist dann dementsprechend erst der nächste Werktag anzugeben. 24

Die **Besorgnis der nicht rechtzeitigen Räumung** ist Prozessvoraussetzung. In der Klagebegründung ist daher die Leistungsverweigerung des Mieters darzulegen und unter Beweis zu stellen. Hat der Mieter vor Ablauf der Widerspruchsfrist bzw. noch vor Erhebung der Räumungsklage den Räumungsanspruch anerkannt und lediglich darauf hingewiesen, eventuell eine Räumungsfrist zu benötigen, fehlt der Klage das **Rechtsschutzbedürfnis.** Wird nur eine kurze, angemessene Räumungsfrist begehrt, so besteht nicht die Besorgnis der nicht rechtzeitigen Leistung.[17] Anders, wenn der Räumungsanspruch zwar anerkannt wird, jedoch mit einer alsbaldigen Räumung nicht zu rechnen ist.[18] Gelingt dem Kläger der Nachweis der Besorgnis der Räumungsverweigerung nicht, so wird die Klage als unzulässig abgewiesen. Erfolgt kein Widerspruch gegen die Kündigung und schweigt die Mietpartei auf eine Anfrage des Vermieters, ob fristgerecht herausgegeben wird, kann von einer Besorgnis der rechtzeitigen Räumung nicht ausgegangen werden.[19] 25

Das **Widerspruchsrecht** des Mieters wird durch die Klage auf künftige Räumung nicht eingeschränkt. Bereits bestehende Widerspruchsgründe hat der Mieter in das Verfahren einzubringen. Erst später entstehende Widerspruchsgründe kann der Mieter im Wege der Vollstreckungsgegenklage nach § 767 ZPO geltend machen.[20] 26

Der **Streitwert** der Räumungsklage richtet sich nach der Jahresgrundmiete, § 41 Abs. 1 Nr. 2 GKG, ohne Nebenkostenvorauszahlungen. Ist jedoch die Zahlung einer Nebenkostenpauschale vertraglich vereinbart, über die nicht abgerechnet wird, ist auch die Nebenkostenpauschale als Bestandteil des jährlichen Entgelts der Streitwertberechnung zugrunde zu legen. Ist eine **Staffelmiete** vereinbart, wird der Streitwert aus der höchsten vereinbarten Miete gebildet.[21] 27

V. Stillschweigende Verlängerung des Mietverhältnisses gemäß § 545 BGB

Die Fortsetzungsfiktion des § 545 BGB kann mietvertraglich, auch in einem Formularmietvertrag,[22] abbedungen werden. Ist dies nicht geschehen, muss zur Verhinderung der Fortsetzung im Zusammenhang mit der Beendigung des Mietverhältnisses der Widerspruch erklärt werden. Im Fall einer fristlosen Kündigung kann der Widerspruch bereits in die Kündigungserklärung durch folgenden Satz 28

Formulierungsvorschlag:
Der stillschweigenden Verlängerung des Mietverhältnisses gemäß § 545 BGB wird hiermit ausdrücklich widersprochen. 29

[17] LG Köln in Lützenkirchen KM § 20 Nr. 37.
[18] LG Köln in Lützenkirchen KM § 20 Nr. 38.
[19] BGH NZM 2023, 682.
[20] Zöller/Greger ZPO § 259 Rn. 2.
[21] BGH NZM 2007, 935.
[22] → § 10 Rn. 372.

aufgenommen werden.

30 Liegt zwischen dem Ausspruch der Kündigung und der Beendigung des Vertragsverhältnisses ein längerer Zeitraum, ist die Aufnahme des Widerspruchs in die Kündigungserklärung nicht ausreichend. Im Fall einer fristgemäßen Kündigung wäre der Widerspruch daher bei Beendigung des Mietverhältnisses rechtzeitig zu wiederholen.

Praxistipp:
Vorsorglich sollte die Frist des § 545 BGB im Fristenkalender notiert werden.

31 Der Widerspruch muss der Gegenseite innerhalb der Frist des § 545 BGB zugegangen sein. Zur Fristenwahrung ist es nicht ausreichend, dass die Räumungsklage rechtzeitig erhoben wird. Vielmehr müsste diese auch innerhalb der Frist des § 545 BGB zugestellt sein. Die Parteien haben wenig Einfluss auf den Zustellungszeitpunkt, so dass der Gegenseite innerhalb der Frist des § 545 BGB zumindest von der Klageerhebung durch die Übersendung einer Kopie der Räumungsklage Mitteilung zu machen ist.[23] Der Vermieter muss die Räumungsklage nicht unmittelbar nach Beendigung des Mietverhältnisses erheben. Selbst nach neun Monaten ist sein Räumungsanspruch noch nicht verwirkt.

VI. Negative Zwischenfeststellungsklage

32 Die negative Zwischenfeststellungsklage ist entgegen dem Wortlaut des § 256 Abs. 2 ZPO auch zulässig, wenn ein Rechtsverhältnis bereits vor Prozessbeginn streitig war.[24] Für die Parteien kann die Feststellung des streitigen Rechtsverhältnisses von Bedeutung sein, wenn die Entscheidung über den Hauptantrag das Rechtsverhältnis der Parteien nicht vollständig regelt. Der Vermieter, der den Mieter auf Zahlung rückständiger Mieten in Anspruch nimmt, gegen den der Mieter sich mit Mietminderungsansprüchen zur Wehr setzt, erreicht mit dem Zahlungsantrag lediglich eine Entscheidung über die Zahlungsverpflichtung des Mieters für die Vergangenheit. Ist sein Interesse auch auf die Zukunft gerichtet, kann er neben dem auf Zahlung gerichteten Hauptantrag negative Zwischenfeststellungsklage erheben, mit dem Ziel feststellen zu lassen, dass der Beklagte nicht zur Minderung des monatlichen Mietzinses berechtigt ist.

Formulierungsvorschlag:
33 Es wird festgestellt, dass der Beklagte nicht berechtigt ist, den monatlichen Mietzins für die Wohnung im Haus – volle Anschrift – zu mindern.

34 In einem mit der rechtskräftigen Abweisung der Räumungsklage endenden Räumungsprozess kann für den Mieter das Bedürfnis bestehen, feststellen zu lassen, dass die Kündigung unwirksam ist. Da das klageabweisende Urteil keine rechtskräftige Feststellung dahingehend enthält,[25] dass die Kündigung unwirksam ist, kann der Mieter eine auf diese Feststellung gerichtete negative Zwischenfeststellungswiderklage erheben.

Formulierungsvorschlag:
35 Es wird festgestellt, dass die Kündigung des Klägers vom 25.5.2024 unwirksam ist.

[23] LG Köln in Lützenkirchen KM § 20 Nr. 38.
[24] BGH-NJW-RR 1990, 318.
[25] BGH NJW 1966, 693.

VII. Klage auf Duldung von Modernisierungsmaßnahmen

Beabsichtigt der Vermieter die Durchführung von Erhaltungs- oder Modernisierungs- 36
maßnahmen gegen den Willen des Mieters, so ist zu unterscheiden:

Sind die Modernisierungsmaßnahmen **außerhalb der Wohnung** des Mieters durch- 37
zuführen, kann der Vermieter die Modernisierungsmaßnahmen durchführen lassen und nach Durchführung der Modernisierungsmaßnahmen die Duldungspflicht des Mieters erst im Verfahren, gerichtet auf Zahlung der Mieterhöhung, feststellen lassen. Zwar ist es dem Vermieter nicht verwehrt, auch vor Durchführung der Modernisierungsmaßnahmen die Duldungspflicht des Mieters im gerichtlichen Verfahren feststellen lassen.[26] Da die Duldungspflicht jedoch nicht zwangsläufig auch die Verpflichtung des Mieters zur Zahlung der geforderten Mieterhöhung nach Durchführung der Modernisierungsmaßnahmen beinhaltet, ist es für den Vermieter bei Modernisierungsmaßnahmen außerhalb der Wohnung prozessökonomisch sinnvoller, auf den ersten Prozess auf Duldung zu verzichten und stattdessen nach Durchführung der Modernisierungsmaßnahmen sofort auf Zahlung zu klagen.

Bei Modernisierungsmaßnahmen **innerhalb der Wohnung** des Mieters kann der erste 38
Prozess nicht vermieden werden, wenn sich der Mieter weigert, dem Vermieter bzw. den von diesem beauftragten Handwerkern den Zutritt zur Wohnung zur Durchführung der beabsichtigten Modernisierungsmaßnahmen zu gewähren.

Der Vermieter muss daher bei Maßnahmen in der Wohnung des Mieters diesen 39
zunächst auf **Duldung und Zutritt** verklagen. Dabei ist der Ablauf der Ankündigungsfrist zu beachten. Der Duldungsanspruch wird nach Ablauf der Ankündigungsfrist fällig. Zur Vermeidung der Kostenfolge eines sofortigen Anerkenntnisses gemäß § 93 ZPO sollte mit der Klageerhebung bis zum Ablauf der Ankündigungsfrist zugewartet werden.[27] Die Zustimmung des Mieters zu den Modernisierungsmaßnahmen ist nicht erforderlich.[28]

Formulierungsvorschlag:

Der Beklagte wird verurteilt, folgende Maßnahmen zum Einbau von isolierverglasten Fenstern in 40
der Wohnung – volle Anschrift – nach vorheriger Ankündigung zu dulden: Demontage der alten Fenster, Montage der neuen Fenster einschließlich der Fensterbänke, Außenversiegelung und Schließung der Lücken zum Mauerwerk hin und Beiputzarbeiten.

Der Beklagte wird verurteilt, dem Kläger und den von dem Kläger beauftragten Handwerkern werktags in der Zeit von 8.00 Uhr bis 18.00 Uhr Zugang zu der im Klageantrag zu 1) näher bezeichneten Wohnung zu gewähren.

Ein **Widerspruch** des Mieters gegen die außerhalb seiner Wohnung geplanten Moder- 41
nisierungsmaßnahmen schließt die spätere Durchsetzung der Mieterhöhung nicht aus. Voraussetzung für die Mieterhöhung ist nicht das Einverständnis, sondern lediglich die Duldungspflicht des Mieters, die im gerichtlichen Verfahren zu überprüfen wäre. Etwas anderes gilt nur, wenn der Mieter seinerseits gerichtlich gegen die Vermieter vorgeht und er durch eine entsprechende gerichtliche Entscheidung die Durchführung der Maßnahmen blockiert.

---

26 Schmidt-Futterer/Eisenschmid BGB § 555d Rn. 82.

27 Hamburg WuM2010, 152.

28 BayObLG NJW-RR 1997, 266 (267); OLG Stuttgart ZMR 1991, 259.

VIII. Klage auf Räumung eines Grundstücks mit vom Mieter errichteten Aufbauten

42 Ist ein unbebautes Grundstück vermietet und errichtet der Mieter hierauf Bauwerke, so erstreckt sich ein gegen den Mieter erwirkter Räumungstitel nicht auch auf die Berechtigung, diese Gebäude zu beseitigen.[29] Ist der Vermieter an den Gebäuden nicht interessiert, beispielsweise um einer eventuellen Entschädigungspflicht zu entgehen, so ist ein separater Antrag auf Beseitigung der Gebäude erforderlich.

Formulierungsvorschlag:

43 Der Beklagte wird verurteilt, das Grundstück – volle Anschrift, ggf. mit Grundbuchbezeichnung – geräumt an den Kläger herauszugeben.
Der Beklagte wird verurteilt, die auf dem im Klageantrag zu 1) näher bezeichneten Grundstück errichteten Gebäude unter Wiederherstellung des ursprünglichen Zustands zu beseitigen.

44 Die von dem Mieter errichteten Gebäude werden trotz fester Verbindung nicht gemäß § 94 BGB wesentliche Bestandteile des Grundstücks,[30] so dass der Eigentümer des Grundstücks nicht Eigentümer der Aufbauten wird.

IX. Mieterhöhungsverlangen im Prozess

1. Fristen des § 558b Abs. 2 BGB als Sachurteilsvoraussetzung

45 Bevor die Zustimmungsklage gemäß § 558b Abs. 2 S. 2 BGB erhoben werden kann, muss die Überlegungsfrist gemäß § 558b Abs. 2 S. 1 abgelaufen sein. Die **Einhaltung der Fristen** des § 558b Abs. 2 BGB ist zwingende **Sachurteilsvoraussetzung.** Werden die Fristen nicht eingehalten, so ist zu unterscheiden: Wird die Zustimmungsklage vor Ablauf der Überlegungsfrist eingereicht, so ist sie bis zum Ablauf der Überlegungsfrist unbegründet. Wird die Klage erst nach Ablauf der Klagefrist erhoben, so ist sie als unzulässig abzuweisen. In diesem Fall wäre das Mieterhöhungsbegehren zu wiederholen, wodurch die Fristen erneut in Gang gesetzt würden. **Die Versäumung der Klagefrist kann nicht geheilt werden.** Insbesondere ist keine Wiedereinsetzung in den vorigen Stand möglich, da § 233 ZPO auf die Versäumung der Klagefrist nicht anwendbar ist.[31]

2. Formen des nachgeholten Mieterhöhungsbegehrens

46 Wird die Klage auf ein unwirksames Mieterhöhungsbegehren gestützt, kann gemäß § 558b Abs. 3 BGB ein wirksames Mieterhöhungsbegehren nachgeholt bzw. dessen Mängel im Prozess behoben werden. Da in der gerichtlichen Praxis unterschiedliche Anforderungen an die Darstellung der Behebung von Formfehlern gestellt werden, sollte von einer Bezugnahme auf das unwirksame Mieterhöhungsbegehren unter Behebung des Formfehlers im Übrigen abgesehen und stattdessen das Mieterhöhungsbegehren vollständig in wirksamer Form wiederholt werden. Stützt sich die Begründung des im Prozess nachgeholten Mieterhöhungsbegehrens auf ein Gutachten, so ist das Gutachten dem Mieter zur Verfügung zu stellen. Der Mieter kann nur anhand des Gutachtens die Berechtigung des Erhöhungsbegehrens überprüfen.[32]

---

[29] OLG Düsseldorf MDR 2000, 414.
[30] Grüneberg/Ellenberger BGB § 95 Rn. 3.
[31] Zöller/Greger ZPO § 233 Rn. 5.
[32] AG Lübeck WM 2003, 324.

Das nachgeholte Erhöhungsbegehren ist prozessual eine **Klageänderung** und setzt die Überlegungsfrist des § 558b Abs. 3 S. 2 BGB nach Zustellung in Gang.[33] Daher sollte bei Zweifeln an der Wirksamkeit des Mieterhöhungsbegehrens äußerst vorsorglich dieses so früh als möglich nachgeholt werden. Ist abzusehen, dass zum Zeitpunkt der mündlichen Verhandlung die Überlegungsfrist noch nicht abgelaufen ist, ist rechtzeitig Vertagung zu beantragen. 47

In der **Berufungsinstanz** kann ein unwirksames Mieterhöhungsverlangen nur nachgeholt werden, wenn erstinstanzlich die Klage nicht wegen Unwirksamkeit des Mieterhöhungsverlangens abgewiesen wurde.[34] Da das neue Mieterhöhungsverlangen eine Klageänderung darstellt, ist diese in der Berufungsinstanz nur unter den Voraussetzungen des § 263 ZPO möglich. 48

3. Kündigungsmöglichkeit nach § 569 Abs. 3 Nr. 3 BGB

Ist der Mieter im Mieterhöhungsprozess **rechtskräftig zur Zustimmung verurteilt** worden, so ist die Partei äußerst vorsorglich auf die Kündigungsmöglichkeit des Vermieters gemäß § 569 Abs. 3 Nr. 3 BGB hinzuweisen. Der Mieter kann innerhalb von zwei Monaten den Mietrückstand auf Grund des Urteils im Mieterhöhungsprozess ausgleichen, ohne die fristlose Kündigung befürchten zu müssen, wenn der Rückstand bereits mehr als zwei Monatsmieten übersteigt. Der Prozessbevollmächtigte des Mieters muss seine Partei auf die Gefahren des § 569 Abs. 3 Nr. 3 BGB ausdrücklich hinzuweisen. Äußerst vorsorglich sollte er selbst die Höhe des Rückstands und die Frist berechnen. 49

X. Der Urkundenprozess

Der Urkundenprozess gibt dem Gläubiger die Möglichkeit, schneller als im ordentlichen Zivilverfahren einen vollstreckbaren Titel zu erhalten, wenn er sämtliche zur Begründung seines Anspruchs erforderlichen Tatsachen durch Urkunden beweisen kann. Die Zulässigkeit des Urkundenprozesses gerichtet auf die Zahlung rückständigen Mietzinses war lange umstritten. 50

Inzwischen ist die Statthaftigkeit des Urkundenprozesses allgemein anerkannt.[35] Voraussetzung ist, dass entweder die vertragsgemäße Gebrauchsüberlassung der Mietsache an den Mieter unstreitig ist oder durch Urkunden bewiesen werden kann. Die Entscheidung wird damit begründet, dass dem Mieter für Gründe, die geeignet sind, den in den Urkunden verbrieften Anspruch einzuschränken oder zu beseitigen, die Darlegungs- und Beweislast obliegt. Kann der beklagte Mieter die tatsächlichen Voraussetzungen seines geltend gemachten Minderungsrechts nach Gebrauchsüberlassung nicht mit Urkunden beweisen, so ist er auf das Nachverfahren zu verweisen.[36] Die Klage im Urkundenprozess ist jedoch unstatthaft gemäß § 597 Abs. 2 ZPO, wenn der Vermieter als Kläger nicht durch Urkunden beweisen kann, dass er seine vertragliche Hauptpflicht, die ordnungsgemäße Gebrauchsüberlassung, erfüllt hat.[37] 51

Wird **rückständige Miete** im Urkundenprozess geltend gemacht, so sind sämtliche anspruchsbegründenden Tatsachen durch Urkunden zu beweisen. Gegen diesen Anspruch kann der Mieter zum Beweis von Mängeln der Mietsache sich nicht mit der Vorlage eines privaten Sachverständigengutachtens zur Wehr setzen. Mit der Vorlage eines privaten Sachverständigengutachtens würde der im Urkundenprozess unzulässige Sachverständigenbeweis umgangen.[38] Ergibt sich die Höhe des Mietzinses aus dem 52

[33] Grüneberg/Weidenkaff ZPO § 558b Rn. 21.
[34] LG Mannheim ZMR 1989, 381.
[35] BGH NZM 1999, 401 = NJW 1999, 1408; BGH NZM 2005, 661; WM 2007, 82.
[36] OLG Düsseldorf WM 2004, 416.
[37] OLG Düsseldorf WM 2004, 416.
[38] OLG Koblenz NZM 2012, 274.

Mietvertrag, so reicht die Vorlage des Mietvertrages aus. Hat sich der Mietzins auf Grund von Mieterhöhungen zwischenzeitlich erhöht, so ist bei Mieterhöhungen nach § 558 BGB das schriftliche Mieterhöhungsbegehren und die schriftliche Annahmeerklärung des Mieters vorzulegen. Stimmte der Mieter dem Mieterhöhungsbegehren nicht ausdrücklich zu, sondern zahlte er lediglich den geforderten erhöhten Mietzins, so kann die wirksame Vereinbarung der Mieterhöhung durch Vorlage entsprechender Kontoauszüge unter Beweis gestellt werden. Die Höhe des Mietzinses auf Grund von Mieterhöhungen nach §§ 559 und 560 BGB lassen sich nicht durch Urkunden beweisen. Hier besteht lediglich die Möglichkeit, den Nachweis einer vereinbarten erhöhten Miete durch Zahlung des geforderten Mietzinses darzulegen.

53 Der Anspruch auf Zahlung der vertraglich vereinbarten **Kaution** kann ebenfalls im Urkundenprozess geltend gemacht werden. Hingegen ist die Klage auf Rückzahlung der Kaution im Urkundenprozess nicht statthaft, da der Mieter den Wegfall des Sicherungsbedürfnisses nach Beendigung des Mietverhältnisses nicht durch Urkunden beweisen kann.[39]

54 Der Urkundenprozess ist auch statthaft für die Geltendmachung einer **Betriebskostennachzahlung.**[40] Die anspruchsbegründenden und beweisbedürftigen Tatsachen müssen durch Urkunden belegt werden. Aus dem Mietvertrag muss sich somit die eindeutige Umlagefähigkeit der abgerechneten Betriebskosten ergeben. Aus der Betriebskostenabrechnung muss sich die eindeutige Berechnung der Nachforderung ergeben. Sind die in der Betriebskostenabrechnung aufgeführten Gesamtkosten streitig, ist auch die Vorlage der Rechnungen, aus denen sich die Gesamtkosten ergeben, erforderlich. Die Vorlage der Belege kann unterbleiben, wenn die Höhe der Gesamtkosten unstreitig ist.[41]

XI. Einstweilige Verfügung

1. Räumung

55 Die **Räumung** von Wohnraum im Wege der einstweiligen Verfügung ist gemäß § 940a Abs. 1 ZPO nur möglich, wenn der Besitz durch **verbotene Eigenmacht** erlangt wurde[42] oder wenn eine konkrete Gefahr für Leib und Leben besteht.

56 Die Beschränkung des § 940a Abs. 1 ZPO auf Wohnraum bedeutet nicht, dass die Räumung anderer Räume im Wege einer einstweiligen Verfügung unter vereinfachten Voraussetzungen möglich wäre. Eine Räumung schafft vollendete Tatsachen und stellt somit immer eine Vorwegnahme der Hauptsache dar. Sie ist daher nur für Ausnahmefälle möglich (→ § 71 Rn. 34).

57 Daneben ist nach **§ 940a Abs. 2 ZPO** die Räumung von Wohnraum im Wege der einstweiligen Verfügung gegen **Dritte** möglich, wenn gegen den Mieter ein vollstreckbarer Räumungstitel vorliegt und der Vermieter vom Besitzerwerb des Dritten erst nach dem Schluss der mündlichen Verhandlung Kenntnis erlangt hat. Streitig ist, ob maßgeblicher Zeitpunkt für die Kenntniserlangung der Schluss der mündlichen Verhandlung erster Instanz ist oder ob im Fall eines Berufungsverfahrens die Kenntniserlangung bis zum Schluss der mündlichen Verhandlung im Berufungsverfahren erfolgt sein muss. Das LG Frankfurt (Oder)[43] hält die Kenntniserlangung bis zum Schluss der mündlichen Verhandlung erster Instanz für ausreichend. Dem entgegen stehen die Entscheidungen des LG Berlin und des Amtsgerichts Köln.[44] Den Entscheidungen liegt die Auffassung zugrunde, dass eine Räumungsverfügung nach § 940a Abs. 2 ZPO ausgeschlossen ist, wenn der Vermieter bis zum Schluss der mündlichen Verhandlung im Berufungsver-

39 OLG Düsseldorf WM 2004, 416.
40 BGH NJW 2015, 475.
41 BGH NZM 2015, 44.
42 LG Mönchengladbach Mietrechtliche Entscheidung in Leitsätzen 1994.
43 LG Frankfurt (Oder) NZM 2016, 816 ff.
44 LG Berlin BeckRS 215, 12390; AG Köln BeckRS 2013, 18845.

fahren Kenntnis vom Besitz des Dritten erlangt hat. Um der Gefahr der Zurückweisung eines Antrags auf Erlass einer Räumungsverfügung nach § 940a Abs. 2 ZPO zu entgehen, wenn von dem Mitbesitz des Dritten Kenntnis vor Schluss der mündlichen Verhandlung im Berufungsverfahren erlangt wurde, muss versucht werden, die Räumungsklage im Berufungsverfahren auf den Dritten zu erstrecken. Wenn die Erweiterung des Verfahrens auf den Drittbesitzer nicht möglich ist, ist der Antrag nach § 940a Abs. 2 ZPO zulässig. Dritte sind die, die (Mit-)Gewahrsam an den Mieträumen erlangt haben, ohne Mietvertragspartei geworden zu sein → Rn. 9). Die Räumungsverfügung kann somit nicht gegen den Mieter ergehen, gegen den Mieter muss ein vorläufig (§§ 708 Nr. 1, 711 ZPO) oder endgültig (§ 705 ZPO) vollstreckbarer Räumungstitel vorliegen. Kenntniserlangung ist die positive Kenntnis. Fahrlässige oder grob fahrlässige Unkenntnis schaden nicht. Hatte der Vermieter im Räumungsprozess gegen den Mieter vor der mündlichen Verhandlung Kenntnis davon, dass einem Dritten Mitbesitz an der Wohnung eingeräumt worden war und wird die Person erstmals in der mündlichen Verhandlung benannt, ist positive Kenntnis nicht gegeben.[45] Schließlich muss dem Vermieter Gelegenheit gegeben werden, die Angaben des Mieters zu überprüfen, was in der mündlichen Verhandlung idR nicht möglich ist.[46]

Ist eine Räumungsklage wegen Zahlungsverzuges erhoben, darf die Räumung von 58 Wohnraum durch einstweilige Verfügung angeordnet werden, wenn der Beklagte einer **Sicherheitsanordnung nach § 283a ZPO** im Hauptsacheverfahren nicht Folge leistet (→ Rn. 11/12).

2. Besitzentzug und Entzug von Versorgungsleistungen

Entzieht der Vermieter dem Mieter den Besitz an den Mieträumen oder behindert der 59 Vermieter die Versorgung des Mieters mit Wärme, Wasser und Strom, so kann der Mieter im Wege der einstweiligen Verfügung die **Wiedereinsetzung in den Besitz** und die **Wiederherstellung der Versorgungsleistungen** fordern.[47]

Bei bestehendem Mietverhältnis soll dem Vermieter ein Zurückbehaltungsrecht an 60 den Versorgungsleistungen wegen rückständiger Mieten oder Nebenkosten nicht zustehen, da ein Zurückbehaltungsrecht nach §§ 273, 320 BGB nur bei nachholbaren Leistungen möglich ist.

Bei beendetem Mietverhältnis besteht grundsätzlich zunächst keine Verpflichtung des 61 Vermieters zur Aufrechterhaltung der Versorgungsleistungen.[48] Lediglich aus Treu und Glauben könnte sich, bei besonderen Belangen des Mieters, eine nachvertragliche Verpflichtung des Vermieters zur Aufrechterhaltung von Versorgungsleistungen ergeben. Belange des Mieters sind jedoch nicht zu berücksichtigen, wenn dieser seinen Zahlungspflichten gegenuber dem Vermieter nicht nachkommt. Es ist dem Vermieter nicht zuzumuten, Versorgungsleistungen zur Verfügung zu stellen und hierfür die Kosten zu tragen, wenn die Gefahr besteht, diese nicht erstattet zu erhalten.[49]

Der BGH hat dies zwar für ein Gewerberaummietverhältnis entschieden. Die Ent- 62 scheidung dürfte auch Wohnraummietverhältnisse anwendbar sein, da der Wohnraummieter nicht schutzwürdiger ist als der Gewerberaummieter, wenn er seinen Zahlungspflichten gegenüber dem Vermieter nicht nachkommt.

Ist die Mietsache doppelt vermietet, besteht kein Anspruch eines Mieters gegenüber 63 dem Vermieter im Wege einer einstweiligen Verfügung den Besitzanspruch zu sichern.[50]

---

[45] AG Hanau NZM 2013, 728.
[46] AG Hanau NZM 2013, 728.
[47] OLG Köln ZMR 1994, 325; AG Leipzig MDR 1998, 1025.
[48] BGH NJW 2009, 1447 (1948).
[49] BGH NJW 2009, 1447 (1948).
[50] OLG Koblenz WM 2008, 48; KG NZM 2007, 518.

§ 39 Zwangsvollstreckung und Insolvenz

Übersicht

Schrifttum:

Braun (Hrsg.) Insolvenzordnung (InsO), Kommentar, 9. Aufl. 2022; *Haarmayer/Hinzen,* Zwangsverwaltung, 6. Aufl. 2016; *Hasselblatt/Sternal,* Beck'sche Formularbuch Zwangsvollstreckung, 4. Aufl. 2021; *Nerlich/Kreplin/Rhode,* Münchener Anwaltshandbuch Insolvenz und Sanierung, 4. Aufl. 2023; *Karsten Schmidt,* Insolvenzordnung, 20. Aufl. 2023; *Stöber,* Zwangsversteigerungsgesetz, 22. Aufl. 2019; *Uhlenbruck,* Das neue Insolvenzrecht, Text- und Dokumentationsband, 1994; *Bornemann* (Hrsg.) Frankfurter Kommentar zur Insolvenzordnung, 10. Aufl. 2023; *Zöller* (Hrsg.), Zivilprozessordnung: ZPO, 35. Aufl. 2024.

I. Zwangsvollstreckung zur Erwirkung von Handlungen oder Unterlassungen

Vorbemerkung

1 Die Zwangsvollstreckungsmaßnahme des Gläubigers hat sich daran zu orientieren, ob eine **vertretbare oder unvertretbare Handlung (§§ 887, 888 ZPO)** vorliegt oder ob nach § 890 ZPO vorgegangen werden soll.

1. Erteilung einer Nebenkostenabrechnung

Nach hM liegt hier eine **unvertretbare Handlung** vor, da der Gläubiger nicht eine reine Zahlenaufreihung verlangt, sondern durch den Schuldner Unterlagen heranzuziehen und Ermessensentscheidungen zu treffen sind wie Verteilungsmaßstab, Rechnungsabgrenzung etc.[1] Dem zur Abrechnung verurteilten Vermieter soll es verwehrt sein, im Vollstreckungsverfahren geltend zu machen, dass die erforderlichen Unterlagen nicht zu seiner Verfügung stünden.[2] 2

Muster

Formulierungsvorschlag:

An das Amtsgericht 3

Antrag nach § 888 ZPO

In der Vollstreckungsangelegenheit ....../...... beantrage ich namens und mit Vollmacht des Vollstreckungsgläubigers:

Gegen den Vollstreckungsschuldner wird wegen Nichtvornahme der Erteilung der Nebenkostenabrechnung für den Zeitraum ...... bis ...... betreffend das Objekt (Straße, Ort, genaue Lage im Objekt) gemäß Urteil des AG ...... vom ...... Az. ...... ein Zwangsgeld festgesetzt, für den Fall der Nichtbeitreibbarkeit Zwangshaft.

......

2. Wegschaffung eines Haustieres

Hier wird von einer **vertretbaren Handlung** ausgegangen, nämlich Wegnahme des Tieres durch einen Tierfänger.[3] 4

An das Amtsgericht 5

Antrag nach § 887 ZPO

In der Vollstreckungsangelegenheit....../...... beantrage ich namens und mit Vollmacht des Vollstreckungsgläubigers:

1. Der Vollstreckungsgläubiger wird ermächtigt, die nach dem Vergleich des AG ...... vom ...... Az. ...... dem Vollstreckungsschuldner obliegende Entfernung des Bullterriers ...... aus der Wohnung (Straße, Ort, genaue Lage im Objekt) durch einen vom Vollstreckungsgläubiger zu beauftragenden Tierfänger vormerken zu lassen.
2. Der Vollstreckungsschuldner wird verpflichtet, das Betreten und die Durchsuchung seiner Wohnung durch den Tierfänger zu dulden und insbesondere diesem Zugang zu verschaffen.
3. Dieser Beschluss gilt gleichzeitig als Durchsuchungsanordnung gemäß Art. 13 Abs. 2 GG.
4. Der Vollstreckungsschuldner wird verpflichtet, einen Kostenvorschuss von 500,– EUR für die Entfernung und vorläufige Unterbringung des Hundes zu bezahlen.

3. Durchführung von Reinigungsarbeiten

Wird die Reinigung vom Mieter – gegebenenfalls im Wechsel mit anderen Mietern – geschuldet, erfolgt die Vollstreckung durch den Vermieter gemäß **§ 887 ZPO**.[4] Schuldet der Vermieter die Räumung, vollstreckt auch der Mieter als Gläubiger gemäß § 887 ZPO. Weigert sich der Mieter, die Reinigung durch den Vermieter oder dessen Beauftragte durchführen zu lassen, ist hingegen gemäß **§ 890 ZPO** vorzugehen. 6

[1] BGH NJW 2006, 2706.
[2] LG Köln WM 1991, 703.
[3] LG Hamburg ZMR 1985, 302.
[4] OLG Schleswig NJW-RR 2011, 1695 (Schneeräumen).

4. Verpflichtung des Vermieters zur ausreichenden Beheizung der Mieträumlichkeiten

7 Hier kommt ein Vorgehen nach § 888 ZPO, besser wohl nach § 887 ZPO in Betracht.[5]

5. Beseitigung von Feuchtigkeitsschäden

8 Insoweit ist es Sache des Vermieters, mit welchen Maßnahmen wie er einer diesbezüglichen Verpflichtung nachkommt, also eine **vertretbare Handlung** (§ 887 ZPO).[6]

9 Der Vermieter muss jedoch Maßnahmen mit dauerhaften Erfolg ergreifen, also nicht nur eine malermäßige Instandsetzung vornehmen; anderenfalls kann der Mieter die Zwangsvollstreckung fortsetzen und über § 887 ZPO die Zahlung eines angemessenen Kostenvorschusses verlangen.[7]

II. Zwangsvollstreckung des Räumungs- und Herausgabeanspruchs

1. Räumungstitel

10 § 704 ZPO setzt für jede Zwangsvollstreckungsmaßnahme einen mit Vollstreckungsklausel versehenen Titel voraus. Dieser ist dem Räumungsschuldner vor Beginn der Zwangsvollstreckung oder zumindest gleichzeitig mit ihr zuzustellen.

11 Der Titel muss auf Herausgabe und/oder Räumung des Mietobjekts lauten, nicht ausreichend ist zum Beispiel die Formulierung in einem Vergleich:

12 Die Parteien sind sich einig, dass das zwischen ihnen bestehende Mietverhältnis am ...... geendet hat.

Geeignet als Vollstreckungstitel sind

- Urteil gemäß § 704 ZPO
- gerichtlicher Vergleich im Sinne von § 794 Abs. 1 Nr. 1 ZPO
- Zuschlagsbeschluss gemäß § 93 ZVG

13 **Nicht ausreichend** sind Anwaltsvergleiche gemäß § 796a ZPO und notarielle Urkunden gemäß § 794 Abs. 1 Nr. 5 ZPO (siehe hierzu den gesetzlichen Wortlaut im Hinblick auf Nichtanwendbarkeit bei der Räumung von Wohnungen).

2. Durchführung

14 a) **Persönlicher Umfang.** *aa) Räumungsschuldner.* Sind zusammenlebende **Ehegatten** Mieter, muss ein Titel gegen beide vorliegen. Nach jetzt hM kann der Vermieter aus einem Räumungstitel, den er gegenüber dem Mieter erwirkt hat, weder gegen dessen Ehegatten noch gegen dessen Lebensgefährten vollstrecken.[8]

15 Entscheidend ist, ob die im Haushalt des Räumungsschuldners lebende Person eine eigene, weisungsfreie Sachherrschaft hat (im Gegensatz zum Besitzdiener).[9] Gegen minderjährige, insbesondere Kinder der Mieter ist deshalb kein eigener Titel erforderlich. Auf diese besitzrechtliche Position kann sich ein Dritter nicht berufen, wenn er ohne Kenntnis oder gegen den Willen des Vermieters Mitbesitz an der Mietsache begründet hat.[10] Allein die Aufnahme einer Person lässt für sich genommen keinen Schluss auf Mitbesitz zu.[11] Mehrere Mieter haben die Mietsache als Gesamtschuldner

[5] Zöller/Seibel ZPO § 887 Rn. 3.6; OLG Köln ZMR 1994, 325 mN zum Streitstand.
[6] OLG Düsseldorf NJW-RR 1998, 1768; Zöller/Seibel ZPO § 887 Rn. 3.11.
[7] OLG Frankfurt a. M. DWW 1989, 360.
[8] BGH NJW 2004, 3041; 2008, 1959.
[9] BGH NJW 2008, 1959.
[10] OLG Hamburg MDR 1993, 274; KG NJW-RR 1994, 713; BGH NJW 2004, 3041; 2008, 1959.
[11] BGH NJW 2008, 1959 Rn 16 mN; Zöller/Seibel ZPO § 885 Rn. 8.

zurückzugeben. Jeder schuldet die Herausgabe der Mietsache als unteilbare Leistung.[12]

Die Rückgabepflicht ist nur erfüllt, wenn der Vermieter den unmittelbaren Besitz wieder erlangt hat. 16

Der BGH hat mit Rechtsentscheid[13] klargestellt, dass der vertragliche Räumungs- und Herausgabeanspruch aus § 546 Abs. 1 BGB des ursprünglich mit mehreren Mietern begründeten Mietverhältnisses auch gegen den Mitmieter begründet ist, der seinen Besitz an der Wohnung durch seinen Auszug unter Inkenntnissetzung des Vermieters erkennbar aufgegeben hat. 17

bb) Weitere Bewohner. Zur Räumungsvollstreckung ist bei einer Personenmehrheit von Mietern grundsätzlich ein Räumungstitel gegen alle Mieter (namentlich) erforderlich, selbst bei Hausbesetzern.[14] Für weitere Angehörige, die nicht Vertragspartei sind, gilt das oben Gesagte: (Nur) soweit Sie weisungsfreie Sachherrschaft haben, sind Sie Mitbesitzer, mit der Folge, dass auch gegen sie ein Titel erforderlich ist. 18

Wegen dieser Rechtsunsicherheit ist für eine Räumungsklage grundsätzlich ein Rechtsschutzinteresse auch gegen die Personen gegeben, die nicht am Mietvertrag beteiligt sind, zB Ehegatten.[15] 19

Praxistipp

Eine Räumungsklage sollte gegen alle im Mietobjekt lebenden, volljährigen Personen geführt werden.

cc) Untermieter. Zur Räumungsvollstreckung gegen einen Untermieter ist ein entsprechender Räumungstitel immer erforderlich.[16] 20

Der Vermieter kann gegen Mieter und Untermieter gleichzeitig Räumungsklage erheben, da sie als Gesamtschuldner auf Rückgabe des Mietobjekts haften. Ein Räumungstitel gegen den Mieter wirkt nicht gegen den Untermieter.[17] 21

dd) Vor- bzw. untergeschobener Untermieter. Erhebliche Schwierigkeiten für den Räumungsgläubiger entstehen in der Praxis dann, wenn der Räumungsgläubiger gezielt Maßnahmen zur Vollstreckungsvereitelung ergreift. Nach der Grundsatzentscheidung des Bundesgerichtshofs[18] darf die Räumungsvollstreckung nicht betrieben werden, wenn ein Dritter, der weder im Vollstreckungstitel noch in der diesem beigefügten Vollstreckungsklausel namentlich bezeichnet ist, im Besitz der Mietsache ist. Dies gilt selbst dann, wenn der Verdacht besteht, dem Dritten sei der Besitz nur eingeräumt worden, um die Zwangsräumung zu vereiteln. 22

Präsentiert also der Räumungsschuldner dem Gerichtsvollzieher am Tage der anstehenden Zwangsräumung oder Herausgabevollstreckung einerseits einen Mitbewohner, andererseits einen mit diesem angeblich bestehenden Untermietvertrag, so hat der Gerichtsvollzieher die Zwangsvollstreckung einzustellen. 23

Hier greift **§ 940a Abs. 2 ZPO** ein. Diese Vorschrift beschränkt sich allerdings auf die Personen, die ohne Kenntnis des Vermieters Besitz an der Wohnung begründet haben. Diejenigen, die der Vermieter bereits kennt, konnte und sollte er im Hauptsacheverfahren bereits mitverklagen, wie dies vorstehend ausgeführt ist. 24

Der Gerichtsvollzieher ist verpflichtet, den Namen der im zu räumenden Objekt angetroffenen Personen festzustellen, deren Identität zu prüfen und so zu verhindern, 25

---

[12] BGHZ 65, 226.
[13] BGHZ 131, 176.
[14] BGH NJW 2018, 399, Schmidt-Futterer/Lehmann-Richter ZPO § 885 Rn. 17.
[15] Hierzu ausführlich Schmidt-Futterer MietR-HdB/Streyl BGB § 546 Rn. 129.
[16] BGH NJW-RR 2003, 1450.
[17] Grüneberg/Weidenkaff BGB § 546 Rn. 24.
[18] BGH NJW 2008, 3287.

dass gegen falsche Personen vollstreckt wird. Sollte die in der Wohnung angetroffene Person ihren Namen nicht nennen, dürfte es rechtmäßig sein, die Räumung fortzusetzen.

26 Der erleichterte Weg zu einem Räumungstitel über eine einstweilige Verfügung wird jedoch eine Glaubhaftmachung dahingehend voraussetzen, dass der Vermieter mangels Kenntnis nicht schon das Hauptsacheverfahren gegen den Mitbesitzer ausdehnen konnte. Entscheidend dürfte somit sein, dass der Vermieter zum Schluss der mündlichen Verhandlung von der konkreten Besitzbegründung noch keine Kenntnis hatte.

27 Die Argumentation, der Vermieter hätte der Besitzbegründung zustimmen müssen (§§ 540 Abs. 1, 553 Abs. 1 BGB) greift hier nicht.

28 Beschränkt ist das Vorgehen im Wege der einstweiligen Verfügung darauf, dass gegen den Mieter ein vollstreckbarer Räumungstitel (nicht zwingend rechtskräftig) vorliegt und Kenntnis über die Person des Dritten einschließlich dessen Namens erst nach dem Schluss der mündlichen Verhandlung erster Instanz entstanden ist.[19]

29 Auch wenn Dritte ohne Kenntnis des Vermieters schon vor dem Schluss der mündlichen Verhandlung (Mit-)Besitz am Räumungsobjekt begründet haben, ist nach dem Wortlaut von § 940a Abs. 2 ZPO dessen Anwendung ausgeschlossen. Hieran ändert sich auch dann nichts, wenn die Unkenntnis des Vermieters auf grober Fahrlässigkeit beruht. Teils wird befürwortet, die Anwendung von § 940a ZPO auszuschließen, wenn der Vermieter „die Augen vor sich aufdrängender Kenntnisnahme bewusst verschließt".[20]

30 Erhält der Vermieter Anhaltspunkte dafür, dass sich Dritte regelmäßig im Räumungsobjekt aufhalten, so wird aus faktischen Gründen in vielen Fällen eine Namensfeststellung trotzdem unmöglich sein. Denkbar wäre dann ein einstweiliges Verfügungsverfahren gegen den Mieter auf Auskunftserteilung.[21]

31 **b) Sachlicher Umfang.** *aa) Vollständige Räumung.* Ist der Mieter zur Herausgabe der Wohnung verpflichtet, hat er dem Vermieter den unmittelbaren Besitz an der Mietsache einzuräumen. Die bloße Besitzaufgabe stellt keine Erfüllung des Herausgabeanspruchs dar. Ebenfalls genügt nicht das bloße Einwerfen der Schlüssel in den Briefkasten des Vermieters, wenn nicht weitere Umstände hinzutreten, welche den Besitzaufgabewillen dokumentieren.

32 Dies gilt selbstverständlich dann nicht, wenn der Vermieter die ihm angebotene Übernahme des Mietobjekts vereitelt. Hierdurch kann dann der Vermieter gemäß § 293 BGB in Gläubigerverzug geraten mit der Folge, dass dann die Besitzaufgabe durch den Räumungsschuldner ausreicht, § 303 BGB. Derartige Fälle liegen dann vor, wenn der Vermieter auf vorgeschlagene Übergabetermine nicht reagiert, zum vereinbarten Übergabetermin nicht erscheint oder die Übernahme des Mietobjekts unberechtigt verweigert.

33 Die Übertragung des unmittelbaren Besitzes hat an den Vermieter selbst oder dessen Bevollmächtigten zu erfolgen. Bevollmächtigter des Vermieters kann in diesem Falle auch der Nachmieter sein, an den der Räumungsschuldner auf Weisung des Vermieters den unmittelbaren Besitz an der Wohnung überträgt.

34 Zur Verschaffung des unmittelbaren Besitzes an Räumen gehört, dass der Mieter insbesondere die erhaltenen Haustür- und Wohnungsschlüssel zurückgibt. Hält der Mieter alle Schlüssel zurück, wird hierdurch der Rückgabeverpflichtung nicht genügte getan.[22] Erforderlich ist jedoch nicht, dass der Mieter sämtliche Schlüssel zurückgibt, es kommt vielmehr darauf an, ob der Vermieter ohne Beeinträchtigung über das Mietobjekt weiter verfügen kann.[23] Die unterbliebene Rückgabe einzelner Schlüssel berechtigt den Vermieter – nach entsprechender Mahnung – zum Schadensersatz, gerichtet auf Auswechslung der Schließzylinder.

[19] Hierzu ausführlich Schmidt-Futterer/Streyl ZPO § 940a Rn. 27.
[20] Schmidt-Futterer/Streyl ZPO § 940a Rn. 26.
[21] OLG Karlsruhe NJW 1984, 1905.
[22] BGHZ 86, 204 (210).
[23] OLG Hamburg ZMR 1995, 18; OLG Düsseldorf DWW 1987, 129.

Der Mieter hat das Mietobjekt vertragsgerecht zurückzugeben. Hierzu gehört, dass der Mieter alle beweglichen Sachen mitzunehmen hat, Einbauten sind zu entfernen, Umbauten zu beseitigen, der frühere Zustand ist wieder herzustellen. Hierbei handelt es sich um eine Nebenpflicht, sie bedarf also keiner vertraglichen Abrede, sondern ist Bestandteil der Rückgabeverpflichtung.[24] Teilweise wird dann eine Hauptpflicht angenommen, wenn für die Wiederherstellung erhebliche Kosten aufgewendet werden müssen; der Vermieter muss dann über § 323 BGB vorgehen.[25] 35

Lässt der Mieter seine Einrichtung ganz oder teilweise in den Mieträumlichkeiten zurück, so genügt er seiner Räumungspflicht nicht; bleiben jedoch in den Mieträumlichkeiten nur wenige Teile, ggf. als Gerümpel erkennbar, zurück, so stellt dies trotzdem eine Rückgabe der Mietsache dar.[26] In diesem Fall kann der Vermieter nur Schadensersatzansprüche gemäß § 280 Abs. 1 BGB für seinen Räumungsaufwand geltend machen. 36

Zur Entfernung eines eingebrachten Teppichbodens gehört auch, dass die Klebespuren beseitigt oder der am Unterboden durch das Verkleben entstandene Schaden beseitigt wird. Einrichtungen im Sinne von § 539 Abs. 2 BGB sind vollumfänglich zu entfernen. 37

Vielfach wird übersehen, dass die Entfernungspflicht des Mieters selbst dann nicht entfällt, wenn der Vermieter entsprechende Maßnahmen geduldet oder sogar genehmigt hat. Es ist allenfalls eine Frage des Einzelfalls, ob in bestimmten Erklärungen des Vermieters ein stillschweigender Verzicht auf Entfernung nach Beendigung des Mietverhältnisses gesehen werden kann. In solchen Fällen wird es oft entscheidend auf das Verhalten des Vermieters bei Rückgabe der Mietsache ankommen. Nimmt der Vermieter die Mietsache zunächst vorbehaltlos zurück, wird er später eine Wiederherstellung des ursprünglichen Zustandes nicht mehr verlangen können. 38

Anderes gilt nur dann, wenn die Mietvertragsparteien die Durchführung baulicher Maßnahmen durch den Mieter vereinbart haben. In derartigen Fällen wird der vertragsgemäße Zustand hergestellt, dh die Maßnahmen sollen dem Vermieter und damit auch dem Mietobjekt zugutekommen. Hier entfällt dann jegliche Entfernungsverpflichtung.[27] 39

Nach allgemeiner Ansicht ist der Mieter berechtigt, von ihm angeschafftes Heizöl zurückzulassen. Dieses Heizöl muss der Vermieter übernehmen, nach herrschender Meinung zu dem Preis, den der Mieter zum Liefertermin entrichtet hat. 40

Praxistipp:

Grundsätzlich ist es unerheblich, in welchem Zustand sich das Mietobjekt zum Zeitpunkt der Übergabe befindet. Der Vermieter kann wegen Nichtvorliegens des vertragsgemäßen Rückgabezustands die Rücknahme der Mietsache nicht ablehnen. Der Vermieter geht in solchen Fällen das Risiko ein, in Annahmeverzug zu geraten, §§ 293, 303 BGB. Nur dann, wenn diverse Einrichtungsgegenstände zurückgelassen wurden, die auf eine vertragswidrige Teilräumung hinweisen, fehlt es an einer Räumung.[28]

bb) Teilweise Räumung. Zu Teilleistungen ist der Räumungsschuldner nicht berechtigt, § 266 BGB. Zudem ist die Räumungspflicht eine unteilbare Leistung.[29] Eine derartige Teilräumung liegt vor, wenn der Mieter einen erheblichen Teil der Möbel nicht mitnimmt, den Keller nicht ausräumt, Einbauküche oder Teppichboden in der Wohnung belässt.[30] 41

---

24 BGH WM 1997, 217.
25 BGH NJW 1977, 36; 2018, 1746 (Übersicht und Abgrenzung).
26 BGHZ 86, 204 (210).
27 OLG Düsseldorf ZMR 1990, 218.
28 Vgl. hierzu ausführlich BGHZ 104, 285 ff.
29 Bub/Treier MietR-HdB/Emmerich V. A. Rn. 44.
30 Vgl. Bub/Treier MietR-HdB/Emmerich V. A. Rn. 44 mit weiteren Beispielen.

42 Das Zurücklassen von wenigem Gerümpel oder Abfall steht der Annahme einer Rückgabe nicht entgegen.[31] Nach den Umständen des Einzelfalls ist zu bewerten, ob beim Zurücklassen einzelner Sachen dem Vermieter die Mietsache mit der Folge des Anspruchs nach § 546a BGB vorenthalten wird oder ob der Mieter der Rückgabeverpflichtung genügt hat. Hier wird als wesentliches Kriterium angesehen der Kostenaufwand, der für die Entfernung der zurückgelassenen Sachen entsteht. Der Vermieter kann die hohen Kosten, die im Falle der Räumungsvollstreckung durch die Entfernung und Einlagerung der Gegenstände des Mieters durch den Gerichtsvollzieher entstehen, dadurch vermeiden, dass er sich auf den Herausgabeanspruch hinsichtlich der Räume beschränkt und die Mietersachen selbst verwahrt (§ 885a Abs. 1 ZPO). Hierzu ausführlich § 71 Rn. 5 ff.

3. Räumungskostenvorschuss

43 Der mit der Räumungsvollstreckung beauftragte Gerichtsvollzieher fordert beim Räumungsgläubiger für die erforderliche Beauftragung einer Möbelspedition sowie eventuelle Einlagerungskosten im Regelfall einen Vorschuss an, welcher den 1,5 bis 2-fachen voraussichtlichen Kosten entspricht. Es handelt sich also im Regelfall je nach Umfang des zu räumenden Objekts um Größenordnungen von 4.000,- bis 10.000,– EUR.

44 Gerade gegenüber dem Mieter, dessen Mietverhältnis durch fristlose Kündigung wegen Zahlungsverzuges beendet wurde, wird sich der geleistete Vorschuss wirtschaftlich nicht durchsetzen lassen. Der Räumungsgläubiger wird daher eine Möglichkeit suchen, möglichst kostengünstig wieder in den Besitz des Mietobjekts zu gelangen.

45 Hier hatte zunächst der Bundesgerichtshof[32] die Anwendbarkeit des **Berliner Modells** bestätigt.

46 Danach beauftragt der Räumungsgläubiger gemäß § 885 ZPO den Gerichtsvollzieher nur mit der **Herausgabe** und macht an den in den Räumlichkeiten befinden Gegenständen sein **Vermieterpfandrecht** geltend.

47 Die für den Räumungsgläubiger damit verbundenen, zunächst ungelösten Probleme werden jetzt mit **§ 885a ZPO** überwiegend aufgefangen.

Praxistipp:
Vor Erteilung eines Zwangsvollstreckungsauftrages an den Gerichtsvollzieher – oder auch während dieser Zwangsvollstreckungsmaßnahme – hat der Gläubigeranwalt zu prüfen, ob hohe Räumungskosten anfallen können oder bereits entsprechende Vorschüsse durch den Gerichtsvollzieher angefordert wurden.
In diesem Fall ist der Vollstreckungsauftrag auf die **Herausgabe** nach § 885a ZPO zu beschränken.

48 Zur Herausgabevollstreckung und Hinweisen zum **Hamburger Modell** und **Frankfurter Modell** → § 71 Rn. 7 ff.

III. Zwangsversteigerung und Zwangsverwaltung von Wohnraum

Schrifttum:
Haarmeyer/Hintzen, Zwangsverwaltung, 7. Aufl. 2021; *Stöber,* Zwangsversteigerungsgesetz, 23. Aufl. 2022.

1. Allgemeines

49 Zwangsversteigerung und Zwangsverwaltung als besondere Vollstreckungsarten unterscheiden sich in ihren Voraussetzungen und Wirkungen für **Wohnraummietverhält-**

[31] BGHZ 104, 285 (289).
[32] BGH NJW 2006, 848; 2006, 3273.

nisse und **Gewerberaummietverhältnisse** nicht. Es gelten dieselben gesetzlichen Regeln. Soweit sich in einzelnen Zusammenhängen unterschiedliche Interessenlagen ergeben können, ist im folgenden Teil des Beitrags darauf hingewiesen.

Die Zwangsversteigerung und die Zwangsverwaltung von Grundstücken, Gebäuden 50 und Wohnungseigentum – geregelt im Gesetz über die Zwangsversteigerung und die Zwangsverwaltung[33] (ZVG) – dienen als Maßnahmen der Zwangsvollstreckung gegen den Eigentümer des Grundbesitzes der Befriedigung des titulierten Gläubigeranspruchs. Im einen Falle geschieht dies durch **Verwertung,** nämlich öffentliche Versteigerung des Grundstückseigentums, im anderen Fall bleibt dem Vollstreckungsschuldner das Eigentum zwar erhalten, dem Gläubiger stehen jedoch die nach Abzug der laufenden Lasten und Kosten verbleibenden **Erträge** des Grundstücks, insbesondere Miet- und Pachtzins, zu. Beide Verfahren sind nebeneinander möglich und häufig sinnvoll. Dem Eigentümer wird mit Anordnung die Zwangsverwaltung die „Verwaltung und Benutzung" (§ 148 Abs. 2 ZVG) seines beschlagnahmten Grundbesitzes entzogen, daher kann ein Gläubiger auf diesem Weg eine bei der Versteigerung möglicherweise den Erlös schmälernde Vermietung durch den Schuldner verhindern.

Die Anordnung von Zwangsversteigerung und Zwangsverwaltung geschieht infolge 51 der Verweisung aus §§ 866, 869 ZPO im Abschnitt über die „Vollstreckung in das unbewegliche Vermögen" auf das ZVG nach den allgemeinen Vollstreckungsregeln. Zuständig ist der Rechtspfleger des Gerichts, in dessen Bezirk der Grundbesitz liegt. Er entscheidet durch Beschluss nach Prüfung der allgemeinen und besonderen Vollstreckungsvoraussetzungen.

Ohne Vollstreckungstitel findet die Zwangsversteigerung nur als Verwertungsverstei- 52 gerung des Erben oder des Insolvenzverwalters[34] oder zur Aufhebung einer Miteigentümer-Gemeinschaft als Teilungsversteigerung statt.[35] In diesen Fällen bedarf über materiell rechtliche Erfordernisse (§ 1365 BGB) hinaus dann, wenn der Miteigentumsanteil an einem Grundstück das ganze Vermögen eines im gesetzlichen Güterstand lebenden Ehegatten darstellt, sein Antrag auf Anordnung der Teilungsversteigerung auch in formeller Hinsicht der Zustimmung des anderen Ehegatten.[36] Aus rechtlichen oder tatsächlichen Gründen gibt es aber in diesen Sonderfällen ausschließlich für den Insolvenzverwalter die Möglichkeit, Zwangsverwaltung zu beantragen.[37]

Für die **Rechtswirkungen** von Zwangsversteigerung und Zwangsverwaltung gegen- 53 über Mietern des Grundbesitzes sind zwei Zeitpunkte von entscheidender Bedeutung: zum einen derjenige der **„Beschlagnahme"** des Grundbesitzes, zum anderen – wenn es zur Versteigerung kommt – der Zeitpunkt der **Wirksamkeit** der Zuschlagserteilung. Das ZVG macht daher Mieter von beschlagnahmten Grundstücken zu Verfahrensbeteiligten, sofern und sobald ihnen der Grundbesitz überlassen ist.

Zur Sicherstellung der Verfahrensbeteiligung kann eine formelle **Anmeldung** des 54 Mietrechts gemäß § 9 Nr. 2 ZVG beim Vollstreckungsgericht erfolgen:

Formulierungsvorschlag:

An das 55
Amtsgericht
– Vollstreckungsgericht –
……
Az……. K……/……

[33] RGBl. 1898, 713 idF vom 20.5.1898, mit zahlreichen Änderungen (im Einzelnen im Habersack Nr. 108).
[34] §§ 175 ff., 172 ff. ZVG.
[35] §§ 180 ff. ZVG.
[36] BGH NJW 2007, 3124.
[37] Stöber/Gojowczyk ZVG § 172 Rn. 46 sowie Stöber/Kiderlen § 180 Rn. 334; Schiffbauer ZIP 1982, 526.

Durch Beschluss vom ...... ist die Zwangsversteigerung des Grundbesitzes ...... angeordnet worden. Die Wohnung ...... wird von mir seit ...... als Mieter bewohnt. Eine Kopie des schriftlichen Mietvertrages füge ich bei.
Mein Mietrecht melde ich hiermit an und bitte, mir zukünftig alle gerichtlichen Mitteilungen und Zustellungen zukommen zu lassen. Die Teilnahme an Terminen behalte ich mir vor, ebenso wie Anträge gemäß § 59 ZVG.

56 Die Anmeldung stellt sicher, dass die Ausübung von Rechten – auch soweit sie nicht an die formelle Verfahrensbeteiligung geknüpft sind – jedenfalls rechtzeitig vorbereitet werden kann. In Betracht kommen beispielsweise die Ausübung des Ablösungsrechts gemäß § 268 BGB[38] oder der Antrag auf Änderung der Versteigerungsbedingungen gemäß § 59 ZVG.

2. Zwangsversteigerung

57 Die Zwangsversteigerung erfasst im hier interessierenden Zusammenhang gebuchte Grundstücke und ideelle Bruchteile, die in Allein- oder Miteigentum des als Eigentümer eingetragenen Schuldners oder eines Erben stehen,[39] also insbesondere auch Wohnungs- und Teileigentum. Bei Gesamthandseigentum findet die Immobiliarvollstreckung in den Anteil nicht statt, vielmehr muss die Auseinandersetzung der Gesamthand – nach Anteilspfändung – betrieben werden. Auch bestimmte grundstücksgleiche Rechte, wie Erbbaurechte oder landesrechtliches Stockwerkseigentum unterliegen gemäß § 870 ZPO der Zwangsversteigerung. Die Anordnung der Zwangsversteigerung wird in Abt. II des Grundbuchs eingetragen.

58 a) **Voraussetzungen.** Mit Ausnahme der eingangs geschilderten Sonderfälle der Verwertungs- und Aufhebungsversteigerung wird auf Antrag eines Gläubigers des Schuldners/Grundstückseigentümers der verfahrenseinleitende Anordnungsbeschluss erlassen, wenn die allgemeinen Voraussetzungen nach der ZPO vorliegen. Alle Zahlungstitel, vollstreckbaren Grundpfandrechte und sonstigen Schuldtitel gemäß § 794 ZPO benötigen danach die Vollstreckungsklausel und müssen zugestellt sein.[40] Das zu beschlagnahmende Grundstück ist im Antrag präzise mit der Grundbuchbeschreibung zu bezeichnen, ebenso ist gemäß § 17 ZVG der Nachweis zu führen, dass der Eigentümer auch der Schuldner ist. Bei einer BGB-Gesellschaft setzt dies die übereinstimmende namentliche Nennung aller Gesellschafter in Titel und Grundbuch voraus.[41] Gegen lediglich durch Auflassungsvormerkung gesicherte Eigentums-Anwärter ist die Zwangsversteigerung nicht zulässig.

59 Der Eintragungsnachweis ist durch ein Zeugnis des Grundbuchamtes, gegebenenfalls durch eine beglaubigte Grundbuchabschrift zu führen. Im Ausnahmefall der Zwangsversteigerung gegen den noch nicht eingetragenen Erben des Eigentümers ist die Erbfolge durch Urkunden – beispielsweise einen Erbschein – glaubhaft zu machen.

60 b) **Wirkungen.** *aa) Konkurrenz mit Insolvenz.* Ist ein Grundbesitz als Teil des Schuldnervermögens Insolvenzmasse, so unterliegt er nach Eröffnung des Insolvenzverfahrens zunächst der Verwaltung des vom Insolvenzgericht bestellten Insolvenzverwalters, der Schuldner/Eigentümer verliert das Verfügungsrecht, welches vom Insolvenzverwalter ausgeübt wird.[42] Der Insolvenzvermerk wird gemäß § 32 InsO in das Grundbuch eingetragen.

[38] Dazu: Storz ZIP 1980, 159.
[39] § 864 Abs. 1 und Abs. 2 ZPO, § 17 ZVG.
[40] Auch an den geschäftsführenden Gesellschafter einer GbR: BGH NJW 2007, 995. zur Heilung von Zustellungsmängeln: BGH BeckRS 2022, 30265.
[41] BGH NJW 2011, 615; 2011, 1449.
[42] § 80 InsO, dazu → Rn. 96 f.

Hat das Zwangsversteigerungsverfahren auf Antrag eines Gläubigers schon vorher begonnen, so bleibt die Beschlagnahme im Zwangsversteigerungsverfahren entgegen dem Grundsatz der Insolvenzordnung, dem Verbot der Einzelzwangsvollstreckung, wirksam.[43] Nach Insolvenzeröffnung können **dinglich gesicherte Gläubiger** die Zwangsversteigerung zur abgesonderten Befriedigung betreiben, Grundpfandgläubiger sind also privilegiert. Zwar kann der Insolvenzverwalter selbst auch – neben dem bereits vollstreckenden Gläubiger – die Zwangsversteigerung gemäß § 165 InsO beantragen und betreiben, der Erlös fließt jedoch nur dann in die Masse, wenn der ursprüngliche Betreiber des Zwangsversteigerungsverfahrens seinen Antrag zurücknimmt oder soweit seine Forderung bei Verwertung des Grundbesitzes voll befriedigt wird. Der Insolvenzverwalter wird also diese Art der Verwertung nur dann betreiben, wenn auch für die Masse neben den Erlösanteilen der dinglichen Gläubiger ein Überschuss zu erwarten ist. Gehört nur einer von mehreren Miteigentumsanteilen an einem Grundstück zur Insolvenzmasse, so kann der Insolvenzverwalter nur diesen Miteigentumsanteil gemäß §§ 172 ff. InsO ohne Titel versteigern lassen, im Übrigen bleibt ihm nur die Möglichkeit der Teilungsversteigerung.[44] 61

bb) Beschlagnahme und ihr Umfang. Die Beschlagnahme umfasst zunächst gemäß § 20 Abs. 1 ZVG den Grundbesitz selbst, dann aber auch alles, worauf sich der **Haftungsverband einer Hypothek** erstreckt,[45] also insbesondere Zubehör und wesentliche Grundstücksbestandteile. Dies gilt aber wegen §§ 95 und 539 Abs. 2 BGB **nicht** für eingebrachte Sachen oder Einbauten des Mieters.[46] 62

Versicherungsforderungen unterfallen der Beschlagnahme ebenfalls, im Zwangsversteigerungsverfahren jedoch nicht die Ansprüche auf wiederkehrende Leistungen sowie Miete oder Pacht, insoweit muss Zwangsverwaltung beantragt werden. Ist nur die Zwangsversteigerung angeordnet, bleibt der Schuldner/Eigentümer zur Einziehung der Miete und zur Verwaltung seines Grundstückes während des Verfahrens berechtigt und verpflichtet. 63

Im Zwangsversteigerungsverfahren ist die Beschlagnahme des Grundstückes der die Zwangsversteigerung anordnende gerichtliche Beschluss. Wirksam wird die Beschlagnahme mit Zustellung des Beschlusses an den Schuldner/Eigentümer oder Eingang des Eintragungsersuchens des Vollstreckungsgerichts beim Grundbuchamt. Entscheidend ist der frühere Zeitpunkt. Die Beschlagnahme wirkt als Veräußerungsverbot, Verfügungen sind also gegenüber dem Antragsgläubiger unwirksam.[47] 64

cc) Fortbestand des Mietverhältnisses. Die Beschlagnahme hat zunächst auf den Fortbestand des Mietverhältnisses keine Auswirkungen, Mietverträge bleiben unverändert bestehen. Wird ein Mietverhältnis zwar **vor** der Versteigerung begründet, ist aber der Besitz bei Zuschlag dem Mieter noch nicht überlassen, so genießt der Mieter **nicht** den nachfolgend beschriebenen Schutz, es sei denn die Aufrechterhaltung des Mietverhältnisses wird gem. § 59 ZVG zur Bedingung für den Ersteher gemacht. Wichtig ist allerdings, dass bei schon **vor der Versteigerung dem Mieter überlassenem**[48] Grundbesitz die Vorschriften des BGB modifiziert werden. 65

dd) Einwirkung auf das Mietverhältnis, Vorausverfügungen, Rechtsgeschäfte und Aufrechnung. Die Wirkungen der Modifikationen treten zwar erst mit Zuschlagserteilung ein, betreffen aber zeitlich früher, nämlich vor oder nach der Beschlagnahme liegende Handlungen: 66

(1) Vorausverfügungen. Vorausverfügungen über die Miete bleiben unverändert möglich und bis zur Zuschlagserteilung wirksam. Der Vermieter kann also seine Miet- 67

---

[43] Vgl. §§ 89, 50 Abs. 1 InsO.
[44] BGH WM 2012, 1245.
[45] § 865 ZPO, § 20 Abs. 2 ZVG mit §§ 1120–1129 BGB.
[46] Einzelheiten bei Stöber/Gojowczyk ZVG § 55 Rn. 10.
[47] § 23 Abs. 1 ZVG; §§ 135 Abs. 1, 136 BGB.
[48] Zur Überlassung → § 14 Rn. 1 ff.

forderungen an Dritte abtreten und verpfänden, auch bleibt die Mietpfändung durch Dritte – persönliche Gläubiger des Schuldners – möglich. Gemäß § 57b ZVG gilt jedoch § 566b Abs. 1 BGB insoweit, als solche Vorausverfügungen ihre Wirksamkeit mit dem Zeitpunkt des Zuschlags verlieren. Damit ist sichergestellt, dass der Ersteher die Miete ab dem Zeitpunkt des Zuschlages erhält. Vorher steht sie ihm nicht zu.

68 Die nach § 566b Abs. 1 BGB grundsätzlich mögliche zeitliche Verschiebung der Wirksamkeit der Vorausverfügung spielt in der Praxis des Zwangsversteigerungsverfahrens keine Rolle, da zwischen Beschlagnahme und Zuschlag immer mehrere Monate vergehen. Die Beschlagnahme ist deshalb von Bedeutung, weil mit ihr klargestellt ist, dass der Mieter nach dem Zuschlag nicht mehr befreiend an den bisher berechtigten Dritten bezahlen darf. Für die Frage, wem die Mietzahlungen zustehen, ist egal, wann sie fällig sind. Entscheidend ist, für welche Zeiträume – vor oder nach dem Zuschlag – sie bezahlt werden. Auf die Kenntnis des Erstehers kommt es für die Unwirksamkeit anderweitiger Vorausverfügungen über die Miete ihm gegenüber nicht an, § 566b Abs. 2 BGB ist in der Zwangsversteigerung nicht anwendbar.[49]

69 Diese vorstehenden Ausführungen gelten für Miete, die nach periodisch wiederkehrenden Zeitabschnitten bemessen ist, nicht aber wenn die Miete für die gesamte Dauer der Mietzeit festgelegt und noch vor dem Zuschlag vollständig bezahlt wird, § 566c BGB[50] ist unanwendbar. Eine solche Zahlung wirkt auch gegenüber dem Ersteher.[51]

70 *(2) Rechtsgeschäfte.* **Auch Rechtsgeschäfte über die Miete zwischen Mieter und Vermieter** oder einem sonst für letzteren Verfügungsberechtigten, beispielsweise Abtretungsgläubiger, sind und bleiben möglich. Soweit sie Mieten für Zeiträume nach dem Zuschlag betreffen, sind sie dem Ersteher gegenüber unwirksam, wenn der Mieter Kenntnis von der Beschlagnahme hatte und die Rechtsgeschäfte sich auf die Miete für den Monat beziehen, der auf die Kenntniserlangung des Mieters folgt. Erhält der Mieter Kenntnis nach dem 15. eines Monats tritt die Unwirksamkeit erst mit dem übernächsten Monat ein. Bei nach dem Zeitpunkt des Zuschlags vorgenommenen Rechtsgeschäften tritt bei Kenntnis des Mieters die Unwirksamkeitsfolge sofort ein. Wie der Mieter Kenntnis erlangt, durch Zustellung des Anordnungsbeschlusses oder anderweitig, ist ohne Belang.

71 *(3) Aufrechnung.* Dem Mieter bleibt die Möglichkeit der **Aufrechnung** auch dann erhalten, wenn die Miete zwar an den Ersteher zu zahlen ist, die Forderung, gegen die aufgerechnet wird, aber dem bisherigen Vermieter zusteht. Dies aber nur, soweit die Zahlung der Miete an den bisherigen Vermieter nach den vorstehend unter → Rn. 70 geschilderten Grundsätzen wirksam und damit schuldbefreiend ist. Hat der Mieter die von ihm zur Aufrechnung gestellte Forderung aber erst erworben, nach dem er Kenntnis von der Beschlagnahme erhalten hat, oder ist seine Forderung erst nach diesem Zeitpunkt und später als die Miete fällig geworden, so bleibt die Aufrechnung ausgeschlossen.

72 In allen vorstehend beschriebenen Fällen ist es unerheblich, ob die Verfügungen und Rechtsgeschäfte vor oder nach der Beschlagnahme vorgenommen wurden.

73 War aber das Mietobjekt dem Mieter bei Erteilung des Zuschlages zwar schon vermietet, aber noch nicht überlassen, so wirkt der Mietvertrag überhaupt nur dann für und gegen ihn, wenn dies Bestandteil der Versteigerungsbedingungen war, dies muss **beantragt** werden. Wird der Ersteher auf diese Weise gebunden, sind auch Rechtsgeschäfte und Vorausverfügungen wirksam.[52] Ist der Ersteher nicht gebunden, bleibt dem Mieter nur der Schadensersatzanspruch gegen den bisherigen Schuldner/Eigentümer.

[49] § 57 ZVG verweist nur auf § 566b Abs. 1 BGB.
[50] Früher: § 574 BGB.
[51] BGH ZMR 1998, 141 = NJW 1998, 595.
[52] § 567a BGB.

c) **Aufhebung und Einstellung des Verfahrens.** Wird das Zwangsversteigerungsverfahren aufgehoben, ohne dass es zu einer Versteigerung des Grundbesitzes kommt, beispielsweise weil der Gläubiger den Antrag zurückgenommen hat, so endet auch die Beschlagnahme. Der bisherige Eigentümer/Schuldner wird wieder in vollem Umfang verfügungsberechtigt. Im Falle der Einstellung des Verfahrens ist zu prüfen, ob sie tatsächlich bezüglich sämtlicher antragstellenden Gläubiger erfolgt ist. Die Beschlagnahme wirkt weiter, wenn einzelne von mehreren Gläubigern das Zwangsversteigerungsverfahren weiterbetreiben. Ebenso bleibt die Beschlagnahmewirkung dann erhalten, wenn die Einstellung des Verfahrens nur vorübergehend erfolgt, das Verfahren dann aber fortgesetzt wird. Es ist dann kein neuer Anordnungsbeschluss notwendig. 74

d) **Zuschlag.** Ist der Mieter durch Anmeldung Beteiligter am Zwangsversteigerungsverfahren geworden, so hat er gemäß § 59 ZVG die Möglichkeit, auf die Versteigerungsbedingungen einzuwirken. Er kann so versuchen, im Falle eines Zuschlages gegebenenfalls weitergehende Bindungen eines Erstehers an den abgeschlossenen Mietvertrag zu erreichen. Von Interesse kann dies für ihn zur Verhinderung oder Verzögerung des Sonderkündigungsrechtes des Erstehers sein. Hierzu ist ein förmliches Verlangen notwendig, das bis zum Beginn der Bietstunde in der Versteigerung gestellt werden kann. Darzulegen ist, dass dem Mieter ein Recht zusteht, das durch die Versteigerung im Falle der Nichtberücksichtigung eine Beeinträchtigung erfahren kann. 75

Dieses Verlangen ist unabhängig von den „gesetzlichen Versteigerungsbedingungen“:[53] 76

Formulierungsvorschlag:
An das 77
Amtsgericht
– Vollstreckungsgericht –
………………
Az.…… K……/……
Im vorbezeichneten Verfahren ist Termin zur Zwangsversteigerung für …… bestimmt.
ich **beantrage** gemäß § 59 ZVG, abweichende Versteigerungsbedingungen dahingehend festzusetzen, dass die Ausübung des Sonderkündigungsrechts eines Erstehers für …… Jahre ausgeschlossen sein soll.
Zur **Begründung** sei ausgeführt, dass ……

Umgekehrt ist es nicht möglich, **ohne** ausdrückliche Zustimmung des Mieters über eine Abänderung der Versteigerungsbedingungen gemäß § 59 ZVG den gesetzlichen Mieterschutz und den Aufschub des Sonderkündigungsrechts auszuschließen. Dem Mieter stehen auch im Zwangsversteigerungsverfahren die zivilprozessualen Vollstreckungsschutzrechte zu. Erhebt er gemäß § 765a ZPO wegen konkreter Suizidgefährdung Beschwerde gegen den Zuschlagsbeschluss, ist dieser gemäß §§ 100 Abs. 3, 86 Nr. 7 ZVG aufzuheben,[54] ein bereits eingestelltes Verfahren darf nicht fortgesetzt werden.[55] 78

aa) Rechtsnachfolge des Erstehers. Kommt es im Zwangsversteigerungsverfahren zum Zuschlag, also der hoheitlichen Eigentumsübertragung, so tritt der Ersteher Kraft Gesetzes ab dem Zeitpunkt des Zuschlages – nicht erst mit seiner Eintragung ins Grundbuch – in die Rechte und Pflichten aus vor der Versteigerung abgeschlossenen Mietverträgen einschließlich etwaiger Untermietverhältnisse ein, sofern das Grundstück dem Mieter vor der Versteigerung überlassen war.[56] Dies gilt unabhängig davon, ob der Zuschlag durch Beschwerde angefochten wird. Nur wenn das Beschwerdegericht den 79

[53] Dazu → Rn. 92.
[54] BGH BeckRS 2014, 23690.
[55] BGH NJW-RR 2020, 1141.
[56] § 57 ZVG, § 566 BGB, früher § 571 BGB.

Zuschlag aufhebt, muss der Mieter die Miete ab Kenntnis vom Aufhebungsbeschluss wieder an den früheren Vermieter leisten, die Zuschlagswirkungen entfallen dann mit Rückwirkung. Während der Dauer des Beschwerdeverfahrens ist der Mieter zwar in seinem Vertrauen auf die Wirksamkeit des Zuschlags geschützt, so dass er an den Ersteher die Miete grundsätzlich befreiend leisten kann,[57] ratsam mag jedoch Hinterlegung mit Rücknahmeverzicht sein[58] um sicher Schuldbefreiung zu erreichen. Konkurrieren mehrere Bieter um den Zuschlag, so stehen dem letztlich in der Beschwerde obsiegenden „neuen" Eigentümer Ansprüche auf Nutzungsherausgabe gegen den Unterliegenden zu.[59]

80 Wird der Zuschlag allerdings erst nach der Beendigung eines Mietverhältnisses und dem Auszug des Mieters erteilt, führt das nicht (mehr) zum Eintritt des neuen Eigentümers in Rechte und Pflichten des bisherigen Vermieters aus dem beendeten Mietverhältnis und aus einer Sicherungsabrede zur Mietkaution. Ebenso obliegt dem bisherigen Vermieter in diesem Fall die Abrechnung der Nebenkosten aus der im Zeitpunkt des Auszugs des Mieters laufenden Abrechnungsperiode.[60]

81 *bb) Mietzahlungen, Vorausverfügungen und Mietsicherheiten.* Ist der Mietvertrag für den Ersteher berechtigend und verpflichtend, so steht ihm auch die Miete ab dem Zuschlag zu. Eingeschränkt wird dieser Grundsatz bei bestimmten Rechtsgeschäften Vorausverfügungen und Aufrechnungsbefugnissen des Mieters, wie oben unter → Rn. 75 ausgeführt.

82 Für vom Mieter bezahlte Mietkautionen gilt § 566a BGB[61] auch beim Eigentumswechsel in der Zwangsversteigerung, also durch Zuschlag. Der Ersteher muss Sicherheiten bei Beendigung des Mietverhältnisses also zurückgeben, und zwar auch, wenn sie ihm vom Voreigentümer nicht ausgehändigt oder überlassen wurden.[62] Ist die Sicherheit zwar vertraglich vereinbart, bei Zuschlag aber noch nicht geleistet, so kann sie der Ersteher fordern.

83 *cc) Baukostenzuschüsse des Mieters.* Baukostenzuschüsse des Mieters sind heute für das Wohnraummietrecht nur noch von geringer Bedeutung. Für **verlorene Baukostenzuschüsse** haftet der Ersteher nur im Rahmen der gesetzlichen Rückerstattungspflichten, darüber hinaus nicht.[63]

84 **Abwohnbare Baukostenzuschüsse** des Mieters oder **Mieterdarlehen** muss der Ersteher gegen sich gelten lassen, bei vorzeitiger Vertragsbeendigung also zurückerstatten. Dies in jedem Falle dann, wenn die Mieterleistung zur Herstellung oder Verbesserung – auch Instandsetzung – der Wohnräume gedient hat.[64] Die Leistung des Mieters muss aber auf einer Vereinbarung im Zusammenhang mit dem Mietvertrag beruhen. Leistungen Dritter muss der Ersteher nicht gegen sich gelten lassen, ebenso wenig bloße Zahlungen des Mieters auf Schönheitsreparaturen und Renovierungsleistungen oder Ausstattungsverbesserungen, die lediglich den besonderen Bedürfnissen des Mieters dienen, nicht aber dem Grundbesitz als solchem zugute kommen.

85 *dd) Sonderkündigungsrecht des Erstehers.* Der Zuschlagsbeschluss selbst ist der **Herausgabetitel**, auf dessen Grundlage vom Ersteher gegen den unmittelbaren Besitzer die Räumung betrieben werden kann, beispielsweise wenn der bisherige Eigentümer und seine Familienangehörigen das Grundstück selbst nutzen. Bestehende Mietverhältnisse aber, die der Ersteher beenden will, können – und müssen gegebenenfalls – von ihm zunächst gekündigt werden, Räumungsansprüche gegen Mieter und/oder deren Unter-

[57] Analog § 836 Abs. 2 ZPO.
[58] Wegen Gläubigerungewissheit: §§ 372 S. 2, 378 BGB.
[59] BGH NJW 2010, 2664.
[60] BGH NJW 2004, 851; 2007, 1818.
[61] Stöber/Gojowczyk § 57 Rn. 20 ff.
[62] BGH NJW 2012, 1353.
[63] Siehe Artikel VI des Gesetzes zur Änderung des zweiten Wohnungsbaugesetzes und anderer Gesetze, §§ 1 ff., https://www.gesetze-im-internet.de/wobaug2_ndg/BJNR010419961.html.
[64] BGHZ 15, 296; NJW 1959, 380.

mieter sind nach den allgemeinen Regeln durchzusetzen,[65] insoweit ist der Zuschlagsbeschluss **nicht** als Räumungstitel verwendbar.

Hat ein Ersteher Mieträume im Rahmen einer Vollstreckungs- oder Verwertungsversteigerung erworben, so gibt ihm § 57a ZVG ein Sonderkündigungsrecht. Die Vorschrift gilt nicht für den Erwerb durch Teilungsversteigerung, sie ist nur anwendbar, wenn der Wohnraum dem Mieter **vor der Versteigerung** bereits **überlassen** war. 86

Das gesetzliche Sonderkündigungsrecht des § 57a ZVG besteht neben den allgemeinen – vertraglichen oder gesetzlichen – Kündigungsrechten und ist von diesen im Grundsatz unabhängig. Das Sonderkündigungsrecht ist zum Ersten zulässigen Termin ab Wirksamkeit[66] – nicht Rechtskraft! – des Zuschlags und unter Einhaltung der gesetzlichen Frist des § 573c BGB[67] auszuüben, sonst verfällt es und der Ersteher kann anschließend nur noch nach den allgemeinen Regeln kündigen. 87

Für Wohnraummietverhältnisse galten auch bei Ausübung des Sonderkündigungsrechts schon bisher die Mieterschutzbestimmungen des BGB uneingeschränkt, dies war einhellige Auffassung der Rechtsprechung[68] und ist nunmehr gesetzlich geregelt.[69] Ein zwischen dem Mieter und dem Schuldner – dem bisherigen Eigentümer – im Mietvertrag vereinbarte Ausschluss der Eigenbedarfskündigung hindert die Ausübung des Sonderkündigungsrechts allerdings nicht.[70] Den Schutz genießt bei Zwischenmietverhältnissen selbstverständlich nicht der gewerbliche Hauptmieter sondern gemäß § 565 BGB dessen Untermieter. Der Ersteher kann also nur unter der Voraussetzung eines berechtigten Interesses, das im Kündigungsschreiben hinreichend darzulegen ist, kündigen.[71] Damit ist das Sonderkündigungsrecht des ZVG nur mehr eine zeitliche, aber keine materielle Erleichterung für die Vermieterkündigung.[72] Die zeitliche Erleichterung kann allerdings erheblich sein, weil auf vertraglich vereinbarte Fristen auch keine Rücksicht genommen zu werden braucht.[73] Nutzt der Ersteher diese Möglichkeit, kann er sich Bereicherungsansprüchen ausgesetzt sehen, wenn der Mieter im Vertrauen auf einen langjährigen Vertrag Aufwendungen auf das Grundstück erbracht hat, die dessen Wert steigern.[74] 88

Mit Ausübung zum „ersten zulässigen Termin" ist nicht unbedingt der Erste, rechnerisch mögliche Termin gemeint, was beispielsweise bei einer Zuschlagserteilung an einem dritten Werktag eines Monats zu offensichtlichen Schwierigkeiten führen würde, vielmehr soll das Kündigungsrecht bestehen, solange es auch bei Beobachtung der erforderlichen Sorgfalt früher nicht ausgeübt werden konnte. Der Ersteher muss die Möglichkeit haben, die Sach- und Rechtslage zu prüfen.[75] 89

Ist an einer Wohnung **nach Überlassung** an den Mieter Wohnungseigentum begründet worden, so ist wegen § 577a BGB der Beginn der „gesetzlichen Kündigungsfrist" um die Sperrzeit hinausgeschoben, auch der Zuschlag in der Zwangsversteigerung ist „Veräußerung" im Sinne dieser Mieterschutzvorschrift,[76] nicht aber schon die bloße Teilung gemäß § 8 oder § 3 WEG. Zu beachten hat der Ersteher schließlich auch die im Wohnungsbindungsgesetz enthaltenen Kündigungs- und Nutzungsbeschränkungen, wenn der zugeschlagene Grundbesitz mit öffentlichen Mitteln gefördert wird. 90

Im Übrigen sind bei Ausübung des Sonderkündigungsrechts auch die ansonsten für Vermieterkündigungen geltenden Form- und Inhaltsregeln[77] zu beachten. 91

---

[65] Gegebenenfalls Räumungsklage, dazu § 1 und § 38 sowie BGH BeckRS 2013, 20207.
[66] §§ 89, 90 ZVG.
[67] Früher § 565 BGB, siehe auch § 573d BGB (neu).
[68] Statt vieler: OLG Hamm WuM 1994, 520 = ZMR 1994, 512.
[69] § 573d iVm §§ 573, 573a BGB und § 574 BGB, eingeschränkt bei Zeitmietverträgen: §§ 575, 575a BGB.
[70] BGH NJW-RR 2021, 1459.
[71] → § 28 Rn. 1 ff.
[72] Vgl. BGHZ 84, 90 = NJW 1982, 1696 und § 573d BGB iVm §§ 573, 573a BGB.
[73] BGHZ 84, 90 und vorhergehende Fn.
[74] BGH NZM 2009, 783.
[75] OLG Düsseldorf Rechtspfleger 1987, 513.
[76] BayObLG NJW-RR 1992, 1166.
[77] Dazu → § 28 Rn. 1 ff.

92 Der Mieter kann insbesondere, wenn er sich am Zwangsversteigerungsverfahren formal beteiligt hat, eine Berücksichtigung der für ihn geltenden Schutzvorschriften zu erreichen versuchen, unter Umständen sogar einen Ausschluss, mindestens aber einen Aufschub des Sonderkündigungsrechts, auf eine vertragliche Vereinbarungen mit dem Vermieter/Schuldner kann er sich allerdings nicht berufen.[78]

93 Infolge der Aufhebung der §§ 57c und 57d ZVG durch das 2. Justizmodernisierungsgesetz[79] kommen die Leistungen von verlorenen oder abwohnbaren Baukostenzuschüssen durch Mieter allerdings nicht mehr als Gründe für einen Kündigungsaufschub oder -ausschluss in Betracht. Der Bundesgerichtshof hat im Falle einer Bank, die eine zu Wohnzwecken vermietete Immobilie mit einem lang andauerndes Wohnrecht wegen eines dem Eigentümer gewährten Darlehens in der Zwangsversteigerung erworben hatte, deren berechtigtes Interesse an der Kündigung des Mietverhältnisses unter der Voraussetzung bejaht, dass der Mieter seine Rechtsposition durch ein von der Bank wegen Gläubigerbenachteiligung anfechtbares Rechtsgeschäft erlangt hat, bei Fortsetzung des Mietverhältnisses eine Verwertung des Grundstücks zu zumutbaren wirtschaftlichen Bedingungen nicht möglich wäre und die Bank dadurch erhebliche Nachteile erleiden würde.[80]

3. Zwangsverwaltung

94 Das Zwangsverwaltungsverfahren sichert dem Gläubiger die Ansprüche auf **Nutzungen** des Grundbesitzes. Ist dieser bereits vermietet, kommt stattdessen bei Vorliegen eines Zahlungstitels auch die Mietpfändung – gegebenenfalls in privilegierter Art für den dinglichen Gläubiger – in Betracht. Mit der bloßen Pfändung kann allerdings eine wirtschaftliche Nutzung des Grundbesitzes nicht erreicht oder erzwungen werden. Dies ist nur im Rahmen der Zwangsverwaltung möglich, wo es Aufgabe des vom Gericht bestellten Zwangsverwalters ist, die Nutzungsmöglichkeiten sicherzustellen, also beispielsweise auch eine Vermietung von leerstehenden Räumen vorzunehmen. Hierdurch wird der scheinbare Nachteil – dass nämlich zunächst von den Erlösen die laufenden Lasten abgezogen werden – wohl ausgeglichen. Im Übrigen ist durch die Anordnung der Zwangsverwaltung und die Einsetzung eines gerichtlich bestellten Zwangsverwalters sichergestellt, dass der Wert des Grundstückes bis zur Zwangsversteigerung gesichert ist und notwendige Erhaltungsmaßnahmen ausgeführt werden. Die Zwangsverwaltung ist also in erster Linie für den gleichzeitig die Versteigerung betreibenden Gläubiger interessant, dies im Übrigen auch aus Gründen der Rangordnung – § 10 ZVG gilt mit den Einschränkungen in § 155 Abs. 2 ZVG auch in der Zwangsverwaltung – bei der Befriedigung der Ansprüche.[81]

95 a) **Voraussetzungen.** Die Voraussetzungen für die Anordnung der Zwangsverwaltung sind die eingangs des Kapitels und unter → Rn. 56 für die Zwangsversteigerung bereits beschriebenen, die Titelzustellung kann notfalls nachgeholt werden.[82] Ergänzend dazu ist die Zwangsverwaltung auch gegen den Schuldner möglich, der noch nicht als Grundeigentümer eingetragen ist, das Grundstück aber als **Eigenbesitzer** nutzt. Praktisch bedeutsamer Fall ist derjenige Schuldner, der als Grundstückskäufer durch eine Auflassungsvormerkung gesichert und dem das Grundstück vom Verkäufer bereits übergeben ist. Als vollstreckender Gläubiger kommt in diesem Falle der Grundpfandgläubiger in Betracht, der die Kaufpreisfinanzierung am noch nicht umgeschriebenen Grundbesitz zu Lasten des Erwerbers abgesichert hat. Insoweit ist ein Zwangsverwaltungsantrag des persönlichen Gläubigers nicht möglich, der antragstellende dingliche Gläubiger benötigt neben dem dinglichen Vollstreckungstitel gegen den Erwerber/

[78] Stöber/Gojowczyk ZVG § 57a Rn. 34; BGH NJW-RR 2021, 1459 (oben Fn. 37).
[79] Art. 11 Ziff. 5 des 2. JuMoG vom 22.12.2006, BGBl. 2006 I 3416.
[80] BGH NZM 2008, 281.
[81] Dazu im Einzelnen unter → Rn. 96 ff.
[82] BGH NJW-RR 2017, 57.

Schuldner auch einen Duldungstitel gegen den Eigentümer.[83] Selbstverständlich ist gegen einen Mieter als Schuldner eine Zwangsverwaltung nicht möglich, da der Mieter sachenrechtlich nicht Eigenbesitzer, sondern Fremdbesitzer ist.

96 **b) Wirkungen.** *aa) Konkurrenz mit Mietpfändungen, anderen Zwangsvollstreckungsmaßnahmen und Insolvenz.* Einzelzwangsvollstreckungsmaßnahmen – beispielsweise **Mietpfändungen** – verlieren ihre Wirkung wegen des relativen Veräußerungsverbots. Die Beschlagnahmewirkung durch Anordnung der Zwangsverwaltung beziehungsweise Kenntniserlangung des Mieters davon haben immer Vorrang. Grundsätzlich gilt, dass die dingliche Pfändung derjenigen wegen persönlicher Ansprüche vorgeht,[84] das gilt auch, wenn der persönliche Gläubiger zunächst eine Zwangshypothek eintragen lässt.[85] beide verlieren in der Insolvenz allerdings wegen § 49 InsO ihre Wirkung,[86] die Zwangsverwaltungs-Beschlagnahme wiederum genießt ab dem laufenden, spätestens dem darauf folgenden, Monat auch davor Priorität.[87] Innerhalb derselben Rangstufe zeitlich aufeinander folgende Beschlagnahmen, also mehrere dingliche Pfändungen oder mehrere Zwangsverwaltungs-Verfahrensbeitritte werden nach dinglichen Rangordnungen, nicht zeitlicher Priorität bedient.[88] Dieser Vorrang gilt im Grundsatz, soweit der Umfang der Beschlagnahme, also der Haftungsverband reicht, auch gegenüber dem Insolvenzverwalter.[89]

97 Die Anordnung der Zwangsverwaltung ist vor oder nach Insolvenzeröffnung auf Antrag dinglich gesicherter, in der Insolvenz des Grundstückseigentümers „absonderungsberechtigte" Gläubiger immer möglich (vgl. § 49 InsO). Lediglich persönliche Gläubiger verlieren wegen des allgemeinen Vollstreckungsverbots mit Insolvenzeröffnung ihr Antragsrecht, auch von ihnen vor Insolvenzeröffnung eingeleitete Zwangsverwaltungsverfahren bleiben allerdings unter den Voraussetzungen des § 80 Abs. 2 S. 2 InsO wirksam.

98 *bb) Beschlagnahme und ihr Umfang.* Die Beschlagnahme eines vermieteten Grundstücks kann auf unterschiedliche Weise wirksam werden, so bewirkt die Zustellung des Anordnungsbeschlusses an den Schuldner die Beschlagnahme des Grundstücks nach §§ 146 Abs. 1, 22 Abs. 1 S. 1 ZVG. Alternativ wird die Beschlagnahme durch das dem Grundbuchamt zugehende Ersuchen um die Eintragung des Zwangsverwaltungsvermerks nach §§ 146, 22 Abs. 1 S. 2 ZVG wirksam. Nach § 151 Abs. 1 ZVG wird die Beschlagnahme auch dann wirksam, wenn der Zwangsverwalter den unmittelbaren oder mittelbaren Besitz (zB durch schriftliche Benachrichtigung der Mieter) an dem Grundstück erlangt. Schließlich bewirkt auch die Zustellung eines vom Vollstreckungsgericht zu erlassenden Zahlungsverbots an den Mieter nach §§ 22 Abs. 2 S. 2, 151 Abs. 3 ZVG die Beschlagnahme.

99 Anders als bei der Zwangsversteigerung wirkt sich im Zwangsverwaltungsverfahren die Beschlagnahme unmittelbar und sofort auf das Mietverhältnis aus: Der gerichtlich bestellte Zwangsverwalter rückt anstelle des Eigentümers/Schuldners, der sein Benutzungs- und Verwaltungsrecht verliert, in die **Vertragsrechte** und **Pflichten** ein. Abgeschlossene Mietverträge wirken sofort für und gegen ihn, sofern der Grundbesitz dem Mieter bei Anordnung der Beschlagnahme bereits überlassen ist (§ 152 Abs. 2 ZVG).[90]

100 Der Mieter oder Nutzer hat die Miete oder Nutzungsentschädigung ab dem Zeitpunkt seiner Kenntnis von der Beschlagnahme oder ab der Zustellung des gerichtlichen Zahlungsverbotes nur noch an den Zwangsverwalter zu bezahlen, die Weiterzahlung

[83] BGH NJW-RR 2021, 1145.
[84] § 1124 Abs. 2 BGB, vgl. Grüneberg/Herrler BGB § 1124 Rn. 6.
[85] BGH BeckRS 2008, 06237.
[86] BGH NJW 2006, 3356.
[87] OLG Celle WM 1955, 851; LG Braunschweig ZIP 1996, 193; Stöber ZVG § 148 Rn. 2.3.
[88] § 879 BGB für dingliche Pfändung; §§ 155, 10 ZVG für Zwangsverwaltung.
[89] Stöber/Drasdo ZVG § 152 Rn. 12.
[90] Auch wenn nur Nebenkosten zu zahlen sind: BGH BeckRS 2013, 13054.

an den Vermieter/Schuldner befreit dann nicht mehr von der Schuld.[91] Es besteht also ein erhebliches Risiko, doppelt in Anspruch genommen zu werden und gegenüber dem Eigentümer/Schuldner den Bereicherungs- oder Rückzahlungsanspruch nicht realisieren zu können. Wird im Laufe eines Zwangsverwaltungsverfahrens über das Vermögen des Mieters das Insolvenzverfahren eröffnet, so ist der die Zwangsverwaltung betreibende Vollstreckungsgläubiger nicht zur Rückgewähr von Zahlungen verpflichtet, die der spätere Insolvenzschuldner als Mieter anfechtbar (§§ 129 ff. InsO) an den Zwangsverwalter geleistet hat, wenn dieser nicht mehr in Anspruch genommen werden kann.[92]

101 Nicht übersehen sollte der Mieter insbesondere, dass seine Aufrechnungsmöglichkeiten, beispielsweise wegen Ersatzansprüchen für werterhöhende Verwendungen, gegen Vermieterforderungen stark eingeschränkt[93] sowie **Vorausverfügungen** über die Miete und **Vorauszahlungen** darauf gegenüber dem Zwangsverwalter nur noch im Monat der Beschlagnahme, bestenfalls noch dem darauf folgenden Monat wirksam sind. Das gilt selbst dann, wenn die etwaigen Ansprüche auf Mietzahlung vor der Bestellung des Grundpfandrechts abgetreten wurden, aufgrund dessen die Beschlagnahme im Zwangsverwaltungsverfahren erfolgt. Auch diese Ansprüche fallen in den Haftungsverband gem. § 1124 BGB.[94] Die Beschlagnahme hat selbst dann Vorrang, wenn die Abtretung zugunsten eines besser berechtigten – aber nicht betreibenden – Grundpfandgläubigers erfolgte. Wirksam gemäß § 1124 BGB ist allerdings eine gemäß dem Mietvertrag geleistete Mietvorauszahlung in einem Einmalbetrag, wenn sie nicht auf der Grundlage periodischer Zeitabschnitte (etwa Monate oder Jahre) bemessen, also nicht zeitratierlich umrechenbar ist und wenn sie vor der Beschlagnahme erfolgt.[95] Unerheblich ist, ob die Einmalzahlung vor oder nach der Bestellung des Grundpfandrechts vereinbart und gezahlt wird.[96] Die Beschlagnahme hat also praktisch für den Mieter annähernd dieselben Folgen wie ein gewillkürter Eigentumswechsel und wie im Zwangsversteigerungsverfahren der Zuschlag. Insoweit kann auf die Ausführungen oben unter 2. d) verwiesen werden. Der Verwalter hat allerdings *kein* Sonderkündigungsrecht und er muss sich bei der Einziehung der Mieten etwaige Baukostenzuschüsse des Mieters entgegenhalten lassen.[97]

102 Die Beschlagnahmewirkungen und damit die Befugnisse des Zwangsverwalters haben die volle Reichweite des Hypotheken-Haftungsverbandes, es verbleiben also keinerlei Vorbehaltsrechte des Eigentümers mehr. Für Wohnraummietverhältnisse heißt das, dass der Verwalter nicht nur die Miete, sondern auch die Nebenkostenvorauszahlungen einzuziehen und abzurechnen hat, gegebenenfalls auch für zurückliegende Abrechnungszeiträume.[98] Seine Verwaltungsbefugnis erstreckt sich auf sämtliche Bestandteile und Erzeugnisse des Grundstücks, auch auf Versicherungsforderungen. Optionen zur Verlängerung des Mietvertrags sind die während seiner Tätigkeitszeit ihm gegenüber auszuüben.[99]

103 Die Rechte des Zwangsverwalters erstrecken sich selbstverständlich nicht auf eingebrachte Sachen oder Einbauten des Mieters, insoweit gelten §§ 95 und 539 Abs. 2, 552 BGB auch in der Zwangsverwaltung. Schließlich steht ihm auch kein Sonderkündigungsrecht gem. § 57a ZVG zu.

104 *cc) Stellung und Befugnisse des Zwangsverwalters.* Der Zwangsverwalter entscheidet über die Verwaltung des Grundbesitzes und dessen Verwendung, Instandsetzung und Instandhaltung. Verwerten darf er der Beschlagnahme unterworfene Gegenstände, beispielsweise **Zubehör,** nicht, es sei denn dies ist für die ordnungsgemäße Verwaltung

[91] §§ 148, 146, 20 ZVG iVm §§ 1123 ff. BGB.
[92] BGH NJW 2018, 716.
[93] OLG Stuttgart BeckRS 2008, 7789.
[94] BGH NZM 2005, 915.
[95] BGH NZM 2014, 636.
[96] BGH NJW 2007, 2919.
[97] BGH NZM 2012, 301.
[98] BGH NJW 2003, 2320.
[99] BGH ZUR NJW 2019, 990.

unerlässlich, wenn beispielsweise der Verkauf verderblicher Ware oder von „Früchten" des Grundstücks erforderlich wird. Einen **Gewerbebetrieb hat** er nicht zu führen, aber gegebenenfalls durch Vermietung oder Verpachtung zu nutzen. Der Zwangsverwalter ist allenfalls befugt, einen auf dem beschlagnahmten Grundstück geführten ***grundstücksbezogenen*** Gewerbebetrieb des Schuldners fortzuführen, wenn dies zur ordnungsgemäßen Nutzung des Grundstücks erforderlich ist und er dabei nicht in Rechte des Schuldners an Betriebsmitteln eingreift, die unabhängig von ihrer Zugehörigkeit zu dem Gewerbebetrieb absolut geschützt sind.[100]

Der Zwangsverwalter hat das Grundstück in – bei Vermietung mittelbaren – Besitz zu 105
nehmen. Die Ausübung der Eigentümerbefugnisse im Umfang der Beschlagnahme bedeutet allerdings nicht, dass der Verwalter auch alle Verbindlichkeiten auszugleichen hätte. Forderungsrückstände, die vor der Beschlagnahme entstanden sind, beispielsweise aus Energielieferungsverträgen, sind nicht aus den Mitteln der Zwangsverwaltung – seien es über Mieten erwirtschaftete oder vom Gläubiger als Vorschuss geleistete – zu bestreiten.[101] Sind Energie- uns sonstige Leistungen der **Daseinsvorsorge** von den Leistungserbringern wegen Zahlungsrückständen des Schuldners eingestellt, kann der Zwangsverwalter den Neuabschluss von Lieferverträgen mit ihm selbst verlangen und gegebenenfalls gerichtlich durchsetzen, soweit das Versorgungsunternehmen Monopolstellung einnimmt,[102] Vorauszahlungen zur Sicherstellung können aber verlangt werden.[103]

Besonderheiten gelten für Steuerschulden des Eigentümers. Der Zwangsverwalter ist 106
nach Auffassung des Bundesfinanzhofs Vermögensverwalter iSv § 34 Abs. 3 AO. Als solcher habe er die steuerlichen Pflichten des Grundstückseigentümers als eigene zu erfüllen, soweit die Aufgaben und Befugnisse seiner Verwaltung reichen. In Betracht kommen insbesondere Erklärungspflichten, Steuerentrichtungspflichten und Mitwirkungspflichten. So muss der Verwalter die für die Einkommensteuererklärung notwendigen Angaben über die vermietende und verpachtende Tätigkeit in den dafür vorgesehenen Anlagen zur Einkommensteuererklärung machen und er muss die Einkommensteuer des Grundstückseigentümers entrichten, soweit sie aus steuerpflichtigen Einkünften, die aus dem im Zwangsverwaltungsverfahren beschlagnahmten Grundstück erzielt werden, herrührt, es sei denn, Grundstückseigentümer ist eine Gesamthandsgemeinschaft.[104]

Soweit der Schuldner einen Hausverwalter – nicht WEG-Verwalter, dazu unten – 107
bestellt hatte, tritt der Zwangsverwalter in bestehende Verträge, da bloß schuldrechtliche und nicht „auf dem Grundstück lastende" nicht notwendigerweise ein, gleiches gilt für vom Schuldner/Eigentümer etwa angestellte Hausmeister. Es entscheidet der Verwalter, ob die Fortsetzung der Beauftragung notwendig ist.

Ist der beschlagnahmte Grundbesitz **Wohnungseigentum,**[105] so erstrecken sich Be- 108
schlagnahme und damit Befugnisse des Zwangsverwalters auch auf die **Mitgliedsrechte** an der Wohnungseigentümergemeinschaft,[106] insbesondere die Ausübung des Stimmrechts. Er kann aber nicht etwa die Auszahlung des ideell auf die Schuldnerwohnung entfallenden Anteils an den Rücklagen verlangen, diese stehen den Wohnungseigentümern gesamthänderisch zu.

Auch **Prozesse** im Zusammenhang mit dem beschlagnahmten Grundstück und der 109
„Zwangsverwaltungsmasse"[107] sind vom Zwangsverwalter zu führen oder, soweit schon anhängig und Nutzungen des Grundstücks betreffend, fortzusetzen.[108] Endet

100 BGH NJW-RR 2005, 1175 = NZM 2006, 73 und NJW-RR 2023, 486 Rn 11.
101 Haarmeyer/Hintzen ZVG § 155 Rn. 9.
102 LG Oldenburg NJW-RR 1992, 53.
103 OLG Düsseldorf ZIP 1989, 1002.
104 BFH NJW 2015, 2524 mAnm Drasdo; RdSchr. d. BMF 3.5.2017, DStR 2017, 1035.
105 Einzelheiten dazu bei: Wolicki NZM 2000, 321.
106 Stöber/Drasdo § 152 Rn. 253 ff.
107 Bub/Treier/Lüke X B 3.7. Rn. 301.
108 vgl. LG Krefeld BeckRS 2014, 19734.

das Zwangsverwaltungsverfahren – hierzu ergeht stets ein Aufhebungsbeschluss des Vollstreckungsgerichts – so endet seine aktive **Prozessführungsbefugnis** mit Beendigung des Amtes in den Fällen der Antragsrücknahme,[109] hingegen besteht die passive Prozessführungsbefugnis für bereits begonnene Rechtsstreite fort,[110] in beiden Fällen besteht sie jedenfalls bis zum Ende des Kostenfestsetzungsverfahrens.[111] Im Falle einer Beendigung der Zwangsverwaltung nach Zuschlag im Versteigerungsverfahren ist streitig, ob begonnene Rechtsstreite insbesondere wegen beschlagnahmter Mietforderungen vom Zwangsverwalter noch zu Ende geführt werden können,[112] nachdem § 12 Abs. 2 der am 1.1.2004 in Kraft getretenen Zwangsverwalterverordnung[113] vorsieht, dass das Vollstreckungsgericht im Aufhebungsbeschluss oder gesondert Anordnungen über etwa fortdauernde Befugnisse des Zwangsverwalters auch bei Antragsrücknahme treffen kann.

110 *dd) Mietvertragsabschluss durch Zwangsverwalter.* Über die ohnehin geltenden Formerfordernisse des BGB hinaus ist dem Zwangsverwalter für von ihm abzuschließende Mietverträge durch § 6 Abs. 1 der Zwangsverwalterverordnung die **Schriftform** vorgeschrieben. Dies dient in erster Linie Beweiszwecken, da Mietverträge auch nach Beendigung des Zwangsverwaltungsverfahrens bestehen bleiben, also im Falle der Einstellung oder Aufhebung der bisherige Eigentümer, im Falle der Versteigerung der Ersteher gemäß § 566 BGB in den laufenden Mietvertrag eintritt. Ansonsten gelten für Mietverträge mit dem Zwangsverwalter keine Besonderheiten, mit Ausnahme der nachfolgend beschriebenen:

111 *(1) Festmietverträge.* Wollte der Zwangsverwalter unter der Geltung des bisherigen Mietrechts **Mietverträge mit Laufzeiten über mehr als ein Jahr** schließen, so sollte er die Zustimmung des Vollstreckungsgerichts einholen. Wirksamkeitsvoraussetzung war dies jedoch nicht.[114] Der Bedarf für diese Regelung soll wegen der mit der Neuregelung in § 575 BGB nur noch begrenzt möglichen Vereinbarung befristeter Mietverhältnisse und des in § 57a ZVG „implizierten" Schuldnerschutzes entfallen sein.[115] Dieses Argument trifft allerdings nicht auf die Fälle der Beendigung des Zwangsverwaltungsverfahrens ohne Zuschlag im Versteigerungsverfahren zu, auch fällt der – erlaubte – befristete Verzicht auf das Recht zur ordentlichen Kündigung nicht unter § 575 BGB, ebenso wenig der Abschluss befristeter Gewerberaummietverträge mit ggf. langer Laufzeit.

112 Allerdings muss der Zwangsverwalter gemäß § 10 Abs. 1 Nr. 2 Zwangsverwalterverordnung die Zustimmung des Gerichts einholen, wenn er von der Vereinbarung der im folgenden unter *bb)* dargestellten Klauseln absehen will.

113 *(2) Haftungsfreizeichnung.* Der Zwangsverwalter muss sich gemäß § 6 Abs. 2 Zwangsverwalterverordnung von möglichen **Haftungsrisiken freizeichnen,** die sich durch verschiedene Verfahrensgestaltungen ergeben können. Dies betrifft zunächst den Fall, dass das Mietobjekt vor der Überlassung[116] durch den Zwangsverwalter an den Mieter versteigert wird, es sollen dann Schadensersatzansprüche des Mieters, dem dann ein Überlassungsanspruch gegen den Ersteher als Rechtsnachfolger nicht zusteht,[117] ausgeschlossen sein. Die Vertragsklausel hat also zu lauten:

---

[109] BGH NJW-RR 2003, 1419.
[110] BGH NJW 2020, 3395.
[111] BGH NJW 2019, 3651.
[112] BGHZ 71, 216; BGH NJW-RR 1993, 442 u.a.; Stöber § 161 Rn. 7; aA Haarmeyer/Hintzen § 12 ZwVwV Rn. 7 ff.
[113] ZwVwV v. 19.12.2003 BGBl. 2003 I 2804.
[114] BGH NJW 1992, 3041.
[115] So die amtliche Begründung zu § 6 ZwVwV.
[116] → § 15 Rn. 1 ff.
[117] § 566 BGB, früher § 571 BGB, dazu Teil D § 13.

Formulierungsvorschlag:
Der Mieter ist nicht berechtigt, Ansprüche aus dem Vertrag zu erheben, wenn das Grundstück vor der Überlassung an ihn im Wege der Zwangsversteigerung veräußert wird. 114

Der zweite Fall betrifft die Möglichkeit, dass das dem Mieter durch den Zwangsverwalter überlassene vermietete Grundstück versteigert wird, der in den Vertrag gemäß § 57 ZVG, § 566 BGB eintretende Ersteher die vertraglichen oder gesetzlichen Pflichten aber nicht erfüllt. Auch dafür soll der Zwangsverwalter entgegen § 566 Abs. 2 BGB nicht haften: 115

Formulierungsvorschlag:
Die gesetzliche Haftung des Vermieters für den vom Ersteher zu ersetzenden Schaden wird für den Fall ausgeschlossen, dass das Grundstück nach der Überlassung an den Mieter im Wege der Zwangsversteigerung veräußert wird und der an die Stelle des Vermieters tretende Ersteher die sich aus dem Mietverhältnis ergebenden Pflichten nicht erfüllt. 116

Schließlich sind noch Ersatzansprüche des Mieters gegen den Zwangsverwalter für den Fall der Sonderkündigung des Mietverhältnisses durch den Ersteher gemäß § 57a ZVG oder den Erwerber gemäß § 111 InsO auszuschließen, beispielsweise bei unberechtigter Kündigung.[118] Folgende zusätzliche Klausel ist also zu vereinbaren: 117

Formulierungsvorschlag:
Der Vermieter ist von Schadensersatzansprüchen freigestellt, die sich im Falle einer gemäß § 57a S. 1 ZVG oder § 111 InsO erklärten Kündigung möglicherweise ergeben. 118

ee) laufende Mietverhältnisse. (1) Der Zwangsverwalter hat einerseits laufende Mieten und Pachten im Sinne von §§ 535, 591a BGB und Nebenkostenvorauszahlungen einzuziehen und andererseits die wesentlichen Vermieterpflichten zu erfüllen. Nicht betroffen sind Bereicherungsansprüche nach § 816 Abs. 2 BGB und vereinbarte Mietausfallforderungen des Eigentümers/Schuldners mit dem Mieter, §§ 1123, 1124 BGB sind nicht entsprechend anwendbar.[119] 119

Die rückständige Miete fällt im Rahmen der Haftungsfortdauer nach § 1123 Abs. 2 S. 1 BGB in die Zwangsverwaltungsmasse. Allerdings werden nur die innerhalb des letzten Jahres vor dem Wirksamwerden der Beschlagnahme fällig gewordenen Mietrückstände erfasst. Der Zwangsverwalter kann diesen Anspruch auch dann geltend machen, wenn das Mietverhältnis vor Eintritt der Beschlagnahmewirkung beendet war.[120] 120

Sofern der Mieter nach Aufhebung der Zwangsverwaltung ohne Zuschlag an den Zwangsverwalter die Miete in Unkenntnis der Aufhebung bezahlen sollte, und dieser die bei ihm eingegangene Miete nach Berichtigung von Kosten an den Vermieter auskehrt, so kann der Mieter den Verwalter nicht auf Rückzahlung wegen ungerechtfertigter Bereicherung in Anspruch nehmen, da seine Zahlung der verwalteten Vermögensmasse zugutekam und der Mieter entsprechend § 407 Abs. 1 BGB gegenüber dem Vermieter Erfüllung einwenden kann. 121

Aufrechnungsbefugnisse und Zurückbehaltungsrechte des Mieters können nach folgenden Fallgruppen kategorisiert werden: 122

---

[118] → § 28 Rn. 656 ff.
[119] BGH NZM 2009, 875 und NZM 2011, 201.
[120] Haarmeyer/Hintzen/Hintzen ZwVwV § 6 Rn. 7.

- Sofern es sich um eine Gegenforderung (zB aus überzahlter Miete) handelt, die während der Zwangsverwaltung gegenüber dem Zwangsverwalter entstanden ist, ist die Aufrechnung unproblematisch möglich, da der Zwangsverwalter die Stellung des Vermieters eingenommen hat.
- Eine Aufrechnung des Mieters mit einer ihm gegen den Vollstreckungsschuldner (Vermieter) zustehenden, nunmehr beschlagnahmten Forderung gegen eine durch den Zwangsverwalter geltend gemachte Mietforderung ist nach § 392 BGB möglich, sofern die Forderung des Mieters vor der Beschlagnahme entstanden ist oder aber nach der Beschlagnahme entstanden ist, aber vor der beschlagnahmten Forderung fällig geworden ist.
- Der Mieter kann nach § 1125 iVm § 1124 Abs. 2 BGB gegenüber dem Zwangsverwalter, der die Mietforderung beschlagnahmt hat und die ausstehende Miete fordert, nicht mit einer ihm gegen den Vermieter zustehenden Forderung aufrechnen, sofern es sich nicht um eine Aufrechnung des zum Zeitpunkt der Beschlagnahme laufenden Monats handelt bzw. des darauffolgenden Monats, sofern die Beschlagnahme nach dem 15. des Monats erfolgt.
- Auch kann der Mieter kein Zurückbehaltungsrecht ausüben, sofern dieses einer nach § 1125 BGB „verbotenen" Aufrechnung gleichkäme. Dem Mieter steht gegenüber dem Zwangsverwalter kein Zurückbehaltungsrecht an den Mieten zu, sofern der Mieter sein Vorkaufsrecht nach § 577 Abs. 1 BGB ausübt, da sich der Eigentumsverschaffungsanspruch gegen den Vermieter und nicht den Zwangsverwalter richtet.[121]

123 *(2)* Der Zwangsverwalter ist aufgrund seiner Verpflichtung aus § 152 Abs. 1 Hs. 2 ZVG gehalten, neben den eigentlichen Mietansprüchen auch die Nebenkostenforderungen, einschließlich vereinbarter Vorauszahlungen, geltend zu machen, da eine mögliche Nachforderung gem. §§ 148 Abs. 1, 21 Abs. 2 ZVG der Beschlagnahme unterliegt.

124 Soweit Nebenkosten nicht oder nicht in ausreichender Höhe bezahlt worden sind und deshalb mit einer Nachforderung zu rechnen ist, wird der Zwangsverwalter Nebenkostenabrechnungen erstellen, um eine entsprechende Nachforderung durchsetzen zu können.[122]

125 In Fortführung des Urteils vom 26.3.2003 hält der BGH den Zwangsverwalter bei weiter bestehendem Mietverhältnis für verpflichtet, auch über vom Mieter geleistete Betriebskostenvorauszahlungen für solche Zeiträume abzurechnen, die vor der Anordnung liegen, und zwar auch dann, wenn die Masse infolge des § 556 Abs. 3 S. 2 BGB (Verfristung wegen nicht rechtzeitiger Abrechnung) nicht mehr von der Abrechnung profitieren kann und mit einer Nachforderung insoweit ausgeschlossen ist. Dies ergebe sich aus § 152 Abs. 2 ZVG.

126 Der Zwangsverwalter muss auch einen zugunsten des Mieters ermittelten Saldo ausgleichen, und zwar unabhängig davon, ob er die noch vom vermietenden Schuldner vereinnahmten Nebenkostenvorauszahlungen erhalten hat. Deshalb hat der Zwangsverwalter insgesamt auch über die Nebenkosten abzurechnen, die vor seiner Bestellung lagen. Hieraus ergeben sich eine Reihe von Schwierigkeiten für ihn, der sich zunächst einmal die jeweiligen Belege zu verschaffen hat und eine mögliche aber aufwendige Abrechnung selbst erstellen oder erstellen lassen muss.

127 Der Zwangsverwalter ist nach der Aufhebung der Zwangsverwaltung nicht mehr verpflichtet, Nebenkostenabrechnungen zu erstellen, auch nicht für im Zeitpunkt der Aufhebung bereits abgelaufene Abrechnungsperioden.[123]

128 Nachdem eine Abrechnung und ein etwaiger Nachzahlungsanspruch nach der Aufhebung nicht mehr der Masse zugute kommen kann, ist der Zwangsverwalter zur Abrechnung konsequenterweise nicht mehr verpflichtet. Insoweit ist er dann auch nicht

[121] BGH NJW 2009, 1990.
[122] BGH NJW 2003, 2320.
[123] OLG Dresden NZI 2012, 154 (156).

passiv legitimiert. Nach Antragsrücknahme obliegt die Abrechnungsverpflichtung dem Vermieter, nach Erteilung des Zuschlags dem Ersteher.

Wird das Mietverhältnis während bestehender Zwangsverwaltung beendet, so hat der vermietende Eigentümer/Schuldner vereinnahmte, aber nicht verbrauchte Nebenkostenvorauszahlungen an den Zwangsverwalter herauszugeben.[124] Weiter muss der Verwalter die vom Mieter für die Zeit zwischen dem Zuschlag im Zwangsversteigerungsverfahren und der Aufhebung des Zwangsverwaltungsverfahrens nach § 667 BGB an ihn geleisteten aber nicht verbrauchten Nebenkostenvorauszahlungen an den Ersteher auskehren, soweit diesem die Abrechnung der Nebenkostenvorauszahlungen und die Rückzahlung des Überschusses obliegt. Soweit die Nebenkostenzahlungen verbraucht werden, sind sie dem Mieter jedoch zurückzugewähren. Sie stehen nicht für die Kosten und die Befriedigung der Gläubiger im Zwangsverwaltungsverfahren zur Verfügung. Bei Verletzung dieser Pflicht macht sich der Verwalter gegenüber dem Erwerber nach § 154 Abs. 1 ZVG schadensersatzpflichtig. 129

(3) Ansprüche auf Durchführung von Schönheitsreparaturen stehen dem Mieter gegen den Zwangsverwalter bei noch laufendem Mietverhältnis zu, sofern diese Verpflichtung nicht wirksam auf den Mieter abgewälzt worden ist. Hat dagegen der Mieter die Schönheitsreparaturen durchzuführen, kann der Zwangsverwalter dies vom Mieter verlangen.[125] 130

(4) Mängelansprüche bzw. (weitere) Instandsetzungsansprüche der Mieter sind ausschließlich gegenüber dem Zwangsverwalter geltend zu machen. Diesem obliegt die Verpflichtung zur Mangelbeseitigung auch dann, wenn der Mangel vor der Anordnung der Zwangsverwaltung entstanden war. Allerdings haftet der Zwangsverwalter nur für Gewährleistungsrechte während der Zwangsverwaltung. Die Instandsetzungsverpflichtung geht nach Aufhebung der Zwangsverwaltung und Zuschlagserteilung im Zwangsversteigerungsverfahren auf den Erwerber über, weshalb ein Vorschuss nur noch gegen den Erwerber geltend gemacht werden kann. 131

Der Zwangsverwalter hat das Recht, die Mietsache zu modernisieren und instand zu setzen, an eine Modernisierungsvereinbarung zwischen Vermieter und Mieter bleibt er aber gebunden. 132

(5) Grundsätzlich können alle Kündigungstatbestände vom Zwangsverwalter geltend gemacht werden, auch wenn der grundsätzlich durch § 149 ZVG geschützte Schuldner das Grundstück Dritten überlässt und gleichzeitig „zurückmietet", aber die Miete nicht entrichtet.[126] Zweifelhaft ist allenfalls, ob der Zwangsverwalter für sich Eigenbedarf geltend machen kann. 133

Nach § 7 ZwVwV ist der Zwangsverwalter gehalten, die Rechtsverfolgung seiner Ansprüche im Rahmen pflichtgemäßen Ermessens zeitnah einzuleiten, weshalb auch eine fristlose Kündigung in sein Ermessen gestellt ist. Er sollte allerdings den Konsens mit dem betreibenden Gläubiger suchen. So kann er beispielsweise auf eine sofortige Kündigung verzichten, wenn sich diese als derzeit wirtschaftlich aussichtslos erweist, zB, weil die Räumungskosten zu hoch sind oder ohnehin kein neuer Mieter in Aussicht ist. 134

Eine Kündigung ausschließlich durch den Zwangsverwalter ist nicht möglich, sofern mehrere Grundstücke im Rahmen einer einheitlichen Vertragsurkunde vermietet worden sind, die Zwangsverwaltung aber lediglich für ein Grundstück angeordnet worden ist. 135

Eine vom Vollstreckungsschuldner/Eigentümer während der Zwangsverwaltung gegenüber dem Mieter ausgesprochene Kündigung ist unwirksam, vor Beschlagnahme ausgesprochene Kündigungen bleiben dagegen wirksam. 136

(6) Für **Mietsicherheiten/Kautionen** gilt folgendes: Hat der bisherige Vermieter vor Beschlagnahme vom Mieter eine Sicherheitsleistung erhalten, so haftet neben ihm auch 137

---

124 BGH NZM 2008, 100.
125 BGH NZM 2005, 596.
126 BGH NZM 2016, 888; BeckRS 2017, 118256.

der Zwangsverwalter für die Rückgabe, wenn das Mietverhältnis während des Zwangsverwaltungsverfahrens endet Das gilt unabhängig davon, ob der Vermieter dem Zwangsverwalter die Kaution ausgehändigt hat oder nicht. Gegebenenfalls ist der Zwangsverwalter von sich aus verpflichtet, die Kaution entsprechend § 551 Abs. 3 BGB anzulegen.[127] Der Zwangsverwalter kann die Herausgabe einer Kaution beim Eigentümer/Schuldner oder auch beim WEG-Verwalter, wenn die Sicherheit bei diesem hinterlegt ist, erzwingen, hierfür genügt als Vollstreckungstitel der Anordnungsbeschluss mit der Besitzverschaffungsermächtigung.[128] Hat der Schuldner, gegen den der Zwangsverwalter aufgrund des die Zwangsverwaltung anordnenden Beschlusses die Zwangsvollstreckung zur Erwirkung der Herausgabe der vom Mieter geleisteten Barkaution betreibt, allerdings eidesstattlich versichert, er habe als Vermieter der der Zwangsverwaltung unterliegenden Sache die Kaution mit rückständigen Mietzahlungen verrechnet, ist er im Verfahren der Herausgabevollstreckung regelmäßig nicht mehr zu weitergehenden Auskünften darüber verpflichtet, mit welchen Forderungen genau er die Kaution verrechnet hat.[129]

138 Obschon eigentlich nicht mit der Erhaltung und Benutzung des Grundstücks zusammenhängende Pflichten, insbesondere Zahlungspflichten des Eigentümers den Zwangsverwalter nicht treffen,[130] berücksichtigt § 566a BGB auch in der Zwangsverwaltung und im Zwangsversteigerungsverfahren vorrangig die Interessen des Mieters.[131] Der Mieter ist damit gegenüber den anderen Gläubigern des Vermieters begünstigt, dies soll wegen des einer Treuhand ähnlichen Verhältnisses zwischen Mieter und Vermieter im Hinblick auf die Gewährung der Kaution gerechtfertigt und vom Gesetzgeber gewollt sein.[132] Der Mieter darf gegenüber dem Zwangsverwalter daher wohl auch mit dem Rückforderungsanspruch gegen den Vermieter aufrechnen.[133]

139 Allerdings ist die Haftung des Verwalters gegenüber dem Mieter in zweierlei Hinsicht beschränkt: Er hat die Kaution zum einen nur zurückzuerstatten, wenn das Mietverhältnis nach der Beschlagnahme im Zwangsverwaltungsverfahren endet, bei einer früheren Beendigung greift § 152 Abs. 2 ZVG nicht. Zum anderen besteht keine Erstattungspflicht im Sinne einer „Nachhaftung“, wenn die Beschlagnahme im Zwangsverwaltungsverfahren durch Aufhebungsbeschluss des Vollstreckungsgerichts vor Rechtshängigkeit der Klage des Mieters auf Kautionsrückzahlung endet.[134]

140 Hat der Zwangsverwalter die Sicherheit vom Eigentümer/Schuldner erhalten, so ist er bei Beendigung des Mietverhältnisses zur Rückgabe an den Mieter, bei Fortsetzung des Mietverhältnisses nach Zuschlag zur Aushändigung an den Ersteher verpflichtet. Rück- oder Weitergabepflicht bestehen auch, wenn der Zwangsverwalter die Kaution bei Neuabschuss eines Mietvertrages selbst und unmittelbar vom Mieter erhalten hat.[135] Während des laufenden Verfahrens ist eine Kaution, soweit der Sicherungsfall eintritt, vom Zwangsverwalter zu verwerten.

141 Den Wertungswiderspruch zum Insolvenzrecht vermag der BGH aber kaum aufzulösen. Der Kautionsrückzahlungsanspruch ist mangels treuhänderischer Anlage eine einfache Insolvenzforderung. Sofern nunmehr ein dinglicher Gläubiger die Zwangsverwaltung aufgrund § 49 InsO beantragt – § 89 Abs. 1 InsO steht nicht entgegen –, stehen etwaige Erträge allein dem absonderungsberechtigten dinglichen Gläubiger zu. Trotzdem muss der Zwangsverwalter vorab den Kautionsrückzahlungsanspruch bedienen oder die Kaution treuhänderisch anlegen. Der Mieter „überholt“ auf diese Weise nicht

[127] BGH NJW 2009, 1673.
[128] BGH NZM 2006, 71; 2015, 859.
[129] BGH BeckRS 2008, 6344.
[130] Haarmeyer/Hintzen ZVG § 3 ZwVwV Rn. 28.
[131] BGH NJW 2003, 849.
[132] BGH NJW 2003, 849; OLG Hamburg NJW-RR 2002, 878.
[133] Problematisch wegen §§ 392, 1125 BGB.
[134] BGH NJW-RR 2006, 1021; WuM 2005, 463.
[135] Haarmeyer/Hintzen ZwVwV § 6 Rn. 31 ff.

nur die übrigen Insolvenzgläubiger, sondern sogar die Massegläubiger, die an den Grundstücksnutzungen nicht partizipieren.

ff) sonstige Pflichten des Zwangsverwalters. Der allgemeine Pflichtenkreis des Verwalters ergibt sich aus seiner Aufgabe, den beschlagnahmten Grundbesitz zu verwalten, zu erhalten und die möglichen Nutzungen zu ziehen. Für Altschulden des Eigentümers/Schuldners haftet er, wie oben ausgeführt, grundsätzlich nicht. Im Übrigen hat er die **Ausgaben der Verwaltung**[136] zu bestreiten. Dazu gehören die laufenden Kosten der Gebäudeerhaltung, gegebenenfalls Löhne von Bediensteten wie Hausmeistern, Hausverwalter und die Zahlung von Versicherungsprämien für gebäudebezogene **Versicherungen** (Haftpflicht, Elementarschaden, Feuer usw), aber auch die Kosten für Energie- und Wasserversorgung.[137] 142

Notfalls muss er Versicherungsverträge neu abschließen,[138] schon um auch sein eigenes persönliches Haftungsrisiko zu verringern. Wie sich aus der Formulierung „laufende" Kosten ergibt, sind Rückstände nicht auszugleichen. Hiervon geltend insgesamt zwei Ausnahmen: 143

(1) Öffentliche Lasten. Zum einen bezüglich der **laufenden öffentlichen Lasten.** Hierzu gehören gemäß §§ 156, 13 Abs. 1 ZVG auch die jeweils letzten, vor der Beschlagnahme fällig gewordenen Beträge öffentlich-rechtlicher Forderungen wie Grundsteuer oder Wasserzins, aber nur, soweit es sich um regelmäßig wiederkehrende eben „laufende" Lasten handelt, nicht beispielsweise **Erschließungsbeiträge.** Diese laufenden Lasten gleicht der Zwangsverwalter ohne weiteres Verfahren aus. Einmalige Forderungen, Rückstände wegen anderer, also nicht öffentlich-rechtlicher Lasten und bei wiederkehrenden Leistungen ältere als die letzte Fälligkeit sind im Zwangsverwaltungsverfahren anzumelden und werden nach einem **Teilungsplan** wie sonstige Gläubigerforderungen auch entsprechend ihrer Rangeinordnung aus den möglicherweise erzielten Überschüssen ausgeglichen.[139] 144

(2) Wohngeld. Eine weitere Ausnahme gilt im Ergebnis bei **Wohngeldrückständen,** sofern der beschlagnahmte Grundbesitz eine Eigentumswohnung ist. Grundsätzlich sind alle diejenigen Beträge vom Zwangsverwalter zu bezahlen, die laufend ab der Beschlagnahme geschuldet werden, insbesondere also Wohngeld-Vorauszahlungen. Dies schließt ausnahmsweise auch denjenigen Anteil mit ein, der zur Rücklagenbildung der WEG geleistet wird. Insoweit kann sich der Verwalter nicht der allgemeinen Pflicht zur Beitragsleistung entziehen,[140] obwohl er grundsätzlich keine Zahlungen zur Kapitalbildung leisten darf. 145

Werden Jahresabrechnungen von der Versammlung der Wohnungseigentümer gebilligt, entsteht gemäß **§ 156 Abs. 1 S. 2 ZVG** auch hinsichtlich des zwangsverwalteten Grundbesitzes eine Zahlungspflicht in beschlossener Höhe. 146

Seit der Änderung des § 10 ZVG durch die WEG-Novelle, sind Hausgeldansprüche der Gemeinschaft in einer neuen Rangklasse 2 ausdrücklich genannt. Daraus hatte sich ein Streit um die Frage entwickelt, ob laufende Hausgeldzahlungen, insbesondere aber Sonderumlagen und Einmalzahlungen auf Jahresrechnungen an die WEG nur noch insoweit ohne weiteres Verfahren zu befriedigende laufende „Ausgaben der Verwaltung" seien, als sie laufenden öffentlichen Ausgaben gleichgestellt seien. Im Übrigen seien Zahlungen nur noch im Rahmen von gerichtlichen Teilungsplänen (§ 156 Abs. 2 ZVG) erlaubt.[141] Demgegenüber hat der Bundesgerichtshof klargestellt, dass die Änderungen von § 10 Abs. 1 Nr. 2 und § 156 Abs. 1 ZVG vom März 2007 nicht zur Folge haben, dass die Forderungen der Wohnungseigentümergemeinschaft auf das laufende 147

---

136 § 155 ZVG.
137 BGH NJW 2009, 1677.
138 § 9 Abs. 3 ZwVwV.
139 Stöber/Drasdo ZVG § 156 Rn. 21 ff.; Haarmeyer/Hintzen ZVG § 156 Rn. 3 ff.
140 Stöber/Drasdo ZVG § 155 Rn. 14.
141 Ua LG Köln NZM 2008, 936; Schneider NZM 2008, 919 mwN.

Hausgeld von dem Zwangsverwalter nicht mehr als Ausgaben der Verwaltung zu erfüllen wären.[142]

148 Werden Jahresabrechnungen von der Versammlung der Wohnungseigentümer gebilligt, entsteht auch hinsichtlich des zwangsverwalteten Grundbesitzes eine Zahlungspflicht in beschlossener Höhe. Selbstverständlich kann der Verwalter diese **Kosten,** soweit mietrechtlich **umlegbar**[143] auf den Mieter abwälzen. Er muss dann auch gegenüber dem Mieter abrechnen, soweit sich dann ein Guthaben für diesen wegen an den bisherigen Vermieter vor der Beschlagnahme geleisteten Vorauszahlungen ergibt, soll eine Erstattungspflicht des Zwangsverwalters bestehen.[144]

149 Umstritten ist aber die Zahlungspflicht des Verwalters, wenn die festgestellte **Jahresabrechnung** des WEG-Verwalters Rückstände wegen nicht geleisteter (Voraus-)Zahlungen des Eigentümers/Schuldners miteinschließt.

150 Grundsätzlich ist eine während der Zeit der Zwangsverwaltung entstehende Wohngeld-Zahlungspflicht unabhängig davon vom Zwangsverwalter zu erfüllen, ob die geforderten Beiträge vor oder nach dem Beschlagnahmezeitpunkt entstanden sind, sofern der die Fälligkeit herbeiführende Beschluss der Wohnungseigentümergemeinschaft gefasst wurde, während das Zwangsverwaltungsverfahren andauert.[145] Dies erfasst jedenfalls **Sonderumlagen,** die deshalb beschlossen wurden, weil einzelne Eigentümer oder der konkrete Schuldner/Eigentümer in der Vergangenheit Wohngeldzahlungen nicht geleistet haben, so entschieden für den Fall des Beschlusses über eine Sonderumlage nach Konkurseröffnung,[146] weil hier neben die alte und weiterbestehende Forderung der Wohnungseigentümergemeinschaft bezüglich der Vorschüsse gegen den Schuldner die neue, durch den Sonderumlage-Beschluss erstmals begründete weitere Forderung trat.

151 In jedem Falle sind auch Schuldsalden vom Zwangsverwalter auszugleichen, die aus Zahlungsrückständen des Eigentümers/Schuldners für dasjenige Abrechnungsjahr herrühren, in das die Beschlagnahme fällt. Geschuldet wird aber nicht die Nachzahlung der Vorschüsse, sondern der Saldo der genehmigten Jahresabrechnung.[147]

152 Für übernommene Schuldsalden aus davor liegenden Abrechnungsjahren gilt, dass der Zwangsverwalter für **Vorschussrückstände** nicht haftet, also auch nicht zur Nachzahlung der gesamten Rückstände verpflichtet ist. Vielmehr sind aus den Mitteln der Zwangsverwaltung als „Kosten der Verwaltung" allenfalls die sogenannten **„Spitzenbeträge"** zu bestreiten, also die Differenz zwischen der Abrechnungsgesamtforderung für ein zurückliegendes Jahr und den im betroffenen Abrechnungszeitraum geschuldeten Vorauszahlungen, unabhängig davon, ob sie tatsächlich geleistet wurden.[148] Dies aber nur, soweit die Zahlung während der Zwangsverwaltung fällig geworden ist. Sonst bleibt es beim Grundsatz der Nichthaftung für Altschulden, die dann nur, soweit tituliert, im Verfahren angemeldet werden können und im Rahmen des Teilungsplanes, also meist im Rang nach den Forderungen der Grundpfandgläubiger, berücksichtigt werden.

153 Die Instanzrechtsprechung war ursprünglich der Auffassung gewesen, der gesamte aus früheren Wirtschaftsjahren in die aktuelle Abrechnung übernommene Saldo werde geschuldet.[149]

154 Einfacher liegen die Dinge bei **Abrechnungsguthaben:** Solche aus zurückliegenden Wirtschaftsjahren und vor der Beschlagnahme beschlossenen Jahresabrechnungen stehen dem Eigentümer/Schuldner zu, solche aus während der Zwangsverwaltung be-

[142] BGH NJW 2010, 1003.
[143] Dazu § 24 und §§ 556, 556a, 560 BGB.
[144] OLG Hamburg Rpfleger 1990, 219; BGH ZInsO 2003, 656 (657); kritisch: Haarmeyer/Hintzen ZwVwV § 6 Rn. 30.
[145] BGHZ 104, 197 = NJW 1988, 1910; allgemeine Ansicht.
[146] Nach BGHZ 108, 44 = NJW 1989, 3018 Masseschuld.
[147] Stöber/Drasdo ZVG § 155 Rn. 17.
[148] BGH NJW 1994, 1866; BayObLG NJW-RR 1999, 1458; Stöber § 152 Rn. 16.2b).
[149] Ua BayObLG ZIP 1991, 812; OLG Karlsruhe ZMR 1990, 189.

schlossenen dem Zwangsverwalter, unabhängig davon, ob der Überschuss sich etwa aus noch vor der Beschlagnahme vom Eigentümer geleisteten Zahlungen ergibt.

155 Auch die Abrechnung von Betriebskostenvorauszahlungen gegenüber Mietern gehört zu den Verwalterpflichten. Soweit sich für Mieter ein Guthaben wegen an den bisherigen Vermieter vor der Beschlagnahme geleisteten Vorauszahlungen ergibt, soll eine Erstattungspflichten des Zwangsverwalters bestehen.[150] Die Abrechnungspflicht soll sich nach Auffassung des BGH auch auf Zeiträume vor Beschlagnahmewirksamkeit erstrecken, und zwar nicht nur auf bereits begonnene, aber erst nach der Beschlagnahme endende, sondern auch auf vor Beginn der Verwaltung bereits beendete Abrechnungsperioden, für die der Schuldner/Eigentümer seiner Abrechnungspflicht nicht nachgekommen ist.[151] Etwaige Mieterguthaben aus solchen Abrechnungen muss der Verwalter dann auch aus den Verwaltungsmitteln, in letzter Konsequenz also ggf. aus einem vom Vollstreckungsgläubiger zu leistenden Vorschuss, erstatten.[152]

156 c) **Beendigung der Zwangsverwaltung.** Das Zwangsverwaltungsverfahren kann aus mehreren Gründen enden. In Betracht kommen beispielsweise Rücknahme des Gläubigerantrags, Zuschlagserteilung im Zwangsversteigerungsverfahren oder die Befriedigung der Gläubigeransprüche. In jedem Falle ist ein – nach Meinung des BGH[153] stets konstitutiver – förmlicher **Aufhebungsbeschluss** des Vollstreckungsgerichts notwendig.[154] Unabhängig von den im Folgenden dargestellten Arten der Verfahrensbeendigung wird der Verwalter für von ihm begründete, aber noch nicht ausgeglichene oder abgerechnete Verbindlichkeiten – beispielsweise aus Versorgungsverträgen – gut daran tun, Rückstellungen zu bilden, um Haftungsrisiken auszuschließen, wenn sich die Auffassung durchsetzen sollte, dass § 154 ZVG in entsprechender Anwendung auch nicht förmlich am Verfahren Beteiligte begünstigt.[155]

157 *aa) Verfahrensaufhebung ohne Zuschlag.* Nimmt der Gläubiger seinen Verfahrensantrag zurück, so endet die Beschlagnahme, entgegen der bislang herrschenden Auffassung nicht bereits mit dem Eingang einer Antrags-Rücknahmeerklärung des Gläubigers bei Gericht, sondern mit dem gerichtlichen Aufhebungsbeschluss.[156] In den anderen Fällen der Verfahrensbeendigung ohne Zuschlagserteilung endet die Beschlagnahme mit der Zustellung des Aufhebungsbeschlusses an Gläubiger und Schuldner. Auf den Eintritt der Rechtskraft kommt es nicht an.

158 Die Aufhebung der Zwangsverwaltung hat auf den Bestand laufender Mietverträge, unabhängig vom Zeitpunkt ihres Abschlusses, keinen Einfluss. Der Zwangsverwalter hat grundsätzlich mit Zustellung des Aufhebungsbeschlusses an ihn seine Tätigkeit zu beenden. Er hat dann auch keine Befugnisse mehr. Insbesondere darf er keine Mieten mehr einziehen und auch keine Ausgaben mehr tätigen, es sei denn, das Vollstreckungsgericht har ihn dazu ermächtigt.[157] Den beschlagnahmten Grundbesitz muss er an den Schuldner oder – falls während der Zwangsverwaltung ein gewillkürter Eigentumswechsel stattgefunden hat – an den Eigentümer herausgeben.[158] Soweit der Zwangsverwalter einen Verfahrensüberschuss erwirtschaftet hat, sind hiervon die Gerichtskosten zu bestreiten und nach Bewilligung und Festsetzung durch das Gericht die Vergütung und Auslagen des Zwangsverwalters zu entnehmen. Der danach verbleibende Überschuss ist vom Zwangsverwalter an den Eigentümer/Schuldner herauszugeben.[159] Mit Verfahrensaufhebung erlangt der Eigentümer/Schuldner wieder seine vollen Eigentümerbefugnisse und auch die damit verbundenen Pflichten. Hierzu gehört auch

---

[150] → Fn. 113.
[151] BGH WuM 2003, 510.
[152] BGH NZM 2005, 915.
[153] BGH NZM 2008, 741.
[154] § 161 ZVG.
[155] OLG Schleswig BeckRS 2008, 00947.
[156] BGH NJW 2008, 3067.
[157] § 12 Abs. 2 Zwangsverwalterverordnung (ZwVwV).
[158] BGH NZM 2012, 503.
[159] BGH NZM 2012, 503 Fn. 145.

die Abrechnung von Mietnebenkosten und gegebenenfalls Erstattung nicht verbrauchter Vorauszahlungen.[160] Im Übrigen binden die Rechtshandlungen des Zwangsverwalters den wieder berechtigten Schuldner/Eigentümer, beispielsweise Vertragsänderungen bleiben auch ihm gegenüber wirksam.

159 *bb) Aufhebung nach Rechtskraft des Zuschlages im Zwangsversteigerungsverfahren.* Obwohl die Wirksamkeit eines Zuschlagsbeschlusses im Zwangsversteigerungsverfahren bereits mit seiner Verkündung eintritt, endet nicht auch die Zwangsverwaltung bereits zu diesem Zeitpunkt. Vielmehr wird das Zwangsverwaltungsverfahren erst dann aufgehoben, wenn der Zuschlag auch rechtskräftig geworden ist.

160 Hieraus ergibt sich zunächst, dass der Zwangsverwalter seine Tätigkeit auch nach Zuschlagserteilung bis zur Verfahrensaufhebung fortsetzen muss. Selbstverständlich wird der Zwangsverwalter in dieser „Abwicklungsphase" keine weitreichenden Entscheidungen mehr treffen. Für seine Tätigkeiten nach dem Zuschlag bis zur Verfahrensaufhebung ist er dem Ersteher gegenüber verantwortlich. Er hat auch diesem gegenüber diejenigen Einnahmen und Ausgaben abzurechnen, die nach der Zuschlagswirksamkeit zu Gunsten und zu Lasten des Erstehers angefallen sind, also alle diejenigen Zahlungen, die Zeiträume nach der Zuschlagswirksamkeit betreffen. Einnahmen und Ausgaben, die für Zeiträume getätigt werden, die vor der Zuschlagswirksamkeit liegen, sind vom Zwangsverwalter gegenüber dem Gericht abzurechnen. Diese Zahlungen erhöhen oder schmälern die Teilungsmasse, aus der die Gläubiger nach dem Teilungsplan zu befriedigen sind. Soweit allerdings dem Ersteher die Abrechnung der Nebenkostenvorauszahlungen und die Rückzahlung des Überschusses obliegt, weil das Mietverhältnis über den Zeitpunkt der Zuschlagswirksamkeit und Aufhebung der Zwangsverwaltung hinaus fortbestand, ist der Zwangsverwalter bei der über den Zuschlag hinaus fortgesetzten Verwaltung verpflichtet, die vom Mieter für die Zeit vor dem Zuschlag vereinnahmten, aber nicht verbrauchten Nebenkostenvorauszahlungen an den Ersteher auszukehren,[161] besser noch, die Abrechnung für die Zeit der Zwangsverwaltung selbst vorzunehmen.

161 Wie bereits oben ausgeführt, muss der Zwangsverwalter mit, ggf. auch ohne ausdrückliche Ermächtigung des Vollstreckungsgerichts[162] solche Rechtsstreite, die er noch während des Zwangsverwaltungsverfahrens begonnen hat und die Nutzungen und Lasten des Grundbesitzes während der Zeit der Beschlagnahme betreffen, fortführen und notfalls sogar neu beginnen.[163]

162 Der Mieter kann die Miete während des noch laufenden Zwangsverwaltungsverfahrens mit befreiender Wirkung weiterhin an den Zwangsverwalter bezahlen, dieser hat ja gegenüber dem Ersteher abzurechnen. Im Übrigen gelten die Ausführungen, auch zur Möglichkeit der Hinterlegung, → Rn. 9 sinngemäß. Wie ausgeführt, hat der Zwangsverwalter auch ihm überlassene Mietsicherheiten an den Ersteher nach Aufhebung des Zwangsverwaltungsverfahrens weiterzugeben.

163 Ein offensichtlicher Konflikt besteht, falls der Ersteher nach Wirksamkeit des Zuschlages das ihm zustehende Sonderkündigungsrecht ausüben will, das Zwangsverwaltungsverfahren aber noch läuft. Insoweit ist allein der Ersteher berechtigt, die Kündigung auf Grund des ohnehin nur ihm zustehenden Rechts zu erklären.[164] Auch die im Zusammenhang mit der Sonderkündigung stehenden Rechte sind vom Ersteher auszuüben. Insbesondere hat er etwaige Räumungsprozesse selbst und nicht durch den Zwangsverwalter zu führen, es sei denn er hat diesem Vollmacht erteilt. Die „verlängerte" Verwaltung bezieht sich bis zu ihrem Ende auf den Schuldner, nicht auf den Ersteher.[165] Eine Ausnahme bilden nur die seltenen Fälle, in denen ein Beteiligter des Zwangsversteigerungsverfahrens eine gerichtliche Verwaltung gemäß § 94 ZVG durch

[160] Stöber/Drasdo ZVG § 161 Rn. 30 ff.
[161] BGH NZM 2008, 100, dazu Ganter ZfIR 2008, 389.
[162] BGH NZM 2010, 676.
[163] → Rn. 104.
[164] Stöber/Gojowczyk ZVG § 57a Rn. 10 f.
[165] Stöber/Drasdo ZVG § 161 Rn. 30 ff.

Bestellung eines Verwalters bis zur Zahlung oder Hinterlegung des Bargebotes des Erstehers veranlasst. Mit dieser Verwaltung „für Rechnung des Erstehers" kann verhindert werden, dass dieser – obwohl seine endgültige Berechtigung noch nicht feststeht – wirksame und ggf. für Gläubiger oder andere Beteiligte nachteilige Verfügungen über den Grundbesitz trifft.

IV. Insolvenz im Wohnraummietverhältnis

1. Allgemeines

Voraussetzungen und Wirkungen der Insolvenz einer Vertragspartei unterscheiden 164
sich bei **Wohnraummietverhältnissen** und **Gewerberaummietverhältnissen** nur in wenigen Einzelheiten. Es gelten dieselben gesetzlichen Regeln, so dass alle grundlegenden und gemeinsamen Fragen im gewerbemietrechtlichen Teil des Werks behandelt werden.[166] An dieser Stelle beschränkt sich die Darstellung daher auf die Besonderheiten bei Wohnraummietverhältnissen.

2. Insolvenzrechtliche Besonderheiten bei Wohnraummietverhältnissen in der Insolvenz des Mieters

a) Rücktritt und auflösende Bedingung. Bei Wohnraum gilt § 572 BGB, das **Verbot** 165
für den Vermieter, sich **vertraglich** ein **Rücktrittsrecht** für die Zeit nach Überlassung der Mieträume vorzubehalten oder den Mietvertrag zum Nachteil des Mieters unter eine **auflösende Bedingung** zu stellen. Wird das Insolvenzverfahren über das Vermögen des Mieters nach Mietvertragsabschluss, jedoch vor der Überlassung der Mieträume eröffnet, können sowohl Vermieter als auch Mieter aber von Gesetzes wegen gemäß § 109 Abs. 2 InsO vom Vertrag zurücktreten.

b) Freigaberecht des Insolvenzverwalters. Ist gemieteter Wohnraum bei Insolvenz- 166
eröffnung dem Mieter bereits überlassen, so steht dem Insolvenzverwalter über das Vermögen des Mieter/Schuldners statt des Rechts zur vorzeitigen Kündigung des Mietverhältnisses nach § 109 Abs. 1 S. 1 InsO ein „Freigaberecht" gem. § 109 Abs. 1 S. 2 InsO zu. Es kann – wie das Kündigungsrecht – ohne Rücksicht auf die vereinbarte Vertragsdauer und unabhängig von der Überlassung ausgeübt werden.[167] Ähnliche Regelungen finden sich für die mietähnlichen genossenschaftlichen Wohnungsüberlassungen (§§ 66a, 67c GenG). Die Freigabeerklärung mit gesetzlicher Frist nach § 573c BGB gilt im Grundsatz also auch für befristete Mietverhältnisse oder solche, bei denen die Kündigungsrechte durch Vertrag zeitlich oder gegenständlich beschränkt sind. Ist vertraglich eine kürzere Frist vereinbart, so gilt diese.[168]

Folge der Freigabe ist, dass nach Abgabe der entsprechenden Erklärung und Ablauf 167
einer der Kündigungsfrist entsprechenden Zeit das Mietverhältnis über die Wohnung zwar fortbesteht, die nach Ablauf der Frist geschuldeten Mieten aber nicht aus der Insolvenzmasse, sondern vom Schuldner aufgebracht werden müssen. Dadurch entfällt für den Insolvenzverwalter neben der Möglichkeit, durch Beendigung des Mietverhältnisses etwa Mietsicherheiten zur Masse zu ziehen, ein wesentlicher weiterer Beweggrund für die Kündigungserklärung. Gleichzeitig ist der Konflikt zwischen Erhaltung der Insolvenzmasse und Herbeiführung einer Obdachlosigkeit des Schuldners gelöst.[169] Damit wird dem Reformziel der Insolvenzordnung Rechnung getragen, die Grundlagen für eine Sanierung des schuldnerischen Vermögens zu erhalten und andererseits den Schuldner nicht des persönlichen Lebensmittelpunktes zu berauben.

---

[166] → § 72.
[167] Eckert ZIP 1996, 897 (901); Braun/Kroth InsO § 109 Rn. 16.
[168] Tintelnot ZIP 1995, 616 (621).
[169] Braun/Fehl-Weileder InsO § 109 Rn. 2.

168 Der Mieter-Schuldner konnte unter dem früheren Rechtszustand eine vom Verwalter erklärte Kündigung selbst dann nicht verhindern, wenn er seinen Zahlungsverpflichtungen gegenüber dem Vermieter nachgekommen war, da mit der Eröffnung des Verfahrens seine Verfügungsbefugnis über zur Insolvenzmasse gehörendes Vermögen endet (§ 80 Abs. 1 InsO). Diese bedeutende Einschränkung des Mieterschutzes wurde für Wohnraummietverhältnisse nicht für tragbar gehalten, und § 109 Abs. 1 InsO im oben beschriebenen Sinn so novelliert, dass das allgemeine Sonderkündigungsrecht des Verwalters entfallen ist.[170] Damit unterliegt die Frage der Fortsetzung oder Aufgabe des Wohnraummietverhältnisses im Rahmen der vertraglichen Vereinbarungen der Disposition des Mieter-Schuldners selbst.

169 Allerdings kann der Insolvenzverwalter, um Einnahmen zu erzielen, vom Schuldner nicht benötigte oder ganz freigegebene, aber noch gemietete Räume untervermieten, hat sich dann aber selbstverständlich an die vertraglichen Pflichten zu halten.

170 Der Vermieter kann nur die Mieten, die nach Insolvenzeröffnung bis zur Beendigung des Mietverhältnisses oder bis zum Ablauf des der Kündigungsfrist entsprechenden Zeitraums nach der Freigabeerklärung fällig werden, aus der Masse fordern (§ 55 Abs. 2 InsO). Danach ist der Schuldner – während der Verfahrensdauer aus ihm etwa verbleibenden pfandfreien Mitteln – persönlich zur Zahlung verpflichtet. Der Vermieter kann einem Wohnungsmieter, der sich in der Verbraucherinsolvenz befindet, nach der „Freigabe" des Mietverhältnisses durch den Insolvenzverwalter außerordentlich wegen Zahlungsverzugs kündigen und die Kündigung dabei auch auf Mietrückstände stützen, die bereits vor der Insolvenzantragstellung angefallen sind, damit ist auch der Mieter und nicht der Insolvenzverwalter ggf. Räumungsschuldner.[171] Im Insolvenzverfahren kann der Vermieter einen gesetzlich als Insolvenzforderung qualifizierten Schadensersatzanspruch (§ 109 Abs. 1 S. 3 InsO) geltend machen.

171 c) **Mietsicherheiten.** Hat der Vermieter entgegen § 551 Abs. 3 BGB eine Mietkaution nicht von seinem **Vermögen getrennt** angelegt, sind die Rückforderungsansprüche des Mieters nur einfache **Insolvenzforderung.**[172] Allerdings stehen dem Mieter bei Wohnraummietverhältnissen **deliktische Ansprüche** gegen den Vermieter (§ 823 Abs. 2 BGB, § 266 StGB) wegen Verletzung der Vermögensbetreuungspflicht iSd § 266 Abs. 1 StGB zu.[173] Auch die **gesetzlichen Vertreter** einer **juristische Person** als Vermieter haften persönlich, wenn sie in zurechenbarer Weise gesetzwidrig über die Kaution verfügt haben.[174] In der Insolvenz des Vermieters, der natürliche Person ist, sind deliktische Schadensersatzansprüche zwar teilweise von den insolvenzrechtlichen Vollstreckungsverboten nach §§ 114 Abs. 3 S. 3 iVm 89 Abs. 2 S. 2 InsO ausgenommen und damit privilegiert, von größerer Bedeutung ist jedoch, dass sie bei entsprechender Kennzeichnung in der Forderungsanmeldung („aus unerlaubter Handlung") und Feststellung zur Tabelle gem. § 302 Nr. 1 InsO von der Restschuldbefreiung ausgenommen sind. Damit kann die Beitreibung nach Wegfall der Vollstreckungssperre bei Beendigung des Insolvenzverfahrens, längstens der Wohlverhaltensperiode, fortgesetzt werden.

3. Insolvenzrechtliche Besonderheiten bei Wohnraummietverhältnissen in der Insolvenz des Vermieters

172 Besonderheiten gegenüber den allgemeinen insolvenzrechtlichen Regelungen ergeben sich, wenn der Insolvenzverwalter vermietete Wohnräume freihändig oder im Wege der Zwangsversteigerung veräußert (§ 165 InsO, §§ 172 ff. ZVG) und der Erwerber das **Sonderkündigungsrecht** unter Einhaltung der gesetzlichen Frist ausübt. Es gelten dann ergänzend die allgemeinen Mieterschutzbestimmungen, ua die §§ 573 und 573a

[170] Dazu im Einzelnen Eckert NZM 2001, 260 sowie Braun/Kroth InsO § 109 Rn. 16 ff.
[171] BGH NZM 2015, 618.
[172] BGH NJW 2008, 1152 mAnm Derleder.
[173] BGH NJW 2008, 1827.
[174] Vgl. Schmidt-Futterer/Flatow BGB § 551 Rn. 62.

BGB,[175] aber auch die §§ 574 ff. BGB.[176] Damit stellt sich § 111 InsO lediglich als Frist- nicht aber als materielle Erleichterung einer Erwerberkündigung dar. Bisher vom aufgehobenen § 57c ZVG erfasste Finanzierungsleistungen des Mieters können von diesem nun nicht mehr zur Verlängerung des Mietverhältnisses eingesetzt werden, es bleibt ihm nur die Abrechnung und Geltendmachung.

[175] BR-Drs. 1/92, 147/148.
[176] Braun/Fehl-Weileder InsO § 111 Rn. 10.

§ 40 Außergerichtliche Konfliktlösung

Übersicht

Schrifttum:
Fritz/Pielsticker, Handbuch Mediationsrecht, 3. Auflage 2024; Glenewinkel, Mietstreitigkeiten im System der Konfliktbearbeitung, WuM 2002, 649; Greger/Unberat/Steffek, Recht der alternativen Konfliktlösung 2. Aufl. 2016; Haft/Schlieffen, Handbuch Mediation, 3. Aufl. 2016; Harmuth, Mediation in der Wohnungswirtschaft, Grundeigentum 2003, 866; Heller/Schulz, Mediation im Wohnungseigentum, WuM 2002, 659; Hess, Mediation und weitere Verfahren konsensualer Streitbeilegung – Regelungsbedarf im Verfahrens- und Berufsrecht?, Gutachten für den 67. Deutschen Juristentag, 2008; Kleinrahm, in: Henssler/Koch, Mediation in der anwaltlichen Praxis, 2000; Kloster-Harz, Mediation im Mietrecht/alternative Streitschlichtungsmöglichkeiten, in: Harz/Riecke/Schmid, Handbuch des Fachanwalts Miet- und Wohnungseigentumsrecht, 7. Aufl. 2020; Klowait/Glässler, Mediationsgesetz, 2. Aufl. 2018; Kraus, Um des lieben Friedens willen – Mediation in der Berliner Wohnungswirtschaft, GuT 2007, 279; Lütkehaus/Pach, Basiswissen Mediation,3. Auflage 2024; Mayer/Eichel/Klinck, Hausordnung im Mietverhältnis, NZM 2018, 689; Lensing, BGH: Zwangsmediation in der Rechtsschutzversicherung, VuR 2016, 227; Plett/Boysen, Mietschlichtung in der Praxis, 1998; Prütting, Außergerichtliche Streitschlichtung, 2003; Prütting, Die Mediation und die rechtsberatenden Berufe, ZAP 2018, 335; Risse, Wirtschaftsmediation, 2. Aufl. 2022 ders., Against Settlement, in: Eidenmüller (Hrg.), Alternative Streitbeilegung, 2011, S. 133–151; Schwarz, Praxis und Zukunft der außergerichtlichen Regelung von Mietkonflikten, 1996; Schmidt/Lapp/May Mediation in der Praxis des Anwalts, 2022.

I. Ausgangslage

1 Die **Zahlen** verdeutlichen, welch hoher Anteil der Bevölkerung auf die Wohnraummiete angewiesen ist. So wurden im Jahr 2022 von den insgesamt 39318000 Haushalten in Deutschland 58,2 % von Mietern genutzt, und 41,8 % vom Eigentümer.[1]

2 Dazu kommt die große Bedeutung, die die Mietwohnungen für die Mieter haben, die nicht zuletzt das **Bundesverfassungsgericht** dazu veranlasst hat, dem Besitzrecht des Mieters eigentumsrechtliche Qualität im Sinn des Art. 14 Abs. 1 S. 1 GG zuzusprechen. Die Wohnung sei für jedermann Mittelpunkt der privaten Existenz. Der Einzelne sei auf ihren Gebrauch zur Befriedigung elementarer Lebensbedürfnisse sowie zur Freiheitssicherung und Entfaltung seiner Persönlichkeit angewiesen. Der Großteil der Bevölke-

[1] Statistisches Bundesamt, Tabelle Haushalte nach Art der Wohnungsnutzung 2022, Mikozensus-Zusatzerhebung 2022, www.destatis.de.

rung könne zur Deckung des Wohnbedarfs jedoch nicht auf Eigentum zurückgreifen, sondern sei gezwungen, Wohnraum zu mieten. Das Besitzrecht des Mieters erfülle unter diesen Umständen Funktionen, wie sie typischerweise dem Sacheigentum zukämen.[2]

Dazu kommt in den letzten Jahren die Wohnungsnot in großen und mittleren Städten, auf die der Bundesgesetzgeber mehrfach reagiert hat. Um Mieter vor ständig steigenden Mieten vor allem in Ballungsräumen zu schützen und damit Wohnen „bezahlbar" zu halten, wurde mit Datum vom 21.4.2015 das Mietrechtsnovellierungsgesetz („Mietpreisbremsegesetz") verabschiedet, das am 1.6.2015 in Kraft trat. Nachdem diese Novellierung nicht den gewünschten Erfolg brachte, sah sich die Bundesregierung 2018 erneut zum Handeln veranlasst. So ist mit Wirkung vom 1.1.2019 § 556e BGB dahingehendgeändert worden dass Vermieter nunmehr verpflichtet sind vor Abschluss des Mietvertrages unaufgefordert Auskunft über die zuvor für die Wohnung vereinbarte Miete zu erteilen, wenn sie gemäß § 556e Abs. 1 BGB unter Berufung auf die Höhe der Vormiete eine Miete verlangen wollen, die über der nach der Mietpreisbremse an sich zulässigen Miete liegt und unter gewissen Voraussetzungen keine höhere Miete als die zuvor vereinbarte Miete verlangen darf, Modernisierungskosten könne zudem nur noch mit acht Prozent jährlich (bis dahin 11 Prozent) umgelegt werden. 3

Das **hohe Konfliktpotential** im Mietrecht ist deshalb weder nach Quantität noch nach Qualität verwunderlich. Es spiegelt sich in der relativ hohen Zahl der mietrechtlichen Verfahren wider. So erledigten die Amtsgerichte 4

- im Jahr 2020 185.885 Verfahren aus dem Wohnraummietrecht, das waren 20,2 % von insgesamt 856-035 erledigten Verfahren,[3]
- im Jahr 2021 sank die Zahl auf 174.465 (21,8 % von insgesamt 798.529 Verfahren)[5]
- im Jahr 2022 belief sich die Zahl auf 175.290 (24,4 % von insgesamt 716.538 erledigten Verfahren[6],

Auch wenn die Zahlen im Vergleich zu den Vorjahren leicht gesunken sind, zeigen sie eine erstaunliche Konstanz. Der Anteil der Verfahren im Wohnraummietrecht liegt seit Jahren stets über 20 % aller von den Amtsgerichten erledigten Verfahren in Zivilsachen. Die absoluten Zahlen schwanken mit der Entwicklung der Gesamtzahl der Verfahren. Dazu kamen im Jahr 2022vor den Amtsgerichten noch 18.531 Verfahren in sonstigen Mietsachen, dh vor allem Verfahren bezüglich der Miete von Gewerberäumen und von beweglichen Gegenständen, sowie vor den Landgerichten 29.513 erstinstanzliche Verfahren in Miet-/Kredit-/Leasingsachen, die ebenfalls überwiegend dem gewerblichen Bereich zuzuordnen sind.[4] 5

Die Relevanz des Mietrechts für einen so großen Teil der Bevölkerung und die Erfahrungen aus einer Vielzahl von Prozessen zeigen, dass in diesem **klassischen Bereich eines Dauerschuldverhältnisses außergerichtliche Konfliktlösungsmethoden** verstärkt Anwendung finden können. Denn mit gerichtlichen Auseinandersetzungen wird in den seltensten Fällen bei „Störungen" im Mietverhältnis eine Lösung erreicht, die auf Dauer den Frieden wiederherstellt, da bei Urteilen einer der Beteiligten als Gewinner, der andere als Verlierer die Arena verlässt und die persönlichen Beziehungen häufig auf der Strecke bleiben.[5] Zwar werden in der Praxis viele Vergleiche geschlossen, doch häufig nur, weil man ein nachteiliges Urteil befürchtet und nicht um „Frieden zu schließen". Dagegen zeigen die Erfahrungen aus der Praxis, dass durch die Mediation in einem 6

[2] Vgl. BVerfGE 89, 1 = NJW 1993, 2035.

[3] Statistisches Bundesamt, Fachserie 10/Reihe 2.1, Rechtspflege Zivilgerichte, 2020, S. 18, 22, zu beziehen über www.destatis.de.

Statistisches Bundesamt, Fachserie 10/Reihe 2.1, Rechtspflege Zivilgerichte.

[4] Statistisches Bundesamt, Fachserie 10 Reihe 2.1, Rechtspflege Zivilgerichte, 2021, S. 18–22. zu beziehen über www.destatis.de.

6 Statistisches Bundesamt, Fachserie 10 Reihe 2.1, Rechtspflege Zivilgerichte, 2022, S. 18–22. zu beziehen über www.destatis.de.

[5] So auch Henssler/Koch Mediation Anwaltspraxis/Kleinrahm S. 443 f.; s. auch Kloster-Harz Rn. 18.

wesentlich größeren Anteil der Fälle auf Dauer tragfähige Lösungen erarbeitet werden können.[6] Zunehmend erlangt die Mediation auch Bedeutung für die Unternehmen in der Wohnungswirtschaft. Große Vermietungsgesellschaften haben ein vitales Interesse daran, Konflikte zwischen Mietern in ihrem Wohnungsbestand in einem dauerhaften Ausgleich zu lösen; das gilt insbesondere in städtischen Ballungsräumen, wo auf engem Raum nicht unerhebliche Konfliktpotentiale aufeinanderstoßen können.[7] Hausverwalter und Verwaltungsgesellschaften profilieren sich, indem sie die Konfliktlösung durch Mediation in ihr Angebot aufnehmen.

7 Auf diese Entwicklungen müssen die Anwältinnen und Anwälte, die im Mietrecht tätig sind, soweit noch nicht geschehen, reagieren. Viele Mandanten sind nach wie vor nur unzureichend über die außergerichtlichen Konfliktlösungsmöglichkeiten informiert, sie sind deshalb auf den Rat ihres Anwalts oder ihrer Anwältin angewiesen. Auch wenn in vielen Fällen ein angetragenes Mandat – nicht zuletzt aus wirtschaftlichen, aber auch aus Gerechtigkeitserwägungen – weiter in gewohnter kontradiktorischer Weise übernommen wird, sollte jeder gute (Mietrechts-)Anwalt und Anwältin über alle außergerichtlichen Lösungsmöglichkeiten informiert sein, um im Interesse des Mandanten bereits im Erstgespräch erläutern und erörtern zu können, welche Methoden zur Verfügung stehen und welche Strategie in welcher Verfahrensart die optimale und wirkungsvollste Lösung verspricht.[8] Auch bei der Beratung und Begleitung institutioneller Anbieter auf dem Wohnungsmarkt kann es vielfach sinnvoll sein, auf die verschiedenen Konfliktlösungsmöglichkeiten als je einen „Baustein" in einem attraktiven Angebot sei es als Vermieter, sei es als Verwalter hinzuweisen.

8 Im Folgenden soll deshalb ein **Überblick** über die verschiedenen Möglichkeiten der außergerichtlichen Konfliktlösung gegeben werden. Es würde den Rahmen des Beitrags sprengen, jedes einzelne Verfahren erschöpfend darzustellen und im Detail auf seine „Mietrechtstauglichkeit" zu untersuchen. Es wird deshalb jeweils an geeigneter Stelle auf weiterführende Literatur verwiesen.

II. Außergerichtliche Konfliktlösung

1. Aktuelle Entwicklung

9 Die außergerichtliche Streitbeilegung ist kein Novum in der deutschen Rechtslandschaft. Bereits seit langer Zeit gibt es Schiedsmannsordnungen, öffentliche Rechtsauskunfts- und Vergleichsstellen, Güte-, Schieds- und Schlichtungsstellen.[9] Nach langjährigen Diskussionen über die Etablierung von außergerichtlichen Konfliktlösungsinstrumenten sind vor allem mit dem **Mediationsgesetz** und dem **Verbraucherstreitbeilegungsgesetz** einige wichtige gesetzgeberische Maßnahmen erfolgt.

10 § 15a Abs. 1 EGZPO ermächtigt seit 1.1.2000 die Landesgesetzgeber, vor Erhebung der Klage in bestimmten Fallgruppen – vermögensrechtlicher Bagatellsachen, von Nachbarschaftsstreitigkeiten und Ehrverletzungsangelegenheiten – eine **obligatorische Streitschlichtung** vorzuschreiben. Durch das Allgemeine Gleichbehandlungsgesetz sind in § 15a Abs. 1 EGZPO als weitere Fallgruppe die Streitigkeiten über Ansprüche nach Abschnitt 3 des allgemeinen Gleichbehandlungsgesetzes aufgenommen worden. Bis Ende 2023 hatten zehn Länder von der Ermächtigung Gebrauch gemacht. Dennoch werden die bisherigen Ergebnisse durchaus zwiespältig bewertet. Während in Bayern das Schlichtungsgesetz durch Gesetz vom 20.12.2011 (GVBl. 713) unbegrenzt verlängert wurde, entschied sich der Landtag in Baden-Württemberg hingegen, das Schlich-

[6] Kraus GuT 2007, 279 (281). Der Berliner Mieterverein berichtet, dass in neun von zehn Mediationen in Nachbarschaftskonflikten eine Abschlussvereinbarung erreicht werde und langfristig fünf davon halten; die Gesamtzahl der Mediationen belief sich auf 127 im Jahr 2007 – MieterMagazin April 2008, zu beziehen über www.berliner-mieterverein.de.

[7] Kraus GuT 2007, 279 (280), zur Mediation in der Berliner Wohnungswirtschaft.

[8] Falke AnwBl 1/2004, 16.

[9] Prütting S. 246 ff.; Haft/Schlieffen Mediation-HdB/Rüssel S. 859 f.

tungsgesetz zum 1.5.2013 aufzuheben und zog damit die Konsequenz aus einer negativen Bewertung der obligatorischen Streitschlichtung durch die Anwaltskammern.[10]

Das **Bundesverfassungsgericht** hat im Beschluss der 1. Kammer des Ersten Senats des Bundesverfassungsgerichts vom 14.2.2007[11] – zum Gütestellen- und Schlichtungsgesetz Nordrhein-Westfalen Klarheit über den verfassungsrechtlichen Rahmen geschaffen. Der allgemeine Justizgewährleistungsanspruch aus Art. 2 Abs. 1 GG iVm dem Rechtsstaatsprinzip nötige den Gesetzgeber nicht, nur kontradiktorische Verfahren vorzusehen. Er könne auch Anreize für eine einverständliche Streitbewältigung schaffen, solange ergänzend der Weg zu einer Streitentscheidung durch die staatlichen Gerichte eröffnet bleibe. Eine außergerichtliche Streitschlichtung könne nicht nur die Ziviljustiz entlasten, sondern auch für die Betroffenen kostengünstiger und schneller sein als eine gerichtliche Auseinandersetzung. Führe sie zu Lösungen, die in der Rechtsordnung so nicht vorgesehen sind, von den Betroffenen aber – wir ihr Konsens zeige – als gerecht empfunden werden, dann deute auch dies auf eine befriedigende Lösung des Konflikts hin. Das Bundesverfassungsgericht formuliert im Anschluss daran folgenden Kernsatz: „Eine zunächst streitige Problemlage durch eine einverständliche Lösung zu bewältigen, ist auch in einem Rechtsstaat grundsätzlich vorzugswürdig gegenüber einer richterlichen Streitentscheidung.“ 11

Diese Überhöhung des Vergleichs und der zugrundeliegende Zweifel an der richterlichen Entscheidung über den Inhalt des Gesetzes und geltend gemachte gesetzliche Ansprüche wird nicht zu Unrecht kritisiert, rühren sie doch an die Grundlagen des Rechtsstaates.[12] Dennoch wird in der Praxis das Bedürfnis, eine große Zahl von Verfahren einvernehmlich zu beenden, und daraus folgend Sinn und Zweck von Verfahrensregeln für die außergerichtliche Konfliktbeilegung nicht zu bestreiten sein.[13] 12

Hier stellt das als Art. 1 des Gesetzes zur Förderung der Mediation und anderer Verfahren der außergerichtlichen Konfliktbeilegung erlassene **Mediationsgesetz** (MediationsG) vom 21.7.2012 (BGBl. I 1577), das am 26.7.2012 in Kraft getreten ist, nach wie vor den wichtigsten Schritt dar. Mit dem Inkrafttreten des Mediationsgesetzes im Juli 2012 ist ein langer – und mühsamer – Entwicklungsprozess auf europäischer wie auf nationaler Ebene zum Abschluss gekommen. Die EU-Kommission hatte bereits im Frühjahr 2002 mit dem „Grünbuch über alternative Verfahren zur Streitbeilegung im Zivil- und Handelsrecht“[14] eine umfassende rechtspolitische Diskussion eingeleitet, die im April 2004 zum Vorschlag einer **Richtlinie über bestimmte Aspekte der Mediation in Zivil- und Handelssachen** führte. Die Richtlinie 2008/52/EG des Europäischen Parlaments und des Rates vom 21.5.2008 über bestimmte Aspekte der Mediation in Zivil- und Handelssachen[15] ist **am 13.6.2008 in Kraft getreten.** Sie sieht eine Verpflichtung der Mitgliedsstaaten vor, die Titulierung von im Mediationsverfahren erzielten Abschlussvereinbarungen sicherzustellen (Art. 6 der Richtlinie), die Vertraulichkeit der Mediation zu gewährleisten (Art. 7) und die Verjährung während des Mediationsverfahrens zu hemmen (Art. 8). Zudem sollen die Mitgliedsstaaten die Qualität der Mediation sicherstellen (Art. 4) und die breite Öffentlichkeit darüber informieren, wie mit Mediatoren Kontakt aufgenommen werden kann (Art. 9). Die Richtlinie war bis zum 21.5.2011 umzusetzen (Art. 12 Abs. 1). Im Laufe des Gesetzgebungsverfahrens auf europäischer Ebene ist der Anwendungsbereich – entgegen dem ursprünglichen Vorschlag der Kom- 13

[10] Gesetz zur Aufhebung des Schlichtungsgesetzes vom 16.4.2013 (GBl. 53) und die vorausgehenden Stellungnahmen des Anwaltsverbandes Baden-Württemberg vom 22.3.2012 und vom 12.1.2013 (verfügbar unter www.av-bw.de).

[11] ZKM 2007, 128.

[12] Risse, Against Settlement, S. 139 ff.

[13] Risse, Against Settlement, S. 142, weist selbst darauf hin, dass 2006 in Bayern in erstinstanzlichen Verfahren vor den Landgerichten mehr Vergleiche als streitige Urteile zu verzeichnen waren.

[14] „Grünbuch über alternative Verfahren zur Streitbeilegung im Zivil- und Handelsrecht“, KOM (2002) 196 endgültig.

[15] ABl. 2008 L 136, 3 ff.

mission – auf grenzüberschreitende Streitigkeiten beschränkt worden (Art. 2).[16] Den Mitgliedsstaaten steht es aber frei, die Bestimmungen der Richtlinie auch auf interne Mediationsverfahren anzuwenden.[17] Die Kommission hat in ihrer Pressemitteilung zur Annahme der Richtlinie nochmals auf den 2004 erarbeiteten **Europäische Verhaltenskodex für Mediatoren** hingewiesen, der Vorbildwirkung für die in Art. 4 Abs. 1 der Richtlinie vorgesehenen Verhaltenskodizes haben dürften. Dazu wurde am 26.8.2016 der Evaluationsbericht der Europäischen Kommission vorgelegt, um der in Art. 11 der Mediationsrichtlinie statuierten Pflicht gerecht zu werden.[18] Die **europäische Evaluation** ergab, dass das Ausmaß der Auswirkungen der Mediationsrichtlinie auf die Rechtssysteme in den Mitgliedstaaten zwar unterschiedlich sei, aber übergreifend eine positive Resonanz zu ziehen sei, da größere Akzeptanz und Verbreitung der Mediation spürbar seien.[19] Dies führte zu dem Resümee des Evaluationsberichtes, dass die Richtlinie nur punktuellen Verbesserungen unterzogen werden muss. Dazu enthielt dieser Bericht das Versprechen, dass die Europäische Kommission die Entwicklung der Mediation in der Europäischen Union weiterhin mitverfolgen und Forschungsprojekte mitfinanzieren werde.[20]

14 Im November 2016 wurde ein vom Europäischen Parlament angefordertes Sammelwerk veröffentlicht, in dem umfassende Analysen hinsichtlich der Umsetzung der Mediationsrichtlinie in den Mitgliedstaaten enthalten sind.[21]

15 Auf nationaler Ebene hatte das Bundesjustizministerium am 4.8.2010 den ersten Referentenentwurf zur Umsetzung der EU-Richtlinie 2008/52/EG veröffentlicht, dem dann am 1.4.2011 der **Gesetzesentwurf der Bundesregierung** folgte.[22] Nach einer Sachverständigenanhörung im Rechtsausschuss des Bundestags und einer Reihe von Berichterstattergesprächen wurde das Gesetz zur Förderung der Mediation und anderer Verfahren der außergerichtlichen Konfliktbeilegung **vom Bundestag** am 15.12.2011 **einstimmig verabschiedet.** Gleichwohl hat der Bundesrat am 10.2.2012 den Vermittlungsausschuss angerufen. Ziel der Anrufung des Vermittlungsausschusses war es, die richterliche Mediation in den Prozessordnungen ausdrücklich zu verankern.[23] Mit Datum vom 27.6.2012 gab der **Vermittlungsausschuss** seine Beschlussempfehlung ab, dieser wurde am 29.6.2012 vom Bundesrat bestätigt, am 21.7.2012 wurde das Gesetz vom Bundestag entsprechend der Beschlussempfehlung erlassen und trat am 26.7.2012 in Kraft. Damit wurde die Europäische Richtlinie 2008/52/EG mit über zweijähriger Verspätung umgesetzt.

16 Das Gesetz zur Förderung der Mediation und anderer Verfahren der außergerichtlichen Konfliktbeilegung als Artikelgesetz enthält in Art. 1 das neue Mediationsgesetz, in den Art. 2 ff. sind die Änderungen der Zivilprozessordnung sowie der weiteren Prozessordnungen geregelt. Im Streit um die richterliche Mediation hat der Bundestag das von allen Fraktionen vertretene Anliegen durchgesetzt, die **Mediation als ein Verfahren der außergerichtlichen Konfliktbeilegung** zu kennzeichnen und den Beruf des Mediators folgerichtig Rechtsanwälten, Psychologen, Psychotherapeuten und anderen sachkundigen

[16] Dabei verlangt die Kommission in ihrer Anmerkung zum Gemeinsamen Standpunkt des Rates, dass der Begriff der grenzüberschreitenden Streitigkeit so weit wie möglich definiert wird (Mitteilung 2008/NaN EG vom 7.3.2008).

[17] Begründungserwägung 8 zur Richtlinie.

[18] Europäische Kommission, Bericht der Kommission an das Europäische Parlament, den Rat und den Europäischen Wirtschafts- und Sozialausschuss über die Anwendung der Richtlinie 2008/52/EG des Europäischen Parlaments und des Rates über bestimmte Aspekte der Mediation in Zivil- und Handelssachen (im Folgenden zitiert als Kommissionsbericht), S. 1 ff.

[19] Kommissionsbericht, S. 4, 13; HK MediationsG/Glässler § 8 Rn. 14.

[20] Kommissionsbericht, S. 5, 13.

[21] Europäisches Parlament, The Implementation of the Mediation Directive – Compilation of In-depth Analyses, 2016.

[22] Entwurf eines Gesetzes zur Förderung der Mediation und anderer Verfahren der außergerichtlichen Konfliktbeilegung, BT-Drs. 17/5335.

[23] S. Plenarprotokoll Bundesrat 898. Sitzung vom 29.6.2012, S. 295, s. dazu die kritische Stellungnahme von Prütting AnwBl 2012, 204.

Personen, nicht aber dem Richter zu eröffnen; die Länder dagegen konnten für den Güterichter die Möglichkeit sichern, alle Methoden der Konfliktbeilegung einschließlich der Mediation einzusetzen.[24] Entsprechend der Beschlussempfehlung des Vermittlungsausschusses wurde § 278 Abs. 5 ZPO neu gefasst und enthält nunmehr die Definition des Güterichters, der alle Methoden der Konfliktbeilegung einschließlich der Mediation einsetzen kann. Neu aufgenommen wurde § 278a ZPO, der in Abs. 1 regelt, dass das Gericht den Parteien eine Mediation oder ein anderes Verfahren der außergerichtlichen Konfliktbeilegung vorschlagen kann. Sollten sich die Parteien dafür entscheiden, so ordnet das Gericht gemäß § 278a Abs. 2 ZPO das Ruhen des Verfahrens an. Gemäß dem geänderten § 253 Abs. 3 Nr. 1 ZPO soll die Klageschrift nunmehr die Angabe enthalten, ob der Klageerhebung der Versuch einer Mediation oder eines anderen Verfahrens der außergerichtlichen Konfliktbeilegung vorausgegangen ist sowie eine Äußerung dazu, ob einem solchen Verfahren Gründe entgegenstehen. Ob sich diese Vorgaben als dienlich für die Akzeptanz und Verbreitung der außergerichtlichen Konfliktbeilegungsverfahren erweisen, ist nach wie vor offen. Bei Fehlen von Angaben zur Bereitschaft der Mandantschaft zum Einsatz von außergerichtlichen Konfliktbeilegungsmethoden wird jedenfalls die Klageerhebung nicht unzulässig.[25] Da der Mandantschaft also keine Nachteile entstehen, hat auch der Anwalt durch die Nichtbeachtung der Soll-Vorschrift des § 253 Abs. 3 ZPO keine Regressansprüche zu befürchten.[26]

Das **Mediationsgesetz** ist wie folgt aufgebaut: 17

- § 1 Abs. 1 MediationsG definiert die Mediation als ein vertrauliches und strukturiertes Verfahren, bei dem die Parteien mithilfe eines oder mehrerer Mediatoren freiwillig und eigenverantwortlich eine einvernehmliche Beilegung ihres Konfliktes anstreben.
- § 1 Abs. 2 MediationsG definiert den Mediator als eine unabhängige und neutrale Person ohne Entscheidungsbefugnis, der die Parteien durch die Mediation führt.
- § 2 MediationsG enthält Regelungen zum Verfahren und definiert die Aufgaben des Mediators.
- § 3 Abs. 1 MediationsG regelt, dass ein Mediator den Parteien alle Umstände zu offenzulegen hat, die seine Unabhängigkeit und Neutralität beeinträchtigen könnten.
- § 3 Abs. 2 und 3 MediationsG regeln, wann eine Person an einer Tätigkeit als Mediator gehindert ist.
- § 4 MediationsG statuiert sowohl eine Verschwiegenheitspflicht des Mediators als auch der in die Durchführung des Mediationsverfahrens eingebundenen Personen, soweit keine anderweitige gesetzliche Regelung entgegensteht.
- § 5 MediationsG legt fest, dass ein Mediator nicht nur eine geeignete Ausbildung zu absolvieren hat, sondern sich auch regelmäßig fortzubilden hat. Erstmalig wird der Begriff eines zertifizierten Mediators eingeführt.
- § 6 MediationsG enthält eine Verordnungsermächtigung für das Bundesministerium der Justiz durch Rechtsverordnung nähere Bestimmungen über die Ausbildung zum zertifizierten Mediator, über Fortbildungen und Anforderungen an die Aus- und Fortbildungseinrichtungen zu erlassen.
- § 7 MediationsG regelt wissenschaftliche Forschungsvorhaben und die finanzielle Förderung der Mediation
- § 8 MediationsG bestimmt, dass die Bundesregierung dem Deutschen Bundestag bis zum 26.7.2017 über die Auswirkungen des Gesetzes auf die Entwicklung der Mediation in Deutschland sowie die Aus- und Fortbildung der Mediatoren zu berichten hat.
- § 9 MediationsG enthält eine Übergangsbestimmung für die Bezeichnung eines nicht entscheidungsbefugten Richters als gerichtlicher Mediator bis längstens 1.8.2013.

---

[24] Der Streit um die gerichtsinterne Mediation hatte bereits die Diskussion des gesetzgeberischen Handlungsbedarfs bei der Mediation und vergleichbaren Formen der alternativen Streitbeilegung auf dem 67. Deutschen Juristentag in Erfurt im September 2008 beherrscht.

[25] Vgl. auch OLG Saarbrücken ZVertriebsR 2016, 39 zur Zulässigkeit einer Klage trotz entgegenstehender Mediationsklausel.

[26] S. MüKoZPO/Becker-Eberhard § 253 Rn. 187.

18 Die Ergebnisse der nationalen **Evaluation gemäß § 8 MediationsG** liegen nun vor. Die Bundesregierung hat im Juli 2017 den Evaluationsbericht auf der Grundlage einer Untersuchung des Deutschen Forschungsinstituts für die öffentliche Verwaltung in Speyer beschlossen. Die dort referierten Zahlen sind jedoch im Gegensatz zu dem oben dargelegten – positiven – Ergebnis der europäischen Evaluation enttäuschend.[27] Die rechtstatsächliche Untersuchung des Speyerer Forschungsinstituts hat ergeben, dass die Zahl der in Deutschland durchgeführten Mediationen zwischen 7.000 und 8.500 Verfahren pro Jahr schwankt und sich seit des Inkrafttretens des Mediationsgesetzes nicht erhöht hat.[28] Das Ziel des Mediationsgesetzes, den Mediationsgedanken weiter zu stärken und mit der Mediation und außergerichtlichen Streitbeilegung eine Entlastung der Justiz herbeizuführen, wurde demnach nicht erreicht.[29] Dazu kommt, dass am weitesten hinter den Erwartungen des Gesetzgebers zurückblieb, dass nur circa 5 % aller durchgeführten Mediationen nach § 278a ZPO von den gerichtsnahen Mediationen an außergerichtliche Mediatoren verwiesen wurden.[30] Die Relevanz der Mediation im Bereich des Mietrechts wird jedoch dadurch unterstrichen, dass circa 36 % der Mediationen den Anwendungsbereich von Partnerschafts-, Familien- und Nachbarschaftskonflikten betreffen.[31]

19 Zu der rechtstatsächlichen Untersuchung und damit auch dem Evaluationsbericht der Bundesregierung sind jedoch erhebliche methodische Bedenken anzumelden, weil nur die Zahlen zu den Güterichterverfahren in einer amtlichen Statistik erhoben wurden, während alle Angaben zu den durchgeführten Mediationen aus einer freiwilligen Onlinebefragung stammen, so dass eine Hochrechnung für Deutschland nach Stichprobengrundsätzen nicht möglich ist, zumal mit den üblichen Verzerrungen bei freiwilligen Erhebungen im Internet gerechnet werden muss. Daher sind insbesondere die Angaben zur Zahl und Qualität der in Deutschland durchgeführten Mediationsverfahren wenig verlässlich.

20 Regelungen über eine etwaige **„Mediationskostenhilfe"** sucht man im Mediationsgesetz vergeblich. Gleichwohl von vielen Seiten gefordert, fand sie keinen Eingang in das Gesetz. Ob sich nun die Länder, wie in § 7 MediationsG ermöglicht, an den wissenschaftlichen Forschungsvorhaben beteiligen werden, bleibt abzuwarten. Auch nach der Evaluierung des Mediationsgesetzes im Juli 2017 sind Parteien, die sich eine außergerichtliche Mediation nicht leisten können, weiterhin auf den Gang zu Gericht – unter Inanspruchnahme von Prozesskostenhilfe – angewiesen. Sie können allerdings darauf hoffen, dass möglicherweise eine Verweisung ihrer Angelegenheit an einen Güterichter erfolgt, der dann als Methode das – kostenfreie – Mediationsverfahren wählt, um den Konflikt beizulegen. Einige Gerichte, die schon vor Inkrafttreten des Mediationsgesetzes die gerichtsinterne Mediation erprobten, haben diese bereits mit einem neuen Etikett versehen und bieten nunmehr – insoweit wohl rechtswidrig – die Mediation vor dem Güterichter an.[32]

21 Im Evaluationsbericht wird referiert, dass die Etablierung einer allgemeinen „Mediationskostenhilfe" von den Befragten als das vielversprechendste Förderungsmittel zur Wahl einer Mediation bewertet wurde (86 % der Bewertungen mit „gut" oder „sehr gut"). Auch wenn diese Forderung im Evaluationsbericht skeptisch bewertet wird, bleibt die weitere Entwicklung vor allem nach dem positiven Votum des Deutschen Juristentags abzuwarten. So wurde auf dem Deutschen Juristentag 2018 in Leipzig in

[27] S. Prütting ZAP 2018, 335 (336).

[28] Bundesregierung, Bericht über die Auswirkungen des Mediationsgesetzes auf die Entwicklung der Mediation in Deutschland und über die Situation der Aus- und Fortbildung der Mediatoren, 2017 (im Folgenden zitiert als Bundesregierung, Evaluationsbericht 2017). Im Volltext unter www.bmjv.de/Shared Docs/Downloads/DE/StudienUntersuchungenFachbuecher/Evaluationsbericht _MediMediationsge.pdf (zuletzt abgerufen am 2.11.2018). Bundesregierung, Evaluationsbericht 2017, S. 85.

[29] Prütting ZAP 2018, 335 (337).

[30] Bundesregierung, Evaluationsbericht 2017, S. 205.

[31] Bundesregierung, Evaluationsbericht 2017, S. 64 ff.

[32] S. Buschmann AnwBl 2013, 508 mwN.

der Abteilung Familienrecht sowohl der Beschluss gefasst, dass die Mediation staatlich zu bezuschussen ist als auch, dass eine Mediationskostenhilfe einzuführen ist.[33]

Art. 6 der Richtlinie 2008/52/EG sieht eine Verpflichtung der Mitgliedstaaten vor, die 22
Titulierung von im Mediationsverfahren erzielten Abschlussvereinbarungen sicherzustellen. Das neue MediationsG enthält dazu keine Regelung, mit der Folge, dass bei Bedarf auf die allgemeinen Regelungen zur Schaffung eines vollstreckbaren Titels zurückzugreifen ist (zB notarielle Urkunde gemäß § 794 Abs. 1 Nr. 5 ZPO, Anwaltsvergleich gemäß § 796a ZPO, gerichtlicher Vergleich gemäß § 278 Abs. 6 ZPO). Die Evaluation hält es nicht für erforderlich, Sonderregelungen hinsichtlich der Vollstreckbarkeit der Mediationsvereinbarung zu statuieren. Diesen Aspekt stuften die Befragten als das im geringsten Maße weiterführendes Instrument zur Förderung der Mediation ein.[34] Die juristische Analyse habe ergeben, dass an die Vollstreckbarmachung einer Mediationsvereinbarung dieselben Anforderungen zu stellen sind wie an die Vollstreckbarmachung einer jeden anderen Vereinbarung, so dass diesbezüglich kein Regelungsbedarf besteht.[35]

Zusammenfassend unterscheiden sich die **Evaluationsergebnisse auf deutscher und** 23
europäischer Ebene erheblich. Wie bereits eingangs erwähnt, war die europäische Resonanz positiv, wohingegen auf nationaler Ebene keinerlei positive Effekte durch das Mediationsgesetz gesehen wurden. Dazu kommt, dass sich vor allem die Anreizsysteme für eine verstärkte Nutzung von Mediationen unterscheiden. Der deutsche Evaluationsbericht erhält keinerlei Erwähnung der Möglichkeit, negative Anreize durch eine Sanktionierung fehlender Mediationsbereitschaft zu setzen.[36] Dahingegen wurde dieses Instrument bereits EU-weit unter anderem in Irland, Slowenien und Italien eingesetzt.[37] Ein weiterer erheblicher Unterschied liegt an dem sehr umstrittenen Instrument der Verpflichtung zur Mediation. Der deutsche Evaluationsbericht enthält hierzu keine Ausführungen, da die deutsche Mediation an dem im Mediationsgesetz normierten Freiwilligkeitsprinzip orientiert ist.[38] Die EU-Evaluation ergab demgegenüber, dass eine solche Zwangsmediation („mandatory mediation") als ein effizientes Mittel zur Förderung der Mediation eingestuft wird.[39]

Wichtig für den Anwaltsmediator ist die Entscheidung des Gesetzgebers im **Rechts-** 24
dienstleistungsgesetz, die Mediation, sofern sie durch rechtliche Regelungsvorschläge in die Gespräche der Beteiligten eingreift, den Anwaltsmediatoren vorzubehalten. In bewusster Abweichung vom Regierungsentwurf, der noch die Mediation und jede vergleichbare Form der gesprächsleitenden Streitbeilegung einschließlich der Protokollierung einer Abschlussvereinbarung vom Begriff der Rechtsdienstleistung ausnehmen wollte, hat der Bundestag in § 2 Abs. 3 Nr. 4 RDG nur im Übrigen die Mediation und jede vergleichbare Form der alternativen Streitbeilegung erlaubnisfrei gestellt.[40] § 18 BORA stellt klar, dass für einen Rechtsanwalt, der als Mediator tätig ist, die Regeln des anwaltlichen Berufsrechts gelten.[41]

Ein weiterer wichtiger Schritt auf dem Weg, die außergerichtliche Streitbeilegung zu 25
fördern, war das **Verbraucherstreitbeilegungsgesetz** (VSBG), das zum 1.4.2016 in Kraft getreten ist. Damit ist der Gesetzgeber der Umsetzungsverpflichtung aus der EU-Richtlinie über die alternative Beilegung verbraucherrechtlicher Streitigkeiten (ADR-Richtlinie 2013/11/EU)[42] nachgekommen, mit der der europäische Gesetzgeber bereits im

[33] Beschlüsse 72. Deutscher Juristentag Leipzig 2018 Familienrecht, Ziff. 27. b) und c).
[34] Bundesregierung, Evaluationsbericht, S. 214 f.
[35] Bundesregierung, Evaluationsbericht, S. 215.
[36] HK MediationsG/Glässler § 8 Rn. 50.
[37] Kommissionsbericht, S. 9.
[38] HK MediationsG/Glässler § 8 Rn. 50.
[39] Kommissionsbericht, S. 10.
[40] Henssler/Deckenbrock DB 2008, 41 (43).
[41] S. Greger/Unberath/Greger MediationsG § 1 Rn. 82; Schmidt/Lapp/May/Schmidt § 1 Rn. 42; aA Römmermann/Praß AnwBl 2013, 499 (503).
[42] RL 2013/11/EU vom 21.5.2013, ABl. 2013 L 165, 63.

Jahr 2013 klare Vorgaben gemacht hatte mit dem Ziel, eine außergerichtliche Verbraucherstreitbeilegung europaweit und flächendeckend einzuführen sowie die entsprechenden Verfahren zu vereinheitlichen und Transparenz zu gewährleisten.[43] Ziel des Gesetzes ist es, dass es jedem Verbraucher möglich sein soll, Ansprüche aus Verbraucherverträgen bei einer Verbraucherschlichtungsstelle geltend zu machen, ohne das Kostenrisiko eines Gerichtsverfahrens tragen zu müssen. Da für das Mietrecht keine gesetzliche Bestimmung existiert, die eine Pflicht zur außergerichtlichen Streitbeilegung anordnet, ist die Teilnahme an einem solchen Verfahren freiwillig.

26 § 4 Abs. 1 VSBG stellt für die Zuständigkeit von Verbraucherschlichtungsstellen auf den Verbrauchervertrag gemäß § 310 Abs. 3 BGB ab. Dieser enthält eine Legaldefinition für Verbraucherverträge und legt fest, dass Vertragspartner ein Unternehmer und ein Verbraucher sein müssen. Die dazu notwendigen Definitionen finden sich in § 13 bzw. § 14 BGB. Im Verhältnis zwischen Mieter und Vermieter wird häufig die Konstellation von Verbraucher und Unternehmer gegeben sein, so dass dann der Anwendungsbereich des Verbraucherstreitbeilegungsgesetz dann eröffnet ist.

27 Das Bundesamt für Justiz führt als zentrale Anlaufstelle für Verbraucherschlichtung eine nationale Liste der Verbraucherschlichtungsstellen.[44]

28 Der Verfahrensablauf ist im dritten Abschnitt des Verbraucherstreitbeilegungsgesetzes in den §§ 11–23 VSBG geregelt. Wie die Erfahrungen mit der Akzeptanz der Mediation und anderer außergerichtlicher Streitbeilegungsmöglichkeiten zeigen, wird es in der Praxis eine Weile dauern, bis diese neue Möglichkeit der außergerichtlichen Streitbeilegung bekannt wird. Ob sie sich etablieren wird, wird sich zeigen.

2. Begriff und Arten der außergerichtlichen Konfliktlösung

29 Außergerichtliche Konfliktlösung stellt den Oberbegriff für alle Verfahren dar, die die Beilegung eines Konflikts ohne Inanspruchnahme gerichtlicher Hilfe anstreben. Entsprechend dem englische Akronym „ADR“ für „alternative dispute resolution“ (wörtlich: alternative Streitbeilegung), das sich international durchzusetzen scheint,[45] sind drei Hauptbereiche zu unterscheiden:

- Negotiation (Verhandeln)
- Arbitration (Schlichten)
- Mediation (Vermitteln)

30 Unter das Stichwort **„Verhandeln“** gehören alle bilateralen und multilateralen Gesprächsrunden wie der runde Tisch und ähnliche Formen der Beratung, Verhandlung und Erörterung ohne festes Verfahren und ohne Beiziehung neutraler Personen[46] (→ Rn. 12 f.).

31 **Schlichtung** lässt sich zusammenfassen als ein Verfahren, in dem ein neutraler Dritter mit Autorität den Streitparteien dadurch zu einer gütlichen Einigung zu verhelfen sucht, indem er auf Grund seiner eigenen Einschätzung des Sachverhalts und der Rechtslage den Parteien einen Lösungsvorschlag nahe bringt[47] (→ Rn. 14 ff.).

32 **Mediation** ist ein außergerichtliches Konfliktlösungsverfahren, in dem die Parteien einvernehmlich, gemeinsam und eigenverantwortlich mit Hilfe eines neutralen Dritten, des Mediators, die beste Lösung für ihren Konflikt erarbeiten[48] (→ Rn. 24 ff.).

33 Nur zur Klarstellung sei angemerkt, dass im Bereich der **Schiedsgerichtsbarkeit** nach §§ 1029 ff. ZPO im Hinblick auf das Wohnraummietrecht § 1030 Abs. 2 ZPO zu beachten ist. Gemäß § 1030 Abs. 2 ZPO ist eine Schiedsvereinbarung über Rechtsstreitigkeiten, die den Bestand eines Mietverhältnisses über Wohnraum im Inland

---

[43] S. Prütting AnwBl 2016, 190 ff.
[44] http://www.bundesjustizamt.de/DE/Themen/Buergerdienste/Verbraucherschutz/Verbraucherstreitbeilegung/Verbraucherschlichtungsstellen/Uebersicht_node.html.
[45] Grünbuch S. 6.
[46] Vgl. Prütting AnwBl 2000, 273 (274).
[47] Haft/Schlieffen Mediation-HdB/Rüssel S. 877 f.
[48] ZB Haft/Schlieffen Mediation-HdB/Rüssel S. 881; Risse Wirtschaftsmediation S. 5 mwN.

betreffen, unwirksam. Dadurch soll sichergestellt sein, dass zum Schutz des sozial schwächeren Mieters Streitigkeiten über Wohnraummietverhältnisse ausschließlich vor ordentlichen Gerichten ausgetragen werden.[49] Unter § 1030 Abs. 2 ZPO fallen Räumungsklagen und alle Feststellungsklagen hinsichtlich des Bestehens oder Nichtbestehens eines Miet- und Untermietverhältnisses. Alle anderen Streitigkeiten hinsichtlich des Mietvertragsverhältnisses können Gegenstand einer Schiedsgerichtsvereinbarung sein.

III. Verhandeln

Kommen Mieter oder Vermieter zum **Anwalt,** werden viele Probleme und Konflikte traditionsgemäß durch Information, Rechtsrat, Verhandlung und Vergleich gelöst, bevor sie bei einem Gericht anhängig gemacht werden. Häufig hat zu diesem Zeitpunkt der Versuch einer direkten Konfliktlösung (durch persönliche Kontaktaufnahme und Kommunikation der Parteien miteinander) bereits ergebnislos stattgefunden. Es gibt aber eine ganze Reihe von Fällen, in denen ein vorheriges persönliches Gespräch nicht stattgefunden hat oder sogar grundsätzlich nicht stattfindet. Besonders größere Vermietungsgesellschaften gehen – vor allem um Kosten einzusparen – dazu über, dass die Verfahren standardisiert und formalisiert abgearbeitet und teilweise nur noch in schriftlicher Form dem Hausanwalt zur weiteren Veranlassung übersandt werden.[50] Allerdings werden dabei mittlerweile auch Verfahren entwickelt, die vor einer rechtlichen und gerichtlichen Auseinandersetzung zeit- und ortsnahe Schlichtungsansätze fruchtbar machen.[51] Diese erste direkte Stufe der Konfliktlösung sollte in der Tat nicht übersprungen werden, da ein direktes, persönliches Gespräch in vielen Fällen bereits zu einer Konfliktbereinigung führt. 34

Im Mietrecht spielt die **Beratung durch Verbände** seit jeher eine besonders wichtige Rolle. Es kann meiner Ansicht nach dahingestellt bleiben, ob man die Beratung unter „Verhandeln“ einsortiert oder darin eine eigene Säule der außergerichtlichen Konfliktregelung sehen will.[52] Fakt ist, dass die Beratungsangebote der Mietervereine sowie die der Haus- und Grundbesitzervereine von den jeweiligen Mitgliedern zahlreich wahrgenommen werden. Der Deutsche Mieterbund wirbt sogar mit der Aussage, dass fast 97 % aller Streitigkeiten, die an die Mietervereine herangetragen werden, außergerichtlich beigelegt werden.[53] Informationen und Beratung durch die Verbände erfüllen demnach in vielen Fällen, vor allem auch in den sog. Bagatellsachen, die beabsichtigte Filterfunktion. Ist dies positiv zu bewerten, darf jedoch nicht übersehen werden, dass Verbandsinteressen anderen Formen der außergerichtlichen Konfliktlösung entgegenstehen können, wenn sie nicht verbandsgebunden, sondern unabhängig davon angeboten werden. 35

Eine besondere Art der Verhandlung ist die **cooperative Praxis,** bei der beide Parteien von Anwälten, die zugleich die Grundlagen der Mediation beherrschen, vertreten werden. Die Verhandlungen werden nicht durch einen allparteilichen Dritten (Mediator), sondern durch die Parteianwälte gesteuert.

[49] FA-MietR/Kloster/Harz Kap. 32 Rn. 239.
[50] Henssler/Koch Mediation Anwaltspraxis/Kleinrahm S. 443, 448.
[51] Kraus GuT 2007, 279.
[52] Glenewinkel WuM 2002, 649 (651).
[53] S. www.mieterbund.de presse aktuell, laut Mitteilung des Haus- und Grundbesitzervereins München liegt die Quote für die außergerichtliche Streitbeilegung bei mindestens 95 % bei jährlich ca. 40.000 Mitgliederberatungen.

IV. Schlichtung

1. Obligatorische Schlichtung

36 Am 1.1.2000 ist die Vorschrift des § 15a EGZPO in Kraft getreten, durch die die Landesgesetzgeber ermächtigt werden, durch Landesrecht zu bestimmen, dass in bestimmten Fällen die Erhebung der Klage zu den Zivilgerichten erst dann zulässig sein soll, wenn vorher versucht wurde, den Rechtsstreit vor einer „Gütestelle" einvernehmlich zu regeln, und diese Bemühungen gescheitert sind. Im Einzelnen handelt es sich dabei um

- vermögensrechtliche Streitigkeiten bis 750 EUR (vgl. § 15a Abs. 1 Nr. 1 EGZPO),
- nachbarrechtliche Streitigkeiten, insbesondere §§ 906, 910 und 911 BGB (§ 15a Abs. 1 Nr. 2 EGZPO) und den einschlägigen landesrechtlichen Vorschriften und
- Streitigkeiten über Ansprüche wegen Verletzung der persönlichen Ehre, die nicht in Presse oder Rundfunk begangen worden sind (§ 15a Abs. 1 Nr. 3 EGZPO).

37 Durch das Allgemeine Gleichbehandlungsgesetz ist § 15a Abs. 1 EGZPO um eine weitere Nr. 4 ergänzt worden, die auch bei Streitigkeiten über Ansprüche nach Abschnitt 3 des Allgemeinen Gleichbehandlungsgesetzes ein obligatorische Güteverfahren kraft Landesrechts zulässt. Dabei handelt es sich um die Ansprüche des Benachteiligten auf Beseitigung der Beeinträchtigung bei einem Verstoß gegen das Benachteiligungsverbot, bei Besorgnis weiterer Beeinträchtigungen auf Unterlassung und bei zu vertretender Pflichtverletzung auf Schadensersatz, auch wegen eines Schadens, der nicht Vermögensschaden ist (§ 21 AGG). Ist durch Landesrecht ein obligatorisches Güteverfahren vorgeschrieben, so muss der Einigungsversuch der Klageerhebung vorausgehen. Er kann nicht nach der Klageerhebung nachgeholt werden. Eine ohne den Einigungsversuch erhobene Klage ist als unzulässig abzuweisen.[54]

38 Die Länder haben von dieser Öffnungsklausel Gebrauch gemacht und folgende Schlichtungsgesetze erlassen:

Schlichtungsgesetze der Länder

Land	Gesetz	Internet
Bayern	Bayerisches Schlichtungsgesetz vom 25.4.2000 (GVBl. 268), zuletzt geändert durch Gesetz vom 8.4.2013 (GVBl. 174)	www.justiz.bayern.de
Brandenburg	Gesetz zur Einführung der obligatorischen außergerichtlichen Streitschlichtung im Land Brandenburg vom 16.12.2022 (GVBl INr. 31)	bravors.brandenburg.de/
Hessen	Gesetz zur Regelung der außergerichtlichen Streitschlichtung vom 6.2.2001 (GVBl. I 98), zuletzt geändert durch Artikel 1 des Gesetzes vom 22.8.2018 (GVBl. I 362) **Das Gesetz tritt mit Ablauf des 31.12.2025 außer Kraft,**	www.hessen.de
Mecklenburg-Vorpommern	Schiedsstellen- und Schlichtungsgesetz vom 13.9.1990 (GBl. 1527), Zuletzt geändert durch Art. 1 G zur Änd. des Schiedsstellen- und SchlichtungsG und des LandesrichterG vom 26.5.2021 (GVOBl. M-V S. 598)	www.landesrecht-mv.de
Niedersachsen	Niedersächsisches Gesetz zur obligatorischen außergerichtlichen Streitschlichtung vom 17.12.2009 (Nds. GVBl. 482) geändert durch Art. 2 G über die Neuordnung von Vorschriften	www.nds-voris.de

[54] BGH VersR 2005, 708; anders noch OLG Saarbrücken LSK 2004, 460581: das obligatorische Schlichtungsverfahren könne noch während des laufenden Prozesses nachgeholt werden.

Land	Gesetz	Internet
	über die Justiz vom 16.12.2014 (Nds. GVBl. S. 436) [1]	
Nordrhein-Westfalen	§§ 44–56 Gesetz über die Justiz im Land Nordrhein-Westfalen vom 26.1.2010 (GV.NRW 29), das ab dem 1.1.2011 das frühere Gesetz über die Anerkennung von Gütestellen iSd § 794 Abs. 1 Nr. 1 der Zivilprozessordnung und die obligatorische außergerichtliche Streitschlichtung in Nordrhein-Westfalen vom 9.5.2000 abgelöst hat geändert durch Art. 1 G zur Änd. des JustizG NRW sowie weiterer Gesetze vom 6.12.2022 (GV. NRW. S. 1072) [1]	www.recht.nrw.de
Rheinland-Pfalz	Landesgesetz zur Ausführung des § 15a des Gesetz betreffend die Einführung der Zivilprozessordnung (Landesschlichtungsgesetz) vom 10.9.2008 (GVBl. 204)	www.landesrecht.rlp.de
Saarland	Gesetz Nr. 1464 zur Ausführung des § 15a EGZPO (Landesschlichtungsgesetz) vom 21.2.2001 (ABl. 532), zuletzt geändert durch Gesetz vom 26.10.2010 (ABl. 1406) geändert durch Art. 5 Nr. 5 G zur organisationsrechtlichen Anpassung und Entfristung der Geltungsdauer von Vorschriften des Landesrechts vom 11.11.2020 (Amtsbl. I S. 1262)	sl.juris.de
Sachsen-Anhalt	Schiedsstellen- und Schlichtungsgesetz vom 22.6.2001 (GVBl. LSA 214), Zuletzt geändert durch Art. 6 G zur Änd. des G über die Gerichte für Arbeitssachen und anderer Gesetze vom 8.3.2021 (GVBl. LSA S. 88)	www.landesrecht.sachsen-anhalt.de
Schleswig-Holstein	Landesschlichtungsgesetz vom 11.12.2001 (GVOBl. SH 361), Zuletzt geändert durch Art. 17 G zur Änd. des LandesjustizG und anderer G vom 17.3.2022 (GVOBl. Schl.-H. S. 301)	www.schleswig-holstein.de

Die jeweiligen Schlichtungsgesetze regeln detailliert den sachlichen und örtlichen Umfang der Schlichtung, die Anforderungen an die Schlichtungsstellen, die Einrichtung der Gütestellen, die Durchführung des Verfahrens, die Vergütung für das Güteverfahren und deren Vollstreckung. Insoweit sei auf das jeweilige Schlichtungsgesetz des Landes und die erläuternde Literatur verwiesen.[55] 39

Bewertung: Schlichtung kann ein schnelles und in der Regel kostengünstiges Verfahren sein, ist aber von der Qualität der Schiedspersonen abhängig. Es bietet sich vor allem bei sogenannten Sachkonflikten an, die die Parteien zB anlässlich eines Mangels oder einer mangelhaften Leistung haben.[56] Es läge daher nahe, dass die Schlichtung im Mietrecht weit verbreitet ist. Das ist aber nicht der Fall. Die generelle Feststellung, dass die Schlichtungsgesetze bisher vor allem bei vermögensrechtlichen Streitigkeiten nicht den erstrebten Erfolg gehabt haben, gilt auch im Mietrecht. 40

Die angeführten Ursachen sind vielfältig. Ein entscheidender Gesichtspunkt ist generell sicherlich die Tatsache, dass jeder Rechtsanwalt gehalten ist, das für seinen Mandanten sicherste und kostengünstigste Verfahren zur Durchsetzung seiner Ansprüche zu 41

[55] Haft/Schlieffen Mediation-HdB/Rüssel S. 858, 882 ff. mwN; Baumbach/Lauterbach/Albers/Hartmann EGZPO § 15a Rn. 1 ff. mwN.

[56] Haft/Schlieffen Mediation-HdB/Rüssel S. 878.

wählen, § 1 Abs. 3 BORA. Da § 15a Abs. 2 EGZPO in seinem Katalog als zivilprozessuale Klage- und Verfahrensarten, die vom Schlichtungserfordernis ausgenommen sind, auch das streitige Verfahren im Anschluss an das Mahnverfahren nennt, und das Mahnverfahren in den meisten Fällen die kostengünstigste Variante darstellt, werden bei vermögensrechtlichen Streitigkeiten in der Regel Mahnbescheide beantragt und so die an sich obligatorische Schlichtung „umschifft". Speziell im Mietrecht kommt hinzu, dass die Streitwerte nicht selten über der Grenze von 750 EUR liegen, beispielhaft sei hier nur ein Räumungsverfahren genannt.[57] In den sog. Bagatellfällen versucht man in der Praxis, schon aus wirtschaftlichen Gesichtspunkten den Zeitaufwand so gering wie möglich zu halten und – soweit möglich – eine Einigung zu erzielen, ohne ein Schlichtungsverfahren durchführen zu müssen. Einzelne Länder haben auf diese Erfahrungen reagiert und das obligatorische Güteverfahren in vermögensrechtlichen Bagatellstreitigkeiten wieder abgeschafft;[58] im Gegenzug wurde aber teilweise auch die obligatorische Schlichtung für Ansprüche betreffend den Schutz vor Benachteiligungen im Zivilrechtsverkehr nach dem Allgemeinen Gleichbehandlungsgesetz neu eingeführt.[59] Bei einer Gesamtbetrachtung der Effektivität und Akzeptanz der jeweiligen Schlichtungsgesetze muss festgestellt werden, dass sich die Erwartungen regional sehr unterschiedlich erfüllt haben. Die Landesgesetzgeber haben dementsprechend unterschiedlich reagiert. So hat Nordrhein-Westfalen sein Schlichtungsgesetz im Zuge einer Rechtsbereinigung zum 1.1.2011 in das Gesetz über die Justiz im Land Nordrhein-Westfalen vom 25.1.2010 (GV.NRW 29) überführt, in der Sache aber an der Regelung festgehalten. Bayern hat sein Schlichtungsgesetz mit Gesetz vom 20.12.2011 (GVBl. 713) unbefristet verlängert. Baden-Württemberg hingegen hat mit dem Gesetz vom 16.4.2013 (GBl. 53) sein Schlichtungsgesetz zur Gänze abgeschafft, weil die Erwartungen an das Verfahren sich nicht erfüllt hatten. So sei die Zahl der Verfahren der obligatorischen außergerichtlichen Streitschlichtung von 3.000 im Jahr 2001 auf 1.990 im Jahr 2011 zurückgegangen, wobei es nur in 368 Fällen zu einer gütlichen Einigung und der angestrebten Vermeidung von Gerichtsverfahren kam.[60] Das Gesetz zur Aufhebung des Schlichtungsgesetzes ist am 1.5.2013 in Kraft getreten.

2. Freiwillige Schlichtung

42 a) **Allgemeines.** Freiwillige, einvernehmliche Schlichtung kann sowohl von Einzelpersonen, Verbänden oder öffentlichen Institutionen durchgeführt werden. Hervorzuheben sind vor allem die Verfahren vor den Schiedsämtern – die allerdings in einem Teil der Länder auch der obligatorischen Schlichtung dienen – sowie die Mietschlichtungsstellen, wie sie in einigen Städten noch bestehen.

43 b) **Verfahren vor Schiedsleuten.** Außer in Baden-Württemberg, Bayern, Bremen und Hamburg gibt es in allen anderen Ländern sogenannte Schiedsmänner und Schiedsfrauen. Sie werden nach Schiedsmannsordnungen berufen und arbeiten ehrenamtlich. Das Schiedsmannswesen hat eine lange Tradition, wurde es doch bereits im Jahre 1827 zunächst für die Provinz Preußen eingeführt. Traditionsgemäß ist es die Aufgabe der Schiedsleute, zivil- und strafrechtliche Streitigkeiten zu schlichten. Heute sind in der Bundesrepublik mehr als 10.000 Schiedsmänner und -frauen tätig. In Sachsen heißen die Schiedspersonen seit 1.1.2000 Friedensrichterinnen und -richter. Die Schiedsämter und Schiedspersonen sind im Jahr 2006 in etwas über 11.300 Verfahren in bürgerlich-

---

[57] Mayer/Eichel/Klinck NZM 2018, 689 (696).

[58] So etwa Nordrhein-Westfalen durch das Gesetz zur Änderung des Gesetzes zur Ausführung von § 15a des Gesetzes betreffend die Einführung der Zivilprozessordnung (Ausführungsgesetz zu § 15a EGZPO – AG § 15a EGZPO) vom 20.11.2007 (GV. NRW 583) – s. dazu die ausführliche Begründung in LT-Drs. 14/4975, 5 ff.; ebenso Brandenburg, Hessen, Bayern, Saarland; S. auch Hess S. F 32 f.

[59] So geschehen zB in Bayern und Nordrhein-Westfalen.

[60] Pressemitteilung des Justizministeriums Baden-Württemberg vom 12.7.2012.

rechtlichen Streitigkeiten in Anspruch genommen worden.[61] Durch den ehrenamtlichen Einsatz ist das Verfahren sehr kostengünstig. Die Verfahrensgebühr beträgt in den Schiedsamtsländern durchschnittlich unter 11 EUR; bei Abschluss eines Vergleichs erhöht sich die Gebühr um ca. 10 EUR; Schreibauslagen sind zusätzlich zu entrichten.[62]

Das Verfahren ist in den jeweiligen Schiedsamtsgesetzen der einzelnen Länder geregelt.[63] Zu beachten ist, dass in Brandenburg, Nordrhein-Westfalen, Sachsen-Anhalt und Schleswig-Holstein die nach dem Schiedsamtsgesetz eingerichteten Schiedsämter zugleich als Gütestellen iSd § 794 Abs. 1 Nr. 1 ZPO fungieren und vor ihnen das obligatorische Schlichtungsverfahren durchgeführt werden kann.[64] 44

In Nordrhein-Westfalen bieten einige Anwaltvereine Streitschlichtungen an. Durch die anwaltliche Leitung ist die Erfolgsquote erfahrungsgemäß höher als bei den ehrenamtlichen Schiedspersonen.

Bewertung: Es mag zwar das Mietrecht durch diverse Gesetzesänderungen an manchen Stellen verständlicher geworden sein, gleichwohl handelt es sich nach wie vor um eine komplizierte Rechtsmaterie mit einem erheblichen Umfang an Rechtsprechung. Aus anwaltlicher Sicht stellt ein mit Nicht-Juristen besetztes Gremium wohl nur in seltenen Fällen eine zu empfehlende Alternative zur Beilegung einer mietrechtlichen Streitigkeit dar, da Kenntnisse und Erfahrungen im Mietrecht bei den Schiedsleuten nicht vorausgesetzt werden können. 45

c) **Mietschlichtungsstellen.** Es gibt in Deutschland sog. Mietschlichtungsstellen[65] (zB in Düsseldorf), die in der Regel paritätisch mit Vertretern der Mietervereine und der Haus- und Grundbesitzerverbände besetzt sind. Einige Mietschlichtungsstellen wie zB in Frankfurt und Kiel wurden wieder geschlossen. **Theoretisch** können diese Stellen, da sie mit mietrechtlich versierten Personen besetzt sind, viele mietrechtliche Konflikte, wie etwa über Mängel, Miethöhe, Nebenkostenabrechnung, durch die sachverständige Beurteilung schnell und zügig lösen; das Verfahren ist darüber hinaus kostengünstig.[66] Positiver Nebeneffekt wäre die Aufrechterhaltung der Beziehungen der Parteien, ohne dass diese in den Mittelpunkt des Verfahrens rücken würden.[67] 46

In der Praxis wird das Angebot aber nur in sehr begrenztem Umfang wahrgenommen. So wurde für die Mietschlichtungsstelle Düsseldorf für den Zeitraum von 1984 bis 1993 von insgesamt 95 beantragten Schlichtungsverfahren berichtet, von denen nur 55 tatsächlich durchgeführt wurden; demgegenüber seien bei der Mietschlichtungsstelle Wuppertal immerhin insgesamt 100 Verfahren abgeschlossen worden.[68] Die Inanspruchnahme dieser Stellen hat in den letzten Jahren wider Erwarten noch mehr abgenommen, man könnte beinahe von einem Stillstand sprechen. Nach wie vor sehen weder der Deutsche Mieterbund noch die Verbände von Haus und Grund eine Notwendigkeit zur Errichtung weiterer Mietschlichtungsstellen.[69] Mag dies auch offiziell mit geringer Nachfrage und allgemeiner Unbeliebtheit der Schlichtung begründet werden, so stellt sich doch die Frage, ob das weitgehende Scheitern der freiwilligen Mietschlichtung nicht auch Interessen auf Verbandsebene entspricht.[70] Ein wichtiges rechtliches Hindernis stellen die kurzen Verjährungsfristen im Mietrecht gemäß § 548 Abs. 2 BGB dar. Denn 47

---

[61] So die Zahlen nach einer Antwort des Justizministeriums Rheinland-Pfalz auf eine schriftliche Anfrage im rheinland-pfälzischen Landtag, LT-Drs. 14/1655, 3 und 4.

[62] www.schiedsamt.de.; Prütting Streitschlichtung/Schmidt S. 95 ff.

[63] S. zB das Gesetz über das Schiedsamt in den Gemeinden des Landes Nordrhein-Westfalen (Schiedsamtsgesetz – SchAG NRW) vom 16.12.1992 (GV NW 1993, 32).

[64] Vgl. zB §§ 1, 10 und 12 SchAG NRW.

[65] S. dazu Schwarz S. 4 ff.; Plett/Boysen Mietschlichtung in der Praxis, 1998.

[66] Vgl. zB Geschäfts- und Gebührenordnung der Mietschlichtungsstelle Düsseldorf nachgewiesen bei www.streitschlichtung.nrw.de.

[67] Haft/Schlieffen Mediation-HdB/Rüssel S. 878.

[68] Boysen NZM 2001, 1009 f.

[69] SZ-Artikel vom 15.3.2002 „Wer wird denn gleich vor Gericht gehen?".

[70] Abschlussbericht zum Forschungsprojekt „Außergerichtliche Streitbeilegung in Bayern", Universität Nürnberg-Erlangen, Prof. Dr. Reinhard Greger, Mai 2004, S. 82 f.

eine Hemmung durch Einschaltung der Schlichtungsstelle (§ 204 Abs. 1 Nr. 4 BGB) setzt voraus, dass sie von der Landesjustizverwaltung als Gütestelle anerkannt ist. Dies trifft bei Mietschlichtungsstellen in der Regel nicht zu.

48 **Bewertung:** Faktoren wie Personalknappheit, hoher Arbeitsanfall und eventuell zusätzlich entstehende Kosten, die in der Regel nicht von den Mitgliedern getragen werden, dürften weiter dazu beitragen, die Verbände gegen Mietschlichtungsstellen einzunehmen. Ein direktes Verhandeln von „Kollege zu Kollege" ist in der Regel wesentlich weniger zeitaufwendig als die Durchführung eines an bestimmte Formalien gebundenen Verfahrens zusammen mit den Parteien. Das gilt aber nur, wenn sich kein Gerichtsverfahren anschließt.

V. Mediation

1. Allgemeines

49 **a) Begriffsbestimmung und Abgrenzung.** Mediation ist ein außergerichtliches Konfliktlösungsverfahren, in dem die Parteien einvernehmlich, gemeinsam und eigenverantwortlich mit Hilfe eines neutralen Dritten, des Mediators, die beste Lösung für ihren Konflikt erarbeiten.[71] Diese Definition der Praxis findet sich nunmehr – in minimal veränderter Form – in dem am 26.7.2012 in Kraft getretenen Mediationsgesetz wieder. § 1 Abs. 1 MediationsG definiert die Mediation als ein vertrauliches strukturiertes Verfahren, bei dem die Parteien mithilfe eines oder mehrerer Mediatoren freiwillig und eigenverantwortlich eine einvernehmliche Beilegung ihres Konfliktes anstreben. Auch die Richtlinie 2008/52/EG bestimmt Mediation als ein strukturiertes Verfahren, in dem zwei oder mehr Streitparteien mit Hilfe eines Mediators auf freiwilliger Basis selbst versuchen, eine Vereinbarung über die Beilegung ihrer Streitigkeiten zu erzielen (Art. 3 Buchst. a der Richtlinie). Der Begriff Mediation geht auf das englische Verbum „to mediate" (vermitteln, aushandeln) zurück, das seinerseits seine Wurzel im lateinischen „mediare" (in der Mitte sein) hat.[72]

50 Charakteristisch für jede Mediation ist, dass der neutrale oder allparteiliche Dritte (Mediator) keine Entscheidungsmacht hat. Seine Aufgabe ist es, die Konfliktparteien dabei zu unterstützen, ihre eigene gemeinsame Lösung zu erarbeiten. Dazu ist es erforderlich, dass der Mediator zum einen den Verfahrensablauf klar strukturiert (er ist der „Herr des Verfahrens"); zum anderen ist es seine Aufgabe, Kommunikationshindernisse auszuräumen, bestehende eskalationsfördernde Kommunikationsmuster zu ändern und einen (neuen) Dialogfluss in Gang zu setzen.[73] Zusammengefasst ist seine Aufgabe allein die Unterstützung der Verhandlung, die Lösung ihres Problems müssen die Parteien selbst erarbeiten. Der „zertifizierte Mediator" iSd § 5 Abs. 2 MediationsG ist eine geschützte Bezeichnung,[74] die nur Rechtsanwälten, Psychologen, Psychotherapeuten und anderen sachkundigen und entsprechend ausgebildeten Personen, nicht aber dem Richter offensteht. Allgemein bezeichnet § 1 Abs. 2 MediationsG als „Mediator" denjenigen, der die Parteien durch die Mediation ohne Entscheidungsbefugnis zu einer eigenverantwortlichen, einvernehmlichen Lösung ihres Konflikts führt. Welche Befugnisse ein Mediator konkret hat, war und ist nach wie vor umstritten.[75] Ziel der Mediation ist es, eine Lösung zu finden, die beide Seiten zu Gewinnern macht (Win-win-Prinzip), indem die Interessen beider Seiten so weit wie möglich berücksichtigt werden. Dies kann nur gelingen, wenn die Parteien nicht nur willens, sondern auch in

[71] Risse Wirtschaftsmediaton S. 5; Haft/Schlieffen Mediation-HdB/Rüssel S. 881 mwN.

[72] Risse Wirtschaftsmediaton S. 5.

[73] Haft/Schlieffen Mediation-HdB/Kessen/Troja S. 394.

[74] So sogar die Länder im Bundesrat: s. die Erklärung von Senator Heilmann (Berlin), BR-Plenarprotokoll, 898. Sitzung vom 29.6.2012, S. 315; insoweit irrig Greger/Unberath/Greger § 1 Rn. 11.

[75] Dazu Wolf/Weber/Kramer NJW 2003, 1488, die anschaulich die Verhandlungsmediation von der „therapeutischen Mediation" abgrenzen; Haft/Schlieffen Mediations-HdB/Kracht S. 384 ff.

der Lage sind, für sich selbst einzutreten und Verantwortung für sich selbst zu übernehmen.

Zur cooperativen Praxis → Rn 35.

51 Im Folgenden soll ein Überblick über die Prinzipien, den Verfahrensablauf, das Honorar und die Einsatzmöglichkeiten der Mediation im Mietrecht gegeben werden.

52 **b) Prinzipien der Mediation. Freiwilligkeit:** Beide Konfliktparteien müssen ohne äußeren Zwang bereit sein, eine Mediation durchzuführen. Freiwilligkeit bedeutet auch, dass jede Partei das Verfahren jederzeit beenden kann, egal aus welchen Gründen, ohne Rechtfertigungszwang und ohne, dass dies mit einem Nachteil für sie verbunden wäre. Das Prinzip der Freiwilligkeit wurde in das MediationsG aufgenommen. Der Mediator hat sich gemäß § 2 Abs. 2 MediationsG nicht nur zu vergewissern, dass die Parteien die Grundsätze und den Ablauf des Mediationsverfahrens verstanden haben, sondern auch darüber, dass die Parteien freiwillig an der Mediation teilnehmen. Darüber hinaus ist in § 2 Abs. 5 MediationsG geregelt, dass die Parteien die Mediation jederzeit beenden können. Auch der Mediator kann die Mediation jederzeit beenden, insbesondere wenn er der der Auffassung ist, dass eine eigenverantwortliche Kommunikation oder eine Einigung der Parteien nicht zu erwarten ist (§ 2 Abs. 5 S. 2 MediationsG).

53 **Verschwiegenheit:** Bisher war der Mediator gehalten, durch eine Vereinbarung die Parteien dazu zu verpflichten, dass die im Verlauf des Mediationsverfahrens gewonnenen Informationen in einem etwa nachfolgenden Gerichtsverfahren nicht verwendet werden. Nunmehr ist in § 4 S. 1 MediationsG geregelt, dass der Mediator und die in die Durchführung des Mediationsverfahrens eingebundenen Personen grundsätzlich zur Verschwiegenheit verpflichtet sind, soweit gesetzlich nichts anderes geregelt ist. Diese Verschwiegenheitspflicht soll jedoch dann nicht gelten, wenn die Offenlegung des Inhalts der im Mediationsverfahren erzielten Vereinbarung zur Umsetzung oder Vollstreckung dieser Vereinbarung erforderlich ist (§ 4 S. 3 Nr. 1 MediationsG), die Offenlegung aus vorrangigen Gründen der öffentlichen Ordnung geboten ist, insbesondere um eine Gefährdung des Wohles eines Kindes oder eine schwerwiegende Beeinträchtigung der physischen oder psychischen Integrität einer Person abzuwenden (§ 4 S. 3 Nr. 2 MediationsG) oder es sich um Tatsachen handelt, die offenkundig sind oder ihrer Bedeutung nach keiner Geheimhaltung bedürfen (§ 4 S. 3 Nr. 3 MediationsG). Der Anwaltsmediator selbst kann sich vor Gericht auf sein Zeugnisverweigerungsrecht berufen, solange er nicht wirksam von der Schweigepflicht entbunden wird (§ 383 Abs. 1 Nr. 6, § 385 Abs. 2 ZPO). Im Hinblick darauf, dass sich aus dem MediationsG keine Regelung zur Vertraulichkeit im Verhältnis zwischen den Parteien ergibt, sollte stets bereits im Rahmen des Mediationsvertrags eine Vertraulichkeitsvereinbarung getroffen werden.

54 **Allparteilichkeit:** Die Allparteilichkeit (Neutralität) bedeutet, dass der Mediator beide Parteien im Blick haben muss und es ihm verwehrt ist, einseitig Partei zu ergreifen. Seine Aufgabe ist es, eine für beide Seiten faire und interessengerechte Konfliktlösung herbeizuführen. Er soll die für beide Seiten akzeptable und begehbare Kommunikationsbrücke sein.[76] Auch dieses Prinzip wurde in das neue Gesetz zur Förderung der Mediation und anderer Verfahren der außergerichtlichen Konfliktbeilegung aufgenommen. § 2 Abs. 1 MediationsG definiert den Mediator als eine unabhängige und neutrale Person ohne Entscheidungsbefugnis, der die Parteien durch die Mediation führt. § 2 Abs. 3 MediationsG bestimmt weiter, dass der Mediator allen Parteien gleichermaßen verpflichtet ist. Darüber hinaus ist der Mediator gemäß § 3 Abs. 1 MediationsG verpflichtet, den Parteien alle Umstände offenzulegen, die seine Unabhängigkeit und Neutralität beeinträchtigen könnten. Konsequenz des Neutralitätsgebots sind die gleichfalls in § 3 MediationsG verankerten Tätigkeitsbeschränkungen. Gemäß § 3 Abs. 2 MediationsG darf ein Mediator weder vor noch während noch nach Abschluss eines Mediationsverfahrens in derselben Sache für eine Person tätig werden. Dies entspricht dem für Rechts-

[76] Glenewinkel WuM 2002, 649 (652).

anwälte bereits geltenden § 43 Abs. 4 BRAO. Gleiches gilt aber grundsätzlich auch dann, wenn der Mediator einer Berufsausübungs- oder Bürogemeinschaft angehört und ein anderes Mitglied bereits vor Beginn der Mediation für eine Partei tätig gewesen ist. Ein solch anderes Mitglied darf auch nicht während oder nach Abschluss des Verfahrens für eine Partei tätig werden. Durchbrochen werden können diese Grundsätze zur Berufsausübungs- oder Bürogemeinschaft dann, wenn sich die Parteien nach umfassender Information damit einverstanden erklärt haben (§ 3 Abs. 3 und 4 MediationsG).

55 **Informiertheit (Offenheit):** Dies bedeutet, dass die Parteien über alle entscheidungserheblichen Tatsachen und die Rechtslage umfassend informiert sein müssen. Daraus folgt die Verpflichtung zur Offenlegung aller Fakten und Daten, über die die jeweilige Partei verfügt. Nur bei gleichem Informationsstand ist eine faire Verhandlung möglich. Mediation findet nicht im „rechtsfreien Raum" statt. Die durch die gesetzlichen Regelungen eingeschränkte Disponibilität bildet den Rahmen des zulässig Verhandelbaren.

56 **Eigenverantwortlichkeit:** Jede Partei muss willens und in der Lage sein, für die eigenen Interessen, Bedürfnisse und Wünsche selbst einzutreten und für die erarbeiteten Lösungen die Verantwortung zu übernehmen. Dieses Prinzip findet sich in der Legaldefinition der Mediation in § 1 MediationsG wieder.

57 c) **Verfahrensablauf.** In der Regel durchläuft ein Mediationsverfahren fünf Phasen. Es beginnt mit dem sog. Contracting (Kontaktaufnahme) und endet im Falle des Erfolges mit der Unterzeichnung einer Abschlussvereinbarung. Herzstück jeder Mediation ist die Phase der Konfliktbearbeitung. In der Regel kommen die Parteien fokussiert auf Positionen in die Mediation. Jeder hat seine „Lösung" schon gefunden. Nicht selten stehen sich diese Positionen diametral gegenüber. Zur Erweiterung der Sichtweise wird mit den Medianten genau besprochen, welche Bedürfnisse, Interessen und Wünsche hinter diesen Positionen stehen. Dies eröffnet den Raum für neue Lösungsmöglichkeiten gemäß dem Win-Win-Prinzip, da die Lösung von der Bedürfnisebene aus betrachtet nicht notwendigerweise auf Kosten des Anderen gehen muss. Gemeinsam entwickeln die Parteien im Anschluss daran in einer Art Brainstorming eine Vielzahl von Lösungsmöglichkeiten. Nach gemeinsamer Bewertung derselben bleiben am Ende realisierbare Ideen übrig, die die Interessen beider möglichst weitgehend berücksichtigen.[77]

58 d) **Pflichten des Mediators – Aufgaben des Anwalts in der Mediation – Honorar.** Bereits der im Jahr 2004 erarbeitete **Europäische Verhaltenskodex für Mediatoren,**[78] fasste die Anforderungen an

- die Ausbildung und kontinuierliche Fortbildung der Mediatoren,
- ihre Unabhängigkeit und Neutralität sowie an ihre Unparteilichkeit,
- die Gestaltung und Leitung des Verfahrens,
- die vorherige Vereinbarung der Vergütung und
- an die Wahrung der Vertraulichkeit durch die Mediatoren

zusammen. Obwohl der Verhaltenskodex nicht rechtsverbindlich ist, hat er als Leitbild für das Verfahren und die Berufspflichten Bedeutung erlangt.[79] Besonders hinzuweisen ist auf die bereits im Jahr 2004 geforderte dauernde Pflicht zur Offenlegung aller Umstände, die Interessenkonflikte oder sonstige Zweifel an der Unabhängigkeit und Neutralität der Mediatoren begründen können. Diese Offenbarungspflichten finden sich nunmehr in § 3 MediationsG wieder. Bei der Verfahrensleitung soll der Mediator die jeweiligen Umstände des Falles, einschließlich einer möglichen ungleichen Kräfteverteilung und des Rechtsstaatsprinzips, ebenso berücksichtigen wie eventuelle Wün-

[77] Zu weiteren Einzelheiten zB Haft/Schlieffen Mediation-HdB/Kessen/Troja S. 395 ff., die von sechs Phasen der Mediation ausgehen.

[78] Veröffentlicht im Internetauftritt des Europäischen Justiziellen Netzes.

[79] Hess S. 97 f.

sche der Parteien und die Notwendigkeit einer raschen Streitbeilegung. All diese Anforderungen haben Eingang gefunden in das neue Mediationsgesetz.[80]

59 Bei der Mediation werden nicht nur juristische Kenntnisse, sondern vor allem kommunikative, psychologische, ggf. auch therapeutische Konfliktlösungstechniken eingesetzt. Dementsprechend wird die Mediation – national wie international – nicht nur von Rechtsanwälten, sondern etwa auch von Psychologen oder Familientherapeuten angeboten. Soweit allerdings der Mediator oder die Mediatorin durch rechtliche Regelungsvorschläge in die Gespräche der Beteiligten eingreift, behält § 2 Abs. 3 Nr. 4 RDG dies als **Rechtsdienstleistung** den **Anwaltsmediatoren** vor.[81] Das wird bei Auskünften zur Rechtslage, vor allem aber beim Entwurf einer Abschlussvereinbarung zu beachten sein. Anwaltsmediatoren ihrerseits sind berufsrechtlich gehindert, für eine der Parteien der Mediation im weiteren als Rechtsanwalt aufzutreten (§ 45 Abs. 1 Nr. 3 BRAO).[82]

60 Der Vertrag über die Durchführung einer Mediation wird, wie der Anwaltsvertrag als Dienstvertrag qualifiziert, so dass gemäß § 612 Abs. 2 BGB die übliche **Vergütung** als vereinbart gilt.[83] Dennoch soll der als Mediator tätige Rechtsanwalt gemäß § 34 RVG auf eine Gebührenvereinbarung hinwirken. Es ist in der Praxis gängig, für die Mediation eine Vergütung nach Stunden zu vereinbaren. Es werden allerdings der Höhe nach sehr unterschiedliche Stundensätze vereinbart. Der übliche Rahmen dürfte zwischen 150 EUR und 400 EUR zuzüglich gesetzlicher Umsatzsteuer pro Stunde liegen. Der Abschluss einer Vergütungsvereinbarung ist dringend anzuraten. Auch gegenüber Verbrauchern ist eine zeitbasierte Honorarabrede nicht alleine deshalb unwirksam, weil der Verwender weder dem Vertragspartner vor Abschluss des Vertrages zur Abschätzung der Größenordnung der Gesamtvergütung geeignete Informationen erteilt, noch sich verpflichtet hat in angemessenen Zeitabständen Zwischenrechnungen zu erteilen, BGH 12.9.2024 – IX ZR 65/23, NJW 2024, 3364. Fertigt der anwaltliche Mediator im Auftrag der Medianten auch eine Abschlussvereinbarung, so kann und sollte er hierfür eine gesonderte Vergütung aushandeln; zB in Höhe einer 1,5 Vergleichsgebühr. Hinzuweisen ist in diesem Zusammenhang darauf, dass zwischenzeitlich gemessen an Marktanteilen über 75 % der Rechtschutzversicherer ihren Kunden Verträge mit Mediationsverfahren anbieten.[84]

61 Dazu ist die jeweilige Rechtsschutzversicherung in der eigenen Gestaltung des Bedingungswerks nach § 125 VVG weitestgehend frei; der Rechtsschutzversicherer kann zB den Gerichtsrechtsschutz davon abhängig machen, dass der Versicherungsnehmer sich vorab erfolglos um die Streitschlichtung durch Mediation bemüht, was faktisch zu einer „Zwangsmediation“ aufgrund der Rechtsschutzversicherung führt.[85] Bei einer solchen Regelung im Rahmen der von §§ 126–128 VVG begrenzten Vertragsfreiheit des Versicherers wird nicht zum Nachteil des Versicherungsnehmers abgewichen, was § 129 VVG untersagt.[86]

62 Die überwiegende Anzahl der Rechtschutzversicherer bietet inzwischen eine Kostendeckung bis zur Höhe derjenigen Gebühren an, die auch im Falle der Anrufung eines zuständigen staatlichen Gerichts erster Instanz entstehen würden.[87]

[80] → Rn. 17.
[81] → Rn. 24.
[82] Vgl. OLG Karlsruhe NJW 2001, 3197 (3199); AG Lübeck NJW 2007, 3789.
[83] Das AG Lübeck NJW 2007, 3789 hält in diesem Zusammenhang 150–300 EUR je Stunde als übliche Vergütung für eine Anwaltsmediation.
[84] S. www.gdv.de, zu den unterschiedlichen Gestaltungen der Rechtsschutzversicherer: Sittig/Kuchelmeister AnwBl 2013, 517.
[85] BGH BeckRS 2016, 4378.
[86] Lensing VUR 2016, 227 (228).
[87] S. Beck OK Mietrecht/von Hammerstein außergerichtliche Mediation und Güterrichterverfahren, Rn. 5.1.

2. Mediation im Mietrecht

63 Versteht man Mediation als eine Chance der Konfliktlösung, bei der die Parteien eigenverantwortlich und selbstbestimmt ihre Lösung zu finden suchen, ist Mediation für jedes verhandelbare Konfliktthema, also auch für Mietkonflikte geeignet. Das dagegen angeführte Argument einer typischerweise unterschiedlichen Verhandlungsmacht der Parteien, dh eines in der Regel zugunsten des Vermieters bestehenden Machtungleichgewichts,[88] überzeugt nicht. Denn die zahlreichen zum Schutz des Mieters bestehenden gesetzlichen Vorschriften und ihr Bekanntheitsgrad in den wichtigsten Teilen gleichen das sog. Verhandlungsmachtgefälle aus.[89]

64 Bei der Mediation im Mietrecht geht es jedoch nicht nur um Konflikte zwischen Vermietern und Mietern, sondern in zunehmendem Maß um die Konflikte zwischen Mietern, die als klassische Nachbarschaftsstreitigkeiten häufig besonders emotional ausgetragen werden und erhebliche Spannungen gerade in Wohnanlagen auslösen können. Deshalb gehen größere Vermietungsgesellschaften dazu über, die Mediation als Verfahren im wohnungswirtschaftlichen Alltagsgeschäft einzusetzen.

65 **Konflikte zwischen Mietern:** Bereits die Tatsache, dass man sich in den seltensten Fällen aussuchen kann, wer in der Wohnung nebenan bzw. oberhalb oder unterhalb wohnt, bringt ein latentes Konfliktpotential mit sich. Nach einer Umfrage des Deutschen Mieterbundes von 2004 betrachten bis zu 40 % der Mietparteien ihre Nachbarn kritisch bis ablehnend.[90] Die sog. Nachbarstreitigkeiten werden bekanntermaßen mit besonderer Hartnäckigkeit und Verbissenheit vor Gericht ausgetragen. Prozesse führen in der Regel zu einer weiteren Verschärfung des Konflikts. Eine dauerhafte Befriedung der Parteien wird nur sehr selten erreicht. Man streitet über Koch- und Essensgerüche, Grillen auf dem Balkon, Hundegebell, Hämmern und Bohren, Klavierspiel, nicht gemachten Treppendienst, den im Hausflur abgestellten Kinderwagen, etc pp., um nur einige Beispiele zu nennen. Das Konfliktpotential ist durchaus ähnlich dem bei Wohnungseigentümergemeinschaften bekannten. Unzufriedenheit im Haus belastet alle und führt letztlich zu einer Beeinträchtigung der Lebensqualität, an die man täglich erinnert wird. Aus Sicht der Vermietungsgesellschaften bzw. Wohnungsverwalter ist der Hausfrieden ein hohes Gut, das erhalten oder wiederhergestellt werden sollte. Denn Konflikte zwischen Mietern binden auch bei ihnen Ressourcen. Zudem können Leerstände und rechtliche Auseinandersetzungen als Folge solcher Streitigkeiten zusätzliche Kosten verursachen.[91] Zuletzt darf auch nicht übersehen werden, dass eine Häufung ungeklärter Nachbarstreitigkeiten das soziale Miteinander in einer Wohnanlage gefährden und umkippen lassen können.[92]

66 Mediation bietet den Parteien eine Chance, den Konflikt in seiner ganzen Komplexität zu behandeln. Die Parteien haben die Möglichkeit, über die rechtliche Relevanz hinaus ihre verletzten Gefühle, ihre Interessen und Wünsche dem anderen zu Gehör zu bringen und gemeinsam eine Lösung zu finden, die beiden Interessen gerecht wird.[93]

67 In der **Wohnungswirtschaft** hat *Kraus* am Beispiel der Berliner landeseigenen Wohnungsgesellschaft HOWOGE ein Konzept zur Vermittlung in Nachbarschaftskonflikten

[88] So Breidenbach Mediation 1995, 295.
[89] Henssler/Koch Mediation Anwaltspraxis/Kleinrahm S. 243 ff.
[90] Zitiert nach Kraus GuT 2007, 279 (280).
[91] Kraus GuT 2007, 279.
[92] S. den Maßnahmenkatalog „Intakte Stadtquartiere" der Obersten Baubehörde im Bayerischen Staatsministerium des Innern, Stand: 1.5.2001, S. 70, wo zur Verbesserung des Zusammenlebens im Wohnquartier auf die Beratung und Mediation durch Sozialarbeiter der Wohnungsunternehmen bei privaten Konflikten oder Problemen der Mieter und auf realisierte Beispiele in der Wohnungswirtschaft verwiesen wird; Mayer/Eichel/Klinck NZM 2018, 689 (696).
[93] S. auch Harmuth Grundeigentum 2003, 866; Schmidt/Lapp/Monßen Mediation/Schmidt § 7 Rn. 1091 ff.

unter Mietern im eigenen Wohnungsbestand dargestellt,[94] das sich aus fünf konsekutiven Stufen zusammensetzt:

- Einsatz eigener Hausmeister, die aufgrund ihrer langjährigen Erfahrung viele Probleme zuerst wahrnehmen und gelegentlich zeitnah zwischen den Streitparteien vermitteln können.
- Kundenbetreuer, die das Gespräch mit den Beteiligten suchen und über technische Maßnahmen, Kulanzleistungen oder rechtliche Schritte entscheiden.
- Mediation durch einen Mediator, wenn die Streitparteien zu einem Vermittlungsgespräch bereit sind.
- Kann eine Beilegung auf diesem Weg nicht erreicht werden, wird die Einleitung des (kommunalen) Schiedsamtsverfahrens empfohlen.
- Zuletzt steht – selbstverständlich der Rechtsweg offen, wobei auch hier eine gerichtsnahe Mediation und damit die Option einer einvernehmlichen Streitbeilegung angeboten wird.

Konflikte zwischen Vermietern und Mietern: Auch im Verhältnis Vermieter – Mieter kann Mediation Erfolg versprechend eingesetzt werden. Differenziert man die möglicherweise auftretenden Konflikte zwischen Vermieter und Mieter nach dem Zeitpunkt ihres Auftretens, dh **vor, während oder nach einem Mietverhältnis,** liegt es auf der Hand, dass sich die Mediation zur Lösung eines Konfliktes **besonders während eines Mietverhältnisses** anbietet. In dieser Phase sind die Parteien grundsätzlich an der Aufrechterhaltung der Beziehungen interessiert. Während eines laufenden Mietverhältnisses bietet sich die Mediation insbesondere dann an, wenn Mieter und Vermieter unter einem Dach leben, unabhängig vom Gegenstand des Streits, da es auch hier gilt, den Frieden im Haus wiederherzustellen und ein weiteres gedeihliches Zusammenleben zu ermöglichen. 68

Befindet man sich im Bereich der vertraglichen Anbahnung, also **vor Abschluss eines Mietverhältnisses,** kann die allgemeine Situation von Angebot und Nachfrage zu einem Ungleichgewicht der Verhandlungspositionen führen. Gibt es für ein Mietobjekt zahlreiche Interessenten, befindet sich der Vermieter in einer Situation, in der er eine Verhandlung gar nicht nötig hat. Lässt er sich gleichwohl darauf ein, hat er eine sehr starke „Verhandlungsmacht". Gleiches gilt umgekehrt im Falle eines Überangebots von Wohnraum, die zu einem Ungleichgewicht der Verhandlungsmacht zugunsten des Mieters führt. In diesen beiden Konstellationen dürfte eine Mediation schwierig sein. 69

Nach der Beendigung eines Mietvertrages liegt den Parteien zwar in der Regel nicht mehr an der Aufrechterhaltung ihrer persönlichen Beziehungen, sondern es geht meist nur um die möglichst reibungslose Abwicklung des Vertrages. Gleichwohl gibt es viele Fälle, in denen erst die Einbeziehung der tatsächlichen Verhältnisse während der Vertragslaufzeit des Mietvertrages ohne gegenseitige Aufrechnung einzelner Posten zu einem für beide Seiten fairen Ergebnis führen. Gerade bei Beendigung von lange währenden Mietverträgen auf Grund einer ordentlichen Kündigung bietet die Mediation bei Streit über die Wirksamkeit derselben den Rahmen für eine faire Lösung für beide Seiten, sei es, dass man sich auf einen bestimmten Zeitrahmen bis zum Auszug einigt, sei es, dass der Vertrag mit anderen Bedingungen fortgesetzt wird.[95] Ist die Lösung das Ende der Vertragsbeziehungen, können zugleich auch andere mit der Abwicklung im Zusammenhang stehende Rechte und Pflichten geklärt werden, zB die zu erledigenden Schönheitsreparaturen oder die modi der Rückzahlung der Kaution. 70

Beispielhaft aus der Vielzahl der möglichen Streitpunkte zwischen Vermieter und Mieter während eines laufenden Mietverhältnisses sei ein Konflikt anlässlich der Erhöhung des Mietzinses näher betrachtet: 71

Der Konflikt entsteht dadurch, dass der Vermieter einen Mietzins bezahlt haben will, den der Mieter nicht leisten möchte. Versucht man diesen Konflikt mit juristischem Instrumentarium zu lösen, erhalten

---

[94] Kraus GuT 2007, 279.
[95] S. auch Henssler/Koch Mediation Anwaltspraxis/Kleinrahm S. 243 ff.

abstrakte Begriffe wie Vergleichsmiete, Wohnlage, Abzug einer Instandhaltungspauschale, Mietspiegel etc die entscheidende Bedeutung. Die Frage, warum der Mieter die Erhöhung ablehnt, spielt nicht die geringste Rolle. Kommt es zu einem Verfahren vor Gericht, ist nicht selten ein Sachverständigengutachten über die Höhe der Vergleichsmiete erforderlich.
Der einfachere und direktere Weg wäre es, herauszufinden, ob es dem Mieter darum geht, dass er den verlangten Mietzins generell für nicht adäquat hält, oder ob sich der Mieter wehrt, weil sein finanzielles Limit überschritten werden würde, oder ob es dem Mieter darum geht, dass er zunächst Mängel beseitigt wissen will, bevor er der Mieterhöhung zustimmt. Mediation ermöglicht den Parteien eine Neuordnung ihrer Beziehungen. Wünsche, Interessen und Bedürfnisse beider werden artikuliert und respektiert und der Entscheidungsfindung zu Grunde gelegt. Diese können sehr unterschiedlich und auch überraschend sein. So kann sich im Laufe der Verhandlungen zB herausstellen, dass der Mieter schon lange den Wunsch hat, dass der Vermieter eine Schaukel, einen Kabelanschluss, einen neuen Herd etc anschafft, wovon dieser bis dato keine Kenntnis hatte.

72 Daraus kann gefolgert werden, dass sich die Mediation während des laufenden Mietverhältnisses generell eignet, wenn eine Partei eine Vertragsänderung erstrebt. Mediation bietet Raum für einvernehmliche Vertragsanpassungen und/oder Neuverhandlungen.[96]

73 Mediation kann des Weiteren **präventiv** zur Vermeidung von eventuell entstehenden Konflikten eingesetzt werden. Beispielhaft genannt seien umfangreiche Modernisierungsmaßnahmen. Werden die Mieter zB in die Planungs- und Entscheidungsprozesse des Vermieters frühzeitig eingebunden und auch ihre Interessen und Wünsche berücksichtigt, ist die Akzeptanz der anschließend realisierten Maßnahmen wesentlich höher; viele Streitigkeiten werden so von vorneherein vermieden.

74 **Konflikte zwischen Mietern und institutionellen Vermietern bzw. Verwaltern:** Bei räumlicher Entfernung und/oder einer entpersonalisierten Beziehung, wie sie in der Regel zwischen Mietern und den großen Vermietern bzw. Verwaltern bestehen, geht es nicht um die Aufrechterhaltung der persönlichen Beziehungen, sondern um die Aufrechterhaltung einer gut funktionierenden geschäftlichen Beziehung. Die Wiederherstellung einer problemlosen Koexistenz ist ein für beide Seiten nicht zu vernachlässigender Vorteil.

75 Nicht außer Acht lassen sollte man ferner den Aspekt des Ansehens und des Rufs in der **Öffentlichkeit.** Nicht nur dem kleinen, sondern gerade auch dem großen Vermieter und den Verwalter ist das Image in der Öffentlichkeit wichtig. Prozesse können dem guten Ruf leicht Schaden zufügen, selbst wenn man sie im Einzelfall gewonnen haben sollte. Jeder öffentlich gemachte Konflikt birgt die Gefahr in sich, eine Eigendynamik zu entwickeln, die zu Eskalationen und (Folge)Prozessen führen können, an die am Anfang niemand dachte.

76 Mediation hingegen findet in einem vertraulichen Rahmen statt. In der Regel verpflichten sich die Parteien zu Beginn des Verfahrens, dass alles, was sie während eines Mediationsverfahrens besprechen und verhandeln, vertraulich behandelt wird und nicht in einem später möglicherweise folgenden Gerichtsverfahren verwendet werden darf. Dies fördert zum einen die Bereitschaft der Parteien, sich zu öffnen und die Dinge auszusprechen, die ihnen wirklich wichtig sind. Zum anderen bietet die Mediation damit Schutz vor einem möglichen Imageverlust in der Öffentlichkeit. Scheitert die Mediation, liegt es allerdings an den Parteien selbst, inwieweit sie sich an ihre Absprache gebunden fühlen, erzwingbar ist sie nicht. Zu Recht nehmen daher gerade Verwaltungsgesellschaften die Mediation zunehmend in ihr Dienstleistungsangebot mit auf.

77 **Bewertung:** Mediation ermöglicht den Parteien eine umfassende Bearbeitung ihres Konfliktes. Die Frage, wann eine umfassende Bearbeitung eines Konfliktes erforderlich ist, lässt sich nicht an der Höhe des Streitwertes festmachen, sondern muss im Einzelfall ermittelt werden. Grundsätzlich gilt, dass Mediation für die Fälle geeignet ist, in denen beide Seiten ein Interesse daran haben, eine Lösung auf eine Art und Weise zu finden, die ihnen die Aufrechterhaltung ihrer persönlichen oder geschäftlichen Beziehungen ermöglicht. Aspekte wie Zeit, Nerven, Personal- und Kostenaufwand werden in vielen Fällen

[96] Kloster-Harz Kap. 39 Rn. 48 ff.

darüber hinaus für die Mediation als dem schnelleren und kostengünstigere Verfahren gegenüber einem gerichtlichen Verfahren sprechen. Empfehlenswert ist die Einbeziehung von Streitbeilegungsklauseln. Diese sollten entweder in der Hausordnung oder im jeweiligen Mietvertrag so platziert werden, dass die Klausel nicht im Sinne von § 305c Abs. 1 BGB überraschend ist. Bei einer mietvertraglichen Einbeziehung in der Hausordnung sollte unmittelbar auf die darin enthaltene Mediationsvereinbarung verwiesen werden.[97] Für das rechtsgeschäftliche Zustandekommen einer Mediationsvereinbarung gelten keine besonderen Regelungen außerhalb des AGB-Rechts nach §§ 305 ff. BGB.[98]

VI. Resümee

Es ist festzustellen, dass sich die außergerichtliche Streitbeilegung insgesamt und speziell im Mietrecht und der Wohnungswirtschaft zwar bedächtig, aber doch stetig weiterentwickelt. Das Verbraucherstreitbeilegungsgesetz bietet neue Chancen; Akzeptanz und Realisierung in der Rechtswirklichkeit haben sich noch zu erweisen. Bis dato ist die Mediation auch im Mietrecht und der Wohnungswirtschaft wohl das außergerichtliche Konfliktlösungsmodell, das das Dienstleistungsangebot des Anwalts am effektivsten erweitern kann. Die Verabschiedung des Mediationsgesetzes wurde vielfach als „Meilenstein" auf dem Weg zu einer veränderten Streitkultur in Deutschland bezeichnet. Zwar ist der von der Bundesregierung im Juli 2017 vorgelegte Evaluationsbericht zum Mediationsgesetz zu dem ernüchternden – wenn auch methodisch zweifelhaften – Ergebnis gekommen, dass die Zahl der durchgeführten Mediationen auf einem gleichbleibenden niedrigen Niveau geblieben sei und sich auf einige wenige Mediatoren konzentriere, nichtsdestotrotz wird auch festgestellt, dass die Mediation als alternatives Instrument der Konfliktbeilegung in Deutschland einen festen Platz in der Streitbeilegungslandschaft einnimmt. Die Bundesregierung hat im Evaluationsbericht einen Austausch mit den betroffenen Kreisen sowohl auf europäischer als auch nationaler Ebene angekündigt, um das Ziel der Förderung der Mediation langfristig noch besser verwirklichen zu können. Auf die Ergebnisse darf man gespannt sein. 78

[97] Mayer/Eichel/Klinck NZM 2018, 689 (697). Vgl. aber OLG Saarbrücken ZVertriebsR 2016, 39 zur Zulässigkeit einer Klage trotz entgegenstehender Mediationsklausel.

[98] Haft/Schieffen Mediation-HdB/Fischer § 25 Rn. 22 ff., 36 ff.; Mayer/Eichel/Klinck NZM 2018, 689 (697).

Teil B. Gewerberaummiete

1. Abschnitt. Das gewerberaummietrechtliche Mandat

§ 41 Mandatsannahme, -bearbeitung und -abwicklung anhand von Checklisten

Übersicht

I. Allgemeines

Wie bereits für das wohnraummietrechtliche Mandat in § 1 sollen auch hier für die Gewerberaummiete bewusst ausführlich und nicht lediglich schematisch ausgearbeitete **Checklisten** auf systematische Art und Weise einen schnellen Zugriff auf die Darstellung sämtlicher jeweils relevanten Problempunkte im gewerberaummietrechtlichen Teil dieses Handbuchs ermöglichen. Gleichzeitig dienen die allein an der **täglichen Mietrechtspraxis** ausgerichteten Checklisten dem Anfänger dazu, wirklich alle wichtigen Vorgaben und (Rechts-)Folgen der einzelnen gewerberaummietrechtlichen Problemstellungen zu beachten, aber auch dem Mietrechtsprofi als vorsorgliche Kontrolle, keinen Punkt übersehen zu haben. Selbstverständlich ersetzen diese Checklisten nicht die eigenständige und individuelle Prüfung des konkreten Einzelfalls. 1

II. Checklisten

1. Mandatsannahme

2

Checkliste: Mietrechtliches Mandat
(Allgemeines bei Annahme des Mandats)

□ Vermieter	– alle mit Anschrift; – Vertretungsverhältnisse insbes. bei Personenzusammenschlüssen und juristischen Personen klären (Vollmachten; Registerauszüge).
□ Mieter	– alle mit Anschrift, auch soweit ausgezogen, aber noch Vertragspartei; – ggf. Vertretungsverhältnisse insbes. bei Personenzusammenschlüssen und juristischen Personen klären (Vollmachten; Registerauszüge).
□ Gewerberäume	– genaue Anschrift, Lage im Haus, Größe, Anzahl der Gewerberäume, Funktionsräume, Nebenräume, Kfz-Stellplatz, Garage, sonstige (Mit-) Nutzungsrechte, mitvermietete Gegenstände, Gemeinschaftseinrichtungen u. a.; – Übergabeprotokolle; – Mängel (vorhanden, angezeigt, behoben?).
□ Mietvertrag	– schriftlich, ggf. mit allen Änderungen und Ergänzungen? – Nebenabreden (ggf. Nachweismöglichkeit? – Schriftformerfordernis).
□ Miete	– (kalt/warm/<teil->inklusiv) für Gewerberäume und – getrennt? – für Nebenräume, Stellplätze und (Mit-)Nutzungsrechte inkl. aller Veränderungen (Nachweise?), insbes. Daten von nachträglichen Mietanpassungen.
□ Mietsicherheit	– Art, Höhe, wann und wie geleistet
□ Rechtsschutz	– Versicherung (Gesellschaft, Vertragsnr.) für streitgegenständliches Risiko?
□ Honorar	– gesetzlich (Streitwert); – Vereinbarung.
□ Vollmacht	– von allen Mandanten (Vermieter oder Mieter), soweit Mandatserteilung durch Bevollmächtigte: Nachweis Vollmachtskette vorhanden?

2. Vertragsschluss

a) Checkliste Mietvertragsabschluss und -inhalt (→ §§ 46, 47 und 48 Rn. 1 ff.)

3 Da aus Mietersicht die Rechtslage dann am günstigsten ist, wenn überhaupt kein schriftlicher Mietvertrag abgeschlossen wird, sondern die gesetzlichen Regelungen, insbesondere die des BGB, gelten, orientiert sich diese Checkliste zwangsläufig ausschließlich an den Vermieterinteressen. Dabei kommt hinzu, dass die gewerberaummietrechtlichen Regelungen im BGB anders als häufig im Wohnraummietrecht dispositiv ausgestaltet sind; von dieser Möglichkeit sollte dann aber auch Gebrauch gemacht werden.

- □ Soweit möglich, lediglich einen Vermieter als Vertragspartner aufnehmen (etwa wegen praktischer Handhabung: Kündigungs- und Willenserklärungen; Zeugenstellung; §§ 578 Abs. 2 S. 1 und Abs. 1, 566 BGB); beachte aber: die Rechtsverhältnisse unter mehreren Eigentümern ggf. durch interne Vereinbarungen und/oder wechselseitige schriftliche Vollmachten regeln.
- □ Alle Mieter mit Vornamen, Name, ggf. Geburtsnamen, Geburtsdatum und vormaliger Adresse aufführen (zB zur besseren Ermittlung über die Meldebehörden, soweit etwa bei stillschweigendem vorzeitigem Auszug erforderlich); auf genaue Bezeichnung auch bei juristischen Personen in Übereinstimmung mit aktuellen Registerauszügen achten.
- □ Mehrere Mieter: Vollmachtsklausel aufnehmen.
- □ Etwaige Vertretungsverhältnisse auf Vermieter- wie auch Mieterseite ausdrücklich offenlegen, sonst ggf. auch Formproblem.

- ☐ Mietobjekt so genau wie möglich beschreiben, einschließlich mitvermieteter Flächen und – auch gemeinsam zu nutzender – Einrichtungen. Soll die Möglichkeit bestehen, lediglich zur Mitbenutzung überlassene Teile der Mietsache jederzeit wieder dem Gebrauch des Mieters zu entziehen, kann dies rechtssicher nur durch eine individuelle Vereinbarung geschehen. Achtung: Bei Größenangaben im Vertrag u. a. Risiko der Bewertung als Zusicherung; auch bei bloßer Beschaffenheitsangabe problematisch, wenn Abweichung mehr als 10 %. Unbedingt Art und Weise der Flächenberechnung vereinbaren. Zum Teil erhebliche Unterschiede nach DIN 277, DIN 283, GIF, BGF oder NGF, WoFlV. Weiter Regelungen für den Fall der Flächenabweichung (nach „oben" oder „unten") vorsehen, ggf. auch eine folgenlose Differenz bis zu einem bestimmten Prozentsatz einer etwaigen Abweichung.
- ☐ Einrichtungsgegenstände, soweit mitvermietet, mit aufführen oder, soweit in der Mietsache vorhanden, aber keine Gebrauchsgewährpflicht übernommen werden soll, eine entsprechende ausdrückliche Regelung aufnehmen. Letzteres gilt insbesondere, wenn diese Einrichtungsgegenstände zB vom Vormieter eingebracht worden waren. Dann auch ausdrücklich entsprechende Rückbaupflichten des Mieters unter Wiederherstellung des – genau festzulegenden – vormaligen Zustands aufnehmen.
- ☐ Regelung über die Zulässigkeit baulicher Veränderungen durch den Mieter und insbesondere den Zustand des Mietobjekts bei Rückgabe treffen; falls gewünscht, Wegnahmerecht aus § 539 Abs. 2 BGB ausschließen.
- ☐ Den Zustand der Mietsache bei Beginn des Mietverhältnisses im Rahmen eines gesondert von Mieterseite zu unterschreibenden Übergabeprotokolls festhalten (= Beweiserleichterung, aber ggf. auch Anerkenntniswirkung).
- ☐ Die übergebenen Schlüssel genau bezeichnen und Erhalt gesondert bestätigen lassen. Haftungsfolgen für den Mieter bei Schlüsselverlust regeln, außer der Mieter beweist, dass Missbrauch ausgeschlossen ist bzw. ihn kein Verschulden trifft.
- ☐ Erklärung über die Mieter-/Nutzeranzahl sowie ggf. Regelungen für den Fall der Personenmehrheit auf Mieterseite aufnehmen.
- ☐ Im Zusammenhang mit der Vereinbarung über den Mietbeginn Abnahmepflicht des Mieters zum vereinbarten Zeitpunkt aufnehmen, um nicht nur Gläubiger- sondern auch Schuldnerverzug zu begründen.
- ☐ Die Laufzeit des Mietvertrages regeln; dabei beachten, dass etwa vorgesehene Alternativen einander ausschließen und – insbesondere bei Verwendung von Formularen – Fehlinterpretationen ausgeschlossen sind, also zutreffende Alternative kennzeichnen, nichtzutreffende streichen:
  - ☐ unbefristet
  - ☐ unbefristet mit beiderseitigem Kündigungsausschluss für eine bestimmte Zeitdauer
  - ☐ befristet
  - ☐ befristet mit Verlängerungsklausel und/oder Option (unbedingt auf zeitliche Abstimmung zwischen diesen beiden Alternativen achten).
- ☐ § 545 BGB ausschließen durch eine inhaltlich vollständige Wiedergabe des Gesetzeswortlauts.
- ☐ Regelung bezüglich der Miethöhe: Feste Miete, umsatzabhängige Miete oder Kombination aus beidem (beachte die Sonderregelung für Apotheken in §§ 8 f. Apothekengesetz).
- ☐ Die Miete getrennt nach Grundmiete, etwaigen Zuschlägen, Garagen- oder Stellplatzmiete, pauschale Kosten etwa für die Gemeinschaftsantenne und/oder Verwaltungskosten sowie Vorauszahlungen auf Nebenkosten gesondert beziffern. Eine Aufschlüsselung der Vorauszahlungen auf die einzelnen, umzulegenden Nebenkostenpositionen ist entbehrlich.
- ☐ Ggf. andere Leistungen des Mieters mit Entgeltcharakter aufführen.
- ☐ Eindeutige ausdrückliche Nebenkostenumlagevereinbarung treffen; § 556 BGB gilt nicht im Gewerberaummietrecht (vgl. § 578 BGB). Keine Beschränkung auf die BetrKV, auch Abwälzung von Instandsetzungs- und Verwaltungskosten grundsätzlich möglich. Darüber hinaus gehende Kostenpositionen müssen aber ausdrücklich und zweifelsfrei geregelt werden. Widerspruch zur Hausordnung unbedingt vermeiden: etwa bloße Kostenüberbürdung für Reinigung hier im Rahmen der Nebenkostenumlagevereinbarung und entsprechende Vornahmepflicht in der Hausordnung zu Lasten des Mieters.
- ☐ Regelungen mit aufnehmen für den Fall, dass zunächst nicht alle umlagefähigen und im Vertrag auf den Mieter überbürdeten Nebenkostenpositionen tatsächlich anfallen, sich der Vermieter aber entsprechende Umlagemöglichkeiten in Zukunft offenhalten will.
- ☐ Regelungen vorsehen, falls der Vermieter – jedenfalls zunächst – bestimmte Arbeiten, deren Kosten auf den Mieter umgelegt werden können, in Eigenleistung erbringt unter Umlage der Kosten für gleichwertige Unternehmerleistungen (ohne Umsatzsteuer), einschließlich des Vorbehalts, diese Arbeiten jederzeit wieder fremd vergeben zu können.
- ☐ Umlageschlüssel, notfalls unterschiedlich für die einzelnen Nebenkostenpositionen, ausdrücklich vereinbaren, ggf. mit Änderungsvorbehalt nach billigem Ermessen bei Vorliegen sachlicher Gründe. Andernfalls kann Vermieter Abrechnungsschlüssel gem. § 315 BGB nach billigem

Ermessen festsetzen (Ausnahme: Heizkosten, insoweit gilt der zwingende § 7 HeizkV – beachte aber auch § 10 HeizkV).

☐ Zwischenablesung der Verbrauchserfassungsgeräte mit entsprechender Kostenregelung (in der Regel zu Lasten des ausziehenden Vormieters) vorsehen; einen Anspruch auf Zwischenabrechnung klarstellend ausschließen.

☐ Abrechnungsverpflichtung des Vermieters mit aufnehmen, aber allenfalls mit reiner Fälligkeitsregelung ohne Ausschlusswirkung (§ 556 Abs. 3 BGB gilt nicht); andernfalls könnte von der Vereinbarung einer Nebenkostenpauschale ausgegangen werden; soweit die Nebenkosten pauschal umgelegt werden, unbedingt einen ausdrücklichen Erhöhungsvorbehalt vereinbaren. Regelungen des § 560, insbes. Abs. 1 und 4, BGB ggf. vereinbaren.

☐ Möglichkeit der Mietanpassung ist mangels gesetzlicher Erhöhungstatbestände zwingend zu regeln, da ohne entsprechende Vereinbarung nur eine Änderungskündigung in Betracht käme (die wiederum bei im Gewerberaummietrecht üblicher Befristung ausgeschlossen ist). Vereinbarung einer Staffelmiete oder einer Indexregelung oder auch – eindeutig zeitlich abzugrenzende – Kombinationen möglich. Bei Indexregelungen PrKG beachten und aus Mietersicht die schwebende Wirksamkeit des § 8 PrKG ausschließen. Anwendung der §§ 559 ff. BGB – auch mit Modifikationen – vereinbaren.

☐ Zahlungsmodalitäten (Fälligkeit, Vorauszahlung, Verzug) zur Klarstellung regeln – vgl. §§ 579 Abs. 2, 556b Abs. 1 BGB – unter genauer Angabe des Empfängerkontos.

☐ Zurückbehaltungs- und Aufrechnungsbeschränkungen aufnehmen. Minderungsrecht ausschließen.
Achtung: Der formularmäßige Ausschluss des Minderungsrechts soll nach BGH nur wirksam sein, wenn dem Mieter zugleich die Möglichkeit verbleibt, wegen Mängeln überzahlte Miete nach § 812 BGB zurückzuverlangen (str.). Vorsorglich diese Möglichkeit ausdrücklich aufnehmen.

☐ Regelung über eine Mietsicherheit vorsehen (Barkaution für den Vermieter etwas günstiger als eine Bürgschaft; vgl. etwa § 215 BGB). Bei Bürgschaften auf Abreden über die Verjährungseinreden des Bürgen achten. Keine unmittelbare Geltung der Beschränkungen des § 551 BGB.

☐ Umlage von Verwaltungskosten regeln; sonstige, gesetzlich nicht näher definierten Kosten (zB Center-Management) näher umschreiben, welche Kosten erfasst sind (auch etwa in Abgrenzung zu anderen Kosten (zB Verwaltungskosten) und vorsorglich die Höhe der Kosten vertraglich begrenzen; ebenso Hausmeisterkosten, soweit diese Tätigkeiten auch die Instandsetzung und Instandhaltung von Gemeinschaftsflächen umfassen (auch wegen § 305c BGB; Kostentransparenz);

☐ Instandsetzungspflicht des Mieters regeln; beachte: keine Abwälzung der Instandsetzungspflicht bezüglich Dach und Fach; bezüglich Gemeinschaftsflächen und -einrichtungen ist nur Umlage der Kosten auf die Mieter möglich (unter Kostenbegrenzung auf etwa max. 10 % der Jahresnettomiete p. a.). Bei Formularverträgen darf Abweichung vom Grundsatz des § 535 Abs. 1 S. 2 BGB aber nicht zu einem Verstoß gegen § 307 BGB führen, insbesondere darf Klausel sich nur auf Reparaturverpflichtung des Mieters bezüglich solcher Schäden beziehen, die auf dem Mietgebrauch beruhen oder aus dem Risikobereich des Mieters stammen. Die Klausel darf nicht zu einer Haftung des Mieters für anfängliche Mängel oder von Dritten verursachten Schäden führen.
Ggf. kann auch lediglich Instandhaltungspflicht des Mieters vereinbart werden (Ausführung notwendiger Wartungsarbeiten, aber keine Reparaturen).
Alternativ kann auch lediglich die Kostentragungspflicht auf den Mieter abgewälzt werden, während der Vermieter zur Ausführung verpflichtet bleibt.

☐ Ggf. Kleinreparaturklausel aufnehmen; im gleichen Rahmen zulässig wie die Abwälzung der Instandsetzungspflicht.

☐ Schönheitsreparaturen regeln, da diese nicht zwingend von der Instandhaltung oder Instandsetzung erfasst sind, welche auf Mängelbeseitigung abzielt, während Schönheitsreparaturen der Beseitigung der Folgen vertragsgemäßer Abnutzung dienen. Es gelten aufgrund der vergleichbaren Interessenlage die zum Wohnraummietrecht geltenden Grundsätze: Freizeichnung des Vermieters getrennt von der Abwälzungsregelung auf den Mieter zu beurteilen (Wirksamkeit sehr problematisch); laufende Schönheitsreparaturverpflichtung nach Fristenklausel – aber ohne starren Fristenplan („im Allgemeinen“) – oder nach Bedarf (objektiver Notwendigkeit); bei unrenoviert oder renovierungsbedürftig überlassener Mietsache angemessenen finanziellen Ausgleich in Höhe der tatsächlich notwendigen Renovierungskosten vorsehen; Endrenovierungsregelung ohne zusätzliche Pflichtenüberbürdung auf den Mieter; Abgeltungsklausel bei vorzeitigem Auszug des Mieters vor Ablauf des „weichen“ Renovierungsturnus generell unwirksam, sofern nicht individuell vereinbart; keine Anfangsrenovierungsregelung, sofern nicht individuell vereinbart; vorsorglich Schönheitsreparaturumfang mit aufnehmen (bei ausdrücklicher Regelung gegenüber dem üblichen Umfang im Wohnraummietrecht erweiterbar, etwa auf den

Bodenbelag) und das Erfordernis der fachgerechten Ausführung; Farbwahlklauseln, auch für Holzteile, nur für die Rückgabepflicht bei Mietende, nicht während der Mietzeit zulässig, aber keine Beschränkung auf nur eine Farbe. Ggf. Alternativregelung für den Fall der Unwirksamkeit der Schönheitsreparaturklausel aufnehmen (zB Zuschlag zur Miete als gesondert ausgewiesener Entgeltbestandteil). Lediglich für die genaue Bestimmung der zulässigen Fristen kann nicht auf die Rspr. zum Wohnraummietrecht (5, 8, 10 Jahre je nach Raum) zurückgegriffen werden, da insoweit keine vergleichbare Situation besteht; maßgeblich ist die im konkreten Vertragsverhältnis vorgesehene Nutzung.

- ☐ Dem Mieter keine Wartungs- bzw. Verkehrssicherungspflichten oder sonstige Hand- und Spanndienste auferlegen (Überwachungsaufwand und verbleibende Sekundärpflichten), sondern die entsprechenden Kosten als Nebenkosten umlegen.
- ☐ Soweit erforderlich nähere Regelungen über die Benutzung der Mieträume (insbesondere Betriebspflicht, ggf. Sortimentsklausel) und die Untervermietung (Ausschluss Sonderkündigungsrecht des § 540 Abs. 1 S. 2 BGB) aufnehmen sowie über etwaige Ausbesserungen bzw. bauliche Veränderungen. Über § 578 Abs. 2 BGB gelten die §§ 555a–555f BGB; daher Sonderkündigungsrecht gem. § 555e BGB ausschließen.
- ☐ Gegebenenfalls Regelung zum Konkurrenzschutz aufnehmen; sog. vertragsimmanenten Konkurrenzschutz beachten.
- ☐ Gegebenenfalls Regelung betreffend Werbegemeinschaft (keine zu einer persönlichen Haftung führende Organisationsform – etwa GbR, besser Verein – vorsehen; transparente Preisgestaltung) aufnehmen.
- ☐ Gegebenenfalls das Betreten und Besichtigen der Mieträume regeln.
- ☐ Unbedingt die Garantiehaftung des Vermieters für anfängliche Mängel gem. § 536a Abs. 1 Alt. 1 BGB ausschließen.
- ☐ Zur Klarstellung eine an § 536c BGB orientierte Mängelanzeigeverpflichtung des Mieters sowie Haftungsregelungen fixieren.
- ☐ Eine ausführliche Hausordnung (Reinigungs- und Räumpflichten besser extern vergeben unter Kostenumlage im Rahmen der Nebenkosten; andernfalls unbedingt Vorsorge für den Fall der Verhinderung des Mieters, etwa wegen Alters, Krankheit u.a., treffen) sowie eine Vermieterermächtigung zur Ersatzvornahme (letztere rechtssicher nur individuell vereinbar) in den Vertragstext aufnehmen (zur Vermeidung von Formproblemen gemäß §§ 578 Abs. 2 S. 1 und Abs. 1, 550 BGB; bloße Bezugnahme im unterschriebenen Vertragstext ohne gesonderte Unterschrift auf der als Anlage vorgesehenen Hausordnung scheitert nicht unbedingt an § 307 BGB). Widerspruch zwischen Pflichtenüberbürdung und „bloßer" Kostenüberwälzung im Rahmen der Nebenkostenumlagevereinbarung vermeiden.
- ☐ Regelungen über die Beendigung und Abwicklung des Mietverhältnisses, auch bei vorzeitiger Beendigung des Mietvertrags, vorsehen.
- ☐ Regeln, dass sämtliche Abwicklungsverpflichtungen einschließlich der Rückgabe der Schlüssel am letzten Tag der Mietzeit, zu den üblichen Geschäftszeiten, zu erledigen sind.
- ☐ Schriftform auch für Änderungen und Ergänzungen jedenfalls zu Beweiszwecken statuieren, auch für die Aufhebung der Schriftformabrede. Aber: Im Zweifel Verstoß gegen § 305b BGB, sofern nicht individuell vereinbart. Jeweils – falls gewünscht – Ausschluss von Telekommunikationsmitteln vorsehen (vgl. § 126 Abs. 3 BGB). Schriftformheilungsklausel unnötig, da unwirksam.
- ☐ Auf vollständige Unterschriftsleistung aller Mieter, vorsorglich unter Angabe der Vertretungsverhältnisse achten.
- ☐ Trotz gelockerter Rechtsprechung vorsorglich – sofern Anlagen mit mehr als bloßem erläuternden Charakter beigefügt werden – sämtliche Blätter des Vertrages und die in Bezug genommene Anlagen fest körperlich verbinden oder von allen Vertragsparteien unterschreiben lassen. Ansonsten auf zweifelsfreie Bezugnahme auf die Anlagen achten.
- ☐ Dem Mieter ausreichende Möglichkeiten zur Kenntnisnahme des gesamten Vertragstextes geben; bei Ausländern vorsorglich zusätzlich Beweismittel beschaffen, dass der gesamte Vertragstext auch verstanden wurde.
- ☐ Jede Partei hat das von der anderen Vertragsseite unterschriebene Exemplar im Original zu erhalten (vgl. § 126 Abs. 2 S. 2 BGB).
- ☐ Schlüssel erst nach Erhalt eines von allen Mietern unterzeichneten Vertragsexemplars, Entrichtung der ersten Monatsmiete und der vereinbarten Mietsicherheit an die Mieter aushändigen.
- ☐ Bei Vertragsbeendigung gesondertes, von allen Mietern unterzeichnetes Abnahmeprotokoll erstellen (= Beweiserleichterung; aber Achtung: Anerkenntniswirkung zu Laste des Vermieters).

b) Checkliste: Form (→ § 47 Rn. 1 ff.)

4 ☐ Grundsätzlich keinen nur mündlichen Vertrag schließen; dieser ist zwar wirksam, es drohen aber Beweisschwierigkeiten und die Folgen der §§ 578 Abs. 1, 550 BGB. Ab dem 1.1.2025 genügt für den Neuabschluss von Verträgen sowie die Abänderung von Altmietverträgen die Textform nach § 126b BGB. Für die Beurteilung von unveränderten Altmietverträgen findet bis einschließlich 1.1.2026 nach Art. 229 § 70 Abs. 1 EGBGB noch § 578 Abs. 1 BGB in der bis zum 31.12.2024 geltenden Fassung Anwendung.

☐ Beachte noch in Bezug auf Altmietverträge in der Übergangsfrist: Die grundsätzlich ausreichende privatschriftliche Form des § 126 Abs. 2 BGB ist nur bei Unterzeichnung der „einheitlichen Urkunde" gewahrt. Sofern Auslagerungen einzelner Bestimmungen unvermeidlich sind, darauf achten, dass die wesentlichen Vertragsbestandteile dennoch in der Vertragsurkunde enthalten sind und nur solche Abreden ausgelagert werden, die unwesentliche Nebenaspekte betreffen oder lediglich die Vertragsbestimmungen erläutern und nicht modifizieren. Unbedingt darauf achten, dass sich Einheit der Urkunde bei Vertragsunterzeichnung aus fortlaufender Paginierung der Blätter, fortlaufender Nummerierung der einzelnen Bestimmungen, einheitlicher graphischer Gestaltung, inhaltlichem Zusammenhang des Textes oder vergleichbaren Merkmalen zweifelsfrei ergibt. Ist die Auslagerung wesentlicher Bestimmungen unerlässlich, muss sich in der unterzeichneten Urkunde eine Verweisung auf alle zweifelsfrei bezeichneten Anlagen finden.

☐ Auf zweifelsfrei dokumentierte Vertretungsverhältnisse achten, bei AG und GbR zusätzlich auf Vertretungszusätze bei der Unterschrift, sofern nicht alle unterschreiben.

☐ Notarielle Beurkundung gem. § 128 BGB kann erforderlich sein, insbesondere wenn zusammen mit dem Mietvertrag ein der Form des § 311b Abs. 1 S. 1 BGB bedürftiger Vertrag geschlossen wird und beide Verträge eine rechtliche Einheit bilden, nach dem Parteiwillen also miteinander stehen und fallen sollen (zB Vor- oder Ankaufsrechte des Mieters) oder wenn Nutzungsrechte des Mieters dinglich abgesichert werden soll, insbesondere um Kündigungsrecht gem. § 57a ZVG oder § 111 InsO auszuschließen.

☐ Im Falle der Zwangsvollstreckungsunterwerfung iSd § 794 Nr. 5 ZPO muss nur die Unterwerfungserklärung beurkundet werden; in dieser ist aber auf einen bestimmten schriftlichen Mietvertrag zu verweisen, damit eine Vollstreckung überhaupt möglich ist (Vollstreckungsfähigkeit).

☐ Bei nachträglichen Verlängerungs-, Ergänzungs- und Änderungsvereinbarungen genügt es, dass die von beiden Parteien unterzeichnete Nachtragsurkunde auf den zweifelsfrei zu bezeichnenden Ursprungsvertrag ausdrücklich Bezug nimmt und zum Ausdruck bringt, dass es im übrigen bei der formgültigen ursprünglichen Vereinbarung verbleiben soll.

3. Rechte und Pflichten während der Vertragslaufzeit

a) Checkliste: Mietgebrauch (→ §§ 54 und 55 Rn. 1 ff.)

5 ☐ Vermieter
- Gebrauchsgewährung: Umfang gem. Vertragsinhalt, insbes. Überlassungspflicht:
  - unmittelbarer Besitz (Zugang/Zufahrt)
  - sämtliche Schlüssel
  - ungestört
  - mangelfrei (sonst ggf. Gewährleistungsansprüche des Mieters/ZbR Miete)
- Erhaltungspflicht (Störungsabwehr; begrenzt formularvertraglich abdingbar: insoweit zweifelsfreie Überbürdung auf Mieter zulässig)
- Instandhaltung/-setzung und Modernisierung
- Ver-/Entsorgung (Sicherstellung und Schaffung baulicher Voraussetzungen)
- Verkehrssicherung (abdingbar: eindeutige Überbürdung auf Mieter zulässig, aber sekundäre Überwachungspflicht bleibt beim Vermieter)
- Beleuchtung und Reinigung (letztere abdingbar: zweifelsfreie Überbürdung auf Mieter zulässig; vorzugswürdig: Kostenumlage).

☐ Mieter
- Gebrauchsrechte gem. Vertrag
  - Umfang (Mitnutzungsrechte)
  - bauliche Veränderungen: grds. nur mit Zustimmung Vermieter, dann aber unbedingt Rückbaupflicht des Mieters bei Vertragsende vorsehen

  - Einbringung Mieter- „Anlagen" (Maschinen etc): grds. erlaubt, differenziert bei Außenanlagen wie Werbetafeln
  - Meinungsäußerung
- Pflichten
  - Obhuts- und Sorgfaltspflichten
  - Hinweis- und Anzeigepflichten
  - keine Störung Hausfrieden
  - Duldungspflichten (Besichtigung bzw. Betreten; Instandhaltung; Modernisierung)
  - keine Abnahmepflicht, außer vereinbart
  - Betriebspflicht nur, sofern vertraglich vereinbart

□ Mieterhaftung
- vertragswidrige Nutzung (Unterlassungsanspruch nach Abmahnung – vgl. § 541 BGB; Sonderregelung gegenüber § 1004 BGB)
- Kündigungsrecht Vermieter (vgl. § 543 Abs. 2 Nr. 2 BGB)
- Schadensersatzanspruch Vermieter (vgl. § 536c Abs. 2 S. 1 BGB).

□ Auf eindeutige Regelung des **Vertrags- und Nutzungszwecks** achten: relevant für Umfang der Gebrauchsrechte des Mieters und den Inhalt der Gebrauchsgewährpflicht des Vermieters, aber auch den Umfang des vertragsimmanenten Konkurrenzschutzes u.a.; Abwälzung der Verantwortlichkeit für die rechtliche Eignung des Objektes zum vereinbarten Nutzungszweck nur durch individuelle Vereinbarung möglich.

□ Hausordnung
- Verbindlichkeit
  - Vereinbarung
  - Wirksamkeit (AGB)
  - einseitige Auferlegung (nur) ohne Erweiterung der Mieterpflichten
- Inhalt
  - Konkretisierung Gebrauchs-Grenzen
  - evtl. Schutzwirkung für Dritte oder sogar echter Vertrag zu Gunsten Dritter
  - Änderungen: wenn Vorbehalt vereinbart, sonst nur ohne Pflichtenerweiterung zu Lasten des Mieters.

b) Checkliste: Mietminderung (→ § 57 Rn. 1 ff.)

□ Sach- oder Rechtsmangel oder Fehlen einer zugesicherten Eigenschaft 6
- Für den Vermieter ungünstige, weil weit auszulegende, zahlreiche Fallgestaltungen erfassende Abweichung der aktuellen Ist-Beschaffenheit von der vereinbarten oder gewöhnlichen Soll-Beschaffenheit, unabhängig von der Erkennbarkeit, zB:
  - Zustandsmängel der Mietsache selbst
  - Leistungsmängel auf Vermieterseite
  - Einwirkungen Dritter, vor allem Mitbewohner und Nachbarn
  - Umweltfehler, etwa Baulärm, Einzelheiten str. (zB nicht bei Duldungspflicht über § 906 BGB)
  - Öffentlich-rechtliche Beschränkungen.
- obligatorische bzw. dingliche private Rechte Dritter, die den Besitz oder den Mietgebrauch ganz oder teilweise entziehen bzw. beeinträchtigen, zB:
  - Doppelvermietung
  - Unerlaubte Untervermietung
  - Beendigung des Hauptmietverhältnisses.
- zum Vertragsinhalt gewordene Angaben des Vermieters, für die er eine besondere Einstandspflicht übernimmt, bezogen auf alle tatsächlichen oder rechtlichen Verhältnisse von gewisser Dauer, die nach der Verkehrsauffassung wertbildend oder werterhöhend sind, zB:
  - Flächen- bzw. Größenangaben, wenn eine Quadratmetermiete vereinbart ist, sonst bei Abweichungen von mehr als 10 % auch bei ca.-Zusatz, außer Mieter beweist Gebrauchsbeeinträchtigung
  - Freiheit von Immissionen
  - Bestimmter Verwendungszweck
  - Bebauungsmöglichkeiten
  - Vornahme von bestimmten Reparaturen.

□ Automatischer Eintritt der Minderung kraft Gesetzes, ohne dass sich der Mieter auf sein Minderungsrecht berufen oder die Mietminderung – gar schriftlich – ankündigen muss. Der Gewerberaummieter kann aber rechtswirksam verpflichtet werden, sein Minderungsrecht aktiv (etwa unter Inanspruchnahme gerichtlicher Hilfe) geltend zu machen, so dass sein einseitiges Kürzungsrecht jedenfalls unter ausdrücklicher Ausnahme von Bereicherungsansprüchen auch formularvertraglich ausgeschlossen werden kann. Ein „Verschieben" der Verwirklichung des Minderungsrechts um ein oder zwei Monate ist erst recht unschädlich. Allerdings muss der Mieter seiner Anzeigepflicht nachgekommen sein (vgl. § 536c BGB) und § 814 BGB beachten (Voraus.: Positive Kenntnis in tatsächlicher und auch rechtlicher Hinsicht).

☐ Kenntnis einer Partei oder ein Verschulden des Vermieters sind ebenso wenig erforderlich wie überhaupt die Möglichkeit des Vermieters, den Mangel zu beseitigen (anders beim Zurückbehaltungsrecht); selbst wenn der Vermieter, etwa als Eigentümer, den Mangel aus sachlichen oder rechtlichen Gründen hinnehmen muss, hindert dies die Mietminderung grds. nicht (Einschränkungen bei Umwelt- oder Umfeldmängeln). Die Beeinträchtigungen dürfen nicht zum Soll-Zustand der Mietsache gehören, wie zB grundsätzlich bei wegen Umleitungen ausgelöstem, vorübergehendem erhöhtem Verkehrslärm bei innerstädtischer Lage oder zulässigen Änderungen der Umgebung.

☐ Die Minderung erstreckt sich immer auf die Gesamtmiete, also auch auf die monatlichen Zahlungen auf die Betriebskosten (unabhängig, ob als Vorauszahlung oder Pauschale) und auf etwaige Nachzahlungsbeträge aus Betriebskostenabrechnungen. Die Entscheidung des Mieters, sein Minderungsrecht etwa auf die Grundmiete zu beschränken, ist bindend.

☐ Beweislastverteilung
- Der Mieter hat substantiiert die Voraussetzungen der von ihm geltend gemachten Gewährleistungsansprüche (nicht aber das Ausmaß der Gebrauchsbeeinträchtigung) darzulegen und zu beweisen.
- Steht danach fest, dass der Mangel zum Risikobereich des Vermieters gehört, hat sich dieser zu entlasten.
- Diese Beweislastverteilung nach den beiderseitigen Verantwortungsbereichen führt bei allen, dem Mietobjekt unmittelbar anhaftenden Mängeln und Beanstandungen (sowie bei den Ansprüchen aus § 536a BGB) dazu, dass bei einem über die normale vertragsgemäße Abnutzung hinausgehenden Schaden zunächst den Vermieter die Beweislast dafür trifft, dass die einzig denkbare Herkunft der Schadensursache aus dem unmittelbaren Einfluss-, Herrschafts- und Obhutsbereich des Mieters stammt. Gelingt ihm dieser Beweis, hat der Mieter zu beweisen, dass die Verschlechterung der Mietsache nicht von ihm verursacht und verschuldet wurde.

☐ Ausschluss der Minderung bei
- unerheblichen Fehlern (§ 536 Abs. 1 S. 3 BGB), die (nur) eine Minderungsquote von unter 3 % (str.) rechtfertigen würden.
- gesetzlichen Gewährleistungs- bzw. Haftungsausschlüssen:
  - Kenntnis des Mieters bei Vertragsschluss (§ 536b S. 1 BGB)
  - Grobfahrlässige Unkenntnis des Mieters bei Vertragsschluss (§ 536b S. 2 BGB), sofern der Vermieter den Fehler nicht arglistig verschwiegen hat (§ 536b S. 2 BGB)
  - Vorbehaltlose Annahme der Mietsache in Mangelkenntnis (§ 536b S. 3 BGB)
  - Verletzung der Anzeigepflicht des § 536c Abs. 1 und 2 BGB bei während der Mietzeit aufgetretenen Mängeln
  - Verwirkung bei vorbehaltloser Gebrauchsfortsetzung, insbes. Fortzahlung der Miete in voller Höhe, trotz Mangelkenntnis während der Mietzeit und Mangelanzeige, welcher der Vermieter aber nicht abhilft, sofern der Vermieter durch sein Verhalten nicht die Erwartung alsbaldiger Mangelbeseitigung weckt (Zeit- und Umstandsmoment erforderlich; bloße Fortzahlung etwa über mehr als 6 Monate genügt nicht; Zeitmoment eher 2 als 1 Jahr).
  - Anspruchsverlust wg. § 814 BGB
  - Vom Mieter zu vertretender Mangel
  - Ausschluss nach Treu und Glauben.
- vertraglichen Gewährleistungs- bzw. Haftungsausschlüssen, sofern § 536d BGB bzw. bei vorformulierten Regelungen § 307 BGB beachtet wird (zulässig insbesondere bei sog. Umweltmängeln; im Übrigen ist in den AGB ausdrücklich auf die Möglichkeit der Rückforderung überzahlten Mietzinses gem. § 812 BGB hinzuweisen).
- bei Vertragsänderungen – Differenzierung erforderlich:
  - Rechtsverlust durch unterlassenen Vorbehalt bei Vertragsverlängerungen (sofern nicht stillschweigend, etwa nach § 545 BGB) trotz Mangelkenntnis oder grob fahrlässiger Unkenntnis des Mieters
  - Aufleben von bislang nach § 536b BGB ausgeschlossenen Rechten durch Vorbehalt des Mieters bei Vertragsverlängerungen (sofern nicht stillschweigend, etwa nach § 545 BGB)
  - Aufleben von bislang nach § 536b BGB ausgeschlossenen Rechten bei Mieterhöhungen beschränkt auf den Umfang der Erhöhung, sofern der Mieter jetzt einen entsprechenden Vorbehalt erklärt.

- Beweislast: Der Vermieter für die Kenntnis bzw. grob fahrlässige Unkenntnis des Mieters vom Mangel oder die Mangelbeseitigung bzw. -eindämmung bei rechtzeitiger Anzeige sowie die Voraussetzungen des Rechtsverlustes nach § 536c Abs. 2 BGB; der Mieter für den rechtzeitig erklärten Vorbehalt bzw. die unverzügliche Anzeige (oder das Vorliegen der Voraussetzungen für den Wegfall der Anzeigepflicht) sowie für ein arglistiges Verschweigen des Mangels oder die Zusicherung seiner Beseitigung durch den Mieter.

☐ Zur konkreten Berechnung von Minderungsquoten siehe sogleich die Checkliste Mietminderungsberechnung.

c) Checkliste: Mietminderungsberechnung (→ § 57 Rn. 1 ff.)

☐ Nach § 536 Abs. 1 S. 2 BGB schuldet der Mieter während der Zeit, während der die Tauglichkeit der Mietsache gemindert ist, nur eine „angemessen" herabgesetzte Miete gegenüber dem vereinbarten (nicht etwa dem ortsüblichen) Betrag. Anders war die Rechtslage bei § 537 Abs. 1 BGB aF, wonach durch den Verweis auf die kaufrechtlichen Vorschriften der §§ 472, 473 BGB die Miete in dem Verhältnis herabzusetzen war, wie der tatsächliche Zustand der Mietsache objektiv vom Soll-Zustand abwich. Damit kann jetzt auch auf andere Kriterien als ausschließlich auf die aufgehobene oder geminderte Tauglichkeit der Mietsache abgestellt werden, sei es mit der Folge einer Erhöhung des Minderungsbetrages (zB bei einem besonders groben Verschulden des Vermieters) oder sei es auch im Sinne einer Reduzierung der zulässigen Minderung (etwa dann, wenn der Mieter zB wegen Urlaubs das Mietobjekt überhaupt nicht nutzt und sich daher der Ausfall der Warmwasserversorgung auf ihn auch nicht auswirkt). Zu beachten ist aber, dass grundsätzlich für die Gewährleistungsansprüche unerheblich ist, ob der Mieter selbst die Sache tatsächlich nutzt und ihn ein Mangel daher subjektiv beeinträchtigt oder nicht. 7

☐ Die Mietminderung wird allerdings nach wie vor im Regelfall in Prozentsätzen ausgedrückt, die unter Heranziehung vergleichbarer Entscheidungen geschätzt zu werden pflegen.

☐ Dies birgt schon im Vorfeld etwaiger gerichtlicher Auseinandersetzungen auch für die Mietvertragsparteien oder deren Berater nicht unerhebliche Unsicherheiten. Mit der nachstehenden Checkliste soll daher eine von Einzelfallgesichtspunkten gelöste, schnelle und praktikable Möglichkeit zur Ermittlung der Mietminderung erreicht werden. Zu beachten ist, dass die Höhe der Minderungsquote im Streitfall allein vom Gericht festzustellen ist und nicht etwa Aufgabe eines ggf. eingeschalteten Sachverständigen ist, der demgegenüber (nur) den Umfang der Gebrauchsbeeinträchtigung zu ermitteln und zu bewerten hat – so zutreffend *Isenmann* DWW 1995, 361). Zurückbehaltungsrechte mit einbeziehen; Entscheidung, welcher Teil des Einbehalts endgültig gemindert wird und welcher Teil ausgekehrt wird, erst nach Mangelbeseitigung treffen. Aber Achtung: Erreicht der einbehaltene Betrag ohne eine etwaige zusätzliche Minderung in der Summe etwa 4 Monatsgesamtmieten, ohne dass der Vermieter Abhilfe schaffen hätte, dann Zahlungen ggf. gemindert aber ansonsten ungeschmälert unter Vorbehalt wieder aufnehmen (BGH NJW 2015, 3087 = NZM 2015, 618; Gründe, weshalb die dortigen Erwägungen nicht auch außerhalb der Wohnraummiete gelten, sind nicht ersichtlich).

☐ Ausgangspunkt ist die sog. Nutzwertanalyse auf der Grundlage von in zwei Gruppen zu unterteilenden Nutzwertkriterien. Danach weisen einzelne Teile eines Mietobjektes unterschiedliche Wertigkeiten im Hinblick auf Funktion und Geltung auf. Der Funktionswert bemisst sich nach dem Nutzen oder der Gebrauchsfunktion des Raumes der Mietsache, der Geltungswert beruht auf der Wertschätzung von Gestaltungsmerkmalen wie zB Aussehen, Form und Farbe (*Kamphausen* WuM 1982, 3 ff.). Die so ermittelten Nutzwertkriterien sind dann zu gewichten und in Relation zum Grad der Beeinträchtigung zu setzen (vgl. auch *Isenmann* DWW 1995, 361).

Vorzugehen ist wie folgt:

☐

1. Zunächst ist der prozentuale Nutzungswert jedes von der Beeinträchtigung betroffenen Raumes der Mietsache zu ermitteln (vgl. LG Hamburg WuM 1983, 290; *Isenmann* DWW 1995, 361 (362 f.)).

☐

2. Sodann ist der Grad der Beeinträchtigung iSv § 536 Abs. 1 S. 3 BGB unter Heranziehung folgender Tabelle zu ermitteln (nach *Kamphausen* WuM 1982, 3 (7)):

0	keine bzw. unerhebliche Beeinträchtigung
10	fast keine
20	noch leichte, geringe

30 mäßige
40 deutliche, schon etwas stärkere
50 starke
60 sehr starke
70 schwere
80 sehr schwere
90 massive
100 % völlige Aufhebung der Gebrauchstauglichkeit

☐ Diese Werte sind schließlich in folgende Tabelle zu übernehmen:

Raum	Nutzungswert (s. oben Nr. 1)	Mietanteil	Grad der Beeinträchtigung (s. oben Nr. 2)	Dauer in Tagen	Minderung
	%	EUR	%	/30	EUR
	%	EUR	%	/30	EUR
	%	EUR	%	/30	EUR
	%	EUR	%	/30	EUR
	%	EUR	%	/30	EUR
	%	EUR	%	/30	EUR
	%	EUR	%	/30	EUR
	%	EUR	%	/30	EUR
	%	EUR	%	/30	EUR
	%	EUR	%	/30	EUR

4. Mietpreisrecht

a) Checkliste: Mietstruktur (→ § 60 Rn. 1 ff.)

8 ☐ Netto-Grundmiete (feste oder umsatzabhängige Miete oder Kombination)
zuzüglich jeweils einzeln oder insgesamt pauschaliert oder als Vorauszahlung mit Abrechnungspflicht:
- Zuschläge für Gegenstände, Einrichtungen, Garage, (Mit-)Nutzungsrechte (Gemeinschaftsantenne oä)
- Heiz-/Warmwasserkosten
- übrige Betriebskosten.

☐ Netto-Warmmiete einschließlich Heiz-/Warmwasserkosten
zuzüglich Zuschläge für (Mit-)Nutzungsrechte und Einrichtungen sowie sonstige Betriebskosten jeweils einzeln bzw. insgesamt pauschaliert oder als Vorauszahlung mit Abrechnungspflicht; Achtung: ggf. Verstoß gegen HeizkV.

☐ Teil-Inklusivmiete
als Gesamtbetrag zusammengesetzt aus
- Netto-Grundmiete
- Zuschläge für (Mit-)Nutzungsrechte und Einrichtungen
- einzelne oder mehrere Positionen der Heiz- und übrigen Betriebskosten und daneben
- pauschaliert oder als Vorauszahlung mit Abrechnungspflicht: andere Positionen der Heiz-/Warmwasserkosten und übrigen Betriebskosten.

☐ Brutto-Warmmiete/Inklusivmiete; Achtung: ggf. Verstoß gegen HeizkV
als Gesamtbetrag zusammengesetzt aus
☐ Grundmiete für alle Räume
☐ Zuschläge für (Mit-)Nutzungsrechte und Einrichtungen
☐ Heiz-/Warmwasserkosten
☐ alle übrigen Betriebskosten.

b) Checkliste: Nebenkostenumlagevereinbarung (→ § 62 Rn. 1 ff.)

9

☐ Mietstruktur
- Regelungsbedarf
- Nettomiete
- Verwaltungskosten u. a.
- Mieter-Eigenleistung
- Vermieter-Eigenleistung
- Direktlieferung
- Änderungsvorbehalt
- Gleitklausel.

☐ Umfang
- Schranken
- Bestimmtheitsgrundsatz
- Teileigentum
- Bewirtschaftungsmethode bzw. Wirtschaftlichkeit
- Ungewöhnliche hohe Kosten, hoher Standard
- Umstrittene Kostenarten
- Sonstige Nebenkosten (qualifizierte Umlagevereinbarung)
- Öffnungsklausel, Mehrbelastungsregelung
- Modernisierungs- und änderungsbedingte Mehrkosten
- Derzeit noch unzulässige Kostenarten.

☐ Kostenerfassung örtlich
- Wirtschaftseinheit aus mehreren Gebäuden
- Kosten für mehrere Wirtschaftseinheiten
- Teileigentum
- Änderungsvorbehalt.

☐ Kostenerfassung zeitlich
- Abflussprinzip (unklar u. a. bei Mieterwechsel und im Anwendungsbereich der HeizkostenVO)
- Änderungsvorbehalt
- Abrechnungsperiode
- Aperiodische Kosten
- Änderungsvorbehalt betr. bevorstehende Periode.

☐ Umlagemaßstab
- Grundsatz: bei fehlender vertraglicher Regelung Festsetzung nach billigem Ermessen (§ 315 BGB – Ausnahme: Heizkosten)
- HeizkostenVO
- Zwischenablesung
- Flächenberechnung
- Leerstehende Räume
- Vorwegabzug
- Teileigentum
- Änderungsvorbehalt.

☐ Vorauszahlung
- Rechtsgrundlage (Mietvertrag)
- Klarheit
- Angemessenheit
- Grundsatz der Wirtschaftlichkeit
- Erhöhung
- Umfang der Erhöhung
- Herabsetzung
- Auszug des Mieters.

☐ Abrechnung (s. gesonderte Checkliste)
- Form
- Mindestinhalt
- Tilgungsvereinbarung bei unbenannten Zahlungen
- Abrechnungsfrist (1 Jahr – ohne Ausschlusswirkung)
- Anerkenntnisfiktion
- Fälligkeit
- Kontrollrechte
- Besonderheiten bei Teileigentum
- Abrechnungsverzug
- Berichtigung.

- ☐ Alternativ: Pauschale
  - Rechtsgrundlage (Mietvertrag)
  - Erhöhungsvorbehalt.

c) Checkliste: Nebenkostenabrechnung (→ § 62 Rn. 1 ff.)

10
- ☐ Mietvertragliche Vereinbarung einer Nettomiete und daneben gesondert ausgewiesene Nebenkosten mit Abrechnungsverpflichtung des Vermieters (§ 535 BGB).
- ☐ Von allen Vermietern gemäß Mietvertrag
  - ggf. eingetretene Rechtsnachfolge beachten; die Abrechnungspflicht trifft ausnahmsweise nicht den Eigentümer, der zum Zeitpunkt der Fälligkeit der Abrechnung, sondern zum Ende des Abrechnungszeitraums im Grundbuch eingetragen ist, sofern keine abweichende Vereinbarung zwischen altem und neuem Eigentümer getroffen ist;
  - beim rechtsgeschäftlichen Erwerb muss der im eigenen Namen abrechnende Erwerber – soweit nicht ermächtigt vom bisherigen Vermieter – bereits im Grundbuch als Eigentümer eingetragen sein – §§ 578 Abs. 2 S. 1 und Abs. 1, 566 BGB (bei GbR schadet Gesellschafterwechsel nicht);
  - beim Erwerb im Wege der Zwangsversteigerung genügt der Zuschlag – § 90 ZVG;
  - Rechtsnachfolge belegen, zB Erbschein.
- ☐ Bei Stellvertretung: zweifelsfreie Offenlegung erforderlich – Original-Vollmacht beifügen, außer Vollmachtgeber hat Empfänger von Bevollmächtigung in Kenntnis gesetzt (§ 174 BGB).
- ☐ Zugang an einen Mieter genügt (Gesamtschuldner), anders als bei Willenserklärungen (zB Mieterhöhung, Kündigung).
- ☐ Fälligkeit innerhalb einer Frist von einem Jahr (im Gegensatz zu § 556 Abs. 3 S. 3 bei der Wohnraummiete **keine** Ausschlussfrist, aber Verwirkung denkbar); Rügepflicht vorformuliert vereinbar bei entsprechendem ausdrücklichem Hinweis in jeder Abrechnung.
- ☐ Schriftliche Abrechnung und geordnete Zusammenstellung der Kosten:
  - Ausweisung der Gesamtkosten und deren Zusammensetzung;
  - Anwendung des gesetzlichen (§ 315 BGB) oder vereinbarten und ggf. erläuterten Umlageschlüssels;
  - Berechnung des auf den Mieter entfallenden Anteils;
  - Abzug der tatsächlich für den Abrechnungszeitraum geleisteten individuellen Vorauszahlungen („Soll-Vorschüsse" nur ausnahmsweise: Keine Vorauszahlungen im Abrechnungszeitraum und deren gerichtliche Geltendmachung vor Abrechnungsreife).
- ☐ Richtige Bezeichnung der Wirtschaftseinheit und/oder des Kostenbezirks (bei Leistungen für mehrere Wirtschaftseinheiten).
- ☐ Weiterberechnung ausschließlich der im Mietvertrag ausdrücklich und zweifelsfrei als auf den Mieter umlegbar vereinbarten Nebenkostenpositionen
  - bloßer Verweis auf § 2 BetrKV soll genügen, und sogar die Verwendung des Begriffs „Betriebskosten", sofern nicht durch Zusätze, Ergänzungen etc unklar wird, ob damit alle Positionen nach § 2 Nr. 1–16 BetrKV gemeint sind; in jedem Fall weitere umlagefähige Kostenpositionen ausdrücklich vereinbaren;
  - ohnehin: „sonstige Betriebskosten" iSv Nr. 17 des § 2 BetrKV nur umlegbar, wenn im Mietvertrag ausdrücklich als konkrete Kostenposition(-en) aufgeführt und vereinbart („qualifizierte Umlagevereinbarung");
  - Vertragsänderungen aus Anlass von Mieterhöhungen;
  - schlüssige Vereinbarungen aufgrund früherer Abrechnungen und bspw. darauf geleisteter (Nach-)Zahlungen des Mieters (hohe Anforderungen: konkludenter Änderungswille muss für die andere Vertragspartei jeweils erkennbar sein);
  - ggf. Verwirkung nicht ausgeschöpfter Umlagemöglichkeiten (Zeit- und Umstandsmoment erforderlich);
  - keine Erweiterung auf nicht im Mietvertrag aufgeführte, wohl aber auf durch schlüssige Vereinbarung zu berücksichtigende Kostenpositionen (jedoch Problem: Schriftform)
  - Zweifel und Mehrdeutigkeiten gehen allein zu Lasten des Vermieters (Abweichung von der gesetzlichen Vorgabe des § 535 Abs. 1 S. 3 BGB; §§ 305c, 307, insbes. Abs. 1 S. 2 BGB);
- ☐ Beachtung der vertraglich vereinbarten Abrechnungsperiode, ggf. unter Berücksichtigung von Mieterwechseln (Zwischenablesung; richtige Aufteilung) und zeitlich korrekte Abgrenzung der Kosten nach dem
  - Zeitabgrenzungs- oder Leistungsprinzip grundsätzlich möglich: Kosten, die für den Abrechnungszeitraum entstanden sind oder (kein „Hin- und Herspringen");

- Abflussprinzip zulässig, außer bei Mieterwechsel und Anwendung der HeizKV (vgl. deren § 7 Abs. 2: „Kosten der verbrauchten Brennstoffe …").

☐ Ablesung zeitnah, richtig und aufgrund zugelassener (vgl. § 5 Abs. 1 HeizKV) und geeichter Messtechnik (Kaltwasserzähler alle 6 Jahre, Wärme- und Warmwasserzähler alle 6 Jahre: Anlage 7 zu § 34 Abs. 1 Nummer 1 MessEV).

☐ Berücksichtigung zutreffender Kostenansätze:
- Ansatz nur der tatsächlich entstandenen Kosten, so dass Preisnachlässe, Rabatte, Skonti (str.) und sonstige aufwandsmindernde Einnahmen (zB Automatenaufstellung, Werbetafeln) abzuziehen sind; keine Umlagefähigkeit fiktiver Kosten, zB Bedienungskosten vollautomatischer Einrichtungen; anders Eigenleistungen (vgl. § 1 S. 2 BetrKV);
- Umlage nur laufender Kosten; mehrjähriger, auch unregelmäßiger Kostenanfall soll nicht schaden (unstr. zB bei Austausch von Spielsand oder Feuerlöschflüssigkeit; str. zB bei Erneuerung von Bäumen und Gehölzen sowie Öltankprüfung bzw. -reinigung nach § 19i Abs. 2 WHG bzw. entspr. Landesgesetzen);
- keine Doppelansätze, zB Hausmeister- und Reinigungskosten;
- keine Überschreitung üblicher Durchschnittssätze ohne sachbezogenen Grund (vgl. zugleich das zu beachtende Gebot der Wirtschaftlichkeit);
- Kein Kostenansatz von
  - Anschaffungs-, Herstellungs- oder Modernisierungskosten (zB Baustrom, Bauwasser, Endreinigung)
  - Kapitalkosten
  - Abschreibung (str. bei geringwertigen Geräten und Großgerätereparatur)
  - Instandhaltungs- und Instandsetzungskosten, außer ausdrücklich im zulässigen Rahmen vereinbart, dann Weitergabe aber gesondert und außerhalb der Nebenkostenabrechnung;
- Umlage von Verwaltungs-, weiterer in § 2 BetrKV nicht genannter Wartungs- oder periodisch anfallenden Überprüfungskosten bei ausdrücklicher Regelung zulässig;
- Umlage sonstiger Nebenkosten grundsätzlich möglich, wenn
  - im Vertrag näher umschrieben ist, welche Kosten erfasst sind, auch in Abgrenzung zu anderen umgelegten Nebenkostenpositionen und
  - die Höhe der Kosten vertraglich begrenzt wird (auch wegen § 305c BGB);
- Keine Umlagefähigkeit von „Luxuskosten", sondern nur derjenigen für – nach der Verkehrssitte
  - vertragsgemäßen Standard;
- Beachtung des Gebotes der Wirtschaftlichkeit, Darlegungs- und Beweislast beim Mieter:
  - kein unangemessenes Preis-Leistungs-Verhältnis (unsachgemäße Vergabe; Nichtausnutzung des Wettbewerbs)
  - Berücksichtigung von Zahlungskürzungen bei Schlechtleistung
  - Beachtung etwaiger Verjährungseinreden
  - kein Ansatz eines ungünstigen Tarifs, zB Einkauf zu geringer oder übergroßer Mengen, keine Mülltrennung
  - keine Weitergabe überhöhter Kosten, etwa Mahngebühren, unterkühltes (oder überhitztes) Treppenhaus wegen abgeschalteter Heizkörper
  - keine Umlage hoherer Kosten etwa wegen
  - verzögerter Instandhaltung (tropfender Wasserhahn, defekter Dämmerungsschalter, Risikozuschlag bei Leitungswasserversicherung)
  - fehlender Energiesparmaßnahmen (zB Rohrisolierung, Außentemperatursteuerung, Thermostate gem. HeizungsanlagenVO, Heizkessel gem. KleinfeuerungsanlagenVO)
  - vernachlässigter Reinigung und Pflege (str.).

☐ Umlagemaßstab
- Verteilerschlüssel gemäß wirksamer vertraglicher Vereinbarung;
- ohne wirksame Regelung im Mietvertrag: Heranziehung von § 315 BGB
  - Unbilligkeit bei erheblichen Kosten- oder Verbrauchsunterschieden
  - ggf. Vorwegabzug (Prüfung bei jeder Kostenart), bei unterschiedlichen Nutzungen;
- Gegebenenfalls Heranziehung der richtigen Nutzfläche; Angabe der Gesamtnutzfläche;
- Berücksichtigung der zutreffenden Personenzahl nach tatsächlicher Belegung (Angabe der Gesamtkopfzahl);
- Beachtung von § 7 Abs. 1 HeizkV (beachte aber auch § 10 HeizKV);
- Berücksichtigung leerstehender Einheiten.

☐ Die Nebenkostenabrechnung muss nachvollziehbar und transparent sein:
- Ausweisung der Gesamtkosten;
- Gesondertes Aufführen der einzelnen Kostenarten;
- Aufschlüsselung der sachlich unterschiedlichen Kostengruppen;
- Ausweisung und ggf. Erläuterung aperiodischer Kosten;

- Ausweisung und ggf. Erläuterung der zugrundegelegten Wirtschaftseinheit und des Kostenbezirks;
- Offenlegung von Kürzungen, zB wegen
  - Verwendung für eine andere Wirtschaftseinheit
  - eines nicht umlegbaren Anteils
  - eines Luxusanteils
  - auf nicht ordnungsgemäßer Verwaltung beruhender Mehrkosten
  - ausgabenmindernder Einnahmen;
- Nachvollziehbarkeit des Verbrauchs, insbes. von Brennstoffen (Anfangs- und Endbestand, alle Zukäufe mit Datum, Menge und Preis);
- Berücksichtigung der CO^2-Kostenaufteilung §§ 5, 7, 8 CO2-KostaufG
- Übersichtliche, klare und nachvollziehbare Aufstellung und Gliederung iSv § 259 BGB;
- Ausreichende Erläuterungen (Belege dienen ausschließlich dem Nachweis; die Abrechnung muss aus sich heraus verständlich sein), insbes. bei unüblichen und umfangreichen Kostensteigerungen, neuen Kostenpositionen, Abweichungen von der WEG-Abrechnung bei Teileigentum, „sonstige Betriebskosten", Verteilerschlüssel bei unterschiedlichen Maßstäben und Vorwegabzug;
- Ggf. Rechengang nachvollziehbar darstellen; Rechnungs- und Zahlungsdaten müssen mitgeteilt werden;
- Grundsätzlich Abzug nur der tatsächlich geleisteten Vorauszahlungen (§ 259 BGB).

☐ Beziffert der Vermieter zB lediglich pauschal einen Abzug nicht umlagefähiger Hausmeisterkosten, kann sich der Mieter auf ein pauschales Bestreiten beschränken. Der Vermieter muss dann die Kosten nachvollziehbar aufschlüsseln bzw. die Grundlagen etwa geschätzter Beträge darlegen.

☐ Fälligkeit des Abrechnungssaldos erst nach Gewährung vollständiger Einsicht in die Originalbelege (Prüffrist = idR 1 Monat) beim Vermieter (ansonsten Zurückbehaltungsrecht des Mieters), sofern dessen Sitz sich am Ort des Mietobjektes befindet (ohne Einsichtnahme ist das Bestreiten des Mieters mit Nichtwissen unbeachtlich – Substantiierungspflicht). Grundsätzlich kein Anspruch des Mieters auf Übermittlung von Belegkopien, auch nicht gegen Kostenerstattung, nur Einsichtsrecht in die Originalbelege, außer bei Unzumutbarkeit (etwa Auslandsaufenthalt oder größere Entfernung des Mieters vom Ort der Mietsache); kein Anspruch auf Einsicht in Originalbelege, wenn vom Versorger/Dienstleister nicht erstellt oder vom Vermieter nachweislich nach Digitalisierung vernichtet.

☐ Bei mangelhafter Abrechnung oder Abrechnungsverzug Zurückbehaltungs- und/oder Gewährleistungsansprüche (§ 536b BGB!) an den laufenden Vorauszahlungen, nicht an der Grundmiete, beachten. Ist das Mietverhältnis bereits beendet, Rückforderungsanspruch des Mieters auf alle noch nicht verjährten Vorauszahlungen, über die der Vermieter nicht (richtig) abgerechnet hat, sofern nicht verjährt und sofern der Mieter während des bestehenden Mietverhältnisses von seinem Zurückbehaltungsrecht keinen Gebrauch machen konnte.

☐ Ausschluss von Nachforderungen bei vorbehaltlosem Ausgleich des Saldos durch den Mieter aus der vorbehaltlosen Abrechnung (deklaratorisches Schuldanerkenntnis) – str.;

☐ Anpassung der Vorauszahlungen auf eine angemessene Höhe, jedenfalls wenn vereinbart.

5. Vertragsbeendigung

a) Checkliste: ordentliche Vermieterkündigung (→ § 65 Rn. III. 2.)

11 ☐ Vorliegen eines Gewerberaummietverhältnisses bzw. eines Mischmietverhältnisses mit überwiegendem Gewerbeanteil.

☐ Kein Ausschluss des Kündigungsrechts
- kein ausdrücklicher oder stillschweigend vereinbarter Kündigungsausschluss, insbesondere keine wirksame Befristung (vgl. §§ 578 Abs. 2 S. 1 und Abs. 1, 550 S. 1 BGB;

☐ Von allen Vermietern gemäß Mietvertrag
- ggf. eingetretene Rechtsnachfolge beachten;
- beim rechtsgeschäftlichen Erwerb muss der im eigenen Namen handelnde Erwerber bereits im Grundbuch als Eigentümer eingetragen sein – §§ 578 Abs. 2 S. 1 und Abs. 1, 566 BGB; eine denkbare Ermächtigung des bisherigen Vermieters erfordert dessen berechtigtes Kündigungsinteresse, woran es aufgrund der Veräußerung im Regelfall fehlen dürfte;
- beim Erwerb im Wege der Zwangsversteigerung genügt der Zuschlag – § 90 ZVG.

☐ Bei Stellvertretung deren zweifelsfreie Offenlegung beachten und grundsätzlich Original-Vollmacht beifügen, außer Vollmachtgeber hat Empfänger von Bevollmächtigung in Kenntnis gesetzt – § 174 BGB.
☐ An alle Mieter laut Mietvertrag
- vorsorglich auch bei mietvertraglicher Vollmachtsklausel, die – auch konkludent – jederzeit widerrufen worden sein könnte;
- beachten, dass Zugang auch an diejenigen Mieter zu bewirken ist, die das Mietobjekt nicht mehr bewohnen, aber nicht aus dem Mietverhältnis entlassen worden sind (zB bloßer Auszug, ggf. auch vor Jahren).

☐ Schriftform grundsätzlich nicht erforderlich (§ 568 BGB gilt nicht; meist aber entsprechende Formvorgabe im Mietvertrag), wenn nicht vertraglich vereinbart; aus Beweisgründen jedoch empfehlenswert.
☐ Kündigungserklärung mit (ggf. dem Vertrag zu entnehmender) Bezeichnung des zu kündigenden Gewerberaummietverhältnisses und Angabe des Überlassungszeitpunktes wegen Fristberechnung insbesondere in Fällen der §§ 578 Abs. 1, 550 S. 2 BGB.
☐ Vorsorglich detaillierter Hinweis auf Vertragspflichten bei Rückgabe (Schlüssel, vollständige Räumung, Entfernung von „Einrichtungen", Rückbaupflichten, Ersatz des Schadens durch vertragswidrigen Gebrauch, ggf. Schönheitsreparaturen).
☐ Hilfsweise Hinweis auf § 546a BGB (Nutzungsentschädigung) bei Vorenthaltung über die bisher vereinbarte Miete hinaus in Höhe der aktuellen Marktmiete.

b) Checkliste: außerordentliche befristete Vermieter-/Mieterkündigung (Sonderkündigungsrechte, → § 65 Rn. III. 2.)

☐ Vorliegen eines Gewerberaummietverhältnisses bzw. eines Mischmietverhältnisses mit überwiegendem Gewerbeanteil. 12
☐ Vorliegen eines Sonderkündigungsrechts
- Mietverhältnis nach Ablauf 30 Jahre (§ 544 BGB);
- Tod des Mieters (§ 580 BGB);
- Modernisierungsankündigung (§§ 578 Abs. 2 S. 1, 555e BGB);
- Verweigerung der Untermieterlaubnis (§ 540 Abs. 1 S. 2 BGB);
- Erlöschen eines Nießbrauchs (§ 1056 Abs. 2 BGB);
- Erlöschen eines Erbbaurechts (§ 30 Abs. 2 ErbbauRG);
- Nacherbfall (§ 2135 BGB);
- Ersteher des Grundbesitzes nach Zuschlag im Zwangsversteigerungsverfahren (§ 57a ZVG) oder Erwerber von Grundbesitz nach rechtsgeschäftlichem Erwerb vom Insolvenzverwalter in der Vermieterinsolvenz (§ 111 InsO);
- Ersteher eines Dauernutzungsrechts nach Zuschlag im Zwangsversteigerungsverfahren (§§ 1 Abs. 6, 37 Abs. 3 S. 2 WEG, § 57a ZVG);
- Kündigungsrecht des Insolvenzverwalters in der Mieterinsolvenz (§ 109 Abs. 1 S. 1 InsO).

☐ Kein Ausschluss/keine Beschränkung des Kündigungsrechts:
- insbesondere kein ausdrücklicher oder stillschweigend erklärter Verzicht auf Sonderkündigungsrechte;
- keine Überschreitung der Erklärungsfrist (§§ 580, 1056 Abs. 3, 2135 iVm 1056 Abs. 3 BGB, § 57a ZVG, § 37 Abs. 3 S. 2 WEG iVm § 57a ZVG, § 30 Abs. 3 ErbbauRG).

☐ Von allen Vermietern/Mietern gemäß Mietvertrag
- ggf. eingetretene Rechtsnachfolge beachten;
- beim rechtsgeschäftlichen Erwerb muss der im eigenen Namen handelnde Erwerber bereits im Grundbuch als Eigentümer eingetragen sein – §§ 578 Abs. 1, 566 BGB; eine denkbare Ermächtigung durch den bisherigen Vermieter erfordert dessen berechtigtes Kündigungsinteresse, woran es aufgrund der Veräußerung im Regelfall fehlen dürfte;
- beim Erwerb im Wege der Zwangsversteigerung genügt der Zuschlag – § 90 ZVG;
- der Insolvenzverwalter muss gem. § 27 InsO bestellt sein (zu §§ 109 Abs. 1, 111 InsO).

☐ Bei Stellvertretung deren zweifelsfreie Offenlegung beachten und grundsätzlich Original-Vollmacht beifügen, außer Vollmachtgeber hat Empfänger von Bevollmächtigung in Kenntnis gesetzt – § 174 BGB.
☐ An alle Mieter/Vermieter laut Mietvertrag
- vorsorglich auch bei mietvertraglicher Vollmachtsklausel, die – auch konkludent – jederzeit widerrufen worden sein könnte

- beachten, dass Zugang auch an diejenigen Mieter zu bewirken ist, die das Mietobjekt nicht mehr bewohnen, aber nicht aus dem Mietverhältnis entlassen worden sind (zB bloßer Auszug, ggf. auch vor Jahren).

☐ Schriftform grundsätzlich nicht erforderlich (§ 568 BGB gilt nicht; meist aber entsprechende Formvorgabe im Mietvertrag), wenn nicht vertraglich vereinbart; aus Beweisgründen jedoch empfehlenswert.

☐ Kündigungserklärung mit (ggf. dem Vertrag zu entnehmender) Bezeichnung des zu kündigenden Gewerberaummietverhältnisses unter Beachtung der Frist des § 580a Abs. 4 BGB.

☐ Substantiierter Hinweis auf Vertragspflichten bei Rückgabe (Schlüssel, vollständige Räumung, Entfernung von „Einrichtungen", Rückbaupflichten, Ersatz des Schadens durch vertragswidrigen Gebrauch, ggf. Schönheitsreparaturen) bei Vermieterkündigung.

☐ Hilfsweise Hinweis auf § 546a BGB (Nutzungsentschädigung) bei Vorenthaltung über die bisher vereinbarte Miete hinaus in Höhe der aktuellen Marktmiete.

c) Checkliste: außerordentliche fristlose Kündigung (→ § 65 Rn. II.)

13 ☐ Vorliegen eines Gewerberaummietverhältnisses bzw. eines Mischmietverhältnisses mit überwiegendem Gewerbeanteil.

☐ Vorliegen eines wichtigen Grundes (keine Begründungserfordernis, s. sogleich) und deswegen Unzumutbarkeit der Fortsetzung des Mietverhältnisses bis zum vertraglichen/sonstigen Beendigungszeitpunkt oder bis zum Ablauf der ordentlichen Kündigungsfrist (Grundfall des § 543 Abs. 1 BGB), insbesondere
- für Mieter bei Nichtgewährung oder Entziehung des Gebrauchs durch Vermieter (§ 543 Abs. 2 Nr. 1 BGB)
- für Vermieter bei Vernachlässigung der Mietersorgfalt und dadurch verursachter erheblicher Gefährdung der Mietsache (§ 543 Abs. 2 Nr. 2 BGB)
- für Vermieter bei unbefugter Gebrauchsüberlassung an Dritte durch Mieter (§ 543 Abs. 2 Nr. 2 BGB)
- für Vermieter bei Zahlungsverzug des Mieters über zwei aufeinanderfolgende Termine mit mehr als einer Monatsmiete oder mit Betrag in Höhe zweier Mieten über zwei Fälligkeitstermine hinaus (§ 543 Abs. 1 Nr. 3 BGB)
- für Mieter bei anfänglicher oder nachträglicher Gesundheitsgefährdung durch Beschaffenheit der Mieträume, sofern diese zum Aufenthalt von Menschen bestimmt sind (§§ 578 Abs. 2 S. 3, 569 Abs. 1 BGB)
- sonstige, nicht zwingend schuldhafte (insbesondere Vertrags-)Pflichtverletzungen der jeweils anderen Partei (§ 543 Abs. 1 BGB; vgl. auch § 314 BGB); Problem: Nicht zu lange zuwarten, sonst ggf. Verwirkung.

☐ Kein Ausschluss/Wegfall/keine Beschränkung des Kündigungsrechts
- Keine Schonfrist wie im Wohnraummietrecht, aber vollständiger Ausgleich sämtlicher Mietrückstände vor Zugang der Kündigung (§ 543 Abs. 2 S. 2 BGB), Aufrechnungsmöglichkeiten (§ 543 Abs. 2 S. 3 BGB), Minderungs- oder Zurückbehaltungsrechte.
- Gesetzte Abhilfefrist nicht abgelaufen (§ 543 Abs. 3 S. 1 BGB).
- Fehlende vorherige Abmahnung bei Pflichtverletzung – nur entbehrlich, wenn absehbar erfolglos oder aus besonderen Gründen sofortige Kündigung gerechtfertigt oder bei Zahlungsverzug des Mieters (§ 543 Abs. 3 S. 2 Nr. 1–3 BGB).
- Verwirkung des Kündigungsrechts bei Pflichtverletzungen durch Zeitablauf bis zum Zugang der Kündigungserklärung.

☐ Von allen Vermietern/Mietern gemäß Mietvertrag
- ggf. eingetretene Rechtsnachfolge beachten;
- beim rechtsgeschäftlichen Erwerb muss der im eigenen Namen handelnde Erwerber bereits im Grundbuch als Eigentümer eingetragen sein – §§ 578 Abs. 2 S. 1 und Abs. 1, 566 BGB; eine denkbare Ermächtigung durch den bisherigen Vermieter erfordert bei diesem das Vorliegen des wichtigen Grundes, woran es aufgrund der Veräußerung fehlen kann;
- beim Erwerb im Wege der Zwangsversteigerung genügt der Zuschlag – § 90 ZVG.

☐ Bei Stellvertretung deren zweifelsfreie Offenlegung beachten und grundsätzlich Original-Vollmacht beifügen, außer Vollmachtgeber hat Empfänger von Bevollmächtigung in Kenntnis gesetzt – § 174 BGB.

☐ An alle Vermieter/Mieter laut Mietvertrag
- vorsorglich auch bei mietvertraglicher Vollmachtsklausel, die – auch konkludent – jederzeit widerrufen worden sein könnte;

- beachten, dass Zugang auch an diejenigen Mieter zu bewirken ist, die das Mietobjekt nicht mehr bewohnen, aber nicht aus dem Mietverhältnis entlassen worden sind (zB bloßer Auszug, ggf. auch vor Jahren).

☐ Schriftform grundsätzlich nicht erforderlich (§ 568 BGB gilt nicht; meist aber entsprechende Formvorgabe im Mietvertrag), wenn nicht vertraglich vereinbart; aus Beweisgründen jedoch empfehlenswert.
☐ Kündigungserklärung mit (ggf. dem Vertrag zu entnehmender) Bezeichnung des zu kündigenden Gewerberaummietverhältnisses.
☐ Keine Begründung erforderlich, da § 578 Abs. 2 BGB nicht auf § 569 Abs. 4 BGB verweist.
☐ Weiter vorsorglich Widerspruch gegen stillschweigende Verlängerung gem. § 545 BGB.
☐ Vorsorglich substantiierter Hinweis auf Vertragspflichten bei Rückgabe (Schlüssel, vollständige Räumung, Entfernung von „Einrichtungen", Rückbaupflichten, Ersatz von Schäden durch vertragswidrigen Gebrauch, ggf. Schönheitsreparaturen).
☐ Ggf. Hinweis auf § 546a BGB (Nutzungsentschädigung) bei Vorenthaltung über die bisher vereinbarte Miete hinaus in Höhe der aktuellen Marktmiete.

aa) Gesetzlicher Regelfall der ordentlichen Kündigung des Vermieters oder Mieters (§§ 542 Abs. 1, 580a Abs. 2 BGB)

14

Zugang der Kündigung bis zum 3. Werktag des Kalendervierteljahres[1]	Vertragsbeendigung zum
1. Quartal	30.6.
2. Quartal	30.9.
3. Quartal	31.12.
4. Quartal	31.3.

(1) für den Vermieter

15

Tatbestand	Zugang der Kündigung spätestens	Vertragsbeendigung zum	Rechtsgrundlage	Besonderheiten
Mietvertrag über mehr als 30 Jahre nach Ablauf dieses Zeitraumes	zum 3. Werktag[HaWieHdbWohnrMR_41_1] des Kalendervierteljahres	Ablauf des nächsten Kalendervierteljahres	§ 544 BGB	
Tod des Mieters	zum 3. Werktag[HaWieHdbWohnrMR_41_1] eines Kalendervierteljahres	Ablauf des nächsten Kalendervierteljahres	§ 580 BGB	Die Kündigungserklärung ist binnen Monatsfrist ab Kenntnis abzugeben.
Erlöschen des Nießbrauchs – Kündigung durch den Eigentümer bei Begründung eines Mietverhältnisses durch den Nießbraucher	zum 3. Werktag[HaWieHdbWohnrMR_41_1] eines Kalendervierteljahres	Ablauf des nächsten Kalendervierteljahres	§ 1056 Abs. 2 BGB	Der Mieter kann eine angemessene Frist zur Erklärung über den Gebrauch des Kündigungsrechtes setzen; die Kündigung kann dann nur bis zum Ablauf dieser Frist erfolgen

[1] § 193 BGB gilt (vgl. nur Staudinger/Rolfs BGB § 580a Rn. 9 und § 573c Rn. 9 f.); fällt der 3., nicht der 1. oder 2. Werktag auf einen Sonnabend, wird er wie ein Sonn- oder Feiertag behandelt, so dass der Zugang am nächsten Werktag genügt (LG Kiel WuM 1994, 542; LG Wuppertal WuM 1993, 450; offengelassen BGH NJW 2005, 2154); fällt der 1. oder 2. Werktag auf einen Samstag zählt er mit (BGH NJW 2005, 2154; aA LG Berlin GE 1989, 509).

Tatbestand	Zugang der Kündigung spätestens	Vertragsbeendigung zum	Rechtsgrundlage	Besonderheiten
				(§ 1056 Abs. 3 BGB).
Nacherbfall – Kündigung durch den Nacherben bei Begründung eines Mietverhältnisses durch den Vorerben	zum 3. Werktag[Ha-WieHdbWohnrMR_41_1] eines Kalendervierteljahres	Ablauf des nächsten Kalendervierteljahres	§ 2135 BGB	Der Mieter kann eine angemessene Frist zur Erklärung über den Gebrauch des Kündigungsrechtes setzen; die Kündigung kann dann nur bis zum Ablauf dieser Frist erfolgen (§§ 2135, 1056 Abs. 3 BGB).
Erlöschen des Erbbaurechts durch Zeitablauf – Kündigung durch den Eigentümer	zum 3. Werktag[Ha-WieHdbWohnrMR_41_1] eines Kalendervierteljahres	Ablauf des nächsten Kalendervierteljahres	§ 30 Abs. 2 ErbbauRG	Die Kündigung kann nur für einen der beiden ersten Termine erfolgen, für den sie zulässig ist. Im Übrigen kann der Mieter eine angemessene Frist zur Erklärung über den Gebrauch des Kündigungsrechtes setzen; die Kündigung kann dann nur bis zum Ablauf dieser Frist erfolgen (§ 30 Abs. 3 ErbbauVO).
Zuschlag in der Zwangsversteigerung[2] – Kündigung des Erstehers	zum 3. Werktag[Ha-WieHdbWohnrMR_41_1] eines Kalendervierteljahres	Ablauf des nächsten Kalendervierteljahres	§ 57a ZVG	Die Kündigung kann nur für den ersten Termin erfolgen, für den sie zulässig ist.
Zuschlag für ein Dauerwohnrecht in der Zwangsversteigerung – Kündigung durch den Ersteher	zum 3. Werktag[Ha-WieHdbWohnrMR_41_1] eines Kalendervierteljahres	Ablauf des nächsten Kalendervierteljahres	§ 37 Abs. 3 S. 2 WEG, § 57a ZVG	Die Kündigung kann nur für den ersten Termin erfolgen, für den sie zulässig ist.

[2] Gleiches gilt, wenn der Insolvenzverwalter das vom Gemeinschuldner vermietete Objekt freiwillig veräußert (§ 111 InsO).

(2) für den Mieter 16

Tatbestand	Zugang der Kündigung spätestens	Vertragsbeendigung zum	Rechtsgrundlage	Besonderheiten
Modernisierungsankündigung des Vermieters	bis zum Ablauf des Monats, der auf den Zugang der Mitteilung folgt	Ablauf des nächsten Monats	§§ 578 Abs. 2 S. 1, 555e BGB	Der Vermieter hat die geplante Modernisierungsmaßnahme bis zum Ablauf der Mietzeit zu unterlassen.
Grundlose Verweigerung der Untervermietungserlaubnis[3]	zum 3. Werktag[Ha-WieHdbWohnrMR_41_-1] eines Kalendervierteljahres[4]	Ablauf des nächsten Kalendervierteljahres	§ 540 Abs. 1 S. 2 BGB	
Mietvertrag über mehr als 30 Jahre nach Ablauf dieses Zeitraumes	zum 3. Werktag[Ha-WieHdbWohnrMR_41_-1] eines Kalendervierteljahres	Ablauf des nächsten Kalendervierteljahres	§ 544 BGB	
Tod des Mieters – Kündigung durch den/die Erben	zum 3. Werktag[5] eines Kalendervierteljahres	Ablauf des nächsten Kalendervierteljahres	§ 580 BGB	Die Kündigungserklärung ist binnen Monatsfrist ab Kenntnis abzugeben.
Eröffnung des Insolvenzverfahrens über das Vermögen des Mieters[Ha-WieHdbWohnrMR_41_3 _] nach Überlassung der Mietsache[6]	zum 3. Werktag[Ha-WieHdbWohnrMR_41_-1] eines Monats	Ablauf des übernächsten Monats	§ 109 Abs. 1 S. 1 InsO[7]	

6. Prozessuales

Checkliste: Räumungsklage in Gewerberaummietsachen

☐ Ausschließliche örtliche Zuständigkeit des Gerichts, in dessen Bezirk sich die Mietsache befindet (§ 29a ZPO). Streitwertabhängige sachliche Zuständigkeit. Ist der Mieter Kaufmann, so ist bei sachlicher Zuständigkeit des Landgerichts die Klage bei der Kammer für Handelssachen 17

[3] Der Verweigerung steht es gleich, wenn der Vermieter die Erlaubnis von Bedingungen abhängig macht, die der Mietvertrag nicht vorsieht (BGH NJW 1972, 1267), oder wenn der Vermieter eine angemessene Frist – etwa 2 Wochen – für die Erklärung der Erlaubnis fruchtlos verstreichen läßt (LG Nürnberg-Fürth WuM 1995, 587; AG Hamburg-Wandsbek WuM 1986, 314; AG Köln WuM 1998, 346). Abweichende Regelung im Gewerberaummietvertrag zulässig.

[4] Die Kündigung braucht nicht etwa zum ersten Termin erfolgen, für den sie zulässig wäre. Dem Mieter wird vielmehr eine angemessene Überlegungsfrist zugebilligt (BGH NJW 1972, 1267). Allerdings sind Verwirkungsgesichtspunkte zu beachten.

[5] Beim Insolvenzverfahren über das Vermögen des Vermieters nach Überlassung des Mietobjektes an den Mieter, steht weder diesem noch dem Insolvenzverwalter ein Sonderkündigungsrecht zu. Auch vor Überlassung der Mietsache hat der Insolvenzverwalter des Vermieters kein Erfüllungswahlrecht (arg. ex §§ 108, 38 InsO).

[6] Vor Überlassung des Mietobjektes können beide Parteien vom Vertrag zurücktreten, ggf. mit Schadensersatzfolgen (§ 109 Abs. 2 InsO).

[7] Dem Vermieter steht in diesem Fall ein Schadensersatzanspruch zu (§ 109 Abs. 1 S. 3 InsO), der allerdings nur Insolvenz- nicht Masseforderung ist.

anhängig zu machen, sofern eine solche am jeweiligen Landgericht existiert, §§ 94, 95 Abs. 1 Nr. 1, 96 Abs. 1 GVG.
- ☐ Kläger = alle natürlichen oder juristischen Personen, die gekündigt haben = alle Vermieter.
- ☐ Beklagte sind alle Nutzer der Mietsache, unabhängig von ihrer Stellung als Vertragspartei auf Mieterseite.
- ☐ Klagantrag auf Räumung und Herausgabe mit genauer Beschreibung der Mietsache(n) wegen Vollstreckungsfähigkeit und Bezeichnung der Schlüssel.
- ☐ Begründung des Räumungsanspruchs durch schlüssiges und substantiiertes Vorbringen zu den Voraussetzungen des § 546 BGB (und zu § 985 BGB, wenn Kläger zugleich Eigentümer):
  - Bestehen eines Gewerberaummietverhältnisses (Vorlage des Mietervertrages in Ablichtung);
  - Grund der Vertragsbeendigung, im Fall der Kündigung unter Vorlage des Kündigungsschreibens (Zugangsnachweis) und beweisbewehrtem Vortrag zu den Kündigungsgründen;
  - Einhaltung der Kündigungsfrist, wenn noch nicht abgelaufen, Voraussetzungen des § 259 ZPO darlegen;
  - Ausschluss oder Beachtung von § 545 BGB.
- ☐ Streitwert: 1 Jahresmiete nach § 41 Abs. 2 GKG.
- ☐ Gerichtskostenvorschuss.

7. Mandatsabschluss

Checkliste: Mandatsabschluss

18 ☐ Abrechnung gegenüber Mandant bzw. Rechtsschutzversicherung.
- ☐ Abwicklung etwaiger Kostenerstattungsansprüche der Gegenpartei bzw. gegenüber der Gegenpartei unter Herausgabe bzw. Herausverlangen der entwerteten Originaltitel.
- ☐ Bei Obsiegen und zunächst fruchtloser Zwangsvollstreckung Herausnahme der Originaltitel aus der im Übrigen beendeten Akte zur künftigen Vollstreckung in Absprache mit dem Mandanten u. a. über Zeitpunkt, Art der Vollstreckungsmaßnahme und Höhe der zu vollstreckenden (Teil-) Forderung sowie Sicherstellung der künftigen Übermittlung aller für eine erfolgreiche Vollstreckung maßgeblichen Informationen über den Schuldner.
- ☐ Abschlussschreiben an Mandant ggf. nebst Angebot nachwirkender Mandatsbetreuung (zB Aktualisierungen etwa der vom Mandanten verwendeten Formulare bei Änderungen in Rechtsprechung und/oder Gesetzgebung).
- ☐ Soweit nicht bereits bei Mandatsannahme oder während der -bearbeitung erfolgt, Speichern der Daten des Mandanten für die weitere Betreuung in dem jeweiligen Rechtsgebiet (zB Mandantenrundschreiben).
- ☐ Aktenablage (Aufbewahrungsfrist ggf. jetzt auch nicht nur steuer- sondern auch zivilrechtlich wegen entsprechender maximaler Verjährung bis zu 30 Jahren – str., vgl. § 199 Abs. 3 BGB).

§ 42 Streitwerte und Kosten

Übersicht

I. Einleitung

1 Wertvorschriften, die für die Bemessung der Streitwerte im Gewerberaummietrecht von Bedeutung sind, finden sich im GKG, in der ZPO, sowie im RVG. Speziell auf Mietverhältnisse zugeschnitten sind die Regelungen in § 41 GKG sowie § 8 ZPO. Hinsichtlich der Details kann auf die Ausführungen zum Wohnraummietrecht verwiesen werden.[1] Auch im Gewerberaummietrecht bleibt es bei der Differenzierung zwischen **Zuständigkeitsstreitwert** (= Wert, der für die Bestimmung der sachlichen Zuständigkeit maßgeblich ist), **Gebührenstreitwert** (= Wert, der für die Festsetzung der Gerichts- und Anwaltsgebühren maßgeblich ist) und **Rechtsmittelstreitwert bzw. Beschwerdewert** (= Wert der Beschwer, dh das wirtschaftliche Interesse des Beschwerdeführers am Erfolg seines Rechtsmittels). § 41 GKG gilt insoweit nur für die Wertfestsetzung der Gebühren, während § 8 ZPO ausschließlich für die Bestimmung der sachlichen Zuständigkeit herangezogen wird.

II. Streitwerte im vorvertraglichen Verhältnis, im Vertragsverhältnis, bei Beendigung des Vertragsverhältnisses, nach Beendigung des Vertragsverhältnisses, Prozessuales, Streitwerte in der Zwangsvollstreckung, in der Zwangsversteigerung

2 Hinsichtlich der einzelnen Streitwerte bei Streitigkeiten im Gewerberaummietrecht sind in vollem Umfang die Ausführungen zu den Streitwerten im Wohnraummietrecht heranzuziehen.[2] Insoweit gibt es **im Gewerberaummietrecht keine Abweichungen.** Die Ausführungen zu den Streitwerten bei Streitigkeiten im vorvertraglichen Verhältnis, im Vertragsverhältnis, bei Beendigung des Vertragsverhältnisses, nach Beendigung des Vertragsverhältnisses, zum Prozessualen, zu den Streitwerten in der Zwangsvollstreckung und in der Zwangsversteigerung hinsichtlich des Wohnraummietrechts gelten ebenso bei den Streitigkeiten im Gewerberaummietrecht.

---

[1] → § 3 Rn. 1 ff.
[2] → § 3 Rn. 6 ff.

III. Besondere Streitwerte im Gewerberaummietrecht

1. Klage, mit der ein Gewerberaummieter gegen seinen Vermieter einen Unterlassungsanspruch aufgrund eines Konkurrenzverbots geltend macht

3 Im Gegensatz zum Wohnraummietrecht spielt im Gewerbemietrecht die **Problematik des Konkurrenzverbotes** eine nicht unerhebliche Rolle. Der Anspruch des Gewerberaummieters ist in diesen Fällen auf Beseitigung der Konkurrenzsituation durch den Vermieter gerichtet. Zu denken wäre an eine entsprechende Anwendung des § 41 Abs. 5 S. 1 Hs. 2 GKG, wonach beim Anspruch des Mieters auf Instandsetzung der Mietsache durch den Vermieter der Jahresbetrag einer angemessenen Mietminderung maßgeblich sein soll.[3]

4 Obwohl eine vertragswidrige Konkurrenzsituation einen **Sachmangel der Mietsache** iSd § 536 Abs. 1 BGB darstellt, wird eine nur an diesem Mangel bzw. an einem dadurch bedingten Minderwert der Gewerbemietsache orientierte Wertbemessung dem wirtschaftlichen Interesse des Mieters an der Beseitigung dieser Mangelsituation nicht gerecht.

5 Insoweit ist in Ermangelung einer besonderen kostenrechtlichen Vorschrift der Streitwert nach § 48 Abs. 1 GKG und § 3 ZPO nach dem Interesse des Klägers an der begehrten Verurteilung des Beklagten zu bemessen.[4] Zu bewerten ist **das Interesse des Klägers, sein Geschäft ohne die angeblich unzulässige Konkurrenz zu betreiben** und den ihm dadurch drohenden Schaden von sich abwehren zu können. Dieser Schaden entspricht nach allgemeiner Auffassung dem Reingewinn, der dem Kläger infolge der vertragswidrigen Konkurrenzsituation entgeht. Die Wertbemessung nach dem voraussichtlich entgangenen Gewinn ist **bei ordentlich kündbaren Mietverhältnissen** in der Regel auf den zukünftigen Schaden beschränkt, der dem Mieter bis zu dem auf die Klageerhebung folgenden nächstmöglichen Kündigungstermin entstehen kann, weil der Vermieter in diesen Fällen die Möglichkeit besitzt, durch die Ausübung des ordentlichen Kündigungsrechts die ihm drohenden Schadensersatzansprüche zu begrenzen.[5] Liegt demgegenüber ein **befristetes Mietverhältnis** vor, geht das Interesse des Mieters grundsätzlich auf die Abwendung des durch die Konkurrenzsituation bis zum Ablauf der restlichen Vertragslaufzeit drohenden Schadens.[6] Um die Parteien in solchen Fällen keinem unübersehbaren Kostenrisiko auszusetzen, begrenzt der BGH den Streitwert auf einen auf 3½ Jahre hochgerechneten Schadensbetrag.[7] Dies ergibt sich aus der Heranziehung des Rechtsgedanken des § 9 S. 1 ZPO.[8]

6 Im Übrigen orientiert sich die Höhe des dem Kläger möglicherweise drohenden Schadens grundsätzlich an den **in der Klageschrift dargelegten Erwartungen** des Klägers, wenn sich für einen Schaden in dieser Größenordnung hinreichende und objektive Anhaltspunkte ergeben.

7 Meistens ist in diesen Fällen der Unterlassungsanspruch mit einem **Auskunftsanspruch** verbunden. Der Mieter begehrt dann Auskunft über die von seinem Konkurrenten erzielten Umsätze, die aus der durch die Konkurrenzklausel verbotenen Tätigkeit resultieren. Auch dieser Auskunftsanspruch ist nach § 3 ZPO, dh nach dem wirtschaftlichen Interesse des Anspruchstellers, zu schätzen. Es beträgt in der Regel einen Bruchteil des Wertes des Leistungsanspruches, dessen Durchsetzung die Auskunft vorbereiten soll. Üblicherweise wird 1/10 bis 1/4 angesetzt.[9] Innerhalb dieses von der Rspr. vorgegebenen Rahmens hängt die Bestimmung eines **angemessenen Bruchteils** wesentlich davon ab, in welchem Maß der Gewerberaummieter zur Durchsetzung seines Unterlassungs-

[3] OLG Düsseldorf NZM 1998, 307; OLG Karlsruhe NJW-RR 1990, 1234.
[4] BGH NJW 2006, 3060.
[5] BGH NJW 2006, 3060.
[6] BGH NJW 2006, 3060.
[7] BGH NJW 2006, 3060.
[8] BGH NJW 2006, 3060.
[9] BGH NZG 2016, 114; BeckOK ZPO/Wendtland § 3 Rn. 15.

anspruchs von der Auskunft des Vermieters abhängig ist.[10] Das Interesse des Mieters ist daher umso höher zu bewerten, je geringer seine Kenntnisse und sein Wissen über die zur Begründung des Leistungsanspruchs maßgeblichen Tatsachen sind.[11]

2. Klage auf Vornahme von Mängelbeseitigungsmaßnahmen im Gewerberaummietverhältnis

Gemäß § 41 Abs. 5 S. 1 GKG ist für den Gebührenstreitwert bei einem Anspruch des Mieters auf Instandsetzung der Mietsache durch den Vermieter der **Jahresbetrag einer angemessenen Mietminderung** maßgeblich.[12] Dies gilt auch, wenn der Mangel der Mietsache darin besteht, dass ein Mitmieter Störungen verursacht, die einen vertragswidrigen Zustand der Mietsache darstellen.[13] 8

IV. Kosten

Auch im Gewerberaummietrecht greifen grundsätzlich die allgemeinen Kostentragungsregelungen der §§ 91 ff. ZPO. Bezüglich der Entscheidung über die Kostentragungspflicht und Erstattungsfähigkeit von Kosten/notwendigen Kosten und die Anrechenbarkeit von Gebühren, wird auf die Ausführungen zum Wohnraummietrecht verwiesen.[14] 9

[10] BGH NJW-RR 2012, 130.
[11] BGH NJW-RR 2012, 130; BeckOK ZPO/Wendtland § 3 Rn. 15.
[12] BeckOK MietR/Schüller BGB § 536 Rn. 60-61a.
[13] BGH NZM 2006, 138 (139).
[14] → § 3 Rn. 90 ff.

§ 43 Besondere anwaltliche Haftungsrisiken im Gewerberaummietrecht

Übersicht

1 Wie bereits im wohnraummietrechtlichen Teil, dort § 5, sollen nachstehend kurz zusammengefasst besonders haftungsträchtige Problempunkte aufgeführt werden, um insbesondere dem mietrechtlichen Anfänger einen kurzen und knappen Überblick zu geben. Eine ausführlichere Darstellung erfolgt im jeweiligen Sachzusammenhang in den Kapiteln, auf die nachstehend dann zur Vermeidung unnötiger Wiederholungen Bezug genommen wird.

I. Allgemeines

2 Schon im wohnraummietrechtlichen Teil ist darauf hingewiesen worden, dass es für den Vermieter immer vorzugswürdig ist, auf einen möglichst detaillierten schriftlichen Mietvertrag in Abweichung von der gesetzlichen Rechtslage hinzuwirken. Dies deshalb, da es für den Mieter kaum eine günstigere Rechtsposition gibt, als diejenige bei Geltung des BGB mangels abweichender vertraglicher Absprachen. Dies gilt im Gewerberaummietrecht erst recht, nachdem – anders als bei der Wohnraummiete – die für die Gewerberaummiete geltenden Regelungen im BGB nicht halbzwingend, sondern dispositiv ausgestaltet sind. Von dieser Möglichkeit muss dann aber auch – selbstverständlich in den, vor allem durch das AGB-Recht der §§ 305–310 BGB, von Gesetzes wegen gezogenen Grenzen – Gebrauch gemacht werden.

3 In diesem Zusammenhang ist anzumerken, dass das Mietrecht des BGB nach den allgemeinen Regeln nicht etwa in einen Abschnitt über Wohnraummietverhältnisse und einen weiteren Abschnitt über Gewerberaum- oder Geschäftsraummietverhältnisse unterteilt ist. Der letzte Untertitel 3 ist vielmehr überschrieben mit **„Mietverhältnissen über andere Sachen“** mit der Folge, dass korrekt zu differenzieren wäre zwischen Wohnraummietverhältnissen einerseits und Mietverhältnissen über andere Sachen andererseits. Geschäftsraum- oder Gewerberaummietverhältnisses sind daher lediglich einen Unterfall dieser Nicht-Wohnraummietverhältnisse, für die es auf eine „gewerbliche“ Tätigkeit etwa in der Mietsache folglich nicht ankommt. Das BGB erwähnt „Geschäftsraum“ lediglich in § 580a Abs. 2 BGB und die „gewerbliche“ (Weiter-)Vermietung allein in § 565 BGB.

Bei der Lösung gewerberaummietrechtlicher Fälle ist im Übrigen **§ 578 BGB** von zentraler Bedeutung. Es ist allgemein bekannt, dass die im allgemeinen Teil des Mietrechts des BGB der §§ 535–548 enthaltenen Regelungen selbstverständlich auch für Gewerberaummietverhältnisse gelten, ebenso wie die wenigen Paragraphen im dritten mietrechtlichen Teil (§§ 578–580a BGB). Da § 578 BGB aber auf den größeren zweiten Unterabschnitt des Mietrechts des BGB, der an sich ausschließlich für die Wohnraummiete gilt, verweist, müssen auch im Gewerberaummietrecht die dort in Bezug genommenen Vorschriften beachtet werden. Von der Gesetzessystematik wäre es sicherlich vorzugswürdig gewesen, diejenigen Normen, die innerhalb des Abschnitts Sonderregelungen für die Wohnraummiete, die über § 578 BGB auch für die Gewerberaummiete gelten sollen, gleich in den allgemeinen Unterabschnitt der mietrechtlichen Regelungen des BGB zu platzieren. So wird allerdings der inhaltliche Zusammenhang besser gewahrt. 4

Mit dem zum 1.1.2019 in Kraft getretenen **Mietrechtsanpassungsgesetz wurde** § 578 BGB um einen neuen Abs. 3 ergänzt, der vor allem für die Anmietung von Räumen zur Unterbringung von Flüchtlingen oder einen entsprechenden Personenkreis bedeutsam ist. Nachdem in diesen Fällen mangels Anmietung zu eigenen Wohnzecken des Mieters kein Wohnraummietrecht gilt, werden mit der gesetzlichen Neuerung viele wohnraummietrechtliche Vorschriften für entsprechend anwendbar erklärt und die Möglichkeit der Befristung, über § 575 Abs. 1 S. 1 BGB hinaus erweitert. 5

II. Form

Der Schwerpunkt der gewerberaummietrechtlichen Entscheidungen des XII. Senats des BGH liegt bereits seit Jahren bei der Schriftformproblematik im Zusammenhang mit § 550 BGB. Diese Vorschrift und deren Auslegung ist daher für die gewerberaummietrechtliche Praxis von entscheidender Bedeutung. Oft werden (meist von Vermieterseite) recht erhebliche Vermögensdispositionen getroffen im Vertrauen auf eine langfristige mietvertragliche Bindung. Scheitert diese und kann eine Vertragspartei sich problemlos (allenfalls unter Beachtung mietvertraglich vereinbarter oder gesetzlicher Kündigungsfristen) von einem formunwirksam abgeschlossenen Zeitmietvertrag lösen, steht oft ein erheblicher finanzieller Schaden im Raum. 6

Während im Zivilrecht grundsätzlich die Nichteinhaltung von Formvorgaben zur Nichtigkeit führt (vgl. § 125 BGB), führt die Nichteinhaltung des Schriftformerfordernisses des § 550 BGB im Mietrecht „lediglich" zur Kündbarkeit des formunwirksam abgeschlossenen Mietvertrages, soweit dieser auf einen Zeitraum von mehr als einem Jahr befristet ist. Hintergrund dieser Regelung ist der Schutz des Erwerbers, der nach deutschem Recht im Falle des Eigentumserwerbs an einer vermieteten Immobilie die Mietverhältnisse nach §§ 578 Abs. 1, 566 BGB übernimmt. Der Erwerber soll sich dann durch entsprechende schriftliche Absprachen vorher verlässigen können, welche Pflichten und auch Rechte auf ihn zukommen und sich von lediglich mündlichen, für ihn möglicherweise erst nach dem Eigentumswechsel bekannt werdenden, überraschenden Absprachen (soweit nicht nur von unwesentlicher Bedeutung) durch eine Loslösung vom Mietvertrag befreien können. In der Mietrechtspraxis ist allerdings die Berufung des Erwerbers einer Mietsache auf einen derartigen Formmangel die Ausnahme. Im Regelfall beruft sich eine der ursprünglichen Vertragsparteien auf die Formunwirksamkeit des Vertrages, um sich auf diese Art und Weise von einem, für sie – aus welchen Gründen auch immer – ungünstigen oder ungünstig gewordenen Mietvertrag lösen zu können (vgl. hierzu im Einzelnen → § 47). 7

Daher ist auf die Einhaltung der gesetzlichen Schriftform iSd § 126 BGB strikten Wert zu legen unter besonderer Berücksichtigung folgender Punkte: 8

- schriftliche Abfassung aller wesentlichen Vertragsabsprachen, gerade auch bei Änderung oder Ergänzungen während der Mietzeit, mit Unterschriften aller Vertragsparteien auf einer einheitlichen Urkunde;[1]
- gedankliche Verbindung der einzelnen, nicht unterschriebenen oder paraphierten Seiten eines Mietvertrages durch fortlaufende Seitennummerierung, fortlaufende Paragraphennummerierung oder den Sinnzusammenhang des Textes;[2]
- bei Anlagen mit wesentlichem Vertragsinhalt auf zweifelsfreie Bezugnahme achten;[3]
- bei juristischen Personen (AG) bzw. Personengesellschaften (GbR) mit gesetzlicher Gesamtvertretungsberechtigung auf eine ordnungsgemäße Angabe der Vertretungsverhältnisse achten (Angabe der Parteien im Rubrum des Mietvertrages; Unterschriften mit Vertretungszusatz).[4]

9 Dabei ist zu berücksichtigen, dass nach jedenfalls bislang ständiger BGH-Rechtsprechung die Berufung einer Vertragspartei auf einen Formmangel allenfalls ganz ausnahmsweise als treuwidrig beurteilt wurde, auch wenn der Vertrag über Jahre oder Jahrzehnte hinweg problemlos durchgeführt wurde.[5]

10 Bei Formproblemen helfen die übliche salvatorische Klausel am Ende eines Mietvertrages ebenso wenig wie sog. Schriftformnachholungs- oder -heilungsklauseln. Sie sind nach der gefestigten Rechtsprechung des BGH nicht nur gegenüber einem Erwerber,[6] sondern auch zwischen den ursprünglichen Vertragsparteien unwirksam.[7]

11 Mit Wirkung ab dem 1.1.2025 wird das Schriftformerfordernis nach § 550 S. 1 BGB für Mietverträge über die Neuregelung des § 578 Abs. 1 S. 2 BGB durch das Textformerfordernis nach § 126b BGB abgelöst.[8] Dies gilt für alle ab diesem Zeitpunkt neu geschlossenen Verträge. Für Altverträge, die vor dem 1.1.2025 entstanden sind, findet gem. Art. 229 § 70 Abs. 1 EGBGB bis einschließlich 1.1.2026 noch die bisherige Bestimmung des § 578 Abs. 1 BGB Anwendung, wobei alle Änderungen von solchen Altverträgen jedoch bereits den neuen Anforderungen des § 578 Abs. 1 S. 2 BGB unterliegen; ab dem 2.1.2026 gilt die Neuregelung des § 578 Abs. 1 S. 2 BGB dann auch für Altverträge in vollem Umfang.

12 Kündigungen, die darauf gestützt werden, dass ein nach dem Willen der Vertragsparteien befristeter Altvertrag nach § 550 S. 1 BGB als für unbestimmte Zeit geschlossen gilt, sind also im Zeitraum vom 1.1.2025 bis 1.1.2026 noch möglich. Nach Ablauf der Übergangsfrist können jedoch bisher nicht in Schriftform geschlossene Mietverträge, welche aber der Textform genügen, nicht mehr unter Berufung auf § 550 S. 1 BGB gekündigt werden. Eine Kündigung wäre dann nur noch für solche Mietverträge möglich, welche weder die Schriftform noch die Textform wahren.

13 Für die Abänderung von Altverträgen ist § 578 Abs. 1 S. 2 BGB bereits ab dem 1.1.2025 anwendbar. Die neue Rechtslage gilt für solche Verträge bereits ab dem 1.1.2025 vollumfänglich, sodass es unerheblich ist, ob der ursprüngliche Altmietvertrag selbst überhaupt in Schriftform vereinbart wurde.[9].

14 Die Neuregelung bezweckt, durch Herabstufung des Formerfordernisses auf Textform zukünftig Kündigungsfälle nach § 550 S. 1 BGB zu reduzieren. Dem Informations- und Dokumentationsbedürfnis wird nach Auffassung des Gesetzgebers auch durch ein Textformerfordernis genügt. Erfasst sind auch Verträge nach § 578 Absatz 3 BGB.[10]

---

[1] Näher → § 47 Rn. 34 ff.
[2] Eingehender → § 47 Rn. 24 ff.
[3] → § 47 Rn. 26 ff.
[4] → § 47 Rn. 18 ff.
[5] Im Einzelnen → § 47 Rn. 61 ff.; vgl. aktuell BGH NJW 2017, 3772 = NZM 2018, 38.
[6] BGH NJW 2014, 1087 = NZM 2014, 239, und NJW 2014, 2102 = NZM 2014, 471.
[7] BGH NJW 2017, 3772 = NZM 2018, 38 und NJW-RR 2018, 1101 = NZM 2018, 515.
[8] § 578 Abs. 1 S. 2 BGB eingefügt durch Art. 14 Nr. 7. des IV. Bürokratieentlastungsgesetz vom 23.10.2024, BGBl. 2024 I Nr. 323 vom 29.10.2024.
[9] BT-Drs.20/11306, S. 103.
[10] BT- Drs. 20/11306, S. 101.

III. Allgemeine Geschäftsbedingungen

Da es sich bei den AGB-Regelungen in den §§ 305–310 BGB nicht um reine Verbraucherschutznormen handelt, gelten sie ebenfalls im Gewerberaummietrecht, wenn auch nur eingeschränkt (vgl. § 310 Abs. 1 BGB). Allerdings müssen die Parteien von ihrer, vom Gesetzgeber eingeräumten Kompetenz, anders als im Wohnraummietrecht von den mietrechtlichen Normen des BGB zu Lasten des Mieters abweichen zu können, auch Gebrauch machen. 15

Gerade die Rechtsprechung des BGH hat gezeigt, dass dort bei der AGB-rechtlichen Klauselbeurteilung sowohl im Wohnraum- als auch im Gewerberaummietrecht die gleichen Maßstäbe angelegt werden, sofern sich aus der unterschiedlichen Art der Nutzung keine zwingende unterschiedliche rechtliche Beurteilung ergibt. Dies ist insbesondere deutlich geworden bei der Prüfung von Schönheitsreparaturklauseln[11] und der Frage der Rechtsfolge der Mietminderung. Bei anderen Bereichen, etwa der Frage der Umlagefähigkeit von Nebenkosten im weitesten Sinn, oder bei den Problemen rund um Mietsicherheiten, bleibt es grundsätzlich bei einer unterschiedlichen rechtlichen Beurteilung je nachdem, ob es sich um einen Wohnraum- oder Gewerberaummietvertrag handelt.[12] Dennoch hat ein Kautelarjurist bei der Gestaltung eines Gewerberaummietvertrages auch die nur im Wohnraummietrecht ergangenen Entscheidungen zu berücksichtigen, gerade wenn es noch keine einschlägigen gewerberaummietrechtlichen Urteile gibt. So etwa bei der Frage, ob die auch im Gewerberaummietrecht geltende Verjährungsfrist von 6 Monaten nach § 548 BGB formularvertraglich rechtswirksam verlängert werden kann.[13] Siehe hierzu ausführlich § 48 und im Wohnraummietrecht § 10. 16

IV. Flächenberechnung

Schon im Wohnraummietrecht macht es Sinn, die Art und Weise der Flächenberechnung bei entsprechenden Angaben im Mietvertrag ausdrücklich zu vereinbaren, um einen gegebenenfalls (vor allem für die Vermieterseite) ungünstigen Rückgriff auf die Wohnflächenverordnung (WoFlV) zu vermeiden.[14] Dies gilt erst recht im Gewerberaummietrecht, bei dem eine große Bandbreite von Flächenberechnungsmethoden außerhalb der WoFlV zur Verfügung steht. Dies beginnt bei der DIN 277 bzw. 283, geht über die Netto- oder die Bruttogeschossflächenberechnung bis hin zur Flächenberechnung nach den sog. gif Richtlinien. Zum Teil sind damit ganz erhebliche Abweichungen mit entsprechenden wirtschaftlichen Konsequenzen im Hinblick auf Miethöhe, Nebenkosten u. a. verbunden. Es lohnt sich daher, diesem Gesichtspunkt große Aufmerksamkeit zu widmen. In aller Regel wird sich aus Vermietersicht der Rückgriff auf die Flächenberechnung nach den gif-Richtlinien als am günstigsten herausstellen.[15] 17

In diesem Zusammenhang sollte auch geregelt werden, bis zu welchem Umfang Flächenabweichungen (auch im Hinblick zum Beispiel auf die Frage der Mieterhöhung oder die Nebenkosten) von den Parteien toleriert werden und welche Rechtsfolgen an über diese vereinbarten Grenzen hinausgehende Flächenabweichungen geknüpft werden und zwar sowohl „nach oben als auch nach unten". 18

---

[11] Betr. unrenoviert oder renovierungsbedürftig überlassenes Mietobjekt ohne angemessenen finanziellen Ausgleich: OLG Celle NJW 2016, 3732 = NZM 2016, 644, I. Instanz: LG Hannover BeckRS 2016, 15491; LG Lüneburg NJW 2016, 578 = NZM 2016, 126; betr. starre Frist für Parkettabschleifen: OLG Düsseldorf BeckRS 2016, 9629.

[12] Siehe allerdings sogleich unter → Rn. 35.

[13] BGH NJW 2017, 3707 = NZM 2017, 841.

[14] Näher → § 10 Rn. 130 ff.

[15] Vgl. im Einzelnen → § 51.

V. Vertrags- bzw. Nutzungszweck

19 Bei der möglichst exakten Beschreibung des zu vereinbarenden Nutzungszwecks gerade in einem Gewerberaummietvertrag ist besondere Sorgfalt geboten. Den entsprechenden Zweckvereinbarungen kommt nicht unerhebliche Bedeutung zu: Zum einen wird dadurch der Umfang der Gebrauchsgewährpflicht des Vermieters festgelegt, zum anderen aber auch der Umfang der Gebrauchsrechte des Mieters. Was kann der Mieter vom Vermieter an Anforderungen an die Mietsache stellen, bei deren Nichterfüllung Gewährleistungsansprüche ausgelöst werden? Welche Nutzungsmöglichkeiten des Mieters muss der Vermieter dulden und welche kann er verbieten? Die Zweckangaben spielen aber auch noch zum Beispiel beim so genannten vertragsimmanenten Konkurrenzschutz eine Rolle, nämlich bei der Bestimmung des hiervon erfassten Hauptsortiments.

VI. Umsatzsteuer

20 Die Vermietung von Gebäuden und Gebäudeteilen ist grundsätzlich von der Umsatzsteuer befreit (§ 4 Nr. 12a UStG). Der Vermieter von Gewerberäumen kann dennoch Umsatzsteuer auf Miete und Nebenkosten erheben, wenn der Mietvertrag eine entsprechende Abrede enthält und der Vermieter auf die Befreiung von der Umsatzsteuer verzichtet (dh „zur Umsatzsteuer optiert") hat. Letzteres ist gemäß § 9 Abs. 1 und 2 UStG aber nur dann möglich, wenn der Mieter die Räume ausschließlich zu solchen unternehmerischen Zwecken nutzt, die seinen Vorsteuerabzug nicht ausschließen.[16] Eine solche steuerfreie Nutzung liegt etwa bei Arztpraxen vor (§ 4 Nr. 14 UStG) mit erheblichen Konsequenzen für den Vermieter. Im Mietvertrag ist klarzustellen, ob bei Wegfall der Voraussetzungen einer Umsatzsteueroption der Mieter dennoch die gesamte Bruttomiete schulden soll oder lediglich die Nettomiete. Zu den Einzelheiten → § 60 Rn. 28 ff. und → § 48 Rn. 72 ff.

21 Hier an dieser Stelle soll lediglich angemerkt werden, dass mangels jeweils gesondert ausgestellter Rechnung über die monatlich geschuldeten Beträge (anders als etwa bei einer Nebenkostenabrechnung) der Mietvertrag selbst als „Dauerrechnung" gelten kann. Dies setzt aber die Angabe der Umsatzsteueridentitätsnummer des Vermieters (nicht seiner Steuernummer – Missbrauchsgefahr) sowie ggf. bei mehreren Mietobjekten eine Objektnummer im Mietvertrag voraus. Ohne ordnungsgemäße Rechnung iSv § 14 UstG steht dem Mieter ein Zurückbehaltungsrecht zu.[17]

VII. Mieterhöhung

22 Landläufig wird davon ausgegangen, dass die stark vom zu Lasten des Mieters halbzwingenden Gesetzesrecht geprägte Stellung des Wohnraumvermieters ungünstiger ist als diejenige des Gewerberaumvermieters. Dies gilt aber nicht bei Fragen der Mieterhöhung.

23 Während der Wohnraumvermieter in den §§ 558 ff. und 559 ff. sowie 560 BGB von Gesetzes wegen Ansprüche auf Mieterhöhung zum Ausgleich des Ausschlusses einer Kündigung zum Zwecke der Mieterhöhung eingeräumt bekam, stehen dem Gewerberaumvermieter derartige gesetzliche Ansprüche nicht zu Gebote. Dies ist auch konsequent, da der Gewerberaumvermieter grundsätzlich die Möglichkeit der Änderungskündigung hat, also der Beendigung des Mietverhältnisses mit gleichzeitigem Angebot eines neuen Mietvertrages zu einer höheren bzw. geänderten Miete. Diese ordentliche Kündigung ist allerdings im Regelfall dadurch ausgeschlossen, dass der Gewerberaum-

[16] Anteilig auch bei einem Mischmietverhältnis: OLG Celle BeckRS 2016, 14521.
[17] LG Aachen BeckRS 2016, 8373.

mietvertrag befristet abgeschlossen wird mit der Konsequenz, dass ohne vertragliche Vereinbarung dem Vermieter während der Vertragslaufzeit keine Möglichkeit zu Gebote steht, die Miete und die Nebenkosten anzupassen. Dies kann sogar auch noch problematisch sein, wenn sich die ursprüngliche Laufzeit über eine Klausel oder ein Optionsrecht verlängert.

Daher sind Mieterhöhungsvereinbarungen zwingend erforderlich. Dies kann geschehen in Gestalt einer Staffelmiete oder auch einer Indexregelung nach Maßgabe des Preisklauselgesetzes. Auch insoweit steht im Übrigen der Gewerberaumvermieter schlechter als der Wohnraumvermieter: Während Letzterer gemäß § 557b BGB als Voraussetzung für die Wirksamkeit einer entsprechenden Indexregelung sich nicht auf eine Mindestlaufzeit des Mietvertrages einlassen muss, ist der Gewerberaumvermieter jedenfalls bei einer automatischen Indexklausel (anders beim Leistungsvorbehalt oder der Spannungsklausel, die eine „gleichartige" Bezugsgröße erfordert, also zum Beispiel die Entwicklung der Gewerberaummieten in der Region) verpflichtet, eine Regelung zu treffen, die ihn mindestens 10 Jahre an den Gewerberaummietvertrag bindet. Für den Vermieter erfreulich ist die 2007 mit dem Preisklauselgesetz neu eingeführte „schwebende Wirksamkeit" einer gegen diese Vorgaben verstoßenden Indexregelung, die erst in dem Moment als Rechtsgrundlage für Mieterhöhungsbegehren wegfällt, in dem ein Gericht rechtskräftig die Klausel für unwirksam erklärt (§ 8 PrKG). Aus Mietersicht ist diese dispositive Norm daher zwingend abzubedingen. Siehe ausführlich zu diesem Fragenkreis § 61. 24

Schließlich ist auch noch zu beachten, dass der Gewerberaumvermieter im Falle von Modernisierungsmaßnahmen ebenfalls keine Möglichkeit hat, die damit verbundenen Kosten und sei es auch nur teilweise auf den Mieter abzuwälzen. Daher ist es weiter sinnvoll, zumindest die Geltung der §§ 559 ff. BGB (natürlich nicht § 561 BGB) ausdrücklich zu vereinbaren, wobei Abweichungen hiervon auch zu Lasten des Mieters zulässig wären. Hierzu eingehender § 59. In diesem Zusammenhang: Das Sonderkündigungsrecht des Mieters bei Modernisierungsmaßnahmen in § 555e BGB, anwendbar über § 578 Abs. 2 BGB, ist aus Vermietersicht zwingend ausschließen. Entsprechendes gilt bei der Anpassung von Nebenkosten orientiert etwa an § 560 Abs. 1 und/oder 4[18] BGB. 25

VIII. Nebenkosten

Zwar ist der Ausgangspunkt in § 535 S. 3 BGB sowohl im Wohn- als auch im Gewerberaummietrecht identisch mit der Folge, dass die Abwälzung zusätzlicher Kosten neben der Miete einer ausdrücklichen Vereinbarung bedarf. Anders als im Wohnraummietrecht gilt aber die Regelung des § 556 BGB mit dem Verweis auf die Betriebskostenverordnung im Gewerberaummietrecht nicht (vgl. § 578 BGB). 26

Dies hat für den Gewerberaumvermieter den Vorteil, dass er nicht auf den Katalog der Kostenpositionen des § 2 Betriebskostenverordnung beschränkt ist, die bekanntlich nur geringfügig über eine gesonderte, ausdrücklich zu treffende Umlagevereinbarung im Rahmen der Nr. 17 „Sonstige Kosten" erweitert werden kann. Dennoch bedarf es zweifelsfreier[19] und ausdrücklicher Vereinbarungen im Mietvertrag, um dem Mieter darüberhinausgehende Kostenpositionen mit Erfolg auferlegen zu können. 27

Dabei ist weiter zu beachten, dass anders als im Wohnraummietrecht der Gewerberaumvermieter nicht nur „bloße" Betriebskosten auf den Mieter abwälzen kann, sondern auch darüberhinausgehende Kostentragungsverpflichtungen. So zum Beispiel die Kosten der Instandsetzung und Instandhaltung, soweit es sich um Maßnahmen 28

[18] BGH NJW 2014, 1300 = NZM 2014, 308.

[19] Siehe BGH NZM 2013, 85: ergänzende Vereinbarung von Hausmeisterkosten und fehlende Abgrenzung zu § 2 Nr. 14 BKVO; siehe auch: BGH NZM 2012, 24und BGH NZM 2013, 85 zur mangelnden Umlagefähigkeit der Kosten des „Centermanagements" wegen fehlender Abgrenzung zu Verwaltungskosten.

handelt, die durch den Mietgebrauch ausgelöst worden sind (also keine Kostenüberbürdung etwa „auf Dach und Fach“). Sogar Instandhaltungs- und Instandsetzungskosten bezogen auf Gemeinschaftsflächen oder Gemeinschaftseinrichtungen sind umlegbar, allerdings nur anteilig und unter Berücksichtigung einer Kostenbegrenzung pro Kalenderjahr (etwa auf maximal 10 Prozent der Jahresgrundmiete). Darüber hinaus sind auch Verwaltungskosten gesondert auf den Mieter abwälzbar, auch ohne nähere Erläuterung und ohne Kostenobergrenze. Anders bei nicht näher definierten Kostenpositionen wie etwa (Center-)Management-Kosten.

29 Angesichts der wirtschaftlichen Bedeutung der insoweit zusätzlich zur Miete abwälzbaren Kostenpositionen sollte hierauf ein gesondertes Augenmerk gelegt werden. Zu den Einzelheiten → § 48 Rn. 103 ff. und → § 62 Rn. 1 ff.

IX. Mietsicherheiten

30 Auch im Gewerberaummietrecht gibt es keinen gesetzlichen Anspruch des Vermieters gegenüber dem Mieter auf Leistung einer Mietsicherheit. Dies bedarf vielmehr einer vertraglichen Vereinbarung.

31 Bei der Barkaution gelten die Beschränkungen des § 551 BGB – auch der Höhe nach – nicht mit der Folge, dass der Vermieter zum Beispiel die Übergabe der Schlüssel von der Zahlung der vollständigen Mietkaution abhängig machen kann und er auch die Möglichkeit erhält, bei Verzug des Mieters mit der Leistung der Mietsicherheit das Mietverhältnis jedenfalls nach Abmahnung (= Schlechterstellung gegenüber des Wohnraumvermieter wegen § 569 Abs. 2a BGB?) fristlos zu kündigen, von Besonderheiten über § 242 BGB im jeweiligen konkreten Einzelfall abgesehen. Nach überwiegender Meinung ist die Barkaution aber auch ohne ausdrückliche Vereinbarung vom Vermieter insolvenzsicher anzulegen. Unstreitig ist, inwieweit die Vereinbarung von Zinsen, die dann zwingend die Mietsicherheit erhöhen würden, vertraglich ausgeschlossen werden kann.

32 Im Gewerberaummietrecht soll, auch formularvertraglich, die Vereinbarung einer Bürgschaft auf erstes Anfordern zulässig sein. Auch hier gibt es der Höhe nach keine vorgegebenen Beschränkungen, außer die Höhe stünde in keinem Verhältnis zum Sicherungsbedürfnis des Vermieters.

33 Im Wohnraummietrecht hat der BGH die frühere herrschende Meinung und Rechtsprechung bestätigt, dass der Vermieter aufgrund der Sicherungs- und nicht Befriedigungsfunktion einer Kaution nicht wegen bestrittener Forderungen die Kaution verwerten darf, wobei der dem BGH zur Entscheidung vorliegende Fall eine Verwertung (Auszahlung des Kautionsguthabens an den Vermieter) während des bestehenden Mietverhältnisses betraf.[20] Die Instanzrechtsprechung hat zu Recht diese Erwägungen auch auf einen Zugriff nach Vertragsbeendigung erstreckt und zwar zum einen bei einem Zugriff auf eine geleistete Barkaution etwa durch Aufrechnung,[21] aber auch bei einem Zugriff auf eine an den Vermieter verpfändete Mietsicherheit.[22] Wenn bereits die reine Aufrechnung ohne Zugriff auf das Mietkautionskonto[23] eine unzulässige Verwertung darstellt, worüber man streiten kann, dann bleibt dem Vermieter allein die Möglichkeit entweder gleich die Berechtigung seiner Forderungen in unverjährter Zeit (beachte § 548 BGB) gerichtlich feststellen zu lassen, um dann zulässigerweise die Mietsicherheit zu verwerten, oder etwa bei einer Kautionsrückzahlungsklage des Mieters (gegebenenfalls auch hilfsweise) Widerklage zu erheben. Dem (Vermieter-)Anwalt ist dabei weiter zu raten, seinen Mandanten vorsorglich auf eine mögliche Strafbarkeit einer unbe-

[20] BGH NJW 2014, 2496 = NZM 2014, 551.
[21] AG Dortmund BeckRS 2018, 2876.
[22] AG Dortmund BeckRS 2018, 12352.
[23] Zu den Anforderungen an ein solches Konto: BGH NJW-RR 2015, 1289 = NZM 2015, 736.

rechtigten Verwertung der Mietsicherheit hinzuweisen.[24] Die Konsequenz aus dieser Rechtsprechung besteht zu Recht darin, dass vor Klärung der Berechtigung der Vermieteransprüche der Kautionsrückerstattungsanspruch des Mieters nicht fällig wird, auch wenn dies wie im Regelfall länger als 6 Monate dauert.[25] Bis der BGH etwa wegen der Nicht-Geltung von § 551 BGB diese Erwägungen als außerhalb der Wohnraummiete unmaßgeblich beurteilt, sollten sie auch im Rahmen der Gewerberaummiete beachtet werden.

Während § 215 BGB den Rückgriff auf die Barkaution auch mit verjährten Forderungen unter den dort normierten Voraussetzungen erlaubt, kann sich der Bürge (§ 215 BGB gilt insoweit mangels Aufrechnung nicht) sehr wohl auf die Verjährung der Hauptschuld berufen, aber auch auf die Verjährung der Bürgschaftsverpflichtung (auch hier gilt die Regelfrist von 3 Jahren). Daher ist aus Vermietersicht zwingend darauf zu achten, dass in der Bürgschaftsvereinbarung eine gesonderte Abrede über die Verjährung getroffen wird, etwa der Ausschluss der Berufung des Bürgen auf die Verjährungseinrede bis zum Ablauf von einem Jahr nach Rückgabe der Mietsache. Näher zu den Einzelheiten § 63. 34

X. Schönheitsreparaturen und Kleinreparaturen

Im Rahmen der Frage der Überbürdung von Schönheitsreparaturverpflichtungen gelten – bis auf die Frage der angemessenen Länge einer „nicht starren" Frist, die von dem konkreten Nutzungszweck abhängt – grundsätzlich die Vorgaben aus der wohnraummietrechtlichen Rechtsprechung. Die Überbürdung einer Anfangsrenovierung ist danach unwirksam, ebenso die Vereinbarung starrer Fristen ohne Rücksicht auf einen objektiven Renovierungsbedarf.[26] Genauso die Abwälzung der Schönheitsreparaturverpflichtung auf den Mieter bei unrenoviert oder renovierungsbedürftig überlassener Mietsache ohne angemessenen finanziellen Ausgleich.[27] Auch wenn dies noch nicht im Gewerberaummietrecht entschieden ist, dürften sog. Abgeltungsklauseln dort ebenfalls generell unwirksam sein. Endrenovierungsregelungen sind auch im Gewerberaummietrecht unwirksam, wenn sie dem Mieter ohne Rücksicht auf den objektiven Renovierungsbedarf oder zum Beispiel den Zeitpunkt der zuletzt durchgeführten Schönheitsreparaturen in jedem Fall eine entsprechende Verpflichtung auferlegen, allein deshalb, da das Mietverhältnis endet. Im Übrigen stellt sich auch im Gewerberaummietrecht die Frage, inwieweit sich der Vermieter durch Formularklausel von Schönheitsreparaturverpflichtungen freizeichnen kann, nachdem es sich bei dieser Verpflichtung um eine Hauptleistungspflicht handelt, so dass entsprechenden vorformulierten Regelungen § 307 Abs. 1 BGB entgegenstehen könnte.[28] 35

Bei den üblichen Kleinreparaturregelungen ist es, anders als im Wohnraummietrecht, zulässig, dem Mieter nicht nur die Kostentragungsverpflichtung sondern auch eine Selbstvornahmeverpflichtung aufzuerlegen, und dies ohne die engen betragsmäßigen Grenzen der Kleinreparaturklauseln im Wohnraummietrecht.[29] 36

[24] Die bloße Vereinbarung einer Kaution als solche begründet keine Vermögensbetreuungspflicht iSd § 266 Abs. 1 StGB. Auch in Wohnraummietverhältnissen bewirkt die Einzahlung einer Kaution auf ein Girokonto noch nicht ohne Weiteres eine (vollendete) Untreue iSd § 266 StGB; hinsichtlich der Frage einer schadensgleichen Vermögensgefährdung kommt es darauf an, inwieweit nach den Vermögensverhältnissen des Vermieters die naheliegende Gefahr besteht, dass von Dritten auf dieses Konto zugegriffen wird; in Betracht könnte weiter Betrug kommen: vgl. nur BGH NJW 2008, 1827 = NZM 2008, 415.

[25] AG Dortmund BeckRS 2018, 2876; AG Dortmund BeckRS 2018, 12352.

[26] OLG Düsseldorf BeckRS 2016, 9629.

[27] OLG Celle NJW 2016, 3732 = NZM 2016, 644, I. Instanz: LG Hannover BeckRS 2016, 15491; LG Lüneburg NJW 2016, 578 = NZM 2016, 126.

[28] Im Einzelnen → § 48 Rn. 149 ff.

[29] Vgl. → § 48 Rn. 146 und → § 58 Rn. 27.

XI. Wartungspflichten

37 Auch Wartungspflichten können in größerem Umfang als im Wohnraummietrecht auf den Gewerberaummieter überbürdet werden. Allerdings stellt sich wie schon im Wohnraummietrecht die Frage, ob es für den Vermieter nicht sinnvoller ist, von der Abwälzung von Hand- und Spanndiensten zu Lasten des Mieters Abstand zu nehmen, die entsprechenden Maßnahmen und Arbeiten selbst in Auftrag zu geben und auf den Mieter lediglich die damit verbundenen Kosten abzuwälzen. Gerade im Falle von Leistungsstörungen erleichtert dies die Abwicklung erheblich.[30]

XII. Betriebspflicht

38 Hier ist zu beachten, dass entsprechende Regelungen sinnvoll sind, um im Fall von Verstößen hiergegen einen wichtigen Grund für eine vorzeitige Loslösungsmöglichkeit des Vermieters vom Mietvertrag zu schaffen. Die Durchsetzung der Erfüllung der Betriebspflichten scheitert in aller Regel an praktischen Erwägungen. Ausführlich hierzu → § 52 Rn. 10.

XIII. Konkurrenzschutz

39 Insoweit sind alle denkbaren vertraglichen Absprachen möglich, von der umfassenden Einräumung von Konkurrenzschutz bis hin zu dessen vollständigem Ausschluss. Zu beachten ist aber, dass bei einer fehlenden Konkurrenzschutzregelung im Mietvertrag nicht etwa keine Konkurrenzschutzverpflichtung des Vermieters besteht. Vielmehr ist dann ein – ausdrücklich ausschließbarer – so genannter vertragsimmanenter Konkurrenzschutz zu beachten, der sich allerdings nur auf das Hauptsortiment des Mieters beschränkt. Im Einzelnen § 55.

XIV. Versorgungssperre

40 Die vielfältigen Streitpunkte in diesem Zusammenhang hat der BGH jedenfalls für das Gewerberaummietrecht geklärt: Danach stellt eine Versorgungssperre bei Zahlungsverzug des Mieters bezogen auf die entsprechenden Versorgungsleistungen keine Besitzstörung dar und der Mieter hat auch dann keinen Erfüllungsanspruch mehr, wenn der Vermieter den Gewerberaummietvertrag rechtswirksam wegen Zahlungsverzugs gekündigt hat.[31] Inwieweit diese Erwägungen auf das Wohnraummietrecht oder andere Nutzungsverhältnisse übertragen werden können, ist noch unklar.

XV. Haftungsproblem gem. §§ 578 Abs. 1, 566 Abs. 2, 566a S. 2 BGB

41 Während der Regelungsinhalt von § 566 Abs. 1 BGB meist bekannt ist („Kauf bricht nicht Miete", sofern sich der Mieter bereits im Besitz der Mietsache befindet – ein bloßer Anspruch auf Besitzverschaffung genügt nicht[32] – und grundsätzlich Identität zwischen Vermieter und Veräußerer besteht[33]), fristet dessen Abs. 2 ein Schattendasein. Dieser ordnet zum Schutz des Mieters eine Haftung des Veräußerers wie ein selbstschuldnerischer Bürge im Sinne von § 773 BGB für die Erfüllung der Pflichten an, die der (nicht leistungsfähige oder nicht leistungswillige) Erwerber nicht erfüllt. Eine Haftungsbegren-

[30] → § 48 Rn. 148 und → § 58 Rn. 28.
[31] BGH NJW 2009, 1947.
[32] BGH NJW-RR 2016, 982 = NZM 2016, 675.
[33] Aber analoge Anwendung denkbar: BGH NZM 2017, 847; vgl. weiter NJW 1974, 1551.

zung zu Gunsten des Veräußerers tritt nur ein, wenn dieser (entweder selbst oder durch einen Bevollmächtigten,[34] § 174 BGB beachten, nicht aber ein Dritter) den Mieter nach dem Eigentumsübergang (eine Mitteilung zuvor[35] oder eine sonstige Kenntniserlangung des Mieters reichen nicht aus) von dem Eigentumsübergang informiert und der Mieter hierauf nicht zum ersten zulässigen Termin danach kündigt.

§ 566a BGB trifft eine Sonderregelung in diesem Zusammenhang in Bezug auf die 42 Mietsicherheit, deren Rückzahlung der Erwerber auch dann schuldet, wenn er sie vom Veräußerer (also vom ursprünglichen Vermieter) nicht erhalten hat (Satz 1). Der Veräußerer haftet aber auch in diesem Fall dem Mieter bei Beendigung des Mietverhältnisses auf Rückgewähr der Kaution nebst Zinsen, wenn der Mieter diese vom Erwerber nicht erlangen[36] kann (Satz 2), sofern die Sicherheit nicht vom Erwerber verwertet oder (auch vom Veräußerer[37]) an den Mieter zurückerstattet wurde. Auf diese Haftung kann nur durch individuelle und zweifelsfreie Vereinbarung des ursprünglichen Vermieters und Veräußerers mit dem Mieter verzichtet werden.[38]

XVI. Schadensersatz gegenüber dem Mieter

Lange war streitig, ob und in welchen Fällen bei Beschädigungen der Mietsache durch 43 den Mieter als Voraussetzung für einen entsprechenden Schadensersatzanspruch des Vermieters dem Mieter zunächst eine Frist gesetzt werden muss. Dies hat der BGH zwischenzeitlich geklärt und zwar nicht nur bei Vertragsende, sondern auch während der Mietzeit: Das in § 280 Abs. 1 und 3, § 281 Abs. 1 BGB als Anspruchsvoraussetzung vorgesehene Fristsetzungserfordernis gilt nur für die Nicht- oder Schlechterfüllung von Leistungspflichten (§ 241 Abs. 1 BGB) durch den Schuldner (Schadensersatz statt der Leistung). In diesen Fällen muss der Gläubiger dem Schuldner grundsätzlich zunächst eine weitere Gelegenheit zur Erfüllung seiner Leistungspflicht geben, bevor er (statt der geschuldeten Leistung) Schadensersatz verlangen kann (zB bei vom Mieter wirksam aus dem Pflichtenkreis des Vermieters übernommenen Pflicht zur Vornahme von Schönheitsreparaturen).

Im Gegensatz dazu handelt es sich bei der Verpflichtung des Mieters, die ihm über- 44 lassenen Mieträume in einem dem vertragsgemäßen Gebrauch entsprechenden Zustand zu halten und insbesondere die Räume aufgrund der aus der Besitzübertragung folgenden Obhutspflicht schonend und pfleglich zu behandeln, um eine nicht leistungsbezogene Nebenpflicht (§ 241 Abs. 2 BGB). Deren Verletzung begründet einen Anspruch des Geschädigten auf Schadensersatz (neben der Leistung) bereits bei Vorliegen der in § 280 Abs. 1 BGB genannten Voraussetzungen. Daher kann ein Vermieter bei Beschädigungen der Mietsache vom Mieter gemäß § 249 BGB nach seiner Wahl statt einer Schadensbeseitigung auch sofort Geldersatz verlangen, ohne diesem zuvor eine Frist zur Schadensbehebung gesetzt zu haben.[39]

---

[34] BGH NJW 1966, 590.

[35] OLG Köln BeckRS 2014, 1711 und BeckRS 2013, 19140; vgl. auch OLG Saarbrücken BeckRS 2016, 6232.

[36] Klage des Mieters gegen den Erwerber ggf. sogar mit erfolgloser Zwangsvollstreckung ist nicht Voraussetzung: BGH NJW-RR 2013, 457 = NZM 2013, 230.

[37] Mit der Folge, dass der Erwerber grundsätzlich keine Sicherheit mehr vom Mieter beanspruchen kann: LG Berlin BeckRS 2011, 09319; LG Mannheim InfoM 2011, 162; anders beim verpfändeten Sparbuch aufgrund der zur Übertragung auf den Erwerber erforderlichen Mitwirkung des Mieters: LG Berlin BeckRS 2010, 24122.

[38] BGH NJW-RR 2013, 457 = NZM 2013, 230.

[39] BGH NJW-RR 2018, 1103 = NZM 2018, 717.

XVII. Kündigung

45 Im Rahmen der Vertragsbeendigung durch Kündigung ist zunächst darauf hinzuweisen, dass die gesetzliche Schriftform des § 568 BGB im Gewerberaummietrecht nicht gilt. Allerdings sind meist Schriftformerfordernisse vertraglich vereinbart, die dann selbstverständlich beachtet werden müssen. Zu den Einzelheiten vgl. § 65.

46 Weiter stellt gerade im Gewerberaummietrecht der Zeitraum ein Problem dar, innerhalb dessen nach Kenntnis zum Beispiel eines wichtigen Grundes für eine fristlose Kündigung diese vor dem Hintergrund des § 314 BGB auch ausgesprochen werden muss. Die Rechtsprechung geht insoweit zwar nicht schematisch (wie etwa im Arbeitsrecht, vgl. § 626 BGB) von der Notwendigkeit der Beachtung einer 2-Wochen-Frist aus.[40] Ein zu langes Zuwarten kann aber zur Verwirkung des Kündigungsrechts führen. Im Übrigen gelten die Anmerkungen im Wohnraummietrecht zu § 545 BGB auch hier entsprechend.[41]

XVIII. Nutzungsentschädigung

47 Im Rahmen der Anwendung des § 546a Abs. 1 BGB wird häufig das Tatbestandsmerkmal der „Vorenthaltung" verkannt. Dieser setzt nämlich nicht nur voraus, dass der Mieter nach Vertragsbeendigung den Besitz der Mietsache nicht zurückgibt, sondern auch, dass der Vermieter einen entsprechenden Rücknahmewillen hat. Daran kann es fehlen, wenn der Vermieter zB von der Unwirksamkeit einer Mieterkündigung ausgeht[42] oder sich weigert, die Mietsache zurückzunehmen, solange der der Mieter seinen Verpflichtungen etwa zur Beseitigung von Beschädigungen, zur Rückgängigmachung baulicher Veränderungen, zur Entfernung von Einrichtungen, mit denen er die Mietsache versehen hat, oder auch zur Durchführung von Schönheitsreparaturen nicht nachkommt. Die Geltendmachung des Vermieterpfandrechts berührt dagegen die Vorenthaltung nicht.[43] Mangels Rücknahmewillens des Vermieters entfällt der Anspruch auf Nutzungsentschädigung, der unabhängig davon besteht, ob das Objekt bei Rückgabe leer gestanden hätte oder nicht. Der Vermieter hat mangels Vorenthaltung lediglich einen Anspruch auf Mietausfall, wenn er darlegt und nachweist, dass er im Falle der Rückgabe einen Nachfolgemieter gehabt hätte, der das Objekt zu der jetzt als Schadensatz verlangten Miete angemietet hätte, oder auch Bereicherungsansprüche bzw. Ansprüche nach den §§ 987 ff. BGB.[44]

48 Der Anspruch Nutzungsentschädigung besteht mindestens in Höhe der bisher vereinbarten Miete[45] (einschl. Zahlungen auf die Betriebskosten,[46] wobei ein Minderungsrecht nur dann besteht, wenn der Mangel bereits während der Mietzeit aufgetreten ist und nicht erst nach Vertragsende, mit dem eine Mangelbeseitigungspflicht des Vermieters entfällt[47]), aber sogar darüber hinaus in Höhe der aktuellen Marktmiete (sofern eine solche festgestellt werden kann[48]). Zutreffend hat der BGH festgehalten, dass die Formulierung „Miete ..., die für vergleichbare Sachen ortsüblich ist", aufgrund der systematischen Stellung des § 546a BGB im Allgemeinen Teil des Mietrechts nicht die

---

[40] Vgl. BGH NJW-RR 2007, 886 = NZM 2007, 400; NJW 1985, 1894 betr. Franchisevertrag; NJW 1982, 2432 betr. Eigenhändlervertrag; OLG Frankfurt a. M. NJW-RR 1992, 143; OLG Bremen ZMR 2007, 688; vgl. für die Wohnraummiete BGH NJW 2016, 3720 = NZM 2016, 791, und NJW-RR 2009, 735 = NZM 2009, 314.
[41] Vgl. näher § 30 und § 66.
[42] BGH NJW 2017, 2997 = NZM 2017, 630.
[43] KG BeckRS 2016, 16547.
[44] BGH NJW 2017, 2997 = NZM 2017, 630.
[45] Unter Beachtung einer etwa geltenden Mietpreisbremse: LG Berlin BeckRS 2018, 8367.
[46] OLG Brandenburg BeckRS 2015, 18204.
[47] BGH NJW 2015, 2795 = NZM 2015, 695.
[48] OLG Celle LSK 2016, 103454.

ortsübliche Vergleichsmiete etwa iSd § 558 BGB bedeutet.[49] Der Anspruch des Vermieters auf die aktuelle Marktmiete beginnt mit der Vorenthaltung unabhängig davon, ob er vom Vermieter ausdrücklich geltend gemacht wird mit der Folge, dass die höhere aktuelle Marktmiete auch rückwirkend verlangt werden kann.[50] Die Geltendmachung eines darüber hinausgehenden Schadensersatzanspruchs gemäß § 546a Abs. 2 BGB bleibt ohnehin unberührt.

49 BGH NJW 2017, 1022 = NZM 2017, 186.
50 BGH NJW 2017, 1022 = NZM 2017, 186.

2. Abschnitt. Vertragsanbahnung

§ 44 Rechtliche Einordnung der Gewerberaummiete

Übersicht

Schrifttum:

Bumiller, Der Franchisenehmer zwischen Zivil- und Arbeitsgerichtsbarkeit, NJW 1998, 2953; Canaris, Finanzierungsleasing und Wandelung, NJW 1982, 305; Emmerich, Franchising., JuS 1995, 761; Faber, Elemente verschiedener Verbraucherbegriffe in EG-Richtlinien, zwischenstaatlichen Übereinkommen und nationalem Zivil- und Kollisionsrecht, ZEuP 1998, 854; Findeisen/Sabel, Definition des Finanzierungsleasings i. S. des KWG nach dem Merkblatt der BaFin, DB 2009, 801; Franke, Problemorientierte Fragen zur Mietminderungs-Praxis., ZMR 1996, 297; Frankenberger, AGB im B2B-Geschäft: Wenn die Wirklichkeit das Recht überholt, AnwBl 2012, 318; Giesler, Franchising: Aufklärungspflichten und kein Ende?, NJW 2007, 3099; Grützmacher, Mischmietverhältnisse auf dem Prüfstand des BGH, ZMR 2014, 953;Günter, Der Einfluss öffentlich-rechtlicher Verpflichtungen auf mietvertragliche Vereinbarungen, NZM 2016, 569; Haager, Die Entwicklung des Franchiserechts in den Jahren 1999, 2000 und 2001, NJW 2002, 1463; Hannemann, AGB: Der Maßstab der Inhaltskontrolle und der Wille des Gesetzgebers, AnwBl 2012, 314; Herrlein, Umsatzsteuer in Mietvertrag und Mietprozess, NZM 2005, 648; ders., Die Umsatzsteueroption im Geschäftsraummietvertrag., ZMR 1996, 306; Hilgendorf, Versicherungs- und haftpflichtrechtliche Fragen zu Schadensfällen aus der Überlassung von Arbeitsgeräten mit Bedienungspersonal., VersR 1972, 127; Joachim, Neue Rechtsprechung zu mietrechtlichen AGB-Klauseln und Konkurrenzschutz im gewerblichen Mietrecht, GuT 2004, 207; Kessel, AGB oder Individualvereinbarung – Relevanz und Reformbedarf, AnwBl 2012, 293; Kieninger, AGB bei B2B-Verträgen: Rückbesinnung auf die Ziele des AGB-Rechts, AnwBl 2012, 301; Koch, Das AGB-Recht im unternehmerischen Verkehr: Zu viel des Guten oder Bewegung in die richtige Richtung?, BB 2010, 1810; Lenkaitis/Löwisch, Zur Inhaltskontrolle von AGB im unternehmerischen Geschäftsverkehr: Ein Plädoyer für eine dogmatische Korrektur, ZIP 2009, 441; Leo/Assmann, Obergerichtliche Rechtsprechung zum gewerblichen Mietrecht 2014, NZM 2015, 770; Niebling, AGB-Recht – Aktuelle Entwicklungen zu Einbeziehung, Inhaltskontrolle und Rechtsfolgen, MDR 2017, 684; ders., AGB-Verwendung bei Geschäftsbeziehungen zwischen Unternehmen (b2b), MDR 2011, 1399; Schäfer, Anerkannt, gut und bewährt – eine Analyse des Kampfs um das „Kleingedruckte", BB 2012, 1231; Schmid, Miete und Umsatzsteuer, NZM 1999, 292; Schmidt-Kessel, AGB im unternehmerischen Geschäftsverkehr: Marktmacht begrenzen, AnwBl 2012, 308; Schwenzer/Lübbert, Neues AGB-Recht im unternehmerischen Rechtsverkehr?, AnwBl 2012, 292; Voelskow, Zur Abgrenzung von Miete und Pacht, NJW 1983, 911; v. Westphalen, AGB-rechtliche Schutzschranken im unternehmerischen Verkehr: Rückblick und Ausblick, BB 2011, 195; ders., Wider einen Reformbedarf beim AGB-Recht im Unternehmerverkehr, NJW 2009, 2977.

I. Checkliste

Checkliste für die Planung und rechtliche Einordnung einer gewerblichen Gebrauchsüberlassung:

☐ Handelt es sich beim Mieter um einen Verbraucher oder einen Unternehmer?[1] 1
- Welcher Vertragszweck bildet den Schwerpunkt der Gebrauchsüberlassung?[2]
- Handelt es sich beim Mieter um einen Freiberufler?[3]

Wenn es sich um einen Unternehmer handelt:

☐ Handelt es sich um einen Mietvertrag oder um einen Pachtvertrag?[4]

☐ Handelt es sich um einen Mischmietvertrag (mit Aspekten der Wohnraumnutzung und solchen gewerblicher Nutzung)?[5]
- Welcher Gebrauchs- oder Vertragszweck überwiegt?[6]
- Welche umsatzsteuerrechtlichen Konsequenzen ergeben sich aus der Mischnutzung?[7]

☐ Handelt es sich um einen Mischvertrag anderer Art (mit Aspekten des Mietrechts und anderer schuldrechtlicher Verträge)?[8]
- Welchem Rechtsgebiet entspricht die nach dem Vertrag wesentliche Leistung?[9]
- Liegt der Schwerpunkt auf der Gebrauchsüberlassung?[10]
- Finden die Bestimmungen für spezielle Vertragsgestaltungen (Leasingvertrag, Franchising, Mietkauf usw) Anwendung?[11]
- Handelt es sich um eine entgeltliche (Gebrauchs-) Überlassung?[12]

II. Zweck der Vermietung

2 Der Begriff der **Gewerberaummiete** bestimmt sich nach dem vertraglichen Zweck der Vermietung. Mietrechtlich zu unterscheiden sind die **Wohnraummiete, die Gewerberaummiete (Geschäftsraummiete) und Mischmietverhältnisse.**[13] Die Gewerberaummiete ist rechtlich eng mit der **Pacht**[14] (§§ 581 ff. BGB) verwandt, denn nach § 581 Abs. 2 BGB sind die mietrechtlichen Vorschriften auf den Pachtvertrag entsprechend anzuwenden, soweit die (weitgehend abdingbaren) Bestimmungen aus §§ 582–584b BGB nichts anderes regeln.

3 Für die Einordnung des Vertrags ist der nach den übereinstimmenden Vorstellungen der Vertragsparteien verfolgte **Vertragszweck** maßgeblich, also nicht der tatsächliche – ggf. vertragswidrige – Mietgebrauch und auch nicht das etwaige Bestehen öffentlich rechtlicher Hindernisse für die Verfolgung des einvernehmlich gewollten Vertragszwecks.[15] Der übereinstimmende Vertragswille ist nach allgemeinen Regeln (§§ 133, 157 BGB) auszulegen.[16] Die im Rahmen der Privatautonomie frei verfolgbaren Vertragszwecke sind dafür maßgeblich, welche gesetzlichen Regeln auf das Vertragsver-

[1] → Rn. 4.
[2] → Rn. 2 ff.
[3] → Rn. 4.
[4] → § 76 Rn. 1 ff. und → Rn. 21 ff.
[5] → Rn. 22 ff.
[6] → Rn. 24.
[7] → Rn. 35 ff.
[8] → Rn. 37 ff.
[9] → Rn. 38 ff.
[10] → Rn. 39.
[11] → Rn. 41 ff.
[12] → Rn. 47.
[13] → Rn. 22 ff.
[14] Zur Abgrenzung näher → § 76 Rn. 1 ff.
[15] BGHZ 202, 39 = NZM 2014, 626; OLG Düsseldorf ZMR 2002, 589; Burbulla GewerberaumMietR Kap. I. Rn. 61 ff.
[16] BGH NJW 1997, 1845 (1846); 1998, 746.

hältnis anzuwenden sind. Ein Gewerberaummietvertrag kommt wie jeder andere Vertrag durch Angebot und Annahme zustande (§§ 145 ff. BGB). Fehlt es an ausdrücklichen Willenserklärungen, kommt auch ein konkludenter Vertragsabschluss durch schlüssiges Verhalten in Betracht, der durchaus wirksam konstituiert werden kann, dann allerdings ohne die Wahrung der Schriftform aus § 550 BGB.

4 Im Bereich von Gewerberaummiete und Pacht charakterisiert sich der Vertragszweck dadurch, dass der Mieter sich in bzw. mit der Mietsache (bzw. dem Pachtgegenstand) gewerblich, dh unternehmerisch betätigt. **Unternehmer** ist nach § 14 BGB eine natürliche oder juristische Person oder eine rechtsfähige Personengesellschaft, die bei Abschluss eines Rechtsgeschäfts in Ausübung ihrer gewerblichen oder selbstständigen beruflichen Tätigkeit handelt. Die durch § 13 BGB geregelte Unterscheidung des „Unternehmers" vom „Verbraucher", der Rechtsgeschäfte nicht in Ausübung eines Gewerbes oder einer selbstständigen beruflichen Tätigkeit abschließt, macht die früher erforderliche Abgrenzung entbehrlich, ob es sich um Kaufleute iSv §§ 2, 3 Abs. 2, 5, 6 HGB handelt. Auch die Angehörigen freier Berufe (zB Ärzte, Rechtsanwälte, Steuerberater und Handwerker) fallen unter den Begriff des Unternehmers. Maßgebend für den Unternehmerbegriff ist die **Entgeltlichkeit** der angebotenen Leistungen, nicht dagegen die – allerdings zumeist vorhandene – Absicht der Gewinnerzielung.[17] Daher fallen auch die gesetzlichen Vermögensverwalter (zB im Insolvenz- oder Zwangsverwaltungsverfahren) unter den Unternehmerbegriff. Ob Rechtshandlungen als unternehmerische Betätigung einzuordnen sind, beurteilt sich nicht allein danach, ob bereits ein eingerichtetes Unternehmen besteht. Auch **vorbereitende Handlungen,** welche die unternehmerische Tätigkeit erst ermöglichen sollen, fallen unter den Regelungsbereich von § 14 BGB.[18] Daher stellt sich auch der Abschluss eines Mietvertrags über Räume, die sodann einer gewerblichen Nutzung zugeführt werden sollen, als Gewerberaummietvertrag dar.

III. Die zentralen gesetzlichen Vorschriften

5 Die Gewerberaummiete ist gesetzlich nicht im Zusammenhang geregelt. Die wesentliche Verweisungsvorschrift findet sich in § 578 BGB. Die Vorschrift des § 578 Abs. 1 BGB regelt die Geltung einiger mietrechtlicher Vorschriften, wenn ein **Grundstück** vermietet wird. Die zentrale Verweisungsvorschrift für die Gewerberaummiete findet sich § 578 Abs. 2 BGB zu Mietverhältnissen über **Räume, die keine Wohnräume sind.** Danach gelten neben den Bestimmungen, die auch bei der Grundstücksmiete Anwendung finden, die aufgeführten Vorschriften entsprechend. Dabei findet § 569 Abs. 1 BGB entsprechende Anwendung, wenn Räume vermietet werden, die zum Aufenthalt von Menschen bestimmt sind.

6 In den Bestimmungen, die in § 578 BGB ausdrücklich benannt sind, erschöpft sich der Katalog der anwendbaren Vorschriften jedoch nicht, denn die Vorschrift regelt lediglich die entsprechende Geltung einiger Bestimmungen, die an sich nur die Wohnraummiete betreffen (§§ 549 ff. BGB). Die mietrechtlichen Vorschriften, die ohnehin für alle Mietverträge gelten (§§ 535 ff. BGB), finden auch auf die Gewerberaummiete Anwendung. Dies gilt über § 581 Abs. 2 BGB auch für die Pacht.

7 Vielfältige weitere Gesetze überlagern das Recht der Gewerberaummiete und Pacht aufgrund der unternehmerischen Betätigung des Mieters/Pächters. Daher kann bei der Vertragsgestaltung und -prüfung nicht allein auf die mietrechtlichen Gegebenheiten abgestellt werden, denn die Verfolgung des einvernehmlich gewollten Vertragszwecks kann vielfältigen Reglementierungen unterstehen.

8 In nahezu allen Bereichen gewerblicher Betätigung sind Vorschriften aus der **Gewerbeordnung,** aus speziellen Rechtsvorschriften für einzelne Gewerbezweige (zB dem

[17] OLG Karlsruhe NJW 1984, 373; OLG Braunschweig WuM 1984, 237; Soergel/Pfeiffer BGB § 14 Rn. 13; Faber ZEuP 1998, 854; Grüneberg/Ellenberger BGB § 14 Rn. 2.

[18] Vgl. Grüneberg/Ellenberger BGB § 14 Rn. 4; dazu auch → Rn. 11.

Apothekenbetriebsordnung, der **WarenhausVO** oder dem **Gaststättengesetz)**[19] sowie aus **berufs- und standesrechtlichen Vorschriften** (zB für Rechtsanwälte, Notare, Ärzte, Steuerberater, Apotheker usw) zu beachten, die zT auch die Fragen der beruflichen Zulassung und der örtlichen Niederlassung tangieren können.

Hinzu kommen bundes-, landes- und gemeinderechtliche **Gesetze, Satzungen und Verordnungen,** die mittelbaren oder unmittelbaren Einfluss auf die Gewerbeausübung des Mieters/Pächters und damit auf die mietvertraglichen Grundlagen haben können. Dazu gehören insbesondere **nachbarrechtliche und immisionsschutzrechtliche Bestimmungen.** 9

Auf den gewerblichen Mietgebrauch und die Ausgestaltung der mietvertraglichen Vereinbarungen können auch die öffentlich-rechtlichen Bestimmungen zur **Regulierung des Wettbewerbs** (vgl. die Vorschriften zum UWG und GWB) maßgeblichen Einfluss haben. **Kartellrechtliche Bestimmungen** können dabei für die Vertragsparteien unmittelbare vertragsrechtliche Bindungswirkung entfalten.[20] Weitere **Vorgaben** für die gewerbliche Betätigung des Mieters und damit für seinen Entschluss, in anzumietenden Räumlichkeiten einem Gewerbe nachzugehen, können sich aus **lizenz- und patentrechtlichen Schranken** und aus **markenrechtlichen** Bestimmungen (vgl. etwa das Gesetz zum Schutz von Marken und sonstigen Kennzeichen = MarkenG) ergeben. 10

(Ordnungs-)**behördliche Genehmigungen (Konzessionen) und Auflagen** sind namentlich im Zusammenhang mit der **baulichen Ausgestaltung** der Mieträume und ihrer gewerblichen Nutzung zu beachten. Die vielfältig denkbaren Bestimmungen entziehen sich im hier vorgegebenen mietrechtlichen Rahmen einer eingehenden Behandlung. Ihre Beachtung ist jedoch unumgänglich, denn hieraus können sich **Nutzungsbeschränkungen** ergeben, die für beide Vertragsparteien risikoträchtig sein können.[21] 11

Eine ganz wesentliche **zivilrechtliche Weichenstellung** ergibt sich aus dem **persönlichen Anwendungsbereich der Vorschriften über Allgemeine Geschäftsbedingungen** (§§ 305 ff. BGB).[22] Nach § 310 Abs. 1 BGB finden die §§ 305 Abs. 2 und 3, 308, 309 BGB unter anderem dann keine Anwendung, wenn AGB gegenüber einem Unternehmer[23] verwendet werden. Formularmäßige Vertragsklauseln sind auch bei Altverträgen nicht am Maßstab des früheren § 9 AGBG, sondern anhand von § 307 BGB zu überprüfen. Gemäß Art. 229 § 5 EGBGB sind auf Dauerschuldverhältnisse, die vor dem 1.1.2002 entstanden sind, nicht mehr das BGB und das AGBG in der bis zu diesem Tag geltenden Fassung, sondern vom 1.1.2003 an nur das BGB in der dann geltenden Fassung anzuwenden.[24] Die Frage, ob auch derjenige Vertragspartner (Mieter) bereits Unternehmer iSv §§ 14, 310 Abs. 1 BGB ist, der mit dem Vertragsschluss erst die Voraussetzung für die gewerbliche Betätigung schafft und die zum Gewerbe gehörenden Geschäfte erst mit oder nach Abschluss des Mietvertrags aufnimmt, dürfte nach wie vor nach den Grundsätzen zu beurteilen sein, die nach altem Recht zur Erlangung der Kaufmannseigenschaft entwickelt worden sind. Danach kann auf den Rechtsgedanken aus § 344 HGB zurückgegriffen werden, wonach Geschäfte im Zweifel dem Gewerbe zuzuordnen sind, dem sie dienen.[25] Da auch vorbereitende Geschäfte grundsätzlich gewerbebezogen sind,[26] ist der Rechtsauffassung zu folgen, wonach schon der Ab- 12

[19] Zu den Konzessionsvoraussetzungen beim Betrieb von Gaststätten etwa → § 56 Rn. 117 ff.

[20] Zu kartellrechtlichen Beschränkungen der Vertragsparteien → § 56 Rn. 116 ff.; zur unbilligen Behinderung bei der Neuvermietung von Räumen für Schilderprägebetriebe in der Kfz-Zulassungsstelle vgl. BGH NZM 2008, 208.

[21] → Rn. 135 ff.

[22] Vgl. Leukaitis/Löwisch ZIP 2009, 441.

[23] Dazu → Rn. 35.

[24] BGH NJW-RR 2010, 739; 2008, 251.

[25] Die Anwendung der §§ 343, 344 HGB bei der Prüfung, ob ein Unternehmergeschäft iSd § 14 BGB vorliegt, entspricht der ganz einhelligen Auffassung von Rspr. und Literatur, vgl. etwa die Nachweise bei BGH zfs 2012, 265.

[26] Vgl. im Einzelnen Hopt/Leyens HGB § 343 Rn. 3; Grüneberg/Ellenberger BGB § 14 Rn. 4.

schluss des Gewerberaummietvertrags, der eine gewerbliche Tätigkeit erst ermöglichen soll, zur Ausübung des Gewerbes gehört.[27]

13 Wenn AGB gegenüber einem Unternehmer verwendet werden, wird die **Inhaltskontrolle** durch § 310 Abs. 1 S. 2 BGB vorgegeben. Nach dieser Vorschrift findet § 307 Abs. 1 und 2 BGB auch dann Anwendung, wenn dies unter Berücksichtigung der Handelsgewohnheiten und -gebräuche zur Unwirksamkeit der in §§ 308, 309 BGB genannten Vertragsbestimmungen führt. Die Klauselverbote aus §§ 308, 309 BGB gelten also nicht unmittelbar; die Inhaltskontrolle erfolgt über § 307 BGB. Ein Verstoß gegen die Klauselverbote in § 309 BGB indiziert im Zweifel auch im unternehmerischen Bereich die Unwirksamkeit der entsprechenden Klausel. **Die Rechtsprechung ist zu einer weitgehenden Gleichbehandlung von AGB in Verbraucherverträgen und Verträgen zwischen Unternehmen gelangt.**[28] Eine dem unternehmerischen Rechts- und Wirtschaftsbereich gerecht werdende Auslegung der §§ 305 ff. BGB, die den persönlichen Anwendungsbereich iSv § 310 Abs. 1 BGB (auch im Hinblick auf internationale Geschäftsusancen) praxisnah ausfüllt, ist auch nach diesseitiger Auffassung ferner denn je. Es finden sich seit geraumer Zeit kritische Stimmen, die eine grundlegende Revision des gesamten AGB-Rechts einfordern, weil die auf der Grundlage des geltenden Rechts gefundenen Rechtspositionen sich als starr und unflexibel erwiesen hätten.[29] Derzeit verbleibt es bei der Vermutung, dass unter § 307 BGB fallende Klauseln im Zweifel auch bei Verwendung gegenüber Unternehmern zu einer unangemessenen Benachteiligung führen.[30] **Maßgeblicher Beurteilungszeitpunkt** ist derjenige des **Vertragsschlusses** bzw. der Einbeziehung der Klausel in den Vertrag.[31]

IV. Öffentlich-rechtliche und andere Nutzungsbeschränkungen

14 Öffentlich-rechtliche Gebrauchshindernisse können den Mietgebrauch beeinträchtigen oder gänzlich hindern. Solche Gebrauchshindernisse stellen den Bestand und die wirtschaftlich tragfähige Abwicklung eines Mietverhältnisses von vorneherein in Frage und sollten vor Vertragsschluss jedenfalls geklärt sein.

15 Öffentlich-rechtliche Gebrauchshindernisse und Gebrauchsbeschränkungen, die dem vertragsgemäßen Gebrauch eines Mietobjekts entgegenstehen, begründen nach der Rechtsprechung des Bundesgerichtshofs dann einen **Sachmangel** im Sinne der §§ 536 ff. BGB, wenn sie auf der konkreten Beschaffenheit der Miet- oder Pachtsache beruhen und nicht in persönlichen oder betrieblichen Umständen des Mieters/Pächters ihre Ursache haben.[32] Ergeben sich aufgrund von gesetzgeberischen Maßnahmen **während eines laufenden Mietverhältnisses** Beeinträchtigungen im vertragsmäßigen Gebrauchs eines gewerblichen Objekts, kann dies nachträglich einen Mangel iSv §§ 581 Abs. 2, 536 Abs. 1 S. 1 BGB begründen. Voraussetzung hierfür ist jedoch wiederum, dass die durch die gesetzgeberische Maßnahme bewirkte Gebrauchsbeschränkung unmittelbar mit der konkreten Beschaffenheit, dem Zustand oder der Lage des Mietobjekts in Zusammenhang steht. Andere gesetzgeberische Maßnahmen, die den geschäftlichen Erfolg beeinträchtigen, fallen dagegen in den Risikobereich des Mieters. Der Mieter von Gewerberäumen ist gemäß §§ 581 Abs. 2, 535 Abs. 1 S. 2 BGB lediglich verpflichtet, den Mietgegenstand während der Vertragslaufzeit in einem Zustand zu erhalten, der dem Mieter

[27] OLG Oldenburg NJW-RR 1989, 1081.

[28] Vgl. etwa zum Komplex der Reparaturklauseln: BGH ZMR 2005, 527; NJW 2008, 3772.

[29] Zum Meinungsstand vgl. etwa die Darstellungen und die Nachweise bei Frankenberger AnwBl 2012, 318; Hannemann AnwBl 2012, 314; Koch BB 2010, 1810; Lenkaitis/Löwisch ZIP 2009, 441; Kessel AnwBl 2012, 293; Kieninger AnwBl 2012, 301; Schmidt-Kessel AnwBl 2012, 308; Schwenzer/Lübbert AnwBl 2012, 292; v. Westphalen BB 2011, 195; v. Westphalen NJW 2009, 2977.

[30] BGH MDR 2008, 16; BGHZ 90, 273 (278); Niebling MDR 2017, 684; Niebling MDR 2011, 1399; Schmidt NJW 2011, 3329; Schäfer BB 2012, 1231.

[31] BGH NJW 2022, 1314.

[32] StRspr vgl. BGH NZM 2017, 73; 2011, 727; NJW 2009, 124; ZMR 2008, 274; 1994, 253; NJW 1992, 3226; KG GE 2016, 1504; OLG Celle OLGR 1999, 283; OLG München OLGR 1995, 205.

die vertraglich vorgesehene Nutzung ermöglicht. **Das Verwendungsrisiko trägt bei der Gewerberaummiete dagegen grundsätzlich der Mieter.**[33] Dazu gehört vor allem das Risiko, mit dem Mietobjekt Gewinne erzielen zu können. Erfüllt sich die Gewinnerwartung des Mieters aufgrund eines nachträglich eintretenden Umstandes nicht, so verwirklicht sich damit ein typisches Risiko des gewerblichen Mieters. Das gilt auch in Fällen, in denen es durch nachträgliche gesetzgeberische oder behördliche Maßnahmen zu einer Beeinträchtigung des Gewerbebetriebs kommt.[34]

Die **COVID-19-Pandemie** hat die Frage nach öffentlich-rechtlichen Nutzungsbeschränkungen und deren Auswirkungen auf das Gewerberaummietrecht in den Fokus gerückt. Der BGH hat in einem Grundsatzurteil entschieden, dass pandemiebedingte Nutzungsbeschränkungen grundsätzlich **keinen Mangel der Mietsache iSv § 536 Abs. 1 S. 1 BGB** darstellen.[35] Begründet wurde dies damit, dass die Einschränkungen nicht auf der konkreten Beschaffenheit, dem Zustand oder der Lage der Mietsache beruhen, sondern an den Geschäftsbetrieb des Mieters anknüpfen. Im Fall einer Geschäftsschließung, die auf einer hoheitlichen Maßnahme zur Bekämpfung der COVID-19-Pandemie beruht, kommt jedoch ein Anspruch des Mieters von gewerblich genutzten Räumen auf Anpassung der Miete wegen Störung der Geschäftsgrundlage gemäß § 313 Abs. 1 BGB in Betracht.[36] Diese Rechtsauffassung wurde in mehreren Folgeentscheidungen[37] bestätigt, auch für den Bereich der Vermietung von Veranstaltungsräumen.[38] 16

Fehlt eine erforderliche behördliche Genehmigung zur vertraglich vorgesehenen Nutzung des Mietobjekts, so liegt ein Sachmangel (ein die Gebrauchsfähigkeit der Mietsache beeinträchtigender Umstand iSv § 542 BGB) aber noch nicht vor, wenn die Behörde die tatsächliche Nutzung unbeanstandet lässt.[39] Öffentlich-rechtliche Beschränkungen müssen sich also faktisch auswirken und nicht nur rechtlich auf das Mietverhältnis ausstrahlen. Die zuständige Behörde muss daher die Nutzung des Mietobjektes in der erforderlichen Form untersagt haben oder es muss ein behördliches Einschreiten sicher zu erwarten sein. Allerdings kann ein Sachmangel im Einzelfall auch darin gesehen werden, dass eine lang während Unsicherheit über die Zulässigkeit der behördlichen Nutzungsuntersagung die begründete Besorgnis bewirkt, das Grundstück nicht zum vertragsgemäßen Gebrauch nutzen zu können.[40] Zur Kündigung ohne vorheriges Abhilfeverlangen gegenüber dem Vermieter kann der Mieter daher berechtigt sein, wenn ihm durch eine Ordnungsverfügung – ggf. mit Zwangsmittelandrohung – die bisherige Nutzung untersagt wird.[41] Das Risiko von Nutzungsbeschränkungen, welche die Mietsache als solche betreffen, trägt der Vermieter grundsätzlich auch dann, wenn eine Klausel bestimmt, dass der Mieter auf seine Kosten sämtliche Genehmigungen für seinen Betrieb einzuholen hat.[42] 17

Eine modifizierte Betrachtung ist nach der Rechtsprechung geboten, wenn es aufgrund von Interventionen Dritter (zB Nachbarn) zum behördlichen Einschreiten und deshalb zu Verzögerungen bei der Fertigstellung eines Bauvorhabens und infolge dessen auch bei der Gebrauchsüberlassung kommt. Der BGH[43] ist davon ausgegangen, dass die Ursache für einen Sachmangel idR in dem bei Errichtung oder Benutzung der Sache aufgetrete- 18

[33] BGH NZM 2016, 98; NJW 2006, 899; NJW-RR 2004, 1236; 2000, 1535; NJW 2000, 1714.
[34] BGH NZM 2011, 727.
[35] BGH NJW 2022, 1370.
[36] BGH NJW 2022, 1370.
[37] BGH 23.11.2022 – XII ZR 96/21, BeckRS 2022, 36913 (Friseursalon); BGH NZM 2022, 802 (Bäckerei-Filiale); BGH NZM 2022, 292.
[38] BGH NZM 2022, 329 (Hochzeitsfeier).
[39] BGH NZM 2014, 165; NJW 2017, 1104; OLG Dresden ZMR 2017, 880; OLG Düsseldorf DWW 2005, 235; 2006, 240; OLGR 2006, 716; OLG Düsseldorf 28.10.2010 – 24 U 28/10, BeckRS 2011, 07147; NZM 2010, 820; Günter NZM 2016, 569.
[40] BGH NZM 2014, 165; NJW 2017, 1104; OLG Dresden ZMR 2017, 880; OLG Düsseldorf MDR 2012, 705.
[41] BGH NZM 2017, 73.
[42] OLG München OLGR 1995, 205; Burbulla GewerberaumMietR Kap. I. Rn. 64 ff.
[43] BGH MDR 1992, 1148; 1971, 294.

nen Verstoß gegen maßgebliche gesetzliche Vorschriften liegt, der das behördliche Verfahren ausgelöst hat, und nicht in der Tatsache des behördlichen Verfahrens als solchem. Deshalb soll im Allgemeinen nur ein **rechtswirksames behördliches Verbot,** etwa ein als Baugrundstück vermietetes Grundstück zu bebauen, den Begriff des Fehlers nach § 537 BGB erfüllen, sofern die behördliche Gebrauchsbeschränkung auf der Lage oder Beschaffenheit des Grundstücks beruht. Nicht ausreichend ist dagegen, dass ein Nachbarwiderspruch nur zu einer Verzögerung bei der Fertigstellung eines Gewerbeobjekts führt, ohne dass die Tauglichkeit der nach Rücknahme des Widerspruchs fertiggestellten Räume für den Betrieb eines Verbrauchermarkts dauerhaft beeinträchtigt wurde. Bemerkenswert und kritikwürdig an dieser Rechtsprechung ist der Umstand, dass der BGH einen temporär bestehenden Sachmangel für rechtlich irrelevant hält, obwohl dies nahezu den Regelfall von Gebrauchsfehlern darstellt. Wenn öffentlich-rechtliche Gebrauchshindernisse nicht beseitigt werden können, ist dem Vermieter die **Gebrauchsgewährung gemäß § 275 Abs. 1 BGB unmöglich.**[44]

19 Soweit der BGH einen möglichen Sachmangel auch darin gesehen hat, dass eine bestehende Unsicherheit über die Wirksamkeit einer behördlichen Verfügung die begründete Besorgnis der mangelnden Nutzbarkeit des Grundstücks zu dem vertragsgemäßen Gebrauch bewirkt,[45] soll eine durch ein bloßes Widerspruchsverfahren begründete Ungewissheit noch nicht die Annahme einer endgültigen Gebrauchsbeschränkung rechtfertigen und deshalb auch nicht als Sachmangel beurteilt werden.[46] In diesem Rahmen dürfte sich eine generalisierende Betrachtung eher verbieten, denn es kommt wesentlich auf die begleitenden Umstände an, wie stark der Grad der Unsicherheit ist.

20 Ebenfalls klärungsbedürftig sind **Nutzungsbeschränkungen im Rahmen von Teileigentum.** Die Rechtsprechung zu den Kriterien für die Ermittlung der zulässigen Nutzung ist uneinheitlich, soweit es dabei um die Bedeutung des **Aufteilungsplans** geht. Im Ansatz herrscht Einigkeit darüber, dass durch Auslegung nach objektiven Gesichtspunkten zu ermitteln ist, ob die **Teilungserklärung** Nutzungsbeschränkungen enthält. Auf die Vorstellungen des teilenden Eigentümers kommt es dabei nicht an, sondern vielmehr auf den Wortlaut und Sinn der Eintragung, wie er sich objektiv für einen unbefangenen Betrachter darstellt, denn das Grundbuch soll bestimmte und eindeutige Rechtsverhältnisse schaffen und erhalten.[47] Bezeichnungen im Aufteilungsplan sollen aber nach der Rechtsprechung des BGH[48] grundsätzlich keine Beschränkung der Nutzungsmöglichkeit enthalten. Aufgabe des Aufteilungsplans sei es, die Aufteilung des Gebäudes sowie die Lage und Größe der im Sondereigentum und der im gemeinschaftlichen Eigentum stehenden Gebäudeteile ersichtlich zu machen, nicht dagegen die Rechte der Wohnungs- und Teileigentümer über die Bestimmung der Grenzen des jeweiligen Eigentums hinaus zu erweitern oder zu beschränken. Wenn der Aufteilungsplan ausnahmsweise auch die Nutzung verbindlich regeln solle, müsse dies eindeutig aus einer Bezugnahme in der Teilungserklärung oder der Gemeinschaftsordnung hervorgehen. Es liege neben der Sache, eine Nutzungsbeschränkung allein auf die rechtliche Verbindlichkeit des Aufteilungsplans zu stützen. Zwar sei der Aufteilungsplan rechtlich verbindlich, jedoch nur im Rahmen seiner sachenrechtlichen Abgrenzungsfunktion. Er regele grundsätzlich nur die räumliche Abgrenzung und nicht die Nutzung der Räumlichkeiten. Die Bezeichnung einer Teileigentumseinheit im Aufteilungsplan als „Laden" stehe daher einer Nutzung des Teileigentums als Speisegaststätte nicht entgegen.[49] Diese Rechtsprechung hat der BGH in gewisser Hinsicht modifiziert, indem er angenommen

---

[44] Zum Fehlen erforderlicher Stellplatznachweise vgl. OLG Hamm 27.4.2012 – 1 WF 199/12, BeckRS 2012, 10998; zum Rücktritt des Mieters vom Mietvertrag wegen nicht behindertengerechter Herrichtung der Mieträume für eine Physiotherapiepraxis vgl. OLG Brandenburg IMR 2012, 412.

[45] BGH MDR 1971, 294; vgl. dazu auch → Rn. 17.

[46] BGH MDR 1992, 1148.

[47] Vgl. die Nachweise bei: BGH NZM 2013, 15; NJW-RR 2010, 667; vgl. Herberger/Martinek/Rüßmann ua jurisPK-BGB/Lafontaine WEG § 13 Rn. 54 ff.

[48] BGH NZM 2013, 15; NJW-RR 2010, 667.

[49] BGH NZM 2013, 15 mwN; vgl. dagegen AG Tempelhof-Kreuzberg ZMR 2018, 716.

hat, dass die Teilungserklärung herangezogen werden darf, wenn sie nach den besonderen Verhältnissen des Einzelfalles für jedermann ohne weiteres erkennbar ist. Angaben im Aufteilungsplan komme jedoch allenfalls nachrangige Bedeutung zu.[50] Demgegenüber ist der Teilungserklärung und dem damit in Bezug genommenen Aufteilungsplan wiederholt eine größere Verbindlichkeit beigemessen worden. So ist auf den Wortlaut und Sinn der Eintragung sowie der darin in zulässiger Weise in Bezug genommenen Eintragungsbewilligung samt Anlagen – dh auch auf den Aufteilungsplan – abgestellt worden, um die Bedeutung der Eintragung zu ermitteln.[51] Eine so weitreichende Bedeutung wird dem Aufteilungsplan im Zweifel nicht mehr beizumessen sein, wenn die hierin enthaltenen Angaben nicht anderweitig als verbindlich vereinbart werden. Im Einzelnen herrscht eine recht unübersichtliche Kasuistik zu der Frage, welche Nutzungsbeschränkungen sich aus der Teilungserklärung ergeben können.

V. Abgrenzung zwischen einzelnen Vertragstypen

Durch Miet- und Pachtverträge können Gebrauchs- und Nutzungsrechte begründet werden, die **Überschneidungen mit anderen Vertragstypen** aufweisen. 21

1. Mischmietvertrag

Überschneidungen können innerhalb der mietrechtlichen Regelungskomplexe (Wohnraummiete/Gewerberaummiete/Pacht) auftreten. Ein Mischmietvertrag regelt die Gebrauchsüberlassung von Räumen, die keinem einheitlichen Gebrauchszweck dienen, sondern vertragsgemäß **teilweise zu Wohnzwecken und teilweise zu gewerblichen Zwecken** genutzt werden. Der Mischmietvertrag ist insgesamt als Mietvertrag ausgestaltet, weshalb er zu unterscheiden ist von anderen Mischverträgen, bei denen eine Kombination zwischen Mietvertrag und anderen schuldrechtlichen Vertragstypen vorliegt.[52] Unter den Mischmietvertrag fallen die Vermietung/Verpachtung eines Gewerbeobjekts (zB Gaststätte, Hotel) mit zugehöriger Wohnung (Wirtewohnung)[53] und die Überlassung anderer Räume zu Wohnzwecken, die zugleich der Ausübung (klein-) gewerblicher Betätigung dienen (zB Änderungsschneiderei, Kosmetikstudio, kleinere therapeutische Behandlungen unterschiedlicher Art[54]). Hierzu gehören weiter Verträge, mit denen einem Freiberufler gestattet wird, sich in angemieteten Wohnräumen auch gewerblich zu betätigen (sog. Wohnzimmeranwalt/-architekt). Während sich die Überlassung von Gaststättenräumen nebst Wirtewohnung durch die räumliche und funktionale Unterscheidbarkeit von Wohn- und Gaststättenräumen auszeichnet, fehlt es bei den letztgenannten Beispielen oft an einer solchen im Mietobjekt angelegten Abgrenzungsmöglichkeit. 22

a) Einheitliches Vertragsverhältnis. Ein Mischmietverhältnis ist begrifflich nur dann gegeben, wenn verschiedene Nutzungsarten in einem einheitlichen – nicht notwendig in einer Urkunde niedergelegten – Vertragsverhältnis verabredet werden.[55] Ein Mischvertrag steht deshalb in Frage, wenn sukzessive Abreden zur Begründung rechtlich selbst- 23

---

50 BGH NZM 2017, 677.

51 OLG Schleswig ZMR 2008, 990; BayObLG DNotZ 2000, 205; Vereinbarungscharakter hat dem Aufteilungsplan beigemessen: OLG Zweibrücken MDR 2006, 682; zur gemeinsamen Auslegung von Teilungserklärung und Aufteilungsplan, auf den die Teilungserklärung verweist, als dem verbindlichen Inhalt des Grundbuchs vgl. OLG Düsseldorf NZM 2000, 1008; KG NZM 2000, 384; zum Aufteilungsplan als – allerdings nicht vorrangige – Konkretisierung der Teilungserklärung vgl. OLG Stuttgart ZMR 1990, 190.

52 Dazu → Rn. 40 ff.

53 Dazu näher → § 56 Rn. 140 ff.

54 Zur Hypnosepraxis in einer Wohnung vgl. KG GE 2013, 1202; vgl. ferner Grützmacher ZMR 2014, 953.

55 OLG Brandenburg 18.2.2020 – 3 U 65/19, BeckRS 2020, 5440; RE BayObLG WuM 1991, 78; LG Mannheim WuM 1980, 134.

ständiger Verträge über abgrenzbare Gegenstände der Gebrauchsüberlassung zu Wohn- und Gewerbezwecken getroffen wurden (zB durch gesonderte, zeitlich gestaffelte Anmietung separater Wohn- und Geschäftsräume im selben Objekt). Die Einheitlichkeit des Vertragsverhältnisses erfordert generell die Festlegung, welchen rechtlichen Vorgaben es zu folgen hat, dh ob Geschäftsraum- oder Wohnraummietrecht gilt.[56]

24 **b) Übergewichtstheorie.** Nach der Übergewichtstheorie kommt es für die Frage, ob ein Vertrag als Wohnraummietverhältnis oder als gewerbliches Vertragsverhältnis einzuordnen ist, maßgeblich darauf an, welcher Gebrauchs- und Vertragszweck überwiegt.[57] Eine getrennte rechtliche Behandlung der unterschiedlichen Funktions- und Nutzungsbereiche (Wohnen einerseits und Gewerbeausübung andererseits) kommt grundsätzlich nicht in Betracht. Nur dann, wenn lediglich formal ein einheitlicher Vertrag vorliegt, bei dem die Zusammenfassung nur aus technischen Gründen oder ohne besondere Absicht (zufällig) erfolgte und wenn das Mietobjekt wirtschaftlich teilbar ist, können die jeweils einschlägigen Rechtsvorschriften gesonderte Geltung für die betreffenden Vertragsteile finden.[58] Teilweise wird darauf abgestellt, ob die verschiedenen Teile des Mietobjekts wirtschaftlich trennbar sind und dadurch die Möglichkeit einer Teilkündigung besteht.[59] Dann soll eine getrennte Beurteilung des Mischraummietverhältnisses stattfinden, die ggf. auch eine Teilkündigung zulässt. Die Trennbarkeit vermieteter Sachen ist aber ein fragwürdiges Abgrenzungskriterium, weil die Parteien beim Mischvertrag einen einheitlichen Vertrag geschlossen haben, dessen Zusammenhang nicht dadurch beseitigt werden kann, dass einzelne funktionale und räumliche Aspekte nachträglich zum Gegenstand selbstständiger rechtlicher Regelungszusammenhänge gemacht werden.[60] Die Rechtsprechung geht denn auch davon aus, dass eine Trennbarkeit jedenfalls dann nicht vorliegt, wenn die unterschiedlichen Mieträume (zB Wohnung und Garage) sich auf demselben Grundstück befinden.[61] Da aber auch die Grundstücksidentität eher Zufälligkeiten unterliegt, wird diesseits befürwortet, einzelne Bestandteile eines einheitlichen Vertrags nicht von den übrigen Vereinbarungen loszulösen und rechtlich unterschiedlich zu behandeln. Mit Ausnahme der praktisch seltenen Fälle, in denen unterschiedliche Gebrauchsüberlassungen nur zufällig in einen einheitlichen Vertrag gekleidet sind, wird es im Regelfall weder möglich noch sachdienlich sein, das Vertragswerk aufzuspalten. Aus der Einheitlichkeit des Vertrags folgt dann weiter, dass **Teilkündigungen** in Bezug auf bestimmte Nutzungsbereiche nicht zulässig sind.[62]

25 Maßgeblich für die Bestimmung des Vertragstyps und des hierauf anzuwendenden Rechts ist das Schwergewicht des Vertrages, das sich aus dem **hauptsächlichen Vertragszweck** ergibt.[63] Die formelle Aufteilung eines einheitlichen Rechtsgeschäfts in mehrere Vertragsformulare besagt dazu grds. nichts.[64] Entscheidend ist die Frage, ob die Vereinbarungen nach dem Willen der Parteien auf einen bestimmten einheitlichen Vertragszweck gerichtet sind. Selbst wenn nur ein Vertragspartner einen derartigen Willen zeigt und der andere ihn anerkennt oder zumindest hinnimmt, kann ein einheitliches Vertragswerk vorliegen.[65]

[56] BGH NJW 2014, 2864.
[57] BGH NZM 2021, 218; BGHZ 202, 39 = NZM 2014, 626; BGH NJW 2008, 3361; NJW-RR 1986, 877; NJW 1977, 1394; OLG Saarbrücken MDR 2012, 1335; OLG Düsseldorf MDR 2012, 20; OLG Frankfurt a. M. ZMR 2011, 119; OLG Stuttgart NZM 2008, 726; KG ZMR 2010, 956; Grützmacher ZMR 2014, 953.
[58] OLG Düsseldorf ZMR 2006, 685; LG Mannheim MDR 1968, 328; ZMR 1974, 48.
[59] LG Duisburg NJW-RR 1986, 1211; Grüneberg/Weidenkaff BGB Einf. Vor § 535 Rn. 102; Soergel/Kummer BGB Vor § 535 Rn. 300 f.
[60] So auch OLG Schleswig NJW 1983, 49.
[61] BayObLG NJW-RR 1991, 651 mwN.
[62] OLG Karlsruhe NJW 1983, 1499.
[63] BGHZ 202, 39 = NZM 2014, 626; IMRRS 2021, 0883; IMRRS 2021, 1077.
[64] BGHZ 67, 389 (394).
[65] BGHZ 101, 393.

Bei einem Mischvertrag, der sich nach der Übergewichtstheorie als gewerblicher Vertrag darstellt, sind die für die Wohnraummiete geltenden Miethöhebestimmungen nach §§ 557 ff. BGB nicht maßgeblich, und zwar auch nicht teilweise, soweit es etwa die Mieter- bzw. Pächterwohnung bzw. die hierauf entfallende Nutzfläche angeht.[66] Die Vertragsparteien unterliegen weder in Bezug auf die anfängliche Miet-/Pachthöhe noch in Bezug auf die Vereinbarungen zur Erhöhung oder Anpassung des Entgelts während der Vertragszeit den einschlägigen Vorschriften zur Wohnraummiete. Auch bei einer etwaigen Mietminderung ist darauf abzustellen, welche Mietreduzierung sich unter Zugrundelegung einer einheitlich gewerberaummietrechtlichen Betrachtungsweise ergibt, dh welche Minderung des gewerblichen Gesamtmietzinses aus dem Wegfall der Wohnräume folgt.[67] Dies ist nach orts- und marktüblichen Kriterien zu bestimmen, die zu dem jeweiligen Gewerbeobjekt passen.[68] Es besteht auch grundsätzlich keine Notwendigkeit für vertragliche Regelungen, die zwischen den unterschiedlichen Nutzungsflächen differenzieren. Auch die Kriterien, nach denen sich die eventuelle Sittenwidrigkeit der Miet-/Pachthöhe bestimmt, sind nach den für gewerbliche Objekte geltenden Grundsätzen zu bestimmen.[69] 26

Die Geltung des einheitlich zu bestimmenden Rechts hindert allerdings nicht schlechthin die **entsprechende Anwendung von Gesetzen** und sonstigen Regeln, die sich aus dem im Einzelfall nicht unmittelbar einschlägigen Rechtsbereich ergeben. So erscheint es auch im Rahmen eines nach Geschäftsraummietrecht zu behandelnden Vertrags als angängig, bestimmte Nutzungsaspekte, welche zB den Gebrauch zu Wohnzwecken – etwa im Zusammenhang mit Fragen vertragswidrigen Gebrauchs oder der Aufnahme von Familienangehörigen (einschließlich der Problematik einer Überbelegung) – betreffen, unter entsprechender Berücksichtigung derjenigen Kriterien zu beurteilen, welche im Wohnraummietrecht gelten. 27

c) **Bestimmung des für die rechtliche Einordnung maßgeblichen Nutzungszwecks.** Welche Gesichtspunkte für die Feststellung der überwiegenden und den Vertrag prägenden Nutzungsart maßgeblich sind, wird im Schrifttum und in der Rechtsprechung unterschiedlich behandelt. Zum Teil wird ausschließlich auf objektive Kriterien abgestellt, dh auf die Mietzins- und Flächenanteile, die auf Wohnraum und Geschäftsraum entfallen.[70] Überwiegend wird der sich aus dem Vertragszweck ergebende Parteiwillen als ausschlaggebend angesehen. Miet- und Flächenanteile sind danach nur Gesichtspunkte, die für die Ermittlung des Parteiwillens von Bedeutung sein können.[71] Ein dem wahren Vertragswillen entgegenstehender, im Vertrag vorgetäuschter Zweck ist unbeachtlich.[72] 28

Die **Gestaltungswirkung des wahren Parteiwillens** bewirkt auch, dass die Vertragsparteien in der Wahl des zugrunde zu legenden Rechts nicht frei sind. Als unbedenklich wird teilweise die Vereinbarung von Wohnraummietrecht angesehen, weil es – soweit auch eine Wohnraumnutzung erfolgt – den am weitesten reichenden Rechtsschutz für den Mieter/Pächter garantiere.[73] Diese Meinung dürfte jedoch außer Betracht lassen, dass die wohnraummietrechtlichen Bestimmungen auf ein gewerblich genutztes Objekt 29

[66] BGHZ 202, 39 = NZM 2014, 626; BGH MDR 1986, 842; NJW 1977, 1394; MDR 1979, 395; OLG Hamm ZMR 1986, 11; OLG München ZMR 1995, 295; OLG Schleswig NJW 1983, 49 mwN.

[67] Vgl. Franke ZMR 1996, 297.

[68] Vgl. Borzutzki-Pasing jurisPR-MietR 7/2010 Anm. 5 zu OLG Brandenburg 13.1.2010 – 3 U 12/09, BeckRS 2010, 3474. Das OLG Brandenburg ist demgegenüber davon ausgegangen, dass sich ein (wegen Gebrauchsvorenthaltung) herauszurechnender Mietminderungsanteil für die Personalwohnung eines gewerblichen Objekts nach der ortsüblichen Vergleichsmiete für Wohnraum bestimmen solle.

[69] Vgl. zur Gaststättenpacht → § 56 Rn. 98 ff.

[70] Vgl. OLG Brandenburg 19.10.2005 – 3 U 158/04, BeckRS 2007, 5063.

[71] Von „Indizien" spricht insoweit: BGHZ 202, 39 = NZM 2014, 626; BGH WM 1986, 274 = ZMR 1986, 278; BGH NJW-RR 1986, 877; OLG Stuttgart ZMR 1986, 52; LG Mannheim ZMR 1914, 48; RGRK-BGB/Gelhaar Vor § 535 Rn. 22; MüKoBGB/Häublein Vor § 535 Rn. 5 ff.

[72] BGHZ 202, 39 = NZM 2014, 626; BGH NJW 2008, 3361; MDR 1986, 842; Mack-Oberth jurisPR-MietR 22/2008 Anm. 6.

[73] BVerfG WuM 1985, 335.

überhaupt nicht passen. Dies zeigt sich etwa an der Erhebung und Bestimmung der ortsüblichen Vergleichsmiete iSv § 558 BGB, der gewerbliche Kriterien grundsätzlich fremd sind. Die bestehenden gesetzlichen Schranken, zum Nachteil von Wohnraummietern abweichende Vereinbarungen zu treffen (vgl. §§ 551 Abs. 4, 553 Abs. 3, 554 Abs. 5, 554a Abs. 3 BGB usw), stehen jedenfalls nicht dergestalt zur Disposition, dass ein in Wahrheit gewolltes Wohnraummietverhältnis formal als gewerblicher Mietvertrag ausgewiesen werden könnte.

30 Die zur **Übergewichtstheorie** geltenden Grundsätze hat der BGH inzwischen einer modifizierten Beurteilung unterzogen. Er hält nicht mehr daran fest, dass das **Bestreiten des Lebensunterhalts** als vorrangiges Kriterium für das Vorliegen eines gewerblichen Nutzungsschwerpunkts heranzuziehen sei. Ein allgemeiner Erfahrungssatz, dass bei einem Mischmietverhältnis die Schaffung der Erwerbsgrundlage Vorrang vor der Wohnnutzung habe, bestehe nicht. Umgekehrt lasse sich auch kein Erfahrungssatz aufstellen, dass die Wohnungsnutzung im Allgemeinen Vorrang vor der Nutzung zu gewerblichen Zwecken habe. Es bedürfe vielmehr einer Einzelfallprüfung unter Berücksichtigung aller vertraglichen Aspekte. Wenn sich dabei ein Überwiegen der gewerblichen Nutzung nicht feststellen lasse, sei im Hinblick auf das Schutzbedürfnis des Mieters von der Geltung der Vorschriften der Wohnraummiete auszugehen.[74] Unter Berücksichtigung der neueren Rechtsprechung des BGH bedürfen frühere Entscheidungen zur Annahme eines Gewerberaummietvertrags (als Mischmietvertrag) einer kritischen Würdigung, weil der Aspekt eines vorrangig gewerblichen Nutzungsschwerpunkts nunmehr durchgreifend in Frage steht.[75]

31 Zur **Ermittlung des Parteiwillens und des überwiegenden Nutzungszwecks** ist beim Fehlen ausdrücklicher Regelungen auf objektive (äußere) Umstände zurückzugreifen, sofern diese tragfähige Anhaltspunkte für den Parteiwillen bilden. Als Indiz kommt etwa die Verwendung eines auf eine der beiden Nutzungsarten (Geschäftsraum- oder Wohnraummiete) zugeschnittenen Vertragsformulars in Betracht.[76] Auch der Aufbau der vertraglichen Regelungen (Wohnraumnutzung oder Gewerberaumnutzung als Zusatz oder Anhang zu den übrigen Vertragsregelungen) kann Indizwirkung entfalten.[77] Indizwirkung kann auch dem Verhältnis der für eine gewerbliche/freiberufliche Nutzung vorgesehenen Flächen und der für Wohnzwecke bestimmten Flächen zukommen, außerdem die ggf. ausgewiesene Verteilung der Gesamtmiete auf einzelne Nutzungsanteile, ferner die baulichen Gegebenheiten (Zuschnitt, Einrichtung) oder das nachträgliche Verhalten der Parteien, soweit es Rückschlüsse auf den übereinstimmenden Willen bei Vertragsschluss zulässt.[78]

32 Aufgrund der **COVID-19-Pandemie** hat die Nutzung von Wohnraum für berufliche Tätigkeiten im **Homeoffice** verstärkt zugenommen. In der Regel ändert diese Nutzung nichts an der Anwendbarkeit des Wohnraummietrechts. Die Ausübung einer beruflichen Tätigkeit, die nach außen nicht in Erscheinung tritt, fällt bereits nach der Verkehrsanschauung unter den Begriff des „Wohnens“ und bedarf keiner zusätzlichen Zustim-

---

[74] Zu Vorstehendem vgl. im Einzelnen BGHZ 202, 39 = NZM 2014, 626, unter Aufgabe von BGH NJW-RR 1986, 877; die Entscheidung des BGH ist zum Gegenstand einer lebhaften Diskussion geworden, vgl. etwa Leo/Assmann NZM 2015, 770; Grützmacher ZMR 2014, 953.

[75] Vgl. etwa OLG Hamm ZMR 1986, 11 – Vermietung/Verpachtung einer Gaststätte mit Wohnung; KG GE 188, 353; OLG Köln ZMR 2001, 963 – Vermietung einer Zahnarztpraxis mit Wohnung; BGH NJW-RR 1986, 877; KG MDR 2001, 24 – Vermietung einer Anwaltspraxis mit Wohnung; zum Gewerberaummietvertrag über Kanzleiräume mit dienstvertraglichen Elementen vgl. LG Hamburg ZMR 2013, 443; AG Berlin-Tiergarten GE 1990, 759 – Vermietung von Räumen zur Hälfte zum Betrieb einer Heilpraktikerpraxis, zur anderen Hälfte zum Wohnen; LG Frankfurt (Oder) GE 2007, 1385 – Vermietung von Räumen für Wohnzwecke und zum Betrieb einer Werkstatt sowie eines Kurierdienstes; OLG Köln 21.6.2005 – 22 U 8/05, BeckRS 2008, 20283 – Vermietung von Räumen zum Betrieb einer Münzhandlung nebst Wohnräumen; OLG Düsseldorf NZM 2002, 739 – Vermietung von Lagerräumen nebst nachträglich hergerichteten Wohnräumen.

[76] BGHZ 202, 39 = NZM 2014, 626 mwN; Voelskow NJW 1983, 911.

[77] BGHZ 202, 39 = NZM 2014, 626 mwN.

[78] BGHZ 202, 39 = NZM 2014, 626 mwN.

mung des Vermieters.[79] Eine teilgewerbliche Nutzung liegt hingegen vor, wenn die geschäftlichen Aktivitäten deutlich nach außen in Erscheinung treten, etwa durch erheblichen Kundenverkehr oder die Verwendung der Wohnanschrift als offizielle Geschäftsadresse.[80]

Checkliste:

Nach der Übergewichtstheorie kommt es für die Frage, ob ein Vertrag als Wohnraummietverhältnis oder als gewerbliches Mietverhältnis einzuordnen ist, maßgeblich darauf an, welcher Gebrauchs- und Vertragszweck nach dem wahren Willen der Vertragsparteien überwiegt. Zur näheren Einordnung eines Mischmietvertrags kann folgender **Fragenkatalog** abgearbeitet werden:

- ☐ Auf welche Nutzungsart zielt der ausdrückliche Vertragsinhalt ab?
- ☐ Lässt sich der einvernehmlich gewollte Vertragszweck auch ohne ausdrückliche vertragliche Festlegung feststellen?
- ☐ Welche objektiven Kriterien sprechen für einen überwiegenden Vertragszweck?
- ☐ Wie ist das Mietverhältnis im Vertrag bezeichnet bzw. beschrieben?
- ☐ Wie sind die Räumlichkeiten bezeichnet?
- ☐ Überwiegt die Fläche der Gewerberäume bzw. der Wohnräume deutlich?
- ☐ Wo liegt der wirtschaftliche Schwerpunkt der Gebrauchsüberlassung?
- ☐ Bilden sämtliche Räumlichkeiten einen einheitlichen Betrieb (vgl. § 585 Abs. 1 BGB)?
- ☐ Wie haben die Parteien den Vertrag praktisch abgewickelt?

d) **Vertragswidriger Gebrauch.** Die Nutzung der Mieträume durch den Mieter muss dem vertraglichen Nutzungszweck entsprechen. Wenn der Mieter eine dem Recht zur Gewerberaummiete unterliegende Wohnung ohne Erlaubnis des Vermieters anderen Personen zu Wohnzwecken überlässt, beinhaltet dies grundsätzlich einen vertragswidrigen Gebrauch iSv § 543 Abs. 2 Nr. 2 BGB, denn eigenmächtige Änderungen des vertraglich festgelegten (gewerblichen) Verwendungszwecks braucht der Vermieter nicht hinzunehmen.[81] Auch sonst ist jede Gebrauchsüberlassung im engeren Sinne, bei der einem Dritten der ganze bzw. ein Teil des Mietbesitzes zum selbständigen (Mit-) Gebrauch eingeräumt wird, vertragswidrig.[82] Der bloße **Mitgebrauch der Miet- oder Pachtsache durch Dritte** beinhaltet aber dann keine Vertragswidrigkeit, wenn er sich im Rahmen des Vertragszwecks bewegt. Innerhalb vertraglicher Zweckbestimmung liegt eine gewerbliche Nutzung, wenn die Miet- oder Pachträume von Geschäftspartnern und Personal oder von Kunden und Lieferanten mitbenutzt werden. Auch die Aufnahme von Ehegatten, Lebenspartnern und gemeinsamen Kindern ist dem Mieter oder Pächter bei einem Mischmietverhältnis nach allgemeinen Grundsätzen (zur Wohnraummiete) grundsätzlich moglich, denn dies gehört – außer im Falle der Überbelegung – grundsätzlich zum vertragsgemäßen Wohngebrauch.[83] 33

Wenn der Vermieter einen vertragswidrigen Gebrauch dauerhaft duldet, kann dies zu einer konkludenten Vertragsänderung führen. Wenn der Mieter/Pächter die Wohnräume eines gewerblichen Objekts vertragsfremden Personen überlässt bzw. an solche weiter vermietet oder wenn der Mieter die gewerbliche Nutzung ganz aufgibt und der Vermieter dies dauerhaft hinnimmt, steht der Fortbestand des einheitlich gewerblichen Mietverhältnisses in Frage mit der Folge, dass der Vermieter sich im Ergebnis mit einem Mietvertrag konfrontiert sehen kann, der von dem gewerblichen Aspekt gänzlich losgelöst ist und nunmehr den Bestimmungen zur Wohnraummiete unterliegt. 34

e) **Besonderheiten bei der Umsatzsteuer.** Die Vermietung und Verpachtung von Grundstücken ist gemäß § 4 Nr. 12a UStG (mit den Ausnahmen aus § 4 Nr. 12 S. 2 UStG) grundsätzlich umsatzsteuerfrei. Auf die Befreiung von der Umsatzsteuerpflicht 35

[79] Zehelein Miete in Zeiten von Corona § 1 Rn. 80.
[80] Zehelein Miete in Zeiten von Corona § 1 Rn. 81 f.
[81] Vgl. Grüneberg/Weidenkaff BGB § 540 Rn. 4 ff. und zu Grüneberg/Weidenkaff BGB § 541 Rn. 6.
[82] OLG Frankfurt a. M. NJW-RR 1992, 396.
[83] RE BayObLG WuM 1983, 309.

(§ 4 Nr. 12a UStG) kann der Vermieter unter bestimmten Voraussetzungen verzichten und gemäß § 9 Abs. 1 UStG zur Umsatzsteuer optieren.[84] Durch die Option zur Umsatzsteuer kann der Vermieter erreichen, dass die Vorsteuerbeträge, die bei der Errichtung oder beim Kauf des Mietobjekts und später für Instandhaltungsmaßnahmen und Reparaturen anfallen, als Vorsteuer zurückerstattet werden. Die Option zur Umsatzsteuer setzt aber voraus, dass an einen anderen Unternehmer für dessen Unternehmen vermietet wird. Es ist daher schädlich, wenn auch an eine Privatperson (mit-)vermietet wird, um etwa eine Haftungserweiterung zu erzielen.[85] In diesem Zusammenhang ist zu beachten, dass dem Mieter ein Zurückbehaltungsrecht an der Miete zusteht, wenn der Vermieter zur Umsatzsteuer optiert hat, die Miete vertraglich zuzüglich Umsatzsteuer zu zahlen ist und der Vermieter keine ordnungsgemäße Rechnung nach § 14 UStG ausstellt.[86] Im Rahmen der Übergangsregelungen aus § 27 UStG ist die Möglichkeit zur Umsatzsteueroption stark eingeschränkt. Bei neu errichteten Objekten (Beginn der Errichtung nach dem 10.11.1993, vgl. § 27 Abs. 2 UStG) darf der Mieter bzw. sein Untermieter gemäß § 9 Abs. 2 UStG auf dem Grundstück ausschließlich umsatzsteuerpflichtige Umsätze tätigen.[87] Tut er dies nicht, hat der Vermieter eine ihm nachteilige Berichtigung des Vorsteuerabzugs nach § 15a UStG zu befürchten. Die Finanzbehörden dulden umsatzsteuerfreie Umsätze nur bis zu einer Bagatellgrenze von 5 %.[88]

36 Bei **gemischt genutzten Objekten** besteht für den Vermieter nach der Rechtsprechung des BFH die Möglichkeit einer sog. **Teiloption,** nach der sich der Verzicht auf einen „abgrenzbaren Teil" beschränkt, wobei der BFH von einer Aufteilung nach räumlichen Gesichtspunkten (nicht dagegen eine bloße quotale Aufteilung) für möglich gehalten hat.[89] Die Teiloption setzt die ausschließliche Verwendung von Grundstücksteilen für zum Vorsteuerabzug berechtigende Umsätze voraus und erfordert die Bestimmung, in welchem Umfang eine derart ausschließliche Verwendung eines Teils eines Grundstücks vorliegt.[90] Daher ist im Fall der gemischten Nutzung eines Gebäudes eine Aufteilung der Leistung vorzunehmen. Die Zuordnung eines Gegenstandes zum Unternehmen erfordert eine durch Beweisanzeichen gestützte Entscheidung des Unternehmers; dabei ist die Geltendmachung des Vorsteuerabzugs regelmäßig ein gewichtiges Indiz für, die Unterlassung des Vorsteuerabzugs ein ebenso gewichtiges Indiz gegen die Zuordnung eines Gegenstandes zum Unternehmen.[91] Die Zuordnungsentscheidung ist bereits „bei Anschaffung, Herstellung oder Einlage des Gegenstands" zu treffen.[92] Die Vermietungsleistung bezieht sich nur insoweit auf das Unternehmen des Mieters/Pächters, als dieser die empfangene Leistung für sein Unternehmen nutzt. Diese Beurteilung leitet sich ebenfalls aus dem Merkmal des § 9 UStG „für dessen Unternehmen" ab. In gleicher Weise zu differenzieren ist daher auch in Bezug auf die vom Verpächter im Wege des Vorsteuerabzugs geltend gemachten USt.-Anteile aus denjenigen Kosten, die für die Errichtung bzw. Instandhaltung und Instandsetzung des Objekts anfallen.

37 Die **Differenzierung zwischen den unternehmerischen und wohnungsbezogenen Anteilen** kann Schwierigkeiten bereiten. Nach der Rechtsprechung des BFH[93] ist dann, wenn ein Gebäude teilweise zur Ausführung steuerpflichtiger Vermietungsumsätze (Gewerbeflächen/Büro) und teilweise zur Ausführung steuerfreier Vermietungsumsätze (Wohnungen) verwendet wird, gemäß § 15 Abs. 4 UStG der Teil der Vorsteuerbeträge

[84] Vgl. Schmid NZM 1999, 292; Herrlein, Umsatzsteuer und Miete, Vortrag auf dem Deutschen Mietgerichtstag 2013, www.mietgerichtstag.de; Herrlein ZMR 1996, 306; Herrlein NZM 2005, 648.

[85] BFHE 194, 270; Herrlein, Umsatzsteuer und Miete, Vortrag auf dem Deutschen Mietgerichtstag 2013, www.mietgerichtstag.de.

[86] OLG Köln 17.7.2017 – 22 U 60/16, BeckRS 2017, 118668.

[87] Vgl. Herrlein NZM 2005, 648.

[88] Vgl. BFH BB 2014, 2020 (2022) mAnm Behrens; Schmid NZM 1999, 292; Herrlein NZM 2005, 648.

[89] BFH 25.1.2013 – V B 95/12, BeckRS 2013, 94810; BFHE 181, 191 = BStBl. II 1997, 98.

[90] BFH 25.1.2013 – V B 95/12, BeckRS 2013, 94810.

[91] BFHE 223, 487 = BStBl. II 2009, 394.

[92] BFHE 223, 487 = BStBl. II 2009, 394; BFHE 221, 456 = BFH/NV 2008, 1773.

[93] BStBl. II 1998, 525 = DStR 2000, 1033.

nicht abziehbar, der den zum Ausschluss vom Vorsteuerabzug führenden Wohnungsvermietungsumsätzen wirtschaftlich zuzurechnen ist. Die Vorsteueraufteilungsvorschrift des § 15 Abs. 4 UStG ist auch bei unterschiedlicher Verwendung einzelner Gebäudeteile anwendbar.[94] Die Zuordnung eines gemischt genutzten Gebäudes zum Unternehmen erfordert eine durch objektive Beweisanzeichen gestützte Zuordnungsentscheidung, die bei der Anschaffung oder Herstellung zu treffen und zeitnah zu dokumentieren ist.[95] Ohne Zuordnungsentscheidung zum Unternehmen ist von einer Zuordnung zum nichtunternehmerischen Bereich auszugehen. Die Absicht allein, ein gemischt genutztes Gebäude zu vermieten, ersetzt die fehlende Zuordnung nicht. Insoweit hat der Steuerpflichtige (Unternehmer) nach ständiger Rechtsprechung des EuGH und BFH ein Zuordnungswahlrecht. Er kann den Gegenstand insgesamt seinem Unternehmen zuordnen oder ihn in vollem Umfang in seinem Privatvermögen belassen oder den Gegenstand entsprechend dem geschätzten unternehmerischen Nutzungsanteil seinem Unternehmen und im Übrigen seinem nichtunternehmerischen Bereich zuordnen.[96] Bei der Ermittlung der nicht abziehbaren Teilbeträge im Wege einer sachgerechten Schätzung nach § 15 Abs. 4 S. 2 UStG ist es grundsätzlich Sache des Unternehmers, zu entscheiden, welche Schätzmethode er wählt.[97]

2. Andere Mischverträge mit mietrechtlichem Einschlag

Mischverträge außerhalb des vorstehend behandelten Misch**miet**vertrags enthalten eine Kombination von mietvertraglichen Komponenten und anderen schuldrechtlichen Vertragstypen. Daneben wird auch dann von gemischten bzw. verbundenen Verträgen gesprochen, wenn unterschiedliche schuldrechtliche Vertragstypen mitunter zu ganz speziellen Vertragskonstellationen verschmelzen.[98] 38

a) Rechtliche Einordnung (am Beispiel eines Vertrags über die Nutzung eines Sportstudios). Gemischte Verträge, die auch als Typenverschmelzungsverträge bezeichnet werden, beurteilen sich grundsätzlich nach dem Recht, das der nach dem Vertrag zu erbringenden wesentlichen Leistung entspricht.[99] Mietvertragliche Regelungen sind danach maßgeblich, wenn die Leistungen, die dem Vertrag das eigentliche Gepräge geben, in einer entgeltlichen Gebrauchsüberlassung bestehen. Die Abwägung, welche Leistungen das vertragliche Schwergewicht bilden, kann schwierig sein. 39

Die Prüfungskriterien können am Beispiel eines **Vertrags über die Nutzung eines Fitnessstudios** veranschaulicht werden. Die hierfür maßgeblichen Gebrauchsaspekte sind umstritten. Das OLG Hamm[100] hat die Anwendbarkeit des Mietrechts bezweifelt und dienstrechtliche Bestimmungen für vorrangig gehalten, wenn der Nutzer hinsichtlich der richtigen Benutzung der Geräte beraten wird und das Training überwacht werden muss. Solche Dienstleistungen seien für den Vertrag bestimmend. Sie träten gegenüber der Gewährung des Gebrauchs der Sportgeräte nicht als unbedeutend zurück; weil deren falsche Handhabung gefahrenträchtig sei. Die Einschlägigkeit miet- 40

[94] BFH 18.3.2010 – V R 44/08, BeckRS 2010, 25016401; nebst Anm. Prätzler jurisPR-SteuerR 46/2010 Anm. 6.
[95] BFH MwStR 2013, 51.
[96] EuGH Slg. 1991, I-3795; 1995, I-2775; 2001, I-1831 = UR 2001, 149 = BFH/NV Beilage 2001, 52; BFH MwStR 2013, 51 mwN.
[97] BFH MwStR 2013, 51 mwN.
[98] Vgl. Grüneberg/Weidenkaff BGB Vor § 535 Rn. 29 ff.; zur Nutzungseinräumung für eine Suite in einer Veranstaltungshalle vgl. KG MDR 2015, 1357; zur rechtlichen Einordnung der Überlassung von Messeflächen zum Pferdeeinstellvertrag vgl. LG Krefeld 16.8.2010 – 2 O 244/10, BeckRS 2010, 20252; zu einem Nutzungs- und Organisationsvertrag bzgl. einer Golfanlage vgl. OLG Koblenz NZG 2013, 1198; zu anderen Mischverträgen vgl. jurisPK-BGB/Münch BGB § 535 Rn. 64 ff.; jurisPK-BGB/Grühn BGB § 581 Rn. 14.
[99] Vgl. nur Grüneberg/Weidenkaff BGB Vor § 535 Rn. 36 mwN.
[100] OLG Hamm NJW-RR 1992, 242.

rechtlicher Grundsätze hat dagegen das LG Stuttgart[101] in Anlehnung an zwei weitere Oberlandesgerichtsentscheidungen bejaht.[102] Der BGH hat zu dieser Frage bislang nicht abschließend Stellung bezogen. Er hat allerdings in einer Entscheidung, bei der es auf die Feinabgrenzung zwischen Dienstvertrags- und Mietrecht überhaupt nicht ankam,[103] nachdrücklich darauf hingewiesen, dass die Anwendung mietvertraglicher Bestimmungen kritisch gesehen werde. Danach habe ein solcher Vertrag gewichtige dienstvertragliche Elemente, weil die Benutzung der Geräte einer Einweisung bedürfe und mit erheblichen gesundheitlichen Risiken für die Kunden verbunden sei. Deshalb habe die Einweisung der Nutzer in die Handhabung und Bedienung der Geräte und die Beaufsichtigung des Trainings durch Fachkräfte des Fitnessstudios erhebliche Bedeutung. Dem Kunden müsse deshalb ein Recht zur fristlosen Kündigung aus wichtigem Grund nach § 626 BGB zustehen. In einer später ergangenen Entscheidung hat der BGH[104] bei einem Vertrag, bei dem der Kunde lediglich zur Nutzung der Geräte und der Räumlichkeiten berechtigt war und bei dem Unterrichts- oder Dienstleistungen nicht vorgesehen waren, allerdings einen reinen Mietvertrag angenommen. Soweit für die Nutzung der Geräte im Einzelfall eine Einweisung erforderlich sei, handele es sich um bloße vertragliche Nebenleistungen.[105] Dies beinhaltet eine Sichtweise, welche die Einordnung des Vertragstyps nicht gerade leichter macht, weil die Abgrenzung von Haupt- und Nebenpflichten schwierig sein kann.

41 Auch diesseits wird vertreten, dass ein **Vertrag über die Nutzung eines Sportstudios** idR dienstvertraglich geprägt ist, wenn er nicht außergewöhnliche Besonderheiten etwa der vom BGH[106] behandelten Art aufweist. Nach der Verkehrsanschauung dürfte der Benutzer eines Sportstudios regelmäßig eine fachliche Einweisung und Überwachung als wesentliche Leistung erwarten. Solche Einrichtungen sind sehr vielfältig und nach ihren Gebrauchsanforderungen so anspruchsvoll gestaltet, dass ein nicht angeleiteter Nutzer in der Tat Gefahr läuft, sich erhebliche gesundheitliche Schäden zuzufügen. Außerdem gibt es mannigfache Berührungspunkte zu medizinisch-therapeutischen Trainingsmethoden (etwa im Bereich der sog. Rückenschulung), die spezielle Unterweisungen und Kontrollen geradezu zwingend voraussetzen. Wenn es aber maßgeblich darauf ankommt, dass der Nutzer geschult und angeleitet wird, wirkt sich dies auf das persönliche Verhältnis des Nutzers zu den Mitarbeitern des Sportstudios als wesentlich prägend für das gesamte Vertragsverhältnis aus. Der Nutzer wird im Zweifel erheblichen Wert darauf legen, kontinuierlich von solchem Personal betreut zu werden, das ihn und seine Bedürfnisse kennt. Die Anwendung von Mietrecht und insbesondere von § 566 BGB bei einem Inhaberwechsel führt dazu, dass der Nutzer sich gegebenenfalls auf rasch wechselndes Personal einlassen muss, ohne die Chance einer dienstvertragsrechtlichen Aufkündigung nach § 626 BGB zu haben. In der Rspr. herrscht im Einzelnen eine unübersichtliche Kasuistik.[107]

---

[101] LG Stuttgart 13.2.2007 – 5 S 199/06, BeckRS 2007, 04802, nebst Anm. Borzutzki-Pasing jurisPR-MietR 10/2007 Anm. 1.

[102] OLG Brandenburg NJW-RR 2004, 273; OLG Karlsruhe NJW-RR 1989, 243.

[103] BGH NJW 1997, 193 mwN.

[104] BGH NZM 2012, 394; vgl. auch OLG Hamm NJW-RR 2013, 397.

[105] So auch OLG Frankfurt a. M. OLGR 1995, 38.

[106] BGH NZM 2012, 394; vgl. auch OLG Hamm NJW-RR 2013, 397; OLG Karlsruhe NJW-RR 1989, 243.

[107] OLG Hamm NJW-RR 1992, 242; OLG Karlsruhe NJW-RR 1989, 243; LG Kiel 30.1.2009 – 8 S 54/08, BeckRS 2009, 27052; LG Stuttgart BeckRS 18.12.2006 – 5 S 263/06, 2007, 00724; LG Saarbrücken NJW-RR 1990, 890; LG Darmstadt NJW-RR 1991, 1015; AG Brandenburg 15.10.2015 – 34 C 5/15, BeckRS 2015, 17586; AG Siegburg 11.2.2014 – 112 C 131/13, BeckRS 2015, 3288; AG Bremen 16.10.2014 – 10 C 47/14, BeckRS 2014, 19371; AG Kehl 5.5.2014 – 4 C 68/14, BeckRS 2015, 9461; AG Eisenach 17.10.2013 – 54 C 321/13, BeckRS 2016, 8827; AG München NJW-RR 2011, 67.

Praxistipp:
Die rechtliche Einordnung eines Mischvertrags bestimmt sich nach dem Recht, das der nach dem Vertrag zu erbringenden wesentlichen Leistung entspricht. Es ist darauf abzustellen, welche Leistung dem Vertrag nach dem wahren Parteiwillen das ihm eigentümliche Gepräge verleiht. Die Bestimmungen zum Mietrecht und zur Pacht finden nur dann auf den gesamten Vertrag Anwendung, wenn der Schwerpunkt des vertraglichen Austauschverhältnisses auf der Gebrauchsüberlassung liegt.

b) **Mietkauf.** Der Mietkauf besteht aus einem Mietvertrag, der mit der Option für den Mieter verbunden ist, die Mietsache käuflich zu erwerben. Der Erwerb kann zu einem vorher festgelegten Kaufpreis und/oder unter Anrechnung der geleisteten Miete oder eines Teils davon erfolgen. Die miet- und kaufvertraglichen Bestandteile unterfallen jeweils den entsprechenden Rechtsvorschriften, also dem Miet- bzw. Kaufrecht. Der Beurkundungspflicht unterliegen sowohl der Mietvertrag als auch der Optionsvertrag, welcher nach den Regeln des Kaufvertragsrechts zu behandeln ist.[108] Die bis zur Ausübung des Kaufrechts gezahlte Miete wird je nach vertraglicher Vereinbarung ganz oder teilweise auf den Kaufpreis angerechnet.[109] Der Mietkauf steht in der Nähe zu dem – in der Rechtspraxis deutlich relevanteren – Leasingvertrag.[110] 42

Wenn dem Mieter von Beginn an ein Erwerbsrecht eingeräumt worden ist, kann es sich um einen Darlehensvertrag nach §§ 488 ff. BGB handeln, der bei einem Verbrauchergeschäft den Schutzvorschriften der §§ 491 ff. BGB unterliegt.[111] Der persönliche Anwendungsbereich für die nach neuem Recht geltenden Verbraucherschutzbestimmungen erschließt sich über den **Begriff des Verbrauchers iSv § 13 BGB.** Verbraucher sind aber nur die Personen, die ein Rechtsgeschäft zu einem Zwecke abschließen, der weder ihrer gewerblichen noch ihrer selbständigen beruflichen Tätigkeit zuzurechnen ist. Erfordern die Geschäfte einen planmäßigen Geschäftsbetrieb, wie etwa die Unterhaltung eines Büros, eines (Laden-)Lokals oder sonst einer betrieblichen Organisation, liegt gewerbliche Betätigung vor.[112] 43

c) **Leasingvertrag.** Auch der **Leasingvertrag** umschreibt einen Mischvertrag. Der Leasingvertrag wird zumeist als atypischer Mietvertrag bezeichnet,[113] der beim sog. Finanzierungsleasing mit einer Dominanz von Aspekten der Geschäftsbesorgung (§§ 662 ff. BGB) und des Darlehens (§§ 488 ff. BGB) ausgestattet ist,[114] aber auch einen starken kaufrechtlichen Einschlag aufweisen kann. Für die Abgrenzung zum Miet- oder Pachtvertrag kommt es wiederum auf die den Vertrag prägende Überlassungsform an. Ist Vertragsinhalt die dauerhafte Überlassung der Sache gegen Zahlung eines einmaligen Entgelts, stehen kaufvertragliche Aspekte im Vordergrund. Ist dagegen die Überlassung auf Zeit gegen ein wiederkehrendes Entgelt vereinbart, sind mietrechtliche Aspekte prägend.[115] Dann sind auch die mietrechtlichen Kündigungsvorschriften einschlägig.[116] Mit dem Leasingvertrag überlässt der Leasinggeber dem Leasingnehmer typischerweise eine Sache oder Sachgesamtheit gegen ein in Raten zu zahlendes Entgelt zum Gebrauch, wobei die Gefahr oder Haftung für Instandhaltung, Sachmängel, Untergang oder 44

[108] BGH NJW 1987, 1069.
[109] BGH WM 1985, 634; 1990, 1307; Grüneberg/Weidenkaff BGB Einf. § 535 Rn. 30; zur Abgrenzung vom Finanzierungsleasing Findeisen/Sabel DB 2009, 801.
[110] → Rn. 46; zu den Parallelen vgl. auch Wassermann jurisPR-BGHZivilR 12/2010 Anm. 2 zu BGH NZM 2010, 517; zur Abgrenzung vgl. ferner Graf v. Westphalen LeasingV Kap. A. Rn. 88 ff.
[111] BGH NJW 2000, 3133; NZM 2002, 40.
[112] BGH NJW 2002, 368; 1967, 2353; BGHZ 104, 205; 119, 252.
[113] BGH NJW 1990, 1113; KG WM 2017, 2075; OLG München 9.8.2017 – 7 U 125/17, BeckRS 2017, 120422.
[114] Vgl. Knebel WM 1993, 1026 zur Abgrenzung vom Mietkauf Findeisen/Sabel DB 2009, 801.
[115] BGHZ 102, 135; OLG Hamm WM 2013, 1098.
[116] OLG München 9.8.2017 – 7 U 125/17, BeckRS 2017, 120422.

Beschädigung der Sache idR den Leasingnehmer trifft.[117] Soweit der Leasinggeber Inhaber von (Gewährleistungs-)Ansprüchen gegen Dritte ist, überträgt er diese dann auf den Leasingnehmer. Beim Finanzierungsleasing als dem Hauptvertragstyp des Leasing verlagert der Leasinggeber seine Investitionsrisiken mittels der Leasingraten auf den Leasingnehmer. Der Leasinggeber übernimmt demgegenüber das Kreditrisiko und ggf. zusätzliche Dienstleistungen im Rahmen der Vertragsabwicklung (zB durch Wartungs- und Serviceleistungen). Das Immobilienleasing zeichnet sich als besondere Form des Finanzierungsleasings durch eine lange Vertragsdauer von bis zu 30 Jahren aus, wobei der Leasinggeber als Bauherr auftritt und dem Leasingnehmer nach Vertragsablauf typischerweise eine durch Vormerkung gesicherte Kaufoption einräumt.[118] Der Leasingvertrag sollte wegen seiner vielfältigen Ausgestaltung und wegen der Einbeziehung ganz unterschiedlicher rechtlicher Komponenten (mit Kauf- und Verlängerungsoptionen) eher als Vertrag eigener Art behandelt werden.[119]

45 d) **Franchising.** Einen Vertragstyp, der zumeist nur untergeordneten mietrechtlichen, aber durchaus pachtrechtlichen Einschlag haben kann, stellt der **Franchisevertrag** dar.[120] Beim Franchising handelt es sich um ein Dienstleistungs- oder Absatzsystem, bei dem ein Verbund aus einem Franchisegeber und einer Mehrzahl (zumeist Vielzahl) von Franchisenehmern einheitlich am Markt auftritt. Der Franchisegeber stellt das Beschaffungs-, Organisations- und Nutzungskonzept zur Verfügung, überlässt dem Franchisenehmer die Nutzung von Schutzrechten und verpflichtet sich, ihn beratend zu unterstützen, zu schulen und ggf. zu beliefern.[121] Der Franchisenehmer bietet seine Erzeugnisse oder Dienstleistungen rechtlich selbständig an, zahlt aber Entgelte für die Verwendung eines einheitlichen Namens, die Nutzung einer Marke, einer einheitlichen Ausstattung und eines einheitlichen Vertriebssystems. In der Regel unterwirft er sich im Hinblick auf die Einhaltung eines systemkonformen Verhaltens umfassenden Kontroll- und Weisungsbefugnissen des Franchisegebers.[122] Der lizenzrechtliche Bezug begründet durch die Nutzung eines Rechts die Nähe zum Pachtrecht.[123] Mietvertragliche Komponenten (Überlassung von Räumen oder Sachen) gehören nicht zwingend zum Franchise-Konzept, obwohl etwa die Vermietung eines Geschäftslokals, in dem der konzessionierte Handel stattfinden soll, durchaus Bestandteil eines Franchisevertrags sein kann. Auch das Franchising hat zwischenzeitlich eine so vielfältige und eigenständige Ausgestaltung erfahren, dass von einem Vertragstyp sui generis auszugehen ist.[124]

46 e) **Anmietung beweglicher Sachen.** Die Anmietung beweglicher Sachen ist zunächst vom Pachtvertrag zu unterscheiden, der sich durch das Element der Fruchtziehung auszeichnet (§ 581 Abs. 1 BGB). Dieser Fruchtziehung dient u. a. die Bereitstellung von **Inventar.**[125] Das Inventar ist dabei regelmäßig nicht Gegenstand eines gesonderten (Miet- oder Pacht-)Vertrags über die Inventarteile. Die Überlassung von Inventar gehört vielmehr unmittelbar zum pachtvertraglichen Leistungsaustausch und beinhaltet durch die Ermöglichung der Fruchtziehung diejenige Leistung, durch die sich der Pachtvertrag

---

[117] Vgl. Grüneberg/Weidenkaff BGB Vor § 535 Rn. 53.

[118] BGH NJW-RR 2015, 615.

[119] So schon Canaris NJW 1982, 305.

[120] Vgl. im ersten Überblick Röhricht/Graf von Westphalen/Haas/Mock/Wöstmann/Giesler HGB Franchising Rn. 25 ff.; Reithmann/Martiny IntVertragsR/Dutta Kap. 5. Rn. 6.1297 ff.; Giesler NJW 2007, 3099; Emmerich JuS 1995, 761; Haager NJW 2002, 1463; Grüneberg/Weidenkaff BGB Vor § 581 Rn. 21 ff.

[121] Zu den Aufklärungspflichten des Franchisegebers vgl. etwa OLG Brandenburg NJW-RR 2006, 51; OLG München BB 1988, 865; NJW 1994, 667; OLG Hamburg 30.12.2002 – 5 U 220/01, BeckRS 2003, 01724.

[122] Vgl. Bumiller NJW 1998, 2953; zum Wettbewerb durch abtrünnige Franchisenehmer vgl. OLG Schleswig 26.9.2013 – 16 U Kart 49/13, BeckRS 2013, 19545.

[123] Zur Pacht vgl. näher → § 76 Rn. 1 ff.

[124] Zur Stellung des Franchisenehmers als Arbeitnehmer vgl. BAG NJW 1997, 2973; OLG Düsseldorf OLGR 2009, 216; LAG Düsseldorf 27.8.2010 – 10 Sa 90/10, BeckRS 2010, 74853.

[125] Im Einzelnen → § 75 Rn. 1 ff.

vom Mietvertrag unterscheidet. Bei der isolierten Anmietung beweglicher Sachen (zB von Maschinen und Fahrzeugen) können sich je nach Vertragszweck ganz unterschiedliche Rechtskombinationen ergeben. Die Überlassung beweglicher Sachen kann unmittelbar pachtvertraglichen Charakter haben, wenn hierdurch eine Fruchtziehung iSv § 581 Abs. 1 BGB ermöglicht wird.[126] Außerdem kommen diverse mischvertragliche Konstruktionen in Betracht. Die Entscheidung der Frage, ob zB die entgeltliche Überlassung eines Krans bei gleichzeitiger Gestellung von Bedienungspersonal als Mietvertrag verbunden mit einem Dienst- oder Werkvertrag oder in vollem Umfang als Mietvertrag, Dienstvertrag oder Werkvertrag anzusehen ist, hängt von der Ausgestaltung der Vertragsbeziehungen und vor allem davon ab, welche der Leistungen dem Vertrag das wesentliche Gepräge gibt.[127] Wird nicht lediglich das Arbeitsgerät nebst Bedienungspersonal mit der Möglichkeit überlassen, dieses für sich zu nutzen, sondern ein bestimmtes Werk oder ein bestimmter Arbeitserfolg geschuldet, so liegt ein **Werkvertrag** vor, insbesondere wenn der Vermieter auch das Bedienungspersonal für die angemietete Sache stellt. **Dienstvertragliche Aspekte** können dagegen in den Vordergrund treten, wenn ein angemieteter Kran vom dazu gehörigen Personal für eine bestimmte Zeit nach näherer Weisung des Mieters (oder seines Architekten) eingesetzt werden soll. Die Annahme eines mit einem Mietvertrag verbundenen Dienstverschaffungsvertrages erfordert die Feststellung, dass die Durchführung der Arbeiten ausschließlich dem Mieter obliegt und das vom Vermieter gestellte Bedienungspersonal den Weisungen des Mieters unterworfen ist.[128] Ein Mietvertrag, der die Nutzung unbeweglicher und beweglicher Gegenstände umfasst, dauert nach Insolvenzeröffnung fort, wenn die Vermietung unbeweglicher Gegenstände den Schwerpunkt des Vertrages bildet. Miet- und Pachtverhältnisse des Schuldners über unbewegliche Gegenstände oder Räume bestehen gemäß § 108 Abs. 1 S. 1 InsO mit Wirkung für die Insolvenzmasse fort.[129]

f) Weitere Vertragstypen. Diverse Vertragstypen haben eine so spezielle Ausgestaltung erfahren, dass die Feststellung eines dominierenden Rechtsbereichs oft nicht mehr möglich ist. Typenverschmelzungsverträge mit vielfältigen Elementen aus ganz unterschiedlichen Rechtsbereichen finden sich etwa beim (Hotel-)**Beherbergungsvertrag** mit miet-, kauf-, dienst- und werkvertraglichen Eigenschaften[130] und beim **Pflegeheimvertrag.**[131] Mietrechtliche Elemente haben auch der Vertrag über einen **Telekommunikationsanschluss,**[132] der **Pferdeeinstellvertrag**[133] und der **Filmverleih.**[134] 47

3. Abgrenzung zur Leihe

Für die Abgrenzung zwischen Leihe und Miete/Pacht kommt es maßgeblich auf die Entgeltlichkeit der Gebrauchsüberlassung an.[135] Die **Unentgeltlichkeit** ist bei der Leihe 48

---

[126] Vgl. hierzu jurisPK-BGB/Grühn § 581 Rn. 82.

[127] BGH WM 1996, 1785; VersR 1968, 779; ZIP 1985, 485; Hilgendorf VersR 1972, 127.

[128] BGH WM 1996, 1785; VersR 1970, 934; 1978, 522; zur Annahme eines Typenverschmelzungsvertrags unter Ausschluss des Frachtrechts bei einer Kranhavarie vgl. KG BauR 2011, 1666.

[129] BGHZ 204, 83 = NZM 2015, 337.

[130] Insoweit die Anwendbarkeit von Mietrecht bejahend: OLG Düsseldorf WuM 2002, 267.

[131] Zu den hierin enthaltenen Elementen des Mietvertrags, des Dienstvertrags und des Kaufvertrags vgl. BGH NJW 2002, 507; 2001, 2971; 1989, 1673; 1981, 341; zur einseitigen Entgelterhöhung beim Heimvertrag vgl. BGH NZM 2016, 561; zur Wirksamkeit einer vorformulierten „Beitrittserklärung" vgl. BGH NZM 2015, 635; zum Räumungsprozess gegen den Bewohner eines Altenheims vgl. OLG Karlsruhe PfLR 2016, 670.

[132] Vgl. Grüneberg/Weidenkaff BGB Vor § 535 Rn. 31.

[133] Zum entgeltlichen Verwahrungsvertrag bzw. zum Miet-/Verwahrungsvertrag vgl. OLG Frankfurt a. M. 14.9.2017 – 15 U 21/16, BeckRS 2017, 144800; BGH NJW-RR 2017, 635; OLG Oldenburg MDR 2011, 473; OLG Schleswig OLGR 2000, 248.

[134] Dieser Vertrag ist als entgeltliche Überlassung keine Leihe im Rechtssinne (zur Leihe → Rn. 49), vgl. dazu Grüneberg/Weidenkaff BGB Vor § 535 Rn. 34.

[135] Vgl. Grüneberg/Weidenkaff BGB § 598 Rn. 1; OLG Brandenburg 29.3.2022 – 3 U 79/21, BeckRS 2022, 8758; s. auch OLG Stuttgart 20.8.2009 – 6 W 44/09, BeckRS 2009, 23539 bei Tragung nur der Betriebskosten.

gesetzliches Tatbestandsmerkmal iSv § 598 BGB. Wie beim Mietvertrag muss der Gebrauchsüberlassende (Verleiher) nicht Eigentümer sein.[136] Gegenstand von Leih- und Mietverträgen können nur „Sachen" iSv § 90 BGB sein. Auch die unentgeltliche Überlassung von Räumen ist Leihe.[137] Die Verpachtung bezieht sich dagegen auf einen „Gegenstand" iSv § 581 BGB. Dazu können Sachen und Rechte sowie der Inbegriff von beidem gehören, insbesondere auch gewerbliche Unternehmungen in ihrer Gesamtheit. Entleiher und Mieter dürfen mit der überlassenen Sache den vertragsgemäßen Gebrauch ausüben (§§ 535 Abs. 1 S. 1, 603 BGB). Anders als der Vermieter (§ 535 Abs. 1 BGB) ist der Verleiher nicht zur Gebrauchsgewährung oder Gebrauchsüberlassung, also einem aktiven Tun, sondern nur zur Gestattung des Gebrauchs verpflichtet.[138] Die Verschaffung des Besitzes an der Sache ist also kein konstitutives Element des Leihvertrags.[139] Die Leihe berechtigt den Entleiher auch nur zur Benutzung der Sache (zur Nutzung der mit dem Sachbesitz verbundenen Vorteile), nicht aber auch zur Ziehung und zum Behaltendürfen von Früchten iSv §§ 99 f. BGB. Wenn der Entleiher auch zur Fruchtziehung befugt sein soll, bedarf es einer Vereinbarung der Vertragsparteien.[140] Die **unentgeltliche Überlassung einer Wohnung** ist auch bei längerfristiger Gestattung als Leihvertrag einzuordnen.[141] Wird ein Entgelt vereinbart, liegt jedenfalls kein bloßes **Gefälligkeitsverhältnis,** sondern zumindest ein vertragliches Rechtsverhältnis vor.[142] **Die Abgrenzungskriterien zwischen Leihe und Miete sind im Einzelnen kaum auszumachen.** Wenn das Entgelt weit unter dem ortsüblichen Preis liegt, spricht man üblicherweise von einer **„Gefälligkeitsmiete".**[143] Die Rolle einer Kostenübernahme durch den Nutzer als Entgelt und als Kriterium für einen Mietvertrag ist aber diffus. So hat der BGH einen Mietvertrag angenommen, wenn die Parteien die Übernahme von Steuern, Versicherungen und sonstigen notwendigen Ausgaben für ein überlassenes Grundstück vereinbart haben.[144] Die zur Erhaltung erforderlichen regelmäßig wiederkehrenden Ausgaben hält der BGH jedoch für ein leihvertragliches Kriterium.[145] Darunter sollen auch übliche Versicherungsprämien und laufende Grundabgaben fallen.[146] Insgesamt fragt sich, wann eine solchermaßen kostenbelastete Leihe überhaupt zur – gleichermaßen nur der (teilweisen) Kostendeckung dienenden – (Gefälligkeits-)Miete erstarken kann. Was die Übernahme von „Betriebskosten" angeht, reicht diese im Zweifel ebenfalls nicht aus, um einen Mietvertrag anzunehmen.[147] In der Instanzrechtsprechung ist ein Mietvertrag bei Übernahme der Betriebskosten teilweise bejaht worden.[148] Das soll aber nicht gelten, wenn nur verbrauchsabhängige Betriebskosten übernommen werden, weil dies keine Gegenleistung für die Gebrauchsüberlassung sei.[149] Eine solche Differenzierung erscheint als verfehlt, weil der BGH inzwischen vom Bruttomietverständnis ausgeht.[150] Danach fallen alle Nebenkosten unter den Begriff der Miete. Problematisch ist daher auch, soweit Leihe und nicht Miete angenommen wird, wenn der ein Grundstück Nutzende lediglich die „Kosten des Grundstücks" zu tragen hat, die durch seine Nutzung entstehen, aber ohne grundstücksbezogene Aufwendungen wie Grundsteuer oder

[136] Vgl. Joachim GuT 2004, 207 mwN.
[137] BGH NJW 1985, 1553; zu Leihe bei unbeweglichen Sachen vgl. auch BGH NJW 1985, 1553.
[138] BGH NZM 2012, 561; OLG Brandenburg 29.3.2022 – 3 U 79/21, BeckRS 2022, 8758; MüKo-BGB/Häublein § 598 Rn. 20; Grüneberg/Weidenkaff BGB § 598 Rn. 6.
[139] BGH NZM 2012, 561; NJW-RR 2004, 1566.
[140] BGH NZM 2012, 561.
[141] OLG Koblenz DWW 2011, 214; OLG Koblenz ZMR 2013, 437.
[142] BGH NZM 2017, 729.
[143] BGH NZM 2017, 729; 2003, 372; ZMR 1995, 478.
[144] BGH WM 1970, 1197.
[145] BGH NZM 2017, 729.
[146] BGH JurBüro 1984, 51.
[147] BGH NZM 2017, 729.
[148] OLG Stuttgart NZM 2008, 838; AG Pasewalk 31.1.2001 – 7 C 284/00, BeckRS 2001, 31000672.
[149] OLG Hamm 5.3.2015 – 5 U 52/14, BeckRS 2016, 4471.
[150] BGHZ 163, 1; BGH NJW 2005, 2773.

Gebäudeversicherung.[151] Unklar ist zuletzt auch, ob Maßnahmen des Nutzers zur Erhaltung und Instandsetzung des Objekts für einen Mietvertrag sprechen können. Dabei handelt es sich um die Übernahme einer Vermieterpflicht aus § 535 Abs. 1 S. 2 BGB, die grundsätzlich Entgeltcharakter im Sinne eines Mietentgelts haben kann. Der BGH[152] zieht aber auch diesen Umstand nicht als durchschlagenden Hinweis auf einen Mietvertrag heran.[153] Im Ergebnis bleibt festzuhalten, dass namentlich die BGH-Rechtsprechung nur ausnahmsweise mietvertragliche Vereinbarungen anstelle einer Leihe annimmt, wenn der Nutzer sich nur partiell an den „Kosten" beteiligt.[154] **Weitere Abgrenzungsfragen** können sich ergeben zu den Rechtsinstituten eines Wohnungsrechts iSv § 1093 BGB, einer schuldrechtlichen Nutzungsvereinbarung (§ 241 BGB) oder eines bloßen Gefälligkeitsverhältnisses ohne Rechtsbindungswillen.[155]

[151] OLG Dresden ZMR 2003, 250.
[152] BGH NZM 2017, 729.
[153] Bejahend allerdings AG Pasewalk 31.1.2001 – 7 C 284/00, BeckRS 2001, 31000672.
[154] Vgl. dazu Borzutzki-Pasing jurisPR-MietR 1/2018 Anm. 2 zu BGH NZM 2017, 729.
[155] Vgl. auch hierzu BGH NZM 2017, 729; vgl. ferner → § 6 Rn. 11 ff.

§ 45 Vorvertragliche Rechte und Pflichten

Übersicht

Schrifttum:

Derleder/Pellegrino, Die Anbahnung des Mietverhältnisses, NZM 1998, 550; Eckert, Der Mietvorvertrag – ein Ausweg aus der Schriftformfalle?, ZfIR 2007, 666; Emmerich, Neues Mietrecht und Schuldrechtsmodernisierung, NZM 2002, 362; ders., Aufklärungspflichten des Mieters, NJW 2011, 2321; Fleischmann, Mietvorvertrag, Anspruch auf Abschluss eines Hauptmietvertrags, NZM 2012, 625; Franke, Schadensersatz nach Verschulden bei Vertragsverhandlungen – sog. c. i.c-Haftung, ZMR 2000, 733; Herold, Mietvorvertrag, Anmiet-, Vormiet- und Optionsrecht, WuM 1982, 119, Leo/Kappus, Vormietrecht kraft Gewerberaummiet-AGB?, NZM 2013, 665 ff.; Michalski, Das Vormiet- und Vorpachtrecht, ZMR 1999,1; ders., Der Mietvorvertrag, ZMR 1999,141.

I. Allgemeines

1 Mehr noch als im Wohnraummietrecht besteht bei der Gewerberaummiete die Notwendigkeit, Vorverhandlungen in bestimmten Konstellationen **rechtlich zu strukturieren.** Faktisch spielen hier **Investitionen,** die im Hinblick auf eine beabsichtigte Anmietung oder Vermietung getätigt werden, eine große Rolle, denn sie erzeugen einen Bedarf nach **Absicherung.** Rechtlich führt die größere Disponibilität der gesetzlichen Vorschriften und der demnach größere Umfang der im Vertrag zu treffenden Regelungen dazu, dass die Interessen einer oder beider Parteien für den Abschluss einer vorvertraglichen Vereinbarung sprechen können, um bereits erreichte Einigungen zu fixieren. Die Parteien haben dann die Möglichkeit, eine für sie geeignete Vorform zu wählen, die einerseits ihre Position auf den zukünftig geplanten Abschluss des Hauptvertrages sichert, andererseits noch nicht die Wirkungen aus dem Hauptvertrag entfaltet. Inhalt einer derartigen Vereinbarung ist im Allgemeinen, dass der Verpflichtete dem Berechtigten ein Vorzugsrecht einräumt, welches ihm gegenüber anderen Interessenten eine **Vorzugsstellung** verschafft.

2 Die Rechtsformen, mit denen die Begründung eines Mietverhältnisses vorbereitet und gesichert werden kann, sind durchwegs Entwicklungen der Kautelarpraxis, auch wenn im Falle des Vormietrechts die gesetzlichen Bestimmungen über den Vorkauf (§ 463 ff. BGB) entsprechend herangezogen werden.

- Mit dem **Anmietrecht** (→ Rn. 7 ff.) wird eine Vereinbarung bezeichnet, die den Vermieter verpflichtet, wenn er sich zur Vermietung oder Weitervermietung entschlossen hat, die Mietsache zunächst einem bestimmten Mietinteressenten **anzubieten,** bevor er sie an einen anderen vermietet.
- Inhalt eines **Vormietrechts** (→ Rn. 15 ff.) ist in der Regel, dass der Berechtigte die Befugnis erhält, durch einseitige, an den Verpflichteten gerichtete Erklärung mit diesem einen Mietvertrag zu den Bedingungen **begründen** zu können, die dieser in einem Mietvertrag mit einem **Dritten** festlegt.[1]
- Unter einem **Mietvorvertrag** (→ Rn. 41 ff.) ist eine schuldrechtliche Vereinbarung zu verstehen, in der sich die Parteien verpflichten, zu einem späteren Zeitpunkt einen **Hauptmietvertrag** zu schließen, ohne unmittelbar Leistungspflichten zu begründen.[2]
- Ein **Optionsrecht** (→ Rn. 85 ff.) gestattet nach h. M. dem Berechtigten, durch eine einseitige empfangsbedürftige Willenserklärung entweder ein **Mietverhältnis** zustande zu bringen oder ein bestehendes Mietverhältnis über die zunächst vorgesehene Laufzeit hinaus auf bestimmte oder unbestimmte Zeit zu verlängern.

Neben diesen Hauptformen spielen in der Praxis des Gewerberaummietrechts bei der Vorbereitung des Abschlusses des Mietvertrages noch **Rahmenverträge** und zunehmend auch das aus dem angelsächsischen Bereich entlehnte Instrument des **Letter of Intent** eine Rolle. Diese beiden Formen werden in → § 46 Rn. 8 ff. und → § 46 Rn. 15 ff. behandelt.

3 In der **anwaltlichen Praxis** geht es um drei große Problembereiche, nämlich

1. um die Beratung von Mandanten, die eine vorvertragliche Bindung wollen,
2. den Ausschluss von Kollisionen vorvertraglicher Rechte mit neuen vertraglichen Rechten und Pflichten (etwa beim Kauf eines bebauten und vermieteten Grundstücks oder generell bei Bestehen eines Vormietrechts) und
3. um die Vermeidung einer ungewollten Haftung im Falle des Scheiterns der Vertragsverhandlungen.

4 Bei der Beratung von Mandanten, die eine **vorvertragliche** Bindung wollen, sollte man sich immer vergegenwärtigen, dass der direkte Abschluss eines **Hauptvertrages,** sei es

[1] Zum Unterschied zwischen Vormietrecht und Optionsrecht KG BeckRS 2017, 142439 (Rn. 23).

[2] Zum Unterschied zwischen Vorvertrag und Optionsrecht OLG Köln NZM 1998, 439 (Ls.) = ZMR 1998, 283.

unter auflösender oder aufschiebender Bedingung[3], den Vorteil hat, dass für den Fall des Eintritts bzw. Wegfalls der Bedingung die Rechte und Pflichten aus dem Hauptvertrag ohne weitere Handlungen in Kraft treten. Der Nachteil liegt freilich darin, dass eine einseitige Abstandnahme von dem Vertrag nicht mehr möglich ist, es sei denn, die Parteien haben für bestimmte Fälle ein **Rücktrittsrecht** vereinbart.

5 Liegen (schriftliche) Vereinbarungen vor, so muss bei deren Prüfung stets berücksichtigt werden, dass die von den Parteien gewählte **Bezeichnung** ihrer Vereinbarung allenfalls als Indiz für den angestrebten Zweck angesehen werden kann. Nach der ständigen Rechtsprechung des BGH ist aber letztlich entscheidend, welchen Geschäftszweck die Parteien in Wahrheit verfolgt haben. Für den **Inhalt** eines Vertrages ist gemäß §§ 133, 157 BGB der **übereinstimmende Wille** der Beteiligten maßgebend, selbst wenn ihre Erklärungen dem Wortlaut nach eine andere Bedeutung haben sollten.[4]

6 Zum Zwecke der Beweissicherung empfiehlt sich bei **allen** Vereinbarungen im Bereich der Anbahnung eines Mietverhältnisses die Wahrung der **Schriftform** oder zumindest der **Textform**, sowohl was die Vereinbarung selbst betrifft als auch hinsichtlich der Ausübung des jeweils begründeten Rechts.

7 Ganz besonderes Augenmerk muss auf die ausführliche Beratung des Mandanten gelegt werden, wenn dessen Pläne als Vermieter oder als Käufer eines Grundstücks durch bestehende vorvertragliche Bindungen gefährdet werden können. Hier drohen **erhebliche Haftungsrisiken.** Gefährliche Konstellationen sind etwa

- der **Kauf eines bebauten und vermieteten Grundstücks:** Der Anwalt, der auf Seiten des Käufers tätig wird, muss sorgfältig prüfen, ob Vereinbarungen mit Mietern bestehen, die die Pläne seines Mandanten gefährden können. Wenn der Verkäufer einen langfristigen Mietvertrag mit einer oder mehrerer Verlängerungsoptionen zugunsten des Mieters geschlossen hat, reicht es nicht aus, wenn der Anwalt zwar vom Kauf abrät, aber nicht über die mögliche vertragliche Sicherung des Käufers bei Unklarheit über die Ausübung der Verlängerungsoption – hier durch Vereinbarung eines Rücktrittsrechts – berät.[5]
- ein **Vormietrecht,** wo es zur Konkurrenz zwischen neuem Mieter und Berechtigtem kommen kann. Hier muss der Anwalt den von ihm vertretenen Vermieter eindringlich und ausdrücklich darauf aufmerksam machen, dass er, wenn er mit einem neuen Mieter kontrahiert, das Vormietrecht offenbaren und zweckmäßigerweise einen Haftungsausschluss für den Fall der Ausübung des Vormietrechts vereinbaren muss.[6]

8 Der in Vorverhandlungen über einen Gewerberaummietvertrag eingeschaltete Anwalt muss stets beachten, dass die Judikatur zur **Haftung aus cic wegen Abbruchs von Vertragsverhandlungen** (→ Rn. 108 ff.) sehr fallgruppen- bzw. einzelfallorientiert verfährt und daher erhebliche Unsicherheiten bestehen, wann und unter welchen Voraussetzungen eine Haftung aus cic wegen Abbruchs von Vertragsverhandlungen greift. In der anwaltlichen Begleitung und Beratung von Vertragsverhandlungen sollte auf diese Gefahr reagiert werden, indem alle vorzeitigen schriftlichen oder mündlichen Äußerungen vermieden werden, die den Mietvertragsabschluss als sicher hinstellen, solange es noch zu keiner Unterzeichnung gekommen ist. Ist eine vorvertragliche Bindung im Einzelfall sinnvoll oder von den Parteien gewollt, sollte zum Mittel des (schriftlichen) **Mietvorvertrages** (→ Rn. 60 ff.) gegriffen werden.

---

[3] Hierzu instruktiv LG Potsdam 22.1.2021 – 13 O 26/17, BeckRS 2021, 46718, wonach der abzuschließende Mietvertrag vom Vorliegen einer „bestandskräftigen und vollziehbaren Baugenehmigung, in der vom Vermieter im Wesentlichen beantragten Form für das Objekt" abhängig gemacht wurde.

[4] StRspr des BGH im Anschluss an BGH NJW 1994, 1528 (1529); BGH NJW-RR 1993, 139 (140); KG BeckRS 2017, 142439; OLG Köln NZM 1998, 439 (Ls.) = ZMR 1998, 283, wonach der übereinstimmende Wille beider Parteien dem Wortlaut des Vertrages und jeder anderweitigen Interpretation vorgeht.

[5] BGH NJW 2008, 2041. Zur Beratungspflicht des Anwalts im Gewerberaummietrecht Guhling/Günter/Winter Teil 2. Kap. 29 Rn. 150 ff.

[6] OLG Düsseldorf BeckRS 2008, 15787.

II. Anmietrecht

1. Allgemeines

Ein **Anmietrecht,** auch Vorhand[7] oder Andienungsverpflichtung genannt, ist eine Vereinbarung, die den Vermieter verpflichtet, dem Mietinteressenten das Mietobjekt zur Miete **anzubieten,** bevor er es an einen anderen vermietet, ohne bei seinem Angebot an bestimmte Mietbedingungen gebunden zu sein (sog. **Angebotsvorhand**).[8] Ist der Vermieter lediglich verpflichtet, den Mieter über die Vermietungsabsicht zu informieren, ihm Angebote anderer Interessenten mitzuteilen und mit ihm über die Vermietung zu verhandeln, liegt eine sog. **Verhandlungsvorhand** vor.[9] Die Vereinbarung eines Anmietrechts ist **formlos** möglich.[10] Aus Beweissicherungsgründen sollte sie dennoch stets zumindest in **Textform** erfolgen. 9

Zum Zeitpunkt der Begründung des Anmietrechts ist es **völlig offen,** ob es überhaupt zu einem Mietvertragsabschluss zwischen dem Vermieter und dem Anmietberechtigten kommen wird. Auch stehen die Vertragskonditionen des etwaigen späteren Vertrages noch keineswegs fest; diese sollen erst mit Eintritt in die Hauptvertrags-Verhandlungen bestimmt werden.[11] Der beabsichtigte Mietvertrag kommt nicht durch einseitige Erklärung zustande, sondern durch **Angebot und Annahme** nach erfolgreichen Hauptvertrags-Verhandlungen. 10

Unterlässt es der Vermieter, nachdem er sich zur Vermietung der Mietsache entschlossen hat, dies dem Anmietberechtigten mitzuteilen und in Vertragsverhandlungen mit ihm zu treten, und vermietet er die Sache stattdessen an einen Dritten, so macht er sich **schadensersatzpflichtig.** Der Schadensersatz ist auf das **negative Interesse** beschränkt, dh auf das, was der Interessent im Vertrauen auf das Zustandekommen von Vertragsverhandlungen aufgewendet hat.[12] Da aber in einem derartigen Fall die Verhandlungen noch gar nicht stattgefunden haben, dürfte der Mieter berechtigterweise keine allzu hohen Investitionen im Hinblick auf das Zustandekommen des Mietvertrags vornehmen. Treten Umstände ein, die bei Vorliegen eines Hauptvertrages zur **fristlosen Kündigung** berechtigen würden, so kann der Vermieter vom Vertrag zurücktreten, da es ihm dann nicht zuzumuten ist, mit dem Mieter in Verhandlungen über eine eventuelle Neuvermietung zu treten. 11

2. Praktische Bedeutung

Die praktische Bedeutung des Anmietrechts ist aufgrund seiner rechtlichen Ausgestaltung nicht allzu groß.[13] In der Gewerberaummiete werden Anmietrechte etwa dann vereinbart, um dem Mieter nach Beendigung des Mietverhältnisses eine – wenn auch nur unverbindliche – Möglichkeit zur Verlängerung des Mietverhältnisses zu gewähren. So ist bei einem Umbau eines Bahnhofs folgende Formulierung als Anmietrecht ausgelegt worden: 12

---

[7] Bub/Treier MietR-HdB/Drettmann II Rn. 349; Derleder/Pellegrino NZM 1998, 550 (555).

[8] OLG Hamburg BeckRS 2001, 30184627 = ZMR 2001, 889; BeckOK BGB/Zehelein BGB § 535 Rn. 18; Herold WuM 1982, 119 (120).

[9] OLG Hamm BeckRS 2013, 14548. Zu dieser Unterscheidung ausf. BeckOGK/H. Schmidt BGB § 535 Rn. 197 f.

[10] Bub/Treier MietR-HdB/Drettmann II Rn. 357.

[11] Bub/Treier MietR-HdB/Drettmann II Rn. 353; Herold WuM 1982, 119 (120); KG BeckRS 2002, 30231733.

[12] Derleder/Pellegrino NZM 1998, 550 (555); Bub/Treier MietR-HdB/Drettmann II Rn. 355.

[13] Herold WuM 1982, 119 (120); Bub/Treier MietR-HdB/Drettmann II Rn. 350.

„Die D. wird sich im Rahmen der geplanten Umbaumaßnahmen des Empfangsgebäudes darum bemühen, dass dem Pächter nach Fertigstellung vorrangig ein vergleichbares Pachtobjekt angeboten wird.“[14]

13 **Aspekte aus Sicht des Mietinteressenten:**
Mit einem Anmietrecht erhält der Mietinteressent die Position des **ersten Verhandlungspartners.** Es hat für ihn den Vorteil, dass es ihn zu nichts verpflichtet; er kann das ihm unterbreitete Angebot jederzeit ablehnen. Andererseits sichert das Anmietrecht den Mietinteressenten nur in sehr geringem Umfang. Er hat **keine** Möglichkeit, den Abschluss des Mietvertrages zu erzwingen.

14 **Aspekte aus Sicht des Vermieters:**
Das Anmietrecht belässt dem Vermieter weitgehende **Freiheiten.** Da der „Anmietfall“ überhaupt nur eintreten kann, wenn er sich zur Vermietung bzw. Weitervermietung entschlossen hat, bleibt es letztlich in seiner Disposition, ob er überhaupt (noch) vermieten will. Des Weiteren bestimmt der Vermieter den Zeitpunkt, zu dem er ein Angebot machen, bzw. wann er in Vertragsverhandlungen eintreten möchte. Der Vermieter kann mittels seines Angebots die Konditionen des Vertrages grundsätzlich im Hinblick auf die Höhe der zu entrichtenden Miete, die Laufzeit des Vertrages als auch sonstiger Modalitäten bestimmen. Geht man davon aus, dass der Vermieter in der Gestaltung seines Vertragsangebots – und zwar bezüglich aller Mietkonditionen – völlig frei ist, sind für ihn keine Nachteile zu erkennen. Denn dann müsste ein Vermieter, der sich entschlossen hat, an einen anderen Mietinteressenten zu vermieten, dem Anmietberechtigten lediglich ein derart **ungünstiges Angebot** unterbreiten, das dieser vernünftigerweise ablehnen muss.[15] Diese Freiheit sollte, um eine Begrenzung auf Mietbedingungen nach billigem Ermessen (§§ 315–319 BGB) zu vermeiden[16] in der Vereinbarung des Anmietrechts festgeschrieben werden.

Zusammenfassung:

15 Die Vereinbarung eines Anmietrechts verschafft dem Mietinteressenten nur die Position als erster Verhandlungspartner. Sie kann mit ihrer geringen rechtlichen Bindungswirkung für beide Seiten etwa bei Großprojekten mit allen Unwägbarkeiten sinnvoll sein; hier kann das Anmietrecht dem bisherigen Mieter und Ladeninhaber die Position des ersten Verhandlungspartners geben, ohne den Vermieter und Projektträger über Gebühr zu belasten. Der Vermieter kann sich so die Möglichkeit eines Vertragsabschlusses mit diesem zB bekannten, solventen oder passenden Mieter offenhalten.

3. Vertragsgestaltung

16 Zu Beweissicherungszwecken empfiehlt sich eine **schriftliche** Vereinbarung.
Folgende Punkte sollten bei Abfassung der Vereinbarung beachtet und konkret ausformuliert werden:

- Klare Bezeichnung als Anmietrecht – Darstellung der beiderseitigen Interessenlage (Umbau – Wunsch nach vergleichbarer Miet- oder Pachtfläche).
- Ab wann ist von einem Entschluss zur Vermietung seitens des Vermieters auszugehen?
- In welcher Form hat der Verpflichtete den Berechtigten über seine Vermietungsabsicht in Kenntnis zu setzen?
- Zu welchen Konditionen hat der Verpflichtete anzubieten? (Freiheit des Vermieters oder Anwendung der §§ 315–319 BGB)?
- Ist der Vermieter verpflichtet, dem Berechtigten Angebote anderer Interessenten mitzuteilen?

[14] Vgl. den Sachverhalt bei KG BeckRS 2002, 30231733; das Gericht hielt diese Klausel als zu unbestimmt für einen Vorvertrag und qualifizierte sie als Anmietrecht.
[15] Herold WuM 1982, 119 (120).
[16] BeckOK BGB/Zehelein § 535 Rn. 18.

- Wie lange soll das Anmietrecht gelten?
- Soll es sich auf einen oder mehrere Gewerberäume beziehen?
- Soll das Anmietrecht nur für die erstmalige Neu- bzw. Weitervermietung gelten oder auch für folgende Vermietungen?

III. Vormietrecht

1. Allgemeines

a) **Begriffsbestimmung und Abgrenzung.** Unter **Vormietrecht** ist eine Vereinbarung zu verstehen, durch die der Berechtigte die Befugnis erhält, durch **einseitige,** an den Verpflichteten gerichtete Erklärung mit diesem einen Mietvertrag zu den Bedingungen begründen zu können, die dieser in einem Mietvertrag mit einem **Dritten** (sog. Erstvertrag) festgelegt hat. Mit Ausübung des Rechts tritt der Vormietberechtigte nicht an die Stelle des Dritten, vielmehr führt seine Erklärung zu einem **weiteren** – wenn auch inhaltsgleichen – Mietvertrag mit dem Verpflichteten.[17] 17

Das Vormietrecht ist somit in seiner Funktion dem **Vorkaufsrecht** vergleichbar. Da das BGB keine Regelungen zum Vormietrecht enthält, werden die Regelungen des Vorkaufsrechts (§§ 463 ff. BGB) entsprechend angewandt.[18] 18

Macht der Berechtigte von seinem Vormietrecht Gebrauch, so tritt er **nicht** in den mit dem ursprünglichen Mieter geschlossenen Mietvertrag ein. Vielmehr kommt zwischen dem Berechtigten und dem Vermieter ein **weiteres Mietverhältnis** zu den Bedingungen des vorher abgeschlossenen Mietvertrags zustande.[19] Dieser bleibt bei Ausübung des Vormietrechts **wirksam.** Somit ist zwischen **drei verschiedenen Verträgen** zu unterscheiden, nämlich der Vereinbarung zum **Vormietrecht,** dem mit dem Dritten abgeschlossenen **Erstvertrag** und dem **neuen Mietvertrag** zwischen dem Berechtigten und dem Vermieter, der durch die Ausübung des Vormietrechts zustande kommt.[20] 19

Das Vormietrecht führt somit zu einer Situation, in der der Begünstigte und der neue Mieter **konkurrieren.** Für den Vermieter kann die Konkurrenzsituation **Schadensersatzpflichten** auslösen, wenn er den Mieter, mit dem er den Erstvertrag schließt, nicht über die Existenz des Vormietrechts unterrichtet und wenn der Begünstigte vom Eintrittsrecht in den neuen Vertrag Gebrauch macht. Der Konkurrent, dem das Mietobjekt nicht zur Nutzung überlassen wird, kann dann **Schadensersatz** statt der Leistung verlangen.[21] Die Einräumung eines Vormietrechts ist daher **extrem haftungsträchtig,** dies gilt insbesondere auch für **anwaltliche Berater** des Vermieters.[22] 20

Das Vormietrecht kann vereinbart werden, wenn die Parteien ansonsten noch in keinerlei vertraglichen Beziehungen stehen. Es setzt nicht die gegenwärtige Vermietung der Räume voraus, sondern knüpft an den **künftigen Abschluss** eines Mietvertrages durch den Vermieter an. Es kann aber auch mit oder nach Abschluss eines Haupt-Mietvertrages für den Zeitraum nach seiner Beendigung oder für ggf. weitere anzumietende Räume eingeräumt werden.[23] So kann ein Vormietrecht zugunsten der Leasing- 21

---

[17] BGH NJW 1971, 422 (423); BGH NJW 1983, 682; BGH NJW 1987, 890; BGH NJW 2002, 3016 (3019); MüKoBGB/Häublein § 535 Rn. 23.

[18] BGH NJW 1988, 703 (704); BGH NJW 1971, 422 (423) betr. Gaststättenpachtvertrag; BGH ZMR 1958, 153 = BeckRS 1958, 31198108; OLG Hamm BeckRS 2016, 17931 (Rn. 66); Herold WuM 1982, 119 (120); Michalski ZMR 1999, 1; Lindner-Figura/Opreé/Stellmann Geschäftsraummiete-HdB/Stellmann § 3. Rn. 44.

[19] BGH NJW 1971, 422 (423); Bub/Treier MietR-HdB/Drettmann II Rn. 296.

[20] Michalski ZMR 1999, 1 (2).

[21] OLG Düsseldorf BeckRS 2008, 15787; Fritz/Geldmacher/Leo GewerberaumMietR/Geldmacher § 2 Rn. 32.

[22] Instruktiv hierzu OLG Düsseldorf BeckRS 2008, 15787; Leo/Kappus NZM 2013, 665 (666); Fritz/Geldmacher/Leo GewerberaumMietR/Geldmacher § 2 Rn. 33.

[23] Leo/Kappus NZM 2013, 665 (666); insoweit missverständlich KG BeckRS 2002, 30289998.

gesellschaft und Verpächterin des Gaststätteninventars im Falle einer fristlosen Kündigung des Gaststättenpächters vereinbart werden.[24]

22 Das Vormietrecht ist nicht übertragbar und geht nicht auf den Erben des Berechtigten über, sofern nicht ein anderes bestimmt ist (§ 473 S. 1 BGB analog).[25] Das Vormietrecht ist nicht vormerkbar iSd § 883 Abs. 1 BGB, da eine Vermietung einer Sache nicht mit einer Verfügung über sie gleichzusetzen ist. Nach überwiegender Ansicht im Schrifttum tritt ein Grundstückserwerber gemäß **§ 566 Abs. 1 BGB** grundsätzlich in den Vertrag über die Begründung eines Vormietrechts ein.[26] Insoweit ist die Interessenlage mit der Einräumung einer **Verlängerungsoption** für den Mieter vergleichbar, die ebenfalls auf den Grundstückserwerber mit übergeht.[27]

23 Höchstrichterlich entschieden ist dies aber nur für den Fall, dass das dem Mieter eingeräumte Vormietrecht bis zur Beendigung des Mietverhältnisses auszuüben ist.[28] Handelt es sich aber um ein Vormietrecht, das **außerhalb eines Mietvertrages** begründet wurde oder das sich auf andere Räume als diejenigen, die Gegenstand des Mietvertrages sind, bezieht, so wird in der Literatur vertreten, dass in diesem Fall der Grundstückserwerber **nicht** an das Vormietrecht gebunden sei.[29] Der BGH hat klargestellt, dass § 566 BGB restriktiv auszulegen ist und nur solche Rechte und Pflichten erfasst, die als mietrechtlich zu qualifizieren sind oder die in untrennbaren Zusammenhang mit dem Mietvertrag stehen. Der Erwerber trete deshalb nicht in Rechte und Pflichten ein, die außerhalb des Mietverhältnisses liegen, selbst wenn sie als zusätzliche Vereinbarung im Mietvertrag geregelt sind.[30]

24 Im Falle der Ausübung des **Sonderkündigungsrechts** gemäß § 111 InsO erlischt auch ein bestehendes Vormietrecht. Begründet wird dies mit dem Zweck des § 111 InsO, dem Erwerber eine freie Disposition über das Objekt zu ermöglichen. Dazu gehöre nicht nur bei weiterer Vermietung neue Konditionen vereinbaren zu können, sondern auch die Möglichkeit, sich den Vertragspartner der Neuvermietung auszusuchen.[31]

25 Im Gegensatz zum **Anmietrecht,** welches dem Berechtigten lediglich die Position des ersten Verhandlungspartners einräumt, macht die Ausübung des Vormietrechts ihn **unmittelbar zum Vertragspartner.** Gemeinsam ist diesen beiden Rechtsinstituten, dass der Berechtigte keinen Einfluss darauf nehmen kann, ob der Verpflichtete überhaupt (erneut) vermietet.

26 Im Gegensatz zum **Vorvertrag,** hat der Berechtigte keine Möglichkeit, den Abschluss des Hauptvertrages zu erzwingen. Der Verpflichtete ist in seiner Entscheidung, den Vormietfall durch Abschluss eines „Erstvertrags" auszulösen, völlig frei.

27 Das Vormietrecht hat mit der **Option** gemeinsam, dass beide Rechtsinstitute ein Gestaltungsrecht begründen. Während bei der Option der Inhalt des Hauptmietvertrages bereits im Optionsvertrag fixiert ist, wird beim Vormietrecht der Inhalt des mit dem Dritten abgeschlossenen Erstvertrags „übernommen".[32]

28 **b) Praktische Bedeutung.** Das Vormietrecht verschafft dem Berechtigten ein wertvolles **Vorzugsrecht.** Es muss deshalb auf Seiten des Vermieters jeweils sorgfältig geprüft und überlegt werden, ob er diese Bindung eingehen will und sie auch für ihn interessengerecht ist.

---

[24] BGH BeckRS 1980, 31076160 = WPM 1980, 1365.

[25] Bub/Treier MietR-HdB/Drettmann II Rn. 345; Michalski ZMR 1999, 1 (4).

[26] Grüneberg/Weidenkaff BGB § 566 Rn. 18; BeckOK BGB/Herrmann BGB § 566 Rn. 24–25.2.

[27] BGH NJW 1971, 422 (423); vgl. aber KG BeckRS 2010, 24375, wonach es bei einem zeitlich unbefristeten, auf sämtliche Neuvermietungen sich erstreckenden Vormietrecht zweifelhaft sei, ob es auf den Erwerber übergehe.

[28] BGH NJW 1971, 422 (423).

[29] Bub/Treier MietR-HdB/Drettmann II Rn. 342; Michalski ZMR 1999, 1 (4).

[30] BGH NJW 2017, 254.

[31] KG BeckRS 2010, 24375.

[32] Michalski ZMR 1999, 1 (5).

Aspekte aus Sicht des Mietinteressenten: 29
Im sog. Vormietfall kann der Berechtigte sein Vormietrecht ausüben, ohne aber dazu verpflichtet zu sein. Wenn der Vormietberechtigte sein Recht ausübt, wird er unmittelbar zum Vertragspartner. Bezüglich des Vertragsinhalts schützt die Rechtsprechung den Vormietberechtigten jedenfalls vor sittenwidrigen Regelungen und solchen, die völlig außerhalb der für gegenseitige Verträge typischen Abhängigkeit von Leistung und Gegenleistung stehen (sog. **Fremdkörpergedanke**). Derartige Bestimmungen im Erstvertrag sind für den eintretenden Berechtigten nicht verbindlich.[33]

Andererseits hat der Mietinteressent keine Möglichkeit, den Abschluss des Mietvertrages zu erzwingen. Er kann keinen Einfluss darauf nehmen, ob der Vermieter überhaupt (erneut) vermietet. Er hat auch keine Möglichkeit, auf die Konditionen des Erstvertrages Einfluss zu nehmen. Im Gegensatz zum Vorkaufsrecht ist eine dingliche Sicherung des Vormietrechts nicht möglich, so dass der Mietinteressent bei Ausübung des Vormietrechts einen Vorrang bei der Erfüllung des Mietvertrages nicht durchsetzen kann, sondern ggf. auf Schadensersatzansprüche wegen Nichterfüllung verwiesen ist. 30

Aspekte aus Sicht des Vermieters: 31
Das Vormietrecht belässt dem Vermieter die **freie Entscheidung,** ob er überhaupt (erneut) vermieten will. Des Weiteren ist er in der Gestaltung des Erstvertrages grundsätzlich frei, ebenso in der Wahl des Dritten. Durch die Suche nach weiteren Interessenten hat er die Möglichkeit, sich einen für ihn günstigen Vertragsinhalt auszubedingen; auf die Interessen des Vormietberechtigten braucht er regelmäßig keine Rücksicht zu nehmen.

Andererseits verpflichtet er sich einseitig, indem er seinem Vertragspartner eine Befugnis zum unmittelbaren Vertragsabschluss einräumt. Die Einräumung eines Vormietrechts birgt generell ein **erhebliches Haftungsrisiko** in sich, dem der Vermieter unbedingt durch entsprechende Vereinbarungen begegnen sollte. 32

Im gewerblichen Bereich kann ein Vormietrecht sich als **Vermarktungshindernis** zu Lasten des Vermieters auswirken, weil die Ungewissheit, ob das Vormietrecht ausgeübt wird, Mietinteressenten von Investitionen abhalten kann, die sich im Falle der Ausübung als wertlos erweisen können.[34] Zudem besteht die Gefahr, dass **Sonderkonditionen,** die der Vermieter nur dem Dritten als Mieter gewähren möchte, als mietvertragstypisch auch vom Vormietberechtigten in Anspruch genommen werden können, wenn er das Vormietrecht ausübt.

2. Begründung des Vormietrechts

Das Vormietrecht wird durch vertragliche Einigung der Parteien des Inhalts begründet, dass der Vormietberechtigte die Befugnis erhält, durch einseitige Erklärung an den Verpflichteten mit diesem einen Mietvertrag zu den Bedingungen zu schließen, die dieser in einem Mietvertrag mit einem Dritten bestimmt hat. Dieser Vertrag ist kein Mietvertrag, sondern ein Vertrag **eigener Art.**[35] 33

Die überwiegende Meinung geht davon aus, dass diese Einigung, wenn sie in einer isolierten Vereinbarung geschieht, **formfrei** möglich ist.[36] Wird das Vormietrecht nicht isoliert vereinbart, sondern als Teil eines Mietvertrages, der seinerseits den §§ 550, 578 Abs. 1 BGB unterliegt, muss natürlich das **Textformerfordernis** für die **gesamte Vereinbarung** beachtet werden.[37] 34

---

[33] BGH NJW 1988, 703 (704); OLG Frankfurt a. M. NJW-RR 1988, 178 sowie BGH NJW 1980, 2304 (2305) betr. Vorkaufsrecht; Bub/Treier MietR-HdB/Drettmann II Rn. 319; Michalski ZMR 1999, 1 (3).

[34] Lindner-Figura/Opreé/Stellmann Geschäftsraummiete-HdB/Stellmann § 3. Rn. 64; OLG Düsseldorf, BeckRS 2008, 15787; vgl. hierzu auch Derleder/Pellegrino NZM 1998, 550 (554).

[35] Bub/Treier MietR-HdB/Drettmann II Rn. 310.

[36] Bub/Treier MietR-HdB/Drettmann II Rn. 310; Gerold WuM 1982, 119 (120); Michalski ZMR 1999, 1 (2).

[37] OLG Hamm 14.6.2024 – 30 U 99/22, BeckRS 2024, 16389 (Rn. 89); Bub/Treier MietR-HdB/Drettmann II Rn. 311; Michalski ZMR 1999, 1 (2).

Darüber hinaus wird teilweise die Erforderlichkeit der Textform angenommen, wenn das Vormietrecht in einem Mietvertrag vereinbart ist und der Berechtigte auf Grund des Vormietrechts die Möglichkeit hat, eine **Verlängerung** der ursprünglichen Vertragslaufzeit herbeizuführen.[38] Aus Beweissicherungsgründen empfiehlt sich in jedem Fall eine Vereinbarung zumindest in Textform. Eine Pflicht zur **notariellen Beurkundung** besteht nach hM dann, wenn mit einem schriftlichen Mietvertrag über ein Grundstück neben der Vereinbarung eines Vormietrechts auch ein **Vorkaufsrecht** eingeräumt wird (§ 311b BGB).[39]

35 In der Regel wird das Vormietrecht nur als **einmaliges Ausübungsrecht** für eine bestimmte Erst- oder Neuvermietung vereinbart. Es kann allerdings auch als zeitlich befristetes oder gar unbefristetes Vormietrecht vereinbart werden, sodass der Berechtigte sich bei **jeder künftigen Neuvermietung** auf sein Vormietrecht berufen darf.[40] Nach der Rechtsprechung ist auch ein zeitlich **unbefristetes,** auf sämtliche Neuvermietungen sich erstreckendes Vormietrecht wirksam. Dies kann zwar dazu führen, dass der Vermieter, solange er das Grundstück durch Vermietung nutzen will, auf Dauer den Berechtigten als Mieter behält. Dies enge aber die Bewegungsfreiheit nicht derart ein, dass die Klausel als sittenwidrig im Sinne von § 138 Abs. 1 BGB zu werten sei.[41]

36 Problematisch ist, ob und in welchem Umfang die Einräumung eines Vormietrechts für alle zukünftigen Mietfälle in einem **Formularvertrag** möglich ist.[42] Seitens der Rechtsprechung wurden bislang keine Bedenken gegen eine langfristige formularvertragliche Bindung des Vermieters durch ein auf den **ersten Vermietungsfall** beschränktes Vormietrecht geäußert.[43] Verwendet hingegen ein marktmächtiger Mieter ein Vertragsformular, das ein Vormietrecht **für alle zukünftigen Mietfälle** enthält, so wird sich die Unwirksamkeit eines formularmäßig vereinbarten Vormietrechts aus **§ 307 Abs. 2 Nr. 1 BGB** ergeben, es sei denn, den berechtigten Interessen des Vermieters wird durch eine ausgewogene Formulierung Rechnung getragen.[44]

3. Ausübung des Vormietrechts

37 **a) Eintritt des Vormietfalles.** Die Ausübung des Vormietrechts setzt zunächst voraus, dass der sogenannte **Vormietfall** eingetreten ist. Dies ist dann der Fall, wenn der Verpflichtete mit dem Dritten einen wirksamen Mietvertrag (sog. **Erstvertrag**) abgeschlossen hat.[45]

38 Die Aufnahme von Vertragsverhandlungen mit dem Dritten für den Eintritt des Vormietfalls nicht aus, vielmehr muss es zum **wirksamen Vertragsabschluss** kommen.[46] Darüber hinaus müssen etwaige im Erstvertrag enthaltene aufschiebende Bedingungen eingetreten sein, ansonsten kann das Vormietrecht nicht ausgeübt werden.[47]

39 Was den Mietgegenstand anbelangt, so tritt der Vormietfall auch dann ein, wenn der Verpflichtete dem Dritten weniger oder auch mehr Räume vermietet, als dem Vormietrecht unterliegen. Vermietet der Verpflichtete dem Dritten im Erstvertrag weitere Räume, auf die sich das Vormietrecht **nicht bezieht,** ist § 467 BGB entsprechend

---

[38] Bub/Treier MietR-HdB/Drettmann II Rn. 311; Michalski ZMR 1999, 1 (2) jeweils zur Schriftform.

[39] BGH DWW 1994, 283; Bub/Treier MietR-HdB/Drettmann II Rn. 313; Grüneberg/Weidenkaff BGB § 550 Rn. 8.

[40] Allerdings sollen formularmäßige Klauseln, die jedweden Neuvermietungsfall erfassen, aufgrund Verstoßes gegen § 307 BGB unwirksam ein, vgl. hierzu Leo/Kappus NZM 2013, 665 (668).

[41] OLG Hamm BeckRS 1991, 31006628 unter I. 2.; dies kann allerdings bei Formularverträgen anders sein, hierzu KG BeckRS 2010, 24375.

[42] Hierzu umfassend Leo/Kappus NZM 2013, 665 sowie aus der Rspr. OLG Stuttgart NZM 2020, 465.

[43] OLG Stuttgart NZM 2020, 465 (Rn. 17) mwN.

[44] So insbesondere LG Karlsruhe NZM 2013, 861 (862); im gleichen Sinne Bub/Treier MietR-HdB/Drettmann II Rn. 348; Leo/Kappus NZM 2013, 665 (669) sowie Horst NZM 2018, 889 (892); zweifelnd bereits KG BeckRS 2010, 24375.

[45] Lindner-Figura/Opreé/Stellmann Geschäftsraummiete-HdB/Stellmann § 3. Rn. 49.

[46] Bub/Treier MietR-HdB/Drettmann II Rn. 315 f.; Michalski ZMR 1999, 1 (3).

[47] Lindner-Figura/Opreé/Stellmann Geschäftsraummiete-HdB/Stellmann § 3. Rn. 52.

anzuwenden. Dies bedeutet, dass der Vormietberechtigte einen Teil des Gesamtzinses zu entrichten hat, der **anteilig** auf die Mietfläche entfällt, die Gegenstand des Vormietrechts ist.[48]

Hat die Aufteilung der Fläche allerdings zur Folge, dass der Verpflichtete einen **Nachteil** erleidet, so kann dieser verlangen, dass sich das Vormietrecht auf sämtliche Mietflächen des Erstvertrages erstreckt. Für das Vorliegen des Nachteils ist der Vermieter beweispflichtig.[49] 40

Ist der Vormietfall eingetreten, muss der Vermieter den Berechtigten über den Abschluss und den Inhalt des Mietvertrages unverzüglich informieren (§ 469 Abs. 1 S. 1 BGB analog). Um Streitigkeiten über die Erfüllung dieser Pflicht zu vermeiden, sollte die Mitteilung grundsätzlich durch Übersendung einer **Kopie des Mietvertrages** erfolgen.[50] 41

b) Form der Ausübung des Vormietrechts. Die Ausübung des Vormietrechts erfolgt entsprechend § 464 Abs. 1 S. 1 BGB durch eine einseitige, empfangsbedürftige und bedingungsfeindliche **Gestaltungserklärung** gegenüber dem Vermieter.[51] Diese Erklärung ist nach hM **formlos** gültig (§ 464 Abs. 1 S. 2 BGB).[52] Um wirksam zu werden, muss die Erklärung dem Verpflichteten **zugehen** (§§ 464 Abs. 1 S. 1 analog, 130 Abs. 1 BGB). Mit Zugang kommt es zum Vertragsschluss. Um den Beweis zu erleichtern, ist eine Ausübung per E-Mail oder Fax zu empfehlen. Steht das Vormietrecht mehreren **gemeinschaftlich** zu, kann es in entsprechender Anwendung des § 472 S. 1 BGB nur von allen ausgeübt werden.[53] § 472 S. 2 BGB ist nicht entsprechend anwendbar. 42

Die **Frist zur Ausübung** des Vormietrechts beginnt in entsprechender Anwendung des § 469 Abs. 1 S. 1 BGB mit der dem **Verpflichteten** obliegenden unverzüglichen, auch formlos wirksamen Mitteilung des vollständigen Inhalts des mit dem Dritten abgeschlossenen Mietvertrages.[54] 43

Die Frist wird ebenfalls in Lauf gesetzt, falls der **Dritte** dem Berechtigten eine Mitteilung macht, da diese die dem Verpflichteten obliegende Mitteilung ersetzt (§ 469 Abs. 1 S. 2 BGB analog). Sollten die Parteien keine anderen vertraglichen Absprachen getroffen haben, so endet die Frist zur Ausübung des Vormietrechts grundsätzlich in entsprechender Anwendung des § 469 Abs. 2 BGB **zwei Monate** nach ordnungsgemäßer Mitteilung vom Inhalt des Mietvertrages an den Vormietberechtigten.[55] Die Ausübungsfrist kann grundsätzlich vertraglich verlängert oder – jedenfalls im individuell ausgehandelten Gewerberaummietvertrag – auch verkürzt werden (§ 469 Abs. 2 S. 2 BGB analog). Wird der Erstvertrag nach seiner Mitteilung abgeändert, läuft die Ausschlussfrist nicht. Sie beginnt in diesem Fall erst ab Mitteilung der Änderung.[56] 44

Unwirksam ist die Ausübung des Vormietrechts, wenn der Vormietberechtigte **insolvent** oder offenbar **nicht in der Lage** ist, seine Verpflichtungen aus dem Vertrag zu erfüllen da in diesem Fall die Erklärung gegen den Grundsatz von Treu und Glauben verstößt.[57] Ferner hindert die Unzumutbarkeit weiterer mietvertraglicher Beziehungen den Mieter auch, ein in seinem alten Vertrag vereinbartes Vormietrecht wirksam auszuüben.[58] 45

---

[48] BGH BeckRS 1958, 31198108 = ZMR 1958, 322; Bub/Treier MietR-HdB/Drettmann II Rn. 322.

[49] Lindner-Figura/Opreé/Stellmann Geschäftsraummiete-HdB/Stellmann § 3. Rn. 70.

[50] Lindner-Figura/Opreé/Stellmann Geschäftsraummiete-HdB/Stellmann § 3. Rn. 54.

[51] BGH NJW 1988, 703 (704); Michalski ZMR 1999, 1 (3); Leo/Kappus NZM 2013, 665 (666).

[52] BGH NJW 1971, 422 (424); Derleder/Pellegrino NZM 1998, 550 (554); Bub/Treier MietR-HdB/Drettmann II Rn. 325; Herold WuM 1982, 119 (120).

[53] Bub/Treier MietR-HdB/Drettmann II Rn. 327.

[54] BGH BeckRS 1958, 31198108 = ZMR 1958, 322.

[55] BGH NJW 1971, 422 (423 f.); Bub/Treier MietR-HdB/Drettmann II Rn. 332.

[56] Lindner-Figura/Opreé/Stellmann Geschäftsraummiete-HdB/Stellmann § 3. Rn. 57.

[57] OLG Frankfurt a. M. NJW-RR 1988, 178; OLG Hamm BeckRS 2016, 17931 (Rn. 69); Grüneberg/Weidenkaff BGB § 464 Rn. 3.

[58] OLG Hamm WuM 1981, 259 = FHZivR 27 Nr. 490: Der Brand des Geschäftshauses war in den Mieträumen ausgebrochen und gegen den Mieter war Haftbefehl erlassen und später auch Anklage erhoben worden; siehe auch OLG Hamm 14.6.2024 – 30 U 99/22, BeckRS 2024, 16389 (Rn. 108).

46 Die Ausübung des Vormietrechts ist ferner entsprechend § 466 S. 2 BGB **ausgeschlossen,** wenn sich der Dritte in dem Mietvertrag zu einer nicht in Geld zu bewirkenden **Nebenleistung** verpflichtet, die der Vormietberechtigte nicht erbringen kann.[59]

47 Das Vormietrecht kann nur dann wirksam ausgeübt werden, wenn sich der Berechtigte **ohne Vorbehalte** zur Übernahme der Pflichten und der vereinbarten Leistungen aus dem Erstvertrag bereit erklärt. Lehnt er einzelne Vertragsbedingungen ab oder begehrt deren **Änderung,** verweigert er die Übernahme der Pflichten ganz oder zum Teil, liegt **keine** wirksame Ausübung des Vormietrechts vor.[60] Etwas anderes gilt aber dann, wenn dem Vormietberechtigten zwar die Erbringung einer Leistung unmöglich ist, deren vertraglich verpflichtende Vereinbarung aber nicht hinreichend klar war, sondern nur eine von mehreren Auslegungsmöglichkeiten des Mietvertrages ist, in der er eintritt.[61]

48 Enthält der Erstvertrag Vereinbarungen, die lediglich den Zweck verfolgen, das Vormietrecht zu **umgehen,** so findet § 138 Abs. 1 BGB Anwendung, mit der Folge, dass diese Vereinbarungen wegen Verstoßes gegen die guten Sitten nichtig sind.[62] Der Berechtigte kann solche Klauseln, die allein zum Zwecke der Vereitelung seiner Rechte in den Erstvertrag aufgenommen wurden, ablehnen.[63]

49 Gleichfalls ablehnen kann er die Leistungen oder Verpflichtungen, die als **„Fremdkörper"** innerhalb des Erstvertrages zu werten wären. Nach der Rechtsprechung des Bundesgerichtshofs sind darunter solche Bestimmungen zu verstehen, die **völlig außerhalb** der für gegenseitige Verträge typischen Abhängigkeit von Leistung und Gegenleistung stehen. Um dies feststellen zu können, muss unter Berücksichtigung aller Umstände geprüft werden, warum und zu wessen Vorteil eine bestimmte Klausel für die Durchführung des Erstvertrages vereinbart worden ist. Kommt man zu dem Ergebnis, dass die getroffene Vereinbarung weder dem Erstmieter noch dem Vormietverpflichteten einen persönlichen oder wirtschaftlichen Vorteil bringt, liegt ein „Fremdkörper" vor.[64]

50 **Mietvertragstypisch** und keinen Fremdkörper stellen bei der Vermietung von Gaststätten die Verpflichtungen zur Neueinrichtung der Gaststätte und zum Getränkebezug dar; tritt eine Brauerei durch Ausübung eines Vormietrechts in den Mietvertrag mit einer anderen Brauerei ein, muss sie beide Pflichten übernehmen.[65] Als mietvertragstypisch wird man aber auch Vergünstigungen ansehen können, die ein Vermieter einem bestimmten Dritten als Mieter einräumt; das gilt etwa, wenn einer Einzelhandelskette als Großkunde des Vermieters im Mietvertrag Vergünstigungen wie **mietfreie Zeiten** oder **Ausbaukostenzuschüsse** gewährt werden. Hier muss allerdings bedacht werden, dass auch der Vormietberechtigte in den Genuss dieser Vergünstigungen kommt, wenn er das Vormietrecht ausübt.[66]

51 Der Grundsatz der Vertragsfreiheit ermöglicht den Parteien eine Vereinbarung darüber, dass die Ausübung des Vormietrechts statt durch einseitige Erklärung des Berechtigten durch **Abschluss eines Vertrages** erfolgen soll. Auf diese Weise ist es den Parteien möglich, einen vom Erstvertrag abweichenden Inhalt oder eine Abänderung einzelner Klauseln zu vereinbaren, was dazu führen kann, dass der Verpflichtete dem Berechtigten letztlich **bessere Konditionen** gewährt, als er sie mit dem Dritten vereinbart hat.[67]

---

[59] Bub/Treier MietR-HdB/Drettmann II Rn. 323.
[60] BGH NJW 1988, 703 (Verweigerung der Übernahme einer im Erstvertrag, einem Gaststättenpachtvertrag, vereinbarten Getränkebezugsverpflichtung); OLG Frankfurt a. M. NJW-RR 1988, 178.
[61] OLG Hamm BeckRS 2016, 17931 – Anmietung von Gewerbeflächen in einem Einkaufszentrum.
[62] BGH WuM 1970, 321 (322) = BeckRS 1969, 31175118 zum Vorkaufsrecht; BGH NJW 1988, 703 (704) zum Vorpachtvertrag.
[63] BGH NJW 1988, 703 (704); OLG Frankfurt a. M. NJW-RR 1988, 178 sowie zum Vorkaufsrecht BGH NJW 1964, 540 (541) mit umfangr. Nachw. Aus der Lit. Bub/Treier MietR-HdB/Drettmann II Rn. 319; Michalski ZMR 1999, 1 (4).
[64] BGH NJW 1988, 703 (704).
[65] OLG Frankfurt a. M. NJW-RR 1988, 178.
[66] Lindner-Figura/Oprée/Stellmann Geschäftsraummiete-HdB/Stellmann § 3. Rn. 66.
[67] BGH ZMR 1971, 373 (374) = BeckRS 1970, 31122856.

c) **Rechtsfolgen – Leistungsstörungen.** Die Ausübung des Vormietrechts durch einseitige Erklärung hat zur Folge, dass zwischen dem Berechtigten und dem Verpflichteten ein **neuer Mietvertrag** mit dem Inhalt des **Erstvertrages** zustande kommt. Der durch Ausübung des Vormietrechts zustande gekommene Mietvertrag hat jedoch keinen Einfluss auf die Rechtsbeständigkeit des zwischen dem Verpflichteten und dem Dritten geschlossenen Vertrages. Da der Vermieter beiden Mietern gegenüber zur Erfüllung verpflichtet ist, liegt eine **Doppelvermietung** vor, die einen Rechtsmangel gemäß § 536 Abs. 3 BGB begründet.[68] Die Einräumung eines Vormietrechts ist daher **extrem haftungsträchtig,** dies gilt auch für **anwaltliche Berater** des Vermieters.[69] 52

Will der Verpflichtete Schadensersatzansprüche wegen einer solchen Doppelvermietung vermeiden, genügt es nicht, wenn er auf das Bestehen eines Vormietrechts hinweist und erklärt, dass der Vormietberechtigte sein Recht wohl nicht ausüben werde. Vielmehr muss er Schadensersatzansprüche **ausschließen** oder sich durch eine auflösende Bedingung oder durch Vereinbarung eines **Rücktrittsrechts** (§ 572 Abs. 1 BGB) vom Erstvertrag lösen können.[70] 53

Ein (umfassender) **Haftungsausschluss** befreit den Verpflichteten jedenfalls dann von Ersatzansprüchen, wenn bei Ausübung des Vormietrechts ein mit dem Dritten ausgehandelter, inhaltsgleicher Mietvertrag entsprechend § 464 Abs. 2 BGB zustande kommt. Hat dagegen der Verpflichtete dem Vormietberechtigten vertraglich günstigere Bedingungen eingeräumt, kann er sich nicht ohne weiteres gegenüber dem Dritten auf den vereinbarten Haftungsausschluss berufen.[71] Schadensersatzansprüche können auch dann vermieden werden, wenn es zum **Verzicht** auf das Vormietrecht kommt; dazu ist jedoch – wie beim Vorkaufsrecht – der Abschluss eines **Erlassvertrages** notwendig.[72] 54

Zur prozessualen Durchsetzung des Vormietrechts kann der Berechtigte vom Vermieter **Auskunft** über den Inhalt des Mietvertrages mit dem Dritten verlangen. § 469 Abs. 1 BGB, der dem Vorkaufsberechtigten gegenüber dem Verpflichteten ein Auskunftsrecht einräumt, ist insoweit auf Vormiet- und Vorpachtverträge analog anzuwenden.[73] Hat der Vermieter mit dem Mieter ein Vormietrecht auf zusätzliche Gewerberäume vereinbart, so kann die Vereitelung des Vormietrechts den Mieter zu einer **Kündigung** wegen schuldhafter Vertragsverletzung berechtigen. Die Nichteinräumung des Vormietrechts allein genügt aber nicht; die Vertragsverletzung muss vielmehr derart sein, dass die Fortsetzung des Mietverhältnisses dem Mieter und Vormietberechtigten nicht mehr zumutbar ist.[74] 55

Überlässt der Verpflichtete nach wirksamer Ausübung des Vormietrechts dem Dritten die Mieträume, kann der Berechtigte gemäß § 543 Abs. 2 Nr. 1 BGB **kündigen**[75] oder unter den Voraussetzungen der §§ 536 Abs. 3, 536a BGB bzw. §§ 280, 281 BGB **Schadensersatz** verlangen.[76] 56

Der Berechtigte kann aber auch auf Erfüllung klagen, da es durchaus denkbar ist, dass sich die Parteien des Mietvertrages auf eine freiwillige Vertragsaufhebung einigen und danach kein Fall der Unmöglichkeit vorliegen würde. Die **Aufhebung** des ursprünglichen Mietvertrages zwischen Vermieter und Drittem lässt den durch Ausübung des Vormietrechts zustande gekommenen Vertrag zwischen Vermieter und Vormietberechtigtem unberührt. Ein Recht per se zur Einräumung des Besitzes an dem gemieteten Grundstück oder den gemieteten Räumen hat der Berechtigte nicht, solange der Dritte 57

[68] Leo/Kappus NZM 2013, 665 (666).
[69] Instruktiv hierzu OLG Düsseldorf BeckRS 2008, 15787; Leo/Kappus NZM 2013, 665 (666).
[70] OLG Düsseldorf MDR 1984, 756; MüKoBGB/Häublein BGB § 535 Rn. 25; Lindner-Figura/Oprée/Stellmann Geschäftsraummiete-HdB/Stellmann § 3. Rn. 66.
[71] BGH ZMR 1971, 373 (374) = BeckRS 1970, 31122856.
[72] BGH NJW 2002, 3016 (3019).
[73] BGH NJW 2002, 3016 (3018).
[74] BGH ZMR 1974, 375 (377) = BeckRS 1974, 31125896; KG BeckRS 2002, 30289998.
[75] Hierzu OLG Düsseldorf BeckRS 2008, 15787.
[76] OLG Düsseldorf BeckRS 2008, 15787; vgl. hierzu auch Derleder/Pellegrino NZM 1998, 550 (554); Bub/Treier MietR-HdB/Drettmann II Rn. 337.

auf Grund des fortwirkenden Vertrages rechtmäßiger Besitzer der Mietsache geworden ist. Anders verhält es sich aber, wenn der Dritte in Kenntnis des Bestehens eines Vormietrechts die Mietsache in Besitz nimmt, um auf diese Weise das Recht des Vormietberechtigten zu **vereiteln.** In diesem Fall ist die Berufung des Dritten auf seine Rechte aus dem Mietvertrag gegenüber dem Vormietberechtigten **rechtsmissbräuchlich.**

4. Vertragsgestaltung

58 Bereits aus Gründen der Beweissicherung ist der schriftliche Abschluss der **Vormietvereinbarung** selbst sowie eine Vereinbarung, dass das **Vormietrecht** schriftlich auszuüben ist, dringend zu empfehlen.

59 Folgende Punkte, neben der Nennung der Vertragspartner und des Vertragsgegenstandes, auf den sich das Vormietrecht bezieht, sollten bei der Abfassung des Vertrages beachtet und ggf. konkret ausformuliert werden:

- Sind die Parteien an einer Befristung des Vormietrechts interessiert?
- Wie ist die Mitteilungspflicht des Vermieters im Vormietfall zu erfüllen (z. B. durch Übersendung einer Kopie des Mietvertrages)?
- In welcher Form ist das Vormietrecht auszuüben (Schriftform/Textform)?
- Soll die Frist zur Ausübung des Vormietrechts über die gesetzlich vorgesehene Frist von zwei Monaten hinaus verlängert oder beim (individuell ausgehandelten) Gewerberaummietvertrag verkürzt werden?
- Soll mit der Ausübung des Vormietrechts für beide Vertragspartner ein vertraglicher Anspruch auf schriftliche Niederlegung des neu zustande gekommenen Mietvertrages entstehen? Das kann insbesondere dann sinnvoll sein, wenn der Erstvertrag mit dem Dritten nicht schriftlich abgeschlossen wird; eine entsprechende Klausel sichert auch in diesem Fall das Recht auf eine schriftliche Fixierung des Vertrages.
- Wie schützt sich der Vermieter vor dem Risiko einer Doppelvermietung im Falle der Ausübung des Vormietrechts?
- Soll das Vormietrecht übertragbar sein?
- Soll das Vormietrecht vererblich sein?
- Soll der Grundstückseigentümer verpflichtet werden, einen Grundstückserwerber an das Vormietrecht zu binden und dies auch seinen Rechtsnachfolgern aufzuerlegen?
- Soll das Vormietrecht nur für den ersten Vormietfall oder auch für alle künftigen Vormietfälle Geltung haben?

IV. Mietvorvertrag

1. Allgemeines

60 a) **Begriffsbestimmung.** Unter einem Mietvorvertrag ist eine schuldrechtliche Vereinbarung zu verstehen, in der sich die Parteien **verpflichten,** zu einem späteren Zeitpunkt einen **Hauptmietvertrag** zu schließen. In der Regel verpflichten sich **beide Vertragspartner** im Vorvertrag zum Abschluss des Hauptvertrages, es ist aber auch möglich, dass nur eine Partei eine Verpflichtung zum Hauptvertragsabschluss übernimmt.[77]

61 Der Mietvorvertrag ist ein echter schuldrechtlicher Vertrag, auf den die allgemeinen Vorschriften des Vertragsrechts anwendbar sind. Er begründet einen **Abschlusszwang auf vertraglicher Grundlage**[78] mit der Folge, dass aus dem Vorvertrag auf Abschluss des Hauptvertrages geklagt werden kann. Umgekehrt begründet der Vorvertrag ein **Verbot,** mit einem Dritten zu kontrahieren. Wird unter Missachtung dieses Verbotes mit einem Dritten ein Vertrag abgeschlossen, so löst dies **Schadensersatzansprüche** aus.[79]

---

[77] BGH NJW 1990, 1233; BGH NJW 1962, 1812 (1813); Fleischmann NZM 2012, 625 (626).

[78] Lindner-Figura/Opreé/Stellmann Geschäftsraummiete-HdB/Stellmann § 3 Rn. 5; BeckOGK/H. Schmidt BGB § 535 Rn. 208; OLG Frankfurt a. M. NJOZ 2015, 916 (Rn. 138).

[79] Zu diesem Gesichtspunkt Michalski ZMR 1999, 141 (142).

b) Praktische Bedeutung. Ein Mietvorvertrag kann geboten sein, um klarzustellen, ab welchem Zeitpunkt der Vorverhandlungen beide Parteien eine Verpflichtung zum Abschluss des Mietvertrages eingehen wollen. Bei längeren Verhandlungen kann eine Verfahrensabsprache, dass zunächst ein Vorvertrag in Schrift- oder Textform und auf dessen Grundlage der Mietvertrag ausgehandelt werde, Ansprüchen aus cic wegen des Abbruchs von Vertragsverhandlungen entgegenwirken. Denn solange der zunächst vorgesehene Vorvertrag nicht zustande gekommen ist, wird regelmäßig auch der für den Anspruch aus cic notwendige Vertrauenstatbestand zu verneinen sein. 62

Der Vorvertrag bezweckt in der Regel eine **vorzeitige Bindung** der Parteien, wenn dem Abschluss des Hauptvertrages noch rechtliche oder tatsächliche Hindernisse entgegenstehen.[80] Ein Vorvertrag kann aber auch die Verpflichtung beinhalten, einen Änderungsvertrag zu einem bereits bestehenden Vertrag[81] oder einen Aufhebungsvertrag[82] zu schließen. 63

Ein Vorvertrag kommt deshalb vor allem in folgenden Fallkonstellationen in Betracht: 64

- das Gebäude existiert nur auf dem Reißbrett,
- die notwendigen behördlichen Genehmigungen stehen noch aus[83]
- das Gebäude steht noch im Rohbau,
- der Laden oder das Geschäftsgebäude soll vor der Vermietung erst umfangreich modernisiert werden,
- es handelt sich um eine sog. Betreiberimmobilie, die für einen bestimmten Mieter oder für eine bestimmte Nutzungsart konzipiert ist,[84]
- das zu vermietende Objekt ist noch anderweitig vermietet.[85]

Aus Streitigkeiten nach zunächst erfolgversprechenden, schließlich aber gescheiterten Verhandlungen entsteht das in der Praxis häufige Problem, wann von einem Mietvorvertrag ausgegangen werden kann, insbesondere, wenn keine schriftliche Vereinbarung vorliegt. Die Rechtsprechung ist hier **sehr zurückhaltend,** aus den Erklärungen und dem Verhalten der Parteien bei den Mietvertragsverhandlungen auf **konkludenten Abschluss eines Mietvorvertrages** zu schließen. 65

In Rechtsprechung und Literatur herrscht Einigkeit, dass der Vorvertrag im Vergleich zum sofort wirksamen Hauptvertrag die **Ausnahme** darstellt.[86] Daher ist sorgfältig zu prüfen, ob die Vertragsparteien wirklich nur die Verpflichtung begründen wollten, später einen Hauptvertrag abzuschließen. In vielen Fällen wollen die Parteien nämlich unmittelbar die sich aus dem **Hauptvertrag** ergebenden Rechte und Pflichten begründen.[87] 66

Die Annahme eines Mietvorvertrages setzt deshalb **besondere Umstände** voraus, die darauf schließen lassen, dass sich die Parteien ausnahmsweise – ohne abschließende Regelung aller Vertragspunkte – bereits jetzt binden wollen.[88] Zwar können die rechtlichen oder tatsächlichen Hindernisse, die dem Abschluss des eigentlich angestrebten Hauptvertrages entgegenstehen, im Regelfall als Indizien für den beabsichtigten Ab- 67

[80] BeckOK BGB/Zehelein BGB § 535 Rn. 10; OLG Frankfurt a. M. NJOZ 2015, 916 (Rn. 138).

[81] OLG Koblenz BeckRS 2008, 21629, hierzu BeckOGK/H. Schmidt BGB § 535 Rn. 208.

[82] BAG NZA 2010, 273; im vorliegenden Fall war der Vorvertrag zum Aufhebungsvertrag wegen Verstoßes gegen die Formvorschrift des § 623 BGB unwirksam.

[83] BGH NJW-RR 1993, 139 (140); vgl. ferner LG Potsdam 22.1.2021 – 13 O 26/17, BeckRS 2021, 46718, wonach der abzuschließende Mietvertrag vom Vorliegen einer „bestandskräftigen und vollziehbaren Baugenehmigung, in der vom Vermieter im Wesentlichen beantragten Form für das Objekt" abhängig gemacht wurde.

[84] Fleischmann NZM 2012, 625 (626).

[85] Herold WuM 1982, 119.

[86] BGH WM 1973, 67 (68) = BeckRS 1972, 31121486; BGH BeckRS 1959, 31201278; OLG Hamm NJOZ 2003, 2065 (2066); LG Limburg BeckRS 2013, 19634; Michalski ZMR 1999, 141.

[87] BGH BeckRS 1969, 31178695 = BB 1969, 1456 = WM 1969, 919; OLG Hamm NJOZ 2003, 2065 (2066); Bub/Treier MietR-HdB/Drettmann II Rn. 243; Fleischmann NZM 2012, 625 (626).

[88] BGH WM 1973, 67 (68) = BeckRS 1972, 31121486; BGH WM 1973, 238 = FHZivR 19 Nr. 195; OLG Hamm NJOZ 2003, 2065 (2066); LG Limburg BeckRS 2013, 19634; Michalski ZMR 1999, 141.

schluss eines Vorvertrages angesehen werden; entscheidend ist aber, dass der **Bindungswille** der Parteien gerade auf den **Vorvertrag** gerichtet ist.

68 Daraus folgt, dass ein **Hauptvertrag,** über dessen Konditionen noch **keine** vollständige Einigung erzielt worden ist, **nicht** wegen der bereits unstreitigen Regelungen in einen **Vorvertrag** umgedeutet werden kann. Denn in diesem Fall war der maßgebliche Bindungswille auf den Abschluss des Hauptvertrages und nicht auf den eines vorläufigen Vertrages gerichtet. Gleiches gilt, wenn es dem beabsichtigten Hauptvertrag, soll er über längere Zeit als ein Jahr geschlossen werden, an der Textform iSd §§ 578 Abs. 1, 550 BGB fehlt. Auch hier steht einer Umdeutung in einen – formlos wirksamen – Mietvorvertrag in der Regel der **fehlende Bindungswille** hinsichtlich eines Vorvertrages entgegen.[89]

69 Da im Zweifel nicht angenommen werden kann, dass lediglich ein Vorvertrag abgeschlossen werden sollte, muss die Partei, die im Rechtsstreit den Abschluss eines Vorvertrags behauptet, diejenigen **besonderen Umstände** vortragen und **beweisen,** die auf den Willen zu rechtsgeschäftlicher Bindung vor Abschluss des Hauptvertrags schließen lassen.[90]

70 Für den Abschluss eines Vorvertrages sprechen allerdings **selten** praktisch sinnvolle Gründe. Etwaige Unsicherheiten, wie etwa Freiwerden des Mietobjekts oder Erteilung behördlicher Genehmigungen für Umbauten des Mietobjekts können dadurch berücksichtigt werden, dass **Bedingungen** oder **Rücktrittsmöglichkeiten** im Mietvertrag festgeschrieben werden.[91]

71 **Aspekte aus Sicht des Mietinteressenten:**

Der Mietinteressent sichert sich durch einen Vorvertrag weitgehend den Abschluss des zukünftigen Mietvertrages. Er hat die Möglichkeit, auf Abschluss des Hauptvertrages zu klagen und so den erstrebten Mietvertrag zu erzwingen. Die Entscheidung, dass der Vermieter vermieten will, fällt bereits mit Abschluss des Vorvertrages. Diese **Absicherung** ist vor allem dann sinnvoll, wenn der Mietinteressent bereits vor Abschluss des Mietvertrages **Investitionen** – etwa für die Geschäftseinrichtung – tätigen will, die andernfalls verloren sind. Der Mietinteressent kann auf die zukünftigen Mietbedingungen Einfluss nehmen, da bereits bei Abschluss des Vorvertrages die essentialia des zukünftigen Mietvertrages verhandelt und festgelegt werden müssen.

72 Andererseits kann sich der Mietinteressent nicht ohne weiteres von seiner eingegangenen Verpflichtung lösen.

73 **Aspekte aus Sicht des Vermieters:**

Der Vermieter sichert sich die zukünftige Vermietung eines Objekts mit dem Vertragspartner seiner Wahl weitgehend. Er kann den Abschluss des Mietvertrages gerichtlich erzwingen. Auch hier dient die Sicherung dem Schutz sonst verlorener Investitionen, etwa für auf den Mieter zugeschnittene Umbaumaßnahmen im Mietobjekt.

74 Andererseits bindet sich **auch der Vermieter** weitgehend bezüglich der Person seines Vertragspartners. Er kann auf Abschluss des Hauptvertrages verklagt werden. Ein Mietvorvertrag, der nur Mietobjekt, Mietdauer und Miete regelt, kann den Vermieter bei den Verhandlungen über den endgültigen Mietvertrag in eine **ungünstige Verhandlungsposition** bringen, weil die gesetzlichen Regelungen der §§ 535 ff. BGB durchwegs **mieterfreundlich** sind und aus Sicht des Vermieters oft abbedungen werden sollen. So hat der Vermieter nach dem Gesetz keinen Anspruch auf Zahlung einer Mietsicherheit oder auf Erstattung der Nebenkosten und der Kosten der Instandhaltung und Instandsetzung.[92] Der Vermieter sollte daher darauf achten, diese Punkte bereits im Vorvertrag

---

[89] BGH NJW 1980, 1577 (1578), BGH BeckRS 1969, 31178695 = BB 1969, 1456 = WM 1969, 919; Michalski ZMR 1999, 141 (142) mwN.

[90] BGH NJW 1980, 1577 (1578); OLG Hamm NJOZ 2003, 2065 (2066); OLG Frankfurt a. M. NJOZ 2015, 916 Rn. 141.

[91] LG Gießen NJW-RR 1995, 524, hierzu Derleder/Pellegrino NZM 1998, 550 (552). Zur Rechtslage in der „Schwebezeit" bei einem Mietvertrag mit fester Laufzeit, der unter einer aufschiebenden Bedingung abgeschlossen wird, vgl. BGH NZM 2025, 427 (Rn. 18 ff.).

[92] Lindner-Figura/Oprée/Stellmann Geschäftsraummiete-HdB/Stellmann § 3 Rn. 24.

zu regeln, oder aber – nach Verhandlung über diese Punkte – sich erst im endgültigen Mietvertrag binden.

2. Zustandekommen des Mietvorvertrages

a) **Abschluss des Mietvorvertrages.** Ein wirksamer Mietvorvertrag liegt dann vor, wenn sich die Vertragspartner darüber einig sind, dass das Mietobjekt dem Mietinteressenten zu einem späteren Zeitpunkt überlassen wird und Klarheit über die wesentlichen Konditionen des Mietvertrages besteht.[93] 75

In diesem Zusammenhang ist zu beachten, dass **fehlgeschlagene Vertragsverhandlungen** nicht in einen Vorvertrag umgedeutet werden können.[94] Dies gilt insbesondere dann, wenn sich

- die Parteien sich über die Hauptpunkte, nicht aber über alle nach ihrer Meinung regelungsbedürftigen Nebenpunkte des abzuschließenden Mietvertrags geeinigt haben (§ 154 Abs. 1 BGB)[95] oder
- die Parteien sich zwar über den Vertragsinhalt geeinigt haben, aber entgegen ihrer Abrede keinen schriftlichen Mietvertrag unterzeichnet haben (§ 154 Abs. 2 BGB).[96]

Nach herrschender Meinung kann ein Mietvorvertrag **formfrei** geschlossen werden.[97] 76
Dies wird damit begründet, dass ein Mietvorvertrag den Erwerber der Mietsache **nicht** nach § 566 BGB bindet.[98] Dies hat zur Folge, dass die Parteien aufgrund eines formlos wirksamen Mietvorvertrages trotz Verstoßes gegen § 578 Abs. 1 BGB an einen langfristigen Mietvertrag gebunden sein können, da jede Partei aufgrund des Vorvertrages einen Anspruch auf schriftlichen Abschluss des Hauptvertrages hat.[99] Vor diesem Hintergrund sollte daher, die Annahme eines **formlosen** Mietvorvertrages nur unter ganz besonderen Umständen gerechtfertigt sein.

Die Parteien können jedoch die **Formbedürftigkeit** des **Vorvertrages** vereinbaren. In diesem Fall findet § 154 Abs. 2 BGB Anwendung.[100]

Auch ein konkludenter Abschluss eines Vorvertrages ist möglich, allerdings muss in 77
einem solchen Fall der **Rechtsbindungswille** zweifelsfrei feststehen, was vor Gericht aber im Streitfall kaum zu beweisen ist.[101] Deshalb ist dringend anzuraten, wenn ein Mietvorvertrag geschlossen werden soll, die Vereinbarung schriftlich oder in Textform niederzulegen und ausdrücklich als Mietvorvertrag zu bezeichnen, weil so ein deutliches Indiz für die Auslegung geschaffen wird.[102]

Es liegt kein wirksamer Mietvorvertrag vor, wenn der Vermieter dem Mieter die 78
Überlassung des Mietobjekts in Aussicht stellt, es aber nicht zur Unterzeichnung des Mietvertrags kommt.[103] Ebenso kann kein Vorvertrag angenommen werden, wenn die Parteien einen schriftlichen Mietvertrag entworfen, diesen aber nicht unterzeichnet haben. Vielmehr befanden sich die Parteien gemäß § 154 Abs. 2 BGB noch im Stadium

---

[93] BGH ZMR 1994, 107 = NJW-RR 1994, 317 (318).
[94] BGH WM 1973, 67 (68) = BeckRS 1972, 31121486.
[95] BGH NJW 2006, 2843; BGH WM 1973, 67 (68); OLG Frankfurt a. M. NJOZ 2015, 916 (Rn. 162); LG Mannheim MDR 1971, 48.
[96] BGH NJW 1980, 1577 (1578), BGH BeckRS 1969, 31178695 = BB 1969, 1456 = WM 1969, 919.
[97] BGH NJW 2007, 1817 (Rn. 14); BGH NJW 1980, 1577 (1578); BGH BeckRS 1962, 31190134 sowie BGH NJW 1954, 71 unter Berufung auf die Rspr. des Reichsgerichts; ausführlich hierzu Eckert ZfIR 2007, 666; Derleder/Pellegrino NZM 1998, 550 (552); Bub/Treier MietR-HdB/Drettmann II Rn. 261. Vgl. ferner OLG Frankfurt a. M. BeckRS 2014, 20525 zur mündlichen Vereinbarung eines Mietvorvertrages über die Anmietung eines noch zu errichtenden Lebensmittelmarktes.
[98] Michalski ZMR 1999, 141 (143). Misst man § 550 BGB aber gleichzeitig eine Warnfunktion zu, so unterliegt auch der Mietvorvertrag der Form des § 550 BGB, hierzu MüKoBGB/Häublein BGB § 535 Rn. 20.
[99] Hierzu Eckert ZfIR 2007, 666 (667).
[100] BeckOK BGB/Zehelein BGB § 535 Rn. 10.
[101] Kritisch zur Formfreiheit von Mietvorverträgen Derleder/Pellegrino NZM 1998, 550 (552 f.).
[102] Lindner-Figura/Oprée/Stellmann Geschäftsraummiete-HdB/Stellmann § 3. Rn. 10.
[103] LG Mannheim MDR 1971, 48.

der **Vertragsverhandlungen.** Ein **formunwirksamer Mietvertrag** kann nicht in einen Mietvorvertrag umgedeutet werden.[104]

79 b) **Inhalt des Mietvorvertrages.** An den notwendigen Inhalt eines Vorvertrages können nicht die gleichen Anforderungen gestellt werden wie an eine endgültige Vereinbarung, dh den Inhalt des beabsichtigten Hauptvertrages muss der Vorvertrag nicht detailliert und in vollem Umfang wiedergeben. Dies folgt bereits aus dem Wesen des Vorvertrages als vorbereitendem Vertrag.[105]

80 Der Vorvertrag muss aber ein solches Maß an Bestimmtheit, Bestimmbarkeit und Vollständigkeit enthalten, dass im Streitfall der Inhalt des Hauptmietvertrages durch ein Gericht, ggf. im Wege der **ergänzenden Vertragsauslegung** nach §§ 157, 242 BGB, festgestellt werden kann. Notwendig ist, dass die Parteien sich über die **wesentlichen Mietbedingungen** geeinigt haben. Dazu zählt die Einigung über:

- das Mietobjekt,
- den Mietzins,
- die Mietdauer und
- weitere, von den Parteien noch für wesentlich gehaltenen Punkte.[106]

81 Diese Essentialia müssen mindestens **bestimmbar** sein.[107] Bestimmbar bedeutet, dass der Inhalt des nachfolgenden Hauptvertrages im Streitfall entweder durch Auslegung oder unter entsprechender Anwendung des § 287 ZPO im Wege ergänzender Vertragsauslegung (richterlich) festgestellt werden kann.[108] Hingegen kann die Ausgestaltung näherer Vertragsbedingungen den weiteren Verhandlungen, die zum Abschluss des Hauptvertrags führen sollen, vorbehalten bleiben.[109]

82 Auf die subsidiär geltenden **gesetzlichen** Bestimmungen der §§ 535 ff. BGB soll nur dann zurückgegriffen werden können, wenn die Auslegung des Vorvertrags ergibt, dass keine abweichende Regelung beabsichtigt ist.[110] Damit werden an einen Vorvertrag **geringere inhaltliche Anforderungen** als an einen Hauptvertrag gestellt.[111]

83 Für bestimmbar gehalten hat der BGH einen Mietvorvertrag über sämtliche Kinos in einem möglichen Komplex mit Multiplexkinos, Läden, gastronomischen Einrichtungen, Büros und Tiefgarage[112] oder über ein noch zu errichtendes Seniorenheim mit 180 Betten, wobei das gesamte Gebäude vermietet werden sollte.[113] Alle übrigen Einzelheiten könnten durchaus zu einem späteren Zeitpunkt noch verhandelt werden. Es bleibe den Parteien unbenommen, im Falle längerer Verhandlungsdauer das jeweils

---

104 BGH BeckRS 1969, 31178695 = WM 1969, 919.

105 BGH NJW 2001, 1285 (1286); BGH WM 1961, 1052; Bub/Treier MietR-HdB/Drettmann II Rn. 255; kritisch hierzu Michalski ZMR 1999, 141 (143).

106 BGH NJW-RR 1993, 139; OLG Karlsruhe NJW-RR 1996, 997 (998); OLG Saarbrücken NJW-RR 1978, 341.

107 BGH NJW 2006, 2843 (Rn. 13); OLG Frankfurt a. M. NJOZ 2015, 916 (Rn. 138); vgl. auch KG (8 U 8027/00) BeckRS 2002, 30231733: Das Gericht hielt die Klausel „Die D. wird sich im Rahmen der geplanten Umbaumaßnahmen des Empfangsgebäudes darum bemühen, dass dem Pächter nach Fertigstellung vorrangig ein vergleichbares Pachtobjekt angeboten wird" für zu unbestimmt für einen Vorvertrag und qualifizierte sie als Anmietrecht.

108 BGH ZMR 1993, 55 (56) = NJW-RR 1993, 139 (140); BGH NJW 1990, 1234; Michalski ZMR 1999, 141 (144).

109 BGH NJW 2006, 2843 (Rn. 13); BGH NJW-RR 1993, 139 (140); BGH NJW 1990, 1234 (1235); Bub/Treier MietR-HdB/Drettmann II Rn. 256; Michalski ZMR 1999, 141 (143).

110 BGH NJW 2006, 2843 Rn. 26; anders Herold WuM 1982, 119 f.

111 BGH NJW 2001, 1285 (1286); BGH WM 1961, 1052; Bub/Treier MietR-HdB/Drettmann II Rn. 255; kritisch hierzu Michalski ZMR 1999, 141 (143).

112 BGH NJW 2002, 3016 (3018): „Die Verpflichtung besteht, wenn die Bekl. auf ihrem Areal weiterhin Kinos vorsieht, und erstreckt sich auf sämtliche Kinos. Einzelheiten, insbesondere Umfang und Lage, sollten noch Vereinbarungssache sein; sie hängen von der Art des Umbaus ab, die zum Zeitpunkt des Vertragsschlusses noch nicht bekannt war.".

113 BGH NJW 2007, 1817; sehr zw. dagegen KG NJW-RR 2007, 519: Die Angabe 400 bis 500 qm Bürofläche in einem noch zu errichtenden Gebäude sei zu unbestimmt, so dass ein Mietvorvertrag nicht zustande gekommen sei.

erzielte Ergebnis in den Vorvertrag zu integrieren und so den Inhalt des Vorvertrages zu erweitern.[114]

Für **bestimmbar** wird in der **Rechtsprechung** Folgendes angesehen: 84

- Wenn lediglich eine Abrede über die Vertragsdauer fehlt, so soll der Vertrag als auf unbestimmte Zeit geschlossen gelten.[115] Das kann aber so nur im Wohnraummietrecht gelten; bei der Gewerberaummiete, wo der Vermieter einen unbefristeten Vertrag jederzeit kündigen kann, wird sich der Mieter regelmäßig nur verpflichten, wenn er seinen Laden, seine Praxis oder seine Firma in den Mieträumen für eine klar bestimmte Zeit aufrechterhalten kann.[116]
- Wenn eine Bestimmung des Mietzinses fehlt, so ist es möglich, diese Lücke durch die ortsübliche bzw. angemessene Miete zu füllen.[117] Bei der Gewerberaummiete reicht die Vereinbarung einer Umsatzmiete mit Mindestmiete und Indexierung im Vorvertrag aus, ohne dass bereits konkrete Sätze genannt sein müssten.[118]
- Wenn der Vermieter dem Mietinteressenten erklärt, er werde mit ihm einen Vertrag abschließen, sobald die Vormieterin gekündigt habe, nur würde sich der Mietzins dann geringfügig erhöhen; dem Vermieter sei damit ein gemäß § 315 BGB überprüfbares Ermessen zur angemessenen Mietzinserhöhung eingeräumt worden.[119]

Für **zu unbestimmt** wird in der Rechtsprechung Folgendes angesehen: 85

- Wenn eine Vereinbarung lediglich die Bezeichnung des Mietgegenstandes und die Erklärung, dass der Abschluss eines Mietvertrages hierüber beabsichtigt sei, enthält.[120]
- Wenn sich der Eigentümer und der Mietinteressent lediglich darauf einigen, dass der Interessent in dem demnächst bezugsfertig werdenden Gebäude einige Räume mietweise erhalten soll.[121]
- Wenn der Vermieter erklärt, er werde sich darum „bemühen“, nach Fertigstellung der geplanten Umbaumaßnahmen vorrangig ein vergleichbares Objekt anzubieten; hier kommt vielmehr nur ein Anmietrecht (→ Rn. 9 ff.) in Betracht.[122]

Wenn über Mietobjekt, Mietdauer und Miete eine Einigung erzielt worden ist, muss bei einem gewerblichen Mietvorvertrag – selbst wenn die Ausgestaltung der näheren Vertragsbedingungen weiteren Verhandlungen vorbehalten worden ist –sorgfältig geprüft werden, ob nur eine Verpflichtung begründet worden ist, einen (späteren) Mietvertrag abzuschließen, oder die Vertragsparteien schon unmittelbar die sich aus einem Mietvertrag ergebenden Rechte und Pflichten begründen wollten.[123] 86

Letzteres wird besonders dann anzunehmen sein, wenn umgehend der **Besitz** eingeräumt wird und die vereinbarten **Mietzahlungen** erbracht werden; dann steht auch die Bezeichnung als Mietvorvertrag und die Klausel *„Weitere Einzelheiten werden in einem ausführlichen Mietvertrag, wie besprochen, niedergelegt.“* der Annahme eines Mietver- 87

---

[114] BGH ZMR 1993, 55 (57) = NJW-RR 1993, 139 (140).

[115] Bub/Treier MietR-HdB/Drettmann II Rn. 259 m. w. N.

[116] Lindner-Figura/Oprée/Stellmann Geschäftsraummiete-HdB/Stellmann § 3. Rn. 17. Anders aber BGH BeckRS 1961, 31188569 unter A. 2; vgl. hierzu noch BGH NJW 1975, 1116 (1117) wo bei einem langfristigen Vertriebsvertrag die noch offene Vertragsdauer im Wege der ergänzenden Vertragsauslegung ermittelt wurde.

[117] BGH NJW 2002, 3016 (3018); BGH NJW-RR 1992, 517; Bub/Treier MietR-HdB/Drettmann II Rn. 258; **aA** Derleder/Pellegrino NZM 1998, 550 (552).

[118] BGH NJW 2002, 3016 (3018); **aA** Lindner-Figura/Oprée/Stellmann Geschäftsraummiete-HdB/Stellmann § 3. Rn. 15.

[119] LG Berlin GE 1992, 387.

[120] BGH WuM 1977, 400 (401) (Pacht).

[121] Held WuM 1982, 119.

[122] KG BeckRS 2002, 30231733 (zur Gewerberaumpacht).

[123] BGH WM 1996, 1064 = NJWE-MietR 1996, 54 (55); BGH NJW 2009, 2195 (2197); OLG Frankfurt a. M. NJOZ 2015, 916 (Rn. 138): „Legen die Parteien bereits alle Vertragsbedingungen verbindlich fest, schließen sie keinen Vorvertrag, sondern den Hauptvertrag“.

trages nicht entgegen. Grundsätzlich gilt: Im Zweifel ist davon auszugehen, dass bereits der Mietvertrag selbst und nicht ein Vorvertrag geschlossen werden sollte.[124]

3. Rechte und Pflichten aus dem Mietvorvertrag

88 a) **Haupt- und Nebenpflichten. Hauptpflicht** ist für beide Teile alsbald nach Fortfall der noch bestehenden Hindernisse der Abschluss des Hauptvertrages. Haben die Parteien im Vorvertrag den Abschluss eines **langfristigen Mietvertrags** vereinbart, so besteht für beide Seiten die Verpflichtung, am Abschluss eines Hauptvertrags in **Textform** gemäß §§ 578 Abs. 1, 550 BGB mitzuwirken.[125] Dies bedeutet, dass grundsätzlich beide Parteien zur Abgabe eines Angebots auf Abschluss des Hauptvertrages verpflichtet und gehalten sind, ein Angebot der Gegenseite entweder anzunehmen oder an dem weiteren **Aushandeln der Vertragsbedingungen ernsthaft mitzuwirken.**[126] Die Verpflichtung aus einem Vorvertrag erlischt also nicht schon dadurch, dass ein einmaliges Vertragsangebot zum Abschluss des Hauptvertrages vom anderen Vertragspartner abgelehnt wird. Dem ablehnenden Vertragspartner bleibt es unbenommen, ein **Gegenangebot** zu machen. Dieses Gegenangebot darf nicht unbeachtet bleiben; die Ablehnung von Verhandlungen unter Verweisung auf das eigene Angebot kann gegen Treu und Glauben verstoßen.[127]

89 Mit dem Abschluss des Vorvertrags entsteht zwischen den Parteien ein Vertragsverhältnis mit der Verpflichtung, auf den Abschluss des Hauptvertrages hinzuwirken und die näheren Vertragsbedingungen auszugestalten und festzulegen.[128] Nach Ansicht der Rechtsprechung begründet der Vorvertrag eine **Verhandlungspflicht.** Die Parteien sind gehalten, sich gegenseitig um Regelungen und Ausgleich der in dem Vorvertrag noch offen gehaltenen Fragen zu bemühen. Sie sind verpflichtet, an dem weiteren **Aushandeln** der Vertragsbedingungen mitzuwirken, etwa durch Angabe eines Gegenangebots und durch das Führen von Verhandlungen.[129]

90 Grundsätzlich kann das vorgelegte Vertragsangebot inhaltlich in gewissem Umfang vom Vorvertrag **abweichen,** ohne „vertragswidrig" zu sein. Zulässig ist zB eine geringfügige Anhebung des monatlichen Mietzinses, wenn der Vorvertrag nur eine überschlägige Berechnung desselben enthielt.[130] Als zulässig wird auch eine Neugestaltung des Rechts zur Untervermietung angesehen, wenn dies im berechtigten Interesse des Vermieters liegt und der Klarstellung dient.

91 Nicht zulässig ist eine erstrebte Änderung in der Person des Vermieters. Der Mieter muss sich nicht auf einen anderen Vertragspartner, zB eine vom Eigentümer beherrschte KG, als Vermieter einlassen.[131] Auch die Gewährung eines Vormietrechts oder einer Verlängerungsoption kann nicht verlangt werden.[132] Der Mieter ist auch nicht verpflichtet, ein sogenanntes „aliud" anzunehmen; auch darüber muss er nicht verhan-

---

[124] OLG Karlsruhe BeckRS 2002, 30293109; vgl. hierzu auch LG Gießen NJW-RR 1995, 524, wonach eine als „Vorvertrag zum Mietvertrag" bezeichnete Vereinbarung, in der alle wesentlichen Punkte eines Mietvertrags über die noch nicht bezugsfertig hergestellte Wohnung geregelt sind, als auflösend bedingter Mietvertrag auszulegen sei. Im gleichen Sinne OLG Köln BeckRS 1981, 1319 („Der „Vorvertrag" enthält eine vollständige Regelung dessen, was die Parteien beabsichtigen. Der Formularvertrag ist genau ausgefüllt und durch Individualabreden ergänzt worden").

[125] BGH NJW 2007, 1817 (Rn. 15); Bub/Treier MietR-HdB/Drettmann II Rn. 263.

[126] BGH WM 1981, 695 (697); BGH NJW-RR 1994, 317 (318); OLG Frankfurt a. M. NJOZ 2015, 916 Rn. 141.

[127] BGH WM 1958, 491: „Die Verpflichtung aus einem Vorvertrage zum Abschluß des Hauptvertrags erlischt nicht schon dadurch, daß der eine Teil dem anderen ein Vertragsangebot macht, dieser es aber ablehnt; die ablehnende Partei kann jedoch gegen Treu und Glauben verstoßen, wenn sie nach der Ablehnung des Antrages ihrerseits den Abschluß des Hauptvertrages verlangt.".

[128] Michalski ZMR 1999, 141 (142); MüKoBGB/Busche Vor § 145 Rn. 66.

[129] BGH NJW-RR 1994, 317 (318); LG Limburg BeckRS 2013, 19634; Bub/Treier MietR-HdB/Drettmann II Rn. 264.

[130] BGH BeckRS 1981, 31075279 unter II 5b).

[131] BGH BeckRS 1981, 31075279 unter II 5c) cc).

[132] OLG Frankfurt a. M. BeckRS 2015, 9121 (Rn. 179).

deln.[133] So reicht es nicht aus, wenn der Vermieter statt des im Mietvorvertrag vereinbarten Vertrages über sämtliche Kinos (mit Konkurrenzschutz) in einem noch zu errichtenden Komplex mit Multiplexkinos, Läden, Gastronomie und Büros dem Berechtigten den Abschluss eines Generalmietvertrages für das gesamte Objekt anbietet.[134]

Des Weiteren sind die Parteien eines Mietvorvertrages gehalten, die entgegenstehen- 92
den **Hindernisse** nach Möglichkeit zu **beseitigen.**[135] Werden diese Pflichten verletzt, so kann der jeweils andere Teil Schadensersatz verlangen.[136]

In der Zeit zwischen dem Abschluss des Vorvertrages und dem beabsichtigten Ab- 93
schluss des Hauptvertrages können **Veränderungen** der tatsächlichen oder rechtlichen Verhältnisse eintreten. Diese sind zu berücksichtigen, und zwar dergestalt, dass die Bestimmungen des nunmehr abzuschließenden Hauptvertrages so festzulegen sind, wie die Parteien sie bei Kenntnis dieser Veränderungen festgelegt haben würden.[137] Besonders tiefgreifende Veränderungen können nach den Regeln über den Wegfall der Geschäftsgrundlage dazu führen, dass der Abschluss des Hauptvertrages überhaupt nicht mehr in Betracht kommt.[138]

Der Anspruch auf Abschluss des Hauptvertrages unterliegt der regelmäßigen **Ver-** 94
jährung (§§ 195, 199 BGB). Im Einzelfall empfiehlt sich sicherlich eine (formlose) Vereinbarung über eine Verlängerung der Verjährungsfrist (§ 202 Abs. 2 BGB). Da ein Mietvorvertrag nicht mit einem endgültigen Mietvertrag gleichzusetzen ist, geht die Verpflichtung zum Abschluss eines Mietvertrages nicht auf den Erwerber der Mietsache über.[139]

Daneben bestehen vertragliche **Nebenpflichten;** insbesondere müssen die Parteien 95
alles unterlassen, was dem Abschluss des Hauptvertrages im Wege stehen könnte.[140] Verletzt eine Partei diese Verpflichtungen, so kann die andere Partei **Schadensersatz** verlangen.[141] Dies wäre etwa dann der Fall, wenn die andere Partei den Termin zur Unterzeichnung des Hauptvertrags nicht wahrgenommen und das ihr unterbreitete Vertragsangebot ohne Verhandlungsbereitschaft **abgelehnt** hat.[142] Gleiches gilt, wenn eine Partei unter Verletzung der Verpflichtungen aus dem Vorvertrag den Hauptvertrag **mit einem Dritten** abschließt.[143]

Hat der Mieter aufgrund des Vorvertrages bereits den **Besitz** an der Mietsache erlangt, 96
steht ihm ein Besitzrecht zu, solange er Erfüllung des Vorvertrages verlangen kann. Dem Herausgabeanspruch des Eigentümers gemäß § 985 BGB steht dann der Einwand unzulässiger Rechtsausübung gemäß § 242 BGB entgegen, wenn er aufgrund des Vorvertrages verpflichtet ist, mit dem Besitzer einen Mietvertrag zu schließen, denn er fordert damit etwas, was er kraft der Verpflichtung zum Abschluss des Mietvertrages und der hieraus folgenden Pflicht zur Gebrauchsüberlassung sofort zurückgeben müsste.[144] Das Besitzrecht des Mieters entfällt hingegen, wenn der Vermieter ein Kündigungsrecht entsprechend den mietrechtlichen Regeln erwirbt, etwa nach § 543 Abs. 2 Nr. 3 BGB bei Zahlungsverzug des Mieters.[145]

---

133 BGH NJW 2002, 3016 (3019).
134 BGH NJW 2002, 3016 (3018).
135 Bub/Treier MietR-HdB/Drettmann II Rn. 266.
136 BGH NJW 2007, 1817 (Rn. 15).
137 BGH NJW 1986, 2822 (2832).
138 BGH NJW 1962, 1812.
139 Grüneberg/Weidenkaff BGB Einf vor § 535 Rn. 4; BGH NJW 1962, 1388 (1390); BGH NJW 2007, 1817 (Rn. 14); BGH NJW 1980, 1577 (1578).
140 BGH NJW 2007, 1817 (1818); Bub/Treier MietR-HdB/Drettmann II Rn. 266.
141 BGH NJW 2007, 1817 (Rn. 15).
142 BGH NJWE-MietR 1996, 56.
143 Michalski ZMR 1999, 141 (144).
144 OLG Köln NJW-RR 1992, 1162 (1163) = WuM 1992, 361 (362); KG BeckRS 2003, 30317319; AG Winsen (Luhe) BeckRS 2003, 31058748.
145 OLG Köln NJW-RR 1992, 1162 (1163) = WuM 1992, 361 (362).

97 Nimmt aber eine Partei des Vorvertrages das Mietobjekt vor Abschluss des Hauptvertrages eigenmächtig in Besitz, so begeht sie **verbotene Eigenmacht.**[146]

98 **b) Erfüllung – Leistungsstörungen beim Vorvertrag.** In erster Linie verpflichtet der Vorvertrag zum Abschluss des Hauptvertrages. Erfüllung tritt mit Abschluss eines formgültigen Hauptvertrages ein. Scheitern aber die Verhandlungen über den Abschluss des Hauptvertrages endgültig, können die Parteien den Vorvertrag einvernehmlich aufheben und die Pflicht zum Abschluss des Hauptvertrages hinfällig machen. Da der Vorvertrag ein vollwertiger schuldrechtlicher Vertrag ist, unterliegt er zur Gänze dem Leistungsstörungsrecht gemäß der §§ 275 ff. BGB.

99 Grundtatbestand und grundsätzlich einzige Anspruchsgrundlage für einen Schadensersatzanspruch ist § 280 Abs. 1 BGB. Voraussetzung hierfür ist, dass der Schuldner eine Pflicht aus dem Schuldverhältnis verletzt hat und diese Pflichtverletzung zu vertreten hat. Auch die bloße **Nichterfüllung** ist eine Pflichtverletzung.[147]

100 Unmöglichkeit ist ein Schuldbefreiungsgrund (§ 275 Abs. 1 BGB) und berechtigt gemäß § 283 S. 1 BGB den Gläubiger, Schadensersatz statt der Leistung zu verlangen. Da aber der Vorvertrag lediglich zum Abschluss des Hauptvertrages verpflichtet, wird **Unmöglichkeit** kaum in Betracht kommen. Der Bundesgerichtshof hat zum früheren Recht entschieden, dass keine Unmöglichkeit vorliegt, wenn der Vermieter die auf Grund des Vorvertrages zu vermietenden Räume bereits an einen Dritten vermietet und überlassen hat, weil der Abschluss des Hauptvertrages dennoch möglich bleibt und der Vertrag auch rückwirkend geschlossen werden kann.[148]

101 Eine Unmöglichkeit der Besitzüberlassung ist erst dann anzunehmen, wenn feststeht, dass der Vermieter den Mietvertrag mit dem Dritten nicht kündigen oder durch Vereinbarung einer Abstandszahlung beenden kann.[149] Der ursprüngliche Mieter kann aber in solchen Fällen **Schadensersatzansprüche** geltend machen.[150]

102 Der aus einem Vorvertrag zur Anmietung eines Gewerbeobjekts Verpflichtete kann allerdings den Abschluss des Mietvertrags verweigern, wenn er die Leistung des Vermieters aufgrund eines **Mangels** zurückweisen und gemäß § 543 Abs. 2 Nr. 1 BGB das Mietverhältnis kündigen könnte.[151]

103 **Verzug** ist ein qualifizierter Fall der Nichterfüllung, der vom Eintritt zusätzlicher, in § 286 BGB niedergelegter Voraussetzungen abhängig ist. Liegen diese vor, kann der Gläubiger Schadensersatz gemäß § 280 Abs. 2 BGB verlangen. Schadensersatz statt der Leistung steht dem Gläubiger nur zu, wenn zusätzlich zu den Voraussetzungen des § 280 Abs. 1 BGB auch die der §§ 281, 282 oder 283 BGB erfüllt sind.[152] Weigert sich eine Partei endgültig, den Hauptvertrag zu den Bedingungen des Vorvertrags abzuschließen, so kann die andere Partei vom Vertrag **zurücktreten.** Eine unberechtigte Kündigung des Vorvertrags oder die Weigerung des Abschlusses des Hauptvertrags stellt außerdem eine **Pflichtverletzung** dar, die zum Schadensersatz gegenüber der anderen Partei verpflichtet.[153]

104 Der Bundesgerichtshof hat bisher bei Vorliegen eines Vorvertrages und einer behaupteten Weigerung zum Abschluss des Hauptvertrages **strenge Anforderungen** an die Annahme einer Erfüllungsverweigerung gestellt. Die Weigerung zum (Haupt-)Vertragsabschluss musste außer Zweifel stehen; dh es wurde gefordert, dass der Schuldner sich über das auf die vertragliche Leistung gerichtete Erfüllungsverlangen des Gläubigers im Klaren ist und ohne Rücksicht auf die möglichen Folgen seine Weigerung gewisserma-

---

[146] AG Winsen (Luhe) BeckRS 2003, 31058748.
[147] Grüneberg/Grüneberg BGB § 280 Rn. 13.
[148] BGH NJW-RR 1993, 139 (141) = ZMR 1993, 55 (57); Michalski ZMR 1999, 141 (145). Generell zu den Sekundäransprüchen bei einem Vorvertrag MüKoBGB/Busche Vor § 145 Rn. 67.
[149] OLG Frankfurt a. M. NJOZ 2015, 916 (Rn. 185) mwN.
[150] BGH NJW-RR 1993, 139 (141); Bub/Treier MietR-HdB/Drettmann II Rn. 277.
[151] So für den Fall des Kaufs BGH NJW 2001, 1285 (1287).
[152] § 280 Abs. 3 BGB; vgl. Grüneberg/Grüneberg BGB § 280 Rn. 13.
[153] BGH NJW 2007, 1817 Rn. 15.

ßen als letztes Wort klar zum Ausdruck bringt.[154] Daran hat sich durch die Kodifizierung in § 281 Abs. 2 BGB, § 286 Abs. 2 Nr. 3 BGB und § 323 Abs. 2 Nr. 1 BGB nichts geändert.

Besonders hinzuweisen ist auf § 325 BGB. Danach wird das Recht, bei einem gegenseitigen Vertrag Schadensersatz zu verlangen, durch einen Rücktritt nicht ausgeschlossen (gemäß § 323 BGB), dh der Gläubiger kann nunmehr Rücktritt und Schadensersatz miteinander kombinieren. Er kann sich vom Vertrag lösen, ohne anderer Ansprüche verlustig zu gehen. § 323 BGB gewährt dem Gläubiger auch dann ein Recht zum Rücktritt, wenn der Schuldner seine Pflichtverletzung nicht zu vertreten hat. 105

Darüber hinaus berechtigen grundsätzlich alle Tatsachen, bei deren Vorliegen eine der Parteien des abzuschließenden Mietvertrages zur **Kündigung aus wichtigem Grund** berechtigt wäre, in der Regel auch zum **Rücktritt** vom Vorvertrag.[155] Das Rücktrittsrecht tritt dann an die Stelle der fristlosen Kündigung. Kommt es infolge einer arglistigen Täuschung zum Abschluss eines Vorvertrages, ist der Getäuschte zur **Anfechtung** berechtigt. So kann zB der Vermieter den mit dem potenziellen Mieter geschlossenen Mietvorvertrag wirksam anfechten, wenn dieser die Frage nach seiner Bonität wahrheitswidrig beantwortet hat.[156] 106

Hat eine Partei bereits aufgrund des Vorvertrages Leistungen erbracht, zum Beispiel eine Mietvorauszahlung, und den Hauptvertrag wegen arglistiger Täuschung angefochten, so muss auch der Vorvertrag angefochten werden, um Bereicherungsansprüche auszulösen. Die Anfechtung nur des Hauptvertrages genügt nicht.[157] Kann nur der Hauptvertrag, aber nicht der Vorvertrag angefochten werden, ergibt sich aus dem Vorvertrag weiterhin die Verpflichtung zum erneuten Hauptvertragsabschluss, allerdings möglicherweise mit modifiziertem Inhalt. 107

c) **Gerichtliche Geltendmachung.** Jede Partei kann aus dem Mietvorvertrag auf Erfüllung, dh auf Abschluss des Mietvertrages klagen. Der aus dem Vorvertrag resultierende Erfüllungsanspruch ist auf Abschluss eines Hauptvertrages mit dem Inhalt gerichtet, den der Vorvertrag für den künftig abzuschließenden Hauptvertrag vorsieht. Die richtige Klageart ist die **Leistungsklage.**[158] 108

Die gerichtliche Durchsetzung der Ansprüche aus dem Vorvertrag kann aber schwierig sein, weil zum einen häufig noch **Hindernisse** tatsächlicher oder rechtlicher Art dem Abschluss des Vorvertrags entgegenstehen. Zum anderen ist der Vorvertrag häufig **lückenhaft,** sodass die Bestimmungen des abzuschließenden Hauptvertrages nicht ohne weiteres vollständig ausformuliert werden können. 109

Im Regelfall ist der Erfüllungsanspruch aus dem Vorvertrag im Wege der Leistungsklage auf die **Annahme** eines von der klagenden Partei abgegebenen Angebots geltend zu machen.[159] Die Leistungsklage ist grundsätzlich auch bei einem Streit über das (wirksame) Zustandekommen eines Vorvertrages die richtige Klageart. Nach ständiger Rechtsprechung des Bundesgerichtshofs ist für eine Feststellungsklage im Allgemeinen kein Raum, wenn eine Leistungsklage möglich ist, die das Rechtsschutzinteresse des Klägers ebenso wahren kann.[160] Die Besonderheiten eines Falles können jedoch dazu führen, dass letztlich nur eine **Feststellungsklage** dem Rechtsschutzbedürfnis des Klägers entspricht und zur Erledigung der aufgetretenen Streitpunkte führen kann; das gilt insbesondere, wenn es nicht um Details des Mietvertrages geht, sondern die Frage der Vermietung überhaupt streitig ist.[161] 110

---

[154] BGH NJW-RR 1993, 139 (140 f.).
[155] MüKoBGB/Häublein BGB § 535 Rn. 21; Bub/Treier MietR-HdB/Drettmann II Rn. 279.
[156] AG Wolfsburg NZM 2001, 987 (988).
[157] BGH WM 1973, 238 = FHZivR 19 Nr. 195.
[158] Bub/Treier MietR-HdB/Drettmann II Rn. 285.
[159] BGH NJW 2006, 2843; BGH NZM 2002, 910 (912); BGH NJW-RR 1994, 317 (318); BeckOGK/H. Schmidt BGB § 535 Rn. 211.
[160] BGH NJW 2002, 3016 (3017); NJW-RR 1994, 1272 (1273) mwN.
[161] BGH NJW 2002, 3016 (3017); so auch Fleischmann NZM 2012, 625 (628).

111 Die Leistungsklage ist auf Abgabe der den Hauptvertrag zustande bringenden Willenserklärung, also regelmäßig auf **Annahme** des mit der Klage im vollständigen Wortlaut unterbreiteten Vertragsangebots zu richten.[162] Denn jedenfalls dann, wenn der in Aussicht genommene Hauptvertrag im Vorvertrag inhaltlich bereits vollständig ausformuliert worden ist, besteht kein Rechtschutzbedürfnis für eine Klage auf Abgabe eines Angebots durch die Gegenseite.

112 Regelt ein Vorvertrag nicht den vollständigen Inhalt des in Aussicht genommenen Hauptvertrages, sondern verweist er insoweit lediglich auf Bestimmungen in Verträgen, die der Verpflichtete mit anderen geschlossen hat, so muss der Berechtigte mit seinem Klageantrag kein eigenes Angebot unterbreiten und dessen Annahme verlangen, sondern kann auf **Abgabe eines ausformulierten Vertragsangebots** durch den Verpflichteten klagen.[163]

113 Grundsätzlich muss der Klageantrag den **gesamten Inhalt** des zukünftigen Hauptvertrages wiedergeben.[164] Es kann im Einzelfall ausreichend sein, wenn der Klageantrag die Mietvertragsparteien, das Mietobjekt, den Mietzins und die Vertragsdauer enthält.[165] Entscheidend ist, dass der Klageantrag das **Bestimmtheitserfordernis** des § 253 Abs. 2 Nr. 2 ZPO erfüllt, so dass aus einem stattgebenden Urteil nach § 894 ZPO vollstreckt werden kann. Bestimmt genug ist er, wenn er alles enthält, was nach der Vorstellung des Klägers Inhalt der Verpflichtung des Beklagten zum Abschluss des gewünschten Vertrages bilden soll.[166]

114 Enthält ein Mietvorvertrag (nur) Regelungen zum Mietgegenstand, der Miethöhe und der Mietdauer, so kann ohne entsprechenden Parteivortrag **nicht** unterstellt werden, dass die Parteien noch über **weitere Regelungen** des Hauptmietvertrages verhandeln wollten.[167] Andernfalls besteht nämlich die Gefahr, dass es wegen noch ausstehender Regelungen zu weiteren Rechtsstreitigkeiten der Parteien kommt. Für eine stückweise Herbeiführung des gesamten Mietvertrages im Wege von Teilleistungsklagen ist nach der Rechtsprechung ein Rechtsschutzbedürfnis grundsätzlich nicht anzuerkennen.[168] **Veränderungen der tatsächlichen Verhältnisse** seit Abschluss des Vorvertrags sind im Klageantrag entsprechend zu berücksichtigen.[169]

115 Die für das Zustandekommen eines Vorvertrages maßgeblichen Tatsachen muss die Partei darlegen und beweisen, die aus dem Vertrag Rechte für sich herleiten will. Der Darlegungspflichtige muss vortragen, dass zwischen den Parteien ein Vorvertrag gewollt war. Des Weiteren ist er verpflichtet, die Umstände darzulegen, aus denen sich der rechtskräftige Bindungswille der Parteien herleiten lässt.[170]

116 Das Gericht kann nur zur Abgabe einer solchen Willenserklärung verurteilen, die sich mit dem Inhalt des Vorvertrages deckt, nicht hingegen zu einer anderen Erklärung. Das gilt etwa, wenn mit der Klage die Verurteilung zum Abschluss eines Mietvertrages mit einer längeren als im Vorvertrag vereinbarten Laufzeit gefordert wird. Das Gericht ist dann wegen der in § 308 Abs. 1 S. 1 ZPO normierten Bindung an die Parteianträge daran gehindert, den Beklagten zum Abschluss eines Hauptvertrages mit kürzerer (korrekter) Laufzeit zu verurteilen.[171] Soweit Unsicherheiten über den Umfang der

---

[162] BGH NJW 2002, 3016 (3017); BGHZ 97, 147; NJW-RR 1994, 317 (318).
[163] BGH NJW 1984, 479 (480); BGH NJW 2006, 2843 (Rn. 26); einschränkend BGH NJW 1986, 2822 (2823).
[164] BGH NJW-RR 1994, 1272 (1273); Fleischmann NZM 2012, 625 (628).
[165] BGH NJW-RR 1993, 139 (140); OLG Frankfurt a. M. NJOZ 2015, 916 (Rn. 138); LG Berlin BeckRS 2018, 30303 (Rn. 8).
[166] BGH NJW 2002, 3016 (3018); BGH NJW-RR 1994, 317.
[167] AG Schöneberg ZMR 2000, 31.
[168] BGH NJW-RR 1994, 317.
[169] BGH NJW 1986, 2822 (2823); BGH NJW 1962, 1812 (1813); Bub/Treier MietR-HdB/Drettmann II Rn. 285.
[170] BGH NJW 1980, 1577 (1578).
[171] OLG Köln DWW 1992, 210 = BeckRS 1991, 31146567.

vertraglichen Bindung bestehen, sollte der Kläger daher immer entsprechende **Hilfsanträge** stellen, um das Risiko einer Klagabweisung im vollen Umfang zu vermeiden.[172]

117 Entspricht die vom Kläger vorgeschlagene Regelung den Vorgaben des Vorvertrags und werden seitens des Beklagten keine Einwendungen gegen den Inhalt erhoben, so ist die Klage begründet.[173] Der Beklagte kann allerdings auch **Einwendungen erheben** und **Alternativvorschläge** unterbreiten.[174] Da das Gericht an den Klageantrag gebunden ist, kann der Kläger entweder seinen **bisherigen** Klageantrag aufrechterhalten, ggf. mit dem Risiko der Klageabweisung, oder sich die Alternativvorschläge der beklagten Partei durch Änderung des Klageantrags (ggf. auch hilfsweise) **zu eigen** machen.[175]

118 Kommt es zu **keiner Einigung,** so entscheidet das Gericht auf der Grundlage der Vereinbarungen im Vorvertrag, dessen Auslegung und dem Grundsatz von § 242 BGB. Die dispositiven gesetzlichen Regelungen greifen nur dann ein, wenn die Auslegung des Vorvertrags ergibt, dass keine abweichende Regelung beabsichtigt ist. Bringt der Beklagte seine Vorschläge und Wünsche im Hinblick auf den abzuschließenden Vertrag in das Verfahren nicht ein, ist die Klage **begründet,** wenn die von dem Kläger formulierten Regelungen des abzuschließenden Vertrags den Vorgaben des Vorvertrags, dessen Auslegung sowie Treu und Glauben entsprechen.[176]

119 Mit **Rechtskraft** eines stattgebenden Urteils gilt die Annahmeerklärung als abgegeben (§ 894 ZPO) und der Vertrag als geschlossen.[177]

120 Soll der Mietvertrag für eine längere Zeit als ein Jahr geschlossen werden, so erfüllt das rechtskräftige Urteil die Textform der §§ 578 Abs. 1, 550 BGB, wenn entweder das vom Kläger unterzeichnete Vertragsangebot fest mit der Ausfertigung des mit dem Rechtskraftvermerk versehenen Urteils verbunden wird oder die Urteilsausfertigung vom Kläger unterschrieben wird, da das Urteil gemäß § 894 ZPO zwar die Willenserklärung des Beklagten, nicht aber die des Klägers ersetzt.[178]

121 Mit der Klage auf Abschluss des Mietvertrages kann **zugleich** eine Klage auf **Erfüllung** der aus dem Mietvertrag geschuldeten Leistung (zB Mietzins) erhoben werden.[179] Die auf die Erfüllung der Leistungen aus dem erstrebten Hauptvertrag gerichteten Klageanträge stehen dann unter der innerprozessualen Rechtsbedingung, dass dem Antrag auf Abschluss des Hauptvertrages stattgegeben wird.

122 Die **sachliche und örtliche Gerichtszuständigkeit** für Ansprüche aus einem Mietvorvertrag bestimmt sich nach § 23 Nr. 2a GVG, § 29a ZPO.[180]

123 Im Wege der **einstweiligen Verfügung** kann aufgrund eines Mietvorvertrages weder eine Besitzeinräumung noch die Abgabe einer Willenserklärung zum Abschluss des Mietvertrages durchgesetzt werden. Ein Mietvorvertrag gewährt regelmäßig nur einen Anspruch auf Abschluss des Mietvertrages und noch keinen Anspruch auf Besitzeinräumung. Die Abgabe einer Willenserklärung zum Abschluss eines schuldrechtlichen Vertrages kann im Verfahren des einstweiligen Rechtsschutzes grundsätzlich nicht verlangt werden, da dies die **Hauptsache vorwegnehmen** und somit dem vorläufigen Charakter des Eilrechtschutzes widersprechen würde.[181] Die Unstatthaftigkeit einer einstweiligen Verfügung auf Abschluss eines Mietvertrages ist auch dann zu bejahen, wenn der Vermieter mit zwei verschiedenen Parteien jeweils einen Mietvorvertrag abgeschlossen hat. Zum einen würde ansonsten die Entscheidungsfreiheit des Vermieters, mit wem er

---

[172] Fleischmann NZM 2012, 625 (628) mwN.

[173] BGH BeckRS 1961, 31188569 unter B. 2.

[174] OLG Frankfurt a. M. NJOZ 2015, 916 Rn. 178; BGH NJW 2006, 2843 (2845).

[175] BGH NJW 2006, 2843 (Rn. 26).

[176] BGH NJW 2006, 2843 (Rn. 26), hierzu MüKoBGB/Häublein BGB § 535 Rn. 21.

[177] BGH NJW 1984, 479 (480); zur Vollstreckung siehe auch Lindner-Figura/Oprée/Stellmann Geschäftsraummiete-HdB/Stellmann§ 3. Rn. 32 f.

[178] Bub/Treier MietR-HdB/Drettmann II Rn. 290 f.

[179] BGH NJW 1986, 2822 (2824); BGH NJW 1986, 2820 (2821); OLG Köln ZMR 1998, 283 (284); OLG Koblenz NZM 1998, 405; OLG Düsseldorf MDR 2009, 1333.

[180] AG Berlin-Schöneberg ZMR 2000, 31; Fleischmann NZM 2012, 625 (628).

[181] OLG Celle NJOZ 2009, 265 (266) = ZMR 2009, 113; AG Berlin-Schöneberg ZMR 1999, 643 (644).

zur Überlassung des Mietobjekts einen endgültigen Vertrag abschließt, deutlich eingeschränkt; zum anderen bestünde das Problem konkurrierender Überlassungsverbote in gleicher Weise wie im Fall der sogenannten Doppelvermietung.[182]

124 Wird aus einem Vorvertrag der Abschluss eines Mietvertrages verlangt, so richtet sich der Gegenstandswert nicht nach § 41 Abs. 1 GKG, vielmehr ist der Wert nach § 3 ZPO zu schätzen. Maßgebend ist dabei das Interesse der Partei am Abschluss des Vertrages, so dass es auch höher sein kann als eine einjährige Miete; nach einer neueren Entscheidung des BGH wird der Gegenstandswert nach der Wertung des § 9 ZPO regelmäßig auf dreieinhalbfache Jahresmiete bzw. -pacht begrenzt.[183]

4. Vertragsgestaltung und Muster

125 Zu Zwecken der Beweissicherung empfiehlt sich eine Niederlegung des Vorvertrages in Schrift- oder zumindest in Textform. Je genauer die Parteien die Kriterien zur endgültigen Festlegung der Vertragsbedingungen des künftigen Mietvertrages bereits festlegen, desto besser. Insbesondere der Vermieter sollte auf Regelungen zur Mietsicherheit und der Pflicht zur Erstattung von Nebenkosten und Kosten der Instandhaltung und Instandsetzung achten, um seine Position in den Mietvertragsverhandlungen nicht ohne Not zu verschlechtern. Geregelt werden sollte zudem, ob und – falls ja – in welcher Höhe der Mieter für die vorvertragliche Bindung des Vermieters eine **Reservierungsgebühr** oder ein **Bindungsentgelt** zu zahlen hat.

Folgende Punkte sollten bei der Vereinbarung beachtet und konkret ausformuliert werden:

Checkliste:

126
- ☐ Auf welchen Mietgegenstand bezieht sich die Vereinbarung? Genaue Bezeichnung des Mietobjekts und mitvermieteter Räume und Gegenstände – wie im Mietvertrag.
- ☐ Wer sind die Vertragspartner? Genaue Bezeichnung der Parteien des zukünftigen Mietvertrages.
- ☐ Welcher Mietzins soll gelten? Absoluter Betrag pro Quadratmeter mit oder ohne Anpassungsfaktoren?
- ☐ Welche Laufzeit soll der zukünftige Vertrag haben?
- ☐ Welche Regelungen sollen bezüglich einer Untervermietung gelten?
- ☐ Wie hoch soll die Kaution sein?
- ☐ Welche Nebenkostenregelung soll gelten?
- ☐ Was wird zur Instandhaltung und Instandsetzung der Mietsache vereinbart?
- ☐ Soll der Vorvertrag befristet werden?
- ☐ Was soll gelten, wenn das „Hindernis" nicht bis zu einem bestimmten Zeitpunkt beseitigt ist?
- ☐ Hat der Mieter für die Bindung des Vermieters im Vorvertrag eine „Reservierungsgebühr" zu zahlen?

Ein Vorvertrag könnte folgendermaßen lauten:

Muster: Vorvertrag

127 Herr/Frau …… (zukünftiger Vermieter), wohnhaft in ……
und
Herr/Frau …… (zukünftiger Mieter), wohnhaft in ……
verpflichten sich, einen schriftlichen Mietvertrag über
die im Anwesen in ……, in der …… straße,
im …… Geschoss belegenen Geschäftsräume,
bestehend aus …… abzuschließen. Die Nutzfläche beträgt …… m^2.
Die Miete wird voraussichtlich brutto/kalt monatlich …… EUR betragen.
(Indexierung der Miete)
Mietdauer (ggf. Verlängerungsoption des Mieters)
Die Mietsache wird voraussichtlich am …… zum Bezug bereitstehen.

---

[182] OLG Hamm NZM 2004, 192 (193); OLG Celle NJOZ 2009, 265 (266) = ZMR 2009, 113.

[183] BGH NZM 2021, 434; vgl. hierzu auch OLG Saarbrücken NJOZ 2010, 1515; OLG Bremen BeckRS 2009, 19635; OLG Hamburg MDR 1970, 333; OLG Frankfurt a.M., JurBüro 1962, 685 f.

Regelungen zu Kosten der Instandhaltung und Instandsetzung, ggf. dem Rückbau von Einbauten oder Umbauten, der Leistung einer Kaution sowie den Nebenkostenvorauszahlungen werden zwischen den Parteien noch verhandelt und werden in den spätestens bis zum …… abzuschließenden Hauptvertrags aufgenommen.
Beide Parteien sind berechtigt, von dem Vorvertrag zurückzutreten, wenn bis zum …… kein wirksamer Hauptvertrag abgeschlossen wird. Der Rücktritt ist spätestens zwei Wochen nach Fristablauf schriftlich zu erklären.
Der zukünftige Mieter ist berechtigt, von dem Vorvertrag zurückzutreten, wenn sich der Bereitstellungstermin um mehr als …… Monate hinausschiebt oder die endgültige Miete sich gegenüber der in Aussicht genommenen um mehr als …… Prozent erhöht.
Der Rücktritt spätestens zwei Wochen nach Mitteilung des verzögerten Bereitstellungstermins oder der erhöhten Miete schriftlich zu erklären.
……
(Datum/Unterschriften)

V. Option

1. Allgemeines

a) **Begriffsbestimmung und Abgrenzung.** Ein **(Miet-)Optionsrecht** gestattet dem Berechtigten, durch einseitige empfangsbedürftige Willenserklärung entweder ein Mietverhältnis zustande zu bringen oder ein bestehendes Mietverhältnis über die zunächst vorgesehene Laufzeit hinaus auf bestimmte oder unbestimmte Zeit zu verlängern. Im ersten Fall spricht man von einer sog. **Begründungsoption**[184], im zweiten Fall von einer sog. **Verlängerungsoption.**[185] Gemeinsam ist beiden Optionsformen, dass sie nur denjenigen binden, der sie gewährt. Gewähren kann eine Option sowohl der (zukünftige) Vermieter als auch der Mietinteressent. Die Ausübung des Rechts liegt allein im Belieben des Optionsberechtigten.[186] Das Optionsrecht ist rechtlich als ein Gestaltungsrecht zu qualifizieren.[187] 128

Im Folgenden wird nur die (relativ selten auftretende) **Begründungsoption** behandelt. Näheres zur Verlängerungsoption, die in zahlreichen Gewerbemietverträgen vereinbart wird, findet sich in § 66 „Vertragsbeendigung ohne Kündigung". 129

Mit Vereinbarung einer Begründungsoption entsteht im Gegensatz zu einem **Vorvertrag** kein schuldrechtlicher, ggf. auch einklagbarer Anspruch auf Abschluss des Mietvertrages, vielmehr wird die Begründung des Mietvertrages mit Ausübung des Rechts **unmittelbar** herbeigeführt.[188] Die Begründungsoption unterscheidet sich vom Vorvertrag des Weiteren dadurch, dass bereits ein im Einzelnen ausgehandelter Hauptvertrag vorliegt und es im freien Belieben des Berechtigten steht, ob es überhaupt zur Durchführung dieses Hauptvertrages kommen soll.[189] 130

Von der **Vormiete** unterscheidet sich die Option dadurch, dass der Inhalt des Mietvertrages bereits feststeht, während bei einem Vormietrecht der Vermieter durch Verhandlungen mit einem Dritten den Vertragsinhalt noch gestalten kann. Hängt bei der Vormiete der Inhalt des Vertrages von einem sog. Drittgeschäft ab, so ist bei der Option der Zeitpunkt seiner Verwirklichung noch **ungewiss.** 131

Das **Anmietrecht** gewährt dem Berechtigten nur die Position des ersten Verhandlungspartners, das Optionsrecht macht ihn mit dessen Ausübung unmittelbar zum Vertragspartner. 132

Streiten die Parteien darüber, ob dem Vermieter oder dem Mieter eine „Mietoption" eingeräumt worden ist, so ist zu berücksichtigen, dass dieser Begriff auf eine Befugnis 133

[184] Hierzu Bub/Treier MietR-HdB/Drettmann II Rn. 419 ff.; MüKoBGB/Häublein § 535 Rn. 27.
[185] Bub/Treier MietR-HdB/Drettmann II Rn. 427 ff.
[186] OLG Saarbrücken BeckRS 2016, 6232 (Rn. 24); Bub/Treier MietR-HdB/Drettmann II Rn. 420; MüKoBGB/Häublein §§ 535 Rn. 27.
[187] Bub/Treier MietR-HdB/Drettmann II Rn. 420.
[188] OLG Hamburg BeckRS 2001, 30184627; zur Abgrenzung zwischen Begründungsoption und Vorvertrag vgl. ferner KG BeckRS 2004, 08257.
[189] KG BeckRS 2004, 08257; BeckOK BGB/Zehelein BGB § 535 Rn. 13.

des Mieters hinweist.[190] Vereinbaren Käufer und Verkäufer eines Mietobjekts, dass jede Partei ab einem bestimmten Zeitpunkt zu einem vorbestimmten Preis eine Anmietung desselben durch den Verkäufer verlangen kann, so handelt es sich rechtlich um einen **Vorvertrag,** nicht um ein Optionsrecht.[191] Das OLG Köln sah es als erwiesen an, dass diese rechtliche Qualifizierung der Vereinbarung dem übereinstimmenden Willen beider Parteien entsprach und damit nach der höchstrichterlichen Rechtsprechung[192] Vorrang vor ihrem Wortlaut und jeder anderweitigen Interpretation habe.

134 Die Begründungsoption kann in zwei verschiedenen **Rechtsformen** auftreten:[193]

1. Die Abgabe eines unbefristeten oder auf längere Zeit befristeten **Angebots** zum Abschluss eines Mietvertrages, dessen Annahme dem Angebotsempfänger freigestellt ist (sog. Festofferte) oder
2. ein **aufschiebend bedingter Mietvertrag,** wobei die Bedingung der Entschluss des Optionsberechtigten zum Vertragsschluss ist, sog. Potestativbedingung.[194]

135 **b) Praktische Bedeutung.** In der Praxis der Geschäftsraummiete spielt die Begründungsoption eine wesentlich geringere Rolle als die Verlängerungsoption, die in Verträgen über Gewerberäume sehr häufig vereinbart wird. Gleichwohl kann die Vereinbarung einer Begründungsoption für beide Parteien sinnvoll sein:

- zu Gunsten des künftigen Vermieters, wenn das zu vermietende Gebäude erst in der Planung oder noch im Bau ist;
- zu Gunsten des künftigen Mieters, wenn er den Zeitpunkt des Mietvertragsabschlusses bestimmen will;
- zu Gunsten eines Mieters, der das Recht erhalten möchte, durch Ausübung der Option weitere, benachbarte Räume (etwa Kanzleiräume) zur Erweiterung hinzuzumieten.

136 Letztlich kommt also die Vereinbarung eines Optionsrechts dann in Betracht, wenn sich die Parteien über den gesamten Inhalt des künftigen Mietvertrages ohne Weiteres einig sind, sich aber eine der Vertragsparteien die Entscheidung, ob und ggf. wann es zum Vertragsschluss kommen soll, **vorbehalten** möchte.

2. Begründung des Optionsrechts

137 Ein Optionsrecht wird durch eine Vereinbarung begründet, in der ein Vertragspartner dem anderen das **Gestaltungsrecht** einräumt, durch einseitige Erklärung einen inhaltlich feststehenden (oder zumindest nach vereinbarten Bedingungen inhaltlich festzulegenden) Mietvertrag, zustande zu bringen. Diese Vereinbarung kann nicht nur unentgeltlich, sondern auch gegen ein sog. **Bindungsentgelt** getroffen werden.[195]

138 Für die Option auf Begründung eines langfristigen Mietvertrages ist nach allgemeiner Ansicht im Hinblick auf §§ 578 Abs. 1, 550 BGB zumindest die **Textform** erforderlich.[196] Es besteht zwar keine Bindung eines Erwerbers an den Optionsvertrag, denn § 566 BGB setzt ausdrücklich das Bestehen eines Mietverhältnisses voraus. Ein solches wird aber allein durch die Vereinbarung einer Begründungsoption noch nicht begründet.[197] Allerdings ist der Erwerber an einen Vertrag gebunden, der auf einer Begründungsoption beruht, soweit diese vor Eintragung in das Grundbuch ausgeübt wird, das

[190] BGH WM 1989, 1033 = BeckRS 1989, 31076584.
[191] OLG Köln NZM 1998, 439 = ZMR 1998, 283.
[192] BGH NJW-RR 1996, 1458; BGH NJW 1994, 1528 (1529); hierzu BeckOK MietR/Specht BGB § 535 Rn. 15.
[193] OLG Hamm BeckRS 2013, 14548.
[194] OLG Saarbrücken BeckRS 2016, 6232 Rn. 26; MüKoBGB/Busche Vor § 145 Rn. 73 ff.
[195] Bub/Treier MietR-HdB/Drettmann II Rn. 420.
[196] Derleder/Pellegrino NZM 1998, 550 (555) mwN; BeckOGK/H. Schmidt BGB § 535 Rn. 203; MüKoBGB/Häublein BGB § 535 Rn. 30.
[197] Anders aber OLG Saarbrücken BeckRS 2016, 6232 Rn. 28 f., das von der Anwendbarkeit des § 566 BGB bei der Begründungsoption ausgeht.

Mietverhältnis aber erst nach Erwerbsübergang beginnt. Das spricht dafür, eine Anwendung der §§ 578 Abs. 1, 550 BGB auf die Begründungsoption zu bejahen.[198]

139 Nach Ausübung des Optionsrechts können beide Seiten den Abschluss eines formgerechten Mietvertrages verlangen und diesen Anspruch auch ggf. im Klagewege durchsetzen.[199]

3. Ausübung des Optionsrechts

140 Die Ausübung einer Begründungsoption erfolgt durch einseitige, empfangsbedürftige und bedingungsfeindliche **Erklärung** gegenüber dem Verpflichteten.[200] Damit ist eine Optionsausübung unter Vorbehalten oder Änderungswünschen unwirksam.

141 Die Optionsausübung ist grundsätzlich **formfrei** möglich, den Parteien bleibt es aber unbenommen, für die Erklärung eine bestimmte Form zu vereinbaren.[201] Zu beachten ist, dass auch bei einer Abrede, nach der die Option nur durch Einschreiben ausgeübt werden kann, nur die **Schriftform** rechtsbegründende Bedeutung hat; der Übermittlungsform durch Einschreiben kommt lediglich eine Beweisfunktion zu.[202]

142 Auch bezüglich einer **Ausübungsfrist** sind zeitliche Absprachen möglich. Ist für die Ausübung der Option keine Frist bestimmt, so ist in analoger Anwendung des § 544 BGB davon auszugehen, dass der Berechtigte nach Ablauf von dreißig Jahren mit der Ausübung des Optionsrechts ausgeschlossen wird.[203]

4. Vertragsgestaltung

143 Bei der Vertragsgestaltung sollten folgende Fragen geklärt werden:

Checkliste:

144
- ☐ Wer ist aus der Option berechtigt und wer verpflichtet?
- ☐ Ist der Inhalt des Mietvertrages hinsichtlich des Mietobjekts, der Höhe des Mietzinses und der Mietdauer so bestimmt, dass er keiner Ergänzung bedarf?
- ☐ Soll der Mietvertrag mit allen notwendigen Vereinbarungen bereits der Optionsvereinbarung beigeheftet werden?
- ☐ Soll der Verpflichtete seinerseits verpflichtet werden, die Pflichten aus der Option seinen Rechtsnachfolgern aufzuerlegen? Der Optionsberechtigte sollte zur Wahrung seines Rechtes darauf achten, dass er den Eigentümer und etwaigen künftigen Vermieter verpflichtet, seinen Rechtsnachfolgern im Eigentum die Rechte und Pflichten aus der Optionsabrede aufzuerlegen und diese zugleich zu verpflichten, in gleicher Weise künftige Rechtsnachfolger zu binden.
- ☐ Soll eine Frist zur Ausübung des Optionsrechts bestimmt werden?
- ☐ Soll ein Bindungsentgelt für diesen Zeitraum vereinbart werden?
- ☐ Soll für die Erklärung über die Ausübung des Optionsrechts eine bestimmte Form vereinbart werden? (Schriftform/Textform)?

[198] Derleder/Pellegrino NZM 1998, 550 (555); **aA** Bub/Treier MietR-HdB/Drettmann II Rn. 424.
[199] Bub/Treier MietR-HdB/Drettmann II Rn. 425.
[200] BGH BeckRS 1967, 00165.
[201] Bub/Treier MietR-HdB/Drettmann II Rn. 424; Schmidt-Futterer/Fervers BGB Vorb. zu § 535 Rn. 44; MüKoBGB/Häublein BGB § 535 Rn. 31.
[202] Entschieden für eine Verlängerungsoption: OLG Hamm NJW-RR 1995, 750 (751) = ZMR 1995, 248; Bub/Treier MietR-HdB/Drettmann II Rn. 438.
[203] **AA** MükoBGB/Häublein § 535 Rn. 31, der bei Fehlen einer Frist die Anwendung des § 147 Abs. 2 BGB für angemessen hält.

VI. Culpa in contrahendo

1. Allgemeines/Haftungsgrundlagen

145 Die schon seit langem gewohnheitsrechtlich anerkannte Lehre von der Haftung für Verschulden bei Vertragsverhandlungen (**culpa in contrahendo, cic**) hat seit der Schuldrechtsreform in § 311 Abs. 2 und 3 BGB eine gesetzliche Grundlage gefunden, ohne damit sachliche Änderungen zu erfahren.[204] § 311 Abs. 2 BGB legt fest, dass ein Schuldverhältnis mit Pflichten nach § 241 Abs. 2 BGB auch durch die

- Aufnahme von Vertragsverhandlungen (Nr. 1), durch
- Anbahnung eines Vertrages (Nr. 2) oder durch
- ähnliche geschäftliche Kontakte (Nr. 3),

dh bereits vor Vertragsschluss, entsteht. Im Bereich von Gewerbemietverhältnisses spielt vor allem die „Aufnahme von Vertragsverhandlungen" eine Rolle, wofür jedenfalls das Führen von **unverbindlichen Vorgesprächen** genügt, weil auch diese in einen Vertragsschluss münden können und die typischen Einwirkungsmöglichkeiten auf die Rechtsgüter und Interessen der Gegenseite bestehen.[205]

146 Mit dem Eintritt in geschäftliche Vertragsverhandlungen treffen die Parteien eine Reihe (gesetzlicher) **vorvertraglicher Pflichten.** Ihrer Art nach handelt es sich vor allem um Schutz- und Obhutspflichten, Informations- und Aufklärungspflichten sowie die Pflicht zu loyalem Verhalten gegenüber dem Verhandlungspartner.[206] Die schuldhafte Verletzung dieser Pflichten verpflichtet gemäß § 280 Abs. 1 BGB zum Ersatz des entstandenen **Schadens.** Dabei ist zu beachten, dass jede Partei nicht nur eigenes Verschulden, sondern auch das ihrer **Erfüllungsgehilfen** oder der gesetzlichen Vertreter zu vertreten hat (§ 278 BGB).[207] Des Weiteren kann sich die Haftung aus § 311 Abs. 2 BGB nicht nur auf die unmittelbar am Vertrag beteiligten Parteien erstrecken, sondern auch auf die Personen, die in den **Schutzbereich** des avisierten Mietvertrags mit einbezogen werden.[208]

147 Haftungsgrund ist die Gewährung von berechtigter Weise in Anspruch genommenem und dann enttäuschtem **Vertrauen.** Eine Haftung aus § 311 Abs. 2 BGB kommt daher auch dann in Betracht, wenn der beabsichtigte Vertrag **nicht** geschlossen wird.[209] Voraussetzung ist aber stets ein Verhalten, das zumindest auf Anbahnung geschäftlicher Kontakte oder eines Vertragsschlusses gerichtet ist.[210]

2. Abgrenzung zu anderen Rechtsinstituten

Problematisch ist die Abgrenzung der cic von den Regelungen über die Mängelhaftung und der Anfechtung wegen arglistiger Täuschung nach § 123 BGB.

148 Nach der – teilweise von der Literatur kritisierten[211] – Rechtsprechung[212] gehen die Regelungen über die **Mängelhaftung** gemäß §§ 536 ff. BGB einer Haftung aus § 311 Abs. 2 BGB vor, wenn es sich

---

[204] Lindner-Figura/Opreé/Stellmann Geschäftsraummiete-HdB/Stellmann § 4. Rn. 2.

[205] BeckOK BGB/Sutschet BGB § 311 Rn. 47; Grüneberg/Grüneberg BGB § 311 Rn. 22; MüKoBGB/Emmerich BGB § 311 Rn. 45.

[206] MüKoBGB/Emmerich BGB § 311 Rn. 52; kritisch zum „Gebot fairen Verhandelns" BeckOK BGB/Sutschet BGB § 311 Rn. 60 ff.

[207] BGH NJW 1985, 1769 (1771); BGH NJW 1979, 1983; BeckOK BGB/Sutschet BGB § 311 Rn. 117; MüKoBGB/Emmerich BGB § 311 Rn. 202.

[208] BGH NJW 1976, 712 (713); BeckOK BGB/Sutschet BGB § 311 Rn. 55.

[209] BGH NJW 2002, 208 (210) betr. Haftung aus cic bei einem Scheingeschäft; BGH NJW 1976, 712; Lindner-Figura/Opreé/Stellmann Geschäftsraummiete-HdB/Stellmann § 4. Rn. 4.

[210] BGH NJW 1976, 712.

[211] Vgl. etwa Emmerich NZM 2002, 362 (363); MüKoBGB/Emmerich § 311 Rn. 93; MüKoBGB/Häublein Vor § 536 Rn. 27, die eine Anspruchskonkurrenz zwischen cic und den mietrechtlichen Gewährleistungsregeln befürworten.

[212] BGH NJW 2008, 2771 (2773); BGH NJW 1980, 777 (780). Vgl. auch BGH NJW 2001, 2875, wonach vor der Schuldrechtsreform Ansprüche wegen Rechtsmängeln neben die Ansprüche aus cic treten konnten.

(1) um einen Mangel der Mietsache handelt,
(2) die Überlassung der Mietsache bereits stattgefunden hat und
(3) der Vermieter nicht vorsätzlich gehandelt hat.

In anderen Fällen, dh wenn die Pflichtverletzung des Vermieters **keinen Mangel** der Mietsache darstellt,[213] oder die Überlassung der Mietsache noch **nicht** erfolgt ist[214] oder dem Vermieter **Vorsatz** oder gar **Arglist** nachgewiesen werden kann,[215] können die Grundsätze über eine Haftung wegen Verschuldens bei Vertragsverhandlungen herangezogen werden. 149

Nach ständiger Rechtsprechung des BGH[216] kommt in Fällen einer **Täuschung** oder **Drohung** des Vertragspartners, die diesen zur Eingehung eines für ihn ungünstigen Vertrages veranlasst, den er ohne die Täuschung bzw. Drohung nicht geschlossen hätte, neben der Anfechtung gemäß § 123 Abs. 1 BGB regelmäßig auch ein Schadensersatzanspruch aus § 311 Abs. 2 BGB in Betracht. Dieser Anspruch gibt dem Getäuschten oder Bedrohten über § 249 Abs. 1 BGB das Recht, Befreiung von der eingegangenen Verbindlichkeit zu verlangen. Dies führt in der Praxis zum selben Ergebnis wie eine erfolgte Anfechtung.[217] 150

3. Relevante Fallgruppen

Die relevanten Fallgruppen, die zu einer Haftung aus cic nach §§ 280 Abs. 1, 311 Abs. 2, 241 Abs. 2 BGB führen können, sind die Verletzung von Verkehrssicherungs- und Obhutspflichten (→ Rn. 151 ff.), der grundlose Abbruch von Vertragsverhandlungen (→ Rn. 153 ff.) sowie die Verletzung von Aufklärungspflichten (→ Rn. 163 ff.).

a) **Verletzung von Verkehrssicherungs- und Obhutspflichten.** Sobald zwei Parteien geschäftlichen Kontakt miteinander aufnehmen und sich im Rahmen dessen gegenseitig die Möglichkeit zur Einwirkung auf ihre Rechte, Rechtsgüter und Interessen gewähren bzw. sich diese gegenseitig anvertrauen (vgl. § 311 Abs. 2 Nr. 2 BGB), treffen sie bereits umfassende vorvertragliche **Verkehrssicherungspflichten.**[218] 151

Der Sorgfaltsmaßstab bestimmt sich nach den Sicherheitserwartungen des Verkehrs sowie den jeweiligen Umständen des Einzelfalls. Für die Parteien eines in Aussicht genommenen Mitverhältnisses bestehen dieselben **Obhuts- und Fürsorgepflichten,** wie sie sich ergeben würden, wenn der geplante Mietvertrag bereits abgeschlossen wäre.[219] So haftet etwa der Vermieter, wenn der Mietinteressent bei der Besichtigung des sich noch im Rohbau befindlichen Mietobjekts infolge des nicht verkehrssicheren Zustandes verletzt und dadurch einen Schaden erleidet.[220] 152

Diese Schutzpflichten bestehen nicht nur zwischen den eigentlichen Vertragspartnern, sondern auch gegenüber Dritten, wenn sie in den Schutzbereich des intendierten Vertrages mit einbezogen sind. Hierzu gehören etwa Familienangehörige oder Angestellte des prospektiven Mieters.[221]

b) **Abbruch von Vertragsverhandlungen.** Bis zum endgültigen Vertragsschluss sind die Parteien in ihren Entschließungen grundsätzlich frei, dh jede Partei ist berechtigt, auch „in letzter Minute" von einem Vertragsschluss **Abstand** zu nehmen.[222] Dies gilt selbst 153

213 BGH NZM 2004, 618.
214 BGH NJW 1997, 2813 (2814); hierzu Franke ZMR 2000, 733 (734).
215 BGH NJW 2002, 208 (210); BGH NJW 1997, 2813 (2814); LG Nürnberg-Fürth NZM 2000, 384 (385).
216 BGH NJW 2006, 845 (Rn. 22); BGH NJW 1979, 1983 f.; hierzu Franke ZMR 2000, 733 (734).
217 BGH NJW 2006, 1955 (Rn. 31); BGH NJW 1979, 1983 (1984).
218 BGH NJW 1976, 712; Bub/Treier MietR-HdB/Drettmann II Rn. 370; Franke ZMR 2000, 733 (737 f.); umfassend zu den Verkehrssicherungspflichten MüKoBGB/Emmerich BGB § 311 Rn. 62 ff.
219 BGH NJW 1977, 376.
220 Lindner-Figura/Opreé/Stellmann Geschäftsraummiete-HdB/Stellmann § 4. Rn. 8; weitere Beispiele bei Franke ZMR 2000, 733 (738).
221 BGH NJW 1976, 712 (713); MüKoBGB/Emmerich BGB § 311 Rn. 63.
222 BGH NJW 1996, 1884 (1885); OLG Düsseldorf BeckRS 2009, 27563 unter A.2.

dann, wenn der andere Vertragsteil in Erwartung des Vertrages während der laufenden Verhandlungen bereits Aufwendungen gemacht hat und dies bekannt ist.[223] Diese Aufwendungen erfolgen grundsätzlich auf eigene Gefahr.[224]

154 Der für einen Anspruch aus cic notwendige **Vertrauenstatbestand** kann daher **nur im Ausnahmefall** angenommen werden. Das gilt insbesondere vor der Unterzeichnung eines langfristigen Mietvertrages, der gemäß §§ 578 Abs. 1, 550 BGB der gesetzlichen Textform bedarf.[225]

155 Eine Schadensersatzpflicht aus § 311 Abs. 2 BGB scheidet insbesondere dann aus, wenn mangels konkreter Einigung über den wesentlichen Inhalt der beabsichtigten vertraglichen Regelung vernünftigerweise noch mit einem **Scheitern der Verhandlungen** gerechnet werden muss,[226] wenn sich der **Aufwendende selbst** noch den Vertragsabschluss vorbehalten hatte oder wenn eine Partei wirksam von dem Mietvertrag **zurücktritt.**[227]

156 Gleiches gilt, wenn der Vermieter dem Mieter mitteilt, der Mietvertragsentwurf werde unterzeichnet, sobald alle erforderlichen **behördlichen Genehmigungen** erteilt seien[228] oder der Letter of Intent (→ § 46 Rn. 8 ff.) einen sog. **Gremienvorbehalt** vorsieht, etwa dergestalt, dass der Abschluss des Vertrages unter dem Vorbehalt der Zustimmung der Geschäftsführung, des Vorstandes oder des Aufsichtsrats steht.[229]

157 Erweckt jedoch eine Vertragspartei durch ihr Verhalten bei der anderen Partei das berechtigte Vertrauen, dass der Vertrag mit Sicherheit zustande kommen werde, wird sie ersatzpflichtig, wenn die Verhandlungen ohne triftigen Grund abgebrochen werden bzw. der Vertragsschluss abgelehnt wird.[230] Dies ist in erster Linie dann der Fall, wenn die eigene Abschlussbereitschaft nur **vorgetäuscht**[231] wird oder wenn der andere Teil nicht alsbald nach **Aufgabe** der Abschlussbereitschaft darüber **informiert** wird und so noch zu Aufwendungen veranlasst wird, die er andernfalls nicht mehr getätigt hätte.[232]

158 Wann anzunehmen ist, dass ein Partner das berechtigte Vertrauen des anderen erweckt, es werde mit Sicherheit zum Vertragsschluss kommen, kann nur unter Berücksichtigung aller Umstände des Einzelfalls beurteilt werden.[233] Ein Vertrauen auf das Zustandekommen des Vertrages wird nicht allein durch das Zusenden eines nicht unterzeichneten Mietvertragsentwurfs gerechtfertigt. Wer Schadensersatzansprüche aus cic wegen grundlosen Abbruchs von Vertragsverhandlungen geltend macht, muss die Umstände, aus denen auf den notwendigen Vertrauenstatbestand geschlossen werden kann, substantiiert vortragen und im Bestreitensfall **beweisen.**[234]

159 Ansprüche aus cic wurden von der **Rechtsprechung** in folgenden Fällen, in denen es zum Abbruch der Vertragsverhandlungen kam, bejaht:

- der Mieter stellte den beabsichtigten Vertragsschluss als sicher hin, beantragte behördliche Genehmigungen und veranlasste den Vermieter zu (erheblichen) baulichen Veränderungen,[235]

---

[223] BGH NJW-RR 1989, 627; OLG Celle ZMR 2000, 169; OLG Düsseldorf ZMR 2000, 23.
[224] BGH NJW 2013, 928 (929); BGH NJW-RR 1989, 627.
[225] Lindner-Figura/Oprée/Stellmann Geschäftsraummiete-HdB/Stellmann § 4. Rn. 32.
[226] OLG Düsseldorf BeckRS 1999, 08295 = ZMR 2000, 23; ebenso OLG Düsseldorf BeckRS 2011, 14280; MüKoBGB/Emmerich BGB § 311 Rn. 194.
[227] BGH NJW 1996, 55 (56 f.) für einen Widerruf nach dem HWiG aF (heute §§ 312b, 355 BGB).
[228] OLG Düsseldorf BeckRS 1999, 08295 = ZMR 2000, 23 sowie LG Konstanz 13.1.2022 – A 11 S 19/21, BeckRS 2021, 52958 bzgl. Genehmigung durch das Betreuungsgericht.
[229] Lindner-Figura/Opreé/Stellmann Geschäftsraummiete-HdB/Stellmann § 4. Rn. 33 (Fn. 42).
[230] BGH NJW 2013, 928 (929); BGH NJW 1996, 1884 (1886) mit umfangreichen Nachweisen.
[231] OLG Stuttgart BeckRS 1989, 30846562 = DB 1989, 1817; MüKoBGB/Emmerich § 311 Rn. 195.
[232] OLG Koblenz BeckRS 2017, 144853 (Rn. 22); MüKoBGB/Emmerich § 311 Rn. 195.
[233] BGH NJW 1996, 188; BGH NJW 2006, 1963 (1964); vgl. LG Mannheim ZMR 1976, 243 (244): „*Von mir aus ist alles klar*“ ist nicht ausreichend.
[234] OLG Düsseldorf BauR 2006, 153; zur ergänzenden Beweislastverteilung nach Organisations- und Gefahrenbereichen s. BGH NJW 1987, 639 (640).
[235] BGH BeckRS 1960, 31188640 = ZMR 1961, 57 = MDR 1961, 49.

- eine Einigung über den Inhalt des Mietvertrages wurde erzielt und der Vertragsabschluss als bloße Förmlichkeit hingestellt,[236]
- der Mietinteressent erklärte sich mit den vom Makler oder Verwalter mitgeteilten Mietbedingungen einverstanden, später verlangte der Vermieter den Abschluss eines inhaltlich erheblich abweichenden, für den Mieter nachteiligen Vertrages.[237]
- der Mieter teilt dem Vermieter per E-Mail mit, den Vertrag schließen zu wollen, vereinbart einen Übergabetermin und nimmt die Schlüssel für das Mietobjekt entgegen.[238]

Ansprüche aus cic wurden von der Rechtsprechung bei Verhandlungen über Gewerberaummiete **verneint**, wenn der Vertrag insgesamt der Zustimmung von dritter Seite bedarf, auch wenn der Vertrag zwischen den Parteien bereits endverhandelt war. Zwar möge das Vertrauen in den Vertragsschluss mit zunehmender Konkretisierung des Vertragsinhaltes wachsen. Doch sei ein allein auf dem Stand der (bilateralen) Vertragsverhandlungen beruhendes Vertrauen nicht schützenswert, besonders wenn eine Abstimmung mit dem Dritten, der zustimmen müsse, im Vorfeld unterblieben sei.[239] 160

Bei schuldhaftem Abbruch der Vertragsverhandlungen kann **nur Geldersatz** verlangt werden, nicht dagegen der Abschluss des Mietvertrages als Naturalrestitution. Der Anspruch des Geschädigten geht regelmäßig auf Ersatz der **nutzlos gewordenen Aufwendungen,** die gerade im Hinblick auf den dann gescheiterten Vertragsschluss gemacht wurden. Dazu können etwa Fahrt- und Renovierungskosten, Umzugs- und Maklerkosten oder das Honorar für einen Anwalt, der beim Vertragsschluss beraten hat, gehören. Zu ersetzen sind auch Umbau- und Rückbaukosten, wenn der (künftige) Mieter erhebliche Baumaßnahmen veranlasst hat und die Mietfläche ohne triftigen Grund nicht wie vorgesehen übernehmen will.[240] Der Anspruch umfasst aber nicht die Kosten, die nach Abbruch der Vertragsverhandlungen bei der anschließenden Suche nach einem anderen Mietobjekt anfallen, wie zB Fahrtkosten oder Verdienstausfall.[241] Wenn aber bewiesen werden kann, dass der Mietvertrag ohne den verschuldeten Abbruch mit dem vom Geschädigten erstrebten Inhalt wirksam zu Stande gekommen wäre, soll sich der Anspruch ausnahmsweise auch auf den Ersatz des **Erfüllungsinteresses** erstrecken.[242] 161

Insgesamt ist festzuhalten, dass die Judikatur sehr fallgruppen- bzw. einzelfallorientiert verfährt und daher erhebliche Unsicherheiten bestehen, wann und unter welchen Voraussetzungen eine Haftung aus cic wegen Abbruchs von Vertragsverhandlungen greift. 162

In der anwaltlichen Begleitung und Beratung von Vertragsverhandlungen sollte auf diese Gefahr hingewiesen werden, indem alle vorzeitigen schriftlichen oder mündlichen Äußerungen vermieden werden, die den Mietvertragsabschluss als sicher hinstellen, solange es noch zu keiner Unterzeichnung gekommen ist. Ist eine vorvertragliche Bindung im Einzelfall sinnvoll oder von den Parteien gewollt, sollte zum Mittel des (schriftlichen) **Mietvorvertrages** gegriffen werden.

Um das Risiko einer Haftung aus cic bei Abbruch der Vertragsverhandlungen zu minimieren, können die Parteien Vereinbarungen im **Vorfeld des Vertragsschlusses** (zB Letter of Intent, Memorandum of Understanding, Head of Terms → § 46 Rn. 8 ff.)

---

236 OLG Düsseldorf BeckRS 2005, 13247 = BauR 2006, 153; vgl. ferner noch LG Mannheim ZMR 1976, 243 (Zustimmung der Ehefrau).

237 LG München II ZMR 1966, 328.

238 OLG Hamburg BeckRS 2015, 9495 Rn. 5, wonach die Parteien „in großer Nähe zum Abschluss eines Mietvertrages" waren. Allerdings war nach Ansicht des Gerichts noch kein (konkludenter) Mietvertrag abgeschlossen worden, da die Parteien noch nicht über alle Punkte Einigung erzielt hatten.

239 OLG Düsseldorf BeckRS 2005, 13247 = BauR 2006, 153: Eine Genehmigung der Stadt war erforderlich bei einem von der Hafenbetreibergesellschaft zu schließendem Mietvertrag.

240 OLG München WuM 2003, 443.

241 LG Mannheim ZMR 1971, 133.

242 Lindner-Figura/Oprée/Stellmann Geschäftsraummiete-HdB/Stellmann § 4. Rn. 49 mwN; siehe auch OLG Brandenburg NZM 2010, 43.

abschließen. Diese sehen meistens vor, dass jede Partei die vorvertraglichen Aufwendungen, insbesondere für rechtliche, wirtschaftliche, technische und steuerliche Beratung, **selbst** zu tragen hat.

Will sich hingegen eine Partei vor dem Risiko des grundlosen Abbruchs der Vertragsverhandlungen schützen, so kann sie eine **Vertragsstrafe** oder einen **pauschalierten Schadensersatz** (sog. **„Breakup-Fee"**) vereinbaren.[243]

163 **c) Verletzung von Aufklärungspflichten.** Die Mietvertragsparteien trifft nach den §§ 311 Abs. 2, 241 Abs. 2 BGB ebenso wie jeden anderen Schuldner eine **Aufklärungspflicht** hinsichtlich derjenigen Eigenschaften und Rechtsverhältnisse im Hinblick auf die Mietsache, die **erkennbar von besonderer Bedeutung** für den anderen Teil sind. Dies gilt insbesondere für solche Tatsachen und Umstände, die allein der einen Partei bekannt sind und von denen sie weiß oder wissen muss, dass die Entscheidung der anderen Partei von deren Kenntnis beeinflusst werden kann.[244]

Die Haftung für die Verletzung von Aufklärungs- oder Informationspflichten im Rahmen von Vertragsverhandlungen bildet heute die wichtigste – und umstrittenste – Fallgruppe der cic. Hierbei ist zu differenzieren zwischen dem **Verschweigen von Informationen** (→ Rn. 164 ff.) und der **Erteilung unrichtiger Auskünfte** (→ Rn. 172 ff.).

164 *aa) Verschweigen von Informationen.* Da es sich beim Mietvertrag um eine auf Dauer angelegte Beziehung handelt, sind im Regelfall beide Parteien daran interessiert, vor Abschluss des Mietvertrages all die Informationen zu erhalten, die für ein „störungsfreies Dauerschuldverhältnis" notwendig sind. Jede Partei muss grundsätzlich selbst – auf **eigene Kosten** und **eigenes Risiko** – dafür sorgen, umfassende Informationen zu erhalten und ggf. zu klärungsbedürftigen Punkten in den Verhandlungen Fragen stellen. Unaufmerksamkeiten, Vergesslichkeit und Fehleinschätzungen eines Vertragspartners können nicht dem Gegner angelastet werden. Das gilt insbesondere bei der Gewerberaummiete, wo in der Regel erfahrene, branchenkundige Partner in Verhandlungen miteinander stehen.[245]

165 Von einer **Pflicht zur Aufklärung** kann folglich nur dann ausgegangen werden, soweit es sich um diejenigen Umstände handelt, die für den Entschluss des anderen Verhandlungspartners erkennbar von (besonderer, erheblicher) **Bedeutung** sind.[246] Gemäß der höchstrichterlichen Rspr. ist eine erhebliche, ausschlaggebende Bedeutung nicht nur bei solchen Tatsachen anzunehmen, die den Vertragszweck vereiteln oder erheblich gefährden können, sondern auch dann, wenn sie geeignet sind, dem Vertragspartner **erheblichen wirtschaftlichen Schaden** zuzufügen. Für die Frage, ob und in welchem Umfang eine Aufklärungspflicht besteht, kommt es wesentlich auf die Umstände des Einzelfalls an.

166 Eine **Aufklärungspflicht** des Vermieters wurde etwa in folgenden Fällen angenommen:[247]

- Bevorstehende größere und lang andauernde Umbauarbeiten sowohl im Haus als auch außerhalb des Hauses[248]
- Schikanöses Verhalten eines Miteigentümers im Haus[249] oder eines Nachbarn[250]

---

[243] Vgl. hierzu die Entscheidung des OLG München NJW 2013, 284.

[244] Ausführlich hierzu MüKoBGB/Emmerich BGB § 311 Rn. 66 ff. sowie speziell zum Mietrecht MüKoBGB/Emmerich § 311 Rn. 92.

[245] Bub/Treier MietR-HdB/Drettmann II Rn. 371.

[246] BGH NZM 2000, 1005 (Einkaufszentrum), bestätigt in den sog. Thor Steinar-Fällen BGH NJW 2010, 3362; NZM 2010, 788 – s. auch Emmerich NJW 2011, 2321 mwN.

[247] Vgl. hierzu Bub/Treier MietR-HdB/Drettmann II Rn. 374.

[248] OLG Düsseldorf NJOZ 2012, 1059 = MDR 2012, 637: die Ankündigung von Bauarbeiten Dritter im Bereich des Mietobjekts reicht aus.

[249] OLG Hamm NJW-RR 1997, 1168 (1169).

[250] BGH NJW 1991, 1673 (1674).

- Die Höhe der zu erwartenden Nebenkosten, wenn besondere Umstände vorliegen[251]; jedoch liegt keine Verletzung von Aufklärungspflichten vor, wenn die Abweichungen sich im üblichen Rahmen halten oder aber durch externe Ursachen wie die allgemeine Steigerung der Energiekosten verursacht werden[252]
- Die Anordnung der Zwangsversteigerung oder Zwangsverwaltung[253]
- Eine bevorstehende langfristige Straßensperrung bei der Vermietung an ein auf Publikumsverkehr ausgerichtetes Dienstleistungsunternehmen[254]
- Den Eintritt eines Vorkaufsfalls[255]

Hingegen besteht **keine** Verpflichtung des Vermieters zur Aufklärung über folgende Umstände: 167

- ein anderweitig vereinbarter Konkurrenzschutz mit anderen Mietern,[256]
- die Vorvermietungen und deren Dauer[257]
- die rechtlichen und tatsächlichen Risiken, die allgemein und zwangsläufig mit dem Abschluss von Mietverträgen verbunden sind,[258]
- das Schriftformerfordernis gemäß § 550 BGB[259] sowie
- den Ablauf der Annahmefrist für eine Vertragsofferte.[260]

Fraglich ist, ob der Vermieter bei längerfristigen Mietverträgen über Gewerberäume 168
darauf hinweisen muss, dass er **nicht Eigentümer,** sondern nur Mieter oder Erbbauberechtigter[261] der Mietsache ist. Bei Wohnraummietverträgen wird dies von der Rechtsprechung bejaht.[262] Bei der Gewerberaummiete ist es jedoch durchaus nicht unüblich, dass der Vermieter nicht Eigentümer ist, sondern sein Besitzrecht aus Miete oder anderen Rechtsgründen erworben hat. Deshalb sollte der Mietinteressent hier grundsätzlich nachfragen, um eine Aufklärungspflicht des Vermieters unzweifelhaft zu begründen.[263]

Hinsichtlich der Aufklärungspflichten des **Mieters** gilt das oben Gesagte entspre- 169
chend.[264] In der Gewerberaummiete obliegt es grundsätzlich dem Vermieter, sich selbst über die Gefahren und Risiken zu informieren, die allgemein für ihn mit dem Abschluss eines Mietvertrags verbunden sind.[265] Er muss allerdings nicht nach Umständen forschen, für die er keinen Anhaltspunkt hat und die so außergewöhnlich sind, dass er mit ihnen nicht rechnen kann. Er ist deshalb auch nicht gehalten, **Internetrecherchen** zum Auffinden solcher außergewöhnlichen Umstände durchzuführen.[266]

[251] LG Karlsruhe WuM 1998, 479 betr. Gewerberaum: Die Nebenkosten hatten die vereinbarte Nebenkostenpauschale um das Siebenfache überschritten.

[252] OLG Stuttgart NJW 1982, 2506 (2507); LG Berlin GE 2004, 107 („Ein Schadensersatzanspruch des Mieters wegen zu niedrig angesetzter Betriebskostenvorschüsse kommt nur dann in Betracht, wenn der Vermieter bewußt in Täuschungsabsicht handelte").

[253] OLG Hamburg BB 1988, 1842; OLG Hamm NJW-RR 1988, 784.

[254] AG Berlin-Hohenschönhausen NJWE-MietR 1997, 57 = BeckRS 1996, 7633; LG Berlin GE 1996, 1303.

[255] BGH NZM 2016, 540 (Rn. 21); BGH NJW 2015, 1516 (Rn. 22).

[256] BGH NJW 1982, 376; OLG Köln NJW-RR 1998, 1017 (1018); Lindner-Figura/Opreé/Stellmann Geschäftsraummiete-HdB/Stellmann § 4. Rn. 16.

[257] OLG Düsseldorf GuT 2006, 27 f. betr. Mietverhältnisse mit früheren Mietern.

[258] Lindner-Figura/Opreé/Stellmann Geschäftsraummiete-HdB/Stellmann § 4. Rn. 11 f. mwN; OLG Düsseldorf NJW-RR 2020, 402 Rn. 19 betr. Grundstückskauf.

[259] Lindner-Figura/Opreé/Stellmann Geschäftsraummiete-HdB/Stellmann § 4. Rn. 15; Bub/Treier MietR-HdB/Drettmann II Rn. 377; Franke ZMR 2000, 733 (736).

[260] BGH BeckRS 1970, 31122872; hierzu Bub/Treier MietR-HdB/Drettmann II Rn. 371.

[261] Bejahend BGH DWW 1968, 301 = BeckRS 1967, 31178912.

[262] BGH NJW 1991, 1815 (1816); hierzu Franke ZMR 2000, 733 (736).

[263] Lindner-Figura/Opreé/Stellmann Geschäftsraummiete-HdB/Stellmann § 4. Rn. 17. **AA** Bub/Treier MietR-HdB/Drettmann II Rn. 380, wonach der Hauptmieter nach Treu und Glauben verpflichtet ist, den Untermieter über seine Rechtsposition gegenüber dem Vermieter aufzuklären.

[264] Hierzu ausführlich Emmerich NJW 2011, 2321.

[265] Emmerich NJW 2011, 2321 (2322).

[266] BGH NZM 2010, 786 Rn. 24 (Thor Steinar I).

170 Den **Mieter** trifft eine **Aufklärungspflicht** für solche Tatsachen, die den Vertragszweck **vereiteln oder erheblich gefährden** können. Eine Tatsache von ausschlaggebender Bedeutung kann auch dann vorliegen, wenn sie geeignet ist, dem Vertragspartner erheblichen **wirtschaftlichen Schaden** zuzufügen. So hat der Mieter eines Textileinzelhandels den Vermieter darüber aufzuklären, dass die dort vertriebenen Bekleidungsstücke einer bestimmten Marke („Thor Steinar") eindeutig der **rechtsradikalen Szene** zuzuordnen sind.[267]

171 Des Weiteren hat der Mieter ungefragt Umstände zu offenbaren, die die Erfüllung **wesentlicher Vertragspflichten** ernsthaft gefährden könnten, zB die mangelnde Liquidität infolge der Eröffnung eines **Insolvenzverfahrens** über sein Vermögen oder die Abgabe einer **eidesstattlichen Versicherung.**[268] Ansonsten ist der Mieter **nicht** verpflichtet, über seine Vermögens- und Einkommensverhältnisse Auskunft zu geben, es sei denn, er wird danach gefragt. Gibt der Mieter bei Unterzeichnung des Mietvertrages nach seinem Auftreten eindeutig zu verstehen, dass er jederzeit zur Zahlung der Miete in der Lage ist, obwohl er in Wahrheit vermögenslos ist, so liegt keine Aufklärungspflichtverletzung, sondern eine Täuschung durch **positives Tun** vor.[269]

172 *bb) Erteilen unrichtiger Auskünfte.* Von der soeben geschilderten Fallgruppe des Verschweigens einer Information zu unterscheiden ist der Fall, dass eine Partei der anderen eine **unrichtige Auskunft** erteilt. Hier ist zu beachten, dass nicht jede Falschinformation im Vorfeld des Vertragsschlusses eine Haftung aus cic nach sich zieht. Nur wenn eine Partei **schuldhaft** (dh wider besseres Wissen oder zumindest fahrlässig) falsche Auskünfte erteilt, um die andere Partei zur Eingehung des Mietverhältnisses zu bewegen, stellt dies (ggf. neben einer arglistigen Täuschung iSd § 123 BGB) ein Verschulden bei Vertragsverhandlungen dar, und zwar unabhängig davon, ob hinsichtlich der unzutreffenden Angaben eine Aufklärungspflicht bestand oder nicht.[270] Wer nach einem bestimmten Umstand gefragt wird, muss entweder **wahrheitsgemäß** antworten oder, wenn er dies nicht will oder kann, die Antwort **verweigern.**[271]

Eine Haftung des Vermieters wurde etwa in folgenden Fällen angenommen:

- unrichtige oder unvollständige Angaben über **Umsätze** oder **Erträge** eines **Unternehmens,**[272]
- die **Mieterträge** früherer Vermieter,[273]
- eine erfolgte „Vollvermietung" des Einkaufszentrums[274]
- wenn er wider besseres Wissen, zumindest aber „ins Blaue" hinein behauptet, der Vormieter werde seinen (gleichartigen) Betrieb einstellen, so dass der Mietinteressent dessen Kundenkreis übernehmen könne, während der Vormieter in unmittelbarer Nähe ein neues Geschäft eröffnet.[275]

173 Macht der Vermieter zu niedrige Angaben hinsichtlich der **Betriebskostenvorauszahlung** im Verhältnis zu den tatsächlich zu erwartenden Kosten, so soll hierdurch grundsätzlich kein Verschuldensvorwurf entstehen.[276] Etwas anderes gilt nur dann, wenn der Vermieter dem Mieter bei Vertragsschluss die Angemessenheit der Neben-

---

[267] BGH NZM 2010, 786; BGH NZM 2010, 788 (Thor Steinar II); hierzu Emmerich NZM 2011, 2321; OLG Dresden NZM 2012, 727 (728).
[268] LG Bonn NJW-RR 2006, 381; MüKoBGB/Emmerich BGB § 311 Rn. 95.
[269] Emmerich NJW 2011, 2321 (2323); MüKoBGB/Emmerich BGB § 311 Rn. 95.
[270] BGH NJW 2004, 2674; BGH NJW-RR 1997, 144 (145); Emmerich NJW 2011, 2321 (2322).
[271] Emmerich NJW 2011, 2321 (2322).
[272] OLG München BeckRS 2001, 30470997 = ZMR 2001, 708; BGH NJWE-MietR 1997, 150.
[273] BGH NJW 2002, 208 (210 f.).
[274] BGH NJW 2000, 1714 (1718); vgl. ferner BGH NZM 2004, 618 zur Bedeutung von Informationen in der Präambel eines Mietvertrags.
[275] BGH NJW-RR 1992, 779.
[276] BGH NJW 2004, 2674; BGH NJW 2004, 1102.

kosten **ausdrücklich zugesichert** hat oder die Vorauszahlungen **bewusst zu niedrig** festgesetzt hatte, um den Mieter zu **täuschen.**[277]

4. Anspruchsverpflichteter

Die Haftung aus Verschulden bei Vertragsschluss trifft die Partei, welche die vorvertragliche Pflichtverletzung zu vertreten hat. Handelte die betreffende Parteien nicht selbst, sondern durch **Vertreter, Verhandlungsgehilfen, Repräsentanten** oder sonstige Hilfspersonen, so muss sie sich das Verhalten des Dritten gemäß **§ 278 BGB** zurechnen lassen.[278] Für den Fall der Verletzung von Aufklärungspflichten ist der Personenkreis, für die ein Verhandlungspartner einzustehen hat, der gleiche wie bei § 123 Abs. 2 BGB.[279] 174

Problematisch ist, ob und in welchem Umfang eine Partei sich das Fehlverhalten eines **Maklers** zurechnen lassen muss.[280] Nach der Rechtsprechung kommt eine Haftung des Auftraggebers nur dann in Betracht, wenn der Makler als **beauftragter Verhandlungsführer oder Verhandlungsgehilfe** des Auftraggebers aufgetreten ist. Dabei ist nicht entscheidend, ob ihm für die Verhandlung Vertretungsmacht eingeräumt worden ist. Vielmehr kommt es darauf an, ob bei wertender Beurteilung der tatsächlichen Umstände sein Verhalten dem Geschäftsherrn zuzurechnen ist.[281] Dies kann zB der Fall sein, wenn der Makler als Repräsentant seines Auftraggebers, wie dessen bevollmächtigter Vertreter, aufgetreten ist, also als derjenige, mit dem **wie mit dem Eigentümer selbst** verhandelt werden könne.[282] 175

Nach ständiger Rechtsprechung trifft die Haftung aus Verschulden bei Vertragsschluss grundsätzlich den **Vertretenen** und nur ausnahmsweise unter besonderen Umständen auch den Vertreter.[283] Eine **Eigenhaftung des Dritten** kommt aber in Betracht bei einer **unerlaubten Handlung**[284] sowie im Falle des § 313 Abs. 3 BGB, wenn er für sich persönlich **besonderes Vertrauen** in Anspruch nimmt und dadurch die Vertragsverhandlungen oder den Vertragsschluss **erheblich beeinflusst.**[285] 176

5. Haftungsumfang

Der Inhalt eines Schadensersatzanspruchs wegen Verschulden bei Vertragsverhandlungen richtet sich nach den §§ 249 ff. BGB: Der Geschädigte ist so zu stellen, wie er ohne die von dem anderen Teil zu vertretende Pflichtverletzung während der Vertragsverhandlungen stehen würde.[286] Zu ersetzen ist in der Regel der **Vertrauensschaden:** Der Anspruch richtet sich auf den Ausgleich der Nachteile, die durch die Verletzung des bei der Vertragsanbahnung in den Vertragspartner gesetzten Vertrauens entstanden sind.[287] Im Gegensatz etwa zu § 122 Abs. 1 BGB oder § 179 Abs. 2 BGB wird der Schadensersatzanspruch der Höhe nach **nicht** durch das Erfüllungsinteresse beschränkt.[288] 177

---

[277] BGH NJW 2004, 1102; ebenso OLG Dresden NJW-RR 2004, 84; OLG Stuttgart NJW 1982, 2506 (2507); LG Berlin GE 2004, 107; aus der Lit. MüKoBGB/Emmerich BGB § 311 Rn. 94.

[278] BGH NJW 1986, 586 (587); hierzu Franke ZMR 2000, 733 (738).

[279] BGH NJW 1990, 1661 (1662).

[280] Hierzu grundlegend BGH NJW 1996, 452; aus neuerer Zeit OLG Stuttgart NJW-RR 2011, 918 (919) sowie OLG Hamm NZM 2023, 140 (Rn. 54); aus der Lit. Weber RNotZ 2016, 650 (655); Hamm MaklerR Kap VII Rn. 472.

[281] Hamm MaklerR Kap VII Rn. 472; MüKoBGB/Emmerich BGB § 311 Rn. 202.

[282] BGH NJW 1996, 452 (452); OLG Stuttgart NJW-RR 2011, 918 (919).

[283] BGH NJW-RR 1991, 1241 (1242), hierzu Franke ZMR 2000, 733 (738); Bub/Treier MietR-HdB/Drettmann II Rn. 401.

[284] Hierzu BGH NJW 1983, 2696.

[285] BGH NJW 1988, 2234 (2237) für GmbH-Geschäftsführer.

[286] BGH NJW 1997, 2813; BGH NJW 1981, 2050 (2051); BGH NJW 1981, 1673, hierzu Franke ZMR 2000, 733 (738); Schmidt-Futterer/Fervers BGB Vorb. zu § 535 Rn. 65. Aus neuerer Zeit AG München (473 C 21303/19) BeckRS 2020, 16373 Rn. 39.

[287] BGH NJW 2001, 2875 (2876); BGH NJW 2001, 2875 (2876), alle mwN.

[288] BGH NJW 2001, 2875 (2876) mwN aus der Rspr.; aA Schmidt-Futterer/Fervers BGB Vorb. zu § 535 Rn. 68.

178 Trifft den Geschädigten ein **Mitverschulden,** so findet § 254 BGB Anwendung.[289] Dies ist insbesondere dann der Fall, wenn eine Vertragspartei in erheblichem Maße Aufwendungen auf die Mietsache tätigt und mithin die im Hinblick auf das Fehlen eines Vertragsabschlusses gebotene Zurückhaltung vermissen lässt.[290]

179 Aufgrund der unterschiedlichen Fallgruppen des Verschuldens bei Vertragsschluss muss auch bei den Rechtsfolgen differenziert werden:

- Im Falle der **Verletzung von Verkehrspflichten** kann der Geschädigte Schadensersatz nach den §§ 249 ff. BGB verlangen. Ist eines der durch § 253 Abs. 2 BGB geschützten Rechtsgüter verletzt worden, so steht dem Geschädigten auch ein **Schmerzensgeldanspruch** zu.
- Bei unberechtigtem **Abbruch von Vertragsverhandlungen** hat der Geschädigte einen Anspruch auf Ersatz der **Aufwendungen,** die gerade im Vertrauen auf den dann gescheiterten Vertragsschluss getätigt wurden. Hierunter fallen etwa nutzlos gewordene Umbau- und Renovierungskosten, Kosten der Vorbereitung für den Ausbau des Mietobjekts,[291] Architektenhonorare, Reisekosten, Maklerkosten, Umzugskosten,[292] Kosten infolge der Kündigung des bisherigen Mietverhältnisses sowie Finanzierungs- und Beratungskosten.
- Im Falle der **Verletzung einer Mitteilungs- und Aufklärungspflicht** ist der Geschädigte so zu stellen, wie er bei gehöriger Offenbarung der für seinen Vertragsentschluss maßgeblichen Umstände stünde.[293] Hat daher der Geschädigte einen Vertrag abgeschlossen, den er bei gehöriger Aufklärung bzw. zutreffenden Angaben **nicht abgeschlossen hätte,** so kann er gemäß § 249 Abs. 1 BGB verlangen, so gestellt zu werden, wie er **ohne das schadensstiftende Verhalten** des anderen Teils stehen würde. Er hat somit einen Anspruch auf **Befreiung** von dem abgeschlossenen Vertrag und auf Ersatz seiner nutzlos erbrachten Aufwendungen, insbesondere Maklerkosten, Umzugskosten und Fahrtkosten.[294] Ist der Vertrag infolge der Pflichtverletzung zu ungünstigeren Bedingungen zustande gekommen, hält der Geschädigte aber an ihm fest, kann er u. U. eine **Anpassung des Vertrages** verlangen, etwa durch Herabsetzung des Mietzinses.[295]

180 Schadensersatzansprüche aus Verschulden bei Vertragsverhandlungen **verjähren** grundsätzlich innerhalb der Regelverjährungsfrist des § 195 BGB, dh in drei Jahren.[296]

181 Die **Beweislast** für die Voraussetzungen eines Verschuldens bei Vertragsverhandlungen trägt derjenige, der einen Schadensersatzanspruch daraus herleitet.[297] Er trägt insbesondere die Beweislast für die Pflichtverletzung, den Schaden und die Kausalität, während das Verschulden vermutet wird und der Anspruchsgegner den Entlastungsbeweis erbringen muss (vgl. die negative Formulierung des § 280 Abs. 1 S. 2 BGB). Dieser muss nachweisen, dass weder ihn selbst noch seinen Erfüllungsgehilfen der Vorwurf eines Sorgfaltsverstoßes trifft.[298]

---

[289] BGH NJW 1987, 639 (640); BGH WM 1967, 798 (799).
[290] LG Hamburg NJW-RR 2013, 1423 (1424).
[291] Vgl. hierzu BGH NJW 1997, 2813 betreffend nutzlos gewordene Kosten zur Eröffnung einer Gaststätte.
[292] Vgl. hierzu LG Mannheim ZMR 1971, 133.
[293] BGH NJW 2006, 3139 Rn. 21; BGH NJW 2001, 2875 (2876).
[294] BGH NJW 1987, 639 (640); LG Mannheim NZM 1999, 406 (407); LG Mannheim ZMR 1971, 133. Weitergehend BGH NJWE-MietR 1997, 150, wonach auch eine fristlose Kündigung in Betracht kommen kann.
[295] BGH NJW 2006, 899 (902); Grüneberg/Grüneberg BGB § 311 Rn. 59.
[296] Grüneberg/Grüneberg BGB § 311 Rn. 59.
[297] Lindner-Figura/Opreé/Stellmann Geschäftsraummiete-HdB/Stellmann § 4. Rn. 54.
[298] BGH NJW 1986, 2757.

3. Abschnitt. Vertragsabschluss

§ 46 Vertragsabschluss und Mängel beim Vertragsabschluss

Übersicht

I. Einführung

1 Für den Bereich des gewerblichen Mietrechts ergeben sich vielfach auf Grund anders gelagerter und gewerbespezifischer Interessenschwerpunkte im Vergleich zum Wohnraummietrecht zusätzliche Parameter der Vertragsanbahnung und des Vertragsabschlusses. So findet man häufig die Situation vor, dass das Mietobjekt selbst noch in der Planungsphase begriffen ist, die Vermietungsaktivitäten sich hingegen schon im vollen Umfange entfalten. Vielfach wird die Errichtung eines Objekts auch gerade davon abhängig gemacht, dass für eine bestimmte m^2-Fläche bereits Mieter generiert wurden.

Dieser speziellen Interessenlage dienen zum einen vorvertragliche Gestaltungsformen, die in → § 45 bereits dargestellt sind, sowie die nachfolgenden Regelungs- und Handlungsoptionen.

II. Vertragsangebot

2 Gewerbe- und Geschäftsraum wird regelmäßig über **Inserate** sowie die Versendung von **Exposés** angepriesen, wobei letztere häufig von Maklern oder Vertriebsabteilungen von Immobiliengesellschaften eingesetzt werden, nachdem zuvor – häufig auch im Wege einer telefonischen Akquisition – Interessenten nachgefragt wurden. Diese Form der Bewerbung eines Mietobjekts stellt noch kein Angebot auf Abschluss eines Vertrages dar, sondern lediglich die Aufforderung zur Abgabe eines Vertragsangebots seitens des Empfängers, die sogenannte **invitatio ad offerendum.** Dieser Aufforderung zur Abgabe eines Vertragsangebots fehlt auf Seiten des Inserenten bzw. Versenders eines Exposés der endgültige **vertragliche Bindungswille,** was sich insbesondere damit erklärt, dass das angesprochene Publikum zumeist größer ist, als tatsächlich Mietfläche zur Verfügung steht, mithin auf Vermieterseite zunächst noch das Interesse begründet ist, zunächst nur Mietinteressenten zu sondieren. Hinzu kommt, dass in derartigen Exposés meist das gesamte Gebäude beschrieben wird, aber noch nicht entschieden ist, wie sich die einzelnen Mietflächen aufteilen werden.

3 Anders liegt der Fall allerdings bereits dann, wenn von potenzieller Vermieterseite dem Interessenten ein schon unterschriebener Mietvertrag übersandt wird. Hiernach

fänden sodann dieselben Vertragsabschlussparameter Anwendung, wie für das Wohnraummietrecht bereits dargestellt[1].

III. Verhandlungsphase vs. Vertragsabschluss

4 Während das Wohnraummietrecht im Rahmen des Vertragsabschlusses mehrheitlich durch die Verwendung von Vertragsformularen bzw. vorformulierten Vertragswerken bestimmt ist, ist der Bereich der Geschäfts- und Gewerberaummiete – insbesondere im Bereich von Großobjekten oder neu zu errichtenden Objekten – wesentlich stärker durch Vertragsverhandlungen und das Aushandeln der einzelnen Mietvertragsregelungen geprägt. Die Verhandlungsphase dauert in der Regel länger als bei Wohnraummietverträgen. Ein Mietvertrag kommt regelmäßig dann zu Stande, wenn sich die Parteien über die wesentlichen Vertragsbestandteile, die sogenannten **essentialia negotii,** verständigt haben.

5 Der zumeist doch recht umfangreiche Regelungsgehalt eines Mietvertrages, soweit er schriftlich oder in Textform ausformuliert werden soll, führt in der Interessenlage der Parteien dazu, dass ein **verbindlicher Vertragsabschluss** nicht schon mit Verständigung über das Mietobjekt sowie den dafür zu entrichtenden Mietzins erfolgen soll, sondern erst, wenn auch Einigkeit über sämtliche Nebenpunkte getroffen wurde. Um diesbezüglichen Unwägbarkeiten vorzubeugen, empfiehlt es sich in diesen Fällen mit Beginn der Vertragsverhandlungen festzulegen, dass ein verbindlicher Mietvertrag erst dann bestehen soll, wenn dieser von den beteiligten Parteien unterzeichnet ist oder – falls die Textform eingehalten werden soll, als einheitliches Dokument fertiggestellt und von beiden Seiten „abgesegnet" wurde.

6 Erfolgt dies hingegen nicht, so kann bei bereits erzielter Verständigung der beteiligten Parteien über die zu vermietende Fläche sowie den zu entrichtenden Mietzins von einem verbindlichen Vertragsschluss ausgegangen werden, wobei jedoch regelmäßig anhand des konkreten Falles zu prüfen ist, inwieweit für die beteiligten Parteien ein **Bindungswille** im Übrigen tatsächlich vorhanden war. Umstände des Einzelfalles sind unter anderem die Zahlung und vorbehaltlose Annahme einer oder mehrerer Monatsmieten und/oder der Kaution, die Aushändigung der Schlüssel zum Objekt und eine beginnende Einrichtung durch den Mieter.[2]

7 Ist im Übrigen die Text- oder Schriftform des Mietvertrages verabredet oder als Voraussetzung formuliert worden, so ist im Zweifel davon auszugehen, dass der Vertrag auch erst mit Wahrung der **Schriftform** als verbindlich anzusehen ist.[3]

IV. Letter of Intent

8 Ein **Letter of Intent** (LoI) ist als **Absichtserklärung** ein dem Deutschen Rechtskreis nicht originär bekanntes Rechtsinstitut. Es soll den beteiligten Parteien als ein Mittel dienen, sich anbahnende Vertragsverhandlungen ordentlich zu strukturieren und zudem, Zwischenergebnisse durch Aktualisierung festzuhalten.[4]

1. Regelungsbereich

9 Der Letter of Intent ist ein reines Element der **Vertragsanbahnung.** Gegenstand des Letter of Intent können unter anderem folgende Regelungsgehalte sein:

- **Vertraulichkeitserklärung, Geheimhaltungsvereinbarung**

[1] Vgl. → § 8 Rn. 38 ff.
[2] Vgl. OLG Hamburg WuM 2003, 84; OLG Düsseldorf ZMR 2002, 46.
[3] Vgl. LG Mannheim WuM 1998, 659.
[4] Lindner-Figura NZM 2000, 1193.

- **Exklusivität** des potenziellen Mieters bzw. Verpflichtung des Vermieters, das Objekt nicht anderweitig anzubieten
- **Umschreibung** der zu vermietenden Fläche
- **Wesentlicher Inhalt** des noch abzuschließenden Mietvertrages[5]
- Planerische **Umgestaltungsmöglichkeiten**
- Festschreibung von **Verhandlungszwischenergebnissen**[6]
- Festschreibung eines **zeitlichen Verhandlungsrahmens.**

Darüber hinaus können aber auch bereits einzelne **Verpflichtungsmomente** Inhalt 10 eines Letter of Intent sein, namentlich neben der eingangs genannten Geheimhaltungsverpflichtung, Auskunftsrechte und Kostentragungsregelungen über Vorplanungs- und Beratungsleistungen.[7]

2. Rechtsfolgen

Je umfangreicher allerdings ein Letter of Intent inhaltlich ausgestaltet wird, desto 11 größer wird auch die Gefahr, dass formulierungstechnisch die Gratwanderung der Absichtserklärung einen Verbindlichkeitscharakter erreicht, die eine der beteiligten Parteien nunmehr darauf vertrauen lässt, dass der Mietvertrag auch abgeschlossen wird. Ohne es „beabsichtigt" zu haben befindet sich die andere Partei auf den Weg in eine Haftung aus Verschulden bei Vertragsverhandlungen, der **culpa in contrahendo,** gemäß § 311 Abs. 2 und 3 BGB mit der weiteren Folge eines auf den **Vertrauensschaden** gerichteten Schadenersatzanspruchs.[8]

Darüber hinaus können rein **faktische Handlungsmuster** der ursprünglich nur als 12 Absichtserklärung gekennzeichnete Verhandlungssituation dazu führen, dass ein vorläufiges Mietverhältnis begründet wird, in dem nach Vereinbarung eines Letter of Intent der Mieter bereits beginnt, das Objekt – wenn auch nur vorläufig – zu nutzen.[9]

Dies erfordert für den Letter of Intent zum Beispiel in Form einer **Präambel** die 13 Festschreibung,

- dass der Letter of Intent ausdrücklich keine Verpflichtung zum Abschluss des Mietvertrages begründet und
- die Parteien bis zum endgültigen schriftlichen Abschluss des Mietvertrages jederzeit und ohne Angabe von Gründen berechtigt sind, von weiteren Verhandlungen Abstand zu nehmen.

Es ist mithin unbedingt darauf zu achten, dass der Abschluss eines endgültigen Mietvertrages 14 immer vorbehalten wird, um Haftungsrisiken für den Fall, dass es nicht zu einem Vertragsschluss kommen sollte, auszuschließen.

V. Rahmenvertrag

Ein weiteres Instrument der Geschäfts- und Gewerberaummiete vor Abschluss eines 15 auf ein konkretes Objekt bezogenen Mietvertrages ist der Rahmenvertrag. Gegenstand des **Rahmenvertrages** ist kein konkret in Aussicht genommenes Mietverhältnis, sondern vielmehr die Umschreibung einer zukünftigen Mietsituation, die auf den Abschluss mehrerer gleicher oder vergleichbarer Mietverhältnisse gerichtet ist, ohne dass das oder die Mietobjekte nach Art, Lage und Größe bestimmt sind, sondern mehr den Charakter

[5] Lindner-Figura/Oprée/Stellmann Geschäftsraummiete-HdB Rn. 41.
[6] Lindner-Figura/Oprée/Stellmann Geschäftsraummiete-HdB Rn. 37.
[7] Lindner-Figura NZM 2000, 1193.
[8] → § 7 Rn. 98 ff.
[9] Vgl. OLG Hamburg 14.11.2001 – 4 U 34/01, BeckRS 2001, 30219448.

einer Gattungsschuld aufweisen. Hintergrund derartiger Rahmenverträge ist vielfach Planungs- und Entwicklungsmöglichkeiten sowohl auf Investoren – respektive Vermieterseite – als auch von Mieterseite für langfristig ausgerichtete Konzepte und Geschäftsideen zu erreichen.

16 Ein Rahmenvertrag geht – und dies bereits seinem Wortlaut nach – von seiner **Bindungswirkung** her über den Letter of Intent hinaus. Vielfach besteht jedoch eine Interessenlage für die beteiligten Parteien auf Grund der auf die Zukunft ausgerichteten konkreten Mietverhältnisse einerseits und der bei Abschluss des Rahmenvertrages zunächst bestehenden Planungskonzeptionen insbesondere von potenzieller Mieterseite her andererseits, die von diesem Vertrag ausgehende Verbindlichkeitswirkungen so gering wie möglich zu halten. Dies führt häufig – je nach zwischenzeitlicher eingetretener Interessenlage – zu Auslegungsproblemen, inwieweit tatsächlich und wenn ja, in welchem Umfang vertragliche Pflichten begründet wurden.

17 Die Rechtsprechung sieht trotz der „Vorläufigkeit" eines Rahmenvertrages einen deutlichen Verbindlichkeitscharakter und – da gesetzliche Regelungen für eine derartige Vertragsart fehlen – eine dem Tatrichter vorbehaltene **Vertragsauslegung,** die natürlich für die beteiligten Parteien Unwägbarkeiten birgt.[10] Notwendig ist deshalb, einem Rahmenvertrag auch eine Regelungsdichte zu geben, um nicht gewollten Vertragsauslegungen soweit wie möglich entgegen zu steuern.

18 Vor diesem Hintergrund empfiehlt sich, bei Abschluss von Rahmenverträgen insbesondere auch Rücktrittklauseln, die an bestimmt Entwicklungen geknüpft sind, aufzunehmen bzw. auflösende Bedingungen zu formulieren, um ferner den Unwägbarkeiten zukünftige Geschäftsentwicklungen Rechnung zu tragen.

VI. Kaufmännisches Bestätigungsschreiben

19 Obwohl dem Schweigen grundsätzlich kein rechtsverbindlicher Charakter im Hinblick auf die Annahme eines Vertragsangebots zugeschrieben wird, besteht dennoch im Bereich des kaufmännischen Geschäftsverkehrs nach anerkanntem Handelsbrauch eine Ausnahme dahingehend, als ein Vertrag durch Schweigen auf ein **kaufmännisches Bestätigungsschreiben** zu Stande kommen kann.

Dies gilt auch für die Geschäfts- und Gewerberaummiete, hat hingegen in der mietvertraglichen Praxis Ausnahmecharakter.

1. Persönlicher Geltungsbereich

20 Relevanz hat das kaufmännische Bestätigungsschreiben nicht nur für **Kaufleute** im Sinne des HGB, sondern auch für den **Nichtkaufmann,** sofern er in vergleichbarer Art und Weise am Geschäftsverkehr teilnimmt. Hierunter fallen namentlich Freiberufler wie Rechtsanwälte, Wirtschaftsprüfer, Steuerberater und Architekten, ferner Insolvenzverwalter und Grundstücksmakler.[11]

21 Im Gegensatz zu dem Empfänger eines kaufmännischen Bestätigungsschreibens muss der Absender nicht notwendigerweise auch Kaufmann oder Mitglied einer vergleichbaren Berufsgruppe sein.[12]

2. Sachliche und inhaltliche Parameter, Rechtsfolgen

22 Die schriftliche Bestätigung hat unmittelbar im Anschluss an die **Vertragsverhandlungen** zu erfolgen.[13]

23 Weitere Voraussetzung für die Anwendbarkeit der Grundsätze des kaufmännischen Bestätigungsschreibens ist, dass das konkrete Geschäft des Abschlusses eines Mietver-

[10] BGH NJW-RR 2007, 325; NJW-RR 1987, 305.
[11] Hopt/Leyens HGB § 346 Rn. 18.
[12] Hopt/Leyens HGB § 346 Rn. 19.
[13] Hopt/Leyens HGB § 346 Rn. 21.

trages zu den **typischen Geschäften** des Erklärungsempfängers zählt, was für die Anmietung von Geschäfts- und Gewerberaum regelmäßig angenommen werden kann.

Inhaltliche Voraussetzung, die für ein kaufmännisches Bestätigungsschreiben besteht, 24
ist, dass mit diesem auf zuvor geführte mündliche Vertragsverhandlungen Bezug genommen wird, die zu einem so hinreichend bestimmten **Verhandlungsergebnis** geführt haben, dass der Bestätigende davon ausgehen durfte, dass die Verhandlungen zu einer Einigung geführt haben.[14]

Wurde mit dem Bestätigungsschreiben inhaltlich der erfolgte Abschluss von den zuvor 25
geführten Verhandlungen erkennbar und hinreichend konkretisiert festgehalten, so ist der Empfänger dieses Schreibens gehalten, um einen Vertragsschluss zu vermeiden, rechtzeitig, das heißt ohne schuldhaftes Zögern, **Widerspruch** – zur Dokumentation und Beweisbarkeit empfiehlt es sich gleichsam in Schriftform – gegenüber dem Absender zu erheben. Ein **Schweigen** des Empfängers des kaufmännischen Bestätigungsschreibens führt zum verbindlichen Vertragsschluss, wie auch ein verspäteter Widerspruch, von dem dann auszugehen ist, wenn er erst mehr als eine Woche nach Empfang des Bestätigungsschreibens erfolgt.[15]

Indem das **Schweigen** auf ein kaufmännisches Bestätigungsschreiben zum Vertrags- 26
abschluss führt, sind die Erfordernisse, um einer derartigen Bestätigung über Vertragsverhandlungen sowie einem Vertragsabschluss den Charakter eines kaufmännischen Bestätigungsschreibens zu geben, nicht unerheblich.

Das Bestätigungsschreiben muss zum einen auf einen vorangegangenen – zumindest 27
aus Sicht des Absenders – erfolgten Vertragsabschluss Bezug nehmen und diesen hinreichend **inhaltlich konkretisieren.**[16] Wird seitens des Absenders eine **Gegenbestätigung** erbeten, stellt dies für sich genommen der rechtlichen Wirkung eines kaufmännischen Bestätigungsschreibens noch nicht entgegen, sondern fordert eine Einzelfallbetrachtung.[17] Kreuzen sich gar inhaltlich **widersprechende Schreiben,** ist ebenso wenig von einem verbindlichen Vertragsschluss auszugehen wie für den Fall, dass das Bestätigungsschreiben bewusst **inhaltlich falsche Angaben** enthält und/oder die zuvor geführten Vertragsverhandlungen noch gar nicht soweit gediehen waren, dass der Empfänger die Verhandlungen nach Treu und Glauben als abgeschlossen ansehen konnte (so genanntes **überraschendes Bestätigungsschreiben**).[18]

Gleiches gilt für den Fall, wenn zwischen den Parteien zuvor verabredet war, den 28
Mietvertrag schriftlich abzuschließen.[19]

Zu einem verbindlichen **Vertragsschluss** führt das kaufmännische Bestätigungsschrei- 29
ben hingegen dann, wenn es – ohne dass dem widersprochen wird – zwar zusätzliche, zuvor nicht verhandelte Ergänzungen enthält, die jedoch als üblich für derartige Vertragsabschlüsse bzw. für Mietverträge gelten.[20] Insbesondere ist hier zu nennen, dass für die Konkretisierung der zu übernehmenden Betriebskosten der zuvor inhaltlich nicht verhandelte § 2 BetrKV miteinbezogen wird.

VII. Störung der Geschäftsgrundlage

Ergänzend zu den Ausführungen zur **Störung der Geschäftsgrundlage** im Wohnungs- 30
mietrecht[21] ist für die Geschäftsraummiete auf die Entscheidungen hinsichtlich der

[14] Hopt/Leyens HGB § 346 Rn. 20.
[15] Hopt/Leyens HGB § 346 Rn. 25.
[16] BGH NJW 1990, 386.
[17] BGH WM 2007, 303.
[18] Hopt/Leyens HGB § 346 Rn. 21, 22, 26, 27.
[19] BGH NJW 1970, 2104.
[20] BGH WM 1986, 186; Hopt/Leyens HGB § 346 Rn. 27.
[21] → § 8 Rn. 52 ff.

Corona-Pandemie hinzuweisen.[22] Der BGH stellt zwar ausdrücklich klar, dass es sich jeweils um Einzelfallentscheidungen handelt und pauschale Antworten auf die Frage, ob eine Störung der Geschäftsgrundlage aufgrund einer Pandemie vorliegt und wie die Risikoverteilung zu erfolgen hat. Dass im Falle einer Pandemie oder einer vergleichbaren Krise eine Störung der Geschäftsgrundlage vorliegen kann, steht allerdings fest.

VIII. Allgemeines Gleichbehandlungsgesetz (AGG)

31 Ergänzend zu den Ausführungen zu den **Allgemeinen Gleichbehandlungsgesetz** (AGG) im Wohnungsmietrecht[23] ist für die Geschäftsraummiete festzuhalten, dass die Kleinanbieterklausel des § 19 Abs. 5 S. 3 AGG nicht einschlägig ist, da sich diese ausschließlich auf Wohnraum bezieht. Dem Vermieter von Geschäftsraum bzw. Gewerberaum ist im Hinblick auf die Merkmale des § 19 Abs. 1 Nr. 1 AGG „ohne Ansehen der Person" bzw. nachrangige Bedeutung „des Ansehens der Person" gleichfalls nahe zu legen, durch **Fragebögen** und Auskunftseinholungen die Bedeutung der Person des Mieters – regelmäßig erfolgt dies bereits im Hinblick auf seine wirtschaftliche Leistungsfähigkeit – weiter in den Vordergrund zu stellen.

[22] BGH 8.5.2024 – XII ZR 7/23, BeckRS 2024, 15325; NZM 2023, 243; NZM 2022, 329; NZM 2022, 99.

[23] → § 8 Rn. 6 ff.

§ 47 Formfragen

Übersicht

Schrifttum:
Günter, Schriftform langfristiger Mietverträge: Ein Lösungsvorschlag für ein „ewiges Problem“, NZM 2019, 561; Lehmann-Richter, Textform langfristiger Mietverträge – Plädoyer für eine kündigungsfeindliche Auslegung, NZM 2025, 625; Neumann, Die Schriftproblematik in der Gewerberaummiete und das lange Warten auf den Abschluss des Reformprozesses, IMR 2024, 268.

I. Einleitung

1 Mietverträge und spätere Ergänzungen, oder Änderungen von Mietverträgen können **grundsätzlich formfrei** abgeschlossen werden.[1] Eine besondere Form zum Abschluss von Mietverträgen ist somit grundsätzlich nicht vorgesehen, sodass solche Verträge auch mündlich oder sogar konkludent geschlossen werden können. Voraussetzung für das Zustandekommen eines Mietvertrages ist lediglich, dass eine Einigung zwischen Vermieter und Mieter über die Überlassung eines bestimmten Mietgegenstands gegen Entgelt erzielt wurde. Wenn kein konkretes Entgelt vereinbart wurde, so kann dennoch ein Mietverhältnis zu einer angemessenen oder ortsüblichen Miete geschlossen worden sein.[2] Ob und gegebenenfalls in welcher Höhe eine Miete vereinbart wurde oder als vereinbart gilt, hängt von den konkreten Umständen des Einzelfalls ab.

2 Selbstverständlich empfiehlt sich jedoch – bereits zu Beweiszwecken – eine solche Einigung und den Inhalt der Einigung **schriftlich oder mindestens in Textform** niederzulegen. Von einem rechtswirksam abgeschlossenen Mietvertrag ist im Zweifel auch dann auszugehen, wenn die Parteien mit der Durchführung des Mietvertrages, also der Überlassung des Mietgegenstandes gegen Entgelt, bereits zu einem Zeitpunkt begonnen haben, an dem die (noch) zutreffenden mietvertraglichen Vereinbarungen noch nicht vollumfänglich einvernehmlich geklärt sind.[3] Von der bewussten Durchführung der

[1] Schmidt-Futterer/Lehmann-Richter, 16. Aufl. 2024, BGB § 535 Rn. 77.
[2] BGH NJW-RR 1992, 517.
[3] BGH NJW 1981, 2756; 1983, 1728; LG Landau WuM 1997, 428.

Hauptleistungspflichten lässt sich auf den Willen der Vertragsparteien zur sofortigen Bindung und zur Geltung des Vertrages schließen. Hingegen ist ein Mietvertrag im Zweifel dann noch nicht wirksam zustande gekommen, wenn die Parteien zwar bislang mündlich über die wesentlichen Vertragsinhalte Einigkeit erzielt haben, jedoch verabredet haben, dass diese wesentlichen Vertragsinhalte noch schriftlich festgehalten werden sollen, was zu diesem Zeitpunkt noch nicht erfolgt ist (vgl. § 154 Abs. 2 BGB).

3 Ausnahmen hiervon gelten dann, wenn entweder das Gesetz die Wahrung der **Schriftform** vorschreibt (gesetzliche Schriftform)[4] oder **Textform** vorgesehen ist.

4 Strengere Formerfordernisse (wie zB die notarielle Beurkundung, vgl. § 128 BGB) sind im Bereich des Mietrechts eher unüblich und nur dann vorgesehen, wenn eine entsprechende gesetzliche Regelung oder eine Parteivereinbarung dies erfordert. Eine solche notarielle Form ist in der Praxis üblicherweise beim Mietkauf,[5] oder bei der Einräumung eines Vorkaufs- oder Ankaufsrechts zu finden. In derartigen Fällen hat sich die Beurkundung gemäß § 311b Abs. 1 BGB im Zweifel auch auf die mietrechtlichen Vereinbarungen und somit auf das gesamte Vertragswerk zu erstrecken.[6]

5 Das Gesetz sieht in Form des § 550 BGB bei Mietverträgen dann die Schriftform vor, wenn diese für eine längere Zeit als ein Jahr geschlossen werden. Die Nichtbeachtung der Schriftform bei Verträgen, die für einen Zeitraum über einem Jahr geschlossen werden, führt jedoch nicht zur Nichtigkeit, oder Unwirksamkeit des Vertrages, sondern lediglich dazu, dass der Vertrag als auf unbestimmte Zeit geschlossen gilt. Damit kann das Mietverhältnis jederzeit, jedoch frühestens zum Ablauf eines Jahres (§ 550 S. 2 BGB) ordentlich gekündigt werden.

6 Das Schriftformerfordernis des §§ 550 BGB hat im Wesentlichen **zwei Zielrichtungen:** Für die Parteien hat das Schriftformerfordernis eine **Beweis- und Warnfunktion.**[7] Die Parteien sollen vor der Bedeutung und der Verbindlichkeit ihrer Willenserklärung vor Unterzeichnung „gewarnt" werden.

7 Zum anderen ist als wesentlicher Zweck des § 550 – nach herrschender Meinung ist dies der Hauptzweck des § 550 BGB – die **Informationsfunktion für potenzielle Erwerber des Mietobjekts** zu sehen.[8] Schließlich tritt ein potenzieller Erwerber an die Stelle des Vermieters und ist an sämtliche Inhalte des abgeschlossenen Mietvertrages gebunden. Ein potenzieller Erwerber soll die Möglichkeit haben, sich vollständig über die Mietverträge zu informieren, in die er nach § 566 BGB eintritt. Dementsprechend gilt das Schriftformerfordernis gemäß § 550 BGB auch bei Nachtragsvereinbarungen zum Mietvertrag.

8 Das Schriftformerfordernis gemäß § 550 BGB wurde jedoch durch das **Vierte Bürokratieentlastungsgesetz (BEG IV)** „aufgeweicht". Bislang hatte § 550, auf welchen in § 578 Abs. 1 BGB verwiesen hatte, vor allem in Geweberaummietverträgen besondere Bedeutung, da das Risiko bestand, dass eine Partei sich aufgrund eines Schriftformverstoßes von einem unerwünschten – eigentlich befristeten – Vertrag lösen kann. Dieses Risiko wurde auch vom Gesetzgeber erkannt.

9 Während zunächst der Verweis in § 578 Abs. 1 BGB auf § 550 BGB gänzlich gestrichen werden sollte, wurde das in der finalen Fassung des BEG IV das Formerfordernis der **Schriftform auf die Textform gemäß § 126b BGB herabgesetzt.** Somit müssen (befristete) Gewerberaummietverträge nicht mehr schriftlich geschlossen werden, sondern es genügt der Abschluss des Vertrages in Textform, um die Befristung wirksam zu vereinbaren. Was dies jedoch genau bedeutet, und welche Auswirkungen dies hat, wird im Folgenden besprochen. Letztendlich werden sich durch die Neuregelung sicherlich einige Folgefragen stellen, die durch die Rechtsprechung beantwortet werden müssen.

---

[4] Eingehender sogleich unter → Rn. 9 ff.

[5] Vgl. näher Bub/Treier MietR-HdB/Dettmann Kap. I Rn. 92 ff.

[6] Vgl. BGH NJW-RR 2006, 1292; 2003, 1136; DWW 1994, 283; NJW-RR 1989, 198; NJW 1987, 1069; OLG Düsseldorf NZM 2001, 622; OLG Koblenz NJW-RR 1996, 744; OLG München NJW-RR 1987, 1042; OLG Oldenburg BeckRS 2009, 07136; OLG Stuttgart OLG-Report 2007, 881.

[7] BGH NZA 2010, 319.

[8] BGH NZM 2010, 319.

II. Schriftform iSd § 550 BGB

1. Anwendungsbereich

10 Ihrer systematischen Stellung nach gilt das Schriftformerfordernis im Sinne des § 550 BGB zunächst für **Wohnraummietverträge.** Dies liegt daran, dass § 550 im Untertitel 2, Kap. 1, also im Bereich der allgemeinen Vorschriften über Mietverhältnisse über Wohnraum verankert wurde. Über die Verweisung des § 578 BGB und des 581 Abs. 2 BGB ist das Schriftformerfordernis im Sinne des § 550 BGB jedoch **auch auf sonstige Grundstücks- und Raummietverträge sowie Pachtverträge** anwendbar.[9] Nicht anwendbar ist § 550 BGB auf Landpachtverträge im Sinne des 585 BGB. Für solche Landpachtverträge gibt es eine Sondernorm (§ 585a BGB).

11 Zusammenfassend kann man also festhalten, dass das Schriftformerfordernis auf sämtliche „Immobiliarmietverträge", die für eine längere Zeit als ein Jahr geschlossen werden, zur Anwendung kommt, wobei seit dem Inkrafttreten des BEV IV am 30.10.2024 diese Regelung für Gewerberaummietverträge auf die Textform aufgeweicht wurde. Hierzu mehr unter → Rn. 64 ff.[10]

12 Damit ist das Schriftformerfordernis auch auf Mietverträge, die auf unbestimmte Zeit abgeschlossen worden sind, bei denen jedoch die ordentliche Kündigung für mehr als ein Jahr ausgeschlossen wird, anwendbar. Der Ausschluss der ordentlichen Kündigung für mehr als ein Jahr führt zu einer Vertragslaufzeit über einem Jahr, sodass § 550 BGB zur Anwendung kommt.

13 Die Verankerung des Schriftformerfordernisses im Bereich der Vorschriften über die Wohnraummiete wird der tatsächlichen Praxis jedoch nicht gerecht. Die Hauptanwendungsfälle des §§ 550 BGB finden sich vor allem im Gewerberaummietrecht. Auch bei Zeitmietverträgen gemäß § 575 BGB spielt das Schriftformerfordernis des §§ 550 BGB eine nicht unbedeutende Rolle. § 550 ist weiterhin auch anwendbar auf **Nachträge** zu den vorgenannten Verträgen, **Fortsetzungsverträge** (also solche Verträge die ein Mietverhältnis über einen Zeitraum, der länger als ein Jahr dauert, nach wirksamer Kündigung abschließen), **Mischverträge, Optionsverträge,** auf also Verlängerungsoptionen, die zu einer Vertragsdauer von insgesamt mehr als einem Jahr führen), **Schuldbeitritt, Untermietverträge,** Verträge über den **Eintritt eines weiteren Mieters** oder einen **Mieterwechsel** sowie Verträge über den gewillkürten **Wechsel auf Vermieterseite.**

14 Hingegen ist § 550 BGB auf LoI (Letter of Intent), die Ausübung Erklärung einer Verlängerungsoption, die Anpassung der Nebenkostenvorauszahlung durch den Vermieter, Vereinbarungen über die Aufhebung eines langfristigen Mietvertrags und die Erlaubnis zur Untervermietung beispielsweise nicht anzuwenden. § 550 BGB hat sich aus § 566 BGB alte Fassung (Fassung bis zum 31.8.2001) entwickelt. Bei der in § 550 BGB geforderten Schriftform handelt es sich nach absolut herrschender Meinung[11] um die gesetzliche Schriftform des § 126 BGB. Der Gesetzgeber hat in der Begründung zum Mietrechtsreformgesetz ausdrücklich festgehalten, dass sich durch die lediglich sprachliche Neufassung an der Rechtslage von vor 2001 nichts ändern sollte. Vereinbarungen, die von § 550 BGB abweichen sind aufgrund des Gesetzeszwecks, nämlich des Erwerberschutzes, unwirksam. § 550 BGB ist somit seiner Natur nach nicht abdingbar.

2. Voraussetzungen

15 Das Schriftformerfordernis im Sinne des § 550 BGB richtet sich nach den Regelungen des § 126 BGB, sowie § 126a BGB. Gemäß § 126 Abs. 1 BGB bedarf es also für die Einhaltung der Schriftform einer Urkunde, die von dem Aussteller eigenhändig durch

[9] BGH NJW 1981, 2246.
[10] BGH NJW 2007, 1817 = NZM 2007, 445; NJW 1980, 1577; 1970, 1596 noch zu § 566 BGB.
[11] Schmidt-Futterer/Lammel BGB § 550 Rn. 24.

Namensunterschrift unterzeichnet wird. Damit müssen folgende Merkmale für die Einhaltung der Schriftform im Sinne des § 550 BGB iVm § 126 BGB eingehalten sein:
- Einheitliche Urkunde
- Beurkundung des wesentlichen Vertragsinhalts
- Eigenhändige Unterzeichnung durch Namensunterschrift

16 a) **Einheitliche Vertragsurkunde.** Zunächst ist erforderlich, dass der Vertragsinhalt in einer **einheitlichen Urkunde** festgehalten wird. Die früher durch den BGH geforderte feste körperliche Verbindung ist zwischenzeitlich nicht mehr erforderlich.[12] Der BGH hat hiervon Abstand genommen, da sich dieses Erfordernis nicht aus dem Gesetz (§ 126 BGB) ergeben hat. Viel wichtiger ist insoweit eine „gedankliche Verbindung". Eine solche gedankliche Verbindung kann sich unter anderem aus einer fortlaufenden Paginierung, einer fortlaufenden Nummerierung der einzelnen Bestimmungen, einheitlicher grafischer Gestaltung, inhaltlichem Zusammenhang des Textes oder vergleichbaren Merkmalen zweifelsfrei ergeben.

17 § 126 Abs. 1 fordert zwar grundsätzlich, dass der Vertragsinhalt in einer Urkunde niedergelegt wird. Es ist jedoch ebenso ausreichend für die Erfüllung des Schriftformerfordernisses, wenn über den Vertragsinhalt **mehrere gleichlautende Urkunden** aufgenommen werden und jede Partei, die für die andere Partei bestimmte Urkunde unterzeichnet.[13] Dies ergibt sich aus § 126 Abs. 2 S. 2 BGB. Vor diesem Hintergrund reicht es für die Einhaltung des Schriftformerfordernisses aus, wenn die Vertragsparteien gleichlautende Vertragsurkunden unterzeichnen (sog. „Auflockerungsrechtsprechung). Eines Zugangs dieser Urkunden beim jeweiligen Vertragspartner bedarf es hingegen nicht.[14]

18 Die Einhaltung der Schriftform des § 550 S. 1 BGB ist auch dann gewahrt, wenn der Vertragsschluss selbst konkludent oder auf andere Weise zustande gekommen ist, es „zusätzlich" zwei jeweils unterzeichnete (gleichlautende) Vertragsexemplare gibt und somit die äußere Form eingehalten wird. Durch die Einhaltung der äußeren Form ist der Schutzzweck des Schriftformerfordernisses gemäß § 550 S. 1 BGB – nämlich der Informationspflicht des potenziellen Erwerbers – Genüge getan.[15]

19 Dies gilt auch dann, wenn die andere Partei das schriftliche Angebot verspätet annimmt. In solchen Fällen gilt die verspätete Annahme gemäß § 150 Abs. 1 BGB grundsätzlich als neuer Antrag. Wird der Mietvertrag sodann tatsächlich ausgeführt, das Mietobjekt überlassen und der Mietzins bezahlt, genügt die konkludente Annahme des Vertrags selbst zwar mangels Beurkundung grundsätzlich nicht der strengen Formen des § 126 BGB. Dem Schriftformerfordernis des §§ 550 S. 1 BGB genügt ein solcher konkludenter Vertragsschluss samt (vorheriger unwirksamer) schriftliche Niederlegung entsprechend der oben dargestellten Rechtsprechung des BGH durchaus.[16]

20 b) **Wesentlicher Vertragsinhalt.** In der unter → Rn. 16 f. dargestellten Vertragsurkunde müssen sich sämtliche wesentliche Vertragsregelungen wiederfinden. Sämtliche Vereinbarungen zwischen den Parteien, die für die Abwicklung des Mietverhältnisses wesentlich sind, müssen in dieser Urkunde niedergeschrieben sein.[17] Dementsprechend müssen mindestens folgende Angaben in der Mietvertragsurkunde auftauchen:
- Vertragsparteien
- Vertragsdauer
- Miethöhe
- Mietobjekt und Gebrauchsrecht
- Gegebenenfalls Fälligkeit der Miete

[12] BGH NJW 1998, 58.
[13] BGH NJW 2018, 1540.
[14] BGH NJW 2018, 1540.
[15] BGH NJW 2015, 2648.
[16] BGH NZM 2010, 319.
[17] BGH 4.11.2020 – XII ZR 104/19, NZM 2020, 1111 Rn. 18.

Vertragsregelungen, die den Inhalt des Vertrages **lediglich erläutern oder veranschaulichen** sollen, bedürfen nicht der Schriftform des §§ 550 BGB.[18] Dies umfasst sämtliche Bestimmungen, denen kein eigener rechtsgeschäftlicher Erklärungswert zukommt, wie zB Zeichnungen und Plänen, die als bloße Orientierungshilfe gedacht sind. Sofern das Mietobjekt also bereits im Mietvertrag durch die genaue Angabe der Örtlichkeit (zB 2. Obergeschoss) haben die beigefügten Pläne nicht zwingend eine eigene rechtsgeschäftliche Bedeutung und veranschaulichen die bereits erfolgte Konkretisierung des Mietobjekts lediglich. 21

Anders ist dies sicherlich zu beurteilen, wenn der **Lageplan** nicht nur eine Orientierungsfunktion hat, sondern dieser Lageplan das Mietobjekt maßgeblich konkretisieren und bestimmen soll und somit für den Vertragsinhalt erheblich ist. Damit würde auch der Lageplan formpflichtig werden.[19] Bei der Frage, ob die Anlage tatsächlich der Schriftform bedarf oder nicht, kommt es maßgeblich – entsprechend des Schutzzwecks der Norm – auf die Sicht eines an den vertraglichen Absprachen nicht beteiligten Dritten an. Schließlich soll ein potenzieller Grundstückserwerber, der allein auf den schriftlichen Mietvertrag angewiesen ist, sich aus diesem über den wesentlichen Vertragsinhalt, also auch das konkrete Mietobjekt, informieren können. Dies gilt selbst dann, wenn die Vertragsparteien – entgegen dieser Bewertungsmethode – die in Bezug genommenen Anlagen zu Unrecht als wesentliche Bestandteile des Vertrages bezeichnet haben.[20] 22

Sofern die Parteien bestimmte Regelungen, oder sogar den Abschluss des Mietvertrages selbst von dem Eintritt einer **Bedingung** abhängig machen, muss zwar die Bedingungsregelung selbst im Mietvertrag verschriftlicht werden. Der Eintritt der Bedingung hingegen muss sodann nicht nachträglich ebenfalls noch schriftlich dokumentiert werden.[21] Der Umstand, dass der Eintritt der Bedingung aus der Vertragsurkunde selbst nicht ersichtlich ist und der Grundstückserwerber hierzu Nachforschungen anstellen muss, ob die Bedingung eingetreten ist, steht der Wahrung der Schriftform nicht entgegen.[22] 23

Auch die **Vertragsparteien** müssen (mindestens) bestimmbar sein. Es darf keinerlei Zweifel bestehen, wer durch den Mietvertrag gebunden sein soll.[23] Dies gilt richtigerweise auch, wenn es zu einem Wechsel der Vertragsparteien durch Rechtsgeschäft kommt, da die Angabe der Mietvertragsparteien zu den wesentlichen Vertragsbedingungen zählt.[24] Ein solcher gewillkürter Parteiwechsel muss in der Regel von allen beteiligten Parteien unterzeichnet werden. In der Regel braucht es daher einen dreiseitigen Vertrag, bei dem die den Mietvertrag verlassende Partei und die in den Mietvertrag eintretende Partei als auch die weiterhin im Mietvertrag verbleibende Partei genannt werden und diese Vereinbarung unterzeichnen.[25] Ein solcher Nachtrag über einen Parteiwechsel ist dann hingegen nicht (in schriftlicher Form) erforderlich, wenn es sich um einen gesetzlichen Übergang des Mietverhältnisses handelt. Dies kann unter anderem bei einem Übergang des Mietverhältnisses nach § 566 BGB oder auch beim Tod des Mieters gemäß § 563 BGB der Fall sein. 24

Die **konkrete Vereinbarung über die Miete** unterliegt in jedem Fall dem Schriftformgebot des § 550 BGB.[26] Sobald und sofern sich die Parteien auf eine Änderung der Miethöhe verständigen, erfordert dies also einen entsprechenden schriftlichen Nachtrag. Eine besondere Erheblichkeitsschwelle greift bei Änderung hinsichtlich der Miete nicht.[27] Die Änderung der Miethöhe stellt stets eine wesentliche Änderung dar, die – 25

---

[18] BGH NZM 2001, 43.
[19] OLG Hamm 26.11.2020 – 5 U 112/19, BeckRS 2020, 44534 Rn. 229.
[20] BGH, NJW 1999, 1257.
[21] BGH NJW 2013, 1361 Rn. 25.
[22] BGH NJW 2013, 1361 Rn. 25.
[23] → Rn. 20.
[24] BGH NJW 2013, 1083.
[25] BGH NJW 2013, 1083; OLG Düsseldorf BeckRS 2012, 02870.
[26] BGH NZM 2016, 98.
[27] BGH NJW 1999, 3257.

soweit sie für mehr als ein Jahr erfolgt und nicht jederzeit vom Vermieter widerrufen werden kann – dem Formzwang des §§ 550 S. 1 unterliegt.[28]

26 Dementsprechend sind selbstverständlich auch Vereinbarungen über eine **Staffelung der Miete** oder einer Indexierung der Miete stets formbedürftig.[29] Die sich hieraus ergebende Anpassung der Miete ist wiederum formfrei möglich. Auch hier kann von einem potenziellen Erwerber, der den Mietvertrag aufmerksam gelesen hat, erwartet werden, dass dieser Nachforschungen hinsichtlich der erfolgten Indexierung eingeholt.

27 Die **Fälligkeit der Miete** muss grundsätzlich Mietvertrag nicht gesondert geregelt werden, da sich diese bereits aus dem Gesetz ergibt (§ 556b BGB, § 579). Sofern die Parteien allerdings eine von dieser gesetzlichen Regelung abweichende Fälligkeit der Miete vereinbaren, ist diese wiederum zwingend formbedürftig.[30] Eine solche vom Gesetz abweichende Fälligkeit kann erhebliche Auswirkungen entfalten. Dies ist beispielsweise dann der Fall, wenn es um in Bezug auf eine Kündigung auf den Zeitpunkt der Kündigung und den Zeitpunkt des Zahlungsverzuges ankommt.

28 Darüber hinaus ist auch eine potenzielle Vereinbarung über die anfallenden **Betriebskosten,** also welche Partei die Betriebskosten zu tragen hat, schriftformbedürftig. Dies gilt grundsätzlich auch für die Festlegung von Vorauszahlungen (und deren Höhe) oder der Vereinbarung einer Pauschale.[31]

29 Grundsätzlich sind sämtliche auch der Schriftform des §§ 550 BGB unterfallenden Vereinbarungen einer **Auslegung** offen und zugänglich.[32] Der Inhalt sämtlicher vorgenannten Vereinbarungen muss jedenfalls so hinreichend bestimmbar sein, dass es einem Erwerber im maßgeblichen Zeitpunkt des Vertragsschlusses möglich ist, den Mietgegenstand zu identifizieren und seinen Umfang festzustellen. Bestimmbar ist eine Vereinbarung nur dann, wenn nach Auslegung keine Zweifel verbleiben.[33]

30 **c) Unterschrift durch den Aussteller.** Das Schriftformerfordernis sieht gemäß § 126 BGB eine **„Namensunterschrift"** vor. Die Unterzeichnung muss also die Person des Ausstellers erkennbar machen; hierfür ist die Unterzeichnung mit dem Familiennamen erforderlich, aber auch ausreichend. Auf die vollständige Lesbarkeit des Namenszuges kommt es wohl nicht entscheidend an. Es ist insoweit lediglich erforderlich, dass „ein die Identität des Unterschreibenden ausreichend gekennzeichneter individueller Schriftzug, der einmalig ist, entsprechende charakteristische Merkmale aufweist, sodass eine Unterscheidungsmöglichkeit gegenüber anderen Ausstellern gewährleistet ist, der die Andeutung von Buchstaben erkennen lässt und keine bloße Paraphe (Handzeichen) darstellt."[34]

31 Die Unterschrift muss auch eine tatsächliche **Unter**-Schrift sein. Die Unterschrift muss den Vertragstext daher **am Ende abschließen.**[35]

32 Unschädlich soll es auch sein, wenn einer der Vertragspartner den Vertrag bereits zuvor **„blanko" unterschrieben** hat und dieser vom anderen Teil ergänzt wird, sofern die Beteiligten sich über die Änderungen/Ergänzungen einig sind und es deren Willen entspricht, dass die Unterschriften für den veränderten Vertragsinhalt Gültigkeit haben sollen.[36] Stichwort: „äußere Form ist ausreichend"

33 Hinsichtlich der Frage der Vollständigkeit oder Unvollständigkeit der Vertragsurkunde in Bezug auf eine Vertretung bei der Unterzeichnung des Vertrages kommt es nicht auf die aus dem **Handelsregister** ersichtlich Vertretungsregelung an.[37] Vielmehr sind die

---

[28] BGH NZM 2016, 98.
[29] BGH NJW 2017, 3772 Rn. 22.
[30] BGH NJW 2008, 365.
[31] OLG Dresden 25.1.2023 – 5 U 1239/22, BeckRS 2023, 6318 Rn. 48; OLG Brandenburg 7.7.2020 – 3 U 82/19, BeckRS 2020, 17761 Rn. 35 ff.
[32] BGH NJW 2014, 2102 Rn. 23.
[33] BGH NJW 2014, 2102 Rn. 23.
[34] OLG Hamm BeckRS 2006, 676; BGH BeckRS 2007, 18290.
[35] BGH 10.2.2021 – XII ZR 26/20, NZM 2021, 472.
[36] BGH BeckRS 1973, 31125032.
[37] BGH NJW 2015, 2034.

Angaben im Mietvertrag relevant. Allein aus diesen Angaben muss sich eindeutig entnehmen lassen, ob der Vertrag mit den vorhandenen Unterschriften zustande gekommen ist, oder ob dessen Wirksamkeit von weiteren Unterschriften abhängig ist.[38] Auch die Unterzeichnung als Vertreter ohne Vertretungsmacht würde der Einhaltung der Schriftform im Sinne des § 550 BGB somit nicht entgegenstehen.[39] Ob der Vertrag jedoch tatsächlich wirksam zustande gekommen ist jedoch keine Frage der Schriftform, sondern des materiellen Vertragsschlusses.

Auch die Frage, durch welche Partei und für wen die Unterschrift abgegeben worden ist, unterliegt der **Auslegung.** Sofern ein Vertrag von einer Person unterzeichnet wird, die weder Partei des Vertrages noch Organ eines der Parteien ist, kann dies nach Ansicht des BGH nur so verstanden werden, dass diese Person mit ihrer Unterschrift die Vertragspartei vertreten will. In solchen Fällen muss das Vertretungsverhältnis daher auch nicht durch einen auf einen ausdrücklichen Vertretungszusatz kenntlich gemacht werden.[40] Sofern der Unterzeichner jedoch Mitglied eines Organs einer Partei ist, welches aus mehreren Personen besteht und diese nur gemeinsam vertretungsberechtigt sein sollen kann nicht per se darauf geschlossen werden, dass diese Person die Unterschrift auch im Namen der anderen vertretungsberechtigten Mitglieder dieses Organs abgibt.[41] Die Anforderungen an die Kenntlichmachung, dass die unterzeichnende Person für das gesamte Organ unterzeichnen möchte, werden durch die Rechtsprechung jedoch nicht besonders hoch gehängt. So genügt beispielsweise das hinzusetzen eines Firmenstempels zur Unterschrift, um deutlich zu machen, dass der Unterzeichnende zu Unterzeichnung dieses Vertrages allein berechtigt ist und in diesem Sinne auch handeln möchte.[42] Der Geschäftsverkehr misst dem Firmen- oder Betrieb Stempel eine entsprechende Legitimationswirkung bei.[43] Das Hinzusetzen eines Stempels genügt hierfür nur dann nicht, wenn die Urkunde aufgrund ihres sonstigen Erscheinungsbildes nicht den Eindruck der Vollständigkeit erweckt. Dies ist beispielsweise dann der Fall, wenn ein weiteres Unterschriftsfeld vorhanden ist, aber leer verbleibt, oder wenn im Rubrum eine weitere unterschriftsberechtigte Person als vertretungsberechtigt ausdrücklich genannt ist, diese den Vertrag jedoch nicht ebenfalls unterzeichnet.[44] 34

d) **Vertragsanlagen.** In Bezug auf die Anlagen ist ebenfalls zu unterscheiden, ob sich die Schriftform im Sinne des § 550 BGB auf diese erstreckt oder nicht: 35

Solche Anlagen, die für den Inhalt des Vertrages **nur von nebensächlicher Bedeutung** sind, bedürfen genauso wenig der Schriftform wie solche Anlagen, die den Vertragsinhalt lediglich erläutern oder als Orientierungshilfe dienen sollen.[45] Sofern Anlagen jedoch den wesentlichen Inhalt des Vertrages nicht nur veranschaulichen, sondern **mitgestalten** bedürfen diese zwingend der Schriftform. Diese ist nur dann gewahrt, wenn zweifelsfrei feststeht, dass die Anlagen zum Mietvertrag dazugehören.[46] Diese Anlagen müssen für die Wahrung der Schriftform nicht zwingend fest mit dem Hauptmietvertrag verbunden sein und auch nicht gesondert unterzeichnet werden. Die Unterschrift des Hauptvertrages, welche auf die entsprechende Anlage ausreichend konkret verweist, ist für die Wahrung der Schriftform ausreichend.[47] 36

e) **Besonderheit von Nachträgen.** Sämtliche Nachträge zum Mietvertrag müssen die vorgenannten Voraussetzungen des Schriftformerfordernisses ebenfalls einhalten, sofern in diesen Nachträgen ein **wesentlicher Inhalt des Vertrages** neu geregelt werden wird. Dies ist beispielsweise bei jeder Änderung der Miethöhe oder der Zahlungsfällig- 37

[38] BGH NJW 2015, 2034 Rn. 24.
[39] BGH NJW 2015, 2034 Rn. 24.
[40] BGH NJW 2010, 1453.
[41] BGH NZM 2008, 482 Rn. 25; NJW 2004, 1103.
[42] BGH NJW 2013, 1082 Rn. 14.
[43] BGH NJW 2013, 1082.
[44] BGH 26.2.2020 – XII ZR 51/19, NJW 2020, 1507.
[45] BGH NZM 2009, 198; 2001, 43.
[46] BGH NJW 2003, 1248.
[47] BGH NJW 2003, 1248.

keit der Fall, sofern diese für über ein Jahr gelten soll.[48] Zur Wahrung der Schriftform ist jedoch keine feste Verbindung zwischen der Nachtragsvereinbarung und dem ursprünglichen Hauptmietvertrag erforderlich. Auch insoweit genügt eine sogenannte gedankliche Verbindung. Eine solche gedankliche Verbindung kann durch eine zweifelsfreie Bezugnahme im Nachtrag hergestellt werden.[49] Für eine ausreichende Bezugnahme genügt es jedoch nicht, lediglich auf den ursprünglichen Mietvertrag Bezug zu nehmen, sofern in der Zwischenzeit auch weitere Nachträge geschlossen wurden. Die Schriftform ist somit nur dann gewahrt, wenn der (aktuellste) Nachtrag sowohl auf den Hauptmietvertrag als auch auf alle zuvor geschlossenen Nachtragsvereinbarungen Bezug nimmt.[50]

38 Um Streitigkeiten über die Frage von wesentlichen oder unwesentlichen Nachtragsvereinbarungen zu entgehen, empfiehlt es sich sämtliche den Hauptmietvertrag abändernde Regelungen im Wege schriftlicher Nachträge festzuhalten.

39 f) **„Vermietung vom Reißbrett".** Die Einhaltung der Schriftform bei einer sogenannten „Vermietung vom Reißbrett" kann die Parteien durchaus vor **erhebliche Probleme** stellen, sofern der wesentliche Vertragsinhalt gegebenenfalls zum Zeitpunkt der Vermietung noch nicht abschließend feststeht. Dies kann sowohl die Miethöhe als auch das Mietobjekt selbst oder dort erforderliche Ausbauarbeiten betreffen.

40 Man spricht dann von einer Vermietung „vom Reißbrett", wenn das **Mietobjekt zum Zeitpunkt des Vertragsschlusses noch nicht errichtet** ist. In diesem Fall geht der BGH davon aus, dass die Beschreibung des Mietobjekts besonders genau sein muss, um dem Schriftformerfordernis zu genügen, da die tatsächliche Ausgestaltung der Räume in solchen Fällen bei der Auslegung des Mietvertrages nicht herangezogen werden kann.[51]

41 Sofern die Parteien bei der Vermietung vom Reißbrett im Mietvertrag vereinbaren, dass die **Lage des Mietobjekts** erst später festgelegt werden soll, wahrt eine solche Regelung die Schriftform nicht.[52] Ein solcher Schriftformverstoß kann jedoch durch einen Nachtrag, der dem Schriftformerfordernis entspricht, geheilt werden.[53]

42 Sofern das gesamte Objekt, welches im weiteren Verlauf noch errichtet werden muss, an einen **einzigen Mieter** vermietet wird, bedarf es zur Erfüllung der Schriftform keiner konkreten Lagepläne, Baubeschreibung oder Baugenehmigung. Nachdem der Mieter das gesamte Gebäude anmietet, bestehen keine Zweifel am Umfang der Mietsache.[54] Die weiteren Anlagen haben somit lediglich erläuternden Charakter.

43 Anders kann dies sein, wenn unklar ist – und diese Unklarheit auch durch Auslegung nicht ausgeräumt werden kann – welchen Ausbauzustand das Mietobjekt hat. Sofern die Mietvertragsparteien Vereinbarungen dazu treffen, welche Ausbauarbeiten (dies kann auch für Umbauarbeiten gelten) durchzuführen sind, wer diese vorzunehmen hat und wer die Kosten zu tragen hat, ist § 550 BGB idR anwendbar.[55] Hierbei handelt es sich in der Regel um vertragswesentliche Regelungen, die der Schriftform des § 550 BGB unterliegen. Für einen Grundstückserwerber kann es durchaus bedeutsam sein, ob er vom Mieter gegebenenfalls entsprechende Umbau- oder Rückbaumaßnahmen fordern kann und für welche Einbauten der Vermieter gegebenenfalls für die Instandhaltung und Instandsetzung verantwortlich ist.[56]

---

48 BGH NZM 2018, 515.
49 BGH NJW 2008, 2181.
50 BGH NJW 2008, 2181 (2183).
51 BGH NJW 2006, 140 Rn. 21.
52 OLG NZM 2005, 219.
53 Hierzu näher unter → Rn. 48.
54 BGH NZM 2007, 445; OLG Düsseldorf BeckRS 2010, 20152; OLG Nürnberg BeckRS 2010, 15440.
55 BGH NJW 2016, 311 Rn. 29.
56 KG 16.3.2023 – 8 U 178/22, BeckRS 2023, 6555 Rn. 19.

3. Rechtsfolge bei Verstoß gegen § 550 BGB

Sofern die gesetzliche Schriftform des § 550 BGB iVm § 126 BGB nicht eingehalten wird, bleibt der Vertrag dennoch wirksam. Es greift jedoch eine gesetzliche Fiktion dahingehend, dass der Vertrag als **auf unbestimmte Zeit** geschlossen gilt. Die Kündigung ist jedoch nach dem ersten Vertragsjahr möglich (§ 550 S. 2 BGB). Damit wird jeder Vertrag, der gegen die Schriftform verstößt, automatisch zu einem unbefristeten Vertrag mit einer **Mindestlaufzeit von einem Jahr.** Diese Jahresfrist beginnt erst mit der Überlassung der Mietsache[57] und nicht wie zuvor häufiger vertreten bereits ab Vertragsschluss. „vom Reißbrett“. Nach diesem Zeitpunkt kann der Vertrag somit **ordentlich gekündigt** werden. Es bedarf jedoch jederzeit einer ausdrücklichen Kündigung. 44

Die Kündigung kann bereits **vor Ablauf der Jahresfrist** erfolgen, jedoch frühestens zum Zeitpunkt, in dem das Mietverhältnis ein Jahr Bestand hatte, wirksam werden. Die gesetzlichen Kündigungsfristen gemäß § 573c, § 580a Abs. 1 und Abs. 2 BGB sind in jedem Fall einzuhalten. 45

Sofern sich die Parteien mietvertraglich auf Kündigungsfristen verständigt haben, die über die gesetzlichen Kündigungsfristen hinausgehen, finden diese auf Mietverträge, die nach § 550 S. 1 BGB kündbar sind, keine Anwendung.[58] Dies liegt daran, dass anderenfalls durch besonders lange mietvertraglich vereinbarte Kündigungsfristen der Schutz des Erwerbers der Mietsache unterlaufen werden könnte. 46

Bei **Formverstößen von Nachträgen** zu einem Mietvertrag erstreckt sich die Kündigungsmöglichkeit auf den gesamten Mietvertrag. Denn auch ein zunächst formwirksam unter Einhaltung der vorgegebenen Schriftform des §§ 55 BGB geschlossener Mietvertrag wird somit durch einen formunwirksamen Nachtrag insgesamt formunwirksam und kann somit auch nachträglich zu einem unbefristeten Mietvertrag werden. Die in § 550 BGB vorgeschriebene Mindestvertragslaufzeit von einem Jahr beginnt in diesem Fall ab dem Zeitpunkt des erstmalig formunwirksamen Nachtrags mit diesem Zeitpunkt neu zu laufen.[59] 47

4. Heilungsmöglichkeiten

Bei einem Formverstoß – sei es im ursprünglichen Hauptmietvertrag, oder bei einem Nachtrag zu einem Hauptmietvertrag – ist es den Parteien unbenommen die erforderliche Schriftform im Sinne des § 550 BGB jederzeit nachzuholen. Insbesondere aufgrund der höchstrichterlichen „Auflockerungsrechtsprechung“ kann auch ein die Schriftform nicht wahrender Mietvertrag oder Nachtrag nachträglich noch so unterzeichnet werden, dass die Schriftform eingehalten wird. Es kommt insoweit im Wesentlichen auf den äußeren Anschein an. 48

Eine weitere Möglichkeit ist es, schlichtweg einen neuen Nachtrag zu einem bis dato unwirksamen Mietvertrag zu erstellen, welcher der Schriftform genügt. Damit „heilt“ der Nachtrag den gesamten Mietvertrag und führt somit zu einem insgesamt formwirksam geschlossenen Vertrag.[60] 49

Die Heilung eines Schriftformmangels durch sogenannte „Schriftformheilungsklauseln“, bei denen sich die Mietvertragsparteien dazu verpflichten, im Falle eines Formverstoßes an seiner Behebung mitzuwirken, genügen hingegen nicht. Gegenüber einem Erwerber, der wie bereits dargestellt durch 550 BGB gerade geschützt werden soll, kann eine solche Schriftformheilungsklausel keine Wirkung entfalten.[61] 50

---

[57] BT-Drs. 14/4553, 47.
[58] BeckOGK/Harke, Stand: 1.7.2024, BGB § 550 Rn. 50.
[59] BGH NJW 1987, 948.
[60] BeckOGK/Harke, Stand: 1.7.2024, BGB § 550 Rn. 2; BGH 4.11.2020 – XII ZR 4/20, NZM 2021, 144 Rn. 15.
[61] BGH NJW 2017, 3772 Rn. 27 ff.

51 Bei § 550 BGB handelt es sich um eine **nicht abdingbare gesetzliche Vorschrift.** Durch eine wirksame Schriftformheilungsklausel würden sich die Parteien der unabdingbaren Regelung des § 550 BGB wiederum entziehen, was gesetzlich nicht gewollt ist.[62]

52 Sogenannte **Bestätigungsklauseln,** also Vereinbarungen dahingehend, dass außerhalb des schriftlichen Vertrages keine Änderung, Ergänzung oder sonstige Absprachen getroffen worden sind, bringen keinen besonderen Mehrwert. Dies entspricht ohnehin der grundsätzlichen Vermutung der Vollständigkeit und Richtigkeit einer Vertragsurkunde.[63] Nichtsdestotrotz bleibt jede Partei die Möglichkeit, den Gegenbeweis zu führen. Derartige Bestätigungsklauseln haben somit keinen abschließenden endgültigen Charakter.

5. Treuwidrigkeit

53 Aufgrund der strengen Vorgaben zur Einhaltung der Schriftform und des Erwerberschutzes ist eine Berufung auf einen solchen Schriftformverstoß **in der Regel nicht treuwidrig.**[64] Insoweit darf sich auch jede Partei grundsätzlich jederzeit auf einen vorhandenen Formmangel berufen, auch wenn der Mietvertrag zuvor jahrelang einvernehmlich durchgeführt wurde.[65] Nichtsdestotrotz dürfen die Erwägungen des § 242 BGB nicht vollständig außer Acht gelassen werden. Somit gilt auch hier der Grundsatz: Keine Regel ohne Ausnahme.

54 In besonderen Fällen muss somit im Rahmen einer Würdigung nach Treu und Glauben iSd § 242 BGB dann eine Ausnahme gemacht werden, wenn nach den gesamten Umständen des Einzelfalles die Kündbarkeit eines mit einem Formverstoß nach 550 BGB formunwirksam geschlossenen Vertrages mit Treu und Glauben unvereinbar ist. Dies kann beispielsweise dann der Fall sein, wenn die Partei, die sich auf eine formunwirksame Absprache beruft, durch diese Absprache einseitig begünstigt wird und Sie diese selbst initiiert hat.[66] Dies kann auch dann der Fall sein, wenn eine Partei über einen längeren Zeitraum besondere Vorteile aus diesem Vertrag gezogen hat. So verstößt eine Kündigung unter Berufung auf § 550 BGB dann gegen die Grundsätze von Treu und Glauben, wenn eine Mietvertragspartei eine nachträglich getroffene Abrede, die lediglich einseitig begünstigend ist, allein deshalb ausspricht, weil sie nicht die schriftliche Form erfüllt, um sich so von einem lästig gewordenen langfristigen Mietvertrag zu lösen. In derartigen Fällen ist jedoch stets genau zu prüfen, ob der Vorteil tatsächlich einseitig begünstigend ist.

55 Die Berufung auf einen Verstoß gegen die Schriftform ist jedoch nicht bereits dann treuwidrig, wenn die Rechtsfolge des Formverstoßes – also die ordentliche Kündbarkeit – einen Vertragsteil hart trifft. Die Treuwidrigkeit ergibt sich nur dann, wenn der eine Vertragspartner der anderen schuldhaft von der Einhaltung der Schriftform abgehalten oder sich sonst einer **besonders schweren Treuepflichtverletzung** schuldig gemacht hat.

56 Auch eine **Existenzbedrohung** durch die (unerwartete) Kündbarkeit des Vertrages für eine Partei kann die Treuwidrigkeit der Kündigung bedeuten.[67] Insbesondere ist die Berufung auf einen Formmangel dann gemäß § 242 BGB nicht möglich, wenn die andere Vertragspartei trotz des Formmangels am Mietvertrag festhalten will und in schutzwürdiger Weise auf die Formgültigkeit vertraut hat.

57 Stets treuwidrig ist die Berufung auf einen Formmangel, solange die andere Vertragspartei die **Nachholung der Form** verlangen kann.[68] Ein solcher Einwand der Treuwidrigkeit aufgrund einer vertraglichen Abrede zur Nachholung der Schriftform kann

---

[62] BGH NZM 2018, 515; NJW 2017, 3772; NJW 2013, 1950.
[63] BGH NJW 2002, 3164.
[64] BGH NJW 2016, 311.
[65] BGH NZM 2007, 730 Rn. 23.
[66] BGH NJW 2016, 311; 2017, 3772 Rn. 41.
[67] BGH BeckRS 2014, 3820 Rn. 16; 4.11.2020 – XII ZR 4/20, NZM 2021, 144 Rn. 28.
[68] OLG Düsseldorf NZM 2005, 147 mwN.

jedoch nur zwischen den (ursprünglichen) Vertragsparteien und somit nicht gegenüber einem Grundstückserwerber gelten.

6. Beweislast

Wie üblich muss auch hier derjenige die Umstände beweisen, auf die er einen für sich günstigen Anspruch ableiten möchte. 58

Vor Übergabe an den Mieter muss der Mietinteressent somit darlegen und beweisen, dass es entgegen § 154 Abs. 2 – auch ohne die Beurkundung eines schriftlichen Vertrages – zu einem mündlichen Vertragsschluss gekommen ist. Nach Überlassung des Mietobjekts wird dies jedoch vermutet. 59

Wer aus der Befristung eines Mietvertrages Rechte für sich ableitet, muss die Aushändigung der Vertragsurkunde als Voraussetzung für das Zustandekommen des Vertrages beweisen. Wer dagegen von dem vorzeitigen Kündigungsrecht gemäß § 550 BGB Gebrauch machen will, ist für das Vorliegen der Voraussetzungen dieser Vorschrift beweispflichtig. 60

Grundsätzlich trägt eine Vertragsurkunde immer die Vermutung der Vollständigkeit und Richtigkeit für sich.[69] Insofern trägt dann immer derjenige die Beweislast, der eine von der Vertragsurkunde abweichende Regelung behauptet. Derjenige, der aus (angeblichen) mündlichen zusätzlichen Vereinbarungen rechtfertigt herleitet, ist deshalb für diese Zusatzabreden beweispflichtig.[70] Hierfür ist eine äußerst substantiierte Darlegung, wann, wo zwischen wem und unter welchen Umständen welche Zusatzvereinbarung mündlich getroffen worden sein soll und gegebenenfalls auch deshalb eine schriftliche Beurkundung (wegen eines Nachtrags) unterblieben ist. 61

Schriftformmängel sind jedoch **von Amts wegen** zu berücksichtigen.[71]

7. Fallbeispiele

a) Schriftform eingehalten/nicht erforderlich

- Bedingungseintritt bedarf nicht der Schriftform.[72] 62
- Mietänderungen auf Grund einseitiger Änderungsrechte erfordern keine Schriftform.[73]
- Umstellung bei Indexmiete von einem nicht mehr festgestellten Index auf den Verbraucherpeisindex.[74]
- Einvernehmliche nachträgliche Änderung der bereits unterzeichneten Vertragsurkunde (Stichwort: äußere Form)[75]
- Zerstörung oder Verlust der original formgerecht erstellten Vertragsurkunde.[76]
- Schriftformerfordernis gilt nicht für Mietvorvertrag/LoI.[77]

b) Schriftform erforderlich/nicht eingehalten

- Paraphe anstatt vollständiger Unterschrift.[78] 63
- Einseitige schriftliche Bestätigung einer vereinbarten Änderung des Vertrages.[79]
- Umstellung der Zahlungsweise von quartalsweise zu monatlich.[80]
- Änderung des Mietzwecks.[81]

---

[69] BGH 3.3.2021 – XII ZR 92/19, NJW-RR 2021, 872 Rn. 13 f.
[70] BGH 3.3.2021 – XII ZR 92/19, NJW-RR 2021, 872 Rn. 13 f.
[71] OLG Rostock NJOZ 2009, 4528.
[72] BGH ZMR 2004, 804.
[73] OLG Dresden NZM 2017, 442.
[74] OLG Jena NZM 2008, 572.
[75] BGH NZM 2009, 515.
[76] BGH NZM 2007, 443 Rn. 26.
[77] BGH NZM 2007, 445.
[78] BGH 10.2.2021 – XII ZR 26/20, NZM 2021, 472 Rn. 22.
[79] BGH BeckRS 2014, 03820.
[80] BGH NZM 2008, 84.
[81] BGH NJW 2017, 1017.

– Abänderung von Betriebskostenpauschale zu Betriebskostenvorauszahlung mit Abrechnung.[82]
– Änderung der Höhe der Betriebskostenvorauszahlungen.[83]
– Wird in einem Nachtrag nicht auf ebendiesen Mietvertrag, sondern auf einen anderen zwischen den Parteien geschlossenen Mietvertrag Bezug genommen, zerstört dies die Schriftform.[84]

III. Textform gemäß § 578 Abs. 1 S. 2

1. Allgemeine Erläuterungen und aktueller Stand

64 Das Problem der Schriftform in Gewerberaummietverträgen ist seit Jahren in der Rechtsprechung virulent. Für die Schwierigkeit des Ausgleichs zwischen dem schützenswerten Informationsinteresse eines Erwerbers einerseits und dem Grundsatz „pacta sunt servanda" andererseits konnte bislang noch keine angemessene Lösung gefunden werden, die auch der praktischen Abwicklung von derart langfristigen Verträgen gerecht wird. Am 23.10.2024 wurde das **Vierte Bürokratieentlastungsgesetz** verabschiedet und am 29.10.2024 im Bundesgesetzblatt veröffentlicht. Somit gilt seit 1.1.2025 nunmehr der neue **§ 578 Abs. 1 S. 2 BGB:**

„§ 550 BGB ist mit der Maßgabe anzuwenden, dass ein Mietvertrag, der für längere Zeit als ein Jahr nicht in Textform geschlossen wird, für unbestimmte Zeit gilt."

65 Der Gesetzgeber wollte damit erreichen, dass das über Jahre hinweg strittige **Schriftformerfordernis** nicht mehr gilt und der Abschluss, sowie die Änderung und Ergänzung dieser Mietverträge in Zukunft **Textform** möglich ist.[85] Hierbei hatte der Gesetzgeber auch die Rechtsprechung des BGH und die tatsächliche Praxis im Blick, wonach sich viele Vermieter oder Mieter im Falle eines Schriftformverstoß ist durch Kündigung vorzeitig von einem Zeitmietvertrag lösen konnten und geht davon aus, dass diese Fälle durch die Herabstufung des Formerfordernisses auf Textform deutlich reduzieren werden.[86]

66 Der Gesetzgeber ging weiterhin davon aus, dass ein potenzieller Erwerber und dessen Information- und Dokumentationsbedürfnis durch das Erfordernis der Textform weiterhin ausreichend gewahrt ist.[87] Die Annahme, dass die Herabsetzung von Schriftform auf Textform die Kündigungsmöglichkeit des § 550 BGB reduzieren wird, kann durch die bisherige Rechtsprechung des 12. Zivilsenats des BGH jedoch nicht belegt werden.[88] So lag in elf von 13 Entscheidungen des BGH, in welchen dieser über einen Schriftformverstoß zu urteilen hatte, gleichzeitig auch ein Verstoß gegen eine Textform vor.[89] Dementsprechend wird in den meisten Fällen, in denen die Kündigung aufgrund eines Schriftformverstoßes möglich ist, auch die Textform nicht eingehalten. Somit wird dieses Ziel der Bundesregierung durch die Absenkung von Schriftform auf Textform aller Voraussicht nicht erfüllt.

67 Dies könnte am besten dann vermieden werden, wenn die Kündigungsmöglichkeit des § 550 BGB ausschließlich auf Erwerber begrenzt würde, wie dies auch RiBGH Günter vorgeschlagen hat.[90]

---

[82] OLG Hamm BeckRS 2010, 13237.
[83] OLG Brandenburg 7.7.2020 – 3 U 82/19, BeckRS 2020, 17761.
[84] OLG Köln 12.4.2019 – 1 U 82/18, BeckRS 2019, 11448.
[85] Regierungsentwurf BEG IV, S. 116; BT-Drs. 20/11306, 101.
[86] Regierungsentwurf BEG IV, S. 116; BT-Drs. 20/11306, 101.
[87] Regierungsentwurf BEG IV, S. 116; BT-Drs. 20/11306, 101.
[88] Neumann IMR 2024, 268 (272).
[89] Neumann IMR 2024, 268 (272).
[90] Günter NZM 2019, 561 (569).

2. Vertragsschluss in Textform

Dagegen stellt sich durchaus die Frage, wie ein Vertrag in Textform tatsächlich zustande kommt. Diese Frage hat der Bundesrat der Bundesregierung bereits am 26.4.2024 gestellt.[91] Hintergrund der Frage ist eine Stellungnahme des Mietgerichtstages, auf der dieses Thema ausgiebig diskutiert wurde.[92] Denn § 126b BGB ist eigentlich eine Norm, die – jedenfalls historisch gesehen – für einseitige Informationspflichten bzw. Erklärungen eingeführt wurde. 68

Die Bundesregierung wiederum verweist insoweit in Ihrer Antwort – nicht ganz zu Unrecht – darauf, dass im geltenden Recht mittlerweile bereits an verschiedenen Stellen die Möglichkeit des Vertragsschlusses in Textform vorgesehen ist,[93] so zB auch für Verbraucherbauverträge gemäß § 650i BGB. Auch dort gibt es keine besonderen Regelungen für die Art und Weise des Vertragsabschlusses. Die Bundesregierung ging insoweit davon aus, dass die Regelung über den Vertragsabschluss in Schriftform für den Vertragsschluss in Textform entsprechend angewendet werden können.[94] 69

Demnach müsste wohl nach Ansicht der Bundesregierung weiterhin die Erklärung (Angebot/Annahme) die Person des Verfassers oder des Erklärenden erkennen lassen, damit dem Empfänger zweifelsfrei der Absender der Erklärung ersichtlich ist. Eine (handschriftliche) Unterschrift wäre jedoch – wie bereits bei Verbraucherbauverträgen – nicht mehr erforderlich.[95] Nichtsdestotrotz müsste der Abschluss des Dokuments räumlich kenntlich gemacht werden, da andernfalls für den Empfänger objektiv nicht erkennbar ist, ob das Dokument tatsächlich vollständig ist.[96] 70

Unklar ist jedoch weiterhin, ob beide Vertragsparteien somit auf ein und demselben Dokument (also Angebot und Annahme jeweils auf einem gemeinsamen Datenträger) ihre Willenserklärung abgeben müssen, oder ob es ausreichend ist, wenn Angebot und Annahme jeweils unter (konkreter, zweifelsfreier) Bezugnahme auf den Vertragstext erklärt werden. 71

Die Bundesregierung stellt auf Anfrage des Bundesrates klar, dass nach ihrer Ansicht die für den Vertragsschluss in Schriftform vorhandenen Regelungen entsprechend auch für Vertragsschluss in Textform angewendet werden sollen. Dies spricht dafür, dass sowohl die Erklärung des Angebotes als auch die Erklärung der Annahme des Angebotes, also beide zum Vertragsschluss führenden Erklärungen, auf einem Speichermedium/Datenträger vorhanden sein müssen. 72

Auch § 126b Abs. 1 S. 1 BGB selbst hilft hier nicht weiter. Zwar verlangt § 126b BGB unter anderem eine Erklärung auf **einem** dauerhaften Datenträger. Allerdings gilt § 126b Abs. 1 S. 1 BGB auch nur für eine Willenserklärung und gerade nicht für zwei, also Angebot und Annahme. 73

Eine solch strenge Auslegung würde jedoch zu erheblichen praktischen Problemen führen. Die Absenkung der Schriftform auf die Textform im Rahmen des Bürokratieentlastungsgesetzes würde somit ironischerweise zum Papiertiger verkommen. Dementsprechend wird man nach Sinn und Zweck des Gesetzes und in Anlehnung an die bisherige Praxis zum Verbraucherbauvertrag (§ 650i BGB) zu dem Ergebnis kommen müssen, dass es ausreichend ist, wenn beide Willenserklärungen, die zum Vertragsschluss erforderlich sind, jeweils in Textform abgegeben werden, **nicht jedoch auf ein und demselben (digitalen) Dokument und Speichermedium** vorhanden sein müssen. 74

Lehmann-Richter sieht – mit überzeugenden Argumenten – für das Kündigungsrecht wegen eines Textformverstoßes ohnehin keine überzeugende Begründung im Gesetz.[97] Demnach sei § 578 Abs. 1 S. 2 BGB iVm § 550 BGB auch kündigungsfeindlich aus- 75

[91] BT-Drs. 20/11306, 146.
[92] Stellungnahme des deutschen Mietgerichtstages vom 31.1.2024 zum Referentenentwurf des BEG IV.
[93] BT-Drs. 20/11306, 165 (Anlage 4).
[94] BT-Drs. 20/11306, 165 (Anlage 4).
[95] BeckOGK/Merkle BGB § 650i Rn. 66.
[96] BeckOGK/Merkle BGB § 650i Rn. 66.
[97] Lehmann-Richter NZM 2025, 625.

zulegen, weshalb die Abgabe der beiden Willenserklärungen auf einem Datenträger nicht erforderlich sei.[98]

76 Für einen wirksam langfristig befristeten Mietvertrag wird es jedoch erforderlich sein, dass diese beiden Willenserklärungen (Angebot und Annahme) sowohl aufeinander als auch auf den Vertragsinhalt **in unverwechselbarer Weise Bezug nehmen** müssen. Hinsichtlich der Bezugnahme dürften wiederum die von der Rechtsprechung herausgearbeiteten Anforderungen in Bezug auf das Schriftformerfordernis zur Anwendung kommen. Es bedarf für die Einhaltung der Textform mithin weiterhin einer „gedanklichen Verbindung" sämtlicher wesentlicher Vertragsinhalte und der zugehörigen Willenserklärungen.

77 Dies lässt sich auch damit begründen, dass ausweislich des Wortlauts des neuen § 578 Abs. 1 S. 2 BGB § 550 BGB gerade weiterhin Anwendung findet, jedoch mit der Maßgabe, dass anstatt der Schriftform die Textform vorgesehen ist. Der weiterhin enthaltene Verweis auf den bisherigen und insoweit dann auch unveränderten § 550 BGB führt dazu, dass die bisherige zu § 550 BGB ergangene Rechtsprechung mit den dort entwickelten Vorgaben weiterhin Anwendung findet. Lediglich mit der Absenkung von Schriftform auf Textform.

78 Damit wird der sog. „Auflockerungsrechtsprechung" des BGH in Zukunft wieder deutlich mehr Relevanz zukommen. Durch das Auseinanderfallen der Erklärungen von Angebot und Annahme wird es für den wirksamen Abschluss von befristeten Mietverträgen, die über ein Jahr hinausgehen, wesentlich sein, dass die Willenserklärungen so klar und zweifelsfrei aufeinander Bezug nehmen, dass eine „gedankliche Verbindung" zwischen den jeweiligen Willenserklärungen und dem Vertragsinhalt auch nach außen erkennbar ist und sich dies somit geradezu manifestiert hat.

3. Vertragsinhalt

79 Im Übrigen und auf Grund des bestehenden Verweises in § 578 Abs. 1 S. BGB auf § 550 BGB wird die gesamte Rechtsprechung des BGH zu den Vorgaben zur Einhaltung der Schriftform, nämlich der Umstand, dass sämtliche wesentliche Vertragsbestandteile vollumfänglich und ohne Ausnahme in Textform festgehalten werden müssen, ebenfalls weiterhin anwendbar sein. Insoweit wird auf die Ausführungen unter → Rn. 20 verwiesen.

4. Übergangsregelung

80 Auf Gewerberaummietverhältnisse, die vor dem Inkrafttreten des § 578 Abs. 1 S. 2 BGB (1.1.2025) entstanden sind, ist die Neuregelung erst nach ab dem 2.1.2026 anzuwenden.[99] Bis dahin muss noch die aktuelle Gesetzeslage – also Schriftform – angewendet werden. Für Gewerberaummietverträge, die ab 1.1.2025 geschlossen werden, wird unverzüglich die neue Regelung greifen.

81 Dies wird wohl dazu führen, dass sämtliche Vermieter und Mieter von Gewerberaummietverträgen in dem Jahr nach dem Inkrafttreten des BEG IV prüfen werden (müssen), ob die bereits geschlossenen Mietverträge weiterhin gewollt sind und ob diese gegebenenfalls auf Grund eines potenziellen Schriftformverstoßes kündbar wären. In diesem Fall wäre es ratsam den Vertrag – je nach Interessenlage – entweder noch zu kündigen oder ihn durch einen Nachtrag zu „retten".

82 Sofern ein **Nachtrag zu einem Gewerberaummietverhältnis** nach dem Inkrafttreten des BEG IV geschlossen wird, wird man auch für diesen Nachtrag und somit den gesamten Mietvertrag die Textform als ausreichend ansehen müssen. Für einen den Mietvertrag „rettenden" Nachtrag nach Inkrafttreten des BEG IV genügt also ein

[98] Lehmann-Richter NZM 2025, 625.
[99] → § 70.

Nachtrag in Textform. Dies bedeutet jedoch nicht, dass die übrigen Vorgaben, welche die Rechtsprechung zur Schriftform gestellt hat, nicht anwendbar wären.[100]

Praxistipp:
Bereits zu Beweiszwecken empfiehlt es sich auch in Zukunft, sämtliche Verträge und Nachträge schriftlich festzuhalten.

[100] Mehr unter → Rn. 10 ff.

§ 48 Formularmietverträge und AGB-Recht

Übersicht

Schrifttum:
Ahlt, Übertragbarkeit der Rechtsprechung des VIII. Zivilsenats des Bundesgerichtshofs auf Gewerberaummietverträge – Minderungsausschluss, Betriebskosten, Flächenabweichungen, Schönheitsreparaturen, GuT 2005, 47; Armbrüster, Regress des Gebäudeversicherers gegen Mieter, NJW 2006, 3683; Boettcher/Menzel, Übergabeabhängige Laufzeiten in Mietverträgen: Nicht nur ein Schriftformproblem!?, NZM 2006, 286; Eitel, Umsätze als Gegenstand einer Zusicherung im Gewerbemietraum – und Pachtrecht, ZMR 2022, 277; Elshorst, Die Kündigung gem. § 567 BGB bei Mietverträgen über mehr als 30 Jahre, NZM 1999, 449; Guhling, Gewerberaummiete: AGB-rechtliche Grenzen der Überwälzung von Instandhaltung und Instandsetzung", NZM 2019, 457 ff.; Hinterseer-Zbib, Kleinreparaturklauseln in der Wohn- und Geschäftsraummiete, AnwZert MietR 4/2024 Anm. 2; Hofele, Herabstufung der Schrift- zur Textform für langfristige Mietverträge, NZM 2024, 363; Hubatsch, „Online ist geil! Oder: Umsatzmiete im Zeitalter des Online-Handels, NZM 2015, 74; Joachim, Haftungsfreizeichnung im modernen Mietrecht, NZM 2003, 387; Kraemer, Berchtesgaden 2003: Schönheitsreparaturen – Erfüllung und Schadensersatz, NZM 2003, 417; Lehmann-Richter, Kostenpflicht des Mieters bei Werbemaßnahmen im Einkaufscenter, ZMR 2017, 861; Leo/Ghassemi-Tabar, Haftungs- und Minderungsausschluss im Gewerberaummietrecht – Zulässigkeit der Klauseln und alternative Vertragsgestaltung, NZM 2010, 568; Lindner-Figura, Die Werbegemeinschaft in Einkaufszentren, NZM 1999, 738; Matthey/Kluth/Fröndhoff, Ungeplanter Betriebsübergang bei Miete und Pacht von Gewerbeimmobilien – Risiken und haftungsrechtliche Konsequenzen für Vermieter und Makler, NZM 2005, 1; Müller, Plädoyer für eine weniger starre AGB-Kontrolle im unternehmerischen Geschäftsverkehr am Beispiel des Gewerberaummietrechts, NZM 2016, 185; Oprée/Reinhard, Konkurrenzschutzklauseln und ergänzende Vertragsauslegung, NZM 2013, 16; Schlimm/Hörndler, Wertsicherung in der Geschäftsraummiete, NZM 2024, 458; Schneehain/Stütze, Verlängerung von Gewerberaummietverträgen infolge „Optionsautomatik" – Hürden des AGB-Rechts?, NZM 2010, 881; H. Schmidt, Die Kosten für den Center-Manager trägt der Mieter – oder auch nicht, NZM 2012, 495; ders.,Tempus fugit oder: Die (klauselrechtliche) Unmöglichkeit, Zeit festzuhalten, NZM 2019, 1; J. Schmidt, Die Erneuerung im System von Instandhaltung und Instandsetzung in der Gewerberaummiete, NZM 2011, 680; ders., Die Erneuerung im System von Instandhaltung und Instandsetzung in der Gewerberaummiete, NZM 2011, 680; Schmitz, Gestaltung von Untervermietungsklauseln im Gewerberaummietvertrag, NZM 2003, 268; Schultz, Neues vom BGH zur Indexmiete: Konsequenzen für die Geschäfts- und Wohnraummiete, NZM 2021, 872; Schumacher, Einbau und Wartung von Rauchmeldern – Überblick unter Einschluss des Betriebskostenrechts, NZM 2005, 641; Sommer, Große Aufregung um Kleinreparaturen?, NZM 2020, 1099, Usinger, Zulässige und unzulässige Wertsicherungsklauseln in Gewerbemietverträgen – Eine Darstellung anhand von Beispielen und Mustern, NZM 2009, 297

I. Einleitung

1 Die §§ 535 ff BGB (Buch 2, Abschnitt 8 Titel 5) enthalten 143 Paragrafen. § 578 BGB steht in Untertitel 3 („Mietverhältnisse über andere Sachen") und verweist – ganz oder teilweise – auf 78 voranstehende Paragrafen, der Untertitel selbst enthält sechs weiteren Paragrafen. Dann gibt es noch acht Paragrafen (Untertitel 4) für den Pacht- und immerhin 31 für den Landpachtvertrag (Untertitel 5). Daraus lässt sich erahnen, dass das Geschäftsraummietrecht in weiten Teilen Vertrags- und damit AGB-Recht ist. Daher ist neben den §§ 307–309 BGB die Rechtsprechung des XII. Senates des BGH maßgeblich. Im Folgenden soll unter I. zunächst eine Kurzübersicht über die wichtigsten Grundlagen erfolgen, sodann werden in den weiteren Kapiteln die Gestaltungsmöglichkeiten für Gewerberaummietverträge behandelt.

Hinsichtlich der spezifisch AGB-rechtlichen Fragestellungen, den mietrechtlichen Problemen der §§ 305–310 BGB und der maßgeblichen Prüfungsreihenfolge wird zunächst zur Vermeidung von Wiederholungen auf die Ausführungen zur Wohnraummiete in → § 10 Rn. 6 ff. Bezug genommen. Beim Recht der AGB des BGB handelt es sich nicht nur um Schutzregelungen zugunsten von Verbrauchern[1](vgl. § 310 Abs. 3 BGB mit seinen Sonderregelungen für diesen Adressatenkreis). Vielmehr genießen alle Vertragspartner diesen Schutz, sofern ihnen gegenüber AGB verwendet werden, also auch Unternehmer iSd § 14 BGB, Freiberufler, Handwerker, Landwirte ua Oft übersehen wird, dass der Schutzzweck der AGB nicht auf den Ausgleich wirtschaftlicher Ungleichheiten gerichtet ist.[2] Die Inhaltskontrolle nach §§ 305 ff. BGB soll, zum Ausgleich ungleicher Verhandlungspositionen und damit zur Sicherung der Vertragsfreiheit Schutz und Abwehr gegen die Inanspruchnahme einseitiger Gestaltungsmacht durch den Verwender gewährleisten.[3] Es geht also um das Informationsgefälle bzw. die Vertragsgestaltungsmacht. Der Verwender weiß, was in seinen Klauseln steht und vor allem, wo und in welchem Umfang sie Regeln zu seinen Gunsten enthalten. Der Vertragspartner kann das auch nicht ohne weiteres erkennen, er konzentriert sich – jedenfalls zunächst – auf die wichtigen Eckdaten. Der Zweck der AGB-Kontrolle ist somit die Kompensation einer Informationsasymmetrie.[4] 2

Allerdings finden nicht alle AGB-Regelungen des BGB auf Unternehmer, juristische Personen des öffentlichen Rechts oder öffentlich-rechtliche Sondervermögen Anwendung (§ 310 Abs. 1 S. 1 BGB). Dies betrifft zunächst die Erleichterung der Einbeziehung von AGB, da § 305 Abs. 2 und 3 BGB nicht anwendbar sind, vor allem aber sind die ausdrücklich gesetzlich geregelten Klauselverbote der §§ 308 und 309 BGB ausgeschlossen – erst mal. Aber: § 310 Abs. 1 S. 2 BGB erklärt aber die Generalklausel des § 307 Abs. 1 und 2 BGB ausdrücklich für anwendbar, und zwar auch insoweit, als dies – unter angemessener Berücksichtigung der im Handelsverkehr geltenden Gewohnheiten und Gebräuche – zur Unwirksamkeit von in den §§ 308 und 309 BGB genannten Vertragsbestimmungen führt. Die dortigen gesetzlichen Wertungen sind mithin über § 307 BGB auch gegenüber Unternehmern zu beachten. Die in den Klauselverboten zum Ausdruck kommenden Wertungen sollen berücksichtigt werden, soweit sie übertragbar sind, ihnen kommt im Rahmen der Inhaltskontrolle Indizwirkung zu. Eine Klausel, die gegenüber Verbrauchern unwirksam wäre, benachteiligt auch Unternehmer – es sei denn, sie kann wegen der besonderen Interessen und Bedürfnisse des unternehmerischen Geschäftsverkehrs ausnahmsweise als angemessen angesehen werden.[5] Dies setzt der Privilegierung der Verwendung von AGB gegenüber Unternehmern Grenzen. 3

Daher beantworten der VIII. und der XII. Senat viele mietrechtlichen Fragestellungen gleich,[6] soweit nicht die unterschiedliche Nutzung bzw. der besondere Schutz der Wohnung eine unterschiedliche juristische Behandlung erfordern.[7] Das gilt zB auch für die Abgrenzung von AGB und Individualabrede: Auch im Gewerberaummietrecht wird eine Individualabrede nur dann angenommen, wenn der Verwender den wesentlichen Inhalt der von ihm gestellten Klausel ernsthaft zur Disposition stellt und seinem Vertragspartner einen Einfluss auf die inhaltliche Ausgestaltung der Vertragsbedingungen tatsächlich einräumt. Diese Voraussetzung ist etwa erfüllt, wenn der Mieter einen abändernden Zusatz zu der vom Vermieter vorgeschlagenen Klausel durchsetzt (konkret: zum Leistungsumfang bei beschädigten Teppichböden).[8] Allerdings genügt allein die tatsächliche Änderung des gestellten Vertragstextes nicht, sofern der Verwender 4

[1] Vgl. zur Entwicklung und insgesamt kritisch zur AGB-Kontrolle Müller NZM 2016, 185.
[2] BGH NJW 2010, 1131 Rn. 12.
[3] BGH BeckRS 2014, 8248 Rn 29.
[4] Guhling/Günter/Guhling BGB vor § 305 Rn. 5.
[5] BGH BeckRS 2014, 19537 Rn. 32.
[6] Prominentestes Beispiel dürften die Schönheitsreparaturklauseln sein.
[7] Vgl. nur Ahlt GuT 2005, 47 ff. mwN.
[8] BGH NJW-RR 2009, 947 = NZM 2009, 397.

auch nach Vertragsschluss dem Vertragspartner keine Gestaltungsfreiheit eingeräumt und den gesetzesfremden Kerngehalt der Klausel nicht zur Disposition gestellt hat.[9]

5 Ob es sich bei einer fraglichen Klausel um eine Allgemeine Geschäftsbedingung handelt, ist ebenso wie bei Wohnraummietverträgen anhand der Merkmale des § 305 Abs. 1 BGB zu beantworten.

6 Für die Frage der wirksamen Einbeziehung sind jedoch § 305 Abs. 2 und 3 BGB unanwendbar, soweit es sich beim Verwender um einen Unternehmer, eine juristische Person des öffentlichen Rechts oder ein öffentlich-rechtliches Sondervermögen handelt, § 310 Abs. 1 S. 1 BGB. Der Begriff des Unternehmers ist in § 14 BGB definiert; er umfasst zunächst sämtliche Kaufleute im Sinne des HGB und darüber hinaus auch Freiberufler, Handwerker und Landwirte. Existenzgründer sollen regelmäßig Unternehmer iSd § 14 sein[10], wenn nicht der Gesetzgeber sie aufgrund ihrer häufig bestehenden geschäftlichen Unerfahrenheit ausnahmsweise besonders schützt (vgl. § 513 BGB). Um Bestandteil des Vertrages zu werden, bedarf es daher lediglich einer rechtgeschäftlichen Vereinbarung über die Einbeziehung der AGB im Sinne der §§ 145 ff. BGB.[11] Soweit es sich nicht um überraschende Klauseln gem. § 305c Abs. 1 BGB (vgl. „werden nicht Vertragsbestandteil") handelt, genügen also zwei mit Bezug aufeinander abgegebene, inhaltlich korrespondierende Willenserklärungen. Sind die AGB bereits in der Vertragsurkunde enthalten, so bedarf es keines besonderen Hinweises hierauf.[12] Befinden sich die AGB jedoch außerhalb der Vertragsurkunde und nimmt der Verwender auf diese Bedingungen Bezug, so ist auch für den Geschäftsverkehr anerkannt, dass der Vertragspartner die Möglichkeit haben muss, sich in zumutbarer Weise Kenntnis vom Inhalt der AGB zu verschaffen. Gegebenenfalls ist er gehalten, den Verwender um Vorlage oder Übergabe der AGB zu bitten oder sich (etwa bei Verweis auf die BetrKV) aus allgemeinen Quellen über den Inhalt der Bedingungen zu informieren. Jedoch ist die Überlassung der AGB bei Vertragsschluss nach stRspr keine Voraussetzung für die wirksame Einbeziehung.[13] So ist eine vertragliche Einbeziehung bestimmter Geschäftsbedingungen (zB durch die Formulierung „Für den Mietvertrag gelten die allgemeinen Mietbedingungen des Vermieters.") auch dann wirksam, wenn der Inhalt der AGB dem Vertragspartner unbekannt ist, solange er nur der Einbeziehung zustimmt. Zur Einbeziehung genügt auch das bloße Angebot des Verwenders an den Vertragspartner, diesem die AGB auf Wunsch zu überlassen.[14]

7 Das Schriftformerfordernis des § 550 BGB gilt sowohl für den Hinweis auf die AGB des Vermieters als auch für solche AGB, die nicht in der Vertragsurkunde enthalten sind.

8 Im Geschäftsverkehr müssen AGB ebenfalls grundsätzlich für den durchschnittlichen Unternehmer verständlich sein. AGB, die kaum lesbar oder äußerlich verwirrend gestaltet sind, werden nicht Vertragsbestandteil.[15] Davon abzugrenzen ist die Unklarheitenregel des § 305c Abs. 2 BGB, die eingreift, wenn eine Bedingung zwar an sich lesbar und verständlich, aber inhaltlich mehrdeutig ist. Die Verwendung bestimmter Rechtsbegriffe, die entweder gesetzlich definiert oder allgemein gebräuchlich sind (zB Aufrechnung oder Minderung, Betriebskosten[16]) ist vor diesem Hintergrund auch ohne nähere Erläuterung der Begriffe ebenso unproblematisch wie die eindeutige Verweisung auf bestimmte Vorschriften. Der Verweis auf eine bestimmte Norm ohne die Wieder-

[9] BGH NJW 2013, 1431 = NZM 2013, 477.
[10] BGH BeckRS 2011, 6761 Rn. 24; BeckRS 2005, 3354.
[11] BGH NJW 1992, 1232; NJW-RR 1991, 357; NJW 1988, 1210; 1987, 2431; 1985, 1838; 1978, 2243.
[12] BGH NJW 1995, 190; 1988, 2465; BayObLG WuM 1984, 104; OLG Frankfurt a. M. NJW 1986, 2712.
[13] BGH NJW-RR 1989, 1104; NJW 1988, 1210; OLG Düsseldorf ZMR 1989, 61; OLG Hamm NJW-RR 1988, 944; OLG München NJW 1995, 733.
[14] OLG Düsseldorf VersR 1996, 1394.
[15] BGH NJW 1983, 2772; WPM 1986, 769 (selbst mittels Lupe kaum zu entziffernde AGB); WPM 1978, 978 (ungewöhnlich klein gedruckte und nicht gegliederte AGB); vgl. auch OLG Hamm NJW-RR 1988, 944.
[16] Zu Betriebskosten ausdrücklich BGH BeckRS 2016, 3974.

gabe des wesentlichen Regelungsgehaltes kann jedoch zur Unverständlichkeit einer Klausel führen, wenn sich Sinn und Zweck der Regelung ohne Rechtskenntnisse nicht erfassen lässt. Ist eine vorformulierte Regelung in einem Formularmietvertrag im Exemplar des Mieters teilweise gestrichen, kann es für die Beweiswürdigung, welches der beiden Schriftstücke authentisch ist, darauf ankommen, wie der Vermieter andere Verträge gestaltet hat, die dasselbe Objekt betreffen und ob die teilweise Streichung des Aufrechnungsverbots im Vertragsformular des Mieters der Sache nach sinnlos ist (im konkreten Fall Manipulation durch den Mieter bejaht).[17]

Auch überraschende Klauseln werden nicht Vertragsbestandteil, § 305c Abs. 1 BGB. 9
Insoweit gilt grundsätzlich nichts anderes als bei Verträgen zwischen Nicht-Unternehmern. Freilich ist bei Unternehmern im Gegensatz zu Verbrauchern ein höheres Maß an Geschäftserfahrung zu erwarten, so dass letztlich die Anforderungen für die Annahme einer überraschenden Klausel höher sind.[18] So wird etwa die formularmäßige Vereinbarung einer Zwangsmitgliedschaft in einer Werbegemeinschaft nebst Beitragsverpflichtung in einem Gewerberaummietvertrag über Räume in einem Einkaufszentrum nicht als überraschend angesehen, da gemeinsame Werbung bei Einkaufszentren mittlerweile zum üblichen Vermarktungskonzept gehört und dies also auch dem unternehmerisch tätigen Vertragspartner bekannt sein muss (zur Werbegemeinschaft → § 48 Rn. 259).

Für den Grundsatz vom Vorrang der Individualabrede gem. § 305b BGB sowie die 10
Unklarheitenregel des § 305c Abs. 2 BGB gilt nichts anderes als für den nichtunternehmerischen Verkehr. So sind etwa auch im Gewerberaummietrecht sog. einfache Schriftformklauseln wegen Verstoßes gegen § 305b BGB unwirksam (näher dazu → Rn. 315 ff.). Verbleibende Unklarheiten nach Auslegung einer Vertragsklausel (hier: automatische Verlängerungsklausel) führen zur Unwirksamkeit (§ 305c BGB).[19]

Im Rahmen der auch im unternehmerischen Bereich stattfindenden **Inhaltskontrolle** 11
sind die §§ 308, 309 BGB zwar gem. § 310 Abs. 1 BGB nicht unmittelbar anwendbar; jedoch fließen ihre Wertungen unter Beachtung der Gewohnheiten und Bräuche des Handelsverkehrs in die Prüfung des § 307 BGB ein, so dass sie auch im Geschäftsverkehr durchaus von Bedeutung sind. Zentraler Begriff des § 307 BGB ist der der „unangemessenen Benachteiligung". Hier ist ein Vergleich anzustellen zwischen der Rechtslage, die bestehen würden, wenn die gesetzlichen Vorschriften gelten würden und der Rechtslage, die sich aus dem Inhalt der AGB ergibt. Für die Frage, ob überhaupt eine Benachteiligung vorliegt, ist zunächst zu bedenken, dass eine Vielzahl von Vorschriften des Wohnraummietrechts für das Gewerberaummietrecht nur eingeschränkt oder gar nicht gelten. Damit existieren von vornherein schon weniger gesetzliche Leitbilder, von denen eine Abweichung möglich ist. Gleichwohl werden einige Leitbilder des Wohnraummietrechts auf das Gewerberaummietrecht übertragen. So soll auch der Vermieter von Gewerberäumen grundsätzlich verpflichtet sein, eine Barkaution von seinem Vermögen getrennt und nach Maßgabe des § 551 Abs. 3 S. 1 BGB anzulegen (vgl. dazu näher → § 48 Rn. 166).

Allein die Benachteiligung des Vertragspartners führt jedoch noch nicht zur Unwirk- 12
samkeit der Klausel. Auch eine erhebliche Benachteiligung des Mieters kann zulässig sein, soweit sie nicht unangemessen ist. Unangemessen ist eine Klausel nur, wenn der Verwender in missbräuchlicher Weise seine eigenen Interessen auf Kosten des Vertragspartners durchzusetzen sucht ohne jedoch dessen Interessen hinreichend zu berücksichtigen und auf einen angemessenen Interessenausgleich hinzuwirken.[20] Ob dies der Fall ist, ist anhand einer umfassenden Würdigung zu ermitteln, wobei die Interessen der Vertragsparteien, die Verkehrsanschauungen der beteiligten Verkehrskreise sowie die

---

[17] OLG Koblenz 5.6.2013 – 5 U 1349/12, IMR 2015 Heft 9, 368; NZB zurückgewiesen: BGH 22.4.2015 – XII ZR 97/13, juris).

[18] BGHZ 102, 152 = NJW 1988, 558; BGHZ 109, 197 = NJW 1990, 576; OLG Frankfurt a. M. DB 1981, 1459; OLG Karlsruhe NJW-RR 1986, 1112.

[19] OLG Saarbrücken NJW-RR 2016, 53.

[20] BGH NJW 2005, 1774; 2000, 1110; 1997, 2598; 1996, 1346; 1993, 326; 1984, 1531.

Wertungen, welche sich aus der gesamten Rechtsordnung ergeben, einfließen müssen.[21] Im Unterschied zu Fällen ohne Unternehmerbeteiligung ist ein anderer Maßstab für die Unangemessenheit einer Benachteiligung anzulegen. Hierbei sind insbesondere die Besonderheiten des Geschäftsverkehrs zu beachten. So ist etwa eine Formularklausel in Wohnraummietverträgen, nach der der Mieter die Kosten sämtlicher Kleinreparaturen innerhalb der gemieteten Räume zu tragen hat, unwirksam, da die Kostentragungspflicht des Mieters nicht betragsmäßig begrenzt ist[22] (→ § 10 Rn. 306). Eine gleichlautende Klausel in einem Gewerberaummietvertrag ist jedoch wirksam (vgl. → Rn. 180).

13 Im Übrigen wird zur Vermeidung von Wiederholungen auf § 10 wie folgt verwiesen:

- Geltung der §§ 305–310 BGB: → § 10 Rn. 8 ff.
- Begriff der Allgemeinen Geschäftsbedingung: → § 10 Rn. 14 ff.
- Stellen von Vertragsbedingungen: → § 10 Rn. 21 ff.
- Einbeziehungsvereinbarung: → § 10 Rn. 33 ff.
- Überraschende Klauseln: → § 10 Rn. 39 ff.
- Vorrang der Individualabrede: → § 10 Rn. 47 ff.
- Unklarheitenregelung und ergänzende Vertragsauslegung: → § 10 Rn. 51 ff.
- Inhaltskontrolle: → § 10 Rn. 56 ff.
- Rechtsfolgen unwirksamer Klauseln: → § 10 Rn. 94 ff.

II. Mietvertragsabschuss

14 Hier gibt es wenige AGB-Probleme, zu erwähnen ist allerdings ein Praxisproblem, das bei Unterzeichnung des Vertrags auftreten kann, wenn die Parteien nicht an einem Tisch sitzen. Die Ersteller der Mietverträge (meistens, aber nicht immer die Vermieter) übersenden der anderen Partei meistens zwei nicht unterschriebene Vertragsexemplare, mit der Klausel, dass sich der Antragende (also der Erstunterzeichner) für eine bestimmte Zeit gebunden hält (vgl. § 148 BGB).

15 Der auf einen gewerblichen Mietvertrag Antragende kann regelmäßig jedenfalls binnen zwei bis drei Wochen erwarten, dass sein in Aussicht genommener Vertragspartner die Annahme des Angebots erklärt.[23] Eine zugunsten des Verwenders einseitige vorgegebene Bindungsfrist des Vertragsgegners über die regelmäßige Frist hinaus dürfte gegen § 307 BGB verstoßen, da als Prüfungsmaßstab § 308 Nr. 1 BGB gilt. Welche Frist angemessen ist, muss durch eine branchentypische Konkretisierung der gemäß § 147 Abs. 2 BGB „üblichen" Annahmefrist ermittelt werden[24]. Sieht der Klauselverwender eine zu lange Bindungsfrist vor, könnte dies zur Unwirksamkeit der Annahmefrist führen mit der Folge, dass der Vertrag wegen § 150 BGB nicht zustande gekommen ist. Wird der Vertrag dann vom Klauselverwender „zu spät" unterschrieben und in Vollzug gesetzt, kann ein Schriftformverstoß vorliegen.

III. Vertragsparteien

16 Mietvertragsparteien können natürliche und juristische Personen sein, aber auch die offene Handelsgesellschaft (§ 105 HGB), die Kommanditgesellschaft (§ 161 HGB), der nichtrechtsfähige Verein (§ 54 BGB), die Gesellschaft des Bürgerlichen Rechts (§ 705 BGB) – hierunter fällt auch die GmbH in Gründungsstadium[25] und die Partnerschaftsgesellschaft (§ 7 Abs. 2 PartGG).

17 Da es sich bei den Vertragsparteien um die essentialia negotii handelt, stellen sich hier relativ wenig Probleme im Hinblick auf AGB-Klauseln. In der Praxis stellen sich hier

[21] Vgl. nur BGH NJW 2000, 1110; 1999, 635.
[22] Vgl. Sommer NZM 2020, 1099.
[23] BGH NJW 2016, 1441.
[24] Guhling/Günter/Guhling BGB § 308 Rn. 11.
[25] BGH WM 1984, 1507.

eher Probleme im Hinblick auf § 550 BGB. Es kann nicht genug betont werden, wie wichtig es ist, dass die Vertragsparteien im Rubrum genau bezeichnet werden und die Unterschriftenleiste mit dem Rubrum übereinstimmt.[26] Auch kommt es gar nicht so selten vor, dass eine Partei gar nicht genau weiß, mit wem sie es eigentlich zu tun hat. Insbesondere bei ausländischen Beteiligten müssen hier Nachweise angefordert werden.

1. Personenmehrheit/Bevollmächtigungsklauseln

Mehrere Personen als Vermieter, zB Miteigentümer eines Grundstücks, sind entweder 18
einer Bruchteilsgemeinschaft nach § 741 BGB oder eine Gesamthandsgemeinschaft (zB Erbengemeinschaft nach § 2032 BGB). Die Verwaltung steht allen Teilhabern gemeinschaftlich zu. Stellvertretung durch einen von ihnen ist zulässig, muss aber zweifelsfrei offengelegt sein, schon um die Schriftformproblematik des § 550 BGB zu vermeiden.[27] Anders als bei der BGB-Gesellschaft ist die Erbengemeinschaft aber weder rechts- noch parteifähig, so dass Vertragspartner allein die einzelnen Miterben sein können.[28] Der Vertragsabschluss sowie alle sonstigen rechtserheblichen Erklärungen sind nur wirksam, wenn sie von allen Vermietern abgegeben werden. Eine **Vollmachtklausel auf Vermieterseite** ist unproblematisch. Denn schon im Rubrum kann angegeben werden, dass Vermieter „X" – egal welcher Rechtsform – durch „Y" vertreten wird.

Bei **Personenmehrheiten auf Mieterseite** ist es erforderlich, dass alle Mieter den 19
Vertrag gemeinschaftlich abschließen. Rechtsverbindliche Erklärungen sind von mehreren Mietern gemeinsam abzugeben bzw. an alle zu richten. Infolgedessen sind alle Klauseln wirksam, die eine entsprechende gesamtschuldnerische Haftung festlegen, sofern dadurch nicht der gesetzlich vorgesehene Haftungsrahmen erweitert, insbesondere keine verschuldensunabhängige Haftung begründet wird.

AGB rechtlich problematisch sind Vollmachtklauseln, die der Vermieter den Mietern 20
für Willenserklärungen vorgeben will. Möglich sind Klauseln, die nicht den Zugang von Willenserklärungen fingieren, sondern nur die Bevollmächtigung aller Mieter für die anderen Mieter zur Entgegennahme von Kündigungen regeln.[29] Die gegenseitigen Bevollmächtigungsklauseln für Mieter in AGB müssen aber **entweder** den Kreis der in Betracht kommenden Erklärungen eingrenzen **oder aber** zumindest die auf Beendigung des Mietverhältnisses gerichtete Abgabeerklärungen – wie Kündigung oder das Angebot eines Mietaufhebungsvertrages – ausdrücklich ausnehmen.[30]

2. Vermieterwechsel

Gerade bei der „Vermietung vom Reißbrett" besteht für den Vermieter oft ein 21
Interesse, den Vertrag auf eine andere Gesellschaft oder einen Grundstückserwerber „umzuhängen". § 566 BGB gilt erst **nach Überlassung.** Aus § 567a BGB ergibt sich, dass der Vermieter das Mietobjekt auch vor der Überlassung an den Mieter an einen Dritten veräußern oder mit einem Recht belasten kann. Er kann also einen Vermieterwechsel herbeiführen. Wird dem Mieter aber dadurch der vertragsgemäße Gebrauch entzogen oder beschränkt, so gilt das Gleiche wie in den Fällen des § 566 Abs. 1 und des § 567 BGB – aber nur, wenn der Erwerber dem Vermieter gegenüber die Erfüllung der sich aus dem Mietverhältnis ergebenden Pflichten übernommen hat. Fehlt eine Erfüllungsübernahme oder ist sie unwirksam, so bleibt der ursprüngliche Mietvertrag bestehen, den Erwerber bzw. dinglich Berechtigten treffen keine Rechte oder Pflichten. Der Mieter ist vielmehr dessen Herausgabeanspruch bzw. dessen dinglichem Nutzungsrecht ausge-

---

[26] Zu den Reformüberlegungen vgl. Hofele NZM 2024, 363.

[27] BGH NJW 2002, 3389 = NZM 2002, 950; vgl. auch BGH NJW 2008, 2178 = NZM 2008, 482; NZM 2004, 97; 2003, 801.

[28] BGH NJW 2002, 3389 = NZM 2002, 950.

[29] BGH BeckRS 1997, 7478 zum damaligen § 10 Nr. 6 AGBG, jetzt § 308 Nr. 1 BGB, Annahme- und Leistungsfrist.

[30] KG Berlin BeckRS 2004, 13505 (wirksame Klausel); KG BeckRS 2018, 4938 (unwirksame Klausel).

setzt. Gegenüber seinem Vermieter stehen dem Mieter dann Gewährleistungsrechte bzw. das Recht zur Kündigung zu.[31]

22 Um diese Risiken auszuschließen, bedarf es einer Vertragsklausel. Klauseln, die dem Vermieter die dem Verwender das Recht einräumen, seine vertragliche Stellung als Vermieter von Gewerberäumen jederzeit auf eine andere Person zu übertragen, stellen nicht generell eine unangemessene Benachteiligung dar. Das ist nicht selbstverständlich, weil § 309 Nr. 10 BGB eine solche Klausel eigentlich nur unter bestimmten Bedingungen erlaubt (Nennung des Dritten oder Lösungsrecht des Verwendungsgegners). Diese Vorschrift gilt ausdrücklich des Wortlaustes nur für Kauf-, Darlehens-, Dienst- oder Werkverträgen, ist also auf Mietverträge nicht anwendbar. Dennoch: Weil die Klauselverbote Indizwirkung haben, muss eine solche Klausel

- transparent gestaltet sein
- und darf nicht überraschend sein.

23 Daher ist, wenn der Mieter Unternehmer ist, eine am Maßstab des § 307 BGB ausgerichtete Einzelfallprüfung erforderlich. Dabei ist auf der Vermieterseite ein grundsätzliches Interesse eines gewerblichen, als Gesellschaft organisierten Vermieters anzuerkennen, einen wirtschaftlich für sinnvoll erachteten künftigen Wandel der Rechtsform oder Rechtsinhaberschaft durch die Möglichkeit einer Bestandsübernahme zu erleichtern. Dem ist das Interesse des Mieters entgegenzuhalten, sich etwa über Zuverlässigkeit und Solvenz des Vermieters zu vergewissern, das umso stärker wiegt, je mehr das Vertragsverhältnis von einem besonderen Interesse des Mieters an der Person eines bestimmten Vermieters (mit-)geprägt wird.[32]

3. Mieterwechsel

24 Eine Ersatzmieterstellung ist gesetzlich nicht vorgesehen; es gibt insbesondere kein Recht des Mieters auf Entlassung aus dem Mietvertrag zugunsten eines Nachmieters. Mieter sollten die Einfügung einer solchen Klauseln prüfen. Wenn und soweit es sich nicht um „Viel-Mieter" handelt (wie etwa Einzelhandelsunternehmen), kann dies sogar als Individualvereinbarung erfolgen.

25 Klauseln, die vom Mieter kommen, lassen sich als „echte Ersatzmieterklausel" bezeichnen, wenn der Vermieter an den vom Mieter benannten Nachfolger gebunden sein soll. Hier soll der Vermieter nach dem Willen des Mieters bei Benennung eines „zumutbaren" Nachmieters den Mieter aus dem Mietvertrag entlassen, ist allerdings zusätzlich verpflichtet, mit dem vom Mieter bestimmten Nachmieter einen Mietvertrag abzuschließen. Dies hat für den Mieter den Vorteil, dass er den echten Ersatzmieter zur Übernahme von Investitionen auf das Mietobjekt oder zum Ankauf seines Inventars verpflichten kann. Bei der „unechte Ersatzmieterklausel" sollt der Mieter hat nur das Recht haben, bei vorzeitigem Ausscheiden einen Ersatzmieter zu stellen, ohne dass der Vermieter verpflichtet ist, mit dem Nachfolger abzuschließen. Der Vermieter muss in das Ausscheiden des Mieters (nur) einwilligen, wenn der Mieter einen „zumutbaren" Nachmieter stellt, unabhängig davon, ob der Vermieter mit dem „unechten" Ersatzmieter einen Nachfolgemietvertrag abschließt. Im Zweifel liegt eine echte Nachmieterklausel vor[33]. Solche Mietnachfolgeklauseln begegnen grundsätzlich keinen Bedenken. Die Parteien können dabei regeln, unter welchen Voraussetzungen der Mieter von der Nachfolgeklausel Gebrauch machen darf (zB sog. Invaliditätsklauseln etwa bei der Gaststättenmiete;[34] beim Arztpraxismietvertrag[35]) oder bestimmte Anforderungen an die fachliche Eignung des Nachfolgers bzw. an seine Bonität stellen.[36]

---

[31] Schmidt-Futterer/Streyl BGB § 567a Rn. 12.
[32] BGH BeckRS 2010, 20861= NJW 2010, 3708 = NZM 2010, 705.
[33] LG Dresden 7.8.2020 – 3 S 359/19, BeckRS 2020, 37770 Rn. 39; OLG Frankfurt a. M. BeckRS 1991, 2971; WuM 1991, 475.
[34] BGH WuM 1984, 54.
[35] OLG Düsseldorf NJW-RR 1996, 9.
[36] Vgl. hierzu OLG Frankfurt a. M. NJW-RR 1992, 143.

26 Problematisch sind aber vom Vermieter vorgegebene Klauseln, die dem ausscheidenden Mieter eine Haftung für Verpflichtungen seines Nachfolgers auferlegen. Hier ist eine genaue Prüfung nach Maßgabe von § 307 BGB vorzunehmen. So stellt es eine unangemessene Benachteiligung des weichenden Mieters dar, ihm für die Folgezeit etwa im Wege einer formularmäßigen Schuldmitübernahme eine Haftung aufzuerlegen, die über den Umfang dessen hinausgeht, der sich für ihn bei einer Fortsetzung des Vertrages selbst ergeben hätte.[37] Dies wäre zB dann der Fall, wenn der bisherige Mieter auf die Laufzeit des Vertrages keinen Einfluss nehmen kann oder mit dem Nachfolger getroffene Vereinbarungen gegen sich gelten lassen muss.

27 Ein Anspruch auf eine vorzeitige Entlassung aus den Vertragspflichten ohne Ersatzmieterklausel bei Benennung eines Ersatzmieters ist zwar nicht von vornherein ausgeschlossen und hängt von den Umständen des Einzelfalls ab.[38] Die insoweit erforderliche Interessenabwägung wird sich in der Praxis in aller Regel zu Lasten des Mieters auswirken, da dessen Wunsch auf vorzeitige Vertragsaufhebung meist mit wirtschaftlichen Erwägungen begründet wird, die einzig und allein in seiner Risikosphäre liegen (zB Umsatzrückgänge).[39]

28 Vor diesem Hintergrund sind Formularklauseln, die einen Anspruch des Mieters auf vorzeitige Entlassung aus dem Vertragsverhältnis bei Stellung eines Ersatzmieters von vornherein völlig ausschließen bei einem kurzen, befristeten Geschäftsraummietvertrag rechtlich wirksam, bei einem langfristigen Mietverhältnis können sie aber unter Umständen zu einer unangemessenen Benachteiligung nach § 307 Abs. 1 BGB führen, sofern kein Raum für Minderungen aufgrund billigen Ermessens nach den §§ 315, 316 BGB verbleibt.[40]

IV. Mietobjekt

29 Das Mietobjekt (und auch der vertraglich vereinbarte Nutzungszweck – hierzu näher im Folgenden → Rn. 40 ff.) muss im Mietvertrag zur Vermeidung von Missverständnissen so genau als möglich auch im Hinblick auf etwa zur Nutzung mit überlassene Gemeinschaftsräume, -flächen und -einrichtungen beschrieben werden. Das Mietobjekt muss im Mietvertrag individuell bestimmt oder zumindest bestimmbar sein, da er zu den wesentlichen Vereinbarungen gehört. Andernfalls kommt es nicht zu einem Vertragsschluss, § 154 BGB. Dies wird in der Praxis erstaunlich oft vernachlässigt. Da die Überlassung eine Hauptleistungspflicht des Vermieters ist, muss er hier sehr sorgfältig arbeiten.

30 Die Mietvertragsparteien sind bei der Vereinbarung von Flächendefinitionen frei. Die vertragliche Mietfläche kann nach der DIN 277, den gif-Richtlinien oder auch nach freiem Belieben bzw. eigenen Maßstäben definiert werden, so dass als Mietfläche somit auch solche Flächen vereinbart werden können, die der Mieter tatsächlich nicht nutzen kann, wie etwa die durchmessenen Flächen von Konstruktionsteilen bzw. Raumunterteilungen.[41]

31 Enthält ein Mietvertrag mit Schriftformklausel die Vereinbarung, die Mieträume seien „leer", kann das im Einzelfall den übereinstimmenden Parteiwillen dokumentieren, dass noch vorhandenes Inventar nicht mitvermietet und vom Mieter zu entsorgen ist.[42]

---

[37] OLG Düsseldorf NJW-RR 1994, 1015 (1016).
[38] Vgl. OLG Hamburg ZMR 1987, 93; OLG München NJW-RR 1995, 393.
[39] BGH NJW 2000, 1714; OLG Naumburg WuM 2002, 537.
[40] BGH ZMR 1993, 57 (61); vgl. OLG Celle NJW-RR 2008, 168.
[41] OLG Hamm NZM 2014, 585.
[42] Hier bejaht: OLG Koblenz BeckRS 2016, 4568.

1. Zuweisung anderer Räume

32 Ein vorformulierter Änderungsvorbehalt zugunsten des Vermieters, dem Mieter anderer als die gemieteten Räume zuzuweisen (etwa wenn das ursprünglich gemietete Objekt nicht rechtzeitig und nicht ordnungsgemäß zur Verfügung gestellt werden kann), verstößt jedenfalls im Hinblick auf die so genannten Hauptflächen des Mietobjektes gegen § 308 Nr. 4 BGB und im Rahmen des Anwendungsbereichs des § 310 BGB auch als unangemessene Benachteiligung des Mieters gegen § 307 Abs. 2 Nr. 1 BGB.[43] Es ist generell davon auszugehen, dass es dem Mieter nicht zugemutet werden kann, sich auf andere als auf die von ihm vertraglich angemieteten Räume verweisen zu lassen.[44]

33 Etwas anderes kann nur bei Nebenräumen (zB Keller, Abstellflächen, Bodenräume) gelten, aber auch hier muss Zuweisung anderer Nebenräume für den Mieter unter Berücksichtigung seiner Interessen zumutbar ist. Maßstab ist sind wieder §§ 308 Nr. 4, 307 BGB. Dabei genügt es nicht, lediglich den Gesetzestext wiederzugeben etwa dergestalt, dass der Vermieter einseitig Änderungen vornehmen darf, soweit diese für den Mieter zumutbar sind. Hier fehlt es bereits an einem eigenständigen Regelungsgehalt.[45] Daher sind auch Klauseln unwirksam, die allein auf die Gebrauchstauglichkeit der zugewiesenen Räume abstellen.[46] Erforderlich ist es vielmehr, dass die Zumutbarkeitskriterien zumindest beispielhaft genannt werden. Es bestehen aber keine Bedenken, formularvertraglich zu regeln, dass die Änderungsmöglichkeiten des Vermieters auf gleich- oder höherwertige Nebenräume begrenzt sind und der Vermieter verpflichtet wird, die mit der Zuweisung verbundenen Aufwendungen des Mieters (zB Umzugskosten) zu erstatten. Enthält die Klausel demgegenüber keinerlei Einschränkung auf für den Mieter zumutbaren Sachverhalte, ist sie schon unter dem Gesichtspunkt des Verbotes der geltungserhaltenden Reduktion insgesamt unwirksam.

2. Änderung der Baupläne

34 Auch insoweit sind formularmäßige Klauseln unwirksam, die generell eine Änderungsmöglichkeit des Vermieters vorsehen, bei Änderungen bzw. Abweichungen von den bei Abschluss des Mietvertrags zugrunde gelegten Bauplänen (§§ 308 Nr. 4, 307 BGB). Es bleibt dabei, dass dem Mieter nicht zugemutet werden kann, im Ergebnis ein anderes Objekt als das ursprünglich vertraglich angemietete zu beziehen.

35 Unbedenklich sind demgegenüber Vorbehalte, die sich von vornherein auf baurechtlich oder bautechnisch notwendige Änderungen beschränken und sich auf die Gebrauchstauglichkeit des Mietobjektes zum vertraglich vorgesehenen Zweck nicht wesentlich auswirken.[47]

36 Die **Beweislast** hierfür, also auch für Zumutbarkeit der Änderungen, trägt der Verwender, in aller Regel also der Vermieter.

3. Beschilderung/Werbung

37 Auch ohne gesonderte Vereinbarung ist der Gewerberaummieter berechtigt, an der Außenwand der Mieträume bzw. ggf. im Treppenhaus ein Schild mit dem Hinweis auf seinen Betrieb bzw. seine Praxis anzubringen.[48]

38 Die Gestaltungsfreiheit des Mieters hinsichtlich der Beschilderung kann durch den Mietvertrag eingeschränkt werden, wenn dies zur Wahrung eines einheitlichen Erscheinungsbildes des Mietobjekts erforderlich ist. Der Vermieter kann Vorgaben zur Größe, zum Design und zur Platzierung von Schildern machen, um ein kohärentes Erschei-

[43] Vgl. OLG Celle ZMR 1996, 209.
[44] OLG Köln NJW-RR 1990, 1232.
[45] BGH NJW 1983, 1322.
[46] OLG Bamberg AGBE IV § 10 Nr. 4.
[47] OLG Celle ZMR 1996, 209 (210).
[48] OLG Düsseldorf NJW 1988, 2545.

nungsbild zu gewährleisten. Diese Vorgaben müssen jedoch verhältnismäßig sein und dürfen die Interessen des Mieters nicht unangemessen beeinträchtigen.

Formularklauseln, die eine Benutzung der Außenwand durch den Mieter zu Werbezwecken generell ausschließen oder von der Erlaubnis des Vermieters abhängig machen, stellen keine unangemessene Benachteiligung iSv § 307 Abs. 1 BGB dar und begegnen daher keinen rechtlichen Bedenken. 39

V. Nutzungszweck

Der Mietzweck wird viel zu oft vernachlässigt. Die Vereinbarung oder Festlegung des Zweckes sind für sich genommen zwar kein AGB-Problem, allerdings resultieren hieraus hinreichende Folgeprobleme, wenn diesem bei der Vertragsanbahnung nicht genügend Beachtung geschenkt wird. 40

1. Konkrete Festlegung des Nutzungszweckes

Bei Wohnraum ist der Miet- oder Nutzungszweck klar, er ist bei natürlichen Personen vertragsimmanent. Ganz anders im Gewerberaummietrecht. Hier sollte – vielmehr muss – er vereinbart sein. Die zulässige Nutzungsart des Objekts muss konkret im Mietvertrag festgeschrieben sein. Denn vom vereinbarten Nutzungszweck hängt u. a. der Umfang der Gebrauchsüberlassungspflicht des Vermieters – also seiner Kardinalpflicht gem. § 535 Abs. 1 S. 1 BGB – ab. Umgekehrt kann die fehlende Festlegung des Mietzwecks im Vertrag bedeuten, dass der Mieter den Mietzweck frei wählen darf. Dies kann den Vermieter in erhebliche Schwierigkeiten bringen, etwa beim Konkurrenzschutz oder der öffentlich-rechtlichen Zulässigkeit der Nutzung. 41

Die Leistungspflicht des Vermieters kann auch formularmäßig auf den Nutzungsweck beschränkt werden. Dadurch werden gleichzeitig die zulässigen Nutzungsmöglichkeiten des Mieters festgelegt und begrenzt.

Der im Mietvertrag vereinbarte Nutzungszweck bildet den Ausgangspunkt (Stichwort: Abweichung der Ist- von der Soll-Beschaffenheit) für die Gewährleistungsrechte des Mieters (hierzu näher im Folgenden unter → Rn. 211 ff.). Aus diesem Grunde kann nicht genug betont werden, wie wichtig es für beide Mietvertragsparteien ist, dass im Vertrag der Nutzungszweck so konkret und genau wie möglich beschrieben wird.[49] 42

2. Änderung des Nutzungszweckes

Zulässig ist es, in einem Geschäftsraummietvertrag formularmäßig vorzusehen, dass nachträgliche Änderungen des vereinbarten Nutzungszweckes von der Zustimmung des Vermieters und ggf. auch von der Zahlung eines Mietzuschlages abhängig sind.[50] Wird in diesen Formularklauseln allerdings dem Vermieter das jederzeitige uneingeschränkte Recht zum Widerruf der erteilten Erlaubnis eingeräumt, liegt hierin eine unangemessene Benachteiligung des Mieters (der im Vertrauen auf die Erlaubnis ggf. langfristige Verpflichtungen eingegangen ist) und folglich ein Verstoß gegen § 307 Abs. 1 BGB. Zulässig ist dagegen die Klausel, die dem Vermieter ein entsprechendes Widerrufsrecht beschränkt auf einen wichtigen Grund vorbehält. 43

Unwirksam ist eine Formularklausel, die die Haftung des Vermieters auch dann ausschließt, wenn die erforderliche öffentlich-rechtliche Genehmigung für den vereinbarten Nutzungszweck aus Gründen versagt wird, die ausschließlich auf der Beschaffenheit oder Lage des Mietobjektes beruhen (hier: Änderung der genehmigten Nutzung).[51] 44

---

[49] Lindner-Figura/Oprée/Stellmann Geschäftsraummiete-HdB/Hübner § 14. Rn. 3.
[50] BayObLG WuM 1986, 205 (206); LG Berlin ZMR 1994, 468.
[51] BGH ZMR 2008, 274.

VI. Öffentlich-rechtliche Vorschriften

45 Die Gebrauchsgewährung iSd § 535 BGB, also das Überlassen und Erhalten der Mieträume in einem zum vertragsgemäßen Gebrauch geeigneten Zustand ist eine Kardinalpflicht des Vermieters. Dazu gehört auch die grundsätzliche Geeignetheit des Objektes für den vereinbarten Nutzungszweck. Daher sind Klauseln, die eine Gewähr des Vermieters dafür ausschließen, dass die vermieteten Geschäftsräume den allgemeinen technischen Anforderungen sowie den behördlichen Vorschriften entsprechen bzw. den Mieter verpflichten, Auflagen zu erfüllen, die eine vertragsgerechte Nutzung erst ermöglichen, problematisch.[52]

1. Abgrenzung

46 Nach der Rechtsprechung sind die „objektbezogenen" öffentlich-rechtlichen Voraussetzungen Sache des Vermieters, die „betriebsbezogenen" Sache des Mieters. Daher bedeuten öffentlich-rechtliche Beschränkungen nur dann einen Mangel, wenn sie auf der konkreten Beschaffenheit der Mietsache selbst beruhen. Umgekehrt stellen Nutzungshindernisse, sie in den persönlichen oder betrieblichen Umständen des Mieters begründet sind, keine Mängel der Mietsache dar.[53]

47 Deshalb ist der Vermieter für die Nichteinhaltung von Lärm- und Brandschutzvorschriften zuständig:[54] Wenn ein Nutzungszweck „Abspielen von Musik" vereinbart ist, ist der Vermieter verantwortlich dafür, dass dies öffentlich-rechtlich zulässig ist. Der Vermieter trägt auch das Risiko, dass die vereinbarte Nutzung im Widerspruch zum Bauplanungsrecht steht und auch dafür, dass ein erforderlicher Stellplatznachweis nicht erbracht werden kann.[55]

2. Abweichende Regelungen

48 Problematisch, jedenfalls „eng" (im Sinne der kundenfeindlichsten Auslegung) auszulegen sind Klauseln, die die Kardinalpflichten des Vermieters auf den Mieter überbürden. Lediglich die persönlichen bzw. „mieterbezogenen" Pflichten dürfen überbürdet werden. Klauseln, die die Verantwortlichkeit für öffentlich-rechtliche Genehmigungen uneingeschränkt auf den Mieter übertragen, sind daher unwirksam; denn sie machten es möglich, dass der Mieter an solchen Genehmigungen scheitert, die ihren Ursprung im Mietobjekt und nicht in seinem Betrieb haben. Die Übertragung der Einholung von gebäudebezogenen Genehmigungen ist in der Regel unwirksam.[56]

49 Wirksam ist eine Klausel, wonach der Mieter die von ihm persönlich benötigten öffentlich-rechtlichen Genehmigungen (zB Gewerbeerlaubnis, Gaststättenkonzession) auf eigene Kosten herbeizuführen und aufrecht zu erhalten hat, da dies der Rechtslage entspricht.[57]

50 Beispielhaft gesagt. Ist die vereinbarte Nutzung als „Rotlicht-Bar" nicht genehmigungsfähig, weil der Bebauungsplan das ausschließt, ist das Sache des Vermieters. Erhält der Mieter die Konzession wegen Unzuverlässigkeit nicht, ist das das Problem des Mieters.

---

[52] BGH NJW-RR 1993, 519 (520); NJW 1988, 2664 (2665); OLG Celle NZM 2000, 621; OLG Düsseldorf ZMR 1992, 446; DWW 1991, 236 (237); aA OLG Frankfurt a. M. NJW-RR 1987, 656 (657); LG Berlin NZM 2002, 787.

[53] vgl. etwa OLG Dresden BeckRS 2017, 119010.

[54] KG BeckRS 2009, 14757.

[55] Hinz NZM 2017, 272 unter Verweis auf BGH BeckRS 9998, 3706.

[56] BGH BeckRS 2007, 19678; NJW 1988, 2664; OLG Brandenburg 4.4.2019 – 3 W 95/18, BeckRS 2019, 6706 „Paintball-Anlage"; OLG Düsseldorf ZMR 2003, 21.

[57] KG BeckRS 2016, 10962.

3. Sonderproblem: Gesetzesänderungen

Gesetzesänderungen können nachträglich in diese Abgrenzung eingreifen. So hatte die Einführung des Gaststätten–Nichtrauchergesetzes keine objektbezogenen Auswirkungen und damit keine Änderung der Vermieterpflichten zu Folge[58], während die Rechtsprechung dies bei Änderungen des Glückspielrechts Rechtes überwiegend anders sieht.[59] 51

VII. Mietbeginn/Gebrauchsüberlassungspflicht des Vermieters

Die Gebrauchsgewährung iSd § 535 BGB, also das Überlassen und Erhalten der Mieträume in einem zum vertragsgemäßen Gebrauch geeigneten Zustand, ist eine Kardinalpflicht des Vermieters. Dazu gehört auch die rechtzeitige Gebrauchsgewährung. Gerade bei der „Vermietung vom Reißbrett" hat der Vermieter das Risiko, dass er den Zeitpunkt der Fertigstellung nicht genau vorhersehen kann. Für den Mieter ist dagegen die Kenntnis fundamental, wann er die Mieträume erhält und wann die Rechte und Pflichten aus dem Vertrag beginnen. 52

In aller Regel wird der Beginn der Mietzeit bzw. die Übergabe individuell vereinbart. Zur Übergabe gehört dann auch die Übergabe sämtlicher Schlüssel.[60] Hierfür ist es nicht erforderlich, ein genaues Datum einzusetzen; es genügt auch die zweifelsfreie Bestimmbarkeit etwa dahingehend, dass das Mietverhältnis „spätestens Ende Sommer" eines Jahres beginnen soll.[61] Derartige individuelle Regelungen unterliegen keiner Inhaltskontrolle (vgl. § 307 Abs. 3 BGB). 53

1. Übergabetermin

Da die (vertragsgemäß rechtzeitige) Gebrauchsgewährung eine Kardinalpflicht des Vermieters ist, kann der Vermieter seine Haftung für die rechtzeitige Übergabe der Mieträume, insbesondere für die rechtzeitige Bezugsfertigstellung neu errichteter Räume oder für die rechtzeitige Räumung durch den Vormieter formularmäßig nicht wirksam gänzlich ausschließen.[62] Allenfalls kann die Haftung des Vermieters sowie Kündigungs- bzw. Rücktrittsrechte des Mieters auf Vorsatz oder grobe Fahrlässigkeit des Vermieters beschränkt werden.[63] 54

2. Haftung des Vermieters für die nicht rechtzeitige Übergabe des Mietobjekts

Formularvertragliche Regelungen, wonach der Vermieter für die nicht rechtzeitige Fertigstellung der Geschäftsräume nur bei grober Fahrlässigkeit oder Vorsatz haftet, verstoßen gegen § 309 Nr. 8b BGB.[64] Auch die Einschränkung, dass Schadensersatz wegen Nichterfüllung bei Verzug des Vermieters nur bei Vorsatz oder grober Fahrlässigkeit gewährt wird, ist unwirksam. 55

Der Verwender kann sich hier vor allem nicht auf § 309 Nr. 7 BGB stützen, da durch die erwähnte Formulierung der Schadensersatz wegen Nichterfüllung in den Fällen leichter Fahrlässigkeit völlig ausgeschlossen wird, was durch § 309 Nr. 8b BGB gerade verhindert werden soll.[65] Es soll aber zulässig sein, die Haftung auch für leichte Fahr- 56

[58] BGH BeckRS 2011, 21250 = NJW 2011, 3151.
[59] OLG Frankfurt BeckRS 2016, 122570; OLG Hamm 8.4.2020 – 30 U 107/19, BeckRS 2020, 8424 = IMR 2020 292 mAnm Hofele; OLG Dresden 24.6.2020 – 5 U 653/20, BeckRS 2020, 15012 = IMR 2020, 3351 mAnm Hofele.
[60] OLG Naumburg ZMR 2000, 290; LG Berlin NJW-RR 1988, 203.
[61] OLG Düsseldorf DWW 1993, 197 (198).
[62] Allg. Meinung, statt aller Lindner-Figura/Oprée/Stellmann Geschäftsraummiete-HdB § 14. Rn. 5; OLG München BeckRS 9998, 08109.
[63] LG Frankfurt WM 1990, 271, 273.
[64] OLG Düsseldorf DWW 1993, 197 (198).
[65] BGH NJW-RR 1989, 625 (626).

lässigkeit auszuschließen, wenn und soweit Kardinalpflichten von der Haftungseinschränkung nicht umfasst[66] und natürlich die Vorgaben des § 309 Nr. 7a BGB beachtet werden.

57 Derartige Klauseln über eine Begrenzung der Vermieterhaftung müssen also zum einen § 309 Nr. 8b BGB Rechnung tragen und zum anderen die Möglichkeit des Schadensersatzes angemessen sichern, in dem dieser zB lediglich der Höhe nach oder für bestimmte Schadensarten eingeschränkt wird. Umstritten ist, ob es insoweit genügt, die Haftung des Vermieters bei nicht rechtzeitiger Bezugsfertigkeit des Objektes oder der nicht rechtzeitigen Räumung durch den Vormieter auch für leichte Fahrlässigkeit auszuschließen, sofern dem Mieter die Kündigungsmöglichkeit verbleibt oder Regressansprüche gegen Bauhandwerker oder Vormieter an ihn abgetreten werden.

58 Zulässig ist es, formularvertraglich zu vereinbaren, dass Bezugsfertigkeit dann gegeben ist, wenn – mit Ausnahme kleiner Restarbeiten – die Mietsache im Wesentlichen fertig gestellt und funktionsfähig ist, so dass dem Mieter zugemutet werden kann, das Objekt auch zu nutzen.[67]

59 Auch im kaufmännischen Geschäftsverkehr ist anerkannt, dass der Verwender nicht den Anspruch auf Rücktritt vom Vertrag und auch Schadensersatz ausschließen darf.

60 Ebenfalls sind Freizeichnungsklauseln für einfache Fahrlässigkeit gegenüber Kaufleuten bzw. Unternehmern iSd § 310 Abs. 1 BGB wegen Verstoßes gegen § 307 Abs. 2 Nr. 2 BGB unwirksam, wenn sie sich auf die Verletzung von wesentlichen Vertragspflichten erstrecken, wie zB die Verpflichtung des Vermieters zur Gebrauchsgewährung.[68] Folglich ist eine Haftung für die Erfüllung der Verpflichtung des Vermieters, dem Mieter den Gebrauch der Mietsache zu ermöglichen, nicht wirksam formularmäßig abdingbar.[69]

61 Durch Klauseln kann ferner die Haftung des Vermieters für grobe Fahrlässigkeit (§ 309 Nr. 7 BGB), seine Schadensersatzverpflichtung im Falle des Teilverzugs bzw. der Teilunmöglichkeit (§ 309 Nr. 8 BGB) sowie die Rechte des Mieters, sich im Falle des Verzuges seines Vertragspartners oder von diesem zu vertretender (Teil-)Unmöglichkeit der Leistung durch Rücktritt oder Kündigung vom Vertrag zu lösen (§ 309 Nr. 8a BGB) nicht wirksam ausgeschlossen werden. Das Rücktritts- bzw. Kündigungsrecht des Mieters kann ebenfalls weder ausgeschlossen noch eingeschränkt (auch nicht befristet) werden.[70] Dies gilt auch für den Abschluss von Geschäftsraummietverträgen mit Kaufleuten oder mit Unternehmern iSv § 310 BGB. Zu entsprechenden Vertragsstrafenregelungen siehe → Rn. 150 ff.

3. Klauselgestaltung

62 Aus Vermietersicht gilt es, bei der Vertragsgestaltung ebenso kreativ wie vorsichtig zu sein. Als Mindestanforderung muss immer ein „Spätester Übergabetermin“ angegeben werden. Formularmäßig unzulässig ist eine Regelung, wonach der Übergabetermin nur als voraussichtlicher unverbindlicher Termin vereinbart werden soll[71] oder die Übergabe „nach Fertigstellung des Bauvorhabens“ oder bei „Bezugsfertigkeit“ erfolgen soll.[72] Auch ein Haftungsausschluss für die verspätete Übergabe ist problematisch.[73]

63 Wird eine solche individuelle Vereinbarung über den Mietbeginn durch eine Formularklausel „ausgehöhlt“, wonach der konkrete vereinbarte Zeitpunkt als „annähernd“ oder „unverbindlich“ bezeichnet wird (etwa in Hinblick auf die noch nicht erfolgte

[66] BGH NZM 2002, 116; NJW-RR 1996, 783 (788); NJW 1984, 1350.
[67] OLG München NJW-RR 1995, 1100 (1101).
[68] BGH NJW-RR 1993, 560 (561); NJW 1993, 335; OLG Düsseldorf DWW 1993, 197 (198).
[69] OLG Düsseldorf DWW 1993, 197 (198).
[70] BGH NJW-RR 1989, 625.
[71] OLG Brandenburg BeckRS 2012, 15697; Lindner-Figura/Oprée/Stellmann Geschäftsraummiete-HdB/Hübner § 14. Rn. 69, 70.
[72] Boettcher/Menzel NZM 2006, 286.
[73] OLG Köln 29.1.2019 – 22 U 30/17, BeckRS 2019, 1408 Rn. 62 ff.

Fertigstellung der Mieträume) verstößt eine derartige formularvertragliche Einschränkung gegen den Vorrang der Individualabrede nach § 305b BGB und darüber hinaus auch gegen § 308 Nr. 1 BGB sowie § 307 Abs. 2 Nr. 1 BGB. Dies gilt auch, soweit formularvertraglich dem Vermieter über einen fest vereinbarten Termin hinaus eine Frist eingeräumt wird und dies auch im kaufmännischen Bereich.[74] Für Klauseln, wonach ungeachtet des bestimmt oder bestimmbar vereinbarten Termins das Mietverhältnis zB erst „mit der Fertigstellung" oder „der Räumung durch den Vormieter" beginnen soll, gilt nichts anderes.[75] Sie sind für sich genommen, also ohne Einschränkung eines individuell vereinbarten Termins grundsätzlich unbedenklich, auch unter dem Gesichtspunkt des § 550 BGB.[76] Insbesondere macht die Vereinbarung eines Mietbeginns zu einem zukünftigen ungewissen Ereignis den Mietvertrag nicht unbefristet und damit kündbar; auch eine unangemessene Benachteiligung scheidet jedenfalls dann aus, wenn eine Rücktrittsmöglichkeit nach einer bestimmten Wartefrist (5 Jahre bei vorgesehener 30-jähriger Vertragslaufzeit) vereinbart ist.[77]

Angesichts dieser Problematik wird manchmal im Mietvertrag überhaupt kein Termin für die Übergabe des Mietobjekts vorgesehen. In einem derartigen Fall müssen Klauseln, die den Beginn der Mietzeit regeln, den Anforderungen des § 308 Nr. 1 bzw. § 307 BGB genügen. Die vereinbarte Leistungsfrist muss hinreichend bestimmt sein und ihre Dauer darf nicht allein im Einfluss- oder Kenntnisbereich des Vermieters liegen. Der Mieter muss vielmehr den Beginn des Mietverhältnisses zumindest berechnen können.[78] Der Mietbeginn muss folglich so weit konkretisiert sein, dass für den Mieter Klarheit besteht, wann er die Leistung verlangen und den Vermieter in Verzug setzen kann.[79] Daher ist eine Klausel unwirksam, wenn sie der Beginn der Mietzeit auf den mit der Fertigstellung des Objektes bzw. auf dessen Räumung durch den Vormieter folgenden Monatsersten hinausschiebt.[80] 64

Zulässig soll der Vorbehalt einer angemessenen Frist zur Übergabe der Mieträume von bis zu 6 Wochen bzw. das formularmäßig vorbehaltene Recht des Vermieters sein, das Vertragsangebot des Mieters auch noch nach längerer Zeit (6 Wochen) annehmen zu können, jedenfalls dann, wenn über ein Mietvertrag in einem noch nicht fertig gestellten Mietobjekt verhandelt wird.[81] Dies gelte sowohl im nichtkaufmännischen Bereich bei Anwendung von § 308 Nr. 1 BGB als auch im kaufmännischen bzw. unternehmensbezogenen Geschäftsverkehr nach § 310 BGB über § 307 Abs. 2 Nr. 1 BGB. Als sicherer Weg verbleibt den Mietvertragsparteien allein die Möglichkeit einer Individualvereinbarung, wenn eine hinreichend konkrete Festlegung des Mietbeginns nicht möglich ist. Zu beachten ist, dass eine unangemessen lange Frist nicht im Weg der Auslegung gekürzt und damit auf einen zulässigen Inhalt zurückgeführt werden kann.[82] 65

Formularklauseln, die dem Vermieter eine (Nach-)Frist zur Übergabe des Mietobjektes einräumen, müssen der Inhaltskontrolle entweder nach § 308 Nr. 2 BGB oder bei Verwendung gegenüber einem Kaufmann/Unternehmer nach § 307 Abs. 2 Nr. 1 BGB genügen, was voraussetzt, dass die Nachfrist deutlich kürzer ist als die eigentliche Frist.[83] Im Bereich der Geschäftsraummiete dürfen insoweit zwei Wochen wohl kaum überschritten werden. 66

---

[74] Vgl. BGH NJW 2007, 1198; 1984, 48; 1984, 2468.
[75] OLG Rostock NZM 2001, 426; LG Mannheim WuM 1999, 686 (zum Pachtvertrag).
[76] BGH NJW 2007, 3273 = NZM 2007, 443; NJW 2006, 139 = NZM 2006, 54.
[77] OLG Brandenburg BeckRS 2011, 08106.
[78] Vgl. BGH NJW 1985, 855 (856).
[79] BGH NJW 1989, 1603.
[80] BGH NZM 1998, 156 (157).
[81] KG NZM 2007, 86.
[82] BGH NJW 1984, 48 (49).
[83] BGH NJW 1985, 320 (323).

VIII. Abnahmepflicht des Mieters

67 Kraft Gesetzes ist der Mieter nicht verpflichtet, das Mietobjekt zum vertraglich vorgesehenen Beginn tatsächlich zu übernehmen.[84] Die Übergabe der Räume kann formularmäßig von der vollständigen Zahlung der ersten Monatsmiete abhängig zu machen.[85] Die nicht fristgerechte Abnahme des Mietobjektes führt daher ausschließlich zum Gläubigerverzug nach den §§ 293 ff. BGB.

68 Zulässig ist es, auch formularvertraglich eine Abnahmepflicht des Mieters zu statuieren und damit den für den Vermieter günstigeren Schuldnerverzug des Mieters § 286 BGB zu begründen. Dies hat den Vorteil, dass der Vermieter nicht nur seine Aufwendungen, sondern sämtliche finanziellen Nachteile der Verzögerung bei der Übergabe – Verschulden auf Mieterseite vorausgesetzt – vom Mieter ersetzt verlangen kann und im Übrigen problemloser die Möglichkeit hat, sich unter Einhaltung der Voraussetzungen des § 323 BGB (insbes. Fristsetzung) wieder vom Mietvertrag zu lösen.

IX. Mietzeit

69 Die Mietzeit ist frei vereinbar[86]. Wird ein Mietvertrag für eine längere Zeit als 30 Jahre geschlossen, so kann jede Vertragspartei nach Ablauf von 30 Jahren nach Überlassung der Mietsache das Mietverhältnis außerordentlich mit der gesetzlichen Frist kündigen. Die Kündigung ist unzulässig, wenn der Vertrag für die Lebenszeit des Vermieters oder des Mieters geschlossen worden ist (§ 544 BGB). Da die Mietzeit zu den essentialia gehört, gibt es relativ wenig Probleme mit der Frage, ob diese AGB-rechtlich wirksam sind. Meist geht es darum, dass die Parteien die Klauseln sauber formulieren und sie dann falsch verstanden wird.

1. Langfristig formularmäßige Bindung, ggf. auch über sog. Verlängerungsklauseln

70 Sofern ausnahmsweise vorformulierte (und nicht individuell ausgehandelte) langfristige Bindungen vereinbart sind, liegt kein Verstoß gegen § 307 BGB vor.[87] Dies gilt auch bei einer Anschlussdauer durch sog. Verlängerungsklauseln, da § 309 Nr. 9 BGB auf Mietverhältnisse keine Anwendung findet.[88] Ist die Verlängerungszeit jedoch länger als die zuvor vereinbarte feste Vertragsdauer, kommt eine Unwirksamkeit gem. § 307 BGB in Betracht, da es sich um eine überraschende Klausel handeln könnte.[89] Auch das Transparenzgebot in § 307 Abs. 1 S. 2 BGB oder die Unklarheitenregel des § 305c Abs. 2 BGB müssen beachtet werden.[90] Ein Kündigungsausschluss für fünf Jahre ist auch in AGB zulässig[91].

71 Eine lange Anschlusszeit über eine Verlängerungsklausel in einem ursprünglich nur auf Kurzdauer abgeschlossenen Mietvertrag kann ohne besondere Hinweise und (drucktechnische) Hervorhebungen gegen § 305c BGB verstoßen. Läuft das Mietver-

[84] Bub/Treier MietR-HdB/Kraemer/von der Osten/Schüller Kap. III. Rn. 2306 f.
[85] OLG Düsseldorf NZM 2002, 563.
[86] Zu den insoweit zu beachtenden AGB-rechtlichen Hürden Schneehain/Stütze NZM 2010, 881 ff.
[87] BGH WuM 1986, 56; vgl. auch BGH NJW 1993, 1130 sowie NZM 2001, 854.
[88] BGH NJW 1993, 1130; WPM 1997, 588; LG Berlin NZM 1998, 374; LG Gießen NJW-RR 1990, 566 (567); aA LG Frankfurt a. M. NJW-RR 1989, 176; bei einem mangels Übernahme zusätzlicher besonderer Pflichten mit dienstvertraglichem Charakter als reiner Mietvertrag anzusehendem Fitnessstudiovertrag ist eine formularvertragliche Mindestlaufzeit von 2 Jahren wirksam: BGH NJW 2012, 1431 = NZM 2012, 394.
[89] Bub/Treier MietR-HdB/Bub Kap. II. Rn. 1075; Lindner-Figura/Oprée/Stellmann Geschäftsraummiete-HdB/Heider § 9. Rn. 18.
[90] OLG Saarbrücken BeckRS 2015, 13082.
[91] BGH 23.10.2019 – XII ZR 125/18, BeckRS 2019, 28792 Rn. 19.

hältnis in Folge einer Verlängerungsklausel mehr als 30 Jahre, ist § 544 BGB zu beachten.[92]

2. „Unechte" Befristung

In der Literatur wird zum Teil zwischen „echten" und „unechten" Befristungen unterschieden. Von einer unechten Befristung wird dann gesprochen, wenn sich zunächst befristete Mietverhältnis (nur) dann um einen vorher festgelegten Zeitraum verlängert, wenn keiner der Vertragspartner innerhalb einer bestimmten Frist widerspricht bzw. kündigt (was damit bis auf die vereinbarte Frist und Verlängerung der gesetzlichen Regelung des § 545 BGB entspricht). 72

Beispiel:
»verlängert sich jeweils um ein Jahr … wenn nicht vor dem … gekündigt wird …«,

Diese Klausel bewirkt, dass sich das zunächst befristete Mietverhältnis automatisch – faktisch durch Schweigen – auf bestimmte (oder unbestimmte Zeit) verlängert, wenn keine Partei etwas tut. Die Partei, die das Mietverhältnis mit Ablauf der Befristung wirklich beenden will, muss aktiv werden. Diese Erklärung soll aber wohl keine Kündigung im „technischen Sinne" darstellen, sondern eine davon abzugrenzende Willenserklärung. Die Verlängerungsklausel soll ein befristetes Angebot auf Abschluss eines neuen Vertrages darstellen bzw., ebenso wie beim Widerspruch, eine Willenserklärung, welche die Verlängerung des Mietvertrages verhindern soll.[93] Dies ist deshalb wichtig, weil § 193 BGB nicht auf Kündigungen anwendbar ist. 73

Sieht die Klausel vor, dass eine Erklärung abgegeben wird oder eben nicht, vor ist das AGB rechtlich unproblematisch. Problematisch sind aber Klauseln, die fingierte Erklärungen des Klauselgegners vorsehen. Diese sind gem. § 308 Nr. 5 BGB nur unter engen Voraussetzungen wirksam! Danach muss dem Vertragspartner des Verwenders eine angemessene Frist zur Abgabe einer ausdrücklichen Erklärung eingeräumt sein und der Verwender muss sich verpflichten, den Vertragspartner bei Beginn der Frist auf die vorgesehene Bedeutung seines Verhaltens besonders hinzuweisen.[94] 74

3. Optionsrechte

Während eine Verlängerungsklausel ein Tätigwerden erfordert, um das Vertragsverhältnis zu **beenden,** muss derjenige, zu dessen Gunsten ein Optionsrecht vereinbart ist, tätig werden, um den Vertrag zu **verlängern.** 75

Derartige Optionsrechte begegnen auch formularvertraglich keine Bedenken.[95] Allerdings darf das Recht des Begünstigten, durch eine derartige einseitige Erklärung die Vertragsverlängerung herbeizuführen, nicht ausgehöhlt werden. Eine formularvertragliche Bestimmung, die zB den Mieter (als Verwender) berechtigt, auch nach Ausübung seiner Optionsrechte jederzeit kurzfristig das Mietverhältnis zu kündigen, während der Vermieter am Vertrag festgehalten wird, verstößt gegen § 307 Abs. 1 BGB.[96] Entsprechendes gilt im umgekehrten Fall für eine Klausel, die dem Mieter kein Recht zur Vertragsverlängerung einräumt, sondern ihm im Ergebnis lediglich die Möglichkeit gewährt, den Vermieter um ein Angebot zur Fortsetzung des Mietvertrages zu geänderten Bedingungen bitten zu dürfen.[97] 76

---

[92] Vgl. Elshorst NZM 1999, 449.
[93] Lindner-Figura/Oprée/Stellmann Geschäftsraummiete-HdB/Heider § 9. Rn. 17.
[94] Lindner-Figura/Oprée/Stellmann Geschäftsraummiete-HdB/Heider § 9. Rn. 19.
[95] Lindner-Figura/Oprée/Stellmann Geschäftsraummiete-HdB/Heider § 9. Rn. 25.
[96] BGH NJW 2001, 3480; OLG Hamburg NJW-RR 1992, 74 (75); OLG Jena NJW-RR 2006, 809.
[97] OLG Hamburg ZMR 1990, 273.

Praxistipp:

Es empfiehlt sich, im Rahmen der Optionsregelung zugleich festzulegen, zu welchen Bedingungen das Mietverhältnis fortgesetzt werden kann (dies im Übrigen auch bei Vereinbarung einer Verlängerungsklausel). So sollte eine Mietanpassungsmöglichkeit etwa über eine Preisklausel oder einen Leistungsvorbehalt vereinbart werden, wobei die maßgeblichen Gesichtspunkte für die Bemessung des Mietzinses schon in der Optionsabrede enthalten sein müssen. Andernfalls bedarf es konkreter Anhaltspunkte für einen entsprechenden Willen beider Parteien, um im Wege sog. ergänzender Vertragsauslegung als dann geschuldeten Mietzins die angemessene oder ortsübliche Miete zugrunde zu legen.[98]

77 Sieht der Vertrag eine automatische Verlängerung „nach Ablauf der Mietzeit (einschließlich Optionszeiträume)" vor, kommt diese Verlängerung noch nicht nach Ablauf der Grundmietzeit zum Zuge, sondern erst nach Ablauf der optierten Verlängerungszeiträume.[99]

4. Befristung und vorformulierte Kündigungsregelungen

78 Enthält ein vorformulierter Mietvertrag neben einer ausgefüllten Vereinbarung über eine bestimmte Vertragslaufzeit eine Klausel, in der Kündigungsfristen geregelt werden, kann der Zeitmietvertrag trotz vereinbarter Befristung schon wegen § 305c Abs. 2 BGB, dann ordentlich gekündigt werden, wenn sich die vorformulierte Kündigungsregelung auch auf die feste Vertragslaufzeit beziehen könnte bzw. dies zumindest unklar ist.[100]

X. Miete

1. Höhe/Umsatzmiete

79 Die Miethöhe ist frei vereinbar. Es ist nicht notwendig – aber selbstverständlich empfehlenswert – im Mietvertrag die Höhe der Miete genau festzulegen. Vielmehr genügt es, dass sich die Parteien auf einen bestimmbaren Mietzins einigen.[101] Selbst bei Fehlen jeglicher Vereinbarung über die Miete kann ein Mietvertrag zustande kommen, sofern Einvernehmen zwischen den Parteien über die Entgeltlichkeit der Gebrauchsüberlassung besteht.[102] In diesem Fall gilt die ortsübliche Miete als vereinbart. Diese wird analog §§ 612 Abs. 2, 632 Abs. 2 BGB bzw. bei Handelsgeschäften analog § 354 Abs. 1 HGB oder mittels ergänzender Vertragsauslegung bestimmt.[103]

80 Die Vereinbarung einer **Umsatzmiete** ist formularmäßig grundsätzlich zulässig.[104] Es sind aber immer die branchenspezifischen Besonderheiten zu beachten. Bei Apotheken dürfen keine Umsatz- bzw. gewinnabhängigen Mieten vereinbart werden.[105] Die Klauselgestaltung muss sehr sorgfältig erfolgen, so muss der Begriff des Umsatzes genau definiert werden, ebenso die Kontrollrechte des Vermieters. Auch die Folgen, die das

---

[98] Vgl. BGH NJW-RR 1992, 517.

[99] OLG Hamm BeckRS 2011, 00538.

[100] LG Frankfurt a. M. WuM 1999, 114; LG Gießen NJW-RR 1996, 1293; LG Kassel WuM 1997, 679; LG Wiesbaden WuM 1994, 430; AG Alsfeld WuM 1999, 116; AG Bad Homburg WuM 1999, 114; AG Bremen-Blumenthal WuM 1987, 395.

[101] BGH NJW 2002, 3016.

[102] BGH NJW-RR 1992, 517; OLG Frankfurt a. M. BeckRS 2006, 12476.

[103] BGH NJW 2003, 1317.

[104] OLG Brandenburg BeckRS 2011, 21310 und BeckRS 2011, 16476. Zum Inhalt des Auskunftsanspruchs und zum Kündigungsrecht des Vermieters bei Verstößen in diesen Fällen vgl. KG BeckRS 2011, 27308.

[105] (§ 8 S. 2 Gesetz ü. d. Apothekenwesen, BGH BeckRS 2004, 857 = NJW 2004, 1523).

Erreichen oder Nichterreichen bestimmter Umsatzgrenzen auslöst, müssen genau durchdacht werden.[106]

2. Umsatzsteuer

In steuerrechtlicher Hinsicht ist für die Praxis der Umsatzsteueranwendungserlass (UStAE) in der jeweils konsolidierten Fassung maßgeblich[107]. Die „Vermietung und Verpachtung von Grundstücken" ist behandelt in Ziff. 4.12.01. Über die Frage, ob ein Umsatz steuerpflichtig ist oder nicht, können die Parteien nicht disponieren. Die Steuerbarkeit richtet sich alleine nach Umsatzsteuerrecht, ebenso die Frage, ob bzw. unter welchen Voraussetzungen der Mieter auf die Steuerbefreiung nach § 4 Nr. 12a UStG verzichten („zur Umsatzsteuer optieren") kann. 81

Bei der Frage, unter welchen Voraussetzungen der Vermieter zur Umsatzsteuer optieren kann, kommt es auf das Baujahr bzw. den Fertigstellungszeitpunkt des Gebäudes an (§ 9 Abs. 2 iVm 27 Abs. 2 UStG).

Haben sich die Parteien auf eine bestimmte Miete geeinigt, ist der Vermieter nur bei einer entsprechenden zweifelsfreien Vereinbarung berechtigt, die darauf entfallende Umsatzsteuer zusätzlich zu verlangen[108]. Eine Klausel, die den nicht zum Vorsteuerabzug berechtigten Mieter verpflichtet, zusätzlich zu dem individuell vereinbarten Netto-Mietzins Mehrwertsteuer zu zahlen, ist bereits wegen des Vorrangs der Individualabrede gem. § 305b BGB unwirksam.[109] Die Regel über den Vorrang der Individualabrede greift aber ebenso wenig wie § 305c BGB ein, wenn eine entsprechende Klausel gegenüber einem zum Vorsteuerabzug berechtigten Mieter verwendet wird; hier ist allein entscheidend, ob – was gegebenenfalls durch Auslegung zu ermitteln ist – die Miete netto oder brutto vereinbart wurde. Im Zweifel ist in der vereinbarten Miete eine etwa geschuldete Umsatzsteuer bereits enthalten.[110] Ist eine Nettomiete zzgl. Umsatzsteuer bzw. Mehrwertsteuer vereinbart, schuldet der Mieter grundsätzlich nur die Nettomiete, wenn die Vermietung umsatzsteuerfrei ist.[111] Etwas anderes gilt nur dann, wenn die Gesamt- bzw. Bruttomiete „in jedem Fall", also unabhängig von der Umsatzsteuerpflicht, als geschuldet gelten soll und dies so vereinbart und jahrelang vorbehaltlos praktiziert wurde.[112] 82

Da § 309 Nr. 1 BGB, der kurzfristige Preiserhöhungen verbietet, auf Mietverträge keine Anwendung findet, ist es unbedenklich, in einem Gewerberaummietvertrag formularmäßig zu vereinbaren, dass der vorsteuerabzugsberechtigte Mieter die „jeweilige gesetzliche Mehrwertsteuer" zu zahlen hat. Gegenüber nicht zum Vorsteuerabzug berechtigten Gewerberaummietern (so zB Ärzten nach § 4 Nr. 14 UStG) stellt ein derartiger formularmäßiger Erhöhungsvorbehalt dagegen eine unangemessene Benachteiligung iSv § 307 BGB dar, da eine solche Klausel zu einer Mehrbelastung für den Mieter ohne eine entsprechende Änderung der vom Vermieter zu erbringenden Gegenleistung führen würde. 83

Zulässig ist, wenn sich der Vermieter bei Gewerberaummietverträgen mit vorsteuerabzugsberechtigten Mietern formularvertraglich das Recht vorbehält, im Falle der Ausübung seines Optionsrechtes, seine Mieteinnahmen der Umsatzsteuer zu unterwerfen, die Miete also um die Mehrwertsteuer zu erhöhen. Diese zusätzliche Belastung stellt für den Mieter aufgrund seiner Vorsteuerabzugsberechtigung nur ein Durchlaufposten ohne wirtschaftliche Auswirkung dar, so dass kein Verstoß gegen § 307 Abs. 1 BGB 84

[106] Negativbeispiel aus Vermietersicht für ein Sonderkündigungsrecht des Mieters: OLG Hamm 15.7.2022 – 30 U 82/22, BeckRS 2022, 20708.
[107] http://www.bundesfinanzministerium.de/Web/DE/Themen/Steuern/Steuerarten/Umsatzsteuer/Umsatzsteuer_Anwendungserlass/umsatzsteuer_anwendungserlass.html, (zuletzt abgerufen 16.7.2026).
[108] Zur Auslegung vgl. BGH 30.9.2020 – XII ZR 6/20, BeckRS 2020, 31640.
[109] BGH WM 1973, 677.
[110] OLG Naumburg ZMR 2002, 291.
[111] BGH NJW-RR 2004, 1452 = NZM 2004, 785.
[112] BGH NJW-RR 2009, 593 = NZM 2009, 237; KG BeckRS 2012, 18409.

gegeben ist.[113] Anders beim nicht vorsteuerabzugsberechtigten Mieter, der durch eine solche formularvertragliche Regelung unangemessen benachteiligt werden würde mit der Unwirksamkeitsfolge des § 307 Abs. 1 BGB.[114] Hat der ursprüngliche Vermieter zur Umsatzsteuer optiert, ist bei einem Vermieterwechsel nach § 566 BGB der Erwerber hieran nicht gebunden, außer der Mietvertrag enthält eine ausdrückliche Optionspflicht.[115]

85 Die in § 9 Abs. 2 S. 2 UStG vorgesehenen Nachweispflicht des Vermieters erlaubt es, den Mieter auch formularvertraglich zu verpflichten, dem Vermieter Auskunft über seine im Mietobjekt erzielten Umsätze zu erteilen, die den Vorsteuerabzug ausschließen, und auch dem für den Vermieter zuständigen Finanzamt weitere Auskünfte über seine Umsätze, die der Vermieter zur Erfüllung seiner Nachweispflicht benötigt, zu geben.

3. Befreiung von der Mietzahlungspflicht

86 Für den Fall der persönlichen Verhinderung des Mieters regelt § 537 BGB (als lex specialis zu § 326 BGB) das diese den Mieter nicht von der Mietzahlungspflicht befreit, der Vermieter sich aber ersparten Aufwendungen (etwa bei Nebenkosten) sowie die Vorteile anrechnen lassen muss, die er aus einer anderweitigen Verwertung des Gebrauchs erlangt (Abs. 1). Nur wenn der Vermieter – wozu er aber nicht verpflichtet ist – die Sache dann weitervermietet, entfällt die Mietzahlungspflicht des Mieters (Abs. 2). Diese Rechtsfolge kann auch im Gewerberaummietrecht wegen Verstoßes gegen § 307 Abs. 2 Nr. 1 BGB moralmäßig nicht ausgeschlossen werden.[116]

4. Vorauszahlungsklauseln

87 Schon vor der Mietrechtsreform 2001 war die formularvertragliche Abweichung von der gesetzlichen Regelung des § 551 BGB aF, die nicht zum gesetzlichen Leitbild der Miete gehörte, war uneingeschränkt zulässig.[117] Seit 1.9.2001 hat sich mit § 556b Abs. 1 BGB dieses gesetzliche Leitbild jedenfalls für die Wohnraummiete (vgl. § 578 BGB) entsprechend der bisherigen Vorauszahlungsklauseln geändert, so dass solchen Klauseln auch im Gewerberaummietrecht nichts entgegensteht.

88 Gegen eine Kombination einer Vorauszahlungsklausel mit einer Aufrechnungsbeschränkungsklausel (zu Aufrechnungsklauseln näher sogleich unter → Rn. 97) bestehen anders als im Wohnraummietrecht[118] im Gewerberaummietrecht keine Bedenken. Hier gilt § 536 Abs. 3 BGB nicht mit der Folge, dass von § 536 Abs. 1 und Abs. 2 abweichende Vereinbarungen nicht vornherein unwirksam sind. Das Minderungsrecht des Mieters gehört auch nicht zu den Grundprinzipien des Mietrechts,[119] so dass – nachdem § 309 Nr. 8b BGB auf Mietverträge nicht anwendbar ist[120] – im Gewerberaummietrecht das Minderungsrecht des Mieters formularvertraglich auch eingeschränkt werden kann. Insbesondere kann der Mieter auf den Klageweg verwiesen werden.[121]

89 Unbedenklich ist die Kombination einer Mietvorauszahlungsklausel einerseits und der formularvertraglichen Verpflichtung des Mieters andererseits, Minderungs- Aufrechnungs- und Zurückbehaltungsrechte vorher anzuzeigen. Diese zeitliche Verschie-

[113] BGH NJW-RR 2002, 9.
[114] BGH NZM 2004, 785; AG Ebersberg NJW-RR 1993, 841.
[115] OLG München NJW-RR 2012, 1294 = NZM 2012, 764.
[116] BGH BeckRS 2008, 2217 = NZM 2008, 206.
[117] BGH NZM 1998, 628; NJW 1995, 254 (255); BayObLG NJW-RR 1993, 1097 (1098); OLG Hamm NJW-RR 1993, 710; OLG München WuM 1992, 232.
[118] BGH NJW 1995, 254; OLG München WuM 1992, 232.
[119] BGH NJW-RR 1993, 519; NJW 1984, 2404; OLG München ZMR 1987, 16; KG GE 2002, 257.
[120] BGH NJW 1985, 1547; OLG Frankfurt a. M. WuM 1987, 143; OLG Hamburg MDR 1981, 934.
[121] Vgl. OLG Hamburg NJW-RR 1998, 586 (587); OLG Köln WuM 1998, 23; OLG Koblenz BeckRS 2006, 00520.

bung der Durchsetzung der genannten Mieteransprüche stellt keine unangemessene Benachteiligung des Mieters dar.[122]

5. Rechtzeitigkeitsklauseln

Klauseln, nach denen für die Rechtzeitigkeit der Zahlung der Miete der Zeitpunkt des Eingangs beim Vermieter maßgeblich sein soll, begegnen im Gewerberaummietrecht[123] nach überwiegender Auffassung keinen Bedenken.[124] Auch ohne entsprechende ausdrückliche Regelung ist nach der Zahlungsverzugs-Richtlinie 2000/35/EG die Gutschrift auf dem Gläubigerkonto maßgeblich,[125] so dass bei Banküberweisung der Gewerbemiete der rechtzeitige Überweisungsauftrag nicht ausreicht.[126] Nimmt der Mieter am Lastschriftverfahren teil (hierzu näher sogleich) wird die Mietzahlungspflicht allerdings von der Schickschuld zur Holschuld mit der Folge, dass der Vermieter für die Rechtzeitigkeit der Einziehung verantwortlich ist und sich folglich nicht mehr auf einen Verstoß gegen eine derartige Rechtzeitigkeitsklausel mit Erfolg berufen kann. 90

Eine formularvertragliche Regelung, wonach die Mietzahlung kostenfrei zu erfolgen hat, wiederholt lediglich die gesetzliche Regelung des § 270 Abs. 1 BGB und führt selbstverständlich nicht dazu, dass der Mieter etwa die Kontoführungsgebühren des Vermieters zu tragen hätte. 91

6. Abbuchungs- und Lastschriftverfahren

Die bargeldlose Zahlung der Miete, einschließlich der Nebenkosten stellt auch im Bereich der Geschäftsraummiete die Regel dar. Dabei ist zwischen dem Abbuchungsverfahren einerseits und dem Lastschriftverfahren andererseits zu unterscheiden: Im sog. Abbuchungsverfahren erteilt der Schuldner seiner Bank die generelle Weisung, Lastschriften eines namentlich bezeichneten Gläubigers zu Lasten seines Girokontos einzulösen. Die Bank ist folglich aufgrund der ihr erteilten Weisung des Zahlungspflichtigen gehalten, die von Seiten des Zahlungsempfängers vorgelegte Lastschrift einzulösen; ein Widerspruch des Zahlungspflichtigen ist dabei ohne Bedeutung und berechtigt die Bank weder zu einer Rückbelastung noch wird sie zu einer Stornierung der Buchung verpflichtet. Dagegen räumt der Zahlungspflichtige beim sog. Einzugsermächtigungsverfahren (Lastschriftverfahren) dem Zahlungsempfänger die Befugnis ein, die zu leistenden Zahlungen selbst mittels Lastschrift bei seiner, des Zahlungspflichtigen Bank von dessen Girokonto abzubuchen; eine unmittelbare Weisung des Schuldners an seine Bank fehlt. Daher ist die Bank bis zur Genehmigung des Schuldners/ihres Kunden gehalten, grundsätzlich dessen Widerspruch gegen die Lastschrift (binnen 6 Wochen[127]) zu beachten und ohne Prüfung der materiellen Rechtslage eine Rückbuchung sowie eine Stornierung der Belastungsbuchung zu veranlassen. 92

Im Hinblick darauf sind Klauseln, welche den Mieter zur Teilnahme am Lastschriftverfahren verpflichten, nach denen der Mieter also eine Einzugsermächtigung im Hinblick auf Miete und Nebenkosten zu erteilen hat, zulässig.[128] Wegen der Rückrufmöglichkeit wird der Mieter nicht unangemessen benachteiligt, so dass aber ein formularmäßiger Verzicht auf diese Rückrufsmöglichkeit im Lastschriftverfahren unwirksam ist.[129] Problematisch ist allerdings, wenn größere, der Höhe nach nicht festgelegte Beträge zu ebenfalls nicht von vornherein feststehenden Zeitpunkten eingezogen wer- 93

---

[122] So sogar für die Wohnraummiete BGH NJW 1995, 254 (255); OLG Hamm NJW-RR 1993, 710 (711); LG Berlin NZM 2002, 381.

[123] Anders für das Wohnraummietrecht BGH BeckRS 2016, 21386.

[124] BGH NZM 1998, 628 (629); OLG München ZMR 1996, 376; OLG Koblenz NJW 1993, 583; Guhling/Günter/Leonhard BGB § 535 Rn. 441.

[125] EuGH NJW 2008, 1935.

[126] OLG Düsseldorf BeckRS 2010, 12222.

[127] AA BGH NJW 2000, 2667.

[128] BGH NJW 1996, 988; LG Köln WuM 1990, 380.

[129] BGH NJW 1984, 2816; OLG Brandenburg ZMR 2004, 745.

den können sollen, zB bei Nachzahlungen aus Betriebskostenabrechnungen. Die Einzugsermächtigung sollte sich daher vorsorglich ausdrücklich hierauf beziehen und ebenso auf Nebenkostenvorauszahlungen.[130] Dadurch wird dem Überraschungseffekt des § 305c BGB vorgebeugt. Ggf. sollte für die Abbuchung größerer Beträge eine Ankündigungsfrist vorgesehen werden. Erstreckt sich das Lastschriftverfahren auch auf Nebenkosten, so ist sicherzustellen, dass dem Mieter zwischen Zugang der Abrechnung und Abbuchung ein angemessener Zeitraum zur Prüfung der Abrechnung verbleibt.[131]

94 Unwirksam ist hingegen die formularvertragliche Verpflichtung zur Erteilung eines Abbuchungsauftrags bzw. zur Teilnahme am Abbuchungsverfahren wegen der fehlenden Rückrufsmöglichkeit durch Widerspruch. Hierin liegt ein Verstoß gegen § 307 BGB, auch im kaufmännischen/unternehmensbezogenen Geschäftsverkehr.[132] Außerhalb des Anwendungsbereichs des § 310 BGB dürfte im Übrigen auch noch ein Verstoß gegen § 309 Nr. 2 BGB vorliegen, da dem Vermieter durch das Abbuchungsverfahren die Möglichkeit eingeräumt wird, seine Mietforderung unabhängig von etwaigen Leistungsverweigerungsrechten des Mieters zu realisieren.

7. Tilgungs-/Verrechnungsbestimmungen

95 Grundsätzlich kann der Schuldner nach § 366 BGB bei Zahlung eines Teilbetrages bestimmen, welche Schuld getilgt werden soll. Andernfalls erfolgt die Tilgung nach Maßgabe des § 366 Abs. 2 BGB. Werden neben der Hauptforderung Zinsen und Kosten geschuldet, legt § 367 BGB die Tilgungsreihenfolge fest und schließt dabei ein Bestimmungsrecht des Mieters aus. Trifft der Mieter hiervon abweichend eine Bestimmung, kann der Vermieter die Leistung zurückweisen, ohne in Gläubigerverzug zu geraten (§ 366 Abs. 2 BGB). Andernfalls akzeptiert er die von der gesetzlichen Regelung abweichende Tilgungsbestimmung des Mieters.

96 Sowohl § 366 BGB als auch § 367 BGB sind dispositiv. Für den Bereich der Geschäftsraummiete können sie auch formularvertraglich rechtswirksam abbedungen werden.[133] Es ist daher zulässig, eine von diesen gesetzlichen Regelungen abweichende Tilgungsreihenfolge etwa dahingehend festzulegen, dass Zahlungen zuerst auf Nebenkosten und erst dann auf Mietzinsforderungen angerechnet werden. Auch im kaufmännischen Geschäftsverkehr ist es aber unwirksam, dem Vermieter formularvertraglich das Recht einzuräumen, die Tilgungswirkung von Fall zu Fall frei zu bestimmen.[134] Der Mieter muss vielmehr immer erkennen können, welche offenstehende Forderung durch seine Zahlung getilgt wird.

8. Aufrechnungsrechte

97 Formularvertragliche Aufrechnungsverbote unterliegen der Inhaltskontrolle entweder nach § 309 Nr. 3 BGB oder § 307 BGB. Ein vollständiger Aufrechnungsausschluss wäre formularvertraglich sowohl im nichtkaufmännischen als auch im kaufmännischen Geschäftsverkehr gem. § 307 BGB unwirksam.[135] Im Rahmen des Benachteiligungsverbotes des § 307 Abs. 1 BGB haben die Wertungen des § 309 Nr. 3 BGB mit einzufließen mit der Folge, dass der Ausschluss der Aufrechnung mit unbestrittenen bzw. rechts-

[130] AG Mainz WuM 1997, 548.

[131] BGH NJW 2003, 1237.

[132] OLG Brandenburg NJW-RR 2002, 1640; LG Köln WuM 1990, 380; AG Freiburg WuM 1987, 50; vgl. auch OLG Koblenz NJW-RR 1994, 689.

[133] BGH NJW 1984, 2404 (2405); vgl. auch OLG Celle WuM 1990, 103 (109); LG Berlin NZM 2002, 66 zur Rechtslage bei der Wohnraummiete.

[134] BGH NJW 1984, 2404 (2405).

[135] BGH NJW 2007, 3421; NJW-RR 1993, 519 (520); OLG Celle WuM 1989, 234; OLG Düsseldorf ZMR 1989, 61 (62); OLG Hamburg WuM 1986, 82 (83); auch für sog. „Altverträge", die vor Inkrafttreten des AGBG zum 1.4.1977 abgeschlossen wurden: BGH NJW 1984, 2404 (2406).

kräftig festgestellten (und entscheidungsreifen[136]) Forderungen auch im Geschäftsverkehr zwischen Kaufleuten eine unangemessene Benachteiligung darstellt.[137] Umgekehrt ausgedrückt: Aus 309 BGB ergibt sich, dass der Gesetzgeber lediglich den Ausschluss der Aufrechnung mit unbestrittenen oder (schon) rechtskräftig festgestellten Gegenforderungen als unangemessene Benachteiligung des Vertragsgegners erachtet, nicht aber auch ein Aufrechnungsverbot bezüglich entscheidungsreifer Gegenforderungen.[138]. Für Irritationen hat eine Entscheidung des BGH im Architektenrecht gesorgt, die eine solche Klausel wegen Verstoßes gegen § 9 Abs. 1 AGBG (jetzt § 307 BGB) für unwirksam erklärt hat;[139] dies soll aber im Mietrecht nicht gelten.[140] Eine formularvertragliche Aufrechnungsbeschränkungsklausel, die zwar rechtskräftig festgestellte Gegenforderungen ausnimmt und ansonsten aber nur Gegenansprüche, „zu denen die Vermieterin im Einzelfall jeweils ihre Zustimmung erklärt“, ist auch im Unternehmerverkehr unwirksam.[141] Die formularvertragliche Einschränkung von Aufrechnungsrechten des Mieters auf Forderungen aus dem Mietverhältnis ist ebenfalls unwirksam.[142] Generell die Möglichkeit der Aufrechnung ausschließende Klauseln können auch nicht auf einen zulässigen „Kerngehalt“ reduziert werden, etwa in der Weise, dass die Möglichkeit der Aufrechnung mit unbestrittenen oder rechtskräftig festgestellten Forderungen nach wie vor gegeben sein soll.[143]

98 Da die Zulässigkeit der Aufrechnung mit unbestrittenen Forderungen sinngemäß auch rechtskräftig festgestellte Forderungen umfasst[144] und umgekehrt[145] schadet es nicht, wenn eine Klausel nach ihrem Wortlaut nur die Aufrechnung entweder mit unbestrittenen oder mit rechtskräftig festgestellten Forderungen zulässt (bedenklich bei Verbandsklagen nach §§ 1, 3 UKlaG aufgrund des dort maßgeblichen Prinzips der kundenfeindlichsten Auslegung[146]). Gegen § 309 Nr. 3 BGB verstoßen dagegen Formularklauseln, die eine Aufrechnung über unbestrittene Forderungen hinaus nur mit vom Vermieter anerkannten Ansprüchen des Mieters zulassen, bestimmte Forderungen von der Aufrechnungsmöglichkeit ausschließen oder die Aufrechnung nur gegen Teile des Mietzinsanspruchs erlauben. Es ist daher nicht wirksam möglich, formularvertraglich zB die Aufrechnung gegen Betriebs- und Heizkostenforderungen vollständig auszuschließen oder lediglich auf konnexe Gegenforderungen beschränken, also auf Forderungen, die mit dem Mietverhältnis in einem rechtlichen und sachlichen Zusammenhang stehen.[147]

99 Beschränkungen der Aufrechnungsmöglichkeiten fallen im Übrigen bei Geschäftsraummietverträgen nicht unter § 309 Nr. 3 BGB, sondern sind allein am Maßstab des § 307 Abs. 1 BGB zu messen. Das Erfordernis der Ankündigung von Aufrechnungen innerhalb von einer bestimmten Frist, jedenfalls von etwa einem Monat[148] ist daher

---

136 OLG Celle BeckRS 1989, 30944679 = WuM 1990, 103 (109).

137 BGH NJW 2011, 514 = NZM 2011, 153; NJW 2007, 3421; NJW-RR 2003, 873 = NZM 2003, 437; NJW-RR 1993, 519; NJW 1985, 319 (320); 1984, 2404 (2405); OLG Celle WuM 1989, 234; KG NJW 2002, 948; OLG Frankfurt a. M. BeckRS 2011, 20437; OLG Köln BeckRS 2010, 02458, wonach auch Haftungsansprüche aus vorsätzlichem oder grob fahrlässigem Handeln ausgenommen sein müssen.

138 OLG Brandenburg 17.12.2019 – 3 U 25/19, BeckRS 2019, 37456; OLG Hamm BeckRS 2016, 112783.

139 BGH NJW 2011, 1729.

140 OLG Düsseldorf ZMR 2015, 543; OLG Celle BeckRS 2012, 07603.

141 BGH NJW 2007, 3421 = NZM 2007, 684.

142 BGH ZMR 2016, 609.

143 BGH NJW 2007, 3421 = NZM 2007, 684; NJW 1994, 657; 1985, 319; vgl. auch NJW-RR 2006, 1350.

144 BGH NJW 1989, 3215 (3216).

145 BGH NJW-RR 1993, 519 (520).

146 OLG Celle WuM 1990, 103 (111).

147 OLG Celle WuM 1990, 103 (111).

148 BGH NJW-RR 1988, 329; OLG Düsseldorf NZM 2002, 953; OLG Rostock NZM 1999, 1006; OLG Celle NJW-RR 1998, 585 (586); OLG Hamm MDR 1997, 927; OLG Köln WuM 1998, 23.

zulässig. Dies gilt aber nur bis zum Zeitpunkt der Rückgabe des Mietobjektes, also auch noch in der Phase der Vertragsbeendigung.[149]

100 Im Übrigen gilt ein wirksam vereinbartes Aufrechnungsverbot über den Zeitpunkt der Vertragsbeendigung hinaus zumindest bis zur Rückgabe des Mietobjektes.[150] Im Ergebnis kommt es auch noch nach Rückgabe der Mietsache zum Tragen, da das entsprechende rechtlich geschützte Interesse des Vermieters erst mit vollständiger Erfüllung seiner Ansprüche entfällt.[151]

9. Zurückbehaltungsrechte

101 Zurückbehaltungsrechte, die auf dem Mietverhältnis beruhen, dürfen nach § 309 Nr. 2 BGB formularmäßig weder ausgeschlossen noch eingeschränkt werden. Es ist daher unwirksam, die Ausübung des Zurückbehaltungsrechts von einer vorherigen Ankündigung durch den Mieter oder gar einem Anerkenntnis des Vermieters abhängig zu machen.[152] Zurückbehaltungsrechte wegen nicht konnexer Gegenforderungen können dagegen formularmäßig ausgeschlossen werden.

102 Im kaufmännischen Geschäftsverkehr kann demgegenüber das Zurückbehaltungsrecht gem. § 273 BGB ebenso wie das Leistungsverweigerungsrecht nach § 320 BGB formularvertraglich abbedungen werden. Klauseln, welche das Zurückbehaltungsrecht einschränken, können sich zugleich auf das Leistungsverweigerungsrecht gem. § 320 BGB erstrecken, auch sofern dieses in der formularvertraglichen Regelung nicht ausdrücklich erwähnt wird.[153] Wirksam ist eine Beschränkung des Zurückbehaltungsrechts auf unbestrittene oder rechtskräftig festgestellte Gegenforderungen[154] oder auch das Abhängigmachen von einer vorherigen Anzeige.[155] Selbst bei einem zulässigerweise eingeschränkten Zurückbehaltungsrecht bleibt dem Mieter gleichwohl unbenommen, wegen des Vorhandenseins von Mängeln des Mietobjekts den vereinbarten Mietzins zu mindern.[156] Ein vollständiger Ausschluss des Zurückbehaltungsrechtes führt aber auch gegenüber Kaufleuten bzw. anderen Unternehmern iSd § 310 BGB zu einer unangemessenen und damit nicht mehr hinnehmbaren Benachteiligung des Vertragspartners nach § 307 Abs. 1 BGB.[157]

103 Das Zurückbehaltungsrecht darf jedenfalls im Individualvertrag davon abhängig gemacht werden, dass der Mieter dessen Ausübung einen Monat vorher angekündigt und außerdem seine Mietzahlungspflichten ordnungsgemäß erfüllt hat (hier: „keine Zahlungsrückstände").[158]

10. Klauselkombinationen

Auch die Kombination von Minderungsausschluss, Ausschluss der Aufrechnung und des Zurückbehaltungsrechtes sind möglich.[159]

---

[149] BGH NZM 2000, 336; NJW-RR 1988, 329; OLG Rostock NZM 1999, 1006; OLG Düsseldorf ZMR 2005, 450.

[150] OLG Düsseldorf BeckRS 2006, 07262; WuM 1997, 428; 1995, 392; OLG Frankfurt a. M. WuM 1987, 142 (143); OLG Karlsruhe ZMR 1987, 261 (262); aA OLG Celle OLGZ 1966, 6 (7).

[151] OLG Karlsruhe ZMR 1987, 261 (262); vgl. für individuelle Vereinbarungen BGH NZM 2000, 336.

[152] OLG Celle NZM 1998, 265; WuM 1990, 103 (111); OLG Hamburg NZM 1998, 264.

[153] BGH NJW-RR 2003, 873 = NZM 2003, 437; OLG Düsseldorf ZMR 2004, 576; aA OLG Düsseldorf NJW-RR 1998, 587.

[154] BGH NJW 2011, 514 = NZM 2011, 153; NJW 2007, 3421; NJW-RR 1993, 519 (520); NJW 1992, 575 (577); KG NJW-RR 2002, 948; OLG Frankfurt a. M. NJW-RR 1988, 1458; OLG Düsseldorf BeckRS 1989, 02014; OLG Köln BeckRS 2010, 02458, wonach auch Haftungsansprüche aus vorsätzlichem oder grob fahrlässigem Handeln ausgenommen sein müssen.

[155] OLG Koblenz BeckRS 2006, 00520; OLG Hamburg NJW-RR 1998, 586 (587); vgl. auch OLG Celle NJW-RR 1998, 585 (586).

[156] OLG Düsseldorf NZM 1999, 1006.

[157] BGH NJW 1992, 575 (577).

[158] OLG Düsseldorf BeckRS 2009, 29629.

[159] OLG Brandenburg 4.2.2020 – 3 U 34/19, BeckRS 2020, 3341, auch KG 5.9.2019 – 12 U 50/19 (nv).

XI. Änderung der Miete

104 Im Gegensatz zum Wohnraummietrecht fehlt es bei der Gewerberaummiete an gesetzlichen Mieterhöhungsmöglichkeiten. Die Änderung der Miethöhe muss daher immer vereinbart werden, sonst bleibt der Vermieter für die vereinbarte Laufzeit an die ursprüngliche Miete gebunden.

105 Der Ausgangspreis der Miethöhe als solcher unterliegt nicht der Inhaltskontrolle nach § 307 BGB, da Leistung und Gegenleistung (die reine Leistungsbestimmung) nicht der Inhaltskontrolle unterliegen. Die Regelungen zur Preisänderung unterliegen dagegen der Inhaltskontrolle.

106 Anlass und Höhe der Mieterhöhung müssen hinreichend bestimmt oder bestimmbar angegeben sein (§ 309 Nr. 1 BGB gilt nicht). Findet sich in der Ausgangsvereinbarung über die Miete keinerlei Hinweis auf deren Veränderlichkeit („zur Zeit" oder „Anfangs") könnte eine formularvertragliche Wertsicherungsklausel gegen § 305b BGB verstoßen.

107 Im Hinblick auf die Bestimmbarkeit ist eine Klausel problematisch, wonach zB die vermietende Kommune die Miete nach dem jeweils von ihr selbst beschlossenen „Tarifen" anpassen kann, wirksam ist.[160] Eine Klausel, die dem Vermieter ein Leistungsbestimmungsrecht dahingehend einräumt, bei einer Änderung der ortsüblichen oder angemessenen Miete den vom Mieter zusätzlich oder weniger zu zahlenden Betrag nach billigem Ermessen (§ 315 BGB) festzusetzen, hält der Inhaltskontrolle gemäß § 307 Abs. 1 BGB stand.[161] Der Mieter wird allerdings unangemessen benachteiligt, wenn es dem Vermieter gestattet ist, den Mietzins ohne Begrenzung der Höhe nach anzuheben.[162]

108 Sieht der Vertrag vor, dass bei Ausübung der Option die Miete „neu auszuhandeln" ist und scheitert eine entsprechende Einigung, bestimmt das Gericht die Miete und die Mietentwicklung im Optionszeitraum nach billigem Ermessen. Angemessen ist dann grundsätzlich die im Zeitpunkt der Optionsausübung marktübliche Miete, wobei Mieterhöhungen während des Optionszeitraums bei einem Mietermarkt ausscheiden sollen.[163]

109 Ebenso, wenn formularvertraglich geregelt ist, dass zusätzlich eine anteilige Miete für außerhalb des Mietobjekts liegende Gemeinschaftsflächen zu zahlen ist.[164] Folgende, auch nach Vertragsabschluss mögliche Vereinbarungen, im Mietvertrag selbst oder gesondert, sind zulässig.

1. Mieterhöhungsvereinbarung im Einzelfall

110 **a) Voraussetzungen.** Zwei übereinstimmende Willenserklärungen reichen aus, wobei Höhe und Wirkungszeitpunkt konkretisiert und verbindlich gewollt sein müssen. Der bloße Wunsch nach Mietänderung genügt nicht.

111 **b) Formerfordernisse.** Die gesetzliche Schriftform entsprechend §§ 550, 126 BGB[165] ist zu beachten. Eine später mündlich vereinbarte oder konkludent durchgeführte Änderungsvereinbarung ist wirksam, führt aber ebenfalls zur Kündigungsmöglichkeit.

2. Staffelmietvereinbarung

112 Die Mietänderungen werden für die Vertragslaufzeit von vornherein zu bestimmten bzw. bestimmbaren Zeitpunkten um bestimmte bzw. zumindest bestimmbare Beträge

[160] BGH BeckRS 2012, 11677= NJW 2012, 2187 = NZM 2012, 457; BGH BeckRS 2012, 16299; vgl. auch OLG Köln NJW-RR 1990, 401.
[161] OLG München NJWE-MietR 1996, 9.
[162] BGH NJW 1990, 115; 1982, 331; 1980, 2518.
[163] KG BeckRS 2008, 21243.
[164] OLG Celle BeckRS 1996, 161 = ZMR 1996, 209.
[165] KG BeckRS 2002, 30270931= GE 2002, 1265.

festgelegt. Staffelmietvereinbarungen bei Geschäftsraummietverhältnissen unterliegen nicht den Beschränkungen von § 557a BGB. Die Norm gilt mangels Verweises aus § 578 BGB nicht. Dies bedeutet insbesondere, dass ein längerer Kündigungsausschluss als vier Jahre und auch Kürzere Zeiträume als ein Jahr für die Geltung der jeweiligen Miethöhe möglich sind. Die Erhöhung muss nicht in einem Geldbetrag ausgedrückt werden, eine prozentuale Erhöhung ist möglich. Es sind auch umgekehrte Staffelmieten denkbar, wonach der Vermieter einen – geringer werdenden – Mietnachlass gewährt.[166]

113 Die formularmäßige Vereinbarung einer Staffelmiete unterliegt gemäß § 307 Abs. 3 BGB nicht der Inhaltskontrolle, weil sie die Höhe der zu zahlenden Miete unmittelbar festlegt.[167]

3. Preisgleitklausel/Indexmiete[168]

114 § 557b BGB (Indexmiete) gilt im Gewerberaummietrecht mangels Verweisung in § 578 BGB nicht. Maßgeblich im Geschäftsraummietrecht ist das Preisklauselgesetz (→ § 61 Rn. 1 ff. Vereinbarte Mieterhöhungen – Staffelmiete und Indexmiete).

Zu beachten sind grundsätzlich folgende Voraussetzungen:

- Mindestens zehn Jahre Bindung des Vermieters, § 1 Abs. 1 und § 3 Abs. 1 lit. 1e) und Abs. 3 Nr. 2 PrKG
- Hinreichende Bestimmtheit, § 2 Abs. 2 iVm § 3 Abs. 1, Abs. 3 PrKG

Keine unangemessene Benachteiligung einer Vertragspartei § 2 Abs. 2 iVm Abs. 3).

115 Eine Klausel, die nur einseitig eine Mieterhöhung vorsieht, ist daher schon nach dem PrKG unzulässig[169], wäre dies aber auch nach § 307 BGB. Eine bloße Falschbezeichnung der Bezugsgröße ist aber unschädlich.

116 Allerdings sieht § 8 PrKG eine Unwirksamkeit erst ab dem Zeitpunkt vor, zu dem die Unwirksamkeit rechtskräftig festgestellt wird. Eine Unwirksamkeit nach AGB-Recht des BGB wirkt aber ex tunc. Das Verhältnis der Normen ist strittig.[170] Die Meinung, die keinen Vorrang des § 307 BGB sieht, überzeugt vor allem mit dem Argument, dass § 8 PrKG sonst keinen eigenständigen Anwendungsbereich mehr hätte[171]. ME entscheidend ist aber, dass die beiden Tatbestandsmerkmale „nicht hinreichend bestimmt" bzw. „unangemessene Benachteiligung" in § 2 PrKG ganz konkret legaldefiniert sind. Wenn und soweit also die Unwirksamkeit „nur" auf einem Verstoß gegen die im PrKG genannten Umstände beruht, kann es bei der Ex-Nunc-Unwirksamkeit bleiben. Eine weitere Sanktion des Klauselverwenders ist nicht angezeigt. Anders ist dies, wenn es der Klauselverwender schafft, über die in § 2 PrKG genannten Merkmale weitere Unklarheiten oder Benachteiligungen einzubauen, oder wenn die Klausel überraschend ist.[172]

4. Leistungsvorbehaltsklauseln

117 § 1 Abs. 2 Ziff. 1 PrKG definiert Leistungsvorbehaltsklauseln als Klauseln, „die hinsichtlich des Ausmaßes der Änderung des geschuldeten Betrages einen Ermessensspielraum lassen, der es ermöglicht, die neue Höhe der Geldschuld nach Billigkeitsgrundsätzen zu bestimmen." Solche Klauseln unterliegen nicht den Einschränkungen des § 1 Abs. 2 PrKG, so dass diese auch bei Mietverträgen mit kürzerer Laufzeit bzw. Bindungsverpflichtung des Vermieters in Betracht kommen. Relevant sind hier wieder

[166] Das ist auch im Wohnraummietrecht nach § 557 BGB zulässig, Abs. 4 steht nicht entgegen, vgl. BGH BeckRS 2004, 00062.

[167] OLG Karlsruhe BeckRS 2017, 151612 Rn. 37.

[168] Schlimm/Hörndler NZM 2024, 458; Schultz NZM 2021, 872.

[169] LG Wuppertal BeckRS 2016, 123587.

[170] Zum Meinungstand Schlimm/Hörndler NZM 2024, 458 (466 ff.); Guhling/Günter/Schweitzer PrKG § 8 Rn. 12.

[171] Vgl. auch OLG Schleswig 5.2.2024 – 12 U 69/23, BeckRS 2024, 3735.

[172] Schlimm/Hörndler NZM 2024, 458, 466 ff.; Lindner-Figura/Oprée/Stellmann Geschäftsraummiete-HdB/Bartholomäi/Stellmann § 10. Rn. 157; Guhling/Günter/Schweitzer PrKG § 8 Rn. 16.

genaue Formulierungen, insbesondere macht es einen Unterschied, ob die Klausel „Anpassung" oder „Neufestsetzung" vorsieht.[173]

Bei Leistungsvorbehaltsklauseln handelt es sich um ein **zweistufiges Verfahren:** 118

- Der vereinbarte Bezugsfaktor wird erreicht
- Dann kann eine Partei Anpassung oder Neufestsetzung der Miete nach der Regelung im Vertrag verlangen

Leistungsvorbehaltsklauseln unterliegen immer der weiteren Inhaltskontrolle nach § 307 Abs. 1 S. 1 BGB, also auch dann, wenn sie dem Transparenzgebot des § 307 Abs. 1 S. 2 BGB genügen. Eine Klausel, die dem Vermieter ein Leistungsbestimmungsrecht dahingehend einräumt, bei einer Änderung der ortsüblichen oder angemessenen Miete den vom Mieter zusätzlich oder weniger zu zahlenden Betrag nach billigem Ermessen (§ 315 BGB) festzusetzen, hält der Inhaltskontrolle stand.[174]

Im Einzelnen → § 61 Rn. 1 ff. Vereinbarte Mieterhöhungen – Staffelmiete und Indexmiete.

5. Spannungsklauseln

Dies sind Klauseln, „bei denen die in ein Verhältnis zueinander gesetzten Güter oder Leistungen im Wesentlichen gleichartig oder zumindest vergleichbar sind" (§ 1 Abs. 2 Nr. 2 PrKG). Wertmesser für die Anpassung sind also vergleichbare Markt- bzw. Lebensbereiche. 119

Im Gewerberaummietrecht haben sie nach allgemeiner Meinung wenig Bedeutung.[175]

Beispiel[176]:
Zulässig wäre es, die Höhe der Miete für Büroräume von bestimmten definierten anderen (vergleichbaren) Gewerbemieten abhängig zu machen, dagegen wäre die Anknüpfung der Anpassung des Mietzinses an die Änderung der Besoldungsbezüge von Beamten unzulässig.

Wird in der Spannungsklausel der Mietzins für Wohnraum mit dem Mietzins für gewerblich genutzte Räume zueinander ins Verhältnis gesetzt, so ist grundsätzlich eine gleichartige, zumindest aber vergleichbare Leistung anzunehmen.[177] 120

Spannungsklauseln unterliegen der Inhaltskontrolle. Eine Preisanpassungsklausel in einem Erdgassondervertrag, nach der sich der Arbeitspreis für die Lieferung von Gas zu bestimmten Zeitpunkten ausschließlich in Abhängigkeit von der vertraglich definierten Preisentwicklung für Heizöl ändert, hält bei ihrer Verwendung im unternehmerischen Geschäftsverkehr der Inhaltskontrolle gem. § 307 Abs. 1 BGB stand.[178] Es handelt sich um eine Spannungsklausel, diese ist gegenüber Verbrauchern unwirksam, aber gegenüber Unternehmern wirksam.[179] Für die Klauselgestaltung dürfte, die in der Entscheidung vorgenommenen Abgrenzung zu den Schönheitsreparaturklauseln. Dort wurde die Unwirksamkeit gegenüber Verbrauchern und Unternehmern gleichermaßen festgestellt, weil die Relevanz der dortigen, erst am Ende einer (langen) Vertragslaufzeit zum Tragen kommenden Endrenovierungsverpflichtung nicht ohne Weiteres auch schon bei Vertragsschluss überschaubar sei. Bei Preisanpassungsklauseln, die als Spannungsklauseln ausgestaltet seien, gehe es um einen für die Beurteilung der beiderseitigen Leistungen zentralen Kalkulationsgesichtspunkt, dessen Bedeutung und Auswirkungen auf das Leistungsgefüge über die vereinbarte Vertragslaufzeit hinweg offen auf der Hand gelegen haben. Von einem gewerblichen Unternehmen sei zu erwarten, dass es bei einer 121

[173] OLG Frankfurt a. M. BeckRS 9998, 16986.
[174] BGH BeckRS 2012, 11677 = NJW 2012, 2187 Rn. 30.
[175] Lindner-Figura/Oprée/Stellmann Geschäftsraummiete-HdB/Bartholomäi/Stellmann § 10. Rn. 173; Sie sind aber ca. 2005 ein großes Problem bei Strom- und Gasversorgungsverträgen, vgl. etwa BGH BeckRS 2016, 18950 = NJW 2017, 325.
[176] Nach Bub/Treier MietR-HdB/Schulz Kap. III. Rn. 851.
[177] BGH NJW-RR 1986, 877 = ZMR 1986, 278.
[178] BGH NJW 2014, 2708 – Abgrenzung zu Senat, BGH NJW 2010, 2789 und BGH NJW 2010, 2793 ggü. Verbrauchern.
[179] BGH BeckRS 2014, 19137= NJW 2014, 3508 Rn 29.

sorgfältigen Kalkulation seiner Kosten, die zum Kernbereich kaufmännischer Tätigkeit gehört, gerade auch einer ihm gegenüber verwendeten Preisanpassungsklausel besondere Aufmerksamkeit schenkt und sich über deren Folgen die nötige Klarheit verschafft[180].

6. Neufestsetzungsklausel/Schiedsgutachten

122 Im Rahmen der Vertragsfreiheit sind auch Klauseln möglich, wonach die Angemessenheit der Miete regelmäßig überprüft und die Miethöhe „neu vereinbart" wird. Für den Fall, dass es zu keiner Einigung über die künftige Miethöhe kommt, werden dann weitere Regelungen erforderlich, etwa ein Schiedsverfahren.

123 Es sind zwei Fälle des Schiedsgutachtens zu unterscheiden.[181] Beim Schiedsgutachten im weiteren Sinn steht dem Gutachter steht die rechtsgestaltende Ergänzung des Vertragswillens zu. Er bestimmt die Leistung und hat einen Ermessenspielraum. Er soll als zur Rechtsgestaltung befugter Dritter iSd § 317 BGB unmittelbar die „Bestimmung der Leistung" vornehmen.[182]

Beispiel:
Der Gutachter soll die Miete für das konkrete Objekt festlegen.

124 Bei der Schiedsgutachtenabrede im engeren Sinn hat der Schiedsgutachter bestimmte Tatsachen oder Tatbestandsmerkmale für die Parteien verbindlich festzustellen, die für die Klarstellung des Vertragsinhaltes maßgeblich sind. Eine solche Schiedsgutachtenvereinbarung dient nur mittelbar der Bestimmung der Leistung. Auch hier sind §§ 317 bis 319 BGB entsprechend anzuwenden, wenn die Parteien nichts anderes vereinbaren.[183]

Beispiel:
Der Gutachter soll die ortsübliche Miete bestimmen.

125 Wird vereinbart, dass die Neufestsetzung der Miete sich nach der dann geltenden Marktmiete richtet, ist diese allein für die Mietpreisbildung maßgeblich, auch wenn die Marktmiete gefallen und der Index gestiegen ist. Der Begriff: „ortsübliche Miete" sollte zur Vermeidung von Diskussionen über dessen Auslegung nicht verwandt werden. Denn dieser wird meist mit dem Mietspiegel bei Wohnraum verbunden, der die Mieten der letzten drei oder vier Jahre abbildet.[184]

7. Umsatz- und Gewinnbeteiligung

126 Schließlich können auch **Umsatz- und Gewinnbeteiligungsmöglichkeiten** des Vermieters vereinbart werden.[185] Hierbei dürfte es sich aber schon um reine Mietabreden und nicht um Mietänderungsabreden handeln.

8. Klauselkombinationen

127 Die Kombination von verschiedenen Klauseln ist mE **grundsätzlich problematisch,** jedenfalls wenn Wertsicherungsklauseln, die unter das Preisklauselverbot fallen, mit anderen Klauseln verbunden werden sollen[186]. Zum einen sind die preisrechtlichen Vorgaben zu beachten, zum anderen gilt es, die BGH-Rechtsprechung zur Inhaltskon-

[180] BGH BeckRS 2014, 19137= NJW 2014, 3508. Rn 31.
[181] Vgl. BGH BeckRS 2013, 12250 = NJW-RR 2014, 492, BGH BeckRS 1991, 1672 = NJW 1991, 2761.
[182] Vgl. etwa BGH BeckRS 1983, 839= NJW 1983, 2244 (2245) und BGH BeckRS 1989, 3184 = NJW 1990,1231 (1232) mwN.
[183] S. etwa BGH BeckRS 1989, 3184 = NJW 1990, 1231; OLG Düsseldorf BeckRS 1999, 5624 = NJW-RR 2000, 279 (281) mwN; MüKoBGB/Würdinger § 317 Rn. 38.
[184] So zutreffend Fritz GewerberaumMietR/Fritz, 4. Aufl. 2005, Rn. 116, 117.
[185] Lindner-Figura/Oprée/Stellmann Geschäftsraummiete-HdB/Bartholomäi/Stellmann § 10. Rn. 65; im Einzelnen siehe Eitel ZMR 2022, 277; Hubatsch NZM 2015, 74Bub/Treier MietR-HdB/Schultz Kap. III. Rn. 857.
[186] Anschaulich LG Hamburg 22.11.2023 – 316 O 4/22, BeckRS 2023, 46712 Unzulässigkeit einer Mietanpassungsklausel bei Kombination mit Mindestmiete.

trolle von AGB generell und insbesondere auch zu den Preisklauseln (Spannungsklauseln) in Gas- und Strom Lieferverträgen zu beachten. Leistungsvorbehaltsklauseln in Kombination mit einer Staffelmiete sollen möglich sein.[187]

Häufig vereinbart werden **Umsatzmieten in Kombination mit Mindestmieten.** Die Wertsicherung der Mindestmiete soll in dieser Konstellation zulässig sein.[188] **128**

Eine Kombination von **Staffelmiete und Indexklausel**, die bei sinkendem Mietniveau auch zu Gunsten des Mieters wirkt, kann jedenfalls dann zulässig sein, wenn die vereinbarten Staffeln nach fünf und nach zehn Jahren eingreifen.[189] Die Kombination von Staffelmiete und **nachfolgender** Indexklausel ist wirksam.[190] **129**

Ob und unter welchen Voraussetzungen die Kombination von Staffelmiete und gleichzeitiger Indexklausel (= indexierte Staffelmiete) wirksam ist, bleibt offen. Abgesehen von den zutreffenden preisrechtlichen Argumenten, aus denen die Unzulässigkeit abgeleitet wird,[191] sowie der Frage der unangemessenen Benachteiligung[192] dürfte die Klauselgestaltung unter Transparenzgesichtspunkten problematisch sein. Bei der Staffelmiete steht die Kalkulierbarkeit der Mietentwicklung im Vordergrund. Diese wird durch die Indexierung dieser Staffel ausgehebelt und stellt den Klauselgegner vor ein ganz anderes Szenario als dies bei einer reinen Staffelmiete der Fall ist. Angenommen, es ist eine zwei-jährliche Staffel vereinbart, und die Staffeln der Jahre 3, 5, 7, 9 sollen jeweils indexiert werden[193]. Es scheint – jedenfalls rechnerisch – nicht ausgeschlossen, dass eine Indexierung des Staffelbetrages des Jahres 3 dazu führt, dass diese den Betrag der Staffel des Jahres 5 schon erreicht. Daher müsset die Klausel so gefasst werden, dass für die Frage, wie dann mit den eigentlich vereinbarten Staffelmietbeträgen umgegangen werden soll, alle denkbaren Szenarien nachvollziehbar dargestellt werden. **130**

XII. Nebenkosten

Nach § 535 Abs. 1 S. 3 BGB trägt allein der Vermieter sämtliche auf der Mietsache ruhenden Lasten. Weiter gilt § 556 BGB mangels Bezugnahme in § 578 BGB im Gewerberaummietrecht nicht[194]. Sofern der Gewerberaummieter – wie üblich – neben der Grundmiete auch die Nebenkosten tragen soll, bedarf dies einer ausdrücklichen Vereinbarung, in der konkret und zweifelsfrei geregelt werden muss, welche Nebenkosten auf den Mieter abgewälzt werden sollen. Beim Gewerberaummietvertrag sind die Parteien bei der Umlage von Nebenkosten aber nicht an den Katalog der BetrKV gebunden. **131**

Die Regelung muss ausdrücklich und inhaltlich bestimmt sein, darf aber – gerade in AGB – nicht zu weitgehend sein: Es bedarf einer ausdrücklichen und eindeutigen Vereinbarung darüber, dass und welche Nebenkosten der Mieter tragen soll. Die Abwälzung muss klar und eindeutig erfolgen, am besten durch eine konkrete, auf das Objekt bezogene Auflistung der Kostenarten. **132**

Als Faustregel kann gelten: Der Mieter muss der Sache nach erkennen können, um was es sich handelt und der Höhe nach abschätzen können, was auf ihn zukommt: Je „teurer" es werden kann bzw. je „ungewöhnlicher" die Kosten sind, desto klarer muss die Vereinbarung sein. Ggf. muss auch eine Beschränkung der Höhe nach erfolgen (zB Instandhaltung für Gemeinschaftsflächen, → Rn. 180). **133**

---

187 Bub/Treier MietR-HdB/Schultz Kap. III. Rn 823.

188 Bub/Treier MietR-HdB/Schultz Kap. III. Rn. 823, 857.

189 OLG Brandenburg BeckRS 2009, 24328.

190 OLG Brandenburg 27.6.2023 – 3 U 88/22, BeckRS 2023, 27973.

191 Usinger NZM 2009, 297 (299); Fritz/Geldmacher/Leo GewerberaumMietR/Geldmacher § 3 Rn. 420; Lindner-Figura/Oprée/Stellmann Geschäftsraummiete-HdB/Bartholomäi/Stellmann § 10. Rn. 125.

192 Fritz/Geldmacher/Leo GewerberaumMietR/Geldmacher § 3 Rn. 420.

193 S. das Beispiel bei Usinger NZM 2009, 297 (299).

194 Auch nicht analog: BGH BeckRS 2010, 3148 = NJW 2010, 1065 f.

1. Umlagevereinbarung

134 Formularvertragliche Regelungen, nach denen der Mieter lediglich pauschal „alle Nebenkosten" zu tragen hat, sind wegen unangemessener Benachteiligung nach § 307 Abs. 1 BGB unwirksam.[195] Zulässig dürfte daher auch nicht sein, den Mieter zu verpflichten „alle anfallenden Nebenkosten – soweit gesetzlich zulässig – zu tragen".[196] Allerdings soll ein Hinweis auf die Vorauszahlungen nach der Betriebskostenverordnung genügen.[197]

135 Wie jede schuldrechtliche Vereinbarung muss diejenige über eine Betriebskostenumlage bestimmt oder zumindest bestimmbar sein, um wirksam zu sein. Weitergehende Anforderrungen an die Transparenz **einer individualvertraglichen Betriebskostenvereinbarung** bestehen hingegen anders als bei Allgemeinen Geschäftsbedingungen nicht.[198]

136 Im Mietvertrag nicht ausreichend bestimmte Betriebskosten können aber durch die Korrespondenz zwischen den Parteien und jahrelange Übung konkretisiert werden.[199] Weitere Beispiele aus der Rechtsprechung:

137
- „Kosten für den Betrieb …"[200] – unwirksam.
- „Alle mit dem Mietobjekt verbundenen Betriebskosten" – unwirksam.[201]
- „Sämtliche anfallenden Nebenkosten/Betriebskosten" – unwirksam.[202]
- „Nebenabgaben und Kosten, die mit dem Betrieb des Mietobjektes zusammenhängen" – unwirksam.[203]
- „Alle hier nicht gesondert aufgeführten Kosten in Ansehung des Mietobjekts" – unwirksam.[204]
- „Kosten für die Wartung und Instandhaltung aller technischen Einrichtungen" – unwirksam.[205]
- „Notwendige oder übliche Versicherungskosten" – unwirksam.[206]
- „Versicherungen" – unwirksam.[207]
- „Bewirtschaftung und sonstige Verbrauchsabgaben" – wirksam.[208]
- „Heiz- und Nebenkosten, die üblicherweise vom Mieter zu tragen sind" – wirksam, wenn der Vermieter auf Nachfrage des Mieters unmittelbar nach Vertragsschluss die Betriebskostenabrechnung eines anderen Mieters übersendet.[209]
- „Die Grundsteuer zahlt die Vermieterin. Erhöhungen gegenüber der bei Übergabe des Objekts erhobenen Grundsteuer tragen die Mieter." – missverständlich und zu Lasten des Vermieters auszulegen.[210]

2. Hinweis auf die BetrKV

138 Die BetrKV gilt primär für Wohnraummietverhältnisse. Allgemein anerkannt ist aber, dass die Definitionen und Regelungen der BetrKV auch bei Geschäftsraummietverhält-

---

[195] BGH NJW-RR 2006, 84; OLG Düsseldorf BeckRS 2007, 15429; ZMR 2003, 109; NZM 2002, 526; NJW-RR 1991, 1354; OLG Jena NZM 2002, 70.
[196] So aber OLG München BeckRS 1997, 31158001.
[197] AG Gütersloh 8.10.2021 – 10 C 798/19, BeckRS 2021, 42532, Es handelt sich zwar um einen Wohnraummietrechtsfall, aber das gilt im Geschäftsraummietrecht dann.
[198] BGH 8.4.2020 – XII ZR 120/18, BeckRS 2020, 746 in Abgrenzung zu BGH NJW-RR 2012, 1034.
[199] KG IMR 2014, 248.
[200] BGH NJW-RR 2006, 84 = NZM 2005, 863.
[201] OLG Jena NZM 2002, 70.
[202] OLG Düsseldorf BeckRS 2002, 07879.
[203] OLG Schleswig BeckRS 2012, 12775.
[204] OLG Düsseldorf NZM 2002, 700.
[205] BGH NJW 2013, 41 = NZM 2013, 85.
[206] BGH NJW-RR 2006, 84 = NZM 2005, 863.
[207] BGH NJW 2013, 41 = NZM 2013, 85.
[208] KG NZM 2008, 128; zu Recht krit. Schmidt NZM 2008, 563 (566).
[209] OLG Karlsruhe BeckRS 2009, 29945.
[210] BGH BeckRS 2016, 4979.

nissen im Rahmen der Vertragsauslegung heranzuziehen sind.[211] Bei einem Verweis auf die BetrKV sind alle dort enthaltenen Kostenarten vereinbart.[212] Der in einem Gewerberaummietvertrag verwendete Begriff „Betriebskosten" erfasst dann, wenn sich kein übereinstimmendes abweichendes Begriffsverständnis der Vertragsparteien feststellen lässt, auch ohne weitere Erläuterungen alle zum Zeitpunkt des Vertragsschlusses in die gesetzliche Definition nach § 556 Abs. 1 S. 2 und 3 BGB iVm § 2 BetrKV einbezogenen Kostenarten.[213]

In jedem Fall ist anzuraten, zumindest formularmäßig auf diese Vorschrift zu verweisen, was keinen rechtlichen Bedenken begegnet.[214] Hier genügt die bloße Bezugnahme; der Text ist dem Vertrag nicht beizufügen.[215] Allerdings reicht die bloße Bezugnahme nicht aus, um auch die „sonstigen Betriebskosten" iSd § 2 Nr. 17 BetrKV bzw. überhaupt „**sonstige Kosten** in Zusammenhang Für Betrieb und Unterhaltung des Gebäudes" auf den Mieter abzuwälzen: Um dem Bestimmtheitsgebot zu genügen müssen diese Kosten in Formularverträgen vielmehr wie im Wohnraummietrecht konkret bezeichnet werden.[216] Würde es also allein bei der bloßen Bezugnahme verbleiben, würde zu Lasten des Vermieters nicht beachtet, dass bei Geschäftsraummietverträgen nicht nur die in der BetrKV genannten, sondern auch etwaige weitere Nebenkosten formularmäßig auf den Mieter abgewälzt werden können, wenn die Umlagevereinbarung ausreichend bestimmt ist, zB: 139

- Kosten der Verwaltung und Kontoführung.[217] Bei den „**Verwaltungskosten**" bzw. den „**Kosten für die technische und kaufmännische Hausverwaltung bzw. Objektbetreuung**" bedarf es weder einer näheren Definition noch einer Kostenobergrenze (es sind dann die ortsüblichen Beträge umlegbar: 5,5 % der Bruttomiete).[218]
- Anders die formularvertragliche Umlage von „**Management-Kosten**" oder der „**Kosten des Center-Managements**": hier bedarf es einer näheren Aufschlüsselung und insbes. Abgrenzung zu etwa zusätzlich umgelegten Verwaltungskosten, wobei eine Gesamtunwirksamkeit nur dann festzustellen ist, wenn die Klausel nur eine einzige, mehrere Tätigkeiten kombinierende Kostenart nennt.[219]
  Ebenso ist die „Technische und kaufmännische Vor-Ort-Betreuung" nicht umlagefähig, Der Begriff „Vor-Ort-Betreuung" hat nach seinem Wortsinn keine klare Bedeutung. Es ist offen, welche Art von Betreuung der Begriff bezeichnet[220].
- **Wartungkosten,** sofern bestimmte Anlagen konkret genannt werden und dann hierauf beschränkt;[221] auch ohne eine nähere Auflistung der einzelnen Kosten und ohne Begrenzung der Höhe nach.[222]
- Kosten der **Überwachung und Sicherheit,** zB für Alarmanlagen, Fernseh- und Videoüberwachung, automatische Schließsysteme, Notrufsysteme, Notstromaggregate,

---

[211] Lindner-Figura/Oprée/Stellmann Geschäftsraummiete-HdB/Zehelein § 11. Rn. 5.

[212] KG 11.3.2021 – 8 U 1106/20, BeckRS 2021, 4878; Hofele jurisPR-MietR 2/2022 Anm. 4.

[213] BGH 8.4.2020 – XII ZR 120/18, BeckRS 2020, 746, Fortführung von BGH NJW 2016, 1308 = BeckRS 2016, 3974.

[214] BGH NZM 2004, 417; OLG Celle NZM 1999, 501; OLG Düsseldorf ZMR 2003, 109; 2000, 603; OLG Frankfurt a. M. NZM 2000, 757; so sogar für die Wohnraummiete OLG Hamm WuM 1997, 542 (543); vgl. aber auch OLG Rostock NZM 2006, 584.

[215] OLG Celle NZM 1999, 501; OLG Düsseldorf NJOZ 2012, 1871; ZMR 2001, 882; OLG Frankfurt a. M. NZM 2000, 557.

[216] BGH NZM 2004, 417; OLG Düsseldorf OLG Oldenburg WuM 1995, 430; aA offenbar OLG Celle NZM 1999, 501.

[217] OLG Frankfurt a. M. WuM 1985, 91; KG GE 1995, 536; OLG Nürnberg WuM 1995, 308; KG GE 2004, 234.

[218] BGH BeckRS 2014, 19537; NJW 2012, 54 = NZM 2012, 24; NZM 2012, 83; NJW-RR 2010, 739 = NZM 2010, 279; NJW 2010, 671 = NZM 2010, 123; OLG Hamburg NZM 2002, 388; OLG Köln NJW-RR 2008, 752; aA OLG Köln NZM 2008, 806; OLG Rostock BeckRS 2008, 10182.

[219] BGH BeckRS 2014, 19537; NJW 2013, 41 = NZM 2013, 85; NJW 2012, 54 = NZM 2012, 24; OLG Düsseldorf BeckRS 2012, 05812; vgl. auch Schmidt NZM 2012, 495 ff.

[220] OLG Brandenburg 5.4.2022 – 3 U 144/20, BeckRS 2022, 8756.

[221] OLG Düsseldorf NJOZ 2012, 1871; vgl. auch BGH NJW 2013, 41 = NZM 2013, 85.

[222] OLG Frankfurt a. M. BeckRS 2016, 2453.

Türschließanlagen, Codekartensysteme, Türsprechanlagen, Wach- und Schließgesellschaft, Nachtwächter[223], auch für „Bewachung des Gebäudes.[224]

- Kosten der **Brandbekämpfung,**[225] zB der Feuerlöscher, Sprinkleranlagen, Brand- und Rauchmeldeanlage,[226] Rauchabzugsanlagen, Blitzschutzanlagen, Wasserhydranten und Druckerhöhungsanlagen bzw. gar eine Hausfeuerwehr.[227]
- Kosten von besonderer **Müllentsorgung,** zB Müllschlucker, Müllabsauganlagen, Müllkompressoren, Sperrmüllabfuhr.[228]
- Kosten von besonderen **Heizungs- und Lüftungsanlagen,** soweit nicht schon vom Katalog erfasst, wenn sie genau bezeichnet werden und auch der Mieter erkennen kann, welche Kosten auf ihn zukommen (zB bei Solar- und Windkraftanlagen, Wärmerückgewinnungsanlagen,
- Kosten von **Wasser- und Abwasseranlagen,** zB der Reinigung von Abwasserrohren, Entwässerungs- und Ablaufrinnen, Gullys, Rückstausicherungen, der hygienischen Untersuchungen von Wasser und Abwasser, von Durchflussbegrenzern, von hauseigenen Kläranlagen und Hebeanlagen, der Reinigung des Abwassers, der Nutzung von sog. Grauwasser, der Dachrinnenreinigung und Dachrinnenheizung.[229]
- **Aufzug** auch auf EG-Mieter, jedenfalls dann, wenn er mit dem Aufzug einen mitvermieteten Keller erreichen kann.[230]
- Kosten von besonderen **Transportanlagen,** zB Rolltreppen oder Rollsteigen.[231]
- Kosten von **Gemeinschaftseinrichtungen,** zB Schwimmbad, Sauna oder Kinderspielplatz.[232]
- Kosten des **Hausmeisters** grundsätzlich umlegbar; ist aber im Rahmen der formularmäßigen Umlagevereinbarung ausdrücklich die Beschränkung auf die BetrKV ausgeschlossen, bedarf es einer Kostenobergrenze, ohne die ein Verstoß gegen das Transparenzgebot vorliegt.[233]
- Kosten von weiterem **Hauspersonal,** zB eines gemeinsamen Empfangs, einer zentralen Telefonanlage oder eines Portiers bzw. Nachtportiers, Bewachungskosten.[234]
- Kosten für **Versicherungen** sind grundsätzlich umlegbar; haben die Parteien aber die Beschränkung auf den Betriebskostenkatalog der BetrKV ausgeschlossen, ist eine einengende Auslegung auf dessen Nr. 13 ausgeschlossen, so dass es zur Wirksamkeit einer näherer Angaben bedarf, um Art und Höhe der zu übernehmenden Kosten kalkulieren zu können.[235] „Kosten der Gebäudeversicherung" erfassen auch Kosten für die Elektronikversicherung der Brandmeldeanlage.[236] Ist die Mietsache aufgrund besonderer Umstände ein geeignetes Ziel für Terrorangriffe, sind auch die Kosten einer Terrorversicherung umlegbar.[237] Unzulässig ist dagegen die Kostenabwälzung für eine Rechtsschutzversicherung des Vermieters.[238] Die Klausel, der Mieter müsse

---

[223] So sogar für Wohnraummietverträge LG Köln WuM 1997, 230.

[224] KG 2.5.2022 – 8 U 90/21, BeckRS 2022, 11665.

[225] KG MietRB 2004, 101.

[226] Vgl. Schumacher NZM 2005, 641 (642 f.).

[227] LG Köln WuM 1997, 230 zur Zulässigkeit bei Wohnraummietverträgen.

[228] Vgl. LG Berlin NZM 2002, 65: Allerdings nur, wenn die Kosten der Sperrmüllabfuhr laufend entstehen.

[229] Vgl. Lindner-Figura/Oprée/Stellmann Geschäftsraummiete-HdB/Zehelein § 11. Rn. 137 und die dort weiter aufgezählten Positionen mN.

[230] OLG Düsseldorf BeckRS 2015, 12325.

[231] KG BeckRS 2003, 30328475 = MietRB 2004, 70; LG Augsburg ZMR 2007, 697.

[232] Vgl. Lindner-Figura/Oprée/Stellmann Geschäftsraummiete-HdB/Zehelein § 11. Rn. 137.

[233] BGH NJW 2013, 41 = NZM 2013, 85; OLG Düsseldorf BeckRS 2007, 15429; OLG Frankfurt a. M. BeckRS 2011, 16061.

[234] Zustimmend: OLG Frankfurt a. M. NZM 2006, 660; OLG Celle ZMR 1999, 238 (239); ablehnend: LG Hamburg ZMR 1997, 358 (359); OLG Düsseldorf MDR 1991, 964.

[235] BGH NJW 2013, 41 = NZM 2013, 85; KG NZM 2011, 487 betr. „Sonderrisiko-Versicherung".

[236] OLG Düsseldorf NJOZ 2012, 1871.

[237] BGH NJW 2010, 3647 = NZM 2010, 864; OLG Düsseldorf BeckRS 2015, 17291; OLG Frankfurt a. M. NZM 2009, 744; OLG Stuttgart NZM 2007, 247.

[238] OLG Düsseldorf ZMR 1995, 203 (204).

„ausreichende Versicherungen" abschließen und deren Fortbestand nachweisen, ist unwirksam, sofern offenbleibt, welche Versicherungen von ihm erwartet werden und in welcher Höhe er diese unterhalten muss.[239] Auch die Kosten für eine „All-Risk-Versicherung mit Extended Coverage" sind auf den Mieter umlegbar. Diese Versicherungen bieten Schutz bei inneren Unruhen, böswilligen Beschädigungen, Streik, Aussperrung, Diebstahl, Rohrverstopfungen bieten, aber auch eher seltene Schadensursachen wie Flugkörperanprall, Überschallknall, Erdbeben, -senkung oder rutsch und Vulkanausbruch beinhalten[240]

- Die Kostenumlage für Werbebeschilderung muss transparent sein. Auch wenn die Kosten für die „Unterhaltung" der Anlage begrenzt sind, betrifft dies nach der Unklarheitenregel des § 305c Abs. BGB dies nur die Kosten des Ersatzes der Werbe- und Hinweisbeschilderung, nicht aber die Kosten der Konzeption und Erstellung sowie des reinen Aufstellens und Unterhaltens. Außerdem muss der Mieter Kosten für die Werbung auch außerhalb des Gebäudes zahlen – ohne räumliche Einschränkung. Theoretisch könnten die Schilder im ganzen Bundesgebiet und in jeglichem Ausmaß angebracht bzw. aufgestellt werden könnten. Das ist für den Mieter unangemessen benachteiligend.[241]
- Unter den Begriff der „Gartenpflege", im Sinne des § 2 Nr. 10 BetrKV, fällt auch das Fällen von kranken, morschen und abgestorbenen Bäumen. Die dafür anfallenden Kosten sind als Betriebskosten umlegbar.[242]

Will der Vermieter auf die Nebenkosten **Umsatzsteuer** vom Mieter erheben, bedarf dies einer entsprechenden ausdrücklichen Regelung. Sofern vom Mieter Umsatzsteuer bereits auf die Miete zu entrichten ist, ergibt sich dies im Wege (ergänzender) Vertragsauslegung.[243] 140

3. Mehrbelastungsklauseln/Umlage neuer Kosten

Klauseln, die den Mieter verpflichten, neu eingeführte oder erhöhte Betriebskosten zu tragen, sind auch über den Katalog in § 2 BetrKV hinaus bei Geschäftsraummietverträgen wirksam[244], soweit sie sich auf unvermeidbare Kosten beziehen,[245] der Vermieter also ein Leistungsbestimmungsrecht hat, das er nach §§ 315, 316 BGB nach pflichtgemäßem Ermessen und damit uneingeschränkt gerichtlich überprüfbar ausüben muss. Darüber hinaus muss – um eine unangemessene Benachteiligung nach § 307 BGB, in jedem Fall aber um den Überraschungseffekt nach § 305c BGB zu vermeiden – so konkret wie möglich geregelt werden, welche Betriebskostenpositionen hiervon betroffen sind und ab wann bzw. unter welchen Voraussetzungen die erhöhten Beträge vom Mieter geschuldet werden. Der Mieter muss erkennen können, welche zusätzlichen Belastungen auf ihn während der Dauer des Mietvertrages zukommen können. 141

4. Änderungsvorbehalte

Hat sich der Mieter verpflichtet, auf die Nebenkosten Vorauszahlungen zu leisten, kann sich der Vermieter formularvertraglich das Recht vorbehalten, diese nach billigem Ermessen für die Zukunft zu ändern, wenn absehbar ist, dass durch die Zahlungen in der bisherigen Höhe die tatsächlichen Betriebskosten nicht abgedeckt werden. Die Klausel muss sich aufgrund der Indizwirkung Klauselverbote auf das Gewerberaummietrecht an § 308 Nr. 4 BGB, messen lassen. Eine Regelung, die § 556a Abs. 2 BGB nachbildet, ist unproblematisch zulässig. 142

---

[239] OLG Düsseldorf NZM 2016, 821.
[240] OLG Brandenburg 23.5.2023 – 3 U 94/22, BeckRS 2023, 15010.
[241] KG 1.12.2022 – 8 U 50/21, BeckRS 2022, 48696.
[242] LG München I 19.11.2020 – 31 S 3302/20, BeckRS 2020, 31290.
[243] BGH 30.9.2020 – XII ZR 6/20, BeckRS 2020, 31640; OLG Düsseldorf ZMR 2006, 367; OLG Düsseldorf BeckRS 9998, 03365; OLG Düsseldorf ZMR 1996, 82; OLG Schleswig NZM 2001, 1127.
[244] BGH NJW 2006, 3558 = BeckRS 2006, 12966.
[245] Lindner-Figura/Oprée/Stellmann Geschäftsraummiete-HdB/Zehelein § 11. Rn. 81.

143 Wird dagegen eine Pauschale vereinbart liegt sog. Kalkulationsrisiko allein beim Vermieter. Es bedarf daher einer eindeutigen vertraglichen Regelung, unter welchen Voraussetzungen und in welchem Umfang die Pauschale erhöht werden kann. Erfolgt dies ebenfalls pauschal, etwa „soweit zur Deckung von Mehrbelastungen erforderlich", verstößt eine derartige Klausel gegen § 307 Abs. 1 BGB, wenn für den Mieter nicht erkennbar ist, welche Kostenarten in Betracht kommen.

144 Bei der Vertragsgestaltung muss auch in diesem Punkt sauber gearbeitet werden. Ist im Formularvertrag vorgesehen, dass sich die Miete aus „Grundmiete" und „Nebenkostenvorauszahlungen" zusammensetzt darf der Mieter erwarten, dass über alle Betriebskosten abgerechnet wird. Ist dann zusätzlich in einer Anlage zum Mietvertrag eine Pauschalposition enthalten, ist dies überraschend.[246]

145 Der Vermieter kann sich ferner formularmäßig das Recht vorbehalten, den Verteilungsschlüssel für die Betriebskosten (mit Ausnahme der zwingenden Regelungen nach Heizkostenverordnung, also für die Kosten von Wärme und Warmwasser) mit Wirkung für die Zukunft zu ändern, soweit dies sachlich gerechtfertigt ist und billigem Ermessen entspricht. Eine Klausel, die dem Vermieter das Recht gibt, einen Verteilungsschlüssel nach einem geeigneten, auch unterschiedlichen Maßstab zu bestimmen, wenn ein solcher im Vertrag nicht eingesetzt ist, verstößt daher gegen § 307 BGB.[247] Gleiches gilt für die Klausel: „Der Vermieter kann während der Mietzeit zu Anfang eines neuen Berechnungszeitraums, soweit zulässig, den Verteilerschlüssel angemessen neu bilden".[248]

5. Abrechnungsmaßstab

146 Die vom Vermieter gestellte Formularklausel, wonach die Nebenkosten im Verhältnis der Fläche des Mieters zu den „tatsächlich vermieteten Mietflächen im Objekt" erfolgen soll, ist wegen Abwälzung des Leerstandsrisikos auf den Mieter auch in einem Gewerberaummietverhältnis nach § 307 BGB unwirksam. Die wegen Unwirksamkeit des vertraglichen Umlagemaßstabs bestehende Vertragslücke ist durch ergänzende Vertragsauslegung gem. §§ 133, 157 BGB grundsätzlich dahin zu schließen, dass die Umlage im Verhältnis zur gesamten Nutzfläche des Objekts vorgenommen werden soll.[249]

6. Abrechnung/Einwendungsfristklauseln

147 Bei Gewerberaummietverträgen sind Formularklauseln wirksam und verstoßen nicht gegen § 308 Nr. 5 BGB, nach denen die Abrechnung als anerkannt gilt, wenn der Mieter nicht innerhalb einer bestimmten Frist (etwa 4 Wochen ab Zugang[250]) widerspricht, sofern er hierauf mit der Übersendung der Abrechnung ausdrücklich hingewiesen und ihm eine ausreichende Prüfungs- und Erwiderungsfrist zugebilligt wird.[251] Ist der Mieter Verwender, so ist eine Ausschlussfrist für Nebenkostennachforderungen unwirksam, wenn sie auch für den Fall gilt, dass den Vermieter kein Verschulden an der nicht fristgerechten Abrechnung trifft.[252]

148 Zu beachten ist der Unterschied zwischen einer Abrechnungsfrist und der Ausschlussfrist. Einer Formularklausel, die bestimmt, dass spätestens am 30. Juni eines jeden Jahres über die vorangegangene Heizperiode abzurechnen sei, ist keine Ausschlusswirkung dahin beizumessen, dass der Vermieter mit Ablauf dieser Frist gehindert ist, Heizkostennachforderungen geltend zu machen[253]. Eine Regelung im Mietvertrag zu den Nebenkosten, wonach „Einwendungen gegen die Richtigkeit der Abrechnung nur

[246] OLG Hamm BeckRS 2017, 115497= NZM 2018, 337.
[247] BGH NJW 1993, 1061; OLG Hamm NJW 1984, 984.
[248] BGH NJW 1993, 1061.
[249] KG NZM 2017, 368.
[250] LG Frankfurt a. M. WuM 1990, 271 (274).
[251] BGH BeckRS 2014, 19537; OLG Brandenburg BeckRS 2016, 1232.
[252] OLG Jena NZM 2012, 642.
[253] BGH BeckRS 2016, 3245, dies dürfte ohne weiteres auch für das Geschäftsraummietrecht gelten.

innerhalb von vierzehn Tagen nach Zugang" der Abrechnung geltend gemacht werden können, enthält eine Ausschlussfrist. Bei einer formell ordnungsgemäßen Abrechnung kann der Mieter die von ihm bezahlten Nebenkosten nicht zurückverlangen, wenn er später, nach Fristablauf, inhaltliche Fehler bemerkt. Für den Bereich der Geschäftsraummiete bestehen keine rechtlichen Bedenken, für Einwendungen des Mieters gegen Nebenkostenabrechnungen **individualvertraglich** eine kurze Ausschlussfrist von zwei Wochen zu vereinbaren.[254]

Es begegnet keinen rechtlichen Bedenken, wenn die Vertragsparteien bei der Gewerberaummiete in Allgemeinen Geschäftsbedingungen vereinbaren, dass der Vermieter im Anschluss an Nebenkostenabrechnungen die Höhe der Nebenkostenvorauszahlungen durch einseitige Erklärung anpassen darf (etwa analog § 560 Abs. 4 BGB).[255] 149

XIII. Mahnkosten/Pauschalierte Verzugszinsen/Vorfälligkeitsentschädigung/Vertragsstrafe

1. Mahnkosten

Grundsätzlich begegnet es keinen Bedenken, dem Mieter bereits bei Abschluss des Vertrages formularmäßig die Übernahme pauschalierter Mahnkosten für den Fall des Zahlungsverzuges aufzuerlegen. Derartige Regelungen sind an § 309 Nr. 5 BGB bzw. im Anwendungsbereich des § 310 BGB an § 307 Abs. 2 Nr. 1 BGB zu messen.[256] 150

Danach ist Wirksamkeitsvoraussetzung, dass die Höhe der Mahnkosten, die in der Klausel konkret zu beziffern sind, den nach dem gewöhnlichen Lauf der Dinge zu erwartenden tatsächlichen Aufwand nicht übersteigt (§ 309 Nr. 5a BGB) **und** dem Mieter nicht der Nachweis abgeschnitten wird, dass im konkreten Fall im Zusammenhang mit etwaigen Mahnungen kein oder nur ein geringerer Aufwand als die geforderte Pauschale entstanden ist (§ 309 Nr. 5b BGB). Nach der Schuldrechtsreform ist eine Prüfung, ob die Klausel den Gegenbeweis „abschneidet" nicht mehr erforderlich.[257] Nach altem Recht muss die Möglichkeit des Gegenbeweises nicht zwingend in der Formularklausel ausdrücklich für zulässig erklärt werden, obwohl es sich zur Vermeidung der kundenfeindlichsten Auslegung in jedem Fall empfiehlt. Seit der Schuldrechtsreform ist ein eindeutiger Hinweis dahingehend erforderlich, dass dem Mieter ein Nachweis offensteht, es sei kein oder ein geringerer Schaden in Höhe des Pauschalbetrages entstanden.[258] § 309 Nr. 5b BGB betrifft Klauseln, die den Nachweis eines geringeren oder fehlenden Schadens ausdrücklich verbieten bzw. zumindest den Eindruck einer endgültigen, den Gegenbeweis ausschließenden Festlegung der Schadenspauschale erwecken. Unzulässig sind daher Klauseln, in denen ein „Mindestschaden" geltend gemacht wird.[259] Gleiches gilt für Formulierungen, dass pauschalierte Mahnkosten „in Höhe von … Euro zu zahlen" sind[260] bzw. „sind an Mahnkosten wenigstens … Euro zu zahlen"[261] oder „Die Kosten betragen … Euro".[262] Die Klausel „Mahnkosten werden mit … Euro berechnet" schließt die Möglichkeit des Gegenbeweises nicht aus und ist daher zulässig.[263] Diese Einschränkungen nach § 309 Nr. 5 BGB gelten 151

[254] OLG Karlsruhe BeckRS 2018, 23572.
[255] BGH NJW 2014, 1300.
[256] Die Klauselverbote haben Indizwirkung, soweit sie übertragbar sind (BGH NJW 2014, 3722 = BeckRS 2014, 19537).
[257] Grüneberg/Grüneberg BGB § 309 Rn. 30.
[258] Grüneberg/Grüneberg BGB § 309 Rn. 30; BGH NJW 2006, 1056.
[259] BGH NJW 1982, 2316 (2317); 1985, 320 (321); 1995, 321.
[260] OLG Celle WuM 1990, 103 (109).
[261] BGH NJW 1988, 1373 (1374).
[262] BGH NJW 1985, 633 (634).
[263] BGH NJW 1985, 320 (324).

gleichermaßen auch bei Geschäftsraummietverträgen im kaufmännischen Verkehr, mithin nach § 307 Abs. 2 Nr. 1 BGB.[264]

152 Zu beachten ist, dass formularvertragliche Mahnkostenpauschalen grundsätzlich die Kosten der ersten verzugsbegründenden Mahnung nicht miteinschließen dürfen, andernfalls liegt ein Verstoß gegen § 309 Nr. 4 BGB[265] bzw. im kaufmännischen Verkehr gegen § 307 Abs. 2 Nr. 1 BGB vor. Anders dann, wenn es sich um Ansprüche mit kalendermäßig bestimmten Leistungszeiten iSv § 286 Abs. 2 Nr. 1 BGB handelt, der Schuldner also auch ohne Mahnung in Verzug gerät. In derartigen Fällen ist es gerechtfertigt, auch die Kosten der ersten Zahlungsaufforderung mit einzubeziehen. Derzeit dürften im Übrigen der Höhe nach pauschale Mahnkosten bis zu 5, – EUR pro Mahnung keinen Bedenken begegnen.

2. Pauschalierte Verzugszinsen

153 Eine Formularklausel, die dem Mieter pauschalierte Verzugszinsen auferlegt, muss sich ebenfalls einer Inhaltskontrolle nach § 309 Nr. 5 BGB bzw. § 307 BGB unterziehen. Eine Regelung, dass Geldschulden ab Fälligkeit zu verzinsen sind, also vor Verzugseintritt, unterliegt zwar als Preisnebenabrede nicht der Inhaltskontrolle nach § 309 Nr. 4 und 5 BGB,[266] ist aber in AGB gegenüber Nichtkaufleuten wegen Verstoßes gegen § 307 Abs. 2 Nr. 1 BGB unwirksam, da sie den Vermieter von der Obliegenheit einer Mahnung jedenfalls in Bezug auf die Pflicht zur Zahlung von Abrechnungsfehlbeträgen oder einer Barkaution freistellt und damit von den wesentlichen Grundgedanken der § 286 BGB abweicht.[267] In Geschäftsraummietverträgen mit Kaufleuten ist die Vereinbarung von Fälligkeitszinsen hingegen nicht zu beanstanden.[268] Ohne Nachweis gilt für die Zinshöhe § 288 BGB.[269]

3. Vorfälligkeitsentschädigung

154 Formularvertragliche Regelungen, nach denen bei einem bestimmten Mietrückstand der gesamte Mietzins bis zum Ende der vereinbarten Vertragsdauer fällig wird, verstoßen gegen § 307 Abs. 2 Nr. 1 BGB,[270] sofern sie sich **nicht** ausdrücklich auf **verschuldete** Zahlungsrückstände des Mieters bezieht.[271] Eine Klausel mit einem Kaufmann als Mieter, wonach bei einem Rückstand von mehr als zwei Monatsraten der gesamte Mietzins fällig wird, wurde für rechtswirksam erachtet.[272]

155 Von vornherein unwirksam sind aber Klauseln, die dem Vermieter darüber hinaus auch noch einen Anspruch auf Herausgabe der Mietsache bis zur Erfüllung seiner Ansprüche einräumen.

4. Vertragsstrafe

156 Da § 555 BGB mangels Verweises in § 578 BGB im Gewerberaummietrecht nicht gilt,[273] sind Vertragsstrafenregelungen grundsätzlich möglich, zB für den Fall der Nichterfüllung einer Betriebspflicht durch den Mieter oder der nicht fristgerechten Überlassung der Mieträume an den Mieter.[274]

---

[264] BGH NJW 1984, 2941 (2942); 1991, 919; 1998, 592; OLG Düsseldorf BeckRS 2008, 04416.
[265] BGH NJW 1985, 320 (324).
[266] BGHZ 95, 362 (369).
[267] BGH NJW 1998, 991 (992).
[268] BGH NJW-RR 1991, 995 (997).
[269] Zur Höhe des jeweiligen Basiszinssatzes vgl. https://www.bundesbank.de/de/bundesbank/organisation/agb-und-regelungen/basiszinssatz-607820, (zuletzt abgerufen 16.7.2026).
[270] BGH NJW 1985, 1705; 1985, 2329; 1997, 135.
[271] BGH NJW 1985, 1705 (1706); Lindner-Figura/Oprée/Stellmann Geschäftsraummiete-HdB/Hübner § 13. Rn. 204.
[272] OLG Hamburg MDR 1983, 579.
[273] Grüneberg/Weidenkaff BGB § 555 Rn. 1 ff.
[274] OLG Celle NJW-RR 1993, 1228.

Bei Gewerberaummietverträgen mit Nichtkaufleuten ist allerdings § 309 Nr. 6 BGB zu beachten, wonach Vertragsstrafeversprechen für den Fall des Zahlungsverzugs oder der berechtigten bzw. unberechtigten Kündigung des Mietvertrags durch den Vertragspartner des Verwenders unwirksam sind.[275] 157

Im kaufmännischen Verkehr unterliegen Vertragsstrafeklauseln der Prüfung nach § 307 BGB, dürfen also den Vertragspartner des Verwenders nicht unangemessen benachteiligen.[276] Dies wäre zB dann der Fall, wenn eine einvernehmliche Vertragsauflösung mit umfasst wäre[277] oder wenn die Höhe der Strafe in keinem angemessenen Verhältnis zur Schwere des mit ihr geahndeten Verstoßes stehen würde,[278] da eine Herabsetzung nach § 343 BGB wegen des Verbots der geltungserhaltenden Reduktion bei unwirksamen formularmäßigen Vertragsstrafeversprechen ausscheidet.[279] Ein Verstoß gegen § 307 BGB liegt schließlich auch dann vor, wenn die Vertragsstrafe bei einem **Zahlungsrückstand** – also auch ohne Verschulden des Mieters – anfallen soll,[280] da das Verschuldenserfordernis nur bei gewichtigen Gründen rechtswirksam abbedungen werden kann.[281] Unzulässig soll auch ein Vertragsstrafeversprechen in AGB sein, wonach der Vertragspartner eine Strafe in Höhe einer Monatspacht zu zahlen hat, wenn er die fristlose Kündigung des Vertrages verschuldet hat.[282] 158

Vertragsstrafeklauseln im Verzugsfall sollen allerdings dann zulässig sein, wenn der sich hieraus ergebende Zinsvorteil des Vermieters in einem angemessenen Verhältnis zur Vertragsverletzung steht.[283] 159

Die vertragliche Abrede eines Vertragsstrafenversprechens, das für den Fall der **verzögerten Übergabe** bzw. der Nichtnutzung der Mietsache die Zahlung einer täglichen Summe durch den Vermieter ohne Obergrenze vorsieht, verstößt im Fall der Nichtüberlassung einer erst noch zu errichtenden Gewerbeimmobilie nicht gegen § 307 Abs. 1 BGB. 160

Die Obergrenze einer Vertragsstrafe ergibt sich letztlich nach Treu und Glauben bzw. der Treuwidrigkeit nach § 242 BGB; diese liegt jedoch bei sieben Monaten noch nicht vor. Eine Vertragsstrafe in Höhe von 75 % des vereinbarten täglichen Mietzinses ist auch nicht unverhältnismäßig.[284] Bei der verspäteten Überlassung einer Gewerbeimmobilie ist ein individuell vereinbarter Tagessatz, der knapp das 3,76-fache der Tagesmiete beträgt und zu einer insgesamt verwirkten Vertragsstrafe in Höhe etwa des 10-fachen der monatlichen Nettomonatsmiete führt, nicht unverhältnismäßig hoch.[285] 161

XIV. Mietsicherheiten

1. Allgemeines

Der Mieter kann rechtswirksam formularvertraglich verpflichtet werden, für die Erfüllung seiner Verbindlichkeiten aus dem Mietverhältnis eine Sicherheit zu erbringen. Die Einschränkungen des § 551 BGB gelten nicht, allerdings hat sich die Höhe der Sicherheit an dem berechtigten Sicherungsinteresse des Vermieters zu orientieren. Andernfalls liegt ein Verstoß gegen § 307 BGB vor. Dass die Beschränkung auf drei Monatsmieten im Geschäftsraummietrecht nicht gilt, wird oft übersehen. Vermietern ist dringend anzuraten, eine auskömmlichere Mietsicherheit zu verlangen. Dies sollte aber 162

[275] Vgl. BGH NJW 1994, 1532; OLG Hamburg NJW-RR 1988, 654.
[276] Grüneberg/Grüneberg BGB § 309 Rn. 38.
[277] BGH NJW 1985, 57.
[278] BGH DB 1990, 1323; OLG Celle NJW-RR 1988, 946; OLG Rostock BeckRS 2004, 00239.
[279] BGHZ 85, 314.
[280] BGH NJW 1986, 424; 1985, 1705; 1985, 2329.
[281] BGH NJW-RR 1991, 135; NJW 1979, 105.
[282] OLG Düsseldorf MDR 1996, 465.
[283] OLG Hamburg MDR 1983, 579.
[284] OLG Celle BeckRS 2014, 1486; vgl. auch LG Hamburg BeckRS 2017, 140456.
[285] OLG Bremen 9.12.2022 – 4 U 20/21, BeckRS 2022, 41440.

deutlich kommuniziert werden. M. E. sollte die individuelle Vereinbarung möglich sein, weil das Sicherungsinteresse vom konkreten Mietverhältnis, insbesondere vom Mietzweck und dem Mieter abhängt.

163 Im Geschäftsraummietecht kann der Mieter zur Stellung der vollen Kaution auch vor Überlassung verpflichtet werden.[286] Die Parteien können auch vereinbaren, dass die richtige Leistung der Sicherheit Bedingung für das Vertragsverhältnis sein soll.[287] Es ist dann aber darauf zu achten, dass es nicht etwa zu einer stillschweigenden Invollzugsetzung und also einer späteren unbedingten Vereinbarung des Vertrages kommt;[288] außerdem droht hier ein Schriftformmangel: Denn die Invollzugsetzung des Vertrages ohne die im Vertrag vereinbarte Bedingung dürfte eine wesentliche Vertragsänderung bedeuten.

164 ME kann die Leistung der Sicherheit durchaus zur Geschäftsgrundlage gemacht werden, wenn dies den konkreten Vorstellungen der Parteien entspricht.[289] Bei einer Kaution in Höhe von sieben Nettomieten wurde kein Verstoß gegen § 307 BGB angenommen,[290] ebenso nicht bei einer Kaution über 5 Monatsmieten selbst bei einer Vertragslaufzeit von nur 1–3 Jahren.[291]

165 Ist eine Kaution in AGB „zu hoch" vereinbart, ist nicht die gesamte Sicherheitsvereinbarung unwirksam. Sie besteht in Höhe des noch wirksamen Betrags weiter fort. Die Klauseln sind insoweit teilbar. Dazu kann die Rechtsprechung des BGH zur Wohnraummiete herangezogen werden: Eine Sicherheitsabrede ist dem Grunde nach noch wirksam, obwohl die Abrede von der gesetzlichen Fälligkeitsregel in § 551 BGB abweicht[292]. Eine zu hohe Sicherheit besteht in Höhe des noch wirksamen Betrags weiter fort.[293]

2. Barkaution

Klauseln, nach denen die Barkaution vor Überlassung der Mietsache geleistet werden muss, begegnen keinen Bedenken.[294]

166 Nach überwiegender – aber bestrittener – Auffassung besteht auch beim Fehlen einer entsprechenden ausdrücklichen Vereinbarung die Verpflichtung des Vermieters, die Kaution von seinem übrigen Vermögen getrennt anzulegen.[295]

167 Nach der Rechtsprechung wird auch ohne ausdrückliche Vereinbarung eine Verzinsungspflicht der Barkaution bejaht.[296] Wie im Wohnraummietrecht reicht die Verzinsung für Spareinlagen mit 3-monatiger Kündigungsfrist aus.[297] Formularvertraglich können abweichende Vereinbarungen bis hin zum ausdrücklichen Ausschluss der Verzinsung getroffen werden (letzteres umstritten, so aber die überwiegende Meinung im Schrifttum).[298] Ist der Mieter mit der Leistung der Kaution in Verzug, kann der der

---

[286] Lindner-Figura/Oprée/Stellmann Geschäftsraummiete-HdB/E. Moeser/M. Moeser § 12. Rn. 65.
[287] KG BeckRS 2018, 30269.
[288] Lindner-Figura/Oprée/Stellmann Geschäftsraummiete-HdB/E. Moeser/M. Moeser § 12. Rn. 66.
[289] AA KG BeckRS 2018, 30269.
[290] OLG Brandenburg NJW-RR 2007, 670 = NZM 2007, 402.
[291] OLG Düsseldorf BeckRS 2009, 27752.
[292] BGH BeckRS 2003, 7118.
[293] BGH BeckRS 2004, 6766.
[294] OLG Celle NJW-RR 1998, 586; OLG Düsseldorf NJW-RR 1995, 1100, wonach die Nichtzahlung der Kaution sogar die fristlose Kündigung durch den Vermieter rechtfertigen soll; OLG Koblenz BeckRS 2006, 00520; KG BeckRS 2008, 06308.
[295] KG NZM 1999, 376; OLG Frankfurt a. M. NJW-RR 1991, 1416; OLG Düsseldorf BeckRS 2007, 19692; aA LG Bonn NJW-RR 1997, 1099; LG Stuttgart ZMR 1997, 472.
[296] BGH NJW 1994, 3287; OLG Düsseldorf NJW-RR 1993, 709 (710); OLG Koblenz NJW-RR 1993, 1486 (1487); KG BeckRS 2007, 17911.
[297] BGH ZIP 1994, 1698.
[298] Schmidt-Futterer/Flatow BGB § 551 Rn. 101; Bub/Treier MietR-HdB/Bub Kap. II. Rn. 1257; vgl. auch BGH NJW 1994, 3287; LG Frankfurt a. M. DWW 1987, 74, zweifelnd BeckOK BGB/Wiederhold, 71. Ed. 1.8.2024, BGB § 551 Rn. 49.

Vermieter nach hiesiger Ansicht keine Verzugszinsen beanspruchen.[299] Nach hier vertretener Meinung kann der Vermieter nur verlangen, so gestellt zu werden, wie wenn der Mieter die Kaution rechtzeitig geleistet hätte, hat also Anspruch auf die entgangenen Anlagezinsen, welche die Sicherheit erhöhen.[300]

Eine formularvertragliche Frist zur Abrechnung über die Barkaution von bis zu 6 Monaten nach Beendigung des Mietverhältnisses begegnet keinen Bedenken. **168**

Umstritten ist, ob die Haftung des Vermieters gem. §§ 578, 566a BGB im Falle der Veräußerung des Mietobjekts formularmäßig ausgeschlossen werden kann.[301] Dies dürfte nur dann mit § 307 Abs. 2 Nr. 1 BGB vereinbar sein, wenn die Kaution insolvenzfest angelegt, vollständig auf den Erwerber übergegangen und durch entsprechende Bestimmungen dem einseitigen Zugriff des Erwerbers von vornherein entzogen ist. **169**

3. Mietbürgschaft

Die Verpflichtung des Mieters in einem Formularvertrag zur Gestellung einer Bürgschaft begegnet keinen Bedenken. Da die Bürgschaft in aller Regel an die Stelle der üblichen Barkaution tritt, kann die Verpflichtung so ausgestaltet werden, dass in der Bürgschaft ein Verzicht auf die Einrede der Anfechtbarkeit[302] oder auf das Recht der Hinterlegung vorgeschrieben werden kann. Ebenso ist es zulässig, den Bürgen zur Zahlung auf erstes Anfordern zu verpflichten.[303] Dies gilt auch, wenn der Vertrag außerdem die Formularklausel enthält, dass sich der Vermieter schon während der Mietzeit aus der Kaution befriedigen und anschließend die Wiederauffüllung der Kaution verlangen darf.[304] Der Mieter wird dadurch zwar auf die Rückforderung nach erbrachter Leistung verwiesen; dies entspricht aber der Rechtslage bei der Barkaution.[305] In einem derartigen Fall ist dann aber eine Beschränkung auf Bürgschaften von Kreditinstituten – Banken, Sparkassen oder Versicherungen – notwendig, denen solche Garantiegeschäfte vorbehalten sind.[306] Diese Art der Bürgschaft kann formularmäßig aber auch, allerdings nur in sehr eingeschränktem Umfang, im Wesentlichen allein von Unternehmen, zu deren Geschäftsbetrieb solche Erklärungen typischerweise gehören, vereinbart werden.[307] Zulässig wäre auch die **Kombination von Barkaution und Bürgschaft.** **170**

Bei der Gestellung einer Bürgschaft ist aber im Zusammenhang mit der Verjährung von Vermieterforderungen eine **Haftungsfalle** zu beachten: Der Vermieter ist berechtigt, auch mit verjährten Forderungen gegenüber dem – im Übrigen der dreijährigen Verjährung unterliegenden (§ 197 BGB gilt nicht) – Rückzahlungsanspruch des Mieters auf die Barkaution aufzurechnen, sofern sich aufrechenbare Ansprüche vor Eintritt der Verjährung gegenüberstanden (vgl. § 215 BGB). Dies gilt aber nicht, falls als Mietsicherheit keine Barkaution, sondern eine Bürgschaft vereinbart wurde. Unabhängig von der Dauer des Bestehens der Bürgschaftsverpflichtung kann sich der Bürge auf sämtliche Einwendungen des Hauptschuldners (= Mieter) berufen, also auch auf die Verjährungseinrede, selbst wenn der Mieter hierauf verzichtet haben sollte (§ 768 BGB). Dies gilt sogar, wenn die Verjährung der Hauptschuld erst während des Prozesses mit dem Bürgen eingetreten ist. So die BGH-Rechtsprechung zur selbstschuldnerischen Bürgschaft.[308] **171**

---

[299] AA Bub/Treier MietR-HdB/von der Osten Kap. III. Rn. 2025.
[300] OLG Rostock OLGR 2001, 440; LG Nürnberg-Fürth NJW-RR 1992, 335; LG Frankenthal ZMR 2001, 893.
[301] Vgl. hierzu MüKoBGB/Häublein § 566a Rn. 18 f.
[302] BGH NJW 1986, 43 (45).
[303] BGH WPM 1994, 106.
[304] OLG Karlsruhe NZM 2004, 742.
[305] BGH NJW 1985, 1694.
[306] BGH NJW-RR 1990, 1265.
[307] BGH NJW 2001, 1857 (1858).
[308] BGH NZM 1998, 224; 2005, 535.

Eine Mietkautionsversicherung ist keine Mietbürgschaft.[309]

4. Sonstige Sicherheiten

172 Eine formularvertragliche **Vorausabtretung** des pfändbaren Teils von Lohn oder Gehalt des Mieters soll zulässig sein, sofern dies nicht zu einer übermäßigen Sicherung des Vermieters führt.[310] Zu beachten ist, dass eine derartige Vorausabtretung nicht das gesamte pfändbare Arbeitseinkommen ohne zeitliche und betragsmäßige Begrenzung erfassen darf. Ebenso muss die Klausel konkret regeln, unter welchen Voraussetzungen der Vermieter von der Abtretung Gebrauch zu machen berechtigt ist, zB bei Zahlungsverzug.[311] Weiterhin ist der Vermieter verpflichtet, aufgrund der weitreichenden Folgen die Offenlegung der Abtretung so rechtzeitig dem Mieter anzukündigen, dass dieser noch reagieren und zahlen kann.[312] Bei der Geschäftsraummiete ist im Übrigen die formularmäßige Abtretung der Forderungen des Mieters gegen seinen Untermieter zulässig, zumal dem Vermieter an den vom Untermieter eingebrachten Sachen kein Pfandrecht zusteht.

173 Die formularmäßige Begründung eines von den gesetzlichen Regelungen der §§ 562 ff., 1257, 1204 ff. BGB abweichenden vertraglichen **Vermieterpfandrechtes** begegnet in Geschäftsraummietverträgen keinen Bedenken, soweit die Regelungen in § 562 BGB abbedungen werden: Das Pfandrecht kann sich daher auch auf andere Forderungen als solche aus dem Mietverhältnis erstrecken und der Zeitraum des § 562 Abs. 2 BGB kann auch zu Lasten des Mieters erweitert werden. Ebenso können in dieses formularvertragliche Vermieterpfandrecht auch Sachen des Mieters einbezogen werden, die dieser lediglich vorübergehend in die Mieträume eingestellt hat. Zwingend ist allerdings die Regelung des § 562 Abs. 1 S. 2 BGB, so dass das vorformulierte Vermieterpfandrecht nicht auch auf unpfändbare Gegenstände erweitert werden kann. Ansonsten liegt ein Verstoß gegen § 307 Abs. 2 Nr. 2 BGB vor. Zwingend und damit nicht abdingbar sind ferner die Regelungen in § 562a BGB, die Ausschlussfrist des § 562b Abs. 2 BGB sowie die Befugnis des Mieters, die Geltendmachung des Pfandrechts durch Sicherheitsleistung abzuwenden (§ 562c S. 1 BGB). Eine Verwertungsbefugnis des Vermieters ohne vorherige Androhung nach § 1234 BGB kann formularvertraglich ebenfalls nicht vereinbart werden, verstößt folglich gegen § 307 Abs. 2 Nr. 1 BGB. Der Zugang der Androhung kann formularvertraglich im Hinblick auf § 308 Nr. 6 BGB nicht fingiert werden, was über § 307 Abs. 1 BGB auch für den kaufmännischen/unternehmensbezogenen Geschäftsverkehr gilt.

174 Die Vollstreckungsunterwerfung ist keine Mietsicherheit, was allerdings im Gewerberaummietrecht mangels Begrenzung der Mietsicherheit der Höhe nach nicht sehr relevant ist.[313]

XV. Zustandsbeschreibungen

175 Grundsätzlich ist es – auch formularvertraglich – unbedenklich, wenn der geschuldete bautechnische Zustand im Rahmen der Gebrauchsgewährpflicht als Hauptleistung des Vermieters beschrieben wird, um die Vertragsgemäßheit der Mietsache festzulegen. Eine Klausel in Allgemeinen Geschäftsbedingungen, durch die der Verwender sich von

[309] OLG Hamm 27.5.2022 – 30 U 15/22, BeckRS 2022, 14585, Revision beim BGH: XII ZR 55/22.
[310] BGH WM 1976, 151; OLG Köln WPM 1987, 1548; LG Hagen NJW-RR 1988, 1232; aA OLG Hamm BB 1983, 1304; LG Lübeck WuM 1986, 14 – letztere wegen des Überraschungseffektes nach § 305c Abs. 1 BGB, der aber durch eine besondere drucktechnische Hervorhebung, die folglich ausdrücklich empfohlen werden muss, vermieden werden kann.
[311] BGH NJW 1989, 2383.
[312] BGH WM 1992, 1359 (1361).
[313] BGH BeckRS 2017, 11926; KG BeckRS 2017, 140700; Nichtzulassungsbeschwerde zurückgewiesen BGH 5.9.2018 – XII ZR 4/18, juris.

wesentlichen Vertragspflichten freizeichnet, ist aber auch im kaufmännischen Verkehr unwirksam[314]. Daher ist auch eine generelle Freizeichnung des Vermieters davor, dass die Mieträume – je nach Nutzungszweck – den bautechnischen Anforderungen genügen, nicht wirksam möglich.[315] Zulässig sind aber Festlegungen, welche die Anforderungen nach Maßgabe der im Zeitpunkt der Errichtung des Gebäudes allgemein anerkannten Regeln der Bautechnik erfüllen, soweit hierdurch nicht der gewöhnliche Gebrauch zum vertraglich vereinbarten Zweck ausgeschlossen oder mehr als unerheblich eingeschränkt wird.[316] Eine Ausnahme stellt allerdings ein gesundheitsgefährdender Zustand der zum Aufenthalt von Menschen bestimmten Mietsache dar; in einem derartigen Fall ist auf den Stand von Wissenschaft und Technik zum aktuellen Zeitpunkt abzustellen.[317]

Hier muss wieder der Nutzungszweck betonte werden: Es gehört zur originären Hauptleistungspflicht des Vermieters, dafür Sorge zu tragen, dass die Mietsache den bautechnischen Anforderungen entspricht, die sich aus dem vereinbarten Nutzungszweck der Mieträume ergibt. Diese Verpflichtung kann er formularvertraglich nicht mit Erfolg auf den Mieter abwälzen. Werden Räume zB zur Ausstellung oder zur Lagerung von schweren Gegenständen angemietet, muss die entsprechende Tragfähigkeit der Decken gegeben sein, die immer der Vermieter zu gewährleisten hat.[318] 176

XVI. Bestätigungs- und Besichtigungsklauseln

Nach der gesetzlichen Ausgangslage trägt der Vermieter die Beweislast dafür, dass sich das Mietobjekt zum Zeitpunkt der Übergabe in einem vertragsgerechten, mangelfreien Zustand befand. Entsprechend des Rechtsgedanken aus § 363 BGB wird der Mieter allerdings nach vorbehaltloser Übernahme der Mietsache für das Vorliegen eines Mangels beweispflichtig. 177

Bestätigungs- und Besichtigungsklauseln, in denen der Mieter erklärt, er habe die Mieträume eingehend besichtigt und diese in einem vertragsgerechten Zustand übernommen, sofern auf entsprechenden Leerzeilen im Vertragsformular keine Ausnahmen eingefügt sind, sind unwirksam. Die darin liegende Tatsachenfiktion soll die Beweislast zugunsten des Vermieters auf den Mieter verschieben. Dies verstößt gegen § 309 Nr. 12b BGB und im kaufmännischen, von § 310 BGB erfassten unternehmensbezogenen Geschäftsverkehr auch gegen § 307 Abs. 1 BGB aufgrund der darin liegenden unangemessenen Benachteiligung des Mieters.[319] 178

Somit ist eine Klausel im Mietvertrag, 179

„Der Mieter hat das Objekt besichtigt und übernimmt es im derzeit vorhandenen Zustand"

unwirksam und für nicht zu einem Ausschluss der Erfüllungs- und Gewährleistungsansprüche, wenn das Mietobjekt nicht für den vereinbarten Mietzweck geeignet ist. Es handelst sich um eine Beschreibung des Mietobjekts. Ein Hinweis auf verborgene Mängel oder gar darauf, dass dem Mieter solche bekannt gewesen seien, kann ihr nicht entnommen werden[320].

---

314 Ständige Rechtsprechung, vgl. BGH NJW 1988, 2664; NJW 1993, 335.
315 BGH BeckRS 2007, 19678.
316 LG Düsseldorf DWW 1991, 284.
317 Vgl. BVerfG NZM 1999, 302; BGH NZM 2006, 504; BayObLG WuM 1999, 568; LG Traunstein NJW-RR 1994, 1423.
318 OLG Frankfurt a. M. NZM 1998, 150 (151); vgl. auch BGH NJW 2004, 3174; NZM 1998, 710.
319 So die überwiegende Meinung, Guhling/Günter/Guhling BGB § 309 Rn. 32; OLG Düsseldorf BeckRS 2005, 30354052 = ZMR 2005, 705; aA offenbar OLG Düsseldorf BeckRS 1992, 30819264 = DWW 1992, 241 und LG Köln BeckRS 1991, 189.
320 BGH BeckRS 2007, 9186.

XVII. Instandhaltung und Instandsetzung

180 Die Verpflichtung zur Instandhaltung und auch Instandsetzung der Mietsache obliegt kraft Gesetzes nach § 535 Abs. 1 S. 2 BGB dem Vermieter. Vor allem im Bereich der Geschäftsraummiete werden allerdings regelmäßig Reparatur-, Instandsetzungs- und Instandhaltungspflichten mittels Formularklausel auf den Mieter abgewälzt, was im Grundsatz nach § 307 Abs. 2 Nr. 1 BGB nicht zu beanstanden ist.[321] Daher können im Gewerberaummietrecht durch Kleinreparaturklauseln weitergehende Pflichten auf den Mieter übergewälzt werden als im Wohnraummietrecht. So kann der Geschäftsraummieter grundsätzlich auch zur Selbstvornahme von Reparaturen verpflichtet werden[322]. Auch kann eine Kleinreparaturklausel wirksam sein, die keine Kostenobergrenze für die Einzelreparatur, sondern lediglich eine Jahreshöchstgrenze für mehrere Reparaturen festlegt.[323]

181 Unwirksam ist aber eine vollständige Überbürdung der Erhaltungspflichten und damit gewissermaßen der gesamten Sachgefahr auf den Mieter.[324] Klauseln, die dem Mieter vollständig die Erhaltungslast für Dach und für tragende Gebäudeteile auferlegen („dachfeste Instandhaltung des Hauses" bzw. „Unterhaltung des Gebäudes an Dach und Fach"), sind unwirksam. So etwa auch die Klausel, wonach der Pächter die Kosten (für) „allen anfallenden Ersatz und Reparaturen an Gebäuden, Anlagen, Maschinen, Einrichtungen und Zubehör" trägt.[325] Dies nach einer Meinung wegen des Überraschungseffektes nach § 305c Abs. 1 BGB.[326] nach anderer Auffassung wegen unangemessener Benachteiligung des Mieters und damit Verstoßes gegen § 307 Abs. 2 Nr. 1 BGB.[327] Folgt man der zuerst genannten Meinung, könnte der Überraschungseffekt durch besondere Erläuterungen und Hinweise („drucktechnische Hervorhebungen") beseitigt werden, so dass dem Geschäftsraummieter die Erhaltungslast des Gesamtobjektes vollständig überbürdet werden kann.[328]

182 Eine zulässige Individualvereinbarung liegt in diesem Zusammenhang dann vor, wenn der Mieter zum Ausgleich für die Übernahme derart weitreichender Verpflichtungen eine besonders günstige Miete ausgehandelt hat. In diesem Fall liegt kein Verstoß gegen § 307 BGB vor, sofern dieser Zusammenhang zwischen Erhaltungslast einerseits und günstiger Miete andererseits klar erkennbar ist. Denkbar wäre auch bei einer vorformulierten Regelung die Schaffung eines angemessenen Ausgleichs: so kann etwa der Verpächter die gesamte Inventarerhaltungs- und -ersetzungspflicht formularvertraglich auf den Pächter überwälzen, wenn zugleich vorgesehen ist, dass der Pächter im ordnungsgemäßen Geschäftsgang über das mitverpachtete Inventar verfügen darf, Eigentümer der ersatzweise angeschafften Inventarstücke wird und diese bei Vertragsende nicht an den Verpächter herausgeben muss.[329]

183 Im Übrigen kann der Geschäftsraummieter auch ohne betragsmäßige Begrenzung oder sonstige Einschränkungen formularvertraglich verpflichtet werden, die über Schönheitsreparaturen (näher sogleich) hinausgehenden Pflichten zur Instandhaltung und Instandsetzung im Inneren des Mietobjektes (also in den Mieträumen) durch-

---

[321] BGH NJW 1987, 2072 (2073) = NJW-RR 1987, 1037; NJW-RR 1987, 906; OLG Düsseldorf DWW 1992, 241; WuM 1989, 508; OLG Hamm NJW-RR 1993, 1229 (1230); OLG München NJW-RR 1986, 443; vgl. auch eingehender Schmidt NZM 2011, 680 ff.

[322] Hinterseer-Zbib, AnwZert MietR 4/2024 Anm. 2.

[323] LG Darmstadt 27.7.2017 – 6 S 373/16, IMR 2017, 495 mAnm Herbert; Die zugelassene Revision wurde eingelegt, aber zurückgenommen (BGH XII ZR 82/17).

[324] OLG Dresden NJW-RR 1997, 395 (396); OLG Köln NJW-RR 1994, 9; BGH NJW-RR 2006, 84; anders bei einem Immobilienleasingvertrag: BGH BeckRS 2015, 1524.

[325] LG Hannover IMR 2013, 293.

[326] BGH NJW 1977, 195.

[327] OLG Dresden NJW-RR 1997, 395; OLG Naumburg NJW-RR 2000, 823; vgl. BGH NJW-RR 2006, 84.

[328] OLG Saarbrücken NJW-RR 1997, 248.

[329] OLG Celle BeckRS 2012, 07603.

zuführen, soweit diese auf den Mietgebrauch zurückzuführen sind[330] oder dem Risikobereich des Mieters zuzuordnen sind.[331]

Klauseln, die dem Mieter darüber hinaus, etwa für gemeinsam mit anderen Mietern genutzten Flächen oder Einrichtungen bzw. Anlagen, entsprechende Reparatur-, Instandhaltungs- oder Instandsetzungspflichten außerhalb seines eigentlichen Mietgebrauchs oder seines Risikobereichs auferlegen, sind nur dann wirksam, wenn sie eine Kostenbegrenzung etwa auf maximal 10 % der Jahresmiete enthalten.[332] Derartige Klauseln sind aber ungeachtet dessen restriktiv auszulegen: Sie verpflichten den Mieter weder zur Behebung von anfänglichen Mängeln,[333] noch zum Ersatz von irreparabel gewordenen Bestandteilen der Mietsache, von Anlagen, Einrichtungen oder Inventar,[334] noch zum Ersatz von auf höherer Gewalt oder Handlungen Dritter beruhenden Schäden.[335] 184

Die **Wartung** mitvermieteter Einrichtungen und Anlagen kann formularvertraglich ohne Kostenobergrenze auf den Mieter übertragen werden.[336] Diese Verpflichtung umfasst aber nicht die Beseitigung etwaiger, trotz ordnungsgemäßer Wartung, auftretender Mängel, für die vielmehr der Vermieter weiterhin verantwortlich bleibt.[337] Die Verpflichtung des Mieters über eine Formularklausel zum Abschluss eines Wartungsvertrages mit einem Fachunternehmen ist – sofern hierauf zur Vermeidung des Überraschungseffektes nach § 305c BGB besonders hingewiesen wird – unbedenklich, nicht aber die Bindung an ein bestimmtes Wartungsunternehmen; letzteres wäre auch gegenüber dem Geschäftsraummieter eine unangemessene Benachteiligung iSv § 307 BGB. 185

XVIII. Schönheitsreparaturen

Schönheitsreparaturen, also Maler- und Tapezierarbeiten zur Herstellung der äußerlichen Ansehnlichkeit der Dekoration, nicht jedoch die Beseitigung darüberhinausgehender Schäden,[338] gehören ebenfalls zum Pflichtenkreis des Vermieters nach § 535 BGB. Damit sollen allein die Spuren vertragsgemäßen Mietgebrauchs beseitigt werden, wozu der Mieter kraft Gesetzes nicht verpflichtet ist (§ 538 BGB). Diese Verpflichtung kann formularvertraglich – wie heute sowohl bei Wohnraum- als auch bei Gewerberaummietverträgen üblich – auf den Mieter abgewälzt werden.[339] Gerechtfertigt wird dies damit, dass es sich um einen Teil der Haupt-Gegenleistungsverpflichtung des Mieters für die Gebrauchsüberlassung handelt (neben der Mietzahlung) und kalkulatorisch bei der Festlegung des Mietzinses berücksichtigt wird, der andernfalls bei einem Verbleib dieser Verpflichtung auf Vermieterseite höher wäre,[340] auch wenn dieses Mietpreisargument nie empirisch überprüft wurde. Bei der Übertragung durch AGB dürfen nur Umstände erfasst werden, die dem Mietgebrauch oder der Risikosphäre des Mieters zuzuordnen sind.[341] 186

Der **Umfang** der vorzunehmenden Schönheitsreparaturen richtet sich zunächst nach den mietvertraglichen Vereinbarungen. Fehlen hier konkrete Festlegungen, beschränken 187

[330] BGH NJW-RR 1987, 906; NJW 1987, 2072 (2073); OLG Düsseldorf WuM 1989, 508; OLG Hamm NJW-RR 1993, 1229 (1230); OLG Köln NJW-RR 1994, 524; BGH NJW-RR 2006, 84.
[331] OLG Düsseldorf DWW 1992, 241.
[332] BGH BeckRS 2014, 19537; NZM 2005, 863; OLG Brandenburg BeckRS 2016, 1232; KG NJW-RR 2003, 586.
[333] BGH WuM 1992, 355; aA OLG Düsseldorf DWW 1992, 241.
[334] OLG Hamm NJW-RR 1993, 1229 (1230).
[335] BGH NJW-RR 1991, 1750; 1987, 906.
[336] Lindner-Figura/Oprée/Stellmann Geschäftsraummiete-HdB/Zehelein § 11. Rn. 35.
[337] OLG Karlsruhe BB 1979, 1372 (1373).
[338] BGH NJW 1988, 2790; OLG Celle NZM 1998, 158 (159).
[339] BGH NJW 1990, 2376; OLG Düsseldorf WuM 1989, 508; OLG München NJW-RR 1986, 443.
[340] Lindner-Figura/Oprée/Stellmann Geschäftsraummiete-HdB/Hübner § 13. Rn. 152; Kraemer NZM 2003, 417 (419).
[341] BGH NZM 2014, 830; BGH NZM 2013, 85; BGH NZM 2009, 397; BGH NZM 2005, 863.

sich die Arbeiten auf den für preisgebundenen Wohnraum nach § 28 Abs. 4 S. 3 II. BVO geregelten Umfang.[342] Dieser Umfang kann formularvertraglich erweitert werden und sollte den Erfordernissen der Mietsache angepasst werden. Ohne entsprechende Vereinbarung, die vorformuliert zulässig wäre, fällt die Erneuerung des Teppichbodens oder Bodenbelages[343] ebenso wenig darunter, wie das Abschleifen und Neuversiegeln des Parketts.[344] Allerdings soll auch ohne ausdrückliche Vereinbarung eine Teppichgrundreinigung zu den Schönheitsreparaturen gehören (und nicht zu einer etwa mietvertraglich vereinbarten Reinigungspflicht, die nur die oberflächliche Entfernung des angesammelten Schmutzes umfasst).[345]

188 Für die grundsätzliche Abwälzung der Schönheitsreparaturverpflichtung auf den Mieter reicht es aus, wenn in einer vorformulierten Klausel pauschal ohne Regelung von Einzelheiten festgelegt wird, dass die entsprechenden Arbeiten vom Mieter übernommen werden.[346] Daher sind auch Klauseln, nach denen Schönheitsreparaturen „Sache des Mieters" oder „vom Mieter zu tragen" sind, wirksam. Zu beachten ist aber, dass derartige Regelungen lediglich als Freizeichnung des Vermieters von seiner Renovierungslast ausgelegt werden könnten und nicht als wirksame Pflichtenüberbürdung auf den Mieter. Es ist daher nicht nur zweckmäßig, sondern ausdrücklich zu empfehlen, die Schönheitsreparaturverpflichtung des Mieters klar zu regeln und insbesondere die Renovierungsmaßnahmen genau festzulegen. Eine Klausel, wonach der Mieter lediglich zur schonenden Behandlung der Mietsache verpflichtet ist, führt daher nicht zu einer wirksamen Überbürdung der Schönheitsreparaturverpflichtung.[347] Gem. § 307 Abs. 1 BGB unwirksam ist eine Klausel, die dem Mieter Renovierungspflichten für solche Schäden auferlegt, die nicht vom Mieter verursacht wurden (zB Wasserschäden nach Rohrbruch). Auch die formularmäßige Verpflichtung des Mieters zur Vornahme zufällig erforderlicher Schönheitsreparaturen hält § 307 Abs. 1 BGB nicht Stand. Gleiches gilt für die Pflicht zur Vornahme von Schönheitsreparaturen an Gemeinschaftseinrichtungen, da das Maß der Abnutzung nicht vom Mieter beeinflusst werden kann. Solche Klauseln können jedoch im Einzelfall zulässig sein, sofern der Umfang der Renovierung und die damit verbundenen Kosten bereits im Vertrag auf einen Betrag begrenzt werden, der in seiner Höhe in einem angemessenen Verhältnis zur Miete steht. Fraglich ist, ob der Begriff der **„Renovierung"** nur ein Synonym ist für Schönheitsreparaturen oder darüberhinausgehende Verpflichtungen umfasst mit der Folge, dass er AGB-rechtlichen Bedenken begegnen könnte, so dass bei der Klauselformulierung vorsorglich allein der Begriff „Schönheitsreparaturen", nicht aber „Renovierung" verwendet werden sollte. Letzterer soll sich nicht nämlich nur auf die Durchführung von Schönheitsreparaturen beschränken, sondern nach dem allgemeinen Sprachverständnis auch Maßnahmen zur Instandsetzung von Bauwerken erfassen: Hierunter verstehe man die Beseitigung von Schäden aufgrund von Abnutzung, die auch durch den gewöhnlichen Gebrauch entstanden sein können, die zur Wiederherstellung des ursprünglichen Stands der Nutzbarkeit oder zu einem besseren, dem aktuellen Stand der Technik entsprechenden Zustand führen können.[348]

189 Es ist zulässig, dem Mieter formularvertraglich einen **Fristenplan** aufzuerlegen, der sich grundsätzlich am Grad der Abnutzung der Mietsache je nach konkretem Vertragszweck orientieren sollte. So hat der BGH zB bei einem Gaststättenpachtvertrag eine

[342] BGH NJW 1985, 480 (481); OLG Karlsruhe NJW-RR 1992, 969.
[343] OLG Celle NZM 1998, 158 (159); OLG Stuttgart NJW-RR 1995, 1101; OLG Brandenburg BeckRS 2007, 01917; vgl. auch OLG Düsseldorf GE 2008, 731; aA OLG Düsseldorf NJW-RR 1989, 663.
[344] OLG Karlsruhe NJW-RR 1997, 139.
[345] BGH NJW 2009, 510 = NZM 2009, 126.
[346] Vgl. zB BGH NJW 1990, 2376; OLG Nürnberg ZMR 1991, 217.
[347] OLG Düsseldorf NJW-RR 1992, 1096; Lindner-Figura/Oprée/Stellmann Geschäftsraummiete-HdB/Hübner § 13. Rn. 154.
[348] OLG Koblenz BeckRS 2014, 16488.

jährliche Renovierungspflicht nicht beanstandet.[349] Allerdings benachteiligen – wie im Wohnraummietrecht – starre Fristenregelungen ohne Rücksicht auf den Erhaltungszustand der Mietsache auch den Gewerberaummieter unangemessen und sind daher unwirksam.[350] Die Fälligkeit der Schönheitsreparaturverpflichtung kann mithin wirksam nicht durch einen derartigen Fristenplan, sondern grundsätzlich nur durch die Berücksichtigung eines objektiven Renovierungs**bedarfs** vereinbart werden. Daher führt etwa die vorformulierte Verpflichtung des Mieters, den Parkettboden alle zehn Jahre abschleifen zu lassen, zur Unwirksamkeit der Schönheitsreparaturklausel insgesamt.[351] Dem Mieter können nicht mehr Pflichten auferlegt werden als der Vermieter ohne die Abwälzung gem. § 535 Abs. 1 S. 2 BGB schulden würde. Nach früherer Rechtsprechung konnte der Gewerberaummieter im Gegensatz zum Wohnraummieter auch bei anfangs nicht renovierten Räumen zur Durchführung von Schönheitsreparaturen „soweit erforderlich" mit der Folge verpflichtet werden, dass die Abnutzung durch den Vormieter zu seinen Lasten geht,[352] wenn er nicht ohnehin zur Anfangsrenovierung verpflichtet wird.[353] Dies lässt sich heute so nicht mehr aufrecht erhalten: Die höchstrichterliche Rechtsprechung zur Unwirksamkeit der formularmäßigen Überwälzung der Verpflichtung zur Vornahme laufender Schönheitsreparaturen einer dem Mieter **unrenoviert übergebenen** Wohnung ohne die Gewährung eines angemessenen Ausgleichs[354] ist auf die Vermietung unrenoviert übergebener Geschäftsräume zu übertragen mit der Folge, dass eine entsprechende Klausel auch im Gewerberaummietrecht unwirksam ist und zwar auch dann, wenn der Mieter eine Mietfläche unrenoviert übernimmt und selbst zuvor bereits Mieter dieser Fläche war (Anschlussmietvertrag).[355]

Enthält eine Klausel starre oder unangemessen kurze Fristen, so führt dies nicht nur 190
zur Unwirksamkeit der Fristenregelung; vielmehr ist die formularmäßige Abwälzung der Pflicht zur Vornahme von Schönheitsreparaturen auf den Mieter insgesamt unwirksam.[356]

Neben der Vereinbarung von zu kurzen Fristen, kann auch die Verpflichtung zur 191
Anfangsrenovierung zusätzlich zur Überbürdung laufender Schönheitsreparaturen auf den Mieter eine unangemessene Benachteiligung und damit ein Verstoß gegen § 307 BGB darstellen. Gleiches gilt für Klauseln, welche die Renovierungspflicht zeitlich geringfügig verschieben, also dem Mieter zB die Verpflichtung zur Renovierung etwa zwei Wochen nach Vertragsbeginn aufzuerlegen. In einem derartigen Fall erfasst die Unwirksamkeitsfolge bei sprachlicher und inhaltlicher Trennbarkeit der Klausel lediglich die Verpflichtung zur Vornahme der Anfangsrenovierung, so dass die hiervon unabhängige Verpflichtung zur Durchführung laufender Schönheitsreparaturen rechtswirksam bleibt.

Weiter ist es zulässig, den Mieter – selbst wenn er die Räume unrenoviert über- 192
nommen hat – zur **Endrenovierung** zu verpflichten, dh bei Beendigung des Mietverhältnisses schuldet er die Rückgabe in renoviertem Zustand.[357] Derartige Klauseln sind aber wegen Verstoßes gegen § 307 Abs. 1 BGB dann unwirksam, wenn die Endrenovierung unabhängig vom Zeitpunkt der letzten Schönheitsreparatur bzw. unabhängig vom Zustand der Mietsache bzw. einem objektiven Renovierungsbedarf in jedem Fall vorgenommen werden muss.[358] Allerdings soll eine Klausel bei zu kurzen Zeitabständen zur

---

349 BGH NJW 1983, 446.

350 BGH NJW 2008, 3772 = NZM 2008, 890; ebenso die Vorinstanz OLG Düsseldorf NZM 2006, 462; OLG München NZM 2007, 215.

351 OLG Düsseldorf ZMR 2016, 440 unter Verweis aus BGH NJW 2015, 8348.

352 OLG Hamburg ZMR 1984, 342 (344); KG GE 1981, 1067.

353 KG GE 1986, 1167.

354 BGH ZMR 2016, 440.

355 OLG Celle NJW 2016, 3732; LG Hannover BeckRS 2016, 15491; LG Lüneburg NJW 2016, 578.

356 BGH ZMR 2005, 34.

357 BGH NJW 1983, 446; OLG München DWW 1986, 16.

358 BGH NJW 2005, 2006 = NZM 2005, 504; OLG Celle NZM 2003, 599; OLG Hamburg GuT 2004, 82; OLG Hamm NZM 2002, 988; anders ggf. bei angemessenem Mietnachlass, der ggf. schon zu einer zulässigen Individualvereinbarung führen kann: KG NZM 2004, 424.

letzten Renovierung dahingehend auszulegen sein, dass der Mieter nur eine diesem Zeitpunkt entsprechende anteilige Quote der Kosten zu tragen hat.[359] Selbst dann, wenn der Mietvertrag die laufende Schönheitsreparaturpflicht nicht dem Mieter überbürdet, soll eine Formularklausel unwirksam sein, die es allein dem Vermieter überlässt, über die Erforderlichkeit einer Endrenovierung zu befinden.[360] Wird der Mieter neben der bedarfsabhängigen Vornahme von Schönheitsreparaturen auch dazu verpflichtet, die Räume bei Beendigung des Mietverhältnisses in einem „bezugsfertigen Zustand" zurückzugeben, ergibt sich daraus kein Summierungseffekt, denn um diese Verpflichtung zu erfüllen, muss der Mieter die Mieträume, jedenfalls grundsätzlich, nicht umfassend renovieren. Ausreichend ist vielmehr, wenn er die Mieträume in einem Zustand zurückgibt, der es dem Vermieter ermöglicht, sie einem neuen Mieter in einem bezugsgeeigneten und vertragsgemäßen Zustand zu überlassen.[361]

193 **Abgeltungsklauseln**, die formularvertraglich als Alternative zur Endrenovierungsverpflichtung bei Beendigung des Mietverhältnisses vor Ablauf des laufenden Renovierungsturnus gemäß Fristenplan vorsehen, dass der Mieter einen am Grad der Abnutzung bzw. am Zeitraum seit Durchführung der letzten Schönheitsreparatur orientierten Geldbetrag zu zahlen, sind nach früherer Rechtsprechung grundsätzlich wirksam.[362] Ungeachtet dessen führt auch bei der Geschäftsraummiete die Bezugnahme auf starre Fristen zur Unwirksamkeit, wie dies in der Wohnraummiete bereits entschieden ist,[363] mit dem weiteren Problemkreis, dass eine „weiche Fristenregelung" vor allem dem Transparenzgebot entsprechen muss.[364] Weiter stellt sich – bislang höchstrichterlich allerdings allein im Wohnraummietrecht – die darüber hinausgehende Problematik, ob sich auf der Grundlage des tatsächlichen Zustands der Mietsache bei Beendigung des Mietverhältnisses eine realistische Feststellung dazu treffen lässt, welcher hypothetischen Nutzungsdauer bei „normaler" Nutzung der bei Beendigung des Mietverhältnisses bestehende Abnutzungsgrad der einzelnen Räume entspricht und ob darüber hinaus eine empirische Prognose über den (hypothetischen) Zeitpunkt des voraussichtlich eintretenden Renovierungsbedarfs bei unterstellter Fortdauer des tatsächlichen Nutzungsverhaltens des Mieters zuverlässig möglich ist oder ob dies nicht vielmehr einer Fiktion gleichkommt. Darin wurde im Wohnraummietrecht eine unangemessene Benachteiligung des Mieters gesehen mit der Folge, dass jegliche Abgeltungsklausel unwirksam ist.[365] Angesichts der dargestellten Rechtsprechung im Gewerberaummietrecht, die grundsätzlich die Vorgaben aus dem Wohnraummietrecht übernommen hat, steht zu erwarten, dass dies auch gleichermaßen im Gewerberaummietrecht zu gelten hat.

194 Noch nicht höchstrichterlich geklärt ist[366], ob der Mieter formularvertraglich verpflichtet werden kann, Schönheitsreparaturen bzw. die Endrenovierung durch einen **Fachbetrieb** („Fachhandwerkerklausel") ausführen zu lassen. Unwirksam ist auf jeden Fall eine Klausel, die dem die Mieter die Beauftragung eines bestimmten Handwerkers vorschreibt.[367] Bei der Klausel „Der Mieter ist verpflichtet, Schönheitsreparaturen laufend auf eigene Kosten fachgerecht durchführen zu lassen, sobald der Grad der Abnutzung dies nach der Art des Gewerbebetriebs bzw. der vertraglichen Nutzung erfordert", soll es sich um eine unwirksame „verkappte" Fachhandwerkerklausel

---

359 BGH NJW 1983, 446.
360 AG Frankfurt a. M. 16.2.2011 – 33 C 3340/10–51, juris.
361 BGH BeckRS 2014, 6957.
362 OLG Karlsruhe NJW-RR 1988, 331; OLG Stuttgart ZMR 1983, 14; vgl. auch BGH NJW 1983, 446.
363 BGH NJW 2008, 3772 = NZM 2008, 890; NZM 2007, 355; NJW 2006, 3778 = NZM 2006, 924; NJW 2006, 1728 = NZM 2006, 459; vgl. auch NJW 2004, 3042 = NZM 2004, 615.
364 BGH NJW 2008, 1438 = NZM 2008, 363; NJW 2007, 3632 = NZM 2007, 879.
365 BGH NJW 2015, 1871; BeckRS 2014, 02862.
366 Schmidt-Futterer/Lehmann-Richter BGB § 535 Rn. 1156, mit Nachweisen zum Meinungsstand.
367 BGH NJW 1983, 446 (447).

handeln, so dass die Dekorationslast beim Vermieter verbleibt.[368] Gleiches gilt wie im Wohnraummietrecht für eine Formularklausel, die es dem Mieter verbietet, ohne Zustimmung des Vermieters von der bisherigen **„Ausführungsart"** abzuweichen, die auch im Gewerbemietrecht unwirksam sein soll.[369] Werden Räumlichkeiten zum Betrieb einer Bar vermietet, soll es dem Mieter freistehen, diese rot zu streichen, wenn der Mietvertrag keine Farbwahlklausel enthält.[370] Die in einer Klausel des Mietvertrags enthaltene Verpflichtung, während der Dauer des Mietverhältnisses Schönheitsreparaturen durchzuführen, führt nicht zu einer Verpflichtung des Mieters, bei Auszug die Wände wieder weiß zu streichen; enthält der Mietvertrag allerdings eine Farbwahlklausel dahin, dass der Mieter die Räumlichkeiten mit einer bestimmten Farbe zu streichen hat, liegt nur dann keine unangemessene Benachteiligung des Mieters vor, wenn die Klausel ausschließlich für den Zeitpunkt der Rückgabe der Mietsache Geltung beansprucht und dem Mieter noch einen gewissen Spielraum lässt.[371]

Kommt der Mieter seiner Schönheitsreparaturverpflichtung – fällig am letzten Tag der Mietzeit – nicht nach, muss der Vermieter den Mieter zunächst in Verzug setzen und kann ihn erst nach entsprechender angemessener Fristsetzung mit Erfolg auf Schadensersatz in Anspruch nehmen (§§ 280, 281 BGB). Die Notwendigkeit von Mahnung bzw. Fristsetzung kann formularvertraglich – auch im kaufmännischen Verkehr[372] nicht ausgeschlossen werden.[373] Kraft Gesetzes ist die Fristsetzung aber dann entbehrlich, wenn der Mieter die Ausführung geschuldeter Schönheitsreparaturen ernsthaft und endgültig verweigert; die Fristsetzung würde dann lediglich eine bloße Förmelei darstellen. Ob eine derartige ernsthafte Erfüllungsverweigerung bereits im bloßen Auszug des Mieters gesehen werden kann, ist zweifelhaft. Ein großer Teil der Rspr. bejaht dies mit dem Argument, dass der Mieter mit seinem Verhalten zum Ausdruck bringt, dass er seinen vertraglichen Verpflichtungen nicht mehr nachkommen will.[374] Allerdings sind an die Entbehrlichkeit der Fristsetzung strenge Anforderungen zu stellen: So genügt der bloße Auszug nicht, wenn der Vermieter selbst vor Auszug die Geltendmachung etwaiger Renovierungsansprüche nach Besichtigung der geräumten Mietsache angekündigt hat[375] oder er dem Mieter vor Auszug nicht konkret mitgeteilt hat, welche Schönheitsreparaturen durchzuführen sind.[376] Jedenfalls ist der Mieter mit Auszug und Rückgabe der Schlüssel nicht mehr berechtigt die Räumlichkeiten zu betreten und kann damit auch keine Schönheitsreparaturen mehr durchführen.[377] 195

Wirksam ist es dagegen, das Erfordernis der Mahnung bzw. der Fristsetzung individualvertraglich abzubedingen,[378] wegen § 309 Nr. 4 BGB aber nicht durch Formularklausel.[379] Eine Klausel, die den Vermieter von der Notwendigkeit der Fristsetzung entbindet, wenn der Aufenthalt des Mieters unbekannt ist und dieser von Vermieterseite auf trotz zumutbarer Nachforschungen nicht ermittelt werden kann, dürfte keinen Bedenken begegnen. 196

Die Pflicht zur Durchführung von Schönheitsreparaturen wird nicht fällig, wenn die geforderte Renovierung wegen **bauseitiger Schäden** nicht „sinnvoll und fachgerecht" 197

[368] OLG Düsseldorf NJW 2011, 1011 = NZM 2011, 244.
[369] KG NJW 2011, 1084 = NZM 2011, 246.
[370] OLG Koblenz IMR 2015, 157; aA im Wohnraummietrecht BGH NJW 2014, 143; vgl. auch NZM 2010, 157.
[371] OLG Koblenz IMR 2015, 157; unter Verweis auf BGH NJW 2012, 1280.
[372] BGH NJW 1986, 842 (843); OLG Karlsruhe NJW-RR 1989, 331 (332); OLG Köln NJW 1991, 301.
[373] BGH NJW 1988, 2780.
[374] BGH NJW 1998, 1303; 1991, 2416.
[375] KG BeckRS 2008, 17215.
[376] KG NZM 2007, 356, zwar für die Wohnraummiete, Gründe gegen eine Übertragbarkeit auf die Gewerberaummiete sind aber nicht erkennbar.
[377] BGH NJW 1998, 1303; OLG Karlsruhe NJW-RR 1989, 331; aA OLG Hamburg WuM 1992, 70; LG Berlin ZMR 1999, 398; GE 2002, 1199.
[378] BGH NJW 1985, 267 (268).
[379] Lindner-Figura/Oprée/Stellmann Geschäftsraummiete-HdB/Oprée § 16. Rn. 179.

ausgeführt werden kann, wobei der Vermieter die Beweislast dafür trägt, dass die baulichen Voraussetzungen für die geforderte Renovierung vorliegen, und dass insbesondere keine Mängel vorhanden sind, die von ihm selbst zu verantworten sind.[380]

198 Umstritten ist, ob neben dem Schadensersatzanspruch nach § 281 BGB formularvertraglich ein sog. **Selbstvornahmerecht** des Vermieters und ein daraus resultierender Aufwendungsersatzanspruch statuiert werden kann. Nach einer Auffassung begegnet eine derartige Regelung keinen Bedenken, da das Selbstvornahmerecht weder die Ansprüche auf Ersatz von Schäden nach § 281 BGB, noch den (Nach-)Erfüllungsanspruch ausschließen.[381] Nach anderer Auffassung handelt es sich auch insoweit um eine Ausformung des Schadensersatzanspruchs nach § 281 BGB mit der Folge eines Verstoßes gegen § 309 Nr. 4 BGB.[382]

199 Höchstrichterlich ebenfalls noch nicht geklärt ist die Frage der Unangemessenheit von Schönheitsreparaturklauseln bei **unrenoviert oder renovierungsbedürftig übergebener Mietsache.**[383] Der Wohnraummietsenat des BGH hat hierzu in einem Hinweisbeschluss festgehalten, dass er Zweifel an der Angemessenheit einer Abwälzungs- wie auch einer Quotenabgeltungsklausel in diesen Fällen habe. Er hat diese Zweifel damit begründet, dass entweder – wenn der Mieter während der Mietzeit keine Schönheitsreparaturen durchgeführt hat – sich am Ende der Mietzeit nicht feststellen lässt, in welchem Umfang die Abnutzung durch den Mieter selbst und wie weit sie durch den Vormieter herbeigeführt worden ist, oder der Mieter – wenn er im Laufe seiner Mietzeit renoviert hat – doppelt belastet wird, indem er zusätzlich zu dem Schönheitsreparaturaufwand eine Kostenquote zu tragen hat, obwohl beziehungsweise weil er die von ihm (jedenfalls auch zur Beseitigung der Abnutzung durch den Vormieter) vorgenommenen Dekorationsarbeiten noch nicht vollständig abgenutzt hat. Dahinter, so der BGH, stehe der Gedanke, dass es eine unangemessene Benachteiligung des Mieters darstellen könnte, wenn der Mieter die Kosten für die Beseitigung von Gebrauchsspuren (mit) zu tragen habe, die nicht er, sondern der Vormieter verursacht habe.[384] Diese Erwägungen gelten nach der obergerichtlichen Rechtsprechung auch im Gewerberaummietrecht.[385]

200 Die Unwirksamkeit einer formularvertraglichen Quotenabgeltungsklausel führt nicht zur Unwirksamkeit einer formularvertraglichen Vornahmeklausel.[386] Die Höhe des Schadensersatzes wegen Nichtdurchführung von Schönheitsreparaturen kann formularvertraglich pauschaliert werden (hierzu näher vorstehend unter→ Rn. 15 ff.).

XIX. Bauliche Veränderungen durch den Mieter

201 Grundsätzlich sind dem Mieter bauliche Veränderungen nicht gestattet. Er ist vielmehr gehalten, das Mietobjekt in dem Zustand zu belassen, in dem er es vom Vermieter übergeben bekommen hat, von geringfügigen Eingriffen, die jederzeit wieder rückgängig gemacht werden können, abgesehen (zB das Aufstellen von Raumteilern, das Einschlagen von Nägeln, das Bohren von Dübellöchern ua). Ohne Erlaubnis des Vermieters ist der Mieter daher nicht berechtigt, zB die Außenfassade des Gebäudes zu verändern, in den Räumen neue Wände zu installieren oder zu entfernen, Mauerdurch-

[380] OLG Düsseldorf NJW 2011, 1011 = NZM 2011, 244.
[381] OLG Hamm WuM 1983, 76; wohl auch OLG Celle WuM 1982, 317.
[382] OLG Hamburg NJW 1973, 2211; LG München I WuM 1984, 370.
[383] Für die Unwirksamkeit Schmidt-Futterer/Lehmann-Richter BGB § 535 Rn. 1155; zB MüKoBGB/Häublein § 535 Rn. 158; aA etwa Guhling/Günter/Boerner BGB § 535 Rn. 143 bei ausreichender Kompensation.
[384] BGH NJW 2015, 1594; BeckRS 2014, 02862.
[385] OLG Celle BeckRS 2016, 15377 = NJW 2016, 3732; OLG Dresden 6.3.2019 – 5 U 1613/18, BeckRS 2019, 4671; OLG Düsseldorf 30.7.2019 – 24 U 104/18, BeckRS 2019, 17115 Rn. 53, kontaminierte Werk- und Lagerhallen auf dem Gelände einer ehemaligen Waffenfabrik; LG Hannover BeckRS 2016, 15491; LG Lüneburg NJW 2016, 578.
[386] BGH 30.1.2024 – VIII ZB 43/23, BeckRS 2024, 4104 im Anschluss an BGH NZM 2008, 605 = WuM 2008, 472 Rn. 14; WuM 2009, 36 = BeckRS 2009, 1770 Rn. 1.

brüche zu schaffen ua. Anpassungsmaßnahmen an den üblichen Mietstandard, zB die Verlegung von Anschlüssen von Kommunikationsmittel, die Anbringung von Briefkästen ua, sind dagegen gestattet (zur Berechtigung des Mieters, die Außenfassade für Werbezwecke zu nutzen, vgl. → Rn. 39). Nach alledem verstößt ein vollständiger formularmäßiger Ausschluss jeglicher Änderungsmaßnahmen gegen § 307 Abs. 1 BGB. Die Vereinbarung eines generellen Erlaubnisvorbehaltes begegnet dagegen keinen Bedenken.

Während den Mieter bei Durchführung baulicher Veränderungen ohnehin erhöhte 202 Sorgfaltspflichten treffen und er insoweit auch den Entlastungsbeweis für fehlendes Verschulden führen muss, wenn feststeht, dass die von ihm vorgenommenen Veränderungen ursächlich für einen etwa entstandenen Schaden sind, sind darüberhinausgehende formularvertragliche Haftungsverschärfungen besonders kritisch zu beurteilen. Die Überbürdung einer verschuldensunabhängigen Haftung für sämtliche Schäden, die durch die erlaubnispflichtigen Veränderungen verursacht werden, zumal wenn diese vom Vermieter gestattet wurden, verstößt gegen § 307 Abs. 2 Nr. 1 BGB.[387]

XX. Obhuts-, Anzeige- und Duldungspflichten

Die dem Mieter kraft Gesetzes ab Überlassung bis zur tatsächlichen Rückgabe in 203 ordnungsgemäßem Zustand der Mietsache obliegenden Obhutspflichten können rechtswirksam formularvertraglich konkretisiert werden: so zB im Hinblick auf die Pflicht, die Mieträume ordnungsgemäß zu Säubern und zu Lüften, das Objekt so zu beheizen, das Frostschäden vermieden werden, die Einlagerung von Gerümpel zu untersagen, sofern dadurch an der Mietsache Schäden entstehen können ua auch die Erweiterung der Anzeigepflicht des § 536c BGB auf konkret zu benennende zusätzliche Prüfpflichten begegnet keinen Bedenken.

Die Duldungspflichten des Mieters nach den §§ 554, 578 Abs. 2 BGB können im 204 Bereich der Geschäftsraummiete formularvertraglich erweitert werden, insbesondere auf Modernisierungsmaßnahmen. Die Regelung des § 554 Abs. 5 BGB gilt im Gewerberaummietrecht über § 578 Abs. 2 S. 1 BGB gerade nicht. Allerdings ist die Vereinbarung einer „jederzeitigen Duldung" eine unangemessene, gegen § 307 BGB verstoßende Benachteiligung und damit unwirksam. Auch im kaufmännischen Geschäftsverkehr müssen derartige Klauseln daher vorsehen, dass die beabsichtigten Maßnahmen nicht zur Unzeit erfolgen dürfen und vom Vermieter rechtzeitig unter Berücksichtigung der Belange des Mieters angekündigt werden müssen.

Zum Zwecke der Durchführung dieser Erhaltungs- und Verbesserungsmaßnahmen 205 hat der Vermieter das Recht, die Mieträume zu betreten.[388] Ansonsten steht ihm ein derartiges Zutritts- und Besichtigungsrecht dann zu, wenn hierfür ein begründeter Anlass besteht (zB Mängelrügen, das Erfordernis der Ablesung von Verbrauchserfassungsgeräten, die Besichtigung mit Kauf- oder Mietinteressenten). Besichtigungsrechte können auch formularvertraglich begründet werden, verstoßen aber gegen § 307 BGB, sofern derartige Klauseln eine generelle Befugnis des Vermieters vorsehen, etwa mit einem bei ihm verbliebenen Schlüssel das Mietobjekt jederzeit betreten zu dürfen,[389] der Mieter verpflichtet wird, auch außerhalb der üblichen Öffnungszeiten oder gar in den Betriebsferien eine jederzeitige Besichtigung zu ermöglichen oder dem Mieter unter unzulässiger Erweiterung des § 562b BGB das Betreten der Mieträume allein zur Ausübung seines Vermieterpfandrechtes zu ermöglichen.[390]

---

387 BGH NJW 1992, 3158; 1992, 1761 (1762); 1991, 1886; vgl. OLG Brandenburg NZM 2004, 905.
388 LG Berlin GE 1997, 245.
389 LG München ZMR 1988, 143.
390 Vgl. für die Wohnraummiete OLG München NJW-RR 1989, 1499 (1501).

XXI. Versicherungspflicht

206 Grundsätzlich ist es zulässig, den Gewerberaummieter formularvertraglich zu verpflichten, Versicherungen für das Mietobjekt auf eigene Kosten abzuschließen, an denen der Vermieter ein berechtigtes Interesse hat. Um einen Verstoß gegen das Transparenzgebot des § 307 Abs. 1 BGB zu vermeiden, sind daher die zu versichernden Risiken konkret zu bezeichnen, so dass zB eine Klausel, sich „gegen übliche Wagnisse" zu versichern, unwirksam ist.[391] Dagegen begegnet es keinen Bedenken, den Mieter formularvertraglich zu verpflichten, eine Glasversicherung[392] für Schaufensterscheiben und in ähnlicher Weise gefährdetes Glas, etwa Schaukästen, abzuschließen, eine Schlüsselverlustversicherung, eine Brandversicherung[393] oder eine Betriebsunterbrechungsversicherung.[394] Verstößt der Mieter gegen die ihm so wirksam auferlegte Versicherungspflicht, führt dies zu seiner Haftung auch für solche Schäden, die der Versicherer zwar ersetzt hätte, auch wenn sie vom Mieter nicht verursacht und auch nicht zu vertreten sind.[395]

207 Übernimmt der Mieter im Rahmen der mietvertraglichen Betriebskostenumlagevereinbarung die (anteiligen) Kosten einer Sachversicherung stellt sich die Frage der Einschränkung der **Regressmöglichkeiten des Versicherers gegenüber dem Mieter.** Während der BGH ursprünglich in einer derartigen Vereinbarung zugleich eine stillschweigende Beschränkung der Haftung des Mieters für die Verursachung auf Vorsatz und grobe Fahrlässigkeit gesehen hat,[396] ist er seit 2001 von dieser haftungsrechtlichen Lösung abgerückt hin zu einem versicherungsrechtlichen Lösungsansatz. So soll jetzt eine ergänzende Auslegung des Versicherungsvertrages eines Vermieters einen konkludenten Regressverzicht des Versicherers in den Fällen eines vom Mieter fahrlässig verursachten, vom Versicherungsumfang erfassten Schadens ergeben.[397] Dies soll sogar unabhängig davon der Fall sein, ob die Kosten der Sachversicherung auf den Mieter abgewälzt sind[398] und ob der Mieter eine Haftpflichtversicherung abgeschlossen hat.[399] Allerdings können diese Erwägungen nicht etwa auf die Hausratsversicherung des Vermieters übertragen werden.[400]

XXII. Verkehrssicherungspflichten

208 Zur Gebrauchsgewährpflicht des Vermieters (vgl. § 535 BGB) gehört auch die Pflicht zur Verkehrssicherung, bezogen auf das Mietobjekt sowie die mitüberlassenen Gemeinschaftseinrichtungen, -flächen und -anlagen.

209 Grundsätzlich können derartige Verkehrssicherungspflichten formularvertraglich auf den Mieter übertragen werden, müssen aber dessen Pflichtenkreis klar umschreiben, um die Ausschaltung von Gefahren zuverlässig sicherzustellen[401] und damit er sein Haftungsrisiko einschätzen kann.[402] Daher kommt § 305c BGB besondere Bedeutung zu, so

[391] AA BGH WM 1977, 291.
[392] LG Wuppertal BeckRS 2016, 12711.
[393] BGH WPM 1964, 127.
[394] BGH NJW 1992, 980 (981); NJW-RR 1991, 527 (528).
[395] OLG Düsseldorf WuM 1994, 674; LG Wuppertal BeckRS 2016, 12711.
[396] So für die Gebäudefeuerversicherung BGH NJW 1996, 715 (716), sogar für die Wohnraummiete; NJW 1992, 980 (981); NJW-RR 1991, 527 (528); OLG Düsseldorf NJWE-MietR 1997, 152 (153) für die Geschäftsraummiete; für die Kfz-Miete vgl. OLG Hamm ZMR 1998, 275.
[397] BGH NJW 2006, 3714 = NZM 2006, 951; NJW 2006, 3712 = NZM 2006, 949 (auch zur Frage der Zurechnung des Verhaltens Dritter); NZM 2005, 100; NJW 2001, 1353 = NZM 2001, 108 (109); vgl. auch NJW 2006, 3711 = NZM 2006, 946 für ein unentgeltliches Nutzungsverhältnis.
[398] BGH NJW 2006, 3711 = NZM 2006, 946; VersR 2002, 433; NJW 2001, 1353 = NZM 2001, 108.
[399] BGH NZM 2007, 340; NJW 2006, 3707 (3709 ff.) = NZM 2006, 945 ff. auch zur Frage der Folgen einer Doppelversicherung; krit. zu Recht Armbrüster NJW 2006, 3683 ff.
[400] BGH NJW 2006, 3714 = NZM 2006, 951.
[401] BGH NJW 1996, 2646.
[402] BGH NJW 2008, 1440; 1996, 2646.

dass an versteckter Stelle enthaltene Pflichtenüberbürdungen (zB in einer einseitig aufgestellten Hausordnung) nicht rechtswirksam in den Vertrag einbezogen werden. Weiter kann in derartigen pauschalen Abwälzungen eine unangemessene Benachteiligung des Mieters nach § 307 Abs. 1 BGB bzw. eine unzulässige Haftungsfreizeichnung des Vermieters nach § 309 Nr. 7 BGB liegen.[403] Empfehlenswert ist daher in jeden Fall eine eindeutige und klare individuelle Regelung.

Zu beachten ist, dass auch bei einer wirksamen formularvertraglichen Abwälzung von Verkehrssicherungspflichten auf den Mieter beim Vermieter sekundäre, zumindest stichprobenartige Kontroll- und Überwachungsverpflichtungen verbleiben. Insbesondere ist bei der Übertragung von Verkehrssicherungspflichten die persönliche und fachliche Eignung des Verantwortlichen mit zu berücksichtigen. Bei mehreren Mietern desselben Anwesens muss der Vermieter im Übrigen für eine sachgerechte und transparente Verteilung der Pflichten sorgen, um einer etwaigen Mithaftung aus dem Gesichtspunkt des Organisationsverschuldens mit Erfolg zu entgehen. 210

XXIII. Gewährleistung

Der Vermieter ist nicht nur verpflichtet, dem Mieter das Mietobjekt im vertraglich geschuldeten Zustand zu überlassen, sondern während der gesamten Mietzeit in diesem vertragsgerechten Zustand zu erhalten. Damit korrespondiert ein entsprechender Erfüllungsanspruch des Mieters, zu dessen Gunsten daneben auch noch die Gewährleistungsvorschriften der §§ 536 ff. BGB wegen Sach- und Rechtsmängeln der Mietsache bestehen, insbesondere Mietminderung nach § 536 BGB und Schadensersatz nach § 536a BGB. Vorformulierte Regelungen, welche die Gewährleistung betreffen, sind grundsätzlich, auch im nichtkaufmännischen Verkehr, an § 307 BGB zu messen, da § 309 Nr. 8b BGB auf Mietverträge keine Anwendung finden soll.[404] Vorformulierte Haftungs- und Minderungsausschlüsse sind daher nur unter Beachtung bestimmter Vorgaben zulässig.[405] 211

1. Minderung

Das Recht zur Mietminderung wegen Sachmängeln kann formularvertraglich wesentlich eingeschränkt, nicht jedoch vollständig ausgeschlossen werden.[406] So kann das Minderungsrecht des Gewerberaummieters formularvertraglich zB davon anhängig gemacht werden, dass 212

- der Minderungsanspruch oder der zugrunde liegende Mangel rechtskräftig festgestellt ist[407] oder anerkannt[408] oder unbestritten[409] oder
- eine dem Vermieter gesetzte angemessene Mängelbeseitigungsfrist ungenutzt verstrichen ist oder
- die Minderung mit einer bestimmten Frist – ggf. auch schriftlich – angekündigt und begründet worden ist[410] – derartige Erklärungen oder Begründungen zur Geltendmachung der Minderung dürfen aber nicht per Einschreiben verlangt werden (§ 309 Nr. 13 BGB) oder

---

403 Vgl. OLG Dresden NJWE-MietR 1996, 241 (242).

404 BGH NJW 1985, 1547; noch offengelassen: BGH NJW 1984, 2404.

405 Instruktiv mit Vorschlägen zur Vertragsgestaltung Leo/Ghassemi-Tabar NZM 2010, 568 ff.

406 BGH NJW-RR 1993, 519 (520); NJW 1984, 2404 (2405); 1977, 195; OLG Düsseldorf ZMR 2003, 21; OLG Hamburg ZMR 2004, 432; OLG Karlsruhe MDR 2006, 745; GuT 2002, 179; KG NJW-RR 2002, 948; OLG München ZMR 1987, 16 (17).

407 BGH WM 1993, 914 (915); OLG Düsseldorf BeckRS 2006, 07262.

408 KG BeckRS 2015, 18485: Fortwirkung auch nach Vertragsende.

409 OLG Frankfurt a. M. BeckRS 2011, 20437; vgl. auch KG NJW-RR 2002, 948.

410 OLG Hamburg NZM 1998, 264 (265); OLG Koblenz BeckRS 2006, 00520.

- sich der Minderungsausschluss auf nachträglich festgestellte Flächenabweichungen beschränkt, jedenfalls soweit auch „Mehrflächen" dem Vermieter kein Recht zur Mietänderung geben[411] oder
- für solche Fälle der Störung der Versorgung mit Wärme, Gas, Strom oder Wasser oder Störung technischer Einrichtungen ausgeschlossen werden, die nicht auf einem Verschulden des Vermieters beruhen;[412] ebenso bei Störungen wegen Verkehrsumleitung, Straßensperren oder Bauarbeiten in der Nachbarschaft.[413]
- Der Minderungsausschluss muss weiter unstreitige oder rechtskräftig festgestellte Gegenansprüche des Mieters zulassen und ebenso Haftungsansprüche aus vorsätzlichem oder grob fahrlässigem Handeln.[414]
- Sind Minderungsansprüche nicht ausnahmsweise rechtskräftig festgestellt oder ausdrücklich zugestanden, kann der Mieter formularmäßig verpflichtet werden, Minderungsbeträge zu hinterlegen.[415]

213 Eine unangemessene Benachteiligung des Mieters wird aber nur dann verneint, wenn er nur vorläufig zur vollen Zahlung der Miete verpflichtet bleibt und die Möglichkeit einer Rückzahlung des zuviel Geleisteten nach § 812 BGB zu verlangen oder Schadenersatz nach § 536a BGB geltend zu machen, nicht ausgeschlossen wird.[416] Unwirksam sind folglich gem. § 307 Abs. 2 Nr. 1 BGB Klauseln, welche die Möglichkeit der Rückforderung des zuviel Geleisteten ausschließen. Gleiches gilt für Klauseln, die das Recht zur Minderung auf Fälle des vorsätzlichen oder grob fahrlässigen Verzugs des Vermieters mit der Mängelbeseitigung beschränken.[417] Während die frühere Rechtsprechung nur einen ausdrücklichen Ausschluss beanstandete, tendiert der BGH dazu, einen derartigen Ausschluss auch ohne explizite Regelung durch Auslegung anzunehmen.[418] Diesen Vorgaben hat aber die OLG-Rechtsprechung die Gefolgschaft versagt: So soll ein vorformulierter Minderungsausschluss auch ohne ausdrücklichen Hinweis auf die Kondizierbarkeit von Zuvielzahlungen wirksam sein.[419] Andererseits ist auch entscheiden, dass die Klausel in einem gewerblichen Mietvertrag, die eine Mietminderung verschuldensunabhängig ausschließt, jedenfalls dann wirksam ist, wenn dem Mieter die Möglichkeit der Rückforderung der Miete nach § 812 Abs. 1 BGB belassen wird.[420] Bis zur endgültigen, ggf. nochmaligen Entscheidung des BGH empfiehlt es sich daher dennoch, ausdrücklich das Recht des Mieters aufzunehmen, etwa zuviel gezahlte Miete wieder zurückverlangen zu können.

214 Unwirksam ist ein Minderungsausschluss meist zusammen mit einem Ausschluss von Aufrechnung und/oder Zurückbehaltungsrechten weiter, soweit dem Mieter nicht rechtskräftig festgestellte oder unstreitige Gegenforderungen erhalten bleiben,[421] bzw. diese Rechte von einem Anerkenntnis des Vermieters abhängig gemacht werden.[422]

215 Eine formularmäßige Einschränkung des Minderungsrechts erstreckt sich nicht auf die Haftung für zugesicherte Eigenschaften (§ 536 Abs. 2 BGB) und ist ferner nichtig, wenn der Vermieter den Mangel arglistig verschwiegen hat (§ 536d BGB). Im Übrigen lässt jegliche Einschränkung der Gewährleistungsrechte den Erfüllungsanspruch des Mieters unberührt.

[411] KG BeckRS 2005, 3061863.
[412] BGH WuM 1976, 152.
[413] OLG Hamburg ZMR 2004, 432; aA LG Hamburg WuM 2004 = NZM 2004, 948.
[414] OLG Köln BeckRS 2010, 02458.
[415] KG BeckRS 2009, 28219.
[416] BGH WPM 1993, 914 (915); NJW 1984, 2404 (2405); OLG Düsseldorf MDR 2005, 1045; NJW 1995, 850; DWW 1990, 85; LG Hamburg NZM 2004, 948; vgl. auch OLG Hamm NZM 1998, 438.
[417] OLG Naumburg NJW-RR 2000, 823.
[418] BGH NJW 2008, 2497 = NZM 2008, 609; BeckRS 2008, 11172.
[419] OLG Celle BeckRS 2012, 07603; OLG Düsseldorf NJW-RR 2010, 1387 = NZM 2010, 582.
[420] OLG Hamburg BeckRS 2016, 10815.
[421] BGH NJW-RR 2003, 873 = NZM 2003, 437; NJW-RR 1993, 519; KG NJW 2002, 948; OLG Frankfurt a. M. BeckRS 2011, 20437 – rkr. auch wenn die Gegenforderung „dem Grund und der Höhe nach unbestritten sein muss".
[422] KG BeckRS 2014, 18485.

Das Minderungsrecht darf jedenfalls in einem Individualvertrag davon abhängig gemacht werden, dass der Mieter dessen Ausübung einen Monat vorher angekündigt und außerdem seine Mietzahlungspflichten ordnungsgemäß erfüllt hat (hier: „keine Zahlungsrückstände“).[423] 216

2. Schadensersatz

Die verschuldensunabhängige Haftung des Vermieters für anfängliche, also bei Vertragsschluss bereits vorhandene Mängel nach § 536a Abs. 1 Alt. 1 BGB kann (aus Vermietersicht „muss“) durch Formularvertrag ausgeschlossen werden.[424] Erfolgt der Ausschluss aber an einer Stelle, an der sie der Vertragspartner nicht erwarten muss (etwa unter der Überschrift: „Aufrechnung und Zurückbehaltung“), dann ist die entsprechende Formularklausel überraschend und damit unwirksam.[425] 217

Der Anspruch des Vermieters nach § 536a Abs. 1 Alt. 2 BGB auf Schadensersatz wegen nach Vertragsabschluss entstandener und vom Vermieter verschuldeter Mängel kann durch Formularklausel für die Fälle des Vorsatzes und der groben Fahrlässigkeit (des Vermieters bzw. seiner Erfüllungsgehilfen) weder ausgeschlossen noch erschwert werden. So § 309 Nr. 7 BGB bzw. für den kaufmännischen/unternehmensbezogenen Sektor § 307 BGB.[426] Daher ist eine Haftungsbeschränkung des Vermieters auf Schäden, die durch eine von ihm zu vertretende „grobe Vernachlässigung“ der Mietsache entstanden sind, unwirksam, da auch andere Fälle grob fahrlässiger Schadensverursachung denkbar sind.[427] 218

Ein genereller Ausschluss der Sachmängelhaftung des Vermieters für Fälle leichter Fahrlässigkeit durch AGB verstößt zumindest bei Wohnraummietverhältnissen gegen § 307 Abs. 2 Nr. 1 BGB, da auch die Haftung für Schäden ausgeschlossen wird, gegen die sich der Mieter nicht versichern kann.[428] Ob dies auch für Gewerberaummietverhältnisse gilt, ist umstritten. Teilweise wird unter Hinweis auf die Möglichkeit einer „All-Risk-Versicherung“ im Gewerberaummietrecht der formularvertragliche Ausschluss der Vermieterhaftung für einfache Fahrlässigkeit (oft im Zusammenhang mit Haftungsregelungen über Feuchtigkeits- und Wasserschäden an eingebrachten Sachen des Mieters) für wirksam gehalten.[429] Dies gilt allerdings wegen Verstoßes gegen § 307 Abs. 2 Nr. 1 BGB auch im kaufmännischen Bereich nicht, soweit die Haftungsfreizeichnung für leichte Fahrlässigkeit Vorfälle erfassen soll, welche Gefahren für wesentliche Rechtsgüter wie Leben und Gesundheit auslösen. 219

Wirksam sind folgende Klauseln: 220

- Haftungsausschlüsse für entfernt liegende Schäden.[430]
- Die Freizeichnung von nicht vorhersehbaren Schäden.[431]
- Die Freizeichnung von versicherbaren Schäden.[432]
- Die Haftungsbegrenzung bei versicherbaren Risiken auf die Versicherungssumme, sofern die Deckungssumme das vertragstypische Schadensrisiko abdeckt, eine adäquate versicherungsmäßige Schadensvorsorge für alle vorhersehbaren Schäden gewährleistet ist und der Verwender unbeschränkt haftet, wenn sich der Versicherer mit Erfolg auf seine Leistungsfreiheit (zB Serienschaden, Selbstbehalt) berufen kann.[433]

---

[423] OLG Düsseldorf BeckRS 2009, 29629.
[424] BGH NJW 2002, 3232NZM 2002, 784; NJW-RR 1993, 519 (520); 1991, 74.
[425] BGH NJW 2010, 3152 = NZM 2010, 668.
[426] Joachim NZM 2003, 387.
[427] OLG Hamm NJW-RR 1996, 969.
[428] Vgl. für die Wohnraummiete BGH NJW 2002, 673; OLG Hamburg NJW-RR 2001, 1230.
[429] OLG Düsseldorf NJW-RR 1999, 735; OLG Hamburg ZMR 1990, 11; 1985, 236; OLG Koblenz NZM 2000, 622; OLG Stuttgart WuM 1984, 187.
[430] BGH NJW 1985, 1175.
[431] Offengelassen: BGHZ 89, 363 (369); vgl. BGH NJW 1985, 3016 (3018).
[432] OLG Koblenz NJW-RR 1997, 331.
[433] BGH NJW-RR 2005, 1496 (1505); NJW 1993, 335; OLG Düsseldorf WuM 1994, 674; OLG Köln NZM 2001, 812.

- Summenmäßige Haftungsbegrenzungen, soweit damit der vertragstypische, vorhersehbare Schaden abgedeckt wird.[434]

221 Ein derartiger zulässiger formularvertraglicher Ausschluss erstreckt sich auch auf außervertragliche konkurrierende Ansprüche. Entsprechende Klauseln müssen aber in jedem Fall klar und zweifelsfrei erkennen lassen, inwieweit sie eingreifen, und müssen auch zwischen verschuldeten und unverschuldeten Mängeln differenzieren; andernfalls sind sie insgesamt unwirksam.

222 Zu beachten ist noch, dass sowohl für die erste als auch für die zweite Alternative des § 536a Abs. 1 BGB ein Gewährleistungsausschluss (neben zugesicherten Eigenschaften und arglistigem Verschweigen des Mangels) unwirksam ist, wenn für die Erreichung des Vertragszwecks wichtige Pflichten tangiert sind und der Mieter auf die Mangelfreiheit des Objektes nach dem vereinbarten Vertragsinhalt besonders vertrauen durfte.[435]

223 Der Schadensersatzanspruch des Mieters nach § 536a Abs. 1 BGB kann im kaufmännischen Bereich nicht wirksam ausgeschlossen werden, soweit es sich auf die Verletzung von wesentlichen Pflichten erstreckt. Im Übrigen steht für den Fall des Vorsatzes oder der groben Fahrlässigkeit auf Vermieterseite § 309 Nr. 7 BGB und leichter Fahrlässigkeit im nicht kaufmännischen Bereich § 309 Nr. 8a bb) BGB entgegen.

224 Ein Haftungsausschluss kann auch wegen Verstoßes gegen § 307 Abs. 2 Nr. 1 und 2 BGB unwirksam sein, wie etwa eine Formularklausel, die die Haftung des Vermieters auch dann vollständig ausschließt, wenn die erforderliche öffentlich-rechtliche Genehmigung für den vereinbarten Nutzungszweck aus Gründen versagt wird, die ausschließlich auf der Beschaffenheit oder Lage des Mietobjektes beruhen (hier: Änderung der genehmigten Nutzung).[436]

3. Aufwendungsersatz

225 Der Ausschluss des Anspruchs auf Aufwendungsersatz nach § 536a Abs. 2 BGB ist formularvertraglich nicht wirksam möglich.

4. Fristlose Kündigung

226 Formularvertraglich kann das Recht zur außerordentlichen Kündigung eines Dauerschuldverhältnisses aus wichtigem Grund (§§ 314 Abs. 1, 543 Abs. 1, 626 Abs. 1 BGB) weder ausgeschlossen noch etwa durch Einbau zusätzlicher Kündigungsvoraussetzungen in der Weise erschwert werden, dass der Vertragspartner des Verwenders von seiner Ausübung abgehalten werden kann.[437]

227 Formularvertraglich kann im Übrigen die Kündigungsmöglichkeit des Mieters durch ein Recht auf Nachbesserung ersetzt werden, sofern dem Mieter das Kündigungsrecht dann erhalten bleibt, wenn die Nachbesserung fehlschlägt, verweigert oder unzumutbar verzögert wird. Auch dann ist das fristlose Loslösungsrecht nicht wirksam abdingbar, wenn der Vermieter den vertragsgemäßen Verbrauch etwa bei nicht behebbaren Mängeln oder bei einem Untergang der Mietsache auf Dauer nicht gewähren kann.

Wirksame Kündigungsausschlüsse sind regelmäßig eng zu interpretieren.[438]

5. Besonderheiten bei der Rechtsmängelhaftung

228 Ein formularmäßiger Ausschluss der Vermieterhaftung nach § 536 BGB sowohl für anfängliche als auch für nachträgliche Rechtsmängel verstößt gegen § 307 Abs. 2 Nr. 2 BGB, weil – anders als bei der Sachmängelhaftung – ausschließlich Kardinalpflichten betroffen sind. Auch jegliche Einschränkung oder Begrenzung der Haftung auf Vorsatz oder grobe Fahrlässigkeit würde eine unangemessene Benachteiligung des Mieters dar-

---

434 BGH NJW 1993, 335.
435 BGH NJW 1985, 3016 (3018); DB 1977, 118.
436 BGH ZMR 2008, 274; KG BeckRS 2014, 14690.
437 Guhling/Günter/Alberts BGB § 543 Rn. 83.
438 Guhling/Günter/Alberts BGB § 543 Rn. 85.

stellen und damit gegen § 307 Abs. 2 Nr. 2 BGB verstoßen. Dies vor allem auch deshalb, weil andernfalls der Erfüllungsanspruchs des Mieters zunichte gemacht und damit die Erreichung des Vertragszweck ausgeschlossen werden würde.

XXIV. Haftungserweiterungen zu Lasten des Mieters

Genau wie bei der Einschränkung der Gewährleistung des Vermieters ist bei der formularmäßigen Haftungserweiterung des Mieters Vorsicht geboten. Gesetzlicher Ausgangspunkt ist § 538 BGB. Danach kann der Vermieter den Mieter für Veränderungen und Verschlechterungen der Mietsache im Rahmen des vertragsgemäßen Gebrauchs nicht verantwortlich machen. Diese Vorschrift ist allerdings dispositiv, so dass die Haftung des Mieters vertraglich sowohl beschränkt als auch erweitert werden kann. Bereits in der Abwälzung von Schönheitsreparaturen, Instandhaltungs- und Instandsetzungs- sowie Renovierungspflichten auf den Mieter (vgl. vorstehend unter → Rn. 177 f. und → Rn. 180 f.) liegt eine derartige Haftungserweiterung. 229

Die verschuldensunabhängige Haftung des Vermieters für anfängliche, also bei Vertragsschluss bereits vorhandene Mängel nach § 536a Abs. 1 Alt. 1 BGB kann – und muss aus Vermietersicht – durch AGB ausgeschlossen werden.[439]

1. Verschlechterung der Mietsache

Individualvertraglich kann die Haftung für die Verschlechterung der Mietsache im Geschäftsraummietrecht weitestgehend auf den Mieter abgewälzt werden. Grenze ist die Gesetzes- oder Sittenwidrigkeit.[440] AGB-Klauseln müssen sich an den §§ 305 ff BGB messen lassen. Hier ist aus Sicht des Klauselgestalters Sorgfalt und Vorsicht geboten.

Im Grundsatz stellen formularvertragliche Regelungen, die im Ergebnis eine verschuldensunabhängige Gefährdungshaftung des Mieters begründen, eine letztendlich durch höherrangige Interessen des Vermieters nicht gerechtfertigte erhebliche Abweichung vom gesetzlichen Leitbild dar und verstoßen damit gegen § 307 Abs. 2 Nr. 1 BGB. 230

Nur ausnahmsweise kann dem Mieter eine verschuldensunabhängige Haftung dann überbürdet werden, soweit die damit verbundenen Risiken entsprechend allgemeiner Übung in der Praxis so gut wie lückenlos versichert zu werden pflegen. In diesem Fall darf der Vermieter davon ausgehen, dass sein Vertragspartner von dieser üblichen und verbreiteten Möglichkeit des Versicherungsschutzes Gebrauch machen wird.[441] Eine Klausel, die eine verschuldensunabhängige Zufallshaftung für vom Vermieter nicht zu vertretende, aber üblicherweise versicherbare Schäden vorsieht, ist demgegenüber unwirksam.[442] Die bloße Möglichkeit, für das abgewälzte Risiko Versicherungsschutz zu erhalten, reicht nicht aus; vielmehr muss üblicherweise insoweit vom Mieter Versicherungsschutz in Anspruch genommen werden. 231

2. Schadensverursachung durch Dritte

Dehnen formularvertragliche Regelungen eine Haftung des Mieters für die Schadenverursachung durch Dritte über die gesetzlich geregelten Fälle (§§ 278, 831, 89, 31, 540 Abs. 2 BGB) hinaus aus, sind sie wegen Verstoßes gegen § 307 BGB unwirksam.[443] Dies gilt auch für Klauseln, die dem Mieter pauschal eine verschuldensunabhängige Ersatzpflicht für durch nicht rechtzeitige Mängelanzeige verursachte Schäden auferlegen.[444] Auch die Begründung einer Haftung des Mieters mittels Formularklausel, wenn der 232

---

439 BGH NJW 2002, 3232 = NZM 2002, 784; NJW-RR 1993, 519 (520); 1991, 74.
440 Guhling/Günter/Boerner BGB § 538 Rn. 39.
441 BGH NJW 1992, 1761 (1762).
442 BGH NJW 1992, 1761 (1762).
443 BGH WuM 1991, 381 (383); OLG Celle WuM 1990, 103 (112); OLG Hamburg WuM 1991, 385 (386).
444 OLG Frankfurt a. M. WuM 1992, 56 (63).

Schadensverursacher nicht festgestellt werden kann (zB im Fall der Kanal- oder Leitungsverstopfung, bei Ungezieferbefall, beim Erfordernis der Entrümpelung von Gemeinschaftseinrichtungen und -flächen) dürfte ebenfalls unwirksam sein.[445]

3. Beweislast

233 Klauseln, nach denen die Beweislast zu Ungunsten des Mieters geändert wird, verstoßen einmal gegen § 309 Nr. 12 BGB. Im kaufmännischen/unternehmensbezogenen Geschäftsverkehr iSv § 310 Abs. 1 BGB liegt ein Verstoß gegen § 307 Abs. 2 Nr. 1 BGB vor.[446] Danach ist es auch im kaufmännischen Verkehr grundsätzlich unangemessen und unzumutbar, dem Vertragspartner in AGB den Beweis für Umstände aufzuerlegen, die allein im Verantwortungsbereich des Verwenders liegen.[447] Zu beachten ist in diesem Zusammenhang die Beweislastverteilung selbst. Bei § 538 BGB ist der Vermieter darlegungs- und beweispflichtig dafür, dass die Veränderungen und Verschlechterungen durch den Mieter verursacht wurden[448]. Daher ist die Feststellung des Zustandes bei Übergabe elementar. Ein nicht sorgfältig erstelltes Übergabeprotokoll kann nicht durch eine AGB-Klausel „geheilt" werden. Steht nicht fest, dass der Schaden durch Mietgebrauch entstanden ist, muss allein der Vermieter beweisen, dass die Schadensursache im Herrschafts- bzw. Obhutsbereich des Mieters liegt.[449]

XXV. Gebrauchsüberlassung an Dritte

234 Gesetzlicher Ausgangspunkt ist § 540 Abs. 1 BGB, wonach der Mieter ohne Erlaubnis des Vermieters nicht berechtigt ist, den Gebrauch der Mietsache einem Dritten zu überlassen, insbesondere ein Untermietverhältnis zu begründen. Verweigert der Vermieter allerdings die Erlaubnis ohne sachbezogenen Grund, steht dem Mieter nach § 540 Abs. 1 S. 2 BGB ein Sonderkündigungsrecht zu. § 553 BGB gilt mangels Verweisung in § 578 BGB im Geschäftsraummietrecht nicht.

1. Anspruch auf Vermieterzustimmung

235 Formularvertragliche Regelungen, wonach die Gebrauchsüberlassung an Dritte, insbesondere die Untervermietung, von der Zustimmung des Vermieters abhängt, sind wirksam, soweit sie ausschließlich die gesetzliche Rechtslage wiedergeben.[450]

236 Danach hat der Geschäftsraummieter, sofern nicht Abweichendes vereinbart ist, grundsätzlich keinen Anspruch auf Erlaubniserteilung. Nur in Ausnahmefällen kann der Vermieter verpflichtet sein, einer Mitbenutzung der Mietsache durch einen Dritten zuzustimmen (zB bei Aufnahme eines weiteren Gesellschafters in eine Personengesellschaft oder eines zusätzlichen Partners in eine freiberufliche Praxis). Klauseln, nach denen auch im Fall der Aufnahme eines Partners in die Gesellschaft, der Wechsel des Firmeninhabers oder der Änderung der Gesellschaftsform, die Regeln der Untervermietung gelten sollen, sind daher grundsätzlich rechtswirksam. Soweit für die Vermieterzustimmung Schriftform gefordert wird, dürfte eine entsprechende Formularklausel auch in Geschäftsraummietverträgen an § 307 Abs. 2 Nr. 1 BGB scheitern.[451]

237 Wird die Erlaubnis zur Untervermietung etwa aus wichtigem Grund versagt, ist eine Klausel zulässig, wonach dem Mieter in diesem Fall das Sonderkündigungsrecht nicht

[445] Vgl. zur Wohnraummiete: OLG Hamm NJW 1982, 2005 (2007); WuM 1986, 113; OLG Frankfurt a. M. NJW-RR 1992, 396.
[446] OLG Nürnberg NJW-RR 1993, 862 (864).
[447] BGHZ 101, 172 (184); BGH NJW 2006, 47.
[448] BGH NJW 1994, 2019; 1994, 1880, auch zum Anscheinsbeweis.
[449] BGH NJW 1994, 2019; 2006, 1061.
[450] Vgl. etwa OLG Düsseldorf NZM 2005, 421.
[451] BGH NJW 1995, 2034 (2035).

zusteht.[452] Ist die Klausel aber so gestaltet, dass der Vermieter die Zustimmung nach Belieben verweigern oder eine erteilte Zustimmung widerrufen kann, verstößt der Ausschluss des Sonderkündigungsrechts gegen § 307 Abs. 1 BGB.[453] Danach gehört es zum Grundgedanken des gesetzlichen Leitbildes, dem Mieter als Gegengewicht für die freie Entscheidung des Vermieters, Gebrauchsüberlassung an Dritte zuzustimmen oder nicht, das Sonderkündigungsrecht zuzubilligen. Bei der Klauselgestaltung ist also darauf zu achten, dass die Klausel dem Mieter entweder die Nutzungserweiterung ermöglicht oder ihm das Recht zur außerordentlichen Kündigung belässt. Die Widerruflichkeit ist möglich, sollte aber an einen wichtigen Grund gebunden sein.

Davon zu unterscheiden sind formularvertragliche Regelungen, wonach die Unter- 238
vermietung bzw. Gebrauchsüberlassung an Dritte von vornherein grundsätzlich untersagt wird.[454] Damit ist zugleich auch das Sonderkündigungsrecht des § 540 Abs. 1 S. 2 BGB ausgeschlossen. Bei unbefristeten oder mit mittelfristiger Dauer abgeschlossenen Geschäftsraummietverträgen dürfte dies unproblematisch sein. Je länger der Mieter aber an einen befristeten Geschäftsraummietvertrag gebunden wird, ohne auf unvorhersehbare (wirtschaftliche) Entwicklungen oder Veränderungen reagieren zu können, desto eher ist eine unangemessene Benachteiligung iSv § 307 BGB anzunehmen.[455]

Eine formularvertragliche Regelung, die dem Vermieter eine uneingeschränkte Wider- 239
rufsmöglichkeit einer einmal erteilten Erlaubnis zur Gebrauchsüberlassung an Dritte einräumt, verstößt gegen § 307 Abs. 1 BGB und ist unwirksam.[456] Keinen Bedenken begegnet dagegen, wenn sich der Vermieter formularvertraglich den Widerruf der Erlaubnis aus wichtigem Grund vorbehält.[457]

Wie bereits vorstehend unter → Rn. 208 f. dargelegt, sind Formularklauseln, die für 240
den Fall einer erlaubten Untervermietung eine verschuldensunabhängige Haftung des Mieters in Abweichung von § 540 Abs. 2 BGB begründen, wegen Verstoßes gegen § 307 BGB unwirksam.

2. Untermietzuschlag

Im Geschäftsraummietvertrag ist eine Klausel, die für den Fall der Untervermietung 241
einen Mietzuschlag zum Mietzins vorsieht, wirksam, wenn sie nicht unangemessen hoch ist.[458] Allerdings gilt § 553 Abs. 2 BGB im Geschäftsraummietrecht nicht.

XXVI. Konkurrenzschutz[459]

Zu den Hauptleistungspflichten des Vermieters gehört die ungestörte Gebrauchsüber- 242
lassung der Mietsache (§ 535 BGB). Diese Pflicht umfasst bei einem Gewerberaummietverhältnis grundsätzlich auch einen vertragsimmanenten Konkurrenzschutz[460].

Daher besteht auch ohne ausdrückliche Vereinbarung bei der Vermietung von Ge- 243
schäftsräumen vertragsimmanenter Konkurrenzschutz: Der Vermieter darf im selben Haus bzw. auf seinem angrenzenden Grundstück keinen Konkurrenzbetrieb eines

[452] OLG Köln NJW-RR 1997, 204.
[453] BGH NJW 1995, 2034 (2035); anders noch die Berufungsentscheidung: OLG Düsseldorf WuM 1994, 467.
[454] Der BGH hat die Frage der Wirksamkeit eines derartigen vollständigen Ausschlusses offengelassen: NJW 1995, 2034 (2035).
[455] Vgl. LG Bonn NJW-RR 2002, 1234.
[456] BGH NJW 1995, 2034 (2035); WuM 1987, 256.
[457] BGH NJW 1984, 1031.
[458] Bub/Treier MietR-HdB/Bub Kap. II. Rn. 1566; Schmitz NZM 2003, 268 (270).
[459] Lesenswert Oprée/Reinhard NZM 2013, 16 ff.
[460] BGH 26.2.2020 – XII ZR 51/19, BeckRS 2020, 4027 Rn. 37 unter Hinweis auf BGHZ 70, 79 (80 f.) = NJW 1978, 585 (586) und NJW 2012, 844 = NZM 2012, 196.

anderen Mieters zulassen oder selbst eröffnen,[461]. Der vertragsimmanente Konkurrenzschutz bezieht sich auf das Hauptsortiment.[462] Er besteht auch im Einkaufszentrum.[463] Bei vermietetem Teileigentum soll kein vertragsimmanenter Konkurrenzschutz bestehen; insoweit bedarf es einer ausdrücklichen Vereinbarung im Mietvertrag.[464] Vermieter haben bei der Vertragsgestaltung auch darauf zu achten, ob die Teilungserklärung Konkurrenzschutzklauseln enthält, was zulässig ist.[465] Enthält der Mietvertrag eine Vereinbarung zum Konkurrenzschutz, ist ein Rückgriff auf den sog. vertragsimmanenten Konkurrenzschutz grundsätzlich ausgeschlossen.[466] Ein nicht nur unerheblicher Verstoß jedenfalls gegen einen vereinbarten Konkurrenzschutz ist ein Mangel und kann den Mieter auch ohne den Nachweis konkreter Umsatzeinbußen zur Minderung berechtigen.[467]

244 Nach wie vor ist auch formularvertraglich der vollständige Ausschluss des Konkurrenzschutzes möglich, auch wenn er einen Eingriff in die Hauptleistungspflicht des Vermieters darstellt. Problematisch wird es, wenn durch diesen Eingriff wesentliche Rechte oder Pflichten, die sich aus der Natur des Vertrags ergeben, so eingeschränkt werden, dass die Erreichung des Vertragszwecks gefährdet ist. Das ist nach der BGH-Rechtsprechung dann der Fall, wenn in einem typischen Einkaufszentrum durch formularmäßigen Mietvertrag jeglicher Konkurrenzschutz ausgeschlossen, gleichzeitig jedoch dem Mieter eine Betriebspflicht mit Sortimentsbindung auferlegt wird.[468]

245 In diesen Grenzen kann der Konkurrenzschutz grundsätzlich formularvertraglich konkretisiert bzw. in räumlicher und/oder sachlicher Hinsicht erweitert werden. So ist eine Klausel, die es verbietet, anderen Mietern Konkurrenz zu machen oder die das allgemeine Konkurrenzverbot auf überschneidende Nebenartikel ausdehnt, wirksam.[469] Ansonsten kommt es auf die konkrete Formulierung der entsprechenden vertraglichen Konkurrenzschutzabrede an.[470] Im Übrigen beziehen sich pauschale Konkurrenzschutzklauseln in der Regel nicht auf eine bei Anmietung bereits bestehende Konkurrenzsituation,[471] jedenfalls bei der Gewährung von Schutz gegen eine „direkte Konkurrenzfirma" auch dann, wenn der schon vorhandene Betrieb sein Angebot nachträglich auf den

---

[461] BGH NJW-RR 1989, 1422 (1423); NJW 1979, 1404 (1405); OLG Düsseldorf NZM 2001, 1033; ZMR 1997, 583; 1992, 445; OLG Hamburg NJW-RR 1987, 403; OLG Hamm NJW-RR 1997, 459; ZMR 1997, 581 (582); KG ZMR 2008, 616; GE 2007, 1551; 2005, 1426.

[462] BGH 8.12.2020 – KZR 124/18, NZM 2021, 556 Rn. 36 = WM 2022, 939; BGH 26.2.2020 – XII ZR 51/19, NJW 2020, 1507 Rn. 37; OLG Düsseldorf BeckRS 2010, 04610 (fehlt bei „Backshop" und Filiale von „Subway"); KG ZMR 2011, 30 = BeckRS 2010, 18011 (fehlt bei „Lebensmitteldiscounter" und Gemischtwarenladen mit landestypischen – hier: russischen – Lebensmitteln zu Niedrigpreisen).

[463] BGH 26.2.2020 – XII ZR 51/19, BeckRS 2020, 4027 Rn. 38.

[464] OLG Brandenburg NZM 2010, 43.

[465] BayObLG BeckRS 1997, 4185.

[466] OLG Naumburg BeckRS 2010, 850.

[467] BGH NJW 2013, 44 = NZM 2013, 52; KG BeckRS 2007, 08484; NZM 2007, 566.

[468] BGH 26.2.2020 – XII ZR 51/19, BeckRS 2020, 4027 Rn. 36, 40. Zu den Besonderheiten bei den sog. „Schilderpräger-Fällen" BGH 8.12.2020 – KZR 124/18, BeckRS 2020, 45872 = NZM 2021, 556, bei einer längeren Vertragsbindung als 5 Jahren vor dem Hintergrund des § 20 GWB s. BGH NJW 2003, 2684 = NZM 2003, 597; OLG Dresden WuM 2000, 113; OLG Köln OLGReport Hamm 2007, 688; OLG Saarbrücken NJW-RR 2007, 1414.

[469] OLG Celle ZMR 1992, 448 (449).

[470] BGH NJW 2012, 844 = NZM 2012, 196 („kein weiteres Fachgeschäft" für Hörgeräte erfasst nicht ohne Weiteres andere Handelsformen wie etwa den Hörgeräteverkauf durch einen HNO-Arzt); BGH NJW 2013, 44 = NZM 2013, 52 (Konkurrenzschutz für die „Fachrichtung Orthopädie und den Schwerpunkt Chirotherapie" erlaubt die Abwehr eines Facharztes für Chirurgie/Unfallchirurgie, wenn ergänzend beim Nutzungszweck geregelt ist „Arztpraxis für die Fachdisziplin Orthopädie … unter Einschluss der laut Sächsischer Weiterbildungsordnung damit verbundenen Zusatzqualifikationen"); KG BeckRS 2013, 16625 (keine Konkurrenzschutz zwischen Orthopäden und Chirurgen, wenn ein solche gegenüber „Ärzten gleicher Fachrichtung" vereinbart ist); OLG Frankfurt a. M. BeckRS 2012, 06906 (Fitnessstudio mit besonderem medizinischen oder therapeutischen Schwerpunkt erlaubt die Abwehr eines anderen Fitnessstudios ohne diesen Schwerpunkt bei der Vereinbarung „keine Vermietung an Konkurrenten in demselben Gewerbepark").

[471] Vgl. OLG Köln NJW-RR 2005, 1680.

geschützten Bereich erweitert.[472] Ob sie sich nur auf das hauptsächliche Warenangebot oder auch auf Nebenartikel erstrecken, richtet sich nach den Umständen des Einzelfalls.[473]

Radiusklauseln in Mietverträgen über Ladeneinheiten in Factory-Outlet-Centern (FOC), die über einen Luftradius von 50 km hinausgehen und eine Laufzeit von fünf Jahren, gerechnet ab dem Abschluss des Mietvertrags, überschreiten, verstoßen gegen das in § 1 GWB normierte Verbot wettbewerbsbeschränkender Vereinbarungen und sind daher insoweit unwirksam.[474] 246

Wirksam sind auch Konkurrenzschutzvereinbarungen, die auf ein (zeitlich begrenztes) **Wettbewerbsverbot** des Vermieters oder des Mieters hinauslaufen auch für eine gewisse Zeit nach Vertragsbeendigung (geltungserhaltend reduzierbar auf 2 Jahre[475]), zumindest für die nähere Umgebung Mietobjektes.[476] Allerdings darf damit keine unangemessene Benachteiligung des Vertragspartners des Verwenders verbunden sein, so dass hierfür ein berechtigtes Interesse bestehen muss, etwa auf Seiten des Vermieters deshalb, weil andernfalls eine Neuvermietung der nur für einen bestimmten Geschäftszweig geeigneten Räume erheblich erschwert werden würde.[477] 247

Wirksam ist ein nachvertragliches Wettbewerbsverbot für maximal 2 Jahre in einem Umkreis von 1 km für den Pächter einer kleinen Gaststätte,[478] ebenso 3 Jahre für eine Apotheke[479] bzw. 5 Jahre für eine Kfz-Werkstatt.[480] Unwirksam kann dagegen ein Verbot sein, dass dem Mieter im weiteren Umkreis (3 km von der Innenstadt) den Betrieb einer Filiale verbietet, zumal, wenn der Vermieter keinen Konkurrenzschutz gewährt. Ist die Regelung zudem unter „Sonstiges" getroffen, kann es aufgrund des damit verbundenen Überraschungseffekts bereits an einer wirksamen Einbeziehung der Klausel in den Mietvertrag fehlen (§ 305c Abs. 1 BGB).[481] 248

Soweit ein Mieter vom Vermieter Konkurrenzschutz beanspruchen kann, ergibt sich mE als Kehrseite dieses Anspruchs, dass ihm – ohne eine entsprechende weitergehende Vereinbarung – grundsätzlich eine Sortimentsänderung untersagt ist, durch die eine Konkurrenz zu einem anderen Mieter eintreten würde, dem der Vermieter ebenfalls Konkurrenzschutz zu gewähren hat. 249

XXVII. Betriebspflicht/Offenhaltungspflicht

Nach der Gesetzeslage trifft den Mieter keine Gebrauchs- oder Betriebspflicht.[482] Es genügt, wenn er seinen Obhutsverpflichtungen in Bezug auf das Mietobjekt nachkommt (zB Heizen, Lüften, Reinigen) und die vertraglich vereinbarte Miete bezahlt. Das gilt auch bei Pacht, aber nicht bei der der Landpacht: Hier besteht die Pflicht zur ordnungsgemäßen Bewirtschaftung während der gesamten Vertragsdauer und bis zur Rückgabe der Pachtsache.[483] 250

[472] OLG Brandenburg BeckRS 2010, 15180.
[473] BGH ZMR 1985, 374 (375); OLG Celle ZMR 1992, 448 (450); OLG Düsseldorf NZM 2002, 739.
[474] BKartA BeckRS 2016, 14326, rechtskräftig BGH BeckRS 2016, 17194.
[475] BGH BeckRS 2005, 10597; NJW 2000, 2584; 1997, 3089 betr. alle ausgeschiedene Anwälte.
[476] OLG Celle ZMR 1990, 414 (415): für die Dauer von 3 Jahren nach Vertragsbeendigung im Umkreis von 5 Kilometern; OLG Dresden BeckRS 2006, 02006.
[477] BGH NJW 1979, 1605.
[478] LG Berlin BeckRS 2009, 86647.
[479] OLG Stuttgart NJW 1978, 2340.
[480] OLG Celle NJW-RR 1990, 974.
[481] OLG Dresden ZfIR 2006, 307.
[482] BGH NJW 1979, 2351.
[483] BeckOK BGB/C. Wagner § 585 Rn. 15.

1. Hintergrund/Abgrenzung

251 Gerade im Bereich der Geschäftsraummiete besteht allerdings auf Vermieterseite häufig ein berechtigtes Interesse daran, dass der Mieter das Mietobjekt auch tatsächlich zum vertraglich vorgesehenen Zweck nutzt. Ein Leerstand von Geschäftsräumen mindert deren Mietwert (zB bei Gaststätten) und hat im Übrigen auch Auswirkungen auf die Vermietung anderer Objekte in unmittelbarer Umgebung (etwa in Einkaufspassagen). In Einkaufszentren ist dem Vermieter auch an einheitlichen Ladenöffnungszeiten gelegen.

252 Die formularmäßige Vereinbarung einer Betriebs- und Offenhaltungspflicht ist für sich genommen im Regelfall nicht nach § 307 Abs. 1 S. 1 BGB unwirksam.[484] Eine konkludente Vereinbarung ist aufgrund der an sie gestellten strengen Anforderungen hingegen nicht empfehlenswert.[485]

253 Unter Betriebspflicht ist auf dem Gebiet der Gewerberaummiete die Verpflichtung des Mieters zu verstehen, die angemieteten Räume während festgelegter oder bestimmbarer Öffnungszeiten zu dem im Mietvertrag festgelegten Gebrauchszweck für das Publikum offen zu halten, persönlich oder mit Hilfe von Arbeitskräften zu betreiben und ein angemessenes Waren- und/oder Dienstleistungsangebot bereitzuhalten.[486]

254 Die Betriebspflicht ist von der Offenhaltungspflicht abzugrenzen. Während die Betriebspflicht dem Mieter die Verpflichtung auferlegt, die angemieteten Geschäftsräume zu einem bestimmten Zweck tatsächlich zu nutzen, regelt die Offenhaltungspflicht, dass er sie zu bestimmten (Uhr-)Zeiten nicht schließen darf.[487] Wenn vertraglich nur eine Betriebspflicht und keine Offenhaltungspflicht geregelt ist, sind die branchenüblichen Öffnungszeiten, die sich aus gesetzlichen Bestimmungen (hier: für Apotheken) ergeben, über eine ergänzende Vertragsauslegung zu Grunde zu legen.[488]

2. Klauselgestaltung

255 Derartige formularvertragliche Betriebspflichten hat der BGH gebilligt und einen Verstoß gegen § 307 Abs. 1 BGB für den Regelfall verneint.[489] Eine formularvertragliche Betriebspflichtklausel ist auch ohne ausdrücklich geregelte (kurzzeitige) Ausnahme für die Durchführung der dem Mieter auferlegten Schönheitsreparaturen wirksam, wenn die Auslegung ergibt, dass eine zeitweise Schließung (auch) zu diesem Zweck nicht ausgeschlossen sein soll (hier: weil andere Ausnahmen ausdrücklich genannt sind).[490] Die Klausel im Zusammenhang mit einer übernommenen Betriebspflicht „Zeitweise Schließungen (zB aus Anlass von Mittagspausen, Ruhetagen, Betriebsferien, Inventuren) sind nicht zulässig. (…)" ist so auszulegen, dass Schließungen zur Durchführung vertraglich übernommener Schönheitsreparaturen und Instandhaltungsmaßnahmen zulässig sind. Das folgt daraus, dass die Übernahme solcher Arbeiten grundsätzlich dem Vermieter obliegen und nur auf den Mieter abgewälzt werden, die Klauselbeispiele aber ausschließlich aus der Sphäre des Mieters stammen, so dass ein verständiger Durchschnittsmieter zwischen beidem differenziert und Ausnahmen für vom Mieter übernommene Arbeiten zulässt. Selbst wenn man dies anders sieht, führt dies nicht zur Gesamtunwirksamkeit der Klausel nach § 307 Abs. 1 oder 2 BGB, weil der letzte Satz eine selbstständige, von den vorherigen Sätzen unabhängige und abtrennbare Regelung enthält und gedanklich gestrichen werden kann, ohne dass der Rest der

[484] BGH 26.2.2020 – XII ZR 51/19, BeckRS 2020, 4027; BGH NJW-RR 1992, 1032 (1033 f.).
[485] Lindner-Figura/Oprée/Stellmann Geschäftsraummiete-HdB/Hübner § 13. Rn. 99.
[486] OLG Koblenz 27.6.2019 – 1 U 1471/18, BeckRS 2019, 15057 Rn 31.
[487] OLG Celle IMR 2017, 192; OLG Dresden BeckRS 2015, 15062 = ZMR 2016, 26.
[488] OLG Koblenz 27.6.2019 – 1 U 1471/18, BeckRS 2019, 15057 Rn. 37–39.
[489] BGH 26.2.2020 – XII ZR 51/19, BeckRS 2020, 4027; BGH ZMR 1993, 57 (59); vgl. auch KG ZMR 2005, 47; OLG Hamburg ZMR 2003, 254; OLG Düsseldorf NJW-RR 1999, 305; WuM 1997, 266.
[490] BGH NJW-RR 2010, 1017 = NZM 2010, 361; aA KG BeckRS 2009, 28220.

Klausel als nicht mehr sinnvoll oder einschneidend verändert erschiene (blue-pencil-Test). Würde er gestrichen, bliebe als sinnvoller Regelungsteil die allgemeine Betriebspflicht des Mieters zu bestimmten Öffnungszeiten, ohne dass auch zeitweise Schließungen aus betriebsbedingten Gründen untersagt wären, und mithin ein Regelungsgehalt, der in sich verständlich wäre und dem Vertrag keinen anderen Charakter verliehe.[491]

Dabei ist bei einer vorformulierten Bezugnahme auf die gesetzlichen Ladenschlusszeiten von einer statischen Verweisung auszugehen.[492] Auch muss der Mieter nicht ständig alle Ladenzugänge geöffnet halten.[493] Stellt eine Betriebspflichtklausel auf die Öffnungszeiten der „überwiegenden Anzahl der Mieter" im Einkaufscenter ab, ist diese Klausel jedenfalls dann nicht intransparent und nach § 307 BGB unwirksam, wenn das Einkaufscenter bei Abschluss des Mietvertrags schon länger betrieben wird.[494] Da die Rentabilität des Betriebes allein in der Risikosphäre des Mieters liegt, stellt es im Übrigen keine unangemessene Benachteiligung dar, dem Mieter dadurch zur Fortführung auch eines verlustbringenden Geschäftsbetriebes zu verpflichten, auch bei damit verbundenen unter Umständen erheblichen finanziellen Belastungen.[495] So ist eine formularvertragliche Gebrauchs- und Betriebspflicht des Mieters auch dann wirksam, wenn das Sortiment des Mieters vertraglich beschränkt und die Konkurrenzschutzpflicht des Vermieters ausgeschlossen ist.[496] Anders ggf. aber dann, wenn dem Mieter zugleich im Formularmietvertrag durch Allgemeine Geschäftsbedingungen eine Betriebspflicht, eine konkrete Sortimentsbindung und eine Preisgestaltung entsprechend dem Preisniveau des Supermarkts auferlegt werden.[497] Im Einzelfall kann die Berufung des Vermieters auf eine derartige Betriebspflicht allerdings gegen § 242 BGB verstoßen, wenn die fehlenden Rentabilität darauf beruht, dass der Vermieter in unmittelbarer Nachbarschaft andere Räume an einen Konkurrenzbetrieb vermietet hat, womit der Mieter nicht rechnen musste, so dass er diesen Umstand nicht von vornherein kalkulieren konnte. Anders, wenn sich dadurch lediglich ein von vornherein erkennbares Risiko verwirklicht hat. Auch bei Zahlungsunfähigkeit des Mieters eines Ladengeschäftes in einem Einkaufszentrum soll dessen Betriebspflicht entfallen,[498] nicht aber bei gesundheitlichen Beeinträchtigungen.[499] Die Verletzung einer wirksam vereinbarten Betriebspflicht stellt eine Pflichtverletzung des Mietvertrags dar und verpflichtet den Mieter zur Leistung von Schadensersatz und kann zur fristlosen Kündigung führen.[500] 256

Eine formularvertragliche **Vertragsstrafe** in Höhe von 10 % der Monatsmiete für jeden Tag des Verstoßes gegen die vereinbarte Betriebspflicht ist – jedenfalls bei kleineren Lokalen in größeren Einkaufszentren – unangemessen hoch und insgesamt unwirksam.[501] 257

Mangels anderweitiger Vereinbarung besteht die Betriebspflicht bis zur Beendigung des Mietverhältnisses; wird jedoch der Gebrauch über den Beendigungszeitpunkt hinaus fortgesetzt, so begründet die Vereinbarung einer Betriebspflicht „während der Mietzeit" 258

[491] OLG Hamm BeckRS 2017, 124404 = NZM 2018, 87.
[492] BGH ZMR 2007, 187; zur Frage der Transparenz derartiger Klauseln BGH NJW 2007, 2176 = NZM 2007, 516.
[493] OLG Dresden NZM 2008, 131; vgl. auch KG ZMR 2015, 707.
[494] OLG Hamm NZM 2018, 87.
[495] OLG Celle NJW-RR 2008, 168 = NZM 2007, 838.
[496] BGH WuM 1992, 316; offengelassen WM 1992, 1582 (1583) – umstritten: ablehnend OLG Schleswig NZM 2000, 1008; zustimmend: KG ZMR 2005, 47; OLG Hamburg ZMR 2003, 254; OLG Rostock NZM 2004, 460.
[497] OLG Brandenburg ZMR 2015, 225; in Abgrenzung dazu: OLG Hamm NZM 2018, 87 und BGH NJW-RR 2010, 1017.
[498] OLG Celle NJW-RR 2008, 168; BGH NJW 2000, 1714: kein Fall des § 313 BGB; OLG Düsseldorf BeckRS 2004, 925; OLG Karlsruhe BeckRS 2006, 13578 =MDR 2007, 577.
[499] OLG Düsseldorf BeckRS 2004, 925 = ZMR 2004, 508, wonach sich der Mieter dann der Hilfe eines Dritten bedienen müsse.
[500] OLG Hamburg 1.7.2023 – 4 U 10/22, BeckRS 2023, 44559.
[501] OLG Naumburg NJW 2012, 3587 = NZM 2012, 808.

keine Betriebspflicht bis zum Räumungszeitpunkt.[502] Jedoch kann formularmäßig die Betriebspflicht für den Zeitraum bis zur Räumung festgelegt werden, ohne dass ein Verstoß gegen § 307 Abs. 1 BGB vorliegt.

XXVIII. Werbegemeinschaft

259 Durch sog. Werbegemeinschaften soll etwa in Ladenpassagen oder Einkaufszentren ein einheitliches Erscheinungsbild nach außen gewährleistet werden und auch gemeinsame Werbeaktionen (zB Weihnachtsdekoration) durchgeführt werden. Es soll das allgemeine Käuferinteresse am Besuch des Einkaufzentrums geweckt und durch eine Gemeinschaftswerbung die Individualwerbung der einzelnen Fachgeschäfte ergänzt und gestärkt werden.[503] „Die Werbegemeinschaft" schließt in der Regel einen separaten Vertrag mit dem Vermieter bzw. Betreiber des Einkaufszentrums über die Durchführung der Maßnahmen.

260 **Individuelle Vereinbarungen**, wonach sich der Mieter etwa eines Ladengeschäftes in Einkaufspassagen verpflichtet, sich einer Werbegemeinschaft anzuschließen bzw. sogar unabhängig von seinem Beitritt hierzu monatliche Werbebeiträge zu entrichten, sind unbedenklich, dürften aber schwer darstellbar sein.

1. Formularmäßige Beitrittsverpflichtung

261 Auch eine formularmäßige Beitrittsverpflichtung ist unter bestimmten Voraussetzungen möglich. Der Mieter kann verpflichtet werden, einer bestehenden Werbegemeinschaft in Form eines eingetragenen Vereins beizutreten. Die Regelung muss transparent sein. Dazu gehört, dass in der Vereinssatzung die Höhe der monatlich zu zahlenden Beiträge konkret beziffert werden. Ist dies der Fall, bedarf es im Hinblick auf das Transparenzgebot des § 307 Abs. 1 S. 2 BGB im Mietvertrag und in der Satzung keiner weiteren Festsetzung einer Höchstgrenze der Beiträge.[504] Unzulässig ist aber die Gestaltung der Werbegemeinschaft als Gesellschaft bürgerlichen Rechts. Eine solche Klausel verstößt wegen des damit verbundenen Haftungsrisikos des Mieters gegen § 307 Abs. 1 S. 1 BGB.[505]

262 Auch wenn in diesem Fall der Beitritt unwirksam ist, schuldet der Mieter die vereinbarten Werbebeiträge nach den Grundsätzen über den fehlerhaften Beitritt zu einer Gesellschaft bis zum Zugang einer wirksamen Kündigung, ohne dass es darauf ankäme, ob er durch einen formularmäßigen Beitritt zur Werbegemeinschaft unangemessen benachteiligt wird (§ 307 Abs. 1 BGB).[506] Allerdings müssen sich die vom Mieter zu zahlenden Beträge aus einer transparenten Regelung ergeben.[507]

2. Hinweise zur Klauselgestaltung

263 Die Klausel darf nicht „optisch versteckt" werden, auch die Gestaltung der Beitragshöhe muss transparent gestaltet werden. Ein Zwangsbeitritt ist zwar nicht per se unzulässig, dem Mieter müssen aber die Folgen (Umfang seiner Haftungsrisiken und die Kosten) deutlich gemacht werden.

264 Ist ein formularvertraglicher Beitritt vorgesehen, muss der Gesellschaftsvertrag bzw. die Satzung als Anlage zum Mietvertrag beigefügt werden. Gesellschaftsverträge unterliegen gem. § 310 Abs. 1 BGB nur einer eingeschränkten Inhaltskontrolle.

---

502 OLG Düsseldorf ZMR 2001, 181.

503 Lindner-Figura NZM 1999, 738, Guhling/Günter/Leonhard BGB Anh. § 535 Rn. 117, mwN.

504 BGH NJW 2016, 2489; Abgrenzung zu BGH NJW 2006, 3057 = NZM 2006, 775.

505 BGH BeckRS 2006, 10568 = NJW 2006, 3057 = GE 2006, 1163.

506 BGH BeckRS 2016, 10544 =NJW 2016, 2492, 2493; vgl. auch Beschl. über die Ablehnung von PKH, BGH NJW 2003, 1252 (1254); 1992, 1501 (1502) jeweils mwN.

507 BGH NJW 2006, 3057.

Statt einer Zwangsmitgliedschaft könnten „Zwangsbeiträge" verlangt werden. Dies wäre mE durch AGB möglich, weil alle Mieter von gemeinsamen Werbemaßnahmen profitieren.[508] Denkbar wäre eventuell eine Gestaltung, die dem Mieter offenlässt, ob er einer Werbegemeinschaft beitritt oder nicht. Tut er dies nicht, könnte er verpflichtet werden, an den Vermieter oder ggf. direkt an die Werbegemeinschaft[509] zusätzlich zur Miete einen zweckgebundenen Kostenbeitrag zu zahlen. Allerdings muss eingeräumt werden, dass mangelnde Mitspracherechte eine solche Konstruktion zu Fall bringen könnten.[510] Denn es müsste auch geregelt werden, wer die Höhe der Beiträge und die Mittelverwendung festlegt. Wenn dies nicht im Mietvertrag, sondern von der Werbegemeinschaft separat bestimmt werden, könnte dem § 308 Nr. 4 BGB entgegenstehen: Danach ist „insbesondere unwirksam" eine Klausel, wonach der Verwender das Recht hat, die versprochene Leistung zu ändern oder von ihr abzuweichen. Das geht nur, wenn diese Änderungsmöglichkeit für den anderen Teil zumutbar ist. 265

XXIX. Beendigung des Mietverhältnisses

Ausgangspunkt ist § 542 BGB, wonach befristete Mietverträge mit Zeitablauf enden, ohne dass es einer Kündigung bedarf, wohingegen unbefristete Mietverhältnisse gekündigt werden müssen, um zu enden. Maßgeblich ist dabei in aller Regel die Kündigungsfrist nach § 580a Abs. 2 BGB. In Geschäftsraummietverträgen werden hiervon meist abweichende formularvertragliche Regelungen getroffen. 266

1. Formalien

a) Schriftform/Übermittlungsart. § 568 Abs. 1 BGB betrifft lediglich Wohnraummietverträge, da § 578 BGB nicht auf ihn verweist, mit der Folge, dass die Kündigung eines Geschäftsraummietvertrages keinen entsprechenden Formvorschriften unterliegt.[511] Zulässig ist es, formularvertraglich entsprechende Formvorgaben zu vereinbaren, insbesondere die Schriftform der Kündigung bei Gewerberaummietverhältnissen (vgl. § 309 Nr. 13 BGB).[512] Darüber hinausgehende Erfordernisse („Einschreiben" bzw. „Einschreiben/Rückschein") verstoßen zwar im nichtkaufmännischen Bereich gegen § 309 Nr. 13 BGB, begegnen aber zwischen Kaufleuten keinen Bedenken. 267

Formularvertraglich kann daher eine besondere Übermittlungsart vorgesehen werden, wie bspw. ein „Einschreiben". Allerdings muss dann klar sein, ob damit ein Wirksamkeitserfordernis verbunden sein soll, oder es lediglich ein Beweisregel für den Zugang sein soll. Im Rahmen der der Auslegung soll regelmäßig nicht von einem Wirksamkeitserfordernis auszugehen sein. Will der Klauselverwender daher die Vereinbarung der Übermittlungsart als Wirksamkeitserfordernis erreichen, muss dies deutlich zum Ausdruck gebracht werden.[513] 268

Unwirksam ist eine solche Klausel, wenn sie sich an einer unvermuteten Stelle findet.[514]

b) Zugang/Zugangsfiktion. Formularklauseln, welche den Zugang der Kündigungserklärung als das entscheidende Wirksamkeitserfordernis nach § 130 BGB fingieren, 269

---

508 Vgl. OLG Hamburg BeckRS 2004, 6389 = ZMR 2004, 509; aA OLG Düsseldorf BeckRS 1993, 5555 = ZMR 1993, 469.

509 „Drittzahlungsmodell" vgl. Schmidt-Futterer/Lehmann-Richter BGB § 535 Rn. 740; Lehmann-Richter ZMR 2017, 861.

510 OLG Düsseldorf BeckRS 1993, 5555; vgl. Lindner-Figura/Oprée/Stellmann Geschäftsraummiete-HdB/Eggersberger/Laas § 23. Rn. 90.

511 In bemerkenswerter Weise übersehen von LG Itzehoe 19.2.2021 – 7 O 217/20, BeckRS 2021, 37264; geradegerückt von OLG Schleswig 10.11.2021 – 12 U 19/21, Hofele jurisPR-MietR 4/2022 Anm. 3.

512 BGH NJW-RR 1989, 625 (626).

513 BGH BeckRS 2004, 02251 = ZMR 2004, 344.

514 OLG Naumburg BeckRS 1999, 6283= NZM 2000, 90.

verstoßen im nichtkaufmännischen Bereich gegen § 308 Nr. 6 BGB[515] und auch gegenüber einem Kaufmann bzw. Unternehmer iSv § 310 BGB wegen unangemessener Benachteiligung gegen § 307 BGB.[516]

270 c) **Begründung/Angabe des Kündigungstermins.** Im Gewerberaummietrecht bedarf die Kündigung anders als im Wohnraummietrecht keiner Begründung[517]. Es bestehen m. E. aber keine Bedenken, eine solche Begründungspflicht formularvertraglich vorzusehen, wenn die Klausel transparent gestaltet ist.

271 Ebenso ist die Angabe des Kündigungstermins kein Wirksamkeitserfordernis.[518]

272 d) **Nachträglicher Wegfall der Kündigungsfolgen.** Die stillschweigende Verlängerung nach § 545 BGB kann formularvertraglich ausgeschlossen werden.[519] Hierfür soll lediglich die Nennung des Paragraphen genügen, ohne dessen wesentlichen Inhalt oder die dort geregelten Rechtsfolgen wiederzugeben.[520]

273 Die nachträgliche Unwirksamkeit der Kündigung gem. § 543 Abs. 2 S. 3 BGB kann mittelbar durch die wirksame formularmäßige Vereinbarung eines Aufrechnungsverbots ausgeschlossen werden. Gleiches gilt, wenn die AGB die Aufrechnung von einer vorherigen Anzeige abhängig machen und die wirksam vereinbarte Anzeigefrist den Mieter an einer unverzüglichen Aufrechnungserklärung gem. § 543 Abs. 2 S. 3 BGB hindert.

2. Fristgerechte, ordentliche Kündigung

274 a) **Kündigungsfristen.** Die gesetzlichen Kündigungsfristen des § 580a BGB können **verlängert** werden.[521] Allenfalls eine langfristige Kündigungsfrist von mehr als einem Jahr ohne rechtfertigenden Zweck könnte gegen § 307 BGB verstoßen. Eine **Verkürzung** der Kündigungsfristen ist auch formularmäßig wirksam, aber nicht ein vollständiger Ausschluss, der unzulässigerweise eine jederzeitige fristlose Kündigung ohne (wichtigen) Grund zulassen würde.[522]

275 Krasse Abweichungen zwischen der Länge der Kündigungsfristen für den Vermieter einerseits und den Mieter andererseits können gegen § 307 BGB verstoßen (Kündigungsfrist des Mieters von 6 Monaten zum Schluss des Kalenderjahres bei einem für die Dauer von 30 Jahren vereinbarten Mietverhältnis;[523] Bindung des Vermieters an einen Vertrag von 30 Jahren, Kündigungsfrist des Mieters von 6 Monaten;[524] gleiches gilt umgekehrt auch bei einer langfristigen Bindung des Mieters und kurzfristigen Loslösungsmöglichkeiten des Vermieters).

276 b) **Kündigungsausschlussklauseln.** Das Recht zur ordentlichen Kündigung kann nicht auf Dauer wirksam formularvertraglich ausgeschlossen werden; andernfalls würde der Vertragspartner des Verwenders unangemessen iSv § 307 BGB benachteiligt werden.[525] Eine Kündigungsausschlussklausel in einem Gewerberaummietvertrag, die es beiden Parteien untersagt, für 60 Monate zu kündigen, ist wirksam. Die Vier-Jahres-Grenze gilt nur für Wohnraum.[526]

---

[515] BayObLG WPM 1980, 222.
[516] OLG Hamburg WPM 1986, 383 (385).
[517] Guhling/Günter/Krüger/Horn BGB § 542 Rn. 19.
[518] Lindner-Figura/Oprée/Stellmann Geschäftsraummiete-HdB/Oprée § 18. Rn. 31.
[519] BGH NJW 1991, 1750 mwN; OLG Hamm NJW 1983, 826.
[520] OLG Dresden BeckRS 2016, 116020; KG BeckRS 2014, 7858; OLG Rostock NJW 2006, 3217 = NZM 2006, 584 rkr.; aA allerdings für die Wohnraummiete: keine wirksame Einbeziehung iSv § 2 AGBG, jetzt § 305 Abs. 2 BGB: OLG Schleswig NJW 1995, 2858 (2859); LG München I WuM 1997, 612; für die Gewerberaummiete LG Berlin WuM 1996, 707.
[521] OLG Zweibrücken WuM 1990, 8; LG Berlin ZMR 1986, 54.
[522] Lindner-Figura/Oprée/Stellmann Geschäftsraummiete-HdB/Oprée § 18. Rn. 94.
[523] OLG Hamm ZMR 1988, 386.
[524] OLG Hamburg NJW-RR 1992, 74 (75); OLG Jena NJW-RR 2006, 809.
[525] OLG Celle MDR 1990, 154; LG Karlsruhe WuM 1979, 192.
[526] BGH 23.10.2019 – XII ZR 125/18, BeckRS 2019, 28792 Rn. 19.

Einschränkungen des Rechts zur ordentlichen Kündigung sind dagegen grundsätzlich möglich, sofern damit keine unangemessene Benachteiligung des anderen Vertragsteils verbunden ist.[527] 277

3. Fristlose Kündigung

Das Recht zur fristlosen Kündigung kann weder ausgeschlossen noch wesentlich eingeschränkt werden.[528] Es ist aber zulässig auch durch Formularklausel die Gründe, die eine fristlose Kündigung rechtfertigen sollen, abweichend von den gesetzlichen Vorgaben zu regeln, soweit die §§ 543 ff. BGB konkretisiert werden, nicht aber von deren wesentlichen Grundgedanken abgewichen wird.[529] 278

Unwirksam sind daher Formularklauseln, die dem Vermieter das Recht zur fristlosen Kündigung auch bei einem unerheblichen oder vom Mieter unverschuldeten Zahlungsrückstand einräumen („trotz schriftlicher Mahnung mit der Zahlung einer Mietzinsrate ganz oder teilweise länger als einen Monat in Rückstand"[530]). Dies gilt auch für den kaufmännischen Geschäftsverkehr.[531] Nach § 307 BGB sind weiter Klauseln unwirksam, die dem Vermieter generell das Recht zur fristlosen Kündigung bei einer wesentlichen Verschlechterung oder erheblichen Gefährdung der Vermögenslage des Mieters einräumen.[532] Dies deshalb, weil nicht klargestellt ist, dass dadurch zugleich die Ansprüche des Vermieters und damit seine Interessen gefährdet werden.[533] Eine formularvertragliche Regelung, wonach der Vermieter bei Antrag auf Eröffnung des Insolvenzverfahrens in das Vermögen des Mieters zur fristlosen Loslösung berechtigt sein soll, scheitert nunmehr an § 119 InsO.[534] Eine Klausel, die dem Vermieter ein Recht zur fristlosen Kündigung für den Fall der Nichteröffnung des Insolvenzverfahrens mangels Masse einräumt, soll hingegen zulässig sein. 279

Gegen § 307 BGB verstoßen weiter Klauseln,[535] wenn dadurch dem Vermieter das Recht zur fristlosen Kündigung eingeräumt wird, sofern 280

- der Mieter eine Pfändung eingebrachter Sachen nicht unverzüglich anzeigt,
- der Mieter unrichtige Auskünfte über die Eigentumsverhältnisse an eingebrachten Sachen erteilt,
- über den Mieter ungünstige Auskünfte vorliegen,
- lediglich eine unerhebliche Verletzung des Mietvertrags vorliegt,[536]
- der Mieter das Objekt in vertragswidriger Weise nutzt und dies nicht zuvor vom Vermieter abgemahnt wurde.

Zulässig sind dagegen Klauseln, die dem Vermieter das Recht zur fristlosen Kündigung einräumen, wenn 281

- sich der Mieter mit der Zahlung einer Monatsmiete länger als einen Monat in Verzug befindet.[537]
- mehrfacher Verzug mit nicht unerheblichen Teilen des Mietzinses trotz Abmahnung vorliegt.

---

[527] Vgl. BGH NZM 2001, 854; OLG Schleswig WuM 2000, 629 = ZMR 2000, 614; OLG Celle MDR 1990, 154 und zur Wohnraummiete BGH NZM 2005, 419; ZMR 2004, 251 und ZMR 2004, 802.

[528] BGH NJW-RR 1987, 903 (905); ZMR 1978, 207.

[529] BGH NJW 1987, 2506; NJW-RR 1987, 903; WuM 1987, 317.

[530] BGH NZM 1998, 718; NJW 1987, 2506 (2507); OLG Düsseldorf NZM 2002, 953; WuM 1996, 411; OLG Hamm ZMR 1992, 152; OLG Karlsruhe NJW-RR 2003, 945.

[531] BGH NJW 1986, 424 (426).

[532] BGH NJW 2001, 292; 1991, 102 (104) (zum Leasingvertrag); AG Hamburg WuM 1988, 362 (Einräumung eines Kündigungsrechts bei Abgabe der eidesstattlichen Versicherung durch den Mieter).

[533] BGH WPM 1984, 1217 (1219).

[534] OLG Hamm NZM 2002, 343; OLG Düsseldorf ZMR 2006, 856.

[535] Vgl. instruktiv BGH NJW 2012, 1431 = NZM 2012, 394.

[536] OLG Düsseldorf NZM 2002, 953.

[537] BGH NJW-RR 1987, 903 (905); NZM 1998, 718; OLG Düsseldorf ZMR 2006, 927; aA OLG Düsseldorf WuM 1996, 411.

- Verzug mit der Kautionszahlung gegeben ist, nicht aber die Nichtzahlung der Kaution, da andernfalls auch die unverschuldete Nichtzahlung erfasst wäre.[538]

282 Die formularvertragliche Einräumung der fristlose Kündigungsmöglichkeit bei wesentlichen Verschlechterungen oder erheblicher Gefährdung der Vermögenslage des Mieters ist nur dann wirksam, wenn dadurch zugleich die Ansprüche und Interessen des Vermieters gefährdet werden.[539]

283 Eine Verschärfung der Kündigungsvoraussetzungen zugunsten des Mieters ist zulässig, sofern dadurch im Ergebnis nicht das Recht zur fristlosen Kündigung ausgeschlossen oder wesentlich eingeschränkt wird.[540]

284 Zu beachten ist, dass dann, wenn eine Klausel ein bestimmtes Verfahren für die fristlose Kündigung vorschreibt, diese Vorgaben auch dann eingehalten werden müssen, wenn die Klausel wegen Verstoßes gegen § 307 BGB unwirksam ist – letztendlich abgeleitet aus § 242 BGB.[541] So etwa dann, wenn eine fristlose Kündigung wegen Zahlungsverzugs nur nach vorheriger Mahnung zulässig sein soll; dann darf sich der Mieter auch bei unwirksamer Klausel auf die Einhaltung dieser Voraussetzungen verlassen.[542]

4. Sonderkündigungsrecht bei Tod des Mieters

285 Bei Tod des Mieters gibt es im Gewerberaummietrecht keine Eintrittsrechte der Erben. § 563 ff BGB (Eintrittsrecht bei Tod des Mieters) finden mangels Verweises in § 578 Abs. 2 BGB keine Anwendung. Das im Geschäftsraummietrecht[543] geltende Sonderkündigungsrecht nach § 580 BGB bei Tod des Mieters ist abdingbar. Individualvertraglich ist § 580 BGB vollständig abdingbar.[544] In der Rechtsprechung ist bisher ungeklärt, ob das Kündigungsrecht nach § 580 BGB zum gesetzlichen Leitbild der Miete zählt, was Voraussetzung für die Inhaltskontrolle ist.

286 Alle Klauseln, die das Kündigungsrecht formularvertraglich einschränken sollen, müssen für Mieter und Vermieter jedenfalls gleichlaufend gelten.[545] Aus meiner Sicht möglich sein müsste eine formularvertraglich vorgesehene gleichlaufende Verlängerung der im Gesetz vorgesehenen „Überlegungsfrist", um den Parteien mehr Zeit zu geben, sich im Erbfall neu orientieren zu können.

287 Für die Vertragsgestaltung wird auf die unterschiedlichen Interessenlagen abzustellen sein, warum das Kündigungsrecht eingeschränkt werden soll: Will der Mieter zB sicherstellen, dass „sein" Unternehmen von seinen Erben weitergeführt werden kann, weil da so geplant ist, hat er Interesse am Ausschluss des Kündigungsrechts des Vermieters. Findet eine solche Vereinbarung in einem ansonsten vom Vermieter gestellten Vertrag Eingang, dürfte dies als Individualvereinbarung darstellbar sein. Demgegenüber dürfte ein mieterseits formularvertraglich vorgesehener beiderseitiger Kündigungsausschluss eher nicht sinnvoll ist: Denn der Mieter würde bei jedem Vertragsschluss seine Erben binden, ohne im Zeitpunkt des Vertragsschlusses wissen zu können, ob sie den Vertrag auch fortsetzen wollen.

288 ME sollte es im „Standardvertrag" bei der gesetzlichen Regelung bleiben. Denn da der Tod durchaus persönlich genommen werden muss, sollten die Parteien im konkreten Fall überlegen, was passieren soll. Daher sollte im konkreten Einzelfall eine Individualvereinbarung darstellbar sein.

---

538 Vgl. KG GE 2003, 525.
539 OLG München ZMR 1997, 458 (460).
540 BGH NJW-RR 1987, 903 (905).
541 BGH NJW 1987, 2506 (2507).
542 OLG Celle ZMR 2014, 276.
543 Bei Pachtverhältnissen ist das Kündigungsrecht nach § 580 BGB für den Verpächter nach § 584a Abs. 2 BGB ausgeschlossen. Für die Landpacht gilt § 594d BGB.
544 Schmidt-Futterer/Streyl BGB § 580 Rn. 12.
545 Blank/Börstinghaus/Siegmund/Weidt BGB § 580 Rn. 36.

5. Sonstige Beendigungsgründe

Bis zur Überlassung der Mietsache ist es zulässig, formularvertraglich Rücktrittsrechte aus sachlich gerechtfertigten, in der Klausel selbst bereits im Einzelnen konkretisierten Gründen vorzubehalten, sofern Gründe, die dem Klauselverwender bereits vor Vertragsschluss bekannt waren oder die er hätte ohne weiteres erkennen können, ausgenommen werden.[546] § 308 Nr. 3 BGB bzw. im kaufmännischen Verkehr §§ 310 Abs. 1, 307 BGB) gelten zwar nicht für Dauerschuldverhältnisse und damit auch langfristige Mietverträge, aber erst ab Überlassung des Mietobjektes. Formularvertragliche Rücktrittsrechte für die Zeit nach Überlassung des Mietobjektes sind zwar zulässig, dürfen aber nicht auf eine unzulässige Ausübung der Kündigungsvorschriften hinauslaufen, da andernfalls ein Verstoß gegen § 307 Abs. 2 Nr. 1 BGB vorliegt. 289

Auflösende Bedingungen iSv § 158 Abs. 2 BGB sollten vorsorglich zur Vermeidung des Überraschungseffektes nach § 305c BGB und auch des Verstoßes gegen § 307 Abs. 1 BGB individuell konkret vereinbart werden. 290

XXX. Abwicklung des beendeten Mietverhältnisses

1. Rückgabe der Mietsache

Da die Vorschriften über die Selbsthilfe nach den §§ 229 ff. BGB zwingendes Recht beinhalten, dürfte eine Klausel, die dem Vermieter das Recht einräumt, für den Fall der nicht rechtzeitigen Rückgabe des Mietobjektes im Wege der Selbsthilfe ohne Mitwirkung des Mieters die Mietsache wieder in Besitz nehmen zu dürfen, nicht wirksam sein.[547] Ohne Verstoß gegen § 307 Abs. 2 Nr. 1 BGB kann dem Mieter daher auch der Verzicht auf den Einwand der verbotenen Eigenmacht nicht abgeschnitten werden. 291

Aus der Rückgabeverpflichtung nach § 546 Abs. 1 BGB folgt, dass der Mieter grundsätzlich den vormaligen Zustand wie bei Vertragsbeginn wiederherzustellen hat unter Entfernung von Einrichtungen, mit denen er die Mieträume versehen hat, unter Beseitigung baulicher Änderungen und – dies aber nur bei entsprechender vertraglicher Verpflichtung – unter Endrenovierung der Räume (zu den Schönheitsreparaturen vgl. vorstehend unter → Rn. 192). 292

Werbeeinrichtungen bzw. Praxis- und Firmenschilder darf der Mieter in aller Regel für eine Übergangszeit von 3 bis 6 Monaten noch am ursprünglichen Mietobjekt unter Hinweis auf die Verlegung seines Betriebes bzw. seiner Praxis anbringen.[548] 293

Zur Erfüllung der Beweispflicht des Vermieters, dass sich das Mietobjekt bei Rückgabe in einem gegenüber dem Vertragsbeginn verschlechterten Zustand befand, kann nur ein gesondert unterschriebenes Rücknahmeprotokoll empfohlen werden. Formularklauseln, die im Falle des Fernbleibens des Mieters dessen Einverständnis mit den im Protokoll getroffenen Feststellungen fingieren, verstoßen gegen § 308 Nr. 5 BGB und im kaufmännischen Geschäftsverkehr gegen § 307 Abs. 1 BGB.[549] Erforderlich ist es danach, dem Mieter eine angemessene Frist einzuräumen, die bereits in der Klausel so konkret bezeichnet sein muss, dass für den Mieter Fristbeginn und -ende klar ersichtlich sind und die Klausel muss die Verpflichtung des Vermieters enthalten bei Fristbeginn gegenüber seinem Vertragspartner ausdrücklich auf die mit einem Schweigen verbundenen Folgen hinzuweisen. 294

2. Zurückgelassene Sachen des Mieters

Den Vermieter trifft kraft Gesetzes die Verpflichtung, vom Mieter im Mietobjekt zurückgelassene Sachen (sofern sie nicht nachweislich völlig wertlos sind) im Rahmen 295

---

[546] BGH NJW 1987, 831 (833).
[547] Vgl. BGH NJW 1977, 1818.
[548] OLG Düsseldorf NJW 1988, 2545.
[549] BGH NJW 1988, 55 (57).

der verkehrsüblichen Sorgfalt gegen Verlust und Beschädigung zu bewahren.[550] Es ist daher wirksam, formularvertraglich dem Vermieter das Recht einzuräumen, diese bei Rückgabe des Mietobjektes zurückgelassenen Sachen auf Kosten des Mieters einzulagern, wenn dieser seiner Abholverpflichtung trotz Aufforderung nicht nachkommt (allerdings darf sich der Vermieter nicht derartiger Sachen entledigen[551]). Umstritten ist, ob nicht zumindest im kaufmännischen Geschäftsverkehr die vollständige Freizeichnung des Vermieters von derartigen Obhutspflichten formularmäßig zulässig ist mit der Begründung, es sei einem Kaufmann grundsätzlich zuzumuten, im Rahmen der für ihn gebotenen Sorgfalt sich darüber zu vergewissern, dass keine Sachen im Mietobjekt zurückgelassen sind. Zulässig dürfte aber unter dem Gesichtspunkt der §§ 307, 309 BGB eine Klausel sein, wonach sich der Vermieter jedenfalls dann von seinen Obhutspflichten freizeichnen kann, wenn er den Mieter zuvor zur Abholung der Sachen aufgefordert und ihn auf die Folgen des Fristablaufs hingewiesen hat.

296 Unwirksam ist eine Klausel wegen Verstoßes gegen § 307 Abs. 1 BGB, nach der der Vermieter im Fall der nicht rechtzeitigen Erfüllung der Räumungsverpflichtung (also ggf. sogar bereits vor Rückgabe der Mietsache) die Sachen des Mieters auf dessen Kosten entfernen lassen kann.[552]

3. Verspätete Rückgabe des Mietobjektes

297 Formularklauseln, die es dem Vermieter ermöglichen, einen Zuschlag im Fall der Vorenthaltung des Mietobjektes auf die Nutzungsentschädigung nach § 546a Abs. 1 BGB zur bisherigen Miete vorzunehmen, sind nur dann zulässig, wenn die ortsübliche Miete als Obergrenze vereinbart ist. Die Zubilligung eines darüber hinausgehenden Anspruches würde gegen § 308 Nr. 7a und § 309 Nr. 5 BGB (etwa dann, wenn dem Mieter der Gegenbeweis abgeschnitten wird) verstoßen und auch im kaufmännischen/unternehmensbezogenen Geschäftsverkehr gegen § 307 Abs. 2 Nr. 1 BGB. So ist ein Druckzuschlag von 150 % der letzten Sollmiete bei der formularmäßigen Vereinbarung einer Nutzungsentschädigung unwirksam.[553] Ebenso unwirksam ist eine Klausel, nach deren Inhalt die Miete bis zur Herstellung des vertragsgemäßen Zustands der Mietsache zu bezahlen ist.[554]

4. Mieteransprüche

298 Der Ausschluss des Wegnahmerechtes des Mieters in Bezug auf Einrichtungen nach § 552 BGB ohne Entschädigung verstößt im nichtkaufmännischen Geschäftsverkehr gegen § 309 Nr. 6 BGB (außer der Mieter hat sich verpflichtet, das Mietobjekt mit bestimmten Einrichtungen zu versehen, was bereits bei der Mietzinsbemessung berücksichtigt wurde[555]). Im kaufmännischen Geschäftsverkehr ist dies dagegen zulässig.

299 Der Anspruch des Mieters auf Verwendungsersatzes nach § 539 BGB kann formularvertraglich abbedungen werden. Dies gilt für nicht notwendige (sog. nützliche) Verwendungen deshalb, da sie in aller Regel vom Mieter in seinem eigenen Interesse vorgenommen wurden. Bei notwendigen Verwendungen ist ein derartiger Ausschluss in dem Maße zulässig, in dem der Mieter vertraglich zur Übernahme von Instandhaltungs- und Renovierungsarbeiten verpflichtet ist[556] (vgl. hierzu näher vorstehend unter → Rn. 177 f.). Ein Ausschluss jeglichen Verwendungsersatzanspruches mittels Formularklausel auch für den Fall, dass die Vertragsbeendigung vom Mieter nicht zu vertreten ist, verstößt aber gegen §§ 309 Nr. 6 bzw. 310 Abs. 1, 307 BGB.

---

[550] BGH WM 1971, 943.
[551] OLG Hamburg NJW-RR 1989, 881 (883).
[552] Vgl. OLG Frankfurt a. M. NJW-RR 1998, 368.
[553] OLG Frankfurt a. M. BeckRS 2011, 14076.
[554] OLG Düsseldorf NZM 2002, 742.
[555] BGH ZMR 1996, 122 (123).
[556] BGH ZMR 1996, 122 (123).

Klauseln, wonach der Anspruch des Mieters auf Rückerstattung vorausbezahlter Miete bzw. eines anrechenbaren Baukostenzuschusses nach § 547 BGB für den Fall einer vom Vermieter zu vertretenen vorzeitigen Vertragsbeendigung ausgeschlossen werden unterliegen den Bestimmungen über die Vertragsstrafe (vgl. vorstehend unter → Rn. 87f.). Sie verstoßen einmal gegen § 309 Nr. 6 BGB und im kaufmännischen Geschäftsverkehr gegen § 307 BGB.[557] 300

5. Verjährung nach § 548 BGB

Vermieter äußern regelmäßig Interesse an der Verlängerung der Verjährungsfrist, Mieter eher an einer Verkürzung. Eine vertragliche Verlängerung der Verjährungsfrist ist möglich, jedoch nicht über eine Verjährungsfrist von 30 Jahren, ab dem gesetzlichen Verjährungsbeginn hinaus (§ 202 BGB). Diese weite Frist gilt aber nur für **Individualvereinbarungen.**[558] 301

Gem. § 548 Abs. 1 S. 2 BGB beginnt die Verjährung der Ersatzansprüche und des Wegnahmerechts mit Rückgabe der Mietsache. Ab diesem Zeitpunkt hat der Vermieter sechs Monate Zeit, den Zustand der Mietsache zu kontrollieren und ggf. Ersatzansprüche geltend zu machen. Dies gilt auch dann, wenn die Ansprüche erst später entstehen.[559] 302

§ 548 BGB ist keine bloße Zweckmäßigkeitsvorschrift, sondern beruht auf Gerechtigkeitserwägungen; die Vorschrift gehört damit zum wesentlichen Grundgedanken der gesetzlichen Regelung, dh zum Leitbild der mietrechtlichen Vorschriften.[560] Daher kann die Verjährungsfrist des § 548 Abs. 1 BGB nicht verlängert werden. Dies gilt unabhängig davon, ob auch zugunsten des Mieters die Frist des § 548 Abs. 2 BGB verlängert ist.[561] 303

Dies kann auch nicht dadurch umgangen werden, dass der Beginn der Verjährung abweichend geregelt wird, etwa auf die Beendigung des Mietverhältnisses[562] oder sonstige Umstände.[563] 304

Demnach dürfte auch eine formularvertragliche Bestimmung, welche die Fälligkeit des Anspruchs hinausschiebt, im Geschäftsraummietrecht nicht möglich sein. Die Rechtsprechung zu den AGB eines Autovermieters[564] ist m. E. nicht übertragbar. Dort sind Klauseln zulässig, die sich auf Ansprüche beziehen, deren Bestehen oder Nichtbestehender Vermieter aus von ihm nicht zu vertretenen Gründen nicht ohne weiteres beurteilen kann. Meist geht es um Beschädigungen der Mietsache aufgrund von Unfällen, bei denen der Vermieter keinerlei Kenntnis über Unfallhergang, Unfallverursachung und mithin eventuelle Haftung des Mieters hat und Einsicht in die polizeilichen Ermittlungsakten benötigt. 305

Im Übrigen stellt sich auf Vermieterseite die Frage, ob die eingangs genannte Interessenäußerung nicht hinterfragt werden sollte und sich der Vermieter seine Rechte auch auf andere Weise erhalten kann.[565] 306

[557] BGH NJW 1985, 57 (58); anders dann, wenn es sich um einen „verlorenen Zuschuss" handelt: OLG München ZMR 1995, 539 (540); OLG Düsseldorf NJOZ 2002, 1736.

[558] BGH BeckRS 2017, 132454 Rn. 39.

[559] Vgl. BGH NJW 2005, 739; OLG Düsseldorf GE 2008, 265.

[560] BGH BeckRS 2017, 132454 Rn. 22, aA Lindner-Figura/Oprée/Stellmann Geschäftsraummiete-HdB/Oprée § 17. Rn. 78 mwN.

[561] BGH BeckRS 2017, 132454 Rn. 31; Guhling/Günter/Guhling BGB § 548 Rn. 73.

[562] BGH BeckRS 2017, 132454 Rn. 32 ff.

[563] OLG Düsseldorf BeckRS 1990, 2934 = NJW-RR 1991, 208 „Fristbeginn sechs Monate nach Auszug des Mieters; BGH BeckRS 1983, 1151 = NJW 1984, 289 (290) für ein Kfz-Mietvertrag.

[564] Verschiebung der Fälligkeit für sechs Monate, weil der der Autovermieter bei Unfällen regelmäßig Zeit für weitere Ermittlungen benötigt (Einsicht in die Unfallakten), OLG Stuttgart BeckRS 2001, 30160275. Vgl. auch BGH NJW 1986, 1608 und BGH NJW 1994, 1788, dort scheiterte aber auch bei der Autovermietung die Klausel daran, dass es keine Begrenzung der Fälligkeit gab.

[565] Sehr lesenswert Schmidt, Tempus fugit oder: Die (klauselrechtliche) Unmöglichkeit, Zeit festzuhalten, NZM 2019, 1 (11) zur Geschäftsraummiete.

6. Neuvermietung und Betriebsübergang

307 Mieter und Pächter haben oft Angestellte. Geht ein Betrieb oder Betriebsteil durch Rechtsgeschäft auf einen anderen Inhaber über, tritt dieser gem. § 613a BGB in die Rechte und Pflichten aus den im Zeitpunkt des Übergangs bestehenden Arbeitsverhältnissen ein.

308 Diese Norm sollte vor allem bei Restaurant- und Hotelverträgen beachtet werden, weil dort nicht selten bestehende bzw. laufende Betriebe „übernommen" werden. Scheidet ein Mieter bzw., Pächter aus und der neue Mieter führt den Betrieb im Mietobjekt unverändert oder im Rahmen einer ähnlichen Nutzung weiter und übernimmt Personal, Inventar oder Warenbestände, kann dies dazu führen, dass der neue Mieter bzw. Pächter in alle Rechte und Pflichten der im Zeitpunkt des Übergangs bestehenden Arbeitsverhältnisse des bisherigen Mieters eintritt[566]. Auch wenn der Neumieter aus dem Betriebsübergang wohl weder einen Sach- oder Rechtsmangel gegen den Vermieter ableiten kann noch eine Aufklärungspflicht des Vermieters besteht[567], sollte der Vermieter diese Frage im Auge haben.

309 Direkt betroffen ist der Verpächter aber dann, wenn er selbst einen Betrieb führt, diesen aber entweder „seinen" Betrieb verpachtet oder – umgekehrt – aber nach Beendigung eines Pachtverhältnis den Betrieb seines bisherigen Pächters weiterführt. Ein Betriebsübergang iSd § 613a BGB liegt im letzteren Falle aber nur dann vor, wenn der Verpächter den Betrieb auch tatsächlich selbst weiterführt. Die bloße Möglichkeit, den Betrieb selbst unverändert fortführen zu können, erlaubt nicht die Annahme eines Betriebsübergangs[568].

310 Der Vermieter bzw. Verpächter kann aber formularmäßig den Pächter nicht dazu verpflichten, bei Beendigung des Pachtvertrages alle abgeschlossenen Arbeitsverhältnisse „auf seine Kosten zu beenden" oder den Verpächter bzw. den Nachfolgebetreiber „von allen daraus entstehenden Kosten freihalten" beziehungsweise „entstandene Kosten erstatten" müsse, wenn er dies nicht tut.[569] Eine solche Freistellung kann nur individuell vereinbart werden.

XXXI. Rechtsgeschäftliche Regelungen

1. Vollmachtsklauseln

311 Es ist zwischen der Bevollmächtigung zum Empfang (unproblematisch) und zur Abgabe (problematisch) von Erklärungen zu unterscheiden.

312 Im Formularmietvertrag kann vorgesehen sein, dass sich Mieter darin gegenseitig zur Entgegenahme von Erklärungen bevollmächtigen.[570] Die gegenseitigen Bevollmächtigungsklauseln zur Abgabe von Erklärungen müssen aber **entweder den** Kreis der in Betracht kommenden Erklärungen eingrenzen **oder aber zumindest** die auf Beendigung des Mietverhältnisses gerichtete **Abgabeerklärungen** – wie Kündigung oder das Angebot eines Mietaufhebungsvertrages – ausdrücklich ausnehmen.[571]

313 Ein ausdrücklicher Hinweis, dass die Vollmacht jederzeit widerruflich ist, soll nicht erforderlich sein.[572] Wenn aber in der Klausel sowohl die Empfangsvollmacht als auch die – nach dem vorgenannten entsprechend eingeschränkte – Abgabevollmachten ent-

[566] Zum Hintergrund Matthey/Kluth/Fröndhoff NZM 2005, 1.
[567] Matthey/Kluth/Fröndhoff NZM 2005, 1 (5).
[568] BAG 18.3.1999 – 8 AZR 159/98, RdA 2000, 242 = BAGE 91, 121–128; Lindner-Figura/Oprée/Stellmann Geschäftsraummiete-HdB/Eggersberger/Laas § 23. Rn. 161.
[569] BGH BeckRS 2006, 04416.
[570] BGH BeckRS 1997, 7478 = NZM 1998, 22; OLG Dresden BeckRS 2016, 116020; ebenso BayObLG WuM 1997, 424; aA LG München I BeckRS 2016, 114562.
[571] KG BeckRS 2018, 4938; 2004, 13505.
[572] BGH BeckRS 1997, 7478 = NZM 1998, 22; aA OLG Celle BeckRS 1989, 30944679.

halten, sind, ist die ausdrückliche Nennung des Widerrufsrechts schon aus Transparenzgründen zu empfehlen.

Allerdings liegt aufgrund der wechselseitigen Vertretung iSv § 164 Abs. 3 BGB keine Zugangsfiktion, die an § 308 Nr. 6 BGB scheitern könnte.[573] Regelungen, die vorsehen, dass sich die Rechtsfolgen einer Erklärung des einen Mieters auch auf den oder die anderen Mieter erstrecken, sind möglich, weil das Gesetz diese „Rechtsfolgenerstreckung“ in §§ 422 ff BGB vorsieht[574]. Allerdings verstoßen nur dann nicht gegen § 307 Abs. 1 BGB, wenn sie von vornherein inhaltlich bestimmt und auf die Fälle begrenzt sind, die für die Vertragspartner des Verwenders entweder günstig oder für sie nicht mit wesentlichen Nachteilen verbunden sind. Eine derartige Klausel gilt daher nicht für Kündigungen oder andere Erklärungen, die eine grundlegende Änderung des Mietverhältnisses bewirken. 314

2. Schriftformklauseln

Die üblichen Regelungen in Mietverträgen, wonach abweichende oder ergänzende Vereinbarungen zwingend der Schriftform bedürfen, sind schon wegen Verstoßes gegen § 305b BGB unwirksam. Nachträgliche mündliche Individualvereinbarungen haben daher, sofern bewiesen, auch vor Schriftformklauseln in Formularverträgen über langfristige Geschäftsraummietverhältnisse Vorrang, können also formlos geändert oder aufgehoben werden.[575] Dies gilt unabhängig davon, ob die Parteien bei der mündlichen Abrede an die Schriftformklausel gedacht haben oder nicht.[576] Sie können weiter gegen das aus § 307 BGB abgeleitete Transparenzgebot verstoßen, da beim Mieter der Eindruck erweckt wird, er könne sich nicht mit Erfolg auf mündliche Absprachen berufen.[577] 315

Qualifizierte Schriftformklauseln – wonach eine Vereinbarung über die Aufhebung der Schriftform ihrerseits schriftlich zu erfolgen hat – können individualvertraglich zwischen Kaufleuten vereinbart werden.[578] 316

Formularvertraglich sind sie jedenfalls wirkungslos, weil sie – ebenso wie einfache Schriftformklauseln – durch eine nachträgliche mündliche (bzw. konkludente) Individualvereinbarung abbedungen werden können. 317

Zu sog. **Schriftformheilungs- oder -sanierungsklauseln** → § 47 Rn. 50 und mwN. 318

3. Vollständigkeitsklauseln

Demgegenüber sind vorformulierte Regelungen, in denen der Mieter bestätigt, dass andere als im Vertrag enthaltene Abreden nicht getroffen worden sind, zulässig und entsprechen der ohnehin bestehenden widerlegbaren Vermutung der Vollständigkeit eines schriftlichen Vertrages.[579] Dem Mieter darf allerdings nicht der Beweis abgeschnitten werden, dass doch andere Abreden getroffen worden sind.[580] 319

---

573 BGH NZM 1998, 22; BayObLG WuM 1997, 424 (426); vgl. auch BGH NJW 1989, 2383; OLG Dresden NJOZ 2008, 1618.

574 Lindner-Figura/Oprée/Stellmann Geschäftsraummiete-HdB/Lindner-Figura § 7. Rn. 165.

575 BGH BeckRS 2008, 23064 = NJW 2009, 433 = NZM 2008, 931; BGH BeckRS 2005, 13511 = NJW 2006, 138 = NZM 2006, 59.

576 OLG Düsseldorf BeckRS 2012, 05813.

577 BGH NJW 1985, 320 (322); OLG Düsseldorf DWW 1990, 363; OLG Frankfurt a. M. WuM 1992, 56 (64); KG NZM 2005, 908; OLG Nürnberg DWW 1992, 143 (150).

578 Guhling/Günter/Guhling BGB § 305b Rn. 16 mwN.

579 BGH 3.3.2021 – XII ZR 92/19, BeckRS 2021, 5754 Rn 13; NJW 2008, 2106; 2002, 3164; 2000, 207 (208); OLG Düsseldorf DWW 1990, 363 (364) unter Hinweis auf BGH NJW 1985, 2329; OLG Karlsruhe NJW-RR 1988, 1194; OLG Nürnberg DWW 1992, 143 (150).

580 BGH NJW 1987, 1634; 1985, 623.

4. Salvatorische Klauseln

Soweit salvatorische Klauseln die Regelung in § 306 BGB lediglich wiederholen, begegnen sie keinen Bedenken.[581]

320 **a) Erhaltungsklausel – wirksame Beweislastregel.** Gleiches gilt für sog. Erhaltungsklauseln,[582] nach denen ein Mietvertrag ohne die nichtige Klausel wirksam sein soll. Bei einer derartigen Abbedingung des § 139 BGB trägt derjenige die Beweislast, der sich auf die Gesamtnichtigkeit beruft.[583]

321 **b) Ersetzungsklausel – unwirksam.** Hiergegen – wie auch gegen das Verbot der geltungserhaltenden Reduktion – verstoßen aber alle darüber hinausgehenden Klauseln, wonach sich die Parteien bei Unwirksamkeit einer Klausel verpflichten, eine erneute Regelung zu treffen, die zB der unwirksamen wirtschaftlich am nächsten kommt. Der Vertragspartner darf nicht in die Formulierungsverantwortung des Klauselverwenders hineingezwungen werden oder gar dazu verpflichtet sein, der unwirksamen Klausel auch noch dadurch zur Geltung zu verhelfen, dass sie nur umformuliert wird, aber praktisch wirkungsgleich bleibt.[584] Beide Klauseln sind aber inhaltlich trennbar, so dass die Erhaltungsklausel auch bei einer unwirksamen Ersetzungsklausel Bestand hat.[585]

§ 306 Abs. 2 BGB kann folglich nur durch eine individuelle Vereinbarung abbedungen werden.[586]

322 Anpassungsklauseln, also Klauseln, die es dem Verwender gestatten, unwirksam AGB durch neu formulierte und wirksame Klauseln zu ersetzen, dürften regelmäßig dem Transparenzgebot widersprechen. Sie könnten jedoch dann wirksam sein, wenn sie Voraussetzung und Inhalt der Änderungsbefugnis klar und unzweideutig festlegen.[587] Sog. **salvatorische Zusätze** („soweit gesetzlich zulässig") entfalten überhaupt keinerlei Wirkung.[588]

5. Kostentragungsklauseln

323 Klauseln, die den Mieter verpflichten, die mit dem Vertragsschluss verbundenen Kosten und Abgaben zu tragen, sind gem. § 307 BGB unwirksam, da der Mieter aus der Formulierung nicht entnehmen kann, um welche konkreten Kosten und Abgaben es sich handelt.

324 Auch eine formularmäßige Abwälzung der Kosten für den vom Vermieter eingeschalteten Makler ist unwirksam, und zwar entweder schon wegen eines Verstoßes gegen § 305c Abs. 1 BGB, ansonsten gem. § 307 BGB.

325 Außerdem sind Klauseln gem. § 307 Abs. 2 Nr. 1 BGB unwirksam, die dem Vertragspartner die Kosten einer außergerichtlichen oder gerichtlichen Rechtsverfolgung aufbürden.[589] Dies gilt etwa für im Rahmen einer gerichtlichen Geltendmachung entstandene zusätzliche Bearbeitungskosten, für die Kosten der ersten, verzugsbegründenden Mahnung[590] sowie für die Kosten eines beauftragten Inkassounternehmens. Letztere sind gem. § 254 Abs. 2 S. 1 BGB lediglich in begrenztem Umfang zu ersatzfähig.[591]

---

[581] BGH NJW 1991, 1750; 1989, 222; 1989, 583; 1984, 2161; OLG Celle WuM 1990, 103 (107); vgl. auch BGH NJW 2002, 507.
[582] BGH NJW 2005, 2225 = NZM 2005, 502.
[583] OLG Rostock BeckRS 2010, 05351.
[584] BGH NJW 2016, 401 Rn. 26; NJW-RR 1996, 786; OLG Celle WM 1994, 893; KG NJW 1998, 829; LG Köln NJW-RR 1987, 885.
[585] BGH NJW 2005, 2225 = NZM 2005, 502.
[586] OLG München NJW-RR 1988, 786.
[587] BGH NJW 1999, 1865.
[588] BGH NJW 1993, 1061; 1991, 2631 unter II. 5.
[589] BGH NJW 1985, 320; KG WM 1985, 714.
[590] BGH NJW 1985, 320; OLG Frankfurt a. M. ZIP 1983, 1213; OLG Köln WM 1986, 803.
[591] Vgl. hierzu OLG Dresden AIZ 2003, 178; NJW-RR 1996, 1471; OLG Köln VersR 2003, 459; OLG Nürnberg NJW 1988, 388; OLG München MDR 1997, 1069.

6. Rechtswahlklauseln

In einem Gewerberaummietvertrag kann grundsätzlich das auf den Vertrag anzuwendende Recht frei gewählt werden. Die Zulässigkeit der Rechtswahlklausel bestimmt sich gem. Art. 27 Abs. 4, 31 Abs. 1 EGBGB nach dem für den Vertrag gewählten Recht; bei der Wahl deutschen Rechts für den Mietvertrag gilt dieses also auch für die Zulässigkeit der Rechtswahl. Da im BGB keine besonderen Vorschriften über Rechtswahlvereinbarungen enthalten sind, sind solche Vereinbarungen regelmäßig unproblematisch. Gem. Art. 27 Abs. 1 EGBGB kann deutsches Recht sowohl für in Deutschland als auch für im Ausland belegene Räume vereinbart werden. Die VO EG 593/2008 (Rom-II-VO) verdrängt mit ihrem Inkrafttreten am 17.12.2009 gem. Art. 3 Nr. 1 EGBGB die Vorschriften des EGBGB über vertragliche Schuldverhältnisse. Die Art. 3 Abs. 5, 10 Abs. 1 Rom-II-VO enthalten den Art. 27 Abs. 4, 31 Abs. 1 EGBGB entsprechende Regelungen. Eine dem Art. 27 Abs. 1 EGBGB entsprechende Regelung findet sich in Art. 3 Abs. 1 Rom-II-VO. Die Rom-II-VO gilt nach ihrem Art. 2 universell, also nicht nur innerhalb der EU. 326

7. Schiedsklauseln und Schiedsgutachterklauseln

a) Schiedsklauseln. Gem. § 1029 Abs. 2 ZPO können Schiedsklauseln auch durch AGB in einen Vertrag eingeführt werden. Sie unterliegen jedoch der Inhaltskontrolle nach § 307 BGB. Schiedsklauseln schließen den Zugang zu staatlichen Gerichten aus und beschränken so den Rechtsschutz. Sie sind daher nur zulässig, wenn auf Seiten des Verwenders anerkennenswerte Gründe vorliegen. Während dies im Verkehr mit Verbrauchern regelmäßig nicht der Fall sein wird, kann im Rechtsverkehr zwischen Unternehmern das Vermieterinteresse an schneller und einfacher Streitbeilegung die Durchführung eines Schiedsverfahrens rechtfertigen. Daher ist eine Schiedsklausel an sich im Anwendungsbereich des § 310 Abs. 1 BGB weder überraschend iSd § 305c BGB noch bedeutet sie von vornherein eine unangemessene Benachteiligung des Mieters.[592] Formularmäßige Schiedsklauseln müssen den wesentlichen Grundgedanken der §§ 1025 ff. ZPO entsprechen, insbesondere müssen Unparteilichkeit des Schiedsrichters sowie ein faires Verfahren gewährleistet sein. Unwirksam ist eine Schiedsklausel daher, wenn nach ihrem Inhalt allein der Vermieter oder ein diesem nahestehender Dritter den Schiedsrichter bestimmen soll, so dass dem Mieter ein Schiedsrichter aufgedrängt wird.[593] Unwirksam ist die Klausel ferner, wenn sie dem Verwender ein Wahlrecht zwischen Schiedsgericht und staatlichem Gericht einräumt. Auch die Besorgnis der Benennung rechtsunkundiger Personen als Mitglieder des Schiedsgerichts führt zur Unwirksamkeit.[594] Auch Klauseln, die das Recht zur Ablehnung eines Schiedsrichters gem. §§ 1036 f. BGB oder das rechtliche Gehör beschränken sind unwirksam. 327

b) Schiedsgutachterklauseln. Bei Schiedsgutachterklauseln handelt es sich um materiellrechtliche Regelungen, für die die §§ 317 ff. BGB Anwendung finden. Der Schiedsgutachter soll Feststellungen über bestimmte Tatsachen treffen, die für das Rechtsverhältnis der Vertragsparteien wesentlich sind. Auch solche Klauseln schließen die Inanspruchnahme staatlichen Rechtsschutzes aus und erfordern zur ihrer Wirksamkeit ein besonderes schutzwürdiges Interesse des Verwenders.[595] Der dem Schiedsgutachter übertragenen Leistungsbestimmung muss die gleiche Richtigkeitsgewähr zukommen wie derjenigen eines gerichtlichen bestellten Sachverständigen. Dies erfordert in Einzelnen: 328

---

592 BGH NJW 2005, 1125; 1992, 575; BGHR AGBG § 9 Schiedsklausel 1.

593 BGH NJW 1981, 2351 (nahestehender Schiedsgutachter); vgl. auch BGH NJW 1987, 2818 (Unwirksamkeit der formularmäßigen Auswahl iSd § 317 BGB.

594 BGH NJW 1992, 575.

595 BGH NJW 1987, 2818; OLG Köln ZIP 1986, 579.

- Deutlicher Hinweis auf die Klausel;
- Sicherstellung der persönlichen Neutralität und fachlichen Kompetenz des Gutachters (entweder durch Auswahl einer aus Mietersicht vertrauenswürdigen Stelle oder durch Einräumung eines Ablehnungsrechts);
- der Vertragspartner muss einen Anspruch auf rechtliches Gehör haben;
- dem Vertragspartner muss ein unbeschränktes Anfechtungsrecht gem. § 319 BGB zustehen und
- die wirtschaftlichen Folgen eines etwaigen Fehlgutachtens dürfen den Vertragspartner nicht unverhältnismäßig belasten.

XXXII. Schlussbestimmungen

1. Erfüllungsort

329 Im nichtkaufmännischen Geschäftsverkehr sind formularvertragliche Regelungen über den Erfüllungsort unbeachtlich (§ 29 Abs. 2 ZPO). Sie verstoßen weiter materiellrechtlich gegen § 269 BGB.[596]

2. Gerichtsstandsvereinbarungen

330 Insoweit muss § 38 ZPO als zwingende gesetzliche Vorschrift beachtet werden. Damit nicht im Einklang stehende Gerichtsstandsklauseln verstoßen gegen § 307 BGB. Dies gilt im kaufmännischen Geschäftsverkehr allerdings nur dann, wenn Vermieter und Mieter einen gemeinsamen Gerichtsstand haben und davon durch eine Gerichtsstandsklausel ohne sachlich gerechtfertigten Grund abgewichen wird.[597] Schließlich ist § 40 Abs. 2 ZPO zu beachten; insoweit ist vor allem der ausschließliche Gerichtsstand des § 29a Abs. 1 ZPO von Bedeutung.

[596] Vgl. OLG Koblenz NJW-RR 1989, 1459 (1460); vgl. auch OLG Köln BeckRS 2008, 04431.
[597] Vgl. OLG Köln ZIP 1989, 1068.

4. Abschnitt. Parteien des Gewerberaummietverhältnisses

§ 49 Mietvertragsparteien und Parteiwechsel

Übersicht

Schrifttum:

Ghassemi-Tabar/Eckner, Der Gewerberaummietvertrag mit einer GmbH in Gründung, NJW 2012, 806; Grooterhorst/Burballa, Zur Anwendbarkeit von § 566 BGB bei Vermietung vom Nichteigentümer, NZM 2006, 246; Lindner-Figura, Im aktuellen Überblick: Schriftform von Geschäftsraummietverträgen, NZM 2007, 705; Wertenbruch, Das neue Personengesellschaftsrecht im Mietverhältnis, NJW 2023, 1393.

I. Grundsätzliches

Die genaue Parteibezeichnung und das Vertretungsverhältnis sind beim Gewerbe- 1
raummietverhältnis von großer Bedeutung, Mieter und Vermieter müssen wissen, an wen sie die wechselseitigen Leistungen zu erbringen haben und an wen sie sich wenden, wenn Leistungsstörungen eintreten und Willenserklärungen abzugeben sind.[1]

---

[1] Lindner-Figura/Oprée/Stellmann Geschäftsraummiete-HdB/Kuß/Leutner Kap. 2 Rn. 1 ff.

2 Wer Partei des Mietvertrages ist, gehört zu den wesentlichen vertraglichen Vereinbarungen, die sich aus einer von beiden Parteien unterzeichneten Urkunde, auch und insbesondere bei einem Parteiwechsel, ergeben muss, da ansonsten die bei gewerblichen Mietverhältnissen einzuhaltende Schriftform (§§ 578 Abs. 1, 550 BGB), für einen Mietvertrag von längerer Zeit als einem Jahr, nicht gewahrt ist und damit eine lang- oder längerfristige Bindung der Parteien zur Disposition steht, die sich durch eine vorzeitige Kündigungsmöglichkeit für beide Vertragsteile eröffnet.[2]

Praxistipp:

Bei Vertragsabschluss, Nachtragsabschlüssen, Rechtsform- und Gesellschafter-, Geschäftsführer-, Vorstandswechsel, sollte bei registerpflichtigen Parteien ein Registerauszug vorgelegt werden. Bei Parteien ohne Registerpflicht sollten Urkunden oder Auszüge von Urkunden vorgelegt werden, aus denen sich die Parteibezeichnung, die Mitglieder der Gemeinschaft/Gesellschaft, die Veränderung und/oder die Vertreterstellung ergibt.
Eine Unterrichtungs-/Informations- und Auskunftsklausel im Mietvertrag, für den Fall von Veränderungen oder einer Umwandlung ist empfehlenswert.

3 Die Parteibezeichnung ist auch für Fragen der Haftung von Relevanz, dies insbesondere für die persönliche Haftung von Unternehmensvertretern oder die Haftung eines Vertreters wegen nicht ausreichender Bevollmächtigung.

4 Wer Partei des Mietvertrages ist, bestimmt sich nach dem schuldrechtlichen Vertrag. Die sachenrechtliche Beziehung zum Mietgegenstand ist insoweit zunächst unerheblich, sie erlangt aber spätestens dann Bedeutung, wenn die Anmietung nicht vom Eigentümer, allen Eigentümern oder vertraglich nicht Berechtigten erfolgt, weil sich in diesem Fall der Geschäftsraummieter einem Herausgabeanspruch insbesondere des Eigentümers oder Miteigentümers gemäß § 985 BGB ausgesetzt sehen kann.

5 Zudem tritt im Veräußerungsfall eines Mietgrundstücks nach §§ 578 Abs. 1, 566 BGB nur dann der Erwerber in das Mietverhältnis ein, wenn Veräußerer, Vermieter und Grundstückseigentümer identisch sind. Ist dies nicht der Fall, ist der Mieter einem Herausgabeanspruch nach §§ 985, 546 Abs. 2 BGB ausgesetzt. Der Mieterschutz des § 565 BGB bei der gewerblichen Weitervermietung (gewerbliche Zwischenmiete) gilt nur für Wohnraummieter.[3]

Praxistipp:

Um unliebsame Überraschungen zu vermeiden, sollte der Mieter vor Vertragsschluss durch Grundbucheinsicht prüfen, wer Eigentümer ist. Der tatsächlich Verfügungsberechtigte sollte in den Mietvertrag einbezogen werden.

II. Mietvertragsparteien

1. Natürliche Personen

6 a) **Eine natürliche Person.** Das ist ein Mensch, der mit Vollendung der Geburt Rechtsfähigkeit erlangt, ohne Rücksicht auf Staatsangehörigkeit, Geschlecht oder Herkunft.[4]

[2] Siehe hierzu beispielhaft BGH NZM 2004, 97; 2005, 502; 2007, 127 (128); 2007, 730; 2008, 482 = NJW 2008, 2178; NZM 2008, 484 = NJW 2008, 2181; NZM 2009, 519; zuletzt NZM 2013, 269; 2013, 271; NJW 2017, 3772; BGH 26.2.20 – XII ZR 51/19, NJW 2020, 1507; Fritz/Geldmacher/Leo GewerberaumMietR/Geldmacher § 3 Rn. 9 f.; Lindner-Figura NZM 2007, 705.

[3] Schmidt-Futterer/Streyl BGB § 565 Rn. 2.

[4] Grüneberg/Ellenberger BGB § 1 Rn. 1.

Praxistipp:
Im Mietvertrag sollten die Personen möglichst genau angegeben sein, um Verwechslungen vorzubeugen, mit Geburtsdatum und Anschrift. Es schadet nicht, sich einen Ausweis vorlegen zu lassen.

Eine wirksame Verpflichtung in einem Mietvertrag setzt die Geschäftsfähigkeit voraus, ansonsten muss sie vom gesetzlichen Vertreter abgeschlossen oder genehmigt werden.[5] Beim Geschäftsraummietverhältnis sind keine Besonderheiten gegenüber der Wohnraummiete ersichtlich, dies gilt auch für den Fall, dass für eine Vertragspartei Betreuung (§ 1814 ff. BGB) angeordnet ist. Für den partiell geschäftsunfähigen Betreuten handelt der Betreuer als gesetzlicher Vertreter, Willenserklärungen müssen ihm zugehen. Ein Miet- oder Pachtvertrag über Geschäftsräume bedarf im Fall der Betreuung der Genehmigung des Vormundschaftsgerichtes, wenn der Vertrag für längere Zeit als vier Jahre geschlossen wird (§ 1853 BGB). 7

b) Parteien kraft Amtes. Es handelt sich hierbei nicht um Vertreter, sondern um Vertragspartner. Parteien kraft Amtes sind der Testamentsvollstrecker (§§ 2197 ff. BGB), der Nachlass- und Nachlassinsolvenzverwalter (§§ 1975 ff. BGB), der Insolvenzverwalter (§§ 56 ff. InsO), und der Zwangsverwalter (§§ 150 ff. ZVG), mit gewissen Einschränkungen auch der Nießbrauchsverwalter (§ 1052 BGB) und der Insolvenztreuhänder (§ 292 InsO).[6] 8

c) Einzelkaufmann. Der Einzelkaufmann muss einen Namen angeben unter dem er sein Geschäft betreibt, jedenfalls wenn er Kaufmann im Sinne des HGB ist (§ 17 HGB). Unter der Firma kann ein Mietvertrag abgeschlossen werden.[7] Vertragspartner wird der Firmeninhaber, der deshalb zweckmäßigerweise auch namentlich angegeben werden sollte, dieser haftet grundsätzlich persönlich für die Erfüllung mietvertraglicher Pflichten. 9

Gründet der Einzelkaufmann später eine BGB-Gesellschaft mit einem eintretenden Gesellschafter, wird diese nur mit Zustimmung des Vermieters Vertragspartei.[8] Strittig ist die Haftung einer das Geschäft eines Einzelkaufmanns übernehmenden Gesellschaft für bestehende Mietzinsschulden, wenn sie nicht Vertragspartei geworden ist, dies bejaht *Börstinghaus*[9] mit der Begründung, dass dies sachgerecht wäre, weil die übernehmende Gesellschaft die Mietsache identisch übernommen hat. 10

2. Personenmehrheiten/Gesellschaften

a) Ehegatten. Keine Probleme entstehen, wenn das Mietvertragsrubrum und die Unterschriften unter dem Mietvertrag von den Personen her identisch sind. 11

Praxistipp:
Der beratende Rechtsanwalt sollte bei Vertragsentwurf und Abschluss des Mietvertrages auf die Identität achten, sonst setzt er sich einem Haftungsrisiko aus. Dies gilt auch für die Nachträge zum Mietvertrag.
Vertretungen sollten ausdrücklich als solche bezeichnet sein (Schriftformproblematik!), eine Vollmachtsurkunde sollte vorgelegt werden, sie muss dem Mietvertrag nicht beigefügt sein.

[5] Siehe hierzu Blank/Börstinghaus/Siegmund/Börstinghaus BGB § 535 Rn. 109.
[6] Siehe hierzu Lindner-Figura/Oprée/Stellmann Geschäftsraummiete-HdB/Kuß/Leutner § 2 Rn. 42.
[7] Bub/Treier MietR-HdB/Emmerich Kap. II. Rn. 638.
[8] BGH NJW 2001, 2251 = NZM 2001, 621.
[9] Blank/Börstinghaus/Siemund/Börstinghaus BGB § 535 Rn. 230; aA Bub/Treier MietR-HdB/Emmerich Kap. II. Rn. 642 ff.

12 Weichen freilich Rubrum und die Unterschriften voneinander ab, stellt sich die Frage, ob der nicht aufgeführte oder nicht unterschreibende Ehegatte Vertragspartei geworden ist, unter Umständen, ob überhaupt ein Vertrag zustande gekommen ist, falls der Vermieter nur an beide Eheleute vermieten wollte.[10] Weder auf Vermieter- noch auf Mieterseite stellt der Abschluss eines gewerblichen Mietvertrages seiner Art nach ein Geschäft zur Deckung des angemessenen Lebensbedarfs der Familie iSd § 1357 BGB dar,[11] so dass sich grundsätzlich eine wechselseitige Vertretung des anderen Ehegatten alleine auf Grund der Eheverbindung nicht ergibt.

13 Sind die Ehegatten **Vermieter** und im Rubrum des Mietvertrages aufgeführt, hat jedoch nur einer unterzeichnet, so werden nur dann beide Vermieter, wenn der unterzeichnende Ehegatte als Vertreter des anderen anzusehen ist, eine Vermutung hierfür besteht nicht.[12] Wenn in einem solchen Fall beide Ehegatten Grundstückeigentümer sind, soll sich das Vertretungsverhältnis konkludent aus den Umständen ergeben.[13] Im Zweifel soll das Rubrum Vorrang haben.[14] Sind die Eheleute Mieter müssen für einen Vertretungswille weitere Umstände hinzutreten um ein Vertretungsverhältnis anzunehmen.

14 Eine Vertretung des nicht unterschreibenden Ehegatten ist freilich dann anzunehmen, wenn die Ehegatten im Rahmen einer gewerblichen Betätigung als eine Außen-GbR auftreten, dann sind beide Vertragspartei geworden (vgl. auch die Ausführungen zur BGB-Gesellschaft und zum unternehmensbezogenen gewerblichen Mietvertrag).

15 **b) BGB-Gesellschaft (GbR).** Die Gesellschaft wird durch den Abschluss eines, auch formlosen, Gesellschaftsvertrages errichtet, in dem sich die Gesellschafter zur Erreichung eines gemeinsamen Zwecks zusammengeschlossen haben. Bei der GbR nach § 705 Abs. 2 BGB kann diese entweder selbst Rechte erwerben und Verbindlichkeiten eingehen, wenn sie nach dem Willen der Gesellschafter am Rechtsverkehr teilnehmen soll (rechtsfähige GbR vormals Außen-GbR), oder den Gesellschaftern zur Ausgestaltung ihres Rechtsverhältnisses untereinander dient (nicht rechtfähige GbR). Das Leitbild nach der Modernisierung des Personengesellschaftsrechts der §§ 705 ff. BGB ist die rechtsfähige GbR, mit der Einführung des GbR-Registers, das neue Recht der Gesellschafterhaftung/Vertretung sowie die Regelung des Statuswechsels zwischen den einzelnen Arten der Personengesellschaft.[15]

16 Die Neuregelung des Personengesellschaftsrechts gilt für Gründungen ab 1.1.2024, das Übergangsrecht sieht in Artikel 229 § 61 EGBGB vor, dass die GbR alten Rechts diesem weiter untersteht, wenn ein Gesellschafter dies verlangt und die Gesellschafterversammlung dieses Verlangen nicht zurückweist.

17 Partei eines Mietverhältnisses kann nur die rechtsfähige GbR sein, sie kann auch Eigentümerin der vermieteten Immobilie sein. Die GbR findet sich häufig als Partei gewerblicher Mietverhältnisse, so zB als geschlossener Immobilienfonds, Bauherrengemeinschaft, Ehegattengrundstücksgemeinschaft auf Vermieterseite oder als Zusammenschlüsse von Freiberuflern (Ärzte, Architekten, Rechtsanwälte und Steuerberater), diese auch in anderen Rechtsforen, auf Mieterseite.

18 Die Gesamtvertretung aller Gesellschafter ist die gesetzliche Regel, die nach § 720 Abs. 1 BGB dispositiv durch Gesellschaftervertrag gestaltet werden kann. Eine Anmeldung zum Gesellschafterregister ist nicht zwingend vorgeschrieben, hieraus ist eine

[10] Blank/Börstinghaus/Siegmund/Börstinghaus BGB § 535 Rn. 195.
[11] BGH BeckRS 2016, 07887; Grüneberg/Siede BGB § 1357 Rn. 10 f.
[12] BGH NJW 1994, 1649 (1650); das Schriftformerfordernis erfordert, dass der rechtsgeschäftliche Vertretungswille in der Urkunde, wenn auch nur unvollkommen, Ausdruck gefunden hat.
[13] OLG Düsseldorf ZMR 2000, 210, mit zahlreichen weiteren Nachweisen, sehr streitig, siehe Anmerkungen zu dem Urteil, S. 211; LG Heidelberg WuM 1997, 547.
[14] Bub/Treier MietR-HdB/Emmerich Kap. II. Rn. 555; Fritz/Geldmacher/Leo GewerberaummietR/Geldmacher § 3 Rn. 178; Lindner-Figura/Oprée/Stellmann Geschäftsraummiete-HdB/Kuß/Lentner Kap. 2 Rn. 56 mwN.
[15] Wertenbruch NJW 2023, 1393.

Vertretungsbefugnis ersichtlich (§ 707 BGB). Die eingetragene GbR muss den Namenszusatz „eingetragene Gesellschaft bürgerlichen Rechts" oder „eGbR" führen (§ 707a Abs. 2 BGB). Eine Vertretung durch einen Gesellschafter oder Dritte erfordert die Unterzeichnung mit einem hinreichend deutlichen Vertretungszusatz, sonst ist ebenfalls der Schriftform des Mietvertrags nicht genüge getan.[16] Das Hinzusetzen eines Firmenstempels zur Unterschrift eines Gesellschafters soll diesen als unterschriftsberechtigt ausweisen und dem Schriftformerfordernis genügen.[17]

Praxistipp:

Es empfiehlt sich im Mietvertrag die Benennung eines Vertreters, der die Gesellschaft vertritt und der Bezeichnung der Vollmachtsurkunde, des Gesellschaftsvertrages oder Erklärungen der anderen Gesellschafter.
Im Mietvertrag sollten die entsprechenden Erklärungs- und Empfangsvollmachten für Willenserklärungen durch den Vertreter vereinbart werden. Da die Wirksamkeit in AGB für wichtige Erklärungen nicht unstreitig ist, möglichst in Form einer Individualvereinbarung.[18]

Einseitige Rechtsgeschäfte müssen entweder vom Alleinvertretungsberechtigten, Bevollmächtigten oder sämtlichen Gesamtvertretungsberechtigten vorgenommen werden. Handeln nicht alle Gesellschafter, so besteht die Gefahr der Zurückweisung der Willenserklärung durch den Erklärungsempfänger nach § 174 BGB, soweit für die GbR keine zwingende Registerpublizität besteht. 19

Tritt die BGB-Gesellschaft als solche und unter ihrem Namen nach außen in Erscheinung (Außen- bzw. rechtsfähige GbR), ist sie rechts- und parteifähig, soweit sie durch Teilnahme am Rechtsverkehr Rechte und Pflichten begründet.[19] Sie kann also selbst klagen und verklagt werden, sie ist Trägerin von Rechten und Pflichten aus dem Mietvertrag als Gesellschaft. 20

Praxistipp:

Im Mietvertrag sollte klargestellt sein, dass die BGB-Gesellschaft Vertragspartei ist und nicht die einzelnen Mitglieder der Gesellschaft.

Dies hat auch zur Folge, dass ein Wechsel im Mitgliederbestand keinen Einfluss auf den Fortbestand des mit der Gesellschaft bestehenden Mietverhältnisses hat. 21

Die Gesellschafterhaftung ist nunmehr in §§ 721, 721a BGB geregelt, die Gesellschafter haften persönlich und akzessorisch für die Verbindlichkeiten der GbR, dies gilt auch für den eintretenden Gesellschafter für Verbindlichkeiten, die schon vor seinem Eintreten begründet wurden. Die Rechtslage hat sich insoweit nicht geändert. 22

Ein **Haftungsausschluss oder eine Haftungsbegrenzung** der Gesellschafter ist nur durch Individualvereinbarung möglich; ein formularvertraglicher Haftungsausschluss ist analog § 126 HGB bzw. jetzt nach § 721 BGB iVm § 307 Abs. 2 Nr. 1 BGB unwirksam.[20]

---

[16] BGH NJW 2003, 3053 (3054); NZM 2004, 97 (98); 2010, 82; OLG Düsseldorf GuT 2006, 9 = GE 2006, 627.
[17] BGH NZM 2013, 271; differenzierend 2020, 429 (bei GmbH); 2021, 142 (bei GbR).
[18] Siehe hierzu Lindner-Figura/Oprée/Stellmann Geschäftsraummiete-HdB/Lindner-Figura § 7 Rn. 160 ff.
[19] BGH NJW 2001, 1056 = NZM 2001, 299.
[20] BGH ZMR 2000, 14 = WuM 1999, 703 = NJW 1999, 3483; NZM 2005, 218; Ghassemi-Tabar/Eckner NJW 2012, 806 (808).

23 Ist die Außengesellschaft Vermieterin, gilt für den Gesellschafterwechsel außerhalb des Grundbuchs § 566 BGB nicht.[21] Die Rechtsfähigkeit der GbR bedingt, dass der Gesellschafterbestand für die Zuordnung des Eigentums ohne Bedeutung ist.

24 Der Zusammenschluss von Freiberuflern in einer Sozietät, die keine Partnergesellschaft bildet, stellt in aller Regel, wenn sie einen Mietvertrag abschließt, eine Außen-GbR dar, da sie nach außen am Rechtsverkehr teilnimmt.[22]

25 Beim Tod eines Gesellschafters einer GbR oder eines Mitgliedes der Sozietät findet § 580 BGB keine Anwendung, § 563a BGB ist nur auf die Wohnraummiete anzuwenden, der Mietvertrag wird daher fortgesetzt.[23]

Praxistipp:

Es empfiehlt sich die Aufnahme einer Kündigungsklausel im Mietvertrag, wonach beim Tod eines Gesellschafters ein außerordentliches Kündigungsrecht für den Mieter entsteht, kleinere Sozietäten könnten sonst in Bedrängnis kommen.

26 **c) oHG und KG.** Hierbei handelt es sich um handelsrechtliche Personenzusammenschlüsse nach dem Handelsgesetzbuch. Die oHG kann unter ihrer Firma Rechte erwerben und Verbindlichkeiten eingehen, Eigentum und andere dingliche Rechte an Grundstücken erwerben, vor Gericht klagen und verklagt werden (§ 124 Abs. 1 HGB, ab 1.1.2024 § 105 Abs. 2). Sie kann also Mieter und Vermieter sein, ohne dass sie eine juristische Person wäre. Jeder Gesellschafter vertritt die oHG nach außen, dies gilt für den Vertragsabschluss, die Abgabe von Erklärungen oder deren Entgegennahme, es sei denn ein Gesellschafter ist von der Vertretung ausgeschlossen oder es ist im Gesellschaftsvertrag Gesamtvertretung vereinbart (§ 125 HGB, ab 1.1.2024 § 124 Abs. 2 HGB).

Praxistipp:

Vor Vertragsschluss ist das Handelsregister einzusehen, § 15 HGB schützt den guten Glauben an die Richtigkeit der Registereintragung.

27 Die Gesellschafter haften persönlich als Gesamtschuldner (§ 126 HGB), eine Vollstreckung in das Privatvermögen der Gesellschafter ist jedoch nicht möglich, wenn nur die Gesellschaft als Partei verklagt wurde (§ 129 Abs. 2 HGB).

Praxistipp:

Da der Mieter schuldbefreiend an jeden Gesellschafter der vermietenden oHG bezahlen kann, empfiehlt sich im Mietvertrag die Benennung eines Kontos der oHG auf das mit schuldbefreiender Wirkung bezahlt werden muss.

28 Bei der KG besteht die Besonderheit, dass die Kommanditisten nur mit ihrer eingetragenen Einlage haften und die gesetzliche Vertretung durch die persönlich haftenden Gesellschafter erfolgt. Eine vermietende oder mietende oHG muss zur Wahrung der Schriftform eines langfristigen Mietvertrages klar identifizierbar sein.[24]

---

[21] BGH NZM 1998, 260 = NJW 1998, 1220 =WuM 1998, 341; siehe hierzu auch Schmidt-Futterer/Börstinghaus BGB Vor § 558 Rn. 25d.

[22] Grüneberg/Retzlaff BGB § 705 Rn. 54.

[23] Grüneberg/Weidenkaff BGB § 580 Rn. 6; OLG Naumburg NZM 2002, 166; str. aA Blank/Börstinghaus/Siegmund/Weidt BGB § 580 Rn. 8 f.

[24] OLG Hamm NZM 1998, 720.

d) **Nicht rechtsfähiger Verein.** Es handelt sich nicht um eine juristische Person, im Gegensatz zum rechtsfähigen Verein. Vertragspartei sind die Mitglieder in ihrer Gesamtheit. Die Vertretung erfolgt durch den nach der Satzung hierzu berufenen Vereinsvorstand. 29

Praxistipp:
Vor Vertragsabschluss ist die Vorlage der aktuellen Vereinssatzung zwingend.

Die Mitglieder haften aus dem Mietverhältnis als Gesamtschuldner, wobei sich die Haftung beim nicht rechtsfähigen Idealverein ohne Ausrichtung auf wirtschaftliche Zwecke auf das Vereinsvermögen beschränkt.[25] 30

Bei wirtschaftlicher Zweckausrichtung besteht die uneingeschränkte persönliche Haftung der Mitglieder,[26] die nur durch Individualvereinbarung begrenzt oder ausgeschlossen werden kann. Neben der Haftung des Vereins und seiner Mitglieder besteht auch noch eine persönliche Haftung des nach außen Handelnden nach § 54 S. 2 BGB für alle nicht rechtsfähigen Vereine, die ebenfalls bei Vertragsabschluss beschränkt oder ausgeschlossen werden kann, unter Umstände auch stillschweigend.[27] 31

Im **Prozess** ist der nichtrechtsfähige Verein sowohl aktiv als auch passiv parteifähig (§ 50 Abs. 2 ZPO bis 31.12.2023), die früher streitige aktive Parteifähigkeit war durch Rechtsänderung klargestellt worden, durch die Streichung von § 50 Abs. 2 ZPO hat sich hieran nichts geändert.[28] 32

e) **Europäische Wirtschaftliche Interessenvereinigung (EWIV).** Es handelt sich um eine eigenständige Rechts- und Gesellschaftsform, basierend auf Art. 235 EG-Vertrag und der hierzu ergangenen EG-Verordnung, die durch EWIV-Ausführungsgesetz in nationales Recht umgesetzt wurde. Eine EWIV, die in Deutschland ihren Sitz hat, hat keine Rechtspersönlichkeit, § 1 EWIV-Ausführungsgesetz verweist auf das oHG-Recht (→ Rn. 26). Hauptanwendungsfälle sind Zusammenschlüsse von Forschungskooperationen, Arbeitsgemeinschaften für Großprojekte, Vertriebs- und Werbegesellschaften. Die **Vertretung** erfolgt durch ihren Geschäftsführer, die Mitglieder haften unbeschränkt und gesamtschuldnerisch. 33

f) **Partnergesellschaft ohne eigene Rechtspersönlichkeit.** Hierunter fallen die Erbengemeinschaft und die Gütergemeinschaft. 34

Die Erbengemeinschaft ist eine Gesamthandsgemeinschaft ohne eigene Rechtspersönlichkeit (§§ 1922, 2032 ff. BGB), anders als die Außen-GbR. Gleiches gilt für die seltene Gütergemeinschaft (§§ 1415, 1416 BGB). Dies bedeutet, dass grundsätzlich alle Mitglieder der Erbengemeinschaft im Mietvertrag aufgeführt werden müssen und mitwirken müssen, da Gesamtvertretung kraft Gesetzes gilt (§§ 743, 1421, 2038 Abs. 1 BGB). Sind nicht alle Mitglieder der Gemeinschaft im Rubrum aufgeführt oder haben nicht alle Mitglieder unterschrieben, ist die Schriftform für eine längerfristige Bindung der Vertragsparteien nach §§ 578 Abs. 1, 550 BGB nicht gewahrt, mit der Folge der ordentlichen Kündigungsmöglichkeit des Mietverhältnisses.[29] 35

Eine **Stellvertretung** ist möglich, wobei auch hier wiederum die allgemeine Erwägung beachtet sein muss, wonach die Vertreterstellung hinreichend deutlich gekennzeichnet werden muss, zweckmäßigerweise mit dem Zusatz verbunden, worauf die Vertretungsmacht gestützt wird. 36

Hinsichtlich der Pflichten aus einem Mietvertrag besteht ein Gesamtschuldverhältnis (§ 427 BGB), jedes Mitglied haftet persönlich. Bei den Rechten aus einem Mietverhält- 37

---

[25] BGH NJW-RR 2003, 1265; Bub/Treier MietR-HdB/Emmerich Kap. II. Rn. 704.
[26] BGH NJW 2001, 748 (750).
[27] BGH NJW 1957, 1186.
[28] Grüneberg/Ellenberger BGB § 54 Rn. 10; zuvor schon hM; BGH NJW 2008, 69 (74).
[29] BGH NJW 2002, 3389 (3391).

nis besteht Gesamthandsgläubigerschaft (§§ 432, 2039 BGB), es ist also an alle Gläubiger zu zahlen (empfehlenswerte Ausnahme: Empfangsvollmacht). Es empfiehlt sich für den Vermieter die genaue Festlegung im Mietvertrag, auf welches Konto schuldbefreiend zu bezahlen ist.[30]

38 g) **Partnergesellschaft.** Es handelt sich um den Zusammenschluss Angehöriger freier Berufe zu einer Partnerschaft (§ 1 Abs. 2 PartGG), also Ärzte, Architekten, Rechtsanwälte oder Steuerberater. Die Partnergesellschaft wird von den Partnern organschaftlich vertreten und zwar im Zweifel von jedem Partner in Einzelvertretungsmacht. Der Ausschluss oder die Anordnung einer Gesamtvertretung sowie die Änderung der Vertretungsmacht bedarf der registerrechtlichen Anmeldung und Eintragung.

Praxistipp:
Bei Vertragsschluss einen aktuellen Registerauszug vorlegen lassen.

39 Die Partnergesellschaft ist partei- und prozessfähig mit Eintragung in das Partnerschaftsregister. Die Partner haften gesamtschuldnerisch und mit ihrem Privatvermögen. Die Haftungsbeschränkungen in § 8 PartGG haben auf ein Mietverhältnis keine Auswirkungen, da sich diese Beschränkungen nur auf Schäden wegen fehlerhafter Berufsausübung beziehen.

3. Bruchteilsgemeinschaft (§ 741 BGB)

40 Es gelten hier im Wesentlichen die gleichen Grundsätze wie bei den Gesamthandsgemeinschaften (→ Rn. 34 ff.). Die Bruchteilsgemeinschaft ist nicht parteifähig, sie unterscheidet sich von der BGB-Gesellschaft dadurch, dass außer der Tatsache, dass das Eigentum an der Sache mehreren Personen nach Bruchteilen zusteht, kein gemeinsamer Zweck verfolgt wird.

41 Die Vermietung kann gemeinsam erfolgen, so dass die Miete allen gemeinsam zusteht (§ 754 S. 2 BGB). Jeder Teilhaber kann eine Verwaltung verlangen, die dem Interesse aller Teilhaber entspricht (§ 745 Abs. 2 BGB), wozu auch die Durchsetzung einer wirtschaftlich angemessenen Mieterhöhung gehört, die Verweigerung eines Teilhabers, hieran mitzuwirken, kann Schadensersatzansprüche zur Folge haben.[31] Rechte, wie Herausgabe oder Zahlung, können nur an alle, also die Gemeinschaft verlangt werden (§ 432 BGB).

42 Gefahren drohen, wenn die gemeinschaftliche Sache nur von einem Teilhaber angemietet wird, ohne dass die anderen Teilhaber der Vermietung zugestimmt haben, der Mieter setzt sich einem Herausgabeanspruch der nicht zustimmenden Teilhaber nach §§ 985, 1011 BGB aus.

Praxistipp:
Bei Anmietung von nur einem Miteigentümer sollte sich der Mieter die ausdrückliche Bevollmächtigung bzw. Ermächtigung der anderen Bruchteilseigentümer vorlegen lassen.

43 Bruchteilsgemeinschaft ist auch eine vermietende Wohnungseigentümergemeinschaft, die bei der Vermietung gemeinschaftlichen Eigentums eine besondere Form des gemeinschaftlichen Gebrauchs nach § 19 Abs. 1 WEG ausübt und insoweit rechtsfähig ist.

---

[30] Lindner-Figura/Oprée/Stellmann Geschäftsraummiete-HdB/Kuß/Leutner § 2. Rn. 87; so auch Bub/Treier MietR-HdB/Emmerich Kap. II. Rn. 561 zur Gesamthandsgemeinschaft.
[31] OLG Düsseldorf NJW-RR 1999, 337 (Ls.) = ZMR 1999, 21.

4. Juristische Personen

Eine gesetzliche Definition der Rechtsform der juristischen Person findet sich nirgends. Sie ist die Zusammenfassung von Personen oder Sachen zu einer rechtlich geregelten Organisation, der die Rechtsordnung Rechtsfähigkeit verliehen und dadurch als Träger eigener Rechte und Pflichten verselbstständigt hat.[32] Man unterscheidet zwischen juristischen Personen des Privatrechts und des öffentlichen Rechts, erstere entstehen durch einen privaten Gründungsakt, letztere durch einen staatlichen Hoheitsakt. 44

Juristische Personen des Privatrechts sind der eingetragene Verein (§§ 21 ff. BGB), die Stiftung nach dem BGB (§ 80 BGB) und die durch Spezialgesetze geregelten juristischen Personen zB die Aktiengesellschaft, die Kommanditgesellschaft auf Aktien, die GmbH, wie auch die kleine GmbH, die Unternehmergesellschaft (haftungsbeschränkt), die Genossenschaft und der Versicherungsverein auf Gegenseitigkeit. **Juristische Personen des öffentlichen Rechts** sind Körperschaften, Anstalten und Stiftungen, als Träger hoheitlicher Pflichten und Rechte.[33] Im Bereich des gewerblichen Mietrechts werden freilich juristische Personen nicht hoheitlich bzw. im Rahmen öffentlicher Gewalt tätig, sondern als zivilrechtliche handelnde Parteien. Infolge ihrer Rechtsfähigkeit ist die juristische Person auch parteifähig (§ 50 ZPO). 45

Kennzeichnend für die juristische Person ist, dass grundsätzlich keine persönliche Haftung ihrer Mitglieder besteht, nur ihr Vermögen haftet für die eingegangenen Verbindlichkeiten (siehe § 13 Abs. 2 GmbHG; § 1 Abs. 1 S. 2 AktG, § 2 GenG).[34] Vertragspartner ist stets die juristische Person, so dass ein Mitgliederwechsel keinen Einfluss auf den Bestand des Mietverhältnisses hat. 46

Für die juristische Person handeln ihre hierzu berufenen gesetzlichen Vertreter oder Organe (§ 26 Abs. 2 BGB; § 35 GmbHG; § 78 AktG), aber auch deren Bevollmächtigte, so häufig Prokuristen oder Handlungsbevollmächtigte (§§ 48 ff. HGB). 47

Praxistipp:

Es ist wichtig, sich einen Registerauszug aus dem Handels- oder Vereinsregister vorlegen zu lassen, schon wegen der korrekten Parteibezeichnung aber auch wegen des Vertretungsnachweises.

Zur Wahrung des Schriftformerfordernisses bei einer GmbH ist es nicht erforderlich, dass die Unterschrift mit einem die Vertretung kennzeichnenden Zusatz versehen wird, ob der Vertreter bevollmächtigt war oder als vollmachtloser Vertreter gehandelt hat, ist eine Frage des Zustandekommens des Vertrages und nicht der Wahrung der Form.[35] Konsequent hat nunmehr der BGH auch entschieden, dass kein Schriftformverstoß des Mietvertrages oder von Nachträgen hierzu vorliegt, wenn bei einer AG ohne Angaben der Vertretungsregelung im Rubrum nur ein Vorstandsmitglied ohne Vertretungszusatz unterschreibt – da ein Zweifel über den Vertretungswillen nicht entstehen könne.[36] 48

Im Rubrum des Mietvertrages sollte die juristische Person mit genauer Namens- und Firmenbezeichnung, also dem GmbH-Zusatz (§ 4 Abs. 2 GmbHG) aufgeführt sein, damit klargestellt ist, wer Vertragspartei werden soll. Ansonsten besteht für den Ver- 49

---

[32] Grüneberg/Ellenberger BGB Vor § 21 Rn. 1.

[33] Aufzählung der juristischen Personen des öffentlichen Rechts bei Grüneberg/Ellenberger BGB Vor § 21 Rn. 3 f.

[34] Zu den Ausnahmen einer Durchgriffshaftung mit Fallgruppen siehe Grüneberg/Ellenberger BGB Vor § 21 Rn. 12.

[35] BGH NJW 2007, 3346 = NZM 2007, 837; differenzierend für die AG: BGH NJW 2010, 1453 = NZM 2010, 82 (bei einer AG ist ein Vertretungszusatz erforderlich, wenn nicht alle im Rubrum aufgeführten Vorstandsmitglieder unterschrieben haben).

[36] BGH NZM 2015, 490 = NJW 2015, 2034.

treter die Gefahr der gesamtschuldnerischen Mithaftung neben dem wirklichen Unternehmensträger aus dem Gesichtspunkt der Rechtsscheinhaftung des § 164 Abs. 2 BGB.[37]

Praxistipp:
Im Mietvertrag ist immer die genaue Firmen und Vertreterbezeichnung bzw. Organstellung des Handelnden anzugeben (zB X-GmbH vertreten durch den Geschäftsführer Y. im Rubrum, Y. als Geschäftsführer der X-GmbH bei der Unterschrift). Beim nicht Alleinvertretungsberechtigten oder Stellvertreter ist ein Vertretungszusatz sehr empfehlenswert.
Um Unsicherheiten auszuräumen sollten die Rubrumsbezeichnungen mit der Unterschriftenzeile identisch sein.

50 Bei einer Vorgesellschaft als GbR, wenn sie erkennbar für die künftige juristische Person handelt, haften die Gesellschafter persönlich. Hier ist freilich besonders sorgsam darauf zu achten ob die Gründer im eigenen Namen oder im Namen der künftigen Rechtspersönlichkeit abschließen. Dies muss aus der Vertragsurkunde hervorgehen. Handeln die Gründer im eigenen Namen, so geht der Mietvertrag mit notarieller Beurkundung des Gesellschaftsvertrages nicht auf die juristische Person über, vielmehr bedarf es dann eines Übertragungsvertrages mit dem Vermieter.

51 Handeln die Gründer im Namen der künftigen Rechtspersönlichkeit, gehen mit notarieller Beurkundung des Gesellschaftsvertrages die Rechte und Pflichten aus dem Mietverhältnis auf die juristische Person über, die Haftung der Gründer und Handelnden erlischt.[38]

52 Denkbar ist auch ein Handeln in eigenem Namen und für die künftige juristische Person, dann bleibt die persönliche Haftung der Gründer auch für den nach der Gründung anfallenden Mietzins bestehen.[39]

Praxistipp:
Es empfiehlt sich eine ausdrückliche Haftungsklausel im Mietvertrag, um späteren Streit auszuschließen. Je nach Interessenlage sollten die Gründer aus der Haftung nach der notariellen Beurkundung des Gesellschaftsvertrages entlassen werden oder eine persönliche Haftung fortgelten.

53 Wird die Haftung nicht ausgeschlossen, kommt ein Haftungsausschluss durch konkludentes Handeln oder über das Institut des unternehmensbezogenen gewerblichen Mietvertrages in Betracht. Hierfür sind allerdings strenge Maßstäbe anzulegen.

5. Besondere Parteikonstellationen

54 a) **Nießbrauch (§§ 1030 ff. BGB; Erbbaurechtsverordnung; Nacherbfolge § 2135 BGB).** An Stelle des Eigentümers kann der Nießbraucher, Erbbauberechtigte oder Vorerbe gewerbliche Räume vermieten. Wird die Sache über die Dauer dieses Rechtes hinaus vermietet, tritt der Grundstückseigentümer bzw. Nacherbe Kraft Gesetzes in das Mietverhältnis ein und kann dieses mit einem Sonderkündigungsrecht (§ 1056 Abs. 3 BGB; § 30 Abs. 2 ErbbRVO; § 2135 BGB) mit gesetzlicher Frist kündigen, nicht notwendig zum ersten Termin. Die Kündigungsfrist ergibt sich aus § 580a Abs. 4 BGB, bei einem Mietverhältnis über Geschäftsräume ist bis zum 3. Werktag des Kalendervierteljahres zum Ablauf des nächsten Kalendervierteljahres eine Kündigung möglich.

[37] BGH NJW 1991, 2627; 2007, 1529 (1530).
[38] BGH NJW 1981, 1373; OLG München ZMR 1997, 458.
[39] BGH NJW 1983, 2822; OLG Düsseldorf MDR 1987, 848; umfänglich hierzu Ghassemi-Tabar/Eckner NJW 2012, 806 (808 f.).

Kein Sonderkündigungsrecht besteht für den Erben des Nießbrauchers oder Erbbauberechtigten, das Mietverhältnis geht nach § 1922 BGB auf den Erben über.[40]

55 **b) Unternehmensbezogene gewerbliche Mietverträge.** Ein unternehmensbezogener gewerblicher Mietvertrag liegt vor, wenn die anmietende Person erkennbar für ein bestimmtes Unternehmen und zweifelsfrei nicht im eigenen Namen auftritt.[41]

56 Die Kriterien hierfür sind, dass die vertragsschließenden Parteien übereinstimmende Vorstellungen über die Person des Vertragspartners haben, so dass es hierauf ankommt und nicht auf den Vertragstext.[42] Im Zweifel kommt dann der Vertrag mit dem Unternehmen und nicht mit dem Handelnden zustande, also mit der juristischen Person, bei einer Inhaberfirma mit dem Inhaber. Die Unternehmensbezogenheit des Geschäfts muss freilich zweifelsfrei feststehen.[43]

57 Inwieweit sich im Einzelfall das Institut des unternehmensbezogenen gewerblichen Mietvertrages mit dem Erfordernis einer hinreichend klaren Bezeichnung des Vertragspartners oder des Vertretungsverhältnisses zur Wahrung der Schriftform eines längerfristigen Mietvertrages in Einklang bringen lassen, erscheint durchaus noch ungelöst und birgt Risiken in sich, die es zu vermeiden gilt. In der täglichen Rechtspraxis wird freilich der Rechtsberater im Zweifel auf das Argument eines unternehmensbezogenen gewerblichen Mietvertrages bei Bedarf durchaus zurückgreifen.

58 **c) Gewerbliche Weitervermietung (früher Zwischenvermietung).** Das Hauptmietverhältnis zwischen Eigentümer und gewerblichem Zwischenvermieter ist dem Gewerberaummietrecht zuzuordnen, da der Vertragstyp von der Zweckbestimmung geprägt wird, gleiches gilt für Verträge zwischen dem Vermieter und dem nicht gewerblichen Untervermieter sowie der Vermietung an einen Verein zur Überlassung an Dritte.[44]

59 Der Untermieter, der nicht von einem gewerblichen Zwischenmieter Wohnraum angemietet hat, insbesondere der Untermieter der Gewerberaummieter ist, genießt keinen Kündigungsschutz, er sieht sich also einem Herausgabeanspruch des Hauptvermieters aus § 546 Abs. 2 BGB oder des Eigentümers nach § 985 BGB ausgesetzt, wenn das Zwischenmietverhältnis endet, die §§ 566, 578 BGB sind nicht entsprechend anwendbar.[45]

60 **d) Gründungsgesellschaften.** Bei einer Vor-GmbH liegt eine Organisation eigener Art vor, zumindest bis zur Eintragung der GmbH ins Handelsregister haften die Gründer persönlich, dann geht die Haftung auf die GmbH über, zumindest gilt dies dann, wenn bei Abschluss des Mietvertrags im Rubrum als Vertragspartei die GmbH iGr aufgeführt ist.

Praxistipp:

Die Gründungsgesellschaft muss im Mietvertrag als solche eindeutig bezeichnet sein.

61 Bei Personengesellschaften haften die Gründer (im Rahmen der Nachhaftung nach §§ 161, 126 HGB) persönlich. Auch ein späterer Kommanditist, der den Mietvertrag mit unterschreibt, haftet persönlich, auch über den Zeitpunkt der Eintragung ins

[40] BGH WuM 1990, 29.
[41] OLG Düsseldorf GuT 2007, 201; zum unternehmensbezogenen Geschäft siehe Grüneberg/Ellenberger BGB § 164 Rn. 2 mwN; Lindner-Figura/Oprée/Stellmann Geschäftsraummiete-HdB/Kuß/Leutner § 2. Rn. 12, 33.
[42] BGH NJW-RR 1996, 1458; OLG Köln NZM 1999, 1097 (1098).
[43] OLG Düsseldorf GuT 2003, 7.
[44] Fritz GewerberaumMietR Rn. 492 mwN.
[45] BGH NJW 1989, 2053; bei Wohnraumanmietung von einem weitervermietenden Verein durchaus streitig, für Kündigungsschutz: BGH NZM 2003, 759; zuletzt BGH NZM 2016, 256; Schmidt-Futterer/Streyl BGB § 565 Rn. 15, 19.

Handelsregister hinaus, es sei denn, der Vermieter hätte positive Kenntnis von der späteren Haftungsbegrenzung.[46]

Praxistipp:

Die Haftungsbegrenzung des späteren Kommanditisten muss im Mietvertrag mitgeteilt werden, um den Vermieter in positive Kenntnis hiervon zu setzen und eine Haftung über den Zeitpunkt der Eintragung der Gesellschaft ins Handelsregister hinaus zu verhindern.

62 Bei Vorgründungsgesellschaften, mit denen ein Mietvertrag abgeschlossen wird, liegt eine GbR vor, betreibt sie bereits ein Handelsgewerbe ist sie Außen-GbR. Die Gründer haften hier auch nach Eintrag in das Handelsregister persönlich, neben der Gesellschaft, für im Gründungsstadium eingegangene Verbindlichkeiten.

Praxistipp:

Der Wille, wer der eigentliche zukünftige Vertragspartner sein soll, muss im Vertrag deutlich zum Ausdruck kommen, da sonst Haftungsrisiken entstehen. Genauso sollte der Vermieter Klarheit schaffen, wen er im Falle einer späteren Haftungsbegrenzung in eine persönliche Haftung einbezogen haben will, hierfür kann auch eine schriftliche Bürgschaft in Betracht kommen.

63 Eine sichere Enthaftung des Vorgründungsgesellschafters lässt sich nur durch eine Vereinbarung der Vertragsparteien bewirken.[47] Es auf eine konkludente Enthaftung, zB durch Einfordern der Miete von der GmbH, ankommen zu lassen, birgt hohe Risiken und ist vom jeweiligen Einzelfall abhängig.[48]

64 c) **EU-Gesellschaften.** Durch die Niederlassungsfreiheit nach Art. 43, 48 EGV sind Gesellschaften aus anderen EU-Ländern berechtigt, ihre vertraglichen Rechte in jedem Mitgliedsstaat geltend zu machen und sind damit rechtsfähig. Es ist hier für jeden Einzelfall zu prüfen, um was für eine Gesellschaft es sich handelt und wer vertretungsbefugt ist.

65 Nach dem Austritt des Vereinigten Königreiches aus der EU können sich britische Limited, die ihren Verwaltungssitz in Deutschland haben, nicht mehr auf die Niederlassungsfreiheit berufen, es gilt seit 1.1.2021 die Sitztheorie, also deutsches Recht. Die Limited wird ohne weiteren Übertragungsakt zu einer Personengesellschaft ohne Haftungsbeschränkung, die als GbR oder als oHG einzustufen ist.[49] Für eine Übergangsfrist, die abgelaufen ist, war auch eine Verschmelzung mit einem deutschen Rechtsträger möglich.

III. Parteiwechsel

1. Wechsel des Mieters

66 a) **Tod des Mieters.** Beim Tod des Mieters kann sowohl der Erbe des Mieters als auch der Vermieter nach § 580 BGB kündigen. Anders ist es beim Pachtvertrag, nach § 584 Abs. 2 BGB kann der Verpächter nicht nach § 580 BGB kündigen. Das Sonderkündigungsrecht nach § 580 BGB ist innerhalb eines Monats nach Kenntnis vom Tod des Mieters auszuüben. Für die Kündigungsfrist gilt § 580a Abs. 2 BGB, bei einem Mietverhältnis über Geschäftsräume ist die Kündigung spätestens am 3. Werktag eines Kalendervierteljahres zum Ablauf des nächsten Kalendervierteljahres zulässig.

---

[46] Lindner-Figura/Oprée/Stellmann Geschäftsraummiete-HdB/Kuß/Leutner § 2. Rn. 298 f.
[47] BGH NJW 1983, 2822; Gashssemi-Tabar/Eckner NJW 2012, 806 (808).
[48] Lindner-Figura/Oprée/Stellmann Geschäftsraummiete-HdB/Kuß/Leutner § 2. Rn. 289 f. mwN.
[49] Fritz/Geldmacher/Leo GewerberaumMietR/Geldmacher § 3 Rn. 175.

67 § 580 BGB ist abdingbar, kann also ausgeschlossen oder abgeändert werden, ob dies durch Formularvertrag möglich ist, ist streitig,[50] so dass eine individualvertragliche Regelung dem sicheren Weg entspricht.

68 Wird nicht gekündigt, treten der oder die Erben durch Gesamtrechtsnachfolge (§ 1922 BGB) in das Mietverhältnis mit allen Rechten und Pflichten ein, es findet kraft Gesetzes auf Mieterseite ein Parteiwechsel statt. Der Vertragsübergang steht unter dem Vorbehalt der Ausschlagung der Erbschaft (§§ 1942 ff. BGB), eine Haftungsbeschränkung ist nach §§ 1975 ff. BGB auf den Nachlass möglich.[51]

69 Bei einem Handelsgewerbe muss sich der Erbe des Kaufmannes innerhalb von 3 Monaten entscheiden, ob er das Geschäft einstellt oder fortsetzt (§ 27 Abs. 2 HGB). Im Falle der Fortsetzung haftet der Erbe nach §§ 27 Abs. 1, 25 Abs. 1 HGB für alle Geschäftsverbindlichkeiten. Eine Haftungsbeschränkung ist entsprechend § 25 Abs. 2 HGB durch kundgemachte Erklärung möglich, wenn sie ins Handelsregister eingetragen und dem Vermieter angezeigt wird.

70 **b) Umwandlung.** *aa) Umwandlungstatbestände nach dem Umwandlungsgesetz.* Bei der Verschmelzung (§§ 2 ff. UmwG), Spaltung (§§ 123 ff. UmwG) und Vermögensübertragung (§§ 174 ff. UmwG) erfolgt eine Gesamtrechtsnachfolge, so dass der neue Rechtsträger Vertragspartei wird, ohne dass es der Zustimmung des Vermieters bedarf, auch mit der unter Umständen misslichen Folge einer Haftungsbeschränkung.

71 Auch bei einem Formwechsel (§ 202 Abs. 1 Nr. 1 UmwG) bleibt der Vertragspartner in neuer Form erhalten, die Identität des Rechtsträgers bleibt bestehen, es handelt sich nicht um eine Identitätsänderung. Demnach bedarf es auch hier keiner Vertraganpassung und insbesondere keiner Zustimmung des Vermieters.[52]

72 Beispielsfälle einer Umwandlung sind, wenn eine juristische Person in eine andere juristische Person umgewandelt wird, wenn eine Personengesellschaft in eine juristische Person umgewandelt wird aber auch die Umwandlung des Unternehmens eines Einzelkaufmanns in eine juristische Person (zB GmbH).[53] Keine Umwandlung liegt vor, bei nicht übertragbaren Rechtspositionen wie die Mitgliedschaft in einem Verein oder die Beteiligung an einer GbR.

73 Dem Vermieter stehen Schutzrechte durch das Verlangen nach Stellung einer Sicherheit zu, wenn er glaubhaft macht, dass die Erfüllung seiner Forderung durch die Umwandlung konkret gefährdet wird.[54]

74 Zudem besteht bei einer Personengesellschaft eine Nachhaftung des persönlich haftenden Gesellschafters mit einer Ausschlussfrist von 5 Jahren (§§ 126, 137 HGB) ab positiver Kenntnis des Gesellschaftsgläubigers vom Ausscheiden.[55] Eine fünfjährige Altschuldenhaftung gilt auch für alle beteiligten Rechtsträger nach einer Spaltung (§ 133 UmwG). Für Mitglieder von Vertretungs- und Aufsichtsorganen des umgewandelten Rechtsträgers gilt ebenfalls eine fünfjährige Haftung auf Schadensersatz, das Verfahren ist formal kompliziert, zudem können diese sich exkulpieren (§§ 25, 26, 205, 206 UmwG).

75 Bei einer vom Mieter gestellten Bürgschaft endet die Bürgenhaftung im Umwandlungsfall nicht, die wirtschaftliche Schlechterstellung des Bürgen soll mit den Mitteln der Nachhaftungsbegrenzung des Umwandlungsrechtes zu lösen sein.[56]

---

[50] Siehe hierzu Lindner-Figura/Oprée/Stellmann Geschäftsraummiete-HdB/Kuß/Leutner § 2. Rn. 316. mwN; Schmidt-Futterer/Streyl BGB § 580 Rn. 13 ff. mit differenzierender Meinung; Grüneberg/Weidenkaff BGB § 580 Rn. 3; Staudinger/Rolfs BGB § 564 Rn. 23 ff., die überwiegende Meinung lehnt eine Abdingbarkeit mit Formularklausel ab.

[51] KG NJW 2006, 2561 (2562).

[52] Bub/Treier MietR-HdB/Landwehr Kap. II. Rn. 2639; Grüneberg/Weidenkaff BGB § 535 Rn. 12.

[53] OLG Karlsruhe DB 2008, 2241 = NZM 2009, 84 (85).

[54] Lindner-Figura/Oprée/Stellmann Geschäftsraummiete-HdB/Kuß/Leutner § 2 Rn. 264 mwN.

[55] BGH NJW 2007, 3784.

[56] Lindner-Figura/Oprée/Stellmann Geschäftsraummiete-HdB/Kuß/Leutner § 2 Rn. 268, 254.

76 Fraglich ist, ob die Rechtsfolgen des Umwandlungsgesetzes mietvertraglichen Regelungen zugänglich sind und abbedungen werden können.[57] Die gesetzlichen Rechte gewähren dem Vermieter im Umwandlungsfall nur relativ geringen Schutz vor Vermögensverlusten, vor allem sind die Haftungsvorschriften nur schwer handhabbar.

77 Denkbar sind individualvertragliche Regelungen bei Vertragsschluss, die eine außerordentliche Kündigung des Mietvertrages im Umwandlungsfall für den Vermieter vorsehen; die Nachhaftungsbegrenzungsfrist nach § 160 Abs. 1 HGB verlängern; die Geltendmachungsfrist für die Nachhaftungsbegrenzung bis zur Grenze des § 202 Abs. 2 BGB (30 Jahre) verlängern und die formularvertragliche Verlängerung der sechsmonatigen Ausschlussfrist für die Geltendmachung der Sicherheit nach § 22 UmwG bzw. weitere Mietsicherheiten vorsehen.[58]

78 Möglich ist auch, dass sich der Vermieter im Umwandlungsfall dadurch mehr Sicherheiten verschafft, dass ein persönlicher kumulativer Schuldbeitritt eines oder mehrerer Gesellschafter schon bei Mietvertragsabschluss vereinbart wird. Bei finanziell nicht leistungsfähigen nahen Familienangehörigen könnte ein solcher freilich sittenwidrig sein, wenn diese überfordert sind.[59]

Ob die Umwandlung von der Zustimmung des Vermieters abhängig gemacht werden kann, dürfte unter Verweis auf § 1 Abs. 3 UmwG äußerst zweifelhaft sein.[60]

79 *bb) Umwandlungen außerhalb des Umwandlungsgesetzes.* Ergeben sich die Rechtsfolgen von Umwandlungen nicht aus dem Umwandlungsgesetz, so liegt grundsätzlich ein Fall rechtsgeschäftlicher Einzelrechtsnachfolge vor, die der Zustimmung des Vermieters zum Parteiwechsel bedarf, soll der Rechtsnachfolger in das Mietverhältnis eintreten. Voraussetzung für eine Einzelrechtsnachfolge ist grundsätzlich ein dreiseitiger Vertrag, bei dem der alte Mieter, der Vermieter und der neue Mieter mitwirken.

80 Dies gilt, wenn ein Gesellschafter oder eine Gesellschaft neu in den Betrieb eines Einzelkaufmanns eintritt und gleichzeitig auch in das Mietverhältnis eintreten will.[61] Gleiches gilt auch dann, wenn die Firma eines Einzelkaufmannes auf einen Erwerber übertragen wird (Firmenfortführung). Die Vorschriften des Handelsrechts sehen zwar eine Haftung des Erwerbers auch für frühere Verbindlichkeiten vor (§§ 25, 28 HGB), dies bewirkt jedoch keinen automatischen Eintritt in das Mietverhältnis, sondern einen kumulativen Schuldbeitritt.

81 Denkbar ist die Zustimmung zum Parteiwechsel auch durch konkludentes Handeln des Vermieters oder Regelung im ursprünglichen Mietvertrag, wobei sich dann freilich wiederum die Schriftformproblematik für den Eintritt des Nachmieters stellt. Bei einem unternehmensbezogenen gewerblichen Mietvertrag, soll die Zustimmung des Vermieters zum Wechsel der Vertragsparteien bereits konkludent im Mietvertrag beinhaltet sein, da nicht das persönliche Vertrauen in den Inhaber des Geschäftes Vertragsgrundlage ist, sondern vielmehr die Art und das Ansehen des Unternehmens.[62]

Praxistipp:
Bei der Vertragsgestaltung können und sollten Fragen der Einzelrechtsnachfolge in den Vertrag einfließen. Aus Vermietersicht sollte die Zustimmung davon abhängig gemacht werden, dass der Erwerber seine Haftung nicht nach § 25 Abs. 2 HGB beschränkt.

[57] Bejahend BGH NZM 2002, 660; 2010, 280 (282); kritisch Lindner-Figura/Oprée/Stellmann Geschäftsraummiete-HdB/Kuß/Leutner § 2 Rn. 273 ff. unter Verweis auf § 1 Abs. 3 UmwG.

[58] Lindner-Figura/Oprée/Stellmann Geschäftsraummiete-HdB/Kuß/Leutner § 2 Rn. 273 ff., im Einzelfall wegen § 1 Abs. 3 UmwG problematisch.

[59] BGH NJW 2002, 744; GuT 2005, 6 (8).

[60] Lindner-Figura/Oprée/Stellmann Geschäftsraummiete-HdB/Kuß/Leutner § 2 Rn. 345; bejahend OLG Oldenburg OLG-Report 2000, 65.

[61] BGH NJW 2001, 2251 (2252) = NZM 2001, 621.

[62] Lindner-Figura/Oprée/Stellmann Geschäftsraummiete-HdB/Kuß/Leutner § 2 Rn. 352 mwN.

Bei einem langfristigen Mietvertrag ist für den Parteiwechsel in einem Nachtrag die Schrift- bzw. Textform gewahrt, wenn sich Vermieter und Altmieter formwirksam über den Eintritt des Neumieters einigen und dieser der Vertragsübernahme formlos zustimmt.[63] 82

Praxistipp:

Es empfiehlt sich, den aktuellen Status in Bezug auf die Mietzahlungen, Betriebskostenabrechnungen, Kaution, Zustand der Mietsache, Einbauten usw zum Zeitpunkt des Vertragsübergangs schriftlich festzuhalten.

Ein Mieterwechsel kann auch zwischen dem früheren und dem neuen Mieter erfolgen, 83
freilich muss die Vereinbarung, um die Schriftform bzw. Textform zu wahren, eine hinreichend deutliche Bezugnahme auf den Mietervertrag enthalten.[64] Die Zustimmung des Vermieters oder Dritten kann formlos erfolgen. Die Zustimmung zu einem Mieterwechsel kann auch **formularmäßig** bereits in einer **Vertragsübernahmeklausel** im ursprünglichen Mietvertrag geregelt werden. Maßgebend ist, ob der personale Einschlag des Mietverhältnisses der Übertragbarkeit entgegenstehen könnten.[65]

Kommt es zu keiner Zustimmung des Vermieters mit dem Mieterwechsel, kann eine 84
eventuelle Nachmieterklausel im Mietvertrag Bedeutung erlangen, ansonsten sind die Rechtsfragen im Zusammenhang mit der Gebrauchsüberlassung an Dritte, der Untermiete und der Störung der Geschäftsgrundlage (§ 313 BGB) von Belang.[66]

c) **Gesellschafterwechsel.** Kein Umwandlungsfall liegt vor, wenn ein Gesellschafter- 85
wechsel in der Weise stattfindet, dass nicht die gesamte Rechtsperson wechselt, sondern lediglich eine Veränderung des Gesellschafterbestande der Vertragspartei stattfindet.

aa) Außen-GbR, oHG/KG. Für die rechtsfähige GbR, oHG und KG gilt, dass bei einem 86
Gesellschafterwechsel keinerlei Einfluss auf den Bestand des Mietverhältnisses besteht, der Vermieter muss insbesondere dem Gesellschafterwechsel nicht zustimmen, es liegt keine unbefugte Gebrauchsüberlassung an Dritte vor.

Für die Gesellschafter einer Personengesellschaft besteht grundsätzlich eine Nachhaftung von fünf Jahren, wobei abweichende Vereinbarungen möglich sind.

bb) Partnergesellschaften/Sozietäten. Auch hier ist der Partnerwechsel oder das Aus- 87
scheiden eines Partners nicht von der Zustimmung des Vermieters abhängig. Für die Nachhaftung gilt ebenfalls die 5-jährige Frist (§§ 10 Abs. 2 PartGG, 130 HGB), der neue eintretende Partner haftet nach §§ 8 Abs. 1 PartGG, 130 HGB) auch für Verbindlichkeiten vor seinem Eintritt.

cc) Juristische Personen. Der Wechsel an der Beteiligung einer juristischen Person hat 88
keinen Einfluss auf das Mietverhältnis.

2. Wechsel des Vermieters

a) **Veräußerung der Mietsache (§§ 566, 578 BGB).** *aa) Grundsätzliches.* Wird die an 89
den Mieter bereits überlassene Mietsache, die von dem oder den Grundstückseigentümern angemietet wurde, veräußert, so tritt der Erwerber in alle Rechte und Pflichten aus dem Mietvertrag ein. Dogmatisch entsteht mit Eigentumsübergang unmittelbar kraft

[63] BGH NZM 2003, 476 (478); 2005, 584 (585); 2013, 269 (270).
[64] BGH NZM 2013, 269 (270).
[65] Lindner-Figura/Oprée/Stellmann Geschäftsraummiete-HdB/Kuss/Leutner § 2 Rn. 362 ff.
[66] Siehe hierzu Fritz/Geldmacher/Leo GewerberaumMietR/Leo § 6 Rn. 12 ff. mit zahlreichen weiteren Nachweisen.

Gesetzes ein neues Mietverhältnis, allerdings mit uneingeschränkt dem gleichen Inhalt, wie sie mit dem Veräußerer bestanden hat.[67]

90 Voraussetzung ist grundsätzlich die Identität von Grundstückseigentümer, Vermieter und Veräußerer. Liegt keine Identität von Grundstückseigentümer und Vermieter vor, findet § 566 BGB keine Anwendung, der Erwerber tritt dann nicht in ein Mietverhältnis mit dem Mieter ein und der Mieter ist der Gefahr eines Herausgabeanspruchs des neuen Eigentümers nach § 985 BGB ausgesetzt. Im Einzelfall ist jedoch zu prüfen, ob im Rahmen der Auflockerungsrechtsprechung § 566 Abs. 1 BGB anlog anzuwenden ist, da die Vorschrift dem Schutz des Grundeigentümers dienen soll. Bei fehlender Identität zwischen Vermieter und Veräußerer ist § 566 Abs. 1 BGB entsprechend anwendbar, wenn die Vermietung des veräußerten Grundstücks mit Zustimmung und im alleinigen wirtschaftlichen Interesse des Eigentümers erfolgt und der Vermieter kein eigenes Interesse am Fortbestand des Mietverhältnisses hat.[68] Für eine Untervermietung scheidet eine analoge Anwendung von § 566 Abs. 1 BGB aus.[69]

91 In folgenden Fällen liegt keine Identität von Grundstückseigentümer und Vermieter vor:

- Der Vermieter hat zu einem Zeitpunkt vermietet, als für ihn im Grundbuch nur eine Auflassungsvormerkung bestellt war.[70] Diese Problematik ist häufig im Bereich der Projektentwicklung vorzufinden.[71]
- Wenn die Grundstückseigentümer im Einverständnis mit dem Mieter die Vermieterstellung auf eine von ihnen beherrschte GmbH & Co. KG übertragen und diese im Rahmen einer späteren Auseinandersetzung das Grundstück einem Gesellschafter zuschlagen, liegt kein Erwerb vom Eigentümer vor.[72]
- Ebenfalls keine Identität ist dann gegeben, wenn von mehreren Miteigentümern nur einer ohne Zustimmung der anderen den Mietvertrag abgeschlossen hat und die Mietsache von allen veräußert wird. Anders jedoch, wenn die Zustimmung der anderen Eigentümer vorliegt.

92 Dagegen tritt eine Rechtsnachfolge nach § 566, 578 BGB und ein Vermieterwechsel in folgenden Fällen ein:

- wenn ein vom Eigentümer autorisierter Verwalter den Mietvertrag im eigenen Namen abgeschlossen hat ohne als Vertreter aufzutreten.[73]
- Wenn in einer GbR eine Übertragung von Geschäftsanteilen auf einen anderen Gesellschafter stattfindet und die ursprünglichen Gesellschafter mit einer gesamthänderischen Bindung im Grundbuch eingetragen waren.[74]
  Generell hat ein Wechsel im Mitgliederbestand einer Gesellschaft keinen Einfluss auf den Bestand des Mietverhältnisses auf beiden Seiten.
- Schließlich, wenn mit Zustimmung der anderen Miteigentümer nur ein Miteigentümer vermietet hat und sodann die Mietsache von allen Eigentümern veräußert wird, wobei die Zustimmung der anderen Miteigentümer auch durch konkludentes Verhalten erklärt werden kann.[75]

---

[67] BGH in ständiger Rechtsprechung zuletzt NZM 2015, 79 und NZM 2017, 847; 2.7.2020 – V ZB 137/19, NZM 2020, 683; ausführlich zur Dogmatik des Rechtsübergangs Schmidt/Futterer/Streyl BGB § 566 Rn. 9 ff. mwN.

[68] BGH NZM 2017, 847; 27.10.2021 – XII ZR 84/20, NZM 2022, 58.

[69] BGH 27.10.2021 – XII ZR 84/20, NZM 2022, 58.

[70] BGH NJW 2003, 2158 (2159).

[71] Zur Problematik siehe Lindner-Figura/Oprée/Stellmann Geschäftsraummiete-HdB/Kuß/Leutner § 2 Rn. 138 mwN; hierzu auch Grooterhorst/Burballa NZM 2006, 246; OLG Köln ZMR 2001, 967; OLG Rostock NZM 2006, 262.

[72] OLG Brandenburg ZMR 2003, 830.

[73] OLG Celle ZMR 2000, 284 (285); LG Berlin NJW-RR 1994, 781; Bub/Treier MietR-HdB/Landwehr Kap. II. Rn. 2646; aA Lindner-Figura/Oprée/Stellmann Geschäftsraummiete-HdB/Kuß/Leutner § 2 Rn. 143.

[74] BGH NJW 1998, 1220 = NZM 1998, 260; Blank/Börstinghaus/Siegmund/Börstinghaus BGB § 535 Rn. 119.

[75] BGH WuM 1985, 63; OLG Karlsruhe NJW 1981, 1278.

Veräußerungsfälle, mit der Folge der Anwendung von § 566 BGB, sind neben dem Kauf auch der Grundstückstausch, die Schenkung, ein Vermächtnis, die Einbringung in eine Gesellschaft, die Beendigung des Nießbrauchs (§ 1056 BGB) oder der Heimfall des Erbbaurechts (§ 30 ErbbauVO) und der Eintritt der Nacherbfolge (§§ 2135, 2056 BGB), der Erwerb in der Zwangsversteigerung (§§ 57 ff. ZVG) und die Veräußerung des Insolvenzverwalters (§ 111 InsO). In den letzten beiden Fällen sind die Rechte der Mieter durch ein Sonderkündigungsrecht des Erwerbers eingeschränkt (§ 57a ZVG). 93

Keine rechtsgeschäftliche Veräußerung, sondern ein Rechtsübergang kraft öffentlichen Rechts ist die Enteignung und die vorläufige Besitzeinweisung. 94

Maßgeblicher Zeitpunkt für den Vermieterwechsel ist die Eintragung des neuen Eigentümers im Grundbuch (§ 873 BGB) bzw. bei der Zwangsversteigerung der Zuschlagsbeschluss. Möglich ist die Vereinbarung des Verkäufers eines Grundstücks mit dem Käufer, dass eine Vertragsübernahme schon vor der Eintragung im Grundbuch erfolgt, jedoch bedarf dies zur Wirksamkeit der Zustimmung des Mieters. 95

Der Veräußerer kann den Erwerber im Kaufvertrag ermächtigen, schon vor seiner Eintragung ins Grundbuch, im eigenen Namen zu kündigen.[76] Keine Ermächtigung zur Kündigung liegt freilich in einer Vertragsübernahme des Erwerbers vor Eintragung ins Grundbuch, der der Mieter nicht zugestimmt hat.[77] 96

bb) Auswirkungen der Veräußerung. Von Gesetzes wegen wird ein neues Mietverhältnis begründet, das allerdings den gleichen Inhalt wie das bisherige Mietverhältnis hat.[78] Gleichwohl kann dies Auswirkungen auf typische Vertragsregelungen haben: 97

Sicherungsrechte gehen nach §§ 566a S. 1, 578 BGB auf den Erwerber über, also Kautionen, Abtretungen, Bürgschaften, Rechte aus Verpfändungen. Bei Anlage einer Kaution auf einem Sonderkonto tritt ein gesetzlicher Kontoinhaberwechsel ein.[79] Soweit die Kaution noch nicht geleistet ist, geht der Zahlungsanspruch gegen den Mieter nur in dem Umfang auf den Erwerber über, als der Verkäufer keine Ansprüche mehr gegen den Mieter hat.[80] Mieter und Erwerber haben einen Anspruch gegen den ursprünglichen Vermieter auf Herausgabe der Sicherheiten an den Erwerber. Ist die Sicherheitsleistung vom Veräußerer an den Mieter zurückgegeben worden, kann der Erwerber vom Mieter erneut die Leistung vom Mieter fordern.[81] 98

Bei **Mietvorauszahlungen** handelt es sich um vorzeitige Mieterleistungen zur vollständigen oder teilweisen Erbringung der Miete für eine bestimmte Zeit, über die der Vermieter frei verfügen kann. Sie gelten dem Erwerber gegenüber nur für den laufenden Kalendermonat bzw. dem nächsten Kalendermonat, wenn der Eigentumsübergang nach dem 15. Tag des Monats eintritt (§ 566b BGB). Weitergehende Vorausverfügungen muss der Erwerber nicht gegen sich gelten lassen, es sei denn, er hätte hiervon positive Kenntnis. Der Mieter läuft also Gefahr, nochmals bezahlen zu müssen und ist auf Schadensersatzansprüche und Bereicherungsansprüche gegen den Veräußerer verwiesen. 99

Praxistipp:

Der Mieter sollte den Erwerber über die Vorausverfügungen informieren und diesen in positive Kenntnis von Mietvorauszahlungen setzen, um einer doppelten Inanspruchnahme zu entgehen.

Für **Rechtsgeschäfte zwischen Mieter und dem Vermieter** (Veräußerer) gilt § 566c BGB, hierzu gehören die Erfüllung, die Stundung der Miete, der Mieterlass und der 100

---

[76] BGH NJW 1998, 896 (897); OLG Düsseldorf ZMR 2000, 170 (171).
[77] OLG Celle NZM 2000, 93.
[78] in ständiger Rechtsprechung BGH NZM 2022, 58.
[79] OLG Düsseldorf NJW-RR 1997, 1170; Schmidt-Futterer/Streyl BGB § 566a Rn. 14.
[80] OLG Hamburg NJWE-MietR 1997, 276; differenzierter hierzu Lindner-Figura/Oprée/Stellmann Geschäftsraummiete-HdB/Kuß/Leutner § 2 Rn. 194 ff. mwN.
[81] BGH NZM 2012, 681; 303.

Aufrechnungsvertrag. Ist das Rechtsgeschäft vor Eigentumsübergang vorgenommen, so kommt es auf die positive Kenntnis des Mieters vom Eigentumsübergang an, ob es für den laufenden Kalendermonat und den Folgemonat oder eine unbegrenzte Zeit gegenüber dem Erwerber wirksam ist. Wurde das Rechtsgeschäft nach dem Eigentumsübergang vorgenommen, so ist es bei positiver Kenntnis des Mieters vom Eigentumsübergang unwirksam.

101 Sonderfälle sind der **„abwohnbare" Baukostenzuschuss** oder ein **Mieterdarlehen,** das für den Bau verwendet wurde und dessen Rückzahlungsraten mit der Miete zu verrechnen sind. Hier galten die §§ 566b u. 566c BGB bis zur Aufhebung des § 57c ZVG (Ausschluss des Kündigungsrechts des Erstehers nach§ 57a ZVG) zum 1.2.2007 nicht, der Erwerber muss weiter verrechnen bzw. anrechnen lassen, die vereinbarten Abreden sind auch gegenüber dem Erwerber wirksam.[82] Dass soll nach Aufhebung des § 57c ZVG nicht mehr gelten und die §§ 566b u. 566c BGB anwendbar sein, der Mieter muss also ab Eigentumsübergang die Miete bezahlen und ist insoweit auf Ersatzansprüche und Bereicherungsansprüche an den Veräußerer verwiesen.[83] Ein weiterer Sonderfall ist die Einmalmietzahlung bei einem Mietverhältnis auf unbestimmte Dauer, hier erlischt die Zahlungspflicht mit der Einmalzahlung, der Erwerber hat keine Mietzinsansprüche erworben.[84] Anders bei einem zeitlich befristeten Mietvertrag bei dem sich der fiktive monatliche Mietzins berechnen lässt.[85]

102 Bei **Betriebskostenabrechnungen** hat der Veräußerer vor Eigentumsübergang abgeschlossene Abrechnungszeiträume abzurechnen.[86] Bei einer laufenden Abrechnungsperiode ist zum Zeitpunkt des Eigentumsübergangs keine Teilabrechnung geschuldet, deshalb muss der Erwerber den gesamten Abrechnungszeitraum abrechnen und auch Vorauszahlungen berücksichtigen, die an den Voreigentümer gegangen sind.[87]

Praxistipp:

Im Kaufvertrag sollten Veräußerer und Erwerber Regelungen zum Innenverhältnis bzw. Innenausgleich treffen.

103 Endet das Mietverhältnis vor dem Grundstückserwerb, maßgeblich ist die Eintragung des Erwerbers ins Grundbuch, findet § 566 BGB keine Anwendung, die Abrechnung der im Zeitpunkt des Auszugs laufenden Abrechnungsperiode hat der bisherige Vermieter zu erteilen.[88]

104 **Schadensersatzansprüche** – es gilt grundsätzlich das Fälligkeitsprinzip – die vor Veräußerung entstanden sind, stehen dem Veräußerer zu, sie verjähren nach § 548 Abs. 1 BGB in 6 Monaten nach der Übergabe der Mietsache an den Erwerber.[89] Bei Auswirkungen des schädigenden Ereignisses auf den Veräußerer, zB durch unterlassene Renovierungspflichten oder Rechte und Pflichten die unmittelbar und dauerhaft den Zustand der Mietsache betreffen, tritt der Erwerber in die sich hieraus ergebenden Rechte ein.[90]

105 Bei Beschädigung der Mietsache muss ein Schadensersatzanspruch des Veräußerers nach § 249 BGB an den Erwerber abgetreten werden, da er sonst untergeht, der Ver-

---

[82] BGHZ 37, 346 (zum Baukostenzuschuss – anders bei einem verlorenen Zuschuss); BGHZ 53, 35 (zum Mieterdarlehen).
[83] Schmidt-Futterer/Steyl BGB § 566c Rn. 25; Fritz/Geldmacher/Leo GewerberaumMietR/Leo § 6 Rn. 45 ff.
[84] BGH NJW 1998, 595 (596) = NZM 1998, 105 (106).
[85] Schmidt-Futterer/Streyl BGB § 566c Rn. 20 f.
[86] BGH NZM 2004, 188 (189); 2005, 17; 2007, 441 (442).
[87] BGH NZM 2001, 158 (160).
[88] BGH NZM 2007, 441 (442).
[89] Schmidt/Futterer/Streyl BGB § 548 Rn. 57; Fritz/Geldmacher/Leo GewerberaumMietR/Leo § 6 Rn. 52.
[90] Schmidt/Futterer/Streyl BGB § 566 Rn. 132 ff.; siehe auch BGH NZM 2004, 901 (902).

äußerer erlangt dann nach § 251 Abs. 1 BGB Kompensation, als er Schadensersatz wegen des geringeren erzielten Kaufpreises verlangen kann.[91]

106 Bei **Aufwendungsersatz oder Verwendungsersatzansprüchen** kommt es auf die Entstehung des Anspruchs an, § 566 BGB findet keine Anwendung.[92] Der Mieter läuft demnach Gefahr, dass sein Anspruch der kurzen Verjährung des § 548 Abs. 2 BGB unterliegt, wenn er sich nicht rechtzeitig an den Veräußerer wendet, da Aufwendungsersatzansprüche regelmäßig sofort mit der Aufwendung entstehen. In seltenen Ausnahmefällen wird eine spätere Fälligkeit durch Vereinbarung vorliegen.

107 Die vertragliche und die vertragsimmanente **Konkurrenzschutzverpflichtung** des Vermieters geht nach § 566 BGB auf den Erwerber über.[93] Dies soll sich nicht auf ein Nachbargrundstück des Veräußerers beziehen, der Veräußerer wird von der Konkurrenzschutzverpflichtung frei, da der Erwerber eine Verpflichtung nur für das von ihm erworbene Grundstück übernimmt (§ 275 Abs. 1 BGB).

108 **b) Vermieterwechsel durch Rechtsgeschäft.** Dies erfordert einen dreiseitigen Vertrag, ohne ausdrückliche Zustimmung des Mieters ist ein Austausch des Vermieters nicht möglich. Allerdings sind Vertragsübernahmeklauseln, auch formularvertraglich,[94] möglich und grundsätzlich wirksam, die dem Verwender das Recht einräumen, seine Vermieterstellung auf eine andere Person zu übertragen.[95] Die Zustimmung des Mieters kann, auch um das Schriftformerfordernis zu wahren, formlos erfolgen. Auch eine konkludente Zustimmung ist denkbar, die zum Beispiel darin gesehen werden kann, dass der Mieter die Miete an den Dritten bezahlt.[96] Die §§ 578, 566 BGB sind nicht analog anzuwenden, der Vermieterwechsel durch Rechtsgeschäft erlangt bei der gewerblichen Weitervermietung und in der Projektentwicklung praktische Bedeutung.

109 **c) Tod des Vermieters.** Anders als beim Tod des Mieters besteht kein Sonderkündigungsrecht des Erben oder des Mieters. Ein solches entsteht nur beim Tod der vermietenden Vorerben (§§ 2056, 1056 BGB).

110 **d) Umwandlung nach dem Umwandlungsgesetz.** Da der Rechtsübergang durch Gesamtrechtsnachfolge erfolgt, entsteht kein neues Mietverhältnis nach § 566 BGB, das alte Mietverhältnis wird mit dem neuen Rechtsträger fortgesetzt.

---

91 BGH NZM 2004, 901 (902).
92 BGH NJW 1988, 705; 2008, 2256; BFH NJW 1987, 2701; Schmitt-Futterer/Streyl BGB § 548 Rn. 56.
93 BGH NZM 2013, 52; OLG Celle NJW-RR 1990, 974 (975); Fritz/Geldmacher/Leo GewerberaumMietR/Leo § 6 Rn 57 ff.
94 Es kommt auf die Umstände des Einzelfalles anhand einer Interessenabwägung an (BGH NZM 2010, 705); Lindner-Figura/Oprée/Stellmann Geschäftsraummiete-HdB/Kuß/Leutner § 2 Rn. 362 f.
95 BGH NZM 2010, 705.
96 KG ZMR 2003, 835.

§ 50 Gebrauchsüberlassung an Dritte

Übersicht

Schrifttum:
Disput, „Change of Control"-Klauseln im gewerblichen Mietvertrag, NZM 2008, 305; Mielke/Nguyen-Viet, Änderung der Kontrollverhältnisse bei dem Vertragspartner: Zulässigkeit von Change of Control-Klauseln im deutschen Recht, DB 2004, 2515; Pauly, Hauptprobleme der Untermiete, WuM 2008, 320; Seyfarth, Vermieterpflichten bei Untervermietungsanfragen, NZM 2002, 200.

I. Nach dem Vertragszweck gestattete Untervermietung

1 Die Gebrauchsüberlassung an Dritte bedarf keiner Zustimmung des Vermieters, wenn sie dem Mieter vertraglich gestattet ist. Das ist nicht nur dann der Fall, wenn dem Mieter die Gebrauchsüberlassung **ausdrücklich** gestattet wurde, sondern auch dann, wenn bei dem vertraglich vereinbarten **Vertragszweck** die Gebrauchsüberlassung an Dritte zum üblichen Gebrauch zählt und deshalb als nach dem Vertragszweck vertraglich vorausgesetzt anzusehen ist.[1]

2 Werden die Räume dem Mieter beispielsweise zum Betrieb eines **Hotels,** eines **Coworking-Spaces** oder eines **Business-Centers** überlassen, so bedarf die Gebrauchsüberlassung innerhalb dieses Vertragszwecks nicht der Zustimmung des Vermieters.[2] Die Grenzen der dem Mieter nach dem Vertragszweck gestatteten Gebrauchsüberlassung an Dritte lassen sich nur nach § 242 BGB unter besonderer Berücksichtigung der

[1] MüKoBGB/Bieber § 540 Rn. 4.
[2] Lindner-Figura/Oprée/Stellmann Geschäftsraummiete-HdB/Stellmann § 15 Rn. 19.

Verkehrssitte bestimmen. So zählt beispielsweise bei der Vermietung zum Betrieb eines **Hotels** nur die tageweise Überlassung einzelner Zimmer an Dritte zum vertragsmäßigen Gebrauch, nicht aber die Unterverpachtung des gesamten **Sauna- und Fitness-Bereichs** an einen Dritten zu dessen selbständigem Betrieb.

Nicht hierunter fällt die Vermietung zum Betrieb einer **Lagerhalle,** da der Mieter diese 3
üblicherweise nicht (teilweise) Dritten überlässt, sondern die Dritten ihre Sachen bei dem Mieter in Verwahrung geben, der die alleinige Sachherrschaft an der Lagerhalle behält.[3] Gemietete **Maschinen** können auch für Dritte eingesetzt werden, dürfen aber nur vom Mieter oder seinem Personal bedient werden.[4]

II. Sonderformen der Gebrauchsüberlassung/Personelle und Rechtsformänderungen auf Seiten des Mieters

Da § 540 BGB die Gebrauchsüberlassung gerade an **Dritte,** also eine vom Mieter 4
verschiedene Person, von der Erlaubnis des Vermieters abhängig macht, stellt sich bei gewerblichen Mietverhältnissen die Frage, bei welchen personellen oder Rechtsformänderungen auf Seiten des Mieters sowie bei welchen besonderen Nutzungsarten eine derartige Gebrauchsüberlassung an einen Dritten vorliegt.

1. Aufnahme eines Dritten in den Betrieb des Mieters

Nimmt der Mieter einen Partner auf und betreibt sein Unternehmen, das die Mietsa- 5
che nutzt, nunmehr in der Rechtsform einer Gesellschaft bürgerlichen Rechts oder einer offenen Handelsgesellschaft, so liegt eine erlaubnispflichtige Gebrauchsüberlassung an einen Dritten vor, weil dadurch ein neues, zumindest teilrechtsfähiges Rechtssubjekt entsteht, das die Mietsache gebraucht.[5] Dasselbe gilt bei einer **Einbringung** des Geschäfts in eine schon bestehende oHG oder KG.[6]

2. Änderung der Rechtspersönlichkeit des Mieters

Eine **Änderung der Rechtsform** des Mieters stellt keine erlaubnispflichtige Gebrauchs- 6
überlassung dar.[7] Für die unter das Umwandlungsgesetz fallenden Fälle ergibt sich dies aus dem Gesetz, da bei diesen entweder die Identität des Rechtsträgers unberührt bleibt und der Rechtsträger lediglich das „Rechtskleid" wechselt, § 202 Abs. 1 Nr. 1 UmwG, oder eine Gesamtrechtsnachfolge gesetzlich angeordnet ist, § 20 Abs. 1 Nr. 1 UmwG.[8]

Bringt der Mieter dagegen sein einzelkaufmännisches Unternehmen **in eine GmbH** 7
ein, liegt eine der Erlaubnis des Vermieters bedürfende Gebrauchsüberlassung vor.[9]

Ebenso liegt eine Gesamtrechtsnachfolge und damit keine Gebrauchsüberlassung an Dritte vor, wenn aus einer zweigliedrigen Gesellschaft der einzige Mitgesellschafter

---

[3] BGH WPM 1966, 479 ff. (481); OLG Hamm WPM 1973, 525; MüKoBGB/Bieber § 540 Rn. 4; Bub/Treier MietR-HdB/Kraemer Kap. III. Rn. 3020; Wolf/Eckert/Ball Gewerbl. Miet-/Pacht-/LeasingR-HdB, 9. Aufl. 2004, Rn. 1204.

[4] MüKoBGB/Bieber § 540 Rn. 4.

[5] BGH NJW 2001, 2251; 1967, 821; Grüneberg/Weidenkaff BGB § 540 Rn. 6; Lindner-Figura/Oprée/Stellmann Geschäftsraummiete-HdB/Stellmann § 15 Rn. 9; Emmerich/Sonnenschein/Emmerich BGB § 540 Rn. 27; Schmidt-Futterer/Flatow BGB § 540 Rn. 24; BeckOKMietR/Weber BGB § 540 Rn. 10; aA Wolf/Eckert/Ball Gewerbl. Miet-/Pacht-/LeasingR-HdB, 9. Aufl. 2004, Rn. 1203.

[6] Emmerich/Sonnenschein/Emmerich BGB § 540 Rn. 27.

[7] BGH NJW 2001, 1056; 1967, 821 ff.; Staudinger/Emmerich BGB § 540 Rn. 77; Guhling/Günter/Guhling BGB § 540 Rn. 16.

[8] So auch BGH NJW 2002, 2168; 1967, 821; MüKoBGB/Bieber § 540 Rn. 11; Emmerich/Sonnenschein/Emmerich BGB § 540 Rn. 28; Lindner-Figura/Oprée/Stellmann Geschäftsraummiete-HdB/Stellmann § 15 Rn. 7; Grüneberg/Weidenkaff BGB § 540 Rn. 6, 21.

[9] KG NJW-RR 2009, 805; BeckOK MietR/Weber BGB § 540 Rn. 10.

ausscheidet, da in diesen Fällen alle Rechte und Pflichten auf den verbleibenden Gesellschafter übergehen.[10]

3. Wechsel von Gesellschaftern oder Geschäftsführern

8 Nach herrschender Meinung[11] liegt bei einem bloßen Wechsel von Gesellschaftern oder Geschäftsführern keine Gebrauchsüberlassung an einen Dritten vor, und zwar weder bei juristischen Personen noch bei Personenhandelsgesellschaften. Dies ist seit Zuerkennung der Teilrechtsfähigkeit auch für die (Außen-)Gesellschaft bürgerlichen Rechts[12] unbestreitbar, obwohl gerade bei dieser für den Vermieter das persönliche Vertrauen in die beim Vertragsabschluss handelnden Personen ausschlaggebend sein dürfte[13] und nicht in ein von den handelnden Personen unabhängiges, wenn auch teilrechtsfähiges Gebilde.

9 Umstritten ist, ob die Parteien durch eine sog. **„Change-of-Control-Klausel"** (mit der sich der Vermieter für den Fall eines Geschäftsführerwechsels, eines Gesellschafterwechsels oder einer Veräußerung eines bestimmten Prozentsatzes der Gesellschaftsanteile ein Kündigungsrecht oder ein Zustimmungserfordernis ausbedingt) etwas hiervon Abweichendes wirksam vereinbaren können. Für Formularverträge wird dies überwiegend unter Hinweis auf § 307 BGB verneint.[14] Der BGH hat eine derartige Klausel jedenfalls dann für unwirksam erklärt, wenn sie unabhängig davon gelten soll, ob und inwiefern die Interessen des Verwenders durch den Wechsel der Gesellschafter oder des Geschäftsführers berührt werden.[15]

Praxistipp:

Individualvertraglich dürfte eine solche Vereinbarung jedoch wirksam sein. Sie sollte jedoch nur dann vereinbart werden, wenn Gesellschafter und Geschäftsführer identisch sind (andernfalls liegt die Annahme eines Vertrages zu Lasten Dritter nahe,[16] jedenfalls wenn die Klausel ein Zustimmungserfordernis für die Anteilsübertragung selbst vorsieht[17]) und der Vermieter ein **besonderes Interesse**[18] daran hat, dass gerade eine bestimmte Person die Geschäfte führt. Dies kommt insbesondere in der Gastronomie häufig vor, bei der es in besonderem Maße auf die Fähigkeiten, den Einsatz und die Beziehungen der den Gastronomiebetrieb tatsächlich führenden Person ankommt.

Zur möglichen **Formulierung** einer solchen – individuell auszuhandelnden – Vereinbarung → Rn. 17.

4. Veräußerung des Einzelhandelsunternehmens

10 Veräußert der Mieter sein Einzelhandelsunternehmen und führt der Käufer dieses unter derselben Firma fort, liegt eine Gebrauchsüberlassung an einen Dritten vor.[19] Dasselbe gilt, wenn der Mieter sein Unternehmen in eine bestehende offene Handels-

[10] K. Schmidt GesR § 44 II.2.; MüKoBGB/Bieber § 540 Rn. 11.
[11] Vgl. etwa OLG Düsseldorf NJW-RR 2003, 513; Staudinger/Emmerich BGB § 540 Rn. 77 f.; Guhling/Günter/Guhling BGB § 540 Rn. 12; Emmerich/Sonnenschein/Emmerich BGB § 540 Rn. 28; Bub/Treier MietR-HdB/Kraemer Kap. III. Rn. 2494; 3017; Schmidt-Futterer/Flatow BGB § 540 Rn. 24; Lindner-Figura/Oprée/Stellmann Geschäftsraummiete-HdB/Stellmann § 15 Rn. 7.
[12] BGH NJW 2001, 1056 ff.
[13] Vgl. hierzu Guhling/Günter/Guhling BGB § 540 Rn. 1.
[14] OLG Frankfurt a. M. 21.2.2025 – 2 U 35/24, BeckRS 2025, 3846; Lindner-Figura/Oprée/Stellmann Geschäftsraummiete-HdB/Stellmann § 15 Rn. 8; Disput NZM 2008, 305 ff. (307 f.); Mielke/Nguyen-Viet DB 2004, 2515 ff. (2517 f.); aA Emmerich/Sonnenschein/Emmerich BGB § 540 Rn. 28.
[15] BGH NJW 1985, 623 ff. (625).
[16] So auch Mielke/Nguyen-Viet DB 2004, 2515 ff. (2517).
[17] Disput NZM 2008, 305 ff. (307).
[18] Wie hier Mielke/Nguyen-Viet DB 2004, 2515 ff. (2517 f.); Disput NZM 2008, 305 ff. (308); ähnlich Staudinger/Emmerich BGB § 540 Rn. 80.
[19] Grüneberg/Weidenkaff BGB § 540 Rn. 6.

oder Kommanditgesellschaft einbringt (vgl. bereits → Rn. 5), da dann eine andere Rechtspersönlichkeit die Mietsache gebraucht.[20]

5. Gebrauchsüberlassung an eine personenidentische juristische Person

Überlässt der Mieter den Gebrauch einer juristischen Person, deren Inhaber oder 11
gesetzlicher Vertreter er ist, soll dies vom vertragsmäßigen Gebrauch gedeckt sein,[21] jedenfalls aber dem Mieter nach Treu und Glauben (§ 242 BGB) ein Anspruch auf Erteilung der Einwilligung gegen den Vermieter zustehen.[22] Dies erscheint in dieser Allgemeinheit zweifelhaft, da eine Gebrauchsüberlassung an eine andere Rechtspersönlichkeit und damit an einen „Dritten" vorliegt. Weiter sind Person und Rechtsform des Mieters für den Vermieter von ausschlaggebender Bedeutung für seine Vermietungsentscheidung und der Mieter, der eine solche Übertragung beabsichtigt, kann das Recht hierzu vertraglich vereinbaren (was in der Praxis auch durchaus gebräuchlich ist).

6. Briefkastenfirmen, Treuhandschaften

a) Briefkastenfirmen. Es ist in der Praxis gelegentlich zu beobachten, dass sich Mieter 12
einen Deckungsbeitrag zu ihrer Mietbelastung dadurch verschaffen, dass sie das Mietobjekt für (unter Umständen auch zahlreiche) andere Firmen als bloße „Briefkastenadresse" hergeben und Post für diese entgegennehmen. Da diese Dritten keine tatsächliche Sachherrschaft über die Mietsache erhalten, handelt es sich jedenfalls nicht um einen Fall der Gebrauchsüberlassung im Sinne von § 540 BGB. Fraglich kann jedoch sein, ob diese Nutzung vom vertragsmäßigen Gebrauch gedeckt ist.

Praxistipp:

Der Vermieter, der nicht damit einverstanden ist, dass der Mieter dadurch einen nicht aus dem typischen, vereinbarten vertragsmäßigen Gebrauch herrührenden Ertrag aus der Mietsache generiert, und der die Folgen für das äußere Ansehen seiner Immobilie vermeiden will, sollte dem Mieter diese Form des „Gebrauchs" der Mietsache vertraglich ausdrücklich untersagen.

b) Treuhandschaften. Verschiedentlich wird die Position des Geschäftsführers einer 13
Gesellschaft von einem Dritten treuhänderisch für den Gesellschafter, der nicht nach außen hin in Erscheinung treten möchte, ausgeübt. In der Praxis übt solch ein Treuhänder (zumeist ein Steuerberater oder Rechtsanwalt) dieses Amt häufig zugleich für eine Vielzahl von Gesellschaften/Treugebern aus.

Da der Treuhänder der von ihm geführten Gesellschaft (Mit-)Besitz an der Mietsache 14
vermittelt (§ 868 BGB), liegt jedenfalls im Rechtssinne eine Gebrauchsüberlassung an jene Gesellschaft vor. Dass diese die Mietsache jedoch tatsächlich nicht selbst im Sinne eines eigenen Geschäftsbetriebes nutzt, ist jedenfalls dann unschädlich, wenn der Vermieter durch eine geeignete vertragliche Vereinbarung zum Ausdruck gebracht hat, mit dieser Art von Nutzung nicht einverstanden zu sein.[23]

Praxistipp:

Der Vermieter, der nicht damit einverstanden ist, dass seine Immobilie zur „Tarnadresse" unerkannt bleibender Hintermänner von Gesellschaften verkommt, sollte dem Mieter diese Form des „Gebrauchs" der Mietsache vertraglich ausdrücklich zu untersagen.

---

[20] BGH NJW 2001, 2251; Grüneberg/Weidenkaff BGB § 540 Rn. 6; Guhling/Günter/Guhling BGB § 540 Rn. 14.

[21] BGH NJW 1955, 1066; Grüneberg/Weidenkaff BGB § 540 Rn. 6.

[22] Bub/Treier MietR-HdB/Kraemer Kap. III. Rn. 3017, 2495; Lindner-Figura/Oprée/Stellmann Geschäftsraummiete-HdB/Stellmann § 15 Rn. 6.

[23] OLG München BeckRS 2005, 153200.

15 Der Mieter, zu dessen Tätigkeit (zB Steuerberater, Rechtsanwalt) es gehört, solche Treuhandschaften entgeltlich auszuüben, sollte bei der Formulierung des vertragsmäßigen Gebrauchs darauf achten, dass ihm diese ausdrücklich gestattet sind.

16 Eine – individuell auszuhandelnde! – Vereinbarung, mit der auch solche Treuhandschaften ausgeschlossen werden sollen, könnte beispielsweise formuliert werden wie folgt, da der Vermieter dadurch seinen Willen zum Ausdruck bringt, im Interesse des Mietobjekts vor Aufnahme der Mietgebrauchs durch Dritte seine Rechte wahren zu wollen:[24]

Formulierungsvorschlag:

17 „Die Parteien sind sich darüber einig, dass auch die Aufnahme eines Partners durch den Mieter, der Wechsel des Inhabers des Geschäftsbetriebes des Mieters, die Änderung seiner Rechtsform sowie, bei Personengesellschaften und Partnerschaften jede Änderung in der Person des/der Gesellschafter und/oder Geschäftsführer einen Fall der Gebrauchsüberlassung im Sinne von § 540 Abs. 1 BGB darstellen".[25]

III. Erlaubnis des Vermieters

1. Zustimmungsverlangen des Mieters

18 Der Mieter muss seine Bitte um Zustimmung zur Untervermietung eindeutig formulieren.[26] Er muss dem Vermieter mindestens den Namen, das Geburtsdatum und die Adresse des Untermieters mitteilen, damit dem Vermieter die Beurteilung der wirtschaftlichen Verhältnisse des Untermieters und die Einholung der üblichen Auskünfte zu diesem Zweck ermöglicht wird.[27] Daraus folgt eigentlich zwingend, dass die Bonität einen wichtigen Grund darstellt, der die Versagung der Zustimmung rechtfertigen kann (vgl. hierzu → Rn. 20). Weiter Angaben muss der Mieter dem Vermieter nur auf **Anfrage** mitteilen,[28] vgl. hierzu sogleich → Rn. 19.

2. Auskunftspflicht des Mieters bei Untervermietungswunsch

19 Die Rechtsprechung leitet aus § 540 BGB eine **Auskunftsanspruch** des Vermieters über solche Umstände ab, bezüglich derer er für seine Entscheidung über die Zustimmung zur Untervermietung ein berechtigtes Informationsbedürfnis hat.[29] Der Mieter müsse dem Vermieter deshalb auf ein entsprechendes **Verlangen** hin Auskunft erteilen über die wesentlichen Bedingungen des geplanten Untermietvertrages, nämlich insbesondere Laufzeit, die Höhe der Untermiete,[30] die Nutzungsart, etwaige Kündigungsmöglichkeiten sowie die Übernahme der Betriebspflicht.[31]

20 Es wurde in → § 13 Rn. 35 auf die herrschende Rechtsauffassung hingewiesen, nach der die **Bonität** des Untermieters nicht zu den Umständen zählt, über die der Vermieter vom Mieter Auskunft verlangen kann, bevor er darüber entscheidet, ob er der Untervermietung zustimmen will oder nicht, und der einen wichtiger Grund für die Versagung der Erlaubnis darstellt. Diese Rechtsauffassung wird den Bedürfnissen des Wirtschafts-

[24] OLG München BeckRS 2005, 153200.

[25] Eine ähnlich formulierte, individuell ausgehandelte Vereinbarung lag dem Urteil des OLG München BeckRS 2005, 153200 zugrunde.

[26] OLG Koblenz WuM 2012, 613 f.

[27] OLG Naumburg Info M 2012, 538.

[28] OLG Naumburg InfoM 2012, 538.

[29] OLG Düsseldorf NZM 2013, 34; OLG Naumburg InfoM 2012, 538.

[30] BGH NZM 2007, 127 ff. (128); OLG Dresden NZM 2004, 461 ff. (462); OLG Hamm NJWE-MietR 1996, 107 = DWW 1996, 162; Guhling/Günter/Guhling BGB § 540 Rn. 24.

[31] OLG Naumburg InfoM 2012, 538.

lebens jedoch nicht gerecht. Bei gewerblichen Mietverhältnissen darf der Vermieter deshalb auch Angaben über die **wirtschaftlichen Verhältnisse** des prospektiven Untermieters vom Mieter verlangen.[32]

21 Jedenfalls dann, wenn eine **Betriebspflicht** im Mietvertrag vereinbart ist, hat der Vermieter ein Interesse daran, dass der Betreiber nicht allzu oft wechselt, es zu keinem Leerstand im Mietobjekt kommt und die Vermietbarkeit der Immobilie insgesamt dadurch nicht beeinträchtigt wird.[33] Der BGH hat daher in einer zu begrüßenden Entscheidung für ein in einem **Einkaufszentrum** gelegenes Ladenlokal entschieden, dass der Vermieter ein „elementares Interesse"[34] an der wirtschaftlichen Situation des voraussichtlichen Untermieters habe. Deshalb muss der Mieter dem Vermieter auch die wirtschaftlichen Verhältnisse des vorgesehenen Untermieters mitteilen.[35]

22 Ob die Rechtsprechung diese Grundsätze auf andere gewerbliche Mietverhältnisse als solche in Einkaufszentren, bei denen eine Betriebspflicht vereinbart ist, oder gar auf Wohnraummietverhältnisse übertragen wird, bleibt abzuwarten.

23 Es darf nicht verkannt werden, dass diese Rechtsprechung den Mieter vor erhebliche Schwierigkeiten stellt, da er mit dem Untermieter bereits die Vertragsbedingungen aushandeln muss, obwohl noch gar nicht feststeht, ob der Vermieter der Untervermietung zustimmen wird oder nicht, sich die Vertragsverhandlungen also als vergeblich erweisen könnten. Dies ist dazu geeignet, den prospektiven Untermieter zu verärgern und dem Ruf des Mieters zu schaden.

Praxistipp:

Der **Mieter** sollte deshalb, bevor er Verhandlungen mit Untermietinteressenten aufnimmt, den Vermieter allgemein danach fragen, ob er grundsätzlich dazu bereit wäre, einer Untervermietung zuzustimmen, sofern in der Person des Untermieters kein wichtiger Grund vorliegt. Verneint der Vermieter dies, ist der Mieter ohne weiteres zur außerordentlichen Kündigung gemäß § 540 Abs. 1 S. 2 BGB berechtigt.[36]

Weiter ist es enorm wichtig, den Untermietinteressenten bei Aufnahme der Verhandlungen deutlich darauf hinzuweisen, dass die Untervermietung der Zustimmung des Vermieters bedarf und offen ist, ob dieser seine Zustimmung erteilen wird.

Aus Sicht des **Vermieters** ist es überragend wichtig, dass er, wenn er nicht in die **„Kündigungsfalle"** tappen will, die allgemein gestellte Frage nach seiner Zustimmung zu einer Untervermietung **nie generell verneint,** sondern den Mieter stets dazu auffordert, ihm den Untermieter zu benennen und ihm die für seine Entschließung maßgeblichen Umstände mitzuteilen sowie dass er seine Entscheidung von einer Überprüfung dieser Informationen abhängig machen werde.[37]

24 Der Auskunftsanspruch **endet** mit der Entscheidung des Vermieters über die Zustimmung zur Untervermietung.[38] Danach kommt ein Auskunftsanspruch des Vermieters nur nach den allgemeinen, aus § 242 BGB entwickelten Grundsätzen in Betracht. Eine allgemeine Kontrollbefugnis oder gar ein Rechenschaftsanspruch ist damit jedoch nicht verbunden.[39] Richtigerweise ist der Mieter – vor allem im Hinblick auf § 546 Abs. 2 BGB – stets verpflichtet, dem Vermieter Auskunft darüber zu erteilen, an wen er die Mietsache untervermietet und wer diese in Besitz hat.[40]

---

[32] BGH NJW 2007, 288; wohl auch BeckOKMietR/Weber BGB § 540 Rn. 16.
[33] OLG Hamm NJWE-Miet-R 1996, 107 = DWW 1996, 162; Schmidt-Futterer/Flatow BGB § 540 Rn. 59.
[34] BGH NZM 2007, 127 ff. (128).
[35] BGH NJW 2007, 288; Guhling/Günter/Guhling BGB § 540 Rn. 24, 44; MüKoBGB/Bieber § 540 Rn. 20.
[36] BGH NZM 2007, 127 ff. (128); Guhling/Günter/Guhling BGB § 540 Rn. 45.
[37] Insoweit vorbildlich der Vermieter in dem BGH NZM 2007, 127 ff. zugrunde liegenden Sachverhalt.
[38] OLG Düsseldorf NMZ 2013, 34.
[39] OLG Düsseldorf NMZ 2013, 34.
[40] So auch LG Nürnberg-Fürth GuT 2008, 348 f.; OLG Hamburg NZM 1998, 758.

3. Inhalt der Erlaubnis

25 Auch wenn es sich eigentlich um eine rechtliche Selbstverständlichkeit handelt, ist zu betonen, dass sich die Zustimmung des Vermieters zur Untervermietung immer nur auf den mit dem Mieter vereinbarten Vertragszweck bezieht (vgl. schon → § 13 Rn. 17, 74).[41] Dem Untermieter ist deshalb bei (auch allgemein) erteilter Erlaubnis des Vermieters weder eine Nutzung der Mietsache für einen **anderen Zweck,**[42] noch eine **Sortimentsänderung** gestattet.[43]

4. Wichtiger Grund in der Person des Dritten

26 Eine vom Untermieter geplante **Nutzungsänderung** stellt einen wichtigen Grund zur Versagung der Erlaubnis gemäß § 540 Abs. 1 S. 2 BGB dar,[44] der die Versagung der Erlaubnis des Vermieters rechtfertigt. Dies gilt erst recht, wenn der geänderte Gebrauch gegen den einem anderen Mieter gewährten **Konkurrenzschutz** verstoßen würde.[45] Darf der Vermieter nach dem Inhalt des Hauptmietvertrages seine Zustimmung zu einer **Nutzungsänderung** jedoch nur aus **wichtigem Grund** versagen, gilt dies im Rahmen von § 540 BGB entsprechend,[46] dh dass die vom Untermieter beabsichtigte Nutzungsänderung nur dann einen wichtigen Grund darstellt, der eine Versagung der Zustimmung des Vermieters rechtfertigt, wenn ein wichtiger Grund gegen die beabsichtigte Nutzungsänderung vorliegt.

27 Einen wichtigen Grund zur Versagung der Erlaubnis stellt es auch dar, wenn der Untermieter ein bisheriger Hauptmieter einer anderen Mieteinheit des Vermieters werden soll, es also zu einem **Leerstand** in den bisher von dem Untermieter als Hauptmieter genutzten Räumen kommen würde.[47] Dies erscheint jedenfalls dann zweifelhaft, wenn der künftige Untermieter sein Mietverhältnis mit dem Vermieter ohnehin hätte ordentlich beenden können.

28 Ein wichtiger Grund für die Versagung der Erlaubnis soll auch dann nicht vorliegen, wenn der Untermieter auch als Vertragspartner des Hauptmietvertrages für den Vermieter in Betracht kommt.[48] Aufgrund der stark persönlich geprägten Auswahl eines Mieters erscheint es jedoch zweifelhaft, dieses Merkmal zu objektivieren. Es dürften auch kaum je ausreichend äußere Anknüpfungsmerkmale vorliegen, um diese Voraussetzung prüfen zu können.

IV. Gewerbliche Zwischenvermietung

29 In der älteren Rechtsprechung und Literatur fand eine breite Diskussion zum Bestandsschutz des Untermieters in vor allem bei Bauherrenmodellen vorkommenden, gewerblichen Zwischenmietverhältnissen statt. Dem lag folgende Ausgangssituation zugrunde:

[41] BGH NJW 2000, 3203; 1984, 1031; Staudinger/Emmerich BGB § 540 Rn. 17; Lindner-Figura/Oprée/Stellmann Geschäftsraummiete-HdB/Stellmann § 15 Rn. 30; Bub/Treier MietR-HdB//Kraemer Kap. III. Rn. 3020; Wolf/Eckert/Ball Gewerbl. Miet-/Pacht-/LeasingR-HdB, 9. Aufl. 2004, Rn. 1211; BeckOKMietR/Weber BGB § 540 Rn. 14.

[42] BGH NJW 2000, 3203; OLG Düsseldorf DWW 2007, 117; Grüneberg/Weidenkaff BGB § 540 Rn. 7.

[43] OLG Hamburg ZMR 2003, 180; Grüneberg/Weidenkaff BGB § 540 Rn. 7.

[44] BGH NJW 1984, 1031 ff. (1032); Staudinger/Emmerich BGB § 540 Rn. 32; Emmerich/Sonnenschein BGB § 540 Rn. 13.

[45] OLG Nürnberg NZM 2007, 567; LG Oldenburg NJW-RR 1989, 81; MüKoBGB/Bieber § 540 Rn. 20; Guhling/Günter/Guhling BGB § 540 Rn. 45; Lindner-Figura/Oprée/Stellmann Geschäftsraummiete-HdB/Stellmann § 15 Rn. 52; Schmidt-Futterer/Flatow BGB § 540 Rn. 77; Grüneberg/Weidenkaff BGB § 540 Rn. 12.

[46] OLG Düsseldorf GE 2011, 336.

[47] OLG Düsseldorf DWW 2005, 106 ff.

[48] OLG Dresden ZMR 2016, 24.

1. Interessenlage

Der Verkäufer einer Eigentumswohnung verpflichtete sich in früheren Jahren häufig gegenüber dem Käufer, für eine bestimmte Zeitdauer für die Erzielung bestimmter, den Kaufpreis rechtfertigender Mieteinnahmen einzustehen. Bei Übernahme einer bloßen Mietgarantie würde sich der Bauträger bezüglich der Vermietung der Wohnung in die Hände des insoweit unerfahrenen Wohnungskäufers begeben. Die Verpflichtungen aus der Garantie wären im Übrigen zu bilanzieren. Aus diesem Grund wurde zumeist gleichzeitig zusammen mit dem Kaufvertrag ein Mietvertrag abgeschlossen, mit dem der Bauträger die Wohnung für einen bestimmten Zeitraum zum Zwecke der gewerblichen Weitervermietung selbst wieder anmietet. Dadurch, dass der Bauträger nunmehr für die Untervermietung selbst Sorge tragen konnte, konnte er sein Mietausfallrisiko im Rahmen des Möglichen beschränken. 30

Mit Beendigung des zumeist nur für eine bestimmte Zeit eingegangenen gewerblichen Zwischenmietverhältnisses steht dem Wohnungskäufer ein direkter Herausgabeanspruch gegen den Endmieter aus § 546 Abs. 2 BGB zu. Es ist nicht ausgeschlossen, dass die Konstellation gelegentlich dazu instrumentalisiert wurde, eine Beendigung des Mietverhältnisses mit dem Endmieter (dem im Verhältnis zu seinem Vermieter, dem veräußernden Bauträger als gewerblichem Zwischenvermieter der Kündigungsschutz der §§ 573, 574 BGB zusteht) mit dem Ziel zu erzwingen, die Wohnung ertragreicher neu zu vermieten. Angesichts der eigentlich unbestreitbaren Gesetzeslage sah sich die Rechtsprechung dazu gezwungen, einer Aushöhlung des Mieterschutzes über § 242 BGB entgegenzutreten, wonach der Einwand des Rechtsmissbrauchs gegen ein auf § 546 Abs. 2 BGB gestütztes Herausgabeverlangen des Vermieters begründet war, wenn dem Endmieter im Falle einer Kündigung des Untermietverhältnisses durch den Zwischenvermieter der Kündigungsschutz der §§ 573, 574 BGB zugestanden hätte.[49] Das Bundesverfassungsgericht sah darin jedoch immer noch eine gegen Art. 3 Abs. 1 GG verstoßende Schlechterstellung gegenüber einem normalen Wohnungsmieter.[50] Der Gesetzgeber hat den Vorgaben des Bundesverfassungsgerichts durch den mit Wirkung zum 1.9.1993 in das BGB eingeführten § 549a BGB aF = § 565 BGB nF Rechnung getragen. 31

2. Voraussetzungen

§ 565 BGB ist nach seinem Abs. 1 S. 1 nur auf **gewerbliche** Zwischenmietverhältnisse anwendbar. Dies setzt voraus, dass der Zwischenvermieter die Weitervermietung **geschäftsmäßig,** wenn auch nicht notwendig mit Gewinnerzielungsabsicht betreibt.[51] Das wesentliche Abgrenzungsmerkmal besteht darin, dass diese Vertragsgestaltung gerade **im Interesse des Hauptvermieters** liegen muss und das Durchgreifen des Kündigungsschutzes des Endmieters deshalb ihm gegenüber gerechtfertigt erscheint.[52] 32

§ 565 BGB soll auch dann anwendbar sein, wenn nicht der Mieter, sondern eine mit ihm eng verbundene oder ihm nahestehende Person die Endvermietung betreibt.[53] 33

Es liegt deshalb kein gewerbliches Zwischenmietverhältnis in diesem Sinne vor, wenn der Zwischenvermieter **keine eigenen, wirtschaftlichen Interessen,** sondern ausschließlich die Zwecke seiner Untermieter verfolgt, wie dies bei karitativen Vereinigungen oder gemeinnützigen Vereinen der Fall ist.[54] Die Frage, ob § 565 BGB auf diese Fälle analog anwendbar ist, ist heftig umstritten. Die bisher herrschende Meinung hat eine (analoge) 34

---

[49] BGHZ 84, 90 = NJW 1982, 1696; BGHZ 114, 96 = NJW 1991, 1815.

[50] BVerfG NJW 1991, 2272.

[51] MüKoBGB/Häublein § 565 Rn. 2; Emmerich/Sonnenschein/Emmerich BGB § 565 Rn. 3; aA Schmidt-Futterer/Flatow BGB § 565 Rn. 17, der die Absicht, sich eine ständige Einnahmequelle zu verschaffen, für erforderlich hält.

[52] BGHZ 133, 142 = NJW 1996, 2862.

[53] OLG Rostock MDR 2016, 1011.

[54] BGHZ 133, 142 = NJW 1996, 2862; BayObLG NJW-RR 1996, 71; 1996, 73; LG Berlin GE 2016, 1579; Emmerich/Sonnenschein/Emmerich BGB § 565 Rn. 3.

Anwendung von § 565 BGB auf karitativ tätige, gemeinnützige Vereine abgelehnt.[55] Eine andere Meinung will § 565 BGB im Hinblick auf den allgemeinen Gleichheitsgrundsatz des Art. 3 Abs. 1 GG zumindest dann analog anwenden, wenn auf Seiten des Vermieters dieselbe Interessenlage vorliegt und der Untermieter in gleicher Weise schutzbedürftig ist.[56] Da dies eigentlich immer der Fall ist wäre es konsequenter, die Analogiefähigkeit von § 565 BGB grundsätzlich zu bejahen. Dies kann jedoch in dieser Allgemeinheit wiederum nicht richtig sein, da es dem Vermieter nicht zuzumuten wäre, wenn damit im Ergebnis ein Betrieb mit betreuungs- oder gar pflegebedürftigen Personen auf ihn übergehen würde. Eine weitere Meinung will deshalb nur Fälle von einer Anwendung von § 565 BGB ausnehmen, bei denen überwiegende Vermieterinteressen vorliegen.[57] Da all dies mit dem Ausnahmecharakter von § 565 BGB nicht in Einklang steht und keine Rechtssicherheit zu schaffen vermag, sind diese Meinungen abzulehnen und mit der bisher herrschenden Meinung eine (analoge) Anwendung von § 565 BGB[58] abzulehnen, wenn der gewerbliche Zwischenvermieter keine eigenen wirtschaftlichen Interessen verfolgt und deshalb nicht geschäftsmäßig handelt.

Praxistipp:
Das Tatbestandsmerkmal der „Gewerblichkeit" bzw. des geschäftsmäßigen Handelns des Zwischenvermieters kommt faktisch nur in der Kommentarliteratur vor. Die Instanzgerichte wenden insoweit einen so großzügigen Maßstab an, dass dieses Tatbestandsmerkmal so gut wie ausgehöhlt ist. Es ist deshalb mit einem sehr hohen Risiko verbunden, wenn der Vermieter sich gegen den Übergang des Untermietverhältnisses oder gar mehrerer auf sich zur Wehr setzen will.

35 Nicht anwendbar ist § 565 BGB weiter, wenn der normale Wohnungsmieter zB **im eigenen Interesse** untervermietet.

36 § 565 BGB ist weiter nur anwendbar, wenn es sich um die gewerbliche Zwischenvermieter gerade von **Wohnraum** handelt. Sind Räume zur gewerblichen Nutzung vermietet, die jedoch vom Mieter vertragswidrig zu Wohnzwecken untervermietet werden, ist § 565 BGB nicht anwendbar, da andernfalls dem Vermieter ein anderer Nutzungszweck aufgezwungen würde.[59]

37 Anders als bei § 566 BGB (vgl. hierzu → § 13 Rn. 165 ff.) ist es im Falle des gewerblichen Zwischenmietverhältnisses jedoch nicht erforderlich, dass die Wohnung dem Mieter bereit **überlassen** war, es reicht aus, dass das Endmietverhältnis bereits wirksam abgeschlossen worden ist.[60]

3. Rechtsfolgen

38 Sind diese Voraussetzungen erfüllt, tritt der Vermieter mit Beendigung des gewerblichen Zwischenmietverhältnisses (ähnlich wie im Falle der Veräußerung des Mietobjektes gem. § 566 BGB) zu unveränderten Bedingungen in das zwischen dem gewerblichen Zwischenvermieter und dem Endmieter bestehende Mietverhältnis ein. Richtigerweise dürfte damit das vormalige Untermietverhältnis zwischen gewerblichem Zwischenvermieter und Endmieter zu einem Hauptmietverhältnis erstarken,[61] also kein neuer Mietvertrag mit identischem Inhalt wie der frühere Untermietvertrag entstehen.[62] Praktische Bedeutung hat diese dogmatische Unterscheidung nicht.

---

[55] BGH NJW 1996, 2862; BayObLG NJW-RR 1996, 71; 1996, 73; Lindner-Figura/Oprée/Stellmann Geschäftsraummiete-HdB/Kuß/Leutner § 2 Rn. 46; Grüneberg/Weidenkaff BGB § 565 Rn. 2.
[56] BGH NJW 2003, 3054 (3055); Schmidt-Futterer/Streyl BGB § 565 Rn. 2.
[57] Staudinger/Emmerich BGB § 565 Rn. 7 f.; Emmerich/Sonnenschein/Emmerich BGB § 565 Rn. 4.
[58] So auch MüKoBGB/Häublein § 565 Rn. 12.
[59] BVerfG NJW 1993, 2601 (2602).
[60] Soergel/Heintzmann BGB § 549a Rn. 8.
[61] Bub/Treier MietR-HdB/Kraemer Kap. III. Rn. 3048.
[62] So aber Emmerich/Sonnenschein/Emmerich BGB § 565 Rn. 5.

Endet das Untermietverhältnis zeitgleich mit dem gewerblichen Zwischenmietverhältnis, tritt der Vermieter in das Abwicklungsverhältnis zwischen dem gewerblichen Zwischenvermieter und dem Untermieter ein.[63] 39

In Einzelfällen können besonders nachteilige Klauseln in dem Endmietvertrag gemäß 40 § 242 BGB nicht für den Vermieter verbindlich sein, wenn der gewerbliche Zwischenvermieter und der Untermieter (oder zwei hintereinander geschaltete, sich nahestehende gewerbliche Zwischenvermieter) kollusiv zum Nachteil des Vermieters ungewöhnlich nachteilige Klauseln vereinbart haben.[64]

Praxistipp:

Da der Inhalt des Untermietvertrages zwischen dem gewerblichen Zwischenvermieter und dem Endmieter für den Vermieter verbindlich bleibt, ist es aus dessen Sicht bei Abschluss eines Mietvertrages mit einem gewerblichen Zwischenvermieter im Zusammenhang mit dem Kauf einer Eigentumswohnung von erheblicher Bedeutung, den gewerblichen Zwischenvermieter vertraglich dazu zu verpflichten, in den Untermietverträgen mit den Endmietern keine über den Zeitpunkt der Beendigung des gewerblichen Zwischenmietverhältnisses hinausreichenden Verpflichtungen zu begründen. Eine solche Regelung in dem Hauptmietvertrag könnte beispielsweise formuliert werden wie folgt:

Formulierungsvorschlag:

Der Mieter verpflichtet sich, in den Mietverträgen mit den Endmietern – unbeschadet der Regelun- 41 gen des § 565 BGB – keine Verpflichtungen einzugehen sowie auf keine Ansprüche und Rechte zu verzichten, die über die Laufzeit dieses Mietverhältnisses hinauswirken. Dies gilt namentlich für einen Verzicht auf das Recht zur ordentlichen Kündigung, insbesondere wegen Eigenbedarfs, sowie für die Vereinbarung einer festen Laufzeit, die die Laufzeit des vorliegenden Mietvertrages übersteigt.

Bezüglich der weiteren Rechtsfolgen gelten gem. § 565 Abs. 2 BGB die §§ 566a–566e 42 BGB entsprechend. Von besonderer Bedeutung ist dabei insbesondere, dass der Untermieter die von ihm erbrachte Sicherheitsleistung gemäß § 566a Abs. 2 BGB auf jeden Fall, also entweder (vorrangig) von dem Hauptvermieter (oder dem neuen Zwischenvermieter), oder dem ersten Zwischenvermieter zurückverlangen kann.[65]

4. Wechsel des Zwischenvermieters

Um trotz der Regelung von § 565 Abs. 1 S. 1 BGB den Vermieter nicht in jedem Fall 43 einer Beendigung des Zwischenmietverhältnisses zum Eintritt in das Mietverhältnis mit dem Endmieter zu zwingen, sondern ihm eine Fortsetzung der Nutzung der Wohnung zur gewerblichen Zwischenvermietung zu ermöglichen, sieht § 565 Abs. 1 S. 2 BGB vor, dass im Falle des erneuten Abschlusses eines Mietvertrages zum Zwecke der gewerblichen Weitervermietung (also einem Wechsel der Person des gewerblichen Zwischenvermieters) dieser in das Mietverhältnis mit dem Endmieter eintritt. Nach richtiger, am Gesetzeszweck orientierter Auffassung gilt diese Regelung nicht nur dann, wenn der alte und neue Hauptmietvertrag zeitlich unmittelbar aufeinander folgen, sondern auch dann, wenn der Abschluss eines neuen Hauptmietvertrages erst später gelingt, der Vermieter also für einen **Zwischenzeitraum** in die Position des Vermieters des Mietvertrages mit dem Endmieter eintritt.[66]

---

[63] AG Tübingen MietRB 2006, 286.
[64] LG Landau (Pfalz) BeckRS 2005, 6404.
[65] Staudinger/Emmerich BGB § 565 Rn. 20.
[66] Bub/Treier MietR-HdB/Kraemer Kap. III. Rn. 3042; Grüneberg/Weidenkaff BGB § 565 Rn. 7; Sternel MietR aktuell Kap. I. Rn. 214.

5. Gewährleistung

44 Dass das gewerbliche Zwischenmietverhältnis ein gewerbliches Mietverhältnis, sein Gegenstand aber eine Wohnung ist, kann bei Fragen der Gewährleistung zu einer Schieflage führen. Insbesondere die Frage, welche Gebrauchsbeeinträchtigung erheblich im Sinne von § 536 Abs. 1 S. 1 BGB ist, kann für ein Mietverhältnis, das auf eine bloße Weitervermietung gerichtet ist, anders zu beantworten sein als bei einem Wohnraummietverhältnis. Da es unbillig wäre, das unternehmerische Risiko insoweit vom Vermieter auf den gewerblichen Zwischenvermieter zu verlagern, nimmt der BGH an, dass Umstände, die die Wohnungstauglichkeit beeinträchtigen, in der Regel auch als Mängel des Zwischenmietverhältnisses anzusehen sind.[67] Bei der Frage der Erheblichkeit im Sinne von § 536 Abs. 1 S. 1 BGB stellt der BGH allerdings nicht auf die einzelne Wohnung, sondern auf die Gesamtheit der vom Vermieter an den Zwischenvermieter vermieteten Wohnungen ab.[68]

45 Aus dieser Rechtsprechung wird in der Literatur gefolgert, dass dem gewerblichen Zwischenmieter gegenüber dem Vermieter auch das eigentlich nur für Wohnraummietverhältnisse zustehende außerordentliche Kündigungsrecht wegen gesundheitsgefährdender Beschaffenheit der Wohnung gemäß § 569 Abs. 1 BGB zustehe.[69]

V. Vertragsgestaltung

1. Genereller Ausschluss der Untervermietung

46 Ein genereller Ausschluss der Untervermietung soll bei gewerblichen Mietverhältnissen auch formularvertraglich wirksam vereinbart werden können.[70] Im Hinblick darauf, dass damit auch das außerordentliche Kündigungsrecht des § 540 Abs. 1 S. 2 BGB ausgeschlossen würde,[71] ist diese Auffassung abzulehnen.[72]

47 In der **Praxis** kann ein Interesse an einer derart weitgehenden Regelung allenfalls in Ausnahmefällen bestehen, zB wenn der Vermieter wegen Besonderheiten des Geschäfts oder der Person des Mieters ein besonderes Interesse daran hat, dass das Geschäft nur und gerade vom Mieter persönlich geführt wird (vgl. hierzu auch → Rn. 9).

2. Ausschluss des außerordentlichen Kündigungsrechts

48 Eines der „Hintertürchen", mit denen Mieter sich in der Praxis von langfristig bindenden, wirtschaftlich unliebsam gewordenen Mietverhältnissen zu lösen versuchen, ist neben dem Schriftformerfordernis des § 550 BGB vor allem das außerordentliche Kündigungsrecht des § 540 Abs. 1 S. 2 BGB.

Praxistipp:

Es ist für den Vermieter deshalb wichtig, das außerordentliche Kündigungsrecht vertraglich auszuschließen, wenn er das Risiko einer etwaigen vorzeitigen Beendigung eines langfristigen Mietvertrages ausschließen bzw. einschränken möchte.

---

[67] BGH NZM 2004, 776 ff.
[68] BGH NZM 2004, 776 ff. (777).
[69] BGH NJW 2004, 848; Lindner-Figura/Oprée/Stellmann Geschäftsraummiete-HdB/Kuß/Leutner § 2 Rn. 48 aE.
[70] MüKoBGB/Bieber § 540 Rn. 27; Grüneberg/Weidenkaff BGB § 540 Rn. 2; Seyfarth NZM 2002, 200 ff. (202); BGH NJW 1990, 3016 für einen Finanzierungsleasingvertrag; aA Schmidt-Futterer/Flatow BGB § 540 Rn. 65 (Ausschluss nur bei unbestimmter Laufzeit wirksam); LG Bonn NJW-RR 2002, 1234; offen gelassen BGH NJW 1995, 2034.
[71] Seyfarth NZM 2002, 200 ff. (201).
[72] BGH NJW 1995, 2034 ff. (2035).

§ 540 Abs. 1 S. 2 BGB ist grundsätzlich abdingbar.[73] Im Schrifttum wird überwiegend die Auffassung vertreten, dass das außerordentliche Kündigungsrecht nur individualvertraglich, nicht aber formularvertraglich wirksam ausgeschlossen werden könne.[74] Diese Auffassung ist indes abzulehnen. Der BGH hat den Verstoß eines Ausschlusses dieses Kündigungsrechts gegen § 307 BGB damit begründet, dass *„die Nichterteilung der Zustimmung* (zur Untervermietung) *sanktionslos in das Belieben des Vermieters gestellt"*[75] war. Daraus ergibt sich, dass § 540 Abs. 1 S. 2 BGB auch formularvertraglich wirksam abbedungen werden kann, wenn weder die Untervermietung generell ausgeschlossen noch die Zustimmung zur Untervermietung in das freie Belieben des Vermieters gestellt ist.[76] 49

Praxistipp:

Es empfiehlt sich für den Vermieter deshalb, das außerordentliche Kündigungsrecht des § 540 Abs. 1 S. 2 BGB vertraglich auszuschließen und weiter zu vereinbaren, dass er seine Zustimmung zur Untervermietung nur versagen darf, wenn in der Person des Untermieters ein **wichtiger Grund** vorliegt.

Formulierungsvorschlag:

1. Der Vermieter darf seine Zustimmung jedoch nur bei Vorliegen eines wichtigen Grundes verweigern. Ein wichtiger Grund kann insbesondere in der Person des Untermieters, dem von ihm ausgeübten Geschäftsbetrieb sowie einem Verstoß gegen den einem anderen Mieter gewährten Konkurrenzschutz liegen. 50
2. Verweigert der Vermieter seine Zustimmung zu einer Untervermietung, kann der Mieter entgegen § 540 Abs. 1 S. 2 BGB nicht kündigen. Verweigert der Vermieter seine Zustimmung zu Unrecht, so ist der Mieter darauf beschränkt, einen etwaigen Anspruch auf Erteilung der Zustimmung sowie einen etwaigen Schadenersatzanspruch insoweit durchzusetzen.

3. Auflösende Bedingung

Bei gewerblichen Mietverhältnissen kann wirksam vereinbart werden, dass das Untermietverhältnis mit **Beendigung des Hauptmietverhältnisses** automatisch endet, da § 572 Abs. 2 BGB nur für Wohnraummietverhältnisse gilt.[77] 51

4. Widerruflichkeit der Erlaubnis des Vermieters

Der Vermieter kann sich den **Widerruf** der einmal erteilten Erlaubnis nicht allgemein, also unabhängig vom Vorliegen eines wichtigen Grundes, vorbehalten.[78] Die Erlaubnis ist jedoch auch ohne so eine Vereinbarung aus wichtigem Grund widerruflich (vgl. → § 13 Rn. 22). 52

5. Untermietzuschlag

Bei gewerblichen Mietverhältnissen kann der Vermieter seine Erlaubnis nicht von einem Untermietzuschlag abhängig machen, da § 553 BGB nur für Wohnraummiet- 53

[73] Emmerich/Sonnenschein/Emmerich BGB § 540 Rn. 12.
[74] Emmerich/Sonnenschein/Emmerich BGB § 540 Rn. 12; Schmidt-Futterer/Flatow BGB § 540 Rn. 65; Staudinger/Emmerich BGB § 540 Rn. 29; wohl auch Grüneberg/Weidenkaff BGB § 540 Rn. 2.
[75] BGH NJW 1995, 2034 ff. (2035).
[76] So wohl auch MüKoBGB/Bieber § 540 Rn. 26; Bub/Treier MietR-HdB/Kraemer Kap. III. Rn. 3024; OLG Düsseldorf WuM 1994, 467; aA Guhling/Günter/Guhling BGB § 540 Rn. 46, der einen Verstoß gegen § 307 BGB annimmt.
[77] Schmidt-Futterer/Flatow BGB § 540 Rn. 7.
[78] BGH NJW 1995, 2034; 1987, 1692 ff. (1693).

verhältnisse gilt (und im Übrigen nur für die Untervermietung nur eines Teils der Wohnung). Deshalb wird in der Praxis vielfach versucht, in gewerblichen Mietverhältnissen einen Untermietzuschlag zu vereinbaren. Dies ist grundsätzlich auch formularvertraglich möglich.[79] Dies erscheint zweifelhaft, da nach dem gesetzlichen Leitbild zumindest des Wohnungsmietrechts eine Abwägung der Interessen von Vermieter und Mieter erforderlich ist. Die Höhe des Untermietzuschlages darf jedoch nicht unangemessen hoch sein. Da hierzu keine gesicherte Rechtsprechung existiert, ist die Vereinbarung für den Vermieter mit einem hohen Unsicherheitsrisiko behaftet. In der Literatur wird die Auffassung vertreten, dass ein Zuschlag von bis 20 % als marktüblich[80] bzw. gerade noch angemessen erscheint.[81]

6. Mehrerlösabführung

54 Von Vermietern wird es zumeist als ihr ureigenstes Geschäft angesehen, Gewinn aus der Vermietung der Mietsache zu erwirtschaften. In der Praxis wird deshalb häufig vereinbart, dass der Mieter keine die mit dem Vermieter vereinbarte Miete übersteigende Untermiete vereinbaren darf und/oder einen doch erzielten Mehrerlös an den Vermieter abzuführen hat. In der Literatur wird teilweise die Auffassung vertreten, dass dies auch formularvertraglich wirksam vereinbart werden könne.[82] Diese Auffassung erscheint jedoch sehr zweifelhaft, da die (vertraglich gestattete) Untervermietung eine zulässige Form der gewerblichen Betätigung des Mieters darstellt[83] und die Entgeltlichkeit zu den wesentlichen Grundgedanken der gesetzlichen Regelung zählt.

Praxistipp:
Wenn überhaupt sollte in der Praxis deshalb allenfalls eine **quotale Aufteilung** des etwaigen Mehrerlöses zwischen Vermieter und Mieter vereinbart werden.

7. Abtretung der Untermiete

55 Die **Abtretung** des Anspruchs des Mieters auf die **Untermiete** an den Vermieter soll gegen § 307 Abs. 1 BGB verstoßen.[84] Dies dürfte jedoch dann nicht gelten, wenn der Vermieter sich dazu verpflichtet, die Abtretung nur und erst dann offenzulegen, wenn sich der Mieter mit der Erfüllung seiner Verpflichtungen in Verzug befindet. Im Übrigen wird die Unwirksamkeit der Abtretung der Untermiete zumeist damit begründet, dass sie zu unbestimmt wären.[85] Erforderlich sei, dass sich für alle drei Parteien zweifelsfrei bestimmen lasse, wem die Forderung im Zeitpunkt ihrer Entstehung zustehe.[86]

---

[79] Lindner-Figura/Oprée/Stellmann Geschäftsraummiete-HdB/Stellmann § 15 Rn. 83; Wolf/Eckert/Ball Gewerbl. Miet-/Pacht-/LeasingR-HdB, 9. Aufl. 2004, Rn. 1217; Bub/Treier MietR-HdB/Kraemer/von der Osten/Schüller Kap. III. Rn. 2544.

[80] Für Wohnraummietverhältnisse Schmidt-Futterer/Flatow BGB § 553 Rn. 21; Pauly WuM 2008, 320 ff.

[81] Lindner-Figura/Oprée/Stellmann Geschäftsraummiete-HdB/Stellmann § 15 Rn. 84.

[82] Lindner-Figura/Oprée/Stellmann Geschäftsraummiete-HdB/Stellmann § 15 Rn. 85.

[83] So auch OLG Düsseldorf NZM 2013, 34.

[84] OLG Celle WuM 1990, 103 ff. (105); Schmidt-Futterer/Flatow BGB § 540 Rn. 66; Bub/Treier MietR-HdB/Bub Kap. II. Rn. 1279; Sternel MietR Kap. I. Rn. 330.

[85] Lindner-Figura/Oprée/Stellmann Geschäftsraummiete-HdB/Stellmann § 15 Rn. 88; Grüneberg/Weidenkaff BGB § 540 Rn. 2.

[86] OLG Hamburg NJW-RR 1999, 1316 ff. (1317); Lindner-Figura/Oprée/Stellmann Geschäftsraummiete-HdB/Stellmann § 15 Rn. 88; Grüneberg/Weidenkaff BGB § 540 Rn. 2.

5. Abschnitt. Mietobjekt

§ 51 Mietsache

Übersicht

I. Bestimmung des Vertragsgegenstandes

1 Nach nunmehr ständiger Rechtsprechung des Bundesgerichtshofs (insbesondere zu § 550 BGB) ist über den Vertragsgegenstand eine ausdrückliche Einigung zu erzielen, also über die **Essentialia** des Mietverhältnisses. Neben den Regelungen über den Mietzins gehört hierzu insbesondere die genaue Beschreibung des Vertragsgegenstandes.[1]

2 Bei bereits vorhandenen Räumlichkeiten ist es ausreichend, wenn sich die genaue Lage und der Umfang des Mietobjekts aufgrund der Beschreibung im Mietvertrag an Ort und Stelle feststellen lassen. Wird in einem solchen Fall zusätzlich auf einen Lageplan Bezug genommen, welcher nicht beigefügt ist, dann ist dies unschädlich; in einem solchen Fall soll der Lageplan nämlich nur eine Orientierungshilfe darstellen und keinen eigenen Erklärungswert haben.[2]

3 Ganz anders ist dies zu beurteilen bei der Vermietung noch nicht fertiggestellter Räume (sogenannte Vermietung „vom Reißbrett weg"). In einem solchen Fall ist es zwingend erforderlich, dass zur Bestimmung des Vertragsgegenstandes, also der angeblich erzielten Einigung, die späteren Mieträumlichkeiten und Außenflächen eindeutig individualisiert werden können; ferner ist dies für die Einhaltung der Textform nach §§ 578 Abs. 1 S. 2, 550 BGB unabdingbar.[3]

4 Zubehör im Sinne von §§ 97, 98 BGB gilt im Regelfall als mitvermietet, so dass für den Fall, dass nicht jeder einzelne Inventargegenstand Inhalt der Einigung wurde, über § 154 Abs. 1 S. 1 BGB der Mietvertrag als geschlossen anzusehen ist, selbst dem Textformerfordernis wäre damit ausreichend Genüge getan.[4] Wird ein nicht näher bezeichneter Kellerraum mitvermietet, unterliegt eine mündliche Absprache, welcher mehrerer gleichwertiger Kellerräume betroffen ist, nicht dem Textformerfordernis.[5]

Gemeinschaftsflächen wie Zu- und Abgänge, Flure usw. gehören auch ohne ausdrückliche Vereinbarung zum Mietobjekt und können vom Gewerberaummieter mitbenutzt werden.

---

[1] BGH NJW 1999, 3257 (3258); 2008, 2178; 2013, 1083; 2016, 311.
[2] BGH NJW-RR 2002, 1377; OLG München 12.12.2019 – 32 U 2393/19, BeckRS 2019, 51700.
[3] BGH NJW 2006, 139 (140); OLG Hamm NZM 2013, 760.
[4] BGH NJW 2000, 354 (357); BGH NZM 2009, 198.
[5] BGH NJW 2008, 1661.

II. Nachträgliche Veränderungen des Mietobjekts

1. Vertraglicher Vorbehalt

5 Gerade bei der Vermietung „vom Reißbrett weg" wird der Vermieter versuchen, Änderungsvorbehalte bei den zu errichtenden Mieträumlichkeiten gegenüber Bauplan und Baubeschreibung zu vereinbaren. Bei geringfügigen Abweichungen wird dies im Hinblick auf § 308 Nr. 4 BGB in Verbindung mit § 307 BGB auch formularmäßig zulässig sein, soweit die Änderungen auf baurechtliche oder technisch zwingend erforderliche Änderungen beschränkt bleiben und eine spürbare Beeinträchtigung der Gebrauchstauglichkeit gemäß dem Nutzungszweck nicht entsteht.

6 Der Bundesgerichtshof hält nunmehr auch eine vertragliche Regelung für ausreichend, wonach das Mietverhältnis mit der Übergabe der Mietsache beginnen soll und dies anhand eines Übergabeprotokolls festgestellt werden könne.[6]

Praxistipp:
Vor diesem Hintergrund empfiehlt sich nicht, eine Mietvertragsklausel dahingehend aufzunehmen, dass sich der Gewerberaumvermieter vorbehält, andere Nebenräume oder sogar andere Hauptmietflächen bei nicht rechtzeitiger Bezugsfertigkeit zuzuweisen. Derartig weitgehende Vorbehalte sind gemäß § 308 Nr. 4 BGB in Verbindung mit § 307 BGB unwirksam.

2. Bauliche Veränderungen

7 a) **Bauliche Veränderungen durch den Mieter.** Bauliche Veränderungen der Mietsache sind dem Gewerberaummieter ohne Zustimmung des Vermieters grundsätzlich verwehrt. Dies bedeutet im Gegenzug, dass bei Vertragsende alle derartigen Veränderungen zu beseitigen sind und das Mietobjekt in den ursprünglichen Zustand zurückzuversetzen ist; selbstverständlich ausgenommen sind hier Aufwendungen im Sinne von § 536a Abs. 2 Nr. 2 BGB. Auch wenn der Vermieter mit diesen baulichen Veränderungen einverstanden war, ändert dies an der Beseitigungspflicht nichts.[7]

8 Eine Ausnahme hiervon kann nur bestehen, wenn durch die bauliche Veränderung im Hinblick auf die künftige Vermietung eine objektive Wertverbesserung erzielt wurde, die Beseitigung einen höheren Kostenaufwand verursachen und dadurch das Mietobjekt in einen erheblich schlechteren Zustand rückversetzt würde.

Praxistipp:
Aus Sicht des Gewerberaummieters empfehlen sich daher vertragliche Regelungen, wonach der Vermieter rechtzeitig vor Ablauf des Mietverhältnisses auf Anforderung des Mieters zu erklären hat, ob er bestimmte bauliche Veränderungen zu einem noch zu ermittelnden Zeitwert übernehmen wird.

9 Verursacht der Rückbau getätigter baulicher Veränderungen einen erheblichen Kostenaufwand, so kann hieraus eine Hauptleistungspflicht des Mieters entstehen. Bevor also Schadensersatzansprüche des Vermieters entstehen, bedarf es einer Fristsetzung gemäß § 281 Abs. 1 S. 1 BGB.[8]

---

[6] BGH NJW 2006, 139.
[7] BGH NJW 2006, 2115 (2116); LG Bochum 22.2.2019 – 10 S 26/18, NJOZ 2019, 1246.
[8] BGH NJW 1989, 1854; LG Berlin BeckRS 2010, 24120.

10 Der Gewerberaummieter muss zwar angebrachte Namensschilder entfernen, für eine Übergangszeit hat er jedoch das Recht, einen Hinweis auf den neuen Sitz seines Gewerbebetriebs anzubringen.[9]

11 **b) Bauliche Veränderungen durch den Vermieter.** Der Vermieter hat die uneingeschränkte Pflicht zur Erhaltung der Gebrauchsfähigkeit der Mietsache; der Mieter seinerseits hat die Duldungspflicht aus § 555a Abs. 1 BGB. Zumutbarkeitserwägungen beziehen sich also nicht auf die Maßnahme als solche, sondern die Art und Weise ihrer Ausführung (bestmögliche Vermeidung der Störung der gewerblichen Tätigkeit).

12 Häufig wird übersehen, dass gemäß § 578 Abs. 2 S. 1 BGB auch der Gewerberaummieter Modernisierungsmaßnahmen gemäß § 555b BGB zu dulden hat. Der Mieter kann somit einer beabsichtigten Modernisierungsmaßnahme insbesondere wegen des Umfangs der vorzunehmenden Arbeiten und der baulichen Folgen widersprechen, also Störung seines Geschäftsbetriebes.

13 § 578 Abs. 2 S. 1 BGB nimmt ausdrücklich §§ 555a Abs. 4, 555c Abs. 5, 555d Abs. 7 BGB von der entsprechenden Anwendung aus. Hat also der Gewerberaumvermieter bei Abschluss des Mietvertrages bereits konkrete Modernisierungspläne, so können diese wirksam in die vertragliche Regelung einbezogen werden. Zu denken wäre hier insbesondere daran, das Sonderkündigungsrecht gemäß § 555e Abs. 1 BGB abzubedingen.

[9] OLG Düsseldorf NJW 1988, 2545.

§ 52 Überlassung, Betrieb und Veräußerung der Mietsache

Übersicht

Schrifttum:

Bub/Bernhard, Übergang einer Konkurrenzschutzklausel auf den Erwerber bei Aufteilung eines Gewerbemietobjekts, FD-MietR 2007, 245; Drasdo, „Negativzinsen" auf die Mietkauftion, NJW-Spezial 2022, 161; ders., Literaturübersicht zum Wohnungseigentum
Berichtszeitraum Juli bis September 2023, NZM 024, 21; Hofele, Herabstufung der Schrift- zur Textform für langfristige Mietverträge, NZM 2024, 363; Gsell, Räumungsklagen bei Eigentümer- und Vermieterwechsel, WuM 2012, 411; Leo, Die bürgengleiche Schadenshaftung des Vermieters im Veräußerungsfalle – Eine vergessene Haftungsfalle im Gewerberaummietrecht, NZM 2006, 244; Moenig/Ladwig, Zum Fall des Nicht-Eintritts des Erwerbers in bestehenden Gewerbemietvertrag bei fehlender Identität von Vermieter und Veräußerer, ZfIR 2022, 127; Streyl, Kauf bricht nicht Miete – Grundlagen und Regelungszusammenhang der §§ 566 bis 566c BGB, NZM 2010, 343.

I. Überlassung und Betrieb der Mietsache

1. Mietobjekt

1 a) **Bezeichnung.** Es ist sinnvoll, in dem von Gesetz und Rechtsprechung bisher geforderten, schriftlichen Mietvertrag über das Gewerbemietobjekt die **Mietsache so genau wie möglich zu bezeichnen** und entsprechende **Pläne und Anlagen beizufügen,** damit zwischen den Parteien klar ist, was angemietet ist und was nicht. Ein am Vertragsabschluss nicht beteiligter Dritter, insbesondere der Erwerber, müssen aus dem Beschrieb erkennen können, welche Räume vermietet sind.[1] Eine unzureichende Bezeichnung gefährdete auch die Einhaltung der Schriftform des § 550 BGB.[2] Der durch Artikel 14 des Vierten Gesetzes zur Entlastung der Bürgerinnen und Bürger, der Wirt-

[1] BGH NJW 2006, 140.
[2] BGH NZM 2010, 704; Burbulla GewerberaumMietR Kap. B Rn. 20 ff.

schaft sowie der Verwaltung von Bürokratie (Viertes Bürokratieentlastungsgesetz) Ziffer 7 bestimmte Wegfall des Schriftform-erfordernisses aus § 550 BGB und dessen Ersetzung durch die Textform (§ 578 Abs. 1 S. 2 BGB neu in der Fassung ab 1.1.2025) führt hier sicher zu nicht zu unterschätzenden künftigen Schwierigkeiten.[3]

Der **Nutzungszweck** sollte genau definiert werden, also zB als „Arztpraxis" oder 2
„Nutzung als Büroräume" oder zur „Nutzung als Ladengeschäft für Damenoberbekleidung". Bei vermietetem Teileigentum muss vor allem geprüft werden, ob der angestrebte Nutzungszweck nach der Teilungserklärung (Gemeinschaftsordnung) zulässig ist. Findet sich im Aufteilungsplan die Zweckbestimmung „Büro", so dürfen die Räumlichkeiten nicht als Kinderarztpraxis genutzt werden,[4] sie dürfen nicht als Gaststätte genutzt werden[5] und auch nicht als Tanzstudio.[6] Selbst die Nutzung als Lagerraum kommt nicht in Betracht.[7] Die Bestimmung der vertraglichen Nutzung bestimmt dabei sowohl den Nutzungszweck für den Mieter, als auch die Beschaffenheitsanforderungen, für die der Vermieter leistungspflichtig ist.

Auch können **öffentlich-rechtliche Vorschriften** die angestrebte Nutzung verhindern, 3
sofern die vertraglich beabsichtigte Nutzung in den vorgesehenen Mieträumen nicht zulässig ist oder einzelne Vertragsregelungen öffentlich-rechtlichen Regelungen widersprechen. Beispielsweise wäre bei der Vermietung an eine Apotheke die Vereinbarung einer umsatz- oder gewinnabhängigen Miete ein Verstoß gegen § 8 Apothekengesetz. Ein Verstoß kann zur Nichtigkeit bzw. Rückabwicklung des gesamten Mietvertrages führen.[8]

b) Nebenräume. Weiter sind die **Nebenräume** im Mietvertrag genau zu benennen und 4
möglichst mit Ziffern in den Anlagen einzutragen, so dass in der späteren Zwangsvollstreckung – falls eine solche erforderlich sein sollte – der zuständige Gerichtsvollzieher die mitvermieteten Nebenräume identifizieren kann. Daher sind auch Stellplätze oder Tiefgaragenstellplätze genau mit einer Nummer zu bezeichnen, ebenso Lagerräume, Kellerräume oder Dachbodenflächen, die mitgemietet sind und sich außerhalb der angemieteten Gewerberäume befinden.

Wesentliche Bedeutung – gerade bei Gewerberaummietverträgen – haben auch die 5
Personal-Aufenthaltsräume, Sozialräume, Umkleideräume und Toilettenanlagen. Auch die **Zu- und Abgänge,** die Be- und Entlademöglichkeiten sowie die Benutzung oder Anbringung von Warenaufzügen sind mietvertraglich abzusichern. Der Mieter darf sicherlich die Hauszufahrt zum Be- und Entladen nutzen, aber nicht zum Parken.[9]

Die Nutzung der **Außenfassade** für Leuchtreklamen, Markisen und Schildern oder die 6
Aufstellung oder Anbringung von Warenautomaten muss im Mietvertrag ausdrücklich geregelt werden, um Streitigkeiten zu vermeiden. So hat beispielsweise eine Anwaltspraxis einen Anspruch gegen den Vermieter, einen gewissen Zeitraum ein Hinweisschild zu dulden, dass die Anwaltspraxis in eine neue Praxis umgezogen ist oder Anwälte ausgeschieden sind.[10] Ohne Regelung wird eine Zulässigkeit der Nutzung der Außenfassade in bestimmten Bereichen auf Grund einer weitgehenden Verkehrssitte für zulässig erachtet.[11]

Die an der Außenfassade angebrachte **Leuchtreklame** darf Mitmieter oder im Hause 7
wohnende Wohnungseigentümer bzw. Bewohner nicht stören, da ansonsten die Wohnraumnutzer Beseitigungsansprüche gegen den Gewerberaummieter als unmittelbaren Störer haben und gegen den Vermieter als mittelbaren Störer. Andererseits darf der

[3] Drasdo NZM 2024, 21 V.; Hofele NZM 2024, 363; Staudinger/Arnold BGB § 656a Rn. 7; BeckOGK/Merkle, Stand 1.7.2024, § 650i Rn. 69.
[4] OLG Düsseldorf NJW-RR 1996, 267.
[5] OLG Hamburg ZMR 1998, 714.
[6] BayOLG ZMR 1994, 234.
[7] OLG Köln NZM 1999, 865.
[8] Vgl. Fritz GewerberaumMietR Rn. 548.
[9] LG Lübeck NJW-RR 1990, 1353.
[10] OLG Düsseldorf NJW 1988, 2545.
[11] Bub/Treier MietR-HdB/Bub Kap. II Rn. 819.

Vermieter mit eigener Werbung das Geschäft des Mieters nicht beeinträchtigen.[12] Bei vermietetem Teileigentum kann die GdWE nach § 9a Abs. 2 WEG bei unzulässiger Außenwerbung sowohl gegen den Mieter als auch gegen den Vermieter bzw. den Teileigentümer, der nicht Mietvertragspartei ist, als Störer vorgehen.[13] Der einzelne Wohnungseigentümer wäre dann nicht mehr selbst abwehrbefugt.

8 c) **Gemeinschaftseinrichtungen.** Bei vorhandenen Gemeinschaftseinrichtungen (zB Empfangsbereich in einem großen Bürogebäude; Eventflächen in einem Einkaufszentrum; Freiflächen vor und hinter dem Gebäude) geht man ohne spezielle Nennung im Mietvertrag gleichwohl davon aus, dass der Mieter und seine Mitarbeiter zur jeweiligen Mitbenutzung nicht berechtigt sind.

Praxistipp:

In diesem Zusammenhang ist darauf hinzuweisen, dass im Mietvertrag möglichst klar geregelt sein sollte, welche gemeinschaftlichen Flächen der Mieter und seine Mitarbeiter mitbenutzen dürfen oder nicht und mit welchem Kostenanteil (über die Nebenkostenabrechnung) er daran beteiligt ist. Nicht zu vergessen ist, dass unbedingt in dem Mietvertrag geregelt gehört, wer für die Instandhaltung und Instandsetzung der gemeinschaftlichen Flächen und für die entsprechende Pflege zuständig ist. Wer trägt dafür die Kosten? Und mit welchem Anteil?

9 d) **Garagen/Stellplätze.** In Gewerberaummietsachen empfiehlt es sich, getrennt zum Gewerberaummietvertrag an sich noch separate Verträge über die Nutzung von Garagen und Stellplätzen sowohl für die eigenen Mitarbeiter und Firmenangehörigen als auch für Kunden und Besucher zu regeln.

2. Betriebspflicht

10 Grundsätzlich ist der Mieter nicht verpflichtet, den von ihm angemieteten Gewerberaum oder die Gewerberäume, über die er die alleinige Herrschaft erhalten hat, auch zu gebrauchen oder zu betreiben. Ebenso wenig, wie der Mieter eine Abnahmepflicht hat, hat er eine Gebrauchspflicht. Es ist grundsätzlich Sache des Mieters, ob er in den Räumlichkeiten, die er angemietet hat, seinen Gewerbebetrieb so ausüben kann, wie er will oder nicht. Miete muss er trotzdem bezahlen. Hinsichtlich der Vereinbarung von einer Betriebspflicht nehme ich Bezug auf → § 55 Rn. 218 „Betriebspflicht".

3. Besitzschutzansprüche

11 Soweit und solange der Mieter den unmittelbaren Besitz an den von ihm angemieteten Räumlichkeiten und den Gemeinschaftsflächen innehält, stehen ihm gegenüber jedermann, also auch gegenüber dem Vermieter, anderen Mitmietern und Dritten, die Besitzschutzrechte aus den §§ 859 ff. BGB zu.

12 Hat der Mieter an der Mietsache jedoch keinen Besitz erlangt und auch keinen Mitbesitz, so kann er bei einer Beeinträchtigung seines vertragsgemäßen Mietgebrauchs nur gegenüber dem Vermieter seine vertraglichen Erfüllungs- und Gewährleistungsansprüche geltend machen.

13 a) **Besitz.** Die Besitzeinräumung bedeutet, dass der Mieter rein tatsächlich in die Lage versetzt wird, die Sache vertragsgemäß zu gebrauchen.

14 b) **Umfang des Besitzes.** Räumlich hängt der Besitz davon ab, in welchem Umfang dem Mieter der Gebrauch nach Maßgabe des vereinbarten Mietvertrages überlassen ist. Es ist dem Mieter grundsätzlich unmittelbarer Alleinbesitz einzuräumen. Dies geschieht in aller Regel dadurch, dass dem Mieter die entsprechenden Schlüssel übergeben werden. Ohne Wissen oder gegen den Willen des Mieters darf der Vermieter keinen

[12] OLG Düsseldorf NJW-RR 1993, 709.
[13] BGH 28.1.2022 – V ZR 86/21, BeckRS 2022, 5731.

Schlüssel zurückbehalten oder anfertigen lassen. Er kann ihn allerdings – wenn der Mieter einverstanden ist – für Notfälle, in einem verschlossenen Umschlag versiegelt, zurückbehalten. Dies ist jedoch äußerst problematisch, zumindest bei Räumlichkeiten, die von Mietern angemietet werden, die einer Schweigepflicht unterliegen (zB Rechtsanwälte, Ärzte, Journalisten, etc).

4. Rechtsfolgen

Die Abwesenheit des Mieters für längere Zeit bedeutet grundsätzlich keinen Verstoß gegen die Pflichten aus dem Mietvertrag, es sei denn, es ist eine Betriebspflicht zwischen den Parteien vereinbart. Der Mieter hat grundsätzlich ein Gebrauchsrecht, jedoch keine Gebrauchspflicht. Insoweit ist auf § 55 zu verweisen. 15

II. Veräußerung der Mietsache

1. Einführung

Die Regelungen der §§ 566 ff. BGB gelten zunächst allein für Wohnraummietverhältnisse. In § 578 BGB werden die Regelungen dann auf Grundstücksmiete und die Miete von Räumen, die keine Wohnräume sind, erstreckt. 16

Im Gewerbemietrecht sind die wirtschaftlichen Folgen aufgrund typischerweise langfristiger Vertragsbindungen für alle Beteiligten bedeutsamer. Im Folgenden wird allein auf die Besonderheiten im Gewerbemietrecht eingegangen. Die Ausführungen in § 14 werden zugrunde gelegt, soweit sie im Gewerbemietrecht unverändert gelten. 17

2. Anwendungsbereich

Neben der Gewerberaummiete, und der Miete eingetragener Schiffe sind weitere Nutzungsverhältnisse qua Verweisung erfasst. Weitere Nutzungsverhältnisse wurden durch die Rechtsprechung einbezogen. 18

Checkliste: Anwendbarkeit der §§ 566 ff. BGB

Die Regelungen der §§ 566 ff. BGB sind weiter **anwendbar** für folgende Nutzungsverhältnisse: 19

Ausbeutung von Bodenschätzen (beispielsweise Kies, Kohle, Erdölbohrungen)	BGH NJW 1985, 1025 BayObLGZ 1910, 280
Eigenjagdbezirke	§ 14 BJagdG
Fischereirechte	BGB-RGRK § 571 Rn. 6
Gebäudeteile wie Außenwände und Dächer	OLG München NJW 1972, 1995 Emmerich/Sonnenschein BGB § 571 Rn. 4
Gewerbliche Zwischenvermietung	§ 565 BGB
Eingetragene Luftfahrzeuge	§ 98 LuftFzG, § 578a BGB
Heimunterbringung	§ 5 Abs. 2 WBVG

Die Regelungen der §§ 566 ff. BGB sind **nicht anwendbar** für folgende Nutzungsverhältnisse:

Bloße Gestattungsverträge wie typischer Automatenaufstellungsvertrag	BGH NJW 1967, 1414
Ausschankplatz in Markthalle	BGH MDR 1968, 233
Bewegliche Bürocontainer	OLG Düsseldorf WM 1992, 11
Dingliche Nutzungsrechte	Schmidt-Futterer/Gather BGB § 566 Rn. 16
Leihe	BGH NJW 1964, 765
Unentgeltliche Gebrauchsüberlassung	OLG Düsseldorf ZMR 1989, 1
Schiffskajüten	OLG Kiel OLGE 12, 69

Untermiete (vgl. aber gewerbliche Zwischenvermietung! und neu § 549 Abs. 2 Ziffer 3 BGB)	BGH NJW 1989, 2053
Unentgeltliches Wohnrecht	Soergel/Heintzmann BGB § 571 Rn. 3

Umstritten ist die Anwendung bei Verträgen der Post zur Anbringung von Kabelverzweigern (Kabelanschlussverträge):
Für eine Anwendung
KG ArchPF 1967, 319; OLG Hamburg ArchPF 1965, 272; OLG Köln NJW-RR 1997, 74
Gegen eine Anwendung
LG Frankfurt a. M. NJW 1985, 1228; OLG Düsseldorf MDR 1976, 142; OLG Brandenburg NZM 2001, 444 (Überwiegende Meinung)

3. Folgen

20 a) **Gesetzlicher Übergang auf den Erwerber.** Sind die Voraussetzungen gegeben, kommt es zwischen dem Erwerber und dem Mieter zu einem neuen gesetzlich begründeten Mietverhältnis, für das die gleichen Bedingungen gelten, die für den Veräußerer als Vermieter zum Zeitpunkt der Veräußerung vertraglich galten. Der Erwerber hat die gleichen Rechte und Pflichten wie der vertragliche Vermieter.

21 b) **Beendigung des vertraglichen Mietverhältnisses.** Sobald der Erwerber in die Rechte und Pflichten des Mietverhältnisses eintritt, gilt das Vertragsverhältnis mit dem Vermieter als beendet. Für den Vermieter ist das beendete Mietverhältnis abzuwickeln, genauso als sei es durch einen anderen Grund (zB Kündigung) beendet worden! Der Veräußerer muss die mit ihm beendeten Mietverhältnisse wie bei jedem anderen Beendigungsgrund abwickeln.

22 c) **Bloßer Parteiwechsel.** Die Gegenmeinung in der Literatur, die statt der Novation des Mietverhältnisses zu gleichen Vertragsbedingungen eine gesetzliche Vertragsübernahme, also allein einen Vermieterwechsel im laufenden Mietverhältnis vertritt, kommt insbesondere beim gesetzlichen Vermieterwechsel (§ 57 ZVG) zu abweichenden Ergebnissen. Nachdem § 566 Abs. 1 BGB einen Eintritt des Erwerbers allein in Rechte und Pflichten **während der Dauer seines Eigentums** vorsieht, besteht kein Anlass, die Vertragspflichten wie Betriebskostenabrechnungen oder die Erwerberhaftung auf Zeiträume vor dem Erwerb auszudehnen.[14]

23 d) **Sonderfall analoge Anwendung des § 566 BGB.** In einem Sonderfall hat der BGH eine entsprechende Anwendbarkeit des § 566 Abs. 1 BGB bei fehlender Identität zwischen Vermieter und Veräußerer angenommen, wenn die Vermietung des veräußerten Grundstücks mit Zustimmung und im alleinigen wirtschaftlichen Interesse des Eigentümers erfolgt und der Vermieter kein eigenes Interesse am Fortbestand des Mietverhältnisses hat.[15]

24 e) **Haftung des Veräußerers.** Die Bürgenhaftung des Veräußerers aus § 566 Abs. 2 BGB ist im Gewerbemietrecht von deutlich höherer Bedeutung als im Wohnraummietrecht.

25 *aa) Zeitrahmen.* Unterrichtet der Veräußerer den Mieter vom Eigentumswechsel, wird er von der Bürgenhaftung frei, sofern der Mieter nicht zum ersten möglichen Termin kündigt. Im Wohnraummietverhältnis mit der gesetzlichen Kündigungsfrist des Mieters von drei Monaten ist dieser Haftungszeitraum überschaubar. Das Gewerbemietrecht ist

[14] Gsell WuM 2012, 411; Dötsch ZMR 2011, 258; Streyl NZM 2010, 343 (346).
[15] BGH 27.10.2021 – XII ZR 84/20, BeckRS 2021, 37616 mAnm Börstinghaus jurisPR-BGHZivilR 2/2022 Anm. 3; Drasdo NJW-Spezial 2022, 161; Mönig/Ladwig ZfIR 2022, 127.

jedoch von langfristigen Verträgen geprägt. Der nächstmögliche Kündigungstermin kann noch Jahre oder gar Jahrzehnte nach der Veräußerung liegen.

bb) Haftungsrisiken. Die Haftungsrisiken lassen sich für den Veräußerer praktisch nicht kalkulieren.[16] Man denke nur an folgende Fallgestaltungen: Zwangsversteigerung gegen den Erwerber mit Kündigung gemäß § 57a ZVG durch den Ersteigerer, Insolvenz des Erwerbers mit Kündigung gemäß § 111 InsO. Auch die sorgfältige Auswahl des Erwerbers schützt den Veräußerer nicht, da dieser auch bei Kettenveräußerer für völlig unbekannte später eintretende Vermieter haftet.[17] 26

Ein weiteres bedeutsames Haftungsrisiko, insbesondere bei der Veräußerung von Teilflächen ergibt sich aus den Fragen des Konkurrenzschutzes. Es ist durchaus üblich, dass der Bauträger die einzelnen Einheiten vor Bauerrichtung bereits vermietet, die Einheiten erst später an Erwerber veräußert werden, die dann in die Mietverträge eintreten. Inwiefern die Erwerber nun noch an vertragliche Konkurrenzschutzklauseln in anderen Verträgen des ehemaligen Bauträgers im Objekt gebunden sind, ist ebenso problematisch, wie die Haftung des veräußernden Bauträgers für spätere Verletzungen des Konkurrenzschutzes durch mögliche Nacherwerber. 27

4. Konsequenzen für die anwaltliche Vertretung

a) **Abschluss eines Mietvertrages.** Bei anwaltlicher Betreuung des Mietvertragsabschlusses ist auf **Vermieterseite** darauf zu achten, dass die Haftung des Vermieters aus § 566 Abs. 2 BGB abbedungen, zumindest der Höhe nach begrenzt wird. Ob dies formularvertraglich möglich ist, erscheint fraglich.[18] Wird der Mietvertrag vermieterseits von einem Zwangs- oder Insolvenzverwalter geschlossen, so ist zu beachten, dass die Vermieterhaftung ausdrücklich ausgeschlossen werden soll, da die verwaltete Masse als besonders schutzwürdig angesehen wird. Eine Regelung über den Konkurrenzschutz nach Veräußerung wird selten möglich sein.[19] Welcher Mieter sollte auf Konkurrenzschutz im Fall der Veräußerung verzichten. 28

b) **Veräußerer als Mandant.** Wird der Veräußerer anwaltlich betreut, ist sowohl das Rechtsverhältnis zum Mieter als auch das Rechtsverhältnis zum Erwerber zu regeln. 29

aa) Gesichtspunkte gegenüber dem Mieter. Der veräußernde Vermieter muss die Information über den Eigentumsübergang an den Mieter weiterleiten. Nur so kann er sich der Bürgenhaftung gemäß § 566 Abs. 2 überhaupt entziehen. 30

Um Klarheit über die gegenseitigen Verpflichtungen zu schaffen, ist eine **vertragliche Aufhebung des Mietverhältnisses** dringend zu empfehlen. Auch zu diesem Zeitpunkt ist ggf. auf den Ausschluss der Haftung gemäß § 566 Abs. 2 zu achten. 31

bb) Gesichtspunkte gegenüber dem Erwerber. Da die Regelungen nur das Verhältnis von Vermieter und Mieter bzw. Erwerber und Mieter betreffen, müssen die Konsequenzen des Eigentumsübergangs zwischen Vermieter und Erwerber **vertraglich geregelt** werden. In diesem Verhältnis steht regelmäßig die Übernahme des Konkurrenzschutzgebotes im Vordergrund. 32

c) **Erwerber als Mandant.** Wird der Erwerber anwaltlich betreut, ist sowohl das Rechtsverhältnis zum Mieter als auch das Rechtsverhältnis zum bisherigen Vermieter zu regeln. 33

aa) Gesichtspunkte gegenüber dem Mieter. Der Erwerber hat den Mieter über den Eigentumsübergang schnellstmöglich zu **informieren,** um die Wirksamkeit von Verfügungen des Mieters an den Vermieter gemäß §§ 566b–566d auszuschließen. Diese 34

[16] Leo NZM 2006, 244.
[17] Bub/Treier MietR-HdB/Heile Kap. II Rn. 895.
[18] MüKoBGB/Häublein § 566 Rn. 46; Staudinger/Emmerich BGB § 566 Rn. 60; Bub/Treier MietR-HdB/Heile Kap. II Rn. 896; aA Leo NZM 2006, 244.
[19] Differenzierend Bub/Treier MietR-HdB/Landwehr Kap. II Rn. 2662.

Wirkung knüpft das Gesetz jeweils an die Kenntnis des Mieters vom Eigentumsübergang an.

35 *bb) Gesichtspunkte gegenüber dem Vermieter.* In diesem Verhältnis sind **vertragliche Mitteilungspflichten zu Lasten des Vermieters** angezeigt, die die möglichen Vereinbarungen zwischen Vermieter und Mieter offenlegen (§§ 566b ff.). Zwar hilft dem Erwerber die Regelung über die Schriftform bei langfristigen Verträgen die Grundlagen festzustellen, doch sind Betriebskostenabrechnungen, Mietminderungen oder Schadensersatzforderungen in diesem Zusammenhang nicht ohne weiteres erkennbar. Nur dann kann er Kenntnis von seinen Rechten und Pflichten erhalten. Der Erwerber muss nunmehr unabhängig von der Frage, ob er die Sicherheitsleistung erhalten hat, diese möglicherweise zurückgewähren.

36 **d) Mieter als Mandant.** Wird der Mieter anwaltlich betreut, ist sowohl das Rechtsverhältnis zum Vermieter als auch das Rechtsverhältnis zum Erwerber zu regeln.

37 *aa) Gesichtspunkte gegenüber dem Vermieter.* Der Mieter sieht sich gegenüber seinem Vermieter dem **Abwicklungsverlangen** gegenübergestellt. Rechte und Pflichten sind daher genauso durchzusetzen wie bei sonstiger Vertragsbeendigung. Auf die Ausführungen in § 67 dieses Buches kann verwiesen werden. In jedem Fall sollte sich der Mieter die Beendigung dieses Mietverhältnisses sowie die erfolgte Abwicklung ausdrücklich bestätigen lassen. Für den Mieter kann es von existentieller Bedeutung sein, dass die Bürgenhaftung des Veräußerers erhalten bleibt.

38 *bb) Gesichtspunkte gegenüber dem Erwerber.* Der Mieter hat auf die künftige Gestaltung des Konkurrenzschutzes zu achten. Handelt es sich um eine Teilfläche in einem Gewerbekomplex kann er sich andernfalls allein durch die Veräußerung der einzelnen Teilflächen einer Konkurrenzvermietung durch den ehemaligen Vermieter oder eines der anderen Teilerwerber ausgesetzt sehen.

39 **e) Vertragliche Regelung der Dreierbeziehung.** Aus rechtlicher Sicht **empfiehlt sich** die Regelung der gesamten Dreierbeziehung zwischen Vermieter, Mieter und Erwerber.[20] Die wirtschaftliche Durchführbarkeit einer derartigen Vorgehensweise wird von der Größe des Objektes (Anzahl der Mietverhältnisse) sowie Vielfalt und Komplexität der einzelnen Verträge abhängen.

Checkliste: Vorgehensweise

40

	Vertretung Vermieter	Vertretung Mieter	Vertretung Erwerber
Abschluss Mietvertrag	Ausschluss der Haftung nach § 566a für die Rückgewähr der Mietsicherheit sowie Ausschluss der Bürgenhaftung	Keine Regelung über die Rückgewähr der Mietsicherheit oder Ausschluss der Bürgenhaftung	–
Vertretung Vermieter	–	vollständige Abwicklung des Mietverhältnisses, Ausschluss der Bürgenhaftung und Ausschluss der Rückgewähransprüche für die Mietsicherheit	Regelung über den Konkurrenzschutz zugunsten des Mieters
Vertretung Mieter	Bestätigung über erfolgte Vertragsabwicklung zum Zeitpunkt des Eigentumsübergangs. Keine Regelung zur Bürgenhaftung	–	Verbindliche Klärung der Vermieterstellung und zusätzliche Regelung über den Konkurrenzschutz

[20] Burbulla GewerberaumMietR Kap. B Rn. 66 ff.

	Vertretung Vermieter	Vertretung Mieter	Vertretung Erwerber
Vertretung Erwerber	Vereinbarung von Mitteilungspflichten in Bezug auf Vorausverfügungen gemäß §§ 566b ff.	Information des Mieters über den Eigentumsübergang wegen §§ 566b ff.; Informationsbeschaffung über die Vertragsabwicklung. Abschluss eines neuen Mietvertrages.	–

„Königsweg" Gemeinsame vertragliche Regelung der Dreierbeziehung

6. Abschnitt. Mietzeit

§ 53 Vertragslaufzeit und Änderung der Vertragsdauer

Übersicht

I. Vertragslaufzeit

1 Gewerberaummietverträge können sowohl für eine bestimmte, festgelegte Vertragslaufzeit als auch auf unbestimmte Zeit abgeschlossen werden. Im Vergleich zum Wohnraummietrecht besteht hier größtmögliche Flexibilität für beide Vertragsparteien. Ein Gewerberaummietvertrag auf unbestimmte Zeit kann jederzeit unproblematisch und sogar mündlich geschlossen werden.Schwieriger wird es hingegen bei einem Vertrag mit fester Laufzeit.

1. Feste Laufzeit

2 Neben den Mietparteien, der Mietsache und der Miethöhe ist auch die Festlegung der Mietdauer wesentlicher Bestandteil eines Gewerberaummietvertrags. Die Bestimmung der Vertragslaufzeit gehört zu den essentialia negotii eines Gewerberaummietvertrages und muss daher – um die Schriftform des § 550 BGB zu wahren[1] – zwingend in dem Vertrag geregelt werden. Anderenfalls liegt ein unbefristetes Mietverhältnis vor. Die Mietzeit wird üblicherweise durch die Angabe eines festen Start- und Enddatums oder durch die Nennung des Beginns des Mietverhältnisses und einer festgelegten Dauer in Monaten oder Jahren bestimmt.

3 Die Länge der vereinbarten Vertragslaufzeit ist grundsätzlich unproblematisch. Die Mietdauer kann von wenigen Tagen bis hin zu mehreren Jahrzehnten festgelegt werden. Es ist jedoch § 544 BGB zu beachten, der bei einer Vertragsdauer von mehr als 30 Jahren beiden Vertragsparteien nach Ablauf der 30 Jahre ein außerordentliches Kündigungsrecht einräumt. Wichtig ist dabei, dass eine Kündigung frühestens nach Ablauf der 30 Jahre erfolgen kann. Eine vorzeitig ausgesprochene Kündigung ist unwirksam, auch wenn die Kündigung mit Wirkung für die Zeit nach Ablauf der 30 Jahre wirksam werden soll. Die Kündigungsfrist richtet sich in diesem Fall nach § 580a Abs. 4 BGB.

4 Eine langfristige Vertragslaufzeit ist nicht auf eine individuelle Vereinbarung der Vertragsparteien beschränkt. Die Vertragslaufzeit kann auch im Rahmen eines Formularvertrages von bis zu 30 Jahren wirksam vereinbart werden. Bedenken hinsichtlich der Wirksamkeit ergeben sich gemäß § 307 Abs. 1 S. 1 BGB jedoch dann, wenn der Verwender durch die lange Vertragsdauer ausschließlich seine eigenen Interessen verfolgt, ohne schützenswerte Belange des Vertragspartners zu berücksichtigen.

---

[1] Siehe Näheres in → § 47 Formfragen.

Diese Bedenken sind allerdings in der Regel nur theoretischer Natur. Die Praxis zeigt, dass gerade Gewerberaummieter aufgrund betrieblicher Investitionen ein berechtigtes wirtschaftliches Interesse an einer langfristigen Vertragslaufzeit haben.[2] Eine unangemessene Benachteiligung des Mieters aufgrund der langen Vertragslaufzeit wird daher in der Praxis schwierig nachzuweisen sein. 5

2. Verlängerung um bestimmte Zeiträume

Nicht selten vereinbaren die Vertragsparteien zunächst eine kalendarisch festgelegte Vertragslaufzeit. Gleichzeitig enthält der Mietvertrag die Klausel, dass sich das Mietverhältnis automatisch um einen weiteren Zeitraum verlängert, sofern keine der Vertragspartei das Mietverhältnis rechtzeitig gekündigt oder einer automatischen Verlängerung widerspricht. In der Regel erfolgt die Verlängerung um ein oder zwei Jahre. 6

Die automatischen Verlängerungen erfolgen im Rahmen des bestehenden Mietverhältnisses, ohne dass ein neues Mietverhältnis entsteht.[3] 7

Aus dem ursprünglich befristeten Vertrag wird im Ergebnis ein unbefristetes Mietverhältnis, welches nur durch einseitige Willenserklärung zu bestimmten Terminen beendet werden kann.

3. Verlängerung auf unbestimmte Zeit

Neben einer Verlängerung um bestimmte Zeiträume ist es ebenso möglich, das Mietverhältnis nach Ablauf eines zunächst festgelegten (meist längeren) Zeitraums auf unbestimmte Zeit zu verlängern. Regelmäßig wird eine solche Verlängerung auf unbestimmte Zeit daran geknüpft, dass keine der Parteien den Vertrag rechtzeitig kündigt. Um eine Verlängerung auf unbestimmte Zeit zu verhindern, muss eine der Vertragsparteien das Mietverhältnis spätestens zum Ende der ursprünglichen Befristung unter Einhaltung der Kündigungsfrist gemäß § 580a Abs. 2 BGB (dritter Werktag eines Kalendervierteljahres zum Ablauf des nächsten Kalendervierteljahres) kündigen. 8

Eine verfristete Kündigung ist im Wege der Umdeutung als eine zum nächstmöglichen Termin nach Ablauf der Befristungszeit wirkende Kündigung auszulegen. 9

4. Kündigungs-/Widerspruchsklausel

Wie vorstehend ausgeführt, ist die Verlängerung eines befristeten Gewerberaummietvertrags regelmäßig von der Erklärung einer Kündigung oder eines Widerspruchs abhängig. 10

Sowohl die Kündigung als auch der Widerspruch sind einseitige empfangsbedürftige Willenserklärungen im Sinne von § 180 BGB. Zu unterscheiden sind allerdings die unterschiedlichen Erklärungszeitpunkte. Die Kündigungserklärung ist stets an die Einhaltung der Kündigungsfrist gem. § 580a Abs. 2 BGB gebunden. 11

Im Gegensatz dazu ermöglicht eine Widerspruchsklausel der Vertragspartei eine größere Flexibilität, da der Widerspruch bis zum letzten Tag der befristeten Vertragsdauer erklärt werden kann und somit keiner festen Frist unterliegt.[4] Die formellen Anforderungen an diese Erklärung sind gering. Es reicht grundsätzlich aus, wenn die Erklärung den Willen der Vertragspartei erkennen lässt. Ein Widerspruch im sprachlichen Sinn ist nicht zwingend erforderlich. Unschädlich ist es deshalb auch wenn eine Vertragspartei fälschlicherweise von einer Kündigung spricht. 12

Im umgekehrten Fall muss eine Kündigung als solche klar erkennbar sein und unter Beachtung der Kündigungsfrist gem. § 580a Abs. 2 BGB erfolgen. 13

---

[2] BGH NJW 1982, 2770 (2771).
[3] BGH NZM 2002, 604.
[4] BGH NJW 1975, 40.

II. Option

1. Vertragliche Regelung

14 In dem Gewerberaummietvertrag kann einer Vertragspartei (in der Regel der Gewerberaummieter) ein Optionsrecht eingeräumt werden. Das Optionsrecht ermöglicht der Vertragspartei, das befristete Mietverhältnis vor Ablauf der Vertragslaufzeit durch einseitige empfangsbedürftige Willenserklärung für einen festgelegten Zeitraum zu verlängern.

15 Da es keine allgemeingültige Regelung für den Zeitpunkt der Ausübung des Optionsrechts gibt, empfiehlt es sich, diesen bereits im Vertrag zu definieren. Fehlt eine solche Vereinbarung, kann das Optionsrecht noch am letzten Tag der ursprünglichen Befristung ausgeübt werden.[5]

16 In manchen Fällen findet sich in dem Mietvertrag die unsaubere Regelung, dass das Optionsrecht „nach Ablauf" auszuüben ist. Dies ist rechtlich gesehen falsch, da das Optionsrecht vor Ablauf ausgeübt werden muss. In diesen Fällen ist die Klausel danach auszulegen, dass die Optionserklärung vor Ende der Befristung erfolgen muss.[6] In anderen Fällen kann die Optionsausübung in entsprechender Anwendung zu § 580a Abs. 2 BGB an eine Frist gebunden sein.[7]

17 Trifft eine Optionsregelung mit der weiteren Regelung zusammen, die den Mietvertrag bei Ausbleiben einer Kündigung oder eines Widerspruchs verlängert oder hatte sich der Mietvertrag mangels Fortsetzungswiderspruch nach § 545 BGB verlängert, kann der Optionsberechtigte auch noch während der Verlängerungszeit die Option ausüben. Das Optionsrecht erlischt jedoch spätestens mit dem Ende des durch die fiktive Optionszeit verlängerten Vertrages.[8]

18 Treffen in einem Gewerberaummietvertrag eine Verlängerungsklausel und eine Verlängerungsoption für den Mieter aufeinander und hat der Vermieter der Verlängerung widersprochen, kann der Mieter regelmäßig durch Ausübung der Option das Auslaufen des Mietvertrages verhindern.[9]

19 Sind mehrere aufeinanderfolgende Optionen vorgesehen und wird eine Option nicht fristgerecht ausgeübt, erlöschen alle nachfolgenden Optionen.[10] Das Optionsrecht entfällt auch dann, wenn die Vertragsparteien das Mietverhältnis über die Grundmietzeit hinaus langfristig verlängern und das Optionsrecht nicht ausdrücklich aufrechterhalten.[11] Sind die im Mietvertrag vereinbarten Optionsrechte erloschen, bedarf es für ein neues Optionsrechts einer ausdrücklichen Vereinbarung der Vertragsparteien.[12]

20 Ein Optionsrecht kann sowohl durch eine individuelle Vereinbarung als auch in einem Formularvertrag eingeräumt werden. Ein Verstoß gegen § 307 Abs. 1 S. 1 BGB liegt erst dann vor, wenn das Optionsrecht nach Belieben und ohne Rücksicht auf den Vertragspartner ausgeübt werden kann.[13] Dies wird damit begründet, dass der Mieter aufgrund seiner Investitionen in das Mietobjekt bereits einen wirtschaftlichen Nutzen erzielt hat.

2. Schriftform

21 Die Ausübung der Option ist an keine bestimmte Form gebunden. Aus diesem Grund ist die Ausübung des Optionsrecht auch nicht schriftformbedürftig im Sinne des § 550 S. 1 BGB.[14] Dennoch ist es ratsam, im Mietvertrag festzulegen, auf welche Weise die

[5] BGH NJW 1982, 2770.
[6] BGH NJW 1982, 2770.
[7] BGH NJW 1985, 2581.
[8] BGH NJW 1982, 2770.
[9] OLG Dresden NJOZ 2019, 202.
[10] OLG Hamburg NZM 1998, 333; OLG Düsseldorf ZMR 2008, 785.
[11] OLG Bamberg 3.6.2020 – 8 U 356/19, BeckRS 2020, 31269.
[12] OLG Frankfurt 14.10.2019 – 12 U 145/19, BeckRS 2019, 39140.
[13] OLG Hamburg NJW-RR 1990, 1448; NJW-RR 1992, 74.
[14] BGH NZM 2018, 515; NZM 2019, 172.

Option ausgeübt werden soll. Aus Beweisgründen kann es in Einzelfällen sinnvoll sein, sich für die Ausübung des Optionsrechts die Schriftform zu vereinbaren. Allerdings kann dies wiederum zu Folgeproblemen führen.[15] Vor diesem Hintergrund und zur praktischen Handhabung der Optionen sollte auf die Vereinbarung der Schriftform für die Ausübung einer Option verzichtet werden.

Das Optionsrecht muss stets von allen Optionsberechtigten gegenüber allen Vertragspartnern ausgeübt werden. 22

3. Rechtsfolge

Auch nach Ausübung der Option bleibt das Mietverhältnis bestehen und setzt sich mit denselben Bedingungen fort. Es ist jedoch auch möglich, die Ausübung der Option an veränderte Vertragsbedingungen, insbesondere an eine Anpassung des Mietzinses, zu binden. 23

Denkbar ist es auch, die bisherigen Vertragskonditionen erst mit Eintritt der Option neu zu verhandeln. Können sich die Vertragsparteien in diesem Fall nicht auf neue Bedingungen einigen, soll dem Vermieter nach §§ 315, 316 BGB eine Entscheidung nach billigem Ermessen zustehen. Der Mieter wird in diesem Fall durch das Recht einer gerichtlichen Ersetzung gemäß § 315 Abs. 3 BGB geschützt. 24

[15] Näheres unter → § 47.

7. Abschnitt. Mietgebrauch

§ 54 Allgemeine Gebrauchsrechte und -pflichten, Hausordnung und Zutrittsrechte

Übersicht

Schrifttum:
Bausch, Mieters Anspruch auf ordnungsgemäße Briefzustellung im liberalisierten Postmarkt, NZM 2006, 917; Beck, Die Option zur Umsatzsteuer bei der Vermietung von Gewerberäumen braucht zusätzliche Vereinbarungen, Grundeigentum 2014, 42; Borzutzki-Pasing, Klauselkontrolle in der Gewerberaummiete, NZM 2004, 161–169; Bub, Gewerberaummietvertrag und AGB-Gesetz, NZM 1998, 789; Dötsch, Wasserschaden durch einen Mieter bei einem anderen Mieter, NZM 2004, 177; Drasdo, Mitbenutzen von Gemeinschaftsanlagen/-einrichtungen durch Mieter, NJW-Spezial 2010, 161; Eidenmüller, Rechtskauf und Unternehmenskauf, ZGS 2002, 290; Fielenbach, Freizeichnung des gewerblichen Vermieters von seiner Haftung, NZM 2013, 841; Flatow, Der verlorene Schlüssel, NZM 2011, 660; Flatow, Die Risikoverteilung zwischen Mieter und Vermieter bei Umfeldveränderungen, WuM 2016, 459; Geldmacher, Verbotene Apothekenpacht, DWW 1999, 109; Ghassemi-Tabar, Umweltfehler als Mietmangel, NJW 2015, 2849; Gomille, Betriebspflichten für vermietete Einzelobjekte NZM 2018, 809; Grams, Verkehrssicherungspflichten des Einzelhandelsunternehmens vor und im Ladengeschäft, NZM 2011, 460; Gronstedt/Jörgens, Die Gewährleistungshaftung bei Unternehmensverkäufen nach dem neuen Schuldrecht, ZIP 2002, 52; Gsell, Die Bedeutung technischer Normen, des Stands der Technik und des verkehrsüblichen Zustands bei der Vermietung von Wohn- und Geschäftsräumen, WuM 2011, 491; dies., (Negative) Beschaffenheitsvereinbarung und Mangelkenntnis im Mietrecht, NZM 2016, 702; Günter, Der Einfluss öffentlich-rechtlicher Verpflichtungen auf mietvertragliche Vereinbarungen, NZM 2016, 569; Harz, Mietnebenkosten bei der Geschäftsraummiete: Vereinbarungen zur Kostenumlegung bei Vertragsabschluss, ZAP Fach 4, 1695; Herrlein, Kontrollrecht des Vermieters und des Mieters, ZMR 2007, 247; Hinz, Apothekenbetriebsräume in der Miete NZM 2017, 233; Hitpaß, Schnee und Eis: Verkehrssicherungspflichten – Worauf müssen Vermieter und Mieter achten?, ZMR 2008, 935; Horst, Sicherung der Ansprüche der Vertragsparteien in der Gewerberaummiete, NZM 2018, 889; Joachim, Nutzungsänderungen in der Gewerberaummiete – Die Verschränkung von Miet- und öffentlichem Recht, NZM 2009, 801; Kluth/Freigang, Wirtschaftliches Risiko und Äquivalenzstörung – Zum Wegfall der Geschäftsgrundlage bei langfristigen Gewerberaummietverträgen, NZM 2006, 41–47; Lehmann-Richter, Der Gebrauchsmangel als einheitlicher Gewährleistungsgrund in der Miete, NZM 2023, 145; Leo/Ghassemi-Tabar, Haftungs- und Minderungsausschluss im Gewerberaummietrecht – Zulässigkeit der Klauseln und alternative Vertragsgestaltung, NZM 2010, 568; Looschelders, Vertragsgemäßer Gebrauch der Mietsache – Facetten eines zentrales Begriffs im Mietrecht, NZM 2022, 393; Lützenkirchen, Besichtigungsrechte des Vermieters von Wohn- oder Gewerberaum, NJW 2007, 2152; Mayer/Eichel/Klinck, Hausordnung im Mietverhältnis, NZM 2018, 689; Mergner/Matzzur, Anforderungen an die Erfüllung praxisrelevanter Verkehrssicherungspflichten, NJW 2014, 186; Meyer-Abich, Nutzungskonflikte im Mehrfamilienhaus: Fallstricke und Lösungswege, NZA 2022, 113; Moritz, Wirtschaftliches Eigentum an Anlagen und Anlagenteilen im Contracting, CuR 2004, 58; Müller, Plädoyer für eine weniger starre AGB-Kontrolle im unternehmerischen Geschäftsverkehr am Beispiel des Gewerberaummietrechts, NZM 2016, 185; Neuhaus, Instandhaltung und Instandsetzung im gewerblichen Mietrecht, ZAP Fach 4, 1595; Ostermann, Risikoverteilung zwischen den Parteien von Gewerbemietverträgen in Einkaufszentren, GuT 2003, 39; Paschke, Rauchverbote im Mietverhältnis, NZM 2008, 265; Reinke, Mietvertrag über eine Arztpraxi, PFB 2009, 167; Saalfrank, Vermietung von Apothekenräumen, NZM 2001, 971; Schlüter, Besichtigungsrecht des Vermieters – Voraussetzungen und Durchsetzung, NZM 2006, 681; Schmitt, Das private Hausrecht in den Schranken von Vertrag und Verfassung – Überlegungen zur Grenzziehung anlässlich des Thermalbad-Urteils des BGH, ZfPW 2021, 414; Sonnenschein, Die Entwicklung des privaten Wohnraummietrechts 1989 bis 1996, NJW 1997, 1270Stapel, Rauchende Mieter – ja und?, NZM 2000, 595; Stapenhorst, Grenzen der Sacherhaltungspflicht des Geschäftsraummieters, NZM 2007, 17; Strahl, Wirtschaftliches Eigentum bei Gebäuden auf fremdem Grund und Boden und Mietereinbauten, FR 2003, 447; Thaler/Tachezey, Objektive Untauglichkeit – immer Sache des Vermieters?, NZM 2001, 184; Triebel/Hölzle, Schuldrechtsreform und Unternehmenskaufverträge, BB 2002, 521; Wodicka, Instandhaltungs- und Instandsetzungsvereinbarung bei der Geschäftsraummiete und AGB-gesetzliche Inhaltskontrolle, NZM 1999, 1081.

I. Überblick

1 Der Vermieter wird durch den Mietvertrag gemäß § 535 Abs. 1 S. 1 BGB verpflichtet, dem Mieter den Gebrauch der vermieteten Sache während der Mietzeit zu gewähren. Nähere Einzelheiten zum Inhalt dieser vom Vermieter geschuldeten Gebrauchsgewährleistung regelt das Gesetz nicht. Lediglich die Regelungen der §§ 538, 541 BGB geben den Rahmen des Gebrauchs vor. Hiernach ist dem Mieter nur der vertragsgemäße Gebrauch der Mietsache gestattet.

2 Die Pflicht zur Gewährung und Erhaltung des vertragsgemäßen Gebrauchs ist die **Kardinalpflicht** des Vermieters. Die näheren Einzelheiten für die Erfüllung dieser Pflicht regelt insbesondere der Mietvertrag. Einzelheiten ergeben sich vor allem aus dem vereinbarten und definierten **Mietzweck.**

Das Gesetz schützt den Mieter, sofern er sich im Rahmen dieses (mietvertraglich definierten) Gebrauchs bewegt. Insoweit hat der Mieter das **Risiko** einer Veränderung oder Verschlechterung der Mietsache nicht zu vertreten. Enthält der Mietvertrag keine eindeutigen Regelungen zur Art und Umfang des vertragsgemäßen Gebrauches, ist dieser unter Berücksichtigung sämtlicher Umstände zu ermitteln, und die vertraglichen Regelungen gem. §§ 133, 157 BGB sind mit Rücksicht auf Treu und Glauben auszulegen. Von Bedeutung für die Bestimmung des Umfangs des vertragsgemäßen Gebrauchs kann auch die Verkehrsanschauung sein, die wiederum durch den Wandel der Anschauungen und des technischen Fortschritts bestimmt wird.[1] 3

Der Vermieter kann nach **Treu und Glauben** verpflichtet sein, dem Mieter eine aus betrieblichen oder sonstigen Gründen notwendig werdende Änderung des vertragsgemäßen Gebrauchs zu gestatten. Der Mieter hat nicht die Möglichkeit, den Mietzweck und die vertraglichen Regelungen einseitig zu ändern. Eine vom Mietvertrag nicht gedeckten Nutzung kann zur Entstehung eines Unterlassungsanspruchs zugunsten des Vermieters führen.[2] Die Bestimmungen des Mietvertrags zum Mietgebrauch sind an §§ 134, 138 BGB und als AGB an den §§ 305 ff. BGB zu messen. 4

Der Mieter hat grundsätzlich ein Recht auf ungestörten Mietgebrauch. Art. 13 und 14 GG gelten über die Drittwirkung von Grundrechten auch im privaten Mietrecht. Art. 13 GG schützt auf diesem Weg auch den Gewerberaummieter. Der Vermieter hat **Eingriffe zu unterlassen,** die das Gebrauchsrecht des Mieters rechtswidrig einschränken. Hierzu gehören beispielsweise das eigenmächtige Betreten der Mieträume durch den Vermieter, Zugangsbehinderungen zu den Mieträumen durch Baumaßnahmen, die den gefahrlosen und bequemen Zutritt des Publikums zum Geschäft des Mieters einschränken,[3] die Duldung des Vermieters, dass Dritte den Mietgebrauch des Mieters stören,[4] wozu auch die Nichtbeachtung des vertragsimmanenten Konkurrenzschutzes (→ § 55) gehört, sowie die Vorenthaltung von Versorgungsleistungen für die Mieträume. 5

Die Pflicht des Vermieters, dem Mieter den Gebrauch der Mietsache zu gewähren, beschränkt sich nicht auf das bloße Dulden der Nutzung durch den Mieter. Der Vermieter muss ggf. **aktiv tätig** werden, um dem Mieter den vertragsgemäßen Gebrauch der Mietsache zu ermöglichen, §§ 535, 536 BGB. Er ist verpflichtet, die Mietsache dem Mieter in einem zum vertragsgemäßen Gebrauch geeigneten Zustand zu überlassen und sie während der Mietzeit in diesem Zustand zu erhalten, § 535 Abs. 1 S. 2 BGB. Dazu kann es bspw. gehören, **Zugangshindernisse** zu beseitigen oder den **Anschluss** an die öffentliche **Wasser- und Stromversorgung** herzustellen und zu gewähren.[5] 6

Der Vermieter wird in der Regel versuchen, diese **Risiken** einer vom Mieter nicht zu vertretenden Verschlechterung der Mietsache durch formular- und individualvertragliche Regelungen zu seinen Gunsten zu **minimieren.** § 538 BGB ist in den Grenzen der §§ 305 ff. BGB grundsätzlich **dispositiv.** Gelingt es dem Vermieter, mit dem Mieter eine Individualabrede zu treffen, ist diese ausschließlich am Maßstab der §§ 134, 138, 242 BGB zu messen.[6] 7

Es bestehen zugunsten des Vermieters vor allem drei Möglichkeiten das Risiko möglicher Nachteile im Zusammenhang Gebrauch der Mietsache zu minimieren: 1) Möglichst eindeutige und klar umrissene Definition des **Mietzwecks,** 2) Vereinbarung von **Haftungsbegrenzungen und -ausschlüssen** und 3) **Verpflichtung des Mieters** zur Ausführung von Instandhaltungs- und Instandsetzungsarbeiten (§ 58 Rn. 1 ff.). 8

Eine weitergehende Risikoverlagerung erreicht der Mieter auch durch die Übertragung Verkehrssicherungspflichten auf den Mieter. Hierzu zählt unter anderem die Verpflichtung zur Entfernung von Kontaminationen uÄ, die Veranlassung von Siche- 9

---

[1] BGH NJW 2004, 3174.
[2] OLG Celle NZM 2018, 87.
[3] BGH NJW 1981, 2405.
[4] KG NZM 2003, 27.
[5] BGH NJW-RR 1993, 1159.
[6] BGH NZM 2006, 582; NJW 1984, 2404.

rungsmaßnahmen (Auftragen abstumpfender Streumittel auf Glatteis) sowie die Begründung von **Obhuts-** und **Mitwirkungspflichten** auf Seiten des Mieters.

II. Mietzweck/Nutzungsrechte im Rahmen des Vertragszwecks

1. Vereinbarungen zum Mietzweck

10 Der Vereinbarung eines hinreichend genau bestimmten Mietzwecks kommt in den Mietvertragsverhandlungen oftmals nur geringe Bedeutung zu, obwohl der jeweilige Mietzweck maßgeblich für den Konkurrenzschutz sowie für die Frage ist, welcher Gebrauch durch den Mieter als vertragsgemäß zu bewerten ist. Eine nachlässige Handhabung der Abrede zum Mietzweck kann gerade auf Seiten des Vermieters zu erheblichen finanziellen Belastungen führen. Mit dem Mietzweck definieren die Parteien den **Inhalt,** den **Umfang** und die **Art und Weise** der dem Mieter erlaubten **Nutzung.** Mit dem Vertragszweck bestimmen die Parteien den **vertragsgemäßen Gebrauch.** Anhand des Vertragszwecks erfolgt auch eine Abgrenzung **zwischen Wohnraum- und Gewerberaummietvertrag.** Die Mietsache muss für diesen vereinbarten Gebrauch **rechtlich und tatsächlich geeignet** sein und bleiben.[7]

11 Die sorgfältige Vereinbarung eines detaillierten Vertragszwecks ist im Interesse von Mieter und Vermieter. In der Regel liegt es vor allem im Bestreben des Vermieters, den **Mietzweck möglichst klar zu benennen, zu definieren und einzugrenzen;** nur dann besteht auch eine rechtlich hinreichende Grundlage für die Bestimmung seiner gesetzlichen Hauptleistungspflicht gem. § 535 Abs. 1 S. 1 und 2 BGB.[8] Der vereinbarte Nutzungszweck ist auch maßgeblich für die Frage, ob die Regelungen des Wohn- oder Gewerberaummietrechts auf ein konkretes Mietverhältnis Anwendung finden.[9] Es ist dem Vermieter nur anhand eines hinreichenden Vertragszwecks möglich zu beurteilen, ob er mit der Vermietung den vertragsimmanenten Konkurrenzschutz eines anderen Mieters verletzt. Nur so kann er sich teure und nicht eingeplante **Erhaltungsarbeiten ersparen,**[10] die notwendig werden, weil der Mieter einen vertraglich gestatteten, aber vom Vermieter nicht erwarteten Zweck verfolgt. So hat bspw. das Kammergericht entschieden, dass den Vermieter das Risiko der Zwecktauglichkeit trifft, wenn er Kellerräume nicht zur Nutzung als Keller, sondern zur Nutzung für jeden behördlich zulässigen Zweck vermietet und diese Räume dann als Wellnesszentrum genutzt werden.[11] Anhand eines hinreichend bestimmten Vertragszwecks kann der Vermieter bei einer abweichenden Nutzung einen Unterlassungsanspruch erfolgreich (gerichtlich[12]) durchsetzen[13]. Mit Urteil vom 19.12.2018 hat der BGH entschieden, dass der aus § 541 BGB folgende Anspruch des Vermieters gegen den Mieter auf Unterlassung eines vertragswidrigen Gebrauchs der Mietsache während des laufenden Mietverhältnisses nicht verjährt.[14]

12 Es gilt die **„Faustregel“:** Je pauschaler die Angabe des Vertragszwecks, desto größer der Bereich des vertragsgemäßen Gebrauchs durch den Mieter. Vertragliche Regelungen, die den Gebrauch der Mietsache „für gewerbliche Zwecke“ sowie „als Büroräume“ vorsehen, sind unbedingt zu vermeiden.[15]

[7] BGH WM 1977, 1328; OLG Düsseldorf ZMR 2001, 706; GuT 2004, 81; Lindner-Figura/Oprée/Stellman Geschäftsraummiete-HdB/Hübner Kap. 13 Rn. 36.

[8] Bei der Vereinbarung des Mietzwecks, Betrieb eines Spielwaren- und Babyartikel-Fachmarkts ist der Mieter nicht zum Verkauf von Feuerwerksartikeln berechtigt, die nur an Erwachsene verkauft werden dürfen; KG BeckRS 2011, 17965.

[9] BGH 13.1.2021 – VIII ZR 66/19, ZMR 2021, 468.

[10] Bspw. eine behindertengerechte Rampe OLG Brandenburg BeckRS 2012, 14955.

[11] KG NJOZ 2010, 146; 23.3.2023 – 8 U 172/21, ZMR 2023, 870.

[12] OLG Celle NZM 2018, 87.

[13] BeckOGKBGB/Hörndler § 578 Rn. 44.

[14] BGH NZM 2019, 143.

[15] vgl. hierzu auch BGH 21.6.2024 – V ZR 79/23, BeckRS 2023, 11766 = ZMR 2024, 830.

Vereinbaren die Vertragsparteien die Nutzung der Mietsache **„für gewerbliche Zwecke"**, kann der Mieter grundsätzlich die Räume zu jedem gewerblichen Zweck nutzen, der mit der Rechtsordnung in Einklang steht. Ob die Nutzung mietvertraglich zulässig ist, dh noch durch den vertragsgemäßen Gebrauch gedeckt ist, ist unter Berücksichtigung sämtlicher Umstände des Einzelfalls zu bewerten. Im Falle einer gerichtlichen Auseinandersetzung sind derartige Umstände von der beweisbelasteten Partei im Rahmen der Beweisaufnahme darzulegen und zu beweisen.[16] So hat bspw. das OLG Köln entschieden, dass das Berufsbild des Facharztes für Psychiatrie und Psychotherapie die Substitutionsbehandlung von Drogenabhängigen mit einschließt und das dies – selbst bei einer großen Anzahl drogenabhängiger Patienten die die Praxis täglich aufsuchen – vom Arzt bei den Vertragsverhandlungen nicht erwähnt werden muss und ein Kündigungsrecht des Vermieters das Vorliegen einer konkreten Gefahr erfordert.[17] Der Inhalt der Vereinbarung ist durch **Auslegung** zu ermitteln, §§ 133, 157, 242 BGB. Ist die Beeinträchtigung der Vermietbarkeit der anderen Räume des Hauses von Bedeutung für die Auslegung, bedarf es in der Regel zusätzlich eines Sachverständigengutachtens. Auch ein weit gefasster Mietzweck berechtigt nicht uneingeschränkt zu jeder hierunter zu subsumierenden Nutzung, wenn diese geeignet ist, dem Vermieter erheblichen wirtschaftlichen Schaden zuzufügen, ohne dass der Mieter auf diese Nutzungsabsicht bei Abschluss des Mietvertrages hingewiesen hat.[18] Die Rechtspflicht zur Aufklärung bei Vertragsverhandlungen auch ohne Nachfrage besteht dann, wenn der andere Teil nach Treu und Glauben unter Berücksichtigung der Verkehrsanschauung redlicherweise die Mitteilung von Tatsachen erwarten durfte, die für die Willensbildung des anderen Teils offensichtlich von ausschlaggebender Bedeutung sind.[19] Eine Tatsache von ausschlaggebender Bedeutung kann auch dann vorliegen, wenn sie geeignet ist, dem Vertragspartner erheblichen wirtschaftlichen Schaden zuzufügen.[20] 13

Es wird mitunter die Auffassung vertreten, dass den Mieter grundsätzlich keine vorvertragliche Aufklärungspflicht trifft und es vielmehr die Aufgabe des Vermieters sei, die spezifischen Anforderungen des Mieters an Ausstattung und Einrichtung des Gebäudes zu erfragen.[21] 14

Nach der Rspr. trifft den Mieter bei Abschluss des Mietvertrags idR auch keine Erkundungs- oder Untersuchungspflicht in Bezug auf die Tauglichkeit des Mietobjekts zum vertragsgemäßen Gebrauch.[22]

Vereinbaren die Vertragsparteien lediglich einen vagen Vertragszweck, führt dies grundsätzlich zu einer verringerten Einstandspflicht des Vermieters. Die Auslegung der entsprechenden Regelung wird regelmäßig ergeben, dass sich das Gebrauchsrecht des Mieters auf den größtmöglichen Umfang des vereinbarten Vertragszwecks erstreckt, der Vermieter aber nur die Verpflichtung übernommen hat, eine innerhalb dieser Bandbreite liegende Gebrauchsmöglichkeit zu gewähren.[23] 15

Üblicherweise wird dem Vermieter bereits aufgrund seiner Verpflichtung zum **vertragsimmanenten Konkurrenzschutz** (→ § 55 Rn. 1 ff.) daran gelegen sein, den **Vertragszweck möglichst präzise und eingrenzend** zu formulieren.[24] 16

Allerdings sind die **Anforderungen,** die an die **Gebrauchstauglichkeit** gestellt werden können, **umso größer, je detaillierter** die beabsichtigte Nutzung im Vertrag beschrieben ist. Hieraus folgt: Je genauer der Mietzweck definiert ist, umso mehr muss der Vermieter tun, um genau diesen Mietzweck zu ermöglichen; die Opfergrenze wird hier gerade auch 17

---

16 BGH NJW 1984, 1031 stellt anschaulich dar, was dann alles zu beachten ist und was nicht.
17 OLG Köln NZM 2011, 76.
18 BGH NJW 2010, 3362 („Thor Steinar"), ebenso KG NZM 2010, 800.
19 RGZ Band 111, 233, BGH NZM 2000, 492; 2007, 144; 2010, 800.
20 BGH NJW 2010, 3362 („Thor Steinar").
21 BeckOGK/Hörndler BGB § 578 Rn. 45.
22 BGH NZM 2007, 484 Rn. 21.
23 Schmidt-Futterer/Lehmann-Richter BGB § 535 Rn. 654.
24 Beispiele in § 55 und auch bei Menn NZM 2017, 688.

bei einem langfristig befristeten Mietvertrag hoch anzusetzen sein (siehe auch Rechtliche Unmöglichkeit → Rn. 33 Ziffer 5).

18 Inwieweit den Ausführungen in der Präambel eines Mietvertrages **Rechtsverbindlichkeit** und **Rechtserheblichkeit** zukommt, ist umstritten; entsprechendes wird mitunter verneint. Die Präambel soll lediglich die Zielrichtung des Vertrags erläutern und bei der Auslegung behilflich sein. Es soll unmöglich sein, in die Präambel eine Zusicherung oder eine Zustandsbeschreibung aufzunehmen.[25]

19 Obwohl in diesem Zusammenhang oft zitiert, hat der XII. Senat des BGH sich so nicht geäußert. Der Präambel, über die der BGH zu entscheiden hatte, war keine Zusicherung zu entnehmen.[26] Eine allgemeinverbindliche Aussage zu der Verbindlichkeit der Präambel hat der XII. Senat nicht getroffen. Gerade anwaltlich nicht beratene Parteien, die einen bestehenden Formularmietvertrag weitgehend unbesehen übernehmen, werden dazu tendieren in die Präambel die Dinge aufzunehmen, die ihnen **besonders wichtig** sind. Die Parteien haben dann sehr wohl einen **hohen Rechtsbindungswillen** bezüglich des Inhalts der Präambel.

Praxistipp:
Die Regelung vertragswesentlicher Inhalte sollte nicht in der Präambel, sondern direkt in der entsprechenden Regelung zum Vertragswerk erfolgen.

2. Bindung an den vereinbarten Mietzweck und Nutzungsänderung

20 Jede Betriebsänderung greift in den bestehenden Vertrag ein.[27] Eine **Änderung** des zunächst vereinbarten und tatsächlichen Nutzungszwecks ist deshalb nachträglich grundsätzlich nur durch übereinstimmende **Nutzungsänderungsvereinbarung** aller Vertragsparteien möglich.[28]

21 Einen ausdrücklich vereinbarten oder stillschweigend zugrunde gelegten Vertragszweck darf der Mieter grundsätzlich nicht einseitig ändern. Er ist zunächst dazu gehalten, eine Verständigung mit dem Vermieter über die gewünschte Vertragsänderung zu erzielen.[29] Allerdings ist die einseitige **Nutzungsänderung bzw. Nutzungserweiterung** nicht per se unzulässig. Der Vermieter kann ihr daher **nicht widersprechen**, wenn ihm die Duldung der Änderung unter Berücksichtigung der Umstände des Einzelfalls nach umfassender Interessensabwägung **zumutbar** ist. Nach wohl inzwischen allgemeiner Auffassung kann der Mieter ggf. einen Anspruch auf Zustimmung des Vermieters zu einer zeitgemäßen Anpassung/Fortentwicklung des vertragsgemäßen Gebrauchs haben, selbst wenn dies nicht ausdrücklich vertraglich geregelt ist.[30]

Praxistipp:
Begehrt der Mieter eine Änderung des vereinbarten Nutzungszwecks, ist eine sorgfältige Prüfung dieses Begehrens durch den Vermieter geboten. Dieses Gebot gilt insbesondere hinsichtlich folgender Punkte: **Konkurrenzschutzansprüche** (→ § 55 Rn. 1 ff.), **Beeinträchtigungen** anderer Mieter, erforderliche Veränderungen der Mietsache zur Gewährleistung der geänderten Nutzung, Beeinträchtigung von **Nachbarn, öffentlich-rechtliche Zulässigkeit** der Nutzungsänderung. Die Vertragsparteien sollten in diesem Zusammenhang insbesondere regeln, in wessen **Verantwortungsbereich** die Einholung öffentlich-rechtlicher **Genehmigungen** zur Nutzungsänderung liegt,

[25] OLG Rostock NZM 2003, 282; Schmidt-Futterer/Eisenschmid BGB § 535 Rn. 207.
[26] BGH NZM 2004, 618.
[27] KG NZM 1999, 462.
[28] OLG Düsseldorf GE 2003, 321; OLG Frankfurt a. M. MDR 2000, 825.
[29] Blank/Börstinghaus/Blank BGB § 535 Rn. 419.
[30] Lindner-Figura/Oprée/Stellman Geschäftsraummiete-HdB/Hübner Kap. 13 Rn. 39.

wer die **Kosten** dafür trägt und wer das **Risiko** einer Versagung der behördlichen Genehmigungen trägt.

a) **Ermessen des Vermieters.** Die Zustimmung des Vermieters liegt grundsätzlich in seinem **Ermessen.** Maßgeblich ist insbesondere die Beantwortung der Frage, inwieweit der Mieter tatsächlich eine **Nutzungsänderung** oder lediglich eine **Nutzungsintensivierung** bzw. **Geschäftserweiterung, -ergänzung, bzw. -ausdehnung** begehrt. Die Frage, ob der Mieter sein Kerngeschäft lediglich intensiviert oder es ändert, ist eine Frage der Qualität der Veränderung. Die Aufnahme einer weiteren, eigenständigen Tätigkeit ist der Änderung gleichgestellt.[31] Die **Geschäftsintensivierung** ist **grundsätzlich zulässig.** Der Mieter muss sich dem Markt anpassen können. Die **Abgrenzung** zwischen Geschäftsintensivierung und Nutzungsänderung erfolgt anhand des **Mietzwecks**[32] sowie der Umstände des Einzelfalls. 22

Praxistipp:

Für die Vertragsparteien sollte maßgeblich sein, ob der Vermieter einen sachlichen Grund für die Verweigerung seiner Zustimmung zur Vertragsänderung hat. Einige Verträge beinhalten Formulierungen wie „Der Vermieter kann die Zustimmung zur Nutzungsänderung nur aus wichtigem Grund versagen." Damit schränkt der Vermieter sich von vornherein unnötig ein.[33] Nicht jeder sachliche Grund ist ein wichtiger Grund. Insbesondere beim Konkurrenzschutz kann sich eine solche Formulierung als nachteilig herausstellen. Darf der Vermieter die Nutzungsänderung sowie die zugleich gewollte Untervermietung nur aus wichtigem Grund verweigern und liegt ein solcher nicht vor, steht dem Mieter bei Weigerung des Vermieters ein Sonderkündigungsrecht zu (im entschiedenen Fall Umwandlung der Filiale einer Buchhandlungskette in einen „Ein-Euro-Shop).[34]

Die Rechtsprechung hat die folgenden Nutzungsänderungen für **zulässig** erachtet: 23
- Maßschneiderei zu Industriefertigung[35]
- Milchbar – Erweiterung um alkoholische Getränke[36]
- Änderung des Charakters einer Gastwirtschaft[37]
- Verkauf von Fan-Artikeln beim Friseur um neue Klientel anzulocken[38]
- Autovermietung und Damen-Boutique zu Sex-Shop[39]
- Imbiss zu Kiosk[40]
- Grillstube zu Pizzeria[41]

Unzulässig ist:
- Unterbringung von Asylbewerbern in Gewerbeimmobilie mit Büronutzung[42]
- Laden zur Kindertagesstätte[43]
- Laden zu Sex-Kino[44]

[31] OLG Hamm NZM 1999, 1051.
[32] OLG Hamm NZM 1999, 1051.
[33] Siehe bspw. OLG Düsseldorf BeckRS 2010, 30362.
[34] OLG Düsseldorf BeckRS 2010, 30362.
[35] BGH NJW 1961, 307.
[36] BGH NJW 1957, 1833.
[37] BGH BB 1954, 246.
[38] OLG Düsseldorf MDR 1996, 467.
[39] BGH NJW 1984, 1031.
[40] KG GE 1987, 571.
[41] OLG Düsseldorf BeckRS 2007, 1062.
[42] OLG Brandenburg GE 2014, 251; OLG Düsseldorf ZMR 1991, 176.
[43] OLG Düsseldorf NZM 2003, 979.
[44] LG Passau NJW 1983, 1685.

- Laden zu Gaststätte[45]
- Laden zu Teestube mit Spielsalon[46]
- Laden zu Eisdiele[47]
- Laden zu Imbiss[48]
- Laden zu Pizza-Lieferdienst[49]
- Verkauf von Möbeln in einer „Galerie“[50]
- Betrieb eines Geldautomaten in einem Lebensmittelverbrauchergeschäft[51]
- Spielwarengeschäft zu Verkauf von Silvesterfeuerwerkskörpern[52]

24 **b) Rechte des Mieters bei Verweigerung des Vermieters.** Verweigert der Vermieter dem Mieter unzulässigerweise die Zustimmung zur begehrten Nutzungsänderung, muss der Mieter den Vermieter zunächst zur Vertragserfüllung auffordern, §§ 535, 536 BGB. Der Mieter kann ferner sein Zurückbehaltungsrecht gem. § 320 geltend machen und die Miete regelmäßig in angemessener Höhe zurückbehalten. Erfolgt die Verweigerung der Nutzungsänderung zu Unrecht, stellt dies einen Mangel der Mietsache dar. Die Minderung der Miete erfolgt von Gesetzes wegen, § 536 BGB. Ist dem Mieter deshalb eine wirtschaftliche Nutzung der Mietsache unmöglich und erfolgt die Verweigerung des Mieters ohne sachlichen Grund, kann dies eine vollständige Minderung der Miete zur Folge haben. Der Mieter kann Vermieter grundsätzlich auf Ersatz des hierdurch entstandenen Schadens in Anspruch nehmen (§ 536a BGB). Die Möglichkeit einer fristlosen Kündigung des Mietverhältnisses gemäß § 543 Abs. 2 S. 1 Nr. 1 BGB besteht ebenfalls.

25 Im Falle einer Ablehnung der begehrten Nutzungsänderung durch den Vermieter besteht die Möglichkeit der fristlosen Kündigung durch den Mieter dann nicht, wenn eine Erfüllung der behördlichen Auflagen für den Mieter unmöglich ist bzw. mit erheblichem Aufwand verbunden wäre.[53]

26 **c) Baugenehmigung. Der Begriff der** der „Nutzungsänderung“ entstammt ursprünglich dem Baurecht. Eine Änderung der öffentlich-rechtlich genehmigten Nutzungsart bedarf daher gegebenenfalls einer **Baugenehmigung.** Es ist grundsätzlich zwischen **genehmigungsbedürftiger** und **nicht genehmigungsbedürftiger** Nutzungsänderung sowie genehmigungsbedürftiger Nutzungsänderung mit und ohne genehmigungspflichtige baurechtliche Veränderungen zu differenzieren. Eine Genehmigungspflicht besteht dann, wenn für die **neue Nutzung andere bauordnungsrechtliche oder bauplanungsrechtliche Normen anwendbar** sind.[54] Nicht jede Veränderung ist rechtlich erheblich. Eine bloße Nutzungsintensivierung muss keine baurechtlich relevante Nutzungsänderung darstellen.[55] Es muss sich die rechtliche Qualität der Nutzung ändern. Hiervon ist auszugehen, wenn die Änderung die in § 1 Abs. 5, 6 BauGB aufgelisteten Bereiche berührt. Das ist dann der Fall, wenn soziale, wirtschaftliche und umweltschützende Belange, Klimaschutz, städtebauliche Gestalt uä berührt werden.

27 Eine Nutzungsänderung ist ein Vorhaben iSd § 29 BauGB. Die bauplanungsrechtliche Zulässigkeit bestimmt sich somit gem. §§ 30–37 BauGB. Zunächst sind der jeweilige Flächennutzungsplan und Bebauungsplan zu beachten. Im Bebauungsplan erfolgt die Festsetzung der in § 14 Abs. 2 BauNVO bezeichneten Baugebiete. Durch die Festsetzung werden die Vorschriften der §§ 2–14 BauNVO Bestandteil des Bebauungsplans. Der Bebauungsplan kann Ausnahmen vorsehen, § 1 Abs. 5 BauNVO. Eine weitere

[45] BayObLG WuM 1985, 238.
[46] BayObLG WuM 1985, 235.
[47] OLG Schleswig MDR 2000, 53.
[48] BayObLG ZMR 2000, 53.
[49] BayObLG NZM 1998, 335.
[50] OLG Schleswig IMR 2014, 206.
[51] OLG Düsseldorf BeckRS 2008, 11862.
[52] OLG Hamburg BeckRS 2014, 07244.
[53] BGH ZMR 2008, 274.
[54] BVerwG NVwZ-RR 2000, 758.
[55] BVerwG NZM 1999, 417.

Ausnahme kann die Behörde gem. § 31 Abs. 2 BauGB genehmigen, wenn Gründe des Allgemeinwohls die Befreiung erfordern oder die Abweichung städtebaulich vertretbar ist oder die Durchführung des Bebauungsplans zu einer offenbar nicht beabsichtigten Härte führen würde und wenn die Abweichung auch unter Würdigung nachbarlicher Interessen mit den öffentlichen Belangen vereinbar ist.

Eine Änderung ist öffentlich-rechtlich nach der jeweiligen Bauordnung in der Regel genehmigungsfrei, wenn für die neue Nutzung keine weitergehenden Voraussetzungen gelten, als für die bisherige Nutzung. 28

Praxistipp:
Der Vermieter geht ein großes Risiko ein, wenn er die Mietsache entgegen dem behördlich genehmigten Zweck vermietet, beispielsweise durch die Vermietung einer Arztpraxis als Ladengeschäft, ohne Beantragung der Genehmigung einer Nutzungsänderung. Die Mieträume sind dann von Anfang an mangelhaft, § 536 BGB.[56] Der Mieter ist in weiterer Konsequenz zur fristlosen Kündigung berechtigt, wenn ihm durch Ordnungsverfügung mit Zwangsmittelandrohung die vertragsgemäße Nutzung des Mietobjekts untersagt wird und für ihn zumindest Ungewissheit über deren Zulässigkeit besteht. Außerdem kann er Schadensersatzansprüche geltend machen. Siehe aber auch den Praxistipp zur individualvertraglichen Gestaltung in VI.

3. Folgen einer vertragswidrigen Nutzung

Nutzt der Mieter die Mietsache in unzulässiger Abweichung zum vertraglich vereinbarten Zweck und ohne Zustimmung des Vermieters, liegt eine vertragswidriger Gebrauch vor. Der Vermieter kann den Mieter nach vorheriger Abmahnung auf Unterlassung in Anspruch nehmen, § 541 BGB.[57] der Vermieter hat zudem die Möglichkeit der fristlosen Kündigung des Mietverhältnisses, wenn der Mieter durch die praktizierte vertragswidrige Nutzungsänderung die Rechte des Vermieters erheblich verletzt hat, § 543 Abs. 2 S. 1 Nr. 2 BGB. Unter den Voraussetzungen von §§ 280 Abs. 1, 282, 241 Abs. 2 BGB kann der Vermieter vom Mieter zudem die Leistung von Schadensersatz verlangen. 29

Nach früher vertretener Auffassung musste ein Vermieter eine einseitige Nutzungsänderung auch dann gegen sich gelten lassen, wenn er von ihr Kenntnis hatte und die Nutzung längere Zeit **unwidersprochen** duldete.[58] Nachdem zunächst der VIII. Senat[59] und nunmehr auch der XII. Senat[60] sich der Auffassung angeschlossen haben, dass bei einem andauernden vertragswidrigen Gebrauch der Mietsache – wie der unerlaubten Nutzung von Gewerberäumen zu Wohnzwecken[61] und umgekehrt – der Anspruch des Vermieters aus § 541 BGB während des bestehenden Mietverhältnisses nicht verjähren kann,[62] ist jene Auffassung überholt. 30

Der BGH hat ausgeführt, dass der aus § 541 BGB folgende Anspruch des Vermieters gegen den Mieter auf Unterlassung eines vertragswidrigen Gebrauchs der Mietsache verjährt während des laufenden Mietverhältnisses nicht, solange die zweckwidrige Nutzung andauert.

Maßgeblich ist insoweit, dass in diesen Fällen der vertragswidrigen Nutzung der Schwerpunkt der Störung nicht in der Aufnahme, sondern in der dauerhaften Aufrecht-

[56] Siehe hierzu auch im Folgenden Rechtliche Unmöglichkeit der vertraglichen Nutzung.
[57] BGH NZM 2019, 143.
[58] OLG Karlsruhe ZMR 1987, 419; OLG Düsseldorf DWW 1992, 82; OLG Hamburg NJW-RR 1997, 458.
[59] BGH NZM 2015, 495.
[60] BGH NZM 2019, 143.
[61] BGH 15.7.2022 – V ZR 127/21, ZMR 2022, 900.
[62] LG Hamburg BeckRS 2013, 15014; Schmidt-Futterer/Streyl BGB § 548 Rn. 64; MüKoBGB/Bieber § 541 Rn. 17; BeckOKBGB/Fritzsche § 1004 Rn. 121.

erhaltung der zweckwidrigen Nutzung liegt.[63] Nutzt ein Mieter die von ihm zu gewerblichen Zwecken angemieteten Räumlichkeiten als Wohnung, liegt der Schwerpunkt seines vertragswidrigen Verhaltens in der dauerhaften Aufrechterhaltung der unerlaubten Nutzung der Mietsache. Dadurch verletzt der Mieter fortwährend die ihm während der gesamten Dauer des Mietverhältnisses obliegende mietvertragliche Verpflichtung, die Mietsache nur im Rahmen des vertraglich vereinbarten Verwendungszwecks zu nutzen. Dieser Dauerverpflichtung des Mieters entspricht die aus § 535 Abs. 1 BGB folgende Verpflichtung des Vermieters, die Mietsache in einem vertragsgemäßen Zustand zu erhalten.[64] Hierzu hat der BGH ebenfalls bereits entschieden, dass sie eine vertragliche Dauerverpflichtung darstellt, die während des Bestehens des Vertragsverhältnisses schon begrifflich nicht verjähren kann, weil sie während dieses Zeitraums gleichsam ständig neu entsteht.[65]

Praxistipp:

Unabhängig von der Verjährung des vermieterseitigen Unterlassungsanspruchs muss stets anwaltlich überprüft werden, ob eine Erklärung des Vermieters als konkludente Zustimmung zur Vertragsänderung auszulegen ist. Gleiches gilt für die Frage, ob bei gewerblichen Vermietern die Zustimmung nach Anzeige durch den Mieter analog dem kaufmännischen Bestätigungsschreibens als entbehrlich einzustufen ist oder ein Fall der Verwirkung vorliegt.

31 Eine Übersicht mit Rechtsprechungsfundstellen zu unzulässigen Nutzungsänderungen ist zu finden bei Lindner-Figura/Oprée/Stellman/*Hübner* Kap. 14 Rn. 42.

4. Vorgetäuschter Zweck

32 Ist ein vereinbarter Nutzungszweck nicht von einem entsprechenden Rechtsbindungswillen der Parteien getragen, liegt ein Scheingeschäft vor, § 117 BGB; das vereinbarte Mietverhältnis ist nichtig, das verdeckte Rechtsgeschäft gilt, allerdings fehlt ihm ggf. die für befristete Gewerberaummietverhältnisse notwendige Schriftform mit der Folge des Wegfalls der Befristung, §§ 550, 578 Abs. 2, 126 BGB.

5. Rechtliche Unmöglichkeit der vertraglichen Nutzung

33 Kann der Mieter die Mietsache aus **rechtlichen Gründen** nicht dem vereinbarten Vertragszweck entsprechend nutzen, etwa weil dem Gastwirt die Nutzung aus feuerpolizeilichen Gründen untersagt/die Gaststättenerlaubnis nicht erteilt wird, liegt ein **Mangel** der Mietsache vor.

34 Ist vertraglich nichts anderes vereinbart, **haftet** der **Vermieter** dafür, dass die Mietsache dem vereinbarten Nutzungszweck entsprechend genutzt werden kann. Dies gilt insbesondere für die Vereinbarkeit der Mieträume mit öffentlich-rechtlichen Vorschriften (LandesBauO, BauGB, Hochhausrichtlinie etc).[66] Es entspricht ständiger Rechtsprechung, dass öffentlich-rechtliche Gebrauchsbeschränkungen oder -verbote als Mangel der Mietsache im Sinne von § 536 BGB anzusehen sind, wenn sie ihre Ursache in der konkreten Beschaffenheit, Benutzbarkeit oder Lage der Mietsache und nicht in den persönlichen oder betrieblichen Umständen des Mieters haben.[67] Dies folgt dem richtigen Gedanken, dass es eine vermieterseitige **Kardinalpflicht** ist, ein zum vertragsgemäßen Gebrauch taugliches Objekt zur Verfügung zu stellen.

---

[63] BGH NZM 2015, 495; 2019, 143.
[64] BGH NZM 2019, 143 Rn. 23.
[65] BGH NZM 2010, 235 Rn. 17.
[66] OLG Düsseldorf GRUR 1986, 197.
[67] BGH NJW 2000, 1713; ZMR 2008, 274; NJW 1992, 3226; ZMR 1994, 253; OLG Düsseldorf NZM 2010, 820.

Die fehlende Genehmigung der Nutzungsänderung, der fehlende Stellplatznachweis, baurechtliche Hindernisse oder die fehlende Konzessionsfähigkeit können als **anfängliche, unbehebbare Sachmängel** zu bewerten sein, die zu einer objektiven, anfänglichen Unmöglichkeit, § 275 BGB, führen.[68] 35
Auch wenn die Wirksamkeit des Mietvertrages gemäß § 311a BGB hiervon unberührt bleibt, so wird der Vermieter von seiner synallagmatischen Leistungspflicht zur Gewährung des Mietgebrauchs frei und verliert gemäß § 326 Abs. 1 BGB den Anspruch auf die Gegenleistung. Ab Übergabe verdrängen die §§ 536 ff. BGB die Vorschriften des allgemeinen Leistungsstörungsrechts. Es ist zunächst die Aufgabe des Vermieters, sich um die Erteilung der **fehlenden Genehmigung** zu bemühen. Sofern ihm dies nicht gelingt, kann er gegenüber dem Mieter zum Ersatz des hierdurch entstandenen Schadens verpflichtet sein. Individualvertraglich können die Parteien dieses Risiko auf den Mieter übertragen. Außerdem ist die Garantiehaftung des § 536a Abs. 1 Hs. 1 BGB in der Regel im Mietvertrag wirksam abbedungen.

Grundsätzlich ist es **Vermieterpflicht,** die für die vertragsgemäße Nutzung der Mietsache erforderlichen Bau- und Nutzungsgenehmigungen zu besorgen.[69] Dies gilt bspw. auch für den Stellplatznachweis.[70] 36

Solange wie die Behörden die Situation **dulden,** liegt **kein Mangel** vor.[71] von Bedeutung ist insofern auch eine **tatsächliche Betrachtungsweise** der jeweiligen Nutzungssituation. Der Mieter muss durch die öffentlich-rechtlichen Beschränkungen und Gebrauchshindernisse in seinem vertragsgemäßen Gebrauch tatsächlich eingeschränkt sein, das ist der Fall, wenn die Nutzungsuntersagung vorliegt oder ein behördliches Einschreiten ernstlich zu erwarten ist.[72] Waren die Parteien bei Mietvertragsabschluss in Verhandlungen mit der Behörde und wird die Genehmigung danach versagt, liegt kein anfänglicher Mangel vor. Der Vermieter haftet also nicht aus der Garantiehaftung, sondern nur bei Verschulden. Das gleiche muss bei einer generell **ungeklärten, unübersichtlichen Rechtslage** gelten. Kommt es aufgrund einer Ermessensentscheidung der Behörde zu einer Nutzungsuntersagung während des laufenden Mietverhältnisses, kann dies kein anfänglicher Mangel sein, selbst wenn sich die Möglichkeit der Nutzungsuntersagung bei Mietvertragsabschluss abzeichnete. Dies ist nicht vergleichbar mit einem Baumangel, der bei Übergabe vorhanden war und – ohne Gegenmaßnahmen – technisch zwingend irgendwann zu einem Schaden führen musste. Dann stellt sich allenfalls noch die Frage nach der Haftung des Vermieters wegen **vorvertraglicher Anzeigepflichtverletzung,** §§ 280 Abs. 2, 311 Abs. 2 Nr. 1, 241 Abs. 2 BGB. Der Vermieter hat die Pflicht, den Mieter hinsichtlich derjenigen Umstände und Rechtsverhältnisse mit Bezug auf die Mietsache **aufzuklären,** die für den Vermieter **erkennbar von besonderer** Bedeutung für den Entschluss des Mieters zur Eingehung des Vertrags sind.[73] Dies kann allerdings nur für solche Umstände gelten, die der Vermieter selbst weiß oder wissen müsste. Hat der Mieter selbst die nötige Sachkenntnis und konnte er das Risiko erkennen und abschätzen, ist bereits gem. **§ 536b BGB** die Haftung des Vermieters ausgeschlossen. Nach einer Entscheidung des Kammergerichts soll auch der Vermieter in den Fällen, in denen ein nicht behebbarer Mangel die Nutzung des Mietobjekts zum vertraglich vereinbarten Zweck unmöglich macht, außerordentlich und fristlos kündigen können, da darin eine Störung des Geschäftsgrundlage iSd § BGB § 313 zu sehen sei.[74] 37

[68] Für die fehlende Genehmigung einer Schilderprägestelle mangels Stellplatznachweis, vgl. OLG Hamm BeckRS 2012, 10988.
[69] Siehe auch Ausgewählte Regelungsbereiche zum vertragsgemäßen Gebrauch im Einzelnen – Genehmigungen.
[70] OLG Hamm BeckRS 2012, 10988; OLG München ZMR 1995, 401.
[71] OLG Düsseldorf IBBRS 85, 118.
[72] BGH ZMR 1971, 220; OLG Düsseldorf BeckRS 2011, 07147.
[73] BGH NJW 2000, 1741.
[74] KG NJOZ 2014, 1688.

III. Hausordnung

38 Das konfliktfreie Zusammenleben mehrerer Mietparteien erfordert die Festlegung verbindlicher, allgemeingültiger Regeln. Diese sind regelmäßig in der **Hausordnung** aufgeführt.

Ziel einer Hausordnung ist es, **Regeln** zum Zwecke eines **konfliktfreien Zusammenlebens** der Mietparteien und Hausbewohner, zum **Schutz des Gebäudes** sowie zur **Aufrechterhaltung der allgemeinen Sicherheit und Ordnung** im Haus aufzustellen. Ebenso legt die Hausordnung regelmäßig Einzelheiten zum vertragsgemäßen Gebrauch der Mietsache durch den Mieter fest.[75] Mieter und Vermieter können gegenseitig voneinander und die Mieter auch untereinander die Einhaltung der Hausordnung verlangen.[76] Die Hausordnung ist ein echter **Vertrag zugunsten Dritter,** § 328 BGB.[77] Die Geltendmachung weitergehender Ansprüche bleibt hiervon unberührt, beispielsweise solche aus §§ 1004, 862 BGB.

39 Die Hausordnung soll die Aufrechterhaltung der **formalen Ordnung** im Haus gewährleisten. Die materielle Pflichtenaufteilung zwischen Mieter und Vermieter regeln die Bestimmungen des Mietvertrages. Die Hausordnung enthält im Wesentlichen **ausführende Regelungen,** die die Gebrauchs- und Nutzungsregelungen gemeinschaftlicher Anlagen definieren sowie das **Gebot der gegenseitigen Rücksichtnahme** konkretisieren. Die einzelvertraglichen Regelungen gehen der Hausordnung vor (**Spezialitätsverhältnis**).

40 Soll eine Hausordnung Geltung für den einzelnen Mieter entfalten, ist deren Einbeziehung in den Mietvertrag durch entsprechende vertragliche Regelung erforderlich. Die Änderung/Ergänzung der Hausordnung ist dem Vermieter nach § 315 Abs. 3 BGB möglich.

41 Stellt der Vermieter erst **nachträglich** eine Hausordnung auf, darf sie lediglich **Ordnungsbestimmungen** enthalten. Zusätzliche Pflichten zu Lasten des Mieters dürfen nicht begründet werden;[78] etwas anderes gilt lediglich für den Fall, dass die Hausordnung durch vertragliche Regelung **Bestandteil des Mietvertrages** wird.[79] Die Konkretisierung bestehender Pflichten nach Vertragsschluss ist möglich.[80] Die Grenze wird man auch im Gewerberaummietrecht im Zweifel unter Beachtung der §§ 308 Nr. 4, 310 Abs. 1 S. 2, 307 Abs. 1 BGB ziehen können. Gehen die Bestimmungen über den typischen Rahmen einer Hausordnung hinaus –beispielsweise durch die Erweiterung des Pflichtenkreises oder des Haftungsumfangs des Mieters – sind diese als **überraschende Klausel** gem. § 305c BGB unwirksam.

42 Dem Vermieter steht es frei, die Regelungen der Hausordnung direkt in den Mietvertrag mit aufzunehmen, oder ein separates Dokument hierüber in den Mietvertrag mit einzubeziehen. In diesem Falle ist es erforderlich, die Hausordnung als **Anlage** beizufügen und auf diese ausdrücklich Bezug zu nehmen. Die Regelungen der §§ 550, 578 Abs. 1 Satz 2 BGB sind zu beachten.

43 Die Hausordnung ist als **allgemeine Geschäftsbedingung** an den §§ 305 ff. BGB zu messen.[81] AGB unterliegen grundsätzlich der Einbeziehungs- und Inhaltskontrolle. Die Aushang- bzw. Übergabepflicht des § 305 Abs. 2 gilt nicht zugunsten eines Gewerberaummieters im Sinne eines **Unternehmers,** § 310 Abs. 1 iVm § 14 BGB.

44 Eine Klausel, wonach „die bestehende Hausordnung Gegenstand des Mietvertrages ist", verstößt im Gewerberaummietrecht mit der oben genannten Beschränkung auf **Ordnungsvorschriften** nicht gegen § 307 BGB, da es dem Gewerberaummieter berech-

[75] Schmidt-Futterer/Lehmann-Richter BGB § 535 Rn. 100; Mayer/Eichel/Klinck NZM 2018, 689.
[76] OLG München NJW-RR 1992, 1097.
[77] BGH NJW 2004, 775; OLG München NJW-RR 1992, 1097; Dötsch NZM 2004, 177.
[78] LG Frankfurt a. M. NJW-RR 1988, 782; Schmidt-Futterer/Lehmann-Richter BGB § 535 Rn. 442; sehr einschränkend: Mayer/Eichel/Klinck NZM 2018, 689 (691).
[79] OLG Frankfurt a. M. NJW-RR 1989, 397.
[80] Schmidt-Futterer/Lehmann-Richter BGB § 535 Rn. 443.
[81] MüKoBGB/Häublein § 535 Rn. 241.

tigterweise zuzumuten ist, den gesamten Mietvertrag zu lesen und nach der Hausordnung zu fragen.

Ist eine in der Hausordnung statuierte Pflicht wirksamer Bestandteil des Mietverhält- 45
nisses geworden, ist ein Verstoß hiergegen als **Vertragsverletzung** zu bewerten. Der Vermieter kann Erfüllung verlangen, diese klageweise geltend machen und bei schwerwiegenden, fortgesetzten Verstößen nach entsprechender Abmahnung das Mietverhältnis (außerordentlich fristlos) **kündigen,** §§ 543 Abs. 2, 3 BGB. Daneben besteht die grundsätzliche Möglichkeit Schadensersatz für den Fall zu verlangen, dass der Mieter die aus der Hausordnung resultierenden Pflichten schuldhaft verletzt und dies zu einer Mietminderung durch einen anderen Mieter führt. Kosten einer Ersatzvornahme wird der Vermieter idR erst nach entsprechender Fristsetzung verlangen können, §§ 280 Abs. 1, 3, 281 BGB. Andere Mieter können gestützt auf die Hausordnung Ansprüche gegen den Störer geltend machen.[82]

Ist der Vermieter zugleich auch Eigentümer der Mietsache, folgt die Ermächtigung 46
zum Aufstellen einer Hausordnung auch unmittelbar aus dem Eigentum selbst. Allein auf seine Eigentümerstellung kann der Vermieter allerdings nur solche einseitigen Anordnungen stützen, die eine Nutzung einschränken, welche dem Mieter nach Maßgabe des Mietvertrages ohnehin nicht erlaubt ist. Der Vermieter kann so bspw. eine Anordnung für Flächen auch Gemeinschaftsflächen treffen, die nicht Mietgegenstand sind.[83]

IV. Obhutspflichten

1. Überblick

Die Obhutspflicht des Mieters ist die Verpflichtung, die Mietsache und alle dazuge- 47
hörigen Einrichtungen sorgfältig zu behandeln, zu pflegen und Schäden an selbigen zu vermeiden. Diese **Nebenpflicht** resultiert aus §§ 535, 238, 241 Abs. 2 BGB.[84] Die Befugnis zum vertragsgemäßen Gebrauch und die Obhutspflicht bestehen nebeneinander und bilden die Grenzen der jeweiligen Rechte und Pflichten (**„Wohnen und Schonen“**).[85] Aufgrund dieser Obhutspflicht hat ein Mieter die Mietsache schonend und pfleglich zu behandeln sowie alles zu unterlassen, was durch Überschreitung der Grenze des vertragsgemäßen Gebrauchs zu einer Verschlechterung oder einem Schaden an der Mietsache führen kann.[86] Der Mieter darf grundsätzlich beliebig **schwere Büromöbel** aufstellen, auch wenn dadurch Druckspuren im Bodenbelag verursacht werden. **Rauchen** innerhalb der gemieteten Räume ist grundsätzlich vertragsgemäß, sofern die Intensität des Rauchens nicht als exzessiv zu bewerten ist.[87]

Der Mieter muss im Rahmen der Nutzung der Mietsache dafür sorgen, dass die 48
Belange des Vermieters und der übrigen Mieter im Hinblick auf die **Sicherheit** des Hauses gewahrt werden; so ist er beispielsweise verpflichtet, die Hauseingangstür regelmäßig zu schließen. Das Abschließen der Tür ist hingegen nicht geboten und hat aus Brandschutzgründen auch regelmäßig zu unterbleiben.

Der Mieter hat generell Beschädigungen der Mietsache zu vermeiden. Er hat in diesem Zusammenhang daher auch die gebotenen Maßnahmen zu treffen, um eine Beschädigung der Mietsache durch äußere (Umwelt-)Einflüsse zu vermeiden. Hierunter fällt unter anderem das Gebot, im Falle der Nichtnutzung der Mietsache die notwendigen Vorkehrungen zu treffen, um ein Einfrieren der Wasser- und Heizungsleitungen zu verhindern.[88]

---

[82] Mayer/Eichel/Klinck NZM 2018, 689 (695).
[83] Mayer/Eichel/Klinck NZM 2018, 689 (691).
[84] BGH NZM 2017, 144 Rn. 14.
[85] Börstinghaus/Siegmund/Siegmund BGB § 535 Rn. 472.
[86] BGH NZM 2017, 144; NJW 1989, 2247; NJW-RR 1995, 123, NJW 2014, 143 Rn. 17 f.
[87] BGH ZMR 2008, 524.
[88] Guhling/Günter/Leonhard BGB § 535 Rn. 536; BGHZ 86, 204 ff.; OLGR Düsseldorf 2001, 177 f.

Der Mieter kann sich nicht dadurch exkulpieren, dass er den Vermieter über die Gefahr informiert habe. Die Erfüllung Obhutspflicht obliegt dem Mieter; dieser muss die notwendigen Maßnahmen selbst treffen, um die Gefahr abzuwenden.[89]

Der Mieter ist grundsätzlich verpflichtet, dem Vermieter den durch eine Verletzung der Obhutspflicht entstehenden Schaden zu ersetzen, § 280 Abs. 1 BGB, § 823 BGB.[90]

2. Schließanlage

49 Es empfiehlt sich, die Obhutspflichten des Mieters im Zusammenhang mit der Schließanlage im Mietvertrag ausdrücklich wie folgt zu regeln:

Muster: Schließanlage

§ …… Schlüssel, Codekarten, Versicherung

1. Bei Beendigung des Mietverhältnisses ist der Mieter verpflichtet, alle Schlüssel einschließlich etwaiger vom Mieter angefertigter Nachschlüssel und alle Codekarten dem Vermieter auszuhändigen.
2. Bei Nichtrückgabe trotz Mahnung und/oder Nachfristsetzung ist der Vermieter berechtigt, die Räume zu öffnen und die entsprechenden Schlösser/die Schließanlage auf Kosten des Mieters auszutauschen. Alle in diesem Zusammenhang anfallenden Kosten trägt der Mieter, dies gilt insbesondere für notwendige zusätzlich anzufertigende Schlüssel und Codekarten.
3. Der Verlust von Schlüsseln und Codekarten ist dem Vermieter bzw. seinem Beauftragten unverzüglich anzuzeigen.
4. Bei Verlust von Schlüsseln und Codekarten ist der Vermieter berechtigt, auf Kosten des Mieters Austauschschlösser nebst der erforderlichen Anzahl von Schlüsseln und Codekarten anfertigen zu lassen, wenn dies insbesondere zur Sicherheit der anderen Mieter erforderlich ist. Dem Mieter wird empfohlen, eine Schlüsselverlustversicherung abschließen und während der gesamten Mietzeit aufrechtzuerhalten. Nachteile aufgrund des Nichtabschlusses dieser Versicherung gehen zu Lasten des Mieters.

50 Verfügt die Mietsache für Mieter mit einem erhöhten Sicherheitserfordernis (Banken, Versicherungen, Anwaltskanzleien oder IT-Firmen) über eine Schließanlage, ein Codekartensystem oder eine Alarmanlage, kann es geboten sein, die Einzelheiten der Nutzung entsprechender Systeme – insbesondere die Weitergabe von Codekarten an Dritte – vertraglich genau zu regeln. Es bietet sich an, eine mögliche Haftung des Mieters für Dritte individualvertraglich zu regeln, um so eine Unwirksamkeit einer entsprechenden Formularklausel aufgrund unzulässiger Benachteiligung des Mieters zu vermeiden. Sicherheitsbewusste Single-Tenant-Mieter werden idR darauf bestehen, ihre Schließanlage selbst einzubringen. Dann muss der Vermieter lediglich sicherstellen, dass der Zugang für die Feuerwehr entsprechend gewährleistet ist und regeln, was mit der Schließanlage passieren soll, wenn der Mieter auszieht.

51 Es gehört zu den Obhutspflichten des Mieters, die Schlüssel zur Mietsache sorgsam aufzubewahren und darauf zu achten, dass diese nicht verloren gehen. Das Hinterlassen der Schlüssel im Inneren eines auf öffentlich zugänglichen Straßen/Plätzen abgestellten Fahrzeuges stellt einen Verstoß gegen diese mietvertragliche Obhutspflicht dar.[91]

3. Hygiene, schlechte Wetterbedingungen

52 Der Mieter hat die Mieträume so zu reinigen und zu lüften, dass **hygienische Mindeststandards** gewahrt werden. Die Ausbreitung von Ungeziefer, Geruchsbelästigungen uÄ ist zu verhindern. Der Mieter darf die Räume nicht derart vernachlässigen, dass eine

[89] BeckOGK/H. Schmidt BGB § 535 Rn. 489.
[90] LG Koblenz NZM 2014, 608.
[91] KG BeckRS 2008, 7435; Flatow NZM 2011, 660.

Beschädigung der Bausubstanz zu befürchten ist, dies gilt insbesondere auch für die Lagerung von Materialien, Maschinen etc im Keller.

Der Mieter hat die Fenster und Türen bei **Unwetter** und **Frost** zu schließen, mit Elektrizität und Gas sorgfältig umzugehen, die sanitären Anlagen schonend zu benutzen und bei längerer **Abwesenheit** die Erfüllung seiner Obhutspflicht durch geeignete Vertrauenspersonen zu gewährleisten. 53

Der Mieter haftet für einen frostbedingten Wasserleitungsschaden nur dann, wenn dieser Schaden auf einer Verletzung der ihm obliegenden Obhutspflicht beruht. Eine Haftung scheidet daher aus, wenn in einem nicht beheizbaren Raum aufgrund starken Frostes eine Wasserleitung bricht.[92] Dennoch ist der Mieter auch in einem solchen Fall zu zumutbaren eigenen Vorkehrungen verpflichtet, wenn hierdurch ein Schaden abgewendet oder vermindert werden kann. Bei beheizbaren Räumen muss der Mieter die Geschäftsräume auch am Wochenende und nachts so ausreichend erwärmen, dass keine Frostschäden auftreten können. Bei einem **nicht genutzten** Mietobjekt ist der Mieter grundsätzlich verpflichtet, die Wasserleitungsanlagen abzusperren, zu entleeren und entleert zu halten. 54

Die Obhutspflicht für seine Mieträume kann der Mieter nicht einseitig auf den Vermieter zurückübertragen, wenn es sich insoweit um eine dem Mieter obliegende Vertragspflicht handelt.[93] 55

V. Verkehrssicherungspflichten

1. Begrifflichkeit und Umfang

Die Verkehrssicherungspflicht ist ein aus dem Deliktsrechts stammender Sammelbegriff, welcher dem Verpflichteten bestimmte **Verhaltensweisen** zur Vermeidung von Gefährdungen anderer auferlegt und ihm zur Vermeidung von Schäden die Verantwortung für bestimmte Gefahrenquellen zuweist (**Zustandsverantwortlichkeit**). Verkehrssicherungspflichten sind gesetzlich überwiegend nicht geregelt, sondern das Ergebnis von Entwicklungen im Bereich der Rechtsprechung. Verkehrssicherungspflichten bei Grundstücken und Gebäuden und somit auch im Bereich des Mietrechts bestehen insbesondere aufgrund der faktischen Herrschaft des Eigentümers/Vermieters über eine potentiell Gefahrenquelle, die dem Rechtsverkehr ausgesetzt wird. Die mit ihr in Kontakt kommenden Personen müssen darauf vertrauen dürfen, dass der Verpflichtete die erforderlichen Maßnahmen ergreift, um potentielle Gefahren abzuwehren bzw. diese gar nicht erst entstehen lässt. Einzelne Verkehrssicherungspflichten sind bereits gesetzlich normiert. Dies gilt unter anderem für die **Streupflicht** bei Glatteis sowie für die gesetzlichen Regelungen im Zusammenhang mit dem **Brandschutz**. 56

Da die Voraussetzungen für die Erfüllung der Verkehrssicherungspflichten nicht gesetzlich normiert sind, besteht auf Seiten der verpflichteten Eigentümer regelmäßig die Tendenz, diese über Gebühr zu erfüllen. Als Leitlinie hat der BGH hierzu entschieden, dass **nicht für alle denkbaren Möglichkeiten** des Schadenseintritts **Vorsorge** getroffen werden muss. Dies sei lebensfremd und nicht realisierbar. Es genügt und ist zugleich aber auch erforderlich, dass der Verantwortliche solche Vorkehrungen trifft, die nach den Sicherheitserwartungen des jeweiligen (Personen-)Verkehrs geeignet und zumutbar sind, Gefahren von Dritten abzuwenden.[94] Der Verantwortliche muss dass **tun, was ein vernünftig vorsichtiger Mensch für ausreichend halten darf, um andere vor Schaden zu bewahren.**[95] Verbleibende Zweifel gehen zu Lasten des Verantwortlichen.[96] Die Verkehrssicherungspflicht darf nicht zu einer Gefährdungs- oder Zufallshaftung des 57

[92] OLG Frankfurt a. M. NJW-RR 1991, 974.
[93] BGH NJW 1983, 1049.
[94] BGH NJW 1985, 1076.
[95] BGH NJW 1990, 1236.
[96] BGH MDR 1997, 738.

Verantwortlichen führen. Die Verkehrssicherungspflicht kann und darf nicht die Realisierung eines **allgemeinen Lebensrisikos** verhindern (müssen). Es muss stets die Entstehung von Schäden möglich sein, ohne dass dies auf einer schuldhaften Pflichtverletzung beruht. Je nach der Nutzung der Mietsache können sich die Anforderungen an die Verkehrssicherungspflicht im Laufe des Mietverhältnisses verändern.[97]

58 Der Verantwortliche muss grundsätzlich Vorkehrungen für unbefugtes und nicht ganz fern liegendes missbräuchliches Verhalten treffen.[98] Bei **Kindern** muss mit dem Aufsichtsversagen der Erziehungsberechtigten gerechnet werden.[99]

2. Verkehrssicherungspflicht des Vermieters

59 Die Erfüllung von Verkehrssicherungspflichten obliegt grundsätzlich dem Grundstückseigentümer und somit in der Regel dem Vermieter. Er ist es, der den **Verkehr auf dem Grundstück eröffnet** und somit die Gefahrenquelle beherrscht. Der Vermieter hat die Pflicht, den Mietern und in den Schutzbereich des Mietvertrags einbezogene Personen sowie sonstige Dritte vor Schäden durch den Zustand der Mieträume zu schützen.[100] Voraussetzung ist natürlich, dass entsprechende Personen sich berechtigterweise auf dem Grundstück bzw. in den Räumlichkeiten aufhalten.

60 Im Falle einer Veräußerung entstehen auf Seiten des Erwerbers entsprechende Verkehrssicherungspflichten erst mit **Grundbucheintragung** und nicht bereits mit Vollziehung des Lasten-Nutzen-Wechsels.[101] Dem **Veräußerer** ist es grundsätzlich nicht möglich, sich seiner Verkehrssicherungspflichten durch entsprechende Regelungen im Kaufvertrag zu entledigen. Es gelten bis zur Eigentumsumschreibung unverändert die gleichen Sorgfaltsmaßstäbe: Die Erfüllung bestehender Verkehrssicherungspflichten durch Dritte (zB Schneebeseitigungsunternehmen) ist möglich; der Veräußerer ist jedoch insoweit zur **Überwachung** verpflichtet. Hiervon zu unterscheiden ist der Umstand, dass auf Seiten des Erwerbers eigene Verkehrssicherungspflichten entstehen, zB Betreiben eines Gewerbes auf dem erworbenen Grundstück vor Eigentumsumschreibung (Produktionsstätte, Gaststätte, Sportanlage, etc).

61 Die **Vermietung** hat keine Befreiung des Grundstückseigentümers von seinen Verkehrssicherungspflichten zur Folge.[102] Eine **Ausnahme** gilt hinsichtlich der **Innenräume**, an denen der Mieter die alleinige Sachherrschaft innehat. Hier ist der Mieter gegenüber den Personen, denen er den Verkehr eröffnet (insbesondere Kunden, Mitarbeitern, Gästen oder Lieferanten) allein verkehrssicherungspflichtig.[103] So ist der Vermieter bspw. nicht verpflichtet, ordnungsgemäß installierte technische Einrichtungen ohne besonderen Anlass oder gesetzliche Pflicht einer regelmäßigen Kontrolle im Hinblick auf die Funktionsfähigkeit zu unterziehen.[104] Gleichzeitig ist dem Vermieter anzuraten, im Falle einer Beendigung des Mietverhältnisses vor einer Neuvermietung einen standardisierten E-Check durchzuführen und so Gewähr für die Funktionstüchtigkeit der elektronischen Anlage zu erhalten. Die Vermietung einzelner Räume oder Grundstücksteile lässt die Verkehrssicherungspflichten des Vermieters für **Gemeinschaftsflächen** (zB Zugänge, Treppenhäuser etc) grundsätzlich unberührt, sofern die Parteien hier nichts Gegenteiliges vereinbart haben.

62 Der Vermieter ist verpflichtet, den Zustand der Mietsache **regelmäßig zu überprüfen** und Hinweisen zu etwaigen Schäden bzw. vorhandenen Mängeln nachgehen. Ist dem Vermieter die fachliche und technische Überprüfung des billigen Sachverhaltes in Person nicht möglich, hat er sich entsprechender Fachleute/Fachfirmen hierfür zu bedienen.

---

[97] Sonnenschein NJW 1997, 1270.
[98] BGH VersR 1964, 825; OLG Nürnberg NJW-RR 2002, 448.
[99] BGH NJW 2006, 2326.
[100] KG WuM 2006, 390.
[101] OLG Köln ZMR 1998, 344.
[102] BGH NJW 1985, 1076.
[103] Blank/Börstinghaus/Siegmund/Siegmund BGB § 535 Rn. 333.
[104] BGH ZMR 2011, 938.

3. Verkehrssicherungspflicht des Mieters

Der Betrieb eines Gewerbes lässt auf Seiten des **Mieters** regelmäßig **eigene, gewerbespezifische Verkehrssicherungspflichten** entstehen. So obliegen bspw. dem Diskothekenbetreiber gegenüber seinen Gästen eine Vielzahl von Verkehrssicherungspflichten, welche vor allem darauf abzielen, die Sicherheit der Gäste zu gewährleisten (Beleuchtung von Notwegen und Notausgängen, Einhaltung der behördlich vorgegebenen Höchstzahl von Gästen). Die Erfüllung dieser Pflichten schuldet ausschließlich der Mieter. Etwas anderes ergibt sich auch nicht aus dem Umstand, dass der Vermieter um die Nutzung der Mieträume als „Diskothek" dadurch weiß, dass dies ausdrücklich als Nutzungszweck im Mietvertrag vereinbart ist. Diese Verkehrssicherungspflichten des Mieters haben insoweit Auswirkungen auf die Ausgestaltung des Mietverhältnisses, als dass dem Mieter die Möglichkeit gegeben werden muss, die Mietsache so herzurichten und zu nutzen, dass er seine Verkehrssicherungspflichten auch erfüllen kann. 63

Je größer das Risiko der drittschädigenden Wirkung einer technischen Anlage, die der Mieter betreibt, desto höher sind die **Überwachungsanforderungen.**[105] Eine **nur eingeschränkte** Kontrollmöglichkeit begründet keine Entlastung zugunsten des Mieters; vielmehr hat dies eine Erhöhung seiner Sicherungspflichten zur Folge. Für verdeckte Risiken gilt eine besondere Sicherungspflicht.[106] Je größer das Risiko einer nicht kalkulierbaren und plötzlich auftretenden Drittwirkung ist, umso höher sind die Überwachungsanforderungen an den Verantwortlichen. Wie die Abwendung von Fremdschäden ist es grundsätzlich Sache des Mieters, sofern er sich hierfür lediglich rechtmäßiger Maßnahmen bedient. Die **Kosten** einer gegebenenfalls technisch erforderlichen Nachrüstung lassen die Pflicht des Mieters zur Ausführung einer solchen Maßnahme nicht entfallen. 64

Betreibt der Mieter einen **Supermarkt,** hat er seine Kunden vor betriebsbedingten Schäden zu bewahren.[107] Der Einzelhändler, der seinen Kunden einen **Parkplatz** bereitstellt, kann sich nicht durch Anbringen eines Schildes mit der Aufschrift „Bei Schnee und Eis wird nicht geräumt und nicht gestreut" seiner Verkehrssicherungspflicht entledigen.[108] Die Streupflicht beinhaltet grundsätzlich „neben der Schneeräumung bei Glätte das Streuen mit abstumpfenden Mitteln, bei besonders belebtem Verkehr uU mit auftauenden Streumitteln[109] – sofern deren Verwendung nach der örtlichen Gemeindesatzung gestattet ist. Kommt es aufgrund der Nichterfüllung eine Verkehrssicherungspflicht zu einem Schaden, kann der Geschädigte den Verantwortlichen direkt in Anspruch nehmen. Es bestehen insoweit **vertragliche Ansprüche** aus pVV und cic, §§ 280 Abs. 1, 535, 241 Abs. 2 BGB bzw. §§ 280 Abs. 1, 311 Abs. 2, 241 Abs. 2 BGB. Die Rechtsprechung stellt gerade in Kaufhäusern, Supermärkten uÄ hohe Anforderungen an die richtige Auswahl und Unterhaltung von Fußböden.[110] Wie oft der Mieter wischen oder kehren muss, um Unfälle zu verhindern, ist eine Frage des Einzelfalls.[111] 65

Verkehrssicherungspflichten können grundsätzlich vom Vermieter **auf den Mieter übertragen,** wenn dieser entsprechende Sicherungsleistungen übernimmt (zB Treppenreinigung).[112] Der Vermieter haftet folglich auch nicht für solche Schäden, die einem Mieter dadurch entstehen, dass ein weiterer Mieter seine Verkehrssicherungspflicht nicht erfüllt hat.[113] 66

---

105 OLG Hamm NJWE-VHR 1996, 20.
106 OLG Hamm ZMR 1996, 206.
107 LG Amberg NJW-RR 1992, 1120.
108 OLG Kalrsruhe MDR 2005, 449.
109 OLG Brandenburg BeckRS 2008, 09694; OLG Frankfurt a. M. NZM 2004, 144.
110 BGH NJW 1994, 2617.
111 OLG Köln NJW-RR 1995, 861.
112 OLG Koblenz NJW-RR 1992, 797.
113 Guhling/Günter/Menn/Günter BGB § 535 Rn. 289.

67 Der **Vermieter** darf darauf **vertrauen**, dass der Mieter die ihm obliegenden Verkehrssicherungspflichten erfüllt.[114] Etwas anderes gilt lediglich für den Fall, dass der Vermieter aufgrund konkreter Anhaltspunkte an der Erfüllung dieser Pflichten zweifeln muss; er darf sich insoweit entsprechender Tatsachen nicht verschließen.[115]

4. Einzelfälle[116]

68
- Der **Zugang** zum Objekt muss zu jeder Jahreszeit gefahrlos möglich sein. Dies gilt auch für vom Vermieter nicht vorgesehene,[117] aber geduldete **Schleichwege.**[118]
- Der Verpflichtete hat es nicht zu verantworten, wenn **morgens um 7 Uhr** ein Fußgänger auf nassem Laub auf dem Gehsteig ausrutscht.[119]
- Es besteht eine **vorbeugende Streu-/Sicherungspflicht** bei örtlich konkret absehbarer Glätte.[120]
- Dachlawine, Schneefanggitter, Hinweisschilder – Einzelfallabwägung erforderlich, was notwendig ist.[121]
- Pflicht zum Verhindern übermäßiger Glätte durch **falsche Reinigungsmittel.**[122]
- Schadensersatzanspruch wg. vermeid- bzw. reduzierbarem **Schimmelpilzbefall.**[123]
- Erhöhte Überwachungspflicht bei **Kinderspielplätzen.**[124]
- In der Umgebung von **Kinderspielplätzen** ist der Rasen kurz zu halten, damit herumliegende **Glasscherben und anderen Gefahren** leicht gesehen werden können.[125]
- Der Vermieter ist **nicht** verpflichtet, ohne besonderen Anlass eine regelmäßige **Generalinspektion der Elektroleitungen** vorzunehmen.[126]
- Der Vermieter ist verpflichtet, für eine ausreichend lange **Beleuchtung des Hausflurs** zu sorgen.[127]
- Es ist nicht erforderlich, den Fußboden nach einer **feuchten Reinigung** sofort zu trocknen oder eine nasse Fläche mit einem Warnschild zu versehen.[128]
- Ein Vermieter und Grundstückseigentümer, dem die Gemeinde nicht als Anlieger die allgemeine **Räum- und Streupflicht** übertragen hat, ist regelmäßig nicht aus dem Mietvertrag gemäß § 535 Abs. 1 BGB verpflichtet, auch über die Grundstücksgrenze hinaus, Teile des öffentlichen Gehwegs zu räumen und zu streuen. Entsprechendes gilt für die allgemeine (deliktische) Verkehrssicherungspflicht des Grundstückseigentümers aus § 823 Abs. 1 BGB.[129]
- Ein natürlicher **Astbruch,** für den vorher keine besonderen Anzeichen bestanden haben, gehört auch bei hierfür anfälligeren Baumarten (im BGH-Fall: Pappel) grundsätzlich zu den naturgebundenen und daher hinzunehmenden Lebensrisiken.[130]

[114] OLG Köln NZM 2005, 180.
[115] OLG Frankfurt a. M. WuM 2003, 319.
[116] Nicht abschließend.
[117] OLG Brandenburg GE 1996, 733.
[118] OLG Düsseldorf ZMR 1994, 365; aA OLG Celle GE 2006, 971.
[119] LG Frankfurt a. M. WuM 1994, 482.
[120] OLG Brandenburg NJW-RR 2007, 974.
[121] BGH NJW 1955, 300; OLG Dresden WuM 1997, 377; LG Karlsruhe NZM 1998, 154.
[122] BGH NJW 1994, 954.
[123] KG WuM 2006, 390.
[124] LG Detmold BeckRS 2009, 19791.
[125] OLG Hamm DWW 1990, 203.
[126] BGH NZM 2008, 927.
[127] LG Berlin GE 1990, 867.
[128] OLG Düsseldorf ZMR 2015, 850.
[129] BGH NZM 2018, 509.
[130] BGH NZM 2014, 445 mit zahlreichen weiteren Nennungen auch zur gegenteiligen Rspr. der Untergerichte.

5. Übertragung auf den Mieter

Bei der Vermietung von **Geschäftsräumen** kann die Verkehrssicherungspflicht **insgesamt** auf den Mieter übertragen werden, wenn diesem die Sachherrschaft über das gesamte Gebäude obliegt. Die Übertragung setzt generell eine **ausdrückliche, eindeutige Vereinbarung** voraus[131]; eine Übertragung im Rahmen der Hausordnung ist nicht möglich.[132] Dann verengt sich die Verkehrssicherungspflicht auf eine Kontroll- und Überwachungspflicht, deren Umfang sich nach den Umständen des Einzelfalls richtet.[133] In Geschäftshäusern mit mehreren Mietern ist die vollständige Übertragung der Verkehrssicherungspflicht auf die **Gesamtheit** der Mieter möglich.[134] Der Vermieter kann aber auf einzelne Mieter die Verkehrssicherungspflichten für einzelne Gebäudeabschnitte übertragen, also bspw. auf die zum jeweiligen Stockwerk gehörende Treppe, auf die zum Mietabschnitt gehörende Außentreppe, auf die Fläche vor dem jeweiligen Geschäft etc. 69

Eine formularvertragliche Vereinbarung, wonach nur der Mieter der Räumlichkeiten 70
im **Erdgeschoss** zur **Schnee- und Eisbeseitigung** verpflichtet ist, benachteiligt diesen nicht unangemessen und ist grundsätzlich wirksam. Sie kann allerdings als überraschende Klausel gegen § 305c Abs. 1 BGB unwirksam sein, wenn der Mieter mit einer solchen Pflichtenübertragung nicht rechnen musste. Das Einwerfen eines Schneeräumplans ist keine Vereinbarung und somit nicht ausreichend.[135] Im Übrigen gelten die Ausführungen für die Übertragung auf Dritte auch für die Übertragung auf den Mieter.

6. Übertragung auf Dritte

Nach ständiger Rechtsprechung des BGH können Verkehrssicherungspflichten **auf** 71
Dritte delegiert werden.[136] Dies muss **klar und eindeutig** erfolgen. Aufgrund des hiermit verbundenen Haftungsrisikos muss der Dritte ausdrücklich seinen Willen zum Ausdruck bringen, eine konkrete Verkehrssicherungspflicht übernehmen zu wollen.

Die Verkehrssicherungspflicht des ursprünglich Verantwortlichen **verengt** sich auf 72
Auswahl- und Überwachungspflichten. Deren Umfang richtet sich nach den Umständen des Einzelfalls, wobei wiederum eine erhöhte Gefährlichkeit der Anlage zu gesteigerten Sorgfaltspflichten auf Seiten des Delegierenden führt.[137] Der Beaufsichtigung eines Fachunternehmens sind durch das Erfordernis einer **vertrauensvollen Zusammenarbeit,** sowie durch die **Selbstständigkeit** und **Weisungsunabhängigkeit** des Beauftragten **Grenzen** gesetzt. Eine Kontrolle „auf Schritt und Tritt" kann nicht verlangt werden.[138] Die Überwachungspflichten steigern sich allerdings, wenn der Vermieter erkennt, dass der beauftragte Werkunternehmer **unzuverlässig** ist. Umgekehrt hat die jahrelange Zuverlässigkeit des Dritten zur Folge, dass die Anforderungen an die Überwachungspflicht des Vermieters sinken.[139]

Die Beantwortung der Frage, ob noch der Vermieter oder bereits der Dritte verant- 73
wortlich für die Erfüllung der Verkehrssicherungspflichten ist, richtet sich unter anderem danach, ob der Dritte **faktisch** in die Verkehrssicherung für den Gefahrenbereich eingetreten ist und im Hinblick hierauf Schutzvorkehrungen durch den ursprünglich Verpflichteten **unterblieben** sind, weil sich dieser auf das Tätigwerden des Beauftragten **verlassen** hat.[140]

131 BGH NJW-RR 1988, 471.
132 LG Köln BeckRS 2014, 2641 mwN.
133 BGH ZMR 1996, 477.
134 Börstinghaus/Siegmund/Siegmund BGB § 535 Rn. 334.
135 OLG Köln NZM 2013, 358 – auf das Gewerberaummietrecht übertragbar.
136 BGH NJW 1996, 2646; 1989, 1094; NJW-RR 1988, 471.
137 BGH r+s 2007, 34; VersR 1983, 152; 1985, 666, 1989, 526.
138 BGH r+s 2007, 34; 1987, 130.
139 BayObLG NZM 2005, 24.
140 BGH NZM 2008, 242.

74 Die deliktische Haftung des **Dritten** ist nicht abgeleiteter Natur. Vielmehr entsteht diese mit der Übernahme entsprechender Verpflichtungen **eigenständig.** Er ist es fortan, dem **unmittelbar die Gefahrenabwehr** obliegt und der dafür zu sorgen hat, dass niemand zu Schaden kommt. Inhalt und Schutzbereich bestimmen sich allein danach, was **objektiv erforderlich** ist, um mit der Gefahrenstelle in Berührung kommende Personen vor Schaden zu bewahren.

75 Der BGH hat entschieden, dass die deliktische Einstandspflicht des Beauftragten auch dann besteht, wenn der Vertrag des Übernehmers mit dem Primärverkehrssicherungspflichtigen nicht rechtswirksam zu Stande gekommen ist.[141] Die Räum- und Streupflicht steht unter dem Vorbehalt der Leistungsfähigkeit des Pflichtigen; wer wegen Alters oder Krankheit zur Erfüllung einer ihm obliegenden Winterdienstpflicht nicht in der Lage ist, muss in der Regel rechtzeitig Vorsorge dafür treffen, dass die Verpflichtung von einer anderen Person wahrgenommen wird.

7. Erfüllungsanspruch des Vermieters gegen den Mieter

76 Der Vermieter hat gegen den Mieter einen Anspruch auf Erfüllung von Verkehrssicherungspflichten, sofern zuvor eine wirksame Übertragung dieser Pflichten auf den Mieter erfolgte. Die klageweise Durchsetzung dieses Anspruchs ist möglich. Die Zwangsvollstreckung aus einem entsprechenden Urteil richtet sich danach, ob die Erfüllung der Verkehrssicherungspflicht eine vertretbare oder eine unvertretbare Handlung ist, §§ 887, 888 ZPO. Die Einhaltung von Verkehrssicherungspflichten ist von erheblicher Bedeutung, sodass der Vermieter im Falle der Nichterfüllung grundsätzlich nach erfolgloser Abmahnung zur außerordentlich fristlosen Kündigung des Mietverhältnisses berechtigt ist.

77 Erfüllt der Mieter die auf ihn übertragenen Verkehrssicherungspflichten nicht und nimmt der hierdurch Geschädigte den Vermieter in Anspruch, kann er seinerseits diesen Schaden gegenüber dem Mieter liquidieren, § 280 Abs. 1 BGB. Hat der Vermieter schuldhaft seine Pflicht zur Überwachung des Mieters nicht erfüllt, ist dies im Rahmen des Mitverschuldens gem. § 254 BGB zu berücksichtigen.

Wird der Vermieter von Seiten des Geschädigten klageweise in Anspruch genommen, sollte er vom Mieter **Freistellung** verlangen bzw. ihm den Streit verkünden, §§ 72, 74, 68 ZPO.

8. Rechtsfolgen von Pflichtverletzungen

78 Es kommen zugunsten des Geschädigten grundsätzlich Ansprüche aus **Vertrag,** §§ 535, 280, ggf. § 278 BGB, und/oder aus **Delikt,** § 823 Abs. 1 iVm der unterlassenen Verkehrssicherungspflicht, § 823 Abs. 2 iVm einem **Schutzgesetz** bspw. der BauO, den landesrechtlichen Straßenreinigungsgesetz, einer örtlichen Satzung, der Verkaufsstättenverordnung, sonstigen Brandschutznormen etc sowie §§ 831, 836–838 BGB in Betracht.

79 Die deliktische Haftung steht selbständig neben der vertraglichen. Auf die deliktische Haftung ist § 536b BGB nicht anwendbar, für die vertragliche gilt die Erleichterung des § 831 BGB nicht.[142]

80 Anspruchsgegner können der jeweilige Vertragspartner oder auch der derjenige sein, der die Verkehrssicherungspflicht übernommen hat. Dritte können somit sowohl den Vermieter als auch den Mieter oder den Dritten in Anspruch nehmen, der die Verkehrssicherungspflicht übernommen hat. Der Vermieter kann sich aber **entlasten,** wenn die Übertragung nach einer **gewissenhaften Auswahl** erfolgte und er seiner **Überwachungspflicht** nachgekommen ist.

81 Hat der Verpflichtete die von ihm übernommene Verkehrspflicht schuldhaft verletzt und kommt es hierdurch zu einem Schaden (zB Sturz eines Passanten auf glattem

[141] BGH NJW 2008, 1440.
[142] Schmidt-Futterer/Lehmann-Richter BGB § 536b Rn. 14.

Gehweg aufgrund nichterfüllten Winterdienst[143]), ist dieser von Seiten des Verpflichteten zu kompensieren. Der Geschädigte hat ferner einen **vertraglichen Schadensersatzanspruch** aufgrund der **Schutzwirkung** des Vertrags zwischen dem Vermieter und dem Verplfichteten, da der Mieter bestimmungsgemäß mit der Hauptleistung in Berührung kommt und der Vermieter ein schutzwürdiges Interesse an der Einbeziehung des Dritten in den Schutzbereich des Vertrags hat.[144]

Ist jemand in örtlichem Zusammenhang zur Gefahrenquelle zu Fall gekommen, spricht der Grundsatz des **Beweises des ersten Anscheines** dafür, dass die Gefahrenquelle ursächlich für den Schaden war.[145] 82

War das Schadensrisiko für den Dritten offensichtlich, bspw. die ins Auge fallenden Schäden am Fußbodenbelag, ist dessen Verhalten im Rahmen des **Mitverschuldens** zu berücksichtigen.[146] Das Mitverschulden kann 100 % des Schadens entsprechen.[147] 83

Ist zu erkennen, dass ein Gehweg nach Schneefall weder von Schnee und Eis geräumt worden ist noch mit abstumpfenden Mitteln bestreut wurde, muss der Fußgänger beim Betreten besondere Vorsicht walten lassen.[148] Ebenso kann er dazu gehalten sein, einen zur Verfügung stehenden und entsprechend gesicherten Alternativweg zu nutzen.[149] 84

Auch Mitmieter können Ansprüche gegen den seine Pflichten verletzenden Mieter haben,[150] diese sind in der Regel aber nicht vertraglicher, sondern nur deliktischer Natur.[151] 85

9. Kontaminierungen

Besteht aufgrund des vertragsgemäßen Gebrauchs der Mietsache das Risiko einer Grundstückskontamination, ist die Vereinbarung einer **Beseitigungspflicht** durch den Mieter dringend zu empfehlen. 86

Existiert eine solche vertragliche Vereinbarung nicht, kann der Mieter dennoch aufgrund **öffentlich-rechtlicher Vorschriften** als Zustands- oder auch als Handlungsstörer verpflichtet sein, Kontaminationen zu beseitigen. 87

In einer Entscheidung des OLG Hamm konnte der Verpächter vom Pächter nicht gemäß § 1004 Abs. 1 S. 1 die Wiederherstellung des ursprünglichen Zustands des Pachtgrundstücks Verlangen, obwohl die Voraussetzungen der Anspruchsgrundlage gegeben waren. Der Anspruch scheitert daran, dass die Wiederherstellung einen Aufwand erforderte, der unter Beachtung des Inhalts des Schuldverhältnisses und der Gebote von Treu und Glauben in einem groben Missverhältnis zu dem Leistungsinteresse des Verpächters stand. Einem Grundstückswert von 10.000 EUR standen Wiederherstellungskosten von ca. 720.000 EUR gegenüber. Dem Pächter stand deshalb ein Leistungsverweigerungsrecht gemäß § 275 Abs. 2 BGB zu.[152] 88

Werden Mieter oder Vermieter nach den Vorschriften des BBodSchG zur Kostentragung herangezogen, § 24 Abs. 1 BBodSchG hat der Verpflichtete ggf. einen Ausgleichsanspruch gegenüber dem anderen, § 24 Abs. 2 BBodSchG. Dieser Ausgleichsanspruch setzt weder eine Schädigung durch den Mieter voraus, noch reicht eine solche aus. Die Vorschrift knüpft ausschließlich an öffentlich-rechtliche Tatbestandsmerkmale an. Sie regelt einen Ausgleichsanspruch, der zwischen „Verpflichteten" besteht. Wer nach den öffentlich-rechtlichen Vorschriften des BBodSchG als Verpflichteter in Betracht kommt 89

[143] Vgl. OLG Brandenburg NZM 2007, 583 („vorbeugendes" Tätigwerden bei ungünstiger Wetterprognose).
[144] BGH NJW 1996, 2927; 2008, 1440.
[145] BGH VersR 1962, 449; DWW 1994, 46; OLG Schleswig NJW-RR 1992, 796; OLG Köln NJWE-MietR 1996, 150; OLG Dresden WuM 1996, 553.
[146] OLG Köln NJWE-MietR 1996, 178.
[147] OLG Hamm VersR 1997, 200; OLG Frankfurt a. M. GuT 2002, 90.
[148] OLG Bremen GE 2014, 190; OLG Düsseldorf VersR 2000, 63; OLG München VersR 2003, 518.
[149] LG Karlsruhe BeckRS 2013, 10733.
[150] OLG Hamm NJWE-VHR 1996, 20; OLG München VersR 1987, 621.
[151] OLG Köln NJW-RR 1995, 1480.
[152] OLG Hamm BeckRS 2009, 02372.

– also Störer nach § 4 Abs. 3 BBodSchG ist – kann Gläubiger oder Schuldner nach § 24 Abs. 2 BBodSchG sein. Weil er als Störer in Anspruch genommen wird oder werden kann, soll er von anderen Störern einen Ausgleich verlangen können, denen ein größerer Anteil an der Bodenverschlechterung zukommt. Dieser Ausgleichsanspruch verjährt nicht in den 6 Monaten gem. § 548 BGB sondern in 3 bzw. 30 Jahren gem. § 24 Abs. 2 BBodSchG. Das BBodSchG überlagert insofern das Mietrecht.

10. Brandschutz

90 Bestandteil der Verkehrssicherungspflicht ist regelmäßig die Einhaltung von Vorschriften zur Gewährleistung des **Brandschutzes.** Der Vermieter/Eigentümer hat zu gewährleisten, dass das betreffende Gebäude zum maßgeblichen Zeitpunkt den einzuhaltenden brandschutzrechtlichen Vorschriften entspricht.

91 Bestehen dem Grunde nach in einem Gebäude Brandschutzmängel bzw. nicht bestandsschutzgesicherte Abweichungen zu den jeweils geltenden Brandschutzvorschriften, **ist dieser Mangel rechtlich und aus technischer Sicht qualitativ zu bewerten.** Das Ergebnis dieser Bewertung entscheidet darüber, ob und in welchem Umfang der Vermieter den Mieter **informieren** muss und welche **Rechte** der Mieter hat. Zu bewerten ist auch, ob der jeweilige Brandschutzmangel die weitere Nutzung der Immobilie gestattet oder deren Nutzung aufgrund erheblicher Gefährdung für Leib und Leben zu untersagen ist.

92 Ungeachtet einer möglichen Gesundheitsgefährdung kann der Mieter aufgrund bestehender Brandschutzmängel auch berechtigt sein, das Mietverhältnis aus diesem Grunde außerordentlich fristlos zu kündigen,[153] §§ 569 Abs. 1, 578 Abs. 2 S. 1 BGB.

93 Bei Bestandsimmobilien ist danach zu differenzieren, ob der Mangel tatsächlich eine **erhebliche Gefahr** darstellt oder die Einrichtungen nur nicht mehr dem heutigen Stand der Brandschutztechnik genügen. Hierbei kann auf die öffentlich-rechtlichen Vorgaben aus den bauordnungsrechtlichen Vorschriften der Bundesländer und der Muster-Hochhaus-Richtlinie 2008[154] zurückgegriffen werden. Sollte eine erhebliche Gefahr für Leib und Leben existieren, könnte auch eine **behördliche Anordnung** im Rahmen der jeweiligen Landesbauordnung, bspw. Art. 54 Abs. 4 BayBO, gegen den Mieter erlassen werden.

94 Die **allgemeine Vermutung** einer Gefahr oder die **entfernte Möglichkeit** des Eintretens eines Schadens reichen für eine erhebliche Gefahr nicht aus. Bei rechtmäßig bestehenden und **bestandsgeschützten** Immobilien liegt eine erhebliche Gefahr grundsätzlich nur dann vor, wenn **beide** notwendigen Rettungswege entweder **nicht vorhanden** sind oder **ganz erhebliche** Mängel aufweisen, die eine ordnungsgemäße Rettung als **aussichtslos** erscheinen lassen. Ist wenigstens ein ordnungsmäßiger Rettungsweg vorhanden, kann vom Vorliegen einer erheblichen Gefahr nicht ausgegangen werden.

95 Öffentlich-rechtliche Hindernisse und Beschränkungen, die dem vertragsgemäßen Gebrauch entgegenstehen, stellen grundsätzlich einen **Sachmangel** iSv § 536 BGB dar, wenn sie mit der Beschaffenheit der Mietsache zusammenhängen und nicht in persönlichen oder betrieblichen Umständen des Mieters ihren Ursprung haben.[155]

96 Auf das Risiko eines verwaltungsgerichtlichen Rechtsstreits ungewissen Ausgangs muss sich der Mieter jedenfalls dann nicht einlassen, wenn die Behörde bereits eine sofortige Nutzungsuntersagung verfügt hat und der Gegenstand der ordnungsbehördlichen Beanstandungen – wie die nicht brandschutzgerechte Ausführung der Fassadendämmung – außerhalb des Einwirkungsbereichs des Mieters liegt.[156]

---

[153] BGH NZM 2017, 73.

[154] Die Hochhausrichtlinien sind in den einzelnen Bundesländern verschieden ausgestaltet. Einige Bundesländer haben die Muster-Hochhaus-Richtlinie (MHHR) direkt eingeführt. In anderen Ländern fehlt eine entsprechende Rechtsvorschrift, hier wird die Gültigkeit der Musterrichtlinie in der Baugenehmigung festgelegt oder jede einzelne Anforderung als Nebenbestimmung aufgeführt.

[155] BGH NJW-RR 2014, 264 Rn. 20.

[156] BGH NZM 2017, 73.

Der Brand des Greenfell Towers in London im Juni 2017, bei welchem insgesamt 71 Menschen ums Leben kamen, hatte zur Folge, dass auch hierzulande zahlreiche Vermieter ihre Immobilien brandschutzrechtlich überprüfen ließen, insbesondere die neu gedämmten Fassaden. Hintergrund war der Umstand, dass das besagte Feuer in London sich insbesondere über die seinerzeit neu angebrachte Wärmedämmung rasant ausbreitete und auch deswegen eine derart hohe Anzahl von Menschenleben forderte. 97

Der BGH musste sich bereits mit einem Sachverhalt befassen, der eine feuerpolizeilich ungenügende Dämmfassade zum Gegenstand hatte. Die Frage, ob und wann objektbezogene Mängel des Brandschutzes einen Mietmangel darstellen, konnte der BGH dort jedoch unbeantwortet lassen, da eine behördliche Nutzungsuntersagung vorlag.[157] 98

Eine erhebliche Gefahr kann auch bei **Öffnungen in Brandwänden** angenommen werden, die eine schnelle Brandausweitung als gesichert erscheinen lassen.[158] Stellt der Vermieter Probleme mit dem zweiten Rettungsweg fest, kann er durch Maßnahmen, die dazu führen, dass ein Brand frühzeitig erkannt wird (**Brand- und Rauchmelder**) oder die im Brandfall die Fluchtwege freihalten (**Sprinkleranlagen**), **Abhilfe** schaffen, die ausreicht, um eine erhebliche Gefahr zu verneinen. 99

Nach Auffassung des Kammergerichts soll aus dem Gebot enger Auslegung mieterseitiger Risikoübernahmen folgen, dass sich die Risikoübernahme des Mieters nicht auf Risiken erstreckt, welche den Räumen bereits im Zeitpunkt des Vertragsabschlusses anhaften und die der Mieter nicht erkannt hat. Es soll weder einem vernünftigen Willen des Mieters noch der berechtigten Erwartung des Vermieters entsprechen, dass der Mieter den Vermieter von unkalkulierbaren wirtschaftlichen Risiken, welche unabhängig von den spezifischen Nutzungsabsichten des Mieters bestehen, freistellt und damit die Kosten für die Behebung einer bereits im Zeitpunkt des Vertragsabschlusses bestehenden Baurechtswidrigkeit, welche zudem regelmäßig dem Vermieter, nicht aber dem Mieter erkennbar ist, übernimmt. Angemessen und in der Regel gewollt ist nur die Übernahme des Risikos durch den Mieter, dass die von ihm nach seinen Vorstellungen ausgebauten Räume den behördlichen Anforderungen für den vorgesehenen Betrieb entsprechen. Dies wird aber in jedem Einzelfall anhand der vertraglich gewählten Klausel und der Korrespondenz der Parteien im Vorfeld des Mietvertrags zu untersuchen sein und mit dem Umfang der notwendigen Arbeiten abzuwägen sein – insbesondere, wenn es sich um einen Mangel handelt, der beiden Parteien bei Vertragsabschluss unbekannt war. Die Vorstellung, dass der Vermieter sein Objekt umfassend und besser als der Mieter, der es gerade eingehend untersucht hat, kennt, entspricht gerade bei Großvermietern nicht der Realität. Im Fall des Kammergerichts hätte man, da es nur um das Schließen eines Fensters ging und der Mieter eine längere mietfreie Zeit bekommen hat, auch zu einem anderen Ergebnis kommen können. 100

Aus der **Fürsorgepflicht** des Vermieters folgt, dass er Gefahren für das Eigentum der berechtigten Benutzer verhindern oder abwenden muss. Grundsätzlich muss der Vermieter den Mieter über alle ihm bekannten Umstände aufklären, die eine Gefahr für die Rechtsgüter des Mieters bergen, damit dieser ggf. selbst ausreichend Vorsorge zur Schadensabwehr treffen kann.[159] 101

Eine Gesundheitsgefährdung muss **konkret drohen** und diese Gesundheitsgefährdung muss **erheblich** sein, dh es muss die Gefahr einer deutlichen und nachhaltigen Gesundheitsschädigung bestehen und die drohende Schädigung muss nahe liegen.[160] Im Zweifel wird es eines Sachverständigengutachtens bedürfen, um zu ermitteln, wie groß die Schadenswahrscheinlichkeit ist. Das Kammergericht hat in einer Entscheidung im Jahr 2002 das Vorliegen einer erheblichen Gefahr bejaht, weil die gesamte Brandmelde- und Entrauchungsanlage nicht funktionsfähig war, die Entrauchungsöffnungen im Dach dauerhaft verschlossen, eine Brandwand mit einem Durchgang versehen und die Ein- 102

[157] BGH ZMR 2017, 36.
[158] KG NJOZ 2016, 1236.
[159] BGH NJW-RR 1990, 1422.
[160] KG NJOZ 2003, 3577; Bub/Treier MietR-HdB Kap. IV Rn. 155.

richtungen zur Brand- und Rauchmeldung funktionslos waren.[161] Eine erhebliche Gesundheitsgefährdung liegt grundsätzlich dann nicht vor, wenn der Umstand, von dem die Gefahr ausgeht, **ohne weiteres behebbar** und der Vermieter zur **sofortigen Abhilfe bereit** ist.

103 Kommt es zum Schadensfall, besteht ein Schadensersatzanspruch zugunsten des Geschädigten nur dann, wenn die (nicht erfolgte) Einhaltung brandschutzrechtlicher Vorschriften zumindest zu einer Schadensverringerung geführt hätte.[162] Eine Haftung des Vermieters ist ausgeschlossen, wenn bei einem Brand ungeklärt bleibt, ob sein Ausgangspunkt in den Lagerräumen des Vermieters oder den daran anschließenden Räumen des Mieters lag. Dies gilt auch dann, wenn eine zwischen den Hallen befindliche Wand nicht den Brandschutzvorschriften entsprochen haben sollte.[163]

104 Die Haftung des Vermieters ist umfassend. So haftet er beispielsweise für solche Schäden, die ein Angehöriger der Feuerwehr bei der Brandbekämpfung erleidet, wenn der Brand im Rahmen der vertragsgemäßen Nutzung entstand, die Räumlichkeiten jedoch zur Erfüllung des vereinbarten Vertragszwecks jedoch objektiv von Beginn an nicht geeignet waren.[164]

Liegt eine behördliche Nutzungsuntersagung vor und kündigt der Mieter aus diesem Grunde das Mietverhältnis, hat der Vermieter die dem Mieter entstandenen Kosten für die ordnungsgemäße Rückgabe der Mietsache sowie für den Umzug in neue Räumlichkeiten als Kündigungsfolgeschaden zu ersetzen, § 536a Abs. 1 BGB.[165]

105 Die Androhung einer **Nutzungsuntersagung** wegen Brandschutzmängeln durch die Behörde stellt einen **Mangel** der Mietsache dar, der zu einer Mietminderung von 30 % berechtigen kann, § 287 ZPO.[166] Soweit die Behörde aber vorläufig auf die Anwendung von Zwang zur Durchsetzung der Ordnungsverfügung verzichtet, kann die Nutzungsuntersagung den Gebrauch zwar ggf. einschränken, aber nicht vollständig aufheben.[167]

106 Die Einhaltung des Brandschutzes innerhalb der Mieträume ist auf den Mieter übertragbar. Von einer entsprechenden Vereinbarung ist dann auszugehen, wenn dem Mieter die Wartung und Reparatur der Be- und Entlüftung aufgegeben ist.[168] Die Instandhaltung des Gebäudes im Übrigen – also außerhalb der Mieträume – ist Sache des Vermieters aufgrund dessen Pflicht zur Gewährleistung des vertragsgemäßen Gebrauchs. Fraglich ist, wie mit Flächen und/oder Räumen verfahren werden kann, die im Wesentlichen dem Mieter zur Verfügung stehen, ohne Bestandteil der Mietsache zu sein. Gleiches gilt für solche Räume/Flächen, deren Nutzung durch den Mieter stillschweigend oder ausdrücklich geduldet wird (zB **Kellerräume** und **Fluchtwege**).

107 Ist dem Mieter vertraglich die (Mit-)Nutzung ausdrücklich gestattet, ist eine Regelung zur Übertragung der Instandhaltung im Zweifel so auszulegen, dass diese Vermieter und Mietern gemeinschaftlich obliegt. Welcher (prozentuale) Kostenanteil den einzelnen Personen obliegt, ist nach den Umständen des Einzelfalls zu bestimmen. Denkbar wäre unter anderem eine Umlage unter Berücksichtigung der anteiligen prozentualen Nutzung der betroffenen Fläche. Es wäre in derartigen Fällen unbillig, lediglich den Vermieter mit den erforderlichen Erhaltungskosten zu belasten. Die Duldung der Nutzung hat grundsätzlich auch eine konkludente Ergänzung des Mietvertrages dahingehend zum Gegenstand, dass auch die Erhaltungspflicht entsprechend auf die insoweit begünstigten Personen übertragen wird, zumindest befristet, § 550 BGB.

---

161 KG NJOZ 2003, 3577.
162 OLG Köln OLGR Köln 1995, 100.
163 OLG Köln OLGR Köln 1995, 100.
164 BGH NJW 1996, 2646.
165 BGH NZM 2017, 73.
166 OLG Düsseldorf NZM 2003, 556.
167 BGH NZM 2017, 73.
168 OLG Düsseldorf NZM 2003, 556.

VI. Haftungsbegrenzungen zugunsten des Vermieters

Der Vermieter ist durch den Mietvertrag verpflichtet, dem Mieter den Gebrauch der Mietsache während der gesamten Mietzeit zu gewähren; er hat die Mietsache dem Mieter in einem zum vertragsgemäßen Gebrauch geeigneten Zustand zu überlassen und sie während der Mietzeit in diesem Zustand zu erhalten, § 535 Abs. 1 BGB. In Anbetracht der hiermit einhergehenden wirtschaftlichen Belastung, besteht auf Seiten des Vermieters regelmäßig Interesse daran, die hiermit einhergehenden Verpflichtungen einzuschränken bzw. zu **reduzieren.** 108

Vor dem Hintergrund, dass die tatsächliche Nutzung der Mietsache durch den Mieter erfolgt und der Vermieter hierauf folglich keinen unmittelbaren Einfluss hat, sind bestimmte **Haftungsbegrenzungen** und **Haftungsausschlüsse** zugunsten des Vermieters grundsätzlich möglich, auch formularvertraglich.

Entsprechende Vertragsklauseln können unterschiedliche Themenkomplexe betreffen. Üblich sind vor allem Vereinbarungen im Zusammenhang mit dem **Gewährleistungsrecht** bei Mängeln, Unmöglichkeit der **Gebrauchsüberlassung** (Untergang, Zerstörung etc) sowie **Haftungsbegrenzungen** für Schäden an eingebrachten Sachen des Mieters. 109

So besteht beispielsweise die Möglichkeit, dem Mieter die Mietsache mitsamt vorhandener Einbauküche zu übergeben, mietvertraglich allerdings ausdrücklich festzulegen und klarzustellen, dass die Einbauküche nicht Bestandteil der Mietsache ist. Hieraus folgt, dass der Vermieter während der Mietzeit nicht verpflichtet ist, die Einbauküche instand zu halten, sodass insgesamt eine Gewährleistungspflicht insoweit nicht besteht. Zugleich hat der Vermieter selbstverständlich auch keinen Ersatzanspruch gegen den Mieter, wenn sich der Zustand und die Nutzbarkeit der Einbauküche aufgrund üblichen Gebrauchs verschlechtert oder ganz entfällt. 110

In der Praxis vereinbaren die Vertragsparteien oftmals zugunsten des Vermieters einen Haftungsausschluss für lediglich **leicht fahrlässig** verursachte Schäden.[169]

1. Individualvertragliche Vereinbarungen

Bestimmen die Parteien durch individualvertragliche Vereinbarung weitreichende Haftungsbegrenzungen und/oder Ausschlüsse, so bestimmt sich die Wirksamkeit dieser Klauseln lediglich an den gesetzlichen Verboten der §§ 134, 138 BGB sowie unter Beachtung der Grundsätze von Treu und Glauben, § 242 BGB; eine weitergehende Inhaltskontrolle erfolgt in diesem Falle nicht.[170] 111

Ist die Beschaffenheit der Mietsache objektiv nicht zum vertragsgemäßen Gebrauch geeignet, können die Vertragsparteien gleichwohl individualvertraglich den gegenwärtigen Zustand als vertragsgemäß festlegen.[171] Entsprechendes ist beispielsweise dann möglich, wenn Büroräume in einem Bürogebäude als Arztpraxis genutzt werden sollen. Gleiches gilt für den Fall, dass die Vermietung einer noch nicht fertig gestellten Mietsache (Rohbau) erfolgte und die Parteien darüber einig sind, dass die Fertigstellung der Mietsache durch den Mieter und zumindest teilweise Übernahme der hierdurch erforderlichen Kosten erfolgt. Eine idR individuell ausgehandelte Klausel könnte wie folgt formuliert werden: 112

> Der Mieter beabsichtigt, den Mietgegenstand als Zahnarztpraxis inkl. der Herstellung von Zahnprothesen und der Durchführung professioneller Zahnreinigungen nutzen. Der Mieter hat die Mieträume eingehend besichtigt und geprüft und hierbei festgestellt, dass gegenwärtig lediglich eine Nutzung als Büro möglich ist. In diesem Zusammenhang teilte der Vermieter dem Mieter mit, dass gegenwärtig auch lediglich eine solche Nutzung genehmigt ist. Der Vermieter steht daher

169 BGH NZM 2002, 655.
170 BGH NJW 1984, 2404; NZM 2002, 655.
171 Gsell NZM 2016, 702.

ausschließlich dafür ein, dass diese Büronutzung öffentlich-rechtlich genehmigt und das Objekt dafür uneingeschränkt tauglich ist.
Der Vermieter gestattet dem Mieter die vorstehend genannte Nutzung als Zahnarztpraxis, jedoch ohne Gewähr dafür, dass diese öffentlich-rechtlich genehmigungsfähig und das Mietobjekt für die vom Mieter geplante Nutzung geeignet ist. Im Vorfeld der Aufnahme des Geschäftsbetriebs des Mieters ist daher eine Genehmigung über die beabsichtigte Nutzungsänderung einzuholen. Dies erfolgt durch den Mieter auf eigene Kosten und eigenes Risiko innerhalb von 4 Wochen nach Abschluss dieses Vertrags. Die Antragsunterlagen sowie die Entscheidung der zuständigen Behörde hierüber sind dem Vermieter unverzüglich vorzulegen. Die behördliche Nutzungsänderungsgenehmigung wird der Mieter dem Vermieter unverzüglich nach Eingang in Kopie übersenden. Die von der Behörde im Rahmen des Nutzungsänderungsantrags definierten Auflagen sind für den Mieter verbindlich und sind mieterseitig auf eigene Kosten zu erfüllen. Beschränkungen aufgrund behördlicher Auflagen berechtigen den Mieter nicht zur Mietminderung. Der Mieter stellt den Vermieter insoweit von öffentlichen Anordnungen frei. Der Mieter ist berechtigt, bauliche Änderungen, die für die von ihm geplante Nutzung erforderlich sind, auf eigene Kosten durchzuführen. Soweit dafür Eingriffe in die Statik, die Haustechnik oder die Fassade erforderlich sind, oder sich die Fläche des Mietobjekts verändert, bedürfen solche Veränderungen allerdings der vorherigen schriftlichen Zustimmung des Vermieters. Versagt der Vermieter die Zustimmung oder wird die Nutzungsänderung öffentlich-rechtlich nicht genehmigt, kann der Mieter den Mietvertrag außerordentlich mit einer Frist von … Wochen zum Monatsende kündigen.

2. Formularvertragliche Vereinbarungen

113 Formularvertragliche Haftungsbeschränkungen unterliegen der **Inhaltskontrolle** nach §§ 307 ff. BGB. Grundsätzlich erlaubt das Gewerberaummietrecht größere Beschränkungen als das Wohnraummietrecht. Dies ist auch sachgerecht, da im Rahmen eines Gewerberaummietverhältnisses die Nutzung der Mietsache im Vergleich zur reinen Wohnungsnutzung oftmals intensiver ausfällt.

114 Ein **vollständiger Ausschluss** aller Ansprüche des Mieters wegen Beeinträchtigung des vertragsgemäßen Gebrauchs ist **unwirksam.**[172] Der vollständige Ausschluss der verschuldensunabhängigen Garantiehaftung für anfängliche Sachmängel ist formularvertraglich hingegen grundsätzlich möglich.[173]

Wirksam ist beispielsweise die Klausel „Die verschuldensunabhängige Haftung des Vermieters für anfängliche Sachmängel (§ 536a BGB) wird dem Vermieter vom Mieter erlassen.“.[174] Demgegenüber hat das OLG Schleswig eine Klausel, die den Mieter mit der „Durchführung aller erforderlichen sowie aller behördlich geforderten Wartungen, Instandhaltungen, Instandsetzungen, Erneuerungen und Veränderung an Gebäude, (haus-)technischen Anlagen, Außenanlagen und an sämtlichen Einrichtungs- und Ausstattungsgegenständen“ belastete, als unwirksam erachtet.[175]

115 Ansprüche wegen **Verletzung des Körpers, des Lebens und der Gesundheit** können generell nicht vertraglich ausgeschlossen werden, gleich auf welcher Form der Fahrlässigkeit sie beruhen, §§ 309 Nr. 7a, 307 BGB. § 309 Nr. 7a BGB ist Auslegungsmaßstab für § 307 BGB. Freizeichnungsklauseln bedürfen daher zur Verdeutlichung einer entsprechenden Einschränkung („es sei denn . . .“).

116 Im Falle eines gewollten Ausschlusses der schuldhaften Vermieterhaftung für solche Schäden, die auf einfacher Fahrlässigkeit beruhen, ist zwischen anfänglichen und nachträglichen Mängeln sowie danach zu differenzieren, ob entsprechende Schäden auf einer Verletzung der sog. Kardinalpflichten des Vermieters beruhen: Der Haftungsmaßstab für **bereits vorhandene Mängel** kann formularvertraglich auf **Vorsatz und grobe Fahrlässigkeit** beschränkt werden.[176] Die Minderung soll bei neu auftretenden Mängeln

[172] BGH NJW 1977, 195; OLG Dresden NJW-RR 1997, 395.
[173] BGH NJW-RR 1993, 519; NJW 2002, 3232; NZM 2010, 668.
[174] LG Berlin ZMR 2019, 191.
[175] OLG Schleswig 22.12.2021 – 12 U 10/21, BeckRS 2021, 47970.
[176] BGH NZM 2002, 784.

formularvertraglich nicht auf vom Vermieter grob fahrlässig oder vorsätzlich herbeigeführte Mängel beschränkt werden können.[177]

Die vermieterseitige Haftung für Schäden Grund der Verletzung vertraglicher Hauptleistungspflichten – sog. **Kardinalpflichten** – kann der Vermieter auch im Gewerberaummietrecht nur in begrenztem Umfang beschränken. Dies gilt insbesondere, wenn durch die gewollte Haftungsbeschränkung im konkreten Fall der **Vertragszweck gefährdet** würde. Der Mieter darf auf die Erfüllung der Kardinalpflichten durch den Vermieter **vertrauen.**[178] Der **formularmäßige umfassende Ausschluss der Mietminderung** für verdeckte, anfängliche und nachträgliche Mängel soll nach Auffassung des OLG Düsseldorf wegen Verstoßes gegen § 307 BGB unwirksam sein.[179] Ein Haftungsausschluss für Schäden, die auf einfacher Fahrlässigkeit beruhen, ist durch Allgemeine Geschäftsbedingungen nur im Falle der Verletzung unwesentlicher Vertragspflichten möglich. Im Falle der Verletzung von Kardinalpflichten muss auch bei einfacher Fahrlässigkeit der Ersatz des vertragstypischen, vorhersehbaren Schadens gewährleistet sein.[180] 117

Daraus wird geschlossen, dass die **Haftung für nachträgliche Mängel,** die zu Sach- oder Vermögensschäden des Mieters führen, auch im Gewerberaummietrecht nicht begrenzt werden darf, da dies als unzulässige Aushöhlung der Kardinalpflichten des Vermieters – namentlich der Pflicht zur Instandhaltung der Mietsache – zu bewerten wäre.[181] Entsprechendes hat der BGH zumindest für das Wohnraummietrecht entschieden, im Bereich der Gewerberaummiete jedoch ausdrücklich offen gelassen.[182] 118

Im Gewerberaummietrecht ist danach zu **differenzieren,** ob es **üblich** und dem Mieter **zumutbar** ist, sich gegen das eingetretene Risiko zu **versichern** und ob sich der Haftungsausschluss in der **Miete** niedergeschlagen hat.[183] Insbesondere der letztgenannte Punkt ist von Bedeutung. Hat der Vermieter die Miete aufgrund eines Haftungsausschlusses entsprechend **niedriger kalkuliert** und ist die Klausel unwirksam, ist das Gleichgewicht von Leistung und Gegenleistung nachhaltig gestört; eine einseitige Änderung dieses Missverhältnisses ist dem Vermieter jedoch nicht möglich. Es wäre unangemessen, es bei diesem Ergebnis mit dem einfachen Hinweis auf das typische Risiko des Verwenders zu belassen. Auch hier **korrespondiert** die Wirksamkeit der Ausschlussklauseln wieder mit dem Vertragszweck: Je weiter der ist, je mehr der Vermieter aufgrund des Vertragszwecks schuldet, umso weniger kann er sich freizeichnen.

Es ist grundsätzlich **zulässig** durch allgemeine Geschäftsbedingung die Vermieterhaftung für Beeinträchtigungen von außen (zB **Straßenbauarbeiten) auszuschließen.** In diesem Fall ist der Mieter dadurch geschützt, dass er den fiktiven Minderungsschaden im Wege der Drittschadensliquidation vom Dritten ersetzt verlangen kann.[184] 119

Unzulässig ist hingegen, mithilfe allgemeiner Geschäftsbedingungen auf den Pächter auch dann das Risiko der behördlichen Genehmigung abzuwälzen, wenn die Versagung auf vom Verpächter zu vertretenden Mängeln des Pachtobjekts beruht.[185] Da es im vom BGH entschiedenen Fall um eine auflösende Bedingung ging, musste der BGH nicht erörtern, ob die Abwälzung anders zu bewerten wäre, wenn dem Mieter statt der Vertragsauflösung Teile der Kostenlast auferlegt oder wenn die Abwälzung andererseits durch eine günstige Miete oder durch die besonderen Ertragsaussichten, die unmittelbar mit dem Mietobjekt/Standort zusammenhängen, kompensiert würden. Etwas anderes muss gelten, wenn die Parteien individualvertraglich eine abweichende Regelung in 120

---

[177] OLG Düsseldorf NZM 2010, 582; für Wohnraum BGH NJW 2002, 673 ff.
[178] BGH NZM 2002, 116.
[179] OLG Düsseldorf NZM 2011, 550.
[180] BGH NJW 1985, 3016; 1999, 1032; Grüneberg/Grüneberg BGB § 309 Rn. 48; Müller NZM 2016, 185.
[181] Schmidt-Futterer/Lehmann-Richter BGB § 536a Rn. 82.
[182] BGH ZMR 2011, 360.
[183] Guhling/Günter/Günter BGB § 536a Rn. 93.
[184] Börstinghaus/Siegmund/Siegmund BGB § 536a Rn. 44.
[185] BGH NJW-RR 1993, 519.

voller Kenntnis des Risikos getroffen haben, der Mieter sich also des Schutzes der §§ 305 ff. BGB willentlich beraubt hat.

121 Der Vermieter soll den Mieter durch AGB auch nicht dazu zwingen können, dass der Mieter die Kosten einer Baumaßnahme tragen soll, die notwendig ist, um eine Genehmigung zu erhalten bzw. die Versagung einer Genehmigung zu verhindern.[186] Etwas anderes muss aber dann gelten, wenn die Auflage die Folge einer vom Mieter vorgenommenen Veränderung ist bzw. wenn die Auflage kausal auf einer nicht zwingend notwendigen Eigenart des Betriebs des Mieters beruht. In der Regel werden solche Vereinbarungen auch individualvertraglich getroffen – selbst wenn der Formulierungsvorschlag (des Anwalts) des Vermieters unverändert vom Mieter akzeptiert wird.

122 Der Vermieter kann das Risiko der Nutzung einer Wohnung als Gewerberaum trotz Zweckentfremdungsverbotsverordnung auf den Mieter abwälzen.[187] Das kann in der Form erfolgen, dass eine Mietminderung ausgeschlossen ist, selbst wenn die beabsichtigte Nutzung aus tatsächlichen oder rechtlichen Gründen nicht möglich ist[188] oder auch so, dass der Mieter sich um die Nutzbarmachung kümmern muss. Beide Vereinbarungen sind aber nur soweit zulässig, wie damit nicht das typische Vermieterrisiko auf den Mieter verlagert wird, § 307 BGB.

VII. Haftungserweiterungen zu Lasten des Mieters (Sphärenhaftung und Versicherbarkeit)

123 Der Mieter haftet grundsätzlich nur für solche Schäden, die er selbst schuldhaft herbeiführt oder auf einem entsprechenden Verhalten eines Dritten beruhen, welches dem Mieter zuzurechnen ist. Der Vermieter hat daher regelmäßig ein Interesse daran, den Mieter generell für Schäden an den von ihm genutzten Mieträumen haftbar zu machen. Dies gilt insbesondere für Gewerberaummietverhältnisse, da aufgrund der regelmäßig hohen (Ab-)Nutzung der Mietsache eine hohe Wahrscheinlichkeit für die Entstehung erheblicher Schäden besteht. Die oft vereinbarte **Zufallshaftung,** wonach der Mieter einen unverschuldet – also zufällig – eingetretenen Schaden ersetzen muss, ist als **Formularklausel unwirksam,** § 307 BGB.[189]

124 Eine Ausnahme besteht jedoch für solche Risiken, die **ausschließlich** vom Mieter und nicht vom Vermieter **beherrschbar** sind (**Sphärenhaftung**) und für die die Begründung einer entsprechenden Risikohaftung des Mieters angemessen ist. Entscheidend ist auch, ob der Mieter dieses Risiko im Rahmen einer All-Risk-Versicherung versichern kann und ob der Abschluss einer entsprechenden Versicherung als geschäftsüblich zu bewerten ist.[190]

125 In Betracht kommen neben der **All-Risk-Versicherung auch** eine **Betriebsausfallversicherung,** eine **Gebäudeversicherung** (sofern Mietgegenstand ein gesamtes Gebäude ist), eine **Extended-Coverage-Versicherung** (sofern der Vermieter eine solche nicht abschließt und die Versicherungsprämien als Betriebskosten auf den Mieter abgewälzt), eine **EDV-Versicherung** (Spannungsschäden, EDV-Ausfall etc.) sowie eine **Betriebshaftpflichtversicherung,** die wiederum mit Haftungsbeschränkungen des Vermieters korreliert. Selbst wenn der jeweils korrespondierende Haftungsausschluss unwirksam sein sollte, kommt ein Mitverschulden des Mieters in Betracht, wenn er keine entsprechende Versicherung abgeschlossen hat. Die Pflicht zur Versicherung kann **formularvertraglich wirksam** vereinbart werden.[191] Eine unangemessene Benachteiligung des Mieters besteht insoweit nicht, da der umsichtige Mieter den Abschluss einer solchen Versicherung

---

[186] OLG Düsseldorf ZMR 1992, 446.
[187] LG Berlin NZM 1999, 711.
[188] LG Berlin NZM 1999, 711.
[189] BGH NJW 1992, 1761.
[190] BGH NJW 1992, 1761; BeckOGK/H. Schmidt BGB § 538 Rn. 32.
[191] Dafür: Lindner-Figura/Oprée/Stellman Geschäftsraummiete-HdB/Hübner Kap. 13 Rn. 46; vorsichtiger Fritz, Gewerberaummietrecht, Rn. 191.

regelmäßig auch ohne vertragliche Verpflichtung anstrebt bzw. zumindest anstreben sollte.

VIII. Haftung für Erfüllungsgehilfen

Erfüllungsgehilfen sind sämtliche Personen, die in Erfüllung einer Verpflichtung des Mieters mit dessen Wissen die Mietsache benutzen oder auf seine Veranlassung hin mit der Mietsache in Berührung kommen.[192] Infrage kommen hiernach insbesondere Geschäftspartner, Kunden, Klienten, Gäste, Arbeitnehmer/Personal, Untermieter, herbeigerufene Handwerker und Lieferanten. Für die Schäden, die die Erfüllungsgehilfen im Rahmen des Mietgebrauchs „bei Erfüllung" der ihm übertragenen Aufgaben (und nicht nur bei Gelegenheit) verursacht haben, hat der Mieter gem. § 278 BGB einzustehen.[193] **126**

Der Dritte, dem der Mieter den Gebrauch der Mietsache überlassen hat, gleich ob mit oder ohne Billigung des Vermieters, wird kraft Gesetzes wie ein Erfüllungsgehilfe behandelt, § 540 Abs. 2 BGB. Hiervon sind lediglich solche Personen nicht umfasst, die ohne Billigung des Mieters die Mietsache gebrauchen.[194] Der Mieter hat für Schäden, die derartige Personen verursachen, nicht einzustehen. Die Begründung einer verschuldensunabhängigen Haftung des Mieters ist formularvertraglich nicht möglich.[195] Das Gleiche gilt in Anlehnung an das Deliktsrecht für solche Schäden, die Erfüllungsgehilfen bei Gelegenheit ihrer Tätigkeit verursachen.[196] **127**

Bei **grob fahrlässigen oder vorsätzlichen** Schädigungen durch einen Dritten an der Gebäudesubstanz soll der Mieter in Abweichung von § 278 BGB nur dann haften, wenn der Dritte sein **Repräsentant** war.[197] In der Vielzahl oder dem Verhalten der Kunden und Besucher eines Mitmieters ist erst dann ein den vertragsgemäßen Gebrauch der Mieträume mehr als nur unwesentlich beeinträchtigender Mangel zu sehen, wenn sich daraus Unzuträglichkeiten oder Belästigungen ergeben, die sich konkret auf den Mieter und seinen Betrieb auswirken.[198] **128**

IX. Ausgewählte Regelungsbereiche zum vertragsgemäßen Gebrauch im Einzelnen

1. Abstellplatz und Zugang

Der Vermieter eines Stellplatzes hat dafür **Sorge** zu tragen, dass dieser nicht durch einen Dritten **blockiert** wird; andernfalls ist die hieraus resultierende Nicht-Nutzbarkeit des Stellplatzes als ein zur Minderung berechtigender Mangel zu bewerten. Nach den individualvertraglichen Bestimmungen des Mietvertrags kann es aber Sache des Mieters sein, für die Nutzbarkeit des Stellplatzes Sorge zu tragen, so dass hier § 537 Abs. 1 S. 1 BGB zu Lasten des Mieters gilt. Das gleiche Regel-Ausnahme-Verhältnis gilt für die Aufrechterhaltung des **Zugangs** zum Mietobjekt, wenn dieser durch einen Dritten versperrt wird.[199] Eine geringfügige **Unterschreitung** der öffentlich-rechtlich vorgeschriebenen **Mindestbreite** des Stellplatzes ist hingegen grundsätzlich unbeachtlich im Sinne von § 536 Abs. 1 S. 2 BGB, wenn der Mieter den Stellplatz dennoch und ohne faktische Einschränkung nutzen kann.[200] **129**

---

[192] BeckOGK/H. Schmidt BGB § 538 Rn. 29.
[193] AG München ZMR 2020, 413.
[194] LG Würzburg NZM 2011, 583.
[195] BGH NJW 1991, 1750.
[196] BGH NJW 1991, 1750.
[197] BGH NZM 2006, 949.
[198] BGH BeckRS 2009, 03477.
[199] BGH NJW 1963, 341.
[200] AG Sömmerda GE 1999, 1133.

130 Der ungehinderte Zugang zum Mietobjekt ist Bestandteil der vertragsgemäßen Nutzung, insbesondere dann, wenn der Mietzwecke den Betrieb eines Gewerbes mit regelmäßigem Kundenverkehr vorsieht.[201] Zugangsbeschränkungen sind daher grundsätzlich als Mangel zu bewerten. Dies gilt auch dann, wenn entsprechende Beschränkungen durch nicht vom Vermieter beeinflussbare Umstände, wie beispielsweise Bauarbeiten, hervorgerufen werden. Beeinträchtigungen, die im Zusammenhang mit einer Baustelle eintreten, können auch im Innenstadtbereich nach den Umständen des Einzelfalls einen Mangel eines benachbarten gewerblichen Mietobjekts begründen. Das Aufstellen zahlreicher Baucontainer und weiterer Baustelleneinrichtungen auf einem Parkplatz sowie das Anfahren von Lkw und Baufahrzeugen auf der in unmittelbarer Nähe zu einer Großbaustelle gelegenen kleinen Nebenstraße können insbesondere dann einen Mangel für benachbarte Mieter begründen, wenn das vertragsgemäß betriebene Gewerbe in besonderem Maße auf Laufkundschaft angewiesen ist und diese beeinträchtigt wird.[202] Eine Klausel, nach welcher äußere Einwirkungen durch Dritte, wie zB Verkehrsumleitungen, Aufgrabungen, Straßensperren, Geräusch-, Geruchs- und Staubbelastungen oÄ unabhängig vom Ausmaß sowie einem etwaigen Verschulden des Vermieters nicht als Mangel der Mietsache zu bewerten seien, ist aufgrund unangemessener Benachteiligung des Mieters unwirksam (§ 307 BGB).[203] Beschränkungen des Zugangs aufgrund von Bauarbeiten berechtigen den Mieter mangels Erheblichkeit grundsätzlich nicht zur außerordentlich fristlosen Kündigung des Mietverhältnisses. Etwas anderes gilt jedoch für den Fall, dass der Zugang gänzlich versperrt ist, etwa durch Austausch des Türschlosses[204], Versperren der Zufahrt über einen nicht unerheblichen Zeitraum[205] oder durch Umbaumaßnahmen.[206]

131 Aus dem Umstand, dass die Tür zum Eingangsbereich eines Bürohauses während der Öffnungszeiten eines neuen Mieters (hier: einer ARGE) ständig geöffnet ist, kann nicht ohne Weiteres auf eine erhebliche Beeinträchtigung des vertragsgemäßen Gebrauchs geschlossen werden.[207]

2. Briefkasten und Firmenschilder

132 Der Vermieter muss eine Beschaffenheit der Mietsache gewährleisten, die eine **ordnungsgemäße Postzustellung** an seinen Gewerberaummieter **ermöglicht.** Auf den jeweiligen Postdienstleister kommt es hierbei nicht an. Der Vermieter muss gewährleisten, dass alle privaten Briefzusteller und nicht nur die Deutsche Post dem Mieter die Briefe ohne Verzögerung zustellen können. Die Briefkästen müssen **für alle Zusteller zugänglich** sein. Dies verpflichtet den Vermieter uU eine **neue Briefkastenaußenanlage** zu errichten, selbst wenn das Gebäude unter Denkmalschutz steht.[208] Art und Beschaffenheit der Briefkastenanlage sind ggf. mit der zuständigen Denkmalschutzbehörde abzustimmen. Der Briefkasten muss funktionstüchtig sein und die gewerbespezifische Menge an Briefpost aufnehmen können. Der vom Vermieter anzubringende und zu unterhaltende Briefkasten muss dazu geeignet sein, DIN A 4-Umschläge in vollem Umfang aufzunehmen. Die Briefkastennorm DIN 32 617, inzwischen ergänzt durch die Europäische Norm EN 13 724, spiegelt insoweit den geltenden Standard für Briefkästen wider, wenngleich die Normen den Vermieter rechtlich nicht unmittelbar verpflichten. Der Briefkasten muss so beschaffen sein, dass kein unbefugter Dritter – auch nicht der Vermieter – auf die Post des Mieters zugreifen kann. Ein mangelhafter

201 Schmidt-Futterer/Lehmann-Richter BGB § 535 Rn. 678; OLG Frankfurt a. M. NZM 2015, 542.
202 OLG Frankfurt a. M. NZM 2015, 542.
203 KG NJW-RR 2008, 1042.
204 AG Darmstadt WuM 1978, 29; AG Ahrensburg WuM 1984, 199.
205 OLG Düsseldorf DWW 2016, 332.
206 OLG München 28.10.2020 – 7 U 6561/19, BeckRS 2020, 29286.
207 BGH BeckRS 2009, 03477.
208 Bausch NZM 2006, 917.

Briefkasten berechtigt zur Mietminderung; die Minderungsquoten liegen oftmals zwischen 1 % und 30 %.[209]

Für **Klingel- und Briefkastenschilder** kann **formularvertraglich** eine **einheitliche** Form festgelegt werden.[210] **133**

Formulierungsvorschlag einheitliche Beschilderung

Der Mieter ist bei Vorhandensein oder Einrichtung von Sammelschildanlagen, Wegweisern uÄ verpflichtet, diese zu benutzen und die Kosten ihrer Installation und Erhaltung zu tragen. Namens- und Firmenschilder, einschließlich der Klingel- und Briefkastenschilder werden von Seiten des Vermieters einheitlich gestaltet und angebracht. Inhaltliche Wünsche des Mieters werden berücksichtigt, soweit das Ziel einer einheitlichen Gestaltung dies zulässt. Die Kosten der Namens- und Firmenschilder und deren Anbringung trägt der Mieter. Ist der Mieter bei Beendigung des Mietverhältnisses berechtigt, über seinen Umzug durch Beschilderungen, Wegweiser etc. am Objekt zu informieren, wird der Vermieter diese nach Ablauf einer angemessenen Übergangsfrist auf Kosten des Mieters entfernen, sofern dieser entsprechendes nicht selbst erledigt.

Der Gewerberaummieter hat das bereits durch das Reichsgericht[211] anerkannte **Recht,** an der Außenfassade des Hauses **Namens- oder Firmenschilder anzubringen.** Die Größe des Schildes und auch die Art der Befestigung hängen von den örtlichen Gegebenheiten und der Üblichkeit der gewünschten Beschilderung ab. Der Platz muss zumindest für einen Hinweis auf die Bürozeiten und Telefonnummer/Website ausreichen. Wird ein Betrieb verlegt, sind sowohl der neue Mieter als auch der Vermieter verpflichtet, auf **angemessene Zeit** (6 Monate) ein Schild zu dulden, das auf die **neuen Räume** des umgezogenen Mieters hinweist.[212] **134**

Bei der **teilgewerblichen Nutzung einer Wohnung** ist danach zu differenzieren, welche Nutzung überwiegt und ob das betriebene Gewerbe darauf ausgerichtet ist, Laufkundschaft/Kundenverkehr zu empfangen. Ist dies der Fall, hat der Mieter in der Regel einen Anspruch darauf, ein Schild anzubringen. **135**

Fehlt es an einer ausdrücklichen vertraglichen Regelung hierzu, ist auf Grundlage einer sorgfältigen **Interessenabwägung** zu entscheiden, ob der Mieter die gewünschten/erforderlichen Schilder anbringen bzw. aufstellen darf. Hierbei ist zu berücksichtigen, dass der Vermieter regelmäßig ein berechtigtes Interesse daran hat, über die Gestaltung seiner Hausfassade zu bestimmen. **136**

3. Werbe-/Reklameeinrichtungen/Wandflächen

Der Mieter kann auch ohne ausdrückliche vertragliche Regelung berechtigt sein, die Außenwände vermieteter Geschäftsräume zu Werbezwecken zu nutzen. So wird in diesem Zusammenhang die Auffassung vertreten, dass eine allgemeine Verkehrssitte bestehe, nach welcher die **Außenwände** vermieteter Geschäftsräume als zu **Werbezwecken mitvermietet** gelten. Die inhaltliche Ausgestaltung erfolgt durch Auslegung des Vertrags gem. §§ 133, 157, 242 BGB unter Berücksichtigung der Lage des Objektes und der örtlichen Verkehrssitte.[213] Letztere ist **regional unterschiedlich.**[214] So sei dem Ladenmieter im Erdgeschoss auch ohne ausdrückliche Vereinbarung zu gestatten, die vor seiner Mietfläche befindliche Außenwand zu Werbezwecken zu nutzen.[215] **137**

---

209 Börstinghaus, Mietminderungstabelle, 4. Auflage 2017.
210 Fritz Gewerberaummietrecht Rn. 180.
211 RGZ 161, 338.
212 OLG Düsseldorf NJW 1988, 2545.
213 OLG Saarbrücken BeckRS 2010, 15573.
214 Fritz, Gewerberaummietrecht, Rn. 69.
215 Bub/Treier/Heile/Landwehr II 2443 ff.; Schmidt-Futterer/Eisenschmidt BGB § 535 Rn. 27, 519; Wolf/Eckert/Ball Rn. 192.

138 Der BGH hat bereits 1956 entschieden, dass ein Mieter berechtigt sein soll, die Außenwände eines großstädtischen Geschäftshauses von der Unterkante der Fenster seiner **Räume bis zur Unterkante der darüber befindlichen Fenster** für Reklamezwecke zu nutzen, sofern dies ortsüblich ist.[216] In die gleiche Zeit fällt ein Urteil des OLG Hamm, wonach es der allgemeinen Verkehrssitte entspreche, dem Mieter das Anbringen von Warenautomaten an der Außenfront von Geschäftsräumen zu gestatten.[217] Es darf zweifelt werden, dass die Gerichte heutzutage entsprechende rechtliche Wertungen noch vertreten würden.[218] Insbesondere in Innenstädten und Fußgängerzonen haben derartige Werbeflächen einen mitunter erheblichen Wert. Es ist daher nicht ohne weiteres davon auszugehen, dass ein Vermieter seinem Mieter derartige Werte ohne angemessene Gegenleistung zu Verfügung stellen würde. Sollte sie jemals existiert haben, wäre eine entsprechende Verkehrssitte zumindest heutzutage nicht mehr existent. Vor diesem Hintergrund hat das OLG Saarbrücken im Jahr 2005 entschieden, dass auch im Rahmen eines Gewerberaummietverhältnisses die Benutzung der **höher gelegenen Wandteile** durch den Mieter des betreffenden Stockwerks **regelmäßig nicht vom Mietgebrauch** umfasst ist.[219]

139 Im Bereich des **Wohnungseigentumsrechts** hat bereits das ehemalige Bayerische Oberste Landesgericht entschieden, dass Reklame- und Werbeeinrichtungen an der Außenwand einer Wohnungseigentumsanlage als bauliche Veränderung zu bewerten sind.[220] Eine derartige Veränderung bedarf zu ihrer Rechtmäßigkeit eines Gestattungsbeschlusses nach § 20 Abs. 1 WEG. Darf die betreffende Sondereigentumseinheit zu gewerblichen oder freiberuflichen Zwecken genutzt werden, sind auch die Montage und Unterhaltung der insoweit üblichen Werbeeinrichtungen von der Gemeinschaft zu dulden. In weiterer Konsequenz kann der betreffende Wohnungseigentümer im Einzelfall auch einen gerichtlich durchsetzbaren Anspruch auf eine entsprechende Beschlussfassung haben und diesem im Wege der Beschussersetzungsklage durchsetzen, § 44 Abs. 1 Satz 2 WEG. Führt die gewünschte Werbe-/Reklameeinrichtung zu einer Beeinträchtigung anderer Wohnungseigentümer, beispielsweise durch die Beleuchtung einer Werbetafel, kann die Gestattung einer entsprechenden baulichen Veränderung nur dann verlangt werden, wenn die beeinträchtigten Wohnungseigentümer hiermit einverstanden sind, § 20 Abs. 3 WEG.[221] Das OLG Oldenburg hat einen Beseitigungsanspruch der Mitmieter/Wohnungseigentümer gegen den Mieter als unmittelbaren und den Vermieter als mittelbaren Störer gesehen, wenn die an der Außenfassade angebrachte Leuchtreklame **stört.**[222]

140 Es ist zulässig, die Anbringung von Reklame an der Außenfassade sowie von Schildern und Warenautomaten **formularvertraglich zu verbieten** oder von der **Einwilligung** des Vermieters abhängig zu machen, mit Ausnahme von üblichen Firmen- oder Praxisschildern.[223]

Praktische Probleme ergeben sich tendenziell selten, da Mieter und Vermieter regelmäßig ein Interesse daran haben, Art und Umfang der Fassadennutzung zu Werbezwecken ausdrücklich vertraglich zu regeln. Während für den Mieter eine solche Nutzung regelmäßig zur Ausübung seines Gewerbes erforderlich ist, hat der Vermieter generell ein Interesse daran, unzulässige und ggf. sogar schadhafte Nutzungen seines Eigentums zu verhindern.

216 BGH BB 1957, 382.
217 OLG Hamm NJW 1958, 1239.
218 Siehe bspw. OLG Saarbrücken BeckRS 2010, 15573.
219 OLG Saarbrücken MDR 2005, 1283.
220 BayObLG NZM 2000, 1236; OLG Köln NZM 2007, 92.
221 OLG Köln NZM 2007, 92.
222 BGH MDR 1990, 552.
223 Fritz, Gewerberaummietrecht, Rn. 180.

Praxistipp:

Den Parteien ist zu empfehlen, nicht nur die bloße Gestattung der Nutzung von Fassadenflächen zu regeln, sondern zugleich auch deren **Wartung und Instandsetzung** im laufenden Mietverhältnis. Gleiches gilt für den Umfang der auszuführenden Arbeiten im Falle einer Beendigung des Mietverhältnisses. Gegebenenfalls sollten die Parteien die Leistung einer zusätzlichen **Mietsicherheit** für den Rückbau angebrachter Werbe- und Firmenschilder vereinbaren. Umfassende und klare vertragliche Regelungen vermeiden regelmäßig streitige Auseinandersetzungen zwischen den Parteien. Im Bereich des Wohnungseigentumsrechts sollte der Vermieter zudem insgesamt darauf achten, dass er zur Erteilung von Verfügungen, die das gemeinschaftlich Eigentum betreffen, nur dann verpflichtet und berechtigt ist, sofern dies wohnungseigentumsrechtlich zulässig ist und/oder die Wohnungseigentümer in den erforderlichen Fällen eine entsprechende Entscheidung im Beschlusswege getroffen haben.

Muster: Fassadennutzung

- **Werbung und sonstige Nutzung der Wand- und Dachflächen** 141

1. Fassaden- und Dachflächen des Gebäudes, insbesondere solche in unmittelbarer räumlicher Nähe zur Mietsache sowie sämtliche Wandflächen am und im Objekt sind nicht Gegenstand der Mietsache; gleiches gilt für die vorhandenen Außenanlagen. Die Nutzung derartiger Flächen durch den Mieter – insbesondere zu Reklamezwecke oder zum Anbringen von Aufschriften, Schildern, Automaten, Rollläden/Jalousien, Schaukästen etc – ist nur mit ausdrücklicher schriftlicher Genehmigung des Vermieters zulässig. Der Vermieter kann die Genehmigung von der Leistung einer zusätzlichen Sicherheitsleistung abhängig machen. Sämtliche Änderungen einer bereits erteilten Genehmigung bedürfen der Schriftform.
2. Der Mieter verpflichtet sich, Installationen im Sinne von Nr. 1 vorübergehend zu entfernen, sofern dies zur Durchführung von Erhaltungs- oder Modernisierungsmaßnahmen sowie im Falle baulicher Veränderungen erforderlich ist. Der Mieter verpflichtet sich ferner, entsprechende Installationen bei Beendigung des Mietverhältnisses ordnungsgemäß und fachgerecht auf eigene Kosten zu entfernen sowie den ursprünglichen Zustand zu Beginn des Mietverhältnisses wiederherzustellen. Kommt der Mieter dieser Verpflichtung nach schriftlicher Aufforderung durch den Vermieter innerhalb angemessener Frist nicht nach, ist dieser insoweit zur Ersatzvornahme auf Kosten des Mieters berechtigt.
3. Erteilt der Vermieter die Genehmigung nach Ziffer 1, ist er von allen eventuellen Ansprüchen Dritter, von Verpflichtungen, Kosten und Aufwendungen, auch für die Zukunft, durch den Mieter freizustellen. Der Mieter hat dafür zu sorgen, dass die von ihm errichteten Installationen so anzubringen und zu unterhalten, dass Personen- und Sachschäden vermieden werden. Der Mieter übernimmt die Verkehrssicherungspflicht für diese Installationen.
4. Es ist Aufgabe des Mieters, die eventuell erforderlichen behördlichen Genehmigungen vor der Ausführung der Arbeiten auf seine Kosten einzuholen und dem Vermieter unaufgefordert vorzulegen. Bedarf eine Installation der behördlichen Genehmigung und legt der Mieter diese trotz Aufforderung des Vermieters innerhalb angemessener Frist nicht vor, gilt die Genehmigung des Vermieters im Sinne von Nr. 1 als nicht erteilt.

Steht das vermietete Objekt unter **Denkmalschutz,** ist die **Anbringung** von Schildern, Markisen, Warenautomaten und Leuchtreklame **genehmigungspflichtig.** Der Genehmigung geht regelmäßig eine Interessensabwägung durch die zuständige Behörde voraus. Maßgeblich ist hierbei regelmäßig die Beantwortung der Frage, ob durch die Anbringung des gewollten Schildes/der gewollten Reklame das Erscheinungsbild des Denkmals auf rechtlich unzulässiger Weise beeinträchtigt wird. 142

Praxistipp:

Dem Antragsteller ist zu empfehlen, Kenntnis von den Einzelheiten der **Denkmalschutzbeschreibung** zu erlangen. Mitunter steht lediglich ein Teil (Treppe, Wandtäfelung etc), nicht jedoch das gesamte Gebäude unter Denkmalschutz.

Aus rein praktischer Sicht ist zudem generell eine offene Kommunikation mit bzw. die umfassende Einbeziehung der zuständigen Denkmalschutzbehörde zu empfehlen. Dies minimiert regelmäßig das Risiko einer ablehnenden Entscheidung durch die zuständige Behörde. Entsprechendes gilt es zu vermeiden, da dem Antragsteller gegen solche Entscheidungen zwar der Rechtsweg offensteht, er in einem solchen Falle aufgrund der regelmäßig langen Verfahrensdauer bei den zuständigen Verwaltungsgerichten vor allem erheblich Zeit verliert.

4. Aufzüge

143 Der Mieter ist grundsätzlich berechtigt, einen vorhandenen **Aufzug** zu nutzen; einer ausdrücklichen Nutzungsvereinbarung bedarf es regelmäßig nicht. Der Mieter darf grundsätzlich einen Personenaufzug unter Einhaltung der regelmäßig im Aufzug angegebenen Personenanzahl bzw. des zulässigen Gesamtgewichts auch für **Transporte** nutzen. Das Vorhandensein eines Aufzuges ist in Immobilien mit mehreren Stockwerken regelmäßig eine Notwendigkeit, insbesondere für die Nutzbarkeit der oberen Wohnungen. Die **Pflicht, einen Aufzug vorzuhalten,** ist seit den 70er Jahren in den **Landesbauordnungen** geregelt, bspw. Art. 37 Abs. 4 BayBO.

Der Aufzug muss vom Vermieter **rund um die Uhr** – also 365 Tage im Jahr – in Betrieb gehalten werden.[224] Es ist einem Vermieter zu diesem Zwecke und aufgrund der Bedeutung des Aufzuges zuzumuten, für die Instandsetzung bzw. Neuherstellung eines Fahrstuhls den **Gewinn** aus den Mieteinnahmen **eines Jahres** aufzuwenden, insbesondere, wenn dies gleichzeitig zu einer Wertsteigerung der Immobilie führt.[225] Zumutbar ist auch die Bezahlung von üblichen **Sonderaufschlägen** im Falle eines Ausfalls am Wochenende oder an Feiertagen. Die vormalige Auffassung von *Eisenschmid* wonach ausnahmsweise eine Stilllegung in Betracht kommen soll, wenn der Aufzug lediglich dem Luxuskomfort der Mieter dient und deshalb wichtige Belange der Mieter nicht entgegenstehen, hat dieser mittlerweile aufgegeben.[226]

144 Die mietvertragliche Klausel „Für etwaige, durch die Benutzung des Fahrstuhls entstehende **Schäden** haftet der Vermieter nur, soweit ihn vorsätzliches oder grob fahrlässiges **Verschulden** trifft", ist wegen Verstoßes gegen § 309 Ziffer 7a BGB unwirksam, da die Klausel auch die Haftung für Verletzungen von Leben, Körper, Gesundheit ausschließen würde. Die Unwirksamkeit der Klausel folgt auch aus § 307 BGB, da eine derartige Klausel insgesamt zu einer unangemessenen Benachteiligung des Mieters führen würde.[227]

5. Statik/bauliche Beschaffenheit

145 Der Vermieter hat die Räumlichkeiten so zu errichten, dass der Betrieb des beabsichtigten und vertraglich zulässigen Betriebes möglich ist. Dies gilt unter anderem für die erforderliche **Tragfähigkeit der Decken.**[228] Diese müssen insbesondere die Last der von Mieter eingebrachten, **verkehrsüblichen Einrichtungen** tragen können (zB die Röntgengeräte eines Radiologen); das entsprechende **Risiko** kann der Vermieter nicht wirksam auf dem Mieter **übertragen.**[229] Ist die konkrete Tragfähigkeit der Decken im Mietvertrag

[224] OLG Frankfurt a. M. NZM 2004, 909; LG Berlin ZMR 1986, 89.
[225] OLG Hamburg NJW 1976, 1320.
[226] Schmidt-Futterer/Eisenschmid BGB § 535 Rn. 246, 321.
[227] OLG Celle WuM 1990, 103.
[228] BGH WM 1964, 184.
[229] Fritz, Gewerberaummietrecht, Rn. 72.

benannt, ist diese Bestandteil der vereinbarten Beschaffenheit der Mietsache; der Vermieter ist somit verpflichtet, dieses Tragfähigkeit jederzeit zu gewährleisten.

Die Verpflichtung des Vermieters, dass die Mieträume bauseitig für die vorgesehene Nutzung geeignet sein müssen, gilt ebenso für die **Zugänge und Zufahrten**[230] zur Mietsache bzw. zum Objekt insgesamt. Richtet der Vermieter die Räumlichkeiten auf Wunsch des Mieters ein, kann dadurch die **Haftung ausgeschlossen** sein. Insbesondere soll der Vermieter verpflichtet sein, alle Arbeiten, die nach baupolizeilichen Vorschriften oder allgemeiner Verkehrsanschauung während der Mietzeit erforderlich sind, ausführen.[231] Wird im Mietvertrag festgelegt, dass die Änderung von baulichen Anlagen und Versorgungsleitungen im Mietobjekt durch den Mieter die schriftliche Einwilligung des Vermieters erfordern, kann der Vermieter außerordentlich kündigen, wenn der Mieter ungenehmigt bauliche Maßnahmen veranlasst, die die Gebäudesubstanz erheblich beeinträchtigen.[232] 146

6. Rauchverbot

Das Rauchen in den Mieträumen führt nach wie vor in zuverlässiger Regelmäßigkeit zu Spannungen zwischen Mieter und Vermieter und somit zur Belastung des Mietverhältnisses insgesamt. Hiermit einher geht regelmäßig auch die Frage, in welchem Umfang der Vermieter das Rauchen **verbieten** kann und wann der Mieter sich durch das Rauchen **schadensersatzpflichtig** macht. Der BGH ging nach früherer Rechtsprechung aus dem Jahre 2006[233] im Bereich der Wohnraummiete davon aus, dass der Mieter nur im Falle eines sog. **„Raucherexzesses"** gegenüber dem Vermieter zur Leistung von Schadensersatz verpflichtet ist. Diese Rechtsprechung präzisierte der BGH im Jahre 2008[234] dahingehend, dass eine Schadensersatzpflicht des Mieters nur dann bestehe, wenn das Rauchen zu solchen Verschlechterungen der Mietsache führt, die sich **nicht mehr durch Schönheitsreparaturen** iSd § 28 Abs. 4 S. 3 der II. Berechnungs-VO beseitigen lassen, sondern darüberhinausgehende Instandsetzungsarbeiten erfordern. Dies gelte unabhängig davon, ob ein Renovierungsbedarf bereits vorzeitig entsteht.[235] 147

Die Schadensersatzpflicht des Mieters kann somit zu einer **Verkürzung der Renovierungsabstände** bei wirksam übertragenen Schönheitsreparaturen führen. Das Gebot der gegenseitigen Rücksichtnahme kann zudem zur Konsequenz haben, dass eine Gebrauchsregelung hinsichtlich des Rauchens auf dem Balkon zu treffen ist, sodass dieses nur zu bestimmten Zeiten zulässig ist. In den verbleibenden Zeiten ist dann die Nutzung des Balkons durch den sich belästigt fühlenden Mieter möglich.[236]

Gesundheitsschädliche **Immissionen** durch Tabakrauch sind wesentliche Beeinträchtigungen, die nicht geduldet werden müssen. Das gilt auch im Verhältnis von Mietern untereinander.[237] die vorstehenden Wertungen sind ohne weiteres auf das Gewerberaummietrecht **übertragbar.** 148

Gleichwohl bestehen erhebliche **Unterschiede zwischen Wohn- und Gewerberaummietrecht** hinsichtlich der Möglichkeit der **formularmäßigen Untersagung** des Rauchens in den Mieträumen. Enthält der Mietvertrag hierzu keine Regelungen, gehört das Rauchen in den gemieteten Gewerberäumen, sofern keine öffentlich-rechtlichen Vorschriften dem entgegenstehen, grundsätzlich zum **sozialadäquaten Mietgebrauch** (§ 538 BGB). Abweichende Vereinbarungen sind erst recht im Gewerberaummietrecht zulässig, 149

---

[230] OLG Düsseldorf ZMR 2003, 107.
[231] Schmidt-Futterer/Eisenschmid BGB § 535 Rn. 309.
[232] Schmidt-Futterer/Streyl BGB § 543 Rn. 141.
[233] BGH NZM 2006, 692.
[234] BGH NZM 2008, 318.
[235] BGH NZM 2008, 318; 2015, 1239 („Raucher Friedhelm"), NZM 2015, 448 (Rauchen auf dem Balkon); Lehmann-Richter NZM 2015, 513.
[236] BGH NZM 2015, 448.
[237] BGH NZM 2015, 448.

zumal der BGH diese Möglichkeit bereits im Bereich der Wohnraummiete ausdrücklich bestätigt hat.

150 Ein generelles und ausnahmsloses formularvertragliches Rauchverbot würde im Wohnraummietrecht gegen § 307 BGB verstoßen, weil hierdurch unzulässigerweise wesentliche Rechte des Mieters aus Art. 2 GG dauerhaft eingeschränkt wären und dies das Erreichen des Vertragszwecks insgesamt gefährden würde.

151 Entsprechendes soll grundsätzlich auch für das Gewerberaummietrecht gelten, da so ggf. ein bestimmter Kunden- oder Mitarbeiterkreis von vornherein ausgeschlossen würde, was wiederum als unangemessene Benachteiligung des Mieters zu bewerten sein könnten.[238] Maßgeblich sind jedoch generell die Umstände des Einzelfalls, sodass beim Vorliegen eines berechtigten Interesses des Vermieters oder eines anderen relevanten Personenkreises (Mitmieter bzw. deren Kunden) ein umfassendes Rauchverbot in Betracht kommen kann. Denkbar wäre dies unter anderem in solchen Fällen, in denen das Rauchen den Vertragszweck anderer Mitmieter gefährden würde (Beeinträchtigung der Bewohner einer Erholungs- und Pflegeeinrichtung). In solchen Fällen folgt die Zulässigkeit eines umfassenden Rauchverbotes auf dem Gedanken, dass das Rauchen selbst nicht Vertragszweck ist, dieses jedoch gleichwohl den Vertragszweck anderer Mitmieter gefährdet. In diesen Fällen überwiegt das Interesse an der Ausübung des Vertragszwecks.

152 Die individualvertragliche Vereinbarung eines umfassenden Rauchverbotes ist generell möglich.[239] Die von den Bundesländern erlassenen **Nichtrauchergesetze** berechtigen keinen Gastwirt zur Kündigung des Mietverhältnisses; eine Vertragsanpassung gem. § 313 BGB kann ebenfalls nicht verlangt werden.[240] Der BGH hat zudem entschieden, dass die Einschränkungen durch die Nichtraucherschutzgesetze nicht zu einem Mangel der Mietsache führen und der Vermieter nicht verpflichtet ist, auf Verlangen des Mieters durch bauliche Maßnahmen die Voraussetzungen zu dafür schaffen, dass dieser einen gesetzlich erforderlichen Raucherbereich einrichten kann.[241]

7. Erweiterung des Geschäfts/Sortiments

153 Ob eine von dem Mieter von Geschäftsräumen beabsichtigte **Geschäftserweiterung** dem Zweck des Mietvertrages widerspricht und daher **vertragswidrig** ist, ist unter Würdigung aller Umstände des Einzelfalles nach den Grundsätzen von Treu und Glauben zu entscheiden.[242]

154 Ein vertragswidriger Gebrauch kann nur dann bejaht werden, wenn der Vermieter nach den Grundsätzen von Treu und Glauben nicht **verpflichtet** ist, einer Änderung oder Erweiterung des vereinbarten Mietgebrauchs **zuzustimmen**, und zwar unabhängig davon, ob ein ausdrücklicher **Erlaubnisvorbehalt** des Vermieters vereinbart ist oder nicht.[243] Der Mieter hat ein grundsätzlich zu berücksichtigendes **wirtschaftliches Interesse** an der Ausweitung seines Sortiments, insbesondere wenn dies existenziell ist. Eine Abänderung/Erweiterung des vereinbarten Mietgebrauchs kann der Vermieter nur dann verweigern und verhindern, wenn seine legitimen Interessen dadurch beeinträchtigt werden. Dies ist vor allem dann der Fall, wenn **Konkurrenzschutzansprüche** anderer Mieter entgegenstehen oder die Erweiterung zu einer Reduzierung des **Wertes der Immobilie** führen würde.

8. Genehmigungen/öffentlich-rechtliche Zulässigkeit des Mietgebrauchs

155 Die Gewährleistung der öffentlich-rechtlichen Zulässigkeit des jeweiligen Betriebes der Mietsache fällt grundsätzlich und vorbehaltlich anderweitiger Vereinbarungen in

---

[238] Paschke NZM 2008, 265; Schmid-Futterer/Eisenschmid BGB § 535 Rn. 463.
[239] Stapel NZM 2000, 595.
[240] Paschke NZM 2008, 265.
[241] BGH .
[242] BGH BB 1954, 246.
[243] OLG Düsseldorf NJWE-MietR 1996, 126, Fan- und Sportartikelverkauf im Herrenfriseursalon zur Gewinnung jüngerer Kundschaft; BGH NJW 1961, 307.

den Verantwortungsbereich des Vermieters, soweit diese von der Beschaffenheit der Mietsache selbst abhängt, vgl. § 535 Abs. 1 S. 2 BGB. Der Vermieter muss die erforderlichen Bau- und Nutzungsgenehmigungen beschaffen, da er seine Verpflichtung zur Gebrauchsgewährung ohne diese Genehmigungen gar nicht erfüllen könnte.[244]

Es entspricht der allgemeinen Auffassung in der Rechtsprechung und Literatur, dass öffentlich-rechtliche Gebrauchshindernisse und Beschränkungen Fehler der Mietsache iSd § 536 BGB sind, wenn sie mit der Art, Lage und Beschaffenheit der Mietsache zusammenhängen.[245] Gewerblich genutzte Räume befinden sich nur dann in einem zum vertragsgemäßen Gebrauch geeigneten Zustand, wenn der Aufnahme des vertraglich vorgesehenen Gewerbebetriebs keine öffentlich-rechtlichen Hindernisse bzw. Vorschriften entgegenstehen.[246] Notfalls muss der Vermieter die von der Behörde verlangten baulichen Maßnahmen durchführen. Beschränkungen, die ihren Grund in der Person des Mieters oder seiner betrieblichen Betätigung haben, sind von dem Mieter zu vertreten. 156

Es ist gemäß § 535 Abs. 1 S. 2 BGB grundsätzlich Sache des Vermieters, die für die Nutzung der Mietsache zu dem vereinbarten Gebrauch notwendigen Genehmigungen zu beschaffen. Anders verhält es sich bei einer **Gaststättenerlaubnis.** Hierbei handelt es sich um eine **persönliche Genehmigung,** deren Erteilung in erster Linie von der Person des Mieters und dessen Zuverlässigkeit abhängt, vgl. § 4 Abs. 1 S. 1 GaststättenG. 157

Durch einen Formularvertrag soll nichts anderes bestimmt werden können; insbesondere soll es nicht zulässig sein, durch Formularvertrag das Risiko der Versagung der erforderlichen behördlichen Genehmigungen voll auf den Mieter abzuwälzen.[247] Ausnahmen sind allerdings anerkannt für Risiken aus der Person oder dem Betrieb des Mieters.[248] Wird ein Haftungsausschluss vereinbart, der nach seinem Wortlaut nicht zwischen Genehmigungen, die alleine das Objekt betreffen und solchen, die von der Person des Mieters abhängen, differenziert, ist die Klausel nach der hier vertretenen Auffassung insgesamt unwirksam (Verbot der geltungserhaltenden Reduktion).[249] Nach anderer Auffassung sei die Klausel mit der Einschränkung aufrecht erhalten, dass den Mieter dennoch die Verantwortung für die persönlichen Genehmigungen treffe, da der Mieter stets die persönlichen Voraussetzungen schaffen müsse, die ihn zur Nutzung des Mietobjekts berechtigen. Deshalb sei die einschränkende Auslegung zweckentsprechend und würde den Mieter auch nicht unangemessen benachteiligen.[250] 158

Praxistipp:
Der Vermieter sollte in seinem Mietvertrag zwischen dem genehmigten Bestand, Genehmigungen die sich auf die Person/den individuellen Betrieb des Mieters beziehen und Genehmigungen, die notwendig werden, weil der Mieter seine Nutzung ändern will, differenzieren. Der Vermieter muss klarstellen, dass er für die Eignung des Gebäudes hinsichtlich Lage und Substanz zum Betrieb des vom Mieter geplanten Gewerbes einsteht; die Einholung sonstiger (Betriebs-)Genehmigungen kann er auf den Mieter übertragen. Es ist nur legitim, dass der Mieter für die Einholung solcher Genehmigungen verantwortlich sein soll, die zur Änderung von Art und Umfang der Nutzung erforderlich sind. Es empfiehlt sich für den Vermieter, dass er bei einem Mieterumbau individualvertraglich klarstellt, dass der Mieter für durch den Umbau erforderliche Genehmigungen verantwortlich ist und gleichzeitig erklärt, dass der Vermieter für den vor Umbau bestehenden Zustand haftet.

---

244 Emmerich/Sonnenschein/Emmerich BGB § 536 Rn. 11.
245 BGH NJW 1980, 777; OLG Düsseldorf ZMR 1993, 275; OLG Düsseldorf NZM 2003, 556; Schmidt-Futterer/Eisenschmid BGB § 536 Rn. 59; OLG Düsseldorf BeckRS 2011, 07147.
246 BGH NJW-RR 1987, 906; Emmerich/Sonnenschein/Emmerich BGB § 536 Rn. 11.
247 BGH NJW 1988, 2664; OLG Düsseldorf ZMR 1992, 446; LG Berlin NJW-RR 2002, 1450; Staudinger/Emmerich BGB § 536 Rn. 21; OLG Hamm BeckRS 2012, 10988.
248 Staudinger/Emmerich BGB § 536 Rn. 22.
249 BGH ZMR 1988, 376, anders: OLG Frankfurt a. M. WuM 1987, 143 und Fritz, Gewerberaummietrecht, Rn. 177.
250 Fritz, Gewerberaummietrecht, Rn. 177.

159 Öffentlich-rechtliche Gebrauchshindernisse sind dann ein Mangel der Mietsache, wenn die Beschränkungen ihre konkrete Ursache gerade in der Beschaffenheit der Mietsache und/oder deren Beziehung zur Umwelt haben und nicht in den persönlichen oder betrieblichen Umständen des Mieters.[251] So liegt bspw. grundsätzlich ein Mangel der Mietsache vor, wenn die **Gaststättenkonzession** wegen des Zustandes der Räume (Höhe, Schallschutz) oder einem unzureichenden Brandschutz verweigert wird.[252]

160 **Kein Mangel** der Mietsache und damit auch keine Gebrauchsbeeinträchtigung liegt vor, wenn die Behörde trotz Verstoßes gegen einschlägige Bestimmungen und Richtlinien den von den Parteien vereinbarten Gebrauch der Mietsache **duldet.**[253] Der Mieter muss durch die öffentlich-rechtlichen Beschränkungen und Gebrauchshindernisse in seinem vertragsgemäßen Gebrauch auch **tatsächlich eingeschränkt** werden.[254] Die Androhung einer Maßnahme kann jedoch dann einen Mangel begründen, wenn sie zu einer (ggf. langwährenden) Ungewissheit über die Möglichkeit des künftigen Gebrauchs führt und hierdurch gegenwärtige Interessen des Mieters beeinträchtigt sind.[255]

161 Die Nutzungsuntersagung mit Zwangsmittelandrohung berechtigt den Mieter grundsätzlich zur außerordentlichen, fristlosen Kündigung des Mietverhältnisses ohne vorherige Abmahnung durch den Vermieter, § 543 Abs. 1, 3 BGB.[256] Wird der Mieter zu einer außerordentlichen Kündigung aus wichtigem Grund herausgefordert, weil ihm der Vermieter den vertragsgemäßen Gebrauch der Mietsache aufgrund eines anfänglichen Mangels nicht gewährt oder wieder entzogen hat (zB Bauordnungswidrigkeit der Außenfassade infolge eines Wärmedämmverbundsystems, das brennbares Material enthält), haftet der Vermieter im Wege der verschuldensunabhängigen Garantiehaftung (§ 536a Abs. 1 Alt. 1 BGB) auch für den kündigungsbedingten Schaden des Mieters.[257] Der Mieter soll sich nicht auf einen Rechtsstreit mit der Behörde einlassen müssen. Hiervon muss allerdings dann eine Ausnahme gemacht werden, wenn der Vermieter die Risiken und die Kosten des verwaltungsgerichtlichen Verfahrens übernimmt und gleichzeitig unverzüglich mit der Beseitigung etwaiger Mängel beginnt. Von einem gewerblichen Mieter kann erwartet werden, dass er eine behördliche Verfügung kritisch auf ihre Rechtmäßigkeit hinterfragt,[258] die tatsächlichen Umstände würdigt und sich rechtlich beraten lässt. „Blinder" Gehorsam ist fehl am Platz. Es sollte also eine Einzelfallentscheidung bleiben, ob dem Mieter ein fristloses Kündigungsrecht und insbesondere ohne Abmahnung zusteht oder nicht. Der Mieter ist gut beraten, den Vermieter zumindest zu informieren bzw. dem Vermieter eine Frist zur Abhilfe zu setzen. Der Vermieter kann aber durch eine entsprechende Klausel Vorsorge tragen, dass der Mieter zunächst das ihm Zumutbare tun muss, um eine öffentlich-rechtliche Gebrauchsbeschränkung abzuwehren.

Formulierungsvorschlag:

162 Die Parteien sind verpflichtet, im Rahmen des für sie jeweils Zumutbaren ihre rechtlichen und tatsächlichen Gestaltungsmöglichkeiten ausnutzen, um Einschränkungen der zum Betrieb des Gewerbebetriebs bestehenden bzw. erforderlichen öffentlich-rechtlichen Genehmigungen zu verhindern.

[251] BGH ZMR 1994, 253; KG MDR 2003, 622; KG 23.3.2023 – 8 U 172/21, ZMR 2023, 870; Schmidt-Futterer/Eisenschmid BGB § 536 Rn. 59.

[252] BGH NJW-RR 1987, 906; KG MDR 2003, 622; OLG Düsseldorf NJW-RR 1988, 1424 und ZMR 1993, 275 und ZMR 1994, 253.

[253] OLG Düsseldorf NZM 2003, 556; OLG Köln OLGR 1998, 93; OLG Nürnberg NZM 1999, 419; OLG Düsseldorf BeckRS 2011, 07147.

[254] BGH NZM 2014, 165; NJW 2017, 1105 Rn. 15.

[255] BGH NJW 1971, 555; OLG Düsseldorf NZM 2003, 556; BGH NZM 2014, 165 Rn. 20; NJW 2017, 1105 Rn. 15.

[256] BGH NJW-RR 1987, 906; OLG Düsseldorf DWW 1993, 99; Schmidt-Futterer/Blank BGB § 543 Rn. 19.

[257] BGH NJW 2017, 1104 (Leitsatz).

[258] So auch BGH NZM 2014, 165.

9. Ungeziefer

Eine vertragliche Regelung, nach welcher der Mieter verpflichtet ist, die Mietsache von Ungeziefer freizuhalten und einen entsprechenden Befall eigene Kosten zu beseitigen, verstößt gegen § 307 BGB. Der Mieter von Räumen in einem Objekt, welches nicht vollständig in seinem Alleinbesitz steht, wäre auf Grundlage einer solchen Klausel verpflichtet, einen Ungezieferbefall auch dann zu beseitigen, wenn er diesen gar nicht durch sein Verhalten verursacht hat. Eine solche Regelung benachteiligt den Mieter unangemessen. 163

Im Umkehrschluss ist eine Klausel, die den Mieter zur Beseitigung eines aus seiner Sphäre stammenden Ungezieferbefalls verpflichtet, zulässig und wirksam (Sphärentheorie s. oben). Dem Mieter bleibt es dann unbenommen, zu beweisen, dass die Ursache des Ungezieferbefalls nicht aus seiner Sphäre stammt. 164

10. Rohrleitungen

Die Pflicht des Mieters, sämtliche Zu- und Abflussleitungen vor Verstopfungen, Einfrieren uÄ Beschädigungen zu bewahren, ist unwirksam. Der Mieter hat idR nur die Möglichkeit, die Leitungen in seiner Mieteinheit schützen und nicht die im gesamten Gebäude. Zum Schutz der Leitungen in seinen Mieträumen ist er ohnehin verpflichtet. Zahlt der Mieter die Leitungswasserversicherung über seine Betriebskosten, muss der Vermieter erst den Gebäudeversicherer und nicht den Mieter auf Schadensausgleich in Anspruch nehmen (versicherungsrechtliche Lösung).[259] 165

X. Mieterpflicht zur Duldung von Erhaltungsmaßnahmen, §§ 555a Abs. 1, 578 Abs. 2 BGB

1. Einleitung

Der Mieter ist zur Duldung von Instandsetzungs- und Instandhaltungsmaßnahmen nach Maßgabe von § 555a BGB verpflichtet. Die gesetzliche Regelung gilt nicht nur für Wohn-, sondern aufgrund entsprechenden Verweises in § 578 Abs. 2 BGB auch für den Gewerberaummieter. Die gesetzliche Regelung bestimmt hierbei ausdrücklich die entsprechende Anwendung von § 555a Abs. 1 bis Abs. 3. Die Regelung des § 555a Abs. 4 BGB findet somit im Gewerberaummietrecht keine Anwendung; abweichende Vereinbarungen zu Lasten des Mieters sind somit möglich. 166

2. Zu duldende Maßnahmen

Der Begriff der Erhaltungsmaßnahmen ist in § 555a Abs. 1 BGB legal definiert und umfasst Maßnahmen, die zur Instandhaltung oder Instandsetzung der Mietsache erforderlich sind. Nach allgemeinem Sprachgebrauch werden unter Instandhaltung im Wesentlichen kleinere, vorbeugende Arbeiten erfasst, die Mängel verhindern, also die Lebensdauer eines Bauteils verlängern sollen, während die Instandsetzung größere Arbeiten betrifft, die bereits eingetretene Mängel beheben sollen und sich auch werterhöhend auswirken können.[260] Der Begriff der Instandhaltungs- und Instandsetzungsarbeiten ist auch im Lichte von § 1 Abs. 2 Nr. 2 Betriebskostenverordnung zu sehen. Hiernach zählen zu den Instandhaltungs- und Instandsetzungskosten auch solche Kosten, die während der Nutzungsdauer zur Erhaltung des bestimmungsmäßigen Gebrauchs aufgewendet werden müssen, um die durch Abnutzung, Alterung und Witterungseinwirkung entstehenden baulichen oder sonstigen Mängel ordnungsgemäß zu beseitigen. Die Regelung des § 1 Abs. 2 Nr. 2 Betriebskostenverordnung findet über 167

[259] BGH NZM 2005, 100.
[260] Schmidt-Futterer/Eisenschmid BGB § 555a Rn. 1.

§ 556 Abs. 1 BGB auch Eingang in die dortigen mietrechtlichen Regelungen. Modernisierungen im Sinne von § 555b BGB sind hiervon hingegen nicht umfasst.

168 Der Austausch einer defekten Lüftungsanlage ist somit ebenso von der Duldungspflicht des Mieters umfasst, wie das Tapezieren und Anstreichen der Wände und Decken, das Erneuern bzw. Abschleifen der Fußböden, das Streichen der Fenster und Türen von innen und außen – so die Vornahme von Schönheitsreparaturen nicht wirksam dem Mieter auferlegt ist. Vorbereitende Maßnahmen sind als Bestandteil erforderliche Erhaltungsmaßnahmen ebenfalls von Seiten des Mieters zu dulden.

169 Erfolgt hingegen nicht nur ein bloßer Austausch der Lüftungsanlage, sondern in diesem Zusammenhang sogleich eine qualitative Veränderung des Gerätes, handelt es sich hierbei nicht um eine Erhaltungs-, sondern eine Modernisierungsmaßnahme. Hat die Modernisierung jedoch zugleich die Erhaltung der Lüftungsanlage zum Gegenstand, ist dies als **modernisierende Instandsetzungsmaßnahme** zu bewerten. Entscheidend für die rechtliche Einordnung ist der **Schwerpunkt** der Maßnahme. Überwiegt die qualitative Veränderung der Anlage, ist die Maßnahme als Modernisierung einzuordnen, § 555b iVm § 578 Abs. 2 BGB.[261]

170 Die Duldungspflicht des Mieters nach § 555a BGB erstreckt sich nicht nur auf die ihm überlassenen Mieträume, sondern auch auf sämtliche Grundstücks- und Gebäudeteile, die der Mieter im Rahmen des Mietgebrauchs zumindest mitbenutzen darf.[262] Dies gilt allerdings nicht für bauliche Veränderungen am Nachbargebäude, selbst wenn der Vermieter auch Eigentümer dieses Anwesens ist.[263]

3. Informationspflicht des Vermieters

171 Der Vermieter muss die Erhaltungsmaßnahmen **rechtzeitig ankündigen,** § 555a Abs. 2 BGB. Die Form- und Fristvorschriften für Modernisierungsmaßnahmen gemäß § 555c Abs. 1 BGB, die aufgrund entsprechenden Verweises in § 578 Abs. 2 BGB grds. auch im Gewerberaummietrecht gelten, finden im Zusammenhang mit der Ankündigung von Erhaltungsmaßnahmen keine Anwendung.

4. Umfang der Duldungspflicht

172 Duldung bedeutet das passive Verhalten des Mieters in Kenntnis der Vermietermaßnahmen, ohne diese zu behindern.[264] Darüber hinaus muss der Mieter dem Vermieter und den von ihm beauftragten Personen, also Handwerkern, Architekten etc aktiv den **Zutritt** zu den Mieträumen gestatten. Dies gilt nicht nur für die eigentliche Ausführung der beabsichtigten Erhaltungsmaßnahmen, sondern bereits für Arbeiten in der Vorbereitungs- und Planungsphase. Die Duldungspflicht des Mieters findet ihre Grenze dort, wo die beabsichtigte Maßnahme nicht für die Durchführung der beabsichtigten Erhaltung der Mietsache erforderlich ist, sondern als **Schikanierung** des Mieters zu bewerten ist, §§ 242, 226 BGB.

173 Der Mieter hat ferner die **Beeinträchtigungen,** die mit einer solchen Erhaltungsmaßnahme verbunden sind, beispielsweise **Immissionen** wie Lärm, Schmutz und Staub (§ 906 BGB), die temporäre Sperrung von Gas, Strom oder Wasser sowie Einschränkungen durch ein Baugerüst etc grundsätzlich zu tolerieren. Unter Umständen kann der Mieter auch zur vorübergehenden Räumung der Mieträume verpflichtet sein. Für die Zeit der Unnutzbarkeit der Mietsache entfällt die Mietzahlungspflicht.[265]

174 Die Duldungspflicht des Mieters aus § 555a Abs. 1 BGB bezieht sich nur auf die Durchführung der Maßnahme als solche. Ist die Instandhaltungsmaßnahme mit einer **dauerhaften Veränderung der Mietsache** verbunden, die keine Modernisierung gem.

[261] LG Berlin GE 2007, 652 – Fenstererneuerung, zu § 554 BGB aF.
[262] BeckOGK/Schepers BGB § 555a Rn. 38–43.
[263] MüKoBGB/Artz § 555a Rn. 11.
[264] KG NJW-RR 1988, 1420.
[265] LG Berlin GE 2002, 1269.

§ 555b BGB darstellt (zB Verringerung der Mietfläche oder Einschränkung der Nutzbarkeit der Mietsache), richtet sich die Duldungspflicht des Mieters nicht nach § 555a BGB, sondern nach § 242 BGB.[266]

Auch der **Untermieter** ist zur Duldung der Modernisierung verpflichtet. Der Vermieter kann – mangels eines eigenen Anspruchs gegenüber dem Untermieter – vom Mieter verlangen, dass dieser den Untermieter zur Duldung veranlasst. 175

Gleichzeitig ist der **Vermieter verpflichtet,** auf die Interessen des Mieters im Rahmen des für den Vermieter Vertretbaren **Rücksicht zu nehmen,** § 241 Abs. 2 BGB. Dies kann bspw. bedeuten, dass der Vermieter in Gewerberaumeinheiten versuchen muss, die besonders störungsintensiven Arbeiten auf die **Nacht** oder das **Wochenende** zu verlegen, selbst wenn dies mit Mehrkosten verbunden ist. 176

Allgemein ist zu beachten, dass die Duldung der beabsichtigten Maßnahme dem Mieter **zumutbar** sein muss. Maßgeblich sind insoweit die Umstände des Einzelfalls.

5. Mitwirkungspflicht des Mieters

Streitig ist, ob und in welchem Umfang der Mieter eine Mitwirkungspflicht hat und inwiefern eine solche durch Formularklausel begründet werden kann. Der Mieter ist grundsätzlich nur zur Duldung, also zu einem **passiven Verhalten,** verpflichtet. Er darf die Arbeiten somit nicht ver- oder behindern.[267] Darüber hinaus soll es den Mieter nach hM aber nach Treu und Glauben (§ 242 BGB) obliegen, seine höchstpersönlichen Sachen und Unterlagen so zusammenzustellen, dass diese von Seiten des Vermieters ohne weiteres abtransportiert werden können.[268] Der Mieter kann für die Erfüllung dieser aktiven Mitwirkungspflicht von Seiten des Vermieters Aufwendungsersatz verlangen, bspw. für den Einsatz eigener Mitarbeiter bzw. die Beauftragung sonstiger Dienstleister, §§ 578 Abs. 1, 555a Abs. 3 BGB. Dies gilt auch für die Kosten der Einlagerung mieterseitigen Inventars. 177

Eine Verpflichtung des Mieters, die an ihn vermieteten Räume zu verlassen bzw. „zu räumen" und in ggf. Ersatzräumlichkeiten zu nutzen, kommt allenfalls unter sehr engen Voraussetzungen und etwa dann in Betracht, wenn Erhaltungsmaßnahmen bei einem baufälligen Haus nicht anders erledigt werden können. Der Besitz des vertragstreuen Mieters an den an ihn vermieteten Räumlichkeiten darf ihm (auch anlässlich von Modernisierungs- oder Instandsetzungsarbeiten) ohne beachtliche Gründe nicht (auch nicht nur zeitweilig) entzogen werden.[269]

Vereinzelt wird auch die Auffassung vertreten, dass der Mieter zu keinerlei aktivem Verhalten verpflichtet sei. Nach dieser Auffassung soll sogar eine formularvertragliche Vereinbarung über eine aktive Mitwirkungspflicht des Mieters unwirksam sein.[270] 178

Dem ist nicht zu folgen. Diese Auffassung legt den Begriff der „Duldung" zu eng aus. Eine solche Auslegung wird den Lebenswirklichkeiten und den Interessen der Vertragsparteien nicht gerecht. Gerade im Gewerberaummietrecht hat der Mieter aufgrund einer gebrauchsbedingt häufig erhöhten Abnutzung der Mietsache ein erhebliches Interesse an der Ausführung regelmäßiger Reparatur- und Instandhaltungsmaßnahmen durch den Vermieter. 179

Der Mieter hat bereits aus rein praktischen Gründen regelmäßig ein Interesse daran, an der Durchführung von Erhaltungsmaßnahmen zumindest insoweit mitzuwirken, als dass diese Mitwirkung der Vermeidung von Schäden an seinem Inventar oder anderen werthaltigen Gütern dient. Es wäre zudem nicht nachvollziehbar, warum dem Vermieter die Übertragung von Schönheitsreparaturen sowie weitgehender Instandhaltungs- und Instandsetzungspflichten auf den Mieter möglich sein soll, nicht aber die Übertragung

---

[266] Für das Wohnraummietrecht vgl. BGH NZM 2018, 226: Keine Modernisierung bei grundlegender Veränderung der Mietsache.

[267] LG Berlin NJW-RR 1996, 1163; Schmidt-Futterer/Eisenschmid BGB § 555a Rn. 23.

[268] Schmidt-Futterer/Eisenschmid BGB § 555a Rn. 31.

[269] Für das Wohnraummietrecht: LG Berlin ZMR 2025, 16.

[270] Lindner-Figura/Oprée/Stellmann Geschäftsraummiete-HdB/Hübner § 13 Rn. 124.

geringer Mitwirkungspflichten zum Zwecke der Durchführung von Erhaltungsmaßnahmen. Eine unangemessene Benachteiligung ist hiermit regelmäßig nicht verbunden. Dafür spricht auch die Gesetzessystematik, da § 578 Abs. 2 BGB ausdrücklich nicht auf § 555a Abs. 4 BGB verweist und dieser somit nicht entsprechend Anwendung findet.

Muster: Duldungsklausel

180 1. Der Vermieter ist auch ohne Zustimmung des Mieters zur Ausführung von baulichen Maßnahmen berechtigt, die der Erhaltung der Mietsache dienen oder zur Abwendung drohender Gefahren oder zur Beseitigung von Schäden notwendig oder zweckmäßig sind. Entsprechendes gilt auch Maßnahmen zur Veränderung des Gebäudes oder der Mietsache, sofern diese notwendig und/oder zweckmäßig sind, das Gebäude und/oder die Mietsache auf dem aktuellen Stand der Technik zu halten bzw. zu bringen.
2. Der Mieter ist verpflichtet, nach Ankündigung mit angemessenem zeitlichen Vorlauf dem Vermieter sowie den von ihm beauftragten Personen Zutritt zu den von ihm genutzten Räumen zu gewähren. Sofern notwendig und dem Mieter zumutbar, hat dieser die für die Ausführung der Maßnahme notwendige Baufreiheit zu gewährleisten.
3. Der Vermieter ist verpflichtet, die Interessen des Mieters bei Ausführung der Maßnahmen angemessen zu berücksichtigen. Der Vermieter hat hierbei auf die Betriebszeiten des Mieters Rücksicht nehmen und zu diesem Zwecke die Arbeiten mit angemessener Frist ankündigen und ausführen.
4. Der Mieter ist aufgrund von Beeinträchtigungen durch Maßnahmen nach Absatz 1 nur für den Fall zur Mietminderung berechtigt, dass diese durchgehend länger als zwei Wochen andauern und als erheblich zu bewerten sind. Der vorstehende Mindestzeitraum findet bei der Berechnung der Minderungshöhe keine Berücksichtigung. Entsprechendes gilt auch für die Geltendmachung von Schadensersatz.
Eine erhebliche Beeinträchtigung liegt insbesondere dann vor, wenn der Gebrauch der Mieträume ganz oder überwiegend unmöglich wird. Schadensersatzansprüche stehen dem Mieter nur bei Vorsatz oder grober Fahrlässigkeit des Vermieters oder seiner Erfüllungsgehilfen zu. Die Haftung des Vermieters für Schäden aus der Verletzung des Lebens, des Körpers oder der Gesundheit, die auf einer fahrlässigen Pflichtverletzung des Vermieters oder einer vorsätzlichen oder fahrlässigen Pflichtverletzung eines gesetzlichen Vertreters oder Erfüllungsgehilfen des Vermieters beruhen, bleibt unberührt.

Praxistipp:

Die gesetzliche Regelung des § 578 Abs. 2 BGB verweist nach dem Willen des Gesetzgebers bewusst nicht auf § 559 BGB. Der Vermieter eines Gewerberaummietverhältnisses ist somit grundsätzlich nicht zu einer Modernisierungsmieterhöhung berechtigt. Es ist daher zu empfehlen, die Anwendung des § 559 BGB vertraglich zu vereinbaren. Alternativ besteht auch die Möglichkeit, im Einzelfall eine Vereinbarung über die konkrete Mieterhöhung herbeizuführen.

6. Kompensation, Mietminderung, Kündigungsrecht

181 Aufwendungen, die der Mieter infolge einer Erhaltungsmaßnahme machen musste, hat der Vermieter zu ersetzen, § 555a Abs. 3 Satz 1 BGB. Ersatzfähige Aufwendungen sind unter anderem Reinigungskosten, die Kosten einer Aufsichtsperson, eine Anschlussrenovierung, eine Hotelunterkunft oder solche für die Einlagerung von Möbeln.[271]

Praxistipp:

Der Vermieter sollte auch zur Berechnung eines möglichen Aufwendungsersatzes darauf achten, den Zustand der Mietsache zu Beginn des Mietverhältnisses und insbesondere vor Beginn der Erhaltungsmaßnahme genau und umfassend zu dokumentieren. Andernfalls ist eine Differenzierung dahingehend, ob eine Renovierung aufgrund der ausgeführten Erhaltungsmaßnahme oder aufgrund eines schuldhaften Mieterverhaltens erforderlich ist, nur schwer möglich.

182 Der zur Duldung verpflichtete Mieter ist mit seinen Gewährleistungsrechten gem. §§ 536 ff. BGB nicht ausgeschlossen. Es ist ihm unverändert möglich, die Miete zu

[271] Schmidt-Futterer/Eisenschmid BGB § 555a Rn. 45.

mindern und Schadensersatz zu verlangen. Letzteres erfordert eine schuldhafte Pflichtverletzung des Vermieters. Die bloße Durchführung von Erhaltungsmaßnahmen genügt hierfür nicht.[272] Dies folgt bereits aus dem Umstand, dass der Vermieter mit derartigen Maßnahmen vor allem die Erfüllung seiner Kardinalpflicht nach § 535 Abs. 1 Satz 2 BGB gewährleistet. Der in § 555a Abs. 3 BGB normierte Aufwendungsersatzanspruch liefe leer, wenn der Vermieter quasi verschuldensunabhängig ohnehin nach § 536a Abs. 1 Alt. 2 BGB haften würde. Der Mieter hat einen Anspruch gegen den Vermieter gem. § 536a Abs. 1 Alt. 2 BGB, wenn die Bauausführung mangelhaft ist und dem Mieter hierdurch ein Schaden entsteht. Erleidet der Mieter infolge einer Erhaltungsmaßnahme Umsatzeinbußen, sind diese nicht als Aufwendung iSv § 555a Abs. 3 BGB zu bewerten.[273] Die vertragliche Abbedingung des gesetzlichen Aufwendungsersatzanspruch gem. § 555a Abs. 3 BGB ist möglich. Verhindert der Mieter – etwa indem er Erhaltungsmaßnahmen pflichtwidrig nicht duldet oder ihre Duldung von ungerechtfertigten Forderungen abhängig macht – unberechtigt die Mangelbeseitigung durch den Vermieter, folgt aus den Grundsätzen von Treu und Glauben gemäß § 242 BGB, dass der Mieter sich ab dem Zeitpunkt nicht mehr auf die Minderung berufen kann, ab dem die Mangelbeseitigung ohne sein verhinderndes Verhalten nach dem gewöhnlichen Lauf der Dinge voraussichtlich abgeschlossen gewesen wäre und der Vermieter wieder die ungeminderte Miete hätte verlangen dürfen.[274]

7. Prozessuale Durchsetzung

Einen Anlass zur Erhebung einer Klage auf Duldung von Baumaßnahmen (§ 555a Abs. 1, § 555d Abs. 1 BGB) gibt der Mieter in der Regel (noch) nicht, wenn er die mit der Ankündigung der geplanten Baumaßnahmen verknüpfte Aufforderung des Vermieters zur Abgabe einer Duldungserklärung unbeachtet lässt. Die Bejahung eines Klageanlasses im Sinne von § 93 ZPO kommt erst in Betracht, wenn der Vermieter den Mieter nach Ablauf einer angemessenen Frist im Anschluss an die Ankündigung (erneut) vergeblich zur Abgabe einer Duldungserklärung aufgefordert hat.[275] 183

Der Anspruch des Vermieters ist auf Duldung der Maßnahme und der damit verbundenen Einwirkungen sowie gegebenenfalls auf Unterlassung von Behinderungen gerichtet. Ebenso besteht die Möglichkeit, einen solchen Anspruch im Wege einer **einstweiligen Verfügung** durchzusetzen. Dies gilt allerdings nur für den Fall, dass die Instandsetzung besonders dringlich ist, zum Beispiel aufgrund eines Wasserrohrbruchs und einer hiermit verbundenen, akuten Gefahr für das Gebäude.[276] Im Ergebnis müssen die Rechtsgüter anderer Mieter und das Eigentum des Vermieters gegenüber den Interessen des Mieters an der Unverletzlichkeit seiner Geschäftsräume **überwiegen.** Die drohende Entstehung wirtschaftlicher Nachteile reicht für eine Leistungsverfügung grundsätzlich nicht aus. Im Hauptsacheverfahren muss der Vermieter lediglich Art und Umfang der Maßnahme darlegen und deren Erforderlichkeit unter Beweis stellen. Eine Abwägung, wie bei Modernisierungsmaßnahmen (§ 555d Abs. 2 BGB), findet nicht statt.

Verweigert der Mieter trotz rechtskräftiger Verurteilung die Duldung einer Maßnahme, kann dies die (ordentliche) Kündigung des Mietverhältnisses rechtfertigen.[277]

XI. Besichtigungsrecht

Der **Wohnraummieter** ist verpflichtet, dem Vermieter das Betreten und die Besichtigung der Mieträume zu gestatten, sofern hierfür ein konkreter sachlicher Grund vor- 184

[272] BGH NZM 2015, 538.
[273] BGH NZM 2015, 538.
[274] BGH NZM 2015, 538.
[275] BGH ZMR 2021, 804.
[276] hM: Schmidt-Futterer/Eisenschmid BGB § 555a Rn. 75.
[277] LG Berlin ZMR 2020, 748.

liegt.[278] Eine entsprechende Verpflichtung resultiert nach allgemeiner Auffassung aus §§ 535, 241 Abs. 2 BGB im Sinne einer vertraglichen Nebenpflicht.[279]

185 Diese Grundsätze finden aufgrund der vergleichbaren Interessenslage entsprechend Anwendung auf den **Gewerberaummieter,**[280] wenngleich entsprechende BGH-Judikatur sowie fundierte Stellungnahmen in der juristischen Literatur bislang fehlen.

1. Gesetzliche Nebenpflicht

186 Die gewerblich genutzten Mieträume unterliegen nicht dem **grundgesetzlichen Schutz** nach Art. 13 GG. Der Mieter hat gleichwohl auch dort das **Hausrecht.** Dieses begründet **Abwehrrechte** aus Besitz (§§ 858 ff. BGB) und ist notwehrfähig nach § 227 BGB.[281] Der Mieter hat ein Recht auf ungestörten **Alleinbesitz,** insbesondere gegenüber dem Vermieter.[282] Dieses leitet sich auch für den Gewerberaummieter aus Art. 13 GG ab. Eine Orientierung an den Grundsätzen der Rechtsprechung aus dem Bereich des Wohnraummietrechts ist geboten.[283] Eine Übertragung dieser Grundsätze eins zu eins auf den Gewerberaummieter ist abzulehnen, da der Wohnraummieter als schützenswerter einzuordnen ist.

187 Der Vermieter hat ungeachtet möglicher vertraglicher Abreden einen Anspruch auf **Betreten** und **Besichtigen** der Mieträume, wenn hierfür ein konkreter **sachlicher Grund** vorliegt und die Abwägung die Interessen des Vermieters die des Mieter überwiegen.[284] Ein konkreter sachlicher Grund liegt unter anderem vor, wenn die Besichtigung der Mieträume zur Durchführung von **Erhaltungs- oder Modernisierungsmaßnahmen** erforderlich ist, der beabsichtigte **Verkauf** der Mietsache deren Besichtigung durch Kaufinteressenten erfordert, der Mieter **gekündigt** hat und die Besichtigung der Mietsache zur nahtlosen Weitervermietung erforderlich ist oder wenn konkrete Tatsachen die Annahme rechtfertigen, dass der Mieter die Mieträume **beschädigt** hat.

188 Der Vermieter ist verpflichtet, dem Mieter den **Grund** der gewünschten Besichtigung mitzuteilen und diese mit ausreichend **zeitlichem Vorlauf** anzukündigen. Der Umfang des zeitlichen Verlaufs bestimmt sich nach den Umständen des Einzelfalls; die Interessen von Mieter und Vermieter sind hierbei gleichermaßen zu berücksichtigen. Bei Gefahr im Verzug kann der Mieter verpflichtet sein, dem Vermieter unverzüglich und somit ohne zeitlichen Vorlauf die Besichtigung der Mietsache zu ermöglichen. Eine Besichtigung der Mietsache am Wochenende[285] kommt grundsätzlich nur dann in Betracht, wenn der Mieter sein Gewerbe ohnehin am Wochenende geöffnet hat.

189 Hat der Vermieter aufgrund **mehrerer bzw. verschiedener Interessen** einen Anspruch auf Besichtigung der mieterseitigen Wohnung, so ist er dazu gehalten, seinen Anspruch so zu realisieren, dass den Interessen des Vermieters möglichst durch einen **einheitlichen Besichtigungstermin** genüge getan wird. Die Erfüllung des Besichtigungsanspruchs ist unter Berücksichtigung der Interessen des Mieters und somit für ihn schonend aufgrund des grundrechtlichen Schutzes nach Art. 13 GG geltend zu machen. Das Schikaneverbot (§ 226 BGB) ist zu beachten. Der Besichtigungstermin darf **zeitlich** nur so lange dauern, wie dies zur Zweckerfüllung erforderlich ist. Der Vermieter darf in der Wohnung **Fotos** machen, sofern dies dem Besichtigungszweck zuträglich ist und schützenswerte Interessen des Mieters dem nicht entgegenstehen; in diesem Zusammenhang ist insbesondere dessen Privatsphäre zu beachten. Der Besichtigungsanspruch des Vermieters kann auch

278 BGH BeckRS 2014, 14871.
279 AG Hamburg NZM 2007, 211; Börstinghaus/Siegmund/Siegmund, 8. Aufl. 2025, BGB § 535 Rn. 290; BGH NJW 2014, 2566.
280 Schmidt-Futterer/Lehmann-Richter BGB § 535 Rn. 986.
281 Grüneberg/Ellenberger BGB § 227 Rn. 3.
282 BVerfG NZM 2004, 186.
283 BGH NJW 2014, 2566.
284 BVerfG NJW 1993, 2035; NZM 2004, 186.
285 BVerfG NZM 2004, 186.

den Zutritt von **Begleitpersonen** umfassen, sofern dies zur Erfüllung des Besichtigungszwecks erforderlich ist (Bsp.: Handwerker, Architekten, Fachleute im Allgemeinen sowie Kauf- und Mietinteressenten). Ein **periodisches Besichtigungsrecht** (zB alle 2 Jahre) des Vermieters ist abzulehnen. Erforderlich ist stets das Vorliegen eines sachlichen Grundes auf Vermieterseite.[286]

2. Vertragliche Vereinbarung

Der Vermieter regelt üblicherweise sein Recht zum Betreten der Mieträume zum Zwecke der allgemeinen Prüfung des Zustands bzw. aus anderen berechtigten Anlässen (zB Durchführung von Reparaturen, der Installation/dem Ablesen von Heizungs- und Wasserzählern, bei Verkaufsabsicht, nach Kündigung etc.) im Vertrag. 190

Eine solche Erweiterung dieser Vermieterrechte durch **Allgemeine Geschäftsbedingungen** ist unter Berücksichtigung der Besonderheiten des jeweiligen Mietverhältnisses möglich. Dies gilt beispielsweise für die Vereinbarung eines Besichtigungsrechts auch am Wochenende, sofern der jeweilige Gewerberaummieter sein Ladenlokal an diesem Tage geöffnet hat. Die Vereinbarung eines **anlasslosen Besichtigungsrechts** ist abzulehnen. Klauseln, die ein Betretungsrecht des Vermieters zur allgemeinen bzw. turnusmäßigen Überprüfung der Mietsache vorsehen, sind insoweit unwirksam.[287] 191

Eine Vereinbarung, nach der der Vermieter die Räume **jederzeit** unter Verwendung eines ihm verbliebenen Schlüssels besichtigen darf, unabhängig von der Zustimmung und der Anwesenheit des Mieters, ist **unwirksam,** §§ 307, 138 BGB. 192

3. Prozessuale Durchsetzung

Lehnt der Mieter die Besichtigung und somit das Betreten durch den Vermieter ab, ist dieser gehalten, seine Ansprüche prozessual durchzusetzen. Verschafft sich der Vermieter eigenmächtig Zutritt, ohne dass dies als **Notstand,** § 904 BGB, oder **Nothilfe,** § 32 StGB, gerechtfertigt wäre, ist dieses Vorgehen als **Hausfriedensbruch** (§ 123 StGB) zu bewerten. Die Erfüllung weiterer Straftatbestände kommt ebenfalls in Betracht (Nötigung, § 240 StGB, Sachbeschädigung, § 303 StGB, etc.). 193

Der Erlass einer einstweiligen Verfügung ist nur im Ausnahmefall zulässig, da es in der Regel am Verfügungsgrund, der Eilbedürftigkeit fehlen wird.[288]

XII. Nutzung von Gemeinschaftsflächen und -einrichtungen

1. Nutzung durch den Mieter

a) Vertragsgegenstand. Der Mieter in einem Großobjekt (zB Einkaufscenter, Mall, Bürohaus, Arztzentrum) ist nicht nur auf die Nutzung der eigentlichen Mieträume angewiesen, die ihm zum alleinigen Mietgebrauch überlassen werden. Die Anmietung gewerblicher Räumlichkeiten in Großobjekten bringt es mit sich, dass der Mieter, seine Arbeitnehmer und seine Kunden auch die Gemeinschaftsflächen und -einrichtungen nutzen müssen. Bei Raummietverhältnissen umfasst die Leistungspflicht des Vermieters die Mitüberlassung derjenigen Teile des Gebäudes und des Grundstücks, die üblicherweise mit der Nutzung der gemieteten Gewerbefläche verbunden[289] und damit zum 194

[286] Dafür: LG Stuttgart ZMR 1985, 273; LG Oldenburg ZMR 2012, 956; Bub/Treier MietR-HdB/Kraemer Kap. III Rn. 1127; Schlüter NZM 2006, 681; Grüneberg/Weidenkaff BGB § 535 Rn. 82; Herrlein ZMR 2007, 247; Lützenkirchen NJW 2007, 2152. Dagegen: Blank/Börstinghaus/Blank BGB § 535 Rn. 299; Emmerich/Sonnenschein/Emmerich BGB § 535 Rn. 56; AG Bonn NZM 2006, 698; MüKoBGB/Häublein § 535 Rn. 135.

[287] BGH BeckRS 2014, 14871.

[288] LG Duisburg NZM 2006, 897; vgl. auch Durchsetzbarkeit von Duldungsansprüchen nach §§ 555a Abs. 1, 555d Abs. 1 BGB.

[289] BGH NJW 2007, 146 Rn. 9; OLG Düsseldorf BeckRS 2011, 17447.

ungestörten Mietgebrauch notwendig sind.[290] Eine ausdrückliche vertragliche Vereinbarung ist nicht erforderlich.[291] Erfasst sind Zugangswege, Höfe, Eingangstüren, Aufzüge, das Treppenhaus und Flure, ggf. auch Parkplätze und Ruhezonen.[292] Diese Flächen und Räume, die der Mieter nur mitbenutzen darf, sind jedoch nicht mitvermietet.[293] Die Nutzung dieser Flächen ist grds. mit dem vereinbarten Mietzins abgegolten.[294]

195 Durch den Gebrauch an solchen Flächen erlangt der Mieter jedoch keine Besitzschutzansprüche, die er gegenüber dem Vermieter geltend machen kann. Ohne besondere vertragliche Absprachen besteht kein Recht zum Mitbesitz.[295] Andernfalls würde die Reichweite der mietvertraglichen Besitzrechte in ganz unbestimmter Weise erweitert, und zwar auf einen ggf. großen Personenkreis. Außerdem ist anerkannt, dass nicht jedes Nutzungsrecht vertraglichen oder besitzrechtlichen Bestandsschutz genießt. Die bloße Erlaubnis einer bestimmten Nutzung kann ggf. auf Gefälligkeit beruhen und aus sachlichen Gründen widerrufen werden.[296]

196 Es ist aber nicht ausgeschlossen, dass die Mietvertragsparteien auch **besondere Regelungen für die Nutzung von Gemeinschafts- bzw. Nebenflächen** treffen, etwa dergestalt, dass diese anteilig als Mietgegenstand definiert werden. In diesem Rahmen wird es für möglich gehalten, für solche Flächen einen gesonderten Mietzins auszuweisen.[297] Das kann insbesondere dann naheliegen und auch wirtschaftlich gerechtfertigt sein, wenn solche Flächen mietergerecht – etwa als Warteräume oder sonstige dem Mietgebrauch dienliche Funktionsflächen – ausgestaltet sind.

197 Teile von Gemeinschaftsflächen können auch dann Gegenstand gesonderter Anmietung sein, wenn sich der Mieter außerhalb der angemieteten Räume (Ladenlokal) auf einer Teilfläche gewerblich betätigen darf, etwa durch den Betrieb eines Werbe- oder Verkaufsstands. Wenn Nebenflächen als Mietgegenstand beschrieben werden und für diese Flächen anteilig Mietzins zu entrichten ist (zB die Mietflächenangabe beinhaltet 9 % anteilige Nebenfläche), beurteilt sich die Wirksamkeit solcher Klauseln nach § 305c Abs. 1 BGB und nicht nach § 307 BGB.[298] Welcher konkrete Bereich der Gemeinschafts- oder Verkehrsfläche dem Mieter zur eigenen Nutzung zur Verfügung steht, bedarf zur Wahrung der Textform der konkreten vertraglichen Festlegung.[299]

198 Vertragsgegenstand können aber auch weitere Einrichtungen sein, die für eine Mehrzahl oder alle Mieter installiert worden sind. Die Vermietung von gewerblich genutzten Räumlichkeiten geht teilweise mit der Bereitstellung zusätzlicher Anlagen oder Dienstleistungen einher. Dazu können etwa **zentrale Konferenz- oder Freizeiträume** gehören, deren Nutzung durch ein pauschales Entgelt oder fallbezogen abgegolten wird. In Büroobjekten oder Arztzentren kommen zusätzlich zentrale Leistungskomplexe (Pools) in Betracht, die für alle Mieter zentrale (Dienst- oder Werk-)Leistungen bereithalten. Dabei kann es sich um **zentrale Schreibbüros oder Labors** handeln, die dem einzelnen Mieter für entsprechende Zwecke die ständige Vorhaltung eigener Anlagen und eigenen Personals ersparen. Bei solchen zusätzlichen Leistungen wird es sich aber zumeist nicht

[290] Flatow NZM 2007, 432 (432).

[291] BGH NJW 2007, 146 Rn. 9; KG ZMR 2013, 181; OLG Düsseldorf Grundeigentum 2009, 1187; Neuhaus Geschäftsraummiete-HdB Kap. 7 Rn. 25.

[292] KG ZMR 2013, 181; Grüneberg/Weidenkaff BGB § 535 Rn. 16; Schmidt-Futterer/Lehmann-Richter BGB § 535 Rn. 490.

[293] KG ZMR 2013, 181; Grundeigentum 1999, 252; Grüneberg/Weidenkaff BGB § 535 Rn. 16.

[294] KG KGR 2002, 81.

[295] BGH 4.9.2019 – XII ZR 52/18, NZM 2019, 941 (943); KG ZMR 2013, 181; Guhling/Günter/Menn BGB § 535 Rn. 57; Neuhaus Geschäftsraummiete-HdB Kap. 7 Rn. 25.

[296] LG Berlin BeckRS 2011, 21552.

[297] KG BeckRS 2004, 07271; OLG Düsseldorf NJW-RR 2000, 1681.

[298] KG BeckRS 2004, 07271; zu § 3 AGBG vgl. OLG Düsseldorf NJW-RR 2000, 1681; eine Mietflächenberechnung, die sich an der „Fläche zwischen den Achsen der Begrenzungswände“ eines noch fertig zu stellenden Mietobjekts orientieren soll, hat der BGH dagegen (NZM 2001, 234) nicht für überraschend gehalten.

[299] BGH NZM 2014, 471 für das bis 31.12.2024 gesetzlich vorgesehene Schriftformerfordernis.

um mietrechtliche Vereinbarungen im engeren Sinne handeln. Es liegt vielmehr ein **Mischvertrag** vor, der neben den mietrechtlichen Pflichten auch solche mit dienst- oder werkvertraglichem Charakter regelt. Nach der herrschenden **Übergewichtstheorie** kommt es für die Frage, ob ein Vertrag dann als Mietvertrag oder als ein anderer Vertragstyp einzuordnen ist, maßgeblich darauf an, welche Nutzungsart nach dem übereinstimmenden Parteiwillen überwiegt.[300] Das wird im Zweifel der mietvertragliche Leistungsaustausch sein. Gleichwohl dürfte bei Zusatzleistungen etwa dienstrechtlicher Art eine flächenanteilige Kostenumlage (anstelle von leistungsbezogenen Zusatzentgelten) eher sachwidrig sein.

b) Festlegung des Vertragszwecks und des vertragsgemäßen Gebrauchs. Mietzweck 199 und Mietgebrauch sind eng miteinander verzahnt, denn aus dem Mietzweck ergibt sich idR auch, wie der Mieter die Mietsache nutzen darf. Der Umfang des vertragsgemäßen Gebrauchs richtet sich jeweils nach den konkreten vertraglichen Vereinbarungen und dem Vertragszweck.[301] Der Zusammenhang zwischen dem Mietzweck und dem Mietgebrauch macht aber zumeist nicht die vertragliche Festlegung entbehrlich, welche Räumlichkeiten bzw. Flächen der Mieter konkret nutzen darf. Bei Großobjekten (zB Bürohäusern, Einkaufszentren) können die vertraglichen Nutzflächen ganz unterschiedlichen Teilbereichen komplexer Baulichkeiten zugeordnet sein. Außerdem können in unterschiedlicher Ausgestaltung vertragliche Rechte zur Mitbenutzung von Gemeinschaftsflächen (etwa für Verkaufs- und Werbestände, für die Lagerhaltung oder die Müllentsorgung) in Betracht kommen. Wenn die dem jeweiligen Mieter für seinen Mietgebrauch zugewiesene Fläche nicht eindeutig von anderen Nutzflächen abgegrenzt ist, empfiehlt sich die Kennzeichnung der Mietfläche anhand eines Lageplans, der mit dem Mietvertrag fest verbunden sein sollte. Dies gilt auch nach Wegfall derSchriftform iSv § 550 S. 1 BGB aF, da der Mietgegenstand auch bei dem Erfordernis der Textform konkret bestimmbar sein muss. Die Berechtigung zur Mitbenutzung von Flächen oder Einrichtungen, die auch anderen Mietern offen stehen, ist dem Gebrauchsumfang nach positiv zu beschreiben. Aus Unklarheiten über den Gegenstand des Mietvertrags und den Umfang des Mietgebrauchs können sich für den Vermieter wirtschaftliche Nachteile ergeben. Probleme können sich auch bei etwaigen Abwehrrechten gegenüber dem Mieter ergeben, soweit dieser einen **vertragswidrigen oder übermäßigen Gebrauch von Gemeinschaftsflächen** ausübt.[302]

Klarstellungen hinsichtlich der vertragsgemäßen Gebrauchsbefugnisse sind aber 200 auch für den Mieter wichtig. Insbesondere der Umfang eines vertragsgemäßen (Mit-) Gebrauchs bei zentralen Einrichtungen bedarf im Zweifel der ausdrücklichen vertraglichen Festlegung. Zwar können ausdrückliche Vereinbarungen dann entbehrlich sein, wenn das Mitbenutzungsrecht ohne weiteres aus den funktionalen oder organisatorischen Gegebenheiten hervorgeht und die Parteien deshalb besondere Regelungen für entbehrlich halten.[303] In einer komplexen wirtschaftlichen und organisatorischen Einheit wie einem Einkaufszentrum wird sich ein Gebrauchsrecht in Bezug auf bestimmte Gemeinschaftsanlagen und -flächen jedoch eher selten allein aus den örtlichen und funktionalen Gegebenheiten heraus erschließen. Grundsätzlich besteht daher ein Gebrauchsrecht des Mieters betreffend Nebenräume und nicht der Mietsache originär zugeordnete Anlagen und Einrichtungen nur dann, wenn ein solches Recht auch vereinbart wurde.[304]

300 Vgl. dazu auch → Rn. 138 ff.; BGH NJW 2014, 2864 Rn. 26; NJW-RR 1986, 877 (878); NJW 1977, 1394; OLG Düsseldorf NZM 2002, 739; OLG Hamm ZMR 1986, 11; OLG München ZMR 1995, 295; OLG Schleswig NJW 1983, 49.

301 BGH 2.2.2022 – XII ZR 46/21, NJW-RR 2022, 590 Rn. 15.

302 Zur Verschmutzung des Hofes und anderer Gemeinschaftsflächen durch eine Bäckerei/Café vgl. KG ZMR 2018, 209.

303 BGH NJW 2007, 146; OLG Düsseldorf ZMR 2011, 867.

304 Vgl. Drasdo NJW-Spezial 2010, 161.

Formulierungsvorschlag:

201 (1) Folgende Räume und Nutzflächen sind Gegenstand des mietvertraglichen Gebrauchsrechts:

Bezeichnung	Anzahl und Lage (Gebäude/Geschoss)
Verkaufsraum	......
Büro	......
Personalraum	......
Toiletten/Waschraum	......
Lagerraum	......
Kühlraum	......
Nebenräume (zB Keller/Dachboden):	......
weitere Räume:	......
	......

(2) Die Lage der Mieträume ergibt sich aus dem als Anlage ... beigefügten Lageplan und den dort rot schraffierten Teilflächen.

(3) Der Mieter ist außerdem berechtigt, den Passagenbereich vor dem Ladenlokal, im Lageplan als schraffierte Fläche gekennzeichnet (vgl. Anlage ...), für die Aufstellung von Werbeträgern zu nutzen, und zwar in folgender Weise:

....

(4) Dem Mieter werden im Anlieferungsbereich die Lagerboxen Nr. ...... zur dauerhaften Nutzung zugewiesen.

2. Sondernutzung

202 Die vertragslose oder -widrige Nutzung von Gemeinschaftsflächen für die gewerblichen Zwecke eines Mieters („Sondernutzung") ist geeignet, Unterlassungs- und bereicherungsrechtliche Nutzungsentgeltansprüche des Vermieters auszulösen.[305] Wenn dem Mieter die vertragliche Befugnis eingeräumt wird, etwa zu bestimmten Zeiten zusätzliche Flächen (zB Passagenflächen, Zugänge, Parkplatzflächen usw) zu gewerblichen Zwecken (zB für Sonderaktionen, Werbestände usw) zu nutzen, erscheint die Vereinbarung eines **vertraglichen Sonderentgelts** durchaus als möglich. Aus der **bloßen Duldung** einer über den Vertrag hinausgehenden Nutzung von Flächen ergibt sich aber **kein Recht** des Mieters **auf Fortsetzung dieses Gebrauchs.**[306] Der Vermieter kann eine solche Nutzung untersagen und auch die zeitweilige Gestattung der Nutzung widerrufen.[307] Eine über Jahre hinweg ohne vertragliche Regelung geduldete Mitnutzung kann aber zur Annahme eines konkludent vereinbarten vertraglichen (Mit-)Nutzungsrechts führen.[308]

3. Erhaltungs- und Betriebskosten für Gemeinschaftsflächen

203 Begrenzungen bei der Betriebskostenumlage ergeben sich bei den Kosten für zentrale Leistungseinrichtungen und gemeinschaftlich genutzte Flächen in Großobjekten. Diese machen zB bei Einkaufszentren einen gewichtigen Kostenfaktor aus, denn solche Objekte weisen typischerweise Einrichtungen auf, die zwar nicht unmittelbar dem

[305] OLG Düsseldorf BeckRS 2009, 22958; Guhling/Günter/Leonhard BGB Anhang zu § 535 Rn. 112 mwN.

[306] Schmidt-Futterer/Lehmann-Richter BGB § 535 Rn. 487.

[307] KG WuM 2009, 654 (655); NZM 2007, 515 = WuM 2007, 68; LG Wuppertal WuM 1996, 267; LG Aachen DWW 1991, 22; Staudinger/Emmerich BGB § 535 Rn. 8 ff. mwN.

[308] LG Wuppertal BeckRS 2013, 10026; AG Gießen WuM 1994, 198 (199); AG Solingen WuM 1980, 112.

Mietgebrauch des einzelnen Mieters unterstellt sind, jedoch den Charakter solcher Objekte prägen. Zu solchen Einrichtungen gehören insbesondere Parkplatzanlagen, Spielplätze, Grünanlagen, Aufzüge, Rolltreppen, öffentliche Toiletten, Werbeinstallationen und alle Zuwegungen zu und zwischen den einzelnen Mietobjekten. An dem Vorhandensein solcher Einrichtungen partizipieren alle Mieter, denn erst sie ermöglichen den attraktiven Betrieb von Großobjekten.

Die **Kostenumlage** für gemeinschaftlich genutzte Flächen erweist sich allerdings als problematisch. Der BGH sieht in der Abwälzung von der Höhe nach unbegrenzten Erhaltungskosten für Gemeinschaftsflächen eine unangemessene Benachteiligung des Mieters iSv § 307 BGB.[309] Das gilt insbesondere für Mieter, die sich erst nachträglich in einen bereits seit längerem unterhaltenen Komplex einmieten. Mit unbegrenzten Kostenklauseln werden Mietern nicht selten auch solche Kosten übertragen, die nicht durch ihren Mietgebrauch veranlasst sind und die nicht in ihren unmittelbar eigenen Risikobereich fallen. Dem Mieter werden dadurch, dass er die gemeinschaftlich genutzten Flächen und Anlagen in dem bei Mietbeginn bestehenden, in der Regel gebrauchten Zustand vorfindet, die Kosten für die Behebung anfänglicher Mängel bzw. für die Reparatur oder Erneuerung bereits vorhandener Abnutzungen überbürdet, deren Höhe für ihn nicht oder nur schwer überschaubar ist. Darüber hinaus werden ihm die Kosten für Schäden auferlegt, die von Dritten verursacht wurden (zB Vandalismusschäden), für deren Handeln er keine Verantwortung trägt, so dass auch insoweit nicht unmittelbar zurechenbare und der Höhe nach nicht vorhersehbare Kosten auf den Mieter übertragen werden. Diese Abweichungen vom gesetzlichen Leitbild des Mietvertrages benachteiligen den Mieter nach der Rechtsprechung unangemessen.[310] Die Übertragung der Erhaltungslast gemeinschaftlich genutzter Flächen und Anlagen ist danach nur dann wirksam, wenn sie in einem bestimmten, zumutbaren und für den Mieter klar zu erfassenden Rahmen in Bezug auf die Höhe der Kosten erfolgt. Allgemein anerkannt ist eine Kostenbegrenzung auf eine prozentuale Umlage von jährlich maximal 10 % der Jahresmiete.[311] 204

Die vorstehend behandelten Wirksamkeitsbedenken können auch auf andere Kostenarten durchschlagen. Wenn sich zB die Tätigkeit des Hauswarts auf die Gemeinschaftsflächen erstreckt und auch Verrichtungen zum Gegenstand hat, welche die Instandhaltung und Instandsetzung einschließlich Kleinreparaturen betreffen oder sich sogar Sicherheits- und Verwaltungsaufgaben umfassen, dann müssen die Kosten der umlagefähigen Hauswartstätigkeit und die nicht unter dieser Kostenart umlagefähigen anderen Kosten **nachvollziehbar aufgeschlüsselt** werden, um die nicht umlagefähigen Kosten herausrechnen zu können.[312] Für die Wohnraummiete hat der BGH[313] außerdem einen weiteren Aspekt angesprochen, dessen Einschlägigkeit für die Gewerberaummiete diskussionswürdig ist. Er hat angenommen, dass Flächen, die durch bauplanerische Bestimmungen oder durch den Vermieter selbst für die Nutzung der Öffentlichkeit gewidmet sind (zB Garten- oder Parkflächen), der **erforderliche Bezug zur Mietsache** fehle, der über das in § 556 Abs. 1 S. 2 BGB enthaltene Merkmal des **bestimmungsgemäßen Gebrauchs** für die Umlegung von Betriebskosten vorauszusetzen sei. Gegenüber der Wohnraummiete gewinnt der Begriff der „Öffentlichkeit" in der Gewerberaummiete allerdings eine besondere Prägung, weil der öffentliche Zugang und eine attraktive Flächengestaltung geradezu unabdingbare Voraussetzungen für die gewerbliche Betätigung der Mieter (zB in einem Einkaufszentrum) sind. Auch Anlagen zur 205

[309] BGH NJW 2014, 3722 Rn. 23; NJW-RR 2006, 84.

[310] BGH ZMR 2005, 844; KG NJW-RR 2003, 586; OLG Naumburg NJW-RR 2000, 823; OLG Düsseldorf NZM 2000, 464; OLG Dresden NJW-RR 1997, 395; OLG Köln NJW-RR 1994, 524.

[311] KG NJW-RR 2003, 586; Guhling/Günter/Leonhard BGB Anhang 1 zu § 535 Rn. 115; Bub NZM 1998, 789; Wodicka NZM 1999, 1081; vgl. auch Langenberg/Zehelein BetrKostR Kap. B VI 2 Rn. 95 mwN.

[312] OLG Düsseldorf MDR 2012, 1025, im Anschluss an BGH NJW 2008, 1801.

[313] BGH NZM 2016, 353 Rn. 13.

bloßen Verschönerung der Anlagen (zB Kunst am Bau, Bepflanzungen, Ruhezonen) dürften in diesem Rahmen dem Mietgebrauch dienen.

206 Im Fazit bleibt festzuhalten, dass eine deckungsgleiche Umlage, der für die Gemeinschaftsflächen effektiv anfallenden Erhaltungskosten, auf alle Mieter praktisch nicht möglich ist. Der Argumentation des BGH[314] lässt sich entgegenhalten, dass eine Benachteiligung der Mieter bei einer Gesamtkostenumlage keineswegs zwingend ist, selbst soweit es sich um nachrückende Mieter handelt, die bereits einen gewissen Instandsetzungsbedarf vorfinden. Es ließe sich auch darauf abstellen, dass sich die bei vollständiger Umlage von Erhaltungskosten entstehenden Kostennachteile im Laufe eines – üblicherweise – auf Dauer angelegten Mietverhältnisses kompensieren. Die Mietdauer und die Mieterfluktuation führen dazu, dass sich die bei Eintritt in das Mietverhältnis übernommenen Lasten dadurch ausgleichen, dass sich die Gesamtkosten laufend auf alle Mieter verteilen, zu denen auch ausscheidende und wiederum nachrückende Mieter gehören. Auch lässt sich fragen, wer letztlich anstelle der Mieter kostentragungspflichtig sein soll. Wenn der Vermieter (bei Einkaufszentren zumeist eine Betreibergesellschaft) **keine auskömmliche Kostenumlage** praktizieren kann bzw. darf, werden die nicht abgedeckten Kostenrisiken im Zweifel auf den Mietzins aufgeschlagen, und zwar mit der Folge, dass der Mieter überhaupt keine Kontrolle hinsichtlich des dann in der Miete aufgehenden (verdeckten) Kostenanteils hat.

4. Besondere vertragliche Vereinbarungen über Mieterpflichten

207 Abhängig vom konkreten Mietgebrauch kann es gerechtfertigt sein, den Mieter vertraglich zu bestimmten Erhaltungspflichten heranzuziehen. Wenn von einem Mietobjekt mit ggf. regem Publikumsverkehr eine erhebliche **Verschmutzung der Gemeinschaftsflächen** ausgeht, kann – auch aus Gründen der Verkehrssicherung – die Vereinbarung einer erhöhten Reinigungspflicht des Mieters in Betracht kommen, die sich auf Teile von Gemeinschaftsflächen erstreckt. Die allgemeine **Verkehrssicherungspflicht** für den Zustand und für den Zugang zu einem Gebäude verbleibt aber grundsätzlich beim Vermieter. Nach der Rechtsprechung kann der Mieter jedoch neben dem Vermieter für solche Bereiche verkehrssicherungspflichtig sein, die er voll beherrscht.[315] Zumindest in diesem Rahmen ist es unbedenklich, den Mieter auf dessen Kosten zu bestimmten Reinigungs- und Sicherungspflichten heranzuziehen.

208 Vergleichbare Pflichtabwälzungen auf den Mieter können veranlasst sein, wenn der Mietgebrauch andere Beeinträchtigungen von Gemeinschaftsflächen bewirkt, etwa durch **Lärm oder Geruchsemissionen.** Insoweit kann der Mietvertrag auch Begrenzungen des Mietgebrauchs oder Unterlassungspflichten des Mieters regeln.

5. Nutzung von Gemeinschaftsflächen durch Kunden, Passanten oder Lieferanten

209 Während der Mieter von Gewerberäumen vertragliche Nutzungsrechte und ggf. sogar Besitzrechte an Gemeinschaftsflächen (bzw. Teilen davon) erlangen kann,[316] stehen seine Kunden und Lieferanten außerhalb der mietvertraglichen Rechtsbeziehungen. Der Mieter hat aber einen vertraglichen Anspruch darauf, dass auch dieser Personenkreis die Gemeinschaftsflächen nutzen kann, denn ohne diese Nutzungsmöglichkeit wäre die gewerbliche Betätigung des Mieters praktisch nicht möglich.[317] Die Möglichkeit des ungehinderten Zugangs für einen nicht von Vorneherein definierbaren Personenkreis, zu dem auch eher zufällige Passanten (als potentielle Kunden) gehören können, schafft gewissermaßen einen öffentlichen Raum, der auch öffentlich rechtlichen Vorgaben zur (Verkehrs-)Sicherheit unterliegen kann. Zu diesem **Sicherheits-**

[314] BGH ZMR 2005, 844.
[315] OLG Köln NJW-RR 1990, 224 mwN; zur Berechtigung, die Haustür zu einer Arztpraxis offen zu lassen, vgl. LG Itzehoe BeckRS 2010, 5120.
[316] → Rn. 187.
[317] BGH NZM 2007, 37.

bereich gehören zB die Herstellung, Erhaltung und Kontrolle von Rettungs- und Fluchtwegen, die Beleuchtung von Gemeinschaftsflächen und der ordnungsgemäße Zustand von haustechnischen Anlagen, die etwa der Energieversorgung und dem Schutz gegen Brand und Einbruch dienen. Darüber hinaus dient der attraktive Zustand von Gemeinschaftsflächen der allgemeinen **Kundenakzeptanz** und damit dem geschäftlichen Erfolg der Mieter.

Die Überlassung von Geschäftsraum in Großobjekten (Einkaufszentren) erfordert **210** daher eine **Infrastruktur,** die den Anforderungen des Kunden- und Lieferantenverkehrs Rechnung trägt. Dazu können Parkplätze, Anlieferzonen, Sanitäranlagen, Zuwegungen, Aufzüge und Ruhebereiche gehören, die ganz oder zumindest vorrangig der Nutzung durch Kunden und Lieferanten und nicht der persönlichen Nutzung durch den Mieter dienen. Gleichwohl gehört die Bereitstellung dieser Infrastruktur durch den Vermieter zu den vertraglichen Hauptleistungspflichten, weil ihr Vorhandensein unmittelbar dem gewerblichen Mietgebrauch dient.[318]

Der Wegfall oder die Störung der Nutzungsmöglichkeit an diesen Flächen und **211** Einrichtungen können einen **Mangel der Mietsache iSv § 536 BGB** begründen, soweit ein konkreter Bezug zur Beschaffenheit der Mietsache besteht.[319] Als Eigenschaften im Sinne von § 536 Abs. 2 BGB kommen nach allgemeinen Grundsätzen neben der physischen Beschaffenheit die tatsächlichen und rechtlichen Beziehungen des Mietgegenstands zu seiner Umwelt in Betracht, die für die Brauchbarkeit und den Wert des Mietobjekts von Bedeutung sind. Diese Beziehungen müssen jedoch ihren Grund in der Beschaffenheit des Mietobjekts selbst haben, von ihm ausgehen, ihm auch für eine gewisse Dauer anhaften und nicht lediglich durch Heranziehung von Umständen in Erscheinung treten, die außerhalb der Mietsache liegen.[320]

Auch bei Großobjekten kann der **Zugang zum Gesamtobjekt** aus Gründen, die **212** außerhalb des eigentlichen Mietkomplexes gelagert sind, behindert sein, etwa wenn Zufahrtsstraßen gesperrt sind. Dann kann – wie auch bei kleineren Geschäftsraumeinheiten – die Behinderung des Zugangs zu einem Einkaufscenter einen Fehler des Mietobjekts begründen.[321] Vorübergehende Behinderungen, mit denen jeder Anlieger einer Straße etwa bei Straßenbauarbeiten rechnen muss, gehören dagegen zum allgemeinen Lebensrisiko und müssen hingenommen werden.[322]

Wenn Teile von unmittelbar zum Mietkomplex gehörender Gemeinschaftsflächen **213** beeinträchtigt sind und dadurch der ungehinderte Zugang zu den jeweils angemieteten Räumen für Kunden oder Lieferanten eingeschränkt oder aufgehoben wird, hat der Vermieter aus den vorstehend behandelten Gründen ohne Weiteres hierfür einzustehen. Auf allgemeine Duldungspflichten von Anliegern kann er sich im Zweifel nicht berufen, weil der **Zustand des Gesamtkomplexes** unmittelbar seinem Einfluss und Verantwortungsbereich unterliegt. Anders mag es liegen, wenn die Durchführung von Erhaltungs- und Instandhaltungsmaßnahmen zu kurzfristigen Erschwerungen des Zugangs führt.

Wenn der Zustand von Gemeinschaftsflächen in anderen Aspekten beeinträchtigt ist, **214** wird es für die Frage nach einer Mietminderung wesentlich darauf ankommen, ob aus Sicht des jeweiligen Mieters eine **erhebliche Tauglichkeitsminderung iSv § 536 Abs. 1 S. 3 BGB** vorliegt. So werden eher geringfügige oder nur kurz währende optische Beeinträchtigungen im Zweifel keine oder keine erhebliche Gebrauchsminderung begründen können. Das kann aber in einen Mangel umschlagen, wenn strukturell nachhaltige Verwahrlosungserscheinungen oder sicherheitsrelevante Beeinträchtigungen auftreten.

Wenn das Projekt nicht wie geplant verwirklicht wird und das vertraglich voraus- **215** gesetzte Umfeld fehlt, die Zugänge erschwert und das Erscheinungsbild ebenso wie die

318 BFH NZM 2017, 85 Rn. 40.
319 Schmidt-Futterer/Streyl BGB § 536 Rn. 189.
320 BGH NZM 2006, 54 Rn. 27; Flatow WuM 2016, 459 (462).
321 BGH NZM 2006, 54.
322 BGH NJW-RR 2004, 79 (80) = NZM 2004, 100; vgl. auch die Beispiele bei Emmerich/Sonnenschein BGB § 536 Rn. 1 ff.

Einbindung in die Infrastruktur verschlechtert werden, kann ein zur Minderung berechtigender Mangel vorliegen.[323] Dasselbe gilt, wenn die besondere Exklusivität von angemieteten (Büro-)Räumen zur vertraglich geschuldeten Sollbeschaffenheit gehört und etwa durch einen ungehinderten und unkontrollierten Besucherstrom gestört wird.[324] Desgleichen können bauliche Mängel mittelbare oder unmittelbare Nutzungsbeeinträchtigungen für den Mieter bewirken.[325]

XIII. Technische und bauliche Ausstattung des Mietobjekts

1. Überlassungspflichten des Vermieters ohne besondere vertragliche Vereinbarungen

216 Das vom Vermieter geschuldete Ausmaß der Ausstattung des Mietobjekts richtet sich zunächst nach den Vereinbarungen der Mietvertragsparteien. Bei Fehlen konkreter vertraglicher Vereinbarungen sind in erster Linie der Vertragszweck, die Interessen der Mietvertragsparteien, Art und Lage des Mietobjekts und die Verkehrssitte maßgebend.[326] Die nach dem Vertrag geschuldete Beschaffenheit der Mietsache ist im Wege der Auslegung anhand der vorbenannten Kriterien zu ermitteln. Dabei ist regelmäßig auf den Standard bei Vertragsschluss abzustellen.[327] Was zur standardgerechten Ausstattung der Mietsache gehört, muss nicht notwendig vertraglich geregelt sein, sondern kann sich aus den objektiven Gegebenheiten und aus der Verkehrsanschauung ergeben.

217 a) **Zum Mindeststandard gehörende Versorgungseinrichtungen.** Es gehört zu dem vom Vermieter zu gewährleistenden Mindeststandard, dass bei gewerblichen Mieträumen (wie auch bei Wohnräumen) die Versorgung mit Wärme, Energie und Wasser gesichert ist. Ein unter diesem Mindeststandard liegender Zustand ist nur dann vertragsgemäß, wenn er eindeutig vereinbart ist. Dafür, dass eine derartige vom Mindeststandard abweichende Vereinbarung getroffen wurde, trägt der Vermieter die Darlegungs- und Beweislast.[328] Außerdem hat der Vermieter während der Vertragsdauer alles zu tun, um dem Mieter den vertragsgemäßen Gebrauch zu ermöglichen (§ 535 Abs. 1 S. 2 BGB). Welche konkreten Pflichten sich daraus ergeben, unterliegt im Rahmen der Gewerberaummiete spezifischen Anforderungen.

218 Bei älteren Mietobjekten kann sich die Frage stellen, welcher **technische Standard** einzuhalten ist und ob insoweit auf den Zeitpunkt **der Errichtung des Gebäudes,** der lange Zeit zurückliegen kann, oder auf den **Stand der Technik bei Vertragsschluss** abgestellt werden muss.[329] Der BGH[330] hat bei einem Streit über die Funktionsfähigkeit einer vorhandenen Be- und Entlüftungsanlage darauf abgestellt, ob eine solche Anlage dem bei der Errichtung des Gebäudes maßgeblichen technischen Standard entspricht und fehlerfrei arbeitet. Viel Diskussionsstoff hat demgegenüber die allerdings zur Wohnraummiete ergangene Entscheidung des BGH[331] geliefert, mit welcher der BGH von der Pflicht des Vermieters ausgegangen ist, dass der vertragsgemäße Gebrauch einer Wohnung die Bereitstellung einer solchen Stromversorgung voraussetzt, wie sie seit Jahrzehnten üblich ist und dem allgemeinen Lebensstandard entspricht – Gewährleistung eines technischen und baulichen Mindeststandards.[332] Eine fortlaufende Pflicht zur ständigen Aktualisierung von technischen Ausstattungen und Einrichtungen gemäß dem

[323] BGH NJW-RR 2004, 79 (80) = NZM 2004, 100.
[324] BGH NZM 2009, 124.
[325] Vgl. die Beispiele bei Staudinger/V. Emmerich BGB § 536 Rn. 39.
[326] Staudinger/Emmerich BGB § 535 Rn. 35.
[327] BGH NZM 2010, 356; 2006, 582; 2006, 626.
[328] BGH NZM 2010, 356; NJW-RR 1993, 522; vgl. ferner Neuhaus Geschäftsraummiete-HdB Kap. 20 Rn. 75.
[329] Vgl. dazu Gsell WuM 2011, 491; Neuhaus Geschäftsraummiete-HdB Kap. 20 Rn. 71 mwN zur Rechtsprechung.
[330] NZM 2014, 163.
[331] NZM 2004, 736 – für eine nicht modernisierte Altbauwohnung.
[332] BGH NZM 2010, 356; NZM 2004, 736.

jeweils aktuell geltenden technischen Standard hat der BGH indes auch in diesem Fall ausdrücklich verneint.

b) Ausstattungspflicht entsprechend dem Mietzweck. Maßgebend für die Gebrauchsgewährungspflichten des Vermieters ist der Vertragszweck. Aus dem vertraglichen **Nutzungszweck** ergeben sich wesentliche Vorgaben für den Vermieter, in welchem **Zustand** er die Mieträume zu überlassen und zu erhalten hat (§§ 535 Abs. 1 S. 2, 536 Abs. 1 BGB). Eine möglichst **eindeutige Festlegung des Mietzwecks** ist für den Vermieter wichtig, wenn er ein Interesse daran hat, dem Mietgebrauch bestimmte Grenzen zu setzen und seine Herstellungs- und Erhaltungspflichten einzuschränken. Der Vermieter schuldet bei Vereinbarung eines konkreten Mietzwecks ein zu diesem Zweck taugliches Mietobjekt.[333] Die vertragliche Vereinbarung eines bestimmten Mietzwecks führt dazu, dass ein davon abweichender Mietgebrauch eine vertragswidrige Nutzung darstellen kann.[334] Selbst wenn der Nutzungszweck eindeutig festgelegt ist, ergibt sich daraus nicht zwangsläufig, für welchen vertragsgemäßen Zustand der Vermieter einzustehen hat. 219

Relativ einfach gelagert sind Vertragskonstellationen, bei denen das Mietobjekt keiner (gewerbe-) spezifischen Ausstattung bedarf. So kann es für die Überlassung von Büroräumen ausreichen, wenn ein Standard vorgegeben ist, der in etwa einer Wohnraumüberlassung entspricht. Anders kann es dagegen liegen, wenn der vertragliche Nutzungszweck die Notwendigkeit von besonderen technischen oder baulichen Vorgaben indiziert. 220

2. Mietverhältnisse mit besonderem Regelungsbedarf

Wenn der gewerbliche Gebrauchszweck eine Nutzung mit besonderen technischen oder baulichen Vorkehrungen erfordert, reicht der vom Vermieter ohnehin zu gewährleistende Mindeststandard für Mieträume im Zweifel nicht aus, um den vertragsgemäßen Gebrauch zu ermöglichen. Unter dem Begriff der **technischen Ausstattung** der Mietsache verstehen sich im gegebenen Zusammenhang solche Vorkehrungen, welche die Beschaffenheit der Mietsache betreffen, nicht dagegen technische Gerätschaften, die der Mieter in das Mietobjekt einbringt. Deren Verwendung kann allerdings wiederum Relevanz für die Beschaffenheit des Mietobjekts haben, wenn dies (verkehrsüblich) eine besondere technische Ausstattung der Mietsache zB mit besonderen Versorgungsanlagen erfordert. In diesem Rahmen sind in aller Regel ausdrückliche mietvertragliche Vereinbarungen notwendig, mit denen festgelegt wird, in welchem Umfang der Vermieter sich zur Herstellung und Erhaltung eines bestimmten Zustands des Mietobjekts verpflichtet oder der Mieter die erforderlichen Vorkehrungen übernimmt. 221

a) Mietobjekte mit vorhandener Ausstattung. Wenn ein Mietobjekt von Vorneherein für einen bestimmten Nutzungszweck hergerichtet und mit technischer Ausstattung versehen ist, also **nutzungsspezifische Ausstattungsmerkmale** zu Beginn des Mietverhältnisses aufweist, richtet sich der vertragsgemäße Zustand grds. nach dem so vorgegebenen Zustand. Die vorhandene technische Ausstattung umschreibt also ohne besondere vertragliche Vereinbarung den vertraglichen **Sollzustand**, wie dies auch bei anderen Ausstattungs- und Versorgungsanlagen (Strom, Heizung usw) der Fall ist. 222

Für welchen Zustand der Vermieter einzustehen hat, bestimmt sich nach dem Vertragsinhalt, insbesondere dem Vertragszweck. Ein Mietobjekt, das von Vornherein einem bestimmten Nutzungszweck gewidmet und im Mietvertrag etwa als „Gaststätte", „Arztpraxis" oder „Ladenlokal" ausgewiesen ist, muss sich in einem Zustand befinden, der die Aufnahme eines solchen Betriebs erlaubt. Anderenfalls ist die Beschaffenheit nicht vertragsgemäß.[335] Wenn im Vertrag **mehrere Nutzungszwecke** als alternative Gewerbeausübungen angegeben sind, hat der Vermieter in Bezug auf jede dieser Nut- 223

[333] Hörndler PIG 113, 2024, 98.
[334] KG GE 2011, 1083.
[335] BGH WM 1977, 1328; OLG Düsseldorf ZMR 2001, 706.

zungsarten für die Eignung des Mietobjekts einzustehen.[336] Ist der Mietzweck in keiner Weise eingegrenzt, hat der Vermieter jede Zwecktauglichkeit zu gewährleisten.[337] Damit lässt sich aber in vielen Fällen noch nicht eindeutig bestimmen, welche konkreten Herstellungs-, Erhaltungs- und Überlassungspflichten der Vermieter hat. Ein Mangel des Mietobjekts liegt nur dann vor, wenn die Ist-Beschaffenheit des Mietobjekts von der Soll-Beschaffenheit abweicht. Es sind allein die Vertragsparteien, die durch die Festlegung des dem Mieter jeweils geschuldeten vertragsgemäßen Gebrauchs bestimmen, welchen Sollzustand die vermietete Sache spätestens bei Überlassung an den Mieter aufweisen muss.[338] So kann sich zB die Überlassung von Räumen zum Betrieb einer Gaststätte darauf beschränken, allein hierzu geeignete leere Räumlichkeiten bereitzustellen. Ein solcher Vertrag kann aber auch die Überlassung von komplett ausgestatteten Gaststättenräumen mit allem Inventar (Tische, Stühle, Gläser usw), mit speziellen baulichen Vorkehrungen (zB Kühlraum) und technischen Ausstattungen (zB Zapfanlage, Küche) zum Gegenstand haben.

224 Um die vertragsgemäße Beschaffenheit festzulegen, ergibt sich ein naheliegendes Interesse beider Vertragsparteien, das Mietobjekt im Vertrag konkret zu beschreiben und den Zustand bei Überlassung durch ein **Übergabeprotokoll** zu dokumentieren. Bei Pachtverträgen sollte in aller Regel eine **Inventarliste** niedergelegt werden. Das Inventar kann im Rahmen des Pachtvertrags den wirtschaftlichen Kerngehalt der Überlassungspflichten des Verpächters umschreiben, etwa wenn besonders wertvolle (Produktions-) Anlagen zu überlassen sind. Das Übergabeprotokoll sollte zu Beweiszwecken bei Pachtbeginn grundsätzlich zum körperlichen Bestandteil der Vertragsurkunde gemacht werden. Insbesondere dann, wenn die Vertragsparteien den Übergabetermin zum Anlass für Vertragsergänzungen oder -anpassungen nehmen, kann dadurch dem Streit darüber, was wechselseitig vertraglich geschuldet ist, vorgebeugt werden.

225 **b) Nicht nutzungsgerecht ausgestattete Mietobjekte.** Besonderer Regelungsbedarf besteht, wenn die vorhandene Beschaffenheit keinen funktionsgerechten Mietgebrauch gewährleistet. Die bloße Überlassung von **zweckneutralen,** dh praktisch jedem beliebigen (Miet-)Gebrauch dienlichen Räumen kann sich dann als unzureichend erweisen.

226 Wenn der konkrete Vertragszweck zB eine besonders ausgelegte **Energieversorgung mit Starkstrom** oder die Installation zusätzlicher Anschlüsse erfordert, reicht die allgemeine Pflicht des Vermieters zur notwendigen Grundversorgung[339] mit Strom ggf nicht aus, um den Vertragszweck praktisch umzusetzen. Gleiches gilt, wenn in der Mietsache besondere technische Vorrichtungen für die **digitale Datenverarbeitung und -übermittlung** benötigt werden, die zusätzlichen Herstellungsaufwand veranlassen. Der erforderliche technische Aufwand kann etwa bei produzierenden Betrieben spezifische Versorgungsanlagen (zB Gasleitungen, Sicherheitsanlagen usw) erforderlich machen.

227 Wenngleich der Vermieter zur Überlassung und Erhaltung der Mietsache in einem zum vertragsgemäßen Gebrauch geeigneten Zustand verpflichtet ist, folgt hieraus nicht zugleich die Pflicht, auch solche technischen Anlagen bereitzustellen, die der Mieter im Rahmen seiner gewerblichen Betätigung funktional benötigt. Der Vermieter wird in vielen Fällen nicht einmal wissen können, welche technischen Maßnahmen der Mieter für erforderlich hält. Er hat grds nur dafür einzustehen, dass das Mietobjekt als solches für den vertragsgemäßen Gebrauch geeignet ist.[340] Der Mieter ist seinerseits aber berechtigt, die für den vertragsgemäßen Gebrauch notwendigen Gerätschaften in die Mietsache einzubringen und zu betätigen.[341]

---

336 OLG Düsseldorf ZMR 2001, 706.
337 KG BeckRS 2009, 28221.
338 BGH NZM 2015, 84 Rn. 41; BGH NJW 2014, 685.
339 Vgl. dazu BGH BGHR 2001, 447.
340 BGH NZM 2014, 163.
341 Guhling/Günter/Menn BGB § 535 Rn. 241.

3. Parteivereinbarungen zur Beschaffenheit

Wenn eine bestimmte Beschaffenheit der Mietsache vorausgesetzt wird, bedarf es grundsätzlich ausdrücklicher vertraglicher Regelungen, welcher Zustand hergestellt werden soll und wer insoweit herstellungspflichtig bzw. –berechtigt sein soll. 228

a) **Bauliche Veränderungen.** Eingriffe in die bauliche Substanz der gemieteten Räume sind dem Mieter **ohne Zustimmung** des Vermieters grundsätzlich **versagt.** Verstöße hiergegen lösen unter dem Gesichtspunkt des vertragswidrigen Gebrauchs und der Eigentumsbeeinträchtigung Unterlassungs-, Beseitigungs- und Schadensersatzansprüche aus.[342] Geringfügige Eingriffe in die Bausubstanz sind erlaubt und bedürften insoweit keiner gesonderten Zustimmung, wenn ihre Erforderlichkeit durch den vertragsgemäßen Gebrauch indiziert ist. Das ist der Fall, wenn die vertragsgemäße Ausstattung der Mietsache zB die Verwendung von Dübeln und Nägeln oder die Installation von Einrichtungsgegenständen erfordert. Einrichtungen sind in diesem Rahmen bewegliche Sachen, die für die Dauer des Mietgebrauchs in der Mietsache installiert werden.[343] Wenn die vorgesehenen Maßnahmen des Mieters diesem erhebliche Vorteile bringen und zugleich die Interessen des Vermieters nicht erheblich beeinträchtigen, kann eine Verpflichtung zur Erteilung der Zustimmung durch den Vermieter nach Treu und Glauben bestehen; die Maßnahmen müssen jedoch zugleich vom Mietzweck gedeckt sein.[344] 229

Andere bauliche Veränderungen bedürfen der **Zustimmung des Vermieters.** Das gilt mit Rücksicht auf die schutzwürdigen Interessen des Vermieters an der Wahrung und Erhaltung seines Eigentums auch dann, wenn der Vermieter keinen ausdrücklichen Vorbehalt in den Mietvertrag aufgenommen hat.[345] Auch dann ist der Mieter verpflichtet, die vorherige Zustimmung des Vermieters zu beabsichtigten baulichen Änderungen einzuholen. Eigenmächtiges Verhalten muss der Vermieter nicht dulden. Etwas anderes soll gelten, wenn das Mietobjekt durch die Baumaßnahmen erst in einen vertragsgemäßen Zustand versetzt wurde.[346] 230

Einen **Anspruch auf Zustimmung** hat der Mieter nur in engen Grenzen. Die bauliche Maßnahme muss zumindest dem Vertragszweck dienen und darf den Interessen des Vermieters nicht zuwiderlaufen. Die Erteilung einer derartigen Erlaubnis steht grundsätzlich im Ermessen des Vermieters, der sein Ermessen jedoch nicht missbräuchlich ausüben darf.[347] Der Vermieter wird dem Mieter im Bereich der Gewerberaummiete insbesondere nicht ohne zwingenden Grund solche Maßnahmen verwehren können, die der Nutzung des zeitgemäßen technischen Standards dienen sollen. 231

In der Rechtsprechung finden sich viele Entscheidungen zur Wohnraummiete, deren Grundsätze jedoch nur sehr bedingt auf die Gewerberaummiete übertragen werden können.[348] Im gewerblichen Bereich kann die technische Ausstattung von Mietobjekten (zB Arztpraxen) einem raschen Wandel unterworfen sein. Der Mieter kann dann ein nahe liegendes Interesse daran haben, dass die Mietsache nach dem aktuellen Stand der Technik genutzt werden kann. So kann schon die bei Mietbeginn anstehende Ausstattung einer fachärztlichen Praxis einen ganz erheblichen Installationsaufwand mit weitreichenden baulichen Eingriffen erforderlich machen. Um die **wechselseitigen Herstellungs- und Erhaltungspflichten** voneinander abzugrenzen, bedarf es im Zweifel einer möglichst dezidierten vertraglichen Festlegung, welche Vertragspartei welche Leistun- 232

342 BGH NJW 1974, 1463.
343 BGH NJW-RR 1990, 586.
344 ausführlich MüKoBGB/Häublein § 535 Rn. 104; ebenso Guhling/Günter/Menn BGB § 535 Rn. 241.
345 BGH NJW 1974, 1463.
346 OLG Frankfurt a. M. NZM 1999, 125.
347 BGH NZM 2012, 154.
348 Vgl. dazu etwa die Nachweise bei Lützenkirchen/Lützenkirchen § 535 Rn. 751 ff.

gen zu erbringen hat.[349] Wenn der Mieter empfindliche Spezialgeräte einsetzt, können etwaige Beschädigungen (durch Strom- und Temperaturschwankungen, Luftverunreinigung, Wasserverschmutzung) umfangreiche Ersatzansprüche auslösen.[350] Dies veranlasst aus Mieter- und Vermietersicht eine klare Abgrenzung, für welchen Zustand der Vermieter gewährleistungspflichtig sein soll.

233 Zur Durchführung bestimmter baulicher Maßnahmen wird oft nur der Vermieter in der Lage sein. Dies wird insbesondere dann der Fall sein, wenn Maßnahmen auszuführen sind, die außerhalb der anzumietenden Räumlichkeiten anfallen und ggf. die Duldung oder Mitwirkung anderer Mieter erforderlich machen. Der Mieter hat dann in der Regel keine rechtliche Handhabe, sich gegenüber anderen Mietern auf vertragliche Duldungs- und Mitwirkungspflichten zu berufen. Der Vermieter hat bei der Übernahme besonderer Bereitstellungs- und Herstellungspflichten zu beachten, dass er für den damit zugesagten Zustand auch vertraglich einzustehen hat und im Rahmen der Sachmängelhaftung (§§ 536 ff. BGB) gewährleistungspflichtig ist. Verpflichtet er sich zur Schaffung eines tatsächlich nicht herstellbaren Zustands, kann er sich **schadensersatzpflichtig** machen.[351] Das gilt nicht nur für den Fall schuldhaft herbeigeführter Unmöglichkeit, sondern auch bei Eingehung einer Verpflichtung trotz Voraussehbarkeit des Leistungshindernisses.[352]

234 Soweit Mieträume keiner gewerbespezifischen Nutzung unterlagen, können **umfangreichere Umbauten** erforderlich sein. Räume werden oft in kleinere Einheiten unterteilt (in einer Arztpraxis zB in Umkleidekabinen und Behandlungsräume) oder zu größeren Nutzflächen erweitert. Für den Betrieb hochtechnischer Apparaturen können ebenfalls bauliche Vorkehrungen sowie Änderungen bei Versorgungseinrichtungen für Strom erforderlich sein.[353]

235 Nicht unüblich ist die Verpflichtung zur Herstellung besonderer **Sicherungsmaßnahmen,** um etwa vor Brandgefahr und Einbruch zu schützen. Bei aus dem gewerblichen Mietgebrauch hervorgehenden Risiken ergibt sich im Zweifel keine unangemessene Benachteiligung des Mieters iSd § 307 Abs. 1 S. 1 BGB, wenn er vertraglich zu besonderen Schutzvorkehrungen herangezogen wird. Die allgemeine **Verkehrssicherungspflicht** für den Zustand und für den Zugang zu einem Gebäude verbleibt aber grundsätzlich beim Vermieter. Nach der Rechtsprechung kann der Mieter **neben dem Vermieter** verkehrssicherungspflichtig für solche Bereiche sein, die er voll beherrscht.[354]

Formulierungsvorschlag:

§ ...... Ausstattung der Mieträume, Herstellungspflichten des Vermieters

(1) Die Mieträume sind vom Vermieter allein nach Maßgabe dieses Vertrags (vgl. Ziff. 2) herzurichten. Im Übrigen übernimmt der Mieter die Mieträume in dem ihm bekannten Zustand. Soweit mit dem beabsichtigten Betrieb künftig erhöhte Anforderungen in Bezug auf die Beschaffenheit der baulichen Anlagen, der technischen Anschlüsse und der Versorgung mit Wasser und Energie einhergehen, übernimmt der Vermieter keine Gewähr für die Erfüllung solcher erhöhter Anforderungen. Der Mieter wird insoweit darauf verwiesen, die Mieträume vorbehaltlich der mit diesem

[349] Zur unmöglichen Herstellung des Mietobjekts aus Gründen des Denkmalschutzes vgl. BGH NZM 1999, 124; zum Streit über Ausbauverpflichtungen des Vermieters vgl. LG Rostock BeckRS 2009, 7068; zu nicht angezeigten Einbauten durch den Mieter vgl. OLG Düsseldorf DWW 2007, 20; zu Verwendungsersatzansprüchen des Mieters einer Arztpraxis vgl. LG Rostock ZMR 2004, 916.

[350] Zur Beschädigung von Behandlungsgeräten einer Zahnarztpraxis durch rostverschmutztes Wasser vgl. OLG Karlsruhe ZMR 1991, 378; zur Vertragsgestaltung bei einer Arztpraxis vgl. Neuhaus Geschäftsraummiete-HdB Kap. 38 Rn. 4.

[351] BGH NJW 1999, 635 zu Umbauten für eine Arztpraxis, die an denkmalschutzrechtlichen Auflagen scheiterten.

[352] BGH NZM 1999, 124.

[353] Zu Verzögerungsschäden beim Umbau einer Zahnarztpraxis vgl. BGH NJW-RR 1992, 202.

[354] OLG Köln NJW-RR 1990, 224 mwN; zur Berechtigung, die Haustür zu einer Arztpraxis offen zu lassen, vgl. LG Itzehoe BeckRS 2010, 5120.

Vertrag geregelten Erlaubniserteilung seinerseits entsprechend auszustatten. Hierzu enthält § ...... nähere Bestimmungen.

(2) Der Vermieter hat auf seine Kosten folgende Arbeiten durchzuführen:

– Beispiele –

1. die Herstellung einer Rampe für den Be- und Entladebereich.
2. die Herstellung eines schmiedeeisernen Fenstergitters am straßenwärts gelegenen Fenster.
3. die Herstellung eines Abstellplatzes für Fahrräder und Kinderwagen im Bereich ......
4. ......

Der Vermieter einer gewerblichen Einheit wird in der Regel kein Interesse daran haben, solche Herstellungs- und Erhaltungspflichten zu übernehmen, die allein durch den speziellen Mietgebrauch des Mieters veranlasst sind. Zumeist wird der Vermieter auch keine genauen Kenntnisse davon haben, welche Ausstattung der Mieter benötigt. Da eine **Pflichtenabwälzung** auf den Mieter **restriktiv** auszulegen ist,[355] bedarf es hinsichtlich derjenigen Herstellungs- und Erhaltungspflichten, die der Vermieter auf den Mieter abwälzen will, ausdrücklicher und eindeutiger vertraglicher Vereinbarungen. Soweit es sich um Maßnahmen handelt, die durch den Mietgebrauch veranlasst sind oder im Risikobereich des Mieters liegen, bestehen keine grundsätzlichen Bedenken gegen eine formularmäßige Pflichtenabwälzung auf den Mieter. Eine vollständige formularmäßige Übertragung der Pflichten aus § 535 Abs. 1 BGB auf den Mieter findet im Zweifel da ihre Angemessenheitsgrenzen, wo die Pflichtenabwälzung zugunsten des Vermieters zum Übergang der Sachgefahr auf den Mieter führt und diesen mit einem nicht mehr absehbaren Kostenrisiko belastet.[356] Als wesentlicher Orientierungspunkt für den Kernbereich der nicht übertragbaren Vermieterpflichten kann die **Erhaltung der Grundsubstanz** („Dach und Fach“) dienen.[357] Eine zulässige Pflichtenabwälzung auf den Mieter kommt um so eher in Betracht, je mehr die betreffenden Teile der Mietsache örtlich und funktional dem unmittelbaren Mietgebrauch unterfallen und der Abnutzung, dem Verschleiß oder einer durch den Mietgebrauch beschleunigten Alterung unterliegen.[358] 236

Formulierungsvorschlag:

§ ......Besondere Herstellungs- und Nutzungsbefugnisse des Mieters

(1) Der Mieter ist berechtigt, in den Mieträumen auf eigene Kosten und für eigene Rechnung folgende Maßnahmen durchzuführen:

– Beispiele –

1. Der Mieter darf in den Räumen ...... Trockenbauzwischenwände zwecks Schaffung kleinerer Raumeinheiten aufstellen.
2. Der Mieter darf in den Räumen ...... zusätzliche Warm- und Kaltwasseranschlüsse installieren.
3. ......

(2) Soweit der Mieter im Rahmen des vertraglichen Mietgebrauchs die Installation weiterer Anschlüsse und technischer Einrichtungen, insbesondere für technische Apparaturen, für Telekommunikation, Energieversorgung, Datenverarbeitung sowie für Luft- und Klimatechnik wünscht, hat er auch die dafür erforderlichen Vorkehrungen in eigenem Namen und für eigene Rechnung zu treffen. Soweit solche Installationen und Einrichtungen bauliche Eingriffe und Veränderungen

[355] BGH WuM 1992, 355; OLG Brandenburg BeckRS 2002 Rn. 46.

[356] OLG Naumburg NJW-RR 2000, 823 mwN.

[357] Vgl. BeckOK BGB/Zehelein BGB § 535 Rn. 413 ff., zu den Grenzen der Pflichtenabwälzung in großzügigerer Handhabung vgl. Stopenhorst NZM 2007, 17.

[358] Vgl. Borzutzki-Pasing NZM 2004, 161 mwN.

erforderlich machen, ist der Mieter hierzu nur mit ausdrücklicher Zustimmung des Vermieters berechtigt.
(3) Die nach Ziff. (1) und (2) gestatteten und ggf. nachträglich genehmigten Einrichtungen sind vom Mieter auf eigene Kosten und für eigene Rechnung fachgerecht herzustellen, zu erhalten, zu sichern, zu warten und instandzuhalten. Der Mieter stellt den Vermieter von jeglicher Inanspruchnahme frei, die im Zusammenhang mit den bezeichneten Einrichtungen und den vorstehend aufgeführten Mieterpflichten steht.

237 b) **Leistungsstörungen.** Bei allen substantiellen baulichen Eingriffen sollte vor Vertragsschluss geklärt werden, ob der Durchführung Hindernisse entgegenstehen. Beim beabsichtigten Betrieb eines Gewerbes mit besonders aufwändigen, schweren oder gefährlichen Gerätschaften sollten die baulichen und technischen Möglichkeiten für die Herrichtung des Objekts unbedingt vorab geklärt sein, um den sonst drohenden Auseinandersetzungen über die Unmöglichkeit der Überlassung in dem als vertragsgemäß vorausgesetzten Zustand vorzubeugen.[359] Bei Umbauten zu speziellen gewerblichen Zwecken kann es einer Baugenehmigung,[360] einer strahlenschutzrechtlichen Genehmigung[361] und der Einschaltung von Sonderfachleuten (Architekten, Ingenieuren) für bestimmte bauliche Eingriffe bedürfen.

238 Wenn der Vermieter es vertraglich übernommen hat, einen bestimmten baulichen Zustand herzustellen, den er tatsächlich nicht herbeigeführt hat, führt dies zu einem **Mangel der Mietsache iSv §§ 536 ff. BGB.** Der Mieter hat einen Anspruch auf Herstellung des vertragsgemäßen Zustands (§ 535 Abs. 1 S. 2 BGB). Wenn der Vermieter selbst Ausbauverpflichtungen übernimmt und dafür vom Mieter Aufwendungsersatz verlangen will, muss er beweisen, dass er die Arbeiten nicht im Rahmen seiner allgemeinen Gebrauchsüberlassungspflicht geschuldet hat, sondern dass mit dem Mieter kostenpflichtige Zusatzleistungen vereinbart wurden.[362]

239 Wenn der Vermieter es dem Mieter vertraglich zugesagt hat, dass der Mieter das Mietobjekt in einer bestimmten Weise baulich verändern darf, hat er für diese Zusage einzustehen. Wenn eine geplante bauliche Maßnahme etwa wegen entgegenstehender öffentlich-rechtlicher Bestimmungen oder dem Eingreifen der Denkmalschutzbehörde nicht möglich ist, bleibt der Vermieter im Grundsatz verpflichtet, dem Mieter die Herstellung des vereinbarten Zustands zu ermöglichen. Selbst wenn der Vermieter keine besondere Einstandspflicht dafür übernommen hat, dass die Räume in der vereinbarten Weise umgebaut werden können, hat er die Unmöglichkeit des Mietgebrauchs zu vertreten, wenn er sich uneingeschränkt zur Leistung verpflichtet hat, obwohl er das **Leistungshindernis** schon **bei Vertragsschluss** bei Anwendung der erforderlichen Sorgfalt hätte erkennen können und müssen.[363] Wenn die Herstellung dieses Zustands nicht möglich ist, kann der Mieter **Schadensersatz wegen Nichterfüllung** verlangen, ohne gezwungen zu sein, zunächst auf Leistung zu klagen, um anschließend einen Schadensersatzanspruch geltend machen zu können.[364]

240 Ob dem Vermieter Ansprüche auf Herstellung gegen den Mieter zustehen, wenn der Mieter es übernommen hat, bestimmte bauliche Maßnahmen durchzuführen, hängt davon ab, ob der Mieter sich hierzu vertraglich verpflichtet hat. Die **bloße Gestattung** baulicher Veränderungen seitens des Vermieters (Zustimmung) begründet im Zweifel **keine Herstellungspflicht des Mieters.** Das Unterbleiben der Maßnahme unterfällt dann grundsätzlich der freien Entscheidung des Mieters, welchen Mietgebrauch er ausüben will. Dem Mieter obliegt grundsätzlich (außer in den Fällen der sog. Betriebspflicht)

[359] BGH NJW 1999, 635.
[360] Zur Arztpraxis als „Störfaktor" im nachbarlichen Umfeld vgl. VG Augsburg BeckRS 2012, 58071.
[361] BVerwG NJW 1991, 1557; OVG Lüneburg BeckRS 1998, 22829.
[362] LG Rostock ZMR 2009, 43; vgl. Schmidt-Futterer/Lehmann-Richter BGB § 535 Rn. 666 ff.
[363] BGH NZM 1999, 124.
[364] BGH NZM 1999, 124 mwN.

keine bestimmte Gebrauchspflicht.[365] Etwas anderes gilt, wenn die **Herstellung als Leistungspflicht** Eingang in das mietvertragliche Austauschverhältnis gefunden hat, dh wenn die Herstellung sich als vertragliche Gegenleistung des Mieters darstellt. Das kann dann der Fall sein, wenn der Vermieter dem Mieter wegen der durchzuführenden Maßnahmen eine Mietermäßigung zugebilligt oder einen Baukostenzuschuss gezahlt hat. Es bedarf also stets einer klaren vertraglichen Regelung, um die mietvertraglichen Bereitstellungspflichten des Vermieters (§ 535 Abs. 1 BGB) von denjenigen Leistungen abzugrenzen, die der Mieter im Rahmen des zulässigen Mietgebrauchs selbst vornehmen darf oder vornehmen muss.

4. Übernahme von Einrichtungen durch den Mieter

Wenn der Vermieter die Räume zuvor selbst gewerblich genutzt hat oder der vorherige Mieter in demselben Gewerbe tätig war, das der neue Mieter ausüben will, kann die Anmietung mit der Übernahme oder dem Erwerb der gesamten Einrichtung einhergehen.[366] **Einrichtungen** sind in diesem Zusammenhang bewegliche Sachen, die für die Dauer des Mietgebrauchs in der Mietsache installiert werden.[367] Darüber hinaus können auch bauliche Ausstattungsmerkmale, die der Vermieter oder der vorherige Mieter hergestellt hat, Gegenstand der Übernahme sein. 241

Die Übernahme kommt bei der Vermietung und Verpachtung von Objekten in Betracht, die berufs- oder gewerbespezifisch ausgestattet und eingerichtet sind. Beispiele hierfür sind – ggf. fachspezifisch ausgestattete – Arztpraxen, Apotheken, Anwaltskanzleien oder handwerkliche Betriebe bis hin zur Unternehmenspacht, bei welcher der Inbegriff des gesamten Betriebs Vertragsgegenstand ist. Wenn der Mietzins sowohl den Gebrauch der eigentlichen Mieträume als auch die **Nutzung spezieller Einrichtungen und Gerätschaften** für die Ausübung des Gewerbes abdeckt, handelt es sich im Zweifel um einen **Pachtvertrag.** Bei den zusätzlich zum Gebrauch überlassenen Sachen handelt es sich dann um **Inventar.**[368] **Unbewegliche Sachen sowie deren wesentliche Bestandteile gehören jedoch nicht zum Inventar.**[369] 242

a) **Vertragstypen der Übernahme.** Die rechtliche und vertragliche Ausgestaltung solcher Übernahmen kann auf unterschiedlichste Weise erfolgen und ist oft außerhalb des hier behandelten mietrechtlichen Zusammenhangs angesiedelt. Konstruktionen mit unmittelbar mietrechtlichen Einschlag sind insbesondere wie folgt denkbar: 243

Die Übernahme kann allein im miet- oder pachtvertraglichen Zusammenhang geregelt sein. Wenn gewerbliche Räume mit allen Ausstattungsmerkmalen und Einrichtungen überlassen werden, liegt grundsätzlich ein **Pachtvertrag** vor, bei dem sich die Überlassung auch auf das Inventar erstreckt. Selbst Rechte (dh nicht nur Räume oder Sachen) können Gegenstand eines Pachtvertrags sein. Für die Einordnung eines Vertrags als Pachtvertrag können ganz unterschiedliche Verpächterleistungen maßgeblich sein. Grundsätzlich können alle Leistungen, die über die bloße Gebrauchsüberlassung von Räumen hinaus gehen und der **Fruchtziehung** dienen, zur Annahme eines Pachtvertrags führen. Dazu gehören ua: 244

- die Überlassung von Inventar,
- die Überlassung eines bestimmten Geschäftskonzepts,
- die Übernahme eines eingeführten Kundenstamms,

---

[365] BGH NZM 2011, 151.

[366] Zum Praxiskauf vgl. im größeren Zusammenhang: Lewejohann/Morton/Offermanns/Stein/Wagner, Kauf und Bewertung einer Arztpraxis, 2018.

[367] BGH NJW-RR 1990, 586.

[368] Vgl. zum Inventarbegriff: Guhling/Günter/Baldus BGB § 582 Rn. 4 ff.

[369] BFH DStRE 1998, 697 (698); für gewerblich genutzte Gebäude ist der Inventarbegriff in § 98 BGB legal definiert.

– die Nutzung von Lizenzen, Patenten, Marken und ähnlichen Rechten, die Übernahme eines Unternehmens einschließlich aller Nebenrechte (Firma, Know-How, Good-Will usw).[370]

245 Die (Weiter-)Vermietung von Arzt- oder Anwaltspraxen erfolgt oft im Rahmen eines **Praxisverkaufs.** Auch hierbei kommen unterschiedliche Konstellationen in Betracht. Verkäufer kann zum einen der Vermieter (als der frühere Betreiber der Praxis) sein.[371] Wenn der Vermieter seine früher selbst betriebene Praxis verkauft, aber Vermieter der Räumlichkeiten bleibt, kann das Veräußerungsgeschäft ggf. nur das Inventar betreffen, aber auch weitergehende Rechte zum Gegenstand haben.[372] Gegenstand der Veräußerung kann also auch das gesamte Unternehmen einschließlich der Übernahme von Personal und der betrieblichen Organisation sein. Dann kann im rechtlichen Sinne ein **Unternehmenskauf** (asset deal)[373] vorliegen, der vielfältige und komplexe Rechtsprobleme aufwerfen kann, die den mietrechtlichen Bezug verlassen und sich hier einer näheren Darstellung entziehen.[374]

246 Wenn die Entrichtung des vertraglichen Entgelts zugleich die Nutzung der Mieträume und die Tilgung des **Kaufpreises für Einrichtungen und Gerätschaften** abdecken soll, kann eine solche vertragliche Regelung **Darlehenscharakter** haben. Insoweit sind die Vorschriften der §§ 488–490 BGB einschlägig, werden aber zumeist durch die mietvertraglichen Sonderregelungen überlagert. Die verbraucherschutzrechtlichen Bestimmungen des BGB (§§ 13 iVm 491 ff. BGB) finden insoweit im unternehmerischen Bereich keine Anwendung.

247 Das **Veräußerungsgeschäft** kann aber auch **zwischen dem vorherigen Mieter und dem neuen Mieter** zustandekommen. Daneben verbleibt der Vermieter auch im Verhältnis zum neuen Mieter in seiner Vermieterrolle. Das Veräußerungsgeschäft zwischen Alt- und Neumieter hat dann grds. keinen mietrechtlichen Charakter.

248 Vom Praxis(ver)kauf wird aber auch gesprochen, wenn etwa ein Arzt als Mieter seine Praxis einem anderen Arzt als **Nach- oder Ersatzmieter**[375] überlässt. Zugunsten des Mieters reichen solche Vereinbarungen am weitesten, die ihm einen **Praxisverkauf** mit der Maßgabe ermöglichen, dass der Vermieter den Praxiserwerber zu denselben (oder in bestimmter Weise anders festzulegenden) Konditionen als Nachmieter akzeptieren muss. In solchen Fällen kann sich der Vermieter schadensersatzpflichtig machen, wenn er sich weigert, einen Mietvertrag mit dem Erwerber zu schließen.[376] Der Mieter kann sich mit einer solchen Vertragsgestaltung nicht nur einen Ausgleich für die von ihm getätigten Investitionen und die dem nachfolgenden Mieter überlassenen Gerätschaften, sondern auch für den von ihm erwirtschafteten „good will" sichern. Die Vereinbarungen zwischen Alt- und Neumieter können ebenfalls einen Unternehmenskauf zum Gegenstand haben.[377] Auf einen so weit reichenden Kontrahierungszwang zum Abschluss eines Mietvertrags mit einem Praxiserwerber wird sich ein Vermieter aber nur in Ausnahmefällen einlassen; hierzu bedarf es einer konkreten vertraglichen Regelung, um entsprechende Verpflichtungen des Vermieters zu begründen.

---

[370] Vgl. dazu im Einzelnen § 74; vgl. MüKoBGB/Harke § 581 Rn. 18 – kritisch zu der herkömmlichen Auffassung.

[371] Zum Praxisverkauf im Rahmen einer gesellschaftsrechtlichen Verbindung vgl. OLG Hamm BeckRS 2011, 25503.

[372] Vgl. → Rn. 238, 244.

[373] Vgl. MüKoHGB/Thiessen HGB Anh. § 25 Rn. 2, 3.

[374] Zum Kauf einer Arztpraxis als Unternehmenskauf vgl. BGH NJW 1989, 763; zum Unternehmenskauf vgl. im Überblick: Triebel/Hölzle BB 2002, 521; Wunderlich WM 2002, 981; Eidenmüller ZGS 2002, 290; zu den Hinweis- und Aufklärungspflichten des Veräußerers vgl. BGH NJW 2002, 1042; zu Haftungsklauseln vgl. Gronstedt/Jörgens ZIP 2002, 53; vgl. ferner die Nachweise bei Grüneberg/Weidenkaff BGB § 453 Rn. 7.

[375] Ehlers Fortführung von Arztpraxen.

[376] LG Berlin GuT 1992, 1099.

[377] Vgl. → Rn. 236, 238 f.

b) Rechtsprobleme bei der Übernahme. Beim Unternehmenskauf können unterschiedliche **Formvorschriften** zu beachten sein. Wenn **Übernahmeverträge über Grundstücke, das (gesamte) Vermögen oder den Nachlass** geschlossen werden, sind die Formvorschriften aus § 311b BGB maßgeblich. Wenn eine zu nutzende Liegenschaft als solche veräußert wird, wird daneben eine mietvertragliche Gebrauchsüberlassung grds. nicht mehr oder nur hinsichtlich benachbarter Räume in Betracht kommen. Wenn ein Unternehmenskauf sich auf GmbH-Geschäftsanteile erstreckt, ist auch dies notariell zu beurkunden ist (§ 15 Abs. 3 und 4 GmbHG). 249

Zu beachten ist ferner, dass die Rechtsprechung dann von der **Nichtigkeit von Praxiskaufverträgen im Sinne von § 134 BGB, § 203 StGB** ausgegangen ist, wenn der Vertrag den Veräußerer auch ohne Einwilligung der betreffenden Patienten oder Mandanten (bei Rechtsanwalts- oder Steuerberaterkanzleien) verpflichtet hat, dem Erwerber die Patienten- und Beratungskartei zu übergeben.[378] 250

Dasselbe gilt, wenn ein Abtretungsvertrag hinsichtlich ärztlicher Honorarforderungen vorsieht, dass der Arzt seine gegenwärtigen und zukünftigen Forderungen unterschiedslos und ohne Einwilligung des Patienten abtritt[379] oder wenn dem Übernehmer (einer Anwalts- bzw. Steuerberaterpraxis) alle vorhandenen Akten über die noch laufenden und bereits abgeschlossenen Aufträge nach Übergabe der Praxis zur Verfügung gestellt werden sollen.[380] 251

Die Übernahme von bestimmten Gewerbebetrieben unterliegt oft **gesetzlicher und behördlicher Reglementierung** und berufsspezifischen **Zulassungserfordernissen** (zB Konzessionen, ordnungsbehördlichen Verboten und Auflagen oder gesetzlichen Beschränkungen). Freiberufliche Unternehmen können in diesem Rahmen nur dann (pacht-)vertraglich übernommen werden, wenn diesen Erfordernissen genügt wird, indem etwa eine Arztpraxis als Ganzes nur durch einen zugelassenen Arzt fortgeführt werden kann. Eine entsprechende Handhabung ergibt sich bei den Berufsgruppen mit entsprechenden Zulassungsvoraussetzungen (Rechtsanwälten, Notaren, Steuerberatern usw). Wenn die erforderlichen oder vertraglich vereinbarten Betriebsvoraussetzungen fehlen oder nachträglich wegfallen, stellt sich die Frage, wer die sich daraus ergebenden Risiken und Schäden zu tragen hat.[381] 252

Eine noch restriktivere Behandlung erfährt die nach § 9 ApothG nur unter engen Voraussetzungen zulässige Übergabe einer Apotheke im Rahmen einer **Apothekenpacht.**[382] Die Erfordernisse bei der Versorgung der Bevölkerung mit Arzneimitteln und die Kontrollbedürfnisse für dieses Marktsegment stehen einer freien Unternehmenspacht entgegen.[383] Nach § 8 S. 2 ApothG sind auch Vereinbarungen über eine **Umsatz- oder Gewinnbeteiligung** an Apotheken ebenso wenig zulässig wie die Begründung stiller Beteiligungen.[384] 253

---

378 BGH NJW 1992, 737 ff.; KG Stbg 1999, 175; Medizinrecht 1996, 220.

379 BGH NJW 1996, 2087 = VersR 1997, 321.

380 OLG Köln Medizinrecht 1996, 369.

381 Vgl. → Rn. 306 ff.; Beispiele aus der jüngeren Rspr.: zur Störung der Geschäftsgrundlage eines zum Zwecke der Errichtung einer Photovoltaikanlage geschlossenen Pachtvertrages durch den Wegfall gesetzlicher Förderungsvorschriften vgl. OLG Saarbrücken BeckRS 2012, 21238; zur immissionsschutzrechtlichen Genehmigung für die Errichtung von Windenergieanlagen vgl. OLG Brandenburg NJW-Spezial 2011, 461; zum Wegfall von Heimplätzen in einem angepachteten Pflegeheim aufgrund von Anordnungen der Heimaufsicht vgl. OLG Düsseldorf NZM 2011, 550; zum Schadenersatzanspruch einer Klinik-GmbH wegen Nichtabschlusses eines Versorgungsvertrages über die Behandlung von Rehabilitationspatienten vgl. OLG München BeckRS 2010, 16507.

382 Vgl. Saalfrank NZM 2001, 971; Geldmacher DWW 1999, 109; Grüneberg/Weidenkaff Vor BGB § 581 Rn. 19 mwN.

383 Zu Umgehungsgeschäften vgl. BGH NJW-RR 1998, 803.

384 BGH NJW 1997, 3091; 2004, 1523.

5. Rückbau/Beseitigung/Wegnahmerecht

254 Der Mieter ist bei Beendigung des Mietverhältnisses gemäß § 546 Abs. 1 BGB grundsätzlich verpflichtet, Einrichtungen, mit denen er die Mietsache versehen hat, und bauliche Veränderungen der Mietsache nach Vertragsende wieder zu beseitigen.[385] Auch Aufbauten auf einem Grundstück werden hiervon erfasst.[386] Diese Pflichten bestehen grds. auch dann, wenn der Vermieter dem Einbau und/oder den baulichen Veränderungen zugestimmt hat.[387]

255 Wenn der Mieter seiner Beseitigungspflicht nicht nachkommt, kann dies zu einer **Vorenthaltung der Mietsache** führen, wenn wegen des Belassens der Einrichtungen nur eine teilweise Räumung des Mietobjektes anzunehmen ist.[388] Eine Vorenthaltung liegt dann vor, wenn hierdurch eine anschließende Nutzung durch den Vermieter verhindert wird.[389] Sie begründet die Pflicht zur Zahlung einer **Nutzungsentschädigung gemäß § 546a Abs. 1 BGB** in Höhe der vertraglich vereinbarten Miete. Da die Nutzungsentschädigung als Ausgleich für die nachvertragliche Leistung des Vermieters der Möglichkeit der weiteren Nutzung durch den Mieter dienen soll und keinen Schadensersatzanspruch darstellt, muss eine nicht nur unerhebliche Weiternutzung durch den Mieter vorliegen. Andernfalls liegt nur eine Schlechterfüllung der Rückgabepflicht vor, die zu Schadensersatzansprüchen führen kann, den Vermieter jedoch nicht zur Ablehnung der Rücknahme berechtigt.[390]

256 Ob die gesetzliche **Pflicht zur Beseitigung oder zum Rückbau vertraglich abbedungen** ist, muss im Wege der Auslegung ermittelt werden.[391] Das kann mitunter schwierig sein. Eine Vertragsbestimmung, wonach die Mietsache in vertragsgemäßem Zustand zurückzugeben ist, besagt als solche noch nichts zu Beseitigungs- oder Rückbaupflichten. Eine Klausel, der zufolge ein Rückbau erfolgen muss, wenn andernfalls die weitere Vermietung erschwert sein sollte, ist dahin ausgelegt worden, dass eine Rückbaupflicht nur dann bestehe, wenn der Nachfolgemieter dies verlange.[392] Eine Rückbaupflicht steht auch in Frage, wenn der Mieter nur einen allgemein üblichen Standard (zB Herstellung eines Badezimmers) geschaffen hat.[393]

257 **Komplikationen können sich ergeben, wenn der Mieter vom Vormieter Einrichtungen und bauliche Veränderungen übernimmt.**[394] Dabei kommt es im ersten Ansatz nicht darauf an, ob der Vormieter bei der Ausstattung des Objekts mit Zustimmung des Vermieters gehandelt hat, weil die Rückbau- und Beseitigungspflicht des (Vor-)Mieters davon nicht abhängt. Die bloße Gestattung des Vermieters, dass der Nachfolgemieter die Mietsache in diesem Zustand übernimmt, ist nicht – jedenfalls nicht ohne Weiteres – damit gleichzusetzen, dass der Vermieter diesen Zustand auch im Fall der Rückgabe durch den Nachmieter als vertragsgerecht akzeptieren muss. Die Überlassung durch den Vermieter kann vielmehr als zeitlich verlängerte Zustimmung zu bestimmten Veränderungen zu bewerten sein, nicht dagegen zwingend als Neudefinition des vertragsgemäßen Zustands. Vom Vormieter eingebrachte Einrichtungen oder Ausstattungen können ggf. als mitvermietet gelten oder als solche, die vom Neumieter selbst eingebrachten gleichstehen.[395] Die Beseitigungspflicht des Mieters erstreckt sich ohne besondere Absprache der Mietvertragsparteien nicht nur auf vom Mieter eingebrachte Einrichtungen,

---

385 BGH NJW-RR 1997, 1216; OLG Düsseldorf MDR 2002, 1244 = ZMR 2003, 23; Grüneberg/Weidenkaff BGB § 546 Rn. 6 mwN.

386 BGH NZM 2006, 621 Rn. 18.

387 BGH NZM 1999, 478 (479); Grüneberg/Weidenkaff BGB § 546 Rn. 6.

388 BGHZ NJW 1983, 1049 (1050).

389 OLG Brandenburg ZMR 2014, 28.

390 BGH NJW 1983, 1049 (1050); OLG Brandenburg ZMR 2014, 28 mwN.

391 OLG Düsseldorf GE 2007, 515.

392 OLG Düsseldorf NJOZ 2009, 3742 (3743).

393 LG Hamburg WuM 2010, 448.

394 → Rn. 235 ff.

395 Zu den diversen Konstellationsmöglichkeiten bei Wohnraum vgl. die Darstellung bei Eisenhardt WuM 1997, 415 ff.; AnwHdB MietR/Horst/Popiel Rn. 550 ff.

sondern auch auf solche, die er vom Vormieter übernommen hat.[396] Der Vormieter wird bei solchen Konstellationen zwar regelmäßig von Rückbau- und Beseitigungspflichten befreit sein. Für den Nachfolgemieter und den Vermieter besteht aber im Zuge der Vertragsgestaltung dringender Klärungsbedarf, in welchem Zustand die Mietsache bei Beendigung des Mietverhältnisses zurückzugeben ist.

Praxistipp:
Wenn der Mieter vom Vormieter Einrichtungen oder einen baulich veränderten Zustand übernimmt, ist im Rahmen der Gestaltung des Nachfolgevertrags klarzustellen, ob der neue Mieter die Mietsache im ursprünglichen Zustand, den er uU überhaupt nicht kennt, oder im Zustand der Übernahme herauszugeben hat. Es bietet sich an, auf das Übergabeprotokoll Bezug zu nehmen, das den Zustand des Mietobjektes möglichst detailliert beschreiben sollte.

Die Kehrseite der Verpflichtung, Einrichtungen und bauliche Veränderungen zu beseitigen, ist das **Wegnahmerecht des Mieters nach § 539 Abs. 2 BGB.**[397] Das Wegnahmerecht des Mieters bezieht sich auf Einrichtungen, mit denen er die Mietsache versehen hat. Der Begriff der Einrichtung wird dahingehend definiert, dass es sich um eine Sache handeln muss, die mit der Mietsache fest verbunden ist und deren wirtschaftlichen Zweck dienen soll.[398] Regelmäßig werden solche Einrichtungen dadurch zum wesentlichen Bestandteil der Mietsache iSv §§ 93, 94, 946, 947 BGB. Nach hM ist es für den Begriff der Einrichtung gem. § 539 Abs. 2 BGB unerheblich, ob die Einrichtung im Eigentum des Mieters oder des Vermieters steht.[399] Das Wegnahmerecht des Mieters gem. § 539 Abs. 2 BGB ist ein Aneignungsrecht und nicht auf Einrichtungen beschränkt; es erfasst auch Veränderungen in der baulichen Substanz.[400] Die Befugnis des Vermieters, gemäß §§ 552, 578 Abs. 2 BGB die Wegnahme durch Zahlung einer angemessenen Entschädigung abzuwenden, bezieht sich nur auf Einrichtungen in Räumen.[401] 258

Einrichtungen, zu deren Herstellung sich der Mieter dem Vermieter gegenüber vertraglich verpflichtet hat, fallen in der Regel nicht unter das Wegnahmerecht, wenn Treu und Glauben keine andere Auslegung gebieten.[402] Im Übrigen ist ein formularvertraglich vereinbarter **entschädigungsloser Ausschluss des Wegnahmerechts** des Mieters umstritten.[403] Wenn dem Pächter durch weitere Ersetzungs-, Herstellungs- und Anschaffungsklauseln erhebliche Investitionen überbürdet werden, kann ein zugleich vereinbarter Ausschluss jeglicher Wegnahme bei Beendigung des Miet- oder Pachtverhältnisses zu **Wirksamkeitsbedenken aus §§ 138, 307 BGB** führen. Der entschädigungslose Ausschluss der Wegnahme kann aber unbedenklich sein, wenn der Mieter für den daraus resultierenden Nachteil eine Kompensation erhalten hat, etwa durch einen niedrigen Mietzins.[404] Der BGH legt jedenfalls eine Klausel, nach der feste Einbauten des Mieters entschädigungslos zu wesentlichen Bestandteilen des Gebäudes werden, dahingehend aus, dass es sich nur um einen Rechtverlust handelt; dem Mieter stehen weiterhin bereicherungsrechtliche Ansprüche gegen den Vermieter zu.[405] 259

[396] OLG Düsseldorf ZMR 2009, 843.
[397] Vgl. dazu im Einzelnen Bruns NZM 2017, 468 ff.
[398] BGH NJW 1987, 2861.
[399] BGH NJW 1981, 2564 (2565); Guhling/Günter/Krüger/Horn BGB § 539 Rn. 16; aA Schmidt-Futterer/Lehmann-Richter BGB § 539 Rn. 48 ff.
[400] OLG Düsseldorf BeckRS 2011, 26397.
[401] OLG Köln WuM 1995, 268.
[402] BGH NJWE-MietR 1996, 33; NJW 1958, 2109; OLG Karlsruhe NJW-RR 1986, 1394.
[403] Einen Ausschluss der Wegnahme nur gegen Entschädigung befürwortet Staudinger/von Jeinsen BGB § 591a Rn. 17; differenzierend Fritz/Geldmacher/Leo GewerberaumMietR/Geldmacher § 3 Rn. 853 ff.; aA von Westphalen/Zehelein, Vertragsrecht, Geschäftsraummiete, Rn. 155.
[404] OLG Oldenburg OLGR Oldenburg 1996, 113.
[405] BGH WPM 1996, 1265.

260 In vielen Fällen sind vertragliche Regelungen veranlasst, die den Verbleib von Einrichtungen und baulichen Veränderungen regeln. Wenn sie gewerbespezifischen Belangen dienen und eine funktionale oder wertmäßige Verbesserung der Mietsache bewirken, wird der Vermieter ein naheliegendes Interesse daran haben können, dass das Objekt – zumal im Falle einer gleichartigen Weitervermietung – in dem geschaffenen Zustand verbleibt. Ein Ausschluss von Wegnahmerechten eines Mieters/Pächters, der sich zu erheblichen Neuanschaffungen und Ersetzungsmaßnahmen verpflichtet hat, wird am ehesten mittels eines **Wertausgleichs kompensiert** werden können. Ansonsten kann – zumal bei vorzeitiger Beendigung des Mietverhältnisses – ein **Bereicherungsanspruch** des Mieters gegeben sein.[406]

Praxistipp:

Beim vertraglichen Ausschluss von Wegnahmerechten des Mieters ohne Entschädigungspflicht des Vermieters können sich Wirksamkeitsbedenken aus §§ 138, 242, 307 BGB ergeben. Außerdem kommt im Falle der vorzeitigen Beendigung des Mietverhältnisses ein Bereicherungsanspruch des Mieters (aus § 812 Abs. 1 S. 1 1. Alt. oder S. 2 2. Alt. BGB) in Betracht.

Im Sinne einer sicheren Vertragsgestaltung empfiehlt es sich, für besonders werthaltige und wertbeständige Investitionen des Mieters von Vorneherein einen Wertausgleich bei Beendigung des Mietverhältnisses zu vereinbaren.

Die Höhe des Ausgleichs kann ggf. durch Einholung eines Schiedsgutachtens zum (Zeit-)Wert bestimmter Güter ermittelt werden.

261 Sämtliche Pflichten des Mieters zur Wegnahme oder Beseitigung und das Wegnahmerecht des Mieters entfallen, wenn der Vermieter seinerseits dem Mieter bestimmte Einrichtungen überlassen oder für den Mieter bauliche Veränderungen vorgenommen hat. Solche Leistungen erfolgen im Rahmen der Gewährung des vertragsgemäßen Gebrauchs und umschreiben den vertragsgemäßen Zustand der Mietsache.[407] In diesem Zustand hat der Mieter die Mietsache auch zurückzugeben.

6. Sonderproblem: Betriebsvorrichtungen

262 Der Begriff der Betriebsvorrichtungen entstammt dem Steuerrecht. Damit sind Maschinen und sonstige Vorrichtungen aller Art gemeint, die zu einer Betriebsanlage gehören (§ 243 Abs. 2 Nr. 2 BewG) und im Zweifel dem Betrieb dienen.[408] Der Begriff der Betriebsvorrichtung setzt Gegenstände voraus, durch die das Gewerbe unmittelbar betrieben wird. Zwischen der Betriebsvorrichtung und dem Betriebsablauf muss ein ähnlich enger Zusammenhang bestehen, wie dies zB üblicherweise bei der Verwendung von Maschinen gegeben ist. Hingegen reicht es nicht aus, wenn eine Anlage für einen Betrieb lediglich nützlich oder notwendig oder sogar gewerbepolizeilich vorgeschrieben ist. Entscheidend ist, ob die Gegenstände von ihrer Funktion her unmittelbar zur Ausübung des Gewerbes genutzt werden.[409] Sie sind (und bleiben) Betriebsvorrichtungen auch dann, wenn sie wesentliche Bestandteile des Grundstücks oder Gebäudes sind, da sie grundsätzlich als eigene selbstständige (bewegliche) Wirtschaftsgüter behandelt werden (§ 243 Abs. 2 Nr. 2 BewG).

263 Miet- und pachtvertragliche Relevanz können Betriebsvorrichtungen unter mehreren Aspekten gewinnen:[410]

---

[406] OLG Hamburg MDR 1974, 584; AnwHdB MietR/Horst/Popiel Rn. 492.

[407] Vgl. dazu bereits → Rn. 214 ff.

[408] Vgl. Borzutzki-Pasing jurisPR-MietR 16/2024 Anm. 2 – insbes. zur Verknüpfung von Miet- und Steuerrecht bei der Überlassung von Betriebsvorrichtungen.

[409] BFHE 187, 124 = BStBl. II 2000, 144.

[410] Die steuerlichen Auswirkungen können im gegebenen mietrechtlichen Zusammenhang nur gestreift werden.

a) **Abgrenzung zum Inventar.** Inventar iSv §§ 582, 582a BGB ist die **Gesamtheit der beweglichen Sachen,** die in einem räumlichen Verhältnis zum **Pachtgrundstück** stehen und dazu bestimmt sind, das Grundstück entsprechend seinem wirtschaftlichen Zweck durch einen Betrieb zu nutzen.[411] **Unbewegliche Sachen** sowie deren wesentliche Bestandteile **gehören nicht zum Inventar** im Sinne der zivilrechtlichen Regelungen. Zu den wesentlichen Bestandteilen eines Gebäudes gehören die zur Herstellung des Gebäudes eingefügten Sachen, die mit dem Grund und Boden fest verbundenen sind (§ 94 Abs. 1 S. 1 BGB). Das können bauliche Anlagen wie Silos oder Güllebehälter sein. Anderes gilt aber für Windkraftanlagen, die mit dem Grund und Boden ebenfalls fest verbunden werden; hier nimmt der BGH eine Scheinbestandteilseigenschaft gem. § 95 Abs. 1 S. 1 BGB an.[412] Zu wesentlichen Bestandteilen eines Gebäudes werden auch andere eingefügte Sachen wie Lager-, Energieversorgungs- und Klimatisierungsanlagen; sie gehören nicht zum Inventar.[413] 264

Was die erforderliche **unmittelbare Betriebsdienlichkeit** von Betriebsvorrichtungen angeht, können sich Abgrenzungsschwierigkeiten ergeben. Es genügt nicht, dass eine Anlage zu einem gewerblichen Betrieb gehört oder dass sie für die Ausübung des konkret im Gebäude ausgeübten Gewerbebetriebs nützlich, notwendig oder sogar vorgeschrieben ist. Erforderlich ist vielmehr, dass die Anlage in einer besonderen Beziehung zum gegenwärtig im Gebäude ausgeübten Betrieb steht, dh ihr in Bezug auf die Ausübung des Gewerbebetriebs eine ähnliche Funktion wie einer Maschine zukommt. Ein solcher unmittelbarer und besonderer Zusammenhang zwischen einem Schwimmbecken und dem ausgeübten Gewerbebetrieb besteht beispielsweise bei einem Hallenbad.[414] Allein zum Themenbereich „Lüftungs- und Klimaanlagen" findet sich in der finanzgerichtlichen Rspr. eine vielfältige Kasuistik.[415] 265

b) **Absetzung für Abnutzungen (AfA gemäß § 7 EStG) bei Mietereinbauten.** Es geht um die sog. Abschreibung, steuerrechtlich die **Wertminderung von Anlagevermögen.**[416] 266

Mietereinbauten und -umbauten sind als materielle, bewegliche Wirtschaftsgüter in der Bilanz des Mieters zu aktivieren, wenn der **Mieter sachenrechtlich Eigentümer** ist. Das ist der Fall, wenn Scheinbestandteile nach § 95 BGB vorliegen, die nur zu einem vorübergehenden Zweck in das Gebäude eingefügt sind, oder wenn die Ein-/Umbauten als Betriebsvorrichtungen iSv § 243 Abs. 2 Nr. 2 BewG zu behandeln sind. Darüber hinaus können Mietereinbauten und -umbauten als unbewegliche Wirtschaftsgüter beim Mieter aktiviert und abgeschrieben werden, wenn die durch die Ein-/Umbauten geschaffenen Gebäudebestandteile in einem von der eigentlichen Gebäudenutzung gesonderten Nutzungs- und Funktionszusammenhang stehen und der Mieter zumindest wirtschaftlicher Eigentümer ist.[417] 267

Wirtschaftlicher Eigentümer ist derjenige, der die tatsächliche Herrschaftsgewalt über ein Wirtschaftsgut in der Weise ausübt, dass er den zivilrechtlichen Eigentümer im Regelfall für die gewöhnliche Nutzungsdauer von der Einwirkung auf das Eigentum wirtschaftlich ausschließen kann.[418] Die Frage, wer den Wertverzehr einer Betriebsvorrichtung trägt, bestimmt sich allein nach der zivilrechtlichen (dh miet- oder pachtver- 268

[411] RGZ 142, 201 Rn. 2.
[412] BGH NJW 2017, 2099 Rn. 8 ff.
[413] BFHE 186, 263 = BStBl. II 2000, 286.
[414] BFHE 166, 176 = BStBl. II 1992, 278.
[415] Vgl. dazu BFHE 92, 382 = BStBl. II 1968, 567, betreffend eine zur Möbellagerung erforderliche Lüftungs- und Befeuchtungsanlage; BFHE 102, 107 = BStBl. II 1971, 455, betreffend Klima- und Lüftungsanlage einschließlich der Luftschleieranlagen in einem Warenhaus; BFHE 112, 205 = BStBl. II 1974, 429, betreffend die Be- und Entlüftungsanlage in den Verkaufs- und Ausstellungsräumen eines Möbeleinzelhandelsgeschäfts; BFHE 200, 164 = BStBl. II 2002, 877, betreffend Wärmerückgewinnungsanlage in einem Fleischerhandwerksbetrieb; BFHE 196, 429 = BStBl. II 2002, 100, betreffend Be- und Entlüftungsanlage in einem Friseurgeschäft; BFH BFH/NV 1997, 518, betreffend Klimaanlage, die überwiegend der Innenverpackung von Erzeugnissen dient.
[416] Vgl. dazu eingehender: Strahl FR 2003, 447 ff.
[417] BFH BStBl. II 1994, 164; BFH BStBl. II 1997, 533.
[418] BFHE 100, 516 (521) = BStBl. II 1971, 133 (135); BFHE 149, 557 = BStBl. II 1987, 561 (563).

traglichen) Gestaltung, nicht dagegen notwendigerweise nach dem zivilrechtlichen Eigentum. Das wirtschaftliche Eigentum an der Betriebsvorrichtung ist eigenständig zu beurteilen.[419] Es hängt im gegebenen Zusammenhang wesentlich von der vertraglichen Ausgestaltung von Miet- und Pachtverträgen ab.

269 Aufwendungen, die für Mietereinbauten und sonstige Bauten auf fremdem Grund und Boden (des Vermieters) vorgenommen werden, können nur abgesetzt werden, sofern der Steuerpflichtige **die Kosten getragen hat, den Bau tatsächlich nutzt und ihm bei Beendigung der Nutzung ein Entschädigungsanspruch zusteht.**[420] Hat ein Mieter bei Beendigung des Mietverhältnisses Anspruch auf eine Entschädigung in Höhe des Restwerts der Einbauten, so ist er grundsätzlich wirtschaftlicher Eigentümer des materiellen Wirtschaftsguts und als solcher zur AfA berechtigt.[421] Ist ein Anspruch auf Entschädigung hingegen nicht gegeben, zB weil auf ihn verzichtet wurde, so ist davon auszugehen, dass der Mieter die Aufwendungen dem rechtlichen Eigentümer zugewendet und damit gemäß § 12 Nr. 2 EStG die Berechtigung, die Aufwendungen als eigene abzuziehen, verloren hat.

270 Die Rspr. hat es für die Annahme wirtschaftlichen Eigentums des Mieters ausreichen lassen, wenn ein Mietvertrag für die Beendigung des Mietverhältnisses alternativ **entweder die Wiederherstellung des früheren Zustandes** durch den Mieter **oder eine angemessene Entschädigung** durch den Vermieter vorsieht.[422]

Praxistipp:
Wenn der Mieter/Pächter sich für von ihm vorzunehmende Einbauten die Möglichkeit der AfA erhalten will, ist bei der Vertragsgestaltung darauf zu achten, dass sein wirtschaftliches Eigentum an Ein- und Umbauten erkennbar durch entsprechende Klarstellungen geregelt wird.
Das wirtschaftliche Eigentum steht durchgreifend in Frage, wenn der Mieter die Herstellung entschädigungsfrei übernimmt.

271 **Besonderheiten** können sich bei der sog. **eisernen Verpachtung**[423] ergeben. Ein (landwirtschaftlicher) Betrieb kann im Rahmen einer sog. eisernen Verpachtung auch in der Weise verpachtet werden, dass der Pächter Gegenstände des Betriebsvermögens zu ihrem Schätzwert bei Pachtbeginn unter der Verpflichtung übernimmt, dem Verpächter bei Pachtende und Rückgabe der zum Betrieb gehörenden Gegenstände **Wertausgleich bis zur Höhe des Übernahmewerts** zu leisten.[424] Im Unterschied zum Regelfall eines Pachtverhältnisses trägt bei einer solchen Vertragsgestaltung der Pächter den Wertverlust der überlassenen Gegenstände für die Dauer des Pachtvertrags. Bilanziell ist bei Anlagevermögen nach der Rechtsprechung des Bundesfinanzhofs so zu verfahren, dass die betreffenden Wirtschaftsgüter zwar weiter dem Verpächter zuzurechnen und von ihm abzuschreiben sind. Das gilt auch für vom Pächter neu angeschaffte oder hergestellte Ersatzwirtschaftsgüter. Zugleich hat aber der Verpächter einen Anspruch auf Substanzerhaltung zu aktivieren, während der Pächter eine entsprechende Rückstellung zu bilden hat.[425] Die **Substanzerhaltungsverpflichtung** ist zu jedem Bilanzstichtag unter Berücksichtigung der Wiederbeschaffungskosten zu bewerten, so dass sich ihr Wert laufend erhöht und beim Pächter zu einer Gewinnminderung, beim Verpächter dagegen zu einer Gewinnerhöhung führt.[426] Insgesamt betrachtet ergeben sich aus einer derartigen bilanziellen Behandlung der eisernen Verpachtung bei gleichbleibenden Wert-

---

[419] BFHE 186, 263 = BStBl. II 2000, 286.
[420] BFHE 183, 455 = BStBl. II 1997, 774; BB 1996, 155.
[421] BFHE 183, 455 = BStBl. II 1997, 774.
[422] BFHE 187, 124 = BStBl. II 2000, 144.
[423] Vgl. Kern PachtR BGB § 582a: Der Begriff knüpft an den „Eisern-Vieh"- oder „Eisern-Inventar-Vertrag" des gemeinen Rechts an.
[424] MüKoBGB/Harke § 582a Rn. 1.
[425] Vgl. insgesamt BRM 21.2.2002, BeckVerw 031476.
[426] BFHE 167, 322 = BStBl. II 1993, 89.

verhältnissen in etwa dieselben Gewinnauswirkungen wie bei einer Inanspruchnahme der linearen AfA durch den Pächter.

c) **Umsatzsteuer.** Gemäß § 4 Nr. 12 S. 2 UStG ist die **Verpachtung von Betriebsvorrichtungen** Maschinen und sonstigen Vorrichtungen aller Art, die zu einer Betriebsanlage gehören, auch wenn sie wesentliche Bestandteile eines Grundstücks sind, **nicht steuerbefreit.** Bei der Frage, ob die Vermietung/Verpachtung der Umsatzsteuer unterliegt oder im Wege der Option steuerpflichtig werden kann,[427] bedarf es also bei der Überlassung von Betriebsvorrichtungen bei ansonsten (ggf. optional) steuerfreiem Umsatz der Bestimmung, welche Rolle die mitverpachteten Betriebsvorrichtungen in diesem Zusammenhang spielen. Werden Betriebsvorrichtungen vom Vermieter/Verpächter mit überlassen, kommt es für die Annahme einer steuerfreien Vermietung oder einer steuerpflichtigen sonstigen Leistung darauf an, welche Leistung prägend ist.[428] Im Kern geht es um die **Abgrenzung,** ob die Überlassung **als steuerfreie Grundstücksvermietung** (§ 4 Nr. 12a UStG), **steuerpflichtige Vermietung von Betriebsvorrichtungen** (§ 4 Nr. 12 S. 2 UStG) oder **als Leistung besonderer Art,** die nicht unter die Steuerbefreiungsvorschrift fällt, zu beurteilen sind. Hierbei ist die Mietdauer ein geeignetes Kriterium, um eine selbstständige Vermietungsleistung von einer einheitlichen sonstigen Leistung abzugrenzen.[429] Wird eine Betriebsanlage, die aus Gebäuden und Betriebsvorrichtungen besteht, gegen einen einheitlichen Mietzins vermietet, muss der Mietzins ggf. in einen steuerfreien Teil für die Vermietung der Gebäude und einen steuerpflichtigen Teil für die Vermietung der Betriebsvorrichtungen aufgeteilt werden. Das Verhältnis der steuerpflichtigen zu den steuerfreien Umsätzen kann unter Berücksichtigung der Betriebskosten einschließlich der Abschreibung und der kalkulatorischen Zinsen aus den Herstellungskosten geschätzt werden.[430] Im Einzelnen herrscht eine schwer zu überschauende Kasuistik.[431] 272

d) **Relevanz für Betriebskosten.** Die Kostentragung für die Erhaltung und Instandhaltung von **Betriebsvorrichtungen, die der Mieter/Pächter eingebracht hat,** sollten unter Berücksichtigung der unter lit. a behandelten Grundsätze ausdrücklich im Vertrag geregelt sein. Wenn der Vermieter unter dem Gesichtspunkt der Erhaltung und Instandhaltung einstandspflichtig ist und auch in Bezug auf Betriebsvorrichtungen die tatsächliche Sachherrschaft ausübt, kann das wirtschaftliche Eigentum des Mieters in Frage stehen. Rechtspraktisch wird der Vermieter aber ohnehin ein naheliegendes Interesse daran haben, die Kosten des Betriebs, dem Betriebsvorrichtungen notwendig unmittelbar zu dienen haben, von sich abzuwenden. Gleichwohl ist wegen des sachenrechtlichen Bezugs von Betriebsvorrichtungen (als Bestandteil des Grundstücks) eine ausdrückliche Abgrenzung bzw. Klarstellung veranlasst. 273

Bei den Kosten von **Betriebsvorrichtungen, die vom Vermieter überlassen werden,** steht das (auch wirtschaftliche) Eigentum des Vermieters grds. unter keinem Gesichtspunkt in Frage. Ob und inwieweit der Vermieter/Verpächter Betriebskosten, die für Betriebsvorrichtungen anfallen, umlegen darf, untersteht den vertraglichen Umlageregelungen. Nach Auffassung des OLG Koblenz[432] genügt es dem Bestimmtheitsgrundsatz 274

---

[427] Vgl. hierzu näher → § 56 Rn. 146 f.; EuGH DStR 2023, 1076 ff.

[428] BFH BeckRS 2011, 95057 zur Frage, ob die steuerbefreite Vermietung eines Theatergebäudes o. die mitvermieteten Betriebsvorrichtungen die Haupt- o. Nebenleistung darstellt; zB keine steuerfreie Grundstücksvermietung bei der kurzfristigen Überlassung eines Tennisplatzes vgl. EuGH Slg. 2001, I-493 – Stockholm Lindöpark; anders bei langfristiger Überlassung eines Theatergebäudes mit Bühnenvorrichtungen, vgl. BFH BFH/NV 2011, 1035.

[429] BFH BeckRS 2011, 95057; EuGH Slg. 2004, I-11237 – Temco Europe.

[430] BFHE 132, 119 = BeckRS 1980, 22005484.

[431] Zur Steuerpflichtigkeit bei der Überlassung einer Schießanlage: BFHE 172, 174 = BStBl. II 1994, 52; zur Steuerpflicht bei mit überlassenen Betriebsvorrichtungen vgl. BFH BeckRS 2007, 25012058; zur Vermietung einer Turnhalle an einen Verein vgl. BFHE 224, 162 = BStBl. II 2010, 208; zur Überlassung von Sportanlagen vgl. auch BFHE 194, 555 = BStBl. II 2001, 658.

[432] BeckRS 2013, 8637.

für eine Umlageklausel bereits, wenn hinsichtlich der Wartungskosten für weitere technische Einrichtungen auf eine beispielhafte Aufzählung („zB" oder „usw") von Betriebsvorrichtungen der im Eigentum des Vermieters befindlichen Einrichtungen des Gebäudes abgestellt wird. Der steuerrechtliche Begriff der Betriebsvorrichtung sei insoweit mangels eines steuerrechtlichen Regelungsgehalts nicht maßgeblich. Vielmehr seien darunter sämtliche im Eigentum des Vermieters stehenden Einrichtungen des Gebäudes anzusehen, die dem Betrieb des Gebäudes dienen und eine Wartung erfordern. Noch weiter geht das OLG Frankfurt a. M.:[433] Danach soll im gewerblichen Bereich die Verpflichtung, „sämtliche Wartungskosten" als Betriebskosten zu tragen, auch ohne nähere Auflistung der einzelnen Kosten und ohne Begrenzung der Höhe nach in Allgemeinen Geschäftsbedingungen wirksam sein. Diese Rechtsprechung ist nicht unproblematisch, da der BGH grds hohe Anforderungen an die Bestimmtheit von mietvertraglichen Umlageregelungen stellt.[434]

XIV. Beheizung und Klimatisierung der Mieträume

1. Überlassungspflicht iSv § 535 Abs. 1 S. 2 BGB

275 Als Spezialfälle der bereits unter Ziff. XII behandelten Überlassungspflichten können Konstellationen angesehen werden, bei denen es im weitesten Sinne um die **Raumtemperaturen und die Luftqualität, das Raumklima,** geht. Gewerbliche Miet- und Pachträume (zB Büroräume, Kanzleien, Arztpraxen usw) sind oft in neuzeitlich gestalteten Hochhäusern angesiedelt, deren Fassaden zT komplett mit Glas verkleidet sind oder große Fensterflächen aufweisen. Dies kann dazu führen, dass sich das Gebäudeinnere bei Sommertemperaturen stark aufheizt. Abhängig vom baulichen Zuschnitt und von der technischen Auslegung der Heizanlage können aber auch Probleme durch die Unterschreitung der vorausgesetzten Raumtemperaturen auftreten.

276 Ob eine Mietsache ein vertragsgerechtes Raumklima gewährleistet und welche Mieterrechte insoweit in Betracht kommen, hängt im Ausgangspunkt maßgeblich von der **Beschaffenheit der Mietsache bei Überlassung, dh bei Mietbeginn,** ab, so dass es sich bei Mängeln um sog. **Beschaffenheitsmängel** handelt. Es macht einen gravierenden Unterschied, ob das Mietobjekt schon anfänglich mit einer Klimaanlage ausgestattet war oder nicht. Bei einer bereits vorhandenen Klimaanlage geht es um deren Funktionsfähigkeit und um die Frage, ob die Klimaanlage iSv §§ 536 ff. BGB mangelhaft ist und welche Kriterien hierfür gelten. Bei einer anfänglich nicht entsprechend ausgestatteten Mietsache stellt sich die Frage, ob die Mietsache selbst ohne vertragliche Absprachen zur Klimatisierung nachträglich mit einer solchen Anlage ausgestattet werden muss, dh ob der Vermieter eine nachträgliche Herstellungspflicht zur Herbeiführung des vertragsgemäßen Zustands iSv § 535 Abs. 1 S. 2 BGB hat.

2. Mietsache ohne vorhandene Klimaanlage

277 Wenn es sowohl an vertraglichen Vorgaben als auch an einer Klimaanlage fehlt, wird überwiegend angenommen, dass zur Ausübung eines Gewerbes vermietete Räume, in denen insbesondere auch Arbeitnehmer beschäftigt werden sollen, gleichwohl so beschaffen sein müssen, dass bei hohen Außentemperaturen die Innentemperatur nicht übermäßig ansteigt. Andernfalls liege ein Mangel der Mietsache vor.[435] Welcher Stan-

[433] OLG Frankfurt a.M. BeckRS 2016, 2453.
[434] Vgl. BGH NZM 2005, 863 (865); NZM 2012, 608 Rn. 14.
[435] OLG Rostock NZM 2001, 425; OLG Hamm NJW-RR 1995, 143 – mit Verweis auf die Anforderungen der Arbeitsstättenverordnung; OLG Naumburg NJW-RR 2004, 299; LG Bielefeld AiB 2003, 752.

dard dabei zu gewährleisten ist, unterliegt aber einer schwer zu überblickenden Kasuistik[436] und ist höchstrichterlich noch ungeklärt.

Zum Teil wird die Anwendbarkeit der Arbeitsstättenrichtlinie, nunmehr **Technischen Regeln für Arbeitsstätten** „Raumtemperatur" ASR A 3.5 (Ausgabe Juni 2010) zu § 3 Abs. 1 der Arbeitsstättenverordnung (Stand 27.3.2024) iVm Ziff. 3.5 Raumtemperatur des Anhangs der VO befürwortet, um den vertragsgemäßen Sollzustand zu umschreiben.[437] Andere Oberlandesgerichte stellen auf standardisierte Regelwerke wie DIN 1946-2 nunmehr **EN 16798-3 Energetische Bewertung von Gebäuden** Teil 3 zur Klimatechnik ab.[438] 278

Gegen diese uneinheitliche Rechtsprechung ist mit gewichtigen Gründen angeführt worden, dass keine Pflicht des Vermieters bestehe, das Überschreiten bestimmter Temperaturen in einem Objekt, dessen Zuschnitt dem Mieter von Anfang an bekannt war, zu verhindern, wenn der Vermieter eine Klimatisierung oder besondere Dämmung des Gebäudes nicht vertraglich zugesagt hat.[439] Die Tauglichkeit von nicht klimatisiert vermieteten und den baurechtlichen Bestimmungen entsprechenden Büroräumen zum vertragsgemäßen Gebrauch wird danach durch sommerliche Hitze nicht eingeschränkt, so wie die Tauglichkeit von ohne Heizung vermieteten Räumen im Winter ebenfalls nicht durch Kälte eingeschränkt wird. Die Regelung der Innentemperatur ist danach dem Mieter überlassen. Wenn der Vermieter eine Klimatisierung oder besondere Dämmung des Gebäudes nicht vertraglich zugesagt hat, soll daher auch keine Pflicht bestehen, das Überschreiten bestimmter Temperaturen in einem Objekt, dessen Zuschnitt dem Mieter von Anfang an bekannt war, zu verhindern. 279

Der Meinungsstreit in Rechtsprechung und Literatur verdichtet sich also in diesem Zusammenhang zu der Frage, welchen Zustand der Vermieter zu gewährleisten hat, wenn Parteivereinbarungen zur Beschaffenheit und zur klimatechnischen Ausstattung der Mieträume komplett fehlen. Diese Problematik spitzt sich dann zu der Frage zu, ob der Vermieter verpflichtet sein kann, nachträglich und mit ggf. sehr hohem Aufwand erstmals eine Klimatisierung herzustellen. 280

Geht man mit den aufgeführten Teilen der Rechtsprechung davon aus, dass eine nicht vorhandene Klimatisierung einen Mangel der Mietsache begründen kann, ist eine **Mietminderung iSv § 536 BGB** nur die konsequente Folge. Wirkt sich ein solcher Mangel **nur periodisch** in einem vorhersehbaren Zeitraum erheblich auf die Gebrauchstauglichkeit der Mietsache aus, **bleibt die Minderung** grds. auf diesen Zeitraum **beschränkt.**[440] Ein Vermieter, der Räumlichkeiten in einem Objekt vermietet, das bauartbedingte Eigenheiten aufweist, aus denen sich ein Mängeleinwand ergeben kann, wird im Hinblick auf die unterschiedliche Rechtsprechung nur dadurch in gewissem Umfang einer Inanspruchnahme vorbeugen können, dass er bei Vertragsschluss aus- 281

[436] Vgl. dazu die Darstellung bei Gsell WuM 2011, 491; vgl. ferner BGH NZM 2011, 153 – unter Annahme eines Mangels, aber ohne nähere Festlegung zum einzuhalten Standard; OLG Rostock NZM 2001, 425: bis zu 32 Grad Außentemperatur dürfe die Innentemperatur nicht mehr als 26 Grad betragen, bei höheren Außentemperaturen müsse die Innentemperatur um 6 Grad geringer sein als die Außentemperatur, sowie BeckRS 2018, 9003 für den Betrieb eines Modegeschäfts; vgl. auch die Nachweise bei Lucenti/Westfeld NZM 2009, 422; Guhling/Günter/Günter BGB § 536 Rn. 249 – mit einer ausführlichen Darstellung u. weiteren Verweisen.

[437] OLG Hamm NJW-RR 1995, 143; OLG Düsseldorf NJW-RR 1998, 1307; OLG Köln NJW-RR 1993, 466; OLG Rostock NJW-RR 2001, 802; KG GE 2003, 48; LG Bielefeld IBR 2003, 474; OLG Naumburg NJW-RR 2004, 299; OLG Hamm OLGR 2007, 541; OLG Naumburg NZM 2011, 35; kritisch dazu: Herrlein NZM 2007, 719; Fritz NZM 2008, 825.

[438] OLG Hamm NJW-RR 1995, 143; OLG Hamm OLGR 2007, 541; OLG Rostock BeckRS 2018, 9003; Anm. Borzutzki-Pasing jurisPR-MietR 13/2018 Anm. 3.

[439] OLG Karlsruhe BeckRS 2010, 2131; OLG Frankfurt a. M. NZM 2007, 330.

[440] BGH NJW 2011, 514 Rn. 13; MüKoBGB/Häublein § 536 Rn. 40; Schmidt-Futterer/Streyl BGB § 536 Rn. 248; OLGR Rostock 2001, 281; LG Berlin ZMR 1992, 302; eine kontinuierliche Mietminderung hat demgegenüber aus fallbezogenen Gründen angenommen: OLG RostockBeckRS 2018, 9003 Rn. 33 ff.

drücklich auf die zu erwartenden Gegebenheiten hinweist und dies ausdrücklich als vertraglich geschuldeten Zustand im Vertrag beschreibt.

Formulierungsvorschlag:

§ ...... Besondere Vereinbarungen (Klimatisierung)

(1) Dem Mieter ist bekannt, dass die Mieträumlichkeiten nicht mit einer Klimaanlage ausgestattet sind und eine Höchsttemperatur nicht gewährleistet werden kann.[441] Der Mieter ist ferner darauf hingewiesen worden, dass die zur Süd- und Westseite hin gelegenen Räumlichkeiten sich wegen der großflächigen Fensterverglasung infolge Sonneneinstrahlung stark aufheizen können. Die Vertragsparteien sind sich darüber einig, dass hierdurch entstehende Beeinträchtigungen im Mietgebrauch keinen Mangel der Mietsache im Sinne von §§ 536 ff. BGB begründen.

(2) Der Mieter ist berechtigt, auf eigene Kosten und für eigene Rechnung eine Klimaanlage in den Mieträumen zu installieren ....

3. Mietsache mit vorhandener Klimaanlage

282 Wenn die Mietsache bereits anfänglich mit einer Klimaanlage ausgestattet ist, stellt sich die Mangelsituation nach allgemeinen Grundsätzen anders dar.

283 a) **Vertraglicher Sollzustand.** Der vertragsgemäße Zustand ist in den hier behandelten Konstellationen dadurch gekennzeichnet, dass eine Klimatisierung anfänglich vorhanden und damit auch vertraglich geschuldet ist. Insoweit liegt die Vertragssituation nicht anders als bei sonstigen Ausstattungsmerkmalen (Stromversorgung, Heizung usw), die ohne besondere vertragliche Zusatzvereinbarungen den vertraglichen Soll-Zustand umschreiben; dieser ist dann durch Auslegung zu ermitteln.[442] Der mietvertraglich geschuldete Zustand definiert sich demnach iSv „Gewerberäumen mit Klimaanlage". Mithin stellt sich auch die Frage nach dem Vorliegen eines Mangels von Vorneherein mit der Maßgabe, ob die vorhandene Klimaanlage ordnungsgemäß funktioniert.

284 Was den **vom Vermieter zu gewährleistenden technischen Standard** angeht, kommt es grds. darauf an, was eine Belüftungs- und Klimaanlage nach dem für sie geltenden technischen Standard zu leisten hat.[443] Das führt zu der weiteren Problematik, **welcher Zeitpunkt für diesen technischen Standard maßgeblich ist,** der Zeitpunkt der Herstellung, der lange Zeit zurückliegen kann, oder der aktuell zeitgemäße technische Standard.[444] Der BGH[445] hat mit mehreren Entscheidungen, bei denen die Funktionsfähigkeit einer Be- und Entlüftungsanlage streitig war, darauf abgestellt, ob eine solche Anlage dem **bei der Errichtung des Gebäudes maßgeblichen technischen Standard** entspricht und fehlerfrei arbeitet. An diesem Grundsatz dürfte auch die – allerdings zur Wohnraummiete ergangene – Entscheidung des BGH[446] nichts Grundlegendes ändern, mit der der BGH von der Pflicht des Vermieters ausgegangen ist, dass der vertragsgemäße Gebrauch einer Wohnung die Bereitstellung einer solchen Stromversorgung voraussetzt, wie sie seit Jahrzehnten üblich ist und dem allgemeinen Lebensstandard entspricht. Eine fortlaufende Pflicht zur ständigen Aktualisierung von technischen Ausstattungen gemäß dem jeweils aktuell geltenden technischen Standard hat der BGH indes auch in diesem Fall ausdrücklich verneint. Ein Vermieter ist also nicht verpflichtet, eine vorhandene (Alt-) Anlage ständig in einem bestimmten Sinne zu erneuern oder sogar durch eine neue Anlage zu ersetzen.[447]

---

[441] Vgl. OLG Hamm BeckRS 2007, 5900.
[442] Schmidt-Futterer/Lehmann-Richter BGB § 535 Rn. 495.
[443] Vgl. dazu etwa BGH NJW 2014, 685.
[444] Vgl. dazu eingehend Gsell WuM 2011, 491.
[445] BGH NJW 2014, 685; im Anschluss an BGH NJW 2008, 142.
[446] BGH NJW 2004, 3174 (3175).
[447] BGH NZM 2014, 163; im Anschluss an BGH NJW 2008, 142.

b) Stellungnahme. Die in Rechtsprechung und Literatur teilweise befürwortete Pflicht des Vermieters, auch eine nicht mit einer Klimatisierung ausgestattete Mietsache so zu überlassen, dass bestimmte Temperaturrichtwerte eingehalten werden, lässt sich praktisch nur in der Weise erfüllen, dass der Vermieter nachträglich eine solche Klimaanlage installiert. Die Annahme einer solchen Pflicht begegnet erheblichen **rechtsdogmatischen Bedenken.** 285

Wenn die dem Mieter bekannte anfängliche Beschaffenheit sich als „Gewerberaum ohne Klimaanlage" darstellt, erscheint eine gleichwohl anzunehmende Herstellungspflicht, die Mietsache nachträglich mit einer Klimaanlage auszustatten, als systemfremd. Ein gravierender Wertungswiderspruch ergibt sich daraus, dass der Mieter eines Objekts, das mit einer ggf. älteren Klimaanlage versehen ist, nach den aufgezeigten Grundsätzen nur die Gewährleistung des bei Errichtung der Anlage geltenden technischen Standards verlangen kann, während der Mieter ohne vorhandene Anlage und ohne vertragliche Zusage praktisch in den Genuss einer neu herzustellenden Anlage kommen soll. Der insoweit vertragslose Mieter wäre damit bessergestellt als ein Mieter, der sich nach dem Vertrag auf eine vorhandene, zu erhaltende und funktionierende Anlage berufen kann. 286

Die von den Befürwortern einer nachträglichen Herstellungspflicht angeführten arbeitschutzrechtlichen und bautechnischen Vorgaben entbehren eines direkten mietrechtlichen Bezugs. Selbst deren Geltung für die konkrete Nutzung des Mietobjekts (etwa durch die Beschäftigung von Arbeitnehmern) besagt nichts darüber, wer für den normgerechten Zustand einzustehen hat. Wenn der Mieter gehalten ist, arbeitsschutzrechtlich gebotene Vorkehrungen zu treffen, wird der Vermieter in aller Regel verpflichtet sein, den erforderlichen (baulichen) Maßnahmen zuzustimmen. Kritisch ist daher auch die Entscheidung des OLG Rostock[448] zu sehen, die bei vorhandener (Alt-) Anlage einen vom Vermieter zu gewährleistenden Zustand angenommen hat, wie er von den Befürwortern einer nachträglichen Herstellungspflicht angenommen wird. Die Neuherstellung einer Klimatisierung indiziert einen immensen Kostenaufwand, der das vertragliche Äquivalenzverhältnis erheblich beeinträchtigen kann. Es kann nicht Aufgabe des Vermieters sein, technische Einrichtungen wie Klimaanlagen auf technisch neuestem Stand zu halten, soweit keine vertragliche Verpflichtung hierzu besteht. Gefordert ist hier der Gesetzgeber, der wie bei Heizungsanlagen mit dem Gebäudeenergiegesetz konkrete Vorgaben zur Erneuerung verbindlich geregelt hat (vgl. § 71 GEG Austausch im Havariefall und § 72 GEG Betriebsverbot für ältere, einfache Heizkessel – sog. Standardkessel). 287

4. Heizungsanlage

Abgesehen von wenigen speziellen gewerblichen Mietobjekten (zB unbeheizten Lagerräumen, Schuppen oÄ) gehört das Vorhandensein einer Heizungsanlage zum praktischen und mietrechtlichen Standard. Technisch kann die Beheizung auch durch eine einheitliche Klimaanlage erfolgen. 288

Rechtspraktisch kommen daher eher Fallgestaltungen in Betracht, bei denen es bei anfänglich vorhandener Anlage um deren **Funktionsfähigkeit** geht. Ist die Anlage nach dem für sie geltenden Standard nicht funktionsfähig, liegt grds. ein zur Minderung berechtigender Mangel iSv § 536 BGB vor.[449] Ein Mangel ist bei einer **unterdimensionierten Heizung** gegeben, sofern sich dies auf die erreichbare Raumtemperatur auswirkt.[450] 289

Darüber hinaus besteht aus den bereits zu Ziff. 3 behandelten Grundsätzen **keine Pflicht** des Vermieters, **eine vorhandene Heizungsanlage stets auf dem neuesten Stand zu halten.** Bei einem gewerblichen Mietverhältnis lässt sich etwa aus dem **Wirtschaftlichkeitsgebot** ein Anspruch des Mieters auf Modernisierung einer vorhandenen und den 290

[448] BeckRS 2018, 9003; Anm. Borzutzki-Pasing jurisPR-MietR 13/2018 Anm. 3.
[449] BGH NZM 2016, 796.
[450] LG Saarbrücken BeckRS 2018, 10835.

vertraglichen Vereinbarungen entsprechenden Heizungsanlage nicht ableiten. Auch aus dem GEG ergeben sich insoweit keine konkreten Modernisierungspflichten des Vermieters; nur für den Havariefall besteht die Verpflichtung, eine den Vorgaben des GEG entsprechende Heizungsanlage einzubauen (vgl. § 71 GEG). Dass eine dem vertragsgemäßen Zustand der Mietsache entsprechende Heizungs- und Belüftungsanlage hohe Energiekosten verursacht, ist bei der Beurteilung, ob ein Mangel der Mietsache vorliegt, nicht von Bedeutung, wenn die Anlage dem bei der Errichtung des Gebäudes maßgeblichen technischen Standard entspricht und fehlerfrei arbeitet.[451] Damit hat der BGH der Meinung, wonach der unwirtschaftliche Betrieb einer technisch fehlerfreien Heizungsanlage einen Mangel iSv § 536 Abs. 1 S. 1 BGB begründen könne, eine Absage erteilt.[452] Die Entscheidung des OLG Düsseldorf, Urt. v. 4.11.1982 – 10 U 109/82,[453] wonach eine mit einem Energieverlust von rund 60 % arbeitende Heizungsanlage mangelhaft sei, hat der BGH dabei als einen nicht übertragbaren Fall einer ganz gravierenden **Überdimensionierung** angesehen.

291 Ein im gewerblichen Bereich denkbarer vertraglicher Haftungs- und Minderungsausschluss greift jedenfalls dann nicht durch, wenn dem Vermieter bekannt war, dass die Heizungsanlage unterdimensioniert ist und er dies verschwiegen hat. Hat der Vermieter den Mangel arglistig verschwiegen, kann er sich gem. § 536d BGB nicht auf den Haftungsausschluss berufen.

XV. Abwehr von Nachbarschafts- und Umweltbeeinträchtigungen

1. Unmittelbare Beeinträchtigungen des Mietgebrauchs

292 Einwirkungen, welche die Mietsache oder den Mietgebrauch von außen beeinträchtigen, können als Umweltfehler bei Gewerbeobjekten einen Mangel iSv § 536 BGB begründen. Dazu können Beeinträchtigungen gehören, wie sie von **§ 906 Abs. 1 BGB** zum Schutze des Grundstückseigentümers erfasst sind. Danach kann der Eigentümer eines Grundstücks erhebliche Beeinträchtigungen durch die **Zuführung von Gasen, Dämpfen, Gerüchen, Rauch, Ruß, Wärme, Geräusch, Erschütterungen** und ähnliche **von einem anderen Grundstück ausgehende Einwirkungen** abwehren. Allerdings können die zu § 906 BGB geltenden Grundsätze und Rechtsfolgen nicht deckungsgleich auf das Verhältnis zwischen Vermieter und Mieter übertragen werden.[454] Zu prüfen ist vielmehr in mietrechtlicher Hinsicht, ob und mit welchen rechtlichen Auswirkungen eine Mängelhaftung des Vermieters nach §§ 536 ff. BGB besteht. Um Ausuferungen des Mangelbegriffs zu vermeiden, ist in diesem Rahmen stets eine **unmittelbare Beeinträchtigung** der Tauglichkeit bzw. eine **unmittelbare Einwirkung** auf die Gebrauchstauglichkeit der Mietsache zu fordern.[455]

2. Mietrechtlicher Fehlerbegriff

293 Maßgebend für die Beantwortung der Frage, unter welchen Voraussetzungen eine unmittelbare Beeinträchtigung vorliegt, ist in erster Linie der zum Vertragsinhalt erhobene **Verwendungszweck.**[456] Konkrete Beschaffenheitsvereinbarungen, hinsichtlich derer Abweichungen vom vertraglich vorausgesetzten Zustand ohne Weiteres zur Annahme eines Mangels führen können, werden im Zusammenhang mit Umwelteinflüssen sicher die Ausnahme sein. Gleichwohl können getroffene Beschaffenheitsvereinbarun-

---

[451] BGH NZM 2014, 163; im Anschluss an BGH MDR 2008, 70 = NJW 2008, 142.
[452] Vgl. zum Meinungsstand die vielfältigen Nachweise bei BGH NZM 2014, 163.
[453] BeckRS 2010, 7856.
[454] Vgl. Lützenkirchen WuM 2000, 55.
[455] BGHZ 205, 177 = NZM 2015, 481; BGH NZM 2000, 1055; 2000, 492; Flatow WuM 2016, 459 (464); Horst ZAP Fach 4, 1247 mit einer Darstellung von Umweltmängeln.
[456] BGH WM 1981, 1113 Rn. 11.

gen die Richtschnur dafür bieten, ob bestimmte Umwelteinflüsse dem Vertragszweck zuwiderlaufen.

a) **Unmittelbare Beeinträchtigung im Verhältnis zum Verwendungsrisiko.** Das **Unmittelbarkeitserfordernis** kann Schwierigkeiten bereiten, etwa wenn es um die Frage geht, ob der Mietgebrauch als solcher beeinträchtigt wird oder ob es um das allgemeine unternehmerische Verwendungs- und Gewinnerzielungsrisiko geht, das grundsätzlich beim Mieter liegt.[457] Die Verwendung des Mietobjekts kann maßgeblich von Umständen abhängen, die nicht mit dem (körperlichen) Mietobjekt und seiner Nutzung durch den Mieter in Zusammenhang stehen. Das kann der Fall sein, wenn es um die **(Voll-) Auslastung von Einkaufscentern** oder um die **Mieterstruktur** in solchen Objekten geht.[458] 294

Nach der **restriktiven Rechtsprechung des BGH** scheiden solche Umstände, welche die allgemeine Anziehungskraft eines Einkaufszentrums umschreiben, als Fehler im Sinne von § 537 Abs. 1 BGB aus.[459] **Unbeachtlich** sind danach die **mittelbaren (negativen) Einflüsse,** die nicht der vermieteten Sache anhaften, sondern von außen auf die Mietsache einwirken.[460] Aus demselben Grund soll das Fehlen solcher Einflüsse auch **keine zugesicherte Eigenschaft** sein. Um eine solche handelt es sich nach der Rechtsprechung nur dann, wenn sie der Mietsache selbst anhaftet; mittelbare Einflüsse reichen dafür nicht aus.[461] Selbst konkrete bauliche Umstände, die für die Attraktivität eines Einkaufszentrums in Innenstadtlage von erheblicher Bedeutung sind (zB ein überdachter Zuwegung zu einem Bahnhof, Vorhandensein von Parkplätzen), sollen nicht zu einer unmittelbaren Einwirkung auf die Gebrauchstauglichkeit eines gemieteten Geschäftslokals führen können.[462] Solche Umstände und der Umstand der Vollvermietung sollen nicht den Anwendungsbereich vertraglicher Zusicherung tangieren, weil keine Eigenschaft des einzelnen Ladenlokals betroffen sei.[463] Grundsätzlich gilt, dass der Mieter das allgemeine Verwendungs- und Gewinnrisiko trägt, da die geschäftliche Entwicklung allein in den Risikobereich des Mieters als Unternehmer fällt und er allein die Erfolgsaussichten seines beabsichtigten Geschäfts einschätzt.[464] Insoweit wurde auch bei Corona-Schutzmaßnahmen und den dadurch eintretenden Beschränkungen kein Mangel des Mietgegenstandes angenommen.[465] 295

Wenngleich die **Vollvermietung** eines Einkaufszentrums für den Mieter eines einzelnen Ladenlokals regelmäßig von erheblicher Bedeutung ist, stellt dies nach der Rechtsprechung keinen Umstand dar, der dem Mietobjekt auf Dauer als „Eigenschaft" anhaftet. Es fehlt an dem notwendigen Bezug zu der Beschaffenheit des Mietobjekts. Zwar kann die **örtliche Lage** eines gemieteten Ladenlokals **als Beschaffenheitsmerkmal,** dh als tatsächliche Beziehung der Mietsache zu ihrer Umgebung, eine **zusicherungsfähige Eigenschaft** beinhalten, wenn etwa die Lage in einer Fußgängerzone im Innenstadtbereich, in einem bestehenden Neubaugebiet oder auch in einem Einkaufszentrum in der Innenstadt oder einem außerörtlichen Gewerbegebiet als Eigenschaft zugesichert wird. Ob und in welchem Umfang potentielle Kunden solche Gegenden aufsuchen und durch die Attraktivität eines ganz oder voll belegten Einkaufszentrums angezogen werden und damit letztlich zu einem wirtschaftlichen Erfolg des Gewerbes in einem gemieteten Ladenlokal beitragen, beurteilt sich hingegen nach der Rechtsprechung aufgrund von 296

---

457 BGH NZM 2013, 27 Rn. 19 ff. (keinen Anspruch auf bestimmten „Mietermix" o. bestimmtes „Milieunieveau"; NZM 2006, 54 Rn. 30; NJW 2000, 1714; WM 1981, 1113 Rn. 11.
458 BGH NZM 2013, 27 Rn. 21; NZM 2006, 54 Rn. 30.
459 Vgl. die Nachweise bei Kluth NZM 2006, 41; LG Wiesbaden GuT 2009, 100.
460 BGH NZM 2000, 492; 1981, 2405.
461 BGH NJW 2006, 899 Rn. 19; NZM 2000, 492; OLG Düsseldorf BeckRS 2005, 14698 Rn. 11.
462 BGH NZM 2000, 492; NJW 1981, 2405.
463 BGH NZM 2004, 618; NZM 2000, 492; NJW 1981, 2405; OLG Düsseldorf BeckRS 2005, 14698 Rn. 11; vgl. ferner die Nachweise bei Kluth NZM 2006, 41.
464 BGH 20.10.2020 – VIII ZR 371/18, NZM 2020, 54 Rn. 32; BGH NZM 2010, 365, Rn. 17.
465 BGH 2.3.2022 – XII ZR 36/21, NZM 2022, 329; NZM 2022, 99.

Umständen, die außerhalb des Mietobjekts liegen.[466] **Auch eine Präambel** zu einem gewerblichen Mietvertrag, die das Umfeld und die benachbarten Mieter umschreibt, **beinhaltet** danach **keine vertragliche Zusicherung.**[467]

297 **b) Stellungnahme.** Der weiterhin restriktiven Rechtsprechung des BGH bzgl. der Handhabung von mittelbaren Einflüssen auf ein Mietverhältnis ist zuzustimmen. Nur, wenn der unmittelbare Bezug zur Mietsache gegeben und dadurch die Tauglichkeit derselben in Bezug auf das Verwendungsrisiko tatsächlich besteht, ist von einem Mangel auszugehen.

Würde man den Mangelbegriff weiter fassen und auch mittelbare Einflüsse auf die Mietsache einbeziehen, wären Tür und Tor für eine letztlich durch den Vermieter nicht mehr händelbare Risikoabwälzung gegeben. Es besteht ein Unterschied darin, ob die Behinderung eines beschwerdefreien Zugangs zu einem Ladenlokal zB durch unzureichende bauliche Ausgestaltung, eine Baustelle oder spätere Veränderungen gegeben ist oder ob der erwartete Kundenstrom zB mangels der Nichterrichtung geplanter Nebengebäude, Überdachungen oder städtischer Zuwegungen nicht eintritt. Im ersteren Fall nimmt der BGH einen Mangel an[468], da die unmittelbare Verknüpfung mit der Mietsache gegeben ist. Die Ablehnung des Vorliegens eines Mangels durch den BGH für den zweiten Fall ist geboten, um die Mängelhaftung des Vermieters mittels des Unmittelbarkeitszusammenhangs nicht ins Uferlose auszuweiten.[469] Der Mieter kann sich seinerseits absichern, indem er sich zB für den Fall wirtschaftlicher Schwierigkeiten ein Sonderkündigungsrecht einräumen lässt.[470]

298 In Anknüpfung an die restriktive Handhabung des Mangelbegriffs ist es konsequent, dass der BGH auch die Grenzen für die Annahme einer Zusicherung von Eigenschaften, die nur mittelbar das Mietobjekt betreffen, sehr eng gezogen hat. Eine **Eigenschaft, die vertraglich zugesichert werden kann,** ist ein der Sache auf gewisse Dauer anhaftendes Merkmal, das für deren Wert, für den vertragsgemäßen Gebrauch oder aus sonstigen Gründen für den Vertragspartner erheblich ist.[471] Die Annahme, dass die **Vollvermietung** eines Einkaufszentrums **keine zusicherungsfähige Eigenschaft** ist, ist daher im Hinblick auf das Kriterium des Unmittelbarkeitszusammenhangs nicht zu beanstanden.[472]

299 **c) Beherrschbarkeit des Mangels.** Die Mangelzurechnung wird teilweise als problematisch angesehen, wenn die Beherrschbarkeit einer Beeinträchtigung durch den Vermieter fraglich ist.[473] Die Beherrschbarkeit ist jedoch kein taugliches Abgrenzungskriterium, denn grundsätzlich kann jede nachteilige Abweichung vom vertraglich vorausgesetzten Gebrauch einen Mangel begründen.[474] Daraus folgt in Bezug auf den Pflichtenkreis des Vermieters keine unbillige Benachteiligung, denn Mieträumlichkeiten befinden sich praktisch immer in einer Wechselbeziehung zum Umfeld, die dem Vermieter auch nachhaltige Lage- und Preisvorteile verschaffen kann. Störungsquellen können daher selbst dann einen Mangel beinhalten, wenn sie außerhalb der eigentlichen

---

[466] BGH NJW 2006, 899 Rn. 19 ff.; NZM 2004, 618; 2000, 492 (493); NJW 1981, 2405.

[467] OLG Rostock NZM 2003, 282.

[468] Vgl. BGH NJW 1981, 2405, der diesen Fall aufführt, um den Unterschied zwischen einem unmittelbaren und einem mittelbaren Zusammenhang mit der Tauglichkeit der Mietsache darzustellen; ebenso BGH NZM 2000, 492 (493).

[469] BGH NJW 1981, 2405; NZM 2000, 492 (493); NJW 2006, 899 (901).

[470] Vgl. Neuhaus Geschäftsraummiete-HdB Kap. 20 Rn. 197 hinsichtlich von Ansprüchen des Mieters bei enttäuschten Erwartungen.

[471] Vgl. nur BGHZ 87, 302.

[472] BGH NZM 2004, 618; LG Duisburg BeckRS 2016, 18131; aA grds Kluth/Freingang NZM 2006, 41 sowie Ostermann GuT 2003, 39, die ein erweitertes Verständnis der Zusicherungsfähigkeit vertreten.

[473] Zur Taubenplage vgl. LG Kleve WM 1986, 383; zur Minderung bei Verunreinigungen durch Tauben vgl. AG Hamburg WuM 1988, 121.

[474] BGH NJW 2006, 899; 2005, 218; 2000, 1714; ein gewisses Kontrollelement hat der BGH bei Störungen von außerhalb der Mietsache, aber innerhalb desselben Gebäudes gefordert, vgl. BGH NJW-RR 2006, 1158.

Mieträume angesiedelt sind.[475] Dem Vermieter können dann gegen einen störenden Dritten Ersatzansprüche aus Eigentümerabwehrrechten (§§ 906 Abs. 1, 1004 BGB) zustehen.[476]

3. Beispiele für beeinträchtigende Umwelteinflüsse

Wenn der Mietvertrag ein vom Kundenverkehr abhängiges Mietobjekt (Verkaufsgeschäft, Arztpraxis, Steuerberater- und Anwaltskanzlei usw) zum Gegenstand hat, kann der **ungehinderte und bequeme Zugang** des Publikums für die Gebrauchstauglichkeit unmittelbar bestimmend sein,[477] desgleichen die **Erreichbarkeit des Mietobjekts für Lieferanten.**[478] 300

Darüber hinaus können auch andere von außen wirkende Einflüsse einen Mangel der Mietsache begründen. Dies gilt etwa für Beeinträchtigungen durch 301

- **Lärm,**[479] wobei **nachträglich** erhöhte Geräuschimmissionen, die von einem Nachbargrundstück ausgehen, grundsätzlich keinen zur Mietminderung berechtigenden Mangel der Mietsache begründen, wenn auch der Vermieter die Immissionen ohne eigene Abwehr- oder Entschädigungsmöglichkeit nach § 906 BGB als unwesentlich oder ortsüblich hinnehmen muss. Insoweit hat der Mieter an der jeweiligen Situationsgebundenheit des Mietgrundstücks teil.[480]
- **Luftverschmutzungen und Geruchsbeeinträchtigungen,**[481]
- **Überschwemmungen,**[482]
- **elektromagnetische Felder und Strahlen,**[483]
- **Bauarbeiten,**[484]
- **Umweltgifte/Schadstoffbelastungen.**[485]

4. Beeinträchtigungen aus der Nachbarschaft

Es handelt sich ebenfalls um nachteilige Einwirkungen aus dem Umfeld der Mietsache, wenn von benachbarten Objekten (im selben Gebäude oder außerhalb davon) Störungen ausgehen. 302

Dies betrifft zB die Nähe zur **Drogenszene**[486] oder zur **Prostitution,**[487] die bei Gewerbeobjekten mit Publikumsverkehr als nachteilig empfunden wird. 303

Das OLG Stuttgart[488] hat eine Beeinträchtigung des Mietgebrauchs angenommen, weil in einem Büroobjekt Räumlichkeiten an eine **Agentur für Arbeit** vermietet wurden, die darin eine **Suchtberatungsstelle,** eine **Schuldnerberatung** und eine sog. **Hartz IV-Behörde** unterbrachte. Dabei hat es die „Qualität" des Personenkreises, der solche Einrichtungen aufsucht, als mangelbegründend angesehen. Es ist jedoch höchst problematisch, die bloße Anwesenheit von Menschen aus bestimmten sozialen Schichten oder bestimmter Herkunft als Störung im Mietgebrauch zu behandeln. Die Rechtsprechung ist mit Recht zurückhaltend, wenn die bloße Nähe oder Nachbarschaft von 304

[475] BGH NJW-RR 2006, 1158.
[476] Zur Beeinträchtigung eines Restaurantbetriebs vgl. OLG Bremen MDR 2013, 1218.
[477] BGH NZM 2000, 492; WM 1981, 1113.
[478] OLG Köln ZMR 2010, 850.
[479] KG NZM 2000, 40; Grüneberg/Weidenkaff § 535 Rn. 28 mwN.
[480] BGH NJW 2015, 2177 ff., in Fortführung von BGH NJW 2013, 680; WuM 2009, 659; vgl. insgesamt Selk BGB § 536 Rn. 89 ff.
[481] OLG München NJW-RR 1994, 654; BayObLG NJW 1987, 1950.
[482] BGH NJW 1971, 424; LG Leipzig NJW 2003, 2177; Eisenschmid NZM 2003, 889.
[483] BGH NJW-RR 2006, 879.
[484] OLG Frankfurt a. M. NZM 2015, 542.
[485] Zu Schadstoffbelastungen, die innerhalb des Mietobjekts auftreten vgl. → § 56 Rn. 86 ff.; im Übrigen vgl. BGH NZM 2002, 784; OLG Brandenburg ZMR 2014, 719; 2017, 387.
[486] OLG Hamm NJWE-MietR 1996, 80.
[487] OLG Düsseldorf ZMR 2017, 691; LG Berlin NJW-RR 1996, 264.
[488] NZM 2007, 220 nebst Anm. v. Borzutzki-Pasing jurisPR-MietR 4/2007 Anm. 3; vgl. dagegen BGH WuM 2009, 261.

Personen anderer Herkunft (zB Asylanten, Gastarbeitern, Übersiedlern), von Personen mit abweichendem sozialem Status (zB Obdachlosen) oder von Personen aus einem bestimmten „Milieu" zur Begründung eines Sachmangels angeführt werden. Sie fordert grundsätzlich auch hier das **Vorliegen unmittelbarer Beeinträchtigungen** im Mietgebrauch.[489]

305 Bei Fallgestaltungen der vom OLG Stuttgart[490] entschiedenen Art kann ein Sachmangel gleichwohl in Betracht kommen, wenn ein Mietobjekt einen ganz besonderen Zuschnitt und Standard verkörpern soll (zB als ausgesprochenes Büroobjekt mit gehobener Ausstattung, Bewachung und Personenkontrolle) und es sodann dazu kommt, dass ein solches Objekt **eine grundlegend andere Nutzung** erfährt, die sich durch einen besonders starken und kaum zu kontrollierenden Publikumsverkehr (gleich welcher Personenart) charakterisiert.[491]

XVI. Nutzungsbeschränkungen

1. Vertragliche Beschränkungen

306 Die mietvertraglichen **Gebrauchsüberlassungspflichten des Vermieters** und die vertraglichen **Gebrauchsrechte des Mieters** sind im gewerblichen Bereich sehr häufig überlagert von Vorschriften, welche die Nutzung zu dem vertraglich vorgesehenen Zweck reglementieren. Je nach Gewerbeart können etwa **bauordnungsrechtliche Vorgaben, ordnungsbehördliche Gebote, Verbote und Auflagen sowie berufsspezifische (Zulassungs-) Beschränkungen** zu beachten sein.

307 **a) Vertragliche Nutzungsbeschränkungen.** Nutzungsbeschränkungen können sich aus dem Vertrag selbst ergeben. Wenn der Mietgebrauch bestimmte Störungen und Beeinträchtigungen für andere Mieter oder für die Nachbarschaft erwarten lässt, können ausdrückliche Vereinbarungen veranlasst sein, etwa um Geruchs- oder Lärmbeeinträchtigungen zu vermeiden oder den Mietgebrauch oder gewisse Aspekte davon auf bestimmte Zeiten zu beschränken.

308 Vertragliche Nutzungsbeschränkungen ergeben sich auch durch **Vereinbarungen zum Konkurrenzschutz.**[492] Dabei geht es zum einen um die Grenzen des vom jeweiligen Mieter beanspruchten Konkurrenzschutzes und um die Wahrung von Konkurrenzschutzrechten anderer Mieter, die jeweils die Abwehr von Konkurrenzschutzverletzungen rechtfertigen können. Konkurrenzschutz kann räumlich, sachlich (Sortimente/Branchen/Fachrichtungen), zeitlich und personell[493] zu Nutzungsbeschränkungen sowohl des Mieters als auch der Mitmieter führen. So trifft den Mieter, der in einem Gebäudekomplex gewerbliche Räume zwecks Betriebs eines Supermarktes gemietet hat, die Verpflichtung, im Falle der Untervermietung an ein branchenfremdes Unternehmen zu prüfen, ob er durch die Untervermietung gegen Konkurrenzschutzvereinbarungen des Vermieters mit anderen Mietern verstößt, denn damit würde er auch den Verpflichtungen aus seinem Mietvertrag zuwiderhandeln. Der Abschluss des Untermietvertrages ohne vorherige Erkundigungen und Rücksprache mit dem Vermieter stellt sich als vertragswidrig dar.[494]

309 Vertragliche Beschränkungen sind auch gegeben, wenn der vertragliche Nutzungszweck auf eine ganz **bestimmte Nutzungsart** festgelegt ist. Eine Erweiterung oder Änderung des Gebrauchszwecks ist dann – ohne Zustimmung des Vermieters – nicht vom Vertrag gedeckt und kann einen vertragswidrigen Mietgebrauch begründen. Die

[489] Vgl. hierzu Guhling/Günter/Günter BGB § 536 Rn. 311 ff., BGB § 536 Rn. 158 ff.
[490] NZM 2007, 220.
[491] Vgl. Borzutzki-Pasing jurisPR-MietR 4/2007 Anm. 3.
[492] Zum Konkurrenzschutz vgl. eingehender → § 56 Rn. 19 ff.
[493] Vgl. Menn, NZM 20178, 688 ff. zu den Ausgestaltungen der einzelnen Konkurrenzschutzrichtungen.
[494] LG Oldenburg NJW 1989, 81 f.

Zustimmung zu einem anderen Gebrauchszweck kann sich der Vermieter nach seinem Ermessen vorbehalten.[495] **Je weiter der vertragliche Nutzungszweck gefasst ist, desto freier ist der Mieter im Mietgebrauch.** Eine Vermietung etwa **„zu gewerblichen Zwecken"** deckt ohne hinzukommende Beschränkungsgesichtspunkte, die sich etwa aus der Lage und Ausstattung des Mietobjekts ergeben können, praktisch **jede gewerbliche Nutzungsart ab.**

Praxistipp:
Der konkreten Formulierung des Vertragszwecks/Verwendungszwecks sollte sehr viel Beachtung geschenkt werden. Zu weit gefasste oder schwammig formulierte Vertragszwecke bieten erhebliches Konfliktpotential über Konkurrenzschutzvereinbarungen oder den Gebrauch der Mietsache durch den Mieter. ZB erfasst der Vertragszweck „zum Betrieb eines Restaurants" sämtliche vorstellbaren Restaurantrichtungen. Erfolgt keinerlei Begrenzung des Vertragszwecks, hat der Vermieter jeden denkbaren Vertragszweck zu dulden.[496]

b) **Vertragsimmanente Beschränkungen.** Auch dann, wenn der **Vertragszweck** im Mietvertrag **nicht ausdrücklich bezeichnet ist oder zu weit gefasst ist,** können sich für den Mieter Nutzungsbeschränkungen in Bezug auf das gemietete Objekt ergeben: Er muss sich an Nutzungsbeschränkungen halten, wenn solche sich durch Auslegung des Vertrags ergeben.[497] So enthält ein Mietvertrag über einen Messestand, der mit der Überlassung von Adressen einhergeht, die vom Mieter in Verbindung mit Einladungen an Messebesucher verwendet werden dürfen, eine immanente Nutzungsbeschränkung dahin, dass eben nur diese Verwendungsart der Adressennutzung vertragsgerecht ist.[498] Wenn der Mieter ausdrücklich nach einem denkmalgeschützten Mietobjekt gesucht hat, kann er nicht geltend machen, das Mietobjekt sei wegen seiner Eintragung als Denkmal von vornherein nicht für die Verwirklichung des vorgesehenen Mietzwecks geeignet. Die für ein bauliches Denkmal typischen Einschränkungen im Mietgebrauch hat der Mieter also hinzunehmen.[499] 310

2. Öffentlich-rechtliche Gebrauchshindernisse und -beschränkungen

Öffentlich-rechtliche Gebrauchshindernisse können den Mietgebrauch beeinträchtigen oder gänzlich vereiteln. Solche Gebrauchshindernisse stellen den Bestand und die wirtschaftlich tragfähige Abwicklung eines Mietverhältnisses von vorneherein in Frage und sollten vor Vertragsschluss abschließend geklärt sein. 311

Öffentlich-rechtliche Gebrauchshindernisse und Gebrauchsbeschränkungen, die dem vertragsgemäßen Gebrauch eines Mietobjekts entgegenstehen, begründen nach der Rechtsprechung des Bundesgerichtshofs dann einen **Sachmangel** im Sinne der §§ 536 ff. BGB, wenn sie auf der **konkreten Beschaffenheit** der Miet- oder Pachtsache beruhen und nicht in persönlichen oder betrieblichen Umständen des Mieters/Pächters ihre Ursache haben.[500] Bei öffentlich-rechtlichen Beschränkungen kann die **Abgrenzung zwischen Sach- und Rechtsmängeln** schwierig sein. Öffentlich rechtliche Gebrauchsbeschränkungen oder Verbote werden aber grundsätzlich – in dieser Allgemeinheit rechtsdogmatisch fraglich – nicht dem Begriff des Rechtsmangels unterstellt.[501] Rechtspraktisch wirkt sich diese Frage im mietrechtlichen Bereich aber nicht aus, weil sich die Rechtsfolgen aus 312

[495] KG GE 2011, 1083.
[496] KG BeckRS 2009, 28221 – Kelleräume für jeden behördlich zulässigen Zweck – Räume können als Wellness-Zentrum genutzt werden.
[497] OLG Düsseldorf ZMR 2011, 865.
[498] OLG Stuttgart OLGR Stuttgart 2000, 251.
[499] OLG Düsseldorf ZMR 2010, 29.
[500] stRspr vgl. BGH NZM 2017, 73; 2011, 727; NJW 2009, 124; ZMR 2008, 274; 1994, 253; NJW 1992, 3226; KG GE 2016, 1504; OLG Celle OLGR 1999, 283; OLG München OLGR 1995, 205.
[501] Vgl. Grüneberg/Weidenkaff § 536 Rn. 27.

beiden Mangelarten entsprechen (§ 536 Abs. 3 BGB ordnet die entsprechende Geltung von § 536 Abs. 1 BGB an.).

313 Das Risiko von Nutzungsbeschränkungen, welche die Mietsache als solche betreffen, trägt der Vermieter. Dies gilt grundsätzlich auch dann, wenn eine Klausel bestimmt, dass der Mieter auf seine Kosten sämtliche Genehmigungen für seinen Betrieb einzuholen hat.[502] Umstände, die allein in den persönlichen Verhältnisses des Mieters bzw. in der Art des Betriebes ihre Ursachen haben, trägt hingegen der Mieter.[503] Ergeben sich aufgrund von gesetzgeberischen Maßnahmen **während eines laufenden Mietverhältnisses** Beeinträchtigungen im vertragsmäßigen Gebrauch eines gewerblichen Objekts, kann dies **nachträglich** einen Mangel iSv § 536 Abs. 1 S. 1 BGB begründen.[504] Voraussetzung hierfür ist jedoch wiederum, dass die durch die gesetzgeberische Maßnahme bewirkte Gebrauchsbeschränkung **unmittelbar** mit der konkreten Beschaffenheit, dem Zustand oder der Lage des Mietobjekts in Zusammenhang steht, sog. **Unmittelbarkeitserfordernis.**

314 Fehlt eine erforderliche behördliche Genehmigung zur vertraglich vorgesehenen Nutzung des Mietobjekts, so liegt ein Sachmangel – ein die Gebrauchsfähigkeit der Mietsache beeinträchtigender Umstand im Sinne von § 542 BGB – aber noch nicht vor, wenn **die Behörde die tatsächliche Nutzung unbeanstandet** lässt.[505] Öffentlich-rechtliche Beschränkungen müssen sich also **faktisch auswirken** und nicht nur rechtlich auf das Mietverhältnis ausstrahlen. Die zuständige Behörde muss daher die Nutzung des Mietobjektes in der erforderlichen Form untersagt haben oder es muss ein behördliches Einschreiten sicher zu erwarten sein.[506]

315 Allerdings kann ein möglicher Sachmangel im Einzelfall auch darin gesehen werden, dass eine **lang währende Unsicherheit** über die Zulässigkeit der behördlichen Nutzungsuntersagung die begründete Besorgnis bewirkt, das Grundstück nicht zum vertragsgemäßen Gebrauch nutzen zu können.[507] Zur ggf. fristlosen Kündigung gem. § 543 BGB ohne vorheriges Abhilfeverlangen gegenüber dem Vermieter kann der Mieter daher berechtigt sein, wenn ihm durch eine Ordnungsverfügung – ggf. mit Zwangsmittelandrohung – die bisherige Nutzung untersagt wird.[508]

316 Andere gesetzgeberische Maßnahmen, die den geschäftlichen Erfolg wegen **gewerbespezifischer Gebote, Verbote oder Auflagen** beeinträchtigen können, fallen dagegen in den **Risikobereich des Mieters.** Der Vermieter von Gewerberäumen ist gemäß § 535 Abs. 1 S. 2 BGB lediglich verpflichtet, den Mietgegenstand während der Vertragslaufzeit in einem Zustand zu erhalten, der dem Mieter die vertraglich vorgesehene Nutzung ermöglicht. **Das Verwendungsrisiko trägt bei der Gewerberaummiete grundsätzlich der Mieter.**[509] Dazu gehört vor allem das Risiko, mit dem Mietobjekt Gewinne erzielen zu können. Erfüllt sich die Gewinnerwartung des Mieters aufgrund eines nachträglich eintretenden Umstandes nicht, so verwirklicht sich damit ein typisches Risiko des gewerblichen Mieters. Das gilt auch in Fällen, in denen es durch **nachträgliche gesetzgeberische oder behördliche Maßnahmen** zu einer Beeinträchtigung des Gewerbebetriebs kommt.[510]

---

[502] OLG München OLGR 1995, 205; Burbulla, Aktuelles Gewerberaummietrecht, I. Gewährleistung des Vermieters, Rn. 64 ff.

[503] BGH NZM 2022, 99.

[504] Gleiches gilt für den Pachtvertrag gem. § 581 Abs. 2 BGB.

[505] BGH NZM 2014, 165; NJW 2017, 1104; OLG Dresden ZMR 2017, 880; OLG Düsseldorf DWW 2005, 235; 2006, 240; ZMR 2011, 795; Günter NZM 2016, 569.

[506] BGH NZM 2014, 165 Rn. 20.

[507] BGH NZM 2014, 165; NJW 2017, 1104; OLG Dresden ZMR 2017, 880; OLG Düsseldorf MDR 2012, 705.

[508] BGH NZM 2017, 73.

[509] BGH NZM 2022, 99; 2016, 98; NJW 2006, 899; NJW-RR 2004, 1236; 2000, 1535; NJW 2000, 1714.

[510] BGH NZM 2011, 727.

3. Interventionen durch Dritte

Eine modifizierte Betrachtung ist nach der Rechtsprechung geboten, wenn es aufgrund 317
von **Interventionen Dritter** zum behördlichen Einschreiten und deshalb zu Verzögerungen bei der Fertigstellung eines Bauvorhabens und infolge dessen auch bei der Gebrauchsüberlassung kommt. Der BGH[511] ist davon ausgegangen, dass die Ursache für einen Sachmangel idR in dem bei Errichtung oder Benutzung der Sache aufgetretenen Verstoß gegen maßgebliche gesetzliche Vorschriften liegt, der das behördliche Verfahren ausgelöst hat, und nicht in der Tatsache des behördlichen Verfahrens als solchem beruht. Deshalb soll im Allgemeinen nur ein **rechtswirksames behördliches Verbot,** etwa ein als Baugrundstück vermietetes Grundstück zu bebauen, den Begriff eines Fehlers erfüllen, sofern die behördliche Gebrauchsbeschränkung auf der Lage oder Beschaffenheit des Grundstücks beruht.

Nicht ausreichend ist dagegen, dass ein **Nachbarwiderspruch** nur zu einer **Verzögerung** bei der Fertigstellung eines Gewerbeobjekts führt.[512] Voraussetzung für das Vor- 318
liegen eines Mangels ist, dass die öffentlich-rechtlichen Beschränkungen ihre Ursache gerade in der konkreten Beschaffenheit oder Lage der Mietsache, in deren Beziehung zur Umwelt haben. Dies ist bei einem Nachbarwiderspruch gerade nicht der Fall, da die Mietsache nach Rücknahme des Widerspruchs für den vertraglich vorgesehenen Gebrauch geeignet ist. Nach Rücknahme ist davon auszugehen, dass sie den baurechtlichen und sonstigen öffentlich-rechtlichen Anforderungen entspricht. Wenn öffentlich-rechtliche Gebrauchshindernisse nicht beseitigt werden können, ist dem Vermieter die **Gebrauchsgewährung gemäß § 275 Abs. 1 BGB unmöglich.**[513]

Ein auf der konkreten Beschaffenheit oder Lage der Mietsache beruhender Mangel ist 319
jedoch anzunehmen, wenn eine Gaststättenkonzession wegen des Zustandes der Räume oder wegen fehlender Kraftfahrzeug-Einstellplätze verweigert wird, wenn Räume, die zum Betrieb einer Apotheke vermietet werden, nicht den Vorschriften der Apothekenbetriebsordnung oder Räume zum Betrieb eines Kaufhauses nicht den Anforderungen der Warenhausverordnung genügen oder wenn der in den Mieträumen vorgesehene Gewerbebetrieb wegen Verstoßes gegen kommunale Flächennutzungspläne nicht aufgenommen werden darf.[514]

4. Teil- und Sondereigentum

Ebenfalls klärungsbedürftig sind Nutzungsbeschränkungen im Rahmen von Teilei- 320
gentum. Die Rechtsprechung zu den Kriterien für die Ermittlung der zulässigen Nutzung ist uneinheitlich, soweit es dabei um die Bedeutung des **Aufteilungsplans** geht.

Im rechtlichen Ansatz herrscht Einigkeit darüber, dass durch Auslegung nach objek- 321
tiven Gesichtspunkten zu ermitteln ist, ob die **Teilungserklärung** Nutzungsbeschränkungen enthält. Auf die Vorstellungen des teilenden Eigentümers kommt es dabei nicht an, sondern vielmehr auf den **Wortlaut und Sinn der Eintragung, wie er sich objektiv für einen unbefangenen Betrachter** darstellt, denn das Grundbuch soll bestimmte und eindeutige Rechtsverhältnisse schaffen und erhalten.[515]

Bezeichnungen im Aufteilungsplan[516] sollen aber nach der Rechtsprechung des 322
BGH[517] grundsätzlich **keine Beschränkung der Nutzungsmöglichkeit** enthalten. Aufgabe des zur Teilungserklärung gehörenden Aufteilungsplans sei es, die **Aufteilung des**

---

[511] BGH NJW 1992, 3226 (3227); BeckRS 1971, 31126177.

[512] BGH NJW 1992, 3226 (3227).

[513] Zum Fehlen erforderlicher Stellplatznachweise vgl. OLG Hamm BeckRS 2012, 10988; zum Rücktritt des Mieters vom Mietvertrag wegen nicht behindertengerechter Herrichtung der Mieträume für eine Physiotherapiepraxis vgl. OLG Brandenburg BeckRS 2012, 14955.

[514] BGH NJW 1992, 3226 (3227); vgl. Neuhaus Geschäftsraummiete-HdB Kap. 20 Rn. 137.

[515] Vgl. die Nachweise bei: BGH NZM 2013, 15; NJW-RR 2010, 667;LG Frankfurt a.M. BeckRS 2021, 47417 Rn. 30.

[516] Vgl. zur Bedeutung von Angaben im Aufteilungsplan BeckOK WEG/Müller § 14 Rn. 50 f.

[517] BGH NZM 2015, 595; 2013, 15; NJW-RR 2010, 667.

Gebäudes sowie die Lage und Größe der im Sondereigentum und der im gemeinschaftlichen Eigentum stehenden Gebäudeteile ersichtlich zu machen, nicht dagegen die Rechte der Wohnungs- und Teileigentümer über die Bestimmung der Grenzen des jeweiligen Eigentums hinaus zu erweitern oder zu beschränken. Wenn der Aufteilungsplan ausnahmsweise auch die Nutzung verbindlich regelt, müsse dies eindeutig aus einer Bezugnahme in der Teilungserklärung oder der Gemeinschaftsordnung hervorgehen. Es liege neben der Sache, eine Nutzungsbeschränkung allein auf die rechtliche Verbindlichkeit des Aufteilungsplans zu stützen. Zwar sei der Aufteilungsplan rechtlich verbindlich, jedoch **nur im Rahmen seiner sachenrechtlichen Abgrenzungsfunktion.** Er regele grundsätzlich nur die räumliche Abgrenzung und nicht die Nutzung der Räumlichkeiten. Die Bezeichnung einer Teileigentumseinheit im Aufteilungsplan als „Laden" stehe daher einer Nutzung des Teileigentums als Speisegaststätte nicht entgegen.[518] Dabei handele es sich in aller Regel um einen **bloßen Nutzungsvorschlag,** mit dem **keine bindende Nutzungsbeschränkung** verbunden sei.[519]

323 Diese Rechtsprechung hat der BGH in gewisser Hinsicht modifiziert, indem er angenommen hat, dass die Teilungserklärung herangezogen werden darf, wenn sie nach den besonderen Verhältnissen des Einzelfalles für jedermann ohne weiteres erkennbar ist. Angaben im Aufteilungsplan komme jedoch allenfalls **nachrangige Bedeutung** zu.[520] Das Erkennbarkeitskriterium erscheint allerdings als wenig hilfreich, denn wenn im Aufteilungsplan bestimmte Klassifizierungen aufgeführt sind, wird eine hieran anknüpfende Festlegung der vorgesehenen Nutzungsart (zB „Laden", „Gaststätte") schwerlich an der Deutlichkeit des Aufteilungsplans scheitern.

324 Demgegenüber ist der Teilungserklärung und dem damit in Bezug genommenen Aufteilungsplan von den Instanzgerichten wiederholt eine größere Verbindlichkeit beigemessen worden. So ist auf den Wortlaut und Sinn der Eintragung sowie der darin in zulässiger Weise in Bezug genommenen Eintragungsbewilligung samt Anlagen – dh auch auf den Aufteilungsplan – abgestellt worden, um die Bedeutung der Eintragung zu ermitteln.[521] Eine so weitreichende Bedeutung wird dem Aufteilungsplan im Zweifel nicht beizumessen sein, wenn die hierin enthaltenen Angaben nicht anderweitig als verbindlich vereinbart werden.

325 Im Einzelnen herrscht eine recht unübersichtliche Kasuistik zu der Frage, welche Nutzungsbeschränkungen sich aus der Teilungserklärung ergeben können. Das OLG Frankfurt a. M.[522] hat eine Nutzung als Wohnung für unzulässig gehalten, wenn nach der Teilungserklärung ein Verkaufsladen und nach dem Aufteilungsplan die Nutzung als Abstell-/bzw. Hobbyräume vorgesehen ist und die baulichen Gegebenheiten nicht die Voraussetzungen für eine Wohnungsnutzung bieten. Das OLG Stuttgart[523] und das OLG Düsseldorf[524] haben den Betrieb einer Arztpraxis in einer als „Büro" bezeichneten Teileigentumseinheit für nicht zulässig gehalten. Das OLG Köln[525] hat bei Vorliegen einer Teilungserklärung, die nur eine Benutzung zu Wohnzwecken vorsah und eine abweichende Nutzung von der Zustimmung der anderen Eigentümer abhängig machte, eine Verweigerung der Zustimmung nur dann für möglich gehalten, wenn die beabsichtigte Nutzung die anderen Eigentümer mehr beeinträchtigt als bei der Nutzung zu Wohnzwecken. Bei der Nutzung als Patentanwaltsbüro mit geringem Publikumsverkehr

518 BGH NZM 2013, 15 mwN.
519 BGH NZM 2015, 595.
520 BGH NZM 2017, 677.
521 OLG Schleswig ZMR 2008, 990; BayObLG DNotZ 2000, 205; Vereinbarungscharakter hat dem Aufteilungsplan beigemessen: OLG Zweibrücken MDR 2006, 682; zur gemeinsamen Auslegung von Teilungserklärung und Aufteilungsplan, auf den die Teilungserklärung verweist, als dem verbindlichen Inhalt des Grundbuchs vgl. OLG Düsseldorf NZM 2000, 1008; KG NZM 2000, 384; zum Aufteilungsplan als – allerdings nicht vorrangige – Konkretisierung der Teilungserklärung vgl. OLG Stuttgart ZMR 1990, 190.
522 OLG Frankfurt a. M. DWE 1998, 44.
523 NJW 1987, 385.
524 ZMR 1999, 24.
525 NZM 2002, 258; vgl. weiter OLG Köln BeckRS 2003, 605.

hat das OLG Köln[526] eine solche Mehrbelastung verneint. Soweit die Teilungserklärung einer Anlage, zu der sowohl Wohnungs- als auch Teileigentumseinheiten gehören, innerhalb eines Gebäudes eine räumliche Trennung von Wohnen und Gewerbe vorsieht, hat der BGH angenommen, dass die Wohnnutzung einer Teileigentumseinheit in dem der gewerblichen Nutzung vorbehaltenen Gebäudeteil bei typisierender Betrachtung regelmäßig mehr stört als die vorgesehene Nutzung.[527]

5. Konzessionen und berufliche Zulassung

Der Betrieb von diversen gewerblichen Unternehmungen unterliegt Konzessionsvorbehalten. Rechtspraktische Bedeutung haben Konzessionserfordernisse insbesondere bei der **Verpachtung von Gaststätten** und für den **Betrieb von Spielhallen.** Eine rechtliche Weichenstellung liegt in der Unterscheidung zwischen **gebäudebezogenen Erlaubnisvorbehalten und personenbezogenen Konzessionen,** bei denen es im weitesten Sinne um die **berufliche Eignung** des Mieters/Pächters (Zulassung zum Beruf) oder um seine **persönliche Zuverlässigkeit** geht. Personenbezogen sind namentlich die **Zulassungserfordernisse** etwa für Ärzte, Rechtsanwälte, Steuerberater, Apotheker usw. 326

a) **Vermieterpflichten.** Soweit der Vermieter für Konzessionserfordernisse einstandspflichtig ist, handelt es sich idR um einen Unterfall öffentlich-rechtlicher Vorgaben, wie sie bereits vorstehend unter Ziff. 2 behandelt worden sind. 327

In der vertraglichen Vereinbarung, dass die Mieträume vom Vermieter in einem „konzessionsfähigen Zustand" übergeben werden, liegt die Zusicherung, dass die Konzession rechtzeitig zum vertraglich vorgesehenen Termin bei Übergabe der Mietsache erlangt werden kann.[528] Scheidet für ein Mietobjekt die vereinbarte Nutzung (zB als Büro) aus, weil die Nutzungsänderung zum Verlust des Bestandsschutzes führen würde und die erforderliche Deckenhöhe nicht erreicht ist, so liegt ein zur Unbrauchbarkeit führender Sachmangel vor.[529] 328

Wenn der Mieter die Räume erst durch erhebliche Investitionen in einen Zustand versetzen soll, der eine Nutzung für den vereinbarten Zweck ermöglicht, so stellt ein baurechtswidriger Zustand der Bestandsräume einen zur **Minderung auf Null** führenden Sachmangel iSv § 536 BGB dar, wenn der Mieter die Investitionen und damit die Nutzungsaufnahme wegen der öffentlich-rechtlichen Lage unterlässt.[530] Selbst individualvertragliche Abreden über eine Risikoübernahme oder Beschränkung von Gewährleistungsrechten sollen in einem solchen Fall dahin eng auszulegen sein, dass sich vom Mieter übernommene Risiken nicht auf solche Aspekte erstrecken, die den Räumen bereits im Zeitpunkt des Vertragsschlusses anhafteten und die er nicht kannte.[531] 329

Eine Mietminderung auf Null tritt auch dann ein, wenn die Mietsache zum Betrieb eines Restaurants vermietet wird und der Mieter nicht die für die Eröffnung erforderliche Konzession erhält, weil keine Bau- oder Nutzungsänderungsgenehmigung für das Mietobjekt vorliegt.[532] 330

Auch für den Betrieb von **Spielhallen** bedarf es Konzessionen, und zwar im Hinblick auf hierzu vermietete Räumlichkeiten und im Hinblick auf die vom Betreiber benötigte Konzession. Ein Gewerberaummietvertrag über Räumlichkeiten zum Betrieb einer Spielhalle („Spielothek"/"Sportsbar"), der die unwirksame formularmäßige Regelung enthält, dass der Mieter das Risiko einer entsprechenden behördlichen Konzessionsvergabe trägt, kann dann, wenn die Mieträume mangels Konzessionserteilung nicht 331

[526] NZM 2002, 258; zur Problematik der Nutzungsbeschränkungen vgl. auch BayObLG ZMR 2004, 925; OLG Düsseldorf ZfIR 2000, 296; OLG Zweibrücken ZMR 2002, 219; OLG München ZMR 2007, 302; Bärmann/Suilmann WEG § 13 Rn. 25 ff.; MüKoBGB/Scheller WEG § 13 Rn. 16.
[527] BGH ZWE 2022, 446 f.; 2018, 264.
[528] KG NJW-RR 2000, 819.
[529] KG ZMR 2016, 855.
[530] KG ZMR 2016, 685.
[531] KG ZMR 2016, 685.
[532] OLG Düsseldorf ZMR 2017, 639.

vertragsbestimmungsgemäß genutzt werden können, gemäß § 313 Abs. 3 S. 2 BGB wegen Fehlens der Geschäftsgrundlage (fristlos) gekündigt werden.[533] Allerdings ist zu berücksichtigen, dass ein Entfall der gewerblichen Nutzung aufgrund späterer Änderung der gesetzlichen Anforderungen noch nicht zu einem Mangel führt, solange kein behördliches Einschreiten vorliegt.[534]

332 Sind Gewerberäume zum Betrieb einer Spielhalle iSd § 33i GewO vermietet worden und wird die **ordnungsrechtliche Nutzungsgenehmigung wegen der baulichen Gegebenheiten** nicht erteilt, fallen die gebäudebezogenen Nutzungseinschränkungen grundsätzlich in den Verantwortungs- und Risikobereich des **Vermieters.**[535] Haben die Mietvertragsparteien im Mietvertrag das Risiko auch der vollständigen Versagung der zum Betrieb einer Spielhalle erforderlichen Konzession abweichend von der gesetzlichen Regelung dem Mieter auferlegt, so soll diese Regelung nicht der Inhaltskontrolle von AGB unterliegen, wenn die Vertragsparteien diese Klausel im Einzelnen ausgehandelt haben (§ 305 Abs. 1 S. 3 BGB).[536] Mit dieser Annahme eröffnet sich der auch vom KG[537] behandelte Problembereich der Auslegung individualvertraglicher Abreden und deren Wirksamkeit im Rahmen von §§ 138, 242 BGB.

333 b) **Personenbezogene Erfordernisse.** Der Mieter/Pächter hat dagegen die in seiner Person liegenden Voraussetzungen für den Betrieb des Gewerbes in der vertraglich vorgesehenen Nutzungsart selbst und auf eigene Kosten zu schaffen und während der Mietzeit zu erhalten. Dies gilt insbesondere für persönliche und betriebliche Voraussetzungen, für die Erteilung und das Fortbestehen von Konzessionen, gewerbeaufsichtlichen und sonstigen Genehmigungen sowie die Erfüllung entsprechender Auflagen.[538] In den Risikobereich des Mieters/Pächters und nicht in den des Vermieters fallen auch solche Nutzungshindernisse, die darauf beruhen, dass der Mieter nicht über die erforderliche **berufliche Zulassung** verfügt und deshalb das beabsichtigte Gewerbe nicht ausüben darf.

334 Miet- und Pachtinteressenten, die aus persönlichen oder wirtschaftlichen Gründen keine Konzession erlangen können, verlegen sich in der Praxis oft darauf, für die **Konzessionserlangung** und ggf. auch für den Abschluss des Pachtvertrags einen **Strohmann** vorzuschieben. Dies birgt die Gefahr für den Vermieter, sich in unabsehbaren Aspekten des Mietgebrauchs mit vertragsfremden Personen konfrontiert zu sehen. Eine **sichere Vertragsgestaltung** sollte dem vorbeugen, indem der **tatsächliche Gaststättenbetrieb möglichst mit der Person des Pächters verknüpft wird.** Eine Gaststättenverpachtung kann bei Auseinanderfallen von Betreiber und Konzessionsinhaber nach § 134 BGB dann zur Unwirksamkeit des Vertrags führen, wenn unter Verstoß gegen die Konzessionsvorschriften an einen nicht konzessionsberechtigten Betreiber vermietet oder verpachtet wird. Wenn der Verpächter weiß, dass der anpachtende Konzessionsinhaber nicht Betreiber der Gaststätte ist, soll dies in mietrechtlicher Hinsicht nicht gelten, weil die Verpachtung an jemanden erfolge, der konzessionsberechtigt ist und dies nach dem GastG nicht verboten sei.[539] Diese Annahme erscheint zumindest in den Fällen als fraglich, in denen der Pachtvertrag mit dem Konzessionsinhaber gerade der Umgehung der Konzessionsvorschriften dient und der Pächter Strohmann für den

[533] KG ZMR 2014, 876.

[534] OLG Frankfurt BeckRS 2023, 32224 – die formell rechtswidrige Nutzung stellt per se keinen Sachmangel dar; erst der behördliche Entzug der Spielerlaubnis führt zu einem durchgreifenden Mangel, der dem Vermieter zuzurechnen ist.

[535] OLG Frankfurt a. M. BeckRS 2016, 122570; vgl. auch OLG Brandenburg NJW-RR 2024, 1337 Rn. 33 – Wegfall der Genehmigung zum Spielhallenbetrieb.

[536] OLG Frankfurt a. M. BeckRS 2016, 122570.

[537] KG ZMR 2016, 685.

[538] OLG Düsseldorf MDR 2012, 705; vgl. Blank/Börstinghaus/Siegmund/Siegmund BGB § 536 Rn. 27.

[539] OLG Hamm OLGR 1994, 170.

tatsächlichen Betreiber sein soll. Die Vorschrift des § 134 BGB steht nicht zur Disposition der Vertragsparteien.[540]

Insbesondere bei der Gaststättenpacht geht es bei der Konzessionserteilung oft um die **persönliche Eignung** des Pächters. Dieses Kriterium unterfällt dem Risiko des Pächters, selbst wenn der Vermieter insoweit keinen Haftungsausschluss[541] zu seinen Gunsten vereinbart hat. Das persönliche Erfordernis der Gaststättenerlaubnis kann aber auch vom Zustand der Sache abhängen. Führen zB brandschutzbedingte Beanstandungen zu einer Erlaubnisversagung, liegt ein anfänglicher Mangel vor, auch wenn es sich bei der Gaststättenerlaubnis um eine personenbezogene Erlaubnis handelt.[542] 335

Sollten die gegenseitigen Hauptpflichten aus einem Mietvertrag erst mit der Erteilung der Konzession an den Mieter wirksam werden und stand vor Erteilung der Konzession nicht endgültig fest, ob der Vermieter jemals verpflichtet sein würde, dem Mieter die Räume zum Betrieb des geplanten Imbisslokals zu überlassen, so kann der Mieter Ersatz für die Aufwendungen, die er in dieser unsicheren Situation in der Hoffnung auf die Konzessionserteilung machte, nicht ersetzt verlangen, weil kein ausreichender Anlass für die Vermutung bestand, der Mieter könne bereits gemachte Aufwendungen durch die Nutzung der gemieteten Räume wieder erwirtschaften.[543] 336

[540] Vgl. Grüneberg/Heinrichs § 134 Rn. 1.
[541] Zum umfassenden Haftungsausschluss vgl. OLG Köln BeckRS 1994, 31051704.
[542] OLG Düsseldorf BeckRS 1993, 31057849; NZM 2003, 556 (557).
[543] BGH ZMR 1994, 253; so auch BGH NJW 1993, 2527.

§ 55 Konkurrenzschutz und Betriebspflicht

Übersicht

Schrifttum:

Bittner, Der Konkurrenzschutz im gewerblichen Mietrecht, MDR 2008, 1201; Drasdo, Betriebspflichten und Öffnungszeiten in der Gewerberaummiete, NJW Spezial 2009, 193; Fritz, Vermietung von Sondereigentum zu gewerblichen Zwecken, NZM 2000, 633; Gies, Klageanträge in Mietsachen, NZM 2003,

545; Hamann, Die Betriebspflicht des Mieters bei Geschäftsraummietverhältnissen, ZMR 2001, 581; Hinz, Einstweiliger Rechtschutz im Mietprozess, NZM 2005, 841; Jendrek/Ricker, Konkurrenzschutz im Mietrecht – Antragsfassung und Vollstreckung, NZM 2000, 229; Jendrek, Mietvertraglicher Konkurrenzschutz, NZM 2000, 1116; ders., Die Betriebspflicht im Gewerberaummietvertrag, NZM 2000, 526; Joachim, Wirklichkeit und Recht des Shopping-Centers bzw. Einkaufszentrums, NZM 2000, 785; ders., Konkurrenzschutz für Schilderpräger – ein Schildbürger-Streich? – Ausschreibungspflichten marktbeherrschender Vermieter als „GAU" freier Märkte NZM 2004, 57; ders., Vom „Kreuz" mit der AGB-Gestaltung im Shopping-Centermietvertrag – Das Beispiel von Öffnungszeiten-Vorgaben, NZM 2008, 316; Leo/Ghassemi-Tabar, Konkurrenzschutz in der Gewerberaummiete, NZM 2009, 337; Lindner-Figura/Hartl, Vermietung von Standorten für Mobilfunkstationen, NZM 2001, 401; Lindner-Figura, Besonderheiten bei der Vereinbarung einer Umsatzmiete, NZM 1999, 492; Michalski, Pflicht des Pächters von Gewerberäumen zur Nutzung der Pachtsache, ZMR 1996, 527; Neuhaus, Konkurrenzschutz im Gewerberaummietrecht, ZAP Fach 4, 629; Oprée/Reinhard, Konkurrenzschutzklauseln und ergänzende Vertragsauslegung, NZM 2013, 16; Stobbe/Tachezy, Mietvertragsgestaltung im Einkaufszentrum, Betriebspflicht nebst Sortimentsbindung und Konkurrenzschutzausschluss, NZM 2002, 557; Würtenberger, Die (Un)Wirksamkeit von Betriebspflichten in Gewerberaummietverträgen, NZM 2013, 12; Niklas, Konkurrenzschutz im Gewerbemietrecht in der Anwaltspraxis, ZMR 2015, 270 ff.; Menn, Konkurrenzschutz in der Gewerberaummiete, NZM 2017, 688; Scheuffele, Kartellrechts-Compliance: Mietvertragliche Konkurrenzschutzklauseln, CB 2018, 372 ff.

I. Konkurrenzschutz

1. Überblick

1 Das Gesetz sieht für das gewerbliche Mietrecht einen Konkurrenzschutz zu Gunsten des Mieters nicht vor. Die in § 535 Abs. 1 S. 2 BGB normierte Hauptleistungspflicht des Vermieters verlangt jedoch, dem Mieter die Mietsache in einem für den vertragsgemäßen Gebrauch geeigneten Zustand zu überlassen und diesen Zustand während der Mietzeit zu erhalten. Die Pflicht zur Gebrauchsgewährung beinhaltet somit ua auch den Mieter vor Störungen seines Rechts auf vertragsgemäßen Gebrauch zu schützen und insoweit regelmäßig alles zu unterlassen, was diesem Recht entgegensteht. Aus dieser Pflicht zur Gewährung des vertragsgemäßen Gebrauchs hat schon das Reichsgericht den vertragsimmanenten Konkurrenzschutz gegenüber dem Vermieter selbst und gegenüber Dritten abgeleitet.[1] Dies hat der BGH fortgesetzt[2] und der vertragsimmanente Konkurrenzschutz ist in Rechtsprechung und Literatur allgemein anerkannt.[3]

2 Der **vertragsimmanente Konkurrenzschutz** besagt, dass der Vermieter weder in demselben Objekt oder in der näheren Nachbarschaft des Mietobjekts des Mieters Räume an einen Konkurrenten des Mieters überlassen, noch selbst dort in Konkurrenz zu dem Mieter treten darf.[4] Dieser Schutz vor Konkurrenz gilt jedoch nicht uneingeschränkt, vielmehr grenzt die Rechtsprechung diesen Schutz durch die Anwendung von Treu und Glauben (§ 242 BGB) und unter Beachtung der Belange der Vertragsparteien ein.[5] Es ist also an den Umständen des konkreten Falles zu prüfen, ob die Anwendung eines Konkurrenzschutzes Geboten ist, um so ein Ausufern auf sämtliche dem Mieter ggfs. unangenehmen Wettbewerb zu vermeiden. Deshalb verbietet sich in der Regel eine extensive Auslegung des Konkurrenzschutzes.[6] Verbleiben nach der Prüfung noch Zweifel ist eher pro Wettbewerb zu entscheiden.[7]

---

[1] RGZ 119, 353; 131, 274.

[2] BGH ZMR 1955, 200; 1968, 248; NJW 1978, 585.

[3] BGH NZM 2013, 27, 52; KG NZM 2007, 566; OLG Düsseldorf NZM 2006, 158; OLG Frankfurt a. M. NZM 2004, 706; OLG Rostock NZM 2006, 295; OLG Nürnberg NZM 2007, 567; Fritz Rn. 76; Wolf/Eckert/Ball Rn. 641; Bub/Treier/Kraemer III Rn. 1240; Schmidt-Futterer/Lehmann-Richter § 535 Rn. 695 ff.: OLG Hamm NZM 2016, 202; KG BeckRS 2018, 33507; NJW-RR 2018, 139; OLG Frankfurt a. M. NZM 2018, 567; Menn NZM 2017, 688; Hörndler BeckGK § 578 Rn. 194 ff.

[4] BGH 8.12.2020 – KZR 124/18, BeckRS 2021, 18882.

[5] BGHZ 26.2.2020 – XII ZR 51/19, 224, 370.

[6] OLG Rostock NZM 2006, 295; OLG Koblenz NJW-RR 1995, 1352; OLG Hamm NJW-RR 1991, 975.

[7] OLG Hamm ZMR 1997, 581.

3 Die **Maßstäbe,** nach denen sich der vertragsimmanente Konkurrenzschutz bestimmt, sind der **Mietzweck,** die Abhängigkeit von **Laufkundschaft,** die Konkurrenz im **Hauptsortiment,** die **Gleichartigkeit** der Betriebe in der Verkehrsanschauung, das **räumliche Umfeld,** die **räumliche Nähe** zueinander und letztlich die **Interessensabwägung** zwischen den Mieter- und Vermieterinteressen. Dies gilt auch für Untermietverhältnisse.[8]

4 Den Vertragsparteien bleibt es grundsätzlich im Wege der Vertragsautonomie unbenommen, anstelle des vertragsimmanenten Konkurrenzschutzes diesen **vertraglich konkret zu vereinbaren oder auszuschließen.** Für den Vermieter bietet es sich in der Regel an, den Konkurrenzschutz auszuschließen, ansonsten sollte er ihn sich durch eine höhere Miete bezahlen lassen.

5 Oft wird insbesondere der private Vermieter von Gewerberäumen bei Abschluss des Mietvertrags jedoch gar nicht daran denken, dass er Konkurrenzschutz gewähren muss, wenn er diesen nicht ausschließt.

Praxistipp:

Sollte der Konkurrenzschutz während der Mietvertragsverhandlungen zum Thema werden, sollte der **Vermieter** sich diesen **bezahlen lassen** (bspw. durch eine höhere Miete, Übernahme weiterer Betriebskosten, längere Laufzeit). Dies ist nur gerechtfertigt, da der Vermieter für die gesamte Mietzeit in seiner Verfügung über weitere Mieteinheiten im Objekt eingeschränkt wird und sich dies als teure Entscheidung herausstellen kann.

6 Umgekehrt wird der Mieteranwalt erleben, dass ihm viele **Mieter** auch im Einzelhandel sagen, dass sie mit einem benachbarten Konkurrenten leben könnten. Das Szenario, dass der ärgste Konkurrent oder der große Filialist unmittelbar nebenan in eine deutlich größere Fläche einzieht, macht den Mietern in der Regel aber klar, dass Konkurrenzschutz für sie **existenziell** sein kann. Im Ergebnis bleibt festzuhalten, dass für die Parteien das Fehlen oder die falsche Konkurrenzschutzklausel existenzbedrohend sein kann.

2. Vertragsimmanenter Konkurrenzschutz

7 **a) Definition.** Wie einleitend bereits erläutert folgt der vertragsimmanente Konkurrenzschutz aus der Verpflichtung des Vermieters nach § 535 Abs. 1 S. 2 BGB, die Mietsache in einem zum vertragsgemäßen Gebrauch geeigneten Zustand zu überlassen und sie während der Mietzeit in diesem Zustand zu erhalten. Beide Mietparteien sind (negativ) verpflichtet, alles zu unterlassen, was den von den Vertragsparteien mit dem Vertrag verfolgten Zweck gefährden oder beeinträchtigen könnte.[9] Positiv gesehen sind die Mietparteien verpflichtet, im Rahmen des Zumutbaren alles zu tun, um den bezweckten Erfolg zu ermöglichen und zu sichern. Verstößt der Vermieter gegen den vertragsimmanenten Konkurrenzschutz, ist das eine Verletzung der vorgenannten Gebrauchsgewährungspflicht und damit eine Kardinalpflichtverletzung. Der vertragsimmanente Konkurrenzschutz beschreibt in diesem Kontext, dass es der Vermieter auch ohne eine ausdrückliche Regelung im Gewerberaummietvertrag zu **unterlassen** hat, in demselben oder in einem unmittelbar angrenzenden Objekt Räume zu einem **vergleichbaren Gebrauch** wie dem des Mieters zu vermieten bzw. selbst zu betreiben, auch wenn dies nicht ausdrücklich im Mietvertrag geregelt ist.[10] Auch soll es dem Vermieter untersagt sein, das Gebäude an einen Konkurrenten seines Mieters zu veräußern.[11]

8 Nach langjähriger BGH Rechtsprechung geht der vertragsimmanente Konkurrenzschutz nur so weit, wie dies nach dem vereinbarten Nutzungszweck unter Berück-

[8] Grüneberg/Weidenkaff BGB § 535 Rn. 27.
[9] OLG Karlsruhe NJW-RR 1990, 1234; Leo/Ghassemi-Tabar NZM 2009, 337.
[10] OLG Karlsruhe NJW-RR 1990, 1234 mwN; siehe auch Fn. 3.
[11] OLG Koblenz NJW 1960, 1253.

sichtigung von Treu und Glauben und der Belange beider Parteien gerechtfertigt ist.[12] Generell gilt, dass es **ohne Laufkundschaft keinen vertragsimmanenten Konkurrenzschutz** geben kann. Ohne Laufkundschaft hat das Mietobjekt als solches, seine Lage und Ausstattung für die Konkurrenzsituation des Mieters keine Bedeutung – wie beispielsweise beim Callcenter oder bei einer Lagerhalle. Der Mieter muss **an Ort und Stelle um seinen Umsatz gegen die örtliche Konkurrenz kämpfen,** nur dann besteht die Notwendigkeit Konkurrenzschutz aus dem Vertrag herauszulesen (vertragsimmanent).

9 Teilweise wird anstatt vom „vertragsimmanenten“ auch vom „gesetzlichen“ Konkurrenzschutz gesprochen.[13] Eine Unterscheidung weisen diese beiden Bezeichnungen nicht auf. Im Folgenden wird der Begriff „vertragsimmanent“ verwandt, da die Bezeichnung als „gesetzlicher“ Konkurrenzschutz zu der Fehlvorstellung verleiten kann, dass dieser Konkurrenzschutz gesetzlich geregelt ist.

b) Zeitliche Reichweite: Prioritätsgrundsatz

10 Wer soll die besseren Rechte haben: Der Mieter, der zuerst da war oder der Mieter, der zuerst die Geschäftsidee hatte/der das nun durch Konkurrenz bedrohte Geschäft zuerst betrieb? Fallen beide Konstellationen in einem Mieter zusammen, kann der Vermieter vom Nachahmer leicht Unterlassung verlangen. Aber was ist, wenn die Tatbestände auseinanderfallen?

11 Grundsätzlich gilt der **Prioritätsgrundsatz: Wer zuerst mietet, geht vor!**[14] Dies folgt dem Gedanken, dass nur der erste Mieter auf einen entsprechenden Schutz von Seiten des Vermieters in einem ggfs. langjährigen Mietverhältnis angewiesen ist, während ein späterer Mietinteressent sehenden Auges die Konkurrenzsituation wählt oder bei unterbliebener Vorprüfung des Umfeldes zu dem Mietobjekt in Kauf nimmt. Der zuerst den Vertrag unterzeichnende Mieter genießt somit den Konkurrenzschutz gegenüber dem hinzukommenden Mieter.[15] Gegenüber einem bereits vorhandenen Mieter gilt dieser vertragsimmanenten Konkurrenzschutz nicht.[16]

12 Bei einer vertraglich dem ersten Mieter nachgelassenen **Änderung** oder Erweiterung des Sortiments/der Dienstleistungen kann der Zweitmieter in diesem Fall keinen Konkurrenzschutz vom Vermieter verlangen, soweit er mit der Möglichkeit einer Erweiterung rechnen musste.[17] Dem hat sich nun auch der BGH angeschlossen,[18] siehe unten „Ausweitungsrisiko branchennaher Mieter“. Eine Änderung oder Erweiterung des Sortiments um ein branchenfremdes Angebot des Erstmieters fällt mE somit nicht hierunter, da hiermit der später hinzukommende Mieter nicht zu rechnen brauchte, sondern vielmehr gleich einer Neu-Vermietung nunmehr als „Erstmieter“ im Verhältnis zu den benachbarten Mieträumen zu behandeln ist.

13 Der Erstmieter, der sein Sortiment erweitert kann vom Vermieter nicht die Beseitigung des Zweitmieters oder die Unterlassung dessen Betriebs verlangen. Der Erstmieter hat sein Sortiment bewusst in Kenntnis der Konkurrenzsituation erweitert. Hierfür müssen dann die gleichen Grundsätze wie für den Zweitmieter gelten, der die Erweiterung dulden muss, mit dessen Möglichkeit zu rechnen war.

14 Konkurrenzschutz, selbst ausdrücklich vereinbarter, wirkt – wenn sich aus der Vereinbarung nicht eindeutig etwas anderes ergibt – **immer nur für die Zukunft,** nie für die Vergangenheit.[19]

Praxistipp:

Will der neu hinzukommende Mieter einer Tätigkeitserweiterung des vorhandenen Mieters vorbeugen, muss er dies ausdrücklich vertraglich vereinbaren.

---

[12] BGH NJW 1978, 585; BeckOGK/Hörndler BGB § 578 Rn. 194.
[13] Blank/Börstinghaus/Blank BGB § 535 Rn. 278.
[14] Ebenso: Niklas ZMR 2015, 270 ff.
[15] OLG Köln NZM 2005, 866.
[16] OLG Hamm ZMR 1997, 581; KG MietRB 2005, 66.
[17] OLG Köln NZM 2005, 866.
[18] BGH NJW 2012, 844.
[19] OLG Köln NZM 2005, 866.

15 Der neu hinzugekommene Mieter kann sich aber auf einen Verstoß gegen die Gebrauchsgewährpflicht berufen, wenn der Vermieter eine vertragswidrige Tätigkeitserweiterung des Erstmieters duldet.[20]

16 Es kommt nicht darauf an, wer zuerst einzieht, sondern auf den Zeitpunkt des Vertragsabschlusses. Dies kann bei einem kompletten Neubezug eines größeren Gebäudes relevant werden. Der vertragsimmanente Konkurrenzschutz ist eine vertragliche Pflicht des Vermieters, sie kommt aus dem Vertrag, nicht aus der tatsächlichen Handlung des Einzugs. Selbst wenn der zuerst Mietende später einzieht, bleibt er bevorrechtigt.

Hiervon ist nach dem KG[21] im Fall der Doppelvermietung eine Ausnahme zu machen: Wenn es um die gleiche Fläche geht, die zweimal vermietet wurde, gilt nicht der Grundsatz der Priorität des Mietvertragsabschlusses für die Frage, an wen der Vermieter die Mietsache zu übergeben hat. Der Vermieter darf selbst entscheiden, welchen Vertrag er erfüllt und an welchen Mieter er gegebenenfalls Schadensersatz leistet; dies gilt insbesondere bei einer Anschlussvermietung an den bisherigen Mieter. Auch ein dem neu gewonnenen Mieter gegenüber zu gewährender vertraglicher Konkurrenzschutz ändert an der privatautonomen Entscheidungskompetenz des Vermieters nichts.[22]

17 Möglich ist auch ein **zeitlich befristeter Konkurrenzschutz.** Nach einem Urteil des KG soll, nachdem der vertraglich vereinbarte Konkurrenzschutz ausgelaufen ist, der vertragsimmanente **wieder aufleben.**[23] Gegen diese Auffassung sind jedoch Bedenken angebracht. Hier muss die vertragliche Klausel daher genau analysiert und bei Bedarf ausgelegt werden. Regelmäßig wird der Mieter bei einer Befristung des Konkurrenzschutzes davon ausgehen, dass dieser nur eine „Starthilfe" sein sollte und die mit dem Fristende jeder Konkurrenzschutz enden sollte.

18 c) **Mietzweck.** Der Vereinbarung zum Mietzweck[24] kommt **herausragende Bedeutung** für den Konkurrenzschutz zu. Mit der Aufnahme des Mietzwecks in den Mietvertrag definieren die Parteien den Inhalt und den Umfang der Verpflichtung des Vermieters nach § 535 Abs. 1 S. 2 BGB zur Gebrauchsgewährung, aus dem sich sodann der Konkurrenzschutz ableiten lässt (vertragsimmanent). Zugleich gibt der vereinbarte Mietzweck die Grenzen der Tätigkeit des Mieters vor. Der Mietzweck ist die Wurzel, aus der der Konkurrenzschutz erwächst und die dessen Umfang bestimmt. Der Mietzweck muss nicht ausdrücklich vereinbart werden. Es ist auf das mietvertraglich vereinbarte abzustellen und nicht auf die spätere tatsächliche Ausgestaltung des Betriebs[25] – es sei denn, dass diese konkludent zum Vertragszweck geworden ist.

19 Oft stellt sich bei der Ermittlung des vereinbarten Mietzwecks die Frage, was ein Mieter, der das Objekt **„für gewerbliche Zwecke"** oder einen ähnlich allgemein formulierten Zweck mietet, berechtigterweise erwarten kann? Auf jeden Fall nicht, dass er seinen **Geschäftsbetrieb unbeschränkt ändern** kann. Der Mieter kann trotz der weiten Klausel vom Vermieter keinen Konkurrenzschutz für jede andere gewerbliche Tätigkeit erwarten als die, die er bei Anmietung für den Vermieter erkennbar beabsichtigt hatte und die im Zweifel konkludent vereinbart bzw. dem Mietverhältnis zugrunde gelegt wurde.[26] Von einem anderslautenden Willen des Vermieters kann grds. nicht ausgegangen werden, zumal er andernfalls für sämtliche theoretisch in Betracht kommenden gewerblichen Tätigkeiten die räumlichen Voraussetzungen nach § 535 Abs. 1 BGB zu schaffen hätte. Zumindest dann kann ein solch generalisierender Mietzweck nicht in Betracht gezogen werden, wenn er eine normale, marktübliche Miete bezahlt. Ein solch absoluter Konkurrenzschutz mit nahezu unüberschaubaren Risiken müsste sich nachhaltig mieterhöhend auswirken.

---

[20] OLG Köln NZM 2005, 866.
[21] KG NJW-RR 2018, 139.
[22] KG NJW-RR 2018, 139.
[23] KG BeckRS 2005, 02548.
[24] Vgl. auch § 54 Abschnitt I.
[25] Menn NZM 2017, 689; OLG Frankfurt a. M. MDR 2015, 515.
[26] Guhling/Günter Gewerberaummiete § 535 Rn. 341 ff.

Der Mieter muss sich entgegenhalten lassen, dass auch er es versäumt hat, eine klare Konkurrenzschutzregelung herbeizuführen. Auch ist ein Mieter, der in seiner Nutzung sehr frei ist, weniger schutzwürdig, weil er einer Konkurrenz leichter durch eine Sortimentsänderung ausweichen kann, als ein Mieter, der sich im engen Korsett einer Sortimentsbindung befindet.[27] 20

d) Schutzwürdigkeit des Mieters. Rechtsprechung und Literatur zum vertragsimmanenten Konkurrenzschutz orientieren sich vorrangig an dem Leitbild zweier benachbarter Gewerbetreibender mit dem identischen Portfolio, die um die gleiche Laufkundschaft werben. 21

Die Rechtsprechung sieht den Mieter im Verhältnis zum Vermieter bezüglich des Konkurrenzschutzes in einem **Abhängigkeitsverhältnis.** Der Mieter ist auf die Räume angewiesen, um seinem Gewerbe nachzugehen. Mit dieser Tätigkeit verdient er u. a. die Miete. Der Vermieter hat eine Leistungstreuepflicht[28] dem Mieter gegenüber. Der Vermieter hat das ihm Mögliche zu tun, um den Leistungserfolg des Mieters (also die erfolgreiche Nutzung des Mietobjekts) nicht zu gefährden bzw. zu beeinträchtigen.[29] Der Vermieter hat es nämlich alleine in der Hand nicht an einen anderen Mieter zu vermieten, der aus einer benachbarten Fläche heraus versucht, mit den gleichen Produkten die gleichen Kunden anzusprechen. Der Mieter, der im Mietvertrag keinen ausdrücklichen Wettbewerbsschutz durchsetzen konnte, ist hier schutzwürdig. Der Mieter kann sich hier **nicht selbst schützen.** Selbst eine noch so durchdachte Sortimentspolitik, Serviceorientierung und Kundenbindung wird ihm nur einen Teil der möglichen Kunden erhalten. Ohne vertragsimmanenten Konkurrenzschutz könnte ihm die Existenzgrundlage genommen werden. 22

Bei starken Mietern, zB großen **Filialisten,** ohne die ein Einkaufszentrum nicht leben kann, gerät dieses Bild ins Wanken. Hier wird unter Umständen der Vermieter, der stark investiert hat und der ohne die einschlägigen Ketten als Ankermieter keinen Erfolg haben wird, der Schwächere sein. 23

e) Sachlicher Anwendungsbereich. *aa) Laufkundschaft.* Vertragsimmanenter Konkurrenzschutz setzt begriffsnotwendig den **„Kampf"** der Konkurrenten **um die Laufkundschaft** bzw. um den Umsatz an Ort und Stelle voraus. 24

Stellt sich hier bei genauerem Hinsehen heraus, dass der Mieter aus dem Mietobjekt heraus gar nicht versucht, mit Kunden in Kontakt zu treten, er also gar keine Laufkundschaft hat, bspw. weil das gar nicht seinem Geschäftsmodell entspricht (reiner **Internetversandhandel**) oder er die Räumlichkeiten nur als **Lager**[30] nutzt, ist auch kein Konkurrenzschutz vertragsimmanent. Eine Verpflichtung des Vermieters zum Konkurrenzschutz kann aus dem Vertrag nur dann erwachsen, wenn am Ort der gewerblichen Tätigkeit des Mieters überhaupt Wettbewerb um Kunden und Umsatz stattfindet/stattfinden kann.[31] 25

bb) Haupt- und Nebenartikel. Der Grundsatz ist zunächst einmal recht einfach: Vertragsimmanenten Konkurrenzschutz gibt es nur bezüglich dem Hauptsortiment. **Beide Mieter müssen grundsätzlich mit ihren jeweiligen Hauptartikeln miteinander konkurrieren,** das Hauptsortiment muss vergleichbar sein, nur dann kann sich die Frage stellen, ob einer der Mieter gegenüber dem Vermieter einen Anspruch auf Maßnahmen gegenüber dem anderen Mieter hat. Eine völlige Überschneidung der Artikel ist nicht erforderlich.[32] 26

Im **Nebensortiment findet grds. kein vertragsimmanenter Konkurrenzschutz statt.** Ein Überschneiden der Artikel zweier Geschäfte im Bereich des Sortiments, dass bei einem der beiden dem Nebensortiment zuzuordnen ist, ist unschädlich und vermag für keinen 27

[27] BeckOGK/Hörndler BGB § 578 Rn. 194.
[28] Grüneberg/Weidenkaff BGB § 535 Rn. 27.
[29] Grüneberg/Grünerberg BGB § 242 Rn. 27 ff.; OLG Karlsruhe NJW-RR 1990, 1234.
[30] OLG Karlsruhe NJW-RR 1987, 848 – zwei Speditionen nur Lager, kein Büro und keine Kunden.
[31] OLG Koblenz NJW-RR 1995, 1352; OLG Karlsruhe NJW-RR 1987, 848.
[32] Jendrek NZM 2000, 1116. [33]BGH NJW-RR 1986, 9; OLG Hamm NJW-RR 1998, 1019.

der beiden Mieter Rechte gegenüber dem Vermieter auszulösen, da in solchen Fällen in der Regel die Belange der Vertragsparteien nur unwesentlich tangiert sind.[33] Diese Rechtsprechung, die für Einzelhandelsgeschäfte entwickelt wurde, lässt sich auf **Freiberufler** ua entsprechend übertragen.[34] Wechselt der Konkurrent sein Neben- und Hauptsortiment aus, hat der benachteiligte Mieter einen Anspruch gegenüber dem Vermieter, dass dieser dies unterbindet.[35]

28 Der Grundsatz „kein Konkurrenzschutz für Nebenartikel" erfährt allerdings Ausnahmen: Selbst wenn es für den Supermarkt oder den Baumarkt ein unbedeutendes Nebensortiment ist, kann dies so umfangreich sein, dass es **dem Angebot des bestehenden Fachmarktes** hinsichtlich Vielfalt/Auswahlmöglichkeiten und Qualität **entspricht** und dessen Existenz gefährdet.

29 Geht es um Supermärkte bzw. Baumärkte gegen Fachmärkte verliert die Differenzierung zwischen Haupt- und Nebenartikeln ihre Bedeutung.[36] Ansonsten müsste das gesamte Sortiment des Supermarkts als Hauptsortiment verstanden werden, so dass es neben dem Supermarkt keinen Fachmarkt geben könnte. Der Supermarkt oder das Kaufhaus, die alles anbieten und keine Differenzierung zwischen Haupt- und Nebensortiment erkennen lassen, genießen insgesamt in diesen Fällen keinen vertragsimmanenten Konkurrenzschutz.[37] Einen Unterschied macht der BGH, wenn der betroffene Sortimentsteil in seiner Vielfalt, Auswahlmöglichkeiten, Geschlossenheit und Übersichtlichkeit **dem Angebot eines Fachmarktes entspricht,** so dass der Zweck und das Gepräge des Supermarkts von dieser Warengruppe zumindest mitbestimmt wird.[38]

30 Bei Supermärkten, Drogerien und Baumärkten tritt die Bedeutung des einzelnen Artikels bzw. der Artikelgruppe zugunsten der **für diesen Geschäftstyp charakteristischen Warenpalette** zurück. Hauptartikel ist dann die für den Geschäftstyp eigentümliche Mischung der angebotenen Waren. Wenn Wettbewerber sich auf dasselbe Verkaufskonzept verlegen, kann dies den vertragsimmanenten Konkurrenzschutz des Mieters durchaus berühren.[39] Das Gleiche gilt, wenn der Wettbewerber den Stil und das Ambiente eines Geschäfts kopiert.

31 Die Ausdehnung des Konkurrenzschutzes auf bloße Nebenartikel bedarf grundsätzlich einer **eindeutigen Vereinbarung,** da nur so der **besonderen Bedeutung des Wettbewerbs** für die Privatrechtsordnung Rechnung getragen werden kann.[40]

32 Etwas anderes kann ausnahmsweise dann gelten, wenn das Geschäft des einen Mieters durch den Wettbewerb im Bereich der Nebenartikel einen so starken Umsatzeinbruch erfährt, dass die Mieträume nur noch eingeschränkt nutzbar sind.[41]

33 *cc) Abgrenzung der Haupt- von den Nebenartikeln.* Die Abgrenzung der Hauptartikel von den Nebenartikeln erfolgt nicht allein nach dem jeweiligen **Umsatz,** sondern vor allem danach, **ob die Ware dem „Geschäft ihr Gepräge gibt"**[42] und ob **dieselben Bedürfnisse und dieselbe Verbrauchergruppe angesprochen** werden.[43] Entscheidend ist, ob nach der Verkehrsauffassung der potentiellen Kunden der Eindruck eines **gleichartigen Warenangebots** in beiden Geschäften entsteht.[44] Hierbei kommt es auf die Angebotstiefe, die Vielfalt, die Präsentation und die Bewerbung der Waren an. Dabei sind insbesondere die Vielfalt, die Auswahl, die Geschlossenheit und die Übersichtlich-

---

[33] BGH NJW 1974, 2317; OLG Frankfurt a. M. DB 1970, 46; OLG Hamm NJW-RR 1997, 459; OLG Celle BeckRS 2000, 31053497; Stobbe/Tachezy NZM 2002, 557.
[34] BGH NJW 1978, 585; OLG Köln NZM 2005, 866.
[35] KG ZMR 2008, 616.
[36] BGH ZMR 1968, 248; OLG Hamm NZM 1998, 511.
[37] OLG Hamm NZM 1998, 511; Schmidt-Futterer/Lehmann-Richter BGB § 535 Rn. 701.
[38] BGH NJW-RR 1986, 9; Erman/Jendrek BGB § 535 Rn. 40.
[39] Schmidt-Futterer/Lehmann-Richter BGB § 535 Rn. 702.
[40] BGH NJW 1982, 376; NJW-RR 1986, 9. OLG Brandenburg Info M 2008, 19.
[41] BGH ZMR 1957, 191; OLG Köln ZMR 1998, 347; Bub/Treier/Kraemer III B Rn. 1241.
[42] BGH NJW-RR 1986, 9; Schmidt-Futterer/Lehmann-Richter BGB § 535 Rn. 705.
[43] BGH NJW-RR 1988, 717.
[44] OLG Celle BeckRS 2000, 31053497.

keit der angebotenen Ware zu berücksichtigen.[45] Danach dürfte ein Nanu Nana/1 EUR Geschäft neben einem Villeroy & Boch/Rosenthal Geschäft kein Problem sein, selbst wenn beide vorrangig Geschirr verkaufen. Der Umsatz des einzelnen Produkts oder des Teilsortiments im Verhältnis zum Gesamtumsatz spielt als Indiz aber eine ganz wesentliche Rolle.[46] Eine Grenze soll bei 5 % zu ziehen sein.[47] Diese Indizwirkung funktioniert beim Supermarkt nicht.

Auch der **Spezialist** und der **Generalist** bieten genauso wenig das gleiche Sortiment an wie **zwei Spezialisten:** Ein Fachanwalt für Strafrecht und ein Fachanwalt für Mietrecht stehen in der Regel genauso wenig im Wettbewerb miteinander, wie ein Internist und ein Augenarzt. Das gleiche gilt für die Großkanzlei und den Einzelanwalt, die beide im gleichen Mietobjekt residieren. Bei der Großkanzlei und der mittelständischen Kanzlei mit spezialisierten Fachanwälten muss genau auf die jeweilige Qualifikation und den (behaupteten) Mandantenstamm geschaut werden. 34

Darüber hinaus wird die Auslegung, was Haupt- und was Nebenartikel ist, nicht immer einheitlich vorgenommen. Als Hauptartikel von **Gaststätten** sind die angebotenen **Speisen** und **Getränke** anzusehen.[48] Hierbei ist auf sämtliche Speisen[49] abzustellen, es sei denn, eines der Lokale bietet ganz spezielle Speisen an, die einen anderen Verbraucherkreis[50] ansprechen. Für das OLG Bremen war es bei dem Betrieb eines Imbisses unerheblich, dass dieser nur **typisch deutsche** Speisen (Brat- oder Currywurst etc) und der andere Betrieb **türkische** Pizza, Blätterteigtaschen etc anbot. Entscheidend war, dass beide warme Speisen zum sofortigen Verzehr an Ort und Stelle oder zum Mitnehmen verkauften. Folglich stellte das OLG Bremen eine Wettbewerbssituation im Hauptsortiment und einen entsprechenden Konkurrenzschutzanspruch fest.[51] Für das OLG Düsseldorf waren **Irish Pub** und **Tapas Taverne** etwas so unterschiedliches, dass das Gericht eine Vergleichbarkeit der beiden Gastronomiebetriebe ablehnte.[52] Wobei hier allerdings der konkreten Vertragsklausel und der Umgebung eine wesentliche Bedeutung zukamen. Dennoch wäre auch eine andere Entscheidung denkbar gewesen. Das OLG Koblenz hat in einer neuen Entscheidung eine Konkurrenzsituation zwischen der vorhandenen Eisdiele und dem neu hinzukommenden türkischen Feinkostladen angenommen, weil letzterer auch noch ein Bistro im Nebensortiment betrieb.[53] 35

Wie schwierig die Entscheidung im Einzelfall ist, wird auch an einem Fall des OLG Frankfurt a. M. deutlich, die zwischen den Interessen einer **Apotheke** und einer **Drogerie** mit Medikamentenabteilung abzuwägen hatten und zum Ergebnis kamen, dass bei der Apotheke die **verschreibungspflichtigen** Medikamente den Ausschlag geben und deshalb eine Konkurrenzsituation ablehnten.[54] 36

Gerade wenn der Antrag des sich bedroht fühlenden Mieters auf Erlass einer **einstweiligen Verfügung** zu einem frühen Stadium, bspw. während der Eröffnungsphase des Zweitmieters, ergeht, kann fraglich sein, auf welche Konkurrenzsituation abzustellen ist: Auf die **tatsächlich ausgeübte**, den mit dem neuen Mieter vereinbarten Vertragszweck oder auf den, den der Mieter in seiner **Werbung** als Geschäftsziel angegeben hat? Die Literatur will ausschließlich nach dem vereinbarten Mietzweck gehen.[55] Die Rechtsprechung zeigt hier eine gewisse Flexibilität. Das OLG Brandenburg hat in dem Fall einer Physiotherapeutin, in deren Mietobjekt ein Arzt mit Masseurausbildung hinzukommen sollte, auf die Werbung abgestellt, da die Erstmieterin schnell reagieren musste. 37

[45] Bub/Treier/Kraemer III. B Rn. 1245.
[46] Schmidt-Futterer/Lehmann-Richter BGB § 535 Rn. 705.
[47] Fritz Rn. 76.
[48] OLG Karlsruhe ZMR 1990, 214.
[49] OLG Hamm NJW-RR 1997, 459.
[50] BGH NJW-RR 1988, 717.
[51] OLG Bremen BeckRS 2006, 31396756.
[52] OLG Düsseldorf ZMR 2000, 171.
[53] OLG Koblenz NJW-RR 2018, 845 ff.
[54] OLG Frankfurt a. M. NJW 1982, 707.
[55] Menn NZM 2017, 689.

Zum Zeitpunkt der Antragstellung war noch gar nicht klar, ob es in der tatsächlichen Handhabung jemals zu einer echten Konkurrenz kommen würde.[56] Das Landgericht hatte noch auf den tatsächlichen Betrieb des Arztes abgestellt, so wie sich dieser nach der Beweisaufnahme darstellte.

38 *dd) Sortimentsänderung/Sortimentserweiterung.* Die Kehrseite des vertragsimmanenten Konkurrenzschutzes ist es, dass der Mieter sein Sortiment – ungeachtet der Frage, ob eine Sortimentsänderung noch von dem vereinbarten Nutzungszweck umfasst ist – üblicherweise nicht ändern darf, wenn er ansonsten dadurch zu einem weiteren Mieter, der ebenfalls vertragsimmanenten Konkurrenzschutz genießt, in Wettbewerb treten würde.[57]

39 Die Verpflichtung des Mieters, sein Sortiment zur Vermeidung einer Konkurrenzlage nicht zu verändern, gilt aber nicht uneingeschränkt. Die **Erweiterung** des Hauptsortiments soll in der Regel zulässig sein.[58] Die Erweiterung um einen neuen Geschäftszweig ist dann zulässig, wenn der Mieter hieran ein legitimes Interesse hat und berechtigterweise entgegenstehende Interessen des Vermieters nicht ersichtlich sind.[59] Ein solches entgegenstehendes Interesse kann darin zu sehen sein, wenn der neue Geschäftszweig (Hauptsortiment) in Konkurrenz zu einem weiteren benachbarten Mieter und dessen Hauptsortiment steht.

40 Eine **üblicherweise** zu erwartende Erweiterung des Geschäftsbetriebs wird in der Regel zulässig, dh mit dem Mietzweck vereinbar sein.[60] Auch die Veränderung des Geschäfts durch Aufnahme neuer Geschäftszweige kann zulässig sein, selbst wenn sich dadurch der Charakter des Geschäfts verändert. Allerdings führt die vertragswidrige Geschäftsänderung nicht zu einer Veränderung oder gar Erweiterung des Konkurrenzschutzanspruchs.[61]

41 In Anlehnung an das Beispiel in § 54 wird die Umwandlung eines christlichen Buchladens in ein Striptease-Lokal nicht mit dem ursprünglich vorgesehenen, vertragsgemäßen Gebrauch in Einklang zu bringen sein. Was ist aber mit der Umwandlung in einen esoterischen Buchladen – wenn es einen solchen auf dem Nachbargrundstück, das dem gleichen Vermieter gehört, bereits gibt? Da wäre die genaue Formulierung des Mietzwecks „Betrieb eines christlichen Buchladens“ oder eine entsprechende Ausschlussklausel „Der Mieter verpflichtet sich, das Geschäft nicht für andere Zwecke als zum Betrieb eines christlichen Buchladens zu nutzen, insbesondere es nicht um das Sortiment der esoterischen Literatur zu erweitern“, sinnvoll.

42 Wenn der benachteiligte Betreiber des esoterischen Buchladens vertragsimmanenten Konkurrenzschutz genießt, wird er diesen vom Vermieter einfordern. Der Vermieter steht dann vor der für ihn ohne Vertragsverletzung und daraus resultierender Schadensersatzpflicht schweren und aller Voraussicht nach kostspieligen Aufgabe, den auf das Sortiment des Nachbarn wechselnden Mieter in die Schranken zu weisen.

43 Von einem gewerblichen Mieter kann jedoch auch verlangt werden, dass er sich vor Anmietung die Konkurrenzsituation vor Ort genau ansieht und dass er evaluiert, wer aktuell Konkurrent ist und wer dies durch eine nicht fern liegende Sortimentsänderung werden kann. Dies ist bei der Abwägung der Belange der Vertragsparteien im Rahmen des vertragsimmanenten Konkurrenzschutzes zu berücksichtigen.

44 Der Mieter sollte vor einer Sortimentsänderung bzw. -erweiterung immer erst prüfen, ob dies der **Zustimmung** seines Vermieters bedarf. Grundsätzlich ist der Vermieter – in den Grenzen des **Willkürverbots** – nicht verpflichtet, einer Sortimentsveränderung

[56] OLG Brandenburg Info M 2008, 19.
[57] BGH NJW 1985, 2527; OLG Düsseldorf ZMR 1996, 258; Schmidt-Futterer/Lehmann-Richter BGB § 535 Rn. 698.
[58] Schmidt-Futterer/Lehmann-Richter BGB § 535 Rn. 698.
[59] OLG Düsseldorf MDR 1996, 467.
[60] Emmerich/Sonnenschein/Emmerich BGB § 535 Rn. 20, OLG Düsseldorf MDR 1996, 467; BGH NJW-RR 1986, 9.
[61] Bub/Treier/Kraemer III B Rn. 1241; Schmidt-Futterer/Lehmann-Richter BGB § 535 Rn. 704.

zuzustimmen.[62] Vielfach finden sich in den Mietverträgen entsprechende Klauseln, die – so sie nicht individuell ausgehandelt wurden – dann allerdings auch auf ihre Wirksamkeit anhand von §§ 305 ff. BGB geprüft werden müssen. Enthält der Mietvertrag keine Regelung, so ist die Sortimentsveränderung so lange zulässig, wie dies vom **Mietzweck** gedeckt ist.

Formulierungsvorschlag: Sortimentsveränderung

Sortimentsänderungen, -erweiterungen oder das Anbieten neuer Waren oder Dienstleistungen (im folgenden „Sortimentsänderungen"), die von der als Anlage [] beigefügten Aufstellung abweichen, sind von der vorherigen, schriftlichen Einwilligung des Vermieters abhängig. Der Vermieter kann die Einwilligung verweigern, wenn andere seiner Mieter oder der Vermieter selbst die Waren etc bereits im selben Gebäude oder der unmittelbaren Nachbarschaft anbieten oder dazu aufgrund von vertraglichen Vereinbarungen berechtigt sind. Bei einer Sortimentsänderung ohne bzw. entgegen der verweigerten Zustimmung des Vermieters, kann der Vermieter vom Mieter das sofortige Unterlassen und die Wiederherstellung des vorherigen Zustandes verlangen. Der Mieter stellt den Vermieter von Ansprüchen Dritter frei, die aus seiner Sortimentsänderung ohne die Zustimmung bzw. entgegen der verweigerten Zustimmung des Vermieters resultieren.

Wenn die Sortimentsänderung oder -erweiterung mietvertragswidrig war oder der Erlaubnis des Vermieters bedurft hätte, kann der Mieter für diesen Teil seines Sortiments keinen Wettbewerbsschutz verlangen. Die Duldung des Vermieters ist gegebenenfalls auszulegen, ob dies die konkludente Zustimmung enthielt oder lediglich der vorübergehende Verzicht auf Maßnahmen war. Bei der Annahme einer konkludenten Zustimmung ist jedoch Zurückhaltung geboten. Die reine Kenntnis und Untätigkeit reicht in keinem Fall aus. Vielmehr muss durch das Hinzutreten weiterer Umstände erkennbar sein, dass der Vermieter die Änderung billigt. 45

Ein Mieter kann **erwarten,** dass der Vermieter von dem weiteren Mieter, der das Konzept des anderen kopiert bzw. nachträglich das gleiche Sortiment anbietet, **Unterlassung** verlangt. Dies allerdings nur dann, wenn es sich dabei nicht um eine bei Anmietung erwartbare und nahe liegende Sortimentserweiterung/-änderung handelt.[63] Dann ist der Mieter, der sich nicht bezüglich des Konkurrenzschutzes des potentiellen Konkurrenten informiert und nicht selbst auf eine eindeutige, ihn schützende Klausel dem Vermieter gegenüber dringt,[64] sehenden Auges in die Konkurrenzfalle gelaufen und kann sich gegenüber dem Vermieter nicht berechtigterweise auf Konkurrenzschutz berufen.[65] Dies gilt allerdings gerade nicht, wenn der prioritäre Mieter einen vertraglich vereinbarten Konkurrenzschutz genießt;[66] dann stellt eine Untätigkeit des Vermieters einen Mangel der Mietsache[67] bzw. eine Pflichtverletzung dar.[68] 46

Formulierungsvorschlag: Ergänzung der Kündigungsklauseln

Es kann sich für beide Vertragsparteien empfehlen, ergänzend zu den in § 543 Abs. 2 BGB aufgeführten wichtigen Gründen weitere Kündigungsgründe als für eine außerordentliche Kündigung ausreichend, enumerativ im Mietvertrag aufzulisten. Für den Konkurrenzschutz können diese Gründe wie folgt ergänzt werden:

Der Vermieter kann das Mietverhältnis insbesondere auch dann fristlos kündigen, wenn der Mieter:

---

[62] OLG Hamburg ZMR 2003, 180.

[63] Schmidt-Futterer/Lehmann-Richter BGB § 535 Rn. 699; OLG Köln MDR 2006, 86; OLGR 2005, 309.

[64] OLG Karlsruhe NJW 1972, 2224.

[65] Lindner-Figura/Oprée/Stellmann Geschäftsraummiete-HdB Kap. 14 Rn. 117.

[66] So bspw. in dem Fall des OLG Koblenz NJW-RR 2018, 845 ff.

[67] BGH NZM 2013, 52 – Sachmangel.

[68] Guhling/Günter Gewerberaummiete§ 535 Rn. 330 ff.

- nach ergebnisloser Abmahnung eine dem Mietzweck nicht entsprechende Sortimentsänderung bzw. -erweiterung ohne die Zustimmung bzw. entgegen der verweigerten Zustimmung des Vermieters fortsetzt
- nach ergebnisloser Abmahnung weiterhin ein Sortiment führt, dass über das in Anlage [] festgelegte Sortiment hinausgeht und der Vermieter deswegen mit Ansprüchen anderer Mieter von ihm zu rechnen hat.

Der Mieter kann das Mietverhältnis insbesondere auch dann fristlos kündigen, wenn der Vermieter:

- nach ergebnisloser Abmahnung seiner Konkurrenzschutzpflicht nicht nachkommt, es sei denn, der Konkurrenzschutz ist (bezüglich des streitgegenständlichen Waren/Dienstleistungsangebots) vertraglich ausgeschlossen.

47 *ee) Einfluss der Miete und der vertraglichen Bindungsdauer.* Je höher die Miete und je länger die (noch laufende) vertragliche Bindungsdauer, umso größer sind die Anforderungen an den Vermieter, den Mieter vor Konkurrenz zu schützen.[69] In diesen Fällen ist die Schutzbedürftigkeit des Mieters in besonderem Maße bei der Abwägung der Belange der Vertragsparteien (Voraussetzung des Konkurrenzschutzes) in den Blick zu nehmen.

48 **f) Örtliche/Räumliche Reichweite.** *aa) Vertragsimmanent.* Die Pflicht des Vermieters zum Konkurrenzschutz besteht zunächst für das Objekt, in dem sich die Mieträume des Erstmieters befinden.[70] Ferner gilt er für alle Gebäude auf dem gleichen Grundstück.[71] Aber die örtliche Reichweite des vertragsimmanenten Konkurrenzschutzes geht regelmäßig noch darüber hinaus und erstreckt sich auch auf unmittelbar benachbarte Grundstücke.[72] Der Umfang der Ausdehnung hängt sehr stark von den individuellen örtlichen Gegebenheiten ab. Hier werden sowohl extensive[73] aber auch eher zurückhaltende[74] Auffassungen vertreten.

49 Generell ist Voraussetzung, dass der Vermieter auch Eigentümer des anderen Objekts ist, in dem der Konkurrent einziehen will.[75] Nur so wird es dem Vermieter abzuverlangen sein, ihm im Rahmen seiner Leistungspflicht nach § 535 Abs. 1 S. 2 BGB den Mieter vor Gebrauchsstörungen durch Konkurrenzbetriebe in Anspruch zu nehmen. In den ergangenen Urteilen war der Eigentümer des Nachbargrundstücks auch Vermieter desselben. Richtigerweise ist darauf abzustellen, ob die konkurrierenden Mieter den identischen Vermieter haben bzw. ggf. hilfsweise, ob die identischen natürlichen Personen Einfluss auf die juristisch verschiedenen Vermieter nehmen können – bspw. bei mehreren Fondsgesellschaften mit einer gemeinsamen Managementgesellschaft. Die Ermittlung kann allerdings schwierig sein und wird auch nicht durch die Einführung des Transparenzregisters (https://www.transparenzregister.de) erleichtert. Das Transparenzregister nach § 18 des Geldwäschegesetzes (GwG) ist ein gesetzlich vorgeschriebenes Verzeichnis, das erstmals zum 1.10.2017 die wirtschaftlich Berechtigten von Kapitalgesellschaften, Personengesellschaften und Stiftungen erfasst. Allerdings ist das Register nicht öffentlich einsehbar und ein berechtigtes Interesse muss auf einen Fall der (vermuteten) Geldwäsche zurückgeführt werden können. Sind die Vermieter schon nicht identisch, kann es keine Konkurrenzschutzansprüche geben.

50 **Voraussetzung** dafür, dass die örtliche Reichweite des vertragsimmanenten Konkurrenzschutzes über das Gebäude in dem der Erstmieter ist, hinausgeht, ist die **unmittel-**

[69] BGH ZMR 1957, 403; 1960, 139.
[70] BGH NJW 1979, 1404; KG NZM 2008, 248.
[71] BGH ZMR 1968, 248.
[72] BGH NJW 1978, 585; 1979, 1404.
[73] Hoffmann BeckOK MietR BGB § 535 Rn. 2116 ff.
[74] Schmidt-Futterer/Lehmann-Richter BGB § 535 Rn. 700.
[75] BGH ZMR 1954, 78; NJW 1979, 1404; OLG Frankfurt a. M. NJW-RR 1988, 396; OLG Celle OLG-Report 2000, 150; KG MDR 1999, 1375; kritisch: Lindner-Figura/Oprée/Stellmann Geschäftsraummiete-HdB Kap. 14 Rn. 119.

bare Nachbarschaft des anderen Gebäudes.[76] Die ausnahmsweise Ausdehnung des vertragsimmanenten Konkurrenzschutzes auf ein Nachbargrundstück soll zu rechtfertigen sein, wenn die direkt nebeneinander stehenden Gebäude den Eindruck eines **räumlichen Zusammenhangs** vermitteln und sich darauf die **Erwartung des Mieters** stützt, dass er in diesem Gebäudeensemble vor Wettbewerb geschützt ist.[77] Fraglich ist, **wie nah** die Gebäude denn stehen müssen, dass diese unmittelbare Nachbarschaft anzunehmen und die Erwartung des Mieters berechtigt ist.

Nach dem **BGH** ist das jedenfalls nicht der Fall, wenn die Grundstücke 350 m voneinander entfernt sind.[78] Je nach Einzelfall genügt auch schon ein Abstand von mehr als 30 m.[79] Liegen die Grundstücke nicht an der gleichen Straße, dürfen sie sich sogar noch viel näher sein, ohne das eine Pflicht zum vertragsimmanenten Konkurrenzschutz entsteht.[80] Das OLG Hamm lehnt eine räumliche Ausweitung dann ab, wenn die Grundstücke durch ein **Fremdgrundstück** getrennt werden.[81] Das Eigentum Dritter will das OLG Hamm gleichzeitig aber nur als eine von mehreren Möglichkeiten verstanden wissen, wieso keine unmittelbare Nachbarschaft besteht. Soweit sich die neue Konkurrenz als Konkretisierung oder Erweiterung einer bei Vertragsabschluss vorhandenen oder angelegten Situation darstellt, genießt der Mieter keinerlei Schutz.[82] 51

Diesen Einschränkungen ist zuzustimmen. Es ist zwischen einem unmittelbar angrenzenden Gebäude versus einem nur in der Nähe liegenden Gebäude zu differenzieren. Der vertragsimmanente Konkurrenzschutz erstreckt sich nicht auf ein nur in der Nähe liegendes anderes Grundstück desselben Vermieters, das nicht unmittelbar an das Mietgrundstück angrenzt. 52

Eine extensive Ausdehnung des Konkurrenzschutzes ist nicht geboten. Es ist **nicht die Aufgabe des mietrechtlichen Konkurrenzschutzes, marktregulierend einzugreifen.**[83] Jeder Gewerbetreibende trägt das Risiko seines geschäftlichen Erfolges selbst und muss sich im Wettbewerb aufgrund seines Leistungs- oder Warenangebots, seiner Fähigkeiten und/oder seiner Preise behaupten. Er kann in aller Regel nicht erwarten, dass ihn ein Dritter in dieser Hinsicht unterstützt. Insofern ist die aus der Verpflichtung des Vermieters zur Gewährung des ungestörten Mietgebrauchs abgeleitete Konkurrenzschutzpflicht schon die Ausnahme. Sie begründet nur die Erwartung des Mieters, dass er jedenfalls in dem Gebäude, in dem er geschäftlich tätig ist, nicht mit Konkurrenz zu rechnen braucht. In diesem Rahmen ist dem Vermieter zuzumuten, bei der Vermietung auf das Interesse vorhandener Mieter, nicht dem Wettbewerb im selben Haus ausgesetzt zu sein, Rücksicht zu nehmen. Demgemäß kann der Mieter nur darauf vertrauen, dass sich in **unmittelbarer** Nachbarschaft seines Ladenlokals kein Konkurrent niederlässt. 53

Ausnahmeregelungen sind generell eng auszulegen. Keinesfalls ist es geboten, einen Vermieter, dem in einer Stadt mehrere gewerblich genutzte Mietgrundstücke gehören, mit verstärkten Konkurrenzschutzpflichten zu belasten. Dies würde seine Handlungsfähigkeit erheblich beeinträchtigen. 54

Auch im Fall der **Blockbebauung,** also dass ein Gebäudekomplex an mehrere Straßen angrenzt, der Mieter aber Räume im „[] Komplex" mietet, ist vernünftigerweise auf die Entfernung zwischen den Geschäften abzustellen. Hier ist der Vermieter zwar identisch und das Gebäude ist ein und dasselbe, aber es gibt keinen nachvollziehbaren Grund, wieso ein Mieter hier besser stehen sollte, als wenn es keine Blockbebauung wäre und es zwei Vermieter geben würde. Im Rahmen der allgemeinen Einschränkung des Konkurrenzschutzes, dass der Vermieter dem Mieter nicht jeden fühlbaren oder unlieb- 55

---

[76] RGZ 119, 353; 131, 274; BGH WM 1968, 699; NJW 1979, 1404; OLG Frankfurt a. M. NJW-RR 1988, 396; OLG Celle OLG-Report 2000, 150; OLG Rostock NZM 2006, 295.
[77] OLG Rostock NZM 2006, 295.
[78] BGH NJW 1979, 1404.
[79] OLG Rostock NZM 2005, 295.
[80] BGH WM 1968, 699; MDR 1998, 657.
[81] OLG Hamm NJW-RR 1991, 975.
[82] Neuhaus Rn. 710; KG BeckRS 2007, 08484.
[83] OLG Rostock NZM 2006, 295.

samen Wettbewerb fernhalten muss, sollten die Mieteransprüche hier je nach Einzelfall auf ein **angemessenes Maß beschränkt** werden.

56 Im Fall eines späteren Erwerbs des Nachbargrundstücks schuldet der Vermieter keinen Konkurrenzschutz hinsichtlich des neu erworbenen Grundstücks.[84] Dies gilt sicherlich für Mietverträge, die in beiden Gebäuden vor dem Erwerb abgeschlossen wurden. Für danach neu abgeschlossene Mietverträge müssen die oben aufgezeigten Grundsätze ohne Einschränkung gelten.

57 Erklärt sich der Mieter mit der Vermietung der Nachbarfläche an einen Konkurrenten einverstanden, ist dies ein ausdrücklicher Verzicht auf den vertragsimmanenten Konkurrenzschutz.[85]

58 *bb) Veräußerung von benachbartem Teileigentum.* Das OLG Koblenz hat im Jahr 2006 einen weiteren Problemkreis eröffnet.[86] Der Vermieter veräußert benachbarte **Teileigentumseinheiten,** von denen ein Mieter durch eine **vertraglich** vereinbarte Konkurrenzschutzklausel geschützt ist, an unterschiedliche Dritte. Dadurch fallen die Vermieter personell auseinander. Der eine Vermieter überlässt das Teileigentum nun einem Konkurrenten eines weiteren Mieters, der bereits vor der Veräußerung gemietet hatte. Entsprechend der oben dargestellten Grundsätze wären es jetzt zwei verschiedene Vermieter, so dass es grundsätzlich keine Konkurrenzschutzansprüche des Erstmieters gäbe. Der Käufer tritt vorliegend aber in den Mietvertrag des Erstmieters auf Vermieterseite mit allen Rechten und Pflichten ein und somit **auch in die Pflicht zum Konkurrenzschutz, § 566 Abs. 1 BGB.**

59 Der Erwerber der Nachbarfläche hat keine Pflichten gegenüber dem Erstmieter der anderen Teileigentumseinheit, da dieser in kein Rechtsverhältnis mit dem Mieter steht.[87] Der Umstand, dass der Vermieter des Erstmieters keinen Einfluss auf die sonstige Vermietung in dem Anwesen nehmen kann, soll an der Pflicht zum Konkurrenzschutz nichts ändern. Dies scheint auch Interessengerecht, da es ihm ohne weiteres möglich ist, sich vor Abschluss des Kaufvertrages durch Einsicht in den bestehenden Mietvertrag hinreichend über etwaige Konkurrenzschutzklauseln zu informieren. Die Frage der **Unmöglichkeit** der mangelfreien Leistung hat das Gericht nicht diskutiert. Im Gegenteil, das OLG hat ausgeführt, dass der Vermieter, selbst wenn er keine Möglichkeit hat, die Vermietung an ein Konkurrenzunternehmen zu verhindern, er **zur Gewährleistung** für den dadurch entstandenen Mangel seiner eigenen vermieteten Räume **verpflichtet** ist.[88]

60 Der Vermieter, der bereits bei Vermietung absehen kann, dass er an den einzelnen Ladengeschäften Teileigentum begründen und diese getrennt veräußern wird, sollte, wenn er denn wirklich Konkurrenzschutz begründen muss, diesen für den Fall der Veräußerung entfallen lassen. Ansonsten müsste der Veräußerer-Vermieter **Dienstbarkeiten** auf allen Teileigentumseinheiten eintragen, dass die Erwerber verpflichtet werden, den vorhandenen Mietern keine Konkurrenz zu machen (**Verdinglichung des Konkurrenzschutzes**).[89] Ob er damit noch Käufer für die Einheiten findet, ist fraglich.

61 Nach der hier vertretenen Auffassung geht diese Haftung des Erwerber-Vermieters zu weit. Der Vermieter soll keine Möglichkeit haben, sich eines lästigen Konkurrenzschutzes durch Veräußerung an eine juristisch andere, aber von ihm kontrollierte Person zu entledigen. Der Vermieter, der aber keine Möglichkeit hat, auf eine Konkurrenzsituation irgendwie Einfluss zu nehmen, sollte an dieser Pflicht nicht festgehalten werden, § 275 Abs. 1 BGB. Man wird wohl unmöglich eine Pflicht des potentiellen Käufers gegenüber seinem potenziellen Mieter konstruieren wollen, bereits beim Kaufvertrag vom Veräußerer zu verlangen, dass dieser die Konkurrenzschutzansprüche seines Noch-Mieters durch Dienstbarkeiten schützt. Eine andere Pflichtverletzung des Erwerber-Vermieters

[84] Schmidt-Futterer/Lehmann-Richter BGB § 535 Rn. 700.
[85] KG IBRRS 2005, 0948.
[86] OLG Koblenz NZM 2008, 405.
[87] Jendrek NZM 2000, 1116.
[88] OLG Koblenz NZM 2008, 405.
[89] So bspw. empfohlen von Menn NZM 2017, 691.

ist aber nicht denkbar. Der Verkäufer selbst verletzt mit der Veräußerung ohne Dienstbarkeit eine Pflicht aus dem Mietvertrag. Ihm kann das aber gleich sein, da sich die Ansprüche des Mieters dann erstmal gegen den neuen Vermieter/den Erwerber richten. Nur wenn der Erwerber ausfällt, haftet der Veräußerer weiterhin, § 566 Abs. 2 BGB. Eine nachteilige Klausel im Mietvertrag wird ohne Zusicherung kein Mangel der Kaufsache sein. In wirtschaftlicher Hinsicht konsequenterweise vertritt deshalb *Späth* die Auffassung, dass die vertragliche Konkurrenzschutzvereinbarung bezüglich des Nachbargrundstücks als mietrechtsfremde – wirtschaftsrechtliche Regelung – im Veräußerungsfall nicht auf den Erwerber übergehen soll.[90] Der BGH hat zum Ankaufsrecht entschieden, dass der Erwerber in dieses nicht eintritt; „Der Erwerber eines gewerblich vermieteten Grundstücks tritt nicht kraft Gesetzes in ein zwischen dem Veräußerer und dem Mieter vereinbartes Ankaufsrecht ein".[91] Gem. §§ 566 Abs. 1, 578 BGB tritt der Erwerber eines gewerblich vermieteten Hausgrundstücks anstelle des Vermieters in die sich während der Dauer seines Eigentums aus dem Mietverhältnis ergebenden Rechte und Pflichten ein. Mit dem Eigentumsübergang entsteht ein neues Mietverhältnis zwischen dem Erwerber des Grundstücks und dem Mieter, allerdings mit dem gleichen Inhalt, mit dem es zuvor mit dem Veräußerer bestanden hat.[92] Für die Frage, welche Rechte und Pflichten § 566 BGB unterfallen, ist daher auf den materiellen Gehalt der jeweiligen Vertragsbestimmung abzustellen. Von § 566 BGB erfasst werden nach der Rechtsprechung des BGH allerdings nur solche Rechte und Pflichten, die als mietrechtlich zu qualifizieren sind oder die in untrennbarem Zusammenhang mit dem Mietvertrag stehen. Der Erwerber tritt deshalb nicht in Rechte und Pflichten ein, die außerhalb des Mietverhältnisses liegen, selbst wenn sie als zusätzliche Vereinbarung im Mietvertrag geregelt sind.[93] Dies hat der BGH für ein Ankaufsrecht angenommen, weil dieses Ankaufsrecht als aliud zum Mietvertrag ja gerade nicht den Fortbestand des Mietverhältnisses bezweckt, sondern dieses durch den Abschluss eines Kaufvertrags ersetzen will.[94] Es bleibt abzuwarten, ob der BGH Gelegenheit diese Rechtsgedanken im Fall des Konkurrenzschutzes fortzuentwickeln.

Besonders auffällig wird die Härte des obigen Ergebnisses eines fortgesetzten Konkurrenzschutzes des Erwerbers (§ 566 BGB) gegenüber dem Erstmieter, wenn der Konkurrenzschutz als vertragsimmanent aus dem Mietvertrag abgeleitet wird. Hier nutzt der Blick des Erwerbers in den Bestandsmietvertrag wenig. Meines Erachtens müsste in diesem Fall über Treu und Glauben als einer der Prüfungsansätze des Konkurrenzschutzes (siehe oben) der vertragsimmanente Konkurrenzschutz dahingehend ausgelegt werden, dass bei einem personellen Auseinanderfallen der Vermieter ein ursprünglich bestehender vertragsimmanenter Konkurrenzschutz gegenüber dem Erstmieter enden soll. Ebenso kann für den Wegfall des vertragsimmanenten Konkurrenzschutzes die obige Überlegung sprechen, dass dieser Schutz mietfremd ist und daher nicht dem Anwendungsbereich des § 566 BGB unterfällt. 62

Praxistipp:

Im Ergebnis ist es uU **fahrlässig für den Vermieter-Veräußerer, den Konkurrenzschutz nicht auszuschließen.** Ansonsten kann der **Konkurrenzschutz** zu einem **echten Verkaufshindernis** werden.

Für den Erwerber zeigt sich, dass der Konkurrenzschutz ein wesentlicher Punkt in jeder mietvertraglichen due diligence ist. Der Wert einer Immobilie kann mit dem zu übernehmenden Mietvertrag stehen oder fallen. Die übernommene Konkurrenzschutz- 63

[90] Späth ZMR 2013, 405; siehe auch Menn NZM 2017, 691.
[91] BGH NZM 2017, 35.
[92] BGH NZM 2017, 35; 2014, 904; 2012, 681.
[93] BGH NZM 2017, 35.
[94] BGH NZM 2017, 36.

pflicht kann für den Erwerber das Risiko der erheblichen **Mietminderung** bieten. Einen **Schadensersatzanspruch** wird der Mieter gegenüber dem Erwerber-Vermieter in der Regel nicht geltend machen können. § 536a Abs. 1 S. 1 Alt. 1 BGB wird in der Regel mangels anfänglichen Mangels und § 536a Abs. 1 S. 1 Alt. 2 BGB wird in der Regel mangels Verschuldens nicht einschlägig sein.

64 *cc) Innenstadt, Einkaufszentrum.* Nur weil sich ein Geschäft oder Büro in der Innenstadt oder einem Einkaufszentrum befindet, bedeutet das nicht, das der Mieter automatisch auf vertragsimmanenten Konkurrenzschutz verzichtet. Auch in der Innenstadt und im Einkaufszentrum gehört der vertragsimmanente Konkurrenzschutz zum vertragsgemäßen Gebrauch.[95]

65 Für die Innenstadt ist das weitgehend unbestritten. Für das Einkaufszentrum wird auch vertreten, dass die Mieter **generell keinen Anspruch** auf Konkurrenzschutz haben.[96] Die Attraktivität des Einkaufszentrums steigt mit der Anzahl der Konkurrenten. Der vertragsgemäße Gebrauch soll nach dieser Auffassung nur dann beeinträchtigt werden, wenn das **wirtschaftliche Überleben** eines Mieters durch den Wettbewerber gefährdet wird. Nur dann soll der Mieter Anspruch auf vertragsimmanenten Konkurrenzschutz haben.

66 Insbesondere beim Einkaufszentrum gilt der Grundsatz **„Konkurrenz belebt das Geschäft“.**[97] Bei Anmietung in einem Einkaufszentrum muss jeder Mieter vernünftigerweise mit Konkurrenz rechnen. Das führt dazu, dass der vertragsimmanente Konkurrenzschutzanspruch des Mieters hier zumindest erheblich reduziert ist, selbst wenn er der Erste ist.[98] Das bedeutet aber nicht automatisch den Wegfall eines jeden Konkurrenzschutzes. Es ist im Einzelfall abzuwägen, ob das Interesse des Vermieters an einer möglichst käuferorientierten Vermarktung der Gewerbeeinheiten überwiegt oder ob dem Interesse des Mieters am Schutz vor Wettbewerb der Vorrang zu geben ist.

67 Dies entspricht auch der Erwartung des Geschäftsverkehrs. Der Betreiber einer Drogerie rechnet damit, dass das von ihm angebotene Körperpflegeprodukt auch beim benachbarten Supermarkt/Discounter, Friseur oder in der Parfümerie angeboten wird. Im Übrigen würde sich der Konkurrenzschutz in einem solchen Fall regelmäßig auch wegen der unterschiedlichen Ausprägung des Sortiments der verschiedenen Geschäfte verbieten (siehe hierzu Rn. 30 f.). Womit der Betreiber der Drogerie aber nicht rechnen muss, ist dass direkt nebenan eine andere Drogerie aufmacht bzw. dass es im Einkaufszentrum mehrere Drogerien gibt.

68 Wenn der professionelle Vermieter im Einkaufszentrum tatsächlich den Konkurrenzschutz ungeregelt lässt, dann muss er sich auch daran festhalten lassen und bedarf keiner Unterstützung durch die Rechtsprechung.

Praxistipp:

Eine eindeutige Entscheidung des BGH zum vertragsimmanenten Konkurrenzschutz im Einkaufszentrum fehlt. Bis dahin sollten die Parteien diesen Punkt sorgfältig und ausdrücklich regeln.

69 In der Innenstadt gelten obige Grundsätze in abgeschwächter Form. Auch in der Innenstadt gerade von Großstädten, muss der Mieter mit mehr Konkurrenz rechnen. Ob er in seinem Objekt mit Konkurrenz rechnen muss, ist eine Einzelfrage und wird in einer innerstädtischen Passage, die sich einem Einkaufszentrum annähert, anders zu beantworten sein, als am Rande der Innenstadt.

---

95 KG GE 2005, 1426; NZM 2008, 248; Bittner MDR 2008, 1201.
96 OLG Dresden MDR 1998, 211; Blank/Börstinghaus/Blank BGB § 535 Rn. 280.
97 BGH NJW 1979, 1404.
98 BGH NJW 1979, 1404; Stobbe/Tachezey NZM 2002, 557, Schmidt-Futterer/Lehmann-Richter BGB § 535 Rn. 701.

dd) Vertraglich vereinbart. Wird der Konkurrenzschutz im Vertrag ausdrücklich erwähnt, kommt es vor, dass die Parteien hier ein Gebäude ausdrücklich benennen. Ist dies das Gebäude, in dem sich die Mietsache befindet, ist dies im Rahmen des üblichen eine Einschränkung gegenüber dem vertragsimmanenten Konkurrenzschutz, der sich grds. auf die unmittelbar angrenzende Nachbarschaft bezieht.[99] Der Vermieter ist dann frei, im auch ihm gehörenden Nachbargebäude einen Konkurrenzbetrieb zuzulassen oder selbst zu eröffnen. Hätte der Mieter keine ausdrückliche Konkurrenzschutzklausel vereinbart, stünde er sich besser. 70

Praxistipp:

Dem Mieteranwalt ist also zu raten, entweder die nächste Umgebung immer mit in die Konkurrenzschutzklausel aufzunehmen oder gar nichts zu regeln. Die Vermieterklausel „Dem Mieter wird vom Vermieter kein Konkurrenzschutz gewährt." ist allumfassend und bedarf keiner örtlichen Differenzierung.

ee) Vertragliche Radiusklausel. In Mietverträgen, die von Filialisten verwandt werden und als AGB zu qualifizieren sind, ist es üblich dass der Mieter sich einen Konkurrenzschutz in einem Radius von 500–3000 Metern vom Vermieter zusichern lässt. Vorstellbar ist auch, dass ein Vermieter seinem Mieter untersagen will, dass dieser sich in anderen Räumlichkeiten im Umkreis ansiedelt, um bspw. die Attraktivität des Standorts aufrecht zu erhalten. Diese Radiusklauseln wird man als iSd § 566 BGB mietvertragsfremd einstufen müssen, so dass diese Klauseln auf einen Erwerber nicht übergehen.[100] Ggf. kann auch das Kartellrecht zu einer Unwirksamkeit der Konkurrenzschutzklausel führen. Gem. § 1 GWB sind Vereinbarungen zwischen Unternehmen, die einer Einschränkung oder Verhinderung oder Verfälschung des Wettbewerbs bezwecken, verboten. Hier muss die Radiusklausel im Einzelfall anhand ihrer Auswirkungen auf die betroffenen Märkte bewertet werden.[101] 71

g) Personelle Reichweite. *aa) Auf Mieterseite – insbesondere Freiberufler.* Sowohl der gewerbliche als auch der freiberufliche Mieter haben einen Anspruch auf Konkurrenzschutz gegenüber ihrem Vermieter. Ob und wie weit dies auch für Freiberufler gelten soll, war in der Rechtsprechung früher einmal umstritten.[102] 72

Inzwischen ist es vom BGH und der obergerichtlichen Rechtsprechung aber langjährig anerkannt, dass dies für Freiberufler genauso wie für Gewerbetreibende gilt.[103] Diesen Kampf um Kunden kann es bei Gewerbetreibenden (2 benachbarte Blumenläden) genauso wie bei Apotheken und bei Freiberuflern (2 nebeneinander liegende Allgemeinmediziner) geben. Ein Durchgangsarzt kann genauso von seiner Laufkundschaft abhängig sein, wie eine Imbissbude. Der Vermieter hat also auch bei der Vermietung an einen Arzt, Rechtsanwalt oder Architekten die damit verbundenen Konkurrenzschutzpflichten zu bedenken. Voraussetzung ist jeweils die Überschneidung in den Haupttätigkeitsbereichen.[104] 73

Ohne Laufkundschaft kann es jedoch keinen vertragsimmanenten Konkurrenzschutz geben. Der vertragsimmanente Konkurrenzschutz setzt nämlich begriffsnotwendig den **„Kampf"** der Konkurrenten **um die Laufkundschaft** vor Ort voraus Es ist deshalb bei Freiberuflern, die ihren Umsatz aus ihrer Tätigkeit schöpfen: Bei **Freiberuflern** kommt es gegenüber Gewerbetreibenden mehr auf „weiche" Faktoren an, die Umsätze bringen – 74

[99] KG NZM 2008, 248.
[100] Argumentation zum Ankaufsrecht vgl. BGH NZM 2017, 35.
[101] Scheuffele CB 2018, 372.
[102] Darstellung der Entwicklung in BGH NJW 1978, 585.
[103] BGH NJW 1978, 585; OLG Karlsruhe NJW 1972, 2224; OLG Hamburg NJW-RR 1987, 403 mwN für rechtsberatende Berufe; OLG Hamm ZMR 1991, 295; OLG Köln NZM 2005, 866; OLG Düsseldorf NZM 2007, 357, OLG Hamm DStR 2011, 2314.
[104] Kulik NZM 1999, 546.

der **Ruf**, die **Bekanntheit**, das **fachliche Können** und die Fähigkeit, das **Vertrauen** von Patienten und Mandanten zu gewinnen.[105]

75 Der Anspruch des Mieters auf Konkurrenzschutz sinkt folglich, je stärker sein Umsatz von seinen persönlichen Fähigkeiten und weniger von der Lage seiner Praxis abhängt.

76 Je breiter das Tätigkeitsfeld eines Freiberuflers ist, umso mehr Bedeutung hat der Konkurrenzschutz für ihn.[106] Bei einer allgemein beratenden Kanzlei muss der Vermieter einen weitergehenden vertragsimmanenten Konkurrenzschutz gewähren als bei einer hoch spezialisierten Boutique deren Klienten aus ganz Deutschland kommen. Die Bedeutung des Konkurrenzschutzes sinkt mit dem Grad der Spezialisierung.[107]

Praxistipp:

Wird durch die Lage der Räume gar kein Wettbewerb geführt, kann auch kein vertragsimmanenter Konkurrenzschutz zum Tragen kommen. Hier kann sich für den in Anspruch genommen Vermieter ein Blick auf die Website des Mieters lohnen: Wirbt der Anwalt dort mit seinen **deutschlandweiten** oder auch **internationalen Mandatsbeziehungen**, kann er sich gegen einen hinzuziehenden Verkehrsrechtler, der in der Regel stärker lokal orientiert ist, nur schlecht wehren.

77 Das gleiche gilt, wenn der Mieter mit Wettbewerb verstärkt rechnen muss, wie bspw. bei Kanzleien rund um das jeweilige Gericht. Auch hier gilt der Grundsatz **„Konkurrenz belebt das Geschäft"**.[108] Dort ist es üblich und nicht zu beanstanden, wenn mehrere Rechtsanwälte – auch der gleichen Fachrichtung – im gleichen Gebäude praktizieren. Der vertragsimmanente Konkurrenzschutz des Mieters ist hier entsprechend reduziert, selbst wenn er der Erste ist. Will er diesen absoluten Konkurrenzschutz, zumindest bezogen auf sein Gebäude, ist es ihm zuzumuten, dies vertraglich zu vereinbaren und dafür eine höhere Miete zu bezahlen.

78 *bb) Untermieter.* Der Untermieter hat grundsätzlich nur einen Konkurrenzschutzanspruch gegenüber seinem Vermieter, also dem Hauptmieter. Der Untermieter hat keinen Konkurrenzschutzanspruch gegen den Hauptvermieter.[109] Sowohl der ausdrücklich geregelte, als auch der vertragsimmanente Konkurrenzschutz folgt aus dem jeweiligen Mietvertrag und wirkt daher nur inter partes.

79 h) **Vorvertragliche Pflichten und Versäumnisse.** Eine vorvertragliche Informationspflicht des Vermieters **besteht nicht.**[110] Der Vermieter muss weder auf mögliche Konkurrenzsituationen noch auf bestehende Konkurrenzschutzvereinbarungen mit anderen Mietern von sich aus hinweisen. Es ist dem Gewerberaummieter zuzumuten, dass er die Aussichten des von ihm angestrebten Geschäfts **selbst einschätzen** kann und sich über das Umfeld der Mieträume **selbst informiert.** Dazu gehört es auch, einzuschätzen, ob ein Mietvertrag für ihn günstig ist oder nicht. Der Vermieter muss nicht auf einen Umstand hinweisen, von dem er berechtigterweise annehmen darf, dass der Mieter, wenn dieser Umstand für ihn relevant ist, **danach fragen wird.**[111] Der Mieter kennt sein Konzept. Der Vermieter kann insbesondere bezüglich des Konkurrenzschutzes in der Regel nur schwer abschätzen, was für den Mieter von Bedeutung ist. Ob der Mieter einen Wettbewerber als vorteilhaft einschätzt, weil er hofft, diesem Kundschaft wegzunehmen, oder ob der Mieter berechtigte Angst vor dem anderen hat, kann der Vermieter nicht wissen.

80 Grundsätzlich soll der Mieter, der bei Vertragsabschluss die Absicht des Vermieters erkennen konnte (zB bekanntes Konzept eines Ärztehauses), auch an vergleichbare

[105] BGH NJW 1978, 585; OLG Hamburg NJW-RR 1987, 403.
[106] Leo/Ghassemi-Tabar NZM 2009, 337.
[107] BGH NJW 1978, 585.
[108] BGH NJW 1979, 1404; Stobbe/Tachezey NZM 2002, 557, Blank/Börstinghaus/Blank BGB § 535 Rn. 210; Neuhaus Rn. 1018.
[109] Leo/Ghassemi-Tabar NZM 2009, 337.
[110] Bittner MDR 2008, 1201.
[111] BGH NJW 1982, 376; aA pro Hinweispflicht Menn NZM 2017, 694.

Berufsgruppen (Ärzte, Rechtsanwälte, Architekten/Bauingenieure) zu vermieten, sich nicht auf einen dahingehenden vertragsimmanenten Konkurrenzschutz berufen können. Der Vermieter sollte sich die Beweisaufnahme, ob der Mieter es erkennen konnte, aber sparen und entsprechende Regelung in den Mietvertrag implementieren.

Praxistipp Vermieter:

Will der Vermieter sich die Option offen lassen, dass er in dem gleichen Haus auch noch an weitere Ärzte vermietet bzw. dass sich das Haus zu einem Ärztehaus entwickelt, so sollte er entweder den Konkurrenzschutz ausschließen oder diese Möglichkeit eindeutig in den Vertrag aufnehmen.

Formulierungsvorschlag:

Der Vermieter beabsichtigt, das Haus zu einem so genannten Ärztehaus zu entwickeln. Der Mieter kann bei Vermietung an Ärzte oder andere Gesundheitsdienstleiters selbst bei der gleichen oder ähnlichen Fachrichtung(en), daraus keine Rechte, insbesondere keine Konkurrenzschutzansprüche, herleiten.

Praxistipp Mieter:

Der Mieteranwalt sollte seinen Mandanten auf die „Nachfrageobliegenheit" gerade auch bezogen auf Konkurrenzschutzansprüche anderer Mieter ausdrücklich hinweisen.

i) **Grenze des vertragsimmanenten Konkurrenzschutzes – Interessensabwägung.** Allerdings ist auch der vertragsimmanente Konkurrenzschutz nicht uferlos: **Der Vermieter ist nicht gehalten, dem Mieter jeden fühlbaren und unliebsamen Wettbewerb fernzuhalten.**[112] Diese Formulierung findet sich regelmäßig in so ziemlich jedem Urteil eines OLG oder des BGH zum vertragsimmanenten Konkurrenzschutz. Es ist immer individuell nach Treu und Glauben unter Berücksichtigung der Belange der Parteien **abzuwägen,** wie sehr im Einzelfall die Fernhaltung von Konkurrenz geboten ist, um dem Mieter den vertragsgemäßen Gebrauch der Mietsache auch weiterhin zu gewährleisten (§ 535 Abs. 1 S. 2 BGB). Das Interesse des Mieters am Konkurrenzschutz ist mit dem Recht des Vermieters an der **beliebigen Verfügbarkeit** über sein **Eigentum** abzuwägen.[113] 81

Wie weit diese Einschränkung geht bzw. zu wie viel der Vermieter verpflichtet ist, lässt sich nur individuell im jeweiligen Einzelfall anhand einer Würdigung der gesamten Umstände, insbesondere der Interessen beider Vertragspartner nach Treu und Glauben mit Rücksicht auf die Verkehrssitte bestimmen.[114] In der Regel ist ein Blick in die Vergangenheit zu werfen: Was durfte der Mieter bei Vertragsschluss erwarten, wie war die Wettbewerbssituation, als der Mieter anmietete. Wer in Kenntnis bzw. fahrlässiger Unkenntnis einer Wettbewerbssituation Räume anmietet, wird in der Regel keinen Konkurrenzschutz beanspruchen können. 82

Tendenziell ist im Zweifel **wettbewerbsfreundlich** zu entscheiden.[115] Es steht den Parteien frei, durch eindeutige Regelungen vertraglich den Problemen vorzubeugen. Deshalb verbietet sich in der Regel eine extensive Auslegung des Konkurrenzschutzes.[116] 83

[112] BGH NJW 1978, 585; 1979, 1404; OLG Nürnberg NZM 2007, 567; KG IMR 2006, 1022; BeckRS 2002, 30233028.
[113] Schmidt-Futterer/Lehmann-Richter BGB § 535 Rn. 696.
[114] BGH ZMR 1960, 139; OLG Dresden MDR 1998, 211; Kulik NZM 1999, 546.
[115] OLG Hamm ZMR 1997, 581.
[116] OLG Rostock NZM 2006, 295; OLG Koblenz NJW-RR 1995, 1352; OLG Hamm NJW-RR 1991, 975.

Praxistipp:
Auch wenn die Gerichte alle eine ähnliche Formulierung verwenden, gehen sie bei dieser Schranke, die sie dem vertragsimmanenten Konkurrenzschutz angedeihen lassen, recht unterschiedlich vor. Bei genauerem Hinsehen ist dies nämlich ein **Einfallstor** in der Größe eines Scheunentores für die **individuelle Gewichtung** des jeweiligen Richters. Auf dieses Prozessrisiko muss der Anwalt seinen Mandanten hinweisen.

84 Erklärt sich der Mieter mit der Vermietung an einen Konkurrenten einverstanden, ist dies ein ausdrücklicher Verzicht auf den vertragsimmanenten Konkurrenzschutz.[117] Vertragsimmanenten Konkurrenzschutz muss ein Vermieter nach Treu und Glauben auch nicht gewähren, wenn die nunmehr konkurrierenden Mieter zuvor gesellschaftsrechtlich verbunden waren (im entschiedenen Fall in Form einer anwaltlichen Außensozietät). In dieser Konstellation müssen die Mieter untereinander für den Schutz vor Konkurrenz nach Beendigung der Gesellschaft sorgen.[118]

3. Vertraglich vereinbarter Konkurrenzschutz

85 a) **Umfang und Gestaltungsmöglichkeiten.** Der Konkurrenzschutz kann durch vertragliche Vereinbarung individualvertraglich oder durch **AGB** konkretisiert, erweitert, begrenzt oder auch abbedungen werden.[119]

Der vertragsimmanente Konkurrenzschutz ist immer automatisch mit der Einschränkung behaftet, dass der Vermieter nicht gehalten ist, dem Mieter jegliche Konkurrenz fernzuhalten, sondern nur die, die im Einzelfall eine Einschränkung des vertragsgemäßen Gebrauchs und damit eine Verletzung der vertraglichen Pflicht aus § 535 Abs. 1 S. 2 BGB darstellen würde.[120]

86 Demgegenüber kann die vertragliche Vereinbarung **personell** (bspw. Vermietung durch verbundene Unternehmen des Vermieters), **räumlich** (bspw. die ganze Stadt oder innerhalb eines Radius rund um das Objekt), **zeitlich** (bspw. nachvertraglicher Konkurrenzschutz) und **sachlich** (bspw. auch für Nebenartikel) weit über den vertragsimmanenten Konkurrenzschutz hinausgehen. Es gibt aber keinen Automatismus, dass die ausdrückliche Vereinbarung dem Mieter eine größere Sicherheit bietet als der vertragsimmanente Konkurrenzschutz. Das KG betont zwar regelmäßig, dass der vertragsimmanente Konkurrenzschutz gegenüber dem vertraglich vereinbarten Konkurrenzschutz ein weniger sei;[121] dies kann, muss aber nicht sein.[122] Zahlreiche Beispiele aus der Rechtsprechung zeigen, dass es hier sehr auf das Geschick desjenigen ankommt, der die Klausel formuliert.

87 Die Erweiterung auf Nebenartikel und Nachbargrundstücke soll auch formularvertraglich zulässig sein, selbst wenn der **Mieter Verwender** der AGB ist.[123] Ist dies nicht ausdrücklich geregelt, muss der Vertrag **ausgelegt** werden.[124] Der Umstand, dass der Konkurrenzschutz geregelt wurde, ist kein Indiz dafür, dass der Mieter auch in seinem Nebensortiment geschützt werden sollte.[125] Hier gilt es, sich auf die **allgemeinen Grundsätze der Auslegung** zurückzubesinnen: Bei AGB gehen Unklarheiten zu Lasten des Verwenders. Bei individuell ausgehandelten Klauseln ist zunächst der wirkliche Wille der Parteien zu ermitteln, um die Interessen der Parteien angemessen berücksichtigen zu

---

[117] KG IBRRS 2005, 0948.
[118] OLG Hamm DStR 2011, 2314.
[119] KG NZM 2008, 248.
[120] Schmidt-Futterer/Lehmann-Richter BGB § 535 Rn. 696.
[121] KG ZMR 2008, 616; KGR Berlin 2005, 573.
[122] So bspw. OLG Koblenz NJW-RR 2018, 846 Rn. 22.
[123] Jendrek NZM 2000, 1116.
[124] BGH NJW 1974, 2317; OLG Schleswig MDR 2001, 81.
[125] AA OLG Schleswig MDR 2001, 81.

können. Danach ist die Regelung objektiv so auszulegen (ergänzende Vertragsauslegung), wie Treu und Glauben mit Rücksicht auf die Verkehrssitte und dem vereinbarten Nutzungszweck es erfordern.

Praxistipp:

Vereinbaren die Parteien ausdrücklich, dass der Vermieter Konkurrenzschutz gewährt, sollte der sachliche, örtliche und ggf. zeitliche und personelle Geltungsbereich **eindeutig** festgelegt werden. Ansonsten drohen im Streitfall **unliebsame Überraschungen.** Ggf. sollte der Mieter auch an eine Rechtsfolgenvereinbarung für den Fall des Verstoßes durch den Vermieter denken (bspw. Vertragsstrafe in % von der monatlichen Miete – wobei eine Vertragsstrafe iHv 10 % der Monatsmiete auch hier unwirksam sein dürfte[126]).

Formulierungsvorschlag Eingeschränkter Konkurrenzschutz:

1. Der Vermieter gewährt dem Mieter Konkurrenzschutz. Der Konkurrenzschutz betrifft ausschließlich den Verkauf von ...... als Hauptartikel.[127]
2. Der Mieter genießt keinen Konkurrenzschutz hinsichtlich der Waren und Leistungen anderer gewerbetreibender Mieter im Gebäude, die den in Ziffer 1 bezeichneten Hauptartikel als Nebenartikel führen. Konkurrenzschutz besteht danach insbesondere nicht, soweit im Gebäude zB ...... vorhanden ist/sind.

Die Klausel benennt positiv den geschützten Bereich und grenzt diesen negativ durch 88
Nennung der Wettbewerber, deren Angebot nicht tangiert werden darf, ab. Wenn nötig, kann dies zeitlich und personell ergänzt werden.

Formulierungsvorschlag Umfassende Konkurrenzschutzpflicht:

Die Parteien beabsichtigen einen umfassenden Konkurrenz- und Wettbewerbsschutz des Mieters. Der Vermieter verpflichtet sich, innerhalb des in § [] (Mietgegenstand) bezeichneten Grundstücks sowie im Umkreis von [] Metern Luftlinie kein weiteres Geschäft/Praxis etc mit dem in Anlage [] festgelegten Sortiment des Mieters (Haupt- und Nebenartikel) zu betreiben, betreiben zu lassen, Räume zum Betrieb eines solchen zu vermieten, zu bauen oder sich am Bau zu beteiligen. Die Verpflichtung gilt auch für Gesellschaften an denen der Vermieter maßgeblich, dh mit mehr als 50 % der Anteile, beteiligt ist.

Praxistipp:

Aufgrund der Problematik des **§ 550 BGB** sollte der Mietvertrag zwar so wenige Anlagen wie möglich aufweisen. Es ist also grundsätzlich vorzuziehen, das Sortiment direkt in den Mietvertrag mit aufzunehmen. Bei einem Einzelhandelsgeschäft kann dies aber recht ausführlich sein. Dann bietet es sich für den Vermieter an, den Mieter aufzufordern, eine Aufstellung seines beabsichtigten Sortiments – unterteilt in Haupt- und Nebensortiment – zu erstellen und dies dem Mietvertrag – nach Plausibilitätsprüfung durch den Vermieter – als Anlage beizufügen. Der Vermieter selbst wird sich mit der Aufstellung schwertun. Andererseits sollte er aufpassen, dass der Mieter dies nicht als Gelegenheit zur umfassenden Konkurrenzschutz-Vorsorge missversteht. Als Hauptartikel sollte nur das bezeichnet werden, was dem Geschäft wirklich sein Gepräge gibt.

[126] Vergleiche OLG Naumburg NZM 2012, 808.
[127] BeckFormBMietR/Borzutzki-Pasing Form. A. VI. 3 § 3, insbesondere mit weiteren konkretisierenden Beispielen.

89 Auch wenn der Konkurrenzschutz ausdrücklich vereinbart wird, ist diese Regelung nur **zukunftsorientiert.** Der Mieter kann auch bei einer ausdrücklichen Konkurrenzschutzklausel keinen Schutz vor bereits bei Anmietung **bestehender** Konkurrenz erwarten.[128] Dies würde auch dem Willen der Parteien letztlich widersprechen, die die Gegebenheiten vor Ort als Grundlage des Vertrages nehmen. Andernfalls wäre zumindest § 536b) BGB und der dort normierte Gewährleistungsausschluss zu beachten.

90 **b) Rückgriff auf vertragsimmanenten Konkurrenzschutz?** Ergibt die Auslegung der Vertragsklausel, dass der vertraglich vereinbarte Konkurrenzschutz ein engerer ist als der vertragsimmanente, kann der Mieter **nicht** auf den vertragsimmanenten zurückgreifen. Die Parteien **wollten** dann offensichtlich eine Einschränkung, hieran muss sich der Mieter **festhalten** lassen.[129] Eine Ausnahme hat das KG für den Fall der **zeitlichen Befristung** des vereinbarten Konkurrenzschutzes gemacht.[130]

91 **c) Ausweitungsrisiko branchennaher Mieter.** Der BGH hatte einen Prototyp der Ärztehaus-Fälle zu entscheiden (BGH NZM 2012, 196) und verlangte dem eigentlich geschützten Mieter (und seinem rechtlichen Berater) fast schon prophetische Fähigkeiten ab.[131] Der Mieter hatte Konkurrenzschutz vor weiteren „Optik- und Hörgerätegeschäften in Objekten des Vermieters" für sich in Anspruch genommen. Bei Anmietung hatte bereits ein HNO Arzt seine Räumlichkeiten im gleichen Objekt. 20 Jahre nach Mietbeginn begann der Arzt auf dem „verkürzten Versorgungsweg" mit dem Vertrieb von Hörgeräten an seine Patienten (nicht nur als untergeordnete Nebenleistung), Zum Zeitpunkt des Mietbeginns des Hörgeräteakustikers war dies noch gesetzlich unzulässig. Es sei absehbar gewesen, dass der bereits bei Vertragsabschluss im Objekt ansässige HNO-Arzt zukünftig alle Leistungen erbringen werde, zu denen er berechtigt sei. Hiergegen habe sich der Hörgeräteakustiker absichern können, indem er die zu schützenden Leistungen konkret benannt hätte (bspw. „Verkauf von Hörgeräten" statt „Hörgerätegeschäft"). Da eine solche Regelung nicht vereinbart war, habe es nicht dem Regelungsplan der Parteien entsprochen, den Mieter umfassend vor Konkurrenz zu schützen. Diese Lösung sei auch angemessen und interessengerecht, weil der Mieter von Anfang an nur eine „Chance" gehabt habe, seine Hörgeräte zu verkaufen.[132]

Praxistipp:

Vor Vertragsabschluss muss der Mieter zu prüfen, ob sich im Objekt branchennahe Mieter befinden und ob eine Ausweitung deren Geschäftsbetriebs durch die Formulierung der Konkurrenzschutzklausel hinreichend erfasst würden. Bestehen hier Zweifel, empfiehlt es sich für den Mieter, statt auf ein „Geschäft" oder einen „Betrieb" auf die zu schützenden Leistungen abzustellen und diese konkret zu benennen. Für den Vermieter ist eine solche Klausel ggf. eine empfindliche Giftpille, da er im schlechtesten Fall alle anderen Verträge im Objekt auf die Leistungen jenes Mieters abstimmen muss.

4. Vertraglicher Ausschluss des Konkurrenzschutzes

92 **a) Möglichkeit und Formulierung.** Die Parteien können den oben dargestellten vertragsimmanenten Konkurrenzschutz individualvertraglich und **auch durch AGB** abbedingen.[133] Daran sollten Vermieter vor allem in Einkaufszentren bzw. größeren Mietkomplexen ein großes Interesse haben. Generell ist das für den Vermieter die **einfachste und sicherste Lösung.** Dies vermeidet bei größeren Vermietungsobjekten eine teilweise

[128] OLG Köln NZM 2005, 866; LG Köln WuM 1990, 379.
[129] OLG Düsseldorf NZM 1998, 307; ZMR 2000, 171.
[130] KG GuT 2005, 54.
[131] Oprée/Reinhard NZM 2013, 16.
[132] BGH NZM 2012, 196.
[133] KG NZM 2008, 248.

für den Vermieter nicht zu leistende Überlegung, in wie weit es im Einzelfall aufgrund des vereinbarten Nutzungszwecks zu Konkurrenzsituationen seiner Mieter kommen kann-

Praxistipp:
Alleine schon um unerwarteten Entwicklungen vorzubeugen, sollte der Vermieter **immer** versuchen, einen möglichst umfassenden Ausschluss des Konkurrenzschutzes in den Mietvertrag aufzunehmen.

Formulierungsvorschläge Ausschluss des Konkurrenzschutzes:[134]
Der Vermieter gewährt innerhalb des in § [] (Mietgegenstand) bezeichneten Grundstücks sowie hinsichtlich etwaiger im Eigentum des Vermieters befindlicher oder noch zu erwerbender Nachbargrundstücke sowie generell im Umkreis von 300 m um das in § [] (Mietgegenstand) bezeichnete Grundstück herum keinen Konkurrenzschutz.
Oder einfacher:
Jeglicher Konkurrenzschutz zugunsten des Mieters wird ausgeschlossen.

b) Konkurrenzschutz, Betriebspflicht und Sortimentsbindung – mit § 307 BGB unvereinbare Summierung? Das OLG Schleswig hat im Jahr 2000 die großen Betreiber von Einkaufszentren aufgeschreckt, als es entschied, dass bei einer durch Formularvertrag auferlegten **Betriebspflicht** eine **unangemessene Benachteiligung** nach § 307 BGB anzunehmen ist, wenn dem Mieter gleichzeitig eine **Sortimentsbindung** auferlegt und ihm **Konkurrenzschutz versagt** wird.[135] Dadurch wird dem Mieter, die Möglichkeit des Ausweichens in eine andere Geschäftsausrichtung genommen und ihm die kostensparende Geschäftsaufgabe versagt. Diese weitgehende Beschneidung der Dispositionsfreiheit des Mieters einerseits und die Versagung von jeglichem Wettbewerbsschutz soll nach dem OLG Schleswig mit dem Verbot der Aushöhlung der wesentlichen Vertragspflichten und -rechte nicht vereinbar sein. 93

Dem OLG Schleswig waren zunächst die Literatur[136] und mehrere OLGs[137] und dann schließlich der BGH[138] entgegengetreten. Umstritten war, ob das Zusammenspiel der Klauseln zur Betriebspflicht, zur Sortimentsbindung und zum Ausschluss von Konkurrenzschutz einen **Summierungseffekt** bewirken, der die Annahme einer unangemessenen Benachteiligung iSv § 307 BGB rechtfertigt. 94

Die Ansicht des OLG Schleswig ließ unberücksichtigt, dass – jeweils einzeln – die formularmäßige Auferlegung einer Betriebspflicht[139] und einer Sortimentsbindung[140] ebenso unbedenklich ist, wie der formularmäßige Ausschluss von Konkurrenzschutz.[141] Dem BGH lag eine oft anzutreffende, typisch diffuse Sortimentsbindung „zur ausschließlichen Nutzung als T-Discount einschließlich der dazugehörigen Rand- und Nebensortimente" zugrunde. Diese Beschränkung befand der BGH als „jeder prakti- 95

[134] Für ein Einkaufszentrum vgl. BeckFormBMietR/Borzutzki-Pasing Form. A. VI. 3 § 3.
[135] OLG Schleswig NZM 2000, 1008.
[136] Stobbe/Tachezy NZM 2002, 557; Borzutzki-Pasing jurisPR-MietR 20/2008 Anm. 1;; Fritz Rn. 157; Drasdo NJW 2009, 193; zustimmend: Schmidt-Futterer/Lehmann-Richter BGB § 535 Rn. 711; zuletzt eher zustimmend Leo/Ghassemi-Tabar NZM 2009, 337 offen gelassen: MüKoBGB/Häublein § 535 Rn. 167.
[137] OLG Naumburg NZM 2008, 772; KG NZM 2005, 620; zum Zusammentreffen von Betriebspflicht und dem Ausschluss von Konkurrenzschutz OLG Hamburg ZMR 2003, 254; OLG Rostock NZM 2004, 460.
[138] BGH NZM 2010, 361.
[139] BGH NJW-RR 1992, 1032.
[140] OLG Rostock NZM 2004, 460; OLG Hamburg ZMR 2003, 254, BGH NJW 2000, 1714.
[141] Statt vieler OLG Hamburg NJW-RR 1987, 403; BGH NZM 2010, 361.

schen Bedeutung entzogen“, so dass er im Ergebnis in dem Fall die Kombination der Betriebspflicht mit einer Sortimentsbindung und dem Ausschluss jedes Sortiments- und Konkurrenzschutzes „unter dem Aspekt des § 307 Abs. 1 S. 1 BGB als nicht zu beanstanden“ urteilte.

96 Das OLG Schleswig hatte einen Vermieter vor Augen, der vorsätzlich in einem Einkaufscenter eine unmittelbare Konkurrenz zu dem Gewerbebetrieb eines Mieters dieses Centers **aktiv förderte** und gleichzeitig auf der Betriebspflicht und der Sortimentsbindung des unter dieser Konkurrenz leidenden Mieters bestand. Dies ist eine besondere Situation, die viel **besser** über **§ 242 BGB** (als Korrektiv des Konkurrenzschutzes) gelöst werden sollte, als durch die Annahme einer unangemessenen Benachteiligung (§ 307 BGB) für jede Situation, in denen für den Ausschluss des Konkurrenzschutzes, Betriebspflicht und Sortimentsbindung durchaus nachvollziehbare Gründe sprechen. Mit dem Ausschluss des Konkurrenzschutzes will sich der Vermieter eines Einkaufscenters nicht etwa Tür und Tor für die aktive Förderung unmittelbarer Konkurrenz im Hauptartikelsegment des Mieters offen halten. Vielmehr geht es darum, sich gegen den **häufigen Mietereinwand**, das Geschäft leide in Sortimentsteilbereichen unter vertragswidrigem Wettbewerb, abzusichern.

97 Dem folgend wollen Stimmen in der Literatur eventuell unbillige Ergebnisse über Treu und Glauben berichtigen. Die Berufung des Vermieters auf eine Betriebspflicht des Mieters soll als Verstoß gegen **Treu und Glauben** zu interpretieren sein, wenn der Vermieter an einen Konkurrenten vermietet und dadurch das Geschäft des Mieters unrentabel wird.[142] Diese Auffassung scheint die berechtigten Interessen beider Parteien angemessen in Einklang zu bringen. Unwirksam ist allerdings eine unangemessen hoch angesetzte Vertragsstrafe, die einen Verstoß gegen die Betriebspflicht sanktionieren soll.[143]

98 Wieder aufgewärmt wird die eigentlich als abgeschlossen betrachtete Diskussion durch das OLG Brandenburg,[144] die urteilten, dass gegen den formularmäßigen Ausschluss des Konkurrenzschutzes als solchen – auch in Verbindung mit der formularmäßigen Vereinbarung einer Betriebspflicht – grundsätzlich keine Bedenken bestehen; dass dies jedoch nicht gilt, wenn nicht nur der Konkurrenzschutz des Mieters ausgeschlossen und ihm eine Betriebspflicht auferlegt worden, sondern ihm darüber hinaus eine Sortimentsbindung auferlegt worden ist – zumindest dann, wenn dem Mieter Vorgaben hinsichtlich der Preisgestaltung gemacht worden sind. Hierbei handelte es sich um eine besonders umfangreiche Beschränkung des Mieters, so dass diesem Urteil – aufgrund der Preisvorgaben – zu folgen ist. Aufgrund der fallspezifischen Besonderheiten und weil sich das OLG nicht mit der vorgenannten abweichenden BGH Rechtsprechung[145] auseinandergesetzt hat, ist die Entscheidung des OLG Brandenburg nicht zu verallgemeinern.

99 c) **Platzierung der formularvertraglichen Ausschlussklausel.** Bei der Frage, wo eine Klausel in einem umfangreichen Vertragswerk zu platzieren ist, muss das **Verbot überraschender Klauseln** gem. §§ 305c, 310 Abs. 1 BGB beachtet werden. Ob eine Klausel überraschend ist, richtet sich nach für den Verwender erkennbaren subjektiven Umständen in der Sphäre des Vertragspartners und beurteilt sich nach den Erkenntnismöglichkeiten des typischerweise zu erwartenden Durchschnittskunden.[146] Die Klausel ist dann überraschend, wenn ihr ein **Überrumpelungs- oder Übertölpelungseffekt innewohnt.**[147] Dies kann dadurch vermieden werden, dass der Vermieter den Mieter ausdrücklich und nachweislich auf die Klausel hinweist.[148] Auch eine den Klauselinhalt

[142] Bub/Treier/Bub II 472; Fritz Rn. 157.
[143] OLG Naumburg NZM 2012, 808.
[144] OLG Brandenburg BeckRS 2014, 22674.
[145] BGH NZM 2010, 361.
[146] BGH NJW 1995, 2638.
[147] BGH NJW 1990, 577.
[148] BGH NJW-RR 2002, 485; NJW 1984, 171 (173).

bezeichnende, drucktechnisch deutlich herausgestellte **Überschrift** hilft.[149] Bei einem Vertragswerk, das aus einer Vielzahl von Seiten besteht, so wie Gewerberaummietverträge das üblicherweise an sich haben, kommt den Überschriften und einem ggf. **voran gestellten Inhaltsverzeichnis** eine erhebliche Bedeutung als Orientierungshilfe zu.

Vor der Regelung wesentlicher Vertragsinhalte unter der Überschrift **Sonstiges** ist 100
generell zu warnen. Die Überschrift Sonstiges lässt bereits nach dem Wortverständnis die Regelung sonstiger und damit **untergeordneter** Nebenabreden erwarten. Weil die Frage des Wettbewerbsverbots in der Regel aber von wesentlicher Bedeutung für den Mietvertrag ist, muss für eine räumliche Platzierung der Klausel bei den **Hauptabreden und nicht bei den Nebenabreden,**[150] gesorgt werden. Dies gilt insbesondere, wenn die Regelung systematisch an einen früheren Ort in einem langen Vertrag gehört; der Vertragspartner sie also an der früheren Stelle erwarten durfte und aus dem Umstand, dass die Klausel dort nicht war, damit rechnen durfte, dass es die Klausel auch nicht gibt. Eine entsprechend hervorgehobene Klausel, die den Konkurrenzschutz ausschließt, kann nicht überraschend sein, da eine solche Regelung allgemein üblich ist.

Praxistipp:
Der Ausschluss des vertragsimmanenten Konkurrenzschutzes ist nicht der vom Mieter zu erwartende Normalfall und sollte **nicht unter ferner liefen,** bspw. in „§ 22 Sonstiges" im Vertrag geregelt werden. Es empfiehlt sich einen **eigenen § und eine eigene Überschrift „Ausschluss des Konkurrenzschutzes"** zu wählen. Ansonsten kann die Regelung alleine deshalb als überraschende Klausel unwirksam sein.[151]

5. Vertragliches Wettbewerbsverbot zugunsten wichtiger Mieter

Der Vermieter hat neben dem Ausschluss des vertragsimmanenten Kündigungsschut- 101
zes auch noch die Möglichkeit, einen besonders wichtigen Mieter mit einem **Wettbewerbsverbot** vor Konkurrenz **zu schützen.** Der Vermieter verpflichtet dann seine sonstigen Mieter dazu, dem Ankermieter vollumfänglich oder in einem bestimmten Sortiment keine Konkurrenz zu machen. Dies kann bspw. im Einkaufszentrum zugunsten eines Elektrofachmarkts die Verpflichtung der anderen Mieter sein, auch im Nebensortiment keine Elektronikartikel zu führen.

Eine allgemein gehaltene Klausel, nach der der neue Mieter keine Konkurrenz machen 102
soll, ist **im Zweifel** als **auf das Hauptsortiment der alten Mieter begrenzt** auszulegen. Im Nebensortiment darf der neue Mieter den Alten/dem Ankermieter dann Konkurrenz machen. Heißt es allerdings, dass der neue Mieter keinerlei Waren der bestehenden Mieter führen darf, ist dies als umfassendes Verbot auch bezüglich der Nebenartikel zu verstehen.[152]

Eine solche Regelung kommt auch in Betracht um **Problempotentiale zu entschärfen.** 103
Hat der Vermieter zuvor bei einem Vertrag nicht aufgepasst und den vertragsimmanenten Konkurrenzschutz nicht ausgeschlossen oder – noch ungeschickter – eine Formulierung gewählt, die den Konkurrenzschutz noch erweitert hat, kann er bei einer Neuvermietung den hinzukommenden Mieter zwingen, auf das Sortiment des anderen zu verzichten, um zukünftig keinen Ansprüchen des ersten Mieters ausgesetzt zu sein.

Die **grundsätzliche Zulässigkeit** vertraglicher Wettbewerbsverbote, die die wirtschaft- 104
lichen Entfaltungsmöglichkeiten des Mieters in räumlicher, gegenständlicher und zeitlicher Sicht einschränken, ist allgemein anerkannt[153] – vgl. zum Kartellrecht sogleich unten. Eine solche Regelung kann **auch in AGB** erfolgen.

[149] BGH NJW 1981, 118.
[150] BGH NJW 1984, 171 (173).
[151] OLG Dresden NJW 2006, 181; Bub/Treier/Bub II 1430.
[152] OLG Celle ZMR 1992, 448.
[153] BGH NJW 1997, 3089; OLG Celle NJW-RR 1990, 974; Wolf/Eckert/Ball Rn. 1629.

105 Der EuGH qualifiziert ein Zustimmungserfordernis zu Gunsten des Ankermieters eines EKZ bei Abschluss sonstiger Geschäftsraummietverträge durch den Vermieter nicht als Vereinbarung, die eine Wettbewerbsbeschränkung bezweckt.[154]

106 Jedoch ist ein Wettbewerbsverbot mit Rücksicht auf die Wertentscheidung der Verfassung in Art. 12 GG[155] nur dann zu beachten, wenn diesem ein **schutzwürdiges Interesse des Vermieters** zugrunde liegt, welches den Interessen des benachteiligten Mieters an einer ungehinderten Berufsausübung überwiegt. Der Schutz des Ankermieters, der wesentlich für die Frequenz im EKZ und damit auch für den wirtschaftlichen Erfolg des EKZ ist, ist ein solches berechtigtes Interesse. Das Wettbewerbsverbot darf insbesondere in örtlicher, zeitlicher und gegenständlicher Hinsicht nicht zu einer **unangemessenen Beschränkung** der wirtschaftlichen Bewegungsfreiheit des Verpflichteten führen.[156]

6. Nachvertragliches Wettbewerbsverbot

107 Vor allem bei **Apotheken** scheinen die Vermieter oft auf die Idee zu kommen, ihre Mieter mit einem nachvertraglichen Wettbewerbsverbot über mehrere Jahre nach Beendigung des Mietverhältnisses für den Einzugsbereich (und weit darüber hinaus) der Apotheke zu belegen. Diese werden dann reihenweise, insbesondere, wenn es reine Mietverträge sind und nicht ein gesamter Apothekenbetrieb durch einen Apotheker-Vermieter verpachtet wird, von der Rechtsprechung als sittenwidrig verworfen.[157]

7. Veräußerung – Nachwirkung der Konkurrenzschutzklausel

108 Anhand des folgenden Falls hatte die Rechtsprechung[158] die Nachwirkung einer Wettbewerbsklausel zu erörtern:

Der Vermieter hat mehrere Teileinheiten einer WEG. Die eine vermietete Teileinheit veräußert er. Danach vermietet er eine andere an einen Konkurrenten. In einem solchen Fall, **wenn tatsächliche Umstände die Vermutung unterstützen,** dass die Veräußerung wegen der Umgehung der Konkurrenzschutzklausel erfolgte, wirkt die mit dem (Alt-)Vermieter vereinbarte Konkurrenzschutzklausel, die nun auf den neuen Eigentümer übergegangen ist, zu Gunsten des Erstmieters fort. Keine 16 Jahre,[159] aber zumindest eine gewisse Zeit. Dies wird umso mehr gelten, wenn der alte und der neue Vermieter zwei juristische Personen sind, auf die die gleiche natürliche Person Einfluss nehmen kann. Eine solche Umgehung ist **treuwidrig.**

Gegen diese Lösung der Fortgeltung der Konkurrenzschutzklausel ist auch nicht einzuwenden, dass der neue Eigentümer auf das spätere Vermietungsverhalten des Altvermieters bezüglich seiner ihm verbleibenden Teileigentumseinheiten keinen Einfluss hat. Zumindest wird man dem neuen Eigentümer wegen dieses Verstoßes des Altvermieters/Miteigentümers in der WEG gegen die Treue- und Rücksichtnahmepflichten aus dem Gemeinschaftsverhältnis iSv § 241 Abs. 2 BGB – bei Vorliegen der übrigen Voraussetzungen – einen Schadensersatzanspruch nach §§ 280 Abs. 1, 241 Abs. 2 BGB einräumen müssen.[160] Ein Unterlassungsanspruch nach § 1004 Abs. 1 BGB dürfte indes wegen der sich aus der Gemeinschaftsordnung ergebenden Zulässigkeit der Nutzung des Teileigentums ausscheiden.

---

154 EuGH EuZW 2016, 180; Scheuffele CB 2018, 372.
155 BGH NJW 1997, 3089; OLG Karlsruhe OLGR Karlsruhe 2005, 145 (147).
156 BGH NJW 1979, 1605.
157 10 und mehr Jahre: OLG Dresden NJW 2006, 181; LG Konstanz Info M 2004 Nr. 5, 12; 5 Jahre: OLG Stuttgart BeckRS 1986, 30892199; LG Hof ApoR 2006, 64.
158 LG Konstanz Info M 2004, Nr. 5, 12.
159 LG Konstanz Info M 2004, Nr. 5, 12.
160 Hügel/Elzer WEG § 10 Rn. 7.

8. Kartellrechtliche Beschränkungen des vertraglichen Konkurrenzschutzes – Schilderpräger und Einkaufszentrum

Der vertragliche Konkurrenzschutz kann uU durch **§ 20 Abs. 1 GWB** beschränkt sein. Nach der **„Schilderpräger-Rechtsprechung"** des Kartellsenats des BGH[161] muss ein marktbeherrschender Vermieter in begrenzter Zahl zur Verfügung stehende Gewerbeflächen, der nicht gegen das Verbot der unbilligen Behinderung, § 20 Abs. 1 GWB verstoßen will, die Auswahl unter den in Frage kommenden Interessenten unter angemessenen und fairen Bedingungen vornehmen. Vor allem darf der **Marktzutritt** für aktuelle und potentielle Wettbewerber des Mieters nicht für einen längeren Zeitraum als für **fünf Jahre** blockiert werden. Neben den üblichen Schilderprägern in der unmittelbaren Nähe von KFZ-Zulassungsstellen, bei denen der Markzutritt kausal von der räumlichen Nähe zu den Zulassungsstellen abhängt, kann dies auch in einem örtlich marktbeherrschenden Einkaufzentrum relevant werden. Der Vermieter ist nach dem BGH verpflichtet, den jeweils aktuellen Bedarf über eine **Ausschreibung** zu ermitteln. Dies muss bei der Erstvermietung und danach in angemessenen Abständen, der BGH hat hier 5 Jahre angenommen, geschehen. 109

Ursprünglich richtete sich diese Rechtsprechung nur gegen die **öffentliche Hand.**[162] Diese wurden verpflichtet, ihre durch die Hoheitsverwaltung bewirkte marktbeherrschende Stellung nicht dadurch auszunutzen, dass sie leistungsbereite private Anbieter verdrängt bzw. nicht an den Markt heranlässt/behindert, um durch eine unzulässige Verquickung öffentlich-rechtlicher Aufgaben mit erwerbswirtschaftlicher Tätigkeit den größtmöglichen wirtschaftlichen Vorteil zu erzielen. Dies geschieht, in dem die Verwaltungsbehörde für Räumlichkeiten innerhalb der Zulassungsstelle eine deutlich höhere Miete nimmt, als sie für Standorte außerhalb der Zulassungsstelle anfallen würde. 110

In der Entscheidung vom April 2003 hat der Kartellsenat diese Grundsätze auf vergleichbar **marktbeherrschende private Vermieter** einer Schilderprägestelle in einem Einkaufszentrum ausgedehnt.[163] Der klagende Schilderpräger wollte den Vermieter aufgrund einer ausdrücklichen Konkurrenzschutzklausel zwingen, nicht an weitere Schilderpräger zu vermieten. Der BGH hat die Verpflichtung der Beklagten als Vermieterin, der Klägerin als einzigem Unternehmen die Herstellung und den Verkauf von amtlichen Kfz-Schildern in den Räumen des Centers zu erlauben bekräftigt. Durch Auslegung des Mietvertrags gelangte der BGH zur Bejahung des Konkurrenzschutzes und somit zur grundsätzlichen Geltendmachung des begehrten Unterlassungsanspruchs. 111

Allerdings hat der BGH auch die Verpflichtung des privaten marktbeherrschenden Vermieters gesehen, die von ihnen zu vermietenden Räumlichkeiten grundsätzlich und regelmäßig in einem zeitlichen Abstand von ca. **fünf Jahren** erneut **auszuschreiben,** damit alle Interessenten eine faire Chance zum Abschluss eines Mietverhältnisses bekommen. 112

Wenn alle Vermieter von Einkaufscentern, die eine überragende Marktstellung einnehmen, ihre Räume etwa alle fünf Jahre ausschreiben müssten, wären langfristige Mietverträge von zehn und mehr Jahren nicht mehr möglich. 113

Auch bei den Oberlandesgerichten sind kartellrechtlichen Erwägungen immer wieder von Bedeutung. So hat das OLG Naumburg die Verpflichtung des Verpächters einer Lagerhalle im selben Bundesland kein Agrarhandelsunternehmen in Konkurrenz zu seinem Pächter zu betreiben für kartellrechtlich unproblematisch erachtet.[164] Ein Wettbewerbsverbot in einem Erbbaurechtsvertrag über ein Hotelgrundstück hat das OLG Düsseldorf für unwirksam erachtet, weil es sich auf das gesamte Gelände des Flughafens Düsseldorf erstreckte und zeitlich unbefristet war.[165] Dieses Verbot entsprach inhaltlich 114

[161] BGH NJW 2003, 2684; NJW-RR 2008, 634.
[162] BGH NJW 1998, 3778; 2000, 809; 2003, 752.
[163] BGH NJW 2003, 2684.
[164] OLG Naumburg WuW/E DE-R 1426.
[165] OLG Düsseldorf BeckRS 2014, 6495.

dem eines vertragsimmanenten Konkurrenzschutzes bei einem Hotelpachtvertrag, so dass die Wertungen des OLG Düsseldorf herangezogen werden können.[166]

9. Radiusklausel Factory Outlet Center (FOC)

115 In Factory Outlet Centern verkaufen Hersteller von Markenkleidung ihre Produkte zu vergünstigten Preisen. Diese FOC werden von einem Betreiber/Investor zentral geplant, gebaut und vermietet, idR sind es 50–100 Geschäfte und um die 10.000 qm Verkaufsfläche. Einige dieser Betreiber haben in ihren AGB-Mietverträgen eine umstrittene Radiusklausel verwand, die es den Mietern untersagte, in einem Umkreis von 150 km Luftlinie ein weiteres Outlet-Geschäft zu eröffnen.

116 Im März 2015 untersagte das Bundeskartellamt in einer Verfügung gemäß § 32 GWB auf der Grundlage von § 1 GWB dem Betreiber eines FOC die Verwendung einer Radiusklausel, soweit diese über einen Luftradius von 50 km und eine Laufzeit von 5 Jahren hinausgeht.[167] Die zeitliche Begrenzung auf 5 Jahre wurde danach in der Literatur kritisiert.[168] Der österreichische OGH hat in einer Entscheidung vom 12.12.2011 einen kartellrechtlichen Missbrauch bei einer 50 km Radiusklausel abgelehnt.

117 Der EuGH qualifiziert ein Zustimmungserfordernis zu Gunsten des Ankermieters eines EKZ bei Abschluss sonstiger Geschäftsraummietverträge durch den Vermieter nicht als Vereinbarung, die eine Wettbewerbsbeschränkung bezweckt.[169]

118 Dieser Entscheidung des EuGH sind weitere Kriterien für eine sachgerechte Begrenzung dieser kartellrechtlichen Eingriffe in einzelne Mietverträge zu entnehmen. Eine Verletzung des § 1 GWB ist nach dem EuGH nur unter der Voraussetzung anzunehmen, dass sich nach einer vertieften Prüfung des wirtschaftlichen und rechtlichen Gesamtzusammenhangs, in dem sie stehen, sowie der Besonderheiten des betreffenden relevanten Marktes erweist, dass sie erheblich zu einer möglichen Abschottung dieses Marktes beitragen. Die Bedeutung des Beitrages des einzelnen Vertrages zu dieser Abschottung hänge unter anderem von der Stellung der Vertragspartner auf diesem Markt und der Laufzeit des Vertrages ab. Dabei seien sämtliche Umstände zu berücksichtigen, die für den Zugang zum relevanten Markt (im entschiedenen Fall: dem örtlichen Markt des Lebensmitteleinzelhandels) bestimmend sind.[170]

10. Ausgewählte Einzelfälle aus typischerweise problematischen Bereichen

119 Die Auflistung einiger ausgewählter Einzelfälle soll es dem Rechtsanwender erleichtern, einen Fall zu finden, der seinem vielleicht vergleichbar ist. Der Rechtsanwender muss aber stets schauen, ob die Entscheidung bzw. die vertretene Rechtsauffassung sich auf den vertragsimmanenten Konkurrenzschutz bezieht, oder ob eine konkrete vertragliche Klausel streitig war.

120 a) **Medizinischer Bereich.** Für die folgenden Fälle wurde in der Rechtsprechung ein Anspruch auf **Konkurrenzschutz zugesprochen** bzw. wird er in der Literatur angenommen:

- Internist vs. Internist[171]
- Praktischer Arzt vs. Praktischer Arzt[172]

---

[166] Fritz/Geldmacher/Leo GewerberaumMietR § 3 Rn. 310–313.
[167] https://www.bundeskartellamt.de/SharedDocs/Meldung/DE/Pressemitteilungen/2015/03_03_2015_Factory_Outlet_Center.html.
[168] Lindner-Figura/Oprée/Stellmann Geschäftsraummiete-HdB Kap. 14. Rn. 135 mwN.
[169] EuGH EuZW 2016, 180; Scheuffele CB 2018, 372.
[170] Zu den Implikationen einer hinsichtlich zeitlichen Befristungen ausufernden Rechtsprechung siehe Lindner-Figura/Oprée/Stellmann Geschäftsraummiete-HdB Kap. 14. Rn. 135.
[171] BGH NJW 1978, 585.
[172] Blank/Börstinghaus BGB § 536 Rn. 211.

- Als Hausarzt tätiger Facharzt für Innere Medizin vs. Praktischer Arzt mit Schwerpunkt chinesischer Medizin[173]
- Facharzt für Chirurgie und Orthopädie vs. Arztpraxis für Mund-, Kiefer- und Gesichtschirurgie bzw. vs. Neurochirurg[174]
- Facharzt für Orthopädie Schwerpunkt Chirotherapie (einschl. Operationen) vs. Facharzt für Chirurgie/Unfallchirurgie[175]
- Orthopäde vs. Sportmediziner[176]
- Physiotherapeut vs. Fitness-Studio mit krankengymnastischer Abteilung[177]
- Physiotherapeut vs. Arzt mit Masseurausbildung[178]
- Zahnarzt vs. Zahnarzt[179]
- Kiefernorthopäde vs. Zahnarzt[180]
- Fitness-Studio vs. Kickbox- und Reha Studio[181]
- Ärzte gleicher Fachrichtung innerhalb eines Ärztehauses[182]

In den folgenden Fällen wurde ein Konkurrenzschutzverstoß **abgelehnt:**

- Facharzt für Frauenheilkunde vs. Facharzt für Innere Medizin[183]
- Radiologe vs. Internist mit eigenem Röntgengerät[184]
- HNO-Facharzt mit Verkauf von Hörgeräten im verkürzten Versorgungsweg vs. Hörgeräteakustiker[185]
- Gleichartige physiotherapeutische Praxis vs. Heilpraktiker mit Schwerpunkt amerikanische Chiropraktik[186]

121 Aus dem von ärztlichen Mandanten gern zitierten Standesrecht lässt sich kein Konkurrenzschutz ableiten.[187]

122 **b) Einzelhandel.** Für die folgenden Fälle wurde in der Rechtsprechung ein Anspruch auf **Konkurrenzschutz zugesprochen** bzw. wird er in der Literatur angenommen:

- Edeka vs. Schlecker[188]
- Bäckerei vs. Backshop im Supermarkt[189]
- Feinkostladen mit Bistro vs. Eisdiele[190]
- Drogerie vs. Supermarkt mit entsprechender Fachabteilung[191]
- Papierwarenfachgeschäft vs. Supermarkt[192]
- Sanitär/Fliesenfachgeschäft vs. Baumarkt[193]
- SB Warenhaus innerhalb eines EKZ vermietet Fläche an Schuhgeschäft (Untermietverhältnis, shop in shop) und eröffnet dann eigene Schuhabteilung[194]

---

[173] KG NZM 2007, 566.
[174] OLG Hamm NJW-RR 1991, 1483.
[175] BGH NZM 2013, 52.
[176] OLG Düsseldorf ZMR 2000, 451.
[177] Lindner-Figura/Oprée/Stellmann Geschäftsraummiete-HdB Kap. 14. Rn. 144.
[178] Umfassende vertragliche Konkurrenzschutzklausel deshalb auch Schutz vor Nebenleistung, OLG Brandenburg Info M 2008, 19.
[179] Trotz großem Geschäftshaus OLG Hamurg NJW-RR 1987, 403; aA OLG Karlsruhe NJW 1972, 2224.
[180] OLG Frankfurt a. M. NZM 2018, 567.
[181] OLG Hamm NZM 2016, 202.
[182] OLG Hamm ZMR 1991, 295.
[183] Bub/Treier/Kraemer III Rn. 1247.
[184] OLG Düsseldorf NZM 2007, 267 – Klausel ungeschickt formuliert; BGH WuM 1990, 395.
[185] BGH NJW 2012, 844.
[186] OLG Düsseldorf NZM 2023, 885.
[187] BGH NJW 1978, 585; 1976, 2301.
[188] OLG Schleswig MDR 2001, 81.
[189] OLG Hamm NJWE-MietR 1997, 180.
[190] LG Koblenz BeckRS 2017, 148535; OLG Koblenz NJW-RR 2018, 845.
[191] BGH MDR 1968, 657.
[192] OLG Celle WuM 1992, 538.
[193] BGH NJW-RR 1986, 9.
[194] KG GE 2005, 1426.

- Auch in EKZ besteht grundsätzlich ein Konkurrenzschutzanspruch[195]
- Einzelhandelsgeschäfts vs. Supermarkt im EKZ
- Lebensmitteldiscounter vs. Russischem Kaufhaus mit Lebensmitteln[196]
- Fotostudio vs. Fotoautomat in den Räumen einer Meldebehörde[197]

123 In den folgenden Fällen wurde ein Konkurrenzschutzverstoß **abgelehnt:**

- Frisör vs. Parfümerie[198]
- Metzgerei mit heißer Theke vs. Imbiss[199]
- Bäckerei mir Kaffee-Verkauf vs. Spezialgeschäft für Kaffee[200]
- Apotheke vs. Selbstbedienungsdrogerie[201]
- Baumarkt mit Teppichbodenabteilung vs. Orientteppichfachgeschäft[202]
- Groß- und Einzelhandel mit Fliesen vs. Baumarkt, bei dem Fliesenangebot nicht Qualität eines Fachgeschäfts hat[203]

124 c) **Gastronomie.** Für die folgenden Fälle wurde in der Rechtsprechung ein Anspruch auf **Konkurrenzschutz zugesprochen** bzw. wird er in der Literatur angenommen:

- Imbiss vs. Pizzeria[204]
- Gaststätte vs. Pizzaservice[205]
- Feinkostladen mit Bistro vs. Eisdiele[206] – 20 % Minderung
- Restaurant mit „Außer-Haus-Verkauf" vs. Stehimbiss – ähnliche Gerichte[207]
- Ungarische/Jugoslawische Küche vs. Griechische Küche[208]
- Verschiedene Lokale in einem EKZ[209]
- Café und Konditorei vs. Eiscafé[210]
- Restaurant vs. Café/Imbiss[211]

125 In den folgenden Fällen wurde ein Konkurrenzschutzverstoß **abgelehnt:**

- Irish Pub vs. Tapas Taverne[212]
- Deutscher vs. Türkischer Imbiss[213]

11. Ansprüche des Mieters bei Konkurrenzschutzverletzung durch den Vermieter

126 Vermietet der Vermieter entgegen der Pflicht zum Konkurrenzschutz an einen Konkurrenten seines Mieters, so stellt dies eine **Verletzung der Gebrauchsgewährungspflicht,** § 535 Abs. 1 BGB, dar.[214] Dies hat der BGH in seiner Grundsatzentscheidung vom 10.10.2012 auch noch einmal bestätigt.[215]

127 Für den Mieter gibt es verschiedene Reaktionsmöglichkeiten. Die Schlagworte sind: Erfüllungsanspruch, Zurückbehaltungsrecht, Mietminderung, Schadensersatz und Kündigung.

---

195 BGH NJW 1979, 1404.
196 KG NJOZ 2011, 18.
197 OLG Dresden IMR 2017, 444.
198 Bub/Treier/Kraemer III Rn. 1246.
199 OLG Hamm NJW-RR 1988, 911.
200 Bub/Treier/Kraemer III Rn. 1246.
201 BGH NJW 1987, 3132.
202 OLG Nürnberg NZM 2007, 567.
203 BGH NJW-RR 1986, 9.
204 OLG Hamm NJW-RR 1997, 459.
205 LG Traunstein NZM 2008, 76.
206 LG Koblenz BeckRS 2017, 148535; OLG Koblenz NJW-RR 2018, 845.
207 OLG Brandenburg BeckRS 2014, 22674.
208 OLG Karlsruhe NJW-RR 1990, 1234.
209 BGH NJW-RR 1988, 717; WM 1988, 876.
210 BGH NJW 1979, 1404.
211 BGH NJW-RR 1988, 876.
212 OLG Düsseldorf ZMR 2000, 171.
213 OLG Bremen BeckRS 2006, 31396756.
214 BGH NJW 1978, 585.
215 BGH NZM 2013, 52.

a) **Erfüllung und Zurückbehaltungsrecht.** Zunächst hat der Mieter einen **Erfüllungsanspruch** darauf, dass der Vermieter die Konkurrenz verhindert oder beseitigt. Im Zweifel muss der Vermieter dem anderen Mieter **kündigen.**[216] Dies kann er mit dem **Zurückhalten** von Miete untermauern, § 320 BGB. 128

b) **Minderung.** Ob die Konkurrenzsituation einen **Mangel der Mietsache** darstellt, war bis zur o. g. Entscheidung des BGH[217] **umstritten** und wird auch jetzt noch von manchen Stimmen in der Literatur angezweifelt.[218] In der Rechtsprechung selbst ist unumstritten, dass sowohl[219] die Verletzung des vertragsimmanenten Konkurrenzschutzes[220] als auch des ausdrücklich vereinbarten Konkurrenzschutzes einen Sachmangel (Umweltmangel) darstellt.[221] Die Konkurrenzfreiheit kann allerdings nicht zur vertraglich zugesicherten Eigenschaft qualifiziert werden, § 536 Abs. 2 BGB. 129

Ein Mangel ist nach ständiger Rechtsprechung eine für den Mieter **nachteilige Abweichung** des **Ist-Zustands vom vertraglich vereinbarten Soll-Zustand** der Mietsache. 130

Zu dem vertraglich vereinbarten Zustand der Mietsache gehören über deren physische Beschaffenheit hinaus auch die tatsächlichen Zustände und rechtlichen Verhältnisse, die mit der Mietsache zusammenhängen und ihre Gebrauchstauglichkeit beeinträchtigen. Dazu gehören auch Störungen, die außerhalb der Mietsache – in deren Umwelt – liegen.[222] Um eine Ausuferung des Fehlerbegriffs zu vermeiden, führen solche außerhalb der Mietsache selbst liegenden Umstände allerdings nur dann zu einem Mangel der Mietsache, wenn sie deren Gebrauchstauglichkeit unmittelbar beeinträchtigen.[223] 131

Haben die Parteien immanent oder ausdrücklich Konkurrenzschutz vereinbart und verstößt der Vermieter dagegen, weicht der Ist-Zustand der Mietsache vom Soll-Zustand der Mietsache ab. 132

Das nachteilige Abweichen wird in der Regel gegeben sein. Die Konkurrenzsituation wirkt sich auf den **Wert des Objekts** sowohl für den Mieter als auch für den Vermieter aus. Der Preis, der bei Weiter-/Untervermietung bzw. beim Verkauf des Gebäudes erzielt werden könnte, wird mit Konkurrenzproblematik ein anderer sein als ohne. Mit dieser Konkurrenzsituation hätte der benachteiligte Mieter zudem **zu einem anderen Preis angemietet.**[224] 133

Der Mangel muss sich auf den **konkreten Gebrauch** auswirken. Die bloße Gefahr eines Mangels ist noch keine Gebrauchsbeeinträchtigung.[225] Die Minderung kann demnach erst dann eintreten, wenn die Konkurrenzsituation **tatsächlich gegeben** ist und nicht schon dann, wenn die Konkurrenz unmittelbar bevorsteht. 134

216 Schmidt-Futterer/Streyl BGB § 536 Rn. 224; Kulik NZM 1999, 546; LG Mannheim WuM 1972, 123.

217 BGH NZM 2013, 52.

218 Menn NZM 2017, 688.

219 BGH NZM 2013, 52 Rn. 35 und 36.

220 Für die bisherige hM für den vertragsimmanenten Konkurrenzschutz: OLG Düsseldorf NZM 1998, 307; 2006, 158; OLG Karlsruhe NJW-RR 1990, 1234; Schmidt-Futterer/Streyl BGB § 536 Rn. 224. Dagegen: Leo/Ghassemi-Tabor NZM 2009, 337.

221 Bis zur BGH Entscheidung: Dafür: KG NZM 2007, 566; IMR 2007, 217; OLG Frankfurt a. M. NZM 2004, 706; OLG Düsseldorf NZM 2006, 158; 2001, 1033; NJW-RR 1998, 514; OLG Karlsruhe NJW-RR 1990, 1234; Bub/Treier/Kraemer III B Rn. 1250; Neuhaus Rn. 1037; Schmidt-Futterer/Streyl BGB § 536 Rn. 224; Emmerich/Sonnenschein BGB § 536 Rn. 11; Blank/Börstinghaus/Blank BGB § 536 Rn. 35; Bittner MDR 2008, 1231; Kulik NZM 1999, 546; Gather GE 2000, 1450. Dagegen: Leo/Ghassemi-Tabor NZM 2009, 337; Wolf/Eckert/Ball Rn. 664; Lindner-Figura/Oprée/Stellmann Geschäftsraummiete-HdB Kap. 14 Rn. 21.

222 BGH NZM 2013, 52 Rn. 30.

223 BGH NZM 2009, 124; NJW 2009, 664.

224 KG NJOZ 2007, 3410, OLG Düsseldorf ZMR 2000, 451; NZM 1998, 307; Kulik NZM 1999, 546.

225 Lützenkirchen/Dickersbach Rn. 988; BGH NZM 2013, 27.

135 Welche Herabsetzung proportional zur Tauglichkeitsminderung angemessen ist, erfolgt durch Schätzung eines proportionalen Abschlags, § 287 ZPO. Ausgangspunkt ist auch hier die **Bruttomiete.**[226]

136 Der Anwendungsbereich der Minderung/Rückzahlung überzahlte Miete (§ 812 BGB) ist allerdings nur dann gegeben, wenn der diesbezügliche Wert des Mangels nicht schon in die Schadensersatzberechnung eingeflossen ist.

137 Für die Höhe der Mietminderung ist ausschlaggebend, in welchem Umfang der Gebrauchswert der Mietsache durch die Konkurrenz reduziert ist/das Äquivalenzverhältnis zwischen Leistung und Gegenleistung gestört ist.[227] Die Rechtsprechung geht, nach freier Überzeugung gem. § 287 Abs. 2 ZPO geschätzt, vielfach von einer Minderung von **20 bis 25 %** aus.[228]

Praxistipp:

Die Minderung empfiehlt sich mit der herrschenden Meinung immer dann, wenn ein konkreter Schaden (Gewinneinbußen) noch nicht eingetreten oder der Schaden selbst oder die Kausalität nur schwer nachweisbar ist.

138 c) **Treuwidrigkeit der Minderung.** Handelt ein Mieter, der sich auf die Verletzung der Konkurrenzschutzpflicht des Vermieters (berechtigterweise) beruft und deshalb eine Mietminderung geltend macht, treuwidrig, wenn er gar nicht durch die Konkurrenz bedroht wird, sondern sogar davon **profitiert,** weil er, seitdem die Konkurrenz da ist, **höhere Umsätze** erwirtschaftet als zuvor? Diese Frage wurde in einer älteren Entscheidung des KG[229] aufgeworfen, musste vom Gericht aber nicht entschieden werden.

139 Die Mietminderung ist, nach entsprechender Anzeige, § 536c Abs. 2 S. 2 Nr. 1 BGB, die gesetzliche Folge, § 536 BGB, wenn ein Mangel der Mietsache vorliegt. Ob der Mangel zu einem Schaden geführt hat, ist für die Mietminderung belanglos. Wenn der Schaden belanglos ist, muss in der Regel auch der **Vorteil belanglos** sein.

140 Der Verletzung der Anzeigeobliegenheit, § 536c BGB, kommt bei Konkurrenzschutzproblematiken weniger Bedeutung zu, da der Vermieter in der Regel **Kenntnis** von der Konkurrenzsituation/von seiner eigenen Pflichtverletzung hat.

141 Anders kann es sein, wenn es nicht um eine Neuvermietung, sondern um einen **Sortimentswechsel** des benachbarten Konkurrenten geht, der die Wettbewerbssituation erst entstehen lässt. Hier kann § 536c BGB Bedeutung erlangen.

142 Es spricht viel dafür, eine Minderung anzunehmen, selbst wenn sich die Konkurrenzsituation vorübergehend vorteilhaft für den Erstmieter auswirkt. Anders als bei § 249 BGB wird bei der Minderung eine Differenzhypothese der Vermögenssituation des Geschädigten nämlich nicht vorgenommen. Entscheidend ist, dass das **vertragliche Austauschverhältnis** durch die hinzugetretene Konkurrenz gestört ist. Der Mietpreis wurde auf der Basis ohne Konkurrenz und einschließlich Konkurrenzschutz berechnet. Die Rechtsprechung nimmt allgemein an, dass die **Miete** für ein Objekt ohne Konkurrenz im eigenen Haus **höher** sein wird, als die für Räumlichkeiten, bei denen eine solche Konkurrenzsituation besteht.[230] Ferner verschlechtert dies den Wert des Betriebs des Erstmieters bspw. bei einer **Betriebsveräußerung.**[231] Hier wird ein Erwerber bei einer bestehenden direkten Konkurrenzsituation in der Regel einen (Sicherheits-) Abschlag vom Kaufpreis vornehmen.

---

[226] BGH NZM 2005, 455.

[227] BGH NZM 2013, 52 Rn. 41; OLG Düsseldorf NZM 1998, 307; Schmidt-Futterer/Streyl BGB § 536 Rn. 224.

[228] 20 %: OLG Düsseldorf NZM 2001, 1033; 2006, 158; 25 %: KG NJOZ 2007, 3410; OLG Koblenz NZM 2008, 405: 30 %; OLG Koblenz NJW-RR 2018, 845: 20 %; OLG Hamm NZM 2016, 202: 25 %.

[229] KG NZM 2007, 566.

[230] OLG Düsseldorf NZM 1998, 307; OLG Koblenz NJW-RR 2018, 845.

[231] OLG Düsseldorf NZM 1998, 307.

Der Mieter hätte sogar dann einen Mietminderungsanspruch, wenn die Mietsache **leer stehen** würde. Das Berufen auf die Mangelhaftigkeit und auch das Verlangen einer angemessenen Minderung wird in der Regel, von eklatanten Ausnahmefällen einmal abgesehen, **nicht treuwidrig** sein. 143

Bei einer solchen Tatsachenlage würde ein Schadensersatzanspruch bereits am fehlenden Schaden scheitern. Der Mieter ist allerdings gut beraten, eine Vereinbarung mit dem Vermieter zu schließen, die die Vertragsverletzung und die Schadensersatzpflicht des Vermieters klarstellt oder Klage auf Feststellung der grundsätzlich gegebenen Schadensersatzpflicht zu erheben. 144

Praxistipp:

Der Vermieter kann die Unsicherheit des Erstmieters über den weiteren Fortgang ausnutzen und zur Schadensbegrenzung versuchen, mit dem Mieter einen festen Minderungsbetrag und einen Schadensersatzausschluss zu vereinbaren. Eine solche individualvertragliche Vereinbarung ist wirksam.

Darüber hinaus kann sich auch der Mieter, der durch sein Verhalten Anlass zu einer fristlosen Kündigung gegeben hat, auf die Konkurrenzschutzverpflichtung berufen. Auch dies ist nicht treuwidrig.[232] Es gibt **keinen** allgemeinen Rechtssatz, dass nur derjenige Rechte geltend machen kann, der sich selbst **rechtstreu** verhält.[233] Anders allerdings das OLG Brandenburg, dass entschieden hat, dass bei einem mit Schriftformkündigung beendeten Mietverhältnis dem Mieter kein Anspruch mehr auf Gewährung von Konkurrenzschutz während des laufenden Mietverhältnisses zusteht.[234] 145

d) Schadensersatzanspruch. Der Erstmieter kann gem. § 536a BGB einen Schadensersatzanspruch wegen Nichterfüllung gegen den seine Pflichten verletzenden Vermieter haben. Dies umfasst grundsätzlich selbstverständlich auch den **entgangenen Gewinn,** § 252 BGB. Zu den Problemen bei der prozessualen Geltendmachung, insbesondere beim Nachweis der Kausalität s. unten. 146

Auch einen eventuellen **Kündigungsfolgeschaden,** wenn der Mieter aufgrund des Konkurrenzschutzverstoßes des Vermieters gekündigt hat (höhere Miete, entgangener Gewinn, Umzugskosten, Kosten für die Information der Kunden etc), kann der Mieter gegenüber dem Vermieter geltend machen. 147

e) Fristlose Kündigung. Die vertragswidrige Ermöglichung bzw. Duldung einer Konkurrenzsituation ist ein Grund für die **fristlose Kündigung des Mieters gem. § 543 Abs. 2 Nr. 1 BGB** wegen des Vorenthaltens des vertragsgemäßen Gebrauchs bzw. gem. § 543 Abs. 1 S. 1, Abs. 3 BGB, weil dem Mieter die Fortsetzung des Mietverhältnisses unzumutbar ist.[235] Das OLG Koblenz hat zu Recht geurteilt, dass der Mieter, der gem. § 546a BGB eine Nutzungsentschädigung schuldet, diese auch dann ungeschmälert bezahlen muss, wenn der Vermieter den Anlass für die fristlose Kündigung wegen Konkurrenzschutzverletzung geliefert hat. Bei einer Neuvermietung bestünde dieser Mangel (anders als bspw. ein baulicher Mangel) nicht fort und die Nutzungsentschädigung soll dem Vorteil des Vermieters bei einer Neuvermietung entsprechen.[236] Eine **ordentliche Kündigung** nach § 573 Abs. 2 Nr. 1 BGB ist in diesen Fällen als ein „Weniger" im Verhältnis zur fristlosen Kündigung natürlich ebenfalls möglich. 148

---

[232] KG NJOZ 2007, 3410.
[233] Grüneberg/Grüneberg BGB § 242 Rn. 46.
[234] OLG Brandenburg 27.10.2020 – 3 U 67/20, ZMR 2021, 475.
[235] Schmidt-Futterer/Streyl BGB § 536 Rn. 224; OLG Koblenz NJW-RR 2018, 845 Rn. 25.
[236] OLG Koblenz NJW-RR 2018, 845.

12. Prozessuale Möglichkeiten des Mieters

149 Der Mieter der davon Kenntnis erlangt, dass sein Vermieter an einen unmittelbaren Konkurrenten vermieten will, hat verschiedene Möglichkeiten sich zu wehren. Hier werden primär die Möglichkeiten des Mieters gegen seinen Vermieter erörtert. Ein Vorgehen mit den Mitteln des Wettbewerbsrechts gegen den konkurrierenden Mitmieter wird in der Regel nicht Erfolg versprechend sein, da der Mitmieter nicht gegen § 3 UWG verstoßen haben wird. Ein Verstoß gegen §§ 3, 4 Nr. 10 UWG ist nur dann denkbar, wenn Vermieter und Konkurrent kollusiv zusammengewirkt haben.[237]

150 a) **Klage oder einstweilige Verfügung.** Der Mieter wird vor der Frage stehen, ob er eine einstweilige Verfügung beantragen oder gleich Klage in der Hauptsache einlegen soll. In der Regel ist es ein **Wettrennen gegen die Zeit.** Es muss das Ziel des Mieters sein, eine gerichtliche Entscheidung zu haben, bevor der Vermieter den Mietvertrag mit dem neuen Mieter abgeschlossen hat. Vor allem der Zeit-Faktor spricht für die einstweilige Verfügung. Außerdem ist bei der einstweiligen Verfügung die Liquidität des Mieters erstmal weniger belastet, da hierfür kein Gerichtskostenvorschuss notwendig ist. Der Vermieter kann sich im Verfahren der einstweiligen Verfügung nicht mit der Widerklage wehren, da diese unzulässig ist.

151 Der **Streitgegenstand** des einstweiligen Verfügungsverfahrens ist im Verhältnis zur Hauptsache-Klage ein anderer, nämlich nur der **prozessuale Sicherungsanspruch.** Dies gilt auch bei der Befriedigungsverfügung, da auch hier die Befriedigung nur als vorübergehende gesehen wird. Eine eingeschränkte Vorwegnahme der Hauptsache durch eine Leistungsverfügung ist nach allgA dann zulässig, wenn der Gläubiger darlegt und glaubhaft macht, dass er auf die Erfüllung dringend angewiesen ist.[238] Beide Verfahren können deshalb **nebeneinander betrieben** werden. Ein Verfahren im vorläufigen Rechtsschutz ist allerdings unzulässig, wenn die Hauptsache rechtskräftig entschieden ist, dann fehlt das Rechtsschutzbedürfnis.

152 Dagegen kann sprechen, dass der Mieter im einstweiligen Verfügungsverfahren nicht vom Unterlassungsantrag zum Schadensersatz wechseln kann. Lässt sich im einstweiligen Verfügungsverfahren bzw. auf der Basis der einstweiligen Verfügung keine endgültige Lösung finden, wäre es preiswerter gewesen, gleich die Hauptsache-Klage zu erheben.

153 b) **Einstweilige Verfügung gegen den Vermieter.** *aa) Allgemeines.* Wenn der Mieter früh genug von der Absicht des Vermieters erfährt an einen Konkurrenten zu vermieten, drängt sich zunächst die einstweilige Verfügung, §§ 935 ff., 940 ZPO auf. Bei der Unterlassungsverfügung kann es sich – je nach Antrag – um eine Sicherungs- oder eine Regelungsverfügung[239] handeln. Die Abgrenzung kann schwierig sein, ist aber letztlich ohne Bedeutung.

154 Häufig wird es sich allerdings um eine **Leistungsverfügung** handeln. Ob die Leistungsverfügung eine Untergruppe der Regelungsverfügung, analog § 940 ZPO, oder eine eigene durch Rechtsfortbildung anerkannte Form der einstweiligen Verfügung ist, kann dahinstehen. Die Leistungsverfügung ist **im mietrechtlichen Konkurrenzschutz anerkannt.**[240]

155 In **besonders** dringenden Fällen kann der Mieter die Entscheidung **ohne vorherige mündliche Verhandlung,** § 937 Abs. 2 ZPO, und nur durch den **Vorsitzenden,** § 944 ZPO, beantragen. Letzteres ist dann zulässig, wenn die Entscheidung durch das Kollegialgericht eine weitere nachteilige Verzögerung mit sich bringen würde.

156 Das Verfahren der einstweiligen Verfügung weist ferner die Besonderheit auf, dass die **Rechtshängigkeit schon mit Anhängigkeit** eintritt.

---

[237] Fritz Rn. 76d; Jendrek NZM 2000, 1116; Kulik NZM 1999, 546.
[238] Zöller/Vollkammer ZPO § 940 Rn. 6 mwN, KG NZM 2013, 731.
[239] Musielak/Huber § 940 Rn. 11; OLG Hamm NJW-RR 1990, 1236; KG ZMR 2008, 616.
[240] Zöller/Vollkommer ZPO § 940 Rn. 8, „Mietrecht“.

bb) Antragstellung. Das Interesse des Mieters ist ein anderes, je nachdem in welchem Stadium sich die Angelegenheit befindet. Es sind drei Stadien zu unterscheiden: 1) Hat der Vermieter mit dem Konkurrenten noch keinen Mietvertrag geschlossen, will der Mieter **Unterlassung des Mietvertragsabschlusses.** 2) Ist der Mietvertrag geschlossen, aber wurden die Räumlichkeiten noch nicht übergeben, geht es ihm um **Unterlassung der Besitzeinräumung bzw. der Übergabe.**[241] 3) Ist auch dies schon erfolgt, beantragt der Mieter, dem Vermieter aufzugeben, **auf den Konkurrenten einzuwirken, dass dieser die Aufnahme des Geschäftsbetriebs unterlässt oder wieder einstellt.** 157

Formulierungsvorschlag:[242]

...... beantragen wir, das Gericht möge im Wege der einstweiligen Verfügung – wegen besonderer Dringlichkeit ohne mündliche Verhandlung und durch den Vorsitzenden allein durch Beschluss – anordnen, dass: 158

1. dem Antragsgegner verboten wird, Räumlichkeiten im Gebäude ...... (ggf. Name des Gebäudes, Straße, Hausnummer) in ...... (Stadt) an die ...... zum Betrieb einer ...... **zu vermieten,** hilfsweise/und dem Antragsgegner verboten wird, der ...... den Besitz an den vorgenannten Räumlichkeiten zu verschaffen bzw. äußerst hilfsweise **aufzugeben,** die **Aufnahme des Betriebs** einer ...... bzw. deren **Fortführung** in den Räumlichkeiten **zu verhindern.**
2. Für den Fall der Zuwiderhandlung gegen das Vermietungs- bzw. Überlassungsverbot wird ein Ordnungsgeld bis zu 250.000,– EUR und für den Fall, dass dieses nicht beigetrieben werden kann, ersatzweise Ordnungshaft oder aber Ordnungshaft bis zu 6 Monaten angedroht.

Praxistipp:

Bei der Formulierung des Antrags ist Vorsicht geboten. Die Handlung die unterlassen werden soll, ist nach Art und Umfang so genau und zweifelsfrei wie möglich zu beschreiben. Andernfalls droht die Streitverlagerung ins Vollstreckungsverfahren. Teilweise wird die Verwendung des Wortes „überlassen" vorgeschlagen und auf den Abschluss des Mietvertrags bezogen. Befindet man sich noch im Stadium vor Mietvertragsschluss, sollte sich aus dem Antrag deutlich ergeben, dass bereits der Abschluss des Mietvertrags zu unterlassen ist. Überlassen wird man in der Regel aber nur als „Besitz verschaffen" auslegen (vgl. §§ 535, 577 BGB). Der Vermieter dürfte dann trotz der einstweiligen Verfügung den Mietvertrag abschließen.
Das Gleiche gilt für die Formulierung „Der Antragsgegner hat es zu unterlassen, die gewerbliche Tätigkeit des [] zu dulden." Dies ist missverständlich. Der Antragsteller verlangt ja gerade kein Unterlassen des Vermieters, sondern ein aktives Tun.
Es liegt nahe, die Unterlassung des Mietvertragsabschlusses und der Besitzeinräumung zusammen geltend zu machen. Generell sollte immer die nächste Stufe hilfsweise geltend gemacht werden. Die Hilfsanträge tragen dem Umstand Rechnung, dass nicht abzusehen ist, ob sich wegen der dargestellten Zeitabläufe bis zum Erlass der einstweiligen Verfügung der Hauptantrag nicht schon erledigt hat. Außerdem ist für den Fall des Widerspruchs gem. § 924 ZPO Vorsorge zu treffen.
Alternativ kommen für die 3te Stufe auch die folgenden Formulierungsmöglichkeiten[243] in Betracht: „Dem Antragsgegner wird aufgegeben, den Konkurrenten in Anspruch zu nehmen, den Betrieb zu unterlassen." Oder: „Dem Antragsgegner wird aufgegeben, die Fortführung der Konkurrenz/des Konkurrenzunternehmen ...... im Hause ...... zu verhindern."

In Zweifelsfällen kann es sich für den Mieter anbieten, seinen Antrag inhaltlich und zeitlich zu beschränken, um so die Chancen einer schnellen einstweiligen Verfügung zu erhöhen. 159

[241] KG BeckRS 2018, 33507.
[242] Weitere Formulierungsvorschläge einschl. Begründung im MPFB MietR/Deppen D. IV. 2.6–2.8.
[243] Greiser/Anwaltformulare Geschäftsraummiete § 12 Rn. 60 f.

Formulierungsbeispiel:

...... dem Antragsgegner wird aufgegeben, durch zumutbare Maßnahmen auf den ...... einzuwirken, dass dieser in seinem im Haus ...... in...... angemieteten Gastronomiebetrieb keine Pizza- und Nudelgerichte sowie Salate (bis zum 31.12.......) anbietet und verkauft.

160 *cc) Androhung Zwangsmittel:* Im Unterlassungsantrag darf die Androhung des Ordnungsmittels nicht vergessen werden, um die 1-Monats-Vollziehungsfrist gem. §§ 929 Abs. 2, 936 ZPO zu wahren. Auch im Hinblick auf § 890 Abs. 2 ZPO sollte die Androhung im Antrag enthalten sein. Dies wird auch mal vom Gericht vergessen, was dann aufgrund des Fristversäumnisses zur Aufhebung in der Rechtsmittelinstanz führt.[244] Für den Verhinderungsantrag findet eine Androhung der Zwangsmittel nicht statt, § 888 ZPO.

161 *dd) Antragsumstellung.* Vom einen auf den anderen Unterlassungsantrag umzustellen, ist generell unproblematisch möglich.

162 Ist dem neuen Mieter der Mietbesitz bereits übergeben, so hilft dem Erstmieter ein Unterlassen des Vermieters hinsichtlich der Besitzüberlassung nicht mehr.[245] Die Konkurrenzsituation kann der Vermieter jetzt nur noch durch positives Tun, nämlich durch Einwirken auf den neuen Mieter beseitigen. In der ersten Instanz kann der Verfügungsantrag auch von der Unterlassung hin zum aktiven Tun/Erfüllung umgestellt werden.

163 In der zweiten Instanz lassen manche Oberlandesgerichte dies mangels funktioneller Zuständigkeit mit der Begründung nicht zu, dass dem OLG die **Eingangszuständigkeit** für einen erstmals in der zweiten Instanz gestellten Antrag fehlen würde, §§ 937, 943, 942 ZPO. Dies ist im Ergebnis richtig. Der Erfüllungsantrag der Stufe 3 steht gegenüber dem Unterlassungsantrag nicht im Verhältnis zu einem Mehr oder Weniger, es ist einfach ein **anderer Antrag (aliud).** Dies zeigt sich deutlich in der Vollstreckung (s. unten). Deshalb geht die hM zu Recht davon aus, dass eine Antragsänderung hin zum aktiven Tun in der zweiten Instanz unzulässig ist.[246]

164 *ee) Vorsorge bei Untervermietung.* Ist der Konkurrent ein großes Unternehmen, bspw. eine Handelskette, sollte an mögliche Untermietkonstruktionen gedacht werden: Die Immobilien-GmbH mietet an, Betreiber ist aber eine Handels-GmbH. Der oben vorgeschlagene Antrag ist dann um die folgende Formulierung zu ergänzen: „oder an diese selbst zur Weitervermietung zum Betrieb einer ..." ... „den mittelbaren oder unmittelbaren Besitz ..."

165 Selbst wenn der Antrag allgemein formuliert wurde „an eine Parfümerie/Supermarkt" anstatt „an die [] AG" ist der Mieter vor der Konstruktion über die Untervermietung nicht gefeit. Der Vermieter vermietet an den Untervermieter mit dem Mietzweck „gewerbliche Weitervermietung" und der Untervermieter vermietet dann zum Betrieb des Konkurrenzunternehmens. Der Mieter kann gegenüber dem Untervermieter keine vertraglichen Ansprüche geltend machen. Der Streit mit dem Vermieter würde sich dann darauf erstrecken, inwiefern der Vermieter verpflichtet gewesen wäre, eine den Mieter schützende Wettbewerbsklausel in den Vertrag mit dem Untervermieter aufzunehmen.

Dem kann der Mieter mit der richtigen Antragstellung vorbeugen.

166 *ff) Kündigungsverlangen.* Weiß der Mieter, dass der Konkurrent einen unbefristeten Mietvertrag hat, kann er auch direkt beantragen, dem **Vermieter aufzugeben,** das andere Mietverhältnis unverzüglich zum nächst möglichen Zeitpunkt **zu kündigen.** Grundsätzlich hat der Mieter zwar nur einen Erfüllungsanspruch auf eine konkurrenzfreie Mietsituation; es bleibt dem Vermieter überlassen, wie er dies gewährleistet. Der Mieter darf nur die erforderlichen Maßnahmen fordern. Ist das Hauptsortiment aber identisch

[244] OLG Saarbrücken BeckRS 2005, 00482.
[245] Zur Folge bezüglich der Verfahrenskosten siehe KG BeckRS 2018, 33507.
[246] Anders/Gehle ZPO § 943 Rn. 1.

und ist eine Änderung des Warensortiments nicht denkbar, muss es dem Mieter möglich sein, auch gleich die Kündigung als sichersten Weg zu verlangen. Dies ist die logische Konsequenz daraus, dass der Vermieter schon gar nicht hätte vermieten dürfen.

gg) Konkurrenz während der Mietzeit. Verändert ein Mieter sein Hauptsortiment während der Laufzeit des Mietvertrags, so dass eine vertragswidrige Konkurrenzsituation entsteht, kann der beeinträchtigte Mieter genauso vom Vermieter im Wege der **Leistungsverfügung** ein **Einwirken** auf den Konkurrenten verlangen, dass dieser die konkurrierende Tätigkeit aufgibt. 167

hh) Verfügungsanspruch. Der Mieter wird die begehrte Verfügung bekommen, wenn er den Verfügungsgrund und den Verfügungsanspruch glaubhaft machen kann. Einen Verfügungsanspruch hat der Mieter dann, wenn er seinen Anspruch auf **Wettbewerbsschutz in materieller Hinsicht nachweisen** kann. Dies folgt entweder vertragsimmanent aus § 535 Abs. 1 BGB oder aus einer ausdrücklichen vertraglichen Konkurrenzschutzklausel. 168

ii) Verfügungsgrund – Vorwegnahme der Hauptsache. Der Vermieter wird regelmäßig einwenden, dass das Begehr des Mieters die Erledigung der Hauptsache vorwegnehmen würde. 169

Die Vorwegnahme der Hauptsache ist nicht nur bei der Verfügung, die auf ein aktives Tun des Vermieters gerichtet ist, zu diskutieren. Auch die **Unterlassungsverfügung** wird oft **faktisch** zu einer Vorwegnahme der Hauptsache führen. Ist dem Vermieter der Vertragsabschluss untersagt, wird der neue Mieter oft **abspringen** und sich eine andere Lokalität suchen. 170

Die Vorwegnahme der Hauptsache ist kein „Totschlagargument" des Vermieters. Eine vorübergehende Befriedigung des Mieters auch im Eilverfahren ist zulässig.[247] Der Mieter muss dann für den Verfügungsgrund **darlegen und glaubhaft machen,** dass er auf die sofortige Erfüllung so dringend angewiesen ist, dass ihm die Erwirkung eines Titels im ordentlichen Verfahren **unzumutbar**/nicht möglich ist. Die Verfügung muss zur **Abwendung wesentlicher Nachteile unumgänglich** sein.[248] Das ist immer dann der Fall, wenn die **persönliche und/oder wirtschaftliche Existenz** des Mieters in Gefahr ist und er **dringend** auf die sofortige Erfüllung seines Leistungsanspruchs angewiesen ist.[249] Ein Zuwarten und die Verweisung auf spätere Schadensersatzansprüche müssen für den Mieter unzumutbar sein.[250] Dies ist insbesondere dann anzunehmen, wenn durch die Dauer der Erwirkung eines Titels im Hauptsacheverfahren **irreversible Fakten** geschaffen werden und der Verweis auf das ordentliche Verfahren praktisch einer **Rechtsverweigerung** gleichkäme.[251] 171

An die Glaubhaftmachung des drohenden endgültigen Rechtsverlusts sind strenge Anforderungen zu stellen. Die **hohen Anforderungen** sind begründet, da die erfolgreiche Unterlassungsverfügung **irreparable Verhältnisse für den Vermieter** schaffen kann.[252] 172

Die Interessen beider Parteien sind sorgfältig **abzuwägen.**[253] Für den Vermieter streitet sein Recht auf **Privatautonomie,** ungehindert Verträge schließen zu dürfen, sowie sein Recht an der **beliebigen Verfügbarkeit** über sein Eigentum. Wenn der Verfügungsanspruch gegeben ist, darf das wirtschaftliche Interesse des Vermieters, der **Einnahmeausfall** aus der ihm ggf. zu untersagenden Neuvermietung, **nicht berücksichtigt** werden. 173

Für eine **schnelle Unterlassungsverfügung** zu Gunsten des Verfügungsklägers sprechen die erheblichen Schwierigkeiten, die dieser später haben wird, eine **Beseitigungsverfügung** oder ein Beseitigungsurteil in der Hauptsache gegenüber dem Vermieter durchzusetzen. Kann der Mieter die Vermietung nicht verhindern, ist das Kind oft bereits in 174

[247] Anders/Gehle ZPO Vor § 916 Rn. 6.
[248] OLG Hamm NJW-RR 1990, 1236.
[249] OLG Frankfurt a. M. NJW 2007, 851.
[250] OLG Düsseldorf NJW-RR 1996, 123.
[251] OLG Saarbrücken NJW-RR 2007, 1406.
[252] OLG Hamm NJW-RR 1990, 1236.
[253] Anders/Gehle ZPO § 940 Rn. 2.

den Brunnen gefallen. Bereits der Abschluss des Mietvertrags mit dem Konkurrenten schafft oft schon **vollendete Verhältnisse.**[254] Ist der Mietvertrag mit dem Konkurrenten bereits abgeschlossen, haben sich rein faktisch die Aussichten für den Mieter deutlich verschlechtert. Damit wird eine vergleichsweise Einigung für den Vermieter schwer. Dem Vermieter wird in der Regel die rechtliche Handhabe gegen den neuen Mieter, der sich mit großer Wahrscheinlichkeit mietvertragskonform verhält, fehlen. Der Auszug des Konkurrenten hängt dann von dessen **Entgegenkommen** und der **Tiefe des Geldbeutels** des Vermieters ab.

175 Für den Verfügungsgrund wird es auch regelmäßig sprechen, wenn die Restlaufzeit des Mietvertrags mit dem Erstmieter so kurz ist, dass ein Hauptsacheverfahren erst nach Auslaufen der Befristung entschieden sein würde.

176 Hat der Mieter einen Verfügungsanspruch, verletzt der Vermieter also seine Pflicht zum Konkurrenzschutz, hat der Mieter in der Regel auch einen Verfügungsgrund.

177 Um das Problem der Vorwegnahme der Hauptsache zu entschärfen, kann der Mieter auch ein **milderes Mittel** nehmen: Er kann beantragen, die **Wirkungen** der einstweiligen Verfügung – die Unterbindung des Wettbewerbs durch den anderen Mieter – auf die **Dauer** des Hauptsacheverfahrens zu **beschränken.** Gerade wenn der Verfügungsanspruch streitig ist, ist dies ggf. erfolgversprechender. Das Gericht tut sich leichter, eine begrenzte Verfügung auszusprechen und möglicherweise verlieren der Konkurrent und auch der Vermieter während der Dauer des Verfahrens die Lust an der Vermietung.

Praxistipp: Haftungsfalle – Verwirkung des Verfügungsgrundes

Lässt sich der Mieter zu viel Zeit mit der Erhebung seiner einstweiligen Verfügung obwohl er über die konkurrierende Vermietung informiert ist, droht die Verwirkung des Verfügungsgrundes bzw. der Entfall der Eilbedürftigkeit.[255] Ob dies **1 Monat,**[256] **3 Monate**[257] **oder 4 Monate**[258] nach Kenntnis passiert, ist eine Frage des Einzelfalls. Allerdings sollte das Gericht die Verwirkung auch nicht zu schnell annehmen. Ein besonnener Mieter **darf** durchaus mit seiner einstweiligen Verfügung **zuwarten,** wenn er sich außergerichtlich bemüht und einen Grund hat, anzunehmen, dass der Vermieter doch nicht an einen Konkurrenten vermieten wird. Den Mieter zu einer schnellen Leistungsverfügung zu drängen, dient nicht dem Rechtsfrieden.[259]

178 Der Übergang vom Eil- ins Hauptsacheverfahren ist stets zulässig und wie eine Klageänderung zu behandeln.[260]

179 *jj) Substantiierter Vortrag.* Der Vortrag des Mieters ist nur dann hinreichend substantiiert, wenn er **genau darlegt, woraus** sich die Konkurrenzsituation ergibt. Insbesondere muss der Mieter die Überschneidungen im Sortiment bzw. im Angebot an Tätigkeiten und seine Anspruchsgrundlage **benennen und glaubhaft machen.**[261]

180 Die tatsächliche Schadenshöhe ist nur bei einer Klage des Mieters auf Schadensersatz wirklich relevant. Bei der einstweiligen Verfügung gilt eine Reduzierung des Beweismaßes, § 920 Abs. 2 ZPO. Der (drohende) **Schaden** muss **nur** glaubhaft gemacht werden. Die Glaubhaftmachung, § 294 ZPO, bedeutet, dass für die richterliche Überzeugung von einer Tatsache nur eine **überwiegende Wahrscheinlichkeit** erforderlich ist. Der Antragsteller muss seinen Schaden lediglich glaubhaft behaupten und muss ihn nicht mit den Mitteln des Vollbeweises belegen. Dem Antragsteller steht es zwar offen, den Vollbeweis durch mitgebrachte Urkunden, präsente Zeugen oder Sachverständige in der mündlichen Verhandlung zu erbringen, er muss es aber nicht.

---

[254] OLG Hamm NJW-RR 1990, 1236; Jendrek/Ricker NZM 2000, 229.
[255] OLG Hamm NJW-RR 2007, 109.
[256] OLG Rostock NZM 2006, 295.
[257] OLG Hamm NJW-RR 1990, 1237.
[258] OLG Bremen MDR 2004, 51.
[259] Anders/Gehle ZPO § 940 Rn. 6.
[260] OLG Hamm NJW 1978, 58.
[261] OLG Hamm NJW-RR 1991, 1483.

kk) Ermessen des Gerichts. § 938 ZPO eröffnet dem Gericht ein weitgehendes Ermessen, was die Entscheidung angeht. Das Gericht kann die Wirkungen der einstweiligen Verfügung zeitlich begrenzen oder inhaltlich ein Weniger aussprechen, bspw. dem Vermieter **nur den Abschluss eines befristeten Mietvertrags verbieten.** So kann das Gericht gewährleisten, dass die Wirkung der Entscheidung im Eilverfahren hinter der des Hauptverfahrens **zurückbleibt.** Eine angemessene und endgültige Lösung kann dann im Hauptsacheverfahren gefunden werden. Wurde der Mietvertrag mit dem neuen Mieter nicht befristet, verbleibt die Kündigungsmöglichkeit gem. § 580a Abs. 2 BGB, so dass der insbesondere der Nachteil während des laufenden Verfahrens für den Vermieter und den neuen Mieter gering ist. 181

ll) Gerichtliche Zuständigkeit. Für den Erlass der einstweiligen Verfügung ist das Gericht der Hauptsache zuständig, § 937 Abs. 1 ZPO. Ausschließlich örtlich zuständig ist gem. § 29a Abs. 1 ZPO das **Gericht der belegenen Sache.** § 29a ZPO gilt nicht für unbebaute Grundstücke. Für die sachliche Zuständigkeit kommt es gem. §§ 23 Nr. 1, 71 Abs. 1 GVG auf den Streitwert an, in der Regel wird also das **Landgericht** zuständig sein. 182

mm) Zuständigkeits- und Gebührenstreitwert. Der Zuständigkeits- und der Gebührenstreitwert sind vom Gericht nach § 3 ZPO, § 53 Abs. 1 Nr. 1 GKG in freiem Ermessen festzusetzen. Der Streitwert ist nach dem **Erfüllungsinteresse** des Mieters unter Berücksichtigung einer **möglichen ordentlichen Kündigung** des Mietvertrags durch den Vermieter sowie der **Mietminderung** und des **Schadensersatzes** auf Grund der Konkurrenz festzusetzen. 183

In vermögensrechtlichen Streitigkeiten richtet sich der Streitwert mangels einer besonderen kostenrechtlichen Bestimmung gemäß § 53 Abs. 1 Nr. 1 GKG nach dem Interesse, dass die klagende Partei verfolgt, § 3 ZPO. Der Wert des Erfüllungsinteresses orientiert sich zum einen an dem **Minderwert der Mietsache,**[262] zum andern an dem **Schaden,** den der Kläger durch die Konkurrenz des anderen Mieters nach seinem Vortrag erleiden muss. Der **kumulierte Wert** aus der Minderung, § 536 Abs. 1 BGB, und dem Schadensersatz, § 536a Abs. 1 BGB, ist die nach dem BGB vorgesehene Kompensation für das verletzte Erfüllungsinteresse. 184

Für den Schadensersatzanspruch kommt es entscheidend darauf an, ob das Mietverhältnis ordentlich kündbar ist oder nicht.[263] Bei einem **befristen Mietvertrag** wird das Schadensersatzinteresse **deutlich höher** ausfallen. § 8 ZPO für den Zuständigkeits- und Beschwerdestreitwert und § 41 Abs. 1 GKG für den Gebührenstreitwert finden keine Anwendung, da es nicht um den Bestand oder die Dauer des Mietverhältnisses geht.[264] 185

§ 9 ZPO ist hier zumindest analog anwendbar.[265] Danach ist bei einem befristeten Mietvertrag mit einer Restlaufzeit größer 3,5 Jahre der Wert des 3,5-fachen Jahresbetrags, der sich aus der Addition des Schadensersatzanspruchs und der Mietminderung ergibt, anzusetzen. 186

Unter der Annahme einer Minderungsquote von 20 % ergeben sich die folgenden Berechnungsalternativen: 187

Befristeter Mietvertrag: Minderungsinteresse 20 % der Miete plus Schadensersatzinteresse monatliche Gewinneinbuße * 12 * 3,5 = Streitwert

Unbefristeter Mietvertrag: Minderungsinteresse 20 % der Miete plus Schadensersatzinteresse monatliche Gewinneinbuße * 6 = Streitwert[266]

Ohne die Begrenzung in § 9 ZPO wäre bei einem befristeten Mietvertrag die gesamte restliche Mietdauer zugrunde zu legen. Bei einem durch den Vermieter ordentlich kündbaren Mietvertrag ist das Leistungsinteresse des Mieters sehr viel geringer. Denn er muss von vornherein damit rechnen, dass der Vermieter unverzüglich von seinem 188

---

[262] BGH NJW 2000, 3142; OLG Düsseldorf MDR 2001, 354.
[263] OLG Düsseldorf NZM 2006, 158.
[264] BGH NZM 2005, 519; 2005, 944; Musielack/Heinrich ZPO § 3 Rn. 31.
[265] OLG Düsseldorf NZM 2006, 158.
[266] § 580a Abs. 2 BGB, die Karenztage sind in der Berechnung nicht berücksichtigt.

ordentlichen Kündigungsrecht Gebrauch machen wird, um sein Schadensersatzrisiko zu minimieren. Auf diesem Rechtsgedanken beruht auch die höchstrichterliche Rechtsprechung, nach der der Ersatz eines Kündigungsschadens entsprechend dem begrenzten Erfüllungsinteresse auf die Zeit bis zum Ablauf der ordentlichen Kündigung der Höhe nach beschränkt ist.[267] In diesem Fall sind für den Streitwert nur die **Mietminderung** und der **Schadensersatz** für die **Dauer** der **Kündigungsfrist** anzusetzen.

189 Im Allgemeinen wird in Verfahren des vorläufigen Rechtsschutzes der Streitwert mit 1/3 **bis** 1/2 **des Hauptsachestreitwerts angesetzt.**

190 **Im Fall der Leistungsverfügung** bzw. wenn davon auszugehen ist, dass mit der einstweiligen Verfügung ein Ziel erreicht werden kann, dass der Hauptsacheentscheidung sehr nahe kommt, kann eine **höhere Quote bis zu 100 %** festgesetzt werden und ist dann auch angemessen. Bei einer Untersagungsverfügung, die es dem Vermieter untersagen soll, einen Mietvertrag mit dem Konkurrenten zu schließen, wird dies sogar regelmäßig der Fall sein. Die Untersagungsklage kommt zu spät. Entweder der Vermieter unterläuft den Antrag, so dass der Mieter den Antrag umstellen kann/muss, oder der Vermieter wird Folge leisten, so dass die Hauptsache-Klage entbehrlich ist. Hier besteht **kein Grund, den Streitwert unter 100 %** anzusetzen.

Praxistipp:

Es empfiehlt sich **Ausführungen zum Streitwert** zu machen und dies mit laufenden Betriebswirtschaftlichen Auswertungen **(BWA)** oder der letzten verfügbaren Gewinn- und Verlustrechnung **(GuV)** bzw. der Einnahmen-Überschussrechnung oder hilfsweise auch einer anderweitigen Stellungnahme des Steuerberaters zu belegen.

191 *nn) Schutzschrift gegen eine einstweilige Verfügung.* Erwartet der Vermieter eine einstweilige Verfügung, so kann er sich mittels einer prophylaktisch eingereichten Schutzschrift wehren. Gemäß dem zum 1.1.2016 in Kraft getretenen § 945a ZPO führt die Landesjustizverwaltung Hessen für die Länder ein zentrales, länderübergreifendes elektronisches Register für Schutzschriften (Schutzschriftenregister, https://schutzschriftenregister.hessen.de/). Sobald eine Schutzschrift in dieses zentrale elektronische Schutzschriftenregister (ZSSR) eingestellt ist, gilt sie als bei allen ordentlichen Gerichten der Länder (§ 945a Abs. 2 S. 1 ZPO) eingereicht. Dies ist insbesondere deshalb anzuraten, da die Entscheidung über die einstweilige Verfügung ohne Anhörung des Vermieters getroffen werden kann. Mit der Schutzschrift **erhöht** der Vermieter seine **Chancen** auf eine **mündliche Verhandlung.**

192 Die Entscheidung, mit der die einstweilige Verfügung angeordnet wird, ist **sofort vollstreckbar.** Erfolgte eine mündliche Verhandlung, so wird durch Urteil, ansonsten durch Beschluss entschieden. Dementsprechend bestimmt sich auch das Rechtsmittel, dass der Unterlegene wählen kann: Berufung oder Widerspruch/Beschwerde.

193 Nimmt der Mieter den Antrag auf Erlass einer einstweiligen Verfügung zurück oder weist das Gericht den Antrag zurück, kann der Vermieter die **Kosten** der Schutzschrift ersetzt verlangen. Ob die Schutzschrift für die zurückweisende Entscheidung kausal war, ist dabei irrelevant.[268]

194 Hätte die einstweilige Verfügung aber Erfolg gehabt, musste der Mieter sie nur zurücknehmen, weil sie sich zeitlich überholt hat, weil der Mietvertrag zwischenzeitlich abgeschlossen und die Räumlichkeiten vor Rechtshängigkeit übergeben wurden, ist § 269 Abs. 2 S. 3 ZPO entsprechend anzuwenden und dem Mieter sind die Kosten des einstweiligen Verfügungsverfahrens zu ersetzen.[269]

---

[267] BGH NJW 1982, 870 [Leasingvertrag]; BGH NJW 1993, 1386 [Handelsvertretervertrag]; BGH NJW-RR 1995, 715, [Mietvertrag].
[268] Musielack/Voit ZPO § 91 Rn. 64.
[269] KG BeckRS 2018, 33507.

c) Gegenargumente des Vermieters und was der Mieter einwenden kann. *aa) Unmöglichkeit.* Der Vermieter wird gegen den Erfüllungsanspruch des Mieters mit großer Wahrscheinlichkeit einwenden, dass er **rechtlich nicht in der Lage sei, die Konkurrenz des Wettbewerbers zu unterbinden,** da dieser einen wirksamen und langfristig befristeten Mietvertrag habe. Mit anderen Worten, der Vermieter wendet Unmöglichkeit, § 275 BGB, ein. Bevor der Vermieter damit Erfolg haben kann, bevor ein Gericht also objektive Unmöglichkeit annehmen wird, muss der Vermieter allerdings einige **Anstrengungen** unternommen haben. 195

Selbst wenn sich der neue Mieter gegenüber dem Vermieter vertragsgerecht verhält, berührt dies den Unterlassungsanspruch gegen den Vermieter noch nicht.[270] Natürlich darf niemand zu einer Leistung verurteilt werden, die ihm unmöglich ist. Eine Leistung ist aber **nicht schon deswegen unmöglich,** weil der Vermieter auf den Leistungsgegenstand **keinen rechtlichen Anspruch** hat.[271] Insbesondere kann nicht ausgeschlossen werden, dass der Vermieter durch **finanzielle Zugeständnisse** gegenüber dem Konkurrenten dem Unterlassungsanspruch des Mieters Geltung verschaffen kann. Generell kommen die **einvernehmliche Vertragsaufhebung** gegen Zahlung einer Abfindung an den Konkurrenten oder durch Beschaffung von **Ersatzmietraum** oder die Zahlung einer Abfindung durch den Vermieter dafür, dass der neue Mieter auf den umstrittenen **Teil des Sortiments verzichtet,** in Betracht. 196

Solange der Vermieter keine **nachhaltigen Versuche** unternommen hat, die Konkurrenzsituation aufzulösen, steht noch nicht einmal die subjektive Unmöglichkeit fest. Objektiv ist es nie unmöglich, da der Konkurrent jederzeit ausziehen könnte. Solange der Vermieter eine Lösung nicht hinreichend versucht hat, ist der Unmöglichkeitseinwand unbeachtlich.[272] 197

Praxistipp:

Der benachteiligte Mieter kann mit Nichtwissen bestreiten, dass der Wettbewerber sich vertragskonform verhält. Auf diese Weise wird er ggf. den Vermieter oder den auf Seiten des Vermieters nach Streitverkündung/durch Nebenintervention beigetretenen Konkurrenten zur **Vorlage** des **Mietvertrags** bewegen. Dann sollte der Mieter den dort genannten Mietzweck genau hinterfragen, um zu sehen, ob die Betätigung des Kontrahenten wirklich rechtmäßig ist.

Hat der Vermieter **alles versucht** und bleibt der neue Mieter unwillig, seine Konkurrenztätigkeit aufzugeben, liegt **rechtliche subjektive Unmöglichkeit,** § 275 Abs. 1 BGB, vor. Grundsätzlich wäre es nur eine vorübergehende Unmöglichkeit, so lange, wie der Vertrag mit dem Konkurrenten läuft. Allerdings steht die **vorübergehende** Unmöglichkeit der **dauerhaften** Unmöglichkeit gleich, wenn sie die Erreichung des Geschäftszwecks in Frage stellt und wenn dem Mieter ein Festhalten am Vertrag bis zum Wegfall des Leistungshindernisses nicht zugemutet werden kann.[273] 198

bb) Schmerzgrenze, § 275 Abs. 2 BGB. Was ist aber, wenn der Konkurrent einigungsbereit ist, aber sehr viel fordert? Die Frage, welche Abfindung dem Vermieter noch zuzumuten ist, beantwortet § 275 Abs. 2 BGB. § 275 Abs. 3 BGB geht zwar Abs. 2 vor, ist in der vorliegenden Konstellation aber nicht einschlägig. Die Pflicht zur konkurrenzfreien Überlassung mag den Vermieter zwar „persönlich" treffen, ist aber keine persönlich zu erbringende Leistung gem. § 275 Abs. 3 BGB. Letzteres sind nur Leistungen aufgrund eines Arbeits-, Dienst- oder Werkvertrags. 199

Das materielle Leistungsinteresse des Mieters, bestehend aus den **Gewinneinbußen,** dem **Minderungsinteresse** und dem **reduzierten Verkaufswert** des Geschäfts/der Praxis 200

[270] OLG Bremen BeckRS 2006, 31396756.
[271] BGH NJW 1974, 2317; 1974, 1552.
[272] BGH NJW 1974, 2317; OLG Düsseldorf NZM 2001, 1033.
[273] BGHZ 47, 50; Grüneberg/Grüneberg BGB § 275 Rn. 11.

sowie auch die **immateriellen Interessen** des Mieters,[274] wie bspw. das Interesse sein angestammtes Geschäft unbeeinträchtigt weiterführen zu können, das Interesse das Geschäft so wie es ist/war, einem Erben weitergeben zu können, ist mit dem Aufwand des Vermieters abzuwägen. Dabei ist zu berücksichtigen, inwiefern den Vermieter oder auch den Mieter bspw. durch mehrdeutiges/missverständliches oder sogar rechtsmissbräuchliches Verhalten[275] ein **Verschulden** trifft.

201 Der Vermieter wird die Vertragspflichtverletzung in der Regel zu vertreten haben. Dies ist gem. § 275 Abs. 2 S. 2 BGB erschwerend zu berücksichtigen.

202 § 275 Abs. 2 BGB ist eine eng auszulegende, nur selten anzuwendende Sondernorm.[276] An das grobe Missverhältnis sind strenge Anforderungen zu stellen. Die **Opfergrenze** ist überaus **hoch** anzusetzen.[277] Der **Schaden,** den der Vermieter aus der ihm dann entgehenden Vermietung an den Konkurrenten erleidet, ist **nicht** einzurechnen.[278] Die Schadensersatz- und Minderungsansprüche des Mieters dienen nur der Orientierung, sie sind keine Grenze für die Aufwandspflicht des Vermieters.

203 § 275 Abs. 2 BGB wird hier nicht durch § 313 BGB verdrängt. Der Konkurrenzschutz ist nicht nur Geschäftsgrundlage, sondern ausdrücklich Vertragsinhalt geworden. Für eine Vertragsanpassung gem. § 313 BGB ist kein Raum.

204 *cc) Schadensersatzanspruch bleibt unberührt.* Die Schuldbefreiung betrifft immer nur die Primärleistungspflicht, nie die **Sekundäransprüche,** § 275 Abs. 4 BGB. Die Pflicht des Vermieters zum Schadensersatz gem. § 536a BGB bleibt von der Unmöglichkeit der Pflicht zur konkurrenzfreien Überlassung **unberührt.**

Praxistipp: Schadensminimierung

Der Vermieter sollte auch die beiden Mietverträge des Erst- und Zweitmieters genau analysieren – wie lange läuft er noch bzw. ist er ordentlich kündbar bzw. wurde beim Mietvertrag und bei den Nachträgen die gesetzliche Schriftform beachtet oder eröffnet sich für den Vermieter über das Schriftformerfordernis gem. § 550 BGB eine Möglichkeit, sich vom Vertrag zu lösen?

205 d) **Klage gegen den Vermieter.** Bei der Unterlassungs- bzw. Schadensersatzklage wegen Konkurrenzschutzverletzung sind weniger prozessuale Besonderheiten als bei der einstweiligen Verfügung zu beachten.

206 *aa) Schaden des Mieters?* Wenn auch die Konkurrenzsituation auf den ersten Blick ersichtlich ist, so ist der Nachweis des Schadens für den Mieter **oft unerwartet schwierig.** Hat er plötzliche **Umsatzeinbrüche,** die mit der Konkurrenzsituation einsetzen, ist es leicht. Was aber ist, wenn der Mieter Maßnahmen ergriffen hat, um der Konkurrenzsituation zu begegnen, bspw. mehr Werbung, Kundenbindungsprogramme, Rabatt-Aktionen oder Erweiterung des eigenen Sortiments, und diese Maßnahmen waren erfolgreich? Der Umsatz ist nicht eingebrochen, aber die Kosten haben sich erhöht, der Gewinn ist reduziert. Dann wird der Vermieter einwenden, dass die Maßnahmen ohnehin erforderlich gewesen wären, um den Umsatz zu halten.

207 Die Nachweisproblematik geht **uneingeschränkt zu Lasten des Mieters.** Der Mieter wird sich in der Regel schwertun, **Kunden als Zeugen** zu benennen, die sonst bei ihm eingekauft hätten und die jetzt zur Konkurrenz gegangen sind. Wie soll der Arzt vernünftig dartun, welcher seiner Patienten Laufkundschaft war und wie viele er an die Konkurrenz verloren hat?[279]

---

[274] MüKoBGB/Ernst § 275 Rn. 80; Grüneberg/Grüneberg BGB § 275 Rn. 28.

[275] Der Mieter verliert alle Schadensersatz- und Minderungsansprüche, wenn er den Vermieter ins Messer laufen lässt, OLG Düsseldorf ZMR 2000, 451.

[276] Lorenz/Riehm Schuldrecht Rn. 310.

[277] BGH NJW 2005, 3284; LG Karlsruhe NJW-RR 1995, 389.

[278] MüKoBGB/Ernst § 275 Rn. 85.

[279] BGH NJW 1978, 585.

Außerdem wird der Vermieter einwenden, dass offensichtlich die Konkurrenzsituation dazu geführt habe, dass nun insgesamt mehr Kunden, die die Produkte beider Anbieter nachfragen, kommen würden, die Konkurrenzsituation wäre zu einer win-win-Situation für beide Konkurrenten geworden. 208

Kann der Mieter keinen konkreten Schaden nachweisen, wird ihm nur ein Feststellungsantrag für eventuelle Schäden in der Zukunft bleiben, wenn sich das Geschäft einmal schlechter entwickelt und dies kausal auf die Wettbewerbssituation zurückzuführen ist. 209

Wenn der Mieter keine Anhaltspunkte benennen kann, darf der Richter auch nicht nach § 287 ZPO schätzen.[280]

bb) Darlegungs- und Beweislast des Mieters. Es wird vertreten, dass der Mieter zur Darlegung und zum Beweis seines Schadens umfangreich **Geschäftsunterlagen** und **Kalkulationen** vorlegen müsste. Der Mieter müsste die betroffenen Warengruppe, den prozentualen und absoluten Umfang des Rückgangs, Umsatz- und Gewinndaten aus möglichst mehreren Vergleichsjahren und die damit zusammenhängenden Daten und Fakten offen legen. Der pauschale Vortrag „Gewinnrückgang € []" mit angebotenem Sachverständigengutachten sei unsubstantiiert.[281] 210

Dies kann allerdings nicht uneingeschränkt gelten. Es kann nicht Sinn und Zweck des Schadensersatzprozesses sein, dass der Kläger sich wirtschaftlich-informationell ausziehen muss, um seinen Schaden ersetzt zu bekommen und er dabei das Risiko eingehen muss, seinem Konkurrenten seine Geschäftsgeheimnisse, gerade was Kosten, Konditionen und Verkaufszahlen angeht, auf dem Silbertablett zu präsentieren. 211

Natürlich muss hier zwischen **Betriebs- und Geschäftsgeheimnissen** einerseits und Lästigkeiten andererseits differenziert werden. Der Kläger möchte seinem Konkurrenten bestimmte Dinge vielleicht nicht offenbaren. Wenn diese allerdings nicht die Qualität eines Geschäftsgeheimnisses haben, schützen den Kläger auch seine Grundrechte nicht vor der Offenlegung. Als Betriebs- und Geschäftsgeheimnisse werden alle auf ein Unternehmen bezogene Tatsachen, Umstände und Vorgänge verstanden, die nicht offenkundig, sondern nur einem begrenzten Personenkreis zugänglich sind und an deren Nichtverbreitung der Rechtsträger ein **berechtigtes Interesse** hat.[282] Betriebsgeheimnisse umfassen im Wesentlichen technisches Wissen; Geschäftsgeheimnisse betreffen vornehmlich kaufmännisches Wissen. Geschäftsgeheimnisse sind auf jeden Fall die Umsätze, Ertragslagen, Geschäftsbücher, Kundenlisten, Bezugsquellen, Konditionen, Marktstrategien, Unterlagen zur Kreditwürdigkeit, Kalkulationsunterlagen und sonstige Unterlagen, durch welche die wirtschaftlichen Verhältnisse eines Betriebs maßgeblich bestimmt werden können.[283] 212

Aus Art. 12 Abs. 1 und Art. 14 Abs. 1 GG erwächst ein Anspruch auf **Schutz der Betriebs- und Geschäftsgeheimnisse.**[284] Die Grundrechte gelten mittelbar auch zwischen Privaten. Das Gericht muss diese bei seiner Abwägung, was zur Beweisführung notwendig ist, berücksichtigen. Das Gericht muss zwischen Geheimnisschutz und effektivem Rechtsschutz abwägen.[285] 213

Der Geheimnisschutz wird zwar durch die Verfassung nicht schrankenlos gewährt, da es sich um einen Geheimhaltungsanspruch mit Offenbarungsvorbehalt handelt. Die Offenbarung von Geschäftsgeheimnissen zur Erlangung effektiven Rechtsschutzes ist auf jeden Fall dann verfassungswidrig, wenn die betreffenden Angaben nicht **entscheidungserheblich** sind bzw. die notwendigen Wertungen auch **auf andere Weise** erreicht werden können. Das Gericht muss vor einer Offenbarung der Geheimnisse alle Möglichkeiten alternativer Sachaufklärung ausschöpfen. 214

[280] BGH NJW 1987, 909.
[281] Joachim BB 1986, 12 Beilage 6.
[282] BVerfG NVwZ 2006, 1041; Immenga/Mestmäcker/Schmidt § 56 Rn. 12.
[283] BVerfG NVwZ 2006, 1041.
[284] BVerfG NVwZ 2006, 1041.
[285] BVerfG NVwZ 2006, 1041.

215 Dies muss insbesondere gelten, wenn die Offenlegung im Prozess mehr den Interessen des Wettbewerbes dient, denn einer gerechten Urteilsfindung. In einem solchen Fall kann die ebenfalls durch Art. 12 GG geschützte Wettbewerbsfreiheit verletzt sein.

Aufgrund des erheblichen Beweisumfangs, wird dazu geraten, primär den Minderungsanspruch geltend zu machen, bei dem dies nicht notwendig ist.

II. Betriebspflicht

1. Einleitung

216 Nach dem § 535 BGB trifft den Mieter keine Pflicht seine Mietsache zu nutzen, er hat ein **Gebrauchsrecht,** aber **keine Gebrauchspflicht.**[286] Gesetzlich geregelt ist hierzu lediglich, dass der Mieter nicht von seiner Hauptleistungspflicht zur Mietzahlung frei wird, wenn er aus weit verstandenen persönlichen Gründen am Gebrauch gehindert ist, § 537 Abs. 1 BGB.

217 Dies wird der Interessenslage eines Vermieters bspw. eines Einkaufszentrums jedoch nicht gerecht.[287] Kommt es dem Vermieter – wie in solchen Fällen üblich – darauf an, dass sein Objekt für potentielle Konsumenten ein **attraktives, offenes und einladendes Erscheinungsbild** abgibt, muss er dafür Sorge tragen, dass seine Mieter den Kundenwünschen nach Geschäften mit langen einheitlichen Öffnungszeiten nachkommen. Tut er dies nicht, sinkt ggf. der Wert seiner Immobilien und die Vermietung anderer Geschäfte bzw. die Nachvermietung des gegenständlichen Geschäfts wird ggf. erheblich erschwert. Ein in Teilen im Dunkeln liegendes Einkaufszentrum verliert deutlich an Wert und lädt nicht zum Verweilen potentieller Kundschaft ein.

218 Gerade seine(n) **Ankermieter** im Einkaufszentrum wird der Vermieter versuchen, mit einer Betriebspflicht bei den übrigen Mietern zu binden.

219 Die Betriebspflicht kommt bei größeren Einzelhandelsimmobilien, Einkaufszentren und bei ebensolchen Gastronomieimmobilien in Betracht. Aber auch der Vermieter eines Ärztehauses oder einer großen Büroimmobilie kann ein Interesse daran haben, dass bestimmte Ärzte, Anwaltskanzleien, Banken oder sonstige Institutionen nicht nur mieten, sondern auch betreiben. Die zu Tage tretende Betriebsamkeit symbolisiert Erfolg und weckt bei potentiellen Mietern Interesse an dem Standort. Geht ein solcher Mieter raus und steht die Immobilie teilweise leer, ist das schlecht fürs **Image** und die **Vermietbarkeit** der sonstigen Flächen im Gebäude und damit auch für die erzielbare Miete.

220 In der Praxis relevant sind vor allem die Fragen, ob eine Betriebspflicht konkludent vereinbart wurde, wo die Grenzen der AGB-Vereinbarung sind, wie die Zeiten, zu denen das Geschäft zwingend geöffnet sein muss, bestimmt sein müssen, ob der Mieter einen Anspruch auf Vertragsanpassung nach den Vorschriften der WGG hat und was der Vermieter für Möglichkeiten hat, wenn der Mieter seiner Pflicht nicht nachkommt.

2. Definition

221 Unter Betriebspflicht[288] versteht man bei der Gewerberaummiete die Verpflichtung des Mieters, die angemieteten Räume während festgelegter oder zumindest bestimmbarer **Öffnungszeiten** bzw. im Objekt üblichen Kernöffnungszeiten zu dem im Mietvertrag festgelegten Gebrauchszweck für das Publikum offen zu halten, persönlich bzw. mit Hilfe von Mitarbeitern **zu betreiben** und ein angemessenes **Waren- und/oder Dienstleistungsangebot bereitzuhalten.** In Gaststättenmiet-/pachtverträgen wird oft zwar keine ausdrückliche Betriebspflicht aber stattdessen eine monatliche oder jährliche Getränkebezugspflicht vereinbart – das Ergebnis ist idR das gleiche: Der Mieter muss seine

286 BGH NJW 1979, 2351.
287 Joachim NZM 2000, 785; Würtenberger NZM 2013, 12.
288 OLG Dresden NZM 2008, 131.

Gastronomie betreiben, um der Getränkebezugspflicht nachzukommen. Die Erfüllung der Getränkebezugspflicht wird auch idR mit einem fristlosen Kündigungsrecht sanktioniert. Die Einschätzung, ob diese Getränkebezugspflicht angemessen und erfüllbar ist, obliegt alleine dem Mieter; die Grenze zur Unangemessenheit ist hoch;[289] vor allem weil es sich hinsichtlich der Höhe der Verpflichtung idR um eine Individualabrede handeln wird.

Eine Betriebspflicht ist in unterschiedlicher Qualität denkbar: Auf der ersten Stufe steht die Pflicht des Mieters, den Laden überhaupt zu betreiben. Diese Pflicht ist in weiteren Stufen (individualvertraglich) erheblich steigerbar bis zur Vorgabe konkreter Sortimentsinhalte, Marken, Öffnungszeiten etc. 222

3. Vereinbarung

a) Ausdrücklich oder konkludent. Umstritten ist, ob und unter welchen Voraussetzungen von der konkludenten Vereinbarung einer Betriebspflicht ausgegangen werden kann.[290] Bei der Betriebspacht einer voll eingerichteten **Gaststätte** oder eines ebensolchen **Fitnessstudios** soll dies der Fall sein.[291] 223

Das LG Hannover hat eine konkludente, fast schon vertragsimmanente Gebrauchspflicht des Ankermieters aus der Eigenschaft des **„Schlüsselmieters"** extrahiert.[292] *Eisenschmid* geht relativierend davon aus, dass sich aus der Eigenart des Mietobjekts besondere Obhutspflichten ergeben können, die zu einer Gebrauchspflicht erstarken können.[293] 224

Grundsätzlich wird man aber davon ausgehen müssen, dass es der ausdrücklichen vertraglichen Absprache bedarf,[294] da die Betriebspflicht von dem gesetzlichen Leitbild (§§ 535, 537 BGB) abweicht, wobei der Begriff Betriebspflicht nicht notwendigerweise verwandt werden muss, dies kann sich aus den Umständen ergeben[295] und dass die Anforderungen an das Vorliegen einer **konkludenten** Vereinbarung – wie immer im Geschäftsleben, besonders wenn erhebliche Investitionen und Risiken dahinter stehen – **hoch** anzusetzen sind.[296] Es bedarf tatsächlicher Handlungen der Erklärenden, die mittelbar einen Schluss auf einen die Begründung einer Betriebspflicht gerichteten **Rechtsbindungswillen** zulassen.[297] 225

Hat der Vermieter es versäumt, eine Betriebspflicht ausdrücklich zu vereinbaren, tut er gut daran, sich nicht auf konkludente Erklärungen oder Obhutspflichten zu verlassen, sondern sich nach Alternativen umzusehen und mit dem nicht mehr betreibenden Mieter eine Vertragsaufhebung zu verhandeln. 226

Ob die Vereinbarung einer **Umsatzmiete** konkludent die Betriebspflichtabrede enthält, ist eine Frage der Klausel und des Einzelfalls;[298] per se ist dies nicht anzunehmen.[299] 227

b) Formularvertragliche Betriebspflicht. Eine Betriebspflicht und auch eine Sortimentsbindung[300] können **formularvertraglich** wirksam vereinbart werden.[301] So der 228

---

[289] OLG Frankfurt a. M. BeckRS 2016, 112769.
[290] Schmidt-Futterer/Lehmann-Richter BGB § 535 Rn. 715.
[291] RGZ 136, 433; OLG Düsseldorf ZMR 1994, 402.
[292] LG Hannover ZMR 1993, 280; anders LG Lübeck NJW-RR 1993, 78 (keine Betriebspflicht ohne ausdrückliche Vereinbarung).
[293] Schmidt-Futterer/Lehmann-Richter BGB § 535 Rn. 218.
[294] BGH NJW 1979, 2351.
[295] Jendrek NZM 2000, 526.
[296] Lindner-Figura NZM 1999, 492; OLG Dresden NZM 2025, 132.
[297] Grüneberg/Ellenberger BGB § 116 Rn. 6.
[298] Wolf/Eckert/Ball Rn. 650.
[299] BGH NJW 1979, 2351: Schmidt-Futterer/Lehmann-Richter BGB § 535 Rn. 716; MüKoBGB/Häublein § 535 Rn. 167.
[300] OLG Schleswig NZM 2000, 1008; OLG Hamburg BeckRS 2002, 30250729; OLG Rostock NZM 2004, 460.
[301] BGH NJW-RR 1992, 1032; KG MDR 2004, 84; OLG Schleswig NZM 2000, 1008; OLG Düsseldorf NJW-RR 1999, 305; Jendrek NZM 2000, 526; Michalski ZMR 1996, 527; Gather GE 2001, 540; Bub/Treier/Bub II Rn. 1424, 1427.

Vermieter die Betriebspflicht **nicht** unter „Sonstiges“ **versteckt** (überraschende Klausel, § 305c Abs. 1 BGB), ist eine Betriebspflicht in einem Mietvertrag über die vorgenannten Immobilien üblich und nicht überraschend.

229 Die Möglichkeit der formularvertraglichen Vereinbarung gilt aber nicht grenzenlos. Bei aller Üblichkeit darf nicht vergessen werden, dass hier von einem Grundgedanken der gesetzlichen Regelung abgewichen wird: § 535 BGB gibt dem Mieter das Gebrauchsrecht und nicht die Gebrauchspflicht. Deshalb muss eine Formularvertragsklausel immer eng ausgelegt werden.

230 Eine formularvertraglich vereinbarte Betriebspflicht soll regelmäßig gem. § 307 BGB unwirksam sein, wenn keine **Ausnahmen** für vorübergehende Betriebseinstellung wegen Betriebsferien, branchenübliche Ruhetage, Inventur oder zur Durchführung erforderlicher Schönheitsreparaturen oder vertraglich vereinbarter Instandhaltungspflichten vorgesehen sind.[302] Die Wirksamkeit der jeweiligen Klausel ist aber immer an dem konkreten Betrieb zu messen, vgl. Öffnungszeiten. Zur Klauselkombination Ausschluss Konkurrenzschutz, Betriebspflicht, Sortimentsbindung → Rn. 95 ff.

231 Die formularmäßige Auferlegung einer Betriebspflicht ist nicht bereits dadurch unangemessen iSd § 307 BGB, dass das Mietobjekt vom Mieter nicht **rentabel** betrieben werden kann. Selbst erhebliche Verluste sind dem Mieter grundsätzlich zuzumuten. Mangels anderweitiger Vereinbarungen muss der Mieter in der Regel auch ein vollkommen unrentables Geschäft betreiben und dabei „Geld verbrennen“.[303]

232 Das **wirtschaftliche Risiko** der Rentabilität des in den Mieträumen betriebenen Geschäfts fällt von wenigen Ausnahmen abgesehen, grundsätzlich in die **Risikosphäre** des **Mieters.** Der Vermieter trägt das Risiko der Vermietbarkeit der Mietsache – und daran trägt er uU schwer genug.[304] Das Risiko in den angemieteten Räumen Gewinne zu erzielen, trägt der Mieter.[305] Hiervon weicht die Rechtsprechung[306] nur dann ab, wenn die Parteien ausdrücklich etwas anderes vereinbart haben, der Vermieter mit einer kombinierten **Mindest-/Umsatzmiete** direkt vom Erfolg des Mieters profitiert oder der Vermieter **Aufgaben** und damit **Risiken** übernimmt, die weit über seine eigentliche Vermieterstellung hinausgehen.[307] Laut dem BGH liegt auch kein Fall der unangemessenen Benachteiligung nach § 307 Abs. 1 BGB vor, wenn eine Betriebspflicht nicht mit einem Konkurrenzschutz kombiniert wird, soweit die Betriebspflicht zumindest nicht mit einer konkreten Sortimentsbindung verbunden ist.[308] Im Fall der Bindung an ein konkretes Sortiment würde der Mieter indes unangemessen benachteiligt, da dem Mieter durch die fehlende Möglichkeit einer gewinnorientierten bzw. kostenauffangenden Anpassung des eigenen Sortiments in einer Konkurrenzsituation der Vermieter es einseitig in der Hand hat dem Mieter einen Konkurrenten vor die Nase zu setzen.[309]

233 Letzteres ist dann anzunehmen, wenn das einzelne Geschäft des Mieters sich seinem äußeren Erscheinungsbild als natürlicher Teil einer Anlage darstellt und darstellen muss.[310] Wenn der Vermieter den Mieter in seinen unternehmerischen Entscheidungen über das übliche Maß hinaus einschränkt, soll er auch das korrelierende Risiko mittragen und dies nicht alleine dem Mieter übriglassen. Der Vermieter ist demnach dann an den geschäftlichen Risiken des Mieters zu beteiligen, wenn er durch die Begründung eines Gesamtkonzeptes, in das die einzelnen Mieter finanziell und mit Betriebspflichten vertraglich eingebunden werden, eine **Gesamtverkaufsstrategie** entwickelt, mit welcher

---

[302] BGH BZM 2010, 361; KG NZM 2013, 731; OLG Naumburg NZM 2008, 772; Würtenberger NZM 2013, 12.
[303] OLG Düsseldorf GE 2004, 296.
[304] BGH NJW 2000, 1714; NJW-RR 2000, 1535.
[305] OLG München ZMR 1995, 295; BGH NJW 1987, 2390.
[306] BGH NJW-RR 2000, 1535.
[307] BeckOGK/Hörndler BGB § 578 Rn. 188.
[308] BGH 6.4.2021 – X ZR 11/20, NJW-RR 2021, 926.
[309] BGH 26.2.2020 – XII ZR 51/19, NZM 2020, 429.
[310] BGH NJW-RR 2000, 1535.

er über die übliche Verwaltung und Koordinierung eines Einkaufszentrums hinaus ein **eigenes unternehmerisches Risiko** für alle Einzelgeschäfte übernimmt.

Praxistipp:

Dem Vermieter ist zu empfehlen, die Regelungen zur Betriebspflicht, zur Sortimentsbindung und zum Konkurrenzschutz **individualvertraglich** zu vereinbaren bzw. individualvertraglich bestätigen zu lassen.[311] Mietvertragliche Regelungen zum Branchenmix sind aus Vermietersicht zu vermeiden.

4. Streitpunkt Öffnungszeiten

Ein ausgewogener, stets aktueller Branchenmix und einheitliche, **am Kundenwunsch ausgerichtete Ladenöffnungszeiten** sind ein „dynamisches Doppel" und zugleich wichtige „Stellschraube" für ein am Markt erfolgreiches Einkaufszentrum.[312] 234

In der Regel verpflichtet der Vermieter seine Mieter, ihren Betrieb innerhalb bestimmter Zeiten geöffnet zu halten. Hier gibt es verschiedene Gestaltungsmöglichkeiten. Denkbar sind sowohl **genau festgelegte** Zeiten, als auch die **Bezugnahme** auf die jeweiligen landes- oder ortsrechtlichen Bestimmungen in Form von **statischen** oder **dynamischen** Verweisungen. Letztlich wird so die Akzeptanz des Centers nicht primär zu Gunsten des Vermieters erhöht. Vor allem **auch die Mieter profitieren** von einheitlichen Öffnungszeiten, weil Besucher und Kunden durch einheitlich zur Verfügung stehende Angebote – bezogen auf das ganze im Center angebotene Warensortiment – angezogen werden. Die Betriebspflicht ist von der Offenhaltungspflicht abzugrenzen. Während die Betriebspflicht dem Mieter die Verpflichtung auferlegt, die angemieteten Geschäftsräume zu einem bestimmten Zweck tatsächlich zu nutzen, regelt die Offenhaltungspflicht, dass er sie zu bestimmten (Uhr-)Zeiten nicht schließen darf.[313] 235

Ob die Öffnungszeitenregelung im Formularvertrag der Generalklausel des § 307 BGB genügt, muss in jedem Einzelfall gesondert beantwortet werden. Hier kommt dem Gebot der **Transparenz** und der **Eindeutigkeit** der Klausel besondere Bedeutung zu. Es sind die Interessen beider Parteien unter Berücksichtigung der Anschauungen der beteiligten Verkehrskreise umfassend zu würdigen. 236

Die Regelungen müssen aus sich heraus verständlich und klar sein, § 307 Abs. 1 S. 2 BGB. Daher müssen auch die **wirtschaftlichen Auswirkungen** der jeweiligen vertraglichen Regelungen einem durchschnittlich vorgebildeten Vertragspartner hinreichend erkennbar sein.[314] 237

Dynamische Klauseln in Altverträgen geraten aufgrund der gesetzgeberischen Änderungen an die Grenzen der Wirksamkeit. Ein Mieter, der mit gewissen betriebsfreien Zeiten rechnen durfte und der zu einem 24-Stunden-Betrieb organisatorisch und ökonomisch nicht in der Lage ist, musste in der Regel nicht damit rechnen, dass er hierzu einmal herangezogen wird. 238

Wenn der Vermieter eine dynamische Klausel als AGB vereinbaren will, wonach ihm wirksam die Möglichkeit gegeben wird, die Ladenöffnungszeiten im Center zu bestimmen, bedarf dies eines berechtigten Interesses und der hinreichend transparenten Formulierung, so dass alle Mieter erkennen können, worauf sie sich einlassen. Im Vertrag sollte niedergelegt sein, nach welchen Kriterien Änderungen an den Öffnungszeiten erfolgen können. Ansonsten soll die Regelung am Transparenzgebot scheitern.[315] 239

---

[311] Zum Streitpunkt, ob sich Betriebspflicht, Sortimentsbindung und Konkurrenzschutz zusammen vertragen, siehe oben unter der Überschrift „Konkurrenzschutz, Betriebspflicht und Sortimentsbindung".

[312] Joachim NZM 2008, 316.

[313] OLG Dresden BeckRS 2015, 15062.

[314] BGH NJW 2006, 996.

[315] BeckOGK/Hörndler BGB § 578 Rn. 185.

240 Die Auslegung der „gesetzliche Ladenschlusszeiten" ist aufgrund der gesetzgeberischen Tätigkeit schwer geworden. Mit der **Föderalismusreform** ist der Ladenschluss Ländersache geworden. Was ist denn ortsüblich, wenn der Verwender der AGB in einem anderen Bundesland sitzt, als die Mietsache beheimatet ist und gleichlautende Klauseln im ganzen Bundesgebiet nutzt? Ganz abgesehen davon, dass es sich dann um eine dynamische und nicht nur um eine statische Verweisung auf die bei Abschluss des Vertrags geltenden gesetzlichen Öffnungszeiten handeln muss und der **BGH** bei nicht eindeutig dynamisch formulierten Klauseln **zur statischen Verweisungen tendiert.** Unter Beachtung von § 305c Abs. 2 BGB sollen nicht eindeutig dynamische Klauseln im Zweifel dahin auszulegen sein, dass die Regelung die im Zeitpunkt des Vertragsschlusses geltende Gesetzeslage in Bezug nimmt.[316] Anders das OLG Celle,[317] das die Klausel zu den „gesetzlichen Ladenöffnungszeiten geöffnet zu halten und zu betreiben", **dynamisch interpretierte** und mit dem **fehlenden Vertrauensschutz des Mieters** begründete, da das dahingehende und anzuerkennende Vermieterinteresse bei Vertragsabschluss erkennbar war, das Mietlokal möglichst lange geöffnet zu halten.

241 Nachdem 12 der 16 Bundesländer zumindest von Montag bis Freitag Ladenöffnungszeiten von 0–24 Uhr zulassen, ist der Anknüpfungspunkt an „die gesetzlichen Ladenschlusszeiten" weggefallen. Daraus kann der Vertragspartner seine Rechte und Pflichten, insbesondere seine wirtschaftlichen Nachteile und Belastungen nicht mehr erkennen.

Praxistipp:
Der Vermieter möchte die Öffnungszeiten oft nach seinem billigen Ermessen festlegen können, §§ 315 BGB, oder dies soll die Werbegemeinschaft erledigen, § 317 BGB. Angesichts des Transparenzgebotes, § 307 BGB bei der Klauselerstellung berücksichtigt werden, wie das Bestimmungsrecht des Vermieters konkretisiert werden kann. Die Leistungsbestimmung selbst muss dem billigen Ermessen unterliegen. Die häufig genutzten Formulierungen wie „Ladenöffnungszeiten" oder „gesetzliche Ladenöffnungszeiten" erweisen sich inzwischen ohne Erläuterungen als intransparent. Es muss mindestens klar gestellt werden, an welche Vorgaben man sich binden will und **was bei** zu erwartenden **Änderungen passiert.** Der Vermieter, der sicher gehen will, wird eine hinreichend bestimmte Generalklausel verwenden, die eine Überforderung des Mieters durch die geänderten Öffnungszeiten ausschließt.

242 Der **BGH** hatte einen Fall zu entscheiden, in dem unterschiedliche Klauseln bei den „großen" und den „kleinen" Mietern den falschen Eindruckt erweckten, dass die Mieter Einfluss auf die Öffnungszeiten nehmen konnten. In Wirklichkeit hatte sich der Vermieter so abgesichert, dass er dies nach billigem Ermessen bestimmen konnte. Kann der Vermieter von Gewerbeflächen in einem Einkaufszentrum auf der Grundlage eines mietvertraglichen Vorbehalts gegenüber der überwiegenden Mehrzahl der Ladenmieter einseitig eine Ausweitung der Betriebspflicht bestimmen, vorliegend die Öffnung an Samstagen, ist eine in nur wenigen Mietverträgen ohne solchen Vorbehalt befindliche Klausel, wonach es für den Umfang der Betriebspflicht darauf ankommt, wie lange „die überwiegende Mehrzahl aller Mieter ihre Geschäfte offenhält", **intransparent iSv** § 307 Abs. 1 S. 2 BGB. Die Klausel erweckt den – unzutreffenden – Eindruck, die konkreten Öffnungszeiten bestimmten sich nach dem Mehrheitsverhalten der Mieter statt tatsächlich nach der einseitigen Festlegung des Vermieters.[318]

[316] BGH ZMR 2007, 187 – „gesetzlichen Bestimmungen" statt „jeweils gültigen …".
[317] OLG Celle NJW-RR 1996, 585.
[318] BGH NJW 2007, 2176.

Praxistipp:
Eine sorgfältige Mietvertragsgestaltung vermeidet ungenaue Formulierungen wie solche des BGH-Ausgangsfalls: Was ist eine „überwiegende Anzahl" – 51 %, 66 % oder 75 % der Mieter? Will der Vermieter auf die Mehrheit der Mieter abstellen, empfiehlt sich, das Prinzip der doppelten Mehrheit. Die Mehrheit muss bezogen auf die Zahl der „Köpfe" und auf die Fläche nach Quadratmetern Mietfläche erreicht werden.[319]

Nur in wenigen Ausnahmefällen ist denkbar, dass ein Verlangen, vereinbarte Betriebs- 243 pflichten bzw. Öffnungszeiten einzuhalten, **treuwidrig** ist. Beispielsweise kann dies in Betracht kommen, wenn andere Mieter nicht mehr vorhanden sind, das Center durch Schließungen an Kundenakzeptanz bereits unwiederbringlich verloren hat oder das Gebäude geschlossen oder gar abgerissen werden soll.

Ob die **Untersagung zeitweiser Schließungen** zB aus Anlass von Mittagspausen, 244 Ruhetagen, Betriebsferien, Inventuren etc durch Formularklausel zulässig ist oder nicht, hat der BGH auch in der Entscheidung vom 3.3.2010 unter dem Az. XII ZR 131/08 offen gelassen, eine neuer Entscheidung gibt es nicht. Es wird vertreten,[320] dass eine Formularklausel regelmäßig gem. § 307 BGB unwirksam sein muss, wenn der Mieter durch sie gehindert wird, eine vorübergehende Betriebseinstellung wegen Betriebsferien, branchenüblichen Ruhetagen, Inventur oder zur Durchführung erforderlicher Schönheitsreparaturen[321] oder vertraglich vereinbarter Instandhaltungspflichten vorzunehmen.[322] Ausnahmen sollen dann denkbar sein, wenn die vertraglichen Vereinbarungen erkennen lassen, dass die Pflicht zur dauerhaften Öffnung des Betriebes Niederschlag in der Miete gefunden hat.[323] Der Umstand allein, dass der Mieter einen Laden in einem Einkaufszentrum gemietet hat, soll eine vorübergehende Betriebseinstellung aus vorgenannten Gründen nicht ausschließen.[324] In Einem Einkaufscenter wird man jedoch regelmäßig die Unwirksamkeit einer Klausel mit den vorgegebenen Öffnungszeiten wegen unangemessener Benachteiligung nach § 307 BGB nicht annehmen können, soweit es nur um die Untersagung der Schließung bei Betriebsferien und Mittagspausen geht. Hierdurch würde nämlich wegen einer sonst individuellen Ausgestaltungsmöglichkeit der Mittagspause und der Betriebsferien das Objekt an Attraktivität verlieren, wenn es temporär zu zahlreichen Schließungen kommt.

Die mittels AGB aufgegebene Betriebspflicht muss irgendeine Form von Ausnahme- 245 möglichkeiten haben, um dem möglichen Einwand der unangemessenen Benachteiligung gemäß § 307 BGB zuvor zu kommen. Dem Mieter kann zB nicht die Pflicht zu Schönheitsreparaturen auferlegt werden und er kann noch nicht einmal wenige Stunden während der Öffnungszeiten geschlossen haben, um diese durchzuführen. Nicht alle Arbeiten lassen sich über Nacht erledigen. Es müssen stets die individuellen Umstände des jeweiligen Geschäfts berücksichtigt werden. Das OLG Naumburg[325] hatte über die formularmäßig für einen **Lebensmittel-Discounter** in einem Einkaufszentrum geregelte Offenhaltungspflicht zu entscheiden. Danach waren zeitweilige Schließungen wegen „Mittagspause, Ruhetagen, Betriebsferien" untersagt. Das OLG hat einen Verstoß gegen § 307 Abs. 1 S. 1 BGB abgelehnt, da – auch mit Rücksicht auf die Interessen der betroffenen Verkehrskreise – die Einlegung einer Mittagspause sämtlicher Mitarbeiter eines Lebensmittel-Discounters in einem Einkaufscenter ebenso wenig branchentypisch und der Verkehrssitte entsprechend ist, wie die Schließung aufgrund von Betriebsferien oder eines Ruhetages.

[319] NJW-Spezial 2010, 385.
[320] Schmidt-Futterer/Lehmann-Richter BGB § 535 Rn. 723; Würtenberger NZM 2013, 12.
[321] OLG Düsseldorf NZM 1999, 124.
[322] Hamann ZMR 2001, 581.
[323] Schmidt-Futterer/Lehmann-Richter BGB § 535 Rn. 723; Hamann ZMR 2001, 581; KG NJOZ 2010, 149; BGH NZM 2010, 361.
[324] Schmidt-Futterer/Lehmann-Richter BGB § 535 Rn. 723; aA Hamann ZMR 2001, 581.
[325] OLG Naumburg NZM 2008, 772.

Formulierungsvorschlag: Betriebspflicht[326]

246 Der Mieter verpflichtet sich sein Ladengeschäft während der Öffnungszeiten des Einkaufszentrums, also Montag–Samstag von … Uhr bis … Uhr sowie an verkaufsoffenen Sonntagen entsprechend dem vereinbarten Mietzweck und Sortiment offen zu halten und sein Geschäft zu betreiben (Betriebs- und Offenhaltungspflicht). Die zeitweise Schließung wegen Mittagspausen, Ruhetagen oder Betriebsferien ist nicht zulässig. Zulässig ist die vorübergehende, kurzzeitige Schließung insbesondere wegen Inventuren, Betriebsversammlungen, zur Durchführung von Instandhaltungsmaßnahmen und Schönheitsreparaturen sowie aus sonstigen Gründen; letzteres nur mit Zustimmung des Vermieters. Die Betriebspflicht gilt auch im Fall einer fristlosen Kündigung bis zur Räumung der Mietfläche.[327]

5. Anpassen der Betriebspflicht wegen Störung der Geschäftsgrundlage

247 Die Betriebspflicht stellt uU eine gleich **mehrfache wirtschaftliche Belastung** für den Mieter dar.[328] Die Mietzahlungspflicht besteht ohnehin. Aber aufgrund der Betriebspflicht darf der Mieter seinen Laden nicht schließen oder die Betriebszeiten reduzieren, so dass er bspw. weiter Personal vorhalten muss. Er darf gerade in Einkaufszentren, Outlets uä oft sein Sortiment nicht verändern. Im Ergebnis muss der Mieter seinen Laden betreiben und in wirtschaftlich schlechten Zeiten die **Verluste so lange ertragen, bis er insolvent ist.** Da liegt der Gedanke nach Vertragsanpassung nahe.

248 Es kommt auf die vertragliche Regelung an, wie das **Verwendungs-** und **Gewinnerzielungsrisiko** zwischen den Parteien verteilt ist, ob der Mieter sich auf einen Wegfall der Geschäftsgrundlage berufen kann, die die Anpassung des Vertrags, vorliegend das Entfallen oder die Modifikation der Betriebspflicht, zur Folge hätte. Allerdings wird selbst infolge einer massiven Mieterflucht in der Regel die Geschäftsgrundlage für die Betriebspflicht nicht entfallen.[329] Nach einhelliger Meinung ist die Betriebspflicht nicht bereits dadurch ausgeschlossen, dass sich das Geschäft des Gewerbemieters als unwirtschaftlich herausstellt und der erwartete Gewinn ausbleibt. Denn die fehlende Rentabilität fällt stets in den Risikobereich des Unternehmers und ist demgemäß laut § 313 Abs. 1 BGB unbeachtlich.[330]

249 An der vorgenannten im Gewerberaummietrecht **typischen Risikoverteilung** ändert sich dadurch nichts, dass das vermietete Geschäft in einem **Einkaufszentrum** liegt und nicht nur der Mieter, sondern auch der Vermieter erwartet hat, die notwendige geschäftsbelebende Funktion des Einkaufszentrums werde verwirklicht werden können.[331] Allein der Umstand, dass auch der Vermieter von einem wirtschaftlichen Erfolg des Projekts ausgegangen ist, verlagert das Verwendungs- und Gewinnerzielungsrisiko für das einzelne gemietete Geschäft nicht auf den Vermieter.

Ist es bei der üblichen Risikoverteilung geblieben, ist für einen Wegfall der Geschäftsgrundlage kein Raum. Die Betriebspflicht hat Bestand.[332]

250 Es darf nicht vergessen werden, dass die Sortimentsbindung zwar in Verlustphasen die negative Wirkung der Betriebspflicht verstärkt – gleichzeitig ist die Sortimentsbindung gerade in Einkaufszentren und Outlet Center in der sonstigen Zeit aber eine wesentliche Stütze des wirtschaftlichen Erfolgs für ein Geschäft. Der Vermieter in Einkaufs-

---

[326] Weitere Formulierungsmöglichkeit siehe bspw. Spörl FormularBibliothek Vertragsgestaltung, Duijn u. a. – Miete | Grundstück | WEG, 3. Auflage 2018, Rn. 276.
[327] Bub/Treier/Bub III A Rn. 83.
[328] BGH ZMR 1993, 57.
[329] OLG Naumburg NZM 2008, 772.
[330] BGH NZM 2000, 1008 L; KG NZM 2013, 731.
[331] BGH NZM 2000, 492; 2000, 1005.
[332] BGH NJW 2000, 1714; OLG Düsseldorf DWW 2006, 103; OLG Rostock NZM 2004, 460; KG NZM 2013, 731; LG München I BeckRS 2013, 02853.

zentren wird seinen Mietern in der Regel zwar keinen **Konkurrenzschutz** gewähren, die **Sortimentsbindung hat aber letztlich oft den gleichen Effekt.**

6. Ansprüche des Vermieters bei Verstoß gegen Betriebspflicht

Der Vermieter hat zunächst einen **Erfüllungsanspruch,** den er mit der einstweiligen Verfügung (s. unten) geltend machen kann. Neben den Erfüllungsanspruch treten **Schadensersatzansprüche** des Vermieters gem. § 280 BGB wegen der Begleitschäden. 251

Kommt der Mieter der Betriebspflicht nicht nach, lässt dies den Anspruch des Vermieters auf Mietzahlung unberührt, § 537 BGB. Ist eine **Umsatzmiete** vereinbart, schuldet der Mieter das, was bei ordnungsgemäßer Erfüllung der Betriebspflicht hätte gezahlt werden müssen. Im Übrigen kann der Vermieter nach Abmahnung **fristlos kündigen,** §§ 543 Abs. 1, 3 BGB,[333] und einen Schadensersatzanspruch statt der Leistung, §§ 280 Abs. 1, 3, 281 BGB, (Auflösungsverschulden) geltend machen. 252

7. Prozessuales/Einstweilige Verfügung

Der Vermieter kann den Mieter gerichtlich auf Betrieb des Ladens in Anspruch nehmen. Ob eine einstweilige Verfügung zur Durchsetzung der Betriebspflicht zulässig ist, ist umstritten, nach richtiger Auffassung aber anzunehmen – solange der Mieter nicht insolvent ist. Gegen die Zulässigkeit wird angeführt, dass die Umsetzung der Betriebspflicht nicht nur vom Mieter, sondern auch von dessen Mitarbeitern und Lieferanten abhängig sei, so dass die einstweilige Verfügung **nicht vollstreckbar** wäre, § 888 ZPO. Da dies aber in der Regel **nur** im Falle der **Insolvenz** des Mieters ein Problem ist,[334] steht dies der Zulässigkeit nicht im Wege.[335] So nun auch das KG in seinem Beschluss vom 28.1.2013,[336,337] dass ausführt, dass der Sinn der Vereinbarung einer Betriebspflicht, der darin liegt, ein Einkaufszentrum durch ein möglichst großes und vielfältiges Angebot an Geschäften für Kunden attraktiv zu halten, unterlaufen würde, wenn der den Erlass einer einstweiligen Verfügung beantragende Vermieter darauf verwiesen werden würde, mit der Durchsetzung der Betriebspflicht bis zum Abschluss eines Verfahrens in der Hauptsache zu warten.[338] 253

Der **Verfügungsanspruch** ergibt sich aus der Vereinbarung der Betriebspflicht im Mietvertrag. Der **Verfügungsgrund** muss vom Vermieter umfangreicher dargelegt werden. Der Vermieter muss darlegen, dass ihm ein Zuwarten auf die Entscheidung im Hauptverfahren bspw. aufgrund der zu erwartenden **Folgereaktionen** der anderen Mieter unzumutbar ist bzw. worin sein nicht unerheblicher Schaden besteht, wenn die Räumlichkeiten bis zur Durchführung des Hauptverfahrens leer stünden. In der vorbenannten Entscheidung hat das KG ausgeführt, dass „es gerichtsbekannt ist, dass ein erhebliches wirtschaftliches Interesse aller Mieter eines Einkaufszentrums besteht, keine Leerstände in der Nachbarschaft hinzunehmen, weil sich dies auch auf die Umsätze der übrigen Geschäfte niederschlägt. Demgemäß ist der Vermieter auch anderen Mietern gegenüber gehalten, die vertraglich vereinbarte Betriebspflicht durchzusetzen".[339] 254

Der Vermieter muss den Mieter zunächst **abmahnen** und zur Fortsetzung seines Geschäfts auffordern, um so eine Dringlichkeit im Rahmen des Verfügungsgrundes annehmen zu können. Macht der Mieter keine offensichtlichen Anstalten, der Aufforderung nachzukommen, darf der Vermieter sich mit der einstweiligen Verfügung nicht zu viel Zeit lassen, da er sonst zeigt, dass ihm die Sache selbst nicht eilig ist. Als Faustregel kann man hier von **4 Wochen** ausgehen – wenn keine sonstigen Sachgründe für ein längeres Zuwarten ersichtlich sind. 255

---

333 OLG Celle NJW-RR 1996, 585; OLG Düsseldorf NJWE-MietR 1997, 177.
334 OLG Jena OLG-NL 2005, 256; LG Köln NZM 2005, 621.
335 OLG Celle NJW-RR 1996, 585; OLG Düsseldorf NJWE-MietR 1997, 155 (L); Lindner-Figura/Oprée/Stellmann Geschäftsraummiete-HdB Kap. 13 Rn. 148; KG NZM 2005, 621.
336 NZM 2013, 731.
337 NZM 2013, 731.
338 KG NZM 2013, 731.
339 KG NZM 2013, 731.

256 Wird ihm die einstweilige Verfügung versagt, kann der Vermieter **Beschwerde** einlegen.

Hat der Vermieter die einstweilige Verfügung bekommen, muss er diese innerhalb eines Monats dem Mieter durch den Gerichtsvollzieher zustellen lassen, §§ 936, 922, 928, 929 Abs. 2, 192 ZPO. Wird dem Vermieter die einstweilige Verfügung auf der Geschäftsstelle ausgehändigt, § 173 ZPO, was oft vorkommt, setzt das die Frist bereits in Lauf.[340]

257 Bei der Pflicht zum Betrieb des Geschäfts handelt es sich um eine **nicht vertretbare Handlung** gem. § 888 ZPO. Das Zwangsmittel muss hier in der einstweiligen Verfügung nicht angedroht werden, § 888 Abs. 2 ZPO. Kommt der Mieter der Betriebspflicht auch nach Zustellung der einstweiligen Verfügung nicht nach, muss der Vermieter die Vollstreckung der einstweiligen Verfügung beim gleichen Gericht wie die einstweilige Verfügung selbst beantragen, § 888 ZPO (**Antrag auf Festsetzung von Zwangsmitteln**). Der Antrag muss möglichst genau darlegen, was der Mieter tun soll.[341] Das Gericht hört den Mieter an und entscheidet durch Zwangsgeld- oder Zwangshaftbeschluss, §§ 888, 891 ZPO. Die Anhörung kann in einer mündlichen Verhandlung oder durch Gelegenheit zur schriftlichen Äußerung erfolgen. Die Entscheidung hängt nicht davon ab, dass der Schuldner sich geäußert hat.[342] Ob der Antrag ebenfalls innerhalb eines Monats nach der Zustellung der einstweiligen Verfügung an den Mieter erfolgen muss oder ob die rechtzeitige Zustellung ausreicht, ist umstritten.[343] Das Gesetz bestimmt nicht, was unter Vollziehung einer einstweiligen Verfügung zu verstehen ist. Die jeweils vorzunehmenden Vollstreckungsakte richten sich nach dem Inhalt der einstweiligen Verfügung.[344] Für die Erforderlichkeit der Antragstellung spricht, dass in der einstweiligen Verfügung das Zwangsmittel noch nicht angedroht wurde, sich der Wille des Vermieters, die Betriebspflicht durchzusetzen, also erst aus dem Zwangsmittelantrag ergibt. Auf jeden Fall genügt es, den Antrag auf Festsetzung der Zwangsmittel innerhalb der Frist zu stellen, über den Antrag muss nicht innerhalb der Frist entschieden werden und die Vollziehung muss nicht innerhalb des Monats beendet sein. Die Vollziehung darf danach weiter und zu Ende geführt werden.[345]

258 Der sicherste Weg ist es, davon auszugehen, dass die Vollziehung die Zustellung und den Vollstreckungsantrag innerhalb der Monatsfrist braucht.

259 Der stattgebende Beschluss ist Vollstreckungstitel nach § 794 Abs. 1 Nr. 3 ZPO. Er bedarf der Vollstreckungsklausel, § 724 ZPO. Das Zwangsgeld steht der Staatskasse zu. Folglich muss in einem PfÜB angegeben werden, dass die Zahlung an die Gerichtskasse unter Angabe des Aktenzeichens des Zwangsgeldbeschlusses zu erfolgen hat.

Praxistipp:

Oft wird die Angelegenheit im einstweiligen Verfügungsverfahren endgültig geklärt. Ob die Betriebspflicht wirksam vereinbart wurde, ist vor allem eine Rechtsfrage. Diese wird im einstweiligen Verfügungsverfahren nicht anders behandelt als im Hauptsacheverfahren. Außerdem entscheiden in beiden Verfahren das gleiche Gericht und somit im Zweifel die gleiche Kammer. Die Einleitung des Hauptsacheverfahrens macht daher für die unterlegene Partei nur dann Sinn, wenn der Streit um Tatsachen und nicht um Rechtsfragen ging und die Tatsachen beim Vollbeweis anders zu beurteilen wären.

[340] Musielack/Huber § 929 Rn. 4.
[341] OLG Hamm NJW-RR 1997, 959.
[342] Musielack/Lackmann § 888 Rn. 15.
[343] Nicht erforderlich: OLG München MDR 2003, 53; erforderlich: Musielack ZPO § 936 Rn. 5 mwN.
[344] OLG Hamm NJW-RR 1993, 959.
[345] MüKoZPO/Drescher § 929 Rn. 9.

§ 56 Vertragstypen der Gewerberaummiete

Übersicht

Schrifttum:

Beck, Die Option zur Umsatzsteuer bei der Vermietung von Gewerberäumen braucht zusätzliche Vereinbarungen, Grundeigentum 2014, 42; Borzutzki-Pasing, Klauselkontrolle in der Gewerberaummiete, NZM 2004, 161; Borzutzki-Pasing, jurisPR-MietR 20/2008; Borzutzki-Pasing, jurisPR-MietR 20/2015; Bub, Gewerberaummietvertrag und AGB-Gesetz, NZM 1998, 789; Busse, Klimaanlage par ordre du mufti? – Zu den Anforderungen an den Wärmeschutz für Arbeitsräume im Sommer, NJW 2004, 1982; Bühler, Rechtsprechungsübersicht Getränkebezugsvertrag 1993/94, BB Beilage 1997, Nr. 11; Drasdo, Betriebspflichten und Öffnungszeiten in der Gewerberaummiete, NJW-Spezial 2009, 193; ders., Mitbenutzen von Gemeinschaftsanlagen/-einrichtungen durch Mieter, NJW-Spezial 2010, 161; ders., Die gewerbliche Weitervermietung, NJW-Spezial 2017, 545–546; Dziallas, Entstehen eines Einkaufszentrums durch Agglomeration, NZBau 2009, 368; Eidenmüller, Rechtskauf und Unternehmenskauf, ZGS 2002, 290; Elzer, StichwortKommentar Wohnungseigentumsrecht, 2. Auflage 2024; Engel, Die Gestaltung des Mietvertrages für Einzelhandelsimmobilien, MDR 2012, 1268; Franke, Problemorientierte Fragen zur Mietminderungs-Praxis, ZMR 1996, 297; Fritz, Die Entwicklung des Gewerberaummietrechts im Jahre 2008, NJW 2009, 959; ders., Die Entwicklung des Gewerberaummietrechts im Jahr 2012, NJW 2013, 1138; Fritzemeyer, Die Konkurrenzschutzpflicht des Franchisegebers – eine Zwischenbilanz, BB 2000,

472; Gather, Konkurrenzschutz und Betriebspflicht bei der Geschäftsraummiete, DWW 2007, 94; Gies, Streitwerte in Mietsachen, NZM 2003, 886; Giesler, Wieviel Know-how braucht Franchising?, ZIP 2003, 1025; Gronstedt/Jörgens, Die Gewährleistungshaftung bei Unternehmensverkäufen nach dem neuen Schuldrecht, ZIP 2002, 53; Grützmacher, Mischmietverhältnisse auf dem Prüfstand des BGH, ZMR 2014, 953; Gsell, Die Bedeutung technischer Normen, des Stands der Technik und des verkehrsüblichen Zustands bei der Vermietung von Wohn- und Geschäftsräumen, WuM 2011, 491; Günter, Mietverträge über Sonderimmobilien, WuM 2012, 587; Haager, Neuere Entwicklungen im Franchise-Recht, WiB 1996, 377; Harms, Mechanische Kühlung als „Hitzeschutz“ für gewerbliche Mieter?, NZM 2005, 441; Harz, Mietnebenkosten bei der Geschäftsraummiete: Vereinbarungen zur Kostenumlegung bei Vertragsabschluss, ZAP Fach 4, 1695–1704; Herrlein, Umsatzsteuer in Mietvertrag und Mietprozess, NZM 2005, 648; ders., Gewerberaummietrecht im Spiegel der NZM-Jahre 1998–2021, NZM 2022, 19; Herrlein, Umsatzsteuer und Miete, Vortrag auf dem Deutschen Mietgerichtstag 2013; Hinz, Einstweiliger Rechtsschutz im Mietprozess, www.mietgerichtstag.de; Jendrek, Die Betriebspflicht im Gewerberaummietvertrag, NZM 2000, 526; Joachim, Hotelbetreiberverträge als Pacht- und Managementverträge – Aktuelle Regelungsbeispiele und Entwicklungstendenzen, NZM 2001, 163; ders., Wirklichkeit und Recht des Shopping-Centers bzw. Einkaufszentrums – Die Sicht des Projektentwicklers, Betreibers, Center-Managers und Gewerberaummieters, NZM 2000, 785; Kluth/Freingang, Wirtschaftliches Risiko und Äquivalenzstörung – Zum Wegfall der Geschäftsgrundlage bei langfristigen Gewerberaummietverträgen, NZM 2006, 41; Leo/Assmann, Obergerichtliche Rechtsprechung zum gewerblichen Mietrecht 2014, NZM 2015, 770; Leo/Ghassemi-Tabar, Konkurrenzschutz in der Gewerberaummiete, NZM 2009, 337; Leo/Ghassemi-Tabar, Obergerichtliche Rechtsprechung zum gewerblichen Mietrecht 2008, NZM 2009, 263; Leonhard/Lindner-Figura, Aktuelle Rechtsprechung zum gewerblichen Mietrecht, DStR 2009, 1037; Lindner-Figura, Besonderheiten bei der Vereinbarung einer Umsatzmiete, NZM 1999, 492; Ludley, Formularvertragliche Umlage von Verwaltungskosten im Gewerberaummietvertrag, NZM 2006, 851; Martinek, Abzahlungsgesetz und Absatzmittlungsverträge, ZIP 1986, 1440; Martinek, Franchising im Handelsrecht, ZIP 1988, 1362; Meyer-Abich, Vertragsgestaltung & Fallstricke im Gewerbemietrecht, NZM 2020, 1017; Michalski, Pflicht des Pächters von Gewerberäumen zur Nutzung der Pachtsache, ZMR 1996, 527; Neuhaus, Die Umsatzmiete im gewerblichen Mietrecht, GuT 2005, 200; Oprée/Reinhard, Konkurrenzschutzklauseln und ergänzende Vertragsauslegung, NZM 2013, 16; Paulusch, Höchstrichterliche Rechtsprechung zum Brauerei- und Gaststättenrecht, 9. Aufl. 1999; Peters/Welkerling, Rechtsfragen der Durchsetzung der Betriebspflicht im gewerblichen Mietrecht, ZMR 1999, 369; Ratjen, Umsatzmiete: Welche Nachweise darf der Vermieter verlangen? Info M 2012, 16; Ratjen, Darf der Vermieter bei unzureichender Auskunft fristlos kündigen? Info M 2012, 17; Schmidt, Umlegbarkeit der Kosten der Hausverwaltung in der Gewerberaummiete, NZM 2008, 563; Schreiber, Grundlagen des Franchising, JURA 2009, 115; Seidler, Auswirkungen auf Nachbargemeinden durch Einkaufszentrum, NZBau 2009, 438; Speiser, Mietzinsminderung bei Wohnbeeinträchtigung durch Straßenlärm, NJW 1978, 19; Späth, Die vertragliche Vereinbarung einer Betriebspflicht in der Gewerberaummiete, ZMR 2012, 917; Stapenhorst, Grenzen der Sacherhaltungspflicht des Geschäftsraummieters, NZM 2007, 17; Stobbe/Tachezy, Mietvertragsgestaltung im Einkaufszentrum, NZM 2002, 557; Triebel/Hölzle, Schuldrechtsreform und Unternehmenskaufverträge, BB 2002, 521; Usinger, Zulässige und unzulässige Wertsicherungsklauseln in Gewerbemietverträgen – Eine Darstellung anhand von Beispielen und Mustern, NZM 2009, 297; Wahl, Der Bierlieferungsvertrag; Wiek, Berufsbedarf, WuM 2013, 271; Wiethaup, Rechtsfragen des Schallschutzes im Verhältnis des Wohnungsvermieters zu seinem Mieter, ZMR 1975, 257; Wodicka, Instandhaltungs- und Instandsetzungsvereinbarung bei der Geschäftsraummiete und AGB-gesetzliche Inhaltskontrolle, NZM 1999, 1081; Wolf/Ungeheuer, Vertragsrechtliche Probleme des Franchising, BB 1994, 1027; Wunderlich, Die kaufrechtliche Haftung beim asset deal nach dem SchuldRModG, WM 2002, 981.

I. Vermietung in Großobjekten

1 Bei der Vermietung von gewerblich genutzten Flächen sind seit geraumer Zeit Konzentrationsprozesse im Gange. Ladengeschäfte unterschiedlicher Größe und Ausrichtung, Restaurants und Dienstleistungsbetriebe werden zunehmend zu größeren gewerblichen Einheiten zusammengefasst. Marktprägend sind bei dieser Entwicklung die Einkaufszentren.[1] Im Jahr 2023 wurden laut Statista erstmals über 500 großflächige Shoppingcenter in Deutschland gezählt, mit einer Mindestgröße von je 10.000 qm. Im

[1] → Rn. 2 ff.; zu städtebaulichen und gesellschaftlichen Aspekten vgl. Dziallas NZBau 2009, 368; Seidler NZBau 2009, 438; OVG Lüneburg NVwZ-RR 2009, 555; OVG Saarlouis IBR 2009, 2473 mAnm Zabel.

Jahr 2024 ging die Zahl etwas zurück.[2] Sie sind oft außerhalb der Ortszentren angesiedelt und haben sowohl in ländlichen als auch städtischen Gebieten zu weitreichenden strukturellen Veränderungen geführt. Großobjekte finden sich aber auch im innerstädtischen Bereich zB in Gestalt von Ladenpassagen und sog. Malls. Konzentrationsprozesse haben auch in anderen Bereichen der Gewerberaummiete stattgefunden, und zwar mit besonderer Ausprägung bei Büroobjekten, die in großen Städten ganze Hochhauskomplexe ausmachen können. Ähnliche Entwicklungen gibt es im Freizeitbereich mit Sport-, Unterhaltungs- und Restaurantbetrieben, aber auch bei Freiberuflern wie Ärzten[3] und Rechtsanwälten.

1. Mietobjekt in einem Einkaufszentrum

a) Vertragliche Besonderheiten. Die räumlichen und organisatorischen Gegebenheiten bei Großobjekten haben zu marktspezifischen Vertragsgestaltungen geführt. Als Vermieter tritt in der Regel keine natürliche Person, sondern eine Betreibergesellschaft in Erscheinung. Die Anmietung von Gewerberäumen in einem Einkaufszentrum beschränkt sich oft nicht auf den Abschluss eines einheitlichen Mietvertrags, sondern erfolgt im Rahmen eines Vertragskonvoluts mit zT unterschiedlichen Vertragspartnern. Gegenstand gesonderter Verträge können neben dem Mietvertrag über Geschäftsraum namentlich die (Pflicht-)Mitgliedschaft in einer Werbegemeinschaft[4] oder Dienstleistungen (zB die Bewachung oder Säuberung der Anlage) und die Unterhaltung von Gemeinschaftseinrichtungen (Parkhaus, Kinderhort, Informationsstand usw) sein. Das Zusammenspiel mehrerer Verträge und Vertragspartner kann dem Mieter die Übersicht über die vertraglichen Rechte und Pflichten, die zu erwartenden laufenden Belastungen und den richtigen Adressaten für etwaige Ansprüche ganz erheblich erschweren. 2

Praxistipp:
Die Anmietung eines Objekts in einem Einkaufszentrum erfordert die dezidierte Prüfung folgender Fragen:
Wem gegenüber verpflichtet der Mandant sich vertraglich für welches Leistungsverhältnis?
Welche Gesamtverbindlichkeiten geht der Mandant ein?
Gegen wen richten sich die vertraglichen Ansprüche des Mandanten?
Sind die Zuständigkeiten der Vertragspartner transparent geregelt?
Sind die Vertragspartner leistungsfähig?

Die zumeist umfangreichen Mietvertragswerke sind regelmäßig als AGB[5] ausgestaltet und für den Mietinteressenten zumeist keiner individuellen Aushandlung zugänglich. In einer stärkeren Verhandlungsposition befinden sich die sog. **Ankermieter,**[6] bei denen es sich zumeist um Großanbieter aus der Elektro- oder Bekleidungsbranche mit Verkaufsflächen von mehr als 1.000 qm handelt.[7] Die Ankermieter fungieren als Publikumsmagneten für Einkaufszentren und vergleichbare Großobjekte. 3

b) Festlegung des Vertragszwecks und des vertragsgemäßen Gebrauchs. Der Mietzweck regelt für den Mieter Art und Umfang der Nutzungsmöglichkeit und ist somit auch entscheidend für den vom Vermieter gemäß § 535 I BGB geschuldeten Leistungsumfang. Dabei ist die vertragliche Vereinbarung, aber auch die Begleitumstände beim Vertragsabschluss von entscheidender Bedeutung. Bei Beratung auf Seiten des Vermie- 4

[2] https://de.statista.com/statistik/daten/studie/236105/umfrage/anzahl-der-einkaufszentren-in-deutschland/ (zuletzt aufgerufen 16.7.2026).
[3] → Rn. 148 ff.
[4] → Rn. 53 ff.
[5] Zur Verwendung von AGB im Rahmen der Gewerberaummiete vgl. § 48; vgl. auch BeckFormB MietR/Borzutzki-Pasing Form. A. V. 1. Anm. 1 mit Verweis auf A. IV. 1. Anm. 1.
[6] Zur Vertragsbeteiligung von Ankermietern vgl. Sasserath ZMR 2008, 459.
[7] Guhling/Günter/Leonhard BGB Anh. § 535 Rn. 2.

ters sollte deshalb auf eine nicht zu weite Fassung des Nutzungszwecks geachtet werden.[8] Mietzweck und Mietgebrauch sind eng miteinander verzahnt, denn aus dem Mietzweck ergibt sich welchen Gebrauch der Mieter an der Mietsache ausüben darf. Dieser Zusammenhang macht aber nicht die vertragliche Festlegung entbehrlich, welche Räumlichkeiten bzw. Flächen der Mieter nutzen darf. Bei Einkaufszentren können die vertraglichen Nutzflächen ganz unterschiedlichen Teilbereichen komplexer Baulichkeiten zugeordnet sein. Außerdem können in unterschiedlicher Ausgestaltung vertragliche Rechte zur Mitbenutzung von Gemeinschaftsflächen[9] (etwa für Verkaufs- und Werbestände, für die Lagerhaltung oder die Müllentsorgung) in Betracht kommen. Wenn die dem jeweiligen Mieter für seinen Mietgebrauch zugewiesene Fläche nicht eindeutig von anderen Nutzflächen abgegrenzt ist, empfiehlt sich die Kennzeichnung der Mietfläche anhand eines Lageplans, der mit dem Mietvertrag fest verbunden sein sollte, um die Einheitlichkeit der schriftlichen Vertragsurkunde und damit die Schriftform iSv § 550 S. 1 BGB zu wahren.[10] Die Berechtigung zur Mitbenutzung von Flächen oder Einrichtungen, die auch anderen Mietern offen stehen, ist dem Gebrauchsumfang nach positiv zu beschreiben. Aus Unklarheiten über den Gegenstand des Mietvertrags und den Umfang des Mietgebrauchs können sich für beide Vertragsparteien wirtschaftliche Nachteile ergeben. Insbesondere der Umfang eines vertragsgemäßen (Mit-) Gebrauchs bei zentralen Einrichtungen bedarf im Zweifel der ausdrücklichen vertraglichen Festlegung. Zwar können ausdrückliche Vereinbarungen dann entbehrlich sein, wenn das Mitbenutzungsrecht ohne weiteres aus den funktionalen oder organisatorischen Gegebenheiten hervorgeht und die Parteien deshalb besondere Regelungen für entbehrlich halten.[11] In einer komplexen wirtschaftlichen und organisatorischen Einheit wie einem Einkaufszentrum wird sich ein Gebrauchsrecht in Bezug auf bestimmte Gemeinschaftsanlagen und -flächen jedoch eher selten konkludent ergeben. Grundsätzlich besteht daher ein Gebrauchsrecht des Mieters bei Nebenräumen und nicht der Mietsache originär zugeordneten Anlagen und Einrichtungen nur dann, wenn ein solches Recht auch vereinbart wurde.[12] Ist eine derartige Mitbenutzung gestattet/vereinbart, gehört diese Möglichkeit zu dem „Mietgegenstand", der nach § 566 BGB auch auf den Erwerber übergeht.[13] Eine ausdrückliche Regelung im Mietvertrag ist demnach für beide Vertragsparteien nur zu empfehlen.

Formulierungsvorschlag:

5 (1) Folgende Räume und Nutzflächen sind Gegenstand des mietvertraglichen Gebrauchsrechts:

Bezeichnung	Anzahl und Lage (Gebäude/Geschoss)
Verkaufsraum	......
Büro	......
Personalraum	......
Toiletten/Waschraum	......
Lagerraum	......
Kühlraum	......
Nebenräume (zB Keller/Dachboden):	......
weitere Räume:	......
	......

[8] Fritz/Geldmacher/Leo GewerberaumMietR/Geldmacher § 3 Rn. 254–256.
[9] → Rn. 64 ff.; → § 54 Rn. 186 ff.
[10] Zur Wahrung der Schriftform bei der Gewerberaummiete § 47; vgl. hierzu ferner BeckFormB MietR/Borzutzki-Pasing Form. A. V. 1. Anm. 2; Fritz/Geldmacher/Leo GewerberaumMietR/Geldmacher § 3 Rn. 53 ff.
[11] BGH NJW 2007, 146; OLG Düsseldorf ZMR 2011, 867.
[12] Drasdo NJW-Spezial 2010, 161.
[13] OLG Frankfurt a. M. BeckRS 2018, 47849 Rn. 114–127.

(2) Die Lage der Mieträume ergibt sich aus dem Lageplan, der diesem Mietvertrag beigeheftet ist, und zwar aus den rot schraffierten Teilflächen.
(3) Der Mieter ist außerdem berechtigt, den Passagenbereich vor dem Ladenlokal für die Aufstellung von Werbeträgern zu nutzen, und zwar in folgender Weise:
……[14]
(4) Dem Mieter werden im Anlieferungsbereich die Lagerboxen Nr. …… zur dauerhaften Nutzung zugewiesen.

Der Vermieter, der sich bei bestehendem Mitgebrauchsrecht zusätzlich zum vereinbarten Mietzins in Allgemeinen Geschäftsbedingungen noch ein Entgelt (zB für einen Passagenanteil) ausbedingt, handelt nach dem OLG Celle[15] widersprüchlich, was gemäß § 307 BGB zur Unwirksamkeit einer solchen Klausel führen soll. Dies wird aber schwerlich verallgemeinert werden können. Die vertragslose oder -widrige Nutzung von Gemeinschaftsflächen („Sondernutzung") ist ohnehin geeignet, Nutzungsentgeltansprüche des Vermieters nach Bereicherungsrecht auszulösen.[16] Wenn dem Mieter die vertragliche Befugnis eingeräumt wird, etwa zu bestimmten Zeiten zusätzliche Flächen (zB Passagenflächen, Zugänge, Parkplatzflächen usw) zu gewerblichen Zwecken (zB für Sonderaktionen, Werbestände usw) zu nutzen, erscheint die transparente Vereinbarung eines Sonderentgelts durchaus als möglich. 6

Vertragszweck und Umfang des Mietgebrauchs sind auch für die Frage nach dem vom Mieter zu beachtenden oder vom Vermieter zu gewährenden Konkurrenzschutz[17] relevant. Wenn der Ladenmieter seine betriebliche Ausrichtung in Abweichung vom vertraglich zugrunde gelegten Geschäftsbereich (Mietzweck) abändert und andere Waren vertreibt, indiziert dies die Gefahr von Kollisionen mit den Geschäftsinteressen anderer Mieter im selben Objekt, denen der Vermieter möglicherweise ausdrücklichen oder immanenten Konkurrenzschutz zu gewähren hat. Die dem Mietzweck entsprechende Nutzung der Mietsache sollte daher mit Rücksicht auf die zum Konkurrenzschutz und zum Schadensersatz bei Konkurrenzschutzverletzungen entwickelten Grundsätze möglichst konkret und unmissverständlich festgelegt werden.[18]

Formulierungsvorschlag:
§ …… Mietzweck, Änderung und Vereitelung des Mietzwecks 7
(1) Die Vermietung erfolgt zum Betrieb eines Ladenlokals für den Verkauf von ……
(2) Änderungen und Erweiterungen des in Ziff. (1) bezeichneten Warenvertriebs sowie eine sonst von Ziff. (1) abweichende Nutzung der Mieträume sind dem Mieter nur nach vorheriger Zustimmung durch den Vermieter gestattet. Zwischen den Parteien besteht Einigkeit darüber, dass der Vermieter anderen Mietern im Einkaufszentrum vertraglichen Konkurrenzschutz zu gewähren hat und auch in Zukunft gewähren darf. Eine Änderung oder Erweiterung des Nutzungszwecks durch den Mieter kann daher nur in den Grenzen der zugunsten Dritter eingegangenen Konkurrenzschutzpflichten und der berechtigten Interessen des Vermieters im Rahmen seiner freien unternehmerischen Betätigung verlangt werden. Der Vermieter ist in den Grenzen des, dem Mieter mit diesem Vertrag, ausdrücklich zugesagten Konkurrenzschutzes keinen Beschränkungen in dem anderen Mietern zuzusichernden Konkurrenzschutz unterworfen.

---

[14] Alternativ können derartige besondere Gebrauchsbefugnisse des Mieters im Mietvertrag auch separat geregelt werden, BeckFormB MietR/Borzutzki-Pasing Form. A. V. 3 § 11.
[15] OLG Celle ZMR 1996, 209.
[16] OLG Düsseldorf OLGR 2009, 722.
[17] → Rn. 19 ff.
[18] Zu den Hinweispflichten des Vermieters bei mehreren Mietern zugesagtem Konkurrenzschutz vgl. BGH NJW 1982, 376; vgl. auch OLG Dresden IBR 2005, 403.

8 c) **Betriebspflicht.** Die Betreiber von Einkaufszentren und anderen Großobjekten legen Wert darauf, dass alle Mieter ihren Gewerbebetrieb zu den Öffnungszeiten des Zentrums geöffnet haben. Der Vermieter hat zur Wahrung der Attraktivität des Gesamtobjekts ein dringendes Interesse daran, dass Leerlauf vermieden wird und ein aktiver Geschäftsbetrieb stattfindet.[19] Wenn die einzelnen Ladeninhaber und sonstigen Gewerbetreibenden die Öffnungszeiten nach eigenem Belieben festlegen könnten oder ihren Betrieb etwa zu Krankheits- und Urlaubszeiten bzw. nach Belieben schließen dürften, wäre eine Vollauslastung des Centers praktisch nie zu erreichen und es würde ständig ein erheblicher Anteil der Betriebe brachliegen. Es liegt auf der Hand, dass hierdurch das gesamte Erscheinungsbild eines Centers nachhaltig beeinträchtigt werden kann. Das Interesse an einem lückenlosen Geschäftsbetrieb kollidiert allerdings mit dem allgemeinen mietrechtlichen Grundsatz, dass der Mieter nur ein Gebrauchsrecht, nicht jedoch eine Gebrauchspflicht hat.[20] Dieser Grundsatz gilt auch für sog. Ankermieter.[21] Die Begründung einer Gebrauchspflicht als Betriebspflicht erfordert daher entsprechende vertragliche Vereinbarungen.[22] Aufgrund der Vertragsfreiheit können die Parteien eine Betriebspflicht vereinbaren, wobei unter Betriebspflicht die Verpflichtung des Mieters zu verstehen ist, „die Mieträume während festgelegter oder zumindest bestimmbarer (Kern-)Öffnungszeiten für die Kundschaft offen zu halten, das vertraglich festgelegte Gewerbe dort zu betreiben und ein nach dem Betriebszweck angemessenes Waren- und Leistungsangebot zu präsentieren“.[23] Die **Betriebspflicht** ist teilweise von der sog. **Offenhaltungspflicht** abgegrenzt worden. Mit der Betriebspflicht wird dem Mieter danach die Verpflichtung auferlegt, die angemieteten Geschäftsräume zu einem bestimmten Zweck tatsächlich zu nutzen, während die Offenhaltungspflicht regelt, dass er die Geschäftsräume zu bestimmten Zeiten nicht schließen darf.[24] Im Grunde umschreibt die Offenhaltungspflicht nur die nähere (zeitliche) Ausgestaltung der Betriebspflicht.[25] Das OLG Dresden[26] hat auf die Differenzierung deshalb betonten Wert gelegt, um so – auf problematische Weise – den sog. blue-pencil-Test anwenden und unwirksame Bestandteile einer Betriebspflichtklausel aussondern zu können.[27]

9 *aa) Vereinbarung der Betriebspflicht.* Nach Meinung in Rechtsprechung und Schrifttum kann bei der Geschäftsraummiete eine Gebrauchs- und Betriebspflicht des Mieters auch **formularmäßig** wirksam vereinbart werden.[28] Zu achten ist bei einer formularmäßigen Vereinbarung einer Betriebspflicht aber auf die unterschiedlichen Kombinationen:

---

[19] KG MDR 2013, 511; eingehend: Drasdo NJW-Spezial 2009, 193; Späth ZMR 2012, 917.

[20] Vgl. Grüneberg/Weidenkaff BGB § 535 Rn. 84.

[21] Schmidt-Futterer/Lehmann-Richter BGB § 535 Rn. 716.

[22] OLG Naumburg ZMR 2000, 290; OLG Düsseldorf NZM 2001, 131; Jendrek NZM 2000, 526; zur Betriebspflicht von sog. Ankermietern vgl. Sasserath ZMR 2008, 459.

[23] Guhling/Günter/Leonhard § 535 BGB Rn. 543a.

[24] OLG Dresden ZMR 2016, 26; OLG Celle IMR 2017, 192 = BeckRS 2017, 111318; in dieselbe Richtung gehen, wenngleich begrifflich zT nicht immer stringent: OLG Naumburg NZM 2008, 772; KG NZM 2013, 731; ZMR 2015, 117; Meyer-Abich NZM 2020, 1017 (1027).

[25] So denn auch ohne besondere begriffliche Unterscheidung: OLG Hamm NZM 2018, 87.

[26] OLG Dresden ZMR 2016, 26 mAnm Borzutzki-Pasing jurisPR-MietR 20/2015 Anm. 5.

[27] Kritisch dazu Borzutzki-Pasing jurisPR-MietR 20/2015 Anm. 5.

[28] BGH NZM 2021, 930; BGH NZM 2010, 361; NJW-RR 1992, 1032; 1990, 1076; NJW 1983, 159; OLG Hamm NZM 2018, 87; OLG Hamburg GuT 2003, 57; OLG Düsseldorf NJW-RR 1997, 648; Gather DWW 2007, 94; Peters/Welkerling ZMR 1999, 369 (648); Jendrek NZM 2000, 526; Peters/Welkerling ZMR 1999, 369; Späth ZMR 2012, 917; Anders Herrlein NZM 2022, 19: „Die Auferlegung einer Betriebspflicht führt deshalb regelmäßig zu einer im Rahmen der mietrechtlichen Praxis nicht erforderlichen Entfernung vom gesetzlichen Leitbild der Miete und, wie geboten von einem „generalisierenden objektiven Maßstab“ ausgehend, zur Unwirksamkeit im Formularmietvertrag.“.

– Betriebspflicht des Mieters bei strenger Sortimentsbindung und Ausschluss des Konkurrenzschutz (sog. „Klauseltrias") ist wegen unangemessener Benachteiligung des Mieters nach § 307 BGB formularvertraglich nicht zulässig.[29]
– Betriebspflicht des Mieters mit Sortimentsbindung bei Gewährung von Konkurrenzschutz ist formularvertraglich zulässig.[30]
– Betriebspflicht des Mieters ohne Konkurrenzschutz und/oder Sortimentsschutz, aber ohne Sortimentsbindung, ist auch formularvertraglich zulässig.[31]

Nach einhelliger Meinung wird die Betriebspflicht aber nicht bereits dadurch unwirksam, dass sich das Geschäft des Gewerbemieters als unwirtschaftlich herausstellt und der erwartete Gewinn ausbleibt.[32] Die fehlende Rentabilität fällt stets in den Risikobereich des Unternehmers. Die Betriebspflicht endet vielmehr erst bei faktisch unmittelbar bevorstehender Insolvenz des Mieters, weshalb bei Beratung auf Mieterseite dringend an die Vereinbarung von Sonderkündigungsrechten für den Fall der eintretenden Unwirtschaftlichkeit (zB Unterschreiten von Umsatzzielen, Leerstandquoten im Objekt) gedacht werden sollte.[33]

Weiter ist auf die Transparenz der Klausel hinsichtlich der Öffnungszeiten zu denken. Bei der Formulierung wonach die Öffnungszeiten von der „überwiegenden Anzahl der Mieter" in dem Einkaufscenter abhängen sollen, wurde nur deshalb nicht als intransparent und nach § 307 BGB unwirksam qualifiziert, weil das Einkaufscenter bei Abschluss des Mietvertrags schon länger betrieben wurde und deshalb diese Zeiten für den neuen Mieter ermittelbar waren.[34]

Formulierungsvorschlag:

§ …… Betriebspflicht 10

(1) Der Mieter ist zum Betrieb des Ladenlokals verpflichtet. Hierzu gehört nach Maßgabe des vertraglichen Mietzwecks insbesondere die Pflicht das Ladengeschäft, während der gesetzlich zulässigen Öffnungszeiten [alternativ: während der vertraglich festgelegten Öffnungszeiten], geöffnet zu halten. Er hat einen Verkaufsbetrieb zu unterhalten, der durch ausreichende personelle Ausstattung, durch die ständige Bereitstellung eines zeitgemäßen, laufend ergänzten Warenangebots, durch eine dem aktuellen Kundengeschmack und durch eine den Jahreszeiten angepasste Schaufenster- und Verkaufsraumgestaltung geeignet ist, die Attraktivität des gesamten Einkaufszentrums zu fördern.

(2) Die nach Ziff. (1) zu beachtende Betriebspflicht gilt für die gesamte Mietzeit und nur mit Ausnahme derjenigen Zeiträume, in denen das Ladenlokal zwecks Durchführung der vertragsgemäß durchzuführenden Schönheitsreparaturen, vertraglich zulässiger baulicher Maßnahmen oder zur Vorbereitung fristgerechter und ordnungsgemäßer Räumung geschlossen werden muss. Die Maßnahmen, die eine zeitweise Schließung erforderlich machen, sind so zu beschleunigen, dass sich die Schließung auf den unbedingt erforderlichen Zeitraum beschränkt.

(3) Der Mieter hat dafür Sorge zu tragen, dass der Betrieb des Ladenlokals in Urlaubs-, Krankheits- und Kündigungsfällen uneingeschränkt gewährleistet bleibt. Die zeitweise Schließung zur Durchführung von Betriebsferien beinhaltet einen Verstoß gegen die vertragliche Betriebspflicht.

---

[29] BGH NJW 2020, 1507 mit ausführlicher Auseinandersetzung der bis dahin unterschiedlichen Rechtsauffassungen in Rechtsprechung und Literatur und BGH NZM 2021, 930. Siehe ausführlich hierzu Guhling/Günter/Leonhard BGB Anh. § 535 Rn. 47 ff.

[30] LG Kassel BeckRS 2016, 2140 mit Verweisen hinsichtlich der Wirksamkeit der Kombination der Klausel auf OLG Naumburg NZM 2008, 772; OLG Rostock NZM 2004, 460; KG NZM 2005, 620; OLG Düsseldorf ZMR 2005, 47; OLG Hamburg ZMR 2003, 254.

[31] KG BeckRS 2014, 22319.

[32] BGH NZM 2010, 36; 2000, 1008 = BeckRS 2000, 6986; KG MDR 2013, 511.

[33] Fritz/Geldmacher/Leo GewerberaumMietR/Leo § 3 Rn. 909.

[34] OLG Hamm BeckRS 2017, 124404.

11 *bb) Immanente Betriebspflicht.* Bei der Bejahung einer **immanenten Betriebspflicht oder auch stillschweigend bzw. konkludent vereinbarten Betriebspflicht** ist die Rechtsprechung[35] und Literatur[36] dagegen sehr zurückhaltend bzw. wird auch bei Einkaufszentren eine solche nur in Ausnahmefällen angenommen.[37] Für diese Ausnahmefälle „muss ein tatsächliches Verhalten der Parteien vorliegen, das einen zweifelsfreien Schluss auf einen für die Begründung einer Betriebspflicht gerichteten Rechtsbindungswillen zulässt".[38] Selbst die Vereinbarung einer Umsatzmiete,[39] bei der sich der Mietzins – zumindest teilweise – nach den vom Mieter getätigten Umsätzen bemisst, soll für sich noch keine Betriebspflicht begründen können.[40] Zur Begründung einer Betriebspflicht werden selbst dann ausdrückliche Vereinbarungen gefordert, wenn das Interesse des Vermieters an der Aufrechterhaltung des Betriebs auf der Hand liegt.[41] Bei den sog. Ankermietern gibt es dazu unterschiedliche Rechtsprechungen. Das LG Köln[42] hat eine immanente Betriebspflicht für eine Supermarkt in einem Einkaufszentrum verneint, wohingegen das LG Hannover[43] eine solche aufgrund der Schlüsselstellung des Mieters (Auslegung des Mietvertrages unter Beachtung aller Begleitumstände (§§ 133, 157 BGB)) bejaht hat.[44]

12 *cc) Risiken bei zu strengen Reglementierungen.* Bei der vertraglichen Ausgestaltung der vom Mieter zu beachtenden Betriebspflichten können zu **strenge Reglementierungen bei der Ausgestaltung des zulässigen Mietgebrauchs** für den Vermieter **risikoträchtig** sein. Wenn der Vermieter die wirtschaftliche Bewegungsfreiheit des Mieters zu stark einschränkt, können sich Bedenken aus § 307 BGB ergeben.[45]

13 Wirksamkeitsbedenken gegen die Ausbedingung einer Betriebspflicht unter gleichzeitiger Festlegung von **Offenhaltungspflichten** bestehen nicht, auch wenn die zeitweise Schließung nur für absolute Ausnahmefälle vorgesehen ist.[46]

14 *dd) Verstoß gegen Betriebspflicht.* Der Vermieter hat gegen den, gegen seine bestehenden Betriebspflichten verstoßenden, Mieter grundsätzlich einen Anspruch auf Erfüllung der Betriebspflicht. Daneben sind Schadensersatzansprüche nach § 280 Abs. 1 BGB gegeben, wie zB Neuvermietungsschwierigkeiten wegen des Verstoßes des Mieters.[47] Wegen der Schwierigkeit der konkreten Ermittlung und Nachweisbarkeit dieser Schäden, ist es auf Beratungsseite des Vermieters sinnvoll eine Vertragsstrafenregelung[48] in den Mietvertrag aufzunehmen.[49] Zu beachten ist weiter, dass diese Schadensersatzansprüche § 548 BGB und damit der kurzen Verjährung zuzuordnen sind.[50]

Ein Verstoß des Mieters gegen bestehende Betriebspflichten berechtigt den Vermieter nach erfolgloser Abmahnung wegen fortgesetzt vertragswidrigen Gebrauchs gemäß

[35] Beispiele finden sich bei: Gather DWW 2007, 94; vgl. auch OLG Brandenburg BeckRS 2009, 289116; Fritz NJW 2009, 959.

[36] Lindner-Figura/Oprée/Stellmann Geschäftsraummiete-HdB/Eggersberger/Laas § 23 Rn. 25.

[37] Guhling/Günter/Leonhard BGB Anh. § 535 Rn. 53.

[38] Guhling/Günter/Leonhard BGB Anh. § 535 Rn. 53.

[39] → Rn. 66 ff.

[40] BGH NJW 1979, 531; ZIP 1983, 449; LG Lübeck NJW-RR 1993, 78; Michalski ZMR 1996, 527.

[41] Vgl. Michalski ZMR 1996, 527.

[42] LG Köln BeckRS 2008, 11989 mit Verweis auf LG Lübeck BeckRS 1992, 2666, dessen Meinung sich das LG Köln in seiner Entscheidung anschloss.

[43] LG Hannover ZMR 1993, 280.

[44] Ausführlich hierzu Lindner-Figura/Oprée/Stellmann Geschäftsraummiete-HdB/Eggersberger/Laas § 23 Rn. 29.

[45] Zum Meinungsstand → Rn. 21; zur Anwendbarkeit von § 9 AGBG aF vgl. OLG Schleswig OLGR 1999, 385; vgl. auch OLG Naumburg NZM 2008, 772 mAnm Borzutzki-Pasing jurisPR-MietR 20/2008 Anm. 1; Eupen MietRB 2008, 358.

[46] Zur Offenhaltungspflicht vgl. bereits → Rn. 8; BGH NZM 2010, 361; NJW-RR 1992, 1032.

[47] Guhling/Günter/Leonhard BGB Anh. § 535 Rn. 72.

[48] → Rn. 18.

[49] Lindner-Figura/Oprée/Stellmann Geschäftsraummiete-HdB/Hübner § 13 Rn. 118.

[50] OLG Frankfurt BeckRS 2015, 2789 (negative Beeinträchtigung des Verkehrswerts durch Nichtbetrieb einer Gaststätte ist eine Verschlechterung der Mietsache).

§ 543 Abs. 1 S. 1 BGB aber auch zur **fristlosen Kündigung.**[51] Der fortgesetzt vertragswidrige Nichtgebrauch des Gewerbebetriebs steht dem fortgesetzt vertragswidrigen Gebrauch gleich.[52] Ein Verstoß gegen die vertragliche Betriebspflicht liegt nicht nur dann vor, wenn der Mieter den Geschäftsbetrieb ganz einstellt. Ein Verstoß kann auch darin begründet liegen, dass der Mieter bestimmte Vorgaben, die der Vertrag zur näheren Ausgestaltung der Geschäftstätigkeit regelt, nicht beachtet. Das kann etwa der Fall sein, wenn der Mieter die vertraglichen **Öffnungszeiten**[53] nicht einhält. In Folge der fristlosen Kündigung hat der Vermieter dann einen Anspruch auf Schadensersatz wegen Nichterfüllung auf Grund des Verschuldens des Mieters an der Auflösung des Vertrages.[54] Dieser Schadensersatz ist in Höhe des bis zum vereinbarten Vertragsende entstehenden Mietausfalls vom Mieter zu bezahlen, wobei hierauf keine Umsatzsteuer zu entrichten ist.[55]

Formulierungsvorschlag:

Sehr geehrte(r) ……, 15

aufgrund des Mietvertrags vom …… sind Sie verpflichtet, das von Ihnen angemietete Ladenlokal zu den vertraglich festgelegten Zeiten geöffnet zu halten. Dieser Pflicht sind Sie seit dem …… nicht mehr nachgekommen. Das Geschäft ist seit diesem Tag geschlossen.

Sie verstoßen damit gegen wesentliche Pflichten aus dem Mietvertrag. Ich bestehe jedoch uneingeschränkt auf der Erfüllung des Vertrags und fordere Sie zur Vermeidung einer alsbaldigen gerichtlichen Inanspruchnahme auf, den Betrieb des Ladenlokals entsprechend den vertraglichen Vereinbarungen sofort wieder aufzunehmen.

Ich behalte mir die Geltendmachung von Schadenersatzansprüchen vor und weise ferner darauf hin, dass ein Verstoß gegen die Betriebspflicht ein Recht zur außerordentlichen fristlosen Kündigung des Mietverhältnisses begründen kann.

ee) Prozessuale Durchsetzung der Betriebspflicht. Der Vermieter kann den Mieter ent- 16
sprechend § 541 BGB auf **Erfüllung der Betriebspflicht** gerichtlich in Anspruch nehmen.[56] Ein auf Erfüllung gerichteter Titel ist idR nur mit erheblichem Zeitaufwand zu erlangen. Nach hM kann die Beachtung der Betriebspflicht des Mieters aber auch durch **einstweilige Verfügung** durchgesetzt werden.[57] Zwar nimmt in solchen Fällen die einstweilige Verfügung die Hauptsache vorweg. Eine solche Vorwegnahme ist jedoch zulässig, wenn der Gläubiger darlegt und glaubhaft macht, dass er auf die Erfüllung dringend angewiesen ist.[58] Dies bejaht die Rechtsprechung, weil ein Einkaufszentrum darauf angewiesen ist, sich durch ein möglichst großes und vielfältiges Angebot an Geschäften für Kunden attraktiv zu halten.[59] Die Erwirkung einer einstweiligen Verfügung wegen Verstoßes gegen die Betriebspflicht setzt zumindest bei einer klaren Vertragssituation keine besondere In-Verzug-Setzung des Mieters durch Setzung einer Erfüllungsfrist voraus. Führt der Mieter von Gewerberäumen nach Erlass einer gegen ihn ergangenen einstweiligen Verfügung – entgegen seiner zuvor erfolgten Ankündigung – den Betrieb fort und erklärt er darüber hinaus, den Betrieb bis zur rechtskräftigen

---

51 Guhling/Günter/Leonhard BGB Anh. § 535 Rn. 75.
52 BGH NJW-RR 1992, 1032; OLG Dresden ZMR 2016, 26; OLG Frankfurt a. M. ZMR 2009, 446; OLG Celle ZMR 2011, 948.
53 Zur Offenhaltungspflicht vgl. bereits → Rn. 8; BGH NZM 2010, 361.
54 Lindner-Figura/Oprée/Stellmann Geschäftsraummiete-HdB/Hübner § 13 Rn. 118.
55 Guhling/Günter/Leonhard BGB Anh. § 535 Rn. 75.
56 Vgl. Drasdo NJW-Spezial 2009, 193; Gather DWW 2007, 94; Fritz Rn. 234b, 600.
57 OLG Rostock NJW 2016, 3539; KG NZM 2013, 731; OLG Frankfurt a. M. BeckRS 2009, 3013 nebst Anm. Ingendoh jurisPR-MietR 7/2009 Anm. 5; OLG Düsseldorf NJW 1997, 648; OLG Frankfurt a. M. NJW-RR 1992, 171; OLG Köln NJW-RR 1992, 633; OLG Celle NJW-RR 1996, 585; Hinz, Einstweiliger Rechtsschutz im Mietprozess, www.mietgerichtstag.de; nur im Ausnahmefall einstweiligen Rechtsschutz bejahend: KG ZMR 2005, 47.
58 Vgl. Zöller/Vollkommer ZPO § 940 Rn. 6 mwN.
59 KG NZM 2013, 731.

Entscheidung über die Betriebspflicht und über die Wirksamkeit der Kündigung fortsetzen zu wollen, entfällt der Verfügungsgrund mangels Dringlichkeit.[60]

17 *ff) Vollstreckung.* Wenn der Vermieter einen titulierten Anspruch durchsetzen will, stellt sich die Frage, wie aus dem Titel zu **vollstrecken** ist. Das ist wegen der oft schwierigen Abgrenzung zwischen Unterlassung (des vertragswidrigen Gebrauchs) im Sinne von § 890 ZPO und der Vornahme einer Handlung (Beachtung der Betriebspflicht) umstritten. Dabei ist zusätzlich abzugrenzen, ob die Vollstreckung auf eine vertretbare Handlung im Sinne von §§ 887 ZPO gerichtet ist oder auf eine unvertretbare Handlung gemäß § 888 ZPO.[61] Die Rechtsprechung[62] geht teilweise davon aus, dass die Vollstreckung nach § 888 ZPO stattzufinden habe. Dem ist beizutreten, denn der Anspruch des Vermieters zielt in erster Linie auf den **Betrieb des Ladengeschäfts als einer unvertretbaren Handlung** im Sinne von § 888 Abs. 1 ZPO ab, deren Vornahme ausschließlich vom Willen des Mieters abhängt. Das Willenskriterium des § 888 Abs. 1 ZPO wird nach hM restriktiv dahin ausgelegt, dass eine Vollstreckung nicht in Betracht komme, wenn der Schuldner die erforderliche Mitwirkung Dritter (zB von Lieferanten oder Arbeitnehmern) trotz zumutbarer Anstrengungen nicht erreichen kann.[63] Eine Vollstreckung nach § 888 Abs. 1 ZPO scheidet aber erst dann aus, wenn dem Vollstreckungsschuldner die Erlangung der Mitwirkungshandlung von Dritten objektiv oder subjektiv eindeutig unmöglich ist. Es muss feststehen, dass der Schuldner erfolglos alle ihm zumutbaren Maßnahmen einschließlich eines gerichtlichen Vorgehens unternommen hat, um den Dritten zu seiner Mitwirkung zu veranlassen, wofür den Vollstreckungsschuldner die Vortrags- und Beweislast trifft.[64] Demgegenüber hält das OLG Düsseldorf[65] § 890 ZPO (anstelle von § 888 Abs. 1 ZPO) für anwendbar, weil nur so auch die nachträgliche Sanktionierung eines Betriebspflichtverstoßes für die letzte Mietzeit vor Mietende zu erzielen sei. Bei dem Zwangsgeld nach § 888 ZPO handele es sich um ein reines Beugemittel, mit dem der Vermieter nach dem durch Vertragsbeendigung bedingten Wegfall der durchzusetzenden Pflicht ausgeschlossen sei. Ob eine Vollstreckung nach bereits eingetretenem Pflichtenwegfall überhaupt noch möglich bleibt, ist allerdings auch im Rahmen des § 890 ZPO umstritten.[66] Der auch diesseits befürwortete Weg über § 888 ZPO begründet für den Vermieter keine Nachteile, da ihm nach Mietende regelmäßig noch Schadensersatzansprüche zustehen. Deren Durchsetzung wird den Vermieter nach Mietende eher interessieren als die Vollstreckung von Ordnungsmitteln.

18 *gg) Vertragsstrafe.* An Verstöße gegen die Betriebspflicht kann eine Vertragsstrafe geknüpft werden.[67] Gegenüber Unternehmern sind Vertragsstrafenklauseln generell zulässig, da insoweit das Klauselverbot aus § 309 Nr. 6 BGB wegen der Regelung des § 310 Abs. 1 S. 1 BGB nicht unmittelbar Geltung findet. Über § 310 Abs. 1 S. 2 BGB verbleibt es aber bei der Klauselkontrolle, mit der unangemessen benachteiligende Regelungen iSv § 307 BGB als unwirksam auszusondern sind. Leitbild für die Bestimmung, ob eine Vertragsstrafenklausel sich als unwirksam erweist, ist nach der hier vertretenen Auffassung das mietvertragliche Äquivalenzverhältnis. Je weniger das ver-

[60] KG ZMR 2015, 117.
[61] Vgl. Drasdo NJW-Spezial 2009, 193.
[62] OLG Rostock NJW 2016, 3539; OLG Hamburg NJW-RR 2014, 133; OLG Hamm NJW 1973, 1135; OLG Celle NJW-RR 1996, 585; OLG Frankfurt a. M. ZMR 2009, 446, jeweils mwN; vgl. auch Peters/Welkerling ZMR 1999, 369; das OLG Frankfurt a. M. hat mit BeckRS 2009, 3013, eine Vollstreckung nach § 888 ZPO zumindest nicht ausgeschlossen.
[63] OLG Rostock NJW 2016, 3539; OLG Hamburg NZM 2014, 273; OLG Frankfurt a. M. ZMR 2009, 446; OLG Celle NJW-RR 1996, 585; OLG Düsseldorf GuT 2004, 17; Zöller/Stöber ZPO § 888 Rn. 3; aA OLG Naumburg NZM 1998, 575; OLG Hamm NJW 1973, 1135; Hinz, Einstweiliger Rechtsschutz im Mietprozess, www.mietgerichtstag.de.
[64] BGH NJW-RR 2009, 443; OLG Rostock NJW 2016, 3539.
[65] Vgl. NJW-RR 1997, 648.
[66] Vgl. nur Thomas/Putzo ZPO § 890 Rn. 10 mwN.
[67] Vgl. Späth ZMR 2012, 917.

tragliche Gleichgewicht von Leistung und Gegenleistung durch eine Pflichtverletzung gestört wird, desto eher erweisen sich Vertragsstrafenregelungen als problematisch. Unverhältnismäßig hohe Sanktionen sind unwirksam.[68] Leitschnur für die Bestimmung, ob von der Unverhältnismäßigkeit einer Vertragsstrafe auszugehen ist, kann die Orientierung an denjenigen Nachteilen sein, die für den geschützten Vertragsteil aufgrund eines Vertragsverstoßes entstehen können (vgl. §§ 280 ff. BGB). Zusätzlich wird eine gewisse Druckmittelfunktion Berücksichtigung finden können.[69] Das OLG Rostock hat eine Vertragsstrafe für eine Verletzung der Betriebspflicht pro Tag von 5 % der Nettokaltmiete als nicht unangemessen hoch beurteilt.[70] Das OLG Naumburg hat aber entschieden, dass „Die in einem vorformulierten Gewerberaummietvertrag vorgesehene Klausel „Kommt die Mieterin ihrer Betriebspflicht nicht nach, so hat sie für jeden Tag des Verstoßes eine Vertragsstrafe iHv 10 % der Monatsmiete an die Vermieterin zu zahlen." unwirksam ist."[71]

d) Konkurrenzschutz. Großobjekte – insbesondere Einkaufzentren – zeichnen sich dadurch aus, dass sich eine Vielzahl von gewerblichen Betrieben auf relativ kleinem Raum konzentriert. Dies indiziert die Gefahr, dass sich Betriebe mit gleicher Ausrichtung Konkurrenz machen. In innerstädtischen Gebieten mit einer ähnlichen Konzentration von Betrieben ist die sich hieraus ergebende Konkurrenzsituation vom jeweiligen Gewerbetreibenden ohne Weiteres hinzunehmen, denn es gibt dort grundsätzlich keine rechtliche Handhabe, außerhalb des Mietobjekts angesiedelte Wettbewerber fernzuhalten. Die Rechtsordnung ist vielmehr auf die Förderung des Wettbewerbs ausgerichtet. Jedem Unternehmen steht danach ein unternehmerischer Freiraum zu. Es ist grundsätzlich ihm selbst überlassen, die Art seiner wirtschaftlichen Betätigung zu bestimmen und zu entscheiden, mit welchen Waren oder Leistungen es am Markt teilnehmen will, sofern es sich hierbei nicht solcher Mittel bedient, die der auf die Freiheit des Wettbewerbs gerichteten Zielsetzung des Gesetzes gegen Wettbewerbsbeschränkungen zuwiderlaufen.[72] Auch der jeweilige Vermieter hat bei konkurrierenden Mietobjekten idR keinerlei Handhabe, auf die geschäftlichen Aktivitäten außenstehender Dritter einzuwirken. In Großobjekten, die unter der Regie eines einheitlichen Vermieters stehen, liegt das anders. Hier können die Vertragsparteien Vereinbarungen treffen, mit denen die Konkurrenzsituation innerhalb des betreffenden Objekts geregelt wird. Konkurrenzschutz-Klauseln müssen sich aber an § 1 GWB mit seinem generellen Verbot wettbewerbsbeschränkender Vereinbarungen zwischen Unternehmen und an §§ 134, 138, 307 BGB messen lassen. Sofern sie sachlich erforderlich und in räumlicher, zeitlicher und gegenständlicher Hinsicht so weit beschränkt werden, dass sie das nach dem Vertragszweck anzuerkennende notwendige Maß nicht überschreiten, sind sie als unbedenklich anzusehen.[73] Der Vermieter ist ohne Konkurrenzschutzvereinbarungen – in den Grenzen des sog. immanenten Konkurrenzschutzes[74] – grundsätzlich in der Entscheidung darüber frei, ob er einem gewerblichen Mieter vertraglichen Konkurrenzschutz einräumen will oder nicht. Der Vermieter wird es jedoch schwer haben, geeignete Mietinteressenten zu finden, wenn diese befürchten müssen, auf engstem Raum mit einer verschärften Konkurrenzsituation konfrontiert zu werden. Der Vermieter hat ohnehin ein naheliegendes Interesse daran, einen attraktiven Branchenmix zu erlangen, bei dem sich die Mieter nicht in einen ruinösen Wettbewerb verstricken. Konkurrenzschutz- und Konkurrenzverbotsklauseln können in dem so vorgegebenen Rahmen unterschiedlichen Zwecken mit Schutz- und Verbotscharakter dienen. Sie können sich auf ein einzelnes Mietobjekt beziehen oder – seltener – auf mehrere, benachbarte 19

[68] OLG Naumburg BeckRS 2012, 20199 nebst Anm. Bieber jurisPR-MietR 2/2013 Anm. 5; OLG Celle NJW-RR 1988, 946; Fritz NJW 2013, 1138 mwN.
[69] BGHZ 105, 24; zu Vertragsstrafenregelungen vgl. auch Leo/Ghassemi-Tabar NZM 2009, 263.
[70] OLG Rostock BeckRS 2004, 3992.
[71] OLG Naumburg BeckRS 2012, 20199 (3. Amtlicher Ls. S. 1).
[72] BGH BeckRS 2004, 920.
[73] BGH GRUR 2009, 698; OLG München GesR 2011, 44.
[74] Vgl. dazu im Einzelnen → Rn. 24 ff.

Objekte desselben Vermieters; immerhin denkbar ist auch ein vom (Groß-) Vermieter für ein ganzes Stadtgebiet gewährter Wettbewerbsschutz, soweit es sich denn um dem Vermieter gehörende Objekte handelt.

20 *aa) Vereinbarung von Konkurrenzschutz.* Ausdrückliche vertragliche Konkurrenzschutzklauseln sind bei Einkaufszentren und anderen Großobjekten weit verbreitet. Schon bei der Festlegung des **Vertragszwecks** kann sich die Frage nach einem zu gewährendem Konkurrenzschutz stellen,[75] denn der vertragliche Gebrauchszweck beinhaltet die wesentliche Weichenstellung für das dem jeweiligen Mieter eröffnete gewerbliche Betätigungsfeld. Art und Umfang des jeweiligen Mietgebrauchs definieren auch das Spannungsfeld, in dem sich die unterschiedlichen Mieter jeweils im mietvertraglichen Verhältnis zum Vermieter bewegen. In diesem Rahmen kommt es wesentlich darauf an, die jeweiligen Gebrauchsbefugnisse möglichst konkret festzulegen und voneinander abzugrenzen, um dem Streit über die Reichweite von Konkurrenzschutzklauseln vorzubeugen. Der Vermieter hat den Mieter bei Vertragsschluss darauf hinzuweisen, ob und in welchem Umfang er anderen Mietern Konkurrenzschutz zugesagt hat.[76]

Praxistipp:

Bei der Anmietung eines Gewerbeobjekts in einem Einkaufszentrum ist die Beantwortung folgender Fragen zur Klärung der wirtschaftlichen Erfolgsaussichten und der mietvertraglichen Gebrauchsbefugnisse unabdingbar:

Ist anderen Mietern Konkurrenzschutz zugesagt worden, ggf. für welche konkrete gewerbliche Betätigung?

Ist der Vermieter bereit, dem Mieter Konkurrenzschutz zu gewähren, ggf. für welche konkrete gewerbliche Betätigung?

Drohen Kollisionen mit der gewerblichen Betätigung anderer Mieter, ggf. auf welchem geschäftlichen Sektor und mit welchen geschäftlichen und wettbewerbsmäßigen Auswirkungen?

21 Die Konkurrenzschutzpflicht ist möglichst konkret und aus Vermietersicht eng zu fassen. Je weiter und allgemeiner der Schutzbereich definiert ist, desto umfangreicher können sich die Haftungsrisiken auf Vermieterseite gestalten. Allgemein gehaltene Vereinbarungen etwa des Inhalts, dass dem Mieter Konkurrenzschutz gewährt werde, sind auslegungsbedürftig.[77] Wenn eine nachträgliche Erweiterung des Mietgebrauchs oder eine Änderung des vertraglichen Mietgebrauchs als zulässig vereinbart wurde, bedarf dies als wesentlicher Vertragsbestandteil der Schriftform iSv § 550 BGB.[78] Bei der Frage, ob und inwieweit ein anderer Mieter den vertragsgemäßen Gebrauch eines Bestandsmieters beeinträchtigt, ist sowohl die konkrete Ausgestaltung des Betriebs des anderen Mieters als auch der in dem anderen Mietvertrag vereinbarten Mietzweck in die Betrachtung einzubeziehen.[79] Zur Feststellung und Bemessung der Beeinträchtigung des Bestandsmieters im Rahmen einer Mietminderung bedarf es – anders als bei der Geltendmachung von Schadensersatzansprüchen – nicht der Auswertung der Umsatzentwicklung des betroffenen Mieters.[80] Die Auslegung des Vertrags kann ergeben, dass sich der Konkurrenzschutz nur auf **Hauptartikel** und nicht auch auf **Nebenartikel** erstreckt oder dass sowohl Haupt- als auch Nebenartikel Konkurrenzschutz genießen sollen.[81] Die Vertragsparteien können einen völligen Konkurrenzschutz vereinbaren, der sich auch auf Nebenartikel anderer Geschäfte erstreckt. Vertraglich zugesagter Konkurrenzschutz gilt regelmäßig nur für künftig abzuschließende Mietverträge in den

[75] Vgl. hierzu bereits → Rn. 7; zu Beispielen aus der Rspr. vgl. Leo/Ghassemi-Tabar NZM 2009, 337.
[76] BGH NJW 1982, 376.
[77] BGH NJW-RR 1986, 9; OLG Brandenburg ZWE 2009, 417; vgl. auch Gather DWW 2007, 94; zum Konkurrenzschutz als Mandantenschutz vgl. OLG Düsseldorf DStR 2016, 269.
[78] KG ZMR 2016, 613; Grüneberg/Weidenkaff BGB § 550 Rn. 10.
[79] OLG Hamm NZM 2016, 202.
[80] OLG Düsseldorf NJW-RR 1998, 514; OLG Hamm NZM 2016, 202.
[81] BGH NZM 2008, 770.

Objekten, die vom Schutz erfasst sind.[82] Die bei Anmietung bestehende Konkurrenzsituation muss der Mieter also grundsätzlich hinnehmen. Anders als beim immanenten Konkurrenzschutz[83] kommt es für die Auslegung, wie weit ein **ausdrücklich vereinbarter Konkurrenzschutz** reicht, nicht maßgeblich darauf an, ob sich das Warenangebot in Haupt- oder Nebenartikeln überschneidet. Ob eine Konkurrenzklausel auch Nebenartikel erfasst, muss zunächst einzelfallbezogen ermittelt werden.[84] Ergibt die Auslegung einer Konkurrenzschutzklausel, dass Nebenartikel nicht geschützt sind, genießt der Mieter Konkurrenzschutz nur in Bezug auf die von ihm als Hauptartikel vertriebenen Waren oder Leistungen, während er den Wettbewerb in Bezug auf bloße Nebenartikel grundsätzlich zu dulden hat.[85]

Für die Bestimmung, was **geschützter Hauptartikel** ist, kommt es darauf an, welches Angebot den Stil des Geschäfts bestimmt und ihm das eigentliche Gepräge gibt.[86] Welche Sortimentsbestandteile Hauptartikel sind, unterliegt oft einer schwer zu fassenden Kasuistik, denn auch eine ganze Sortimentspalette kann zum Inbegriff eines Hauptartikels werden und eine bestimmte Geschäftsart definieren.[87] Eine Klausel, der zufolge ein Mieter bereits vorhandenen Mietern keine Konkurrenz machen darf, ist idR dahingehend auszulegen, dass von dieser Klausel nur die jeweiligen Hauptartikel erfasst werden, während eine Klausel, nach welcher der Mieter keine Waren führen darf, die bereits in einem anderen Geschäftslokal des Hauses geführt werden, in einem umfassenden Sinn zu verstehen sein und sich auch auf Nebenartikel erstrecken soll.[88] 22

Formulierungsvorschlag:

§ …… Konkurrenzschutz zugunsten des Mieters 23

(1) Der Vermieter gewährt dem Mieter Konkurrenzschutz. Der Konkurrenzschutz betrifft ausschließlich den Verkauf von …… als Hauptartikel.

(2) Der Mieter genießt keinen Konkurrenzschutz hinsichtlich der Waren und Leistungen anderer Anbieter, die den in Ziff. (1) bezeichneten Hauptartikel als Nebenartikel führen. Konkurrenzschutz besteht danach insbesondere nicht, soweit im Einkaufzentrum zB [ein] Geschäft/e für …… vorhanden ist/sind.

bb) Vertragsimmanenter Konkurrenzschutz. Bei der Vermietung von Räumen zum Betrieb eines bestimmten Geschäfts gehört es grundsätzlich auch ohne ausdrückliche vertragliche Vereinbarung zur Gewährung des vertragsgemäßen Gebrauchs gemäß § 535 BGB, in anderen Räumen des Hauses oder auf unmittelbar angrenzenden Grundstücken des Vermieters kein Konkurrenzunternehmen zuzulassen.[89] Der vertragsimmanente Konkurrenzschutz wurde für Ladenmieter in Einkaufszentren bisher überwiegend abgelehnt.[90] Der BGH erkennt mittlerweile den vertragsimmanenten Konkurrenzschutz für Ladenmieter eines Einkaufzentrums an: „Ein vertragsimmanenter Konkurrenzschutz kann grundsätzlich auch für Mieter in einem Einkaufszentrum bestehen."[91] 24

[82] OLG Köln MDR 2006, 86.
[83] → Rn. 24 ff.
[84] BGH NJW 1974, 2317; WPM 1968, 699.
[85] BGH WuM 1979, 144; 1975, 163; ZMR 1985, 374.
[86] BGH ZMR 1957, 192; 1968, 248; 1985, 374; vgl. dazu näher → Rn. 29.
[87] Vgl. etwa KG ZMR 2011, 30: „Lebensmittel im Niedrigpreissegment" als Hauptartikel eines Discounters; vgl. auch → Rn. 26 ff.
[88] OLG Celle ZMR 1992, 448; zu den Grenzen wirksamer Formularklauseln bei Versagung von Konkurrenzschutz unter gleichzeitiger Festlegung einer Betriebspflicht mit strenger Sortimentsbindung vgl. OLG Schleswig NZM 2000, 1008.
[89] BGHZ 195, 50; 70, 79 = NJW 1978, 585; BGH NJW 1979, 1404.
[90] Guhling/Günter/Menn/Günter BGB § 535 Rn. 371 mit zahlreichen Fundstellen für ablehnende Meinungen.
[91] BGH BeckRS 2020, 4027 (2. Amtlicher Ls.).

25 *cc) Grenzen des immanenten Konkurrenzschutzes.* „Dabei darf, ausgehend von dem zur Grundlage des Mietvertrags gemachten Betriebskonzept des Einkaufszentrums, namentlich in einem kleinen Einkaufszentrum mit nur wenigen Ladenlokalen, zugrunde gelegt werden, dass der Vermieter für ein möglichst breit gefächertes Angebot sorgt und deshalb Sortimentsüberschneidungen vermeiden will. Umgekehrt muss es der Mieter einer Ladenfläche in einem großen Einkaufszentrum hinnehmen, dass es typischerweise zu Sortimentsüberschneidungen mit anderen Gewerbetreibenden kommt, worin (u. a.) die Attraktivität eines solchen Zentrums liegen mag. Das Interesse eines Vermieters, innerhalb eines als „Food Court" gewidmeten Bereichs eines Einkaufszentrums das Hauptsortiment auf Restaurationsbetriebe zu konzentrieren, wiegt nicht schwerer als das Mieterinteresse, mit seinem Untersortiment gleichwohl ein gewisses Alleinstellungsmerkmal einzunehmen und zu behalten."[92] Somit wird es sich letztlich um Einzelfallentscheidungen handeln, ob ein Verstoß gegen den Konkurrenzschutz vorliegt oder nicht bzw. wo die Grenzen des immanenten Konkurrenzschutz bei Einkaufszentren gezogen werden.

26 Wenn die Mietparteien ausdrückliche vertragliche Vereinbarungen zum Konkurrenzschutz treffen, wird hierdurch der geschuldete vertragsgemäße Gebrauch konkretisiert, dass dem Mieter der von bestimmter Konkurrenz ungestörte Gebrauch der Mieträume eingeräumt wird.[93] Ausdrückliche Vereinbarungen über den Konkurrenzschutz gehen einem vertragsimmanenten Konkurrenzschutz vor, denn der vertragsimmanente Konkurrenzschutz kann hierdurch auch eingeschränkt werden.[94] Wird der Konkurrenzschutz vertraglich wirksam ausgeschlossen, kann nicht auf den vertragsimmanenten Konkurrenzschutz zurückgegriffen werden.[95] Bei einer wegen § 307 BGB unwirksamen Konkurrenzschutz-Klausel greift der BGH aber auf den vertragsimmanenten Konkurrenzschutz zurück.[96]

27 Für den Umfang des immanenten Konkurrenzschutzes kommt es wesentlich auf die **Abgrenzung zwischen Haupt- und Nebenartikeln** an.[97] Danach gilt der Grundsatz, dass der vertragsimmanente Schutz sich nur auf die Abwehr von Konkurrenten für den vom Mieter vertriebenen Hauptartikel bezieht und nicht auf die Nebenartikel, bei denen der Mieter den Wettbewerb hinzunehmen hat.[98] Ein Artikel ist als Hauptartikel zu qualifizieren, wenn er „den Stil des Geschäfts" bestimmt und diesem das ihm „eigentümliche Gepräge" gibt.[99] Als dem Konkurrenzschutz unterliegende Hauptartikel können grundsätzlich nur solche Warengruppen angesehen werden, die hinsichtlich Vielfalt, Auswahlmöglichkeit, Geschlossenheit und Übersichtlichkeit dem Angebot eines Fachgeschäfts entsprechen.[100] Das Bedürfnis nach Konkurrenzschutz steigt daher mit der Spezialisierung in der Geschäftsausrichtung.

28 *dd) Fallgruppen zur Abgrenzung zwischen Haupt- und Nebenartikeln.* Die Ermittlung von Kriterien zur Festlegung immanenten Konkurrenzschutzes bereitet im Einzelnen Schwierigkeiten, denn in einem Einkaufszentrum sind Überschneidungen in der jeweils vertriebenen Produktpalette vielfältig indiziert.[101] Die Anziehungskraft von Großanbietern (Supermärkten, Warenhäusern usw) mit einem breiten Sortiment liegt einerseits im Interesse von Mietern kleinerer Geschäfte, obwohl Sortimentsüberschneidungen vor-

[92] BGH NZM 2020, 429 (S. 2 und 3 des Ls. von der NZM-Redaktion).
[93] BGH NZM 2013, 52.
[94] BGH WM 1988, 867; KG NZM 2008, 248.
[95] Guhling/Günter/Leonhard BGB Anh. § 535 Rn. 30.
[96] BGH BeckRS 2020, 4027; Guhling/Günter/Leonhard BGB Anh. § 535 Rn. 30 nimmt diesen Rückgriff auf den vertragsimmanenten Konkurrenzschutz auch bei einer einvernehmlich aufgehobenen Klausel an.
[97] Vgl. Gather DWW 2007, 94; Lindner-Figura/Oprée/Stellmann Geschäftsraummiete-HdB/Hübner § 14 Rn. 140.
[98] BGH NZM 2008, 770; ZMR 1985, 374; WuM 1979, 144; ZMR 1955, 200.
[99] Guhling/Günter/Menn/Günter BGB § 535 Rn. 362.
[100] BGH MDR 1986, 46.
[101] KG ZMR 2011, 30.

programmiert sind. Der Vermieter schwankt zwischen der Rücksichtnahme auf Großmieter und der Befürchtung des Leerstands, wenn kleinere Betriebe nicht ausreichend zum Zuge kommen.

Eine klare Abgrenzung zwischen Spezial- und Fachgeschäften und solchen Geschäften, deren Produktpalette breiter gefächert ist, ist oft nicht möglich.[102] Selbst, wenn eine solche Abgrenzung gelingt, folgt daraus nicht zwingend, dass lediglich das Spezialgeschäft mit einem klar definierten Warenangebot Konkurrenzschutz genießt. Der Betreiber eines **Drogeriemarkts** hat zB regelmäßig damit zu rechnen, dass Artikel für die Haar- und Körperpflege sowie kosmetische Artikel verkehrsüblich auch zum Warensortiment von Supermärkten, Discountgeschäften, Friseursalons, Parfümerien und Kosmetiksalons gehören. Die Unterscheidung zwischen Haupt- und Nebenartikeln ist bei Kaufhäusern, Supermärkten oder SB-Warenhäusern nur schwer möglich, da die Komplexität des Sortiments gerade den Charakter solcher Betriebe ausmacht. Die Frage, ob der Mieter eines Drogeriemarkts in einem Einkaufszentrum **Überschneidungen im Warensortiment** zu dulden hat, ist vor diesem Hintergrund von der Frage zu unterscheiden, ob er auch den Betrieb weiterer Drogeriemärkte zu dulden hat. Das dürfte – abgesehen von eher seltenen Ausnahmefällen in besonders großen Zentren, bei denen sich die Konkurrenz durch die Vielfalt der Anbieter und die Größe der Verkaufsfläche neutralisiert – zu verneinen sein. „Hauptartikel" ist für einen Drogeriemarkt danach die für diesen Geschäftstyp eigentümliche Mischung angebotener Waren, die von anderen Geschäften entweder als Haupt- oder als bloße Nebenartikel geführt werden. Entsprechende Konstellationen sind bei Bau- und Gartenmärkten wie überhaupt bei solchen Ladengeschäften denkbar, die zwar keinen speziellen Hauptartikel vertreiben, aber nach der Verkehrsanschauung über eine charakteristische Warenpalette verfügen und mit dieser Geschäftsausrichtung ihrerseits als Fachgeschäft gelten können.[103] 29

Ein immanenter Konkurrenzschutz für den **Vertrieb von Bekleidungsartikeln** wird bei Einkaufszentren angesichts einer Vielzahl von Anbietern mit Bekleidungssortimenten im Allgemeinen auszuscheiden haben. Beim **exklusiven Vertrieb bestimmter Hersteller oder Produktlinien** durch Fach- und Spezialgeschäfte kann es aber nach der hier vertretenen Auffassung anders liegen. Wenn der Schwerpunkt des Geschäfts darin besteht, die Produktpalette nur eines oder weniger Designer oder nur ganz spezielle Segmente (zB Hüte, Regenschirme, Damenstrümpfe, Designerhemden, Krawatten) anzubieten, kann sich die Konkurrenz durch einen Wettbewerber mit derselben Produktkonzentration auch im Rahmen immanenten Konkurrenzschutzes als erheblich auswirken. Es kommt also entscheidend auf die Umstände an, die den Stil und das eigentliche Gepräge eines Geschäfts bestimmen.[104] 30

Hilfreiche beispielhafte Zusammenfassungen der vielschichtigen Rechtsprechungen hierzu finden sich zB bei Hübner[105] oder auch bei Geldmacher.[106]

---

[102] Zum Schutz eines Eisdielenbetriebs vor einem türkischen Spezialitätengeschäft mit Bistro vgl. OLG Koblenz NZM 2018, 564; zur Abgrenzung unterschiedlicher Imbissbetriebe vgl. OLG Bremen OLGR 2006, 371; zum Konkurrenzschutz zwischen Tankstellen und Rastanlagen vgl. OLG Frankfurt a. M. NZM 2004, 706; zur Konkurrenz zwischen einer Metzgerei und einem Lebensmittel-Discounter vgl. LG Düsseldorf GuT 2009, 102.

[103] Zum fehlenden Konkurrenzschutz zugunsten eines Lebensmitteldiscounters gegenüber einem Laden mit dem Charakter eines russischen Kaufhauses vgl. KG ZMR 2011, 30; vgl. auch OLG Hamm NZM 1998, 511; OLG Köln NZM 1998, 512.

[104] BGH LM BGB § 536 Nr. 3 Bl. 2; WPM 1968, 699.

[105] Lindner-Figura/Oprée/Stellmann Geschäftsraummiete-HdB/Hübner § 14 Rn. 146 (Bestehen einer Konkurrenzschutzverpflichtung) und Rn. 147 (Verneinen einer Konkurrenzschutzverpflichtung).

[106] Fritz/Geldmacher/Leo GewerberaumMietR/Geldmacher § 3 Rn. 294 (Konkurrenzschutz bejaht) und Rn. 295 (Konkurrenzschutz verneint).

Formulierungsvorschläge:

31 Bei der Festlegung vertraglichen Konkurrenzschutzes ist auf eine möglichst genaue Konkretisierung der geschützten gewerblichen Betätigung des Mieters hinzuwirken. Dies gilt sowohl für den Vertrieb von Waren als auch für Dienstleistungsbetriebe.

Der Konkurrenzschutz betrifft ausschließlich den Verkauf von

- Back- und Konditoreiwaren im Rahmen eines Einzelhandelfachgeschäfts mit Thekenverkauf und Stehcafé.
- Fleisch- und Wurstwaren im Rahmen eines Metzgereifachgeschäfts.
- Schnittblumen, Topfpflanzen und Trauerschmuck im Rahmen eines Blumenfachgeschäfts.

Bei Spezialgeschäften ohne bestimmten Hauptartikel, aber mit einer spezifischen Sortimentsgestaltung, kann eine Beschreibung des Schutzbereichs etwa wie folgt geschehen:

Der Konkurrenzschutz betrifft ausschließlich den Betrieb

- eines Bau- und Heimwerkermarkts als Selbstbedienungsgeschäft.
- eines Radio-, TV- und Elektrofachgeschäfts mit angeschlossener Reparaturwerkstatt.[107]

32 *ee) Kartellrechtliche Beschränkungen des Konkurrenzschutzes.* Der vertragliche Konkurrenzschutz kann in **kartellrechtlichen Beschränkungen** seine Grenzen finden. Grundlegende Ausführungen hierzu hat der BGH in den sog. Schilderpräger-Entscheidungen gemacht.[108] Nach der Schilderpräger Entscheidung II des BGH[109] liegt ein Verstoß gegen das Verbot des Missbrauchs einer marktbeherrschenden Stellung in Form einer unbilligen Behinderung und Diskriminierung nach § 19 Abs. 2 Nr. 1 GWB vor, wenn bei der Vermietung von für Schilderpräger geeigneten, nur in begrenzter Zahl bereitstehenden Räumen in unmittelbarer Nähe zu einer Kfz-Zulassungsstelle die Auswahl unter den in Frage kommenden Interessenten nicht unter angemessenen und fairen Bedingungen vorgenommen wird. Diese Marktbeherrschung des – öffentlichen wie privaten – Vermieters hat zur Folge, dass er den aktuellen Bedarf im Wege der Ausschreibung ermitteln muss, und dass er entsprechende Gewerbeflächen nicht für einen längeren Zeitraum als fünf Jahre fest vermieten darf, um nicht den Marktzutritt für aktuelle und potenzielle Wettbewerber des Mieters zu blockieren, wobei ein privater Vermieter aber nicht verpflichtet ist, ein förmliches, die Vorschriften des Vergaberechts beachtendes Ausschreibungsverfahren, durchzuführen und dessen Grundsätze einzuhalten.

33 Geldmacher[110] weist zu Recht auch auf die kartellrechtliche Problematik von Radiusklauseln in Mietverträgen über Ladeneinheiten in Factory-Outlet-Centern (FOC) hin, wenn sie über einen Luftradius von 50 km hinausgehen und eine Laufzeit von fünf Jahren, gerechnet ab dem Abschluss des Mietvertrags, überschreiten. Er verweist weiter auf die Ansicht des BKartA, wonach ein Verstoß dieser Klauseln gegen das in § 1 GWB normierte Verbot wettbewerbsbeschränkender Vereinbarungen vorliege und diese daher insoweit unwirksam sind. Seinem Praxisrat an Betreiber von Factory-Outlet-Centern, dass sie dies bei Abfassung ihrer Verträge beachten sollten, sollte Beachtung geschenkt werden.

34 *ff) Bestandsschutz.* Vom Konkurrenzschutz zu unterscheiden ist der Bestandsschutz, der hier als die Gewährleistung eines bestimmten (etwa bei Vertragsbeginn vorgege-

[107] BeckFormB MietR/Borzutzki-Pasing sieht unter A. V. 3 Anm. 7 eine Ergänzung vor mit der Begründung, „da allein die positive Benennung des geschützten Bereichs es möglicherweise noch nicht ermöglicht, die Grenzen des gewährten Schutzes und den Umfang zulässigen Wettbewerbs abschließend zu bestimmen, sieht das Formular auch eine negative Abgrenzung vor, dh die Bezeichnung derjenigen Wettbewerber, deren Angebot sich mit dem des betreffenden Mieters überschneidet, den vertraglich gewährten Konkurrenzschutz aber nicht tangieren soll.", die zu beachten empfohlen wird.

[108] BGH NJW 2003, 2684 = NZM 2003, 597 mwN; BGH BeckRS 2020, 45872.

[109] BGH BeckRS 2020, 45872.

[110] Fritz/Geldmacher/Leo GewerberaumMietR/Geldmacher § 3 Rn. 290.

benen) Mieterbestands zu verstehen ist.[111] Ein Mieter kann ein naheliegendes Interesse daran haben, sich in einem attraktiven Umfeld mit einem für ihn günstigen Branchenmix gewerblich zu betätigen. Für die gewerblichen Interessen kann es sogar wesentlich sein, dass ganz bestimmte Nachbarbetriebe vorhanden sind, die auch Kunden für die eigenen geschäftlichen Aktivitäten anlocken. So ist ein Apothekenbetreiber durch benachbarte Arztpraxen unmittelbar begünstigt. Auch modeorientierte Anbieter im gehobenen Preissektor werden oft von der Nähe in etwa gleichgelagerter Betriebe profitieren und eine Insellage meiden. Ein vertraglicher Anspruch auf die Gewährleistung eines ganz bestimmten Mieterbestands wird jedoch im Regelfall nur bei ausdrücklichen Vereinbarungen in Betracht zu ziehen sein.[112] Hierauf wird sich ein Vermieter, der auf die Geschicke der Mieterschaft nur bedingt Einfluss nehmen kann, nur selten einlassen.

Allerdings kann eine bestimmte **Mieterstruktur** nach diesseitiger Auffassung durchaus 35 die **Geschäftsgrundlage** für ein Mietverhältnis bilden, etwa bei Ärztezentren oder Boutique-Passagen im gehobenen Preissegment.[113] Wenn der Vermieter die vorgegebene Mieterstruktur grundlegend verändert und dadurch der einschlägige Kundenstrom abreißt, kann dies den Mieter gemäß **§ 313 Abs. 3 S. 2 BGB** zur **Kündigung** berechtigen. Eine Störung der Geschäftsgrundlage kann ferner in Betracht kommen, wenn in einem Großobjekt der **Ankermieter** (Großanbieter aus der Lebensmittel-, Elektronik- oder Baumarktbranche) ersatzlos wegfällt und dadurch der Kundenstrom nachhaltig reduziert wird.

Formulierungsvorschlag:

§ …… Ausschluss von Bestandsschutz 36

(1) Soweit dem Mieter nach § …… Konkurrenzschutz nicht gewährt wird, genießt der Mieter auch keinen Bestandsschutz dahingehend, dass der Vermieter verpflichtet wäre, die bei Vertragsbeginn bestehende oder sich später herausbildende Branchenmischung auch für die weitere Vertragsdauer zu garantieren und insbesondere von Neuvermietungen an solche Betriebe abzusehen, bei denen es vom Mieter hinzunehmende Sortimentsüberschneidungen geben kann.

(2) Der Mieter genießt auch keinen Bestandsschutz dahingehend, dass der Vermieter verpflichtet wäre, die bei Vertragsbeginn bestehende oder sich später herausbildende räumliche Anordnung und Verteilung der Geschäfte auch für die weitere Vertragsdauer zu gewährleisten. Der Mieter hat danach insbesondere keinen Anspruch darauf, dass die ihm benachbarten Geschäfte eine bestimmte Ausrichtung aufzuweisen haben.

gg) Verstoß des Vermieters gegen Konkurrenzschutzpflichten. Die Verletzung der in einem 37 Gewerberaummietvertrag vereinbarten Konkurrenzschutzklausel durch den Vermieter stellt nach hM einen Mangel der Mietsache gem. § 536 Abs. 1 S. 1 BGB dar.[114]

Der Mieter kann den Vermieter auf Erfüllung des vertraglichen Konkurrenzschutzes (auf Beseitigung der Konkurrenzsituation) aus § 535 Abs. 1 S. 2 BGB in Anspruch nehmen und kann zudem, um Druck auszuüben, die Einrede des nicht erfüllten Vertrags gemäß § 320 Abs. 1 BGB erheben und die Miete zum Teil einbehalten.[115]

Außerdem kann der Verstoß zu einem Minderungsanspruch des Mieters führen, wobei die Höhe der Minderung davon abhängt, in welchem Umfang das Äquivalenzverhältnis zwischen Leistung und Gegenleistung durch das Bestehen der Konkurrenzsi-

[111] Zur Zusicherung einer bestimmten Mieterstruktur vgl. BGH NZM 2006, 54; 2004, 618; vgl. auch OLG Düsseldorf GRUR-RR 2009, 270.

[112] Die Rspr. ist in der Annahme von Zusicherungen sehr restriktiv, vgl. BGH NZM 2006, 54 mwN; OLG Düsseldorf OLGR 2009, 375; LG Essen BeckRS 2018, 7848.

[113] Zum Betrieb eines Nachbargeschäfts als Geschäftsgrundlage des Mietvertrags vgl. OLG München NJW-RR 1999, 1532.

[114] BGH BeckRS 2012, 22811.

[115] Guhling/Günter/Menn/Günter BGB § 535 Rn. 401.

tuation gestört ist.[116] Des Weiteren kommt auch ein Anspruch auf Schadensersatz unter den Voraussetzungen des § 536a Abs. 1 BGB in Betracht.

Unter den Voraussetzungen des § 536a Abs. 2 Nr. 1 BGB kann der Mieter auch die Konkurrenzsituation selbst beseitigen und Aufwendungsersatz hierfür fordern. Als Beispiel nennt Menn/Günter einen Vereinbarungsschluss zwischen Mieter und Konkurrenten, wonach der Konkurrent gegen Zahlung einer Geldsumme die Konkurrenzsituation unterlässt.[117]

38 Ferner kann der Mieter auch von seinem Recht der außerordentlichen fristlosen Kündigung gemäß § 543 Abs. 2 Nr. 1 BGB unter den entsprechenden Voraussetzungen Gebrauch machen.

39 Für den Fall, dass die Konkurrenzsituation noch nicht eingetreten ist, aber einzutreten droht, kann der geschützte Mieter dem Vermieter im Wege der **einstweiligen Verfügung** den Abschluss eines entsprechenden Mietvertrags untersagen lassen (§§ 935, 938 Abs. 2 ZPO).[118] Die **Vollstreckung erfolgt nach § 890 ZPO.**[119] Nach Abschluss eines Mietvertrags mit einem Konkurrenten kann der Mieter verlangen, dass der Vermieter auf den Konkurrenten einwirkt, damit dieser den störenden Wettbewerb unterbindet.[120] Dieser Anspruch ist nach § 888 ZPO zu vollstrecken.[121] Es ist Sache des Vermieters, wie er die Wiederherstellung des Konkurrenzschutzes bewerkstelligt. Falls der konkurrierende Mieter die Konkurrenzsituation entgegen dem mit ihm vereinbarten Vertragszweck geschaffen hat (durch eigenmächtige Aufnahme des Vertriebs eines geschützten Hauptartikels) kann der Vermieter den Konkurrenten auf Unterlassung in Anspruch nehmen.[122]

40 *hh) Verstoß des Mieters gegen Konkurrenzschutzbestimmungen.* Die Ansprüche des Vermieters bei Konkurrenzschutzverstößen eines Mieters zielen in der Regel auf das Unterlassen einer bestimmten Betätigung dieses Mieters ab, auch im Wege der einstweiligen Verfügung, wobei der Vermieter hierfür drohende konkrete Minderungs- und Schadensersatzansprüche anderer Mieter wegen Konkurrenzschutzverletzungen glaubhaft machen muss.[123]

Entsprechend den Grundsätzen, die für eine Konkurrenzschutzverletzung seitens des Vermieters gelten, kann der Vermieter dem Mieter im Wege **der einstweiligen Verfügung** den vertragswidrigen Mietgebrauch untersagen lassen.[124] Der vertragswidrige Mietgebrauch kann zur Verwirkung einer vereinbarten **Vertragsstrafe** und zur **Schadensersatzpflicht** des Mieters führen. Nach entsprechender Abmahnung kann der Vermieter auch zur außerordentlichen fristlosen Kündigung (§ 543 Abs. 3 BGB) berechtigt sein.

41 Ein direkter Anspruch des Mieters gegen einen anderen konkurrierenden Mitmieter auf Unterlassung der Konkurrenz besteht nicht, auch wenn die jeweiligen Vereinbarungen der Mieter mit dem Vermieter über den vertragsgemäßen Gebrauch ihrer jeweiligen Mietsache sich überschneiden sollten, ist eine Verletzung eines absoluten Rechts des Erstmieters, aufgrund dessen dieser direkt gegen den Zweitmieter vorgehen könnte zu verneinen.[125]

---

[116] Schmidt-Futterer/Streyl BGB § 536 Rn. 224 mit Ausführungen zu Berechnungsmethoden: „Es kann einmal maßgeblich sein, welcher Mietzins unter Berücksichtigung der Konkurrenzsituation noch angemessen ist. Alternativ kann der erzielte einem fiktiven Umsatz gegenübergestellt werden; die prozentuale Differenz ist die Minderungsquote.".

[117] Guhling/Günter/Menn/Günter BGB § 535 Rn. 413.

[118] Vgl. dazu KG ZMR 2008, 616; OLG Hamm ZMR 1991, 295; 660b; Hinz, Einstweiliger Rechtsschutz im Mietprozess, www.mietgerichtstag.de.

[119] Vgl. Hinz, Einstweiliger Rechtsschutz im Mietprozess, www.mietgerichtstag.de.

[120] KG ZMR 2008, 616.

[121] Vgl. Hinz, Einstweiliger Rechtsschutz im Mietprozess, www.mietgerichtstag.de.

[122] → Rn. 40.

[123] Lindner-Figura/Oprée/Stellmann Geschäftsraummiete-HdB/Hübner § 14 Rn. 182 mit Verweis auf OLG Schleswig IMR 2014, 66.

[124] OLG Düsseldorf OLGR 2008, 543.

[125] Lindner-Figura/Oprée/Stellmann Geschäftsraummiete-HdB/Hübner § 14 Rn. 191.

e) **Erweiterter Konkurrenz- und Wettbewerbsschutz.** Über die Regelung des Konkurrenzverhältnisses innerhalb eines Einkaufszentrums hinaus finden sich auch Vertragsbestimmungen, die den Wettbewerb im örtlichen oder regionalen Umkreis im Sinne eines Konkurrenzverbots beschränken sollen, und zwar auch für die Zeit nach Beendigung des Mietverhältnisses. Grundsätzlich kann mit einer solchen Wettbewerbsklausel eine Verpflichtung sowohl des Mieters als auch des Vermieters begründet werden, sich in einem bestimmten Umfeld nicht als Wettbewerber zu betätigen. Rechtspraktisch finden sich solche Bestimmungen eher als Verpflichtung des Mieters, während oder nach der Mietzeit nicht in Wettbewerb mit dem Betrieb oder den Mietern des Vermieters zu treten. Der Verpächter oder Vermieter eines Ladenlokals kann aber ein Interesse daran haben, die konkurrierende Geschäftstätigkeit eines ausscheidenden Mieters oder Pächters vor Ort bis zur Einführung und Konsolidierung eines Nachfolgers zu verhindern oder zeitlich hinauszuschieben. Er hat ein Interesse am Erhalt des am Markt bekannten und eingeführten Standorts. Dieser sich im Laufe der Zeit einstellende Faktor ist Teil des mit dem Gewerbebetrieb des Vermieters verbundenen Goodwill.[126] Wettbewerbsklauseln sind aber grundsätzlich nur dann wirksam, wenn unter Abwägung des Grundsatzes freiheitlichen Wettbewerbs ein schützenswertes Bedürfnis dafür besteht, den einen Teil davor zu schützen, dass der andere die Erfolge seiner Arbeit illoyal verwertet oder sich in andere Weise die Freiheit der Berufungsausübung missbräuchlich zunutze macht.[127] Das Verbot, nach dem Ende des Mietverhältnisses für einen vorübergehenden Zeitraum vor Ort einen konkurrierenden Betrieb zu unterhalten, ist unter Berücksichtigung der Berufsausübungsfreiheit dem Mieter nur dann zuzumuten, wenn es sich als Gegenleistung für die Nutzung des Mietobjekts während der Vertragszeit darstellt und zugleich der wirtschaftlich sinnvollen Weiternutzung des Mietobjekts dient.[128] Das in einem Mietvertrag über Gewerberäume enthaltene Konkurrenzverbot kann gemäß § 138 BGB und mit Rücksicht auf die nach Art. 12 GG (Berufsfreiheit) zu beachtende Wertentscheidung der Verfassung sittenwidrig iSv § 138 BGB sein, wenn der Mieter mit der Übernahme des Geschäftes an den bisherigen Betreiber und Eigentümer eine Ablöse für den Goodwill bezahlt hat. Ob bei unwirksamen Bestimmungen eine geltungserhaltende Reduktion nach § 139 BGB ausscheidet, ist streitig.[129] 42

Problematisch kann sich eine **Veräußerung des Mietobjekts** auswirken, wenn es um die Frage geht, ob ein Erwerber gemäß §§ 566, 578 Abs. 1 und 2 S. 1 BGB auch in die sich aus einem Konkurrenzverbot ergebenden Pflichten eintritt, und zwar auch im Rahmen des sog. Abwicklungsverhältnisses etwa nach einer Kündigung des Mietvertrags.[130] Es ist dann Sache des Veräußerers und des Erwerbers, sich vor Vertragsschluss darüber klar zu werden, ob es in der Person des Erwerbers zur Kollision mit vertraglichen Wettbewerbsabreden kommen kann. Es wird aber vertreten, dass beim Erwerb eines zuvor vermieteten Grundstücks nach Beendigung des Mietverhältnisses und nach dem Auszug des Mieters kein Eintritt des Dritten in die nachvertraglichen Pflichten des Vermieters stattfindet, wenn diese ein Konkurrenzverbot zum Gegenstand haben.[131] Dabei soll es nicht darauf ankommen, ob das Mietverhältnis schon längere oder erst kurze Zeit vor dem Rechtserwerb des Dritten beendet wurde und ob der Dritte von dem früheren Mietvertrag wusste oder wissen konnte. 43

Bei Veräußerung des Mietobjekts während des laufenden Mietverhältnisses ist, was den Eintritt des Erwerbers in die Konkurrenzschutzpflichten angeht, zu unterscheiden, ob es sich um vertragsimmanenten oder vertraglich vereinbarten Konkurrenzschutz

[126] OLG Karlsruhe OLGR 2005, 146; OLG Stuttgart WRP 1978, 476; OLGR Celle 2000, 225.
[127] BGH NJW 2000, 809; OLG Koblenz BB 1989, 1010, zugleich zur Wirksamkeit eines unbegrenzten Konkurrenzverbots bei Übernahme einer Steuerberatungspraxis eines betagten Steuerberaters; vgl. ferner Jendrek NZM 2000, 1116 mwN.
[128] OLG Celle NZM 2000, 550.
[129] Bejahend: OLG Karlsruhe OLGR 2005, 146; verneinend: OLG Celle OLGR 1999, 319.
[130] OLG Hamm NJW-RR 1992, 1164; OLG Düsseldorf NZM 2002, 739; OLG Koblenz NZM 2008, 405.
[131] OLG Hamm BlGBW 1982, 235.

handelt. Der vertragsimmanente Konkurrenzschutz steht als Teil der Rücksichtnahmepflichten grundsätzlich mit der Überlassung des Mietobjekts in unmittelbaren Zusammenhang, weshalb der Übergang auf den Erwerber mit Veräußerung zu bejahen ist.[132] Bei vertraglich vereinbartem Konkurrenzschutz kommt es hingegen auf den Einzelfall an und zwar gehen diese dann auf den Erwerber über, wenn der Konkurrenzschutz grundstücksbezogen ist, zB mit der vertraglichen Konkurrenzschutzvereinbarung sichergestellt werden sollte, dass kein Konkurrent auf dem Mietgrundstück erlaubt ist.[133]

44 Ein Interesse des Vermieters an der Vereinbarung eines Konkurrenzverbots liegt aber nicht nur im Fall des ausscheidenden Mieters vor. Bei der Vermietung in größeren Objekten, in denen besonderer Wert auf die Zusammensetzung der Mieterschaft und auf die Attraktivität des Gesamtobjekts gelegt wird, kann der Vermieter veranlasst sein zu verhindern, dass ein Mieter in konkurrenzbegründender Weise und in Nähe zum Mietobjekt ein weiteres Geschäft eröffnet. Gerade bei Groß- und Spezialanbietern kann eine solche Ausweitung der Geschäftstätigkeit dazu führen, dass der Kundenstrom aufgespalten und in erheblichem Umfang vom Mietobjekt abgelenkt wird. Ähnlich liegt die Interessenlage, wenn der Mieter ein angemietetes Objekt in einem Großobjekt leer stehen lässt und stattdessen in der Nähe einen Konkurrenzbetrieb eröffnet. Der Mieter kann seinerseits daran interessiert sein, dass der Vermieter ihm – auch über den Konkurrenzschutz im Mietobjekt hinaus – keine Konkurrenz im örtlichen oder regionalen Bereich macht.[134]

45 **Wettbewerbsbeschränkungen** für die **Zeit nach Beendigung des Mietverhältnisses**[135] werden meistens zu Lasten des Mieters vereinbart. Die nachvertragliche Konkurrenzschutzabrede wird nicht schon mit der tatsächlichen Weitervermietung durch den Altvermieter gegenstandslos. Schützenswert ist nämlich auch das Interesse des Vermieters, einen Konkurrenzbetrieb des ausscheidenden Mieters vor Ort bis zur Einführung und Konsolidierung des Nachmieters am Markt zu verhindern.[136] Eine Konkurrenzschutzregelung ist auch nicht von der Vereinbarung einer Entschädigung abhängig, weil der von dem Mieter während der Mietzeit erwirtschaftete „Goodwill", soweit er an das Mietobjekt anknüpft, als Teil der Rückgabeverpflichtung aus § 556 Abs. 1 BGB dem Vermieter zusteht. Unter Berücksichtigung der Art des jeweils betriebenen Gewerbes, der örtlichen Verhältnisse (Ortsgröße, Konkurrenzsituation) sowie der vereinbarten Vertragsdauer ist zu beurteilen, ob die vereinbarte Dauer eines nachvertraglichen Konkurrenzverbots noch verhältnismäßig ist.[137] Abzustellen ist dabei auf die schutzwürdigen Belange des ausscheidenden Mieters und die Beeinträchtigung seiner gewerblichen Betätigungsfreiheit. Es kommt maßgeblich darauf an, in welchem Umkreis sich das Konkurrenzverbot auswirken soll. Nur in kleineren Orten wird danach ein komplettes Konkurrenzverbot für den gesamten Ort in Betracht kommen. Ansonsten wäre das Schutzgebiet etwa nach Kilometern im Umkreis des Mietobjekts festzulegen.

Formulierungsvorschlag:

46 **§ ...... Konkurrenz- und Wettbewerbsverbot**

(1) Vermieter und Mieter sind verpflichtet, für die gesamte Dauer dieses Mietvertrags keinen weiteren ...... [zB Back-Shop, Friseursalon, Baumarkt] in ...... [alternativ: im Umkreis von ...... km um das Einkaufszentrum des Vermieters] zu betreiben, Geschäftsräume an einen solchen Betrieb

[132] Guhling/Günter/Burbulla BGB § 566 Rn. 103 (mit Hinweis in Rn. 104, dass dem nicht so ist bei Erstreckung des vertragsimmanenten Konkurrenzschutz auf ein Nachbargrundstück).

[133] Guhling/Günter/Burbulla BGB § 566 Rn. 105 (auch mit einem Beispiel, wann kein Übergang auf den Erwerber erfolgt).

[134] Zur Vereinbarung eines Konkurrenzverbots zwischen Teileigentümern vgl. BGH NJW-RR 1986, 1335.

[135] Vgl. Bub NZM 1998, 789 mwN.

[136] OLG Celle NZM 2000, 550.

[137] OLG Celle NZM 2000, 550.

zu vermieten oder sich an einem solchen Betrieb direkt oder mittelbar (zB als stiller Gesellschafter) zu beteiligen.
(2) Der Mieter darf auch nach Beendigung des Mietverhältnisses für die Dauer von ...... Jahren keinen ...... [zB Back-Shop, Friseursalon, Baumarkt] in ...... [alternativ: im Umkreis von ...... km um das Einkaufszentrum des Vermieters] betreiben.

f) **Verteilung der Geschäfts- und Ertragsrisiken.** Die Anmietung von Gewerbeobjekten in einem Einkaufszentrum oder anderen Großobjekten ist für einen Mieter, der auf einen regen Kundenstrom angewiesen ist, regelmäßig nur dann lukrativ, wenn das Gesamtobjekt floriert. Leerstand und mangelnde Kundenakzeptanz schlagen im Zweifel auf den Geschäftserfolg des einzelnen Mieters durch. Vermieter und Mieter befinden sich von daher in einer Art Schicksalsgemeinschaft, denn auch das Geschäftskonzept eines Vermieters setzt zwingend voraus, dass seine Mieter nicht abwandern oder insolvent werden und dass ein möglichst großes Kundeninteresse erhalten bleibt. Im Gründungsstadium wird das geschäftliche Konzept eines Einkaufszentrums gegenüber Mietinteressenten üblicherweise rege beworben. Wenn dann keine Vollauslastung gelingt oder sich der Mieterbestand alsbald ausdünnt und das Kundeninteresse hinter den wechselseitigen Erwartungen zurückbleibt, stellt sich für den Mieter eines in aller Regel langfristig begründeten Mietverhältnisses die Frage, ob er diesen Zustand hinzunehmen hat oder ob er hieraus rechtliche Konsequenzen ziehen kann. 47

„Nach Ansicht der Rechtsprechung trägt in diesen Fällen der Mieter das Ertragsrisiko, auch wenn das Einkaufszentrum nach einem einheitlichen Konzept errichtet wurde, der Mieter einer Betriebspflicht und Sortimentsbindung unterlag und verpflichtet wurde, einer Werbegemeinschaft beizutreten."[138]

aa) Geschäftsgrundlage. Im Zentrum der rechtlichen Argumentation steht die Frage, ob der Vermieter für die **Auslastung eines Einkaufszentrums** einzustehen und ob er eine Vollvermietung zu gewährleisten hat. Meist fehlt es an ausdrücklichen vertraglichen Vereinbarungen, mit denen der Vermieter dem Mieter einen bestimmten Vermietungsstand oder sogar einen bestimmten Geschäftserfolg zusichert. Ausdrücklich vereinbart werden kann dies aber gleichwohl. Auch ohne besondere Vereinbarungen kann ein Vermieter vom geschäftlichen Erfolg des Mieters abhängig sein. So macht sich der Vermieter etwa im Rahmen einer Umsatzmiete[139] – zumindest mittelbar – die Geschäftsrisiken des Mieters zu Eigen. Auch durch sonstige Abreden kann sich ein Vermieter am unternehmerischen Risiko des Mieters beteiligen oder sogar Garantieerklärungen in Bezug auf die Funktionsfähigkeit eines Einkaufszentrums oder hinsichtlich eines bestimmten Geschäftserfolgs abgeben.[140] Ob die Parteien des Mietvertrags die gesetzliche Risikoverteilung vertraglich geändert und vereinbart haben, dass der Vermieter das Geschäftsrisiko des Mieters – ganz oder zum Teil – übernimmt, ist durch Auslegung der getroffenen Vereinbarungen zu ermitteln.[141] Fehlt es an solchen Abreden, werden in erster Linie die Grundsätze zur **Störung** oder zum **Wegfall der Geschäftsgrundlage** herangezogen (§ 313 BGB).[142] Geschäftsgrundlage sind nach der Rechtsprechung des BGH die beim Vertragsschluss zutage getretenen, dem Geschäftsgegner erkennbaren und von ihm nicht beanstandeten Vorstellungen des einen Vertragsteils oder die gemeinsamen Vorstellungen beider Teile vom Vorhandensein oder künftigen Eintritt gewisser Umstände, sofern der Geschäftswille auf diesen Vorstellungen aufbaut.[143] **Die Geschäftsgrundlage muss vom Geschäftsinhalt abgegrenzt werden,** zu dem auch das aus 48

138 Guhling/Günter/Leonhard BGB § 313 Rn 38.
139 → Rn. 67 ff.
140 BGH NJW 2000, 1714; NJW-RR 2000, 1535; NZM 2000, 1008; Ostermann GuT 2003, 39 mwN.
141 BGH NZM 2010, 361; NJW 2000, 1714; Günter WuM 2012, 587.
142 BGH NZM 2010, 361.
143 BGHZ 25, 390; 128, 230 = MDR 1995, 1025; BGH NJW 1997, 320.

dem Vertrag hervorgehende **typische Geschäftsrisiko** eines Vertragspartners gehört. Wenn bereits der Vertrag selbst die Risiken verteilt, dann bleibt kein Raum für eine Anwendung des § 313 BGB.[144]

49 *bb) Geschäftsgrundlage bei der Gewerberaummiete.* Beim gewerblichen Mietvertrag besteht die Geschäftsgrundlage im Allgemeinen in der übereinstimmenden Annahme der Vertragsparteien, dass der verabredete Mietzins gegenüber dem Nutzwert der Mietsache gleichwertig sei. Die zumal bei langfristigen Mietverhältnissen auftretenden Schwankungen zwischen Mietpreis und gewerblichem Nutzwert tangieren die Geschäftsgrundlage grundsätzlich nicht. Der BGH hat wiederholt entschieden, dass es in den Verantwortungsbereich des Mieters von Gewerberaum fällt, als Unternehmer die Erfolgsaussichten eines Geschäfts in der von ihm gewählten Lage abzuschätzen. Das umfasst bei der Anmietung eines Ladenlokals (ggf. in einem erst noch zu errichtenden Einkaufszentrum) neben der Chance, in einem florierenden Zentrum erhöhte Gewinne zu erzielen, auch das Risiko eines Scheiterns des Gesamtobjekts mit entsprechenden negativen Folgen für das gemietete Einzelgeschäft.[145] Der BGH hält es nicht für angängig, einen nach der gesetzlichen Lastenverteilung in die Risikosphäre des Mieters von Gewerberäumen fallenden Umstand als gemeinsame Geschäftsgrundlage der Mietvertragsparteien anzusehen und damit das Risiko des Eintritts oder Nichteintritts dieses Umstandes über die Grundsätze des Wegfalls der Geschäftsgrundlage ganz oder teilweise auf den Vermieter zu verlagern. Die enttäuschte Erwartung des Mieters, Gewinn zu erzielen, berührt daher die Geschäftsgrundlage nach der Rechtsprechung grundsätzlich auch dann nicht, wenn die Gewinnerwartungen des Mieters bei Vertragsabschluss vom Vermieter geteilt wurden.[146] Der Mieter hat das Ertragsrisiko grundsätzlich auch dann zu tragen, wenn solche Erwartungen enttäuscht werden, die er an die Mietsache und ihr wirtschaftliches Umfeld geknüpft hat.[147] Dies gilt insbesondere bei fehlender Akzeptanz durch das Käuferpublikum.[148]

50 *cc) Unrichtige Angaben zu den tatsächlichen Ertragsmodalitäten.* Wenn der Vermieter dem Mieter falsche Angaben zu den wesentlichen tatsächlichen Ertragsmodalitäten macht und ihn dadurch zum Vertragsabschluss bewegt, kann gemäß § 543 Abs. 1 BGB eine außerordentliche fristlose **Kündigung** gerechtfertigt sein. Außerdem kommen **Schadensersatzansprüche** des Mieters aus §§ 280 Abs. 1, 281 Abs. 1 und 2 BGB in Betracht. Hinsichtlich des zugrunde liegenden Vertrags kann auch die Anfechtung wegen arglistiger Täuschung oder wegen Irrtums (§§ 119, 123 BGB) eröffnet sein.[149] Das OLG Düsseldorf[150] hat allerdings – nach diesseitiger Auffassung zu Unrecht – angenommen, dass die dem Mieter eines Fitness-Studios mitgeteilte Anzahl der Kunden als solche keine verkehrswesentliche Eigenschaft der Mietsache darstelle. Der vorhandene Kundenstamm umschreibt aber im Zweifel ein ganz zentrales tatsächliches Merkmal, das zusicherungsfähig ist und für den Vertragsschluss von wesentlicher Bedeutung sein kann. Die Rechtsprechung hat dann, wenn der Anwendungsbereich der mietrechtlichen Gewährleistungsvorschriften nicht betroffen ist und auch die Grundsätze über den Wegfall der Geschäftsgrundlage aus Rechtsgründen nicht zum Zuge kommen, Ansprüche wegen **Verschuldens bei Vertragsschluss** angenommen.[151] Insoweit sind die Vorschriften aus §§ 311 Abs. 2, 280ff. BGB maßgeblich. Dies setzt voraus, dass der Vermieter dem Mieter unter Verletzung einer vorvertraglichen Aufklärungspflicht schuld-

144 BGH NJW 1985, 2693; OLG Frankfurt a. M. BeckRS 2015, 113947.
145 BGH NZM 2010, 361; NJW 2000, 1714; NZM 2000, 1008.
146 BGH NZM 2004, 618; NJW 2000, 1714; 1981, 2405; 1978, 2390 (2391); 1977, 2262; OLG Düsseldorf OLGR 2009, 375; OLG Rostock OLGR 1999, 46; OLG Frankfurt a. M. OLGR 1995, 1; vgl. auch die Nachweise bei Fritz NJW 2009, 959; Günter WuM 2012, 587.
147 Guhling/Günter/Leonhard BGB § 313 Rn. 40 mit weiteren Beispielen.
148 BGH NJW 1970, 1313 (1314); WPM 1978, 1008 (1009); OLG Frankfurt a. M. BeckRS 2015, 113947; OLG Rostock OLGR 1999, 46.
149 Zu den Rechtsfolgen unrichtiger Angaben vgl. OLG Düsseldorf GuT 2007, 13.
150 WuM 2003, 138.
151 BGH NZM 2004, 618.

haft unzutreffende Informationen in Bezug auf das Mietobjekt erteilt oder wichtige Umstände verschwiegen hat.

dd) Grenzen des Mangelbegriffs und der Zusicherungsfähigkeit. Nach der insoweit restriktiven Rechtsprechung scheiden solche Umstände, welche die allgemeine Anziehungskraft eines Einkaufszentrums umschreiben, als Mangel im Sinne von § 536 Abs. 1 BGB aus.[152] Unbeachtlich sind die mittelbaren (negativen) Einflüsse, die nicht der vermieteten Sache anhaften, sondern von außen auf die Mietsache einwirken.[153] Aus demselben Grund ist das Fehlen solcher Einflüsse auch keine **zugesicherte Eigenschaft.** Um solche handelt es sich nur dann, wenn sie der Mietsache selbst anhaften; mittelbare Einflüsse reichen dafür nicht aus.[154] Das Nichtbetreiben von Mietflächen innerhalb eines Einkaufszentrums durch andere Mieter wirkt sich nicht unmittelbar auf die Gebrauchstauglichkeit eines anderen Mietobjekts aus, sondern allenfalls auf den mit dem darin betriebenen Gewerbe erzielbaren Gewinn. Damit steht aber nicht die Gebrauchstauglichkeit des Mietobjekts in Frage, sondern das allgemeine unternehmerische Verwendungs- und Gewinnerzielungsrisiko, das grundsätzlich beim Mieter liegt.[155] Selbst konkrete bauliche Umstände, die für die Attraktivität eines Einkaufszentrums in Innenstadtlage von erheblicher Bedeutung sind (zB ein überdachter Zuweg zu einem Bahnhof, Vorhandensein von Parkplätzen), sollen nicht zu einer unmittelbaren Einwirkung auf die Gebrauchstauglichkeit eines angemieteten Geschäftslokals führen.[156] Solche Umstände und der Umstand der Vollbelegung (Vollvermietung) tangieren nicht den Anwendungsbereich vertraglicher Zusicherung, weil keine Eigenschaft des einzelnen Ladenlokals betroffen sei.[157] Wenngleich die Vollvermietung eines Einkaufszentrums für den Mieter eines einzelnen Ladenlokals regelmäßig von erheblicher Bedeutung ist, stellt dies nach der Rechtsprechung keinen Umstand dar, der dem Mietobjekt auf Dauer als „Eigenschaft" anhaftet. Auch insoweit fehlt es an dem notwendigen Bezug zu der Beschaffenheit des Mietobjekts. Zwar kann die örtliche Lage eines gemieteten Ladenlokals als Beschaffenheitsmerkmal, dh als tatsächliche Beziehung der Mietsache zu ihrer Umgebung, eine zusicherungsfähige Eigenschaft beinhalten, wenn etwa die Lage in einer Fußgängerzone im Innenstadtbereich, in einem bestehenden Neubaugebiet oder auch in einem Einkaufszentrum in der Innenstadt oder einem außerörtlichen Gewerbegebiet als Eigenschaft zugesichert wird. Ob und in welchem Umfang potenzielle Kunden solche Gegenden aufsuchen und durch die Attraktivität eines ganz oder voll belegten Einkaufszentrums angezogen werden und damit letztlich zu einem wirtschaftlichen Erfolg des Gewerbes in dem gemieteten Ladenlokal beitragen, beurteilt sich hingegen aufgrund von Umständen, die außerhalb des Mietobjekts liegen.[158] Auch eine Präambel zu einem gewerblichen Mietvertrag, die das Umfeld und die benachbarten Mieter umschreibt, beinhaltet danach keine vertragliche Zusicherung.[159] 51

Praxistipp:
Für den Mieter in einem Einkaufszentrum ist es von wesentlicher Bedeutung, in welchem wirtschaftlichen Umfeld sein Gewerbebetrieb angesiedelt ist. Die langfristige vertragliche Bindung an einen nicht lukrativen Standort begründet daher weitreichende Risiken.

---

[152] Vgl. die Nachweise bei Kluth/Freingang NZM 2006, 41; LG Wiesbaden GuT 2009, 100.
[153] BGH NZM 2000, 492; 1981, 2405.
[154] BGH NZM 2000, 492; OLG Düsseldorf OLGR 2006, 103; OLGR 2005, 79.
[155] BGH NZM 2006, 899; NJW 2000, 1714; OLG Düsseldorf BeckRS 2002, 30282849; ZMR 2015, 765.
[156] BGH NZM 2000, 492; NJW 1981, 2405.
[157] BGH NZM 2000, 492; NJW 1981, 2405; NZM 2004, 618; OLG Düsseldorf OLGR 2009, 375; vgl. ferner die Nachweise bei Kluth/Freingang NZM 2006, 41; aA OLG München BeckRS 2008, 12051.
[158] BGH NZM 2000, 492; NJW 1981, 2405; NZM 2004, 618.
[159] OLG Rostock NZM 2003, 282.

Nach der Rechtsprechung des BGH stellt es grundsätzlich keinen Mangel der Mietsache dar, wenn ein Einkaufszentrum nicht während der Laufzeit des Mietvertrages voll vermietet ist. Die Vollvermietung eines Einkaufszentrums ist auch keine zusicherungsfähige Eigenschaft. Wenn gleichwohl konkrete Rechtsfolgen an die Gewährleistung eines bestimmten Vermietungsstands geknüpft werden sollen, bedarf es im Zweifel ausdrücklicher vertraglicher Vereinbarungen, die auch die hieran geknüpften Ansprüche dezidiert regeln.

52 *ee) Kritische Stellungnahme.* Die restriktive Rechtsprechung des BGH ist nach diesseitiger Auffassung problematisch, denn sie schränkt den Mangelbegriff und das Rechtsinstitut der Zusicherung stark ein und schafft beträchtliche Abgrenzungsprobleme. So können bestimmte äußere Einflüsse oder Umstände – zB die Behinderung des beschwerdefreien Zugangs zu einem Ladenlokal – auch nach der Rechtsprechung des BGH ohne weiteres einen Mangel des Mietobjekts begründen.[160] An die vom BGH geforderte Unmittelbarkeit der Beeinträchtigung[161] dürfen nach diesseitiger Auffassung keine zu strengen Anforderungen gestellt werden, denn es erscheint als wenig praktikabel und lebensnah, eine Behinderung im Zugang zu einem Gewerbebetrieb etwa bei Straßenarbeiten vor dem Betrieb als Mangel zu behandeln und das Fehlen eines Zugangs vom Bahnhof aus (als einer wesentlichen Verkehrsader)[162] als Mangel auszuschließen. Auch die Grenzen für die Annahme einer Zusicherung dürften von der Rechtsprechung sehr eng gezogen sein. Eine Eigenschaft, die zugesichert werden kann, ist ein der Sache auf gewisse Dauer anhaftendes Merkmal, das für deren Wert, für den vertragsgemäßen Gebrauch oder aus sonstigen Gründen für den Vertragspartner erheblich ist.[163] Die Beschaffenheit der Mietsache definiert sich nicht nur durch den Zustand der baulichen Gegebenheiten.[164] Das geschäftliche Umfeld kann für den Mietgebrauch von ganz entscheidender Bedeutung sein. Das Kriterium der Vollvermietung ist in einem Einkaufscenter eine ganz wesentliche Bedingung für den geschäftlichen Erfolg des Mieters, denn bei dauerhaftem Leerstand verödet das Objekt und die Kundenakzeptanz bricht weg. So ist in anderem Zusammenhang durchaus anerkannt, dass die Ertragsfähigkeit eines Unternehmens (in Gestalt einer sog. Ertragsvorschau) bei dessen Veräußerung nach der kaufrechtlichen Rechtsprechung ohne Weiteres Gegenstand einer Zusicherung sein kann.[165] Die Ertragsfähigkeit eines zu vermietenden Gewerbeobjekts unterscheidet sich davon nicht oder nur unwesentlich.[166]

53 *ff) Risikoübernahme durch den Vermieter.* Der Vermieter wird sich idR nicht bereitfinden, die geschäftlichen Risiken des Mieters durch ausdrückliche Absprachen (mit) zu übernehmen. Entsprechende Vereinbarungen wären eher gesellschaftsrechtlicher Natur. Eine konkludent übernommene Einstandspflicht des Vermieters für den geschäftlichen Erfolg ist gelegentlich erörtert worden, **wenn der Vermieter den Mieter so stark reglementiert** und in den Gesamtbetrieb eines Einkaufszentrums einbezieht, dass von einer faktischen Risikoübernahme durch den Vermieter auszugehen sein soll. Ob die Parteien des Mietvertrags die gesetzliche Risikoverteilung ändern und das Risiko des Mieters auf den Vermieter übertragen haben, hängt von der Auslegung des Vertrags ab.[167] Eine Risikoübernahme durch den Vermieter setzt aber eine Einflussnahme auf die unternehmerischen Entscheidungen des Mieters voraus, mit der er sich das geschäftliche

160 So ausdrücklich auch BGH NZM 2000, 492; NJW 1981, 2405.
161 BGH NZM 2000, 492; NJW 1981, 2405; 1981, 2405.
162 BGH NZM 2000, 492.
163 Vgl. nur BGHZ 87, 302.
164 Vgl. Kluth/Freingang NZM 2006, 41.
165 BGH NJW 1995, 1547; LM BGB § 459 Nr. 4; WM 1970, 132; zur sog. Ertragsvorschau vgl. OLG München BeckRS 2011, 27077.
166 Ein erweitertes Verständnis der Zusicherungsfähigkeit vertreten auch Kluth/Freingang NZM 2006, 41; Ostermann GuT 2003, 39.
167 BGH NZM 2010, 361; NJW 2000, 1714; Günter WuM 2012, 587.

Schicksal des Mieters gleichsam zu eigen macht. Die bei der Vermietung in Einkaufszentren vielfach üblichen Regelungen betreffend die Einbindung des Mieters in das Zentrum – wie beispielsweise bestimmte Ausrichtungen des Sortiments, Betriebspflicht während der gesetzlichen oder vertraglichen Ladenöffnungszeiten, Pflichtmitgliedschaft in einer Werbegemeinschaft und Verpflichtung zur Zahlung von Nebenkosten für die Gesamtanlage – führen aber grundsätzlich noch nicht zu einer solchen Verlagerung des unternehmerischen Mieterrisikos auf den Vermieter.[168] Im Lichte der jüngeren Rechtsprechung des BGH sind frühere Entscheidungen kritisch zu würdigen. Bei Anmietung eines Ladengeschäfts in einem Einkaufszentrum ist vom Wegfall der Geschäftsgrundlage ausgegangen worden, soweit nach dem Vertrag eine Betriebspflicht bestand und sich nach der Eröffnung herausstellte, dass die Weiterführung des Geschäftes Verluste einbrachte.[169] Das OLG Koblenz[170] hat als Geschäftsgrundlage eines Ladenmietvertrages die Vollvermietung eines neu errichteten Einkaufszentrums und einen dadurch angezogenen breiten Kundenzustrom angenommen, wenn der Alleinvermieter des Zentrums die Mieter vertraglich in den Gesamtbetrieb eingebunden und durch diverse Reglementierungen auf eine bestimmte Geschäftsart festgelegt habe. Für die Annahme eines Wegfalls der Geschäftsgrundlage werden besondere Vereinbarungen im Sinne einer **Risiko- oder Garantieübernahme** oder einer besonders strengen Einbindung in den gesamten Betrieb des Einkaufszentrums zu verlangen sein.[171] Unter besonderen Voraussetzungen kann aber schon der Betrieb eines Nachbargeschäfts als ein für die Anmietung wesentlicher Umstand die Geschäftsgrundlage für einen Mietvertrag sein.[172] Dass auf Seiten des Vermieters der erkennbare Vertragswille vorliegt, zB für das Vorhandensein einer bestimmten Vermietungssituation einstehen zu wollen, wird im Zweifel nicht anzunehmen sein.[173]

g) (Zwangs-)Mitgliedschaft in einer Werbegemeinschaft. Die vertragliche Einbindung eines Mieters in gemeinschaftliche Werbemaßnahmen für ein Einkaufszentrum ist weithin verbreitet.[174] Gemeinsame Werbeaktivitäten sind durchaus wirtschaftlich sinnvoll, denn sie können ungleich größere Werbewirkung entfalten als die Werbemaßnahmen eines einzelnen Mieters. Die Durchführung von Werbemaßnahmen kann unterschiedlich organisiert sein. Sie kann dem Center-Management[175] unterstellt sein oder im Rahmen von vertraglichen Beziehungen der Mieter (etwa im Rahmen eines Werbevereins) oder des Vermieters mit einem Dritten (Werbe-/Verlagsanstalt) ausgestaltet sein. Bei gewerblichen Mietverträgen über Mietobjekte in Einkaufszentren werden Abreden über die Umlage von Kosten für die gemeinsame Werbung meist nicht als solche beanstandet.[176] Die Rechtsprechung fordert aber, dass die umzulegenden Kosten hinreichend bestimmt sein müssen und nur im Rahmen angemessener Begrenzung erhoben werden konnen.[177] Dies kann bei der Werbegemeinschaft durch die Vereinbarung eines festen (monatlichen) Zahlungsbetrags oder eines prozentualen Anteils von 54

---

168 BGH NZM 2010, 361; NJW-RR 2000, 1535; OLG Naumburg NZM 2008, 772; Günter WuM 2012, 587.

169 OLG Celle NJW 1978, 2510.

170 NJW-RR 1989, 400.

171 BGH NJW-RR 2000, 1535; OLG Naumburg NZM 2008, 772; OLG Naumburg NZM 1998, 373.

172 OLG München MDR 1999, 1434; restriktiv: OLG Düsseldorf OLGR 2009, 375.

173 Zu einem entsprechenden Bindungswillen vgl. BGH NJW 2000, 1714; zur ausdrücklichen vertraglichen Risikoverteilung zwischen Vermieter und Mieter vgl. ferner Fritz NJW 1996, 2068 mwN; allein das Vorhandensein eines sog. Center-Managements indiziert nicht das Vorliegen eines alles beherrschenden „Gesamtmanagements", vgl. OLG Naumburg NZM 2008, 772.

174 Vgl. hierzu die Darstellung und die Nachweise bei Joachim GuT 2007, 3; vgl. ferner Lindner-Figura NZM 1999, 738.

175 → Rn. 59 f.

176 BGH NZM 2006, 775; OLG Hamm GE 1999, 314; LG Berlin NZM 2001, 338; einschränkend: OLG Düsseldorf MDR 1993, 1078; LG Erfurt NZM 1999, 763.

177 BGH NZM 2006, 775.

der Grundmiete geschehen,[178] wobei auch die Modalitäten von Beitragserhöhungen (ggf. auch deren Höchstgrenze) festgelegt sein sollen.

55 Eine unangemessene Benachteiligung des Vertragspartners im Sinne von § 307 Abs. 1 S. 1 BGB ist jedoch zT in der **Beitrittspflicht** zu einer Werbegemeinschaft gesehen worden.[179] Dem Argument, zur Durchführung und Finanzierung der für ein Einkaufszentrum angemessenen Werbung bedürfe es überhaupt keiner solchen Beitrittspflicht,[180] wird man kritisch begegnen können. Soweit das OLG Hamburg[181] angenommen hat, eine auf freiwilliger Grundlage gebotene Werbegemeinschaft könne ihren Zweck auch ohne den Beitritt aller Mieter erfüllen, wenn nur die Umlage der zweckentsprechenden Kosten auf alle Mieter durch vertragliche Regelungen sichergestellt sei, umgeht es wohl letztlich die Problematik der Beitrittspflicht. Die wirtschaftlichen Folgen bleiben für den lediglich kostenpflichtigen Mieter gleich belastend, ohne dass er als Außenstehender die Möglichkeit hätte, auf die Werbegemeinschaft Einfluss zu nehmen. Der BGH[182] hat allerdings die formularmäßige Verpflichtung des Mieters, einer **Werbegemeinschaft in der Form einer GbR** beizutreten, als unangemessen benachteiligend eingeschätzt, weil dies für den Mieter zu gravierenden Haftungsrisiken führe. Außerdem hat der BGH[183] gefordert, dass die Höhe, der vom Mieter zu leistenden Beiträge, zumindest im Sinne einer Höchstgrenze bestimmbar sein müsse. Die verlässliche Bestimmung einer Höchstgrenze dürfte bei einem Dauerschuldverhältnis allerdings schwierig sein. **Wenn der Beitritt des Mieters zu einer GbR-Werbegemeinschaft unwirksam ist,** beurteilt sich die Pflicht zur Zahlung von Werbebeiträgen **nach den Grundsätzen der fehlerhaften Gesellschaft.** Der fehlerhaft vollzogene Beitritt ist damit regelmäßig nicht von Anfang an unwirksam, sondern kann nur mit Wirkung für die Zukunft durch eine von dem Mieter als Gesellschafter erklärte Kündigung geltend gemacht werden. Der Gesellschafter, der sich auf den Mangel berufen will, hat das Recht, sich jederzeit im Wege der außerordentlichen Kündigung von seiner Beteiligung für die Zukunft zu lösen.[184] Der BGH hat inzwischen die formularmäßige Verpflichtung des Mieters in einem Einkaufszentrum, einer bestehenden **Werbegemeinschaft in Form eines eingetragenen Vereins** beizutreten, gebilligt, weil dies weder gegen § 305c Abs. 1 BGB noch gegen § 307 Abs. 1 S. 1 BGB verstößt.[185] Wenn in der Vereinssatzung der Werbegemeinschaft die Höhe der monatlich vom Mieter zu zahlenden Beiträge konkret beziffert wird, bedarf es im Hinblick auf das Transparenzgebot des § 307 Abs. 1 S. 2 BGB im Mietvertrag und in der Satzung keiner weiteren Festsetzung einer Höchstgrenze der Beiträge.[186]

Formulierungsvorschlag von Leonhard[187]:

56 **§ ...... Werbegemeinschaft**

(1) Der Mieter ist verpflichtet, der Werbegemeinschaft in der für das Geschäftszentrum vorgesehenen Rechtsform (eingetragener Verein) auf der Grundlage der beigefügten Satzung, Anlage ...... und der Aufnahmeerklärung, Anlage ......, beizutreten und die Mitgliedschaft während der Dauer des Mietverhältnisses aufrechtzuerhalten.

(2) Als Berechnungsschlüssel für den Werbekostenbeitrag wird die Fläche des Mietobjekts gem. ...... in Quadratmetern festgelegt, zu Lagerzwecken gemietete Flächen bleiben ohne Ansatz. Der monatliche Werbekostenbeitrag beläuft sich damit auf ...... EUR.

---

[178] OLG Düsseldorf ZMR 1993, 469.
[179] BGH NZM 2006, 775 mAnm Ingendoh jurisPR-MietR 24/2006 Anm. 4.
[180] OLG Hamburg OLGR 2004, 496, mit seiner dem BGH NZM 2006, 775, vorgeschalteten Entscheidung.
[181] OLG Hamburg OLGR 2004, 496 mwN.
[182] BGH NZM 2006, 775; vgl. dazu auch Joachim GuT 2007, 3; Fritz/Geldmacher/Leo GewerberaumMietR/Leo § 3 Rn. 504.
[183] BGH NZM 2006, 775.
[184] BGH NZM 2016, 683; NJW 2014, 305.
[185] BGH NZM 2016, 520.
[186] BGH NZM 2016, 520, in Abgrenzung zu BGH NJW 2006, 3057.
[187] BeckFormB BHW/Leonhard III. D. 14 § 16.

(3) Der Werbekostenbeitrag ist monatlich zahlbar entsprechend ..... auf ein durch den vom Vermieter beauftragten Dritten noch zu benennendes Konto. Der vorgenannte Werbekostenbeitrag wird nach Ablauf von zwei Jahren, erstmals ab dem ......, um 5% erhöht. Diese Erhöhung des Werbekostenbeitrages wiederholt sich dann in der Folgezeit alle zwei Jahre. Vorstehende Regelung ist als Mindesterhöhung zu verstehen. Die Mitgliederversammlung der Werbegemeinschaft kann zusätzliche oder weitergehende Erhöhungen der Werbekostenbeträge mit einfacher Mehrheit beschließen.

(4) Sollte sich die Werbegemeinschaft auflösen oder die Mitgliedschaft des Mieters in der Werbegemeinschaft vor Beendigung seines Mietverhältnisses enden, ist er ab diesem Zeitpunkt verpflichtet, einen Betrag in Höhe seines bisherigen Werbegemeinschaftsbeitrags zzgl. zukünftiger Erhöhungen monatlich an den Vermieter zu zahlen, solange das Mietverhältnis fortbesteht. Der Vermieter wird diese Zahlungen für Werbemaßnahmen für das Geschäftszentrum verwenden.

(5) Der Mieter verpflichtet sich, bei jeglichen eigenen objektbezogenen Werbemaßnahmen zB in Zeitungen, Kinos usw den Namen des Geschäftszentrums oder eine andere, durch den Vermieter noch festzusetzende Bezeichnung hinzuzufügen.

h) Besonderheiten bei den Betriebskosten.[188] Die in § 2 BetrKV oder in Anlage 3 zu § 27 II. BV aufgeführten Betriebskosten umschreiben auch für Großobjekte durchaus den praktisch bedeutsamsten Teil der Nebenkosten. Seit dem 1.4.2004 gilt anstelle der Berechnungsverordnung nunmehr die Betriebskostenverordnung (BetrKV). In vielen Altverträgen findet sich aber noch die Bezugnahme auf den Kostenkatalog der II. BV, weshalb die Bestimmung auch künftig noch Relevanz behalten wird. 57

Besondere Betriebskostenarten haben sich insbesondere bei der Vermietung in Großobjekten etabliert. Es geht dabei um die Umlage von Kosten für besondere Verwaltungs- und Organisationskomplexe sowie für spezielle Zusatzdienste und -leistungen. Der Katalog der auf den Mieter umlegbaren Nebenkosten wird für Wohnraummietverhältnisse durch § 556 Abs. 1 BGB festgelegt, indem er auf die in der Betriebskostenverordnung vorgesehenen Kostenarten beschränkt wird. Diese Beschränkung gilt im Rahmen der Gewerberaummiete nicht. Es unterliegt daher im Rahmen der Vertragsfreiheit (in den Grenzen von §§ 138, 307 BGB) den mietvertraglichen Vereinbarungen, welche Betriebskostenarten umgelegt werden sollen.[189] Nach hM können jedoch auch im Bereich der Gewerberaummiete Betriebskosten nur dann umgelegt werden, wenn und soweit dies vertraglich mit hinreichender Bestimmtheit vereinbart ist, denn das Gesetz geht mit § 535 BGB von einer **Inklusivmiete** aus.[190] Mietnebenkosten sind Bestandteil der Miete. Der formularmäßige Hinweis auf die in der BetrKV (früher: II. Berechnungs-VO) aufgeführten Kosten reicht für die Konkretisierung der vertraglichen Vereinbarung nach hM aus.[191] Bei der formularvertraglichen Vereinbarung darüber hinaus ist eine detaillierte Darstellung der umlagefähigen Positionen bereits zur Wahrung des Transparenzgebotes des § 307 Abs. 1 S. 2 BGB unabdingbar.[192] Die Regelung in einem gewerblichen Mietvertrag, wonach „sämtliche" oder „alle" anfallenden Nebenkosten/Betriebskosten umlagefähig sein sollen, ist im Rahmen einer einzelvertraglichen Ver- 58

[188] Zu den Neben- bzw. Betriebskosten im Rahmen der Gewerberaummiete vgl. im Einzelnen die Darstellung in → § 62 Rn. 1 ff. Hier werden im Wesentlichen diejenigen Besonderheiten dargestellt, die sich speziell bei Einkaufszentren oder vergleichbaren Großobjekten ergeben; vgl. dazu auch Fritz NJW 2009, 959; Leo/Ghassemi-Tabar NZM 2009, 263; Leonhard/Lindner-Figura DStR 2009, 1037.

[189] Vgl. Schmidt-Futterer/Langenberg BGB § 556 Rn. 34; Herrlein/Kandelhard-Both BGB § 556 Rn. 8.

[190] OLG Düsseldorf NJOZ 2012, 1871 mAnm Fritz jurisPR-MietR 24/2013 Anm. 2; Grüneberg/Weidenkaff BGB § 535 Rn. 73, 90 f.

[191] BGH WuM 2004, 290 = NZM 2004, 417; BGH WM 1970, 73; OLG Celle OLGR 1999, 185; zur vertraglichen Einbeziehung der Kostenarten aus der BetrKV vgl. Borzutzki-Pasing NZM 2004, 161.

[192] Fritz/Geldmacher/Leo GewerberaumMietR/Leo § 3 Rn. 474.

einbarung wirksam.[193] Besonderheiten bei der Betriebskostenumlage haben sich namentlich bei der Versorgung mit Energie, bei technischen Serviceleistungen, Verwaltungs- und Hausdiensten, bei der Abfallbeseitigung, der Bewachung sowie dem sog. Center-Managements herausgebildet.

59 *aa) Kosten des Center-Managements.* Das Center-Management sorgt u. a. für den einheitlichen Auftritt des Centers, für gemeinsame Marketingmaßnahmen und regelt oft auch die Geschäftsführung der Werbegemeinschaft.[194] Im Einzelnen herrscht insoweit aber keine begriffliche Klarheit.[195] Der BGH hat aber inzwischen mehrfach entschieden, dass bei der Geschäftsraummiete die formularmäßig vereinbarte Übertragung nicht näher aufgeschlüsselter Kosten eines „Centermanagers" auf den Mieter unwirksam ist, da es diesem Begriff an ausreichender Transparenz fehlt.[196] Auch das Kammergericht[197] hat formularmäßige Betriebskostenregelungen für solche Kosten, die das „Center-Management" oder „Raumkosten" zum Gegenstand haben, für intransparent gehalten.

60 Ein Vermieter von Flächen in einem Einkaufs- und/oder Dienstleistungszentrum wird im Zweifel gehalten sein, in den Mietvertrag eine so konkrete Beschreibung der umzulegenden Kosten aufzunehmen, dass dies einer Inhaltskontrolle nach § 307 BGB standhält. Die vertragliche Regelung muss hinreichend transparent (§ 307 Abs. 1 S. 2 BGB) und eindeutig sein (§ 305c Abs. 2 BGB). Solange es keine eindeutige und allgemein gültige Definition gibt, welche Tätigkeiten und Kosten vom Begriff des Center-Managements umfasst sind, bedarf es nach diesseitiger Auffassung einer ausdrücklichen vertraglichen Festlegung sowohl der relevanten Tätigkeiten als auch der umzulegenden Kosten.[198]

Formulierungsvorschlag von Leonhard[199]:

61 **§ ...... Betriebskosten**

(1) Neben der Grundmiete hat der Mieter sämtliche für das gesamte Einkaufszentrum anfallenden Betriebskosten iSv § 2 BetrKV (Betriebskostenverordnung) zzgl. der jeweils geltenden gesetzlichen MwSt. anteilig zu tragen.

(2) Neben den in § 2 BetrKV bezeichneten Kosten hat sich der Mieter an folgenden weiteren Betriebskosten zzgl. MwSt. anteilig zu beteiligen:(...)[200]

- Kosten des Centermanagements. Dies sind die entstehenden Gehalts-, Raum- und Sachkosten für das im Geschäftszentrum eingesetzte Personal zur Erfüllung insb. folgender Aufgaben:
- Kontaktpflege zu Behörden und Verbänden;
- allgemeine Öffentlichkeitsarbeit in Abstimmung mit der Werbegemeinschaft und dem Vermieter;
- Planung, Vorbereitung und Durchführung von Werbemaßnahmen, insb. Events im Einkaufszentrum;
- turnusmäßige Erstellung eines Berichts zur Öffentlichkeitsarbeit;
- Entwicklung und Realisierung von Gemeinschaftsinseraten, Konzeption von Werbeideen, Zusammenarbeit mit anderen Werbeorganen am Ort;

[193] BGH BeckRS 2020, 7464 („Der in einem Gewerberaummietvertrag verwendete Begriff „Betriebskosten" erfasst dann, wenn sich kein übereinstimmendes abweichendes Begriffsverständnis der Vertragsparteien feststellen lässt, auch ohne weitere Erläuterungen alle zum Zeitpunkt des Vertragsschlusses in die gesetzliche Definition nach § 556 Abs. 1 S. 2 und 3 BGB iVm § 2 BetrKV einbezogenen Kostenarten (Fortführung von BGH NJW 2016, 1308)" siehe 2. Amtlicher Ls.

[194] Vgl. Schmidt NZM 2008, 563; Joachim NZM 2000, 785.

[195] Vgl. zum sog. „Facility Management" Lindner-Figura/Oprée/Stellmann Geschäftsraummiete-HdB/Zehelein§ 11 Rn. 22.

[196] BGH NZM 2014, 830; NZM 2013, 85; NJW 2012, 54.

[197] KG NZM 2002, 954; aA OLG Rostock NZM 2005, 507.

[198] KG NZM 2002, 954; zum Zusammentreffen von Umlageklauseln, die sowohl die Kosten des Centermanagements als auch die Kosten der Verwaltung betreffen → Rn. 61.

[199] BeckFormB BHW/Leonhard III. D. 14 § 9 (1) und (2).

[200] Hier werden weitere Betriebskosten aufgezählt.

- Entwicklung und Ausarbeitung eines Konzepts für den Druck und Vertrieb einer Mieter-Center-Zeitung;
- Personalführung und Controlling;
- Nebenkostenmanagement (Erstellung von Budgets, Wirtschaftsplänen, Controlling); Optimierung, Weiterentwicklung und Umsetzung von Centerkonzeption und Branchenmix;
- Regelmäßige Mietergespräche zu Mietflächenkonzeption, Erscheinungsbild, Umsatzzahlen, Öffnungszeiten zur Steigerung der Leistungskraft aller Mieter im Center.

bb) Verwaltungskosten. In Großobjekten können sich Unklarheiten darüber ergeben, in welchem Umfang der Mieter zur Umlage der Verwaltungskosten herangezogen werden kann. Grundsätzlich ist durch § 26 II. BV (vgl. auch § 1 Abs. 2 Nr. 1 BetrKV) festgelegt, was unter den Verwaltungskosten zu verstehen ist. Der BGH hat es als zulässig erachtet, für die Auslegung des in Gewerberaummietverträgen enthaltenen Begriffs der „Verwaltungskosten" auf die in § 1 II Nr. 1 BetrKV und § 26 I der II. BerechnungsVO enthaltenen Definitionen zurückzugreifen, obwohl diese Bestimmungen für die Gewerberaummiete nicht einschlägig sind.[201] Auch die Umlage der „kaufmännischen und technischen Hausverwaltung" in allgemeinen Geschäftsbedingungen eines Mietvertrags über Geschäftsräume ist weder überraschend iSv § 305c BGB, noch verstößt sie gegen das Transparenzgebot gemäß § 307 Abs. 1 S. 2 BGB.[202] Der BGH[203] hat allerdings auch angenommen, dass an der wirksamen Übertragung von Verwaltungskosten dann Bedenken bestehen können, wenn in Allgemeinen Geschäftsbedingungen in wesentlichen Bereichen gleichartige Kosten – wie etwa die des Centermanagements – neben die Verwaltungskosten gestellt werden und dadurch Unklarheiten entstehen. Diese Ausführungen sollen aber nur auf solche Fälle zugeschnitten sein, in denen sämtliche im weiteren Sinne administrativen Tätigkeiten – mithin auch die in § 26 Abs. 1 der II. Berechnungsverordnung bzw. in § 1 Abs. 2 Nr. 1 BetrKV beschriebenen Verwalteraufgaben – unter einem einzigen unbestimmten Begriff zusammengefasst werden.[204] In solchen Fällen sei es wegen des Verbots der geltungserhaltenden Reduktion nicht möglich, die Klausel auf einen zulässigen Inhalt – etwa auf die in § 26 Abs. 1 der II. Berechnungsverordnung bzw. in § 1 Abs. 2 Nr. 1 BetrKV definierten Verwaltungskosten – zurückzuführen.[205] Wenn dagegen in einer Klausel der Begriff der „Verwaltung" ausdrücklich neben dem Begriff des „Centermanagements" Verwendung findet, hält der BGH die Übertragung der Verwaltungskosten mit dem durch die Verordnungsdefinitionen ausgefüllten Inhalt wirksam.[206] Dann lasse sich eine Formularklausel aus sich heraus verständlich und sinnvoll in einen inhaltlich zulässigen und in einen unzulässigen Regelungsteil trennen. Die Rechtsprechung des BGH läuft darauf hinaus, dass die Umlage von Verwaltungskosten, die über den Bereich der von § 1 Abs. 2 Nr. 1 BetrKV erfassten Kosten hinausgehen, wegen Intransparenz unwirksam ist. Eine Begrenzung der Höhe der Verwaltungskosten ist aber auch in Formularverträgen nach Auffassung des BGH nicht erforderlich.[207] 62

Für die Vertragsgestaltung ist es mit diesen Vorgaben unumgänglich, sich am herkömmlichen Begriff der Verwaltungskosten iSv § 26 Abs. 1 der II. Berechnungsverordnung bzw. § 1 Abs. 2 Nr. 1 BetrKV zu orientieren und zusätzliche Kostenumlagen gesondert aufzuführen. Das ist allerdings mehr als schwierig, denn was im Einzelnen 63

[201] BGH BeckRS 2020, 7464.
[202] Langenberg/Zehelein BetrKostR B Rn. 101 (mit Verweis auf BGH NZM 2010, 123); siehe dort auch die Ausführungen zur Definition „technische Verwaltung".
[203] BGH NZM 2014, 830; NJW 2010, 671.
[204] BGH NZM 2013, 85.
[205] BGH NZM 2013, 85; OLG Düsseldorf WuM 2012, 203.
[206] BGH NZM 2013, 85; NJW 2012, 54; Langenberg/Zehelein BetrKostR B Rn. 102.
[207] Fritz/Geldmacher/Leo GewerberaumMietR/Leo § 3 Rn. 486 (mit Verweis auf BGH NZM 2010, 123).

zu den Verwaltungskosten zählt, ist verordnungsmäßig überhaupt nicht definiert. Gerade im gewerblichen Bereich fällt es schwer festzulegen, was jeweils unter die anerkannten Kriterien der Verwaltung fällt (allgemeine kaufmännischen Geschäftsführung, juristische Verwaltung, Finanz- und Vermögensverwaltung, technische Verwaltung und Service-Dienstleistungen).[208] Daneben umzulegende Kosten müssen grundsätzlich so eindeutig bestimmt sein, dass keine intransparente Erweiterung der Verwaltungskosten entsteht. Hieraus ergibt sich die Schwierigkeit, alle Kosten, die zusätzlich umgelegt werden sollen, explizit nach den zugrunde liegenden Einzeltätigkeiten und Kosten beschreiben zu müssen.[209] Wenn insoweit keine strikte Kostentrennung erfolgt, kommen allenfalls Pauschalentgelte in Betracht, die sich im Zweifel jedoch ihrerseits dem Transparenzgebot zu stellen haben.

Praxistipp:

Der Begriff der Verwaltungskosten ist nach diesseitiger Auffassung bei der Gewerberaummiete nach wie vor nicht eindeutig definiert. Eine vertragssichere Umlage ist auch nach der Rechtsprechung des BGH im Zweifel nur dann gewährleistet, wenn sich die Kosten im anerkannten Rahmen von § 26 Abs. 1 der II. Berechnungsverordnung bzw. von § 1 Abs. 2 Nr. 1 BetrKV halten und im Übrigen im Vertrag genau spezifiziert werden.

64 *cc) Erhaltungs- und Betriebskosten für Gemeinschaftsflächen..*[210] Begrenzungen bei der Betriebskostenumlage ergeben sich bei den Kosten für zentrale Leistungseinrichtungen und gemeinschaftlich genutzte Flächen in Großobjekten. Diese machen bei Einkaufszentren einen gewichtigen Kostenfaktor aus, denn solche Objekte weisen typischerweise Einrichtungen auf, die zwar nicht unmittelbar dem Mietgebrauch des einzelnen Mieters unterstellt sind, jedoch den Charakter solcher Objekte prägen. Zu solchen Einrichtungen gehören insbesondere Parkplatzanlagen, Spielplätze, Grünanlagen, Aufzüge, Rolltreppen, öffentliche Toiletten und alle Zuwegungen zu und zwischen den einzelnen Mietobjekten. An dem Vorhandensein solcher Einrichtungen partizipieren alle Mieter, denn erst sie ermöglichen den attraktiven Betrieb von Großobjekten.

65 Der BGH[211] sieht in der Abwälzung von der Höhe nach unbegrenzten Erhaltungskosten für Gemeinschaftsflächen eine **unangemessene Benachteiligung des Mieters** iSv § 307 BGB. Das gilt namentlich wegen derjenigen Mieter, die sich erst nachträglich in einen bereits seit längerem unterhaltenen Komplex einmieten. Dem Mieter werden dadurch, dass er die gemeinschaftlich genutzten Flächen und Anlagen in dem bei Mietbeginn bestehenden, in der Regel gebrauchten Zustand vorfindet, die Kosten für die Behebung anfänglicher Mängel bzw. für die Reparatur oder Erneuerung bereits vorhandener Abnutzungen überbürdet, deren Höhe für ihn nicht oder nur schwer überschaubar ist. Darüber hinaus werden ihm die Kosten für Schäden auferlegt, die von Dritten verursacht wurden (zB Vandalismusschäden), für deren Handeln er keine Verantwortung trägt, so dass auch insoweit nicht unmittelbar zurechenbare und der Höhe nach nicht vorhersehbare Kosten auf den Mieter übertragen werden. Diese Abweichungen vom gesetzlichen Leitbild des Mietvertrages benachteiligen den Mieter nach der Rechtsprechung unangemessen.[212] Die Übertragung der Erhaltungslast gemeinschaftlich genutzter Flächen und Anlagen ist danach allenfalls wirksam, wenn sie in einem bestimmten, zumutbaren Rahmen erfolgt. In der Literatur und Rechtsprechung wird hierzu beispielsweise eine Kostenbegrenzung auf einen festen Prozentsatz der

---

[208] Vgl. hierzu etwa Schmidt NZM 2008, 563; vgl. ferner Ludley NZM 2006, 851.
[209] Vgl. Ingendoh jurisPR-MietR 5/2013 Anm. 4 zu BGH NZM 2013, 85.
[210] → § 54 Rn. 186 ff.
[211] ZMR 2005, 844 = ZfIR 2005, 694.
[212] BGH ZMR 2005, 844; KG NJW-RR 2003, 586; OLG Naumburg NJW-RR 2000, 823; OLG Düsseldorf NZM 2000, 464; OLG Dresden NJW-RR 1997, 395; OLG Köln NJW-RR 1994, 524.

Jahresmiete vorgeschlagen.[213] Außerdem ist es erforderlich dem Mieter den Umfang seiner Kostenbeteiligung deutlich zu machen, indem die Anlagen und Einrichtungen, deren Unterhaltungsaufwand als Betriebskosten umgelegt werden soll, konkret bezeichnet werden[214] und es ist zu empfehlen, dass auch derartige eingeschränkte Klauseln verständlich angeben, welche Erhaltungsmaßnahmen betroffen sind, um dem Transparenzgebot Genüge zu tun.[215]

Als Fazit bleibt festzuhalten, dass eine deckungsgleiche Umlage der, für die Gemeinschaftsflächen effektiv anfallenden, Erhaltungskosten auf alle Mieter praktisch nicht möglich ist. Der gewerbliche Mieter ist davor zu schützen, dass er mit Kosten belastet wird, die nicht durch seinen Mietgebrauch veranlasst sind und die nicht in seinen Risikobereich fallen.[216] Ob die Argumentation des BGH zwingend ist, ließe sich damit in Frage stellen, dass sich die bei vollständiger Umlage von Erhaltungskosten entstehenden Kostennachteile im Laufe eines – üblicherweise – auf Dauer angelegten Mietverhältnisses kompensieren. Wenn der Vermieter (bei Einkaufszentren zumeist eine Betreibergesellschaft) keine auskömmliche Kostenumlage praktizieren kann bzw. darf, werden die nicht abgedeckten Kostenrisiken im Zweifel auf den Mietzins aufgeschlagen, und zwar mit der Folge, dass der Mieter überhaupt keine Kontrolle hinsichtlich des dann in der Miete aufgehenden (verdeckten) Kostenanteils hat. 66

i) Umsatzmiete. Bei der Umsatzmiete bestimmt sich der vom Mieter zu entrichtende Mietzins ganz oder teilweise nach der Höhe der Umsätze, die der Mieter im angemieteten Objekt mit seinem Gewerbebetrieb erzielt. Die Umsatzmiete hat bei der Vermietung in Großobjekten große praktische Bedeutung. Für bestimmte Regelungszusammenhänge bietet sie die Möglichkeit einer durchaus flexiblen und wirtschaftlich ausgewogenen Mietpreisgestaltung. Die Umsatzmiete zeichnet sich dadurch aus, dass der Mietzins – zumindest teilweise – nicht nach allgemeinen kalkulatorischen Mietpreisvorgaben des Vermieters bestimmt wird, sondern in Abhängigkeit vom Geschäftserfolg des Mieters. Die Vereinbarung einer Umsatzmiete wird oft flächendeckend für alle Mieter in Großobjekten praktiziert. Sie kann aber auch einzelfallbezogen zB zu dem Zweck vereinbart werden, dass ein Mieter, der in der Anlaufzeit seiner gewerblichen Betätigung oder in der Startphase eines – ggf. noch nicht ganz fertiggestellten Projekts – noch keine auskömmlichen Geschäfte machen kann, anfänglich nur eine reduzierte Miete zu entrichten braucht. Für den Vermieter ist sie Anreiz, das Umfeld für die gewerbliche Betätigung der Mieter attraktiv zu gestalten, denn er profitiert seinerseits von steigenden Umsätzen. Diese wechselseitige Abhängigkeit der Vertragsparteien voneinander kann auch Nachteile bewirken, denn der geschäftliche Misserfolg oder das Missgeschick eines Mieters schlägt auf die Gewinnerwartungen des Vermieters durch. Der geschickte und fleißige Mieter wird uU nicht gewillt sein, den Vermieter an seinem wirtschaftlichen Erfolg und dem Ergebnis seiner Arbeit teilnehmen zu lassen. 67

aa) Vereinbarung einer Umsatzmiete. Eine Umsatzmiete kann auch **formularmäßig** vereinbart werden, soweit sie sich im Rahmen des Branchenüblichen hält und nicht per se überraschend ist und damit eine unangemessene Benachteiligung des Mieters iSv § 307 BGB bewirkt.[217] Eine überraschende Klausel wird nach den geltenden Geschäftsgepflogenheiten bei der Vermietung in einem Einkaufszentrum nicht anzunehmen sein. Nach § 8 S. 2 ApoG sind aber Vereinbarungen, bei denen die Vergütung für die dem Erlaubnisinhaber überlassenen Vermögenswerte am Umsatz oder Gewinn der Apotheke ausgerichtet ist, darunter auch am Umsatz oder Gewinn ausgerichtete Mietverträge, unzulässig. Das **Verbot der Umsatzmiete** gilt dabei insbesondere für die **Anmietung der** 68

[213] KG NJW-RR 2003, 586; Fritz Rn. 183, 229; Bub NZM 1998, 789; Wodicka NZM 1999, 1081.
[214] Langenberg/Zehelein BetrKostR B Rn. 96.
[215] Langenberg/Zehelein BetrKostR B Rn. 95.
[216] BGH NJW 2014, 3722; 2013, 41.
[217] OLG Brandenburg BeckRS 2011, 16476; Lindner-Figura/Oprée/Stellmann Geschäftsraummiete-HdB/Bartholomäi/Stellmann § 10 Rn. 68; Neuhaus GuT 2005, 200; Usinger NZM 2009, 297.

Apothekenbetriebsräume.[218] Für den Tatbestand des § 8 S. 2 ApoG genügt es, dass die Parteien in ihren Vorstellungen von einem Zusammenhang zwischen der Miethöhe und dem Umsatz oder Gewinn ausgegangen sind und dass diese Verknüpfung in den Vereinbarungen ihren Niederschlag gefunden hat.[219]

69 *bb) Vom Umsatz unabhängige Basismiete.* Vereinbaren die Vertragsparteien allein eine Umsatzmiete ohne einen vom Umsatz unabhängigen **Basis- oder Mindestmietzins,** bestimmt sich die Miethöhe ausschließlich nach dem vertraglich festzulegenden Anteil, in dessen Umfang der Vermieter umsatzbezogen am Geschäftserfolg des Mieters partizipieren soll. In eine so direkte Abhängigkeit von den Geschäftsrisiken und Erfolgsaussichten seiner Mieter wird sich der Vermieter aber allenfalls im Rahmen geschäftlicher Beziehungen begeben, die besser als Gesellschaftsverhältnis auszugestalten wären. Die Begründung einer Gesellschaft bürgerlichen Rechts (vgl. §§ 705 ff. BGB) wird uU dann in Betracht kommen, wenn der Vermieter speziell für den Betrieb des Mieters bauliche oder technische Investitionen tätigt, deren Kosten aus Gründen mangelnder – anfänglicher – Leistungsfähigkeit des Mieters nicht unmittelbar in die Mietkalkulation einfließen sollen. Ohne besondere gesellschaftsvertragliche Vereinbarungen begründet aber allein die Verabredung einer Umsatzmiete trotz ihrer partiarischen Eigenheiten noch keine Gesellschaft bürgerlichen Rechts.[220] Praxisüblich ist die Vereinbarung einer Umsatzmiete unter Festlegung eines vom Mieter jedenfalls geschuldeten Mindestmietzinses.[221]

70 *cc) Ermittlung der Basismiete.* Rechtspraktisch bedeutsamer ist daher die Umsatzmiete in Verbindung mit einer Basis- bzw. Mindestmiete, die umsatzunabhängig zu zahlen ist. Insoweit sind **zwei Grundkonstellationen** anzutreffen. **Entweder leistet der Mieter zusätzlich zur Basismiete einen obligatorischen umsatzabhängigen Zuschlag oder die Umsatzmiete tritt erst ab einer gewissen Umsatzschwelle in Kraft.**[222] Die Bestimmung des jedenfalls zu entrichtenden Basismietzinses erfordert für beide Vertragsparteien die Veranschlagung der realistisch zu erzielenden Mieterumsätze als Maßstab dafür, ob und in welchem Umfang zusätzlich ein umsatzabhängiger Mietanteil gelten soll. Das kann zumal vor Vertragsbeginn sehr schwierig zu veranschlagen sein, denn der individuelle Geschäftserfolg eines Mieters entzieht sich einer generalisierenden Einschätzung. Wenn die Mindestmiete zu gering kalkuliert wird, läuft der Vermieter Gefahr, auf Dauer einen zu niedrigen Mietzins zu erhalten. Wird die Basismiete zu hoch angesetzt, muss der Mieter eine Gesamtmiete entrichten, die ggf. weit über den (markt-) üblichen Mietpreisen liegt. Soweit vertreten wird, bei der Umsatzmiete sei die Problematik einer sittenwidrigen bzw. wucherischen Miethöhe (§ 138 BGB, § 4 WiStrG, § 291 StGB) eher zu vernachlässigen,[223] so vermag dies nicht zu überzeugen. Wenn bereits die Basismiete den Nutzwert der Mietsache weitgehend ausgleicht und auch die Gewinninteressen des Vermieters abdeckt, wird das Hinzutreten eines hohen Umsatzzuschlags ohne Weiteres ein krasses Missverhältnis zwischen Mietzins und Nutzwert im Sinne von § 138 Abs. 2 BGB bewirken können. Besitzt der Vermieter bei einer solchen Konstellation ein starkes wirtschaftliches oder unternehmerisches Übergewicht oder hat er in Bezug auf geeignete Mietflächen eine Monopolstellung inne und kommt der Mietvertrag unter bewusster Ausnutzung solcher Gegebenheiten zustande, kann dies dem Schutzzweck des § 138 BGB zuwiderlaufen.[224] Schon das bloße Bestehen eines auffälligen Missverhältnisses

---

[218] Ausnahme: § 8 Abs. 3 ApoG: „Pachtverträge über Apotheken nach § 9, bei denen die Pacht vom Umsatz oder Gewinn abhängig ist, gelten nicht als Vereinbarungen im Sinne des Satzes 2.".

[219] BGH NJW 2004, 1523; MDR 1998, 94 = WM 1998, 609.

[220] BGH NJW-RR 1988, 417, auch zur sog. negativen Umsatzmiete als partiarischem Rechtsverhältnis; vgl. BGH NJW-RR 1988, 417; Lindner-Figura/Oprée/StellmannGeschäftsraummiete-HdB/Bartholomäi/Stellmann § 10 Rn. 69.

[221] Vgl. Lindner-Figura NZM 1999, 492 nebst Formulierungsvorschlag für eine Umsatzmietklausel; zu Kombinationen von Umsatzmiete und anderen Preisanpassungsklauseln vgl. Usinger NZM 2009, 297.

[222] Vgl. dazu KG ZMR 2017, 156.

[223] Vgl. Lindner-Figura NZM 1999, 492 (493).

[224] Zum Schutz des Geschäftspartners vgl. BAG NJW 1985, 2661; BGH NJW 1981, 1206; 1980, 446.

zwischen Leistung und Gegenleistung kann eine verwerfliche Gesinnung im Sinne von § 138 BGB indizieren.[225] Besonders hohe Umsatzerlöse sind dem Vermieter im Rahmen des mietvertraglichen Äquivalenzverhältnisses im Zweifel auch nicht oder nur sehr eingeschränkt als eigene Leistung zuzurechnen. Ein besonders großer geschäftlicher Erfolg des Mieters beruht idR auf dessen Fleiß und auf seinem geschäftlichen Geschick. Um eine unverhältnismäßige Abschöpfung durch den Vermieter zu verhindern, kann daher auch die **vertragliche Festlegung einer Höchstgrenze** für den Umsatzzuschlag geboten sein.

Der vom Mieter zu zahlende Mindestbetrag wird im Regelfall zugunsten des Vermieters bereits eine Deckung der laufenden Kosten für die Finanzierung, den Unterhalt und die Instandhaltung und Verwaltung des Mietobjekts zu sichern haben. Inwieweit der Basisbetrag dann noch eine Gewinnerzielung auf Vermieterseite gewährleisten kann und soll, wird sich im Regelfall danach richten, in welchem Umfang der Vermieter sich vom Geschäftsverlauf auf Seiten des Mieters abhängig machen will bzw. in welchem Umfang der Mieter überhaupt leistungsfähig ist. Wenn schon bei Begründung des Mietverhältnisses absehbar ist, dass sich die Umsatzentwicklung nach Größe, Art und Ausstattung des Betriebs nur in einer eng umgrenzten Spannbreite bewegen kann, wird die Vereinbarung einer Umsatzmiete nicht oder nur für einen kleineren Teil der Gesamtmiete in Betracht kommen. 71

dd) Abgrenzung zur Gewinnbeteiligung. Der vom Mieter getätigte Umsatz ist zwar ein gewichtiges Indiz für die wirtschaftliche Ertragskraft seines Gewerbebetriebs. Dennoch besagen die Umsätze grundsätzlich nichts für den vom Mieter effektiv erwirtschafteten Gewinn. Wenn die Miethöhe von der tatsächlichen Gewinnerzielung abhängig sein soll, kommt anstelle einer umsatzbezogenen Mietpreisbestimmung auch eine echte Gewinnbeteiligung des Vermieters in Betracht. Die Gewinnermittlung hat jedoch gravierende Nachteile. Sie setzt umfassende und besonders sorgfältige Absprachen darüber voraus, welche Rechenschaftspflichten des Mieters bestehen sollen.[226] Die getätigten Umsätze sind dagegen in aller Regel unschwer zu ermitteln. Die dazu erforderlichen Abgrenzungen werfen in steuerlicher und bilanzrechtlicher Hinsicht komplexe Regelungsprobleme auf, denen kaum im Rahmen eines Mietvertrags, sondern eher im Rahmen eines Gesellschaftsverhältnisses Rechnung getragen werden kann. Eine sich am Umsatz orientierende Beteiligung des Vermieters bietet demgegenüber klare Bemessungsgrundlagen. 72

ee) Festlegung der für den Mietpreis maßgeblichen Umsätze. Im Mietvertrag ist hinreichend bestimmt festzulegen, welche Umsätze den Maßstab für den Umsatzzuschlag bilden sollen. In der Mietpraxis sind differenziert ausgestaltete Erhebungen darüber, an welche Umsätze angeknüpft werden soll, eher Mangelware. So werden etwa bestimmte Umsatzerwartungen pro qm der Verkaufsfläche zugrunde gelegt. Die Heranziehung sämtlicher Umsätze aus Warenverkäufen, Werk- und Dienstleistungen und sonstiger Einnahmen[227] kann aber für den Mieter nachteilig sein, wenn in erheblichem Umfang Umsätze getätigt werden, die für den eigentlichen Geschäftserfolg nichts oder nur wenig besagen (zB durchlaufende Positionen ohne Gewinnrelevanz bzw. ertragsneutrale Positionen).[228] Zur Vermeidung ausufernder Mitteilungspflichten des Mieters und eines kostenträchtigen Kontrollaufwands seitens des Vermieters kann es sich anbieten, auf ein besonders signifikantes Umsatzsegment als der für den Umsatzzuschlag allein maßgeblichen Bezugsgröße abzustellen. In diesem Rahmen können bestimmte Umsätze aus Warenverkäufen oder ausgewählten Leitprodukten zugrunde gelegt werden, wenn die dafür maßgeblichen Daten ohne weiteres verfügbar sind.[229] Bei Gewerbetreibenden mit einem ausgesprochenen Mischsortiment (zB Supermärkten) wird sich allerdings schwer- 73

---

[225] BGH NJW 1992, 899; NJW-RR 1990, 1199; NJW 1979, 758.
[226] Vgl. Ratjen Info M 2012, 16; Ratjen Info M 2012, 17.
[227] Vgl. dazu das Beispiel bei Lindner-Figura NZM 1999, 492 (493).
[228] Vgl. Fritz/Geldmacher/Leo GewerberaumMietR/Geldmacher § 3 Rn. 365.
[229] Zu einer vom Bierabsatz abhängigen Pacht vgl. BGH NJW 1990, 567.

lich ein Leitprodukt ausmachen lassen. Die Umsätze von Dienstleistern können ggf. nach der am ehesten geschäftstypischen Dienstleistung ermittelt werden.

74 Ob der Umsatzzuschlag sich nach den Netto-Umsätzen bestimmt oder nach den Bruttoeinnahmen einschließlich aller Steuern richtet, wird im Zweifel von den praktischen Erfordernissen der Umsatzabrechnung abhängen. Ein rechtliches Hindernis, eine der beiden Alternativen oder Zwischenformen davon zugrunde zu legen, wird diesseits nicht gesehen. Wenn der Vertrag den Umsatzbegriff nicht genau definiert, wird im Rahmen der dann vorzunehmenden Vertragsauslegung zu ermitteln sein von welchem Umsatzbegriff die Parteien ausgegangen sind. Dies kann sowohl der Nettoumsatz ohne Mehrwertsteuer sein oder aber auch der Umsatzbegriff des § 277 Abs. 1 HGB oder des § 1 Abs. 1 Nr. 1 UStG.[230] Es ist deshalb dringend anzuraten, den Umsatzbegriff ausdrücklich zu vereinbaren, wobei die Wahl mit Bedacht getroffen werden sollte.[231]

75 *ff) Betriebspflicht bei der Umsatzmiete..*[232] Ein Vermieter wird nach Vereinbarung einer Umsatzmiete regelmäßig Wert darauf legen, dass der Mieter auch entsprechende Umsätze erzielt und dies durch ein nachhaltig betriebenes Gewerbe gewährleistet. Allerdings hat der Mieter nach dem gesetzlichen Leitbild nur ein Gebrauchsrecht, nicht jedoch eine Gebrauchspflicht.[233] Demgemäß besteht grundsätzlich keine Pflicht, in den Mieträumen einem bestimmten Gewerbe nachzugehen. Allein durch die Vereinbarung einer Umsatzmiete wird noch keine Betriebspflicht begründet.[234] Fehlt es an Regelungen zur Betriebspflicht, und sogar zu einer Mindestmiete, wird vertreten, dass sich die Miethöhe bei einem untätigen Mieter nach dem Betrag bestimmen soll, der bei der vorgesehenen Verwendung angefallen wäre.[235]

Formulierungsvorschlag:

76 **§ …… Vereinbarungen zur Miethöhe, Umsatzmiete, Fälligkeit**

(1) Der Mieter hat folgende Mietzahlungen zu leisten:

- eine monatliche Basisgrundmiete in Höhe von …… EUR,
- einen monatlichen umsatzabhängigen Grundmietzuschlag, nach Maßgabe der nachfolgenden Bestimmungen,
- die für Basismiete und Mietzuschlag zu ermittelnde gesetzliche Umsatzsteuer in der jeweils geltenden Höhe, zur Zeit in Höhe von …… %.

(2) Der zusätzlich zur Basismiete zu entrichtende Mietzuschlag beträgt …… % des zu ermittelnden Netto-Umsatzes aus dem Verkauf von ……, den der Mieter in dem betreffenden Monat mit dem im Mietobjekt geführten Betrieb erzielt hat, und zwar ungeachtet aller Fälligkeits-, Stundungs-, Erfüllungs- oder Verrechnungsabreden, die mit dem jeweiligen Geschäftspartner getroffen werden. Die getätigten Umsätze hat der Mieter im Rahmen einer sorgfältigen, prüffähigen kaufmännischen Buchführung zu erfassen.

(3) …… [Regelungen zur Ermittlung und Fälligkeit des Umsatzzuschlags][236]

---

[230] Guhling/Günter/Leonhard BGB Anh. § 535 Rn. 82; Fritz/Geldmacher/Leo GewerberaumMietR/Geldmacher § 3 Rn. 365 geht davon aus, dass bei fehlender Vereinbarung des Umsatzbegriffs im Zweifel der Nettoumsatz ohne Mehrwertsteuer gilt, wohingegen Lindner-Figura/Oprée/Stellmann Geschäftsraummiete-HdB/Bartholomäi/Stellmann § 10 Rn. 1 davon ausgeht, dass im Zweifel der Umsatzbegriff des HGB oder UstG gilt.

[231] Guhling/Günter/Leonhard BGB Anh. § 535 Rn. 82.

[232] Zur Betriebspflicht im Allgemeinen → Rn. 8 ff.

[233] Vgl. Grüneberg/Weidenkaff BGB § 535 Rn. 84.

[234] → Rn. 11; Fritz/Geldmacher/Leo GewerberaumMietR/Geldmacher § 3 Rn. 367.

[235] Vgl. Fritz/Geldmacher/Leo GewerberaumMietR/Geldmacher § 3 Rn. 367 mit Verweis auf BGH NJW 1979, 2351.

[236] Die weiteren Regelungen sind in BeckFormB MietR/Borzutzki-Pasing Form. A. VI. 2. aufgeführt. Die vertraglichen Regelungen zur Umsatzmiete wären dann noch durch Vereinbarungen zur Betriebspflicht zu ergänzen (→ Rn. 8 ff.).

2. Mietobjekt in einem Bürohaus (Großobjekt)

Im städtischen Umfeld haben sich in vielfältiger Weise große Mietobjekte herausgebildet, die oft in Hochhäusern mit einer Vielzahl von gewerblichen Nutzern angesiedelt sind. Es haben sich eigene Organisationsformen mit marktspezifischen Eigenheiten und Problemen entwickelt. 77

a) **Vertragsgegenstand.** Der Mieter in einem Bürohaus ist nicht nur auf die Nutzung der eigentlichen Mieträume angewiesen, die ihm zum alleinigen Mietgebrauch überlassen werden. Die Anmietung gewerblicher Räumlichkeiten in Großobjekten bringt es mit sich, dass der Mieter, seine Arbeitnehmer und seine Kunden auch die **Gemeinschaftsflächen und -einrichtungen** (mit-)benutzen müssen.[237] Das Recht des Mieters zur Benutzung der gemieteten Räume erstreckt sich auf das Recht zur Mitbenutzung der Gemeinschaftsflächen des Hauses und zwar umfasst – soweit keine besonderen Vereinbarungen getroffen wurden – das Mitbenutzungsrecht die übliche Benutzung und deckt alle mit dem Wohnen und der Benutzung von Geschäftsräumen typischerweise verbundenen Umstände[238]. Erfasst sind Zugangswege, Eingangstüren, Aufzüge, das Treppenhaus und Flure.[239] Ohne eine vertragliche Vereinbarung sind jedoch Gemeinschaftsflächen, die der Mieter nur mitbenutzen darf, nicht mitvermietet und der Mieter hat sodann hieran keinen Mitbesitz und damit auch keine Besitzschutzansprüche.[240] Die Nutzung dieser Flächen ist mit dem vereinbarten Mietzins abgegolten.[241] Die bloße Gestattung – egal ob ausdrücklich oder konkludent – einer bestimmten Nutzung nicht mitvermieteter Flächen oder Räume kann aus sachlichen Gründen widerrufen werden.[242] 78

Es ist aber nicht ausgeschlossen, dass die Mietvertragsparteien auch **besondere Regelungen für die Nutzung von Gemeinschafts- bzw. Nebenflächen** treffen, etwa dergestalt, dass diese anteilig, als Mietgegenstand definiert werden. In diesem Rahmen wird es für möglich gehalten, für solche Flächen einen gesonderten Mietzins auszuweisen.[243] Das kann insbesondere dann nahe liegen und auch wirtschaftlich gerechtfertigt sein, wenn solche Flächen mietergerecht – etwa als Warteräume oder sonstige dem Mietgebrauch dienliche Funktionsflächen – ausgestaltet sind. Wenn Nebenflächen als Mietgegenstand beschrieben werden und für diese Flächen anteilmäßig Mietzins zu entrichten ist, soll sich die Wirksamkeit solcher Klauseln nach § 305c Abs. 1 BGB beurteilen und nicht nach § 307 BGB.[244] 79

Vertragsgegenstand können aber auch weitere Einrichtungen sein, die für eine Mehrzahl oder alle Mieter installiert worden sind. Die Vermietung von gewerblich genutzten Räumlichkeiten geht teilweise mit der Bereitstellung zusätzlicher Anlagen oder Dienstleistungen einher. Dazu können etwa **zentrale Konferenz- oder Freizeiträume** gehören, 80

---

[237] → § 54 Rn. 186 ff.

[238] BGH BeckRS 2006, 14472.

[239] Guhling/Günter/Menn/Guhling BGB § 535 Rn. 53 mit Hinweis auf OLG Düsseldorf NZM 2013, 579.

[240] Guhling/Günter/Menn/Guhling BGB § 535 Rn. 57 unter Verweis auf KG NZM 2013, 579, hierauf bezieht sich dann auch der BGH in NZM 2020, 683.

[241] KG KGR 2002, 81.

[242] BGH BeckRS 2022, 36842; laut Grüneberg/Weidenkaff BGB § 535 Rn. 16 grundsätzlich frei widerruflich; zu beachten gilt laut Guhling/Günter/Menn/Guhling BGB § 535 Rn. 60: „Dienen die Flächen der notwendigen Zuwegung zur Mietsache, dann machen sie deren Nutzung erst möglich und können nicht einseitig vom Vermieter entzogen werden. Die Mitbenutzung einer notwendigen Zufahrt oder eines Treppenhauses wird der Vermieter auch bei Annahme einer bloßen Gestattung nicht widerrufen können, jedenfalls nicht, ohne adäquaten Ersatz zu schaffen: wie er hierfür sorgt, obliegt seiner Entscheidung innerhalb seines angemessenen Dispositionsrahmens.“.

[243] KG ZMR 2004, 752; vgl. auch OLG Düsseldorf NJW-RR 2000, 1681.

[244] KG ZMR 2004, 752; zu § 3 AGBG vgl. OLG Düsseldorf NJW-RR 2000, 1681; eine Mietflächenberechnung, die sich an der „Fläche zwischen den Achsen der Begrenzungswände“ eines noch fertig zu stellenden Mietobjekts orientieren soll, hat dagegen der BGH (vgl. NZM 2001, 234) für nicht überraschend gehalten.

deren Nutzung durch ein pauschales Entgelt oder fallbezogen abgegolten wird. In Büroobjekten oder Arztzentren kommen zusätzlich zentrale Leistungskomplexe (Pools) in Betracht, die für alle Mieter zentrale (Dienst-)Leistungen bereithalten. Dabei kann es sich um **zentrale Schreibbüros oder Labors** handeln, die dem einzelnen Mieter für entsprechende Zwecke die ständige Vorhaltung eigener Anlagen und eigenen Personals ersparen. Auch eine **Rezeption im Eingangsbereich** des Objekts kann zentral bereitgestellt werden. Bei solchen zusätzlichen Leistungen wird es sich aber zumeist nicht um mietrechtliche Vereinbarungen im engeren Sinne handeln. Es liegt vielmehr ein **Mischvertrag** vor, der neben den mietrechtlichen Pflichten auch solche mit dienst- oder werkvertraglichem Charakter regelt. Nach der herrschenden **Übergewichtstheorie** kommt es für die Frage, ob ein Vertrag dann als Mietvertrag oder als ein anderer Vertragstyp einzuordnen ist, maßgeblich darauf an, welcher Vertragszweck nach dem übereinstimmenden Parteiwillen überwiegt.[245] Das wird im Zweifel der mietvertragliche Leistungsaustausch sein. Gleichwohl dürfte bei Zusatzleistungen etwa dienstrechtlicher Art eine flächenanteilige Kostenumlage (anstelle von leistungsbezogenen Zusatzentgelten) eher sachwidrig sein.

81 **b) Gewährleistung des vertragsgemäßen Mietgebrauchs.** Bei Großobjekten haben sich typische Problemkreise zur Mangelhaftigkeit von Mieträumen iSv §§ 536 ff. BGB herausgebildet:

82 *aa) Klimatisierung von Büroräumen.* Büroräume sind oft in neuzeitlich gestalteten Hochhäusern angesiedelt, deren Fassaden zT komplett mit Glas verkleidet sind oder große Fensterflächen aufweisen. Dies kann dazu führen, dass sich das Gebäudeinnere bei Sommertemperaturen stark aufheizt. Überwiegend wird angenommen, dass zur Ausübung eines Gewerbes vermietete Räume, in denen auch Arbeitnehmer beschäftigt werden sollen, so beschaffen sein müssen, dass bei hohen Außentemperaturen die Innentemperatur nicht übermäßig ansteigt. Andernfalls liege ein Mangel der Mietsache vor.

83 Es gilt laut Siegmund: „Maßgeblich ist § 14 GEG (§ 3 Abs. 4 EnEV 2014): Danach sind bei zu errichtenden Gebäuden die Anforderungen an die Sonneneintragskennwerte nach der DIN 4108-2 einzuhalten. Hat der Mieter Büro- oder Ladenräume ohne Klimatisierung gemietet und genügt der sommerliche Wärmeschutz den Anforderungen dieser Norm, so ist eine gleichwohl entstehende hohe Innentemperatur nicht als Mangel zu bewerten, sondern dem allgemeinen Lebensrisiko zuzuordnen. Es ist dann Sache des Mieters, etwa durch den Einbau einer Klimaanlage, für Abhilfe zu sorgen."[246] Hierzu gibt es auch andere Ansichten[247], die der Meinung sind, dass eine übermäßige Erhitzung von Büro- oder Ladenräumen durch starke Sonneneinstrahlung als Mangel der Mietsache zu bewerten sind, weshalb laut Hübner „Vermietern nicht klimatisierter gewerblicher Flächen daher dringend anzuraten ist, der Empfehlung des OLG Hamm zu folgen und mietvertraglich ausdrücklich festzuhalten, „dass das Objekt über keine Klimaanlage verfügt und eine Höchsttemperatur nicht gewährleistet werden könne."[248]

---

[245] → Rn. 139 ff.; BGH MDR 1986, 842; NJW 1977, 1394; MDR 1979, 395; OLG Düsseldorf NZM 2002, 739; OLG Hamm ZMR 1986, 11; OLG München ZMR 1995, 295; OLG Schleswig NJW 1983, 49 mwN.

[246] Blank/Börstinghaus/Siegmund/Siegmund § 536 BGB Rn. 81 mit Verweis auf OLG Frankfurt a. M. NZM 2007, 330; KG MDR 2012, 756; Busse NJW 2004, 1982; Harms NZM 2005, 441; Gsell WuM 2011, 491 (495).

[247] Siehe Zusammenfassung bei Blank/Börstinghaus/Siegmund/Siegmund § 536 BGB Rn. 81: KG MDR 2012, 756; OLG Hamm NJW-RR 1995, 143; OLGR Hamm 2007, 541; OLG Köln WuM 1995, 35; OLG Rostock ZMR 2018, 749; NZM 2001, 425 = NJW-RR 2001, 802; OLG Naumburg NJW-RR 2004, 299; NZM 2011, 35; AG Hamburg WuM 2006, 609 mAnm Börstinghaus WuM 2007, 253; offengelassen von OLG Düsseldorf DWW 2020, 96.

[248] Lindner-Figura/Oprée/Stellmann Geschäftsraummiete-HdB/Hübner § 14 Rn. 261; siehe hierzu auch die ausführliche Darstellung zum unterschiedlichen Meinungsstand.

Sofern die Klimatisierung vorhanden, aber mangelhaft ist, stellt die Temperaturüberschreitung über die Grenzwerte jedenfalls einen Mangel dar.[249] 84

Wirkt sich in einem Gewerberaummietvertrag ein Klimatisierungsmangel nur periodisch (im Sommer oder Winter) in erheblicher Weise auf die Gebrauchstauglichkeit der Mietsache aus, ist der Mietzins auch nur in diesem Zeitraum kraft Gesetzes gemindert (§ 536 BGB).[250] Laut Hübner „wird man bei einer Überschreitung der vorbezeichneten Parameter nur an wenigen Tagen im Jahr durchweg von einer nur unerheblichen Minderung der Tauglichkeit im Sinne des § 536 Abs. 1 S. 3 auszugehen haben, denn mit ein paar „Hundstagen" musste und konnte man schon immer rechnen und leben. Werden aus ein paar Tagen mehr als zwei Wochen am Stück, ist die Erheblichkeitsschwelle jedoch erreicht und auch bei einem älteren Gebäude liegt dann in aller Regel beim Fehlen einer abweichenden vertraglichen Vereinbarung zu dem „Hitzerisiko" ein Mangel vor."[251]

Formulierungsvorschlag:

§ …… Besondere Vereinbarungen (Klimatisierung) 85

(1) Dem Mieter ist bekannt, dass die Mieträumlichkeiten nicht mit einer Klimaanlage ausgestattet sind. Der Mieter ist ferner darauf hingewiesen worden, dass die zur Süd- und Westseite hin gelegenen Räumlichkeiten sich wegen der großflächigen Fensterverglasung infolge Sonneneinstrahlung stark aufheizen können. Die Vertragsparteien sind sich darüber einig, dass hierdurch entstehende Beeinträchtigungen im Mietgebrauch keinen Mangel der Mietsache im Sinne von §§ 536ff. BGB begründen.

(2) Der Mieter ist berechtigt, auf eigene Kosten und für eigene Rechnung eine Klimaanlage in den Mieträumen zu installieren ……

bb) Nachbarschafts- und Umwelteinflüsse..[252] Einwirkungen, welche die Mietsache oder den Mietgebrauch von außen beeinträchtigen, können als Umweltfehler auch bei Büroobjekten einen Mangel begründen. Um Ausuferungen des Fehlerbegriffs zu vermeiden, ist in diesem Rahmen stets eine **unmittelbare Beeinträchtigung** der Tauglichkeit bzw. eine unmittelbare Einwirkung auf die Gebrauchstauglichkeit der Mietsache zu fordern.[253] „Maßgebend für die Beantwortung der Frage, ob eine unmittelbare Beeinträchtigung der Mietsache vorliegt, ist danach in erster Linie der von den Parteien vereinbarte vertragsgemäße Gebrauch […]. Aus dem zur Erfüllung des vertragsgemäßen Gebrauchs erforderlichen Zustand der Mietsache ergibt sich deren geschuldeter Zustand."[254] Dies gilt etwa für Beeinträchtigungen[255] durch **Lärm,**[256] **Luftverschmutzungen und Geruchsbeeinträchtigungen,**[257] **Überschwemmungen**[258] und **elektromagnetische Felder und Strahlen.**[259] 86

[249] Blank/Börstinghaus/Siegmund/Siegmund § 536 BGB Rn. 81 mit Verweis auf OLG Rostock ZMR 2018, 750; Lindner-Figura/Oprée/Stellmann Geschäftsraummiete-HdB/Hübner § 14 Rn. 261.

[250] BGH NZM 2011, 153.

[251] Lindner-Figura/Oprée/Stellmann Geschäftsraummiete-HdB/Hübner § 14 Rn. 262.

[252] Auf die allgemeine Darstellung in → § 54 Rn. 287 ff. wird verwiesen.

[253] BGH BeckRS 2012, 22811; 2009, 3357.

[254] BGH BeckRS 2012, 22811 ua mit Verweis auf BGH NJW 1981, 2405.

[255] Siehe auch die übersichtliche stichpunktartige Aufzählung von Umfeld- und Umwelteinflüssen bei Fritz/Geldmacher/Leo GewerberaumMietR/Leo § 4 Rn. 59–66.

[256] KG NZM 2000, 40; Grüneberg/Weidenkaff BGB § 535 Rn. 28 mwN; Speiser NJW 1978, 19; Wiethaup ZMR 1975, 257.

[257] OLG München NJW-RR 1994, 654; BayObLG NJW 1987, 1950.

[258] BGH NJW 1971, 424; LG Leipzig NJW 2003, 2177; Gies NZM 2003, 886 (889).

[259] BGH NJW-RR 2006, 879.

87 Der Mieter kann sich aber dann nicht auf den Umwelteinfluss als Mangel berufen, wenn der Mietvertrag in Kenntnis dieses bestimmten negativen Umwelteinflusses abgeschlossen wurde.[260]

88 In diesem Zusammenhang ist aufgrund der sog. Bolzplatzentscheidung[261] und deren Fortsetzungen[262] des VIII. Zivilsenats des BGH zum Wohnraummietrecht, wonach „Nach Abschluss des Mietvertrags eintretende erhöhte Lärm- und Schmutzimmissionen begründen, auch wenn sie von einer auf einem Nachbargrundstück eines Dritten betriebenen Baustelle herrühren, bei Fehlen anderslautender Beschaffenheitsvereinbarungen grundsätzlich keinen gem. § 536 Absatz I 1 BGB zur Mietminderung berechtigenden Mangel der Mietwohnung, wenn auch der Vermieter die Immissionen ohne eigene Abwehr- oder Entschädigungsmöglichkeit nach § BGB § 906 BGB hinnehmen muss", darauf hinzuweisen, dass noch aussteht, ob der XII. Zivilsenat dies für die Gewerbemiete übernimmt. Es wird deshalb auf den wertvollen Rat von Günter[263] hingewiesen, wonach die Mietvertragsparteien bereits bei Vertragsschluss durch klare vertragliche Beschaffenheitsvereinbarungen festlegen sollten, welche Auswirkungen nachträglich auftretende Umwelteinflüsse auf das Mietverhältnis haben sollen.

89 Grundsätzlich stellt sich noch die Frage, ob bei Umweltimmissionen für die öffentlichrechtliche Vorschriften Grenzwerte aufstellen, diese – wie im Wohnraummietrecht – herangezogen werden können zur Bestimmung, ob ein Mangel vorliegt oder nicht. Laut Günter[264] ist aber für das Vorliegen eines Sachmangels in der Gewerberaummiete – wenn keine konkrete Vereinbarung über die Einhaltung bestimmter Grenzwerte vorliegen – allein maßgeblich, ob der vertraglich vereinbarte Betriebszweck durch die Immissionen beeinträchtigt wird.

90 Auch die Quantität und Qualität der Besucher/Kunden der Mitmieter kann einen solchen Mangel der Mietsache begründen. Dies gilt etwa dann, „wenn die Vertragsparteien ausdrücklich verabredet haben, dass die Mietsache sowohl hinsichtlich ihrer Ausstattung und Lage als auch hinsichtlich ihres unmittelbaren Umfelds, zu dem insbes. auch die Mitmieter und der Besucherverkehr gehören, über dem Durchschnitt liegenden Anforderungen gerecht werden soll. Dieser Wille muss sich jedoch eindeutig aus dem Mietvertrag ergeben […]".[265] Denn laut BGH[266] setzt ein Mangel ansonsten vielmehr voraus, dass der vertragsgemäße Mietgebrauch hierdurch konkret beeinträchtigt wird: „Das ist nicht schon dann der Fall, wenn einzelne Mieter, deren Mitarbeiter oder Kunden sich allein wegen der Vorstellung, mit einem solchen Personenkreis konfrontiert werden zu können, in ihrem Wohlbefinden beeinträchtigt fühlen. Erst wenn wiederholt konkrete Anlässe oder Gefahrensituationen auftreten, die dem Besucher- oder Kundenkreis eines anderen Mieters zuzuordnen sind, kommt dieser Umfeldeinfluss als mietrechtlich relevanter Mangel in Betracht."

91 c) **Konkurrenzschutz für Freiberufler.** In Bürogroßobjekten ist die Nähe zu anderen Mietern vorprogrammiert. Bei Mietern mit gleicher gewerblicher Ausrichtung indiziert dies die Gefahr, dass diese in Konkurrenz zueinander treten. In Fortführung der Grundsätze, die zum Konkurrenzschutz bei Ladengeschäften in Einkaufszentren und anderen Großobjekten entwickelt worden sind, herrscht weitgehend Einigkeit darüber, dass auch Freiberufler (Ärzte, Rechtsanwälte, Steuerberater, Architekten usw) Konkurrenzschutz ohne ausdrückliche vertragliche Regelung und damit **vertragsimmanenten Kon-**

[260] Guhling/Günter BGB § 536 Rn. 220 mit dem Verweis: „Je nach den Umständen des Einzelfalls greift entweder § 536b S. 1 Fall 1 BGB oder die Parteien haben die (künftig zu erwartende) Störung als vertragsgemäß akzeptiert.".

[261] BGH NJW 2015, 2177.

[262] BGH NZM 2020, 598; BGH NJW-RR 2022, 381.

[263] Guhling/Günter BGB § 536 Rn. 222.

[264] Guhling/Günter BGB § 536 Rn. 221.

[265] Lindner-Figura/Oprée/Stellmann Geschäftsraummiete-HdB/Hübner § 14 Rn. 274.

[266] BGH BeckRS 2009, 3357.

kurrenzschutz genießen.[267] Es gilt nach Hübner[268]: „Je breiter das Tätigkeitsfeld des Freiberuflers ist, desto größer ist die Bedeutung der Konkurrenzsituation für diesen" und „die Bedeutung der Lage des Mietobjektes für die Konkurrenzsituation ist desto größer je mehr diese Tätigkeit auf Laufkundschaft abzielt". Bei **ausdrücklich vereinbartem Konkurrenzschutz** sind die getroffenen Abreden für den Umfang des zu gewährenden Wettbewerbsschutzes maßgeblich.

Formulierungsvorschlag:

§ ...... Konkurrenzschutz zugunsten des Mieters 92

(1) Der Vermieter gewährt dem Mieter Konkurrenzschutz. Der Konkurrenzschutz betrifft ausschließlich den Betrieb einer Rechtsanwaltskanzlei als Fachanwalt für ......
(Beispiel: Mietrecht und Wohnungseigentumsrecht).

(2) Der Mieter genießt keinen Konkurrenzschutz, soweit es um die Vermietung an andere Rechtsanwälte ohne besondere Fachausrichtung oder an Fachanwälte für ein anderes Rechtsgebiet geht.

(3) Wenn sich ein Rechtsanwalt, der andere Räumlichkeiten im Mietobjekt angemietet hat, nach bereits erfolgter Anmietung als Fachanwalt für ...... (Beispiel: Mietrecht und Wohnungseigentumsrecht) qualifiziert und sich in diesem Rahmen beruflich betätigt, beinhaltet dies keinen Verstoß des Vermieters gegen die in Ziff. (1) festgelegten Konkurrenzschutzpflichten. Die Vertragsparteien sind sich darüber einig, dass der Vermieter nicht verpflichtet ist, auf andere im Mietobjekt ansässige Rechtsanwälte dahingehend einzuwirken, dass sie von einer Qualifizierung als Fachanwalt für ...... Abstand nehmen.

Die **Verletzung von Konkurrenzschutzpflichten** durch den Vermieter[269] stellt einen 93
Mangel der Mietsache gemäß § 536 Abs. 1 S. 1 BGB dar, der zur Minderung der Miete führen kann.[270]

Besonderheiten gibt es zB laut Geldmacher[271] bei Rechtsanwälten, diese können sich 94
nicht auf immanenten Konkurrenzschutz berufen, wenn sie in einer Außensozietät verbunden waren und einer der Rechtsanwälte sich nach seinem Ausscheiden im gleichen Haus niederlässt. Ansonsten wird es – wie auch bei dem vertragsimmanenten Konkurrenzschutz der Gewerbetreibenden – auf den jeweiligen Einzelfall ankommen.[272]

d) Mischnutzung zu Wohn- und Gewerbezwecken. Bei der Anmietung von Gewerbe- 95
räumen kann sich die Frage aufwerfen, ob sich eine gemischte Nutzung zu gewerblichen Zwecken und zu Wohnzwecken im Rahmen des Vertragszwecks bewegt. Wenn eine Nutzung sowohl zu gewerblichen als auch zu Wohnzwecken gestattet ist, liegt ein **Mischmietverhältnis** vor.[273] „Eine derartige rechtliche Einheit des Vertragsverhältnisses kann nur gewahrt bleiben, wenn auf den gesamten Vertrag entweder die Vorschriften über die Wohnraummiete (einschließlich der für Wohnräume geltenden Sondervorschriften) oder die Vorschriften über die Geschäftsraummiete angewendet werden."[274] Ob auf einen solchen Vertrag die Vorschriften über die Geschäftsraummiete oder diejenigen über die Wohnraummiete anzuwenden sind, hängt davon ab, in welchem Bereich das Mietverhältnis seinen Schwerpunkt hat. Maßgebend hierfür ist der sich aus

[267] BGH NJW 1978, 585 zum vertragsimmanenten Konkurrenzschutz einer Ärztin: „Da ihre Konkurrenzsituation, wie dargelegt, der von Gewerbetreibenden vergleichbar ist, gebührt ihr auch ohne ausdrückliche vertragliche Regelung der gleiche mietrechtliche Schutz wie jenen.".

[268] Lindner-Figura/Oprée/Stellmann Geschäftsraummiete-HdB/Hübner § 14 Rn. 151, dies gilt sowohl bei medizinischen ebenso wie bei juristischen Berufen (Rn. 156).

[269] Ausführlich → Rn. 37 ff.

[270] BGHZ 195, 50.

[271] Fritz/Geldmacher/Leo GewerberaumMietR/Geldmacher § 3 Rn. 296 mit Hinweis auf OLG Hamm BeckRS 2011, 17874.

[272] Siehe hierzu bei Lindner-Figura/Oprée/Stellmann Geschäftsraummiete-HdB/Hübner § 14 die stichpunktartige Auflistung von Einzelfällen im Bereich juristischer Berufe Rn. 157 f. und im Bereich medizinischer Berufe Rn. 152–154.

[273] → § 44 Rn. 21 ff.

[274] Lindner-Figura/Oprée/StellmannGeschäftsraummiete-HdB/Lindner-Figura/Stellmann § 1 Rn. 58.

dem Parteiwillen ergebende Vertragszweck, also die gemeinsamen und übereinstimmenden Vorstellungen der Vertragsparteien darüber, wie der Mieter das Objekt nutzen will und welche Art der Nutzung im Vordergrund steht. Ausschlaggebend ist insoweit nicht, ob die Parteien in der Vertragsurkunde das Mietverhältnis als Wohn- oder Geschäftsraummietverhältnis bezeichnen. Es kommt vielmehr auf den wirklichen Willen der Parteien an. Ein hiervon abweichender, bloß vorgetäuschter Nutzungszweck ist unbeachtlich. Das Verhältnis der Wohnfläche zur gewerblich genutzten Fläche ist ebenso von untergeordneter Bedeutung wie der jeweilige Mietwert. Wichtig ist allerdings für alle Mischverträge, dass der BGH die zur Übergewichtstheorie geltenden Grundsätze einer modifizierten Beurteilung unterzogen hat. Er hält nicht mehr daran fest, dass das Bestreiten des Lebensunterhalts als vorrangiges Kriterium für das Vorliegen eines gewerblichen Nutzungsschwerpunkts heranzuziehen sei, weil ein allgemeiner Erfahrungssatz, dass bei einem Mischmietverhältnis die Schaffung einer Erwerbsgrundlage Vorrang vor der Wohnnutzung habe, nicht bestehe. Umgekehrt lasse sich auch kein Erfahrungssatz aufstellen, dass die Wohnungsnutzung im Allgemeinen Vorrang vor der Nutzung zu gewerblichen Zwecken habe. Es bedürfe vielmehr einer Einzelfallprüfung unter Berücksichtigung aller vertraglichen Aspekte. Wenn sich dabei ein Überwiegen der gewerblichen Nutzung nicht feststellen lasse, sei im Hinblick auf das Schutzbedürfnis des Mieters von der Geltung der Vorschriften der Wohnraummiete auszugehen.[275] Unter Berücksichtigung der neueren Rechtsprechung des BGH bedürfen frühere Entscheidungen zur Annahme eines gewerblichen Vertrags (als Mischmietvertrag) einer kritischen Würdigung, weil der Aspekt eines vorrangig gewerblichen Nutzungsschwerpunkts nunmehr durchgreifend in Frage steht.[276]

96 Der Vermieter hat aber zumeist – und zumal in (Büro-) Großobjekten – ein naheliegendes Interesse daran, eine gemischte Nutzung und insbesondere eine sich daraus entwickelnde alleinige Wohnraumnutzung von Gewerberäumen auszuschließen, etwa um der Annahme einer **konkludenten Vertragsänderung** auf Fortsetzung des Mietverhältnisses als Wohnraummiete und Einwendungen zur Miethöhe (nach den Grundsätzen zur Wohnraummiete) vorzubeugen. Der Vermieter kann in ein Dilemma geraten, wenn gewerbliche Mieträume mit seinem Einverständnis baurechtswidrig zu Wohnzwecken genutzt werden. Das LG Koblenz[277] hat in einem solchen Fall eine Kündigungsbefugnis des Vermieters aus § 564b BGB aF (§ 573 BGB nF) verneint, weil die Einhaltung öffentlich-rechtlicher Vorschriften Sache des Vermieters sei und dieser das Risiko für ein Leistungshindernis trage, solange er sich nicht erfolglos um eine Nutzungsgenehmigung bemüht habe. Duldet der Vermieter den Wohngebrauch, kann dies bei Aufgabe der gewerblichen Betätigung des Mieters bis hin zu der Annahme führen, dass sich der gewerbliche Mietvertrag im Wege einer – konkludenten – Vertragsänderung in einen Wohnraummietvertrag umgewandelt hat. Der Vermieter hätte dementsprechend zu gegenwärtigen, dass ihm fortan die – weitgehend zwingenden – Mietpreisregelungen und Kündigungsschutzvorschriften nach Wohnraummietrecht entgegengehalten würden.

---

[275] Zu Vorstehendem vgl. im Einzelnen BGHZ 202, 39 = NZM 2014, 626, unter Aufgabe von BGH NJW-RR 1986, 877; die Entscheidung des BGH ist zum Gegenstand einer lebhaften Diskussion geworden, vgl. etwa Leo/Assmann NZM 2015, 770; Grützmacher ZMR 2014, 953.

[276] Vgl. etwa OLG Hamm ZMR 1986, 11 – Vermietung/Verpachtung einer Gaststätte mit Wohnung; KG GE 188, 353; OLG Köln ZMR 2001, 963 – Vermietung einer Zahnarztpraxis mit Wohnung; BGH NJW-RR 1986, 877; KG MDR 2001, 24 – Vermietung einer Anwaltspraxis mit Wohnung; zum Gewerberaummietvertrag über Kanzleiräume mit dienstvertraglichen Elementen vgl. LG Hamburg ZMR 2013, 443; AG Berlin-Tiergarten GE 1990, 759 – Vermietung von Räumen zur Hälfte zum Betrieb einer Heilpraktikerpraxis, zur anderen Hälfte zum Wohnen; LG Frankfurt (Oder) GE 2007, 1385 – Vermietung von Räumen für Wohnzwecke und zum Betrieb einer Werkstatt sowie eines Kurierdienstes; OLG Köln BeckRS 2008, 20283 – Vermietung von Räumen zum Betrieb einer Münzhandlung nebst Wohnräumen; OLG Düsseldorf NZM 2002, 739 – Vermietung von Lagerräumen nebst nachträglich hergerichteten Wohnräumen.

[277] LG Koblenz WuM 1984, 132.

Vereinbaren die Parteien aber eine ausschließliche gewerbliche Nutzung der Mieträume, so stellt die Nutzung dieser Gewerberäume zu Wohnzwecken laut BGH eine vertragswidrige Nutzung dar.[278] Anders bzw. nur im Grundsatz wurde dies vom BGH im umgekehrten Fall (Gewerbe in Wohnung) entschieden.[279] „Der Vermieter von Wohnraum muss Aktivitäten des Mieters gewerblicher oder freiberuflicher Art dulden bzw. erlauben, wenn sie nach außen nicht in Erscheinung treten bzw. von ihnen keine weitergehenden Einwirkungen auf die Mietsache oder Mitmieter ausgehen als bei einer üblichen Wohnnutzung (BGH NJW 2013, 1806)".[280] 97

II. Andere Gewerbeobjekte

1. Pachtvertrag über eine Gaststätte (Hotel)

a) Abgrenzung zwischen Miet- und Pachtverhältnis.[281] Die Unterschiede zwischen einem Mietvertrag (§§ 535 ff. BGB) und einem Pachtvertrag (§§ 581 ff. BGB) erlangen eher selten praktische Bedeutung. Gegenstand von Mietverträgen können nur „Sachen" im Sinne von §§ 90, 535 BGB sein. Die Verpachtung bezieht sich auf einen „Gegenstand" im Sinne von § 581 BGB; das können Sachen und Rechte sowie der Inbegriff von beidem – insbesondere gewerbliche Unternehmungen[282] – sein. Der Mietvertrag zielt grundsätzlich nur auf die Gebrauchsgewährung iSv § 535 Abs. 1 S. 1 BGB ab, der Pachtvertrag auch auf den Genuss der Früchte iSv §§ 99, 581 Abs. 1 S. 1 BGB. Auf den Pachtvertrag finden gemäß § 581 Abs. 2 BGB die mietrechtlichen Vorschriften entsprechende Anwendung, soweit nicht die Bestimmungen der §§ 582–584b BGB speziellle Regelungen enthalten. 98

Welche Verpächterleistungen die Gewährung des Fruchtgenusses gewährleisten, unterliegt einer eher fallbezogenen und wenig konkreten Bestimmung. Einigkeit herrscht jedoch darüber, dass die **Überlassung von Inventar,**[283] welches die Fruchtziehung ermöglichen soll, den typischen Fall[284] der Gewährung des Pachtgebrauchs umschreibt.[285] Die Gebrauchsüberlassung geht bei einer Gaststätte oder einem Hotel typischerweise mit der Überlassung von Inventar einher (Theke, Zapfanlage, Bierkeller nebst Kühlanlage, Tische, Stühle, Gläser, Kücheneinrichtung, Zimmerausstattung usw). Bei einer solchen betriebsfertigen Gaststätte (oder Hotel) liegt daher regelmäßig ein Pachtvertrag vor.[286] Nach Baldus[287] reicht es nicht zur Annahme eines Pachtverhältnisses, wenn die zu überlassenden Räume nur baulich zum Betrieb des vorgesehenen Gewerbes geeignet sind und der Übernehmende für die Planung und Beschaffung der Inneneinrichtung selbst sorgen muss, um die wirtschaftlichen Voraussetzungen für die Fruchtziehung zu schaffen. 99

b) Vertragspartner/Unterverpachtung. Für den Pächter einer Gaststätte oder eines Hotels ergibt sich eine ganz wesentliche Weichenstellung aus der Person (Rechtsper- 100

---

[278] BGH BeckRS 2018, 36743, hier erfolgte die Vermietung laut Mietvertrag zum Betrieb einer Anwaltskanzlei.

[279] BeckOK MietR/Bruns BGB § 541 Rn. 8 mit Verweis auf BGH NJW-RR 2013, 1478.

[280] BeckOK MietR/Bruns BGB § 541 Rn. 8.

[281] → § 74 Rn. 1 ff.

[282] → § 79 Rn. 1 ff.

[283] Zu den allgemeinen Grundsätzen zur Überlassung von Inventar vgl. § 76; zum Inventar bei der Gaststättenpacht vgl. ferner → Rn. 107 ff.

[284] „Der Pachtvertrag kann sich auf die Räume mit oder ohne Inventar beziehen. Möglich ist auch, dass der Vertrag so ausgestaltet ist, dass das mitverpachtete Inventar erst noch von einem Dritten erworben werden soll.", vgl. BeckOGK/Schlinker, 1.7.2024, BGB § 581 Rn. 185 mit Verweis auf OLG Düsseldorf NJW-RR 1994, 399.

[285] Vgl. BGH NJW-RR 1991, 906.

[286] BeckOGK/Schlinker, 1.7.2024, BGB § 581 Rn. 185.

[287] Guhling/Günter/Baldus BGB § 581 Rn. 21, wonach in diesem Fall nur eine Überlassung von leeren Räumen und damit ein Mietverhältnis vorliegt.

sönlichkeit) des Verpächters. Wenn eine **Brauerei, ein Automatenaufsteller oder eine Getränkegroßhandlung** das Objekt (unter-) verpachtet, hat der Pächter zu berücksichtigen, dass diejenigen Rechte, die er vom Zwischen- bzw. Hauptpächter ableitet, grundsätzlich nicht weiterreichen als die dem Zwischenpächter aus dem Hauptpachtvertrag zustehenden Rechte. Der Pächter darf auch bei gestatteter Unterverpachtung nur zu solchen Zwecken unterverpachten, die er selbst in dem Pachtobjekt verfolgen dürfte.[288] „Die Gültigkeit eines Unterpachtvertrages ist unabhängig von der Erlaubnis des Verpächters und vom Bestand des Hauptpachtvertrages. Ein Unterpachtvertrag kann jedoch unter der aufschiebenden Bedingung abgeschlossen werden, dass die Erlaubnis zur Unterverpachtung erteilt wird."[289] Aber unbedingt zu beachten ist, dass sich aus § 584a Abs. 1 BGB gesetzlich die Unzulässigkeit der Unterverpachtung ergibt, was aber nicht zur Unwirksamkeit des Unterpachtvertrags führt.[290] Der Unterpächter steht mit dem Hauptverpächter nicht in vertraglichen Beziehungen. Bestand und Dauer des Unterpachtverhältnisses stehen unter dem Vorbehalt, dass die Unterverpachtung nach dem Hauptvertrag überhaupt zulässig ist. Es ist daher ein besonderes Augenmerk auf die Erlaubnis der Unterverpachtung zu legen. Weiter hat der Unterpächter daher auch Veranlassung, die für seinen Rechte- und Pflichtenkreis maßgeblichen Vorgaben aus dem Hauptpachtverhältnis aufzuklären. Da der Unterpächter meist keinen unmittelbaren Einblick in die vertragliche Ausgestaltung des Hauptpachtverhältnisses gewinnen kann, bedarf es im Rahmen der Vertragsverhandlung und -gestaltung besonderer Sorgfalt, um die Grenzen des Vertragszwecks und der zulässigen Gebrauchsausübung abzustecken.

101 Eine Weichenstellung ergibt sich auch in wirtschaftlicher Hinsicht, dh bei der Gewichtung der einzelnen Konditionen, zu denen die Unterverpachtung erfolgt. Der Unterpächter einer Brauerei muss damit rechnen, dass sein Verpächter in erster Linie seine Absatzinteressen verfolgt und insbesondere (Bier-) Bezugsverpflichtungen zu ihm günstigen Konditionen begründen will.[291] Das Unterpachtverhältnis schafft dann ggf. nur den Rahmen und die Vorbedingungen für die Verfolgung der wirtschaftlichen Interessen des Verpächters. Aus dem gesamten Zusammenhang der vertraglichen Regelungen, insbesondere zur Vertragsdauer, zur Pachthöhe und zu den Bedingungen der typischerweise mit der Unterverpachtung einhergehenden Bezugsabreden muss der Unterpächter einen Überblick gewinnen, ob die Eingehung des Pachtverhältnisses für ihn wirtschaftlich sinnvoll ist.

Praxistipp:
Der Pächter einer Gaststätte oder eines Hotels muss sich bei Vertragsschluss darüber klar sein, in welchem wirtschaftlichen Umfeld der Pachtvertrag angesiedelt ist. Wenn die Pachtsache im Wege der Unterpacht von einer Brauerei, einem Automatenaufsteller oder von einer Getränkegroßhandlung überlassen wird, erfolgt die Gebrauchsüberlassung in der Regel aus Gründen, die sich durch die Absatzinteressen des Verpächters definieren. Eine mehrstufige gewerbliche Gebrauchsüberlassung im Wege der Unterpacht kann für den Pächter die Gefahr begründen, dass er sein Gewerbe nicht mehr wirtschaftlich betreiben kann.

102 c) **Vertragszweck.** Die genaue Festlegung und Konkretisierung des Vertragszwecks kann bei der Verpachtung einer Gaststätte von besonderer Bedeutung sein, da sehr unterschiedliche Nutzungsarten in Betracht kommen. Der Verpächter einer Gaststätte, deren Betrieb das Gepräge eines bestimmten – gewerblichen oder wohnmäßigen –

---

[288] BGH WM 1984, 343; OLG Hamm OLGR 1991, 7.
[289] OLG München BeckRS 2018, 31968 ua mit Verweis auf BGH NZM 2006, 699 (aA nur OLG Hamburg OLGR 1999, 291, wonach mit Beendigung des (Haupt-) Pachtverhältnisses auch das Gebrauchsrecht des Unterpächters endet).
[290] Guhling/Günter/Baldus BGB § 584a Rn. 4.
[291] Zu Bezugsverpflichtungen → Rn. 120 ff.

Umfelds nicht stören soll, hat Veranlassung, den zulässigen Pachtgebrauch vertraglich festzuschreiben. Gegenüber einer vom ursprünglich vereinbarten Vertragszweck abweichenden Nutzung kann der Verpächter dann einen Unterlassungsanspruch gemäß §§ 581 Abs. 2, 541 BGB geltend machen. Etwas anderes kann grundsätzlich nur dann gelten, wenn der Pächter nach § 242 BGB einen Anspruch auf Zustimmung zu einer geänderten Nutzung hat. Ein Anspruch auf einen vom Vertrag abweichenden Pachtgebrauch kommt aber nur dann in Betracht, wenn der Pächter daran ein besonderes gravierendes Interesse hat und dem Verpächter unter Berücksichtigung seiner legitimen Interessen aufgrund besonderer Umstände nach Treu und Glauben eine Veränderung zuzumuten ist.[292]

Wenn der Verpächter bestimmte **Nutzungsaspekte ausschließen** will, sollte dies im 103 Vertrag eindeutig klargestellt werden. Je allgemeiner der Vertragszweck im Vertrag umschrieben ist, desto freier ist der Pächter im Rahmen der zulässigen Nutzung.[293] Der allgemein als Vertragszweck genannte Betrieb einer „Gaststätte" umfasst mangels anderweitiger Vereinbarungen auch das Angebot üblicher Speisen zu den üblichen Essenszeiten in einem der Kapazität des Lokals entsprechendem Umfang. Das schließt für den Konzessionsinhaber die Möglichkeit ein, sich bei der Zubereitung der Speisen durch Hilfskräfte und Personal unterstützen zu lassen.[294] Vom zulässigen Pachtzweck kann auch die Frage abhängen, welcher Pachtzins für das betreffende Objekt angemessen ist.[295]

Die vertragliche Festlegung des Nutzungszwecks umschreibt zugunsten des Pächters 104 die vom Verpächter zu gewährleistenden **Gebrauchsbefugnisse** und auch den Rahmen, innerhalb dessen Änderungen im Pachtgebrauch vom Verpächter hinzunehmen sind.[296] Der vertragliche Nutzungszweck ist für die Vertragsparteien des Pachtvertrags grundsätzlich auch dann verbindlich, wenn der vertragsgemäße Gebrauch Auswirkungen auf Dritte hat, die zu rechtlichen Interventionen von Nachbarn oder anderen Mietern/Pächtern gegenüber dem Vermieter führen können. Hat der Vermieter einen Vertrag über Gewerberäume zum Betrieb eines „Swinger-Clubs" verlängert, obwohl er von benachbarten Wohnungsmietern wegen Belästigungen durch den Gewerbebetrieb gerichtlich erfolgreich in Anspruch genommen worden war, hat er sich gegenüber dem Mieter/Pächter jedenfalls stillschweigend mit den typischen „Emissionen" (Geräuschen und Lärm aus den Clubräumen sowie von der Straße durch Gespräche von Kunden, Interessenten und An- und Abfahrt von Fahrzeugen) einverstanden erklärt. Die tatsächliche Verfolgung des vereinbarten Betriebszwecks durch den Gewerbemieter ist dann nicht als vertragswidrig und im Verhältnis der Vertragsparteien nicht als Störung des Hausfriedens iSd § 568 Abs. 2 BGB anzusehen.[297] Der Vertragszweck legt auch die durch Auslegung zu ermittelnden Grenzen der zulässigen Gebrauchsausübung fest. Eine ausdrückliche vertragliche Zweckbestimmung, die den Betrieb eines „Ladens" zum Gegenstand hat, steht einer Nutzung als Restaurantbetrieb entgegen.[298] Wurde in einem Mietvertrag über Gewerberäume als vertragliche Nutzung der Betrieb einer Gaststätte mit Alkoholausschank vereinbart, so stellt es keine vom Vertragszweck abweichende Nutzung dar, wenn in den Mieträumen eine Shisha-Bar betrieben wird, in der auch alkoholische Getränke angeboten werden.[299] Ein Gewerbemietobjekt „Hotel" darf

---

[292] OLG Hamm OLGR 1991, 7; zur verbindlichen Vereinbarung eines bestimmten Vertragszwecks vgl. auch OLG München ZMR 2001, 347.

[293] OLG München OLGR 2001, 63.

[294] OLG Köln OLGR 1994, 241; zur Abgrenzung zwischen einer „Pizzeria" und einem „Pizza-Taxi-Betrieb" vgl. OLG Düsseldorf GuT 2007, 18.

[295] OLG München OLGR 1999, 186.

[296] BeckFormB MietR/Borzutzki-Pasing A. V. 6 Rn. 9.

[297] KG ZMR 2004, 261.

[298] OLG Celle ZMR 2004, 689.

[299] OLG Köln ZMR 2018, 310.

nicht ohne klare Zustimmung des Vermieters ausschließlich als Unterkunft für unbegleitete minderjährige Asylsuchende genutzt werden.[300]

Zu beachten sind aber mögliche Kollisionen mit dem Wohnungseigentumsrecht.[301] Hat der verpachtende Wohnungseigentümer mit seinem Pächter eine Nutzung vereinbart, die der Zweckbestimmung in der Teilungserklärung entgegensteht, liegt eine zweckwidrige Nutzung vor und die beeinträchtigten Wohnungseigentümer besitzen Abwehr- bzw. Unterlassungsansprüche.[302] Hierauf sollte bei der vertraglichen Gestaltung deshalb unbedingt Rücksicht genommen werden.

105 Die Abgrenzung zwischen dem vertragsgemäßen und dem vertragswidrigen Pachtgebrauch kann im Einzelnen schwierig sein. Falls für den Gaststättenbetrieb wesentliche Umstände zu offenbaren sind, sollten entsprechende **Hinweise** im Vertrag durch eine zusätzliche Klarstellung dokumentiert werden. Dadurch wird auch dem Streit darüber vorgebeugt, wie weit die Bereitstellungspflichten des Verpächters aus § 535 BGB reichen. Werden bei Abschluss des Vertrags falsche Angaben (zB zum wirtschaftlichen Umfeld) gemacht, kann dies Ersatzansprüche nach den Grundsätzen aus § 311 Abs. 2 iVm § 280 BGB (culpa in contrahendo) auslösen.[303] Stehen dem vertragsgemäßen Gebrauch **rechtliche oder tatsächliche Hindernisse** entgegen, muss der Verpächter auch darauf hinweisen. Grundsätzlich besteht eine Aufklärungspflicht des Verpächters – nur – in Bezug auf solche Umstände, die den vom Partner verfolgten Vertragszweck vereiteln können und für dessen Entschluss von wesentlicher Bedeutung sind.[304] Andernfalls kann ein etwa auf behördlichen Anordnungen beruhendes Gebrauchshindernis einen Sachmangel begründen.[305] Außerdem kommt eine Arglistanfechtung nach § 123 BGB in Betracht. Ein Rechtsanwalt, der den Verpächter bei Abschluss eines Pachtvertrages berät bzw. vertritt, muss zur Vermeidung von Regressforderungen prüfen, ob der vereinbarte Vertragszweck erreichbar ist.[306]

Formulierungsvorschlag:

106 **§ …… Pachtzweck**

(1) Die Verpachtung erfolgt zum Betrieb

– Beispiele –

einer Speisegaststätte mit Imbissstand und Straßenverkauf,
einer italienischen Speisegaststätte (Pizzeria),
einer Gaststätte (Bierschänke) nebst Biergarten ohne Bewirtung mit warmen Speisen,
eines Spezialitätenrestaurants mit französischer Küche ……

(2) Eine von Ziff. (1) abweichende Nutzung der Pachträume ist dem Pächter nur mit der ausdrücklichen Zustimmung des Verpächters gestattet.

(3) „Der Pächter hat sich vor Vertragsabschluss vergewissert, dass die verpachteten Räumlichkeiten für den beabsichtigten Geschäftszweck geeignet sind und dieser dort nach allen einschlägigen öffentlichen-rechtlichen Bestimmungen zulässigerweise ausgeübt werden kann. Soweit insoweit noch öffentliche Genehmigungen erforderlich sind, übernimmt der Pächter es, diese einzuholen und alle in diesem Zusammenhang eventuell anfallenden behördlichen Auflagen auf eigene Kosten zu erfüllen, insbesondere soweit diese Genehmigungen oder Auflagen mit dem vom Pächter betriebenen Gewerbe, von Maschinen oder Einrichtungen erforderlich sind. Alle seitens der

---

[300] LG Darmstadt ZMR 2017, 44.
[301] Guhling/Günter/Baldus BGB § 581 Rn. 35.
[302] BGH NJW 2020, 921; siehe auch BeckFormB WEG-R/Greiner N.II.1 Anm. 4 und 5.
[303] BGH MDR 1996, 1107 auch zur prozessualen Beweislast für die Behauptung, bei zutreffenden Angaben wäre der Vertrag nicht geschlossen worden; zum Vorrang der mietvertraglichen Gewährleistung vgl. Grüneberg/Grüneberg BGB § 311 Rn. 18.
[304] BGH NJW-RR 1988, 1290; 1990, 847.
[305] BGH NJW 1980, 777; OLG Düsseldorf DWW 2006, 425, jew. mwN; die bloße Gefahr eines behördlichen Einschreitens begründet aber grds. noch keinen Mangel, vgl. BGH NZM 2014, 165.
[306] BGH MDR 1997, 100.

Konzession bzw. zur Nutzung des Gaststättenlokales zum beabsichtigten Zweck ergehenden Auflagen hat der Pächter auf eigene Kosten zu erfüllen."[307]

d) Vertragliche Regelungen zum Inventar.[308] Ob und in welchem Umfang dem Pächter eines Hotels oder einer Gaststätte Inventar überlassen wird, kann für das rechtliche und wirtschaftliche Gepräge eines Pachtvertrags wesentlich sein, denn vorhandenes Inventar erspart dem Pächter eigene Investitionen in die Ausstattung der Pachtsache. Art und Umfang der Inventarausstattung können auch das wesentliche Kriterium für die Bildung des Pachtzinses darstellen. 107

Dem Pachtvertrag sollte tunlichst eine besondere Inventarliste bzw. ein Übergabeprotokoll mit einer detaillierten Auflistung sämtlicher Inventargegenstände beigeheftet werden. Die **Dokumentation des Inventarbestands** ist wichtig, weil dem Pächter gemäß § 582 Abs. 1 BGB die Erhaltung des mitverpachteten Inventars obliegt. Fehlende Gegenstände hat der Pächter daher bei Vertragsbeendigung grundsätzlich zu ersetzen. Nach § 582 Abs. 2 BGB hat allerdings der Verpächter Inventarstücke zu ersetzen, wenn sich das Inventar durch vom Pächter nicht zu vertretende Umstände verringert hat. Diese unterschiedlichen Zuständigkeiten für die Erhaltungspflicht können allerdings für die Vertragsabwicklung unpraktisch sein, wenn es etwa um den üblichen Schwund und (Glas-)Bruch bei Gaststätteneinrichtungen geht. Zumeist empfiehlt sich daher eine Abwälzung der Erhaltungspflicht und Ersetzungspflicht auf den Pächter. Die gesetzlichen Bestimmungen aus § 582 BGB sind abdingbar.[309] 108

Gaststätten- und Hotelinventar wird oft an den Pächter verkauft. Dadurch werden besondere Regelungen zur Erhaltung des Inventars grundsätzlich entbehrlich. Der **Inventarkauf** kann eine sog. selbständige Nebenabrede beinhalten, die nicht dem Schriftformzwang aus §§ 550, 578 BGB unterliegt. Aus Gründen der Rechts- und Vertragssicherheit sollte indessen stets auf die Wahrung der Schriftform geachtet werden. Der Inventarverkauf hat bei Verträgen, die auch eine (Bier-) Bezugsbindung regeln, nicht selten eine bloße Alibifunktion, wenn der Inventarkauf mit einem Darlehen des Verpächters (zB einer Brauerei) finanziert wird. Dem Vertrag wird so ein – wirtschaftlich oft leerlaufendes – Amortisationselement verliehen, das nach der Rechtsprechung Voraussetzung für die Wirksamkeit langer Bezugsbindungen ist.[310] Der **Inventarkauf** kann auch als **Wiederkauf** im Sinne von §§ 456 ff. BGB ausgestaltet sein, bei dem sich der Verkäufer – regelmäßig für den Fall der Beendigung des Dauerschuldverhältnisses – das Recht vorbehält, das Wiederkaufsrecht auszuüben. Die gesetzliche Ausschlussfrist für das Wiederkaufsrecht gemäß § 462 BGB, die bei anderen Gegenständen als Grundstücken nur drei Jahre beträgt und damit nicht zu Miet- und Pachtverhältnissen passt, die zumeist auf längere Dauer angelegt sind, ist zwar abdingbar (vgl. § 462 S. 2 BGB). Je länger der Vorbehalt des Wiederkaufs wirksam sein soll, desto schwieriger wird es jedoch, den Wiederkaufswert im Vorhinein vertraglich festzulegen. Die Auslegungsregel aus § 456 Abs. 2 BGB, wonach der Verkaufspreis im Zweifel auch für den Wiederkaufsfall gilt, verliert mit fortschreitender Vertragsdauer an Bedeutung. Bei langfristiger Benutzung des Inventars treten zunehmend Abnutzung und Alterung ein, was sich in ganz erheblichem Umfang wertmindernd auswirken kann. Der Wiederkaufpreis wird dann am ehesten dadurch festgelegt werden können, dass sich die Parteien im Rahmen 109

[307] FormBib-V MietR/Scheff § 3 Pacht B II. 2, dort § 2 Pachtzweck Ziffer 2.
[308] Zur Überlassung von Inventar vgl. auch → § 75 Rn. 1 ff.
[309] Vgl. Grüneberg/Weidenkaff BGB § 582 Rn. 4.
[310] Vgl. dazu näher → Rn. 127.

von § 460 BGB vertraglich einer schiedsgutachterlichen Schätzung unterwerfen. Möglich ist auch das Inventarleasing.[311]

110 **Inventar-Erhaltungsklauseln** zum Nachteil des Pächters sind grundsätzlich restriktiv auszulegen.[312] Daher müssen diejenigen Herstellungs- und Ersetzungspflichten, die der Verpächter über die gesetzlichen Vorgaben (§ 582 BGB) hinaus auf den Pächter abwälzen will, ausdrücklich und eindeutig festgelegt sein. Soweit es sich um durch den Pachtgebrauch veranlasste oder im Risikobereich des Pächters liegende Maßnahmen handelt, bestehen gegen eine formularmäßige Pflichtenabwälzung auf den Mieter grundsätzlich keine Bedenken aus § 307 BGB. Bei der Verpachtung einer Gaststätte können wesentliche Teile des Inventars einem hohen Verschleiß unterliegen. Auch dies rechtfertigt eine weit gehende Abwälzung der Erhaltungspflichten auf den Pächter, zumal dies mit der gesetzlichen Vorgabe aus § 582 Abs. 1 BGB, die Leitbildcharakter hat (vgl. § 307 Abs. 2 Nr. 1 BGB), korrespondiert.

111 Die schon nach § 582 Abs. 1 BGB vorgegebene Inventar-Erhaltungspflicht des Pächters schließt im Rahmen ordnungsgemäßer Bewirtschaftung auch die Pflicht zur **Neuanschaffung** von Inventarteilen ein, die Eigentum des Verpächters werden.[313] Der Pächter ist ansonsten gemäß § 539 Abs. 2 BGB zur Wegnahme von Einrichtungen berechtigt.[314] Wenn dem Pächter durch weitere Ersetzungs-, Herstellungs- und Anschaffungsklauseln erhebliche Investitionen überbürdet werden, kann ein zugleich vereinbarter **Ausschluss jeglicher Wegnahme** von Inventar bei Beendigung des Pachtverhältnisses zu Wirksamkeitsbedenken aus §§ 138, 307 BGB führen. Hier kann wertungsmäßig auf die zur Gewerberaummiete entwickelten Grundsätze zurückgegriffen werden.[315] Ein entschädigungsloser Ausschluss von Wegnahmerechten eines Pächters, der sich zu erheblichen Neuanschaffungen und Ersetzungsmaßnahmen verpflichtet hat, wird am ehesten mittels eines Wertausgleichs kompensiert werden.

Formulierungsvorschlag:

112 **Wertausgleich**

Für das bei Beendigung des Pachtverhältnisses beim Verpächter verbleibende Inventar erhält der Pächter auch keinen Wertausgleich, dies jedoch mit Ausnahme

der Klimaanlage für den Gastraum,

der Bierkühlungsanlage

……

Für die vorbezeichneten Anlagen und Einrichtungen findet ein Wertausgleich zugunsten des Pächters nur dann statt, wenn der Pächter die betreffende Anlage in den letzten …… Jahren vor Beendigung des Pachtverhältnisses durch eine neue oder neuwertige Anlage ersetzt hat, und zwar nur in dem Umfang, in dem sich gegenüber dem bei Pachtbeginn lt. Übergabeprotokoll vorhandenen Inventar in merkantiler oder technischer Hinsicht eine Wertsteigerung von mehr als 20 % ergibt.

(3) Ob und in welchem Umfang eine Wertsteigerung im Sinne von Ziff. (2) vorliegt, unterliegt der Feststellung durch den Sachverständigen …… als Schiedsgutachter.

113 e) **Gewährleistung des vertragsgemäßen Gebrauchs.** Nach § 535 BGB hat der Pächter Anspruch darauf, dass ihm das Objekt vom Verpächter in einem **zum vertragsgemäßen Gebrauch geeigneten Zustand** überlassen wird. Die vertraglich geschuldete Sollbeschaffenheit der Pachtsache entspricht ihrer Tauglichkeit zum vertragsgemäßen Gebrauch

[311] Zu einer Vertragsgestaltung über Leihinventar mit einer Inventarerhaltungspflicht des Mieters, einer Vollamortisation des Mietgegenstandes zu einem bestimmten Anschaffungspreis und bei einer Mindestabnahmemenge von Bier vgl. OLG Celle OLGR 1994, 289.

[312] BGH WuM 1992, 355.

[313] Vgl. Grüneberg/Weidenkaff BGB § 582 Rn. 7.

[314] Vgl. jurisPK-BGB/Grühn, 6. Aufl. 2012, § 581 Rn. 107.

[315] Vgl. BeckFormB MietR/Borzutzki-Pasing A. VI. 1 Rn. 11.

und ihrer Eignung zu dem vertraglich vereinbarten Verwendungszweck.[316] Wenn die Pachtsache aufgrund ihr unmittelbar körperlich anhaftender Beeinträchtigungen nicht zum vertragsgemäßen Gebrauch geeignet ist, liegt darin ein **Sachmangel** iSd §§ 536 ff. BGB. Der Pächter kann in diesem Fall sowohl die Herstellung des vertragsgemäßen Zustandes sowie Mängelbeseitigung verlangen als auch Gewährleistungsrechte geltend machen und ggf. auch eine fristlose Kündigung des Pachtvertrages gemäß § 543 Abs. 2 Nr. 1 BGB (§§ 542, 544 BGB) aussprechen. Der Vermieter schuldet also die **Überlassung in einem genehmigungsfähigen Zustand** und hat etwaige Baumaßnahmen, welche zu dessen Erreichung erforderlich sind, auf eigene Kosten zu veranlassen.[317] Kein Sachmangel, sondern ein Rechtsmangel liegt nach dem BGH[318] vor, wenn der Eigentümer von Sondereigentum Räume zum Betrieb einer Gaststätte vermietet, die in der Teilungserklärung als „Laden" gekennzeichnet sind, und wenn die anderen Wohnungseigentümer gegen den Mieter aus § 1004 BGB vorgehen wollen.[319]

Grundsätzlich liegt aber kein Rechtsmangel, sondern ein Sachmangel vor, wenn die Nutzung einer Gaststätte nach öffentlich-rechtlichen Vorschriften für den vorgesehenen Vertragszweck nicht möglich ist. Grundsätzlich trägt der Verpächter das **Risiko einer behördlichen Nutzungsbeschränkung,** die den vertraglichen Betriebszweck vereitelt.[320] Öffentlich-rechtliche Gebrauchshindernisse und -beschränkungen, die dem vertragsgemäßen Gebrauch entgegenstehen, stellen grundsätzlich einen Fehler der Pachtsache dar, wenn sie mit der Beschaffenheit der Pachtsache zusammenhängen und nicht allein in persönlichen oder betrieblichen Umständen des Mieters/Pächters ihre Ursache haben.[321] **Auf ein Verschulden des Vermieters kommt es dabei nicht an.** Es reicht aus, wenn das Hindernis aus seiner Risikosphäre stammt. Eine AGB-Klausel, die dem Mieter/Pächter das Risiko für die Bewilligung der auf seine Kosten einzuholenden behördlichen Erlaubnis überbürdet, verstößt nach der Rechtsprechung[322] gegen § 307 Abs. 2 BGB.[323] Ergeben sich aufgrund von gesetzgeberischen Maßnahmen **während eines laufenden Pachtverhältnisses** Beeinträchtigungen des vertragsmäßigen Gebrauchs eines gewerblichen Pachtobjekts, kann dies nachträglich einen Mangel iSv §§ 581 Abs. 2, 536 Abs. 1 S. 1 BGB begründen. Voraussetzung hierfür ist jedoch wiederum, dass die Gebrauchsbeschränkung unmittelbar mit der konkreten Beschaffenheit, dem Zustand oder der Lage des Pachtobjekts in Zusammenhang steht. Andere gesetzgeberische Maßnahmen, die den geschäftlichen Erfolg beeinträchtigen, fallen dagegen in den Risikobereich des Pächters. Der Verpächter von Gewerberäumen ist gemäß §§ 581 Abs. 2, 535 Abs. 1 S. 2 BGB lediglich verpflichtet, den Pachtgegenstand während der Vertragslaufzeit in einem Zustand zu erhalten, der dem Pächter die vertraglich vorgesehene Nutzung ermöglicht. Das Verwendungsrisiko bezüglich der Pachtsache trägt bei der Gewerberaummiete dagegen der Mieter.[324] Dazu gehört vor allem das Risiko, mit dem Pachtobjekt Gewinne erzielen zu können. Das gilt auch in den Fällen, in denen es durch nachträgliche gesetzgeberische oder behördliche Maßnahmen zu einer Beeinträchtigung des Gewerbebetriebs des Pächters kommt. Aufgrund gesetzlicher und öffentlich-rechtlicher Bestimmungen **liegt ein Mangel der Mietsache aber regelmäßig nur dann vor, wenn die zuständige** 114

---

[316] BGH NJW 1982, 696; 1981, 2405.

[317] BGH GE 2008, 120 Rn. 14, 17 betr. Nutzungsänderungsgenehmigung; KG ZMR 2016, 855, betr. Nutzung als Büro; OLG Koblenz NJW-RR 2010, 203; OLG Düsseldorf ZMR 2003, 21; 2002, 739, betr. Brandschutz; OLG Düsseldorf MDR 2006, 1277.

[318] NJW-RR 1995, 715 = ZMR 1995, 480.

[319] Siehe hierzu auch die Ausführung in Guhling/Günter/Menn/Guhling BGB § 535 Rn. 216 unter Verweis auf BGH NZM, 2020, 667.

[320] Zu solchen Nutzungsbeschränkungen im Allgemeinen → § 54 Rn. 301 ff.; vgl. ferner BGH NJW 1980, 777; OLG Düsseldorf DWW 2006, 425; die abstrakte Gefahr einer behördlichen Beschränkung reicht noch nicht aus, vgl. BGH NZM 2014, 165.

[321] BGH ZMR 1994, 253; NJW 1988, 2664; OLG Celle OLGR 1999, 283.

[322] BGH NZM 2014, 165; NJW 1988, 2664; OLG Celle NJW-RR 2000, 873 = NZM 2000, 621.

[323] Als Individualklausel hingegen schon, siehe hierzu OLG Frankfurt a. M. BeckRS 2016, 122570.

[324] BGH NZM 2014, 165; 2011, 727; NJW 2006, 899 (901); NJW-RR 2004, 1236; siehe hierzu auch die Entscheidung des LG München I BeckRS 2021, 453 im Zhg. mit Abwehrfolgen der Corona-Pandemie.

Behörde die Nutzung des Mietobjekts tatsächlich untersagt oder wenn ein behördliches Einschreiten insoweit ernstlich zu erwarten ist.[325] Allerdings kann ein möglicher Sachmangel im Einzelfall auch darin gesehen werden, dass eine **langwährende Unsicherheit** über die Zulässigkeit einer behördlichen Intervention die begründete Besorgnis bewirkt, das Objekt nicht zum vertragsgemäßen Gebrauch nutzen zu können.[326]

115 Nach Rechtsprechung des BGH zum Gewerberaum- und Pachtrecht betreffend die Corona-Pandemie und die zu dieser Zeit hoheitlichen Maßnahmen zur Bekämpfung der Pandemie, wie Betriebsschließungen, liegt hierin zwar kein Mangel gemäß § 536 Abs. 1 BGB, aber es kommt ein Anspruch des Mieters/Pächters auf Anpassung der Miete wegen Störung der Geschäftsgrundlage gemäß § 313 Abs. 1 BGB in Betracht, vorausgesetzt es liegen Umstände vor, die außerhalb der Sphäre des Mieters/Pächters und Vermieters/Verpächters liegen und zum Zeitpunkt des Vertragsschlusses noch nicht vorhersehbar waren.[327] Baldus[328] weist deshalb richtigerweise darauf hin, dass es bei künftigen Pandemien an dieser Voraussetzung fehlen dürfte und deshalb diese Thematik in der Gewerberaummietvertrags- und Pachtvertragsgestaltung berücksichtigt werden muss (zB durch Pandemie-Klauseln).

116 Bei der Gaststättenpacht können sich vielfältige Hürden ergeben, die der Erteilung einer erforderlichen öffentlich-rechtlichen Genehmigung dauerhaft oder vorübergehend entgegenstehen. Zur Vermeidung wirtschaftlicher Einbußen sollten möglicherweise drohende Interventionen von Behörden vor Vertragsschluss ausgeräumt sein. Öffentlich-rechtliche Nutzungsbeschränkungen können sich beispielsweise ergeben:

- aufgrund einer behördlichen Untersagungsverfügung,[329]
- bei bauordnungsbehördlichem Einschreiten (mangelnde Bauabnahmefähigkeit),[330]
- bei ordnungsbehördlichen Interventionen wegen fehlender Stellplätze,[331]
- bei hoheitlichen Maßnahmen zur Bekämpfung einer Pandemie oder Seuche,[332]
- wegen Fehlens eines konzessionsfähigen Zustands,[333]
- wegen fehlender Brandschutzeinrichtungen,[334]
- wegen unzureichender Gestaltung einer Küche (zB ohne natürliche Lichtquelle),[335]
- wegen Fehlens einer erforderlichen Nutzungsänderungsgenehmigung,[336]
- wegen baulicher Mängel,[337]
- wegen Bestimmungen zum Nichtraucherschutz,[338]
- wegen Verstoßes gegen Hygieneverordnungen.[339]

117 f) **Konzession.**[340] Der Pächter hat die in seiner Person liegenden Voraussetzungen für den Betrieb des Gewerbes in der vertraglich vorgesehenen Nutzungsart (Gaststätte)

[325] BGH ZMR 1971, 220; OLG Düsseldorf NZM 2010, 820; OLG Düsseldorf BeckRS 2009, 19328.
[326] BGH NZM 2014, 165; WM 1971, 531 (532); ZMR 2008, 274; NJW 1992, 3226.
[327] BGH BeckRS 2022, 48; nachfolgend ua BGH BeckRS 2022, 3632; 2022, 21813.
[328] Guhling/Günter/Baldus BGB Anh. § 584b Rn. 199a mit Verweis auf sog. Pandemie-Freizeichnungsklauseln und Fundstellen von Klauselbeispielen.
[329] BGH MDR 1997, 100.
[330] BGH ZMR 1987, 257; KG ZMR 2016, 685; OLG München OLGR 1997, 62.
[331] BGH ZMR 1995, 257; OLG Düsseldorf NJW-RR 1988, 1424; OLG Koblenz NJOZ 2005, 2919.
[332] → Rn. 114a.
[333] KG NZM 2000, 461.
[334] BGH NJW-RR 1987, 906; zu einem anfänglichen Mangel infolge brandschutzmäßiger Beanstandungen der Behörden vgl. OLG Düsseldorf ZMR 1993, 275 = DWW 1993, 100.
[335] OLG Köln OLGR 1994, 241.
[336] OLG Hamm ZMR 1982, 206.
[337] OLG Hamm NZM 2011, 277.
[338] BGH NZM 2011, 727.
[339] OLG Düsseldorf NZM 2010, 820.
[340] Die öffentlich-rechtlichen Voraussetzungen, unter denen der Betreiber einer Gaststätte die erforderlichen behördlichen Erlaubnisse erlangen kann, sind Gegenstand der verwaltungsrechtlichen Rechtsprechung und Literatur. Im hier gegebenen mietrechtlichen Zusammenhang wird nur kurz auf die Aspekte eingegangen, die für die Vertragsparteien zu bedenken sind, bevor ein Pachtvertrag über eine Gaststätte abgeschlossen werden kann.

selbst und auf eigene Kosten zu schaffen und während der Mietzeit zu erhalten. Dies gilt insbesondere für persönliche und betriebliche Voraussetzungen, für die Erteilung und das Fortbestehen von Konzessionen, gewerbeaufsichtlichen und sonstigen Genehmigungen sowie die Erfüllung entsprechender Auflagen.[341] Pachtinteressenten, die aus persönlichen oder wirtschaftlichen Gründen keine Konzession erlangen können, verlegen sich in der Praxis oft darauf, für die **Konzessionserlangung** und ggf. auch für den Abschluss des Pachtvertrags einen **Strohmann** vorzuschieben. Dies birgt die Gefahr für den Vermieter, sich in unabsehbaren Aspekten des Mietgebrauchs mit vertragsfremden Personen konfrontiert zu sehen. Eine sichere Vertragsgestaltung sollte dem vorbeugen, indem der tatsächliche Gaststättenbetrieb möglichst mit der Person des Pächters verknüpft wird. Eine Gaststättenverpachtung kann bei Auseinanderfallen von Betreiber und Konzessionsinhaber nach § 134 BGB dann zur Unwirksamkeit des Vertrags führen, wenn unter Verstoß gegen die Konzessionsvorschriften an einen nicht konzessionsberechtigten Betreiber vermietet oder verpachtet wird. Wenn der Verpächter weiß, dass der anpachtende Konzessionsinhaber nicht Betreiber der Gaststätte ist, soll dies in mietrechtlicher Hinsicht nicht gelten, weil die Verpachtung an jemanden erfolge, der konzessionsberechtigt ist und dies nach dem GastG nicht verboten sei.[342] Diese Annahme erscheint zumindest in den Fällen als fraglich, in denen der Pachtvertrag mit dem Konzessionsinhaber gerade der Umgehung der Konzessionsvorschriften dient und der Pächter Strohmann für den tatsächlichen Betreiber sein soll. Die Vorschrift des § 134 BGB steht nach diesseitiger Auffassung nicht zur Disposition der Vertragsparteien.[343]

Der Pächter muss sich bei Vertragsschluss darüber im Klaren sein, dass er vor der 118
Betriebsaufnahme einer Gaststätte diverse **verwaltungsrechtliche Hürden** überwinden muss. Ein verbindlicher Vertragsschluss sollte erst nach Abklärung aller wesentlichen Voraussetzungen für die Konzessionserteilung erfolgen. Wer den selbständigen Betrieb eines Gaststättengewerbes beabsichtigt, muss dies gemäß § 14 Abs. 1 GewO der zuständigen Behörde anzeigen. Die Erlaubnis ist für eine bestimmte Betriebsart und für bestimmte Räume zu erteilen. Die Gaststättenerlaubnis ist nach näherer Maßgabe der bundes- und landesrechtlichen (Gaststätten-) Gesetze sowie kommunaler Ordnungsvorschriften zu beantragen. Wer ein Gaststättengewerbe betreiben will, bedarf grds. einer Erlaubnis für die betreffende Betriebsart. Sie erstreckt sich auf die Art und Weise der Betriebsgestaltung, insbesondere nach den Betriebszeiten und der Art der Getränke, der zubereiteten Speisen, der Beherbergung oder der Darbietungen.[344] Versagungsgründe können in der Person des Antragstellers, in den betrieblichen Eigenheiten des beabsichtigten Gewerbes und in diversen Umweltbeziehungen begründet liegen, wobei auch fraglich sein kann, welche Behörde die insoweit maßgebliche Entscheidung zu treffen hat.[345]

---

[341] OLG Düsseldorf MDR 2012, 705.
[342] OLG Hamm OLGR 1994, 170.
[343] Vgl. Grüneberg/Ellenberger BGB § 134 Rn. 1.
[344] Zur Betriebsuntersagung bei einer Diskothek vgl. VG Stuttgart GewArch 2007, 42; zur Änderung der Betriebsart vgl. VG Stuttgart BeckRS 2005, 20863; zur hinreichenden Bestimmtheit einer Betriebsart vgl. VG München BeckRS 2004, 31209; zu Musikveranstaltungen in einem Vereinsheim vgl. OVG Koblenz BauR 2003, 1187.
[345] BVerwG GewArch 2012, 45.

Checkliste: Mögliche Auflagen und Nachweise zur Konzessionserlangung

- ☐ Vorlage einer Grundrisszeichnung der Betriebsstätte,
- ☐ Vorlage einer Schnittzeichnung,
- ☐ Vorlage eines amtlichen Lageplans,
- ☐ Vorlage der Baubeschreibung und der Baugenehmigung,[346]
- ☐ Vorlage eines Sachkunde- und Reinigungsnachweises für die Schankanlage,
- ☐ Vorlage des Miet- oder Pachtvertrags,
- ☐ Beibringung einer Auskunft in Steuersachen,
- ☐ Beibringung einer Unbedenklichkeitsbescheinigung des Steueramts oder der Gemeinde- oder Stadtkasse,
- ☐ Vorlage eines Auszugs aus der Schuldnerkartei,
- ☐ Beibringung eines Führungszeugnisses,
- ☐ Beibringung einer Auskunft aus dem Gewerbezentralregister,
- ☐ Vorlage eines sog. Unterrichtsnachweises der zuständigen IHK,
- ☐ Vorlage von Personalpapieren, einer Meldebescheinigung und ggf. einer Aufenthaltsgenehmigung,
- ☐ Vorlage eines Zuverlässigkeitsnachweises für juristische Personen,
- ☐ Vorlage eines Auszugs aus dem Handels- oder Vereinsregister.

119 Ohne die Erfüllung der behördlichen Auflagen oder bei Verdacht auf ein Strohmannverhältnis ist mit der Versagung der Gaststättenerlaubnis zu rechnen. Bis zur Erlaubniserteilung bzw. bis zur ordnungsgemäßen Gewerbeanmeldung kann der vorzeitige Betrieb einer Gaststätte die Verhängung von Bußgeldern und die Schließung durch die Ordnungsbehörde zur Folge haben. Gewerberechtlich unzuverlässig ist auch, wer einem unzuverlässigen Dritten bestimmenden Einfluss auf den Gewerbebetrieb einräumt.[347] Gaststättenrechtlich unzuverlässig ist ein Gewerbetreibender, der nach dem Gesamteindruck seines Verhaltens nicht die Gewähr dafür bietet, dass er sein Gewerbe (Betrieb von Gaststätten) künftig ordnungsgemäß betreiben wird. Dies trifft auch für denjenigen zu, der zur Verschleierung der tatsächlichen Verhältnisse als Gewerbetreibender vorgeschoben wird (sog. Strohmann), während das Gewerbe in Wirklichkeit von einem anderen (dem sog. Hintermann) betrieben wird. Die gewerberechtliche Unzuverlässigkeit eines Strohmanns folgt aus dem Umstand, dass dieser ohne eigene unternehmerische Tätigkeit nur als Marionette des unzuverlässigen Hintermanns am Wirtschaftsleben teilnimmt und er als jederzeit steuerbare Marionette vorgeschoben wird, um zwecks Täuschung des Rechts- und Wirtschaftsverkehrs die wahren faktisch-wirtschaftlichen Machtverhältnisse zu verschleiern.[348]

Praxistipp:

Der verbindliche Abschluss eines Pachtvertrags über eine Gaststätte oder eines Hotels verbietet sich für den Pächter, so lange nicht alle wesentlichen Voraussetzungen für die Konzessionserteilung geklärt sind. Die Verweigerung der Konzession aus Gründen, die in der Person des Pächters liegen, hat grundsätzlich der Pächter zu vertreten. Scheitert die Vertragsdurchführung dann an der fehlenden behördlichen Erlaubniserteilung, kann dies für den Pächter zu gravierenden Rechtsnachteilen führen.

[346] Zur Beachtung baurechtlicher Vorschriften im Konzessionsverfahren vgl. VG Darmstadt GewArch 2002, 435.
[347] OVG Bremen NVwZ-RR 2013, 30.
[348] BVerwG BeckRS 1982, 2779; zum Strohmann vgl. auch → Rn. 115.

g) Bezugsbindungen und Bezugsverpflichtungen. Die oft auf lange Dauer angelegten vertraglichen Bezugsbindungen im Verhältnis zwischen Verpächter und Pächter[349] umschreiben ein sensibles Kapitel formularvertraglicher Inhaltskontrolle. Es liegt im naheliegenden Interesse von Brauereien, Getränkegroßhändlern und Automatenaufstellern, sich dauerhaft einen gesicherten Absatzmarkt zu ihnen günstigen Bedingungen zu sichern. Das Bestreben, für einen möglichst langen Zeitraum feste Abnehmer zu erlangen, hat in der Praxis vielfach zu Vertragskonstruktionen geführt, die durchgreifenden rechtlichen Bedenken begegnen.[350] Da eine eingehende Behandlung von Bezugsbindungsvereinbarungen den miet- und pachtvertraglichen Rahmen sprengen würde, sollen nur die wesentlichen Grundzüge zu dieser Problematik aufgegriffen werden: 120

aa) Gegenstand von Bezugsbindungsabreden. Die oft langjährigen Bezugsbindungen sind dadurch gekennzeichnet, dass der Gaststättenpächter im Zusammenhang mit einem Getränke- und Bierlieferungsvertrag zum laufenden Ankauf von Waren verpflichtet wird. Solche Vereinbarungen unterliegen keinen generellen Wirksamkeitsbedenken.[351] Der Lieferungsvertrag ist dann oft – jedoch nicht zwingend[352] – Bestandteil eines einheitlichen Pachtvertrags, bei dem der Lieferant (Brauerei/Bierverlag) als Verpächter auftritt. Wenn der Lieferant das Pachtobjekt (Gaststätte) seinerseits angepachtet hat, gestaltet sich die Weiterverpachtung als **Unterpachtvertrag** (§§ 581 Abs. 2, 540, 553 BGB). Die Unterverpachtung beinhaltet dann oft den wesentlichen Vertragszweck für den Hauptpachtvertrag, der die Erlaubnis zur Unterverpachtung (§ 540 Abs. 1 BGB) regelmäßig enthält. Ein Anreiz für den (Unter-) Pächter, sich dauerhaft auf Bezugsverpflichtungen einzulassen, wird zumeist dadurch geschaffen, dass dem Pächter ein (Brauerei-)Darlehen zur Verfügung gestellt wird, das dem Aufbau oder der Fortführung der Gastwirtschaft dient und das durch den kontinuierlichen Getränkebezug amortisiert wird.[353] 121

bb) Bezugsverpflichtung als Ratenlieferungsvertrag. Für Bierbezugsverpflichtungen gelten grds. die Regelungen über Ratenlieferungsverträge, da sie unter§ 510 Abs. 1 BGB einzuordnen sind.[354] Das hat an sich zur Folge, dass gemäß § 5010Abs. 2 iVm § 355 BGB im Ansatz ein Widerruf der auf den Abschluss einer Bezugsverpflichtung gerichteten Willenserklärung in Betracht zu ziehen ist. Zu beachten ist hier sodann, dass die Verbraucherschutzbestimmungen gemäß § 510 BGB nicht nur für Verbraucher gelten, sondern gemäß § 513 BGB auch für Existenzgründer[355] (es sei denn, der Barzahlungspreis übersteigt 75.000 EUR). Die Verbrauchereigenschaft ist bei Ratenlieferungsvertrag aufgrund eines Gaststättenpachtvertrags grundsätzlich zwar zu verneinen, aber die Existenzgründereigenschaft kann durchaus vorliegen, weshalb das Widerrufsrecht in diesen Fällen unbedingt schon bei der Vertragsgestaltung bedacht werden sollte. 122

cc) Vereinbarungen zur Laufzeit und Laufzeitverlängerung. Laufzeitklauseln in Verträgen, die dem Gastwirt Bezugsbindungen auferlegen, können diesen ganz wesentlich in seiner wirtschaftlichen Bewegungsfreiheit und Selbstständigkeit beschränken. Die Inhaltskontrolle nach § 307 Abs. 1 BGB führt zu der Überprüfung, ob solche Beschränkungen ein nicht mehr hinnehmbares Maß erreichen.[356] Nach der Rechtsprechung hängt das höchstzulässige Maß bei Bezugsbindungen wesentlich davon ab, wie erheb- 123

---

349 Bezugsverpflichtungen sind nicht auf den Kreis der unmittelbar am Pachtvertrag Beteiligten beschränkt, sondern können unabhängig hiervon begründet werden. Solche Verträge finden hier keine Behandlung.

350 Beispiele aus der Rechtsprechung finden sich bei Paulusch, Höchstrichterliche Rechtsprechung zum Brauerei- und Gaststättenrecht, 9. Aufl., Rn. 115 ff.; vgl. auch Holzmüller/v. Köckritz BB 2009, 1712; Bühler BB Beilage 1997, Nr. 11.

351 OLG Frankfurt a. M. IMR 2017, 145.

352 So auch Guhling/Günter/Baldus BGB Anh. § 584b Rn. 160.

353 BGH BB 2006, 517.

354 Guhling/Günter/Baldus BGB § 581 Rn. 79.

355 Siehe zur Rechtslage vor und nach dem 13.6.2014 hinsichtlich der Existenzgründer ausführlich Guhling/Günter/Baldus BGB § 581 Rn. 81 ff.

356 BGH ZIP 1984, 335.

lich die Gegenleistungen sind, die der bindende Vertragspartner nach dem Vertrag unter besonderer Berücksichtigung von Amortisationsgrundsätzen zu erbringen hat.[357] Maßgeblich kommt es darauf an, welcher Kapitalaufwand dem die Laufzeit vorgebenden Vertragsteil für die Erfüllung des Vertrags entsteht.[358] Wenn **individualvertragliche Abreden zur Laufzeit** von Bezugsverpflichtungen vorliegen, ist deren Wirksamkeit an § 138 BGB zu messen. **Ausschließliche Bierbezugsbindungen** (ggf. außerhalb eines Pachtvertrags und ohne Amortisationscharakter) gehen mit größeren Laufzeiten wegen der damit verbundenen unvertretbaren Einengung der wirtschaftlichen Bewegungsfreiheit und Selbständigkeit des Vertragspartners eher an die zulässige Grenze des noch Zulässigen.[359] Dasselbe gilt für das isolierte Verbot, Bier und andere Getränke ohne Zustimmung einer Brauerei zu beziehen, weil dann der Verbotsaspekt einer Ausschließlichkeitsbindung zur Sittenwidrigkeit einer langfristigen Bindung führen kann.[360]

124 Ob eine Klausel die wirtschaftliche Bewegungsfreiheit und Selbständigkeit des Vertragspartners zugunsten des Klauselverwenders in unvertretbarer Weise einengt, ist mit Hilfe einer umfassenden Abwägung der schutzwürdigen Interessen beider Parteien im Einzelfall festzustellen.[361] Beträgt die vereinbarte Pachtdauer 5 Jahre mit einer Option des Pächters, die Verlängerung des Pachtvertrages um weitere fünf Jahre zu verlangen, stellt es grds. keine unangemessene Benachteiligung des Pächters dar, wenn die Laufzeit der Getränkebezugsverpflichtung der Laufzeit des Pachtvertrages entspricht.[362] Wenn der Verwender (Verpächter/Lieferant) hohe Investitions-, Entwicklungs- und Vorhaltekosten aufwenden muss, die sich nur bei längerer Vertragsdauer amortisieren, rechtfertigt dies regelmäßig eine längerfristige Bindung des anderen Teils an den Vertrag.[363] Bei Bezugs- und Bindungsklauseln, die außerdem eine automatische oder optionsabhängige Verlängerung der Bindung vorsehen, kann eine zweistufige Prüfungsabfolge geboten sein. Wenn schon die Mindestlaufzeit unangemessen lang ist, kann bereits dies zur Anwendung des § 307 Abs. 1 BGB führen. Wenn die Erstlaufzeit – für sich genommen – nicht unangemessen lang ist, muss für die Abwägung auf die Gesamtdauer des Vertrages abgestellt werden.[364]

125 Da es gesetzliche Bestimmungen, welche die Länge der Bindungsdauer beschränken, nicht gibt, ist erörtert worden, ob nicht jedenfalls vertragliche **Bindungszeiten von mehr als zehn Jahren** Dauer die Unwirksamkeit entsprechender Klauseln indizieren und nur beim Vorliegen besonderer Umstände als noch angemessen zu beurteilen sind[365] oder ob sich eine Festlegung auf eine zulässige Höchstlaufzeit verbietet.[366] Außerdem wurde erwogen, ob sich aus der Gruppenfreistellungsverordnung (Art. 12 Abs. 1 lit. c der Verordnung (EWG) Nr. 1984/83 der Kommission vom 22.6.1983 über die Anwendung von Art. 85 Abs. 3 des Vertrages auf Gruppen von Alleinbezugsvereinbarungen, ABl. 1983 L 173, 5) eine Leitbildfunktion für die Angemessenheitsprüfung von Vertragsbindungsfristen im Sinne einer zehnjährigen Höchstlaufzeit zukommt.[367] Eine gesicherte Grundlage für eine generalisierende Betrachtungsweise kann letztlich nicht ausgemacht werden.

---

[357] Vgl. für den Bierbezug BGH WM 1985, 608; 1992, 1285; vgl. ferner die Nachweise bei Holzmüller/v. Köckritz BB 2009, 1712.
[358] BGH NJW-RR 2006, 615; OLG München OLGR 2008, 585.
[359] BGH NJW 1988, 2362; OLG München BeckRS 2011, 34527.
[360] OLG München BeckRS 2011, 34527.
[361] BGH NJW 2000, 1110; WM 1997, 1624.
[362] OLG Frankfurt a. M. NJOZ 2018, 180.
[363] BGH WM 1985, 542; 1993, 791.
[364] BGH NJW 2000, 1110.
[365] BGH WM 1997, 1624.
[366] So für den Bierbezug BGH ZIP 1984, 335.
[367] vgl. BGH WM 1995, 1636 und BGH NJW 2000, 1110; zu den Voraussetzungen der Nichtigkeit eines auf lange Frist laufenden Bierbezugsvertrages nach Art. 85 Abs. 2 EGV vgl. BGH NJW 1992, 1456; NJW-RR 1993, 937; zur Kartellrechtswidrigkeit langer Bezugsbindungen vgl. Holzmüller/v. Köckritz BB 2009, 1712.

In der rechtspraktischen Handhabung ist die Rechtsprechung zT bedenklich großzügig und lässt für Bierbezugsverträge Laufzeiten von bis zu 20 Jahren ohne Annahme eines Verstoßes gegen §§ 138 Abs. 1, 307 BGB zu.[368] Klauseln über eine Bezugsverpflichtung sind von der Rechtsprechung noch gebilligt worden, wenn die sonstige Vertragsgestaltung dem Gastwirt unter Würdigung des Einzelfalls, insbesondere der beiderseitigen Vertragspflichten, einen noch ausreichenden Raum wirtschaftlicher Betätigungsfreiheit belässt, insbesondere eine Kündigungsbefugnis aus wichtigem Grund nicht abgeschnitten ist.[369] Soweit der BGH sogar Laufzeiten für Bezugsverpflichtungen von bis zu 25 Jahren gebilligt hat, ging es jeweils um Fallgestaltungen, bei denen das liefernde Unternehmen nach dem Vertrag erhebliches Kapital langfristig eingesetzt hatte und nur bei einer entsprechend langfristigen Bindung einen Ausgleich für seine Investitionen erhielt.[370] Noch weiter reichende Bindungen indizieren eine unzumutbare Beeinträchtigung der wirtschaftlichen Bewegungsfreiheit des Vertragspartners und sind sittenwidrig im Sinne von § 138 Abs. 1 BGB.[371] Bierbezugsbindungen, die nur wegen übermäßig langer Laufzeit gegen die guten Sitten verstoßen, können allerdings in entsprechender Anwendung von § 139 BGB mit einer angemessenen Laufzeit aufrechterhalten werden.[372] 126

Anreize zur Eingehung von Bezugsbindungen werden oft durch – ggf. nur vermeintliche – wirtschaftliche Zugeständnisse des Lieferanten geschaffen. Meist handelt es sich um die Gewährung von **Darlehen.** Hierdurch erhält die Bezugsbindung uU erst den Amortisationscharakter, dessen es bedarf, um langfristige Bezugsverpflichtungen überhaupt wirksam begründen zu können. Das Darlehen schafft neben der eigentlichen Bezugsverpflichtung eine zusätzliche Bindung des Pächters an den Lieferanten, zumal wenn das Darlehen gerade durch den Bezug von Waren, hinsichtlich derer eine Bezugsbindung besteht, zurückerbracht werden soll. Die Darlehensverbindlichkeit kann eine zusätzliche wirtschaftliche Knebelung des – im Gaststättengewerbe oft leistungsschwachen – Pächters bewirken, zumal wenn die Bezugsverpflichtung zu Konditionen erfolgt, die dem Pächter bereits für sich nachteilig sind. Wenn das Darlehen nur dazu verwendet wird, einen Inventarkauf[373] zu finanzieren, besteht die weitere Gefahr, dass das Darlehen wirtschaftlich leerläuft, weil der Inventarkauf nur pro forma vereinbart wird und der Verpächter als Darlehensgeber sein Geld „von einer Tasche in die andere" steckt, ohne dem Pächter im Rahmen des wirtschaftlichen Gesamtgefüges eine effektive (Zusatz-)Leistung erbracht zu haben. Kündigt der Lieferant den Bezugsvertrag zu Recht (etwa wegen Verstoßes gegen Exklusivlieferungsrechte) vorzeitig auf, so kann er, wenn er mit dem Gastwirt auch eine Darlehensvereinbarung getroffen hat, Rückzahlung des Geldbetrages verlangen, der nicht durch den Kauf von Getränken abgegolten wurde.[374] Wenn ein Pachtvertrag die Teilkündigung eines Darlehens im Rahmen eines langfristigen Bierlieferungsvertrags für den Fall vorsieht, dass Mindestabnahmemengen unterschritten werden, soll dies nach einer Entscheidung des OLG Düsseldorf[375] unwirksam sein, wenn nicht zugleich eine Reduzierung der Abnahmemenge vorgesehen ist. 127

dd) Vereinbarungen über die weiteren Bezugsmodalitäten. Wirksamkeitsbedenken können sich auch aus Vertragsbestimmungen ergeben, welche die weiteren Bezugsmodalitäten regeln. Dabei geht es insbesondere um die vertragliche Pflicht zur Abnahme bestimmter Mengen (an Getränken usw). Für die wirksame Vereinbarung von (Mindest-) Absatzmengen bedarf es zunächst einer klaren vertraglichen Regelung. Die 128

---

368 BGH MDR 1979, 922; NJW 1992, 2145; OLG Köln OLGR 1995, 161; zur Unbedenklichkeit einer Laufzeit von 10 Jahren vgl. OLG Düsseldorf BeckRS 2015, 6787.

369 BGH NJW 1985, 2693; OLG Celle OLGR 1999, 33.

370 Vgl. für die Tankstellenpacht BGHZ 52, 171; 83, 313; BGH WM 1997, 1403.

371 BGH NJW 1992, 2145; NJW-RR 1990, 816; OLG Köln OLGR 1995, 161; Paulusch Rn. 121.

372 BGH NJW-RR 1990, 816 mwN; BGH BeckRS 2004, 04917.

373 → § 77 Rn. 21 ff.

374 BGH MDR 2001, 411; LG NJW-RR 1990, 820; LG Tübingen NJW-RR 1992, 112; Paulusch Rn. 180.

375 OLG Düsseldorf NJW-RR 2007, 1551.

Bestimmung in einem Bierlieferungsvertrag, wonach der Kunde und die Brauerei „einvernehmlich davon ausgehen“, dass der Kunde bei einer Vertragslaufzeit von fünf Jahren eine bestimmte **Mindestabsatzmenge** pro Jahr erreichen werde, soll nach einer Entscheidung des OLG Karlsruhe[376] nur eine unverbindliche Erwartung der Vertragspartner zum Ausdruck bringen. Eine Verpflichtung des Kunden, die angegebene Mindestmenge tatsächlich abzunehmen, lasse sich einer solchen Formulierung jedoch nicht ohne Weiteres entnehmen. Der BGH[377] hat die vom Mieter/Pächter eingegangene Verpflichtung, Mindestmengen an Getränken abzunehmen und bei Unterschreitung der Mindestmenge Schadensersatz in anteiliger Höhe des Listenpreises zu leisten, nicht als unangemessen im Sinne von § 307 BGB angesehen, soweit dem Abnehmer die Möglichkeit des – allerdings schwer zu erbringenden – Nachweises eines geringeren Schadens erhalten bleibt. Klauseln, die einen **pauschalierten Schadensersatz** vorsehen, sind nach der Rspr. gemäß § 307 Abs. 2 Nr. 1 BGB unwirksam, wenn sie die Verpflichtung zum Schadensersatz unabhängig von einem Verschulden vorsehen.[378] Die Regelung eines pauschalierten Schadensersatzes kann auch darin liegen, wenn für die Unterschreitung von Mindestabnahmemengen ein Ausgleich für einen sog. Deckungsbeitrag geleistet werden soll.[379] Bei der bereits behandelten amortisationsmäßigen Gewichtung der Gegenleistungen, die der bindende Vertragspartner zu erbringen hat, sind neben der Vertragslaufzeit auch alle Klauseln mit heranzuziehen, welche die Bezugsbindung im Einzelnen ausgestalten. Regelungen zum Mindestbezug können das vertragliche Regelwerk maßgeblich prägen, etwa wenn die Verpflichtung zur Abnahme von unrealistischen Mindestmengen das vertragliche Äquivalenzverhältnis erschüttert. Das OLG Frankfurt a. M. hat in einer Klausel, die den Verpächter bei Nichtabsatz einer jährlich vereinbarten Getränkemindestmenge zur Kündigung berechtigt, keine unangemessene Benachteiligung des Pächters gesehen, wenn das Verpächterinteresse durch die Verpachtung der Gaststätte seinen Getränkeabsatz zu fördern, deutlich erkennbar war und auch nicht in dem Fall, dass dem Verpächter bei Unterschreitung der Mindestbezugsmenge eine Ausgleichszahlung oder Schadensersatz zusteht.[380] Einer Gesamtwürdigung des vertraglichen Regelungszusammenhangs bedarf es auch im weiteren bei der Prüfung von **Sittenwidrigkeitsmerkmalen** im Sinne von § 138 Abs. 1 BGB. Nach der ständigen Rechtsprechung des BGH ist ein Vertrag als wucherähnliches Geschäft nach § 138 Abs. 1 BGB nichtig, wenn Leistung und Gegenleistung in einem auffälligen Missverhältnis zueinanderstehen und weitere Umstände hinzutreten, die insbesondere als Ausdruck verwerflicher Gesinnung Sittenwidrigkeitsmerkmale beinhalten. Dabei kommt den **Abnahmepreisen** besondere Bedeutung zu, auch wenn diese als solche unterhalb der objektiven Wuchergrenze angesiedelt sind. Die Sittenwidrigkeit bzw. eine unangemessene Benachteiligung (§§ 138, 307 BGB) können sich aus dem Gesamtcharakter eines Rechtsgeschäfts oder aus einer Kombination nachteiliger und ggf. intransparenter Bestimmungen (Klauseln) ergeben.[381] Das Zusammenspiel von Miet- bzw. Pachtzins einerseits und dem bei längerer Bezugsverpflichtung ausbedungenen Bezugspreis andererseits kann zu einer dauerhaften wirtschaftlichen Knebelung des Mieters/Pächters führen.

Praxistipp:

Ob Vereinbarungen über eine Bezugsverpflichtung sittenwidrig oder unangemessen benachteiligend sind, kann in einer abgestuften Fragestellung ermittelt werden:

---

376 MDR 2013, 80; aA OLG Hamm BB 2014, 1236.

377 BGHZ 109, 314; BGH NJW 1990, 567; vgl. auch LG Düsseldorf BeckRS 2011, 02756.

378 BGH NJW 1998, 602; 2006, 47; OLG Köln BeckRS 2013, 07760; OLG Naumburg BeckRS 2013, 22080; OLG Düsseldorf BeckRS 2012, 05469; OLG Frankfurt a. M. BeckRS 2007, 19024.

379 OLG Köln OLGR 2007, 524.

380 OLG Frankfurt a. M. BeckRS 2016, 112769.

381 BGH NJW 1990, 704; OLG München OLGR 1997, 62.

Ist die vertragliche Bindungsdauer nach den von der Rechtsprechung aufgestellten Kriterien unangemessen?
Bewirken andere Bezugsmodalitäten (Preis, Mindestabnahmemengen, Schadensersatzpflichten usw) eine unbillige Benachteiligung des Pächters?
Kommt es in der Kombination der vertraglichen Bestimmungen zu einer solchen Benachteiligung?

ee) Rechtsnachfolgeklauseln. Vertragsbestimmungen über eine **Rechtsnachfolge auf Seiten des Verpächters** (Lieferanten) werden trotz der mit ihnen für den Kunden verbundenen Einschränkung der unternehmerischen Bewegungsfreiheit im Allgemeinen für unbedenklich gehalten.[382] Vor Inkrafttreten des AGB-Gesetzes hat der BGH[383] die in einem formularmäßigen Bierlieferungsvertrag enthaltene Befugnis der Brauerei, den Vertrag mit sämtlichen Rechten und Pflichten auf eine andere Brauerei zu übertragen, insoweit unbeanstandet gelassen, als der sonstige Vertragsinhalt unberührt blieb. Ist diese Befugnis dagegen nicht auf den Fall der Übertragung des Brauereibetriebs beschränkt und macht die Klausel auch keine Ausnahme für einen mit der Übertragung verbundenen Wechsel der Biermarke, hat der BGH zunächst Bedenken angemeldet[384] und sodann ein solches formularmäßig vereinbartes unbeschränktes Übertragungsrecht der Brauerei als unangemessene Benachteiligung behandelt, weil sich daraus entscheidende Nachteile für den Gastwirt ergeben können.[385] Das OLG Köln[386] hat es ferner für sittenwidrig (§ 138 BGB) gehalten, wenn ein Bierlieferant sich gegenüber dem Verpächter/Eigentümer einer Gaststätte nicht nur die Übertragung der Bezugsverpflichtung auf einen Rechtsnachfolger des Verpächters oder des Pächters ausbedingt, sondern auch die Weitergabe von Darlehensverbindlichkeiten gegenüber dem Lieferanten, weil dadurch die wirtschaftliche Bewegungsfreiheit des Eigentümers/Verpächters zu sehr eingeschränkt wird. Dieser restriktiven Behandlung ist zu folgen, denn Klauseln, mit denen sich ein Gastwirt oder Hotelier in eine so weitreichende Abhängigkeit von den betrieblichen Entscheidungen seines Vertragspartners begibt, bewirken eine nahezu vollständige Aufhebung der eigenen wirtschaftlichen und rechtlichen Kompetenz. Allgemein ist anerkannt, dass die außerordentliche Kündigung seitens des Bezugsverpflichteten auch ohne ausdrückliche Vereinbarung aus wichtigem Grund eröffnet ist, wenn ihm die weitere Durchführung des Vertrages nicht mehr zuzumuten ist.[387] Das kann etwa der Fall sein, wenn ein Vertrieb der Getränke (zB mit den eingeführten Getränkesorten) nicht mehr in wirtschaftlich sinnvollerweise möglich ist.[388] 129

Wenn der Bezugsverpflichtete vertraglich gehalten ist, die **Bezugsverpflichtung auf etwaige Unter- oder Nachfolgepächter zu übertragen**, führt dies im Falle einer solchen Übertragung nicht zugleich dazu, dass der Bezugsverpflichtete aus den mit dem Ursprungsvertrag eingegangenen Pflichten entlassen wird.[389] Der Bezugsverpflichtete geht mit solchen Abreden als (Unter-) Verpächter gravierende Pflichten und Bindungen ein. Die Weitergabe einer von ihm eingegangenen Bezugsverpflichtung an einen Pächter befreit ihn nicht von seiner eigenen vertraglichen Haftung im Zusammenhang mit der Erfüllung der Bezugsverpflichtung.[390] Bei einem vertragswidrigen Verhalten des Unterpächters, auf den der Verpächter nur mittelbar Einfluss nehmen kann, läuft er Gefahr, selbst auf Schadensersatz oder ggf. auf Zahlung einer Vertragsstrafe in Anspruch 130

382 BGH GRUR 1984, 298; Wahl Der Bierlieferungsvertrag S. 24; AG Ludwigslust BeckRS 2009, 11036.
383 MDR 1976, 834.
384 BGH MDR 1986, 48.
385 BGH MDR 1995, 996.
386 NJW-RR 2007, 498.
387 BGH MDR 1987, 490.
388 BGH MDR 1987, 490; BB 1965, 809; BGHZ 93, 252.
389 Vgl. hierzu OLG Köln OLGR 1998, 47.
390 OLG Köln OLGR 1995, 161.

genommen zu werden. Auch die Möglichkeiten der Weiterverpachtung sind erschwert, da viele Gastwirte ihrerseits bei der Übernahme auf Brauereidarlehen angewiesen sind.[391]

131 *ff) Verstoß gegen Bezugsverpflichtungen.* Schadensersatzpauschalierungen und Vertragsstrafeklauseln können im unternehmerischen Bereich grundsätzlich vereinbart werden,[392] und lassen sich daher auch für Verstöße gegen Bezugsverpflichtungen heranziehen. Auch insoweit gelten aber die Grenzen aus §§ 138, 307 BGB. Das OLG Düsseldorf[393] hat die Regelung einer Vertragsstrafe von 2.500 EUR für jede Zuwiderhandlung gegen eine Getränkebezugsverpflichtung im Rahmen von § 307 BGB für unwirksam gehalten. Auch die Möglichkeit der Bestellung einer **Dienstbarkeit** zur Absicherung einer schuldrechtlichen Bezugsverpflichtung ist anerkannt.[394] Die Bezugsbindung darf aber nicht als solche zum (dinglichen) Inhalt der Dienstbarkeit gemacht werden.[395] Dem Grundstückseigentümer steht ein vertraglicher oder bereicherungsrechtlicher Anspruch auf Löschung der Dienstbarkeit zu, wenn die Auslegung der Sicherungsvereinbarung ergibt, dass der Lieferant (Brauerei) sie bei Beendigung der Bezugsverpflichtung zurückzugewähren hat, oder wenn der Zweck der Dienstbarkeit sich ausschließlich in der Sicherung einer bestehenden Bezugsverpflichtung erschöpfte.[396] Dann erlischt die Dienstbarkeit, wenn das mit der Dienstbarkeitsbestellung verfolgte Interesse endgültig entfallen ist.[397]

132 Die **außerordentliche Kündigung** des Liefervertrags kommt sowohl seitens des Lieferanten als auch seitens des Verpflichteten in Betracht. Der Verpächter als Lieferant kann sich eine Kündigung wegen Verstoßes gegen die vertraglichen Bezugspflichten ausbedingen,[398] siehe hier ein entsprechendes Klauselbeispiel bei Borzutzki-Pasing.[399] Wenn die Bezugsverpflichtungen nicht Bestandteil des Pachtvertrags sind, weil Lieferant und Verpächter nicht identisch sind, tangiert die Kündigung (§ 314 BGB) den Bestand des Pachtvertrags grundsätzlich nicht, es sei denn der Verpächter hat die Bezugsverpflichtung mit dem Pachtvertrag auf den Pächter übertragen[400] und der Verpächter kündigt seinerseits wegen Verstoßes gegen die sich hieraus ergebenden Pflichten den gesamten Pachtvertrag auf (§ 543 Abs. 1 BGB). Bei fehlender Identität zwischen Verpächter und Lieferanten wird der Lieferant aber im Zweifel an der Erfüllung des Bezugsvertrags festhalten wollen, denn sonst läuft er Gefahr, mit dem aufgekündigten Bezugsvertrag seine Absatzmöglichkeit insgesamt zu verlieren. Wenn die Bezugsverpflichtung mit dem Pachtvertrag zu einem einheitlichen Vertrag verknüpft ist, führt eine Kündigung nach § 543 Abs. 1 BGB zur Beendigung des gesamten Dauerschuldverhältnisses. An ein Kündigungsverschulden des Pächters können dann Schadensersatzansprüche des Verpächters/Lieferanten wegen Verstoßes gegen die Bezugsverpflichtung geknüpft sein. Wenn der Mieter Tatsachen zu vertreten hat, die den Vermieter zur außerordentlichen Kündigung des Mietverhältnisses berechtigen, setzt sich das Kündigungsverschulden in Bezug auf die hierdurch verursachten weiteren Schäden fort.[401] Außerdem bleibt die Pflicht zur Rückführung eines etwa empfangenen Darlehens bestehen.[402]

133 **h) Sittenwidrige Überhöhung des Pachtzinses.** Ein Rechtsgeschäft ist nach § 138 Abs. 1 BGB nichtig, wenn es nach seinem aus der Zusammenfassung von Inhalt,

---

[391] BGH WM 1973, 1360; OLG Köln OLGR 1995, 161.
[392] BGH WM 1977, 641; 1980, 1309; NJW 1993, 64; Wahl Der Bierlieferungsvertrag S. 24.
[393] NZM 2008, 611.
[394] BGH MDR 1979, 922; NJW 1985, 2474; 1988, 2364; NJW-RR 1992, 593; OLG Düsseldorf BeckRS 2015, 6787.
[395] BayObLGR 1997, 49.
[396] BGH NJW 1998, 2286; OLG Frankfurt a. M. BeckRS 2013, 05523.
[397] BGH BeckRS 2009, 8137; OLG Frankfurt a. M. BeckRS 2016, 4822.
[398] OLG Frankfurt a. M. BeckRS 2016, 112769; OLG München OLGR 1996, 164.
[399] BeckFormB MietR/Borzutzki-Pasing A. V. 6 Rn. 14.
[400] → Rn. 130.
[401] Vgl. zB BGH NJW 1984, 2687; OLG Düsseldorf MDR 1996, 1006.
[402] OLG Düsseldorf BeckRS 2011, 07134.

Beweggrund und Zweck zu entnehmenden Gesamtcharakter mit den guten Sitten nicht zu vereinbaren ist.[403] Pachtverträge sind nur dann sittenwidrig und damit nichtig, wenn Leistung und Gegenleistung in einem auffälligen Missverhältnis zueinander stehen und weitere sittenwidrige Umstände hinzutreten, wie etwa eine verwerfliche Gesinnung des Begünstigten oder Ausnutzung der Unerfahrenheit des Partners.[404] Die Sittenwidrigkeit iSv § 138 Abs. 2 BGB kann sich aus dem Zusammenspiel unterschiedlicher vertraglicher Vereinbarungen der Vertragsparteien ergeben.[405] Ob ein Pachtvertrag über eine Gaststätte wegen überhöhten Pachtzinses ein auffälliges Missverhältnis zwischen Leistung und Gegenleistung aufweist, ist durch einen Vergleich mit den **ortsüblichen Marktgegebenheiten** zu klären. Dies kann weder nach der sog. EOP-Methode[406] noch nach der davon abgeleiteten indirekten Vergleichswertmethode[407] ermittelt werden.[408] Die nach den bezeichneten Methoden ermittelten statistischen Ertragswerte hält der BGH für die maßgebliche Marktsituation des jeweiligen Objekts nicht für hinreichend aussagekräftig, weshalb es regelmäßig auf den Miet- oder Pachtpreis für vergleichbare Objekte ankommt.[409]

Im Allgemeinen wird eine etwa **100 %-ige Überschreitung von vergleichbaren Mieten/Pachten als Sittenwidrigkeitsschwelle** befürwortet.[410] Eine solchermaßen quantitativ ermittelte Äquivalenzstörung macht aber nicht die Prüfung entbehrlich, ob neben diesem Missverhältnis zwischen Leistung und Gegenleistung noch besondere subjektive Umstände vorliegen, welche die Sittenwidrigkeit ausmachen.[411] Bei der Übersteigung von Vergleichsmieten/-pachten um mehr als 100 % kann ein so krasses Missverhältnis vorliegen, dass eine verwerfliche Gesinnung indiziert ist. Das OLG Frankfurt a. M.[412] hat eine (Nachtrags-)Vereinbarung zu einem Vertrag über ein Mietobjekt zum Betrieb eines Hotels mit einer Laufzeit von 120 Monaten, mit der sich die Mieter (in einer notariellen Urkunde) bezüglich der geschuldeten Mietzinszahlungen für den gesamten Vertragszeitraum und die vereinbarte Mietkaution gegenüber dem Vermieter der sofortigen Zwangsvollstreckung in ihr gesamtes Vermögen unterwarfen, für sittenwidrig gehalten, weil hiermit eine wirtschaftliche Zwangslage der Mieter ausgenutzt wurde. Bei der Beurteilung der Sittenwidrigkeit ist auf die Verhältnisse im Zeitpunkt des Vertragsschlusses abzustellen. Aus dem Umstand, dass eine Anschlussvermietung nicht gleich nach Rückgabe der Räume erfolgen konnte, kann daher nicht schon der Schluss gezogen werden, dass der zwischen den Parteien ursprünglich vereinbarte Mietzins sittenwidrig überhöht gewesen sei.[413] 134

i) **Andere Formen der Vertragsgestaltung bei Gaststätten und Hotels.** Der Betrieb von Gaststätten und Hotels erfolgt zunehmend im Rahmen von Konzepten, die zT nur lose Verknüpfungen zum gewerblichen Miet- und Pachtrecht aufweisen. 135

aa) Franchising. Das Franchising ist ein etabliertes System für den Vertrieb von Waren und Dienstleistungen. Franchisegeber sind Unternehmen, die mit einem bestimmten Vertriebskonzept als Lizenzgeber, Hersteller und/oder Lieferanten auftreten. Der Franchisenehmer wird in eigenem Namen und für eigene Rechnung tätig und nutzt das vom Franchisegeber entwickelte Geschäftskonzept gegen Entgelt. Das Franchising weist eine große Nähe zum Pachtrecht auf, denn auch die **Nutzung von Rechten bzw. Lizenzen ist** 136

403 Vgl. nur BGHZ 107, 92.
404 BGHZ 141, 257.
405 Zur Sittenwidrigkeit im Zusammenhang mit Bezugsverpflichtungen vgl. bereits → Rn. 128 ff.
406 BGH NZM 1999, 664; zu praktischen Hinweisen und Konsequenzen vgl. Keckemeti NZM 2000, 598.
407 Vgl. dazu Walterspiel NZM 2000, 70.
408 BGH GuT 2002, 9; vgl. ferner BeckFormB MietR/Borzutzki-Pasing A. VI. 6 Anm. 16.
409 BGH GuT 2002, 9; NJW 1995, 1019.
410 BGH NJW 2008, 3210; NJW-RR 2004, 1454; OLG Stuttgart OLGR 2000, 411; NJW-RR 1993, 654; KG GuT 2002, 12.
411 BGH NJW-RR 2004, 1454; NJW 1995, 1019; 1991, 1810; OLG Naumburg GuT 2002, 14.
412 OLG Frankfurt a. M. MDR 2014, 1192.
413 KG NZM 2014, 912.

der Sache nach pachtrechtlicher Natur.[414] Miet- oder pachtvertragliche Komponenten, welche die Gebrauchsüberlassung von Gewerberäumen zum Gegenstand haben, gehören nicht zwingend zum Franchise-Konzept. Gleichwohl kann die Verpachtung eines Geschäftslokals, in dem der konzessionierte Handel stattfinden soll, ohne Weiteres Bestandteil eines Franchisevertrags sein. Der Betrieb von Gaststätten im Franchisesystem erfolgt in bestimmten wirtschaftlichen und regionalen (zumeist städtischen) Bereichen in Umsetzung einer zentral gesteuerten Geschäftsstruktur, innerhalb derer der einzelne Betreiber in das Geschäfts- und Vertriebskonzept des Franchisegebers und ein von diesem gesteuertes Konzessions- und Lizenzsystem eingebunden ist.[415] Diese Vertragsausgestaltung findet sich bei Gaststätten und Restaurants insbesondere bei den zT international agierenden Café- und Schnellimbissketten (McDonalds, Subway usw). Der Franchisenehmer ist oft streng reglementierenden vertraglichen Vorgaben des Franchisegebers unterworfen, die sich auch auf zentrale Schulungen, eine einheitliche Betriebs- und Absatzorganisation sowie auf überregional durchgeführte Werbemaßnahmen erstrecken können.[416] Der Franchisegeber verfolgt in erster Linie seine eigenen Vertriebsinteressen beim Absatz bestimmter markenrechtlich gebundener Produkte, während der Franchisenehmer als örtlich oder regional berechtigter Lizenz- bzw. Konzessionsnehmer den eigentlichen Vertrieb wahrnimmt. Der Franchisegeber partizipiert durch Aufnahme-, Erfolgs- und Lizenzgebühren an den Geschäften des Franchisenehmers und ist zumeist auch unmittelbar an der Lieferung der zu vertreibenden Produkte beteiligt.[417] In Entsprechung zu denjenigen Grundsätzen, die zu den **Bezugsverpflichtungen** bei Gaststätten (Bierlieferungsverträge) entwickelt worden sind,[418] hat sich die Rechtsprechung wiederholt auch mit der Wirksamkeit von Bezugsverpflichtungen beim Franchising befasst.[419] Es finden sich nicht selten Knebelverträge, die oft den Betrieb von Gaststätten (Schnellrestaurants) zum Gegenstand haben. Die Rechtsprechung ist insoweit nicht einheitlich. Selbst die Kombination einer hundertprozentigen Bezugsbindung mit einer nicht vollständigen Weitergabe von Einkaufsvorteilen ist nach dem BGH[420] grundsätzlich keine unbillige Behinderung. Eine sittenwidrige Knebelung ist bei Franchiseverträgen insbesondere dann bejaht worden, wenn der Franchisenehmer praktisch vollkommen dem Willen des Franchisegebers unterworfen und faktisch zum Angestellten im eigenen Betrieb wird; außerdem wird auf einseitige Risikoverteilungen abgestellt.[421] Indiz dafür können Weisungs- und Zustimmungsrechte des Franchisegebers sowie deren Umfang sein. Ferner kann die **Kombination einseitig belastender Klauseln** im Vertragswerk, die einer Inhaltskontrolle nicht standhalten, den Franchisevertrag bei der gebotenen Gesamtschau als sittenwidrig oder unwirksam (§§ 138, 307 BGB) erscheinen lassen.[422] Ob eine vertragsimmanente **Konkurrenzschutzpflicht**[423] des Franchisegebers besteht, wird unterschiedlich beurteilt.[424] Voraussetzung für die Annahme einer immanenten Konkurrenzschutzpflichtverletzung soll die nachhaltige Gefährdung der wirtschaftlichen Existenz des Franchisenehmers durch die konkurrie-

[414] → § 74 Rn. 9 ff.; Giesler ZIP 2003, 1025.

[415] Zum Franchisevertrag vgl. Joachim NZM 2001, 163; Martinek ZIP 1986, 1440 und Martinek ZIP 1988, 1362; Emmerich JuS 1995, 760; Haager WiB 1996, 377; Wolf-Ungeheuer BB 1994, 1027; Schreiber JURA 2009, 115.

[416] Vgl. Joachim NZM 2001, 163; zum zulässigen Wettbewerb durch abtrünnige Franchisenehmer vgl. OLG Schleswig BeckRS 2014, 260066.

[417] Vgl. Joachim NZM 2001, 163.

[418] → Rn. 121 ff.

[419] Vgl. aus der jüngeren Rspr. OLG Düsseldorf BeckRS 2014, 260066; BGH GRUR 2009, 424; BGH NSW GWB § 20 – BGH intern; OLG Düsseldorf GRUR-RR 2008, 324; OLG Düsseldorf BeckRS 2007, 08367; OLG Brandenburg NJW-RR 2006, 51.

[420] NJW 2009, 1753; vgl. auch OLG Düsseldorf GRUR-RR 2009, 200.

[421] Vgl. etwa OLG Hamm NZG 2000, 1169, OLG München BB 2002, 2521.

[422] OLG Düsseldorf GWR 2010, 57.

[423] Dazu allgemein → Rn. 27 ff.

[424] Bejahend: OLG Celle BeckRS 2008, 21809; Liesegang, Die Konkurrenzschutzpflicht des Franchisegebers, BB 1999, 857; verneinend: Fritzemeyer BB 2000, 472.

rende Tätigkeit sein.[425] Der Franchisenehmer hat keinen **Ausgleichsanspruchs entsprechend § 89b HGB,** aber er kann für das handelsvertreterähnlich ausgestaltete Vertragsverhältnis eine der gesetzlichen Regelung des § 87b HGB entsprechende Vergütung vereinbaren.[426]

bb) Hotels. Beim Betrieb von Hotels hat sich der **Managementvertrag** (Betriebsführungsvertrag) als Geschäftsbesorgungsvertrag mit Dienstvertragselementen herausgebildet.[427] Als Manager führt der Hotelier oder eine Hotelkette den Hotelbetrieb für den Eigentümer der Hotels und nimmt dessen Vermögensinteressen wahr. Der Hoteleigner trägt danach weiterhin die wirtschaftlichen und unternehmerischen Risiken, wobei jedoch Garantiezusagen (seitens des Managements) und Erfolgsbeteiligungen (zugunsten des Managements) vereinbart werden können. Damit unterscheidet sich dieser Vertragstypus grundlegend von der Miete und Pacht, bei welcher der Mieter/Pächter die Ertragsrisiken übernimmt.[428] 137

Auch der Betrieb von Hotels kann im Rahmen eines **Franchisingvertrages** erfolgen,[429] wenn große und markteingeführte Hotelketten ihr Geschäftskonzept vermarkten.[430] Eine weitere Art der Vertragsgestaltung betrifft das sog. **risk-sharing,**[431] das dem Prinzip der **Umsatzmiete**[432] angenähert ist. Neben der Basispacht (dem jedenfalls zu entrichtenden Mindestpachtzins) ist vom Pächter zusätzlich eine Umsatz- oder Gewinnbeteiligung an den Verpächter zu entrichten. 138

2. Pachtvertrag über eine Gaststätte (Hotel) als Mischvertrag

Misch(miet)verträge regeln die Gebrauchsüberlassung von Räumen, die keinem einheitlichen Gebrauchszweck dienen, sondern vertragsgemäß **teilweise zu Wohnzwecken und teilweise zu gewerblichen Zwecken** genutzt werden. Dabei kann es sich sowohl um Mietverhältnisse als auch um Pachtverhältnisse handeln.[433] Sie sind zu unterscheiden von Mischverträgen, bei denen eine Kombination zwischen Mietvertrag und anderen schuldrechtlichen Vertragstypen vorliegt (zB Mietkauf),[434] und von gemischten Verträgen im Sinne von sog. Typenverschmelzungsverträgen.[435] 139

a) **Bestimmung des Vertragstyps.** Die Vermietung oder Verpachtung einer Gaststätte oder eines Hotels mit zugehöriger (Wirte-) Wohnung umschreibt einen typischen und praktisch häufigen Fall eines Mischmietvertrags. Ein Mischmietverhältnis ist begrifflich nur dann gegeben, wenn verschiedene Nutzungsarten in einem einheitlichen – nicht notwendig in einer Urkunde niedergelegten[436] – Vertragsverhältnis verabredet worden 140

[425] OLG Düsseldorf BeckRS 2012, 174; OLG Celle BeckRS 2008, 21809.

[426] Ebenroth/Boujong/Semmler HGB § 87b Rn. 46.

[427] BGH NJW 1982, 1817; Veelken, Der Betriebsführungsvertrag im deutschen und amerikanischen Aktien- und Konzernrecht, 1975, S. 29; Schlup Der Hotel-Managementvertrag S. 3 ff.; Joachim DZWiR 1992, 397 (455); Joachim NZM 2001, 163.

[428] → Rn. 47 ff.

[429] Vgl. Joachim NZM 2001, 163; Martinek ZIP 1986, 1440 und ZIP 1988, 1362; Emmerich JuS 1995, 760; Haager WiB 1996, 377; Wolf-Ungeheuer BB 1994, 1027.

[430] → § 44 Rn. 43.

[431] Vgl. Joachim NZM 2001, 163, auch zu weiteren Varianten der Pachtzinsgestaltung.

[432] → Rn. 67 ff.

[433] Zur Abgrenzung → Rn. 99 ff. und → § 74 Rn. 1 ff.

[434] Zum Mischvertrag über „Büronutzung inkl. eingerichteter Kommunikationsmittel" vgl. LG Hamburg Info M 2013, 128; zum Mietkauf vgl. OLG Frankfurt a. M. BeckRS 2010, 21930; zum Pferdeeinstellvertrag vgl. LG Krefeld BeckRS 2010, 20252.

[435] ZB Beherbergungsvertrag, vgl. im Einzelnen Grüneberg/Weidenkaff BGB Vor § 535 Rn. 36; zur Abgrenzung der Vertragstypen vgl. auch BeckFormB MietR/Borzutzki-Pasing A. V. 7 Anm. 1 mwN.

[436] Vgl. Borzutzki-Pasing jurisPR-MietR 7/2010 Anm. 5 zu OLG Brandenburg BeckRS 2010, 03474; siehe auch OLG Brandenburg BeckRS 2020, 5440 (2. Redaktioneller Leitsatz 2, Satz 1): „Auch wenn die Parteien getrennte Verträge über die Wohn- und Geschäftsräume geschlossen haben, kann der zu ermittelnde Parteiwille ergeben, dass ein einheitliches Vertragsverhältnis gewollt ist, dies zB dann, wenn die Parteien beide Vereinbarungen inhaltlich aufeinander abstimmen und als Einheit bezeichnen oder aber, wenn sie den Bestand des einen Vertrages von dem anderen abhängig machen.".

sind.[437] Nach der herrschenden **Übergewichtstheorie** kommt es für die Frage, ob ein Vertrag als Wohnraummietverhältnis oder als gewerbliches Vertragsverhältnis einzuordnen ist, maßgeblich darauf an, welcher Gebrauchs- und Vertragszweck nach dem übereinstimmenden Parteiwillen überwiegt.[438] Eine getrennte rechtliche Behandlung der unterschiedlichen Funktions- und Nutzungsbereiche (Wohnen einerseits und Gewerbeausübung andererseits) kommt grundsätzlich nicht in Betracht. Wichtig ist für alle Mischverträge, dass der BGH die zur Übergewichtstheorie geltenden Grundsätze einer modifizierten Beurteilung unterzogen hat. Er hält nicht mehr daran fest, dass das **Bestreiten des Lebensunterhalts** als vorrangiges Kriterium für das Vorliegen eines gewerblichen Nutzungsschwerpunkts heranzuziehen sei, weil ein allgemeiner Erfahrungssatz, dass bei einem Mischmietverhältnis die Schaffung einer Erwerbsgrundlage Vorrang vor der Wohnnutzung habe, nicht bestehe. Umgekehrt lasse sich auch kein Erfahrungssatz aufstellen, dass die Wohnungsnutzung im Allgemeinen Vorrang vor der Nutzung zu gewerblichen Zwecken habe. Es bedürfe vielmehr einer Einzelfallprüfung unter Berücksichtigung aller vertraglichen Aspekte. Wenn sich dabei ein Überwiegen der gewerblichen Nutzung nicht feststellen lasse, sei im Hinblick auf das Schutzbedürfnis des Mieters von der Geltung der Vorschriften der Wohnraummiete auszugehen.[439] Unter Berücksichtigung der neueren Rechtsprechung des BGH bedürfen frühere Entscheidungen zur Annahme eines gewerblichen Vertrags (als Mischmietvertrag) einer kritischen Würdigung, weil der Aspekt eines vorrangig gewerblichen Nutzungsschwerpunkts nunmehr durchgreifend in Frage steht.[440]

141 Seine spezielle Eigenart gewinnt der Mischvertrag bei Gaststätten und Hotels durch die räumliche und funktionale Unterscheidbarkeit von Wohn- und Gewerberäumen. Bei anderen Mischvertragskonstellationen fehlt es an solchen augenfälligen Unterscheidungsmöglichkeiten, etwa wenn eine vermietete Wohnung von einem Freiberufler (zB Rechtsanwalt, Architekt) teilweise zu gewerblichen Zwecken genutzt wird.

142 **b) Vertragliche Festlegung des Vertragszwecks.** Bei der Vertragsgestaltung sollte wegen der geänderten Rspr. zum (nicht mehr bestehenden) Vorrang gewerblicher Betätigung für die Bestimmung des Vertragstyps klargestellt werden, dass die Gebrauchsüberlassung insgesamt dem gewerblichen Gebrauchszweck unterstehen soll. Damit kann immerhin einer Vertragsauslegung vorgebeugt werden, wonach die teilweise Wohnraumnutzung der Pächterwohnung dem Vertrag das Gepräge eines Wohnraummietvertrags verleihen soll. Eine solche Kennzeichnung kann durch die ausdrückliche Bezeichnung als „Pachtvertrag" und „Pächterwohnung" sowie durch weitere Regelungen erfolgen, die das Vorliegen einer gewerblichen Einheit und die Geltung gewerblichen Miet- und Pachtrechts ausdrücklich klarstellen.

---

[437] RE BayObLG WuM 1991, 78; LG Mannheim WuM 1980, 134.

[438] BGH MDR 1986, 842; NJW 1977, 1394; MDR 1979, 395; OLG Düsseldorf NZM 2002, 739; OLG Hamm ZMR 1986, 11; OLG München ZMR 1995, 295; OLG Schleswig NJW 1983, 49 mwN; vgl. dazu eingehender → § 44 Rn. 21 ff. und → § 74 Rn. 18 ff.

[439] Zu Vorstehendem vgl. im Einzelnen BGHZ 202, 39 = NZM 2014, 626, unter Aufgabe von BGH NJW-RR 1986, 877; die Entscheidung des BGH ist zum Gegenstand einer lebhaften Diskussion geworden, vgl. etwa Leo/Assmann NZM 2015, 770; Grützmacher ZMR 2014, 953.

[440] Vgl. etwa OLG Hamm ZMR 1986, 11 – Vermietung/Verpachtung einer Gaststätte mit Wohnung; KG GE 188, 353; OLG Köln ZMR 2001, 963 – Vermietung einer Zahnarztpraxis mit Wohnung; BGH NJW-RR 1986, 877; KG MDR 2001, 24 – Vermietung einer Anwaltspraxis mit Wohnung; zum Gewerberaummietvertrag über Kanzleiräume mit dienstvertraglichen Elementen vgl. LG Hamburg ZMR 2013, 443; AG Berlin-Tiergarten GE 1990, 759 – Vermietung von Räumen zur Hälfte zum Betrieb einer Heilpraktikerpraxis, zur anderen Hälfte zum Wohnen; LG Frankfurt (Oder) GE 2007, 1385 – Vermietung von Räumen für Wohnzwecke und zum Betrieb einer Werkstatt sowie eines Kurierdienstes; OLG Köln BeckRS 2008, 20283 – Vermietung von Räumen zum Betrieb einer Münzhandlung nebst Wohnräumen; OLG Düsseldorf NZM 2002, 739 – Vermietung von Lagerräumen nebst nachträglich hergerichteten Wohnräumen.

Formulierungsvorschlag:

§ …… Pachtzweck, gewerbliche Einheit, Wohnraumnutzung, Konzession 143

(1) Die Verpachtung sämtlicher Räume erfolgt zum Betrieb

– Beispiel: einer Speisegaststätte nebst Biergarten –

(2) Gaststättenräume und Wohnräume beinhalten einschließlich aller Nebenräume eine gewerbliche Einheit, die den zur Gewerberaummiete und zur Pacht geltenden Rechtsgrundsätzen unterstehen soll.

(3) Die Nutzung der Wohnräume (Pächterwohnung) ist ausschließlich dem Pächter in den zeitlichen und inhaltlichen Grenzen dieses Vertrags gestattet. Eine gesonderte Untervermietung oder Zwischenvermietung der Pächterwohnung an Dritte ist dem Pächter ebenso wenig gestattet wie jede anderweitige Überlassung an vertragsfremde Personen. Eine Unterverpachtung der gesamten Pachtsache ist im Übrigen nur unter den in diesem Vertrag geregelten Voraussetzungen und nur unter Wahrung des gewerblichen Charakters des Pachtvertrags gestattet.

(4) Das vertragliche Gebrauchsrecht des Pächters erstreckt sich nur auf den durch ihn selbst als Konzessionsinhaber geführten Gaststättenbetrieb.[441]

Der Vermieter hat Veranlassung, einem von den vertraglichen Vorgaben abweichen- 144
den Gebrauch der Pachtsache vorzubeugen. Wenn der Mieter die Wirtewohnung ohne Erlaubnis des Vermieters anderen Personen zu Wohnzwecken überlässt, beinhaltet dies grundsätzlich einen vertragswidrigen Gebrauch im Sinne von § 543 Abs. 2 Nr. 2 BGB. Eigenmächtige Änderungen des vertraglich festgelegten Verwendungszwecks braucht der Verpächter nicht hinzunehmen.[442] Der bloße Mitgebrauch der Miet- oder Pachtsache durch Dritte beinhaltet dann keine Vertragswidrigkeit, wenn er sich im Rahmen des Vertragszwecks bewegt. Innerhalb vertraglicher Zweckbestimmung liegt eine gewerbliche Nutzung, wenn die Miet- oder Pachträume von Geschäftspartnern und Personal bzw. von Kunden und Lieferanten mitbenutzt werden. Auch wird es dem Mieter oder Pächter nach allgemeinen Grundsätzen (zur Wohnraummiete) nicht zu versagen sein, seinen **Ehegatten, Lebenspartner und seine Kinder** in die Wirtewohnung aufzunehmen, denn auch dies gehört grundsätzlich zum vertragsgemäßen Gebrauch. Abweichende vertragliche Regelungen würden durchgreifenden Bedenken aus § 138 BGB begegnen,[443] falls die Aufnahme von Familienmitgliedern nicht von vorneherein auf eine die Interessen des Verpächters erheblich tangierende Überbelegung hinauslaufen würde.

c) Vertragswidrige Nutzung der Pächterwohnung. Duldet es der Vermieter, dass der 145
Mieter/Pächter die zur Pachtsache gehörenden Wohnräume vertragsfremden Personen überlässt oder sie an solche weitervermietet, läuft er Gefahr, dass ihm eine konkludente Vertragsänderung entgegengehalten wird, der zufolge eine gewerbliche Weitervermietung iSv § 565 BGB Vertragsgegenstand geworden ist. Die einheitliche Beurteilung der Miet-/Pachtsache als gewerbliche Einheit stünde dann nachhaltig in Frage. Die Annahme einer solchen Vertragsänderung könnte dazu führen, dass der Vermieter/Verpächter gemäß § 565 BGB bei Beendigung des (Haupt-) Nutzungsverhältnisses in einen vom Pächter mit Dritten abgeschlossenen Wohnraum-Mietvertrag eintritt. Zwar muss der Pächter, der in Bezug auf die Wohnräume dann als Zwischenmieter fungiert, nach hM bei Abschluss des Endmietvertrages gewerblich handeln, dh mit Gewinnerzielungsabsicht tätig werden.[444] Dieses Kriterium wird bei einer ohnehin erfolgten gewerblichen Gebrauchsüberlassung aber schwerlich verneint werden können. Der Verpächter sähe sich im Ergebnis mit einem Mietvertrag konfrontiert, der von dem die Gaststätte

[441] Vgl. BeckFormB MietR/Borzutzki-Pasing A. V. 7 Mischmietvertrag (Anpachtung einer Gaststätte nebst Pächterwohnung) § 3.
[442] Vgl. Grüneberg/Weidenkaff BGB § 540 Rn. 4 ff. und zu § 541 Rn. 6.
[443] BayObLG WuM 1983, 309.
[444] BayObLG OLGR 1995, 62.

betreffenden Nutzungsverhältnis unabhängig ist und den Mieterschutzbedingungen für die Wohnraummiete unterliegt. Eine konkludente Vertragsänderung käme auch in Betracht, wenn der Verpächter es hinnimmt, dass der Pächter den Betrieb der Gaststätte aufgibt und das Pachtobjekt nur noch zu Wohnzwecken nutzt. Auch dann droht die **Umwandlung des gewerblichen Pachtvertrags in ein Wohnraummietverhältnis** mit der Folge, dass nunmehr die insoweit einschlägigen Mieterschutzvorschriften gelten.

146 d) **Unanwendbarkeit der Vorschriften zur Wohnraummiete.** Bei einem Mischvertrag, der sich nach der Übergewichtstheorie als gewerblicher Vertrag darstellt, sind die für die Wohnraummiete geltenden Miethöhebestimmungen nach §§ 557 ff. BGB nicht maßgeblich, und zwar auch nicht teilweise, soweit es etwa die Pächterwohnung bzw. die hierauf entfallende Nutzfläche angeht. Die Vertragsparteien unterliegen weder in Bezug auf die anfängliche Miet-/Pachthöhe noch in Bezug auf die Vereinbarungen zur Erhöhung oder Anpassung des Entgelts während der Vertragszeit den einschlägigen Vorschriften zur Wohnraummiete. Von daher besteht grundsätzlich keine Notwendigkeit für vertragliche Regelungen, die zwischen den unterschiedlichen Nutzungsflächen differenzieren. Auch die Kriterien, nach denen sich die eventuelle Sittenwidrigkeit der Pachthöhe bestimmt,[445] sind nach den für gewerbliche Objekte geltenden Grundsätzen zu bestimmen. Für den Wohnbereich wird in diesem Rahmen allenfalls eine (Teil-) Wertveranschlagung nach der ortsüblichen Miete in Betracht kommen, wenn vergleichbare Gesamtobjekte (dh Gaststätten mit Wirtewohnung) nicht oder in nicht aussagekräftiger Anzahl vorhanden sind. Auch die **Mietminderung bei einem Mischmietverhältnis** rechtfertigt keine Aufspaltung nach anteiligen Mietpreisen für die Wohn- und Gewerberaumflächen. Es ist einheitlich zu ermitteln, welche Minderung sich für die gewerbliche Gesamtmiete etwa aus der Vorenthaltung der Wirtewohnung ergibt. Kritisch ist daher eine Entscheidung des OLG Brandenburg[446] zu sehen, mit welcher der Mietanteil für die Wohnräume nach Maßgabe der ortsüblichen Miete herausgerechnet wurde. Die anteilige Wohnraumfläche stellt nur einen Aspekt der Mietpreisveranschlagung dar, der zB gegenüber den ggf. unbeeinträchtigten gewerblichen Nutzungsaspekten ganz nachrangig sein kann.[447] Gerade seit der Rechtsprechungsänderung des BGH[448] zur Einordnung von Mischmietverhältnissen sollte nicht mehr auf eine reine abstrakte Flächenbewertung abgestellt werden.

147 e) **Besonderheiten bei der Umsatzsteuer.**[449] Wenn der Verpächter eines vom Pächter teilweise unternehmerisch, teilweise zu eigenen Wohnzwecken genutzten Gaststätten- oder Hotelobjekts auf die Steuerbefreiung der Pachtumsätze verzichtet, so bezieht sich die Option von vornherein nur auf die unternehmerisch genutzten Gebäudeteile.[450] Daher ist im Fall einer gemischten Nutzung eines Gebäudes eine **Aufteilung der Leistung** vorzunehmen.[451] Die Vermietungsleistung bezieht sich nur insoweit auf das Unternehmen des Pächters, als dieser die empfangene Leistung für sein Unternehmen nutzt. Diese Beurteilung leitet sich aus dem Merkmal des **§ 9 Abs. 1 UStG** „für dessen Unternehmen" ab. In gleicher Weise zu differenzieren ist daher auch in Bezug auf die vom Verpächter im Wege des Vorsteuerabzugs geltend gemachten USt-Anteile aus denjenigen Kosten, die für die Errichtung bzw. Instandhaltung und Instandsetzung des Objekts anfallen. Die zivilrechtliche Qualifizierung eines zum Betrieb einer Rechtsanwaltskanz-

[445] Zur Gaststättenpacht → Rn. 133 ff.

[446] OLG Brandenburg BeckRS 2010, 3474; Borzutzki-Pasing jurisPR-MietR 7/2010 Anm. 5; zur einzelfallbezogenen Minderungsberechnung vgl. auch Franke ZMR 1996, 297.

[447] Etwa wenn die Wohnräume nur zum zeitweiligen Aufenthalt gedacht sind.

[448] BGH BeckRS 2014, 15372.

[449] Zur Umsatzsteuer bei der Gewerberaummiete/Pacht vgl. im allgemeineren Zusammenhang BeckFormB MietR/Borzutzki-Pasing A. VII. 4 Anm. 1 ff.

[450] BFH BFH/NV 1996, 648; BStBl. II 1996, 459; BFHE 149, 78; 154, 252; Herrlein NZM 2005, 648.

[451] Siehe hierzu Formulierungsbeispiele bei Fritz/Geldmacher/Leo GewerberaumMietR/Leo § 14 Rn. 65 oder BeckFormB MietR/Borzutzki-Pasing A. V. 7 Mischmietvertrag (Anpachtung einer Gaststätte nebst Pächterwohnung) § 7.

lei abgeschlossenen Mietvertrages über gewerblich genutzte Räume und Wohnräume als einheitliches Mietverhältnis über Geschäftsräume berechtigt den Vermieter nicht, auch für die zu Wohnzwecken genutzten Räume zur Umsatzsteuer zu optieren, weil es insoweit an einer Leistung des Vermieters für das Unternehmen des Mieters fehlt.[452]

Die Differenzierung zwischen unternehmerischen und wohnungsbezogenen Anteilen kann Schwierigkeiten bereiten. Nach der Rechtsprechung des BFH[453] ist dann, wenn ein Gebäude teilweise zur Ausführung steuerpflichtiger Vermietungsumsätze (Gewerbeflächen) und teilweise zur Ausführung steuerfreier Vermietungsumsätze (Wohnungen) verwendet wird, gemäß § 15 Abs. 4 UStG derjenige Teil der Vorsteuerbeträge nicht abziehbar, der den zum Ausschluss vom Vorsteuerabzug führenden Wohnungsvermietungsumsätzen wirtschaftlich zuzurechnen ist. Die Vorsteueraufteilungsvorschrift des § 15 Abs. 4 UStG ist auch bei unterschiedlicher Verwendung einzelner Gebäudeteile anwendbar. Die Zuordnung eines gemischt genutzten Gebäudes zu einem Unternehmen erfordert eine durch objektive Beweisanzeichen gestützte Zuordnungsentscheidung, die bei der Anschaffung oder Herstellung zu treffen und zeitnah zu dokumentieren ist.[454] Wenn der Unternehmer einen Aufwand nur zum Teil zur Ausführung von Umsätzen verwendet, die den Vorsteuerabzug ausschließen, ist nach § 15 Abs. 4 S. 1 UStG derjenige Teil der jeweiligen Vorsteuerbeträge nicht abziehbar, der den zum Ausschluss vom Vorsteuerabzug führenden Umsätzen wirtschaftlich zuzurechnen ist. Der Unternehmer kann die nicht abziehbaren Teilbeträge im Wege einer sachgerechten **Schätzung** ermitteln.[455] Es ist Sache des Unternehmers, welche Schätzungsmethode er wählt.[456] **Selbst bei unternehmerischer Betätigung des Mieters können Differenzierungen erforderlich werden.** Ein wirksamer Verzicht auf die Steuerbefreiung scheidet aus, wenn die vermieteten Räume etwa an Ärzte (§ 4 Nr. 14 UStG) oder Banken (§ 4 Nr. 8 UStG) zur Erzielung **steuerfreier** und damit vorsteuerabzugsschädlicher Umsätze verwendet werden.[457] 148

3. Mietvertrag über eine Arztpraxis

a) **Vertragszweck.** Im Mietvertrag sollte der vertraglich vorausgesetzte Gebrauchszweck unbedingt konkretisiert werden. Der Nutzung von Räumen als Arztpraxis sind spezifische Gebrauchsaspekte zu Eigen, deren Vertragsgemäßheit bei Gewerberäumen nicht ohne Weiteres vorausgesetzt werden kann. Durch den Patientenstrom entstehen Unruhe und Verschmutzungen im Mietobjekt. Die Parkplatzsituation kann sich – mit der Folge behördlicher Stellplatzauflagen[458] – verschärfen. Arztpraxen sind bevorzugte Einbruchsobjekte. Außerdem kann der Betrieb einer Arztpraxis umfängliche Umbauten erforderlich machen, die ohne Zustimmung des Vermieters grds. nicht vorgenommen werden dürfen.[459] Die zusätzliche Klarstellung, in welcher **fachlichen Ausrichtung** der anmietende Arzt konkret praktizieren will, ist jedenfalls dann geboten, wenn im Mietobjekt mehrere Ärzte vorhanden sind oder dies für die Zukunft zu erwarten oder nicht auszuschließen ist. Die Festlegung, für welchen (fach-) ärztlichen Bereich die Mietsache genutzt werden soll, dient dann der Eingrenzung etwaiger **Konkurrenzschutzpflichten,** denn auch im Rahmen freiberuflicher Tätigkeit können für den Vermieter – vertragsimmanente – Konkurrenzschutzpflichten zu beachten sein.[460] 149

---

[452] OLG Celle IMR 2016, 413.
[453] BFHE 254, 461; BFH BStBl. II 1998, 525 = DStR 2000, 1033.
[454] BFH BFH/NV 2013, 266.
[455] Bunjes/Heidner UStG § 15 Rn. 372.
[456] Zum Flächenverhältnis vgl. BFHE 254, 461; vgl. ferner BFH BStBl. II 1998, 525 = DStR 2000, 1033.
[457] Vgl. etwa FG Nürnberg BeckRS 2012, 96121.
[458] OLG Frankfurt a. M. BeckRS 2011, 25395; VG Göttingen BeckRS 2009, 32923.
[459] Vgl. dazu im größeren Zusammenhang → § 54 Rn. 208 ff.; vgl. ferner OLG Brandenburg NJOZ 2015, 445; OLG Brandenburg BeckRS 2010, 31098.
[460] Zum Konkurrenzschutz bei Freiberuflern vgl. bereits → Rn. 91 ff.; zum Konkurrenzschutz bei Ärzten → Rn. 166 ff.

150 Von besonderer Bedeutung war der Vertragszweck früher auch dann, wenn sich **Arztpraxen in gemischt genutzten Objekten** befanden. Zur **Zweckentfremdung von Wohnraum** bestanden in Umsetzung der Ermächtigungsnorm aus Art. 6 § 1 MietRVerbG landesrechtliche Vorschriften, die einer Umwandlung von Wohnraum in gewerblich genutzte Objekte vorbeugen sollten. Danach musste zur Vermeidung öffentlich-rechtlicher Sanktionen Klarheit darüber bestehen, ob die Vermietung zu gewerblichen Zwecken eine Zweckentfremdung bewirkte. Nach Aufhebung der bundesrechtlichen Regelungen sind auch die landesrechtlichen Ermächtigungsnormen zT in Wegfall geraten,[461] weshalb nunmehr von einer näheren Behandlung dieser Problematik abgesehen wird. Fortbestehende landesrechtliche Verordnungen sind aber im Einzelfall zu beachten.[462]

151 Von der Zweckentfremdung im öffentlich-rechtlichen Sinne zu unterscheiden ist die Frage, ob eine **gemischte Nutzung** zu gewerblichen Zwecken und zu Wohnzwecken sich im Rahmen des Vertragszwecks bewegt.[463] Eine Mischnutzung kommt bei der Vermietung an Ärzte wohl nur ausnahmsweise – etwa bei Therapeuten aus dem psychologischen oder psychiatrischen Bereich – in Betracht, wenn die Mieträume keine besondere technische Ausstattung erfordern und der Kreis der Patienten überschaubar ist. Grundsätzlich ist im Wege der Vertragsauslegung zu ermitteln, ob eine Anmietung zum Zwecke einer gemischten Nutzung als Praxis und Wohnraum erfolgt ist.[464] Der Vermieter hat allerdings ein naheliegendes Interesse daran, eine gemischte Nutzung und insbesondere eine alleinige Wohnraumnutzung von Gewerberäumen auszuschließen, etwa um der Annahme einer **konkludenten Vertragsänderung** auf Fortsetzung des Mietverhältnisses als Wohnraummietverhältnis vorzubeugen. Duldet der Vermieter den Wohngebrauch, kann dies dazu führen, dass sich der gewerbliche Mietvertrag im Wege – konkludenter – Vertragsänderung in einen Wohnraummietvertrag umwandelt, mit der Folge, dass der Vermieter nunmehr an die vielfältigen Reglementierungen zur Wohnraummiete, insbesondere auch der Mietpreisregelungen und Kündigungsschutzvorschriften, gebunden ist.

152 Dem auf die Nutzung als Arztpraxis abzielenden Vertragszweck können auch **Nutzungsbeschränkungen im Rahmen von Teileigentum** entgegenstehen. Sofern zweifelhaft ist, ob eine Teilungserklärung eine Zweckbestimmung mit dem Charakter einer Nutzungsbeschränkung innehat, ist eine Auslegung nach den Maßstäben der Auslegung von Grundbucheintragungen durchzuführen.[465] Die Zweckbestimmung kann zwar durch eine Vereinbarung der Teileigentümer abgeändert werden oder eine Anpassung der Zweckbestimmung nach § 10 Abs. 2 WEG bei Vorliegen der entsprechenden Voraussetzung erreicht werden[466], aber auch hier ist dem anwaltlichen Berater dringend anzuraten eventuelle Nutzungsbeschränkungen im Vorfeld abzuklären. Weiter ist zu beachten, wenn einem Eigentümer ein Sondernutzungsrecht eingeräumt wurde, bein-

[461] Vgl. etwa OVG Berlin NZM 2002, 830.

[462] Zur (wirksamen) formularmäßigen Abwälzung der nach der Zweckentfremdungsverbot-Verordnung zu zahlenden Ausgleichsabgabe auf den Gewerbemieter (Arzt) vgl. KG NJW-RR 1996, 1224; weitere Beispiele finden sich bei Wiek WuM 2013, 271; das OVG Berlin-Brandenburg hat mit BeckRS 2017, 106491, dem BVerfG die Frage zur Entscheidung vorgelegt, ob § 1 Abs. 1, Abs. 2 S. 1 und Abs. 3, § 2 Abs. 1 Nr. 1 und 2, Abs. 2 Nr. 1 und 2 des Gesetzes über das Verbot der Zweckentfremdung von Wohnraum (Zweckentfremdungsverbot-Gesetz – ZwVbG) vom 29.11.2013 mit dem Grundgesetz vereinbar ist.

[463] → Rn. 94 ff. und → § 44 Rn. 21 ff.; zur vertragswidrigen Nutzung einer Arztpraxis zu Wohnzwecken vgl. OLG Celle ZMR 2018, 499.

[464] OLG Hamburg ZMR 1995, 120.

[465] SWK-WEG-R/Ruge Teileigentum Rn. 5 mit dem Verweis auf BGH NJW 2018, 41.

[466] SWK-WEG-R/Ruge Teileigentum Rn. 13,14 mit folgendem Hinweis: „Wendet sich die Gemeinschaft mit einer Unterlassungsklage gegen die zweckwidrige Nutzung einer Einheit, kann der in diesem Prozess beklagte Eigentümer einen Anspruch auf Änderung der Zweckbestimmung (§ 10 Abs. 2 WEG) nicht im Wege der Einrede geltend machen; er muss vielmehr zunächst die Durchsetzung seines Anspruches bis zur Rechtskraft erwirken und darf erst danach mit der ehemals zweckwidrigen Nutzung beginnen." unter Verweis auf BGH NJW-RR 2018, 1227.

haltet dies nicht zugleich die Gestattung baulicher Veränderungen, wie sie auch bei der Einrichtung von Arztpraxen nicht selten erforderlich werden.[467] Solche Maßnahmen bedürfen grundsätzlich besonderer Ermächtigung.

Formulierungsvorschlag:

§ ...... Mietzweck 153

(1) Die Vermietung erfolgt zum Betrieb einer Arztpraxis mit der Fachrichtung

– Beispiel: internistische Praxis mit Akupunktur und Naturheilkunde –

(2) Eine von Ziff. (1) abweichende Nutzung der Mieträume ist dem Mieter nur mit vorheriger Zustimmung des Vermieters gestattet. Die Nutzung der Mieträume zu Wohnzwecken ist nicht gestattet.

b) Ausstattung der Arztpraxis. Die technische Ausrüstung von Arztpraxen und ande- 154
ren gewerblich genutzten Mietobjekten ist einem raschen Wandel unterworfen. Der Mieter kann von daher ein naheliegendes Interesse haben, dass die Mietsache nach dem aktuellen Stand der Technik genutzt werden kann. Die Bereitstellungs- und Erhaltungspflicht des Vermieters ist im Rahmen des § 535 Abs. 1 BGB auf Gewährleistung des „vertragsgemäßen Gebrauchs" gerichtet. Ist ein bestimmter Gebrauchszweck vorgegeben, definiert dieser im Zweifel auch den Umfang der vom Vermieter zu beachtenden Herstellungs- und Erhaltungspflichten.

Bei der Anmietung einer Arztpraxis kann es je nach **medizinisch fachlicher Aus-** 155
richtung zu ganz unterschiedlichen Bedürfnissen und Wünschen des Mieters betreffend die **technische Ausstattung** der Mieträume kommen. Die Praxis eines Heilpraktikers, Allgemeinmediziners oder Hautarztes wird ggf. noch ohne umfängliche technische Apparaturen auskommen. Die fachgerechte Einrichtung ist dann meist ohne erhebliche Substanzeingriffe möglich. Bei anderen Fachärzten (zB Radiologen, Chirurgen oder Praxen mit angegliederten Behandlungseinrichtungen) kann ein ganz erheblicher Installationsaufwand mit weitreichenden baulichen Eingriffen erforderlich werden. Um die wechselseitigen Herstellungs- und Erhaltungspflichten voneinander abzugrenzen, bedarf es im Zweifel einer möglichst dezidierten Beschreibung, welche Vertragspartei welche Leistungen zu erbringen hat.[468] Wenn der Mieter empfindliche Spezialgeräte einsetzt, können etwaige Beschädigungen (durch Strom- und Temperaturschwankungen, Luftverunreinigung, Wasserverschmutzung) umfängliche Ersatzansprüche auslösen.[469] Dies veranlasst aus Mieter- und Vermietersicht eine klare Abgrenzung, für welchen Zustand der Vermieter gewährleistungspflichtig sein soll.

Zur Durchführung bestimmter Leistungen wird oft nur der Vermieter in der Lage sein. 156
Dies wird insbesondere dann der Fall sein, wenn Maßnahmen auszuführen sind, die außerhalb der anzumietenden Räumlichkeiten anfallen und ggf. die Duldung oder Mitwirkung anderer Mieter erforderlich machen. Der Mieter hat dann idR keine Handhabe, sich gegenüber anderen Mietern auf vertragliche Duldungs- und Mitwirkungspflichten zu berufen. Der Vermieter hat bei der Übernahme besonderer Bereitstellungs- und Herstellungspflichten zu beachten, dass er für den damit zugesagten Zustand auch vertraglich einzustehen hat und im Rahmen der Sachmängelhaftung (§§ 536 ff. BGB) gewährleistungspflichtig ist. Verpflichtet er sich zur Schaffung eines

[467] OLG Köln OLGR 2002, 161.

[468] Zur unmöglichen Herstellung des Mietobjekts aus Gründen des Denkmalschutzes vgl. BGH NZM 1999, 124; zum Streit über Ausbauverpflichtungen des Vermieters vgl. LG Rostock BeckRS 2009, 43; zu nicht angezeigten Einbauten durch den Mieter vgl. OLG Düsseldorf DWW 2007, 20; zu Verwendungsersatzansprüchen des Mieters einer Arztpraxis vgl. LG Rostock ZMR 2004, 916.

[469] Zur Beschädigung von Behandlungsgeräten einer Zahnarztpraxis durch rostverschmutztes Wasser vgl. OLG Karlsruhe ZMR 1991, 378; zur Vertragsgestaltung bei einer Arztpraxis vgl. Reinke PFB 2009, 167.

tatsächlich nicht herstellbaren Zustands, kann er sich schadensersatzpflichtig machen.[470] Das gilt nicht nur für den Fall schuldhaft herbeigeführter Unmöglichkeit, sondern auch bei Eingehung einer Verpflichtung trotz Voraussehbarkeit des Leistungshindernisses.[471] So begründet ein erheblicher Legionellenbefall des Trinkwassers in einer angemieteten Zahnarztpraxis einen erheblichen Mangel der Mietsache.[472]

157 Mieträume, die zuvor nicht als Arztpraxis genutzt wurden, werden nahezu regelmäßig **umfänglichere Umbauten** erforderlich machen. Größere Räume werden oft in kleinere Umkleidekabinen und Behandlungsräume unterteilt. Der Betrieb hochtechnischer Apparaturen kann ebenfalls bauliche Vorkehrungen sowie Änderungen bei (Strom-) Versorgungseinrichtungen erforderlich machen.[473] Treffen die Mietvertragsparteien Vereinbarungen zu an einer Arztpraxis vorzunehmenden Um- und Ausbauarbeiten und dazu, wer diese vorzunehmen und wer die Kosten zu tragen hat, so liegt die Annahme nicht fern, dass diesen Abreden **vertragswesentliche Bedeutung** zukommt. Von daher ist für solche Vereinbarung die Wahrung der **Schriftform** (§ 550 BGB) wichtig.[474] Wenn ein geplanter Umbau etwa wegen entgegenstehender öffentlich-rechtlicher Bestimmungen oder dem Eingreifen der Denkmalschutzbehörde nicht möglich ist, bleibt der Vermieter im Grundsatz zur Leistung (dh zur Bereitstellung von zur Nutzung als Arztpraxis geeigneten Räumen) verpflichtet. Die gegenseitigen Ansprüche der Vertragsparteien richten sich in solchen der Gebrauchsüberlassung vorgelagerten Fällen nicht nach dem mietrechtlichen Gewährleistungsrecht, sondern nach den allgemeinen Regeln des Schuldrechts über Leistungsstörungen, dh nach den Bestimmungen der §§ 280 ff. BGB. Der Mieter kann **Schadensersatz wegen Nichterfüllung** verlangen, ohne gezwungen zu sein, zunächst auf Leistung zu klagen, um anschließend einen Schadensersatzanspruch geltend machen zu können.[475] Selbst wenn der Vermieter keine besondere Einstandspflicht dafür übernommen hat, dass die Räume in der vereinbarten Weise umgebaut werden können, hat er die Unmöglichkeit des Mietgebrauchs zu vertreten, wenn er sich uneingeschränkt zur Leistung verpflichtet hat, obwohl er das Leistungshindernis schon bei Vertragsschluss bei Anwendung der erforderlichen Sorgfalt hätte erkennen können und müssen.[476] Wenn der Mieter dem Gebrauchszweck dienliche Einrichtungen schaffen will, deren Verwirklichung nicht unmittelbar vom Zustand der Mieträume abhängt, kann und sollte der Vermieter dies aus seinem Leistungs- und Haftungsrahmen herausnehmen. Er kann dem Mieter gestatten, solche Einrichtungen auf eigene Kosten selbst vorzunehmen. Auch dies bedarf einer klaren vertraglichen Regelung, um die mietvertraglichen Bereitstellungspflichten des Vermieters (§ 535 Abs. 1 BGB)[477] von den Leistungen abzugrenzen, die der Mieter im Rahmen des zulässigen Mietgebrauch selbst vornimmt. Wenn der Vermieter selbst Ausbauverpflichtungen übernimmt, muss er beweisen, dass er die Arbeiten nicht im Rahmen seiner allgemeinen Gebrauchsüberlassungspflicht geschuldet hat, sondern dass mit dem Mieter kostenpflichtige Zusatzleistungen vereinbart wurden.[478] Jedenfalls sollte bei allen geplanten substanziellen Eingriffen vor Vertragsschluss geklärt werden, ob der Durchführung Hindernisse entgegenstehen. Beim beabsichtigten Betrieb einer Spezialpraxis mit besonders aufwändigen, schweren oder gefährlichen Gerätschaften sollten die baulichen und technischen Möglichkeiten für die Herrichtung des Objekts unbedingt vorab geklärt sein, um den

[470] Vgl. BGH NJW 1999, 635 zu Umbauten für eine Arztpraxis, die an denkmalschutzrechtlichen Auflagen scheiterten.

[471] BGH NZM 1999, 124.

[472] LG Stuttgart ZMR 2015, 720.

[473] Zu Verzögerungsschäden beim Umbau einer Zahnarztpraxis vgl. BGH NJW-RR 1992, 202.

[474] BGH NZM 2016, 98; bedenklich daher, soweit das OLG Stuttgart mit BeckRS 2015, 20964, angenommen hat, dass Vereinbarungen zum umfänglichen Umbau nicht der Schriftform bedürften.

[475] BGH NZM 1999, 124 mwN.

[476] BGH NZM 1999, 124; MDR 1960, 304 jeweils mwN.

[477] Zu dem vom Vermieter zu gewährleistenden Standard für die Stromversorgung einer Arztpraxis vgl. BGH NJW-RR 2006, 1158.

[478] LG Rostock ZMR 2009, 43.

sonst drohenden Auseinandersetzungen über die Unmöglichkeit der Überlassung in dem als vertragsgemäß vorausgesetzten Zustand vorzubeugen.[479] Bei Umbauten zu speziellen Praxiszwecken kann es einer Baugenehmigung,[480] einer strahlenschutzrechtlichen Genehmigung[481] und der Einschaltung von Sonderfachleuten (Architekten, Ingenieuren) für bestimmte bauliche Eingriffe bedürfen. Haben die Mietvertragsparteien die durch Um- und Ausbau herzustellende Beschaffenheit der Mieträume gesondert vereinbart, aber keine Vereinbarung getroffen, barrierefreie oder stufenlose Räume herzustellen, kann der Mieter eine außerordentliche Kündigung des Vertrages nicht auf die fehlende Barrierefreiheit stützen.[482]

Eine Arztpraxis kann die Herstellung besonderer **Sicherungsmaßnahmen** erforderlich 158 machen, um insbesondere Einbruchsgefahren vorzubeugen. Grundsätzlich kann eine vom Vermieter zu verantwortende und ggf. zur Kündigung berechtigende Beeinträchtigung des Mietgebrauchs dadurch begründet sein, dass es mehrfach zu Einbruchsdiebstählen kommt.[483] Der Betrieb einer Arztpraxis schafft indessen spezifische, aus dem Mietgebrauch mündende Risiken, denn solche Räumlichkeiten sind bevorzugte Einbruchsobjekte für Drogenabhängige. Hinsichtlich solcher Risiken bewirkt es keine unangemessene Benachteiligung des Mieters, wenn der Mieter zu besonderen Schutzvorkehrungen herangezogen wird. Da von einer Arztpraxis mit ggf. regem Publikumsverkehr eine erhebliche Verschmutzung der Gemeinschaftsflächen ausgehen kann, kommt schon aus Gründen der Verkehrssicherung die Regelung einer erhöhten Reinigungspflicht des Mieters in Betracht. Die allgemeine **Verkehrssicherungspflicht** für den Zustand und für den Zugang zu einem Gebäude verbleibt aber grundsätzlich beim Vermieter. Nach der Rechtsprechung kann der Mieter neben dem Vermieter verkehrssicherungspflichtig für solche Bereiche sein, die er voll beherrscht.[484]

Formulierungsvorschlag 1[485]:

§ …… Übergabe und Ausstattung der Mieträume, Herstellungspflichten des Vermieters 159

(1) Die Mieträume sind vom Vermieter in einem für den Mietzweck geeigneten Zustand zu übergeben. Die Parteien sind sich darüber einig, dass die Mieträume für die Benutzung als Arztpraxis allein nach Maßgabe dieses Vertrags herzurichten sind. Weitergehende Herstellungs-, Erhaltungs- und Renovierungspflichten sind zwischen den Vertragsparteien nicht vereinbart worden. Soweit mit dem beabsichtigten Praxisbetrieb künftig erhöhte Anforderungen insbesondere in Bezug auf die Beschaffenheit der baulichen Anlagen, der technischen Anschlüsse und der Versorgung mit Wasser und Energie einhergehen sollten, übernimmt der Vermieter keine Gewähr für die Erfüllung solcher Anforderungen. Der Mieter wird insoweit darauf verwiesen, die Mieträume vorbehaltlich der nach diesem Vertrag erforderlichen Zustimmung seinerseits entsprechend auszustatten. Hierzu enthalten §§ … und … nähere Bestimmungen

(2) Der Vermieter hat auf seine Kosten folgende Arbeiten durchzuführen:

– Beispiele –

1. die Herstellung einer Ruf- und Türöffnungsanlage, die ein Öffnen der Haustür von der Praxis aus ermöglicht.
2. die Herstellung eines schmiedeeisernen Fenstergitters am straßenwärts gelegenen Fenster.
3. die Herstellung eines Abstellplatzes für Fahrräder und Kinderwagen im Bereich.
4. ……

[479] BGH NJW 1999, 635.

[480] Zur Arztpraxis als „Störfaktor" im nachbarlichen Umfeld vgl. VG Augsburg BeckRS 2012, 58071.

[481] BVerwG NJW 1991, 1557; OVG Lüneburg BeckRS 1998, 22829.

[482] OLG Brandenburg GE 2015, 590.

[483] Vgl. OLG Naumburg NZM 1998, 438; aA bei vorbehaltloser Fortentrichtung der Miete: KG NZM 1998, 437.

[484] OLG Köln NJW-RR 1990, 224 mwN; zur Berechtigung, die Haustür zu einer Arztpraxis offen zu lassen, vgl. LG Itzehoe BeckRS 2010, 05120.

[485] BeckFormB MietR/Borzutzki-Pasing A. V. 4 Mietvertrag über eine Arztpraxis § 7.

160 Der Vermieter einer Arztpraxis wird in der Regel kein Interesse daran haben, solche Herstellungs- und Erhaltungspflichten zu übernehmen, die allein durch den speziellen Mietgebrauch des anmietenden Arztes veranlasst sind. Zumeist wird der Vermieter auch über keine eigene Entscheidungskompetenz verfügen, welche Einrichtungen der Arzt als Mieter benötigt. Da eine Pflichtenabwälzung auf den Mieter restriktiv auszulegen ist,[486] bedarf es hinsichtlich derjenigen Herstellungs- und Erhaltungspflichten, die der Vermieter auf den Mieter abwälzen will, ausdrücklicher und eindeutiger vertraglicher Vereinbarungen. Soweit durch den Mietgebrauch veranlasste oder im Risikobereich des Mieters liegende Maßnahmen in Rede stehen, bestehen keine grundsätzlichen Bedenken gegen eine formularmäßige Pflichtenabwälzung auf den Mieter. Eine vollständige formularmäßige Abwälzung der Pflichten aus § 535 Abs. 1 BGB auf den Mieter findet im Zweifel da ihre Angemessenheitsgrenzen, wo die Pflichtenabwälzung zugunsten des Vermieters zum Übergang der Sachgefahr auf den Mieter führt und diesen mit einem nicht mehr absehbaren Kostenrisiko belastet.[487] Als wesentlicher Orientierungspunkt für den Kernbereich der nicht abwälzbaren Vermieterpflichten kann die Erhaltung der Grundsubstanz („Dach und Fach") dienen.[488] Eine zulässige Pflichtenabwälzung auf den Mieter kommt umso eher in Betracht, je mehr die betreffenden Teile der Mietsache örtlich und funktional dem unmittelbaren Mietgebrauch unterfallen und der Abnutzung, dem Verschleiß oder einer durch den Mietgebrauch beschleunigten Alterung unterliegen.[489]

Formulierungsvorschlag 2:

161 **§ ...... Besondere Herstellungs- und Nutzungsbefugnisse des Mieters**

(1) Der Mieter ist berechtigt, in den Mieträumen auf eigene Kosten und für eigene Rechnung folgende Maßnahmen durchzuführen:

– Beispiele –

1. Der Mieter darf in den Räumen ...... Trockenbauzwischenwände zwecks Schaffung mehrerer Untersuchungs- und Behandlungseinheiten ziehen.
2. Der Mieter darf in den Räumen ...... zusätzliche Warm- und Kaltwasseranschlüsse installieren.
3. ......[490]

(2) Soweit der Mieter im Rahmen des vertraglichen Mietgebrauchs die Installation weiterer Anschlüsse und technischer Einrichtungen, insbesondere für Apparaturen der medizinischen Diagnostik und Therapie, für Telekommunikation, Energieversorgung, Datenverarbeitung sowie für Luft- und Klimatechnik wünscht, hat er auch die dafür erforderlichen Vorkehrungen in eigenem Namen und für eigene Rechnung zu treffen. Soweit solche Installationen und Einrichtungen bauliche Eingriffe und Veränderungen erforderlich machen, ist der Mieter hierzu nur mit Zustimmung des Vermieters berechtigt.

(3) Die nach Ziff. (1) gestatteten und ggf. nachträglich genehmigten Einrichtungen sind vom Mieter auf eigene Kosten und für eigene Rechnung fachgerecht herzustellen, zu erhalten, zu sichern, zu warten und instand zu halten. Der Mieter stellt den Vermieter von jeglicher Inanspruchnahme frei, die im Zusammenhang mit den bezeichneten Einrichtungen und den vorstehend aufgeführten Mieterpflichten steht.

162 **c) Übernahme von Einrichtungen durch den Mieter (Praxiskauf).** Wenn der Vermieter die Räume zuvor selbst als Arzt genutzt hat oder der frühere Mieter Arzt war, kann die Anmietung einer Arztpraxis mit der Übernahme oder dem Erwerb von Gegenständen

[486] BGH WuM 1992, 355.
[487] OLG Naumburg NJW-RR 2000, 823 mwN.
[488] Zu den Grenzen der Pflichtenabwälzung in großzügigerer Handhabung vgl. Stopenhorst NZM 2007, 17; vgl. auch Gather ZAP Fach 4, 1319.
[489] Vgl. Borzutzki-Pasing NZM 2004, 161 mwN.
[490] Siehe hierzu weitere Beispiele bei BeckFormB MietR/Borzutzki-Pasing A. V. 4 Mietvertrag über eine Arztpraxis § 8 (1).

der Praxiseinrichtung einhergehen.[491] Wenn der Mietzins sowohl den Gebrauch der eigentlichen Mieträume als auch die Nutzung spezieller Einrichtungen und Gerätschaften für die Ausübung des ärztlichen Berufs abdeckt, handelt es sich im Zweifel um einen **Pachtvertrag.** Bei den zusätzlich zum Gebrauch überlassenen Sachen handelt es sich dann um **Inventar.**[492]

Wenn die Entrichtung des vertraglichen Entgelts zugleich die Nutzung der Mieträume und die Tilgung des **Kaufpreises für Einrichtungen und Gerätschaften** abdecken soll, kann eine solche vertragliche Regelung **Darlehenscharakter** haben. Insoweit sind die Vorschriften der §§ 488–490 BGB einschlägig, werden aber zumeist durch die pacht- und mietvertraglichen Sonderregelungen überlagert. 163

Die Überlassung von Arztpraxen erfolgt oft auch im Rahmen eines **Praxisverkaufs,** bei dem der Vermieter (als früherer Betreiber der Arztpraxis) oder der frühere Mieter die Arztpraxis als solche veräußert.[493] Wenn der Vermieter seine früher selbst betriebene Praxis verkauft, aber Vermieter der Räumlichkeiten bleibt, bezieht sich das Veräußerungsgeschäft auf das Inventar.[494] Gegenstand der Veräußerung kann aber auch das gesamte Unternehmen einschließlich der Übernahme von Personal und der betrieblichen Organisation sein. Dann kann im rechtlichen Sinne ein **Unternehmenskauf** vorliegen, der vielfältige und komplexe Rechtsprobleme aufwerfen kann, die den mietrechtlichen Bezug verlassen und sich hier einer näheren Darstellung entziehen.[495] Zu beachten ist jedenfalls, dass die Rechtsprechung dann von der **Nichtigkeit von Praxiskaufverträgen im Sinne von § 134 BGB, § 203 StGB** ausgegangen ist, wenn der Vertrag den Veräußerer auch ohne Einwilligung der betreffenden Patienten oder Mandanten (bei Rechtsanwalts- oder Steuerberaterkanzleien) verpflichtet hat, dem Erwerber die Patienten- und Beratungskartei zu übergeben.[496] Dasselbe gilt, wenn ein Abtretungsvertrag hinsichtlich ärztlicher Honorarforderungen an eine Verrechnungsstelle vorsieht, dass der Arzt seine gegenwärtigen und zukünftigen Forderungen unterschiedslos und ohne Einwilligung des Patienten abtritt[497] oder wenn dem Übernehmer (einer Steuerberaterpraxis) alle vorhandenen Akten über die noch laufenden und bereits abgeschlossenen Aufträge nach Übergabe der Praxis zur Verfügung gestellt werden sollen.[498] 164

Vom Praxis(ver)kauf wird aber auch gesprochen, wenn ein Arzt als (früherer) Mieter seine Praxis einem anderen Arzt als Nach- oder Ersatzmieter[499] überlässt. Zugunsten des Mieters reichen solche Vereinbarungen am weitesten, die ihm einen **Praxisverkauf** mit der Maßgabe ermöglichen, dass der Vermieter den Praxiserwerber zu denselben (oder in bestimmter Weise anders festzulegenden) Konditionen als Nachmieter akzeptieren muss. In solchen Fällen kann sich der Vermieter schadensersatzpflichtig machen, wenn er sich weigert, einen Mietvertrag mit dem Erwerber zu schließen.[500] Der Mieter kann sich mit einer solchen Vertragsgestaltung nicht nur einen Ausgleich für die von ihm 165

---

[491] Zur Übernahme bei gewerblichen Betrieben und Einrichtungen vgl. im größeren Zusammenhang → § 54 Rn. 235 ff.: vgl. ferner Drasdo NJW-Spezial 2017, 545; Lewejohann/Morton/Offermanns/Stein/Wagner, Kauf und Bewertung einer Arztpraxis, 2015; Kirschner/Wigge, Arzt und Praxisabgabe, 2014.

[492] → Rn. 107 ff. und → § 76 Rn. 1 ff.; zur Übernahme von Arztpraxen vgl. Ehlers, Fortführung von Arztpraxen.

[493] Zum Praxisverkauf im Rahmen einer gesellschaftsrechtlichen Verbindung vgl. OLG Hamm BeckRS 2011, 25503.

[494] → Rn. 165.

[495] Zum Kauf einer Arztpraxis als Unternehmenskauf vgl. BGH NJW 1989, 763; zum Unternehmenskauf vgl. im Überblick: Triebel/Hölzle BB 2002, 521; Wunderlich WM 2002, 981; Eidenmüller ZGS 2002, 290; zu den Hinweis- und Aufklärungspflichten des Veräußerers vgl. BGH NJW 2002, 1042; zu Haftungsklauseln vgl. Gronstedt/Jörgens ZIP 2002, 53; vgl. ferner die Nachweise bei Grüneberg/Weidenkaff BGB § 453 Rn. 7; zur Haftungsübernahme gem. § 25 Abs. 1 HGB vgl. BGH BeckRS 2014, 6122.

[496] Vgl. BGH NJW 1992, 737; KG Stbg 1999, 175; Medizinrecht 1996, 220; zur Entziehung der ärztlichen Zulassung vgl. BayLSozG BeckRS 2009, 56029.

[497] BGH NJW 1996, 2087 = VersR 1997, 321.

[498] OLG Köln Medizinrecht 1996, 369.

[499] → Rn. 170 ff.; Ehlers (Hrsg.), Fortführung von Arztpraxen.

[500] LG Berlin GuT 1992, 1099.

getätigten Investitionen und die dem nachfolgenden Mieter überlassenen Gerätschaften, sondern auch für den von ihm erwirtschafteten „good will" sichern. Die Vereinbarungen zwischen Alt- und Neumieter können ebenfalls einen Unternehmenskauf zum Gegenstand haben.[501] Auf einen so weit reichenden Kontrahierungszwang zum Abschluss eines Mietvertrags mit einem Praxiserwerber wird sich ein Vermieter aber nur in Ausnahmefällen einlassen.

166 d) **Konkurrenzschutz.** Ob der freiberuflich tätige Arzt **vertraglichen Konkurrenzschutz** genießt, hängt vom Inhalt der hierzu getroffenen Vereinbarungen ab. Insoweit bestehen keine grundlegenden Unterschiede zum Konkurrenzschutz bei anderen Gewerbetreibenden.[502] Es ist jeweils durch Auslegung des zugrunde liegenden Vertrags zu ermitteln, wie weit der ausdrücklich zugesagte Konkurrenzschutz reicht. Die Verletzung der in einem Gewerberaummietvertrag vereinbarten Konkurrenzschutzklausel durch den Vermieter stellt nunmehr auch nach der Rechtsprechung des BGH einen **Sachmangel** der Mietsache gemäß § 536 Abs. 1 S. 1 BGB dar, der zur Minderung der Miete führen kann.[503]

167 Auch bei Ärzten wie insgesamt bei Freiberuflern hat nunmehr als anerkannt zu gelten, dass der Vermieter unter dem Gesichtspunkt **vertragsimmanenten Konkurrenzschutzes** grundsätzlich verpflichtet ist, den Mieter selbst ohne ausdrückliche vertragliche Vereinbarungen vor Konkurrenz im selben Objekt zu schützen.[504] Zur Begründung des vertragsimmanenten Konkurrenzschutzes für eine Arztpraxis hat der Bundesgerichtshof auf die Bedeutung des Umfelds für den Ertrag einer Arztpraxis abgestellt und ausgeführt, dass insbesondere dann, wenn eine Konkurrenz im Zeitpunkt des Abschlusses des Mietvertrages im Haus oder in der Nachbarschaft noch nicht bestanden habe, die Annahme nahe liege, dass der bereits niedergelassene Arzt durch die Eröffnung einer Praxis im selben Hause erheblich beeinträchtigt werde. Deshalb gehöre es zum vertragsgemäßen Gebrauch der Mietsache, dass dem ersten Mieter auch ohne ausdrückliche vertragliche Regelung der Schutz vor Konkurrenz gewährt werde.[505] Bei der Vermietung an mehrere Ärzte können sich wegen der häufigen **Überschneidungen zwischen den medizinisch ärztlichen Fachbereichen** Abgrenzungsprobleme in Bezug auf die Reichweite des immanenten Konkurrenzschutzes ergeben.[506] Insoweit kollidieren unterschiedliche Interessenbereiche. Einerseits ist eine gewisse Konkurrenznähe zumal in Ärztezentren durchaus verkehrsüblich und vom einzelnen Mieter idR auch erwünscht. Ärzte suchen durchaus die Nähe zu Kollegen anderer Fachbereiche, weil sich gerade aus den unterschiedlichen fachlichen Zuständigkeiten Chancen für eine Erweiterung des eigenen Betätigungsfelds aufgrund höherer Patientenfrequenz und der Möglichkeit von Patientenüberweisungen durch benachbarte Ärzte ergeben können. Praxisgemeinschaften und Arztzentren legen es gezielt auf die Abdeckung eines möglichst breiten Fachspektrums an. Andererseits läuft der einzelne Mieter Gefahr, dass sich sein eigener Patientenstamm bei zu starken oder zu häufigen Zuständigkeitsüberschneidungen reduziert. In diesem Rahmen wird (entsprechend den Grundsätzen zum „Hauptartikel" beim Konkurrenzschutz von Ladenmietern)[507] darauf abzustellen sein, dass der Vermieter nicht an einen Arzt derselben **Fachdisziplin mit demselben Schwerpunkt** vermieten darf.[508]

---

[501] → Rn. 164.

[502] → Rn. 19 ff.; vgl. ferner OLG Dresden BeckRS 2010, 18243; zum Konkurrenzschutz bei einer Physiotherapiepraxis vgl. OLG Brandenburg GesR 2007, 540, nebst Anm. von Fritz jurisPR-MietR 24/2007 Anm. 5; vgl. auch Eisenschmid jurisPR-MietR 8/2012 Anm. 3; Oprée/Reinhard NZM 2013, 16; Reinke PFB 2009, 167; zum Konkurrenzschutz bei Teil-/Sondereigentum vgl. OLG Brandenburg NZM 2010, 43; Leo/Ghassemi-Tabar NZM 2009, 263.

[503] Vgl. grundlegend BGH NZM 2013, 52; Bieber jurisPR-MietR 1/2013 Anm. 3.

[504] BGH NZM 2013, 52; NJW 1979, 1404; BGHZ 70, 79 = NJW 1978, 585; OLG Köln OLGR 2005, 390; OLG Düsseldorf ZMR 2007, 267; Joachim BB Beilage 6 zu Heft 19/1986, 9; Fritz Rn. 77.

[505] BGH NZM 2013, 52; BGHZ 70, 79 = NJW 1978, 585.

[506] BGH NZM 2013, 52.

[507] → Rn. 19 ff.

[508] BGH NZM 2013, 52, allerdings zu einem Fall mit ausdrücklich vereinbartem Konkurrenzschutz.

Beim Konkurrenzschutz zugunsten von Ärzten geht es vor diesem Hintergrund wesentlich darum, den **geschützten Kernbereich** der fachlichen Ausrichtung des jeweiligen Mieters festzulegen.[509] Sichere Abgrenzungskriterien bestehen insoweit nicht. Der BGH[510] hat zugunsten eines Facharztes für Orthopädie (Prävention, Erkennung und Behandlung von angeborenen und erworbenen Formveränderungen und Funktionsstörungen, Erkrankungen, Verletzungen und Verletzungsfolgen der Stütz- und Bewegungsorgane und die Rehabilitation) Konkurrenzschutz bejaht, wenn an weitere Ärzte mit der Fachdisziplin Chirurgie/Unfallchirurgie und für Chirurgie mit der Schwerpunktbezeichnung Unfallchirurgie als Schwerpunktpraxis für Arthroskopie und Gelenkchirurgie nebst operativer und nicht operativer Behandlungen an den Stütz- und Bewegungsorganen vermietet wird. Das OLG Hamm[511] hat eine Konkurrenzsituation sogar zwischen einer Facharztpraxis für Chirurgie und Orthopädie und einer Praxis für Mund-, Kiefer- und Gesichtschirurgie angenommen. Das OLG Dresden[512] hat eine Konkurrenzschutzverletzung angenommen bei einer Arztpraxis für die Fachdisziplin Orthopädie, der durch die Gemeinschaftspraxis Konkurrenz gemacht wurde, die auch finanziell besonders lukrative Knie-Operationen ausführt. Das OLG Koblenz[513] hat zugunsten des Betreibers einer Arztpraxis einen Unterlassungsanspruch angenommen, soweit andere Räume an den Betreiber einer Dialysepraxis vermietet wurden und ärztliche Tätigkeiten in Rede stehen, die über die Dialysetätigkeit und Notfallhilfe hinausgehen. Für die Vertragsgestaltung wird es wesentlich darauf ankommen, ob der Mieter einer Arztpraxis in erster Linie möglichst ungestört von anderen Wettbewerbern agieren will. Dann sollte er sich dies – soweit möglich – ausdrücklich ausbedingen. Insbesondere Allgemeinmediziner (praktische Ärzte, Internisten, aber auch Heilpraktiker uÄ) werden sich untereinander eher als Konkurrenten ansehen, während ausgemachte Spezialisten, wie etwa Zahnärzte oder Augenärzte, den „Generalisten" grundsätzlich keine Wettbewerbsnachteile verschaffen. Das KG[514] hat die Gewährung von Konkurrenzschutz für den Bereich „Praktischer Arzt speziell hausärztlicher Internist" dahingehend ausgelegt, dass sich der Konkurrenzschutz sowohl auf die Tätigkeit „praktischer Arzt" als auch „hausärztlicher Internist" beziehen soll und dass in diesem Rahmen die Vermietung an einen anderen Arzt mit der Ausrichtung Chinesische Heilkunde konkurrenzschutzverletzend sei, und zwar auch in Ansehung des Umstands, dass die Vermietungen in einem sog. Gesundheitszentrum erfolgten. 168

Formulierungsvorschlag[515]:

§ …… Konkurrenzschutz 169

(1)

Der Vermieter gewährt dem Mieter Konkurrenzschutz, soweit es den Betrieb einer Arztpraxis für

– Beispiel –

Hals-, Nasen- und Ohrenheilkunde

anbetrifft. (2) Der dem Mieter gewährte Konkurrenzschutz erstreckt sich nicht auf den Betrieb von Arztpraxen mit anderer fachärztlicher Ausrichtung bzw. von Praxen mit allgemeinmedizinischer, heilpraktischer oder homöopathischer Ausrichtung.

(3) Der Mieter hat im Übrigen keinen Anspruch auf die Erhaltung oder Erreichung eines bestimmten Mieterbestands.

---

[509] OLG Düsseldorf NZM 2007, 357.

[510] BGH NZM 2013, 52.

[511] NJW-RR 1991, 1483; dagegen ein Konkurrenzverhältnis zwischen einer chirurgischen Praxis und einer orthopädischen Praxis verneinend: KG GE 2013, 1513 zum Konkurrenzschutz bei unterschiedlichen zahnärztlichen Fachrichtungen vgl. OLG Frankfurt a. M. NZM 2018, 567.

[512] OLG Dresden BeckRS 2016, 19566.

[513] BGH NJW-RR 1996, 460.

[514] KG BeckRS 2005, 6789.

[515] BeckFormB MietR/Borzutzki-Pasing A. V. 4 Mietvertrag über eine Arztpraxis, dort § 10; siehe auch die Alternativregelung unter Anm. 13 für den Fall einer von vorneherein vorhandenen oder beabsichtigten Ansiedlung weiterer Arztpraxen.

170 e) **Nachmieter/Ersatzmieter.** Der Vermieter einer Arztpraxis hat oft ein starkes Interesse daran, dass die Anmietung gerade durch einen Arzt zum Betrieb einer Arztpraxis erfolgt. In Arztzentren liegt das Bestreben, eine homogene Mieterstruktur zu erhalten, auf der Hand. Das Interesse, nur an Ärzte vermieten zu wollen, kann sich aber auch aus anderen wirtschaftlichen Beweggründen ergeben, etwa wenn ein Apotheker Mietobjekte in unmittelbarer Nachbarschaft zu seinem Apothekenbetrieb vermietet. Die vertragliche Ausgestaltung einer dem Mieter einzuräumenden Möglichkeit, die Praxis anderen (Ärzten) zu überlassen, hängt davon ab, ob der Vermieter gerade den (Alt-) Mieter an sich binden und einen Mieterwechsel verhindern will oder ob er vorrangig an einer möglichst lückenlosen und ggf. gleichgelagerten Auslastung der Mietsache als Arztpraxis interessiert ist. Außerdem kann dem Vermieter für den Fall eines Mieterwechsels daran gelegen sein, den Vertragszweck neu festzulegen und nicht an einen Arzt zu vermieten.

171 Ohne besondere Absprachen ist der Vermieter nicht verpflichtet, sich im Falle eines vorzeitigen Auszugs des Mieters wegen Betriebsaufgabe um einen **Nachmieter** (Ersatzmieter) zu bemühen. Begehrt der Mieter, dem gem. § 537 Abs. 1 BGB das Verwendungsrisiko der Mietsache zugewiesen ist, wegen besonderer Umstände des Einzelfalls mit Rücksicht auf Treu und Glauben die vorzeitige Entlassung aus einem längerfristigen Mietverhältnis gegen Stellung eines Nachmieters, obliegt es allein ihm, einen geeigneten Ersatzmieter zu suchen, den Vermieter über dessen Person aufzuklären und ihm sämtliche Informationen zu geben, die dieser benötigt, um sich ein hinreichendes Bild über die persönliche Zuverlässigkeit und wirtschaftliche Leistungsfähigkeit des Nachmieters machen zu können.[516] Der Mieter kann sich nach Treu und Glauben nicht auf eine vertragliche Regelung berufen, dass er bei Stellen eines Ersatzmieters aus dem Mietverhältnis zu entlassen sei, wenn er sich in einem Mietrückstand befindet, der den Vermieter zur fristlosen Kündigung berechtigt.[517] Der Vermieter braucht einen vom Mieter vorgeschlagenen Ersatzmieter nicht zu akzeptieren, wenn nicht besondere Umstände des Einzelfalls nach Treu und Glauben (§ 242 BGB) etwas anderes gebieten.[518] Allerdings kann sich dies nur auf wenige Ausnahmefälle beschränken, weil der Mieter das Ertragsrisiko im Rahmen des Mietverhältnisses trägt und es für die Pflicht des Vermieters, einen Ersatzmieter akzeptieren zu müssen, nicht ausreicht, wenn sich nur das wirtschaftliche Risiko des Mieters verwirklicht.[519] Ein solcher Ausnahmefall wird nicht schon dadurch begründet, dass eine Geschäftsaufgabe aus wirtschaftlichen Gründen unvermeidbar ist.[520] Der vorzeitig ausziehende Mieter wird selbst dann nicht automatisch aus seiner Haftung entlassen, wenn der Vermieter eine Neuvermietung vornimmt.[521] Die Auslegung des Parteiverhaltens kann aber ergeben, dass sich der Vermieter trotz Fehlens einer diesbezüglichen Verpflichtung damit einverstanden erklärt hat, dass der neue Mietvertrag an die Stelle des alten tritt und der ursprüngliche Mieter somit aus dem Vertrag entlassen wird.[522] Allein die gegenüber dem auszugswilligen Mieter geäußerte Bereitschaft des Vermieters, vom Mieter vorgeschlagene Mietinteressenten als Mietnachfolger in Betracht zu ziehen, hat in der Regel nicht die Bindungswirkung einer vertraglich vereinbarten Ersatzmieterklausel.[523] Aus Sicht eines Arztes als Mieter kann dagegen ein besonderes Interesse daran bestehen, Nach- oder Ersatzmieter stellen zu dürfen, denn der für die Einrichtung von Arztpraxen erforderliche Investitionsaufwand ist oft sehr hoch. Im Falle einer persönlichen Verhinderung an der Führung der angemieteten Praxis (etwa infolge von Krankheit, beruflicher Umorientierung oder

[516] BGH NZM 2015, 890.
[517] KG ZMR 2016, 939.
[518] BGH NZM 2003, 277; OLG Hamburg ZMR 2016, 369; OLG Rostock MDR 2010, 1045; zu diskriminierenden Ersatzmieterbedingungen des Vermieters vgl. LG Brückeburg 6.11.2013 – 1 S 38/13.
[519] OLG Rostock MDR 2010, 1045 mwN.
[520] OLG Düsseldorf OLGR 1992, 100.
[521] OLG Düsseldorf OLGR 1998, 46.
[522] OLG Düsseldorf OLGR 1998, 46; LG Gießen ZMR 1987, 471.
[523] OLG Hamburg OLGR 1997, 135.

Umzug) drohen zumal für den Berufsanfänger existenzgefährdende Vermögenseinbußen, wenn die Investitionen nicht einer werterhaltenden Weiternutzung zugeführt werden können.

Der BGH[524] hat den vollständigen **Ausschluss einer Ersatzmietergestellung** auch im Bereich der Geschäftsraummiete für nicht möglich gehalten. Reglementierungen, welche die Gestellung eines Ersatzmieters von bestimmten Voraussetzungen in der Person des Mieters (etwa seiner Berufsunfähigkeit)[525] oder des Ersatzmieters abhängig machen (zB Bonität, fachliche Eignung) sind dagegen möglich. Insbesondere derjenige Vermieter, der an der Vermietung an einen Arzt interessiert ist, kann sich mit einer solchen Vertragsgestaltung eine kontinuierliche wirtschaftliche Verwertung der Mietsache unter Aufrechterhaltung des Mietzwecks sichern. Der Mieter kann durch die Möglichkeit der Einflussnahme auf die Auswahl des nachfolgenden Mieters seine Interessen wahren und auf eine Inventarübernahme hinwirken. 172

Zu unterscheiden ist sodann zwischen einer echten und einer unechten Nachmieterklausel.[526] Nach Urteil des LG Dresden[527] ist eine echte Nachmieterklausel gegeben, wenn der Vermieter an den vom Mieter benannten Nachfolger gebunden sein soll, wohingegen eine unechte Nachmieterklausel vorliegt, wenn dem Mieter lediglich das Recht zum vorzeitigen Ausscheiden aus dem Vertrag bei Stellung eines Ersatzmieters zustehen soll, ohne Vermieterverpflichtung dahingehend, mit dem Nachfolger einen Mietvertrag abzuschließen.[528]

Die **Vertragsfortsetzung mit einem Ersatzmieter** findet vertragsrechtlich in zwei Schritten und unter drei Beteiligten statt, entweder durch die Beendigung des Mietverhältnisses mit dem ursprünglichen Mieter und den Abschluss eines neuen Mietvertrags mit dem Ersatzmieter oder durch zweiseitigen Vertrag der Mieter, dem der Vermieter zustimmt.[529] Fraglich ist die Wirksamkeit einer formularmäßigen Bestimmung, mit welcher der Vermieter die Stellung eines Ersatzmieters davon abhängig macht, dass der Mieter für die gegen den Ersatzmieter entstehenden Forderungen zu bürgen hat, bis der Ursprungsvertrag nach den hierin getroffenen Regelungen infolge ordentlicher Kündigung oder Zeitablauf endigt.[530] Eine Ersatzmieterklausel kann vorsehen, dass der Vermieter sich auf eine Ersatzmietergestellung nur dann einlassen muss, wenn der Ersatzmieter für eine bestimmte Mindestvertragsdauer abschlussbereit ist. Dadurch kann vermieden werden, dass der Vermieter sich auf kurzfristige Übergangslösungen einlassen muss. Bei nur kurzer Restlaufzeit ist dem ursprünglichen Mieter aber im Zweifel ein Festhalten am Vertrag zumutbar. Anstelle der Festschreibung der alten Vertragsbedingungen können die Parteien auch bestimmte Modifizierungen für den Nachfolgevertrag vereinbaren. Das wird insbesondere dann in Betracht kommen, wenn der Altvertrag Regelungen enthält, die sich speziell aus der Beteiligung des originären Mieters erklären und mit dessen Ausscheiden obsolet werden. 173

[524] NJW-RR 1992, 1032.
[525] BGH WuM 1984, 54.
[526] Auch Ersatzmieterklausel genannt.
[527] LG Dresden BeckRS 2020, 37770.
[528] Siehe ein Formulierungsbeispiel für Nachmieter/Ersatzmieterklausel in BeckFormB MietR/Borzutzki-Pasing A. V. 4 Mietvertrag über eine Arztpraxis § 21.
[529] BGH MDR 205, 618; OLG Düsseldorf ZfIR 2012, 141, beide vorgenannten Entscheidungen verhalten sich auch zur Wahrung der Schriftform aus § 550 BGB; OLG Düsseldorf ZMR 2008, 122.
[530] Die Wirksamkeit verneint: OLG Düsseldorf NJW-RR 1994, 1025.

8. Abschnitt. Haftung und Gewährleistung

§ 57 Haftung und Gewährleistung

Übersicht

Schrifttum:

Derleder, Die rechtlichen Voraussetzungen der Einstellung von Versorgungsleistungen an den Mieter wegen Leistungsstörungen im Verhältnis von Vermieter und Versorgungsträger, NZM 2000, 1098; Eisele, Der vorzeitige unentgeltliche Einzug des Mieters in die Wohnung, WuM 1997, 533; Emmerich, Die Verwendungen des Mieters, NZM 1998, 49; Franke, Die vertragsmäßige Abnutzung der Mietsache, DWW 2004, 172; ders., Die fristlose Kündigung durch den Mieter, ZMR 1999, 83; Gather, Die Schadensersatzansprüche des Vermieters, DWW 1990, 322; Gerber, Rechtsfolgen vorbehaltloser Mietzahlung in Kenntnis des Mangels, NZM 2003, 825; Herrlein, Versorgungssperre im Mietrecht: Possessorischer Besitzschutz als Legitimation offensichtlich rechtsmissbräuchlichen Mieterverhaltens?, NZM 2006, 527; Scholz, Versorgungssperre bei vermietetem Sondereigentum, NZM 2008, 387; Sonnenschein, Die Entwicklung des privaten Wohnraummietrechts 1989 bis 1996 (Teil 2) – Pflichten des Mieters und Beendigung des Mietverhältnisses, NJW 1998, 2180; Streyl, Das Einstellen der Versorgungsleistungen durch den Vermieter, WuM 2006, 234; Tröster, Das Spannungsverhältnis zwischen mietrechtlicher Gewährleistung und allgemeinem Leistungsstörungsrecht, NZM 1998, 697; Wall, Vorschläge zur Novellierung der Heizkostenverordnung, WuM 2007, 417.

I. Mieterhaftung

Der Mieter ist neben den gesetzlichen und den von der Rechtsprechung entwickelten Haftungstatbeständen weiteren Pflichten und Haftungen ausgesetzt, die sich aus zusätzlichen bzw. von der gesetzlichen Regelung abweichenden **vertraglichen Vereinbarungen** ergeben können. Eine optimale Mandatsbetreuung sowohl aus Vermieter- als auch aus Mietersicht setzt voraus, dass der Anwalt bereits bei Annahme des Mandates den Sachverhalt genau analysiert und rechtlich zutreffend einordnet, um mit Erfolg eine Haftung des Mieters herzuleiten oder aber eine Inanspruchnahme durch den Vermieter abwehren zu können. Hierbei sind entsprechend der Chronologie eines Mietvertragsverhältnisses folgende Haftungsmöglichkeiten zu unterscheiden: 1

1. Haftung aus Verschulden bei Vertragsverhandlungen

Auch schon im Vorfeld eines Vertragsschlusses bestehen zwischen den Parteien Pflichten, deren schuldhafte Verletzung zu einem Schadenersatzanspruch führen kann. Die Haftung aus cic ist mit der Schuldrechtsreform gesetzlich normiert worden durch 2

§§ 280 Abs. 1 iVm 311 Abs. 2, 241 Abs. 2 BGB. Eine Haftung des Mieters aus Verschulden bei Vertragsverhandlungen kann bei folgenden Fallgruppen in Betracht kommen:

3 **a) Haftung wegen grundlosen Abbruchs der Vertragsverhandlungen.** Grundsätzlich hat jeder Verhandlungspartner das Recht, von einem Vertragsabschluss Abstand zu nehmen, ohne sich hierdurch gegenüber dem anderen schadenersatzpflichtig zu machen.[1] In der Regel zeigen die Parteien ihren Bindungswillen erst durch den Abschluss des Vertrages. Dies gilt auch und vor allem im Bereich der Vermietung von Wohnraum, werden doch in den allermeisten Fällen schriftliche Mietverträge geschlossen, auch wenn nach § 550 BGB die Schriftform nicht zwingend vorgeschrieben ist.

4 Deshalb sind **Ansprüche des Vermieters nur ausnahmsweise** denkbar, wenn:

- der Vertragsschluss nach dem Verhandlungsstand als sicher anzusehen war, dh der Vermieter auf Grund des Verhaltens des Mieters darauf **vertrauen** konnte und durfte, es werde mit Sicherheit zum Abschluss des Mietvertrages kommen,
- der Vermieter im Hinblick hierauf **Aufwendungen** zur Durchführung des Vertrages vor dessen Abschluss gemacht hat
- und der Mieter den Vertragsschluss **ohne triftigen Grund** ablehnt.[2]

5 Nach der Entscheidung des BGH vom 13.10.2017[3] soll eine Schadenersatzpflicht sogar nur dann in Betracht kommen, wenn das Verhalten des in Anspruch Genommenen sich als **besonders schwerwiegender Treuverstoß** darstellt. Dies sei in der Regel nur eine **vorsätzliche Treupflichtverletzung,** zB das Vorspiegeln tatsächlich nicht vorhandener Abschlussbereitschaft. Diese Wertung lässt sich ohne weiteres auf die typischen Fäll der Geschäftsraummiete übertragen:

6 Bedarf der Mietvertrag nach §§ 550, 578 Abs. 2 S. 1 BGB der gesetzlichen Schriftform oder haben die Verhandlungspartner durch ihr Verhalten dokumentiert, dass sie unbedingt nur einen schriftlichen Vertrag abschließen wollen, müssen sie grundsätzlich davon ausgehen, dass es **vor Unterzeichnung** des Mietvertrages **kein Vertrauen** in den Mietvertragsabschluss geben kann.[4] Daraus folgt für die absolute Mehrzahl der Fälle der Geschäftsraummiete: Verhandeln die Vertragsparteien über einen Mietvertrag, der länger als ein Jahr laufen soll (§§ 550, 578 Abs. 2 S. 1 BGB) oder wollen sie den Mietvertrag schriftlich abschließen, kommt eine Haftung wegen Abbruchs der Vertragsverhandlungen grundsätzlich nur bei vorsätzlich pflichtwidrigem Verhalten in Betracht.[5]

Praxistipp:

Unter Berücksichtigung der BGH-Rechtsprechung kommt eine Haftung des Mietinteressenten wegen grundlosen Abbruchs der Vertragsverhandlungen nur ganz ausnahmsweise in Betracht.

7 **b) Haftung wegen Verletzung von Aufklärungspflichten.** Seitens des Mieters können schon während der Vertragsverhandlungen **Aufklärungs- bzw. Offenbarungspflichten** bestehen, wenn ihm Umstände bekannt sind, die den Vertragszweck gefährden und wesentlichen Einfluss auf die Entscheidung des Vermieters haben können. Solche Umstände sind vom Mieter **ungefragt** zu offenbaren, wenn der Vermieter nach Treu und Glauben Aufklärung erwarten darf. Entscheidend für die Bejahung solcher Pflichten ist das objektive Interesse des Vermieters an der Kenntnis der Umstände. Je weniger die Umstände die berechtigten Hauptinteressen des Vermieters, insbesondere das Inte-

[1] BGH MDR 2018, 205; AG Besigheim NZM 2005, 302.
[2] BGH MDR 2018, 205; Schmidt-Futterer/Fervers BGB Vor § 535 Rn. 47 ff.
[3] BGH MDR 2018, 205 Rn. 6.
[4] Lindner-Figura/Oprée/Stellmann Geschäftsraummiete-HdB/Stellmann § 4 Rn. 32.
[5] Bub/Treier MietR-HdB/Drettmann Kap. II. Rn. 387.

resse an sicheren Mietzinseinnahmen, beeinflussen, desto eher ist eine Aufklärungspflicht zu verneinen.[6]

Ist eine vorvertragliche Aufklärungspflicht zu bejahen, und wird die Pflicht vom Mieter schuldhaft verletzt, führt dies gemäß §§ 311 Abs. 2, 241 Abs. 2, 280 Abs. 1 BGB zur Haftung und zum Schadenersatz wegen Verschuldens bei Vertragsschluss.[7] 8

Praxistipp:

Der Mieter ist zur ungefragten Offenbarung von bestimmten Umständen in der Regel nur verpflichtet, wenn objektive und berechtigte Hauptinteressen des Vermieters an der Kenntnis der Umstände berührt sind.

c) **Haftung wegen unrichtiger Angaben.** In aller Regel verlangt der Vermieter vom Mieter, dass ihm dieser zu bestimmten Fragen **Selbstauskünfte** erteilt. Häufig geschieht dies in Form von Fragebögen. Soweit der Vermieter den Mietinteressenten zu bestimmten Umständen ausdrücklich befragt, gibt er hiermit zu erkennen, dass es ihm auf die Antworten für den Vertragsabschluss ankommt. Damit der Vermieter sich gegebenenfalls hierauf berufen kann, empfiehlt es sich allerdings, die nachgefragten Umstände als Vereinbarung im schriftlichen Mietvertrag aufzunehmen.[8] 9

Die Fragen muss der Mieter jedenfalls dann wahrheitsgemäß beantworten, wenn: 10

- die nachgefragten Umstände bei **objektiver Würdigung** der Umstände für den Abschluss des Vertrages **wesentlich** sind
- und die Umstände vom Vermieter erfragt werden **durften.**[9]

Beispielsweise muss der Vermieter auf entsprechende Frage wahrheitsgemäß Auskunft geben über bisher in den fraglichen Räumen erzielten Umsätze oder Erträge früherer Mieter.[10]

Unzulässige Fragen braucht der Mieter jedoch nicht zu beantworten. Die insoweit maßgebliche Schranke liegt im Recht des Befragten auf „informationelle Selbstbestimmung" (Art. 2 Abs. 1, Art. 1 Abs. 1 GG). Dieser Themenkreis spielt bei der Geschäftsraummiete keine nennenswerte Rolle.[11] Fragen allerdings nach dem früheren Mietverhältnis, Grund des Wechsels, Mitgliedschaft im Mieterverein.[12], sowie Statusfragen zur Person des Mieters (Alter, Beruf, Staatsangehörigkeit, Konfessions- oder Parteizugehörigkeit, Vorstrafen usw) können unzulässig sein, jedenfalls wenn sie ohne schützenswertes Interesse des Vermieters gestellt werden. 11

Zulässige Fragen sind wahrheitsgemäß zu beantworten. Anderenfalls ergibt sich vor der Überlassung des Mietobjekts das Recht zur Anfechtung, nach seiner Überlassung das Recht zur fristlosen Kündigung des Vermieters ggf. neben dem Recht zur Anfechtung.[13] Zulässig darf gefragt werden nach Beruf, Einkommensverhältnissen, Bonität (zB frühere Mietschulden oder vorangegangene Insolvenzverfahren und Pfändungen in den letzten fünf Jahren). Ein Mietinteressent muss Fragen in der Mieterselbstauskunft, die seine Bonität betreffen und dem Vermieter eine Risikoprognose ermöglichen sollen, wahrheitsgemäß beantworten, um eine fristlose Kündigung des geschlossenen Mietvertrages (wegen Vorliegens des Anfechtungsgrundes der arglistigen Täuschung) zu 12

[6] BVerfG WuM 1991, 463 (464); OLG Düsseldorf MietRB 2012, 134; Sternel MietR aktuell Kap. I. Rn. 256, 260 ff.
[7] LG Karlsruhe WuM 1998, 479.
[8] LG Stuttgart NJW-RR 1992, 1360.
[9] AG Rendsburg WuM 1990, 507 (508); AG Hamburg WuM 1992, 598; AG Bonn WuM 1992, 597; AG Miesbach WuM 1987, 379; LG Itzehoe WuM 2008, 281; OLG Koblenz WuM 2008, 471.
[10] Lindner-Figura/Oprée/Stellmann Geschäftsraummiete-HdB/Stellmann § 4 Rn. 26.
[11] Lindner-Figura/Oprée/Stellmann Geschäftsraummiete-HdB/Stellmann § 4 Rn. 27.
[12] Schmidt-Futterer/Fervers BGB Vor § 535 Rn. 82; Schmidt-Futterer/Streyl BGB § 543 Rn. 74.
[13] Vgl. zum Meinungsstand Schmidt-Futterer/Fervers BGB Vor § 535 Rn. 82 ff.

vermeiden.[14] Dies gilt insbesondere für Fragen nach einem Beschäftigungsverhältnis und dem monatlichen Gehalt. Eine fristlose Kündigung des Mietverhältnisses bei Falschangaben des Mieters ist auch dann wirksam, wenn sich das Bonitätsrisiko tatsächlich nicht verwirklicht hat. Ebenso darf zulässig danach gefragt werden, ob in den letzten fünf Jahren ein Insolvenzverfahren gegen den potentiellen Mieter betrieben wurde.[15] Bei vorsätzlich falscher Mieterselbstauskunft hat der Vermieter ein Recht zur fristlosen außerordentlichen Kündigung des Mietverhältnisses, wenn sich diese auf für den Abschluss des Mietvertrages maßgebliche Punkte erstreckt und dadurch das Vertrauensverhältnis der Parteien zerstört wird. Dies gilt auch dann, wenn keine Zahlungsunfähigkeit des Mieters droht. Ansprüche des Mieters auf Ersatz nutzloser Aufwendungen bestehen in einem solchen Fall nicht.[16]

13 Die **unwahrheitsgemäße Beantwortung** unzulässiger Fragen haben keine nachteiligen Rechtsfolgen für den Mieter. Selbst wenn zulässige Fragen falsch beantwortet werden, führt dies nicht zwangsläufig zu Konsequenzen, wenn sich nach Beginn des Mietverhältnisses keine relevante Verletzung der Interessen des Vermieters in Bezug auf die gestellte Frage zeigt.[17]

Praxistipp:

Nur wenn der Mieter zulässige Fragen schuldhaft falsch beantwortet und sich hierdurch eine relevante Verletzung der Interessen des Vermieters ergibt, kann eine Haftung aus cic in Betracht kommen.

14 **d) Rechtsfolgen der schuldhaften Verletzung vorvertraglicher Pflichten.** Neben der Anfechtbarkeit des Mietvertrages gemäß §§ 119, 123 BGB bis zum Vertragsbeginn und der Kündbarkeit gemäß § 543 Abs. 1 BGB nach Vertragsbeginn können sich **Schadenersatzansprüche des Vermieters** gemäß §§ 311 Abs. 2, 241 Abs. 2, 280 Abs. 1 BGB ergeben, wenn und soweit durch die Pflichtverletzung ein Schaden entstanden ist, der nicht durch andere Anspruchsgrundlagen abgedeckt ist.[18]

2. Haftung während des Mietgebrauchs

15 Bei der Haftung des Mieters während des Mietgebrauchs ist grundsätzlich zu **unterscheiden,** ob **Hauptleistungspflichten** oder **Nebenpflichten** betroffen sind, weil hiervon die anzuwendenden Rechtsvorschriften und die Rechtsfolgen abhängen:

16 **a) Verletzung von Hauptleistungspflichten.** Zu den **Hauptleistungspflichten** gehören die Entrichtung des vereinbarten Mietzinses, die Übernahme der Betriebskosten falls vereinbart, und nach herrschender Meinung auch die Übernahme und Durchführung von Schönheitsreparaturen.

17 *aa) Pflicht zur Zahlung des Mietzinses und der Betriebskosten.* Zu den Hauptleistungspflichten des Mieters während des Mietgebrauchs gehört in erster Linie die Pflicht zur Entrichtung des vereinbarten Mietzinses an den Vermieter gemäß § 535 Abs. 2 BGB, auch wenn der Mieter aus persönlichen Gründen an der Ausübung seines Gebrauchsrechts verhindert sein sollte (§ 537 BGB). Insoweit ergeben sich aus haftungsrechtlichen Gesichtspunkten keine Besonderheiten. Gleiches gilt für Betriebskosten, falls eine wirksame mietvertragliche Vereinbarung gemäß § 556 Abs. 1 BGB besteht, dass diese entgegen § 535 Abs. 1 BGB vom Mieter zu tragen sind.

[14] LG München NZM 2009, 782 = ZMR 2010, 367 = Info M 2009, 323.
[15] AG Hamburg ZMR 2003, 744; vergleiche auch AG Zittau BeckRS 2005, 19484.
[16] LG Wuppertal WuM 1999, 39; LG Itzehoe WuM 2008, 281.
[17] Vgl. LG Ravensburg WuM 1984, 299.
[18] BGH WuM 1996, 324; Sternel MietR aktuell Kap. I. Rn. 268.

bb) Pflicht zur Vornahme von Schönheitsreparaturen. Als weitere **Hauptleistungspflicht**[19] des Mieters wird die Vornahme von Schönheitsreparaturen angesehen, wenn die nach gesetzlicher Regelung dem Vermieter obliegende Erhaltungspflicht durch wirksame vertragliche Vereinbarung auf den Mieter übertragen worden ist. Daraus folgt, dass dem Vermieter (nur) ein **einklagbarer Erfüllungsanspruch während des laufenden Mietverhältnisses** zusteht, sollte der Mieter seine Pflicht nicht oder nur unzureichend erfüllen. Befindet sich der Mieter in Verzug, kann der Vermieter Vorschuss vom Mieter in Höhe der notwendigen Kosten verlangen und erforderlichenfalls einklagen.[20] Es besteht jedoch **kein Schadenersatzanspruch des Vermieters wegen unterlassener Schönheitsreparaturen während des laufenden Mietverhältnisses,** denn die Erhaltung der Mietsache soll nur dem Mieter zugutekommen.[21] Der Erfüllungsanspruch lässt sich erst bei Beendigung des Mietvertrages zum **Schadenersatzanspruch statt der Leistung** gemäß § 280 Abs. 3 BGB umwandeln, und zwar unter den Voraussetzungen der §§ 280 Abs. 1, 3, 281 BGB (Fristsetzung zur Leistung oder Nacherfüllung). Eine vorausgehende Ablehnungsandrohung ist nicht mehr erforderlich. 18

b) Verletzung von Nebenpflichten. Mit Beginn des Mietverhältnisses und Übernahme der Mieträume setzen eine Reihe von **Nebenpflichten des Mieters** ein, deren schuldhafte Verletzung zur Schadenersatzpflicht führen kann. Hierzu zählen: 19

aa) Obhutspflicht. Die **Obhutspflicht** beinhaltet, dass der Mieter die Mietsache vor Schäden bewahrt.[22] 20

Beispiele:
- Vermeidung von **Feuchtigkeitsschäden**[23] und **Frostschäden**[24] durch hinreichendes Heizen und Belüften der Mieträume,
- Vorkehrungen zur Vermeidung von Schäden bei **längerer Abwesenheit,**[25]
- Vermeidung von **Wasserschäden,**
- keine **gefährlichen Gas-, Wasser- oder Elektroinstallationen,**
- kein Einbringen oder Lagern **gefährlicher Gegenstände bzw. Stoffe.**

Tritt ein Mangel während des Gebrauchs auf, muss der Mieter die Mietsache mit der gebotenen Sorgfalt nutzen, um den Schaden des Vermieters gering zu halten. Danach kann sich die Obhutspflicht in einen Fall auf die Alarmierung von Notdiensten beschränken oder im anderen Fall die Beauftragung einer dringend erforderlichen Reparatur umfassen.[26] 21

bb) Anzeigepflicht, § 536c BGB. Aus der allgemeinen Obhutspflicht resultiert die Pflicht des Mieters, sich während seines Besitzes zeigende **Mängel** an der Mietsache **unverzüglich dem Vermieter anzuzeigen.** Gleiches gilt, wenn eine Vorkehrung zum Schutze der Mietsache gegen eine nicht vorhergesehene Gefahr erforderlich wird oder wenn sich ein Dritter ein Recht an der Sache anmaßt. 22

Sollte der Mieter längere Zeit abwesend sein, muss er für **geeignete Kontroll- und Sicherungsmaßnahmen** sorgen. 23

Unterlässt der Mieter die Anzeige schuldhaft, so ist er zum Ersatz des daraus entstehenden Schadens verpflichtet (§ 536c Abs. 2 S. 1 BGB). 24

---

19 BGH NZM 1998, 710.
20 BGHZ 111, 301; OLG Düsseldorf NZM 2000, 464; Grüneberg/Weidenkaff BGB § 535 Rn. 54.
21 BGH NJW-RR 1990, 1231.
22 Schmidt-Futterer/Lehmann-Richter BGB § 535 Rn. 362.
23 LG Berlin WuM 1985, 22; LG Dortmund WuM 2008, 333.
24 OLG Karlsruhe WuM 1996, 226; LG Görlitz WuM 1994, 669.
25 OLG Hamm WuM 1996, 470.
26 Lindner-Figura/Oprée/Stellmann Geschäftsraummiete-HdB/Stellmann § 13 Rn. 76; AG Kassel WuM 1996, 30.

Praxistipp:
Der Mieter sollte vorsorglich jeden auftretenden Mangel dem Vermieter anzeigen, aus Beweisgründen möglichst nachweisbar, und damit nicht etwa bis zur Beendigung des Mietverhältnisses zuwarten.

25 *cc) Verkehrssicherungspflichten.* Die Verkehrssicherungspflichten **obliegen grundsätzlich dem Vermieter bzw. Eigentümer der Mietsache 535 Abs. 1 S. 2 BGB**). Er ist dafür verantwortlich, dass von dem Hausgrundstück bzw. von der Mietsache keine Gefahren ausgehen, durch die Mieter oder Dritte zu Schaden kommen könnten. Geeignete und nach den Umständen zumutbare Sicherungs- und Überwachungsmaßnahmen sind durchzuführen, wenn sich eine Indikation für den bevorstehenden Schaden zeigt.[27] Der Vermieter darf allerdings darauf vertrauen, dass Mieter und Dritte auch ihrerseits bestehende Obhuts- und Sicherungspflichten erfüllen, so dass sich Art und Umfang der Verkehrssicherungspflicht im Einzelfall reduzieren können.[28]

26 Soweit der Mieter selbst Gefahrenlagen schafft, zB durch Anbringung von Reklametafeln außen, ist er unmittelbar verkehrssicherungspflichtig und haftet im Schadenfalle. Wer etwa in gemieteten Räumen eine Diskothek betreibt, eröffnet eine eigene Gefahrenquelle, die mit den typischen Gefahren der Mietsache nichts zu tun hat und das vertragsrechtliche Verhältnis zwischen Vermieter und Mieter nicht berührt.[29]

27 Verkehrssicherungspflichten können jedoch vom Vermieter **auf den Mieter übertragen** werden, nach hM auch formularmäßig.[30] In diesen Fällen trifft den Vermieter gegenüber Dritten, deren Schutz die Verkehrssicherungspflicht dient, nur noch eine Pflicht zur Überwachung und Beaufsichtigung des Mieters hinsichtlich dessen Erfüllung der Verkehrssicherungspflicht.[31]

28 Voraussetzung dafür ist, dass der Mietvertrag im Einzelnen aufführt, welche konkreten Pflichten auf den Mieter übertragen werden sollen. Unklarheiten gehen zu Lasten des Vermieters. Nur im Einzelfall ist auch ohne ausdrückliche Vereinbarung eine Überwälzung der Verkehrssicherungspflicht auf den Mieter denkbar, zB wenn ein ganzes Gebäude angemietet ist und der Vermieter erkennbar seinen Pflichten nicht nachkommen kann,[32] oder wenn die Mieter nach einem Reinigungsplan die Schneebeseitigung und Streupflicht faktisch übernommen haben.[33]

29 **Regelmäßig werden folgende Sicherungspflichten auf den Mieter übertragen:**
- Straßenreinigung,
- Sauberhaltung des Treppenhauses, des Hauseingangs und der Zuwege auf dem Grundstück,
- Schnee- und Eisbeseitigung.

30 In der Praxis von großer Bedeutung ist die Übertragung des **Winterdienstes.**[34] Kommt der Mieter hier seinen Verkehrssicherungspflichten nicht ordnungsgemäß nach, haftet er gegenüber dem Geschädigten auf Schadenersatz nach Deliktsrecht.[35] Sollte die Gebäudehaftpflichtversicherung des Vermieters für den Schaden eintreten und werden die Kosten der Versicherung auf den Mieter umgelegt, besteht für den Versicherer nur bei Vorsatz oder grober Fahrlässigkeit Regressmöglichkeit gegen den Mieter.

---

[27] BGH NJW 2009, 143 = NZM 2008, 927 = MDR 2009, 75 = MietRB 2009, 1 = InfoM 2008, 415; BGH NJW 1994, 3348.
[28] BGH NJW 2009, 143; OLG Karlsruhe WuM 1996, 226.
[29] Lindner-Figura/Oprée/Stellmann Geschäftsraummiete-HdB/Wolf § 13 Rn. 121.
[30] Sternel MietR aktuell Kap. II. Rn. 85 f.; OLG Frankfurt a. M. NJW-RR 1989, 397.
[31] Fritz/Geldmacher/Leo GewerberaumMietR Rn. 249.
[32] BeckOK Mietrecht/Gras/Hitpaß/ua BGB § 535 Rn. 4905.
[33] OLG Dresden WuM 1996, 553; BGH NJW-RR 1989, 394.
[34] BGH NJW 2912, 2727 = NZM 2912, 650 zur Begrenzung der Winterdienstpflicht.
[35] OLG Frankfurt a. M. NZM 2004, 144; OLG Brandenburg NZM 2007, 583.

Ist der **Umfang des Winterdienstes** vertraglich nicht geregelt, ist darauf abzustellen, was allgemein üblich ist, wobei die einschlägigen **Satzungen der Städte und Gemeinden** herangezogen werden können.[36] 31

Praxistipp:
Muss der Mieter auf Grund wirksamer Pflichtenübertragung Winterdienst durchführen, sollte er sich auf jeden Fall über die Regelungen in der einschlägigen Ortssatzung kundig machen.

Ist der Mieter abwesend, muss er für **ordnungsgemäße Vertretung** sorgen. Handelt es sich nur um eine vorübergehende Abwesenheit, genügt es, wenn der Mieter sich bei der Auswahl der Vertretungsperson kein Verschulden zukommen lässt. Eine darüberhinausgehende Überwachungs- und Kontrollpflicht ist unzumutbar.[37] 32

dd) Duldungs- und Mitwirkungspflichten. (1) Duldungs- und Mitwirkungspflicht im Hinblick auf Vorbereitung und Durchführung von Instandsetzungsmaßnahmen, § 555a Abs. 1, 578 Abs. 2 BGB. Zur Erfüllung der Gewährleistungspflicht des Vermieters muss der Mieter die Erhaltungsmaßnahmen sowie die hierfür erforderlichen Planungsarbeiten dulden. Die **Duldungspflicht** ist **uneingeschränkt** und kann bis hin zur vorübergehenden Räumung der Mietsache gehen. 33

Streitig ist, ob sich die Duldungspflicht aus § 555a Abs. 1, 578 Abs. 2 BGB nur auf ein „passives Stillhalten" beschränkt, oder aber der Mieter auch verpflichtet ist, aktiv mitzuwirken, zB indem er Möbel wegräumen und demontieren muss, um den Arbeitsbereich freizumachen. Das LG Berlin hat in seinem Beschluss vom 30.11.1995[38] eine solch weitgehende Mitwirkungspflicht zu Recht verneint. 34

Verweigert sich der Mieter, kann der Vermieter auf Duldung klagen und erforderlichenfalls den Erlass einer einstweiligen Verfügung beantragen. Bei gerichtlich festgestellter Duldungspflicht können den Mieter bei weiterer Verweigerung Schadenersatzansprüche nach § 280 Abs. 1 BGB wegen vergeblicher Aufwendungen zur Durchführung der Instandsetzungsmaßnahmen sowie wegen möglicher Verschlechterung der Mietsache auf Grund der vom Mieter verschuldeten Verzögerung treffen. Das erforderliche Verschulden wird bei Verweigerung vor gerichtlicher Feststellung nur schwerlich zu bejahen sein, weil der Mieter grundsätzlich das Recht hat, die vom Vermieter behauptete Duldungspflicht gerichtlich überprüfen zu lassen. Etwas anders könnte nur gelten, wenn bei klarer Sachlage für einen verständigen Mieter die Duldungspflicht evident ist. 35

(2) Duldungs- und Mitwirkungspflicht im Hinblick auf Vorbereitung und Durchführung von Modernisierungsmaßnahmen, §§ 555b, 578 Abs. 2 BGB. Der Mieter unterliegt nach §§ 555b, 578 Abs. 2 BGB einer Pflicht zur Duldung von Modernisierungsmaßnahmen des Vermieters, sofern 36

- es sich tatsächlich um **Maßnahmen zur Verbesserung** der gemieteten Räume oder sonstigen Gebäudeteile handelt und nicht lediglich um Instandhaltung oder Reparatur (§ 555b BGB); das Vorliegen einer Verbesserung hat der Vermieter erforderlichenfalls darzulegen und zu beweisen,[39] 37
- der Vermieter die **Formalien** des § 555c BGB beachtet,
- und die Maßnahmen unter Berücksichtigung der berechtigten Interessen des Vermieters und anderer Mieter **keine Härte für den Mieter** bedeuten würde (§ 555d Abs. 2–4 BGB).

Mithin besteht keine allgemeine Duldungspflicht des Mieters.[40] 38

---

36 LG Köln WuM 1995, 107: keine Streupflicht zwischen 20.00 Uhr bis 7.00 Uhr.
37 LG Köln WuM 1995, 316.
38 LG Berlin NJW-RR 1996, 1163 mwN.
39 LG Berlin NZM 1999, 705; ZMR 1999, 1036.
40 AG Bonn NZM 2006, 698.

Der Umkehrschluss aus § 554 Abs. 5 BGB (der nur für Wohnraum gilt, da § 578 Abs. 2 BGB nur auf § 554 Abs. 1–4 verweist), ergibt, dass bei der Geschäftsraummiete Vereinbarungen möglich sind, die von der gesetzlichen Regelung abweichen, soweit sie nicht sittenwidrig sind oder gegen Treu und Glauben verstoßen.[41]

39 Ist eine Duldungspflicht zu bejahen und kommt der Mieter seiner Pflicht nicht nach, können wegen vergeblicher Aufwendungen zur Vorbereitung der Modernisierungsmaßnahmen **Schadenersatzansprüche des Vermieters** nach § 280 Abs. 1 BGB in Betracht kommen, allerdings nur unter engen Voraussetzungen. Grundsätzlich unternimmt der Vermieter die vorbereitenden Aufwendungen auf eigenes Risiko, auch wenn er die Formalien des § 555c BGB einhält, denn er muss damit rechnen, dass der Mieter seine Duldungspflicht bestreitet. Selbst wenn der Mieter auf ein Ankündigungsschreiben des Vermieters innerhalb einer gesetzten Frist nicht reagiert, darf der Vermieter nicht ohne weiteres davon ausgehen, der Mieter werde mit den angekündigten Maßnahmen einverstanden sein. Vielmehr ist der Vermieter gehalten, die Duldungspflicht gerichtlich feststellen zu lassen, sollte diese streitig sein bzw. eine Einverständniserklärung des Mieters fehlen. Dementsprechend ist auch eine Ersatzpflicht bezüglich Schäden, die möglicherweise durch Verzögerung entstehen, in der Regel zu verneinen. Nur für den Fall, dass der Mieter **trotz klarer Rechtslage mutwillig die Duldung verweigert,** könnte ein Verschulden und damit eine Ersatzpflicht im Einzelfall angenommen werden. Erst bei gerichtlicher Feststellung der Duldungspflicht kann bei weiterer Verweigerungshaltung ein Verschulden des Mieters angenommen werden. Hat der Vermieter jedoch eine Erklärungsfrist gesetzt und das Kommen von Handwerkern zu einem bestimmten Termin angekündigt, empfiehlt es sich für den Mieter, dem Vermieter rechtzeitig vorher Nachricht zu geben, falls er die Maßnahmen nicht dulden möchte. Anderenfalls ist bezüglich Kosten, die für einen konkreten Handwerkertermin anfallen, zumindest wegen Mitverschuldens eine Schadenersatzpflicht des Mieters denkbar.[42]

40 Teilweise wird dafür ein Stufenverhältnis angenommen. So wird vertreten, der Vermieter sei vorrangig auf die Möglichkeit einer Duldungsklage als milderes Mittel im Verhältnis zu einer fristlosen Kündigung zu verweisen. Der Vermieter könne zwischen beiden rechtlichen Alternativen nicht frei wählen.[43] Erst wenn der Mieter einem erstrittenen Duldungs- oder Unterlassungstitel nicht Folge leistet, liegt ein wichtiger Grund vor, der den Vermieter zu einer fristlosen Kündigung wegen Unzumutbarkeit der Vertragsfortsetzung berechtigt. Unterhalb dieser Schwelle sind auch mehrfache Pflichtverletzungen aus mehrfachen Vorkommnissen eines renitenten Mieters zumutbar und geben dem Vermieter kein Kündigungsrecht aus § 543 Abs. 1 BGB.[44]

41 Ein solches Stufenverhältnis zwischen Duldungs- und Unterlassungsanspruch einerseits und einem erst nachrangig ausübbaren fristlosen Kündigungsrecht wegen dieser Vertragsverletzung andererseits besteht nicht grundsätzlich.[45] Der Vermieter hat im Gegenteil grundsätzlich die Wahl, ob er kündigt oder auf Erfüllung, Duldung oder auf Unterlassung klagt. Daneben kann er Schadensersatz geltend machen (§ 325 BGB). Sein grundsätzliches Wahlrecht wird immer dann praktisch, wenn auch die schärferen Tatbestandsvoraussetzungen einer fristlosen Kündigung erfüllt sind. Ansonsten scheidet die Auswahlmöglichkeit zwischen allen hier vorgestellten Ansprüchen schon mangels vorliegender Tatbestandsvoraussetzungen aus. Davon wird allerdings bei nur einmaliger verweigerter Duldung von Modernisierungsmaßnahmen ausgegangen.[46]

42 Wiegt der Pflichtverstoß des Mieters aber so schwer, dass zB neben der Unterlassungsklage alle fristgerechten und fristlosen verhaltensbedingten Kündigungsmöglichkeiten

---

[41] Fritz/Geldmacher/Leo GewerberaumMietR Rn. 243.
[42] LG Köln WuM 1994, 465 (466).
[43] AG München ZMR 2012, 365; ebenso AG Tempelhof-Kreuzberg MM 1992, 357.
[44] AG München ZMR 2012, 365.
[45] AA allerdings für das Verhältnis von Duldungsklage zur Ausführung von Modernisierungsmaßnahmen und fristloser Kündigung nach verweigerter Duldung des Mieters: Schmidt-Futterer/Streyl BGB § 543 Rn. 83 mwN.
[46] Schmidt-Futterer/Streyl BGB § 543 Rn. 83 mwN.

eröffnet sind, so kann der Vermieter wählen, welchen Weg er einschlägt. Er muss sich nicht auf die Unterlassungsklage als etwas milderes prozessuales Mittel verweisen lassen. Andernfalls würden dem Vermieter jahrelang laufende Unterlassungsklagen zugemutet, bevor er überhaupt kündigen kann. Sein gesetzliches Kündigungsrecht würde ihm genommen und vollständig entwertet. Aus dem Wahlrecht des Vermieters folgt, dass auch haupt- und hilfsweise eine fristlose und eine fristgemäße Kündigung wegen vertragswidrigen Verhaltens des Mieters möglich ist. Dieses Vorgehen empfiehlt sich insbesondere, wenn nicht einwandfrei feststeht, ob das vertragswidrige Verhalten vom Gewicht her eine fristlose Kündigung ausfüllt.

Hat der Vermieter eine Erklärungsfrist gesetzt und das Kommen von Handwerkern zu einem bestimmten Termin angekündigt, empfiehlt es sich für den Mieter, dem Vermieter rechtzeitig vorher Nachricht zu geben, falls er die Maßnahmen nicht dulden möchte. Anderenfalls ist bezüglich Kosten, die für einen konkreten Handwerkertermin anfallen, zumindest wegen Mitverschuldens eine Schadenersatzpflicht des Mieters denkbar.[47] 43

(3) Duldung der Besichtigung der Mietsache. Zum Wesen des Mietvertrages gehört die Überlassung des **unbeschränkten Besitzes** der Mietsache.[48] Verlangt der Vermieter Zutritt zum Mietobjekt, hat der Mieter dies grundsätzlich nur bei Vorliegen eines besonderen Anlasses zu dulden.[49] 44

Ein Besichtigungsrecht des Vermieters kann vorliegen: 45

- Besichtigung der Mietsache mit **Nachmietinteressenten,** wenn die Beendigung des Mietverhältnisses mit hinreichender Sicherheit feststeht,[50]
- Besichtigung mit **Kaufinteressenten** bei bevorstehendem Verkauf der Mietsache,[51]
- Besichtigungsrecht des Vermieters zur Vorbereitung von Baumaßnahmen[52] und bei konkreten Anhaltspunkten für einen **drohenden Schaden.**[53]

Eine vertragliche Erweiterung des Besichtigungsrechtes ist nur in engen Grenzen zuzulassen. Eine **Formularvereinbarung,** die dem Vermieter jederzeit Zutritt zum Mietobjekt gewährt, scheitert auch im Gewerberaummietrecht regelmäßig an § 307 BGB.[54] Eine Vereinbarung, dass alle 2 Jahre Besichtigung zur allgemeinen Zustandsfeststellung durchgeführt werden darf, ist als zulässig angesehen worden.[55] 46

Der Mieter kann zum Schadenersatz verpflichtet sein, wenn er dem Vermieter das Besichtigungsrecht rechtswidrig nicht gewährt.[56] Schon wegen des bereits abgemahnten und trotzdem hartnäckig verweigerten Zutritts zur Mietsache kann der Vermieter zur Kündigung des Mietverhältnisses berechtigt sein.[57] 47

ee) Verschulden. Nur die **schuldhafte** Verletzung von Nebenpflichten des Mieters führt zur Schadenersatzpflicht (§ 280 Abs. 1 S. 2 BGB). 48

Verschuldensmaßstab ist § 276 BGB. Abzustellen ist also auf einen objektiven Sorgfaltsmaßstab, der an einen durchschnittlichen Mieter angelegt werden darf. Für Verschulden **Dritter** haftet der Mieter gemäß § 278 BGB.[58] 49

Eine **Haftungsmilderung** bzw. einen **Haftungsverzicht** zugunsten des Mieters sieht der BGH nach einer grundlegenden Entscheidung vom 13.12.1995[59] in der mietvertragli- 50

[47] LG Köln WuM 1994, 465 (466).
[48] LG München WuM 1994, 370.
[49] AG Bonn NZM 2006, 698.
[50] AG Ibbenbüren WuM 1991, 360.
[51] AG Lüdenscheid WuM 1990, 489.
[52] Schmidt-Futterer/Lehmann-Richter BGB § 535 Rn. 981.
[53] Schmidt-Futterer/Lehmann-Richter BGB § 535 Rn. 986.
[54] Schmidt-Futterer/Lehmann-Richter BGB § 535 Rn. 164.
[55] AG Lübeck WuM 1993, 344; Sonnenschein NJW 1998, 2180 (2181); Grüneberg/Weidenkaff BGB § 535 Rn. 82.; BVerfG NJW 1993, 2035.
[56] AG Wedding GE 1997, 749.
[57] So ausdrücklich LG Berlin Grundeigentum Berlin 2011, 691; Schmidt-Futterer/Streyl BGB § 543 Rn. 84.
[58] LG Berlin ZMR 1982, 86.
[59] BGH NJW 1996, 715 und weiter BGH WuM 2006, 624 ff.; WuM 2005, 57.

chen Verpflichtung des Mieters, die (anteiligen) Kosten der Gebäudefeuerversicherung des Eigentümers zu zahlen. Darin liege die stillschweigende Beschränkung der Haftung des Mieters für die Verursachung von Brandschäden auf Vorsatz und grobe Fahrlässigkeit. Der Mieter soll hier nicht weitergehender haftbar gemacht werden können, als hätte er die Feuerversicherung selbst abgeschlossen. Der BGH-Rechtsprechung ist allerdings nur dann zuzustimmen, wenn man von einem konkludent vereinbarten **Regressverzicht** ausgeht, so dass der Mieter vor hohen Regressforderungen des Sachversicherers geschützt werden kann. Eine Haftungsmilderung bzw. einen Haftungsverzicht will ein Vermieter indes mit Sicherheit nicht mit seinem Mieter vereinbaren, auch nicht konkludent. Im Gegenteil wird es ihm im Hinblick auf Brandschutz gerade darauf ankommen, dass der Mieter ganz besonders vorsichtig mit der Mietsache umgeht.[60]

51 Eine Beschränkung der Regressmöglichkeit ist für den Fall eines Glatteisunfalls entsprechend bejaht worden.[61]

52 c) **Vertragswidriger Gebrauch.** Hat der Mieter die gemieteten Räume beschädigt oder verschlechtert, und ist Veränderung oder Verschlechterung nicht durch vertragsgemäßen Gebrauch herbeigeführt worden, ist er dem Vermieter gegenüber zu **Schadenersatz nach § 280 BGB** verpflichtet, sofern die Beeinträchtigungen nicht ohnehin im Rahmen einer bestehenden Pflicht zur Vornahme von Schönheitsreparaturen zu beseitigen sind.[62] Auch hier kann der Ersatzanspruch des Vermieters **sofort** und nicht etwa erst bei Beendigung des Mietverhältnisses geltend gemacht werden.

53 *aa) Einzelfälle.* Zu der Frage, ob vertragsgemäßer Gebrauch vorgelegen hat, oder aber eine die Grenzen des vertragsgemäßen Gebrauchs überschreitende Handlung, muss nach den **konkreten Umständen des Einzelfalles** entschieden werden.

54 Die jüngere Rechtsprechung zu den Grenzen des vertragsgemäßen Gebrauchs lässt sich im Gewerberaummietrecht in **drei Kategorien** untergliedern:

55 • **Art der Nutzung**

Gewerberäume, die dem Mieter zur Weitervermietung für ein „Technologiezentrum" überlassen wurden, dürfen im Rahmen des vertragsgemäßen Gebrauchs nicht zum Betrieb eines „Call-Centers" genutzt werden.[63]

Es ist als im Rahmen des vertragsgemäßen Gebrauchs gerechtfertigt anzusehen, wenn der Mieter ohne Zustimmung des Vermieters bauliche Maßnahmen an dem Mietobjekt, das er zum Betrieb einer Gaststätte gemietet hatte, vornimmt, um durch die Baumaßnahme das Mietobjekt erst in einen Zustand zu versetzen, in dem es gemäß der vertraglichen Vereinbarung genutzt werden kann.[64]

Nicht mehr dem vertragsgemäßen Gebrauch zuzuordnen ist die Nutzung von Gewerberaum zum Betrieb einer Diskothek, nachdem zwischen den Parteien des Vertrages der Betrieb einer Gaststätte vereinbart worden war.[65]

Der Verkauf von Sportartikeln in einem Ladenlokal, der zum Betrieb eines Friseursalons vermietet wurde, stellt grundsätzlich einen vertragswidrigen Gebrauch dar, denn unter Anwendung der Grundsätze von Treu und Glauben gemäß § 242 BGB soll die Verpflichtung des Vermieters entstehen können, einer Änderung oder Erweiterung des vertragsgemäßen Gebrauchs zuzustimmen.[66]

Einen nicht mehr vertragsgemäßen Gebrauch stellen auch die Fälle dar, in denen Geschäftsräume tatsächlich zu Wohnzwecken genutzt werden.[67]

56 • **Intensität der Nutzung**

Generell wird der Vermieter von Gewerberaum von einer stärkeren Beanspruchung des vermieteten Objekts im Rahmen des vertragsgemäßen Gebrauchs auszugehen haben als der Vermieter von Wohnraum.

Der Verpächter eines Tankstellengeländes wird auf Grund von Bodenverunreinigungen durch den Betrieb der Tankstelle dem Pächter nicht vertragswidrigen Gebrauch des Pachtgrundstücks vorwerfen können.[68]

---

[60] Prölss r+s 1997, 221 ff.
[61] AG Waiblingen WuM 1996, 771.
[62] BGH NJW-RR 2005, 715.
[63] OLG Düsseldorf NZM 2003, 945 f.
[64] OLG Frankfurt a. M. NZM 1999, 125.
[65] OLG München NJWE-MietR 1996, 270.
[66] OLG Düsseldorf NJWE-MietR 1996, 126 f.
[67] OLG Koblenz NJW-RR 1996, 1343; OLG Düsseldorf ZMR 1987, 423.
[68] OLG Düsseldorf NJW-RR 1993, 712 f.

Hinsichtlich der Frage, in welchem Umfang die Abnutzung eines Bodenbelages sich noch im Rahmen des vertragsgemäßen Gebrauchs hält, verbieten sich gerade für den Bereich der Gewerberaummiete Verallgemeinerungen: Es werden an den Zustand des Bodens von Räumlichkeiten, die zum Betrieb einer Tanzschule vermietet worden sind, gänzlich andere Maßstäbe anzulegen sein als an die Abnutzung des Bodens in gemieteten Räumen einer kleinen Anwaltskanzlei. Während bei Geschäftsräumen mit Publikumsverkehr Schäden durch Pfennigabsätze in gewissem Umfang vom Vermieter hinzunehmen sein werden,[69] soll der Vermieter von Büroräumen die Beschädigung eines Teppichbodens, die auf wiederholte Verschmutzungen durch einen Hund des Mieters zurückzuführen sind, nicht mehr als vertragsgemäß akzeptieren müssen.[70]

Brandschäden gehören regelmäßig dann nicht mehr zu dem vertragsgemäßen Gebrauch des Mieters, wenn sie durch unsachgemäßen Umgang mit feuergefährlichen Stoffen und Einrichtungen im Verantwortungs- und Zurechnungsbereich des Vermieters verursacht worden sind.[71]

- **Unterlassen der Nutzung** 57
  Grundsätzlich hat der Mieter zwar das Recht, nicht aber die Pflicht zur Nutzung der Mietsache.[72] Dennoch kann unter bestimmten Voraussetzungen die seitens des Mieters unterbliebene Nutzung des Mietobjekts als Überschreitung des vertragsgemäßen Gerbrauchs angesehen werden. Ist der Mieter durch vertragliche Vereinbarung verpflichtet, den Betrieb eines Gewerbes in den Mieträumlichkeiten aufrechtzuerhalten, liegt in der Nichterfüllung dieser Verpflichtung ein nicht vertragsgemäßer Gebrauch.[73]

bb) Abzug „neu für alt"/Vorteilsausgleichung. Ist der Mieter wegen Veränderung oder Verschlechterung schadenersatzpflichtig, muss der Vermieter jedoch ggf. einen **Abzug „neu für alt"** gegen sich gelten lassen. Die Größenordnung hängt von dem Alter und (nicht in der Verantwortung des Mieters liegendem) Zustand sowie von der **allgemeinen Lebenserwartungsdauer** des betreffenden Gegenstandes zum Zeitpunkt der Beschädigung ab. Je mehr die Lebenserwartungsdauer erreicht gewesen ist, desto höher ist der vorzunehmende Abzug. Die Ersatzpflicht des Mieters kann sich hierdurch sogar auf null reduzieren. 58

Die Höhe des vorzunehmenden Abzugs ist eine der streitträchtigsten Entscheidungen und daher von hoher Bedeutung für das Prozessrisiko der Parteien. Denn der Mieter muss unter Beweisantritt vortragen, wie hoch der „Abzug neu für alt" vorzunehmen ist. Für die Praxis typisch ist es dabei, dass der Vermieter sich dagegen wenden wird und vorträgt, ein solcher Abzug sei nicht geschuldet oder zumindest in niedrigerer Höhe vorzunehmen. Dafür ist er als Geschädigter beweispflichtig.[74] Zweifel über die Höhe des Abzugs gehen zu Lasten des Geschädigten. 59

Im Allgemeinen wird von folgenden Lebenserwartungen ausgegangen: 60

- **Teppichboden:** 10 Jahre,[75]
- **Parkett:** ca. alle 15 Jahre Schleifen und Versiegeln,[76]
- **PVC-Bodenbelag:** 20 Jahre,[77]
- **Wandfliesen:** länger als 30 Jahre, jedoch muss zu Lasten des Vermieters berücksichtigt werden, dass Fliesen dem jeweiligen Geschmack und der Mode unterliegen.[78]

cc) Kleinreparaturklausel. Die Rechtsprechung erachtet es für zulässig, wenn dem Mieter durch formularmäßige Vereinbarung die Pflicht auferlegt wird, die Kosten für kleinere Reparaturen zu tragen, auch wenn **kein Verschulden** des Mieters, sondern nur vertragsgemäßer Gebrauch vorliegt.[79] 61

Die Kleinreparaturklausel spielt jedoch im Gewerberaummietrecht höchstens eine untergeordnete Rolle. Häufig kommen sog. Instandhaltungs- und Instandsetzungsklau- 62

[69] OLG Karlsruhe WuM 1997, 211.
[70] OLG Bamberg NZM 2002, 917 f.
[71] BGHZ 66, 349; OLG Hamm NJW-RR 1992, 906.
[72] BGH NJW 1979, 2351.
[73] OLG Köln NZM 2002, 345.
[74] OLG Koblenz WuM 2003, 445.
[75] LG Kiel WuM 1998, 215; LG Dortmund NJWE-MietR 1997, 100; AG Böblingen WuM 1998, 33.
[76] LG Wiesbaden WuM 1991, 540; AG Köln WuM 1984, 197.
[77] AG Kassel WuM 1996, 757.
[78] LG Köln WuM 1997, 41.
[79] BGH NJW 1992, 1759.

seln zur Geltung, bei denen der Mieter mindestens zur Kostentragung, aber auch zur Gesamtübernahme verpflichtet wird. Formularmäßig dürfte diese Überwälzung unwirksam sein. Individualvertraglich geregelt ist Art und Umfang zu prüfen, wobei die Gesamtüberwälzung sämtlicher Gesamterhaltungs- und/oder Instandsetzungsmaßnahmen unwirksam sein wird.

3. Haftung bei bzw. nach Beendigung des Mietverhältnisses

63 a) **Schäden an der Mietsache.** Auch wenn der Mieter bereits während des laufenden Mietverhältnisses vom Vermieter wegen Beschädigungen an der Mietsache in Anspruch genommen werden kann, wird die Frage der Schadenersatzpflicht häufig erst **bei Beendigung des Mietverhältnisses** relevant, nämlich wenn dem Vermieter die vorhandenen Schäden bei Besichtigung des Mietobjekts erstmals gewahr werden.

64 *aa) Abgrenzung von vertragsgemäßem Gebrauch und Schönheitsreparaturen.* Der Mieter haftet für alle von ihm verursachten und verschuldeten Schäden an den Mieträumen auf **Schadenersatz,** soweit keine Abnutzung durch vertragsgemäßen Gebrauch vorliegt oder die Mängel ohnehin in den Bereich etwaig vorzunehmender Schönheitsreparaturen fallen.

65 Anders als bei den Schönheitsreparaturen kann der Mieter bei Schäden sofort wegen Schadenersatz in Anspruch genommen werden. Es bedarf keiner vorherigen Aufforderung zur Schadenbeseitigung mit Fristsetzung. Es gilt **allgemeines Schadensrecht** gemäß den §§ 249 ff. BGB iVm § 280 Abs. 1 BGB. Zur Bezifferung des Schadens genügt ein Kostenvoranschlag.

Praxistipp:

Der Vermieter und der Mieter sollten bei der Besichtigung und Übernahme des Mietobjekts unbedingt darauf achten, dass etwaig vorhandene Beschädigungen gesondert im Übergabeprotokoll aufgeführt werden, um bei der späteren Geltendmachung seiner Ansprüche von den Schönheitsreparaturen unterscheiden zu können.

66 *bb) Abgrenzung von Wiederherstellungspflicht des Mieters.* Ergibt sich aus § 546 BGB oder aus besonderer Vereinbarung eine Verpflichtung des Mieters zur **Wiederherstellung des ursprünglichen Zustandes** der Mietsache und wird diese Verpflichtung nicht oder nicht ordnungsgemäß erfüllt (Beispiel: Der Mieter ist verpflichtet, einen von ihm eingebrachten Teppichboden zu entfernen und beschädigt hierbei den zur Mietsache gehörenden Fußbodenbelag), ist zu beachten, dass dem Vermieter zunächst nur ein **Herstellungsanspruch** zusteht, da eine Hauptleistungspflicht vorliegt.[80] Erst nach Fristsetzung gemäß § 281 BGB kann der Herstellungsanspruch wirksam in einen Schadenersatzanspruch statt der Leistung umgewandelt werden.[81] Regelmäßig aber haftet der Mieter dem Vermieter wegen der Beschädigung bereits während des Mietverhältnisses gem. §§ 280 Abs. 1, 823 BGB. Richtigerweise gehen dies Ansprüche mit Begründung der Rückgabepflicht am Ende des Mietverhältnisses unter, noch geht §§ 281, 546 BGB ihnen vor. Sie stehen vielmehr in Anspruchskonkurrenz zueinander.[82]

67 *cc) Rechtsnachfolge während des Mietverhältnisses.* Bei **Rechtsnachfolge** auf Vermieterseite durch Veräußerung ist für den Erwerber Vorsicht geboten: Ist der Schaden an der Mietsache bereits während der Mietzeit mit dem Voreigentümer entstanden, gehen insoweit die Ersatzansprüche **nicht** gemäß §§ 566, 578 Abs. 2 BGB auf den Erwerber über.[83]

---

[80] Grüneberg/Weidenkaff BGB § 546 Rn. 7.
[81] KG NZM 1999, 612; Grüneberg/Weidenkaff BGB § 546 Rn. 7.
[82] Schmidt-Futterer/Streyl BGB § 546a Rn. 82.
[83] LG Kiel WuM 1998, 215; KG NZM 1999, 612; Grüneberg/Weidenkaff BGB § 566 Rn. 17.

Praxistipp:
Der Erwerber sollte sich vorsorglich die Ansprüche des Voreigentümers wegen etwaiger Schäden stets abtreten lassen.

b) Schönheitsreparaturen. Soweit der Mieter zum Vertragsende die Durchführung 68
von Schönheitsreparaturen schuldet, handelt es sich um eine **Hauptleistungspflicht.**[84]

Bei nicht oder nicht ordnungsgemäß durchgeführten Schönheitsreparaturen wandelt 69
sich der Erfüllungsanspruch des Vermieters nur unter den **Voraussetzungen der §§ 280, 281 BGB** in einen Anspruch auf Schadenersatz statt Leistung um. Die Voraussetzungen dafür sind:

- der Mieter schuldet die Durchführung von Schönheitsreparaturen,
- dem Mieter muss eine angemessene Frist zur Durchführung der Renovierungsarbeiten gesetzt worden sein.

Die vor der Schuldrechtsreform wegen § 326 Abs. 1 BGB aF nötig gewesene Nach- 70
fristsetzung mit **Ablehnungsandrohung** ist nicht mehr erforderlich.

Die vorzunehmenden Arbeiten müssen im Einzelnen bezeichnet werden, insbesondere 71
wenn der Mieter bereits Renovierungsarbeiten durchgeführt hat, diese aber mangelhaft sind. Hier sollten die Mängel möglichst genau genannt werden.[85]

Formulierungsvorschlag:

Sehr geehrte (r) 72

......

Bekanntlich sind gemäß der Regelung zu § ...... des zwischen uns vereinbarten Mietvertrages die Schönheitsreparaturen von Ihnen durchzuführen. Anlässlich der Besichtigung der Mietsache am ...... habe ich feststellen müssen, dass Sie Ihrer Verpflichtung nicht nachgekommen sind. Ich darf wegen der nicht durchgeführten Arbeiten im Einzelnen auf das erstellte Besichtigungsprotokoll Bezug nehmen. Vorsorglich führe ich nochmals auf, welche Arbeiten von Ihnen durchzuführen sind:

......

Zur Durchführung der erforderlichen Arbeiten setze ich eine angemessene Frist bis zum ......
Sollten Sie die Renovierungsarbeiten nicht innerhalb der gesetzten Frist ausgeführt haben, werde ich die Kosten für einen Maler als Schadenersatz gegen Sie geltend machen.

......

Nur ganz **ausnahmsweise** kann die Fristsetzung **entbehrlich** sein, zB wenn der Mieter 73
die Erfüllung ernsthaft und endgültig verweigert oder er seine neue Anschrift nicht angegeben hat und der Vermieter trotz Erkundigungen (Nachbarn, Post, Einwohnermeldeamt etc) sie nicht ermitteln kann. Im Zweifelsfall sollte den Erfordernissen des § 281 Abs. 2 BGB entsprochen werden.

c) Verspätete Wohnungs- und Schlüsselrückgabe. § 546 BGB normiert die – selbst- 74
verständliche – Pflicht des Mieters, bei Beendigung des Mietverhältnisses die Mietsache an den Vermieter zurückzugeben, so dass diesem an ihr unmittelbarer Besitz eingeräumt wird.

Bei Mieträumen gehört hierzu auch die **Herausgabe aller Schlüssel.**[86] 75

Bei **nicht rechtzeitiger Rückgabe** kann der Vermieter nach § 546a Abs. 1 BGB für die 76
Dauer der Vorenthaltung als **Entschädigung** die vereinbarte Miete oder die Miete verlangen, die für vergleichbare Räume ortsüblich ist. Der Vermieter kann eine höhere

[84] BGH NZM 1998, 710.
[85] LG Köln NZM 1999, 456.
[86] OLG Düsseldorf MDR 1997, 342.

ortsübliche Vergleichsmiete ohne besondere rechtsgestaltende Willenserklärung und ohne vorherige Ankündigung verlangen.[87]

77 Ausdrücklich geregelt ist, dass die Geltendmachung eines **weiteren Schadens,** der durch die Vorenthaltung der Mietsache entsteht, nicht ausgeschlossen ist (§ 546a Abs. 2 BGB).

Beispiele:

- Aufwendungen des Vermieters, die ihm dadurch entstanden sind, dass er von dem Erwerber der Mietsache auf deren Herausgabe verklagt worden ist, weil er dazu nicht rechtzeitig in der Lage war,[88]
- Schadenersatzleistung des Vermieters an den Nachmieter, weil er diesem wegen des nicht rechtzeitig räumenden Mieters den Gebrauch des Mietobjekts nicht einräumen kann,[89]
- Mietausfallschaden, weil der Vermieter die Mietsache infolge der nicht rechtzeitigen Räumung nicht an einen Nachmieter weitervermieten kann.[90]

78 Wegen dieser möglichen Schäden ist der Mieter unter den Voraussetzungen der §§ 286 Abs. 1, 280 BGB uneingeschränkt haftbar zu machen.

79 **d) Verjährung.** Gemäß § 548 Abs. 1 BGB **verjähren** die Ersatzansprüche des Vermieters wegen Veränderung oder Verschlechterung der Mietsache **in kurzer Frist von 6 Monaten.** Die Verjährungsfrist beginnt mit dem Zeitpunkt, in dem der Vermieter die Mietsache zurückerhält, zu laufen.[91] Eine lediglich vorübergehende Möglichkeit des Vermieters, die Mieträume während des Besitzes des Mieters zu besichtigen, genügt nicht.[92]

80 Die Verjährungsfrist beginnt auch dann mit dem Zeitpunkt der Rückgabe des Mietobjekts, wenn eine vom Mieter zu vertretende Veränderung oder Verschlechterung erst später erkennbar wurde.[93]

81 Besteht zunächst nur ein Erfüllungsanspruch (zB Durchführung von Schönheitsreparaturen), der erst später in eine Schadenersatzforderung übergeht (Ablauf der nach § 280 Abs. 1 BGB gesetzten Frist), beginnt die Verjährungsfrist für diesen Anspruch wegen § 198 BGB erst mit **Entstehung** dieses Anspruchs.[94]

82 Auf die kurze Verjährungsfrist hat der Vermieter ganz besonders zu achten, zumal ihm Veränderungen und Verschlechterungen an der Mietsache oft erst bei der Übergabe der Mietsache bekannt werden. Ist **Verjährung bereits eingetreten,** bleibt dem Vermieter nur noch die Möglichkeit der **Aufrechnung mit der verjährten Schadenersatzforderung** gegen den Kautionsrückzahlungsanspruch (§ 215 BGB), soweit er noch über eine entsprechende Mietsicherheit verfügt (zB Barkaution und Konto auf den Namen des Vermieters mit Kautionsvermerk, nicht aber Bürgschaft und nicht Sparbuch auf den Namen des Mieters mit Verpfändungserklärung).

Praxistipp:
Der Vermieter sollte am Tag der Rückgabe der Mietsache sofort die 6-monatige Verjährungsfrist im Kalender notieren. Der vom Vermieter beauftragte Anwalt sollte den Rückgabetag genau erfragen und entsprechende Frist stets notieren.

---

87 LG Hamburg WuM 2005, 771.
88 OLG Düsseldorf WuM 1998, 219.
89 Vgl. OLG Düsseldorf NZM 1999, 24.
90 BGH NJW 1998, 1303; AG Lemgo NZM 1999, 961.
91 BGH 27.2.2019 – XII ZR 63/18, NJW-RR 2019, 645.
92 BGH WuM 2004, 21.
93 BGH NZM 2005, 176; OLG Frankfurt a. M. WuM 2001, 397.
94 Grüneberg/Weidenkaff BGB § 548 Rn. 11.

4. Haftung des Mieters für Dritte

Der Mieter hat für das Verschulden aller Personen, die mit seinem Einverständnis mit der Mietsache in Berührung kommen, gemäß § 278 BGB wie eigenes Verschulden einzustehen.[95] Zu diesen Personen gehören insbesondere: 83

- Arbeitnehmer,
- Lieferanten,
- Kunden,
- beauftragte Handwerker,[96]
- und gebetene Gäste des Mieters.

nicht hingegen:

- ungebetene Besucher (Bettler, Hausierer),
- unbeauftragte Handwerker,
- Personen, die sich gewaltsam Zugang zur Mietsache verschaffen.

Überlässt der Mieter die Mietsache einem Dritten, hat er ein dem Dritten zur Last fallendes Verschulden zu vertreten (§ 540 Abs. 2 BGB). Auf ein eigenes Verschulden des Mieters kommt es dabei nicht an. Hat der Mieter den Gebrauch ohne Zustimmung des Vermieters überlassen, haftet er auch für Schäden, die der Dritte unverschuldet verursacht hat. Insoweit liegt bereits eigenes Verschulden des Mieters vor, weil dieser den Gebrauch vertragswidrig überlassen hat.[97] 84

Eine vorsätzliche oder grob fahrlässige Herbeiführung eines Gebäudeschadens durch einen Dritten ist dem Mieter nur zuzurechnen, wenn der Dritte sein Repräsentant war; § 278 BGB ist nicht anwendbar.[98] 85

II. Vermieterhaftung

1. Gebrauchsüberlassung

a) Besitzeinräumung. Gem. § 535 Abs. 1 S. 1 BGB trifft den Vermieter die Pflicht, „dem Mieter den Gebrauch der […] Mietsache […] zu gewähren." Dies ist eine Hauptleistungspflicht des Vermieters. Den Vermieter trifft einerseits die Überlassungs- und andererseits die Erhaltungspflicht am Mietgegenstand. Ersterer kommt er durch **Besitzeinräumung** am Mietgegenstand nach, welcher sich nach dem Mietvertrag bestimmt. Grundsätzlich ist der Vermieter verpflichtet, dem Mieter den unmittelbaren Besitz gemäß § 854 BGB einzuräumen. Nur ausnahmsweise reicht die Einräumung des mittelbaren Besitzes. Dies ist dann der Fall, wenn ein **Besitzmittlungsverhältnis** zwischen Mieter und einem Dritten – etwa einem Untermieter – besteht. Die Überlassungspflicht besteht bezüglich der vermieteten Räume, wobei kein Leistungsvorbehalt seitens des Vermieters möglich ist.[99] Die Pflicht erfasst auch sogenannte Nebenräume.[100] Dabei stellt die Überlassung nicht nur die Gestattung, sondern die Ermöglichung des vertragsgemäßen Gebrauches dar. 86

b) Zeitpunkt der Überlassung. Als Übergabezeitpunkt kommt grundsätzlich der vertraglich Vereinbarte in Betracht. Dabei muss der Zeitpunkt der Überlassung nicht unbedingt den Beginn des Mietverhältnisses darstellen.[101] Bei einer Überlassung vor Mietbeginn kann es sich um ein Überlassungsverhältnis eigener Art handeln oder die 87

---

[95] BGH WuM 2007, 24.
[96] AG Köln WuM 1998, 314 (315).
[97] Grüneberg/Weidenkaff BGB § 540 Rn. 15; Schmidt-Futterer/Streyl BGB § 546 Rn. 96.
[98] BGH NZM 2006, 949.
[99] Verstoß gegen § 308 Nr. 4 BGB.
[100] ZB Garten, OLG Köln NJW-RR 1994, 334.
[101] Schmidt-Futterer/Lehmann-Richter BGB § 535 Rn. 99; Eisele WuM 1997, 533 (534).

Änderung des Mietbeginns unter Beibehaltung des Fälligkeitszeitpunkts der Miete.[102] Den Mieter trifft in dieser Zeit eine Obhutspflicht bezüglich der Mietsache. Der Zeitpunkt der Übergabe ergibt sich in den meisten Fällen aus dem Mietvertrag. Stellt der Vermieter die Mietsache zum vertraglich vereinbarten Beginn des Mietverhältnisses – wenn dies datumsmäßig bestimmt ist – nicht zur Verfügung, kommt er ohne Mahnung in Verzug (§ 286 Abs. 2 Nr. 1 BGB) und macht sich damit für den Verspätungsschaden schadensersatzpflichtig (§§ 280 Abs. 1, Abs. 2, 286 BGB). Der Mieter kann gemäß § 323 Abs. 1 BGB zurücktreten.

88 An dieser Stelle muss auf einige Fallkonstellationen eingegangen werden: Die Mietparteien treffen oftmals die Vereinbarung, dass die Mietsache – Neubau oder Vollsanierung – **„ab Bezugsfertigkeit"** überlassen werden soll.[103] Hier muss ein Einzug dem Mieter zumutbar sein. Eine entsprechende AGB-Klausel ist wegen Verstoß gegen § 308 Nr. 1 BGB unwirksam. Wird als Überlassungszeitpunkt der **„Auszug des Vormieters"** vereinbart, so ist dies der Zeitpunkt, in dem der Vermieter den unmittelbaren Besitz zurückerlangt und diesen an den Mieter weitergibt.[104] Beide Fallkonstellationen stellen aufschiebende Bedingungen dar, die der Vermieter fördern muss.[105]

89 **c) Schlüsselübergabe.** Der Vermieter hat dem Mieter sämtliche Schlüssel[106] der vermieteten Räume, des Hauses und die, die zur Benutzung der Gemeinschaftseinrichtungen notwendig sind, zu übergeben.[107] Er darf keine zurückhalten bzw. Zweitschlüssel ohne Wissen des Mieters besitzen.[108] Mit der Schlüsselübergabe erfolgt regelmäßig die Übergabe des unmittelbaren Besitzes iSv § 854 BGB.[109] Zwar besteht zwischen den Parteien ein Besitzmittlungsverhältnis in der Form, dass der Mieter dem Vermieter den Besitz mittelt, jedoch regelt sich das Rechtsverhältnis nach dem Mietvertrag, der den Zutritt des Vermieters im Zweifel ausschließt.[110] Der Erhalt einer gewissen Anzahl von Schlüsseln kann vom Mieter nicht formularmäßig in allgemeinen Geschäftsbedingungen bestätigt werden (§ 309 Nr. 12b BGB), sondern nur außerhalb dieser als Quittung.[111] Der Mieter ist auch ohne Erlaubnis des Vermieters berechtigt, sich die für ihn erforderliche Zahl von Schlüsseln (einer pro Beschäftigter) anfertigen zu lassen.[112]

90 Eine formularvertragliche Regelung, die einen Mieter verpflichtet, sämtliche Schlüssel auf eigene Kosten herstellen zu lassen, verstößt gegen die Pflicht des Vermieters, dem Mieter den Besitz zu verschaffen und ist wegen Verstoßes gegen § 307 Abs. 2 BGB unwirksam.[113] Eine vergleichbare Individualvereinbarung verstößt in der Regel gegen die Grundsätze von Treu und Glauben gemäß § 242 BGB. Nicht zu beanstanden sind dagegen in der Geschäftsraummiete durchaus übliche Vereinbarungen, wonach der Mieter den Zugang zu der Mietsache anstelle der vermieterseitig vorhandenen Schließanlage mit einer eigenen Schließanlage versehen darf, denn in diesen Fällen ist der Vermieter auch ohne Austausch der Schließanlage bereit, dem Mieter den unmittelbaren Besitz an der Mietsache zu verschaffen.[114]

---

[102] Schmidt-Futterer/Lehmann-Richter BGB § 535 Rn. 67.
[103] Sternel MietR aktuell Kap. II. Rn. 5.
[104] Sternel MietR aktuell Kap. II. Rn. 6.
[105] Sternel MietR aktuell Kap. II. Rn. 6.
[106] LG Berlin NJW-RR 1988, 203.
[107] Bub/Treier MietR-HdB/Kraemer/Ehlert Kap. III. Rn. 2800; Schmidt/Futterer/Lehmann-Richter BGB § 535 Rn. 754.
[108] Sternel MietR aktuell Kap. II. Rn. 9 mwN.
[109] BGHZ 65, 137 (139).
[110] Schmidt/Futterer/Lehmann-Richter BGB § 535 Rn. 758.
[111] Sternel MietR aktuell Kap. II. Rn. 9.
[112] Sternel MietR aktuell Kap. II. Rn. 9.
[113] Lindner-Figura/Oprée/Stellmann Geschäftsraummiete-HdB/Hübner § 14 Rn. 56.
[114] Lindner-Figura/Oprée/Stellmann Geschäftsraummiete-HdB/Hübner § 14 Rn. 56.

Praxistipp:

Nach herrschender Meinung hat der Mieter selbst angefertigte Schlüssel zurückzugeben oder zu vernichten.[115]

Es empfiehlt sich daher, im Mietvertrag die Herausgabe sämtlicher, auch vom Mieter selbst angeschaffter Schlüssel, ohne Kostenerstattung zu vereinbaren.

d) Vertragsgemäßer Zustand der Mietsache bei Übergabe. In § 535 BGB sind Inhalt und Hauptpflichten des Mietvertrages normiert. § 535 Abs. 1 BGB spiegelt das gesetzliche Leitbild wider, wonach der Vermieter die Mietsache dem Mieter in einem zum vertragsgemäßen Zustand geeigneten Gebrauch zu überlassen hat und diesen Zustand zu erhalten hat. 91

Der Vermieter hat dem Mieter die Mietsache zum vereinbarten Beginn des Mietverhältnisses in der Weise zu überlassen, dass der Mieter ohne weiteres den vertragsgemäßen Gebrauch ausüben kann. Der Gebrauchsüberlassungspflicht des Vermieters gemäß § 535 Abs. 1 S. 2 BGB korrespondiert keine Abnahmepflicht des Mieters (im Gegensatz zum Kauf- und Werkvertragsrecht). Jedoch kann eine Abnahmepflicht vereinbart werden.[116] Fehlt eine solche Vereinbarung, kann der Mieter zwar in Annahmeverzug geraten, nicht jedoch in Schuldnerverzug.[117] Empfehlenswert bei der Besitzübergabe ist eine Übergabeverhandlung durch Begehung der Mieträume und Erstellung eines Übergabeprotokolls. Die Unterzeichnung des Übergabeprotokolls ist allerdings kein Einwendungsausschluss, sondern lediglich ein Beweisproblem.[118] Ohne Besichtigung kann der Mieter vom „verkehrsüblichen Zustand" der Mieträume ausgehen.[119] Der **vertragsgemäße Zustand** ist aus dem Vertragszweck unter Berücksichtigung der Ortssitte und der Höhe der Miete zu ermitteln.[120] Auch die Qualitätserwartungen des Mieters in Bezug zur Miethöhe spielen eine Rolle. Der vertragsgemäße Gebrauch wird von der Entwicklung der Technik mitbestimmt, dh der Zustand muss eine zeitgemäße Nutzung zulassen.[121] Eine Vermietung unter diesem Standard ist allerdings dann vertragsgemäß, wenn sie vereinbart wurde. Vertragsgemäßheit setzt Bezugsfertigkeit voraus. 92

Die Mietsache ist in einem Zustand zu übergeben, der dem Mieter den **vertragsgemäßen Gebrauch** der Mietsache ermöglicht. Was Inhalt des **vertragsgemäßen Gebrauches** ist, richtet sich primär nach den vertraglichen Vereinbarungen der Parteien, insbesondere dem vereinbarten **Mietzweck.**[122] Es geht nicht um wirtschaftliche Ziele des Mieters, sondern um die vertraglichen Vereinbarungen über die Nutzung der Mietsache.[123] Der Vermieter erfüllt seine Überlassungspflicht nur dann, wenn die Mietsache für den vereinbarten **Mietzweck tatsächlich und rechtlich geeignet** ist. Insbesondere muss der vereinbarte Mietzweck in der Mietsache öffentlich-rechtlich zulässig verfolgt werden können, beispielsweise müssen Geschäftsräume die baulichen Voraussetzungen für den vereinbarten Mietzweck erfüllen.[124] Problematisch sind auch häufig die vom Mieter einzuholenden „persönlichen Erlaubnisse" wie zB die Gaststättenerlaubnis. Der Vermieter trägt nicht das Risiko solcher Umstände, die allein in den persönlichen Verhältnissen des Mieters ihre Ursache haben. Aber immer dann, wenn öffentlich-rechtliche 93

[115] Schmidt-Futterer/Streyl BGB § 546 R. 33.
[116] Bub/Treier MietR-HdB/Kraemer/v. d. Osten/Schüller Kap. III A Rn. 2306.
[117] Bub/Treier MietR-HdB/Kraemer/v. d. Osten/Schüller Kap. III A Rn. 2308.
[118] Bub/Treier MietR-HdB/Kraemer/v. d. Osten/Schüller Kap. III A Rn. 2301.
[119] Sternel MietR aktuell Kap. II. Rn. 14; s. auch BGH NZM 2004, 736.
[120] Sternel MietR aktuell Kap. II. Rn. 13.
[121] Sternel MietR aktuell Kap. II. Rn. 14 mit Beispielen; BGH NZM 2004, 736.
[122] Lindner-Figura/Oprée/Stellmann Geschäftsraummiete-HdB/Hübner § 14 Rn. 24.
[123] Lindner-Figura/Oprée/Stellmann Geschäftsraummiete-HdB/Hübner § 14 Rn. 2.
[124] Bub/Treier MietR-HdB/Kraemer/Ehlert Kap. III A Rn. 2790.

Hindernisse unmittelbar mit der örtlichen Lage der Mietsache zusammenhängen, ist das Beheben dieses Hindernisses im Zweifel Vermietersache.[125]

Vertragsgemäßheit setzt auch Bezugsfertigkeit voraus.

94 *aa) Herrichtungspflicht des Vermieters.* Nach § 535 Abs. 1 S. 2 BGB muss der Vermieter die Mietsache nicht bloß in vertragsgemäßem Zustand übergeben, vielmehr hat er diese während der Dauer des Mietverhältnisses in vertragsgemäßem Zustand zu erhalten. Die sich daraus ergebende Mängelbeseitigungspflicht des Vermieters ist von einem auf seiner Seite bestehenden Verschulden unabhängig. Diese Einstandspflicht trifft ihn dann nicht, wenn seitens des Mieters ein Verschulden vorliegt.

95 *bb) Überbürdung auf den Mieter.* Er kann diese jedoch auf den Mieter durch Andienung im noch nicht fertigen Zustand abwälzen. Allerdings muss die Herrichtung mit zumutbarem Aufwand möglich sein. Hat sich der Mieter die Herrichtungspflicht überbürden lassen, hat in diesem Fall der Vermieter einen Erfüllungsanspruch.

Praxistipp:

Zu Übergabe der Mietsache sollte ein detailliertes Übergabeprotokoll erstellt und vom Mieter unterzeichnet werden. Das Protokoll soll auch vorhandene Mängel enthalten. Hat der Mieter dieses Protokoll unterzeichnet so ist er wegen der darin aufgeführten Mängel mit Minderungsansprüchen grundsätzlich ausgeschlossen.

96 *cc) Neuere Praxis.* Der in letzter Zeit immer häufiger bei Geschäftsraummietverhältnissen anzutreffende Fall ist jedoch der, dass die Räume in der Regel nicht in einem zum vertragsgemäßen Gebrauch geeigneten Zustand überlassen werden, sondern mehr oder weniger als so genannter „veredelter Rohbau". In diesem Fall müssen im Vertrag detaillierte Regelungen über den mieterspezifischen Ausbau getroffen werden. Dies hat dann entsprechende Auswirkungen auf Instandhaltungs- und Rückbauverpflichtungen, die bei einer Vertragsgestaltung zu beachten sind.

97 *dd) Vertragliche Gestaltung.* Soweit vertraglich nichts anderes geregelt ist, hat der Vermieter die Mietsache für den vertraglich vereinbarten Zweck zu überlassen, ohne dass der Mieter eigene Baumaßnahmen tätigen muss (§ 535 Abs. 1 S. 2 BGB).[126] Wird von dieser gesetzlichen Regelung abgewichen, bedarf dies einer eindeutigen und klaren Regelung. Nicht ausreichend ist in diesem Zusammenhang eine Vertragsklausel, die hinsichtlich der Ausstattung des Mietobjektes auf eine beigefügte Baubeschreibung verweist. Derartiges wird in der Regel nur als Erläuterung dessen verstanden, wie die Ausstattung erfolgt, beispielsweise Teppich oder Parkett, Holztüren oder Glastüren usw. Es wird daher nicht ausreichend sein eine solche Klausel in einem Formularmietvertrag zu verwenden, da hiermit nicht wirksam von der gesetzlichen Grundregelung des § 535 BGB abgewichen werden kann (§ 305c Abs. 2 BGB).

98 *ee) Beteiligte und Umfang.* Werden nach dem Mietvertrag keine voll ausgebauten, vertragstauglichen Räume überlassen muss vertraglich geregelt werden, durch wen der weitere Ausbau der Räume erfolgt. Dies deshalb, da sich hierdurch unterschiedliche Rechtsfolgen in Bezug auf Instandhaltung- und Rückbaupflichten ergeben, die wiederum ebenso abweichend vereinbart werden müssen.

99 Eine einfache Lösung stellt die Vereinbarung dar, dass der Mieter die Ausstattung und Einbauten selbst einbringt, die der Vermieter nicht zur Verfügung stellt und deshalb vom Mieter, weil erforderlich, selbst und auf eigene Kosten eingebaut werden. Probleme tauchen hier jedoch insbesondere bei Neubauten auf, wenn es um Gewährleistungsansprüche des Mieters geht, weil ihm weder Pläne oder sonstige konkrete Vorgaben über „Schnittstellen" gemacht werden.

[125] Lindner-Figura/Oprée/Stellmann Geschäftsraummiete-HdB/Hübner § 14 Rn. 10.
[126] Grüneberg/Weidenkaff BGB § 535 Rn. 14, 34.

Auf Grund dieser vorgenannten Problematik, insbesondere der Abgrenzung von Leistungen des Mieters und Gewährleistungsansprüchen sowie häufig einer Kostensteigerung durch mehrere Auftraggeber, kann sich der Vermieter den Ausbau der Räume auf Grund der Wünsche des Mieters auch selbst vorbehalten. Dies unabhängig von einer Kostentragungspflicht. Hier bieten sich zwei unterschiedliche Modelle mit unterschiedlichen Rechtsfolgen an: 100

- Die Ausbaumaßnahmen werden als Sonderwünsche des Mieters durch den Vermieter durchgeführt, so dass dies Teil der vermieterseitigen Leistung wird.
- Es kann vereinbart werden, dass die Mietersonderwünsche zwar Mieterleistungen sind, dieser sich jedoch verpflichtet, den Vermieter mit der Ausführung der Arbeiten zu beauftragen. In einem solchen Fall kommt zwischen Mieter und Vermieter neben dem Mietvertrag ein Werkvertrag zustande, bei dem der Mieter Auftraggeber und der Vermieter Auftragnehmer ist.

ff) Formularverträge. Im Gegensatz zur Überlassungspflicht kann die Erhaltungspflicht zumindest teilweise auch in Formularverträgen wirksam auf den Mieter übertragen, dh die gesetzliche Regelung abbedungen werden.[127] In gewerblichen Mietverträgen stellt dies den Regelfall dar. Individualvertraglich ist die Überwälzung der Erhaltungspflicht auf den Mieter bis zur Grenze der Sittenwidrigkeit gemäß § 138 BGB zulässig.[128] 101

2. Gebrauchsgewährung

a) **Inhalt und Grenzen der Gebrauchsgewährungspflicht.** Die Hauptpflicht des Vermieters gemäß § 535 Abs. 1 S. 1 BGB wird durch § 535 Abs. 1 S. 2 BGB ergänzt und konkretisiert („zum vertragsmäßigen Gebrauch geeigneten Zustand"). Dies ist die Sicherung des Rahmens, innerhalb dessen der Mieter seinen Mietgebrauch ausübt.[129] Mit der Gebrauchsgewährungspflicht des Vermieters korrespondiert das Gebrauchsrecht des Mieters, keine Gebrauchspflicht. Inhaltlich richtet sich die Vermieterpflicht im Einzelnen nach Art und Umfang des Gebrauchs, der dem Mieter nach dem Mietvertrag gestattet ist.[130] 102

aa) Räumlich. Räumlich erfasst die Gebrauchsgewährungspflicht das Mietobjekt und die Teile des Grundstücks, die mitbenutzt werden dürfen. Der Umfang des Mietobjektes ergibt sich aus dem Vertrag, dessen Auslegung nach § 157 BGB, der Hausordnung und nach Treu und Glauben. Insbesondere dürfen die mitgemieteten Gebäudeteile mitbenutzt werden (zB Zugangsweg, Außenwand für Schild). Dabei ist zwischen „vom Mietgebrauch erfassten" Sachen und der „Gestattung der Benutzung" zu unterscheiden.[131] 103

bb) Zeitlich. Vor Vertragsbeginn ist der Vermieter nur dann zur Gebrauchsgewährung verpflichtet, wenn er dem Mieter das Mietobjekt vorher überlassen hat. Mit Beendigung des Mietverhältnisses entfällt die grundsätzliche Gebrauchsgewährungspflicht des § 535 Abs. 1 S. 2 BGB. Es besteht danach nur eine eingeschränkte Gebrauchsgewährungspflicht[132] in Form einer Verkehrssicherungspflicht[133] bis zur Rückgabe der Mietsache. Der Vermieter hat die Grundvoraussetzungen für eine Benutzung der Mietsache zu schaffen.[134] 104

[127] Grüneberg/Weidenkaff BGB § 535 Rn. 37.
[128] Lindner-Figura/Oprée/Stellmann Geschäftsraummiete-HdB/Hübner § 14 Rn. 199.
[129] Sternel MietR aktuell Kap. II. Rn. 27.
[130] Schmidt-Futterer/Lehmann-Richter BGB § 535 Rn. 365.
[131] AG Lörrach WuM 1998, 662; Schmidt-Futterer/Eisenschmid BGB § 535 Rn. 25: Grundstücks- u. Gebäudeteile (Treppenhaus), Rn. 28: Keller/Dachboden wenn vertragl. vereinbart, Garage u. Abstellplatz unterscheid.: Alleinige Vermietung (siehe normale Verm.), Vermietung mit Wohnraum WohnraummietR anwendb, da Schwerpunkt § 535 Rn. 31; § 535 Rn. 37 f.: Garten bei EFH grds. mitvermietet, bei MFH nur bei ausdrückl. Vereinb. bzw. konklud. Vertragserweiterung durch jahrelange Nutzung, Rn. 38: Einrichtungen u. Zubehör, § 311c im Zweifel mitvermietet.
[132] Wenn zB Mieter die Wohnung nicht räumt.
[133] LG Aachen MDR 1992, 578.
[134] Sternel MietR aktuell Kap. II. Rn. 29.

105 b) **Wesentlicher Inhalt.** *aa) Zugang zum Mietobjekt.* Die Zugangswege zum Mietobjekt müssen mitbenutzt werden dürfen. Der ungehinderte Zugang ist Voraussetzung für die vertragsgemäße Nutzung. Eine Zugangsbehinderung stellt einen Mangel dar, auch wenn sie nicht durch vom Vermieter beeinflussbare Bauarbeiten ausgeht.[135] Umstritten ist allerdings, ob ein Zugangshindernis (zB durch Straßenarbeiten der Gemeinde oder sonstige Baustellen) ein Kündigungsrecht des Mieters auslöst.[136] Der Mieter kann die Zugangsbehinderung gemäß § 1004 BGB analog abwehren.[137]

106 *bb) Nutzung.* Die Nutzungsmöglichkeiten der Mietsache ergeben sich aus dem Mietvertrag bzw. sind durch dessen Auslegung nach § 157 BGB zu ermitteln.

107 Regelmäßig sind die Räume entweder zu Wohnzwecken oder zur gewerblichen Nutzung überlassen. Sind beide Nutzungszwecke vereinbart, liegt ein Mischmietverhältnis vor. Bei diesem muss geprüft werden, welcher Nutzungstyp das Übergewicht bildet. Je nachdem, welcher Nutzungszweck überwiegt, sind entweder die Vorschriften des Wohnraummietrechtes oder die der Gewerberaummiete anzuwenden.[138] Dies ist insbesondere entscheidend bei Abweichungen vom Vertragszweck respektive bei Leistungsstörungen.

108 *cc) Gemeinschaftsflächen.* Besonders erwähnenswert ist die Nutzungsmöglichkeit der Gemeinschaftsflächen.[139] Das bloße Vorhandensein von Gemeinschaftseinrichtungen gibt dem Mieter einen Benutzungsanspruch und dem Vermieter eine Unterhaltungspflicht,[140] vorbehaltlich klarer abweichender vertraglicher Vereinbarungen.

109 c) **Versorgungsleistungen.** Gemäß § 535 Abs. 1 S. 2 BGB hat der Vermieter die Mietsache zu „überlassen" und zu „erhalten". Daraus ergibt sich nicht nur eine Instandhaltungspflicht des Vermieters an der Mietsache, sie umfasst auch die Versorgung des Mietobjektes mit Wärme, Energie, Wasser und die Entsorgungsleistungen. Der Vermieter hat diese grundsätzlich selbst zu veranlassen oder die erforderlichen Einrichtungen zur Verfügung zu stellen.

110 *aa) Heizung.* Die Versorgung mit Wärme ist Nebenpflicht des Vermieters.[141] Sie gehört zum vom Vermieter geschuldeten „vertragsgemäßen Gebrauch" im Sinne von § 535 Abs. 1 S. 2 BGB. Der Mieter hat diesbezüglich Gewährleistungsrechte.[142] Die Heizdauer ist individuell zu bestimmen, mindestens dauert sie jedoch vom 15.9. bis 15.5. und die Mindesttemperatur beträgt 20–22 °C von 7.00 bis 23.00 Uhr.[143] Abweichende Regelungen in Formularverträgen sind nicht möglich[144] Die Heizpflicht kann auch formularmäßig vereinbart werden, allerdings ist dabei die mögliche Gesundheitsgefährdung des Mieters als Grenze anzusehen.[145]

111 *bb) Wasser und Entsorgung.* Es gehört zum Pflichtenkreis des Vermieters, die erforderlichen Zu- und Ableitungen zur Verfügung zu stellen, für die Instandhaltung und Instandsetzung Sorge zu tragen sowie Anlagen zur Abfallbeseitigung bereitzustellen.[146]

112 *cc) Energie.* Der Vermieter ist verpflichtet, in Mieträumen ausreichend Leitungen zur Verfügung zu stellen, für die er ebenfalls zur Instandhaltung und Instandsetzung ver-

---

[135] OLG Köln NJW 1972, 1814.
[136] AnwHdB MietR/Eisenhardt Rn. 456 mwN.
[137] BGH NZM 1998, 411.
[138] BGH NJW-RR 1986, 877.
[139] Wie zB Wäsche- oder Fahrradkeller, Garten, Grünanlage, Spielplatz.
[140] Sternel MietR aktuell Kap. II. Rn. 37.
[141] MüKoBGB/Häublein § 535 Rn. 76.
[142] Wenn der Vermieter diesem nicht nachkommt: Minderungsrecht (§ 536 Abs. 1), Schadenersatzanspruch (§ 536a Abs. 1) bzw. Kündigungsrecht (§ 543 Abs. 2 S. 1 Nr. 1).
[143] MüKoBGB/Häublein § 535 Rn. 77 f.; Emmerich BGB §§ 535, 536 Rn. 23.
[144] LG Göttingen ZMR 1988, 179; LG Hamburg WuM 1988, 153.
[145] Sternel MietR aktuell Kap. II. Rn. 67.
[146] Sternel MietR aktuell Kap. II. Rn. 71; Kossmann/Meyer-Abich Wohnraummiete-HdB § 30 Rn. 5.

pflichtet ist.[147] Der Versorgungsvertrag kommt allerdings in der Regel zwischen Versorgungsunternehmen und Mieter zustande.[148]

dd) Einrichtung, Einbauten. Mitvermietet sind die Bestandteile und festen Einrichtun- 113
gen des Mietobjektes.[149] Bei ausgestatteten Mieträumen sind auch die Einrichtungsgegenstände im Zweifel (gemäß § 311c BGB) mitvermietet.[150] Sie gehören somit zum vertragsgemäßen Gebrauch der Mietsache. Eine Entfernung dieser Gegenstände seitens des Mieters ist ohne Einwilligung des Vermieters grundsätzlich nicht zulässig.[151]

ee) Zeitliche Begrenzung. Die Versorgungspflicht des Vermieters besteht in dieser Form 114
bis zur Beendigung des Mietverhältnisses. Demzufolge wäre eine Unterbrechung der Versorgung bzw. Erschwerung eine Besitzstörung im Sinne von § 862 BGB.[152] Das Recht zum Besitz schließt die ungestörte Ausübung ein.

In seiner zum Gewerbemietrecht ergangenen Entscheidung macht der BGH[153] deut- 115
lich, dass sich im Einzelfall nachvertragliche Pflichten des Vermieters zu weiteren Versorgungsleistungen für die weiter genutzte Wohnung trotz beendetem Mietvertrag ergeben können.[154] Solche nachvertraglichen Pflichten könnten sich im Einzelfall aus der Eigenart des – beendeten – Mietvertrages wie zB bei der Wohnraummiete[155] oder den besonderen Belangen des Mieters (zB Gesundheitsgefährdung oder etwa durch Versorgungssperre drohender, besonders hoher Schaden) ergeben. Dies würde allerdings allein den Interessen des Mieters dienen.[156] Die trotz beendeten Vertrags aus Treu und Glauben nach § 242 BGB herzuleitende Verpflichtung lasse sich daher nur rechtfertigen, wenn sie auf der anderen Seite den berechtigten Interessen des Vermieters nicht in einer Weise zuwiderlaufe, die ihm die weitere Leistung unzumutbar mache. Sei dem Vermieter die Weiterbelieferung nicht zumutbar, zB weil erhebliche Zahlungsrückstände bestünden, so komme es anders als bei bestehendem Mietvertrag auf den Umfang und die Grenzen eines Zurückbehaltungsrechts nicht an, weil der Vermieter in diesem Fall schon nicht mehr zur Gebrauchsüberlassung verpflichtet sei.

ff) Zurückbehalt und Anspruchssicherung. In der Gewerberaummiete ist die Zulässigkeit 116
einer Versorgungssperre jedoch geklärt. Der Vermieter ist zur Fortsetzung von Versorgungsleistungen nach Vertragende jedenfalls dann nicht verpflichtet, wenn sich der Mieter in Zahlungsverzug befindet und dem Vermieter ein stetig wachsender Schaden droht. Der Vermieter hat also ein Zurückbehaltungsrecht an Versorgungsleistungen gestützt auf seinen Herausgabeanspruch (§§ 273, 320 BGB).[157]

d) Abwehr von Immissionen. Die Pflicht des Vermieters zur Gebrauchsgewähr nach 117
§ 535 Abs. 1 S. 2 BGB schließt die Pflicht zur Unterlassung und zur Abwehr von Störungen des Mietgebrauchs ein. Dies sind Störungen, die vom Mietobjekt selbst, von

[147] Sternel MietR aktuell Kap. II. Rn. 75.
[148] AG Rastatt NZM 2000, 181.
[149] ZB Türen, Fenster, Heizkörper, Sanitärinstallationen usw.
[150] Schmidt-Futterer/Lehmann-Richter BGB § 535 Rn. 533.
[151] LG Berlin GE 1997, 243 = NJW-RR 1997, 1097; ausnahmsweise ist Entfernung möglich zur Wiederherstellung des gebrauchsfähigen Zustandes, LG Konstanz WuM 1989, 67.
[152] Sternel MietR aktuell Kap. II Rn. 80.
[153] BGH NJW 2009, 1947.
[154] So auch Schmidt-Futterer/Streyl BGB § 546a Rn. 10 ff.; MüKoBGB/Bieber § 546a Rn. 28 ff.
[155] Schmidt-Futterer/Streyl BGB § 546a Rn. 10 ff; OLG Saarbrücken InfoM 2006, 189; vgl. auch BGH MDR 2005, 1279 = NZM 2005, 626 = NJW 2005, 2622 = WM 2005, 1670 = ZMR 2005, 880, Entscheidungsgründe Rn. 35; aA, weil nach Vertragsende keine Gebrauchsgewährleistungspflicht mehr besteht: Scholz NZM 2008, 387; Streyl WuM 2006, 234; Herrlein NZM 2006, 527; Derleder NZM 2000, 1098; KG InfoM 2005, 28.
[156] Vgl. insoweit Staudinger/Rolfs BGB § 546a Rn. 6.
[157] OLG Hamburg WuM 1978, 169 bzgl. Heizung; LG Kassel WuM 1979, 51 bzgl. Wasser; LG Heilbronn WuM 1965, 46 bzgl. Strom; Bub/Treier MietR-HdB/v. Martius Kap. III A Rn. 1152; aA Bub/Treier/MietR-HdB/v. Martius Kap. III. Rn. 1152: Abstellen von Strom . . . ist keine verbotene Eigenmacht, denn M hat trotz mietvertragl. zustehenden Mitbenutzungsrecht kein Mitbesitzrecht an den Versorgungsleitungen.

Mitmietern, von Dritten und der Umwelt ausgehen können. Der Abhilfeanspruch des Mieters besteht nur insoweit, als der Vermieter die Unterlassung (von Dritten) nach §§ 862, 906, 1004 BGB verlangen kann. Soweit eine Abhilfe nicht möglich ist, greifen die verschuldensunabhängigen Gewährleistungsregelungen. Allerdings ist diese Sicherungspflicht individualvertraglich abdingbar. In Formularklauseln kann im Zweifel nur eine Freizeichnung des Vermieters vereinbart werden, dagegen keine Pflichtüberbürdung zu Lasten des Mieters (da der Vermieter sonst auf den Mieter Rückgriff nehmen könnte).[158]

118 e) **Fürsorge- und Treuepflichten.** Im Mietrecht gilt der allgemeine **Gleichbehandlungsgrundsatz,**[159] der dann einschlägig ist, wenn der Vermieter Kollektivregelungen (zB Hausordnung) trifft. Der Vermieter hat über § 242 BGB das **Willkürverbot** aus Art. 3 GG zu beachten (zB bei der Hundehaltung, Abstellen von Fahrzeugen im Hof etc). Das Mietverhältnis ist ein personenbezogenes Dauerschuldverhältnis. Den Vermieter treffen daher Aufklärungspflichten bezüglich weitergehender Maßnahmen, auch wenn keine Gefahr für Leib und Leben besteht. Über die Gewährpflicht hinaus trifft den Vermieter die Pflicht, durch Vorsorge Beeinträchtigungen des Mietgebrauchs zu vermeiden. Er hat alle Einwirkungen auf die Mietsache zu vermeiden, die schädigend sein könnten.[160]

119 f) **Konkurrenzschutz.** Dem Vermieter von Geschäfts- und Gewerberäumen obliegt eine Konkurrenzschutzpflicht gegenüber seinem Mieter in Bezug auf den Kernbereich der gewerblichen Nutzung. Eine solche ist im Wohnraummietvertrag grundsätzlich nicht vorgesehen. Allerdings sind auch gewisse berufliche oder kleingewerbliche Tätigkeiten in Wohnungen möglich, so zB schriftstellerische, wissenschaftliche Tätigkeiten, Sekretariatstätigkeiten, Nachhilfe- und Musikunterricht, Tagesmutter etc.[161] Allerdings ergibt sich hier aus der Natur der Sache keine Konkurrenzschutzpflicht, da diese Tätigkeiten allesamt keine Außenwirkung entfalten.

120 Die gemeinhin als **vertragsimmanenter Konkurrenzschutz** bezeichnete Verpflichtung des Vermieters ist im Wesentlichen eine Verpflichtung zum Unterlassen, nämlich zum Unterlassen der Vermietung in demselben Objekt oder in einem unmittelbar benachbarten Objekt zu einem identischen Gebrauch. Begründet wird diese Verpflichtung mit der Behauptung, der Vermieter gewerblich zu nutzender Räume schulde seinem Mieter, der ja in den Räumen einer Tätigkeit nachgehe, mit der auch die Miete erwirtschaftet werden solle, das Unterlassen der Vermietung an Konkurrenten aufgrund einer sog. Leistungstreuepflicht.[162] Jedoch kann die Verpflichtung zur Gewährung von Konkurrenzschutz ausgeschlossen werden. Nach herrschender und zutreffender Auffassung können derartige Ausschlussklauseln auch formularmäßig vereinbart werden.[163] Sie sind in der Praxis der gewerblichen Vermietung weder überraschend noch betreffen sie wesentliche Vertragsverpflichtungen des Vermieters von Gewerberaum.[164]

121 Problematisch könnte dies allerdings bei einem Mischmietverhältnis sein, in dem die Nutzung zu Wohn- und anderen Zwecken zugelassen ist. Fraglich ist, ob zB ein Junganwalt, der in seiner Wohnung eine „Wohnzimmerkanzlei“ betreibt, von seinem Vermieter Konkurrenzschutz verlangen kann. Grundsätzlich genießen auch die Vertreter der freien Berufe Konkurrenzschutz.[165] Bei gemischten Mietverhältnissen wird grundsätzlich von einem Gewerbemietverhältnis ausgegangen, solange die Nutzung der

[158] Zum Ganzen: Sternel MietR aktuell Kap. II. Rn. 103.
[159] LG Offenburg WuM 1998, 289.
[160] Schmidt-Futterer/Eisenschmid BGB § 535 Rn. 91 f.
[161] Bub/Treier MietR-Hdb/Bub Kap. II. Rn 1421.
[162] Lindner-Figura/Oprée/Stellmann Geschäftsraummiete-HdB/Hübner § 14 Rn. 111.
[163] Emmerich/Sonnenschein BGB § 535 Rn. 11.
[164] Lindner-Figura/Oprée/Stellmann Geschäftsraummiete-HdB/Hübner § 14 Rn. 167.
[165] BGHZ 70, 79, da zwar kein Gewerbe, doch wirtschaftliche Konkurrenz; Bub/Treier MietR-HdB/Bub Kap. II. Rn 1421.

Räumlichkeiten frei bestimmbar ist.[166] Allerdings kann dies nicht verallgemeinert werden; liegt das Schwergewicht der Berufsausübung außerhalb der Mieträume, so ist ein gewerbliches Mietverhältnis und damit Konkurrenzschutz zu verneinen.[167] Anders ist dann zu entscheiden, wenn die quasi-gewerbliche Nutzung nicht vertraglich vereinbart wurde.

3. Leistungsstörungen

Hier wird auf das Verhältnis der mietrechtlichen Gewährleistung zu dem allgemeinen Leistungsstörungsrecht eingegangen. Nach neuerer Rechtsprechung des BGH sind die mietrechtlichen Gewährleistungsregeln wegen eines Sachmangels grundsätzlich erst anwendbar, wenn die Mietsache übergeben worden ist,[168] da bereits der Wortlaut des § 536 Abs. 1 BGB eine Übergabe voraussetzt. 122

a) **Garantiehaftung des Vermieters.** § 536a fasst die Schadensersatz- und Aufwendungsersatzansprüche des Mieters wegen eines Mangels der Mietsache zusammen. 123

Nach § 536 Abs. 2 Nr. 2 BGB besteht ein Aufwendungsersatzanspruch bei notwendiger umgehender Beseitigung eines Mangels zur Erhaltung oder Wiederherstellung des Bestandes der Mietsache, dh es geht um Notmaßnahmen, die keinen Aufschub dulden und die ohne vorherige Mahnung einen Aufwendungsersatzanspruch auslösen. 124

Gemäß § 536a Abs. 1 Alt. 1 BGB trifft den Vermieter eine Garantiehaftung für anfängliche Mängel, dh Mängel, die bei Vertragsschluss vorhanden sind. Verschulden, Erkennbarkeit bzw. Vermeidbarkeit sind dabei irrelevant.[169] Die Garantiehaftung ist Folge des allgemeinen Grundsatzes, dass jeder Schuldner für sein anfängliches Leistungsvermögen ohne Rücksicht auf Verschulden einstehen muss.[170] Die Haftung geht aber mit Erstreckung auch auf objektiv unbehebbare Mängel der Mietsache über den Grundsatz hinaus. Dabei genügt es, dass zum Zeitpunkt des Vertragsschlusses die Ursache für späteren Schaden vorhanden war,[171] der Mangel braucht noch nicht zu Tage getreten zu sein. Die Garantiehaftung greift auch, wenn die Mietsache bei Vertragsschluss noch nicht fertiggestellt war und der Mangel bei der Übergabe vorhanden war.[172] Fallen Vertragsschluss und Beginn des Mietverhältnisses durch Übergabe der Mietsache auseinander, ist der Zeitpunkt des Vertragsschlusses maßgeblich.[173] Maßgeblicher Zeitpunkt ist nach dem Gesetzeswortlaut der Vertragsschluss. Dabei ist die Garantiehaftung ausdehnend auszulegen. Grund ist ein an Risikobereichen orientierter Mieterschutz. Der Mieter hat keine Einwirkungs- und Erkenntnismöglichkeit hinsichtlich des Zustandes des Mietobjektes vor Vertragsschluss.[174] Allerdings ist die Garantiehaftung formularmäßig abdingbar. Ein solcher vertraglicher Ausschluss ist nicht nach § 307 BGB unwirksam,[175] soweit es nicht um Haftung für zugesicherte Eigenschaften iSv §§ 536 Abs. 2, 536a Abs. 1 BGB geht. Die Verschuldenshaftung bleibt vom Ausschluss unberührt.[176] Des Weiteren ist der in einem Formularmietvertrag vereinbarte Ausschluss von Schadenersatzansprüchen des Mieters wegen Sachschäden, die durch Mängel der Mietsache verursacht wurden, für die der Vermieter infolge leichter Fahrlässigkeit verantwortlich ist, wegen Verstoßes gegen § 307 BGB unwirksam.[177] Die Unwirksamkeit ergibt sich daraus, dass durch einen derartigen Haftungsausschluss die 125

[166] BGH WM 1986, 274.
[167] LG Berlin MM 1995, 63.
[168] BGHZ 136, 102 = NJW 1997, 2813.
[169] OLG Karlsruhe ZMR 1991, 378.
[170] Sternel MietR aktuell Kap. II. Rn. 484.
[171] ZB verborgene Mängel an Installationen: LG Köln WuM 1990, 386.
[172] OLG München ZMR 1996, 322 mwN.
[173] Schmidt-Futterer/Eisenschmid BGB § 536a Rn. 12.
[174] Sternel MietR aktuell Kap. II. Rn. 564 mwN.
[175] BGH NJW-RR 1991, 74; 1993, 519; OLG Stuttgart NJW 1984, 2226; BayObLG WuM 1985, 49; Bub/Treier MietR-HdB/Kraemer Kap. III B Rn. 2845.
[176] OLG Düsseldorf ZMR 1988, 222 (223); NJW-RR 1996, 521.
[177] BGH NZM 2002, 116.

Hauptpflicht des Vermieters eingeschränkt wird, die Mietsache in einem vertragsgemäßen Zustand zu erhalten. Im Gegensatz zum Mieter kann der Vermieter nämlich für Schäden, die durch eine leicht fahrlässige Verletzung seiner Instandhaltungspflicht entstanden sind, eine Haftpflichtversicherung abschließen. Ein derartiger Haftungsausschluss ist jedoch nur dann unwirksam, wenn sich der Vermieter gegen Schäden absichern will, die durch Mängel der Mietsache verursacht worden sind. Wenn es um Sach- und Vermögensschäden des Mieters geht, die ansonsten vom Vermieter leicht fahrlässig verursacht worden sind, ist eine Haftungsbeschränkung wirksam und weiterhin sinnvoll.

126 b) **Haftung für Erfüllungsgehilfen.** Erfüllungsgehilfe ist jede Person, die vom Vermieter für Verrichtungen bei, in oder an der Mietsache bestellt wird.[178] Der Vermieter haftet für alle Personen, die er zur Erfüllung einer dem Mieter gegenüber bestehenden Pflicht einsetzt. Dabei haftet er für alle schuldhaften Verhaltensweisen des Erfüllungsgehilfen, die zur Erfüllungshandlung in einem adäquat-kausalen Verhältnis stehen. Erfüllungsgehilfen sind zB der Hausverwalter, Hauswart, Arbeitnehmer des Vermieters,[179] beauftragte Handwerker, Lieferanten und deren Angestellte, Sachverständige, Kauf- und Mietinteressenten des Vermieters. Allerdings besteht nur Haftung für Verhaltensweisen „in Ausübung der Verrichtung", nicht „bei Gelegenheit" der Verrichtung.

127 c) **Schutzwirkung zugunsten Dritter.** *aa) Miteinbeziehung Dritter in den Mietvertrag.* Erleiden Dritte aus der schuldhaften Verletzung der Verkehrssicherungspflicht einen Schaden, so kommt grundsätzlich nur eine Haftung aus Delikt (§ 823 BGB) in Betracht. Weil es aber gegen Treu und Glauben verstoßen würde, ihm, der vertragslos aber bestimmungsgemäß mit der Mietsache in Berührung und durch sie oder in ihr zu Schaden kommt, einen vertraglichen Anspruch zu versagen, wird der Schutzbereich des Mietvertrages erweitert auf Personen die zum Mieter in einem Rechtsverhältnis mit personenrechtlichem Einschlag stehen.[180] Deshalb erstreckt sich die Schutzwirkung des Mietvertrags zB auf Familienmitglieder, Hilfspersonen sowie Arbeitnehmer und Kunden.[181] Danach ist ein Vertrag mit Schutzwirkung für Dritte anzunehmen, wenn:

- der Geschädigte bestimmungsgemäß mit der Mietsache in Berührung kommt (Leistungsnähe),
- der Geschädigte gegen den Mieter einen Anspruch auf Schutz und Fürsorge hat, und
- dem Vermieter diese Situation erkennbar ist.[182]

Nicht in den Schutzbereich einbezogen ist der Untermieter; dieser muss sich an seinen Vermieter – den Hauptmieter – halten.[183]

128 *bb) Schutz- und Fürsorgepflichten.* Den Vermieter trifft eine Fürsorgepflicht gegenüber dem Mieter. Liegen entsprechende Hinweise auf einen drohenden Schaden vor, so hat er eine **Prüfungs- und Überwachungspflicht** hinsichtlich der Mietsache, um Schäden – auch für das Eigentum des Mieters – zu unterbinden oder abzuwenden.[184] Er hat notfalls einen Fachmann hinzuzuziehen. Ihn trifft die Pflicht, vorbeugende Maßnahmen zur Abwendung einer akuten Gefahr zu treffen, die erforderlich und ihm zumutbar sind.[185] Dabei ist es irrelevant, ob die Gefahr von der Mietsache, dem Vermieter oder Dritten ausgeht. Dies umfasst auch eine anlassbezogene, jedoch keine allgemeine **Kontrollpflicht**

---

178 OLG Karlsruhe NJW-RR 1988, 528.
179 BGH MDR 1964, 750.
180 Sternel MietR aktuell Kap. II. Rn. 492; BGH NZM 2010, 668 = NJW 2010, 3152 = ZMR 2011, 360.
181 Schmidt-Futterer/Lehmann-Richter BGB § 536a Rn. 44.
182 BGH NZM 2010, 668 = NJW 2010, 3152.
183 BGHZ 70, 328.
184 BGH ZMR 1990, 452 mwN.
185 OLG Hamburg ZMR 1988, 420 (421).

bezüglich der technischen Geräte[186] in der Mietwohnung, soweit diese nicht ausschließlich in der Obhut des Mieters stehen. Den Vermieter trifft auch eine **Verkehrssicherungspflicht** bezüglich der Gemeinschaftseinrichtungen.[187]

d) **Unmöglichkeit.** Die Unmöglichkeitsvorschriften der §§ 275, 280, 311a, 326 BGB sind jedenfalls dann ausgeschlossen, wenn die §§ 536 ff. BGB eingreifen. Liegt ein Fall der Unmöglichkeit vor, wird auch im Mietrecht zwischen der objektiv und subjektiv anfänglichen und der nachträglichen Unmöglichkeit unterschieden. 129

aa) Anfängliche Unmöglichkeit. Hier ist zwischen objektiver und subjektiver Unmöglichkeit (Unvermögen) zu differenzieren. 130

Anfängliche objektive Unmöglichkeit liegt dann vor, wenn die Mietsache vor Vertragsschluss bereits **nicht oder nicht mehr existiert,** so dass die Vermieterleistung von niemandem mehr erbracht werden kann. Dieser Umstand ändert jedoch nichts an der Wirksamkeit des Mietvertrages (§ 311a Abs. 1 BGB). Im Falle der anfänglichen objektiven Unmöglichkeit gelten vor der Überlassung der Mietsache die §§ 275, 311a BGB,[188] dh der Vermieter haftet auf das positive Interesse, wenn er die Unmöglichkeit kannte oder seine Unkenntnis zu vertreten hat (§ 311a Abs. 2 S. 2 BGB). Das Vertretenmüssen wird kraft Gesetzes widerleglich vermutet („gilt nicht"), so dass der Vermieter die Beweislast hat, dass gerade kein Vertretenmüssen vorliegt. 131

Anfängliche subjektive Unmöglichkeit ist das **Unvermögen des Vermieters,** dh ein anderer als der Vermieter kann den Vertrag noch erfüllen. Ein solches anfängliches Unvermögen liegt beispielsweise bei einem tatsächlichen Leistungshindernis vor, wenn der Vormieter trotz Beendigung des Mietvertrages das Mietobjekt nicht rechtzeitig herausgibt.[189] Auch hier gelten vor der Überlassung der Mietsache die §§ 275, 311a BGB. Der Vermieter haftet im Falle des anfänglichen Unvermögens wie bei der anfänglichen objektiven Unmöglichkeit nach § 311a Abs. 2 S. 1 BGB auf Schadensersatz statt der Leistung bzw. Aufwendungsersatz. Subjektive Unmöglichkeit liegt auch vor bei einem **Rechtsmangel** im Sinne von § 536 Abs. 3 BGB – die Sache gehört beispielsweise nicht dem Vermieter allein.[190] § 536 Abs. 3 BGB verdrängt als besonderer Fall des Unvermögens die allgemeinen Vorschriften auch schon vor Überlassung der Mietsache. Der Mieter hat in diesem Fall einen Erfüllungsanspruch auf Beseitigung des Mangels und Überlassung der Mietsache. Andernfalls kann der Mieter unabhängig von einem Verschulden des Vermieters Mietzinsbefreiung und Schadensersatz gem. § 536 Abs. 3 BGB in Verbindung mit entsprechender Anwendung der §§ 536 ff. BGB geltend machen. 132

bb) Nachträgliche Unmöglichkeit. Es wird zwischen dem Zeitraum vor Gebrauchsüberlassung und dem nach Gebrauchsüberlassung unterschieden: 133

Vor Gebrauchsüberlassung gilt nicht § 536 Abs. 1 S. 1 BGB, da der Anwendungsbereich der §§ 536, 536a BGB nach dem ausdrücklichen Gesetzeswortlaut („zurzeit der Überlassung an den Mieter") noch nicht eröffnet ist.[191] Stattdessen greift das allgemeine Leistungsstörungsrecht, hier § 326 BGB bzw. §§ 280 Abs. 1, Abs. 2, 283 BGB. Etwas anderes gilt nur dann, wenn dem Vermieter die Überlassung auf Grund eines Rechtsmangels unmöglich ist. In diesem Fall verdrängt § 536 Abs. 3 BGB iVm § 536a Abs. 1 BGB die allgemeinen Vorschriften auch schon vor Überlassung der Mietsache. 134

186 BGH NJW 2009, 143 = NZM 2008, 927 = MDR 2009, 75 = MietRB 2009, 1 = InfoM 2008, 415 – **E-Check;** AG Köln ZMR 2011, 222; vergleiche auch LG Stuttgart WuM 2011, 416, jeweils für **Gasleitungen;** LG Hamburg ZMR 2007, 120; OLG Koblenz MietRB 2011, 4 = IMR 2010, 511 – jeweils für **Wasserleitungen; sanitäre Einrichtungen:** OLG Frankfurt a. M. WuM 2003, 319 = ZMR 2003, 674 (hier: Druckspüler der WC in Wohnungen); LG Hamburg ZMR 2007, 120; **Öfen und Heizungen:** BGH WuM 2011, 465.

187 Zu alledem: BeckOK Mietrecht/Gras/Hitpaß/ua § 535 BGB Rn. 4900 ff.

188 Schmidt-Futterer/Lehmann-Richter BGB § 535 Rn. 792.

189 Schmidt-Futterer/Lehmann-Richter BGB § 536 Rn. 796.

190 BGH NJW-RR 1995, 715.

191 Grüneberg/Weidenkaff BGB § 536 Rn. 10.

135 **Nach Gebrauchsüberlassung** gilt grundsätzlich § 536 Abs. 1 BGB, wenn ein Mangel vorliegt. Leidet die Mietsache jedoch an einem unbehebbaren Schaden, zB im Falle von Untergang oder Zerstörung, liegt nicht mehr ein bloßer Mangel vor. Es handelt sich dann vielmehr um Unmöglichkeit, so dass das allgemeine Leistungsstörungsrecht gilt, §§ 275 ff., 323 ff. BGB.[192] Hier gelten dann auch die allgemeinen Grundsätze über die unterschiedliche Verschuldenshaftung. Dh ist die **Unmöglichkeit weder vom Mieter noch vom Vermieter zu vertreten,** wird der Vermieter von der Leistungspflicht gem. § 275 Abs. 1 BGB frei. Er verliert jedoch auch seinen Anspruch auf die Gegenleistung gem. § 326 Abs. 1 S. 1 Hs. 1 BGB. Ist die **Unmöglichkeit vom Vermieter zu vertreten,** sind die §§ 275, 280, 326 BGB heranzuziehen. Zur Wiederherstellung der Mietsache ist der Vermieter auch hier nicht verpflichtet.[193] Der Erfüllungsanspruch des Mieters wandelt sich in einen Schadensersatzanspruch gem. §§ 280, 281, 283 BGB um. Nach Überlassung der Mietsache hat der Mieter statt eines Rücktrittsrechts gem. § 323 BGB ein Recht zur fristlosen Kündigung gem. § 543 BGB. Hat der **Mieter die Unmöglichkeit zu vertreten,** wird der Vermieter gem. § 275 BGB von seiner Leistungspflicht befreit und behält gleichzeitig seinen Anspruch auf die Gegenleistung gem. § 326 Abs. 2 S. 1 BGB. Ist die **Unmöglichkeit von beiden zu vertreten,** ist § 254 BGB anwendbar.[194] Beim nachträglichen Unvermögen[195] haftet der Vermieter auf Schadensersatz gem. §§ 536 Abs. 3, 536a Abs. 1 u. 2 BGB wenn er dieses zu vertreten hat. Durch die Verweisung in § 536 Abs. 3 BGB auf § 536 Abs. 1 u. 2 BGB werden die allgemeinen Vorschriften verdrängt.[196]

[192] BGH WuM 1990, 546.
[193] Schmidt-Futterer/Lehmann-Richter BGB § 536 Rn. 792.
[194] BGH WuM 1981, 259.
[195] ZB Doppelvermietung seitens des Vermieters s. BGH NJW-RR 1995, 701.
[196] Grüneberg/Weidenkaff BGB § 536 Rn. 30.

136

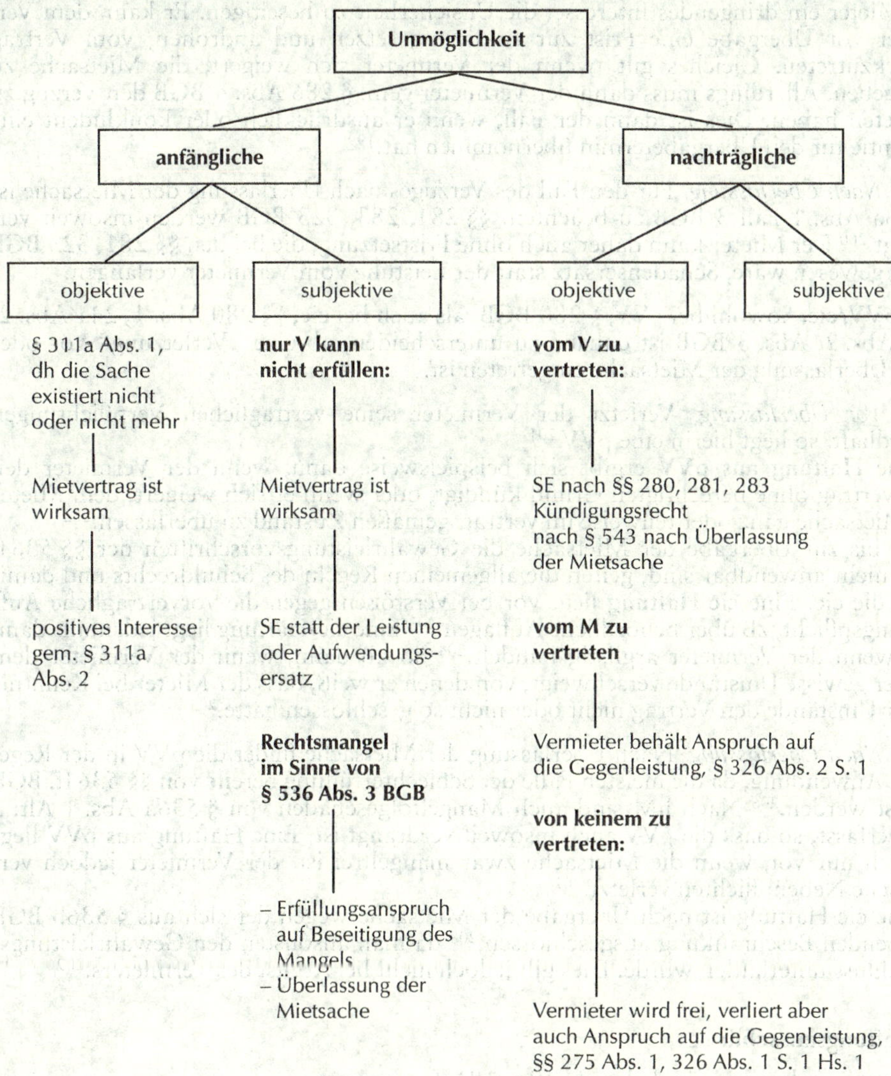

e) **Verzug.** Es ist vorrangig zu prüfen, ob tatsächlich Verzug vorliegt oder Unmöglichkeit gegeben ist. Dies deswegen, da die Rechtsfolgen völlig unterschiedlich sind. Die Abgrenzung geschieht danach, ob Nachholbarkeit vorliegt (dann Verzug) oder nicht.[197] Das Gewerberaummietverhältnis ist ein Dauerschuldverhältnis. Die Überlassung an den Mieter ist ein absolutes Fixgeschäft, so dass diese nach Zeitablauf nicht nachholbar ist, so dass Unmöglichkeit gegeben ist. 137

aa) Vor Überlassung. Ausnahmsweise kann vor Überlassung der Mietsache ein Verzögerungsschaden gegeben sein, wenn seitens des Mieters ernsthafte Zweifel an der 138

[197] Schmidt-Futterer/Streyl BGB § 536 Rn. 22.

Leistungsbereitschaft und Leistungsfähigkeit des Vermieters gegeben sind.[198] Dann hat der Mieter ein dringendes Interesse, die Unsicherheit zu beseitigen. Er kann dem Vermieter vor Übergabe eine Frist zur Erklärung setzen und androhen, vom Vertrag zurückzutreten. Gleiches gilt, wenn der Vermieter sich weigert, die Mietsache zu übergeben. Allerdings muss dann der Vermieter gem. § 286 Abs. 4 BGB den Verzug zu vertreten haben. Dies ist dann der Fall, wenn er ausdrücklich oder konkludent eine Garantie für den Übergabetermin übernommen hat.[199]

139 *bb) Nach Überlassung.* Für den Fall des Verzuges nach Überlassung der Mietsache ist § 536a Abs. 1 Fall 3 BGB zu beachten. §§ 281, 283, 323 BGB werden insoweit verdrängt.[200] Der Mieter kann daher auch ohne Fristsetzung, die bei den §§ 281, 323 BGB nötig gewesen wäre, Schadensersatz statt der Leistung vom Vermieter verlangen.

140 f) **pVV/cic.** Sowohl bei pVV, § 280 BGB, als auch bei cic, §§ 280 Abs. 1, 241 Abs. 2, 311 Abs. 2, Abs. 3 BGB ist danach zu unterscheiden, ob eine „Verletzung" vor oder nach Überlassung der Mietsache eingetreten ist.

141 *aa) Vor Überlassung.* Verletzt der Vermieter seine vertraglichen Verpflichtungen schuldhaft, so liegt hierin eine pVV.[201]

Eine **Haftung aus pVV** ergibt sich beispielsweise dann, wenn der Vermieter den Mietvertrag ohne berechtigten Grund kündigt, oder wenn er sich weigert, dem Mieter die Mietsache ganz oder teilweise im vertragsgemäßen Zustand zu überlassen.[202]

142 Da bis zur Übergabe der Mietsache die Gewährleistungsvorschriften der §§ 536 f. BGB nicht anwendbar sind, gelten die allgemeinen Regeln des Schuldrechts und damit auch die cic. Eine **cic-Haftung** liegt vor bei Verstößen gegen die vorvertragliche Aufklärungspflicht, zB über behördliche Auflagen.[203] Eine cic-Haftung liegt jedenfalls dann vor, wenn der Vermieter arglistig handelt.[204] So zB dann, wenn der Vermieter dem Mieter gewisse Umstände verschweigt, von denen er weiß, dass der Mieter bei Kenntnis dieser Umstände den Vertrag nicht oder nicht so geschlossen hätte.[205]

143 *bb) Nach Überlassung.* Nach Überlassung der Mietsache findet die pVV in der Regel keine Anwendung, da die meisten Fälle der Schlechterfüllung bereits von §§ 536 ff. BGB erfasst werden.[206] Nach hM sind auch Mangelfolgeschäden von § 536a Abs. 1 Alt. 1 BGB erfasst, so dass die pVV auch insoweit verdrängt ist. Eine Haftung aus pVV liegt folglich nur vor, wenn die Mietsache zwar mängelfrei ist, der Vermieter jedoch vertragliche Nebenpflichten verletzt.[207]

144 Eine cic-Haftung ist nach Übergabe der Mietsache wegen der sich aus § 536b BGB ergebenden Beschränkung ausgeschlossen,[208] da man ansonsten den Gewährleistungsausschluss unterlaufen würde. Dies gilt jedoch nicht bei Arglist des Vermieters.[209]

4. Haftungsausschlüsse

145 Hierzu wird vollumfänglich auf → Rn. 181 ff. verwiesen.

---

198 OLG Hamm WuM 1996, 466.
199 Zu alledem: Schmidt-Futterer/Streyl BGB § 536 Rn. 17 ff.
200 OLG Hamm WuM 1984, 94; Grüneberg/Weidenkaff BGB § 536a Rn. 3.
201 Schmidt-Futterer/Streyl BGB § 536 Rn. 44 ff.
202 Schmidt-Futterer/Streyl BGB § 536 Rn. 44 ff.
203 Schmidt-Futterer/Streyl BGB § 536 Rn. 44 ff.
204 Tröster NZM 1998, 697 (702); BGH NJW 1997, 2813.
205 Schmidt-Futterer/Streyl BGB § 536 Rn. 16.
206 Sternel MietR aktuell Kap. II. Rn. 629.
207 Zu alledem: Schmidt-Futterer/Streyl BGB § 536 Rn. 8 ff; weitere Beispiele in Sternel MietR aktuell Kap. II. Rn. 629–640.
208 Schmidt-Futterer/Börstinghaus BGB § 573 Rn. 21853.
209 BGHZ 136, 102 = NJW 1997, 2813.

5. Verjährung

Ansprüche des Mieters auf Schadensersatz nach § 536a Abs. 1 BGB und § 280 Abs. 1 BGB verjähren nach drei Jahren (§ 195 BGB).[210] Ausgenommen davon sind Ansprüche des Mieters auf Ersatz von Aufwendungen. Diese verjähren in sechs Monaten nach Beendigung des Mietverhältnisses (§ 548 Abs. 2 BGB). Dazu gehören auch Ansprüche des Mieters aus § 536b Abs. 2 BGB auf Ersatz von Aufwendungen für die Beseitigung von Mängeln.[211] 146

III. Sachmängelhaftung

1. Mangel

a) **Begriff.** Ein im Sinne der Gewährleistung relevanter Sachmangel ist jede für den Mieter nachteilige Abweichung des tatsächlichen Zustandes der Mietsache vom vertraglich vorausgesetzten Zustand; sie muss die Tauglichkeit zu dem von den Vertragsparteien konkret vorausgesetzten Gebrauch ganz aufheben oder mindern.[212] 147

Von wesentlicher Bedeutung sind in der Gewerberaummiete die vertraglich getroffenen **Vereinbarungen** über die **Instandhaltung, Instandsetzung, Reparatur** und Wartung der Mietsache und ihrer technischen Einrichtungen. In dem Umfang, in dem diese dem Mieter obliegen, kann er sich nämlich nicht auf Gewährleitungsrechte berufen, wenn ein Mangel infolge einer Verletzung dieser Pflichten entsteht.[213] Unerheblich ist dabei, ob der Sachmangel bereits bei Überlassung der Sache bestand oder erst später eintrat. 148

b) **Erheblichkeit.** Aus § 536 Abs. 1 S. 3 BGB ergibt sich, dass der Sachmangel zu einer erheblichen Gebrauchsbeeinträchtigung geführt haben muss. Bei Schadensersatz- oder Erfüllungsanspruch kommt es auf die Erheblichkeit nicht an. Unerheblichkeit ist nur bei zugesicherten Eigenschaften von Bedeutung.[214] 149

Hinsichtlich der Frage, unter welchen Voraussetzungen eine für den Mieter nachteilige **Abweichung von der im Mietvertrag bezifferten Fläche** ein zur Mietminderung berechtigender erheblicher Mangel ist, vollzog sich ein Rechtsprechungswandel. Früher wurde ein beachtlicher Mangel nur dann angenommen, wenn die Flächenabweichung erheblich und die Gebrauchstauglichkeit der Mietsache gerade durch die geringere Wohnfläche beeinträchtigt war.[215] Der BGH hat dies nunmehr mit seinen beiden Entscheidungen vom 24.3.2004[216] klargestellt. Danach ist bei einer Abweichung der vermieteten Fläche von mehr als 10 % unter der im Mietvertrag angegebenen Fläche grundsätzlich ein Mangel iSd § 536 Abs. 1 S. 1 BGB gegeben. Einer zusätzlichen Darlegung, dass hierdurch die Tauglichkeit des Objektes zum vertragsgemäßen Gebrauch gemindert ist, bedarf es nicht. Dies gilt auch bei der Angabe einer „ca. – Fläche" im Mietvertrag, da auch eine nur geringfügige Maßtoleranz nicht anzuerkennen ist. 150

c) **Abgrenzung zugesicherter Eigenschaften.** Gemäß § 536 Abs. 2 BGB besteht auch eine Sachmängelhaftung für zugesicherte Eigenschaften. Eigenschaft ist jeder wertbildende Faktor, also alle rechtlichen und tatsächlichen Umstände, die der Mietsache unmittelbar und nicht nur vorübergehend anhaften und daher auf ihre Wertschätzung Einfluss nehmen. Eine Zusicherung ist gegeben, wenn der Vermieter ausdrücklich (möglich auch stillschweigend) erklärt, dafür einstehen zu wollen. Dabei muss nach allgemeiner Meinung die Zusicherung in vertragsgemäß bindender Form erklärt wer- 151

[210] Geigel Haftpflichtprozess/Bacher § 28 Rn. 238.
[211] Geigel Haftpflichtprozess/Bacher § 28 Rn. 243; BGH NJW 1974, 743.
[212] Grüneberg/Weidenkaff BGB § 536 Rn. 16.
[213] Lindner-Figura/Oprée/Stellmann Geschäftsraummiete-HdB/Hübner § 14 Rn. 244.
[214] Grüneberg/Weidenkaff BGB § 536 Rn. 17, Beispiele Rn. 24 ff.
[215] OLG Dresden WuM 1998, 144.
[216] NZM 2004, 453 und 456; BGH WM 2005, 1816.

den.[217] Dies ist beispielsweise nicht der Fall bei der bloßen Beschreibung der Sache und der Angabe der Quadratmeterzahl.[218]

152 Auch sind weder die Zusage eines überdachten Zugangs zum Ladengeschäft noch das Vorhandensein einer zugesagten Anzahl von Parkplätzen in einem Einkaufszentrum zusicherungsfähige Eigenschaften.[219] Die Rechtsprechung verneint ebenfalls Ansprüche aus der Zusicherung bestimmter Umsatzzahlen, denn die Gewinnerzielung falle in den Risikobereich des Mieters.[220]

2. Folgen

153 a) **Minderung.** Gemäß § 536 Abs. 1 S. 2 BGB ist der Mieter für die Zeit der beschränkten Tauglichkeit von der Entrichtung der Miete befreit. Dies ist hat keinerlei Einfluss auf seinen Erfüllungsanspruch. Diese rechtsvernichtende Einwendung ist von einem Verschulden des Vermieters unabhängig. Die Höhe der Minderung wird nach folgender Formel berechnet:

$$\frac{\text{Ist-Beschaffenheit}}{\text{Soll-Beschaffenheit}} = \frac{\text{geminderter Mietzins}}{\text{vereinbarter Mietzins}}$$

$$\text{geminderter Mietzins} = \frac{\text{Ist-Beschaffenheit} \times \text{vereinbarter Mietzins}}{\text{Soll-Beschaffenheit}}$$

154 Bei der **Geschäftsraummiete** geht man als Berechnungsgrundlage grundsätzlich von der **Bruttomiete**, dh der Gesamtmiete einschließlich der Vorauszahlungen auf Betriebs- und Heizungskosten, aus.[221] Auch die verbrauchsabhängigen Nebenkosten wie Strom, Gas und Wasser werden bei der Geschäftsraummiete von der Minderung umfasst, denn der Mieter wendet diese nur deshalb auf, um in seinen Geschäftsräumen Umsatz und Gewinn erzielen zu können. Ist ihm das infolge eines Mangels der Mietsache nur eingeschränkt möglich, so stellen sich auch die Aufwendungen für die gebrauchsabhängigen Nebenkosten zu einem entsprechenden Anteil wie die Miete selbst als nutzlos dar.[222]

Praxistipp:

Im Falle der Mietminderung ist sowohl seitens des Vermieters wie auch des Mieters die Verwirkung zu beachten. Dies insbesondere deshalb, weil die Rechtsprechung der unterschiedlichen Amts- und Landgerichtsbezirke hinsichtlich des Zeitmomentes erheblich differieren.

Gerade die Rechtsprechung im Amts- und Landgerichtsbezirk München I ging bereits nach einem Zeitraum von nur sechs Monaten – in dem der Mieter trotz Kenntnis des Mangels die Miete vorbehaltlos bezahlt, oder in dem der Vermieter die Mietminderung widerspruchslos hinnimmt – von einer Verwirkung des Minderungsrechts bzw. des Anspruchs auf die restliche Miete aus. In diesem Zusammenhang ist jedoch die weitere Entwicklung zu beobachten, da der BGH jetzt den Verlust des Minderungsrechts nach vorbehaltloser und ungekürzter Mietzahlung durch den Mieter verneint[223] und eine Verwirkung deshalb wohl nicht mehr schon nach sechs Monaten angenommen werden kann.

Dem Mieter ist daher zu empfehlen, nach Kenntnis des Mangels zumindest sofort einen Vorbehalt geltend zu machen. Dem Vermieter muss empfohlen werden, seine Ansprüche auf vollständige Mietzahlung unverzüglich gerichtlich geltend zu machen, wenn kurzfristig eine außergerichtliche Einigung mit dem Mieter nicht möglich ist.[224]

---

[217] Sternel MietR aktuell Kap. II. Rn. 526.
[218] OLG Dresden NZM 1998, 184 mwN.
[219] Lindner-Figura/Oprée/Stellmann Geschäftsraummiete-HdB/Hübner § 14 Rn. 298.
[220] Lindner-Figura/Oprée/Stellmann Geschäftsraummiete-HdB/Hübner § 14 Rn. 300.
[221] Lindner-Figura/Oprée/Stellmann Geschäftsraummiete-HdB/Hübner § 14 Rn. 316.
[222] BGH NJW 2005, 1713 ff.
[223] BGH NZM 2003, 679.
[224] LG Köln WM 2001, 79.

b) **Schadensersatz.** **§ 536a BGB** fasst die Schadensersatz- und Aufwendungsersatzansprüche des Mieters wegen eines Mangels der Mietsache zusammen. 155

Gemäß § 536a Abs. 1 BGB haftet der Vermieter bei Mängeln auf Schadenersatz. War der Mangel bereits bei Vertragsabschluss vorhanden, so besteht eine verschuldensunabhängige Garantiehaftung des Vermieters.[225] Grundsätzlich ist § 536a Abs. 1 BGB erst ab Überlassung der Mietsache[226] anwendbar. Zu beachten ist jedoch, dass § 536a Abs. 1 BGB auch dann Anwendung findet, wenn der Vermieter mit der Mängelbeseitigung in Verzug gerät.[227] Dabei ist § 536a Abs. 1 BGB neben §§ 536 und 543 Abs. 2 S. 1 Nr. 1 BGB anwendbar. Der Anspruch des § 536a Abs. 1 BGB ist als Schadensersatzanspruch nach §§ 249 ff. BGB ausgestaltet, dh, der Mieter ist so zu stellen, wie er bei ordnungsgemäßer Erfüllung des Vertrages durch den Vermieter stünde. Der Schaden wird nach der Differenzhypothese ermittelt. Dabei werden nach der hM neben Mangelschäden auch Mangelfolgeschäden[228] erfasst,[229] da eine stärkere Gefährdung der Rechtsgüter des Mieters durch ein Einbringen in die Mietsache besteht und ein größerer Schutz damit gerechtfertigt ist. 156

c) **Aufwendungsersatz.** **§ 536a Abs. 2 BGB** regelt das Selbsthilferecht des Mieters. Nach **§ 536a Abs. 2 Nr. 1** kann der Mieter im Falle des Verzuges des Vermieters den Mangel selbst beseitigen und Ersatz der erforderlichen Aufwendungen verlangen. Ein solcher Anspruch besteht unter folgenden Voraussetzungen: Grundsätzlich muss der Mieter dem Vermieter den Mangel gemäß § 536c Abs. 1 BGB anzeigen. 157

Sinn dieser Vorschrift ist der Schutz des Vermieters vor Kosten, die vermeidbar gewesen wären, wenn der Mieter ihm rechtzeitig Gelegenheit zur Mängelbeseitigung gegeben hätte.[230] Die Anzeigepflicht ist allerdings dann entbehrlich, wenn der Vermieter bereits auf andere Weise Kenntnis erlangt hat.[231] 158

Der Vermieter muss sich in **Schuldnerverzug** befinden. Allein durch den Verzug verliert der Vermieter sein Mängelbeseitigungsrecht jedoch nicht. Er kann die Mängelbeseitigung auch dann noch nachholen, wenn die vom Mieter gesetzte Frist bereits abgelaufen ist. Der Verzug wird aber nicht schon dadurch beendet, dass der Vermieter die Mängelbeseitigung ankündigt.[232] Beendet wird der Verzug erst dann, wenn der Mangel durch den Vermieter tatsächlich beseitigt wird oder wenn der Vermieter dem Mieter zumindest ein Angebot auf Mängelbeseitigung macht, das dieser aber ablehnt. Verzug setzt grundsätzlich eine **Mahnung** gemäß § 286 Abs. 1 BGB sowie **Verschulden** gemäß § 286 Abs. 4 BGB voraus. Eine Mahnung ist entbehrlich, wenn der Vermieter die Mängelbeseitigung von vorneherein ablehnt[233] oder wenn die Mahnung infolge Eilbedürftigkeit nicht möglich ist.[234] Beim vorliegenden **Mangel** ist es irrelevant, ob es sich um einen anfänglich unverschuldeten oder einen nachträglich verschuldeten handelt. Der Aufwendungsersatzanspruch besteht neben dem Minderungsrecht nach § 536 Abs. 1 BGB und neben den Schadenersatzansprüchen aus § 536a Abs. 1 BGB. Allerdings kann die Miete nach vollständiger Behebung des Mangels nicht mehr gemindert werden, da kein Minderungsgrund nach § 536 Abs. 1 S. 2 BGB mehr besteht. Räumlich erstreckt sich das Selbsthilferecht des Mieters auf die gesamte Mietsache einschließlich des Zubehörs.[235] Vom Umfang her kann der Mieter nur Ersatz der erforderlichen – dh der geeigneten und notwendigen – Aufwendungen verlangen. 159

---

225 § 536a Abs. 1 Fall 1 BGB.
226 Vgl. Verweisung auf § 536 BGB (zurzeit der Überlassung).
227 § 536a Abs. 1 Fall 3 BGB.
228 Wie zB an der Wohnungseinrichtung.
229 OLG München NJW-RR 1990, 1099.
230 Emmerich NZM 1998, 49 (51).
231 Grüneberg/Weidenkaff BGB § 536c Rn. 8.
232 LG Berlin ZMR 2003, 189.
233 Bub/Treier MietR-HdB/Ehlert/Kraemer Kap. III B Rn. 3445 mwN.
234 LG Hagen WuM 1984, 215; AG Hamburg WM 1994, 609.
235 BGH NJW 1986, 3206.

160 Nach **§ 536a Abs. 2 Nr. 2** kann der Mieter Ersatz der zur Erhaltung oder Wiederherstellung der Mietsache notwendigen Aufwendungen verlangen. In Abgrenzung zu Nr. 1 muss es sich hier um notwendige Aufwendungen handeln, eine Mahnung des Vermieters ist entbehrlich.

161 d) **Kündigung.** Als weitere Folge der Sachmängelhaftung steht dem Mieter das Recht zur außerordentlich fristlosen Kündigung zu. Für dieses gibt es eine zentrale Vorschrift, den **§ 543 BGB.**

162 **Absatz 1** regelt das Kündigungsrecht im Grundsatz.

Absatz 2 zählt die wichtigsten Gründe für eine fristlose Kündigung auf.

Nummer 1 normiert die Kündigung wegen Nichtgewährung des vertragsmäßigen Gebrauches.

Nummer 2 regelt die Kündigung bei vertragswidrigem Gebrauch.

Nummer 3 die Kündigung wegen Zahlungsverzuges.

Absatz 3 legt als weitere Voraussetzung für die fristlose Kündigung eine Abmahnung oder Fristsetzung zur Abhilfe fest und regelt in Nummern 1–3 Ausnahmen von diesem Grundsatz.

Absatz 4 Satz 1 verweist für das Kündigungsrecht nach Abs. 2 Nr. 1 auf die §§ 536b, 536d. In **Satz 2** wird die Beweislast zu Lasten des Vermieters geregelt.

Beispiele

In den nachfolgend genannten Beispielsfällen ist von einer Gesundheitsbeeinträchtigung, die zur außerordentlichen und fristlosen Kündigung berechtigt, auszugehen:

- unerträglicher Lärm (AG Berlin-Mitte MM 1999, AG Köln WuM 1998, 21; 1979, 75 und 1978, 68)
- überhitzte Räume (OLG Düsseldorf ZMR 1998, 622)
- durchfeuchtete Räume (LG Berlin GE 1998, 1465; 1999, 45, LG Kassel WuM 1982, 188)
- nicht beheizbare, ungenügend beheizte Räume (LG Mannheim ZMR 1977, 154)
- dreimonatiger Ausfall der Heizung im Winter wegen Umbauarbeiten (LG Traunstein WuM 1986, 93)

Bei Schädlingen:

- Mäuse (AG Berlin-Tiergarten MM 97, 243)
- Kakerlaken (LG Freiburg WuM 1986, 246)
- Taubenzecken (LG Berlin GE 1997, 689)
- Kellerasseln (OLG Düsseldorf ZMR 1987, 263; LG Saarbrücken WuM 1991, 91)
- Silberfische (AG Kiel WuM 1980, 235; Umstr, aA AG Lahnstein WuM 1988, 55)

Schadstoffe:

- Schimmel (LG Düsseldorf WuM 1989, 13)
- Formaldehyd, erhöhte Konzentration (LG München I WuM 1991, 585)

163 **§ 543 Abs. 2 S. 1 Nr. 1 BGB** kann der Mieter das Mietverhältnis außerordentlich fristlos kündigen, wenn der Vermieter ihm den vertragsgemäßen Gebrauch der Mietsache vorenthält. Diese Gebrauchsstörung kann sowohl ein Sach- als auch ein Rechtsmangel sein, ebenfalls eine – auch teilweise – Erfüllungsverweigerung.[236] Die Vorenthaltung/Störung muss jedoch erheblich sein, um unlauterem Missbrauch vorzubeugen.[237] Der Mieter kann in der Regel[238] erst dann kündigen, wenn die angemessene Frist iSv § 543 Abs. 3 BGB erfolglos verstrichen ist. Das Kündigungsrecht ist dann ausgeschlossen, wenn der Mieter gemäß § 543 Abs. 4 S. 1 iVm § 536b BGB Kenntnis vom nicht vertragsgemäßen Zustand der Mietsache hatte.

164 Bei der Verletzung von Vertragspflichten seitens des Vermieters steht dem Mieter das außerordentliche Kündigungsrecht der **§§ 543 Abs. 1 iVm 569 Abs. 2 BGB** zur Seite. Diese Vertragsverletzung muss allerdings vom Vermieter schuldhaft[239] herbeigeführt worden sein. Die Fortsetzung des Mietverhältnisses muss dem Mieter unzumutbar sein.

---

[236] Schmidt-Futterer/Streyl BGB § 543 Rn. 92.
[237] Franke ZMR 1999, 83 (84).
[238] Beachte § 543 Abs. 3 S. 2 BGB.
[239] §§ 276, 278 BGB.

Die Kündigungstatbestände im Überblick
§ 543 BGB außerordentliche fristlose Kündigung aus wichtigem Grund
Abs. 1 Kündigungsrecht im Grundsatz
S. 1 Kündigungsrecht an sich
S. 2 Voraussetzungen
Abs. 2 S. 1 wichtigste Kündigungsgründe
Nr. 1 Entzug des vertragsgemäßen Gebrauchs
Nr. 2 Gefährdung der Mietsache durch – Vernachlässigung der Sorgfaltspflicht oder – unbefugte Überlassung an Dritte = Kündigungsrecht des Vermieters
Nr. 3a Verzug mit Miete oder erheblichem Teil der Miete für zwei aufeinander folgende Termine
Nr. 3b Verzug mit Mietbetrag, der Miete von zwei Monaten erreicht, über Zeitraum, der sich über mehr als zwei Termine erstreckt
S. 2 Ausschluss des Kündigungsrechts bei Befriedigung, Aufrechnung
Abs. 3 weiteres Erfordernis der Abmahnung oder Fristsetzung zur Abhilfe, Ausnahmen
Abs. 4 S. 1 entsprechende Anwendung der §§ 536b, 536d auf Abs. 2 Nr. 1
Abs. 4 S. 2 Beweislastregelung
§ 569 BGB ergänzt § 543 und enthält besondere Regelungen zum außerordentlichen fristlosen Kündigungsrecht aus wichtigem Grund
Abs. 2 außerordentliche fristlose Kündigung wegen Störung des Hausfriedens

IV. Rechtsmängel

Ein Rechtsmangel ist gegeben, wenn dem Mieter der vertragsgemäße Gebrauch durch das Recht eines Dritten ganz oder zum Teil entzogen wird, § 536 Abs. 3 BGB. Dies gilt auch dann, wenn erst nach Abschluss des Mietvertrages und Übergabe der Mietsache der Rechtsmangel entstanden ist. Danach sind die § 536 Abs. 1 und 2 BGB auf Rechtsmängel entsprechend anwendbar. 165

In **§ 536 Abs. 3 BGB** wird die Haftung für Rechtsmängel geregelt. Damit sind die Rechtsfolgen von Sach- und Rechtsmängeln in einer Vorschrift zusammengefasst. 166

1. Rechte Dritter

Dritter ist jeder, der nicht zur Mieter- oder Vermieterpartei gehört. ZB ist der Vermieter im Verhältnis zum Untermieter des Mieters Dritter.[240] Die Rechtsmängelhaftung greift nur bei Rechten Dritter, die sich auf den Besitz oder den Mietgebrauch beziehen, nicht dagegen bei öffentlich rechtlichen Beschränkungen und nicht bei Rechten, die sich ausschließlich gegen den Vermieter richten, zB bei einem vom Vermieter mit einem Dritten vereinbarten Konkurrenzverbot. 167

a) **Doppelvermietung.** Im Falle einer Doppelvermietung – der Vermieter schließt mit zwei verschiedenen Mietern einen Mietvertrag über ein und dasselbe Mietobjekt – verliert der eine Mieter ab Überlassung des Mietobjektes an den anderen seinen Erfüllungsanspruch gegenüber dem Vermieter. 168

[240] BGHZ 63, 132.

169 b) **Unerlaubte Untervermietung durch Mieter.** Ebenfalls stellt die unerlaubte Untervermietung durch den Mieter einen Rechtsmangel dar. Der Untermieter kann im Falle des Herausgabeverlangens des Eigentümers an den Hauptmieter (= Untervermieter) gem. § 536 Abs. 3 iVm §§ 536 ff. BGB vorgehen.

170 c) **Wohnungseigentümergemeinschaft.** Ein Unterfall – und damit ein Rechtsmangel – der unerlaubten oder ungenehmigten Untervermietung durch den Wohnungseigentümer liegt dann vor, wenn eine Untervermietung gegen eine Teilungserklärung bzw. eine Gemeinschaftsordnung (beispielsweise erforderliche, aber fehlende Zustimmung der Eigentümergemeinschaft zur Untervermietung)[241] verstößt und die übrigen Teileigentümer dagegen vorgehen.

Praxistipp:

Die Wohnungseigentümergemeinschaft kann den Vermieter, der Räume entgegen der Zweckbestimmung vermietet („Laden" an den Betreiber einer Arztpraxis oder einer Gaststätte), vor dem Wohnungseigentumsgericht auf Unterlassung in Anspruch nehmen. Die Vollstreckung erfolgt hier gemäß § 890 ZPO durch die Festsetzung eines Ordnungsgeldes. Dieses setzt jedoch schuldhaftes Verhalten voraus, woran es regelmäßig fehlt, wenn der Vermieter vergeblich alles Zumutbare getan hat die zweckwidrige Nutzung zu unterbinden.

Gleichwohl ist der Vermieter in diesem Fall aber nicht zur Kündigung dieses Mietverhältnisses berechtigt.[242]

Die Eigentümer können aber auch den Mieter gemäß § 1004 BGB auf Unterlassung der zweckwidrigen Nutzung in Anspruch nehmen.[243] In diesem Fall ist das Zivilgericht zuständig, die Vollstreckung erfolgt ebenfalls nach § 890 ZPO. Diese Vollstreckung ist jedoch unproblematisch, da der Mieter die zweckwidrige Nutzung ohne weiteres einstellen kann.

Ist der Mieter dann zur Aufgabe seines Betriebes gezwungen, stehen ihm gegen den Vermieter Schadensersatzansprüche zu, weil ein Rechtsmangel vorliegt, nämlich die Beeinträchtigung des nach dem Vertrag vereinbarten Mietgebrauchs. Für diese Beeinträchtigung genügt, dass die Rechtsinhaber, also die übrigen Wohnungseigentümer, von ihrem Recht Gebrauch machen wollen.[244]

Es entfällt die Pflicht zur Zahlung des Mietzinses, es entstehen Schadensersatzansprüche.[245]

Alternativ kann der Mieter aber auch gemäß § 543 BGB fristlos kündigen und den Vermieter auf Ersatz des Kündigungsfolgeschadens in Anspruch nehmen.

2. Folgen

171 Für Rechtsmängel gelten die Folgen der Sachmängelhaftung (§§ 536, 536a BGB) entsprechend. Die allgemeinen Unmöglichkeitsvorschriften der §§ 275, 280, 311a, 326 BGB werden – wie oben ausgeführt – im Wege der vorrangigen Gewährleistung verdrängt.

172 a) **Anfänglicher Rechtsmangel.** Ein anfänglicher Rechtsmangel liegt dann vor, wenn das Recht eines Dritten bereits vor Vertragsschluss und vor Überlassung der Mietsache auf diese zum Nachteil des Mieters einwirkt. Sowohl die Doppelvermietung, als auch die unerlaubte Untervermietung können einen solchen Rechtsmangel darstellen.

173 *aa) Mietzahlung.* Gem. **§ 536 Abs. 3 iVm § 536 Abs. 1 u. 2 BGB** kann der Mieter vollständige oder teilweise Befreiung von seiner Mietzahlungspflicht verlangen, wenn der Dritte sein Recht an der Mietsache durchsetzen kann, wie zB im Wege des Herausgabeverlangens nach §§ 546 Abs. 2, 985 BGB.[246]

---

241 BGH NJW 1962, 1613; 1996, 714.
242 BGH NJW 1996, 714.
243 BGH NJW-RR 1995, 715; OLG München WuM 1992, 326; OLG Karlsruhe NJW-RR 1994, 146.
244 BGHZ 1993, 132.
245 BGH NJW-RR 1995, 715.
246 Bub/Treier MietR-HdB/Kraemer Kap. III Rn. 2840.

bb) Kündigung. Unter den Voraussetzungen des **§ 536 Abs. 3 iVm § 543 Abs. 2 S. 1 Nr. 1 BGB** steht dem Mieter ein Kündigungsrecht zu. 174

cc) Schadensersatz. Durch den Rechtsgrundverweis in **§ 536 Abs. 3 BGB auf § 536a Abs. 1 BGB** kann der Mieter auch Schadensersatzansprüche geltend machen. 175

b) **Nachträglicher Rechtsmangel.** Der Vermieter hat ebenfalls für einen erst nach Abschluss des Mietvertrages und nach Überlassung der Mietsache entstandenen Rechtsmangel einzustehen.[247] 176

aa) Verschulden. Durch den Verweis auf § 536a Abs. 1 Alt. 2 BGB ist sichergestellt, dass im Falle des nachträglichen Rechtsmangels ein Verschulden des Vermieters gegeben sein muss.[248] 177

bb) Erfüllungsanspruch. Der Mieter hat einen Erfüllungsanspruch gemäß § 535 Abs. 1 BGB auf die Beseitigung der Rechte Dritter bzw. er kann das Leistungsverweigerungsrecht gem. § 320 BGB ausüben. Eine Erfüllungsklage scheidet aus, wenn das Unvermögen des Vermieters bereits feststeht.[249] 178

cc) Gewährleistungsrechte (Minderung, Kündigung, Schadensersatz). Die vorausgegangenen Ausführungen hinsichtlich der Gewährleistungsrechte gelten ebenfalls für nachträgliche Rechtsmängel mit der Intention, dass beim Schadensersatzanspruch nach § 536a Abs. 1 Alt. 2 BGB Verschulden erforderlich ist. 179

V. Gewährleistungsausschlüsse

1. Gesetzliche Ausschlüsse

a) **Kenntnis des Mieters.** Kennt der Mieter bei Vertragsschluss den Mangel, so liegt gemäß § 536b S. 1 BGB ein gesetzlicher Gewährleistungsausschluss vor. 180

Ein Gewährleistungsausschluss besteht sowohl für den Sach- als auch den Rechtsmangel bei Kenntnis des Mieters vom Mangel oder grob fahrlässiger Unkenntnis, sofern der Vermieter den Mangel nicht arglistig verschwiegen hat. Sach- und Rechtsmängel werden hinsichtlich der grob fahrlässigen Unkenntnis gleich behandelt. 181

Nachträgliche Kenntnis des Mieters schadet nicht, vgl. § 536b S. 1 BGB. Dies auch dann nicht, wenn der Mieter zwar erst nach Vertragsschluss Kenntnis vom ursprünglichen oder erst später aufgetretenen Mangel erlangt, seinen Mietzins aber dennoch über einen längeren Zeitraum vorbehaltlos und ungekürzt weiterzahlt.[250] Der Mieter kann jedoch erst Minderung verlangen, nachdem er dem Vermieter die Mängel gem. § 536c Abs. 2 S. 2 BGB angezeigt hat und diesem somit die Möglichkeit gegeben hat, Abhilfe zu schaffen. Wenn diese Abhilfe nicht erfolgt und der Mangel somit nicht beseitigt wird, ist der Mieter zur Minderung berechtigt. Dieses Recht bleibt ihm für die Zukunft auch dann erhalten, wenn er bisher vorbehaltlos seine Miete gezahlt hat. Der Mieter kann sein Minderungsrecht aber verlieren, wenn der Tatbestand der Verwirkung, § 242 BGB, angenommen wird. Wie bisher auch ist aber dann keine Verwirkung anzunehmen, wenn der Mieter in der erkennbaren oder mitgeteilten Erwartung zahlt, dass der Mangel demnächst beseitigt werde.[251] § 536b BGB sieht noch weitere Ausschlusstatbestände vor, zB im Falle der Anmietung eines alten Gebäudes ohne vorherige Besichtigung.[252] Dies gilt jedoch dann nicht, wenn der Vermieter die Fehlerlosigkeit zugesichert hat oder den Fehler arglistig verschwiegen hat, § 536b S. 2 BGB. Nach § 536b S. 3 BGB liegt ein 182

[247] MüKoBGB/Häublein § 536a Rn. 9.
[248] OLG München ZMR 1996, 605.
[249] OLG Düsseldorf NJW-RR 1991, 137.
[250] BGH NZM 2003, 679; AG Pinneberg ZMR 2002, 603; AG Rudolfstadt NZM 2002, 163; aA Gerber NZM 2003, 825; OLG Naumburg NJW 2002, 1132.
[251] Grüneberg/Lehmann-Richter BGB § 536b Rn. 8.
[252] LG Köln ZMR 1964, 84.

weiterer Haftungsausschluss vor, wenn der Mieter die Mietsache trotz positiver Kenntnis des Mangels vorbehaltlos annimmt.

Praxistipp:

Zu beachten ist jedoch, dass neben den Gewährleistungsrechten dennoch der Erfüllungsanspruch des Mieters bestehen bleibt.[253]

183 b) **Ausschluss § 536b BGB (cic, pVV, § 823 BGB).** Der Vermieter haftet aus cic gem. §§ 311 Abs. 2, 241 Abs. 2, 280 Abs. 1 BGB, wenn er seine Aufklärungspflicht verletzt hat. Vor Übergabe der Mietsache ist eine cic-Haftung nur bei Vorsatz möglich, nach Übergabe immer, sofern nicht die vorrangigen und insoweit abschließenden Gewährleistungsregeln der §§ 536, 536a BGB greifen. Der Haftungsausschluss des § 536b BGB bezieht sich nicht auf Ansprüche aus positiver Vertragsverletzung wegen Begleitschäden und wegen Nebenpflichtverletzungen gem. § 280 BGB. Auch die verschuldensabhängigen deliktischen Ansprüche aus § 823 BGB bleiben von dem Ausschluss des § 536b BGB unberührt.

184 c) **Anwendungsfälle.** Als praktische Anwendungsfälle sind hier positive Kenntnis, grobe Fahrlässigkeit und vorbehaltlose Annahme zu nennen.

Für einen Gewährleistungsausschluss ist **positive Kenntnis des Mieters** vom Mangel des Vertrages erforderlich. Nicht ausreichend ist die Kenntnis des äußeren Erscheinungsbildes eines Mangels, wenn der Mieter nicht auch das Wissen um Ursache und konkrete Auswirkungen des Mangels auf die Gebrauchstauglichkeit der Mietsache hat.

185 Für die **grobe Fahrlässigkeit** ergibt sich die Definition aus § 277 BGB, wobei der Mieter grob fahrlässig handelt, wenn er die erforderliche Sorgfalt bei Vertragsschluss in einem ungewöhnlichen Maß verletzt und dasjenige unbeachtet lässt, was im gegebenen Fall jedem hätte einleuchten müssen.

186 Die **vorbehaltlose Annahme** schließt die Gewährleistung aus, wenn der Mieter zum Zeitpunkt der Annahme den Mangel kannte, ohne sich Rechte hieraus vorzubehalten. Der Annahme steht die Einräumung des tatsächlichen Besitzes an der Mietsache gleich.

187 d) **Nachträgliche Vertragsänderung.** Eine spätere Vertragsänderung wird in Bezug auf § 536b BGB einem neuen Vertragsschluss gleichgestellt. Jedoch gilt dies nicht für eine stillschweigende Vertragsverlängerung auf Grund Verlängerungsklausel oder nach § 545 BGB.[254]

188 e) **Anzeigepflicht des Mieters § 536c BGB.** Nach § 536c Abs. 2 BGB liegt ein gesetzlicher Gewährleistungsausschluss vor bei Unterlassen der Mängelanzeige seitens des Mieters, wenn daraufhin der Vermieter wegen dieser Unterlassung keine Abhilfe (Wiederherstellung des vertragsgemäßen Zustandes gemäß § 535 Abs. 1 S. 2 BGB) leisten konnte, bzw. diese nicht rechtzeitig vorgenommen werden konnte. Der Mieter muss die Wohnungsmängel stets unverzüglich anzeigen. Gegen diese Pflicht verstößt er, wenn er einen Mangel nicht anzeigt, obwohl er ihn kennt oder grob fahrlässig nicht zur Kenntnis nimmt.[255] Dem Mieter bleiben aber die Ansprüche aus § 536a Abs. 2 BGB sowie die deliktischen Ansprüche erhalten.[256] Jedoch wird auch hier § 254 BGB angewandt, um somit einen interessengerechten Ausgleich zu erhalten.

189 f) **Treu und Glauben § 242 BGB.** Die Gewährleistung ist auch dann ausgeschlossen, wenn der Mieter mit der Geltendmachung der Gewährleistungsrechte gegen Treu und Glauben verstieße.[257] Beispielsweise ist dies der Fall, wenn der Mieter den Vermieter an

---

253 BGH NJW 1982, 874.
254 Schmidt-Futterer/Lehmann-Richter BGB § 536b Rn. 12.
255 LG Hamburg WM 2001, 24.
256 Schmidt-Futterer/Lehmann-Richter BGB § 536b Rn. 14.
257 Sternel MietR aktuell Kap. II. Rn. 678.

der Behebung der Schäden durch Verweigerung des Zutritts hindert. Weiterhin stehen dem Mieter die Gewährleistungsrechte nicht zu, wenn er den Mangel selbst verschuldet hat.

2. Vertragliche Ausschlüsse

Die Gewährleistungsvorschriften des BGB sind – anders als im Wohnraummietrecht – nicht zwingend. Die Parteien eines Gewerbemietvertrages können also die Gewährleistungsrechte und -voraussetzungen abweichend von der gesetzlichen Regelung vertraglich festlegen. Jedenfalls bei einem Formularmietvertrag setzen jedoch die für AGB geltenden Regelungen der §§ 305–310 BGB Grenzen. Insbesondere darf ein Vermieter in einem Formularmietvertrag keine Regelung treffen, durch die die Sachgefahr nahezu vollständig dem Mieter aufgebürdet wird.[258] Verschweigt der Vermieter arglistig den Mangel, so ist der vertragliche Gewährleistungsausschluss nach § 536d BGB unwirksam. Arglist handelt der Vermieter, wenn er den Fehler mindestens für möglich hält und gleichzeitig weiß, oder damit rechnet und billigend in Kauf nimmt, dass der Mieter den Fehler nicht kennt und bei Offenbarung den Vertrag nicht oder nicht so geschlossen hätte.[259] 190

a) **Minderung.** Das gesetzliche Minderungsrecht gem. § 536 Abs. 1 BGB ist bei Geschäftsraummietverträgen dispositiv (**§ 536 Abs. 4 BGB**). Es kann auch formularmäßig eingeschränkt werden. Der vollständige formularmäßige Ausschluss des Mietminderungsrechtes verstößt jedoch auch gegenüber Unternehmen gegen § 307 BGB.[260] Eine solche Regelung ist im Zweifel dahin auszulegen, dass sie die Minderung vollständig ausschließt und dem Mieter nicht die Möglichkeit der Rückforderung der Miete nach § 812 BGB belässt, denn diese Klausel benachteiligt den Mieter unangemessen und ist deswegen unwirksam.[261] 191

b) **Schadensersatz.** Auch die Schadensersatzpflicht des Vermieters gemäß § 536a Abs. 1 BGB kann einzelvertraglich abbedungen werden. Beim formularmäßigen Ausschluss ist zwischen anfänglicher Garantiehaftung und nachträglicher verschuldensabhängiger Haftung zu unterscheiden. Erstere ist nach hM formularvertraglich abdingbar,[262] soweit es sich nicht um eine Haftung für zugesicherte Eigenschaften handelt. Eine Verschuldenshaftung bleibt davon unberührt. Eine verschuldensabhängige Haftung nach § 536a Abs. 1 BGB kann für Vorsatz und grobe Fahrlässigkeit nicht abbedungen werden. Bei leichter Fahrlässigkeit ist zu differenzieren: Ein in einem Formularmietvertrag vereinbarter Ausschluss von Schadensersatzansprüchen des Mieters wegen **Sachschäden, die durch Mängel der Mietsache verursacht** wurden, für die der Vermieter infolge leichter Fahrlässigkeit verantwortlich ist, ist gem. § 307 BGB unwirksam. Ein derartiger Haftungsausschluss würde die Kardinalpflicht des Vermieters einschränken, die Mietsache in einem vertragsgemäßen Zustand zu erhalten.[263] Möglich ist ein formularmäßiger Haftungsausschluss aber im Hinblick auf Sach- und Vermögensschäden des Mieters, die **ansonsten** vom Vermieter leicht fahrlässig verursacht wurden. 192

Wesentliche Frage beim Ausschluss des § 536a BGB ist, in welchem Umfang der Mieter für die Erhaltung der Mietsache verantwortlich ist. Denn soweit den Mieter hier die Verantwortung trifft, kann er den Vermieter bei Schäden aufgrund einer Verletzung der Erhaltungspflicht auch nicht in Anspruch nehmen. Vielmehr kann er umgekehrt sogar dem Vermieter ersatzpflichtig sein. 193

Die Verpflichtung zur Vornahme von **Schönheitsreparaturen** kann auch durch Formularvertrag auf den Mieter übertragen werden. Generell unwirksam sind Klauseln zu 194

---

[258] Lindner-Figura/Oprée/Stellmann Geschäftsraummiete-HdB/Hübner § 14 Rn. 385.
[259] Schmidt-Futterer/Lehmann-Richter BGB § 536d Rn. 12.
[260] AnwHdB MietR/Eisenhardt Rn. 351.
[261] BGH NJW 2008, 2497; NZM 2008, 609. Vertiefend dazu: Schmidt-Futter/Fervers BGB Vor § 535 Rn. 256.
[262] BGH NJW-RR 1991, 74.
[263] BGH NZM 2002, 116.

den Schönheitsreparaturen dann, wenn hiermit dem Mieter auch solche Arbeiten auferlegt werden sollen, die ihre Ursache nicht im Mietgebrauch des Mieters finden.[264] Klauseln, die den Mieter zur **Schlussrenovierung** auch dann verpflichten wollen, wenn er **gleichzeitig die laufenden Schönheitsreparaturen** übernommen hat, sind nunmehr nach höchstrichterlicher Entscheidung wegen unangemessener Benachteiligung des Mieters regelmäßig im Gewerberaummietrecht **unwirksam.**[265] Gegen eine Klausel die den Mieter verpflichtet, die Schönheitsreparaturen durch einen **Meisterbetrieb** ausführen zu lassen bestehen keine Bedenken, solange dem Mieter nicht ein bestimmter Betrieb in der Klausel vorgeschrieben wird.[266] In Gewerberaummietverträgen bedarf es keiner Festschreibung von bestimmten Fristen. Anders als im Wohnraummietrecht können jedoch auch Fristen für die Renovierung vereinbart werden, die **kürzere Renovierungsintervalle** als die in Fußnote 1 zu § 7 Mustermietvertrag 1976 festgeschriebenen vorsehen. Diese sieht vor: Küchen, Bäder, Duschen: Alle drei Jahre; Wohn- und Schlafräume, Flure, Dielen und Toiletten: alle Fünf Jahre; andere Nebenräume: alle sieben Jahre. Dies wird allerdings nur dort uneingeschränkt gelten können, wo die **Art der gewerblichen Nutzung** der Mietsache kürzere Intervalle auch **sachlich rechtfertigt.**[267]

195 Bei Gewerberaumverträgen ist es zulässig, durch Formularverträge über die Schönheitsreparaturen hinaus **Instandhaltungs- und Instandsetzungsarbeiten** ohne Betragsbegrenzung auf den Mieter zu übertragen, soweit diese durch den Mietgebrauch verursacht sind und im Risikobereich des Mieters liegen und sofern das Mietobjekt bei Mietvertragsbeginn in einwandfreiem Zustand war.[268]

196 c) **Ersatzvornahme/Aufwendungsersatz.** Individualvertraglich sind die Parteien in der Gestaltung frei. Eine **formularmäßige Abbedingung** von Ansprüchen des Mieters nach § 536a Abs. 2 BGB verstößt hingegen gegen § 307 Abs. 2 Nr. 1 BGB. Es ist auch kein berechtigtes Interesse des Vermieters ersichtlich, die durch seinen eigenen Verzug ausgelöste Rechtsfolge zu vermeiden.[269]

197 d) **Kündigung.** Das Kündigungsrecht wegen Gebrauchsbeeinträchtigung kann durch Individualvereinbarung ausgeschlossen werden. In Formularverträgen gilt dies nur eingeschränkt. Der Mieter muss jedenfalls dann zur Kündigung berechtigt sein, wenn der Vermieter den Gebrauch längere Zeit nicht gewähren kann.[270]

198 Das Recht zur außerordentlichen Kündigung wegen Gesundheitsgefährdung kann wegen des öffentlichen Interesses an der Gesundheit auch individualvertraglich nicht ausgeschlossen werden.[271]

3. Wegfall der Geschäftsgrundlage, § 313 BGB

199 a) **Voraussetzungen.** Geschäftsgrundlage sind die bei Abschluss des Vertrages zu Tage getretenen, dem Geschäftsgegner erkennbar gewordenen und von ihm nicht beanstandeten Vorstellungen der einen Partei oder die gemeinsamen Vorstellungen beider Parteien von dem Vorhandensein oder dem künftigen Eintritt bestimmter Umstände, sofern der Geschäftswille der Parteien auf diesen Vorstellungen aufbaut.[272]

200 b) **Folgen.** Bei Wegfall der Geschäftsgrundlage ist der Vertrag anzupassen oder nach §§ 346 ff. BGB rückabzuwickeln (§ 313 BGB). Die Grundsätze des Wegfalls der Geschäftsgrundlage sind im Anwendungsbereich der Gewährleistungsvorschriften unan-

---

[264] Lindner-Figura/Oprée/Stellmann Geschäftsraummiete-HdB/Hübner § 13 Rn. 156.
[265] BGH NJW 2005, 2006 ff.; OLG Düsseldorf NZM 2007, 215.
[266] Lindner-Figura/Oprée/Stellmann Geschäftsraummiete-HdB/Hübner § 13 Rn. 161.
[267] Lindner-Figura/Oprée/Stellmann Geschäftsraummiete-HdB/Hübner § 13 Rn. 162.
[268] Lindner-Figura/Oprée/Stellmann Geschäftsraummiete-HdB/Hübner § 13 Rn. 143.
[269] Lindner-Figura/Oprée/Stellmann Geschäftsraummiete-HdB/Hübner § 14 Rn. 346.
[270] Grüneberg/Streyl BGB § 543 Rn. 245.
[271] Lindner-Figura/Oprée/Stellmann Geschäftsraummiete-HdB/Hübner § 14 Rn. 362.
[272] BGH NJW 1997, 323.

wendbar,[273] da ansonsten die strengen Voraussetzungen der §§ 536 ff. BGB umgangen werden könnten. Dies gilt auch dann, wenn die Gewährleistungsvoraussetzungen im Einzelnen nicht vorliegen, wenn die Gewährleistungsansprüche verjährt sind, oder diese vertraglich abbedungen sind.[274]

Übersicht: Gewährleistungsansprüche nach Vertragsstadium		
Vertragsverhandlungen	Vertragsabschluss	Überlassung der Mietsache
§ 311a Abs. 1 u. 2, wenn Mietsache nicht existiert cic	§§ 275, 311a, 280 ff., 323 ff.	bei Sachmängeln: §§ 536, 536a, 543 BGB §§ 280, 283, 326 sofern kein Sachmangel vorliegt; beachte: § 543 statt Rücktritt pVV wird grundsätzlich von § 536a verdrängt cic bei Arglist

VI. Typische Minderungsfälle

1. Sachmängel

a) Öffentlich-rechtliche Beschränkungen. Öffentlich-rechtliche Gebrauchshindernisse und -beschränkungen können die Tauglichkeit zu dem vertragsgemäßen Gebrauch mindern und damit einen Sachmangel darstellen. Der BGH erkennt nur dann öffentlich-rechtliche Hindernisse und Beschränkungen als Mangel an, wenn sie auf der konkreten Beschaffenheit, dem Zustand oder der Lage der Mietsache beruhen.[275] (Beispiele: Entziehung der Gaststättenkonzession wegen Verstoß gegen Hygienevorschriften oder wegen fehlender Kfz-Einstellplätze, Bebauungsverbot eines Grundstücks, Untersagung des Gewerbebetriebes wegen Verstoßes gegen den kommunalen Flächennutzungsplan bzw. wegen Verstoßes gegen Bauvorschriften, fehlende Anforderungen an den Gesundheitsschutz). Betriebsbezogene Beschränkungen weist er dagegen dem Verwendungsrisiko des Mieters zu. Danach liegt also in diesem Fall kein Mangel vor, wenn der Verwendungszweck nicht Vertragsinhalt geworden ist. 201

b) Beeinträchtigungen von außen. *aa) Elektrosmog.* Die zunehmende Vernetzung von Elektrogeräten erfolgt meist über Funkverbindungen. Dies führt zunehmend zu elektromagnetischen Feldern. Unter dem Schlagwort „Elektrosmog" lässt sich alles einordnen, was im weitesten Sinne mit den elektrischen, magnetischen und elektromagnetischen Feldern Strahlungen und einem dadurch möglicherweise verursachten Krankheitsgeschehen zusammenhängt. Ein unmittelbarer Nachweis einer Gesundheitsbeeinträchtigung und damit Gebrauchsbeeinträchtigung durch Elektrosmog lässt sich regelmäßig schwer erbringen. Mit der **ElektrosmogVO** hat daher das Bundesministerium für Umwelt, Naturschutz und Reaktorsicherheit in einem Katalog sogenannte Feldgrenzwerte für thermische Auswirkungen elektromagnetischer Strahlen vor. Der BGH ist allerdings der Auffassung, dass diese Grenzwerte auch für die athermische Einflüsse gelten, da thermische Auswirkungen bei geringeren Feldstärken eintreten als nachgewiesene athermische Reaktionen.[276] Daher seien die athermischen Auswirkungen miterfasst. Bei der ElektrosmogVO handelte es sich nicht um eine normenkonkretisierende Verwaltungsvorschrift. Allerdings dürfte bei einem Überschreiten eines Grenzwerts regelmäßig von einer Gesundheitsgefährdung und damit einer Beeinträchtigung des Mietgebrauchs auszugehen sein. 202

[273] NJW-RR 1992, 267.
[274] Grüneberg/Grüneberg BGB § 313 Rn. 12.
[275] BGHZ 68, 294.
[276] BGH NJW 2006, 2625.

203 *bb) Geruchsbelästigungen.* **Gerüche von Tieren** (zB nistender Tauben in einem Wohnhaus, übermäßig herumstreunender Katzen, Mäusen, Ratten, in der Nachbarwohnung gehaltener Tiere) können zur Beschränkung des mietvertraglichen Gebrauchs führen.[277] Auch alte und kranke **Nachbarn,** die sich selbst nicht mehr ausreichend pflegen und versorgen, können mietgebrauchsbeeinträchtigende Geruchsbelästigungen hervorrufen.[278] Selbst die Nutzung einer zum Gebrauch überlassenen Terrasse kann durch von Tieren verursachten Schmutz und Gerüchen erheblich beeinträchtigt sein. **Küchengeruch** stellt für sich alleine noch keinen Mangel des Mietgebrauchs dar. Allerdings kann das Kochen verschiedener Mietvertragsparteien zu den unterschiedlichsten Tageszeiten dazu führen, dass sich einzelne Mieter in ihrem Mietgebrauch beeinträchtigt fühlen, das aber regelmäßig hinzunehmen ist. Ein Mangel liegt erst dann vor, wenn es sich um eine erhebliche und durchgängige Belastung des Geruchsempfindens handelt.[279] Gehen daher von einer Pizzabäckerei im Nachbarhaus Gerüche aus, die über den Lüftungsschacht in der Wohnung des Mieters verbreitet werden, stellt dies ebenso einen zur Minderung rechtfertigenden Mangel dar, wie die Beeinträchtigung des Wohnungsnachbarn durch über das Fenster abziehende Küchengerüche. Gleichfalls ist es als Mangel zu werten, wenn auf dem Grundstück Biomüll-Abfalltonnen[280] oder die nahe gelegene Kläranlage[281] erhebliche Geruchsbelästigungen verursachen. Bei der Vermietung von Gewerberäumen müssen Toiletten so beschaffen sein, dass von ihnen keine Gerüche in die Gaststube dringen.[282]

204 *cc) Lärmbeeinträchtigungen.* Lärmbeeinträchtigungen können einen Mangel der Mietsache begründen, unabhängig davon von wem sie ausgehen. Die Abgrenzung zu gerade noch hinnehmbaren Einwirkungen schwierig und stark einzelfallbezogen, da gewisse Lärmbelästigungen infolge des Zusammenlebens nicht vermeidbar sind. In solchen Grenzfällen ist zum einen auf die Abrede zwischen Parteien und zum anderen auf eine Interessenabwägung ab zu stellen. Dabei sind die technischen Normen und Anleitungen heranzuziehen, welche Anhaltspunkte für die Einstufung des mietrechtlich relevanten Lärms sind. Für von **technischen Anlagen** und **Sportanlagen** ausgehenden Geräusche ist die TA Lärm bzw. die Sportanlagen-LärmschutzVO maßgeblich. Für **Trittschall** sind die DIN 4109 oder die VDI-Richtlinie 4100 maßgeblich. Der BGH ist der Auffassung gefolgt, dass bei Abschluss des Mietvertrages darüber entschieden wird, was der Vermieter schuldet und welche Beschaffenheit das Mietobjekt für den vertragsgemäßen Gebrauch erfüllen muss.[283] Bietet aber der Vertrag keine Anhaltspunkte zur Feststellung des zum vertragsgemäßen Gebrauch geeigneten Zustandes, kommt es auf die Verkehrsanschauung an. Danach ist jedenfalls nach Auffassung der Gerichte beim Schallschutz grundsätzlich der Maßstab bei Errichtung des Gebäudes anzulegen. Etwas anderes muss gelten, wenn der Trittschall nachträglich geändert wurde, zB durch Ertüchtigung der Decke oder einen nachträglichen Ausbau des Dachgeschosses.

205 Soweit **Kinderlärm** von einem in der Nähe liegenden Spielplatz oder aus einem Innenhof in die Mietsache dringt, ist dies regelmäßig als üblich und sozialadäquat hinzunehmen, zumal mit der Privilegierung des Kinderlärms in § 22 Abs. 1a BImSchG ein allgemeiner Rechtsgrundsatz kodifiziert worden ist.[284]

206 *dd) Lichteinfall.* **Zu wenig Belichtung bzw. Besonnung** der gemieteten Räume kann ebenfalls einen Mangel darstellen. So liegt ein Mangel der Mietsache vor, wenn die Lichtverhältnisse in gewerblich genutzten Räumen durch die Nachbarbebauung stärker beeinträchtigt werden, als es bei Einhaltung der öffentlich-rechtlichen Vorschriften

[277] AG Berlin-Lichtenberg ZMR 2000, 302.
[278] LG Berlin WuM 2011, 155.
[279] LG Essen ZMR 2000, 302.
[280] LG Osnabrück WM 1997, 431.
[281] LG Augsburg WM 1986, 137.
[282] AG Augsburg WuM 2002, 11605.
[283] BGH NJW 2005, 218.
[284] BGH NJW 2015, 2177.

zulässig ist.[285] Ein Mangel ist gegeben, wenn anlässlich durchzuführender Bauarbeiten die Außenfassaden des Hauses durch Planen verhängt und dadurch die Zimmer verdunkelt werden[286] oder wenn eine Fensterscheibe solche trübe Stellen aufweist, dass dadurch der Lichteinfall beeinträchtigt ist.[287]

Wird auf dem Hausgrundstück ein Anbau oder auf dem Nachbargrundstück eine hohe Mauer oder ein Gebäude errichtet, so kann die Mietminderung gerechtfertigt sein, wenn sich die Sichtverhältnisse der Mietsache dadurch verschlechtern.[288] Auch die Anbringung eines Balkons[289] oder die Begrünung der Fassade mit Pflanzen[290] kann zur Beeinträchtigung des Lichteinfalls führen. Der Fernblick einer Mietsache ist kein Beschaffenheitsmerkmal, soweit er nicht vertraglich vereinbart wurde.[291] Wachsen Bäume in der Nachbarschaft im Laufe der Mietzeit so hoch, dass sie den Lichteinfall in die Mietsache verhindern, kann ein Mangel vorliegen. 207

Zu viel Belichtung bzw. Besonnung der Mietsache kann ebenfalls einen Mangel darstellen. So können Lichtreflexe (zB Panels einer Fotovoltaikanlage auf dem benachbarten Dach, Licht-Schatten-Reflexionen von Windkrafträdern), den Mieter auf Grund ihrer (Blend-)Wirkung an einer ungestörten Nutzung der Mietsache hindern.[292] Nicht nur tagsüber, sondern auch nachtsüber kann eine Überbelichtung einen Mangel (zB einfallendes Reklame- oder Straßenlicht). 208

ee) Raumklima. Eine **überhöhte Raumtemperatur** kann zum Mietmangel führen. Heizt sich die Raumluft in der Mietsache aufgrund überstarken Sonneneinfalls durch die Fenster während mehrerer Monate hinweg auf, so wird darin bei Gewerbe- wie Wohnraummietverhältnisse ein Mangel gesehen.[293] Für die Beurteilung eines ordnungsgemäßen Raumklimas vermieteter Büroräume sind neben der Vereinbarung über den Verwendungszweck insbesondere die Anforderungen der ArbStättV zu beachten. Bei den Anforderungen an die Arbeitsstätten ist § 3 Abs. 1 ArbStättV mit dem zu dieser Vorschrift veröffentlichten Anhang zu beachten. Gem. Nr. 3.5. dieses Anhangs muss während der Arbeitszeit unter Berücksichtigung der Arbeitsverfahren, der körperlichen Beanspruchung der Beschäftigten und des spezifischen Nutzungszwecks des Raumes eine gesundheitlich zuträgliche Raumtemperatur bestehen. Daher müssen Fenster, Oberlichter und Glaswände je nach Art der Arbeit und Arbeitsstätte eine Abschirmung gegen übermäßige Sonneneinstrahlungen ermöglichen. Auch wenn sich diese Vorschriften nur an den Arbeitgeber richten und der Anwendungsbereich der ArbStättV nur dem Schutz vor wärmeabgebenden Betriebseinrichtungen, also rauminternen Wärmequellen, gilt, können diese Regelungen mangels anderer Regelwerke auf alle Mietverhältnisse zur Bestimmung der Gebrauchsbeeinträchtigung im Falle der Aufheizung der Mietsache aufgrund überstarken Sonneneinfalls oder rauminterner Wärmequellen herangezogen werden. 209

Einige Gerichte haben aus der ArbStättV die Schlussfolgerung gezogen, dass eine Mietsache mangelhaft ist, wenn die Raumtemperaturen oberhalb von 26°C bei einer Außentemperatur von 32°C liegen.[294] Dem ist nur zuzustimmen, wenn die Erwärmung aus Sonnenlichteinfall oder rauminterner Wärmequellen resultiert. Der BGH hat die Frage insgesamt bislang offen gelassen. Unzuträglichkeiten infolge extremer und langanhaltender Außentemperaturen betreffen nicht die Beschaffenheit der Mietsache und muss der Mieter damit hinnehmen. 210

---

[285] OLG Hamm NJW 1984, 984.
[286] KG GE 2001, 620.
[287] AG Kassel WuM 1993, 607.
[288] LG Berlin MM 2000, 375.
[289] LG Berlin ZMR 2014, 789.
[290] AG Köln ZMR 2004, 594.
[291] LG Berlin ZMR 2013, 888.
[292] OLG Stuttgart MDR 2009, 1099.
[293] OLG Düsseldorf MDR 1998, 1217; AG Neuss NZM 1998, 35.
[294] OLG Brandenburg NJW-RR 2013, 76; OLG Rostock NJW-RR 2001, 802.

211 Auch eine zu **geringe Raumtemperatur** der Mietsache kann zur Mangelhaftigkeit führen. So wird eine Mindestraumtemperatur in Wohnräumen tagsüber von 21°C und nachtsüber von 19°C als nötig angesehen; in Schlafräumen von 19°C und 16°C nachtsüber.

212 Die **Luftfeuchtigkeit** soll in gemieteten Büroräumen bis zu 70 % bei einer Raumtemperatur von bis 20 C noch als behaglich zu werten sein.

213 *ff) Zugang zur Mietsache.* Der ungehinderte Zugang zu den Mieträumen ist Voraussetzung für eine vertragsgemäße Nutzung insbesondere dann, wenn Gewerberäume vermietet wurden, und das dort betriebene Gewerbe auf Kundenverkehr angewiesen ist. Die Einschränkung des Zugangs stellt daher grundsätzlich einen Mangel dar, auch wenn sie durch nicht vom Vermieter beeinflussbare Umstände hervorgerufen wird. Dies ist insbesondere der Fall, wenn die öffentliche Hand Straßenbaumaßnahmen durchführt, die den Zugang zum Mietobjekt erheblich einschränken.

214 **c) Innenliegende Beeinträchtigungen.** *aa) Feuchtigkeit/Schimmel.* Feuchtigkeit in der Mietsache wird regelmäßig optisch sichtbar durch Schimmelbildung, Stockflecken, abfallende Wandfarbe oder -putz, austretender Salpeter. Feuchtigkeitsschäden bzw. deren Folgen können zur völligen Aufhebung der Gebrauchstauglichkeit führen und damit eine Minderung bis zu 100 % rechtfertigen. Daher ist es nicht verwunderlich, dass sehr häufig Streit über die Ursache der Feuchtigkeit besteht, der meist durch Sachverständige entschieden werden muss. Da der Mieter die Mietsache seinem Wohnverhalten entsprechend zu beheizen und zu lüften hat, beruft sich der Vermieter regelmäßig auf ein fehlerhaftes Wohn- und Lüftungsverhalten des Mieters, während der Mieter generell den Bauzustand für den Mangel verantwortlich macht.

215 Häufig treten Feuchtigkeitserscheinungen nach Modernisierungsmaßnahmen, insbesondere nach dem Einbau isolierverglaster Fenster, auf. Da nach dem Einbau neuer Fenster regelmäßig der Luftaustausch gegenüber dem vorherigen Zustand eingeschränkt ist, muss der Mieter eventuell sein Lüftungs- und Heizverhalten ändern. Der Mieter ist jedoch nicht verpflichtet, selbständig Überlegungen zu einem veränderten Lüftungsverhalten anzustellen.

216 Da die Ursache von Feuchtigkeit häufig umstritten ist oder nicht aufgeklärt werden kann, kommt im Rechtsstreit der Beweislastverteilung entscheidende Bedeutung zu. Für den Anspruch des Vermieters auf Schadensersatz ist die von der Rechtsprechung nach Gefahrenbereichen entwickelte Verantwortung maßgeblich.[295] Danach muss der Vermieter zur Durchsetzung seines Anspruchs beweisen, dass der Schaden der Risikosphäre des Mieters entstammt. Hierzu muss der Vermieter zunächst die Möglichkeit einer aus seinem eigenen Verantwortungs- und Pflichtenkreis herrührenden Schadensursache ausräumen. Ist dem Vermieter dieser Beweis gelungen, muss der Mieter den vollen Beweis dafür erbringen, dass er die Ursache des Mangels nicht zu vertreten hat. Die Nachweispflicht des Vermieters entfällt, wenn nach den Umständen nur eine Ursache aus dem Risikobereich des Mieters in Betracht kommt.

217 Mindert der Mieter wegen Feuchtigkeit die Miete, muss er lediglich das Vorhandensein des Mangels darlegen und beweisen. Der Vermieter muss sich dann hinsichtlich seiner Risikosphäre entlasten.

218 *bb) Fogging.* Beim Fogging kommt es zu schwarzen, grauen bzw. ölig schmierigen Staubablagerungen an Decken und Wänden, meist Ecken. Zumeist tritt dieses Phänomen in der Heizperiode auf und zwar in Wohnungen, die zuvor renoviert wurden oder in denen bauliche Eingriffe vorgenommen wurden. Aber auch Neubauwohnungen sind davon betroffen. Zumeist wurden bei Fertigstellung, Renovierung oder Umbau der Wohnungen Produkte eingesetzt, die so genannte höhersiedende organische Verbindungen in die Luft emittieren können. Das sind so genannte Weichmacherverbindungen, die zB Bestandteile von Farben, Lacken, Klebstoffen oder Trägerflüssigkeiten für Pestizide sind. Hinzu kommen häufig noch andere Faktoren, wie zum Beispiel bauliche Gegeben-

[295] BGH NJW 1994, 2019.

heiten. Darunter fallen Kältebrücken, schadhafte Isolierungen, durchsottete Schornsteine und Kamine, aber auch die Ausstattung der Wohnung, wie zum Beispiel Laminat-Fußboden, zahlreiche kunststoffhaltige Materialien, wie sie auch in Dämmmaterial enthalten sind, oder Hartschaumdekorplatten, bestimmte Wandfarben, Tapeten oder Teppichböden. Im Übrigen spielt auch die Raumnutzung eine Rolle: das Lüftungsverhalten und Verbrennungsvorgänge, die zusätzlichen Staub produzieren, sind ebenso zu nennen wie der Faktor Luftfeuchtigkeit. Trockene Luft begünstigt das Anlagern der Weichmacherverbindungen an Staub.

Eine übermäßige Erscheinung von Fogging kann den Gebrauch der Mietsache beeinträchtigen und damit einen Mangel der Mietsache darstellen. Da die Ursachen des Fogging häufig umstritten sind oder nicht aufgeklärt werden können, kommt im Rechtsstreit der Beweislastverteilung entscheidende Bedeutung zu (hierzu → Rn. 214 „Feuchtigkeit"). 219

cc) Größe. Die Größe der Mietsache richtet sich nach ihrer Fläche und ist nach der Verkehrsauffassung für den Wert der Mietsache von wesentlicher Bedeutung. Die Parteien können daher hinsichtlich der Fläche eine Beschaffenheitsvereinbarung treffen. Eine Minderung der Gebrauchstauglichkeit kann daher auch in einer vom Mietvertrag abweichenden Fläche liegen. Die in einer Betriebskostenabrechnung verwendete Fläche gilt nicht als mietvertraglich vereinbart. Allein die qm-Angabe in einer Annonce führt ebenfalls nicht zu einer vertraglichen Absprache über die angegebene Fläche.[296] Auch die Angabe eines Maklers zur Fläche soll unverbindlich sein, wenn der später geschlossene Mietvertrag keine Flächenangabe enthält und weitere Anhaltspunkte zur Größe der Mietsache nicht vorliegen.[297] Die Voraussetzungen für eine konkludente Einbeziehung der Fläche in den Vertragsgegenstand ist jedenfalls dann gegeben, wenn in der Annonce eine Quadratmeterzahl angegeben wurde, die im Nachhinein durch Vorlage einer Flächenberechnung belegt wird. Von einer Minderung der Gebrauchstauglichkeit ist auszugehen, wenn die Flächendifferenz nicht unerheblich ist, was bei einer Flächenabweichung von über 10 % angenommen werden kann.[298] Die Parteien können nach Auffassung des BGH die Mietfläche auch nur unverbindlich im Mietvertrag ausweisen.[299] So soll von einer Beschaffenheitsvereinbarung hinsichtlich der Mietfläche nicht ausgegangen werden können, wenn ein Wohnraummietvertrag zwar eine Wohnflächenangabe enthält, diese Angabe jedoch mit der Einschränkung versehen ist, dass sie nicht zur Festlegung des Mietgegenstandes diene. 220

2. Rechtsmängel

Unter dem Begriff „Recht" iSd § 536 Abs. 3 BGB werden nur Privatrechte verstanden. Öffentlich-rechtliche Bestimmungen können nur einen Sachmangel begründen, wenn sie in der Beschaffenheit oder Lage des Objektes ihren Grund haben oder zur Unmöglichkeit der Erfüllung führen. Knüpft eine öffentlich-rechtliche Beschränkung in keiner Weise an die Beschaffenheit der Sache selbst oder an ihre Beziehung zur Umwelt an, sondern beruht sie allein auf der vorausgegangenen öffentlichen Hilfe für den Ersteller bei der Finanzierung der Wohnung, liegt dagegen ein Rechtsmangel vor. Als Rechte Dritter kommen regelmäßig dingliche Rechte, wie zB das Eigentum, das Wohnungseigentum, der Nießbrauch (§ 1030 BGB), die Grunddienstbarkeit (§ 1118 BGB) oder das Erbbaurecht (§ 1112 BGB) in Betracht. Auch schuldrechtliche Ansprüche, die sich auf die Mietsache beziehen, werden erfasst, zB die Ausübung eines eingeräumten Optionsrechts. Unbeachtlich ist dabei, ob das Recht des Dritten nach Abschluss des Mietvertrags oder erst nach Überlassung der Mietsache entsteht. Das Recht des Dritten muss sich aber immer auf die Mietsache beziehen. Der wichtigste Fall des Rechtsman- 221

[296] LG Mannheim NJW 2004, 1947.
[297] AG München ZMR 2014, 552.
[298] BGH NZM 2004, 453.
[299] BGH NJW 2011, 220.

gels wegen schuldrechtlicher Ansprüche ist wohl die Doppelvermietung. Bei der Doppelvermietung sind beide Verträge wirksam, da sich jede Person mehrfach zur Erbringung derselben Leistung verpflichten kann. Ein Rechtsmangel liegt auch vor, wenn entgegen der Teilungserklärung Teileigentum zur Nutzung als Gaststätte vermietet wird und den anderen Wohnungseigentümern daher ein Beseitigungsanspruch nach § 1004 BGB zusteht.[300]

[300] BGH NJW-RR 1995, 715.

9. Abschnitt. Instandhaltung, Instandsetzung und bauliche Veränderungen

§ 58 Instandhaltung, Instandsetzung, Schönheitsreparaturen, Kleinreparaturen und Wartung

Übersicht

Schrifttum:

Ahlt, Übertragbarkeit der Rechtsprechung des VIII. Zivilsenats des Bundesgerichtshofs auf Gewerberaummietverträge – Minderungsausschluss, Betriebskosten, Flächenabweichungen, Schönheitsreparaturen, GuT 2005, 47; Artz, Quotenabgeltungsklauseln, NZM 2007, 265; Blank, Welche gesetzlichen Neuregelungen für den Bereich der Schönheitsreparaturen sind sinnvoll?, NZM 2000, 1169; ders., Das Gebot der Rücksichtnahme nach § 241 Abs. 2 BGB im Mietrecht, WuM 2004, 243; Borzutzki-Pasing, Klauselkontrolle in der Gewerberaummiete, NZM 2004, 161; Börstinghaus, Rechtsfolgen unwirksamer Schönheitsreparaturklauseln, WuM 2005, 675; Both, Die Abwälzung der Schönheitsreparaturen in der höchstrichterlichen Zerreißprobe, WuM 2007, 3; Bub/von der Osten, Abgeltungsklauseln und „starre" Fristen, NZM 2007, 76; Bub, Gewerberaummietvertrag und AGB-Gesetz, NZM 1998, 789; Dötsch, Ersatz- bzw. Selbstvornahme im Mietrecht, NZM 2007, 275; Draber, Renovierungsquiz, WuM 1988, 5; Eckert, Anmerkung zur Entscheidung des LG Berlin vom 2.12.1997 – 64 S 352/97 –, ZMR 1998, 428; Eisenschmid, Welche gesetzlichen Neuregelungen sind für den Bereich der Schönheitsreparaturen sinnvoll?, NZM 2000, 1164; ders., Mietrechtsverhältnisse nach der „Jahrhundertflut" im Osten, NZM 2002, 889; Emmerich, Schönheitsreparaturen bei Beendigung des Mietverhältnisses, NZM 2000, 1155; ders., Anm. zu BGH, RE v. 6.7.1988, JuS 1989, 62; ders., Verjährung des Schadensersatzanspruches wegen unterlassener Schönheitsreparaturen, NZM 2005, 248; ders., Starre Schönheitsreparaturfristen und die Folgen, NZM 2006, 761; Fischer, Verbot kumulierter Renovierungs- und Rückgabeklauseln in Wohnraummietverträgen, WuM 2004, 56; ders., Zulässigkeit von Abgeltungsklauseln bei Schönheitsreparaturen, WuM 2005, 284; Fritz, Gewerberaummietrecht, 4. Aufl. 2005; Joachim, Haftungsfreizeichnung im modernen Mietrecht, NZM 2003, 387; Goch, Schönheitsreparaturen bei Beendigung der Mietzeit, WuM 2003, 368; Häublein, Vereinbarung von Fristenplänen in Schönheitsreparaturklauseln bei Formularmietverträgen über Wohnraum, ZMR 2000, 139; Harsch, Schönheits- und Kleinreparaturen im Mietverhältnis (1998); ders., Erfasst die unwirksame Renovierungsgrundverpflichtung des Wohnraummieters auch die Kostenbeteiligung?, WuM 2004, 706; Heinrichs, Das neue AGB-Recht und seine Bedeutung für das Mietverhältnis, NZM 2003, 6; ders., Gesamtunwirksamkeit oder Teilaufrechtserhaltung von Formularklauseln in Mietverträgen (Schönheitsreparatur- und Kautionsklauseln) NZM 2005, 201; Herrlein, Schönheitsreparaturpflicht des Mieters im laufenden Mietverhältnis, NZM 2003, 941; Hinz, Mietrechtsreform im Rechtsausschuss, NZM 2001, 264; ders., Pauschale Abwälzungen von Betriebskosten und Schönheitsreparaturen im Lichte des neuen Mietrechts, ZMR 2003, 77; Horst, Auswirkungen der Schadensersatzrechtsreform auf das Mietrecht, NZM 2003, 537; ders., Vertrauensschutz als Grenze der Inhaltskontrolle Miet-AGB – Das Lehrstück von den „Quotenklauseln", NZM 2007, 185; Jäkel, Verjährungsbeginn nach § 548 BGB, WuM 2002, 528; Kandelhard, Die Verlängerung der Verjährung zum Ende des Mietverhältnisses, NZM 2002, 929; Klimke, Ermessen des Vermieters zur Verlängerung „starrer" Schönheitsreparaturfristen, NZM 2005, 134; Kinne, Detailprobleme der Pflicht zur Gebrauchsgewährung, GE 2000, 1394; ders., Berchtesgaden 2003: Schönheitsreparaturen, Erfüllung und Schadensersatz, NZM 2003, 417; ders., Zur Gewährleistung im Mietrecht, WuM 2000, 515; Lange, Geschäftsführung ohne Auftrag bei nicht geschuldeten Schönheitsreparaturen?, NZM 2007, 785; Langenberg, Mietrechtsreform im Rechtsausschuss, NZM 2001, 212; ders., Abgrenzung der Schönheitsreparaturen von sonstigen Reparaturen zur Wiederherstellung der ordnungsgemäßen Dekoration des Mietobjektes, NZM 2000, 1125; ders., Schönheitsreparaturen nach der Schuldrechtsreform, NZM 2002, 972; ders., Zur Verjährung des Schadensersatzanspruchs wegen unterlassener Schönheitsreparaturen nach § 548 BGB nF, WuM 2002, 71; ders., Schönheitsreparaturen, Instandsetzung und Rückbau, 3. Aufl. 2008; ders., Schönheitsreparaturen, Instandsetzung und Rückbau 3. Aufl. 2008; Lehmann-Richter, Zu den Ersatzansprüchen des Mieters bei Renovierung aufgrund unwirksamer Schönheitsreparatur- oder Abgeltungsklausel, WuM 2005, 747; ders., Teppichreinigung und Schönheitsreparaturen, NZM 2009, 349; Leo/Ghassemi-Tabar, Rechtsfolgen unwirksamer Schönheitsreparaturklauseln in der Gewerberaummiete „Niemand weiß nichts Genaues"!, NZM 2008, 105; Löwe, Kritische Bemerkungen zum Referentenentwurf Mietrechtsreformgesetz, NZM 2000, 577; Lützenkirchen, Schönheitsreparaturen mittlerer Art und Güte, WuM 1989, 111; ders., Unterlassene Schönheitsreparaturen durch den Mieter – Anwendbarkeit der Vorschriften über die Geschäftsführung ohne Auftrag, MDR 2001, 9; ders., Die Entwicklung des Mietrechts in der obergerichtlichen Rechtsprechung des Jahres 2002, WuM 2003, 63; ders., Die Entwicklung des Mietrechts in der obergerichtlichen Rechtsprechung des Jahres 2003, WuM 2004, 58; ders., Renovierungspflicht bei der Wohnraummiete – Herstellung der Tapezierfähigkeit, NZM 1998, 942; ders., Die obergerichtliche Rechtsprechung zum Mietrecht im Jahre 2006, WuM 2007, 167; Neuhaus, Malerarbeiten im Mietverhältnis – Anstriche als Streitpunkt, NZM 2000, 220; Rathjen, Zum Modernisierungsanspruch des Mieters bei Wohn- und Geschäftsraummiete, ZMR 1999, 458; Ricker, Verjährungsprobleme bei Herstellungs- und Schadensersatzansprüchen des Vermieters wegen Veränderungen oder Verschlechterungen der Mietsache, NZM 2000, 216; Schach, Umsatzsteuer künftig nur bei Durchführung von Schönheitsreparaturen, GE 2002, 781; Schildt, Die Abwälzung der Schönheitsreparaturen auf den Mieter und das Synallagma im Mietvertragsrecht, WuM 1994, 237; Schläger, Wohnraummietrecht und Umweltschutz, ZMR 1990, 161; Schmidt, „Neues Gesicht" für gewerbliche Mietverträge – Definitionen, Standards, Bezugnahmen, Transparenz, NZM 2003, 505; Schopp, Schönheitsreparaturklauseln in Formularmietverträgen, ZMR 1981, 258; Schumacher, Die Aufwertung des Transparenzgebots und die Konsequenzen für das Mietrecht, NZM 2003, 13; Sonnenschein, Inhaltskontrolle von Formularverträgen nach dem AGB-Gesetz, NJW 1980, 1713; Stapel, Rauchende Mieter – ja und?, NZM 2000, 595; Schuschke, Die „kindgerechte" Mietwohnung und das „kindgerechte" Ferienappartement, NZM 2006, 733; Stapenhorst, Grenzen der Sacherhaltungspflicht des Geschäftsraummieters, NZM 2007, 17; Sternel, Schönheitsreparaturen nach Hochwasserschäden, WuM 2002, 585; ders., Folgen unwirksamer Schönheitsreparaturklauseln und Handlungsmöglichkeiten für den Vermieter, NZM 2007, 545; Timme, Schönheitsreparaturen gemäß Fristenplan bei Wohnungsumbau, NZM 2005, 132; Wiek, Selbsthilfeaufwendungen des Vermieters bei unterlassenen Schönheitsreparaturen, WuM 2000, 11; ders., Anmerkungen zur Entscheidung des BGH v. 28.4.2004 – VIII ZR 230/03 – WuM 2004, 334; WolfWüstefeld, Fiktive Berechnung von Schönheitsreparaturkosten mit oder ohne Umsatzsteuer?, WuM 2003, 15.

I. Instandhaltung und Instandsetzung

1. Grundsatz

1 Nach § 535 Abs. 1 S. 2 BGB hat der Vermieter dem Mieter die Mietsache in einem zum vertragsgemäßen Gebrauch geeigneten Zustand zu überlassen und sie während der Mietzeit in diesem Zustand zu erhalten. Die **Erhaltungspflicht** ist Hauptleistungspflicht des Vermieters und steht im Synallagma mit dem Anspruch aus § 535 Abs. 2 BGB. Diese Erhaltungspflicht umfasst die Beseitigung von Schäden durch Reparatur, die Kosten der Wiederbeschaffung verbrauchter Teile der Mietsache (**Instandsetzung**) sowie die **Instandhaltung**, die auf die Vermeidung derartiger Schäden und den Erhalt des vertrags-

gemäßen Zustandes abzielt.[1] In der Gewerberaummietpraxis existiert hierbei, anders als in der Wohnraummiete, eine Tendenz zur Verwendung von Klauseln, mit denen die Instandhaltungs- und Instandsetzungspflichten teilweise bzw. vollumfänglich auf den Mieter umgelegt werden. Die Erhaltungspflicht des Vermieters ist zwar durch Individualvereinbarung und Formularklausel grundsätzlich auf den Mieter übertragbar.[2] Soweit dies aber durch AGB geschieht, kommt dies nur in sehr engen Grenzen in Betracht, da es sich bei den Instandhaltungs- und Instandsetzungspflichten um Kardinalpflichten des Vermieters handelt. Diesbezüglich ist immer eine ausdrückliche Vereinbarung der Parteien im Mietvertrag erforderlich.[3] In der Rechtsprechung und der Literatur ist in der Vergangenheit oftmals ein relativ großzügiger Maßstab für die Überbürdung der Erhaltungslast auf den Mieter angenommen worden.[4]

Allerdings lässt sich diesbezüglich analog zur Übertragung der Schönheitsreparaturen 2 durch Formularklausel auf den Mieter neuerdings eine restriktivere Haltung des BGH als zuvor entnehmen.[5] Nach der Auffassung des XII. Senats stellt die formularmäßige Auferlegung der Instandhaltung und Instandsetzung gemeinschaftlich genutzter Flächen und Anlagen in einem Einkaufszentrum auf den Mieter ohne Beschränkung der Höhe nach einen Verstoß gegen § 307 BGB dar.[6] Eine derartige Regelung beinhalte eine unzulässige Abweichung vom gesetzlichen Leitbild des § 535 Abs. 1 S. 2 BGB. Auch bei der Frage der Zulässigkeit von Klauseln zur Abwälzung der Erhaltungspflicht ist daher zu berücksichtigen, dass sowohl § 535 Abs. 1 S. 2 BGB als auch § 307 Abs. 2 BGB nicht im sozialen Mietrecht verhaftet sind[7] und nicht speziell dem Schutz des Wohnraummieters dienen, sondern vielmehr Wohn- und Geschäftsraumvermieter nach dem Gesetz gleich behandelt werden.[8] Im Zweifel findet die Abwälzung dort ihre Angemessenheitsgrenzen, wo die Pflichtenabwälzung zugunsten des Vermieters zum Übergang der Sachgefahr auf den Mieter führt und diesen mit einem nicht mehr absehbaren Kostenrisiko belastet.[9]

2. Begriff

Eine exakte Abgrenzung der Begriffe Instandhaltung und Instandsetzung ist kaum 3 möglich. Vielmehr ist die Abgrenzung in Literatur und Rechtsprechung uneinheitlich und fließend.[10] Neben dem Oberbegriff der Erhaltung in § 535 Abs. 1 S. 2 BGB werden auch die Begriffe der „Ausbesserung", „Erneuerung" sowie „Wiederbeschaffung" verwendet.[11] Der Begriff der Erhaltungslast wird oftmals synonym zu „Instandhaltung und Instandsetzung" gebraucht.[12] Von Bedeutung ist eine genaue Definition dieser Begrifflichkeiten bei deren vertraglichen Verwendung, da anderenfalls die einzelnen Pflichten nicht hinreichend bestimmt werden können. Auch können die Parteien abweichende Vereinbarungen hinsichtlich der Begriffsbestimmung treffen.

a) **Instandhaltung.** Unter den Kosten der Instandhaltung werden in Anlehnung an 4 § 28 Abs. 1 der II. BerechnungsVO die Kosten verstanden, die zur Erhaltung des bestimmungsgemäßen Gebrauchs aufgewendet werden müssen, um die durch Abnutzung, Alterung und Witterungseinwirkung entstehenden baulichen und sonstigen Mängel ordnungsgemäß zu beseitigen.[13] Der Aufwand der Instandhaltung fällt, je nach Art

[1] MüKoBGB/Häublein § 535 Rn. 101.
[2] BGH NZM 2005, 863.
[3] OLG Düsseldorf NZM 2000, 464.
[4] BGH WuM 1987, 154.
[5] BGH NZM 2005, 863; jetzt auch BGH NZM 2008, 890.
[6] BGH NZM 2005, 863; ablehnend dagegen Stapenhorst NZM 2007, 17.
[7] MüKoBGB/Häublein § 535 Rn. 111.
[8] BGH NZM 2005, 504.
[9] Gies/Over/Borzutzki-Pasing A.V.1 Anm. 40.
[10] MüKoBGB/Häublein § 535 Rn. 101.
[11] Stapenhorst NZM 2007, 17.
[12] Fritz Rn. 229a.
[13] BGH NZM 2005, 863.

der Anlage oder Einrichtung, sei es durch häufigen Zugriff, durch die Art des verwendeten Materials oder durch eine exponierte Lage in gewissen Abständen, wenn auch mit größerem zeitlichen Spielraum, an. In erster Linie umfasst die Instandhaltung solche Maßnahmen, die vorbeugend ergriffen werden, um den je nach den vorgenannten Umständen zu erwartenden Eintritt von Schäden zu vermeiden.[14] Hierzu zählen auch Wartungsarbeiten.[15] Ausnahmsweise fällt unter den Begriff der Instandhaltung auch die Reparatur von Schäden, wenn sie durch Abnutzung, Alterung oder Witterungseinwirkung entstanden sind. Hat der Mieter nur die Instandhaltungspflicht übernommen, trifft ihn nicht zugleich die weitergehende Instandsetzungspflicht.[16] Eine Klausel, wonach der Mieter „das Mietobjekt mit der erforderlichen Sorgfalt zu behandeln und in gutem und gebrauchsfähigen Zustand zu erhalten hat", ist dahingehend auszulegen, dass den Mieter nur die laufende Instandhaltung der Mietsache trifft.[17]

5 **b) Instandsetzung.** Unter Instandsetzung werden in der Regel die Maßnahmen zur Reparatur und Wiederbeschaffung der Mietsache bezeichnet.[18] Die Instandsetzung umfasst aber nicht die Ersatzbeschaffung von Anlagen, Einrichtungen oder Bestandteilen der Mietsache, die nicht mehr reparabel sind oder die Ersatzbeschaffung einer völlig zerstörten Sache.[19] Die häufig in Gewerberaummietverträgen verwendete Formulierung **„Reparaturen an Dach und Fach"** stößt häufig auf Auslegungsschwierigkeiten, da nicht eindeutig ist, welche Bestandteile der Mietsache von dieser Formulierung betroffen sein sollen. Hierunter sollen jedenfalls alle Arbeiten fallen, die der Erhaltung des Substanzwertes des Gebäudes dienen.[20] Dazu zählt insbesondere die Erhaltung der Dachsubstanz und der tragenden Gebäudeteile wie Außenmauern, tragenden Wänden und des Fundaments. Auch die im Mauerwerk verlaufenden Leitungssysteme von Elektrizität und Wasser sowie die Beheizbarkeit des Mietobjektes zählen hierzu.[21] In Gewerbemietverträgen wird auch die Formulierung **„Instandhaltung nach DIN 31 051"** als Begriffsdefinition verwendet. Die „DIN 31 051 Instandhaltung" bezieht sich auf technische Anlagen und umfasst unter dem Oberbegriff Instandhaltung die Unterbegriffe Wartung, Inspektion und Instandsetzung. Sie definiert hierbei die Instandsetzung als Maßnahme zur Wiederherstellung des Sollzustandes von technischen Mitteln eines Systems. Der Verweis auf die DIN 31 051 ist als Definition für die Instandsetzung von Räumen regelmäßig ungeeignet, da nicht klar ist, welche Maßnahmen hiervon betroffen sind. Im Übrigen ist sie für technische Anlagen konzipiert und nicht für Räume. Auch die Musterformulierung,[22]

„Unter Instandhaltung verstehen die Parteien dabei Inspektion, Wartung und Instandsetzung gemäß DIN 31 051 Instandhaltung, Begriffe und Maßnahmen, Stand Januar 1995, diesem Vertrag als Anlage (…) beigefügt."

schafft hier nicht die erforderliche Bestimmtheit. Hat der Mieter die Instandsetzungspflicht übernommen, ist er nicht zur Anschaffung neuer Geräte wie beispielsweise eines Heizkessels verpflichtet.[23]

3. Übertragung auf den Mieter

6 Die Übertragung der Erhaltungslast auf den Mieter wird bei der Geschäftsraummiete allgemein als zulässig angesehen. Während die Parteien diesbezüglich individualvertraglich einen weiten Gestaltungsspielraum besitzen, der seine Grenzen nur in den all-

[14] MüKoBGB/Häublein § 535 Rn. 124–126.
[15] MüKoBGB/Häublein § 535 Rn. 126.
[16] OLG Düsseldorf NZM 2000, 464.
[17] OLG Düsseldorf NZM 2000, 464.
[18] BGH NZM 2005, 863.
[19] OLG Hamm NJW-RR 1993, 1229; Bub NZM 1998, 793.
[20] Schmidt-Futterer/Lehmann-Richter BGB § 538 Rn. 187.
[21] OLG Naumburg NZM 2000, 1183.
[22] Schmidt NZM 2003, 505.
[23] OLG Naumburg NZM 2000, 1183.

gemeinen Normen findet,[24] ist die formularmäßige Abwälzung der Pflichten des § 535 Abs. 1 S. 2 BGB insbesondere im Hinblick auf die Entscheidung des XII. Senats vom 6.4.2005[25] nur unter sehr engen Voraussetzungen möglich. Auch hier scheint der BGH zu einer restriktiveren Rechtsprechung zu tendieren, ähnlich wie dies bereits bei der Übertragung der Schönheitsreparaturen auf den Gewerberaummieter der Fall ist.[26] Da infolgedessen zu erwarten ist, dass die formularvertragliche Überwälzung der Erhaltungslast künftig noch kritischer bewertet wird als bisher, sollte die kautelarjuristische Mietvertragspraxis vermehrt auf Individualvereinbarungen setzen.[27] Der darin liegende zusätzliche Aufwand für die Rechtsberatung rentiert sich umso mehr, da der Gestaltungsspielraum in Formularverträgen immer kleiner wird.

a) Übertragung durch Individualvereinbarung. Der Mieter kann grundsätzlich durch 7
Individualvereinbarung weit gehend zu Reparaturen und Instandsetzungsarbeiten verpflichtet werden, auch wenn das im Ergebnis zu einer verschuldensunabhängigen Haftung führt.[28] Hier kann in der Regel davon ausgegangen werden, dass beide Vertragsparteien bei den Vertragsverhandlungen in der Lage waren, ihre Interessen ausreichend zu wahren.[29] Die Klausel,

„Sämtliche Reparaturen, Instandsetzungen, Instandhaltungen und Erneuerungen in den gemieteten Räumen gehen zu Lasten des Mieters"

ist wirksam.[30] Die Instandhaltungs- und Instandsetzungspflicht des Mieters ist aber nach Auffassung des BGH auf die Fälle beschränkt, in denen sich der Zustand der Mietsache durch Gebrauch verändert oder verschlechtert und deshalb Anlass zu Reparaturen, Instandhaltungsmaßnahmen oder Erneuerungen besteht. Danach kommt im Falle der Zerstörung des Mietobjektes durch Brand eine Instandsetzungspflicht des Mieters nicht in Betracht, wenn die Ursache des Brandes nicht auf seinem Mietgebrauch beruht.[31]

Auch die Klausel, 8

„Alle Instandsetzungen und anfallenden Reparaturen in den Mieträumen und am Dach des Mietobjektes sowie am Anschlussgleis, soweit es von der Mieterin genutzt wird, gehen ausschließlich zu Lasten der Mieterin"

ist wirksam, sofern die Reparaturverpflichtung bei der Bemessung der Miete berücksichtigt worden ist.[32] Nach anderer Auffassung soll die Erhaltungspflicht an „Dach und Fach" auch kompensationslos auf den Mieter übertragbar sein.[33] Nach einer Entscheidung des OLG Brandenburg obliegt dem Vermieter die Instandsetzungspflicht selbst dann, wenn der Mieter individualvertraglich die Instandhaltung von „Dach und Fach" übernommen hat und die betreffenden Gebäudeteile infolge von Alterung oder umwelteinflussbedingtem Verschleiß nicht mehr reparabel oder reparaturwürdig sind.[34] Das OLG Rostock hat dagegen eine Individualvereinbarung für wirksam befunden, wonach dem Pächter die Instandhaltungspflicht an Dach und Fach ohne Einschränkung übertragen worden ist.[35]

b) Übertragung durch Formularvereinbarung. Die generelle und undifferenzierte 9
Abwälzung der gesamten Instandhaltungs- und Instandsetzungspflicht auf den Mieter durch Formularklausel ist regelmäßig unwirksam. Soll die Erhaltungslast in Abwei-

[24] MüKoBGB/Häublein § 535 Rn. 132.
[25] BGH NZM 2005, 863.
[26] BGH NZM 2005, 504.
[27] Joachim NZM 2003, 387.
[28] BGH NJW 2002, 2383.
[29] BGH NJW 2002, 2383.
[30] BGH NJW-RR 1987, 906.
[31] BGH NJW-RR 1987, 906; Stapenhorst NZM 2007, 17.
[32] BGH NJW 2002, 2383.
[33] Stapenhorst NZM 2007, 17 unter Verweis auf die Entscheidung des BGH NJW 2002, 2383.
[34] OLG Brandenburg ZMR 2003, 909.
[35] OLG Rostock NZM 2010, 42.

chung zu § 535 Abs. 1 S. 2 BGB auf den Mieter übertragen werden, muss die Klausel zunächst einmal auf die Beseitigung von solchen Schäden begrenzt werden, die dem Mietgebrauch oder der Risikosphäre des Mieters zuzuordnen sind.[36] Fehlt es an einer derartigen inhaltlichen Beschränkung der Klausel und wird dem Mieter die Haftung von nicht beherrschbaren Risiken zugewiesen, so kann einer Unwirksamkeit der Klausel entgegenstehen, dass die Kosten der Höhe nach auf etwa 10 % der Jahresmiete begrenzt werden.[37] Eine derartige Begrenzung der Höhe nach macht die Risiken für den Mieter kalkulierbar, was bei einer Interessenabwägung im Rahmen von § 307 BGB zu berücksichtigen ist.[38]

10 Weiterhin darf die Klausel nicht zu einer Haftung des Mieters für anfängliche Mängel und auch nicht zu einer Haftung für von Dritten verursachte Mängel oder Schäden führen.[39] Die Übertragung der Erhaltungslast ist aber zulässig, soweit die betreffenden Teile des Mietobjektes örtlich und funktional dem unmittelbaren Mietgeberauch unterfallen und der Abnutzung, dem Verschleiß oder einer durch den Mietgeberauch beschleunigten Alterung unterliegen.[40] Eine Begrenzung der Übertragung der Instandhaltungs- und Instandsetzungslast ist auch im Hinblick auf das Transparenzgebot in § 307 Abs. 1 S. 2 BGB geboten.

11 Die Klausel,

„Der Mieter ist zur Instandhaltung nach DIN 31.051 (Instandhaltung, Begriffe und Maßnahmen, Stand Januar 1995) verpflichtet"

verstößt gegen das Transparenzgebot und ist unwirksam.[41] Die Klausel enthält keine inhaltliche Beschränkung auf Mängel, die dem Mietgebrauch und der Risikosphäre des Mieters zuzuordnen sind. Zudem ist nicht erkennbar, welche konkreten Maßnahmen von der Instandhaltung betroffen sein sollen, da auf die DIN 31 051 verwiesen wird, die dem Mieter regelmäßig unbekannt sein wird. Etwas anderes kann nur gelten, wenn die DIN im Mietvertrag aufgeführt wird oder dem Mietvertrag als Anlage beigefügt ist.[42]

12 Die Klausel,

„Sämtliche Nebenkosten des Einkaufszentrums, insbesondere die Kosten des Betriebs, der Instandhaltung und der Gemeinschaftsanlagen einschließlich der Verkehrsflächen, werden von allen Mietern anteilig nach laut Mietvertrag in Anspruch genommener Bruttomietflächen im Verhältnis zur gewerblichen Bruttomietfläche insgesamt getragen"

ist unwirksam.[43] Hier werden dem Mieter Kosten übertragen, die nicht durch seinen Mietgebrauch veranlasst sind und nicht in seinen Risikobereich fallen. Nach Auffassung des BGH ist diese Übertragung der Erhaltungslast allenfalls dann wirksam, wenn eine Kostenbegrenzung auf einen festen Prozentsatz der Jahresmiete vorgenommen wird.

13 Auch die Klausel,

„Der Vermieter ist zu Instandhaltungs- oder Instandsetzungsmaßnahmen am Mietobjekt nicht verpflichtet. Soweit der Mieter Instandhaltungs- oder Instandsetzungsmaßnahmen an Dach und Fach durchführt, ist er berechtigt, die Hälfte der nachgewiesenen Kosten mit jeweils maximal 50 % der Mietzinsansprüche des Vermieters zu verrechnen"

ist unwirksam.[44] Der Vermieter zeichnet sich mit dieser Klausel nicht nur von seiner Kardinalpflicht der Gebrauchsgewährung für den Fall des Eintritts der Gebrauchsun-

---

[36] BGH NZM 2014, 830; BGH NJW-RR 1987, 906; BGH NZM 2005, 863; LG Köln 28.6.2021 – 7 O 247/19, BeckRS 2021, 20299.
[37] MüKoBGB/Häublein § 535 Rn. 139; OLG Brandenburg NZM 2022, 835; OLG Frankfurt 6.11.2020 – 2 U 47/20, BeckRS 2020, 30715.
[38] MüKoBGB/Häublein § 535 Rn. 139; OLG Brandenburg NZM 2022, 835.
[39] BGH NZM 2005, 863.
[40] OLG Frankfurt 6.11.2020 – 2 U 47/20, BeckRS 2020, 30715; LG Augsburg 13.10.2021 – 95 O 2323/20, BeckRS 2021, 57613; Gies/Over/Borzutzki-Pasing A.V.1 Anm. 40.
[41] Langenberg/Zehelein 2 C Rn. 37.
[42] Schmidt NZM 2003, 505.
[43] BGH NZM 2005, 863; aA dagegen Stapenhorst NZM 2007, 17.
[44] OLG Dresden NJW-RR 1997, 395.

tauglichkeit frei, sondern überbürdet dem Mieter auch die gesamte Instandsetzungspflicht auf. Auch die Kostenbegrenzung verhindert die Unwirksamkeit der Klausel nach § 307 BGB nicht, da sie ein unüberschaubares Kostenrisiko zu Lasten des Mieters enthält.

Eine Klausel, wonach die Kosten der Instandhaltung und Instandsetzung gemeinschaftlicher Flächen, Anlagen und Einrichtungen pauschaliert mit 4 % der Jahresgrundmiete angesetzt werden, ist gemäß § 305c Abs. 1 BGB sowie § 307 Abs. 1 BGB unwirksam.[45]

Eine Klausel, mit der der Mieter verpflichtet wird, Reparaturen an „Dach und Fach" durchzuführen, kann grundsätzlich nicht im Rahmen einer Formularklausel vereinbart werden, da dies eine überraschende Klausel darstellt, die den Mieter unangemessen benachteiligt.[46] Nach anderer Auffassung soll der Überraschungseffekt entfallen, wenn die Klausel im Mietvertrag erläutert wird.[47]

Die Klausel, 14

„Die Kosten für die Erhaltung und Instandsetzung des Inventars trägt der Mieter. Der Mieter verpflichtet sich, alle während des Mietverhältnisses anfallenden Reparaturen in den angemieteten Räumlichkeiten auf seine Kosten durchzuführen"

ist entgegen einer älteren Entscheidung des BGH[48] unwirksam. Dem Mieter werden auch hier Kosten für Reparaturen auferlegt, die nicht auf seinem Mietgebrauch beruhen bzw. nicht in seiner Risikosphäre liegen. Nach den in der Entscheidung vom 6.4.2005[49] aufgestellten Grundsätzen dürfte die Klausel in diesem Umfang nicht mehr aufrecht zu erhalten sein.[50]

4. Folgen unwirksamer Formularklauseln

Die Rechtsfolgen einer unwirksamen formularvertraglichen Instandhaltungs- und Instandsetzungsklausel ergeben sich aus § 306 Abs. 2 BGB. Danach richtet sich der Inhalt des Vertrages nach den gesetzlichen Vorschriften, soweit die Bestimmungen nicht Vertragsbestandteil geworden sind oder unwirksam sind. Dies hat zur Folge, dass der Vermieter gemäß § 535 Abs. 1 S. 2 BGB die Instandhaltung bzw. Instandsetzung des Mietobjektes schuldet. Die Rechtsfolgen und Probleme sind im Übrigen ähnlich wie bei der unwirksamen Abwälzung der Schönheitsreparaturen, so dass zur Vermeidung von Wiederholungen auf diese Ausführungen verwiesen wird. 15

5. Formulierungsvorschlag[51]

Übertragung der Instandhaltung und Instandsetzung durch Formularklausel

1. Der Vermieter hat die Mieträume hinsichtlich der grundlegenden konstruktiven Bauteile (Arbeiten an Dach und Fach) instand zu halten und zu reparieren. Dem Vermieter obliegt außerdem die Erhaltung und Instandsetzung: 16

- Der zentralen Heizungs- und Warmwasseranlage
- Der Fenster und Türen, soweit es deren Substanzerhaltung und Funktionalität angeht und der Vertrag hierzu keine abweichende Regelung enthält.
- Der Anschlüsse, derer es für die Grundversorgung mit Wasser, Gas und elektrischer Energie und für die Entwässerung in dem bei Mietbeginn vorhandenen Standard bedarf.

45 OLG Hamm NZM 2018, 337.

46 Schmidt-Futterer/Lehmann-Richter BGB § 538 Rn. 187; LG Augsburg 13.10.2021 – 95 O 2323/20, BeckRS 2021, 57613.

47 Bub NZM 1998, 793.

48 BGH WuM 1987, 154.

49 BGH NZM 2005, 863.

50 Langenberg/Zehelein 2 C Rn. 51.

51 Gies/Over/Borzutzki-Pasing A.V.1.

2. Im Übrigen obliegt die fachgerechte Durchführung sämtlicher Erhaltungs- und Instandsetzungsmaßnahmen dem Mieter. Der Mieter hat regelmäßig alle Schönheitsreparaturen einschließlich des Außen- und Innenanstrichs von Türen und Fenstern und des Heizkörperanstrichs durchzuführen. Er hat die ihm zur Nutzung überlassenen Inventarteile und alle in den Mieträumen befindlichen technischen Anlagen einschließlich der Endinstallationen für Gas, Strom, Wasser, Abwasser und Beleuchtung auf seine Kosten zu pflegen, zu warten und instand zu halten. Die Abnutzung der Mieträume ist auf das bei vertragsgemäßem Mietgebrauch unbedingt erforderliche Ausmaß zu beschränken.

II. Schönheitsreparaturen

1. Begriff

17 a) **Gesetzliche Regelung.** Nach allgemeiner Auffassung ist der Begriff der Schönheitsreparaturen im Gewerberaummietverhältnis nahezu identisch mit dem Begriff im Wohnraummietverhältnis.[52] Auch im Gewerberaum ist die Definition in § 28 Abs. 4 S. 4 II. BV maßgeblich, wonach Schönheitsreparaturen nur **das Tapezieren, Anstreichen oder Kalken der Wände und Decken, das Streichen der Fußböden und der Heizkörper einschließlich der Heizrohre, der Innentüren sowie der Fenster und Außentüren von innen** umfassen. Im Kern geht es um die malermäßige Beseitigung der üblichen Dekorationsmängel im Rahmen der Abnutzung der Räume durch den vertragsgemäßen Gebrauch des Mieters. Lediglich beim **Umfang** der Schönheitsreparaturen bestehen unterschiedliche Auffassungen darüber, ob die Erneuerung von Bodenbelägen, insbesondere von Teppichböden, noch zu den Schönheitsreparaturen gezählt werden kann. Nach einer Entscheidung des OLG Düsseldorf soll der Mieter im Rahmen der Übernahme der Schönheitsreparaturen verpflichtet sein, den Teppichboden zu erneuern.[53] Insoweit gehöre die Erneuerung des durch Abnutzung unbrauchbar gewordenen Teppichbodens zu den Schönheitsreparaturen. Mit der überwiegenden Auffassung in Rechtsprechung und Schrifttum ist diese Ausweitung des Schönheitsreparaturbegriffes abzulehnen.[54] Bei der Erneuerung des Bodenbelags handelt es sich nicht um die malermäßige Bearbeitung von Dekorationsmängeln. Vielmehr zählen derartige Arbeiten regelmäßig zu den Instandsetzungsmaßnahmen. Anders als in der Wohnraummiete können die Vertragsparteien von Gewerberaum die Erneuerung von verschlissenen Bodenbelägen aber explizit durch Formularklausel auf den Mieter übertragen, soweit der Mieter nicht für solche Schäden haften muss, die von Dritten verursacht worden sind. Insoweit beruht die Abnutzung von Bodenbelägen im Inneren des Mietobjektes regelmäßig auf dem üblichen Gebrauch der Mietsache.

18 Im Rahmen der Schönheitsreparaturen schuldet der Gewerbemieter auch nicht das Abschleifen und Versiegeln des Parkettbodens. Anders als bei der Wohnraummiete können diese Instandhaltungsarbeiten aber durch Individualvereinbarung bzw. Formularklausel auf den Mieter übertragen werden.[55]

19 Soweit die Parteien in einem Gewerberaummietvertrag die Übertragung der Schönheitsreparaturen auf den Mieter vereinbaren, soll unter den Begriff der Schönheitsreparaturen auch die gründliche Reinigung des Teppichbodens gehören.[56] Nach Auffassung des XII. Senats soll auch ohne ausdrückliche Vereinbarung an die Stelle des in § 28

[52] Blank/Börstinghaus/Siegmund BGB § 535 Rn. 356.
[53] OLG Düsseldorf WuM 1989, 508.
[54] OLG Stuttgart NJW-RR 1995, 1101; LG Kiel WuM 1998, 215; Fritz Rn. 224.
[55] Langenberg/Zehelein 1 A Rn. 10.
[56] BGH NZM 2009, 126.

Abs. 4 S. 3 der II. BerechnungsVO genannten nicht mehr zeitgemäßen Streichens der Fußböden bei vom Vermieter verlegten Teppichboden dessen Reinigung treten.[57]

b) Inhalt und Qualität. Der Gewerberaummieter hat die Schönheitsreparaturen stets 20
in mittlerer Art und Güte (§ 243 BGB) auszuführen,[58] wobei er ein **fachhandwerkliches Niveau** schuldet.[59] Das gilt auch dann, wenn die Vertragsparteien die Qualität der Arbeiten nicht weiter spezifiziert haben. Der Vermieter muss sich insbesondere nicht mit einer „Hobby-Qualität" mittlerer Art und Güte abfinden.[60] Soweit die Schönheitsreparaturen „fachgerecht" oder „fachmännisch" durchzuführen sind, ist es dem Mieter nicht untersagt, die Arbeiten in fachmännischer Eigenleistung zu erbringen.[61] Eine derartige Klausel gibt nur die Qualitätserwartung der Parteien wieder.[62] Im Wesentlichen kann hier auf die Ausführungen zur Wohnraummiete verwiesen werden, die auch für den Gewerberaum gelten. Durch Individualvereinbarung können die Parteien bestimmte Qualitätskriterien vereinbaren, die neben der zu verwendenden Materialien auch die Art der Ausführung, etwa durch ein Fachunternehmen, regeln können. Die formularmäßige Fachhandwerkerklausel, wonach der Mieter die Schönheitsreparaturen auf eigene Kosten durch Fachhandwerker ausführen zu lassen hat, verstößt nach überwiegender Auffassung gegen § 307 Abs. 2 BGB.[63] Begründet wird die Unangemessenheit dieser Klausel damit, dass die Klausel über das hinausgehe, was der Vermieter seinerseits nach § 535 Abs. 1 S. 2 BGB schulden würde. Der Vermieter wäre ohne formularmäßige Abwälzung auch nur zur Ausführung mittlerer Art und Güte verpflichtet (§ 243 BGB). Der Vermieter könne nicht etwas verlangen, was er selbst nicht einmal nach dem Gesetz schulde.[64] Nach anderer Auffassung soll es dagegen generell zulässig sein, wenn der Vermieter für die Durchführung der Schönheitsreparaturen einen Fachhandwerkerbetrieb vorgibt.[65] Anders als bei der Wohnraummiete seien die Parteien im Gewerberaum in der Vertragsgestaltung weitgehend frei.[66] Auch der BGH hatte eine Fachhandwerkerklausel in einem Pachtvertrag ohne Begründung für zulässig erachtet, wonach sich „der Pächter verpflichtet, das Objekt … durch einen autorisierten Meisterbetrieb vollständig renovieren zu lassen."[67]

Nach der Entscheidung des XII. Senats des BGH vom 6.4.2005 dürfte diese Auf- 21
fassung nicht mehr aufrecht zu erhalten sein.[68] Insoweit gilt im Bereich der Schönheitsreparaturen sowohl für den Wohn- als auch den Gewerberaum gleichermaßen der Kontrollmaßstab des § 307 BGB. Da die Fachhandwerkerklausel deutlich vom gesetzlichen Leitbild des § 535 Abs. 1 S. 2 BGB abweicht, benachteiligt sie auch den Gewerberaummieter unangemessen.[69] Ebenso unwirksam ist eine Formularklausel, die dem Mieter die Beauftragung eines ganz bestimmten Handwerkers auferlegt.[70] Diese Klausel nimmt dem Mieter die Möglichkeit, andere Angebote einzuholen und hiervon den günstigsten Anbieter auszuwählen.[71] Sind in einer einheitlichen Klausel sowohl die Übertrag der Schönheitsreparaturen als auch deren Durchführung durch Fachhand-

[57] BGH NZM 2009, 126; kritisch Lehmann-Richter NZM 2009, 349.
[58] BGH WuM 1988, 294.
[59] Kappus NZM 2010, 529 (533).
[60] LG Berlin GE 2000, 677.
[61] BGH NJW 1988, 2790.
[62] Wolf/Eckhard/Ball Rn. 378.
[63] OLG Düsseldorf NZM 2011, 244; OLG Stuttgart NJW-RR 1993, 1422; LG Köln WuM 1991, 87; Wolf/Eckhard/Ball Rn. 378; Staudinger/Emmerich BGB § 535 Rn. 111; offen gelassen BGH NJW 1988, 2790.
[64] OLG Stuttgart NJW-RR 1993, 1422.
[65] Langenberg/Zehelein 1 A Rn. 33; OLG Stuttgart NJW 1982, 1294.
[66] Langenberg/Zehelein 1 A Rn. 33.
[67] BGH NJW 1983, 446.
[68] BGH NZM 2005, 504.
[69] OLG Düsseldorf NZM 2011 unter Verweis auf die Entscheidung des VIII. Senats zu einer Ausführungsklausel („Schönheitsreparaturen ausführen zu lassen"), BGH NZM 2010, 615.
[70] LG Köln WuM 1991, 87; Fritz Rn. 181.
[71] Schmidt-Futterer/Lehmann-Richter BGB § 538 Rn. 121.

werker geregelt, soll nur der Fachhandwerkerteil unwirksam sein. Die Abwälzung der Renovierungspflicht soll wirksam bleiben.[72]

22 Hinsichtlich der inhaltlichen Anforderungen an Materialauswahl und Farbgestaltung kann im Wesentlichen auf die Ausführungen zur Wohnraummiete verwiesen werden. Die Art und Weise der Durchführung der Schönheitsreparaturen ist grundsätzlich dem Mieter überlassen, solange er die Grenzen des guten Geschmacks einhält.[73] Unterschiede können sich allerdings bei der Qualität der Materialauswahl ergeben, wenn es sich um repräsentative und hochpreisige Gewerbeobjekte handelt wie beispielsweise bei exklusiven Modeboutiquen in teuren Ladenzeilen. Hier müssen die ausgewählten Materialien jedenfalls eine Qualität erreichen, die der bisherigen gehobenen Ausstattung und Dekoration entsprechen. Der Dekorationswahl des Mieters sind auch Grenzen gesetzt, wenn die Außenwirkung des Objektes von Bedeutung ist. In diesem Fall darf der Mieter nicht in einer Weise dekorieren, dass das gesamte Erscheinungsbild leidet oder der Mietwert des Objektes gefährdet wird.[74] Auch im Gewerberaum ist eine Klausel unwirksam, die dem Mieter die Verpflichtung zur Ausführung der Schönheitsreparaturen auferlegt und bestimmt, dass „der Mieter nur mit Zustimmung des Wohnungsunternehmens von der bisherigen Ausführungsart abweichen darf.[75]

2. Übertragung der Schönheitsreparaturen auf den Mieter

23 **a) Erfordernis einer Vereinbarung.** Nach dem gesetzlichen Leitbild des § 535 Abs. 1 S. 2 BGB obliegt die Durchführung der Schönheitsreparaturen qua Gesetz dem Vermieter. Es steht den Vertragsparteien aber frei, diese Renovierungspflicht durch Individual- oder Formularvereinbarung auf dem Mieter abzuwälzen. Voraussetzung hierfür ist eine ausdrückliche und hinreichend genaue Vereinbarung der Parteien. Eine stillschweigende Abwälzung der Schönheitsreparaturen auf den Mieter kommt auch im Gewerberaum grundsätzlich nicht in Betracht.[76] Nur in absoluten Ausnahmefällen kann von einer konkludenten Vertragsänderung ausgegangen werden, etwa wenn der Mieter über einen Zeitraum von 42 Jahren die Räumlichkeiten renoviert.[77] An diesem Grundsatz ändert auch die vom BGH getroffene Feststellung nichts, wonach die Abwälzung der Schönheitsreparaturen auf den Mieter Verkehrssitte geworden sei und die Vertragsparteien es infolgedessen als selbstverständlich ansähen, dass der Mieter die Schönheitsreparaturen zu tragen hat.[78] Diese Verkehrssitte betrifft daher nur die Tatsache der regelmäßigen Übertragung der Schönheitsreparaturen auf den Mieter durch Vereinbarung. Auch wenn die Verkehrssitte nicht eine ausdrückliche Vereinbarung zu ersetzen vermag, sind Schönheitsreparaturklauseln im Lichte dieser Verkehrssitte auszulegen.[79]

24 Anders als bei der Wohnraummiete beschränken sich viele Mietverträge über Gewerberaum nicht darauf, dem Mieter lediglich die Schönheitsreparaturen aufzuerlegen. Vielmehr stellt die Übertragung der Schönheitsreparaturen oft nur einen Teil einer weitergehenden und umfänglichen Abwälzung von Instandhaltungs- bzw. Instandsetzungsmaßnahmen auf den Mieter dar.[80] Soweit dem Mieter die laufende Instandhaltung der Räume übertragen wird, umfasst diese Verpflichtung regelmäßig auch die Durchführung der Schönheitsreparaturen, ohne das es hierfür noch einer gesonderten Regelung bedarf.[81] Werden dem Mieter dagegen nur die Schönheitsreparaturen auferlegt,

---

[72] OLG Stuttgart NJW-RR 1993, 1422; Wolf/Eckhard/Ball Rn. 378.
[73] Hierzu unter → § 19 Rn 129 ff.
[74] Langenberg/Zehelein 1 E Rn. 398.
[75] KG NZM 2011, 246 unter Verweis auf die Rechtsprechung des VIII. Senats zu den „Ausführungsart-Klauseln“, BGH NZM 2007, 398.
[76] Staudinger/Emmerich BGB § 535 Rn. 105; Wolf/Eckhard/Ball Rn. 372.
[77] OLG Frankfurt a. M. MDR 1981, 498.
[78] BGH NZM 2004, 734.
[79] BGH NZM 2004, 734.
[80] Hierzu unter → § 58 Rn. 17.
[81] Langenberg/Zehelein 1 B Rn. 90.

schuldet er nur die malermäßige Bearbeitung von Dekorationsschäden. Darüber hinausgehende Maßnahmen müssen die Vertragsparteien ausdrücklich vereinbaren.

b) Individualvereinbarungen. Die Parteien sind im Gewerberaum weitgehend frei, die Pflicht zur Durchführung der Schönheitsreparaturen durch eine Individualvereinbarung auf den Mieter zu übertragen. Dies gilt zunächst für die Durchführung der laufenden Schönheitsreparaturen während des Mietverhältnisses, sowie für Vereinbarungen über Anfangs- oder Endrenovierungen. Individualvertraglich bestehen insoweit keine Schranken. Auch Klauselkombinationen über Anfangs-, laufende sowie Endrenovierung können die Vertragsparteien wirksam aushandeln. Nur in Ausnahmefällen wird sich der Vermieter nicht auf eine wirksame Renovierungsvereinbarung berufen können. Dies kann etwa der Fall sein bei einer nur kurzen Mietdauer, einem einwandfreien Dekorationszustand des Mietobjektes bei Mietende oder bei einem extrem kurzen Abstand zur letzten Renovierung. Bei diesen Konstellationen kann die Renovierungsforderung des Vermieters rechtsmissbräuchlich sein und gegen den Grundsatz von Treu und Glauben gemäß § 242 BGB verstoßen. 25

Ausnahmsweise sind auch der Vereinbarung von Individualabreden Grenzen gesetzt und zwar dann, wenn sie mit Formularklauseln kombiniert werden. Der Mieter wird dann unangemessen benachteiligt, wenn ihm durch die Kombination verschiedener Klauseln mehrere Renovierungspflichten auferlegt werden, so etwa, wenn er neben den laufenden Schönheitsreparaturen zusätzlich die Anfangs- oder Endrenovierung ausführen soll (Summierungseffekt). So ist im Gewerberaum bisher nicht über die Wirksamkeit von Kombinationen zwischen einer Formularklausel für die laufende Dekoration und einer Individualklausel über die Endrenovierung entschieden worden. Der Summierungseffekt bezieht sich nach der Rechtsprechung des BGH grundsätzlich nur auf die Formularklausel.[82] Die Unwirksamkeit der Formularklausel hat aber nicht zwangsläufig auch die Unwirksamkeit der Individualvereinbarung zur Folge. Soweit aber beide Klauseln wegen ihres sachlichen Zusammenhangs ein einheitliches Rechtsgeschäft im Sinne von § 139 BGB darstellen, kann sich die Nichtigkeit der Formularklausel als Teil des Rechtsgeschäfts auch auf die Individualvereinbarung erstrecken, so dass beide Regelungen nichtig sind.[83] Im Hinblick auf die Entscheidung des BGH vom 5.4.2006 (NZM 2006, 623) ist daher zumindest Vorsicht bei der Kombination von Individualvereinbarungen mit Formularklauseln geboten, da neben der Formularklausel auch die Individualvereinbarung aufgrund der vorbeschriebenen Summierungseffektes unwirksam sein können. 26

Die Entscheidung des OLG Celle,[84] wonach die Kombination einer Formularklausel über die laufenden Schönheitsreparaturen mit einer Individualabrede bezüglich der Übernahme einer Anfangsrenovierung ohne weiteres wirksam ist, dürfte im Hinblick auf die Entscheidung des XII. Senats vom 6.4.2005[85] überholt sein. Danach ist die Formularklausel wegen des Summierungseffektes gemäß § 307 Abs. 1 BGB unwirksam und die Wirksamkeit der individualvertraglichen Regelung jedenfalls im Hinblick auf § 139 BGB fraglich.[86] Allerdings hat der XII. Senat zwischenzeitlich auch entschieden, dass die Summierung von Renovierungspflichten nur die Unwirksamkeit der AGB-Klausel, nicht aber die Unwirksamkeit der Individualvereinbarung der Parteien zur Folge hat, da diese nicht der Klauselkontrolle gemäß § 307 BGB unterliegt.[87] 27

c) Formularvereinbarungen. *aa) Grundsätze.* Regelmäßig werden die Schönheitsreparaturen im Gewerberaum durch Formularklauseln auf den Mieter abgewälzt. Diesbezüglich haben sich zwei unterschiedliche Klauselalternativen herausgebildet. Zum einen werden analog zum Wohnraum ausschließlich die Schönheitsreparaturen übertragen, 28

---

[82] BGH NZM 2006, 623.
[83] BGH NZM 2006, 623; Langenberg/Zehelein 1 B Rn. 101 ff.
[84] OLG Celle ZMR 1999, 470.
[85] BGH NZM 2005, 504.
[86] Langenberg/Zehelein 1 B Rn. 101 ff.
[87] BGH GE 2009, 647.

ohne eine Instandhaltungs- und Instandsetzungsverpflichtung des Mieters zu konstituieren. Daneben werden die Schönheitsreparaturen als Teil einer umfassenden Erhaltungslast auf den Mieter übertragen. Ist der Mieter beispielsweise verpflichtet, die laufende Instandhaltung der Mieträume zu gewährleisten, hat er auch die malermäßige Dekoration durchzuführen.[88] Gleiches gilt, wenn dem Mieter die Instandsetzung des Mietobjektes auferlegt worden ist.[89]

29 Bisher stellte die Rechtsprechung und die überwiegende Auffassung in der Literatur an die AGB-rechtliche Kontrolle der formularvertraglichen Überwälzung der Schönheitsreparaturen auf den Gewerbemieter weitaus weniger strenge Anforderungen als in der Wohnraummiete. Der Leitgedanke war hier die Annahme, dass der Gewerbemieter als Unternehmer regelmäßig weniger schutzwürdig sei, als der Wohnraummieter.[90] Als Begründung wurde neben der stärkeren wirtschaftlichen Leistungsfähigkeit[91] des Gewerbemieters die „Entgeltthese" herangezogen, wonach die Übernahme der Schönheitsreparaturen ein nicht in Geld zu erbringendes Entgelt darstelle.[92] Soweit die Übertragung der Schönheitsreparaturen durch eine geringere Miete kompensiert und der Mieter so die Möglichkeit erhalte, die Kosten der Renovierung durch die „ersparte" Geldmiete zu bestreiten, werde der Mieter ebenso wenig unangemessen benachteiligt wie durch die eigentliche Mietzahlungspflicht.[93]

30 Der XII. Senat hat in einer viel beachteten Entscheidung vom 6.4.2005 aber genau das getan und sich der Rechtsprechung des VIII. Senats angeschlossen, soweit es die Frage betrifft, ob die Kombination einer formularmäßigen Endrenovierungsklausel mit einer solchen über turnusmäßig vorzunehmende Schönheitsreparaturen wirksam ist. Weniger das Ergebnis als vielmehr die ausführliche Begründung führt dazu, dass die bisherige Praxis der allzu großzügigen Klauselkontrolle im Gewerberaum der Vergangenheit angehören dürfte. Denn der XII. Senat vertritt die Auffassung, zumindest im Zusammenhang mit den Schönheitsreparaturen sei der Gewerberaummieter in ähnlicher Weise schutzwürdig wie der Wohnraummieter. Nach der gesetzlichen Regelung des § 535 Abs. 1 S. 2 BGB schulde der Vermieter von Geschäftsräumen die Durchführung der Schönheitsreparaturen ebenso wie der Wohnungsvermieter. Das Gesetz behandele die Vermieter in beiden Fällen gleich. Eine in Formularverträgen enthaltene Verpflichtung des Mieters, wonach neben der Durchführung der Schönheitsreparaturen die Mietsache bei Beendigung des Mietverhältnisses renoviert zurückzugeben ist, entferne sich noch weiter vom gesetzlichen Leitbild. Die von Teilen der Literatur als Rechtfertigung herangeführte Entgeltthese, wonach die Schönheitsreparatur Teil der Gegenleistung zur Gebrauchsgewährung sei und die Überwälzung demgemäß in die Kalkulation der Miete eingehe, verwirft der BGH mit deutlichen Worten, weil dem Mieter – abweichend vom gesetzlichen Leitbild – ein Übermaß an Renovierungspflichten auferlegt werde, wenn er die Endrenovierung unabhängig vom Zeitpunkt der letzten Schönheitsreparaturen und dem Zustand der Mietsache durchführen müsse.

31 Dieses Urteil hat für die Geschäftsraummiete grundlegende Bedeutung und geht weit über die der Entscheidung zugrunde liegenden Klauselkombination hinaus. Aufgrund der gleichen Schutzbedürftigkeit zwischen Wohn- und Geschäftsraummieter setzt der Senat folgerichtig bei der Klauselkontrolle einen identischen Prüfungsmaßstab gemäß § 307 BGB an Dies zeigen auch die ersten Entscheidungen des OLG Düsseldorf[94] und OLG München[95] im Anschluss an das Urteil des XII. Senats. Danach sind Schönheitsreparaturklauseln mit starren Renovierungsfristen, die den Mieter unabhängig vom Zustand der Mietsache zur Durchführung von Schönheitsreparaturen verpflichten,

[88] Langenberg/Zehelein 1 B Rn. 90.
[89] Hierzu unter → § 58 Rn. 7.
[90] OLG Celle NZM 2003, 599.
[91] Langenberg/Zehelein 1 C Rn. 157 (3. Aufl.).
[92] Wolf/Eckhard/Ball Rn. 373, 377.
[93] Wolf/Eckhard/Ball Rn. 377.
[94] OLG Düsseldorf NZM 2006, 462; 2007, 215.
[95] OLG München NZM 2007, 215.

gemäß § 307 BGB unwirksam.[96] Dabei wird die Rechtsprechung des VIII. Senats ausdrücklich auf das Gewerberaummietverhältnis übertragen. Es sei im Hinblick auf die Entscheidung des XII. Senats kein überzeugender Grund ersichtlich, „für den Bereich der Geschäftsraummiete der Rechtsprechung des VIII. Senats nicht zu folgen".[97] Im Ergebnis geht die Rechtsprechung dahin, an die Wirksamkeit der Geschäfts- und Wohnraummiete ähnliche Anforderungen zu stellen.[98]

bb) Klauseln zur Anfangsrenovierung. Ob dem Mieter durch Formularklausel die Verpflichtung wirksam übertragen werden kann, bei Mietbeginn die Gewerberäume zu renovieren, ist umstritten. Teilweise wird eine derartige Vereinbarung zur Anfangsrenovierung pauschal als zulässig angesehen.[99] Eine derartige Abwälzung benachteilige den Mieter nicht unangemessen.[100] Die finanzielle Belastung sei in der Regel nicht sehr groß.[101] Nach dieser Auffassung sind etwa Klauseln, wonach der Mieter die erstmaligen Renovierungsarbeiten innerhalb von drei Monaten nach Vertragsbeginn durchzuführen hat, so wie eine Klausel, nach der der Mieter die Räumlichkeiten in tapezierfähigen Zustand übernimmt und sie innerhalb von zwei Wochen nach Einzug zu tapezieren hat, wirksam. 32

Nach anderer Auffassung sind Anfangsrenovierungsklauseln unwirksam, soweit der Vermieter dem Mieter keine angemessene Entschädigung für seine Arbeiten leistet.[102] In der Tat ist nicht erkennbar, warum die Gründe, die bei der Wohnraummiete regelmäßig zur Unwirksamkeit von Anfangsrenovierungsklauseln führen, bei der Gewerberaummiete nicht gelten sollen. Dies steht im Widerspruch zur Entscheidung des XII. Senats, wonach das Gewerbemietverhältnis demselben gesetzlichen Kontrollmaßstab unterliegt wie das Wohnraummietverhältnis. Auch der Gewerbemieter wird benachteiligt, wenn er ohne Kompensation die Dekorationsschäden des Vormieters beseitigen oder erstmals überhaupt eine Dekoration herstellen soll. Dies widerspricht der Entgeltthese, weil der Mieter bei einer anfänglichen Renovierung nicht die Möglichkeit hat, die Renovierungskosten durch die ersparte Miete abzuwohnen. Eine Anfangsrenovierungsklausel widerspricht auch im Gewerberaum dem gesetzlichen Leitbild des § 535 Abs. 1 S. 1 BGB, so dass sie regelmäßig unwirksam ist. 33

cc) Klauseln zu den laufenden Renovierungen. Soweit im Gewerberaum die laufenden Schönheitsreparaturen auf den Mieter abgewälzt werden, ist zu unterscheiden zwischen allgemeinen Klauseln wie zB „Der Mieter trägt die Kosten der Schönheitsreparaturen", „Schönheitsreparaturen gehen zu Lasten des Mieters" und solchen Klauseln, die die Renovierung nach einem bestimmten Fristenplan vorsehen. Allgemeine Klauseln, die keinen turnusmäßigen Renovierungsplan vorsehen, sind nach der Verkehrsanschauung dahin auszulegen, dass die Fristen des § 7 Mustermietvertrag 1976 heranzuziehen sind.[103] Sie enthalten nach überwiegender Auffassung eine wirksame Abwälzung der Schönheitsreparaturen auf den Mieter.[104] 34

Bei Klauseln mit einem Fristenplan ist zu differenzieren, ob es sich um weiche oder starre Fristen handelt. Während Formulierungen wie „Im Allgemeinen", „In der Regel" sowie „Üblicherweise" einen weichen Renovierungsturnus belegen und wirksam sind, bestehen Bedenken gegenüber Klauseln, die eine Renovierung nach starren Fristen vorsehen, unabhängig davon, wann die letzten Schönheitsreparaturen erfolgt sind und ob ein Bedarf hierfür besteht. Der BGH hatte in einer älteren Entscheidung die in einer Formularklausel enthaltene starre Frist von einem Jahr für die turnusmäßige Reno- 35

[96] Jetzt auch BGH NZM 2008, 890.
[97] OLG Düsseldorf NZM 2006, 462.
[98] BGH NZM 2008, 890.
[99] Wolf/Eckhard/Ball Rn. 375; Heinrichs NZM 2005, 201 (210).
[100] Wolf/Eckhard/Ball Rn. 375.
[101] Heinrichs NZM 2005, 201 (210).
[102] Schmidt-Futterer/Lehmann-Richter BGB § 538 Rn. 118.
[103] KG NZM 2005, 181.
[104] OLG Nürnberg ZMR 1991, 217; KG NZM 2005, 181; Langenberg 1 C Rn. 163.

vierung einer Gaststätte durch den Mieter für wirksam erachtet.[105] Demgegenüber haben das OLG Düsseldorf und das OLG München unter besonderer Berücksichtigung der Entscheidung des XII. Senats einen starren Fristenplan bezüglich einer Änderungsschneiderei,[106] der eine Renovierung alle drei bzw. fünf Jahre vorsah, einen starren Fristenplan hinsichtlich einer Schilder- und Gravur Werkstatt,[107] der eine Dekorationsverpflichtung alle vier bzw. sieben Jahre enthielt sowie einen starren Fristenplan hinsichtlich eines Ladengeschäfts,[108] der eine Renovierung alle fünf Jahre vorsah, für unwirksam gemäß § 307 BGB erklärt. Unisono wird die „Starre-Fristen-Rechtsprechung" des VIII. Senats auf den Gewerberaum übertragen. Ebenso wie im Wohnraum sei die Renovierung eines nicht renovierungsbedürftigen Gewerberaums sinnlos.[109]

36 Der XII. Senat hat mit seinem Urteil vom 8.10.2008 entschieden, dass starre Fristenpläne auch im Gewerberaum eine unangemessene Benachteiligung des Mieters darstellen und damit unwirksam sind.[110] Damit sind starre Fristenpläne regelmäßig unwirksam und zwar aus den gleichen Gründen wie in der Wohnraummiete.

Unwirksam ist auch eine Klausel, die den Mieter verpflichtet, „Schönheitsreparaturen laufend auf eigene Kosten fachgerecht durchführen zu lassen, sobald der Grad der Abnutzung dies nach der Art des Gewerbebetriebs erfordert".[111] Da nach dem Wortlaut der Klausel der Mieter die Schönheitsreparaturen „fachgerecht durchführen zu lassen" hat, ist das nach der kundenfeindlichsten Auslegung nur so zu verstehen, dass dem Mieter die Vornahme der Schönheitsreparaturen in Eigenleistung nicht gestattet ist, sondern dass er sich hierzu einer Fachfirma bedienen muss.[112]

Eine Klausel in Allgemeinen Geschäftsbedingungen, wonach die Schönheitsreparaturen das Tapezieren bzw. Anstreichen von Wänden, Decken, Streichen der Heizkörper einschließlich der Heizrohre, Versorgungs- und Abflussleitungen, der Türen (Innentüren innen und außen) umfassen und der Mieter nicht befugt ist, ohne Zustimmung des Vermieters von der bisherigen Ausführungsart abzuweichen, ist nach § 307 Abs. 1 BGB unwirksam.[113]

37 Allerdings ist auch in der Gewerberaummiete die **Rechtsprechungsänderung des VIII. Senats vom 18.3.2015** zu berücksichtigen, wonach die formularvertragliche Überwälzung der Verpflichtung zur Vornahme laufender Schönheitsreparaturen einer dem Mieter unrenoviert oder renovierungsbedürftig überlassenen Mietobjekts der Inhaltskontrolle am Maßstab des § 307 Abs. 1, Abs. 2 Nr. 1 BGB nicht standhält, sofern der Vermieter dem Mieter keinen angemessenen Ausgleich gewährt.[114]

38 In diesem Zusammenhang hatte schon das OLG Celle in seinem Beschluss vom 13.7.2016 darauf hingewiesen, dass die Rechtsgrundsätze, die der BGH in seiner Entscheidung vom 18.3.2018 für die Wohnraummiete aufgestellt hat, auch für die Gewerberaummiete Anwendung finden.[115]

39 *dd) Klauseln zur Endrenovierung.* Aus den gleichen Gründen sind auch Endrenovierungsklauseln, die den Mieter unabhängig vom Bedarf bzw. vom Zeitpunkt der letztmaligen Durchführung der Arbeiten zur Renovierung verpflichten, wie zB „Bei Beendi-

[105] BGH NJW 1983, 446.
[106] OLG Düsseldorf NZM 2006, 462; Der XII. Senat hat in seinem Urteil vom 8.10.2008 nunmehr klargestellt, dass die Übertragung der Schönheitsreparaturen auf den Mieter in einem Formularmietvertrag über Gewerberäume unwirksam ist, wenn der Mieter unabhängig von dem Erhaltungszustand der Räume zur Renovierung nach Ablauf starrer Fristen verpflichtet werden soll, BGH NZM 2008, 890.
[107] OLG Düsseldorf NZM 2007, 215.
[108] OLG München NZM 2007, 215.
[109] OLG München NZM 2007, 215.
[110] BGH NZM 2008, 890.
[111] OLG Düsseldorf NZM 2011, 244.
[112] Hierzu auch der VIII. Senat in BGH NZM 2010, 615.
[113] OLG Brandenburg NJW-RR 2023, 518.
[114] BGH NZM 2015, 374;OLG Dresden 6.3.2018 – 5 U 1613/18, BeckRS 2019, 4671; OLG Dresden NZM 2019, 412.
[115] OLG Celle NZM 2016, 644.

gung des Mietverhältnisses ist das Mietobjekt in renoviertem Zustand zurückzugeben" unwirksam.[116] Dagegen soll eine derartige Klausel ausnahmsweise zulässig sein, wenn der Mieter die Räume renoviert übernommen hat.[117] Schließlich soll eine Endrenovierungsklausel auch dann nicht zu beanstanden sein, wenn der Mieter bei Beginn des Mietverhältnisses ein unrenoviertes Mietobjekt übernommen hat.[118] Insoweit könne sich der Mieter auf die Kosten der Endrenovierung langfristig einstellen. Das vertragliche Äquivalent werde gestört, wenn dem Vermieter zur Abgeltung der Gebrauchsgewährung nur die Mietzahlungen verblieben.[119] Dieses Argument hat der BGH ausdrücklich nicht gelten lassen mit dem Hinweis, der Vermieter trage das Risiko der Gesamtunwirksamkeit und könne sich daher nicht darauf berufen, dass das vertragliche Gleichgewicht gestört werde, wenn er dem Mieter ein Übermaß an Renovierungspflichten auferlege.[120]

Nach dem Urteil des Landgerichts Potsdam vom 12.5.2017 soll allerdings eine Formularklausel wirksam sein, wonach der Mieter die Mieträume bei Beendigung des Mietverhältnisses in fachgerechtem Zustand zurück zugeben hat.[121] 40

Im Ergebnis kann eine Endrenovierungsverpflichtung nur im Rahmen einer **Individualvereinbarung** auf den Mieter übertragen werden. 41

ee) Klauselkombinationen. Im Gewerberaum werden dem Mieter regelmäßig neben singulären Renovierungspflichten auch durch die Kombination verschiedener Klauseln mehrere Renovierungspflichten auferlegt (**Summierungseffekt**). Dies ist der Fall, wenn er neben den laufenden Schönheitsreparaturen entweder eine Anfangs- oder Endrenovierung oder sogar beide Arbeiten zusätzlich schuldet.[122] Analog zur Wohnraummiete stellt eine derartige Summierung von Renovierungspflichten auch im Gewerbemietverhältnis einen Verstoß gegen § 307 Abs. 1 BGB dar, mit der Folge, dass nicht nur die Klausel über die Anfangs- und/oder Endrenovierung unwirksam ist, sondern auch die Regelung über die laufende Renovierung.[123] Dagegen wird für den Gewerberaum vertreten, dass die Klauseln nicht insgesamt unwirksam sind, sondern durch Auslegung oder Treu und Glauben anzupassen sind, weil dies im Einzelfall zu angemesseneren Ergebnissen führe.[124] Dieser Auffassung ist nicht zu folgen. Die Regelung des § 307 BGB schließt in ihrem Anwendungsbereich als „leges speciales" den Rückgriff auf § 242 BGB aus.[125] 42

Im Ergebnis sind daher Klauseln, die neben den laufenden Schönheitsreparaturen auch eine Anfangs und/oder Endrenovierung des Mieters vorsehen, gemäß § 307 BGB unwirksam. Hinsichtlich der Kombination einer laufenden Renovierungsverpflichtung mit einer Verpflichtung zur Endrenovierung hat der BGH diesbezüglich bereits entschieden.[126] 43

d) Folgen unwirksamer formularvertraglicher Renovierungsklauseln. Die Rechtsfolgen einer unwirksamen formularvertraglichen Renovierungsklausel ergeben sich aus § 306 Abs. 2 BGB. Danach richtet sich der Inhalt des Vertrages nach den gesetzlichen Vorschriften, soweit die Bestimmungen nicht Vertragsbestandteil geworden sind oder unwirksam sind. Dies hat zur Folge, dass der Vermieter gemäß § 535 Abs. 1 S. 2 BGB zur Ausführung der Schönheitsreparaturen verpflichtet ist. Im Bereich der Wohnraummiete hat der BGH ausdrücklich so entschieden und gleichzeitig eine ergänzende Ver- 44

116 BGH NZM 2005, 504.
117 Heinrichs NZM 2005, 201 (210).
118 OLG Düsseldorf NZM 1999, 970; OLG Celle NZM 2003, 599; aA OLG Düsseldorf BeckRS 2019, 17115.
119 Wolf/Eckhard/Ball Rn. 377.
120 BGH NZM 2005, 504 (505); OLG Düsseldorf 30.7.2019, 24 U 104/18, BeckRS 2019, 17115.
121 LG Potsdam BeckRS 2017, 149623; OLG Brandenburg BeckRS 2018, 14979.
122 BGH NZM 2005, 504; KG GE 1986, 1167; OLG Celle ZMR 1999, 470.
123 BGH NZM 2006, 623; 2003, 594; OLG Hamm NZM 2018, 337.
124 OLG Celle ZMR 2003, 914.
125 BGH NZM 2005, 504.
126 BGH NZM 2005, 504.

tragsauslegung abgelehnt, weil § 306 Abs. 2 BGB für den Fall der Unwirksamkeit einer Schönheitsreparaturklausel auf § 535 Abs. 1 S. 2 BGB verweise.[127] Dagegen wird für die Gewerberaummiete der grundsätzliche Wegfall der Renovierungsverpflichtung durch den Mieter in Frage gestellt.[128] Vielmehr unterscheide sich die Sachlage bei der Vermietung von Gewerberaum deutlich von der bei Wohnraum. In Abweichung zu § 306 Abs. 2 BGB soll die Unwirksamkeit einer formularvertraglichen Klausel zur Abwälzung der Schönheitsreparaturen daher eine Vertragslücke indizieren, die durch ergänzende Vertragsauslegung zu schließen sei.[129] Nach einer anderen Auffassung kann die ersatzlose Streichung der Abwälzung der Schönheitsreparaturen existentielle Auswirkungen auf den Vermieter haben, so dass eine Störung der Vertragsparität zwischen Vermieter und Mieter vorliege. Dies könne die Anpassung des Mietvertrages nach den Grundsätzen der Störung der Geschäftsgrundlage gemäß § 313 BGB erforderlich machen, etwa durch die Streichung der starren Renovierungsfristen.[130] Diese Vorgehensweise hätte allerdings zur Konsequenz, dass die eigentliche Pflicht zur Durchführung der Schönheitsreparaturen beim Mieter verbliebe und lediglich die Fälligkeitsregel des starren Fristenplans zugunsten des Mieters aufgehoben würde. Dies läuft im Ergebnis auf eine geltungserhaltende Reduktion hinaus.

45 Den Gegnern der kompromisslosen Lösung des BGH über § 306 Abs. 2 BGH ist zwar zuzugestehen, dass eine unwirksame Formularklausel in Ausnahmefällen durch die Anwendung allgemeiner Rechtsgrundsätze korrigiert werden kann. Bei Regelungen über starre Fristenpläne liegen diese engen Voraussetzungen aber nicht vor. Die Rechtsfolge des § 306 Abs. 2 BGB bleibt nämlich nur dann ausnahmsweise zu Gunsten einer ergänzenden Vertragsauslegung unberücksichtigt, wenn auf dispositives Recht nicht zurückgegriffen werden kann und der ersatzlose Wegfall der Klausel nicht zu einem angemessenen Interessenausgleich führt.[131] Beide Voraussetzungen liegen nicht vor. Anstelle der unwirksamen Fristenklausel tritt der Inhalt des § 535 Abs. 1 S. 2 BGB. Dies führt in der Regel auch nicht zu unangemessenen Ergebnissen. In der finanziellen Mehrbelastung des Vermieters durch die Renovierung realisiert sich ausschließlich das Risiko, dass er als Verwender einer unwirksamen Formularklausel trägt. Will er dieses Risiko ausschließen, muss er es entweder bei der gesetzlichen Regelung belassen oder eine Individualvereinbarung treffen. Im Übrigen werden sich auch die Renovierungskosten des Vermieters in aller Regel in Grenzen halten, so dass existentielle Folgen die absolute Ausnahme bleiben dürften. Eine Korrektur über eine ergänzende Vertragsauslegung ist daher ausgeschlossen.[132]

46 Schließlich kann die Rechtsfolge des § 306 Abs. 2 BGB nicht über das Institut der Störung der Geschäftsgrundlage korrigiert werden. Es ist zwar anerkannt, dass eine Anpassung wegen Fehlens der Geschäftsgrundlage möglich ist, wenn die Parteien bei Abschluss des Vertrages übereinstimmend eine unwirksame vertragliche Regelung als wirksam angesehen haben.[133] Soweit sich aber in der Störung des Vertrages ein Risiko verwirklicht, dass nach der vertraglichen oder gesetzlichen Risikoverteilung eine der Parteien zu tragen hat, ist § 313 BGB nicht anwendbar. So liegt der Fall hier. Nach § 307 BGB wird das Risiko der Verwendung einer unwirksamen Schönheitsreparaturklausel ausschließlich dem Verwender zugewiesen. Würde man diesen Grundsatz zugunsten des § 313 BGB aufweichen, hätte dies nicht nur eine unzulässige geltungserhaltende Reduktion zur Folge, sondern es würde auch der Verwendung unwirksamer Klauseln jedwedes Risiko genommen.[134] Eine absolute Ausnahme hiervon kann nur dann angenommen

---

[127] BGH NZM 2006, 691.

[128] Leo/Ghassemi-Tabar NZM 2008, 105; Horst NZM 2007, 185; Ahlt GuT 2005, 47.

[129] Ahlt GuT 2005, 47.

[130] Horst NZM 2007, 185; einschränkend auf langfristige Altverträge Leo/Ghassemi-Tabar NZM 2008, 105.

[131] BGH NJW 1992, 1164; 2000, 1110; Heinrichs NZM 2005, 201; Emmerich NZM 2006, 761.

[132] Heinrichs NZM 2005, 201; Emmerich NZM 2006, 761; Horst NZM 2007, 185.

[133] BGH NJW-RR 1991, 1340; Heinrichs NZM 2005, 201.

[134] Leo/Ghassemi-Tabar NZM 2008, 105; Emmerich NZM 2006, 761.

werden, wenn sich aus dem ersatzlosen Wegfall der unwirksamen Klausel für den Vermieter tatsächlich eine **existenz-vernichtende Notlage** ergibt.[135] Bloße wirtschaftliche Nachteile sind dagegen rechtlich irrelevant.

Im Ergebnis bleibt es auch bei der Gewerberaummiete bei der gesetzlichen Regelung des § 535 Abs. 1 S. 2 BGB. Die Kompensation über eine ergänzende Vertragsauslegung oder die Störung der Geschäftsgrundlage scheidet aus. Diese Auffassung wird offensichtlich auch vom XII. Senat vertreten, der insoweit ausführt: „Dass die vertragliche Äquivalenz einschneidend gestört werden kann, wenn dem Vermieter zur Abgeltung der Gebrauchsgewährung nur die Mietzahlung verbleibt, hat sich der Vermieter selbst zuzuschreiben. Wenn er dem Mieter ein Übermaß an Renovierungspflichten auferlegt, trägt er das Risiko der Gesamtunwirksamkeit und kann sich nicht darauf berufen, dass dadurch das vertragliche Gleichgewicht gestört wird". Anhand dieser Ausführungen wird deutlich, dass der BGH auch im Gewerberaum an § 306 Abs. 2 BGB festhält und für eine Korrektur durch eine ergänzende Vertragsauslegung keinen Spielraum sieht. 47

Schließlich haben die Parteien die Möglichkeit, die Pflicht zur Renovierung durch den Mieter nachträglich durch eine wirksame Klausel zu vereinbaren, wenn die ursprüngliche Schönheitsreparaturklausel unwirksam ist. Vor Abschluss einer Vertragsänderung ist der Vermieter allerdings verpflichtet, den Mieter über die bestehende Rechtslage, wonach die Überwälzung der vertraglichen Pflichten unwirksam ist und den Vermieter kraft gesetzlicher Regelung die Instandhaltungspflicht trifft, aufzuklären.[136] Soweit die unwirksame Klausel durch eine neue Formularklausel ersetzt werden soll, verstößt diese gegen das Transparenzgebot bzw. § 305c Abs. 1 BGB, wenn der Vermieter die Aufklärung seines Mieters unterlässt. Eine Individualvereinbarung soll der Mieter anfechten können, wenn der Vermieter ihn bei Abschluss der Vereinbarung über die Unwirksamkeit der ursprünglichen Schönheitsreparaturklausel getäuscht hat. Alternativ kann eine Pflichtverletzung gemäß § 241 Abs. 2 BGB vorliegen.[137] 48

III. Kleinreparaturen, Wartung

1. Kleinreparaturen

Dem Mieter können auch im Rahmen eines Gewerberaummietverhältnisses die Behebung von kleineren Schäden durch Kleinreparaturklauseln auferlegt werden. Anders als in der Wohnraummiete kommt den Kleinreparaturen im Gewerbemietverhältnis eine untergeordnete Bedeutung zu, da dem Mieter bereits bei der Abwälzung der Erhaltungslast weitgehende Reparaturpflichten auferlegt werden, die mit denen einer Kleinreparaturklausel weitgehend deckungsgleich sind. 49

Der Mieter kann im Rahmen einer Kleinreparaturklausel nur zur Behebung von solchen Schäden herangezogen werden, die innerhalb des Mietobjektes auftreten und zwar an Bestandteilen, die dem häufigen Zugriff des Mieters ausgesetzt sindAnders als bei der Wohnraummiete ist eine Vornahmeklausel, wonach der Mieter selbst zur Reparatur verpflichtet ist, im Hinblick auf § 536 Abs. 4 BGB zulässig. Sieht die Kleinreparaturklausel auch die Behebung von solchen Schäden vor, die nicht auf einem Mietgebrauch zurückzuführen sind, stellt dies eine unangemessene Benachteiligung des Mieters dar, so dass die Klausel gemäß § 307 BGB unwirksam ist.[138] Ausnahmsweise ist die Klausel zulässig, wenn die Belastung des Mieters mit den Reparaturkosten auf 10 % der Jahresmiete beschränkt wird.[139] Der Mieter ist aber nicht verpflichtet, sich an 50

[135] Heinrichs NZM 2005, 201.
[136] Leo/Ghassemi-Tabar NZM 2008, 105.
[137] Artz NZM 2007, 265 (272).
[138] Langenberg/Zehelein 2 C Rn. 56.
[139] BGH NZM 2005, 863; Bub NZM 1998, 789; Wodicka NZM 1999, 1081.

den Kosten größerer Reparaturen bis zur Höhe der jeweiligen jährlichen Höchstbelastung zu beteiligen.[140]

2. Wartung

51 Die Wartung von mitvermieteten Anlagen und Einrichtungen soll dem Mieter ebenfalls durch Formularklausel übertragen werden können.[141] Sie entspricht heute der Üblichkeit. Im Rahmen der Wartungsklauseln hat der Mieter die Betriebsbereitschaft der Anlagen und Einrichtungen aufrechtzuerhalten, nicht aber Reparaturen durchzuführen. Hierzu zählt auch der Abschluss von Wartungsverträgen. Die Verpflichtung zum Abschluss eines Fachunternehmens ist zulässig, nicht aber die Bindung an ein bestimmtes im Mietvertrag aufgeführtes Wartungsunternehmen.[142] Beruhen Schäden auf einer unzureichenden Wartung des Mieters, hat er die Kosten für die erforderliche Reparatur zu tragen.

Wartungskosten können allerdings auch in der Geschäftsraummiete formularvertraglichen nicht ohne Kostenobergrenze wirksam umgelegt werden. Der BGH hat Klauseln, mit denen „Kosten der Wartung und Instandhaltung aller technischen Einrichtungen"[143] bzw. „Kosten der Wartung und Instandhaltung aller technischen Einrichtungen einschließlich der Kosten des Betriebs"[144] ohne Kostenobergrenze umgelegt werden sollten, für unwirksam erklärt.

[140] BGH WuM 1989, 324.
[141] Wolf/Eckhard/Ball Rn. 621.
[142] Wolf/Eckhard/Ball Rn. 621.
[143] BGH NZM 2014, 830.
[144] BGH NZM 2013, 85.

§ 59 Modernisierung, Aus-, Um- und Anbauten

Übersicht

I. Überblick

1. Gesetzessystematik

1 Aufgrund der Gesetzessystematik der Mietrechtsvorschriften ist der Paragraph, der die Duldung von Modernisierungsmaßnahmen regelt, nämlich § 555d BGB, lediglich in dem auf Wohnraummietverhältnisse anwendbaren Teil der Mietrechtsvorschriften enthalten. Über die **Verweisung in § 578 Abs. 2 BGB** ist § 555d Abs. 1–6 BGB aber auf Mietverhältnisse über Räume, die keine Wohnräume sind, entsprechend anzuwenden. Folglich hat auch der Geschäftsraummieter eine Modernisierungsmaßnahme des Vermieters zu dulden.[1]

2. Anwendungsbereich

2 **a) Raum.** Als Raum ist grundsätzlich ein mit Wänden, Fußboden und Decke abgeschlossener Gebäudeteil zu verstehen, der aber **nicht notwendigerweise nach allen Seiten hin vollständig abgeschlossen** sein muss. So ist auch eine Halle, die nach zwei Seiten offen ist, ein Raum. Der Raum muss aber eine **bestimmte Größe** haben, damit er als Raum iSd § 578 Abs. 2 BGB gilt. In der Regel wird insoweit für erforderlich gehalten, dass der Raum eine Größe aufweist, sodass sich ein Mensch in dem Raum aufhalten kann.[2] Notwendig ist zudem, dass gerade der **Gebrauch** an dem Raum dem Mieter eingeräumt ist. Nicht unter § 578 Abs. 2 BGB fallen somit Verträge, aufgrund derer ein Vertragspartner befugt ist, in einem Raum Dienstleistungen zu erbringen oder Waren anzubieten, weil dort gerade nicht der Gebrauch des Raumes von Bedeutung ist, sondern das Verkaufs- oder Dienstleistungsrecht. Wichtigster Anwendungsfall des § 578 Abs. 2 BGB ist daher die Geschäftsraummiete, da diese der klassische Unterfall eines Mietverhältnisses über Räume, die keine Wohnräume sind, ist. In der Praxis **wichtige Anwendungsfälle** sind die Anmietung von Ladengeschäften, Dienstleistungspraxen (Ärzte, Rechtsanwälte, Versicherungsmakler usw) oder sonstigen Büroräumen, aber auch die Vermietung von eher industriell geprägten Anlagen, wie etwa Lager- und Fabrikationsräumen, Garagen usw.

---

[1] Grundlegend hierzu BGH NZM 2013, 122.
[2] Schmidt-Futterer/Streyl BGB § 578 Rn. 10.

3 b) **Einfluss öffentlich-rechtlicher Vorschriften.** Es spielt für die Klassifizierung als Geschäftsraummietverhältnis keine Rolle, ob die Räume überhaupt nach öffentlich-rechtlichen Vorschriften zu Geschäfts- bzw. Gewerbezwecken benutzt werden dürfen oder ob ein öffentlich-rechtliches **Zweckentfremdungsverbot** besteht. Maßgeblich ist allein die vertragliche Zweckbestimmung der Nutzung des Raums zu Geschäftszwecken.[3]

II. Beratungscheckliste für Modernisierungsvorhaben

4 Die im Wohnraummietrechtsteil dieses Werkes enthaltene Beratungscheckliste für Modernisierungsvorhaben ist im Gewerberaummietrecht entsprechend anwendbar.[4]

III. Anspruch des Vermieters auf Modernisierung/Duldungspflicht des Mieters

5 Hinsichtlich der einzelnen materiellen und formellen Voraussetzungen und der ergangenen Rspr. zum Modernisierungsanspruch des Vermieters bzw. zur Duldungspflicht des Mieters, kann auf die **Ausführungen zum Wohnraummietrecht** verwiesen werden.[5] Die dortigen Ausführungen zu den materiellen und formellen Voraussetzungen des Anspruchs des Vermieters auf Modernisierung bzw. der Duldungspflicht des Mieters – insbes. zu den Erfordernissen des § 555c Abs. 1–4 BGB, dh einer gesetzeskonformen Modernisierungsankündigung – sind auch zur Geschäftsraummiete entsprechend heranzuziehen.

IV. Mieterrechte aufgrund einer Modernisierung

6 Der Mieter von Geschäftsräumen hat die **gleichen Rechte, wie der Wohnraummieter** bei Durchführung einer Modernisierung. Insoweit wird ebenfalls auf die Ausführungen zum Wohnraummietrecht verwiesen.[6]

Darüber hinaus kann die Modernisierungsmaßnahme – je nach Art und Ausmaß – auch zu einer **nicht unwesentlichen Gebrauchsbeeinträchtigung** der Geschäftsräume, verbunden mit einem Umsatzrückgang, führen. Die Ankündigung und Durchführung einer Modernisierungsmaßnahme stellt insoweit eine **Pflichtverletzung des Vermieters** dar, die dieser auch zu vertreten hat, sodass er für die hierdurch hervorgerufenen Schäden einzustehen hat. In diesem Fall ist ein umzugswilliger Mieter bei feststehenden Maßnahmen nicht gehindert, zur Schadensminderung, auch bereits vor einer Kündigung, **Ersatzräume anzumieten,** deren Kosten er vom Vermieter ersetzt verlangen kann.[7]

V. Abweichende Vereinbarungen

7 Im Gegensatz zum Wohnraummietrecht können im Geschäftsraummietrecht die **Regelungen der §§ 555c–555e BGB abbedungen** werden. Bei der Geschäftsraummiete sind § 555c Abs. 5, 555d Abs. 7 und 555e Abs. 3 BGB gemäß § 578 Abs. 2 BGB ausdrücklich nicht anwendbar, weil dort eben auf diese Absätze nicht verwiesen wird. Insoweit können also die Partner eines Geschäftsraummietvertrages, die in §§ 555c–555e BGB geregelten Sachverhalte vertraglich ganz anders vereinbaren oder deren Anwendung ausschließen. Der Geschäftsraummieter und der Vermieter sind also bezüg-

[3] Schmidt-Futterer/Streyl BGB § 578 Rn. 8, 18.
[4] → § 20 Rn. 12.
[5] → § 20 Rn. 13 ff.
[6] → § 20 Rn. 168 ff.
[7] BGH NZM 2013, 122; vorgehend OLG Frankfurt a. M. BeckRS 2012, 24904.

lich der Duldung von Modernisierungsmaßnahmen bzw. den entsprechenden Ansprüchen, die der Mieter im Falle der Durchführung von Modernisierungsmaßnahmen geltend machen kann, frei und können **im Wege der Vertragsfreiheit** hier gänzlich andere Regelungen vertraglich vereinbaren. Als Grenze sind hier allerdings – im Falle eines Formularvertrages – die Regelungen der Inhaltskontrolle gem. §§ 307 ff. BGB zu beachten.

VI. Besonderheiten

1. Härtefallregelung

Im Gegensatz zu den Regelungen, die § 555d Abs. 2–6 BGB für den Wohnraummieter beinhaltet, spielt im Geschäftsraummietrecht der soziale Härtefall regelmäßig keine Rolle. Denkbar wäre allenfalls eine finanzielle Härte. In den meisten Geschäftsraummietverträgen ist zwischen Vermieter und Mieter aber geregelt, dass eine **Mietanpassung bzw. -erhöhung nicht möglich** ist. Insoweit ist der Mieter von Geschäftsräumen zumeist vor Mieterhöhungen geschützt, so dass der Vermieter gar nicht die Möglichkeit der vertraglichen Mietanpassung bzw. -erhöhung während des Mietverhältnisses hat. Nur wenn im eigenen Geschäftsraummietvertrag zwischen Mieter und Vermieter **vereinbart** wurde, dass eine vertragliche Mietanpassung möglich ist, kann die zu erwartende Mieterhöhung auch einen Härtefall für den Geschäftsraummieter darstellen. Die gesetzliche Möglichkeit der Mieterhöhung nach der Durchführung von Modernisierungsmaßnahmen gem. §§ 559 ff. BGB greift mangels Verweisung in § 578 Abs. 2 BGB im Geschäftsraummietverhältnis nicht ein. 8

2. Sonderkündigungsrecht

Seit dem Inkrafttreten des Mietrechtsänderungsgesetzes vom 11.3.2013 auch dem Geschäftsraummieter ein Sonderkündigungsrecht nach Zugang der Modernisierungsankündigung zu. Die Regelung des § 555e Abs. 1 und 2 BGB gehört insoweit zu den von § 578 Abs. 2 BGB für **anwendbar** erklärten Normen. Jedoch kann das Sonderkündigungsrecht, anders als bei der Wohnraummiete, abbedungen werden, da § 578 Abs. 2 S. 1 BGB nicht auf § 555e Abs. 3 BGB verweist.[8] 9

Str. ist, ob dies auch **formularvertraglich** möglich ist.[9] Nach hier vertretener Ansicht besteht die Möglichkeit der formularvertraglichen Abbedingung, wenn das Kündigungsrecht aus § 543 BGB nicht ebenfalls ausgeschlossen ist.[10] Bei besonders gravierenden Modernisierungsmaßnahmen, welche die Nutzung der Räumlichkeiten im Rahmen eines normalen Geschäftsbetriebs unmöglich machen oder zumindest erheblich erschweren, wird dann nämlich regelmäßig ein wichtiger Grund zur Kündigung iSd § 543 BGB vorliegen. 10

VII. Mietermodernisierung

Auch im Geschäftsraummietrecht gibt es **keine Regelungen,** die die Rechte und Pflichten im Falle einer Mietermodernisierung regeln. §§ 555b ff. BGB beschäftigen sich lediglich mit den Rechten und Pflichten von Mieter und Vermieter bei Modernisierungen durch den Vermieter. Eine Vorschrift, welche die Rechte und Pflichten regelt, wenn der Geschäftsraummieter modernisiert, gibt es nicht. Insoweit wird auf die **Ausführungen zum Wohnraummietrecht** verwiesen.[11] 11

---

[8] Blank/Börstinghaus/Siegmund/Börstinghaus BGB § 555e Rn. 2.
[9] Hierzu Leo/Ramm NZM 2014, 63 (65).
[10] Dagegen BeckOGK/Hörndler BGB § 578 Rn. 160.
[11] → § 20 Rn. 195 ff.

VIII. Aus-, Um- und Anbauten

1. Relevanz im Geschäftsraummietrecht

12 Gerade im Geschäftsraummietrecht und insbes. bei Ladengeschäften kommen – über die Modernisierung von bereits vorhandenen Geschäftsräumen hinausgehend – auch den Mieter beeinträchtigende bauliche Maßnahmen in Betracht, die den bisherigen Geschäftsraum **erweitern, ergänzen oder umgestalten** bzw. einen neuen Geschäftsraum an den bisher vorhandenen Geschäftsraum anschließen. Man unterscheidet auch im Geschäftsraummietrecht insoweit zwischen Aus-, Um- und Anbau. Auch hier wird auf die **Ausführungen zum Wohnraummietrecht** verwiesen.[12]

2. Abweichende Vereinbarungen

13 Im Geschäftsraummietrecht erlaubt es die **Vertragsfreiheit,** dass Mieter und Vermieter bezüglich Aus-, Umbau- und Anbau Vereinbarungen treffen. Im Gegensatz zum Wohnraummietrecht greifen hier die Nachteilsverbote der §§ 555c Abs. 5, 555d Abs. 7 und 555e Abs. 3 BGB nicht, da § 578 Abs. 2 BGB deren Anwendung nicht anordnet. Insoweit können also auch hinsichtlich Aus-, Um- und Anbau Vereinbarungen getroffen werden, die gegen die Regelungen der §§ 555c, 555e BGB verstoßen oder die dortige Rechte ausschließen. Im Übrigen gelten auch hier die Ausführungen im Wohnraummietteil.[13]

[12] → § 20 Rn. 231 ff.
[13] → § 20 Rn. 245 ff.

10. Abschnitt. Mietpreisrecht

§ 60 Miete, Mietwucher und Umsatzsteuer

Übersicht

Schrifttum:
Gottschalk, Immobilienwertermittlung, 3. Aufl. 2014; Herrlein, Umsatzsteuer im Mietvertrag und Mietprozess NZM 2005, 648 ff.; Herrlein, Umsatzsteuer und Miete, Grundzüge und aktuelle Fragen, NZM 2013, 409; Herrlein/Gelück, Miete, Umsatzsteuer und Rechnungsanforderungen, NZM 2023, 365; Neuhaus, Mietpreisüberhöhung nach § 4 WiStrG in der gewerblichen Miete, NZM 2009, 646; Schwirley, Mietwertermittlung, ein Praxishandbuch zur Ermittlung von Mieten für Wohn- und Gewerberaum, 2000; Usinger, Abschied von der Marktmiete? Wider den Einsatz der EOP-Methode zur Bestimmung des Wertverhältnisses von Leistung und Gegenleistung bei der Pacht von Gaststätten und sonstigen Gewerbemieträumen, NZM 1998, 641; Weitemeyer, Im aktuellen Überblick: Miete und Umsatzsteuer, NZM 2006, 881 ff.

I. Mietwucher

1. Einleitung

Obwohl grundsätzlich die Miete im Geschäftsraummietrecht frei vereinbar ist, unterliegen die Vereinbarungen über die Miete den allgemeinen Verbotstatbeständen. § 5 1

WiStrG § 291 StGB gelten im Geschäftsraummietrecht nicht[1], allerdings kann § 4 WiStrG in Betracht kommen.[2] Nach OLG Hamm[3] soll auch die Preisrechtsverordnung (VO PR Nr. 30/53) über die Preise bei öffentlichen Aufträgen v. 21.11.1953[4] für Geschäftsraummietverträge gelten.[5]

2 Die Vereinbarung einer unberechtigten Miete kann ein sittenwidriges Rechtsgeschäft nach § 138 Abs. 1 BGB. In den Fällen des Wuchers (§ 138 Abs. 2 BGB) oder der sittenwidrigen wucherähnlichen Mietpreisüberhöhung (138 BGB Abs. 1 BGB) ist die gesamte Vereinbarung, das heißt der gesamte Mietvertrag, unwirksam.[6] Es gibt also keine Herabsetzung auf ein die (noch) angemessene Miete.

2. Auffälliges Missverhältnis zwischen Leistung und Gegenleistung

3 Eine zur Nichtigkeit des gesamten Rechtsgeschäftes führende Mietvereinbarung setzt, voraus, dass die Leistung, also die vom Mieter zu erbringende Mietzahlung, in einem auffälligen Missverhältnis zur Gegenleistung, also zur Überlassung der Mietsache, steht.

4 **a) Die Bewertung der Leistung.** Um ein Missverhältnis zwischen Leistung und Gegenleistung zu ermitteln, muss zunächst der Wert der jeweils von den Parteien zu erfüllenden Verbindlichkeit ermittelt werden. Nach herrschender Meinung ist für die Bewertung einer Leistung deren objektiver Wert maßgeblich, der sich nach dem Preis bestimmt, den eine solche Leistung üblicherweise auf dem Markt hat. Der Marktwert – oder die Marktmiete – ist anhand der Miete zu ermitteln, die ortsüblich für vergleichbare Objekte erzielt wird.[7]

5 Bei der Bewertung einer Immobilie, auch bei der Mietpreisbewertung, sind grundsätzlich marktwirtschaftliche Grundsätze anzulegen. Die Miete, die für eine Immobilie bezahlt wird, wird bestimmt durch das Geschehen am Markt, also durch Angebot und Nachfrage, gestützt auf die ökonomischen und planungsrechtlichen Vorstellungen des Anbieters. Um den Mietmarktwert einer Immobilie zu ermitteln, sind verschiedene Methoden entwickelt worden:

6 *aa) Die EOP-Methode (Ertragskraft orientierte Pachtwertmethode).* Durch diese Methode wurde früher die Sittenwidrigkeit von Gaststättenpachtverträgen ermittelt.[8] Nach allgemeiner Meinung ist diese Methode grundsätzlich für die Feststellung der Marktmiete auch bei Pachtverträgen ungeeignet, da die Überlassung von Räumen im Rahmen eines Mietvertrages keine Verpflichtungen des Vermieters zur Erzielung bestimmter Umsätze durch den Mieter begründen kann.[9]

7 *bb) „indirekte Vergleichswertmethode".* Aus denselben Gründen wird auch die von der EOP-Methode abgeleitete „indirekte Vergleichswertmethode als ungeeignet angesehen.[10]

8 *cc) Vergleichsmietverfahren.* Da die EOP-Methode insbesondere wegen der nach § 535 BGB normierten Pflichten der Vertragsparteien grundsätzlich ausscheidet, kann die

---

[1] Bub/Treier MietR-HdB/Schultz Kap. III. Rn. 950; Guhling/Günter/Leonhard BGB § 535 Rn. 438; Lindner-Figura/Oprée/Stellmann Geschäftsraummiete-HdB/Bartholomäi/Stellmann § 10 Rn. 43.

[2] AG Dortmund GuT 2011, 266; Neuhaus NZM 2009, 646.

[3] OLG Hamm 28.5.2020 – 18 U 119/17, BeckRS 2020, 39630.

[4] BAnz. 1953 Nr. 244.

[5] Zu Recht ablehnend Lindner-Figura/Oprée/Stellmann Geschäftsraummiete-HdB/Bartholomäi/Stellmann § 10. Rn. 53.

[6] BGH BeckRS 2005, 12584.

[7] Guhling/Günter/Makowski BGB vor § 535 Rn. 493, mN aus der Rspr.; Lindner-Figura/Oprée/Stellmann Geschäftsraummiete-HdB/Bartholomäi/Stellmann § 10 Rn. 46; Usinger NZM 1998, 641.

[8] Zur Anwendbarkeit der EOP-Methode: OLG Stuttgart NJW-RR 1993, 654; OLG Karlsruhe NJWE-MietR 1997, 151.

[9] BGH BeckRS 1999, 30057074 = NZM 1999, 664 = NJW 1999, 3187; BFH 10.10.2018 – IX R 30/17, DStR 2019, 376; Bub/Treier MietR-HdB/Bub Kap. II. Rn. 2427 f.; Guhling/Günter/Baldus BGB Anh. § 584b Rn. 60.

[10] Bub/Treier MietR-HdB/Bub Kap. II. Rn. 2428; Guhling/Günter/Baldus BGB Anh. § 584b Rn. 60.

Marktmiete nur durch Ermittlung von Vergleichsmieten gefunden werden. Dieses Verfahren, Vergleichsmieten zu ermitteln, basiert allerdings, anders als die im Wohnraummietrecht zu ermittelnden Vergleichsmieten, § 558 BGB, nicht auf dem Durchschnitt der in den letzten 4 Jahren vereinbarten oder erhöhten Mieten für vergleichbaren Wohnraum, sondern auf den am Markt für vergleichbare Objekte konkret und aktuell zu erzielenden Mietertrag.

Diese marktübliche Vergleichsmiete lässt sich grundsätzlich nur durch Einholung 9 eines Sachverständigengutachtens ermitteln.[11] Lassen sich vergleichbare Objekte nicht finden, muss das Gericht einen erfahrenen und mit der konkreten örtlichen Marktsituation vertrauten Sachverständigen, zB einen erfahrenen Makler, beurteilen lassen, welchen Miet- oder Pachtzins er für angemessen hält.[12]

b) **Auffälliges Missverhältnis zwischen Leistung und Gegenleistung.** Nicht jedes Miss- 10 verhältnis führt zu einer Bejahung der tatbestandsmäßigen Voraussetzungen des Mietwuchers. Vielmehr muss ein besonders auffälliges, grobes Missverhältnis bestehen.[13] Grundsätzlich wird dieses „qualifizierte" Missverhältnis dann bejaht, wenn der Wert der Leistung etwa doppelt so hoch ist wie der Wert der Gegenleistung.[14]

Allerdings kann ein auffälliges, grobes Missverhältnis auch schon dann bestehen, 11 wenn die vereinbarte Miete und die Marktmiete weniger als 100 % voneinander abweichen. So ist das Kriterium des auffälligen Missverhältnisses auch dann gegeben, wenn der Wert der Leistung **knapp** doppelt so hoch ist wie der Wert der Gegenleistung.[15] Das auffällige Missverhältnis ist daher auch bejaht worden bei einer Überschreitung der Marktmiete um 92 %,[16] dagegen nicht bei einer Verteuerung um 83 %.[17] Auch besteht kein auffälliges Missverhältnis, wenn die übliche Marktmiete um 40 % überschritten wird und der Mieter erhebliche Umbaumaßnahmen vornehmen muss, allerdings ohne gegenüber dem Vermieter dazu verpflichtet zu sein.

c) **§ 138 Abs. 1 BGB Sittenwidriges Geschäft.** Alleine der Umstand, dass Leistung und 12 Gegenleistung in einem groben, auffälligen Missverhältnis zueinander stehen, rechtfertigt noch nicht die Annahme, dass das Geschäft gegen die guten Sitten verstößt. Hinzukommen muss vielmehr neben der Kenntnis bzw. fahrlässigen Unkenntnis der die Sittenwidrigkeit begründenden Umstände ein weiteres subjektives Element aufseiten des Vermieters. erforderlich ist, dass dieser aus verwerflicher Gesinnung gehandelt hat.[18]

aa) Kenntnis bzw. fahrlässige Unkenntnis. Um die Voraussetzungen eines sittenwidrigen 13 Rechtsgeschäfts anzunehmen, ist in jedem Fall zu prüfen, ob der Vermieter sich über das grobe Missverhältnis über Leistung und Gegenleistung im Klaren war oder ihm die Unkenntnis vorzuwerfen ist.[19] Grundsätzlich kann man einem Vermieter unterstellen, dass er die Marktverhältnisse kennt. Dies gilt ohne Weiteres dann, wenn der Vermieter im Rahmen eines Geschäftsbetriebes Räume vermietet.

Dies gilt mE nicht ohne weiteres für Freiberufler und Existenzgründer.[20] Zwar gelten 14 diese als Unternehmer und nicht als Verbraucher iSd § 13 BGB, wenn sie ein Geschäft im Zuge der Aufnahme einer gewerblichen oder selbstständigen beruflichen Tätigkeit abschließen, wozu auch die Anmietung von Geschäftsräumen gehört. Treten diese aber als Vermieter auf, kann ihnen hieraus mE gerade wegen der vom BGH betonten Bewertungsschwierigkeiten im Geschäftsraummietrecht[21] nicht ohne Weiteres unter-

[11] BGH BeckRS 2004, 7983.
[12] BFH BeckRS 2018, 38445.
[13] Bub/Treier MietR-HdB/Schultz Kap. III. Rn. 954.
[14] BGH BeckRS 2002, 6704; NZM 2002, 822 (1999); 664 (666).
[15] BGH NZM 2004, 907 (908).
[16] BGH NZM 2004, 907.
[17] OLG Düsseldorf NZM 1999, 461.
[18] OLG Düsseldorf NZM 1999, 461.
[19] BGH NJW 2004, 3553.
[20] AA Fritz/Geldmacher/Leo GewerberaumMietR/Geldmacher § 3 Rn. 404.
[21] BGH BeckRS 2004, 10080, unter II. 3. b.

stellt werden, sie hätten sich nach der allgemeinen Lebenserfahrung zumindest leichtfertig der Erkenntnis der Sittenwidrigkeit verschlossen.

Daher kann bei einem privaten Vermieter durchaus in Betracht kommen, dass dieser irrig von fehlerhaften Vorstellungen hinsichtlich der Marktmiete ausgegangen ist.

15 *bb) Subjektive Voraussetzung.* Ist ein Rechtsgeschäft bereits auf Grund seines objektiven Inhalts sittenwidrig ist das Hinzukommen besonderer subjektiver Merkmale nicht erforderlich.[22] Folgt die Sittenwidrigkeit aus dem Gesamtcharakter des Rechtsgeschäfts, sind im Rahmen der erforderlichen Gesamtschaut auch die von den Parteien verfolgten Absichten und Beweggründe zu berücksichtigen. Es genügt, wenn der jeweils Handelnde nur die Tatsachen kennt, aus denen sich die Sittenwidrigkeit ergibt oder wenn er sich bewusst oder grob fahrlässig der Kenntnisnahme hierfür erheblicher Tatsachen verschließt.[23]

16 Der subjektive Tatbestand des wucherähnlichen Rechtsgeschäfts ist vor allem dann gegeben, wenn eine verwerfliche Gesinnung des Begünstigten hervorgetreten ist, etwa indem er die wirtschaftlich schwächere Position des anderen Teils bewusst zu seinem Vorteil ausgenutzt oder sich zumindest leichtfertig der Erkenntnis verschlossen hat, dass sich der andere nur unter dem Zwang der Verhältnisse auf den für ihn ungünstigen Vertrag einlässt.[24] Kannte der Vermieter die tatsächlichen Marktverhältnisse, wusste er also, dass zwischen Leistung und Gegenleistung ein grobes Missverhältnis besteht, ist ihm in der Regel eine verwerfliche Gesinnung zu unterstellen. Anders kann es allerdings sein, wenn der Mieter geschäftserfahren und rechtskundig ist.[25]

17 *cc) Darlegungs- und Beweislast.* Grundsätzlich hat nach den allgemeinen Regeln derjenige die Voraussetzungen darzulegen und zu beweisen, der sich auf die Nichtigkeit des Geschäfts beruft.[26] Allerdings soll es im gewerblichen Mietrecht regelmäßig an einer strukturellen Verhandlungsunterlegenheit fehlen[27], so dass der benachteiligte Vertragsteil zum wucherähnlichen Geschäft die Umstände darlegen und notfalls beweisen muss, die seine Unterlegenheit bei Vertragsschluss begründeten, sowie darlegen und notfalls beweisen muss, dass der andere Vertragsteil das erkannt und für sich zum Vorteil ausgenutzt hat. Die Aussage, dass es regelmäßig an einer strukturellen Verhandlungsunterlegenheit fehle ist mE in dieser Allgemeinheit nicht richtig und kann nur für Fälle gelten in denen auf beiden Seiten einigermaßen gleich geschäftserfahrene Parteien stehen.

18 Zum substantiierten Vorbringen, welches die Behauptung stützt, zwischen Leistung und Gegenleistung läge ein auffälliges Missverhältnis reicht es bei weitem nicht aus, lediglich diese Behauptung aufzustellen und für die Richtigkeit Sachverständigenbeweis anzubieten. Dies würde auf einen unzulässigen Ausforschungsbeweis hinauslaufen. Es sind vielmehr eingehende und ausführliche Ausführungen zu der vergleichbaren Marktmiete zu machen, etwa durch Benennung konkreter Vergleichsobjekte, oder durch Wiedergabe von Vermietungsangeboten, die aus Zeitschriften, Zeitungen oder von Maklern stammen. Bei der Frage der Verwerflichkeit und der Kenntnis wird ebenfalls der Mieter grundsätzlich die Darlegungs- und Beweislast haben. Allerdings kommt es – wie immer – auf den Einzelfall an.

19 Umgekehrt kann aber die volle Darlegungs- und Beweislast bezüglich der Kenntnis und der Verwerflichkeit beim Mieter liegen, wenn es sich um einen geschäftserfahrenen und rechtskundigen Mieter handelt.[28]

---

[22] BeckOK BGB/Wendtland, 71. Ed. 1.8.2024, § 138 Rn. 22.
[23] BGH 16.11.2022 – VIII ZR 436/21, BeckRS 2022, 35146.
[24] Guhling/Günter/Makowski BGB vor § 535 Rn. 494.
[25] BGH NJW 2003, 2230 (2231); OLG Dresden ZMR 2002, 261 (262).
[26] BGH NJW 2019, 676 (677) = BeckRS 2018, 35332; NJW 1995, 1425 (1429); BeckOK BGB/Wendtland, 71. Ed. 1.8.2024, § 138 Rn. 39.
[27] OLG Düsseldorf BeckRS 2011, 2212.
[28] So im Fall OLG Düsseldorf BeckRS 2011, 2212.

d) **§ 138 Abs. 2 BGB.** Nach allgM enthält Abs. 1 eine Generalklausel, während Abs. 2 die beispielhafte („insbes.") Aufzählung von anstößigem rechtsgeschäftlichem Verhalten (Wucher) darstellt, bei dem in jedem Fall ein Verstoß gegen die guten Sitten vorliegt. Sind die Tatbestandsvoraussetzungen von Abs. 2 nicht vollständig erfüllt, kann das entsprechende Rechtsgeschäft bei Hinzukommen weiterer, in Abs. 2 nicht genannter Umstände dann gleichwohl nach Abs. 1 nichtig sein.[29] 20

aa) Auffälliges Missverhältnis. Auch insofern ist Tatbestandsmerkmal das auffällige Missverhältnis zwischen Leistung und Gegenleistung. Insofern wird auf das vorher Gesagte verwiesen. 21

bb) Sonstige Tatbestandsvoraussetzungen. Damit § 138 Abs. 2 BGB tatbestandsmäßig verwirklicht ist, muss darüber hinaus der Vermieter die Zwangslage, die Unerfahrenheit, den Mangel an Urteilsvermögen oder die erhebliche Willensschwäche des Mieters ausgebeutet haben. Diese Tatbestandsmerkmale sind wie folgt zu beschreiben: 22

(1) Zwangslage. Diese ist gegeben, wenn der Mieter sich in einer schweren Notlage bei der Beschaffung der Räume befindet, insbesondere weil ihm keine anderen Räume zur Verfügung stehen. Die Zwangslage kann wirtschaftlicher oder auch gesundheitlicher Natur sein. Eine Existenzbedrohung ist nicht notwendig.[30] 23

(2) Unerfahrenheit. Unerfahrenheit ist eine auf Mangel an Geschäftskenntnis und Lebenserfahrung beruhende Benachteiligung des Mieters.[31] Die Unkenntnis über die Bedeutung des abzuschließenden Geschäftes allein, oder das Fehlen der Kenntnis von Spezialisten, reicht hingegen nicht aus. Dies gilt auch für die Unkenntnis der Marktverhältnisse oder der Miethöhen. 24

(3) Mangel an Urteilsvermögen. Diese Tatbestandsvoraussetzung ist erfüllt bei fehlender Intelligenz oder geistiger Schwäche, die den Mieter daran hindert, die wirtschaftlichen Folgen seines Tuns zu übersehen.[32] 25

(4) Erhebliche Willensschwäche. Diese liegt vor, wenn der Mieter durch Krankheit oder Sucht nicht in der Lage ist, seinen eigenen Willen durchzusetzen, also jegliche Widerstandskraft vermissen lässt.[33] 26

cc) Darlegungs- und Beweislast. Sind die Voraussetzungen für ein besonders grobes Missverhältnis zwischen Leistung und Gegenleistung dargetan, kann dies die tatsächliche Vermutung für das Vorliegen auch der subjektiven Wuchertatbestandsmerkmale begründen. Das gilt allerdings nicht zugunsten von Vollkaufleuten und solchen selbständigen Freiberuflern, die eine Tätigkeit ausüben, die ihrer Art nach gegen ihre wirtschaftliche Schwäche oder Geschäftsunerfahrenheit spricht. Bei Minderkaufleuten bleibt es bei der allgemeinen Beweislastregel, wonach derjenige, der sich auf die Nichtigkeit des Geschäfts beruft, die subjektiven Voraussetzungen der Sittenwidrigkeit darzulegen und im Bestreitensfall zu beweisen hat.[34] 27

3. Rechtsfolgen

Ist die Mietvereinbarung aus den vorbezeichneten Gründen nichtig, betrifft dies den gesamten Vertrag. Denn in den Fällen des Wuchers oder der sittenwidrigen wucherähnlichen Mietpreisüberhöhung findet in der Geschäftsraummiete eine Aufrechterhaltung des Vertrages mit einer zulässigen Miete in der Regel nicht statt.[35] 28

Die Unwirksamkeit des Vertrages beginnt mit dem Zustandekommen der Wuchermiete, also entweder bei Vertragsabschluss oder später bei einer entsprechenden Miet- 29

[29] BeckOK BGB/Wendtland, 71. Ed. 1.8.2024, § 138 Rn. 41.
[30] Bub/Treier MietR-HdB/Bub Kap. II. Rn. 2430.
[31] BGH NJW 1983, 2781.
[32] Bub/Treier MietR-HdB/Bub Kap. II. Rn. 2430.
[33] Bub/Treier MietR-HdB/Bub Kap. II. Rn. 2431.
[34] BeckOK BGB/Wendtland, 71. Ed. 1.8.2024, § 138 Rn. 62.
[35] BGH NZM 2005, 944 (946).

vereinbarung. Der Vertrag ist rückabzuwickeln, der Vermieter muss dem Mieter die Wuchermiete zurückzahlen, er kann aber von dem Mieter eine angemessene Nutzungsentschädigung verlangen. Die Nutzungsentschädigung sollte der Höhe nach der Marktmiete entsprechen. Zugleich hat der Vermieter einen Herausgabeanspruch.

30 Darüber hinaus steht dem Mieter ein Anspruch auf Schadensersatz zu. Als Anspruchsgrundlage kommt § 826 BGB in Betracht. Ebenso kann sich auch ein Anspruch aus §§ 311, 241 Abs. 2 BGB ergeben.[36] Zu ersetzen ist das negative Interesse, nicht das Erfüllungsinteresse.[37]

II. Miete und Umsatzsteuer

1. Einige Grundlagen zur Umsatzsteuer

31 **a) Allgemeines.** Das Umsatzsteuerrecht ist seit langem praktisch vollständig EU-Recht, basierend derzeit auf der sog. Mehrwertsteuersystemrichtlinie[38] sowie der Mehrwertsteuerverordnung.[39] Maßgeblich für die Praxis ist der Umsatzsteueranwendungserlass (UStAE) in der jeweils konsolidierten Fassung:

http://www.bundesfinanzministerium.de/Web/DE/Themen/Steuern/Steuerarten/Umsatzsteuer/Umsatzsteuer_Anwendungserlass/umsatzsteuer_anwendungserlass.html

Der Erlass ist auch für Nicht-Steuerrechtler einigermaßen nachvollziehbar lesbar, weil er eine Vielzahl von Beispielen enthält. Die „Vermietung und Verpachtung von Grundstücken“ ist in Ziff. 4.12 behandelt.

32 Auch im Rahmen der Beratung bzw. Gestaltung von Mietverträgen muss im Hinterkopf behalten werden, dass die Vermietungstätigkeit nach der Rechtsprechung des EuGH als „passive Tätigkeit“ gewertet wird, die nicht zu einer signifikanten Wertschöpfung führt, und daher von anderen Tätigkeiten zu unterscheiden ist, die entweder gewerblichen Zwecken dienen oder einen Gegenstand haben, der eher durch die Erbringung einer Dienstleistung als durch die bloße Bereitstellung einer Sache charakterisiert wird.[40]

33 Die Umsatzsteuer ist eine Verkehrssteuer, besteuert wird also nicht der Ertrag, die Substanz oder der Besitz, sondern der Waren- und Dienstleistungsaustausch. Da es sich nicht um eine Personensteuer handelt, gibt es keine Unterscheidung zwischen persönlicher und sachlicher Steuerpflicht. Besteuert wird die Einkommensverwendung für den Verbrauch von Güter- und Dienstleistungen.

34 Wirtschaftlich belastet ist der Endverbraucher. Aus sozialen Gründen gibt es aber zwei wesentliche Korrekturen: Bestimmte Umsätze sind steuerbefreit (§ 4 UStG), damit sie billiger für den Endverbraucher werden, zB Wohnungsmiete und ärztliche Leistungen. Eine weitere Korrektur erfolgt über unterschiedliche Steuersätze, § 12 Abs. 2 UStG.[41]

35 Die Nebenleistung teilt grundsätzlich das Schicksal der Hauptleistung.[42] Dies gilt aber nicht für Betriebsvorrichtungen (→ Rn. 49).

36 **b) Leistungsaustausch, „Umsatzsteuerbarkeit“.** § 1 UStG setzt immer einen Leistungsaustausch voraus. Dies bedeutet, dass ein Leistender und ein Leistungsempfänger vorhanden sein muss und der Leistung eine Gegenleistung (Entgelt) gegenübersteht. Es ist ein wechselseitiger, unmittelbarer Zusammenhang erforderlich. § 1 Abs. 1 Nr. 1

---

[36] BeckOK BGB/Wendtland, 71. Ed. 1.8.2024, § 138 Rn. 59.

[37] BGH NJW 1996, 1204.

[38] Richtlinie 2006/112/EG des Rates über das gemeinsame Mehrwertsteuersystem 28.11.2006, ABl EU Nr. L 347 S. 1, ber. 2007 Nr. L 335 S. 60, 2017 Nr. L 336 S. 60 mit späteren Änderungen.

[39] MwStVO, Verordnung (EU) 282/11 v. 15.3.2011, ABl EU 2011 Nr. L 77 S. 1.

[40] EuGH MwStR 2019, 452; 2020, 743.

[41] ZB Kuchenverkauf im Café 19 %, aber außer Haus 7 %, siehe dazu UStAE 3.6, Anlage 2 zum UStG enthält eine Liste der dem ermäßigten Steuersatz unterliegenden Gegenstände. https://www.gesetze-im-internet.de/ustg_1980/anlage_2.html; zuletzt abgerufen am 26.4.2025.

[42] UStAE 3.10 Abs. 5.

UStG setzt aber keinen inneren (synallagmatischen) Zusammenhang zwischen Leistung und Entgelt voraus (UStAE 1.1).

Hinweis: Daher sind echte Schadenersatzansprüche nicht umsatzsteuerbar (dazu UStAE 1.3).

c) **Prüfreihenfolge.** Aus der Gesetzessystematik ergibt sich daher folgende Reihenfolge für die Beurteilung von Sachverhalten 37

- Steuerbarkeit (§ 1 UStG),
- Steuerbefreiung ohne bzw. mit Option zur Steuerpflicht (§§ 4, 9 UStG),
- Katalog von Befreiungen mit sachlichen zT aber auch – unsystematisch – personenbezogenen Anknüpfungspunkten,
- Steuerbefreiung mit Option zur Steuerpflicht (§ 9 UStG),
- Bemessungsgrundlage (§ 10, 11 UStG),
- Steuersatz (§ 12 UStG).

2. Die Umsatzsteuerbefreiung der Miete

a) **Steuerbefreiung.** Grundsätzlich unterliegen alle Umsätze, die ein Unternehmer im Inland im Rahmen seines Unternehmens bezüglich Lieferung und sonstiger Leistungen ausführt, der Umsatzsteuer, sie sind „umsatzsteuerbar" (§ 1 Abs. 1 UstG). **Umsätze aus Vermietung und Verpachtung von Grundstücken sind § 4 Nr. 12a UStG umsatzsteuerbefreit – und zwar einschließlich der Nebenleistungen.** 38

Nicht befreit sind nach § 4 Nr. 12 Abs. 2 UStG die Vermietung von Wohn- und Schlafräumen, die ein Unternehmer zur kurzfristigen Beherbergung von Fremden bereithält, die Vermietung von Plätzen für das Abstellen von Fahrzeugen, die kurzfristige Vermietung auf Campingplätzen und die Vermietung und die Verpachtung von Maschinen und sonstigen Vorrichtungen aller Art, die zu einer Betriebsanlage gehören (Betriebsvorrichtungen), auch wenn sie wesentliche Bestandteile eines Grundstücks sind. 39

Es gilt also der Grundsatz, dass die Vermietung und Verpachtung von Grundstücken einschließlich der darauf errichteten Bauten oder Teilen von Gesetzes wegen von der Umsatzsteuer befreit sind. Hierbei spielt es keine Rolle, ob Gewerberaum oder Wohnraum vermietet wird. 40

Die Steuerbefreiung der Vermietungsumsätze verfolgt soziale Gründe, vor allem sollen Wohnungsmieten nicht mit Umsatzsteuer belastet werden.[43] Die Steuerbefreiung umfasst alle Umsätze, die aus der Vermietung oder Verpachtung herrühren, also auch Nutzungsentschädigungen und Nebenleistungen, wie zum Beispiel die Belieferung mit Wasser, die Flur- und Treppenreinigung sowie ganz allgemein Umsätze aus Nebenkostenvorauszahlungen. Auch die Vermietung eines Stellplatzes, der im Zusammenhang mit dem Abschluss des Mietvertrages angemietet wurde, ist steuerfrei, wenn es sich um eine Nebenleistung zur Wohnungsvermietung handelt.[44] 41

Die Steuerbefreiung des § 4 Nr. 12 S. 1 UStG gilt aber dann nicht, wenn der Vermieter das Grundstück nicht nur „passiv" zur Verfügungstellung eines Grundstücks benutzt, sondern weitere geschäftliche Tätigkeiten erbringt (wie zB Aufsicht, Verwaltung und ständige Unterhaltung sowie Zurverfügungstellung anderer Anlagen) und daher die Vermietung des Grundstücks nicht die ausschlaggebende Leistung darstellt. Erbringt der Vermieter mehrere Leistungen, können diese auch derart untrennbar miteinander verbunden sein, dass sie eine einheitliche (komplexe) Leistung bilden, die nicht als Vermietung von Grundstücken umsatzsteuerfrei, sondern umsatzsteuerpflichtig ist. Steuerfreie Vermietungsleistungen liegen nicht vor, wenn nach dem Gesamtbild der tatsächlichen Verhältnisse die Überlassung des Grundstücks oder Grundstücksteiles zum Gebrauch von anderen wesentlicheren Leistungen überdeckt wird.[45] 42

---

[43] Weitemeyer NZM 2006, 881 (885).
[44] Vgl. dazu BFH MwStR 2021, 682.
[45] BFH 24.2.2021 – XI R 4/19, BFH/NV 2021, 1374 Rn. 27 f., 30 ff.

Die Problematik lässt sich sehr schön an den „Automarkt"-Fällen illustrieren:

Ist ein „Verkaufsstandplatz" ein „Parkplatz"?
V vermietet für einen Automarkt Standplätze. Interessenten können Plätze mieten und entweder privat oder gewerblich Autos verkaufen. Ist das eine nach § 4 Nr. 12 S. 1 Buchst. a UStG steuerbefreite Grundstücksvermietung (arg: Vermieter stellt nur den Platz bereit, auf dem seine Mieter ihre Autos verkaufen können) oder ist das die „Vermietung von Plätzen für das Abstellen von Fahrzeugen", („Parkplatzvermietung"), die nach § 4 Nr. 12 S. 2 UStG steuerpflichtig ist?

43 Die Vermietung von Plätzen für das Abstellen von zum Verkauf bestimmten Fahrzeugen an Kfz-Händler ist dann steuerfrei, wenn sie mit einer steuerfreien Vermietung von für einen anderen Gebrauch bestimmten Grundstücksflächen (Stellplatz für als Verkaufseinrichtung genutzten Bürocontainer) eng verbunden ist[46] oder aber daneben nur vereinzelte unwesentliche, den Leistungscharakter nicht dominierende weitere Leistungen erbracht werden (Bereitstellung von Geldscheinprüfgeräten und Sicherstellung der Abläufe durch Ordnungspersonal).[47] Der BFH ließ offen, ob auch das Abstellen von Fahrzeugen zum Verkauf ein „Parken" ist. Nach Ansicht des FG München soll aber das immer ein Fall des § 4 Nr. 12 S. 2 UStG sein.[48] Dieses Ergebnis leitet es aus der richtlinienkonformen Auslegung der unterschiedlichen Sprachfassungen der MWStRL ab und betont die sozialen Gründe, die Sinn und Zweck der Befreiung von Vermietungsleistungen sind, die aber bei der Stellplatzvermietung nicht eingreifen.

44 **b) Umfang der Steuerbefreiung – Nebenleistungen.** Bei der Vermietung teilen die Nebenleistungen das Schicksal der Hauptleistung. Eine Leistung ist dann als Nebenleistung zu einer Hauptleistung anzusehen, wenn sie im Vergleich zu der Hauptleistung nebensächlich ist und mit ihr eng – im Sinne einer wirtschaftlich gerechtfertigten Abrundung und Ergänzung – zusammenhängt und üblicherweise in ihrem Gefolge vorkommt. Davon kann insbesondere dann ausgegangen werden, wenn die Leistung für den Leistungsempfänger keinen eigenen Zweck, sondern das Mittel darstellt, um die Hauptleistung (Nutzung des Grundstücks) unter optimalen Bedingungen in Anspruch zu nehmen.[49]

45 Die Nebenkosten stellen bei der Vermietung Nebenleistungen dar. Nach der EuGH-Rechtsprechung liegt aber dann keine umsatzsteuerliche Nebenleistung vor, wenn der Mieter die Möglichkeit hat, die Modalitäten der Mietnebenleistungen auszuwählen. Dies ist insbesondere der Fall, wenn die Verbrauchsmenge durch Zähler kontrolliert und getrennt abgerechnet wird, beispielsweise beim Verbrauch von Wasser, Elektrizität, Wärme und entsprechend bei der Abfallentsorgung.[50]

46 Allerdings hat dieses Urteil im Ergebnis wohl keine praktische Relevanz, weil der BFH die Zuordnung von Ausgangs- und Eingangsumsätzen für die **Heizung** kostenbezogen anhand der nationalen mietrechtlichen Bestimmungen herleitet. Es bleibt also dabei, dass für die Kosten der Heizung bei der Wohnraumvermietung ein Vorsteuerabzug ausscheidet.[51] Der Vorsteuerabzug hängt dann von der Steuerpflicht des Mietzinses ab, kann also im Geschäftsraummietrecht möglich sein.

47 Anders ist dies bei der **Lieferung von Strom,** den der Vermieter von Wohnraum über eine Photovoltaikanlage selbst erzeugt und an seine Mieter gegen Entgelt abgibt. Dabei handelt es sich nicht um eine unselbständige Nebenleistung der umsatzsteuerfreien (langfristigen) Vermietung von Wohnraum, sondern um eine selbständige umsatzsteuerpflichtige Leistung. Der Vermieter ist zum Vorsteuerabzug aus den Eingangsleistungen berechtigt, da kraft Gesetzes für den Mieter die Möglichkeit besteht, den Stromanbieter

[46] BFH MwStR 2017, 750.
[47] FG München 30.1.2024 – 5 K 1078/23, BeckRS 2024, 8547.
[48] FG München 30.1.2024 – 5 K 1078/23, BeckRS 2024, 8547 Rn. 47 ff.
[49] 3.10. Abs. 5 UStAE.
[50] EuGH DStR 2015, 888.
[51] BFH 7.12.2023 – V R 15/21, BStBl II 2024, 503 = DStR 2024, 606.

frei zu wählen, und die Stromlieferung getrennt und nach individuellem Verbrauch abgerechnet wird.[52]

Kosten, die auf die Mietfläche umgelegt werden (Versicherungsbeiträge, Grundsteuer, Treppenreinigung, Treppenbeleuchtung, Hausmeister, etc.) stellen umsatzsteuerlich eine Nebenleistung zur Vermietungsleistung dar. Auch die Mitvermietung oder Mitverpachtung von Einrichtungsgegenständen und des beweglichen Büromobiliars zählt zu den Nebenleistungen, nicht aber die Vermietung von Betriebsvorrichtungen (→ Rn. 49). 48

c) Sonderproblem Betriebsvorrichtungen. Ausdrücklich nicht steuerbefreit ist auch die Vermietung und die Verpachtung „von Maschinen und sonstigen Vorrichtungen aller Art, die zu einer Betriebsanlage gehören (Betriebsvorrichtungen), auch wenn sie wesentliche Bestandteile eines Grundstücks sind". Im Umsatzsteuerrecht gilt das sog. Aufteilungsgebot.[53] Der Anteil des Entgelts an der Grundstücksvermietung ist steuerbefreit. Der Anteil, der auf Betriebsvorrichtungen entfällt, ist steuerpflichtig. Dies ist bei der Vertragsgestaltung im Auge zu behalten. 49

V verpachtet Stallgebäude zur Putenaufzucht mit ganz speziell mit dem Pächter abgestimmten und fest eingebauten Vorrichtungen und Maschinen, die für die vertragsgemäße Nutzung als Putenaufzuchtstall notwendig waren.

Weil er – aus welchen Gründen auch immer – nicht zur Umsatzsteuer optiert hatte, ging V davon aus, dass die gesamte Vermietung steuerfrei sei, denn es war ein einheitliches Entgelt für alles vereinbart. Das FA teilte das Pachtentgelt aber nach Maßgabe der Vermieter entstandenen Kosten auf und wollte 20 % des Entgeltes als nicht-umsatzsteuerbefreit steuerpflichtig machen. Die Folge wäre, dass V Umsatzsteuer abführen müsste, die er aber nicht von M bekommen hat!

Hier lag eine insgesamt steuerfreie Leistung vor. Das Aufteilungsgebot des § 4 Nr. 12 S. 2 UStG ist nicht auf die Vermietung oder Verpachtung von auf Dauer eingebauten Vorrichtungen und Maschinen anzuwenden, wenn es sich hierbei um eine Nebenleistung zur Vermietung oder Verpachtung eines Gebäudes als Hauptleistung handelt, die im Rahmen eines zwischen denselben Parteien geschlossenen Vertrags nach § 4 Nr. 12 Satz 1 Buchst. a UStG steuerfrei ist, so dass eine wirtschaftlich einheitliche Leistung vorliegt.[54]

Die Problematik ist auch für die Gewerbesteuer relevant: Grundstücksunternehmen können mithilfe der „erweiterten Kürzung" nach § 9 Nr. 1 S. 2 GewStG in vielen Fällen eine weitgehende Befreiung von ihrer Gewerbesteuerbelastung erreichen. Die Vermietung von Betriebsvorrichtung ist aber „schädlich".[55]

Was eine Betriebsvorrichtung ist und was zum Gebäude gehört, ist im Einzelfall schwer abzugrenzen. Die Finanzverwaltung stellt darauf danach ab, ob sie der Benutzung des Gebäudes dienen oder in einer besonderen Beziehung zum Gewerbebetrieb stehen. Auch wenn unionsrechtlich keine Bindung an die im Bewertungsrecht vorgenommene Beurteilung besteht, kann entsprechend der Vorgabe der Finanzverwaltung in Abschnitt 4.12.10. Satz 2 UStAE der Begriff der Betriebsvorrichtung entsprechend der Vorgabe des Bewertungsrechts erfolgen. Als Betriebsvorrichtung gelten zB Reine Lastenaufzüge, Tresoranlagen, Verkaufsautomaten, Windkraftanlagen oder Spezialbeleuchtungsanlagen, zB für Schaufenster.[56] 50

[52] BFH 17.7.2024 – XI R 8/21, DStR 2024, 2260 in Abgrenzung zu BFH 7.12.2023 – V R 15/21, BStBl II 2024, 503 = DStR 2024, 606.

[53] Dies ist nicht zu verwechseln mit der Frage, dass ein Vermieter für jedes Mietverhältnis in einem Gebäude separat entscheiden kann, ob er optiert oder nicht.

[54] Die Problematik legt ein Schlaglicht darauf, dass das EU-Recht maßgeblich ist: Der Steuerpflichtige V bekam beim FG recht, der BFH legte das dem EuGH vor (BFH Vorlagebeschl. v. 26.5.2021 –V R 22/20, DStR 2021, 2010, der das bestätigte (EuGH 4.5.2023 – C 516/21, EU:C:2023:372 = DStR 2023, 1076), woraufhin der BFH seine bisherige Rechtsprechung aufgab: BFH 17.8.2023 – V R 7/23, DStR 2023, 2005, (Aufgabe des Senatsurteils vom 28.5.1998 – V R 19/96, BFHE 185, 555 = BStBl II 2010, 307).

[55] Siehe etwa FG Hamburg 15.5.2024 – 2 K 76/22, BeckRS 2024, 20013 bei Vermietung einer Lagerhalle mit Lastenaufzug und Paletten-Förderanlage.

[56] Gleich lautende Erlasse der obersten Finanzbehörden der Länder vom. 5.6.2013 – S 3130, BStBl 2013 I S. 734, s. auch Einkommensteuerhandbuch H 4.2(5); seitdem ist aber eine Vielzahl an Rechtsprechung hinzugekommen.

Hinweis: Werden die Anlagen usw. nicht gemeinsam mit dem Grundstück vermietet, stellt sich die Abgrenzungsfrage nicht. Diese Vermietung ist steuerpflichtig.

3. Option zur Umsatzsteuer

51 a) **Allgemeines.** Da die Umsätze aus Vermietung und Verpachtung **grundsätzlich umsatzsteuerfrei** sind, kann der Vermieter weder die von bei Bau oder Erwerb des Grundstückes von ihm gezahlten Umsatzsteuerbeträge noch die für die laufende Unterhaltung anfallenden Umsatzsteuerzahlungen als **Vorsteuer** abziehen. Er kann sich diese Möglichkeit aber durch den Verzicht auf die Umsatzsteuerfreiheit eröffnen. Dies wird als Ausübung der **Umsatzsteueroption** bezeichnet. Der Verzicht auf die Steuerbefreiung hat zur Folge, dass die Umsätze aus der Vermietung gemäß § 9 Abs. 1 UStG als steuerpflichtig behandelt werden.[57]

52 Den Finanzbehörden gegenüber muss der Vermieter keine besondere Erklärung hinsichtlich der Umsatzoption abgeben. Es genügt, dass er entweder dem Mieter gegenüber die Umsatzsteuer gesondert ausweist und abrechnet oder den Umsatz in seiner Umsatzsteuervoranmeldung als umsatzsteuerpflichtig behandelt.[58]

53 b) **Ausübung für jede einzelne Vermietungsleistung.** Der Vermieter kann für jede einzelne Vermietung separat entscheiden, ob er die Option ausübt oder nicht. Unter den Begriff „Grundstück" fallen alle selbständige nutzbare Grundstücksteile, also alles, was als Wohnung, Büroraum, Laden oder sonstige gewerbliche Fläche genutzt werden kann. Daher kann sich der Vermieter bei der Vermietung eines Wohn- und Geschäftshauses bei jedem einzelnen Mietverhältnis für oder gegen die Option entscheiden. Das gilt auch, wenn ein Mieter das gesamte Objekt anmietet und sogar, wenn die Vermietung zivilrechtlich in einem einheitlichen Vertrag erfolgt und ein Gesamtentgelt vereinbart wird.[59]

54 c) **Vom Vermieter zu erfüllende Voraussetzungen.** *aa) Unternehmereigenschaft.* Nach § 9 Abs. 2 UStG ist Voraussetzung dafür, dass der Umsatz aus der Vermietung als steuerpflichtig behandelt wird, dass der Vermieter die Vermietung oder Verpachtung als Unternehmer iSv § 1 UStG vornimmt. **Unternehmer** ist, wer eine gewerbliche oder berufliche Tätigkeit selbstständig ausübt. Das Unternehmen umfasst die gesamte gewerbliche oder berufliche Tätigkeit des Unternehmers. Gewerblich oder beruflich ist jede nachhaltige Tätigkeit zur Erzielung von Einnahmen, auch wenn die Absicht, Gewinn zu erzielen, fehlt. Nach § 2 Abs. 3 UStG sind **juristische Personen des öffentlichen Rechts** im Rahmen ihrer Betriebe gewerblicher Art gewerblich oder beruflich tätig.

55 Der Begriff des Unternehmens ist im spezifisch umsatzsteuerrechtlichen Sinne zu verstehen und nicht mit dem allgemeinen Sprachgebrauch gleich zu setzen.[60] Auch Freiberufler wie Rechtsanwälte, Ärzte und Künstler ebenso wie Landwirte sind umsatzsteuerrechtlich Unternehmer.

56 *bb) Baujahr des Gebäudes. (1) „Neubestand".* § 9 Abs. 2 UStG knüpft den Verzicht auf Steuerbefreiungen daran, dass der Mieter oder Pächter die Miet- oder Pachtsache ausschließlich für Umsätze verwendet oder zu verwenden beabsichtigt, die den Vorsteuerabzug **nicht ausschließen.**

57 *(aa) Ausschlussumsätze.* Grundsätzlich kommt daher eine Option des Vermieters nicht in Betracht, wenn der Mieter Umsätze erzielt, die von der Umsatzsteuer befreit und für die auch nicht ein Verzicht auf die Umsatzsteuerbefreiung in Anspruch genommen werden kann (sog. „Ausschlussumsätze"). Zu diesen steuerfreien Umsätzen, die den

[57] Herrlein NZM 2005, 648 (649).
[58] Herrlein NZM 2013, 409.
[59] Einzelheiten und Beispiele UStAE 9.2.
[60] Vgl. die Definition in UStAE 2.1.

Vorsteuerabzug ausschließen, fallen die Umsätze der Banken (§ 4 Nr. 8 UStG), Versicherungen (§ 4 Nr. 10 UStG), Ärzte, Zahnärzte, Heilpraktiker, Krankengymnasten, Hebammen und andere Heilberufe (§ 4 Nr. 14 UStG), die gesetzlichen Träger der Sozialversicherung (§ 4 Nr. 15 UStG), Krankenhäuser, Alten- und Pflegeheime (§ 4 Nr. 16 UStG), Bildungseinrichtungen (§ 4 Nr. 20, 22 UStG) und privaten Schulen (§ 4 Nr. 21 UStG).[61]

(bb) Bagatellgrenze. Bei der Option aufgrund § 9 Abs. 2 UStG muss der gesamte Umsatz des Mieters, einer Vorsteuerbefreiung iSv § 9 Abs. 2 UStG zugänglich sein. Die Optionsmöglichkeit entfällt daher grundsätzlich, wenn der Mieter oder Pächter sowohl Umsätze erzielt, die den Vorsteuerabzug nicht ausschließen, als auch Umsätze, die von der Umsatzsteuer befreit sind. Nach UStAE 9.2 Abs. 3 ist es aber unschädlich, wenn der Leistungsempfänger das Grundstück bzw. einzelne Grundstücksteile nur in sehr geringem Umfang für Umsätze verwendet, die den Vorsteuerabzug ausschließen (Ausschlussumsätze). Hier ist der Verzicht auf Steuerbefreiung zur Vermeidung von Härten weiterhin zulässig. Eine geringfügige Verwendung für Ausschlussumsätze kann angenommen werden, wenn im Falle der steuerpflichtigen Vermietung die auf den Mietzins für das Grundstück bzw. für den Grundstücksteil entfallende Umsatzsteuer im Besteuerungszeitraum (Kalenderjahr, § 16 Abs. 1 S. 2 UStG) höchstens zu 5 % vom Vorsteuerabzug ausgeschlossen wäre (Bagatellgrenze). 58

(2) „Altbestand“. Aufgrund einer historisch erfolgten Umstrukturierung der Umsatzsteuer sieht § 27 UStG eine Übergangsregelung vor. Bei sogenanntem **Altbestand** kann die Option auch ohne besondere Voraussetzungen auf Mieterseite erfolgen. 59

Nach § 27 Abs. 2 UStG gelten folgende Stichtagsregeln: 60

- **Wohnraum:** § 9 Abs. 2 UStG ist nicht anzuwenden, wenn das auf dem Grundstück errichtete Gebäude Wohnzwecken dient oder zu dienen bestimmt ist, das Gebäude vor dem 1.4.1985 fertig gestellt und mit der Errichtung des Gebäudes vor dem 1.6.1984 begonnen wurde. Dieser Fall ist anzuwenden, wenn der Vermieter den Wohnraum an einen **gewerblichen Zwischenvermieter** vermietet, der dann seinerseits die Wohnung an einen Endmieter vermietet. Zwar erzielt der gewerbliche Zwischenvermieter, wegen der fehlenden Unternehmereigenschaft des Endmieters ausschließlich von der Umsatzsteuer befreite Miete, jedoch spielt dies für die Optionsmöglichkeit des Vermieters keine Rolle, wenn das Gebäude vor dem 1.4.1985 fertig gestellt worden ist.
- **Geschäftsraum:** Bei einer Vermietung von Geschäftsraum ist § 9 Abs. 2 UStG nicht anzuwenden, wenn mit der Errichtung des Gebäudes vor dem 11.11.1993 begonnen und das Gebäude vor dem 1.1.1998 fertig gestellt worden ist. Liegen diese Voraussetzungen vor, kann der Vermieter zur Vorsteuer optieren, selbst wenn die Umsätze des Mieters, etwa bei der Vermietung an einen Arzt, grundsätzlich und ohne Möglichkeit des Verzichtes umsatzsteuerbefreit sind.
- **Sonstige Räume:** Bei den sonstigen Räumen, also Räumen die nicht unter die beiden vorher diskutierten Kategorien fallen, etwa einer Garage, ist § 9 Abs. 2 UStG nicht anzuwenden, wenn mit der Errichtung des Gebäudes vor dem 1.6.1984 begonnen wurde und wenn das Gebäude vor dem 1.1.1986 fertig gestellt worden ist (§ 27 Abs. 2 Nr. 2 UStG).

d) **Voraussetzungen auf Seiten des Mieters.** *aa) Keine Ausschlussumsätze.* Der Verzicht auf die Steuerbefreiung, setzt nach § 9 Abs. 2 UStG voraus, dass an einen anderen Unternehmer für dessen Unternehmen vermietet wird. Daher kann ein Verzicht auf die Umsatzsteuerbefreiung bei Vermietung von Wohnraum niemals in Betracht, da es sich bei der Vermietung nicht um Überlassung an einen „Unternehmer für dessen Unternehmen“ iSd § 9 Abs. 1 UStG handelt.[62] Anders kann es bei der Vermietung an einen gewerblichen Zwischenvermieter sein. Dazu → Rn. 60. 61

[61] Wegen weiterer Einzelheiten: Weitemeyer NZM 2006, 881 (884).
[62] Herrlein NZM 2005, 648 (649).

62 *bb) Vermietung und Verpachtung an Kleinunternehmer (§ 19 UStG).* Nach § 19 Abs. 1 UStG sind die Umsätze von so genannten Kleinunternehmern von der Umsatzsteuer befreit. Die Voraussetzungen liegen dann vor, wenn der Umsatz zuzüglich der darauf entfallenden Steuer im vorangegangenen Kalenderjahr 17.500 EUR nicht übersteigt und im laufenden Kalenderjahr 50.000 EUR voraussichtlich nicht übersteigen wird.

63 Will der Vermieter bei der Vermietung an einen Kleinunternehmer gleichwohl zur Vorsteuer optieren, muss der Mieter oder Pächter nach § 19 Abs. 2 UStG gegenüber dem Finanzamt erklären, dass er auf die Anwendung des § 19 Abs. 1 UStG (Umsatzsteuerbefreiung) verzichtet. Der Vermieter muss sich in jedem Fall zur eigenen Absicherung über die Abgabe der Verzichtserklärung des Mieters vergewissern.

64 *cc) Die Geltendmachung der Umsatzsteueroption.* Die Option zur Umsatzsteuer selbst bedarf keiner besonderen Form, sie kann dadurch ausdrücklich geltend gemacht werden, indem gegenüber dem Finanzamt die steuerpflichtigen Umsätze als steuerpflichtig angegeben werden.

4. Ausstellung einer Rechnung

65 Wird vereinbart, dass die Miete zzgl. Umsatzsteuer zu zahlen, ist der Vermieter zur Ausstellung eine ordnungsgemäßen Rechnung iSd § 14 Abs. 4 S. 1 Nr. 1 UStG verpflichtet. Diese Rechnung bedarf insbesondere

- des vollständigen Namens und der vollständigen Anschrift des leistenden Unternehmers und des Leistungsempfängers.
- die dem leistenden Unternehmer vom Finanzamt erteilten Steuernummer oder die ihm vom Bundeszentralamt für Steuern erteilte Umsatzsteuer-Identifikationsnummer.
- des Ausstellungsdatums.
- einer Rechnungsnummer.
- der Art der Leistung.
- des Zeitpunkts der Leistung.
- des nach Steuersätzen aufgeschlüsselten Entgelts.
- der Angabe des Steuersatzes.

66 Es ist möglich[63], aber nicht tunlich, den Mietvertrag als „Dauerrechnung" zu verwenden, wenn er alle erforderlichen Angaben enthält. Denn spätestens bei einer Mietänderung ist das Entgelt nicht mehr korrekt und die Voraussetzungen des § 14 UStG sind nicht mehr erfüllt.[64] Es besteht zwar uU die Möglichkeit der Rechnungskorrektur nach § 31 Abs. 5 UStDV, jedoch sollten solche Probleme von Anfang an vermieden werden.

67 Entspricht der Mietvertrag nicht den Erfordernissen einer Rechnung und hat der Vermieter keine Einzelrechnung ausgestellt, schuldet der Vermieter nach § 14c Abs. 2 S. 1 UStG den als Umsatzsteuer ausgewiesenen Betrag, hat aber selbst keine Möglichkeit zum Vorsteuerabzug. Der Mieter kann gezahlte Beträge nicht als Vorsteuer geltend machen.[65]

5. Zivilrecht: Vereinbarung zwischen den Vertragsparteien

68 Ob Mietzins umsatzsteuerpflichtig ist oder nicht, richtet sich nach dem Umsatzsteuergesetz und den Vereinbarungen der Parteien. Über die Frage der Steuerpflicht können die Parteien nicht disponieren.

Davon abzugrenzen ist die Frage, ob der Mieter zivilrechtlich verpflichtet ist, die Miete und Nebenkosten zuzüglich Umsatzsteuer zu zahlen. Dies ist nur der Fall, wenn dies ausdrücklich vereinbart ist und der Vermieter auch wirksam optieren kann.

[63] OLG Düsseldorf NZM 2006, 261.
[64] BFH DStR 2016, 2967.
[65] Herrlein/Gelück NZM 2023, 365.

Die Parteien vereinbaren in dem Mietvertrag, dass neben der Miete die jeweils gültige Umsatzsteuer zu entrichten ist. Der Vermieter optiert nicht (wirksam). Nachdem die Mieterin die Miete zunächst zuzüglich Umsatzsteuer gezahlt hat, stellt sie dies später ein und verlangt auch die vorher gezahlten Umsatzsteuern zurück.
Zu Recht: Die Mietvertragsparteien haben nicht die Möglichkeit, einen nach dem Gesetz steuerbaren, aber steuerfreien Umsatz durch Vereinbarung steuerpflichtig zu machen. Die Existenz der Steuerpflicht steht nicht zur Disposition der Parteien. Demnach ist nur die „Nettomiete" zu zahlen. Eine gleichwohl getroffene Vereinbarung, wonach der Mieter neben der Nettomiete die jeweils gültige Umsatzsteuer zu entrichten hat, geht daher ins Leere.[66]

a) **Verpflichtung des Mieters zur Zahlung der Umsatzsteuer.** Für das Zustandekommen einer derartigen Vereinbarung gelten die allgemeinen Grundsätze, die für das Zustandekommen von Verträgen oder Vertragsänderungen maßgebend sind. Die Verpflichtung des Mieters, Umsatzsteuer auf die Miete zu zahlen, falls der Vermieter zur Umsatzteuer optiert, kann formularvertraglich vereinbart werden, jedenfalls dann, wenn der Mieter zum Vorsteuerabzug berechtigt ist.[67] Dies dürfte aber auch gelten, wenn die Ausnahmefälle des § 27 Abs. 2 Nr. 1–3 UStG anzuwenden sind, solange die Voraussetzungen des § 9 Abs. 1 UStG erfüllt sind. 69

Enthält der Mietvertrag keine Regelung über eine zu zahlende Umsatzsteuer, kann der Vermieter diese vom Mieter auch nicht verlangen,[68] es sei denn, es kommt zu einer einverständlichen Vertragsänderung. 70

Gleichwohl kann der Vermieter in diesen Fällen auch zur Umsatzsteuer optieren. Die vom Mieter gezahlte Miete wird dann als Bruttomiete behandelt, so dass der sich hierin enthaltene rechnerische Umsatzsteueranteil an das Finanzamt abzuführen ist bzw. mit Vorsteuer verrechnet werden kann. Der Mieter kann in diesem Falle keine Reduzierung seiner Miete verlangen, denn für ihn ist die vertraglich vereinbarte Miete der zu zahlende Endpreis, gleichgültig, ob der Vermieter daraus Umsatzsteuer abführt oder nicht.[69] 71

b) **Verpflichtung des Mieters zur Erbringung „steuerunschädlicher" Umsätze.** *aa) Hauptmietverhältnis.* Da in den Fällen des § 9 Abs. 2 UStG der Verzicht auf die Umsatzsteuerbefreiung davon abhängig ist, dass der Mieter tatsächlich, mit Ausnahme der Bagatellgrenze, Umsätze erzielt, für die der Vorsteuerabzug nicht ausgeschlossen ist, dies aber für den Vermieter oft nicht zu kontrollieren ist, entstehen für den Vermieter große Risiken, wenn sich herausstellt, dass die Voraussetzungen auf Mieterseite nicht vorliegen oder nicht vorgelegen haben. Die Finanzbehörden werden dann die im entsprechenden Zeitraum durch Vorsteuererstattung erhaltenen Beträge vom Vermieter zurückfordern. Der Vermieter wird die an die Finanzbehörden zu zahlenden Beträge nicht vom Mieter zurückfordern können, wenn nicht mit dem Mieter wirksam vereinbart wurde, ausschließlich vorsteuerabzugsfähige Umsätze zu tätigen. Nur wenn eine solche Vereinbarung besteht, kann der Vermieter später den Mieter auf Schadensersatz in Anspruch nehmen, wenn sich herausstellt, dass dieser sich an diese Verpflichtung nicht gehalten hat. 72

bb) Erstreckung auf Untermietverhältnisse. Im Mietvertrag muss auch zwingend eine Verpflichtung des Mieters enthalten sein, dass auch etwaiger Untermieter diese Verpflichtungen einhält. Sonst ist auch im Hauptmietverhältnis der Vorsteuerabzug gefährdet. 73

c) **Sonstige Vereinbarungen.** Die Möglichkeit zur Ausübung der Option richtet sich allein nach den steuerrechtlichen Voraussetzungen. Wenn bei Abschluss der Vereinbarungen nicht feststeht, ob die Inanspruchnahme der Umsatzsteueroption vorteilhaft ist oder nicht, können die Parteien sich im Vertrag diese Möglichkeit offenlassen. Wirksam kann daher vereinbart werden, dass entweder der Vermieter sich vorbehält, jederzeit zur Umsatzsteuer zu optieren mit der Maßgabe, dass zu der Miete und den Nebenleistungen 74

---

66 BGH NJW-RR 2004, 1452 = ZMR 2004, 812 = NZM 2004, 785.
67 BGH BeckRS 2001, 7344 = NZM 2001, 952.
68 OLG Düsseldorf BeckRS 2011, 25224.
69 Herrlein NZM 2013, 409 (413).

sodann Umsatzsteuer zu entrichten ist, umgekehrt kann aber auch der Mieter sich vorbehalten, vom Vermieter zu verlangen, die Umsatzsteueroption in Anspruch zu nehmen.[70]

75 **d) Rechtsfolgen bei unwirksamer Option des Vermieters zur Steuerpflicht.** *aa) Steuerfolgen.* Will der Vermieter optieren und weist daher die Umsatzsteuer aus, stellt sich aber heraus, dass die Option nicht möglich ist, weil die Voraussetzungen nicht vorliegen, liegt ein unberechtigter Steuerausweis nach § 14c Abs. 2 S. 1 UStG vor. Der Vermieter schuldet die Umsatzsteuer, sofern er keine Berichtigung nach § 14c Abs. 2. S. 3 UStG vornehmen kann.

76 *bb) Verhältnis zwischen den Parteien.* Die Vereinbarung, dass die Mieterleistungen jeweils zuzüglich gültiger Umsatzsteuer zu erbringen sind, kann formularvertraglich vereinbart werden. Weil aber die Parteien nicht über die Frage disponieren können, ob Umsatzsteuer anfällt, geht dies ins Leere, wenn der Vermieter überhaupt nicht oder nicht wirksam zur Umsatzsteuerpflicht optiert. Zahlt der Mieter in diesen Fällen gleichwohl, erfolgt die Zahlung ohne Rechtsgrund und kann von dem Mieter nach § 812 Abs. 1 Alt. 1 BGB zurückgefordert werden bzw. im Wege des Schadenersatzanspruches geltend gemacht werden.[71]

77 Hat der Vermieter zu Unrecht Umsatzsteuer ausgewiesen, kann der Mieter ggf. einen Rückzahlungsanspruch aus § 812 Abs. 1 S. 1 BGB gegen den Vermieter haben. Anders kann dies sein, wenn die Vertragsauslegung ergibt, die Parteien einen Gesamtpreis unabhängig von der Berechtigung der Wirksamkeit der Umsatzsteuervereinbarung vereinbart haben.

78 Differenzierter ist der Fall zu betrachten, wenn die Parteien individualvertraglich vereinbart haben, dass zu der jeweiligen Nettomiete die „jeweils gültige Mehrwertsteuer" zu zahlen ist, jedoch gar keine Mehrwertsteuer anfällt, weil die Option des Vermieters zur Steuerpflicht unwirksam ist. In diesem Fall muss die individuell getroffene Vereinbarung ausgelegt werden. Dies kann ebenfalls zu einem Rückforderungsanspruch des Mieters führen, wenn die Regelung über die Umsatzsteuerpflicht auf einem Kalkulationsirrtum des Vermieters beruht. Gegebenenfalls kann aber auch unter Berücksichtigung der Grundsätze der ergänzenden Vertragsauslegung und des Wegfalls der Geschäftsgrundlage ein Rückforderungsanspruch ausgeschlossen sein.[72]

79 *cc) „Direktanspruch".* Kann der Mieter die gezahlte Umsatzsteuer nicht vom Vermieter erlangen kann er versuchen, diese vom Fiskus zurückzuerlangen. Aufgrund der EuGH-Rechtsprechung[73] kann es einen sog. „Direktanspruch" des Leistungsempfängers geben. Danach kann er unter bestimmten Voraussetzungen über eine Billigkeitsmaßnahme die Erstattung einer rechtsgrundlos an den Leistenden gezahlten Umsatzsteuer direkt vom Fiskus (statt vom Leistenden) verlangen.[74] Allerdings will der deutsche Fiskus diesen Anspruch durch umfängliche Voraussetzungen im BMF-Schreiben einschränken.[75] In der Rechtssache Schütte[76] stellt der EuGH klar, dass der Direktanspruch auch dann gilt, wenn der Leistende sich gegenüber dem Leistungsempfänger auf zivilrechtliche Verjährung beruft. Zugleich schränkt er die Korrektur nach § 14c

---

[70] Dies erfolgt zB standardmäßig in den Fällen, in denen bei Veräußerung eines Grundstückes nicht klar ist, ob es sich um eine Geschäftsveräußerung im Ganzen gem. § 1 Abs. 1a UStG handelt, vgl. dazu UStAE 1.5.

[71] OLG Hamm NJW-RR 2003, 1593.

[72] BGH NJW-RR 2004, 1452 = ZMR 2004, 812 = BGH NZM 2004, 785.

[73] EuGH BeckRS 2007, 70193.

[74] UStAE 15.11 Abs. 8.

[75] BMF-Schreiben vom 12.4.2022, BStBl I 2022, 652; zu Recht kritisch Herrlein/Gelück NZM 2023, 365.

[76] EuGH 7.9.2023 – C-453/22, BeckRS 2023, 23050.

UStG durch den Leistenden ein und bestätigt einen Verzinsungsanspruch des Leistungsempfängers.[77]

6. Nutzungsentschädigung

Umsatzsteuerrechtlich ist der Nutzungsentschädigungsanspruch (§ 546a Abs. 1 BGB) ein vertraglicher Anspruch eigener Art, der anstelle des Anspruches auf Zahlung der Miete tritt. Es handelt sich nicht um einen – nicht steuerbaren – Schadensersatz.[78] Aus diesem Grunde findet eine mietvertragliche Vereinbarung über die Zahlung der Umsatzsteuer auch auf die Zahlung von Nutzungsentschädigung Anwendung. Dies gilt auch dann, wenn der Mietvertrag nichtig ist, deshalb eine Nutzungsentschädigung nicht nach § 546a BGB, sondern nach §§ 987, 990 BGB gefordert wird.[79] 80

7. Abfindung für die Vorzeitige Auflösung des Mietvertrages

Anders ist dies, wenn der Vermieter den Vertrag gegen Abfindung auflöst. Hier liegt ein entgeltlicher und mithin steuerbarer Leistungsaustausch vor.[80] 81

8. Betriebskostenabrechnung

Hat der Vermieter für die Vermietung und Verpachtung auf die Steuerbefreiung verzichtet, unterliegt nicht nur die Miete als Hauptleistung dem Umsatzsteuersatz, sondern auch die Nebenkosten. Diese teilen umsatzsteuerrechtlich als Nebenleistungen das Schicksal der Hauptleistung (Miete). Zum steuerpflichtigen Entgelt im Falle der Option zählen daher auch die gesamten Betriebskosten, unabhängig davon, ob die einzelnen Betriebskostenarten mit Vorsteuern belastet sind, ein ermäßigter Umsatzsteuersatz gilt oder überhaupt keine Umsatzsteuer anfällt, wie beispielsweise bei öffentlichen Lasten. Hierbei handelt es sich nicht um durchlaufende Posten, sondern um ein umsatzsteuerpflichtiges Entgelt iSd § 10 Abs. 1 S. 2 UStG. Das heißt, der Vermieter muss, sofern er gegenüber vorsteuerabzugsberechtigten Mietern abrechnet, zu den tatsächlich entstandenen Betriebskosten, unabhängig davon, ob darin Umsatzsteuer enthalten ist oder nicht, die Mehrwertsteuer gesondert berechnen und ausweisen. 82

9. Ansprüche des Vermieters bei Zahlungsverzug des Mieters

Ist der Mieter, wie dies die Regel sein wird, verpflichtet, die Miete und die Nebenkostenvorauszahlungen monatlich im Voraus bis spätestens zum 3. Werktage eines Monats an den Vermieter zu zahlen, so betrifft dies auch die Umsatzsteuer, wenn dies zwischen den Parteien so vereinbart ist. Zahlt der Mieter also nicht fristgerecht, so ist er verpflichtet, dem Vermieter die Verzugszinsen nach § 288 Abs. 2 BGB zu erstatten. Diese Verzugszinsen kann der Vermieter unabhängig davon verlangen, ob er die Umsatzsteuer nach dem Prinzip der Ist-Versteuerung oder dem Prinzip der Soll-Versteuerung zahlt. 83

Will allerdings der Vermieter einen weiteren Schaden iSv § 288 Abs. 4 BGB geltend machen, dann ist wegen des Umsatzsteueranteils zu differenzieren: Versteuert der Vermieter nach dem Soll-Prinzip, kann er den, den Zinssatz des § 288 Abs. 2 BGB übersteigenden Zins, nach § 16 Abs. 1 UStG erst am 11. des auf die Fälligkeit folgenden Monats verlangen. 84

---

[77] In seiner Entscheidung H GmbH v. 5.9.2024 – C-83/23, BeckRS 2024, 22745 stellt der EuGH hohe Anforderungen an einen Direktanspruch, es handelt sich aber um einen grenzüberschreitenden Sachverhalt.

[78] Zur Abgrenzung siehe auch UStAE 1.3; vgl. UStAE 1.3. Abs. 17: Nutzungsentschädigungen wegen verspäteter Rückgabe des Leasinggegenstandes stellen keinen Schadensersatz dar, sondern sind Entgelt für die Nutzungsüberlassung zwischen vereinbarter und tatsächlicher Rückgabe des Leasinggegenstandes.

[79] BGH NJW-RR 1998, 803; Herrlein NZM 2013, 409 (415).

[80] BFH 22.5.2019 – XI R 20/17, BeckRS 2019, 21409.

85 Wird die Umsatzsteuer nach dem Ist-Prinzip gezahlt, kann der Vermieter überhaupt keinen Zins verlangen, der § 288 Abs. 2 BGB übersteigt. Der Vermieter hat keinen Schaden, denn er muss die Umsatzsteuer erst am 10. des Monats abführen, der auf die Zahlung durch den Mieter oder Beitreibung durch die Zwangsvollstreckung folgt.[81]

[81] Vgl. hierzu Herrlein NZM 2005, 648 (651); 2013, 409 (417).

§ 61 Vereinbarte Mieterhöhungen – Staffelmiete und Indexmiete

Übersicht

I. Einleitung

Die Möglichkeit der Mieterhöhung unter Bezugnahme auf die gesetzlichen Vorschriften zur Anhebung der Miete hin zur ortsüblichen Vergleichsmiete hat der Gesetzgeber für das Gewerberaummietrecht nicht vorgesehen, wie das Fehlen eines entsprechenden Verweises in § 578 BGB zeigt. Hierbei handelt es sich auch nicht um ein Versäumnis des Gesetzgebers. Eine Vergleichbarkeit ist nämlich, anders als bei Wohnräumen, bei Gewerberäumen wegen der Vielfältigkeit der zu vereinbarenden Nutzungszwecke unter die Überschrift des Gewerberaummietverhältnisses, kaum möglich. Sieht man zudem die Mieterhöhungsmöglichkeit des § 558 BGB als Kompensation für die Beschränkung auf Seiten des Vermieters sich von dem Mietvertrag einseitig lösen zu können, besteht beim Gewerberaumvermieter kein Bedürfnis einer vergleichbaren Kompensation, da der Vermieter es in der Hand hat ohne Nachweis eines berechtigten Interesses zu kündigen 1 oder die Mietzeit frei zu wählen. Der Vermieter kann, um die Rentabilität zu verbessern, eine Änderungskündigung aussprechen. Dies ist keine unzulässige Rechtsausübung.[1] Da die meisten Gewerberaummietverträge befristet sind bzw. das Recht zur ordentlichen Kündigung ausgeschlossen ist, ist dies allerdings mehr eine theoretische Möglichkeit, die eher nach Auslaufen der Befristung relevant wird. Deshalb ist es aus Vermietersicht wirtschaftlich grob fahrlässig, einen befristeten Gewerberaummietvertrag ohne jegliche Renditesicherung abzuschließen.

2 Die Gewerberaummieten entwickeln sich in Deutschland je nach Lage der Immobilie sehr unterschiedlich. Bei der jeweiligen örtlichen IHK oder auch sonstigen berufsständischen Kammern oder über den VDM können in der Regel Mietspiegel bezogen werden. Darüber hinaus werden von den Marktteilnehmern vielfach auch die Researchergebnisse der großen Maklerhäuser genutzt. Bei der Frage, welche Klausel zur Wert-/Renditesicherung oder auch zur planmäßigen Renditesteigerung gewählt wird und welche Klausel am Markt durchsetzbar ist, kommt es in wirtschaftlicher Hinsicht entscheidend auf die Lage und die jeweilige Zielsetzung sowie Marktmacht des Vermieters/Mieters an. Die in der Regel mit dem Argument des Inflationsausgleichs durchsetzbare Indexmiete/Preisgleitklausel muss für den Vermieter einer 1a-Lage in München oder Frankfurt nicht unbedingt das wirtschaftlich beste Ergebnis liefern, wenn er eine – in der praktischen Anwendung einfachere – Staffelmiete oder eine Kombination aus Staffelmiete und Leistungsvorbehalt mit Neufestsetzung entsprechend der Marktmiete durchsetzen kann. Das Gleiche gilt für den Projektentwickler, der den optimalen Vervielfältiger im Verkauf erreichen will. Gleichzeitig ist zu beobachten, dass marktstarke Mieter auch im Büroraum versuchen, Klauseln hinein zu verhandeln, wonach lediglich 70–80 % der Indexsteigerung zur Bemessungsgrundlage der Mietänderung werden sollen, wie sie bei Einzelhandelsketten üblich sind.

3 Mietanpassungsklauseln können grundsätzlich im Wege allgemeiner Geschäftsbedingungen vereinbart werden. Nach der Rechtsprechung des BGH stellen Preisänderungsklauseln bei langfristigen Vertragsverhältnissen (beachte hier das PrKG), insbesondere solchen, die auf Leistungsaustausch gerichtet sind, ein geeignetes und anerkanntes Instrument zur Bewahrung des Gleichgewichts von Preis und Leistung dar.[2] AGB-Wertsicherungsklauseln können aufgrund ihrer allgemeinen Verbreitung nicht überraschend iSd § 305c BGB sein. Unklare, nicht eindeutig auslegbare Klauseln können aber als intransparent unwirksam sein, § 307 Abs. 1 S. 2 BGB oder über die kundenfeindlichste Auslegung gem. § 305c Abs. 2 BGB wegen einer unangemessenen Benachteiligung (§ 307 Abs. 1 S. 1 BGB) ausscheiden. Bei einer Mietanpassungsklausel erfordert das Transparenzgebot eine verständliche Formulierung, die insbesondere den Anlass der Mietänderung, die Bezugsgrößen sowie den Umfang der Mietanpassung beschreibt[3] Ein formularvertraglich vorgesehener Verzicht auf die Klage auf Feststellung der Unwirksamkeit einer Wertsicherungsklausel gem. § 8 PrKG soll nach einer Entscheidung des OLG Brandenburg[4] unwirksam sein.

4 Der Wohnraumvermieter sollte nicht vergessen, dass eine Garage, wenn sie isoliert vermietet wurde, nicht unter die Regeln der Wohnraummiete fällt. Dies gilt vor allem für die Mehrwertsteuer und die Wertsicherung.[5] Hier kann sich im Einzelfall eine Änderungskündigung anbieten, weil der durchschnittliche Garagenmietvertrag keine Wertsicherungsklausel haben wird.

5 Die folgenden Klauselmöglichkeiten kommen in Betracht:

- Indexmiete/Preisgleitklausel/Lebenshaltungskostenindexklausel
- Leistungsvorbehaltsklausel
- Staffelmietklausel

[1] Neuhaus, Handbuch der Geschäftsraummiete, Kap. 11 Rn. 12.
[2] BGH NJW 2010, 2793 Rn. 34; NZM 2012, 457 Rn. 31; NJW 2016, 936 (Stromliefervertrag).
[3] Wolf/Eckert/Günter Gewerbl. Miet-/Pacht-/LeasingR-HdB/Günter Rn. 478.
[4] OLG Brandenburg BeckRS 2012, 22268.
[5] Schmidt-Futterer/Börstinghaus BGB § 557a Rn. 9.

- Umsatz- bzw. Ertragsklausel
- Kombinationen aus den vorgenannten Klauseln
- Spannungsklausel
- Kostenelementeklausel.

II. Preisgleitklausel/Indexmiete

1. Allgemeines

Es ist beliebt, in Mietverträgen die Wertsicherung der Miete an die Veränderung des vom statistischen Bundesamt ermittelten Verbraucherpreisindexes für Deutschland (VPI) zu koppeln. Dies gilt umso mehr, seit die Inflation die Preise und mithin den Verbraucherpreisindex stetig deutlich ansteigen lassen. § 557a BGB erlaubt dies im Wohnraummietrecht, ist aber wegen des Fehlens in § 578 BGB auf das Gewerberaummietrecht nicht anwendbar. Grundsätzlich sind diese Klauseln, die „den Betrag von Geldschulden unmittelbar und selbsttätig durch den Preis von anderen Gütern oder Leistungen bestimmen, die mit den vereinbarten Gütern oder Leistungen nicht vergleichbar sind", im Gewerberaummietrecht gem. § 1 Abs. 1 PrKG verboten. Das führt zum kuriosen Ergebnis, dass entgegen den Prinzipien des sozial geprägten Wohnraummietrechts das Wohnraummietrecht flexibler geregelt ist als das Gewerberaummietrecht. 6

Im Gewerberaummietrecht ist eine Indexierung des wiederkehrend zu entrichtenden Mietzinses entgegen § 1 Abs. 1 PrKG dann zulässig, wenn nach §§ 2, 3 Abs. 1 PrKG folgende Voraussetzungen vorliegen 7

- der Vertrag für mindestens zehn Jahre, gerechnet vom Vertragsabschluss bis zur Fälligkeit der letzten Zahlung, befristet ist oder der Vermieter für die gleiche Zeit auf das Recht zur ordentlichen Kündigung verzichtet hat bzw. der Mieter das Recht hat, die Vertragsdauer einseitig auf mindestens zehn Jahre zu verlängern (§ 3 Abs. 1 Nr. 1d) u. e) PrKG),
- die Miete durch die Änderung eines von dem Statistischen Bundesamt oder einem Statistischen Landesamt ermittelten Preisindex für die Gesamtlebenshaltung oder eines vom Statistischen Amt der Europäischen Gemeinschaft ermittelten Verbraucherpreisindexes bestimmt wird (§ 3 Abs. 1 Nr. 1d) u. e) PrKG),
- die Preisgleitklausel hinreichend bestimmt ist (§ 2 Abs. 1, 2 PrKG) und
- keine Vertragspartei unangemessen benachteiligt wird (§ 2 Abs. 3 PrKG), insbesondere indem
- einseitig ein Indexanstieg eine Erhöhung, nicht aber umgekehrt ein Indexrückgang eine entsprechende Ermäßigung der Miete bewirkt, oder
- nur eine Vertragspartei das Recht hat, eine Anpassung zu verlangen, oder
- die Miete sich gegenüber der Entwicklung der Bezugsgröße überproportional ändern kann.

Dies gilt genauso, wenn die Miete von der künftigen Entwicklung der Preise abhängig gemacht wird, die der Mieter mit den von ihm erzeugten Waren erzielt, bzw. wenn die Miete bei land- oder forstwirtschaftliche Nutzung von der künftigen Entwicklung der Grundstückspreise abhängig gemacht wird, § 3 Abs. 3 PrKG. 8

2. Preisklauselgesetz

a) Europarechtswidrigkeit und Verfassungswidrigkeit des PrKG? Von allen europäischen Ländern sieht nur Deutschland die Notwendigkeit, die Inflation mit einem Verbot von automatisch wirkenden Preisklauseln zur Wertsicherung von Geldschulden zu bekämpfen.[6] Mit Einführung des Euro zum 1.1.1999 wurde § 3 WährG durch Art. 9 § 1 EuroEG aufgehoben. Aus stabilitäts-, preis- und verbraucherpolitischen Gründen 9

[6] So eine interne Untersuchung des BMJ v. 30.7.1997 – 3420-12–4.

wurde eine Nachfolgeregelung in § 2 des Preisangaben- und Preisklauselgesetzes (PrAKG) und der dazu erlassenen Preisklauselverordnung (PrKV) insbesondere auf Druck der Bundesländer eingeführt. Die europarechtliche Rechtmäßigkeit der PrAKG und PrKV waren umstritten. Die Bundesrepublik hat mit der Euro-Einführung die währungspolitische Kompetenz abgegeben. Wenn § 3 WährG eine ausschließlich währungspolitische Regelung war, hätte es deshalb für die gleichlautenden Nachfolgeregelungen an der Gesetzgebungskompetenz gefehlt.[7] Dem wurde entgegengehalten, dass § 3 WährG nicht nur dem Schutz der Währung diente, sondern zumindest als Rechtsreflex auch eine verbraucherschützende Wirkung entfaltet habe.[8] Die Bundesregierung hat sich, nachdem ein europäisches Indexierungsverbot von den übrigen Euro-Staaten mit 14 Nein-Stimmen und einer Enthaltung abgelehnt wurde,[9] damit beholfen, dass sie als neues Schutzgut die nationale Wirtschaft und ihrer Stabilität entdeckte. Diese Aufgabe war den Mitgliedstaaten geblieben.[10]

10 Im Zuge des Zweiten Mittelstandsentlastungsgesetz, BGBl. 2007 I 2246 ff. vom 7.9.2007 wurde das PrAKG und die PrKV durch das neue PrKG ersetzt bzw. aufgehoben. Diese Änderung ist zum 14.9.2007 in Kraft getreten.

11 Die Kritik der Europarechtswidrigkeit lässt sich genauso auf das neue PrKG übertragen, da die Formulierung des § 1 Abs. 1 PrKG exakt der des § 2 Abs. 1 S. 1 PrAKG entspricht. Fehlt es an der nationalen Gesetzgebungskompetenz, ist das Gesetz verfassungswidrig.[11] Der BGH hat diese Frage ausdrücklich offen gelassen.[12] Neue Kommentierungen gehen davon aus, dass die Bundesrepublik die notwendige Verbandskompetenz hatte, weil das PrKG einen privatrechtlichen Regelungsgegenstand hat und die EU diesbezüglich keine allgemeine Zuständigkeit hat; ferner würde es an der ausschließlichen und abschließenden Universalkompetenz der EU zum Währungsrecht fehlen[13]. Man beachte allerdings die Ausnahme für Verträge mit Gebietsfremden, § 6 PrKG.

12 **b) Preisklauselgesetz (PrKG) – Unterschiede zum Preisangaben- und Preisklauselgesetz (PrKAG) iVm Preisklauselverordnung (PrKV).** Das generelle Genehmigungsbedürfnis und die Differenzierung zwischen als genehmigt geltende (Genehmigungsfiktion) und genehmigungsbedürftige Klausel sind weggefallen.

13 Der wichtige Unterschied zur früheren Praxis ist, dass die **Unwirksamkeit der Wertsicherungsklausel** bei einem Verstoß – statt von Anfang an nach § 134 BGB – **erst ab deren rechtskräftiger Feststellung** eintritt (§ 8 PrKG), es sei denn, die Beteiligten haben etwas anderes vereinbart. Folglich kann ein Bereicherungsanspruch des Mieters erst entstehen, nachdem ein Gericht die Unwirksamkeit der Indexklausel festgestellt hat, nicht jedoch rückwirkend auf die Zeit vor der Feststellung, wie der Wortlaut in § 8 PrKG klarstellt. Das ist bspw. auch wichtig, wenn nachträglich die Laufzeit verkürzt wird (oder sich der Vertrag als entfristet wegen Schriftformverstoßes herausstellt) und so das 10 Jahres-Minimum unterschritten wird.

14 Das Risiko, dass damit der Vermieter unter Ausnutzung einer starken Verhandlungsposition die Grenzen zulässiger Preisklauseln absichtlich überschreitet, hat der Bundesrat im Gesetzgebungsverfahren ausdrücklich kritisiert.[14] Der Gesetzgeber hat sich letztlich zugunsten der Rechtssicherheit und, um Rückabwicklungsprobleme sowie eine übermäßige Belastung der Gerichte zu verhindern, für die ex nunc-Nichtigkeit mit rechtskräftiger Feststellung entschieden.[15]

---

[7] MüKoBGB/Grundmann §§ 244, 245 Rn. 75.
[8] BNotK-Intern-Ausgabe 2/1998.
[9] BT-Drs. 13/10334, 41.
[10] BT-Drs. 13/10334, 40 f.; Schmidt-Räntsch NJW 1998, 3166.
[11] Für die Verfassungswidrigkeit: Schultz NZM 2008, 425; dagegen: OLG Brandenburg BeckRS 2012, 22268.
[12] BGH BeckRS 2013, 20782.
[13] Staudinger/Omlor Einl. PrKG Rn. 16 f.
[14] BR-Drs. 68/07.
[15] BT-Drs. 16/4764, 16.

Praxistipp:
Im Gerichtsverfahren kann es dann zum etwas kuriosen Ergebnis kommen, dass der Klage des Vermieters auf Mietzahlung zwar in voller Höhe stattgegeben wird, dass andererseits aber auch die Widerklage des Mieters auf Feststellung der Unwirksamkeit der Preisgleitklausel erfolgreich ist. Will der Mieter die Rechtsfolge der ex tunc-Unwirksamkeit, muss er dies bspw. mit der folgenden Klausel vereinbaren: „Wird die Unwirksamkeit der Preisgleitklausel nach dem PrKG gerichtlich festgestellt, so ist die Klausel als von Anfang an unwirksam anzusehen." Der Mieter sollte allerdings bedenken, dass die gesamte Wertsicherungsklausel dadurch ggf. zur Individualabrede wird.

In der Literatur wird vertreten, dass bei AGB-Anpassungsklauseln eine gegen §§ 1 bis 15
7 PrKG verstoßende Klausel trotz der Regelung des § 8 PrKG bereits aufgrund einer unangemessenen Benachteiligung (Verstoß gegen die Vorschriften des PrKG) des Vertragspartners der Inhaltskontrolle gem. § 307 Abs. 1 BGB nicht Stand hält und deshalb ex tunc unwirksam wäre.[16] Dies wird damit begründet, dass § 8 PrKG nur für Verstöße „gegen dieses Gesetz", also das PrKG gelten soll und daher einer Inhaltskontrolle über § 307 BGB nicht entgegen stehen kann. Diese Ansicht ist abzulehnen, da sie nicht genügend berücksichtigt, dass sich die Prüfung, ob die Preisanpassungsklausel eineunangemessene Benachteiligung darstellt, auch bereits aus§ 2 Abs. 3 PrKG ergibt. Diese Regelung im PrKG verdrängt zwar nicht die Inhaltskontrolle des § 307 Abs. 1, 2 BGB (unangemessene Benachteiligung) im Falle einer AGB-Anpassungsklausel. Um jedoch der Intention des Gesetzgebers in § 8 PrKG hinreichend Rechnung zu tragen, ist ein Verstoß gegen § 307 BGB und damit die ex-tunc Unwirksamkeit der Preisanpassungsklausel dann nicht anzunehmen, wenn bereits ein Verstoß gegen das Preisklauselgesetz zu bejahen ist.[17]

Sollten Fragen zu Wertsicherungsklauseln auftreten, die vor dem 14.9.2007 verein- 16
bart wurden und für die keine Genehmigung beim Bundesamt für Wirtschaft und Ausfuhrkontrolle beantragt wurde und die bspw. aufgrund eines Verstoßes gegen die 10-Jahres-Frist unwirksam waren, so verweisen wir auf die Vorauflage, in der diese Thematik ausführlich und mit Rechtsprechungshinweisen[18] erörtert wurde.

3. Muster einer automatischen Preisgleitklausel mit Schwellenwert

„Ändert sich der vom Statistischen Bundesamt (www.destatis.de) festgestellte Verbraucherpreisindex für Deutschland gegenüber dem Stand bei Vertragsbeginn oder gegenüber der letzten Mietanpassung um mehr als 5 Prozent so ändert sich die Nettokaltmiete entsprechend. Einer Mietänderungserklärung des jeweils anderen Vertragspartners bedarf es nicht. Die Miete verändert sich vom Beginn des nächsten, auf die erstmalige Erreichung der prozentualen Veränderung folgenden Monats. Werden wegen einer Umstellung des Indexes auf eine neue Basis bereits veröffentlichte Indexzahlen nachträglich geändert, so gilt der Mietzins, der sich aufgrund der alten Indexreihe ergibt, bis zum Kalendermonat nach der ersten amtlichen Veröffentlichung der neuen Indexreihe. Ab diesem Zeitpunkt richtet sich der Mietzins nach der neuen Indexreihe."

Es ist auf die Einheitlichkeit der vertraglichen Diktion zu achten. Leider findet sich auch in anwaltlichen Mustern immer wieder eine Vermengung der Begrifflichkeiten. Entscheidet man sich einmal (bspw. der Vereinbarung der Miethöhe) für den Begriff der Nettokaltmiete, sollte dieser im ganzen Vertrag verwandt werden und nicht zwischen Grundmiete, Grundmietzins, Nettomietzins, Nettokaltmiete etc variiert werden.

Die letzten beiden Sätze des Klauselvorschlags sind wichtig, werden aber gerne ver- 17
gessen. Etwa alle 5 Jahre wird die Berechnung des Verbraucherpreisindizes vom Statistischen Bundesamt auf ein neues **Preisbasisjahr** umgestellt. Preisbasisjahre sind norma-

[16] Gerber NZM 2008, 152.
[17] BGH NZM 2014, 876.
[18] Bspw. auf BGH BeckRS 2013, 20782.

lerweise die auf 0 und 5 endenden Jahre. Das Basisjahr war seit dem 20.2.2013 das Jahr 2010. Normalerweise hätte die Umstellung im Jahr 2018 erfolgen müssen. Aufgrund von Problemen mit dem Wägungsschemata für Waren und Dienstleistungen wurde dies um ein Jahr verschoben, so dass die Umstellung erst am 21.2.2019 erfolgte. Bei der Umstellung werden alle Indizes ab dem Berichtsmonat Januar 2015 unter Berücksichtigung der neuen Wägungsschemata und aktueller Berechnungsmethoden neu berechnet. Dadurch können sich Änderungen der Teuerungsraten für die Jahre 2015 bis 2018 ergeben.

Praxistipp:

Insofern der Mandant noch Verträge hat, die eine Schwelle vorsehen, ist es stets sinnvoll, daran zu erinnern, vor Änderung des Basisjahres zu untersuchen, ob diese Schwelle bereits eingetreten ist. Das Statistische Bundesamt informier ca. 2 Monate bevor sie das Basisjahr anpasst darüber auf w ww.destatis.de

18 Die Indizes werden jeweils ab Januar des neuen Basisjahrs neu berechnet und **ersetzen die bis zu diesem Zeitpunkt veröffentlichen Zahlen für den Zeitraum ab Januar. Die rückwirkend festgesetzten neuen Werte stimmen mit den zurückgezogenen nicht überein** – wenn die Unterschiede auch nicht groß sind. Alle bis zur Umstellung berechneten Indizes sind ungültig.[19] Eine Umrechnung ist nicht möglich. Der Vermieter, der in der Zwischenzeit aufgrund einer Indexveränderung eine höhere Miete verlangt hat, müsste nunmehr durch die Umstellung der Indexwerte eine umständliche Korrektur vornehmen. Das wird mit der vorgeschlagenen Klausel vermieden. Es müssen keine Nachberechnungen vorgenommen werden. Die Miete ändert sich erst dann wieder, wenn der Schwellenwert nach dem umgestellten Index erreicht ist.

19 Es muss eine Bezugsgröße angegeben werden, die sich entsprechend dem Index verändert. Dies kann die Bruttomiete, die Nettokaltmiete oder auch eine Teil-Inklusivmiete sein. Am **praktikabelsten** ist sicherlich die **Nettokaltmiete.**

20 Die Veränderung des Preisindexes wird vom Statistischen Bundesamt in Punkten zum Ausgangswert (Jahr 2015 = 100) angegeben. In der Indexvereinbarung kann die Miete an einer Veränderung der **Indexpunktzahl** oder an die Veränderung der Indexpunktzahl **umgerechnet in Prozent** anknüpfen. Bei der Punktevariante muss das Basisjahr zwingend angegeben werden. Der Vermieter muss in seinem Formularmietvertrag dann darauf achten, dass er das aktuelle Basisjahr verwendet. Wird ein älteres Basisjahr gewählt, kann das leicht als überraschende, § 305c BGB, bzw. intransparente, § 307 Abs. 1 S. 2 BGB, Klausel unwirksam sein.

21 Die Indexveränderung in Prozent kann nach der Formel

$$\left(\frac{\text{neuer Indexstand}}{\text{alter Indexstand}} \times 100\right) - 100$$

aus dem Stand des Indexes in Punkten berechnet werden.

Praxistipp:

Es empfiehlt sich, an die **Veränderung in Prozent** anzuknüpfen. Es gilt automatisch der zum Zeitpunkt des Mietvertragsabschlusses gültige Index als vereinbart. Damit machen sich die Parteien unabhängig vom Basisjahr, die Berechnung wird erheblich vereinfacht. Es kann immer direkt mit den Indexständen des aktuellen Basisjahres bspw. unter Verwendung des Rechenprogramms auf www.destatis.de, gerechnet werden, selbst wenn im Vertrag ein früheres Basisjahr genannt ist, zum Rechenprogramm siehe auch den weiteren Praxistipp auf den folgenden Seiten.

[19] Rasch DNotZ 2003, 730.

Grundsätzlich ist die Kopplung an den vom Statistischen Bundesamt oder dem jeweiligen Statistischen Landesamt ermittelten Preisindex für die Gesamtlebenshaltung oder an einen vom Statistischen Amt der Europäischen Gemeinschaft ermittelten Verbraucherpreisindex möglich. Sinn macht derzeit nur die Bindung an den Verbraucherpreisindex für Deutschland (VPI) des Statistischen Bundesamtes. Dies ist die Empfehlung sowohl des Statistischen Bundesamtes als auch der einschlägigen miet- und notarrechtlichen Literatur. Der VPI erfasst am besten die allgemeine Preisentwicklung, wird regelmäßig aktualisiert und auf destatis.de finden sich zahlreiche Hilfsmittel, die die Berechnung der Mietänderung erleichtern. 22

Der „Harmonisierte Verbraucherpreisindex (HVPI)“ dient lediglich dazu, Preisveränderungen innerhalb der europäischen Union zu vergleichen und zu einer Gesamt-Inflationsrate zusammen zu fassen. Dieser Index eignet sich nicht zur Verwendung in Wertsicherungsklauseln. 23

4. Muster einer automatischen Preisgleitklausel mit jährlicher Anpassung ohne Schwellenwert

In Vermietermärkten wie bspw. München sind die Vermieter dazu übergegangen, eine jährliche Anpassung der Mieter an den VPI ohne die Notwendigkeit einer Schwellenüberschreitung in ihre Mietvertragsmuster aufzunehmen. Eine solche Klausel kann bspw. wie folgt aussehen: 24

Die im Folgenden näher beschriebene Mietpreisgleitklausel mit Indexvereinbarung ist Vertragsbestandteil. Indexbeginn ist der Monat des Mietvertragsbeginns. Zugrunde gelegt wird der vom Statistischen Bundesamt ermittelte Verbraucherpreisindex für Deutschland (VPI – siehe www.destatis.de), bezogen auf das Basisjahr (2020=100). Sollte sich der VPI gegenüber dem Stand im Monat zu Beginn des Mietverhältnisses oder gegenüber dem Stand zum Zeitpunkt der letzten Mietänderung nach oben oder unten ändern, so verändert sich die Nettokaltmiete gesamt automatisch jeweils zum 1.1./1.7. eines jeden Jahres, erstmals am …, ohne dass es einer Mietänderungserklärung bedarf, jeweils im gleichen prozentualen Verhältnis. Die Mietänderung tritt automatisch ein, ohne dass es der Mitteilung einer Partei bedarf. Der Vermieter wird dem Mieter eine Neuberechnung der Miete in einer neuen Dauermietrechnung mit Umsatzsteuerausweis übermitteln. Vor Zugang dieser Mitteilung treten die Wirkungen des Zahlungsverzuges für den Mieter nicht ein. Werden wegen einer Umstellung des Indexes auf eine neue Basis bereits veröffentlichte Indexzahlen nachträglich geändert, so gilt die Miete, die sich aufgrund des alten Indexreihe ergibt, bis zur nächsten turnusmäßigen Änderung fort. Ab diesem Zeitpunkt richtet sich die Nettokaltmiete nach der neuen Indexreihe. Sollte das Statistische Bundesamt ein neues Basisjahr für den VPI zugrunde legen, werden die zukünftigen Änderungen auf der Grundlage des jeweils aktuellen Basisjahres ermittelt. Die Parteien gehen von der Wirksamkeit dieser Wertsicherungsklausel nach dem PrKG aus. Andernfalls ist die Klausel als Leistungsvorbehalt umzudeuten. Änderungsmaßstab unter Berücksichtigung von Billigkeitserwägungen bleibt die vorbezeichnete Indexveränderung. Sollte das Statistische Bundesamt die Weiterführung des vereinbarten Indexes ganz oder teilweise einstellen, so tritt an seine Stelle der entsprechende Nachfolgeindex bzw. ein Index, der die von den Vertragsparteien beabsichtigte Wertsicherung der Nettokaltmiete im gleichen Umfang gewährleistet, wie der zuletzt maßgeblich gewesene Index. Das gleiche gilt entsprechend, wenn eine andere Institution an die Stelle des Statistischen Bundesamtes tritt. Sollten die Bestimmungen über die Festlegung des Verbraucherpreisindex abgeschafft oder geändert werden, verpflichten sich die Parteien wechselseitig, unverzüglich eine rechtswirksame bzw. genehmigungsfähige Mietanpassungsklausel zu vereinbaren, die dem wirtschaftlichen Gehalt der vorstehenden Wertsicherungsklausel entspricht bzw. am Nächsten kommt. 25

Die Auswahl für das erste Datum der Veränderung mit der der jährliche Anpassungsrhythmus startet, ist so zu legen, dass die erste Veränderung ca. 12 Monate nach Mietbeginn erfolgt. Bei der Vermietung vom Reisbrett sollte die erste Veränderung 26

12 Monate nach Einzug des Mieters erfolgen, es sei denn, dass sich mit dem Mieter individualvertraglich ein früherer Start vereinbaren lässt.

5. Schriftformerfordernis und Preisgleitklausel

27 Gem. § 3 Abs. 1d) und e) PrKG muss der Vermieter für mindestens 10 Jahre auf das Recht zur ordentlichen Kündigung verzichten oder der Mieter das Recht haben, die Vertragsdauer auf mindestens 10 Jahre zu verlängern (einseitige Optionslösung). Hierfür muss, wegen der Folge aus § 550 S. 1 BGB, der Vertrag in schriftlicher Form gem. §§ 550, 578 Abs. 1, 2 BGB geschlossen werden. Der Schriftform unterliegen nicht nur die ausdrücklich auf mehr als ein Jahr befristeten Verträge, sondern auch die Verträge, in denen die Parteien für mehr als ein Jahr auf das Recht zur ordentlichen Kündigung verzichten, wenn die Kündigungsfrist so lang bemessen ist, dass der Mietvertrag erstmals für einen Zeitpunkt nach Ablauf eines Mietjahres gekündigt werden kann oder wenn eine Partei die Option hat, das Mietverhältnis über ein Jahr hinaus zu verlängern.[20]

28 Wird die Schriftform nicht gewahrt, so gilt der Vertrag als auf unbestimmte Zeit geschlossen, die Parteien können den Vertrag mit der gesetzlichen Kündigungsfrist unter Berücksichtigung der Einschränkung durch § 550 S. 2 BGB kündigen. Die fehlende Schriftform eines Vertragsteils infiziert die Preisgleitklausel,[21] selbst wenn diese selbst dem Schriftformerfordernis genügt.[22] Die Unwirksamkeit der Preisklausel könnte gerichtlich festgestellt werden, § 8 PrKG. Der Vermieter kann umgekehrt eine Änderungskündigung aussprechen, um die Miete zu erhöhen.

29 Der BGH hat geurteilt, dass die auf eine mietvertragliche Indexklausel gestützte Mieterhöhung die Schriftform des § 550 BGB nicht zu wahren braucht.[23] Daran ändert auch der Zusatz zur Indexklausel, wonach im Erhöhungsfall eine schriftliche Mitteilung des Vermieters vorgesehen ist, nichts, wenn ihr nach der maßgeblichen tatrichterlichen Auslegung rein deklaratorischer Charakter beizumessen ist.[24] Die Gestalter von AGB-Gewerberaummietverträgen hat der BGH mit seinem Urteil vom 27.9.2017 aufgerüttelt, als der XII. Senat erklärte, dass Schriftformheilungsklauseln mit der nicht abdingbaren Vorschrift des § 550 BGB unvereinbar und daher unwirksam seien.[25] Zumindest AGB-Schriftformerhaltungsklauseln können demnach keine Treuwidrigkeit einer Kündigung begründen. Mit seinem Urteil vom 11.4.2018 hat der XII. Senat diese Rechtsauffassung bestätigt.[26] Anlass war eine Leistungsvorbehaltsklausel. In diesem Urteil hat der BGH auch noch einmal seine Rechtsprechung bekräftigt, dass bei einer Anpassungsautomatik oder einem einseitigen Änderungsrecht das Schriftformerfordernis des § 550 S. 1 BGB nicht tangiert ist.[27]

30 Fraglich ist, was mit einer Mieterhöhung geschieht, die vom Mieter in Unkenntnis der entfallenen Befristung akzeptiert wurde. Die durch das PrKG eingeführte, auflösend bedingte Wirksamkeit vereinbarter Preisklauseln greift ab dem Inkrafttreten dieses Gesetzes am 14.9.2007 mit Wirkung für die Zukunft.[28] Ohne gerichtliche Feststellung eines Verstoßes der vereinbarten Indexklausel gegen das PrKG kann der Mieter geleistete Mietzahlungen nicht zurückfordern/bzw. deren Leistung nicht kürzen.[29]

31 Jede sonstige von den Parteien vereinbarte Anpassung der Miete und sei sie auch gering (im entschiedenen Fall 20,00 EUR pro Monat) stellt stets eine wesentliche und –

[20] Erman/Jendrek BGB § 550 Rn. 4.
[21] OLG Brandenburg BeckRS 2012, 22268; BGH BeckRS 2013, 20782.
[22] OLG Rostock NZM 2005, 506.
[23] BGH NJW 2014, 1300.
[24] BGH NJW 2014, 1300.
[25] BGH NJW 2017, 3772.
[26] BGH NZM 2018, 515.
[27] BGH NZM 2018, 515.
[28] BGH BeckRS 2013, 20782.
[29] BGH BeckRS 2013, 20782; anders die Vorinstanz OLG Brandenburg BeckRS 2012, 22268. Danach im Einklang mit dem BGH: OLG Brandenburg BeckRS 2015, 8567.

jedenfalls soweit sie für mehr als ein Jahr erfolgt und nicht jederzeit vom Vermieter widerrufen werden kann – dem Formzwang des § 550 S. 1 BGB unterfallende Vertragsänderung dar.[30]

Eine Mietänderungserklärung bei der Indexmiete erfordert gem. § 557b Abs. 3 S. 1, 2 BGB nicht die Angabe der prozentualen Veränderung der Indexdaten.[31] Bei vergleichbarer Klauselgestaltung wird diese Entscheidung des Wohnraummietrechtssenats des BGH auf Gewerberaummietverhältnisse jedoch entsprechend anzuwenden sein. 32

6. Geltungserhaltende Reduktion einer verbotenen Preisgleitklausel

Nach BGH NJW 1975, 44 und BGH NJW 1986, 932 sollen die Parteien zunächst verpflichtet sein, die unwirksame Regelung im Wege der ergänzenden Vertragsauslegung, §§ 133, 157 BGB, durch eine wirksame zu ersetzen. So soll aus einer wegen Unterschreitung der 10 Jahre nichtige (altes Recht vor dem 14.9.2007) Preisgleitklausel ein von Anfang an geltender,[32] wirksamer Leistungsvorbehalt werden.[33] Es wird eine unwirksame durch eine wirtschaftlich vergleichbare Regelung mit Billigkeitsspielraum ersetzt. 33

Die durch den Wegfall der Wertsicherungsklausel entstandene vertragliche Lücke darf aber nur dann durch ergänzende Vertragsauslegung gefüllt werden, wenn dispositives Gesetzesrecht hierzu nicht zur Verfügung steht und die ersatzlose Streichung der nichtigen Klausel keine angemessene, den typischen Interessen der Vertragsparteien Rechnung tragende Lösung bietet. Am dispositiven Gesetzesrecht fehlt es. Ob der Vertrag, um das Gleichgewicht von Leistung und Gegenleistung zu wahren, deshalb einer Ergänzung bedarf, kann zumindest bei kurzen Laufzeiten fraglich sein. 34

Es ist zu berücksichtigen, dass die Klausel, wenn es sich um AGB handelt, nicht nur nach § 134 BGB iVm § 1 PrKG unter Berücksichtigung von § 8 PrKG nichtig ist, sondern auch gem. § 307 Abs. 2 Nr. 1 BGB. Die Rechtsfolge des § 306 Abs. 1 BGB – Erhalt des Vertrags im Übrigen – weicht erheblich von § 139 BGB – gesamte Nichtigkeit, wenn der Beweis der gewollten Teilnichtigkeit nicht gelingt – ab. § 306 Abs. 1 BGB ist lex specialis zu § 139 BGB.[34] Die Rechtsfolge der Gesamtnichtigkeit passt nicht, wenn die Klausel aufoktroyiert wurde und der Vertragspartner nur die Möglichkeit hat, sich zu unterwerfen oder den Vertrag zu verlieren. Deshalb löste der BGH in NJW 1975, 44 das Dilemma durch die ergänzende Vertragsauslegung. Dies ist allerdings Rechtsprechung aus der Zeit vor Geltung des AGB Gesetzes (1976) und von vor der einschlägigen EG-Richtlinie (1993). 35

Wenn die Klausel einseitig festgelegt wurde, ist es das Risiko des Verwenders, wirksame Geschäftsbedingungen zu formulieren. Es ist kein Grund ersichtlich, wieso die Wertsicherungsklauseln anders behandelt werden sollten als andere AGB. Es ist nicht nachvollziehbar, wieso dem Verwender hier quasi das Risiko (keine geltungserhaltende Reduktion) einer unwirksamen Klausel genommen werden soll, und das auch noch ex tunc! Bei einer AGB-Wertsicherungsklausel muss es deshalb bei der Unwirksamkeit der Klausel ohne geltungserhaltende Reduktion über die ergänzende Vertragsauslegung bleiben. 36

Wurde die Wertsicherungsklausel individualvertraglich ausgehandelt, bestand ein offensichtlicher beidseitiger Wille zur Wertsicherung, dem über die ergänzende Vertragsauslegung hin zu einer wirksamen Klausel zur Geltung verholfen wird. 37

[30] BGH NJW 2016, 311.
[31] BGH NJW 2018, 700.
[32] BGH NJW 1986, 932.
[33] BGH NJW 1975, 44; Lindner-Figura/Oprée/Stellmann Geschäftsraummiete-HdB/Bartholomäi/Stellmann § 10. Rn. 137.
[34] Erman/Roloff BGB § 306 Rn. 1.

Praxistipp:

Um Problemen wegen eventuell unwirksamer Preisgleitklauseln von Beginn an vorzubeugen, empfiehlt sich die folgende **Salvatorische Klausel für die Wertsicherungsklausel** – vorzugsweise als Individualabrede:

„Die Parteien gehen übereinstimmend davon aus, dass die Wertsicherungsklausel wirksam iSd § 3 PrKG ist. Sollte sich das Gegenteil herausstellen, so ist die Klausel als Leistungsvorbehalt umzudeuten. Änderungsmaßstab unter Berücksichtigung von Billigkeitserwägungen bleibt die vorbezeichnete Indexveränderung."

38 Der BGH hat in seiner Entscheidung vom 13.11.2013[35] eine heilende Vertragsanpassung mit dem Hinweis auf die Kündigungsmöglichkeit zur Mietanpassung abgelehnt. Dies bezog sich allerdings noch auf eine Regelung vor Geltung des PrKG.

7. Wegfall alter Indizes/Berechnungshilfen auf destatis.de

39 Mit der Veröffentlichung des Basisjahrs 2000 in 2003 hat das Statistische Bundesamt die bis dahin ermittelten Verbraucherpreisindizes für 3 verschiedene Haushaltstypen eingestellt. Dies lag daran, dass sich die Ergebnisse im längerfristigen Vergleich kaum unterschieden.

40 Wurde in einem Alt-Mietvertrag ein ehemals zulässiger Index vereinbart, so wird die Klausel nicht dadurch unwirksam, dass das Statistische Bundesamt diesen Index nicht mehr ermittelt. Im Rahmen der **ergänzenden Vertragsauslegung** ist dieser Alt-Index auf den Verbraucherpreisindex umzurechnen.[36] Die Parteien wollten eine Indexvereinbarung schließen, hätten sie von dem Wegfall des vereinbarten Indexes gewusst, hätten sie gleich den Verbraucherpreisindex vereinbart.[37]

Praxistipp:

Für die Umrechnung bietet das Statistische Bundesamt im Internet unter www.destatis.de/DE/ZahlenFakten/GesamtwirtschaftUmwelt/Preise/Verbraucherpreisindizes/Wertsicherungsklauseln/Wertsicherungsklauseln.html ein interaktives Programm an, das die selbstständige Berechnung von Schwellenwerten ermöglicht. In dem Rechenprogramm können die jeweiligen Vertragsdaten und der Zeitraum eingegeben werden. Am Ende erfährt der Anwender, ob eine Vertragsanpassung möglich ist und wann ein gegebenenfalls vereinbarter Schwellenwert erstmals erreicht wurde. Für eine Gebühr von 30,– EUR führt das statistische Bundesamt die Berechnung auch individuell durch. Hierzu kann unter vorgenanntem Link ein Formblatt heruntergeladen werden.

Der jeweilige **monatsgenaue Verbraucherpreisindex seit 1994** findet sich auf www.destatis.de. Am Leichtesten findet man diese, wenn man bei Google nach „Verbraucherpreisindex Monatswerte" sucht.

Wenn die Website nicht ausreicht, erhält man weitere Auskünfte zur Berechnung, insbesondere zur Umrechnung eines alten Indexes über ein Online-Kontaktformular bzw. unter +49 (0)6 11–75 47 77.

Bei Nachtragsvereinbarungen ist stets an § 550 BGB zu denken.

8. Verwirkung des Nachzahlungsanspruchs

41 Selbst wenn der Vermieter es über einen längeren Zeitraum versäumt, die ggf. auch wiederholt automatisch eingetretene Mieterhöhung geltend zu machen, so folgt daraus idR nicht die Verwirkung des Nachzahlungsanspruchs des Vermieters. Zum Zeitmo-

[35] BGH BeckRS 2013, 20782.
[36] OLG Naumburg 15.11.2005 – 9 U 67/05; BGH NZM 2009, 398; 2013, 148.
[37] BGH NZM 2013, 148 Rn. 18.

ment muss das Umstandsmoment dazukommen – hieran wird es idR fehlen. Der Mieter müsste aus einem Verhalten des Vermieters das berechtigte Vertrauen ableiten dürfen, dass der Vermieter auf die Nachforderung verzichtet.[38] Dies soll bspw. gegeben sein, wenn in der Vergangenheit immer sehr schnell die Erhöhung eingefordert wurde und dies dann im konkreten Fall längere Zeit nicht erfolgt (Grundsatz der Einheitlichkeit des Vermieterverhaltens) und wenn zwischenzeitlich umfangreich über die weitere Gestaltung des laufenden Mietverhältnisses verhandelt wurde.[39] Strenge Anforderungen an das Umstandsmoment haben die OLGe Celle[40] und Rostock[41] gestellt, wenn nach der vertraglichen Regelung Mietänderungen automatisch eintreten. Hier sei es den Parteien zuzumuten, die Entwicklung des in der Anpassungsklausel in Bezug genommenen Indexes zu beobachten – insbesondere, wenn der Mieter bilanziert.[42]

Sollte doch Verwirkung anzunehmen sein, so wirkt diese nur in die Vergangenheit, die 42
zukünftige Geltendmachung ist nicht ausgeschlossen.[43]

III. Leistungsvorbehaltsklausel

1. Allgemeines

Der Inhalt der Klausel ergibt sich aus dem Wortsinn: Die Parteien haben sich die 43
Änderung der (Gegen)Leistung vorbehalten, ohne die Höhe festzulegen. § 1 Abs. 2 Ziff. 1 PrKG definiert Leistungsvorbehaltsklauseln als Klauseln, „die hinsichtlich des Ausmaßes der Änderung des geschuldeten Betrages einen **Ermessensspielraum** lassen, der es ermöglicht, die neue Höhe der Geldschuld nach Billigkeitsgrundsätzen zu bestimmen."

Der Leistungsvorbehalt unterliegt nicht den Einschränkungen des PrKG, § 1 Abs. 2 PrKG.

Praxistipp:

Eine Leistungsvorbehaltsklausel bietet sich somit insbesondere bei einem Mietvertrag mit einer **geringeren Laufzeit als 10 Jahre** an. Die Beschränkungen gem. § 2 Abs. 3 Nr. 2 und § 3 Abs. 3 PrKG gelten für den Leistungsvorbehalt nicht. Nach dem PrKG wäre somit auch ein Leistungsvorbehalt als einseitige Erhöhungsklausel möglich. Ob dies auch formularmäßig zulässig ist, muss allerdings bezweifelt werden.[44]

Die Parteien können als Erhöhungsmaßstab eines Leistungsvorbehalts jeden beliebi- 44
gen Wertmesser wählen, bspw. die Veränderung der Gehälter im öffentlichen Dienst oder die ortsübliche Vergleichsmiete für Wohnraum gem. § 558 BGB.

Häufig wird auch beim Leistungsvorbehalt der VPI in Bezug genommen. Selbst wenn 45
die in Frage stehende Klausel auf den VPI Bezug nimmt, sind Preisgleitklausel und Leistungsvorbehaltsklausel eindeutig voneinander zu trennen: Beim Leistungsvorbehalt ist die Indexänderung zunächst nur **Anlass,** und nicht zwingend auch das Maß für die Mieterhöhung. Die neue Miethöhe muss **erst noch ausgehandelt** bzw. durch eine **Partei** oder einen **Gutachter** festgesetzt werden. Diesen **Ermessens- bzw. Verhandlungsspielraum** gibt es bei der Preisgleitklausel nicht. Aufgrund dessen, dass die Vertragsparteien

[38] OLG Celle ZMR 1990, 412; OLG Düsseldorf ZMR 1995, 155; OLG Brandenburg BeckRS 2015, 8567.
[39] OLG Düsseldorf NJW-RR 2001, 1666.
[40] BeckRS 2001, 30179606.
[41] OLG Rostock NZM 2006, 742.
[42] Ghassemi-Tabar NZM 2013, 129.
[43] OLG Düsseldorf ZMR 1995, 155; Lindner-Figura/Oprée/Stellmann Geschäftsraummiete-HdB/Bartholomäi/Stellmann § 10. Rn. 141; OLG Brandenburg BeckRS 2015, 8567.
[44] BGH NZM 2012, 457; Leo NZM 2013, 295.

beim Leistungsvorbehalt noch mal verhandelnd tätig werden, hat der Gesetzgeber diesen aus dem Anwendungsbereich des PrKG ausgenommen.

46 Der Leistungsvorbehalt bietet gegenüber der Preisgleitklausel Vorteile für den Vermieter, aber auch für den Mieter: **Steigt der Index, aber die örtliche Marktmiete fällt, wäre eine Mieterhöhung aufgrund eines Leistungsvorbehalts unbillig.**[45] Ist beidseitige Neufestsetzung vereinbart, muss die Miete trotz Indexsteigerung sogar gesenkt werden.[46] Bei der Preisgleitklausel könnte der Vermieter erhöhen.

47 Der Vermieter sollte bei der Formulierung immer darauf achten, dass auf die vertragliche geschuldete Miete Bezug genommen wird. Wird auf die tatsächlich geschuldete Miete abgestellt, kann sich dies bei berechtigten Minderungen für den Vermieter in dieser Situation nachteilig auswirken.

Praxistipp:

Für den Vermieter ist es ratsam, dass der Umfang der Mieterhöhung bei Erreichung der Anpassungsschwelle „in das billige Ermessen des Vermieters gestellt wird, § 315 BGB". Die Gerichte sind idR zurückhaltender bei der Ermessensüberprüfung.[47] Umgekehrt sollte der Mieter darauf dringen, dass die Anpassung der Miete „verhandelt wird".

2. Klauselmöglichkeiten

48 Der Leistungsvorbehalt eröffnet den Parteien eine Vielzahl von Klauselkombinationen und Spielarten: Möglich ist es, als Auslöser die Indexveränderung zu wählen und als Erhöhungsmaßstab die Marktmiete.

49 Dem Mieter am leichtesten zu vermitteln wird idR die Variante sein, die die Indexveränderung als Auslöser und Erhöhungsmaßstab – mit Billigkeitserwägungen – wählt.

50 In Toplagen in Regionen mit stetig steigenden Preisen wird es für den Vermieter oft die wirtschaftlich beste Lösung sein, zunächst die Indexveränderung als Auslöser und Maßstab zu wählen (bei 10-jähriger Mietzeit bspw. die Jahre 2–4) und für einen zukünftigen Zeitpunkt nach einigen Jahren Mietzeit (bspw. Jahr 5) die Anpassung auf die bei Neuvermietung erzielbare Miete zu vereinbaren. In den Folgenjahren (6–10) ist die Indexveränderung dann wieder Auslöser und Maßstab der Erhöhung. Genauso kann die Preisgleitklausel erst eine feste Staffelung und dann nach x Mietjahren die Indexveränderung als Auslöser und Maßstab vorsehen.

51 Wird die Indexveränderung als Auslöser und als Maßstab der Mieterhöhung gewählt, darf die Einbeziehung von Billigkeitserwägungen bei der Festlegung nicht vergessen werden.

52 Ist die Leistungsvorbehaltsklausel jedoch in vorformulierten Vertragsbedingungen iSv § 305 Abs. 1 S. 1 BGB enthalten, unterliegt sie einer Überprüfung am Maßstab des § 307 BGB. Eine Inhaltskontrolle nach dieser Vorschrift ist insbesondere nicht durch § 307 Abs. 3 BGB ausgeschlossen.[48] Das Transparenzgebot verlangt eine verständliche Formulierung, die insbesondere den Anlass der Mietänderung, die Bezugsgrößen sowie den Umfang der Mietanpassung umschreibt.

3. Maßstab für die Veränderung

53 Es ist zwar typisch für den Leistungsvorbehalt, den Umfang der Änderung nicht vorzugeben. Die Parteien sollten den Veränderungsmaßstab aber regeln, ansonsten ist die streitige Auseinandersetzung vorprogrammiert. Üblich ist es, die Miete in der gleichen Bewegungsrichtung wie die Bezugsgröße zu verändern. Es kann allerdings

---

[45] Wolf/Eckert/Ball Gewerbl. Miet-/Pacht-/LeasingR-HdB/Ball Rn. 427.
[46] OLG Frankfurt a. M. NZM 1999, 118.
[47] Lützenkirchen/Leo Kap. A Rn. 331; siehe auch bspw. BGH NZM 2012, 457.
[48] BGH NZM 2012, 457.

auch eine Neufestsetzung vereinbart werden. Dann kann sich die Miete trotz Erhöhung des Lebenshaltungskostenindexes auch nach unten entwickeln, weil das örtliche Mietniveau gefallen ist.[49] Wird die Neufestsetzung vereinbart, sollte bedacht werden, dass die „angemessene" und die „Marktmiete" durchaus unterschiedlich sein können. Es empfiehlt sich, den Maßstab für die Neufestsetzung klar zu definieren. Allerdings ohne zu weit zu gehen – die ermessensbedingte Ungewissheit bei der neuen Miethöhe ist der Preis für die unbeschränkte Ausnahme vom Verbot des PrKG.

Neben der Indexänderung können diese Umstände als Maßstab für die Mietänderung 54
dienen bzw. als vom Gutachter zu berücksichtigen definiert werden: Die am Ort des Objekts für gewerbliche Räume im Allgemeinen bzw. für die Branche des Mieters im Besonderen gezahlte Nettokaltmiete, die Nettokaltmiete für vergleichbare Mietobjekte am selben Ort oder in vergleichbaren Orten oder auch die Änderung der Hypothekenzinsen, wenn der Vermieter fremdfinanziert.

Der Vermieter darf es nicht übertreiben: Die Vereinbarung eines einseitigen Rechts 55
gekoppelt an einen Index zur Nur-Erhöhung mit der Marktmiete als Mindestumfang ist unzulässig.

Fehlt es an einer klaren Festlegung, können die oft verwandten Begrifflichkeiten 56
„Anpassung" und „Neufestsetzung" eine bedingte Orientierung geben. Bei der „Anpassung" sind die Äquivalenzvorstellungen maßgebend, die die Parteien bei Vertragsabschluss hatten.[50] In dem Umfang wie der Mietzins damals über/unter dem damaligen Marktzins lag, muss sich auch der neue, angepasste Mietzins bewegen.[51] Je nach vertraglicher Gestaltung kann sich allerdings herausstellen, dass eine Grenze in Höhe der Marktmiete gewollt war.[52]

Von der Verwendung des Begriffs „ortsübliche Miete" in diesem Zusammenhang ist 57
abzuraten. Dann ist nämlich nicht klar, ob darunter die aktuelle Miete für eine Neuvermietung oder wie in § 558d BGB eine nach statistischen Grundsätzen ermittelte Durchschnittsmiete der letzten Jahre gemeint ist. Nehmen die Parteien auf einen nicht existenten bundesweiten Index für gewerbliche Mieten Bezug, so gilt im Zweifel für die Neufestsetzung die örtliche Marktmiete für vergleichbare Objekte als vereinbart.

4. Keine Einigung der Parteien

Beim Leistungsvorbehalt handeln die Parteien die neue Miete anhand des Maßstabs 58
(Indexänderung oder Marktmiete) aus. Es sollte festgelegt werden, nach wie viel Wochen die Verhandlungen als gescheitert anzusehen sind und was dann passieren soll. Zur Wahl steht die vermieterseitige Festlegung gem. § 315 BGB mit der dann immanenten Möglichkeit der gerichtlichen Überprüfung, § 315 Abs. 3 S. 2 BGB oder die Festlegung durch einen von der für den Ort des Objekts zuständigen IHK zu benennenden Gutachter, der auf dem Gebiet des Mietwesens tätig ist. Im letzteren Fall sollten die Parteien die eingeschränkte gerichtliche Überprüfbarkeit nur bei offenbarer Unbilligkeit, § 319 Abs. 1 S. 1 BGB bedenken. Die Toleranzgrenze für ein offenbar unbilliges Ergebnis ist bei 20–25 % Abweichung zu ziehen.[53]

Fehlt eine Regelung, kann der Vermieter im Zweifel die Bestimmung gem. § 315 BGB 59
vornehmen.[54]

5. Muster einer einseitigen Leistungsvorbehaltsklausel mit Erhöhungsmaßstab

Indexentwicklung

Hat sich am 31.12. eines Jahres der vom statistischen Bundesamt festgestellte „Ver- 60
braucherpreisindex für Deutschland" gegenüber dem Stand im Monat des Beginns des

[49] OLG Frankfurt a. M. NZM 1999, 118.
[50] BGH NJW 1974, 1235.
[51] Lützenkirchen/Leo Kap. A Rn. 331.
[52] BGH NJW 1974, 1557.
[53] BGH NJW 1991, 2761.
[54] KG NJOZ 2009, 257.

Mietverhältnisses oder gegenüber der letzten Mietanpassung aufgrund dieser Klausel erhöht, so kann der Vermieter zum 1.1. des Folgejahres, erstmals zum ...... eine Erhöhung der vertraglich vereinbarten Nettokaltmiete/Grundmiete verlangen. Die Anpassung orientiert sich, unter Einbeziehung von Billigkeitserwägungen, an der Indexveränderung. Die neue Miete ist ab dem 1.1. des Jahres zu bezahlen, auch wenn das Erhöhungsverlangen später erfolgt. Kommt eine Einigung nicht innerhalb von 8 Wochen ab dem erstmaligen Begehren des Vermieters zustande, so bestimmt der Vermieter, unter Berücksichtigung des genannten Maßstabs, die neue Miete nach billigem Ermessen gem. § 315 BGB. Auf Wunsch des Mieters kann die neue Nettokaltmiete/Grundmiete stattdessen von einem Gutachter festgelegt werden. Der Gutachter wird auf Antrag des Mieters von der für den Ort der Geschäftsräume zuständigen IHK benannt. Der Mieter trägt die Kosten des Gutachters. Der Sachverständige muss auf dem Gebiet des Mietwesens tätig sein. Die Entscheidung des Sachverständigen bindet die Parteien; das Recht gem. § 319 Abs. 1 BGB bleibt unberührt.

Ergänzendes Muster für die Vereinbarung einer Neufestsetzung

61 Die Parteien sind sich darüber einig, dass die Nettokaltmiete zum 1.1.20xy auf den Betrag erhöht wird, den der Vermieter dann bei einer Neuvermietung erzielen könnte. Maßstab ist die bei einer Neuvermietung zu erzielende Marktmiete vergleichbarer Objekte in vergleichbaren Lagen (plus Gutachterklausel).

62 Die Bezeichnung Nettokaltmiete und Grundmiete sind alternativ, es sollte die Bezeichnung verwandt werden, die im Mietvertrag auch ansonsten benutzt wird und an diesem Begriff einheitlich festgehalten werden.

63 Der BGH hat die folgende Klausel für AGB-rechtlich wirksam erachtet: „Die Vermieterin prüft nach Ablauf von jeweils drei Jahren, erstmals zum 1.1.1999, ob das Nutzungsentgelt noch ortsüblich oder sonst angemessen ist. Bei einer Änderung setzt sie den zusätzlich oder den weniger zu zahlenden Betrag nach billigem Ermessen (§ 315 BGB) fest und teilt dem Nutzer die Höhe des künftig zu zahlenden Nutzungsentgelts mit."[55]

64 Nach der Rechtsprechung des BGH entspricht eine einseitige Preisbestimmung idR dann der Billigkeit iSv § 315 BGB, wenn das verlangte Entgelt im Rahmen des Marktüblichen liegt und dem entspricht, was regelmäßig als Preis für eine vergleichbare Leistung verlangt wird.[56] Eine Preisanpassungsklausel hält nach dem BGH dann einer Inhaltskontrolle nach § 307 Abs. 1 S. 1 BGB nicht stand, wenn sie dem Vermieter die Möglichkeit bietet, seinen Gewinn einseitig zu Lasten des Mieters zu vergrößern.[57]

IV. Staffelmiete

1. Allgemeines

65 Bei der Staffelmiete werden die späteren Veränderungen der Miete, in der Regel Mieterhöhungen, im Vertrag der Höhe und dem Zeitpunkt nach im Voraus bestimmt. Die Miete erhöht sich **automatisch** zu den vorgegebenen Zeitpunkten. Der Vermieter muss dies nicht gesondert mitteilen. Die Legaldefinition des § 557a BGB gilt nur für die Wohnraummiete, da ein Verweis auf diese Vorschrift in § 578 Abs. 1, 2 BGB fehlt. Alle aus dem Wohnraummietrecht bekannten Beschränkungen der Staffelmiete: Kündigungsrecht trotz befristeten Mietvertrags nach 4 Jahren, die Verpflichtung die Erhöhung oder die neue Miete betragsmäßig auszuweisen und die Begrenzung auf eine Erhöhung p. a. gelten im Gewerberaummietrecht nicht.[58] Die Staffeln können in Prozent der

[55] BGH NZM 2012, 457.
[56] BGH NJW-RR 1992, 183.
[57] BGH NJW 2010, 2789 Rn. 35; NZM 2012, 457.
[58] BeckOGK/Orel BGB § 557a Rn. 19.

Grundmiete angegeben werden. Ergänzend können die **Staffeln durch eine Indexierung wertgesichert** werden; dies ist allerdings nicht unumstritten.[59]

Praxistipp:

Der Mieter hat einen Anspruch darauf, dass der Vermieter die **Umsatzsteuer** separat ausweist und darüber eine Rechnung erstellt.[60] Eine Ausnahme gilt für die Vermietung an einen Berufsträger der Heilberufe, wo die Steueroption wegen § 9 Abs. 2 UStG idR nicht möglich sein wird. Als Rechnung iSv § 14 Abs. 1 UStG gilt der Mietvertrag, wenn er die notwendigen Angaben enthält. Das geht bei einer %-Klausel nicht. Dann muss der Vermieter jeweils für jede Staffel eine Dauerrechnung ausstellen. Wer das vermeiden will, vereinbart die Staffeln in EUR-Beträgen.

Werden die Staffeln in % der Grundmiete gewählt, muss eindeutig geregelt werden, ob sich die Erhöhung immer aus der Grundmiete berechnen soll oder jeweils aus der bereits durch einen Erhöhungsschritt veränderten Grundmiete.

Die Vereinbarung einer Staffelmiete wird nicht durch das PrKG reglementiert. Staffelklauseln sind vom Anwendungsbereich des PrKG **ausgenommen.** 66

Die Staffelmiete wird häufig gewählt, wenn dem Mieter zu Beginn des Mietverhältnisses als Incentive oder zur Unterstützung der Existenzgründung ein Mietnachlass gewährt wird (**degressiver Mietnachlass** oder auch „umgekehrte Staffelmiete").[61]

Die großen Vorteile der Staffelmiete sind die **einfache Handhabung** und die **gute Kalkulierbarkeit** für beide Parteien, sowie dass es hier über die Miethöhe wenig Streitpotential gibt. Für den Vermieter ist es ein weiterer Vorteil, dass der Mieter gem. § 286 Abs. 2 Nr. 1 BGB **ohne Mahnung in Verzug** kommt – anders als bei der Preisgleitklausel, da die Erhöhung nicht dem Katalog des § 286 Abs. 2 BGB unterfällt. 67

Auch bei der Vereinbarung der Staffelmietklausel und deren nachträglicher Änderung ist bei einem auf mehr als ein Jahr befristeten Mietverhältnis die gesetzliche Schriftform, § 550 BGB zu wahren. Daran sollten die Parteien insbesondere bei Nachträgen denken, ansonsten haben sie uU zwar wirksam die Miete verändert, aber dafür die befristete Laufzeit verloren. 68

Wird eine vertraglich vereinbarte Mieterhöhung jahrelang nicht geltend gemacht, liegt darin kein konkludenter Erlassvertrag.[62] Alleine aufgrund der Nichtgeltendmachung kann auch nicht von einer Verwirkung ausgegangen werden.[63] 69

2. Staffelhöhe

Problematisch ist es, die richtige Höhe der Staffel zu finden. Eine Preisgleitklausel lässt sich beim Mieter leichter durchsetzen. Die Staffel wird demgegenüber – aus Vermietersicht – oft zu gering festgesetzt: Die nicht unübliche Staffel von 1,5 % p. a.[64] reicht bei einer Inflation von 2,8 % im statistischen Durchschnitt der letzten 50 Jahre[65] nicht aus, um den inflationsbedingten Wertverlust auszugleichen. Die letzten 10 Jahre in denen die Inflation im Durchschnitt deutlich unter 2 % lag, sollte man nicht als Maßstab nehmen. Selbst wenn man nur den Zeitraum von 1980 bis 2017 betrachtet, so lag die durchschnittliche Inflationsrate bei 2,2 % pro Jahr. 70

Die alleinige Staffelmietklausel ohne Kombination mit einem Leistungsvorbehalt (Neufestsetzung) eignet sich vor allem für Verträge bis 10 Jahren Laufzeit. Danach wird die Festsetzung der Staffelhöhe endgültig zur Spekulation. 71

59 Ghassemi-Tabar/Leonhard BGB § 535 Rn. 459 mit weiteren Nachweisen.
60 OLG München NJWE-MietR 1996, 270.
61 Ghassemi-Tabar/Leonhard BGB § 535 Rn. 455.
62 OLG Karlsruhe BeckRS 2017, 1561.
63 OLG Karlsruhe BeckRS 2017, 1561; KG ZMR 2004, 577; Ghassemi-Tabar/Leonhard BGB § 535 Rn. 460; Ghassemi-Tabar NZM 2013, 129.
64 Lindner-Figura/Oprée/Stellmann Geschäftsraummiete-HdB/Bartholomäi/Stellmann § 10. Rn. 108.
65 Deutsches Institut für Altersvorsorge, http://www.dia-vorsorge.de/df_030109.htm bzw. http://de.inflation.eu/inflationsraten/deutschland/historische-inflation/vpi-inflation-deutschland.aspx.

72 Der Vorteil der Staffelmiete für den Mieter liegt darin, dass er die Mietentwicklung für die Laufzeit des Vertrags sicher kalkulieren kann. Zu den Grenzen der Miethöhe und dem Risiko einer absinkenden Marktmiete/Wegfall der Geschäftsgrundlage s. unten.

3. Muster Staffelmietklausel

73 Die Nettokaltmiete erhöht sich nach jeweils 12 Monaten um EUR ...... Der Nettokaltmiete sind jeweils unverändert die jeweiligen Betriebskostenvorauszahlungen und die jeweilige gesetzliche Mehrwertsteuer hinzuzusetzen.

alternativ:

74 Die in § ...... vereinbarte Nettokaltmiete erhöht sich, ohne dass es einer gesonderten Mieterhöhungserklärung bedarf, mit Wirkung ab dem

...... (Datum) um	EUR	auf	EUR
...... (Datum) um	EUR	auf	EUR
...... (Datum) um	EUR	auf	EUR.

Der Nettokaltmiete sind jeweils unverändert die jeweiligen Betriebskostenvorauszahlungen und die jeweilige gesetzliche Mehrwertsteuer hinzuzusetzen.

alternativ:

75 Die in § ...... vereinbarte Nettokaltmiete erhöht sich, ohne dass es einer gesonderten Mieterhöhungserklärung bedarf, jährlich zum 1.1. eines jeden Jahres um 3 %. Die Erhöhung ist jeweils auf die zuvor geltende Nettokaltmiete bezogen.

Der Nettokaltmiete sind jeweils unverändert die jeweiligen Betriebskostenvorauszahlungen und die jeweilige gesetzliche Mehrwertsteuer hinzuzusetzen.

Praxistipp:

Der BGH hat mit Urteil vom 18.1.2017[66] entschieden, dass auch bei beendeten Wohnraummietverträgen der frühere Mieter gem. § 546a Abs. 1 BGB eine Nutzungsentschädigung in Höhe der bei Neuabschluss eines Mietvertrags üblichen Miete – also die Markt- oder Wiedervermietungsmiete – schuldet, wenn diese über der vereinbarten Miete liegt. Sah der beendete Mietvertrag Index- oder Staffelmieten vor, die bei Fortführung des Mietverhältnisses zu einem späteren Zeitpunkt wirksam geworden wären, so sind auch solche Veränderungen vom Mieter im Rahmen des § 546a BGB Abs. 1 Alt. 1 BGB zu entrichten, weil sie den Vereinbarungen der Parteien über die Miethöhe entsprechen. Gleiches gilt im Gewerberaummietrecht für eine Wertsicherungsklausel.[67]

V. Umsatz- und Gewinnklauseln

1. Erläuterungen

76 Bei der Umsatz- oder Gewinnklausel werden die Höhe und die Veränderung der Miete an den Umsatz oder den Gewinn des Mieters bzw. an deren Entwicklung geknüpft. Der Vermieter **partizipiert am wirtschaftlichen Risiko** des Mieters. Der Mieter hat dadurch den Vorteil, dass er in wirtschaftlich schweren Zeiten automatisch geringere Kosten hat. Es ist für den Vermieter ratsam, eine **Mindestmiete** zu vereinbaren und diese zu staffeln oder zu indexieren und so die Rendite abzusichern. Die Kombination aus wertgesicherter Mindestmiete mit einer Umsatzmiete ist formularmäßig zulässig, solange sie aufgrund der Branchenüblichkeit bspw. im Einzelhandel oder bei der Hotelpacht nicht überraschend ist.[68] Eine Spielart der Umsatzmiete ist die sog. einspeiseabhängige Miete, wenn bei der Vermietung von Flächen zum Betrieb von stromproduzierenden Anlagen

[66] BGH NZM 2017, 186.
[67] Fleindl NZM 2018, 57.
[68] Lindner-Figura/Oprée/Stellmann Geschäftsraummiete-HdB/Bartholomäi/Stellmann § 10. Rn. 58.

(zB Photovoltaikanlage) die Miete abhängig gemacht wird von der eingespeisten Strommenge.[69]

Der anwaltliche Berater sollte nicht übersehen, dass in § 8 S. 2 Apothekengesetz die Umsatzmiete verboten, die Umsatzpacht hingegen ggf. erlaubt ist, § 8 S. 3 Apothekengesetz.[70] Ferner sollte der **Umsatzbegriff** im Vertrag **genau definiert** werden.[71] Üblich ist es, die gesamten Bruttoeinnahmen aus allen Warenverkäufen und Dienstleistungen, sowie alle sonstigen Einnahmen, die der Mieter auf eigene oder fremde Rechnung erzielt, als Grundlage zu verwenden. Es kann auch eine für das Geschäft prägnante bzw. typische Warengruppe oder Dienstleistung herausgegriffen werden (Umsatzkernbereich). Haben die Parteien keine Regelung getroffen, so wird der Begriff im Zweifel entsprechend **§ 277 Abs. 1 HGB** auszulegen sein.[72] 77

Für den Vermieter hat es zunehmend große Bedeutung bekommen, dass die Umsatzklausel auch die Online-Umsätze umfasst.[73] Aufgrund der einfachen Handhabung über Amazon oder e-bay erzielen inzwischen selbst kleine örtliche Geschäfte bundesweit große Umsätze. 78

Betreibt der Mieter das Geschäft aus in seiner Person liegenden Gründen nicht, ist der Vermieter nicht auf die Mindestmiete beschränkt, nach dem Rechtsgedanken in § 537 Abs. 1 BGB. Es ist die Miete zu bezahlen, die bei Betrieb des Geschäfts mit dem dann zu erwartenden Umsatz zu bezahlen wäre (§§ 280 Abs. 1, 241 Abs. 2 BGB). Wenn dies für das Geschäft relevant ist, bspw. bei einer Eisdiele, sollte vertraglich geregelt werden, ob bzw. wie sich Betriebsferien auf die Umsatzmiete auswirken. Es kann aber auch eine Betriebspflicht[74] vereinbart werden. Die Vereinbarung einer Umsatzmiete alleine führt nicht zu einer Betriebspflicht des Mieters.[75] 79

Wird eine Umsatzmiete vereinbart, ist deshalb in jedem Fall anzuraten, auch eine Betriebspflicht des Mieters vertraglich zu vereinbaren 80

Um Streit zu vermeiden, sollte der **Auskunftsanspruch des Vermieters** über die Höhe der Umsätze ausdrücklich festgelegt werden. Wird dies vergessen, ergibt sich der Auskunftsanspruch als Nebenpflicht. Hinsichtlich des Umfangs und der Form der Auskunft hilft dem Vermieter § 259 BGB.[76] 81

2. Muster Umsatzklausel

Es wird eine Nettokaltmiete als Umsatzmiete vereinbart. Der Mieter zahlt an den Vermieter eine Umsatzmiete von ...... % des Nettoumsatzes zuzüglich der jeweils geltenden gesetzlichen Umsatzsteuer, mindestens jedoch ...... EUR. Bestandteil des Nettoumsatzes sind sämtliche Einnahmen aus Warenverkäufen (einschließlich Internet- und Versandgeschäft) und aus Dienst- und Werkleistungen sowie sonstige Einnahmen, einschließlich aus etwaiger Untervermietung, die der Mieter oder Dritte (in seinem Auftrag) aus den in dem Mietobjekt betriebenen Geschäften ziehen, exklusive der vom Mieter vereinnahmten Mehrwertsteuer. Sämtliche Raten- oder Kreditverkäufe und ähnliche Geschäfte werden ungeachtet des jeweiligen Zahlungseingangs wie Barverkäufe berücksichtigt. 82

Der Mieter erstellt monatlich nachträglich, sorgfältig eine prüffähige, kaufmännische Liste der für die Umsatzmiete maßgeblichen Umsätze. Der Mieter hat dem insoweit zur Verschwiegenheit verpflichteten Vermieter Auskunft über alles zu erteilen, was für die Bestimmung der Umsatzmiete erheblich sein kann. Der Mieter teilt dem Vermieter bis zum 15.3. des Folgejahres die für die Umsatzmiete maßgeblichen Jahresumsätze des

[69] Schmidt-Futterer/Lehmann-Richter BGB § 535 Rn. 864.
[70] BGH NZM 2004, 190.
[71] Fritz GewerberaumMietR/Fritz, 4. Aufl. 2005, Rn. 95.
[72] Schmidt-Futterer/Lehmann-Richter BGB § 535 Rn. 866.
[73] Hubatsch NZM 2015, 74.
[74] Vgl. hierzu BeckFormB MietR/Borzutzki-Pasing Form. A. VI. 3 § 5.
[75] BeckOGK/Hörndler BGB § 578 Rn. 92.
[76] Zum Umfang: OLG Düsseldorf NJW-RR 1990, 1098.

vorangegangenen Kalenderjahres bzw. der Mietzeit im vorangegangenen Kalenderjahr mit Prüfvermerk eines Wirtschaftsprüfers, Steuerberaters oder Rechtsanwalts versehen, mit. Der Vermieter ist berechtigt, die Richtigkeit der ihm erteilten Auskünfte anhand der Buchhaltungs- und Geschäftsunterlagen des Mieters nach rechtzeitiger Ankündigung selbst oder durch eine beauftragte, entsprechend zur Verschwiegenheit verpflichtete Person zu prüfen.

Die Verschwiegenheitspflicht des Vermieters und seiner Bevollmächtigten gilt nicht für allgemein zugängliche, offenkundige oder dem Vermieter bereits vorher bekannte Informationen und soweit diese Informationen für die Rechtsverfolgung von Ansprüchen aus diesem Vertrag erforderlich sind.

Anhand der Umsatzdaten ist der die Mindestmiete übersteigende monatliche Umsatzzuschlag zu ermitteln. Der Umsatzzuschlag ist mit der nächsten Monatsmiete fällig.

Die Umsatzmiete bemisst sich am kalenderjährlichen Jahresumsatz bzw. wenn das Mietverhältnis unterjährig begonnen hat oder endet, entsprechend dem Umsatz in der Mietzeit. Die monatlichen Mietzahlungen stellen Vorauszahlungen auf die Miete dar. Die endgültige Abrechnung der Umsatzmiete erfolgt innerhalb von 4 Wochen nach Vorlage der Jahresumsätze. Sich hieraus ergebende Nachzahlungen bzw. Erstattungen sind bis zum 30.4. des auf das Abrechnungsjahr folgenden Kalenderjahres auszugleichen.

Bei unterjähriger Beendigung des Mietverhältnisses erfolgt die Abrechnung innerhalb von 8 Wochen nach Beendigung des Mietverhältnisses. Ausgleichszahlungen sind innerhalb von 4 Wochen nach dem Zugang der Abrechnung vorzunehmen.

Mit dem Ablauf der 4 Wochen ist der Schuldner in Verzug gem. § 286 Abs. 2 Nr. 2 BGB.

83 Zur **Absicherung des Mieters** kann vereinbart werden:

Unabhängig von Mehrumsätzen ist die Umsatzmiete maximal aus einem fiktiven Nettoumsatz iHv ...... EUR zu berechnen.

84 Dann kann zur **Absicherung des Vermieters** vereinbart werden:

Kommt der Mieter der Pflicht zur Mitteilung der Jahresumsätze nicht fristgerecht nach, so gilt der Maximalumsatz als vereinbart.

85 Anstelle der umständlichen individuellen Ermittlung kann die Umsatzdatenermittlung auch an die Umsatzsteuer(vor)anmeldung für das Finanzamt gekoppelt werden (**alternativer Maßstab**).

VI. Spannungsklausel

86 Bei der ebenfalls nicht unter das Verbot des PrKG fallenden Spannungsklausel (vgl. § 1 Abs. 2 Nr. 2 PrKG) werden im Unterschied zu einer Preisgleitklausel im wesentlichen gleichartige oder zumindest vergleichbare Güter oder Leistungen zueinander ins Verhältnis gesetzt.

Muster einer Spannungsklausel

Die Nettokaltmiete verändert sich, ohne dass es einer gesonderten Mietänderungserklärung bedarf, zum 1.1. eines jeden Jahres um den Prozentsatz, um den sich die Nettokaltmiete/Grundmiete der im II. Obergeschoß (genaue Bezeichnung) des Gebäudes ...... (Anschrift) gelegenen Wohnung verändert.

87 Von einer weitergehenden Erörterung der Spannungsklauseln wird aufgrund ihrer geringen praktischen Bedeutung, die sich auch darin widerspiegelt, dass von ihr allgemein abgeraten wird,[77] abgesehen.

[77] Lindner-Figura/Oprée/Stellmann Geschäftsraummiete-HdB/Bartholomäi/Stellmann § 10. Rn. 151.

VII. Kostenelementeklausel

Nach der Definition des § 1 Abs. 2 Nr. 3 PrKG sind Kostenelementeklauseln solche, bei denen die Miete von der Entwicklung der Preise für Güter oder Leistungen abhängig gemacht wird, soweit diese die Selbstkosten des Vermieters bei der Erbringung der Gegenleistung unmittelbar beeinflussen. Auch diese sind vom Verbot des § 1 PrKG nicht umfasst. Die prozentuale Veränderung eines Kostenelements, bspw. der Instandhaltungskosten für das Dach, führt nicht dazu, dass sich die Nettokaltmiete an sich erhöht. **Die Nettokaltmiete verändert sich lediglich insoweit, wie sich die Veränderung des Kostenelementes in der Miete niederschlägt.** Es ist für den Vermieter ein Nullsummenspiel – es sei denn, dass bspw. fiktive (Eigen-)Kapitalkosten angesetzt werden können, die über den tatsächlichen Finanzierungskosten des Vermieters liegen, so wie dies in den letzten Jahren im geförderten Wohnungsbau möglich war. Eine formularmäßige Kostenelementeklausel, die es dem Vermieter ermöglicht, über die Abwälzung konkreter Kostensteigerungen hinaus die Miete insgesamt anzuheben und so einen Gewinn zu erzielen, ist unangemessen iSd § 307 BGB.[78] Dies ist für den Gewerberaumvermieter überaus umständlich und nicht lukrativ. Anwendung finden solche Klauseln bei der Vermietung von EDV- bzw. Telefonanlagen.[79] 88

VIII. Salvatorische Klausel zur Wertsicherung

Der vorsichtige Vermieter kann die von ihm gewählte Klausel mit einer ausdrücklich für die Wertsicherung bestimmten salvatorischen Klausel, die neben die allgemeine salvatorische Klausel tritt, ergänzen, siehe auch oben den Praxistipp bei der Indexklausel. Die Parteien unterstreichen damit die Bedeutung, die die Wertsicherung für sie hat und beugen dem Risiko vor, dass ihre allgemeine salvatorische Klausel an § 307 BGB scheitert. 89

Muster Salvatorische Klausel zur Wertsicherung

Die Parteien sind sich einig, dass sie im Falle der Unwirksamkeit der Wertsicherungsklausel eine andere Wertsicherung vereinbaren, die wirtschaftlich und sinngemäß den vorgenannten Regelungen entspricht, jedoch in Form und Inhalt den gesetzlichen Anforderungen genügt. 90

IX. Änderung der Betriebskostenvorauszahlungsbeträge

Die Regelung des § 560 BGB, einschließlich der Möglichkeit der Anpassung der Betriebskostenvorauszahlung, § 560 Abs. 4 BGB, gilt nur im Wohnraummietrecht, § 578 Abs. 1, 2 BGB. Wenn die Parteien die Möglichkeit zur Anpassung einer vereinbarten Betriebskostenpauschale oder Betriebskostenvorauszahlung haben wollen, müssen sie dies vertraglich vereinbaren. 91

Muster einer Anpassungsklausel – Vorauszahlungen

Der Vermieter ist berechtigt, die Vorauszahlungen nach erfolgter Abrechnung an die tatsächlichen Verhältnisse anzupassen. Der Mieter kann eine Reduzierung der Vorschüsse verlangen, sofern diese die tatsächlichen Kosten übersteigen. Die Erklärungen können in Textform erfolgen. Der Vermieter kann, unter Offenlegung seiner Berechnungen, die Vorauszahlungen ferner auch ohne Abrechnung anpassen, wenn konkrete Kostensteigerungen erwarten lassen, dass die Vorschüsse zur Deckung der Kosten nicht ausreichen werden. Die angepassten Vorschüsse sind zum 1. des auf die Änderungserklärung folgenden Monats fällig, wenn die Erklärung dem Mieter spätestens am 15. des Monats zugegangen ist, ansonsten zum 1. des Folgemonats. 92

[78] BGH NJW 1990, 115.
[79] Fritz GewerberaumMietR/Fritz, 4. Aufl. 2005, Rn. 118.

Muster einer Anpassungsklausel – Pauschale

93 Der Vermieter ist berechtigt, durch Erklärung in Textform vom Mieter eine Erhöhung der Betriebskostenpauschale zu verlangen, wenn er den nach Vertragsabschluss eingetretenen Grund für die Erhöhung der Pauschale in der Erklärung bezeichnet und erläutert. Die angepasste Pauschale wird zum 1. des auf die Änderungserklärung folgenden Monats fällig, wenn die Erklärung dem Mieter spätestens am 15. des Monats zugegangen ist, ansonsten zum 1. des darauf folgenden Monats.

94 Der Streit über die Anforderungen an eine wirksame Betriebskostenvereinbarung ist durch das Urteil des BGH vom 10.2.2016[80] beantwortet worden, denn danach reicht für die Übertragung der Betriebskosten auf den Mieter die – auch formularmäßige – Vereinbarung, dass dieser „die Betriebskosten" zu tragen hat, aus. Diese Entscheidung des VIII. Senats zum Wohnraummietrecht kann auf das Gewerberaummietrecht übertragen werden.

X. Änderung der Mehrwertsteuer

95 Um bei der Mehrwertsteuer keine Unklarheiten aufkommen zu lassen, sollte die unten stehende Klausel ergänzend zu der Formulierung bei der Miethöhe „in der gesetzlichen Höhe" aufgenommen werden.

Muster einer Mehrwertsteueränderungsklausel:

96 Die Mehrwertsteuer ändert sich jeweils mit Inkrafttreten einer entsprechenden gesetzlichen Regelung. Der Vermieter wird eine neue Mietdauerrechnung ausstellen.

XI. Stillschweigende Mieterhöhung

97 Eine konkludente Mieterhöhungsvereinbarung ist möglich, wenn der Vermieter sie unberechtigt fordert und der Mieter diese zahlt, ohne sich ansonsten irgendwie, vor allem nicht einschränkend, zu äußern.[81] Die Zustimmung des Mieters zum Mieterhöhungsverlangen ist an keine bestimmte Form gebunden, kann also auch dann in der bloßen Überweisung der erhöhten Miete gesehen werden, wenn der Vermieter ihre Abgabe auf einem „Erklärungsvordruck" verlangt hat.[82] Zur Mieterhöhung nach §§ 558 ff. BGB wird mit guten Gründen aus der allgemeine Rechtsgeschäftslehre vertreten, dass die einmalige erhöhte Zahlung sowie die Änderung des Dauerauftrags ausreichen.[83]

98 Fraglich ist, ob eine stillschweigende (konkludente) Mieterhöhung auch in den Fällen wirksam ist, in denen der Mietvertrag eine doppelte/qualifizierte Schriftformklausel aufweist; der BGH (Wohnraumsenat) hat die Frage nach der Wirksamkeit einer solchen Klausel in diesem Zusammenhang allerdings ausdrücklich offen gelassen.[84] Es dürfte jedoch wegen des Vorrangs einer Individualvereinbarung (übereinstimmend gewollte Mietanhebung ungeachtet etwaiger vereinbarter Formzwänge) gemäß § 305b BGB der Verstoß gegen die formularmäßig vereinbarte Form unschädlich sein. Der Vermieter sollte außerdem bedenken, dass er sich die höhere Miete mit dem Verlust einer eventuellen vereinbarten Befristung wegen Nichtbeachtung der gesetzlichen Schriftform, §§ 550, 126 BGB, erkauft. Ferner gilt dies nicht in den Fällen, in denen eine Erhöhungsklausel unwirksam im ursprünglichen Mietvertrag vereinbart wurde. Zahlt der Mieter auf eine unwirksame Klausel in der irrigen Annahme, diese sei wirksam, hat er kein Erklärungsbewusstsein und keinen Rechtsbindungswillen für eine konkludente Willenserklärung zur Änderung des Vertrags.

---

[80] BGH NZM 2016, 235.
[81] OLG Karlsruhe NZM 2003, 513 (18 Monate).
[82] BGH BGB NJW-RR 2018, 524.
[83] BeckOGK/Fleindl BGB § 558b Rn. 5; Staudinger/Emmerich (2018) BGB § 558b Rn. 5 f.
[84] BGH NJW-RR 2018, 524.

Eine konkludente Annahmeerklärung setzt ein Angebot des Vermieters und ein kongruentes Verhalten des Mieters voraus, aus dem der Vermieter den Schluss ziehen durfte, der Mieter wolle damit die verlangte Zustimmungserklärung abgeben. Ob das Verhalten als konkludente Willenserklärung zu verstehen ist, ist durch Auslegung zu ermitteln, die nicht schematisch erfolgten kann, sondern von den konkreten, individuellen Umständen abhängt. Kritisch zu hinterfragen ist stets der Rechtsbindungswille des Mieters. Dies ist idR bei der Duldung der Einziehung einer erhöhten Miete nicht vorhanden. Dies gilt auch nach Einführung der SEPA-Lastschrift. Auch nach dem neuen Verfahren liegt nur ein „Schweigen" des Mieters vor. Ob der Mieter der Lastschrift widersprechen kann (SEPA-Basislastschrift) oder nicht (SEPA-Firmenlastschrift) ist dafür ohne Belang.[85] 99

Im Regelfall ist der Vermieter für das Vorliegen einer konkludenten Zustimmung **darlegungs- und beweispflichtig.** 100

XII. Mietanpassung aufgrund § 313 BGB

1. Kein kalkulierbarer Rettungsanker für den Vermieter

Hat der Vermieter es versäumt, in einem befristeten Mietvertrag eine Mietanpassung zur Renditesicherung vertraglich zu vereinbaren, wird ihm das Institut des Wegfalls der Geschäftsgrundlage idR nicht weiterhelfen. Entscheidend ist die vertragliche Risikoverteilung, die bei der Frage nach der Unzumutbarkeit nach § 313 Abs. 1 BGB zu berücksichtigen ist.[86] So wie der Mieter das Risiko des auch erheblich absinkenden Mietniveaus zu tragen hat, so trägt der Vermieter das Risiko des Kaufkraftschwundes, wenn keine Preissicherung vereinbart ist.[87] Eine Ausnahme ist nur dann zu machen, wenn das Äquivalenzverhältnis der beiderseitig geschuldeten Leistung so extrem gestört ist, dass der vereinbarte Mietzins nicht einmal annähernd den Gegenwert zur Leistung darstellt, also eine mit Recht und Gesetz schlechthin nicht mehr zu vereinbarendes Ergebnis vorliegt[88] und dadurch bspw. die Wirtschaftlichkeit des langfristig vermieteten Grundstücks gefährdet wäre[89] und dies faktisch ein Eingriff in das Eigentum ist.[90] Das ist zumindest dann der Fall, wenn die vereinbarte Miete nur noch 15 % der über die üblichen Anpassungsvorschriften erzielbaren Miete ausmacht.[91] 101

2. Kein Rettungsanker für den Mieter

Der Mieter trägt grds. alleine das Risiko, dass die vereinbarte und indexierte oder gestaffelte Miete steigt, während das örtliche Mietniveau – auch erheblich – absinkt.[92] Verwirklicht sich ein Risiko, das nach der vertraglichen oder gesetzlichen Risikoverteilung nur von einer der Vertragsparteien zu tragen ist, kann sich diese Partei nicht auf einen Wegfall der Geschäftsgrundlage berufen, § 313 Abs. 1 BGB.[93] Dieses negative Tatbestandsmerkmal dient dem Schutz der Verträge, pacta sunt servanda. 102

Dazu gehört bei der gewerblichen Miete vor allem die Chance, mit dem Mietobjekt Gewinne erzielen zu können. Erfüllt sich die Gewinnerwartung des Mieters nicht, so verwirklicht sich damit ein typisches Risiko des gewerblichen Mieters, das dieser nicht nachträglich auf den Vermieter verlagern kann.[94] Allein der Umstand, dass auch der 103

[85] Genauso BeckOGK/Fleindl BGB § 558b Rn. 5.
[86] BGH NZM 2005, 63; 2002, 659.
[87] BGH WM 1995, 1131.
[88] BGH NZM 2005, 144.
[89] BGH WM 1976, 429.
[90] BGH NZM 2005, 144.
[91] BGH NZM 2005, 144.
[92] Berliner Rechtsanwaltskanzlei BGH NZM 2002, 659; Ostdeutsches Einkaufszentrum BGH NZM 2005, 63.
[93] Derleder NZM 2005, 521.
[94] BGH NZM 2006, 54.

Vermieter von einem wirtschaftlichen Erfolg des Projekts ausgeht, verlagert das Verwendungs- und Gewinnerzielungsrisiko für das einzelne gemietete Geschäft in dem Einkaufszentrum nicht von dem Mieter auf den Vermieter. Dieser trägt seinerseits ohnehin das gesamte Vermietungsrisiko und damit die Gefahr, bei einem Scheitern des Projekts seine Investitionen zu verlieren.[95]

104 Der Äquivalenzgedanke von der Gleichwertigkeit von Leistung und Gegenleistung gehört zur objektiven Geschäftsgrundlage eines jeden Vertrags. In extremen Ausnahmefällen, in denen eine unvorhergesehene Entwicklung das Gleichgewicht nach Vertragsschluss so schwer beeinträchtigt, dass dies existenzielle Folgen für die betroffene Vertragspartei hat, soll trotz einseitiger Risikozuweisung ein Berufen auf den Wegfall der Geschäftsgrundlage möglich sein.[96] Das wirtschaftliche Scheitern muss für den Mieter dabei mehr sein, als das übliche vom Mieter zu tragende Verwendungs-/Geschäftsrisiko. Die Umstände müssen solche sein, die der Mieter nicht zu vertreten hat und nicht vorhersehen konnte. Grundsätzlich darf keine der Parteien bei Abschluss eines langfristigen Mietvertrags davon ausgehen, dass es während der Laufzeit nicht zu Nachteilen beim Wertegleichgewicht zu ihren Lasten kommen wird.[97]

105 Die Äquivalenzstörung alleine genügt nicht. Die Unzumutbarkeit des Festhaltens am Vertrag muss auch **kausal** auf die Äquivalenzstörung zurückzuführen sein.[98]

106 Die **Opfergrenze** muss überschritten sein. Diese ist im Einzelfall von den Erwartungen der Parteien und vom Ausmaß der wirtschaftlichen Nachteile abhängig. 100 % genügen auf keinen Fall. Das Ausmaß der wirtschaftlichen Nachteile wird stark von der **Restlaufzeit des Vertrags** geprägt. Die Argumentation mit der Restlaufzeit ist in beide Richtungen möglich: Je länger die Restlaufzeit, um so größer die Verluste. Andererseits ist bei einer kurzen Restlaufzeit, anders als bei einer langen, davon auszugehen, dass sich am Ungleichgewicht nichts mehr ändern wird. Bei einer langen Restlaufzeit könnte das Pendel noch mal in die andere Richtung ausschlagen.

107 Wenn der BGH in seiner Entscheidung bezüglich einer Berliner Rechtsanwaltskanzlei ausführt, dass die Ertragsentwicklung der Kanzlei keine Folge der Äquivalenzstörung sei, ist das auf den ersten Blick richtig. Unberücksichtigt bleibt aber, dass die überhöhte Miete zwar nicht zur Existenzgefährdung führte, aber dennoch erhebliche Ressourcen band, die nicht in Personal, Ausstattung oder Werbung investiert werden konnten, also Möglichkeiten, die Wettbewerber mit günstigeren Mieten hatten.

108 Besondere Bedeutung erhielt die gesetzliche Möglichkeit zur Mietzinsanpassung nach § 313 Abs. 1 BGB während der **Covid-19-Pandemie.** Die herrschende Auffassung kam zu dem Ergebnis, dass eine Anpassung der Miete weder über eine Mietzinsminderung gemäß § 536 Abs. 1 BGB noch über § 326 Abs. 1 BGB wegen Unmöglichkeit der Leistung (Gebrauchsüberlassung) erfolgen kann, da pandemiebedingte öffentlich-rechtliche Beschränkungen nicht dem Risikobereich einer der Vertragsparteien unterfällt.[99] Zur Bejahung eines zur Mietzinsminderung berechtigenden Mangels fehlt es bei den angeordneten Lockdown-Maßnahmen an einem Bezug zur Beschaffenheit des Mietobjekts. Der Lockdown beruhte auf der Infektionslage und knüpft nicht an die Mietsache an.[100] Ebenso scheidet ein Fall der Unmöglichkeit nach § 275 Abs. 1 BGB in diesen Fällen aus, da der Vermieter zur Gebrauchsüberlassung des Mietobjekts sehr wohl im Stande ist.[101]

109 Nach Ansicht des BGH[102] kommt infolge der fehlenden Anwendbarkeit von § 536 Abs. 1 BGB und § 275 Abs. 1 BGB sowie den darin enthaltenen Risikozuweisungen eine

---

[95] BGH NZM 2006, 54; 2000, 1005.
[96] BGH NZM 2002, 659.
[97] BGH NJW 1983, 1309.
[98] BGH NZM 2002, 659.
[99] Schmidt-Futterer/Fervers BGB vor § 535 Rn. 272.
[100] BGH 12.1.2022 – XII ZR 8/21, NJW 2022, 1370.
[101] Schmidt-Futterer/Fervers BGB vor § 535 Rn. 275.
[102] BGH 12.1.2022 – XII ZR 8/21, NJW 2022, 1370; Schmidt-Futterer/Fervers BGB vor § 535 Rn. 275 ff.

Mietanpassung nach § 313 BGB in Betracht. Der BGH hat hierbei jedoch klargestellt, dass es keinen Automatismus gibt, dass bei pandemiebedingten öffentlich-rechtlichen Einschränkungen per se eine Anpassung der Miete geboten ist. Zwar wird man regelmäßig eine schwerwiegende, nach Vertragsabschluss eingetretene Veränderung der Umstände, die zur Grundlage des Vertrages geworden sind bejahen können: Die Vertragsparteien hatten bei Abschluss des Mietvertrages die Erwartung, dass sich die grundlegenden politischen, wirtschaftlichen und sozialen Rahmenbedingungen des Vertrages zB durch eine Pandemie nicht ändern. Durch die Beschränkungen als Folge der Pandemie hat sich diese Grundlage schwerwiegend verändert, da die Parteien im Bewusstsein einer solchen Situation bei Vertragsschluss für einen angemessenen Ausgleich des Verwendungsrisikos durch die Lockdown-Maßnahmen gesorgt hätten. Zu diesem Ergebnis kam auch der Gesetzgeber und schuf infolge von Covid-19 den Art. 240 § 7 EGBGB mit einer widerleglichen Vermutung der schwerwiegenden nachträglichen Veränderung der Geschäftsgrundlage. Entscheidende Aufmerksamkeit ist gemäß der Rechtsprechung dem weiteren Prüfungspunkt der Unzumutbarkeit des Festhaltens an dem unveränderten Vertrag zu widmen. Hierbei sind sämtliche Umstände des Einzelfalls heranzuziehen, so dass sich eine schematische Lösung verbietet. Ebenfalls in den Blick zu nehmen ist die allgemeine Risikoverteilung der Vertragsparteien. So trägt zwar grundsätzlich der Mieter das Risiko mit seinem Geschäft erfolgreich zu sein. Da die enttäuschte Gewinnerwartung auf hoheitliche Maßnahmen zur Bekämpfung der Pandemie zurückgehen, die nicht im Betrieb des Mieters selbst liegen und damit über das Verwendungsrisiko des Mieters hinausgehen, bedarf es einer weitergehenden ausgleichenden Abwägung der widerstreitenden Interessen der Vertragsparteien. Bei der Abwägung sind folgende Umstände zu berücksichtigen:
- Die beim Mieter eingetretenen Nachteile infolge des Lockdowns,
- die finanziellen Vorteile die der Mieter durch staatliche Unterstützung oder durch Maßnahmen die der Mieter ergriffen hat oder hätte ergreifen können, um die Verluste zu mindern (zB Online-Shopping) u.
- die Interessen des Vermieters am Erhalt der ungekürzten Miete.

3. Miethöhe nach Anpassung, § 313 Abs. 1 BGB

Sollte es doch einmal zur Mietanpassung nach den Grundsätzen des Wegfalls der Geschäftsgrundlage kommen, bedeutet dies nicht Herauf-/Herabsetzung auf den Marktpreis.[103] Das Risiko und die Lasten sind zwischen den Parteien angemessen, im Zweifel hälftig zu tragen. Hierbei kann man sich an der Opfergrenze orientieren. 110

XIII. Grenzen der Mieterhöhung

§ 5 WiStGB und § 291 StGB gelten nur im Wohnraummietrecht. Für die Begrenzung kommt im Gewerberaummietrecht allein § 138 BGB in Betracht.[104] Der Wuchertatbestand des § 138 Abs. 2 BGB wird aufgrund der subjektiven Tatbestandmerkmale gerade im gewerblichen Rechtsverkehr selten gegeben sein. Es verbleibt das Korrektiv des wucherähnlichen Rechtsgeschäfts gem. § 138 Abs. 1 BGB. Das setzt objektiv ein auffälliges Missverhältnis zwischen Leistung und Gegenleistung und subjektiv eine verwerfliche Gesinnung bzw. die Erkennbarkeit des Missverhältnisses voraus – und das bereits zum Zeitpunkt des Vertragsschlusses. 111

Bei der Preisgleitklausel kommt das nicht in Betracht. Die Steigerung entspricht der allgemeinen Preisentwicklung, da ist kein Ansatz für Sittenwidrigkeit. Auch bei der Staffelmiete ist dieser Weg für den Mieter schwierig. Der Mieter hat mit der Vereinbarung der Staffelmiete zum Ausdruck gebracht, dass er mit einer steigenden Miete auch dann einverstanden ist, wenn die Marktmiete sinkt. Das Auseinanderfallen der ver- 112

[103] BGH NZM 2005, 144; Kluth/Freigang NZM 2006, 41.
[104] Zur Sittenwidrigkeit bei gewerblichen Mietverträgen: Michalski ZMR 1996, 1 ff.

einbarten Miete und des Mietniveaus ist dann dem Risikobereich des Mieters zuzuordnen und verstößt nicht gegen die guten Sitten.[105] Das Ergebnis kann allerdings ein anderes sein, wenn die einzelne Staffel so hoch ist, dass die Steigerung alleine schon gegen die guten Sitten verstößt oder eine kausale Existenzgefährdung des Mieters eintritt.

113 Die Prüfung erfolgt in drei Stufen:[106] (1) Wie hoch ist die Marktmiete, die für das Objekt angemessen ist? Ein Gutachter wird diesen Nutzungswert des Objekts anhand der Miete, die für vergleichbare Objekte gezahlt wird, ermitteln. Gibt es keine vergleichbaren Objekte, steigt die Schätzungsbreite. (2) Gibt es ein auffälliges Missverhältnis zwischen dem bezahlten Preis und der Marktmiete? Dieses ist idR anzunehmen, wenn der Wert der Leistung knapp doppelt so hoch ist, wie der Wert der Gegenleistung.[107] (3) Weitere Umstände, die der Miethöheabrede einen sittenwidrigen Charakter verleihen, insbesondere die verwerfliche Gesinnung des Vermieters. Hierfür gilt im gewerblichen Rechtsverkehr nicht die ansonsten von der Rechtsprechung bemühte tatsächliche Vermutung.[108] Vielmehr kommt es darauf an, ob das Missverhältnis für den Vermieter erkennbar war.[109] Hier sind an einen die örtlichen Verhältnisse kennenden, professionellen Vermieter höhere Anforderungen zu stellen, als an den privaten Vermieter.

114 Sittenwidrigkeit kann sich bspw. dadurch ergeben, dass der Vermieter eine schwierige Lage des Mieters in anstößiger Weise zu seinem Vorteil ausnutzt.[110] Sittenwidrig ist es ferner, eine sehr hohe Miete mit einer Vertragsgestaltung zu kombinieren, die den Mieter förmlich knebelt (Knebelungsverträge).

115 Liegt ein Verstoß gegen die guten Sitten vor, bleibt es anders als bei der Wohnraummiete (hier aus sozialen Gesichtspunkten) nicht bei der Teilwirksamkeit des Vertrags zum höchstzulässigen Mietzins, sondern der Sittenverstoß führt idR zur Gesamtnichtigkeit des Vertrags.[111]

---

[105] BGH NZM 2005, 63; NJW 2002, 2384; Fritz GewerberaumMietR/Fritz, 4. Aufl. 2005, Rn. 102.
[106] BGH NJW 1999, 3187; NZM 2001, 810.
[107] BGH NZM 2004, 907; 2001, 810.
[108] Erman/Palm BGB § 138 Rn. 139, Rn. 199 aE; BGH NZM 2001, 810; 2004, 907.
[109] BGH NZM 2004, 907.
[110] BGH NJW 1990, 567.
[111] BGH NZM 2005, 944.

§ 62 Betriebs- und Nebenkosten

Übersicht

Schrifttum:
Eisenschmid/Rips/Wall, Betriebskostenkommentar, 2. Aufl. 2006; Fritz, Die Entwicklung des Gewerberaummietrechts im Jahre 2008, NJW 2009, 959; Herrlein, Umsatzsteuer in Mietvertrag und Mietprozess, NZM 2005, 648; Langenberg, Betriebskostenrecht der Wohn- und Gewerberaummiete, 4. Aufl. 2006; Leo, Obergerichtliche Rechtsprechung zum gewerblichen Mietrecht 2006, NZM 2007, 201; Lindner-Figura, In aktuellem Überblick: Schriftform von Geschäftsraummietverträgen, NZM 2007, 705; Ludley, Formularvertragliche Umlage von Verwaltungskosten im Gewerbemietvertrag, NZM 2006, 851; Neuhaus, Nebenkosten-Belegeinsicht im gewerblichen Mietverhältnis, IMR 2025, 1009; Schmid, Vertragliche Regelungen zur Mietnebenkostenumlegung, DWW 2002, 118.

I. Vereinbarungen über Nebenkosten im Gewerberaummietrecht

1. Der Katalog des § 556 Abs. 1 BGB

Das gesetzliche Leitbild des § 535 BGB ist das der Inklusivmiete, vgl. § 535 Abs. 1 Satz 3 BGB.[1] Die Umlage von Heiz- und Betriebskosten auf den Mieter erfordert daher – wie auch im Wohnraummietrecht – eine von diesem Leitbild abweichende Vereinbarung zwischen den Parteien.[2] Eine Bezugnahme auf die Betriebskostenverordnung – insbesondere auf den Betriebskostenkatalog nach § 2 BetrKV – reicht grundsätzlich aus. Bereits nach früherer Rechtslage genügte die pauschale Bezugnahme auf die seinerzeit maßgebliche Anlage 3 zu § 27 der 2. BVO aus, um die Umlage der dort genannten Betriebskostenpositionen zu vereinbaren.[3] Im Gewerberaummietrecht genügt es, wenn dem Mieter die Verpflichtung auferlegt wird, *„die Betriebskosten"* zu tragen; der Begriff ist von einem durchschnittlichen Gewerbemieter im Sinne von § 2 BetrKV oder Anlage 3 zu § 27 der 2. BVO zu verstehen.[4] Die Klausel *„der Mieter trägt die Betriebskosten"* ist selbst dann als rechtlich unbedenklich und somit als wirksam zu bewerten, wenn sie Teil 1

[1] Schmidt-Futterer/Lehmann-Richter BGB § 535 Rn. 885.
[2] BGH NZM 2014, 830; OLG Düsseldorf ZMR 2008, 45.
[3] BGH NZM 2010, 240.
[4] KG NZM 2008, 128.

von Allgemeinen Geschäftsbedingungen ist.[5] Zur Vermeidung von Unklarheiten ist jedoch grundsätzlich zu empfehlen, die zur Umlage gewünschten Betriebskostenpositionen auch ausdrücklich im Mietvertrag zu benennen.

2 Die Vereinbarung einer Nebenkostenpauschale ist in der Gewerberaummiete möglich, ebenso eine Kombination aus einer solchen Pauschale für einzelne Betriebskostenpositionen mit einer Vorauszahlung für andere Betriebskostenpositionen.[6] Anderes gilt aber dann, wenn dem Vertragspartner formularmäßig vorgegeben wird, die Gewerberaummiete setze sich aus Grundmiete und Nebenkostenvorauszahlungen zusammen, in einer formularmäßigen jedoch einzelne Betriebskostenpositionen pauschaliert angesetzt worden sind. In diesem Fall gilt die Regelung des § 305c BGB, dh die Klausel wird nicht Bestandteil des Gewerbemietvertrages, weil sie als überraschend zu bewerten ist.[7]

3 Die Kosten einer Terrorversicherung, die der Vermieter während eines bestehenden Mietverhältnisses für ein gewerbliches Objekt abschließt, weil die Versicherung gegen Terrorgefahren nicht mehr von der Feuerversicherung erfasst wird, können, auch wenn es sich um kein besonders gefährdetes Objekt handelt, auf den Mieter umgelegt werden, sofern im Mietvertrag die Kosten von Sachversicherungen als umlagefähige Betriebskosten bezeichnet sind.[8] Diese Rechtsansicht kann nach der Entscheidung des Bundesgerichtshofs vom 13.10.2010[9] nicht mehr aufrecht erhalten werden. Konkrete Umstände müssen vorliegen, die eine Gefahr für einen Gebäudeschaden durch einen terroristischen Angriff begründen. Dabei kann es sich um Gebäude mit Symbolcharakter handeln, um Gebäude, in denen staatliche Macht ausgeübt wird, oder um Gebäude, in denen sich regelmäßig größere Menschenansammlungen aufhalten. Eine Umlage dieser Kosten im geeigneten Fall basiert auf der Entscheidung des Bundesgerichtshofs vom 27.9.2006,[10] wonach die Kosten einer Sach- und Haftpflichtversicherung anteilig auf die Mieter umgelegt werden können, wenn in dem Mietvertrag derartige Kosten als umlagefähig bezeichnet worden sind und dem Vermieter das Recht eingeräumt ist, auch neu entstehende Betriebskosten auf die Mieter umzulegen.

2. Sonstige Betriebskosten

4 Der Vermieter ist bei der Umlage von Betriebskosten nicht auf die in der Betriebskostenverordnung ausdrücklich genannten Kostenpositionen beschränkt; die gesetzliche Regelung des § 556 Abs. 1 BGB gilt im Gewerbemietrecht grundsätzlich nicht.[11] Die Parteien können vielmehr die Umlage weiterer Nebenkostenpositionen vereinbaren. Grenzen bilden hierbei die allgemeinen Vorschriften der §§ 134, § 138 BGB. In der Praxis sind vor allem Betriebskostenpositionen im Sinne von § 2 Nr. 17 BetrKV relevant. Die Übernahme von Instandhaltungs- und Verwaltungskosten durch den Mieter ist doch ebenfalls möglich.[12]

5 Die entsprechende Vereinbarung muss hinreichend bestimmt sein; im Bereich der Gewerberaummiete gelten insoweit die gleichen rechtlichen Grundsätze, wie für die Wohnraummiete. Unklarheiten gehen zu Lasten des Verwenders – also in der Regel zulasten des Vermieters.[13] Folgende Bestimmung ist als rechtlich unbestimmt zu bewerten: *„Der Mieter trägt alle Betriebskosten"*. Nach Maßgabe einer solchen Regelung ist nicht ersichtlich, dass und welche über § 2 Nr. 1–16 BetrKV hinausgehenden Betriebskosten der Mieter tragen soll. Insbesondere kann nicht ohne weiteres davon ausgegangen werden, dass der Mieter hiernach auch Instandhaltungs- und/oder Verwaltungs-

[5] KG NZM 2008, 128; OLG München ZMR 1997, 233; Bub/Treier MietR-HdB/Bub Kap. II Rn. 407.
[6] Guhling/Günter/Both BGB § 556 Rn. 6.
[7] OLG Hamm NZM 2018, 337.
[8] OLG Stuttgart NZM 2007, 247.
[9] BGH NJW 2010, 3647.
[10] BGH NJW 2006, 3558.
[11] Schmidt-Futterer/Lehmann-Richter BGB § 556 Rn. 21.
[12] BGH NJW 2012, 54; 2010, 2515.
[13] OLG Schleswig MDR 2012, 704.

kosten tragen soll. Rechtlich risikobehaftet sind auch solche Regelungen, die die zu tragenden Betriebskostenpositionen lediglich schlagwortartig bezeichnen und somit ebenfalls grundsätzlich als rechtlich unbestimmt zu bewerten sind. Ebenso Auch schlagwortartige Bezeichnungen sind nicht geeignet, inhaltlich klare Regelungen zwecks Überwälzung bestimmter Positionen auf den Mieter zu schaffen, solange sich in den beteiligten Wirtschaftskreisen ein eindeutiger Inhalt dieser Bezeichnungen nicht feststellen lässt.[14] Handelt es sich bei den vertraglichen Regelungen um allgemeine Geschäftsbedingungen, unterliegen diese auch im Gewerberaummietrecht der Inhaltskontrolle nach § 307 Abs. 2 BGB sowie der Unklarheitenregelung des § 305c Abs. 2 BGB.[15]

Die Umlage besonderer Betriebskostenarten ist vorwiegend bei der Vermietung von Großobjekten relevant; oftmals entstehen derartige Positionen überhaupt erst aufgrund der Eigen- und Besonderheit des Mietobjektes. Von Relevanz sind hier insbesondere die Kosten für die zusätzliche Versorgung mit Energie, technische Serviceleistungen, Verwaltungs- und Hausdienste, Bewachung des Mietobjektes und die Kosten des **Center-Managements.**[16] 6

Jedoch ist hierbei zu beachten, dass die pauschale und **nicht näher aufgeschlüsselte** Umlage der „Kosten eines Center-Managements" intransparent und die entsprechend Klausel daher insgesamt als unwirksam zu bewerten ist; eine solche Klausel lässt nicht erkennen, welche Kosten einbezogen werden oder welche Leistungen dem Inhalt nach vom Center-Management erfasst werden sollen.[17] Der Begriff des „Centermanagements" wird in der Immobilienbranche nicht in einem bestimmten und vor allem einheitlichen Sinne genutzt und ist daher nicht aus sich heraus rechtssicher auszulegen und zu bestimmen. Anders verhält es sich bei der Umlage der Kosten der „kaufmännischen und technischen Hausverwaltung"; Art und Umfang dieser Kosten sind hier hinreichend bestimmbar, eine entsprechende Klausel ist wirksam. 7

Es werden unter anderem in **Bürokomplexen** oder **Ärztezentren** spezielle Pools bereitgehalten, aus denen die Mieter zentrale Leistungen abrufen können. Sonstige Betriebskosten sind hiernach unter anderem die Kosten der 8

- der Gebäudeüberwachung,
- der Wartung von Blitzschutzanlagen,
- der Wartung von Brandmeldeanlagen,
- der Dachrinnenbeheizung,
- der Dachrinnenreinigung,
- „Elektro-Check",
- Wartung von Feuerschutzgeräten,
- Fassadenreinigung,
- Dichtigkeitsprüfung von Gasleitungen,
- Kosten von Gemeinschaftseinrichtungen wie Saunen und Schwimmbädern,
- Klimaanlage,
- Wartung von Lüftungsanlagen, Pumpen, Rauchabzugsanlagen und Rückstausicherungen,
- des Pförtners,
- Wartung von Schließanlagen,
- Sicherheits- und Notstrombeleuchtung,
- Sprinkleranlagen,
- Videoüberwachung,
- Objektbewachung.[18]

---

[14] OLG Rostock NZM 2005, 507; Schmidt-Futterer/Langenberg BGB § 556 Rn. 68.
[15] OLG Rostock NZM 2005, 507; Eisenschmid/Rips/Wall/Rips Rn. 1609.
[16] BeckOGK/Drager BGB § 556 Rn. 53.
[17] BGH NJW 2012, 54; 2013, 41.
[18] Ludley NZM 2006, 851 (853); vgl. auch die Beispiele bei Eisenschmid/Rips/Wall/Rips Rn. 1610; zu Bewachungskosten OLG Frankfurt a. M. NZM 2006, 660.

9 Kosten der Elektronikversicherung der Brandmeldeanlage sind Kosten der „Gebäude-, Haftpflichtversicherung" iSd § 2 Nr. 13 BetrKV; Kosten des Aufzugsnotdienstes sind Kosten der Beaufsichtigung und Überwachung iSd § 2 Nr. 7 BetrKV.[19]

10 Die Umlage der **Kosten einer Hausverwaltung** ist bei entsprechender mietvertraglicher Vereinbarung zulässig.[20] Die Vereinbarung muss hinreichend bestimmt sein. Eine Regelung, wonach der Mieter die Kosten der „**Verwaltung**" zu tragen habe, genügt diesen Anforderungen.[21]

11 Bestandteil der **Verwaltungskosten** sind regelmäßig folgende Tätigkeiten:

- **Vertragsabschlüsse** (sowohl Mietverträge als auch Verträge mit Dienstleistern oder Versorgungsunternehmen),
- **Inkasso** (von Mieten, Wohngeldern, Betriebskosten),
- **Korrespondenz** mit Mietern, Eigentümern, Vertragspartnern und sonstigen Anspruchsgegnern,
- Erstellung von Abrechnungen und Wirtschaftsplänen,
- Beauftragung von Handwerkern mit Reparaturarbeiten,
- Bezahlung von Rechnungen, Bearbeitung von Gewährleistungsansprüchen und sonstigen Reklamationen,
- Abwicklung von Mietverhältnissen,
- Beauftragung von Rechtsanwälten zur gerichtlichen Durchsetzung von Ansprüchen gegen Vertragspartner.[22]

12 Die Überbürdung von Verwaltungskosten im Rahmen Allgemeiner Geschäftsbedingungen kann nach Auffassung des OLG Köln im Einzelfall unwirksam sein, wenn diese Kosten im Mietvertrag nicht beziffert sind, aber einen so hohen Betrag ausmachen, dass der Mieter nach dem gesamten Inhalt der Nebenkostenregelung des Mietvertrags mit einem solchen Betrag vernünftigerweise nicht zu rechnen brauchen.[23]

13 Der **BGH**[24] hat klargestellt, dass die Umlage von *„Kosten der kaufmännischen und technischen Hausverwaltung"* in Allgemeinen Geschäftsbedingungen eines Mietvertrages über Geschäftsräume weder überraschend iSd § 305c BGB ist noch gegen das Transparentgebot des § 307 Abs. 1 S. 2 BGB verstößt. Daran ändert sich auch dadurch nichts, dass die Vorauszahlungen im Einzelfall deutlich niedriger festgelegt wurden als die später abgerechneten Kosten und die Klausel keine Bezifferung oder höhenmäßige Begrenzung der Verwaltungskosten enthält.

14 Wird für Verwaltungs- und Instandhaltungskosten eine **jährliche Pauschale von 4 Prozent** zu Lasten des Gewerbemieters vereinbart, ist diese Begrenzung der Verwaltungskosten nicht zu beanstanden. Die formularmäßige Vereinbarung wird aber dann unwirksam, wenn zusätzlich zu diesen Kosten noch die Hausmeisterkosten auf den Mieter umgelegt werden und dieser Hausmeister Verwaltungsaufgaben wahrnimmt und zudem Instandhaltungsarbeiten ausführt.[25]

15 Kosten eines **Wachdienstes** sind als sonstige Kosten im Sinne der Nr. 17 der Anlage 3 zu § 27 Abs. 1 der 2. BVO auch in Mietverhältnissen über Geschäftsräume nur umlagefähig, wenn sie in der Umlagevereinbarung als solche ausdrücklich genannt sind.[26] Bei einem Gewerberaummietvertrag benachteiligt die formularvertragliche Beteiligung des Mieters von Erdgeschossräumen an den **Aufzugskosten** diesen nicht unangemessen.[27]

16 Die **Umlage von Kosten für gemeinschaftlich genutzte Flächen in Großobjekten** ist dann als unangemessene Benachteiligung des Mieters zu bewerten, wenn diese in

[19] OLG Düsseldorf MDR 2012, 635.
[20] OLG Köln NZM 2006, 701.
[21] BGH NJW 2014, 3722.
[22] Vgl. Ludley NZM 2006, 851 (852).
[23] OLG Köln NZM 2006, 701.
[24] BGH NJW 2010, 671.
[25] OLG Hamm NZM 2018, 337.
[26] OLG Düsseldorf MDR 2012, 1025.
[27] OLG Düsseldorf MDR 2012, 1025.

unbegrenzter Höhe erfolgt.[28] Der Mieter würde in einem solchen Falle mit Kosten belastet, die seinem Risikobereich nicht zuzuordnen sind. Überdies erfolgte die Nutzung derartiger Flächen bereits vor Begründung des Mietverhältnisses. Der Mieter würde somit an Instandsetzungskosten beteiligt, welche er überhaupt nicht er, sondern Dritte durch ihre Benutzung veranlassten. Die Kostentragungspflicht des Mieters muss daher der Höhe nach auf einen angemessenen und zugleich bestimmten Prozentsatz der Jahresmiete beschränkt sein.[29]

Die Gestaltungsfreiheit der Vertragsparteien eines Gewerbemietvertrages findet in den 17
Vorschriften der **Heizkostenverordnung (HeizkostenV)** ihre Grenzen, welche die Gestaltungsfreiheit in bestimmten Bereichen einschränkt. Die Heizkostenverordnung findet auch auf Gewerberaummietverhältnisse Anwendung. Sie gilt für die Verteilung der Kosten des Betriebs zentraler Heizungsanlagen und zentraler Warmwasserversorgungsanlagen oder der eigenständig gewerblichen Lieferung von Wärme und Warmwasser durch den Gebäudeeigentümer auf die Nutzer, also den jeweiligen Mieter.

3. Schriftformerfordernis

Wird ein **Mietvertrag für längere Zeit als ein Jahr** nicht in schriftlicher Form ge- 18
schlossen, so gilt dieser für unbestimmte Zeit, § 550 S. 1 BGB. Im Bereich des Gewerberaummietrechts gilt die vorgenannte Regelung mit der Maßgabe, dass der Mietvertrag insoweit der **Textform** bedarf, § 578 Abs. 1 S. 2, Abs. 2 BGB. Die Textform ist lediglich dann gewahrt, wenn sich die wesentlichen Vertragsbedingungen – insbesondere Mietgegenstand, Miete und Dauer sowie die Parteien des Mietverhältnisses – in der Vertragsurkunde angegeben sind.[30] Dieser Maßstab gilt auch für spätere Vertragsänderungen;[31] diese bedürfen ebenfalls der Textform, sofern die Parteien nicht nur unwesentliche Vertragsänderungen vornehmen.[32]

Eine **Veränderung der Miethöhe** ist stets eine wesentliche Veränderung des Vertra- 19
ges.[33] Regeln die Parteien die Fälligkeit der Miete abweichend von den gesetzlichen Bestimmungen, gehört diese Vereinbarung ebenfalls zu den wesentlichen Vertragsbedingungen und bedarf der Schrift- bzw. Textform.[34] Nach dem gesetzlichen Leitbild des § 556b Abs. 1 BGB ist die Miete zu Beginn, spätestens bis zum dritten Werktag der einzelnen Zeitabschnitte zu entrichten, nach denen sie bemessen ist. Unter Miete im Sinne dieser Vorschrift ist die Gesamtmiete zu verstehen, also die Nettokaltmiete zuzüglich der Betriebskosten- und Heizkostenvorauszahlungen oder Betriebskostenpauschalen.[35] Ändern daher die Parteien die Zahlungsabschnitte, sei es auch bezogen auf die Betriebskostenvorauszahlungen oder Betriebskostenpauschalen, so unterliegt diese Vertragsänderung dem Textformerfordernis, wenn der Vertrag für die Dauer von mehr als einem Jahr eingegangen worden ist. Erfolgt diese Vertragsänderung unter Außerachtlassung der benannten Formvorschrift, gilt der Vertrag für unbestimmte Zeit geschlossen. Die Kündigung des Vertrages ist in diesem Falle frühestens zum Ablauf eines Jahres nach Überlassung der Mietsache zulässig, § 550 S. 2 BGB.

Setzen die Parteien ein zeitlich befristetes Mietverhältnis einvernehmlich fort, entsteht 20
ungeachtet einer Schriftformklausel im alten Vertrag ein **neues Mietverhältnis.**[36] Hierdurch ersparen sich die Parteien unter anderem einen langwierigen Gutachterprozess

---

[28] BeckOGK/Drager BGB § 556 Rn. 58.
[29] BGH NZM 2005, 863 (864); Eisenschmid/Rips/Wall/Eisenschmid Rn. 3932.
[30] Schmidt-Futterer/Lammel BGB § 550 Rn. 33.
[31] Schmidt-Futterer/Lammel BGB § 550 Rn. 41.
[32] BGH NJW 2008, 365; Grüneberg/Weidenkaff BGB § 550 Rn. 16; Lindner-Figura NZM 2007, 705 (707).
[33] BGH NZM 2016, 98.
[34] BGH NJW 2008, 365.
[35] Schmidt-Futterer/Lehmann-Richter BGB § 556b Rn. 7.
[36] BGH NJW 2009, 433.

über die Angemessenheit der Miethöhe, sofern man von einem vertraglosen Zustand ausgehen sollte.[37]

21 Der Geschäftsführer einer GmbH ist im Außenverhältnis unbeschränkt handlungsfähig. Sind im Innenverhältnis jedoch bestimmte Ab- und Zustimmungen erforderlich, müssen diese entsprechend auch in den Mietvertrag mit aufgenommen werden; andernfalls sind diese für den Entscheidungsprozess unerheblich. Entscheidungen auf Gesellschaftsebene sollten Bestandteil des Mietvertrages werden, was allerdings nicht als zwingendes Formerfordernis zu bewerten ist. Eine zweifelsfreie Bezugnahme auf außerhalb des Vertrages liegende Umstände oder eine andere Urkunde reichen für das Schriftformerfordernis aus.[38]

22 Das Berufen auf einen Formmangel ist grundsätzlich für keine Partei nicht treuwidrig.[39] Lediglich in Ausnahmefällen – beispielsweise wenn die vorzeitige Beendigung des Vertragsverhältnisses für den Vertragspartner zu einem schlechthin untragbaren Ergebnis führen würde – kann das Erheben einer entsprechenden Einrede als rechtsmissbräuchlich iSd § 242 BGB zu bewerten sein. Das kann insbesondere der Fall sein, wenn der eine Vertragspartner den anderen schuldhaft von der Einhaltung der Schriftform abgehalten oder sich sonst einer besonders schweren Treuepflichtverletzung schuldig gemacht hat oder wenn bei Formnichtigkeit die Existenz der anderen Vertragspartei bedroht wäre.[40]

4. Verteilerschlüssel und Flächenberechnung

23 Der Vermieter kann den Umlagemaßstab nach billigem Ermessen gemäß § 315 BGB bestimmen, wenn die Parteien keine besondere Vereinbarung getroffen haben.[41] Die Vorschriften der §§ 556, 556a BGB gelten im Bereich der Gewerberaummiete nicht.[42]

24 Betriebskosten, deren Höhe von einem erfassten Verbrauch oder einem bestimmbaren Verursachungsgrad durch den Mieter abhängen, sind mangels anderslautender Vereinbarungen nach dem unterschiedlichen Verbrauch und der unterschiedlichen Verursachung abzurechnen.

25 Eine Berechnung der Betriebskosten unter Beachtung eines Flächenmaßstabes ist ebenfalls zulässig. Eine allgemeingültige und gesetzliche Definition von Begriffen, wie „Bürofläche", „Gewerbefläche" oder „Grundfläche" existiert nicht.[43] Die Vereinbarung eines eindeutig definierten Flächenmaßstabes ist daher dringend zu empfehlen.

26 Ein bloße Bezugnahme auf die DIN 277 ist nicht zu empfehlen, da diese DIN nur der „*Berechnung der Kubatur und Flächen von Bauwerken*" dient und damit vorrangig der Kostenermittlung und -analyse von Hochbauten. Hinzu kommt, dass die DIN 277-1 eine Mehrzahl verschiedener Flächen beinhaltet, Brutto-Grundfläche (BGF), Konstruktions-Grundfläche (KGF), Netto-Grundfläche (NGF), Nutzfläche (NF), Funktionsfläche (FF), Verkehrsfläche (VF), ferner Brutto-Rauminhalt (BRI) und Netto-Rauminhalt (NRI) und deren Berechnung. Auf dieser Basis nimmt die DIN 277-2 eine genaue Bestimmung und Untergliederung dieser Flächen vor, die in der Anlage 1 nach Nutzungsarten weiter aufgeschlüsselt werden. Eine Bewertung der Nutzung wird allerdings nicht vorgenommen. Im Falle einer Bezugnahme auf die DIN 277 ist zugleich auch vertraglich zu benennen, welche der dortigen Flächen die Vertragsparteien als maßgeblich und als Grundlage für die Berechnung der Betriebskosten ansehen.

27 Bei der Bestimmung des Maßstabes für die Anrechnung von Gewerberaumflächen ist der wirtschaftlichen Nutzwert der Flächen zu berücksichtigen. Diesem sachgerechten Bedürfnis dienen die „Richtlinie zur Berechnung der Mietfläche für Büroräume" (MB-

[37] Fritz NJW 2009, 959 (962).
[38] BGH NJW 2008, 2181.
[39] BGH NJW 2008, 2181 (2183).
[40] BGH DNotZ 2014, 765; NZM 2016, 98.
[41] Guhling/Günter/Both BGB § 556a Rn. 28.
[42] Guhling/Günter/Both BGB § 556a Rn. 4.
[43] Schmidt-Futterer/Lehmann-Richter BGB § 556a Rn. 48.

B) sowie die „Richtlinie zur Berechnung der Mietfläche für Handelsraum" (MF-B), zum 1.11.2004 zusammengefasst, aktualisiert und abgelöst von der **„Richtlinie zur Berechnung der Mietfläche für gewerblichen Raum"** (MF-G), herausgegeben von der Gesellschaft für Immobilien – wirtschaftliche Forschung eV (gif eV).

Die Richtlinien haben zum Ziel, eine Bewertung der Mietflächen unter wirtschaftlichen Kriterien zu ermöglichen. Die Richtlinie zeigt eindeutige und klare Berechnungswege, so dass für die Parteien des Gewerbemietvertrages eine detaillierte Bezugnahme auf die Richtlinie für die Bemessung der vermieteten Gewerbefläche vorzugswürdig ist. Die Einbeziehung in den Gewerbemietvertrag erfolgt nach den allgemeinen Regeln. Wird auf diese Weise die vermietete Gewerbefläche der Größe nach festgeschrieben, kann daran die Betriebskostenabrechnung auf der Basis des Flächenmaßstabs erfolgen. 28

5. Fehler bei der Mietflächenberechnung

Unterschreitet im Rahmen eines Geschäftsraummietverhältnisses die tatsächliche Mietfläche die vertraglich vereinbarte um mehr als 10 %, so liegt ein **erheblicher Mangel** vor.[44] Es gelten insoweit die gleichen Grundsätze, wie bei der Wohnraummiete. Ein derartiger Mangel berechtigt grundsätzlich zur Mietminderung und gegebenenfalls zur Kündigung des Mietverhältnisses. 29

Gleichwohl ist es dem Geschäftsraummieter verwehrt, aus diesem Grunde eine **Anpassung der Betriebskostenabrechnung** zu verlangen, da insoweit die vertraglich vereinbarte Fläche maßgeblich bleibt. Von einer solchen Vereinbarung ist insbesondere dann auszugehen, wenn die Parteien die Größe der Fläche mit einer „ca. – Angabe" vereinbaren und daneben bestimmen, dass Änderungen der Fläche von +/– 5 Prozent ohne Auswirkungen auf die Miethöhe bleiben.[45] Flächenänderungen innerhalb dieses Toleranzbereiches haben auf das Abrechnungsergebnis insoweit keine Auswirkung; maßgeblich bleibt die vertraglich vereinbarte Fläche.[46] Entsprechend hat das Landgericht Mosbach entschieden, bei einer Gewerbefläche von „ca. 150 m^2" müsse von vornherein mit einer Abweichung von 10 m^2 gerechnet werden.[47] Zur Überschreitung der Toleranzgrenze könne nicht die gesamte, sondern lediglich die ihrerseits um 10 m^2 reduzierte Minderfläche zur Mietfläche in Bezug gesetzt werden. Insoweit bestehen aber Bedenken, weil es nicht sachgerecht erscheint, wenn es aufgrund der im Gewährleistungsrecht entwickelten Grenze von 10 Prozent dazu käme, dass ein Teil der Mieter Kosten zu tragen hätte, die von anderen verursacht wurden und deren Mietobjekt zuzuordnen sind.[48] Der 8. Zivilsenat des BGH hielt bis 2018 lediglich Flächenabweichungen von mehr als 10 % für rechtlich erheblich.[49] Lediglich ausnahmsweise sei von einer Beschaffenheitsvereinbarung hinsichtlich der Fläche dann nicht auszugehen, wenn ein Mietvertrag zwar eine Flächenangabe enthält, diese Angabe allerdings mit der Einschränkung verbunden ist, dass sie nicht zur Festlegung des Mietgegenstandes diene.[50] 30

Von dieser starren Grenze nahm der BGH mit seinem Urteil vom 30.5.2018 Abstand[51] und setzte diese Rechtsprechung weiterem Urteil vom 16.1.2019 fort.[52] Sofern und soweit Betriebskosten nach gesetzlichen Vorgaben (vgl. zB § 556a Abs. 1 BGB; § 7 Abs. 1 HeizkostenV) ganz oder teilweise nach Wohnflächenanteilen umgelegt werden, ist für die Abrechnung im Allgemeinen der jeweilige Anteil der tatsächlichen Wohn- 31

[44] BGH NZM 2005, 500.
[45] KG NZM 2006, 296.
[46] KG NZM 2006, 296.
[47] LG Mosbach NZM 2004, 260.
[48] Schmidt-Futterer/Lehmann-Richter BGB § 556a Rn. 46.
[49] BGH NJW 2010, 293 (294); 2010, 292.
[50] BGH NJW 2011, 220.
[51] BGH NJW 2018, 2317.
[52] BGH 16.1.2019 – VIII ZR 173/17, NZM 2019, 288.

fläche der betroffenen Wohnung an der in der Wirtschaftseinheit tatsächlich vorhandenen Gesamtwohnfläche maßgebend.

32 Ergibt eine **Neuvermessung der Mietsache** im Rahmen eines laufenden Mietverhältnisses Abweichungen von der vertraglich vereinbarten Nutzfläche, ist der Vermieter bei einer Vergrößerung der Mietfläche befugt im Falle einer Verringerung verpflichtet, die zutreffende Fläche seiner Betriebskostenabrechnung zu Grunde zu legen.

33 **Unterschreitet die tatsächliche Mietfläche die vertraglich vereinbarte Fläche,** so kann der Mieter grundsätzlich die insoweit zu viel gezahlten Betriebskosten von dem Vermieter zurückverlangen, § 812 Abs. 1 BGB. Der Anspruch verjährt innerhalb der regelmäßigen Verjährungsfrist nach drei Jahren, §§ 195, 199 BGB.[53] Übersteigt die tatsächliche Mietfläche die vertraglich vereinbarte, so ist der Vermieter für die Vergangenheit mit der Nachforderung von Betriebskosten ausgeschlossen; für die Zukunft ist der Vermieter befugt, die tatsächliche Mietfläche seiner Betriebskostenabrechnung zu Grunde zu legen.

6. Umsatzsteuer

34 Vereinbaren die Parteien eines Geschäftsraummietvertrages, dass der Mieter zusätzlich zur Grundmiete die gesetzliche **Umsatzsteuer** zu bezahlen hat, so ergibt sich im Wege ergänzender Vertragsauslegung unter besonderer Berücksichtigung des Rechtsgedankens, wonach Nebenleistungen steuerlich das Schicksal der Hauptleistung teilen, eine Verpflichtung des Mieters, zusätzlich zu den Betriebskosten Mehrwertsteuer zu zahlen.[54] Grundsätzlich gilt für Geschäftsraummiete, dass die auf die Grundmiete und die Betriebskosten anfallende Umsatzsteuer nur durch besondere Vereinbarung auf den Mieter abgewälzt werden kann. In diesem Fall umfasst die gesetzliche Umsatzsteuerpflicht die gesamten Betriebskosten unabhängig davon, ob die einzelnen Betriebskostenpositionen mit Vorsteuern belastet sind oder nicht, wie zB bei öffentlichen Lasten. Eine derartige Regelung ist auch formularmäßig möglich.[55] Enthält der Gewerberaummietvertrag keine Regelung über die Zahlung der Umsatzsteuer, verbleibt es bei dem Grundsatz, dass die Umsatzsteuer in der Miete enthalten ist.

35 **Vermieter von Gewerbeobjekten** sind im Sinne der Umsatzsteuer **Unternehmer;** Einnahmen aus der Vermietung von Grundstücken und Grundstücksteilen sind allerdings von der Umsatzsteuer befreit. Der Vermieter von Gewerbeobjekten kann aber nach § 9 UStG auf die Steuerbefreiung verzichten, dh zur Mehrwertsteuer „optieren". Macht er von dieser Möglichkeit Gebrauch, muss er im Wege einer vertraglichen Vereinbarung mit dem Gewerbemieter auf die Miete und die Betriebskosten die gesetzliche Mehrwertsteuer aufschlagen. Der Verzicht auf die Steuerbefreiung ist nur zulässig, wenn die Vermietung an einen Unternehmer erfolgt, der seinerseits steuerpflichtige Umsätze tätigt und ferner das Grundstück oder das Gebäude im Unternehmen des Mieters ausschließlich für Umsätze verwendet wird oder verwendet werden soll, die den Vorsteuerabzug nicht ausschließen.[56]

36 Bei Gebäuden, mit deren **Errichtung vor dem 11.11.1993** begonnen worden ist oder die vor dem 1.1.1998 fertiggestellt worden sind, hat der Vermieter ein freies Wahlrecht, weil nach § 27 Abs. 2 Nr. 3 UStG die Beschränkung des § 9 Abs. 2 UStG nicht gilt; der Vermieter kann demgemäß ohne Weiteres zur Umsatzsteuer optieren.[57]

37 Bei Gebäuden, mit deren **Errichtung nach dem 10.11.1993** begonnen worden ist oder die nach dem 31.12.1997 fertig gestellt worden sind, kann der Vermieter gemäß § 9 Abs. 2 UStG nur dann auf die Umsatzsteuerbefreiung verzichten, wenn der Mieter das Grundstück ausschließlich für Umsätze verwendet oder zu verwenden beabsichtigt, die den Vorsteuerabzug nicht ausschließen.

[53] OLG Dresden 30.8.2023 – 5 U 547/23, ZMR 2024, 113.
[54] Vgl. hierzu LG Mannheim 3.4.2024 – 4 S 45/23, ZMR 2024, 846.
[55] Schmidt-Futterer/Lehmann-Richter BGB § 535 Rn. 869.
[56] Schmidt-Futterer/Lehmann-Richter BGB § 535 Rn. 869.
[57] Herrlein NZM 2005, 648 (649).

Ergänzend ist darauf zu verweisen, dass die Finanzbehörden durch Schreiben des Bundesministeriums der Finanzen vom 30.12.1994[58] angewiesen sind, entgegen dem Gesetzeswortlaut nicht auf ausschließlich steuerpflichtige Umsätze des Mieters zu bestehen, sondern steuerfreie Umsätze bis zu einer **Bagatellgrenze von 5 Prozent** zu tolerieren. Angesichts der Bedeutung und der möglicherweise drohenden Nachteile für den Fall einer Option zur Mehrwertsteuer für den Vermieter empfiehlt sich eine steuerrechtliche Beratung zwecks Prüfung des Einzelfalles. Diese Beratung erscheint umso dringlicher, als sich das Steuerrecht als überaus kompliziert darstellt und darüber hinaus starken Wandlungen unterliegt. In diesem Zusammenhang sei auf § 15a UStG verwiesen, der eine nachträgliche Berichtigung des Vorsteuerabzugs bis zu zehn Jahren rückwirkend vorsieht. 38

Bei einem **Mischmietverhältnis**, in dem die Gewerbemiete überwiegt, führt die gemischte Nutzung nicht zu einer umsatzsteuerlichen Gleichbehandlung.[59] Eine Aufteilung ist vorzunehmen, nach der die Nutzung von Wohnraum nicht mit der Umsatzsteuer belastet wird. Dieses Ergebnis ist auch nicht dadurch zu vermeiden, dass die Vertragsparteien ein einheitliches Entgelt vereinbaren für die unternehmerische und die nicht unternehmerische Nutzung. Fällt eine Umsatzsteuer nicht an, braucht sie der Mieter auch nicht zu entrichten. 39

7. Gebot der Wirtschaftlichkeit

Der Vermieter muss bei der Begründung von Betriebskosten den **Grundsatz der Wirtschaftlichkeit** beachten. Andernfalls kann er bei Nichtberücksichtigung dieses Grundsatzes daran gehindert sein, zumindest Teile der bei ihm tatsächlich entstandenen Betriebskosten auf den Mieter abzuwälzen. Der Grundsatz der Wirtschaftlichkeit findet seinen gesetzlichen Niederschlag in §§ 556 Abs. 3 Satz 1, 560 Abs. 5 BGB. Mangels Verweis in § 578 BGB finden die vorgenannten Regelungen keine direkte Anwendung im Bereich des Gewerbemietrechts; auch eine analoge Anwendung kommt mangels Regelungslücke nicht in Betracht.[60] Der Grundsatz der Wirtschaftlichkeit findet über das Wohnungsmietrecht hinaus auch bei der Vermietung von Gewerberäumen Anwendung.[61] Treu und Glauben sowie die Rücksichtnahme auf die berechtigten Belange des Vertragspartners gebieten, dass nur die Übernahme und Abrechnung solcher Betriebskosten vereinbart werden kann, die für eine ordnungsgemäße und sparsame Bewirtschaftung des Mietobjekts **erforderlich** sind.[62] 40

Das Gebot der Wirtschaftlichkeit verpflichtet den Vermieter nicht, stets den billigsten Anbieter zu beauftragen; ihm steht ein Ermessenspielraum zu, wobei er auch weitere Gesichtspunkte in die Kalkulation einfließen lassen kann, etwa die Zuverlässigkeit einer (Energie-)Versorgers. Insbesondere ist im Vorfeld der Beauftragung eine Ausschreibung nicht erforderlich; der Vermieter ist in diesem Zusammenhang auch nicht verpflichtet, die Marktlage sorgfältig zu untersuchen. Langjährige Geschäftsbeziehungen zu einem Vertragspartner können ebenfalls für eine Auftragsvergabe von Bedeutung sein. Generelle Regeln lassen sich nicht aufstellen; vielmehr sind bei Prüfung der einzelnen Betriebskostenpositionen auf eine angemessene Kosten-Nutzen-Relation abzustellen[63] und die Umstände des Einzelfalls zu berücksichtigen. 41

Die Verletzung des Gebotes der Wirtschaftlichkeit kann zu einem **Schadensersatzanspruch** nach §§ 280 Abs. 1, 241 Abs. 2 BGB wegen Verletzung einer mietvertraglichen Nebenpflicht führen.[64] 42

[58] BStBl. I 1994, 943 (944).
[59] OLG Celle BeckRS 2016, 14521.
[60] BGH NJW 2011, 445.
[61] Grüneberg/Weidenkaff BGB § 535 Rn. 88.
[62] BeckOGK/Drager BGB § 556 Rn. 29.
[63] BGH NJW 2010, 3647 (3648); 2011, 3028.
[64] BGH NJW 2011, 3028.

Ebenso lässt die entsprechende Verursachung objektiv unnötig hoher Betriebskosten eine entsprechende Kostentragungspflicht des Mieters insoweit entfallen.

43 Der Schadensersatzanspruch setzt nach §§ 280, 276 BGB ein **Verschulden,** also ein zumindest fahrlässiges Verhalten, voraus. Der Vermieter hat die im Verkehr erforderliche Sorgfalt nicht beachtet, wenn er weit überhöhte Beträge an Versorgungsunternehmen gezahlt oder Überkapazitäten – etwa bei der Müllentsorgung – bereitgehalten hat.[65] Ein Verstoß gegen das Gebot der Wirtschaftlichkeit ist ebenso denkbar im Falle einer übermäßig häufigen Hausreinigung, obwohl ein entsprechender Reinigungsbedarf nicht besteht. Gleiches gilt für den Fall, dass der Vermieter eine Sach- und Haftpflichtversicherung abschließt, ohne zuvor wenigstens die Preise verschiedener Versicherungen miteinander verglichen zu haben. Übersteigen die tatsächlich entstandenen Betriebskosten die ortsüblichen Kosten für vergleichbare Leistungen in deutlicher Höhe, ist der Vermieter insoweit zur Erläuterung der Kostenhöhe gegenüber dem Mieter verpflichtet.[66] Dem Mieter obliegt eine Plausibilitätskontrolle, die er auf Mietspiegel, Betriebskosten- oder Heizkostenspiegel stützen kann. Es ist allerdings eine Prüfung an Hand früherer Abrechnungen zu empfehlen, da der Mieter auf diesem Wege einen konkreten Bezug zu den bisherigen Kosten unter Berücksichtigung der Eigenarten des jeweiligen Mietobjektes herstellen kann; anhand anderer Datenquellen (Beispiel: Mietspiegel) ist ein solcher Vergleich regelmäßig nicht oder allenfalls in äußerst relativen Umfang möglich. Im Falle eines Rechtsstreits über die Höhe entstandenen Betriebskosten erfolgt die Überprüfung der Angemessenheit dieser Kosten von Seiten des Gerichts regelmäßig durch Einholung eines gerichtlichen Sachverständigengutachtens.

44 Dem Mieter obliegt die **Darlegungs- und Beweislast** hinsichtlich des vermieterseitigen Verstoßes gegen das Gebot der Wirtschaftlichkeit. Den Vermieter trifft in diesem Zusammenhang regelmäßig keine sekundäre Darlegungspflicht hinsichtlich der tatsächlichen Grundlagen seines Betriebskostenansatzes.[67]

45 Arbeitet eine Heizanlage unwirtschaftlich, ansonsten aber einwandfrei, ist dieser Umstand nicht als ein zur Mietminderung berechtigender Mangel zu bewerten. Der Fehlerbegriff des § 536 BGB darf nicht auf die (wirtschaftlichen) **Folgen des Gebrauchs** einer technischen Anlage ausgedehnt werden. Denn dem Vermieter steht die Entschließungsfreiheit zu, mit welcher Anlage er das Mietobjekt betreiben will. Würde man in derartigen Fällen vom Vorliegen eines Mangels ausgehen, stünde dem Mieter beim Vorliegen entsprechen der Voraussetzungen ein Beseitigungsanspruch zu; dies widerspräche jedoch eklatant der Dispositionsbefugnis des Vermieters. Anders wäre der Fall zu bewerten, dass die Heizungsanlage das Objekt nicht ausreichend mit Wärme versorgt.

46 Der Schadensersatzanspruch des Mieters richtet sich auf eine **Freistellung** von unnötigen Betriebskosten. Die Betriebskostenabrechnung ist um die unwirtschaftlichen Kosten zu bereinigen; dies gilt sowohl für überflüssige Betriebskostenpositionen wie auch für solche Kosten, die bei einer sorgfältigen und wirtschaftlichen Vorgehensweise des Vermieters nicht angefallen wären.[68]

8. Vorauszahlungen

47 Der Vermieter ist auch im Gewerbemietrecht zur **Abrechnung entstandener Betriebskosten** nur dann verpflichtet, wenn die Vertragsparteien die Leistung entsprechender Betriebskostenvorauszahlungen durch den Mieter zuvor vertraglich vereinbart haben.[69] Fehlt es an einer derartigen Vereinbarung, ist der Vermieter regelmäßig mit der Nachforderung von Betriebskosten ausgeschlossen; hiervon ist jedoch die Frage zu unter-

---

[65] BGH 25.1.2023 – VII ZR 230/21, ZMR 2023, 535.
[66] BGH ZMR 2010, 933.
[67] BGH NJW 2011, 3028.
[68] Langenberg/Zehlein BetrKostR G. Rn. 15.
[69] OLG Naumburg NZM 2007, 630.

scheiden, ob der Gewerbevermieter Betriebskosten nach Ablauf des Abrechnungszeitraums nach einer Abrechnung fordern kann.

Rechnet der Vermieter entgegen den Bestimmungen des Mietvertrages über geleistete Betriebskostenvorauszahlungen über mehrere Jahre nicht ab und fordert der Mieter diese daraufhin zurück, kann der Vermieter gegenüber einem solchen Rückforderungsanspruch nicht einwenden, dass durch die Leistung der Vorauszahlungen eine konkludente Vertragsänderung eingetreten sei und die Vorauszahlungen nunmehr als Betriebskostenpauschale zu bewerten seien. Es fehlt insoweit an dem erforderlichen, rechtsgeschäftlichen Willen für eine entsprechende Vertragsänderung sowie an der Abgabe der hierfür erforderlichen Erklärungen seitens des Mieters. 48

Aus dem Sinn und Zweck der Vorauszahlungen ergibt sich, dass sie der Höhe nach **kostenorientiert** sein müssen. Sie sollen in angemessener Höhe vereinbart werden. Orientierung zur Vorauszahlungshöhe geben regelmäßig die Kosten vergangener Abrechnungsperioden. Haben die Vertragsparteien überhöhte Vorauszahlungen vereinbart, ist der Vermieter in Anwendung des § 560 Abs. 3 S. 1 BGB verpflichtet, die Vorauszahlungen entsprechend herabzusetzen.[70] 49

Das OLG Düsseldorf[71] billigt dem Gewerbemieter einen Anspruch auf Herabsetzung der Betriebskostenvorauszahlungen zu. 50

9. Pauschalen

Die Umlage von Betriebskosten kann auch im Gewerbemietrecht durch Vereinbarung zu leistender **Betriebskostenpauschalen** erfolgen, über welche **nicht abzurechnen** ist. Bei Vereinbarung einer Pauschale trägt grundsätzlich der Vermieter das Risiko der Kalkulation und ist regelmäßig mit Nachforderungen ausgeschlossen. Daneben gilt grundsätzlich die **Heizkostenverordnung,** als zwingendes Recht nicht abdingbar. Soweit die Heizkosten betroffen sind, sind Nebenkostenpauschalen oder Inklusivmieten bzw. Teilinklusivmieten unzulässig.[72] 51

10. Heizkosten

Die Gestaltungsfreiheit der Parteien eines Gewerbemietvertrages findet ihre Grenze in den **Vorschriften der Heizkostenverordnung.** Die Verordnung über Heizkostenabrechnung in der Fassung der Bekanntmachung vom 5. Oktober 2009 gilt nicht nur für Wohnraummietverhältnisse, sondern auch für Gewerbemietverhältnisse und regelt die Verteilung der Kosten 52

- des Betriebs zentraler Heizungsanlagen und zentraler Warmwasserversorgungsanlagen,
- der eigenständig gewerblichen Lieferung von Wärme und Warmwasser, auch aus Anlagen nach Nr. 1 (Wärmelieferung, Warmwasserlieferung) durch den Gebäudeeigentümer auf die Nutzer der mit Wärme oder Warmwasser versorgten Räume.

Nutzer im Sinne der Heizkostenverordnung ist derjenige, der den tatsächlichen Besitz am Raum ausübt, also sowohl der Wohnraummieter wie auch der Geschäftsraummieter.[73] Der **Vorrang der Heizkostenverordnung** gilt gem. § 2 HeizkostenV gegenüber allen rechtsgeschäftlichen Vereinbarungen. Solche Vereinbarungen, die in Abweichung von der Verordnung eine alternative Abrechnung über die Kosten der Wärme und des Warmwassers vorsehen, sind unwirksam.[74] Die Vermieter von Gewerberaum sind demgemäß verpflichtet, die Räume gemäß § 5 HeizkostenV mit Instrumenten zur Verbrauchserfassung auszustatten und gemäß § 6 HeizkostenV eine verbrauchsabhängige 53

[70] BGH NJW 2012, 303.
[71] OLG Düsseldorf NZM 2016, 821.
[72] OLG Hamm NJW-RR 1987, 8; Fritz NJW 2009, 959 oder Fritz/Geldmacher/Leo GewerberaumMietR Rn. 129; Eisenschmid/Rips/Woll/Rips Rn. 1605.
[73] BeckOGK/Drager HeizkostenV § 1 Rn. 32.
[74] MüKoBGB/Zehelein HeizkostenV § 2 Rn. 2.

Kostenverteilung vorzunehmen. Ferner besteht eine Verpflichtung zur Verteilung der Kosten nach dem ermittelten Verbrauch, §§ 7 ff. HeizkostenV.

54 Der Vorrang der Heizkostenverordnung gilt allerdings dann nicht, wenn lediglich ein Nutzer auf Mieterseite beteiligt ist; nach § 1 Abs. 1 HeizkostenV müssen die Kosten für Heizung und Warmwasser auf **mehrere Nutzer** aufzuteilen sein. Die Vorschriften der Heizkostenverordnung sind dann nicht anwendbar, wenn sich die Nutzer als Mieter selbst mit Wärme und Heizenergie versorgen oder wenn ein Gewerbeobjekt lediglich an einen Nutzer vermietet ist.[75]

55 Sind die zwingenden Vorschriften der Heizkostenverordnung anwendbar, führt ein **Verstoß** gegen diese Vorgaben zu einem **Kürzungsrecht** des Mieters nach § 12 HeizkostenV. Bei einer nicht verbrauchabhängigen Abrechnung kann der Nutzer den auf ihn entfallenden Anteil um 15 Prozent kürzen, § 12 Abs. 1 Satz 1 HeizkostenV. Kürzungsfähig ist der volle Kostenanteil und nicht nur der verbrauchsabhängige Teil.[76] Daneben besteht ein Anspruch auf Einhaltung der Vorgaben der Heizkostenverordnung; Anspruchsgrundlage bildet der Mietvertrag in Verbindung mit den zwingenden Vorschriften der Heizkostenverordnung. Eine Durchsetzung dieses Anspruchs erfolgt nach allgemeinen Regeln. Eine Kürzung tritt nicht automatisch ein; das entsprechende Recht bedarf einer Ausübung durch den Mieter.[77]

56 Ist entgegen den zwingenden Vorgaben der Heizkostenverordnung eine **Bruttowarmmiete** vereinbart, muss der Vertrag den Vorschriften der Heizkostenverordnung entsprechend angepasst werden. Dies kann in der Weise geschehen, dass eine Bruttowarmmiete als eine Bruttokaltmiete (Teilinklusivmiete) behandelt wird, verbunden mit einer Pflicht zur gesonderten verbrauchsabhängigen Abrechnung der Kosten einer Versorgung mit Wärme und Warmwasser. Der Anteil der Kosten für Wärme und Warmwasser ist aus der Gesamtmiete herauszurechnen und als Vorauszahlung auf die abzurechnenden Heiz- und Warmwasserkosten zu behandeln.[78] Haben die Parteien eines Gewerberaummietverhältnisses eine **Heizkostenpauschale** vereinbart, so kann diese als Vorauszahlung behandelt werden.[79]

57 Bezüglich der Heizkosten wird auf → § 24 Rn. 359 ff. verwiesen, der Verbrauchserfassung auf → § 24 Rn. 386 ff., der Kostenumlage auf → § 24 Rn. 400 ff., der Heizkostenabrechnung auf → § 24 Rn. 412 ff. und der Zwischenablesung bei einem Mieterwechsel auf → § 24 Rn. 350.

II. Abrechnung über die Betriebskosten für Gewerberäume

1. Allgemeine Grundsätze

58 Auch für die Abrechnung von Betriebskosten für Gewerberäume gelten die Grundsätze aus der Entscheidung des Bundesgerichtshofs vom 23.11.1981.[80] Die Nebenkostenabrechnung muss den Vorgaben des § 259 BGB entsprechen und nachprüfbar sein; der Mieter muss sie inhaltlich nachvollziehen können. Aus diesem Grunde muss die Abrechnung **klar, übersichtlich und verständlich** sein. Auch bei großen Mietobjekten müssen dazu die Gesamtkosten, der Verteilungsschlüssel, die Berechnung des Kostenanteils der einzelnen Mieter und die Vorauszahlungen angegeben werden. Der Mieter muss ferner die Möglichkeit haben, die Abrechnung nachzuprüfen. Hinzu kommt das Erfordernis, dass die Betriebskostenabrechnung vertragsgemäß ist.

[75] BeckOGK/Drager HeizkostenV § 1 Rn. 32, 33.
[76] MüKoBGB/Zehelein HeizkostenV § 12 Rn. 5.
[77] Schmidt-Futterer/Lammel HeizkostenV § 12 Rn. 13.
[78] BGH NZM 2006, 652 (653).
[79] Lindner-Figura/Oprée/Stellmann Geschäftsraummiete-HdB/Beyerle § 11 Rn. 227.
[80] BGH NZM 2003, 196.

2. Abrechnungsfrist

Als Abrechnungsfrist wird die Frist bezeichnet, innerhalb derer der Vermieter nach Ablauf des Abrechnungszeitraums gegenüber dem Mieter über die geleisteten Betriebskostenvorschüsse abzurechnen hat. Die gesetzliche Regelung des § 556 Abs. 3 BGB findet keine Anwendung auf Gewerberaummietverhältnisse. Gleichwohl ist der Vermieter nach allgemeiner Meinung auch in einem solchen Mietverhältnis verpflichtet, über die geleisteten Betriebskostenvorauszahlungen **ein Jahr nach Ablauf des Abrechnungszeitraums** abzurechnen.[81] Auf § 20 Abs. 3 S. 4 NMVO sei in diesem Zusammenhang verwiesen. Ebenso ist der Rechtsgedanke des § 556 Abs. 2 S. 2 BGB auf den Bereich des Gewerbemietrechts übertragbar.[82] Da die Parteien des Gewerbemietverhältnisses gehalten sind, alsbald für Klarheit über die gegenseitigen Ansprüche zu sorgen, erscheint eine Abrechnung spätestens nach 12 Monaten nach Ablauf des Abrechnungszeitraums als noch angemessen. 59

Eine **analoge Anwendung** von § 556 Abs. 3 S. 3 BGB (Ausschlussfrist für Betriebskostennachforderungen) kommt nach Auffassung des **BGH**[83] nicht in Betracht. Aufgrund der Mietrechtsreform aus dem Jahre 2001 fehle es für eine Analogie an der hierfür erforderlichen planwidrigen Regelungslücke. Die bloße Nichtabrechnung hat grundsätzlich nicht die **Verwirkung** des Anspruchs auf Zahlung von Nebenkosten zur Folge. Dies gilt auch für den Fall, dass der Vermieter seiner Abrechnungspflicht über mehrere Jahre nicht nachkommt. Es fehlt insoweit an dem erforderlichen **Umstandsmoment.**[84] Etwas anderes kann für den Fall gelten, dass der Vermieter erst nach mehreren Jahren über ein bestimmtes Wirtschaftsjahr abrechnet, den daraus resultierenden Saldo sowie höhere Betriebskostenvorschüsse einklagt, ansonsten allerdings eine Abrechnung über andere abgeschlossene Wirtschaftsjahre nicht erfolgt; hinsichtlich dieser Wirtschaftsjahre kann der Anspruch des Mieters auf Zahlung von Nebenkosten verwirkt sein.[85] 60

3. Abrechnungsreife

Mit Ablauf der Abrechnungsfrist tritt Abrechnungsreife ein. Der Anspruch des Mieters auf Erteilung einer Betriebskostenabrechnung wird fällig. Der Mieter kann den fälligen und durchsetzbaren Anspruch auf Erstellung einer Betriebskostenabrechnung gerichtlich geltend machen. In diesem Zusammenhang besteht Prozess taktisch auch die Möglichkeit, im Wege einer **Stufenklage** nach § 254 ZPO den Vermieter zunächst auf Abrechnung in Anspruch nehmen und auf dieser Grundlage die Leistung eines möglichen Betriebskostenguthabens verlangen. Ebenso ist der Mieter berechtigt, im Falle ausstehender Betriebskostenabrechnungen ein Zurückbehaltungsrecht hinsichtlich zukünftig fälliger Betriebskostenvorauszahlungen im laufenden Mietverhältnis geltend zu machen.[86] 61

Über die geleisteten Betriebskostenvorauszahlungen ist innerhalb eines Jahres nach Ablauf des Abrechnungszeitraums abzurechnen; nach Ablauf dieser Frist kann der Vermieter rückständige Vorschüsse nicht mehr verlangen, sondern nur noch Zahlung des Saldos der Abrechnung.[87] 62

Da die Jahresfrist im Gewerbemietrecht keine Ausschlussfrist darstellt, verliert der Vermieter nicht seinen Anspruch auf Leistung einer sich aus der Abrechnung ergebenen Nachzahlung, wenn er die Abrechnungsfrist nicht erheblich überschreitet.[88] Der Anspruch des Vermieters auf Leistung einer Betriebskostennachzahlung unterliegt der 63

[81] OLG Hamburg MDR 1989, 162; Guhling/Günter/Both BGB § 556 Rn. 60.
[82] Guhling/Günter/Both BGB § 556 Rn. 7.
[83] BGH NJW 2010, 1065; 2011, 445.
[84] BGH NJW 2011, 445.
[85] BGH NZM 2010, 243.
[86] Grüneberg/Weidenkaff BGB § 556 Rn. 11; Guhling/Günter/Both BGB § 556 Rn. 67 ff.
[87] OLG Hamburg MDR 1989, 162.
[88] Guhling/Günter/Both BGB § 556 Rn. 64; aA AG Wiesbaden NZM 2006, 140.

regelmäßigen Verjährungsfrist nach §§ 195, 199 BGB. Die Frist beginnt in dem Zeitpunkt, in welchem die Abrechnung dem Mieter zugeht. Im Übrigen kann der Mieter im Falle einer späten Abrechnung die Einrede der Verwirkung gemäß § 242 BGB erheben. Insoweit sind die konkreten Umstände des Einzelfalles im Hinblick auf das Zeitmoment wie auch das Umstandsmoment zu prüfen.[89]

64 Nach dem Ende des Abrechnungszeitraums können hat der Vermieter keinen Anspruch mehr auf Leistung rückständiger Vorauszahlungen. Nimmt der Vermieter den Mieter klageweise auf Zahlung von Betriebskostenvorauszahlungen in Anspruch und läuft während des laufenden Rechtsstreits der Abrechnungszeitraum ab, muss er im Wege der Klageänderung sein Begehren auf Zahlung des Saldos aus der Betriebskostenabrechnung umstellen. Hierbei handelt es sich um einen Fall zulässiger Klageänderung.[90]

4. Form der Abrechnung

65 Im Bereich der Gewerberaummiete bestehen keine besonderen Formvorschriften für die Betriebskostenabrechnung. Aus praktischen Gründen sowie zum Zwecke der Nachweisbarkeit ist selbstverständlich die Erstellung der Abrechnung in **Textform** zu empfehlen. Auf diesem Wege hat der Vermieter ohne weiteres die Möglichkeit, dem Mieter in erforderlichem Umfang die Gesamtkosten, die einzelnen Betriebskostenpositionen und die Vorauszahlungen des Mieters einschließlich des errechneten Ergebnisses in prüfbarer Form darzustellen. Die vorstehenden Erwägungen sind auch in solchen Fällen zu berücksichtigen, in denen eine nähere Erläuterung seitens des Vermieters geboten ist, beispielsweise aufgrund erheblicher Veränderungen der Betriebskostenhöhe oder Änderungen des Verteilerschlüssels. Auch aus diesen Gründen sollte die Abrechnung der Textform genügen. Sofern nicht anders vereinbart, ist der Vermieter nicht verpflichtet, die Abrechnung eigenhändig zu unterschreiben.

5. Inhalt der Abrechnung

66 Nach überwiegender Meinung handelt es sich bei einer Betriebskostenabrechnung nicht um eine Willens-, sondern um eine **Wissenserklärung** iSd § 259 BGB.[91] In der Abrechnung sind die **Gesamtkosten** sämtlicher Betriebskostenpositionen aufzuführen. Die Angabe lediglich „bereinigter Kosten" – also von Beträgen, die bereits um nicht auf den Mieter umlegbare Kostenanteile gekürzt sind – genügt nicht und ist unzulässig. Eine Betriebskostenabrechnung ist für den Mieter nur dann nachvollziehbar bzw. prüfbar, wenn die tatsächlich entstandenen Betriebskosten in vollständiger Höhe angegeben sind. Das Belegeinsichtsrecht des Mieters kann über eine fehlerhafte und nicht prüfbare Abrechnung nicht hinweghelfen. Das Einsichtsrecht hat lediglich Kontrollfunktion und dient nicht dazu der fehlerhaften Abrechnung des Vermieters zur Plausibilität zu verhelfen.[92]

67 Entsprechendes gilt für **gemischte Kosten,** also Betriebskostenpositionen, in denen nicht auf den Mieter umlegbare Kosten enthalten sind (Kosten von Vollwartungsverträgen, Verwaltungskosten). Sind in einem Gewerbemietvertrag bestimmte Kostenanteile nicht umlagefähig, müssen gleichwohl die Gesamtkosten für diese Positionen angegeben werden.

68 Die einzelnen **Betriebskostenpositionen** sind geordnet unter Angabe des jeweiligen Kostenbetrages aufzulisten. Bei verbrauchabhängigen Kosten ist der festgestellte Verbrauch in der Abrechnung anzugeben. Entstehen im Vergleich zum Vorjahr erhebliche **Kostendifferenzen** von mehr als 10 %, sind die Hintergründe hierfür in der Abrechnung zu erläutern. Legt der Vermieter die Gründe der Preissteigerung und deren Unvermeid-

[89] Grüneberg/Grüneberg BGB § 242 Rn. 93 mwN.
[90] OLG Hamburg MDR 1989, 162.
[91] BGH NJW 1982, 573 = MDR 1982, 483.
[92] BGH NZM 2017, 732.

lichkeit nicht im Einzelnen dar, kann er wegen eines Verstoßes gegen den Grundsatz der Wirtschaftlichkeit diese Betriebskosten nur in Höhe der im Vorjahr angefallenen Beträge auf den Mieter umlegen.[93]

Der vereinbarte **Umlageschlüssel** ist in der Abrechnung für jede Betriebskostenpositi- 69
on gesondert mitzuteilen.

Im Falle einer **gemischten Nutzung** des Mietobjektes gelten keine Besonderheiten. Ein 70
Vorwegabzug für Betriebskosten für Wohneinheiten ist nur dann erforderlich, wenn dies vertraglich vereinbart ist oder wenn eine erhebliche Mehrbelastung einer Nutzergruppe vorliegt.[94] Bei der Abrechnung der Betriebskosten für ein teils gewerblich, teils zu Wohnzwecken genutztes Gebäude gehört die Vornahme eines Vorwegabzuges für die gewerbliche Nutzung selbst dann nicht zu den an eine Abrechnung zu stellenden Mindestanforderungen, wenn durch die gewerbliche Nutzung ein erheblicher Mehrverbrauch verursacht wird und daher ein solcher Vorwegabzug geboten ist.[95] Bei einer Abrechnung der Betriebskosten eines gemischt genutzten Objekts nach dem Flächenmaßstab obliegt dem **Mieter** die **Darlegungs- und Beweislast** dafür, dass durch die gewerbliche Nutzung erhebliche Mehrkosten pro Quadratmeter entstehen.[96] Dabei ist hinsichtlich der einzelnen Betriebskosten zu differenzieren und auf die konkreten Gegebenheiten des Gebäudekomplexes einerseits und die Art der gewerblichen Nutzung andererseits abzustellen. Die in einem Betriebskostenspiegel ausgewiesenen Durchschnittskosten sind nicht maßgeblich; insoweit fehlt es an einem konkreten Bezug zum Mietobjekt.

Ferner sind die mieterseits geleisteten **Betriebskostenvorauszahlungen** in der Abrech- 71
nung darzustellen. Ob Mehrwertsteuer in Ansatz gebracht werden kann, hängt von den vertraglichen Vereinbarungen ab und namentlich, ob der Vermieter eines Gewerberaums an einen Unternehmer zur Mehrwertsteuer optiert hat.

6. Korrektur der Abrechnung

Die Korrektur der Betriebskostenabrechnung ist dem Vermieter jederzeit und ohne 72
Einschränkungen möglich. Ob und gegebenenfalls in welcher Weise sich die Korrekturen auf Abrechnungen zu anderen Mietern auswirken, hat auf die Befugnis zur Abänderung der Abrechnung keine Auswirkungen.

Liegt hinsichtlich des Saldos kein ausdrückliches **Anerkenntnis** des Mieters vor, etwa 73
durch Abgabe einer entsprechenden Erklärung oder der Vereinbarung einer Ratenzahlung, war früher in dem Ausgleich des Saldos regelmäßig ein deklaratorisches Anerkenntnis gesehen worden.[97] Daraus war die Schlussfolgerung abgeleitet worden, dass jede Partei im Grundsatz mit solchen nachträglichen Einwänden ausgeschlossen ist, die bereits vor Abgabe des Anerkenntnisses nach sorgfältiger Prüfung der Abrechnung hätten geltend gemacht werden können.[98] Dieser Grundsatz galt jedoch nicht schrankenlos. Fehler sind betroffen, bei denen sich der Vermieter im generellen Rahmen der ihm durch den Mietvertrag eingeräumten Rechte hält. Dabei handelt es sich um Rechenfehler, übersehene Kosten sowie unzulässigerweise geltend gemachte Instandhaltungs- oder Verwaltungskosten. Bringt der Vermieter in der Betriebskostenabrechnung unzulässige Kostenpositionen in Ansatz (zB Vergütung des Verwalters von Wohnungseigentum oder Kosten, die dem Bereich des § 2 BetrKV unter keinem Gesichtspunkt zugeordnet werden können).[99] Hier gelten die allgemeinen Regeln der §§ 812 ff. BGB ein.

[93] KG NZM 2006, 294.
[94] BGH NJW 2006, 1419 = NZM 2006, 340.
[95] BGH NJW 2010, 3363.
[96] BGH NJW 2007, 211; 2010, 3363 (3365).
[97] Emmerich/Sonnenschein/Weitemeyer BGB § 556 Rn. 85; Grüneberg/Weidenkaff BGB § 556 Rn. 13; Schmidt-Futterer/Langenberg BGB § 556 Rn. 403.
[98] Schmidt-Futterer/Langenberg BGB § 556 Rn. 414.
[99] Schmidt-Futterer/Langenberg BGB § 556 Rn. 415.

74 Die **vorbehaltlose Zahlung** eines sich aus der Betriebskostenabrechnung ergebenden Saldos ist nach Auffassung des für Wohnraummietrecht zuständigen 8. Zivilsenats des BGH[100] nicht als deklaratorisches Schuldanerkenntnis zu bewerten, das einer späteren Nach- oder Rückforderung während des Laufes der Fristen des § 556 Abs. 3 BGB entgegenstünde. Diese Wertungen sind auch auf das Gewerbemietrecht zu übertragen. Die Fristen des § 556 Abs. 3 BGB gelten demgemäß für das Gewerbemietrecht grundsätzlich nicht.

75 Eine **Korrektur** der Abrechnung ist dem Vermieter auch dann möglich, wenn der Mieter die Nachforderung aus besagte Abrechnung bereits vorbehaltlos gezahlt hat.[101]

7. Kontrollrechte des Mieters

76 Der Mieter hat ein **Einsichtsrecht** in Bezug auf sämtliche Abrechnungsunterlagen, insbesondere sämtliche Belege, die der Abrechnung zugrunde liegen, § 556 Abs. 4 Satz 1 BGB. Grundsätzlich ist der Anspruch darauf gerichtet, dem Mieter die besagten Unterlagen im **Original** zur Verfügung zu stellen.[102] Es ist allerdings in diesem Zusammenhang zu differenzieren: Ist bereits der Vermieter selbst nicht im Besitz von Originalunterlagen („Papierloses Büro"), genügt grundsätzlich die Einsichtnahme in die digitalen Belege. Dies gilt unter anderem dann, wenn die Datensicherheit so groß ist, dass die digitalen Belege auch seitens des Finanzamts anerkannt werden.[103] Lediglich für den Fall, dass der Mieter berechtigte Zweifel an der Echtheit und Vollständigkeit der digitalen Belege hat, genügt die bloße Vorlage digitaler Belege nicht.

77 Die durch das IV. Bürokratieentlastungsgesetz neu eingeführte Regelung des § 556 Abs. 4 Satz 2 BGB, nach welcher der Vermieter berechtigt ist, dem Mieter die Belege elektronisch zur Verfügung zu stellen, findet keine Anwendung.[104]

78 Die Belegeinsicht ist vorbehaltlich anderweitiger vertraglicher Regelungen grundsätzlich am Sitz des Vermieters zu gewähren.[105] Befindet sich der Sitz des Vermieters nicht am Ort des Mietobjekts, kann der Mieter verlangen, dass ihm Belegeinsicht am Ort des Mietobjekts gewährt wird.[106] Andernfalls bestünde die Gefahr, dass dem Mieter die Ausübung seines Rechts unverhältnismäßig erschwert würde. Maßgeblich für die Verhältnismäßigkeit des mieterseitigen Aufwands sind die Umstände des Einzelfalls, insbesondere der Fahr- und Zeitaufwand für den Mieter. Abweichende Vereinbarungen sind formularmäßig möglich.[107]

79 Der Vermieter hat die Möglichkeit, in Anlehnung an § 29 Abs. 2 NMVO Kopien der Abrechnungsunterlagen und -belege gegen Übernahme angemessener Kosten zu übermitteln. Die Übersendung derartiger Kopien kann für den Vermieter verpflichtend sein, sofern die Einsichtnahme für den Mieter ansonsten mit unverhältnismäßigen Schwierigkeiten und Kosten verbunden wäre und dieser sich bereit erklärt, die hierdurch entstehenden Kosten zu übernehmen.[108] Der Vermieter kann seinen Sonderaufwand mit grundsätzlich mit einer Pauschalvergütung von 0,25-0,50 EUR pro Kopie berechnen. Eine derartige pauschale deckt regelmäßig den anfallenden Material- und Personalaufwand beim Erstellen der Kopien ab.

---

[100] BGH NJW 2011, 843.
[101] BGH NJW 204, 2780.
[102] Emmerich/Sonnenschein/Weitemeyer BGB § 556 Rn. 67; Bub/Treier MietR-HdB/v. Brunn Kap. III A 50; Schmidt-Futterer/Langenberg BGB § 556 Rn. 481.
[103] Schmidt-Futterer/Langenberg BGB § 556 Rn. 481.
[104] OLG Schleswig 18.7.2025 – 12 U 73/24, BeckRS 2025, 23247.
[105] BGH NZM 2006, 340; Guhling/Günter/Both BGB § 556 Rn. 114.
[106] Schmidt-Futterer/Lehmann-Richter BGB § 556 Rn. 501.
[107] Schmid DWW 2002, 118 (121).
[108] BeckOGK/Drager BGB § 556 Rn. 220.

III. Anpassung von Betriebskosten

Der Vermieter ist berechtigt, die Betriebs- und Heizkostenvorauszahlungen anzupassen, wenn der Mietvertrag eine derartige Möglichkeit vorsieht und eine entsprechende Kostensteigerung auch tatsächlich eingetreten ist.[109] Durch eine entsprechende Klausel im Mietvertrag kann der Vermieter eine Anpassung der Vorauszahlungen vornehmen, um die Nachteile einer Vorfinanzierung der Betriebskosten zu minimieren. Eine Vereinbarung über die Erhöhung der Vorauszahlungen „nach dem Kostenanfall des Vorjahres" ist zulässig.[110] Der Vermieter kann auf diese Weise seine Mehrbelastung an seinen Gewerbemieter weitergeben. 80

Im Bereich der Wohnraummiete besteht für die Vertragsparteien gemäß § 560 Abs. 4 BGB die Möglichkeit, eine Anpassung der Vorauszahlungen entsprechend dem zuvor mitgeteilten Abrechnungsergebnis verlangen zu können. Die vorgenannte Vorschrift findet auf Mietverhältnisse über Gewerberäume keine Anwendung, § 578 BGB. Vereinbaren die Vertragsparteien die Leistung von Betriebskostenvorauszahlungen, ohne zugleich deren Höhe zu bestimmen, hat der Vermieter hierzu ein entsprechendes Bestimmungsrecht nach §§ 315, 316 BGB. Auf dieser Grundlage ist er auch zu einer späteren Anpassung der Betriebskostenvorschüsse berechtigt. Nach anderer Auffassung resultiere ein Recht auf Anpassung von Betriebskostenvorauszahlungen bereits aus dem Wesen der Vorauszahlung selbst. Diese verfolge regelmäßig den Zweck, die tatsächlich entstehenden Betriebskosten weitestgehend zu decken und so den Vermieter zu entlasten. Kann dieser Zweck aufgrund der zu geringen oder zu hohen Vorauszahlung nicht erfüllt werden, ist diese anzupassen.[111] 81

Als weitere Möglichkeit zu Gunsten des Vermieters im Falle einer Steigerung der Belastung durch Betriebskosten verbleibt die **Änderungskündigung.** Eine Änderungskündigung liegt dann vor, wenn das Mietverhältnis gekündigt und dessen Fortsetzung von der Einwilligung in die Änderung der Mietbedingungen, zB Bereitschaft zur Zahlung einer höheren Betriebskostenvorauszahlung, Erhöhung einer Betriebskostenpauschale, abhängig gemacht wird.[112] Im Gewerbemietrecht ist eine derartige Kündigung verbunden mit dem Angebot auf Fortsetzung des Mietvertrages zu geänderten Bedingungen, zulässig, ohne dass dies als unzulässige Rechtsausübung zu bewerten wäre. 82

Die Parteien eines Gewerbemietvertrages können bereits im Vertrag selbst eine **Gutachter – und Schiedsklausel** vereinbaren, um den Veränderungen im Leistungsverhältnis Rechnung zu tragen. Eine derartige Klausel ist sinnvoll, wenn die Parteien sich nicht einvernehmlich auf die Höhe der Betriebskosten einigen können. Empfehlenswert ist eine gemeinsame Beauftragung eines Schiedsgutachters, um die Akzeptanz seiner Einschatzung zu erhöhen. Falls besondere Vereinbarungen nicht getroffen sind, gilt § 317 Abs. 1 BGB; ist die Bestimmung der Leistung einem Dritten übertragen, so ist im Zweifel anzunehmen, dass sie nach billigem Ermessen zu treffen ist. Nach § 319 Abs. 1 BGB ist die Bestimmung der Leistung durch den Dritten nicht verbindlich, wenn sie offenbar unbillig ist. Eine derartige Unbilligkeit liegt vor, wenn nicht alle Erkenntnisquellen benutzt oder nicht alle einschlägigen Erwägungen angestellt worden sind, ferner wenn die Leistungsbestimmung auf grobem Irrtum beruht.[113] Wird die Leistungsbestimmung verzögert oder weigert sich der Dritte, die Bestimmung vorzunehmen, kann die Leistungsbestimmung durch Urteil ersetzt werden, § 319 Abs. 1 S. 2 BGB. 83

Ein Anspruch des Gewerbemieters auf Rückzahlung sämtlicher Betriebskostenvorauszahlungen ist dann gegeben, wenn der Vermieter über die Vorauszahlungen überhaupt nicht abgerechnet hat.[114] Gegebenenfalls kann sich der Gewerbemieter auch auf 84

[109] Guhling/Günter/Both BGB § 556 Rn. 45.
[110] OLG Dresden NZM 2002, 437.
[111] Guhling/Günter/Both BGB § 556 Rn. 43.
[112] BeckOK MietR/Pfeifer BGB § 556 Rn. 1.
[113] BGH NJW 1977, 801; Grüneberg/Grüneberg BGB § 319 Rn. 4.
[114] OLG Düsseldorf ZMR 2017, 471.

den Standpunkt stellen, eine vorgelegte Abrechnung genüge den Mindestanforderungen an eine formell ordnungsgemäße Abrechnung nicht; auch in diesem Falle stehen dem Gewerbemieter Rückzahlungsansprüche zu, sollte die Abrechnung bereits an den formellen Hürden einer Betriebskostenabrechnung scheitern.

§ 63 Mietsicherheiten

Übersicht

Schrifttum:
Fehrenbach, Dogmatische und praktische Verwerfungen bei der Begründung von Nachforschungspflichten beim gutgläubigen lastenfreien Erwerb einer mit einem besitzlosen Pfandrecht belasteten beweglichen Sache, NZM 2012, 1; Harz/Bornmann/Conrad/Ecker, Zahlungsunfähigkeit, drohende Zahlungsunfähigkeit und Überschuldung, NZI 2015, 737; Krüger, Mieterdienstbarkeit, NZM 2012, 377; Leo/Ghassemi-Tabar, Mietbürgschaft „auf erstes Anfordern“ kraft AGB – Eine trügerische Sicherheit auch in der Gewerberaummiete!, NZM 2012, 97; Leo/Schmitz, Die Bürgschaft – ein bedingt taugliches Sicherungsmittel in der Gewerberaummiete, NZM 2007, 387; Lützenkirchen, Ausübung des Vermieterpfandrechts, MietRB 2004, 335; Mayer/Eichel/Klinck, Hausordnung im Mietverhältnis, NZM 2018, 689; Naber/Schulte, Hemmung von Ausschlussfristen nach § 203 S. 1 BGB, NZA 2018, 1526; Nemzov/Aspar, Der „VDP-Standard“ für Mieterdienstbarkeiten und alternative Gestaltungen – Betrachtung aus Mietersicht, ZfIR 2016, 293; Nouvertné, Die Sicherung schuldrechtlicher Nutzungsrechte durch Dienstbarkeiten, BKR 2012, 52; Schilken/Kreft/Wagner/Eckardt, Festschrift für Walter Gerhardt – Zum 70. Geburtstag am 18. Oktober 2004, 2004; Schmid, Die Bankbürgschaft als Mietsicherheit, WM 2011, 2345; Stapenhorst/Voß, Mieterdienstbarkeit als dingliche Absicherung gewerblicher Mietverträge, NZM 2003, 873; Stiegele, Die Mietsicherungsdienstbarkeit, 1995; Wasmuth, Bemerkungen zur Haftung des Vermieters bei unberechtigter Ausübung des Vermieterpfandrechts, ZMR 1989, 42; Wolf/Eckert/Ball, Handbuch des gewerblichen Miet-Pacht- und Leasingrechts, 10. Aufl. 2009; Wortberg, Die Mieterdienstbarkeit – Zum Interessenausgleich zwischen Vermieter, Mieter und finanzierender Bank, ZfIR 2011, 591.

I. Vermieterpfandrecht (§§ 562–562d BGB)

1. Einführung

Mit dem Vermieterpfandrecht kann der Vermieter im Sicherungsfall durch Verwertung 1
der vom Mieter in die Mietsache eingebrachten und daher vom Pfandrecht erfassten Sachen Forderungen aus dem Mietvertrag befriedigen. Schon im römischen Recht

nahmen Vermieter von Wohn- oder Geschäftsräumen als Sicherheit häufig (uU stillschweigend) die eingebrachten Sachen des Mieters in Pfand.[1] Unpfändbare Gegenstände waren ausgenommen.[2] Der Gesetzgeber des BGB übernahm diese Konzeption und formte sie in 5 Paragrafen (§§ 559–563 BGB aF) aus. Bis heute bestehen diese Vorschriften, seit 2001 als §§ 562-562d BGB und damit als Bestandteil des Wohnraummietrechts. Als das BGB geschaffen wurde, war das Vermieterpfandrecht elementarer Baustein jeden **Wohnraummietvertrags.** Nach § 12 des Einheitsmietvertrags, den der Centralverband der Haus- und Grundbesitzervereine Deutschlands 1899 erstellte, war der Vermieter jederzeit berechtigt, vom Vertrag zurückzutreten, wenn das eingebrachte Mobiliar nicht Eigentum des Mieters oder nicht pfandfrei war.[3] Das hat sich inzwischen – mit Entsprechung im wissenschaftlichen Schrifttum[4] – grundlegend gewandelt. Über § 578 Abs. 2 BGB gelten diese Bestimmungen auch für die **Geschäftsraummiete.** Im Vergleich zur Wohnraummiete spielt das Vermieterpfandrecht dort eine deutlich größere Rolle, da das Inventar oft im Eigentum des Mieters steht und häufig auch pfändbar ist.

2 Das Vermieterpfandrecht ist kein Faustpfand. Im Gegensatz etwa zum Unternehmerpfandrecht (§ 647 BGB) handelt es sich um ein **besitzloses,** nicht an eine Besitzerlangung knüpfendes Pfandrecht. Selbst mittelbarer Besitz (§ 868 BGB) ist nicht erforderlich. Dieses Modell kommt im Gesetz noch als Pfandrecht des Verpächters (§ 592 BGB) und des Gastwirts (§ 704 BGB) vor. Für diese Pfandrechte gelten über § 1257 BGB die meisten Vorschriften zum **rechtsgeschäftlichen Pfandrecht** (§§ 1204 ff. BGB). Auch die Sonderregeln in §§ 562a-c BGB für das Vermieterpfandrecht sind diesen Vorschriften nachgebildet. Nur ein Gutglaubenserwerb ist nicht möglich,[5] da das Vermieterpfandrecht bereits entstanden sein muss (§ 1257 BGB: kraft Gesetzes „entstandenes" Pfandrecht), bevor die Vorschriften zum rechtsgeschäftlichen Pfandrecht greifen. Außerdem setzen §§ 1207, 1208 BGB für einen Gutglaubensschutz unmittelbaren Besitz iSd § 1205 BGB voraus, an den das Vermieterpfandrecht aber gerade nicht anknüpft.

3 Die Regelungen zum Vermieterpfandrecht sind (ganz oder teilweise) abdingbar, wenn es sich dabei nicht wie § 562 Abs. 1 S. 2 BGB (Ausnahme für unpfändbare Sachen) um zwingende Begleitregelungen handelt. Das Vermieterpfandrecht kann auch auf konkrete Sachen beschränkt werden, indem der Vermieter hinsichtlich der übrigen Sachen auf sein Pfandrecht verzichtet (§ 1257 iVm § 1255 Abs. 1 BGB).[6] Dies kann sinnvoll sein, um dem Einwand aus § 592a S. 2 Alt. 2 BGB zu begegnen, wonach das Vermieterpfandrecht nicht verwertet werden darf, wenn die zurückbleibenden Sachen genug Sicherheit bieten.

Beispiel:
Ein Gläubiger pfändet eine vom Vermieterpfandrecht erfasste Sache. Der Vermieter erhebt Vorzugsklage gem. § 805 ZPO. Der Gläubiger macht geltend, dass sich im Mietobjekt noch genug werthaltige Gegenstände befinden. Dieser Einwand lässt sich durch Beschränkung des Vermieterpfandrechts auf die streitbefangene Sache entkräften.

2. Pfandgegenstand

4 Gegenstand des Vermieterpfandrechts sind pfändbare Sachen des Mieters, die er in das Mietobjekt eingebracht hat, sofern sie sich noch dort befinden. Der Mieter ist nicht verpflichtet, das Mietobjekt auskömmlich mit werthaltigem Inventar zu versehen, damit das Vermieterpfandrecht greift.[7]

---

[1] S. etwa Mayer/Eichel/Klinck NZM 2018, 689 (690).

[2] HKK-BGB/Oestmann §§ 535-580a Rn. 118.

[3] Sonnenschein PiG 49 (1996), 7 (10, 32).

[4] In der 4. Aufl. des BGB-Kommentars von Planck (1928) machen die Ausführungen zum Vermieterpfandrecht etwa 12 % der Kommentierung zum Mietrecht aus. Im MüKoBGB sind das nicht einmal mehr 2 %.

[5] BGHZ 202, 354 = NJW 2014, 3775 Rn. 19; s. auch Mot. II, 405.

[6] BGHZ 27, 227 = NJW 1958, 1282 (1284); BGH BeckRS 2014, 13957 Rn. 22.

[7] Anders in Frankreich gem. § 1752 Code Civil: Möbliert der Mieter das Haus nicht hinreichend, kann ihm gekündigt werden, falls er keine Sicherheit für die Miete leistet (Übertragung des Verf.).

a) **Sachen im Eigentum des Mieters.** Vom Vermieterpfandrecht erfasst sind nur Sachen, also körperliche Gegenstände (§ 90 BGB), damit auch Geld und Inhaberpapiere iSd § 807 BGB wie etwa Inhaberaktien (§ 1293 BGB). Demgegenüber handelt es sich bei einem Sparbuch um ein Legitimationspapier, das lediglich eine Forderung verbrieft (§ 808 BGB). Auch wenn die Kreditinstitute für eine Auszahlung die Vorlage des Sparbuchs fordern (daher auch als hinkendes Legitimationspapier bezeichnet), steht die Forderung im Mittelpunkt, der Urkunde an sich kommt nur ein repräsentativer Wert zu. Gleiches gilt etwa für eine Lebensversicherungspolice oder einen Kfz-Brief.[8] Um Sicherheit geben zu können, müssen sie verwertbar sein, dh einen nennenswerten Erlös versprechen. Das kommt auch bei Scheinbestandteilen iSd § 95 Abs. 1 BGB wie zB einem Gewächshaus in Betracht. § 803 Abs. 2 ZPO, wonach eine Pfändung zu unterbleiben hat, wenn die Verwertung der zu pfändenden Gegenstände einen Überschuss über die Kosten der Zwangsvollstreckung nicht erwarten lässt, bringt einen allgemeinen Grundsatz zum Ausdruck, der auch für das Vermieterpfandrecht gilt, so dass nicht irgendein Wert genügt. 5

Beispiel:
Halbzeug aus der Produktion unterfällt dem Vermieterpfandrecht erst, wenn es sich ggf. zusammen mit anderen verwertbaren Bestandteilen so verkaufen lässt, dass der Erlös die Versteigerungskosten deutlich übersteigt.

Sachen, denen nur ein Affektionsinteresse zukommt, fallen aus dem Anwendungsbereich der §§ 562 ff. BGB ebenso heraus wie Legitimationspapiere. Für Sparbücher dürfte eine Ausnahme gelten, da die Auszahlung von Guthaben auch an deren Inhaber erfolgen kann (§ 808 Abs. 1 S. 1 BGB).[9] 6

Das Vermieterpfandrecht erfasst nur Sachen des Mieters. Bei vererbten Sachen ist das auch der Fall, wenn der Mieter nur Vorerbe ist, weil auch der Vorerbe Eigentümer ist.[10] Bei Miteigentum sind nur die Anteile vom Vermieterpfandrecht erfasst, die dem Mieter gehören (vgl. § 1258 Abs. 1 BGB). 7

Beispiel:
Bruder und Schwester betreiben eine vom Bruder angemietete Gaststätte. Der dort befindliche Wandschmuck gehört beiden Geschwistern. Das Vermieterpfandrecht erfasst nur den Anteil des Bruders.

Die Begrenzung auf Sachen des Mieters ist eng auszulegen. Anders als im 19. Jahrhundert in einigen Teilen Deutschlands[11] wird Eigentum von Familienmitgliedern, die nicht Partei des Mietvertrags sind, vom Vermieterpfandrecht nicht erfasst. Bei Eheleuten ist das nur anders, wenn ihre Sachen eheliches Gesamtgut iSd §§ 1416 Abs. 2 BGB geworden sind (vgl. §§ 1437, 1438 BGB). Für Eheleute, die im gesetzlichen Güterstand leben, gelten zwar die Vermutungen des § 1362 BGB. Allerdings werden sich diese bei Bedarf durch Nachweis des Alleineigentums des im Mietvertrag nicht eingebundenen Ehegatten widerlegen lassen. Dieser muss zwar den vollen Beweis des Gegenteils erbringen,[12] dazu aber nur den alleinigen Eigentumserwerb nachweisen und nicht auch noch den Beweis führen, dass sein Eigentum im Zeitpunkt der Geltendmachung des Vermieterpfandrechts fortbestand.[13] Auf nichteheliche Lebensgemeinschaften finden diese Vermutungen weder direkte noch entsprechende Anwendung,[14] wohl aber auf eingetragene Lebenspartnerschaften (§ 8 Abs. 1 LPartG). 8

Ist der Mieter eine Gesamthand, erfasst das Vermieterpfandrecht nur deren Eigentum, nicht auch das der Teilhaber, selbst wenn sie das Mietobjekt selbst nutzen. Deshalb bleibt das Eigentum der Gesellschafter auch bei einer Handelsgesellschaft pfandfrei; eine Zurechnung über § 128 S. 1 HGB findet nicht statt. 9

[8] MüKoBGB/Artz § 562 Rn. 11.
[9] AA Grüneberg/Weidenkaff BGB § 562 Rn. 7.
[10] Staudinger/Emmerich BGB § 562 Rn. 15.
[11] Dazu Mot. II, 405.
[12] OLG Celle BeckRS 2013, 04891 (zu II 1e).
[13] Ebenso BGH NJW 1976, 238 (239) für das Pfändungspfandrecht.
[14] BGH NJW 2007, 992 Rn. 14 ff.

10 **Anwartschaften** sind dem Volleigentum als „wesensgleiches Minus" weitgehend gleichgestellt. Das Vermieterpfandrecht erfasst damit auch Anwartschaftsrechte. Wird das Grundgeschäft (zB ein Vorbehaltskauf) erfüllt, erstarkt das Anwartschaftsrecht automatisch zum Vollrecht. Als akzessorisches Recht folgt das Vermieterpfandrecht dieser Umwandlung und erstreckt sich dann (rangwahrend) auf das Eigentum.[15] Um zu verhindern, dass der Mieter vom Grundgeschäft Abstand nimmt, darf gem. § 267 Abs. 1 S. 1 BGB auch der Vermieter die Restschuld begleichen und so für einen verlässlichen Zugriff sorgen; der Erfüllung (iSd § 449 Abs. 1 BGB bei einem Kauf) kann der Mieter nicht mit Erfolg widersprechen (§ 267 Abs. 1 S. 2 BGB). Dieses Prozedere ist auch noch möglich, wenn der Mieter insolvent wird; der Vermieter darf also für den Bedingungseintritt noch nach Insolvenzeröffnung sorgen. Überträgt der Mieter sein Anwartschaftsrecht auf einen Dritten, erwirbt dieser bei Bedingungseintritt das Eigentum zwar direkt vom Veräußerer, aber mit dem Rang zum Übertragungszeitpunkt, also belastet mit dem zuvor begründeten Vermieterpfandrecht.[16]

11 Der Vermieter kann vom Mieter **Auskunft** verlangen, ob sich bestimmte Gegenstände in seinem Eigentum befinden.[17] Ein solcher Anspruch ist auf Grundlage von Treu und Glauben (§ 242 BGB) immer dann gegeben, wenn der Vermieter die Auskunft benötigt und der Mieter sie unschwer geben kann.[18] Ohne die Auskunft ist er idR schutzlos. Insbesondere greift im Verhältnis zum Mieter nicht die Vermutung des § 1006 Abs. 1 S. 1 BGB. Auf diese kann sich der Vermieter nur im Verhältnis zu anderen Gläubigern berufen, da er sein Recht insoweit vom Mieter als dem rechtmäßigen Besitzer ableitet.[19]

Beispiel:[20]
V vermietet an M Räume zum Betrieb einer Gaststätte. A überlässt M dazu Inventar, wobei die Vertragsgestaltung unklar bleibt. Da M keine Miete zahlt, kündigt V das Mietverhältnis fristlos und macht an den Gegenständen in den Mieträumen sein Vermieterpfandrecht geltend. Teile davon lässt er versteigern. A verlangt nun unter Hinweis auf sein Eigentum Auskehrung des Erlöses an sich sowie Herausgabe der übrigen noch vorhandenen Gegenstände. Dies kann nicht gelingen, da die Vermutung des § 1006 BGB für das Eigentum des M spricht.

12 **b) Unpfändbarkeit.** Ausgenommen vom Vermieterpfandrecht sind unpfändbare Sachen (§ 562 Abs. 1 S. 2 BGB). Der Vermieter soll mit dem Pfandrecht nicht besser stehen, als wenn er im Wege der Zwangsvollstreckung auf die Sachen des Mieters zugreift. Maßgeblich für die Bewertung ist der Zeitpunkt, in dem das Vermieterpfandrecht (auch mündlich und konkludent) geltend gemacht wird.[21] Unpfändbar sind die in § 811 Abs. 1 Nr. 1–13 ZPO genannten Sachen, zB gem. Nr. 4 der Traktor eines landwirtschaftlichen Betriebs. Bei der Geschäftsraummiete geht es vor allem um Nr. 5, 7, 9 und 11. Der Pfändung nicht unterworfen sind bei Personen, die aus ihrer körperlichen oder geistigen Arbeit oder sonstigen persönlichen Leistungen ihren Erwerb ziehen, die zur Fortsetzung dieser Erwerbstätigkeit erforderlichen Gegenstände (§ 811 Abs. 1 Nr. 5 ZPO). Dieser Pfändungsschutz bezieht sich jedoch grundsätzlich nur auf persönlich zu erbringende Arbeitsleistungen, nicht hingegen auf den durch eine Kapitalgesellschaft unter Einsatz von Erwerbsgehilfen zu erzielenden Gewinn.[22] Dies ist nur anders, wenn bei einer Einpersonen-GmbH deren Gesellschaftergeschäftsführer seinen Unterhalt überwiegend aus eigener Arbeit für die GmbH bezieht.[23] Eine Austauschpfändung ist

[15] BGH NJW 1965, 1475; 1992, 1156 (1157).
[16] Staudinger/Emmerich BGB § 562 Rn. 15.
[17] OLG Frankfurt a. M. BeckRS 2012, 16598; OLG Rostock NZM 2005, 440: Anspruch aus § 260 BGB.
[18] BGH NJW 2017, 2755 Rn. 13.
[19] BGH NJW-RR 2017, 1097 Rn. 11.
[20] Nach BGH NJW-RR 2017, 2755.
[21] OLG Düsseldorf BeckRS 1989, 1113; OLG Jena BeckRS 2006, 06736.
[22] BGHZ 217, 92 = NJW 2018, 1083 Rn. 9.
[23] MüKoZPO/Gruber, 6. Aufl. 2020, § 811 Rn. 38; offengelassen in BGHZ 217, 92 = NJW 2018, 1083 Rn. 10.

nicht gestattet, da § 811a ZPO ein justizförmiges Verfahren erfordert (vgl. § 811a Abs. 2 S. 1 ZPO).[24]

13 Der Pfändungsschutz ist praktisch nicht zu durchbrechen. Die Parteien könnten an unpfändbaren Sachen zwar ein rechtsgeschäftliches Pfandrecht begründen. Hierzu wäre aber eine Übergabe an den Vermieter nötig (§ 1205 Abs. 1 S. 1 BGB). Der Mieter will seine Sachen indes nutzen. Ein bloßes Besitzkonstitut (§§ 929 S. 1, 930 BGB) reicht für die Pfandrechtsbegründung nicht aus.

14 Gem. § 562 Abs. 2 BGB erstreckt sich das Vermieterpfandrecht nicht auf künftige Entschädigungsforderungen und auf Mietforderungen für die Zeit ab dem übernächsten Mietjahr. Während der Deckungsumfang des Vermieterpfandrechts für zukünftige Mieten nur höhenmäßig beschränkt werden sollte, wollte der Gesetzgeber bei den **künftigen Entschädigungsforderungen** vermeiden, dass der Vermieter das Pfandrecht „zur Chikane missbraucht".[25] Entschädigungsforderungen in diesem Sinne sind alle Schadensersatzansprüche des Vermieters, namentlich wegen Beschädigung oder Vorenthaltung der Mietsache. Maßgebender Zeitpunkt dafür, ob insoweit künftige Ansprüche vorliegen, ist grundsätzlich die erste (nicht unbedingt gerichtliche) Geltendmachung des Vermieterpfandrechts, zB durch Inbesitznahme von Inventar.[26] Künftig sind Forderungen, die zu diesem Zeitpunkt noch nicht nach Grund und Höhe feststehen.[27] Der Zeitpunkt der Geltendmachung bestimmt hinsichtlich der Entschädigungsforderungen auch den Rang des Vermieterpfandrechts. Hinsichtlich solcher Entschädigungsforderungen, die in diesem Zeitpunkt noch nicht feststehen, wird der Rang erst durch erneute, dann zeitgerechte Geltendmachung des Vermieterpfandrechts geschaffen.[28]

Beispiel:
Der Mieter wehrt sich nach Beendigung des Mietvertrags in einem Verfügungsverfahren dagegen, dass der Vermieter ihn auszusperren versucht. In der mündlichen Verhandlung am 15.11.2024 macht der Vermieter ggü. dem Mieter sein Vermieterpfandrecht geltend. Damit sichert das Vermieterpfandrecht den Nutzungsentschädigungsanspruch gem. § 546a Abs. 1 BGB für die Zeit bis einschließlich November 2024; war die Miete regelmäßig erst in der 2. Monatshälfte zu zahlen, erfasst das Vermieterpfandrecht nur die Entschädigung für die Zeit bis einschließlich Oktober 2024. Der Vermieter muss daher den Fälligkeitszeitpunkt abwarten und sein Vermieterpfandrecht dann nochmal geltend machen.

15 c) **Raummiete/Leasing.** § 562 Abs. 1 S. 1 BGB verlangt einen wirksamen (Raum-) Mietvertrag. Das Mietobjekt muss mit dem Grund und Boden fest verbunden sein. Bei der Fahrnismiete entsteht ein Vermieterpfandrecht auch dann nicht, wenn es um Räume geht, zB in einem Wohnwagen oder Schiff.[29] Über § 581 Abs. 2 BGB gelten §§ 562 ff. BGB auch für die Pacht. Für die Landpacht bestimmt § 592 BGB im Wesentlichen dasselbe. Leasingverträge werden in der Rspr. als Mietverträge behandelt,[30] so dass beim Immobilienleasing ein gesetzliches Pfandrecht für den Leasinggeber entsteht. Im Leasingbereich hat das Vermieterpfandrecht große Bedeutung.

16 Bei Mischmietverhältnissen gilt die Schwerpunkttheorie.[31] Hiernach sind die §§ 562 ff. BGB anzuwenden, wenn die (Raum-)Mietanteile überwiegen. Die Beurteilung kann schwierig sein. So ist bei einem Pferdepensionsvertrag nur klar, dass es sich dabei um einen typengemischten Vertrag handelt. Ob der Vertrag schwerpunktmäßig als Verwahrungsvertrag (§§ 688 ff. BGB) oder als Mietvertrag einzuordnen ist, wird hingegen unterschiedlich gesehen.[32] Die Frage kann für das Vermieterpfandrecht nicht

[24] LG Aurich NJW 1954, 1606 (1607).
[25] Prot. II, 199.
[26] BGH NJW 1972, 721.
[27] BeckOK MietR/Schultz-Altendorf, 44. Ed. 1.6.2026, BGB § 562 Rn. 51.
[28] BGH NJW 1972, 721.
[29] BGH BeckRS 1985, 30403160 für die Schiffsmiete.
[30] StRspr für das Finanzierungsleasing seit BGH NJW 1977, 195 (196) und BGHZ 68, 118 = NJW 1977, 848; aus neuerer Zeit BGHZ 178, 227 = NJW 2009, 575 Rn. 31.
[31] Näher dazu BGH NJW-RR 1986, 877; BeckOK MietR/Bruns, 44. Ed.1.6.2026, BGB § 549 Rn. 6.
[32] Überblick der Meinungen in BGH NJW-RR 2017, 635 Rn. 30.

unbeantwortet bleiben, da das BGB ein Pfandrecht des Verwahrers nicht kennt. Richtigerweise geht es dabei eher um Verwahrung.

17 Nach Beendigung des Mietverhältnisses kann ein Vermieterpfandrecht regelmäßig nicht mehr entstehen. Eine Ausnahme besteht etwa dann, wenn ein Rechtsstreit über die Herausgabe von Sachen anhängig ist, die der Vermieter aufgrund eines angeblichen Vermieterpfandrechts zurückbehält, und erst während dieses Verfahrens die Unpfändbarkeit wegfällt oder das Eigentum des Mieters begründet wird.[33] Bestehende Pfandverstrickungen bleiben auch nach Beendigung des Mietvertrags erhalten.[34]

18 d) **Publizität: Einbringen in das Mietobjekt.** Wie bei jeder dinglichen Rechtsänderung bedarf es auch zur Begründung des Vermieterpfandrechts eines Publizitätsmittels. Da dieses Pfandrecht (bis zur Verwertung) besitzlos ist, fordert das Gesetz stattdessen die Integration in das Mietobjekt (§ 562 Abs. 1 S. 1 BGB: Pfandrecht an den „eingebrachten" Sachen). Der Mieter muss seine Sachen dazu nicht selbst in das Mietobjekt hineinschaffen. Erforderlich ist nach Auffassung des BGH nur, dass die Sachen „während der Mietzeit willentlich und wissentlich in die Mieträume oder auf das Mietgrundstück verbracht werden."[35] Sofern der BGH auf den Willen abstellt, ist damit gemeint, dass es sich bei dem Einbringungsvorgang um eine rechtsgeschäftsähnliche Handlung handelt.[36] IÜ ist die Formulierung ungenau, da auch solche Sachen des Mieters als eingebracht gelten, die sich schon vor Beginn des Mietverhältnisses in den Mieträumen befunden haben und die der Vormieter dort belassen oder dem Mieter überlassen hat.[37] Auch Sachen, die im Mietobjekt erst produziert werden, unterfallen dem Vermieterpfandrecht.[38] Des Weiteren reicht – anders als im Fall der Entfernung (→ Rn. 28) – ein Verbringen auf das Mietgrundstück nicht aus, wenn die Sachen zunächst in einen nicht oder anderweitig vermieteten Teil des Mietgrundstücks gelangen; ausreichend ist dagegen ein Verbringen der Sachen in vermietete Nebenräume, sofern sich diese auf dem Mietgrundstück befinden.[39]

19 Werden verschiedene Mietverträge geschlossen, ist hinsichtlich der Reichweite des Vermieterpfandrechts zu differenzieren.

Beispiele:
(1) Wird nach Abschluss des Mietvertrags für ein Ladenlokal noch eine Garage angemietet, haften die dort abgestellten Fahrzeuge nicht für Forderungen des Vermieters aus dem Geschäftsraummietvertrag.
(2) Bei einem Untermietverhältnis haften die eingebrachten Sachen des Mieters nur für die Ansprüche des Hauptvermieters (aus dem Mietvertrag), die eingebrachten Sachen des Untermieters nur für die Ansprüche des Hauptmieters (aus dem Untermietvertrag).

20 Nach bisheriger höchstrichterlicher Rspr. sind allein Sachen vom Vermieterpfandrecht erfasst, die **nicht nur vorübergehend** in das Mietobjekt gelangen. Eine Ausnahme wird für Sachen gemacht, deren kurzzeitiger Verbleib (sog. Einstellen) der bestimmungsgemäßen Nutzung der Mietsache entspricht,[40] wie das etwa bei einem Warenlager der Fall ist.[41] Das müsste für die Frage der Enthaftung durch Entfernung iSd § 562a S. 1 BGB dann ebenso gelten. Für eine Entfernung soll nun aber jede auch nur vorübergehende Entfernung vom Grundstück genügen.[42] Daher kann es auch für das Einbringen keine Rolle spielen, ob die Sachen dauerhaft im Mietobjekt verbleiben sollen oder

[33] Staudinger/Emmerich BGB § 562 Rn. 11.
[34] OLG Frankfurt a. M. OLGZ 1979, 338 (340).
[35] BGHZ 217, 92 = NJW 2018, 1083 Rn. 11.
[36] BGHZ 170, 196 = NJW 2007, 1588 Rn. 10; BGH NJW-RR 2010, 118 Rn. 21, 34.
[37] BGHZ 202, 354 = NJW 2014, 3775 Rn. 19.
[38] RGZ 132, 116 (119) – Ziegelei.
[39] OLG Düsseldorf BeckRS 1998, 30995167: nicht der Fall bei einer auf das Nachbargrundstück hinüberreichenden Eingangsüberdachung.
[40] BGHZ 217, 92 = NJW 2018, 1083 Rn. 11.
[41] RGZ 132, 116 (119); s. auch BGHZ 117, 200 = NJW 1992, 1156 (1157); BGH NJW 1993, 538 (539); NJW-RR 2004, 772 f.
[42] BGHZ 217, 92 = NJW 2018, 1083 Rn. 19 ff.

nicht.[43] Ohnehin erscheint es unglücklich, den Bestand eines dinglichen Rechts an ein derart unsicheres subjektives Merkmal zu binden. Die weitere Begründung des BGH, es fehlten brauchbare Kriterien zur Abgrenzung von vorübergehender und dauerhafter Entfernung,[44] gilt auch für die Einbringung, man denke nur an die Frage, ob eine Tageskasse eingebracht ist oder nicht,[45] oder an Fahrzeuge eines gewerblichen Mieters, die für den Betrieb nicht benötigt, dort aber trotzdem hin und wieder abgestellt werden. Eingebracht sind damit alle (pfändbaren) Sachen des Mieters, die (und sei es auch nur vorübergehend) in das Mietobjekt gelangen.

Für den Vermieter im Regelfall außerordentlich schwer zu erkennen, welche Sachen 21 eingebracht sind und welche davon im Eigentum des Mieters stehen. Der eingangs zitierten Mustermietvertrags von 1899 enthielt in § 12 die Erklärung des Mieters, dass ihm das gesamte Mobiliar gehört.[46] Eine solche Klausel würde heute gegen § 307 Abs. 1 S. 1 BGB verstoßen. Was bleibt, ist der Auskunftsanspruch (→ Rn. 11).

Der Einbringungsvorgang hat nicht nur Bedeutung als Publizitätsmittel, sondern 22 bestimmt grundsätzlich auch den **Rang** des Vermieterpfandrechts (§ 804 Abs. 3 ZPO) im Verhältnis zu anderen Pfandrechten, weil es gem. § 562 Abs. 1 S. 1 BGB im Moment des Einbringens entsteht.[47] Dieser Zeitpunkt entspricht dem der Bestellung, der nach § 1209 BGB den Rang eines rechtsgeschäftlichen Pfandrechts begründet. Für ausgetauschte Waren aus einem vor Anmietung geschlossenen Raumsicherungsvertrag würde die strenge Anwendung des Prioritätsprinzips allerdings dazu führen, dass immer weniger Sachen (Waren) vom Vermieterpfandrecht erfasst werden. Der BGH löst dieses Problem analog der Rechtslage beim Zusammentreffen von verlängertem Eigentumsvorbehalt und Globalzession, also zugunsten des Sachkreditgebers (Vermieter als Pfandgläubiger).[48]

Da die gesicherten Forderungen nicht fällig sein müssen, erfasst das Vermieterpfand- 23 recht (wie beim rechtsgeschäftlichen Pfandrecht, s. § 1204 Abs. 2 BGB) auch **künftige** Forderungen. Für diese richtet sich der Rang des Vermieterpfandrechts ebenfalls nach dem Zeitpunkt der Einbringung der Sachen.[49] Dementsprechend ist etwa das Wegnahmerecht des Mieters aus § 539 Abs. 2 BGB mit dem Vermieterpfandrecht belastet. § 562 Abs. 2 Alt. 2 BGB bestätigt dies für künftige Mietforderungen aus dem laufenden und folgenden Mietjahr (→ Rn. 41 f.). Für den Rang der vom Mieterpfandrecht erfassten künftigen Mietforderungen gilt ebenfalls der Einbringungszeitpunkt.[50] **Löst ein Dritter das Vermieterpfandrecht** hinsichtlich einer vom Pfandrecht erfassten Mietsache durch Begleichung von Mietrückständen in Höhe des voraussichtlichen Erlöses für diese Sache **ab** (§ 1249 BGB), geht mit der Mietforderung auch das Vermieterpfandrecht an dieser Sache auf den Dritten über (§ 1250 Abs. 1 S. 1 BGB); gem. § 268 Abs. 3 S. 2 BGB ist das übergegangene Pfandrecht dann aber ggü. dem beim Vermieter verbliebenen Pfandrecht **nachrangig.**[51]

Der Rang des Vermieterpfandrechts ändert sich nicht dadurch, dass das Mietgrund- 24 stück **veräußert** wird. Da der ursprüngliche Vertragsbeginn wegen § 566 Abs. 1 BGB auch für das neue Vertragsverhältnis gilt (→ Rn. 90), bleibt trotz Veräußerung der bisherige Rang des Vermieterpfandrechts gewahrt. Gleiches gilt, wenn der Vermieter eine mit dem Vermieterpfandrecht belastete Forderung **abtritt;** das Vermieterpfandrecht

---

[43] Zutreffend Lützenkirchen MietRB 2004, 335 (336).
[44] BGHZ 217, 92 = NJW 2018, 1083 Rn. 18.
[45] Offengelassen in OLG Braunschweig OLGZ 1980, 239 (240).
[46] HKK-BGB/Oestmann §§ 535-580a Rn. 122.
[47] BGHZ 202, 354 = NJW 2014, 3775 Rn. 19.
[48] BGHZ 117, 200 = NJW 1992, 1156 (1157); NJW-RR 2004, 772 (773).
[49] BGH NJW 1986, 2426 (2427); BGHZ 170, 196 = NJW 2007, 1588 Rn. 11; BGHZ 202, 354 = NJW 2014, 3775 Rn. 19.
[50] AA BeckOK MietR/Dötsch BGB § 562 Rn. 52.2.
[51] Staudinger/Emmerich BGB § 562 Rn. 4; NK-BGB/Schwab § 268 Rn. 17; ebenso OLG Celle NJW 1968, 1939 f. für die Pacht; aA Bronsch NJW 1968, 1936.

geht dann insoweit und ranggleich mit über (§§ 1257, 1250 Abs. 1 S. 1, 412, 401 Abs. 1 BGB).[52] Dem steht der Fall gleich, dass eine vom Vermieterpfandrecht erfasste Forderung **gepfändet** wird (§§ 829 Abs. 1, 835 Abs. 1 ZPO iVm §§ 1257, 1250 Abs. 1 S. 1, 412, 401 Abs. 1 BGB).[53]

25 e) **Kein Erlöschen des Vermieterpfandrechts.** Mit der Verweisung auf die Regelungen zum rechtsgeschäftlichen Pfandrecht in § 1257 BGB gelten die dort geregelten Erlöschenstatbestände, zB gem. § 1252 BGB wegen Wegfalls der gesicherten Forderung (aller Forderungen des Vermieters) oder gem. § 1255 BGB bei einvernehmlicher Pfandaufhebung (Verzicht).

26 Auch wenn es sich beim Vermieterpfandrecht um ein besitzloses Pfandrecht handelt, ist ein **gutgläubig lastenfreier Erwerb** möglich, wenn dem Erwerber eine pfandverstrickte Sache übergeben wird; durch den Eigentumswechsel geht das Vermieterpfandrecht verloren (§ 936 Abs. 1 S. 1 BGB). Bei einer Eigentumsübertragung durch Besitzkonstitut setzt ein redlicher Erwerb des Eigentums von einem Nichtberechtigten ebenfalls voraus, dass dem gutgläubigen Erwerber die Sache vom Veräußerer übergeben wird (§ 936 Abs. 1 S. 2 BGB). Gutgläubiger Erwerb von Sachen, die sich noch im Mietobjekt befinden, ist jedenfalls nicht möglich.

27 Nach der Rspr. trifft den Erwerber eine **Obliegenheit zur Erkundigung,** wenn er weiß, dass sich die Kaufsache in einem angemieteten Raum befindet.[54] In Zeiten von ebay und anderen Online-Kaufplattformen haben Distanzgeschäfte stark zugenommen, so dass auf Käuferseite oft keine Kenntnis über die Aufbewahrung des Sicherungsguts besteht, so dass ein Nachweis bösen Glaubens oft mehr gelingt.[55]

28 Ein **spezieller Erlöschensgrund** ergibt sich aus § 562a S. 1 BGB. Als Gegenstück zum Einbringen in das Mietobjekt, durch das das Vermieterpfandrecht entsteht, sieht diese Bestimmung vor, dass das Vermieterpfandrecht mit **Entfernung** der Sache vom Mietgrundstück erlischt. Hierfür ist kein rechtsgeschäftlicher Wille erforderlich. Insbesondere spielen die Beweggründe des Mieters keine Rolle. Nur muss die Entscheidung auf den Mieter zurückgehen bzw. von ihm getragen werden.[56]

29 Aufgrund des klaren Gesetzeswortlauts (§ 562a S. 1 BGB: „Entfernung … von dem Grundstück") reicht eine Verbringung in nicht oder anderweitig vermietete Räume auf dem Mietgrundstück für die Enthaftung nicht aus; die Sache muss das Mietgrundstück komplett verlassen.[57] Das ist bei der Frage der Einbringung anders (→ Rn. 20).

30 Nach Auffassung des BGH ist es unerheblich, ob die Entfernung dauerhaft oder nur **vorübergehend** erfolgt. Auch ein kurzzeitiges Entfernen führt damit zu einer Enthaftung.[58] Das Vermieterpfandrecht kann so praktisch keinen Vorrang einnehmen. Zwar enthält das Gesetz für das Vermieterpfandrecht keine dem § 1122 Abs. 1 aE BGB entsprechende Bestimmung, die eine Enthaftung bei nur vorübergehender Entfernung ausdrücklich ausschließt.[59] Ob der Gesetzgeber das Vermieterpfandrecht tatsächlich derart entwerten wollte, erscheint jedoch fraglich. Das Hypothekenrecht ist ohnehin von anderen Grundsätzen geprägt. Entscheidend ist aber, dass zB auch Fahrzeuge in den Haftungsverbund gelassen werden, die das Grundstück typischerweise immer wieder verlassen. Dann muss sich der Vermieter aber darauf verlassen können, dass sie nur im Rahmen des § 562a S. 2 BGB oder durch Gutglaubenserwerb ausscheiden.

---

[52] Guhling/Günther/Geldmacher § 562 BGB Rn. 108.

[53] Guhling/Günther/Geldmacher § 562 BGB Rn. 109.

[54] BGHZ 57, 166 = NJW 1972, 43 (44); BGH NJW-RR 2005, 1328 (1329); NZM 2011, 275; ebenso für die Pacht BGH LM § 559 Nr. 3 (zu B. I.), insoweit in NJW 1965, 1475 nicht abgedruckt.

[55] Ablehnend auch Fehrenbach NZM 2012, 1 (6).

[56] Im Ergebnis Schmidt-Futterer/Lammel BGB § 562a Rn. 7; aA Staudinger/Emmerich BGB § 562a Rn. 3.

[57] Prot. II, 207; Guhling/Günther/Geldmacher BGB § 562a Rn. 11; aA OLG Stuttgart BeckRS 2008, 10979; OLG Bremen BeckRS 2013, 15707 Rn. 11.

[58] BGHZ 217, 92 = NJW 2018, 1083 Rn. 19 ff.; ebenso Mot. II, 408.

[59] Insoweit zutreffend BGHZ 217, 92 = NJW 2018, 1083 Rn. 24.

Die Frage, ob eine dem Vermieterpfandrecht unterliegende Sache auch dadurch vom Mietgrundstück entfernt wird, dass sie aufgrund § 753 Abs. 1 ZPO vom Gerichtsvollzieher oder im Fall der Mieterinsolvenz gem. §§ 148 Abs. 1, 166 Abs. 1 InsO vom Insolvenzverwalter zu Verwertungszwecken fortgeschafft wird, hat der BGH bislang offen gelassen.[60] Die Frage ist zu verneinen, weil eine Entfernung im Vollstreckungswege nicht auf den Willen des Mieters zurückgeht.[61] Eine Enthaftung passt auch nicht gut zum Recht des Vermieters, dem Vermieterpfandrecht bis zur Beendigung der Zwangsvollstreckung im Wege der Vorzugsklage (§ 805 ZPO) Geltung zu verschaffen (→ Rn. 52 ff.). Außerdem ließe sich sonst nicht klären, wie zu verfahren ist, wenn der Gerichtsvollzieher oder Insolvenzverwalter die Sache zur Versteigerung vom Grundstück holen und die titulierte Forderung sodann erfüllt bzw. das Insolvenzverfahren aufgehoben wird. Das Vermieterpfandrecht erlischt daher auch erst mit Verwertung im Wege der Zwangsvollstreckung; es setzt sich auch dann aber noch am Vollstreckungserlös fort.[62] 31

Wird die pfandverstrickte Sache durch einen schwachen vorläufigen Insolvenzverwalter entfernt, fehlt es zwar am Willen des Mieters. Im Hinblick darauf, dass die Frage unterschiedlich beantwortet wird, ob das Kriterium der Entfernung von einem solchen Willen abhängt, sind vorsichtshalber die Notwendigkeit des Widerspruchs und die Klagefrist des § 562b Abs. 2 BGB zu beachten, damit die Sache bis zur Eröffnung des Insolvenzverfahrens nicht enthaftet wird.[63] Ebenso wenig findet eine Enthaftung statt, wenn der Vermieter die Sache zu Verwertungszwecken (gem. § 562a S. 2 BGB oder auch unberechtigt) an sich nimmt und vom Grundstück entfernt. 32

Das Vermieterpfandrecht kann auch erlöschen, wenn der Mieter **Einrichtungen,** die er im Mietobjekt angebracht hat, an sich nimmt. Ist er ausgezogen, ohne sie entfernt zu haben, hat er nur noch einen Wegnahmeduldungsanspruch aus § 539 Abs. 2 BGB, der 6 Monate nach Beendigung des Mietverhältnisses verjährt (§ 548 Abs. 2 BGB). Mit Ablauf der Verjährungsfrist entsteht ein dauerndes Besitzrecht des Vermieters, und gesetzliche Ausgleichsansprüche, gleich aus welchem Rechtsgrund, sind ausgeschlossen.[64] Die materiell-rechtlichen Wirkungen des Verjährungseintritts sind von Amts wegen zu beachten, so dass es nicht darauf ankommt, ob sich der Vermieter auf die Verjährung beruft.[65] Die Ausübung des Vermieterpfandrechts, das sich auch auf im Eigentum des Mieters verbliebenen Einrichtungen erstreckt (→ Rn. 22), hemmt die Verjährung nicht.[66] Dies folgt aus § 205 BGB, wonach eine Hemmung nur eintritt, wenn das Leistungsverweigerungsrecht auf einer Vereinbarung beruht;[67] das ist bei dem Vermieterpfandrecht bzw. auf dem daraus resultierenden Recht des Vermieters, der Entfernung von Pfandgegenständen zu widersprechen, nicht der Fall.[68] Damit kann das Vermieterpfandrecht an den nicht entfernten, dem Mieter weiterhin gehörenden Einrichtungen nach Verjährungseintritt realisiert werden. 33

Bei einer Entfernung durch den Mieter oder einen Dritten versteht es sich, dass der Vermieter versuchen wird, die Enthaftungswirkung zu verhindern. Gem. §§ 562a S. 1, 562b Abs. 2 S. 2 BGB trifft ihn dazu sogar eine Obliegenheit. Der Vermieter bzw. analog § 166 Abs. 1 BGB ein Vertreter[69] müssen hierzu der Entfernung unmittelbar vor oder bei Wegnahme **widersprechen,** sofern sie **Kenntnis** von der Wegnahme haben und der Vermieter die Entfernung auch nicht gem. § 562a S. 2 BGB dulden muss. Das Ver- 34

[60] BGHZ 27, 227 = NJW 1958, 1282 (1283); BGH NJW 1999, 3487.
[61] Im Ergebnis OLG Frankfurt a. M. MDR 1975, 228; Schmidt-Futterer/Lammel BGB § 562a Rn. 6; Grüneberg/Weidenkaff BGB § 562b Rn. 4; aA Staudinger/Emmerich BGB § 562a Rn. 14.
[62] BGH NJW 1986, 2426 (2427).
[63] IErg BeckFormB MietR/Stangl § 3 Rn. 578.
[64] BGHZ 81, 146 = NJW 1981, 2564 (2565); BGHZ 101, 37 = NJW 1987, 2861 (2862).
[65] OLG Düsseldorf BeckRS 2003, 17854 Rn. 33; KG BeckRS 2015, 18485 Rn. 26.
[66] BGHZ 101, 37 = NJW 1987, 2861 (2862): analoge Anwendung von § 202 Abs. 2 BGB aF.
[67] KG BeckRS 2015, 18485 Rn. 26.
[68] BGH NJW 2015, 1007 Rn. 22.
[69] Grüneberg/Weidenkaff BGB § 562b Rn. 12.

mieterpfandrecht bleibt somit auch dann bestehen, wenn die Sache zwar offenkundig, aber ohne Wissen des Vermieters fortgeschafft wird.[70] Bei einer Mehrzahl von Vermietern reicht es aus, wenn nur einer von ihnen Kenntnis hat. Immer erforderlich ist positive Kenntnis; grobe Fahrlässigkeit reicht nicht aus.

35 Den Zeitrahmen bis zur Wegnahme darf der Vermieter ausschöpfen; er muss also nicht sogleich intervenieren, wenn er eine konkrete Gefahr für den Verbleib erkennt. Entscheidend ist, dass der Widerspruch unmittelbar vor oder bei Wegnahme zugeht (§ 130 Abs. 1 BGB analog). Widerspricht der Vermieter trotz Kenntnis von der Wegnahme nicht, verliert er sein Vermieterpfandrecht, sobald die Sache die Grundstücksgrenze passiert hat. Ein genereller Widerspruch, zB im Formularmietvertrag, reicht anders als im Rahmen des § 545 BGB[71] nicht aus. Der Widerspruch ist ggü. dem Mieter zu erklären. In der Kommentarliteratur wird hingegen gefordert, dass der Widerspruch auch oder nur ggü. demjenigen erfolgen muss, der die Sache vom Grundstück entfernt.[72] Solange dies nicht höchstrichterlich geklärt ist, besteht der sicherste Weg darin, den Widerspruch nicht nur dem Mieter, sondern (bei Personenverschiedenheit) auch ggü. demjenigen zu erklären, der die Entfernung vornimmt. Der Widerspruch ist eine rechtsgeschäftsähnliche Handlung, für die die Regelungen zur Willenserklärung (§§ 104 ff. BGB) entsprechende Anwendung finden.[73] Ein Unterlassen des Widerspruchs hat nicht die Qualität einer Willensäußerung und ist daher auch nicht anfechtbar, obwohl es wie ein Verzicht auf das Pfandrecht wirkt. Ohnehin wäre ein Irrtum, zB über die Folgen des fehlenden Widerspruchs oder zur Frage, ob die Sache vom Vermieterpfandrecht erfasst ist, als bloßer Rechtsfolgen- bzw. Motivirrtum nicht anfechtbar.[74]

36 Nach § 562b Abs. 2 S. 2 BGB erlischt das Pfandrecht auch dann, wenn der Vermieter von der Entfernung Kenntnis erlangt und die Rückführung nicht **binnen eines Monats gerichtlich geltend** macht (dazu → Rn. 71). Hat der Vermieter der Entfernung widersprochen, ist die Kenntnis dennoch gesondert festzustellen. Denn der Widersprechende muss nicht wissen, was mit der Sache danach geschehen ist. Erfährt der Vermieter von der Entfernung erst nach deren Abschluss, muss er weder sofort noch explizit widersprechen. Es reicht die fristgerechte Anrufung des Gerichts. Zuständig ist das allgemeine Prozessgericht bzw. (zB bei einer Vorzugsklage, → Rn. 52) das Vollstreckungsgericht, nicht aber gem. § 29a Abs. 1 ZPO das Mietgericht, da keine Rechte aus dem Mietvertrag verfolgt werden.

37 Lässt der Vermieter die Monatsfrist ungenutzt verstreichen, erlischt nicht nur sein Pfandrecht, sondern entfallen auch Sekundäransprüche wegen unberechtigter Entfernung der Sache. Der Vermieter erhält dann weder Schadensersatz noch einen etwaigen Erlös.

38 Gem. **§ 562a S. 2 Alt. 1 BGB** darf der Vermieter der Entfernung nicht widersprechen, wenn sie den gewöhnlichen Lebensverhältnissen entspricht. Mit Eingliederung der Vorschrift in das Wohnraummietrecht hat der Gesetzgeber die weitere Alternative **„im regelmäßigen Betrieb des Geschäftes des Mieters"** gestrichen. Nach der Gesetzesbegründung soll sie aber im Rahmen des § 578 Abs. 2 BGB, also bei der Geschäftsraummiete, als Konkretisierung der gewöhnlichen Lebensverhältnisse weitergelten.[75] Bei der Geschäftsraummiete kann es in der Tat nur um Erscheinungen des Geschäftsbetriebs gehen.[76] Der Gesetzgeber ging davon aus, dass die im regelmäßigen Geschäftsbetrieb veräußerte und unter diesen Voraussetzungen vom Geschäftsgrundstück ent-

[70] Prot. II, 207.

[71] OLG Köln BeckRS 2012, 19425 (zu II 2e bb); ebenso wohl BGH NJW 2010, 2124 Rn. 11; NJW-RR 2018, 714 Rn. 17.

[72] Staudinger/Emmerich BGB § 562a Rn. 14; Schmidt-Futterer/Lammel BGB § 562a Rn. 26; MüKo-BGB/Artz § 562a Rn. 9; Bub/Treier MietR-HdB/von der Osten Kap. III Rn. 2242.

[73] Allg. dazu Grüneberg/Ellenberger BGB Überblick Vor § 104 Rn. 7.

[74] BGH NJW 2008, 2442 Rn. 15.

[75] BT-Drs. 14/4553, 60.

[76] BGHZ 217, 92 = NJW 2018, 1083 Rn. 15.

fernte Ware alsbald wieder ersetzt wird.[77] Nicht regelmäßig ist ein Totalausverkauf,[78] saisonale Räumungsverkäufe dagegen schon.

§ 562a S. 2 Alt. 2 BGB lässt eine Enthaftung zu, wenn die **verbleibenden Sachen** zur Sicherung des Vermieters **offenbar ausreichen.** Durch diese Vorschrift wird das Übermaßverbot aus § 803 Abs. 1 S. 2 ZPO umgesetzt.[79] Maßstab ist der zu erwartende Versteigerungserlös. Erhebt der Mieter diese Verweisungseinrede, muss er darlegen, welche der übrigen Gegenstände in seinem Eigentum stehen und welchen Wert sie haben.[80] Sachen, bei denen das Eigentum des Mieters nicht oder erst nach genauer Prüfung feststeht, bleiben außer Betracht. Daher kommt dem Verweisungsargument in der Praxis kaum Bedeutung zu. 39

Beide Varianten des § 562a S. 2 BGB sind nicht als Einrede konzipiert, so dass das Pfandrecht auch dann erlischt, wenn der Vermieter von der Entfernung keine Kenntnis hat. 40

3. Sicherungsumfang

a) Forderungen aus „dem" Mietverhältnis. Das Vermieterpfandrecht sichert die Forderungen des Vermieters aus „dem" Mietverhältnis (§ 562 Abs. 1 BGB). Im Hinblick darauf, dass das Vermieterpfandrecht zum Schutz der anderen Gläubiger in §§ 562 ff. BGB eingeschränkt ist, darf der Begriff der Forderungen, die durch das Vermieterpfandrecht gesichert sind, nicht weit ausgelegt werden. Vielmehr gehören dazu nur solche Forderungen, die sich daraus ergeben, dass der Mietvertrag eine entgeltliche Gebrauchsüberlassung zum Gegenstand hat.[81] In erster Linie handelt es sich dabei um (fällige) Mietforderungen, Entschädigungsansprüche wegen Beschädigung der Mieträume durch den Mieter oder seinen Untermieter (§ 540 Abs. 2 BGB), Schadensersatzansprüche wegen Nichterfüllung der Anzeigepflicht (§ 546c Abs. 1 S. 1 BGB) oder der Rückgabepflicht (§ 546a BGB) und um Vertragsstrafen (§ 1257 iVm § 1210 Abs. 1 S. 1 BGB). Ferner gehören dazu Ansprüche auf Zahlung von Betriebskosten, auf Ersatz der Kosten für eine verhaltensbedingte Kündigung samt Rechtsverfolgung (Räumungsprozess- und Versteigerungskosten gem. § 1257 iVm § 1210 Abs. 2 BGB, nicht aber die Kosten für die Inanspruchnahme eines Mietbürgen[82]), Ansprüche auf Begleichung von Schulden des Vormieters, die der Mieter übernommen hat,[83] auf Zinsen (§ 1257 iVm § 1210 Abs. 1 S. 1 BGB), ein etwaiger Kautionsanspruch sowie Ansprüche auf vom Mieter vertraglich übernommene Zuschüsse zum Aufbau, Umbau und Instandsetzen der Mieträume, wenn diese Maßnahmen seinen Bedürfnissen entsprechen, nicht jedoch die Forderung auf Rückzahlung eines dafür gewährten Darlehens.[84] Auch ein Bierlieferungsvertrag hat mit dem Wesen des Mietverhältnisses als entgeltlicher Gebrauchsüberlassung nichts zu tun.[85] 41

b) Sicherungszeitraum. Grundsätzlich erfasst das Vermieterpfandrecht ab dem Zeitpunkt der Einbringung alle gegenwärtigen und zukünftigen Forderungen des Vermieters aus dem Mietverhältnis (→ Rn. 22). Das Gesetz schränkt den Sicherungsumfang jedoch in zeitlicher Hinsicht ein: 42

Nach § 562 Abs. 2 BGB sind nur **Mieten aus dem laufenden und dem folgenden Mietjahr** vom Vermieterpfandrecht **erfasst.** Gesichert sind Mietforderungen damit für höchstens 2 Jahre.

[77] BGH NJW 1963, 147 (148).
[78] OLG Dresden NZM 2012, 84 (89); LG Regensburg NJW-RR 1992, 717 (718).
[79] KG BeckRS 2016, 16547 Rn. 16.
[80] OLG Dresden NZM 2012, 84 (90); s. auch KG BeckRS 2016, 16547 Rn. 17.
[81] BGHZ 60, 22 = NJW 1973, 238 (239).
[82] RG JW 1905, 19 (Nr. 16); Recht 1909 Nr. 3332.
[83] BGH LM § 559 Nr. 3 (zu A. III. 2), in NJW 1965, 1475 nicht abgedruckt. Der Konnexitätsgrundsatz ist insoweit durchbrochen.
[84] BGHZ 60, 22 = NJW 1973, 238 (239).
[85] Staudinger/Emmerich BGB § 562 Rn. 27.

Beispiel:
Die Geschäftsräume sind seit August 2010 vermietet. Das Vermieterpfandrecht wird am 10.7.2024 geltend gemacht. Erfasst sind Mietforderungen (einschließlich Betriebskostenvorauszahlungen) für die Zeit von August 2023 bis einschließlich Juli 2025.

43 Dieser Umfang kann für die Zukunft durch erneute Geltendmachung erweitert werden (→ Rn. 22). Für die **Vergangenheit** wird der Kreis der gesicherten Forderungen auch im Verhältnis zu anderen Gläubigern in § 562d BGB eingeschränkt. Nach dieser Bestimmung darf das Vermieterpfandrecht ggü. einem anderen Gläubiger, der die Sache pfändet, also im Verhältnis zu einem Pfändungspfandrecht, **nicht** wegen der **Mieten für eine frühere Zeit als das letzte Jahr vor der Pfändung** geltend gemacht werden.

Beispiel:
Eine vom Vermieterpfandrecht erfasste Sache wird am 20.6.2024 gepfändet. Der Vermieter kann bei vorschüssiger monatlicher Zahlungsweise (§ 579 Abs. 2 iVm § 556b Abs. 1 BGB) nur Mietforderungen entgegenhalten, die seit Juli 2023 angefallen sind.

44 Die gleiche Einschränkung besteht für den Fall der Mieterinsolvenz nach § 50 Abs. 2 S. 1 InsO (→ Rn. 80).

4. Verwertung des Vermieterpfandrechts

45 **a) Voraussetzungen und Folgen der Verwertung.** Die Verwertung des Vermieterpfandrechts erfolgt gem. § 1257 BGB nach den Regeln, die für das rechtsgeschäftliche Pfandrecht (§§ 1204 ff. BGB) gelten. Voraussetzung ist die **Pfandreife,** also die Fälligkeit der gesicherten Forderung (§ 1228 Abs. 2 S. 1 BGB). Eine Verfallabrede mit Wirkung vor Pfandreife wäre unwirksam (§ 1229 BGB). Der Vermieter kann die von seinem Pfandrecht erfassten Sachen bei Fälligkeit der gesicherten Forderung herausverlangen, in Besitz nehmen und sofort verwerten (§§ 1228 Abs. 2, 1231 S. 1 BGB).

Praxistipp:
Der Vermieter muss nicht das Mietende abwarten, sondern kann bei jeder ausstehenden Mietforderung sein Vermieterpfandrecht geltend machen und eingebrachte pfändbare Sachen des Mieters zum Zwecke der Verwertung herausverlangen!

46 Unter mehreren Pfändern hat der Vermieter die Wahl (§ 1230 S. 1 BGB). Er darf nur nicht mehr Sachen herausverlangen, als er zur Befriedigung seiner Forderungen benötigt. Gibt der Mieter die Sachen nicht heraus, hat der Vermieter nur die Möglichkeit, gegen den Mieter zu klagen, um die Verwertung zu ermöglichen. Die Kosten dieses Rechtsstreits sind vom Mieter zu tragen (§ 1210 Abs. 2 BGB). Zu beantragen ist ein normaler Herausgabetitel, nicht ein der Hypothekenklage aus § 1147 BGB nachgebildeter Duldungstitel iSd § 1233 Abs. 2 BGB.

Praxistipp:
Zur Durchführung des Pfandverkaufs ist eine Pfändung der Sache nicht erforderlich. Grundlage der Verwertung ist das Vermieterpfandrecht, nicht der Duldungstitel gegen den Eigentümer!

47 Der Herausgabeanspruch beruht auf § 1231 BGB, nicht auf § 562b BGB. Der Titel ist auf Herausgabe an den Vermieter (Kläger) gerichtet. Mangels Schadensersatzanspruchs hat der Vermieter keine Möglichkeit, die Klage mit einem Antrag auf Fristbestimmung gem. § 255 ZPO zu kombinieren. Auch der Weg über § 510b ZPO ist versperrt, da sich diese Norm nicht auf Herausgabeansprüche anwenden lässt.[86]

[86] BGH NJW-RR 2018, 331 Rn. 10.

Formulierungsvorschlag:

Der Beklagte wird verurteilt, die im Keller des Anwesens Untergasse 12, 54320 Westheim, befindliche Kühltruhe Miele X 345l, Farbe weiß, an den Kläger herauszugeben.

Die **Verwertung** erfolgt nicht in Eigenregie durch den Vermieter, sondern durch Verkauf der Sache (§ 1228 Abs. 1 BGB) **im Wege der öffentlichen Versteigerung** (§§ 1233 Abs. 1, 1235 Abs. 1 BGB) durch den am Ort des Mietobjekts zuständigen Gerichtsvollzieher (§ 383 Abs. 3 S. 1 BGB). Dazu bedarf es einer Verkaufsandrohung ggü. dem Mieter (§ 1237 S. 2 BGB) und (wie bei der Zwangsräumung, s. § 128 Abs. 6 S. 1 GVGA) der Einhaltung einer einmonatigen Wartefrist (§ 1234 Abs. 1 und 2 BGB). Ferner muss die Versteigerung 1–2 Wochen vor dem Versteigerungstermin öffentlich bekannt gemacht werden (§ 1237 S. 1 BGB).[87] Der Eigentümer kann alle Fehler im Versteigerungsvorgang genehmigen.[88] Ansonsten führen aber auch nur elementare Fehler zur Rechtswidrigkeit der Versteigerung (§ 1243 Abs. 1 BGB) mit der Folge, dass die Wirkungen des § 1242 Abs. 1 BGB (Eigentümerwechsel, Erlöschen des Vermieterpfandrechts) nicht eintreten. 48

Der Vermieter darf selbst mitbieten (§ 1239 Abs. 1 S. 1 BGB), nicht aber die Sache vor Erwerb selbst nutzen, sofern kein Nutzungspfand (§ 1213 Abs. 1 BGB) vereinbart ist (anders gem. § 592 S. 1 BGB bei der Landpacht). Von einem **Nutzungspfand** ist zB auszugehen, wenn der Mieter dem Vermieter vorübergehend die Nutzung des Inventars überlässt, weil er die Miete nicht mehr zahlen kann. Der Vermieter muss das Inventar erst dann zurückgeben, wenn die Rückstände beglichen sind.[89] Wegen einer geringfügigen Restschuld darf die Rückgabe allerdings nicht verweigert werden.[90] Für die Kosten der Versteigerung kommt bei berechtigter Verwertung das Pfand auf (§ 1210 Abs. 2 BGB). Gleiches gilt für Lagerkosten, die nach §§ 1216, 683, 677, 670 BGB als Verwendungen auf das Pfand zu ersetzen sind, soweit sie nach den Grundsätzen der Geschäftsführung ohne Auftrag für erforderlich gehalten werden durften.[91] Ob der Vermieter auch eine Entschädigung für **Nutzungsausfall** verlangen darf, wenn der Mieter zwar auszieht, Sachen aber zurücklässt, an denen ein Vermieterpfandrecht geltend gemacht wurde, ist zweifelhaft. Solange nicht geklärt ist, welche Sachen dem Vermieterpfandrecht tatsächlich unterliegen, so dass der Vermieter sie nach Auszug des Mieters in Besitz nehmen kann, kann er das Mietobjekt uU nicht weitervermieten. Mangels Nutzungsabsicht kann er vom Mieter dann aber auch keine Nutzungsentschädigung (§ 546a Abs. 1 BGB) fordern.[92] 49

Praxistipp:

Oft versehen Vermieter ihre Kündigungsschreiben mit der Geltendmachung des Vermieterpfandrechts. Das kann einen Anspruch aus § 546a Abs. 1 BGB zunichtemachen.

Den **Pfanderlös** darf der Vermieter zur Begleichung der zum Zeitpunkt der Geltendmachung des Vermieterpfandrechts offenen Forderungen verwenden. Reicht der Erlös nicht aus, um alle Forderungen zu begleichen, richtet sich die Reihenfolge der Befriedi- 50

[87] Zur Frist OLG Frankfurt a. M. NJW-RR 2018, 699 Rn. 5 im Anschluss an § 9 Abs. 4 S. 1 PfandlV.
[88] BGH NJW 1995, 1350 (1351).
[89] OLG Düsseldorf BeckRS 1989, 1113.
[90] Vgl. BGH NJW 2016, 3437 Rn. 24 für die Heilungsmöglichkeit nach § 569 Abs. 3 Nr. 2 BGB; anders BGH NJW 2018, 939 Rn. 24: erforderlich sei die „vollständige Zahlung des gesamten Rückstands".
[91] OLG Hamburg NJW-RR 1990, 86 (87).
[92] OLG Düsseldorf NJOZ 2006, 4058 (4066); OLG Rostock NJOZ 2008, 147 (148); OLG Koblenz NJW-RR 2018, 845 Rn. 25; aA Neuhaus Geschäftsraummiete-HdB, 6. Aufl. 2017, Kap. 18 Rn. 145.

gung nach § 366 Abs. 2 BGB, wenn der Mieter keine Tilgungsbestimmung getroffen hat.[93] Das Wahlrecht geht dann nicht etwa auf den Vermieter über. Eine Aufrechnung ist zwar grundsätzlich auch mit **verjährten** Forderungen des Vermieters möglich (§ 216 Abs. 1 BGB). Allerdings gilt dies nicht für Mieten und Zinsen (§ 216 Abs. 3 BGB), so dass die Verjährungseinrede oft Erfolg haben wird.

Praxistipp:
Verjährte Mietforderungen lassen sich auch nicht über das Vermieterpfandrecht durchsetzen!

51 **b) Konkurrierende Pfandrechte.** Das Vermieterpfandrecht konkurriert mit anderen Pfandrechten, vor allem dem Pfändungspfandrecht, das bei einer Geldvollstreckung (§ 808 Abs. 1 ZPO) entsteht. Es gilt das **Prioritätsprinzip** (§ 1209 BGB). Daher wird das Vermieterpfandrecht meistens den Vorrang haben. Mit dem Vermieterpfandrecht lassen sich Pfändungen nicht abwehren; insbes. schafft es kein Pfändungsverbot (§§ 805 Abs. 1 Hs. 1, 809 ZPO). Weder hat der Vermieter die Möglichkeit, die Sache mit einer Drittwiderspruchsklage gem. § 771 ZPO aus der Vollstreckung zu nehmen, noch kann er die Verwertung der Sache verhindern. Anders ist es nur, wenn er die Sache nach Pfandreife gem. § 562b Abs. 2 S. 1 oder Abs. 1 S. 2 BGB selbst in Besitz nimmt. Der Gerichtsvollzieher darf nach § 808 Abs. 1 ZPO nur im Gewahrsam des Schuldners befindliche Sachen pfänden; will er eine Sache pfänden, die sich im Gewahrsam des Gläubigers oder eines Dritten befindet, benötigt er deren Herausgabebereitschaft.[94] Unabhängig davon kann der Vermieter mit einem Zahlungstitel selbst in die Sache pfänden. Auf dieses Pfandrecht muss er aber verzichten, wenn er eine Verwertung mittels öffentlicher Versteigerung anstrebt;[95] das gilt auch umgekehrt.

52 Will der Vermieter den Vorrang des Vermieterpfandrechts ggü. einem nachträglich begründeten Pfändungspfandrecht geltend machen, hat er die Möglichkeit, über eine **Vorzugsklage** nach § 805 ZPO dafür zu sorgen, dass er aus dem Verwertungserlös vorrangig befriedigt wird. Ausschließlich zuständig ist das Vollstreckungsgericht (§§ 805 Abs. 2, 764 Abs. 2, 802 ZPO).

Antragsbeispiel:
Der Kläger ist aus dem Reinerlös aus der Verwertung der am 10.9.2024 für den Beklagten gepfändeten Kühltruhe Miele X 345l, Farbe weiß, bis zum Betrag von 4.230,00 EUR nebst Zinsen in Höhe von 5 Prozentpunkten über dem Basiszinssatz vom Tag der Rechtshängigkeit bis zum Tag der Auszahlung vor dem Beklagten zu befriedigen.

53 Eine solche Klage kann der Vermieter ab dem Zeitpunkt der Drittpfändung erheben,[96] selbst wenn hinsichtlich des Pfändungspfandrechts noch keine Pfandreife vorliegt (§ 805 Abs. 1 ZPO aE). Die Klage sollte er mit einem Antrag auf Erlass einer **Hinterlegungsanordnung** nach §§ 805 Abs. 4, 769 ZPO kombinieren, weil die Zwangsvollstreckung allein durch Erhebung der Vorzugsklage nicht blockiert wird. Die Vollziehung der Hinterlegungsanordnung erfolgt in entsprechender Anwendung des § 775 Nr. 2 ZPO durch den Gerichtsvollzieher.

Antragsbeispiel:
Zugunsten der Parteien wird die Hinterlegung des Erlöses aus der Verwertung der Kühltruhe Miele X 345l, Farbe weiß, bis zum Betrag von 4.250,00 EUR bis zur Entscheidung dieses Rechtsstreits bei der Hinterlegungsstelle des hiesigen Amtsgerichts angeordnet.

54 Mit Beendigung der Zwangsvollstreckung entfällt die Klagemöglichkeit; der Vermieter kann dann gegen den Pfandgläubiger allenfalls noch aus ungerechtfertigter Berei-

---

93 OLG Rostock BeckRS 2013, 07306.
94 Im Ergebnis Musielak/Voit/Flockenhaus, 21. Aufl. 2024, ZPO § 809 Rn. 2.
95 OLG Frankfurt a. M. MDR 1975, 228.
96 BGHZ 27, 227 = NJW 1958, 1282 (1283).

cherung oder unerlaubter Handlung vorgehen.[97] Das ist gar nicht so selten, da der Mieter nicht verpflichtet ist, den Vermieter ungefragt auf Pfändungen von Sachen, die dem Vermieterpfandrecht unterliegen, hinzuweisen, so dass der Vermieter oft zu spät kommt.

Die Vorzugsklage muss an sich nicht innerhalb der Monatsfrist des § 562b Abs. 2 S. 2 BGB erhoben werden, da die Sache nur im Rahmen einer Vollstreckungsmaßnahme aus dem Mietobjekt herausgenommen, mithin nicht iSd § 562a S. 1 BGB „entfernt" wurde (→ Rn. 30). 55

Der Beklagte kann in diesem kontradiktorischen Verfahren alles vorbringen, was das Vermieterpfandrecht zu Fall bringt. Ihm stehen daher auch alle Einreden und Einwendungen seines Schuldners (Mieter) zu, zB dass die im Mietobjekt verbliebenen Sachen des Mieters zur Sicherung des Vermieters ausreichen (vgl. § 562a S. 2 BGB).[98] Dem Beklagten wird auch insofern geholfen, als der Vorrang des Vermieterpfandrechts gem. § 562d BGB auf Mietforderungen aus dem letzten Jahr vor dem Pfändungstag beschränkt ist (→ Rn. 42). Andere ältere Geldforderungen des Vermieters (zB Schadensersatzansprüche) behalten dagegen ihren Vorrang. 56

Die Vollziehung des klagestattgebenden Urteils erfolgt dergestalt, dass der Gerichtsvollzieher dem Vermieter den Reinerlös auszahlt (§ 119 Abs. 4 S. 1 GVGA). Ist die Forderung des Vermieters noch nicht fällig (keine Pfandreife), wird der Gerichtsvollzieher den dem Vermieter gebührenden Betrag nur hinterlegen dürfen.[99] 57

c) **Schutz des Vermieters vor, bei und nach Entfernung der Sache.** Droht eine dem Vermieterpfandrecht unterworfene Sache aus dem Machtbereich des Vermieters entfernt zu werden, ergibt sich das Schutzkonzept aus **§ 562b BGB.** Diese Vorschrift differenziert danach, ob die Entfernung nur bevorsteht oder schon abgeschlossen ist: 58

Steht die Entfernung nur bevor (**1. Fall:** § 562b Abs. 1 BGB), hat der Vermieter ein **Selbsthilferecht.** Dieses wird ohne staatliche Hilfe ausgeübt und geht über das allgemeine Recht zur Selbsthilfe nach §§ 229, 230 BGB hinaus, weil es unabhängig davon besteht, ob polizeiliche Hilfe zu erlangen ist und die Sicherung erschwert bzw. vereitelt wird. Das Gesetz verwirklicht damit den Verhältnismäßigkeitsgrundsatz. Im römischen Recht durfte der Vermieter den Mieter dauerhaft aussperren, um das Pfandgut zu sichern.[100] Nach § 562b Abs. 1 BGB kann der Vermieter nur die Entfernung **verhindern,** das aber notfalls mit Gewalt. Hilft alles nichts, darf der Vermieter dem Mieter die Sache vorübergehend abnehmen.[101] 59

Bis zum Auszug des Mieters geht das Recht aus § 562b Abs. 1 BGB über ein **Sperrrecht** (sog. Perklusionsrecht) regelmäßig nicht hinaus. Für ein Betretungsrecht schafft es keine Grundlage. Ein Betreten wäre verbotene Eigenmacht (§ 858 Abs. 1 BGB), die über § 862 Abs. 1 BGB abgewehrt und als Hausfriedensbruch (§ 123 StGB) bestraft werden kann. 60

In der Rspr. wird angenommen, dass der Vermieter vor Gewaltanwendung bzw. Inbesitznahme zunächst widersprechen bzw. mahnen muss.[102] Erst wenn keine Abhilfe erfolgt, darf der Vermieter handgreiflich werden oder Schlösser austauschen.[103] Eine solche Einschränkung findet im Gesetz jedoch keine Stütze. Insbes. nimmt § 562b BGB nicht auf § 230 Abs. 1 BGB Bezug, wonach die Selbsthilfe erforderlich sein muss. Auf der anderen Seite ist eine Kommunikation zwischen den Parteien in dieser Situation bare Selbstverständlichkeit. 61

---

97 BGH NJW 1959, 2251; 1986, 2426.
98 BGHZ 27, 227 = NJW 1958, 1282 (1283).
99 Zöller/Stöber ZPO § 805 Rn. 10.
100 Knütel FS Gerhardt, 2004, 457 (465) mit Hinweis auf D. 20, 2, 9.
101 OLG München NJW-RR 1989, 1499 (1502).
102 OLG Düsseldorf ZMR 1983, 376; OLG München NJW-RR 1989, 1499 (1502); OLG Karlsruhe NZM 2005, 542; KG BeckRS 2015, 18483 Rn. 2; OLG Köln NJOZ 2018, 1410 Rn. 5.
103 OLG Karlsruhe NZM 2005, 542.

62 Das Selbsthilferecht entsteht mit unmittelbarer Vorbereitung der Entfernung, also bei **konkreter Gefahr** für den Verbleib. Die bloße Entfernungs- bzw. Verkaufsabsicht genügt nicht.[104] Damit deckt § 562b BGB keine Präventivmaßnahmen. Auf der anderen Seite greift das Selbsthilferecht grundsätzlich nur so lange, bis die Sache das Mietgrundstück (nicht nur die vermietete Fläche, → Rn. 28) verlassen hat, endet also schon, bevor sie ihren Verbringungsort erreicht hat.[105] § 562b Abs. 1 BGB gibt deshalb kein Verfolgungsrecht (Recht zur Nacheile). Nimmt der Vermieter sein Perklusionsrecht nicht wahr, muss er zumindest widersprechen; ansonsten verfällt das Vermieterpfandrecht hinsichtlich der entfernten Sache. Die Selbsthilfe ist gem. § 562b Abs. 1 S. 1 iVm § 562a S. 2 BGB nicht zulässig, wenn die Entfernung den gewöhnlichen Lebensverhältnissen entspricht oder die zurückbleibenden Sachen zur Sicherung des Vermieters offenbar ausreichen, der Vermieter der Entfernung also nicht widersprechen darf. Das Selbsthilferecht besteht auch nicht bei einer Entfernung im Rahmen der Einzel- oder Gesamtvollstreckung, zumal dies schon nicht zu einer Enthaftung führt (→ Rn. 30).

63 In der Praxis läuft das Selbsthilferecht weitgehend leer, da der Vermieter regelmäßig keine Kenntnis hat, welche der eingebrachten Sachen im Eigentum des Mieters stehen und welchen Wert sie haben, dies aber darlegen und ggf. beweisen muss. Der Vermieter läuft darüber hinaus Gefahr, dass das Mietverhältnis vom Mieter fristlos gekündigt wird, wenn der Vermieter sich zu Unrecht an seinen Sachen zu schaffen macht oder ihn gar aussperrt.[106]

64 Erst wenn der Mieter auszieht, darf der Vermieter die Sache dauerhaft in Besitz nehmen (§ 562b Abs. 1 S. 2 BGB). Da ein Auszug nicht nur direkt im Mietobjekt stattfindet, dürfte das Perklusionsrecht hier weitergehen und die Selbsthilfe auch dann noch erlauben, wenn die vom Vermieterpfandrecht erfasste Sache außerhalb des Mietgrundstücks abgestellt, aber noch nicht fortgeschafft ist.

Beispiel:
Stellt der Mieter eine Sache, die dem Vermieterpfandrecht unterfällt, auf den Bürgersteig zur Abholung bereit, greift das Selbsthilferecht aus § 562b Abs. 1 S. 1 BGB nicht mehr. Wenn dann auch die engen Voraussetzungen des § 229 BGB nicht gegeben sind, bleibt dem Vermieter nur der Gang zu Gericht. Gehört das Abstellen der Sachen indes zum Auszug des Mieters, darf der Vermieter die Sachen an sich nehmen (§ 562b Abs. 1 S. 2 BGB).

65 Dem Vermieter ist es nicht zuzumuten, rund um die Uhr das Mietobjekt zu bewachen, um das „heimliche Rücken"[107] von Sachen zu verhindern, die dem Vermieterpfandrecht unterliegen. Daher hat er auf Grundlage des § 562a S. 1 bzw. § 541 BGB[108] die Möglichkeit, den Mieter auf **Unterlassung** zu verklagen, und kann mit diesem Ziel sogar eine einstweilige Verfügung erwirken.[109]

Antragsbeispiel für eine Unterlassungsklage:
Der Beklagte wird verurteilt, es bei Meidung eines für jeden Fall der Zuwiderhandlung festzusetzenden Ordnungsgeldes bis zu 250.000,00 EUR, ersatzweise Ordnungshaft, oder einer Ordnungshaft bis zu 6 Monaten zu unterlassen, die in der Gaststätte „Zum Franken" im Anwesen Untergasse 12, 54320 Westheim befindliche Kühltruhe Miele X 345l, Farbe weiß, zu entfernen bzw. entfernen zu lassen.

Antragsbeispiel für eine Unterlassungsverfügung:
Dem Antragsgegner wird aufgegeben, es bei Meidung … [wie zuvor].

66 Das Perklusionsrecht schließt das **Rechtsschutzbedürfnis** für den Erlass einer solchen einstweiligen Verfügung nicht aus.[110] An die Glaubhaftmachung sind keine hohen

[104] OLG Düsseldorf ZMR 1983, 376 (377); OLG Celle BeckRS 1993, 31387781; OLG Koblenz NJW-RR 2005, 1174 f.; anders OLG Celle NJW-RR 1987, 447 (448) hinsichtlich der Erklärung, „demnächst zu räumen".

[105] Mot. II, 409 mit dem Hinweis, dass das Recht zur Selbsthilfe (§ 229 BGB) genug Schutz biete.

[106] OLG Frankfurt a. M. BeckRS 2012, 16598; ferner → Rn. 76 f.

[107] So die Formulierung in Prot. II, 208.

[108] BeckOK MietR/Bruns, 44. Ed. 1.6.2026, § 541 BGB Rn. 3 aE.

[109] BGH BeckRS 1971, 00125; BGHZ 211, 171 = NVwZ 2017, 251 Rn. 47; OLG Celle BeckRS 1993, 31387781; OLG Stuttgart NJW-RR 1997, 521; OLG Hamm NZM 2001, 623.

[110] OLG Celle NJW-RR 1987, 447 (448).

Anforderungen zu stellen. Insbesondere müssen die fraglichen Einrichtungsgegenstände nicht im Einzelnen bezeichnet sein.[111] Kündigt der Mieter an, demnächst zu räumen, reicht das zur Gefährdung des Anspruchs auf Ausübung des Vermieterpfandrechts als Verfügungsgrund aus.[112] Der nach § 890 Abs. 2 ZPO erforderliche **Androhungsantrag** kann schon zu Beginn des (Erkenntnis-)Verfahrens gestellt werden.

Im **2. Fall** (§ 562b Abs. 2 BGB), also wenn sich die vom Vermieterpfandrecht erfasste Sache nicht mehr auf dem Mietgrundstück befindet, hat der Vermieter einen **Rückschaffungs- oder Herausgabeanspruch** je nachdem, ob der Mieter ausgezogen ist oder nicht (§ 562b Abs. 2 S. 1 BGB). Dasselbe Ziel wird mit einem Schadensersatzanspruch nach § 823 Abs. 2 BGB iVm § 289 StGB (Pfandkehr) erreicht, gerichtet ebenfalls auf Rückschaffung oder Herausgabe (§ 249 Abs. 1 BGB). Der Vermieter darf diesen Anspruch (anders als im 1. Fall) nicht mit Gewalt durchsetzen, sondern muss sich notfalls staatlichen Zwangs bedienen, also die Gerichte anrufen. 67

Hat der Mieter die Sache veräußert, bleiben Ansprüche auf Erlösherausgabe (§ 816 Abs. 1 S. 1 BGB) und auf Schadensersatz in Höhe des Wiederbeschaffungswertes der Sache,[113] berechnet auf den Zeitpunkt, in dem die Vollstreckung vereitelt wurde (§ 823 Abs. 2 BGB iVm § 289 StGB). 68

Weiß der Vermieter nur, dass die dem Vermieterpfandrecht unterliegende Sache nicht mehr in den Mieträumen ist, hat er einen **Auskunftsanspruch** zum Verbleib der Sache gegen den Mieter bzw. denjenigen, der sie aus dem Mietobjekt geholt bzw. übernommen hat. Diesen Anspruch kann er ggf. im Wege der Stufenklage (§ 254 ZPO) verfolgen. Der Anspruch folgt ggü. dem Mieter aus dem Mietvertrag, ggü. einem Dritten, der die Sache an sich genommen hat, aus dem gesetzlichen Schuldverhältnis, das durch § 562b Abs. 2 S. 1 BGB zwischen ihm und dem Vermieter begründet wird. Zweckmäßigerweise wird der Vermieter auch hier eine **einstweilige Verfügung** erwirken. Sind Sachen, die dem Vermieterpfandrecht unterliegen, unerlaubt entfernt worden, kann der Verfügungsantrag als **Stufenantrag** (Auskunft und Rückführung) formuliert werden.[114] Ebenso wie bei einem possessorischen Besitzschutzanspruch[115] bedarf es dazu weder eines Verfügungsgrundes, noch steht das Verbot der Vorwegnahme der Hauptsache dem entgegen. 69

Anders als der gegen den Mieter gerichtete Herausgabeanspruch bei Pfändungsreife (→ Rn. 45) handelt es sich bei dem Anspruch aus § 562b Abs. 2 S. 1 BGB um einen **dinglichen Anspruch**,[116] der sich gegen jeden richtet, der die Sache in unmittelbaren Besitz genommen hat (§§ 1257, 1227, 985, 1004 Abs. 1 BGB, wegen § 50 InsO aber nicht gegen den Insolvenzverwalter bei einer Mieterinsolvenz, → Rn. 71), ohne Eigentümer oder Pfändungspfandgläubiger (dann greift § 805 ZPO, → Rn. 52) zu sein. **Aktivlegitimiert** ist der Inhaber des Vermieterpfandrechts, im Regelfall der **Vermieter**, uU aber (über §§ 1257, 1249, 268 Abs. 3 S. 1 BGB) auch ein Dritter als **Zahler**, wenn vom Vermieterpfandrecht nur ein Anwartschaftsrecht erfasst war, oder über §§ 1257, 1250 Abs. 1 S. 1, 412, 401 BGB als **Zessionar** der gesicherten Forderung. 70

Der Rückführungs- bzw. Herausgabeanspruch ist gegeben, wenn 71

(1.) das Vermieterpfandrecht noch besteht, also kein Gutglaubenserwerb stattgefunden hat (dann besteht nur Anspruch auf Erlösauskehr gegen den Mieter gem. § 816 Abs. 1 S. 1 BGB),

(2.) das Widerspruchsrecht nicht nach § 562a S. 2 BGB ausgeschlossen ist,

(3.) die Entfernung ohne Wissen oder unter Widerspruch des Vermieters erfolgte und

---

[111] OLG Köln ZIP 1984, 89 (90); OLG Stuttgart NJW-RR 1997, 521; OLG Hamm NZM 2001, 623; s. auch OLG Saarbrücken BeckRS 2014, 16558 Rn. 27.

[112] LG Düsseldorf MietRB 2022, 10 f.

[113] KG BeckRS 2018, 1185 Rn. 12, 17.

[114] OLG Rostock NZM 2005, 440; OLG Brandenburg NJOZ 2007, 4876 (4877); OLG Rostock BeckRS 2011, 06552, zu II 2b.

[115] OLG Stuttgart NJW 2012, 625 (626 f.).

[116] OLG Frankfurt a. M. NJW-RR 2007, 230; Sternel MietR aktuell Kap. III Rn. 232.

(4.) die **Monatsfrist** des § 562b Abs. 2 S. 2 BGB eingehalten wurde. Diese wird nach §§ 187 Abs. 1, 188 Abs. 2 Alt. 1, Abs. 3, 193 BGB berechnet und beginnt mit Entfernung der Sache bzw., wenn der Vermieter hiervon keine Kenntnis hat, sobald er von der Entfernung erfährt. Innerhalb dieser Frist ist der Rückführungs- bzw. Herausgabeanspruch „gerichtlich geltend" zu machen. Dafür genügt jedes Verhalten, mit dem das Rückschaffungsbegehren in einer Prozesshandlung zur Geltung gebracht wird, vor allem der vorerwähnte Stufenantrag (Auskunft und Rückführung), aber auch zB ein Antrag nach § 805 Abs. 4 ZPO oder ein Widerspruch gegen eine auf Duldung der Entfernung gerichtete einstweilige Verfügung.[117] Bei Verfristung entfallen alle Rechte und Ansprüche aus dem Vermieterpfandrecht, auch Bereicherungs- und Schadensersatzansprüche. Eine **Ausnahme** besteht nur **im Fall der Mieterinsolvenz:** Der Bestand des Absonderungsrechts des Vermieters nach § 50 Abs. 1 InsO ist unabhängig davon, ob die Voraussetzungen des Vermieterpfandrechts nach Insolvenzeröffnung noch vorliegen. Das Pfandrecht wandelt sich mit Insolvenzeröffnung in ein Absonderungsrecht um, für welches auch die Monatsfrist des § 562b Abs. 2 S. 2 BGB nicht gilt.[118]

Beispiele:
Erfährt der Vermieter am 8.5.2025 von der Wegnahme, muss er bis Freitag, den 6.6.2025, 24 Uhr, Klage erheben. Dass die Klage dem Besitzer erst später zugestellt wird, spielt wegen § 167 ZPO grundsätzlich keine Rolle. Erfährt der Vermieter schon am 1.5.2025 von der Wegnahme, muss er bis Montag, den 2.6.2025 (24 Uhr), Klage erheben, da der 1.6.2025 ein Sonntag ist (§ 193 BGB). Erfährt der Vermieter am 31.1.2025 von der Wegnahme, muss er spätestens am letzten Tag im Februar 2025 (bis 24 Uhr) Klage einreichen (§ 188 Abs. 3 BGB). Erfährt er am 31.5.2025 von der Wegnahme, hat er dazu nach § 188 Abs. 3 BGB bis zum 30.6.2025 (letzter Tag im Juni), 24Uhr, Zeit.

Bei der Monatsfrist handelt es sich um eine **Ausschlussfrist.** Sie ist deshalb **nicht verlängerbar,** weder ausdrücklich noch konkludent, etwa durch Verhandlungen um die Rückführung der Sache.[119] Auf der anderen Seite ist die Monatsfrist keine Höchstfrist, so dass sie auch nach Jahren noch anlaufen kann, wenn die Kenntnis erst dann erfolgt. Da sie keine gerichtliche Frist ist, kommt auch eine Wiedereinsetzung in den vorigen Stand (§ 233 ZPO) nicht in Betracht. Eine (nichtige) Verlängerungsabrede soll aber in die Bestellung eines vertraglichen Pfandrechts (§ 1205 BGB) umgedeutet werden können (§ 140 BGB).[120]

72 Ist der **Mieter nicht ausgezogen,** handelt der Vermieter vor Gericht gleichsam als Prozessstandschafter zur Durchsetzung des ursprünglichen Perklusionsrechts, indem er den Besitzer auf Rückschaffung verklagt (§ 562b Abs. 2 S. 1 Alt. 1 BGB).

Antragsbeispiel:
Der Beklagte wird verurteilt, die Kühltruhe Miele X 345l, Farbe weiß, zum Zwecke des Verbringens in die Gaststätte „Zum Franken", Untergasse 12, 54320 Westheim, herauszugeben.

73 Die Rückschaffung ist Gegenstand der Vollstreckung des Titels und damit Sache des Vermieters. Es gelten die Regelungen zur Herausgabevollstreckung, insbes. § 883 ZPO. Hiernach nimmt der Gerichtsvollzieher dem Besitzer die Sache weg und händigt sie dem Vermieter aus, der sie dann in die Mieträume zurückbringt.[121]

Nach Auszug des Mieters kann der Vermieter vom Besitzer einschränkungslose Herausgabe der Sache an sich verlangen (§ 562b Abs. 2 S. 1 Alt. 2 BGB).

Antragsbeispiel:
Der Beklagte wird verurteilt, die Kühltruhe Miele X 345l, Farbe weiß, an den Kläger herauszugeben.

[117] KG OLGE 27, 156 (157).
[118] BGH NZI 2001, 548 (549); NJW-RR 2004, 772 (773).
[119] Eine entsprechende Anwendung von Hemmungsvorschriften auf Ausschlussfristen ist zwar möglich, verbietet sich aber regelmäßig, weil Ausschlussfristen die Rechtssicherheit und Rechtsklarheit bezwecken, s. BGH NJW 2008, 2258 Rn. 21; ferner BAG NZA 2018, 1402 Rn. 20 ff. mablAnm Naber/Schulte NZA 2018, 1526 ff.
[120] Grüneberg/Weidenkaff BGB § 562b Rn. 12.
[121] AA Staudinger/Emmerich BGB § 562b Rn. 15: Gerichtsvollzieher schafft die Sache selbst auf das Grundstück zurück.

Kommt der Vermieter in **Besitz** der Sache, erhält er damit die Rechtsstellung eines Faustpfandgläubigers mit entsprechender Verwahrungspflicht (§§ 1257, 1215 BGB).[122] Vor Eintritt der Pfandreife kann er vom Mieter kein Lagergeld verlangen und wohl auch keinen Verwendungsersatz (vgl. § 1216 S. 1 BGB), da er die Sache dem Mieter belassen könnte und somit nicht als Fremdgeschäftsführer handelt. 74

Zieht der Mieter nach Erlass eines auf Rückschaffung gerichteten Urteils aus dem Mietobjekt aus, wird der Titel dadurch nicht unbrauchbar. Der Vermieter erhält titelgemäß, notfalls über den Gerichtsvollzieher, die Sache ausgehändigt und darf sie, nunmehr über den Urteilsausspruch hinaus, in Besitz nehmen und bei Pfandreife verwerten, auch jetzt in der Rolle eines Faustpfandgläubigers. Mit Verwertung der Sache (Pfandverkauf) erlischt das Vermieterpfandrecht (§ 1242 Abs. 2 S. 1 BGB). 75

d) Vermieter entfernt Sicherungsgut. Nimmt der Vermieter zu Unrecht Sicherungsgut an sich, hat der Mieter possessorische, aber auch petitorische Besitzschutzansprüche, weil das Vermieterpfandrecht allein nicht zum Besitz berechtigt. 76

Da das Vermieterpfandrecht kein Nutzungsrecht vermittelt, muss der Vermieter Nutzungen, die er mit dem Pfandgut getätigt hat, nach GoA-Grundsätzen (§§ 681 S. 1, 667 BGB) herausgeben.[123] 77

Beispiel:
Der Vermieter kündigt den Mietvertrag zum Betrieb eines Fitness-Studios wegen Zahlungsverzugs und vermietet das vom Mieter eingebrachte Betriebsinventar an den Nachmieter. Den Erlös muss er an den bisherigen Mieter abführen und darf gegen den Anspruch auf Erlösherausgabe in entsprechender Anwendung des § 393 BGB[124] auch nicht gem. § 387 BGB (§ 1214 Abs. 2 BGB findet mangels Nutzungspfands keine Anwendung) aufgrund Pfandreife (§ 1228 Abs. 2 BGB) mit gesicherten Forderungen aufrechnen; der nach § 393 BGB geforderte bedingte Vorsatz liegt regelmäßig vor, da niemand ohne Weiteres Inventar vermietet, das ihm nicht gehört. Handelt es sich um Einrichtungen, besteht der Anspruch auf Erlösauskehr insoweit allerdings nur bis zum Ablauf der Verjährungsfrist (→ Rn. 33).

Die Herausgabepflicht trifft auch den Insolvenzverwalter über das Vermögen des Vermieters, der die Fruchtziehung als Pfandgläubiger fortsetzt und die Erträge zur Masse zieht. Der auf §§ 681 S. 2, 667 BGB beruhende Herausgabeanspruch gehört, soweit er nach Eröffnung des Insolvenzverfahrens entsteht, zu den Masseverbindlichkeiten (§ 55 Abs. 1 Nr. 1 InsO).[125] Eine Aufrechnung ist hier seitens des Insolvenzverwalters ebenfalls nicht möglich (§ 96 Abs. 1 Nr. 1 InsO). 78

e) Insolvenz des Mieters. Das Schicksal des Vermieterpfandrechts in der Mieterinsolvenz hat durch einige jüngere BGH-Urteile[126] an Aktualität gewonnen. 79

Grundsätzlich ist zu beachten, dass das Vermieterpfandrecht in der Mieterinsolvenz zur **abgesonderten Befriedigung** aus dem Pfandgegenstand berechtigt (§ 50 Abs. 1 InsO). Der Vermieter kann dann seine Ansprüche gegen den Mieter durch Verwertung der dem Vermieterpfandrecht unterfallenden Sachen vorzugsweise befriedigen. Voraussetzung ist, dass die Sache schon **vor Eröffnung des Insolvenzverfahrens eingebracht** wurde (§ 91 Abs. 1 InsO). Bei diesen Sachen erfasst das Absonderungsrecht nicht nur die Mieten, sondern auch Ansprüche auf Kosten und Zinsen, die nach Insolvenzeröffnung fällig werden.[127] Einschränkend darf das Vermieterpfandrecht wegen der **Miete** für eine frühere Zeit als die **letzten 12 Monate vor Eröffnung des Insolvenzverfahrens** (also nicht schon vor Insolvenzreife) nicht geltend gemacht werden (§ 50 Abs. 2 S. 1 Alt. 1 InsO). Ähnlich wie nach § 562d BGB (→ Rn. 41) bleibt der Vermieter somit auf 80

[122] BGH NJW 2006, 848 Rn. 15. Zu möglichen Schadensersatzpflichten s. OLG Köln NJOZ 2016, 1410 Rn. 5; Wasmuth ZMR 1989, 42 ff.
[123] BGH NJW 2014, 3570 Rn. 19.
[124] Der Begriff der unerlaubten Handlung wird auf Bereicherungsansprüche erstreckt, s. BGH NJW 1977, 529 f.; BeckOK BGB/Dennhardt, 78. Ed. 1.5.2026, § 393 Rn. 3.
[125] BGH NJW 2014, 3570 Rn. 20.
[126] BGH NJW 2015, 162; BGHZ 202, 354 = NJW 2014, 3775; BGHZ 217, 92 = NJW 2018, 1083.
[127] BGH NJW 2008, 3064 Rn. 8; 2015, 162 Rn. 19.

älteren Mietforderungen sitzen. Ggf. ist die älteste Mietforderung zeitanteilig zu kürzen.[128]

Beispiel:
Das Insolvenzverfahren über das Vermögen des Mieters wird am 20.6.2024 eröffnet. Der Vermieter macht ein Recht auf abgesonderte Befriedigung geltend. Dies darf er unabhängig von der Zahlungsweise nur für die Mieten, die für die Zeit vom 20.6.2023 bis zum 19.6.2024 zu zahlen sind.

81 Nicht geltend gemacht werden darf das Vermieterpfandrecht zudem wegen der Entschädigung, die infolge einer Kündigung des Insolvenzverwalters zu zahlen ist (§ 50 Abs. 2 S. 1 Alt. 1 InsO). Gemeint ist nicht der Verwaltervertrag, sondern der Mietvertrag, also der Schaden, der aus einer Kündigung des Mietvertrags gem. § 109 Abs. 1 InsO entsteht.[129] Mit diesen Beschränkungen soll die Masse vor übermäßig belastenden Absonderungsrechten geschützt werden. Diese Gefahr besteht nicht, wenn die Begrenzung nur anderen Absonderungsberechtigten zugutekäme, wie das etwa beim Zusammentreffen von Vermieterpfandrecht und Raumsicherungsvertrag der Fall wäre. Diese Beschränkung würde nicht die Masse begünstigen, sondern nur die finanzierende Bank. § 50 Abs. 2 S. 1 InsO gilt daher nicht im Verhältnis zu anderen Absonderungsberechtigten.[130]

82 **Nach** Eröffnung des Insolvenzverfahrens kann das Vermieterpfandrecht nur entstehen, wenn die Sache durch den Insolvenzverwalter eingebracht wird, weil § 91 InsO für den Insolvenzverwalter nicht gilt; es sichert dann aber auch nur die Masseschulden des Mieters aus dem nach der Insolvenzeröffnung gem. §§ 108, 109 InsO fortbestehenden Mietverhältnis.[131] Im vorläufigen Insolvenzverfahren kommt es für die Begründung des Vorrechts auf den Einbringungswillen des vorläufigen Insolvenzverwalters an, wenn er entweder gem. § 22 Abs. 1 InsO starker oder gem. § 21 Abs. 2 S. 1 Nr. 2 Alt. 2 InsO schwacher Verwalter mit Zustimmungsvorbehalt ist.[132]

83 Die Entstehung des Vermieterpfandrechts beruht auf einer Rechtshandlung des Mieters iSd § 129 Abs. 1 InsO, die der Insolvenzverwalter ggf. **anfechten** kann.[133] Rechtshandlungen sind nicht nur Rechtsgeschäfte, sondern auch rechtsgeschäftsähnliche Handlungen, denen das Gesetz Rechtswirkungen beimisst. Zu diesen gehört das Einbringen einer Sache durch den Mieter, das zu einem Vermieterpfandrecht führt.[134] Nach Auffassung des BGH muss das Absonderungsrecht für ausbleibende Mieten aus der Zeit vor Insolvenzeröffnung in den Grenzen des § 50 Abs. 2 InsO allerdings anfechtungsfrei bleiben, soweit die vom Pfandrecht erfassten Gegenstände vor der Krise eingebracht wurden.[135] Dass dieser Zeitpunkt, also die Frage der Überschuldung bzw. Zahlungsunfähigkeit im Nachhinein nur schwer zu bestimmen ist,[136] steht auf einem anderen Blatt.

84 Der Insolvenzverwalter darf die vom Insolvenzschuldner (Mieter) eingebrachten Sachen infolge seines unmittelbaren Besitzes **verwerten** (§ 166 Abs. 1 InsO). § 562a S. 2 BGB und § 562b BGB gelten ihm ggü. nicht (→ Rn. 30). Er hat den Vermieter aus dem Erlös zu befriedigen (§ 170 Abs. 1 InsO). An dem unterscheidbar vorhandenen Erlös setzen sich die Rechte des Vermieters fort. Zieht der Insolvenzverwalter den Erlös zur Masse und erlischt dadurch das Absonderungsrecht, entsteht stattdessen eine **Masseschuld** nach § 55 Abs. 1 Nr. 3 InsO.[137] Dem Insolvenzverwalter kommt dabei

[128] BeckOK InsO/Haneke, 43. Ed. 1.5.2026, § 50 Rn. 20.
[129] BeckOK InsO/Haneke, 43. Ed. 1.5.2026, § 50 Rn. 20.
[130] Ebenso BGH NJW 1959, 2251 f. zur wortgleichen Vorgängerregelung in § 49 Abs. 1 Nr. 2 KO.
[131] MüKoInsO/Ganter § 50 Rn. 86a; s. auch BGHZ 217, 92 = NJW 2018, 1083 Rn. 12.
[132] BGHZ 217, 92 = NJW 2018, 1083 Rn. 12.
[133] BGHZ 217, 92 = NJW 2018, 1083 Rn. 12.
[134] BGHZ 170, 196 = NJW 2007, 1588 Rn. 10; BGH NJW-RR 2010, 118 Rn. 21, 34; → Rn. 18.
[135] BGHZ 170, 196 = NJW 2007, 1588 Rn. 18.
[136] Dazu Harz/Bornmann/Conrad/Ecker NZI 2015, 737.
[137] BGH NZI 2001, 548 (549); BGHZ 170, 196 = NJW 2007, 1588 Rn. 19; BGHZ 217, 92 = NJW 2018, 1083 Rn. 7.

kein Tilgungsbestimmungsrecht gem. § 366 Abs. 1 BGB zu.[138] Nach der gesetzlichen Tilgungsreihenfolge des § 366 Abs. 2 BGB wird die Mietforderung, die zuerst verjähren würde und daher dem Vermieter die geringste Sicherheit bietet, als erste getilgt.[139] Die Befriedigung aus dem Erlös erfolgt abzüglich Feststellungs- und Verwertungskosten, wobei als Kosten der Feststellung pauschal 5 % des Verwertungserlöses anzusetzen sind (§§ 170 Abs. 1, 171 Abs. 2 S. 1 InsO).

Der Insolvenzverwalter kann die Verwertung aber auch dem Vermieter überlassen 85 (§ 170 Abs. 2 InsO). Dann hat der Vermieter aus dem Erlös die Kosten der Feststellung (5 % des Erlöses) an die Masse abzuführen.

Praxistipp:[140]

Diese Möglichkeit sollte der Vermieter immer nutzen, da die meisten Insolvenzverwalter mit professionellen Verwertern zusammenarbeiten, die an der Verwertung verdienen wollen, während die Sache (oft als Einrichtung) uU an den Nachmieter veräußert werden kann, wenn sie für ihn besonderen Wert hat, weil sie in die Wohnung passt und seinen Ansprüchen genügt.

Wird ein (vorläufiger) Insolvenzverwalter bestellt, sollte der Vermieter ihm ggü. sofort 86 das **Vermieterpfandrecht geltend machen.** Der Insolvenzverwalter muss ihn dann unterrichten, wenn er Sachen veräußern will, die dem Vermieterpfandrecht unterliegen (§ 168 Abs. 1 S. 1 InsO). Der Vermieter hat dann eine Woche Zeit, auf eine günstigere Verwertungsmöglichkeit (zB durch Eigenerwerb) hinzuweisen (§ 168 Abs. 1 S. 2 InsO). Wenn nach den dem Vermieter bekannten Umständen ein Absonderungs- oder Ersatzabsonderungsrecht auf Grund eines Vermieterpfandrechts an Sachen bestehen kann, über die der Insolvenzverwalter verfügt, und wenn die weitere Frage, ob es wirklich besteht und ggf. in welchem Umfang, von Umständen abhängt, über die nur der Insolvenzverwalter Kenntnis haben kann, muss der Insolvenzverwalter dem Vermieter in entsprechender Anwendung des § 167 Abs. 1 S. 1 InsO bzw. des § 50 InsO auch dazu **Auskunft** geben.[141] Dadurch kommt der Vermieter ggf. an Informationen, die seinen Handlungsrahmen erweitern, zB über das Bestehen von Raumsicherungsverträgen und deren Umfang.

5. Abwendung des Vermieterpfandrechts

Will der Vermieter Sachen des Mieters bei Pfandreife verwerten, hat der Mieter die 87 Möglichkeit, dies durch **Sicherheitsleistung** abzuwenden (§ 562c S. 1 BGB). Die Höhe der Sicherheit richtet sich nach den offenen Forderungen des Vermieters, begrenzt durch den Gesamtwert der pfandverhafteten Gegenstände.[142] Nach § 562c S. 2 BGB können durch Sicherheitsleistung auch einzelne Sachen befreit werden. In beiden Fällen bestimmt sich der Wert nach dem Betrag, der bei einer Pfandverwertung nach Abzug der Kosten voraussichtlich erzielt würde. Die Sicherheit ist nach § 232 BGB, also durch Hinterlegung, Verpfändung oder Ähnliches zu leisten. Dieses Recht hat vor allem dann Bedeutung, wenn der Mieter eine Sache ‚retten' will, weil er daran ein hohes Affektionsinteresse hat. Das Abwendungsrecht haben gem. § 1249 S. 2 iVm § 268 Abs. 1 S. 1 BGB auch Dritte, zB Sicherungseigentümer oder nachrangige Pfändungspfandgläubiger.[143]

Gewerbliche Mieter, die mit ihrem Unternehmen in einer Liquiditätskrise stecken, 88 versuchen mitunter, dem Wunsch der Banken nach zusätzlichen Sicherheiten nachzukommen, indem sie den Vermieter bitten, auf sein Vermieterpfandrecht zu **verzichten** (§ 1257 iVm § 1255 Abs. 1 BGB). Will der Vermieter dem zur Rettung des Mietverhält-

[138] BGH NJW 2015, 162 Rn. 12.
[139] BGH NJW 2015, 162 Rn. 22.
[140] Nach Lützenkirchen MietRB 2004, 335 (337).
[141] BGH NJW-RR 2004, 772.
[142] Guhling/Günther/Geldmacher BGB § 562c Rn. 7.
[143] BGH BeckRS 1971, 00125.

nisses nähertreten, sollte er diesem Wunsch nicht einfach nachkommen, sondern mit der Bank des Mieters einen **Rangrücktritt** vereinbaren. Dieser sollte nur für einen bestimmten Mietrückstand (zB für 6 Monate) erklärt werden und eine Befristung aufweisen (zB für die nächsten 3–5 Jahre), damit die finanzielle Situation des Mieters dann nochmal befragt werden kann.[144]

6. Eigentümerwechsel

89 Wird das Mietgrundstück veräußert, geht das Vermieterpfandrecht des Veräußerers nicht auf den Erwerber über. Denn der Erwerber ist diesbezüglich nicht der Rechtsnachfolger des Veräußerers, sondern es findet ein unmittelbarer Rechtserwerb kraft Gesetzes statt (§ 566 Abs. 1 BGB).[145] Daher entsteht neben dem Vermieterpfandrecht des Veräußerers, das dessen Forderungen aus dem Mietverhältnis sichert, ein eigenständiges Vermieterpfandrecht des Erwerbers.

90 Daran anknüpfend stellt sich die Frage, wessen Forderungen das Vermieterpfandrecht sichert. Gem. § 566 Abs. 1 BGB tritt der Erwerber eines vermieteten Grundstücks anstelle des Veräußerers als Vermieter in die sich während der Dauer seines Eigentums aus dem Mietverhältnis ergebenden Rechte und Pflichten ein. Mit dem Eigentumsübergang entsteht ein neues Mietverhältnis zwischen dem Erwerber des Grundstücks und dem Mieter, jedoch mit dem gleichen Inhalt, mit dem es zuvor mit dem Veräußerer bestanden hat;[146] die schon vorher entstandenen und fällig gewordenen Ansprüche bleiben bei dem bisherigen Vermieter, und die nach dem Zeitpunkt des Eigentumswechsels fällig werdenden Forderungen stehen dem Grundstückserwerber zu.[147] Das heißt aber nicht, dass dem Erwerber nur die im Zeitpunkt des Eigentumsübergangs noch im Eigentum des Mieters stehenden Sachen haften. Vielmehr bleibt diese Zäsur für den Inhalt der dem Erwerber zuzurechnend ermittelten Rechte und Pflichten bleibt die Zäsur ohne Auswirkung. Insoweit ordnet § 566 Abs. 1 BGB an, dass der Erwerber an die Stelle des Veräußerers tritt, so dass seine Rechte und Pflichten inhaltlich mit denen übereinstimmen, die dem Veräußerer bei Hinwegdenken des Eigentumsübergangs zustünden bzw. ihn träfen.[148] Dass das Vermieterpfandrecht nicht vor Beginn des Mietverhältnisses entstehen kann, steht dem nicht entgegen. Denn wegen § 566 Abs. 1 BGB ist der ursprüngliche Vertragsbeginn auch für das neue Vertragsverhältnis maßgeblich.[149] Im Verhältnis zu Dritten haben beide Vermieterpfandrechte daher einen identischen Inhalt.[150] Damit übernimmt das neue Vermieterpfandrecht den Rang des alten. Der Sache nach wird der Erwerber somit doch als Rechtsnachfolger des Veräußerers behandelt. Daher verhindert etwa eine Sicherungsübereignung der Sache im Zeitraum zwischen ihrer Einbringung in die Mieträume und dem Eigentumswechsel nicht, dass das Vermieterpfandrecht des Erwerbers die Sache erfasst. Eine erst nach der Einbringung – auch durch Raumsicherungsübereignungsvertrag – erfolgende Sicherungsübereignung der Sache des Mieters lässt das bereits entstandene Pfandrecht des Vermieters unberührt. Dieses genießt insoweit Vorrang.

II. Kaution

1. Bedeutung für die Grundstücks- und Raummiete

91 Mit Ausnahme der Vorschriften zur **Rechtsnachfolge** in §§ 566, 566a BGB beschränken sich die im BGB geregelten Vorschriften zur Mietsicherheit auf Wohn-

[144] Lützenkirchen MietRB 2004, 335 (338).
[145] BGHZ 202, 354 = NJW 2014, 3775 Rn. 21.
[146] BGH NJW 2012, 3032 Rn. 25.
[147] BGH NJW 2012, 3032 Rn. 32; zur Ausnahme bei Betriebskosten BGH NJW-RR 2005, 96.
[148] BGHZ 202, 354 = NJW 2014, 3775 Rn. 15.
[149] BGHZ 202, 354 = NJW 2014, 3775 Rn. 24.
[150] BGHZ 202, 354 = NJW 2014, 3775 Rn. 23; BGH NJW 2017, 254 Rn. 18.

raummietverhältnisse (§ 578 Abs. 1, Abs. 2 S. 1 BGB). Gleichwohl hat die Rspr. die eine oder andere Vorschrift aus dem Wohnraummietrecht über eine Rechtsgrundlagenanalogie bzw. im Wege ergänzender Vertragsauslegung auf die Geschäftsraummiete erstreckt. So soll eine Barkaution wie nach § 551 Abs. 3 S. 1 BGB auch bei der Geschäftsraummiete **zu verzinsen** sein.[151] Außerdem soll wie nach § 551 Abs. 3 S. 3 BGB eine Pflicht zur **getrennten Anlage** der Mietkaution bestehen, sofern die Parteien dies nicht anders regeln.[152] Der Vermieter macht sich aber – anders als bei der Wohnraummiete – regelmäßig nicht wegen Untreue (§ 266 Abs. 1 StGB) strafbar, wenn er die Kaution nicht gesondert anlegt, da § 551 Abs. 3 S. 3 BGB, der diese Trennung anordnet, für die Geschäftsraummiete gerade nicht gilt.[153] Die Mietvertragsparteien dürfen die Anwendung weiterer Vorschriften des Wohnraummietrechts vorsehen, aber auch bezogene Vorschriften abbedingen oder andere Regelungen als im Wohnraummietrecht festlegen (auch formularmäßig zB durch Bestimmung einer starren, sechsmonatigen Kautionsrückzahlungspflicht). Meistens bestehen Sicherungskonzepte, die nur in Einzelheiten von der für das Wohnraummietrecht geltenden Rechtslage abweichen.

2. Vertragsgestaltung

Die Mietsicherheit ist eines der zentralen Punkte bei der Vertragsgestaltung im Mietrecht (s. dazu die Ausführungen in → § 26 Rn. 1 ff. dieses Buchs). Ohne Anspruch auf Vollständigkeit wird im Folgenden auf einige Besonderheiten im Bereich der Geschäftsraummiete hingewiesen: 92

a) **Kautionsvielfalt.** Bei der Geschäftsraummiete werden neben der Barkaution und der Bürgschaft noch andere Sicherheiten gestellt. So lassen sich als Mietsicherheit Wertpapierdepots verpfänden, harte und weiche Patronatserklärungen oder Garantien ausreichen und Ergebnisabführungs- bzw. Verlustübernahmeverträge schließen.[154] 93

b) **Kautionshöhe.** Aufgrund der weitgehenden Vertragsfreiheit im Bereich der Mietsicherheit lassen sich bei der Geschäftsraummiete sogar formularmäßig Sicherheiten in Höhe des 5- bis 7-fachen der Monatsmiete vereinbaren.[155] Eine zu hoch angesetzte Kaution lässt sich im Wege der Umdeutung (§ 140 BGB) auf das Normalmaß zurückführen.[156] Der Wuchertatbestand (§ 138 Abs. 2 BGB) findet nur auf Vereinbarungen Anwendung, die auf einen Leistungsaustausch gerichtet sind. Anpassungskriterien sind etwa die Dauer des Mietverhältnisses und der Kündigungsfrist. 94

c) **Zurückbehaltungsrecht.** Weit verbreitet sind Regelungen, wonach dem Vermieter bei Nichtleistung der Kaution ein Zurückbehaltungsrecht (§ 273 BGB) an der Mietsache zusteht. Eine solche Bedingung darf der Vermieter auch formularmäßig stellen, zumal dieses Zurückbehaltungsrecht bei der Geschäftsraummiete auch ohne solche Abrede besteht.[157] 95

d) **Bürgschaft.** Bei der Geschäftsraummiete wird häufig keine Barkaution verlangt, da die finanziellen Mittel des Mieters in Investitionen gebunden sind. Gängigstes Sicherungsmittel ist die Bankbürgschaft. Üblich sind **Höchstbetragsbürgschaften.** Wird eine **Ausfallbürgschaft** vereinbart, kann die Bank verlangen, nur dann zu zahlen, wenn ein Totalausfall vorliegt, also andere Sicherheiten versagen. Da der Vermieter dazu erst 96

---

[151] BGHZ 127, 138 = NJW 1994, 3287 (3288).

[152] OLG Nürnberg BeckRS 2008, 25184; LG Aurich BeckRS 2013, 04359; ebenso KG NJW-RR 1999, 738 für die Pacht.

[153] BGH NJW 2008, 1827 Rn. 12.

[154] Dazu Lindner-Figura/Oprée/Stellmann Geschäftsraummiete-HdB/E. Moeser/M. Moeser § 12 Rn. 303 ff.

[155] OLG Düsseldorf BeckRS 2009, 27752: 5-fach; OLG Frankfurt a. M. BeckRS 2004, 11900: 6-fach; OLG Brandenburg NJW-RR 2007, 670: 7-fach.

[156] BGH NJW 2004, 3045 (3046 f.).

[157] BGH NJW-RR 1998, 1464; OLG Düsseldorf BeckRS 2006, 5706 Rn. 3; KG NJOZ 2008, 3011.

einmal sein Vermieterpfandrecht verwerten muss, was ein schwieriges Unterfangen ist (→ Rn. 45 ff.), spielt die Ausfallbürgschaft in der Praxis kaum eine Rolle. Nach Auffassung des BGH entfällt die Haftung des Ausfallbürgen zudem, wenn der Gläubiger den Ausfall der Forderung durch Verletzung von Sorgfaltspflichten selbst verschuldet hat.[158] Die gesicherte Forderung geht aber auch dann gem. §§ 774 Abs. 1, 412, 401 BGB auf den Ausfallbürgen über, wenn die Zahlung erfolgte, obwohl der Ausfall der Hauptforderung noch nicht feststand.[159]

97 Probleme im Zusammenhang mit der Mietbürgschaft sind vielfältig. Auf das Kündigungsrecht bei erheblicher Verschlechterung der Vermögenslage des Mieters und das Aufrechnungsproblem bei verjährten Ansprüchen wurde bereits hingewiesen (→ § 26 Rn. 120). Wird die Bürgschaft von einem Kreditinstitut ausgereicht, muss hierfür nicht die in § 766 S. 1 BGB bestimmte Schriftform eingehalten werden (§ 350 HGB). Gleichwohl wird der Inhalt des Bürgschaftsvertrags von den Kreditinstituten immer schriftlich festgehalten,[160] um den Umfang der Verpflichtung klarzustellen und die Forderung im Streitfall beweisen zu können.[161] Die Voraussetzungen des § 766 BGB gelten dafür nicht;[162] die schriftliche Bürgschaftserklärung eines Kaufmanns ist daher auch dann wirksam, wenn sich der Inhalt der Hauptschuld nur aus Umständen ergibt, die außerhalb der Bürgschaftsurkunde liegen.[163]

98 Die Bürgschaftserklärung muss den Verbürgungswillen, die Person des Gläubigers, die Person des Hauptschuldners sowie die Schuld, für die gebürgt werden soll, erkennen lassen.[164] Verlangt der Vermieter Zahlung aus einer Bürgschaft für eine Forderung, die durch die Bürgschaft nicht gesichert ist, fehlt es an einer vertragsgemäßen Anforderung der Bürgenleistung. Die Bürgschaft wird dadurch nicht unwirksam, gilt in Bezug auf den ungesicherten Vertragsinhalt aber nicht. Bleiben nicht auszuräumende Zweifel, wie weit die Bürgschaft reicht, gehen sie zu Lasten des Gläubigers.[165] Die Bestimmung des Bürgschaftsinhalts ist wegen § 767 Abs. 1 S. 3 BGB auch im Hinblick auf etwaige Änderungen des Mietvertrags wesentlich. Beispiele sind vor allem Vertragsverlängerungen und Vertragsaufhebungen.[166] In der Praxis wird die Notwendigkeit der Anpassung der Bürgschaft im Zusammenhang mit dem Abschluss von Nachträgen gleichwohl oft übersehen.[167]

99 Besondere Vorsicht ist auf Mieterseite geboten, wenn das für ihn risikoreiche Instrument der **Bürgschaft auf erstes Anfordern** (früher: Bardepot) vereinbart wird. Auf diese Weise werden dem Vermieter sofort liquide Mittel zugeführt, wenn er den Bürgschaftsfall für gegeben hält. Dieser Zweck lässt sich nur erreichen, wenn die Anforderungen an die Erklärung, die die vorläufige Zahlungspflicht auslöst, streng formalisiert sind, dh sich auf das beschränken, was in der Verpflichtungserklärung als Voraussetzungen der Zahlung genannt und für jeden ersichtlich ist.[168] Nur in Bezug auf die vertragsgemäße Anforderung der Bürgenleistung, nicht in Bezug auf die verbürgte Hauptforderung hat der Zahlungspflichtige die Schlüssigkeit zu prüfen. Wenn es in der Bürgschaftserklärung – wie üblich – heißt: „Wir zahlen auf erste schriftliche Anforderung des Vermieters", hängt die Zahlungspflicht des Bürgen demnach davon ab, dass der Vermieter ihm mitteilt, der Mieter habe die Miete nicht gezahlt. Einer weiteren Erläuterung oder gar

[158] BGH NJW 1979, 646; 1989, 1484 (1485).
[159] OLG Hamm NZM 2002, 563 (564).
[160] Lindner-Figura/Oprée/Stellmann Geschäftsraummiete-HdB/E. Moeser/M. Moeser § 12 Rn. 149: „praktisch unentbehrlich".
[161] BGH NJW 1993, 724 (725); 1998, 3708 (3709); s. auch Schmid WM 2011, 2345 (2346).
[162] BGH NJW 1993, 724 (725); aA BGH NJW-RR 1993, 945 (946).
[163] Nach § 766 S. 1 BGB gilt demgegenüber die Andeutungstheorie, dazu BGH NJW 1995, 43 (45).
[164] BGH NJW-RR 1997, 684 (685).
[165] BGH NJW 1995, 1886 (1887).
[166] OLG Düsseldorf BeckRS 2005, 04141: Vertragsverlängerung; OLG Frankfurt a. M. NZM 2006, 900: Aufhebungsvertrag.
[167] Leo/Schmitz NZM 2007, 387.
[168] BGH NJW 1994, 380 (381).

Beweisführung bedarf es nach dem Bürgschaftsvertrag nicht. Insbesondere braucht der Vermieter nicht darzutun, dass seine Forderung (= Hauptforderung) tatsächlich besteht.[169]

Beispiel:
Hat eine Bank eine Bürgschaft auf erstes Anfordern für alle Forderungen des Vermieters aus dem Mietvertrag gestellt und nimmt der Vermieter die Bürgschaft wegen Zahlungsverzugs des Mieters in Anspruch, muss die Bank gem. § 774 Abs. 1 S. 1 iVm §§ 675, 670 BGB in voller Höhe zahlen, auch wenn die Miete (zu Recht) gemindert war.

Hat die Bank insoweit Einwendungen, kann sie sie – einschließlich der Behauptung, 100 die verbürgte Hauptschuld sei nicht schlüssig dargelegt – grundsätzlich erst nach Zahlung durch Rückforderungsklage gegen den Vermieter geltend machen. Dazu muss die Bank die Zahlung mit einem entsprechenden **Vorbehalt** verknüpft haben.[170] Das Recht des Vermieters, sofortige Zahlung verlangen zu können, ohne seine materielle Berechtigung darlegen zu müssen, ist nur dem **Missbrauchseinwand** ausgesetzt. Lässt sich offensichtlich oder liquide beweisen, dass trotz Vorliegens der formellen Voraussetzungen der materielle Bürgschaftsfall nicht eingetreten ist, steht dem Bürgen der Einwand der unzulässigen Rechtsausübung zu,[171] so dass die Bank die Zahlung verweigern darf. Daher steht dem Vermieter aus einer Bürgschaft auf erstes Anfordern kein Anspruch zu, wenn die gesicherte Forderung unstreitig nicht fällig, der materielle Bürgschaftsfall also noch nicht eingetreten ist.[172] Alle Streitfragen, die sich nicht ohne weiteres klären lassen, sind nicht im Erstprozess gegen die Bank,[173] sondern im Rückforderungsprozess auszutragen.[174] Aus dem – auch für die Bürgschaft auf erstes Anfordern geltenden – Grundsatz der Akzessorietät (§ 767 Abs. 1 S. 1 BGB) ergibt sich, dass sich der **Anspruch** des Bürgen **auf Rückgewähr** gegen den Gläubiger, hier also gegen den Vermieter richtet.[175] Dabei wird nicht geklärt, ob die als Voraussetzungen der Einstandspflicht vereinbarten formellen Merkmale gegeben waren oder das Begehren aus anderen Gründen als rechtsmissbräuchlich hätte zurückgewiesen werden können; Gegenstand des Rückforderungsprozesses sind nur Einwendungen und Einreden aus dem Hauptschuldverhältnis (§ 768 Abs. 1 S. 1 BGB).[176]

Allerdings wird die Bank nicht einmal diesen Weg gehen, sondern ihren **im Innen-** 101 **verhältnis zum Mieter** bestehenden **Aufwendungsersatzanspruch** (§§ 675, 670 BGB) geltend machen,[177] so dass der Anspruch aus dem Mietvertrag letztlich zwischen den Mietvertragsparteien geklärt werden muss. Das ist nur anders, wenn die Bank zahlt, obwohl sie sich auf einen Missbrauch berufen könnte. Die Bank hat im Rahmen des Avalkreditvertrags den Mieter als Geschäftsherrn zu schützen, indem sie gewissenhaft prüft, ob sich die Zahlungsanfrage des Vermieters mit liquiden Einwendungen abwehren lässt. Zuvor hat sie den Mieter anzuhören.[178] Ansonsten bleibt die Bank auf ihren Freistellungsanspruch gegen den Vermieter beschränkt.[179]

Bislang ist höchstrichterlich nicht geklärt, ob der Mieter formularvertraglich ver- 102 pflichtet werden kann, eine Bürgschaft auf erstes Anfordern zu stellen. Diese Sicherungsform begründet besonders deshalb, weil die Fälligkeit der gesicherten Forderung nicht schlüssig dargelegt zu werden braucht, die Gefahr des Missbrauchs.[180] Wird der

---

[169] BGH NJW 1994, 380 (381).
[170] OLG Hamm NJW-RR 1994, 1073 (1074); s. auch OLG Oldenburg BeckRS 2018, 3675 Rn. 19.
[171] BGH NJW 1988, 2610; 1994, 380 (381).
[172] BGH NJW-RR 2003, 14.
[173] Auch nicht im Nachverfahren: BGH NJW 1994, 380 (381).
[174] BGH NJW 2002, 1493.
[175] BGHZ 216, 274 = NJW 2018, 458 Rn. 26.
[176] BGHZ 152, 246 = NJW 2003, 352 (353 f.); BGHZ 216, 274 = NJW 2018, 458 Rn. 26.
[177] S. etwa OLG Oldenburg BeckRS 2018, 3675 Rn. 19.
[178] OLG München NJW-RR 1988, 950 (951); OLG Düsseldorf BeckRS 2005, 04141.
[179] BGHZ 152, 246 = NJW 2003, 352 (354).
[180] So ausdrücklich BGH NJW-RR 1990, 1265 (1266): „Rechtsgeschäft, das zum Missbrauch verleitet".

Anspruch aus der Bürgschaft erfüllt, trifft den Mieter das Bonitätsrisiko im Fall der Vermieterinsolvenz.[181] Insofern sind einer formularmäßigen Verpflichtung des Mieters enge Grenzen gesetzt. Gleichwohl hat die hM[182] auch unter dem Gesichtspunkt des § 307 BGB keine grundsätzlichen Einwände gegen eine solche Klausel. Individualvertraglich lässt sich eine Bürgschaft auf erstes Anfordern ohne weiteres vereinbaren.

103 e) **Mieterdienstbarkeit.** Eine starke Verhandlungsposition kann im Einzelfall auch der Mieter haben. Wenn er in die Mietsache investieren will, stellt sich nicht nur die Frage nach der rechtssicheren, § 550 iVm § 578 Abs. 2 BGB genügenden Schriftform für eine langfristige Bindung (Amortisationszeitraum), sondern auch das Problem, wie Vorkehrungen gegen eine Vermieterinsolvenz getroffen werden können. Insbes. die Sonderkündigungsrechte aus § 111 InsO und § 57a ZVG rücken eine **dingliche Sicherung** in den Vordergrund der Überlegungen. Als Lösung wird die Begründung einer beschränkten persönlichen Dienstbarkeit gem. § 1090 Abs. 1 BGB („Mieterdienstbarkeit") empfohlen,[183] die mithilfe der an einem langfristigen Mietvertrag interessierten Finanzierungsbank im Grundbuch eingetragen wird. Soll die Dienstbarkeit erstrangig, also vor den Grundpfandrechten eingetragen werden, muss sie dem von der Vereinigung der deutschen Pfandbriefbanken eV entwickelten Bedingungswerk (sog. VDP-Standard) genügen, dessen Einhaltung trotz des Vorrangs im Grundbuch zu keinen Abschlägen nach § 5 Abs. 4 BelWertV[184] bei der Beleihbarkeit der Immobilie führt.[185] Ansonsten erhält die Dienstbarkeit keinen Vorrang; die Finanzierungsbanken verpflichten sich dann zur Abgabe einer sog. **Liegenbelassungserklärung,** die den Mietvertrag im Krisenfall rettet.[186] In rechtlicher Hinsicht zu unterscheiden sind auf der einen Seite der (notariell zu beurkundende!) Mietvertrag und die auf Bestellung der Mieterdienstbarkeit gerichtete schuldrechtliche Abrede, auf der anderen Seite die Mieterdienstbarkeit an sich.

181 BGHZ 147, 99 = NJW 2001, 1857.

182 KG BeckRS 2003, 30335058 (zu A. 1c); OLG Karlsruhe NZM 2004, 742; Wolf/Eckert/Ball Gewerbl. Miet-/Pacht-/LeasingR-HdB/Eckert Rn. 807; aA Leo/Ghassemi-Tabar NZM 2012, 97 (99).

183 Grundlegend Stiegele Mietsicherungsdienstbarkeit; im Anschluss daran Stapenhorst/Voß NZM 2003, 873; Wortberg ZfIR 2011, 591; Nouvertné BKR 2012, 52; Krüger NZM 2012, 377.

184 Beleihungswertermittlungsverordnung v. 12.5.2006, BGBl. I 1175.

185 Einzelheiten bei Nemzov/Aspar ZfIR 2016, 293 (294 ff.).

186 Dazu Nemzov/Aspar ZfIR 2016, 293 (298 ff.).

11. Abschnitt. Beendigung des Gewerberaummietverhältnisses

§ 64 Vorzeitiger Auszug des Mieters

Übersicht

Schrifttum:
Streyl, Pandemiebedingte Risikotragung im Mietverhältnis, NZM 2020, 817; Derleder, Mietreue und Miettreue im Gewerberaummietrecht, NZM 2005, 521; weitere Nachw. → § 27.

I. Zahlungspflicht

1. Allgemeines

1 Die Abgrenzung zwischen Wohnraum- und Gewerbemiete erfolgt nach dem Zweck der Gebrauchsüberlassung. Um sonstige, also Gewerbemiete handelt es sich, wenn der Mieter den Wohnraum nicht selbst nutzt, auch wenn er ihn Dritten zum Zweck der Wohnraumnutzung zur Verfügung stellt. Denn in diesem Fall wird der Hauptmietvertrag nicht zu Wohnzwecken (sondern zur Weitervermietung) geschlossen. Das gilt auch dann, wenn der Folgevertrag mit einem Mitarbeiter des Mieters abgeschlossen werden soll oder wenn der Mieter gemeinnützige oder karitative Zwecke verfolgt.[1] Den Mieter von Gewerberaum trifft – wie den Wohnraummieter – das volle Gebrauchs- und Verwendungsrisiko der gemieteten Räume gemäß § 537 BGB.[2] Es gilt das oben in → § 27 Rn. 1 ff. zur Wohnraummiete ausgeführte mit folgender Maßgabe.

2. Gebrauchsrisiko des Mieters

2 Die grundsätzliche Zuweisung des Gebrauchsrisikos an den Gewerbemieter ist verschärft. Soziale Gesichtspunkte, die bei der Wohnraummiete dem Mieter eine vorzeitige Vertragsbeendigung durch Stellung eines Nachmieters ermöglichen, spielen im Gewerbemietrecht keine Rolle, sie seien ihm, wie das OLG Naumburg[3] ausführt, eher fremd. Das OLG Naumburg[4] meinte gar, einem Gewerbemieter die Entlassung aus dem Mietvertrag nach Treu und Glauben unter Hinweis auf eine Möglichkeit zur Untervermietung zu verweigern, die das OLG als vorrangig angesehen hat. Der Gesetzgeber hat auch lediglich dem Wohnraummieter die Erleichterung der Kündigung mittels § 573c BGB verschaffen wollen – freilich nicht ahnend, dass der BGH[5] den Anwendungsbereich

[1] OLG Naumburg BeckRS 2017, 140960, mwN unter Rn. 20.
[2] OLG Saarbrücken BeckRS 2015, 9736.
[3] OLG Naumburg BeckRS 2017, 140960.
[4] OLG Naumburg WuM 2002, 537.
[5] Vgl. zB BGH NJW 2005, 1574; 2004, 1448.

dieser Vorschrift so stark einschränken würde, dass sie praktisch in ihr Gegenteil verkehrt wird. Auf den Gewerbemieter ist diese Vorschrift von vornherein nicht – auch nicht analog – anwendbar. Den Gewerbemieter trifft daher die nicht durch eine Kündigung nach § 573c BGB verminderbare Pflicht zur Zahlung des Mietzinses bei persönlicher Gebrauchshinderung. Er muss sich an dem geschlossenen Vertrag festhalten lassen, solange der Vermieter die Mietsache zur Verfügung stellt, auch wenn er selbst durch Krankheit, Tod, Entzug der Fahrerlaubnis, Verbot einer Berufsausübung oder andere in seiner Person begründete private oder hoheitliche Nutzungshindernisse an der Ausübung seines Gebrauchsrechts gehindert ist.[6]

3 Daran hat im Grundsatz auch die Covid-19-Pandemie nichts geändert. Der BGH[7] ist von einer Störung der Geschäftsgrundlage gem. § 313 I BGB ausgegangen. Für die Rechtsfolgenseite stellt der BGH fest, eine pauschale Betrachtungsweise verbiete sich. Die Kündigung des Mietverhältnisses nach § 313 III 2 BGB stellt jedoch einen Ausnahmefall dar.[8]

II. Vorzeitige Vertragsentlassung bei Stellung eines Nachmieters

1. Vertraglich und aus Treu und Glauben

4 Im Rahmen des Gewerbemietrechts kommt daher der idealerweise bereits im Mietvertrag vereinbarten Nachmieterstellungsbefugnis besondere Bedeutung zu. Außer aus vertraglicher Vereinbarung kann sich eine solche ausnahmsweise auch aus Treu und Glauben ergeben,[9] wobei allerdings die im Wohnraummietrecht vorwiegend herangezogenen sozialen Begründungen aus der privaten oder beruflichen Sphäre des Mieters nicht zum Tragen kommen.

2. Notwendigkeit einer Vereinbarung

5 Fehlt eine vertragliche **Nachmieterklausel,** so wird der Mieter im Falle der Notwendigkeit einer vorzeitigen Beendigung nur mit dem Wohlwollen des Vermieters – das zu diesem Zeitpunkt fraglich sein dürfte – eine Entlassung aus dem Mietverhältnis erreichen können. Der vertraglichen Nachmieterstellung kommt im Gewerbemietrecht insofern größere Bedeutung zu, als Gewerbemietverhältnisse weitaus häufiger befristet sind als Wohnraummietverhältnisse und die Notwendigkeit einer Vereinbarung hierüber für die Parteien daher in stärkerem Maß vorhersehbar erscheint. Für den Gewerbemieter kann sich insbesondere im Hinblick auf eine Veräußerung oder Übertragung seines Geschäfts oder die Veräußerung von Inventar oder Einbauten die Notwendigkeit ergeben, einem Nachfolger den Betrieb in den Gewerberäumen ermöglichen zu können. In diesen Fällen ist die vorherige Vereinbarung einer Nachmieterklausel unerlässlich.

Praxistipp:
Bei Vertragsverhandlungen über befristete Mietverhältnisse oder wenn der Mieter Um- oder Einbauverpflichtungen übernimmt, ist ggf. an Nachmieterstellungsbefugnis zu denken.

3. „Echte" und „unechte" Klauseln

6 Die Ausgestaltung der vertraglichen Ersatzmieterklausel kann so ausfallen, dass der Mieter selbst einen Nachmieter bestimmen darf, mit Bindung des Vermieters an diese

[6] Vgl. MüKoBGB/Bieber § 537 Rn. 4.
[7] BGH 12.1.2022 – XII ZR 8/21, NJW 2022, 1370.
[8] BGH 11.1.2023 – XII ZR 101/21, NZM 2023, 243 – Hochzeitsfeier II; Entfall der Geschäftsgrundlage für Ferienhaus in Spanien im Mai 2020, AG Bremen 14.1.2021 – 9 C 360/20, BeckRS 2021, 170.
[9] Vgl. OLG Düsseldorf MDR 1994, 1008.

Bestimmung (sog. **„echte“ Nachmieterklausel**) oder aber lediglich, aus dem Mietvertrag entlassen zu werden, sofern ein geeigneter Nachmieter gefunden wird (sog. **„unechte“ Nachmieterklausel**). Die Terminologie ist nicht einheitlich und auch wenig hilfreich, da nicht die begriffliche Abgrenzung entscheidet, sondern die tatsächliche Einigung der Mietparteien auf einen Nachmieter. Denn gerade der von einer „echten“ Nachmieterklausel betroffene Vermieter wird **mangelnde Eignung** des vom Mieter vorgeschlagenen Nachmieters geltend machen, um einen nicht genehmen Nachmieter oder die damit verbundene Entlassung des Mieters aus dem Mietvertrag zu verhindern. Entscheidend ist daher die vertragliche Vereinbarung einer für beide Parteien akzeptablen Nachmieterklausel, die für beide Seiten Klarheit schafft und dem Mieter ggf. das Recht gibt, aus dem Vertrag auszuscheiden. Die Vereinbarung einer sogenannten „unechten“ Nachmieterklausel, die den Vermieter nicht verpflichtet, mit diesem einen Vertrag einzugehen, erscheint vor allem in den Fällen ungeeignet, in denen es dem Mieter darum geht, ein Geschäft oder Inventar zu übertragen. Kommt es hingegen lediglich auf vorzeitige Beendigung an, erscheint auch eine solche Klausel tauglich. Denn bei Nachweis eines geeigneten Nachmieters wird der Mieter frei, auch wenn der Vermieter mit diesem keinen Vertrag eingeht.

4. Klausel mit beschränkter Wirkung

Es ist allerdings klar zu sagen, dass eine Nachmieterklausel nur dann Wirkung entfalten kann, wenn tatsächlich ein Nachmieter gefunden wird. In den Fällen, in denen eine vorzeitige Vertragsbeendigung durch wirtschaftliche Ungeeignetheit des Mietobjekts oder ähnliche Gründe motiviert ist, dürfte zumeist auch das Finden eines Nachmieters scheitern. Nachmieterklauseln – ob „echt“ oder „unecht“ – sind daher **keine echte Ausstiegschance.** Ihr Funktionieren setzt mindestens wirtschaftliches Funktionieren des Mietobjekts voraus; andernfalls dürfte sich kein Nachmieter finden lassen. 7

5. Nachmietervereinbarungen aus Sicht des Vermieters

Für den Vermieter stellt die Vereinbarung einer Nachmieterklausel eine Möglichkeit dar, dass der unwillig gewordene Mieter dem Vermieter einen neuen Mieter zuführt, den er jedoch nur bei gleicher Eignung, dh vor allem bei gleicher Solvenz akzeptieren muss. Da die Solvenz des Altmieters nicht ein für alle Mal und unveränderlich feststeht, ist auf den Zeitpunkt der Übertragung abzustellen. Daher verschlechtert sich für den Vermieter die grundsätzliche Situation nicht. 8

Der Vermieter ist allerdings verpflichtet, den aufhebungswilligen Mieter, mit dem er über eine Aufhebungsvereinbarung verhandelt, über eine Neuvermietung für Zeiträume zu unterrichten, über die er erst nach Aufhebung der ursprünglichen Mietvereinbarung wieder verfügen kann. Macht er dies nicht, so kann der Mieter die Aufhebungsvereinbarung erfolgreich anfechten.[10] 9

6. Klauselvorschläge für Nachmietervereinbarungen

Formatierungsvorschlag: „echte“ Ersatzmieterklausel

Der Mieter ist berechtigt, das Mietverhältnis auf einen geeigneten Ersatzmieter zu übertragen, der bereit ist, einen neuen Mietvertrag zu gleichen Konditionen abzuschließen und dem Vermieter gleiche wirtschaftliche Sicherheit bietet. Dem Vermieter wird eine Prüfungs- und Überlegungsfrist bis zum Ablauf des zweiten Monats nach Zugang des Ersatzmieterverlangens zugestanden. Er ist bei positivem Ausgang der Prüfung verpflichtet, den Mietvertrag mit dem Ersatzmieter einzugehen. 10

[10] OLG München MDR 2018, 138.

Formatierungsvorschlag: „unechte" Ersatzmieterklausel

11 Der Mieter ist berechtigt, das Mietverhältnis spätestens am dritten Werktag eines Kalendermonats zum Ablauf des übernächsten Kalendermonats vorzeitig zu beenden, sofern ein geeigneter Ersatzmieter gefunden wird, der bereit ist, einen neuen Mietvertrag zu gleichen Konditionen abzuschließen und dem Vermieter gleiche wirtschaftliche Sicherheit bietet.

§ 65 Vertragsbeendigung durch Kündigung

Übersicht

I. Allgemeine Grundlagen

1. Vorbemerkung

1 Für die Vertragsbeendigung durch Kündigung eines Gewerbemietverhältnisses gilt zunächst dasselbe, wie für die Kündigung eines Wohnraummietverhältnisses. Es wird auf die Ausführungen unter „Allgemeines" in § 28 verwiesen. **Der regelmäßig gewerbliche Vertragszweck führt aber zu einer anderen Interessenlage als bei der Wohnraummiete. Eine vom Gesetz abweichende Vertragsgestaltung ist weitgehend möglich und üblich. Im Folgenden werden die wesentlichen Abweichungen dargestellt.**

2. Kündigungsfristen

2 a) **Gesetzliche Kündigungsfrist.** Die gesetzliche Kündigungsfrist ist in § 580a BGB geregelt. Sie gilt für Mieter und Vermieter und ist für beide gleich lang bemessen. Der wichtigste Anwendungsfall, nämlich die Geschäftsraummiete, findet sich in **§ 580a Abs. 2 BGB.** Danach ist die ordentliche Kündigung zulässig „spätestens am 3. Werktag eines Kalendervierteljahres zum Ablauf des nächsten Kalendervierteljahres". Als Beendigungszeitpunkt kommt damit jeweils nur das Ende eine Kalendervierteljahres in Betracht.

3 **§ 580a Abs. 1 BGB** regelt für Grundstücke und für Räume, die keine Geschäftsräume sind, unterschiedliche Fristen abhängig davon, ob die Miete nach Tagen, Wochen oder Monaten bemessen ist. Hierunter fallen zB Lagerplätze, Waldstücke, Reklameflächen an Wänden, aber auch die private Anmietung von Garagen oder Schuppen.

4 **§ 580a Abs. 3 BGB** macht für bewegliche Sachen wie zB Fahrräder, PKWs, technische Geräte oder Bücher die Dauer der Frist abhängig davon, ob die Miete nach Tagen oder längeren Zeitabschnitten bemessen ist.

Praxistipp:

Sowohl Vermieter als auch Mieter müssen sich vor Unterzeichnung eines Geschäftsraummietvertrages darüber im Klaren sein, dass sie sich beide mit der recht kurzen gesetzlichen Frist von 6 Monaten zum Ende eines Kalendervierteljahres vom Vertrag lösen können.

Beide Parteien sind aber regelmäßig an einer längeren Mindestdauer des Vertrages interessiert, um jeweils eigene Investitionen, Finanzierungshilfen und Einnahmen planen zu können. Der Bestand des Mietvertrages für einen längeren, meist mehrjährigen Zeitraum ist für beide Seiten in der Regel von elementarer Bedeutung.

Im Regelfall sollte daher ein entsprechend befristetes Mietverhältnis abgeschlossen oder ein zeitlich befristeter Kündigungsausschluss vereinbart werden.

5 b) **Vertraglich vereinbarte Kündigungsfristen.** Die Parteien können abweichende Vereinbarungen treffen. Auch formularvertraglich kann eine **längere als die gesetzliche Kündigungsfrist** vereinbart werden. Die Vereinbarung unterschiedlich langer, also asymmetrischer Fristen für beide Vertragsteile ist grundsätzlich ebenfalls formularvertraglich möglich, wenn keine einseitig unangemessene Benachteiligung einer Partei vorliegt.[1]

6 Eine **Verkürzung der gesetzlichen Kündigungsfrist** ist durch Individualvereinbarung zulässig, eine formularvertragliche Verkürzung demgegenüber zu Lasten des Mieters nicht.[2]

3. Kündigungsgrund bei ordentlicher Kündigung

7 Will eine Partei das unbefristete Mietverhältnis ordentlich kündigen, muss objektiv kein Kündigungsgrund vorliegen. Anders als bei der Wohnraummiete gilt das auch für die Kündigung des Vermieters. Ein Kündigungsgrund muss weder gegeben noch benannt sein.

4. Form der Kündigung

8 Während die Kündigung von Wohnraum gemäß § 568 BGB zur Wirksamkeit der Schriftform bedarf, existiert eine derartige Vorschrift für das gewerbliche Mietverhältnis nicht. Die Kündigung ist grundsätzlich formfrei möglich. Das bedeutet, dass ein gewerbliches Mietverhältnis auch mündlich oder fernmündlich gekündigt werden könnte. Auch eine konkludente Kündigung zB durch Räumung des Mietobjektes durch den

[1] BGH BeckRS 2001, 6558.
[2] BGH BeckRS 2001, 6558.

Mieter, ist möglich, wenn aus dem Verhalten eindeutig zu schließen ist, dass die betreffende Partei das bestimmte Mietverhältnis beenden will.

Es wären damit „böse Überraschungen" denkbar, wenn beispielsweise der Vermieter dem Mieter am 30.9. mitteilt, er habe noch am selben Tage das Ladenlokal zu räumen, da er, der Vermieter, dem Mieter gegenüber in einem Gespräch am 3.4. – in Gegenwart eines Zeugen – mündlich eine Kündigung zum 30.9. erklärt habe. 9

Praxistipp:

Es sollte unbedingt mietvertraglich vereinbart werden, dass die Kündigung des Mietverhältnisses zur Wirksamkeit der Schriftform bedarf.

Die Vereinbarung solcher Formvorgaben ist auch formularvertraglich grundsätzlich zulässig. Im unternehmerischen Verkehr kann die Schriftform vereinbart werden. In Verträgen mit Verbrauchern, das wäre zB der Garagenmietvertrag, ist es seit der Änderung des § 309 Nr. 13 BGB in ab dem 1.10.2016 neu begründeten Mietverhältnissen nicht zulässig, für die Form einer Willenserklärung eine strengere Form als die Textform zu bestimmen (siehe Überleitungsvorschrift in § 37 zu Art. 229 EGBGB).

§ 309 Nr. 13 BGB soll aber keine Indizwirkung für den unternehmerischen Verkehr entfalten.[3] Die Klausel könnte dort wie folgt lauten:

„Die Kündigung des Mietverhältnisses bedarf zu ihrer Wirksamkeit der Schriftform. Eine telekommunikative Übermittlung der Erklärung, zB per Fax oder E-Mail, genügt nicht. Mündliche Vereinbarungen über die Aufhebung der Schriftform sind nichtig."

Ein neues Problem stellte sich für die Anwaltschaft mit der Einführung des **beA** im Zusammenhang mit der sog. **Schriftsatzkündigung.** Es war zunächst unklar, ob bzw. wann eine schriftsätzlich eingereichte, mit qualifizierter elektronischer Signatur versehene Kündigung dem Kündigungsempfänger als formwirksam zugegangen gilt. Seit dem 17.7.2024 gilt die neu geschaffene Regelung des § 130e ZPO. Diese fingiert den formgerechten Zugang, sofern der Schriftsatz als elektronisches Dokument nach § 130a ZPO bei Gericht eingereicht und dem Empfänger zugestellt oder mitgeteilt wurde. Eine rückwirkende Anwendung dieser Vorschrift auf Schriftsätze, die bereits vor deren Inkrafttreten bei Gericht eingereicht wurden, kommt aber nach einer Entscheidung des BGH vom 27.11.2024, Az. VIII ZR 155/23 (BeckRS 2024, 37538), nicht in Betracht. Für die Zeit vor dem 17.7.2024 gilt, dass die in einem solchen Schriftsatz enthaltene Kündigung nur dann formwirksam ist, wenn sie dem Empfänger vom Gericht unter Aufrechterhaltung der elektronischen Signatur elektronisch weitergeleitet wurde. Das Weiterleiten eines ausgedruckten Schriftsatzes mit Transfervermerk steht dem nicht gleich. 10

Praxistipp:

Kommt es auf die Formwirksamkeit einer Schriftsatzkündigung an, ist zunächst zu klären, wann diese erklärt wurde. Die Fiktion des formgerechten Zugangs gemäß § 130e ZPO gilt nur ab Inkrafttreten am 17.7.2024. Erfolgte die Erklärung vor diesem Termin, gelten für die Formwirksamkeit die vom BGH in der Entscheidung vom 27.11.2024 aufgestellten Grundsätze.

II. Außerordentliche Kündigung

1. Fristlose Kündigung des Mieters

a) **Einleitung.** Der fristlosen Kündigung durch den Mieter kommt im Rahmen der Geschäftsraummiete eine weitaus größere Bedeutung zu als im Wohnraummietrecht. 11

[3] Guhling/Günter/Guhling BGB § 309 Rn. 39.

Dies hat seinen Grund zum einen in der längeren Kündigungsfrist von sechs Monaten nach § 580a Abs. 2 BGB, im Gegensatz zu den drei Monaten in § 573c Abs. 1 BGB. Zum anderen ist im Rahmen der Geschäftsraummiete ein Zeitmietvertrag weitaus verbreiteter, da an diesen nicht die Voraussetzungen des § 575 BGB gestellt werden Sehr häufig findet man Mietverträge mit einer Dauer von fünf oder zehn Jahren Bindung. Nicht selten ist es der Mieter selbst, der eine derart lange Vertragsdauer gewünscht hat bzw. wünscht. Sein Interesse ist es häufig, Investitionen, die er in die Mietsache eingebracht hat, langfristig zu sichern. Auch ist die Verlagerung eines Geschäftssitzes nicht immer vorteilhaft und regelmäßig mit hohen Kosten verbunden.

12 Nur am Rande sei erwähnt, dass es für den Mieter durchaus angebracht ist, zu prüfen, ob der Mietvertrag die für eine wirksame Befristung **notwendige Schriftform** gemäß §§ 550, 578 BGB einhält, wenn er den befristeten Mietvertrag vor Ablauf des eigentlich vorgesehenen Ablaufdatums beenden will. Ist dies nicht der Fall, kann der Mieter nämlich mit der gewöhnlichen gesetzlichen Frist den Mietvertrag kündigen, da für diesen Fall nach §§ 550 S. 1, 578 Abs. 1, 2 BGB das Mietverhältnis auf unbestimmte Zeit als geschlossen gilt.

Praxistipp:

Will der Mieter den Mietvertrag beenden, sollte neben möglichen Kündigungsgründen auch geprüft werden, ob die Schriftform eingehalten ist.

13 Bei der Geschäftsraummiete handelt es sich um Mietverhältnisse über Räume gemäß § 578 Abs. 2 BGB. Aus § 578 Abs. 2 BGB und aus § 578 Abs. 1 BGB, auf den der Absatz 2 verweist, ergeben sich die Vorschriften des Wohnraummietrechts, die bei der Geschäftsraummiete entsprechend Anwendung finden. So verweist § 578 Abs. 2 BGB u. a. auf den Regeltatbestand in § 569 Abs. 1 BGB, wenn die Räumlichkeiten zum Aufenthalt von Menschen bestimmt sind, sowie auf das Anwendungsbeispiel in § 569 Abs. 2 BGB. Was die Kündigungsmöglichkeiten nach § 543 BGB anbelangt, ist in § 578 BGB ein entsprechender Verweis nicht zu finden aber auch nicht erforderlich. Der § 543 BGB ist als allgemeine Vorschrift für alle Mietverhältnisse anwendbar, was sich aus seiner Stellung im 2. Buch, 8. Abschnitt, 5. Titel des BGB ergibt.

14 **b) Besonderheiten gegenüber dem Wohnraummietrecht.** *aa) Keine Schriftform.* Die Schriftform der Kündigung des Wohnraummieters ist in § 568 BGB angeordnet. Auf diese Vorschrift verweist § 578 BGB nicht, so dass die Kündigung des Mietvertrages bei der Geschäftsraummiete nicht der Schriftform bedarf.[4] Sogar eine konkludente Kündigung des Mietvertrages ist möglich.[5]

15 Allerdings ist zu beachten, dass gewöhnlich im Geschäftsraummietvertrag **vereinbart** ist, dass die **Kündigung schriftlich** zu erfolgen hat. Die dort im Regelfall weiter genannten Formvorschriften sind dann einzuhalten. Aus anwaltlicher Sicht kann dieses Problem allerdings dahinstehen, da der Anwalt immer zu einer schriftlichen Kündigung raten sollte, die dann auch beweisbar zugestellt werden kann.

Praxistipp:

Immer schriftlich kündigen, dabei gegebenenfalls vertraglich vereinbarte Formvorschriften einhalten.

16 *bb) Keine Pflicht zur Begründung.* § 578 BGB verweist nicht auf § 569 Abs. 4 BGB, so dass die Kündigung nicht begründet werden muss. Daraus ergibt sich, dass der zur Kündigung berechtigende Grund nicht bei der Kündigung oder im Kündigungsschrei-

[4] Schmidt-Futterer/Streyl BGB § 568 Rn. 4.
[5] OLG Frankfurt a. M. NZM 2005, 619.

ben angegeben sein muss.[6] Das bedeutet aber nur, dass der Kündigungsgrund bei der Kündigung oder im Schreiben nicht angegeben sein muss, gleichwohl muss natürlich ein **Kündigungsgrund vorliegen,** der zur Kündigung berechtigt, und zwar im Zeitpunkt des Zugangs der Kündigung. Nachträglich entstandene Kündigungsgründe können die Kündigung nicht rechtfertigen, eröffnen aber gegebenenfalls die Möglichkeit einer neuen Kündigung.

cc) Abdingbarkeit. Anders als im Wohnraummietrecht, in dem über § 569 Abs. 5 BGB zum Nachteil des Mieters von §§ 569, 543 BGB nicht abgewichen werden darf, fehlt in § 578 BGB ein Verweis auf diese Vorschrift. Daher stellt sich die Frage, ob und gegebenenfalls inwieweit die Vorschriften über die Kündigungsrechte des Mieters abdingbar sind. 17

Durch die Einfügung des § 314 Abs. 1 BGB mit der Schuldrechtsreform zum 1.1.2002 in das BGB kodifizierte der Gesetzgeber den Rechtsgrundsatz, dass bei Dauerschuldverhältnissen das Recht zur außerordentlichen Kündigung aus wichtigem Grund nicht ausgeschlossen werden kann. Es muss den Vertragsparteien bei Vorliegen eines berechtigten Interesses an einer sofortigen Vertragsbeendigung und der Unzumutbarkeit der Vertragsfortsetzung möglich sein, ein bestehendes Dauerschuldverhältnis zu beenden. Insoweit handelt es sich um zwingendes Recht, welches nicht abbedungen werden kann.[7] 18

Dieser in § 314 Abs. 1 BGB festgehaltene Rechtsgrundsatz findet im Mietrecht seinen Eingang über § 543 Abs. 1 BGB (§ 569 Abs. 2 BGB iVm § 578 Abs. 2 S. 1 BGB) und ist entsprechend ebenfalls unabdingbar.[8] Von dem Verbot ein Dauerschuldverhältnis aus wichtigem Grund abzubedingen, da dies zu einer nicht gewollten Unauflöslichkeit des Vertragsverhältnisses führen würde, obgleich jegliche Basis hierfür entzogen wurde, ist die Möglichkeit der Modifikation der Regeltatbestände des §§ 543 Abs. 2, 569 Abs. 1 BGB zu unterscheiden. Formularvertragliche Vorgaben, die von den gesetzlichen Regeltatbeständen abweichen, sind häufig nach §§ 309 Nr. 8a, 307 Abs. 2 BGB unwirksam. Soweit bei individuell ausgehandelten Modifikationen ein Eingriff in besagten Rechtsgrundsatz des § 543 Abs. 1 BGB nicht erfolgt und auch sonst die Regelung nicht gegen weitere gesetzlichen Regelungen (zB § 138 BGB) verstößt, sind solche vertraglichen Absprachen zulässig. 19

c) Fehlende Gebrauchsgewährung, § 543 Abs. 1 iVm Abs. 2 Nr. 1 BGB. *aa) Einleitung.* Der **§ 543 BGB** gilt als allgemeine Vorschrift (§§ 535–548a BGB) für alle Mietverhältnisse. Eine Öffnung des Anwendungsbereichs auch auf das Geschäftsraummietverhältnisses über **§ 578 BGB** braucht es deshalb nicht. Grundsätzlich kann daher auf die entsprechenden Ausführungen betreffend die Wohnraummiete verwiesen werden.[9] Dies betrifft insbesondere den Beginn des Kündigungsrechtes, die Teilkündigung, die Kündigungserklärung sowie die Darlegungs- und Beweislast. 20

bb) Abdingbarkeit. Grundsätzlich ist **§ 543 Abs. 2 Nr. 1 BGB** bei der Geschäftsraummiete dispositiver Natur, wie Eingangs bereits dargelegt. Das Kündigungsrecht wegen nicht rechtzeitiger Überlassung kann jedoch nur dann formularmäßig ausgeschlossen werden, wenn es um Verzögerung der Übergabe geht und dies nicht vom Vermieter zu vertreten ist. Ansonsten verstößt die Klausel gegen **§ 309 Nr. 8a BGB,** gegebenenfalls auch gegen **§ 307 Abs. 2 BGB.**[10] 21

Generell ist zu beachten, dass die Pflicht zur Gebrauchsgewährung die wesentliche Pflicht des Vermieters im Mietverhältnis, mithin die Kardinalpflicht ist. Kommt er dieser Pflicht nicht nach, ist schwerlich einzusehen, warum der Mieter dann gezwungen sein soll, am Mietvertrag festzuhalten. Eine solche Regelung würde gegen wesentliche 22

[6] OLG Brandenburg BeckRS 2017, 101863.
[7] Grüneberg/Grüneberg BGB § 314 Rn. 3; MüKoBGB/Gaier § 314 Rn. 4.
[8] OLG Rostock 9.7.2020 – 3 U 78/19, BeckRS 2020, 17538.
[9] → § 28 Rn. 75 ff.
[10] Schmidt-Futterer/Streyl BGB § 543 Rn. 248.

Grundsätze des dispositiven Rechts verstoßen und dürfte daher regelmäßig nach § 307 Abs. 2 BGB unwirksam sein. Gegebenenfalls ist auch darauf zu achten, ob für diesen Fall im Vertragswerk Kompensationen vorgesehen sind. Dabei darf nicht übersehen werden, dass der gewerbliche Mieter in der Regel zur Ausübung seines Gewerbes oder Geschäftes auf das Mietobjekt angewiesen ist. Kann er das eigentlich gemietete Objekt nicht nutzen, muss ihm die Möglichkeit gegeben werden, auf ein anderes Mietobjekt auszuweichen.

23 *cc) Voraussetzungen.* Die Voraussetzungen sind grundsätzlich dieselben wie bei der Wohnraummiete,[11] es ist also notwendig, dass der Gebrauch der Mietsache nicht gewährt oder entzogen wird, dieser Missstand abgemahnt oder eine Frist zur Abhilfe gesetzt wird und der Vermieter untätig geblieben ist.

24 *(1) Erhebliche Gebrauchsstörung.* Es muss also zunächst eine erhebliche Gebrauchsstörung vorliegen, Verschulden des Vermieters ist dabei nicht erforderlich. Es kann eine komplette Nichtgewährung oder ein kompletter Entzug des Gebrauchs sein, ebenso wie eine teilweise Nichtgewährung oder der teilweise Entzug.

25 Liegen die Voraussetzungen des **§ 543 Abs. 2 Nr. 1 BGB** vor, muss danach nicht mehr geprüft werden, ob die Fortsetzung des Vertragsverhältnisses noch zumutbar ist, denn die Zumutbarkeit der Vertragsfortsetzung als Voraussetzung des **§ 543 Abs. 1 BGB** muss in den Fällen des **§ 543 Abs. 2 Nr. 1 BGB** nicht zusätzlich vorliegen.[12] Dies gilt gleichermaßen für eine weitergehende Interessenabwägung unter Berücksichtigung der Umstände des Einzelfalls. Nur eine erhebliche Gebrauchsstörung löst das Kündigungsrecht aus, wobei allerdings die Unerheblichkeit eines Mangels der Ausnahmefall ist.[13] Erschwernisse des Zugangs zum Objekt aufgrund von Bauarbeiten sollen unerheblich sein, jedenfalls dann, wenn der Zugang nicht länger andauernd verhindert wird,[14] wobei bei einer mehrwöchigen Blockade dies im Einzelfall auch anders sein kann.[15] Andererseits kann bereits die Ankündigung von Umbauarbeiten, die für den Mieter existenzbedrohend sind, ein Kündigungsgrund sein.[16]

26 Die **Nichtgewährung des Gebrauchs** oder **die Entziehung des Gebrauches** kann auch auf die **Mangelhaftigkeit** des Mietobjekts zurückzuführen sein und insoweit zur Kündigung berechtigen, wenn die übrigen Voraussetzungen vorliegen. Beispielhaft seien einige Fälle genannt, bei denen jeweils eine Berechtigung des Geschäftsraummieters zur außerordentlichen Kündigung bejaht wurde:

27 Liegt bei der Miete von Geschäftsräumen die **Mietfläche** um 10 % unter der im Mietvertrag vereinbarten Fläche, ist dies ein nicht unerheblicher Mangel, der zur Kündigung berechtigt.[17] Dies gilt auch für die **mangelhafte Beheizung** während der Heizperiode.[18] Hat der Vermieter zugesagt, **bestimmte Arbeiten durchzuführen** und erledigt das dann nicht, ergibt sich auch daraus ein Kündigungsgrund.[19] **Rattenbefall** kann ebenfalls zur Kündigung führen.[20]

28 Die Zusage, das angemietete Ladenlokal werde in ein größeres Einkaufszentrum eingebettet, wertet das OLG Frankfurt a. M. als **Zusicherung einer Eigenschaft** der Mietsache, deren Nichteinhaltung ebenfalls zur außerordentlichen Kündigung des Mietvertrages berechtigt.[21] Die Erreichbarkeit einer Gaststätte sei eine **Beschaffenheitsvereinbarung,** so dass eine – nicht vom Vermieter veranlasste – Straßensperre und die

[11] → § 28 Rn. 75 ff.
[12] BGH NZM 2009, 431; 2006, 929.
[13] BGH NJW 2007, 147 (148); OLG Köln BeckRS 2012, 19425; OLG Düsseldorf NZM 2009, 281 (282).
[14] OLG Düsseldorf BeckRS 2012, 05967.
[15] OLG Düsseldorf BeckRS 2016, 17594.
[16] BGH NJW 2013, 223.
[17] BGH NZM 2005, 500; anders für einen Einzelfall LG Frankfurt a. M. BeckRS 2018, 9048.
[18] KG BeckRS 2008, 12458.
[19] OLG Braunschweig BeckRS 2016, 121711.
[20] OLG Düsseldorf NJOZ 2016, 1084.
[21] OLG Frankfurt a. M. NZM 2005, 619.

dadurch verursachte Nichterreichbarkeit einen Mangel darstellt, der zur fristlosen Kündigung berechtigt.[22] Nicht zur Kündigung berechtigt die fehlende Barrierefreiheit, wenn deren Herstellung nicht vertraglich vereinbart ist.[23]

Häufig sind gewerbliche Objekte erst nach Vorlage entsprechender (objektbezogener) 29 Genehmigungen nutzbar. Alleine das Fehlen einer solchen Genehmigung stellt noch keinen Mangel dar, vielmehr muss der Mieter in seinem vertragsgemäßen Gebrauch auch tatsächlich eingeschränkt werden. Wird durch eine mit einer Zwangsmittelandrohung verbundenen **Ordnungsverfügung** die vertragsgemäße Nutzung untersagt, reichen schon Zweifel über deren Zulässigkeit aus, um den Mieter zur Kündigung zu berechtigen.[24] Auch eine reine Androhung von behördlichen Einschreiten kann genügen, wenn dies zur Ungewissheit über die Möglichkeit des künftigen Gebrauchs führt und hierdurch gegenwärtige Interessen des Mieters bereits hinreichend beeinträchtigt werden. Untersagt der Vermieter dem Mieter, das Objekt trotz einer entsprechenden zuvor erteilten Genehmigung gewerblich zu nutzen, hindert er ihn an der vertragsgemäßen Nutzung; dies berechtigt zur Kündigung.[25]

Die im Rahmen der Covid-19-Pandemie staatlich angeordneten Ladenschließungen 30 stellen keine kündigungsrelevante Nichtgewährung des Mietgebrauchs dar.[26] Der Grund für die Schließung liegt nämlich nicht in der Nichtgewährung des Gebrauchs oder dessen Entziehung. Vielmehr ist auch bei einer Schließung des Ladengeschäfts wegen einer Pandemielage die Gebrauchstauglichkeit des Mietobjekts nach wie vor gegeben. Auch aus Sicht der Risikosphäre scheidet in diesen Fällen eine Kündigung aus, da die Verwendung des Mietobjekts in den Risikobereich des Mieters fällt (BGH NJW 2011, 3151).

(2) Frist oder Abmahnung. Die Kündigung ist grds. erst zulässig, wenn der Mieter 31 gemäß § 543 Abs. 3 BGB entweder den Vermieter **abgemahnt** oder ihm eine **Frist zur Abhilfe** gesetzt hat und der Vermieter trotz Abmahnung oder Fristsetzung untätig geblieben ist.[27] Ausnahmen hierzu sieht das Gesetz in § 543 Abs. 3 S. 2 BGB vor. Eine vor Ablauf der Frist ausgesprochene Kündigung ist unwirksam, es sei denn, der Vermieter hat die Abhilfe vor Ablauf aber nach Setzung der Frist ernsthaft und endgültig verweigert oder einer der Ausnahmetatbestände eintritt.[28]

Weil von der Einhaltung dieser Vorschrift die Wirksamkeit der Kündigung abhängt, 32 ist auch diesbezüglich zu empfehlen, Abmahnungen oder Fristsetzungen schriftlich an den Vermieter zu richten und sicher zu stellen, dass der Zugang bewiesen werden kann.

Praxistipp:

Abmahnungen oder Fristsetzungen immer schriftlich an den Vermieter richten und den Zugang sicherstellen.

dd) Ausschluss und Verwirkung. Das Kündigungsrecht nach § 543 Abs. 2 Nr. 1 BGB ist 33 **ausgeschlossen,** wenn die Gebrauchsbeeinträchtigung vom **Mieter selbst hervorgerufen** wird.[29] Der Mieter darf nicht selbst den vertragswidrigen Zustand schaffen, um sich dann vom Vertrag lösen zu können. Dies folgt aus dem Grundsatz, dass der Kündigungsgrund aus der Risikosphäre des Kündigungsgegners stammen muss. Der Mieter kann auch nicht kündigen, wenn er gemäß §§ 543 Abs. 4, 536b BGB bei Abschluss des

[22] OLG Frankfurt a. M. BeckRS 2017, 121594.
[23] OLG Brandenburg BeckRS 2015, 1190.
[24] BGH ZMR 2008, 274.
[25] LG Itzehoe BeckRS 2012, 15092.
[26] OLG Frankfurt a. M. 19.3.2021 – 2 U 143/20, NZM 2021, 395.
[27] OLG Düsseldorf BeckRS 2012, 16346.
[28] OLG Düsseldorf BeckRS 2012, 05968.
[29] BGH WuM 2005, 54.

Vertrages die Gebrauchsbeeinträchtigung kannte und er sich ein Kündigungsrecht nicht vorbehalten hat.

34 Wie auch bei der Wohnraummiete ist dem Mieter zu empfehlen, **zeitnah** nach dem Auftreten der Beeinträchtigung tätig zu werden; sonst droht **Verwirkung,** gem. § 242 BGB. Das bedeutet, dass er zunächst den Mangel anzeigen, danach die fehlende Beseitigung abmahnen oder eine Frist setzen muss und schließlich auch zeitnah die Kündigung auszusprechen hat, wenn der Mangel nicht beseitigt wird. Innerhalb welcher Frist gekündigt werden muss, kann nur im Einzelfall entschieden werden.

35 Jedenfalls ist auch bei der Geschäftsraummiete das Kündigungsrecht **nicht bereits deswegen verwirkt,** wenn der Mieter trotz des Mangels und trotz der Tatsache, dass der Vermieter den Mangel nicht beseitigt, die **Miete weiter vorbehaltlos** zahlt.[30]

Checkliste

36
- ☐ Kündigungsrecht wirksam abbedungen?
- ☐ Allgemeine Kündigungsvoraussetzungen
- ☐ Erhebliche Gebrauchsstörung
- ☐ Frist zur Abhilfe/Abmahnung
- ☐ Ausschluss/Verwirkung

37 d) **Gesundheitsgefährdung.** *aa) Einleitung.* § 578 Abs. 2 S. 3 BGB bestimmt, dass bei Mietverhältnissen über Räume, die keine Wohnräume, aber **zum Aufenthalt von Menschen bestimmt** sind, § 569 Abs. 1 BGB entsprechend gilt. Eine entsprechende Zweckbestimmung der Räume ist folglich eine weitere Voraussetzung des Kündigungsrechts, bezüglich derer auf die betreffenden Ausführungen zur Wohnraummiete verwiesen werden kann. Die Kündigung wegen Gesundheitsgefährdung ist auch hier ein Unterfall der Kündigung wegen Nichtgewährung des Gebrauchs. **Fristsetzung oder Abmahnung** ist deswegen auch hier erforderlich.

38 *bb) Abdingbarkeit.* Anders als die Kündigung wegen Nichtgewährung des Gebrauchs nach § 543 Abs. 2 Nr. 1 BGB wird die Kündigungsmöglichkeit wegen Gesundheitsgefährdung nach § 569 Abs. 1 BGB allgemein als **nicht abdingbar** angesehen.[31] Begründet wird dies damit, dass Zweck des § 569 BGB auch das öffentliche Interesse an der Volksgesundheit ist, über dass die Parteien des Mietvertrages nicht disponieren können.[32] Daher ist sowohl der Ausschluss des Kündigungsrechts wie auch der Abschluss einschränkender Vereinbarungen nichtig.[33]

39 *cc) Voraussetzungen. (1) Aufenthalt von Menschen.* Zur Eröffnung des Anwendungsbereichs von § 569 Abs. 1 BGB verlangt § 578 Abs. 2 S. 3 BGB zunächst, dass es sich bei dem Mietobjekt um zum **Aufenthalt von Menschen** bestimmte Räume handelt.

Zur Bejahung dieser Tatbestandsvoraussetzung des § 578 Abs. 2 S. 3 BGB kommt es lediglich auf die vertragliche Vereinbarung an, nicht auf die tatsächliche Nutzung (zum Aufenthalt von Menschen **bestimmt**).[34] Hierzu zB Läden, Büros, Fabrikhallen, Werkstätten, Krankenzimmer, Gaststätten, Fest- und Veranstaltungssäle, Warteräume und ähnliches.[35] Die Räume dienen auch dann dem Aufenthalt von Menschen, wenn an einen **gewerblichen Zwischenvermieter** vermietet wird. Zwar liegt der Verwendungszweck in diesem Fall nicht unmittelbar darin dem Aufenthalt von Menschen zur Verfügung zu stehen. Auch in diesem Fall richtet sich der vertraglich bestimmungsgemäße

[30] BGH NZM 2006, 929.

[31] BGH NJW 1992, 2628; Staudinger/Emmerich BGB § 569 Rn. 19; Grüneberg/Weidenkaff BGB § 569 Rn. 5.

[32] Grüneberg/Weidenkaff BGB § 569 Rn. 5.

[33] BGHZ 29, 289; Staudinger/Emmerich BGB § 569 Rn. 19.

[34] Staudinger/Emmerich BGB § 569 Rn. 5.

[35] Schmidt-Futterer/Streyl BGB § 578 Rn. 18; Staudinger/Emmerich BGB § 569 Rn. 6.

Gebrauch jedoch letztlich auf eine Weitervermietung zum Zwecke des Aufenthalts von Menschen.[36]

Dieser Ansicht steht nicht entgegen, dass der Zwischenmieter in einem solchen Fall auch das Kündigungsrecht des § 543 Abs. 2 Nr. 1 BGB wegen Nichtgewährung des Gebrauchs hat.[37] Insoweit ist der Rechtsprechung zu folgen, denn es kommt darauf an, ob eine Gesundheitsgefährdung von Menschen besteht, nicht notwendigerweise nur des Mieters. Auch andere Menschen, die sich bestimmungsgemäß in diesen Räumen aufhalten sollen, also der Untermieter oder Besucher etc gehören zum **geschützten Personenkreis.**[38] Bei der gewerblichen Zwischenmiete sollen regelmäßig die Räume von Menschen genutzt werden, sie sind also zum Aufenthalt von Menschen bestimmt, auch wenn der Zweck des Mietvertrages zwischen Vermieter und gewerblichem Zwischenmieter ein anderer ist. Würde man im Rahmen der Zwischenvermietung zu dem Ergebnis kommen, dass die Voraussetzung des § 578 Abs. 2 S. 3 BGB nicht erfüllt ist, hätte dies zur Konsequenz, dass zwar der Untermieter gegenüber dem Zwischenmieter, als dessen Vermieter eine fristlose Kündigung nach §§ 578 Abs. 2 S. 3, 569 Abs. 1 BGB oder direkt über § 569 Abs. 1 BGB (Wohnraum) aussprechen könnte, nicht jedoch der Zwischenmieter gegenüber dem Vermieter. Eine solche Ungleichbehandlung scheint kaum gerechtfertigt. 40

(2) Gesundheitsgefährdung. Weitere Voraussetzung ist eine **erhebliche Gesundheitsgefährdung.** Diese Gefährdung muss seinen Grund in der Beschaffenheit des Mietobjekts haben, also kausal für die Gesundheitsgefährdung sein. Entsprechend muss nicht immer ein Mangel der Mietsache im hygienischen Sinn vorliegen, auch andere Mängel wie die Beeinträchtigung der Standsicherheit des Gebäudes können eine Gefährdung begründen. Wegen des besonderen Schutzgutes in § 569 Abs. 1 BGB, namentlich der körperlichen Unversehrtheit (Art. 2 Abs. 2 GG) sind bei der Prognostik des Vorliegens einer Gefährdungslage keine zu hohen Anforderungen zu stellen; eine gewisse Wahrscheinlichkeit wird für ausreichend erachtet. Wenn die Prüfung eine Gefährdungslage ergibt, die als besonders schwerwiegend für die körperliche Unversehrtheit wiegt, sind die Anforderung an die Wahrscheinlichkeit des Gefahreneintritts geringer anzusetzen. 41

Aus dem Merkmal der Erheblichkeit ergibt sich, dass eine **nachhaltige Gefährdung** vorliegen muss,[39] wobei die Einhaltung von Grenzwerten eine Gefährdung nicht ausschließt.[40] An der Erheblichkeit fehlt es, wenn es lediglich zu einer Beeinträchtigung des Wohlbefindens oder zu vorübergehendem Unbehagen kommt, bspw. bei im Sommer überhitzten Räumen.[41] 42

(3) Abmahnung und Fristsetzung. Wie in den übrigen Fällen auch, ist die Kündigung auch bei der Gesundheitsgefährdung nur zulässig, wenn vorher abgemahnt oder eine Frist zur Abhilfe gesetzt wurde. Nur ausnahmsweise kann darauf verzichtet werden.[42] Auch hier gilt jedoch, je gravierender die drohende Gesundheitsschädigung und deren baldiger Eintritt, umso eher wird man auf eine Fristsetzung/Abmahnung wegen des Vorliegens der Voraussetzungen des § 543 Abs. 3 Nr. 2 BGB entbehrlich sein. 43

dd) Ausschluss und Verwirkung. Das Kündigungsrecht wegen Gesundheitsgefährdung ist **nicht abdingbar, infolge des besonderen Schutzgutes.** Das Recht auf Kündigung kann jedoch ausgeschlossen sein. Dies wird in der Regel dann der Fall sein, wenn der Mieter den Umstand, der zur Kündigung führen soll, selbst herbeigeführt hat. Dies ist jedoch wegen dem besonderen Schutzgut und dem Staatsauftrag aus Art. 2 Abs. 2 GG umstritten. 44

Das Kündigungsrecht wegen Gesundheitsgefährdung kann nicht **verwirken,** denn solange die Gesundheitsgefährdung noch besteht, ist der Kündigungsgrund gegeben. 45

[36] BGH WuM 2004, 206.
[37] Schmidt-Futterer/Streyl BGB § 569 Rn. 11.
[38] Schmidt-Futterer/Streyl BGB § 569 Rn. 11.
[39] OLG Brandenburg BeckRS 2017, 101863; Staudinger/Emmerich BGB § 569 Rn. 12.
[40] OLG Brandenburg BeckRS 2017, 101863 bei einer Belastung mit DDT.
[41] OLG Brandenburg NZM 2013, 151.
[42] OLG Brandenburg BeckRS 2017, 101863.

Dies folgt aus dem Umstand, dass nach dem Gesetz gem. § 569 Abs. 1 S. 2 BGB nicht einmal ein ausdrücklicher Verzicht auf die Mängelgewährleistungsrechte das hiesige Kündigungsrecht ausschließen können. Selbst dann, wenn zum Zeitpunkt der Kündigung bereits ein Aufhebungsvertrag besteht, kann das Kündigungsrecht noch gegeben sein.[43] Auf den Eintritt des Umstandes, auf den die Gefährdung zurückzuführen ist, kommt es nicht an, mit Ausnahme einer Herbeiführung der Gesundheitsgefährdung durch den Mieter.

46 Schließlich schadet auch die **Kenntnis** des Mieters von der gefahrbringenden Beschaffenheit nicht, was über § 569 Abs. 1 S. 2 BGB klargestellt wird.

Checkliste

47
- ☐ Allgemeine Kündigungsvoraussetzungen
- ☐ Voraussetzungen
  - Zum Aufenthalt von Menschen bestimmte Räume
  - Erhebliche Gesundheitsgefährdung
- ☐ Frist zur Abhilfe/Abmahnung
- ☐ Ausschluss/Verwirkung

48 **e) Störung des Hausfriedens.** *aa) Einleitung.* Auch bei der Geschäftsraummiete kann der Hausfrieden gestört sein, jedenfalls ist gemäß § 578 Abs. 2 BGB auf Mietverhältnisse über Räume, die keine Wohnräume sind, § 569 Abs. 2 BGB entsprechend anzuwenden. Zwar wird der Kündigungsgrund wegen Störung des Hausfriedens in der Regel von Vermieterseite geltend gemacht, steht aber gleichermaßen dem Mieter zu.

49 *bb) Abdingbarkeit.* Auch das Kündigungsrecht wegen Störung des Hausfriedens ist **nicht abdingbar,** der Zweck dieses Kündigungsrechtes spricht dagegen.[44] Die Störung des Hausfriedens ist ein Unterfall des wichtigen Grundes. Deshalb muss auch hier der Grundsatz gelten, dass das Recht zur außerordentlichen Kündigung im Dauerschuldverhältnis nicht ausgeschlossen werden kann.

50 *cc) Voraussetzungen. (1) Störung des Hausfriedens.* Eine Störung des Hausfriedens, der im BGB nicht näher definiert ist, liegt vor, wenn die zur Wahrung des Hausfriedens notwendigen Verhaltenspflichten zur gegenseitigen Rücksichtnahme verletzt werden und dies zur Beeinträchtigung des Mieters führt. Die Störung muss nachhaltig sein. Das Verschulden ist nicht erforderlich, spielt aber bei der Frage der Zumutbarkeit durchaus eine gewichtige Rolle, weil § 569 Abs. 2 BGB ausdrücklich anordnet, dass insbesondere ein Verschulden der Vertragsparteien in die notwendige Abwägung mit einzubeziehen ist. Eine Abwägung der Interessen des Mieters und des Vermieters ist in jedem Fall notwendig um festzustellen, ob ein Kündigungsrecht tatsächlich besteht.

51 *(2) Abmahnung oder Fristsetzung.* Eine Abmahnung oder eine Fristsetzung ist auch hier **erforderlich,** lediglich unter den Voraussetzungen des § 543 Abs. 3 S. 2 BGB könnte darauf verzichtet werden. Bei einer Störung des Hausfriedens wird sich regelmäßig empfehlen, dies abzumahnen, weil dadurch dem Vertragspartner sein vertragswidriges Verhalten vor Augen geführt werden kann.

52 *(3) Darlegungsprobleme.* Die Darlegungsprobleme, die der Wohnraummieter hat, dürften bei der Geschäftsraummiete gemildert sein. Denn üblicherweise werden Geschäftsräume auch von anderen Personen als dem Mieter frequentiert, beispielsweise Mitarbeiter oder Kunden. Diese könnten dann gegebenenfalls Zeugen für Hausfriedensstörungen werden. Notwendig ist aber dennoch, Störung des Hausfriedens, insbesondere Lärm, so festzuhalten, dass dies auch entsprechend dargelegt werden kann. Auch

[43] OLG Brandenburg BeckRS 2017, 101863.

[44] BGH NJW 1992, 2628; Staudinger/Emmerich BGB § 569 Rn. 70; Grüneberg/Weidenkaff BGB § 569 Rn. 5.

für den Geschäftsraummieter wird ein **Lärmprotokoll** bei entsprechenden Störungen daher unerlässlich sein.

dd) Ausschluss und Verwirkung. Abbedungen werden kann das Kündigungsrecht nicht, wie oben ausgeführt. Es kann auch nicht aufgrund sonstiger Umstände ausgeschlossen sein, so dass nur eine **Verwirkung** in Betracht kommt. Hierfür gelten die allgemeinen Grundsätze, so dass der Mieter das Kündigungsrecht dann auch **zeitnah** ausüben muss. 53

Checkliste

- ☐ Allgemeine Kündigungsvoraussetzungen 54
- ☐ Nachhaltige Störung des Hausfriedens
- ☐ Frist zur Abhilfe/Abmahnung
- ☐ Ausschluss/Verwirkung

f) Unzumutbarkeit der Vertragsfortsetzung, § 543 Abs. 1 BGB. *aa) Einleitung.* Die Regelung des § 543 Abs. 1 BGB enthält ein allgemeines Recht beider Vertragsparteien zur fristlosen Kündigung, wenn die Fortsetzung des Mietverhältnisses für eine Vertragspartei bei Abwägung der widerstreitenden Interessen unter Beachtung der Umstände des Einzelfalls unzumutbar ist. Weil auch vor der Einführung dieser Vorschrift mit der Mietrechtsreform 2001 ein solches Kündigungsrecht bestand, das aus allgemeinen Rechtsgrundsätzen hergeleitet wurde, kann auf früher dazu ergangene Rechtsprechung zurückgegriffen werden. 55

bb) Abdingbarkeit. Da es sich bei diesem Kündigungsrecht um die Frage der Unzumutbarkeit der Vertragsfortsetzung aus wichtigem Grund handelt, kann dieses Kündigungsrecht auch bei der Geschäftsraummiete grundsätzlich **nicht vertraglich ausgeschlossen** werden.[45] Dies ergibt sich im Übrigen auch aus einem Vergleich mit § 314 Abs. 1 BGB, der ähnlich formuliert ist und bezüglich dessen ebenfalls **Unabdingbarkeit** angenommen wird. 56

cc) Kündigungsfrist. Etwas unglücklich formuliert gestattet § 543 Abs. 1 S. 1 BGB jeder Vertragspartei, das Mietverhältnis aus wichtigem Grund außerordentlich **fristlos** zu kündigen. Dies würde bedeuten, dass nur eine fristlose Kündigung möglich ist, wenn man die Vorschrift ihrem Wortlaut nach eng auslegt. Damit wird man aber dem Sinn und der Bedeutung der Vorschrift nicht gerecht, man muss deshalb die Vorschrift dahingehend auslegen, dass außer der fristlosen Kündigung auch die **außerordentliche Kündigung** insgesamt zulässig ist, also auch mit einer kürzeren als der gesetzlichen Frist bzw. bei befristeten Mietverträgen ggf. auch mit einer gesetzlichen oder längeren Frist. Insbesondere bei einer Kündigung mit einer längeren als der gesetzlichen Frist wird man aber zu beachten haben, dass aus dem Umstand, dass mit einer längeren als der gesetzlichen Kündigungsfrist gekündigt ist, geschlossen werden kann, die Unzumutbarkeit liege nicht vor. Dies muss ähnlich wie bei der Verwirkung gesehen werden, weil ein außerordentliches Kündigungsrecht zeitnah ausgesprochen werden muss. 57

dd) Voraussetzungen. (1) Wichtiger Grund. § 543 Abs. 1 BGB ist ein Auffangtatbestand für die Fälle, die in den übrigen Kündigungsrechten aus §§ 543 und 569 BGB nicht geregelt sind, denen aber ein ähnliches Gewicht beizumessen ist. Das bedeutet aber nicht, dass dieses Kündigungsrecht für alle die Fälle herhalten kann, bei denen etwa ein Tatbestandsmerkmal der übrigen Kündigungsrechte nicht erfüllt ist.[46] Ganz im Gegenteil ist eine Kündigung über die Generalklausel dann ausgeschlossen, wenn die Voraussetzungen der Regeltatbestände nicht vollständig erfüllt sind (Negativwirkung). Im Regelfall liegt ein wichtiger Grund, der den Mieter zur Kündigung berechtigt, nur dann vor, wenn er aus der **Risikosphäre des Vermieters** stammt.[47] 58

---

[45] Grüneberg/Weidenkaff BGB § 543 Rn. 3.
[46] Schmidt-Futterer/Streyl BGB § 543 Rn. 11.
[47] Schmidt-Futterer/Streyl BGB § 543 Rn. 14.

59 *(2) Verschulden.* Das Verschulden ist nicht zwingende Voraussetzung für eine Anwendung von § 543 Abs. 1 BGB. Es kann allenfalls ein **Umstand des Einzelfalles** sein, weil das Verschulden im Tatbestand des § 543 Abs. 1 BGB als besonderes Abwägungskriterium hervorgehoben wird. Immerhin ergibt sich daraus, dass dem Verschulden als einzigem erwähnten Abwägungskriterium eine hervorgehobene Bedeutung innerhalb der Abwägung zukommen soll.[48] Man wird daher annehmen können, dass bei nicht schuldhaftem Verhalten die Anforderungen an die Unzumutbarkeit höher sein müssen als bei schuldhaftem Verhalten.[49]

60 *(3) Abmahnung oder Fristsetzung.* Gemäß § 543 Abs. 3 BGB ist eine Abmahnung oder eine Fristsetzung zur Abhilfe (nur) dann erforderlich, wenn der wichtige Grund in der Verletzung einer Pflicht aus dem Mietvertrag besteht. Nun ist schwer vorstellbar, dass sich die Unzumutbarkeit der Vertragsfortsetzung im Falle des § 543 Abs. 1 BGB ohne eine Verletzung mietvertraglicher Pflichten ergeben sollte, so dass grundsätzlich der Vermieter abzumahnen oder ihm eine Frist zur Abhilfe zu setzen ist. Sollte dies ausnahmsweise nicht der Fall sein, wäre gleichwohl zur Sicherheit eine Abmahnung oder eine Fristsetzung zu empfehlen.

Praxistipp:

Der Anwalt sollte dem Mandanten immer dazu raten, abzumahnen oder eine Frist zur Abhilfe zu setzen.

61 *(4) Einzelfälle.* Sie teilen sich gewöhnlich in zwei verschiedene Gruppen auf, nämlich der **Zerrüttung des Mietvertrages** oder der wichtige Grund stammt aus der **Interessenssphäre des anderen Teils.**

62 Ein Mietverhältnis kann **zerrüttet** sein, wenn der Vermieter nachhaltig seine Pflicht zur Rücksichtnahme durch **Falschbehauptungen im Prozess** gegenüber dem Mieter verletzt.[50] Über die bereits bei den entsprechenden Ausführungen bei der Wohnraummiete genannten Beispiele hinaus – die hier auch gelten – ist für den Bereich der Geschäftsraummiete hervor zu heben, dass jedenfalls **Gewinnerwartungen des Mieters** regelmäßig kein wichtiger Grund sind, um einen Mietvertrag außerordentlich zu kündigen.[51] Das kann allerdings anders sein, wenn ein bestimmter Umstand die **Geschäftsgrundlage** zwischen den Parteien war und dieser Umstand später wegfällt.[52]

63 Ebenso wenig ist die **Insolvenz des Vermieters** für den Mieter ein Kündigungsgrund. Solange die mietvertraglichen Verpflichtungen seitens des Vermieters erfüllt werden, ist für eine Kündigung kein Raum. Sollte es in Folge der Insolvenz dazu kommen, dass mietvertragliche Pflichten nicht mehr erfüllt werden, stehen dafür die anderen Kündigungsgründe zur Verfügung.[53]

Checkliste

64
- ☐ Allgemeine Kündigungsvoraussetzungen
- ☐ Voraussetzungen
  - Wichtiger Grund
  - Verschulden nur als Abwägungskriterium
- ☐ Frist zur Abhilfe/Abmahnung
- ☐ Ausschluss/Verwirkung

[48] Schmidt-Futterer/Streyl BGB § 543 Rn. 16.
[49] Grüneberg/Weidenkaff BGB § 543 Rn. 5.
[50] OLG München BeckRS 2018, 31443.
[51] BGH NZM 2000, 492.
[52] OLG Naumburg BeckRS 2017, 150121.
[53] BGH NZM 2002, 524.

2. Fristlose Kündigung des Vermieters

a) **Vorüberlegungen.** Als Kündigungsgründe für den Vermieter kommen in Betracht 65

- Zahlungsverzug gemäß § 543 Abs. 2 Nr. 3 BGB;
- Vertragsverletzung gemäß § 543 Abs. 2 Nr. 2 BGB;
- Störung des Hausfriedens gemäß §§ 543 Abs. 1, 569 Abs. 2 BGB;
- Erhebliche Vertragsverletzung gemäß § 543 Abs. 1 BGB;
- Wichtiger Grund gemäß § 242 BGB.

aa) Abmahnung/Fristsetzung. Gegebenenfalls muss zuvor noch eine Abmahnung bzw. 66 eine Fristsetzung vor Ausspruch der Kündigung erfolgen. Eine Abmahnung liegt vor, wenn der Vermieter den Mieter dazu auffordert, ein vertragswidriges Verhalten in Zukunft zu unterlassen. Einer Fristsetzung bedarf es, wenn ein gewisses vertragsgemäßes Verhalten des Gegenübers verlangt wird. Eine Abmahnung ist erst dann erforderlich, wenn der Kündigungsgrund in der Verletzung einer mietvertraglichen Pflicht liegt. Wann eine Abmahnung entbehrlich ist, wird in § 543 Abs. 3 S. 2 BGB geregelt:

- Die Abmahnung verspricht offensichtlich keinen Erfolg.
- Die sofortige Kündigung ist aus besonderen Gründen unter Abwägung der beiderseitigen Interessen gerechtfertigt.
- Der Mieter ist mit der Mietzahlung im Sinne von § 543 Abs. 2 Nr. 3 BGB in Verzug.

Zwar ist die Abmahnung nicht zwingende Wirksamkeitsvoraussetzung für einen 67 wichtigen Grund im Rahmen einer fristlosen Kündigung; – gleichwohl fallen die Kündigungsgründe stärker ins Gewicht, wenn der Mieter trotz Abmahnung sein vertragswidriges Verhalten fortsetzt. Mündliche Abmahnungen sind ausreichend, jedoch mit dem Problem behaftet, im Prozess klar bewiesen werden zu können; daher ist stets zu schriftlichen Abmahnungen zu raten, die beweisfest zugestellt worden sind. Hierbei empfiehlt sich regelmäßig die Zustellung durch Boten.

Obwohl bei einer fristlosen Kündigung wegen Zahlungsrückständen gemäß § 543 68 Abs. 2 S. 1 Nr. 3 BGB eine Abmahnung nicht erforderlich ist, waren in der Vergangenheit bereits Ausnahmen anerkannt worden, beispielsweise bei einem langfristigen Grundstückspachtvertrag für 30 Jahre mit Vorkaufsrecht eines Tennisvereins. Das OLG Hamm[54] hielt nach den Grundsätzen von Treu und Glauben es für erforderlich, eine Abmahnung auszusprechen, weil sich nach jahrelanger regelmäßiger Zahlung dem Vermieter der Schluss hätte aufdrängen müssen, dass die Nichtzahlung auf ein Versehen zurückzuführen sei. Dasselbe müsse gelten, wenn der Vermieter mehr als ein Jahr lang von seinem Recht zur fristlosen Kündigung keinen Gebrauch mache und damit eine angemessene Überlegungsfrist erheblich überschreite.

Inhaltlich muss die Abmahnung den vertragswidrigen Gebrauch der Mietsache so 69 genau bezeichnen, dass der Vertragspartner weiß, was er zu tun hat bzw. zu unterlassen. Regelmäßig empfiehlt es sich, in der Abmahnung anzugeben, dass bei einer Fortsetzung der Vertragsverstöße eine Kündigung von Seiten des Vermieters in Betracht gezogen wird, zwingend ist dies jedoch nicht.

Nach der Entscheidung des BGH vom 20.2.2008[55] hat der Mieter keinen Unterlas- 70 sungsanspruch gegenüber einer Abmahnung. Daher ist mit dem Ausspruch einer Abmahnung ein geringeres Kostenrisiko verbunden als mit der Zustellung einer Kündigung. Der Ausspruch einer Kündigung des Mietverhältnisses birgt die Gefahr in sich, dass der Mieter negative Feststellungsklage erhebt, was ein Kostenrisiko für den Vermieter mit sich bringt, soweit die Kündigung doch nicht durchsetzbar sein sollte.

Soweit sich der Mandant dazu entschließt, zunächst eine Abmahnung auszusprechen, 71 ist es hilfreich, wenn der Mieter damit beeindruckt wird, dass er diese durch den Gerichtsvollzieher oder durch Boten zugestellt bekommt. Regelmäßig sollten in der

[54] OLG Hamm ZMR 1994, 560.
[55] BGH ZMR 2008, 446.

Abmahnung Hinweise auf die Kostentragungspflicht enthalten sein. Dies kann folgendermaßen formuliert werden:

Formulierungsvorschlag:

72 Sie sind bereits jetzt verpflichtet, aufgrund Ihrer Vertragsverstöße die Kosten unserer Einschaltung zu tragen. Diese Kosten werden gemäß anliegender Kostennote bekanntgegeben und Sie sind aufgefordert, bis spätestens ...... die Kosten auf einem der Konten des Unterzeichners zum Ausgleich zu bringen. Soweit gerichtliche Hilfe in Anspruch genommen werden muss, werden sich die Kosten unserer Einschaltung erheblich erhöhen. In Ihrem eigenen Interesse sollten Sie daher eine außergerichtliche Einigung anstreben.

73 Abmahnung und Kündigung sind innerhalb angemessener Zeit seit Kenntnis von dem Kündigungsgrund auszusprechen, um dem Einwand der Verwirkung der Kündigungsgründe zu entgehen. Zwar sieht das Gesetz keine allgemeine Ausschlussfrist für die Abmahnung oder die fristlose Kündigung vor; gleichwohl orientiert sich ein Teil der Rechtsprechung an § 626 BGB und fordert, dass die Kündigungserklärung innerhalb weniger Wochen nach Kenntnis vom Vorliegen des Vertragsverstoßes ausgesprochen werden muss.[56]

74 Der Gegenstandswert einer Abmahnung dürfte sich nach überwiegender Ansicht in der Rechtsprechung auf ein Drittel[57] des Kündigungsstreitwertes bemessen, während der Streitwert einer Kündigung sich auf die Jahresnettomiete bezieht.

75 *bb) „Ausfrieren/Austrocknen" des Mieters.* Im Rahmen der Kündigung eines Mietverhältnisses über Geschäftsraum kommt auch in Betracht, das Abstellen von Versorgungsleistungen bei erheblichem Zahlungsverzug einzuleiten. Die bislang überwiegende Auffassung[58] sah in der Unterbrechung der Wasserversorgung durch den Vermieter nach Beendigung des Mietverhältnisses keine Besitzstörung iSv §§ 858 Abs. 1, 862 BGB. Gemäß dem BGH[59] handelt es sich bei der Versorgungssperre jedoch nicht um eine Entziehung oder Störung des Besitzes iSd § 858 BGB, da die tatsächliche Sachherrschaft nach wie vor bei dem Mieter verbleibt. Die Besitzschutzvorschriften sichern indes nicht einen bestimmten Gebrauch ab, der durch die vertraglich vereinbarte Versorgung des Mietobjekts ermöglicht wird.

76 Zu unterscheiden ist, zu welchem Zeitpunkt die Versorgungssperre im Rahmen der Rechtsbeziehung zwischen Vermieter und Mieter vornimmt: Mit **beendetem Mietverhältnis** endet grundsätzlich auch die sich aus dem Vertrag ergebende Pflicht die Mieträume mit Strom, Wasser und Heizleistung zu versorgen. Der Vermieter kann jedoch auch aus einer auf § 242 BGB gestützten nachvertraglichen Pflicht wegen besonderer Interessen des Mieters gehalten sein auch im Anschluss an den Beendigungszeitpunkt bis zur Rückgabe des Mietobjekts die Versorgung aufrecht zu erhalten. Diese nachvertragliche Verpflichtung setzt jedoch voraus, dass sie nicht den berechtigten Interessen des Vermieters derart zuwiderlaufen, dass ihm die fortgesetzte Leistung unzumutbar ist (Interessenabwägung). Soweit die Kündigung bereits auf einen Zahlungsverzug beruht und der Vermieter Gefahr läuft eine fortgesetzte Versorgungsleistungen mangels Vorauszahlungen des Mieters auf eigene Kosten zu erbringen und ihm daher die Fortsetzung der Versorgung unzumutbar ist, kann der Vermieter regelmäßig nicht mehr gehalten sein, dem Mieter weitere Versorgungsleistungen zu erbringen.[60] Dies gilt zumindest in der Geschäftsraummiete, da im Wohnraum die besonderen Belange der Gesundheit eine gewichtige Rolle spielen. Bei einem **unbeendeten Mietverhältnis** ergibt

[56] Einzelheiten: → § 41 Rn. 143.
[57] LG Bremen WuM 1999, 599.
[58] KG ZMR 2008, 47; NJW-RR 2004, 1665; Herrlein NZM 2006, 527; KG NZM 2005, 65; OLG Rostock GuT 2007, 372.
[59] BGH NJW 2009, 1947.
[60] BGH NJW 2009, 1947.

sich die Verpflichtung des Vermieters das Mietobjekt mit den vereinbarten Leistungen zu versorgen aus der Verpflichtung zur Gebrauchsgewährung nach § 535 Abs. 1 BGB. Allerdings steht die Ausübung des Zurückbehaltungsrechts auch unter dem Vorbehalt von Treu und Glauben, § 320 Abs. 2 BGB, so dass auch hier abzuwägen ist, ob im Verhältnis der widerstreitenden Interessen die Fortsetzung der Versorgungsleistungen dem Vermieter unzumutbar sind. Hieran kann insbesondere bei Zahlungsverweigerung oder einem zumindest kündigungsrelevanten Zahlungsverzug gedacht werden.[61]

Daher sollte man bei der Anwendung des Druckmittels der Versorgungssperre Vorsicht walten lassen, um Schadensersatzansprüche des Mieters und eine mögliche einstweilige Verfügung (§ 940 ZPO) mit negativer Kostenfolge zu verhindern. 77

Der Vermieter hat nach dem BGH bei der Umsetzung einer nach Interessenabwägung zulässigen Versorgungssperre die Einstellung mit angemessener Frist anzukündigen.[62] 78

cc) Kündigungszugang. Die häufig in Gewerberaummietverträgen enthaltene Vereinbarung, die Kündigung des Vertrages habe durch eingeschriebenen Brief zu erfolgen, hat nach der Rechtsprechung des BGH lediglich konstitutive Bedeutung.[63] In einer derartigen Klausel soll lediglich der Zugang der Kündigung sichergestellt werden und es kann also auch eine Zustellung in sonstiger Weise erfolgen, soweit der Vermieter dann später den Zugang der Kündigung nachweisen kann, soweit der Mieter dies in Abrede stellen sollte. Die Wirksamkeit des Zugangs einer Mietvertragskündigung wird nicht dadurch gehindert, dass der Empfänger sich im Zeitpunkt der Zustellung im Urlaub befindet, da die objektive Möglichkeit der Kenntniserlangung auf Seiten des Adressaten ausreicht. Regelmäßig ist zu empfehlen, die Kündigung durch einen Boten zuzustellen. 79

b) Vertragsparteien. Vor Ausspruch der Kündigung muss geprüft werden, welche Vertragsparteien die Kündigung auszusprechen haben und wem gegenüber die Kündigung auszusprechen und zuzustellen ist. Dies kann bisweilen Schwierigkeiten bereiten, zumal dann, wenn der Mietvertrag über Gewerberaum älteren Datums ist und sich bei den Parteien des Vertrages Änderungen ergeben haben können. 80

Das Recht zur Kündigung eines Mietverhältnisses kann auch unter Berücksichtigung des § 413 BGB nicht abgetreten werden. Dies gilt insbesondere für den Fall der Veräußerung des Mietobjektes vor vollständigem Eigentumserwerb durch den Käufer.[64] Die Abtretung des Kündigungsrechtes würde zu einer unzulässigen Inhaltsveränderung des Schuldverhältnisses im Übrigen führen, weil die Ausübung der übrigen Vertragsrechte maßgeblich von den verbleibenden restlichen Druckmitteln abhängt. Die Kündigung durch einen Nichtberechtigten, also beispielsweise eines Erwerbers des Mietgegenstandes vor Eintragung des Eigentumswechsels im Grundbuch, ist unwirksam. Für eine Genehmigung dieser Kündigung durch den Berechtigten kann diese unwirksame Kündigung auch nicht geheilt werden. Der Kündigungsempfänger soll darauf vertrauen dürfen, eine Kündigung nur von seinem Vertragspartner oder in dessen Vollmacht zu erhalten, nicht aber von einem unbekannten Dritten.[65] Eine Stellvertretung nach §§ 164 ff. BGB oder eine Ermächtigung nach § 185 Abs. 1 BGB bleiben indes möglich.Es ist zulässig, die Kündigung vor Beginn des Mietverhältnisses auszusprechen. 81

aa) Mehrheit von Vermietern. Soweit auf Vermieterseite eine Personenmehrheit vorhanden ist, muss die Kündigung von allen Vermietern ausgesprochen werden. Soweit die Kündigung von einem Vertreter, also von einem der Vermieter oder von deren Anwalt, ausgesprochen wird, sollte eine Vollmacht im Original der Kündigung beigefügt werden, um einen Widerspruch nach § 174 BGB zu vermeiden. 82

Bei Annahme des Mandates sollte der Anwalt der Vermieterseite konkret danach fragen, ob in Abweichung des schriftlichen Mietvertrages Änderungen bei den Vertrags- 83

[61] Schmidt-Futterer/Streyl BGB § 546 Rn. 116.
[62] NJW 2009, 1947.
[63] BGH NJW 2004, 1320.
[64] Sternel Kap. IV Rn. 2.
[65] Sternel Kap. IV Rn. 3.

parteien eingetreten sind und den Schriftverkehr nach Abschluss des Vertrages daraufhin genau untersuchen. Die Haftungsfalle, für den falschen Vermieter oder gegenüber den falschen Mietern zu kündigen, ist nicht zu unterschätzen.

84 Regelmäßig empfiehlt es sich, eine Kopie der dem Original der Kündigung beigefügten Kündigung in der Handakte zu belassen, damit später dem Einwand begegnet werden kann, die Vollmacht sei der Kündigung nicht beigefügt gewesen. Die bearbeitende Sekretärin sollte regelmäßig bei einseitigen Willenserklärungen, die der Rechtsanwalt für seine Mandantschaft ausspricht, Kopien der in den Rechtsverkehr gegebenen Vollmachten in die Akte nehmen.

85 Wird die Kündigung ohne Beifügung einer Originalvollmacht ausgesprochen, so kann der Kündigungsempfänger gemäß § 174 S. 1 BGB die Kündigung unverzüglich zurückweisen, soweit der Kündigungsempfänger nicht anderweitig über die Bevollmächtigung des Rechtsanwaltes unterrichtet worden war, § 174 S. 2 BGB.[66]

86 *bb) Mehrheit von Mietern und Besitzern.* Die Kündigung ist gegenüber dem Mieter und bei einer Mietermehrheit gegenüber sämtlichen Mietern auszusprechen bzw. gegenüber dem gesetzlichen Vertreter des Mieters.

87 Die Eigenschaft als Mieter oder Vermieter ergibt sich aus dem Mietvertrag und eventuellen schriftlichen oder mündlichen Nachtragsvereinbarungen bzw. bei einer Veräußerung des Grundstücks aus dem Grundbuch.

88 Eine Kündigung, die nicht gegenüber allen Mietern erklärt wird, ist grundsätzlich unwirksam. Die vorformulierte Vertragsklausel, dass sich mehrere Vermieter oder Mieter gegenseitig bevollmächtigen, Erklärungen entgegenzunehmen, ist auch dann wirksam, wenn sie den Empfang der Kündigung einschließt (Empfangsvollmacht).[67] Demgegenüber ist eine Klausel, wonach die Kündigung an einen Mieter die Kündigung des Mietverhältnisses mit Wirkung gegen alle Mieter bewirkt, unwirksam und verstößt gegen § 307 BGB.

89 Bei einer Gesellschaft bürgerlichen Rechts, die mangels besonderer Vereinbarung von allen Gesellschaftern vertreten wird, ist die Kündigungserklärung von und gegenüber allen Gesellschaftern abzugeben. Gemäß § 125 Abs. 2 HGB genügt allerdings der Zugang an einen der Gesellschafter.[68]

90 Soweit die Kündigung an eine im Handelsregister eingetragene Mieterin ausgesprochen wird, empfiehlt es sich, eine Handelsregisterauskunft einzuholen, weil es möglicherweise Änderungen gegeben hat. Überdies ist der Mandant zu befragen, ob und gegebenenfalls in welchem Umfang weitere Personen durch mündliche oder schriftliche Absprachen in den Mietvertrag eingetreten sind.

91 Soweit eine – erlaubte oder unerlaubte – Untervermietung vorliegt, sollten auch hierüber frühzeitig Informationen eingeholt werden, damit der Untermieter über die Kündigung informiert und ebenfalls zu pünktlicher Räumung aufgefordert werden kann. Weigert sich der Untermieter, dem Räumungstermin Folge zu leisten, so ist dieser als Mitbesitzer ebenfalls auf Räumung (§ 546 Abs. 2 BGB) zu verklagen.

92 c) **Hilfsweise ordentliche Kündigung.** Weiter ist zu prüfen, ob bei einem Zeitmietvertrag möglicherweise Schriftformverstöße, § 550 BGB, vorliegen, die dazu führen, das Mietverhältnis mit der gesetzlichen Frist von sechs Monaten zum Ende des nächsten Kalendervierteljahres zu kündigen.[69]

93 Liegen diese Voraussetzungen vor, so kann hilfsweise eine weitere fristgemäße Kündigung zu dem betreffenden Zeitpunkt vorgenommen werden Der Mietvertrag ist also daraufhin zu untersuchen, wann dieser vertragsgemäß endet und ob Verstöße gegen die Schriftform vorliegen, die eine Kündigung vor Ablauf der Festmietzeit ermöglichen. Soweit sich bei Gericht herausstellen sollte, dass die Vertragsverstöße für die Durch-

---

[66] Grüneberg/Ellenberger BGB § 174 Rn. 6.
[67] BGH NJW 1997, 3437.
[68] OLG Hamburg ZMR 1980, 84.
[69] Einzelheiten: → § 47 Rn. 1 ff.

setzung einer fristlosen Kündigung nicht ausreichen, greift dann zumindest die ordentliche Kündigung.

94 **d) Erstmalige Kündigung in der Klage.** Manche Vermieter drängen darauf, sofort Klage auf Räumung zu erheben und die Kündigung mit der Klagschrift zuzustellen. Bis zur Einführung des besonderen elektronischen Anwaltspostfaches war der Klageschrift die legitimierende Originalvollmacht beizufügen; dieser Weg kann eingeschlagen werden, soweit es als sicher gelten kann, dass der Mieter sich gegen die Kündigung wehren wird und nicht ein sofortiges Anerkenntnis von Mieterseite erfolgt. Bestehen jedoch Unsicherheiten, ist der Vermieter darauf hinzuweisen, dass bei einem sofortigen Anerkenntnis des Mieters eine Kostentragungspflicht des Vermieters gemäß §§ 93, 93b ZPO entstehen kann.

95 Eine Zurückweisung nach § 174 BGB steht dem Kündigungsempfänger in diesem Falle nicht zu, da die Vertretungsmacht insoweit auf der Prozessvollmacht fußt, soweit die Kündigung der Verfolgung des mit der Klage verfolgten Ziels dient.[70] Die Vorschriften zu der Prozessvollmacht ergeben sich aus der ZPO und sind insoweit abschließend, soweit diese Vorschriften nicht auf die Regelung in dem BGB verweisen.

96 Trotz des zunehmenden Ausbaus der Digitalisierung der Justiz und des elektronischen Rechtsverkehrs hat der Gesetzgeber bisher nicht bedacht bis zur Vollendung der Digitalisierung der Aktenführung, inklusive der ausschließlichen Entgegennahme und Versendung des Schriftverkehrs zu regeln, wann die mit einem Schriftsatz übermittelte Gestaltungserklärung dem Formerfordernis genügt. Über die bereits vorhandene Regelung in § 126a BGB genügt jedenfalls der mit der qualifizierten elektronischen Signatur versehene Schriftsatz in Bezug auf die Abgabe der Erklärung. Offen bleiben indes aktuell Angaben dazu, wie es sich verhalten soll, wenn der Schriftsatz nicht mit der qualifizierten elektronischen Signatur oder einem entsprechenden Prüfvermerk zur Integrität und Signatur versehen (§ 298 ZPO) ist und so zugestellt wird. Aktuell kommt es jedoch immer wieder vor, dass Schriftsätze durch die Gerichte ausgedruckt und ohne weiteren Vermerk an die Gegenseite auf dem Postweg versandt werden, was bei Naturparteien aktuell auch gar nicht anders möglich ist. Diese aktuelle Unwägbarkeit gilt es zu berücksichtigen, da der Erklärende auf die Art und Weise der Zustellung des Schriftsatzes an den Prozessgegner keinen Einfluss hat und dies auch innerhalb eines Gerichts nicht stets gleich gehandhabt wird.

97 **e) Mieterverhalten nach Abmahnung oder Kündigung.** Soweit der vertragswidrig handelnde Mieter nach Ausspruch der Kündigung oder der Abmahnung weitere Vertragsverstöße begeht, sind diese für die Durchsetzung einer Räumungsklage von besonderer Bedeutung und sollten entsprechend konkret vorgetragen werden können, um bei einer gegebenenfalls wackeligen ersten fristlosen Kündigung mittels der weiteren Verfehlungen im Prozess eine erneute fristlose Kündigung erklären zu können. Dabei empfiehlt es sich, der Vermieterseite bereits beim ersten Beratungsgespräch ein entsprechendes Muster mitzugeben, welches es diesem ermöglicht, Informationen selbst oder über andere Bewohner des Anwesens zu sammeln, damit die Vertragsverstöße aussagekräftig dokumentiert werden:

- Art der Vertragsverstöße (beispielsweise Zahlungsverzug, Lärm, Beleidigungen (wem gegenüber?), Handgreiflichkeiten, unerlaubte Veränderungen der Mietsache …)
- Wer hat die Vertragsverstöße begangen?
- Wann haben die Vertragsverstöße stattgefunden? (Datum, Uhrzeit, von … bis …)
- Wer kann die Vertragsverstöße bezeugen?
- Sind die Zeugen bereit, auch vor Gericht auszusagen?
- Liegen schriftliche Protokolle über die Verstöße vor?

98 Dem Mandanten ist klar vor Augen zu halten, dass allgemeine Ausführungen und Vertragsverstöße nicht ausreichend sind. Die Vertragsverstöße müssen „beweisfest" sein

---

[70] BGH NJW 2003, 963.

und erforderlichenfalls mit den zur Verfügung stehenden Beweismitteln vor Gericht dargelegt werden können.

99 f) **Die Kündigungstatbestände.** Die fristlose Kündigung des Geschäftsraummietverhältnisses beendet dieses mit sofortiger Wirkung. Dies hat zur Folge, dass der Vermieter nach dem Zugang der Kündigung die Rückgabe des Mietobjektes verlangen kann und den Anspruch auf Mietzahlung verliert. Der Anspruch auf Mietzahlung wandelt sich um in einen Anspruch auf Nutzungsentschädigung.

100 Soweit die fristlose Kündigung unwirksam sein sollte, kommt in Betracht, diese in eine ordentliche Kündigung umzudeuten, wenn die Kündigungserklärung den Willen, den Mietvertrag unbedingt beenden zu wollen, eindeutig erkennen lässt.

101 *aa) Generalklausel § 543, Abs. 1 BGB.* Nach § 543 Abs. 1 BGB kann jede Vertragspartei das Mietverhältnis aus wichtigem Grund außerordentlich fristlos kündigen. Ein wichtiger Grund liegt dann vor, wenn dem Kündigenden unter Berücksichtigung aller Umstände des Einzelfalles, insbesondere eines Verschuldens der Vertragsparteien, und unter Abwägung der beiderseitigen Interessen die Fortsetzung des Mietverhältnisses bis zum Ablauf der Kündigungsfrist oder bis zur sonstigen Beendigung des Mietverhältnisses nicht zugemutet werden kann.[71]

102 Damit liegt ein Auffangtatbestand vor, der auf alle diejenigen Fälle angewendet werden kann, die nicht nach §§ 542 Abs. 2, 569 Abs. 2, § 578 Abs. 1, 2 BGB lösbar sind. Nach der Gesetzesbegründung hat die Norm insbesondere Bedeutung, wenn Störungen des Mietverhältnisses nicht schuldhaft erfolgen. Die Vorschrift orientiere sich an § 626 BGB (fristlose Kündigung aus wichtigem Grund bei Dienstverträgen).

103 Zur Vermeidung einer Interessenabwägung im Einzelfall empfiehlt es sich regelmäßig, die Kündigung nicht auf § 543 Abs. 1 BGB zu stützen, sondern – soweit entsprechende Sachverhalte vorliegen und bewiesen werden können – auf die in § 543 Abs. 2 BGB aufgeführten Tatbestände, also insbesondere:

- der Mieter die Rechte des Vermieters dadurch in erheblichem Maße verletzt, dass er die Mietsache durch Vernachlässigung der ihm obliegenden Sorgfalt erheblich gefährdet oder sie unbefugt einem Dritten überlässt oder
- der Mieter
  a) für zwei aufeinanderfolgende Termine mit der Entrichtung der Miete oder eines nicht unerheblichen Teils der Miete in Verzug ist oder
  b) in einem Zeitraum, der sich über mehr als zwei Termine erstreckt, mit der Entrichtung der Miete in Höhe eines Betrages in Verzug ist, der die Miete für zwei Monate erreicht.

104 *bb) Vertragswidriger Gebrauch, § 543 Abs. 2 Nr. 2 BGB.* Nach dieser Vorschrift kann der Vermieter außerordentlich kündigen, wenn der Mieter die Rechte des Vermieters dadurch in erheblichem Maße verletzt, dass er die Mietsache durch Vernachlässigung der ihm obliegenden Sorgfalt erheblich gefährdet oder sie unbefugt einem Dritten überlässt.

105 Bei einer Kündigung nach dieser Vorschrift ist zunächst der zwischen den Parteien abgeschlossene Mietvertrag zu überprüfen bezüglich des Mietzweckes und weiterer vertragswesentlicher Umstände, die im Mietvertrag festgehalten sein können. Soweit die zwischen den Parteien getroffene Regelung lückenhaft sein sollte, sind die Regelungen von §§ 133, 157 BGB heranzuziehen, um durch ergänzende Vertragsauslegung den Willen der Parteien zu ermitteln. Wesentliche Fallgruppen des vertragswidrigen Gebrauchs sind folgende:

a) Eigenmächtige Änderungen des Mietzweckes,
b) Eingriff in die Bausubstanz,
c) Beschädigungen der Mietsache,
d) Vermeidbare Störungen,

[71] BGH NJW 1981, 1264; 1978, 947.

e) Verstoß gegen eine vereinbarte Betriebspflicht u.
f) Unbefugte Gebrauchsüberlassung an Dritte.

Die Verletzung der Rechte des Vermieters muss vom Mieter oder einem Erfüllungsgehilfen (§ 278 BGB) ausgehen. Bei einer Mehrheit von Mietern genügt es, wenn einer von ihnen die Vertragswidrigkeit begeht.[72] 106

Der vertragswidrige Gebrauch muss die Rechte des Vermieters in einem **erheblichen Maße verletzen,** weshalb eine Interessensabwägung vorzunehmen ist. Bei einer unbefugten Gebrauchsüberlassung ist in der Regel von einer erheblichen Verletzung der Vermieterrechte auszugehen. Beispiele aus der Rechtsprechung hierzu finden sich bei Schmidt-Futterer BGB § 543 Rn. 60. 107

Eine erhebliche Gefährdung der Mietsache infolge von Vernachlässigung der Sorgfalt iSd § 543 Abs. 2 S. 1 Nr. 2 Alt. 1 BGB erfordert eine Gefährdung der Mietsache von einigem Gewicht und kann auch dann vorliegen, wenn durch die Nichterfüllung einer Instandhaltungs- und Instandsetzungsverpflichtung, die vom Mieter übernommen worden ist, eine Gefährdung der Mietsache eintritt. Auch das Wohnen in gewerblich vermieteten Räumen kann eine erhebliche Gefährdung der Mietsache begründen.[73] Gemäß § 536c BGB ist der Mieter verpflichtet, dem Vermieter Anzeige zu machen, wenn das Mietobjekt mangelhaft wird; darüber hinaus ist es die Mietsache vom Mieter pfleglich zu behandeln und Schäden müssen abgewendet werden. Soweit diese Pflichten nicht erfüllt werden und das Objekt erheblich gefährdet wird, kann der Vermieter sein Recht zur fristlosen Kündigung geltend machen. Allerdings reichen bloße Befürchtungen von Schäden oder nur unerhebliche Schäden hierfür nicht aus. 108

Soweit eine Sachgefahr durch einen vertragswidrigen Gebrauch nicht begründet wird, bleibt immer noch die Generalklausel in § 543 Abs. 1 BGB zu prüfen, soweit der Kündigungsgrund nicht typischerweise dem in § 543 Abs. 2 S. 1 Nr. 2 BGB entspricht und zB wegen fehlender Erheblichkeit abzulehnen ist. Eine Umgehung des Negativwirkung der Regebeispiele im Verhältnis zur Generalklausel ist auch hier auszuschließen. 109

cc) Zahlungsrückstand, § 543 Abs. 2 Nr. 3 BGB. Soweit Zahlungsrückstand iSv § 543 Abs. 2 Nr. 3 BGB vorliegt, ist darauf hinzuweisen, dass der Mietrückstand die Mietzahlung einschließlich der laufenden Betriebskostenvorauszahlungen/-pauschalen betrifft, jedoch nur im Ausnahmefall rückständige Kaution.[74] Nicht unter den Begriff der Miete fallen die nicht regelmäßig wiederkehrenden vertraglichen Zahlungsverpflichtungen, also rückständige Betriebskostenvorauszahlungen, Finanzierungsbeiträge, Kosten vorangegangener Prozesse, die der Mieter verloren hat, und Ansprüche auf Schadenersatz oder Verzugszinsen. 110

Nach dieser Vorschrift ist der Vermieter in drei Fällen zur fristlosen Kündigung berechtigt: 111

- Wenn sich der Mieter mit zwei aufeinanderfolgenden Mietzahlungen in Verzug befindet;
- Wenn er sich mit einem nicht unerheblichen Teil aus zwei aufeinanderfolgenden Mietzahlungen in Verzug befindet;
- Wenn er in einem Zeitraum, der über mehr als zwei Zahlungstermine sich erstreckt, mit einem Betrag in Verzug gerät, der die Höhe von zwei Monatsmieten erreicht.

Die auf den ersten Blick einfache Kündigungsmöglichkeit gestaltet sich im Hinblick auf das Recht des Mieters zur Vornahme von Mietminderungen, Zurückbehaltungsrechten und Aufrechnungen im Einzelfall gegebenenfalls schwierig. Häufig finden sich in Gewerberaummietverträgen jedoch Regelungen, welche das Recht zur Mietminderung oder Aufrechnung einschränken, wobei diese dann auf ihre Wirksamkeit untersucht werden müssen (Einzelheiten unter → § 48 Rn. 95–100). 112

---

[72] OLG Düsseldorf NJW-RR 1987, 1370.
[73] OLG Düsseldorf NJW-RR 1987, 1370.
[74] BGH NZM 2007, 400.

113 Der Mieter muss sich mit fälligen, laufend geschuldeten Mieten in der in § 543 Abs. 2 S. 1 Nr. BGB benannten Höhe im Verzug befinden, um das Recht zur fristlosen Kündigung zu begründen. Auch wenn grundsätzlich die Voraussetzungen zum Inhalt des zu prüfenden Kündigungstatbestandes zum Zeitpunkt des Zugangs der Kündigung vorliegen müssen, gilt dies wegen § 543 Abs. 2 S. 2 BGB nicht zwingend. Tatsächlich wird durch einen einmal eingetretenen, ausreichenden Zahlungsrückstand iSd § 543 Abs. 2 S. 1 Nr. 3 BGB ein Kündigungsrecht begründet, welches erst mit vollständiger Erfüllung aller bis zur Zahlung angefallenen Mietrückstände vor Zugang der Kündigung erlischt.

114 Die Fälligkeit der Miete ist regelmäßig im Mietvertrag festgehalten und kalendermäßig bestimmt. Der Mieter gerät automatisch in Verzug. Häufig sind im Gewerberaummietvertrag Sonderkündigungsrechte des Vermieters vereinbart. Zulässig soll es sein, eine fristlose Kündigung bei einem Rückstand mit mehr als einer Monatsmiete für länger als einen Monat zu vereinbaren oder Verzug mit der Zahlung der Kaution.[75]

115 Der Mieter gerät nicht in Verzug, wenn gegenüber dem Vermieter die Einrede des nicht erfüllten Vertrages gemäß § 320 BGB zusteht; ist die Mietsache also mangelhaft und hat der Mieter gegenüber dem Vermieter einen Anspruch auf Herstellung des vertragsgemäßen Zustandes, wird es für den Vermieter schwierig, seine Ansprüche rasch und ohne eine umfang- und kostenreiche Beweisaufnahme durchzusetzen. Eine Erklärung des Zurückbehaltungsrechts braucht es zur Verhinderung einer Verzugslage nicht. Eine schematische Bemessung der Höhe des Zurückbehaltungsrechts verbietet sich laut dem BGH.[76] Vielmehr muss die Höhe in einer angemessenen Relation zu der Bedeutung des Mangels stehen. Häufig wird dies angenommen bei dem 3- bis 5-fachen Betrag der Minderung infolge des Mangels.

116 Als ausreichend war es angesehen worden, wenn der Mieter erklärt, dass er zwar mit einem Monat im Zahlungsrückstand ist, künftig jedoch nicht mehr zahlen könne.[77] Dies wird aufgrund des klaren Wortlauts in § 543 Abs. 2 S. 1 Nr. BGB nicht weiter vertretbar sein. Bei einer ernsthaften und endgültig Leistungsverweigerung muss sich der Vermieter aber nicht darauf verweisen lassen hier noch weiter zuzuwarten, bis ein ausreichender Zahlungsrückstand angelaufen ist. Vielmehr kommt in einem solchen Fall die Anwendung des § 543 Abs. 1 BGB in Betracht, jedoch unter Beachtung der dortigen Voraussetzungen.

117 Eine Kündigung nach Maßgabe des § 543 Abs. 2 S. 1 Nr. 3a BGB ist bei Verzug mit einem Betrag in Höhe von einer Monatsmiete nur gegeben, wenn die Minderzahlung aus zwei aufeinanderfolgenden Mieten resultiert – ansonsten muss ein Verzug mit einem Betrag von mindestens zwei Monatsmieten (Kaltmiete + Betriebskostenvorauszahlungen + ggf. Umsatzsteuer) gegeben sein.[78]

118 Soweit sich der Mieter nach dem Mietvertrag am Lastschriftverfahren zu beteiligen hat, wandelt sich die Pflicht zur Zahlung des Mieters von einer Schickschuld zu einer Holschuld des Vermieters.[79]

119 Die bloße Abgabe einer eidesstattlichen Versicherung durch den Mieter in einem von einem Dritten betriebenen Zwangsvollstreckungsverfahren soll die außerordentliche Kündigung eines Mietvertrages nicht rechtfertigen. Etwas anderes soll gelten, wenn der Mieter nur noch mit Hilfe Dritter in der Lage ist, die Miete zu entrichten und wenn er die auf ihn entfallende wirtschaftliche Bedeutung der Betriebskostenabrechnung trotz Mahnung nicht zahlt.[80]

120 *dd) Einzelfälle.* Eine fristlose Kündigung ist anerkannt worden in folgenden Fällen:
- Fortdauernde unpünktliche Zahlung;[81]

[75] BGH NZM 1998, 718; KG GE 2003, 525.
[76] BGH 10.4.2019 – VIII ZR 39/18, NJW 2019, 1745.
[77] OLG Düsseldorf NJW-RR 1991, 1353.
[78] BGH NZM 2009, 30; 2008, 770.
[79] OLG Stuttgart ZMR 2008, 967; KG MDR 2008, 1331.
[80] OLG Brandenburg ZMR 2008, 116.
[81] BGH NJW-RR 1988, 77; 1997, 203.

- Nichtzahlung der Kaution bei gewerblichen Mietverhältnissen;[82]
- Täuschungsversuche eines Vertragspartners;[83]
- Wissenswidriges Bestreiten des Zugangs einer Kündigung;[84]
- Wiederholte Angabe unrichtiger Umsätze bei Vereinbarung einer Umsatzmiete;[85]
- Erklärung des Mieters, die Miete nicht mehr zahlen zu können, auch wenn kein Zahlungsrückstand besteht;[86]
- Grundlose Strafanzeigen gegen den Vermieter.[87]

Weitere Einzelfälle hierzu: **121**

Der Mieter gerät automatisch und ohne Abmahnung in Verzug, wenn er nach dem im Mietvertrag festgelegten Zahlungstermin nicht gezahlt hat. Soweit dem Mieter ein Zurückbehaltungsrecht zusteht, wird damit der Verzug und mithin auch eine Kündigung ausgeschlossen.

Geht ein Mieter irrtümlich davon aus, er könne auf Anraten seines Anwaltes nur eine **122** geminderte Miete zahlen, haftet er für die fehlerhafte Auskunft seines Anwaltes als Erfüllungsgehilfe.

Eine Berechtigung zur Kündigung durch den Vermieter besteht bereits dann, wenn sich der Mieter mit Nebenforderungen wie beispielsweise Betriebskostenvorauszahlungen oder Pauschalen oder Untermietzuschlägen in Verzug befinden, da diese Mitbestandteil der Miete sind.

Demgegenüber reicht es für eine fristlose Kündigung nicht aus, wenn der Mieter mit **123** Betriebskostennachzahlungen, Sonderleistungen wie Kautionen und Mietvorauszahlungen, Verzugszinsen oder Schadenersatzforderungen, in Rückstand ist. Soweit der Mieter den Vermieter vor Zugang der Kündigung befriedigt, ist die Kündigung unwirksam.

Des Weiteren wird die Kündigung unwirksam, wenn sich der Mieter von seiner Schuld **124** durch Aufrechnung befreien konnte und unverzüglich nach der Kündigung die Aufrechnung erklärt. Eine Anfechtung bzw. fristlose Kündigung des Mietverhältnisses kommt nach den Entscheidungen des BGH[88] in Betracht, wenn der Mieter nicht vor Vertragsschluss auf seine Absicht hingewiesen hat, in den Geschäftsräumen vorwiegend Waren von Marken zu verkaufen, die dem rechtsradikalen Spektrum zugewiesen werden.

Nach Auffassung des OLG Köln[89] soll dies jedoch nicht gelten, wenn eine Praxis für **125** Psychiatrie und Psychotherapie vermietet wird und der Mieter dann beabsichtigt, dort in großem Umfang Drogen-Substitutionsbehandlungen durchzuführen und hieraufhin nicht im Vorfeld des Vertragsabschlusses ungefragt hingewiesen hatte.

Auch die Verweigerung der Einsichtnahme in die geschäftlichen Unterlagen des **126** Mieters bei Vereinbarung einer Umsatzmiete kann nach einer Entscheidung des Kammergerichts Grund für eine fristlose Kündigung sein.[90] Auch die Verletzung der Betriebspflicht trotz vorheriger Abmahnung des Vermieters begründet einen schweren Verstoß gegen die vertraglichen Pflichten, der zur außerordentlichen Kündigung berechtigt.[91]

g) Ansprüche des Vermieters bei vorzeitiger Vertragsbeendigung. Hat der Vermieter **127** fristlos gekündigt, so kann er einen Schadenersatzanspruch wegen vorzeitiger Vertragsbeendigung geltend machen. Dieser Ersatzanspruch umfasst grundsätzlich alle Schäden, die ihm infolge der Kündigung wegen Zahlungsverzugs des Mieters entstehen, insbesondere entgangene Mieten für die vereinbarte Festmietdauer oder bis zum Zeitpunkt, zu dem der Mieter erstmals ordentlich kündigen konnte. Der Vermieter kann

---

[82] BGH NJW-RR 2007, 884; OLG Celle NJW-RR 2003, 155.
[83] LG Düsseldorf NZM 2002, 604.
[84] LG Köln ZMR 1996, 666.
[85] OLG Düsseldorf NZM 2001, 1033.
[86] BGH NJW 2005, 2522.
[87] OLG Brandenburg GuT 2007, 202.
[88] BGH NZM 2010, 788 und NZM 2010, 786 – Thor Steinar.
[89] OLG Köln NZM 2011, 76.
[90] KG DE 2012, 265 = BeckRS 2011, 27308.
[91] OLG Celle NZM 2012, 275.

auch Nutzungsentschädigung verlangen, welche höher als die vereinbarte Miete ist, wenn der Mieter sich weigert, der berechtigten Kündigung Folge zu leisten und die Durchsetzung des Räumungsanspruchs Zeit in Anspruch nimmt.

128 Im Rahmen von § 254 BGB ist der Vermieter jedoch verpflichtet, den Schaden möglichst gering zu halten, insbesondere für eine anderweitige Vermietung zur einem angemessenen und erforderlichenfalls auch zu einem geringeren Mietpreis. Soweit der Vermieter Schadenersatzansprüche im Rechtsstreit geltend macht, muss er im Einzelnen darlegen, was er zur Weitervermietung unternommen hat. Das Erfordernis der Weitervermietung zu einer geringeren Miete muss aber sehr einschränkend betrachtet werden, da der Vermieter nicht gezwungen werden kann, sich im Interesse seines vertragsuntreuen Mieters schlechter zu stellen. Es müssen daher nur geringfügig niedrigere Mieten akzeptiert werden.

h) Muster einer Kündigung wegen Sorgfaltspflichtverletzung und weiterer Vertragsverstöße des Mieters

129 Übergabe durch Boten
Herrn
Michael Maier
......
......
Heilbronn, den 12.9.2018
Kündigung
Sehr geehrter Herr Maier,
wir vertreten Ihre Vermieter, die Eheleute Werner und Agathe Lieblich, Eigenheimstraße 8, 74076 Heilbronn. Originalvollmacht anbei.
Sie haben die Gaststätte „Adler" zum Betrieb einer Gaststätte mit Metzgereibetrieb gemietet. Seitdem ...... werden von Ihnen auf einer Fläche von etwa 10 m^2 im Hof in hohem Umfang Fleisch- und Knochenabfälle abgelagert. Der Gestank, welcher hiervon ausgeht, ist für die weiteren Mieter im Anwesen nicht hinnehmbar. Insbesondere wird auch Ungeziefer wie Ratten und Schmeißfliegen angezogen und die übrigen Mieter haben sich bei mir massiv beschwert.
Diesbezüglich waren Sie von mir bereits mehrfach mit Schreiben vom ...... und ...... sowie ...... dazu aufgefordert worden, die unhaltbaren Zustände abzustellen. Gleichwohl haben Sie nicht reagiert und mir im Beisein von Zeugen den „Götz-Gruß" am ...... erwiesen, obwohl in meinen Abmahnungen die Kündigung angedroht worden war.
Überdies befinden Sie sich mit einem Teil der Miete über 1.500 EUR im Zahlungsrückstand. Namens unserer Mandantschaft wird daher die

fristlose Kündigung gemäß § 543 BGB

mit sofortiger Wirkung ausgesprochen. Sie sind aufgefordert, die Mietsache binnen zwei Wochen zum 30.9.2018 zu räumen und vertragsgerecht herauszugeben. Hilfsweise und vorsorglich wird auch eine

fristgerechte Kündigung zum 31.3.2019

ausgesprochen, nachdem die Befristung des Mietverhältnisses ausgelaufen ist und von der Verlängerungsoption kein Gebraucht gemacht worden ist.
Aufgrund Ihres Zahlungsrückstandes wird vom Vermieterpfandrecht im gesetzlichen Umfang Gebrauch gemacht. Sie werden darauf hingewiesen, dass ein Verstoß gegen das Vermieterpfandrecht Strafbarkeit nach § 289 StGB auslöst.
Der Fortsetzung des Mietverhältnisses wird gemäß § 545 BGB widersprochen.
Soweit eine fristgerechte Räumung nicht erfolgt, wird ohne weitere Vorankündigung Klage auf Räumung und Zahlung beim Landgericht Heilbronn gegen Sie erhoben werden. Dies ist mit erheblichen Mehrkosten verbunden, weshalb Sie in Ihrem eigenen Interesse eine freiwillige Räumung vorziehen sollten. Überdies ist ein Pachtinteressent vorhanden, welcher bereit ist, eine um 500,00 EUR höhere Pacht zu zahlen. Soweit Sie nicht pünktlich ausziehen sollten, werden Sie die Pachtdifferenz als Nutzungsentschädigung zahlen müssen.
Mit höflichem Gruß
Rechtsanwalt

i) Muster einer Räumungsklage

130 Landgericht
......

Klage

der Eheleute,

– Kläger –

Proz.bev.: ……

gegen

Eheleute Hans und Johanna Müller, ……

– Beklagte –

wegen Räumung von Geschäftsraum und Zahlung;
Streitwert: 18.564 EUR;
(Räumung: 12 × 1.190 EUR = 14.280 EUR; Zahlung: 4.284 EUR);
Gerichtskosten: 795 EUR per Verrechnungsscheck anbei
Namens der Kläger erheben wir Klage mit dem

Antrag:

1. **Die Beklagten werden verurteilt, die Gaststätte „Akropolis" im Erdgeschoss des Anwesens Hauptstraße 49, 74 076 Heilbronn, bestehend aus einem Gastraum, einer Wirtschaftsküche, Flur, Damen- und Herrentoiletten, Umkleideraum, einer Terrasse, Kellerräumen, drei Tiefgaragenstellplätzen Nr. 10, Nr. 11 und Nr. 12, zu räumen und an die Kläger herauszugeben.**
2. **Die Beklagten werden als Gesamtschuldner verurteilt, an die Kläger als gemeinschaftliche Gläubiger 2.700,00 EUR nebst 9 Prozentpunkten über dem Basiszinssatz**
   – aus 900,00 EUR vom 5.3.2024 bis 4.4.2024,
   – aus 1.800,00 EUR vom 5.4.2024 bis 6.5.2024 und
   – aus 2.700,00 EUR seit dem 7.5.2024
   zu zahlen.
3. **Die Beklagten werden als Gesamtschuldner verurteilt, an die Kläger als gemeinschaftliche Gläubiger 1.054,10 EUR nebst Jahreszins in Höhe von 5 Prozentpunkten über dem Basiszinssatz hieraus seit Zustellung der Klage zu zahlen.**
4. **Die Beklagten tragen die Kosten des Rechtsstreits.**
5. **Das Urteil ist vorläufig vollstreckbar. Angeordnete Sicherheitsleistungen können von den Klägern durch Bankbürgschaft erbracht werden.**

Für den Fall, dass das Gericht das schriftliche Vorverfahren anordnet, wird bei Vorliegen der Voraussetzungen beantragt,

ohne mündliche Verhandlung durch Versäumnisurteil zu entscheiden.

Begründung:

Die Kläger begehren im Wesentlichen als gemeinschaftliche Gläubiger von den Beklagten als Gesamtschuldner die Rückgabe des Mietobjekts nach fristloser Kündigung wegen Zahlungsverzug, sowie noch ausstehenden Mieten und Nutzungsentschädigung.

I.

Zum 15.2.2012 haben die Parteien ein Geschäftsraummietverhältnis über die im Klagantrag Ziff. 1 näher bezeichneten Gaststättenräume in Heilbronn abgeschlossen. Die Miete setzt sich zusammen aus:

Grundmiete	700,00
Betriebskostenvorauszahlung	200,00 €
Gesamtmiete:	900,00 €

Beweis: Mietvertrag vom …… in Kopie, Anlage K 1

Laut §... des Mietvertrages ist die Miete monatlich im Voraus spätestens zum 3. Werktag eines jeden Monats zu entrichten.

Beweis: Mietvertrag vom …… gemäß § 133 Abs. 1 S. 2 ZPO einfach beigefügt in Kopie, Anlage K 1

Nachdem die Beklagten mit den Mieten 03/24 und 04/24 gänzlich in Rückstand gerieten, wurden sie mit Schreiben vom 15.4.2024 fristlos gekündigt. Die Kündigung wurde im Beisein von Zeugen in den Briefkasten der Beklagten eingeworfen. Räumungsfrist wurde bis 30.4.2024 gewährt.

Beweis: Fristlose Kündigung, gemäß § 133 Abs. 1 S. 2 ZPO einfach beigefügt, in Kopie, Anlage K 2;
Zeugnis N. N.

Nachdem eine Reaktion auf das Kündigungsschreiben und die dortige Aufforderung zur Rückgabe des Mietobjekts und Zahlung der Mietrückstände nicht erfolgte, war Klage geboten.
Neben dem Zahlungsrückstand, der die Grundlage für die fristlose Kündigung vom 15.4.2024 bildete hatten die Beklagten auch die Nutzungsentschädigung für den Monat Mai 2024 in Höhe der zuletzt geschuldeten Miete nicht entrichtet.

II.

1.) Rückgabe, § 546 Abs. 1 BGB
Die Kläger machen gegenüber den Beklagten vorliegend den Anspruch auf Rückgabe des im Klageantrag Ziff. 1 näher bezeichneten Mietobjekts geltend, gem. §§ 546 Abs. 1, 432, 427 BGB.
Das Mietverhältnis hat durch die fristlose Kündigung vom 15.4.2024 durch den Zahlungsrückstand der beiden Monatsmieten für März und April 2024 gemäß §§ 542 Abs. 1, 543 Abs. 2 Nr. 3a) BGB sein Ende gefunden.
2.) Miete/Nutzungsentschädigung
Gemäß Klageantrag Ziff. 2 machen die Kläger ihren Anspruch auf Mietzinszahlungen für die Monate März und April 2024 gemäß §§ 535 Abs. 2, 432, 427 BGB und die Nutzungsentschädigung für den Monat Mai 2024 nach §§ 546a, 432, 427 BGB geltend.
Sowohl die Höhe des Mietzinses als auch der Nutzungsentschädigung richtet sich nach der zuletzt geschuldeten Miete, die sich inklusive Betriebskostenvorauszahlung auf monatlich 900,00 EUR belief. Die Rückstände setzen sich folgendermaßen zusammen:
Miete bzw. Nutzungsentschädigung 03/24 bis 05/24, 3 × 900,00 € = 2.700,00 €
3.) Vorgerichtliche Rechtsanwaltskosten
Die vorgerichtlich entstandenen Anwaltskosten gemäß Klagantrag Ziff. 3 schulden die Beklagten als Verzugsschaden aus §§ 286, 280 Abs. 1, 2, 432, 426 BGB.
Die Kosten der außergerichtlichen Beauftragung eines Rechtsanwalts zur Erklärung der fristlosen Kündigung vom 15.4.2024 und der Aufforderung zur Zahlung der ausstehenden Mieten errechnen sich folgendermaßen:

Gegenstandswert: 10.200,00 EUR	
Geschäftsgebühr §§ 13, 14 RVG, Nr. 2300 VV RVG 1,3	865,80 EUR
Pauschale für Post und Telekommunikation Nr. 7002 VV RVG	20,— EUR
Zwischensumme netto	885,80 EUR
19 % Mehrwertsteuer Nr. 7008 VV RVG	168,30 EUR
Gesamtbetrag	1.054,10 EUR

Der Zinsanspruch ergibt sich aus §§ 288, 286 BGB.
Rechtsanwalt

III. Befristete Kündigung des Mieters

1. Ordentliche befristete Kündigung des Mieters

131 a) **Allgemeines, Anwendungsbereich.** Nach § 542 Abs. 1 BGB kann jede Partei ein auf unbestimmte Zeit abgeschlossenes Mietverhältnis nach den gesetzlichen Vorschriften kündigen. Diese Vorschrift gilt für alle Mietverhältnisse. Für die Gewerberaummiete sind die Fristen der ordentlichen Kündigung in § 580a BGB geregelt.

132 b) **Form, Kündigungsfrist, Kündigungstermin.** Für die erforderliche Form und die jeweilige Frist wird zunächst auf die Ausführungen in den Allgemeinen Grundlagen in § 65 I verwiesen.

133 **Kündigungstag,** also der Tag des Zugangs der Kündigung, ist hierbei der 3. Werktag eines Quartals.

Zu beachten ist, dass der Samstag grundsätzlich als Werktag anzusehen und bei der Berechnung der Karenzzeit mitzuzählen ist. Fällt der letzte Tag der Karenzzeit auf einen Samstag, ist umstritten, ob § 193 BGB möglicherweise direkt oder analog Anwendung findet. Zu dieser Frage hat sich bisher nur der III. Zivilsenat des BGH im Zusammenhang mit einem Sponsoringvertrag geäußert. Im Ergebnis lehnt dieser die Anwendbarkeit des § 193 BGB ab.[92]

Bis zu einer höchstrichterlichen Klärung dieser Frage sollte der Samstag also nicht nur als erster und zweiter Tag, sondern auch als dritter Tag der Karenzzeit mitgezählt und § 193 BGB nicht angewendet werden.

Kündigungstermin, also der Zeitpunkt der Beendigung des Mietverhältnisses, ist bei der Geschäftsraummiete gemäß § 580a Abs. 2 BGB der Ablauf des nächsten Kalendervierteljahres. 134

Im Geschäftsraummietverhältnis ergeben sich also 4 mögliche Kündigungstage und -termine im Jahr:

Kündigungstag	**Kündigungstermin**
Spätester Zugang beim Empfänger	Ende des Mietverhältnisses
3. Werktag Januar	30.6.
3. Werktag April	30.9.
3. Werktag Juli	31.12.
3. Werktag Oktober	31.3.

c) Abdingbarkeit. Die Parteien können von den Fristen des § 580a BGB abweichende Vereinbarungen treffen. 135

2. Außerordentliche befristete Kündigung des Mieters

a) Allgemeines. Im Gegensatz zur Wohnraummiete kommt den Sonderkündigungsrechten in der Gewerbemiete eine erhebliche wirtschaftliche Bedeutung zu, weil für diese Mietverhältnisse meistens eine Laufzeit von mehreren Jahren vereinbart wurde. Für die Geschäftsraummiete bestimmt § 580a Abs. 4 BGB, dass die Kündigungsfrist des Abs. 2 auch anzuwenden ist, wenn das Mietverhältnis außerordentlich mit der gesetzlichen Frist gekündigt werden kann. 136

Mit dieser gesetzlichen Frist kann der Geschäftsraummieter in den folgenden drei Fällen den Vertrag vorzeitig außerordentlich kündigen: 137

- Sonderkündigungsrecht bei Versagung der Erlaubnis zur Untervermietung, § 540 Abs. 1 S. 2 BGB;
- Sonderkündigungsrecht bei Mietvertrag mit mehr als 30-jähriger Dauer, § 544 BGB;
- Sonderkündigungsrecht bei Tod des Mieters, § 580 BGB.

Darüber hinaus gibt es weitere Sonderkündigungsrechte, die sich nicht auf die gesetzliche Kündigungsfrist beziehen, sondern in der betreffenden Vorschrift selbst die jeweilige Kündigungsfrist regeln. Das sind: 138

- Sonderkündigungsrecht wegen Modernisierungsmaßnahmen, § 555e Abs. 1 iVm § 578 Abs. 2 BGB; es gilt der Ablauf des Monats, der auf den Zugang der Modernisierungsankündigung folgt,
- Sonderkündigungsrecht des Insolvenzverwalters des Mieters, § 109 InsO. Die Kündigungsfrist beträgt drei Monate zum Monatsende.

b) Sonderkündigungsrecht des Mieters wegen Versagung der Untermieterlaubnis, § 540 Abs. 1 S. 2 BGB. *aa) Anwendungsbereich.* Die Vorschrift betrifft jegliche Art der Gebrauchsüberlassung an Dritte. Der in der Praxis wichtigste Fall ist die Untervermietung. Insoweit wird auf die Ausführungen in → § 28 IV. 1b) verwiesen. Der Mieter hat grundsätzlich keinen Anspruch auf die Genehmigung zur Gebrauchsüberlassung. Wird die Erlaubnis rechtswidrig vom Vermieter verweigert, kann der Mieter lediglich von seinem Sonderkündigungsrecht Gebrauch machen. Nur in eng begrenzten Ausnahmefällen kann er aus § 242 BGB auf Erlaubnis klagen. 139

[92] BGH NJW 2005, 1354.

140 *bb) Erlaubnisverweigerung/Angaben des Mieters.* Die Frage, ob der Vermieter die Erlaubnis verweigern darf oder nicht, hängt eng mit einer ordnungsgemäßen Anfrage des Mieters zusammen. Welche Angaben der Mieter von sich aus und welche ggf. auf Nachfrage des Vermieters zu machen sind, ist umstritten. Auf jeden Fall aber hat der Mieter ungefragt sein Untervermietungsinteresse darzulegen und die Person des Untermieters namentlich zu benennen. Auf Verlangen des Vermieters muss er weitere personenbezogene Daten und Informationen mitteilen, die für den Vermieter von Relevanz sind, um beurteilen zu können, ob in der Person des Untermieters ein wichtiger Grund besteht, der der Untervermietung entgegensteht.

141 Hierzu gehören neben dem Namen die Anschrift, das Geburtsdatum und der Beruf des Untermieters. Außerdem sind anzugeben die beabsichtigte Nutzungsart der Räume (wegen Konkurrenz für den Vermieter oder andere Mieter oder wegen eines vereinbarten Konkurrenzschutzes), Laufzeit des Untermietvertrages, Höhe des Untermietzinses, Übernahme von Betriebspflichten sowie Angaben zur Solvenz des Untermieters.[93] Fehlen diese Angaben und erfolgen sie auch auf Nachfrage nicht, kann der Vermieter bereits aufgrund der mangelhaften Mieteranfrage die Erlaubnis verweigern, ohne dass hierdurch ein Kündigungsrecht entsteht.

142 *cc) Entfallen des Kündigungsrechts: wichtiger Grund zur Erlaubnisverweigerung.* Liegt in der Person des Dritten ein wichtiger Grund vor, der den Vermieter berechtigt, seine Zustimmung zu verweigern, steht dem Mieter das Sonderkündigungsrecht ebenfalls nicht zu. Ein wichtiger Grund kann dabei sowohl eine Konkurrenzsituation sein wie auch persönlicher Streit mit anderen Mietern oder eine zu erwartende Störung des Hausfriedens.[94]

143 *dd) Abdingbarkeit des Kündigungsrechts.* Das Sonderkündigungsrecht des § 540 BGB kann in der Gewerbemiete durch Individualvereinbarung ausgeschlossen werden. Ein formularvertraglicher Ausschluss verstößt in der Regel gegen § 307 BGB.[95]

Zum Muster einer Mieterkündigung nach § 540 Abs. 1 S. 2 BGB mit Erläuterungen siehe BeckFormBMietR/Mersson Form. D. XII. 2.

144 c) **Sonderkündigungsrecht des Mieters bei Mietvertrag mit mehr als 30-jähriger Dauer, § 544 BGB.** Die Vorschrift gilt für Geschäftsraummietverhältnisse unmittelbar. Auf die Ausführungen in → § 28 IV.1c) wird verwiesen.

145 **Kündigungsausschluss.** Es ist in der Geschäftsraummiete zulässig, Mietverträge für die Dauer von mehr als 30 Jahren zu schließen, während in der Wohnraummiete die Befristungsgründe des § 575 Abs. 1 Nr. 1–3 BGB vorliegen müssten. Die Vorschrift des § 544 BGB eröffnet lediglich die Möglichkeit, sich jedenfalls nach 30-jähriger Vertragsdauer vom Vertrag lösen zu können. Dies soll den Charakter der Miete als zeitlich beschränkter Gebrauchsüberlassung wahren.[96]

146 Die Kündigung ist nach § 544 S. 2 aber dann unzulässig, wenn der Vertrag auf die Lebenszeit einer Partei geschlossen wurde. Die Bindung der Vertragszeit an die Lebensdauer der Partei muss ausdrücklich getroffen werden und gilt nur für natürliche Personen. Besteht eine Partei aus mehreren Personen, ist für die Vertragsdauer die Lebenszeit des Längstlebenden maßgebend. Auf juristische Personen oder Personenhandelsgesellschaften ist die Vorschrift mangels natürlicher Lebenszeit nicht anwendbar.[97] Zum Muster einer Mieterkündigung nach § 544 BGB mit Erläuterungen siehe BeckFormBMietR/Mersson Form. D. XII. 3.

147 d) **Sonderkündigungsrecht bei Tod des Mieters, § 580 BGB.** Während in der Wohnraummiete beim Tod des Mieters die §§ 563, 564 BGB Sonderregelungen zu Eintritt und Fortsetzung enthalten, die dem allgemeinen Erbrecht vorgehen, gibt es solche Bestim-

[93] Schmidt-Futterer/Flatow BGB § 540 Rn. 70.
[94] Guhling/Günter BGB § 540 Rn. 43.
[95] Schmidt-Futterer/Flatow BGB § 540 Rn. 65.
[96] Guhling/Günter BGB § 544 Rn. 1.
[97] Schmidt-Futterer/Lammel BGB § 544 Rn. 19.

mungen in der Geschäftsraummiete nicht. Gemäß § 1922 BGB geht der Mietvertrag kraft Gesetzes auf den Erben über. § 580 BGB gibt sowohl dem Erben wie auch dem Vermieter ein explizit geregeltes Sonderkündigungsrecht. Über § 580a Abs. 4 BGB gilt für Geschäftsräume die Kündigungsfrist des § 580a Abs. 2 BGB von sechs Monaten zum Quartalsende.

Dem Erben und dem Vermieter steht eine einmonatige Überlegungs- und Ausübungsfrist zu. Diese richtet sich nach der Kenntnis vom Tod des Mieters. Für den Erben ist zudem die Kenntnis von der Erbenstellung erforderlich.[98] 148

Aus dem Wortlaut ergibt sich, dass das Kündigungsrecht nur beim Tod einer natürlichen Person entsteht. Eine entsprechende Anwendung auf juristische Personen oder Handelsgesellschaften kommt nicht in Betracht.[99] 149

Das Sonderkündigungsrecht des § 580 BGB ist grundsätzlich durch Individualvereinbarung abdingbar, ob dies auch formularmäßig möglich ist, ist streitig.[100] 150

Zum Muster einer Mieterkündigung nach § 580 BGB mit Erläuterungen siehe BeckFormBMietR/Mersson Form. D. XII. 4.

e) Sonderkündigungsrecht des Mieters wegen Modernisierungsmaßnahmen, §§ 555e, 578 Abs. 2 BGB. Über die Verweisung in § 578 Abs. 2 BGB gelten die Vorschriften über die Duldung von Modernisierungsmaßnahmen sowie zum Sonderkündigungsrecht nach Zugang einer Modernisierungsankündigung auch in der Geschäftsraummiete. 151

Das Sonderkündigungsrecht des Mieters ist außerordentlich und befristet und besteht unabhängig davon, ob der Mieter zur Duldung verpflichtet ist.[101] Es besteht eine Überlegungsfrist dahingehend, dass die Kündigung spätestens bis zum Ablauf des auf den Zugang folgenden Monats erfolgen muss. Das Mietverhältnis endet dann mit Ablauf des übernächsten Monats nach Zugang der Modernisierungsankündigung. Geht eine Ankündigung also am 13. April zu, muss die Kündigung bis zum 31. Mai erfolgt sein, die das Mietverhältnis dann zum 30. Juni beendet.[102] In diesem Fall gilt also nicht die gesetzliche Frist des § 580a BGB sondern die explizit in § 555e Abs. 1 BGB bestimmte kürzere Frist. 152

Abweichende Vereinbarungen sind in gewerblichen Mietverträgen auch formularvertraglich möglich, da § 578 Abs. 2 BGB die Unabdingbarkeitsvorschrift des § 555e Abs. 3 BGB nicht für entsprechend anwendbar erklärt. 153

Zum Muster einer Mieterkündigung nach § 555e BGB (noch zu § 554 Abs. 3 S. 2 BGB aF) mit Erläuterungen siehe BeckFormBMietR/Mersson Form. D. XII.1.

f) Sonderkündigungsrecht des Insolvenzverwalters des Mieters, § 109 InsO. Der endgültige Insolvenzverwalter kann ein gewerbliches Mietverhältnis mit der Dreimonatsfrist des § 109 Abs. 1 InsO zu jedem Monatsende kündigen. Eine Ausübungsfrist besteht nicht. 154

Kürzere vertragliche Fristen gehen vor, längere vertragliche Fristen sind ebenso unbeachtlich wie Kündigungsausschlussvereinbarungen. Im Übrigen wird auf die Erläuterungen in → § 72 verwiesen. 155

---

[98] OLG Düsseldorf ZMR 1994, 114; Grüneberg/Weidenkaff BGB § 580 Rn. 8; Schmidt-Futterer/Streyl BGB § 580 Rn. 10.
[99] Guhling/Günter BGB § 580 Rn. 9.
[100] Schmidt-Futterer/Streyl BGB § 580 Rn. 12.
[101] Grüneberg/Weidenkaff BGB § 555e Rn. 2.
[102] Guhling/Günter BGB § 555e Rn. 5.

§ 66 Vertragsbeendigung ohne Kündigung

Übersicht

I. Grundsätzliches

1 Für das Gewerberaummietrecht ergeben sich in dem Thema **Vertragsbeendigung ohne Kündigung** nur wenige Abweichungen gegenüber dem Wohnraummietrecht, so dass grundsätzlich auf die Abhandlungen in § 29 verwiesen werden kann. Die Vereinbarung eines Rücktrittsrechts und einer auflösenden Bedingung ist grundsätzlich möglich, § 572 BGB gilt nur bei der Wohnraummiete. Da für die **Befristung** im Wohnraummietrecht besondere Vorschriften bestehen, ist die Befristung des Gewerberaummietverhältnisses in → § 53 **Vertragslaufzeit und Änderung der Vertragsdauer,** beschrieben und erläutert. Die nachfolgenden Ausführungen stellen demnach eine bewusst kurz gehaltene ergänzende Abhandlung dar.

II. Aufhebungsvertrag

2 Als Ausdruck der Vertragsfreiheit ist es den Vertragsparteien jederzeit möglich, einen Gewerberaummietvertrag einvernehmlich aufzuheben und einen Aufhebungsvertrag abzuschließen. Bedeutung hat ein Aufhebungsvertrag vor allem bei Zeitmietverträgen oder zur Abkürzung von Kündigungsfristen.

3 Der Vertragsabschluss richtet sich nach den allgemeinen Vorschriften, nämlich Angebot und Annahme (§§ 145 ff. BGB). Die Erklärungen müssen eindeutig sein, können aber auch stillschweigend abgegeben werden, ein Formzwang für den Aufhebungsvertrag besteht nicht, selbst wenn der Mietvertrag eine Schriftformklausel enthält.[1] Bei Formularklauseln zur Schriftform gilt der Vorrang der Individualvereinbarung, sodass diese wirkungslos sind.[2]

4 An den Abschluss eines durch konkludentes Verhalten zustande gekommenen Mietaufhebungsvertrag sind strenge Anforderungen zu stellen, bei mehreren Personen als Vertragspartei muss das schlüssige Verhalten bei allen Personen festgestellt werden, falls kein Vertretungsfall vorliegt.[3]

5 Eine unwirksame Kündigung kann nicht in ein Angebot auf Vertragsaufhebung umgedeutet werden, da eine Kündigung nicht den Willen zu einem Vertragsabschluss zum Ausdruck bringt, insoweit kommt auch mit dem Auszug des Mieters und widerspruchsloser Rücknahme der Schlüssel als Reaktion auf die unwirksame Kündigung kein Aufhebungsvertrag zustande.[4] Anderes soll gelten, wenn der Vermieter eine vorzeitige Kündigung ausdrücklich annimmt, darin liegt ein Angebot auf Aufhebung des Vertrages, das der Mieter durch Auszug stillschweigend seinerseits annimmt.[5]

---

[1] OLG Düsseldorf NZM 2001, 591; Schmidt-Futterer/Lammel BGB § 550 Rn. 39; Sternel MietR aktuell Rn. X 144; alle mwN.

[2] BGH NZM 2017, 189.

[3] BayObLG WuM 1983, 107 (108).

[4] BGH WuM 1981, 57 (58) = NJW 1981, 43 (44); Bub/Treier MietR-HdB/Fleindl Kap. IV Rn. 535, mit weiteren Beispielen.

[5] OLG Düsseldorf WuM 2003, 621 (622).

Auch unter Kaufleuten gilt Schweigen grundsätzlich als Ablehnung, so wenn die Gegenseite auf das Angebot auf Abschluss eines Aufhebungsvertrages nicht reagiert; die Grundsätze des kaufmännischen Bestätigungsschreibens gelten jedoch dann, wenn eine mündliche Vertragsaufhebung schriftlich bestätigt wird.[6] Da in der Annahme von schlüssig zustande gekommenen Mietaufhebungsverträgen Zurückhaltung geboten ist, wird auf die Kasuistik in der einschlägigen Literatur verwiesen.[7] 6

Eine Verpflichtung des Vermieters zum Abschluss einer Mietaufhebungsvereinbarung besteht, wenn eine Ersatzmieterklausel vereinbart ist. 7

Bei einer Mehrheit von Personen müssen alle Vertragsparteien an der Aufhebungsvereinbarung mitwirken, das gilt auch wenn nur einer mehrerer Mieter oder Vermieter aus dem Vertrag ausscheiden soll. 8

Mit Abschluss der Aufhebungsvereinbarung wird nicht gleichzeitig ein Verzicht auf Schadensersatz vereinbart, wenn sich aus der Vereinbarung und aus den Umständen nichts anderes ergibt.[8] Andererseits führt die Vereinbarung einer Ausgleichsklausel hinsichtlich aller Ansprüche aus dem Mietverhältnis zum Ausschluss von Schadensersatzansprüchen und der Rückforderung der Kaution.[9] 9

Praxistipp:

Der Aufhebungsvertrag muss nicht nur eine Einigung über die Beendigung des Mietverhältnisses und den Zeitpunkt enthalten, sondern sollte auch alle von den Parteien noch zu erbringenden Leistungen (Zahlungen, Rückbau, Abrechnung und Rückgabe von Mietsicherheiten) sowie bei Zahlungen Aufrechnungs- und Zurückbehaltungsverbote, enthalten, nur so ist vollständige Rechtssicherheit zu erlangen.

Hinsichtlich der Checkliste und eines Formulierungsvorschlags wird auf die Ausführungen zum Wohnraummietrecht in → § 29 Rn. 165 ff. verwiesen.

III. Erlöschen einer juristischen Person

Die Beendigung einer juristischen Person im Wege der Auflösung steht dem Tod einer natürlichen Person nicht gleich, § 580 BGB ist auf juristische Personen nicht anzuwenden.[10] 10

Das Mietverhältnis mit einer juristischen Person endet daher mit deren Erlöschen bzw. deren Auflösung. Dies gilt insbesondere für die GmbH und auch beim Tod des Gesellschafters/Geschäftsführers einer Ein Mann GmbH.

IV. Unmöglichkeit

Werden Mieträume ohne Verschulden einer Partei völlig zerstört (Brand, Überschwemmung etc) oder liegt bei teilweiser Zerstörung der Mietsache eine wirtschaftliche Unmöglichkeit wegen Überschreitung der Opfergrenze vor, so ergibt sich keine Erhaltungspflicht des Vermieters, vielmehr treten die Rechtsfolgen der §§ 275, 326 BGB ein, wonach die wechselseitigen Leistungspflichten wegfallen und damit das Schuldverhältnis erlischt, ohne dass es einer Kündigung bedarf.[11] Da es sich bei der Unmöglichkeit um 11

[6] Grüneberg/Ellenberger BGB § 147 Rn. 11.
[7] Einzelfälle bei Bub/Treier MietR-HdB/Fleindl Kap. IV Rn. 536 ff.; Sternel MietR aktuell Rn. X 149 ff.
[8] BGH NJW 1982, 2432; KG NZM 1999, 462 (463); Bub/Treier MietR-HdB/Fleindl Kap. IV Rn. 539.
[9] OLG Düsseldorf WuM 1997, 38 = ZMR 1997, 178.
[10] Grüneberg/Weidenkaff BGB § 580 Rn. 6.
[11] OLG Stuttgart BeckRS 2010, 01764; LG Karlsruhe NZM 2005, 221; Bub/Treier MietR-HdB/v. Martins/Ewert/Kraemer Kap. III. Rn. 3432; jeweils mwN, str.

einen Unterfall der Gewährleistungsvorschriften handelt, soll die Thematik an dieser Stelle nicht vertieft werden, andere Rechtsfolgen ergeben sich jedenfalls dann, wenn eine Mietpartei die Unmöglichkeit zu vertreten hat.

12. Abschnitt. Abwicklung des beendeten Mietverhältnisses

§ 67 Wechselseitige Abwicklungsansprüche

Übersicht

Schrifttum:
Drasdo, Rückbaupflichten am Ende des Mietverhältnisses, NJW-Spezial 2011, 673; Hoffmann, Die Rückgabe der gewerblich genutzten Mietsache, MietRB 2008, 25; Leo/Ghassemi-Tabar, Rechtsfolgen unwirksamer Schönheitsreparaturklauseln in der Gewerberaummiete – „Niemand weiß nichts Genaues"!, NZM 2008, 105; Leo, Obergerichtliche Rechtsprechung zum gewerblichen Mietrecht 2012, NZM 2013, 295.

I. Einleitung

1 Zu den wechselseitigen Abwicklungsansprüchen sind bereits in → § 31 Rn. 1 ff. Ausführungen erfolgt. Hier sollen daher allein die spezifischen Besonderheiten des Gewerbemietrechts Berücksichtigung finden. Besonderheiten ergeben sich in zwei Teilbereichen.

2 Gewerbemietverträge werden typischerweise von vornherein über einen längeren Zeitraum geschlossen, da beide Vertragsparteien ihre Investitionen kalkulieren müssen. Insbesondere der Gewerbemieter trifft Investitionsentscheidungen beispielsweise durch Umbauten und Einbauten in das Mietobjekt. Endet das Mietverhältnis nicht zum geplanten Zeitpunkt, ist das gesetzliche Wegnahmerecht und die Rückbauverpflichtung nicht stets der wirtschaftlich richtige Ansatzpunkt

3 Ist das Mietverhältnis beendet, muss dies nicht damit gleichzusetzen sein, dass der Mieter seine Geschäftstätigkeit aufgibt. Dieser hat häufig nur einen anderen Standort gewählt. Damit stellt sich für den Mieter die Frage, wie seine Kunden/Patienten/Mandanten ihn künftig finden.

II. Mieterinvestitionen

1. Bereicherungsanspruch

4 Hat der Mieter verkehrswerterhöhende Investitionen in das Objekt erbracht und endet das Mietverhältnis vor dem ursprünglich vereinbarten Zeitpunkt, beispielsweise durch außerordentliche Kündigung des vertraglichen Vermieters oder durch Kündigung des Erstehers in der Zwangsversteigerung, so steht dem Mieter hierfür ein Bereicherungsanspruch zu.[1]

5 Die Anspruchshöhe richtet sich nicht nach der Investitionssumme, sondern nach der Erhöhung des Verkehrswertes der Mietsache, ggf. abgezinst auf die restliche vertragliche

[1] BGH NZM 2005, 15; BGH NJWE-MietR 1996, 33.

Mietzeit.[2] Die obergerichtliche Rechtsprechung differenziert weiter. Der Bereicherungsanspruch besteht danach nur, wenn es durch die Mieterinvestition zur Ertragswertsteigerung im Vergleich zur bisherigen vertraglichen Miete kommt.[3] Die restliche Mietzeit bestimmt sich nach der von den Parteien gewollten Mietzeit, auch wenn der Vertrag wegen Verletzung der Schriftform vorzeitig kündbar ist.[4]

2. Anspruchsgegner

6 Für die Frage des Anspruchsgegners ist bei Wechsel des Vermieters nicht zwischen vertraglichem Übergang und Übergang in der Zwangsversteigerung zu unterscheiden.

7 Bei Vermieterwechsel durch Rechtsgeschäft ist der neue Vermieter Schuldner, selbst wenn er im Hinblick auf die Mieterinvestition schon an den Veräußerer einen höheren Preis bezahlt hatte.[5]

8 Erfolgte der Vermieterwechsel durch Zuschlag in der Zwangsversteigerung, richtet sich der Bereicherungsanspruch gegen den Ersteigerer.[6]

3. Abdingbarkeit

9 In den Grenzen des § 138 BGB ist der Bereicherungsanspruch des Mieters zumindest individualvertraglich ausschließbar.[7]

[2] Fritz NJW 2007, 887; OLG Brandenburg BeckRS 2017, 140655.; OLG Düsseldorf BeckRS 2011, 141438.
[3] KG ZMR 2016, 862.
[4] BGH NZM 2009, 514.
[5] BGH NZM 2006, 15.
[6] BGH NZM 2009, 783.
[7] Fritz/Geldmacher/Leo GewerberaumMietR/Leo § 8 Rn. 86; Lützenkirchen/Dickersbach BGB § 539 Rn 56.

§ 68 Verjährung und Verwirkung

Übersicht

I. Verjährung

Im Gewerberaummietrecht gibt es keine wesentlichen Abweichungen vom Wohnraummietrecht. Zu Vereinfachungszwecken wird hinsichtlich der Verjährung, insbesondere nach § 195 BGB und § 548 BGB, auf die ausführliche Darstellung unter § 32 verwiesen. 1

II. Verwirkung

Nach der Rechtsprechung des Bundesgerichtshofs stellt die Verwirkung einen Unterfall der unzulässigen Rechtsausübung wegen der illoyal verspäteten Geltendmachung von Rechten gemäß § 242 BGB dar. Diese setzt neben einem Zeitmoment ein Umstandsmoment voraus. Ein Recht ist mithin verwirkt, wenn sich der Schuldner wegen der Untätigkeit seines Gläubigers über einen gewissen Zeitraum hin bei objektiver Beurteilung darauf einrichten darf und eingerichtet hat, dieser werde sein Recht nicht mehr geltend machen, so dass die verspätete Geltendmachung gegen Treu und Glauben verstößt.[1] 2

1. Kündigungsbefugnis des Vermieters

Die Generalnorm des § 543 Abs. 1 S. 2 BGB ist an die Kündigungsvorschrift des allgemeinen Schuldrechts (§ 314 Abs. 1 BGB) angelehnt. Danach liegt ein wichtiger Grund für die außerordentliche fristlose Kündigung vor, wenn dem Vermieter unter Berücksichtigung aller Umstände des Einzelfalls, insbesondere unter Berücksichtigung des Verschuldens der Mietvertragsparteien unter der Abwägung der beiderseitigen Interessen, die Fortsetzung des Mietverhältnisses bis zum Ablauf der Kündigungsfrist oder bis zur sonstigen Beendigung des Mietverhältnisses nicht zugemutet werden kann. 3

Vor diesem dogmatischen Hintergrund war umstritten, ob § 314 Abs. 3 BGB auf 543 Abs. 2 S. 1 Nr. 3 BGB Anwendung findet. Nachdem der Bundesgerichtshof diese Frage lange offenließ,[2] stellte er zwischenzeitlich klar, dass § 314 Abs. 3 BGB keine Anwendung auf die fristlose Kündigung eines (Wohnraum-)Mietverhältnisses nach §§ 543, 569 BGB findet.[3] 4

---

[1] OLG Köln 22.12.2021 – 22 U 13/20, BeckRS 2021, 40397 Rn. 11, mwN.
[2] BGH NZM 2009, 314; siehe auch BGH NJW 2011, 1438.
[3] BGH NJW 2016, 3720.

Praxistipp:
Der Gewerberaumvermieter ist also gut beraten, wenn er einen Zahlungsrückstand des Mieters im Sinne von § 543 Abs. 2 Ziffer 3 BGB nicht über einen längeren Zeitraum kommentarlos hinnimmt, sondern in angemessener Zeit hierauf reagiert.

5 Hinsichtlich der Anwendung von § 314 Abs. 3 BGB bleibt jedoch umstritten, innerhalb welches Zeitraums der Gewerberaumvermieter eine außerordentliche fristlose Kündigung bei Vorliegen der übrigen Kündigungsgründe aus § 543 BGB aussprechen muss. Im Fall der Nichtzahlung der Kaution hat der Bundesgerichtshof eine Überlegungsfrist von vier Monaten als angemessen erachtet.[4] Das OLG Köln ging sogar so weit, dass das Untätigbleiben des Vermieters hinsichtlich des Anspruchs auf Leistung einer Mietkaution über 29 Monate einer späteren Geltendmachung unter dem Gesichtspunkt der Verwirkung nicht entgegensteht.[5]

2. Betriebskostenabrechnung

6 § 556 BGB findet im Gewerberaummietrecht keine Anwendung. Daher gilt auch die Ausschlussfrist nach § 556 Abs. 3 S. 3 BGB nicht.[6] Dies führt dazu, dass Gewerberaumvermieter häufig erst Jahre später die Betriebskosten abrechnen und Nachforderungen an den Gewerberaummieter stellen können. Häufig wird allein diese Verzögerung als Argument für eine Verwirkung herangezogen. Das Umstandsmoment ergibt sich allerdings nicht allein aus dem Zeitablauf nach Ende der Abrechnungsperiode. Es müssen vielmehr weitere Umstände hinzutreten. Solche Umstände können beispielsweise darin bestehen, dass ein Vermieter dem Mieter bereits ein Guthaben aus einer später fälligen Betriebskostenabrechnung ausgezahlt hat. In diesem Fall könnte der Gewerberaummieter berechtigterweise davon ausgehen, dass keine Nachforderungen mehr für frühere Abrechnungszeiträume zu erwarten sind.[7]

3. Minderung des Mietzinses

7 a) **Minderungsrecht des Mieters.** Das Minderungsrecht des Mieters tritt kraft Gesetzes ein, vgl. § 536 BGB. Im Falle einer berechtigten Minderung iSd § 536 Abs. 1 S. 1 BGB steht dem Mieter, wenn er die Miete dennoch voll bezahlt hat, grundsätzlich ein Rückforderungsanspruch aus überbezahlter Miete gemäß § 812 BGB zu.

8 Dabei ist jedoch zu beachten, dass der Rückforderungsanspruch gemäß § 814 Alt. 1 BGB ausgeschlossen ist, wenn der Mieter den Mangel zwar kennt, die Miete aber dennoch voll bezahlt hat,[8] da bei Kenntnis des Mangels eine Mietzahlung unter Vorbehalt erfordert. Etwas anderes kann sich nur dann ergeben, wenn dem Mieter der Mangel nicht bekannt war. In solchen Fällen muss jedoch überprüft werden, ob überhaupt eine spürbare Beeinträchtigung der Mietsache für den Mieter vorlag.

9 Der Rückforderungsanspruch kann also vor allem dann in den Fällen durchgesetzt werden, wenn – auf Grund der Fälligkeitsregelung in § 556b Abs. 1 BGB – die Miete bereits voll bezahlt wurde und der zur Minderung berechtigende Mangel an der Mietsache erst im Laufe dieses Zahlungszeitraums (üblicherweise dieses Monats) eintritt. Denkbar ist der Rückforderungsanspruch auch insoweit, dass der Mieter – womöglich um eine Kündigung gem. § 543 Abs. 2 Nr. 3 BGB zu umgehen – die Miete zu gering mindert hat und sich in einem späteren Verfahren herausstellt, dass die Miete eigentlich höher zu mindern gewesen wäre. Der Rückforderungsanspruch unterliegt der

[4] BGH NJW-RR 2007, 886.
[5] OLG Köln 22.12.2021 – 22 U 13/20, NJW-RR 2022, 451.
[6] OLG Brandenburg IMR 2023, 409.
[7] OLG München NJW-RR 1990, 20.
[8] BGH NZM 2018, 1018 Rn. 17.

regelmäßigen Verjährung gemäß § 195 BGB. Eine Verwirkung wird grundsätzlich nicht angenommen.

b) **Nachforderungen des Vermieters.** Nicht selten kommt es in der Praxis vor, dass der Vermieter erst nach mehreren Monaten bemerkt, dass die Miete nicht mehr vollständig bezahlt wird. In diesen Fällen stellt sich die Frage, ob der Vermieter durch seine fehlende Reaktion die (vermutlich unberechtigte) Mietminderung stillschweigend akzeptiert hat und damit ein Nachforderungsanspruch ausgeschlossen ist. Nach Ansicht des Bundesgerichtshofs[9] ist hier stets eine Einzelfallbetrachtung geboten. Allein die Untätigkeit des Vermieters reicht nicht aus, um eine Verwirkung anzunehmen. Für ein berechtigtes Vertrauen des Mieters bedarf es eines weiteren Anhaltspunkts im Verhalten des Vermieters, der über das bloße Nichtreagieren hinausgeht.[10] 10

Auch das Ausbleiben einer Mahnung führt nicht zur Verwirkung des Nachforderungsanspruchs des Vermieters. Die Zahlung der Miete gehört zu den Hauptleistungspflichten des Mieters, weshalb eine Zahlungsaufforderung durch den Vermieter nicht erforderlich ist.[11] 11

4. Nachforderung bei Wertsicherungsklauseln

Eine Verwirkung von Nachzahlungsansprüchen des Vermieters tritt nur in absoluten Ausnahmefällen ein. Selbst wenn der Vermieter wiederholt die eingetretene Mieterhöhung unbeachtet lässt, führt dies nicht automatisch zur Verwirkung seiner Nachforderungsansprüche.[12] Für die Annahme einer Verwirkung müssen neben dem bloßen Zeitablauf weitere Umstände hinzukommen, die beim Mieter das Vertrauen begründen, dass keine Nachforderungen mehr erhoben werden.[13] 12

Ein Sonderfall lag der Entscheidung des OLG Düsseldorf[14] zu Grunde. In diesem Fall hatte der Vermieter mehrfach unmittelbar nach Erreichen des neuen Indexes eine Mieterhöhung geltend gemacht und im konkreten Fall länger als ein Jahr zugewartet. 13

[9] BGH NJW 2006, 219; aA OLG Düsseldorf NJW-RR 2003, 1060; LG Hamburg ZMR 1999, 328; OLG Naumburg WuM 2004, 91.
[10] BGH NJW 2018, 1013; 19.12.2018 – XII ZR 5/18, NJW 2019, 1062.
[11] OLG Rostock 7.11.2019 – 3 W 83/19, NJW-RR 2020, 248.
[12] OLG Rostock ZMR 2006, 773.
[13] BGH NJW 2016, 3512; BGHZ 146, 222.
[14] OLG Düsseldorf ZMR 1995, 155.

13. Abschnitt. Sonderprobleme

§ 69 Maklerrechtliche Probleme

Übersicht

Schrifttum:
Fischer, Das neue Wohnimmobilien-Maklerrecht, IMR 2021, 88; ders., Die Verteilung der Maklerkosten bei der Vermittlung von Kaufverträgen über Wohnimmobilien, NJW 2020, 3553; ders., Die Problematik der persönlichen Identität des Hauptvertrags in der aktuellen maklerrechtlichen Judikatur, NZM 2018, 483; Schmidt, Maklerlohn nach der Reform 2020: Wer verteilt? Wer zahlt? Und was? Vor allem: Wann?, NZM 2021, 289.

I. Einführung

Maklerrecht ist Fallrecht. Wesentlicher Grund hierfür ist, dass das BGB diese Rechtsmaterie traditionell in nur vier Paragrafen regelte. Seit der Reform im Jahre 2020 sind vier Vorschriften (§§ 656 a-d BGB) hinzugekommen, die aber nur den Nachweis und die Vermittlung von Wohnungen und Einfamilienhäusern an Verbraucher betreffen. Eine weitere Ursache liegt darin begründet, dass der Verkäufer, der sich an einen Makler wendet, in der Regel keine Provision zahlen will. Der Makler soll ihm zwar Kaufinteressenten vermitteln, die Courtage soll er sich aber von dem bezahlen lassen, der letztendlich als Käufer zum Zuge kommt. 1

Das führt dazu, dass der Makler zunächst mit dem Interessenten einen Maklervertrag abschließen muss, um sich seinen Provisionsanspruch zu sichern. Dies geschieht häufig mündlich oder konkludent durch Vornahme bestimmter Handlungen. Im Streitfall ist es deshalb häufig eine Beweisfrage, ob ein Maklervertrag geschlossen wurde oder nicht. 2

Im Bereich der des Nachweises und/oder der Vermittlung von Einfamilienhäusern oder Wohnungen an Verbraucher (§§ 656 a-d BGB) hat die Reform insoweit Änderungen gebracht, als diese Verträge in Textform abzuschließen sind, § 656a BGB. Außerdem kann der Makler nur dann Provision vom Käufer verlangen, wenn er in mindestens gleicher Höhe auch Provision vom Verkäufer erhält, § 656c BGB. 3

Im Bereich der Vermittlung von Mietverträgen für Wohnungen gilt das Wohnraumvermittlungsgesetz, welches detaillierte Regelungen zu der Frage enthält, unter welchen Voraussetzungen ein Mieter ggü. einem Makler provisionspflichtig werden kann. Im Jahre 2015 hat der Gesetzgeber hier das sog. „Bestellerprinzip" eingeführt. Es ist in § 2 Abs. 1a WoVermRG geregelt. Danach müssen Mieter nur dann zahlen, wenn sie den Makler nachweislich selbst beauftragt haben – und der Makler ausschließlich für sie tätig wird, dh, eine Wohnung vermittelt, die nicht bereits im Bestand des Maklers ist. Die Gesetzesänderung hat zu einem massiven Einbruch des Maklergeschäftes in diesem Bereich geführt.[1] Damit korrespondiert ein erheblicher Rückgang von Rechtsstreitigkeiten. Deshalb wurde für diese Auflage des Handbuches auf eine eigene Kommentierung verzichtet und das Gesetz im Rahmen dieses Kapitels mitbehandelt. 4

[1] Vgl. Süddeutsche Zeitung vom 1.6.2016, Wirtschaftswoche vom 5.7.2017.

5 Die Voraussetzungen für die erfolgreiche Geltendmachung eines Provisionsanspruches sind nach der Rechtsprechung:

- Wirksamer Abschluss eines Maklervertrages,
- Erbringung von Maklerleistungen (Nachweis oder Vermittlung),
- Abschluss des Hauptvertrages,
- Ursächlichkeit (Kausalität) der Maklerleistung für Abschluss des Hauptvertrages.

6 Daneben gibt es Spezialprobleme aus dem vor- und nachgelagerten Bereich der Tätigkeit. Dies betrifft vor allem den Abschluss von Reservierungsvereinbarungen oder die in § 654 BGB geregelte Verwirkung eines Provisionsanspruches. Weiter relevant für die Tätigkeit sind:

- Das Geldwäschegesetz (GWG),
- das Wettbewerbsrecht (UWG)
- das AGB-Recht,
- die Datenschutzgrundverordnung (DSGVO),
- Dienstleistungs-Informationspflichten-Verordnung (DL-InfoV),
- die Makler- und Bauträgerverordnung (MaBV),
- die Berufszulassungsregelungen und Fortbildungspflichten (§ 34c GewO),
- die Preisangabenverordnung (PAngV).

7 Für Makler, die Mitglied im Immobilienverband Deutschland (IVD) sind, gelten außerdem die vom IVD verabschiedeten Standesregeln und die Regeln für Gemeinschaftsgeschäfte. Verbraucher können sich bei juristischen Streitigkeiten mit IVD-Maklern zudem an den „Ombudsmann Immobilien“ (www.ombudsmann-immobilien.net) wenden. Dabei handelt es sich um eine vom Bundesjustizministerium und dem Bundesamt für Justiz anerkannte Schlichtungsstelle.

8 Der Maklervertrag wird entweder mit dem Verkäufer und dem Makler und/oder dem Käufer geschlossen. Der Vertragspartner des Maklers wird „Auftraggeber“ genannt. Unter dem Begriff „Hauptvertrag“ versteht man die rechtliche Beziehung zwischen Verkäufer und Käufer. Die Maklertätigkeit (= Nachweis und/oder Vermittlung) muss ursächlich (= kausal) für den Erfolg (= Hauptvertrag) sein.

II. Pflichtangaben in Immobilienanzeigen nach dem GEG

9 Gemäß **§§ 80 Abs. 4, 87 GEG** müssen Verkäufer, Vermieter und Makler bei Verkauf oder Vermietung einer Immobilie in Werbeanzeigen in kommerziellen Medien Angaben zum energetischen Zustand der Immobilie machen, wie sie sich aus dem Energieausweis ergeben.

10 In der Immobilienanzeige sind gemäß § 87 GEG demnach die folgenden Informationen anzugeben:

1. Die Art des Energieausweises, also ob es sich bei dem vorliegenden Energieausweis um einen Energiebedarfs- oder einen Energieverbrauchsausweis handelt
2. Der im Energieausweis genannte Wert des Endenergiebedarfs oder Endenergieverbrauchs für das Gebäude.
3. Die im Energieausweis genannten wesentlichen Energieträger für die Heizung des Gebäudes, wie Gas, Öl oder Fernwärme.
4. Bei Wohngebäuden ist das im Energieausweis genannte Baujahr zu nennen.
5. Bei Wohngebäuden ist die im Energieausweis genannte Energieeffizienzklasse zu nennen.

11 Wer als Eigentümer einer Immobilie vorsätzlich oder leichtfertig nicht sicherstellt, dass in der Immobilienanzeige die Pflichtangaben enthalten sind, begeht eine mit Bußgeld bewehrte Ordnungswidrigkeit. Dies gilt auch, wenn der Eigentümer den Verkauf oder die Vermietung einem Makler überlässt.

Makler, die in Anzeigen dennoch keine Angaben zum Energieausweis machen, müssen mit einer Abmahnung durch Wettbewerber oder Verbraucherschutzverbände rechnen.[2] 12

Bei fehlender Angabe in der Anzeige kann der Makler gemäß § 5a Abs. 2 UWG sowohl von seinen Mitbewerbern als auch von Wettbewerbsvereinen abgemahnt werden. Soweit Abkürzungen bei Anzeigen verwendet werden, müssen diese für den Verbraucher grundsätzlich eindeutig sein. Leider hat der Gesetzgeber kein offizielles Abkürzungsverzeichnis erstellt. Welche Abkürzungen nicht irreführend im Sinne des Wettbewerbsrechts sind, wird sich daher erst im Laufe der nächsten Jahre durch die Rechtsprechung ergeben. Im Zweifel sollte daher möglichst von eigenen kreativen Abkürzungen abgesehen werden. 13

III. Geldwäsche

Immobilienmakler sind gem. **§ 2 Abs. 1 Nr. 10 GWG** verpflichtet, Kunden (Immobilieneigentümer und Kaufinteressenten) zu identifizieren und die Angaben zu überprüfen. Dies gilt unabhängig von der Höhe der zu erwartenden Transaktionshöhe aus dem Geschäft. 14

Der Immobilienmakler muss den Käufer identifizieren, wenn ein ernsthaftes Kaufinteresse besteht. Von einem ernsthaften Kaufinteresse ist nach der Gesetzesbegründung spätestens dann auszugehen, wenn einer der Beteiligten von dem anderen den Kaufvertrag im Entwurf erhalten hat. Darüber hinaus kann ein ernsthaftes Interesse am Abschluss des Kaufvertrags angenommen werden, wenn der (voraussichtliche) Käufer mit dem (möglichen) Verkäufer oder dem Makler eine Reservierungsvereinbarung oder einen Vorvertrag abgeschlossen oder eine Reservierungsgebühr an den Makler entrichtet hat. 15

Bei einer natürlichen Person ist es neben dem Namen und Vornamen, die Adresse (keine Postfachanschrift), das Geburtsdatum, der Geburtsort und die Nationalität, die Ausweisnummer und ausstellende Behörde. Diese Angaben müssen anhand von amtlichen Ausweisdokumenten geprüft und aufgezeichnet werden oder der Ausweis kopiert werden. Es muss immer die Person geprüft werden, für die das Geschäft abgeschlossen wird, also kein Stellvertreter, sondern der Vertretene. 16

Bei juristischen Personen müssen die Handelsregisterangaben neben der Adresse der Firma erfasst werden und der eventuell hinter einer Firma stehende wirtschaftlich Berechtigte ermittelt werden (mehr als 25 Prozent Kapitalanteil). Ist der wirtschaftlich berechtigte hinter einer Firma eine natürliche Person, muss diese wieder identifiziert und die Daten überprüft werden. Haben mehrere Anteilseigner jeweils mehr als 25 Prozent, müssen diese alle identifiziert und die Daten geprüft werden. 17

Außerdem muss der Immobilienmakler den Zweck der Geschäftsbeziehung in allen Fällen – auch bei der natürlichen Person – abklären. Der Maklerkunde ist gemäß § 4 Abs. 6 GwG gesetzlich verpflichtet, dem Makler die erfragten Daten zu geben und auch den Personalausweis zur Überprüfung dieser Identitätsdaten zu geben. Bei einer längeren Geschäftsbeziehung müssen die Daten eventuell nach einiger Zeit wieder festgestellt und überprüft werden. 18

Der Makler muss weiter die vom Kunden gemachten und geprüften Angaben mindestens fünf Jahre aufbewahren. Weiter hat der Makler interne Sicherungssysteme zu schaffen, dazu gehört die Schulung der Mitarbeiter und Schaffung von internen Kontrollmechanismen (Formulare, Checklisten und ähnliches). Die internen Kontrollmechanismen müssen ab und zu überprüft und gegebenenfalls angepasst werden. 19

Bei einem Verdacht auf Geldwäsche oder Terrorismusfinanzierung vor Abschluss eines Maklervertrages muss der Makler unverzüglich eine Verdachtsmeldung bei der Zentralstelle für Verdachtsmeldungen (FIU im Bundeskriminalamt) und bei den jeweils zuständigen Strafverfolgungsbehörden machen. Das sind in der Regel das jeweilige 20

[2] BGH BeckRS 2017, 141962; 2017, 141963 und 2017, 141966.

Landeskriminalamt und/oder die Staatsanwaltschaft. Hier gibt es teilweise leicht abweichende Regelungen in den Bundesländern. Ergeben sich Verdachtsmomente erst später, muss der Makler dann unverzüglich eine Verdachtsmeldung nachholen.

21 Hat der Makler eine Verdachtsmeldung gemacht, darf er die Geschäftsbeziehung erst fortführen, wenn mehr als zwei Werktage nach Meldung vergangen sind, ohne dass die zuständige Stelle den Vertragsabschluss untersagt hat. Die Einhaltung aller Pflichten kann von den zuständigen Behörden überprüft werden. Diese können eventuell auch die Ernennung eines Geldwäschebeauftragten anordnen.

IV. Maklervertrag

1. Angebot und Annahme

22 Das Zustandekommen eines Maklervertrages bestimmt sich nach den allgemeinen Regeln über den Vertragsschluss, §§ 145 ff. BGB. Demnach sind zwei inhaltlich übereinstimmende Willenserklärungen von mindestens zwei Personen erforderlich, Angebot und Annahme. Eine Willenserklärung ist eine Willensäußerung, die auf einen rechtlichen Erfolg gerichtet ist. In der Regel sind folgende Konstellationen anzutreffen:

23 a) **Maklervertrag durch ausdrückliche Einigung.** Der Makler hat in der Regel vom Verkäufer einen Auftrag, für das Objekt einen Kaufinteressenten nachzuweisen bzw. einen Kaufvertrag zu vermitteln. Tritt der Makler mit einem Kaufinteressenten in Verbindung, muss dieser nicht ohne weiteres davon ausgehen, dass der Makler auch mit ihm einen Maklervertrag abschließen will. Der Makler muss deshalb, will er auch mit dem Kaufinteressenten maklervertragliche Bindungen eingehen, diesem deutlich machen, dass er von ihm eine Provision im Falle des Abschlusses des Hauptvertrages erwartet. Der Makler ist gehalten, klar und deutlich darauf hinzuweisen, dass er von seinem Kunden bei Abschluss des Kaufvertrages eine Provision verlangt.[3] Erteilt deshalb der Makler dem Kaufinteressenten den vollständigen Objektnachweis, ohne zuvor auf die Provisionspflicht hingewiesen zu haben, so handelt er, soweit ihn dabei die Erwartung einer späteren Provisionszusage leitet, auf eigenes Risiko.[4]

24 b) **Maklervertrag durch schlüssiges Handeln.** In der Praxis kommt der Maklervertrag in aller Regel durch schlüssiges Handeln – also konkludent – zustande. Voraussetzung ist, dass der Makler zweifelsfrei seinem Kunden gegenüber zu erkennen gibt, dass er von diesem bei Abschluss des Kaufvertrages eine Provision verlangt und der Kunde die Dienste des Maklers in Kenntnis der Provisionsforderung in Anspruch nimmt oder sich gefallen lässt.[5] Es ist mithin Sache des Maklers, klare Verhältnisse zu schaffen, was in der Regel durch den eindeutigen Provisionshinweis zu erfolgen hat. Etwaige Unklarheiten hinsichtlich des Vertragsabschlusses gehen stets zu Lasten des Maklers, der im Übrigen auch die Beweislast trägt.[6]

25 Der Maklervertrag kommt in aller Regel dadurch zustande, dass der Kunde in Kenntnis der Provisionsforderung Maklerdienste abfordert oder entgegennimmt. Nimmt der Interessent in Kenntnis der Provisionserwartung des Maklers wesentliche Maklerleistungen in Anspruch, so liegt darin ein stillschweigender Abschluss eines Maklervertrages, wenn der Interessent die weiteren Maklerleistungen veranlasst hat.[7] Eine derartige wesentliche Maklerleistung kann beispielsweise in folgenden Diensten des Maklers bestehen:

- Organisation/Verabredung eines (weiteren) Besichtigungstermins,
- dem Auftrag an den Makler, Nachforschungen anzustellen,

[3] BGH WM 1983, 764; NJW 1984, 232; NJW 1986, 177.
[4] BGH NJW 1986, 177.
[5] BGH NJW 1986, 177; NJW-RR 2007, 400.
[6] BGH NJW 1984, 232.
[7] BGH NJW 1986, 50.

- dem Auftrag an den Makler, das Grundbuch einzusehen,
- dem Auftrag an den Makler, Notartermine zu vereinbaren,
- der Bitte, einen weiteren Besprechungstermin zu gewähren,
- der Bitte, eine Finanzierungsvermittlung zu tätigen,
- der Bitte um Übersendung von Bau- oder sonstigen Plänen (zB Grundriss),
- Erfragen der Grundstücksadresse,
- der Bitte, in das Baulastenverzeichnis Einsicht zu nehmen.

Nimmt der Maklerkunde jedoch in Kenntnis des Provisionsverlangens weitere Maklerdienste in Anspruch, lehnt er es aber zugleich ab, eine Provision zu zahlen, kommt der Maklervertrag nicht zustande.[8] Allein in dem späteren Ankauf des nachgewiesenen Objektes kann nicht eine schlüssige Annahme des Vertrags-angebotes des Maklers gesehen werden.[9] Streitig ist, ob auch im Geltungsbereich von § 656a BGB Maklerverträge weiterhin **konkludent** abgeschlossen werden können[10]. Richtigerweise wird man davon ausgehen müssen, dass der Gesetzgeber diese Möglichkeit des Vertragsabschlusses – bei der die Beweislast bei dem Makler liegt – nicht für die Zukunft ausschließen bzw. neu regeln wollte. 26

c) Maklervertrag durch unverbindliche Kundenanfrage/Suchauftrag. Ein Maklervertrag mit einem Grundstückskäufer kommt nicht bereits dadurch (konkludent) zustande, dass der Kunde sich im Geschäftslokal des Maklers nach Angeboten erkundigt, sich über ein inseriertes Objekt informiert und dieses anschließend zusammen mit dem Makler besichtigt, sofern der Makler nicht ausdrücklich auf eine Provisionspflicht des Käufers hinweist und sich dieser damit einverstanden erklärt.[11] 27

Im Rahmen eines sog. „Suchauftrages" bedarf es für das Zustandekommen des Maklervertrages auch dann eines Provisionshinweises des Maklers, wenn der Kunde ohne Bezugnahme auf ein Inserat oder ein sonstiges Einzelangebot des Maklers Kontakt zu diesem aufnimmt, um sich Objekte aus dessen „Bestand" benennen zu lassen.[12] Grundsätzlich darf der Interessent – soweit ihm nichts Gegenteiliges bekannt ist – stets davon ausgehen, dass der Makler das Objekt von dem Verkäufer an die Hand bekommen hat und deshalb mit der angetragenen Weitergabe von Informationen eine Leistung für den Anbieter erbringen will. Ohne weiteres braucht der Kaufinteressent in einem solchen Fall deshalb nicht damit zu rechnen, dass der Makler auch von ihm eine Provision erwartet. Wendet sich hingegen der Gewerbemieter an einen Makler und übermittelt diesem ein Profil mit den maßgeblichen Suchkriterien für ein neues Büro, ist er dem Makler nach der erfolgreichen Vermittlung eines Gewerbemietobjektes zur Zahlung einer Provision verpflichtet – „echter Suchauftrag".[13] 28

d) Maklervertrag durch Internet- oder Zeitungsanzeige. Eine Zeitungs- bzw. Internetanzeige stellt in der Regel noch kein Angebot im Rechtssinne dar; vielmehr handelt es sich um ein bloßes invitatio ad offerendum, da sich der Makler damit an einen unbestimmten Kreis von potentiellen Interessenten wendet. Eine dadurch veranlasste Kontaktaufnahme des Interessenten mit dem Makler kann aber dann zum Abschluss eines Maklervertrags führen, wenn der Makler sein Provisionsverlangen im Inserat bereits ausdrücklich und unmissverständlich zum Ausdruck gebracht hat.[14] Der BGH führt hierzu in seiner Entscheidung vom 3.5.2012 folgendes aus: 29

---

[8] BGH NJW 1995, 1481.
[9] BGH NJW 1986, 50; OLG Schleswig NZM 2007, 494.
[10] Ja: KG – 10 U 86/24 (nicht veröffentlicht) – Revision anhängig (I ZR 223/25); OLG Karlsruhe 10.3.2023 – 9 U 168/22, BeckRS 2023, 7560 Rn. 27 f. und NZM 2023, 430; Nein: OLG Celle 2.10.2025 – 11 U 23/25, NZM 2025, 988 – Revision anhängig (I ZR 202/25).
[11] OLG Karlsruhe BeckRS 2010, 5349; ähnlich auch OLG Frankfurt a. M. BeckRS 2011, 10895 sowie OLG München OLGR 1993, 230.
[12] BGH NJW 2005,3779.
[13] BGH BeckRS 2009, 27223; OLG München RNotZ 2017, 192.
[14] BGH BeckRS 2012, 11160; OLG Hamm 8 U 17/12, https://nrwe.justiz.nrw.de/olgs/hamm/j2012/I_18_U_17_12_Urteil_20120621.html; LG Oldenburg LSK 2014, 190295.

„Ein Angebot auf Abschluss eines Maklervertrages ist grundsätzlich noch nicht in einer Zeitungs- oder Internetanzeige des Maklers, wie hier der Klägerin im Internetportal „ImmobilienScout 24" zu sehen. Ein Vertragsschluss kommt deshalb regelmäßig noch nicht dadurch zustande, dass ein Makler mit Zeitungs- oder Internetanzeigen werbend im geschäftlichen Verkehr auftritt und sich der Interessent daraufhin von sich aus an ihn wendet. Es handelt sich bei solchen Inseraten lediglich um eine invitatio ad offerendum, (...) Eine dadurch veranlasste Kontaktaufnahme des Interessenten mit dem Makler kann aber dann zum Abschluss eines Maklervertrages führen, wenn der Makler sein Provisionsverlangen im Inserat bereits ausdrücklich und unmissverständlich zum Ausdruck gebracht hat. Weist er in einem Zeitungs- oder im Internetinserat eindeutig auf die fällig werdende Maklerprovision hin, so dass der Interessent von einer eigenen Provisionspflicht ausgehen kann, und erhält dieser auf seine daraufhin erfolgte Anfrage Namen und Anschrift des Verkäufers, löst dies den Anspruch auf Zahlung der Provision aus (...). Die Bezugnahme des Interessenten auf diese Anzeige bestimmt dabei den Inhalt des Nachweis- oder Vermittlungsersuchens so, dass der Makler von einem Angebot auf Abschluss eines solchen Maklervertrags ausgehen kann, nachdem er sein Provisionsverlangen zunächst ohne Preisgabe der Vertragsgelegenheit in seinem Inserat hinreichend deutlich geäußert hatte (...)."

30 Zu beachten ist, dass der Makler beweisbelastet dafür ist, dass in der Internetanzeige der Provisionshinweis enthalten war.[15] Nach einer Entscheidung des Landgerichts Oldenburg[16] ist jedoch ein „Bestreiten mit Nichtwissen" durch den Käufer unzulässig, wenn unstreitig ist, dass der Käufer über das Internet auf das Objekt aufmerksam gemacht worden ist. Wie die Anzeige gestaltet ist, unterliegt insoweit (auch) der Wahrnehmung des Käufers. Mit einem Verbraucher kann ein wirksamer Maklervertrag über das Internet nur zustande kommen, wenn der Makler die Vorschrift des § 312j III BGB beachtet. Gestaltet der Makler bei einem im elektronischen Geschäftsverkehr geschlossenen Maklervertrag die Annahmeerklärung des Verbrauchers entgegen § 312j III BGB nicht als ausdrückliche Bestätigung der Provisionspflicht, so ist der Maklervertrag gem. § 312j IV BGB nicht schwebend, sondern endgültig unwirksam[17]. Dies bedeutet, dass dem Verbraucher im Zeitpunkt der Bestätigung des Erhalts der Unterlagen durch Betätigung des Sendebuttons bewusst sein, dass er durch Abschluss des Vertrags einen zahlungspflichtigen Vorgang in Gang setzt. Der Makler bzw. die Maklersoftware muss den automatisierten Vorgang daher so gestalten, dass ein „Sendebutton" oder „Bestätigungsbutton" eine ausdrückliche Bestätigung der Zahlungsverpflichtung enthält (zB „zahlungspflichtigen Auftrag erteilen").

31 e) **Eindeutiger Provisionshinweis.** Die Anforderungen an die Deutlichkeit des Provisionsverlangens sind von den Umständen des Einzelfalles abhängig. Sie sind in der Regel höher, wenn der Makler von sich aus an den Kunden herantritt. Dabei hat der Makler unmissverständlich gegenüber dem Kauf- oder Mietinteressenten deutlich zu machen, dass er eine entgeltliche Maklerleistung gerade für sein Gegenüber, also seinem potentiellen Auftraggeber erbringen will. Ob und inwieweit eine Provisionsklausel als ausdrückliches Provisionsverlangen angesehen werden kann, ist eine Frage der tatrichterlichen Würdigung. Missverständlich kann ein solches Provisionsverlangen sein, wenn es im Zusammenhang mit Verkäuferforderungen gestellt wird, zB in der Form: „Der Käufer trägt die Erwerbsnebenkosten, dh Maklercourtage und Notargebühren".[18] Eindeutig ist nach der herrschenden Rechtsprechung beispielsweise folgende Formulierung: „Die vom Käufer im Falle des Ankaufs unmittelbar an uns, die Maklerfirma..., zu zahlende Provision beträgt ... % des Kaufpreises inkl. der gesetzlichen Mehrwertsteuer." Hinreichend verständlich ist auch der in einer Internetofferte enthaltene Hinweis „Provision 7,14 %".[19]

[15] LG Hamburg BeckRS 2011, 13749.
[16] LG Oldenburg LSK 2014, 190295.
[17] BGH 9.10.2025 – I ZR 159/24, NJW 2026, 316.
[18] BGH WM 1981, 495; NJW-RR 1986, 1496.
[19] BGH BeckRS 2012, 11160; vgl. hierzu auch BGH BeckRS 1999, 30080417.

f) Dissens über die Provisionshöhe. Lange Zeit ist die herrschende Rechtsprechung davon ausgegangen, dass dann, wenn der Geschäftspartner (Kauf/Miet-interessent) nur einen wesentlichen Teil des Angebotes abgelehnt hat, ein Maklervertrag nicht zustande gekommen ist, dies beispielsweise dann, wenn der Geschäftspartner „Vermittlung statt Nachweis" wünscht, ein konkretes Angebot ablehnt und „Informationen über ähnliche Objekte" erbittet oder aber sich die Parteien nicht über die Provisionshöhe einig sind. Dies hat der BGH in einer Entscheidung vom 6.12.2001[20] revidiert. Zugrunde lag der Entscheidung folgender Sachverhalt: Der Makler bietet einem Interessenten unter Hinweis auf seine Provisionsforderung von 5,75 % ein Objekt an. Der Interessent sendet das Angebot unterschrieben zurück, streicht aber die Angabe 5,75 % durch und ersetzt diese durch den handschriftlichen Zusatz „nach Vereinbarung". Der Kunde kauft das Objekt, verweigert später jedoch die Provisionszahlung mit der Begründung, ein Maklervertrag sei nicht zustande gekommen, weil keine Einigung über die Provision erzielt worden sei. Der BGH bejaht die Möglichkeit, dass ein Maklervertrag zustande gekommen und der Provisionsanspruch entstanden ist. Zwar sei die Höhe der Vergütung nicht geregelt, durch die handschriftliche Änderung der Provisionsklausel habe der Käufer jedoch keineswegs jede Provisionszahlung abgelehnt, sondern seine grundsätzliche Bereitschaft zu erkennen gegeben, dem Makler im Erfolgsfalle eine Vergütung zukommen zu lassen. Daher sei der Vertrag entweder ergänzend auszulegen oder gegebenenfalls über die gesetzlichen Regelungen im Sinne der §§ 612 Abs. 2, 632 Abs. 2 und 653 BGB zu ergänzen. 32

Streng zu unterscheiden von dieser Fallkonstellation ist der Fall, dass der Kunde sich weigert, überhaupt eine Provision zu zahlen. Wie ausgeführt, kommt der Maklervertrag dann nicht zustande. Wenn auch nach weiteren Verhandlungsversuchen keine Einigung mit dem Kunden erreicht werden kann, sollte der Makler in jedem Fall seine Leistungen einstellen, da ein Maklervertrag auch dann nicht zustande kommt, wenn der Kunde nach der vorangegangenen Provisionsverweigerung weitere Leistungen des Maklers entgegennimmt.[21] 33

g) Nachträgliches Provisionsversprechen. Ein Maklervertrag kann auch noch dann abgeschlossen werden, wenn der Makler seine Nachweis- oder Vermittlungsleistung bereits erbracht hat. In der BGH Entscheidung III ZR 530/13 hatte der Geschäftsführer einer GmbH Vorkenntnis vom Verkäufer und vom Kaufobjekt. Trotzdem unter-unterzeichneter er folgende Objektnachweisbestätigung: 34

„Hiermit bestätigte ich …, dass mir die Immobilie … zum Kauf per E-Mail nachgewiesen wurde. Ich erkenne die Höhe der Provision in Höhe von 5 % des Kaufpreises zzgl. MwSt. sowie deren Fälligkeit bei Kaufpreisfälligkeit eines notariellen Kaufvertrages an."

Der BGH führte ua aus: „Der Umstand, dass zu diesem Zeitpunkt bereits Maklerleistungen erbracht worden waren, steht dem nicht entgegen. Denn ein Maklervertrag kann auch noch nach erfolgter Maklerleistung abgeschlossen werden." Das gilt grundsätzlich auch, wenn der eigentliche Maklervertrag nichtig ist, weil der Makler bzw. seine Maklersoftware die Vorgaben des § 312j III BGB nicht beachtet hat (s. IV 1d). Wird nämlich ein nichtiges Rechtsgeschäft von demjenigen, welcher es vorgenommen hat, bestätigt, so ist die Bestätigung gem. § § 141 I BGB als erneute Vornahme zu beurteilen. Resultiert die Nichtigkeit eines Vertrags aus der Nichtigkeit der Willenserklärung nur einer Vertragspartei, so genügt die Bestätigung durch diese Partei[22] Danach kann der Maklerkunde einen Neuabschluss des nach § 312j IV BGB unwirksamen Maklervertrags durch einseitige Erklärung herbeiführen.[23] 35

[20] BGH NJW 2002, 817.
[21] BGH NJW-RR 1996, 114.
[22] BGH 9.10.2025 – I ZR 159/24, NJW 2026, 316.
[23] BGH 9.10.2025 – I ZR 159/24, NJW 2026, 316.

2. Form

36 **a) Formfreier Abschluss.** Maklerverträge können grundsätzlich formfrei abgeschlossen werden.

Ausnahmen:

Seit dem 1.6.2015 gilt für den Abschluss von Verträgen der Wohnungsvermittlung die **Textform.** Gleiches gilt nach § 656a BGB bei einem Maklervertrag, der den Nachweis der Gelegenheit zum Abschluss eines Kaufvertrags über eine Wohnung oder ein Einfamilienhaus oder die Vermittlung eines solchen Vertrags zum Gegenstand hat.

37 Um der Textform zu genügen, muss die Erklärung in einer Urkunde oder in einer anderen zur dauerhaften Wiedergabe in Schriftzeichen geeigneten Weise abgegeben werden. Danach reichen Verkörperungen auf Papier, USB-Stick, Diskette, CD-Rom, ferner E-Mail oder ein Computerfax aus. Auch ein Kontaktaufbau über WhatsApp wird ausreichend sein.[24] Im Rechtsalltag ist der Austausch von Emails vorherrschend.[25] Streitig ist, ob auch im Geltungsbereich von § 656a BGB Maklerverträge weiterhin **konkludent** abgeschlossen werden können[26]. Richtigerweise wird man davon ausgehen müssen, dass der Gesetzgeber diese Möglichkeit des Vertragsabschlusses – bei der die Beweislast bei dem Makler liegt – nicht für die Zukunft ausschließen bzw. neu regeln wollte.

38 **b) Notarielle Beurkundung von Maklerverträgen.** In Ausnahmefällen bedarf auch der Maklervertrag einer notariellen Beurkundung. Enthalten Maklerverträge eine Verpflichtung zur Veräußerung oder zum Erwerb eines Grundstücks, so ergibt sich die notarielle Beurkundungspflicht aus § 311b BGB.

39 Die notarielle Beurkundung soll eine unabhängige, sachgerechte Beratung, Belehrung und ggf. Warnung sowie ein jederzeit vorlegbarer Beweis gewährleisten. Verpflichtet sich zB der Interessent, von einer vom Makler nachgewiesenen Möglichkeit zum An- oder Verkauf einer Immobilie Gebrauch zu machen, so bedarf dies der notariellen Beurkundung.[27]

40 Nach der Rechtsprechung ist eine notarielle Beurkundung aber auch dann erforderlich, wenn ein Maklervertrag Bestimmungen enthält, durch die ein indirekter Druck zum Erwerb oder zum Verkauf eines Grundstücks auf den Maklerkunden ausgeübt wird.[28] Verpflichtet sich daher ein Maklerkunde für den Fall der Ablehnung eines Vertragsangebotes zur Zahlung eines bestimmten Betrages, der über 15 % der im Erfolgsfall zu zahlenden Provision liegt, so kann hierdurch ein indirekter Zwang zum Abschluss des Geschäftes auf den Kunden des Maklers ausgeübt werden, so dass die Form des § 311b BGB zu berücksichtigen ist.[29] Ob der vom Kunden zu zahlende Betrag als Provision, Vertragsstrafe, Schadensersatz, Reuegeld etc bezeichnet wird, ist unerheblich. Entscheidend ist jedoch auch hier stets der Einzelfall: So kann auch bei einem Betrag, der unter 10 % der im Erfolgsfall zu zahlenden Provision liegt, ein unangemessener indirekter Druck ausgeübt werden.[30]

41 Hat sich ein Makler in einem nicht notariell beurkundeten Maklervertrag eine Vertragsstrafe für den Fall ausbedungen, dass der Kunde den Hauptvertrag nicht abschließt, so kann die gegebenenfalls sich daraus ergebende Nichtigkeit durch die formgerechte Beurkundung des Grundstückskaufvertrages geheilt werden.[31] Die Rechtsprechung wendet jedoch auch in diesen Fällen die Vorschrift des § 654 BGB an,

---

[24] Schmidt NZM 2021, 289 (290).
[25] Fischer IMR 2021, 88 (90).
[26] Ja: KG – 10 U 86/24 (nicht veröffentlicht) – Revision anhängig (I ZR 223/25); OLG Karlsruhe, BeckRS 2023, 7560 Rn. 27f. und NZM 2023, 430; Nein: OLG Celle, NZM 2025, 988 – Revision anhängig (I ZR 202/25).
[27] Vgl. BGH NJW 1971, 557; NJW-RR 1990, 57.
[28] Vgl. BGH NJW 1971, 557; 1971, 93; NJW-RR 1992, 817.
[29] BGH NJW-RR 1992, 817.
[30] BGH NJW 1980, 1622; 1987, 54.
[31] BGH NJW 1987, 1628.

wonach derjenige Makler, der seinen Kunden veranlasst, formunwirksame Verträge zu unterzeichnen, seinen Anspruch auf Provision verwirkt.[32]

c) **Reservierungsvereinbarung.** Eine Reservierungsvereinbarung kann zwar grundsätzlich keinen Veräußerungszwang, aber dennoch auf den Kaufinteressenten einen erheblichen Erwartungsdruck ausüben, so dass auch diese Form beurkundungspflichtig sein kann.[33] Verlangt der Makler vom Interessenten im Rahmen einer Reservierungsvereinbarung eine Reservierungsgebühr, damit er dessen Wunsch-Immobilie für eine Weile nicht bewirbt und nicht mit anderen potentiellen Käufern besichtigt, muss die Reservierungsgebühr unter 10 % der im Erfolgsfall anzunehmenden Provision liegen. Anderenfalls ist fraglich, ob nicht bereits die Reservierungs-vereinbarung notariell beurkundet werden muss.[34] Nach dem BGH ist im Übrigen die in allgemeinen Geschäftsbedingungen eines Maklers enthaltene Klausel, nach der der Kaufinteressent ein Reservierungsentgelt zu zahlen hat, jedenfalls dann nach § 307 BGB unwirksam, wenn das Entgelt auch bei Nichtzustandekommen des Kaufvertrages beim Vermittler verbleiben soll.[35] 42

3. Widerruf

Gem. § 312g BGB ist jeder „außerhalb von Geschäftsräumen" geschlossene Vertrag belehrungspflichtig. Damit ist auch der am Ort des Verkaufs- oder Vermietungsobjektes geschlossene Vertrag widerrufbar. 43

Maklerverträge unterliegen nur dann nicht dem Widerrufsrecht, wenn sie 44

- in dem Büro des Maklers
- bei gleichzeitiger Anwesenheit beider Vertragsparteien

zustande gekommen sind.

Möchte der Auftraggeber, dass der Makler sofort für ihn tätig wird, so muss er sich ausdrücklich vom Kunden bestätigen lassen, dass er sofort mit seiner Tätigkeit beginnen kann, und dass nach vollständiger Leistungserbringung (Nachweis- oder Vermittlungsleistung) innerhalb der Widerrufsfrist der Verbraucher sein Widerrufsrecht verliert. 45

Von besonderer Bedeutung sind in diesem Zusammenhang die sogenannten Fernabsatzverträge nach § 312c BGB. Diese liegen vor, wenn die Dienstleistung unter ausschließlicher Verwendung von Fernkommunikationsmitteln abgeschlossen wird. 46

Der BGH[36] hat klargesellt, dass ein Fernabsatzgeschäft nicht immer schon dann vorliegt, wenn es unter Verwendung von Fernkommunikationsmitteln zustande gekommen ist. Entscheidend ist, ob es im Rahmen eines für den Fernabsatz organisierten Vertriebs- und Dienstleistungssystems geschieht. Dies ist bei der Verwendung von Internetdatenbanken wie Immoscout oder Immonet fraglos der Fall. 47

Verbraucher ist der Kunde, wenn er eine natürliche Person ist und das Objekt für private Zwecke erwirbt oder vermietet (§ 13 BGB). Die Verwaltung und Anlage eigenen Vermögens (Anlage von Geld in Mietshäusern etc) führt noch nicht dazu, dass die betreffende Person als Unternehmer im Sinne von § 14 BGB anzusehen ist. Der private Vermögensverwalter ist aber dann Unternehmer, wenn der mit der Vermögensverwaltung verbundene organisatorische und zeitliche Aufwand nach den Umständen des Einzelfalls das Bild eines planmäßigen Geschäftsbetriebes vermittelt.[37] 48

Nach einer Entscheidung des Kammergerichtes[38] ist auch ein Kieferorthopäde, der bereits Eigentümer von 4 Mietshäusern mit je ca. 20 Wohnungen ist, als Verbraucher anzusehen. 49

---

[32] BGH NJW-RR 1990, 57.
[33] BGH NJW-RR 1992, 817.
[34] Vgl. BGH BeckRS 2010, 25139.
[35] BGH BeckRS 2010, 25139; 20.4.2023 – I ZR 113/22, BeckRS 2023, 9226.
[36] BGH NJW-RR 2017, 368.
[37] BGH NJW 2002, 368; guter Überblick auch bei Genz NZM 2021, 791.
[38] KG GE 2016, 57.

Bei dual-use Nutzung (privat und geschäftlich) muss ermittelt werden, wo der Schwerpunkt des Geschäftes liegt.

50 Die Frist für die Ausübung des Widerrufsrechts beträgt 14 Tage und beginnt mit Abschluss des Maklervertrages, frühestens aber mit dem Zugang der Widerrufsrechtsbelehrung beim Kunden.

Erfolgt keine Widerrufsbelehrung, so beträgt die Frist 1 Jahr und 14 Tage.

51 Die Widerrufsbelehrung muss in Textform erfolgen. Der Gesetzgeber hat hierfür ein Muster im Gesetz bereitgestellt (Anlage 1 zu Art. 246a § 1 Abs. 2 S. 2 EGBGB). Nach Meinung des OLG Naumburg soll allerdings dieser – vom Gesetzgeber selbst vorgegebene – Text für Maklerverträge nicht ausreichend sein. Weder in einer solchen Widerrufsbelehrung selbst noch in der Einleitung dazu werde ausdrücklich auf einen Maklervertrag Bezug genommen. Die Belehrung erfolge nur bezüglich eines „Vertrages". Auch die Einleitung zur Widerrufsbelehrung enthalte lediglich den Satz: „Im Falle eines zustande kommenden Vertrages haben Verbraucher das folgende Widerrufsrecht"[39]. Diese Anforderung ist überzogen. Hat der Verbraucher den Maklervertrag innerhalb der Frist wirksam widerrufen, so ist er nicht mehr an diesen gebunden. Hat der Makler seine Leistung bereits erbracht und der Kunde widerruft, steht dem Makler grundsätzlich Wertersatz für die bis zum Widerruf erbrachte Leistung zu.

52 Nach der Entscheidung des BGH vom 19.7.2012[40] richtet sich die Bemessung des Wertersatzes nach dem objektiven Wert der Leistung, soweit dieser das vertraglich vereinbarte Entgelt nicht übersteigt. Der objektive Wert richtet sich dabei nach der marktüblichen (oder mangels einer solchen) nach der angemessenen Vergütung, die für die Vermittlung eines entsprechenden Hauptvertrages zu bezahlen ist.

V. Maklertätigkeit

53 Die Maklertätigkeit besteht nach Maßgabe von § 652 BGB aus zwei gleichwertigen Möglichkeiten: Entweder im Nachweis einer Abschlussgelegenheit oder der Vermittlung eines Vertrages. Beides wird vom Gesetzgeber gleichbehandelt. **Aber:** Ist im Maklervertrag zwischen den vertragsschließenden Parteien vereinbart, dass der Makler eine Vergütung nur für eine Vermittlungsleistung erhalten soll, so genügt der schlichte Nachweis einer Abschlussgelegenheit nicht, und umgekehrt. Im Maklervertrag muss deshalb genau vereinbart werden, welche Tätigkeiten der Makler entfalten soll:

- Nachweistätigkeit
- Vermittlungstätigkeit
- Nachweis- und Vermittlungstätigkeit
- Nachweis- und/oder Vermittlungstätigkeit

Die zuletzt genannte Variante deckt alle möglichen Tätigkeitsbereiche des Maklers ab.

1. Nachweistätigkeit

54 Die dem Nachweismakler obliegende Maklerleistung besteht gemäß § 652 BGB in dem „Nachweis der Gelegenheit zum Abschluss eines Vertrages". Der „Nachweis" wird erbracht, indem der Makler dem Auftraggeber einen bisher unbekannten Interessenten für das angestrebte Geschäft benennt, ihm Objekt und künftige Vertragspartner bekannt gibt, so dass dieser ohne weitere Nachforschungen in Verhandlungen über den angestrebten Hauptvertrag eintreten kann. Nach der Rechtsprechung des BGH muss der Makler seinem Auftraggeber die notwendigen Kenntnisse für den Eintritt in die Verhandlungen über den gewünschten Vertrag verschaffen.[41] Inhaltlich muss der Nachweis hinsichtlich der Person und des Objektes so hinreichend bestimmt sein, dass es dem

[39] OLG Naumburg NJ 2018, 375.
[40] BGH BeckRS 2012, 17737.
[41] BGH NJW-RR 1987, 172.

Auftraggeber möglich ist, von sich aus die Vertragsverhandlungen aufzunehmen.[42] Der Nachweis bezieht sich mithin auf eine „konkrete Vertragsgelegenheit".[43] Dies bedeutet, dass dem Anbieter-Auftraggeber (Verkäufer/Vermieter) ein Interessent mit Namen und Anschrift benannt wird, wobei es ausreichend ist, wenn der mögliche Käufer generell am Erwerb einer Immobilie interessiert ist, die dem angebotenen Objekt ähnlich ist.[44] Bei dem Nachfrage-Auftraggeber (Käufer/Mieter) ist grundsätzlich sowohl das Objekt als auch der Anbieter mit Namen und Anschrift zu benennen.[45]

a) **Ausnahmen.** Von dem obigen Grundsatz werden in der Rechtsprechung zwei Ausnahmen zugelassen: 55

- Allein die Bekanntgabe des Objektes kann unter Umständen genügen, wenn der Interessent vorerst nicht an der Person des zukünftigen Vertragspartners interessiert ist, sich also mit der Bekanntgabe des Objektes zufriedengibt und er später „am Makler vorbei" abschließt. In diesem Fall ist es ihm nach Treu und Glauben verwehrt, dem Makler „unvollständigen Nachweis" vorzuhalten.[46]
- Die Bekanntgabe des Objektes kann auch dann ausreichend sein, wenn es dem Interessenten keine Mühe bereitet, den Verkäufer auf eigene Faust ausfindig zu machen, zB wenn die Anschrift des Verkäufers mit der örtlichen Bezeichnung des Grundstücks übereinstimmt.[47] Dies ist in aller Regel der Fall bei einem vom Verkäufer selbst genutzten Einfamilienhaus.

b) **Nachweistätigkeit beim Wohnungsmakler.** Wenn ein Nachweismakler einem Miet- 56 interessenten vereinbarungsgemäß eine Liste mit Daten von Wohnungsanbietern und Objekten übersendet, die den Kunden in die Lage versetzen, in konkrete Verhandlungen über den von ihm angestrebten Hauptvertrag einzutreten, dann erbringt der Makler den Nachweis zum Abschluss des Hauptvertrages.[48] Der Wohnraumvermittler könne für seine Nachweistätigkeit ein erfolgsabhängiges Entgelt vereinbaren. Ein von einem späteren Mietvertragsabschluss unabhängiges Entgelt für die Übersendung einer Anbieter- und Objektliste dürfe aber wegen § 2 WoVermG nicht verlangt oder vereinbart werden.

Demgegenüber handelt es sich um keinen Nachweis, sondern nur um die Verschaf- 57 fung einer Ermittlungsmöglichkeit, wenn etwa einem Verkaufsinteressenten eine Namensliste von rund 500 Personen übersandt wird, die der Auftraggeber anschreiben muss, um zu ermitteln, ob sich unter diesen Personen jemand befindet, der sich konkret für sein Objekt interessiert.[49]

c) **Vertragsbereitschaft.** Für einen wirksamen Nachweis ist es ohne Bedeutung, wenn 58 der vom Makler benannte Komplementär-Geschäftsführer nicht die Befugnis hat, die als Kommanditgesellschaft organisierten Unternehmen einzeln oder insgesamt zu verkaufen und es (noch) an einem formalen Verkaufs-beschluss der Gesellschafter fehlt. Im Hinblick auf die Funktion des Maklers, Anbieter und Nachfrager zum Zwecke eines Vertrags-abschlusses zusammenzuführen, sei die Zusammenführung von tatsächlich zur Verhandlung und generell zum Vertragsabschluss bereiten Parteien erforderlich, aber auch ausreichend.[50] Die endgültige Zustimmung der Kommanditisten stelle sich demgegenüber nur als bloßes „Internum" dar. Insoweit scheidet ein Nachweis dann aus, wenn das Objekt zum Zeitpunkt des Maklerangebots nicht gekauft oder gemietet werden kann, etwa weil der Verkäufer nicht verkaufsbereit ist.

---

[42] BGH NJW 1987, 1629.; OLG Brandenburg 29.7.2025 – 6 U 120/24, BeckRS 2025, 20384.
[43] BGH NJW-RR 1991, 950.
[44] BGH BeckRS 2009, 18667.
[45] Vgl. BGH BeckRS 2006, 8894.
[46] BGH NJW 1987, 1628; BeckRS 2006, 8894; OLG Düsseldorf BeckRS 2009, 4263.
[47] BGH NJW-RR 1987, 172.
[48] BGH BeckRS 2010, 11027.
[49] BGH BeckRS 2010, 11027.
[50] BGH BeckRS 2005, 657; vgl. auch BGH BeckRS 2008, 11424.

59 d) **Vorkenntnis.** Vorkenntnis des Maklerkunden ist gegeben, wenn diesem das Objekt in seinen wesentlichen Einzelheiten, die Verkäuflichkeit des Objekts und der Verkäufer in einer solchen Weise bekannt oder doch ohne weitere Mühe erkennbar sind, dass konkrete Kaufverhandlungen aufgenommen werden können und der Nachweis des Maklers keine zusätzlichen Erkenntnisse vermitteln kann.[51] Der Maklerkunde muss daher von allen Umständen Kenntnis haben, die einem vollständigen Nachweis entsprechen.[52] Liegen diese Voraussetzungen vor, kann eine für den Abschluss des Hauptvertrages kausale Nachweistätigkeit ausscheiden, so dass die (Mit-) Ursächlichkeit der Tätigkeit des Maklers für den späteren Kaufvertragsabschluss zu verneinen ist. Hat der Maklerkunde zwar von dem Gebäude und seiner Belegenheit Kenntnis gehabt, waren ihm jedoch der Name und die Kontaktdaten des Eigentümers ohne vorherigen Nachweis des Maklers nicht bekannt, steht die nur teilweise Vorkenntnis einer Maklerprovision nicht entgegen.[53]

60 Ob der Kunde den Makler auf seine Vorkenntnis hinweisen muss und nicht andernfalls ihm die Einrede der Vorkenntnis nach Treu und Glauben versagt ist, ist in der Rechtsprechung umstritten: Die Instanzgerichte[54] gehen von einer Verpflichtung des Maklerkunden aus, eine etwaig vorhandene Vorkenntnis dem Makler gegenüber zu offenbaren. Anders sieht dies bislang der BGH: Danach ist der Maklerkunde nicht verpflichtet, auf eine eventuelle Vorkenntnis hinzuweisen.[55]

61 Etwas anderes kann allerdings dann gelten, wenn der Auftraggeber dem Makler (schriftlich) bestätigt, dass ihm das Objekt vom Makler angeboten wurde.[56]

Grundsätzlich gilt, dass eine Klausel in allgemeinen Geschäftsbedingungen, die den Auftraggeber zwingt, dem Makler Vorkenntnis unverzüglich bekannt zu geben, anderenfalls der Nachweis als erbracht gilt, unwirksam ist, und zwar auch dann, wenn sich nicht ausdrücklich aus der Klausel ergibt, dass in diesem Falle gleichwohl die Provisionspflicht entsteht. Zulässig ist jedoch eine Vereinbarung, die lediglich zur Offenlegung der Vorkenntnis verpflichtet, nicht aber zur Provisionszahlung, und somit nur Schadensersatzansprüche mit sich bringt.[57] Eine individuell vereinbarte Vorkenntnisklausel ist wirksam.[58]

62 Ist davon auszugehen, dass erst durch die Tätigkeit des Maklers für den Kunden das Interesse am Ankauf geweckt worden ist, so kann die Mitursächlichkeit der Nachweistätigkeit des Maklers wiederum zu bejahen sein.[59] Dies ist zB dann der Fall, wenn die Tätigkeit des Maklers erst den Anstoß zum Vertragsschluss gegeben hat, etwa wenn der Makler zusätzliche Informationen liefert, die den Kunden erst veranlassen, sich um das Objekt zu bemühen.[60] Insoweit kann der Vorkenntniseinwand auch nur gegenüber einem Nachweismakler durchgreifen, nicht gegenüber einem Vermittlungs-makler. Nimmt der Kunde des Nachweismaklers daher trotz Vorkenntnis weitere Maklerdienste in Anspruch, kann darin eine stillschweigende Erweiterung des Maklervertrages liegen, so dass – bei Vorliegen der weiteren Voraussetzungen – der Makler eine Provision verdient.[61]

---

[51] OLG Bamberg BeckRS 2006, 19239.
[52] OLG Bamberg BeckRS 2006, 19239.
[53] KG 19.12.2022 – 10 U 92/21, BeckRS 2022, 47412.
[54] Vgl. OLG Hamburg NJW-RR 1987, 175; OLG Köln NJW-RR 1993, 764.
[55] BGH NJW 1976, 2345.
[56] OLG Naumburg ZMR 2007, 283 sowie LG Potsdam BeckRS 2008, 3030.
[57] BGH NJW 1971, 1133.
[58] BGH NJW 1971, 1133; OLG München BeckRS 1995, 3856.
[59] BGH NJW-RR 1990, 1269; 1996, 1114; OLG Köln 24.7.2019 – 9 U 56/19, BeckRS 2019, 55977.
[60] BGH NJW-RR 1998, 411; OLG Koblenz BeckRS 2009, 87831; LG Hamburg BeckRS 2010, 15802.
[61] OLG Köln BeckRS 1997, 6506.

2. Vermittlungstätigkeit

Unter Vermitteln gemäß § 652 BGB versteht der BGH die bewusste, finale Förderung der Abschlussbereitschaft des Vertragspartners.[62] Der Makler muss mit beiden Parteien verhandeln, und zwar in der Form, dass der Makler im Interesse seines Auftraggebers auf den (künftigen) Vertragspartner im Interesse des Vertragsschlusses einwirkt. Dabei ist nicht zwingend Voraussetzung, dass der Makler mit beiden Seiten gleichzeitig verhandelt.[63] Durch die Übersendung eines Exposés an einen Kaufinteressenten wird noch nicht im Sinne einer Vermittlungstätigkeit auf dessen Kaufentschluss eingewirkt und dieser gefördert.[64] Die Zusendung eines Exposés stellt sich regelmäßig lediglich als Werbung für das Objekt dar, gerichtet an und konzipiert für eine unbestimmte Vielzahl von Interessenten. Es dient grundsätzlich nur der Information im Vorfeld von Verhandlungen und hat noch keinen unmittelbaren Einfluss auf die Willensentschließung eines potentiellen Käufers. Auch die Ermöglichung eines Besichtigungstermins durch den Makler bedeutet regelmäßig noch keine Vermittlungstätigkeit zu Gunsten des Kaufinteressenten.[65] Eine Vermittlungstätigkeit ist danach die bewusste finale Herbeiführung der Abschlussbereitschaft des Vertragspartners des zukünftigen Hauptvertrags. Da der Makler aktiv am Zustandekommen des Vertrages beteiligt sein muss, genügt es für die Annahme einer den Provisionsanspruch auslösenden Vermittlungstätigkeit nicht, wenn sich seine Tätigkeit auf punktuelle Hilfestellungen beschränkt, etwa auf die Weitergabe von Informationen.[66] Allerdings ist es eine Frage des Einzelfalls, ob besondere Umstände vorliegen und in einem Maße auf den Erwerbsentschluss eines Interessenten eingewirkt haben, die die Annahme einer Vermittlungsleistung nahelegen.[67] 63

Beispiele für Vermittlungstätigkeiten aus der Rechtsprechung: 64

- Wenn der Makler des Kaufinteressenten auf die Verkäuferin einwirkt, um einen Hauptvertrag entsprechend den Vorstellungen des Kaufinteressenten zustande zu bringen,[68]
- wenn der Makler mit dem Ehemann verhandelt und damit die Verkaufsbereitschaft der Ehefrau gefördert hat,[69]
- Herunterhandeln der Preisvorstellungen der Verkäuferin als Vermittlungsleistung zu Gunsten des Kaufinteressenten,[70]
- Herunterhandeln der Preisvorstellungen der Verkäuferin als Vermittlungsleistung zu Gunsten der Verkäuferin, wenn hierdurch die Chancen für den Verkauf verbessert werden,[71]
- Übermittlung eines neuen Angebotes der Verkäuferin, welches diese nach Beratung ihres Maklers abgibt, kann eine Vermittlungsleistung zu ihren Gunsten darstellen,[72]
- Durchführung eines Besichtigungstermins für den Kaufinteressenten seitens des Verkäufermaklers, wobei im Rahmen eines Verkaufsgespräches das Erwerbsinteresse entscheidend gefördert wird,[73]
- Auch in der Zusammenführung der Parteien kann eine Vermittlung liegen, wenn der Dritte von vornherein bereit ist, mit dem Auftraggeber zu dessen Bedingungen abzuschließen,

[62] BGH NJW-RR 1997, 884.
[63] BGH WM 1974, 257.
[64] BGH BeckRS 2009, 18667.
[65] OLG Frankfurt 20.1.2023 – 19 U 120/22, NZM 2023, 127.
[66] OLG Brandenburg 29.7.2025 – 6 U 120/24, BeckRS 2025, 20384.
[67] BGH BeckRS 2009, 18667.
[68] OLG Karlsruhe NJOZ 2005, 2928.
[69] BGH NJW 1984, 358.
[70] OLG Karlsruhe NJOZ 2005, 2928.
[71] OLG Köln NJW-RR 2004, 271.
[72] OLG Karlsruhe NJOZ 2005, 2927.
[73] OLG Karlsruhe NJW-RR 2008, 725.

- Auch dann, wenn der Makler sich auf Wunsch seines Kunden, des Kaufinteressenten, mit dem Veräußerer in Verbindung setzt und ihm mitteilt, dass er demnächst einen Anruf seines Kunden erhalten werde, reicht dies allein als vermittelnde Tätigkeit im Sinne des § 652 BGB nicht aus.[74]

Die Anberaumung eines Besichtigungs- oder Beurkundungstermins ist nicht ausreichend.[75]

3. Vermittlung und Nachweis als selbständige Maklertätigkeiten

65 Der Gesetzgeber hat die Vermittlung und den Nachweis als gleichberechtigte Maklertätigkeiten nebeneinander gestellt, und zwar mit der Begründung, dass der einigermaßen geschäftserfahrene Auftraggeber mit dem Nachweis das Wesentliche habe, was er benötige. Den Vertrag als solchen könne er selbst, über einen Anwalt oder Notar abschließen. Beide Leistungen sind grundsätzlich gleichwertig, es sei denn, dass vertraglich eine abweichende Regelung getroffen ist. So löst bei einer ausdrücklichen Beschränkung auf eine der möglichen Tätigkeiten die Erbringung nur der jeweils anderen Tätigkeit den Provisionsanspruch nicht aus. Vereinbaren die Parteien beispielsweise eine Courtage ausschließlich für den Fall der Vermittlung und hat der Makler tatsächlich die Vertragsgelegenheit nur nachgewiesen, entfällt sein Lohn. Um dieses Risiko zu umgehen, sehen in der Praxis die meisten Maklerverträge eine Provision ausdrücklich für „Nachweis und/oder Vermittlung“ vor. Dann verdient der Makler seine Provision schon durch eine der beiden Tätigkeiten.[76]

VI. Hauptvertrag

66 Der Makler hat nur dann einen Provisionsanspruch gegen seinen Auftraggeber, wenn zwischen dem Auftraggeber und dem Dritten ein Vertrag zustande kommt (§ 652 S. 1 BGB), also der Abschluss eines notariellen Kaufvertrages oder der Abschluss eines Mietvertrages (§ 2 Abs. 1 WoVermG).

1. Wirksamer Hauptvertrag

67 Der vom Makler auf Grund seiner Tätigkeit herbeigeführte Hauptvertragsabschluss darf nicht rechtsunwirksam sein. Nur dann hat der Makler seine Provision verdient. Allerdings ist der Provisionsanspruch des Maklers grundsätzlich unabhängig, ob das dingliche Erfüllungsgeschäft zustande kommt und ob der Kaufpreis bezahlt wird.[77]

68 Da der Provisionsanspruch abhängig ist von dem Zustandekommen des Vertrages, berührt das spätere Schicksal des Hauptvertrages im Gegensatz zum Handelsvertreterrecht (vgl. §§ 87, 87a HGB) den Provisionsanspruch des Maklers nicht. Wenn die Parteien des Hauptvertrages den Vertrag nicht durchführen, den Vertrag aufheben oder zurücktreten, so ist dies, wenn es sich bei dem Rücktritt um die Ausübung des gesetzlichen Rücktrittrechtes handelt, in der Regel ohne Einfluss auf den entstandenen Provisionsanspruch.[78]

69 a) **Erwerb in der Zwangsversteigerung.** Im Zwangsversteigerungsverfahren erfolgt der Eigentumserwerb nicht auf Basis eines schuldrechtlichen Kaufvertrages, sondern eines staatlichen Hoheitsaktes. Da § 652 BGB voraussetzt, dass ein Vertrag abgeschlossen wird, kann eine Provision nicht geltend gemacht werden, wenn das Objekt im Rahmen einer Zwangsversteigerung erworben wird.[79]

[74] BGH NJW-RR 1989, 1071.
[75] OLG Saarbrücken NJW-RR 2016, 58.
[76] OLG Koblenz NJW-RR 1994, 824.
[77] ((Fußnote löschen!)).
[78] BGH NJW 1974, 694.
[79] BGH BeckRS 1999, 30049762.

Allerdings kann im Rahmen der im Schuldrecht herrschenden Vertragsfreiheit der Makler im Wege der Individualvereinbarung mit dem Kunden eine Regelung dahingehend treffen, dass dieser ihm auch dann eine Provision zusagt, wenn dieser das Objekt im Wege der Zwangsversteigerung erwirbt. Durch Individualvereinbarung kann der Erwerb in der Zwangsversteigerung dem Abschluss eines Grundstückskaufvertrages gleichgestellt werden.[80] Eine formularmäßige Vereinbarung der Gleichstellung ist dagegen unwirksam.[81] 70

b) Wirtschaftliche Gleichwertigkeit. Nach § 652 Abs. 1 BGB steht dem Makler eine Vergütung nur zu, wenn sich das ursprünglich beabsichtigte und später realisierte Geschäft für den Auftraggeber als „wirtschaftlich gleichwertig" mit dem im Maklervertrag beabsichtigten Geschäftsabschluss darstellt. Identität wird dabei nicht verlangt. Führt die Tätigkeit des Maklers zum Abschluss eines Vertrages mit anderem Inhalt, so entsteht kein Anspruch auf Maklerlohn. Eine Ausnahme von diesem Grundsatz kommt aber dann in Betracht, wenn der Kunde mit dem tatsächlich abgeschlossenen Vertrag wirtschaftlich denselben Erfolg erzielt. 71

c) Rechtsgeschäftliche Identität. Kommt es aufgrund des vom Makler hergestellten Kontaktes zu einem Hauptvertrag mit völlig abweichenden Konditionen, über ein anderes Objekt oder zu einem abweichenden Vertrag (zB Kauf statt Miete), beruht dieser Vertrag grundsätzlich nicht auf ursächlicher Nachweis-tätigkeit. Wesentliche Abweichungen und damit eine wirtschaftliche Ungleichartigkeit können vorliegen bei: 72

- Tausch statt Miete,
- Miete statt Kauf (und umgekehrt),
- Miete/Leasing/Pacht statt Kauf,
- Kauf der ideellen Hälfte eines Grundstücks und der Erwerb der anderen (ideellen) Hälfte im Wege der Zwangsversteigerung statt Erwerb des ganzen Grundstücks.

d) Wirtschaftlicher Erfolg. Etwas anderes kann jedoch dann gelten, wenn die Objekte „wirtschaftlich identisch" sind oder der Maklervertrag entsprechend weit gefasst war. Dabei soll es für die Frage der Identität nicht so sehr auf die rechtliche Gestaltung des Hauptvertrages, sondern auf den vom Maklerkunden erstrebten wirtschaftlichen Erfolg ankommen.[82] 73

Die wirtschaftliche Kongruenz kann beispielsweise dann zweifelhaft sein, wenn der Kunde nicht genau das Objekt kauft oder mietet, dass der Makler angeboten hat. Dies ist dann der Fall, wenn der Maklerkunde von der offerierten Gesamt-Bürofläche mit 1000 qm nur 500 qm anmietet, es sei denn der Makler hat auch die Anmietung von Teil-Flächen angeboten. 74

In dem Urteil vom 16.12.2004,[83] hat sich der BGH sehr grundsätzlich zu diesem Thema geäußert: Gegenstand des Rechtsstreits war eine Provision für den Nachweis von Beteiligungen an einer Klinik-Unternehmensgruppe. Der Makler sollte den Klinikmarkt sondieren und Kontakte zu Eigentümern von zum Verkauf stehenden Klinikbetrieben aufbauen. Er fand sich eine Klinikgruppe, die aus mehreren Kommanditgesellschaften bestand. Mit dem Geschäftsführer der Komplementär-Gesellschaften brachte er seine Kundin zusammen. Diese erwarb später mehr als 90 % der Kommanditanteile an den Objektgesellschaften sowie 74 % der Geschäftsanteile der Komplementärgesellschaften. In den Entscheidungsgründen stellt der BGH hierzu zunächst fest, dass der „Erwerb von Betrieben" grundsätzlich in zweierlei Form denkbar ist, nämlich zum einen als Unternehmenskauf im Sinne des Erwerbs der einzelnen Wirtschaftsgüter (so genannter asset-deal) oder als mehrheitliche Übernahme der Anteile an den Besitzgesellschaften (so genannter share- deal). Die Übernahme sämtlicher Geschäftsanteile der grundbesitzenden GmbH statt des ursprünglich angebotenen Grundstücks von der Gesellschaft hat 75

[80] BGH BeckRS 1997, 2705; LG Aachen BeckRS 2013, 3565.
[81] BGH NJW 1992, 2568.
[82] BGH WM 1984, 342 ff. sowie BGH BeckRS 2008, 00793.
[83] BGH BeckRS 2005, 657.

der BGH vorliegend als „wirtschaftlich identisch" angesehen, da zur Gesellschaft keine anderen asset-Belastungen gehörten und der Auftraggeber 90 % der Anteile übernahm.

76 Diese Rechtsprechung hat der BGH in der Folgezeit weiter fortgesetzt:

- Verpflichtet sich eine GmbH zur Zahlung einer Provision bei Veräußerung „ihres Unternehmens", fällt darunter nicht nur der Verkauf sämtlicher Vermögensgegenstände, sondern auch die Übertragung der Geschäftsanteile.[84]
- Die wirtschaftliche Kongruenz kann auch dann bestehen, wenn der Maklerkunde an einem Grundstück – anders als in dem Maklerangebot vorgesehen – kein Alleineigentum, sondern lediglich ein hälftiges Miteigentum verbunden mit Teil- und Wohnungseigentum erwirbt, während sein Bruder und dessen Ehefrau die andere Hälfte kaufen.[85]
- So hat der BGH die wirtschaftliche Identität zwischen dem zustande gekommenen und dem nach dem Maklervertrag beabsichtigten Hauptvertrag auch in einem Fall bejaht, in dem der Maklerkunde nicht das nachgewiesene Grundstück, sondern sämtliche Geschäftsanteile der GmbH erworben hat, die die Besitzgesellschaft des Grundstücks inne hielt.[86]

Eine Klausel, durch die festgelegt wird, dass es für die Identität allein auf die Herbeiführung des gewünschten wirtschaftlichen Erfolges ankommt, kann durch AGB vereinbart werden, zB wie folgt: „Dem Makler steht auch dann die vereinbarte Provision zu, wenn er mit dem Auftraggeber ein wirtschaftlich gleichartiges oder ähnliches Geschäft zustande kommt."
Ihr kommt allerdings keine eigenständige Bedeutung zu, weil durch sie lediglich die Rechtslage wiedergegeben wird.

77 **e) Erhebliche Kaufpreisabweichung.** Der Kaufpreis ist in der Regel verhandelbar. Abweichungen von Preisvorstellungen können daher die wirtschaftliche Gleichwertigkeit nur begrenzt ausschließen. Hat der Makler die für den Vertragsschluss wesentlichen Informationen mitgeteilt, schließt der spätere Ankauf zu einem vom Nachweis unwesentlich abweichenden Preis die Kausalität grundsätzlich nicht aus.[87] Während übliche Reduzierungen des Kaufpreises infolge von Vertragsverhandlungen unschädlich sind, wird die inhaltliche Kongruenz in der Regel von der Rechtsprechung verneint, wenn der tatsächliche Vertragsschluss hinsichtlich des Kaufpreises in ungewöhnlichem Umfang hinter dem nach dem Maklervertrag herbeizuführenden Vertrag zurückbleibt.[88] Diesem Grundsatz hat sich das OLG München mit Entscheidung vom 4.2.2010[89] angeschlossen. Die Rechtsprechung lässt in solchen Fällen bislang Abweichungen bis max. 20 % zu. Demgemäß stellt eine Abweichung von 12,5 % die wirtschaftliche Kongruenz noch nicht in Frage.[90]

78 Die noch vom OLG Hamm im Urteil vom 21.3.2013[91] vertretene Auffassung, dass zwar bei einer Kaufpreisabweichung von ca. 43 % die Identität des beabsichtigten mit dem tatsächlich zustande gekommenen Kaufvertrags nicht mehr gegeben sei, dennoch aber der Maklerkunde wirtschaftlich den gleichen Erfolg erzielt habe und es Treu und Glauben widerspräche, wenn sich der Maklerkunde später auf eine fehlende Identität berufen könne, wird vom BGH ausdrücklich nicht geteilt.[92]

[84] BGH BeckRS 2006, 1325.
[85] BGH BeckRS 2008, 00793.
[86] BGH WM 1997, 510.
[87] BGH NJW 1981, 387 sowie BGH BeckRS 2008, 00793.
[88] OLG Celle BeckRS 2007, 18631; OLG Dresden BeckRS 2008, 25638 sowie OLG Zweibrücken NJW-RR 1999, 1502.
[89] OLG München IBRRS 2010, 2770.
[90] KG 10 U 172/24 (nicht veröffentlicht).
[91] OLG Hamm BeckRS 2013, 18 U 133/12.
[92] BGH BeckRS 2014, 3813.

f) Persönliche Kongruenz. Im Falle des Erwerbs durch einen Dritten kann nach gefestigter Rechtsprechung ein Provisionsanspruch gegen den Maklerkunden – nicht gegen den Erwerber – begründet sein, wenn zwischen dem Maklerkunden und dem Dritten besonders enge persönliche oder wirtschaftliche Beziehungen bestehen.[93] 79

aa) Persönliche Verbundenheit. Identität wird bejaht, wenn der Hauptvertrag nicht, wie beabsichtigt, mit dem Auftraggeber des Maklers geschlossen wird, sondern von einem Dritten, zu dem der Auftraggeber in einer festen, auf Dauer angelegten, in der Regel (engen) familien- oder gesellschaftsrechtlichen Beziehung steht, zB Ehegatten, Vater und Sohn,[94] Bruder und Schwester[95] oder Schwiegereltern.[96] Auch für Wohngemeinschaftspartner hat dies das OLG Jena bejaht.[97] Persönliche Verbundenheit kann weiter vorliegen, wenn der Erwerb durch eine GbR, bestehend aus dem Maklerkunden und seinen (minderjährigen) Kindern erfolgt.[98] 80

Nach Auffassung des BGH muss die erforderliche enge Beziehung zwischen dem Maklerkunden und dem Dritten bereits zu dem Zeitpunkt bestanden haben, in dem der Makler vermittelnd tätig geworden ist.[99] 81

bb) Wirtschaftliche Beziehung. Auch bei besonders ausgeprägten wirtschaftlichen Beziehungen wird die persönliche Identität von der Rechtsprechung bejaht, zB dann, 82

- wenn der Maklerkunde Geschäftsführer und Hauptgesellschafter einer GmbH ist, die später den Kaufvertrag abschließt,[100]
- wenn ein Tochter- oder Schwesterunternehmen kauft oder mietet,[101]
- wenn der Makler einer GmbH eine Eigentumswohnanlage nachweist; Käufer der Eigentumswohnanlage ist jedoch eine zweite GmbH, die erst nach Abschluss des Maklervertrages gegründet worden ist. Die zweite – kaufende – GmbH verfolgte denselben Gesellschaftszweck wie die Maklerkundin; die Gesellschafter und Geschäftsführer sind in beiden Gesellschaften identisch,[102]
- wenn neben dem Maklerkunden auch ein mit dem Maklerkunden wirtschaftlich oder persönlich verbundener Dritter auf eigenen Wunsch an einer Besichtigung teilnimmt, der später die Immobilie erwirbt, soll sogar ein Provisionsanspruch gegen beide Beteiligten entstehen können.[103] (str.)

2. Wirksamkeit des Hauptvertrages

Da der Provisionsanspruch abhängig ist von dem Zustandekommen des Vertrages, berührt das spätere Schicksal des Hauptvertrages den Provisionsanspruch des Maklers in der Regel nicht. Entscheidend ist, ob der Hauptvertrag wirksam zustande gekommen ist. Grundsätzlich gilt: 83

a) Hauptvertrag unwirksam. Ist der Hauptvertrag unwirksam, entfällt der Provisionsanspruch (zB: formnichtig, gesetz- oder sittenwidrig oder wegen Irrtums oder arglistiger Täuschung mit Wirkung ex tunc angefochten).[104] 84

---

93 BGH NJW-RR 1997, 1276.
94 OLG Dresden NJW-RR 1994, 885; OLG Hamm NZM 2001, 905; LG Schwerin BeckRS 2008, 6976.
95 OLG Schleswig BeckRS 2017, 125545.
96 Fischer NZM 2018, 483; OLG Frankfurt RDM-Rspr. A 133, Blatt 22.
97 OLG Jena BeckRS 2005, 9762.
98 KG 10 U 172/24 (nv).
99 BGH BeckRS 1983, 1100.
100 OLG Koblenz NJW-RR 1994, 180.
101 OLG Hamm BeckRS 2000, 7050.
102 BGH NJW 1995, 3311.
103 LG Hamburg 20.6.2025 – 311 O 155/23, BeckRS 2025, 28593.
104 BGH BeckRS 2005, 9185.

85 b) **Leistungspflicht entfällt.** Wird nur die Leistungspflicht aus einem wirksamen Hauptvertrag beseitigt, bleibt der Provisionsanspruch grundsätzlich bestehen (zB: Vertragsaufhebung, nachträgliche Unmöglichkeit, Kündigung oder Rücktritt).[105]

86 c) **Sonderfall: Arglist.** Hat der Verkäufer einen Mangel arglistig verschwiegen und tritt der Käufer daraufhin zurück, so entfällt der Provisionsanspruch, weil wegen desselben Mangels ein Anfechtungsrecht besteht. Der Käufer muss nicht anfechten; es genügt, wenn er den Rücktritt in der Anfechtungsfrist des § 124 Abs. 1 BGB geltend macht.[106]

d) **Einzelfälle**

87
- Steht der Hauptvertrag unter einer aufschiebenden Bedingung (§ 158 Abs. 1 BGB), entsteht der Provisionsanspruch erst, wenn die Bedingung eintritt.[107]
- Bei Abschluss des Hauptvertrages unter einer auflösenden Bedingung kommt der Vertrag als nachträgliches Ereignis voll wirksam zustande und löst auch den Provisionsanspruch aus, ohne dass diesen der Eintritt der Bedingung wieder in Fortfall bringen kann.[108] Nach Auffassung der Rechtsprechung sei hier die Willensbildung der Vertragsparteien nicht verhindert, so dass der Vertrag zustande kommt. Damit sei auch der Provisionsanspruch ausgelöst, ohne dass ihm der Eintritt der auflösenden Bedingung wieder in Fortfall bringen könne.
- Die Ausübung eines gesetzlichen Rücktrittsrechts (§§ 323 f., 326 BGB) lässt den Provisionsanspruch unberührt.[109] Die Rückgängigmachung des Hauptvertrages erfolgt nicht wegen der Unvollkommenheit des Vertragsschlusses, sondern wegen anderer Umstände, indem der Käufer zB den Kaufpreis für die Immobilie nicht zahlt und damit eine Leistungspflicht verletzt.
- Ist ein vertragliches Rücktrittsrecht vereinbart, so lässt auch dieses grundsätzlich den Provisionsanspruch unberührt, dies jedenfalls dann, wenn es dem gesetzlichen Rücktrittsrecht nachgebildet ist. Eine Ausnahme soll allerdings dann gelten, wenn sich eine Partei im Hauptvertrag ein zeitlich befristetes, aber sonst an keine Voraussetzungen gebundenes Rücktrittsrecht ausbedungen hat.[110] In diesem Fall soll die Provisionspflicht erst dann entstehen, wenn die Frist abgelaufen ist, ohne dass von dem Rücktrittsrecht Gebrauch gemacht wurde. Das gilt auch, wenn der notarielle Kaufvertrag eine Maklerklausel enthält, wonach der Maklerlohn „mit heutiger Vertragsunterzeichnung verdient und fällig" sein soll.[111]

88 Eine weitere Ausnahme wird nach der Rechtsprechung dann gemacht, wenn ein Rücktrittsrecht im notariellen Kaufvertrag von der Bebauungsfähigkeit des nachgewiesenen Grundstücks abhängig gemacht wird. Ein solcher Vorbehalt kann einer aufschiebenden Bedingung gleichkommen.

- Bei wirksamer Anfechtung des Hauptvertrages wegen Irrtums (§ 119 BGB), Täuschung oder Drohung (§ 123 BGB), gilt der Kaufvertrag als von Anfang an nichtig (§ 142 BGB). Es entfällt der Provisionsanspruch.[112] Unerheblich ist, welche Partei des Hauptvertrages sich geirrt hat oder getäuscht worden ist. Da ohne die zur Anfechtung berechtigende Handlung der Vertrag nicht zustande gekommen wäre, kann dem Makler nach der Rechtsprechung der Provisionsanspruch nicht zugebilligt werden. Eine bereits gezahlte Provision muss nach den Grundsätzen über die ungerechtfertigte Bereicherung (§§ 812 ff. BGB) zurückgezahlt werden. Voraussetzung ist, dass das Anfechtungsrecht tatsächlich ausgeübt worden ist.

---

[105] BGH BeckRS 1992, 3005.
[106] BGH BeckRS 2001, 394; s. auch OLG Hamm BeckRS 2019, 44961; OLG Stuttgart BeckRS 2012, 1235.
[107] BGH BeckRS 1992, 6733.
[108] OLG Dresden NJW-RR 1994, 885.
[109] BGH NJW 1974, 694 und BeckRS 2000, 10323.
[110] BGH NJW-RR 1993, 248; 1991, 820.
[111] OLG Karlsruhe MittBayNot 2005, 130.
[112] BGH BeckRS 2001, 394 und BeckRS 2005, 12322.

- Minderung lässt den Provisionsanspruch grundsätzlich unberührt.[113] Der Anspruch auf Provision nach § 652 BGB kann allerdings dann entfallen, wenn ein arglistig getäuschter Käufer den Vertrag nicht anficht, sondern seine vertraglichen Gewährleistungsrechte geltend macht; dieses setzt die Einhaltung der Jahresfrist nach § 124 Abs. 1 BGB voraus.[114]
- Wird der Hauptvertrag im Wege eines Aufhebungsvertrages beseitigt, verbleibt es beim Provisionsanspruch. Nach Auffassung der Rechtsprechung schließen nur Umstände, die das wirksame Zustandekommen des Grundstückskaufvertrages verhindern oder ihn von Anfang an unwirksam erscheinen lassen, die Entstehung des Provisionsanspruches aus, während Umstände, die die Leistungspflicht aus dem wirksam zustande gekommenen Hauptvertrag beseitigen, die Provisionspflicht unberührt lassen.[115]

  Ist hingegen jedoch offensichtlich, dass die Vertragsaufhebung aufgrund einer objektiv gegebenen Anfechtbarkeit erfolgt, kann dies die Provisionspflichtigkeit entfallen lassen.[116]

VII. Kausalität

Von der Ursächlichkeit bzw. Kausalität der Maklertätigkeit wird dann gesprochen, wenn der Hauptvertrag „infolge" eines Nachweises oder einer Vermittlungstätigkeit des Maklers zustande gekommen ist. Mitursächlichkeit der Maklertätigkeit für den Hauptvertrag reicht aus. Der Nachweis oder die Vermittlung muss nicht die alleinige oder hauptsächliche, wohl aber eine wesentliche Ursache des Hauptvertrages sein. Der Makler muss die Abschlussbereitschaft seines Auftraggebers in irgendeiner Weise gefördert haben. 89

Mitursächlichkeit kann gegeben sein, wenn ein Vermittlungsmakler verhandelt, die Verhandlungen scheitern, werden aber später – ohne Hinzuziehung des Maklers – erfolgreich fortgesetzt. Der Makler muss bei seinem Auftraggeber ein nicht völlig unbedeutendes Motiv für den späteren Abschluss gesetzt haben.[117] 90

War dem Interessenten das Objekt bereits bekannt, interessierte es ihn aber infolge unvollständiger Informationen nicht und wurde sein Ankaufsinteresse erst durch die vom Makler mitgeteilten Umstände geweckt, so reicht dies für die Mitursächlichkeit der Tätigkeit des Maklers aus.[118] 91

1. Unterbrechung der Ursächlichkeit

Unterbrechung der Ursächlichkeit der Maklertätigkeit wird angenommen, wenn die Verhandlungen endgültig abgebrochen sind. So wird die Mitursächlichkeit verneint, wenn die zunächst unter Mitwirkung des Maklers eingeleiteten Vertragsverhandlungen endgültig abgebrochen wurden und der Hauptvertrag später aufgrund völlig neuer Verhandlungen zustande gekommen ist.[119] 92

a) **Zeitablauf.** Grundsätzlich gilt, dass dann, wenn der Vertragsschluss in angemessener Zeit nach dem Nachweis oder der Vermittlung folgt, die Ursächlichkeit der Maklerbemühungen vermutet wird. Wenn daher der Makler die Gelegenheit zum Vertragsschluss nachgewiesen hat und seiner Tätigkeit der Abschluss des Hauptvertrages in angemessenem Zeitabstand folgt, ergibt sich daraus der Schluss auf den Ursachen- 93

[113] OLG Hamm BeckRS 1999, 30083384; BGH FHZivR 23 Nr. 1876 sowie BGH BeckRS 2001, 394.
[114] BGH BeckRS 2008, 2833.
[115] BGH BeckRS 2005, 9185.
[116] HansOLG NJW-RR 1999, 351.
[117] BGH WM 1988, 1492.
[118] BGH NJW 1983, 1849.
[119] BGH MDR 1960, 203; OLG München BeckRS 2006, 8355.

zusammenhang zwischen beiden von selbst.[120] Als angemessener Zeitabstand sind in der Rechtsprechung des BGH vier Monate,[121] ca. drei bis fünf Monate[122] und mehr als ein halbes Jahr[123] angesehen worden. Sind hingegen zwischen dem Nachweis und dem Abschluss des Hauptvertrages ein Jahr (oder mehr) vergangen, streitet nicht mehr ein sich von selbst ergebender Schluss auf den Ursachenzusammenhang für den Makler.[124] Dies bedeutet, dass bei einem Zeitablauf von einem Jahr und mehr der Makler dafür darlegungs- und beweispflichtig ist, dass sein Nachweis noch (mit-) ursächlich für den Abschluss des Hauptvertrages ist. Entscheidend kommt es darauf an, ob der Nachweis des Maklers bei Aufnahme der letztlich erfolgreichen Verhandlungen noch fortwirkt.[125]

94 **b) Aufgabe der Verkaufsabsicht.** Ebenso wenig ist aufgrund mangelnder Ursächlichkeit ein Provisionsanspruch des Maklers zu bejahen, wenn der Makler eine tatsächlich bestehende Möglichkeit zum Erwerb eines Objektes nachweist, diese Gelegenheit sich aber zerschlägt, weil der Eigentümer seine Verkaufsabsicht aufgegeben hat, sie dann aber später unter veränderten Umständen erneut fasst und wenn nun der Maklerkunde ohne Hinweis des Maklers diese neu entstandene Gelegenheit nutzt.[126] Es gelten aber strenge Anforderungen: Für die Annahme einer Unterbrechung des Kausalzusammenhangs zwischen dem Nachweis der Vertragsgelegenheit durch den Makler und dem Abschluss des Hauptvertrags genügt es nicht, dass sich aus der Sicht des Maklerkunden die vom Makler nachgewiesene Vertragsgelegenheit zerschlagen hat. Entscheidend ist vielmehr, ob der nachgewiesene Interessent seine Absicht, das Geschäft abzuschließen, aufgegeben hat. Nur eine vom nachgewiesenen Interessenten eingegangene endgültige vertragliche Bindung rechtfertigt die Annahme einer Aufgabe seiner Vertragsabsicht[127].

95 Folgt der Vertragsschluss der Nachweisleistung in angemessenem Zeitabstand nach, besteht kein Anlass, deren Wesentlichkeit für das Zustandekommen des Hauptvertrages in Frage zu stellen.[128] Deshalb ist in aller Regel ein nur „vorübergehender Sinneswandel" des Verkäufers, das Objekt nicht verkaufen bzw. des Käufers, das Objekt nicht erwerben zu wollen, unbeachtlich. Die dabei erforderliche einzelfallbezogene Beurteilung obliegt dem Tatrichter.[129]

96 **c) Zwischenverkauf.** Eine Unterbrechung des Ursachenzusammenhangs zwischen Nachweisleistung und Zustandekommen des Hauptvertrages ist auch zu bejahen, wenn der Hauptvertrag nicht mit dem von Makler benannten Käufer, sondern mit einem Zwischenerwerber zustande kommt.[130]

97 Hingegen kann eine die Provision rechtfertigende Nachweisleistung dann vorliegen, wenn der zwischen dem Auftraggeber und dem vom Makler nachgewiesenen Kaufinteressenten geschlossene Vertrag erst zustande kommt, nachdem ein zuvor mit einem anderen Interessenten geschlossener Kaufvertrag durch Ausübung eines vertraglich vereinbarten Rücktrittsrechts gescheitert ist.[131] Nach der vorherigen Auffassung der Instanzrechtsprechung hatte ein Zwischenverkauf die vom Makler nachgewiesene Kaufgelegenheit stets beendet. Kam es dann zu neuen Kaufverhandlungen zwischen Verkäufer und Käufer, sollte dies ein „neues Geschäft" darstellen[132]. Nunmehr ist künftig bei einem Zwischenverkauf zu untersuchen, ob sich Verkäufer und Käufer endgültig gebunden haben, das Objekt also vom Markt „weg" ist.

---

[120] BGH BeckRS 2006, 8894; 2008, 00793.
[121] BGH BeckRS 1999, 30048766.
[122] BGH NJW 1980, 123.
[123] BGH NJW 2005, 3779.
[124] BGH BeckRS 2006, 8894.
[125] BGH NJW 1981, 387; BeckRS 2006, 8894. S. auch OLG München BeckRS 2015, 12446.
[126] BGH NJW-RR 1991, 950 sowie BeckRS 2007, 1025.
[127] BGH 5.3.2020 – I ZR 69/19, NJW 2020, 2792.
[128] BGH BeckRS 2008, 00793.
[129] BGH BeckRS 2008, 00793 sowie OLG Hamburg BeckRS 2010, 31112.
[130] BGH BeckRS 2007, 1025.
[131] BGH BeckRS 2007, 1025.
[132] OLG Frankfurt NJW-RR 1999, 635.

2. Inanspruchnahme der Tätigkeit mehrerer Makler

Grundsätzlich können auch mehrere Nachweis- oder Vermittlungsmakler einen Vertragsschluss ursächlich herbeiführen, und zwar sowohl bei gleichzeitiger als auch nacheinander entfalteter Tätigkeit. Voraussetzung hierfür ist, dass ihre jeweilige Tätigkeit mindestens mitursächlich ist. Erbringt daher ein Makler einen vollständigen Nachweis, ist für das Zustandekommen des Hauptvertrages aber noch die Vermittlung eines zweiten Maklers erforderlich, steht dies dem Provisionsanspruch des Nachweismaklers nicht entgegen, sofern dessen Tätigkeit mindestens mitursächlich war.[133] Dem Provisionsanspruch des Nachweismaklers steht dabei nicht entgegen, dass unter Umständen auch der zweite Makler durch seine Vermittlungstätigkeit mitursächlich für den Hauptvertragsabschluss geworden ist.[134] 98

Für den Maklerkunden kann sich im Einzelfall die Situation ergeben, dass er – um den Hauptvertrag über das gewünschte Objekt abzuschließen – die Tätigkeit mehrerer Makler nacheinander in Anspruch nehmen muss. Dies wird dann der Fall sein, wenn ihm das Objekt von einem Makler erstmalig nachgewiesen wird und der Abschluss des Kaufvertrages zunächst daran scheitert, dass dem Maklerkunden zB der Kaufpreis zu hoch ist. Gelingt es dann dem zweiten Makler, der zwischenzeitlich vom Verkäufer den Alleinauftrag erhalten hat, in vermittelnder Weise für den Kaufinteressenten tätig zu werden, so kann auch dem zweiten Makler ein Provisionsanspruch zustehen. Diese Rechtsprechung kann für Maklerkunden zu dem verhängnisvollen finanziellen Ergebnis führen, dass sie für den Erwerb eines Objekts zwei Provisionen in voller Höhe zahlen. Das Bundesjustizministerium hat hierzu – bisher erfolglos – gesetzgeberische Lösungen angestrebt. 99

Der Maklerkunde kann in dieser Situation versuchen, mit dem zweiten vermittelnden Makler eine so genannte Freihaltungserklärung dahingehend zu vereinbaren, dass der zweite Makler sich verpflichtet, den Maklerkunden von etwaigen Provisionsansprüchen des ersten Maklers freizuhalten. Für den zweiten Makler bedeutet dies jedoch in der Regel ein erhebliches Provisionsrisiko, das er nur nach eingehender tatsächlicher und rechtlicher Prüfung der Gegebenheiten eingehen sollte. 100

Weiß der zweite Makler, dass vor ihm ein anderer Makler eingeschaltet war und ihm möglicherweise ein eigener Provisionsanspruch zusteht, sollte er den Kunden vor einer doppelten Inanspruchnahme bewahren, zB durch die Vereinbarung eines Gemeinschaftsgeschäftes mit dem ersten Makler. 101

VIII. Maklerverträge zu Wohnungen und Einfamilienhäusern, §§ 656a–d BGB

Die 2020 verabschiedeten Regelungen beabsichtigten, Menschen bzw. Familien mit geringem oder mittlerem Einkommen zu schützen, indem die Erwerbsnebenkosten bei Kaufverträgen über Wohnungen und Einfamilienhäusern gesenkt werden sollen. Sie betreffen insbesondere Makler in Nord- und Ostdeutschland. In Süddeutschland und Teilen Westdeutschlands entsprach es seit jeher dem Handelsbrauch, die Provision zwischen Verkäufer und Käufer zu teilen. Dieser Handelsbrauch wird für den Bereich der Wohnungen und Einfamilienhäuser nun aber auch für die letztgenannten Regionen gesetzlich geregelt. 102

Die Maklerprovision ist im Falle der Doppeltätigkeit (§ 656c BGB) von beiden Parteien des Hauptvertrages jeweils zur Hälfte zu tragen. Bei Überwälzen der Provision auf den anderen Teil (§ 656d BGB) darf maximal nur die Hälfte der Provision übertragen werden. Die hälftige Zuweisung der insgesamt entstehenden Maklerprovisions- 103

---

[133] BGH NJW 1977, 41.
[134] BGH NJW 1980, 123.

kosten auf die Parteien des Hauptvertrages wird als Halbteilungsprinzip,[135] Halbteilungsgrundsatz oder Halbteilungsgebot bezeichnet.

1. Textform

104 Gem. § 656a BGB sind Maklerverträge über Wohnungen oder Einfamilienhäuser in Textform abzuschließen. Textform bedeutet nach § 126b BGB, dass eine lesbare Erklärung, in der die Person des Erklärenden genannt ist, auf einem dauerhaften Datenträger abgegeben wird. Dementsprechend muss die Erklärung lesbar sein, die Person des Erklärenden muss genannt werden und sie muss in einer Urkunde oder auf anderen zur dauerhaften Wiedergabe in Schriftzeichen geeignete Weise erklärt werden. Insbesondere ist keine Unterschrift notwendig. Nachrichten per Telefax, Brief, E-Mail oder auch SMS bzw. WhatsApp reichen hierfür aus. Auf diese Weise sollen Unklarheiten, über die in der Praxis häufig strittigen Fragen hinsichtlich des Inhalts eines Maklervertrages vermieden werden. Bleibt das Formerfordernis unbeachtet, ist der gesamte Maklervertrag nach § 125 BGB nichtig.[136]

Streitig ist, ob auch im Geltungsbereich von § 656a BGB Maklerverträge weiterhin **konkludent** abgeschlossen werden können[137]. Richtigerweise wird man davon ausgehen müssen, dass der Gesetzgeber diese Möglichkeit des Vertragsabschlusses – bei der die Beweislast bei dem Makler liegt – nicht für die Zukunft ausschließen bzw. neu regeln wollte.

2. Käufer muss Verbraucher sein

105 Gem. § 656b BGB finden die §§ 656c und d BGB nur Anwendung, wenn der Käufer/Kaufinteressent ein Verbraucher ist. Zur Verbrauchereigenschaft → Rn. 48.

3. Wohnung/Einfamilienhaus

106 Eine **Wohnung** iSd Untertitel 4 ist jede Zusammenfassung von Räumen, die zu Wohnzwecken genutzt wird.[138] Auf die rechtliche Ausgestaltung kommt es nicht an. Der Begriff Wohnung umfasst deshalb neben Wohnungseigentum im Sinne des § 1 Abs. 2 WEG beispielweise auch Wohnungserbbaurechte (§ 30 WEG), Dauerwohnrechte (§ 31 Abs. 1 S. 1 WEG) und Miteigentumsanteile an einem Grundstück in Verbindung mit einer Regelung zur Nutzung von Wohnräumen (vgl. § 1010 BGB).[139]

107 Ein **Einfamilienhaus** ist ein Gebäude, welches primär zu Wohnzwecken für einen Haushalt dienen soll (BT-Drs. 19/15827, 18). Unschädlich für die Anwendbarkeit von § 656a BGB ist das Vorhandensein einer Einliegerwohnung.[140]

108 Bei der Prüfung dieser Tatbestandsmerkmale ist auf den **Erwerbszweck** abzustellen.[141] Um ein Einfamilienhaus iSd § 656a ff. BGB handelt es sich deshalb, wenn der Erwerb des nachzuweisenden oder zu vermittelnden Objekts für den Makler bei Abschluss des Maklervertrags mit dem Erwerber erkennbar Wohnzwecken der Mitglieder eines einzelnen Haushalts dient.[142] Der Annahme, dass ein Einfamilienhaus Wohnzwecken dient, steht nicht entgegen, dass darin eine Einliegerwohnung oder eine anderweitige gewerbliche Nutzungsmöglichkeit von jeweils nur untergeordneter Bedeutung vorhanden sind.

---

[135] BT-Drs. 19/15827, 22.
[136] BT-Drs. 19/15827, 18.
[137] Ja: KG – 10 U 86/24 (nicht veröffentlicht) – Revision anhängig (I ZR 223/25); OLG Karlsruhe 10.3.2023 – 9 U 168/22, BeckRS 2023, 7560 Rn. 27 f. und 3.4.2023 – 9 U 168/22, NZM 2023, 430; Nein: OLG Celle 2.10.2025 – 11 U 23/25, NZM 2025, 988 – Revision anhängig (I ZR 202/25).
[138] BT-Drs. 19/15827, 18.
[139] BT-Drs. 19/15827, 18.
[140] BT-Drs. 19/15827, 18.
[141] Fischer NJW 2020, 3553 Rn. 6.
[142] BGH 6.3.2025 – I ZR 32/24, NZM 2025, 303; aA OLG Hamm 18.3.2024 – 18 U 80/23, BeckRS 2024, 8017 und OLG Celle 20.3.2025 – 11 U 69/24, NZM 2025, 708, die objektive Kriterien für die Einordnung anlegen.

Der Umstand, dass das an das Wohnhaus angebaute Büro über einen eigenen Eingang und eine eigene Hausnummer verfügt, ändert daran nichts.[143]

4. § 656c BGB

Sinn und Zweck der Vorschrift ist, dass sich die Provisionszahlungspflicht der Beteiligten nicht danach richten soll, welche Partei aufgrund der örtlichen Gegebenheiten und der allgemeinen Marktlage in der Position ist, eine Abwälzung der Maklerkosten auf die andere Partei durchzusetzen. Dies gilt insbesondere dann, wenn der Makler sowohl mit dem Verkäufer als auch mit dem Käufer über einen Maklervertrag verbunden ist. In diesen Fällen ist seine Tätigkeit von strengen Neutralitätspflichten geprägt, so dass keine Gründe für eine abweichende Verteilung der Kosten bestehen.[144] 109

Vom Anwendungsbereich nicht erfasst sind weiterhin die Fälle, in denen eine Kaufvertragspartei den Makler unter Ausschluss der Doppeltätigkeit allein mit der Wahrnehmung ihrer Anliegen beauftragt. Dies bleibt unverändert möglich.[145] 110

Eine sukzessive Doppelbeauftragung des Maklers in der Weise, dass zunächst mit einer Partei des Hauptvertrages eine Provision in Höhe der Hälfte der intendierten Gesamtprovision vereinbart wird und anschließend mit der anderen Partei eine Provision in Höhe der restlichen Hälfte ist zulässig.[146] 111

Im Rahmen von § 656c BGB wird der Makler als Doppelmakler für beide Parteien tätig. Dies bedeutet, dass ihn die Pflicht zu strenger Neutralität trifft, → Rn. 155. Die Verletzung dieser Neutralitätspflicht einer Partei gegenüber kann zum Verlust des Provisionsanspruch im Hinblick auf den mit dieser Person geschlossenen Maklervertrag führen. Im Rahmen von § 656c BGB folgt daraus, dass der Makler auch gegenüber der anderen Partei keinen Provisionsanspruch hat, da ansonsten ein Verstoß gegen den Halbteilungsgrundsatz vorliegen würde. Denn ein nachträglicher Wegfall oder auch nur eine Herabsetzung des Provisionsanspruchs gegen eine Partei wirkt sich kraft Gesetzes auch unmittelbar zugunsten der anderen Partei aus (§ 656c Abs. 1 S. 3). Von diesen Regelungen kann nicht durch Vertrag abgewichen werden (§ 656c Abs. 1 S. 4). Rechtsfolge eines Verstoßes gegen den Halbteilungsgrundsatz des § 656c BGB ist nach Auffassung der Instanzrechtsprechung die Nichtigkeit der jeweiligen Maklerverträge[147]. 112

Im Anwendungsbereich des § BGB § 656c BGB ist der Makler gegenüber dem Kunden nach Treu und Glauben (§ 242 BGB) verpflichtet, über alle Umstände Auskunft zu erteilen, die für die Entstehung und das Fortbestehen des Provisionsanspruchs von Bedeutung sind. Dem Maklerkunden kann dem Makler gegenüber gemäß § 810 Fall 2 BGB ein Anspruch auf Vorlage des mit dem anderen Maklerkunden abgeschlossenen Maklervertrages zustehen.[148] Damit soll dem Kunden eine Kontrolle dahingehend ermöglicht werden, wieweit der Makler sich auch gegenüber dem anderen Kunden an die Vorgaben des § 656c BGB gehalten hat. Damit wird eine ggü. der Regelung in § 656d BGB bestehende Lücke geschlossen. Der Anspruch gegen die andere Partei wird dort erst fällig, wenn die Partei, die den Maklervertrag abgeschlossen hat, ihrer Verpflichtung zur Zahlung des Maklerlohns nachgekommen ist und sie oder der Makler einen Nachweis hierüber erbringt. 113

[143] BGH 6.3.2025 – I ZR 32/24, NZM 2025, 303.
[144] BT-Drs. 19/15827,19.
[145] BT-Drs. 19/15827,19.
[146] BGH 21.3.2024 – I ZR 185/22, DNotZ 2024, 750.
[147] LG Wiesbaden 27.2.2024 – 9 O 98/23, BeckRS 2024, 3233; LG München II NJW-Spezial 2023, 322 (nicht rechtskräftig).
[148] BGH 21.3.2024 – I ZR 185/22, DNotZ 2024, 750; aA wohl OLG Hamm 22.2.2023 – 18 U 6/23, BeckRS 2023, 5771, wonach der Makler weder zur Offenlegung des Maklervertrages mit dem Verkäufer noch zum Nachweis der Zahlung der Provision durch den Verkäufer verpflichtet sein soll.

5. § 656d BGB

114 Die Parteien können nach § 656d Absatz 1Satz 1 BGB Vereinbarungen zur anteiligen Übernahme der Maklerkosten durch die Partei treffen, die in keinem Vertragsverhältnis zu dem Makler steht. Dies betrifft sowohl Vereinbarungen der Parteien des Kaufvertrages untereinander, aus denen sich ein unmittelbarer oder mittelbarer Anspruch des Maklers ergibt (zum Beispiel Vertrag zugunsten Dritter, Erfüllungsübernahme, Freistellung), als auch Vereinbarungen des Maklers mit der Partei, die nicht sein Vertragspartner ist (zum Beispiel Schuldübernahme). Voraussetzung ist aber in jedem Fall, dass der Vertragspartner des Maklers zur Zahlung einer Provision mindestens in gleicher Höhe verpflichtet bleibt, so dass sich die andere Partei allenfalls zur Begleichung der hälftigen Gesamtkosten verpflichten kann. Ein Schuldbeitritt, der nicht am Maklervertrag beteiligten Partei, kommt damit zukünftig nicht mehr in Betracht, weil dieser zur Entstehung einer Gesamtschuld führt. Der Makler soll jedoch gerade nicht in die Lage versetzt werden, von einer anderen Partei als seinem Vertragspartner die Maklerprovision in voller Höhe (§ 421 Satz 1 BGB) verlangen zu können.[149]

115 Ähnlich wie in den Fällen des § 656c BGB wirkt sich zum Schutz vor Umgehungen eine nachträgliche Herabsetzung oder ein Wegfall des Provisionsanspruchs gegen den Vertragspartner auch zugunsten der anderen Partei aus, § 656d Absatz 2 BGB.[150] Wie auch bei § 656c BGB gilt, dass eine Vereinbarung, die gegen § 656d BGB verstößt nichtig ist. Eine geltungserhaltende Reduktion mit der Folge, dass die andere Partei zur Zahlung des hälftigen Maklerlohns verpflichtet bleibt, findet nicht statt[151].

116 Dem Schutz vor Umgehungen dient schließlich auch die Regelung des § 656d Absatz 1 Satz 2 BGB, wonach der Anspruch aus einer Vereinbarung nach § 656d Absatz 1 Satz 1 BGB erst fällig wird, wenn der ursprüngliche Vertragspartner des Maklers die Erfüllung seiner Provisionsverpflichtung beziehungsweise die Zahlung seines Anteils nachgewiesen hat. Es soll vermieden werden, dass die andere Partei vorrangig in Anspruch genommen wird und der Makler seinen Anspruch gegenüber dem eigentlichen Auftraggeber nicht geltend macht. Die Form des Nachweises bleibt grundsätzlich dem jeweiligen Einzelfall vorbehalten, in Betracht kommt hier aber jedenfalls die Vorlage eines Kontoauszugs oder eines Überweisungsbelegs.[152]

117 Die Vorschrift erfasst nicht nur Vereinbarungen der Parteien des Kaufvertrags über eine Wohnung oder ein Einfamilienhaus untereinander, sondern jegliche Art vertraglicher Vereinbarungen, durch die unmittelbar oder mittelbar ein Anspruch des Maklers auf Zahlung oder Erstattung von Maklerlohn gegenüber der Partei begründet wird, die nicht Partei des Maklervertrags ist. Haben sich die Käufer im Innenverhältnis zur Verkäuferin verpflichtet, den Maklerlohn in voller Höhe zu bezahlen, bleibt die Verkäuferin als die Partei, die den Maklervertrag abgeschlossen hat, nicht iSd § 656d BGB zur Zahlung des Maklerlohns mindestens in gleicher Höhe verpflichtet.[153]

IX. Selbstständiges Provisionsversprechen

118 Der Provisionsanspruch kann dem Makler auch in der Weise versprochen werden, dass die Parteien des Kauf- oder Mietvertrages durch einen echten Vertrag zu Gunsten Dritter nach § 328 BGB im Kauf- oder Mietvertrag einen unmittelbaren Anspruch des Maklers auf Provision gegen einen oder beide Vertragspartner des Hauptvertrages begründen. Voraussetzung hierfür ist nicht, dass der Makler Vertragspartner des Kauf- oder Mietvertrages wird, noch dass er am Beurkundungsvorgang teilnimmt.

[149] BT-Drs. 19/15827, 20.
[150] BT-Drs. 19/15827, 20.
[151] BGH 6.3.2025 – I ZR 138/24, NZM 2025, 306.
[152] BT-Drs. 19/15827, 20.
[153] BGH 6.3.2025 – I ZR 138/24, NZM 2025, 306.

119 Bei der Vereinbarung eines echten Vertrages zu Gunsten Dritter kann es sich um eine selbständige Anspruchsgrundlage handeln oder auch darum, dass die Provisionspflicht, die aus dem Maklervertrag heraus begründet ist, in den Kauf- oder Mietvertrag übernommen wird.[154] Eine in einem notariellen Kaufvertrag enthaltene Maklerklausel begründet daher dann keinen von einer vorherigen Vereinbarung unabhängigen Provisionsanspruch des Maklers, wenn die Klausel ausdrücklich auf eine „vereinbarte" Provision Bezug nimmt, tatsächlich jedoch ein Maklervertrag nicht abgeschlossen worden ist.[155] In einem solchen Fall kann aber durch eine Maklerklausel ein selbständigen und von einem etwaigen Maklervertrag unabhängiger Anspruch begründet werden (→ Rn. 120).

1. Erfolgsunabhängige Provision

120 Aus § 652 Abs. 1 BGB ergibt sich, dass der Anspruch des Maklers auf seinen Lohn davon abhängt, dass seine Nachweis- oder Vermittlungstätigkeit zum Vertragsschluss geführt hat. An diesem Erfordernis fehlt es, wenn überhaupt kein Vertrag geschlossen wird oder wenn der letztendlich geschlossene (Haupt-)Vertrag nicht auf die Nachweis- oder Vermittlungstätigkeit des Maklers zurückzuführen ist, weil sein Auftraggeber eine nicht vom Makler nachgewiesene oder vermittelte Abschlussmöglichkeit wahrgenommen hat.

121 Die Regelung in § 652 BGB ist jedoch dispositiv: Nach ständiger Rechtsprechung des BGH steht die Regelung des § 652 BGB der Wirksamkeit von Provisionsversprechen, bei denen der Provisionsanspruch von den Voraussetzungen des § 652 BGB nicht abhängen soll, nicht entgegen.[156] Es geht in diesen Fällen meist darum, eine Tätigkeit des Versprechensempfängers zu vergüten, die nach § 652 BGB nicht vergütungspflichtig ist. Zulässig ist daher auch ein erfolgsunabhängiges Provisionsversprechen bei wirtschaftlicher Verflechtung des Maklers mit dem Vertragspartner des Auftraggebers. Voraussetzung dafür ist, dass der Auftraggeber bei Abgabe des Provisionsversprechens über die tatsächlichen Umstände der Verflechtung vollständig unterrichtet ist,[157] → Rn. 130 ff..

122 Ein selbständiges Provisionsversprechen an einen Makler, bei dem die Verpflichtung zur Provisionszahlung nicht vom Vorliegen der Voraussetzungen des § 652 BGB abhängen soll, stellt nach Auffassung des BGH regelmäßig keine Schenkung im Sinne des § 516 BGB dar; es bedarf deshalb nicht der Form des § 518 BGB.[158] Etwas anderes gilt allenfalls dann, wenn es an jeglicher Gegenleistung des Versprechensempfängers, also des Maklers, fehlt. Das ist jedenfalls dann nicht der Fall, wenn der Makler mit einer Maklerleistung beauftragt war und hierfür typische Leistungen wie das Anfertigen eines Exposés und die Insertion des Objektes in Zeitungen erbracht hat.

2. Bindung des Vorkaufsberechtigten

123 Ist ein echter Vertrag zugunsten des Maklers im Kaufvertrag vereinbart, so kann sich eine Bindung des Vorkaufsberechtigten, der sein Vorkaufsrecht ausübt, an diese Maklervereinbarung ergeben.[159] Bei der Ausübung des Vorkaufsrechts gem. § 464 Abs. 2 BGB kommt der Kauf zwischen dem Berechtigten und dem Verpflichteten zu den Bedingungen zustande, die der Verpflichtete mit dem Dritten vereinbart hat.

124 Voraussetzung für einen Provisionsanspruch ist, dass die Maklerklausel im notariellen Kaufvertrag nicht als „Fremdkörper" anzusehen ist. Nach höchstrichterlicher Rechtsprechung werden Bestimmungen im Kaufvertrag über die Verteilung der Maklerkosten in der Regel nicht als „Fremdkörper" angesehen, wenn diese Kosten sich im Rahmen des

[154] BGH NJW 1977, 582.
[155] OLG Karlsruhe BeckRS 2010, 5349.
[156] BGH BeckRS 1990, 1982.
[157] BGH BeckRS 1990, 1982 und 1981, 539.
[158] BGH BeckRS 2006, 12963.
[159] BGH NJW 1996, 654.

Üblichen halten.[160] Es ist darauf abzustellen, dass die in die Maklerklausel im Rahmen eines Kaufvertrags eingebauten Provisionsansprüche bei Abschluss des Kaufvertrages bereits eine maklervertragliche Rechtsgrundlage haben. Andernfalls sieht der BGH eine solche Klausel als atypisch an und betrachtet sie als Fremdkörper ohne hinreichenden Anlass für Verkäufer und Käufer zahlungspflichtig zu werden. Ein Vorkaufsberechtigter muss in einem solchen Fall nicht mit der Aufbürdung von Maklerkosten rechnen.[161]

125 Ein Spezialproblem stellt sich Rahmen des § 656d BGB: Wird ein in Wohnungseigentum aufgeteiltes Mehrfamilienhaus insgesamt vom Verkäufer an einen Käufer verkauft, der Unternehmer ist, und enthält der Kaufvertrag einen echten Vertrag zugunsten Dritter (konstitutive Maklerklausel, → Rn. 127 ff.), nach der der Käufer die volle Maklerprovision zu zahlen hat, stellt sich die Frage, was gilt, wenn ein nach § 577 BGB vorkaufsberechtigter Mieter von seinem Vorkaufsrecht Gebrauch macht. Der Mieter ist Verbraucher und deshalb ist fraglich, ob auf ihn die komplette Provision – anteilig für seine Wohnung – übergewälzt werden kann, insbesondere wenn der Verkäufer keine Provision zahlen soll. Nach Meinung des Kammergerichts tritt der vorkaufsberechtigte Mieter im Wege des Vorkaufs nicht in diese Verpflichtung des ursprünglichen Käufers ein. Die konstitutive Maklerklausel sei in dieser Konstellation „wesensfremd" und dem Verbraucherschutz Vorrang einzuräumen.[162]

126 Der BGH hat entschieden, dass eine Vereinbarung, die gegen § 656d BGB verstößt, nichtig ist. Eine geltungserhaltende Reduktion mit der Folge, dass die andere Partei zur Zahlung des hälftigen Maklerlohns verpflichtet bleibt, findet nicht statt.[163] Von dieser Entscheidung ausgehend, kann ein Vertrag zugunsten Dritter in der vorgenannten Konstellation keine Provisionszahlungspflicht des vorkaufenden Mieters begründen.

3. Verschleierte Kaufpreiszahlung

127 Um eine verschleierte Kaufpreiszahlung handelt es sich typischerweise dann, wenn der Käufer sich gegenüber dem Verkäufer verpflichtet, dessen Zahlungsverpflichtung gegenüber dem Makler zu erfüllen. Hier wälzt der Verkäufer im notariellen Kaufvertrag seine gegenüber dem Makler bestehende Provisionspflicht auf den Käufer ab. Der klassische Weg hierfür ist die so genannte Maklerklausel im notariellen Kaufvertrag. Mit der Formulierung „Der Makler erhält aus diesem Vertrag einen direkten, eigenen und unmittelbaren Anspruch gegen den Käufer", schließen die Parteien eines Kaufvertrages einen echten Vertrag zu Gunsten des Maklers, der für diesen ein selbständiges Forderungsrecht begründet.[164] Verspricht der Käufer mithin in der Maklerklausel die Zahlung einer Provision, obgleich er weiß, dass der begünstigte Makler ihm gegenüber weder vermittelnd noch nachweisend in Erscheinung getreten ist, so ist sein Versprechen nicht als Zusage einer Provision für zuvor erbrachte Maklerleistungen zu verstehen, sondern als ein selbständiges Provisionsversprechen. Die Provisionszahlung kann dann nicht mit dem Argument verweigert werden, dass der Makler nicht für den Käufer tätig geworden ist. Vorteil einer solchen Maklerklausel ist, dass der Kunde dem Makler bei der Geltendmachung des Zahlungsverlangens grundsätzlich keine Einwendungen aus dem Maklervertrag entgegenhalten kann.[165] War dem Auftraggeber vor Abschluss des Vertrages bekannt, dass etwa aufgrund einer Verflechtung eine Provision nicht geschuldet ist und verpflichtet er sich gleichwohl im Hauptvertrag zur Zahlung, wird ein unabhängiger Schuldgrund geschaffen. Der Makler kann unabhängig von einer echten Tätigkeit eine Provision verlangen.[166] Wird dem Auftraggeber seine eigentliche Nichtverpflichtung zur Zahlung der Provision erst nach Abschluss des Hauptvertrages und Eingehung

[160] BGH BeckRS 1996, 707.
[161] BGH BeckRS 2007, 1802.
[162] KG GE 8, 2026, 397.
[163] BGH 6.3.2025 – I ZR 138/24, NZM 2025, 306.
[164] OLG Hamburg BeckRS 2001, 30470206.
[165] OLG Hamburg BeckRS 2001, 30470206; BGH BeckRS 1998, 30009673.
[166] BGH BeckRS 2009, 73.

der dortigen Provisionsverpflichtung bekannt, so kann er diese Einwendungen erheben und damit gegebenenfalls den Provisionsanspruch zu Fall bringen.[167]

Obgleich durch die Maklerklausel kein Vertragsverhältnis entsteht, wenn zwischen Makler und Käufer kein Maklervertrag geschlossen ist und der Makler keine Tätigkeit für den Käufer erbracht hat, haftet der Makler dennoch bei Verletzung von Aufklärungspflichten.[168] 128

Die Bundesnotarkammer hat mit Datum vom 2.6.2015 eine Stellungnahme verfasst, in der sie den Notaren zur Vorsicht bei Aufnahme derartiger Klauseln rät. Insbesondere müsse der Notar – wie auch im Übrigen – in jedem Einzelfall den Willen der Beteiligten erforschen und sie über die rechtliche Tragweite belehren. Unerfahrene und ungewandte Beteiligte dürfen nicht benachteiligt werden. 129

Während deklaratorische Klauseln in der Regel unproblematisch seien, müsse der Notar bei konstitutiven Klauseln sehr sorgfältig arbeiten.

X. Verflechtung

Die Rechtsprechung spricht dem Makler einen Vergütungsanspruch nicht zu, wenn durch seine Tätigkeit ein Hauptvertrag mit einer Person oder Gesellschaft zustande kommt, mit der der Makler gesellschaftsrechtlich, familiär oder auf andere Weise „verflochten" ist. Es fehlt dann an dem für den Maklervertrag typischen Dreipersonenverhältnis. Grund für die Verflechtungsrechtsprechung ist die in derartigen Fällen angenommene Interessenkollision, die mit dem Leitbild des Maklers nicht in Übereinstimmung zu bringen ist. Dabei kommt es nicht nur auf die formelle gesellschaftsrechtliche Gestaltung an, sondern auf die zugrunde liegenden wirtschaftlichen Verhältnisse. Entscheidend ist, ob der Makler und der Dritte die Fähigkeit zur selbständigen unabhängigen Willensbildung haben.[169] Die Rechtsprechung macht die Unterscheidung zwischen echter und unechter Verflechtung. Die unechte Verflechtung wird auch als institutionalisierter Interessenkonflikt bezeichnet. 130

1. Echte Verflechtung

Die echte Verflechtung liegt vor, wenn zwischen Makler und dem vorgesehenen Vertragspartner eine so enge Verbindung besteht, dass entweder der Wille des einen von dem eines anderen oder der Wille beider von einem Dritten bestimmt wird.[170] 131

Beispiele für eine wirtschaftliche Verflechtung sind ua: 132

- Ist der Makler als Mitgesellschafter einer BGB-Gesellschaft Miteigentümer des zu veräußernden Grundstücks, kann er nicht gleichzeitig Makler sein.
- „Beherrschungsverhältnis": Eine echte Verflechtung wird ebenfalls dann bejaht, wenn die Verkäuferfirma und die Maklerfirma von einer dritten Firma beherrscht werden. Eine nur unbedeutende wirtschaftliche Beteiligung des Maklers an der Verkäuferseite soll den Provisionsanspruch hingegen nicht hindern.
- Der Hauptvertrag kommt zwischen dem Auftraggeber und einer GmbH & Co.KG mit einer GmbH als alleiniger Komplementärin zustande, an deren Stammkapital der Makler mit 75 % beteiligt ist.[171]
- Der Hauptvertrag kommt zwischen dem Auftraggeber und einer Gesellschaft zustande, an welcher der Makler eine Kapital- und Gewinnbeteiligung von 40 % hat.[172]

[167] BGH BeckRS 1998, 30009673.
[168] BGH BeckRS 2006, 13190.
[169] BGH NJW 1992, 2818.
[170] BGH NJW 1985, 2473.
[171] BGH NJW 1973, 1649.
[172] BGH BB 76, 1432.

- Kapitalbeteiligungen eines Dritten sowohl am Maklerunternehmen als auch an der Hauptvertragspartei.[173]
- Der Makler ist der Arbeitnehmer des Verkäufers.[174]

133 Eine echte wirtschaftliche Verflechtung zwischen dem Makler und einer Partei des Hauptvertrages liegt nur vor, wenn sie den tatsächlichen gesellschaftsrechtlichen und wirtschaftlichen Verhältnissen entspricht.[175] War im Zeitpunkt des Hauptvertragsabschlusses die Person, die als Komplementärin die Maklerfirma maßgeblich gesteuert und beeinflusst hatte, bereits aus der Makler-Kommanditgesellschaft ausgeschieden, ist ein Verflechtungstatbestand auch dann nicht gegeben, wenn das Ausscheiden dieser Person aus der Gesellschaft noch nicht im Handelsregister eingetragen worden ist.

2. Unechte Verflechtung/Institutionalisierter Interessenkonflikt

134 Die unechte Verflechtung oder der institutionalisierte Interessenkonflikt ist dann gegeben, wenn die Verbindung des Maklers mit der Gegenseite, ohne dass ein Beherrschungsverhältnis vorliegt, derart ist, dass sich der Makler in einem Interessenkonflikt befindet, der ihn zur sachgemäßen Wahrnehmung der Interessen seines Auftraggebers ungeeignet erscheinen lässt.[176]

135 Ein institutionalisierter Interessenkonflikt wird zB bejaht:

- Der Makler wird zum Verkauf eines Grundstücks bevollmächtigt und kann selbst entscheiden, ob und zu welchen Bedingungen der notarielle Kaufvertrag mit dem Käufer abgeschlossen wird. Aufgrund des Interessenkonflikts kann er gegenüber dem Käufer keine provisionspflichtige Maklerleistung erbringen.
- Makler und Verkäufer sind Ehegatten,[177].
- Der Makler ist zugleich als Handelsvertreter tätig,[178]
- Der Makler ist zugleich Verwalter der Wohnungseigentums-anlage und muss dem Verkauf der im Sondereigentum stehenden Wohnung gem. § 12 WEG zustimmen,[179]
- Der Makler ist zugleich Testamentsvollstrecker,[180]
- Der Makler ist zugleich Zwangsverwalter,[181]
- Bei der Maklerfirma handelt es sich um eine 100 %-ige Tochter einer Bank, die von der Bank eingeschaltet wird zum Verkauf des Objektes, das von der Bank mit Grundpfandrechten so hoch belastet ist, dass die Zwangsversteigerung droht.[182]

3. Provisionsvereinbarung bei Verflechtung

136 Trotz echter Verflechtung kann der Makler eine abweichende Entgeltabrede im Sinne eines selbständigen Provisionsversprechens vereinbaren, soweit dem Auftraggeber die Verflechtung bekannt ist.[183]

137 Ausnahme:

Bei der Wohnungsvermittlung kann der Makler, der zugleich als Verwalter des Sondereigentums tätig ist, weder eine Provision noch ein selbständiges Provisionsversprechen vereinbaren. Das Wohnungsvermittlungsgesetz ist sog. zwingendes Recht, hiervon kann durch rechtsgeschäftliche Vereinbarungen nicht abgewichen werden.

[173] OLG Oldenburg BeckRS 1995, 7323, mit 20 % sehr weitgehend/anders OLG Frankfurt, NJW-RR 2003, 1428: 2 % unerheblich.
[174] BGH BeckRS 1998, 30009673.
[175] BGH BeckRS 2009, 9049.
[176] BGH NJW 1991, 168.
[177] BGH NJW 1987, 1008.
[178] BGH NJW 1974, 137.
[179] BGH BeckRS 2000, 8688.
[180] BGH NZM 2001, 478.
[181] OLG Oldenburg NdRpfl 81, 214.
[182] BGH RDM Rspr. A 145 Blatt 49.
[183] So der BGH beim Testamentsvollstrecker, NZM 2001, 478.

Im Kaufvertrag kann hingegen zB vereinbart werden, dass der Käufer, die vom Verkäufer an den Makler geschuldete Provision zu zahlen hat. Eine solche Regelung ist – auch formularmäßig – wirksam, wenn dem Käufer die Verflechtung bekannt ist.[184] Voraussetzung ist daher, dass der Makler seinen Auftraggeber über die tatsächlichen Umstände, die der Verflechtung zugrunde liegenden Tatsachen vollständig unterrichtet und der Maklerkunde in Kenntnis dieser tatsächlichen Umstände ein unabhängiges Provisionsversprechen abgibt. Verfügt der Maklerkunde über die tatsächliche Kenntnis der die Verflechtung begründenden Umstände, so ist das Wissen des Provisionsschuldners, welche rechtlichen Konsequenzen sich aus den ihm bekannten Tatsachen ergeben, nicht erforderlich.[185] **138**

Die Formulierung in einem notariellen Kaufvertrag im Falle eines makelnden WEG-Verwalters kann beispielsweise wie folgt lauten:
(1) Zum Verkauf der Wohnung ist gemäß Teilungserklärung die Zustimmung des Verwalters erforderlich. Dem Käufer ist bekannt, dass die Firma... auch Verwalterin der Wohnungseigentumsanlage ist und dem Verkauf Wohnung zustimmen muss und deshalb eine Maklertätigkeit im Sinne von § 652 BGB für den Käufer nicht erbringen kann. Der Käufer verpflichtet sich gleichwohl, an die Firma ... ein Entgelt in Höhe von .... EUR einschließlich Mehrwertsteuer zu zahlen.
(2) Dieses Entgelt ist verdient und fällig mit Beurkundung dieses Kaufvertrages. Verkäufer und Käufer sind sich darüber einig, dass der Firma ... ein direkter, unmittelbarer Zahlungsanspruch aus diesem Vertrag dem Käufer gegenüber zusteht. Der Käufer verpflichtet sich gegenüber dem Verkäufer und der Firma ..., das vereinbarte Entgelt an die Firma ... zu zahlen. Diese Vereinbarung gilt auch für den Fall der Aufhebung des notariellen Kaufvertrages bzw. des Rücktritts von diesem."

Für die rechtliche Einordnung dieses selbständigen Provisionsversprechens kommt es entscheidend darauf an, welche Leistung durch die Provisionszahlung abgegolten werden soll. Ob ein Vertrag als Maklervertrag oder als ein von § 652 BGB unabhängiges Provisionsversprechen aufzufassen ist, richtet sich grundsätzlich nach dem rechtsgeschäftlichen Willen der Parteien. Soweit sie eindeutige vertragliche Bestimmungen über die Rechtsnatur dieses Vertrages getroffen haben, sind diese maßgebend.[186] **139**

XI. Der Alleinauftrag

Der Alleinauftrag, der sich in der Praxis herausgebildet hat, dient dazu, Konkurrenten des Maklers auszuschließen, indem der Auftraggeber gegenüber dem Makler für eine bestimmte Zeit auf sein ansonsten bestehendes Recht verzichtet, die Dienste mehrerer Makler zugleich in Anspruch zu nehmen. So ist das Interesse vieler Immobilienmakler dahin gerichtet, im Wesentlichen auf der Grundlage von Alleinaufträgen tätig zu werden. Unterschieden werden zwei Arten von Alleinaufträgen: **140**

- Der so genannte einfache Alleinauftrag, aufgrund dessen der Auftraggeber dem Makler verspricht, keinen anderen Makler mit der gleichen Aufgabe zu betrauen, sowie
- der qualifizierte oder erweiterte Alleinauftrag, aufgrund dessen der Auftraggeber dem Makler zusätzlich verspricht, den Abschluss nur unter Hinzuziehung des allein-beauftragten Maklers zu tätigen.

Beiden Vertragstypen wohnt – anders als beim gesetzlichen Maklervertrag nach § 652 BGB – eine Tätigkeitspflicht des Maklers inne. Der allein-beauftragte Makler muss sich „rege und intensiv" für die Belange des Auftraggebers einsetzen, um einen erfolgreichen Abschluss zu erreichen. Das Maß der Anstrengungen hängt vom Vertragsobjekt und **141**

[184] BGH BeckRS 2009, 73.
[185] BGH WM 1985, 946; sowie BGH BeckRS 2003, 1966.
[186] BGH WM 1981, 42; → Rn. 118 ff.

Einzelabsprachen ab. Was im Einzelnen hierunter zu verstehen ist, ist von der Rechtsprechung bislang nicht weiter definiert worden. Je nach den Umständen des Einzelfalles werden Zeitungsanzeigen, Aufstellen von Schildern, Anschreiben von Interessenten, Abschluss von Gemeinschaftsgeschäften, Erstellen eines Exposés etc notwendig sein, um zu belegen, dass der Makler entsprechend tätig geworden ist. Der Makler kann sich seiner Tätigkeitspflicht nicht dadurch entledigen, dass er es dem Kunden freistellt, sich selbst um den Verkauf des Objektes zu bemühen oder einen anderen Vermittler einzuschalten.[187] Der Auftraggeber seinerseits übernimmt keine Abschlussverpflichtung, die volle Abschluss- und Entscheidungsfreiheit verbleibt bei ihm. Andere Makler hingegen darf der Auftraggeber seinerseits nicht beauftragen.

1. Qualifizierter Alleinauftrag

142 Im Rahmen des qualifizierten Alleinauftrages verpflichtet sich der Auftraggeber, etwaige Direktinteressenten an den Makler zu verweisen bzw. den Makler zu Vertragsverhandlungen mit Direktinteressenten hinzuzuziehen.

> Die sog. Hinzuziehungs- und Verweisungsklausel kann beispielsweise wie folgt lauten:
> „Der Auftraggeber verpflichtet sich, während der Vertragslaufzeit keinen anderen Makler einzuschalten und eigene Interessenten an den Makler zu verweisen."

143 Eine solche Vereinbarung kann nur individuell zwischen Makler und Auftraggeber vereinbart werden[188]. Das gilt auch im unternehmerischen Rechtsverkehr.[189]

144Dabei stellt die höchstrichterliche Rechtsprechung an eine Individualvereinbarung hohe Anforderungen, diese ist in der Praxis für den Makler schwer zu erfüllen. Ein Aushandeln setzt voraus, dass der Makler als Verwender den in seinen allgemeinen Geschäftsbedingungen enthaltenen gesetzes-fremden Kerngehalt ernsthaft zur Disposition stellt und dem Vertragspartner Gestaltungsfreiheit zur Wahrung eigener Interessen einräumt, die diesem zumindest die reale Möglichkeit gibt, die inhaltliche Ausgestaltung der Vertragsbestimmungen zu beeinflussen.[190] Dies hat der BGH mit Urteil vom 3.11.1999[191] bestätigt, in dem Folgendes ausgeführt wird:

„Aushandeln im Sinne des § 1 Abs. 2 AGB bedeutet mehr als Verhandeln. Es genügt nicht, dass das gestellte Formular dem Verhandlungspartner bekannt ist und nicht auf Bedenken stößt, dass der Inhalt lediglich erläutert oder erörtert wird und den Vorstellungen des Partners entspricht. Von einem Aushandeln in diesem Sinne kann vielmehr nur dann gesprochen werden, wenn der Verwender zunächst den in seinen allgemeinen Geschäftsbedingungen enthaltenen „gesetzesfremden Kerngehalt", also die dem wesentlichen Inhalt der gesetzlichen Regelung ändernden oder ergänzenden Bestimmungen, inhaltlich ernsthaft zur Disposition stellt und dem Verhandlungspartner Gestaltungsfreiheit zur Wahrung eigener Interessen einräumt mit zumindest der realen Möglichkeit, die inhaltliche Ausgestaltung der Vertragsbedingungen zu beeinflussen. Er muss sich also deutlich und ernsthaft zur gewünschten Änderung einzelner Klauseln bereit erklären. In aller Regel schlägt sich eine solche Bereitschaft auch in erkennbaren Änderungen des vorformulierten Textes nieder. Allenfalls unter besonderen Umständen kann ein Vertrag auch dann als Ergebnis eines „Aushandelns" gewertet werden, wenn es schließlich nach gründlicher Erörterung bei dem gestellten Entwurf verbleibt."

[187] BGH NJW-RR 1987, 944.
[188] BGH NJW 1991, 1678; OLG Hamm NZM 2000, 1073 nimmt Verwirkung des Provisionsanspruches an.
[189] OLG Hamm 12.6.2023 – 18 U 43/22, BeckRS 2023, 14560 zu AGB mit qualifizierten Alleinauftrag eines Finanzierungsvermittlers (Revision anhängig, BGH – I ZR 97/23).
[190] BGH NJW 1988, 410.
[191] BGH WM 2000, 629.

2. Beendigung des Alleinauftrages

a) **Befristung.** In der Regel wird der Alleinauftrag befristet abgeschlossen. Fehlt eine Fristvereinbarung, so gilt der Alleinauftrag als für eine „angemessene" Zeit abgeschlossen[192]. Unangemessen lange Bindungsfristen sind in allgemeinen Geschäftsbedingungen unwirksam. Gemäß § 309 BGB darf die Laufzeit bei Dauerschuldverhältnissen nicht eine den anderen Vertragsteil länger als zwei Jahre bindende Laufzeit vorsehen. Für Makleraufträge dürfte wohl auch schon diese Befristung allenfalls zulässig und hinnehmbar sein, wenn es sich um große komplizierte Objekte handelt. Als angemessen gilt bei einfachen Grundstücksvermittlungsaufträgen eine Bindungsdauer von sechs bis acht Monaten[193], bei schwierigeren eine von drei bis zu fünf Jahren. Eine in AGB vorgesehene automatische Verlängerung der zunächst auf sechs Monate vereinbarten Vertragslaufzeit eines einfachen Makleralleinauftrags um jeweils drei Monate bei unterbliebener Kündigung des Maklerkunden ist grundsätzlich unbedenklich.[194] 144

b) **Unwiderruflichkeit.** Ein Makleralleinauftrag darf nach der Rechtsprechung nicht als „unwiderruflich" abgeschlossen werden.[195] Ein auf unbeschränkte Zeit abgeschlossener qualifizierter Makleralleinauftrag, der dem Verkäufer auferlegt, während der Vertragsdauer nicht die Dienste weiterer Makler in Anspruch nehmen zu dürfen und direkte oder durch andere Makler benannte Interessenten an den Makler zu verweisen, schränkt die Entscheidungsfreiheit des Maklerkunden in nicht hinnehmbarer Weise ein. Als Folge eines solchen Alleinauftrages kann die Nichtigkeit des gesamten Maklervertrages nach § 138 BGB gegeben sein. Der BGH hatte einen Fall zu beurteilen, in dem dem Makler im Alleinauftrag das Objekt fest an die Hand gegeben war. Weiter hieß es dort: 145

„Der Vertrag endet, wenn das gesamte Gewerbegebiet verkauft ist. Nach Ziffer 6 kann der Verkäufer den Vertrag fristlos kündigen, wenn der Makler seinen Pflichten gemäß Ziffer 3 (Nachweis- bzw. Vermittlungspflicht) nicht nachkommt."

Nach Auffassung des BGH ist diese Bestimmung dahingehend auszulegen, dass solange der Makler sich selbst vertragstreu verhält, der Alleinauftrag unwiderruflich und nicht kündbar ist. Im Hinblick auf die erhebliche Einschränkung der Vertragsmöglichkeiten des Verkäufers durch den qualifizierten Alleinauftrag ist eine solche Bindung nicht zulässig.[196] 146

c) **Kündigung aus wichtigem Grund.** Die Kündigung des Alleinauftrages aus wichtigem Grund ist möglich, wenn der Makler untätig ist oder seine Verkaufsbemühungen vernachlässigt und damit die Interessen des Auftraggebers erheblich beeinträchtigt. 147

XII. Pflichten des Auftraggebers/Rechte des Maklers

Der Auftraggeber bleibt bei allen Vertragsgestaltungen „Herr des Geschäfts". Es liegt demnach in seiner freien Entscheidung, ob er den Hauptvertrag mit dem vom Makler vermittelten oder nachgewiesenen Interessenten abschließen will. Allerdings obliegen auch dem Auftraggeber Nebenleistungspflichten aus der gegenseitigen Sorgfalts- und Treuepflicht des Maklervertrages. 148

- Informationspflicht: Er ist verpflichtet, dem Makler vollständige und richtige Informationen über das Vertragsobjekt zu erteilen. Er muss den Makler davon unter-

[192] OLG Saarbrücken 29.3.2023 – 5 U 72/22, BeckRS 2023, 9888 meint, dass AGB-Regelung zum Makler-Alleinauftrag Beginn und Dauer genau bestimmen muss.
[193] BGH 28.5.2020 – I ZR 40/19, NZM 2020, 674.
[194] BGH 28.5.2020 – I ZR 40/19, NZM 2020, 674.
[195] BGH WM 1976, 533.
[196] BGH WM 1976, 533.

richten, dass sich der Auftrag erledigt hat oder wenn er, zB von Miterben, nicht in ausreichendem Maße bevollmächtigt ist. Gibt der Verkäufer während der Laufzeit des Alleinauftrages seine Verkaufsabsicht auf, obliegt es ihm, hiervon umgehend den Makler in Kenntnis zu setzen, da dieser ansonsten weitere kostenpflichtige Bemühungen erbringen wird, um Kaufinteressenten zu suchen. Er ist deshalb gehalten, den Makler von der Aufgabe seiner Verkaufsabsicht bzw. Kaufabsicht zu unterrichten, um ihm weitere unnötige Kosten und Mühen zu ersparen.[197]

- Schutzpflicht: Auch hat er die Maklerinformation vertraulich zu behandeln und darf sie nicht ohne Erlaubnis weitergeben.[198] Verstößt der Auftraggeber gegen die Vertraulichkeit des Angebots, kann der Makler Ersatz in Höhe der vollen Provision verlangen, wenn er nachweist, dass die Weitergabe tatsächlich zum Erwerb eines Dritten geführt hat und es ohne die Verletzungshandlung aufgrund seiner eigenen Nachweis- oder Vermittlungstätigkeit zum Abschluss eines Hauptvertrages gekommen wäre.[199] In der Praxis sind diese Nachweise schwer zu erbringen, daher ist es nach der Rechtsprechung zulässig, eine Pauschalierung des Ersatzanspruchs in Höhe der Provision in Formularklauseln zu vereinbaren.[200] Die Beweislast für die Weitergabe der Information trägt der Makler. Gegen den den Vertrag schließenden Dritten besteht kein Schadenersatz- oder Provisionsanspruch, da der Makler mit diesem kein Vertragsverhältnis eingegangen ist.
- Auskunftspflicht: Er ist zur Auskunft darüber verpflichtet, ob ein Hauptvertrag abgeschlossen ist, mit wem der Vertrag zustande gekommen ist, und welcher Kaufpreis erzielt wurde.[201] Diese für die Berechnung einer eventuellen Provision notwendigen Informationen benötigt der Makler, um prüfen zu können, ob überhaupt ein provisionspflichtiges Geschäft zustande gekommen bzw. in welcher Höhe sein Provisionsanspruch entstanden ist.[202] Die Auskunftspflicht des Maklerkunden bezieht sich auf die Vertragsparteien und den vereinbarten (Kauf- oder Miet-)Preis.[203] In AGB kann wirksam geregelt werden, dass der Kunde diese Informationen von sich aus erteilen muss. Zur Herausgabe der Vertragsurkunde ist der Auftraggeber nicht verpflichtet,[204] es sei denn, die Auskunft allein ist ausnahmsweise nicht geeignet, die erforderliche Klarheit zu schaffen.[205]
- Recht auf Grundbucheinsicht: Dem Makler steht in der Regel ein Recht auf Grundbucheinsicht zu.[206] Ein berechtigtes Interesse iSv § 12 Grundbuchordnung (GBO) ist aber nur gegeben, wenn der neue Eigentümer auf Grund eines Maklervertrages mit dem Makler das Objekt erworben hat. Nach der Entscheidung des OLG Stuttgart vom 28.9.2010[207] kann sich der Makler auf ein berechtigtes Interesse zur Einsichtnahme in die Grundakten (erweiterte Grundbucheinsicht) nur dann berufen, wenn eine beträchtliche Wahrscheinlichkeit für die behauptete Entstehung eines Provisionsanspruches besteht.[208]

149 Das OLG Düsseldorf[209] hat einem Makler eine solche erweiterte Einsicht verwehrt. Der Makler muss in diesen Fällen nämlich nicht nur eine gewisse, sondern eine, durch belegte Tatsachen erhärtete Wahrscheinlichkeit darlegen, dass ein Anspruch zu seinen Gunsten besteht. Deshalb bestehe kein (erweiterter) Einsichtsanspruch, wenn der Mak-

[197] BGH WM 1972, 444.
[198] BGH NJW 1987, 2431.
[199] OLG München BeckRS 1995, 4844.
[200] BGH NJW 1987, 2431.
[201] BGH BeckRS 1990, 2042.
[202] BGH BeckRS 2000, 6985.
[203] OLG Düsseldorf BeckRS 1996, 801.
[204] LG Köln BeckRS 1988, 946.
[205] OLG Düsseldorf BeckRS 1996, 801.
[206] OLG Stuttgart LSK 1983, 220021.
[207] OLG Stuttgart BeckRS 2010, 24647.
[208] Vgl. hierzu auch OLG Dresden BeckRS 2010, 2217.
[209] OLG Düsseldorf NZM 2017, 265.

ler durch die Grundbucheinsicht die Frage der Kongruenz und der Ursächlichkeit prüfen will.

Beauftragt der Auftraggeber vertragswidrig weitere Makler, haftet er gegenüber dem zuerst beauftragten Makler.[210] Gleiches gilt, wenn der Auftraggeber gegen eine wirksam vereinbarte Hinzuziehungs- und Verweisungsregelung verstößt, dem Makler die Aufgabe der Geschäftsabsicht nicht anzeigt oder sonstige Obliegenheiten aus dem Alleinauftrag verletzt. Unerheblich soll sein, wann der Hauptvertrag zustande kommt. 150

Als Schadensersatz kann grundsätzlich geltend gemacht werden: 151

- Der Ersatz für Auslagen,
- eine angemessene Entschädigung für den nutzlosen Arbeitsaufwand,
- gegebenenfalls auch entgangener Gewinn.

Der allein-beauftragte Makler kann bei Verletzung des Alleinauftrages ggf. auch einen Anspruch auf entgangenen Gewinn geltend machen. Dieses setzt voraus, dass der Makler darlegen und beweisen kann, dass er während der Laufzeit des Alleinauftrages einen Interessenten hatte, der bereit und fähig war, zu den Bedingungen des abgeschlossenen Hauptvertrages den Vertrag seinerseits abzuschließen und er weiterhin bereit war, Provision zu zahlen. Die Rechtsprechung verlangt insoweit nicht den Nachweis der konkreten Abschlussbereitschaft des Auftraggebers, sondern erleichtert dem Makler die Darlegungs- und Beweislast für den Schadensersatzanspruch, indem sie sich mit dem Nachweis der Vertragsverletzung des Auftraggebers und dem Beweis, dass ein abschlussfähiger und kaufbereiter Interessent zu den Bedingungen des Eigengeschäftes vom Makler gefunden war, begnügt. 152

In Maklerverträgen finden sich häufig Klauseln, die gegen Vertragsverletzungen durch den Auftraggeber schützen sollen. Solche Klauseln sind in Individualvereinbarungen in der Regel unbedenklich, solange die Zahlungsverpflichtung an einen vertragswidrig zustande gekommenen Hauptvertrag anknüpft und durch die vereinbarte Höhe der Schadensersatzforderung kein Druck auf den Auftraggeber zum Abschluss des Grundstückkaufvertrages ausgeübt wird. Ohne notarielle Beurkundung dürften 10–15 % der bei Erfolg anfallenden Provision als Obergrenze vereinbarungsfähig sein. Falls jedoch auch bei Einhaltung dieser Grenzen absolut hohe Beträge erreicht werden, kann auch schon die Vereinbarung eines geringeren Prozentsatzes die Beurkundung erforderlich machen.[211] 153

In Allgemeinen Geschäftsbedingungen sind Vertragsstrafeversprechen nur unter Beachtung des § 309 Nr. 6 BGB zulässig, etwa für den Fall, dass der Auftraggeber den Nachweis unbefugt weitergibt oder beim Alleinauftrag ein weiterer Makler eingeschaltet wird. Eine AGB-Klausel hingegen, die dem Auftraggeber unabhängig von der Aufgabe der Verkaufsabsicht eine Vertragsstrafe auferlegt, ist gemäß § 307 Abs. 1 und 2 BGB unwirksam.[212] 154

XIII. Doppeltätigkeit des Maklers

Wenn der von einer Seite bereits beauftragte Makler mit dem potentiellen Vertragsgegner ebenfalls einen Maklervertrag abschließt, spricht man von einem Doppelauftrag. Dabei wird die Doppeltätigkeit von der Rechtsprechung grundsätzlich als zulässig angesehen.[213] Danach ist bei Immobiliengeschäften eine Tätigkeit des Maklers für beide Seiten nach „dem Inhalt des Vertrags" grundsätzlich möglich, sofern er für beide Teile als Nachweismakler oder für den einen als Vermittlungs- und für den anderen als Nachweismakler tätig ist. Dies gilt in der Regel auch ohne ausdrückliche Genehmigung 155

[210] BGH NJW 1973, 1194.
[211] BGH NJW 1980, 1622.
[212] BGH NJW 1971, 557.
[213] BGH BeckRS 2003, 4267.

selbst dann, wenn dem Maklerkunden die Doppeltätigkeit des Maklers unbekannt gewesen war.

156 Die Gestattung der Doppeltätigkeit kann auch in AGB des Maklers erfolgen.[214] Beim Vermittlungsmaklervertrag für beide Seiten kann sich der Makler auf die Klausel jedoch nur dann berufen, wenn er dem jeweiligen Auftraggeber unmissverständlich zum Ausdruck bringt, dass er auch für die andere Seite tätig wird.[215]

157 Folgende Konstellationen können sich bei der Doppeltätigkeit ergeben:

- Die Doppeltätigkeit des für beide Seiten tätigen Nachweismaklers ist in der Regel zulässig, weil hier die gegenseitigen Interessen nicht ohne weiteres berührt werden.
- Zulässig ist auch die Vermittlungstätigkeit für den Verkäufer und eine Nachweistätigkeit für den Käufer.[216] Eine Interessenkollision kann hier entfallen, weil der Nachweisauftrag von Seiten des Käufers den Makler nicht dazu verpflichtet, den Käufer über alle Umstände aufzuklären, die ihn veranlassen könnten, einen möglichst niedrigen Kaufpreis zu verlangen. Der Käufer muss nach Auffassung des BGH damit rechnen, dass der Makler, der als Vermittlungsmakler des Verkäufers auftritt, bestrebt sein wird, im Rahmen der Marktlage einen möglichst hohen Kaufpreis zu erzielen.
- Nach der Rechtsprechung des BGH ist die Doppeltätigkeit im Sinne einer Vermittlungstätigkeit für beide Auftraggeber beim Immobilienkauf grundsätzlich nicht vertragswidrig, wenn sie dem Makler von beiden Vertragspartnern gestattet wird oder der Doppelauftrag für die jeweils andere Auftraggeberseite eindeutig erkennbar oder absehbar ist.[217]

158 Etwas anderes gilt jedoch für den Fall, dass der Makler gleichzeitig für Käufer und Verkäufer bei Preisverhandlungen als Vermittlungsmakler tätig wird, ohne dies offen zu legen. In diesem Fall verwirkt er seinen Lohnanspruch.[218]

159 Die Doppeltätigkeit ist auch bei dem sog. Vertrauensmakler ausgeschlossen: Die Stellung eines Vertrauensmaklers hat der BGH dann bejaht, wenn diesem ein langfristiger Alleinauftrag erteilt ist und ihm die Verhandlungen übertragen worden sind.[219]

160 Der von beiden Seiten beauftragte Makler ist zur strengen Unparteilichkeit verpflichtet.[220] Ihn treffen umfassende Aufklärungs- und Informationspflichten beiden Auftraggebern gegenüber. Er ist gehalten, beide Auftraggeber über alles aufzuklären, was für deren Entschluss bestimmend sein und sie vor Schaden bewahren kann. Die Pflicht, dem einen Teil die gebotene Aufklärung zu geben, geht der Pflicht vor, zum Vorteil des Anderen ungünstige Umstände zu verschweigen.[221]

161 Bei unzulässiger Doppeltätigkeit oder Verstoß gegen die besonderen Vertragspflichten beim Doppelauftrag kann der Makler seinen Provisionsanspruch gemäß § 654 BGB verwirken.

XIV. Verwirkung § 654 BGB

162 Nach § 654 BGB ist der Anspruch auf Maklerlohn und auf Ersatz von Aufwendungen ausgeschlossen, wenn der Makler dem Inhalt des Vertrages zuwider auch für den anderen Teil tätig geworden ist.

163 Nach Auffassung des BGH hat die Verwirkung des Lohnanspruches des Maklers nach § 654 BGB Strafcharakter.[222] Es ist deshalb auch nicht darauf abzustellen, ob dem

[214] BGH NJW 1964, 1467; OLG Koblenz BeckRS 2002, 1104.
[215] BGH NJW 1964, 1467.
[216] BGH NJW 1970, 1075 sowie NJW-RR 2003, 991.
[217] BGH NJW-RR 1998, 992.
[218] OLG Karlsruhe BeckRS 2005, 7375.
[219] BGH NJW 1964, 1467 sowie BeckRS 1998, 3487.
[220] BGH WM 1978, 245.
[221] BGH NJW 1968, 150.
[222] BGH NJW 1962, 734.

Auftraggeber ein Schaden entstanden ist.[223] Handelt der Makler seiner Treuepflicht gegenüber dem Auftraggeber vorsätzlich, wenn nicht gar arglistig, zumindest aber in einer „dem Vorsatz nahe kommenden grob fahrlässigen Weise" entgegen, so soll er nach dem allgemeinen Rechts- und Billigkeitsempfinden den Maklerlohn nicht verdient haben. Bei einer bloß fahrlässigen Pflichtverletzung verwirkt der Makler in der Regel seinen Provisionsanspruch nicht. Abzustellen ist auf den subjektiven Tatbestand der Treupflichtverletzung, die in einem solchen Fall nicht ohne weiteres zu bejahen ist. Bei bloß fahrlässigen Pflichtverletzungen steht dem Auftraggeber aber gegebenenfalls ein Schadensersatz-anspruch aus positiver Forderungsverletzung zu.

Die Rechtsprechung zur Verwirkung stellt sich als Sonderrecht zu Lasten des Maklers **164** dar, da er im Einzelfall dem Auftraggeber nicht nur gegenüber zum Schadensersatz verpflichtet sein kann, sondern darüber hinaus seinen Lohnanspruch verwirkt. Es muss deshalb auch geprüft werden, ob der subjektive Tatbestand der Treupflichtverletzung tatsächlich vorliegt und der Makler grob leichtfertig bzw. vorsätzlich wesentlichen Vertragspflichten und den Interessen seines Auftraggebers zuwidergehandelt hat.

Einzelne Fallkonstellationen: **165**

- Nach der Rechtsprechung des Bundesgerichtshofs verwirkt der Makler seinen Provisionsanspruch insbesondere dann, wenn er die Unkenntnis seines Kunden bewusst ausnutzt und diesen zur Unterzeichnung von formnichtigen Ankaufsverpflichtungen bzw. Alleinaufträgen oder Reservierungsvereinbarungen veranlasst, um so den unzutreffenden Eindruck einer vertraglichen Festlegung zu erwecken.[224] Vom gewerblichen Makler wird erwartet, dass ihm die Vorschrift des § 311b BGB sowie die höchstrichterliche Rechtsprechung hierzu bekannt ist.
- Der Verwirkungstatbestand ist auch dann gegeben, wenn der Makler – ohne dieses aufzudecken – sich in die Position eines Mitbewerbers begibt und aus dieser Position versucht, den Abschluss zwischen dem Auftraggeber und dem potentiellen Vertragspartner zu verhindern. Dabei kann sich der Makler später nicht darauf berufen, dass der nachgewiesene Vertrag letztlich doch zwischen seinem Auftraggeber und dem Vertragsgegner abgeschlossen wurde.
- Der Makler macht „aufs Blaue hinein" Versprechungen hinsichtlich der Nutzung eines im Außenbereich liegenden Grundstücks als Feriensitz.[225]
- Der Makler bezeichnet seinen Auftraggeber als „zu dämlich".[226]
- Die Maklerprovision wird von der Rechtsprechung auch dann versagt, wenn sich der Makler einer Provision als „unwürdig" erwiesen hat, insbesondere dann, wenn der Makler Kenntnis von den finanziellen Schwierigkeiten des von ihm nachgewiesenen Grundstückskäufers hat.[227]
- Für die Frage, ob der Provisionsanspruch verwirkt ist, kann es auch auf den Zeitpunkt der Treupflichtverletzung ankommen: Liegt diese nach Abschluss des Kaufvertrages und Zahlung der Maklerprovision vor, so soll eine etwaige Treuepflichtverletzung nicht mehr nachträglich zu einer Verwirkung der einmal verdienten Provision führen können.[228]

XV. Haftung des Maklers

Der Maklervertrag, der zwischen dem Makler und seinem Auftraggeber geschlossen **166** wird, beinhaltet für den Makler Nebenpflichten. Die Maklertätigkeit besteht gemäß § 652 BGB in einer Nachweis- und/oder Vermittlungstätigkeit, beide Tätigkeiten sind nicht zwingend haftungsbegründend.

[223] BGH NJW-RR 1990, 372.
[224] BGH NJW-RR 1990, 372.
[225] OLG Celle BeckRS 2002, 30299202.
[226] OLG Hamm BeckRS 2005, 12247.
[227] So OLG Dresden BeckRS 2007, 7170 sowie OLG Köln BeckRS 2005, 4455.
[228] BGH NJW 1985, 45.

167 Bei den Nebenpflichten, wie zB den Aufklärungs- und Beratungspflichten, kann sich dies in der Praxis allerdings anders darstellen: Oft wird dem Makler vorgeworfen, er habe seine Verpflichtungen gegenüber dem Auftraggeber verletzt, wodurch diesem ein Schaden entstanden sei. In der zurückliegenden Vergangenheit war festzustellen, dass es in einer großen Anzahl von Rechtsstreitigkeiten zwischen Makler und Auftraggeber in aller Regel nicht darum ging, ob ein Schadensersatzanspruch begründet war, sondern vielmehr darum, dass der Auftraggeber sich weigerte, die Provision wegen einer vermeintlichen Treuepflichtverletzung des Maklers zu zahlen und sich insoweit auf den Einwand der Verwirkung des Provisionsanspruches gemäß § 654 BGB berief. Dabei gilt, dass die Verwirkung auch gegeben sein kann, wenn dem Auftraggeber ein Schaden gar nicht entstanden ist. Zunehmend ist festzustellen, dass Auftraggeber zudem Schadensersatzansprüche gegenüber ihrem Makler geltend machen. Soweit im Folgenden Rechtsprechung zitiert wird, handelt es sich auch um Rechtsprechung, die zu § 654 BGB ergangen ist. Dabei ist jedoch festzustellen, dass dann, wenn die Rechtsprechung im Einzelfall ein grob treuwidriges Fehlverhalten des Maklers bejaht und damit den Verwirkungstatbestand des § 654 BGB für begründet erachtet, auch davon ausgegangen werden kann, dass bei Vorliegen eines grob treuwidrigen Verhaltens, das zu einem Schaden des Auftraggebers geführt hat, ein Schadensersatzanspruch dem Grunde nach geltend gemacht werden kann.

168 Entscheidend ist, dass der Makler seinem Auftraggeber alle ihm bekannten, für die Entschließung seines Auftraggebers wesentlichen Umstände über das Objekt oder über den von ihm beigebrachten Vertragspartner mitteilt, zB Schwammverdacht, andere erhebliche Gebäudeschäden bzw. finanzielle Schwierigkeiten des Kaufinteressenten etc.

169 Grundsätzlich gilt deshalb, dass der Makler nicht für die Richtigkeit von Auskünften haftet, die er erkennbar von Dritten eingeholt hat, sondern lediglich für die Richtigkeit der Weitergabe. Haftungsbeschränkende Klauseln sind grundsätzlich zulässig. So kann der Makler formular-mäßig darauf hinweisen, dass die Exposéangaben auf Angaben des Objektanbieters beruhen und diesbezüglich seine Haftung ausschließen.[229]

Eine solche Klausel könnte beispielsweise wie folgt lauten:
„Die in diesem Exposé enthaltenen Angaben, Abmessungen und Preisangaben beruhen auf Angaben des Verkäufers. Der Makler übernimmt hierfür keine Haftung.
Die Haftung wegen grober Fahrlässigkeit oder Vorsatz sowie wegen der Verletzung von Leben, Körper oder Gesundheit ist nicht ausgeschlossen."

170 Der Makler ist in aller Regel auch nicht verpflichtet, die ihm von seinem Auftraggeber – dem Verkäufer/Vermieter – gemachten Objektangaben nachzuprüfen.[230]

171 Der BGH hat diese Rechtsprechung in seiner Entscheidung vom 18.1.2007[231] noch einmal bestätigt:

„Grundsätzlich gilt für den Makler, dass er Informationen, die er von dem Veräußerer erhalten hat, ungeprüft weitergeben darf. Das setzt allerdings voraus, dass der Makler die betreffenden Informationen – insbesondere, wenn er diese in einem eigenen Exposé über das Objekt herausstellt – mit der erforderlichen Sorgfalt eingeholt und sondiert hat; dazu gehört, dass der Makler keine Angaben der Verkäuferseite in sein Exposé aufnimmt, die nach den in seinem Berufsstand vorauszusetzenden Kenntnissen ersichtlich als unrichtig, nicht plausibel oder sonst bedenklich einzustufen sind. Hiervon abgesehen schuldet der Makler jedoch seinem Auftraggeber grundsätzlich keine Ermittlungen, insbesondere darf er im Allgemeinen auf die Richtigkeit der Angaben des Verkäufers vertrauen."

[229] BGH BeckRS 1981, 670; OLG Hamm BeckRS 1995, 6006.
[230] LG Hamburg BeckRS 2010, 7222; OLG Oldenburg BeckRS 2009, 16131.
[231] BGH BeckRS 2007, 3975, wiederholend LG München I 22.9.2023 – 47 O 15419/22, BeckRS 2023, 38563.

Eine Maklerhaftung kommt aber in Betracht, wenn er im Exposé oder an anderer Stelle gegenüber seinem Kunden Angaben „ins Blaue hinein" macht, die er nicht abschließend geprüft hat und die auch nicht vom Verkäufer stammen.[232] Etwas anderes gilt nach der Rechtsprechung allerdings für den Fall, in dem der Makler zugesagt hat, Auskünfte einzuholen oder aber er durch seine Werbung oder durch sein sonstiges Verhalten den Eindruck vermittelt, die von ihm gemachten Angaben beruhten auf eigenen Ermittlungen bzw. seien durch ihn selbst auf Richtigkeit überprüft.[233] In diesen Fällen kann sich durch das Verhalten des Maklers bereits eine Haftung ergeben.[234] Eine Erkundigungs- und Nachprüfungspflicht hat der Makler in der Regel also nur dann, wenn er eine entsprechende Zusicherung gemacht hat, die Einholung von Auskünften übernommen oder durch seine Werbung oder sein sonstiges Verhalten den Eindruck vermittelt, die Angaben beruhten auf eigenen Ermittlungen oder seien durch ihn selbst auf Richtigkeit überprüft. Das Risiko des Maklers, der Einzelobjekte, wie Häuser, Eigentumswohnungen, Mietwohnungen oder Gewerberäume für den Auftraggeber nachweist, ist deshalb in aller Regel auch geringer als das Risiko eines Anlageberaters/Anlagemaklers, der als Vermittler oder Berater auftritt oder der eine Haftung nach den Grundsätzen der Prospekthaftung begründet hat. 172

Hat der Makler einen ihm bekannten und für die Entscheidung des Auftraggebers maßgeblichen Umstand verschwiegen und wäre anderenfalls der Hauptvertrag nicht zustande gekommen, ist der Auftraggeber so zu stellen, als hätte dieser das Geschäft nicht abgeschlossen.[235] Im Einzelfall kann sich als Rechtsfolge der Verletzung von Nebenpflichten die Verpflichtung zum Ersatz des Schadens wegen positiver Vertragsverletzung ergeben.[236] 173

---

[232] BGH 25.1.2019 – V ZR 38/18, NJW 2019, 2380.
[233] OLG Köln BeckRS 2008, 8277.
[234] BGH NJW 1982, 1147 sowie BeckRS 2007, 3975.
[235] BGH NJW 1982, 1145.
[236] Vgl. hierzu beispielhaft KG BeckRS 1999, 30084275; OLG Düsseldorf BeckRS 1998, 9465; BGH BeckRS 2000, 8689; BeckRS 2005, 12322.

14. Abschnitt. Verfahrensfragen

§ 70 Erkenntnisverfahren – Prozessuale Besonderheiten der Gewerberaummiete

Übersicht

I. Örtliche Zuständigkeit

1 Die **örtliche** Zuständigkeit ist in § 29a ZPO geregelt. Für Streitigkeiten aus Miet- oder Pachtverhältnissen über Räume oder über das Bestehen solcher Verhältnisse ist das Gericht **ausschließlich** zuständig, in dessen Bezirk sich die Räume befinden. Erfasst werden von dieser Vorschrift auch Untermiet- und Unterpachtverhältnisse sowie Zwischenvermietungsverträge,[1] auch die gewerbliche Zwischenvermietung von Gewerberaum. Die ausschließliche Zuständigkeit schließt eine Prorogation aus, § 40 Abs. 2 ZPO. Auch für Schadensersatzansprüche gerichtet auf **Schmerzensgeld** wegen Verletzung Verkehrssicherungspflichten aus einem Mietverhältnis greift § 29a ZPO.[2]

II. Sachliche Zuständigkeit

2 Bei der **sachlichen** Zuständigkeit ergeben sich keine Besonderheiten gegenüber anderen Zivilverfahren. Bei Streitigkeiten über Gewerberäume und andere Räume richtet sich die Zuständigkeit nach dem Wert des Streitgegenstandes. Liegt der Wert des Streitgegenstandes bis 5.000 EUR, so ist das Amtsgericht zuständig. Übersteigt der Wert des Streitgegenstandes 5.000 EUR, so ist das Landgericht zuständig.

3 Ist ein **Mischmietverhältnis** Gegenstand einer gerichtlichen Auseinandersetzung, richtet sich die sachliche Zuständigkeit nach dem Schwerpunkt des Vertrages.[3]

4 Hat eine der Parteien ihren allgemeinen Gerichtsstand im Zeitpunkt der Rechtshängigkeit in der ersten Instanz im **Ausland,** so ist für die Berufung gemäß § 119 Abs. 1 Nr. 1b GVG das Oberlandesgericht zuständig. Ist der ausländische oder inländische Gerichtsstand einer Partei erstinstanzlich unstreitig geblieben, erfolgt die Überprüfung des Gerichtsstandes der Partei im Rechtsmittelverfahren in der Regel nicht mehr.[4]

---

[1] LG Köln WM 1991, 563; Zöller/Vollkommer ZPO § 29a Rn. 8.
[2] OLG Düsseldorf WM 2006, 46.
[3] OLG Karlsruhe MDR 1988, 414; OLG München ZMR 1995, 295; Zöller/Lückemann GVG § 23 Rn. 9.
[4] BGH NZM 2004, 654.

Die Verlegung des Wohnsitzes nach Rechtshängigkeit in das Ausland begründet jedoch nicht die Zuständigkeit des Oberlandesgerichts nach § 119 Abs. 1 Nr. 1b GVG. Vielmehr bleibt es bei der allgemeinen Zuständigkeit gemäß § 119 GVG.[5] 5

Genießt der Beklagte als Mieter mit Wohnsitz im Ausland das Recht der **Exterritorialität,** richtet sich der Gerichtsstand gemäß § 15 Abs. 1 S. 1 ZPO nach seinem letzten inländischen Wohnsitz.[6] Im Übrigen wird auf die Ausführungen unter → § 38 Rn. 6 I. 2. verwiesen. 6

III. Sicherungsanordnung nach § 283a ZPO

Im Rahmen einer auf **Räumung und Zahlung aus demselben Rechtsverhältnis** gerichteten Klage kann ein Antrag auf Erlass einer Sicherungsanordnung gestellt werden. Die Sicherungsanordnung soll der Gefahr von übermäßigen Forderungsausfällen entgegenwirken. Dem Zahlungsanspruch können Mietrückstände, Nebenkostennachforderungen und Kautionsansprüche zu Grunde liegen. 7

Die Sicherheitsleistung kann nur für Geldforderungen, die nach Rechtshängigkeit der Klage fällig geworden sind, angeordnet werden. 8

Gemäß § 108 Abs. 1 S. 1 ZPO entscheidet das Gericht nach freiem Ermessen über Art und Höhe der Sicherheitsleistung. Es empfiehlt sich jedoch die nach Rechtshängigkeit fällig gewordene Zahlungsforderung zu beziffern: 9

Formulierungsvorschlag

Es wird beantragt, den Beklagten zu verurteilen, Sicherheit in Höhe von 5.000 EUR in bar oder durch eine selbstschuldnerische Bürgschaft einer deutschen Großbank zu leisten und dem Beklagten aufzugeben, die Leistung der Sicherheit innerhalb einer vom Gericht zu bestimmenden Frist nachzuweisen. 10

Für den Fall, dass der Beklagte die Sicherheitsleistung nicht innerhalb der ihm gesetzten Frist nachweist, wird bereits jetzt beantragt, den Beklagten im Wege der einstweiligen Verfügung zur Räumung der Räume (Anschrift nennen) zu verurteilen.

Voraussetzungen für die Sicheranordnung sind hohe Erfolgsaussichten der Klage, dem Zahlungsanspruch dürfen nach dem bisherigen Streitstand mit hoher Wahrscheinlichkeit keine berechtigten Einwendungen oder Einreden entgegenstehen[7] und die Anordnung muss nach Abwägung beiderseitiger Interessen zur Abwendung besonderer Nachteile des Klägers gerechtfertigt sein. Das allgemeine Prozessrisiko des Gläubigers, die Forderung nicht realisieren zu können, stellt keinen besonderen Nachteil dar.[8] Dem Kläger müsste durch die im Prozess fällig gewordenen Zahlungsforderungen über den bloßen Forderungsausfall hinaus ein besonderer wirtschaftlicher Nachteil drohen. Ein solcher könnte vorliegen, wenn der Kläger auf die Zahlungen zur Sicherung seiner Altersvorsorge, zum Bestreiten seines Lebensunterhalts oder zur Tilgung eines Darlehens angewiesen ist.[9] Die Parteien haben ihre Interessen glaubhaft zu machen. 11

Es empfiehlt sich, die Erfolgsaussichten der Klage kritisch zu prüfen. § 283a Abs. 4 ZPO verpflichtet den Kläger zum Schadensersatz soweit er nach Beendigung des Verfahrens sich aus der Sicherheit nicht befriedigen darf. 12

[5] BGH WM 2008, 457.
[6] BGH WM 2006, 268.
[7] OLG Celle NZM 2013, 729 (730).
[8] Begr. BT-Drs. 17/10485, 46.
[9] OLG Celle NZM 2013, 729 (730).

IV. Klage auf künftige Räumung

13 Gibt der Mieter eindeutig zu erkennen, dass er die Räume zu dem bereits feststehenden Beendigungszeitpunkt nicht herausgeben wird, kann der Vermieter Klage auf künftige Räumung gemäß § 259 ZPO erheben. Der Tatbestand des „sich-Entziehens" gem. § 259 ZPO ist erfüllt, wenn der Wille zum Ausdruck kommt, dass der Räumungsverpflichtung nicht nachgekommen werden wird. Schweigt der Mieter auf eine Nachfrage des Vermieters, ob er die Kündigung akzeptiert oder ob die Mietsache rechtzeitig herausgegeben werden wird, kann von einer Besorgnis der Leistungsverweigerung nicht ausgegangen werden.[10] Im Klageantrag muss durch Angabe des Beendigungszeitpunkts klar zum Ausdruck kommen, ab wann der Mieter nicht mehr zum Besitz berechtigt ist.

Formulierungsvorschlag:

14 Der Beklagte wird verurteilt, die Räume ...... (volle Anschrift und Lage im Gebäude), bestehend aus ...... sowie dazugehörigem Kellerraum nach dem ...... zu räumen und an den Kläger herauszugeben.

15 Fällt das Ende der Vertragszeit auf einen Sonnabend, Sonntag oder Feiertag, so ist der Mieter wegen § 193 BGB berechtigt, die Herausgabe erst am nächsten Werktag zu bewerkstelligen. Im Räumungsantrag ist dann dementsprechend erst der nächste Werktag anzugeben.

16 Die **Besorgnis der nicht rechtzeitigen Räumung** ist Prozessvoraussetzung. In der Klagebegründung ist daher die Leistungsverweigerung des Mieters darzulegen und unter Beweis zu stellen. Hat der Mieter vor Ablauf der Widerspruchsfrist bzw. noch vor Erhebung der Räumungsklage den Räumungsanspruch anerkannt und lediglich darauf hingewiesen, eventuell eine Räumungsfrist zu benötigen, fehlt der Klage das **Rechtsschutzbedürfnis.** Wird nur eine kurze, angemessene Räumungsfrist begehrt, so besteht nicht die Besorgnis der nicht rechtzeitigen Leistung.[10] Anders, wenn der Räumungsanspruch zwar anerkannt wird, jedoch mit einer alsbaldigen Räumung nicht zu rechnen ist.[11] Gelingt dem Kläger der Nachweis der Besorgnis der Räumungsverweigerung nicht, so wird die Klage als unzulässig abgewiesen.

17 Das **Widerspruchsrecht** des Mieters wird durch die Klage auf künftige Räumung nicht eingeschränkt. Bereits bestehende Widerspruchsgründe hat der Mieter in das Verfahren einzubringen. Erst später entstehende Widerspruchsgründe kann der Mieter im Wege der Vollstreckungsgegenklage nach § 767 ZPO geltend machen.[12]

18 Der **Streitwert** der Räumungsklage richtet sich nach der Jahresgrundmiete, § 41 Abs. 1 Nr. 2 GKG, ohne Nebenkostenvorauszahlungen. Ist jedoch die Zahlung einer Nebenkostenpauschale vertraglich vereinbart, über die nicht abgerechnet wird, ist auch die Nebenkostenpauschale als Bestandteil des jährlichen Entgelts der Streitwertberechnung zugrunde zu legen. Ist eine **Staffelmiete** vereinbart, wird der Streitwert aus der höchsten vereinbarten Miete gebildet.[13]

V. Stillschweigende Verlängerung des Mietverhältnisses gemäß § 545 BGB

19 Die Fortsetzungsfiktion des § 545 BGB kann mietvertraglich, auch in einem Formularmietvertrag,[14] abbedungen werden. Ist dies nicht geschehen, muss zur Verhinderung der Fortsetzung im Zusammenhang mit der Beendigung des Mietverhältnisses der

[10] LG Köln in Lützenkirchen KM § 20 Nr. 37.
[11] LG Köln in Lützenkirchen KM § 20 Nr. 38.
[12] Zöller/Greger ZPO § 259 Rn. 3.
[13] BGH NZM 2007, 935.
[14] → § 10 Rn. 372.

Widerspruch erklärt werden. Im Fall einer fristlosen Kündigung kann der Widerspruch bereits in die Kündigungserklärung durch folgenden Satz aufgenommen werden:

Formulierungsvorschlag:
Der stillschweigenden Verlängerung des Mietverhältnisses gemäß § 545 BGB wird hiermit ausdrücklich widersprochen. 20

Liegt zwischen dem Ausspruch der Kündigung und der Beendigung des Vertragsverhältnisses ein längerer Zeitraum, ist die Aufnahme des Widerspruchs in die Kündigungserklärung nicht ausreichend. Im Fall einer fristgemäßen Kündigung wäre der Widerspruch daher bei Beendigung des Mietverhältnisses rechtzeitig zu wiederholen. 21

Praxistipp:
Vorsorglich sollte die Frist des § 545 BGB im Fristenkalender notiert werden.

Der Widerspruch muss der Gegenseite innerhalb der Frist des § 545 BGB zugegangen sein. Zur Fristenwahrung ist es nicht ausreichend, dass die Räumungsklage rechtzeitig erhoben wird. Vielmehr müsste diese auch innerhalb der Frist des § 545 BGB zugestellt sein. Die Parteien haben wenig Einfluss auf den Zustellungszeitpunkt, so dass der Gegenseite innerhalb der Frist des § 545 BGB zumindest von der Klageerhebung durch die Übersendung einer Kopie der Räumungsklage Mitteilung zu machen ist.[15] Der Vermieter muss die Räumungsklage nicht unmittelbar nach Beendigung des Mietverhältnisses erheben. Selbst nach neun Monaten ist sein Räumungsanspruch noch nicht verwirkt. 22

VI. Negative Zwischenfeststellungsklage

Die negative Zwischenfeststellungsklage ist entgegen dem Wortlaut des § 256 Abs. 2 ZPO auch zulässig, wenn ein Rechtsverhältnis bereits vor Prozessbeginn streitig war.[16] Für die Parteien kann die Feststellung des streitigen Rechtsverhältnisses von Bedeutung sein, wenn die Entscheidung über den Hauptantrag das Rechtsverhältnis der Parteien nicht vollständig regelt. Der Vermieter, der den Mieter auf Zahlung rückständiger Mieten in Anspruch nimmt, gegen den der Mieter sich mit Mietminderungsansprüchen zur Wehr setzt, erreicht mit dem Zahlungsantrag lediglich eine Entscheidung über die Zahlungsverpflichtung des Mieters für die Vergangenheit. Ist sein Interesse auch auf die Zukunft gerichtet, kann er neben dem auf Zahlung gerichteten Hauptantrag negative Zwischenfeststellungsklage erheben, mit dem Ziel feststellen zu lassen, dass der Beklagte nicht zur Minderung des monatlichen Mietzinses berechtigt ist. 23

Formulierungsvorschlag:
Es wird festgestellt, dass der Beklagte nicht berechtigt ist, den monatlichen Mietzins für die Räume im Haus – volle Anschrift – zu mindern. 24

In einem mit der rechtskräftigen Abweisung der Räumungsklage endenden Räumungsprozess kann für den Mieter das Bedürfnis bestehen, feststellen zu lassen, dass die Kündigung unwirksam ist. Da das klageabweisende Urteil keine rechtskräftige 25

---

[15] LG Köln in Lützenkirchen KM § 20 Nr. 38.
[16] .BGH NJW-RR 1990, 318.

Feststellung dahingehend enthält,[17] dass die Kündigung unwirksam ist, kann der Mieter eine auf diese Feststellung gerichtete negative Zwischenfeststellungswiderklage erheben.

Formulierungsvorschlag:

26 Es wird festgestellt, dass die Kündigung des Klägers vom 25.5.2001 unwirksam ist.

VII. Klage auf Duldung von Modernisierungsmaßnahmen

27 Beabsichtigt der Vermieter die Durchführung von Erhaltungs- oder Modernisierungsmaßnahmen gegen den Willen des Mieters, so ist zu unterscheiden:

28 Sind die Modernisierungsmaßnahmen **außerhalb der Räume** des Mieters durchzuführen, kann der Vermieter die Modernisierungsmaßnahmen durchführen lassen und nach Durchführung der Modernisierungsmaßnahmen die Duldungspflicht des Mieters erst im Verfahren, gerichtet auf Zahlung der Mieterhöhung, feststellen lassen. Zwar ist es dem Vermieter nicht verwehrt, auch vor Durchführung der Modernisierungsmaßnahmen die Duldungspflicht des Mieters im gerichtlichen Verfahren feststellen zu lassen. Da die Duldungspflicht jedoch nicht zwangsläufig auch die Verpflichtung des Mieters zur Zahlung der geforderten Mieterhöhung nach Durchführung der Modernisierungsmaßnahmen beinhaltet, ist es für den Vermieter bei Modernisierungsmaßnahmen außerhalb der Räume prozessökonomisch sinnvoller, auf den ersten Prozess auf Duldung zu verzichten und stattdessen nach Durchführung der Modernisierungsmaßnahmen sofort auf Zahlung zu klagen.

29 Bei Modernisierungsmaßnahmen **innerhalb der Räume** des Mieters kann der erste Prozess nicht vermieden werden, wenn sich der Mieter weigert, dem Vermieter bzw. den von diesem beauftragten Handwerkern den Zutritt zu den Räumen zur Durchführung der beabsichtigten Modernisierungsmaßnahmen zu gewähren.

30 Der Vermieter muss daher bei Maßnahmen in den Räumen des Mieters diesen zunächst auf **Duldung und Zutritt** verklagen. Dabei ist der Ablauf der Ankündigungsfrist zu beachten. Der Duldungsanspruch wird nach Ablauf der Ankündigungsfrist fällig. Zur Vermeidung der Kostenfolge eines sofortigen Anerkenntnisses gem. § 93 ZPO sollte mit der Klageerhebung bis zum Ablauf der Ankündigungsfrist zugewartet werden.[18] Die Zustimmung des Mieters zu den Modernisierungsmaßnahmen ist nicht erforderlich.[19]

Formulierungsvorschlag:

31 Der Beklagte wird verurteilt, folgende Maßnahmen zum Einbau von isolierverglasten Fenstern in den Räumen – volle Anschrift – nach vorheriger Ankündigung zu dulden: Demontage der alten Fenster, Montage der neuen Fenster einschließlich der Fensterbänke, Außenversiegelung und Schließung der Lücken zum Mauerwerk hin und Beiputzarbeiten.

Der Beklagte wird verurteilt, dem Kläger und den von dem Kläger beauftragten Handwerkern werktags in der Zeit von 8.00 Uhr bis 18.00 Uhr Zugang zu den im Klageantrag zu 1) näher bezeichneten Räumen zu gewähren.

32 Ein **Widerspruch** des Mieters gegen die außerhalb seiner Räume geplanten Modernisierungsmaßnahmen schließt die spätere Durchsetzung der Mieterhöhung nicht aus. Voraussetzung für die Mieterhöhung ist nicht das Einverständnis, sondern lediglich die Duldungspflicht des Mieters, die im gerichtlichen Verfahren zu überprüfen wäre. Etwas

[17] BGH NJW 1966, 693.
[18] LG Hamburg WuM 2010, 152.
[19] BayObLG NJW-RR 1997, 266 (267); OLG Stuttgart ZMR 1991, 259.

anderes gilt nur, wenn der Mieter seinerseits gerichtlich gegen die Vermieter vorgeht und er durch eine entsprechende gerichtliche Entscheidung die Durchführung der Maßnahmen blockiert.

VIII. Klage auf Räumung eines Grundstücks mit vom Mieter errichteten Aufbauten

Ist ein unbebautes Grundstück vermietet und errichtet der Mieter hierauf Bauwerke, so erstreckt sich ein gegen den Mieter erwirkter Räumungstitel nicht auch auf die Berechtigung, diese Gebäude zu beseitigen.[20] Ist der Vermieter an den Gebäuden nicht interessiert, beispielsweise um einer eventuellen Entschädigungspflicht zu entgehen, so ist ein separater Antrag auf Beseitigung der Gebäude erforderlich. 33

Formulierungsvorschlag:
Der Beklagte wird verurteilt, das Grundstück – volle Anschrift, ggf. mit Grundbuchbezeichnung – geräumt an den Kläger herauszugeben. 34
Der Beklagte wird verurteilt, die auf dem im Klageantrag zu 1) näher bezeichneten Grundstück errichteten Gebäude unter Wiederherstellung des ursprünglichen Zustands zu beseitigen.

Die von dem Mieter errichteten Gebäude werden trotz fester Verbindung nicht gemäß § 94 BGB wesentliche Bestandteile des Grundstücks,[21] so dass der Eigentümer des Grundstücks nicht Eigentümer der Aufbauten wird. 35

IX. Der Urkundenprozess

Der Urkundenprozess gibt dem Gläubiger die Möglichkeit, schneller als im ordentlichen Zivilverfahren einen vollstreckbaren Titel zu erhalten, wenn er sämtliche zur Begründung seines Anspruchs erforderlichen Tatsachen durch Urkunden beweisen kann. Die Zulässigkeit des Urkundenprozesses gerichtet auf die Zahlung rückständigen Mietzinses war lange umstritten. 36

Inzwischen ist die Statthaftigkeit des Urkundenprozesses allgemein anerkannt.[22] Voraussetzung ist, dass entweder die vertragsgemäße Gebrauchsüberlassung der Mietsache an den Mieter unstreitig ist oder durch Urkunden bewiesen werden kann. Die Entscheidung wird damit begründet, dass dem Mieter für Gründe, die geeignet sind, den in den Urkunden verbrieften Anspruch einzuschränken oder zu beseitigen, die Darlegungs- und Beweislast obliegt. Kann der beklagte Mieter die tatsächlichen Voraussetzungen seines geltend gemachten Minderungsrechts nach Gebrauchsüberlassung nicht mit Urkunden beweisen, so ist er auf das Nachverfahren zu verweisen.[23] Die Klage im Urkundenprozess ist jedoch unstatthaft gemäß § 597 Abs. 2 ZPO, wenn der Vermieter als Kläger nicht durch Urkunden beweisen kann, dass er seine vertragliche Hauptpflicht, die ordnungsgemäße Gebrauchsüberlassung, erfüllt hat.[24] 37

Wird **rückständige Miete** im Urkundenprozess geltend gemacht, so sind sämtliche anspruchsbegründenden Tatsachen durch Urkunden zu beweisen. Gegen diesen Anspruch kann der Mieter zum Beweis von Mängeln der Mietsache sich nicht mit der Vorlage eines privaten Sachverständigengutachtens zur Wehr setzen. Mit der Vorlage eines privaten Sachverständigengutachtens würde der im Urkundenprozess unzulässige 38

---

[20] OLG Düsseldorf MDR 2000, 414.
[21] Grüneberg/Ellenberger BGB § 95 Rn. 3.
[22] BGH NZM 1999, 401 = NJW 1999, 1408; BGH NZM 2005, 661 = WuM 2007, 82.
[23] OLG Düsseldorf WM 2004, 416.
[24] OLG Düsseldorf WM 2004, 416.

Sachverständigenbeweis umgangen.[25] Ergibt sich die Höhe des Mietzinses aus dem Mietvertrag, so reicht die Vorlage des Mietvertrages aus. Hat sich der Mietzins auf Grund von Mieterhöhungen zwischenzeitlich erhöht, so ist bei Mieterhöhungen nach § 558 BGB das schriftliche Mieterhöhungsbegehren und die schriftliche Annahmeerklärung des Mieters vorzulegen. Stimmte der Mieter dem Mieterhöhungsbegehren nicht ausdrücklich zu, sondern zahlte er lediglich den geforderten erhöhten Mietzins, so kann die wirksame Vereinbarung der Mieterhöhung durch Vorlage entsprechender Kontoauszüge unter Beweis gestellt werden. Die Höhe des Mietzinses auf Grund von Mieterhöhungen nach §§ 559 und 560 BGB lassen sich nicht durch Urkunden beweisen. Hier besteht lediglich die Möglichkeit, den Nachweis einer vereinbarten erhöhten Miete durch Zahlung des geforderten Mietzinses darzulegen.

39 Der Anspruch auf Zahlung der vertraglich vereinbarten **Kaution** kann ebenfalls im Urkundenprozess geltend gemacht werden. Hingegen ist die Klage auf Rückzahlung der Kaution im Urkundenprozess nicht statthaft, da der Mieter den Wegfall des Sicherungsbedürfnisses nach Beendigung des Mietverhältnisses nicht durch Urkunden beweisen kann.[26] Der Urkundenprozess ist auch statthaft für die Geltendmachung einer **Betriebskostennachzahlung.**[27] Die anspruchsbegründenden und beweisbedürftigen Tatsachen müssen durch Urkunden belegt werden. Aus dem Mietvertrag muss sich somit die eindeutige Umlagefähigkeit der abgerechneten Betriebskosten ergeben. Aus der Betriebskostenabrechnung muss sich die eindeutige Berechnung der Nachforderung ergeben. Sind die in der Betriebskostenabrechnung aufgeführten Gesamtkosten streitig, ist auch die Vorlage der Rechnungen, aus denen sich die Gesamtkosten ergeben, erforderlich. Die Vorlage der Belege kann unterbleiben, wenn die Höhe der Gesamtkosten unstreitig ist.

X. Einstweilige Verfügung

1. Räumung

40 Die **Räumung** von Gewerberaum im Wege der einstweiligen Verfügung ist unter den Voraussetzungen der §§ 935, 940 ZPO möglich. Eine Räumung schafft vollendete Tatsachen und stellt somit immer eine Vorwegnahme der Hauptsache dar. Sie ist daher nur für Ausnahmefälle möglich. Die weitere Nutzung der Gewerberäume nach Beendigung des Mietverhältnisses ist regelmäßig nicht ausreichend.

41 Nach § 940a Abs. 1 ZPO ist die Räumung von Wohnraum grundsätzlich nur möglich, wenn der Besitz durch **verbotene Eigenmacht** erlangt wurde[28] oder wenn eine konkrete Gefahr für Leib und Leben besteht. Die Beschränkung des § 940a Abs. 1 ZPO auf Wohnraum bedeutet nicht, dass die Räumung anderer Räume im Wege einer einstweiligen Verfügung unter vereinfachten Voraussetzungen möglich wäre.

42 Daneben ist streitig, ob nach **§ 940a Abs. 2 ZPO** auch die Räumung von Gewerberaum im Wege der einstweiligen Verfügung gegen **Dritte** möglich ist, wenn gegen den Mieter ein vollstreckbarer Räumungstitel vorliegt und der Vermieter vom Besitzerwerb des Dritten erst nach dem Schluss der mündlichen Verhandlung Kenntnis erlangt hat. Das Landgericht Hamburg[29] hält § 940a Abs. 2 ZPO bei ähnlicher Fallgestaltung auch auf Gewerberaum für anwendbar und führt zur Begründung aus, wenn eine Räumungsverfügung schon für Wohnraum zulässig sei, dann müsste diese erst recht für Gewerberaum zulässig sein. Anders sieht es das Landgericht Köln.[30] Gestützt auf den Wortlaut der Norm hält das Landgericht Köln die Anwendung des § 940a Abs. 2 ZPO auf

[25] OLG Koblenz NZM 2012, 274.
[26] OLG Düsseldorf WM 2004, 416.
[27] BGH NZM 2015, 44.
[28] LG Mönchengladbach Mietrechtliche Entscheidung in Leitsätze 1994.
[29] LG Hamburg NZM 2013, 860 (861).
[30] LG Köln NZM 2013, 732.

Gewerberaum für unzulässig. Es ist jedoch nicht nachvollziehbar, dass einem Nutzer von Gewerberaum ein höherer Schutz zukommen soll als einem Wohnraumnutzer.

Zu den Voraussetzungen des § 940a Abs. 2 ZPO wird auf die Aufführungen unter → § 38 Rn. 55 verwiesen. 43

Ist eine Räumungsklage wegen Zahlungsverzuges erhoben, darf die Räumung durch einstweilige Verfügung angeordnet werden, wenn der Beklagte einer **Sicherheitsanordnung nach § 283a ZPO** im Hauptsacheverfahren nicht Folge leistet (→ Rn. 7–9). 44

2. Besitzentzug und Entzug von Versorgungsleistungen

Entzieht der Vermieter dem Mieter den Besitz an den Mieträumen oder behindert der Vermieter die Versorgung des Mieters mit Wärme, Wasser und Strom, so kann der Mieter im Wege der einstweiligen Verfügung die **Wiedereinsetzung in den Besitz** und die **Wiederherstellung der Versorgungsleistungen** fordern.[31] 45

Bei bestehendem Mietverhältnis soll dem Vermieter ein Zurückbehaltungsrecht an den Versorgungsleistungen wegen rückständiger Mieten oder Nebenkosten nicht zustehen, da ein Zurückbehaltungsrecht nach §§ 273, 320 BGB nur bei nachholbaren Leistungen möglich ist. 46

Bei beendetem Mietverhältnis besteht grundsätzlich zunächst keine Verpflichtung des Vermieters zur Aufrechterhaltung der Versorgungsleistungen.[32] Lediglich aus Treu und Glauben könnte sich, bei besonderen Belangen des Mieters, eine nachvertragliche Verpflichtung des Vermieters zur Aufrechterhaltung von Versorgungsleistungen ergeben. Belange des Mieters sind jedoch nicht zu berücksichtigen, wenn dieser seinen Zahlungspflichten gegenüber dem Vermieter nicht nachkommt. Es ist dem Vermieter nicht zuzumuten, Versorgungsleistungen zur Verfügung zu stellen und hierfür die Kosten zu tragen, wenn die Gefahr besteht, diese nicht erstattet zu erhalten.[33] 47

Ist die Mietsache doppelt vermietet, besteht kein Anspruch eines Mieters gegenüber dem Vermieter im Wege einer einstweiligen Verfügung den Besitzanspruch zu sichern.[34] 48

---

[31] OLG Köln ZMR 1994, 325; AG Leipzig MDR 1998, 1025.
[32] BGH NJW 2009, 1947 (1948).
[33] BGH NJW 2009, 1947 (1948).
[34] OLG Koblenz WM 2008, 48; KG NZM 2007, 518.

§ 71 Zwangsvollstreckung, Zwangsversteigerung, Zwangsverwaltung

Übersicht

Schrifttum:
Haarmeyer/Hintzen, Zwangsverwaltung, 7. Aufl. 2021; Stöber, Zwangsversteigerungsgesetz: ZVG, 23. Aufl. 2022.

I. Zwangsvollstreckung des Räumungs- und Herausgabeanspruchs

1. Räumungstitel

1 Zur Durchsetzung des Räumungs- und Herausgabeanspruchs ist ein mit **Vollstreckungsklausel versehener Titel** erforderlich. Der Räumungsgläubiger hat dem Räumungsschuldner den Vollstreckungstitel vor Beginn der Zwangsvollstreckung oder zumindest gleichzeitig zuzustellen.

2 Die Zwangsvollstreckung richtet sich nach **§ 885 Abs. 1 S. 1 ZPO.** Der Gerichtsvollzieher wird beauftragt, den Räumungsschuldner aus dem Besitz zu setzen und den Räumungsgläubiger in den Besitz einzuweisen.

Geeignete Vollstreckungstitel sind

- Urteile gemäß § 704 ZPO,
- gerichtliche Vergleiche im Sinne von § 794 Abs. 1 Nr. 1 ZPO,
- Zuschlagsbeschlüsse gemäß § 93 Abs. 1 ZVG.

2. Durchführung

3 **a) Räumung und Herausgabe.** § 885 Abs. 1 S. 1 ZPO differenziert zwischen Herausgabe und Räumung. Ausreichend ist bereits nach dem Gesetzeswortlaut, dass der Titel auf Herausgabe, Überlassung oder Räumung lautet.

4 Besser ist es jedoch, wenn der zu vollstreckende Anspruch auf Räumung und Herausgabe lautet. Bevor der Räumungsgläubiger den Gerichtsvollzieher mit der Räumung und Herausgabe beauftragt, sollte geprüft werden, ob der bei der Zwangsräumung von größeren Gewerbeobjekten entstehende Aufwand tatsächlich durch den Räumungsgläubiger bereits im Wege des Vorschusses geleistet werden soll, den der Gerichtsvollzieher nach Erteilung des Räumungsauftrages anfordern wird. Da der Gerichtsvollzieher im eigenen Namen eine Spedition mit dem Transport des Räumungsgutes beauftragen wird, ist eine Vorschussanforderung durch den Gerichtsvollzieher zu erwarten, die deutlich über den zu erwartenden Transport- und Einlagerungskosten liegen wird.

5 Die modifizierte Regelung von § 885 Abs. 2–5 ZPO verfolgt eine Besserstellung des Räumungsgläubigers. Der Gerichtsvollzieher kann die geräumten Sachen nicht nur dann unter Hinterlegung des Erlöses veräußern, wenn der Schuldner sie nicht abfordert, sondern auch dann, wenn er sie zwar abfordert, nicht aber binnen einer Frist von zwei

Monaten nach der Räumung bezahlt. Die Verwahrfrist (Einlagerungskosten) ist auf einen Monat verkürzt.

Die bereits häufig anzutreffende Praxis, nicht verwertbare Gegenstände (Müll) sofort zu vernichten, ist nunmehr ausdrücklich gesetzlich normiert. Dies betrifft also Gegenstände, an deren Aufbewahrung offensichtlich kein Interesse besteht; Wertlosigkeit oder Funktionsuntüchtigkeit sind daher nicht maßgeblich. 6

b) Herausgabe und Vermieterpfandrecht (Berliner Modell). Die Begrenzung der Kosten der Zwangsräumung hat mittlerweile Eingang in die Gesetzgebung (§ 885a ZPO, → Rn. 13), als Reaktion auf die Rechtsprechung gefunden, insbesondere das Berliner Modell. Der Bundesgerichtshof hatte sich hiermit auseinandergesetzt und die grundsätzliche Zulässigkeit bejaht.[1] 7

Danach kann der Räumungsgläubiger die Zwangsvollstreckung nach § 885 ZPO auf die Herausgabe der unbeweglichen Sache beschränken, wenn er an sämtlichen in den Räumen befindlichen Gegenständen ein Vermieterpfandrecht geltend macht. Auch wenn in einem solchen Fall Streit darüber besteht, ob alle beweglichen Sachen des Räumungsschuldners vom Vermieterpfandrecht erfasst werden oder nicht, hat der Gerichtsvollzieher die Räumung nicht nach § 885 Abs. 2–4 ZPO vorzunehmen. Insbesondere darf der Gerichtsvollzieher eine Prüfung dahingehend, ob die bei der Durchführung der Herausgabevollstreckung befindlichen Gegenstände vom Vermieterpfandrecht umfasst werden, nicht vornehmen. Der Gerichtsvollzieher ist als Vollstreckungsorgan nicht zuständig, materiell-rechtliche Ansprüche zu klären. Dies gilt insbesondere auch für die Frage, ob die in Rede stehenden Gegenstände wegen Unpfändbarkeit nach § 562 Abs. 1 S. 2 BGB dem Vermieterpfandrecht unterliegen oder nicht. 8

Die Vollstreckung der Herausgabe wird in der Weise durchgeführt, dass der Gerichtsvollzieher den Räumungsschuldner aus dem Besitz des zu räumenden Objekts setzt und den Räumungsgläubiger in den Besitz einweist. Bewegliche Sachen, die nicht Zubehör nach §§ 97, 98 BGB sind und auf die sich der Räumungstitel nicht erstreckt, werden vom Gerichtsvollzieher zwar grundsätzlich weggeschafft, dieser Entfernung kann jedoch der Räumungsgläubiger aufgrund seines (vermeintlichen) Vermieterpfandrechts widersprechen. 9

Der Räumungsschuldner ist zunächst dadurch hinreichend geschützt, dass er die unpfändbaren, nicht dem Vermieterpfandrecht unterfallenden Gegenstände vor Durchführung der Herausgabevollstreckung aus den zu räumenden Objekt entfernen kann, solange er nicht aus dem Besitz gesetzt wurde. 10

Ist der Räumungsgläubiger durch den Gerichtsvollzieher wieder in den unmittelbaren Besitz des Mietobjekts gesetzt worden, so kann dieser entweder die Verwertung der dem Vermieterpfandrecht unterliegenden Gegenstände einleiten oder mit dem Räumungsschuldner in Verhandlungen eintreten, welche Gegenstände, also insbesondere diejenigen, die offensichtlich dem Vermieterpfandrecht nicht unterliegen, freiwillig herausgegeben werden. Dies bedeutet jedoch, dass die Transportkosten vom Räumungsgläubiger nicht im Wege des Vorschusses zu leisten sind, vielmehr wird der Transport dann vom Räumungsschuldner selbst durchgeführt. 11

Diese Vorgehensweise birgt jedoch für den Räumungsgläubiger erhebliche Risiken. 12

Abgesehen davon, dass nach Einräumung der Sachherrschaft über die Mietsache der Räumungstitel verbraucht ist (§ 180 Abs. 4 S. 4 GVGA), trifft den Räumungsgläubiger eine Verwahrungspflicht hinsichtlich aller im Mietobjekt verbliebener Sachen. Der Räumungsgläubiger hat demzufolge unpfändbare Gegenstände kostenfrei dem Schuldner herauszugeben. Pfändbare und nicht wertlose Sachen werden (Vermieterpfandrecht) nach den §§ 1204 ff. BGB verwertet. Hierbei entstehende Kosten, die den Erlös übersteigen, können nicht nach § 788 ZPO festgesetzt werden.

Im Rahmen der Verwertung haftet der Räumungsgläubiger auf Schadensersatz wegen jeglichen Verschuldens.

---

[1] BGH NJW 2006, 848; 2006, 3273.

13 c) **§ 885a ZPO beschränkter Vollstreckungsauftrag.** Der Gesetzgeber hat die missliche Situation des Räumungsgläubigers bei der Räumungs- und Herausgabevollstreckung einerseits, der Herausgabevollstreckung mit Vermieterpfandrecht andererseits erkannt und – basierend auf dem durch den Bundesgerichtshof abgesegneten Berliner Modell – eine praktikable Zwischenlösung mit erheblich verringerten Haftungsrisiken als weitere Zwangsvollstreckungsmöglichkeit kodifiziert.

14 So bestimmt § 885a Abs. 1 ZPO, dass die Zwangsvollstreckung aus einem Räumungs- und Herausgabetitel auf eine Maßnahme nach § 885 Abs. 1 ZPO beschränkt werden kann, also im Regelfall die Herausgabevollstreckung. Während bei der Vorgehensweise nach dem „Berliner Modell" der Räumungsgläubiger sein Vermieterpfandrecht ausüben musste, ist dies nunmehr nicht mehr erforderlich.

15 Dem Gerichtsvollzieher gibt § 885a Abs. 2 ZPO vor, wie die Durchführung der Herausgabevollstreckung zu erfolgen hat. Der Gerichtsvollzieher hat die vorgefundenen ersichtlichen beweglichen Sachen zu dokumentieren. Das Protokoll, welches wie bisher über die Räumungsvollstreckung zu fertigen war (§ 180 Abs. 6 GVGA), ist nunmehr zu ergänzen. Die Dokumentation kann zusätzlich in der Weise erfolgen, dass der Gerichtsvollzieher durch digitale Fotografien die wesentlichen Bestände und den Zustand der vom Räumungsschuldner eingebrachten Gegenstände sichern kann.

16 Die Parteien haben nach § 762 ZPO Anspruch auf Erteilung einer Protokollabschrift. Hierzu gehört auch, die Fotografien einzusehen. Hierbei ist zu berücksichtigen, dass das Räumungsprotokoll eine öffentliche Urkunde gemäß § 415 ZPO darstellt und die Vermutung der Vollständigkeit und Richtigkeit in sich birgt. Dies erleichtert dann bei etwaigen späteren Auseinandersetzungen auch die Beweisführung durch Augenschein, § 371 ZPO.

17 Hauptproblem beim Vorgehen nach dem Berliner Modell ist das Verfahren zur Aufbewahrung und Verwertung der vorgefundenen beweglichen Gegenstände des Räumungsschuldners. Gemäß den Vorgaben des Bundesgerichtshofs[1] hatte der Vermieter die in der Wohnung verbliebenen Sachen gemäß den §§ 1215, 1257 BGB zu verwahren. Bei Anwendung des § 885a ZPO kann der Räumungsgläubiger die beweglichen Sachen, die nicht Gegenstand der Zwangsvollstreckung sind, im Anschluss an die Herausgabevollstreckung entfernen und an einem anderen Ort verwahren. Dies hat für den Räumungsgläubiger den erwünschten Vorteil, dass er das Mietobjekt schnell wieder vermietungsfähig machen kann.

18 Bewegliche Sachen an deren Aufbewahrung offensichtlich kein Interesse besteht, können nach § 885 Abs. 3 S. 2 ZPO, auf den § 885a verweist, vernichtet werden. Von einer Vernichtung ist jedoch dann abzusehen, wenn der Räumungsschuldner bereits zuvor sein Herausgabeinteresse bekundet hat oder bei objektiver Betrachtungsweise eine spätere Verwendung nicht ausgeschlossen werden kann. Der Räumungsgläubiger muss als abwägen, ob er Sachen im oder außerhalb des zu räumenden Mietobjekts verwahrt, oder ob er sie vernichtet.

19 § 885a Abs. 3 S. 2 BGB begünstigt in dieser Situation den Räumungsgläubiger, der nur Vorsatz und grobe Fahrlässigkeit zu vertreten hat. Hier kommt der Rechtsgedanke von § 300 BGB zum Tragen; diese Regelung sieht für den Fall, dass derjenige, dem eine Leistung geschuldet wird und er dessen ungeachtet seiner Mitwirkungspflicht nicht nachkommt, Haftungsvorteile des anderen Vertragsteils entgegengehalten werden können. Eine vergleichbare Situation liegt vor, wenn der Mieter im Zusammenhang mit der Beendigung des Mietverhältnisses einen Übergabetermin anbietet und der Vermieter seiner Mitwirkung, nämlich Übernahme des Mietobjekts, nicht nachkommt. Im Falle der Räumung wurde der Mieter zunächst mit der Zustellung des Räumungstitels und danach mit der Bestimmung des Herausgabetermins durch den Gerichtsvollzieher zur Mitwirkung aufgefordert. Es liegt also eine zumindest vergleichbare Situation vor.

20 Gemäß § 885a Abs. 3 S. 1 ZPO kann der Gläubiger bewegliche Sachen, die nicht Gegenstand der Zwangsvollstreckung sind, jederzeit wegschaffen, er muss sie allerdings verwahren. Im Anschluss an die Herausgabevollstreckung hat er dem Schuldner auf

Verlangen dessen Gegenstände herausgeben. Kommt er dieser Pflicht nicht nach, ist er nach Maßgabe der §§ 280 Abs. 1, 823 Abs. 1 BGB zum Schadensersatz verpflichtet.[2]

21 Die weitere Vorgehensweise des Räumungsgläubigers ist sodann in § 885a Abs. 4 ZPO geregelt. Dem Räumungsschuldner verbleibt zunächst ein Monat, die Sachen bei beim Gläubiger abzufordern. Unterbleibt dies, können diese nach Fristablauf verwertet werden – entweder im Wege der öffentlichen Versteigerung oder nach § 383 BGB (Selbsthilfeverkauf). Da eine Hinterlegung aus nachvollziehbaren Gründen ausscheiden dürfte (fehlende Hinterlegungsfähigkeit), wird vorrangig eine öffentliche Versteigerung durch den Gerichtsvollzieher die richtige Vorgehensweise sein. Sachen, die nicht verwertet werden können, dürfen dann vernichtet werden.

22 Während Maßnahmen nach § 885a Abs. 3 ZPO einem Haftungsprivileg zu Gunsten des Räumungsgläubigers unterliegen, enthält § 885a Abs. 4 ZPO seinem Wortlaut nach offensichtlich dieses Haftungsprivileg nicht. Wie bereits oben ausgeführt, wäre hier jedoch auf den Rechtsgedanken von § 300 BGB zurückzugreifen. Da alle Maßnahmen des Räumungsgläubigers als solche der Zwangsvollstreckung gelten, können hiermit verbundene Kosten im vereinfachten Verfahren nach § 788 ZPO festgesetzt werden.

Praxistipp:

Vor Erteilung eines Zwangsvollstreckungsauftrages an den Gerichtsvollzieher auf Räumung und Herausgabe ist zu prüfen, ob gegebenenfalls hohe Räumungskosten anfallen können. Um eine dementsprechende Vorschussanforderung durch den Gerichtsvollzieher zu vermeiden, kann in solchen Fällen der Vollstreckungsauftrag auf die Herausgabe beschränkt werden.
Ausreichend ist es dann, dem Gerichtsvollzieher für die Kosten der Herausgabevollstreckung sofort einen Kostenvorschuss in der Größenordnung von 300–400,– EUR vorzulegen.

23 Noch nicht Gegenstand von Entscheidungen des Bundesgerichtshofs waren zwei weitere gerichtliche Modelle: Nach dem **Hamburger Modell** entzieht der Gerichtsvollzieher dem Räumungsschuldner den Besitz am zu räumenden Objekt, baut ein neues Schloss ein und übergibt die Schlüssel der Spedition, die den Auftrag erhält, erst nach mehreren Wochen zu räumen. Meldet sich vorher der Räumungsschuldner und teilt mit, er könne die zurückgelassenen Gegenstände anderweitig unterbringen, so wird die Spedition das Räumungsgut dorthin verbringen, soweit der Räumungsschuldner die Kosten selbst vorstreckt. Meldet sich der Räumungsschuldner allerdings nicht innerhalb kurzer Zeit, so wird zunächst der Müll entsorgt und die werthaltigen Gegenstände eingelagert.

24 Das so genannte **Frankfurter Modell** gibt dem Räumungsgläubiger die Möglichkeit, in einem separaten, verschließbaren eigenen Raum die zu räumenden Gegenstände einzulagern, der unmittelbare Besitz an diesem Raum wird dem Gerichtsvollzieher durch Übergabe aller Schlüssel übertragen. Ferner wird vom Räumungsgläubiger verlangt, dass er eine Haftung für Schäden am Räumungsgebiet übernimmt und gleichzeitig den Gerichtsvollzieher von der Haftung gegenüber dem Räumungsschuldner freistellt.

25 **d) Räumungsschutz.** Auch dem Gewerbemieter kann nach § 765a ZPO in Ausnahmefällen Räumungsschutz gewährt werden. Dies gilt insbesondere dann, wenn mit der Zwangsräumung eine konkrete Gefahr für das Leben oder die Gesundheit des Räumungsschuldners verbunden ist.[3]

[2] BGH NZM 2017, 473.
[3] BGH NJW 2006, 848; 2005, 3414; 2006, 505.

II. Zwangsversteigerung und Zwangsverwaltung von Gewerberaum

1. Allgemeines

26 Zwangsversteigerung und Zwangsverwaltung als besondere Vollstreckungsarten unterscheiden sich in ihren Voraussetzungen und Wirkungen für **Wohnraummietverhältnisse** und **Gewerberaummietverhältnisse** nicht. Es gelten dieselben gesetzlichen Regeln. Soweit sich in einzelnen Zusammenhängen unterschiedliche Interessenlagen ergeben können, ist im Beitrag zum Wohnraummietrecht[4] darauf hingewiesen.

2. Gewerbliche Grundstücksnutzung

27 Vier Gesichtspunkte im Zusammenhang mit gewerblicher Nutzung beschlagnahmter Liegenschaften verdienen allerdings nochmaliger und besonderer Erwähnung:

28 Der Zwangsverwalter darf zwar alle Nutzungen des beschlagnahmten Grundbesitzes ziehen, jedoch darf er nur die Erzeugnisse verwerten, die gem. §§ 148, 21 ZVG, § 1120 Abs. 1 BGB von der Beschlagnahme erfasst werden und Ergebnis der grundstücksbezogenen Nutzungsziehung sind. Er darf jedoch sonstige der Beschlagnahme unterworfene Gegenstände, beispielsweise Zubehör, grundsätzlich nicht verwerten, es sei denn dies ist für die ordnungsgemäße Verwaltung unerlässlich, beispielsweise der Verkauf verderblicher Ware oder von „Früchten" des Grundstücks.[5]

29 Damit ist auch zugleich umrissen, ob und in welchem Umfang der Zwangsverwalter einen Gewerbebetrieb des Schuldners auf dem beschlagnahmten Grundbesitz (fort-)führen darf. Dies wird allenfalls dann in Frage kommen, wenn die unmittelbare Grundstücksnutzung selbst – gewerbliche Vermietung, sei es langfristig, sei es kurzfristig (Ferienwohnungen, Veranstaltungsräume, Parkhaus, Hotel) – gewerblichen Charakter hat. Die Fortführung eines Betriebs, der lediglich auf dem Grundstück liegt, ist ausgeschlossen, insoweit ist der Verwalter auf die Möglichkeit der Vermietung oder Verpachtung einschließlich des beschlagnahmten Zubehörs beschränkt.[6] Zu beachten ist, dass die Zubehöreigenschaft von Gegenständen infolge vorangegangener Betriebsaufgabe erloschen sein kann.[7] Seit der grundlegenden „Schlosshotel"-Entscheidung des BGH[8] ist anerkannt,[9] dass der Zwangsverwalter befugt sein **kann**, einen auf dem beschlagnahmten Grundstück geführten **grundstücksbezogenen** Gewerbebetrieb des Schuldners fortzuführen, wenn dies zur ordnungsgemäßen Nutzung des Grundstücks erforderlich ist – typischerweise bei Zweckbauten – und er dabei nicht in Rechte des Schuldners an Betriebsmitteln eingreift, die unabhängig von ihrer Zugehörigkeit zu dem Gewerbebetrieb absolut geschützt sind. Die Beschlagnahme in der Zwangsverwaltung erfasst Betriebsmittel nämlich nur insoweit, als sie Grundstückszubehör sind, im Übrigen sind betriebliches Inventar, Geschäftsbücher, Firmenname und die sonstigen Gegenstände und Rechte eines Geschäftsbetriebs beschlagnahmefrei, wenn auch im Rahmen einer „Widerspruchslösung" (§ 37 Nr. 4 ZVG). Auch tritt der Zwangsverwalter nicht in nicht grundstücksbezogene Verträge ein,[10] so dass er für die – vorübergehende – Fortführung des „unlösbar" mit dem Grundstück verbundenen Betriebs vertragliche Vereinbarungen mit dem Betriebsinhaber/Schuldner treffen muss. Das Bundesarbeitsgericht hat in einem vergleichbaren Fall die Anwendbarkeit des § 613a BGB bejaht,[11] der Zwangsverwalter muss also bei Verfahrensaufhebung die Mitarbeiter des Betriebs

---

[4] → § 39 Rn. 49 ff.
[5] Stöber/Drasdo ZVG § 152 Rn. 91 f.
[6] Stöber/Drasdo ZVG § 152 Rn. 89.
[7] §§ 98, 95 Abs. 1 BGB.
[8] BGH NJW-RR 2005, 1175.
[9] Vgl. Stöber/Drasdo ZVG § 152 Rn. 89; Haarmeyer/Hintzen Zwangsverwaltung ZwVwV § 5 Rn. 17 ff., 20 ff.
[10] Haarmeyer/Hintzen Zwangsverwaltung ZwVwV § 5 Rn. 23.
[11] BAG NZA 2012, 267.

ordnungsgemäß nach § 613a Abs. 5 BGB belehren, wenn er nicht riskieren will, selbst Arbeitgeber zu bleiben.

Der Zwangsverwalter kann seit 1.1.2004, dem Zeitpunkt der durchgreifenden Änderung der Zwangsverwalter-Verordnung,[12] auch langfristige Mietverträge ohne die Zustimmung des Vollstreckungsgerichts eingehen. Die mieterschützende Regelung des § 575 BGB ist auf befristete Gewerberaummietverträge mit ggf. langer Laufzeit nicht anwendbar. Auch fällt der – erlaubte – befristete Verzicht auf das Recht zur ordentlichen Kündigung nicht unter § 575 BGB. 30

Schließlich ist infolge der Aufhebung der §§ 57c und 57d ZVG durch das zweite Justizmodernisierungsgesetz[13] ein bei der Gewerberaummiete durchaus noch häufig vorkommender Gesichtspunkt, nämlich die Abgeltung von Baukostenzuschüssen des Mieters durch Verlängerung der Mietzeit in Gestalt eines Aufschubs oder Ausschlusses des Sonderkündigungsrechts des Erstehers nur noch eingeschränkt über den Antrag gem. § 59 ZVG im Versteigerungsverfahren[14] geltend zu machen. Dem Mieter bleibt nur die Abrechnung seiner Ansprüche und – je nach vertraglicher Gestaltung – ihre Geltendmachung gegenüber dem früheren oder dem neuen Eigentümer. Im Falle einer formunwirksamen Vereinbarung über einen Baukostenzuschuss hat der Bundesgerichtshof Bereicherungsansprüche des Mieters gegen den (sonder-) kündigenden Ersteher dem Grunde nach bejaht.[15] 31

[12] → § 39 Rn. 110; ZwVwV v. 19.12.2003 BGBl. 2003 I 2804 idF vom 22.3.2024, BGBl. 2024 I Nr. 110.

[13] Art. 11 Ziff. 5 des 2. JuMoG vom 22.12.2006, BGBl. 2006 I 3416.

[14] Muster → § 39 Rn. 77.

[15] BGH NZM 2009, 783.

§ 72 Insolvenz im Gewerberaummietverhältnis

Übersicht

Schrifttum:
Arbeitskreis für Insolvenz- und schiedsgerichtswesen e. V., Kölner Schrift zur Insolvenzordnung, 1997; *Braun,* InsO, 9. Aufl. 2022; *Eckert,* Miete, Pacht und Leasing im neuen Insolvenzrecht, ZIP 1996, 897; *ders.,* Neues im Insolvenzrecht der Wohnraummiete, NZM 2001, 260; *K. Schmidt,* Insolvenzordnung, 20. Aufl. 2023; *Reismann,* Die Insolvenz des Vermieters, WuM 2001, 267; *Tintelnot,* Die gegenseitigen Verträge in neuen Insolvenzverfahren, ZIP 1995, 616; Uhlenbruck, Das neue Insolvenzrecht, Text- und Dokumentationsband, 1994; *ders.,* InsO, Kommentar, 15. Aufl. 2019.

I. Allgemeines

Insolvenzrechtliche Fragestellungen im Rahmen von Mietverhältnissen sind zumeist unabhängig davon zu beantworten, ob bei **Wohnraummiete** oder **Geweberaummiete** Vermögenslosigkeit einer Vertragspartei eintritt. Einige wenige Besonderheiten gelten für Wohnraummietverhältnisse in der Insolvenz des Mieters. Sie sind im vorliegenden Beitrag jeweils kenntlich gemacht, werden aber gesondert behandelt.[1] 1

1. Grundlagen und Beteiligte des Insolvenzverfahrens

a) **Antragsverfahren.** Die **Insolvenzordnung**[2] hat seit 1.1.1999 die Konkurs-, die Vergleichs- und die Gesamtvollstreckungsordnung abgelöst und ersetzt. Mit einem Insolvenzverfahren soll die gleichmäßige und **gemeinschaftliche Befriedigung** der Gläubiger durch Verwertung und Verteilung des beweglichen und unbeweglichen Schuldnervermögens erreicht werden, ggf. mittels eines **Insolvenzplans,** der grundsätzlich eine Sanierung in wirtschaftliche Schwierigkeiten geratener Unternehmen ermöglichen soll. Erst durch die Einfügung des § 4a InsO – **Stundung der Verfahrenskosten** – im Jahr 2001 ist aber auch völlig mittellosen Schuldnern der Zugang zur Möglichkeit der **Restschuldbefreiung** und damit zur individuellen Entschuldung ermöglicht. 2

Insolvenzgericht ist das **Amtsgericht,** in dessen Bezirk der Schuldner seinen allgemeinen Gerichtsstand hat, meist sind aber innerhalb der Landgerichtsbezirke die Zuständigkeiten für Insolvenzsachen bei einem, gelegentlich mehreren Amtsgerichten zusammengefasst. Liegt der **Mittelpunkt der selbstständigen wirtschaftlichen Tätigkeit** des Schuldners in dem Bezirk eines anderen Insolvenzgerichts, so ist dieses ausschließlich für das Verfahren zuständig (§ 3 Abs. 1 S. 2 InsO). 3

Das Insolvenzverfahren wird **auf Antrag** des Schuldners oder eines Gläubigers eröffnet. Voraussetzung ist einerseits eine „die Kosten des Verfahrens" deckenden Mindestvermögensmasse, die entweder durch Vorschuss eines ausreichenden Geldbetrags oder durch Antrag und Bewilligung der Kostenstundung ersetzt werden kann (§ 26 InsO). Daneben muss einer von **drei möglichen Eröffnungsgründen** gegeben sein (§ 16 InsO): 4

- **Zahlungsunfähigkeit** ist allgemeiner Eröffnungsgrund. Gemäß § 17 Abs. 2 InsO ist der Schuldner zahlungsunfähig, wenn er nicht in der Lage ist, die fälligen Zahlungspflichten zu erfüllen.[3] Eine bloße **Zahlungsstockung** ist anzunehmen, wenn der Zeitraum nicht überschritten wird, den eine kreditwürdige Person benötigt, um sich die benötigten Mittel zu leihen. Dafür erscheinen drei Wochen erforderlich, aber auch ausreichend.[4] Beträgt eine innerhalb von drei Wochen nicht zu beseitigende Liquiditätslücke des Schuldners weniger als 10 % seiner fälligen Gesamtverbindlichkeiten, ist regelmäßig von Zahlungsfähigkeit auszugehen, es sei denn, es ist bereits absehbar, dass die Lücke demnächst mehr als 10 % erreichen wird.[5]
- **Drohende Zahlungsunfähigkeit** ist nur bei einem Eigenantrag des Schuldners nach § 18 InsO Eröffnungsgrund dann, wenn der Schuldner voraussichtlich nicht in der Lage sein wird, seine bestehenden Zahlungsverpflichtungen im Zeitpunkt der Fälligkeit zu erfüllen. Eine Antragspflicht besteht, anders als im Fall der bereits eingetretenen Zahlungsunfähigkeit oder Überschuldung bei juristischen Personen, nicht. Eine Prognose wird im Allgemeinen nur auf der Grundlage eines Finanz- oder Liquiditätsplans möglich sein.[6] Mit dieser neu eingeführten frühen Möglichkeit einer

[1] → § 39 Rn. 164.

[2] IdF der Bekanntmachung vom 5.10.1994, BGBl. 1994 I 2866, mit zahlreichen Änderungen (im Einzelnen unter http://www.gesetze-im-internet.de/inso/index.html auf der Internetseite des Bundesjustizministeriums).

[3] Dazu Braun/Salm-Hoogstraeten InsO § 17 Rn. 8 ff. und BGH NZI 2007, 36 ff.; 2007, 579 ff.

[4] BGH NJW 2005, 3062.

[5] BGH NJW 2005, 3062.

[6] BT-Drs. 12/2443, 115.

Verfahrenseinleitung ist grundsätzlich ein weiteres Sanierungsinstrument für wirtschaftlich in Not geratene Unternehmen geschaffen worden.

- **Überschuldung** schließlich ist bei juristischen Personen wie bisher Eröffnungsgrund (§ 19 Abs. 2 S. 1 InsO). Sie liegt vor, wenn das Vermögen des Schuldners die bestehenden Verbindlichkeiten nicht mehr deckt.[7]

5 Mögliche Schuldner im Insolvenzverfahren und damit **insolvenzfähig** sind alle natürlichen und juristischen Personen, darüber hinaus auch OHGen und KGen, Partnerschaftsgesellschaften sowie Gesellschaften bürgerlichen Rechts und nicht rechtsfähige Vereine sowie – auch fortgesetzte – Gütergemeinschaften (§ 11 InsO), ausdrücklich aber nicht Wohnungseigentümergemeinschaften (§ 9a Abs. 5 WEG).

6 In der Einleitungsphase eines Insolvenzverfahrens ist eine Antragsrücknahme bis zur Wirksamkeit der Entscheidung des Gerichts über die Eröffnung oder bis zur Rechtskraft eines Abweisungsbeschlusses möglich (§ 11 Abs. 2 InsO).[8] Häufig werden in diesem Stadium vom Gericht vorläufige Sicherungsmaßnahmen angeordnet und ein vorläufiger Insolvenzverwalter bestellt. Ist ein Antrag wegen fehlender Pflichtangaben unzulässig, setzt das Gericht vor einer Zurückweisung eine Frist zur Mangelbeseitigung (§ 13 Abs. 1 und 3 InsO).

7 Mit der Verfahrenseröffnung durch Beschluss des Insolvenzgerichts verliert der Schuldner die Verfügungsbefugnis über sein Vermögen. Sie geht auf den im Eröffnungsbeschluss bestellten Verwalter über. Der Schuldner als Grundstücks- oder Wohnungseigentümer darf keinen Mietvertrag mehr abschließen, ändern oder kündigen und auch entsprechende Willenserklärungen nicht mehr entgegennehmen. Insoweit sind Rechtshandlungen des Schuldners oder eines Dritten grundsätzlich unwirksam (§§ 80, 81, 82 InsO). Gleiches gilt für Zahlungen, diese sind statt an den Schuldner an den Insolvenzverwalter zu leisten, nur dann tritt – außer bei Gutgläubigkeit, dh Unkenntnis des Zahlenden von der Insolvenzeröffnung – die schuldbefreiende Wirkung ein. Auch in Verfahren, die Vermögensgegenstände des Schuldners betreffen, verliert er seine Handlungsbefugnis, beispielsweise die Beschwerdebefugnis im Zwangsversteigerungsverfahren. Von der Eröffnung des Insolvenzverfahrens über das Vermögen des Schuldners und der Bestellung eines Insolvenzverfahrens an ist der Schuldner nicht mehr Beteiligter des Zwangsversteigerungsverfahrens; seine Stelle wird von dem Verwalter im Insolvenzverfahren eingenommen.[9]

8 Jede Einzelzwangsvollstreckung ist nach Verfahrenseröffnung ausgeschlossen (§ 80 Abs. 2 InsO), begonnene Maßnahmen werden unwirksam. Ausgenommen sind dingliche Vollstreckungen, die wirksam bleiben und auch nach Verfahrenseröffnung noch begonnen werden können (§§ 49 ff. InsO), dazu gehört aber nicht die Mietpfändung durch den dinglich privilegierten Gläubiger des Eigentümer-Schuldners.[10] Zu den Einzelheiten gleich unter → Rn. 20 ff.

9 **b) Forderungen im Insolvenzverfahren.** Im Insolvenzverfahren gibt es grundsätzlich **drei mögliche Arten von Verbindlichkeiten:**

- (Einfache) Insolvenzforderungen, die anteilig und gleichmäßig nach einer Quote aus der erwirtschafteten Insolvenzmasse befriedigt werden, dies sind im Wesentlichen alle vor Insolvenzeröffnung entstandenen und fällig gewordenen Forderungen gegen den Schuldner;
- Masseforderungen von Gläubigern, die einen unmittelbaren Anspruch in voller Höhe ihrer Forderungen gegen die Insolvenzmasse haben, im Wesentlichen handelt es sich dabei um Forderungen aus Verträgen – wie Miet- oder Arbeitsverträgen, die trotz Insolvenzeröffnung fortbestehen und beiderseits erfüllt werden müssen und

[7] BGH ZInsO 2008, 1019.
[8] BGH ZVI 2006, 564.
[9] BGH NZI 2008, 613.
[10] BGH NJW 2006, 3356.

- Forderungen absonderungsberechtigte Gläubiger, die den vollen Verwertungserlös einzelner, eigentlich der Insolvenzmasse zugehöriger beweglicher oder unbeweglicher Sachen oder Forderungen beanspruchen können, weil sie Rechte daran besitzen (Grundpfandgläubiger, Vorbehalts- und Sicherungseigentümer, Pfandrechtsgläubiger).

2. Rechtsstreite

a) Forderungsanmeldung und Feststellungsklage. Ist eine Gläubigerforderung einfache Insolvenzforderung, also weder Masseforderung noch einen Aussonderungsanspruch betreffend, bei Insolvenzeröffnung noch nicht tituliert so ist sie zur Insolvenztabelle anzumelden. Wird sie vom Insolvenzverwalter nicht festgestellt, sondern ganz oder teilweise bestritten, so ist statt einer Leistungsklage Feststellungsklage zu erheben um die Berücksichtigung in der Insolvenztabelle zu erreichen. Diese Klage ist fristgebunden: Gemäß § 189 InsO muss der Nachweis ihrer Einreichung oder der Aufnahme eines gem. § 240 ZPO unterbrochenen Verfahrens innerhalb einer Ausschlussfrist von zwei Wochen nach der öffentlichen Bekanntmachung über die Auslegung des Verteilungsverzeichnisses – das ist die Vorbereitung der Beendigung des Insolvenzverfahrens – gegenüber dem Insolvenzverwalter geführt werden, sonst wird die streitige Forderung in keinem Falle mehr bei der Verteilung berücksichtigt. 10

Bei der Formulierung des Feststellungsantrags ist in jedem Fall zu beachten, dass ein **Auswechseln des Forderungsgrunds** unzulässig ist. Die Feststellung einer Forderung kann nur in der Weise beantragt werden, wie sie in der Forderungsanmeldung oder im Prüfungstermin bezeichnet worden ist (§ 181 InsO). 11

b) Anhängige Rechtsstreite – Unterbrechung und Aufnahme. Bei Insolvenzeröffnung (§ 27 InsO) bereits anhängige Rechtsstreite werden gem. § 240 ZPO kraft Gesetzes unterbrochen, bis sie nach insolvenzrechtlichen Regelungen „aufgenommen" werden (§§ 85, 86 InsO). 12

Bei begonnenen **Aktivprozessen des Schuldners** hat gem. § 85 Abs. 1 InsO der Insolvenzverwalter die Wahl der Aufnahme. **Passivprozesse des Schuldners** können sowohl der Verwalter als auch der Gegner aufnehmen (§ 86 InsO), aber nur wenn der Rechtsstreit ein Aussonderungs- oder Absonderungsrecht oder einen Masseanspruch betrifft. Im Räumungsprozess des Vermieters gegen den Mieter-Schuldner, wird sich für Ersteren eine baldige Aufnahme empfehlen, um gegebenenfalls weitere Verluste zu vermeiden. Der Eigentumsherausgabeanspruch – nicht aber der Räumungsanspruch – fällt als besondere Form des Aussonderungsanspruchs unter § 86 Abs. 1 Nr. 1 InsO, deshalb ist die Insolvenzmasse betroffen.[11] Der Besitz der Mietwohnung ist Bestandteil des Schuldnervermögens (§ 35 InsO). 13

Mehrere auf Räumung in Anspruch genommene Mieter sind nur einfache Streitgenossen.[12] Gegen Mieter oder Untermieter, die nicht am Insolvenzverfahren über das Vermögen eines Mieter-Schuldners beteiligt sind, tritt deshalb die Unterbrechungswirkung des § 249 ZPO nicht ein. Gegen sie kann deshalb der Rechtsstreit fortgesetzt werden und auch ein Teil-Urteil ergehen. 14

Für den Vermieter kann allerdings ein Kostenrisiko entstehen: Erkennt der Insolvenzverwalter nach Aufnahme eines Rechtsstreits den Anspruch sofort an, so sind Kostenerstattungsansprüche nur einfache Insolvenzforderungen. 15

Ein Passivprozess über eine **gewöhnliche Insolvenzforderung** nach § 38 InsO kann grundsätzlich nicht aufgenommen werden. Dem Gläubiger bleibt nur die **Anmeldung** seiner Forderung zur Insolvenztabelle (§§ 87 ff. InsO). **Bestreitet** der Verwalter oder ein Insolvenzgläubiger allerdings die angemeldete Forderung,[13] so kann der unterbrochene 16

[11] Schmidt-Futterer/Streyl BGB § 546 Rn. 69 mN; K. Schmidt InsO § 47 Rn. 62.

[12] Zöller/Althammer ZPO § 62 Rn. 17.

[13] Ersichtlich aus dem Tabellenauszug, der dem Gläubiger in diesem Fall vom Insolvenzgericht übersandt wird (§ 179 InsO).

Rechtsstreit anschließend gem. § 180 Abs. 2 InsO als **Feststellungsprozess** aufgenommen werden.

17 Soweit ein Zahlungsanspruch geltend gemacht wird, ändert sich durch die Aufnahme des Rechtsstreits der **Klagegegenstand.**[14] Der die Feststellung seines Anspruchs begehrende Gläubiger muss deshalb seinen Klageantrag entsprechend umstellen:

Formulierungsvorschlag:

18 In dem Rechtsstreit

....../......

wird für den/die Kläger(in) der nach § 240 ZPO unterbrochene Rechtsstreit aufgenommen.

Zunächst wird beantragt, das Rubrum auf Beklagtenseite wie folgt zu ändern:

XY als Insolvenzverwalter über das Vermögen des/der ......

Gleichzeitig wird gebeten, dem Insolvenzverwalter diesen Schriftsatz zuzustellen.[15]

Die angekündigten Anträge werden wie folgt neu gefasst:

1. Die im Insolvenzverfahren über das Vermögen des ...... angemeldete Forderung des Klägers wird in Höhe von ...... EUR zur Insolvenztabelle festgestellt.
2. ......

19 Auch insoweit gilt § 181 InsO, bei der Umstellung des Klageantrages ist also auf die Identität mit der Forderungsanmeldung zu achten. Auch der **Streitwert** ändert sich in den Fällen, in denen ein unterbrochener Rechtsstreit aufgenommen[16] und vom ursprünglichen Leistungsantrag auf den **Feststellungsantrag** übergegangen wird, auf die Summe, die bei der Verteilung der Insolvenzmasse für die Forderung zu erwarten ist (§ 182 InsO). Die Änderung des Streitgegenstands hat aber keinen Einfluss auf die einmal begründete sachliche Zuständigkeit des Gerichts.

II. Einzelzwangsvollstreckung und Insolvenz

20 Da im Insolvenzverfahren grundsätzlich das gesamte Vermögen des Schuldners gem. § 35 InsO dem Insolvenzbeschlag unterliegt, wohingegen die („Einzel-")Zwangsvollstreckung nur eine Vollstreckung in bestimmte einzelne Vermögensgegenstände (Sachen oder Rechte) ist, gilt im Insolvenzverfahren, anders als bei der Einzelzwangsvollstreckung (§ 804 Abs. 3 ZPO), kein Prioritätsprinzip dergestalt, dass etwa Gläubiger, die ihre Forderungen zuerst anmelden, bevorzugt befriedigt werden. Vielmehr wird die erwirtschaftete Masse nach Abzug der Kosten quotal an alle Gläubiger gleichmäßig verteilt. Auch im Insolvenzverfahren sind allerdings bestimmte Forderungen und Vermögensbestandteile „unpfändbar" und also „insolvenzfrei". Wegen des Gedankens der gleichmäßigen Gläubigerbefriedigung muss die Insolvenzordnung regeln, welche Einzelvollstreckungsmaßnahmen (noch) hinzunehmen sein sollen und ab wann der Insolvenzbeschlag Vorrang genießen soll.

1. Einzelzwangsvollstreckungsmaßnahmen vor der Insolvenz

21 Vor Eröffnung des Insolvenzverfahrens sind alle Arten von Einzelzwangsvollstreckungsmaßnahmen zulässig. Hat der Gläubiger bereits Befriedigung oder auch nur Sicherung erlangt, bleibt ihm diese Stellung grundsätzlich erhalten.

22 Ausgenommen sind Sicherheiten, die der Gläubiger im letzten Monat vor dem Antrag auf Eröffnung des Insolvenzverfahrens oder nach diesem Antrag, im Wege der Zwangsvollstreckung an dem zur Insolvenzmasse gehörenden Vermögen des Schuldners erlangt

[14] BGH NJW-RR 1994, 1251.

[15] Nach Insolvenzeröffnung steht dem Insolvenzverwalter die Prozessführungsbefugnis zu, § 80 Abs. 1 InsO.

[16] Braun/Specovius InsO § 182 Rn. 5.

hat. Diese Sicherung wird mit Eröffnung des Insolvenzverfahrens unwirksam (§ 88 InsO). Die Vorschrift gilt nicht für freiwillig einseitig oder rechtsgeschäftlich eingeräumte Befriedigung oder Sicherung.[17]

2. Einzelzwangsvollstreckungsmaßnahmen im Eröffnungsverfahren

Während des Eröffnungsverfahrens, kann das Insolvenzgericht Maßnahmen der Zwangsvollstreckung gegen den Schuldner untersagen oder einstweilen einstellen, soweit nicht unbewegliche Gegenstände betroffen sind (§ 21 Abs. 2 Nr. 3 InsO). Das Vollstreckungsverbot umfasst alle vorhandenen sowie im Eröffnungsverfahren neu erworbenen Gegenstände. 23

Eine an sich wirksame Zwangsvollstreckung in das unbewegliche Vermögen kann auf Antrag des vorläufig bestellten Insolvenzverwalters einstweilen eingestellt werden (§ 30d Abs. 4 ZVG). 24

3. Einzelzwangsvollstreckungsmaßnahmen nach Eröffnung des Insolvenzverfahrens

Während des Insolvenzverfahrens ist jede Einzelzwangsvollstreckung durch einzelne Insolvenzgläubiger unzulässig (§ 89 Abs. 1 InsO), auch soweit sie in das nicht dem Insolvenzbeschlag unterliegende „sonstige" Vermögen des Schuldners erfolgen soll, das auch vom Insolvenzverwalter freigegebene Vermögensgegenstände – beispielsweise die dem Schuldner gehörende, über den Verkehrswert hinaus belastete Eigentumswohnung – umfassen kann.[18] Begonnene Maßnahmen werden unwirksam. 25

4. Nicht betroffene Vollstreckungsmaßnahmen

Vollstreckungsmaßnahmen von Gläubigern, die nicht Insolvenzgläubiger sind, sind grundsätzlich zulässig, in die Insolvenzmasse nur im Rahmen der §§ 90, 210 InsO, im Übrigen in die Vermögensgegenstände an denen die Gläubiger jeweils wirksame und fortbestehende (Sicherungs-)Rechte erworben haben. Die ebenfalls grundsätzlich mögliche Vollstreckung in den insolvenzfreien Teil des Schuldnervermögens wird idR daran scheitern, dass nicht dem Insolvenzbeschlag unterfallende Vermögenswerte entweder (auch) unpfändbar oder mit Rechten Dritter belastet sind. 26

5. Besonderheiten der dinglichen Vollstreckung

Dinglich bereits gesicherte Gläubiger oder eine WEG, die Forderungen in der Rangklasse des § 10 Abs. 1 Nr. 2 ZVG verfolgt, können gem. § 49 InsO die Verwertung des Pfandgegenstands oder seiner Nutzungen, also der belasteten Immobilie oder eines Teils davon im Wege der „abgesonderten Befriedigung" durch ein Zwangsversteigerungs- oder ein Zwangsverwaltungsverfahren betreiben. Für diese Gläubiger kommt es auch nicht darauf an, ob der Anordnungsbeschluss für Versteigerung oder Verwaltung außerhalb der Monatsfrist des § 88 InsO oder nach Eröffnung des Insolvenzverfahrens ergeht, weil auch § 89 InsO für sie nicht einschlägig ist. Ansonsten – wenn also der persönliche Gläubiger die Immobiliarvollstreckung betreibt – kann auch die dingliche Sicherung unwirksam werden.[19] 27

6. Besondere Vollstreckungsverbote im eröffneten Verfahren

Ausgeschlossen ist gem. § 89 Abs. 2 S. 1 InsO die Vollstreckung in künftige Bezüge des Schuldners aus einem Dienstverhältnis oder an deren Stelle tretende laufende Bezüge. Dieses Verbot gilt für alle Gläubiger, auch solche, die nicht Insolvenzgläubiger sind. Privilegiert sind nur Ansprüche wegen laufenden Unterhalts und wegen Forderun- 28

[17] BGHZ 55, 307 (309).
[18] BGH DZM 2009, 439.
[19] Braun/Kroth InsO § 88 Rn. 4 f.

gen aus unerlaubter Handlung gegen den Schuldner, für die auch hier der Zugriff auf ansonsten der Vollstreckung nicht unterliegende Vermögensteile eröffnet ist.

III. Fortbestand der Miet- und Pachtverhältnisse

29 Miet- und Pachtverträge sind Dauerschuldverhältnisse. Für sie gilt nach den Sonderregelungen der §§ 108–112 InsO der **Grundsatz** des **Fortbestehens** im Insolvenzverfahren. Miet- und Pachtverhältnisse sind sowohl Hauptverträge als auch Untermiete und Unterpacht.[20]

30 Mit wenigen Ausnahmen erfassen die §§ 108 ff. InsO jeweils ausdrücklich nur Miet- und Pachtverhältnisse des Schuldners als Mieter oder Vermieter **unbeweglicher Gegenstände oder Räume.** Sie sind nicht, auch nicht entsprechend, auf Erbbaurechtsverträge anwendbar, dem Eigentümer und Erbbauzinsgläubiger steht jedoch ein Aussonderungsanspruch zu. Er kann also die dingliche Vollstreckung betreiben,[21] beispielsweise die Zwangsversteigerung.[22] Gemeint sind also die Miet- und Pachtverträge nach §§ 535, 581 BGB, mithin die entgeltliche Gebrauchsüberlassung, was auch eine etwaige Beschränkung der Gegenleistung auf die Übernahme der Betriebskosten einschließt.[23]

31 Auf Verträge über bewegliche Sachen, zB über Fahrzeuge, Telefon- oder EDV-Anlagen ist § 103 InsO anzuwenden. Dem Insolvenzverwalter steht bei einem Vertrag über bewegliche Sachen danach ein Wahlrecht der Vertragserfüllung zu. Dem Vertragspartner bleibt nur ein Schadensersatzanspruch als Insolvenzgläubiger, wenn der Verwalter die Erfüllung ablehnt. Die Fortbestandsregel wird nur auf solche „sonstigen Gegenstände" – also bewegliche Sachen – erstreckt, die mittels drittfinanzierter Leasingverträge angeschafft wurden (§ 108 Abs. 1 S. 2 InsO).

32 Bei Verträgen über Grundstücke und Räume sind Kündigungsrechte gesondert geregelt. Sie sollen grundsätzlich in der Insolvenz bei Bedarf verfügbar bleiben. Hat die **Besitzübergabe** bei Verfahrenseröffnung noch **nicht stattgefunden,** so haben beide Parteien des Mietvertrags **Rücktrittsrechte.** Daraus folgt, dass Zahlungsansprüche des „anderen" Vertragspartners für Zeiträume **nach Eröffnung** des Insolvenzverfahrens vom Verwalter zunächst als **Masseverbindlichkeiten** zu erfüllen sind (§ 55 Abs. 1 Nr. 1 InsO).

33 Ansprüche für Zeiträume **vor Verfahrenseröffnung** sind nur **Insolvenzforderungen.** Etwas anderes gilt, wenn dem Schuldner ein allgemeines Verfügungsverbot auferlegt wurde und die **Verwaltungs- und Verfügungsbefugnis** dem vorläufigen Insolvenzverwalter übertragen war. Nimmt dieser dann die Mietsache in Anspruch, so entsteht hieraus nach Eröffnung des Verfahrens eine **Masseverbindlichkeit** (§ 55 Abs. 2 InsO). Ein vorläufiger Insolvenzverwalter mit Zustimmungsvorbehalt ist insolvenzrechtlich nicht verpflichtet, der Weiterleitung von Mietzahlungen, die der Schuldner als Zwischenvermieter erhält, an den Hauptvermieter zuzustimmen. Die Unterlassung der Mietzahlung kann ein fristloses Kündigungsrecht des Vermieters, jedoch keine Masseschuld begründen.[24]

IV. Das Mietverhältnis in der Insolvenz des Mieters

34 Zunächst gilt, dass der Insolvenzverwalter mit Eröffnung des Verfahrens in die (hier mietvertraglichen) Rechtspositionen des Schuldners einrückt. Auf ihn geht die Verwaltungs- und Verfügungsbefugnis nach § 80 Abs. 1 InsO über.

---

[20] Braun/Fehl-Weileder InsO § 108 Rn. 7 mN.
[21] BGH NZM 2006, 116.
[22] Einzelheiten → § 39 Rn. 49 (Zwangsversteigerung und Zwangsverwaltung).
[23] BGH NZM 1998, 105.
[24] BGH NJW 2008, 1442.

1. Kündigung wegen Zahlungsverzugs

a) Kündigungssperre des § 112 InsO. Die Kündigungssperre des § 112 InsO hindert den Vermieter nach einem **Antrag** auf Eröffnung des Insolvenzverfahrens über das Vermögen des Mieters, wegen Zahlungsverzugs[25] aus der Zeit **vor dem Insolvenzantrag** oder wegen Verschlechterung der Vermögensverhältnisse des Schuldners die Kündigung zu erklären (§ 112 InsO). Diese Sperre erfasst im Übrigen auch die bis zur Verfahrenseröffnung noch nicht erloschenen Miet- und Nutzungsverträge über **bewegliche Gegenstände.** Mietgegenstände bleiben so zur Verfügung des Verwalters und werden als wirtschaftliche Einheit nicht auseinander gerissen. Der Vermieter trägt damit das **Risiko** eines weiteren **Mietausfalls,** seine gegen den Mieter während der Phase eines Eröffnungsverfahrens entstehenden Forderungen sind im Falle nachfolgender Verfahrenseröffnung lediglich einfache **Insolvenzforderungen** (§ 38 InsO). Ein werthaltiger Masseanspruch setzt, wie soeben[26] dargelegt, voraus, dass das Insolvenzgericht einem vorläufigen Insolvenzverwalter die allgemeine Verwaltungs- und Verfügungsbefugnis übertragen hat und für die Masse die Gegenleistung in Anspruch genommen wurde. Regelmäßig werden vorläufige Verwalter aber nicht mit diesen Befugnissen ausgestattet. Umgekehrt hat aber auch der Insolvenzverwalter kein Recht auf unentgeltliche Nutzung von Betriebsmitteln, unabhängig von den Umständen, unter denen sie dem insolventen Gewerberaummieter zur Verfügung gestellt wurden.[27] 35

b) Kündigungsmöglichkeiten nach dem BGB. Wegen **Zahlungsverzugs nach dem Insolvenzantrag** kann der Vermieter das Mietverhältnis zwar fristlos kündigen, wenn die Voraussetzungen des § 543 BGB oder des § 569 Abs. 2a BGB vorliegen. Kommt es aber wegen Masselosigkeit nicht zu einer Eröffnung des Insolvenzverfahrens oder tritt nach einer Verfahrenseröffnung Masseunzulänglichkeit ein, entsteht dem Vermieter doch weiterer Vermögensschaden. Diese Risikoverteilung ist Ausdruck des Gedankens, dass die wirtschaftliche Einheit im Besitz des Schuldners für die Zwecke des Insolvenzverfahrens nicht zur Unzeit auseinander gerissen werden soll.[28] 36

Die Kündigungsmöglichkeiten nach dem BGB bleiben dem Vermieter erhalten. Kommt also der Insolvenzverwalter nach Verfahrenseröffnung selbst mit Mietzahlungen oder der Überlassung einer vereinbarten Mietsicherheit in Verzug, kann das Mietverhältnis bei Vorliegen der Voraussetzungen nach § 543 BGB gekündigt werden. Unter Umständen haftet dann der Insolvenzverwalter wegen § 60 InsO persönlich. 37

c) Lösungsklauseln im Mietvertrag. Lösungsklauseln im Mietvertrag, mit denen dem Vermieter ein Sonderkündigungsrecht für den Fall eines Insolvenzantrages oder -verfahrens über das Vermögen des Mieters eingeräumt wird, oder Auflösungsklauseln jeder Art, etwa in der Weise, dass das Mietverhältnis unter einer entsprechenden auflösenden oder aufschiebenden Bestimmung steht, widersprechen bei Wohnraum ohnehin § 572 BGB. Sie stellen im Übrigen unzulässige Umgehungen des § 112 InsO dar und sind gem. § 119 InsO als unwirksam anzusehen.[29] 38

2. Kündigung wegen Verschlechterung der Vermögensverhältnisse

a) Kündigungsmöglichkeit und Anfechtung. Die Kündigung eines Miet- oder Pachtverhältnisses nach dem Antrag auf Eröffnung des Verfahrens ist nach § 112 Nr. 2 InsO unzulässig, wenn sie – häufiger bei Gewerberaummiete – auf die Verschlechterung der Vermögensverhältnisse des Schuldners gestützt wird. Ist der Schuldner bereits im Zeitpunkt des Vertragsschlusses nicht zahlungsfähig und hat er hierüber den Vermieter getäuscht, so kann gegebenenfalls eine **Anfechtung** wegen Irrtums oder Täuschung in 39

---

25 Zum Kautionsverzug → Rn. 67.
26 → Rn. 33.
27 BGH BeckRS 2015, 04161.
28 K. Schmidt/Ringstmeier InsO § 112 Rn. 1 mN.
29 Uhlenbruck/Sinz InsO § 119 Rn. 21; Braun/Hartwig InsO § 119 Rn. 13.

Frage kommen. Das daraus begründete Rückgewährverhältnis unterfällt nicht § 112 InsO.[30]

40 **b) Lösungsklauseln im Mietvertrag.** Die Kündigungssperre des § 112 Nr. 2 InsO kann auch für den Fall der Verschlechterung der Vermögensverhältnisse des Schuldners nicht durch Lösungsklauseln im Mietvertrag umgangen werden. Es kommt nicht darauf an, ob die Parteien das Recht zur Vertragsaufhebung als Kündigung oder Rücktritt bezeichnen oder ob es sich um vorformulierte oder individuell ausgehandelte Bedingungen handelt.[31] Bei Wohnraum gilt § 572 BGB.[32]

3. Insolvenzeröffnung vor Überlassung der Mietsache

41 **a) Rücktrittsrecht.** Wird über das Vermögen des Mieters das Insolvenzverfahren eröffnet, so gilt § 109 Abs. 2 S. 1 InsO, wenn die Mietsache dem Mieter noch nicht überlassen war, der Vermieter also die ihm nach § 535 Abs. 1 S. 1 BGB obliegende Hauptpflicht noch nicht erfüllt hat. Sowohl der Verwalter als auch der Vermieter haben dann ein **Rücktrittsrecht.** War der Mietvertrag schon vor der Verfahrenseröffnung gekündigt und das Mietverhältnis beendet, so unterliegt das Rückgewährschuldverhältnis dem Wahlrecht des Verwalters nach § 103 InsO.[33] Bei ggf. noch bestehendem Vertrag ist nach allgemeinen Grundsätzen festzustellen, ob die Mietsache vor Verfahrenseröffnung überlassen war, also Übergabe erfolgte und unmittelbarer Besitz eingeräumt wurde. Regelmäßig ist das mit Einzug des Mieters der Fall.[34] Es kann aber auch ausreichend sein, wenn die Mieträume verfügbar waren und dem Schuldner die Schlüssel übergeben wurden (vgl. § 854 Abs. 2 BGB).

42 War dem Mieter bei Verfahrenseröffnung der Mietgegenstand tatsächlich noch nicht überlassen, so ist die Ausübung des Rücktrittsrechts für beide Teile auch gem. § 572 Abs. 1 BGB möglich. Die entsprechende Willenserklärung des Vermieters kann nur gegenüber dem Verwalter wirksam abgegeben werden. Sie beendet das Vertragsverhältnis mit ihrem Zugang. Sie ist nicht widerruflich und grundsätzlich bedingungsfeindlich. Ein bedingter Widerruf ist nur zulässig, wenn keine unzumutbare Unsicherheit über die Vertragslage entsteht.[35]

43 **b) Fristsetzung.** Um nach Insolvenzeröffnung alsbald Klarheit zu schaffen und die Fortdauer eines Schwebezustands zu vermeiden, können sich die Beteiligten nach § 109 Abs. 2 S. 3 InsO gegenseitig zur Abgabe der **Erklärung** auffordern, ob der andere Teil vom Vertrag zurücktreten will. Erfolgt binnen **zwei** Wochen nach Zugang dieser Aufforderung durch deren Empfänger keine Rücktrittserklärung, verliert dieser sein Rücktrittsrecht. Unterbleibt ein Erklärungsverlangen, bleibt das Vertragsverhältnis in der Schwebe.

44 **c) Rechtsfolgen der Ausübung des Rücktrittsrechts.** Tritt der Vermieter nach § 109 InsO vom Mietvertrag zurück, so steht weder ihm noch dem Verwalter ein Schadensersatzanspruch zu. § 119 InsO stellt hierzu ergänzend klar, dass im Voraus für einen solchen Fall kein Schadensersatzanspruch vereinbart werden kann.

45 Bei Ausübung des Rücktrittsrechts durch den Insolvenzverwalter des Mieter-Schuldners kann ebenfalls beiderseits keine Vertragserfüllung verlangt werden. Wegen der vorzeitigen Beendigung des Vertragsverhältnisses kann der Vermieter als Insolvenzgläubiger Schadensersatz verlangen. Die Forderung ist gewöhnliche Insolvenzforderung nach § 38 InsO.

[30] Braun/Fehl-Weileder InsO § 112 Rn. 10 mN.
[31] Eckert ZIP 1996, 897 (899).
[32] Dazu → § 39 Rn. 163.
[33] Braun/Fehl-Weileder InsO § 109 Rn. 8.
[34] BGHZ 65, 137 (139); → § 14 Rn. 1 ff. und → § 52 Rn. 1 ff.
[35] BGHZ 97, 264.

d) Kündigung oder Freigabe statt Rücktritt. Nach seinem Wortlaut ist § 109 Abs. 2 InsO bei nicht vollzogenen Mietverträgen gegenüber Abs. 1 die speziellere Vorschrift,[36] so dass dem Rücktrittsrecht vor den in Abs. 1 normierten Kündigungs- und Freigabemöglichkeiten der Vorrang eingeräumt werden muss. Wird das Rücktrittsrecht des Verwalters wegen Nichtabgabe einer Erklärung nach Aufforderung durch den Vermieter obsolet, so bleibt Abs. 1 anwendbar.[37] 46

4. Insolvenzeröffnung nach Überlassung der Mietsache

a) Kündigungsrecht des Insolvenzverwalters. Sind die Mieträume bei Insolvenzeröffnung dem Mieter bereits überlassen, so steht nach § 109 Abs. 1 S. 1 InsO nur dem Verwalter ein Recht zur vorzeitigen Kündigung eines Mietverhältnisses, das der Schuldner eingegangen war, ohne Rücksicht auf die vereinbarte Vertragsdauer und unabhängig von der Überlassung zu.[38] Das Sonderkündigungsrecht des Verwalters gilt im Grundsatz also auch für befristete Mietverhältnisse oder solche, bei denen vertraglich die Kündigungsrechte zeitlich oder gegenständlich beschränkt sind. Erklärt der Verwalter nach § 109 InsO die Kündigung, so hat er die gesetzliche Kündigungsfrist nach § 573c BGB einzuhalten. Ist vertraglich eine kürzere Frist vereinbart, so gilt diese.[39] Handelt es sich um die Wohnung des Schuldners, wird die Kündigungsmöglichkeit gem. § 109 Abs. 1 S. 2 InsO ersetzt durch ein „Freigaberecht" des Verwalters.[40] 47

Bei einer Mehrheit von Mietern als Vertragspartnern des Vermieters sind Teilkündigungen durch einzelne Mieter regelmäßig ausgeschlossen. Dies gilt auch bei Insolvenz eines von mehreren Mietern, so dass im Grundsatz das Kündigungsprivileg des Insolvenzverwalters ausgehebelt und die Entstehung von Masseverbindlichkeiten nicht zu verhindern wäre. Aus diesem Grund ist anerkannt, dass der Insolvenzverwalter eines Mitmieters das gesamte Mietverhältnis auch mit Wirkung für die weiteren Mieter kündigen kann und es diesen überlassen bleibt, das Mietverhältnis mit dem Vermieter zu erneuern.[41] Entsprechendes gilt für die Freigabe bei Wohnraummietverhältnissen. 48

Für den Verwalter besteht auf Grund des jederzeitigen Kündigungs- oder Freigaberechts keine Veranlassung, die Kündigung sofort nach Eröffnung des Verfahrens zu erklären. Er kann die Mieträume so lange nutzen, wie er dies für die Abwicklung des Insolvenzverfahrens für erforderlich ansieht. 49

Da der Schuldner mit der Eröffnung des Verfahrens das Recht verliert, über sein zur Insolvenzmasse gehörendes Vermögen zu verfügen (§ 80 Abs. 1 InsO), konnte er sich gegen eine vom Verwalter erklärte Kündigung auch dann nicht zur Wehr setzen, wenn er seinen Zahlungsverpflichtungen gegenüber dem Vermieter nachgekommen war. Diese bedeutende Einschränkung des Mieterschutzes wurde für Wohnraummietverhältnisse nicht für tragbar gehalten, und § 109 Abs. 1 InsO im oben beschriebenen Sinn so novelliert, dass das Sonderkündigungsrecht des Verwalters entfallen ist[42] und damit Fortsetzung oder Aufgabe des Wohnungsmietverhältnisses im Rahmen der vertraglichen Vereinbarungen der Disposition des Mieter-Schuldners unterliegen. Ähnliche Regelungen finden sich für die mietähnlichen genossenschaftlichen Wohnungsüberlassungen (§§ 66a, 67c GenG). 50

Allerdings kann der Insolvenzverwalter, um Einnahmen zu erzielen, vom Schuldner nicht benötigte oder ganz freigegebene, aber noch gemietete Räume untervermieten, hat sich dann aber selbstverständlich an die vertraglichen Pflichten zu halten. Vermietet er unter Verletzung der mietvertraglichen Pflicht, vor einer Untervermietung die Zustimmung des Vermieters einzuholen eine vom Schuldner angemietete Immobilie an einen 51

[36] BR-Drs. 1/92, 147, Begr. RegE zu § 123.
[37] Eckert ZIP 1996, 897 (901); Uhlenbruck/Wegener InsO § 109 Rn. 39, 5.
[38] Eckert ZIP 1996, 897.
[39] Tintelnot ZIP 1995, 616 (621).
[40] → § 39.
[41] BGH NZI 2013, 414; Braun/Fehl-Weileder InsO § 109 Rn. 27 f.
[42] Dazu im Einzelnen Eckert NZM 2001, 260 sowie K. Schmidt/Ringstmeier InsO § 109 Rn. 19.

unzuverlässigen Untermieter und gefährdet dadurch den Rückgabeanspruch des aussonderungsberechtigten Vermieters, kann dies seine persönliche Haftung begründen.[43]

52 Der Vermieter kann die Mieten, die nach Insolvenzeröffnung bis zur Beendigung des Mietverhältnisses oder bis zum Ablauf der Kündigungsfrist entsprechenden Zeitraums nach der Freigabeerklärung fällig werden, aus der Masse fordern (§ 55 Abs. 2 InsO).

53 Keine Masseverbindlichkeit hingegen sind Nutzungsentschädigungsansprüche für die Zeit nach Insolvenzeröffnung, wenn die Mietwohnung bei schon vor Verfahrenseröffnung aufgelöstem Mietverhältnis nicht rechtzeitig geräumt wird.[44] Auch der Herausgabeanspruch des Vermieters von Wohnraum bei beendetem Mietverhältnis ist nur dann ein gegenüber dem Verwalter geltend zu machender Masseanspruch, wenn dieser sie in Besitz genommen hat oder daran für die Masse ein Recht beansprucht.[45]

54 b) **Schadensersatzanspruch und Pfandrecht des Vermieters.** Wegen der Enthaftung der Insolvenzmasse durch die Freigabeerklärung oder im Falle der vorzeitigen Beendigung des Vertrages aufgrund des Sonderkündigungsrechts des Verwalters kann der Vermieter **Schadensersatz** beanspruchen. Dies setzt aber ein Festmietverhältnis, einen befristeten Kündigungsausschluss oder jedenfalls eine längere Kündigungsfrist voraus. Wäre ohnehin nur die gesetzliche Drei-Monats-Frist einzuhalten gewesen, fehlt es an einem Schaden. Der **Schadensersatzanspruch** des Vermieters ist nur **einfache Insolvenzforderung** nach § 38 InsO (§ 109 Abs. 1 S. 3 InsO). Für die Berechnung der Ansprüche gelten die allgemeinen Voraussetzungen einschließlich der Anrechnung fiktiv bei anderweitiger Vermietung erzielbarer Mieten gem. § 254 BGB.

55 Gibt der Insolvenzverwalter nach Kündigung des Mietvertrags im Insolvenzverfahren die Mieträume nicht rechtzeitig zurück, so ist der gegebenenfalls an die Stelle des Mietanspruches tretende **Nutzungsentschädigungsanspruch** Masseschuld nach § 55 Abs. 1 Nr. 2 InsO. Eine Masseschuld und – im Falle der Massearmut – ggf. Neumasseschuld wird auch dann begründet, wenn der Insolvenzverwalter des gewerblichen Zwischenmieters den Vermietern/Eigentümern nicht in ausreichendem Maß ermöglicht, selbst Zugriff auf die Zahlungen der (Unter-)mieter zu nehmen, indem er Schlüssel, Verträge und die Einziehung der Mieten für die Eigentümer anbietet.[46] Bei unberechtigter Untervermietung geht er im Falle der nichtrechtzeitigen Rückgabe der Räume das Risiko persönlicher Haftung für den vereitelten Rückgabeanspruch ein.[47]

56 Für den Entschädigungsanspruch wegen einer gesetzlich zulässigen Kündigung des Insolvenzverwalters steht dem Vermieter kein Pfandrecht an den eingebrachten Sachen des Mieters zu (§ 50 Abs. 2 S. 1 InsO).

57 Anderes gilt bei Mietrückständen schon für das letzte Jahr vor Verfahrenseröffnung. Für diese kann der Vermieter gem. § 50 Abs. 2 InsO von seinem mit Einbringung der Sachen des Mieters entstehenden und damit – wenn die Einbringung vor der Krise erfolgte – ggf. sogar der Insolvenzanfechtung entzogenen Vermieterpfandrecht Gebrauch machen.[48] Ist dies der Fall, kann der Insolvenzverwalter keine Tilgungsbestimmung – etwa dergestalt, dass eine Anrechnung zuerst auf Masseverbindlichkeiten erfolgen solle – für die auszukehrenden Verwertungserlöse treffen. Mit den Zahlungen sind zunächst die durch das Absonderungsrecht gesicherten (Insolvenz-)forderungen zu begleichen.[49] Die vom Mieter eingebrachten Sachen unterliegen allerdings dem Insolvenzbeschlag (§§ 35, 36 InsO). Der Vermieter hat also kein Recht zum Widerspruch gegen die Entfernung der Pfandgegenstände durch den Verwalter, dieser kann die Sachen verwerten (§§ 166 ff. InsO). Hat er dies getan, muss er aus dem Erlös den

[43] BGH NZI 2007, 286.
[44] BGH NJW 2007, 1591.
[45] BGH NJW 2008, 2580.
[46] BGH ZIP 2004, 1277.
[47] BGH NZM 2007, 329.
[48] BGH NZM 2007, 212.
[49] BGH BeckRS 2014, 20425.

Vermieter befriedigen, allerdings kann er zuvor den Kostenbeitrag nach § 171 InsO in Abzug bringen.

c) Kein Ersatz der Kündigung durch Freigabe der Mieträume. Versucht der Insolvenzverwalter – außerhalb der Fälle eines Mietverhältnisses über die Wohnung des Schuldners – sich durch „Freigabe" der Räumlichkeiten der Verpflichtung zu entledigen, die anfallenden Mietforderungen als Masseverbindlichkeit begleichen zu müssen, so ist in dieser Erklärung keine Kündigung zu sehen.[50] Der Anspruch des Vermieters auf Zahlung der vereinbarten Miete bleibt bestehen, wenn er nicht in die Freigabe ausdrücklich eingewilligt und sich damit auf Ansprüche gegen den Schuldner selbst hat verweisen lassen. 58

Im massearmen Insolvenzverfahren (s. § 208 InsO) kann dies dazu führen, dass die Mietforderung des Vermieters nicht mehr „Neumasseverbindlichkeit" iSd § 209 Abs. 1 Nr. 2 InsO ist, die vom Verwalter nach Anzeige der Massearmut (§ 208 InsO) begründet wurde und die im Rang unmittelbar nach den Verfahrenskosten zu erfüllen ist. 59

Umgekehrt kann aber der Anspruch des Vermieters auf Mietzahlung eine bevorzugte Masseverbindlichkeit sein, obwohl die Mieträume leer stehen. Kündigt der Verwalter nämlich nach Anzeige der Masseunzulänglichkeit nicht nach § 109 InsO zum ersten möglichen Termin, begründet er damit eine vorrangige Masseverbindlichkeit als „Neumasseschuld", unabhängig von der Nutzung der Mieträume. Reicht die Insolvenzmasse nicht für die Erfüllung des Anspruchs des Vermieters aus, kommt eine persönliche Inanspruchnahme des Insolvenzverwalters in Betracht, ausgenommen der Verwalter konnte bei Begründung der Verbindlichkeit nicht erkennen, dass die Masse voraussichtlich zur Erfüllung nicht ausreichen würde (§ 61 InsO). Dafür trägt er die Beweislast.[51] 60

5. Austauschverhältnis

Mietzahlungsansprüche des Vermieters bei Fortbestand des Vertragsverhältnisses im eröffneten Insolvenzverfahren sind Masseverbindlichkeiten nach § 55 Abs. 1 Nr. 2 Alt. 1 InsO.[52] Kündigt der Insolvenzverwalter gemäß § 109 Abs. 1 S. 1 InsO, sind die während des Laufs der Kündigungsfrist entstehenden Mietforderungen Masseverbindlichkeiten nach § 55 Abs. 1 Nr. 2 Alt. 2 InsO. Insoweit kann also der Vermieter den Insolvenzverwalter – notfalls gerichtlich – in Anspruch nehmen, wenn dieser nicht rechtzeitig Masseunzulänglichkeit mit der Folge des § 210 InsO angezeigt hat. 61

Mietrückstände aus der Zeit vor Eröffnung des Verfahrens sind, sofern sie nicht auf einer Handlung des vorläufigen Insolvenzverwalters beruhen, nur einfache Insolvenzforderungen. 62

Sofern der Mieter Leistungen auf die geschuldete Miete erbringt, wird dessen Insolvenzverwalter stets prüfen, ob er diese nach insolvenzrechtlichen Regeln (§§ 130, 131, 133 InsO) anfechten und vom Vermieter zurückfordern kann. Unter Umständen muss also der Vermieter bereits empfangene Leistungen nach § 143 Abs. 1 S. 1 InsO an die Insolvenzmasse zurückgewähren. Zwar lebt seine Forderung nach § 144 Abs. 1 InsO wieder auf, allerdings nur als einfache Insolvenzforderung, die zur Tabelle anzumelden ist. Ein die Zwangsverwaltung eines Grundbesitzes betreibender Vollstreckungsgläubiger ist aber nicht zur Rückgewähr von Zahlungen verpflichtet, die der spätere Insolvenzschuldner als Mieter anfechtbar an den Zwangsverwalter geleistet hat.[53] 63

Gegen Insolvenzanfechtung geschützt sind im zeitlichen Zusammenhang mit der Insolvenzeröffnung nur Bargeschäfte gemäß § 142 InsO. Deren Voraussetzung ist, dass in das Vermögen des die Miete zahlenden Mieters unmittelbar eine gleichwertige Gegenleistung gelangt. Der Bundesgerichtshof verlangt bei Mietverhältnissen einen 64

[50] OLG Düsseldorf KTS 1968, 189.
[51] Uhlenbruck/Sinz InsO § 61 Rn. 20.
[52] BGH NJW 2012, 1881.
[53] BGH NZI 2018, 212.

„Leistungsaustausch in zeitlich und tatsächlich unmittelbarem Zusammenhang", was in aller Regel bei Zahlung zum vertraglichen Fälligkeitszeitpunkt gegeben sein wird.[54] Anfechtbar kann aber die Übertragung einer Zwischenmieterstellung sein, wenn der neue Zwischen(ver-)mieter an den weichenden späteren Insolvenzschuldner keine gleichwertige Gegenleistung erbringt.[55]

65 Betriebskostennachforderungen des Vermieters sind in der Mieterinsolvenz nur Tabellenforderung, wenn sie Abrechnungsperioden vor der Verfahrenseröffnung betreffen. Betriebskosten aus der Zeit nach Insolvenzeröffnung sind als Teil des vertraglichen Leistungsaustauschs Masseverbindlichkeiten. Umgekehrt kann der Insolvenzverwalter Guthaben aus Abrechnungen zur Masse fordern.

66 Auch während des Insolvenzverfahrens werden Mieter und Insolvenzverwalter Modernisierungs- und Erhaltungsmaßnahmen des Vermieters dulden müssen, auch wenn sie am Ende zu einer Mieterhöhung führen. Ob allerdings im Gegenzug bei auf den Mieter überwälzter Pflicht zur Durchführung der Schönheitsreparaturen ein Masseanspruch zu bejahen ist, dürfte zumindest zweifelhaft sein.

67 Hat schließlich der Mieter bei Insolvenzeröffnung die vor Insolvenzeröffnung vertraglich vereinbarte Mietsicherheit noch nicht bezahlt, so ist der Anspruch des Vermieters nur einfache Insolvenzforderung. Er verliert also die Sicherung ganz oder zumindest zum größten Teil. Obwohl das Mietrechtsänderungsgesetz[56] einerseits die Kündigungsmöglichkeiten des Vermieters für den Fall der Nichtleistung der Kaution erweitert hat,[57] und andererseits § 112 InsO nicht ergänzt wurde, wird man den Kündigungsausschluss nach dem Zweck der Vorschrift auch auf den Fall des Kautionsrückstands erstrecken müssen und nicht von einem bewussten Unterlassen des Gesetzgebers ausgehen dürfen.

V. Das Mietverhältnis in der Insolvenz des Vermieters

1. Erfüllungsanspruch

68 In der Vermieterinsolvenz bleibt das Mietverhältnis ebenfalls bestehen, die Eröffnung des Verfahrens hat also keine unmittelbare Auswirkung auf das Mietverhältnis (§ 108 Abs. 2 InsO), unabhängig davon, ob dem Mieter die Räume bei Verfahrenseröffnung bereits überlassen waren. Der Insolvenzverwalter muss den Mietvertrag anstelle des insolvent gewordenen Vermieters erfüllen. Der Mieter hat Anspruch auf Gebrauchsüberlassung der Mietsache nach Maßgabe der §§ 535 ff. BGB.

69 a) **Insolvenzeröffnung vor Überlassung der Mietsache.** § 108 InsO unterscheidet nicht danach, ob die Mieträume dem Mieter vor Verfahrenseröffnung überlassen waren. Teilweise wurde ein Wahlrecht des Insolvenzverwalters iSd § 103 InsO, ob er das Mietverhältnis erfüllen oder dessen Erfüllung ablehnen will, angenommen.[58] Nach anderer Auffassung, erfasst diese Bestimmung auch die nicht vollzogenen Mietverträge.[59] Der **Bundesgerichtshof** nimmt den **Fortbestand** des Mietverhältnisses in der Insolvenz des Vermieters nur dann mit Wirkung für die Insolvenzmasse an, wenn die **Mietsache** im Zeitpunkt der Eröffnung des Insolvenzverfahrens dem Mieter bereits **überlassen** worden ist.[60]

70 Schadensersatzansprüche des Mieters, weil die Mieträume zum vertraglich vereinbarten Zeitpunkt nicht zur Verfügung stehen, sind in jedem Falle nur einfache Insolvenzforderung. Das gilt auch dann, wenn der vereinbarte Zeitpunkt für die Überlassung der

[54] BGH NJW 2008, 3348; vgl. Braun/Riggert InsO § 142 Rn. 18.
[55] BGH NZM 2018, 823.
[56] Vom 11.3.2013, BGBl. 2013 I 434.
[57] § 569 Abs. 2a BGB; vgl. Hannemann/Horst Neues MietR/Horst § 7 Rn. 9 ff.
[58] Reismann WuM 2001, 267.
[59] Braun/Fehl-Weileder InsO § 108 Rn. 9; Tintelnot ZIP 1995, 616 (621).
[60] BGH NZI 2007, 713.

Mieträume nach Insolvenzeröffnung liegt. Das Schuldverhältnis bestand bereits zuvor. Weil es sich um einen Anspruch „für die Zeit vor der Eröffnung des Insolvenzverfahrens" (§ 108 Abs. 2 InsO) handelt, war dieser Vermögensanspruch bei Verfahrensbeginn schon begründet (§ 38 InsO), auch wenn die Forderung daraus erst nach Insolvenzbeginn entstand.

b) Insolvenzeröffnung nach Überlassung der Mietsache. Der Insolvenzverwalter hat 71
wegen des Fortbestands des Mietverhältnisses anstelle des Schuldners alle Verpflichtungen als Vermieter zu erfüllen. Im Gegenzug steht der Masse die vereinbarte Miete zu. Dritte – etwa dinglich am Grundstück berechtigte – können Ansprüche auf mithaftende Miete oder Pacht nur noch im eingeschränkten Rahmen wirksamer Vorausverfügungen oder im Rahmen abgesonderter Befriedigung (Zwangsverwaltung) durchsetzen. Jede Pfändung, auch die dinglich privilegierte des Grundpfandgläubigers, ist ausgeschlossen.[61]

2. Kein Kündigungs- oder Rücktrittsrecht

In der Insolvenz des Vermieters besteht weder ein Sonderkündigungsrecht noch ein 72
sonstiger besonderer Beendigungstatbestand für die Vertragsparteien. Es gelten die allgemeinen vertraglichen oder gesetzlichen Regelungen.

3. Vorausverfügungen über die Miete

a) Zeitliche Wirksamkeit und Begriff der Verfügung. Vor Verfahrenseröffnung getrof- 73
fene **Verfügungen** des Schuldners über die Miete oder Pacht für die Zeit nach Insolvenzeröffnung sind nur für den bei Eröffnung **laufenden Kalendermonat** wirksam. Ist die **Eröffnung nach** dem **fünfzehnten** Tag des Monats erfolgt, so ist eine im Voraus getroffene Verfügung auch noch für den **folgenden Monat** wirksam (§ 110 Abs. 1 InsO).

Als vorausbezahlte Miete ist auch der **abwohnbare Baukostenzuschuss** zu behan- 74
deln.[62] Vorausverfügungen iSd § 110 InsO sind aber nicht nur die Einziehung der Forderung, sondern auch die **Abtretung** des Zahlungsanspruchs oder dessen **Verpfändung** wie auch die **Pfändung** im Rahmen einer **Zwangsvollstreckung** (§ 110 Abs. 2 InsO), einschließlich der dinglich privilegierten Pfändung des Grundpfandgläubigers (§ 1147 BGB, § 865 Abs. 1 ZPO).[63]

Bei entsprechenden Vorausverfügungen über die Miete trägt also der Mieter in der 75
Insolvenz des Vermieters das Risiko, vom Insolvenzverwalter erneut in Anspruch genommen zu werden. Dem Verwalter entgehen die Mieten dann, wenn sie im Wege der „abgesonderten Befriedigung" an den Grundpfandgläubiger fließen, sei es im Falle eines Zwangsverwaltungsverfahrens, sei es im Wege der „dinglich privilegierten Vorausabtretung".[64]

b) Aufrechnungsmöglichkeit des Mieters. Steht dem Mieter eine Forderung gegen den 76
Vermieter zu, ist die Aufrechnung grundsätzlich auf die eben genannten Zeiträume beschränkt. Der Mieter kann also zunächst mit seinen eigenen Ansprüchen bis zu dem Betrag aufrechnen, der der Miete für den laufenden Monat, höchstens für den laufenden und den Folgemonat entspricht (§ 110 Abs. 3 InsO).

Auch die Aufrechnung durch den Mieter ist an die allgemeinen Voraussetzungen der 77
Aufrechnung im Insolvenzverfahren gebunden.[65] Der Mieter kann also nur mit den eben erwähnten Einschränkungen mit einer Forderung aufrechnen, die er erst nach Eröffnung des Verfahrens erworben hat. Im Übrigen gelten die sonstigen Aufrechnungsverbote des § 96 InsO, soweit nicht der Erleichterung der Aufrechnung durch § 95 Abs. 1

---

[61] BGH ZIP 2006, 1554.
[62] BGHZ 29, 289.
[63] BGH NJW 2006, 3356.
[64] BGH NZI 2007, 98.
[65] Reismann WuM 2001, 267 (268).

InsO Vorrang zukommt. Hat der Mieter seine Forderung gegen den Vermieter also beispielsweise durch eine anfechtbare Rechtshandlung[66] erworben, ist die Aufrechnung ebenfalls unzulässig. Ist sie schon vor der Eröffnung des Verfahrens vorgenommen worden, so wird die Erklärung mit der Eröffnung unwirksam. Eine Aufrechnungserklärung nach der Verfahrenseröffnung hat von vornherein keine Wirkung,[67] wenn sie sich nicht auf Ansprüche bezieht, bei denen es lediglich an der Fälligkeit iSd § 95 Abs. 1 S. 1 InsO fehlt. Diese Aufrechnungsmöglichkeit wird durch § 110 Abs. 3 InsO nicht eingeschränkt, sondern erweitert.[68]

78 c) **Mietsicherheiten.** Wenn der Vermieter die vom Mieter geleistete Sicherheit **getrennt von seinem Vermögen** angelegt hat (§ 551 Abs. 3 BGB), steht dem Mieter nach Beendigung des Vertragsverhältnisses, wenn die sonstigen Anspruchsvoraussetzungen gegeben sind, ein **Aussonderungsrecht** nach § 47 InsO zu. Hat der Vermieter die Kaution nicht von seinem **Vermögen getrennt** angelegt, sind die Rückforderungsansprüche des Mieters nur einfache **Insolvenzforderung,**[69] er kann demgemäß auch kein Zurückbehaltungsrecht wegen der nicht angelegten gegenüber vor Insolvenzeröffnung fällig gewordenen Mieten ausüben.[70] Neben einem Zurückbehaltungsrecht an den nach Insolvenzeröffnung fällig gewordenen Mietzahlungen in Höhe der Kaution bis zur Erbringung des Nachweises der getrennten Anlage kommen aber auch **deliktische Ansprüche** gegen den Vermieter (§ 823 Abs. 2 BGB, § 266 StGB) in Betracht. Der Bundesgerichtshof nimmt eine Vermögensbetreuungspflicht iSd § 266 Abs. 1 StGB allerdings ausdrücklich nur bei der Wohnraummiete an, eine Analogie für Gewerberaummietverhältnisse lehnt er auch bei rechtsgeschäftlichen Abreden, die ihrem Inhalt nach dem nur für die Wohnungsmiete geltenden § 551 BGB entsprechen, ab.[71] Die **gesetzlichen Vertreter** einer **juristischen Person** als Vermieter haften persönlich, wenn sie in zurechenbarer Weise gesetzwidrig über die Kaution verfügt haben.[72] In der Insolvenz des Vermieters, der natürliche Person ist, werden Schadensersatzansprüche regelmäßig zunächst nicht beizutreiben sein, auch wenn solche Forderungen teilweise von den insolvenzrechtlichen Vollstreckungsverboten ausgenommen und damit privilegiert sind. Bei entsprechender Kennzeichnung in der Forderungsanmeldung und Feststellung zur Tabelle sind deliktische Forderungen gem. § 302 Nr. 1 InsO von der Restschuldbefreiung ausgenommen. Mit der vollstreckbaren Ausfertigung des Tabellenblatts kann also die Beitreibung nach Beendigung der Vollstreckungssperre fortgesetzt werden.

4. Veräußerung des Mietobjekts

79 Veräußert der Insolvenzverwalter das vermietete Grundstück oder die vermieteten Räume, tritt der Erwerber an Stelle des Schuldners in das Mietverhältnis ein (§ 111 InsO). Voraussetzung ist auch hier, dass die Mietsache dem Mieter im Zeitpunkt der Veräußerung bereits überlassen war.

80 Dem **Erwerber** steht ein **Sonderkündigungsrecht** zu. Er kann das Mietverhältnis unter Einhaltung der gesetzlichen Frist kündigen. Dieses Sonderkündigungsrecht kann jedoch nur für den ersten zulässigen Termin ausgeübt werden (§ 111 S. 2 InsO). Ergänzend gelten die allgemeinen Mieterschutzbestimmungen, u. a. die §§ 573 und 573a BGB.[73] Damit stellt sich § 111 InsO lediglich als Frist- nicht aber als materielle Erleichterung einer Erwerberkündigung dar. Bisher vom aufgehobenen § 57c ZVG erfasste Finanzierungsleistungen des Mieters können von diesem nun nicht mehr zur Verlängerung des Mietverhältnisses eingesetzt werden, es bleibt ihm nur die Abrechnung und Geltendma-

[66] Vgl. §§ 129 ff. InsO.
[67] BR-Drs. 1/92, 141 f.
[68] BGH NZM 2007, 162.
[69] BGH NZM 2008, 203.
[70] BGH NJW 2013, 1243.
[71] BGH NJW 2008, 1827.
[72] Vgl. Schmidt-Futterer/Flatow BGB § 551 Rn. 62.
[73] BR-Drs. 1/92, 147/148.

chung gegenüber dem Erwerber, soweit dieser vertraglich geschützte Erwartungen des Mieters auf eine bestimmte Dauer des Mietverhältnisses aufgrund erbrachter Grundstücksverwendungen nicht erfüllt.

§ 73 Außergerichtliche Konfliktlösung/Schiedsverfahren

Übersicht

Schrifttum:
Glenewinkel, Mietstreitigkeiten im System der Konfliktbearbeitung, WuM 2002, 649; Greger/Unberath/Steffek, Recht der alternativen Konfliklösung, 2. Aufl. 2016; Haft/Schlieffen, Handbuch Mediation, 3. Aufl. 2016; Harmuth, Mediation in der Wohnungswirtschaft, Grundeigentum 2003, 866; Heller/Schulz, Mediation im Wohnungseigentum, WuM 2002, 659; Hess, Mediation und weitere Verfahren konsensualer Streitbeilegung – Regelungsbedarf im Verfahrens- und Berufsrecht?, Gutachten für den 67. Deutschen Juristentag, München 2008; Henssler/Koch, Mediation in der anwaltlichen Praxis, 2000; Harz//Riecke/Schmid, Handbuch des Fachanwalts Miet- und Wohnungseigentumsrecht, 7. Aufl. 2020; Klowait/Glässler, Mediationsgesetz, 2. Aufl. 2018; Kraus, Um des lieben Friedens willen – Mediation in der Berliner Wohnungswirtschaft, GuT 2007, 279; Lindner-Figura/Oprée/Stellmann, Geschäftsraummiete, 4. Aufl. 2017; Plett/Boysen, Mietschlichtung in der Praxis, 1998; Prütting, Außergerichtliche Streitschlichtung, 2003; Prütting, Richterliche Gestaltungsspielräume für alternative Streitbehandlung, AnwBl 2000, 273; ders./Gehrlein, ZPO, 16. Aufl. 2024; Risse, Wirtschaftsmediation, 2. Auflage 2019; Eidenmüller, Alternative Streitbeilegung, 1. Aufl. 2011; Schmid/Harz, Mietrecht Kommentar, 5. Aufl. 2017; Schmidt/Lapp/May, Mediation in der Praxis des Anwalts, 2022; Schulze/Grziwotz/Lauda, BGB: Kommentiertes Vertrags- und Prozessformularbuch, 3. Aufl. 2017; Schwarz, Praxis und Zukunft der außergerichtlichen Regelung von Mietkonflikten, 1996; Lütkehaus/Pach, Basiswissen Mediation, 3. Auflage 2024; Fritz/Pielsticker, Handbuch Mediationsrecht, 3. Auflage 2024.

I. Ausgangslage

1 Die hohe Relevanz des Wohnraummietrechts für einen großen Teil der Bevölkerung und der daraus folgende Bedarf an Verfahren der außergerichtlichen Konfliktlösung ist in → § 40 Rn. 1–5 ausführlich dargestellt. Auch im Gewerberaummietrecht werden einzelne Instrumente der außergerichtlichen Konfliktlösung – wie vor allem das **Schiedsgutachterverfahren** – seit jeher eingesetzt. Die Erfahrungen zeigen jedoch, dass die neuen Konfliktlösungsmethoden wie die **Mediation** in diesem klassischen Bereich eines Dauerschuldverhältnisses verstärkt Anwendung finden können. Denn eine gerichtliche Auseinandersetzung kann bei „Störungen" im Mietverhältnis auch die dauernde Geschäftsbeziehung beeinträchtigen.[1] Zwar werden in der Praxis viele Vergleiche geschlossen, doch häufig nur, weil man ein nachteiliges Urteil befürchtet und nicht um „Frieden zu schließen". Dagegen zeigen die Erfahrungen aus der Praxis, dass durch die Mediation in einem wesentlich größeren Anteil der Fälle auf Dauer tragfähige Lösungen erarbeitet

[1] So auch Henssler/Koch Mediation Anwaltspraxis/Kleinrahm S. 443 f.

werden können.[2] Dies ist vor allem für institutionelle Vermieter von Bedeutung, denen es in erster Linie darum geht, auf Dauer die optimale Rendite aus den Immobilienanlagen zu erzielen.

Das deutsche Rechtsschutzsystem befindet sich im Wandel. Die Feststellung des Bundesverfassungsgerichts in seinem Beschluss vom 14.2.2007,[3] dass es auch in einem Rechtsstaat grundsätzlich vorzugswürdig gegenüber einer richterlichen Streitentscheidung sei, eine zunächst streitige Problemlage durch eine einverständliche Lösung zu bewältigen, hatte diesen Wandel eingeleitet.[4] Am 26.7.2012 ist das Mediationsgesetz (MediationsG) vom 21.7.2012 (BGBl. I 1577) in Kraft getreten; das vielfach als ein „Meilenstein für eine Veränderung der Streitkultur in Deutschland" bezeichnet wurde. Auf diese Entwicklungen müssen die Anwältinnen und Anwälte, die im Gewerberaummietrecht tätig sind, reagieren. Zum einen gilt es, beim Einzelmandat über die notwendigen Informationen zu den Möglichkeiten der außergerichtlichen Konfliktlösung zu verfügen. Auch wenn in vielen Fällen ein angetragenes Mandat – nicht zuletzt aus wirtschaftlichen Erwägungen – weiter in gewohnter kontradiktorischer Weise übernommen wird, muss nunmehr jeder Anwalt über alle außergerichtlichen Lösungsmöglichkeiten informiert sein, um im Interesse des Mandanten bereits im Erstgespräch erläutern und erörtern zu können, welche Methoden zur Verfügung stehen und welche Strategie in welcher Verfahrensart die optimale und wirkungsvollste Lösung verspricht.[5] In § 253 Abs. 3 Nr. 1 ZPO wird statuiert, dass jede Klageschrift die Angabe enthalten soll, ob der Klageerhebung der Versuch einer Mediation oder eines anderen Verfahrens der außergerichtlichen Konfliktbeilegung vorausgegangen ist, sowie eine Äußerung dazu, ob einem solchen Verfahren Gründe entgegenstehen. Da es sich jedoch lediglich um eine Soll-Vorschrift handelt, führt deren Nichteinhaltung nicht zur Unzulässigkeit der Klage.[6] Dazu kann es bei der Beratung und Begleitung institutioneller Anbieter sinnvoll sein, auf die Mediation als einen Baustein in einem attraktiven Angebot sei es als Vermieter, sei es als Verwalter hinzuweisen. 2

Im Folgenden soll deshalb im Anschluss an die allgemeine und ausführliche Darstellung in § 40 ein kurzer Abriss zum Schiedsverfahren und Schiedsgutachterverfahren sowie zu den Möglichkeiten der Mediation bei der Gewerberaummiete gegeben werden. Es würde den Rahmen des Beitrages sprengen, jedes einzelne Verfahren erschöpfend darzustellen und im Detail auf seine „Mietrechtstauglichkeit" zu untersuchen. Es wird deshalb jeweils an geeigneter Stelle auf weiterführende Literatur verwiesen. 3

II. Außergerichtliche Konfliktlösung

1. Überblick

Außergerichtliche Konfliktlösung stellt den Oberbegriff für alle Verfahren dar, die die Beilegung eines Streits ohne Inanspruchnahme gerichtlicher Hilfe anstreben. Dabei werden drei Hauptbereiche unterschieden: 4

- Negotiation (Verhandeln)
- Arbitration (Schlichten)
- Mediation (Vermitteln)

Unter das Stichwort **„Verhandeln"** gehören alle bilateralen und multilateralen Gesprächsrunden wie der runde Tisch und ähnliche Formen der Beratung, Verhandlung

[2] Kraus GuT 2007, 279 (281).
[3] BVerfG ZKM 2007, 128 = NJW-RR 2007, 1073.
[4] Kritisch dazu Eidenmüller Alt. Streitbeilegung/Risse S. 139 ff.
[5] Falke AnwBl 1/2004, 16.
[6] Vgl. OLG Saarbrücken ZVertriebsR 2016, 39 zur Zulässigkeit einer Klage trotz entgegenstehender Mediationsklausel.

und Erörterung ohne festes Verfahren und ohne Beiziehung neutraler Personen[7] (→ § 40 Rn. 34).

5 Eine besondere Art der Verhandlung ist die cooperative Praxis, bei der beide Parteien von Anwälten, die zugleich die Grundlagen der Mediation beherrschen, vertreten werden. Die Verhandlungen werden nicht durch einen allparteilichen Dritten (Mediator), sondern durch die Parteianwälte gesteuert.

6 **Schlichtung** lässt sich zusammenfassen als Verfahren, in dem ein neutraler Dritter mit Autorität den Streitparteien dadurch zu einer gütlichen Einigung zu verhelfen sucht, dass er auf Grund seiner eigenen (fachkundigen) Einschätzung des Sachverhalts und der Rechtslage den Parteien einen Lösungsvorschlag oder einen Schiedsspruch macht[8] (→ Rn. 13).

7 **Mediation** ist ein außergerichtliches Konfliktlösungsverfahren, in dem die Parteien einvernehmlich, gemeinsam und eigenverantwortlich mit Hilfe eines neutralen Dritten, des Mediators, die beste Lösung für ihren Konflikt erarbeiten[9] (→ Rn. 28).

2. Aktuelle Entwicklung bei der Mediation

8 Das als Art. 1 des Gesetzes zur Förderung der Mediation und anderer Verfahren der außergerichtlichen Konfliktbeilegung erlassene **Mediationsgesetz** (MediationsG) vom 21.7.2012 (BGBl. I 1577) ist am 26.7.2012 in Kraft getreten. Mit Inkrafttreten dieses Gesetzes ist ein langer – und mühsamer – Entwicklungsprozess auf europäischer wie auf nationaler Ebene zum Abschluss gekommen. Hinsichtlich der verschiedenen Ergebnisse der Evaluation auf nationaler sowie auf europäischer Ebene wird nach oben verwiesen (→ § 40 Rn. 13, 18).

9 Die EU-Kommission hatte bereits im Frühjahr 2002 mit dem „Grünbuch über alternative Verfahren zur Streitbeilegung im Zivil- und Handelsrecht“[10] eine umfassende rechtspolitische Diskussion eingeleitet, die im April 2004 zum Vorschlag einer **Richtlinie über bestimmte Aspekte der Mediation in Zivil- und Handelssachen** führte. Die Richtlinie 2008/52/EG des Europäischen Parlaments und des Rates vom 21.5.2008 über bestimmte Aspekte der Mediation in Zivil- und Handelssachen[11] ist **am 13.6.2008 in Kraft getreten.** Sie sieht eine Verpflichtung der Mitgliedstaaten vor, die Titulierung von im Mediationsverfahren erzielten Abschlussvereinbarungen sicherzustellen (Art. 6 der Richtlinie), die Vertraulichkeit der Mediation zu gewährleisten (Art. 7) und die Verjährung während des Mediationsverfahrens zu hemmen (Art. 8). Zudem sollen die Mitgliedstaaten die Qualität der Mediation sicherstellen (Art. 4) und die breite Öffentlichkeit darüber informieren, wie mit Mediatoren Kontakt aufgenommen werden kann (Art. 9). Die Richtlinie war bis zum 21.5.2011 umzusetzen (Art. 12 Abs. 1), was mit dem Mediationsgesetz erst mit über zwei Jahren Verspätung erfolgte.

10 Die Kommission hat in ihrer Pressemitteilung zur Annahme der Richtlinie nochmals auf den 2004 erarbeiteten **Europäische Verhaltenskodex für Mediatoren** hingewiesen, der Vorbildwirkung für die in Art. 4 Abs. 1 der Richtlinie vorgesehenen Verhaltenskodizes haben sollte. Dazu wurde am 26.8.2016 der **Evaluationsbericht der Europäischen Kommission** vorgelegt, um der in Art. 11 der Mediationsrichtlinie stautierten Pflicht gerecht zu werden.[12] Die europäische Evaluation ergab, dass das Ausmaß der Auswirkungen der Mediationsrichtlinie auf die Rechtssysteme in den Mitgliedstaaten zwar unterschiedlich sei, aber übergreifend eine positive Resonanz zu ziehen sei, da

[7] Vgl. Prütting AnwBl 2000, 273 (274).

[8] Haft/Schlieffen Mediation-HdB/Rüssel S. 877 f.

[9] ZB Haft/Schlieffen Mediation-HdB/Rüssel S. 881; Risse Wirtschaftsmediation S. 5 mwN.

[10] „Grünbuch über alternative Verfahren zur Streitbeilegung im Zivil- und Handelsrecht“, KOM (2002) 196 endgültig.

[11] ABl. 2008 L 136, 3 ff.

[12] Europäische Kommission, Bericht der Kommission an das Europäische Parlament, den Rat und den Europäischen Wirtschafts- und Sozialausschuss über die Anwendung der Richtlinie 2008/52/EG des Europäischen Parlaments und des Rates über bestimmte Aspekte der Mediation in Zivil- und Handelssachen (im Folgenden zitiert als Kommissionsbericht), S. 1 ff.

größere Akzeptanz und Verbreitung der Mediation spürbar seien.[13] Dies führte zu dem Resümee des Evaluationsberichts, dass die Richtlinie nur punktuellen Verbesserungen unterzogen werden muss. Dazu enthielt dieser Bericht das Versprechen, dass die Europäische Kommission die Entwicklung der Mediation in der Europäischen Union weiterhin mitverfolgen und Forschungsprojekte mitfinanzieren werde.[14] Im November 2016 wurde ein vom Europäischen Parlament angefordertes Sammelwerk veröffentlicht, in dem umfassende Analysen hinsichtlich der Umsetzung der Mediationsrichtlinie in den Mitgliedstaaten enthalten sind.[15]

Die Neufassung des **§ 278 Abs. 5 ZPO** zum 1.1.2002 war der Ausgangspunkt sowohl der gerichtsnahen Mediation durch Anwaltsmediatoren oder sonstiger Dritte, an die sich die Parteien nach einem richterlichen Vorschlag gemäß § 278 Abs. 5 S. 2 ZPO wenden konnten, wie für die international einmalige Entwicklung der gerichtsinternen Mediation durch dem Spruchkörper nicht angehörende Richtermediatoren.[16] Beim Gesetzgebungsverfahren zum Mediationsgesetz[17] stellte eben diese gerichtsinterne **Mediation durch Richter den Hauptstreitpunkt** dar. Der Bundestag setzte im Vermittlungsausschuss das einstimmige Votum aller Fraktionen durch, die **Mediation künftig als ein außergerichtliches Verfahren** zu definieren, das sachkundigen Anwälten, Psychotherapeuten und sonstigen Berufen regelmäßig als zertifizierter Mediator im Sinn des § 5 Abs. 2 MediationsG vorbehalten ist, während der **Güterichter** alle Methoden der außergerichtlichen Konfliktlösung einschließlich der Mediation einsetzen kann, aber eben kein Mediator mehr ist und keine Mediation durchführt.[18] Die Neufassung des § 278 Abs. 5 ZPO zum 26.7.2012 bringt entsprechend der Empfehlung des Vermittlungsausschusses die Definition des Güterichters, der alle Methoden der Konfliktbeilegung einschließlich der Mediation einsetzen kann. Neu aufgenommen wurde § 278a ZPO, der in Abs. 1 regelt, dass das Gericht den Parteien eine Mediation oder ein anderes Verfahren der außergerichtlichen Konfliktbeilegung vorschlagen kann. Bei Streitigkeiten in einem Dauerschuldverhältnis wie in einem Gewerbemietverhältnis kann eine solche außergerichtliche Streitbeilegung sachgerecht sein und sollte von jeder Partei erwogen werden. Sollten sich die Parteien dafür entscheiden, so ordnet das Gericht gemäß § 278a Abs. 2 ZPO das Ruhen des Verfahrens an. 11

Wichtig für den Anwaltsmediator ist vor allem die Entscheidung des Gesetzgebers im **Rechtsdienstleistungsgesetz,** die Mediation, sofern sie durch rechtliche Regelungsvorschläge in die Gespräche der Beteiligten eingreift, den Anwaltsmediatoren vorzubehalten. In bewusster Abweichung vom Regierungsentwurf, der noch die Mediation und jede vergleichbare Form der gesprächsleitenden Streitbeilegung einschließlich der Protokollierung einer Abschlussvereinbarung vom Begriff der Rechtsdienstleistung ausnehmen wollte, hat der Bundestag in § 2 Abs. 3 Nr. 4 RDG nur im Übrigen die Mediation und jede vergleichbare Form der alternativen Streitbeilegung erlaubnisfrei gestellt.[19] § 18 BORA stellt klar, dass für einen Rechtsanwalt, der als Mediator tätig ist, die Regeln des anwaltlichen Berufsrechts gelten.[20] 12

---

[13] Kommissionsbericht S. 4, 13; HK-MediationsG/Glässler § 8 Rn. 14.

[14] Kommissionsbericht S. 5, 13.

[15] Europäisches Parlament, The Implementation of the Mediation Directive – Compilation on Indepth Analyses, 2016.

[16] Hess stellt die international üblichen Formen der (gerichtsnahen) Mediation im Abschnitt D. seines Gutachtens treffend dar, ohne allerdings die sich danach aufdrängende Frage nach Sinn und Berechtigung der gerichtsinternen Mediation als deutscher Sonderentwicklung zu stellen.

[17] Im Einzelnen → § 40 Rn. 15.

[18] Im Einzelnen → § 40 Rn. 16.

[19] Henssler/Deckenbrock Der Betrieb 2008, 41 (43).

[20] S. Greger/Unberath/Steffek/Greger MediationsG § 1 Rn. 82; Schmidt/Lapp/Monßen Mediation/Schmidt MediationsG § 1 Rn. 42; aA Römmermann/Praß AnwBl 7/2013, 499 (503).

III. Schiedsverfahren

1. Begriffsbestimmung und Abgrenzung

13 Der Rückgriff auf einen neutralen Schlichter – wie er vor allem bei Vereinbarung eines Schiedsgutachtens, aber auch im schiedsgerichtlichen Verfahren stattfindet – kann Einigungsschwierigkeiten überwinden; durch seinen externen Sachverstand kann eine schnelle, effektive und außergerichtliche Lösung eines Konflikts erreicht werden.[21] Der grundlegende **Unterschied zur Mediation** liegt darin, dass bei der Mediation die Parteien mit Hilfe des Mediators die Konfliktlösung selbst erarbeiten, während sie bei der Schlichtung durch Schiedsgericht oder Schiedsgutachten die Konfliktlösung delegieren und sich der Bestimmung des Dritten – in unterschiedlichem Maße – unterwerfen.[22]

14 Die **Abgrenzung zwischen Schiedsrichtern und Schiedsgutachtern** geht bereits auf das römische Recht zurück und fand im Mittelalter in der Unterscheidung von „arbiter" und „arbitrator" ihren Ausdruck. Danach gab es zwei Arten von Schiedsrichtern: Den Aussprüchen der einen Art müsse man gehorchen, unabhängig davon, ob die Entscheidung gerecht oder ungerecht sei; die andere Gruppe habe ex aequo et bono ihre Entscheidung zu treffen, die bei offenbarer Ungerechtigkeit berichtigt werden könne.[23] An diesen Rechtsfolgen orientiert werden noch heute Parteivereinbarungen ausgelegt, wenn sie auslegungsbedürftig und -fähig sind. Denn während die Vereinbarung des schiedsgerichtlichen Verfahrens gemäß § 1026 ZPO eine gerichtliche Überprüfung des Schiedsspruchs – vom Fall der Aufhebung unter den Voraussetzungen des § 1059 Abs. 2 ZPO abgesehen – ausschließt, stellt die Vereinbarung eines Schiedsgutachtens nach der herrschenden Meinung und Rechtsprechung einen rein materiell-rechtlichen Vertrag ohne prozessrechtliche Wirkung dar.[24] Der Schiedsgutachter übt keine (schieds-)richterliche Funktion aus. Seiner Entscheidung fehlt die Rechtskraft, wie sie § 1055 ZPO für den Schiedsspruch im schiedsrichterlichen Verfahren vorsieht.

15 In den AGB des Mietverhältnisses können solche Schiedsvereinbarungen gemäß §§ 1025 ff. ZPO (sog. Schiedsklauseln nach § 1029 Abs. 2 ZPO) einbezogen werden. Solche formularmäßigen Schiedsvereinbarungen unterliegen der Inhaltskontrolle nach § 307 BGB trotz Erfüllung der prozessualen Voraussetzungen der §§ 1025 ff. ZPO.[25] Von diesen Schiedsklauseln im Sinne der ZPO sind die sogenannten Schiedsgutachtenklauseln zu unterscheiden. Diese sind rechtsgeschäftliche Regelungen des materiellen Rechts, die §§ 317 ff. BGB unterfallen. Auch formularmäßige Schiedsgutachtenklauseln müssen der Inhaltskontrolle nach § 307 BGB standhalten. Sie sind nur wirksam, wenn der dem Schiedsgutachten überlassenen Leistungsbestimmung die gleiche Richtigkeitsgewähr zukommt wie der eines gerichtlich bestellten Sachverständigen.[26]

16 Aus Sicht des Anwalts in der **Kautelarpraxis** ist zu beachten, dass das Gewollte – schiedsrichterliches Verfahren oder Schiedsgutachten – mit ausreichender Klarheit formuliert wird. Maßgeblich ist, ob die Parteien als Rechtsfolge ihrer Vereinbarung die staatliche Gerichtsbarkeit mit Rechtskraftwirkung ausschließen wollen oder ob sie den Spruch des Dritten der Billigkeitskontrolle nach § 319 Abs. 1 S. 1 BGB unterwerfen wollen. Bei der Auslegung geht die Rechtsprechung davon aus, dass die Bezeichnung der Parteien nur Indizwirkung hat und im Zweifel – wegen der weniger einschneidenden Rechtsfolgen für den Rechtsschutz – von einer Schiedsgutachtenvereinbarung auszugehen ist.[27]

17 Haben sich die Parteien entschlossen, eine **Schiedsgutachtenabrede** zu treffen, so sollte bezüglich des Inhalts auf möglichst vollständige und klare Formulierungen geachtet

[21] BGH NJW 1991, 2761.
[22] Staudinger/Rieble BGB § 317 Rn. 7.
[23] So der römische Jurist Proculus, zitiert nach HKK-BGB/Hofer §§ 315–319 Rn. 18.
[24] Staudinger/Rieble BGB § 317 Rn. 20 mwN auch zur Mindermeinung.
[25] Lindner-Figura/Oprée/Stellmann Geschäftsraummiete-HdB/Lindner-Figura § 7 Rn. 153.
[26] Lindner-Figura/Oprée/Stellmann Geschäftsraummiete-HdB/Lindner-Figura § 7 Rn. 157.
[27] BGH BB 1982, 1077 f.; Staudinger/Rieble BGB § 317 Rn. 22.

werden. Es muss erstens klar zum Ausdruck gebracht werden, dass die Parteien im Falle von Streitfragen, Meinungsverschiedenheiten oder Unklarheiten durch ein Schiedsgutachten entscheiden lassen und sich an dessen Ergebnis gebunden halten wollen. Auch der konkrete Anlass und Zeitpunkt für die Beauftragung des Schiedsgutachters sollte vereinbart werden. Wenn sich die Parteien nicht bereits im Zeitpunkt der Schiedsgutachtenabrede auf einen Schiedsgutachter festlegen wollen, sollte das Verfahren zur Bestimmung des Schiedsgutachters festgelegt werden. Hier kommt in Frage, sollten die Parteien sich binnen einer Frist (etwa von zwei Wochen) nicht einvernehmlich auf einen bestimmten Gutachter verständigen, auf Antrag einer Partei die Bestimmung durch die örtliche Industrie- und Handelskammer vorzusehen. Weiter müssen die Parteien eine Kostenregelung treffen; das empfiehlt sich insbesondere dann, wenn keine hälftige Kostenteilung gewünscht ist.

2. Schiedsgerichtliches Verfahren

Für das schiedsrichterliche Verfahren stellt die ZPO in den §§ 1029 ff. ausführliche 18
Regelungen zur Schiedsvereinbarung und Schiedsfähigkeit von Ansprüchen (§§ 1029 ff. ZPO), zur Bildung des Schiedsgerichts (§§ 1034 ff. ZPO) und zur Durchführung des schiedsgerichtlichen Verfahrens (§§ 1042 ff. ZPO) zur Verfügung, die den Modellregelungen der UNCITRAL für die internationale Handelsschiedsgerichtsbarkeit folgen. Der Schiedsspruch (§§ 1051 ff. ZPO) hat die Wirkungen eines rechtskräftigen Urteils (§ 1055 ZPO) und kann im Verfahren nach § 1060 ZPO für vollstreckbar erklärt werden.

Im Bereich des Mietrechts ist hierbei zu berücksichtigen, dass eine Schiedsvereinba- 19
rung über Rechtsstreitigkeiten, die den Bestand eines Mietverhältnisses über Rechtsstreitigkeiten, die den Bestand eines Mietverhältnisses über Wohnraum im Inland betreffen, nach § 1030 Abs. 2 ZPO unwirksam ist.[28] Dies gilt jedoch nicht für das Mietrecht hinsichtlich Gewerberaumes, außer es wird trotz des abgeschlossenen gewerblichen Mietvertrages die Anwendung des Rechts der Wohnraummiete vereinbart. Bei Mietverhältnissen, bei denen der gewerbliche Mietzweck mit dem der Wohnraummiete vermischt wird, müssen die Vereinbarungen deutlich voneinander getrennt werden.[29]

Formularmäßige Schiedsklauseln im Rahmen eines Gewerberaummietverhältnisses 20
sind wirksam, wenn sie mit den wesentlichen Grundgedanken der §§ 1025 ff. ZPO zu vereinbaren sind und den §§ 305 ff. BGB standhalten. Unwirksam sind daher Klauseln, die dem Vermieter das einseitige Recht geben, den Schiedsrichter zu bestimmen. Es muss vermieden werden, dass dem Mieter ein Schiedsrichter aufgezwungen werden kann, um ein faires Verfahren sicherzustellen. Daher darf der Schiedsrichter auch nicht von einem dem Vermieter Nahestehenden (zB dem Vorstand des Haus- und Grundbesitzverbandes oder Mietervereins) einseitig bestimmt werden ohne, dass der Mieter ein Mitbestimmungsrecht hat.[30] Dazu darf es wegen des Schiedsverfahrens zu keiner Einschränkung des Anspruchs auf rechtliches Gehör kommen.

3. Schiedsgutachten

Das Schiedsgutachten führt Teilelemente eines Streites einer Klärung zu.[31] Ziel eines 21
solchen ist die verbindliche Festlegung bestimmter und für das Rechtsverhältnis der Vertragsparteien maßgeblicher Tatsachen – wie zB der Festlegung der Marktmiete oder der Mangelhaftigkeit eines Raumes –, so dass beide Parteien an die Feststellungen des

[28] → § 40 Rn. 33.
[29] Prütting/Gehrlein/Prütting ZPO § 1030 Rn. 5; Harz/Riecke/Schmid/Harsch Kap. 32 Rn. 242b.
[30] Lindner-Figura/Oprée/Stellmann Geschäftsraummiete-HdB/Lindner-Figura § 7 Rn. 155.
[31] BGH NJW 1990, 1231.

Gutachters gebunden sind und die Beweisführung im Prozess eingeschränkt ist.[32] Dabei wird zwischen zwei Grundformen unterschieden:

- Das **Schiedsgutachten im weiteren Sinn** zielt auf eine Bestimmung der Leistung, wie sie im Wortlaut des § 317 Abs. 1 BGB als Aufgabe des Dritten bezeichnet wird. Diese rechtsfolgenorientierte Vertragsergänzung verlangt einen Ermessenspielraum und findet sich etwa bei der Festlegung einer Miet-, Pacht- oder Erbbauzinserhöhung im konkreten Einzelfall. Sie wird auch als Schiedsgutachten im uneigentlichen Sinn bezeichnet.[33]

Beispiel:
Die Parteien eines Gewerberaummietvertrages haben für die ersten 3 Jahre einen pauschalen Mietzins und für die darauffolgenden 3 Jahre einen Mietzins pro Quadratmeter Mietfläche vereinbart. „Einigen sich die Vertragsparteien (nach Ablauf dieser Zeit) nicht über die Miethöhe, so entscheidet ein … Sachverständiger als Schiedsgutachter gemäß § 317 BGB nach billigem Ermessen …".[34]

22 • Davon zu unterscheiden ist das **Schiedsgutachten im eigentlichen oder engeren Sinn**, bei dem es um eine tatbestandliche Feststellung, etwa eines Wertes (eines Bauwerks, eines Zinssatzes oder der ortsüblichen Miete) oder einer Qualität, geht.

Beispiele:
Bei der (landwirtschaftlichen) Pacht wird vereinbart, dass der Verpächter alle baulichen und sonstigen den Betrieb fördernden Maßnahmen bei Rückgabe zum *Schätzpreis* abzulösen hat, der von einem Schätzungsausschuss bestimmt werden soll, der sich aus einem von jeder Vertragspartei benannten Schätzer und einem Dritten von der landwirtschaftlichen Berufsvertretung bestimmten Schätzer zusammensetzen soll.[35]
Schiedsgutachten zur Höhe der *Kosten für die vereinbarten Schönheitsreparaturen* bei Auszug des Gewerberaummieters.[36]
Wertgutachten eines Bausachverständigen zum Verkehrswert des Gesellschaftsvermögens einer Objektgesellschaft, das im Wesentlichen aus dem Grundstück und Gebäude eines Verbrauchermarkts besteht, als Grundlage des Abfindungsanspruchs des ausscheidenden Gesellschafters.[37]

23 Der Schiedsgutachter übt dabei nach der herrschenden Meinung und der ständigen Rechtsprechung des Bundesgerichtshofs kein Ermessen aus, sondern entscheidet kognitiv. Deshalb wird das Schiedsgutachten im eigentlichen Sinne auch nicht auf offenbare Unbilligkeit, sondern auf offenbare „Unrichtigkeit" geprüft;[38] darin liegt die entsprechende Anwendung des § 317 Abs. 1 BGB.[39] § 84 Abs. 1 VVG stellt das für das **versicherungsrechtliche Schiedsgutachten** klar: Wenn nach dem Versicherungsvertrag einzelne Voraussetzungen des Anspruchs aus der Versicherung oder die Höhe des Schadens durch Sachverständige festgestellt werden sollen, ist die getroffene Feststellung nicht verbindlich, wenn sie offenbar von der wirklichen Sachlage erheblich abweicht. Die Feststellung erfolgt in diesem Fall durch gerichtliche Entscheidung.

24 Anders als im schiedsgerichtlichen Verfahren begründet das Gesetz beim Schiedsgutachten weder ein Anhörungsrecht der Parteien noch ein Ablehnungsrecht bei Befangenheit des Schiedsgutachters; im letzteren Fall wird allerdings die Leistungsbestimmung regelmäßig als offenbar unrichtig anzusehen sein, wenn auch die Befangenheit offen zu Tage liegt.[40]

---

[32] Lindner-Figura/Oprée/Stellmann Geschäftsraummiete-HdB/Lindner-Figura § 7 Rn. 156.
[33] Staudinger/Rieble BGB § 317 Rn. 12.
[34] So der Sachverhalt bei BGH NJW-RR 2003, 727; NZM 2003, 358.
[35] So der Sachverhalt in BGH NJW-RR 1988, 1405.
[36] Vgl. OLG Düsseldorf Grundeigentum 2008, 731.
[37] S. OLG Düsseldorf BeckRS 2008, 9161.
[38] Der BGH hat hier an die stRspr des RG seit RGZ 96, 57 angeknüpft; s. dazu HKK-BGB/Hofer §§ 315–319 Rn. 20.
[39] BGHZ 43, 57 (62); 81, 229 (237); krit. dazu Staudinger/Rieble BGB§ 317 Rn. 16: ein juristisches Glasperlenspiel – im Ergebnis komme es darauf an, ob der Schiedsgutachter von seinem Spielraum vertretbar Gebrauch gemacht hat.
[40] Staudinger/Rieble BGB § 317 Rn. 68.

4. Konsequenzen für das gerichtliche Verfahren

Ist ein **Schiedsgutachten** zwischen den Parteien verabredet, muss eine **Klage,** die **vor dessen Einholung** erhoben wird, als **verfrüht** – dh als zur Zeit unbegründet – abgewiesen werden. Das Gericht kann allerdings auch zunächst entsprechend §§ 356, 431 ZPO eine Frist zur Beibringung des Schiedsgutachtens setzen; selbst, wenn von dieser Möglichkeit Gebrauch gemacht wird, darf eine der Klage auch nur dem Grunde nach stattgebende Entscheidung nicht getroffen werden, bevor nicht durch fristgerechte Vorlage des Schiedsgutachtens feststeht, dass es überhaupt zu einem zusprechenden Erkenntnis kommen kann.[41] 25

Hinweis:

Zuvor konnte eine verfrühte Klage doppelt gefährlich werden, wenn das Gericht zum Ergebnis kommt, dass der Kläger dadurch das schiedsgutachterliche Verfahren verzögert hat und sich deshalb nicht mehr auf die verjährungshemmende Wirkung der Schiedsgutachterklausel (§ 204 Abs. 1 Nr. 8 BGB) berufen kann.[42] Dem steht § 204 Abs. 1 Nr. 4b) BGB entgegen. Dieser stellt klar, dass auch vor privaten Streitschlichtungsstellen durchgeführte Einigungsversuche verjährungshemmende Wirkung haben können, wenn ein solches Verfahren einvernehmlich gewählt wurde.[43] Hierbei sollte – wie bei § 203 BGB – Beginn und Ende des Verfahrens genau festgelegt werden, so da keine Zweifel über die Hemmungswirkung entstehen und es zu keinen ungewollten Verschiebungen kommt.[44] § 204 Abs. 1 Nr. 11 BGB regelt die Verjährungshemmung bei Schiedsverfahren.

Das Schiedsgutachten haben die Parteien bis zur Grenze der **offenbaren Unrichtigkeit** hinzunehmen. Zu beachten ist, dass das Schiedsgutachten, sobald es einer Partei zugegangen ist, auch für den Schiedsgutachter verbindlich und unwiderruflich wird (§ 318 Abs. 1 BGB). Das Gericht darf im Prozess die begutachteten Umstände nicht selbst klären und insbesondere keinen Beweis erheben, solange die Grenze der offenbaren Unbilligkeit nicht überschritten ist.[45] Offenbar unrichtig ist ein Schiedsgutachten dann, wenn sich die Unrichtigkeit einem sachkundigen Betrachter sofort aufdrängt. Das ist nach dem Sachverhalt zu beurteilen, den die Parteien dem Schiedsgutachter unterbreitet haben. Aus anwaltlicher Sicht hervorzuheben ist, dass die Partei, die sich auf die offenbare Unrichtigkeit des Schiedsgutachtens beruft, dafür die **Darlegungs- und Beweislast** trägt.[46] 26

Haben die Parteien ein **schiedsgerichtliches Verfahren** im Sinn der §§ 1025 ff. ZPO vereinbart, ist eine Überprüfung des Schiedsspruches durch die staatliche Gerichtsbarkeit wegen dessen Rechtskraft (§ 1055 ZPO) ausgeschlossen; eine dennoch erhobene Klage ist gemäß § 1032 Abs. 1 ZPO auf Rüge des Beklagten als unzulässig abzuweisen. Eine Ausnahme gilt nur für die Aufhebung wegen Verstoßes gegen den ordre public, also für die Überprüfung, ob die Anerkennung oder Vollstreckung des Schiedsspruches der öffentlichen Ordnung widerspricht (§ 1059 Abs. 2 Nr. 2b) ZPO). 27

---

41 BGH NJW-RR 1988, 1405.
42 So das OLG Düsseldorf NZM 2004, 501 = GuT 2004, 83.
43 GForm-BGB/Heinemann § 204 Rn. 7.
44 GForm-BGB/Heinemann § 204 Rn. 9.
45 Staudinger/Rieble BGB § 317 Rn. 17.
46 OLG Düsseldorf BeckRS 2008, 9161.

IV. Mediation

1. Allgemeines

28 **a) Begriffsbestimmung und Abgrenzung.** Mediation ist ein außergerichtliches Konfliktlösungsverfahren, in dem die Parteien einvernehmlich, gemeinsam und eigenverantwortlich mit Hilfe eines neutralen Dritten, des Mediators, die beste Lösung für ihren Konflikt erarbeiten.[47] § 1 Abs. 1 MediationsG definiert die Mediation als ein vertrauliches und strukturiertes Verfahren, bei dem die Parteien mithilfe eines oder mehrerer Mediatoren freiwillig und eigenverantwortlich eine einvernehmliche Beilegung ihres Konfliktes anstreben. Auch die Richtlinie 2008/52/EG vom 21.5.2008 über bestimmte Aspekte der Mediation in Zivil- und Handelssachen[48] bezeichnet als Mediation ein strukturiertes Verfahren, in dem zwei oder mehr Streitparteien mit Hilfe eines Mediators auf freiwilliger Basis selbst versuchen, eine Vereinbarung über die Beilegung ihrer Streitigkeiten zu erzielen (Art. 3 Buchst. a der Richtlinie).

29 Der „zertifizierte Mediator" iSd § 5 Abs. 2 MediationsG ist eine geschützte Bezeichnung,[49] die nur Rechtsanwälten, Psychologen, Psychotherapeuten und anderen sachkundigen und entsprechend ausgebildeten Personen, nicht aber dem Richter offensteht. Allgemein bezeichnet § 1 Abs. 2 MediationsG als „Mediator" denjenigen, der die Parteien durch die Mediation ohne Entscheidungsbefugnis zu einer eigenverantwortlichen, einvernehmlichen Lösung ihres Konflikts führt. Charakteristisch für jede Mediation ist, dass der neutrale oder allparteiliche Dritte (Mediator) keine Entscheidungsmacht hat. Seine Aufgabe ist es, die Konfliktparteien dabei zu unterstützen, ihre eigene gemeinsame Lösung zu erarbeiten. Dazu ist es erforderlich, dass der Mediator zum einen den Verfahrensablauf klar strukturiert (er ist der „Herr des Verfahrens"); zum anderen ist es seine Aufgabe, Kommunikationshindernisse auszuräumen, bestehende eskalationsfördernde Kommunikationsmuster zu ändern und einen (neuen) Dialogfluss in Gang zu setzen.[50]

30 Ein weiterer entscheidender Vorteil der Mediation ist, dass man im Hinblick auf rechtliche Aspekte – wie vor allem die Verjährung der Ansprüche – keine Nachteile erleidet. Zwar wird noch nicht bereits durch die Einleitung einer Mediation die Verjährung gehemmt, jedoch kommt es infolge der Neufassung von § 204 Nr. 4b) BGB zu einer Verjährungshemmung, wenn die Parteien das Verfahren vor einer privaten Streitschlichtungsstelle einvernehmlich gewählt haben. Bei einer diesbezüglichen Vereinbarung sollten der Umfang und die Auswirkungen der Hemmung ausdrücklich geregelt werden. Da eine Mediation auf eine umfängliche Klärung des Konflikts ausgelegt ist, sollte die Hemmungswirkung auf alle Ansprüche ausgedehnt werden und es sollte vereinbart werden, dass während der Dauer des Mediationsverfahrens auf die gerichtliche Geltendmachung der Ansprüche verzichtet wird.[51]

31 Im Folgenden soll ein Überblick über die Prinzipien, den Verfahrensablauf, das Honorar und die Einsatzmöglichkeiten der Mediation im Gewerberaummietrecht gegeben werden. Zur cooperativen Praxis → Rn. 4.

32 **b) Prinzipien der Mediation. Freiwilligkeit:** Beide Konfliktparteien müssen ohne äußeren Zwang bereit sein, eine Mediation durchzuführen. Der Mediator hat sich gemäß § 2 Abs. 2 MediationsG nicht nur zu vergewissern, dass die Parteien die Grundsätze und den Ablauf des Mediationsverfahrens verstanden haben, sondern auch, dass die Parteien freiwillig an der Mediation teilnehmen. Freiwilligkeit bedeutet auch, dass

---

[47] Risse Wirtschaftsmediation S. 5; Haft/Schlieffen Mediation-HdB/Rüssel S. 881 mwN.

[48] ABl. 2008 L 136, 3 ff.

[49] So sogar die Länder im Bundesrat: s. die Erklärung von Senator Heilmann (Berlin), BR-Plenarprotokoll, 898. Sitzung vom 29.6.2012, S. 315; insoweit irrig Greger/Unberath/Steffek/Greger VSBG § 1 Rn. 11.

[50] Haft/Schlieffen Mediation-HdB/Kessen/Troja S. 394.

[51] GForm-BGB/Heinemann § 204 Rn. 7.

jede Partei das Verfahren jederzeit beenden kann, egal aus welchen Gründen, ohne Rechtfertigungszwang und ohne, dass dies mit einem Nachteil für sie verbunden wäre (§ 2 Abs. 5 MediationsG). Das Mediationsgesetz lässt auch die Freiheit des Mediators nicht unerwähnt, die Mediation jederzeit zu beenden, insbesondere wenn er der Auffassung ist, dass eine eigenverantwortliche Kommunikation oder eine Einigung der Parteien nicht zu erwarten ist (§ 2 Abs. 5 S. 2 MediationsG).

Verschwiegenheit: § 4 S. 1 MediationsG verpflichtet den Mediator und die in die Durchführung des Mediationsverfahrens eingebundenen Personen grundsätzlich zur Verschwiegenheit, soweit gesetzlich nichts anderes geregelt ist. Diese Verschwiegenheitspflicht soll jedoch dann nicht gelten, wenn die Offenlegung des Inhalts der im Mediationsverfahren erzielten Vereinbarung zur Umsetzung oder Vollstreckung dieser Vereinbarung erforderlich ist (§ 4 S. 3 Nr. 1 MediationsG), die Offenlegung aus vorrangigen Gründen der öffentlichen Ordnung geboten ist, insbesondere um eine Gefährdung des Wohles eines Kindes oder eine schwerwiegende Beeinträchtigung der physischen oder psychischen Integrität einer Person abzuwenden (§ 4 S. 3 Nr. 2 MediationsG) oder es sich um Tatsachen handelt, die offenkundig sind oder ihrer Bedeutung nach keiner Geheimhaltung bedürfen (§ 4 S. 3 Nr. 3 MediationsG). Der Anwaltsmediator selbst kann sich vor Gericht auf sein Zeugnisverweigerungsrecht berufen, solange er nicht wirksam von der Schweigepflicht entbunden wird (§ 383 Abs. 1 Nr. 6, § 385 Abs. 2 ZPO). 33

Allparteilichkeit: Die Allparteilichkeit (Neutralität) bedeutet, dass der Mediator beide Parteien im Blick haben muss und es ihm verwehrt ist, einseitig Partei zu ergreifen (§ 2 Abs. 3 MediationsG). Seine Aufgabe ist es, eine für beide Seiten faire und interessengerechte Konfliktlösung herbeizuführen. Er soll die für beide Seiten akzeptable und begehbare Kommunikationsbrücke sein.[52] 34

Wichtig für den Anwaltsmediator sind die im Mediationsgesetz aufgenommenen Konkretisierungen dieser Pflicht zur Allparteilichkeit und Unabhängigkeit. Der Mediator ist gemäß § 3 Abs. 1 MediationsG verpflichtet, den Parteien alle Umstände offenzulegen, die seine Unabhängigkeit und Neutralität beeinträchtigen könnten. Konsequenz des Neutralitätsgebots sind die gleichfalls in § 3 MediationsG verankerten Tätigkeitsbeschränkungen: 35

- Gemäß § 3 Abs. 2 MediationsG darf ein Mediator weder vor noch während noch nach Abschluss eines Mediationsverfahrens in derselben Sache für eine Person tätig werden. Dies entspricht dem für Rechtsanwälte bereits geltenden § 43 Abs. 4 BRAO.
- Gleiches gilt aber grundsätzlich auch dann, wenn der Mediator einer Berufsausübungs- oder Bürogemeinschaft angehört und ein anderes Mitglied bereits vor Beginn der Mediation für eine Partei tätig gewesen ist. Ein solch anderes Mitglied darf auch nicht während oder nach Abschluss des Verfahrens für eine Partei tätig werden.
- Durchbrochen werden können diese Grundsätze zur Berufsausübungs- oder Bürogemeinschaft dann, wenn sich die Parteien nach umfassender Information damit einverstanden erklärt haben (§ 3 Abs. 3 und 4 MediationsG).

Informiertheit (Offenheit): Dies bedeutet, dass die Parteien über alle entscheidungserheblichen Tatsachen und die Rechtslage umfassend informiert sein müssen. Daraus folgt die Verpflichtung zur Offenlegung aller Fakten und Daten, über die die jeweilige Partei verfügt. Nur bei gleichem Informationsstand ist eine faire Verhandlung möglich. Mediation findet nicht im „rechtsfreien Raum“ statt. Die durch die gesetzlichen Regelungen eingeschränkte Disponibilität bildet den Rahmen des zulässig Verhandelbaren. 36

Eigenverantwortlichkeit: Jede Partei muss willens und in der Lage sein, für die eigenen Interessen, Bedürfnisse und Wünsche selbst einzutreten und für die erarbeiteten Lösungen die Verantwortung zu übernehmen. 37

[52] Glenewinkel WuM 2002, 649 (652).

38 c) **Verfahrensablauf.** In der Regel durchläuft ein Mediationsverfahren fünf Phasen. Es beginnt mit dem sog. *Contracting* (Kontaktaufnahme) und endet im Falle des Erfolges mit der Unterzeichnung einer Abschlussvereinbarung. Herzstück jeder Mediation ist die Phase der Konfliktbearbeitung. In der Regel kommen die Parteien fokussiert auf Positionen in die Mediation. Jeder hat seine „Lösung" schon gefunden. Nicht selten stehen sich diese Positionen diametral gegenüber. Zur Erweiterung der Sichtweise wird mit den Medianten genau besprochen, welche Bedürfnisse, Interessen und Wünsche hinter diesen Positionen stehen. Dies eröffnet den Raum für neue Lösungsmöglichkeiten gemäß dem Win-Win-Prinzip, da die Lösung von der Bedürfnisebene aus betrachtet nicht notwendigerweise auf Kosten des Anderen gehen muss. Gemeinsam entwickeln die Parteien im Anschluss daran in einer Art Brainstorming eine Vielzahl von Lösungsmöglichkeiten. Nach gemeinsamer Bewertung derselben bleiben am Ende realisierbare Ideen übrig, die die Interessen beider möglichst weitgehend berücksichtigen.[53]

39 d) **Pflichten des Mediators – Aufgaben des Anwalts in der Mediation – Honorar.** Bereits der **Europäische Verhaltenskodex für Mediatoren** von 2004[54] fasste die Anforderungen an

- die Ausbildung und kontinuierliche Fortbildung der Mediatoren,
- ihre Unabhängigkeit und Neutralität sowie an ihre Unparteilichkeit,
- die Gestaltung und Leitung des Verfahrens,
- die vorherige Vereinbarung der Vergütung und
- an die Wahrung der Vertraulichkeit durch die Mediatoren

zusammen. Besonders hinzuweisen ist auf die dauernde Pflicht zur Offenlegung aller Umstände, die Interessenkonflikte oder sonstige Zweifel an der Unabhängigkeit und Neutralität der Mediatoren begründen können, im Verhaltenskodex, die in der Tat Vorbild für die differenzierte Regelung in § 3 MediationsG wurde.

40 Bei der Mediation werden nicht nur juristische Kenntnisse, sondern vor allem kommunikative, psychologische, ggf. auch therapeutische Konfliktlösungstechniken eingesetzt. Dementsprechend wird die Mediation – national wie international – nicht nur von Rechtsanwälten, sondern etwa auch von Psychologen angeboten. Soweit allerdings der Mediator oder die Mediatorin durch rechtliche Regelungsvorschläge in die Gespräche der Beteiligten eingreift, behält § 2 Abs. 3 Nr. 4 RDG dies als **Rechtsdienstleistung** den **Anwaltsmediatoren** vor.[55] Das wird bei Auskünften zur Rechtslage, vor allem aber beim Entwurf einer Abschlussvereinbarung zu beachten sein. Anwaltsmediatoren ihrerseits sind berufsrechtlich gehindert, für eine der Parteien der Mediation im weiteren als Rechtsanwalt aufzutreten (§ 45 Abs. 1 Nr. 3 BRAO).[56]

41 Der Vertrag über die Durchführung einer Mediation wird, wie der Anwaltsvertrag als Dienstvertrag qualifiziert, so dass gemäß § 612 Abs. 2 BGB die übliche Vergütung als vereinbart gilt.[57] Dennoch soll der als Mediator tätige Rechtsanwalt gemäß § 34 RVG auf eine Gebührenvereinbarung hinwirken. Es ist in der Praxis gängig, für die Mediation eine Vergütung nach Stunden zu vereinbaren. Der übliche Rahmen dürfte zwischen 150 und 400 EUR zuzüglich gesetzlicher Umsatzsteuer pro Stunde liegen.

42 Der Abschluss einer Vergütungsvereinbarung ist dringend anzuraten. Fertigt der anwaltliche Mediator im Auftrag der Medianten auch eine Abschlussvereinbarung, so kann und sollte er hierfür eine gesonderte Vergütung aushandeln, zB in Höhe einer 1,5 Vergleichsgebühr.

---

[53] Zu weiteren Einzelheiten zB Haft/Schlieffen Mediation-HdB/Kessen/Troja S. 395 ff., die von sechs Phasen der Mediation ausgehen.

[54] Veröffentlicht im Internetauftritt des Europäischen Justiziellen Netzes.

[55] → Rn. 12.

[56] Vgl. OLG Karlsruhe NJW 2001, 3197 (3199); AG Lübeck NJW 2007, 3789.

[57] Das AG Lübeck NJW 2007, 3789, beachtet in diesem Zusammenhang 150–300 EUR je Stunde als übliche Vergütung für eine Anwaltsmediation.

2. Mediation im Gewerberaummietrecht

Die Mediation im Gewerberaummietrecht ist zum einen Wirtschaftsmediation. Sie kommt deshalb als ein Verfahren zur raschen und kostengünstigen Konfliktlösung in Betracht, das die weiter dauernde Geschäftsbeziehung zwischen den Parteien nicht gefährdet, sondern durch einen gemeinsam gefundenen Interessenausgleich stützt. Dazu kommen für institutionelle Anleger und Vermieter die Konflikte zwischen Mietern einer Anlage – etwa eines Einkaufszentrums, die erhebliche Spannungen auslösen und die Attraktivität des gesamten Standorts beeinträchtigen können. Nicht umsonst gehen größere Vermietungsgesellschaften dazu über, die Mediation als Verfahren im Alltagsgeschäft einzusetzen. 43

Konflikte zwischen Mietern: Aus Sicht der Vermietungsgesellschaften bzw. Wohnungsverwalter ist der Hausfrieden ein hohes Gut, das erhalten oder wiederhergestellt werden sollte. Denn Konflikte zwischen Mietern binden auch bei ihnen Ressourcen. Zudem können Leerstände und rechtliche Auseinandersetzungen als Folge solcher Streitigkeiten zusätzliche Kosten verursachen.[58] Mediation bietet den Parteien eine Chance, den Konflikt in seiner ganzen Komplexität zu behandeln. Die Parteien haben die Möglichkeit, über die rechtliche Relevanz hinaus ihre verletzten Gefühle, ihre Interessen und Wünsche dem anderen zu Gehör zu bringen und gemeinsam eine Lösung zu finden, die beiden Interessen gerecht wird.[59] Auf die Vorbilder aus der **Wohnungswirtschaft**, wie sie in → § 40 Rn. 67 dargestellt werden, sei verwiesen. 44

Konflikte zwischen Vermietern und Mietern: Auch im Verhältnis Vermieter – Mieter kann Mediation Erfolg versprechend eingesetzt werden. Differenziert man die möglicherweise auftretenden Konflikte zwischen Vermieter und Mieter nach dem Zeitpunkt ihres Auftretens, dh **vor, während oder nach einem Mietverhältnis,** liegt es auf der Hand, dass sich die Mediation zur Lösung eines Konfliktes **besonders während eines Mietverhältnisses** anbietet. In dieser Phase sind die Parteien grundsätzlich an der Aufrechterhaltung der Beziehungen interessiert. Befindet man sich im Bereich der vertraglichen Anbahnung, also **vor Abschluss eines Mietverhältnisses,** kann die allgemeine Situation von Angebot und Nachfrage zu einem Ungleichgewicht der Verhandlungspositionen führen. Gibt es für ein Mietobjekt zahlreiche Interessenten, befindet sich der Vermieter in einer Situation, in der er eine Verhandlung gar nicht nötig hat. Lässt er sich gleichwohl darauf ein, hat er eine sehr starke „Verhandlungsmacht". Gleiches gilt umgekehrt im Falle eines Überangebots von Gewerbemietraum, das zu einem Ungleichgewicht der Verhandlungsmacht zugunsten des Mieters führt.[60] In diesen beiden Konstellationen dürfte eine Mediation schwierig sein. 45

Nach der Beendigung eines Mietvertrages liegt den Parteien zwar in der Regel nicht mehr an der Aufrechterhaltung ihrer persönlichen Beziehungen, sondern es geht meist nur um die möglichst reibungslose Abwicklung des Vertrages. Gleichwohl gibt es viele Fälle, in denen erst die Einbeziehung der tatsächlichen Verhältnisse während der Vertragslaufzeit des Mietvertrages ohne gegenseitige Aufrechnung einzelner Posten zu einem für beide Seiten fairen Ergebnis führen. Gerade bei Beendigung von lange währenden Mietverträgen auf Grund einer ordentlichen Kündigung bietet die Mediation bei Streit über die Wirksamkeit derselben den Rahmen für eine faire Lösung für beide Seiten, sei es, dass man sich auf einen bestimmten Zeitrahmen bis zum Auszug einigt, sei es, dass der Vertrag mit anderen Bedingungen fortgesetzt wird.[61] Ist die Lösung das Ende der Vertragsbeziehungen, können zugleich auch andere mit der Abwicklung im Zusammenhang stehende Rechte und Pflichten geklärt werden, zB die zu erledigenden Schönheitsreparaturen oder die Modi der Rückzahlung der Kaution. 46

[58] Kraus GuT 2007, 279.
[59] S. auch Harmuth Grundeigentum 2003, 866.
[60] FA-MietR/Kloster-Harz Anh. 6 Rn. 36.
[61] S. auch Henssler/Koch Mediation Anwaltspraxis/Kleinrahm S. 243 ff.

47 Mediation kann des Weiteren **präventiv** zur Vermeidung von eventuell entstehenden Konflikten eingesetzt werden. Beispielhaft genannt seien umfangreiche Modernisierungsmaßnahmen. Werden die Mieter zB in die Planungs- und Entscheidungsprozesse des Vermieters frühzeitig eingebunden und auch ihre Interessen und Wünsche berücksichtigt, ist die Akzeptanz der anschließend realisierten Maßnahmen wesentlich höher; viele Streitigkeiten werden so von vorneherein vermieden.

48 **Konflikte zwischen Mietern und institutionellen Vermietern bzw. Verwaltern:** Bei räumlicher Entfernung und/oder einer entpersonalisierten Beziehung, wie sie in der Regel zwischen Mietern und den großen Vermietern bzw. Verwaltern bestehen, geht es nicht um die Aufrechterhaltung der persönlichen Beziehungen, sondern um die Aufrechterhaltung einer gut funktionierenden geschäftlichen Beziehung. Die Wiederherstellung einer problemlos existierenden Koexistenz ist ein für beide Seiten nicht zu vernachlässigender Vorteil.

49 Nicht außer Acht bleiben darf der Aspekt des Imageverlustes gerade für größere institutionelle Vermieter. Nicht nur dem kleinen, sondern gerade auch dem großen Vermieter ist der Ruf in der Öffentlichkeit wichtig. Prozesse können dem guten Ruf leicht Schaden zufügen, selbst wenn man sie im Einzelfall gewonnen haben sollte; das gilt insbesondere, wenn sie zu polemischen Angriffen (fehlende soziale Verantwortung, große Vermietungsgesellschaft gegen kleinen Handwerker, Einzelhändler) genutzt werden können. Jeder öffentlich gemachte Konflikt birgt die Gefahr in sich, eine Eigendynamik zu entwickeln, die zu Eskalationen und (Folge-)Prozessen führen können, an die am Anfang niemand dachte.

50 Mediation hingegen findet in einem vertraulichen Rahmen statt. In der Regel verpflichten sich die Parteien zu Beginn des Verfahrens, dass alles, was sie während eines Mediationsverfahrens besprechen und verhandeln, vertraulich behandelt wird und nicht in einem später möglicherweise folgenden Gerichtsverfahren verwendet werden darf. Dies fördert zum einen die Bereitschaft der Parteien, sich zu öffnen und die Dinge auszusprechen, die ihnen wirklich wichtig sind. Zum anderen bietet die Mediation damit Schutz vor einem möglichen Imageverlust in der Öffentlichkeit. Scheitert die Mediation, liegt es allerdings an den Parteien selbst, inwieweit sie sich an ihre Absprache gebunden fühlen, erzwingbar ist sie nicht. Zu Recht nehmen daher gerade Verwaltungsgesellschaften die Mediation zunehmend in ihr Dienstleistungsangebot mit auf.

51 **Bewertung:** Mediation ermöglicht den Parteien eine umfassende Bearbeitung ihres Konfliktes. Die Frage, wann eine umfassende Bearbeitung eines Konfliktes erforderlich ist, lässt sich nicht an der Höhe des Streitwertes festmachen, sondern muss im Einzelfall ermittelt werden. Grundsätzlich gilt, dass Mediation für die Fälle geeignet ist, in denen beide Seiten ein Interesse daran haben, eine Lösung auf eine Art und Weise zu finden, die ihnen die Aufrechterhaltung ihrer persönlichen oder geschäftlichen Beziehungen ermöglicht. Aspekte wie Zeit, Nerven, Personal- und Kostenaufwand werden in vielen Fällen darüber hinaus für die Mediation als dem idR schnelleren und kostengünstigeren Verfahren gegenüber einem gerichtlichen Verfahren sprechen.[62]

V. Resümee

52 Es ist festzustellen, dass sich die außergerichtliche Streitbeilegung insgesamt und speziell im Mietrecht weiterentwickelt. Dabei tritt neben die bewährten und bekannten Elemente des Schiedsverfahrens und der Schiedsgutachtervereinbarung zunehmend die Mediation. Die Mediation stellt auch im Gewerberaummietrecht ein außergerichtliches Konfliktlösungsmodell dar, das das Dienstleistungsangebot des Anwalts am effektivsten erweitern kann. Dabei haben sich die Rahmenbedingungen für die Mediation mit dem am 26.7.2012 in Kraft getretenen Mediationsgesetz (MediationsG) grundlegend geändert, auch wenn zentrale Fragen wie die der Titulierung von Abschlussvereinbarungen

[62] → § 40 Rn. 77 zu Sinn und Grenzen von Streitbeilegungsklauseln.

noch keine befriedigende Lösung gefunden haben.[63] Im Ergebnis hat jedoch die Evaluation im Rahmen von § 8 MediationsG hinsichtlich der Verbesserungen durch das Mediationsgesetzes im Bereich des Gewerberaummietrechts ergeben, dass dieses keine erheblichen Verbesserungen mit sich gebracht hat. Gleiches hat die Evaluation auf europäischer Ebene ergeben, so dass abzuwarten bleibt, wie die Förderung der Mediation langfristig verwirklicht werden kann.

63 → § 40 Rn. 7.

Teil C. Pacht

§ 74 Unterschiede zum Mietrecht

Übersicht

Schrifttum:
Börstinghaus, Einordnung eines Mischmietverhältnisses, LMK 2014, 361205; Emmerich, Mietrecht: Änderung der Rechtsprechung zu Mischmietverhältnissen, JuS 2014, 1034; Lehmann-Richter, Der Mängelbeseitigungsanspruch des Mieters und Gegenrechte des Vermieters, NJW 2008, 1196; Leo/Assmann, Obergerichtliche Rechtsprechung zum gewerblichen Mietrecht 2014, NZM 2015, 770; Michaels, Ausschreibungsfreiheit von Betriebsführungsleistungen für einen kommunalen Eigenbetrieb, IR 2011, 238; Müller, Keine Lockerung bei der AGB-Kontrolle im unternehmerischen Geschäftsverkehr, LKM 2016, 378241; Neuhaus, Die Vermietung von Messeflächen und Messeständen, GuT 2009, 83; Voelskow, Zur Abgrenzung von Miete und Pacht, NJW 1983, 910.

I. Die Vertragselemente des Pachtvertrags

Checkliste zur Gestaltung oder rechtlichen Einordnung eines Pachtvertrags

I. Regelt der Vertrag ausschließlich die Überlassung einer Sache (§ 90 BGB)? 1
Wenn ja: Es liegt grds. ein Mietvertrag vor?
II. Ist Vertragsgegenstand ebenso die Fruchtziehung durch den Nutzer?
Wenn ja: Handelt es sich zumeist um einen Pachtvertrag?
III. Welche Vertragselemente sind für die rechtliche Einordnung des Pachtvertrags maßgeblich?
1. Was ist „Gegenstand" des Vertrags?
2. Sind für die Leistungen, die eine Fruchtziehung ermöglichen besondere gesetzliche Vorschriften einschlägig (zB aus dem PartG, MarkenG, GebrMG)?
3. Unterliegt der Vertrag den Grundsätzen für spezielle Vertragstypen (zB Leasing, Franchising)?
4. Welche gesetzlichen Vorschriften regeln die Nutzungsüberlassung (Mietrecht, pachtrechtliche Spezialvorschriften)?
5. Liegt ein Mischvertrag vor?
Wenn ja: Nach welchem Rechtskonstrukt ist der Vertrag zu beurteilen?

1. Gegenstand des Pachtvertrags

2 Die Pacht ist in **§§ 581 bis 584b BGB** geregelt, wobei durch § 581 Abs. 2 BGB auf die Pacht, mit Ausnahme der Landpacht, die Normen über den Mietvertrag entsprechend Anwendung finden. Wie auch beim Mietvertrag handelt es sich auch beim Pachtvertrag um ein Dauerschuldverhältnis,[1] bei dem die Pachtdauer zumeist vertraglich auf einen bestimmten Zeitraum festgelegt wird. Soweit dies nicht der der Fall ist, gilt der Pachtvertrag als auf unbestimmte Zeit geschlossen.

3 Gegenstand des Pachtvertrages ist die Überlassung des Pachtgegenstandes für die Dauer der Pachtzeit gegen die Zahlung eines zumeist vertraglich festgelegten Entgelts, der Pacht. Dabei ist zu beachten, dass die Pacht nicht zwangsläufig in einer direkten Zahlung bestehen muss.[2]

4 Die **Überlassung des Pachtgegenstandes** umfasst die Nutzung im vertragsgemäßen Umfang gem. § 581 Abs. 1 S. 1 BGB und damit insbesondere die **Fruchtziehung,** welche den Charakter des Pachtverhältnisses prägt. Aufgrund dieser Fruchtziehung ist die Pacht **zumeist gewerblich** einzuordnen. Dies ist jedoch nicht immer der Fall, insbesondere bei der **Kleingartenpacht** oder auch häufig bei der **Jagdpacht.** Die Abgrenzung zur Kleingartenpacht wird daran vorgenommen, dass es sich bei der Pachtsache um einen Kleingarten im Sinne des BKleingG handeln muss. Das bedeutet, dass der Garten der Erholung des Nutzers und gerade nicht der erwerbsmäßigen gärtnerischen Nutzung dient. Weithin müssen mindestens fünf Einzelgärten mit gemeinschaftlichen Einrichtungen verbunden sein.[3] Bei der Jagdpacht findet das BJagdG Anwendung.[4]

5 **Vertragsgegenstand** im Sinne der Pacht gem. § 581 BGB können **sowohl Sachen als auch Rechte** sein. Insbesondere ist bei der Pacht häufig eine verbundene Verpachtung von beidem der Fall, insbesondere bei der Unternehmenspacht.[5] Dadurch ist bereits häufig am Vertragsgegenstand eine Abgrenzung zum Mietverhältnis möglich. Bei diesem können lediglich Sachen iSd § 90 BGB Vertragsgegenstand sein. Dies ergibt sich bereits aus dem Wortlaut von § 535 BGB.

6 Ein weiteres Abgrenzungskriterium ist die **Fruchtziehung.** Der Pachtgegenstand muss zumindest zur Fruchtziehung geeignet sein.[6] Im Rahmen des Mietvertrages ist nach § 535 Abs. 1 BGB lediglich die Gebrauchsgewährung geschuldet. Beim Pachtvertrag hingegen ist auch die Fruchtziehung nach §§ 581 Abs. 1 S. 1, 99 BGB umfasst. Der Zweck des Pachtvertrages ist regelmäßig eng mit dem Pachtgebrauch verbunden. Aus dem Zweck des Pachtvertrages ergibt sich, in welchem Umfang der Gebrauch der Pachtsache vertraglich zulässig ist, das bedeutet, dass insoweit auch der Umfang der Fruchtziehung sich aus dem Zweck des Pachtvertrages ergibt. Soweit der Pächter die Frucht in einem weiteren Umfang als vom Vertrag bestimmt zieht, hat der Verpächter einen Anspruch auf Unterlassung sowie ggf. Schadensersatz. Zudem würde eine vertragswidrige Fruchtziehung den Verpächter zur Abmahnung und sodann ggf. folgenden Kündigung berechtigen.[7] Die Fruchtziehung darf im Rahmen des Pachtverhältnisses nicht ausgeschlossen werden. Einschränkungen der Fruchtziehungen sind jedoch möglich, aber ggf. einer AGB-Kontrolle zu unterziehen.[8]

7 Der Verpächter ist zudem berechtigt, eine Pachtsicherheit vom Pächter zu verlangen. Dabei ist § 551 BGB nicht unmittelbar über § 581 Abs. 2 BGB anwendbar, da es sich um

[1] Vgl. MüKoBGB/Harke § 581 Rn. 1; Grüneberg/Weidenkaff BGB Einf. vor § 581 Rn. 1.
[2] MüKoBGB/Harke § 581 Rn. 9.
[3] Grüneberg/Weidenkaff BGB vor § 581 Rn. 11.
[4] → § 76.
[5] Dazu mehr unter → § 75 Unternehmenspacht.
[6] Vgl. BGH NJW 1985, 1025; NZM 2000, 134; NJW-RRR 1986, 1243; OLG Frankfurt a. M. BeckRS 2015, 2789.
[7] MüKoBGB/Harke § 581 Rn. 72.
[8] Vgl. Grüneberg/Weidenkaff BGB § 581 Rn. 5.

eine wohnraummietrechtliche Vorschrift handelt. Dennoch findet Abs. 3 der Norm im Wege der ergänzenden Vertragsauslegung Anwendung.[9]

2. Wesentliche Merkmale der Fruchtziehung

Häufig werden im Rahmen der Pacht Räumlichkeiten zur **gewerblichen Nutzung** 8
überlassen. Nach § 581 Abs. 1 S. 1 BGB ist dann nicht nur die Überlassung dieser Räumlichkeiten, sondern auch die Möglichkeit der Fruchtziehung vom Verpächter geschuldet. Die Überlassung der Räumlichkeiten als Pachtgegenstand ist insoweit weitestgehend mit der geschuldeten Gebrauchsgewährung im Rahmen des (gewerblichen) Mietvertrages vergleichbar, da auch bei diesem die tatsächliche Nutzung des Vertragsgegenstandes geschuldet ist.[10] Beim Pachtvertrag tritt jedoch die vertragskennzeichnende Fruchtziehung hinzu. Auch wenn dieses Kriterium in der Vergangenheit weit ausgelegt wurde, so sollte eine zu ausufernde Auslegung des Merkmals der Fruchtziehung vermieden werden, da ansonsten eine Differenzierung der Pacht von der Gewerberaummiete nicht mehr möglich sein dürfte und Gewerberaummietverhältnisse dann regelmäßig als Pachtverhältnisse behandelt werden müssten.[11] Dagegen spricht allerdings bereits der Wortlaut von § 581 BGB, welcher zusätzlich zum Gebrauch die Fruchtziehung („und den Genuss der Früchte", § 581 Abs. 1 S. 1 BGB) verlangt.

Ob eine Fruchtziehung vorliegt, ist im Einzelfall zu beurteilen. Allgemeine **Typisie-** 9
rungsmerkmale wurden bisher weder von Literatur noch von der Rechtsprechung gebildet. Einigkeit besteht lediglich insoweit, als in den Fällen, in welchem Inventar zur Fruchtziehung überlassen wird, eine typische Konstellation der Fruchtziehung und mithin zumeist ein Pachtverhältnis vorliegt.[12] Der BGH hat insoweit bereits festgestellt, dass lediglich eine mittelbare Fruchtziehung (§ 99 Abs. 3 BGB) und auch eine bloße Rechtsfrucht nicht für die Fruchtziehung im Sinne des Pachtverhältnisses nach § 581 BGB genügen.[13]

Auch bei **Ausstattungsmerkmalen** ist daher eine Prüfung im Einzelfall vorzunehmen. 10
Es dürfte gerade nicht ausreichen, jegliche Art der (auch nur mittelbaren) Fruchtziehung für die Einordnung als Pachtverhältnis im Sinne des § 581 BGB ausreichen zu lassen. Vielmehr sind jedoch auch im Umkehrschluss Konstellationen möglich, in welchen Inventar nicht im Rahmen des Pachtvertrages mitüberlassen wurde, sondern von dem Verpächter oder einem Dritten erworben wurde. Dennoch kann im Einzelfall in einer solchen Konstellation eine Fruchtziehung und mithin ein Pachtverhältnis angenommen werden.[14]

Diese Auffassung wurde teilweise bereits durch den BGH bestätigt.[15] Insoweit führte 11
dieser aus, dass insbesondere wirtschaftliche Gesichtspunkte für die Einordnung als Pachtvertrag herangezogen werden sollen.[16] Dabei soll wesentlich darauf abgestellt werden, ob zusätzlich zu den Räumlichkeiten andere „Geschäftswerte" überlassen wurden. Von einem solchen „Geschäftswert" wäre bereits auszugehen, wenn entsprechendes Inventar zur Fruchtziehung in den Räumen vorhanden ist und der Verpächter zu diesem Vorhandensein einen wesentlichen Beitrag geleistet hat. Ein solcher wesentlicher Beitrag wäre beispielsweise die Gewährung eines günstigen Darlehens oder die Ermöglichung eines günstigen Einkaufspreises.[17]

---

[9] MüKoBGB/Harke § 581 Rn. 81.

[10] Vgl. Grüneberg/Weidenkaff BGB § 581 Rn. 7.

[11] Voelskow NJW 1983, 910.

[12] BGH NJW-RR 1991, 906; aA: Voelskow NJW 1983, 910, welcher bereits die Überlassung leerer Räumlichkeiten als Einordnung zur Pacht genügen lässt; aA MüKoBGB/Harke § 581 Rn. 18, welche nur in Ausnahmefällen eine Pacht bei Raumüberlassung annimmt.

[13] Vgl. BGH NZM 2018, 394.

[14] RGZ 114, 243 (244); WarnRspr 1924 Nr. 103; 127 (128); 1926 Nr. 45, 54 (55).

[15] Vgl. BGH NJW-RR 1991, 906.

[16] Vgl. BGH NJW-RR 2009, 21.

[17] OLG Frankfurt a. M. BeckRS 2015, 2789; BGH NJW-RR 1991, 906.

12 Problematisch an dieser Auffassung ist, dass dadurch die Anwendung der Pachtvorschriften erheblich ausgeweitet werden. Zudem wird dadurch die rechtliche Beurteilung des in den Räumlichkeiten vorhandenen Inventars problematisch. Diese werden als Schlussfolgerung nach der Rechtsprechung nach den Vorschriften des Pachtrechts beurteilt, auch wenn gegebenenfalls ein eigener Vertrag vorliegt, welcher eine anderweitige rechtliche Beurteilung naheliegend erscheinen lassen würde (zB Leasingverträge mit Dritten).[18] Weder bei der Vermittlung oder Bereitstellung eines günstigen Anschaffungspreises, noch bei der Gewährung eines Darlehens zur Anschaffung des Inventars erscheint es pauschal berechtigt, diese Rechtsverhältnisse nach den Vorschriften der Pacht nach § 581 ff. BGB zu beurteilen. Wesentlich sollte sein – und dies stellt auch der BGH heraus –, dass im Einzelfall das Charakteristikum der Fruchtziehung zurücktreten kann; dies insbesondere, wenn es das Rechtsverhältnis nicht vorrangig ausmacht.[19]

13 Teilweise wird hinsichtlich der Abgrenzung darauf abgestellt, wie der **Vertragsgegenstand bei Beendigung des Rechtsverhältnisses** zurückzugeben ist. Dabei wird vertreten, dass ein Pachtverhältnis iSd § 581 BGB nur dann anzunehmen sein soll, wenn die Sache in einem solchen Zustand zurückzugeben ist, dass sie ohne wesentliche Änderung für den weiteren Betrieb geeignet ist.[20] Dieses Abgrenzungskriterium ist nur in engen Grenzen zu einer entsprechenden Abgrenzung geeignet, da durchaus gerade im gewerblichen Bereich, welchem die Pacht zumeist zuzuordnen sein wird, abweichende vertragliche Abreden möglich und üblich sind. In der Praxis werden häufig vertragliche Abrede dahingehend getroffen, dass ursprünglich leer überlassene Räumlichkeiten mit Inventar zurückgegeben werden. Im Übrigen können Absprachen zum Wegnahmerecht, insbesondere dessen Ausschluss, getroffen werden.

3. Leistungen des Verpächters zur Ermöglichung der Fruchtziehung

14 Die **Verpflichtungen des Verpächters** können bisweilen deutlich über die eines Vermieters hinausgehen. Es ist daher notwendig, dass die Leistungspflichten des Verpächters sich eindeutig aus dem Vertragszweck ergeben oder vertraglich eindeutig festgelegt werden. Jedoch können auch eine Vielzahl der Rechte und Pflichten – sowohl privatrechtlicher als auch öffentlich-rechtlicher Natur – auf den Pächter übertragen werden.[21] Typische Bespiele für die **Rechtspacht** sind die **Jagd- und Fischereipacht**, die Pacht von **Wassernutzungsrechten**[22] sowie die **Betriebspacht.**[23] Unter Pacht kann auch insbesondere die Überlassung zur Nutzung als Reklamefläche fallen.[24] Gerade im Bereich der Betriebspacht kommt es zur Einordnung als Betriebspacht gerade nicht auf die Überlassung von Inventar als Abgrenzungskriterium zur Einordnung als Pachtvertrag an. Vielmehr könnten hier auch Unternehmensrechte, bspw. in Form von Lizenzen, Kundenlisten, Know-How etc, Vertragsinhalt sein.[25] Entsprechendes kann auch bei der Überlassung von Räumlichkeiten gelten, wenn diese zum Betrieb eines Unternehmens überlassen werden, wobei es notwendig ist, dass durch den Betrieb des Unternehmens stets die Fruchtziehung beabsichtigt wird.[26]

15 In der Praxis werden gerade im Rahmen der Überlassung von Rechten, dh vor allem im Rahmen der Betriebspacht, separate Verträge geschlossen, welche die Rechtsverhältnisse anderen Rechtsgebieten zuordnen. Allein diese Zuordnung im Rahmen eines isolierten Vertrages vermag jedoch nicht ein entsprechendes pachtrechtliches Rechts-

---

[18] So Voelskow NJW 1983, 910.
[19] BGH NZM 2009, 30.
[20] OLG Düsseldorf BeckRS 1994, 267.
[21] Übersicht zur Abgrenzung Typen des Pachtvertrags zu anderen Vertragsverhältnissen vgl. Grüneberg/Weidenkaff BGB Einf. vor § 581 Rn. 3 ff.
[22] OLG Frankfurt a. M. ZfBR 2012, 77; Michaels IR 2011, 238.
[23] BGH NJW-RR 1986, 1243.
[24] BGH BeckRS 1998, 30040580; NJW-RR 1994, 558.
[25] Übersicht zur Abgrenzung Typen des Pachtvertrags zu anderen Vertragsverhältnissen vgl. Grüneberg/Weidenkaff BGB Einf. vor § 581 Rn. 3 ff.
[26] BGH BeckRS 1991, 1451; OLG Düsseldorf BeckRS 2009, 6836.

verhältnis zu beseitigen. Dies gilt insbesondere bei gewerblichen Lizenzen und Schutzrechte (Patente, Marken, Gebrauchsmuster, Know-How), die etwa dem Regelungsbereich des Patentgesetzes, Markengesetzes oder des Gebrauchsmustergesetzes unterfallen.[27] Die pachtrechtlichen Normen finden vielmehr dann Anwendung, wenn das Rechtsverhältnis als Pacht einzuordnen ist, mithin eine Fruchtziehung der Überlassung hinzutritt. Dabei ist es ausreichend, dass dies aufgrund überlassener Rechte geschieht.[28]

4. Die speziellen gesetzlichen Pachtvorschriften

Die zentrale Norm der Pacht ist § 581 BGB. § 581 Abs. 2 BGB bestimmt, dass auf Pachtverhältnisse, mit Ausnahme der Landpacht, die Vorschriften über den Mietvertrag entsprechend anzuwenden sind. Es ist daher die Gesetzessystematik des Mietrechts heranzuziehen. Dabei ist darauf zu achten, dass die mietrechtlichen Vorschriften über Wohnraum bei der zumeist als gewerblich einzustufenden Pacht keine Anwendung finden. Weiterhin regelt die zentrale Norm des Mietrechts, § 578 BGB, in Abs. 1 die Vermietung von Grundstücken. Sodann regelt § 578 Abs. 2 BGB Mietverhältnisse über Räume, welche keine Wohnräume sind. Beide Verweise sind somit für die Pacht relevant. Danach gelten neben den Bestimmungen, die auch bei der Grundstücksmiete Anwendung finden, die dort aufgeführten Normen entsprechend. § 569 Abs. 1 BGB findet auch im Rahmen der Pacht insoweit Anwendung, als dass Räumlichkeiten für den Gebrauch überlassen werden, welche dem Aufenthalt von Menschen dienen. 16

Durch die Anwendbarkeit der mietrechtlichen Vorschriften auf die Pacht kommt es insbesondere im Rahmen des gewerblichen Mietrechts und des Pachtrechts häufig zu Überschneidungen, wodurch eine konkrete Einordnung in der Praxis häufig entbehrlich ist.[29] Dennoch muss stets darauf geachtet werden, dass der konkrete Pachtcharakter auch bei der Beurteilung nach mietrechtlichen Normen erhalten bleibt. 17

In einem bestimmten Umfang gelten jedoch pachtrechtliche Sondernormen, welche sodann vorrangig heranzuziehen sind: 18

- §§ 582 bis 583a BGB enthält spezielle Vorschriften zum Inventar;
- § 584 BGB enthält spezielle Regelungen zur Kündigung;
- § 584a BGB enthält Regelungen zu dem Ausschluss von Kündigungsrechten;
- § 584b BGB regelt die Rechtsfolgen der verspäteten Rückgabe der Pachtsache.

Mit Ausnahme von § 583a BGB sind sämtliche spezielle vorgenannten Sondervorschriften zur Pacht dispositives Recht.[30] Gerade durch diesen Umstand kann von den Parteien ein weitestgehender vertraglicher Gleichlauf zu dem gewerblichen Mietrecht geschaffen werden.[31] 19

5. Textform

Nach § 581 Abs. 2 BGB sind die mietrechtlichen Grundsätze auch hinsichtlich der Textform zu beachten.[32] Der BGH hatte dahingehend bereits in der Vergangenheit klargestellt, dass zur Wahrung der Schriftform iSd § 550 S. 1 BGB notwendig, aber auch ausreichend ist, dass beide Vertragsparteien gleichlautende Vertragsurkunden unterzeichnen.[33] Mit dem Inkrafttreten der Vierten Bürokratieentlastungsgesetzes (BEG IV) am 1.1.2025 ist nunmehr hinsichtlich Mietverträge welche keinen Wohnraum betreffen – mithin insbesondere gewerblicher Natur sind – lediglich Textform gefordert. Da die meisten Pachtverträge ebenfalls gewerblicher Natur sind gilt dies insoweit ebenfalls für die Pacht. Ebenso gilt weiterhin, dass soweit die Textform nicht gewahrt wird, der 20

[27] Vgl. in Teilen Grüneberg/Weidenkaff BGB vor § 581 Rn. 9, 21 ff.
[28] Vgl. Grüneberg/Weidenkaff BGB § 581 Rn. 16.
[29] Vgl. Voelskow NJW 1983, 910.
[30] Vgl. Grüneberg/Weidenkaff BGB § 583a Rn. 3.
[31] Vgl. BGH NJW 2018, 1540.
[32] Vgl. BGH BeckRS 2009, 4233; OLG Hamm BeckRS 2013, 14548.
[33] BGH NJW 2018, 1540; 2008, 2178; 2001, 221.

Vertrag nach §§ 581 Abs. 2, 578 Abs. 1 S. 2, 550 BGB als auf unbestimmte Zeit geschlossen gilt.

21 Die umfangreiche Rechtsprechung des BGH zum Schriftformerfordernis dürfte dennoch in den Grundzügen zur Textform heranzuziehen sein. Der BGH hatte es bereits in der Vergangenheit als ausreichend angesehen, dass das Inventarverzeichnis, auf welches der Vertrag verwies, im Zeitpunkt des Vertragsverschlusses weder vorlag noch später nachgereicht wurde. Dies begründete der BGH damit, dass der Inventarliste lediglich eine Beweisfunktion zukommt.[34] Im Zeitpunkt des Vertragsschlusses müssen sich die wesentlichen Vertragsbedingungen in bestimmbarer Weise aus dem Vertrag ergeben.[35] Der BGH hat angenommen, dass es trotz fehlender Inventarliste zu einer stillschweigenden Einigung über das Inventar gekommen sei. Diese Grundsätze dürften auf die Textform zu übertragen sein. Abzuwarten bleibt, ob der BGH jedoch die Gesetzesänderung zum Anlass nimmt, um vor dem Schriftformerfordernis bereits zu prüfen, ob eine Einigung zustande gekommen ist. Der BGH nahm bisher Bezug auf die Auslegungsregeln nach § 311c BGB, wonach sämtliches Inventar, welches sich im Zeitpunkt des Vertragsschlusses im Pachtobjekt befindet ebenfalls vom Vertrag umfasst sein soll.[36] Diese Auslegungsregel ist in der Praxis allerdings zumeist nicht hilfreich, da im Regelfall bei einer fehlenden Inventarliste auch kein Übergabeprotokoll angefertigt wird, in welchem das Inventar aufgeführt wird. Entsprechendes gilt für die Klausel „wie von den Parteien besichtigt". Soweit das Inventar ausdrücklich, dh nach Vereinbarung der Parteien, Vertragsgegenstand werden soll, so kommt diesem eine wesentliche Bedeutung im Rahmen des Vertrags zu. Insbesondere richten sich eine Vielzahl von Verpflichtungen der Vertragsparteien sowie Rechtsfolgen nach dieser Inventarliste, bspw. die Inventarersetzungspflicht des Verpächters gem. § 582 Abs. 2 S. 1 BGB. Es ist daher durchaus vertretbar, dass das Fehlen einer solchen Liste bereits ein Fehlen wesentlicher Vertragsbestandteile darstellt, was textformschädlich wäre.[37] Von mündlichen Abreden dürfte daher auch in Zukunft abzusehen sein.

22 Bei der Pacht kann, wie auch bei der Gewerberaummiete, eine Vertragsstrafe zwischen den Parteien vereinbart werden.[38] Diese war im Fall des §§ 581 Abs. 2, 550 BGB, mithin bei Pachtverträgen über einem Jahr, jedoch schriftformbedürftig[39] und bedarf daher nunmehr der Textform. In den Grenzen des § 307 BGB ist auch eine formularmäßige Vereinbarung einer Vertragsstrafe möglich.[40] Eine Klausel, welche den Pächter zu einer unangemessen hohen Vertragsstrafe verpflichtet dürfte der Inhaltskontrolle nach § 307 BGB nicht Stand halten.[41] Insoweit kann eine Unangemessenheit der Vertragsstrafe bereits dann vorliegen, wenn die Umstände des Einzelfalls (Dauer, Gewicht etc. des Verstoßes) nicht berücksichtigt werden.[42] Soweit die Unangemessenheit der Vertragsstrafe bejaht wird, ist diese unwirksam. Eine geltungserhaltende Reduktion ist nicht möglich.[43] Eine verschuldensunabhängige Vertragsstrafe dürfte insoweit unzulässig sein.[44] Soweit die Vertragsstrafe wirksam vereinbart wurde, kommt es darauf an, dass der Pachtvertrag noch besteht und gerade noch nicht erloschen ist, da sonst die

[34] BGH BeckRS 2009, 4233; NJW 2000, 354; BeckRS 2000, 2460.

[35] BGH IMR 2009 Heft 3, 93.

[36] BGH BeckRS 2009, 4233 mwN.

[37] Zur Bestimmbarkeit wesentlicher Merkmale bei Vertragsabschluss vgl. BGH NJW 2006, 139; 2006, 140; aA: Inventarverzeichnis nur zu Beweiszwecken: Grüneberg/Weidenkaff BGB § 582 Rn. 3.

[38] Blank/Börstinghaus/Siegmund/Knopper BGB § 555 Rn. 16; BeckOK BGB/Wiederhold § 555 Rn. 10; BGH BeckRS 1984, 438.

[39] BeckOK BGB/Wiederhold § 555 Rn. 10; Blank/Börstinghaus/Siegmund/Knopper BGB § 555 Rn. 16.

[40] Blank/Börstinghaus/Siegmund/Knopper BGB § 555 Rn. 16; BGH BeckRS 1984, 438.

[41] Vgl. Blank/Börstinghaus/Siegmund/Knopper BGB § 555 Rn. 16; BGH NJW 2016, 1230.

[42] BeckOK BGB/Wiederhold § 555 Rn. 10, 11; Blank/Börstinghaus/Siegmund/Knopper BGB § 555 Rn. 16; BGH NJW 2016, 1230; DB 1990, 1323; Müller LKM 2016, 378241.

[43] Blank/Börstinghaus/Siegmund/Knopper BGB § 555 Rn. 16; BGH NJW 2016, 1230.

[44] BeckOK BGB/Wiederhold § 555 Rn. 10; Blank/Börstinhhaus/Siegmund/Knopper BGB § 555 Rn. 16; BGH NJW 1985, 57; 1985, 1705; 1997, 135.

notwendige Akzessorietät zu der Vertragsstrafe fehlt.[45] Der häufigste Fall der Vertragsstrafe dürfte für die nicht rechtzeitige Rückgabe der Pachtsache in Betracht kommen. Dabei muss die Höhe der Vertragsstrafe bereits im Zeitpunkt des Vertragsabschlusses hinreichend bestimmbar sein.[46] Auch ist eine solche Klausel nicht zulässig, welche die Bestimmung der Höhe der Vertragsstrafe vertraglich dem Gericht überlässt.[47]

6. Kündigung

Als Sondernormen sind die **§§ 584, 584a BGB** auf die Kündigungen anzuwenden. Für die fristlose Kündigung gilt **§ 543 BGB** über § 581 Abs. 2 BGB.[48] Zumeist legen die Parteien das Pachtjahr vertraglich fest. Sollte dies nicht der Fall sein, so ergibt sich das Pachtjahr aus den Umständen des Einzelfalls, häufig ab Gebrauchsüberlassung, zumeist durch den örtlichen Gebrauch.[49] Soweit Teilkündigungen nicht vertraglich zulässig sind, sind diese grundsätzlich unwirksam.[50] Ein Kündigungszeitpunkt ist nicht zwingend anzugeben. Ebenso führt die Angabe eines falschen Kündigungszeitpunkts nicht zur Unwirksamkeit der Kündigung.[51] Im Übrigen finden über die Verweisungsnorm des § 581 Abs. 2 BGB die Vorschriften zur Kündigung im Rahmen von Mietverhältnissen grundsätzlich Anwendung,[52] wobei die Anwendbarkeit im Einzelfall zu prüfen ist. Aufgrund der gewerblichen Beurteilung des Pachtvertrags dürften in den meisten Konstellationen die Vorschriften zum Wohnraum keine Anwendung finden. Ebenso regelt § 584a BGB, dass das Kündigungsrecht nach § 540 Abs. 1 BGB dem Pächter nicht zusteht; ebenso ist der Verpächter nicht zur Kündigung nach § 580 BGB berechtigt. Die Erben des Pächters können Kündigungen nach §§ 581 Abs. 2, 580 aussprechen.[53] Es besteht kein Anspruch des Pächters auf Zustimmung zur Unterverpachtung,[54] dementsprechend kann diese auch vertraglich ausgeschlossen oder vereinbart werden. Soweit Wohnraum ebenfalls im Rahmen des Pachtvertrages überlassen wird, ist eine Abgrenzung des Mischverhältnisses dahingehend vorzunehmen, welches Recht Anwendung findet.[55] Sodann müssen die entsprechenden zutreffenden Normen zur Kündigung herangezogen werden. 23

II. Pachtrechtliche Vertragstypen

1. Durchlässigkeit zwischen Miet- und Pachtrecht

Aufgrund der Verweisungsnorm des § 581 Abs. 2 BGB ist es möglich, dass Parteien durch die Vereinbarung einer Fruchtziehung einen Pacht- anstatt einen Mietvertrag schließen. Klassische Beispiele für die Fruchtziehung sind folgende Vertragstypen: 24
- Landpacht, insbesondere Jagd- und Fischereipacht
- Unternehmenspacht
- Pachtverträge über Gaststätten und Hotels

[45] Vgl. für Mietverhältnis: Blank/Börstinghaus/Siegmund/Knopper BGB § 555 Rn. 16; BeckOK BGB/Wiederhold § 555 Rn. 11.
[46] BeckOK BGB/Wiederhold § 555 Rn. 11.
[47] BeckOK BGB/Wiederhold § 555 Rn. 11; OLG Düsseldorf BeckRS 2007, 19902; aA: Blank/Börstinghaus/Siegmund/Knopper BGB § 555 Rn. 16; OLG Celle ZMR 2014, 353 (354 ff.); zu Bauverträgen: BGH NJW 2003, 2158.
[48] MüKoBGB/Harke § 581 Rn. 87.
[49] Vgl. MüKoBGB/Harke § 581 Rn. 85, 584, 2; BeckOK BGB/C. Wagner § 594a Rn. 4; Grüneberg/Weidenkaff BGB § 584 Rn. 2.
[50] BeckOK BGB/C. Wagner § 594a Rn. 5; OLG Dresden AUR 2003, 376 mwN; Grüneberg/Weidenkaff BGB § 594a Rn. 3.
[51] Grüneberg/Weidenkaff BGB § 584 Rn. 2; BGH BeckRS 1995, 6842; MüKoBGB/Harke § 584 Rn. 2.
[52] Vgl. Grüneberg/Weidenkaff BGB § 581 Rn. 14.
[53] Grüneberg/Weidenkaff BGB § 584a Rn. 2.
[54] Vgl. Voelskow NJW 1983, 910; Grüneberg/Weidenkaff BGB § 581 Rn. 14.
[55] Ausführlich in → § 74 Rn. 18 ff.

Gerade bei Pachtverträgen über Gaststätten und Hotels liegt in der Regel eine gewerbliche Nutzung vor. Dabei kommt es nicht zwingend darauf an, ob Inventar mitverpachtet wurde.[56]

2. Mischverträge

25 a) **Mischmiet-/-pachtvertrag.** Ein Mischvertrag kann vorliegen in Fällen, in denen keine einheitliche Gebrauchsüberlassung vereinbart ist, sondern ein Teil zu Wohnzwecken genutzt wird und ein weiterer Teil gewerblich zum Gebrauch und Fruchtziehung überlassen wird. Ein Mischmietverhältnis liegt vor, wenn in einem Vertragsverhältnis verschiedene Nutzungen des Vertragsgegenstandes beabsichtigt sind.[57] Es kommt daher zur entsprechenden Problematik wie im Wohn- und Gewerberaum, da das Vertragsverhältnis einheitlich als Miet- oder Pachtvertrag beurteilt werden muss.

26 Nach der Übergewichtstheorie ist der Vertragstyp danach zu bestimmen, welcher Zweck der Nutzung überwiegt, was stets im Einzelfall zu beurteilen ist.[58] Soweit der Vertrag als einheitliches Dokument ausgestaltet ist, verwehrt sich insbesondere eine getrennte Behandlung der einzelnen Bereiche, dh eine Beurteilung des Wohnraums nach Mietrecht und eine Beurteilung des Gewerberaums nach Pacht. Anders wäre dies, wenn je Einheit ein eigener Vertrag abgeschlossen wird oder wenn nur formal oder aus technischen Gründen ein einheitlicher Vertrag abgeschlossen wurde, wobei dies ohne entsprechende Absicht der Parteien erfolgte und das Objekt wirtschaftlich teilbar wäre.[59]

27 Zu beachten ist jedoch im Rahmen der Übergewichtstheorie die Entwicklung der Rechtsprechung des BGH. Dieser lässt es nunmehr nicht mehr entscheidend darauf ankommen, dass der Erwerb des Lebensunterhalts als vorrangiges Kriterium heranzuziehen ist, und in einem solchen Fall die gewerbliche Nutzung überwiege. Ebenso stellt der BGH auch klar, dass auch der Gebrauchsüberlassung zu Wohnzwecken nicht stets Vorrang zu gewähren sei. Vielmehr bedarf es in jedem Fall der Betrachtung des Einzelfalls und der Erörterung, welche Nutzung im konkreten Fall überwiegt. Dahingehend muss der Vertragszweck jedoch entsprechend berücksichtigt werden.[60] Dabei kann die Einrichtung des Vertragsgegenstandes bei Gebrauchsüberlassung als Kriterium herangezogen werden.[61] Lediglich, wenn sich im Rahmen dieser Einzelfallprüfung kein Überwiegen einer Nutzung feststellen lässt, ist nach dem BGH den Vorschriften über die Wohnraummiete der Vorrang zu gewähren, da dies das Schutzbedürfnis des Mieters gebiete.[62]

Praxistipp:

28 Sofern eine typengemischte Gebrauchsüberlassung bei einem Objekt vorliegt, sollte daher zwischen den Parteien erörtert und vertraglich festgehalten werden, welche Nutzung nach Auffassung der Parteien überwiegt, da dadurch die anwendbaren Normen unstreitig gestellt werden können, was erheblich zur Rechtsicherheit beiträgt.

---

[56] Vgl. Grüneberg/Weidenkaff BGB Einf. v. § 581 Rn. 20; OLG Düsseldorf NJW-RR 94, 399.

[57] BeckFormB MietR/Borzutzki-Pasing Form A. V. 7. Mischmietvertrag.

[58] BGH NJW 1977, 1394; NJW-RR 1986, 877; OLG München ZMR 1995, 295 (296); OLG Schleswig NJW 1983, 49; BGH NJW 2014, 2864 unter Verweis auf die ständige Rspr. mit Senatsurteil vom 16.4.1986.

[59] Vgl. LG Mannheim MDR 1968, 328; ZMR 1974, 48.

[60] Voelskow NJW 1983, 910.

[61] MüKoBGB/Harke § 581 Rn. 18 mwN.

[62] BGH NZM 2014, 626; Leo/Assmann NZM 2015, 770; Grützmacher ZMR 2014, 953; Emmerich JuS 2014, 1034; Börstinghaus LMK 2014, 361205; BGH NJW-RR 1986, 877; OLG Köln BeckRS 2001, 12089; KG Berlin BeckRS 2000, 12233; zum Gewerberaumietvertrag über Kanzleiräume mit dienstvertraglichen Elementen vgl. LG Hamburg ZMR 2013, 443; OLG Düsseldorf NZM 2002; aA: Wenn Pachtwohnung mit Pachtgegenstand überlassen, dann nach Pacht zu beurteilen: Grüneberg/Weidenkaff BGB Einf. v. § 581 Rn. 20.

b) Mischverträge anderer Art. Gemischte Verträge sind im Hinblick auf pachtvertragliche Elemente auch dahingehend möglich, dass diese mit anderen schuldvertraglichen Elementen verbunden werden. Bei diesen speziellen Vertragskonstellationen spricht man von sog. Typenverschmelzungsverträgen.[63] Im Rahmen dieser Verträge wird zumeist ebenfalls zur rechtlichen Beurteilung darauf abgestellt, welche wesentliche Leistung nach dem Vertrag zu erbringen ist, mithin der wesentliche Vertragszweck.[64] Demnach ist ein Pachtvertrag dann anzunehmen, wenn der Vertrag im Wesentlichen auf die entgeltliche Gebrauchsüberlassung sowie Fruchtziehung abzielt.[65] 29

3. Die den Hauptpachtvertrag vorbereitenden Verträge

Soweit Vorverträge geschlossen werden, oder andere den Hauptpachtvertrag vorbereitenden Verträge, ist § 581 Abs. 2 BGB ebenfalls einschlägig, sodass auch hier im Umfang von § 581 Abs. 2 BGB die mietrechtlichen Normen Anwendung finden. 30

III. Voraussetzungen und Grenzen pachtvertraglicher Nutzungsüberlassung

1. Zulassungserfordernisse und gesetzliche Nutzungshindernisse

Vertragsgegenstand der Pacht sind zumeist Objekte für die gewerbliche Nutzung. Die Fruchtziehung liegt dann häufig in der Gebrauchsüberlassung von Inventar, weshalb dies oftmals zur Abgrenzung herangezogen wird.[66] Dies ist dann oft bereits berufsspezifisch, so zB ärztliche Behandlungsgeräte, insbesondere bei Zahnarztpraxen. Jedoch werden auch häufig Rechte zur Fruchtziehung überlassen, wie zB Patente, Lizenzen, Know-How, Kundenlisten etc. Soweit ein Betrieb als solcher überlassen wird, der ohne wesentliche Änderung betrieben werden kann, so ist eine sog. Unternehmenspacht gegeben.[67] Im Rahmen dieser sind sodann zumeist gesetzliche und behördliche Vorgaben zu beachten sowie gegebenenfalls berufsspezifische Zulassungserfordernisse. Beispielsweise ist zum Betrieb einer Arztpraxis notwendig, dass diese durch einen zugelassenen Arzt betrieben wird. Entsprechendes gilt bei einer Rechtsanwaltskanzlei, Steuerberatern etc. Sollten diese Voraussetzungen nicht vorliegen oder insbesondere nachträglich entfallen, so dürfte zwischen den Parteien streitig werden, wer den sich daraus ergebenden Schaden trägt.[68] 31

Praxistipp:
Um in derartigen Konstellationen die Rechtslage nicht über das Rechtskonstrukt des Wegfalls der Geschäftsgrundlage lösen zu müssen,[69] bzw. insoweit erörtern zu müssen, inwieweit ein Wegfall der Geschäftsgrundlage vorläge, ist es zweckmäßig entsprechende Regelungen im Vertrag aufzunehmen.[70] 32

2. Öffentlich-rechtliche Auflagen, Gebote und Verbote

Auch im Bereich des Pachtrechts sind aufgrund des gewerberechtlichen Einschlags eine Vielzahl von öffentlich-rechtlichen Auflagen, Gebote und Verbote zu beachten. 33

---

[63] Vgl. Grüneberg/Weidenkaff BGB vor § 535 Rn. 36; BeckFormB MietR/Borzutzki-Pasing Form. A. V. 7. Mischmietvertrag.
[64] Vgl. Grüneberg/Weidenkaff BGB vor § 535 Rn. 36 mwN.
[65] Vgl. OLG Hamburg GuT 2006, 147; OLG Hamm JurBüro 1988, 1068; Neuhaus GuT 2009, 83.
[66] Vgl. OLG Frankfurt a. M. BeckRS 2015, 2789; aA Voelskow NJW 1983, 910.
[67] → § 77.
[68] Vgl. OLG Saarbrücken NJW 2012, 3731; OLG Brandenburg NJW- Spezial 2011, 461; OLG Düsseldorf NZM 2011, 550; OLG München BeckRS 2010, 16507.
[69] Vgl. OLG Saarbrücken NJW 2012, 3731.
[70] → § 77.

Nicht nur die **Gewerbeordnung** ist zu beachten, sondern auch spezielle Vorschriften, wie insbesondere das **Gaststättengesetz.** Weiterhin sind berufs- und standesrechtliche Vorschriften zu beachten. Dies gilt insbesondere bei Arztpraxen, Rechtsanwaltskanzleien oder Räumen für Notaren, Steuerberater, Apotheken etc. Insoweit finden die Grundsätze zur Gewerberaummiete über § 581 Abs. 2 BGB auch auf die Pachtverhältnisse Anwendung.

34 Im Hinblick auf das **Mängelrecht** sind über § 581 Abs. 2 BGB die §§ 536, 536a BGB anwendbar. Gerade im Hinblick auf die gewerbliche Nutzung ist häufig zwischen den Parteien streitig, wann öffentlich-rechtliche Gebrauchshindernisse oder Gebrauchsbeschränkungen einen Sachmangel im Sinn der §§ 536 ff. BGB begründen, wodurch entsprechende Rechte des Pächters ausgelöst werden würden. Die Rechtsprechung hat dahingehend klargestellt, dass ein Sachmangel im Sinne der §§ 536 ff. BGB dann vorliegt, wenn dieser auf der konkreten Beschaffenheit der Pachtsache beruht.[71] In der Person des Pächters oder dessen Betrieb liegende Umstände fallen hingegen in dessen Risikobereich.[72]

35 Soweit im laufenden Pachtverhältnis gesetzgeberische Maßnahmen getroffen werden, wodurch die Nutzung der Pachtsache beeinträchtigt wird, fällt dies in die Risikosphäre des Pächters. Dies ergibt sich insbesondere daraus, dass der Verpächter nach § 581 Abs. 1 S. 1 BGB lediglich dazu verpflichtet ist, den Vertragsgegenstand zum Gebrauch während der Pachtzeit zu gewähren und zu erhalten. Das Verwendungsrisiko als solches liegt daher beim Pächter.[73] Insbesondere trägt der Verpächter nicht das Risiko, dass der Pächter mit seinem Betrieb auch tatsächlich Gewinne erzielt.[74]

36 Wenn der Vertragsgegenstand in der Überlassung von Rechten liegt, kann ebenfalls ein **Rechtsmangel** vorliegen. Ist es aufgrund eines solchen Rechtsmangels dem Verpächter nicht möglich, seiner Pflicht nach § 581 Abs. 1 S. 1 BGB, dh der Gebrauchsüberlassung und der Gewährung der Fruchtziehung, nachzukommen, so ist grundsätzlich ein Mangel anzunehmen, welcher Ansprüche des Pächters nach § 538 Abs. 1 BGB begründen kann.[75] Weiterhin ist die häufige Konstellation eines Rechtsmangels gegeben, wenn der Pächter die Pachtsache anderweitig vermietet. Dabei ist zudem erforderlich, dass der Dritte seine Rechte als Pächter jedoch auch ausübt oder dies zumindest beabsichtigt, wodurch der Vertragspartner des Verpächters beeinträchtigt wird.[76] Verallgemeinert kann hinsichtlich eines Rechtsmangels festgehalten werden, dass ein solcher grundsätzlich dann vorliegt, wenn ein Dritter Rechte innehat, welche geeignet sind, den Pächtern in dessen vertraglichen Rechten zu beeinträchtigen.

37 Soweit ein Mangel bereits **bei Vertragsabschluss besteht oder konkret absehbar** ist, treffen den Verpächter dahingehend Hinweispflichten. Diese bewegen sich im Rahmen der allgemeinen Aufklärungspflichten des Vertragspartners, welche sich jedoch auch auf das vorvertragliche Verhältnis erstrecken. Der Verpächter muss jedoch nur über jene Umstände aufklären, welche geeignet sind, den Vertragszweck zu vereiteln oder die für den Pächter von wesentlicher Bedeutung sind und dies für den Verpächter erkennbar war. Es gelten somit die allgemeinen Grundsätze zu den Rücksichtnahme- und Aufklärungspflichten.[77] Sollte dahingehend ein Verstoß des Verpächters vorliegen, so kann

---

[71] Vgl. BGH NZM 2011, 727; NJW 1992, 3226; NJW-RR 1992, 267; vgl. Lehmann-Richter NJW 2008, 1196.

[72] Vgl. BGH NZM 2011, 727; NJW 1992, 3226; WM 1992, 583; vgl. NZM 2009, 433; vgl. MüKoBGB/Harke § 581 Rn. 10.

[73] Vgl. BGH NZM 2011, 727; NJW 2006, 899; NJW-RR 2004, 1236; 2000, 1535; vgl. BGH NZM 2000, 36; OLG Frankfurt a. M. BeckRS 2016, 112769.

[74] Voelskow NJW 1983, 910.

[75] BGH NJW 1991, 3277.

[76] Vgl. BGH NJW-RR 1989, 77; NJW 1991, 3277.

[77] Vgl. Staudinger/Olzen BGB § 241 Rn. 466 mit vielfältigen Beispielen; BGH NJW-RR 1988, 1290; NJW-RR 1990, 847.

der Pächter den Vertrag aufgrund von Arglist anfechten. Darauf muss in der rechtsanwaltlichen Beratungspraxis entsprechend hingewiesen werden.[78]

In der Praxis empfiehlt es sich daher, genaustens festzustellen, was vom Vertrag umfasst sein soll, d. h. welche Nutzung konkret geschuldet ist. Je allgemeiner der Vertrag ist, desto weiter dürften die Ansprüche des Pächters gegen den Verpächter reichen. Der Vertragszweck ist mithin eindeutig und abschließend darzulegen.[79] 38

[78] Vgl. BGH NJW-RR 1988, 1290; 1990, 847.
[79] Vgl. BGH MDR 1997, 100.

§ 75 Überlassung von Inventar

Übersicht

Schrifttum:
Faßbender/Hötzel/Lukanow, Landpachtrecht, 3. Aufl. 2005; Korte, Grundstückskauf, Form, DNotZ 1984, 3; Schwab, Schuldrecht BT: Vermieterpfandrecht, JuS 2017, 1026; Voelskow, Zur Abgrenzung von Miete und Pacht, NJW 1983, 910.

I. Inventar als pachtvertragliches Merkmal der Fruchtziehung

1 Unter Inventar werden solche **Sachen** gefasst, die **in räumlichem und funktionellem Zusammenhang mit den verpachteten Räumlichkeiten oder dem verpachteten Grundstück** stehen und dazu dienen, die Pachtsache **dem vertragsgemäßen wirtschaftlichen Zweck entsprechend** zu nutzen.

2 Als Inventar wird daher Zubehör iSd § 97 BGB verstanden; ebenso weitere Gegenstände in dem Pachtobjekt, welche der Gebrauchsüberlassung und Fruchtziehung dienen. Dabei kommt es nicht auf die **Eigentümerstellung** des Verpächters zu diesem Inventar an. Vielmehr können die im Pachtobjekt befindlichen Sachen insbesondere auch durch den Verpächter gemietet oder geleast sein.[1] Nach Auffassung des BGH handelt es sich allerdings dann nicht um Inventar im vorgenannten Sinne, wenn der Pächter während des laufenden Pachtvertrages das Eigentum an den Sachen erwirbt.[2] Der BGH führt jedoch aus, dass in einer solchen Konstellation ein derart enger Zusammenhang zwischen dem Eigentumserwerb und dem Pachtvertrag besteht, dass sie als Teil des Pachtvertrags zu behandeln sind.[3]

3 Zur Beantwortung der Frage, ob es sich im Rahmen des Pachtvertrags um Inventar handelt, kommt es entscheidend darauf an, ob die Sachen zum Gebrauch und zur Fruchtziehung überlassen werden. Im Rahmen der Pacht kann dabei sowohl Großinventar (Maschinen, Produktionsanlagen etc) als auch Kleininventar (Mobiliar, Dekoration etc) als Inventar überlassen werden. Bei der Konstellation der Überlassung von Räumlichkeiten und Inventar zur Fruchtziehung handelt es sich um die häufigste Konstellation im Sinne der Pacht.[4]

---

[1] Vgl. Grüneberg/Weidenkaff BGB § 582 Rn. 2 mwN.
[2] BGH NZM 2017, 35.
[3] BGH NZM 2017, 35.
[4] BGH WM 1991, 335 (336); OLG Brandenburg BeckRS 2008, 7723.

Dennoch kommt es gerade auch in der Konstellation, in der Inventar überlassen wird, oftmals zu Abgrenzungsschwierigkeiten gegenüber dem gewerblichen Mietrecht.[5] Auch hier ist eine Einzelfallprüfung nötig. Eine pauschale Annahme der Pacht bei Inventarüberlassung ist gerade nicht möglich, da auch häufig im gewerblichen Mietrecht Sachen und Zubehör mitvermietet werden. Daher sollte insoweit die funktionelle Zuordnung des Inventars zur Abgrenzung herangezogen werden; das bedeutet, dass das Inventar gerade der Fruchtziehung dienen oder dieser funktional zuzuordnen sein muss. Sollte dies nicht der Fall sein, liegt im Zweifel ein Mietvertrag vor.[6] Insoweit dürfte es nicht darauf ankommen, ob die Gegenstände im Vertrag als „Inventar" bezeichnet sind. Daher empfiehlt es sich auch hier, dass die Parteien sich einig darüber sind, welchem Zweck das Inventar dient und welche Normen mithin Anwendung finden sollen; sodann sollte dies vertraglich festgehalten werden. 4

II. Die zentralen gesetzlichen Vorschriften zum Inventar

1. Erhaltungs- und Ersetzungspflichten

Soweit Inventar vom Pachtvertrag umfasst ist, wird es nach den Vorschriften des Pachtvertrags behandelt. Nach **§ 582 Abs. 1 BGB** obliegt die **Erhaltung des verpachteten Inventars** dem Pächter und betrifft den Verpächter lediglich im Umfang von § 582 Abs. 2 S. 1 BGB bezüglich ausgeschiedener Inventarstücke. Hingegen ist im **Mietrecht** grundsätzlich der Vermieter zur Erhaltung und Instandsetzung mitvermieteter Gegenstände verpflichtet. 5

Soweit Inventar bei der Rückgabe der Pachtsache **fehlt oder beschädigt** ist, ist es grundsätzlich von dem Pächter zu ersetzen. Dies gilt nach § 582 Abs. 2 S. 1 BGB nicht, wenn eine Verschlechterung oder Verringerung des Inventars aufgrund von Umständen eingetreten ist, welche der Pächter nicht zu vertreten hat. Demnach obliegt der Ersatz des Inventars in derartig gelagerten Fällen dem Verpächter. 6

Aus § 582 Abs. 2 S. 2 BGB ergibt sich, dass der Pächter frei über das Inventar verfügen kann, solange dies der ordnungsgemäßen Wirtschaft entspricht. Die Grenzen dieser Verfügungsfreiheit liegen dort, wo die ordnungsgemäße Wirtschaft durch den Pächter nicht beachtet wird oder der Pächter gegen seine das Inventar betreffende Erhaltungspflicht verstößt.[7] Soweit die Parteien weitergehende vertragliche Verfügungsbeschränkungen aufnehmen, so unterliegen diese § 583a BGB, wobei es sich bei dieser Norm nicht um dispositives Recht handelt.[8] 7

Eine entsprechende weitergehende Verfügungsbeschränkung dahingehend, dass der Pächter nicht ohne Einwilligung des Verpächters über das Inventar verfügen kann, ist daher nach § 583a BGB nur wirksam, wenn der Verpächter sich im Gegenzug ebenfalls durch die entsprechende vertragliche Klausel verpflichtet, das Inventar zum Schätzwert zu erwerben.[9] Soweit der Pächter im laufenden Pachtverhältnis weiteres Inventar anschafft, geht dies nach § 582a Abs. 2 BGB in das Eigentum des Verpächters über. Bei § 582 Abs. 2 BGB handelt es sich aber um dispositives Recht, von welchem die Parteien abweichen können.[10] Um Komplikationen in der Praxis zu vermeiden empfiehlt es sich hier daher, eine vertragliche Regelung aufzunehmen. 8

Aus §§ 581 Abs. 1, 582 Abs. 2 BGB ergibt sich, dass der Verpächter lediglich zur **Gebrauchsüberlassung,** aber gerade nicht zur **umfänglichen Instandhaltung** während der Pachtzeit verpflichtet ist. Daraus ergibt sich, dass es in einem deutlich weiteren 9

[5] Zur Abgrenzung → § 74 Rn. 18, 19.
[6] AA: Voelskow NJW 1983, 910.
[7] Vgl. MüKoBGB/Harke § 582a Rn. 4; OLG Celle NJOZ 2014, 756; Faßbender/Hötzel/Lukanow BGB § 582a Rn. 40.
[8] Grüneberg/Weidenkaff BGB § 583a Rn. 3.
[9] Vgl. jurisPK-BGB/Bauermeister § 583a Rn. 1 f.
[10] OLG Düsseldorf BeckRS 2010, 20152; OLG Celle BeckRS 2012, 7603; MüKoBGB/Harke § 582 Rn. 5; Grüneberg/Weidenkaff BGB § 582 Rn. 4.

Umfang, als dies im Mietrecht der Fall ist, möglich ist, Erhaltungs- und Ersetzungsklauseln zu Lasten des Pächters vertraglich zu vereinbaren. Soweit es sich daher bei beiden Parteien um Unternehmer handelt, sodass die vertraglichen Klauseln lediglich der Inhaltskontrolle nach § 307 Abs. 2 Nr. 1 BGB unterliegen, so reicht diese Kontrolle weniger weit als dies bei mietvertraglichen Klauseln der Fall ist.[11]

10 Zudem obliegen dem Pächter ohnehin die grundsätzlichen schuldrechtlichen Pflichten aus Treu und Glauben, mithin insbesondere die **Obhutspflicht.** Diese umfasst auch das Inventar im Rahmen der Pacht. Der Pächter hat daher dafür zu sorgen, dass kein vermeidbarer Schaden an dem Inventar entsteht. Dies bedeutet beispielsweise, dass der Pächter notwendige Maßnahmen treffen muss, um das Zufrieren von Wasserrohren zu verhindern.[12]

11 Allerdings obliegt die **Beweislast** grundsätzlich dem Verpächter. Eine Beweislastumkehr kann sich jedoch daraus ergeben, dass ein Obhutspflichtverletzung des Pächters feststeht und diese grundsätzlich für den Schadenseintritt geeignet ist.[13]

12 Zu beachten ist weiter, dass der Pächter grundsätzlich nicht zum **Betrieb der Pachtsache** verpflichtet ist, dies jedoch vertraglich vereinbart werden kann.[14]

2. Inventarübernahme zum Schätzwert

13 Soweit Inventar bereits zu Pachtbeginn in der Pachtsache vorhanden ist und übernommen wird, spricht man vom **„eisernen Inventar".**[15] Dahingehend enthält § 582a BGB Sonderregelungen. Nach § 582a Abs. 2 BGB hat der Pächter dieses „eiserne Inventar" zu erhalten und gegebenenfalls zu ersetzen. Vom Pächter während der Pachtzeit angeschaffte Stücke werden mit Einverleibung in das Inventar gem. § 582a Abs. 2 S. 2 BGB Eigentum des Verpächters. Bei Beendigung des Pachtverhältnisses ist der Pächter nach § 582a Abs. 3 S. 1 BGB dazu verpflichtet, das Inventar an den Verpächter herauszugeben. Dem Verpächter kommt allerdings nach § 582a Abs. 3 S. 2 BGB ein **Ablehnungsrecht** zu, wenn das Inventar nach den Regeln der ordnungsgemäßen Wirtschaft überflüssig oder zu wertvoll ist. Dann geht das Eigentum an dem abgelehnten Inventar mit Zugang des Ablehnungsschreibens auf den Pächter über. Sinn und Zweck der Norm des § 582a BGB ist, dass der Verpächter einen Betrieb zurückerhält, der funktionsfähig ist und ohne Weiteres weiterbetrieben werden kann.

14 Konfliktpotential besteht, wenn ein **Wertunterschied** zwischen der bei Pachtbeginn überlassenen und der zurückgewährten Sachen besteht. Dies ist häufig bereits aufgrund der Dauer der Pachtverhältnisse der Fall. In diesen Fällen findet gem. § 582a Abs. 3 S. 3 und 4 BGB ein Wertausgleich statt. Im Rahmen dessen hat der Verpächter einen sog. Schätzwert zu zahlen. Diesem Schätzwert sind nach § 582a Abs. 3 S. 4 BGB die verkehrsüblichen Preise des Inventars bei Beendigung des Pachtverhältnisses zu Grunde zu legen. Es ist daher eine Relation zwischen dem Preis bei Pachtbeginn und bei Pachtende herzustellen, auf welcher die Berechnung des Wertausgleichs sodann beruht.[16] Da der Ausgleichsanspruch entweder einen Schadensersatzanspruch des Verpächters oder einen Verwendungsersatzanspruch des Pächters darstellt gilt die kurze Verjährungsfrist.[17] Den Parteien ist es jedoch überlassen, diese Konstellation vertraglich zu regeln. Dies kann unter Umständen Sinn ergeben, da durch den zu ermittelnden Schätzwert erhebliche Sachverständigenkosten verursacht werden können.

---

[11] Vgl. Bieber jurisPR-MietR 7/2011 Anm. 3 zu OLG Düsseldorf NJW 2011, 1011; OLG Celle BeckRS 2012, 7603.
[12] BGH NJW 1983, 1049; vgl. MüKoBGB/Harke § 581 Rn. 76.
[13] LG Essen ZMR 2012, 442.
[14] MüKoBGB/Harke § 581 Rn. 11 mwN; vgl. OLG Frankfurt a. M. BeckRS 2015, 2789; Güneberg/Weidenkaff BGB § 581 Rn. 11.
[15] Vgl. Grüneberg/Weidenkaff BGB § 582a Rn. 3.
[16] Vgl. jurisPK-BGB/Bauermeister § 582a Rn. 14; BeckFormB MietR/Borzutki-Pasing Form. A. V. 6. Anm. 7, 8.
[17] MüKoBGB/Harke § 582a Rn. 8.

3. Vertraglicher Ausschluss von Wertausgleich oder Wegnahmerechten

Im Rahmen eines formularmäßigen vertraglichen Ausschlusses jeglichen Wertausgleiches, bei gleichzeitiger Übertragung sämtlicher Erhaltungs- und Ersetzungspflichten auf den Pächter, ist jedoch davon auszugehen, dass eine solche Regelung einer Inhaltskontrolle nach § 307 BGB aufgrund einer unangemessenen Benachteiligung – auch zwischen Unternehmern – nicht Stand halten dürfte. Dies gilt insbesondere, wenn ein Ausschluss auch hinsichtlich eines Ausgleichs besonders wertvollen, aber betrieblich gesehen nach den Grundsätzen ordnungsgemäßer Wirtschaft eingeführten Inventar ausgeschlossen wird. Dies dürfte eine unzulässige Abweichung des gesetzlichen Leitbildes darstellen. 15

Weiterhin könnte sich die Unwirksamkeit auch daraus ergeben, dass das Verhältnis erheblich zu Lasten eines Vertragspartners gestört ist.[18] Dies gilt umso mehr für derartige Konstellationen, in denen unter Verwendung einer derartigen Klausel dem Pächter bei Pachtbeginn abgenutzte oder sehr alte Gegenstände überlassen werden, und er sodann nach der notwendigen Ersatzbeschaffung oder Reparatur nur noch eine kurze Restpachtdauer hat. 16

Insoweit sind die Grundsätze zum entschädigungslosen Ausschluss eines Wegnahmerechts des Mieters bzw. Pächters im Rahmen des Ausschlusses des Wertausgleiches entsprechend heranzuziehen. Auch wenn ein solcher entschädigungsloser Ausschluss im gewerblichen Mietrecht unter Unternehmern teilweise für wirksam erachtet wurde,[19] so wurden derartige Ausschlüsse durch Rechtsprechung und Literatur auch im Rahmen der Inhaltskontrolle als unwirksam erachtet.[20] Im Mietrecht werden zudem bei vorzeitiger Vertragsauflösung Bereicherungsansprüche des Mieters in entsprechenden Konstellationen bejaht.[21] Sollten Bereicherungsansprüche des Mieters ebenfalls ausgeschlossen sein, wird diese Klausel wiederum als Verfallsklausel nach den Grundsätzen der Vertragsstrafe beurteilt.[22] Diese Rechtsprechung dürfte auf die Pacht Anwendung finden. Ein entsprechender Ausschluss sollte daher nur aufgenommen werden, wenn eine unangemessene Benachteiligung des Pächters nicht in Betracht kommt oder ausgeschlossen wird. 17

III. Veräußerung von Inventar durch den Pächter

Soweit im Rahmen des Pachtvertrags Inventar überlassen wurde, kann der Pächter über dieses Inventar im Rahmen der ordnungsgemäßen Wirtschaft und Erhaltungspflicht verfügen. § 583a BGB soll den Pächter dabei vor unbilligen Beschränkungen der Verfügung schützen.[23] Verfügungsbeschränkungen sind gem. § 583a BGB nur insoweit wirksam, wenn der Verpächter verpflichtet wird, das Inventar, auf welches sich die Verfügungsbeschränkung bezieht, bei Beendigung der Pacht zum Schätzwert zu erwerben. Problematisch ist jedoch, ob der Pächter auch über im Eigentum des Verpächters stehendes Inventar verfügen darf. Gerade im Rahmen dessen muss insbesondere erörtert werden, inwieweit eine solche Verfügung noch von den Grundsätzen der ordnungsgemäßen Wirtschaft und Erhaltungspflicht des Pächters umfasst wäre. Selbst wenn der Pächter dazu verpflichtet ist, Inventar zu ersetzen, beinhaltet diese Ersetzungspflicht nicht ohne Weiteres, dass er über das im Eigentum des Verpächters stehende ersetzte Inventar im Sinne der Veräußerung verfügen darf. Auch wenn dies sicherlich für den 18

[18] Vgl. zur unangemessenen Benachteiligung unter Kaufleuten BGH NJW 1984, 1750; BGHZ 120, 108 (118) = NJW 1993, 326 (329); BGHZ 106, 263 (264 ff.).
[19] BGH NJW 1968, 1625; 1958, 2109 (2110).
[20] Vgl. MüKoBGB/Bieber § 539 Rn. 22; zur Sittenwidrigkeit nach § 138 BGB vgl. LG Hamburg ZMR 1968, 89.
[21] BGH NJWE-MietR 1996, 33; OLG Hamburg MDR 1974, 584.
[22] BGH NJW 1968, 1625.
[23] Vgl. Grüneberg/Weidenkaff BGB § 583a Rn. 1.

Pächter attraktiv wäre, da er durch den erlangten Erlös einen Teil des ersetzen Inventars finanzieren könnte, so ist grundsätzlich auch „totes Inventar“ bei Beendigung der Pachtzeit zurückzugeben.[24] Jedoch muss bei dieser Konstellation beachtet werden, dass dies in der Regel eine unangemessene Benachteiligung des Pächters darstellen würde, die mithin – zumindest formularvertraglich – einer Inhaltskontrolle nicht standhalten dürfte. Der Verpächter würde erheblich bessergestellt werden, wenn er sowohl das „tote Inventar“ zurückerhalten würde, dies veräußern und den Erlös vereinnahmen könnte als auch das ersetzte Inventar herausgegeben bekommen würde, ohne einen entsprechenden Ausgleich zahlen zu müssen.

Praxistipp:

19 In der Praxis empfiehlt es sich daher, vertraglich eine entsprechende Klausel aufzunehmen, wie mit besonders wertvollen sowie mit ersetztem Inventar verfahren wird, inwieweit der Pächter darüber verfügen darf und wem unter welchen Voraussetzungen der Veräußerungserlös zusteht.

20 Soweit sämtliche Absprachen oder Regelungen zur vorgenannten Konstellation fehlen, kommt unter Umständen ein **gutgläubiger Erwerb des Dritten** nach § 932 BGB iVm § 929 BGB oder § 930 BGB in Betracht. Dies wäre nicht nur in dem Fall zu erörtern, in welchem der Verpächter Eigentümer des Inventars ist, sondern auch in solchen Fällen, in denen dem Verpächter oder Dritten entsprechende Sicherungsrechte (zB Verpächterpfandrecht, Eigentumsvorbehalt, Sicherungsübereignung etc) zustehen. Der gutgläubige Erwerb dürfte aber unter Heranziehung der Rechtsprechung nur in Ausnahmefällen in Betracht kommen, da der Dritte als Erwerber sich nach etwaigen Pfandrechten erkundigen muss. Der Verpächter kann sich auch in den Fällen, in denen das Inventar in der Pachtsache verbleibt, auf die Eigentumsvermutung nach § 1006 BGB auch gegenüber einem Dritten – mithin potentiellen Erwerbern – berufen.[25] Neben dem Verpächter dürfte dies auch für Dritte gegenüber einem Erwerber gelten, die ein Recht aus dem Besitz ableiten können. Eine Ausnahme kann nur dann im Einzelfall angenommen werden, wenn bei dem Erwerber Umstände hinzutreten, die die Annahme rechtfertigen, dass kein Pfandrecht auf dem Inventar liegt. Daran sind jedoch strenge Anforderungen im konkreten Fall zu stellen.[26]

IV. Übernahme und Rückgabe des Inventars

1. Besitzverschaffung

21 Der Besitzverschaffung kommt sowohl zu Beginn als auch zum Ende des Pachtzeitraums **erhebliche Bedeutung** zu. Nach § 581 Abs. 1 S. 1 BGB ist der Verpächter verpflichtet, dem Pächter den Gebrauch der Pachtsache nebst dem Genuss der Früchte zu gewähren. Im Regelfall ist dies die Einräumung des unmittelbaren Besitzes. Dieser unmittelbare Besitz muss sich auf die Pachtsache erstrecken und für den Fall, dass Inventar vom Vertrag umfasst ist, auch auf dieses. Die Rückgabepflicht des Pächters verhält sich spiegelbildlich. Er muss bei Beendigung des Pachtverhältnisses die Pachtsache sowie gegebenenfalls überlassenen Inventar zurückgeben. Auch hier erfolgt die Rückgabe grundsätzlich durch Verschaffung des unmittelbaren Besitzes iSd § 854 BGB. Dies gilt sogar dann, wenn der Pächter selbst zuvor nicht den unmittelbaren oder sogar mittelbaren Besitz innehatte.[27]

22 Den entsprechenden Übergaben kommt im Rahmen des Pachtverhältnisses eine erhebliche Bedeutung zu, da dies die ausschlaggebenden Zeitpunkte für Ansprüche

[24] OLG Naumburg BeckRS 2002, 30239189.
[25] BGH NZM 2017, 479; Schwab JuS 2017, 1026.
[26] Vgl. OLG Koblenz NJW-RR 2009, 197.
[27] BGH NJW 1971, 2065.

sowohl des Verpächters als auch des Pächters sind. Die Übergabe der Pachtsache zu Beginn stellt die Grundlage für die Geltendmachung von etwaigen Ansprüchen des Pächters, wie Pachtminderung etc, dar. Es ist daher zweckmäßig, ein **Übergabeprotokoll** zu dem Zustand der Pachtsache nebst Inventar im Zeitpunkt der Übergabe zu erstellen. Soweit der Pächter in Kenntnis eines Mangels die Pachtsache ohne Geltendmachung entsprechender Vorbehalte annimmt, kann dies zu einem Verlust seiner Ansprüche nach §§ 581 Abs. 2, 536, 536a BGB führen.

Der Zustand der Pachtsache bei Beendigung des Pachtverhältnisses ist ebenfalls entscheidend, da vom Zustand der Pachtsache abhängig ist, ob die Pachtsache rechtzeitig zurückgegeben wurde oder ob vielmehr eine verspätete Rückgabe vorliegt. Sollte dies der Fall sein, so stehen dem Verpächter gegebenenfalls Ansprüche auf Entschädigung aufgrund der verspäteten Zurückgewähr der Pachtsache zu.[28] Die Höhe der Entschädigung ergibt sich aus § 584b BGB. Der Verpächter darf wirtschaftlich zumindest nicht schlechter stehen, als er stünde, wenn das Pachtverhältnis noch fortbestehen würde, wobei ein darüberhinausgehender Schadensersatzanspruch des Verpächters gegen den Pächter nicht ausgeschlossen wird. Eine ordnungsgemäße Rückgabe ist beispielsweise nicht erfolgt, wenn der Pächter Gegenstände in der Pachtsache belässt, welche nicht zum Inventar, das vom Pachtverhältnis erfasst ist, gehören. Der Verpächter hat vielmehr einen Anspruch darauf, dass die Pachtsache in einem solchen Zustand zurückgewährt wird, dass eine Nutzung ohne weitere Maßnahmen möglich ist,[29] dies gilt zumindest dann, wenn der Verpächter eine Rückgabe in dem vorgenannten Zustand verlangt.[30] Zudem kommt dem Zustand der Rückgabe und mithin dem Zeitpunkt der ordnungsgemäßen Rückgabe enorme Bedeutung zu, da lediglich die ordnungsgemäße Rückgabe die Verjährungsfrist nach § 548 Abs. 1 S. 2 BGB in Gang setzt.[31] 23

2. Dokumentation des übernommenen und zurückgegebenen Inventars

Aufgrund der erheblichen Bedeutung des Zustandes der Pachtsache bei Übergabe und Rückgabe empfiehlt es sich jeweils ein ordnungsgemäßes Übergabeprotokoll zu fertigen, welches den Zustand der Pachtsache dokumentiert. Dieses Übergabeprotokoll sollte zudem eine Inventarliste enthalten oder zumindest auf diese detailliert Bezug nehmen, wenn Inventar ebenfalls vom Vertrag umfasst ist. Um die Textform zu wahren ist eine feste Verbindung mit einer gegebenenfalls vorhandenen Vertragsurkunde nicht notwendig, erleichtert aber im Zweifel die Beweisführung. Dies gilt umso mehr, falls für die Parteien bereits bei Vertragsbeginn absehbar ist, dass im laufenden Pachtverhältnis Vertragsergänzungen vorgenommen werden sollen, für die der Zustand der Pachtsache nebst Inventar bei Pachtbeginn ausschlaggebend ist. 24

3. Wahrung der Textform (§§ 550, 578 Abs. 1 S. 2 BGB) bei der Inventarliste

Die Schriftformanforderungen[32] an die Einheitlichkeit der Vertragsurkunden wurde bereits in der Vergangenheit von der Rechtsprechung im Hinblick auf §§ 550, 578 Abs. 1 BGB, welcher für die Pacht über § 581 Abs. 2 BGB anwendbar ist, gelockert.[33] Seit dem Inkrafttreten des Vierten Bürokratieentlastungsgesetzes (BEG IV) am 1.1.2025 wurde § 578 BGB dahingehend geändert, dass nunmehr die Textform für Mietverträge über Grundstücke und Räume ausreichend ist. Mithin dürfte das Problem des Schriftformerfordernisses in den meisten Konstellationen der Pacht nunmehr entfallen sein. 25

---

[28] BGH NJW 1968, 197; 1989, 2133; KG NJW 1971, 432; vgl. OLG Koblenz NZM 2006, 181; BGH NZM 2000, 134; NJW-RR 1996, 460; OLG Köln BeckRS 1999, 4260.

[29] BGH NJW 1968, 197; Grüneberg/Weidenkaff BGB § 546a Rn. 8; einschränkend: BGH NJW1983, 1049; OLG Düsseldorf MDR 2012, 1155 (1156).

[30] Vgl. BGH NJW 1960, 909; vgl. BGH NJW-RR 2004, 558; OLG Düsseldorf NZM 2002, 742.

[31] BGH NJW 2014, 920; OLG Frankfurt a. M. BeckRS 2015, 2789 mit ausführlicher Auseinandersetzung zu Beginn der Verjährung mwN.

[32] Dazu → § 74 Rn. 13.

[33] BGH NJW 1964, 1851; konkretisierend: 1964, 395; dazu → § 74 Rn. 5.

Gerade soweit Inventar überlassen wird dürfte im Regelfall ein gewerblicher Pachtvertrag vorliegen, sodass nunmehr Textform ausreichend ist, was eine deutliche Erleichterung für die Parteien bedeutet. Dennoch sollten die Parteien darauf achten, dass sämtliche Vereinbarungen, welche den Pachtvertrag betreffen diesem Textformerfordernis genügen. Mündliche Abreden sind daher nach wie vor im Hinblick auf den Beweis in einem gegebenenfalls späteren Prozess zu vermeiden.

26 Die Rechtsprechung zum Schriftformerfordernis kann nunmehr nur noch ergänzend herangezogen werden. Relevant dürfte sie dennoch nach wie vor in Konstellationen bleiben, in denen die später beabsichtigte Erstellung einer Inventarliste auch im laufenden Pachtverhältnis ausbleibt, der Vertrag jedoch auf diese Inventarliste verweist. Der BGH sah auch in einem derart gelagerten Fall die Schriftform als gewahrt an. Begründet wurde dies damit, dass die Zweifelsregelung des § 154 Abs. 1 S. 1 BGB besagt, dass ein Vertrag im Zweifel dann nicht zu Stande kommt, wenn die Parteien sich nicht über alle Punkte des Vertrages einig sind, in einer solchen Konstellation nicht zur Anwendung kommt. Dies aufgrund des Umstandes, dass der Vertrag mit den im Übrigen bestehenden vertraglichen Umständen in Vollzug gesetzt wurde.[34] Diese Rechtsprechung dürfte auf die Textform zu übertragen sein. Nach § 578 Abs. 1 S. 2 BGB sind Verträge, welche dem Textformerfordernis nicht genügen jedoch nicht unwirksam, sondern gelten vielmehr als für unbestimmte Zeit geschlossen. Es ist daher ebenso vertretbar, dass die Parteien die notwenige Einigung nicht erzielen konnten, wenn sie sich über eine Inventarliste als solche im streitigen Zeitpunkt nicht einig sind, soweit es sich bei dem Inventar um einen wesentlichen Vertragsbestandteil handelt.

V. Inventarkauf

27 In der Praxis wird das in der Pachtsache befindliche Inventar häufig an den Pächter verkauft. Dies kann Auswirkungen auf die rechtliche Behandlung des Inventars haben.

1. Textform und notarielle Beurkundung

28 Soweit dann bei einem Inventarkauf die Textform des §§ 581 Abs. 2, 550 BGB iVm § 578 Abs. 1 BGB missachtet wird kann dies Auswirkungen auf die Vertragslaufzeit haben. Zudem ist bei Verstoß gegen die Textform aber auch die Nichtigkeit des Vertrages nach § 139 BGB grundsätzlich nicht ausgeschlossen.[35] Dies ist jedoch im Einzelfall zu beurteilen. Soweit der Pachtvertrag und die Abrede zum Inventarkauf trennbar sind, dh selbstständig und unabhängig voneinander bestehen können, könnte es sich um eine selbstständige Nebenabrede im Sinne eines Kaufvertrags[36] handeln. Diese würde nicht dem Formzwang, welcher sich aus §§ 581 Abs. 2, 550 BGB iVm § 578 BGB ergibt, unterliegen.[37] In der Praxis kommt es häufig zum Konflikt darüber, ob die Nebenabrede als solche tatsächlich unabhängig vom Pachtvertrag bestehen kann. Häufig dürfte anzunehmen sein, dass die Nebenabrede gerade aufgrund des Pachtvertrages geschlossen wurde. Um dieser Problematik zu entgehen, sollte stets die Textform auch im Hinblick auf die Inventarabrede gewahrt werden.

29 Entsprechend gelagert sind solche Fälle, in denen ein Inventarkauf aufgrund eines Grundstückskaufvertrag getroffen wird, jedoch der Inventarkauf nicht notariell nach § 311b BGB beurkundet wird. In derartigen Konstellationen wurde bereits entschieden, dass die Verträge dann verbunden sind, wenn diese erkennbar eine rechtliche Einheit bilden und nur zusammen Geltung entfalten sollen.[38] Ein etwaiger tatsächlicher oder

[34] BGH BeckRS 2009, 4233; NJW 2000, 354.
[35] Vgl. BGH DNotZ 2014, 436 mwN = MDR 2014, 334.
[36] MüKoBGB/Harke § 582 Rn. 5 mwN.
[37] jurisPK-BGB/Ludwig § 311b Rn. 230 mwN.
[38] BGHZ 76, 43 = NJW 1980, 829; BGH DNotZ 1988, 547; NJW 2000, 951; 2004, 3330; OLG Oldenburg OLGR 2007, 753 (754); Grüneberg/Grüneberg BGB § 311b Rn. 32; Korte DNotZ 1984, 3 (7).

wirtschaftlicher Zusammenhang ist dahingehend nicht entscheidend, sondern kann nur als Indiz herangezogen werden.[39] Auch im Hinblick auf die Wertungsentscheidungen dieser Rechtsprechung empfiehlt es sich hinsichtlich der Inventarabrede und eines Pachtvertrages zwecks Rechtssicherheit einheitlich zu verfahren.

2. Wiederkauf

Ein Inventarkauf ist auch als Wiederkauf möglich. Ein solcher kann nach dem Leitbild 30 des § 456 BGB ausgestaltet werden. Insoweit würde der Verpächter sich das Recht vorbehalten, dass Inventar bei Beendigung des Pachtverhältnisses zurückzukaufen. Bei der Norm des § 462 BGB handelt es sich um dispositives Recht, sodass es den Parteien möglich wäre, die in § 462 BGB enthaltene Ausschlussfrist von drei Jahren zu vermeiden. Probleme dürften allerdings hinsichtlich des Wiederkaufswerts bei längeren Zeiträumen auftreten. § 456 Abs. 2 BGB enthält eine Zweifelsregelung, nach dem der Wiederkaufspreis demjenigen des damaligen Verkaufs entsprechen dürfte. Je länger das Pachtverhältnis allerdings andauert, desto eher ist davon auszugehen, dass das Inventar an Wert verliert, sodass diese Vermutungsregelung umso mehr Bedeutung verliert, umso länger das Pachtverhältnis besteht. Es wäre daher möglich, dass die Parteien sich bereits zu Beginn des Pachtverhältnisses verpflichten, sich bei Beendigung hinsichtlich des Wiederkaufswert nach einer gutachterlichen Schätzung zu richten.

3. Inventarkauf im Rahmen von (Bier-)Bezugsverpflichtungen

Soweit der Pächter Bezugsbindungen eingeht, beruht dies häufig auf Zugeständnissen 31 des Lieferanten. Typische Fälle sind: Verpachtung von Gaststätten, Tankstellen, Fahrzeughandel etc. Häufig sind insbesondere (Brauerei-)Darlehen. Diese werden sodann für den Inventarkauf verwendet, denn erst dadurch enthält die Bezugsbindung den Amortisationscharakter, ohne welchen eine entsprechend lange Bezugsverpflichtung nicht wirksam vereinbart werden könnte.[40]

In einer derartigen Konstellation (durch einen durch eine Bezugsbindung finanzierten 32 Inventarkauf) ist dennoch Vorsicht geboten, da es nicht zu einer wirtschaftlichen Knebelung des Pächters kommen darf. Soweit das Darlehen allein dazu verwendet wird, um den Eigentumserwerb des Inventars zu ermöglichen, so bestehen Bedenken dahingehend, dass der Inventarkauf nur zum Schein vereinbart wird, ohne dass der Pächter eine entsprechende reale Leistung erhält.

VI. Inventarleasing

Die Inventarüberlassung kann auch als Leasingvertrag ausgestaltet werden. Der Lea- 33 singvertrag wird allerdings nur dann Bestandteil des Pachtvertrags, wenn der Verpächter ebenfalls als Leasinggeber auftritt. Soweit ein Dritter Leasinggeber ist, ist der Leasingvertrag vom Pachtvertrag getrennt zu beurteilen. Selbst in einer solchen Konstellation wäre der Verpächter aber zur Überlassung des Inventars verpflichtet, da es insoweit nicht auf seine Eigentümerstellung an dem Inventar ankommt. Da es sich bei geleastem Inventar nicht um Eigentum des Pächters handelt, kann der Verpächter daran auch grundsätzlich kein Verpächterpfandrecht nach §§ 581 Abs. 2, 562 BGB begründen. Sollte der Pächter durch den Leasingvertrag jedoch ein Anwartschaftsrecht auf das Eigentum erwerben, so kann sich das Verpächterpfandrecht darauf erstrecken.[41]

Soweit das Inventar im Eigentum des Verpächters steht und die Vereinbarung hin- 34 sichtlich des Inventars einem Leasingvertrag entspricht, so sind dieser Vertrag und der Pachtvertrag zumeist einheitlich zu beurteilen. Teilweise wird insoweit von einem sog.

[39] BGH NJW-RR 1991, 1031 (1032); BeckOK BGB/Gehrlein § 311b Rn. 25 mwN.
[40] BGH NJW 2001, 2331; vgl. MüKoBGB/Harke § 581 Rn. 48.
[41] BGH NJW 1985, 2693; LG Köln BeckRS 2012, 02826; vgl. MüKoBGB/Harke § 581 Rn. 80.

Leihinventar[42] gesprochen, wobei dieser Begriff hinsichtlich dieser vertraglichen Konstellation rechtlich ungenau sein dürfte. Der Begriff des Leihinventars wird insoweit teilweise sowohl für unentgeltlich überlassenes Inventar als auch für solchen verwandt, bei der das Inventar noch zu „amortisieren“ ist. Auch bei derartigen „Leasingverträgen“ ist § 545 BGB über § 581 Abs. 2 BGB einschlägig, sodass im Zweifel der Fortsetzung des Pachtverhältnisses widersprochen werden muss. Es ist allerdings möglich und in der Praxis empfehlenswert, dass die Vorschrift des § 545 BGB daher zwischen den Parteien vertraglich abbedungen wird. Dies ist nach hM auch durch Allgemeine Geschäftsbedingungen möglich.[43]

[42] BGH NJW 1979, 865; 1985, 2693; LG Köln BeckRS 2012, 02826.
[43] Vgl. BGH NJW 1991, 1750.

§ 76 Landpacht, Jagdpacht und Fischereipacht

Übersicht

Schrifttum:
Barnstedt/Steffen, Gesetz über das gerichtliche Verfahren in Landwirtschaftssachen, 9. Aufl. 2019; Dietlein, Jagdrecht von A–Z, 2003; Dombert/Witt, Münchener Anwaltshandbuch Agrarrecht, 3. Aufl. 2022 (zit. MAH AgrarR); Düsing/Martinez, Agrarrecht, 2. Auf. 2022; Faßbender/Hötzel/Lukanow, Landpachtrecht, 3. Aufl. 2005; Grimm/Norer, Agrarrecht, 4. Aufl. 2015; Knops, Begründung und Beendigung von (Jagd-)Pachtverträgen ohne Zustimmung des Hauptverpächters, ZMR 1997, 9; Leonhardt, Jagdrecht – Loseblattsammlung; Lorz/Metzger, Jagdrecht, Fischereirecht, 5. Aufl. 2023; Mitzschke/Schäfer, Kommentar zum Bundesjagdgesetz, 4. Aufl. 1982; Rehler, Die Haftung bei Verkehrsunfällen mit Tieren, MDR 2012, 1204; Schopp, Jagdverpachtung und Jagdausübungsrecht des Pächters, MDR 1968, 808; Schuck, Bundesjagdgesetz 4. Aufl. 2024; v. Selle/Huth, LwVG, 2017.

I. Landpacht

1. Rechtsgrundlagen

1 Die gesetzlichen Grundlagen des landwirtschaftlichen Pachtrechts sind seit dem 1.7.1986 in §§ 585–597 BGB niedergelegt. Zielvorgabe war – ähnlich wie bei der Mietrechtsreform 2001 – eine übersichtliche und aus sich selbst heraus verständliche Regelung. Die Verweisungsvorschrift des § 585 Abs. 2 BGB manifestiert zudem, dass die allgemeinen Pachtvorschriften gelten sollen, wobei jedoch die Verweisungsvorschrift des § 581 Abs. 2 BGB ausdrücklich ausgenommen ist, wie sich aus § 585 Abs. 2 BGB ergibt. Soweit das Mietrecht des BGB überhaupt Anwendung finden soll, finden sich im Bereich der Landpacht gesonderte Verweisungen, §§ 586 Abs. 2, 587 Abs. 2, 592 S. 4, 593b, 594e BGB.[1] Darüber hinaus ist das LPachtVG vom 8. November 1985, zuletzt geändert durch Artikel 15 des Gesetzes vom 13. April 2006 BGBl I S. 855 zu berücksichtigen. Dort finden sich Regelungen zu Anzeige- und Beanstandungsverfahren.

2. Vertragsschluss und Form

2 Durch den Landpachtvertrag wird gemäß § 585 Abs. 1 S. 1 BGB ein Grundstück mit den seiner Bewirtschaftung dienenden Wohn- und Wirtschaftsgebäuden (**Betrieb**) oder ein Grundstück ohne solche Gebäude überwiegend **zur Landwirtschaft** verpachtet. § 585 Abs. 1 S. 2 BGB enthält eine gesetzliche Definition des Begriffs der Landwirt-

[1] Vgl. FormB-MietR/Grüter § 8 Rn. 15; Faßbender/Hötzel/Lukanow/Stephany BGB § 585 Rn. 1; Bub/Treier MietR-HdBDrettmann I 31.

schaft: Danach sind Landwirtschaft die Bodenbewirtschaftung und die mit der Bodennutzung verbundene Tierhaltung, um pflanzliche oder tierische Erzeugnisse zu gewinnen, sowie die gartenbauliche Erzeugung. Landwirtschaft setzt mithin den Zweck voraus, pflanzliche und tierische Erzeugnisse zu gewinnen. Dazu gehört Ackerbau, Wiesen- und Weidewirtschaft, Gartenbau, auch bodenunabhängige Erzeugung in Behältern, Baumschulen, Wein- und Obstbau, Fischerei in Binnengewässern und Imkerei.[2]

Pachtverträge über Forstgrundstücke und Forstbetriebe fallen grundsätzlich unter die Vorschriften der §§ 581–584b BGB. Für **forstwirtschaftlich genutzte Grundstücke** gilt nur dann Landpachtrecht, wenn sie im Wege der Zupacht an einen Betrieb gelangen, der trotz des zugepachteten Grundstücks oder der zugepachteten forstwirtschaftlichen Grundstücke noch überwiegend landwirtschaftlich genutzt wird, § 585 Abs. 3 BGB. Überwiegend landwirtschaftliche Betriebe mit forstwirtschaftlichem Anteil fallen von vornherein unter die Landpacht.[3] 3

§ 585a BGB bestimmt, dass ein Landpachtvertrag, der für **längere Zeit als zwei Jahre** geschlossen werden soll, der **Textform**[4] bedarf. Der Zweck dieser Vorschrift orientiert sich an §§ 550, 578 Abs. 1 Satz 2 BGB.[5] Hauptzweck des Formzwangs ist eine Möglichkeit für den Erwerber eines verpachteten Grundstücks, sich über den Umfang des Pachtvertrages umfassend zu informieren. Hinzu tritt der Umstand, dass Beweisschwierigkeiten vermieden und am Vertrage Beteiligte vor unbedachtem Abschluss langfristiger Pachtverträge gewarnt werden sollen.[6] Zum Schutz eines Erwerbers ist die Vorschrift des § 585a BGB zwingendes Recht und nicht abdingbar.[7] Wird der Landpachtvertrag, der für mehr als zwei Jahre gelten soll, nicht formgerecht abgeschlossen, so gilt er für unbestimmte Zeit, § 585a BGB. Er kann sodann mit der Frist des § 594a BGB von beiden Vertragsparteien gekündigt werden. 4

Die Änderung der Formanforderung von Schriftform auf Textform ist Folge des Bürokratieentlastungsgesetzes. Unter Textform ist jedes Dokument zu verstehen, das den Absender nennt und auf einem Datenträger gespeichert werden kann. Ausreichend ist also Fax oder E-Mail, selbst ein Vertrag via sms wiese eine gültige Form iSd Vorschrift auf. Es liegt auf der Hand, dass die Komplexität der Materie nur ein handhabbares Format zulässt. Es empfiehlt sich dringend – auch aus Gründen der Beweisbarkeit und Klarheit – auf die Schriftform nicht zu verzichten und ggf. als Vereinbarung eine Schriftformklausel als Wirksamkeitsvoraussetzung vorzusehen. Dies gilt auch und **insbesondere für Vertragsanpassungen,** die nach dem 1. Januar 2025 (wohl) in Textform wirksam vereinbart werden können. 5

Die Änderung der Formvorschrift hat die Erleichterung als Ziel. Die Verwendung der Schriftform ist hierdurch weder ausgeschlossen oder gar unwirksam. Sie sollte zunächst bevorzugt werden, bis sich ein allgemeiner Gebrauch eingestellt hat.

Die in einem Landpachtvertrag von dem Pächter als Allgemeine Geschäftsbedingung gestellte Klausel, wonach ihm „ein Vorpachtrecht eingeräumt" wird, ohne dass der Inhalt dieses Rechtes näher ausgestaltet wird, ist wegen Verstoßes gegen das Transparenzgebot gemäß § 307 Abs. 1 S. 2 BGB unwirksam.[8] 6

Der Zweck des § 585a BGB erfordert, dass der gesamte Vertrag der Textform unterliegt. Neben dem für einen Pachtvertrag konstitutiven Inhalt (Pachtgegenstand, Pacht, Dauer, § 581 BGB) sind alle Vereinbarungen in Textform festzulegen, die für die Parteien wichtig sind oder für den Erwerber des Grundstücks wichtig sein können.[9] Als 7

---

[2] Grüneberg/Weidenkaff BGB § 585 Rn. 2.
MüKoBGB/Harke BGB § 585 Rn. 4, 5.
[3] Grüneberg/Weidenkaff BGB § 585 Rn. 5.
[4] Die Änderung der Vorschrift trat zum 1.1.2025 in Kraft. Bis dahin war die Schriftform des Pachtvertrags verpflichtend.
[5] Faßbender/Hötzel/Lukanow/Stephany BGB § 585a Rn. 2; Grüneberg/Weidenkaff BGB § 585a Rn. 1.
[6] Erman/Jendrek BGB § 566 Rn. 3; Faßbender/Hötzel/Lukanow/Stephany BGB § 585a Rn. 3.
[7] Grüneberg/Weidenkaff BGB § 585a Rn. 1.
[8] BGH NJW-RR 2018, 199.
[9] Faßbender/Hötzel/Lukanow/Stephany BGB § 585a Rn. 8.

wesentliche Punkte, über die eine Einigung erzielt werden muss, sind folgende hervorzuheben:

- Gestattung einer Unterverpachtung,
- Wertsicherungsklauseln,
- Zusicherungen bestimmter Eigenschaften,
- Vom gesetzlichen Leitbild abweichende Regelungen über die Erhaltung des Pachtgegenstandes und Lastentragung,
- Einschränkungen oder Erweiterungen des Gebrauchsrechts.

8 Auch **wesentliche Änderungen** des Landpachtvertrages **bedürfen** zu ihrer Wirksamkeit **der Textform.**[10] Darunter fallen Beschränkungen, Erweiterungen, Aufhebung von Rechten und Pflichten einer Vertragspartei, sowie Verlängerung des Vertrages über zwei Jahre hinausgehend. Wird dabei die Form des § 585a BGB nicht beachtet, wandelt sich der Vertrag in einen Vertrag auf unbestimmte Zeit und kann etwa unter erleichterten Voraussetzungen gekündigt werden.[11] Als **unwesentlich** und damit **nicht formbedürftig** angesehen werden in der Praxis folgende Änderungen des Vertragswerks:

- Erweiterung des Vertragsgegenstandes, wenn sich dadurch die Gesamtpacht um nicht mehr als 5 Prozent erhöht,
- Verzicht auf einen Teil der laufenden Pacht,
- Vereinbarung einer Vorauszahlung der Pacht,
- Geringfügige Verschiebung des Beginns des Pachtverhältnisses,
- Minderung der Pacht,
- Vergleich über Pachtrückstände,
- Anpassung der Pacht auf Grund einer Wertsicherungsklausel oder über den Wegfall der Geschäftsgrundlage,
- Beschreibung der Pachtsache nach § 585b BGB.[12]

9 Zur Wahrung der im Gesetz vorgeschriebenen Textform ist es erforderlich aber auch ausreichend, dass das Nachtragsdokument auf den ursprünglichen Vertrag Bezug nimmt und zum Ausdruck bringt, es solle unter Einbeziehung des Nachtrags bei dem verbleiben, was bereits früher formgültig niedergelegt war. Voraussetzung ist ferner, dass auch das neue Dokument von allen Vertragsparteien angenommen worden ist.[13] Für die Textform wird dies durch separate Erklärungen in Textform erfolgen müssen, die ihrerseits wieder aufeinander Bezug nehmen. Es gilt: die Schriftform ist der Textform z.Zt. vorzuziehen, solange die wesentlichen Fragen noch nicht geklärt wurden. Ist eine GbR an dem Vertrag beteiligt und unterschreibt/akzeptiert nur ein Gesellschafter, muss aus dem Dokument ersichtlich werden, dass seine Zustimmung auch für die übrigen Gesellschafter erfolgt, andernfalls die Form nicht gewahr wurde.[14] Bei Schriftformwahl ist eine feste räumliche Verbindung zwischen dem Ursprungsvertrag und dem Nachtrag nicht erforderlich, wenn die neue Urkunde selbst die wesentlichen Bestandteile eines Landpachtvertrages enthält und auf die ursprüngliche formgerechte Vertragsurkunde Bezug genommen wird. Die **Auflockerungsrechtsprechung des Bundesgerichtshofs** erfordert nicht einmal mehr eine Beurkundung im Nachtragsvertrag dessen, das von der Änderung nicht betroffen ist; außerdem ist eine feste Verbindung der mehreren Urkunden nicht mehr notwendig. Vielmehr reicht es für die Schriftform des ganzen Vertragswerks aus, wenn die Nachtragsurkunde auf den ursprünglichen Vertrag Bezug nimmt und zum Ausdruck bringt, es solle unter Einbeziehung des Nachtrags bei dem verbleiben, was früher bereits formgültig niedergelegt war, vorausgesetzt, dass auch der neue Vertrag von allen Parteien unterzeichnet ist.[15] Dies gilt ebenso für die gesetzliche Textform.

---

[10] BGH NJW 1994, 1649 (1650) zum alten Recht.
[11] BGH NJW 1987, 948.
[12] Vgl. die Beispiele bei Faßbender/Hötzel/Lukanow/Stephany BGB § 585a Rn. 12.
[13] BGH NJW 1994, 1649 (1650) zum alten Recht.
[14] BGH NJW-RR 2021, Rn. 9 f zum alten Recht.
[15] BGH NJW 1992, 2283 (2284).

Gemäß § 585b Abs. 1 BGB sollen zu Beginn des Pachtverhältnisses der Verpächter und der Pächter gemeinsam eine **Beschreibung der Pachtsache** anfertigen. Der Sache nach handelt es sich um ein besonderes Verfahren zur Beweissicherung.[16] Insbesondere bei einer Verpachtung eines Betriebs mit Inventar ist es üblich und von der Sache her dringend geboten, eine Inventarliste und eine Zustandsbeschreibung anzufertigen. 10

Aufgrund der geänderten gesetzlichen Textform ist dringend anzuraten – wenn schon Textform gewählt wird – den Vertrag mit allen Anlagen in ein einziges Dokument einzubinden.

Die Beschreibung soll die gesamte Pachtsache umfassen; jedoch ist auch eine Teilbeschreibung nicht unwirksam. Der Inhalt der Beschreibung ist je nach Art der Pachtsache unterschiedlich. Sie sollte alle dem Vertrag unterliegende Gegenstände erfassen, zB die Inventarstücke nebst Zustand, Zahlen und Größe mit den üblichen Maßen. Darüber hinaus sollte der Zustand des Pachtobjekts, fehlende Inventarstücke, funktionsunfähige Inventarteile, Alter und Schadstellen, ferner die Funktionsfähigkeit schriftlich festgehalten werden.[17] Gleiche Sorgfalt ist geboten, wenn die verpachtete Fläche nicht mit katastermäßig erfassten Grundflächen übereinstimmt.

Weigert sich einer der Vertragsparteien, bei der Anfertigung der Beschreibung nach 11
§ 585b Abs. 1 BGB mitzuwirken, und sei es auch nur im Hinblick auf die Leistung seiner Unterschrift, oder ergeben sich bei der Anfertigung Meinungsverschiedenheiten tatsächlicher Art, kann jeder Vertragsteil verlangen, dass eine **Beschreibung durch einen Sachverständigen** angefertigt wird, es sei denn, dass seit der Überlassung der Pachtsache mehr als neun Monate oder seit der Beendigung des Pachtverhältnisses mehr als drei Monate verstrichen sind; der Sachverständige wird auf Antrag durch das Landwirtschaftsgericht ernannt. Die insoweit entstehenden Kosten trägt jeder Vertragsteil zur Hälfte, § 585b Abs. 2 S. 2 BGB.

Ist die Beschreibung der Pachtsache, unabhängig davon, in welcher Verfahrensart, 12
d. h. einvernehmlich oder durch einen Sachverständigen, zustande gekommen, so wird im Verhältnis der Vertragsteile zueinander vermutet, dass sie richtig ist, § 585b Abs. 3 BGB. Sie hat nicht die Vermutung der Vollständigkeit für sich und kann durch einen Gegenbeweis entkräftet werden. Im Streitfall zwischen den Vertragsparteien, etwa auf Zahlung oder Feststellung, ist das Amtsgericht als Landwirtschaftsgericht zuständig, § 1 Nr. 1a LwVG.[18]

3. Genehmigungspflicht nach dem Landpachtverkehrsgesetz (LPachtVG)

Gemäß § 1 LPachtVG unterliegen alle Landpachtverträge gemäß § 585 BGB dem 13
Landpachtverkehrsgesetz, das in § 2 LPachtVG vorschreibt, dass grundsätzlich der Abschluss eines Landpachtvertrages durch Vorlage oder im Falle eines mündlichen Vertrages durch inhaltliche Mitteilung des Landpachtvertrages innerhalb eines Monats nach Vertragsschluss **der zuständigen Behörde zur Kontrolle und eventuellen Beanstandung angezeigt** werden muss. Entsprechendes gilt in den Fällen, wenn in einem anzeigepflichtigen Landpachtvertrag Bestimmungen über die Pachtsache, die Pachtdauer und die Vertragsleistungen zwischen den Vertragsparteien geändert werden; nicht davon erfasst werden Änderungen die in einem gerichtlichen Vergleich oder vor einer berufsständischen Pachtschlichtungsstelle niedergelegt worden sind.[19]

Die Anzeige soll der zuständigen Behörde die **inhaltliche Prüfung** des abgeschlossenen 14
Landpachtvertrages oder seiner maßgeblichen Änderungen und eine darauf basierende

---

[16] Faßbender/Hötzel/Lukanow/Stephany BGB § 585b Rn. 5.
[17] Grüneberg/Weidenkaff BGB § 585b Rn. 5.
[18] Grüneberg/Weidenkaff BGB § 585b Rn. 11; Faßbender/Hötzel/Lukanow/Stephany BGB § 585b Rn. 43.
[19] Vgl. § 3 LPachtVG.

Beanstandung ermöglichen.[20] Die Anzeige bedarf keiner besonderen Form. Sie ist an die „zuständige Behörde" zu richten. Zuständige Behörden nach § 2 Abs. 1 S. 1 LPachtVG sind in:[21]

- **Baden-Württemberg:** Amt für Landwirtschaft, Landschafts- und Bodenkultur. Übergeordnete Behörde ist das Regierungspräsidium, Oberste Landesbehörde das Ministerium Ländlicher Raum Baden-Württemberg.
- **Bayern:** Kreisverwaltungsbehörde. Übergeordnete Behörde ist die Regierung, Oberste Landesbehörde ist das Bayrische Staatsministerium für Ernährung, Landwirtschaft und Forsten.
- **Berlin:** Senatsverwaltung für Wirtschaft und Technologie in alleiniger Zuständigkeit.
- **Brandenburg:** Landratsamt bzw. Kreis- und Stadtverwaltung. Oberste Landesbehörde ist das Ministerium für Landwirtschaft, Umweltschutz und Raumordnung des Landes Brandenburg.
- **Bremen:** Senator für Wirtschaft und Häfen in alleiniger Zuständigkeit.
- **Hamburg:** Amt für Wirtschaft und Landwirtschaft. Oberste Landesbehörde ist die Wirtschaftsbehörde.
- **Hessen:** Amt für Regionalentwicklung, Landespflege und Landwirtschaft. Übergeordnete Behörde ist das Hessische Landesamt für Regionalentwicklung und Landwirtschaft; Oberste Landesbehörde ist das Hessische Ministerium für Umwelt, Landwirtschaft und Forsten.
- **Mecklenburg-Vorpommern:** Amt für Landwirtschaft. Oberste Landesbehörde ist das Ministerium für Ernährung, Landwirtschaft, Forsten und Fischerei Mecklenburg-Vorpommern.
- **Niedersachsen:** Landkreise oder kreisfreie Städte oder die große selbständige Stadt. Übergeordnete Behörde ist das Regierungspräsidium. Oberste Landesbehörde ist das Niedersächsische Ministerium für Ernährung, Landwirtschaft und Forsten.
- **Nordrhein-Westfalen:** Geschäftsführer der Kreisstelle der Landwirtschaftskammer als Landesbeauftragter im Kreise. Übergeordnete Behörde ist der Direktor der Landwirtschaftskammer als Landesbeauftragter; Oberste Landesbehörde ist das Ministerium für Umwelt, Landwirtschaft und Verbraucherschutz.
- **Rheinland-Pfalz:** Kreisverwaltung. Übergeordnete Behörde ist die Bezirksregierung; Oberste Landesbehörde ist das Ministerium für Wirtschaft, Verkehr, Landwirtschaft und Weinbau Rheinland-Pfalz.
- **Saarland:** Landrat, im Stadtkreis der Oberbürgermeister; Oberste Landesbehörde ist das Ministerium für Umwelt des Saarlandes.
- **Sachsen:** Staatliches Amt für Landwirtschaft. Oberste Landesbehörde ist das Sächsische Staatsministerium für Umwelt und Landwirtschaft.
- **Sachsen-Anhalt:** Landkreis bzw. kreisfreie Stadt. Übergeordnete Behörde ist das Regierungspräsidium; erste Landesbehörde ist das Ministerium für Raumordnung, Landwirtschaft und Umwelt des Landes Sachsen-Anhalt.
- **Schleswig-Holstein:** Amt für Land- und Wasserwirtschaft; Oberste Landesbehörde ist das Ministerium für ländliche Räume, Landwirtschaft und Tourismus des Landes Schleswig-Holstein.
- **Thüringen:** Landwirtschaftsamt. Oberste Landesbehörde ist das Thüringer Ministerium für Landwirtschaft, Naturschutz und Umwelt.

15 Die Anzeige oder deren Unterlassung hat keinen Einfluss auf die zivilrechtliche Wirksamkeit des Landpachtvertrages. Trotz Bestehens der Anzeigepflicht ist der Landpachtvertrag des § 585 BGB in vollem Umfang wirksam. Der Sinn der Anzeige besteht darin, erforderlichenfalls das im öffentlichen Interesse geschaffene Beanstandungsverfahren auszulösen.[22] Ist ein anzuzeigender Landpachtvertrag oder eine anzuzeigende Vertragsänderung nicht fristgerecht angezeigt worden, kann die zuständige Behörde die Anzeige

[20] Faßbender/Hötzel/Lukanow/Hötzel LPachtVG § 2 Rn. 21.
[21] Zitiert nach Faßbender/Hötzel/Lukanow/Hötzel LPachtVG § 2 Rn. 32.
[22] Faßbender/Hötzel/Lukanow/Hötzel LPachtVG § 2 Rn. 35.

nach § 10 Abs. 1 LPachtG verlangen. Die zuständige Behörde kann sich zur Durchsetzung auch Zwangsmittel bedienen, etwa die Festsetzung von Zwangsgeld. Über die Rechtmäßigkeit von Maßnahmen nach § 10 Abs. 1 und 2 LPachtVG entscheidet das Landwirtschaftsgericht, § 10 Abs. 3 LPachtVG.

Gemäß § 4 LPachtVG kann die zuständige Behörde einen anzuzeigenden Landpachtvertrag oder eine anzuzeigende Vertragsänderung **beanstanden,** wenn 16

1. die Verpachtung eine ungesunde Verteilung der Bodennutzung, insbesondere eine ungesunde Anhäufung von land- und forstwirtschaftlichen Nutzflächen, bedeutet,
2. durch die Verpachtung ein Grundstück oder eine Mehrheit von Grundstücken, die räumlich oder wirtschaftlich zusammenhängen, unwirtschaftlich in der Nutzung aufgeteilt wird oder
3. die Pacht nicht in einem angemessenen Verhältnis zu dem Ertrag steht, der bei ordnungsgemäßer Bewirtschaftung nachhaltig zu erzielen ist.

Gemäß § 3 Abs. 1 LPachtVG unterliegen der **Anzeigepflicht nicht** Landpachtverträge, die im Rahmen eines behördlich geleiteten Verfahrens abgeschlossen werden und Landpachtverträge zwischen Ehegatten oder Personen, die in gerader Linie verwandt oder bis zum dritten Grad in der Seitenlinie verwandt oder bis zum zweiten Grad verschwägert sind. 17

Die Landesregierungen können durch Rechtsverordnung zur erleichterten Durchführung des Gesetzes Landpachtverträge über landwirtschaftliche Betriebe oder Grundstücke bis zu einer bestimmten Größe von der Anzeigepflicht ausnehmen, soweit eine Anwendung des Landpachtverkehrsgesetzes nicht erforderlich ist, § 3 Abs. 2 LPachtVG. Entsprechendes gilt im Hinblick auf eine ungesunde Verteilung der Bodennutzung iSd § 4 Abs. 4 LPachtVG. 18

4. Vertragsinhalt

a) Hauptpflichten des Verpächters. Gemäß § 586 Abs. 1 BGB hat der Verpächter die Pachtsache dem Pächter in einem zu der vertragsmäßigen Nutzung geeigneten Zustand zu überlassen und sie während der Pachtzeit in diesem Zustand zu erhalten. Zur Erhaltung zählen alle notwendigen Maßnahmen, die dem Pächter den vertragsgemäßen Gebrauch der Pachtgegenstände während der gesamten Dauer des Vertragsverhältnisses ermöglichen.[23] Was zum vertragsgemäßen Gebrauch der Pachtsache gehört, bestimmt sich nach den konkreten Vereinbarungen der Parteien. Haben die Parteien keine besonderen Abreden getroffen, ist bei einem Landpachtvertrag stets die Nutzbarkeit der Gegenstände für den Betrieb von Landwirtschaft in der bei Vertragsschluss praktizierten Art und Weise sicher zu stellen.[24] 19

b) Pflichten des Pächters. Gemäß § 585 Abs. 2 BGB in Verbindung mit § 581 Abs. 1 BGB ist der Pächter verpflichtet, die **vereinbarte Pacht zu zahlen.** Nach § 587 Abs. 1 BGB ist die Pacht am Ende der Pachtzeit zu entrichten. Ist die Pacht nach Zeitabschnitten bemessen, so ist sie am ersten Werktag nach dem Ablauf der einzelnen Zeitabschnitte zu entrichten, § 587 Abs. 1 S. 2 BGB. Diese Vorschrift ist allerdings abdingbar.[25] Dem entspricht, dass bei der Betriebspacht die halb- und vierteljährliche Pachtzahlung überwiegt, teilweise vorschüssig, während bei der Stücklandpacht die gesetzliche Regelung beibehalten wird.[26] Bei der Pacht handelt es sich um die Gesamtheit der vereinbarten geldwerten Leistungen, die als Gegenleistung für den Gebrauch und die Nutzung der Pachtgegenstände zu zahlen ist.[27] 20

---

[23] Faßbender/Hötzel/Lukanow/Faßbender BGB § 586 BGB Rn. 19; Düsing/Martinez/Schuhmacher BGB § 586 Rn. 16.
[24] Faßbender/Hötzel/Lukanow/Faßbender BGB § 586 Rn. 24.
[25] Grüneberg/Weidenkaff BGB § 587 Rn. 1; Faßbender/Hötzel/Lukanow/Faßbender BGB § 587 Rn. 2.
[26] Faßbender/Hötzel/Lukanow/Faßbender BGB § 587 Rn. 2.
[27] Grüneberg/Weidenkaff BGB § 587 Rn. 1; Faßbender/Hötzel/Lukanow/Faßbender BGB § 587 Rn. 6.

21 Nach § 586 Abs. 1 S. 2 BGB hat der Pächter die **gewöhnlichen Ausbesserungen** der Pachtsache, insbesondere die der Wohn- und Wirtschaftsgebäude, der Wege, Gräben, Dränungen und Einfriedungen, auf seine Kosten auszuführen. Er ist zur ordnungsgemäßen Bewirtschaftung der Pachtsache verpflichtet, § 586 Abs. 1 S. 3 BGB. Was unter einer ordnungsgemäßen Bewirtschaftung zu verstehen ist, können die Vertragsparteien aushandeln; maßgebend sind sodann diese Bestimmungen des Landpachtvertrages. Fehlen besondere Vereinbarungen, bedeutet die Verpflichtung zur ordnungsgemäßen Bewirtschaftung eine dauernde Betriebspflicht nach geltenden technischen und wirtschaftlichen Regeln und Standards.[28]

22 Der Pächter wird nicht von der Entrichtung der Pacht dadurch befreit, dass er durch einen in seiner Person liegenden Grund an der Ausübung des ihm zustehenden Nutzungsrechts verhindert ist, § 587 Abs. 2 S. 1 BGB. Sodann folgt in § 587 Abs. 2 S. 2 BGB eine ausdrückliche Verweisung auf das Mietrecht, hier konkret auf § 537 Abs. 1 S. 2 und Abs. 2 BGB. Demgemäß muss sich der Verpächter den Wert der ersparten Aufwendungen sowie derjenigen Vorteile anrechnen lassen, die er aus einer anderweitigen Verwertung des Gebrauchs erlangt; solange ferner der Verpächter infolge einer Überlassung des Gebrauchs an einen Dritten außerstande ist, dem Pächter den Gebrauch zu gewähren, ist der Pächter zur Entrichtung der Pacht nicht verpflichtet.

23 **c) Lasten des Pachtobjekts.** Gemäß § 586a BGB hat der Verpächter die auf der Pachtsache ruhenden Lasten zu tragen. Der Sache nach handelt es sich um **öffentlichrechtliche und privatrechtliche Lasten.** Unter öffentlich-rechtlichen Lasten werden Steuern verstanden, Gebühren und Beiträge, Reinigungs- und Streupflichten, Müllabfuhrkosten, kommunale Abgaben und Gebühren (z. B. Kanalgebühren), Straßenreinigungskosten, Kehr- und Schornsteinfegergebühren, Brandversicherungsprämien oder Grundsteuern.[29]

Privatrechtliche Lasten sind Hypotheken- und Grundschuldzinsen, Reallasten und Dienstbarkeiten.[30]

24 **§ 586a BGB ist abdingbar.**[31] Von dieser Möglichkeit wird bei der Betriebsverpachtung in der Praxis reger Gebrauch gemacht. Die gesetzliche Regelung bedeutet für Verpächter, die eine Vielzahl von Pachtverträgen abschließen und die Lasten ganz oder teilweise auf den Pächter abwälzen wollen, dass die Vorschriften der §§ 305 ff. BGB zur Anwendung kommen. Im Einzelfall muss daher stets geprüft werden, ob die Unklarheitenregelung eingreift oder eine unangemessene Benachteiligung einer Vertragspartei vorliegt oder ob so sehr vom gesetzlichen Leitbild des Vertragsverhältnisses abgewichen worden ist, dass die getroffene Regelung unwirksam ist. Das Risiko der Unwirksamkeit einer Klausel trifft den Verwender, also regelmäßig den Verpächter.[32] Erforderlich ist stets eine genaue Formulierung der entsprechenden Klausel. Vertragsbestimmungen, mit denen von der gesetzlichen Vorgabe des § 586a BGB abgewichen werden sollen, sind eng und im Zweifel gegen den Verwender auszulegen.[33] Regelmäßig werden von Klauseln, mit denen Lasten i. S. d. § 586a BGB auf den Pächter überwälzt werden sollen, nur die öffentlich-rechtlichen Belastungen erfasst.

25 **d) Zustand des Pachtobjekts.** Nach § 585b BGB sollen Verpächter und Pächter bei Beginn des Pachtverhältnisses gemeinsam eine Beschreibung der Pachtsache anfertigen. Festgelegt werden der Umfang des Pachtobjekts und namentlich sein Zustand, in dem es

[28] Grüneberg/Weidenkaff BGB § 586 Rn. 2; Faßbender/Hötzel/Lukanow/Faßbender BGB § 586 Rn. 36 ff.
[29] Grüneberg/Weidenkaff BGB § 586a Rn. 1; Faßbender/Hötzel/Lukanow/Faßbender BGB § 586a Rn. 10.
[30] Faßbender/Hötzel/Lukanow/Faßbender BGB § 586a Rn. 9.
[31] Grüneberg/Weidenkaff BGB § 586a Rn. 1; Faßbender/Hötzel/Lukanow/Faßbender BGB § 586a Rn. 1.
[32] Faßbender/Hötzel/Lukanow/Faßbender BGB § 586a Rn. 4.
[33] Faßbender/Hötzel/Lukanow/Faßbender BGB § 586a Rn. 19.

sich bei Überlassung befindet. In der von beiden Parteien unterschriebenen Beschreibung soll auch die Angabe des Datums erfolgen, § 585b Abs. 1 BGB.[34]

e) **Bestandteile/Inventar.** Ein landwirtschaftlicher Betrieb wird regelmäßig mit Inventar verpachtet. Nach § 586 BGB in Verbindung mit § 582 Abs. 1 BGB obliegt dem Pächter die Erhaltung der einzelnen Inventarstücke. Darüber hinaus hat der Pächter die gewöhnlichen Ausbesserungen der Pachtsache, insbesondere die der Wohn- und Wirtschaftsgebäude, der Wege, Gräben, Dränungen und Einfriedungen, auf seine Kosten durchzuführen. Der Pächter ist also gehalten, die Inventarstücke in dem Zustand zu erhalten, so wie es dem Vertrag entspricht; in diesem Zusammenhang ist auf die Bedeutung der Betriebsbeschreibung nach § 585b BGB zu verweisen, die bei Beginn des Pachtverhältnisses für entsprechende Klarheit zwischen den Parteien sorgen kann. 26

Wie sich aus dem Begriff „insbesondere" in § 586 Abs. 1 S. 2 BGB ergibt, bezieht sich die Verpflichtung zur Ausbesserung nicht nur auf die im Gesetz genannten Bereiche, sondern auf die gesamte Pachtsache.[35] Die Ausbesserungspflicht des Pächters umfasst daher die laufenden Wartungs- und Pflegearbeiten, Schönheitsreparaturen und Maßnahmen wegen laufender Witterungseinflüsse.[36] Hinzu tritt die Verpflichtung, durch rechtzeitige Reparaturen eine unnötige Verschlechterung der Pachtsache zu verhindern. In diesen Zusammenhang fallen die Pflege und der Schutz des Maschinenparks, ein Ersatz verfaulter Einfriedungszaunpfähle, das Säubern der Gräben, das Auffüllen von Fahrspuren auf den Wegen und Zufahrten, der Ersatz von zerbrochenen Fensterscheiben, das Weißen und Desinfizieren der Ställe, Reparaturen an Gräben oder sonstigen Anlagen im Pachtobjekt.[37] Die vorstehende Auflistung ist naturgemäß nicht abschließend. 27

f) **Notwendige Verwendungen seitens des Pächters.** Unter Verwendungen sind Leistungen an Kapital und Arbeit zu verstehen, die der Pachtsache zugutekommen sollen, indem sie diese wiederherstellen, erhalten oder verbessern.[38] Notwendig sind die Verwendungen, soweit sie zur Erhaltung oder Wiederherstellung der Pachtsache unerlässlich sind. 28

Beispiele notwendiger Verwendungen sind der Kostenaufwand für eine Wiederherstellung der Bewohnbarkeit von Gebäuden nach Baufälligkeit oder Beschädigungen, Kosten für Dränage vernässter Grundstücke, die Errichtung einer Stützmauer zur Grundstückserhaltung. Entsprechendes gilt für die Herstellung einer Heizungsanlage oder eines Badezimmers für eine Landarbeiterwohnung. Als weiteres Beispiel kann die Errichtung einer Scheune angesehen werden, falls zuvor keine vorhanden war, ferner der Wiederaufbau beschädigter Betriebsgebäude oder der Bau einer zulässigen Siloanlage.[39] 29

Entsprechend der gesetzlichen Regelung in § 586 Abs. 1 BGB, derzufolge der Verpächter die Pachtsache in einem zu der vertragsmäßigen Nutzung geeigneten Zustand zu überlassen und sie während der Pachtzeit in diesem Zustand zu erhalten hat, sind **notwendige Verwendungen** Sache des Verpächters. Leistet der Pächter an der Stelle seines Verpächters notwendige Verwendungen, sieht das Gesetz einen Ersatzanspruch vor. Allerdings ist die Vorschrift des § 590b BGB abdingbar.[40] Vereinbarungen sind denkbar, durch die der Verpächter seine Verpflichtung zur Zustandserhaltung auf den Pächter abwälzt und einen Ersatzanspruch wegen notweniger Verwendungen ausschließt. Als Individualvereinbarung mag eine derartige Vertragsgestaltung hinnehmbar sein; als Klausel beinhaltet sie allerdings eine unangemessene Benachteiligung des 30

[34] MAH AgrarR/Piltz § 8 Rn. 34.
[35] Faßbender/Hötzel/Lukanow/Faßbender BGB § 586 Rn. 45.
[36] Grüneberg/Weidenkaff BGB § 586 Rn. 1; Faßbender/Hötzel/Lukanow/Faßbender BGB § 586 Rn. 46.
[37] Faßbender/Hötzel/Lukanow/Faßbender BGB § 586 Rn. 46.
[38] Grüneberg/Weidenkaff BGB § 536a Rn. 16–18; Faßbender/Hötzel/Lukanow/Faßbender BGB § 590b Rn. 4.
[39] Beispiele nach Faßbender/Hötzel/Lukanow BGB § 590b Rn. 5 und 6.
[40] Faßbender/Hötzel/Lukanow/Faßbender BGB § 590b Rn. 1.

Pächters, weil dadurch die Pächterleistungen in unkalkulierbarer Weise erhöht werden und nachhaltig vom gesetzlichen Leitbild des Landpachtvertrages abgewichen wird. Daher wird in einem derartigen Fall § 307 BGB eingreifen, so dass im Wege einer Klausel weder die notwendigen Verwendungen auf das Pachtobjekt auf den Pächter überwälzt werden können noch der entsprechende Ersatzanspruch ausgeschlossen werden kann.[41]

Da § 586 Abs. 2 BGB auf § 536 Abs. 1 bis 3 BGB und §§ 536a bis 536d BGB verweist, ist der tatsächliche Anwendungsbereich der Norm gering.[42]

31 g) **Wertverbessernde Verwendungen.** Andere als notwendige Verwendungen mit Ausnahme der vom Pächter selbst nach § 586 Abs. 1 S. 2 BGB zu tragenden Instandhaltungsaufwendungen sind dem Pächter nach Vertragsbeendigung gemäß § 591 Abs. 1 BGB dann zu ersetzen, wenn der Verpächter diesen Verwendungen zugestimmt hat und eine Wertsteigerung über das Ende der Pachtzeit hinaus feststellbar ist. Unter Verwendungen sind solche Aufwendungen des Pächters auf die gesamte oder Teile der Pachtsache zu verstehen, die objektiv dazu dienen und subjektiv zu dem Zweck erfolgt sind, den Bestand oder die ordnungsgemäße Benutzung der Pachtsache zu erhalten, wiederherzustellen oder zu verbessern, sofern es sich nicht um notwendige Verwendungen i. S. d. § 590b BGB handelt.[43] **Beispiele für nützliche und wertsteigernde Verwendungen:**

Errichtung von Gebäuden, Ausbau und Umbau bestehender Gebäude auf dem Gelände des Pachtbetriebs, Modernisierungsmaßnahmen in Landarbeiterwohnungen, Anlegung von Vorratsbehältern. Die Aufzählung ist nicht abschließend.[44]

32 Voraussetzung für einen Verwendungsersatzanspruch des Pächters nach Ende der Vertragslaufzeit ist die Zustimmung des Verpächters, § 591 Abs. 1 BGB. Der Sache nach handelt es sich bei der Zustimmung um eine einseitige, empfangsbedürftige Willenserklärung, die keiner besonderen Form bedarf. Sie kann als vorherige Einwilligung oder nachträgliche Genehmigung erteilt werden. Die vorbehaltlose Rücknahme der Pachtsache stellt keine Zustimmung dar.[45]

33 Soweit durch **Individualabrede** die Zustimmung dem Schrift- oder Textformerfordernis unterworfen wird, bestehen dagegen keine Bedenken. Im Ergebnis sind aber auch Schrift- oder Textformklauseln in diesem Zusammenhang wirksam, wenn sie **formularmäßig vereinbart** worden sind. Denn die besondere Interessenlage im Landpachtrecht ist gekennzeichnet durch das Bedürfnis nach einer klaren Regelung und auch einer problemfreien Beweisbarkeit der vertraglichen Abreden während der Pachtzeit. Die gesetzlichen Auswirkungen in Form eines Ersatzanspruchs treten erst nach Ende der Pachtzeit auf und damit möglicherweise in weiter Zukunft, da Landpachtverträge regelmäßig über längere Zeiträume abgeschlossen werden. Darüber hinaus ist nicht ersichtlich, dass durch das Erfordernis einer Schriftlichkeit der Zustimmung einer der Vertragsteile in unangemessener Weise benachteiligt wird. Das vorgesagte ist entsprechend anzuwenden, wenn der Vertrag oder die nachträgliche Vereinbarung nach dem 1.1.2025 abgeschlossen wurde und mangels abweichender Vereinbarung die gesetzliche Textform gilt.

34 Weigert sich der Verpächter, den Verwendungen des Pächters nach § 591 Abs. 1 BGB zuzustimmen, kann die Zustimmung des Verpächters durch das Landwirtschaftsgericht ersetzt werden, soweit die Verwendungen zur Erhaltung oder nachhaltigen Verbesserung der Rentabilität des Betriebs geeignet sind und dem Verpächter bei Berücksichtigung seiner berechtigten Interessen zugemutet werden kann, § 591 Abs. 2 S. 1 BGB.

---

[41] So auch Faßbender/Hötzel/Lukanow/Faßbender BGB § 590b Rn. 1.

[42] Düsing/Martinez/Schuhmacher, 2. Aufl. 2022, BGB § 590b Rn. 3 geht von einer Nichtanwendbarkeit aus.

[43] BGH NJW 1991, 3279 (3280); Faßbender/Hötzel/Lukanow/Faßbender BGB § 591 Rn. 19.

[44] Vgl. die weiteren Beispiele bei Faßbender/Hötzel/Lukanow/Faßbender BGB § 591 Rn. 20; Düsing/Martinez/Schuhmacher, 2. Aufl. 2022, BGB § 591 Rn. 10.

[45] OLG Schleswig BeckRS 2016, 03696 Rn. 25.

Von Rentabilität ist dann auszugehen, wenn das Verhältnis von Gewinn zum Einsatz von Kapital und Arbeit erhalten bleibt oder nachhaltig verbessert wird.[46]

Hinzu kommt das Erfordernis, dass die Verwendungen **dem Verpächter zumutbar** sein müssen. Hier ist eine Abwägung der beiderseitigen Interessen im Einzelfall notwendig, wobei auch der Eigentumsschutz des Verpächters und die zu erwartenden Belastungen durch den Ersatzanspruch am Ende des Pachtverhältnisses Berücksichtigung finden müssen. Soziale Gesichtspunkte können beim Verpächter ebenfalls einer Zustimmung entgegenstehen.[47] Das Landwirtschaftsgericht kann die Zustimmung des Verpächters unter Bedingungen und Auflagen ersetzen, § 591 Abs. 2 S. 3 BGB. 35

Das **Landwirtschaftsgericht** kann auf besonderen Antrag auch Bestimmungen über den Mehrwert treffen und ihn festsetzen, § 591 Abs. 3 S. 1 BGB. Das Gericht kann bestimmen, dass der Verpächter den Mehrwert nur in Teilbeträgen zu ersetzen hat, und kann Bedingungen für die Bewilligung solcher Teilzahlungen festsetzen. Ist dem Verpächter ein Ersatz des Mehrwerts bei Beendigung des Pachtverhältnisses auch in Teilbeträgen nicht zuzumuten, so kann der Pächter nur verlangen, dass das Pachtverhältnis zu den bisherigen Bedingungen so lange fortgesetzt wird, bis der Mehrwert der Pachtsache abgegolten ist, § 591 Abs. 3 S. 3 BGB. Regelmäßig sollte im Verfahren vor dem Landwirtschaftsgericht eine vergleichsweise Regelung angestrebt werden. Kommt allerdings keine Einigung zustande, entscheidet auf Antrag das Landwirtschaftsgericht über eine Fortsetzung des Pachtverhältnisses, § 591 Abs. 3 S. 4 BGB. 36

Eine Zustimmung des Verpächters ist gemäß § 591 Abs. 2 S. 2 BGB ausgeschlossen, wenn der Pachtvertrag gekündigt ist oder das Pachtverhältnis in weniger als drei Jahren endet. Fiele die Entscheidung des Landwirtschaftsgerichts in die Drei-Jahres-Frist vor Vertragsende, ist eine Ersetzung der Zustimmung des Verpächters durch das Gericht nicht mehr zulässig.[48] 37

h) Maßnahmen zur Erhaltung und Verbesserung. Gemäß § 588 Abs. 1 BGB hat der Pächter Einwirkungen auf die Pachtsache zu dulden, soweit sie zu ihrer **Erhaltung** notwendig sind. Wie sich auf § 586 Abs. 1 S. 1 BGB ergibt, stellt die Erhaltung der Pachtsache in vertragsgemäßem Zustand eine der Hauptpflichten des Verpächters dar. Der Pächter hat zwar die Einwirkungen des Verpächters, die zur Erhaltung des Pachtobjekts dienen, zu dulden; seine Rechte wegen einer eventuellen Beeinträchtigung des Pachtgebrauchs sind hingegen nicht eingeschränkt, so dass er eine angemessene Minderung der Pacht geltend machen kann, §§ 588, 536 BGB.[49] 38

Maßnahmen zur Verbesserung der Pachtsache hat der Pächter zu dulden, es sei denn, dass die Maßnahme für ihn eine Härte bedeutet, die auch unter Würdigung der berechtigten Interessen des Verpächters nicht zu rechtfertigen ist, § 588 Abs. 2 S. 1 BGB. Verbesserungen sind sämtliche Maßnahmen des Verpächters, durch die objektiv der Gebrauchs- oder Substanzwert der Pachtsache erhöht wird.[50] Insoweit stehen die wirtschaftlichen Interessen beider Vertragspartner im Vordergrund; kein Verpächter wird sich dazu entschließen, Investitionen zu tätigen, ohne dass der Substanzwert seines Betriebes nachhaltig gesteigert wird. Demgegenüber hat der Pächter eine Steigerung seiner Erträge im Blick. Vor diesem Hintergrund ist eine Abwägung der beiderseitigen Interessen vorzunehmen, um eine Duldungspflicht des Pächters zu begründen.[51] 39

Der Verpächter hat die dem Pächter **durch die Maßnahmen entstandenen Aufwendungen** und entgangenen Erträge in einem den Umständen nach angemessenem Umfang zu ersetzen, § 588 Abs. 2 S. 2 BGB. Die Aufwendungen sind zu ersetzen, die etwa einem Pächter durch eine anderweitige Versorgung seines Viehs entstehen, während die Stallgebäude modernisiert werden; bei Verbesserungen von Wohnungen auf dem Pacht- 40

[46] Grüneberg/Weidenkaff BGB § 590 Rn. 8.
[47] Vgl. Faßbender/Hötzel/Lukanow/Faßbender BGB § 590 Rn. 68.
[48] Faßbender/Hötzel/Lukanow/Faßbender BGB § 591 Rn. 33.
[49] Faßbender/Hötzel/Lukanow/Faßbender BGB § 588 Rn. 8.
[50] Faßbender/Hötzel/Lukanow/Faßbender BGB § 588 Rn. 9.
[51] Grüneberg/Weidenkaff BGB § 588 Rn. 4.

gelände mag auch eine Auslagerung von Möbeln in Betracht kommen, zu der sich der Pächter veranlasst sehen mag. Dem Pächter steht in derartigen Fällen ein Anspruch auf angemessenen Vorschuss gegen seinen Vertragspartner zu, § 588 Abs. 2 S. 3 BGB.

41 Soweit der Pächter auf Grund von Maßnahmen des Verpächters **höhere Erträge** erzielt oder bei ordnungsgemäßer Bewirtschaftung erzielen könnte, kann der Verpächter verlangen, dass der Pächter in eine angemessene Erhöhung der Pacht einwilligt, es sei denn, dass dem Pächter eine Erhöhung der Pacht nach den Verhältnissen des Betriebs nicht zugemutet werden kann, § 588 Abs. 3 BGB. Da in der Regel Verpächter und Pächter landwirtschaftlicher Betriebe wirtschaftlich denken, werden sich die Vertragsparteien vor den Investitionen zusammensetzen, um zu klären, welche Ertragssteigerungen angestrebt werden. Insoweit ist auch eine Einigung über eine eventuelle Erhöhung der Pacht in Erwägung zu ziehen.[52] In diesem Zusammenhang ist auf die berufsständischen Pachtschlichtungsstellen zu verweisen. Erst wenn eine Einigung zwischen den Vertragspartnern nicht erzielbar ist, greift § 588 Abs. 4 BGB ein; das **Landwirtschaftsgericht** kann angerufen werden, das in Fällen von Streitigkeiten nach § 588 Abs. 1 und 2 BGB entscheidet. Verweigert der Pächter im Falle des § 588 Abs. 3 BGB seine Einwilligung, so kann das Landwirtschaftsgericht auf Antrag des Verpächters die Einwilligung ersetzen. Der Sache nach handelt es sich um einen den Landpachtvertrag inhaltlich ändernden Gestaltungsbeschluss des Gerichts, das dahingehend tenoriert, dass ab einem bestimmten Zeitpunkt der Landpachtvertrag zwischen den Parteien abgeändert wird mit der Maßgabe, dass die Pacht ab dem neuen Zeitpunkt sich auf nunmehr ...... EUR beläuft.

42 i) **Wegnahme von Einrichtungen.** Gemäß § 591a BGB ist der Pächter berechtigt, eine Einrichtung, mit der er die Pachtsache versehen hat, wegzunehmen. Der Anwendungsbereich des § 591a BGB beschränkt sich auf die Rechtsposition des Pächters bei Vertragsende. Denn während der Pachtzeit kann der Pächter von ihm eingebrachte Einrichtungen jederzeit aus dem Pachtobjekt wieder herausnehmen.[53] Einrichtungen, mit denen der Pächter die Pachtsache versehen hat, sind bewegliche Sachen, die mit der Pachtsache verbunden und dazu bestimmt sind, dem wirtschaftlichen Zweck der Pacht zu dienen.[54]

43 Ein Wegnahmerecht des Pächters besteht nicht an Sachen, die nach § 586 Abs. 1 S. 2 BGB zur Ausbesserung eingefügt worden sind oder für notwendige Verwendungen, § 590b BGB, weil diese Sachen dazu dienen, die Pachtsache zu erhalten.[55] Der Pächter darf auch nicht solche nützlichen oder werterhöhenden Verwendungen wegnehmen, die der Verpächter nach § 591 BGB ersetzt hat oder ersetzen muss.[56]

44 Das Wegnahmerecht des Pächters gemäß § 591a S. 1 BGB entfällt, wenn der Verpächter die Ausübung des Rechts unter **Entschädigungszahlung** abwenden kann. Darüber hinaus entfällt das Wegnahmerecht des Pächters bei Vertragsende, wenn der Pächter vertraglich verpflichtet war, bestimmte Einrichtungen im Pachtobjekt anzubringen und dort bei Vertragsende zu belassen.[57] Diese Vereinbarung ist aber nach § 591a S. 3 BGB nur dann wirksam, wenn zu Gunsten des Pächters ein angemessener Ausgleich vorgesehen ist. Unter Ausgleich ist nicht zwingend ein Geldbetrag zu verstehen; der Ausgleich kann auch in einer Herabsetzung der Pacht oder in einer Verlängerung der Pachtzeit bestehen.[58] Es empfiehlt sich, solche internen Berechnungen zu verschriftlichen. Berechnungsgrundlage ist der wirtschaftliche Gebrauchswert.

---

[52] Vgl. Grüneberg/Weidenkaff BGB § 588 Rn. 7.
[53] Faßbender/Hötzel/Lukanow/Faßbender BGB § 591a Rn. 2.
[54] Faßbender/Hötzel/Lukanow/Faßbender BGB § 591a Rn. 4.
[55] Grüneberg/Weidenkaff BGB § 591a Rn. 1.
[56] Grüneberg/Weidenkaff BGB § 591a Rn. 1.
[57] Faßbender/Hötzel/Lukanow/Faßbender BGB § 591a Rn. 18; Grüneberg/Weidenkaff BGB § 591a Rn. 2.
[58] Grüneberg/Weidenkaff BGB § 591a Rn. 2; Faßbender/Hötzel/Lukanow/Faßbender BGB § 591a Rn. 18.

j) Sonderkündigungsrechte. In den Landpachtvertrag können auch Regelungen aufgenommen werden, die sich auf Sonderkündigungsrechte beziehen, wie etwa die Kündigung des Pachtverhältnisses wegen **Eigenbedarfs des Verpächters.**[59] Namentlich sollten die Vertragsparteien eine Regelung darüber treffen, ob ein Kündigungsrecht wegen Eigenbedarfs allein dem Verpächter zustehen soll oder, etwa im Falle eines Erwerbs durch einen Dritten, auch dem neuen Verpächter, der in den Landpachtvertrag eingetreten ist. 45

k) Verjährung. Gemäß § 591b Abs. 1 BGB verjähren die Ersatzansprüche des Verpächters wegen Veränderung oder Verschlechterung der verpachteten Sache sowie die Ansprüche des Pächters auf Ersatz von Verwendungen oder auf Gestattung der Wegnahme einer Einrichtung **in sechs Monaten.** Die Vorschrift umfasst nicht nur vertragliche Ansprüche des Verpächters, sondern auch Ansprüche wegen Beschädigung des Eigentums an der Pachtsache, soweit sie auf dasselbe Ziel wie die vertraglichen Ansprüche gerichtet sind.[60] Anders verhält es sich dagegen bei einem Anspruch aus vorsätzlicher sittenwidriger Schädigung nach § 826 BGB. Auf einen solchen Anspruch gegen den Pächter oder einen in den Schutzbereich des Pachtvertrages einbezogenen Dritten findet § 591b BGB keine Anwendung. Hier verbleibt es bei der Vorschrift des § 195 BGB. 46

Die **Verjährung der Ersatzansprüche des Verpächters** beginnt mit dem Zeitpunkt, zu dem er die Sache zurückerhält, § 591b Abs. 2 S. 1 BGB. Entscheidend ist, dass der Verpächter durch Ausübung der unmittelbaren Sachherrschaft die Sache auf Veränderung und Verschlechterung ungestört untersuchen kann und dass der Pächter mit Kenntnis des Verpächters den Besitz vollständig und unzweideutig aufgibt.[61] Dies kann dazu führen, dass die Verjährung vor Ablauf der Pachtzeit eintritt, wenn nämlich der Pächter die Pachtsache mehr als 6 Monate vor Ende der Pachtzeit zurückgibt.[62] 47

Die **Verjährung der Ansprüche des Pächters** beginnt mit der Beendigung des Pachtverhältnisses, § 591b Abs. 2 S. 2 BGB. 48

5. Änderung von Landpachtverträgen

Haben sich **nach** Abschluss des Landpachtvertrages die Verhältnisse, die für die Festsetzung der Vertragsleistungen maßgebend waren, nachhaltig so geändert, dass die gegenseitigen Verpflichtungen in ein grobes Missverhältnis geraten sind, so kann jeder Vertragsteil eine Änderung des Vertrages mit Ausnahme der Pachtdauer verlangen, § 593 Abs. 1 S. 1 BGB. Die Vorschrift ist zwingend, wie sich aus § 593 Abs. 5 BGB ergibt. Allerdings sind Vereinbarungen zulässig, die gesetzliche Voraussetzungen für eine Vertragsänderung näher konkretisieren und gegebenenfalls erweitern. Dazu zählen insbesondere Wertsicherungsklauseln oder Leistungsvorbehalte, wonach jede Vertragspartei eine Neufestsetzung des Pachtpreises verlangen kann, wenn die Pacht nicht mehr angemessen ist oder bestimmte Bezugsgrößen sich um einen festen Zahlenwert nach unten oder nach oben geändert haben.[63] § 593 BGB konkretisiert den Wegfall oder die Änderung der Geschäftsgrundlage und schließt damit eine Anwendung des § 313 BGB aus.[64] Von einem groben Missverhältnis ist nur dann auszugehen, wenn ein Festhalten an den bestehenden Vereinbarungen unter Berücksichtigung des Einzelfalls einer oder beiden Vertragsparteien nicht mehr zumutbar ist.[65] Hierdurch ist klargestellt, dass eine nach Vertragsabschluss oder aber seit der letzten Vertragsanpassung eintretende erheb- 49

59 FormB-MietR/Riecke § 8 Rn. 25.

60 BGH NJW 2001, 2253; Faßbender/Hötzel/Lukanow/Faßbender BGB § 591b Rn. 6.

61 BGH NJW 2006, 1963; 2006, 2399; Grüneberg/Weidenkaff BGB § 548 Rn. 11.

62 BGH 29.1.2025 – XII ZR 96/23, BeckRS 2025, 5235.

63 Faßbender/Hötzel/Lukanow/Faßbender BGB § 593 Rn. 8; Düsing/Martinez/Schuhmacher BGB § 593 Rn. 6.

64 Grüneberg/Weidenkaff BGB § 593 Rn. 2; Faßbender/Hötzel/Lukanow/Faßbender BGB § 593 Rn. 23.

65 Düsing/Martinez/Schuhmacher BGB § 593 Rn. 13.

liche Änderung eines wesentlichen Vertragsmerkmals bedarf, das sich nachhaltig geändert hat.

50 Verbessert oder verschlechtert sich infolge der Bewirtschaftung der Pachtsache durch den Pächter deren Ertrag, so kann, wenn nichts anderes vereinbart ist, eine Änderung des Pachtzinses nicht verlangt werden, § 593 Abs. 1 S. 2 BGB. Durch die gesetzliche Regelung wird deutlich, dass der Pächter das **Bewirtschaftungsrisiko** trägt. Besonders gute Erträge sollen dem Pächter zugute kommen; entsprechend muss er sich eine schlechte Ertragslage zurechnen lassen, ohne dass die Pacht nach unten korrigiert werden müsste. § 593 Abs. 1 S. 2 BGB ist eng auszulegen; soweit eine Verschlechterung der Erträge auf andere Umstände als die Bewirtschaftung durch den Pächter zurückzuführen ist, kann durchaus eine Anpassung der Pacht verlangt werden.

51 Das Gesetz sieht in § 593 Abs. 1 S. 1 BGB eine **nachhaltige Änderung der Verhältnisse** vor, die eine Anpassung der Pacht zur Folge haben kann. Ob sich die für die Festsetzung der Vertragsleistungen maßgebenden Verhältnisse nachhaltig verändert haben, lässt sich nur unter Berücksichtigung sämtlicher Umstände tatsächlicher und rechtlicher Art beantworten, die das wirtschaftliche Interesse an der Nutzung von Pachtland unter Einbeziehung örtlicher Besonderheiten bestimmen.[66] Das Merkmal der **Nachhaltigkeit** in § 593 Abs. 1 S. 1 BGB schließt aus, dass die Anpassung bereits bei einer vorübergehenden oder in ihrer zeitlichen Ausdehnung noch nicht überschaubaren Änderung der Verhältnisse verlangt werden kann.[67] Die nachhaltige Änderung der Verhältnisse kann sich auf den Zustand der Pachtsache beziehen, die Betriebskosten, Marktpreise der Erzeugnisse, auch Wegfall von Subventionen. Vergleichsmaßstab kann auch die Entwicklung der regionalen Pachtpreise darstellen im Verhältnis zu den Bedingungen bei Vertragsabschluss.[68] Eine nachhaltige Änderung der Verhältnisse kann sich etwa aus der allgemeinen Wirtschaftslage in der Landwirtschaft ergeben, aus einer Änderung der Steuerlast wie auch aus einer Veränderung der Pachtsache durch Naturereignisse oder durch Unglücksfälle.[69]

52 Als **Maßstab für die Anpassung** der Pacht ist zunächst der Landpachtvertrag selbst heranzuziehen. Haben die Parteien über eine Anpassung der Pacht bei veränderter Sachlage Vereinbarungen bereits im Pachtvertrag getroffen, sind diese Vereinbarungen vorrangig vor der gesetzlichen Regelung.[70]

53 Sind vertraglich keine Regelungen über eine Anpassung der Pacht wegen nachhaltig veränderter Sachlage feststellbar, ist auf das Gesetz zurückzugreifen. Voraussetzung für eine Anpassung ist nach § 593 Abs. 1 S. 1 BGB ein grobes Missverhältnis der Vertragsleistungen zueinander.[71] Was unter einem groben Missverhältnis iSd § 593 Abs. 1 S. 1 BGB zu verstehen ist, hat der Gesetzgeber nicht definiert. Der Bundesgerichtshof[72] hat klargestellt, dass als Maßstab die Kriterien des § 4 Abs. 1 Nr. 3 LPachtVG heranzuziehen sind; für eine Vertragsanpassung ist das angemessene Verhältnis zwischen dem bei ordnungsgemäßer Bewirtschaftung nachhaltig erzielbaren Ertrag und dem Pachtpreis ein entscheidender Umstand. Ein Pachtpreis kann demgemäß dahingehend der Höhe nach angepasst werden, dass er einer Beanstandung durch die zuständige Behörde nach § 4 LPachtVG nicht ausgesetzt ist. Dabei sind alle betriebswirtschaftlichen Kriterien zu berücksichtigen.

54 Eine Änderung kann frühestens zwei Jahre nach Beginn der Pacht oder nach dem Wirksamwerden der letzten Änderung der Vertragsleistungen verlangt werden, § 593 Abs. 2 S. 1 BGB (Sperrfrist). Bei dem Änderungsverlangen handelt es sich eine emp-

[66] BGH NJW 1997, 1066.
[67] Faßbender/Hötzel/Lukanow/Faßbender BGB § 593 Rn. 34; Grüneberg/Weidenkaff BGB § 593 Rn. 5.
[68] Grüneberg/Weidenkaff BGB § 593 Rn. 5.
[69] BGH NJW 1997, 1066 (1067); Düsing/Martinez/Schuhmacher BGB § 593 Rn. 10.
[70] BGH NJW 1997, 1066 (1067); Faßbender/Hötzel/Lukanow/Faßbender BGB § 593 Rn. 40.
[71] MAH AgrarR/Piltz § 8 Rn. 45.
[72] BGH NJW 1997, 1067.

fangsbedürftige Willenserklärung, die den allgemeinen Regeln über Willenserklärungen unterliegt.[73] Die zeitliche Beschränkung des § 593 Abs. 2 S. 1 BGB gilt nicht, wenn verwüstende Naturereignisse, gegen die ein Versicherungsschutz nicht üblich ist, das Verhältnis der Vertragsleistungen grundlegend und nachhaltig verändert haben, § 593 Abs. 2 S. 2 BGB.

Gemäß § 593 Abs. 3 BGB kann die Änderung nicht für eine frühere Zeit als für das 55 Pachtjahr verlangt werden, in dem das Änderungsverlangen erklärt wird. Eine weitere Rückwirkung ist damit ausgeschlossen.

Weigert sich ein Vertragsteil, in eine Änderung des Vertrages einzuwilligen, so kann 56 der andere Teil die **Entscheidung des Landwirtschaftsgerichts** beantragen, § 593 Abs. 4 BGB. Der Antrag an das Amtsgericht als Landwirtschaftsgericht ist gemäß § 8 Abs. 1 LPachtVG zulässig, wenn das Pachtverhältnis gemäß § 2 LPachtVG bei der Landwirtschaftsbehörde spätestens bis zum Schluss der mündlichen Verhandlung angezeigt war.[74] Der Antrag ist auf eine Änderung der Vertragspflichten gerichtet. Gemäß § 14 Abs. 1 LwVG wird grundsätzlich nur auf Antrag hin entschieden. Das Gericht hat vor seiner Entscheidung den Beteiligten Gelegenheit zu geben, sich zur Sache zu äußern, § 14 Abs. 2 S. 1 LwVG. Besteht zwischen den Vertragsparteien ein Streit etwa über die Wirksamkeit des Landpachtvertrages oder einzelner Bestimmungen, ist dieser Streit nach den Vorschriften der Zivilprozessordnung auszufechten. Für die Vorbereitung der Entscheidung gelten die Vorschriften des § 130 und des § 273 Abs. 1, 2, 3 S. 1 und Abs. 4 der Zivilprozessordnung sinngemäß, § 14 Abs. 2 S. 2 LwVG.

Der Beschluss des Landwirtschaftsgerichts ersetzt die zur Vertragsänderung erforder- 57 liche Zustimmung des anderen Vertragsteils.[75] Im Tenor ist auszusprechen, dass die Nettopacht sich ab einem bestimmten Zeitpunkt auf einen bestimmten Betrag beläuft oder dass eine neue Vertragsklausel an die Stelle einer bisherigen Klausel tritt oder auch, dass der Antrag zurückgewiesen wird. Die Obergrenze der Anpassung ist § 4 Abs. 1 Nr. 3 LPachtVG zu entnehmen.[76] Erfüllt eine Vertragspartei ihre aus dem Beschluss des Landwirtschaftsgerichts folgende Verpflichtung auf Zahlung etwa der geänderten Pacht nicht, kann der Berechtigte nach § 595a Abs. 3 S. 2 BGB einen Antrag auf Zahlung an das Landwirtschaftsgericht stellen und auf diese Weise einen Vollstreckungstitel erwirken.[77]

6. Leistungsstörungen

a) **Zahlungsverzug des Pächters.** Gemäß § 585 Abs. 2 BGB in Verbindung mit § 581 58 Abs. 1 S. 2 BGB ist der Pächter eines landwirtschaftlichen Anwesens verpflichtet, dem Verpächter die vereinbarte Pacht zu entrichten. Nach § 587 Abs. 1 BGB ist die Pacht am Ende der Pachtzeit zu entrichten. Ist die Pacht nach Zeitabschnitten bemessen, so ist sie am ersten Werktag nach dem Ablauf der einzelnen Zeitabschnitte zu entrichten, § 587 Abs. 1 S. 2 BGB. Dem Verpächter steht damit ein einklagbarer Anspruch auf Zahlung der Pacht gegen seinen Pächter zu.

In § 594e Abs. 1 BGB wird für den Fall eines Zahlungsverzuges und einer darauf 59 gestützten außerordentlichen fristlosen Kündigung auf die Vorschriften der §§ 543, 569 Abs. 1 und 2 BGB verwiesen. Angesichts der Feststellung, dass die Pacht nach vielen vertraglichen Vereinbarungen nicht monatlich zu zahlen ist, sondern jährlich oder halbjährlich, war für Landpachtverträge eine spezielle Vorschrift erforderlich, die diesen Besonderheiten Rechnung trägt; demgemäß sieht § 594e Abs. 2 BGB vor, dass abweichend von § 543 Abs. 2 Nr. 3 Buchstaben a und b BGB ein **wichtiger Grund für eine außerordentlich fristlose Kündigung** insbesondere vorliegt, wenn der Pächter mit der Entrichtung der Pacht oder eines nicht unerheblichen Teiles der Pacht länger als drei

[73] Grüneberg/Weidenkaff BGB § 593 Rn. 9.
[74] Faßbender/Hötzel/Lukanow/Faßbender BGB § 593 Rn. 58.
[75] Grüneberg/Weidenkaff BGB § 593 Rn. 10.
[76] BGH NJW 1997, 1066; Grüneberg/Weidenkaff BGB § 593 Rn. 7.
[77] Faßbender/Hötzel/Lukanow/Faßbender BGB § 593 Rn. 60.

Monate in Verzug ist. Ist die Pacht nach Zeitabschnitten von weniger als einem Jahr bemessen, so ist die Kündigung erst zulässig, wenn der Pächter für zwei aufeinander folgende Termine mit der Entrichtung der Pacht oder eines nicht unerheblichen Teils der Pacht in Verzug ist. Verzug tritt nach § 286 Abs. 2 Nr. 1 BGB bei kalendermäßig bestimmter Fälligkeit ein, ohne dass es einer besonderen Mahnung bedarf.

60 Gemäß § 543 Abs. 2 S. 2 BGB wird die Kündigung unwirksam, wenn vor ihrem Zugang der Verpächter in vollem Umfang befriedigt wird.[78] Dieser Kündigungsausschluss und die befreiende Wirkung einer Aufrechnung bei entsprechender sofortiger Erklärung gelten über § 543 Abs. 2 S. 2 und 3 BGB weiter.[79]

61 Bei Zugang der Kündigung ist ein geringerer als der das Kündigungsrecht auslösende Rückstand ausreichend. Ein einmal wegen Zahlungsverzug eingetretenes Kündigungsrecht erlischt erst, wenn der Zahlungsrückstand vollständig ausgeglichen ist.[80]

62 **b) Mängel des Pachtobjekts.** Gemäß § 586 Abs. 1 S. 1 BGB hat der Verpächter die Pachtsache dem Pächter in einem zu der vertragsgemäßen Nutzung geeigneten Zustand zu überlassen und sie während der Pachtzeit in diesem Zustand zu erhalten. Nach § 586 Abs. 1 S. 2 BGB hat allerdings der Pächter die gewöhnlichen Ausbesserungen der Pachtsache, insbesondere die der Wohn- und Wirtschaftsgebäude, der Wege, Gräben, Dränungen und Einfriedungen, auf seine Kosten durchzuführen.

63 Für die **Haftung des Verpächters für Sach- und Rechtsmängel** sowie für die Rechte und Pflichten des Pächters wegen solcher Mängel gelten die Vorschriften des Mietrechts, hier § 536 Abs. 1–3 BGB und §§ 536a–536d BGB entsprechend. Ist der Verpächter wegen eines Rechtsmangels nicht in der Lage, die vertragsgemäße Nutzung der Pachtsache zu gewähren, ist er zum Schadensersatz verpflichtet, § 536a BGB.[81] Bei einem Sachmangel kann der Pächter seine Rechte aus § 536 Abs. 1 BGB herleiten und **die Pacht mindern,** ferner ein **Zurückbehaltungsrecht** im Hinblick auf die Pacht geltend machen. Ist ein Mangel der Pachtsache bei Vertragsschluss vorhanden oder entsteht ein solcher Mangel später wegen eines Umstands, den der Verpächter zu vertreten hat, oder kommt der Verpächter mit der Beseitigung eines Mangels in Verzug, so kann der Pächter neben seinen Rechten aus § 536 BGB in Form einer Minderung der Pacht **Schadensersatz** verlangen, §§ 586 Abs. 2, 536a Abs. 1 BGB.

64 Der Pächter kann den Mangel selbst beseitigen und Ersatz der erforderlichen Aufwendungen verlangen, wenn

- der Verpächter mit der Beseitigung des Mangels in Verzug ist, oder
- die umgehende Beseitigung des Mangels zur Erhaltung oder Wiederherstellung des Bestands der Pachtsache notwendig ist, §§ 586 Abs. 2, 536a Abs. 2 BGB.

65 **Gewährleistungsansprüche des Pächters** während der Pachtzeit setzen naturgemäß eine entsprechende **Mängelanzeige** voraus, §§ 586 Abs. 2, 536c BGB. Wird die erforderliche Anzeige unterlassen, ist der Pächter dem Verpächter zum Ersatz des daraus entstehenden Schadens verpflichtet; soweit der Verpächter infolge der Unterlassung der Anzeige nicht Abhilfe schaffen konnte, ist der Pächter nicht berechtigt, die Pacht zu mindern, Schadensersatz zu verlangen und eine fristlose Kündigung auszusprechen, §§ 586 Abs. 2, 536c Abs. 2 BGB.

66 Auch § 536b BGB ist durch § 586 Abs. 2 BGB in Bezug genommen worden; die Gewährleistungsrechte sind ausgeschlossen oder eingeschränkt, wenn der Pächter bei Vertragsschluss Kenntnis vom Mangel des Pachtobjekts hatte; ist dem Pächter der Mangel infolge grober Fahrlässigkeit unbekannt geblieben, stehen ihm Gewährleistungsrechte nur zu, wenn der Verpächter den Mangel arglistig verschwiegen hat. Nimmt

[78] Grüneberg/Weidenkaff BGB § 543 Rn. 27.

[79] Faßbender/Hötzel/Lukanow/Faßbender BGB § 594e Rn. 17.

[80] Anders BGH 23.4.2010 – LwZR 20/09, der von einer Frist von 3 Monaten ausgeht, innerhalb derer gekündigt werden müsse. Ob sich diese Auffassung nach BGH 13.7.2016 – VIII ZR 296/15 noch halten lässt, ist fraglich.

[81] BGH NJW 1991, 3277; Grüneberg/Weidenkaff BGB § 586 Rn. 2.

der Pächter die Pachtsache trotz Kenntnis des Mangels ab, erhält er seine Gewährleistungsrechte nur bei entsprechendem Vorbehalt, §§ 586 Abs. 2, 536b S. 3 BGB.

Die Gewährleistungsansprüche des Pächters wegen Sach- und Rechtsmängeln können im Wege vertraglicher Vereinbarung ausgeschlossen werden.[82] § 586 Abs. 2 BGB verweist nämlich nicht auf § 536 Abs. 4 BGB, in dem niederlegt worden ist, dass bei einem Mietverhältnis über Wohnraum eine zum Nachteil des Mieters abweichende Vereinbarung unwirksam ist. Bei Formularverträgen ist die Grenze des § 309 Nr. 7 und 8 BGB einzuhalten, soweit der Pächter nicht im Sinne der §§ 310 Abs. 1, 14 BGB als **Unternehmer** anzusehen ist; bei Individualvereinbarungen ist zu beachten, dass bei Sittenwidrigkeit und Wucher, einem Verstoß gegen die guten Sitten und bei vorsätzlich verschuldeten Mängeln, § 276 Abs. 3 BGB, der Ausschluss der Gewährleistung unwirksam ist.[83] Eine Einschränkung des Haftungsausschlusses des Verpächters findet sich zudem in §§ 586 Abs. 2, 536d BGB; auf eine Vereinbarung, durch die die Rechte des Pächters wegen eines Mangels der Pachtsache ausgeschlossen oder beschränkt werden, kann sich der Verpächter nicht berufen, wenn er den Mangel arglistig verschwiegen hat. 67

c) **Nutzungsüberlassung an Dritte.** Gemäß § 589 Abs. 1 BGB ist der Pächter **ohne Erlaubnis des Verpächters** nicht berechtigt, die Nutzung der Pachtsache einem Dritten zu überlassen, insbesondere die Sache weiter zu verpachten, ferner die Pachtsache ganz oder teilweise einem landwirtschaftlichen Zusammenschluss zum Zwecke der gemeinsamen Nutzung zu überlassen. Eine Überlassung der Nutzung an Dritte liegt vor, wenn der Besitz an der Pachtsache einem oder mehreren Dritten zur selbständigen Erzielung von Erträgen oder Gebrauchsvorteilen eingeräumt wird.[84] Die Vorschrift ist dispositiv.[85] 68

Als Hauptfall der Nutzungsüberlassung stellt sich die Unterverpachtung dar. Der Sache nach handelt es sich um einen Pachtvertrag, der den allgemeinen Regeln unterliegt. Wird der Unterpachtvertrag für längere Zeit als zwei Jahre abgeschlossen, sollte dies in schriftlicher Form erfolgen, § 585a BGB, da ansonsten von einem unbefristeten Pachtverhältnis auszugehen ist. Im Verhältnis Hauptverpächter zum Unterpächter bestehen vertragliche Beziehungen nicht. Dem entspricht, dass der Verpächter die Sache nach Beendigung des Pachtverhältnisses auch von dem Dritten zurückfordern kann, wenn der Pächter die Nutzung der Pachtsache einem Dritten überlassen hatte, § 596 Abs. 3 BGB. 69

Eine besondere Form der Nutzungsüberlassung ist **im Falle des Pflugtausches** gegeben. Dabei handelt es sich um die Überlassung von Eigentums- oder Pachtflächen an einen anderen Bewirtschafter, der seinerseits eigene oder Pachtflächen im Tauschwege zur Verfügung stellt.[86] Dabei kann die Frage dahingestellt bleiben, ob es sich bei dem Pflugtausch um ein Rechtsverhältnis sui generis handelt,[87] ein Gefälligkeitsverhältnis oder aber eine Grundstücksleihe.[88] In jedem Falle nämlich stellt der Pflugtausch einen Bewirtschafterwechsel dar, der einer Erlaubnis des Verpächters bedarf. 70

Erlaubnispflichtig ist auch die Überlassung der Pachtsache ganz oder teilweise an einen landwirtschaftlichen Zusammenschluss zum Zweck der gemeinsamen Nutzung, § 589 Abs. 1 Nr. 2 BGB. Als Formen landwirtschaftlicher Zusammenschlüsse sind denkbar: **Maschinenringe, Maschinengemeinschaften, Betriebs- oder Betriebszweiggemeinschaften, Erzeugergemeinschaften in den Rechtsformen des BGB oder des HGB.**[89] Entscheidend für eine Erlaubnispflicht ist stets, dass die Pachtsache in den Zusammenschluss eingebracht wird. 71

---

[82] Grüneberg/Weidenkaff § 586 Rn. 1; Faßbender/Hötzel/Lukanow/Faßbender BGB § 586 Rn. 135.
[83] Faßbender/Hötzel/Lukanow/Faßbender BGB § 586 Rn. 135.
[84] BGH NJW 2002, 2168 (2169); Faßbender/Hötzel/Lukanow/Faßbender BGB § 589 Rn. 5; Grüneberg/Weidenkaff BGB § 589 Rn. 1.
[85] BGH BeckRS 1999, 30050014.
[86] Faßbender/Hötzel/Lukanow/Faßbender BGB § 589 Rn. 7.
[87] Vgl. Faßbender/Hötzel/Lukanow/Faßbender BGB § 589 Rn. 7b.
[88] Vgl. dazu BGH NJW 1985, 313.
[89] Faßbender/Hötzel/Lukanow/Faßbender BGB § 589 Rn. 13.

72 Tritt bei einer Betriebsgemeinschaft oder Gesellschaftsgründung an Stelle des bisherigen Alleinpächters eine Nutzung durch verschiedene Gesellschafter, wird die Pachtsache durch Dritte bewirtschaftet, so dass eine derartige Übertragung der Pachtsache auf die Gesellschaft erlaubnispflichtig ist.

73 Demgegenüber erfüllt der infolge einer **Umwandlung durch Verschmelzung** gemäß § 2 UmwG eintretende Pächterwechsel, § 20 Abs. 1 Nr. 1 UmwG, nicht die Voraussetzungen einer Überlassung der Pachtsache an einen Zusammenschluss iSd § 589 Abs. 1 Nr. 2 BGB.[90] Zur Begründung wird darauf verwiesen, die Vorschrift des § 589 BGB setze eine Nutzungsüberlassung an Dritte voraus und damit ein Weiterbestehen des Pächters. Daran fehlt es, weil der ursprüngliche Pächter als übertragender Rechtsträger nach § 20 Abs. 1 Nr. 2 S. 1 UmwG erloschen sei, folglich keine Nutzungsüberlassung an einen Dritten erfolgt, sondern ein gesetzlicher Pächterwechsel eingetreten sei. Auch könne die Vorschrift des § 589 BGB nicht analog angewendet werden, weil strukturelle Unterschiede zwischen einer Nutzungsüberlassung an Dritte und einer Verschmelzung bestünden.[91]

74 Auch ein **Pächterwechsel** bedarf der Zustimmung des Verpächters. Systematisch korrekt müsste ein Vertrag mit dem Verpächter, dem ausscheidenden Pächter und dem eintretenden Pächter geschlossen werden, ein sog. Dreiecksvertrag.[92]

75 Der Begriff der **Nutzungen** wird aus § 100 BGB hergeleitet.[93] Nutzungen iSd § 589 Abs. 1 Nr. 1 BGB bilden nicht nur das Ergebnis der Bodenbewirtschaftung sondern auch die Gebrauchsvorteile von gepachteten landwirtschaftlichen Gebäuden, ferner die Gebrauchsvorteile bei Benutzung eines unter Naturschutz stehenden Grundstücks, im Übrigen auch jede im ländlichen Bereich vorkommende nichtlandwirtschaftliche Nutzung.[94]

76 Die Erlaubnis stellt eine empfangsbedürftige Willenserklärung dar, auf die die allgemeinen Regeln Anwendung finden. Die Erlaubnis kann bereits im Voraus im Vertrag für einzelne Bereiche erteilt worden sein und ist nicht formbedürftig.[95]

77 Ohne eine ausdrückliche vertragliche Vereinbarung hat der Pächter keinen Anspruch darauf, eine Zustimmung zu einer Überlassung der Pachtsache an Dritte vom Verpächter zu erhalten. Der Verpächter braucht sich einen anderen Vertragspartner nicht aufdrängen zu lassen und ist in seinem Ermessen frei.[96]

78 Überlässt der Pächter die Nutzung der Pachtsache einem Dritten, so hat er ein **Verschulden**, das dem Dritten bei der Nutzung zur Last fällt, zu vertreten, auch wenn der Verpächter die Erlaubnis zur Überlassung erteilt hat, § 589 Abs. 2 BGB. Der Pächter haftet demgemäß neben dem Dritten für dessen Verschulden bei der Nutzung der Pachtsache. Ist die Überlassung des Pachtobjekts ohne Zustimmung des Verpächters erfolgt, so haftet der Pächter auch für Schäden, die der Dritte unverschuldet verursacht hat.[97] Im Falle erlaubter Unterverpachtung haftet der Pächter für ein Verschulden des Dritten aus § 589 Abs. 2 BGB, weil der Pächter dafür einzustehen hat, dass der Dritte die Grenzen des Hauptpachtvertrages einhält.[98]

79 Handelt es sich bei dem Unterpächter oder dem Pflugtauschpartner um eine Gesellschaft oder Genossenschaft, so tritt bei Personengesellschaften eine persönliche Haftung der Gesellschafter ein.[99] Eine Beschränkung dieser Haftung ist nur auf der Basis einer individuellen Vereinbarung möglich.

---

90 BGH NJW 2002, 2168.
91 BGH NJW 2002, 2168 (2169).
92 Faßbender/Hötzel/Lukanow/Faßbender BGB § 589 Rn. 8.
93 Grüneberg/Weidenkaff BGB § 589 Rn. 1.
94 Faßbender/Hötzel/Lukanow/Faßbender BGB § 589 Rn. 4.
95 Faßbender/Hötzel/Lukanow/Faßbender BGB § 589 Rn. 22.
96 Faßbender/Hötzel/Lukanow/Faßbender BGB § 589 Rn. 23.
97 Grüneberg/Weidenkaff BGB § 589 Rn. 3 unter Verweis auf Grüneberg/Weidenkaff BGB § 540 Rn. 15.
98 BGH NJW 2000, 3203 (3206); Grüneberg/Weidenkaff BGB § 540 Rn. 15.
99 BGH NJW 1999, 3483; Faßbender/Hötzel/Lukanow/Faßbender BGB § 589 Rn. 38.

d) **Änderung der landwirtschaftlichen Bestimmung oder der bisherigen Nutzung.** 80
Gemäß § 590 Abs. 1 BGB darf der Pächter die landwirtschaftliche Bestimmung der Pachtsache nur mit vorheriger Erlaubnis des Verpächters ändern. Der Zweck der Vorschrift liegt darin, dem Pächter Bewegungsfreiheit für eine Marktanpassung und Produktivität zu gewährleisten und das Verpächterinteresse an gleichbleibend belastungsarmen Zustand ohne risikobehaftete Änderung der Pachtsache zu schützen.[100] **Die Vorschrift ist abdingbar;** vertraglich kann eine eindeutige Regelung zwischen den Parteien getroffen werden, aus der sich Art und Umfang der Änderungsbefugnis ergeben sollte. Hat der Verpächter durch Vertrag oder durch eine entsprechende Willenserklärung während des laufenden Landpachtvertrages die Änderungsbefugnis erteilt, hat dies zur Folge, dass der Pächter die Pachtsache bei Beendigung des Vertragsverhältnisses in geändertem Zustand zurückgeben darf.[101]

Änderung iSd § 590 Abs. 1 BGB bedeutet, dass die Pachtsache **nicht mehr für die** 81
Landwirtschaft genutzt wird.[102] Unter Landwirtschaft versteht das Gesetz in § 585 Abs. 1 S. 2 BGB die Bodenbewirtschaftung und die mit der Bodennutzung verbundene Tierhaltung, um pflanzliche oder tierische Erzeugnisse zu gewinnen, sowie die gartenbauliche Erzeugung. Eine Änderung liegt in der Verwendung der Landpachtsache in einen Sport-, Camping- oder Lagerplatz, in einer Nutzung von Gebäuden für anderweitige gewerbliche Zwecke, etwa die Umgestaltung eines Wohnhauses in ein Ferienheim oder Wirtschaftsgebäude zu gewerblichen Lagerhallen oder Werkstätten.[103] Eine Bestimmungsänderung von Landwirtschaft in Gewerbe tritt immer dann ein, wenn ein Betriebspächter zu einer Intensiv-Viehhaltung in einem solchen Umfang übergeht, dass sein Betrieb als Gewerbe veranlagt wird oder bei einem Pächter eines Gartenbaubetriebs infolge starken Zukaufs von Produkten eine entsprechende Umwidmung vollzogen wird.[104]

Ein besonderes Problem eröffnet sich im Falle einer **Stilllegung von landwirtschaftli-** 82
chen Betriebsflächen auf Grund von Vorgaben aus dem **Europäischen Gemeinschaftsrecht.** Eine Flächenstilllegung in Form einer Dauerbrache kann im Innenverhältnis der Pachtvertragsparteien dazu führen, dass die Rückgabe derartiger Flächen bei Vertragsende gegen die Pächterverpflichtung zur Rückgabe der Pachtsache nach § 596 Abs. 1 BGB verstoßen könnte. Nach der vorbezeichneten Vorschrift ist der Pächter verpflichtet, die Pachtsache nach Beendigung des Pachtverhältnisses in dem Zustand zurückzugeben, der einer bis zur Rückgabe fortgesetzten ordnungsgemäßen Bewirtschaftung entspricht. Der Pächter hat im Innenverhältnis der Landpachtparteien die Stilllegung so einzurichten, dass die Pachtfläche bei Vertragsende rekultiviert und in gleicher Weise bewirtschaftbar zurückgegeben wird, so wie sie bei Vertragsbeginn übergeben worden ist.[105] Sind Rekultivierungszeiträume einzuhalten, hat der Pächter die entsprechenden Vorlaufzeiten vor Vertragsende einzuhalten und macht sich ansonsten iSd § 280 BGB schadensersatzpflichtig. Das Außenverhältnis des Pächters unterliegt den besonderen Regelungen des Europäischen Gemeinschaftsrechts und ist an die Vorgaben des Rechts der Fördermittel geknüpft.

Entsprechendes hat zu gelten, wenn der Pächter sich zu einer **Aufgabe der Milch-** 83
erzeugung gegen Zahlung entsprechender Milchaufgabenvergütung entschließt; der Sache nach handelt es sich um eine Verschlechterung der Pachtsache. Hier ist eine vorherige Erlaubnis seitens des Verpächters unerlässlich.[106] Gleiches gilt für den Wechsel von oder zur **ökologischen Bewirtschaftung.**[107]

---

[100] Grüneberg/Weidenkaff BGB § 590 Rn. 1.
[101] Grüneberg/Weidenkaff BGB § 590 Rn. 2.
[102] Faßbender/Hötzel/Lukanow/Faßbender BGB § 590 Rn. 14.
[103] Grimm/Norer 4. Kap. Rn. 67; Grüneberg/Weidenkaff BGB § 590 Rn. 3; Faßbender/Hötzel/Lukanow/Faßbender BGB § 590 Rn. 14.
[104] Faßbender/Hötzel/Lukanow/Faßbender BGB § 590 Rn. 13.
[105] Faßbender/Hötzel/Lukanow/Faßbender BGB § 590 Rn. 17.
[106] Vgl. BGH NJW 1997, 2316; 2001, 2253.
[107] Düsing/Martinez/Schuhmacher BGB § 590 Rn. 11.

84 Die Erlaubnis muss vor der Änderung erteilt worden sein. Anders als im Falle des § 590 Abs. 2 S. 3 BGB kann die Erlaubnis nicht durch das Landwirtschaftsgericht ersetzt werden. Allerdings kann die Erlaubnis durch den Verpächter auch nach der Bestimmungsänderung erteilt werden, so dass die Änderung nachträglich rechtmäßig wird.[108]

85 Ein Verstoß des Pächters gegen die Regelung des § 590 Abs. 1 BGB hat zur Folge, dass dem Verpächter ein **Beseitigungs- und Unterlassungsanspruch** nach § 590a BGB zusteht, der eine Abmahnung des Pächters vorsieht. Außerdem kann der Verpächter gemäß § 594e BGB außerordentlich fristlos das Pachtverhältnis **aus wichtigem Grund kündigen.** Hinzu kommt ein Anspruch des Verpächters auf **Schadensersatz,** § 280 BGB, in erster Linie gerichtet auf Naturalrestitution, § 249 Abs. 1 BGB. Werden als Ackerland verpachtete Flächen als Grünland genutzt, entspricht es vorbehaltlich besonderer vertraglicher Vereinbarungen ordnungsgemäßer Bewirtschaftung, die Ackerlandeigenschaft zu erhalten und die Entstehung von Dauergrünland durch einen rechtzeitigen Umbruch abzuwenden; kommt der Pächter dem schuldhaft nicht nach, ist er dem Grunde nach verpflichtet, dem Verpächter den durch die Entstehung von Dauergrünland entstandenen Schaden zu ersetzen. Dabei kann ein Mitverschulden des Verpächters in Betracht kommen, wenn er es unterlässt, den Pächter zu einem rechtzeitigen Umbruch anzuhalten, sofern ihm die Nutzung als Grünland bekannt war und er die drohende Entstehung von Dauergrünland erkennen konnte; in aller Regel wird Letzteres voraussetzen, dass der Verpächter aktiver Landwirt ist.[109]

86 Die Ansprüche des Verpächters unterliegen der kurzen Verjährungsfrist des § 591b BGB, nicht jedoch die konkurrierenden Schadensersatzansprüche aus dem Gesichtspunkt einer unerlaubten Handlung. Der **Zweck der kurzen Verjährungsfrist** des § 591b BGB liegt darin, dass sich die Parteien eines Pachtvertrages nach Beendigung des Vertragsverhältnisses zügig auseinandersetzen, insbesondere im Hinblick auf die Ansprüche wegen des Zustandes der überlassenen Sache nach ihrer Rückgabe; hier soll eine besondere Beschleunigung Platz greifen. Dieser Zweck des § 591b BGB erfordert nicht, etwa Ansprüche aus dem Gesichtspunkt des § 826 BGB der kurzen Verjährungsfrist zu unterwerfen, weil Haftungsgrund nicht die Beschädigung der Pachtsache darstellt, sondern eine sittenwidrige Schädigung des Verpächters.[110]

87 § 590 Abs. 2 BGB regelt den Fall, dass zur Änderung der bisherigen Nutzung der Pachtsache die vorherige Erlaubnis des Verpächters nur dann erforderlich ist, wenn durch die **Änderung die Art der Nutzung über die Pachtzeit hinaus beeinflusst wird, § 590 Abs. 2 S. 1 BGB.** Der Sache nach handelt es sich stets um eine Änderung der Nutzung im Rahmen der vertrags- und ordnungsgemäßen Bewirtschaftung. Über Nutzungsänderungen kann der Landpachtvertrag bereits Regelungen enthalten; ist die neue Nutzungsart vertraglich vereinbart, bedarf es bei ihrer Einführung einer vorherigen besonderen Erlaubnis des Verpächters naturgemäß nicht. Eine Änderung der Fruchtfolge, die Einführung einer Mais-Monokultur oder eine vorübergehende Brache stellen keine Nutzungsänderung dar. Anders ist der Fall zu beurteilen, wenn Wald zur Gewinnung von Ackerland abgeholzt werden soll.[111] Demgegenüber darf Wiese in einen Acker oder Acker in eine Wiese umgewandelt werden, wenn der alte Zustand bis zum Pachtende wiederhergestellt wird. Die **Nutzungsänderung innerhalb der landwirtschaftlichen Bestimmung** erfordert also eine Prognoseentscheidung des Pächters, ob seine Änderung der Nutzung das Pachtgrundstück über die Pachtzeit hinaus beeinflussen kann. Das kann bei unerkanntem Schrift- bzw. Textformmangel mit der Folge fristgerechter Kündigungen fatale Folgen haben.

88 Gemäß § 590 Abs. 2 S. 2 BGB darf der Pächter Gebäude nur mit vorheriger Erlaubnis des Verpächters errichten. Beispiele für Gebäude sind Wohn- und Betriebsgebäude,

[108] Grüneberg/Weidenkaff BGB § 590 Rn. 4.
[109] BGH NJW-RR 2017, 1046.
[110] BGH NJW 2001, 2253 (2254).
[111] Grimm/Norer 4. Kap. Rn. 68; Grüneberg/Weidenkaff BGB § 590 Rn. 6.

Behelfsbauten, Garagen, überdachte Stellplätze, Scheunen, Hallen zur Intensivtierhaltung, dagegen nicht Silos, Vorratsbehälter, Kleintierställe, Transformatorenkästen, Windkraft- und Mobilfunkanlagen.[112]

Bei der **Erlaubnis des Verpächters** iSd § 590 Abs. 2 BGB handelt es sich um eine **empfangsbedürftige Willenserklärung**, für die die allgemeinen Regeln über Willenserklärungen gelten. Eine besondere Form der Erlaubnis ist gesetzlich nicht vorgesehen. Wegen eines eventuell anschließenden landwirtschaftsgerichtlichen Verfahrens empfiehlt sich aber die Schrift- oder aber Textform, die zudem genutzt werden sollte, dem Verpächter eine angemessene Frist zur Abgabe einer Erklärung zu setzen. 89

Ist die Erlaubnis seitens des Verpächters erteilt und hat der Pächter von der Erlaubnis Gebrauch gemacht, liegt eine Vertragsänderung vor, die eine erlaubte Nutzungsänderung iSd § 590 Abs. 2 BGB zum Gegenstand hat.[113] Beteiligt sich der Verpächter an den mit der Nutzungsänderung verbundenen Investitionen, liegt regelmäßig eine Verbesserung der Pachtsache vor, die zu einer Prüfung des § 588 BGB führen kann; für diesen Fall kann eine Anhebung des Pachtpreises in Betracht kommen.[114] 90

Liegt seitens des Verpächters keine Erlaubnis zur Nutzungsänderung vor oder hat der Pächter iSd § 590 Abs. 2 S. 2 BGB ein Gebäude unerlaubt errichtet, ist von einem vertragswidrigen Gebrauch der Pachtsache auszugehen, der zu einem Anspruch des Verpächters auf Unterlassung und Beseitigung nach § 590a BGB führen kann. Der Anspruch ist auf die Wiederherstellung des früheren Zustandes des Pachtobjekts gerichtet. Außerdem kann der Verpächter das Pachtverhältnis fristlos kündigen, § 594e BGB in Verbindung mit § 543 BGB, wobei allerdings regelmäßig eine erfolglose Abmahnung der Kündigung vorauszugehen hat §§ 594e Abs. 1, 543 Abs. 3 BGB. Darüber hinaus stehen dem Verpächter Schadensersatzansprüche gemäß § 280 Abs. 1 BGB zu.[115] 91

Hat im Falle des § 590 Abs. 2 BGB der Verpächter die **Erlaubnis nicht erteilt**, so kann sie auf Antrag des Pächters **durch das Landwirtschaftsgericht ersetzt** werden, soweit die Änderung zur Erhaltung oder nachhaltigen Verbesserung der Rentabilität des Betriebs geeignet erscheint und dem Verpächter bei Berücksichtigung seiner berechtigten Interessen zugemutet werden kann, § 590 Abs. 2 S. 3 BGB. Die Verweigerung des Verpächters kann ausdrücklich oder stillschweigend erfolgen.[116] Das Gesetz geht davon aus, dass sich die Parteien eines Landpachtvertrages im Hinblick auf eine Nutzungsänderung in erster Linie selbst verständigen. Erst wenn definitiv feststeht, dass die Erlaubnis verweigert worden ist, kann das landwirtschaftsgerichtliche Verfahren eingeleitet werden. Diesem Antragsverfahren ist ein Vorverfahren vorgeschaltet, um den Parteien Gelegenheit zu geben, im Wege eigener Autonomie vertragsangepasste Regelungen zu finden, um den Besonderheiten des Einzelfalles gerecht zu werden. Der Pächter sollte bis in alle Einzelheiten die Nutzungsänderung beschreiben, die besonderen Gesichtspunkte zur Verbesserung der Rentabilität und das nunmehr angestrebte Verhältnis des Gewinns zum Einsatz von Kapital und Arbeit.[117] 92

Liegt ein substantiierter Antrag des Pächters nach endgültiger Verweigerung des Verpächters vor, sind neben den Rentabilitätsgesichtspunkten auch die berechtigten Interessen des Verpächters zu berücksichtigen. Die Nutzungsänderung muss für den Verpächter zumutbar sein. Dabei stehen **betriebswirtschaftliche Gesichtspunkte** des Verpächters auf dem Prüfstand. Auch finanzielle Risiken sind in die Bewertung einzubeziehen; ferner können sogar **soziale** Gesichtspunkte einem Änderungsantrag des Pächters entgegenstehen.[118] 93

---

[112] Beispiele entnommen von Faßbender/Hötzel/Lukanow/Faßbender BGB § 590 Rn. 44.
[113] Faßbender/Hötzel/Lukanow/Faßbender BGB § 590 Rn. 48.
[114] Faßbender/Hötzel/Lukanow/Faßbender BGB § 590 Rn. 48 ff.
[115] Grüneberg/Weidenkaff BGB § 590 Rn. 5;; Faßbender/Hötzel/Lukanow/Faßbender BGB § 590 Rn. 51.
[116] Grüneberg/Weidenkaff BGB § 590 Rn. 8.
[117] Faßbender/Hötzel/Lukanow/Faßbender BGB § 590 Rn. 56; Grüneberg/Weidenkaff BGB § 590 Rn. 8.
[118] Vgl. Faßbender/Hötzel/Lukanow/Faßbender BGB § 590 Rn. 68.

94 Hat der Pächter nicht vorher um eine Erlaubnis zur Nutzungsänderung gebeten, ist eine nachträgliche Ersetzung durch das Landwirtschaftsgericht nicht mehr möglich, weil das Gesetz ausdrücklich eine **vorherige Zustimmung** erfordert.[119] Auch kommt eine Nachholung im Rahmen der Zumutbarkeitsersetzung nach § 591 Abs. 2 BGB nicht in Betracht, d. h. der Pächter hat weder Anspruch auf Verwendungsersatz für eigenmächtig durchgeführte Investitionen noch für den Wert eigenmächtig errichteter Gebäude. Anders liegt der Fall nur dann, wenn der Verpächter nachträglich die Investitionen billigt, worauf der Pächter allerdings keinen Anspruch hat.[120]

95 Das Landwirtschaftsgericht kann die Erlaubnis von Bedingungen, § 158 BGB, Auflagen und Sicherheitsleistungen, § 232 BGB, anhängig machen, § 590 Abs. 2 S. 5 BGB. Auch kann eine Bestimmung über Art und Umfang der Sicherheitsleistung getroffen werden. Dabei kann den Besonderheiten des jeweiligen Einzelfalles Rechnung getragen werden. Durch die gerichtliche Entscheidung wird die Zustimmung des Verpächters ersetzt. Die Nutzungsänderung ist in diesem Fall zulässig und der Pächter kann, nachdem er von der gerichtlich erstrittenen Erlaubnis Gebrauch gemacht hat, die Pachtsache in verändertem Zustand bei Pachtende zurückgeben.

96 Über den Antrag auf Ersetzung der Erlaubnis nach § 590 Abs. 2 BGB entscheidet das **Landwirtschaftsgericht** gemäß § 1 Nr. 1 in Verbindung mit §§ 9 ff. LwVG in einem Verfahren nach den Vorschriften des FamFG durch rechtsgestaltenden Beschluss.[121] Anders ist der Fall zu beurteilen, dass die Vertragsparteien ein Verfahren auf Feststellung anhängig machen, dass ein bestimmter Nutzungswechsel ohne Verpächtererlaubnis zulässig oder unzulässig ist; hier handelt es sich nicht um eine Landwirtschaftssache der Freiwilligen Gerichtsbarkeit im Sinne der vorbezeichneten Vorschriften, sondern um ein Verfahren nach § 1 Nr. 1a in Verbindung mit § 48 LwVG. Nur der Antrag auf Ersetzung der Erlaubnis ist dem FamFG zugeordnet; der Feststellungsantrag ist aber gerade darauf nicht gerichtet.[122]

97 Die Ersetzung der Erlaubnis durch das Landwirtschaftsgericht ist **ausgeschlossen,** wenn der Pachtvertrag gekündigt ist oder das Pachtverhältnis in weniger als drei Jahren endet, § 590 Abs. 2 S. 4 BGB. Bei der Kündigung kann es sich um eine außerordentliche fristlose oder eine ordentliche Kündigung handeln.[123]

98 Hat der Pächter das nach § 582a BGB zum Schätzwert übernommene Inventar im Zusammenhang mit einer Änderung der Nutzung der Pachtsache wesentlich vermindert, so kann der Verpächter schon während der Pachtzeit einen Geldausgleich in entsprechender Anwendung des § 582a Abs. 3 BGB verlangen, es sei denn, dass der Erlös der veräußerten Inventarstücke zu einer zur Höhe des Erlöses in angemessenem Verhältnis stehenden Verbesserung der Pachtsache nach § 591 BGB verwendet worden ist, § 590 Abs. 3 BGB.

99 Verfahrensrechtlich ist anzumerken, dass § 590 Abs. 3 BGB in § 1 Nr. 1 LwVG nicht erwähnt ist. Somit ist ein ev. Anspruch aus § 590 Abs. 3 BGB über § 1 Nr. 1a LwVG in Verbindung mit §§ 48 ff. LwVG geltend zu machen.[124] Demgemäß wird das gerichtliche Verfahren nach den Vorschriften der Zivilprozessordnung durchgeführt.[125] Auf die Besonderheiten des § 48 Abs. 2 LwVG sei verwiesen.

7. Flächenabweichungen

100 Flächenabweichungen stellen – ähnlich wie im Mietrecht – einen Sachmangel dar; die Angabe einer Pachtfläche in einem Landpachtvertrag stellt regelmäßig keine nur unver-

[119] Faßbender/Hötzel/Lukanow/Faßbender BGB § 590 Rn. 47.
[120] Faßbender/Hötzel/Lukanow/Faßbender BGB § 591 Rn. 61.
[121] Faßbender/Hötzel/Lukanow/Faßbender BGB § 590 Rn. 85.
[122] Faßbender/Hötzel/Lukanow/Faßbender BGB § 590 Rn. 85.
[123] Grüneberg/Weidenkaff BGB § 590 Rn. 9.
[124] Barnstedt/Steffen § 1 Rn. 28.
[125] Barnstedt/Steffen § 1 Rn. 28 und 75; aA Faßbender/Hötzel/Lukanow/Faßbender BGB § 590 Rn. 85.

bindliche Objektbeschreibung dar. Im Falle einer nicht nur unerheblichen Abweichung der tatsächlichen von der vereinbarten Fläche kann von einem Mangel der Pachtsache ausgegangen werden.[126] Eine feste **Erheblichkeitsgrenze** wird man in der Landpacht – anders als im Mietrecht – nicht pauschal bei 10 % ansetzen können. Bei der Landpacht steht die Größe der Pachtfläche in einem unmittelbaren Zusammenhang mit der Ertragsmöglichkeit. Davon ist im Gewerbe- oder Wohnraum nicht auszugehen. Die vom BGH aufgestellte „mehr als 10 %" Schwelle soll es dem Mieter erleichtern, seine Rechte durchzusetzen, ohne die tatsächliche Erheblichkeit der Beeinträchtigung nachweisen zu müssen. Dieses Problem stellt sich bei der Landpacht nicht.[127] Die Erheblichkeitsschwelle ist daher weitaus niedriger anzusetzen und grundsätzlich der Einzelfall zu betrachten. Bestehen demgemäß während der Vertragsverhandlungen Unsicherheiten über die Größe der Pachtfläche, sollte dies vertraglich festgehalten und zugleich geregelt werden, wie mit bekanntwerdenden Flächenabweichungen umzugehen ist.

8. Verpächterpfandrecht

Gemäß § 592 S. 1 BGB hat der Verpächter für seine Forderungen aus dem Pacht- 101
verhältnis ein Pfandrecht an den eingebrachten Sachen des Pächters sowie an den Früchten der Pachtsache. Das Pfandrecht des Verpächters besteht für alle gegenwärtigen und künftigen Forderungen aus dem Pachtverhältnis.[128] Die zeitliche Grenze des § 562 Abs. 2 BGB gilt nicht.[129] Gemäß § 592 S. 2 BGB kann das Pfandrecht nicht für künftige Entschädigungsforderungen geltend gemacht werden. Ansonsten sichert das Pfandrecht aber Forderungen aller Art.[130]

Mit Ausnahme der in § 811 Abs. 1 Nr. 4 ZPO genannten Sachen erstreckt sich das 102
Pfandrecht nicht auf Sachen, die der Pfändung nicht unterworfen sind, § 592 S. 3 BGB. Demgemäß erfasst das Verpächterpfandrecht auch das zur Bewirtschaftung erforderliche Gerät und Vieh nebst dem nötigen Dünger sowie die landwirtschaftlichen Erzeugnisse, auch soweit sie zur Fortführung der Wirtschaft bis zur nächsten Ernte erforderlich sind.[131] Durch diese gesetzgeberische Grundentscheidung hat der Verpächter ein besonderes Zugriffsrecht auf das pächtereigene Inventar, das den sonstigen Gläubigern des Pächters entzogen ist.[132] Das Pfandrecht erstreckt sich auch auf die **vom Boden noch nicht getrennten Früchte,** wobei die zeitliche Grenze des § 810 Abs. 1 S. 2 ZPO nicht gilt.[133] Zwar wird das Pfandrecht erst mit der Trennung wirksam, entsteht es jedoch wie das Pfändungspfandrecht gemäß § 810 ZPO bereits vor der Trennung und geht diesem vor.[134]

Das Verpächterpfandrecht ist vertraglich teilweise abdingbar. Allerdings kann das 103
Pfandrecht nicht auf Sachen erweitert werden, die gemäß § 592 S. 3 BGB der Pfändung nicht unterworfen sind; insoweit ist die gesetzliche Regelung zwingend.[135]

9. Beendigung von Landpachtverträgen

a) Ende und Verlängerung des Pachtverhältnisses. Das Pachtverhältnis endet mit dem 104
Ablauf der Zeit, für die es eingegangen ist, § 594 S. 1 BGB. Eine ordentliche Kündigung ist für die Beendigung des Landpachtvertrages nicht erforderlich.[136] Eine widerspruchs-

[126] BGH NJW 2007, 2626 für Gewerberaummietverhältnisse.
[127] anders die Vorauflage.
[128] Soergel/Heintzmann BGB § 592 Rn. 2; Grüneberg/Weidenkaff BGB § 592 Rn. 1; MüKoBGB/Harke § 592 Rn. 2.
[129] Soergel/Heintzmann BGB § 592 Rn. 2; MüKoBGB/Harke § 592 Rn. 2.
[130] Grüneberg/Weidenkaff BGB § 592 Rn. 1, Düsing/Martinez/Schuhmacher BGB § 592 Rn. 5.
[131] Soergel/Heintzmann BGB § 592 Rn. 3; MüKoBGB/Harke § 592 Rn. 4.
[132] Soergel/Heintzmann BGB § 592 Rn. 3.
[133] Soergel/Heintzmann BGB § 592 Rn. 3; MüKoBGB/Harke § 592 Rn. 3.
[134] MüKoBGB/Harke § 592 Rn. 3.
[135] Soergel/Heintzmann BGB § 592 Rn. 5; MüKoBGB/Harke § 592 Rn. 5.
[136] Faßbender/Hötzel/Lukanow/Faßbender BGB § 594 Rn. 8.

lose weitere Nutzung des Landpachtobjektes führt nicht wie im Falle des § 545 BGB zu einer Verlängerung des Landpachtvertrages. Die besondere Vorschrift des § 594 BGB soll beide Vertragspartner davor schützen, am Ende des Vertragsverhältnisses vor Problemen zu stehen und im Unklaren zu verbleiben, ob das Vertragsverhältnis fortgesetzt werden soll.[137] Der Zweck der Vorschrift dient auch zur Gewährleistung einer vorausschauenden längerfristigen landwirtschaftlichen Planung.[138]

105 Das Pachtverhältnis **verlängert** sich bei Pachtverträgen, die auf mindestens drei Jahre abgeschlossen worden sind, auf unbestimmte Zeit, wenn auf die **Anfrage** eines Vertragsteils, ob der andere Teil zur Fortsetzung des Pachtverhältnisses bereit ist, dieser nicht binnen einer Frist von drei Monaten die Fortsetzung ablehnt, § 594 S. 2 BGB. Bei der Anfrage handelt es sich der Sache nach um eine Willenserklärung,[139] zumindest aber um eine rechtsgeschäftsähnliche Handlung, auf die die allgemeinen Regeln über Willenserklärungen entsprechend anwendbar sind.

106 Die Anfrage und die Ablehnung bedürfen der **schriftlichen Form,** § 594 S. 3 BGB.[140] Die Anfrage ist ohne Wirkung, wenn in ihr nicht auf die Folgen der Nichtbeachtung ausdrücklich hingewiesen wird und wenn sie nicht innerhalb des drittletzten Pachtjahres gestellt wird, § 594 S. 4 BGB. Eine verfrühte oder verspätete Anfrage setzt die Drei-Monats-Frist des § 594 S. 2 BGB nicht in Lauf und löst auch keine Rechtsfolge aus, so wie sie in § 594 S. 2 BGB beschrieben ist.[141] Entscheidend ist auf den fristgerechten Zugang der Anfrage abzustellen, nicht auf die Absendung.[142] Darlegungs- und beweispflichtig ist im Rechtsstreit derjenige, der sich auf die Rechtzeitigkeit, die Vollständigkeit und Formgültigkeit der Anfrage beruft.[143]

107 Auf die Ablehnung sind die Regeln über Willenserklärungen – zumindest entsprechend – anzuwenden. Die Ablehnung muss innerhalb einer Frist von drei Monaten erklärt werden; sie beginnt mit dem Zugang der Anfrage.[144] Die Ablehnungserklärung muss deutlich darauf gerichtet sein, dass das Vertragsverhältnis zum vereinbarten Termin sein Ende finden und eine Fortsetzung ausgeschlossen sein soll. Die Ablehnung muss **schriftlich** erfolgen; ansonsten kommt es zu einer Fortsetzung des Landpachtvertrages nach § 594 S. 2 BGB auf unbestimmte Zeit. Eine Ablehnung unter Bedingungen ist unwirksam; gleichzeitig kann auch ein Angebot zur Abänderung des Landpachtvertrages oder zur Fortsetzung zu geänderten Bedingungen vorliegen, worauf die allgemeinen Regeln über Willenserklärungen anzuwenden sind. Änderungsvorschläge können im Einzelfall als Ablehnung verstanden werden, wenn der Wille, ansonsten das Vertragsverhältnis nicht fortsetzen zu wollen, mit hinreichender Deutlichkeit zum Ausdruck gekommen ist. Erbittet sich der Adressat der Anfrage eine Bedenkzeit, kann dies noch nicht als Ablehnung aufgefasst werden.[145] Für diesen Fall setzt sich der Landpachtvertrag auf unbestimmte Zeit fort. Auch ist eine Ablehnung unter Vorbehalt unwirksam und kann die Rechtsfolgen in Form eines auf unbestimmte Zeit fortbestehenden Landpachtvertrag nicht vermeiden.

108 Eine **stillschweigende** Verlängerung kennt die Landpacht grundsätzlich nicht, § 545 BGB findet keine Anwendung. Wird das Landpachtverhältnis trotz Beendigung nicht abgewickelt, fehlt es an wechselseitigen Pflichten. Eine Pflicht zur Pachtzahlung fehlt mangels vertraglicher Grundlage, eine Nutzungsentschädigung iSd § 597 BGB wird

[137] Grüneberg/Weidenkaff BGB § 594 Rn. 1; MüKoBGB/Harke § 594 Rn. 1; Faßbender/Hötzel/Lukanow/Faßbender BGB § 594 Rn. 3.

[138] Soergel/Heintzmann BGB § 594 Rn. 1.

[139] Grüneberg/Weidenkaff BGB § 594 Rn. 4; iE auch MüKoBGB/Harke § 594 Rn. 2.

[140] Warum Anfrage und Ablehnung der Schriftform bedürfen und nicht der Textform, die für den langfristigen Vertragsabschluss reicht, erschließt sich nicht. Ein Versehen des Gesetzgebers scheint wahrscheinlich.

[141] Soergel/Heintzmann BGB § 594 Rn. 4.

[142] Faßbender/Hötzel/Lukanow/Faßbender BGB § 594 Rn. 20; Grüneberg/Weidenkaff BGB § 594 Rn. 4.

[143] Soergel/Heintzmann BGB § 594 Rn. 8.

[144] Faßbender/Hötzel/Lukanow/Faßbender BGB § 594 Rn. 23.

[145] Faßbender/Hötzel/Lukanow/Faßbender BGB § 594 Rn. 24; MüKoBGB/Harke § 594 Rn. 3.

mangels Vorenthaltung der Pachtsache nicht geschuldet. Ein Vorenthalten setzt den Rücknahmewillen des Verpächters voraus, an dem es vorliegend fehlt.

Üblicherweise ist die Nichtbeachtung des vertraglichen Zeitablaufs die Ursache. Dann wird der Pächter seinen vermeintlichen Pflichten nachkommen und der Verpächter die Zahlung der „Pacht" entgegennehmen. Mangels Erklärungsbewusstseins wird auch dadurch kein neues Pachtverhältnis abgeschlossen. Die Lösung dürfte für den Fortsetzungswilligen in einer Anfrage iSd § 594 Satz 2 BGB liegen. Diese ist an keine Frist gebunden und kann auch nach Ablauf der Vertragslaufzeit gestellt werden. Dem Vertragspartner entsteht dadurch kein Nachteil, weil er zu einer Annahme nicht verpflichtet ist. Kommt es zu keiner Fortsetzung, sind die Parteien bei der Abwicklung des Pachtverhältnisses verpflichtet, sich so zu behandeln zu lassen, als wäre das Pachtverhältnis bis zur verspäteten Abwicklung wirksam fortgesetzt worden.

Hat sich das Landpachtverhältnis über § 594 S. 2–4 BGB fortgesetzt, liegt eine Vertragsänderung im Hinblick auf die Dauer des Pachtvertrages vor, die den Verpächter verpflichtet, gemäß § 2 LPachtVG der zuständigen Behörde anzuzeigen; zur Anzeige ist auch der Pächter berechtigt.[146]

Die **Fortsetzung des Landpachtverhältnisses** nach § 594 BGB steht in einem Kon- 109
kurrenzverhältnis zu § 595 BGB. Hat der Verpächter seinen Willen auf Fortsetzung des Pachtverhältnisses gemäß § 594 S. 2–4 BGB zum Ausdruck gebracht, indem er eine rechtzeitige und formgerechte Anfrage auf Fortsetzung des Landpachtverhältnisses ausgebracht, der Pächter aber die Fortsetzung abgelehnt hat, kann der Verpächter im Verfahren nach § 595 BGB die Fortsetzung des Pachtverhältnisses ablehnen, § 595 Abs. 5 BGB. Dem Verpächter bleibt im Übrigen unbenommen, die Fortsetzung des Vertragsverhältnisses nach § 595 BGB abzulehnen, wenn von keiner Vertragsseite das Verfahren nach § 594 BGB durchgeführt worden ist und der Pächter im vorletzten Pachtjahr die Fortsetzung der Landpacht nicht verlangt hat. Wie sich auf § 595 Abs. 5 S. 2 BGB ergibt, ist diese Vorschrift auf Landpachtverträge auf unbestimmte Zeit zugeschnitten.[147] Aber auch in Fällen, in denen die Beendigung des Pachtverhältnisses von einer Kündigung abhängig ist, wird die vorbezeichnete Vorschrift angewendet. Demgemäß muss der Pächter mindestens ein Jahr vor Beendigung des Landpachtverhältnisses ein Fortsetzungsverlangen nach § 595 BGB stellen, um zu vermeiden, dass der Verpächter die Möglichkeit hat, die Fortsetzung des Landpachtvertrages abzulehnen.[148] Ist eine zwölfmonatige oder kürzere Kündigungsfrist vereinbart, so genügt es, dass das Fortsetzungsverlangen innerhalb eines Monats nach Zugang der Kündigung erklärt wird, § 595 Abs. 5 S. 2 BGB.

b) Kündigungsfristen, § 594a BGB. Ist die Pachtzeit nicht bestimmt, so kann jeder 110
Vertragsteil das Pachtverhältnis spätestens am dritten Werktag eines Pachtjahres für den Schluss des nächsten Pachtjahres kündigen, § 594a Abs. 1 S. 1 BGB. Der Zweck des Gesetzes ist darin zu sehen, dass heute unter markt- und betriebswirtschaftlichen Gegebenheiten in kürzerer Zeit unmöglich erscheint, ein Landpachtverhältnis ordnungsgemäß und ohne vermeidbare Verluste abzuwickeln.[149] Die Kündigung bedarf der Schriftform, § 594f BGB.[150]

Im Zweifel gilt das **Kalenderjahr als Pachtjahr,** § 594a Abs. 1 S. 2 BGB. Die Parteien 111
können im Wege freier Vereinbarung einen anderen Zeitraum bestimmen, der etwa durch die Bewirtschaftung vorgegeben wird.[151] Eine Abweichung von der gesetzlichen Vorgabe kann sich auch durch regionale Bräuche ergeben; denkbar sind bei der Betrieb-

---

146 Soergel/Heintzmann BGB § 594 Rn. 6; Faßbender/Hötzel/Lukanow/Hötzel LPachtVG § 2 Rn. 15.
147 Faßbender/Hötzel/Lukanow/Faßbender BGB § 594 Rn. 25.
148 Faßbender/Hötzel/Lukanow/Faßbender BGB § 594 Rn. 25.
149 Faßbender/Hötzel/Lukanow/Faßbender BGB § 594a Rn. 3.
150 Auch hier stellt sich die Frage der Sinnhaftigkeit. Denn der langfristige Vertragsabschluss ist in Textform zulässig, § 585a BGB.
151 Soergel/Heintzmann BGB § 594a Rn. 5; Faßbender/Hötzel/Lukanow/Faßbender BGB § 594 Rn. 14; MüKoBGB/Harke § 594a Rn. 1.

spacht auch Vereinbarungen dahingehend, dass das Wirtschaftsjahr dem Steuerjahr gleichgesetzt wird, mithin das Ende auf den 30.6. fällt.[152]

112 Die Vereinbarung einer **kürzeren** Kündigungsfrist bedurfte ursprünglich der Schriftform, seit dem 1.1.2025 der Textform, § 594a Abs. 1 S. 3 BGB. Demgegenüber ist die **Verlängerung** der Kündigungsfrist ohne weiteres formlos möglich,[153] was für den durch Erwerb in das Pachtverhältnis eintretenden schwerwiegende Folgen haben kann. Aus Pächtersicht ist daher zu empfehlen, auch bei unbefristeten Pachtverträgen die Kündigungsfristen schriftlich festzulegen. Für die Berechnung der Fristen gelten die allgemeinen Regeln der §§ 186 ff. BGB; für den Beginn des Pachtverhältnisses ist § 187 Abs. 2 S. 1 BGB maßgebend; für das Ende des Pachtverhältnisses bestimmt § 188 Abs. 2 BGB, dass maßgeblich der Ablauf des Tages ist, der dem Tag vorhergeht, der durch seine Benennung oder seine Zahl dem Anfangstag der Frist entspricht, also 1.1. zu 31.12. oder 1.6. zu 31.5.

113 § 594a Abs. 1 BGB sieht eine Kündigungsfrist von praktisch fast zwei Jahren vor. Für die Fälle allerdings, in denen das Pachtverhältnis außerordentlich mit der gesetzlichen Frist vorzeitig gekündigt werden kann, ist die Kündigung nur für den Schluss eines Pachtjahres zulässig; sie hat spätestens am dritten Werktag des halben Jahres zu erfolgen, mit dessen Ablauf die Pacht enden soll, § 594a Abs. 2 BGB. Die vorbezeichnete Vorschrift gilt für unbefristete wie befristete Landpachtverträge.[154]

114 Soweit die Vertragsteile zur **außerordentlichen Kündigung** eines Landpachtverhältnisses mit der gesetzlichen Frist berechtigt sind, steht ihnen dieses Recht auch nach Verlängerung des Landpachtverhältnisses oder Änderung des Landpachtvertrages zu, § 595a Abs. 1 BGB. Auf Antrag eines Vertragsteils kann das Landwirtschaftsgericht Anordnungen über die Abwicklung eines vorzeitig beendeten oder eines teilweise beendeten Landpachtvertrages treffen, § 595a Abs. 2 S. 1 BGB. Wird die Verlängerung eines Landpachtvertrages auf einen Teil der Pachtsache beschränkt, kann das Landwirtschaftsgericht die Pacht für diesen Teil festsetzen, § 595a Abs. 2 S. 2 BGB. Der Inhalt von Anordnungen des Landwirtschaftsgerichts gilt unter den Vertragsteilen als Vertragsinhalt, § 595a Abs. 3 S. 1 BGB. Über Streitigkeiten, die diesen Vertragsinhalt betreffen, entscheidet auf Antrag das Landwirtschaftsgericht, § 595a Abs. 3 S. 2 BGB. Abwicklungsstreitigkeiten gemäß § 595a Abs. 2 und 3 BGB sind den Landwirtschaftsgerichten als Landwirtschaftssachen dem Gesetz über das Verfahren in Familiensachen und in den Angelegenheiten der freiwilligen Gerichtsbarkeit zugewiesen, § 1 Nr. 1 in Verbindung mit § 9 LwVG.[155]

115 c) **Vertrag über mehr als 30 Jahre.** Wird ein Landpachtvertrag für eine längere Zeit als 30 Jahre geschlossen, so kann nach 30 Jahren jeder Vertragsteil das Pachtverhältnis am dritten Werktag eines Pachtjahres für den Schluss des nächsten Pachtjahres kündigen, § 594b S. 1 BGB. Wird der Pachtvertrag für eine kürzere Zeit abgeschlossen, kann aber einseitig, etwa durch Optionsausübung, auf einen Zeitraum von mehr als 30 Jahren verlängert werden, greift das Kündigungsrecht des § 594b BGB ebenfalls[156] Entsprechendes gilt im Falle eines auf unbestimmte Zeit abgeschlossenen Landpachtvertrages, bei denen eine Kündigung vertraglich ausgeschlossen ist und daher der Zeitraum von 30 Jahren erreicht wird,[157] ferner für Pachtverträge, die bis zu einem ungewissen Ereignis dauern, falls möglich ist, dass dieses Ereignis nicht vor Ablauf von 30 Jahren eintritt. Obwohl es sich um einen Fall des § 594a Abs. 2 BGB handelt, gilt die längere Frist des § 594a Abs. 1 BGB. Sie kann allerdings vertraglich verkürzt werden.[158]

[152] Faßbender/Hötzel/Lukanow/Faßbender BGB § 594a Rn. 14.
[153] MüKoBGB/Harke § 594a Rn. 1; Grüneberg/Weidenkaff BGB § 594a Rn. 1.
[154] Soergel/Heintzmann BGB § 594a Rn. 4; MüKoBGB/Harke § 594a Rn. 2.
[155] Faßbender/Hötzel/Lukanow/Faßbender BGB § 595a Rn. 14; Soergel/Heintzmann BGB § 595a Rn. 2; MüKoBGB/Harke § 595a Rn. 1.
[156] OLG Celle 18.3.2020 – 7 U 1813/19, BeckRS 2020, 15133.
[157] Faßbender/Hötzel/Lukanow/Faßbender BGB § 594b Rn. 5.
[158] MüKoBGB/Harke § 594b Rn. 1 mwN.

Eine Kündigung ist nicht zulässig, wenn der **Vertrag für die Lebenszeit des Verpächters oder Pächters** geschlossen worden ist, § 594b S. 2 BGB. Sind auf einer Seite oder auf beiden Seiten mehrere Personen vorhanden, kann vertraglich vereinbart werden, dass der Vertrag erst kündbar wird, wenn der letzte der Beteiligten verstorben ist. Für juristische Personen gilt § 594b S. 2 BGB nicht, da sie über eine Lebenszeit im Sinne des Gesetzes nicht verfügen.[159] 116

d) Kündigung bei Berufsunfähigkeit des Pächters. Ist der Pächter berufsunfähig im Sinne der Vorschriften der gesetzlichen Rentenversicherung geworden, so kann er das Pachtverhältnis außerordentlich mit der gesetzlichen Frist kündigen, wenn der Verpächter der Überlassung der Pachtsache zur Nutzung an einen Dritten, der eine ordnungsgemäße Bewirtschaftung gewährleistet, widerspricht, § 594c S. 1 BGB. Diese Regelung ist auf befristete und unbefristete Landpachtverträge anwendbar und soll der sozialen Gerechtigkeit dienen.[160] Denn grundsätzlich trägt der Pächter nach der Maßgabe des § 587 Abs. 2 BGB das Risiko einer Änderung seiner persönlichen Lebensumstände. Nach § 240 Abs. 2 SGB VI ist berufsunfähig, wessen **Erwerbsfähigkeit** wegen Krankheit oder anderer Gebrechen oder Schwächen der körperlichen und geistigen Kräfte auf weniger als die Hälfte einer gesunden Person mit ähnlicher Ausbildung und gleichwertigen Kenntnissen und Fähigkeiten **herabgesunken** ist und dass mit einer Wiederherstellung in absehbarer Zeit nicht zu rechnen ist. Entsprechend dem Gesetzeszweck ist nicht eine allgemeine Berufsunfähigkeit oder Erwerbsunfähigkeit gemeint; vielmehr muss der Pächter für dauernd **außerstande** sein, seiner **landwirtschaftlichen Tätigkeit** nachzugehen.[161] 117

Zuvor muss dem Verpächter die Überlassung der Pachtsache zur Nutzung an einen Dritten, der eine ordnungsgemäße Bewirtschaftung gewährleistet, vorgeschlagen worden sein. Der Pächter muss mitteilen, dass er aus gesundheitlichen Gesichtspunkten nicht mehr zur Bewirtschaftung des Pachtobjekts bereitsteht und beabsichtigt, die Pachtsache an einen Dritten zu überlassen. 118

Überlassen bedeutet in diesem Zusammenhang eine vollständige Besitzübergabe zum Zweck einer **selbständigen Bewirtschaftung durch den Dritten.**[162] 119

Der benannte Dritte muss eine ordnungsgemäße Bewirtschaftung gewährleisten, die den Anforderungen des § 586 Abs. 1 S. 3 BGB entsprechen muss. Der Dritte muss übernahmebereit, geeignet und auch leistungsfähig sein. Findet der Pächter keinen geeigneten Dritten, kann er von seinem Kündigungsrecht aus § 594c BGB keinen Gebrauch machen. 120

Der Verpächter muss der Überlassung an einen geeigneten Dritten widersprochen haben. Dem ausdrücklich erklärten Widerspruch entspricht, wenn sich der Verpächter nicht innerhalb einer angemessenen Frist äußert.[163] Gleiches gilt, wenn der Verpächter seine Zustimmung zur Überlassung der Pachtsache von Bedingungen abhängig macht, auf die er nach dem zu Grunde liegenden Landpachtvertrag keinen Anspruch hat, etwa die Erhöhung des Pachtpreises.[164] Bei dem Widerspruch des Verpächters nach § 594c S. 1 BGB handelt es sich um eine empfangsbedürftige Willenserklärung, für die eine besondere Form gesetzlich nicht vorgeschrieben ist; Schriftlichkeit kann daher nicht verlangt werden.[165] 121

Liegen alle Voraussetzungen des § 594c S. 1 BGB vor, dh Berufsunfähigkeit, Benennung eines geeigneten Dritten und Widerspruch des Verpächters, kann der Pächter 122

[159] Faßbender/Hötzel/Lukanow/Faßbender BGB § 594b Rn. 9.

[160] BGH 30.9.2009 – XII ZR 39/08, NZM 2009, 908; Soergel/Heintzmann BGB § 594c Rn. 1; Faßbender/Hötzel/Lukanow/Faßbender BGB § 594c Rn. 2.

[161] Soergel/Heintzmann BGB § 594c Rn. 2; MüKoBGB/Harke § 594c Rn. 1; aA Erman/Jendrek BGB § 594c Rn. 3.

[162] Soergel/Heintzmann BGB § 594c Rn. 3; MüKoBGB/Harke § 594c Rn. 2.

[163] Soergel/Heintzmann BGB § 594c Rn. 5; MüKoBGB/Harke § 594c Rn. 2.

[164] Soergel/Heintzmann BGB § 594c Rn. 5.

[165] Faßbender/Hötzel/Lukanow/Faßbender BGB § 594c Rn. 7; Grüneberg/Weidenkaff BGB § 594c Rn. 1.

außerordentlich kündigen; die Frist bemisst sich nach § 594a Abs. 2 BGB, demzufolge die Kündigung nur für den Schluss eines Pachtjahres zulässig ist; sie hat spätestens am dritten Werktag des halben Jahres zu erfolgen, mit dessen Ablauf die Pacht enden soll. Die Kündigung selbst bedarf der Schriftform, § 594f BGB[166].

123 Gemäß § 594c S. 2 BGB ist die Vorschrift unabdingbar. Abweichende Vereinbarungen sind demgemäß unwirksam. Die vorbezeichnete Vorschrift ist aber dahin auszulegen, dass eine Abweichung zugunsten des Pächters rechtlich zulässig ist; lediglich die Erschwerung des Kündigungsrechts ist ausgeschlossen, ferner eine Vereinbarung, dass im Falle einer Berufsunfähigkeit des Pächters auch der Verpächter ein Kündigungsrecht haben sollte.[167]

124 Die **Darlegungs- und Beweislast** ist wie folgt verteilt: Der Pächter muss beweisen, dass der benannte Dritte eine ordnungsgemäße Bewirtschaftung sicher stellt; aus seiner Ausbildung und der bisherigen landwirtschaftlichen Betätigung kann sich eine Vermutung zugunsten des Pächters ergeben, so dass der Verpächter im Wege einer sekundären Darlegungslast dartun muss, dass der Dritte über Eigenschaften verfügt, die eine ordnungsgemäße Bewirtschaftung des Pachtobjekts konkret gefährden.[168] Der Pächter trägt die Darlegungs- und Beweislast für seine Berufsunfähigkeit.[169]

125 e) **Tod des Pächters.** Stirbt der Pächter, so sind sowohl seine Erben als auch der Verpächter innerhalb eines Monats, nachdem sie vom Tod des Pächters Kenntnis erlangt haben, berechtigt, das Pachtverhältnis mit einer Frist von sechs Monaten zum Ende eines Kalendervierteljahrs zu **kündigen,** § 594d Abs. 1 BGB. Die Vorschrift gilt für befristete und unbefristete Landpachtverträge.[170] Stirbt einer von mehreren Pächtern, die den Landpachtvertrag gemeinsam abgeschlossen hatte, kann das Pachtverhältnis nur **einheitlich** für und gegen die Erben und die übrigen Mitpächter aufgelöst werden.[171] Zur Kündigung berechtigt sind alle Erben und Mitpächter gemeinsam. Allerdings ist eine abweichende vertragliche Regelung möglich. Die Vorschrift des § 594d BGB kann auf das Erlöschen juristischer Personen, eine Liquidation von Personengesellschaften und den Tod oder den Wechsel eines Geschäftsführers nicht entsprechend angewendet werden.[172]

126 Das Kündigungsrecht nach § 594d Abs. 1 BGB muss innerhalb einer **Frist von einem Monat** nach Kenntniserlangung vom Tod des Pächters ausgeübt werden; weiter ist für den Fall einer Kündigung durch den Erben erforderlich, dass dieser von seinem Erbrecht Kenntnis hat.[173]

127 Spricht der Verpächter eine Kündigung gegenüber einer Erbengemeinschaft nach dem Tode des Pächters aus, ist die Kündigungserklärung grundsätzlich an alle Miterben zu richten.[174] Wird seitens einer Erbengemeinschaft nach dem Tode des Landpächters eine Kündigung ausgesprochen, liegt eine Verfügung iSd § 2040 Abs. 1 BGB vor, so dass die Kündigung nur von allen Miterben gemeinschaftlich erklärt werden kann.[175] Das Pachtverhältnis kann von beiden Seiten mit einer Frist von sechs Monaten zum Ende eines Kalendervierteljahres gekündigt werden.

---

166 Hier hat der Gesetzgeber aus Schutzgründen auf die Möglichkeit der Kündigung in Textform verzichtet, was im Hinblick auf die Möglichkeit, bei Gewerberaummietverträgen stets in Textform kündigen zu können, bezeichnend für die Schutzbedürftigkeitserwägungen des Gesetzgebers ist.

167 Soergel/Heintzmann BGB § 594c Rn. 8; MüKoBGB/Harke § 594c Rn. 3; Faßbender/Hötzel/Lukanow/Faßbender BGB § 594c Rn. 4.

168 Soergel/Heintzmann BGB § 594c Rn. 7; Faßbender/Hötzel/Lukanow/Faßbender BGB § 594c Rn. 8.

169 Faßbender/Hötzel/Lukanow/Faßbender BGB § 594c Rn. 5.

170 Soergel/Heintzmann BGB § 594d Rn. 1.

171 Faßbender/Hötzel/Lukanow/Faßbender BGB § 594d Rn. 11.

172 Soergel/Heintzmann BGB § 594d Rn. 1; Faßbender/Hötzel/Lukanow/Faßbender BGB § 594d Rn. 12.

173 Soergel/Heintzmann BGB § 594d Rn. 2; Faßbender/Hötzel/Lukanow/Faßbender BGB § 594d Rn. 17; MüKoBGB/Harke § 594d Rn. 2; MAH AgrarR/Piltz § 8 Rn. 100.

174 Faßbender/Hötzel/Lukanow/Faßbender BGB § 594d Rn. 15.

175 Faßbender/Hötzel/Lukanow/Faßbender BGB § 594d Rn. 14.

Gemäß § 594d Abs. 2 S. 1 BGB können die Erben der Kündigung des Verpächters widersprechen und die Fortsetzung des Pachtverhältnisses verlangen, wenn die **ordnungsgemäße Bewirtschaftung der Pachtsache** durch sie oder durch einen von ihnen beauftragten **Miterben oder Dritten** gewährleistet erscheint. Die Widerspruchserklärung bedarf der schriftlichen Form, § 594d Abs. 2 S. 3 BGB. Zur Begründung des Widerspruchs müssen sich die Erben darauf berufen, dass eine ordnungsgemäße Bewirtschaftung der Pachtsache sichergestellt sei. Gemeint ist eine ordnungsgemäße Bewirtschaftung iSd § 586 Abs. 1 S. 3 BGB. Die Bewirtschaftung kann durch einen geeigneten Dritten erfolgen, der unter Aufsicht, Weisung und Verantwortung der Erben steht.[176] Eine Unterverpachtung ist nur mit Zustimmung des Verpächters zulässig, § 589 BGB. Welchen konkreten Inhalt die schriftliche Mitteilung haben muss, ist im Gesetz nicht ausdrücklich geregelt. Der Zweck des Gesetzes legt aber nahe, dass Angaben über die Qualifikation des Dritten oder eines Miterben, persönliche Eignung und fachliches Können durch Hinweise auf die landwirtschaftliche Tätigkeit in der Vergangenheit gefordert werden, damit sich der Verpächter darüber klar werden kann, welche Rechtsfolgen er für sich in Anspruch nehmen will.[177] 128

Der Verpächter kann die Fortsetzung des Pachtverhältnisses **ablehnen,** wenn die Erben den Widerspruch nicht spätestens drei Monate vor Ablauf des (vorzeitig gekündigten) Pachtverhältnisses erklärt und die Umstände mitgeteilt haben, nach denen die weitere ordnungsgemäße Bewirtschaftung der Pachtsache gewährleistet erscheint, § 594d Abs. 2 S. 2 BGB. Geht der Widerspruch der Erben verspätet beim Verpächter ein, kann der Verpächter die Fortsetzung des Pachtverhältnisses ablehnen. Das Gleiche gilt, wenn die Umstände, denen zufolge eine ordnungsgemäße Bewirtschaftung gewährleistet erscheint, nicht, unvollständig oder wahrheitswidrig mitgeteilt werden.[178] 129

Für die Ablehnung einer Fortsetzung des Pachtverhältnisses durch den Verpächter schreibt das Gesetz **keine Frist** vor. Ebenfalls enthält die gesetzliche Regelung keine Formvorschrift oder Begründungspflicht für die Ablehnung durch den Verpächter.[179] Nach dem Gesetzeszweck muss den Erben die Ablehnung seitens des Verpächters so rechtzeitig zugehen, dass sie in der Lage sind, ihrer Verpflichtung zur rechtzeitigen und ordnungsgemäßen Rückgabe der Pachtsache nachzukommen oder aber das Landwirtschaftsgericht anzurufen.[180] Regelmäßig wird von einer Frist von einem Monat auszugehen sein; dogmatisch mag dies mit einer analogen Anwendung des § 147 Abs. 2 BGB zu erklären sein.[181] Den Erben ist anzuraten, mit dem begründeten Fortsetzungsverlangen dem Verpächter eine angemessene Frist zu setzen. 130

Der Verpächter ist nicht verpflichtet, den Erben gegenüber die **Gründe mitzuteilen,** auf die er seine Ablehnung stützt.[182] Das Gesetz hat die Rechtsstellung der Pächtererben so ausgestaltet, dass ein Anspruch auf Fortsetzung des Pachtvertrages besteht, wenn die gesetzlichen Vorgaben erfüllt sind, mithin Eignung einer entsprechenden Person und Sicherstellung einer ordnungsgemäßen Bewirtschaftung. Demgemäß gelten für den Verpächter nicht die Vorgaben der Vertragsfreiheit im Schuldrecht in vollem Umfang. Unter diesen Gegebenheiten ist es sachgerecht, dass der Verpächter konkret mitteilt, welche Hindernisse er für gegeben erachtet, die einer Fortsetzung des Pachtverhältnisses entgegenstehen. Hinzu kommt, dass eine Darlegung der Gründe auch im Hinblick auf das mögliche landwirtschaftsgerichtliche Verfahren nach § 594d Abs. 2 S. 4 BGB sachgerecht erscheint, weil nämlich allein bei Kenntnis der sachlichen Erwägungen des 131

176 Soergel/Heintzmann BGB § 594d Rn. 3; MüKoBGB/Harke § 594d Rn. 3.
177 Faßbender/Hötzel/Lukanow/Faßbender BGB § 594d Rn. 23.
178 Faßbender/Hötzel/Lukanow/Faßbender BGB § 594d Rn. 25.
179 Grüneberg/Weidenkaff BGB § 594d Rn. 7; Faßbender/Hötzel/Lukanow/Faßbender BGB § 594d Rn. 27; Düsing/Martinez/Schuhmacher BGB § 594d Rn. 13.
180 Soergel/Heintzmann BGB § 594d Rn. 4.
181 Vgl. dazu Faßbender/Hötzel/Lukanow/Faßbender BGB § 594d Rn. 27; Soergel/Heintzmann BGB § 594d Rn. 4.
182 Streitig. Für eine Pflicht: Faßbender/Hötzel/Lukanow/Faßbender BGB § 594d Rn. 29; aA Soergel/Heintzmann BGB § 594d Rn. 4; Düsing/Martinez/Schuhmacher BGB § 594d Rn. 13.

Verpächters ein ordnungsgemäßes Gerichtsverfahren gewährleistet ist. Eine sanktionierte Pflicht zur Begründung gibt es jedoch nicht. Da dem landwirtschaftlichen Gerichtsverfahren ein Einigungsversuch voranzustellen ist, wird der Verpächter spätestens zu diesem Zeitpunkt seine Beweggründe darlegen müssen.

132 Ist das Fortsetzungsverlangen der Erben begründet, haben sie einen Anspruch auf Abschluss eines Fortsetzungsvertrages mit dem Verpächter. Soll die Fortsetzungszeit mehr als zwei Jahre betragen, greift § 585a BGB ein; der Fortsetzungsvertrag hat schriftlich zu erfolgen. Geschieht dies nicht, gilt er als auf unbestimmte Zeit abgeschlossen.[183]

133 Kommt zwischen den Erben des Pächters und dem Verpächter eine **Einigung nicht zustande,** so entscheidet auf Antrag das **Landwirtschaftsgericht,** § 594d Abs. 2 S. 4 BGB. Die Beteiligten können den Antrag an das Landwirtschaftsgericht stellen und sind von Gesetzes wegen an eine Frist nicht gebunden. Sind mehrere Erben beteiligt, handelt es sich aus deren Sicht bei der Antragstellung und der Verfahrensdurchführung um eine Verwaltungsmaßnahme, nachdem bereits gegen die Kündigung seitens des Verpächters gemeinsam Widerspruch eingelegt worden war. Mit der Mehrheit der Erben nach den Erbanteilen kann eine derartige Verwaltungsmaßnahme beschlossen werden, wobei einzelne Miterben die übrigen vertreten können.[184] Das Landwirtschaftsgericht entscheidet über § 1 Nr. 1 in Verbindung mit § 14 LwVG nach den Vorgaben des Gesetzes über das Verfahren in Familiensachen und in den Angelegenheiten der Freiwilligen Gerichtsbarkeit.[185] Der Sachantrag der Erben geht dahin, das Landwirtschaftsgericht solle die Fortsetzung des Pachtverhältnisses anordnen.[186]

134 Die **Darlegungs- und Beweislast** dafür, dass eine ordnungsgemäße Bewirtschaftung durch einen Miterben oder einen geeigneten Dritten erfolgen kann, der Widerspruch der Erben rechtzeitig beim Verpächter eingegangen ist, ferner eine Fortsetzung des Pachtverhältnisses verlangt worden ist und die Umstände mitgeteilt worden sind, nach denen eine ordnungsgemäße Bewirtschaftung der Pachtsache gewährleistet ist, obliegt den Erben.[187]

135 Die Vorschrift des § 594d BGB ist geschaffen worden zur Abwendung einer vorzeitigen Kündigung durch den Verpächter. Die Erben nach dem Tode eines Landpächters können keinen Schutz nach § 595 BGB verlangen, wenn sie das Verfahren nach § 594d Abs. 2 BGB nicht durchgeführt haben. Ergibt sich aus dem Verfahren gemäß § 594d Abs. 2 S. 4 BGB, dass eine ordnungsgemäße Bewirtschaftung nicht gewährleistet ist und daher der Verpächter die Fortsetzung des Pachtverhältnisses zu Recht zurückgewiesen hat, sind auch die Voraussetzungen des § 595 BGB nicht erfüllt, weil die Fortsetzung des Pachtverhältnisses für den Verpächter unzumutbar ist.[188]

136 Die Vorschrift des § 594d BGB ist in allen Teilen abdingbar. Dies gilt für Ausschluss, Erschwerung oder Erleichterung des Fortsetzungsverlangens in formeller und materieller Hinsicht.[189]

137 f) **Kündigung aus wichtigem Grund.** Gemäß § 594e Abs. 1 BGB ist die außerordentliche fristlose Kündigung des Pachtverhältnisses in entsprechender Anwendung der §§ 543, 569 Abs. 1 und 2 BGB zulässig. § 594e Abs. 1 BGB ist auf alle Arten der Landpacht anwendbar;[190] jedoch sind angesichts der Verweisungen auf das Mietrecht die Besonderheiten des Landpachtrechts zu berücksichtigen.[191]

---

[183] Soergel/Heintzmann BGB § 594d Rn. 5; aA MüKoBGB/Harke § 594d Rn. 3.
[184] Faßbender/Hötzel/Lukanow/Faßbender BGB § 594d Rn. 31.
[185] Soergel/Heintzmann BGB § 594d Rn. 5; MüKoBGB/Harke § 594d Rn. 3; Faßbender/Hötzel/Lukanow/Faßbender BGB § 594d Rn. 32.
[186] Barnstedt/Steffen LwVG § 14 Rn. 94.
[187] Faßbender/Hötzel/Lukanow/Faßbender BGB § 594d Rn. 32.
[188] Faßbender/Hötzel/Lukanow/Faßbender BGB § 594d Rn. 34.
[189] Grüneberg/Weidenkaff BGB § 594d Rn. 1; Soergel/Heintzmann BGB § 594d Rn. 7; MüKoBGB/Harke § 594d Rn. 4.
[190] Grüneberg/Weidenkaff BGB § 594e Rn. 1.
[191] Soergel/Heintzmann BGB § 594e Rn. 1.

Das Landpachtverhältnis kann fristlos gekündigt werden, wenn ein wichtiger Grund iSd § 543 Abs. 1 BGB vorliegt. Ein wichtiger Grund liegt insbesondere vor, wenn dem **Pächter der vertragsgemäße Gebrauch der Pachtsache ganz oder zum Teil nicht rechtzeitig gewährt oder wieder entzogen** wird; zur Vorenthaltung gehört auch die Übergabe der Pachtsache mit tatsächlichen und rechtlichen Mängeln einschließlich des Fehlens zugesicherter Eigenschaften, so dass der Gebrauch nur mit Einschränkungen oder gar nicht möglich ist.[192] 138

Ein wichtiger Grund liegt auch dann vor, wenn der Pächter die Rechte des Verpächters dadurch in erheblichem Maße **verletzt**, dass er die Pachtsache durch Vernachlässigung der ihm obliegenden Sorgfalt erheblich gefährdet oder sie unbefugt einem Dritten überlässt. 139

Eine erhebliche Gefährdung der Pachtsache könnte in einer vertragswidrigen Fruchtziehung gesehen werden, einer schlechten Bewirtschaftung, Unterlassen von Ausbesserungen.[193] Der Begriff des vertragswidrigen Gebrauchs basiert auf § 590a BGB in Verbindung mit § 586 Abs. 1 S. 3 BGB, wonach der Pächter zur ordnungsgemäßen Bewirtschaftung der Pachtsache verpflichtet ist. Demgemäß ist vertragswidrig ein Verstoß gegen § 590 Abs. 1 BGB durch Umwandlung der Pachtsache von landwirtschaftlicher Bestimmung in gewerbliche Nutzung.[194] 140

Im Hinblick auf den Zahlungsverzug des Pächters gelten im Landpachtrecht besondere Vorschriften, weil die mietrechtlichen Regelungen bezüglich der Fälligkeit der Mietzahlungen mit den tatsächlichen Verhältnissen bei der Landpacht **meist nicht** übereinstimmen. Das Gesetz stellt die Pacht zum Ende der Pachtzeit fällig, wenn die Parteien nichts anderes vereinbart haben, § 587 Abs. 1 BGB. Ist die Pacht nach Zeitabschnitten bemessen, wird sie am ersten Werktag nach Ablauf des jeweiligen Zeitabschnitts fällig. Da § 587 Abs. 1 BGB dispositiv ist, ist die im Landpachtvertrag getroffene Vereinbarung in der Regel entscheidend. Oft wird eine jährliche Zahlung vereinbart. Da das System des § 543 Abs. 2 Nr. 3 BGB hier nicht passt, wurde in § 594e Abs. 2 BGB bei vereinbarter Jahrespacht der kündigungsrelevante Rückstand auf einen Teil der jährlichen Pachtsumme reduziert. Zugleich wurde ein Mindestverzug von 3 Monaten eingeführt. Gerät der Pächter bei vereinbarter Ein- oder Mehrjahrespacht mit einer vollen Pachtzahlung oder eines nicht unerheblichen Teils der Pachtzahlung um mehr als 3 Monate in Verzug, ist der Verpächter berechtigt, das Pachtverhältnis fristlos zu kündigen. Einer vorherigen Mahnung oder Inverzugsetzung bedarf es regelmäßig nicht.[195] 141

Von einem nicht unerheblichen Teil der Jahres- oder Mehrjahrespacht ist auszugehen, wenn der Rückstand 50 % der insgesamt geschuldeten Zahlung erreicht[196] Zu beachten ist, dass bei der Berechnung des nicht unerheblichen Teils der Pacht die gesamte Schuld berücksichtigt wird, also auch ggf. geschuldete Nebenleistungen wie etwa Betriebskosten. 142

Bei jährlicher Zahlungsverpflichtung soll ein Rückstand des Pächters mit einem Sechstel der Pacht nicht unerheblich sein.[197] Begründet wird dies mit der Überlegung, bei monatlicher Zahlung habe der Verpächter schon bei zwei offenen Zahlungen ein fristloses Kündigungsrecht. Vertretbar wäre auch der Rückgriff auf die Verzugsdauer von mehr als 3 Monaten mit der Folge, dass ein unerheblicher Teil der Jahrespacht bei einem Betrag von ¼ erreicht wird. 143

Ist die Pacht nach Zeitabschnitten von weniger als einem Jahr bemessen, so ist die Kündigung erst zulässig, wenn der Pächter für zwei aufeinander folgende Termine mit 144

[192] Faßbender/Hötzel/Lukanow/Faßbender BGB § 594e Rn. 3.
[193] Soergel/Heintzmann BGB § 594e Rn. 2.
[194] Faßbender/Hötzel/Lukanow/Faßbender BGB § 594e Rn. 10 mwN.
[195] OLG Stuttgart 17.2.2014 – 101 U 6/13, NJOZ 2014, 1693; anders OLG Düsseldorf 25.3.2004 – 10 U 109/03, NZM 2004, 786 wenn die Pachtzahlung bislang vom Unterpächter geleistet wurde und dieser die Zahlung einstellt.
[196] OLG Brandenburg BeckRS 2015, 12384.
[197] Düsing/Martinez/Schuhmacher BGB § 594e Rn. 17.

der Entrichtung der Pacht oder eines nicht unerheblichen Teiles der Pacht in Verzug ist, § 594e Abs. 2 S. 2 BGB. Der rückständige Teil der Pacht kann nur dann als nicht unerheblich angesehen werden, wenn er eine Monatspacht plus 0,01 EUR übersteigt. Ein einmal entstandenes Kündigungsrecht erlischt erst, wenn der Rückstand vollständig ausgeglichen ist. Bei Zugang der Kündigung ist es mithin nicht erforderlich, dass der erforderliche Rückstand noch besteht, solange überhaupt noch ein Rückstand zu verzeichnen ist.

145 Die **Kündigung** wegen Zahlungsverzugs ist **unwirksam**, wenn **vor** ihrem Zugang alle bis dahin offenen Pachtschulden durch den Pächter durch Zahlung ausgeglichen werden, § 543 Abs. 2 S. 2 BGB. Sie wird unwirksam, wenn sich der Pächter durch Aufrechnung befreien konnte und unverzüglich nach Zugang der Kündigung die Aufrechnung dem Verpächter gegenüber erklärt, § 534 Abs. 2 Satz 3 BGB.

146 Der Verweis auf § 569 Abs. 1 BGB berechtigt den Pächter zur fristlosen Kündigung, wenn gepachteter Wohnraum so beschaffen ist, dass seine Benutzung mit einer erheblichen Gefährdung der Gesundheit verbunden ist. Wer den Wohnraum nutzt – ob Pächter oder Dritte – ist irrelevant. Anders als bei sonstiger Gesundheitsgefährdung, die ebenfalls einen Kündigungsgrund darstellen kann, ist die positive Kenntnis vor Vertragsabschluss oder die bewusst unterlassene Prüfung kein Ausschlussgrund.

147 Ein **wichtiger Grund** iSd § 594e BGB ist auch dann gegeben, wenn eine Vertragspartei den Hausfrieden nachhaltig stört, so dass dem Kündigenden unter Berücksichtigung aller Umstände des Einzelfalles, insbesondere eines Verschuldens der Vertragsparteien, und unter Abwägung der beiderseitigen Interessen die Fortsetzung des Pachtverhältnisses bis zum Ablauf der Kündigungsfrist oder bis zur sonstigen Beendigung des Pachtverhältnisses nicht zugemutet werden kann, §§ 594e Abs. 1, 569 Abs. 2 BGB. Besteht der wichtige Grund in der Verletzung einer Pflicht aus dem Pachtvertrag, so ist die Kündigung erst nach erfolglosem Ablauf einer zur **Abhilfe** bestimmten angemessenen Frist oder nach erfolgloser Abmahnung zulässig, §§ 594e Abs. 1, 543 Abs. 3 BGB. In § 543 Abs. 3 S. 2 BGB ist geregelt, unter welchen näheren Voraussetzungen eine derartige Abmahnung entbehrlich ist.

148 Im Falle der unerlaubten Überlassung der Pachtsache an einen Dritten, § 589 BGB, stehen dem Verpächter gegenüber dem Pächter der in § 590a BGB normierte Unterlassungsanspruch zu und ferner das Recht zur außerordentlichen Kündigung des Pachtverhältnisses gemäß § 594e Abs. 1 in Verbindung mit § 543 BGB.[198] Regelmäßig muss der fristlosen Kündigung eine Abmahnung mit Fristsetzung vorausgehen, um dem Pächter die Beendigung der unzulässigen Drittüberlassung zu ermöglichen. Davon ist abzusehen, wenn es sich um einen Wiederholungsfall handelt. Außerdem können dem Verpächter Schadensersatzansprüche aus §§ 280, 241 BGB zustehen.

149 Typische Kündigungsgründe in der Landpacht sind die übermäßige Fruchtziehung, die Gefährdung von Produktionsquoten, jede erlaubnispflichtige oder unerlaubte Änderung der landwirtschaftlichen Bestimmung oder Nutzung gem. § 590 BGB. Die Einstellung der landwirtschaftlichen Nutzung gegen eine Aufgabevergütung stellt dann einen Kündigungsgrund dar, wenn sie über die Pachtzeit hinausgeht. Es ist anzuraten, hier gesonderte Vereinbarungen zu treffen, da die Pachtzeit vorzeitig enden kann und der Verpächter sodann eine veränderte Pachtsache zurückerhält.

150 Aufgrund der zwingenden Abläufe in der Landwirtschaft ist § 314 Abs. 3 BGB, der in der Raummiete unanwendbar ist, zu berücksichtigen. Nach Kenntnis von einem Vertragsverstoß ist der Verpächter verpflichtet, innerhalb einer angemessenen Frist Gebrauch zu machen, ansonsten verliert er sein Kündigungsrecht.

151 Die Kündigung muss **schriftlich** erfolgen, § 594f BGB, braucht aber, da die Vorschrift des § 569 Abs. 4 BGB nicht in Bezug gesetzt worden ist, nicht begründet zu werden. Eine spezifizierte Begründung ist allerdings empfehlenswert. Die Kündigung muss alsbald nach einem entsprechenden Vertragsverstoß ausgebracht werden, soll nicht das Recht auf den Ausspruch einer fristlosen Kündigung verwirkt sein. Falls kein enger

[198] Faßbender/Hötzel/Lukanow/Faßbender BGB § 589 Rn. 25.

zeitlicher Zusammenhang der Kündigung mit dem Vertragsverstoß gegeben ist, kann auch angenommen werden, dass der Kündigende den Vertragsverstoß als nicht so schwerwiegend angesehen hat, um daran eine fristlose Kündigung anzuknüpfen. Zu berücksichtigen sind die Umstände des Einzelfalls, namentlich ein ausreichender Überlegungszeitraum für den Kündigenden, in dem er sich über sein künftiges rechtliches Vorgehen informiert.[199] Eine unwirksame Kündigung ist in eine Abmahnung umzudeuten.

Durch eine wirksame außerordentliche Kündigung wird das **Pachtverhältnis beendet.** 152
Daneben können **Schadensersatzansprüche** treten. Haben beide Vertragsteile eine Zerrüttung des Pachtverhältnisses herbeigeführt, können wechselseitige Schadensersatzansprüche entstehen.

Hat der Pächter seine landwirtschaftliche Tätigkeit **aufgegeben,** wird regelmäßig ein 153
Fall der Insolvenz vorliegen, so dass Schadensersatzansprüche kaum zu realisieren sein werden.[200]

Soweit die Vertragsteile zur außerordentlichen Kündigung eines Landpachtverhält- 154
nisses mit der gesetzlichen Frist berechtigt sind, steht ihnen dieses Recht auch nach Verlängerung des Landpachtverhältnisses oder Änderung des Landpachtvertrages zu, § 595a Abs. 1 BGB. Auf Antrag eines Vertragsteils kann das Landwirtschaftsgericht Anordnungen über die Abwicklung eines vorzeitig beendeten oder eines teilweise beendeten Landpachtvertrages treffen, § 595a Abs. 2 S. 1 BGB. Wird die Verlängerung eines Landpachtvertrages auf einen Teil der Pachtsache beschränkt, kann das Landwirtschaftsgericht die Pacht für diesen Teil festsetzen, § 595a Abs. 2 S. 2 BGB. Der Inhalt von Anordnungen des Landwirtschaftsgerichts gilt unter den Vertragsteilen als Vertragsinhalt, § 595a Abs. 3 S. 1 BGB. Über Streitigkeiten, die diesen Vertragsinhalt betreffen, entscheidet auf Antrag das Landwirtschaftsgericht, § 595a Abs. 2 S. 2 BGB.

10. Fortsetzung des Pachtverhältnisses

Der Pächter kann gemäß § 595 Abs. 1 BGB vom Verpächter die Fortsetzung des 155
Pachtverhältnisses verlangen, wenn

1. bei einem Betriebspachtverhältnis der Betrieb seine wirtschaftliche Lebensgrundlage bildet,
2. bei dem Pachtverhältnis über ein Grundstück der Pächter auf dieses Grundstück zur Aufrechterhaltung seines Betriebes, der seine wirtschaftliche Lebensgrundlage bildet, angewiesen ist und die vertragsmäßige Beendigung des Pachtverhältnisses für den Pächter oder seine Familie eine Härte bedeuten würde, die auch unter Würdigung der berechtigten Interessen des Verpächters nicht zu rechtfertigen ist. Die Fortsetzung kann unter diesen Voraussetzungen wiederholt verlangt werden.

Der Betrieb muss die **wirtschaftliche Lebensgrundlage** des Pächters darstellen. Ein 156
Fortsetzungsanspruch kann angesichts der Sozialklausel auch dann geltend gemacht werden, wenn das Familieneinkommen nahezu im Ganzen – in seinem wesentlichen Umfang – aus dem Betrieb erwirtschaftet wird.[201] Unter wirtschaftlicher Lebensgrundlage ist die Befriedigung der täglichen Bedürfnisse zu verstehen einschließlich Wohnen, Urlaub, Freizeit, Ausbildung, Krankheits- und Altersvorsorge, Aufwendungen für sonstigen notwendigen Versicherungsschutz des Pächters und seiner Familie.[202] Ein Pachtbetrieb stellt die wesentliche wirtschaftliche Existenzgrundlage dar, wenn etwa drei Viertel des Gesamteinkommens aus dem Pachtbetrieb resultieren.[203] Einkünfte der

---

[199] Faßbender/Hötzel/Lukanow/Faßbender BGB § 594e Rn. 28.
[200] Faßbender/Hötzel/Lukanow/Faßbender BGB § 594e Rn. 33.
[201] Soergel/Heintzmann BGB § 595 Rn. 2; Faßbender/Hötzel/Lukanow/Faßbender BGB § 595 Rn. 19; MüKoBGB/Harke § 595 Rn. 2: Grüneberg/Weidenkaff BGB § 595 Rn. 5.
[202] Soergel/Heintzmann BGB § 595 Rn. 2.
[203] Faßbender/Hötzel/Lukanow/Faßbender BGB § 595 Rn. 22.

übrigen Familienmitglieder bleiben weitestgehend unberücksichtigt, soweit sie in das gemeinsame Einkommen nicht einfließen und selbst verbraucht werden.[204]

157 Die vertragsmäßige Beendigung des Pachtverhältnisses muss für den Pächter eine nicht zu rechtfertigende **Härte** darstellen, die auch unter Würdigung der berechtigten Interessen des Verpächters nicht zu rechtfertigen ist. Der Begriff der sozialen Härte ist § 574 Abs. 1 S. 1 BGB entnommen worden und setzt für eine Fortsetzung des Pachtverhältnisses eine Abwägung der beiderseitigen Interessen voraus. Bei dieser Abwägung sind alle besonderen Umstände zu berücksichtigen, sei es persönlicher, sei es wirtschaftlicher Art.

158 Nach § 595 Abs. 2 BGB kann der Pächter verlangen, dass das Pachtverhältnis so lange fortgesetzt wird, wie dies unter Berücksichtigung aller Umstände angemessen ist. Ist dem Verpächter nicht zuzumuten, das Pachtverhältnis nach den bisher geltenden Vertragsbedingungen fortzusetzen, so kann der Pächter nur verlangen, dass es unter einer angemessenen Änderung der Bedingungen fortgesetzt wird, § 595 Abs. 2 S. 2 BGB. Soweit also die Interessen des Verpächters durch eine Änderung der Vertragsbestimmungen befriedigt oder Nachteile gemildert werden können, ist dies bei der Abwägung der beiderseitigen Interessen zu berücksichtigen.[205]

159 Der Pächter kann die Fortsetzung des Pachtverhältnisses gemäß § 595 Abs. 3 BGB **nicht** verlangen, wenn

1. er das Pachtverhältnis selbst **gekündigt** hat,
2. der Verpächter zur außerordentlichen fristlosen Kündigung oder im Falle des § 593a BGB zur außerordentlichen Kündigung mit der gesetzlichen Frist berechtigt ist,
3. die Laufzeit des Vertrages bei einem Pachtverhältnis über einen Betrieb, der Zupachtung von Grundstücken, durch die ein Betrieb entsteht, oder bei einem Pachtverhältnis über Moor- und Ödland, das vom Pächter kultiviert worden ist, auf mindestens 18 Jahre, bei der Pacht anderer Grundstücke auf mindestens zwölf Jahre vereinbart ist,
4. der Verpächter die nur vorübergehend verpachtete Sache in eigene Nutzung nehmen oder zur Erfüllung gesetzlicher oder sonstiger öffentlicher Aufgaben verwenden will.

160 Im Rahmen des § 595 Abs. 3 Nr. 2 BGB soll bereits die Berechtigung des Verpächters zur Kündigung nach §§ 594e Abs. 1, 543, 569, 594e Abs. 2 BGB für einen Fortsetzungsausschluss maßgebend sein.[206] Hat demgemäß der Verpächter einen Kündigungsgrund, ohne von ihm Gebrauch gemacht zu haben, ist der Fortsetzungsanspruch des Pächters ausgeschlossen. Anders ist naturgemäß zu entscheiden, wenn das Kündigungsrecht verwirkt oder aus anderen Gründen erloschen war; in derartigen Fällen bleibt das Fortsetzungsrecht unberührt.[207]

161 Ist die **Pachthöchstzeit** erreicht, ist der Pächter mit seinem Fortsetzungsanspruch ausgeschlossen. Maßgebend sind die Grenzen von 18 bzw. 12 Jahren. Enthält ein Pachtvertrag teilweise unter 12 Jahre fallende Grundstücke sowie teilweise unter 18 Jahre fallende Grundstücke, ist nach den Grundsätzen des Übergewichts zu entscheiden, wobei es nicht allein auf die Größe der Flächen, sondern auch auf deren Bedeutung für den Pachtbetrieb ankommt.[208]

162 Ferner ist die Fortsetzung des Pachtverhältnisses ausgeschlossen, wenn der Verpächter die Sache in **eigene Nutzung** nehmen will, § 595 Abs. 3 Nr. 4 BGB, was aber voraussetzt, dass die Pachtsache nur vorübergehend verpachtet wurde. Die Absicht, Land nur vorübergehend zu verpachten, muss bei Vertragsschluss deutlich zum Ausdruck gekommen sein.[209] Dies kann sich aus einer Befristung ergeben oder einen Vertragsabschluss

[204] Soergel/Heintzmann BGB § 595 Rn. 2.
[205] Soergel/Heintzmann BGB § 595 Rn. 9; Faßbender/Hötzel/Lukanow/Faßbender BGB § 595 Rn. 47.
[206] Faßbender/Hötzel/Lukanow/Faßbender BGB § 595 Rn. 54; Soergel/Heintzmann BGB § 595 Rn. 12; Grüneberg/Weidenkaff BGB § 595 Rn. 8.
[207] MüKoBGB/Harke § 595 Rn. 5.
[208] Soergel/Heintzmann BGB § 595 Rn. 13.
[209] Soergel/Heintzmann BGB § 595 Rn. 14; Grüneberg/Weidenkaff BGB § 595 Rn. 8.

ohne Verlängerungsklausel. Empfehlenswert ist eine ausdrückliche vertragliche Bestimmung.

Der Verpächter muss die Pachtsache für **eigene Zwecke** nutzen wollen. Dabei ist 163
Eigennutzung im weitesten Sinne zu verstehen. Dazu gehört die eigene landwirtschaftliche Bewirtschaftung, auch durch Dritte, die Umwandlung in einen Gewerbebetrieb, selbst die Nutzung als Bauland.[210] § 595 Abs. 3 Nr. 4 BGB ist der Eigenbedarfskündigung des § 573 Abs. 2 Nr. 2 BGB nachgebildet, so dass auch eine Überlassung der Pachtsache an nahe Angehörige eine Nutzung iSd § 595 Abs. 3 Nr. 4 BGB darstellt.[211]

Hat der Verpächter den Eigenbedarf nur vorgetäuscht und stellt sich nachträglich 164
heraus, dass der Verpächter das Pachtobjekt nicht in eigene Nutzung übernommen hat, hat der Pächter aber wegen der dokumentierten Absicht des Verpächters den Pachtvertrag aufgegeben und von einem Fortsetzungsverlangen abgesehen, hat sich der Verpächter gemäß §§ 280, 281 BGB schadensersatzpflichtig gemacht. Insoweit kann auf die Rechtsprechung zum vorgetäuschten Eigenbedarf bei Mietverträgen verwiesen werden.[212]

Die Erklärung des Pächters, mit der er die **Fortsetzung des Pachtverhältnisses** verlangt, 165
bedarf der **Schriftform,** § 595 Abs. 4 S. 1. Nach den gesetzlichen Vorgaben braucht das Fortsetzungsverlangen des Pächters nicht begründet zu werden; dem Pächter ist aber dringend anzuraten, eine substantiierte Begründung des Fortsetzungsverlangens seinem Schreiben beizufügen.[213] Dem entspricht, dass auf Verlangen des Verpächters der Pächter über die Gründe des Fortsetzungsverlangens unverzüglich Auskunft erteilen soll; der Sache nach handelt es sich um eine nicht einklagbare Nebenpflicht, deren Verletzung allerdings zu Schadensersatz führen kann, namentlich zur Auferlegung von vermeidbaren Verfahrenskosten.[214] Den Verpächter trifft eine entsprechende Obliegenheit zur Darlegung von Tatsachen, die dem Fortsetzungsverlangen des Pächters entgegenstehen. Diese Offenlegung ist erforderlich, weil dem Pächter grundsätzlich ein Fortsetzungsanspruch zustehen und zudem ein landwirtschaftsgerichtliches Verfahren folgen kann, das eventuell vermeidbar gewesen wäre, hätte der Verpächter frühzeitig alle entscheidungserheblichen Tatsachen offenkundig gemacht.

Der Verpächter kann die Fortsetzung des Pachtverhältnisses **ablehnen,** wenn der 166
Pächter die Fortsetzung nicht mindestens ein Jahr vor Beendigung des Pachtverhältnisses vom Verpächter verlangt oder auf eine Anfrage des Verpächters nach § 594 BGB die Fortsetzung abgelehnt hat, § 595 Abs. 5 S. 1 BGB. Ist eine zwölfmonatige oder kürzere Kündigungsfrist vereinbart, so genügt es, wenn das Verlangen innerhalb eines Monats nach Zugang der Kündigung erklärt wird, § 595 Abs. 5 S. 2 BGB. Durch die Fristenregelungen soll gewährleistet werden, dass sich die Parteien des Landpachtvertrages frühzeitig über eine Verlängerung des Pachtvertrages klar werden und einigen. Wird die Frist durch den Pächter versäumt, hat dies insoweit weitreichende Folgen, als der Verpächter bereits aus formalen Gesichtspunkten eine Fortsetzung des Pachtverhältnisses verweigern kann.

Für den Pächter sind folgende **Fristen** maßgeblich:

Bei Pachtverhältnissen nach § 594a Abs. 1 BGB auf unbestimmte Dauer mit gesetzli- 167
cher oder mehr als einjähriger Kündigungsfrist muss das schriftliche Fortsetzungsverlangen nach Kündigung mindesten ein Jahr vor Vertragsende dem Verpächter zugegangen sein.

Bei unbestimmter Vertragsdauer und vereinbarter Kündigungsfrist von einem Jahr 168
und weniger gemäß § 594a Abs. 1 S. 2 und Abs. 2 BGB muss das schriftliche Fortset-

[210] Soergel/Heintzmann BGB § 595 Rn. 15.

[211] Soergel/Heintzmann BGB § 595 Rn. 15; Faßbender/Hötzel/Lukanow/Faßbender BGB § 595 Rn. 65; aA MüKoBGB/Harke § 595 Rn. 5.

[212] Faßbender/Hötzel/Lukanow/Faßbender BGB § 595 Rn. 74.

[213] Vgl. Faßbender/Hötzel/Lukanow/Faßbender BGB § 595 Rn. 82.

[214] Soergel/Heintzmann BGB § 595 Rn. 17; Faßbender/Hötzel/Lukanow/Faßbender BGB § 595 Rn. 82; MüKoBGB/Harke § 595 Rn. 6.

zungsverlangen binnen eines Monats nach Zugang der Kündigung beim Verpächter zugegangen sein.

169 Bei Pachtverträgen, die auf mindestens 3 Jahre geschlossen wurden, muss die schriftliche Fortsetzungsanfrage des Pächters im drittletzten Pachtjahr in der Form des § 594 BGB gestellt werden. Bei Ablehnung muss das schriftliche Fortsetzungsverlangen gemäß § 595 Abs. 5 BGB mindestens ein Jahr vor Vertragsende mit dem Ziel ausgebracht werden, das Pachtschutzverfahren nach § 595 Abs. 6 BGB einzuleiten.[215]

170 Bei Ablehnung des Fortsetzungsverlangens kann der Pächter den Antrag auf gerichtliche Entscheidung **spätestens neun Monate** vor Beendigung des Pachtverhältnisses und im Falle einer zwölfmonatigen oder kürzeren Kündigungsfrist zwei Monate nach Zugang der Kündigung bei dem Landwirtschaftsgericht stellen.

171 Kommt zwischen den Parteien eine Einigung nicht zustande, so entscheidet auf Antrag das Landwirtschaftsgericht über eine Fortsetzung und über die Dauer des Pachtverhältnisses sowie über die Bedingungen, zu denen es fortgesetzt wird, § 595 Abs. 6 S. 1 BGB. Vorzuziehen ist der Fall, dass die Parteien selbst im Wege gegenseitigen Aushandelns die einzelnen Bestimmungen festlegen, zu denen das Landpachtverhältnis fortgesetzt werden soll. Nach Ablehnung einer Verlängerung durch den Verpächter oder dessen Kündigung werden Änderungen im Vertragswerk angezeigt erscheinen, die sich auf alle Umstände beziehen können, auf eine Erhöhung der Pacht, auf eine Übernahme bestimmter Erhaltungskosten oder eine Herausnahme bestimmter Flächen aus dem Pachtvertrag.[216]

172 Hat der Pächter einen fristgerechten Antrag nach § 595 Abs. 7 S. 1 BGB versäumt, kann das Landwirtschaftsgericht nachträglich den Antrag zulassen, wenn es zur Vermeidung einer unbilligen Härte geboten erscheint und der Pachtvertrag noch nicht abgelaufen ist, § 595 Abs. 7 S. 2 BGB.

173 Das Landwirtschaftsgericht entscheidet nach den Vorgaben des Gesetzes über das Verfahren in Familiensachen und in den Angelegenheiten der Freiwilligen Gerichtsbarkeit, § 1 Nr. 1 in Verbindung mit § 9 LwVG.[217] Eine Klage auf Herausgabe und Räumung des Verpächter kann nicht mit einer Klage auf Fortsetzung des Landpachtverhältnisses verbunden werden, weil eine Verbindung von ZPO- und FamFG Verfahren ausgeschlossen ist.[218] Eine Entscheidung des Landwirtschaftsgerichts über eine Fortsetzung des Landpachtvertrages zu geänderten Bedingungen hat rechtsgestaltende Wirkung aber keinen vollstreckungsfähigen Inhalt.[219] Das Landwirtschaftsgericht hat den Pächter auf beabsichtigte Vertragsänderungen hinzuweisen, damit der Pächter nicht gegen seinen Willen in eine ihm nicht genehme Vertragsänderung genötigt wird.[220]

174 Eine Abänderung der Vertragsbedingungen zum Nachteil des Verpächters ist angesichts der gesetzgeberischen Wertung in § 595 Abs. 2 S. 2 BGB ausgeschlossen.[221] Im Hinblick auf die Dauer des Landpachtverhältnisses kann das Landwirtschaftsgericht Regelungen treffen. Sie müssen sich aber in den Rahmen des § 595 Abs. 6 S. 2 einfügen. Danach kann das Gericht die Fortsetzung des Pachtverhältnisses nur bis zu einem Zeitpunkt anordnen, der die in § 595 Abs. 3 Nr. 3 BGB genannten Fristen, ausgehend vom Beginn des laufenden Pachtverhältnisses, nicht übersteigt, wobei die Fortsetzung des Pachtverhältnisses auf einen Teil der Pachtsache beschränkt werden kann. Bei der Betriebspacht liegt die Höchstdauer demgemäß bei 18 Jahren und bei der Stücklandpacht bei 12 Jahren.

175 Gemäß § 595 Abs. 8 BGB kann auf das Recht, die Verlängerung eines Pachtverhältnisses nach § 595 Abs. 1–7 BGB zu verlangen, nur verzichtet werden, wenn der Verzicht

---

[215] Faßbender/Hötzel/Lukanow/Faßbender BGB § 595 Rn. 87.
[216] Soergel/Heintzmann BGB § 595 Rn. 19.
[217] Soergel/Heintzmann BGB § 595 Rn. 20; Faßbender/Hötzel/Lukanow/Faßbender BGB § 595 Rn. 102; Grüneberg/Weidenkaff BGB § 595 Rn. 12; MüKoBGB/Harke § 595 Rn. 7.
[218] Barstedt/Steffen LwVG § 1 Rn. 77; Faßbender/Hötzel/Lukanow/Faßbender BGB § 595 Rn. 102.
[219] Faßbender/Hötzel/Lukanow/Faßbender BGB § 595 Rn. 101 und 103.
[220] Vgl. Soergel/Heintzmann BGB § 595 Rn. 19.
[221] Faßbender/Hötzel/Lukanow/Faßbender BGB § 595 Rn. 104.

zur Beilegung eines Pachtstreits vor Gericht oder vor einer berufsständischen Pachtschlichtungsstelle erklärt wird, § 595 Abs. 8 S. 1 BGB. Eine Vereinbarung, dass einem Vertragsteil besondere Nachteile oder besondere Vorteile erwachsen sollen, wenn er die Rechte nach § 595 Abs. 1–7 BGB ausübt oder nicht ausübt, ist unwirksam, § 595 Abs. 8 S. 2 BGB. Die Abdingbarkeit des Pächterschutzes ist demgemäß weitestgehend eingeschränkt.

11. Rückgabe der Pachtsache

Der Pächter ist gemäß § 596 Abs. 1 BGB verpflichtet, die Pachtsache nach Beendigung des Pachtverhältnisses in dem Zustand zurückzugeben, der einer bis zur Rückgabe fortgesetzten ordnungsgemäßen Bewirtschaftung entspricht.[222] Nicht ausreichend ist die Rückgabe in dem Zustand, in dem sich die Pachtsache gerade bei Beendigung des Pachtverhältnisses befindet. Die Rückgabeverpflichtung bezieht sich auf sämtliche Umstände, die einer ordnungsgemäßen Bewirtschaftung entsprechen, insbesondere auf eine nachhaltige Ertragsfähigkeit der Pachtsache.[223] Der Pächter muss demgemäß die Pachtsache so bewirtschaften, als werde das Pachtobjekt ununterbrochen weiter genutzt.[224] Zu einer Rückgabe entsprechend einer fortgesetzten ordnungsgemäßen Bewirtschaftung gehört auch die Erhaltung der zugeteilten Referenzmenge, weil im Bereich der Milchwirtschaft der Verkehrswert landwirtschaftlicher Flächen maßgeblich von der damit verbundenen Milchquote abhängig ist.[225] Entsprechendes gilt für ein Zuckerrübenkontingent.[226] Umbruch, Saat, Düngung, Pflanzenschutz, Beregnung sind fortzuführen.[227] 176

Verschlechterungen der Pachtsache, die auf eine ordnungsgemäße Bewirtschaftung zurückzuführen sind, hat der Pächter bei Vertragsende nicht auszugleichen.[228] Hat der Pächter im Rahmen ordnungsgemäßer Bewirtschaftung das Pachtobjekt verbessert, ist die Pachtsache in diesem verbesserten Zustand zurückzugeben.[229] Allerdings muss der Verpächter dem Pächter die **notwendigen Verwendungen** auf die Pachtsache nach § 590b BGB ersetzen. Nach § 586 Abs. 1 S. 2 BGB hat aber der Pächter die gewöhnlichen Ausbesserungen der Pachtsache, insbesondere die der Wohn- und Wirtschaftsgebäude, der Wege, Gräben, Dränungen und Einfriedungen, auf seine Kosten durchzuführen. Aus § 596 Abs. 1 BGB ist der Schluss abzuleiten, dass der Pächter keinen Anspruch auf Ersatz für Verbesserungen hat, die auf eine ordnungsgemäße Bewirtschaftung zurückzuführen sind.[230] 177

Verschlechterungen der Pachtsache, die **nicht** auf einer ordnungsgemäßen Bewirtschaftung beruhen, können nach allgemeinen Vorschriften bereits vor Vertragsende Schadensersatzansprüche des Verpächters auslösen.[231] Voraussetzung ist aber ein rechtliches Interesse des Verpächters an alsbaldiger Schadensfeststellung, wenn eine spätere Schadensfeststellung nicht mehr möglich oder mit unverhältnismäßigen Nachteilen für das Pachtobjekt verbunden ist. Ansonsten gilt der Rechtssatz, dass während der Pachtzeit der Verpächter eines land- und forstwirtschaftlichen Betriebes in der Regel keinen Anspruch auf Ersatz von Schäden hat, die der Pächter an den seiner Nutzung unterliegenden Pachtgegenständen verursacht hat.[232] Zur Begründung wird darauf verwiesen, dass sich in der Regel erst nach Ablauf der Pachtzeit übersehen lässt, ob ein verschulde- 178

[222] MAH AgrarR/Piltz § 8 Rn. 117.
[223] Soergel/Heintzmann BGB § 596 Rn. 1; Faßbender/Hötzel/Lukanow/Faßbender BGB § 596 Rn. 14; MüKoBGB/Harke § 596 Rn. 2.
[224] Soergel/Heintzmann BGB § 596 Rn. 3; MAH AgrarR/Piltz § 8 Rn. 119.
[225] BGH NJW 1997, 2316.
[226] Soergel/Heintzmann BGB § 596 Rn. 3.
[227] Vgl. die Beispiele bei Soergel/Heintzmann BGB § 596 Rn. 3.
[228] Faßbender/Hötzel/Lukanow/Faßbender BGB § 596 Rn. 25.
[229] Faßbender/Hötzel/Lukanow/Faßbender BGB § 596 Rn. 21.
[230] Faßbender/Hötzel/Lukanow/Faßbender BGB § 596 Rn. 21; MüKoBGB/Harke § 596 Rn. 2.
[231] Faßbender/Hötzel/Lukanow/Faßbender BGB § 596 Rn. 31.
[232] OLG Düsseldorf NJW 1977, 585.

ter Nachteil der Pachtsache durch vertragswidrige Nutzung eingetreten ist und sich die Pachtsache nicht in einem Zustand befindet, der ordnungsgemäßer Bewirtschaftung entspricht.

179 Um den Zustand des Pachtobjekts bei Vertragsende feststellen zu können, bedarf es einer **Untersuchung oder Besichtigung der Pachtsache** durch den Verpächter. Sind keine besonderen Vereinbarungen zwischen den Vertragsparteien getroffen, wird dem Verpächter im Falle einer Weigerung des Pächters, eine Besichtigung vornehmen zu können, ein entsprechendes Besichtigungsrecht zuzubilligen sein. Im Hinblick auf das Vertragsende ist regelmäßig von einem Rechtsschutzinteresse des Verpächters auszugehen.[233] Hier sind die Grundsätze entsprechend anzuwenden, die im Mietrecht gelten; demgemäß hat der Verpächter einen Anspruch auf Besichtigung des Pachtobjekts aus besonderem Grund und namentlich vor Ablauf der Pachtzeit, um den Zustand der Pachtsache im Hinblick auf Beschädigungen oder Verschlechterungen feststellen zu können.[234]

180 Gemäß § 596 Abs. 2 BGB steht dem Pächter wegen seiner Ansprüche gegen den Verpächter ein **Zurückbehaltungsrecht** am Grundstück **nicht** zu. Begründet wird die gesetzliche Regelung mit der Erwägung, dass die Gegenansprüche des Pächters in keinem Verhältnis zum Wert des Grundstücks stehen und daher das Zurückbehaltungsrecht zu einem hohen Schaden führen kann.[235] Der Ausschluss des Zurückbehaltungsrechts bezieht sich allerdings nur auf das Grundstück selbst; bei anderen Sachen – etwa dem Inventar – kann ein Zurückbehaltungsrecht wegen Ansprüche des Pächters gegen den Verpächter ausgeübt werden.[236]

181 Hat der Pächter die Nutzung der Pachtsache einem Dritten überlassen, so kann der Verpächter die Sache nach Beendigung des Pachtverhältnisses auch von dem Dritten zurückfordern, § 596 Abs. 3 BGB. In diesem Fall kann der Verpächter sowohl gegen den Pächter als auch gegen den Dritten Klage auf Räumung und Herausgabe des Pachtobjekts erheben; eine Klage gegen beide zugleich ist empfehlenswert.[237]

Praxistipp:
§ 596 BGB ist insgesamt **abdingbar.** Bei Formularpachtverträgen ist das Verbot von Pauschalierung von Schadensersatzansprüchen zu beachten, § 309 Nr. 5 BGB, und der Beweislaständerung, § 309 Nr. 12 BGB.[238] Soweit in einer Änderung des Rückgabezeitpunktes indirekt eine Verkürzung der Kündigungsfrist liegt, muss die entsprechende Vereinbarung wegen § 594a Abs. 1 S. 3 BGB schriftlich erfolgen.[239]

182 Der Pächter eines Betriebes hat von den bei Beendigung des Pachtverhältnisses vorhandenen landwirtschaftlichen Erzeugnissen so viel zurückzulassen, wie zur **Fortführung der Wirtschaft** bis zur nächsten Ernte nötig ist, auch wenn er bei Beginn des Pachtverhältnisses solche Erzeugnisse nicht übernommen hat, § 596b Abs. 1 BGB. Unter landwirtschaftlichen Erzeugnissen werden pflanzliche oder tierische Erzeugnisse verstanden, die aus der Bodenbewirtschaftung oder der mit der Bodennutzung verbundenen Tierhaltung gewonnen worden sind.[240] Die Fortsetzung der ordnungsgemäßen Bewirtschaftung bis zur nächsten Ernte bestimmt den Umfang der Zurücklassungs-

233 Faßbender/Hötzel/Lukanow/Faßbender BGB § 596 Rn. 24.
234 Vgl. zum Besichtigungsrecht des Vermieters Grüneberg/Weidenkaff BGB § 535 Rn. 82; Soergel/Heintzmann BGB § 535 Rn. 43.
235 Grüneberg/Weidenkaff BGB § 596 Rn. 1 unter Verweis auf § 570 BGB; Faßbender/Hötzel/Lukanow/Faßbender BGB § 596 Rn. 33.
236 Faßbender/Hötzel/Lukanow/Faßbender BGB § 596 Rn. 33; Soergel/Heintzmann BGB § 596 Rn. 5; MüKoBGB/Harke § 596 Rn. 4.
237 Faßbender/Hötzel/Lukanow/Faßbender BGB § 596 Rn. 36.
238 Faßbender/Hötzel/Lukanow/Faßbender BGB § 596 Rn. 37.
239 Soergel/Heintzmann BGB § 596 Rn. 7.
240 Soergel/Heintzmann BGB § 596b Rn. 2; Faßbender/Hötzel/Lukanow/Faßbender BGB § 596b Rn. 8.

verpflichtung. Der Pächter entscheidet in eigener Regie, welche von mehreren möglichen Arten der ordnungsgemäßen Bewirtschaftung gesichert werden soll.[241] Bei der Art, Menge und Beschaffenheit der zurückzulassenden Erzeugnisse ist ein **objektiver** Maßstab anzulegen.[242]

§ 596b Abs. 1 BGB gibt dem Verpächter einen Anspruch auf Zurücklassung der landwirtschaftlichen Erzeugnisse; dieser Anspruch ist abtretbar, namentlich aus praktischen Erwägungen heraus auch an den Neupächter.[243] Der Anspruch des Verpächters nach § 596b Abs. 1 BGB wird durch das Verpächterpfandrecht des § 592 BGB gesichert.[244] Er richtet sich darauf, dass eine ordnungsgemäße Bewirtschaftung im Zeitpunkt der Rückgabe des Pachtobjekts gewährleistet sein soll. 183

Soweit der Pächter nach § 596b Abs. 1 BGB Erzeugnisse in größerer Menge oder besserer Beschaffenheit zurückzulassen verpflichtet ist, als er bei Beginn des Pachtverhältnisses übernommen hat, kann er vom Verpächter **Ersatz des Wertes** verlangen, § 596b Abs. 2 BGB. Der Anspruch ist bei Ende des Pachtverhältnisses fällig. Er ist auf Wertersatz in Geld gerichtet, wobei der objektive Verkehrswert der landwirtschaftlichen Erzeugnisse zurzeit und am Ort der Zurücklassung maßgeblich ist.[245] Im Streitfall kann die Berechnung durch einen Sachverständigen vorgenommen werden. Zu beachten ist, dass der Anfangswert unter besonderer Berücksichtigung der Preisentwicklung auf das Pachtende umzurechnen ist.[246] Auf diese Weise wird ein gleicher Bewertungsmaßstab gewonnen.[247] Die **Verjährung** des Anspruchs richtet sich nach § 591b BGB. Über streitige Ansprüche entscheidet das **Landwirtschaftsgericht** im streitigen ZPO-Verfahren, §§ 1 Nr. 1a, 48 LwVG.[248] 184

Gibt der Pächter die Pachtsache nach Beendigung des Pachtverhältnisses nicht zurück, so kann der Verpächter **für die Dauer der Vorenthaltung als Entschädigung** die vereinbarte Pacht verlangen, § 597 S. 1 BGB. Eine Vorenthaltung ist gegeben, wenn der Pächter dem Verpächter nicht oder verspätet den unmittelbaren Besitz verschafft, obwohl ihm das möglich ist und sein Verhalten dem Willen des Verpächters widerspricht.[249] Der Anspruch des Verpächters richtet für die Dauer der Vorenthaltung auf die vereinbarte Pacht als Entschädigung. Der Sache nach handelt es sich um einen Mindestschaden, denn gemäß § 597 S. 2 BGB ist die Geltendmachung eines weiteren Schadens nicht ausgeschlossen. Denkbar ist, dass auf Grund der Vorenthaltung eine Neuverpachtung verzögert wird oder Ertragseinbußen zu beklagen sind, weil die Feldbestellung nicht rechtzeitig erfolgen kann. Die Ansprüche des Verpächters verjähren innerhalb von drei Jahren, § 195 BGB.[250] Die gesamte Vorschrift des § 597 BGB ist abdingbar.[251] 185

II. Jagdpacht

1. Gesetzliche Grundlage und Inhalt des Jagdpachtrechts

Das Jagdrecht ist geregelt im **Bundesjagdgesetz** in der Fassung der Bekanntmachung vom 29.9.1976 (BGBl. I 2849), geändert durch Artikel 5 des Gesetzes vom 26.3.2008 186

[241] Soergel/Heintzmann BGB § 596b Rn. 4; Faßbender/Hötzel/Lukanow/Faßbender BGB § 596b Rn. 11.
[242] Faßbender/Hötzel/Lukanow/Faßbender BGB § 596b Rn. 11.
[243] Soergel/Heintzmann BGB § 596b Rn. 5.
[244] Soergel/Heintzmann BGB § 596b Rn. 5.
[245] Faßbender/Hötzel/Lukanow/Faßbender BGB § 596b Rn. 21; Soergel/Heintzmann BGB § 596b Rn. 6.
[246] Soergel/Heintzmann BGB § 596b Rn. 6.
[247] Faßbender/Hötzel/Lukanow/Faßbender BGB § 596b Rn. 21.
[248] Faßbender/Hötzel/Lukanow/Faßbender BGB § 596b Rn. 4.
[249] BGH NJW 1983, 112; Faßbender/Hötzel/Lukanow/Faßbender BGB § 597 Rn. 8.
[250] Faßbender/Hötzel/Lukanow/Faßbender BGB § 597 Rn. 15.
[251] Soergel/Heintzmann BGB § 597 Rn. 7; Grüneberg/Weidenkaff BGB § 597 Rn. 1; Faßbender/Hötzel/Lukanow/Faßbender BGB § 597 Rn. 21.

(BGBl. I 426), novelliert angesichts der Entscheidung des Europäischen Gerichtshofs für Menschenrechte vom 26.6.2012[252] in Form des § 6a BJagdG, zuletzt geändert durch Art. 291 der Verordnung vom 19. Juni 2020 (BGBl I S. 1328). Der Sache nach handelt es sich um ein Gesetz auf dem Gebiet der konkurrierenden Gesetzgebung nach Art. 74 Abs. 1 Nr. 28 GG, die durch **Landesgesetze** ergänzt wird.[253] Das Jagdrecht ist die ausschließliche Befugnis, auf einem bestimmten Gebiet wildlebende Tiere, die dem Jagdrecht unterliegen (Wild), zu hegen, auf sie die Jagd auszuüben und sie sich anzueignen. Mit dem Jagdrecht ist die Pflicht zur Hege verbunden, § 1 Abs. 1 BJagdG.

187 Die Jagdpacht besteht nicht nur in einem entgeltlichen **Erwerb eines Aneignungsrechts**; nach § 11 Abs. 1 BJagdG kann die Ausübung des Jagdrechts in seiner Gesamtheit an Dritte verpachtet werden. Gegenstand der Jagdpacht bildet demgemäß das Jagdausübungsrecht.[254] Dieses Jagdausübungsrecht leitet sich aus dem **Eigentum des Grundstückseigentümers** ab und ist als Rechtspacht zu qualifizieren.[255] Ein Teil des Jagdausübungsrechts kann nicht Gegenstand eines Jagdpachtvertrages sein; jedoch kann sich der Verpächter einen Teil der Jagdnutzung, der sich auf bestimmtes Wild bezieht, vorbehalten, § 11 Abs. 1 S. 2 BJagdG.

188 Die Verpachtung eines Teils eines Jagdbezirks ist nach § 11 Abs. 2 S. 1 BJagdG nur zulässig, wenn sowohl der verpachtete als auch der verbleibende Teil bei Eigenjagdbezirken eine gesetzliche Mindestgröße, bei gemeinschaftlichen Jagdbezirken die Mindestgröße von 250 ha haben; die Bundesländer können ergänzende Regelungen treffen.[256]

2. Beteiligte am Jagdpachtvertrag

189 a) **Pächter.** Jagdpächter kann gemäß § 11 Abs. 5 BJagdG grundsätzlich nur sein, wer einen **Jahresjagdschein** besitzt und schon vorher einen solchen während dreier Jahre in Deutschland besessen hat. Auf Pächterseite kann nur eine derart qualifizierte Einzelperson einen Jagdpachtvertrag abschließen. Gemäß § 13 BJagdG erlischt der Jagdpachtvertrag, wenn dem Pächter der Jagdschein unanfechtbar **entzogen** worden ist. Er erlischt auch dann, wenn die Gültigkeitsdauer des Jagdscheins **abgelaufen** ist und entweder die zuständige Behörde die Erteilung eines neuen Jagdscheins unanfechtbar abgelehnt hat oder der Pächter die Voraussetzungen für die Erteilung eines neuen Jagdscheins nicht fristgemäß erfüllt, § 13 S. 2 BJagdG. Der Jagdpachtvertrag erlischt, wenn der Pächter versäumt, rechtzeitig die **Verlängerung** seines Jagdscheins zu beantragen.[257]

190 Wird über das Vermögen des Pächters ein **Insolvenzverfahren** eröffnet, kann der Insolvenzverwalter nach § 109 Abs. 1 InsO ohne Rücksicht auf die vereinbarte Vertragsdauer oder einen vereinbarten Ausschluss des Rechts zur ordentlichen Kündigung kündigen. Die Kündigungsfrist beträgt grundsätzlich drei Monate zum Monatsende, wenn nicht eine kürzere Frist maßgeblich ist, § 109 Abs. 1 S. 1 InsO.

191 Hat der Jagdpächter das Erlöschen des Jagdpachtvertrages verschuldet, hat er dem Verpächter den aus der vorzeitigen Beendigung des Vertrages entstehenden Schaden zu ersetzen, § 13 S. 3 BJadgdG. Ein Verschulden des Pächters ist anzunehmen, wenn der Jagdschein auf Grund eines Tatbestandes entzogen oder versagt worden ist, den der Pächter vorsätzlich oder fahrlässig herbeigeführt hat. Ein Verschulden ist dem Pächter auch anzulasten, wenn er sich nicht rechtzeitig um einen neuen Jahresjagdschein bemüht hat.[258]

---

[252] EGMR NJW 2012, 3629.
[253] MAH AgrarR/Fickendey-Engels § 21 Rn. 3.
[254] Staudinger/Sonnenschein BGB § 581 Rn. 54; Erman/Jendrek BGB § 581 Rn. 25; MüKoBGB/Harke § 581 Rn. 44; Soergel/Heintzmann BGB § 581 Rn. 9; MAH AgrarR/Fickendey-Engels § 21 Rn. 6.
[255] Staudinger/Sonnenschein BGB § 581 Rn. 54; Düsing/Martinez/Gies BJagdG § 1 Rn. 2.
[256] siehe etwa Schuck/Frank/Schuck BJagdG § 7 Rn. 12.
[257] LG Konstanz MDR 1973, 674.
[258] Mitzschke/Schäfer BJagdG § 13 Rn. 16.

b) Mehrere Pächter. Auf Pächterseite können aber auch mehrere Personen beteiligt sein. Dabei kann es sich um **Mitpacht** handeln. Die Mitpacht besteht darin, dass in einem Jagdbezirk mehrere Pächter nebeneinander im Gesamthandsverhältnis die Jagdausübung erhalten.[259] Im Innenverhältnis der Mitpächter untereinander besteht ein zumindest stillschweigend vereinbartes **Gesellschaftsverhältnis** nach §§ 705 ff. BGB.[260] Rechte gegen den Verpächter oder gegen Dritte können nur **gemeinsam** geltend gemacht werden. Bei einer Mitpacht wird das Jagdausübungsrecht in seiner Gesamtheit an Dritte verpachtet. **192**

Wird bei einem bestehenden Mitpachtverhältnis ein weiterer Dritter in das Pachtverhältnis auf Pächterseite aufgenommen, ist ein dreiseitiger Vertrag erforderlich zwischen den bisher am Mitpachtvertrag beteiligten Mitpächtern, dem Dritten sowie dem Verpächter.[261] **193**

Einen besonderen Fall hatte der Bundesgerichtshof 1982 zu entscheiden.[262] Wer die vertragliche Verpflichtung, im Falle der Anpachtung eines Jagdbezirks einen bestimmten Mitpächter aufzunehmen, dadurch zu umgehen versucht, dass er in einer gegen Treu und Glauben verstoßenden Weise seine Ehefrau den Jagdbezirk anpachten lässt, muss sich nach § 162 Abs. 1 BGB so behandeln lassen, als hätte er selbst gepachtet. Der beklagte Pächter habe treuwidrig gehandelt, wenn er seine eigene Absicht zur Erneuerung des Pachtverhältnisses formal zurückstellte und seine Ehefrau vorschob, um auf diese Weise faktisch die Pächterstellung beibehalten und die Verpflichtung zur Aufnahme des Klägers entgehen zu können. Dieses treuwidrige – und auch wenig waidmännische – Verhalten konnte der Bundesgerichtshof nicht tolerieren. **194**

Sind mehrere Pächter an einem Jagdvertrag beteiligt (Mitpächter), so bleibt der Vertrag, wenn er im Verhältnis zu einem Mitpächter gekündigt wird oder erlischt, mit den übrigen bestehen, § 13a S. 1 BJagdG; dies gilt nicht, soweit der Jagdpachtvertrag infolge des Ausscheidens eines Pächters den Vorschriften des § 11 Abs. 3 BJagdG nicht mehr entspricht. Die vorbezeichnete Vorschrift bezieht sich auf **bestimmte Flächenhöchstgrenzen für Jagdbezirke.** Ist einem der am Jagdpachtvertrag Beteiligten die Aufrechterhaltung des Vertrages infolge Ausscheidens eines Pächters nicht zuzumuten, so kann er den Vertrag mit sofortiger Wirkung kündigen, § 13a S. 2 BJagdG. Die Kündigung muss unverzüglich nach Erlangung der Kenntnis von dem Kündigungsgrund erfolgen, § 13a S. 3 BJagdG. Wird über das Vermögen eines der Mitpächter das **Insolvenzverfahren** eröffnet, bleibt der Jagdpachtvertrag zwischen dem Verpächter und den übrigen Mitpächtern bestehen, selbst wenn der Insolvenzverwalter von seiner Befugnis des § 109 InsO Gebrauch gemacht hat. Für diesen Fall wächst das Recht des Schuldners den übrigen Mitpächtern an, die allerdings unter den Voraussetzungen des § 13a BJagdG sich vom Jagdpachtvertrag lösen können. **195**

c) Eigenjagd. Zusammenhängende Grundflächen mit einer land-, forst- oder fischereiwirtschaftlich nutzbaren Fläche von 75 Hektar, die im Eigentum ein und derselben Person oder einer Personengemeinschaft stehen, bilden einen **Eigenjagdbezirk,** § 7 Abs. 1 S. 1 BJagdG. Die Bundesländer können ergänzende Regelungen treffen, die von den Größenordnungen abweichen.[263] In einem Eigenjagdbezirk ist jagdausübungsberechtigt der Eigentümer, § 7 Abs. 4 S. 1 BJagdG. Anstelle des Eigentümer tritt der Nutznießer, wenn ihm die Nutzung des ganzen Eigenjagdbezirks zusteht, § 7 Abs. 4 S. 2 BJagdG. Der Vorteil der Anpachtung eines Eigenjagdbezirks liegt für den oder die Pächter darin, dass auf der Verpächterseite nur **ein** Ansprechpartner zu finden ist, mit dem kurzfristige Lösungen bei auftretenden Problemen erarbeitet werden können. **196**

[259] Mitzschke/Schäfer BJagdG § 11 Rn. 91; Düsing/Martinez/Gies BJagdG § 11 Rn. 10; Knops ZMR 1997, 9 (10).

[260] BGH NJW 1991, 3033 (3034); OLG Düsseldorf MDR 1970, 140; Düsing/Martinez/Gies/v. Bardeleben BJagdG § 13a Rn. 1, 3 mwN.

[261] Knops ZMR 1997, 9 (11).

[262] BGH NJW 1982, 2552.

[263] Düsing/Martinez/Gies BJagdG § 7 Rn. 10; Schuck/Koch BJagdG § 11 Rn. 1.

197 Wird ein Eigenjagdbezirk ganz oder teilweise veräußert, so finden die Vorschriften der §§ 566–567b BGB entsprechende Anwendung, § 14 Abs. 1 S. 1 BJagdG. Der Erwerber tritt demgemäß an die Stelle des Verpächters. Das gleiche gilt im Falle der Zwangsversteigerung von der Vorschrift des § 57 ZVG; das Kündigungsrecht des Erstehers ist jedoch ausgeschlossen, wenn nur ein Teil eines Jagdbezirks versteigert ist und dieser Teil nicht allein schon die Erfordernisse eines Eigenjagdbezirks erfüllt, § 14 Abs. 1 S. 2 BJagdG.

Für den Fall des Todes auf Verpächterseite treten die Erben nach allgemeinen Regeln in das Pachtverhältnis ein.

198 d) **Jagdgenossenschaft.** Nach § 8 Abs. 1 BJagdG bilden alle Grundflächen einer Gemeinde oder abgesonderten Gemarkung, die nicht zu einem Eigenjagdbezirk gehören, einen gemeinschaftlichen Jagdbezirk, wenn sie im Zusammenhang mindestens 150 Hektar umfassen. In gemeinschaftlichen Jagdbezirken steht die Ausübung des Jagdrechts der Jagdgenossenschaft zu, § 8 Abs. 5 BJagdG. Die **Eigentümer der Grundflächen,** die zu einem gemeinschaftlichen Jagdbezirk gehören, **bilden eine Jagdgenossenschaft,** § 9 Abs. 1 S. 1 BJagdG.

199 Eigentümer von Grundflächen, auf denen die Jagd nicht ausgeübt werden kann, gehören der Jagdgenossenschaft nicht an, § 9 Abs. 1 S. 2 BJagdG. Zu beachten ist indessen das **Urteil des Europäischen Gerichtshofs für Menschenrechte vom 26.6.2012.**[264] Festgestellt worden ist, dass eine Pflichtmitgliedschaft in Jagdgenossenschaften und die damit verbundene Pflicht des Grundeigentümers, die Jagdausübung durch Dritte auf seinem Grundstück zu dulden, gegen die Europäische Menschenrechtskonvention verstoßen kann. Diese Entscheidung des EGMR hat zu einer Fortentwicklung des Bundesjagdgesetzes geführt, § 6a BJagdG. Grundflächen eines gemeinschaftlichen Jagdbezirks können auf Antrag des Grundeigentümers zu sog. befriedeten Bezirken erklärt werden. In befriedeten Bezirken ruht die Jagd, § 6 BJagdG. Dadurch scheidet der Grundeigentümer eines solchen befriedeten Bezirks aus der Jagdgenossenschaft aus.

200 Der Ausschluss ist jedoch nur temporär und nicht endgültig, da er an die Person des Grundeigentümers gekoppelt ist. Der befriedete Bezirk ist auch mit seiner Fläche bei der Berechnung der Mindestgröße eines Reviers zu berücksichtigen.[265]

201 Im Verfahren auf Befriedung von Grundstücken ist zunächst vom Antragsteller darzulegen, welche ethischen Gründe gegen die Jagd auf seinem Land sprechen, diese Gründe hat er glaubhaft zu machen[266]. Danach ist die Jagdgenossenschaft anzuhören, der Jagdpächter, falls die Jagd verpachtet ist, Grundstücksnachbarn, der Jagdbeirat und sonstige Träger öffentlicher Belange, Naturschutzbehörden, Straßenverkehrsbehörden etc; Aufgabe des Verfahrens ist eine Abwägung der öffentlichen Interessen an der Jagdausübung mit den ethischen Motiven des Antragstellers.

202 Wird dem Befriedungsantrag stattgegeben, tritt die Wirkung mit Ende des bei Antragstellung bestehenden Pachtvertrags ein. Wird der Pachtvertrag nach Antragstellung verlängert, tritt die Befriedung bereits mit Bestandskraft des Befriedungsbeschlusses ein[267] Die Behörde kann die Befriedung räumlich und zeitlich einschränken, um berechtigte Interessen der öffentlichen Sicherheit und Ordnung zu berücksichtigen. Hierzu zählen Vermeidung von Wildschäden, Gefahren von Tierseuchen, Gründe des Natur- oder Tierschutzes, Sicherheit auf den Straßen.

203 Für entstehende **Wildschäden** haftet der Grundeigentümer auch weiterhin[268]. Dem Eigentümer befriedeter Bezirke steht keine Entschädigung für Wildschäden zu, § 6a Abs. 7 BJagdG. Wildfolge und Aneignung finden im Rahmen der Absätze 8 und 9 statt. Erfolgt die Anpacht in Kenntnis eines gestellten Befriedungsantrags, liegt kein

---

[264] EGMR NJW 2012, 3629.
[265] Schuck/Munte BJagdG § 6a Rn. 12.
[266] hierzu: Schuck/Munte BJagdG § 6a Rn. 43 ff.
[267] Schuck/Munte BJagdG § 6a Rn. 81.
[268] Schuck/Munte BJagdG § 6a Rn. 104 ff.

Mangel vor.[269] Dem Pächter steht auch kein Klagerecht gegen den Befriedungsbescheid zu.

Die Befriedung kann **widerrufen** werden. Sie ist zu widerrufen, wenn der Grundstückseigentümer der Behörde gegenüber den Verzicht auf die Befriedung erklärt oder aber die Jagd ausübt, einen Jagdschein löst oder die Ausübung der Jagd durch Dritte auf einem ihm gehörenden Grundstück duldet (§ 6a Abs. 4 S. 5 Ziff. 1 und 2 BJagdG. Sie erlischt 3 Monate nach Eigentumsübergang, wenn nicht der neue Eigentümer entsprechende Anträge stellt. 204

Die Jagdgenossenschaft nutzt die Jagd in der Regel durch Verpachtung, § 10 Abs. 1 S. 1 BJagdG. Verpächter ist in solchen Fällen die Jagdgenossenschaft, die durch den Jagdvorstand gerichtlich und außergerichtlich vertreten wird, § 9 Abs. 2 S. 1 BJagdG. Im Gegensatz zum Eigenjagdbezirk ist der Pächter auf der Gegenseite auf **mehrere** Ansprechpartner angewiesen. 205

3. Form des Jagdpachtvertrages, Dauer und Anzeigepflicht

Gemäß § 11 Abs. 4 BJagdG ist der Jagdpachtvertrag **schriftlich** abzuschließen. Auch der **Vorvertrag** zum Jagdpachtvertrag bedarf zu seiner Wirksamkeit der Schriftform.[270] Das Schriftformerfordernis wird mit der Warnfunktion und der Dauer der Bindung an den Jagdpachtvertrag begründet; denn nach § 11 Abs. 4 S. 2 BJagdG soll die Pachtdauer mindestens **neun** Jahre betragen. Das Erfordernis der Schriftform soll auch den Verpächter vor Übereilung schützen. Angesichts der erheblichen finanziellen Aufwendungen, die in Form von Pacht und Zusatzleistungen auf den Pächter jährlich zukommen, ist das Schriftformerfordernis sachgerecht[271]. Ein Verstoß gegen das Schriftformerfordernis führt unweigerlich zur Nichtigkeit des abgeschlossenen Vertrags, § 11 Abs. 6 BJagdG. 206

Im jagdwirtschaftlichen Interesse ist eine möglichst lange Dauer des Jagdpachtvertrages notwendig. Nur dann rentieren sich planvolle, auf lange Sicht angelegte **Hegemaßnahmen** und die damit verbundenen Investitionen.[272] Ein derartiger Vertrag bedeutet für beide Vertragsteile eine langanhaltende Bindung, die nicht übereilt eingegangen werden soll.[273] 207

Gemäß § 11 Abs. 4 S. 3 BJagdG soll Beginn und Ende der Pachtzeit mit Beginn und Ende des Jagdjahres zusammenfallen, mithin vom 1.4. bis 31.3. des Folgejahres.[274] 208

Da im Jagdpachtvertrag die gepachtete Fläche anzugeben ist, stellt sich die Frage der Darstellung bei der Anpacht verschiedener Flurstücke. Bei der Anpacht einer Genossenschaftsjagd im Ganzen dürfte die Beschreibung des Pachtgegenstands keine erhöhten Probleme aufwerfen. Schwieriger kann es sein, wenn ein Teil einer Genossenschaftsjagd oder eine Eigenjagd angepachtet wird. Ausreichend aber erforderlich ist die Bezugnahme auf eine dem Pachtvertrag beizufügende Flurkarte, auf der die Pachtfläche unzweifelhaft markiert wird.[275]

Die Dauer des Jagdpachtvertrages soll nach § 11 Abs. 4 S. 2 BJagdG mindestens neun Jahre betragen. Begründet wird dies mit jagdwirtschaftlichen Erwägungen.[276] Den Bundesländern bleibt vorbehalten, die Mindestfrist höher festzusetzen, § 11 Abs. 4 S. 3 BJagdG. Tatsächlich wurden die Mindestlaufzeiten in einigen Bundesländern auch kürzer festgesetzt. Für Niederwildjagden haben die Bundesländer Bayern, Art. 14 Abs. 2 LJG, Berlin § 13 Abs. 2 S. 1 BlnLJagdG, Brandenburg, § 13 BbgJagdG, Schles- 209

[269] VGH München 28.5.2020 – 19 B 19.1712, BeckRS 2020, 12880.

[270] BGH NJW 1973, 1839 = MDR 1973, 919; Erman/Jendrek BGB § 581 Rn. 26; Staudinger/Sonnenschein § 581 Rn. 57; Grüneberg/Weidenkaff BGB vor § 581 Rn. 18.

[271] Bis hier hat sich das Bürokratieentlastungsgesetz nicht „vorgewagt". Ob die zur Landpacht abweichende Regelung bewusst getroffen wurde, ist Mutmaßung.

[272] Düsing/Martinez/Gies BJagdG § 11 Rn. 75.

[273] BGH NJW 1973, 1839 = MDR 1973, 919.

[274] Düsing/Martinez/Gies BJagdG § 11 Rn. 79.

[275] OLG Düsseldorf BeckRS 2014, 18384.

[276] Staudinger/Sonnenschein BGB § 581 Rn. 58.

wig-Holstein, § 11 Abs. 1 LJG, die Mindestpachtzeiten auf neun Jahre festgelegt, für Hochwildjagden aber auf 12 Jahre. Baden-Württemberg hat die Mindestdauer auf 6 Jahre festgelegt, § 17 Abs. 4 S. 2 JWMG, Hessen für Nieder- und Hochwildreviere auf 10 Jahre, § 10 Abs. 1 HJagdG, Rheinland-Pfalz auf 10 Jahre, § 14 Abs. 4 S. 2 LJG RP, das Saarland auf mindestens 5 und höchstens 10 Jahr, § 9 Abs. 3 SJG, Mecklenburg-Vorpommern auf 9 Jahre, § 11 Abs. 1 S. 3 LJG MV, ebenso Thüringen, § 14 Abs. 2 ThJG. Von einer Hochwildjagd kann nur dann gesprochen werden, wenn in diesem Jagdbezirk **regelmäßig** Hochwild als Standwild und nicht nur als Wechselwild vorkommt.[277] Einige Bundesländer haben auch hier eigene Definitionen festgelegt. Das zum Hochwild zählende Schwarzwild bleibt bei der Frage nach dem Vorkommen von Hochwild regelmäßig ohne Berücksichtigung.

210 Ein **laufender** Jagdpachtvertrag kann auch nach § 11 Abs. 4 S. 4 BJagdG auf eine kürzere Zeit als neun Jahre verlängert werden.

211 Ein Jagdpachtvertrag kann über die gesetzliche Mindestdauer abgeschlossen werden, allerdings auch auf die Dauer von 30 Jahren oder sogar auf Lebenszeit eines Vertragsteils.[278]

212 Nach § 12 Abs. 1 S. 1 BJagdG ist der Jagdpachtvertrag der zuständigen Behörde **anzuzeigen.** Daher muss zwischen dem schuldrechtlichen Jagdpachtvertrag und der konkreten Wirksamkeit der Jagdausübungsberechtigung unterschieden werden.[279] Die Behörde kann den Vertrag binnen drei Wochen nach Eingang der Anzeige **beanstanden,** wenn die Vorschriften über die Pachtdauer nicht beachtet worden sind oder wenn zu erwarten ist, dass durch eine vertragsgemäße Jagdausübung die Vorschriften des § 1 Abs. 2 BJagdG verletzt werden, wonach die Hege, die mit dem Jagdrecht verbunden ist, zum Ziel die Erhaltung eines den landwirtschaftlichen und landeskulturellen Verhältnissen angepassten artenreichen und gesunden Wildbestandes sowie die Pflege und Sicherung seiner Lebensgrundlagen nicht gewährleistet ist. Die Hege muss so durchgeführt werden, dass Beeinträchtigungen einer ordnungsgemäßen land-, forst- und fischereiwirtschaftlichen Nutzung, insbesondere Wildschäden, möglichst vermieden werden.

213 Nach § 12 Abs. 2 BJagdG sind die Vertragsteile in dem Beanstandungsbescheid aufzufordern, den Vertrag bis zu einem bestimmten Zeitpunkt, der mindestens drei Wochen nach Zustellung des Bescheides liegen soll, **aufzuheben oder in bestimmter Weise zu ändern.**

214 Kommen die Vertragsteile der Aufforderung nicht nach, so gilt der Vertrag mit Ablauf der Frist als aufgehoben, sofern nicht einer der Vertragsteile binnen der Frist einen Antrag auf Entscheidung durch das Amtsgericht stellt, § 12 Abs. 3 S. 1 BJagdG. Das Gericht kann entweder den Vertrag aufheben oder feststellen, dass er nicht zu beanstanden ist. Die Bestimmungen für die gerichtliche Entscheidung über die Beanstandung eines Landpachtvertrages gelten sinngemäß; insoweit ist auf §§ 4 und 8 LPachtVG zu verweisen. Das Amtsgericht entscheidet als **Landwirtschaftsgericht,**[280] jedoch ohne Zuziehung ehrenamtlicher Richter.

215 Vor Ablauf von drei Wochen nach Anzeige des Vertrages durch einen Beteiligten darf der Pächter die Jagd nicht ausüben, sofern nicht die Behörde die Jagdausübung zu einem früheren Zeitpunkt gestattet, § 12 Abs. 4 S. 1 BJagdG. Wird der Vertrag binnen drei Wochen nach Eingang der Anzeige beanstandet, so darf der Pächter die Jagd erst ausüben, wenn die Beanstandungen behoben sind oder wenn durch rechtskräftige gerichtliche Entscheidung festgestellt ist, dass der Vertrag nicht zu beanstanden ist, § 12 Abs. 4 S. 2 BJagdG.

---

[277] Schuck/Koch BJagdG § 11 Rn. 121 mwN aus der Rechtsprechung.
[278] Mitzschke/Schäfer BJagdG § 11 Rn. 31.
[279] Schopp MDR 1968, 808 (810).
[280] Barnstedt/Steffen § 1 Rn. 61.

4. Inhalt des Jagdpachtvertrages

Gegenstand des Jagdpachtvertrag ist die Überlassung des Jagdausübungsrechts des Grundeigentümers an den Jagdpächter. Jagdpacht ist also **Rechtspacht**[281] Für die Jagdpacht gilt der allgemeine Grundsatz der Vertragsfreiheit. Soweit die Vorgaben des Bundesjagdgesetzes in Verbindung mit den gesetzlichen Vorgaben der Bundesländer zwingend sind, kann von diesen **Rahmenbedingungen nicht abgewichen** werden. Die Vertragsparteien können aber ansonsten ihre vertraglichen Beziehungen frei gestalten. Vertragsgrundlage ist das geltende Jagdrecht. Die Parteien eines Jagdpachtvertrages, also der Pächter, der Verpächter oder die Jagdgenossenschaft, sollten vereinbaren, dass bei wesentlichen Änderungen der Rechtslage – etwa durch Gesetzesänderungen – eine Anpassung des Vertrages zum Ende eines Jagdjahres verlangt werden kann; auch sollte eine Vereinbarung nicht fehlen, durch die eine Kündigung des Jagdpachtvertrages nach § 314 BGB ermöglicht wird, wenn sich die tatsächlichen Verhältnisse zum Nachteil des Jagdpächters nachhaltig verändert haben. Ansonsten ist gem. § 313 BGB nach einer einvernehmlichen Anpassung zu suchen (die auch in der vorzeitigen Beendigung des Vertrags liegen kann). 216

a) **Hauptflichten des Verpächters.** Die Hauptpflicht des Verpächters besteht darin, dem Pächter die **ungehinderte und ungestörte Ausübung der Jagd** innerhalb der vereinbarten räumlichen und zeitlichen Grenzen zu ermöglichen.[282] Demgemäß empfiehlt es sich, im Vertrag die räumlichen Grenzen des Jagdbezirks genau festzulegen; auch kann als Bestandteil des Vertrages als Anlage eine maßstabgerechte Landkarte beigefügt werden, aus der sich die konkreten Grenzen des Jagdbezirks ergeben. 217

Der Verpächter haftet grundsätzlich nicht für die **Ergiebigkeit der Jagd.** Anders ist der Fall zu beurteilen, wenn der Verpächter bei Vertragsschluss einen bestimmten Abschuss von Wild zugesichert hat.[283] Eine solche Zusicherung kann darin liegen, dass eine Niederwildjagd mit Rot- und Schalenwild als Wechselwild angeboten und verpachtet wird. 218

Praxistipp:

Der Verpächter sollte sich freizeichnen für spätere Beeinträchtigungen der Jagdausübung durch Veränderungen in der wirtschaftlichen Nutzung der Jagdfläche, zB durch Viehweide, Einzäunungen größerer Flächen, Beerensammler, Ausflugsverkehr, soweit diese Umstände unvorhersehbar sind. Regelungen sollten vertraglich getroffen werden, wenn durch Veränderungen tatsächlicher Art die Jagdausübung wesentlich erschwert oder gänzlich unmöglich gemacht wird.

b) **Hauptpflichten des Pächters.** Der Pächter ist verpflichtet, den vereinbarten **Pachtpreis zu zahlen,** § 581 Abs. 1 S. 2 BGB in Verbindung mit dem Jagdpachtvertrag. Die Fälligkeit der Pacht richtet sich nach den vertraglichen Vorgaben. Regelmäßig ist die Pacht jährlich zu zahlen; falls keine Vereinbarungen getroffen worden sind, gilt über den Rechtsgedanken der §§ 587 Abs. 1, 579 Abs. 1 BGB der Grundsatz der Endfälligkeit; regelmäßig wird allerdings in der Vertragspraxis eine Vorfälligkeit vereinbart in Anlehnung an § 556b BGB. 219

Der Jagdpachtvertrag kann eine **Anpassungsklausel** für den Pachtpreis beinhalten. Dabei kann es sich um einen **Leistungsvorbehalt** handeln: Leistungsvorbehalte sind Vereinbarungen, nach denen die Höhe der Geldschuld bei Eintritt bestimmter Voraussetzungen (Zeitablauf, wesentliche Änderung, Änderung einer Vergleichsgröße) durch die Parteien oder einen Dritten neu festgesetzt werden soll.[284] Die Anpassung erfolgt 220

281 BGH BeckRS 2008, 4538.
282 Mitzschke/Schäfer BJagdG § 11 Rn. 55.
283 Düsing/Martinez/Gies BJagdG § 11 Rn. 66; Mitzschke/Schäfer BJagdG § 11 Rn. 57.
284 → § 61 Rn. 43 ff.

nicht automatisch; kennzeichnend ist zudem der Ermessensspielraum. Der Gradmesser dafür, bei welchem Umfang eine Änderung „erheblich“ oder „wesentlich“ ist, bestimmt sich nach Treu und Glauben.[285] Wenn nichts anderes vereinbart ist, hat im Zweifel der Gläubiger die Anpassung nach billigem Ermessen vorzunehmen, §§ 315, 316 BGB.[286]

221 Die Vertragsparteien eines Jagdpachtvertrages können sich auch einer **Spannungsklausel** bedienen. Spannungsklauseln sind Vereinbarungen, die die Höhe der Geldschuld vom künftigen Preis oder Wert gleichartiger oder zumindest vergleichbarer Güter oder Leistungen abhängig machen.[287] Das Merkmal der Gleichartigkeit und der Vergleichbarkeit ist erfüllt, wenn die Bezugsgröße im Wesentlichen gleichartig oder vergleichbare Leistungen betrifft.[288] Die Koppelung von Erbbauzinsen, Miete, Pacht und Kaufpreisrenten an den Grundstücksertrag oder den Ertragswert ist zulässig.[289] Diese allgemeinen Grundsätze können auf Jagdpachtverträge übertragen werden. Bei der Ermessensausübung sind die jagdlichen Besonderheiten zu beachten, beispielsweise die Wildbretpreise wie aber auch die Höhe des Wildschadens.

222 Neben der Verpflichtung des Pächters zur pünktlichen Zahlung der Pacht steht die weitere Verpflichtung des Pächters, eine **angemessene Wildhege und Jagdaufsicht** zu gewährleisten, ferner eine **waidgerechte Jagdausübung und die Erfüllung des Abschussplans** sicher zu stellen.[290] Das Recht zur Jagdausübung beinhaltet eine Verpflichtung zur Jagdausübung; daher obliegt dem Jagdpächter eine ausreichende Bejagung des Wildes und namentlich des Schwarzwildes zwecks Vermeidung übergroßen Wildschadens.[291] Der Pächter eines Jagdreviers, das durch das Eindringen von Schwarzwild besonders gefährdet ist, muss für eine nachhaltige Bejagung dieses Schwarzwildes sorgen, sei es durch Ansitz, Pürsch, Drück- oder Treibjagd. Dem Verpächter steht ein vertraglicher Anspruch darauf zu, dass der Jagdpächter seiner Verpflichtung zur angemessenen Bejagung nachkommt.

223 Der Pächter ist zu einem umfassenden **Jagdschutz** verpflichtet, § 23 BJagdG. Der Jagdschutz umfasst nach näherer Bestimmung durch die Bundesländer den Schutz des Wildes insbesondere vor Wilderern, Futternot, Wildseuchen, vor wildernden Hunden und Katzen sowie die Sorge für die Einhaltung der zum Schutz des Wildes und der Jagd erlassenen Vorschriften. Der Jagdausübungsberechtigte ist verpflichtet, bei witterungs- und katastrophenbedingten Äsungsmangel, insbesondere bei vereister oder hoher Schneelage oder nach ausgedehnten Waldbränden (**Notzeiten**), für eine angemessene Wildfütterung zu sorgen, § 25 Abs. 1 S. 1 LJG NRW. Kommt der Jagdausübungsberechtigte dieser Verpflichtung nicht nach, so kann die untere Jagdbehörde diese Verpflichtung mit Zwangsmitteln durchsetzen, § 25 Abs. 1 S. 2 LJG NRW.[292]

224 Durch **Landesgesetze** wird auch geregelt, welche Folgen ausgelöst werden, wenn der Revierinhaber seinen Verpflichtungen zur Bejagung nicht nachkommen kann, etwa durch lang anhaltende Erkrankung. In derartigen Fällen ist die untere Jagbehörde jeweils befugt, geeignete Maßnahmen zu ergreifen, zB § 22 Abs. 11 LJG NRW, der eine Regelung beinhaltet, falls der Jagdausübungsberechtigte der Erfüllung seines Abschussplans für Schalenwild nicht nachkommt, ferner § 35 JWMG BW, Art. 32 BayJG, § 24 LJagdG Bln., Art. 23 LJagdG Brem., §§ 26 ff. HJagdG, § 25 NJagdG, § 31 LJG RhPf., § 26 LJagdG LSA und § 17 LJagdG SchlH.

225 **c) Jagd- und Aneignungsrecht – Wildverwertung.** Unter dem Jagdausübungsrecht wird die ausschließliche Befugnis verstanden, in dem jeweiligen Jagdbezirk die Jagd auszuüben, Wild zu hegen und erlegtes Wild sich anzueignen.[293] Das **Jagdausübungs-**

[285] BGH NJW 1995, 1360 (1361); Düsing/Martinez/Gies BJagdG § 11 Rn. 24.
[286] → § 61 Rn. 43 ff.
[287] BGH NJW 1979, 1888.
[288] BGH NJW 1980, 1741.
[289] BGH NJW 1979, 1546; 1976, 422.
[290] Lorz/Metzger JagdR/Stöckel/Metzger BJagdG § 21 Rn. 4.
[291] Mitzschke/Schäfer BJagdG § 11 Rn. 58.
[292] Düsing/Martinez/Gies BJagdG § 11 Rn. 27.
[293] Soergel/Heintzmann BGB § 581 Rn. 9.

recht ist als Ausfluss des Eigentums am Grundstück ein absolutes Recht und genießt daher den Schutz wie das Eigentum. Die Jagdausübung erstreckt sich nach § 1 Abs. 4 BJagdG auf das Aufsuchen, Nachstellen, Erlegen und Fangen von Wild. Das **Recht zur Aneignung** von Wild umfasst auch die ausschließliche Befugnis, krankes oder verendetes Wild, Fallwild und Abwurfstangen sowie die Eier von Federwild sich anzueignen, § 1 Abs. 5 BJagdG.

Unter **Erlegen** wird jede zulässige Art der Tötung verstanden.[294] Fangen bedeutet die Begründung der tatsächlichen Herrschaft über das lebende Tier. Die Aneignung erfolgt durch Nehmen des Tieres in Eigenbesitz mit Aneignungsabsicht iSd § 958 Abs. 1 BGB.[295] Jagdgäste, Treiber oder Jagdpersonal sind Besitzdiener des Jagdausübungsberechtigten iSd § 855 BGB. Die Aneignung des Wildes erfolgt durch den Revierinhaber oder seinen Beauftragten durch Augenscheinseinnahme von dem erlegten oder gefangenen Wild. Weitere Maßnahmen wie etwa die Versorgung des Tieres oder ein Aufbrechen des erlegten Stückes sind für die Aneignung nicht erforderlich. Der nach Jagdbrauch übliche Bruch dient dazu, etwa nachfolgenden Jägern die rechtmäßige und waidgerechte Erlegung – im Gegensatz zum gewilderten Stück – anzudeuten.[296] 226

d) Befugnis zur Unterpacht. Im Jagdpachtvertrag kann sich der Pächter vorbehalten, ein Unterpachtverhältnis begründen zu können. Bei einer Unterpacht überträgt der Pächter entgeltlich das Jagdausübungsrecht auf einen anderen, der jedoch in keine unmittelbaren Rechtsbeziehungen zu dem Hauptverpächter tritt.[297] Ist die Unterverpachtung im Pachtvertrag als zulässig vereinbart, kann der Hauptverpächter einem Abschluss des Unterpachtvertrages nur widersprechen, wenn in der Person des Unterpächters ein wichtiger Grund vorliegt, aus dem der Rückschluss abgeleitet werden kann, der Unterpächter gewährleiste nicht die Ausübung der Jagd in waidgerechter Weise; entsprechendes gilt, wenn dem Hauptverpächter die Person des Unterpächters nicht zugemutet werden kann.[298] Die **Zustimmung** des Hauptverpächter muss **schriftlich** erfolgen und der Vertrag ist der zuständigen Behörde gegenüber anzuzeigen. 227

Auf einen Vertrag, durch den ein Jagdpächter einem Jäger entgeltlich den zahlenmäßig geregelten Abschuss von Wild in seinem Jagdbezirk gestattet, sind die Vorschriften über den Pachtvertrag entsprechend anzuwenden.[299] 228

Vereinbaren Jagdpächter und Inhaber einer entgeltlichen Jagderlaubnis, dass die Erlaubnisinhaber im Innenverhältnis zu den Jagdpächtern in Bezug auf die Wahrnehmung des Jagdausübungsrechts und der sonstigen Pächterrechte eine völlig gleichberechtigte Stellung innehaben, so ist diese Vertragsgestaltung als einer Unterverpachtung gleich zu erachten.[300] Für eine derartige Vertragsgestaltung ist eine formbedürftige Zustimmung des Hauptverpächters notwendig, ferner die Anzeige gemäß § 12 BJagdG gegenüber der zuständigen Behörde. 229

Ist den Pächtern eine Unterverpachtung **nicht** gestattet, und liegen die weiteren Voraussetzungen der §§ 581 Abs. 2, 543 Abs. 1 BGB vor, insbesondere in Form einer Abmahnung, § 543 Abs. 3 BGB, so kann der Verpächter den Jagdpachtvertrag außerordentlich fristlos **kündigen.**[301] In der Abmahnung muss das Verhalten, das der Verpächter als vertragswidrig ansieht, so genau bezeichnet werden, dass der Pächter sich danach richten kann. Sie soll die Androhung der Kündigung für den Wiederholensfall enthalten. Eine **Abmahnung** ist nur ausnahmsweise dann entbehrlich, wenn das Fehlverhalten des Vertragspartners die Vertrauensgrundlage in so schwerwiegender Weise beeinträchtigt hat, dass diese auch durch eine erfolgreiche Abmahnung nicht wieder hergestellt werden kann. Darüber hinaus bedarf es einer Abmahnung dann nicht, wenn 230

[294] Mitzschke/Schäfer BJagdG § 1 Rn. 14; Lorz/Metzger JagdR/Stöckel/Metzger BJagdG § 1 Rn. 15.
[295] Mitzschke/Schäfer BJagdG § 1 Rn. 14; Düsing/Martinez/Gies BJagdG § 11 Rn. 32.
[296] Mitzschke/Schäfer BJagdG § 1 Rn. 14.
[297] Staudinger/Sonnenschein BGB § 581 Rn. 60; Mitzschke/Schäfer BJagdG § 11 Rn. 93.
[298] Mitzschke/Schäfer BJagdG § 11 Rn. 94.
[299] OLG Düsseldorf MDR 1975, 228.
[300] BGH NJW-RR 2000, 717.
[301] BGH NJW-RR 2000, 717.

feststeht, dass der andere Vertragsteil diese nicht zum Anlass genommen hätte, sein Verhalten zu ändern, wenn also eine ernsthafte und endgültige Weigerung vorliegt, sich vertragsgemäß zu verhalten.

231 Ist dem Jagdpächter eine Unterverpachtung nicht gestattet, handelt er gleichwohl diesem Verbot zuwider, kann der Verpächter auch die Möglichkeit einer **Unterlassungsklage** für sich in Anspruch nehmen, §§ 581 Abs. 2, 541 BGB. Setzt der Verpächter einen vertragswidrigen Gebrauch der Pachtsache trotz einer Abmahnung des Verpächters fort, so kann der Verpächter auf Unterlassung klagen.

232 e) **Befugnis zur Weiterverpachtung.** Bei einer Weiterverpachtung überträgt der Pächter seine Rechte und Pflichten auf einen anderen jagdpachtfähigen Pächter, § 11 Abs. 5 BJagdG, wobei unerheblich ist, ob der Hauptpächter daneben dem Verpächter weiterhin vertraglich verpflichtet bleibt oder aus dem Jagdpachtvertrag ausscheidet.[302] Auch in diesem Falle ist der Abschluss eines solchen Vertrages von der **Zustimmung** des **Hauptverpächters abhängig,** die in der erforderlichen schriftlichen Form zu erfolgen hat und der zuständigen Behörde gegenüber anzuzeigen ist.

233 Hat der Pächter eines Jagdreviers ohne Zustimmung des Verpächters, sei es in Form des Eigentümers bei einer Eigenjagd oder einer Jagdgenossenschaft, eine Weiterverpachtung vorgenommen, ist nach einer Abmahnung das Pachtverhältnis aus wichtigen Grund gemäß §§ 581 Abs. 2, 543 Abs. 1 BGB eine Kündigung des Pachtvertrages möglich.[303]

234 Aus seiner Interessenlage heraus wird der Verpächter jedoch nicht in jedem Falle eine Vertragsauflösung vorziehen, wenn er in erster Linie an einer Zahlung der Pacht interessiert ist. Im Hinblick auf die zu zahlende Pacht ist als Anspruchsgrundlage der Jagdpachtvertrag heranzuziehen, §§ 581 Abs. 2, 535 Abs. 2 BGB. Dieser Zahlungsanspruch richtet sich gegen den Vertragspartner des Verpächters, mithin den früheren Jagdpächter. Zwar kann dem Verpächter gegen dessen Willen grundsätzlich kein neuer Vertragspartner aufgezwungen werden; aus wirtschaftlichen Gründen wird aber der Verpächter, wenn keine erheblichen Einwendungen gegen die Person des neuen Pächters bestehen, eine Zustimmungserklärung ausbringen. Dies wird namentlich dann sachgerecht sein, wenn die Weiterverpachtung aus Gründen einer drohenden Insolvenz oder aus anderen in der Person des Pächters liegenden Umständen resultiert, die einer ordnungsgemäßen Bejagung des Reviers entgegenstehen. Einen Anspruch auf Zustimmung hat der Pächter nicht. Sollten besondere Umstände dazu führen, dass er das Pachtrecht nicht mehr ausüben kann, ist er gehalten, zu kündigen.

235 Im Übrigen verbleibt es bei der allgemeinen Regelung, dass die Weiterverpachtung gegen den Willen des Verpächters diesen nicht bindet und einen Unterlassungs- und Beseitigungsanspruch auslöst, §§ 581 Abs. 2, 541 BGB. Da das Jagdausübungsrecht als absolutes Recht ausgestattet ist, steht dem Verpächter gegen den Neupächter ein Recht aus § 1004 BGB zu.

236 f) **Erteilung von Erlaubnisscheinen.** Der Jagdpächter kann eine **entgeltliche Jagderlaubnis** (sog. Begehungsschein) erteilen. Entgeltlich ist eine Jagderlaubnis dann, wenn zwischen der Erlaubniserteilung und der Gegenleistung ein Gegenseitigkeitsverhältnis besteht. Der Rechtsnatur nach handelt es sich um einen Vertrag eigener Art, der die Züge einer Innengesellschaft trägt.[304] Die Geltungsdauer bestimmt sich nach den vertraglichen Vereinbarungen; das Vertragsverhältnis kann aus wichtigem Grunde durch den Jagdpächter gekündigt werden, § 723 Abs. 1 BGB; ferner kann die Erlaubnis durch jagdbehördliche Maßnahmen entzogen werden, zB § 12 Abs. 9 LJG NRW.

237 Die Erlaubniserteilung ist nur mit **Zustimmung des Verpächters** zulässig.[305] Gleichwohl tritt der Erlaubnisinhaber nicht in vertragliche Beziehungen zum Verpächter. Die meisten Landesjagdgesetze sehen ein dem Beanstandungsverfahren bei Jagdpachtver-

302 Mitzschke/Schäfer BJagdG § 11 Rn. 92; Düsing/Martinez/Gies BJagdG § 11 Rn. 18 ff.
303 Düsing/Martinez/Gies BJagdG § 11 Rn. 19.
304 Mitzschke/Schäfer BJagdG § 11 Rn. 82.
305 Schuck/Koch BJagdG § 11 Rn. 163.

trägen nachgebildetes Verfahren vor, in dem § 12 BJagdG für anwendbar erklärt wird, zB § 12 Abs. 3 LJG NRW. Grundsätzlich wird Jagdpachtfähigkeit des Jagdgastes gefordert. Die Jagderlaubniserteilung ist nichtig, wenn diese Voraussetzung nicht gegeben ist.

Im Übrigen ist eine vorübergehende Jagdausübung keinen Beschränkungen unterworfen. Dabei handelt es sich um eine **Vergabe von Einzelabschüssen** während eines Pachtjahres. Eine vorübergehende Erteilung einer Jagderlaubnis ist regelmäßig nur bei jeweils höchstens auf ein Jagdjahr befristet vergebenen Einzelabschüssen anzunehmen, wenn deren Zahl im Rahmen des bestätigten oder festgesetzten Abschussplans oder im Verhältnis zum nichtabschussplanpflichtigen Wildbestand unbedeutend ist. 238

Bei der **unentgeltlichen Jagderlaubnis** handelt es sich um ein Gefälligkeitsverhältnis im gesellschaftlichen oder jagdnachbarlichen Rahmen.[306] Vom Erlaubnisinhaber wie auch dem Pächter kann die Erlaubnis jederzeit ohne Angabe von Gründen widerrufen werden, wenn nicht konkret andere Bestimmungen getroffen worden sind. Einzelne Landesjagdgesetze regeln die Form des Widerrufs, § 16 Abs. 1 RhPf. LJG. Wenn die Mindestzahl der Pächter unterschritten wird, ist der Pächter zur Erteilung von Jagderlaubnisscheinen verpflichtet, die auch unentgeltlich sein können. In diesem Falle unterliegt sie der Schriftform und den Bestimmungen der §§ 12 und 13 BJagdG, so zB § 12 Abs. 5 LJG NRW. 239

g) Betretungsrecht des Jagdpächters. Grundsätzlich ist der Jagdausübungsberechtigte berechtigt zum Betreten und Bejagen aller Grundflächen des Jagdbezirks. **Befriedete Bezirke** sind von diesem Betretungsrecht ausgenommen. Auf Grundflächen, die zu keinem Jagdbezirk gehören, und in befriedeten Bezirken ruht die Jagd, § 6 S. 1 BJagdG. Die einzelnen Landesjagdgesetze enthalten Aufzählungen von Örtlichkeiten, die als befriedete Bezirke zu bewerten sind, zB Gebäude, die zum Aufenthalt von Menschen dienen, Gebäude, die mit solchen Gebäuden räumlich zusammenhängen, Hofräume und Hausgärten, die unmittelbar an eine Behausung anstoßen und durch irgendeine Umfriedung begrenzt oder sonst vollständig abgeschlossen sind, Friedhöfe, Wildgehege, soweit sie nicht jagdlichen Zwecken dienen, Bundesautobahnen, Kleingartenanlagen, § 4 LJG NRW. 240

Nach den Vorgaben des neuen § 6a BJagdG können Eigentümer von Grundflächen, die aus ethischen Gründen eine Jagd auf ihrem Grundstück nicht dulden, aus einer Jagdgenossenschaft ausscheiden. Auf diesem Gelände ist eine Jagd grundsätzlich ausgeschlossen. 241

Öffentliche Wege und Straßen kann der Jagdausübungsberechtigte ohne Einschränkungen benutzen. Für den Fall, dass öffentliche Wege durch das Straßenverkehrszeichen 250 (Verbot für Fahrzeuge aller Art) gesperrt sind und nur für land- und forstwirtschaftlichen Verkehr oder Anlieger freigegeben sind, dürfen sie vom Revierinhaber betreten und befahren werden.[307] 242

Private Wege dürfen von dem Jagdausübungsberechtigten **betreten** werden, weil ansonsten eine ordnungsgemäße Bejagung des Reviers nicht gewährleistet ist. Anders ist die Rechtslage im Hinblick auf ein Befahren privater Wege mit einem Kraftfahrzeug. Da in der Regel ein Befahren privater Wege im Revier zur Jagdausübung nicht zwingend erforderlich erscheint, ist ein Befahren nur mit der Zustimmung des Grundeigentümers zulässig. Diese Regelung gilt für private Feld- und Waldwege. 243

Ausnahmen von diesem Grundsatz für private Feld- und Waldwege sind denkbar. Als Ausnahme wäre ein notwendiger Transport größerer Futtermengen in Notzeiten mit einem PKW nebst Anhänger zu bewerten. Entsprechendes gilt für den Fall einer Anfuhr größerer Materialmengen zum Bau jagdlicher Einrichtungen.[308] 244

Wer die Jagd ausübt, aber den Weg zum Jagdbezirk nicht auf einem zum allgemeinen Gebrauch bestimmten Weg oder nur auf einem unzumutbaren Umweg nehmen kann, ist 245

[306] Mitzschke/Schäfer BJagdG § 11 Rn. 80.
[307] Mitzschke/Schäfer BJagdG § 33 Rn. 4; Düsing/Martinez/Gies BJagdG § 11 Rn. 35.
[308] Mitzschke/Schäfer BJagdG § 33 Rn. 2.

zum Betreten fremden Jagdbezirks in Jagdausrüstung auch auf einem nicht zum allgemeinen Gebrauch bestimmten Weg befugt, der nötigenfalls von der unteren Jagdbehörde festgelegt wird (**Jägernotweg**). Bei Benutzung des Notweges dürfen Schusswaffen nur ungeladen, Hunde nur an der Leine mitgeführt werden. Der Eigentümer des Grundstücks, über das der Notweg führt, hat Anspruch auf eine angemessene Anerkennungsgebühr, § 29 JWMG BW, Art. 35 BayJG, § 27 LJagdG Bln., § 32 BbgJagdG, § 19 LJagdG Hmb., § 20 HJagdG, § 29 LJagdG MV, § 27 LJG NRW. § 29 LJG RhPf., § 20 SJG, § 25 SächsJagdG, § 25 LJagdG SchlH und § 35 ThJG.[309]

246 h) **Aufstellen und Übernahme jagdlicher Einrichtungen.** Zur Ausübung der Ansitzjagd ist die Aufstellung von Hochsitzen erforderlich. Bei einem **Hochsitz** handelt es sich um ein Bauwerk, das regelmäßig im Außenbereich gemäß § 35 BauGB errichtet wird und daher gegen öffentliche Belange nicht verstoßen darf. Zweckmäßigerweise sollte der Standort für Hochsitze daher so ausgewählt werden, dass sie nicht offen in der Landschaft stehen und als Fremdkörper wahrgenommen werden; sie sollten in Art und Ausstattung den örtlichen Gegebenheiten angepasst sein und möglichst unauffällig an Wald- oder Wiesenrändern positioniert werden.

247 **Erhöht gebaute Jagdeinrichtungen**, ihre Zugänge sowie Stege müssen aus kräftigem Material hergestellt sein. Holz darf nur verwendet werden, sofern es gesund ist. Aufgenagelte Sprossen sind nur an geneigt stehenden Leitern zulässig; sie sind in Einkerbungen einzulassen. Belaghölzer müssen so verlegt und befestigt werden, dass sie gegen Verschieben, Kippen und Kanten gesichert sind, § 5 Jagd-Unfallverhütungsvorschriften der landwirtschaftlichen Berufsgenossenschaften. Bauliche Jagdeinrichtungen müssen stets überprüft werden, namentlich im Frühjahr, wobei mangelhafte Teile auszutauschen sind. Ein Verstoß gegen diese Verkehrssicherungspflicht hat einen Schadensersatzanspruch zur Folge.[310]

248 Die einzelnen Landesjagdgesetze enthalten verschiedene Regelungen zur Frage, ob und gegebenenfalls wer seine Zustimmung zur Aufstellung eines Hochsitzes zu erteilen hat. In Bayern bedarf es zur Errichtung eines Hochsitzes die Zustimmung des Grundeigentümers nur, wenn die Anlage das Grundeigentum wesentlich beeinträchtigt; die fehlende Einwilligung kann durch die Jagdbehörde ersetzt werden, wenn dem Grundeigentümer unter Berücksichtigung der jagdlichen Erfordernisse die Duldung der Anlage zumutbar ist.[311] § 28 Abs. 1 LJG NRW: Der Jagdausübungsberechtigte darf auf land- und forstwirtschaftlich genutzten Grundstücken besondere Anlagen wie Einrichtungen für die Ansitzjagd und Futterplätze nur mit Genehmigung des Grundeigentümers errichten; der Eigentümer ist zur Genehmigung verpflichtet, wenn ihm die Duldung der Anlage zugemutet werden kann und er eine angemessene Entschädigung erhält. Innerhalb von 75 m zur Grenze eines benachbarten Jagdbezirks dürfen Einrichtungen für die Ansitzjagd nicht errichtet sowie Fütterungen und Kirrungen nicht angelegt werden, § 28 Abs. 2 S. 1 LJG NRW. Auch in Hessen ist der Grundeigentümer zur Genehmigung verpflichtet, wenn ihm die Duldung der Anlage zugemutet werden kann; allerdings entscheidet auf Antrag eines der Beteiligten die untere Jagdbehörde über die angemessene Entschädigung.

249 § 30 JWMG BW: Die jagdausübungsberechtigte Person darf auf land- und forstwirtschaftlich genutzten Grundstücken besondere Anlagen wie Ansitze, Jagdhütten, Futterplätze und ähnliche Jagdeinrichtungen nur mit Zustimmung der Grundeigentümer errichten. Der Eigentümer ist zur Erteilung verpflichtet, wenn ihm die Duldung der Anlage zugemutet werden kann und er eine angemessene Entschädigung erhält, § 30 Abs. 1 JWMG BW. Das Betreten von Jagdeinrichtungen ohne besondere Befugnis ist nicht zulässig, § 30 Abs. 3 JWMG BW.

250 Art. 36 BayJG enthält eine gleichlautende Regelung. Entsprechendes gilt im Bundesland Brandenburg nach § 33 BbgJagdG, der zudem die Ergänzung enthält, dass jagd-

[309] Düsing/Martinez/Gies BJagdG § 11 Rn. 38.
[310] Düsing/Martinez/Gies BJagdG § 11 Rn. 40.
[311] Vgl. Lorz/Metzger JagdR/Stöckel/Metzger BJagdG § 1 Rn. 19.

liche Einrichtungen das Landschaftsbild nicht erheblich oder nachteilig beeinflussen dürfen, § 33 Abs. 2 BbgJagdG, so auch § 20 LJagdG Hmb., § 22 HJagdG, § 30 LJagdG MV, § 2 Abs. 1 S. 3 NJagdG, § 30 LJG RhPf., § 23 SJG, § 26 SächsJagdG, § 3 Abs. 2 LJagdG LSA, § 26 Abs. 1 LJagdG SchlH und § 36 ThJG.[312]

Nicht unüblich ist es, jagdliche Einrichtungen vom **Vorpächter zu übernehmen.** Der Grundeigentümer muss grundsätzlich dieser Übernahme zustimmen, soweit die Landesgesetze nichts anderes vorschreiben. Zwischen Vorpächter und Neupächter gelten im Hinblick auf die Gewährleistung die allgemeinen Regeln des Bürgerlichen Gesetzbuches, es sei denn die Parteien des Übernahmevertrages haben besondere Vereinbarungen getroffen. 251

Hochsitze werden **nicht** zu wesentlichen Bestandteilen des Grundstücks, da sie nur zu einem vorübergehenden Zweck mit dem Grundstück verbunden worden sind, § 95 Abs. 1 BGB. Sie sind demgemäß nicht in das Eigentum des Grundstückseigentümers übergegangen; das Eigentum verbleibt vielmehr bei dem Jagdpächter, der für die Dauer des Vertragsverhältnisses die jagdliche Einrichtung nutzt.[313] 252

Von Bedeutung ist diese dingliche Zuordnung auch für die Frage der **Verkehrssicherungspflicht.** Die Verkehrssicherungspflicht basiert auf dem Grundgedanken, dass derjenige, der in seinem Verantwortungsbereich eine Gefahrenlage gleich welcher Art für Dritte schafft oder andauern lässt, zB durch Eröffnung eines Verkehrs, Errichtung einer Anlage oder Übernahme einer Tätigkeit, die mit Gefahren für Rechtsgüter Dritter verbunden ist, Rücksicht auf diese Gefährdung zu nehmen hat und darum die allgemeine Rechtspflicht, diejenigen Vorkehrungen zu treffen, die erforderlich und ihm zumutbar sind, um die Schädigung Dritter möglichst zu verhindern.[314] Die Verkehrssicherungspflicht erstreckt sich in erster Linie auf Jagdgäste des Pächters. Allerdings besteht keine Verkehrssicherungspflicht des Jagdberechtigten für Hochsitze gegenüber unbefugten erwachsenen Benutzern.[315] 253

Ähnlich ist die Rechtslage bei dem **Bau einer Jagdhütte.** Der Sache nach handelt es sich um ein Gebäude, das regelmäßig iSd § 35 BauGB im Außenbereich angesiedelt ist und daher einer besonderen baubehördlichen Genehmigung bedarf.[316] Jagdhütten gehen aber in der Regel nicht in das Eigentum des Grundstückseigentümers über, da sie nach § 95 Abs. 1 BGB nur zu einem vorübergehenden Zweck, nämlich zur Zeit während der Dauer der Jagdpacht, mit dem Grund und Boden verbunden worden sind.[317] Der Grundeigentümer muss ersucht werden, der Errichtung einer Jagdhütte zuzustimmen. Die Rechtsbeziehungen zwischen einem Grundeigentümer, auf dessen Grund und Boden der Jagdpächter eine Jagdhütte errichten will, und dem Pächter sowie die Rechtsbeziehungen zwischen dem Jagdpächter und dem Jagdverpächter sind zu unterscheiden. Bei Anpachtung einer Eigenjagd kann der Pachtvertrag bereits Regelungen für den Aufbau einer Jagdhütte enthalten. Bei der Anpachtung von einer Jagdgenossenschaft sind gesonderte Verträge abzuschließen zwecks Aufbau einer Jagdhütte, nämlich zwischen Pächter und dem Grundeigentümer. In diesem Falle reicht der Pachtvertrag allein nicht aus, um dem Jagdpächter ein Recht auf Aufbau einer Jagdhütte zuzubilligen.[318] 254

Gelangt ein Grundstück mit einer zu einem vorübergehenden Zweck aufgebauten Jagdhütte in die **Zwangsversteigerung,** muss der Jagdpächter für die ihm gehörenden Anlagen die Aufhebung oder Einstellung der Zwangsvollstreckung erwirken, §§ 771 Abs. 3, 769 ZPO, § 37 Nr. 5 ZVG; geschieht dies nicht, gehen diese Gegenstände als 255

[312] Düsing/Martinez/Gies BJagdG § 11 Rn. 43.

[313] Vgl. BGH NJW 1996, 916 (917); NZM 2013, 315 Tz. 13; Grüneberg/Ellenberger BGB § 95 Rn. 3; Erman/Michalski BGB § 95 Rn. 2; Düsing/Martinez/Gies BJagdG § 11 Rn. 44.

[314] BGH NJW 2007, 762; 2007, 1683 (1684); Grüneberg/Sprau BGB § 823 Rn. 46; Düsing/Martinez/Gies BJagdG § 11 Rn. 45.

[315] Grüneberg/Sprau BGB § 823 Rn. 204; Düsing/Martinez/Gies BJagdG § 11 Rn. 46.

[316] Lorz/Metzger JagdR/Stöckel/Metzger BJagdG Einl. 29; Düsing/Martinez/Gies BJagdG § 11 Rn. 50; MAH AgrarR/Fickendey-Engels § 21 Rn. 58.

[317] Grüneberg/Ellenberger BGB § 95 Rn. 3; Erman/Michalski BGB § 95 Rn. 2.

[318] Düsing/Martinez/Gies BJagdG § 11 Rn. 53.

Zubehörstücke mit dem Zuschlag in das Eigentum des Erstehers über, §§ 55, 90 ZVG. Durch den Zuschlag wird der Ersteher Eigentümer des Grundstücks. Mit dem Grundstück erwirbt er zugleich die Gegenstände, auf die sich die Versteigerung erstreckt hat, § 90 Abs. 2 ZVG. Auf Zubehörstücke, die sich im Besitz des Schuldners oder eines neu eintretenden Eigentümers befinden, erstreckt sich die Versteigerung auch dann, wenn sie einem Dritten gehören, es sei denn, dass dieser sein Recht nach Maßgabe des § 37 Nr. 5 ZVG geltend gemacht hat, § 55 Abs. 2 ZVG. Hat der Jagdpächter die rechtzeitige Einstellung oder Aufhebung versäumt, kann er als Beteiligter iSd § 9 Nr. 2 ZVG zwar der Befriedigung der Gläubiger des früheren Grundstückseigentümers widersprechen; er kann auch gegen den letzten Bezugsberechtigten eine Klage nach § 92 ZVG anstrengen. Der Anspruch ist auf Wertersatz gerichtet, § 92 Abs. 1 ZVG.[319]

256 i) **Haftung des Jagdpächters.** *aa) Haftung des Jagdpächters für Jagdschäden.* Die Haftung des Jagdpächters für Jagdschaden beruht auf § 823 BGB und setzt mithin Verschulden voraus. § 33 Abs. 2 BJagdG enthält eine ergänzende Regelung, derzufolge der Jagdausübungsberechtigte dem Grundstückseigentümer oder Nutzungsberechtigten für jeden aus missbräuchlicher Jagdausübung entstehenden Schadens haftet; er haftet auch für den Jagdschaden, der durch einen von ihm bestellten Jagdaufseher oder durch einen Jagdgast angerichtet wird. Der Jagdausübungsberechtigte kann sich wegen des Verhaltens seiner Jagdgäste oder eines von ihm bestellten Jagdaufsehers nicht exkulpieren.[320]

257 Als **Fälle missbräuchlicher Jagdausübung** nennt das Gesetz in § 33 Abs. 1 S. 2 BJagdG die Ausübung der Treibjagd auf Feldern, die mit reifender Halm- oder Samenfrucht oder mit Tabak bestanden sind; eine derartige Jagd ist verboten. Eine Suchjagd ist nur zulässig, als sie ohne Schaden für die reifenden Früchte durchgeführt werden kann, § 33 Abs. 1 S. 2 BJagdG. Ferner sind besäte Felder und nicht abgemähte Wiesen tunlichst zu schonen.

258 Erforderlich ist stets, dass der Jagdschaden in Ausübung der Jagd entstanden ist, nicht nur bei Gelegenheit. Zur Jagdausübung gehören die eigentlichen Jagdhandlungen und darüber hinaus die entsprechenden Vorbereitungshandlungen und sonstigen Begleitmaßnahmen, zB Hochsitzbau oder Kontrolle jagdlicher Einrichtungen.[321] Wegen § 33 Abs. 2 Hs. 2 BJagdG entfällt die Entlastungsmöglichkeit des § 831 Abs. 1 S. 2 BGB für den Jagdausübungsberechtigten.[322]

259 Die Geltendmachung eines Jagdschadens richtet sich nach §§ 34, 35 BJagdG. Der Anspruch auf Ersatz von Jagdschäden erlischt, wenn der Berechtigte den Schadensfall nicht binnen **einer** Woche, nachdem er von dem Schaden Kenntnis erhalten hat oder bei Beobachtung gehöriger Sorgfalt erhalten hätte, bei der für das beschädigte Grundstück zuständigen Behörde anmeldet. Bei Schäden an forstwirtschaftlich genutzten Grundstücken genügt es, wenn er zweimal im Jahre, jeweils bis zum 1.5. oder 1.10., bei der zuständigen Behörde angemeldet wird. Die Anmeldung soll die als ersatzpflichtig in Anspruch genommene Person bezeichnen.

260 Die **Bundesländer** können in Jagdschadenssachen das Beschreiten des ordentlichen Rechtsweges davon abhängig machen, dass zuvor ein Feststellungsverfahren vor eine Verwaltungsbehörde (**Vorverfahren**) stattfindet, in dem über den Anspruch eine vollstreckbare Verpflichtungserklärung (Anerkenntnis, Vergleich) aufzunehmen oder eine nach Eintritt der Rechtskraft vollstreckbare Entscheidung (Vorbescheid) zu erlassen ist. Die Bundesländer treffen die näheren Bestimmungen, § 35 BJagdG. Von dieser Möglichkeit haben die Bundesländer Gebrauch gemacht, zB §§ 35–41 LJG NRW, § 25a LJG Baden-Württemberg, Art. 47 Nr. 3 BayJG, Bayern Art. 47, §§ 32, 33 JG Bremen, § 24 LJG Hamburg, §§ 33–35 AG – BJagdG Hessen, § 38 Mecklenburg-Vorpommern,

[319] Mitzschke/Schäfer BJagdG Anh. zu § 18 Rn. 14; Düsing/Martinez/Gies BJagdG § 11 Rn. 54/55.
[320] Schuck BJagdG § 33 Rn. 4.
[321] BGH NJW 2020, 3111.
[322] Mitzschke/Schäfer BJagdG § 33 Rn. 8.

Art. 39 LJG Niedersachsen, § 31 LJG Rheinl.-Pfalz, § 38 JG Saarland, § 36 Sachsen-Anhalt, § 24 LJG Schleswig-Holstein, § 48 Thüringen.

bb) Haftung für Wildschaden. Wird ein Grundstück, das zu einem gemeinschaftlichen Jagdbezirk gehört oder einem gemeinschaftlichen Jagdbezirk angegliedert ist (§ 5 Abs. 1 BJagdG), durch Schalenwild, Wildkaninchen oder Fasanen beschädigt, so hat die Jagdgenossenschaft dem Geschädigten den Wildschaden zu ersetzen, § 29 Abs. 1 S. 1 BJagdG. Der aus der Genossenschaftskasse geleistete Ersatz ist von den einzelnen Jagdgenossen nach dem Verhältnis des Flächeninhalts ihrer beteiligten Grundstücke zu tragen, § 29 Abs. 1 S. 2 BJagdG. Hat der Jagdpächter den Ersatz des Wildschadens ganz oder teilweise übernommen, so trifft die Ersatzpflicht unmittelbar den Jagdpächter, § 29 Abs. 1 S. 3 BJagdG. Die Ersatzpflicht der Jagdgenossenschaft bleibt daneben bestehen, soweit der Geschädigte Ersatz von dem Pächter nicht erlangen kann, § 29 Abs. 1 S. 4 BJagdG. Der Grundeigentümer, der aus ethischen Erwägungen heraus die Jagd auf seinem Grundstück rechtmäßigerweise nicht duldet, ist anteilmäßig an einem Wildschaden zu beteiligen, § 6a BJagdG. Er selbst hat keinen Anspruch auf Ersatz von Wildschaden auf seinem Grund, § 6a Abs. 7 BJagdG. 261

Der Schadensersatzanspruch umfasst sämtliche Schäden, die durch **Schalenwild, Wildkaninchen oder Fasanen** an einem Grundstück entstanden sind. Die Nutzungsart ist unbeachtlich; namentlich wird keine land- oder forstwirtschaftliche Nutzung gefordert.[323] Der Anlass der Schadensverursachung ist sekundär und muss insbesondere nicht mit der Nahrungssuche des Wildes zusammenhängen. Die Beschädigung eines Zauns durch ein angeschweißtes Stück Schwarzwild löst etwa einen Wildschadensersatzanspruch aus. Schäden, die nicht auf ein Grundstück bezogen sind, werden von § 29 BJagdG nicht erfasst. 262

Zur Forstwirtschaft bestimmte Verkaufspflanzen sind nur als Scheinbestandteile eines Grundstücks zu bewerten und können demgemäß bei ihrer Verletzung als Grundlage für die Bemessung eines Wildschadens herangezogen werden. Die Ermittlung des Wertes der von Wildschäden betroffenen Forstpflanzen ist mit erheblichen Unwägbarkeiten behaftet.[324] Soweit die Bewertung der zum Verkauf oder zur Holzproduktion vorgesehenen Bäume von den Gewinnerwartungen der beteiligten Verkehrskreise bezogen auf den häufig noch fern liegenden Zeitpunkt der Ernte abhängt, ist sie mit schwierigen Prognosen über die künftigen Kosten und Erträge verbunden. Hinzu kommen Schwierigkeiten bei der Beurteilung des Ausmaßes des Wildverbisses und seiner Auswirkungen auf den Wachstumsfortgang nur beschädigter, aber nicht zerstörter Pflanzen.[325] Eine allgemein anerkannte Methode zur Bestimmung des Ausmaßes eines Wildschadens besteht nicht; auch werden in den beteiligten Kreisen unterschiedliche Bewertungsverfahren vertreten. Insoweit ist auf § 287 ZPO zu verweisen.[326] 263

Der Ersatz des Wildschadens nach § 29 BJagdG ist gemäß § 32 Abs. 2 S. 1 BJagdG u. a. ausgeschlossen, wenn Freilandpflanzungen von Gartengewächsen betroffen sind und die Herstellung von üblichen Schutzvorrichtungen unterblieben sind, die unter gewöhnlichen Umständen zur Abwendung des Schadens ausreichen. Der BGH[327] hat dargelegt, durchaus denkbar sei, dass gewisse Pflanzen in der einen Gegend als Gartengewächse, in einer anderen Gegend jedoch als Feldpflanzen anzusehen sind und dass auch durch eine allgemeine Veränderung der Anbauweise herkömmliches Gartengemüse zur Feldpflanze werden kann. Sollte im Gefolge einer nachhaltigen Entwicklung der feldmäßige Anbau in einem größeren regionalen – über das Gebiet eines Landkreises erheblich hinausgehenden – Bereich derart im Vordergrund stehen, dass der gartenmäßige Anbau dort kaum noch eine Rolle spielt, und kommt dem feldmäßigen Anbau 264

[323] Dietlein S. 151 (Stichwort Wildschaden).
[324] Vgl. dazu BGH NJW 2011, 852 (853).
[325] BGH NJW 2011, 852 (853) unter Verweis auf Leonhardt BJagdG § 31 Anm. 2.1.2 und Schuck/Stamp BJagdG § 31 Rn. 3 ff.
[326] BGH NJW 2011, 852 (853) unter Hinweis auf BGH NJW 2000, 3638 (3640).
[327] BGH MDR 2010, 383.

der Pflanze in der betreffenden Region als Teil der landwirtschaftlichen Erzeugung einiges Gewicht zu, rechtfertigt dies für das betroffene Gebiet die Einordnung eines herkömmlichen Gartengewächses als Feldgewächs, für das der Haftungsausschluss nach § 32 Abs. 2 BJagdG nicht gilt.[328]

265 § 29 BJagdG gewährt keinen Ersatzanspruch für Wildschäden, die auf solchen Grundflächen entstehen, die in einem sog. befriedeten Bezirk liegen und auf denen die Jagd gemäß § 6 BJagdG ruht.[329]

266 Nach § 29 Abs. 1 S. 1 BJagdG richtet sich der **Anspruch gegen die Jagdgenossenschaft.** Regelmäßig hat aber die Jagdgenossenschaft im Rahmen der Jagdverpachtung eine Regelung mit dem Jagdpächter getroffen, derzufolge der **Jagdpächter** seinerseits den Wildschaden in vollem Umfang oder aber zu einem Teil zu ersetzen hat. Vor Abschluss eines Jagdpachtvertrages sollten sich die Vertragsparteien darüber verständigen, welche Regelungen im Hinblick auf die Wildschäden getroffen werden sollen. Übernimmt der Pächter die Wildschäden im gesamten Umfang, kann sich dies als **unkalkulierbares Risiko** für den Pächter herausstellen; vernünftigerweise wird eine quotenmäßige Haftung anzustreben sein, die für eine Begrenzung des Risikos auf beiden Vertragsseiten sorgt. Eine subsidiäre Haftung der Jagdgenossenschaft bleibt zudem bestehen, wie sich aus § 29 Abs. 1 S. 4 BJagdG ergibt.[330]

267 Erstattungsfähig sind Schäden, die das Wild durch seine natürliche Verhaltensweise, Nahrungsaufnahme, Bewegung und sonstige Gewohnheiten an dem Grundstück, seinen Bestandteilen und Erzeugnissen anrichtet. Nach § 31 Abs. 1 BJagdG ist auch der Wildschaden zu ersetzen, der an den getrennten, aber noch nicht eingeernteten Erzeugnissen eines Grundstücks eintritt. Zu dem zu ersetzenden Schaden gehört auch ein entgangener Gewinn. Lässt sich ein Schaden erst bei der Ernte genau bemessen, so ist er in einem Umfang zu ersetzen, wie er sich zu dieser Zeit darstellt. Bei der Feststellung der Schadenshöhe ist zu berücksichtigen, ob der Schaden nach den Grundsätzen einer ordentlichen Wirtschaft durch Wiederanbau im gleichen Wirtschaftsjahr ausgeglichen werden kann, § 31 Abs. 2 BJagdG.

268 **Andere Schäden,** die vom Raubwild stammen, etwa Fuchs, Dachs, Habicht, Otter, an Haustieren sowie Geflügel aller Art stellen **keinen** ersatzpflichtigen Wildschaden dar.[331]

Auch die bei **Verkehrsunfällen mit Wildtieren** verursachten Schäden sind nicht als Wildschaden zu qualifizieren. Insoweit ist auf die Bestimmung der Ziffer A.2.2.1.4 der Allgemeinen Bedingungen für die Kraftfahrversicherung, Fahrzeugteilversicherung zu verweisen, wonach Schäden, die dem Fahrzeughalter durch einen Zusammenstoß mit Haarwild entstehen, von der Teilkaskoversicherung abgedeckt sind (AKB 2015, Stand 17.4.2024). Das Jagdausübungsrecht des Jagdpächters macht diesen nicht zum Halter oder Aufseher der in seinem Jagdbezirk lebenden Wildtiere. Er haftet grundsätzlich nicht für Schäden, die im Straßenverkehr durch einen Zusammenstoß von Wild mit einem Kraftfahrzeug entstehen.[332] Wildtiere können unkontrolliert Jagdbezirke wechseln und sind als herrenlos iSd § 960 Abs. 1 S. 1 BGB anzusehen. Der Jagdausübungsberechtigte hat ein Aneignungsrecht iSd § 1 BJagdG. Dieses Recht wird verletzt, wenn sich ein Fahrer ein angefahrenes verletztes oder getötetes Wildtier aneignet oder aber der Unfall nicht dem Jagdausübungsberechtigten angezeigt wird, damit dieser sein Recht tatsächlich ausüben kann.[333]

269 Ein Mitverschulden des Geschädigten ist stets zu berücksichtigen und kann den Anspruch auf Wildschadensersatz erheblich schmälern. § 32 Abs. 1 BJagdG schließt einen Anspruch auf Ersatz von Wildschaden aus, wenn der Geschädigte die von dem Jagdausübungsberechtigten zur Abwehr von Wildschäden getroffenen Maßnahmen unwirksam macht. Auch ist § 254 BGB anwendbar. Hat bei der Entstehung des

---

[328] BGH MDR 2010, 383 (384) zum Spargel.
[329] BGH MDR 2010, 865.
[330] BGH, NZM 2015, 345.
[331] Mitzschke/Schäfer BJagdG § 29 Rn. 3.
[332] Rehler MDR 2012, 1204 (1205).
[333] Vgl. Rehler MDR 2012, 1204 (1208) mwN.

Schadens ein Verschulden des Geschädigten mitgewirkt, so hängt die Verpflichtung zum Ersatz sowie der Umfang des zu leistenden Ersatzes von den Umständen, insbesondere davon ab, inwieweit der Schaden vorwiegend von dem einen oder dem anderen Teil verursacht worden ist, § 254 Abs. 1 BGB. Dies gilt auch dann, wenn sich das **Verschulden des Geschädigten** darauf beschränkt, den Schuldner nicht auf die Gefahr eines ungewöhnlich hohen Schadens aufmerksam zu machen, die der Schuldner weder kannte noch kennen musste, oder dass er es unterlassen hat, den Schaden abzuwenden oder zu mindern, § 254 Abs. 2 S. 1 BGB. Ein derartiger Fall kann vorliegen, wenn der Geschädigte die Aberntung oder die Einbringung der abgeernteten Früchte über die normale Zeit der Ernte und Einbringung schuldhaft verzögert.[334]

Der Wildschaden, der an Weinbergen, Gärten, Obstgärten, Baumschulen, Alleen, 270
einzelnstehenden Bäumen, Forstkulturen, die durch Einbringen anderer als der im Jagdbezirk vorkommenden Hauptholzarten[335] einer erhöhten Gefährdung ausgesetzt sind, oder Freilandplanzungen von Garten- oder hochwertigen Handelsgewächsen entsteht, wird, soweit die Länder nicht anders bestimmen, nicht ersetzt, wenn die Herstellung von üblichen Schutzvorrichtungen unterblieben ist, die unter gewöhnlichen Umständen zur Abwendung des Schadens ausreichen, § 32 Abs. 2 S. 1 BJagdG. Die Länder können bestimmen, welche Schutzvorkehrungen als üblich anzusehen sind, § 32 Abs. 2 S. 2 BJagdG. Zahlreiche Bundesländer haben diese Befugnis genutzt und Ergänzungsregeln geschaffen, zB § 33 LJG NRW, § 55 JWMG, Art. 44 BayJG, § 27 LJG Hamburg, Sammelerlass zum HJagdG Anlage 1, Art. 38 LJG Niedersachsen, § 41 LJG Rheinl.-Pfalz, § 41 SJG, § 38 LJG Schleswig-Holstein. Beispiel: Als übliche Schutzvorrichtungen, die unter gewöhnlichen Umständen zur Abwendung von Wildschäden ausreichen, sind außer anderen üblichen geeigneten Mitteln anzusehen wilddichte Zäune

1. gegen Rot-, Dam-, Sika- und Muffelwild in Höhe von 1,80 m,
2. gegen Rehwild in Höhe von 1,50 m,
3. gegen Schwarzwild und Wildkaninchen in Höhe von 1,20 m über der Erde und 0,30 m in der Erde, § 37 Nr. 3 DVO LJG – NRW vom 31.3.2010.[336]

Die Geltendmachung des Wildschadens erfolgt wie die Geltendmachung eines Jagd- 271
schadens über §§ 34, 35 BJagdG. Die einzelnen Bundesländer haben nähere Bestimmungen zum **Vorverfahren** getroffen.[337] Das Vorverfahren dient der raschen Ermittlung des behaupteten Schadens und einer gütlichen Erledigung der Sache.[338] Eines selbständigen Beweisverfahrens bedarf es daneben grundsätzlich nicht.[339]

Nach § 34 S. 1 BJagdG erlischt der Anspruch auf Ersatz von Wild- oder Jagdschaden, 272
wenn der Berechtigte den Schadensfall nicht binnen einer Woche, nachdem er von dem Schaden Kenntnis erhalten hat oder bei Beobachtung erforderlicher Sorgfalt erhalten hätte, bei der für das Beschädigte Grundstück zuständigen Behörde anmeldet. Bei Schäden an forstwirtschaftlich genutzten Grundstücken genügt es, wenn er zweimal im Jahre, jeweils zum 1.5. oder 1.10., bei der zuständigen Behörde angemeldet wird. Diese Regelung beruht darauf, dass Feststellungen über die Ursache eines Schadens schnell getroffen werden müssen. Ob überhaupt ein Wildschaden iSd § 29 BJagdG vorliegt, lässt sich in vielen Fällen nur unmittelbar nach seiner Entstehung zuverlässig beurteilen.[340] Starre Regeln für eine Kontrolle landwirtschaftlicher Flächen auf Wildschäden lassen sich nicht aufstellen.

---

334 Mitzschke/Schäfer BJagdG § 32 Rn. 7.
335 Beachte: wird erstmals aufgeforstet, handelt es sich um die Hauptholzart, BGH, NJW 2015, 1176.
336 Vgl. Gies WuM 2013, 284 in Besprechung des Urteils des AG Berlin-Köpenick WuM 2013, 301; Düsing/Martinez/Gies BJagdG § 32 Rn. 2 ff.
337 Ausführlich Schuck/Schuck BJagdG § 35 Rn. 2 ff.
338 Lorz/Metzger JagdR/Stöckel/Metzger BJagdG § 35 Rn. 2 mwN.
339 Vgl. LG Köln MDR 2009, 347.
340 BGH MDR 2010, 864.

273 *cc) Haftung des Jagdpächters für Jagdhunde.* Die Haftung des Jagdpächters für Schäden, die durch seinen Jagdhund angerichtet werden, regelt sich nach **§ 833 BGB.** Wird durch ein Tier ein Mensch getötet oder der Körper oder die Gesundheit eines Menschen verletzt oder eine Sache beschädigt, so ist derjenige, welcher das Tier hält, verpflichtet, dem Verletzten den daraus entstehenden Schaden zu ersetzen, § 833 S. 1 BGB. Die Ersatzpflicht tritt nicht ein, wenn der Schaden durch ein Haustier verursacht wird, das dem Beruf, der Erwerbstätigkeit oder dem Unterhalt des Tierhalters zu dienen bestimmt ist, und entweder der Tierhalter bei der Beaufsichtigung des Tieres die im Verkehr erforderliche Sorgfalt beobachtet oder der Schaden auch bei Anwendung dieser Sorgfalt entstanden sein würde, § 833 S. 2 BGB.

274 Eine Haftung nach § 833 S. 1 BGB – **Gefährdungshaftung des Tierhalters** – scheidet aus, wenn der Schaden durch ein Haustier verursacht worden ist, das dem Berufe des Tierhalters zu dienen bestimmt war und der Tierhalter den Entlastungsbeweis nach § 833 S. 2 BGB führen kann. Ein Jagdhund ist iSd § 833 S. 2 BGB ein derartiges Berufstier, wenn es sich bei dem Tierhalter um einen Förster handelt.[341] Der Sache nach handelt es sich um einen gesetzlich geregelten Sonderfall einer Haftung für die Verletzung einer Verkehrssicherungspflicht des Tierhalters, wobei zwei Besonderheiten in Form einer Vermutung zu Gunsten des Geschädigten bestehen: der Tierhalter muss seine Verpflichtungen schuldhaft verletzt haben und zwischen der Pflichtverletzung und dem Schaden muss ein ursächlicher Zusammenhang bestehen.[342] Der Tierhalter kann diese Vermutungen entkräften.[343] An den **Entlastungsbeweis** des § 833 S. 2 BGB sind **strenge** Anforderungen zu stellen.[344]

275 In den einzelnen Landesjagdgesetzen ist geregelt, dass bei der Such-, Drück- und Treibjagd, bei jeder Jagdart auf Schnepfen und Wasserwild sowie bei jeder Nachsuche auf Schalenwild brauchbare Jagdhunde zu verwenden sind (§ 19 Baden-Württemberg, Art. 39 Bayern, § 30 Berlin, § 37 Brandenburg, § 28 Hessen, § 35 Mecklenburg-Vorpommern, Art. 3 Niedersachsen, § 30 Nordrhein-Westfalen, § 25 Rheinland-Pfalz, § 2 Abs. 3 Sachsen-Anhalt, § 31 Schleswig-Holstein, § 39 Thüringen). Im Falle einer Verwendung von Jagdhunden richtet sich die Haftung des Jagdpächters Dritten gegenüber nach § 833 S. 1 BGB. Der Jagdpächter unterliegt demgemäß der Gefährdungshaftung im Falle der Beschädigung von Rechtsgütern Dritter.

276 Ein Jagdhund darf nicht unangeleint zur Nachsuche auf ein angeschossenes Wild angesetzt werden, wenn die Gefahr besteht, dass der Hund in der öffentlichen Straßenverkehr gelangt.[345] Liegt die Möglichkeit nahe, dass der Jagdausübungsberechtigte jede Einflussmöglichkeit auf den Hund verliert, und es dem Zufall und dem unberechenbaren tierischen Verhalten überlassen ist, wohin sich der Hund entfernt, und gelangt der Hund auf diese Weise auf eine öffentliche Straße, haftet der Jagdpächter aus dem Gesichtspunkt des § 833 S. 1 BGB auf Schadensersatz.

277 Eine **Haftung des Tieraufsehers** ist in § 834 BGB geregelt. Wer für denjenigen, welcher ein Tier hält, die Führung der Aufsicht über das Tier durch Vertrag übernimmt, ist für den Schaden verantwortlich, den das Tier einem Dritten in der im § 833 BGB bezeichneten Weise zufügt, § 834 S. 1 BGB. Die Verantwortlichkeit tritt nicht ein, wenn er bei der Führung der Aufsicht die im Verkehr erforderliche Sorgfalt beobachtet oder wenn der Schaden auch bei Anwendung dieser Sorgfalt entstanden sein würde, § 834 S. 2 BGB. Voraussetzung ist die Übernahme der Aufsicht auf Grund eines Vertrages. Zu denken wäre an eine Übernahme von Jagdhunden zu Ausbildungszwecken an einen Tieraufseher. Halter und Tieraufseher haften im Außenverhältnis zu einem geschädigten Dritten als **Gesamtschuldner;**[346] der Tierhalter haftet auch dann, wenn der Tieraufseher selbst durch das Tier verletzt worden ist. Kann der Tieraufseher nicht beweisen, dass er

---

[341] OLG Bamberg NJW-RR 1990, 735; Grüneberg/Retzlaff BGB § 833 Rn. 17.
[342] Grüneberg/Retzlaff BGB § 833 Rn. 1.
[343] Grüneberg/Retzlaff BGB § 833 Rn. 15 ff.
[344] Grüneberg/Retzlaff BGB § 833 Rn. 21.
[345] OLG Bamberg NJW-RR 1990, 735.
[346] Grüneberg/Retzlaff BGB § 834 Rn. 3.

seine Aufsichtspflicht gehörig erfüllt hat oder der Schaden auch bei Erfüllung seiner Aufsichtspflicht entstanden wäre, so ist mangels anderer Anhaltspunkte in entsprechender Anwendung des § 254 Abs. 1 BGB von einer Haftung des Tierhalters auf die Hälfte des Schadens auszugehen.[347]

dd) Allgemeines Schadensrecht, §§ 823, 831, 278 BGB. Bei der Jagdausübung darf nur scharf geschossen werden, wenn mit Gewissheit oder an Gewissheit grenzender hoher Wahrscheinlichkeit anzunehmen ist, dass kein Mensch unmittelbar durch den Schuss selbst oder Abpraller getroffen werden können.[348] Bei der **Abgabe eines Schusses** ist die Flugweite des Geschosses in Schussrichtung zu berücksichtigen, bei **Schrotschüssen** etwa 200 bis 300 Meter, beim **Kugelschuss** je nach Kaliber etwa 5.000 Meter. Dabei sind namentlich Hindernisse in Rechnung zu stellen, wie Äste, Wasserflächen oder vereiste Böden, die zu einer Richtungsänderung der Geschosse führen können mit Gefährdungspotenzial für benachbarte Schützen, unbeteiligte Waldbesucher oder sonstige Dritte. Auch beim Kugelschuss muss mit Richtungsänderungen durch Hindernisse wie Zweige oder Ähren gerechnet werden. Ganz bedeutsam ist, dass der Jagdausübungsberechtigte nicht damit rechnen darf, dass sich keine Menschen im Revier aufhalten, auch wenn er selbst keiner Waldbesucher ansichtig geworden ist. Insbesondere darf der Jagdausübungsberechtigte nicht auf Dickungen oder Hecken schießen, wenn mit der Möglichkeit gerechnet werden muss, dass sich dahinter Menschen befinden. In einem Wald in der Nähe eines Dorfes muss stets die Anwesenheit von Kindern im Wald einkalkuliert werden. Bei unübersichtlichem Gelände oder schlechter Sicht muss der Schuss unterbleiben.[349] Fahrlässig handelt, wer ohne das Ziel mit hinreichender Sicherheit angesprochen zu haben, einen Schuss darauf abgibt. Bei einem Verstoß gegen diese Grundsätze und einer Verletzung oder gar Tötung Dritter oder bei Verletzung erheblicher sonstiger Rechtsgüter haftet der Schütze aus § 823 Abs. 1 BGB, der Jagdpächter aus dem Gesichtspunkt der Verletzung einer Verkehrssicherungspflicht. Auch sind strafrechtliche Sanktionen denkbar. Im Hinblick auf eine Schadensersatzverpflichtung gelten die allgemeinen Vorschriften über die Erfüllungs- und Verrichtungsgehilfen, §§ 278, 831 BGB. Allerdings ist zu beachten, dass der Jagdleiter diejenigen Sicherungsmaßnahmen zu treffen hat, die ein verständiger, umsichtiger, vorsichtiger und gewissenhafter Angehöriger der betroffenen Verkehrskreise für ausreichend halten darf, um andere Personen – Jagdbeteiligte, Reiter, Spaziergänger und Teilnehmer am allgemeinen Straßenverkehr – vor Schäden zu bewahren.[350] 278

Kommt es während der Jagdausübung beim Durchstreifen schwierigen Geländes zum **Sturz des Jagdausübenden** und löst sich dabei ein Schuss, lässt sich ohne weitere tragfähige Feststellungen über den genauen Unfallhergang allein aus der Tatsache des Sturzes kein Fahrlässigkeitsvorwurf begründen.[351] Denn bei einer Jagd darf ohne Verstoß gegen Unfallverhütungsvorschriften eine Waffe grundsätzlich geladen und entsichert geführt werden; zu denken ist insbesondere an eine Jagd auf Schwarzwild und die Wartezeit bis zum Erscheinen des Wildes. Anders ist der Fall zu beurteilen, wenn die Waffe auf unsicherem Gelände eingestochen wird und sich dann ein Schuss im Rahmen eines Sturzes löst.[352] 279

Der Umgang mit der Schusswaffe gebietet äußerste Vorsicht. Bei Schusswaffen besteht eine erhöhte Sorgfalt bei Aufbewahrung und Überlassung an Dritte.[353] Der Inhaber einer Schusswaffe verletzt seine Verkehrssicherungspflicht, wenn er die geladene Waffe so ablegt, dass er sie nicht ständig im Auge behält und ein Dritter sie unbemerkt an sich 280

---

347 OLG Frankfurt a. M. MDR 1996, 590; Grüneberg/Retzlaff BGB § 834 Rn. 3.
348 Dietlein S. 70 (Stichwort Jagdunfall); Mitzschke/Schäfer BJagdG § 17 Rn. 28 mwN.
349 Mitzschke/Schäfer BJagdG § 17 Rn. 28; Düsing/Martinez/Gies BJagdG § 33 Rn. 18.
350 BGH MDR 2011, 422; Düsing/Martinez/Gies BJagdG § 33 Rn. 19.
351 BGH NJW 2000, 2895.
352 Dietlein S. 71 (Stichwort Jagdunfall); Düsing/Martinez/Gies BJagdG § 33 Rn. 20.
353 Grüneberg/Retzlaff BGB § 823 Rn. 201 mwN; Düsing/Martinez/Gies BJagdG § 33 Rn. 21.

nehmen kann.[354] Entsprechendes gilt für ein unbeaufsichtigtes Herumliegenlassen der Schusswaffe.[355] Die Waffe ist nach dem Laden sofort zu sichern, darf grundsätzlich erst kurz vor dem Schuss entsichert werden und ist nach Jagdende sofort zu entladen.[356] Zu weiteren Fällen eines vorsichtigen und sorgfältigen Umgangs mit Waffen ist auf die Jagd-**Unfallverhütungsvorschriften** der landwirtschaftlichen Berufsgenossenschaften zu verweisen.[357]

281 Ein Verstoß gegen die Vorgaben der Jagd-Unfallverhütungsvorschriften ist als Verletzung der Verkehrssicherungspflicht aufzufassen.[358] Fahrlässig handelt, wer eine geladene und gesicherte Schusswaffe einem Nichtjäger überlässt, wer nach der Rückgabe des Gewehrs nicht dessen Sicherung prüft, wer es nach der Rückgabe nicht entlädt oder wer das Gewehr nicht in einer Art und Weise trägt, die eine Gefährdung dritter Personen ausschließt.[359]

Beim Besteigen oder Verlassen eines Hochsitzes, beim Überschreiten von Hindernissen, beim Besteigen von Fahrzeugen und bei ähnlichen Gefahrenlagen ist die Schusswaffe zu entladen.[360]

282 Bei **Treibjagden** hat der Jagdleiter den Schützen und Treibern die erforderlichen Anweisungen für den gefahrlosen Ablauf der Jagd zu geben. Er hat den Schützen und Treibern die Signale bekannt zu geben, dem Schützen seinen Stand und den seiner beiden Nachbarn und den einzuhaltenden Schussbereich genau zu bezeichnen. Schiessverbot herrscht, wenn sich Treiber in der Nähe des Wildes aufhalten.[361] Der Veranstalter haftet auch für Schäden, die ein erkennbar unzuverlässiger Schütze anrichtet, der etwa über keinen gültigen Jagdschein verfügt. Der Veranstalter einer Treibjagd hat für die **Sicherung des Straßenverkehrs** gegen eine erhöhte Gefahr durch aufgestörtes Wild zu sorgen.[362] Dies gilt insbesondere, wenn durch eine bestimmte Art der Jagd (Treib- oder Drückjagd) die Gefahr des Wildwechsels in einem bestimmten Streckenabschnitt deutlich erhöht wird.[363]

283 Bei Treibjagden sollte darauf geachtet werden, dass Kinder unter 10 Jahren nicht als Treiber in Betracht kommen. Bei Jugendlichen ab dem 16. Lebensjahr bestehen durchweg keine Bedenken, als Treiber aufzutreten. Bei Kindern zwischen zehn und fünfzehn Jahren ist auf den konkreten Einzelfall abzustellen, namentlich auf die Einsichtsfähigkeit des jeweiligen Kindes. Stets sollte sich ein erwachsener Treiber als Aufsichtsperson in der Nähe befinden; außerdem sollte sich der Jagdherr eine Einverständniserklärung der Erziehungsberechtigten beschaffen, am besten schriftlich, wenn die oder der Erziehungsberechtigte nicht selbst an der Treibjagd teilnehmen.

284 Generell ist zu beachten, dass durch die Ausübung der Jagd der allgemeine Straßenverkehr **nicht** beeinträchtigt werden darf. Auch insoweit besteht eine allgemeine Verkehrssicherungspflicht des Jagdausübungsberechtigten, durch geeignete Maßnahmen Zusammenstöße von Wild mit Kraftfahrzeugen zu vermeiden.[364] Solche Maßnahme können darin bestehen, dass das Wild nicht in Richtung Straße, Bundesstraße oder gar Bundesautobahn getrieben oder gedrückt wird, sondern die umgekehrte Richtung den Treibern vorgegeben wird. Auch können im Einzelfall Lappen verwendet, Warnschilder oder Warnposten aufgestellt werden. Besondere Vorsichtsmaßnahmen sind auch gefordert, wenn damit gerechnet werden muss, dass Rehwild einen unvorhersehbaren Fluchtweg nimmt, auch wenn Rehwild im konkreten Fall nicht Gegenstand der Beja-

[354] BGH NJW 1991, 696.
[355] Grüneberg/Retzlaff BGB § 823 Rn. 201 mwN.
[356] Mitzschke/Schäfer BJagdG § 17 Rn. 30.
[357] Vgl. Schuck/Schuck BJagdG § 11 Anh. 2.
[358] Grüneberg/Retzlaff BGB § 823 Rn. 204.
[359] BGH MDR 1977, 129 (130).
[360] Düsing/Martinez/Gies BJagdG § 33 Rn. 22.
[361] Grüneberg/Retzlaff BGB § 823 Rn. 204 mwN, ua OLG Hamm MDR 2013, 520.
[362] Grüneberg/Retzlaff BGB § 823 Rn. 204; Rehler MDR 2012, 1204 (1207).
[363] Rehler MDR 2012, 1204 (1205).
[364] Rehler MDR 2012, 1204 (1205).

gung ist. Werden diese auf Grund der jeweiligen Sachlage gebotenen Vorsichtsmaßnahmen nicht eingeleitet, liegt ein Verstoß gegen die Grundsätze allgemeiner Verkehrssicherungspflicht vor, so dass der Veranstalter der Jagd, in der Regel der Jagdausübungsberechtigte, zum Schadensersatz verpflichtet ist, kommt es zu einem Verkehrsunfall mit Wild. Unberührt bleibt naturgemäß die Haftung der Teilkaskoversicherung des jeweiligen Fahrzeughalters gemäß Ziffer A.2.2.1.4. AKB (Zusammenstoß des in Bewegung befindlichen Fahrzeugs mit Haarwild im Sinne von § 2 Abs. 1 Nr. 1 des Bundesjagdgesetzes).[365]

Voraussetzung für die Erlangung eines Jahresjagdscheins ist ein Nachweis des Abschlusses einer **Haftpflichtversicherung,** § 17 Abs. 1 Nr. 4 BJagdG (derzeit 500.000 EUR für Personenschäden und 50.000 EUR für Sachschäden). Die Versicherung kann nur bei einem Versicherungsunternehmen mit Sitz in der Europäischen Wirtschaftsgemeinschaft oder mit Niederlassung im Geltungsbereich des Versicherungsaufsichtsgesetzes genommen werden. Die Bundesländer können den Abschluss einer Gemeinschaftsversicherung ohne Beteiligungszwang zulassen. Davon hat Nordrhein-Westfalen Gebrauch gemacht, § 18 LJG NRW, und den Abschluss von Gemeinschaftshaftpflichtversicherungen ohne Beteiligungszwang zugelassen. 285

Die Versicherung bezieht sich auf alle Fallkonstellationen einer Inanspruchnahme 286

- als Jäger, Jagdpächter oder Jagdveranstalter,
- als Halter von Jagdhunden,
- als Forstbediensteter oder Jagdaufseher,
- aus Besitz und Gebrauch von Schusswaffen und Munition auf der Jagd und auf Schießständen einschließlich der dazugehörenden Wege von und zur Wohnung,
- aus fahrlässiger Überschreitung der Vorschriften über Notwehr und Notstand auf der Jagd sowie des besonderen Waffengebrauchsrechts,
- aus fahrlässiger Überschreitung der landesrechtlich eingeräumten Befugnis zum Abschuss wildernder Hunde und Katzen.[366]

Besser: Wird eine Hauskatze in einer Lebendfalle gefangen, sollte sie als Fundsache der zuständigen Gemeindeverwaltung überlassen werden.[367]

Von der Jagdhaftpflichtversicherung zu unterscheiden sind die Fälle, in denen der Jagdpächter durch die Ausübung der Jagd selbst zu Schaden gekommen ist. Jeder Revierinhaber ist kraft Gesetzes gegen Personenschäden durch Jagdunfälle (**Arbeitsunfälle im Sinne der RVO**), die er beim Jagdbetrieb erleidet, bei der örtlich zuständigen landwirtschaftlichen Berufsgenossenschaft sozialversichert und beitragspflichtig. Der Versicherungsschutz erstreckt sich auch auf Unfälle auf dem Weg zum Jagdbezirk und vom Jagdbezirk zurück nach Beendigung der Jagdausübung. 287

Eine Einschränkung der Haftung des Jagdpächters bei Unfällen der im Revier Tätigen, deren Angehörigen und Hinterbliebenen besteht dann, wenn der Unfall nicht auf Vorsatz des Revierinhabers oder aber auf die Teilnahme am allgemeinen Verkehr zurückzuführen ist, durch § 636 RVO. Der Revierinhaber haftet dem vorbezeichneten Personenkreis nicht für Unfälle, die er lediglich fahrlässig herbeigeführt hat. Dieser Personenkreis ist auf die Leistungen der Berufsgenossenschaft nach Maßgabe der sozialversicherungsrechtlichen Vorschriften angewiesen. Dies ist insbesondere vorn Bedeutung im Hinblick auf das Schmerzensgeld nach § 253 Abs. 2 BGB.[368] Der Ausschluss des Schmerzensgeldes durch § 636 Abs. 1 S. 1 und § 637 Abs. 1 RVO verstößt nicht gegen das Grundgesetz.[369] 288

[365] Vgl. Mitzschke/Schäfer BJagdG § 26 Rn. 11.
[366] Mitzschke/Schäfer BJagdG § 17 Rn. 9 unter besonderem Hinweis auf § 12 DVO z. Hess. AusfGes.
[367] OVG Münster NJW 2016, 3673.
[368] Mitzschke/Schäfer BJagdG § 17 Rn. 6.
[369] BVerfG NJW 1973, 502 = MDR 1973, 379.

5. Leistungsstörungen

289 a) **Abweichungen von der vereinbarten Fläche.** In der Regel wird die Größe eines Jagdbezirks in Hektar angegeben; auch werden die Grenzen eines Reviers beschrieben, innerhalb derer der Jagdausübungsberechtigte sich jagdlich betätigen kann. Auf Grund von Abrundungsmaßnahmen iSd § 5 Abs. 1 BJagdG können sich Veränderungen vollziehen, so dass bei einer erneuten unveränderten Ausschreibung unrichtige Größenangaben entstehen können. Auch ist denkbar, dass unter Verwendung alter Flurkarten unrichtige Größenordnungen in den Jagdpachtvertrag aufgenommen worden sind. Das Oberlandesgericht Koblenz[370] hat entschieden, dass Jagdpächter grundsätzlich kein Minderungsrecht zusteht, wenn der Jagdbezirk kleiner ist als die im Pachtvertrag ohne Gewähr angegebene Größe. Zur Begründung ist entscheidend darauf abgestellt worden, dass ein Gewährleistungsausschluss vereinbart war, gegen dessen Wirksamkeit Bedenken nicht bestanden.

290 Wie ist der Fall zu entscheiden, wenn eine **Flächenabweichung** zum Nachteil des Pächters vorliegt, im Vertrag aber ein Gewährleistungsausschluss nicht vereinbart ist? Zunächst ist festzustellen, welche Vorschriften zur Anwendung gelangen, an die eine Minderung der Pacht oder ein sonstiges Gewährleistungsrecht geknüpft werden könnte. Über § 581 Abs. 2 BGB bietet sich eine Anwendung der Gewährleistungsrechte des Mietrechts, hier §§ 536 ff. BGB an. Wenn eine vertragsgemäße Nutzung des Jagdbezirks verhindert wird, indem seine tatsächliche Größe eine Pachtfähigkeit von mehreren bisher am Vertrag beteiligten Pächtern wegen Unterschreitung der Mindestgröße des Jagdreviers nicht mehr zulässt, liegt ein Fehler vor, der die Tauglichkeit der Pachtsache zu dem vertragsgemäßen Gebrauch aufhebt oder mindert. Gegenstand der Jagdpacht ist das Jagdausübungsrecht, das aus dem Jagdrecht des Grundstückseigentümers abgeleitet wird.[371] Der Sache nach handelt es sich um Rechtspacht.[372] Wesentlicher Bestandteil der Rechtspacht ist die Größe des Bezirks, in dem diese Rechtspacht tatsächlich ausgeübt werden kann. Werden bestimmte Mindestgrößen unterschritten, ist eine Minderung der Pacht möglich;[373] theoretisch wäre ein Schadensersatzanspruch zu Gunsten des Pächters denkbar; ist der Mangel nicht zu beseitigen, steht dem Pächter zudem ein Kündigungsrecht zu, §§ 581 Abs. 2, 543 Abs. 1, Abs. 2 Nr. 1 BGB.

291 Nicht anzuwenden ist die **Erheblichkeits-Rechtsprechung** des Bundesgerichtshofs zur Flächenabweichung im Mietrecht für Wohnräume[374] auf Flächenabweichungen bei der Größe von gepachteten Jagdrevieren. Die Jagdpacht ist eine Rechtspacht, nicht aber eine Landpacht. Der Pächter erhält durch den Pachtvertrag das Jagdausübungsrecht des Grundbesitzers übertragen. Die tatsächliche Fläche ist zwar ein wertbildender Maßstab für die Pachthöhe, nicht aber unmittelbarer Vertragsinhalt. Der BGH sieht eine Erheblichkeitsschwelle von „mehr als 10 %" für den Eintritt einer minderungsauslösenden Beeinträchtigung, was aufgrund der unterschiedlichen Vertragstypen für die Rechtspacht nicht passt. Eine Flächenabweichung kann dennoch einen Minderungsgrund darstellen, jedoch obliegt es dem Pächter, die nicht nur unerhebliche Beeinträchtigung der Vertragssache darzulegen und zu beweisen.

292 Wird aufgrund einer Flächenabweichung die gesetzliche Mindestgröße des Reviers unterschritten, liegt ein Mangel vor, der zur fristlosen Kündigung berechtigt.

293 b) **Sonstige Mängel bei der Rechtspacht.** Der Verpächter haftet grundsätzlich **nicht** für die Ergiebigkeit der Jagd, es sei denn, der Pachtvertrag enthält eine entsprechende Zusicherung.[375] Diese Zusicherung kann sich jedoch nicht aus der Ausschreibung der

---

370 OLG Koblenz MDR 1978, 932.

371 Staudinger/Sonnenschein BGB § 581 Rn. 55; Erman/Jendrek BGB Vor § 581 Rn. 25; Soergel/Heintzmann BGB Vor § 581 Rn. 9.

372 Staudinger/Sonnenschein BGB § 581 Rn. 55 mwN.

373 Soergel/Heintzmann BGB Vor § 581 Rn. 9.

374 BGH NJW 2007, 2624; 2004, 1947; 2004, 2230.

375 Mitzschke/Schäfer BJagdG § 11 Rn. 57.

Jagdgenossenschaft ergeben, wenn dort eine Niederwildjagd mit Rot- und Schwarzwild als Wechselwild angeboten wird.[376] Zutreffend weist das OLG Düsseldorf auf das Schriftformerfordernis des Pachtvertrags hin. Dies umfasst auch alle Nebenabreden, wie etwa zugesicherte Wildarten. Der Pächter ist gut beraten, bei Abschluss des Pachtvertrags seine Erwartungen verschriftlichen zu lassen. Wird im Pachtvertrag eine Wildart als Wechselwild benannt, hat sich in den letzten Jahren allerdings dort nicht mehr aufgehalten, liegt ein Mangel vor, der nach §§ 581 Abs. 2, 536 BGB zur Minderung der Pacht berechtigen kann; ob auch die Voraussetzungen einer Kündigung nach §§ 581 Abs. 1, 543 BGB vorliegen, hängt insbesondere von der Frage der Unzumutbarkeit einer Vertragsfortsetzung ab und dürfte in der Regel zu verneinen sein. Ist arglistig gehandelt worden, kommt eine Anfechtung des Pachtvertrages nach § 123 BGB in Betracht.

Der Pächter kann den Pachtvertrag gemäß § 543 Abs. 1 und Abs. 2 Nr. 1 BGB ohne 294
Einhaltung einer Kündigungsfrist kündigen, wenn ihm die Möglichkeit zur Jagd ganz oder teilweise nicht rechtzeitig gewährt oder wieder entzogen wird.[377] Erforderlich ist eine **wesentliche Beeinträchtigung** der Jagdmöglichkeiten, die auch angesichts der Mindestdauer der Jagdpachtverträge von grundsätzlich neun Jahren anhaltend sein muss. Die Kündigungsmöglichkeit wird regelmäßig dann gegeben sein, wenn Abhilfe seitens des Verpächters unmöglich ist oder die Kündigung wegen Interessenwegfalls des Pächters gerechtfertigt ist.

Für nach Vertragsschluss eintretende Verschlechterungen der Jagdausübung hat der 295
Verpächter dann einzustehen, wenn die Jagdausübung wesentlich eingeschränkt oder gänzlich unmöglich wird. Das Betreten des Waldes durch Spaziergänger auf dafür vorgesehenen Wegen hat der Pächter entschädigungslos zu dulden.[378] Entsprechendes gilt für Veränderungen in der wirtschaftlichen Nutzung der Jagdfläche oder von Teilen der Jagdfläche, Einzäunung größerer Teilflächen, zunehmenden Ausflugsverkehr oder militärische Übungen im Gelände.[379]

Anders ist der Fall zu entscheiden, wenn nach Abschluss des Jagdpachtvertrages eine 296
nicht vorhersehbare, aber wesentliche Behinderung der Jagdausübung vorliegt, die auch durch eine Klausel, dass der Verpächter eine Gewähr für die Ergiebigkeit der Jagd nicht übernehme, nicht ausgeschlossen werden kann. Der Jagdertrag kann wesentlich und dauernd vermindert werden durch extensiven Bau öffentlicher Straßen oder Bundesautobahnen durch das Revier, Rohrverlegungsarbeiten im Wald, umfangreiche Jugendzeltlager,[380] Errichtung und Betrieb eines Schießstandes, umfangreiche militärische Übungen mit Kettenfahrzeugen, ferner Bebauung größerer Flächen mit Wochenendhäusern.[381] Durch diese Maßnahmen wird das Wild nachhaltig vergrämt und wechselt seinen Aufenthaltsort anhaltend. Diese Veränderungen mögen die Jagd im rechtlichen Sinne nicht unmöglich machen; sie beeinträchtigen die Jagdausübung allerdings erheblich, so dass diese Umstände eine Minderung des Pachtpreises rechtfertigen.

Hat der Verpächter **arglistig** gehandelt, etwa weil ihm die für die Zukunft geplanten 297
Veränderungen im Revier vor Abschluss des Vertrages bekannt waren, er sie gleichwohl bei den Vertragsverhandlungen nicht offenkundig gemacht hat, stehen dem Pächter weitergehende rechtliche Möglichkeiten offen. Sie bestehen in einer Anfechtung des Pachtvertrages nach § 123 BGB, Schadensersatz §§ 581 Abs. 2, 536a Abs. 1 BGB, oder Kündigung des Pachtverhältnisses, §§ 581 Abs. 2, 543 BGB.

Das Kündigungsrecht des Pächters entfällt ebenso wie das Minderungsrecht, wenn er 298
bei Abschluss des Vertrages den Mangel kannte oder ihm der Mangel infolge grober Fahrlässigkeit unbekannt geblieben ist, §§ 581 Abs. 2, 536b BGB[382]. Im letzteren Falle stehen dem Pächter die Rechte auf Minderung der Jagdpacht, der Kündigung oder

---

[376] OLG Düsseldorf 24.8.2023 – 24 U 64/22, BeckRS 2023, 24531.
[377] Mitzschke/Schäfer BJagdG § 11 Rn. 114.
[378] Soergel/Heintzmann BGB Vor § 581 Rn. 9.
[379] Mitzschke/Schäfer BJagdG § 11 Rn. 57.
[380] Soergel/Heintzmann BGB Vor § 581 Rn. 9.
[381] Vgl. die Beispiele bei Mitzschke/Schäfer BJagdG § 11 Rn. 60.
[382] LG Hildesheim 22.4.2004 – 4 O 472/03, BeckRS 2006, 7507 zum Bau von Windrädern.

Schadensersatz dann zu, wenn der Verpächter den Mangel arglistig verschwiegen hat, §§ 581 Abs. 2, 536b S. 2 BGB. Nimmt der Pächter das Revier trotz eines ihm bekannten Mangels an, so kann er die Rechte auf Minderung der Pacht, Kündigung oder Schadensersatz nur geltend machen, wenn er sich seine Rechte bei der Annahme vorbehält, §§ 581 Abs. 2, 536b S. 3 BGB.

299 Problematisch erscheint, einen **Mangel des Pachtobjekts in großflächigen Sturmwürfen** zu sehen. Erwogen werden könnte, den Mangel darin zu sehen, dass Rückzugsräume von Rotwild betroffen sind, so dass befürchtet werden muss, das Wild werde nicht standorttreu bleiben. Die Situation für das Wild und die Balance zwischen Wald und Wild wird maßgeblich bestimmt durch die mit dem Sturm und die durch die anschließende Entwicklung der Flächen ausgelöste Dynamik. Die Vegetation regeneriert sich so schnell, dass für alle Wildarten bald ausreichend Äsung wie auch Deckung vorhanden ist. Im Ergebnis lässt sich also durch Sturmwürfe in der Regel kein Mangel konstruieren, so dass eine Minderung der Pacht ausscheidet. Im Falle kleinflächiger und einzelstammweiser Würfe kann nicht von einem Mangel erheblicher Art ausgegangen werden, so dass bereits unter diesem Gesichtspunkt für eine Minderung der Pacht kein Raum ist.

6. Beendigung des Pachtverhältnisses

300 **a) Vertragliche Regelung.** Nach § 11 Abs. 4 S. 2 BJagdG soll die Pachtdauer mindestens neun Jahre betragen. Den Bundesländern ist es vorbehalten, die Mindestpachtdauer höher festzusetzen, § 11 Abs. 4 S. 3 BJagdG. Ein laufender Jagdpachtvertrag kann auch auf kürzere Zeit verlängert werden, § 11 Abs. 4 S. 4 BJagdG. Das Pachtverhältnis kann allerdings über die Mindestpachtzeit hinausgehend auf zB 30 Jahre oder auf Lebenszeit eines der Vertragsteile abgeschlossen werden. In diesen Fällen endet das Jagdpachtverhältnis **durch zeitlichen Ablauf** oder durch den **Tod eines der Vertragsteile,** wenn der Jagdpachtvertrag auf Lebenszeit abgeschlossen worden ist.

301 Den Vertragsparteien steht es frei, im Wege einer freien Vereinbarung die Aufhebung des Jagdpachtvertrages zu beschließen.[383] Bei einem Pachtverhältnis über eine bestimmte Zeitdauer oder auf Lebenszeit ist eine vorzeitige Kündigung nur als außerordentliche Kündigung denkbar aus wichtigem Grund, §§ 581 Abs. 2, 543 BGB. Über die Mindestdauer der Pachtzeit von grundsätzlich neun Jahren ist eine vertragliche Verlängerung auf unbestimmte Zeit möglich; in diesem Falle ist über § 584 BGB das Jagdpachtverhältnis zum Schluss des Pachtjahres ordentlich kündbar. Das Jagdjahr beginnt am 1.4. und endet am 31.3. des Folgejahrs, § 11 Abs. 4 S. 5 BJagdG.

302 **b) Gesetzliche Regelung.** Der Jagdpachtvertrag erlischt kraft Gesetzes nach § 13 BJagdG, wenn dem Pächter der **Jagdschein unanfechtbar entzogen** worden ist. Der Vertrag erlischt auch dann, wenn die Gültigkeitsdauer des Jagdscheins abgelaufen ist und entweder die zuständige Behörde die Erteilung eines neuen Jagdscheins **unanfechtbar abgelehnt** hat oder der Pächter die Voraussetzungen für die Erteilung eines neuen Jagdscheins nicht fristgemäß erfüllt. Das Nichtlösen eines Jagdscheins führt nur dann zum Erlöschen des Jagdpachtvertrages kraft Gesetzes, wenn der Pächter trotz einer Aufforderung durch die zuständige Behörde (untere Jagdbehörde) **unterlässt,** binnen einer ihm zu setzenden Frist die Erteilung eines neuen **Jagdscheins zu beantragen.**[384] Das OLG Düsseldorf hält eine solche Aufforderung durch die Behörde **nicht** für erforderlich. § 13 Satz 2 BJagdG habe ausdrücklich keine Nachfristsetzung geregelt. Soweit das Landesrecht hier keine Sonderregelung treffe[385], erlösche der Pachtvertrag bereits mit Verstreichenlassen der Antragsfrist.[386]

303 **c) Tod des Pächters.** Der Tod des Jagdpächters führt vorbehaltlich abweichender Regelungen im Landesrecht (§ 18 Abs. 1 BbgJagdG; *§ 14 Abs. 7* SächsJagdG) nicht zum

383 Mitzschke/Schäfer BJagdG § 11 Rn. 31; Staudinger/Sonnenschein BGB § 581 Rn. 62.
384 LG Landau MDR 1968, 496 (497); Staudinger/Sonnenschein BGB § 581 Rn. 62.
385 Wie etwa in Art 19 BayJG.
386 OLG Düsseldorf BeckRS 2014, 18384.

Erlöschen des Jagdpachtvertrages. Vielmehr gehen die Rechte und Pflichten des Erblassers aus diesem Vertrag auch dann auf die Erben über, wenn diese nicht jagdpachtfähig sind.[387] Die Ermittlung der Erben erfolgt nach den Regeln des Bürgerlichen Gesetzbuches, §§ 1922 ff. BGB. Befindet sich unter den Erben keine jagdpachtfähige Person, haben die Erben eine jagdpachtfähige Person zu benennen, die den nicht jagdpachtfähigen Erben vertritt.[388] Entsprechende Regelungen finden sich in den Landesjagdgesetzen der Bundesländer zB § 16 Abs. 1 LJG NRW, in dem geregelt ist, dass im Falle des Todes des Pächters die Erben der unteren Jagdbehörde die jagdausübungsberechtigten Erben unter Beachtung der Vorschrift des § 11 Abs. 1 BJagdG zu benennen haben. Ist keiner der Erben jagdpachtfähig, § 5 Abs. 5 BJagdG, so haben die Erben der unteren Jagdbehörde eine oder mehrere jagdpachtfähige Personen als Jagdausübungsberechtigte zu benennen, § 16 Abs. 1 S. 2 LJG NRW. Die untere Jagdbehörde kann den Erben eine angemessene Frist zur Benennung der Jagdausübungsberechtigten setzen, § 16 Abs. 2 S. 1 LJG NRW. Kommen die Erben der Aufforderung innerhalb der Frist nicht nach, so kann die untere Jagdbehörde die zur Ausübung und zum Schutze der Jagd erforderlichen Anordnungen auf Kosten der Erben treffen, § 16 Abs. 2 S. 2 LJG NRW.

Benennen nach dem Tode des Jagdpächters dessen Erben der Jagdbehörde eine Person, die in dem gepachteten Jagdbezirk die Jagd ausüben soll, endet deren Jagdausübungsrecht mit dem Ausscheiden der Erben aus dem Jagdpachtvertrag. Dies gilt auch dann, wenn nach niedersächsischem Landesrecht der Vertrag am Ende des ersten nach dem Tode des Pächters beginnenden Jagdjahres erlischt, weil die Erben in diesem Zeitpunkt einen Jahresjagdschein nicht beantragt haben oder sonstige Voraussetzungen dafür nicht erfüllen.[389] 304

Die Erben können den Jagdpachtvertrag gemäß § 580 BGB innerhalb einer Frist von einem Monat, nachdem sie vom Tod des Jagdpächters Kenntnis genommen haben, kündigen; die Kündigungsfrist ergibt sich aus § 584 BGB. Im Jagdpachtvertrag können für den Fall des Todes des Pächters anderweitige Regelungen getroffen werden, namentlich dass das Jagdpachtverhältnis nach dem Tode des Pächters nicht mit dessen Erben oder Dritten fortgesetzt werden soll. 305

Gemäß § 584a Abs. 2 BGB steht dem Verpächter im Falle des Todes des Jagdpächters ein Recht zu Kündigung des Jagdpachtvertrages nicht zu. 306

Besondere Probleme bestehen im Falle des **Todes eines Mitpächters.** Die landesrechtlichen Vorschriften zur Benennung einer jagdpachtfähigen Person als Jagdausübungsberechtigten durch die jagdpachtunfähigen Erben sind ausschließlich öffentlich-rechtlicher Natur und haben daher auf die privatrechtlichen Beziehungen der mehreren Mitpächter untereinander und auf deren privatrechtliches Verhältnis zum Verpächter unmittelbar keinen Einfluss.[390] Bei einer Mehrheit von Jagdpächtern ist unter ihnen regelmäßig von einer Gesellschaft Bürgerlichen Rechts auszugehen. Die jagdpachtunfähigen Erben eines Mitpächters bedürfen für die Jagdausübung durch einen jagdpachtfähigen Dritten der Zustimmung der Mitpächter, die diese Zustimmung nur aus wichtigem Grund versagen können. Ferner ist für die Jagdausübung durch einen Dritten als Vertreter der Erben die Zustimmung des Verpächters erforderlich. 307

Abweichende Regelungen im Jagdpachtvertrag sind zulässig und empfehlenswert. Die Jagdpacht ist ein durch besonderes Vertrauen gekennzeichnetes Vertragsverhältnis. Insbesondere der Verpächter wird darauf achten, einen verantwortungsvollen Pächter zu finden. Ohne entsprechende vertragliche Regelung kann es zur Vertragsfortsetzung mit jemandem kommen, an den er nie verpachten würde.

d) Kündigung des Jagdpachtvertrages. *aa) Kündigung des Verpächters aus wichtigem Grund.* Der Pächter ist gemäß § 581 Abs. 2 BGB in Verbindung mit § 535 Abs. 2 BGB 308

---

387 OLG Düsseldorf MDR 1970, 140; Staudinger/Sonnenschein BGB § 581 Rn. 62; Düsing/Martinez/Gies BJagdG § 11 Rn. 91.

388 Dietlein S. 124 (Stichwort: Tod des Pächters).

389 BGH NJW-RR 1987, 839.

390 OLG Düsseldorf MDR 1970, 140.

zur Zahlung der Pacht verpflichtet. Der Sache nach handelt es sich um eine Hauptpflicht des Pächters. Im Jagdpachtvertrag findet sich regelmäßig eine besondere Vereinbarung über die Fälligkeit der Pacht. Kommt der Pächter seiner Zahlungspflicht nicht nach, ist der Verpächter unter den näheren Voraussetzungen des § 543 BGB zur fristlosen Kündigung berechtigt.[391]

309 Der Pächter ist ferner zur angemessenen **Wildhege, Jagdaufsicht, waidgerechten Jagdausübung und Erfüllung des Abschussplans** verpflichtet. Neben administrativen Maßnahmen kann der Verpächter den Pächter zur vertragsgemäßen Ausübung der Jagd anhalten. Kommt der Pächter seinen Verpflichtungen dauernd nicht nach, ist eine Kündigung des Jagdpachtvertrages aus wichtigem Grund nach erfolgloser Abmahnung zulässig, §§ 581 Abs. 2, 543 BGB.[392]

310 Der Pächter hat zudem umfassenden **Jagdschutz** zu gewährleisten. Der Jagdschutz erstreckt sich nach näherer Bestimmung durch die Bundesländer auf den Schutz des Wildes insbesondere vor Wilderern, Futternot, Wildseuchen, vor wildernden Hunden und Katzen sowie die Sorge für die Einhaltung der zum Schutz des Wildes und der Jagd erlassenen Vorschriften, § 23 BJagdG. Im Falle einer Verletzung seiner insoweit bestehenden Verpflichtungen sind administrative Maßnahmen denkbar; daneben ist aber bei anhaltendem Pflichtenverstoß im Rahmen des Jagdschutzes auch eine Kündigung des Pachtvertrages durch den Verpächter aus wichtigem Grund möglich. Eine vorherige Abmahnung ist regelmäßig zu fordern.[393]

311 *bb) Kündigung des Pächters wegen Unzumutbarkeit einer Fortsetzung des Pachtverhältnisses.* Nach dem Inhalt des Jagdpachtvertrages hat der Verpächter dem Jagdpächter eine ungehinderte und ungestörte Ausübung der Jagd innerhalb der vereinbarten räumlichen und zeitlichen Grenzen zu gewährleisten. Er haftet auch für seine Bediensteten nach § 278 BGB, sofern diese den Jagdpächter bei der Ausübung der Jagd stören.[394] Den Pachtvertrag kann der Pächter aus wichtigem Grund kündigen, wenn ihm die Möglichkeit zur Jagd nicht gewährt oder aber wieder entzogen wird, §§ 581 Abs. 2, 543 Abs. 2 Nr. 1 BGB. Insbesondere nicht vorhersehbare nach Vertragsschluss eintretende Veränderungen berechtigen den Pächter zur Kündigung aus wichtigem Grund, wenn sein Jagdausübungsrecht praktisch zum Erliegen gekommen ist. Zu denken ist an den extensiven Bau öffentlicher Straßen oder gar Bundesautobahnen durch den Jagdbezirk, Rohrverlegungsarbeiten im Wald, umfangreiche Jugendzeltlager, Errichtung und Betrieb eines Schießstandes, umfangreiche militärische Übungen mit Kettenfahrzeugen und ferner Bebauung größerer Flächen mit Wochenendhäusern.[395] Derartige Veränderungen können im Einzelfall die Ausübung der Jagd zum Erliegen bringen und ein Festhalten am Pachtvertrag unzumutbar werden lassen. Eine vorherige Abmahnung ist vor dem Hintergrund des § 543 Abs. 3 Nr. 1 BGB entbehrlich, weil der Verpächter in diesen Fällen eine Veränderung regelmäßig nicht rückgängig machen kann und daher die Abmahnung offensichtlich keinen Erfolg verspricht.

312 **e) Beseitigung von jagdlichen Einrichtungen.** Der Jagdpächter ist verpflichtet, zum Ende der Pachtzeit die jagdlichen Einrichtungen zu entfernen, die er im Laufe der Pachtzeit errichtet hat. Die Errichtung von **Hochsitzen** und **Jagdhütten** basiert auf Vereinbarungen des Pächters mit dem Verpächter und den Grundstückseigentümern, auf dessen Grund und Boden die jagdliche Einrichtung geschaffen worden ist. Die Gestattung bezieht sich grundsätzlich nur auf die Errichtung und Benutzung **während der Pachtzeit**, nicht darüber hinaus. Demgemäß ist der Pächter am Ende der Pachtzeit verpflichtet, die jagdliche Einrichtung zu entfernen, §§ 581 Abs. 2, 546 BGB. Aufbauten und sonstige bauliche Maßnahmen, mit denen der Jagdpächter das Revier versehen hat,

---

[391] Düsing/Martinez/Gies BJagdG § 11 Rn. 82.
[392] Düsing/Martinez/Gies BJagdG § 11 Rn. 84/85.
[393] Düsing/Martinez/Gies BJagdG § 11 Rn. 86.
[394] Mitzschke/Schäfer BJagdG § 11 Rn. 55.
[395] Vgl. die Beispiele bei Mitzschke/Schäfer BJagdG § 11 Rn. 60.

sind zu entfernen, auch wenn sie mit Zustimmung des Verpächters und Grundstückseigentümers errichtet worden sind.[396]

Möglicherweise sind die Interessen des ausscheidenden Jagdpächters darauf gerichtet, Jagdhütte und Hochsitze nicht abzubauen und zu beseitigen, sondern an den Nachpächter zu veräußern. Insoweit sind zwischen Vor- und Nachpächter freie Vereinbarungen denkbar. In § 16 Abs. 2 Hess. AGBJG ist geregelt, dass der Jagdnachfolger vom Pachtvorgänger die Überlassung der von ihm auf fremden Grund und Boden errichteten Anlagen gegen angemessene Entschädigung verlangen kann. Entsprechendes gilt für Anlagen, die der Pächter seinerseits von seinem Vorpächter übernommen hat.[397] Soweit keine gesetzlichen Vorgaben vorhanden sind, ist ein klagbarer Anspruch nicht gegeben; angesichts der Interessenlage bietet sich allerdings eine derartige Vereinbarung aus sachlichen Gründen an. Zu beachten ist allerdings, dass wegen §§ 581 Abs. 2, 548 Abs. 2 BGB die Ansprüche des Vorpächters auf Ersatz von Aufwendungen oder auf Gestattung der Wegnahme in sechs Monaten nach Beendigung des Jagdpachtverhältnisses verjähren, so dass für vertragliche Vereinbarungen des Vorpächters mit seinem Nachfolger lediglich ein halbes Jahr zur Verfügung steht. 313

III. Fischereipacht

1. Gesetzliche Grundlagen und Inhalt des Fischereipachtvertrages

Für die Hochsee- und Küstenfischerei steht dem Bund nach Art. 74 Abs. 1 Nr. 17 GG die konkurrierende Gesetzgebungskompetenz zu. Für die Binnenfischerei kommt dem Bund keine Gesetzgebungskompetenz zu, so dass die einzelnen Bundesländer berufen sind, eigene Regelungen zu treffen.[398] Von dieser Befugnis haben die Bundesländer Gebrauch gemacht; demgemäß finden sich in den Landesfischereigesetzen Vorschriften zur Fischereipacht: 314

Baden-Württemberg §§ 17 ff. FischereiG vom 14.11.1979 (GBl. 466), zuletzt geändert durch Artikel 1 des Gesetzes vom 15. Oktober 2024 (GBl. 2024 Nr. 85); Landesfischereiverordnung vom 3.4.1998 (GBl. 252), zuletzt geändert durch Verordnung vom 24.10.2023 (GBl. 411); Kormoranverordnung vom 20.7.2010 (GBl. 213). **Bayern** Art. 31–36, 62 und 63 FischereiG vom 15.8.1908 (GVBl. 527) in der Fassung der Bekanntgabe vom 10.10.2008 (GVBl. 840), zuletzt geändert durch § 11 des Gesetzes vom 23. Dezember 2024 (GVBl. S. 619); Verordnung zur Ausführung des Bayerischen Fischereigesetzes in der Fassung der Bekanntgabe vom 10.5.2004 (GVBl. 177), zuletzt geändert durch § 12 des Gesetzes vom 23. Dezember 2024 (GVBl. S. 619); Bodenseefischereiverordnung vom 1.12.1995 (GVBl. 825), geändert durch die Verordnung vom 5.10.2023 (GVBl. 596). Graureiher: Verordnung zur Ausführung des Bayerischen Jagdgesetztes vom 1.3.1983 (GVBl. 677), zuletzt geändert durch § 1 Abs. 93 VO vom 4. Juni 2024 (GVBl 98), gestattet die Jagd auf Graureiher unter weiteren Voraussetzungen in der Zeit vom 16.9. bis 31.10. eines jeden Jahres. Bayerische Frischgewässerqualitätsverordnung vom 30.4.1997 (GVBl. 101). **Berlin** §§ 11 ff. LFischG vom 19.6.1995 (GVBl. 358 zuletzt geändert durch Artikel 28 des Gesetzes vom 2.2.2018 (GVBl. S. 160); Landesfischereischeingesetz vom 21.4.1995 (GVBl. 269) in der Fassung vom 15.9.2000 (GVBl. 464), zuletzt geändert durch Artikel 6 des Gesetzes vom 27.9.2021 (GVBl. S. 1117); Landesfischereiordnung vom 12.12.2001 (GVBl. 700), zuletzt geändert durch Verordnung vom 25.9.2012 (GVBl. S. 343); Verordnung über die Durchführung des Landesfischereischeingesetzes vom 25.9.1997 (GVBl. 491), zuletzt geändert durch Artikel 45 der Verordnung vom 1.9.2020 (GVBl. S. 683). **Brandenburg** §§ 11, 12 FischereiG vom 13.5.1993 (GVBl. I 178), zuletzt geändert durch Artikel 31 des Ge-

[396] BGH NJW 1981, 2564; Mitzschke/Schäfer BJagdG Anh. zu § 18 Rn. 17; Grüneberg/Weidenkaff BGB § 546 Rn. 6.

[397] Mitzschke/Schäfer BJagdG Anh. zu § 18 Rn. 17.

[398] Lorz/Metzger JagdR/Stöckel/Metzger BJagdG 2 A Einl. Rn. 18.

setzes vom 5. März 2024 (GVBl.I/24, [Nr. 9], S. 15); Fischereiordnung des Landes Brandenburg vom 14.11.1997 (GVBl. II 867), zuletzt geändert durch Artikel 81 des Gesetzes vom 5. März 2024 (GVBl. I 33); Verordnung über die Fischereibeiräte vom 14.7.1994 (GVBl. II 666), zuletzt geändert durch Artikel 124 des Gesetzes vom 5. März 2024 (GVBi I, 178); Fischereibuchverordnung vom 23.9.1996 (GVBl. II 755); Verordnung über die Mustersatzung für Fischereigenossenschaften vom 26.5.1997 (GVBl. II 428); Fischereiqualitätsverordnung vom 28.5.1997 (GVBl. II 457). **Bremen** BremFiG vom 26.9.1991 (GBl. 309), in der Fassung vom 1.1.2023, zuletzt geändert durch Gesetz vom 11. Dezember 2024 (Brem.GBl. S. 1117); Bremische Binnenfischereiverordnung vom 30.9.2011; Bremische Fischereiprüfungsordnung vom 16.1.1992 (GBl. 15); Verordnungen über Schongebiete vom 19.2.1992 (GBl. 49) und vom 15.3.2001 (GBl. 70); Verordnung über die Qualität von schutz- oder verbesserungsbedürftigem Süßwasser zur Erhaltung des Lebens der Fische vom 23.4.1997 (GBl. 159). **Hamburg** Hamburgisches Fischerei- und Angelgesetz vom 28.5.2019; Verordnung zur Durchführung des Hamburgischen Fischereigesetzes vom 4.6.2019 (GVBl. 169), zuletzt geändert durch Verordnung vom 1.2.2022 (GVBl. 88). **Hessen** § 12 FischereiG vom 17.11.2022 (GVBl. I 576); Hessische Fischereiverordnung vom 14.4.2023 (GVBl. I 317); Verordnung über die Fischereiaufsicht vom 18.4.1996 (GVBl. I 173);. **Mecklenburg-Vorpommern** FischereiG vom 13.4.2005 (GVOBl. 153), zuletzt geändert durch Gesetz vom 7. August 2024 (GVOBl. M-V S. 518); Fischereischeinprüfungsverordnung vom 11.8.2005 (GVOBl. 416); Fischereischeinverordnung vom 11.8.2005 (GVOBl. 419), zuletzt geändert durch Verordnung vom 15. April 2020 (GVOBl. 202); Binnenfischereiverordnung vom 15.8.2005 (GVOBl. 423), geändert durch Verordnung vom 27. Januar 2011 (GVOBl. 59). **Niedersachsen** §§ 11, 12, 21, 22, 24 Abs. 2 und 25. Abs. 3 FischereiG vom 1.2.1978 (GVBl. 81), zuletzt geändert durch Artikel 8 des Gesetzes vom 22. September 2022 (GVBl. S. 593); Binnenfischereiordnung vom 6.7.1989 (GVBl. 289), zuletzt geändert durch Artikel 5 der Verordnung vom 22. Dezember 2005 (Nds. GVBl. S. 475); Ausführungsbestimmung zum niedersächsischen Fischereigesetz, Runderlass des Ministeriums für Landwirtschaft vom 1.3.1978 (MBl. 400), geändert durch Runderlass vom 21.12.2004 (MBl. 886). **Nordrhein-Westfalen** §§ 12 ff. LfischG vom 22.6.1994 (GV.NRW 516), zuletzt geändert durch Artikel 38 des Gesetzes vom 1. Februar 2022 (GV. NRW. S. 122); Landesfischereiverordnung vom 9.3.2010 (GV 172), zuletzt geändert durch Artikel 39 des Gesetzes vom 1. Februar 2022 (GV. NRW. S. 122); Fischereiprüfungsordnung vom 19.2.1973 (GVBl. 160), zuletzt geändert durch Gesetz vom 11.12.2007 (GV 662). **Rheinland-Pfalz** §§ 14 ff., 33, 41, 62 und 65 LFischereiG vom 9.12.1974 (GVBl. 601), zuletzt geändert durch § 127 des Gesetzes vom 14.7.2015 (GVBl. 127); Landesfischereiordnung vom 14.10.1985 (GVBl. 241), zuletzt geändert durch Artikel 2 der Verordnung vom 23.7.2024 (GVBl. S. 327); Landesverordnung über die Fischerei in Grenzgewässern Mosel, Sauer und Our vom 18.11.1986 (GVBl. 359), zuletzt geändert durch Artikel 3 der Verordnung vom 3.5.2021 (GVBl. S. 277, 280). **Saarland** Saarländisches Fischereigesetz in der Fassung vom 16.7.1999 (ABl. 1282), zuletzt geändert durch Artikel 166 des Gesetzes vom 8. Dezember 2021 (Amtsbl. I S. 2629); Landesfischereiordnung vom 20.2.2020; Verordnung über die Fischerei in Grenzgewässern Mosel, Sauer, Our vom 11.2.1987 (ABl. 147), geändert durch VO vom 11.5.2020, ABl. 384). **Sachsen** FischereiG vom 9.7.2007 (GVBl. 310), zuletzt geändert durch Gesetz vom 29. April 2012 (GVBl. S. 254)); Sächsische Fischereiverordnung vom 22. April 2022 (SächsGVBl. S. 318). **Sachsen-Anhalt** §§ 20 ff. FischereiG vom 31.8.1993 (GVBl. 464), zuletzt geändert durch Artikel 27 des Gesetzes vom 7. Juli 2020 (GVBl. 372, 375); Verordnung zur Durchführung des Fischereigesetzes vom 11.1.1994 (GVBl. 8), zuletzt geändert durch Verordnung vom 27. August 2020 (GVBl. 427); Fischereiordnung des Landes Sachsen-Anhalt vom 11.1.1994 (GVBl. 16) zuletzt geändert durch § 2 der Verordnung vom 6. März 2013 (GVBl. 110); Fischereiprüfungsordnung vom 21.6.2006 (GVBl. 368). **Schleswig-Holstein** §§ 11 ff. LFischereiG vom 10.2.1996 (GVOBl. 211), zuletzt geändert durch Gesetz vom m 26.10.2011 (GVOBl. 295); Landesverordnung zur Durchführung des Landesfischereigesetzes vom 1.6.2018 (GVOBl. 354); Binnenfischereiverordnung vom 29.6.2016 (GVBOBl. 557); LandesVO zur Abwendung von Schäden durch Kormorane vom 4.7.2019 (GVOBl. 217). **Thüringen** Thüringer Fischereigesetz vom 22.10.1992 in der Fassung vom 18.9.2008 (GVBl. 315), zuletzt geändert durch Artikel 52 des Gesetzes vom 18.12.2018 (GVBl. S. 731, 768); Ausführungsverordnung zum Thüringer Fischereigesetz vom 11.8.2020 (GVBl. 2020, 457), zuletzt geändert durch Artikel 55 des Gesetzes vom 2. Juli 2024 (GVBl. S. 277, 292) Fischereiaufsichtsverordnung vom 10.1.1995 (GVBl. 69); Thüringer FischerprüfungsVO vom 12.7.1993 (GVBl. 427).

Pachtgegenstand ist das Fischereirecht selbst, nicht das Gewässer.[399] Der Sache nach handelt es sich um eine **Rechtspacht.**[400] Das Fischereirecht gibt die Befugnis, in einem Gewässer Fische im Sinne der Landesfischereigesetze zu hegen, zu fangen und sich anzueignen und umfasst die Verpflichtung, einen der Beschaffenheit des Gewässers entsprechenden Fischbestand – soweit erforderlich – durch künstlichen Besatz zu erhalten und zu heben.[401] Dieses Recht kann zur Ausübung überlassen werden, wobei nicht ein Teil dieses Rechtes zur Ausübung überlassen wird, vielmehr eine Verpachtung im vollen Umfang. Von dem Fischereipachtvertrag zu unterscheiden ist die in den Landesfischereigesetzen geregelte Fischereierlaubnis, die auf den Fischfang, bestimmte Fischarten oder eine bestimmte Gewässerstrecke beschränkt werden kann.[402] Beispiel § 3 Abs. 1 LFischereiG NRW: Das Fischereirecht gibt die Befugnis, in einem Gewässer Fische, Neunaugen, zehnfüßige Krebse und Muscheln (Fische) zu hegen, zu fangen und sich anzueignen. 315

2. Beteiligte des Fischereipachtvertrages

a) **Verpächter.** Verpächter ist der **Fischereiberechtigte,** dem das **Fischereiausübungsrecht** zusteht. Das Fischereirecht steht generell dem Eigentümer des Gewässers zu.[403] Dieses Fischereiausübungsrecht kann auf Grund eines Rechtsgeschäfts an einen Dritten verpachtet werden. 316

Bei einer **Veräußerung** des Gewässergrundstücks geht das Fischereirecht auf den Erwerber über mit der Folge, dass der einmal abgeschlossene Fischereipachtvertrag von der Eigentumsübertragung unberührt bleibt. Wird demgegenüber allein das Fischereirecht veräußert, kann die Vorschrift des § 566 BGB nur dann angewendet werden, wenn dies in den Landesfischereigesetzen vorgesehen ist, wie zB Art. 8 BayFischereiG, § 11 Abs. 4 BerlFischereiG,[404], § 18 Abs. 4 BaWüFischereiG, § 12 NdsFischereiG, § 14 Abs. 3 LFischereiG NRW. Entsprechend ist zu verfahren, wenn das Grundstück, mit dem das Fischereirecht verbunden ist, veräußert wird.[405] Der Käufer eines selbständigen Fischereirechts kann in das Grundbuch eingetragen werden, ohne dass er die Nichtausübung oder das Nichtbestehen eines Vorkaufrechts der Gemeinde nach § 24 BauGB nachweisen muss.[406] 317

Einzelne Landesfischereigesetze sehen die Bildung von **Fischereigenossenschaften** vor. Die Fischereiberechtigten, deren Fischereirechte zu einem gemeinschaftlichen Fischereibezirk gehören, bilden eine Fischereigenossenschaft, so § 22 Abs. 1 LFischereiG NRW. Im Gebiet einer Gemeinde bilden alle Fischereirechte an fließenden Gewässern einen gemeinschaftlichen Fischereibezirk, § 21 Abs. 1 LFischereiG NRW. Mitglieder der Genossenschaft sind die Inhaber der Fischereirechte. Die Genossenschaft regelt ihre 318

[399] Grüneberg/Weidenkaff BGB vor § 581 Rn. 18; Erman/Jendrek BGB Vor § 581 Rn. 27.
[400] OVG Magdeburg BeckRS 2015,4491; BeckOGK/Schlinker BGB § 581 Rn. 183 mwN; Staudinger/Sonnenschein/Veit BGB § 581 Rn. 65; Soergel/Heintzmann BGB § 581 Rn. 5.
[401] Erman/Jendrek BGB Vor § 581 Rn. 27.
[402] Staudinger/Sonnenschein/Veit BGB § 581 Rn. 66; Lorz/Metzger JagdR/Stöckel/Metzger BJagdG 2 A Einl. 39.
[403] Lorz/Metzger JagdR/Stöckel/Metzger BJagdG 2 A Einl. Rn. 26.
[404] Auch in der aktuellen Gesetzesversion wird noch auf § 571 BGB aF verwiesen.
[405] Staudinger/Sonnenschein/Veit BGB § 581 Rn. 68.
[406] OLG Nürnberg FGPrax 2015, 119.

Angelegenheiten in Form einer Satzung. Eine derartige **Genossenschaft** kann die Ausübung des Fischereirechts an Dritte im Wege einer Verpachtung überlassen. Die Vorschriften über die Bildung gemeinschaftlicher Fischereibezirke und Fischereigenossenschaften sowie die Wahrnehmung der Fischereirechte durch diese (§§ 21 Abs. 1, 22 Abs. 1 NRW – FischereiG) bestimmen Inhalt und Schranken des Eigentums der Fischereiberechtigten iSd Art. 14 Abs. 1 S. 2 GG und sind verfassungsrechtlich nicht zu beanstanden.[407]

319 b) **Pächter.** Bei dem Pächter kann es sich um eine natürliche oder juristische Person handeln, der das Fischereiausübungsrecht überlassen worden ist. In der überwiegenden Anzahl der Bundesländer bedarf es zur Ausübung der Fischerei und damit auch zur Anpachtung eines Fischereirechts des Besitzes eines gültigen **Fischereischeins,** zB Art. 31 Abs. 2 BayFischereiG, § 12 Abs. 3 SchlHFischereiG, § 31 LFischereiG NRW.[408] Demgegenüber ist in Niedersachsen der Fischereischein nicht Voraussetzung für einen ordnungsgemäßen Fischfang.[409] In Bremen können erwachsene Bürger das Stockangeln frei ausüben, § 9 FischG; soweit in Hamburg die Ausübung des Fischereirechts an öffentlichen Gewässern nicht verpachtet ist, ist der Fischfang für jedermann frei, § 2 Abs. 5 S. 1 Hamburgisches Fischereigesetz.

320 c) **Mehrere Pächter.** Mehrere Pächter bilden im Innenverhältnis untereinander eine Gesellschaft Bürgerlichen Rechts iSd § 705 BGB.[410] Im Außenverhältnis können sie Rechtshandlungen nur **gemeinschaftlich** vornehmen. Rechtsgestaltende Erklärungen müssen allen Mitpächtern gegenüber abgegeben werden.

321 Im Falle des Todes eines der Mitpächter wird, falls im Pachtvertrag nichts anderes vereinbart ist, die Gesellschaft aufgelöst, § 727 Abs. 1 BGB.[411] Dringend anzuraten ist daher, für den Fall des Todes auf Mitpächterseite Regelungen im Pachtvertrag vorzusehen, die eine Fortsetzung der Gesellschaft mit dem oder den Erben vorsehen, falls auf Erbenseite die persönlichen Voraussetzungen in Form eines Fischereischeins – wenn landesrechtlich erforderlich – gegeben sind. In jedem Fall sollte die Fortsetzung der Gesellschaft mit den verbleibenden Gesellschaftern vereinbart werden.

3. Form des Fischereipachtvertrages, Dauer und Anzeigepflicht

322 Für den Fischereipachtvertrag ist zum Teil die **Schriftform** und eine **staatliche Genehmigung,** zumindest ein Beanstandungsrecht vorgeschrieben, Art. 33 BayFischereiG, § 12 Abs. 1 S. 1, Abs. 4, 5 SchlHFischereiG, §§ 18 Abs. 1 S. 3, 19 Abs. 2 BaWüFischereiG, §§ 11 Abs. 2 S. 1, 21 NdsFischereiG, §§ 14, Abs. 1 S. 1, 15 LFischereiG NRW, §§ 16 Abs. 1 S. 1, 17 Abs. 2 RhPfFischereiG, § 12 Abs. 1 S. 1 SaarlFischereiG.[412] Das Genehmigungserfordernis oder zumindest das behördliche Recht auf **Beanstandung** wird damit begründet, dass durch die staatliche Aufsicht eine angemessen großräumige Fischereiwirtschaft und eine ordnungsgemäße Freizeitfischerei gefördert werden soll.[413] Bis zur Genehmigung ist der Pachtvertrag nach allgemeinen Regeln **schwebend unwirksam;** mit der Genehmigung wird er **wirksam;** mit einer endgültigen Versagung der Genehmigung wird der Pachtvertrag **nichtig.**[414]

323 Dem Genehmigungserfordernis entspricht die Verpflichtung des Verpächters, den Abschluss oder die Änderung eines Fischereipachtvertrages der Fischereibehörde inner-

[407] BVerfG NJW 1986, 575.
[408] Staudinger/Sonnenschein/Veit BGB § 581 Rn. 67.
[409] Lorz/Metzger JagdR/Stöckel/Metzger BJagdG 2 A Einf. Rn. 20.
[410] Lorz/Metzger JagdR/Stöckel/Metzger BJagdG 2 A Einf. Rn. 37.
[411] Vgl. BGH NJW 1982, 170 (171).
[412] Staudinger/Sonnenschein/Veit BGB § 581 Rn. 69; Grüneberg/Weidenkaff BGB Einf. vor § 581 Rn. 18; Lorz/Metzger JagdR/Stöckel/Metzger 2 A. Einl. Rn. 34.
[413] Lorz/Metzger JagdR/Stöckel/Metzger BJagdG 2 A Einl. Rn. 34.
[414] Grüneberg/Ellenberger BGB Vor § 104 Rn. 31; Lorz/Metzger JagdR/Stöckel/Metzger BJagdG 2 A Einl. Rn. 34.

halb bestimmter Fristen anzuzeigen, zB § 15 Abs. 2 LFischereiG NRW: 1 Monat nach Abschluss oder Änderung des Pachtvertrages.

In dem meisten Landesfischereigesetzen wird eine **Mindestdauer der Pachtzeit** vorgeschrieben, 12 Jahre in Baden-Württemberg, Hessen, Nordrhein-Westfalen, Sachsen, 324
Sachsen-Anhalt oder Schleswig-Holstein, 10 Jahre Bayern.[415] Zwecks Vermeidung unbilliger Härten kann die Fischereibehörde Ausnahmen zulassen, zB § 14 Abs. 1 S. 2 LFischereiG NRW. Soweit Ausnahmen genehmigt werden können, ist der Pachtvertrag zunächst schwebend unwirksam; ist die Ausnahmeregelung erteilt, wird der Vertrag in vollem Umfang wirksam; ansonsten wird er endgültig nichtig.[416] Die Nichtigkeit des Pachtvertrages als Folge eines Verstoßes gegen das Schriftformerfordernis oder die Mindestdauer der Pachtzeit wird damit begründet, dass die Ziele der Fischereigesetzgebung gefährdet sind, wenn sich Privatpersonen nicht an richtungssetzende Normen des Fischereirechtes halten. Die Aufgabe des Fischereirechts besteht darin, den Schutz eines Teils der natürlichen Lebensgrundlagen optimal im Interesse der Einzelnen wie auch der Allgemeinheit zu ordnen. Gegenstand des Fischereirechts ist nicht nur die wirtschaftliche Nutzung der Wirtschaftsfische, sondern auch die Erhaltung eines artenreichen und gesunden Bestandes an Fischen, der den landschaftlichen und landeskulturellen Verhältnissen angepasst ist. Darüber hinaus ist Gegenstand des Fischereirechts eine Pflege und Erhaltung der natürlichen Lebensgrundlagen heimischer Fischarten.[417]

4. Inhalt des Fischereipachtvertrages

a) Hauptpflichten des Verpächters. Durch den Pachtvertrag wird der Verpächter 325
verpflichtet, dem Pächter den Gebrauch des verpachteten Gegenstandes und den Genuss der Früchte, soweit sie nach den Regeln einer ordnungsgemäßen Wirtschaft als Ertrag anzusehen sind, während der Pachtzeit zu gewähren, § 581 Abs. 1 S. 1 BGB. Bezogen auf die Fischereipacht bedeutet dies, dass der Verpächter dafür zu sorgen hat, dass dem **Fischereipächter ungehinderte und störungsfreie Hege, Fang- und Aneignungsrechte zu verschaffen** sind. Der Pächter hat insoweit einen einklagbaren Erfüllungsanspruch auf Grund des Fischereipachtvertrages. Der Verpächter hat auch darauf zu achten, dass dem Pächter der ungehinderte und ungestörte **Zugang** zu dem Gewässer ermöglicht wird.

Kommt der Verpächter diesen vertraglichen Verpflichtungen nicht nach, hat der 326
Pächter neben dem Erfüllungsanspruch einen Schadensersatzanspruch unter den näheren Voraussetzungen der §§ 280, 281 oder 286 BGB.

b) Schadensersatzansprüche gegen Dritte. Wird der Pachtgebrauch durch Dritte 327
gestört und wird dadurch der **Ertrag aus der Fischereipacht wesentlich beeinträchtigt**, hat der Pächter gegen den Dritten einen eigenen **Abwehranspruch**, der auf § 1004 BGB basiert. Zu den absoluten Rechten im Sinne der vorbezeichneten Vorschrift gehört auch das **Fischereirecht.**[418] Neben den Abwehranspruch gegen den Dritten tritt ein **Schadensersatzanspruch** aus § 823 Abs. 1 BGB, da das Aneignungsrecht auf Grund der Fischereipacht als „sonstiges Recht" aufzufassen ist.[419] Bei Fischsterben durch menschlich verursachte Gewässerverunreinigungen besteht ein Schadensersatzanspruch aus **Gefährdungshaftung** nach § 22 WHG.[420] Ein Fischereipächter kann Träger von Schadensersatzansprüchen sein, die daraus resultieren, dass in das Fischwasser dem Fischbestand schädliche Abwässer eingeleitet werden. Dies folgt daraus, dass ihm als Fischereiausübungsberechtigten die ausschließliche Befugnis zusteht, in dem Pachtgewässer Fische zu hegen und sich anzueignen. Dieses Aneignungsrecht schließt nach **§ 958 Abs. 2 BGB** aus, dass ein anderer unter Verletzung dieses Aneignungsrechtes Eigentum an fischbaren

415 Lorz/Metzger JagdR/Stöckel/Metzger BJagdG 2 A Einl. Rn. 35.
416 Staudinger/Sonnenschein/Veit BGB § 581 Rn. 71.
417 Lorz/Metzger JagdR/Stöckel/Metzger BJagdG 2 A Einl. Rn. 10; MAH AgrarR/Hentschke § 14 Rn. 66.
418 Grüneberg/Herrler BGB § 1004 Rn. 4.
419 Grüneberg/Sprau BGB § 823 Rn. 16.
420 Lorz/Metzger JagdR/Stöckel/Metzger BJagdG 2 A Einl. Rn. 24.

Fischen erwirbt. Basierend auf diesen Erwägungen folgt daraus, dass das Aneignungsrecht des Jagdberechtigten, selbst wenn er keinen Besitz an dem Jagdgrundstück und an den im Revier lebenden jagdbaren Tieren hat, als ein selbständiges Recht iSd § 823 Abs. 1 BGB zu bewerten ist. Für einen Fischereipächter gilt das Gleiche.[421]

328 Im Falle eines Fischsterbens auf Grund einer Handlung Dritter ist der **Schadensersatz nach den Grundsätzen des § 287 ZPO** zu ermitteln. Steht fest, dass ein Schaden in einem der Höhe nach nicht bestimmbaren, aber mit erheblichem Ausmaß entstanden ist, wird regelmäßig eine Grundlage für die Ermittlung eines Mindestschadens gegeben sein. Ist die Entstehung eines höheren Schadens in gewissem Umfang wahrscheinlich, muss auch dieser Umstand bei der Bemessung des Schadensersatzes Berücksichtigung finden. Entscheidend ist, dass gewisse **Anknüpfungstatsachen für eine Schadensschätzung** gegeben sind. Dabei ist u. a. die Größe der Pachtfläche von Bedeutung, der bisherige Jahresertrag nach kg/ha, der Wert des Fanges in den vergangenen Jahren, auch die Menge der verendeten Fische, wobei nicht die Gesamtmenge berücksichtigt werden kann, lediglich ein zu schätzender Anteil, weil im Allgemeinen nicht alle in einem Gewässer vorhandenen Fische gefangen werden.[422] Eine Schadensschätzung ist nur dann unzulässig, wenn sie mangels greifbarer vom Geschädigten vorzutragender Anhaltspunkte völlig in der Luft hängen würde.[423]

329 c) **Hauptpflichten des Pächters.** Zu den Hauptpflichten des Pächters gehört namentlich die **Zahlung** der vereinbarten Pacht, § 581 Abs. 1 S. 2 BGB. Zu welchem Zeitpunkt die Pacht fällig ist, ergibt sich aus den zwischen den Parteien getroffenen Vereinbarungen. Sind solche Vereinbarungen nicht feststellbar, gilt die gesetzliche Regelung des § 587 Abs. 1 BGB oder § 579 Abs. 1 BGB in Verbindung mit § 581 Abs. 2 BGB. Daher ist für den Fall des Fehlens anderweitiger Regelungen die Pacht am Ende der Pachtzeit zu entrichten; ist sie nach Zeitabschnitten, Monaten, Vierteljahren oder Kalenderjahren bemessen, ist sie nach Ablauf der einzelnen Zeitabschnitte zu leisten.

330 Der Pächter ist zur **Hege des Fischbestandes** verpflichtet, zB § 3 Abs. 2 LFischereiG NRW. Er hat dabei die Grundsätze zu beachten, die durch Hegepläne der Fischereibehörden festgelegt worden sind. Durch Hegepläne soll der Fischbestand erhalten und eine ordnungsgemäße fischereiliche Nutzung sichergestellt werden. Ein Verstoß des Pächters gegen die Verpflichtung zur Hege ist als Ordnungswidrigkeit zu ahnden und bußgeldbewehrt, zB § 55 Abs. 1 Nr. 1 LFischereiG NRW.

331 d) **Aneignungsrecht des Pächters.** Unter Fischerei ist der **Fang der Fische** zu verstehen, die **Aneignung und die Hege der Fische.** Fangen ist das Unternehmen des Zugriffs auf ein Tier mit dem Zweck, dass es der Fänger lebend in seine Gewalt bekommt, also bereits das Auslegen der Angel, das Auswerfen des Netzes, das Ausbringen oder Aufstellen bzw. Stehenlassen von Fangvorrichtungen. Mit der Aneignungsbefugnis ist der Erwerb des Eigentums nach den Vorgaben des Bürgerlichen Rechts gemeint.[424] Der Eigentumserwerb vollzieht sich nach § 958 Abs. 1 BGB.

332 Im Rahmen einer Bewirtschaftung von Teichen, die keinen Fischwechsel gestatten, sind die Fische **nicht** herrenlos iSd § 958 Abs. 1 BGB; sie stehen im Eigentum des Gewässereigentümers, der sein Fischereirecht an Dritte verpachten kann. Fische in Teichen, die nur zeitweise vom durchfließenden Wasser abgeschnitten sind, sind nicht herrenlos, wenn sie ihre Freiheit durch die Trennung vom fließenden Gewässer nicht auf Dauer verloren haben.[425]

333 e) **Weiter- und Unterverpachtung.** Weiterverpachtung und Unterverpachtung sind grundsätzlich zulässig. Ausdrücklich findet sich eine Regelung in § 18 Abs. 1 S. 2 BaWüFischereiG; hierfür ist die Zustimmung des Hauptverpächters notwendig. Ent-

[421] Grüneberg/Sprau BGB § 823 Rn. 16 mwN.
[422] Lorz/Metzger JagdR/Stöckel/Metzger BJagdG 2 A Einl. Rn. 24 unter Hinweis auf BGH VersR 1969, 928 (929).
[423] BGH NJW 1987, 909 (910); Zöller/Greger ZPO § 287 Rn. 4 mwN.
[424] Lorz/Metzger JagdR/Stöckel/Metzger BJagdG 2 A Einl. Rn. 5.
[425] Lorz/Metzger JagdR/Stöckel/Metzger BJagdG 2 A Einl. Rn. 6.

sprechende Vorschriften finden sich in Art. 34 BayFischereiG und in § 10 Abs. 1 S. 2 SaarlFischereiG. Eine Unterverpachtung ist nach § 3 Abs. 1 S. 2 HbgFischereiG ausgeschlossen.[426] Soweit die Landesfischereigesetze keine besonderen Reglungen vorsehen, gelten die allgemeinen Grundsätze, so dass eine Weiter- oder Unterverpachtung **mit Zustimmung des Hauptverpächters** zulässig ist. Sinnvollerweise sollte der Fischereipachtvertrag zu dieser Problematik Vereinbarungen enthalten, die regeln, unter welchen näheren Voraussetzungen dem Pächter ein Anspruch auf Weiterverpachtung oder Unterverpachtung zustehen soll.

Sind in dem Pachtvertrag Bestimmungen zu dieser Thematik nicht enthalten, ist dem Pächter ein Anspruch auf Zustimmung des Verpächters zuzubilligen, wenn nach Abschluss des Pachtvertrages ein berechtigtes Interesse des Pächters an einer Weiterverpachtung oder Unterverpachtung entstanden ist[427]. Der Verpächter braucht aber nicht zuzustimmen, wenn in der Person des Dritten ein wichtiger Grund vorliegt oder die Weiterverpachtung oder Unterverpachtung dem Verpächter nicht zugemutet werden kann. Im Falle einer verweigerten Erlaubnis des Verpächters hat der Pächter kein Kündigungsrecht, da § 540 Abs. 1 BGB aufgrund des § 584a Abs. 1 BGB ausgeschlossen ist. 334

f) Fischereierlaubnisverträge. Bei der Fischereierlaubnis handelt es sich um eine schuldrechtliche Gestattung zur Ausübung der Fischerei.[428] Ausdrückliche Regelungen finden sich in den Fischereigesetzen der Bundesländer, zB § 2 Nr. 6 LFischereiG Sachsen, § 2 Nr. 6 LFischereiG Sachsen-Anhalt, § 17 LFischereiG NRW. Die schuldrechtliche Gestattung kann ihrer Rechtsnatur nach ein Gefälligkeitsverhältnis darstellen, ferner einen Pachtvertrag, eine Schenkung, einen gemischten Vertrag oder einen Vertrag sui generis.[429] § 17 Abs. 2 LFischereiG NRW enthält den Zusatz, dass ein Fischereierlaubnisvertrag nur mit Personen abgeschlossen werden darf, die Inhaber eines Fischereischeines sind. Die näheren Bestimmungen über die Art des Fischens und das Ausmaß enthält der Gestattungsvertrag. 335

g) Betretungsrecht des Pächters. Der Fischereiausübungsberechtigte und seine Helfer sind befugt, an das Wasser angrenzende Ufer, Inseln, Anlandungen, Schifffahrtsanlagen sowie Brücken, Wehre, Schleusen und sonstige Wasserbauwerke zum Zwecke der Ausübung der Fischerei auf eigene Gefahr zu betreten und zu benutzen, soweit öffentlich-rechtliche Vorschriften nicht entgegenstehen. 336

Kann der Fischereiausübungsberechtigte ein Gewässer oder ein überflutetes Grundstück nicht über einen öffentlichen Weg oder nur über einen unzumutbaren Umweg erreichen, so ist er nach Abschluss einer Vereinbarung mit dem Eigentümer oder dem Nutzungsberechtigten befugt, auf eigene Gefahr Grundstücke zu betreten, § 20 Abs. 2 S. 1 LFischereiG NRW. Ist der Fischereiberechtigte Eigentümer oder Nutzungsberechtigter des Ufergrundstücks oder der Grundstücke, über die der Zugang zum Gewässer führt, so gilt die Erlaubnis zum Betreten dieser Grundstücke mit dem Abschluss eines Fischereipachtvertrages oder eines Fischereierlaubnisvertrages, wenn er mit dem Fischereipächter abgeschlossen worden ist, als erteilt. Das Gleiche gilt, wenn ein Fischereiberechtigter Mitglied einer Fischereigenossenschaft ist und der Fischereipachtvertrag oder der Fischereierlaubnisvertrag mit der Fischereigenossenschaft geschlossen worden ist, § 20 Abs. 1 S. 3 LFischereiG NRW. 337

Kommt eine Vereinbarung zwischen dem Grundstückseigentümer und dem Fischereiausübungsberechtigten nicht zustande, so ist die Fischereibehörde verpflichtet, eine gütliche Einigung herbeizuführen. Gelingt auch dies nicht, legt die Fischereibehörde den Zugangsweg fest, § 20 Abs. 3 LFischereiG NRW. 338

---

[426] Staudinger/Sonnenschein/Veit BGB § 581 Rn. 72.
[427] arg. ex § 553 BGB.
[428] Lorz/Metzger JagdR/Stöckel/Metzger BJagdG 2 A Einl. Rn. 39.
[429] Staudinger/Sonnenschein/Veit BGB § 581 Rn. 66; Lorz/Metzger JagdR/Stöckel/Metzger BJagdG 2 A Einl. Rn. 39.

339 Die Landesfischereigesetze enthalten auch Bestimmungen zur **Fischnacheile** im Falle überfluteter Grundstücke. Räumlich folgt das Fischereirecht der Ausdehnung des Gewässers.[430] Tritt ein Gewässer über seine Ufer, so ist der Fischereiausübungsberechtigte befugt, auf den überfluteten Grundstücken auf eigene Gefahr zu fischen. Von der Befischung sind überflutete fremde Fischgewässer, Hofräume, gewerbliche Anlagen sowie eingefriedete Grundstücke mit Ausnahme von Viehweiden ausgenommen zB § 19 Abs. 1 LFischereiG NRW. Im Vordergrund steht ein Interessenausgleich zwischen dem Eigentümer des überfluteten Grundstücks und dem Fischereiausübungsberechtigten.

5. Beendigung des Pachtverhältnisses

340 a) **Vertragliche Regelung.** Für die Beendigung des Fischereipachtverhältnisses gelten über § 581 Abs. 2 BGB die mietrechtlichen Regelungen. Der Vertrag endet durch **Zeitablauf,** nachdem die Pachtzeit abgelaufen ist. Zu beachten sind die Zeiträume der Mindestpachtdauer, regelmäßig 12 Jahre, Baden-Württemberg, Hessen, Nordrhein-Westfalen, Sachsen, Sachsen-Anhalt, Schleswig-Holstein, oder 10 Jahre, Bayern. Der Fischereipachtvertrag kann über die Mindestpachtzeit hinaus auf unbestimmte Zeit **verlängert** werden und ist sodann über § 584 Abs. 1 BGB zum Schluss eines Pachtjahres kündbar. Die Kündigung hat spätestens am dritten Werktag des halben Jahres zu erfolgen, mit dessen Ablauf die Pacht enden soll.

341 b) **Gesetzliche Regelung.** Ein befristeter Fischereipachtvertrag kann vorzeitig nur durch **außerordentliche Kündigung** beendet werden. Das Pachtverhältnis kann über §§ 581 Abs. 2, 543 BGB gekündigt werden, wenn ein wichtiger Grund vorliegt. Ein derartiger wichtiger Grund liegt vor, wenn dem Fischereipächter der vertragsgemäße Gebrauch der Pachtsache ganz oder zum Teil nicht rechtzeitig gewährt oder entzogen wird, etwa indem der Verpächter nicht für eine ordnungsgemäße Zuwegung zu dem Gewässer Sorge trägt und demgemäß dem Pächter die Ausübung der Fischerei erschwert oder unmöglich gemacht wird.

342 Der Verpächter ist nach § 584a Abs. 2 BGB nicht berechtigt, im Falle des Todes des Pächters das Fischereipachtverhältnis zu kündigen. Im Übrigen enthalten die Fischereigesetze der einzelnen Bundesländer besondere Regelungen zur Beendigung des Fischereipachtvertrages bei Anschluss des Gewässers an einen gemeinschaftlichen Fischereibezirk, bei Einbeziehung in eine Fischereigenossenschaft oder bei Entziehung des Fischereischeins, zB Art. 32 BayFischereiG, § 20 BaWüFischereiG.[431]

---

[430] Lorz/Metzger JagdR/Stöckel/Metzger BJagdG 2 A Einl. Rn. 25.
[431] Staudinger/Sonnenschein/Veit BGB § 581 Rn. 73.

Teil D. Leasing

§ 77 Immobilienleasing

Übersicht

Schrifttum:
Biagosch, Immobilienleasing, in: Usinger/Minuth (Hrsg.), Immobilien, Recht und Steuern. Handbuch für die Immobilienwirtschaft, 4. Aufl. 2014, Kap. 32, S. 914–961; Engel, Grundzüge des Immobilien-Leasing, NZM 1998, 785; Graf v. Westphalen, Immobilien-Leasing-Verträge – einige Aspekte zur notariellen Praxis, MittBayNot 2004, 13; Martinek, Immobilien-Leasingverträge, in: Martinek/Stoffels/Wimmer-Leonhardt, Handbuch des Leasingrechts, 2. Aufl. 2008, Kap. 17, S. 553–574; Mörtenkötter, Immobilienleasing in der notariellen Praxis, MittRhNotK 1995, 329; Philipp, Immobilienleasing im Zivil- und Steuerrecht, BWNotZ 1999,65; Seibel, Vertragsgestaltung im Immobilien-Leasing, NZM 1999, 197; Sobotka, Der neue Teilamortisationserlass im Immobilien-Leasing, BB 1992, 827; Vaaßen, Gewerbliches Immobilienleasing, Köln 1999.

I. Einleitung

Das Immobilienleasing stellt eine **Sonderform** der Vermietung und Verpachtung von Grundstücken oder Gebäuden dar. **Leasinggegenstand** sind häufig größere gewerbliche 1

Immobilien wie Warenhäuser, Einkaufszentren, Lagerhallen, Fabrikationszentren, Parkhäuser, Hotelgebäude sowie Büro- und Verwaltungsgebäude.[1] Die zunehmende Bedeutung des Immobilienleasings basiert auf der Erkenntnis, dass es nicht auf das Eigentum an der Immobilie, sondern auf deren langfristige uneingeschränkte **Nutzung** ankommt.[2]

2 Die Vorteile des Immobilienleasings liegen für den Leasingnehmer zum einen in der Ersparnis von Eigenkapital, da es eine 100 % Fremdfinanzierung ermöglicht. Zum anderen profitiert der Leasingnehmer von dem Know-How und der Erfahrung des Leasinggebers hinsichtlich der Planung und Errichtung von größeren Bauwerken. Auf diese Weise können diese Objekte schneller und kostengünstiger errichtet werden als bei Bau in Eigenregie durch den Leasingnehmer.[3]

3 Nach der Konzeption des Leasingvertrags darf der Leasingnehmer den Leasinggegenstand auf der Grundlage des Leasingvertrags für eine feste Laufzeit, **Grundmietzeit** genannt, gegen Zahlung der vereinbarten Leasingraten nutzen. Diese sind – anders als bei traditionellen Gewerbemietverträgen – kein bloßes Entgelt für eine zeitanteilige Nutzungsüberlassung, sondern sollen zugleich die Anschaffungs- und Herstellungskosten sowie alle Nebenkosten einschließlich der Finanzierungskosten des Leasinggebers abdecken und sind somit darauf ausgerichtet, alle Aufwendungen des Leasinggebers zu **amortisieren.**[4]

4 Eine Kündigung des Leasingvertrags während der Grundmietzeit – häufig 15 bis 30 Jahre – kommt in der Regel nur aus wichtigem Grund in Betracht. Nach Ablauf der Grundmietzeit ist der Leasinggegenstand grundsätzlich wieder an den Leasinggeber zurückzugeben. Häufig wird jedoch in dem Leasingvertrag eine **Mietverlängerungsoption** oder eine **Kaufoption** zugunsten des Leasingnehmers vereinbart.

5 Im Grundsatz sind sich Immobilienleasing und Mobilienleasing zivilrechtlich ähnlich, so dass die von der Rechtsprechung entwickelten Grundsätze für das Mobilienleasing auch für das Immobilienleasing herangezogen werden können. Allerdings weist das Immobilienleasing Besonderheiten auf, die zu den allgemeinen Grundsätzen, die das Leasinggeschäft beherrschen, hinzutreten.[5]

6 Bei größeren Immobilien und Infrastrukturprojekten fungiert als Leasinggeber häufig eine speziell hierfür gegründete Objektgesellschaft (→ Rn. 43 ff.). Im Unterschied zum Mobilienleasing, bei welchem das Leasinggut im Regelfall im rechtlichen und wirtschaftlichen Eigentum des Leasinggebers steht, ist beim Immobilienleasing die Objektgesellschaft Eigentümerin des zu bebauenden Grundstücks oder Erbbaurechts.[6]

7 Die Vertragsgestaltung im Bereich des Immobilienleasings ist in der Regel sehr umfangreich und kompliziert, da verschiedene Themenkomplexe behandelt und aufeinander abgestimmt werden müssen. Die Erscheinungsformen des Leasings sind nicht standardisiert und können daher in vielfacher Hinsicht variieren.[7] Teilweise bieten Leasinggesellschaften zusätzliche Dienstleistungen an, insbesondere bei noch zu errichtenden Bauvorhaben. Hierzu gehören etwa Dienstleistungen im Bereich der Objektbeschaffung, Planung und Baudurchführung.[8] Ein Immobilienleasingvertrag weist häufig folgende Struktur auf:[9]

---

[1] Engel NZM 1998, 785 (786); BeckOGK/Ziemßen BGB § 535 Rn. 793.

[2] Zu diesem Aspekt und zur wirtschaftlichen Bedeutung des Immobilienleasings Vaaßen, Gewerbliches Immobilienleasing, S. 1.

[3] Hierzu Bub/Treier MietR-HdB/Drettmann/Jatzek Kap. I Rn. 77.

[4] BGH NZM 2015, 251 Rn. 32; OLG München, ZfBR 2024, 414 (416 f.); BeckOGK/Ziemßen BGB § 535 Rn. 793.

[5] Engel NZM 1998, 785 (786); BeckOGK/Ziemßen BGB § 535 Rn. 794; Bub/Treier MietR-HdB/Drettmann/Jatzek Kap. I Rn. 78.

[6] Engel NZM 1998, 785 (786 f.).

[7] Usinger/Minuth Immobilien-HdB/Biagosch Kap. 32Rn. 1. Zur Frage, ob und inwieweit Vertragsbestimmungen in Immobilienleasingverträgen als Allgemeine Geschäftsbedingungen zu qualifizieren sind und damit einer Inhaltskontrolle gemäß § 307 BGB unterliegen, OLG Brandenburg BeckRS 2011, 11591 (Rn. 34 ff.).

[8] Vaaßen, Gewerbliches Immobilienleasing, S. 2.

[9] Nach Vaaßen, Gewerbliches Immobilienleasing, S. 54.

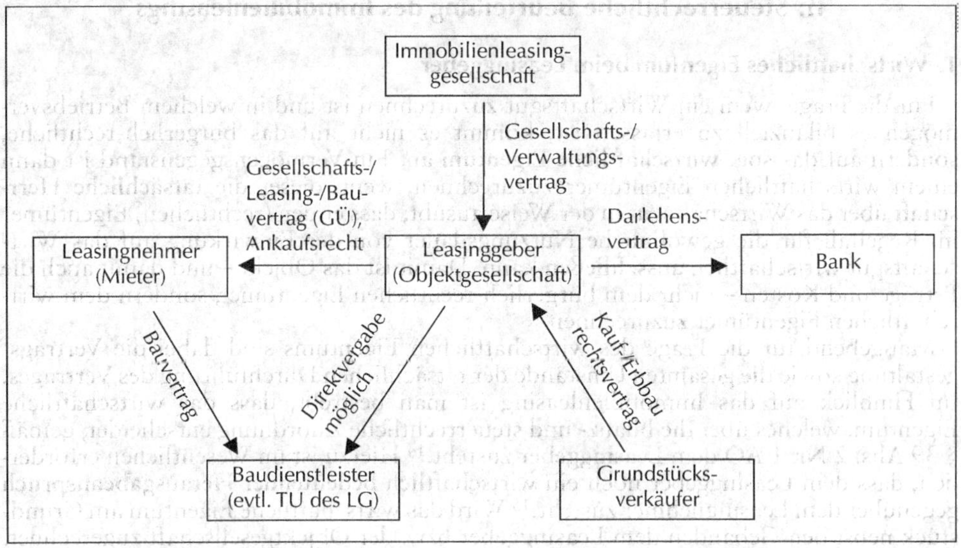

Auch wenn der Immobilienleasingvertrag überwiegend als Mietverhältnis qualifiziert wird,[10] so folgt seine Ausgestaltung in großem Umfange **nicht** dem gesetzlichen Leitbild für Mietverträge über Gewerbeimmobilien.[11] Während bei Mietverhältnissen die Nutzungsüberlassung der Mietsache im Vordergrund steht, ist es beim Immobilienleasing die **Finanzierungsfunktion.** Des Weiteren stellt bei einem Geschäftsraummietvertrag die für die Grundmietzeit vereinbarte Miete das Entgelt für eine zeitlich begrenzte Gebrauchsüberlassung dar. Dagegen werden bei einem Immobilienleasingvertrag mit den Leasingraten zugleich die Anschaffungs- und Herstellungskosten sowie alle Nebenkosten einschließlich der Finanzierungskosten des Leasinggebers abgedeckt.[12] 8

Das Leasingverhältnis stellt somit eine eigene Finanzierungsform für Investitionen des Leasingnehmers dar, die erheblich vom **Steuerrecht** beeinflusst wird. Während nämlich beim darlehensfinanzierten Grundstückserwerb der Grundstücksnutzer zugleich auch Eigentümer ist, mit der Folge, dass er das Grundstück bilanziert und abschreibt, ist beim Immobilienleasing der **Leasinggeber** Eigentümer des Grundstücks und damit in der Regel auch wirtschaftlicher Eigentümer im Sinne des Steuerrechts, so dass das Grundstück von ihm bilanziert und abgeschrieben wird. In der Bilanz des Leasingnehmers wird das Grundstück indes nicht aufgenommen, was oftmals als vorteilhaft angesehen wird.[13] 9

[10] So insbes. von der Rspr., vgl. BGH NJW 1989, 1279, wonach der Immobilienleasingvertrag „in erster Linie nach Mietrecht" zu beurteilen sei; aus neuerer Zeit BGH NZM 2004, 340 (342) „atypischer Mietvertrag"; BGH NZM 2015, 251 Rn. 37; sowie KG BeckRS 2016, 117226 Rn. 15. Ebenso Philipp BWNotZ 1999, 65 und Bub/Treier MietR-HdB/Drettmann/Jatzek Kap. I Rn. 75, wonach das Immobilienleasing „von seiner vertraglichen Konstruktion her im Grenzbereich von Miete, Darlehen und Kauf einzuordnen" sei.

[11] Seibel NZM 1999, 197 (200). Zur Abgrenzung von Geschäftsraummiete und Immobilienleasing BGH NZM 2015, 251 Rn. 29 ff.; KG BeckRS 2016, 117226 Rn. 17.

[12] So explizit BGH NZM 2015, 251 Rn. 26 und 29; BGH NJW 1989, 1279; KG BeckRS 2016, 117226 Rn. 16 sowie jüngst OLG München ZfBR 2024, 414 (417).

[13] Vaaßen, Gewerbliches Immobilienleasing, S. 9 ff.

II. Steuerrechtliche Beurteilung des Immobilienleasings

1. Wirtschaftliches Eigentum beim Leasinggeber

10 Für die Frage, wem ein Wirtschaftsgut zuzurechnen ist und in welchem Betriebsvermögen es bilanziell zu erfassen ist, kommt es nicht auf das bürgerlich-rechtliche, sondern auf das sog. **wirtschaftliche Eigentum** an. Ein Vermögensgegenstand ist dann einem wirtschaftlichen Eigentümer zuzurechnen, wenn dieser die **tatsächliche Herrschaft** über das Wirtschaftsgut in der Weise ausübt, dass er den (rechtlichen) Eigentümer im Regelfall für die gewöhnliche Nutzungsdauer von der Einwirkung auf das Wirtschaftsgut wirtschaftlich **ausschließen** kann. Damit ist das Objekt – und damit auch die Erträge und Kosten – nicht dem bürgerlich-rechtlichen Eigentümer, sondern dem wirtschaftlichen Eigentümer zuzurechnen.

11 Maßgebend für die Frage des wirtschaftlichen Eigentums sind dabei die Vertragsgestaltung sowie die gesamten Umstände der tatsächlichen Durchführung des Vertrages. Im Hinblick auf das Immobilienleasing ist man bestrebt, dass das wirtschaftliche Eigentum, welches über die bilanz- und steuerrechtliche Zuordnung entscheidet, gemäß § 39 Abs. 2 Nr. 1 AO dem **Leasinggeber** zusteht.[14] Hierzu ist im Wesentlichen erforderlich, dass dem Leasinggeber noch ein **wirtschaftlich bedeutender Herausgabeanspruch** gegenüber dem Leasingnehmer zusteht.[15] Wird das wirtschaftliche Eigentum am Grundstück nebst den Gebäuden dem Leasinggeber bzw. der Objektgesellschaft zugerechnet, können Buchverluste von den Gesellschaftern der Objektgesellschaft genutzt und wirtschaftlich über die Leasingrate an den Leasingnehmer weitergegeben werden. Der Leasingnehmer kann die an den Leasinggeber gezahlten Leasingraten ertragssteuermindernd als **Betriebsausgabe** absetzen. Dies gilt insbesondere auch in den Fällen, in denen der Leasingnehmer dem Leasinggeber die Baukosten über die Leasingraten faktisch erstattet.[16]

12 Der Bundesfinanzhof hat in seinem Urteil vom 18.11.1970[17] seine zuvor zum Mobilienleasing niedergelegten Grundsätze für die Zurechnung des Leasingguts auf das Immobilienleasing übertragen. Um die erstrebte Zuordnung zum Vermögen des Leasinggebers zu erreichen, werden die Leasingverträge in der Praxis erlasskonform gestaltet. Dies hat zur Folge, dass die Leasingverträge nach den Regelungen des Bundesministers der Finanzen zu der steuerlichen Behandlung von Leasingverträgen, den so genannten **Leasing-Erlassen**, ausgerichtet werden, welche auf den Grundsatzurteilen des BFH aufbauen und den Charakter von Leitlinien haben. Diese Verwaltungsregelungen konkretisieren die Bestimmung des wirtschaftlichen Eigentums gemäß § 39 AO. Durch die **erlasskonforme Ausgestaltung** der Verträge in der Praxis ist daher sichergestellt, dass das Finanzamt die Zurechnung des Leasingguts beim Leasinggeber vornimmt; dies dient wiederum der Rechtssicherheit. In der Regel ist daher gewöhnlich der Leasinggeber **rechtlicher und wirtschaftlicher Eigentümer** des Leasingguts.

2. Vollamortisationserlass vom 21.3.1972

13 Der **Vollamortisationserlass** vom 21.3.1972[18] betrifft solche Immobilienleasingverträge,

- bei denen der Vertrag über eine feste, grundsätzlich unkündbare Grundmietzeit geschlossen wird und
- der Leasingnehmer mit den innerhalb der Grundmietzeit zu zahlenden Raten die **gesamten Anschaffungs- und Herstellungskosten** sowie alle Nebenkosten einschließ-

[14] Bub/Treier MietR-HdB/Drettmann/Jatzek Kap. I Rn. 83.

[15] Grundlegend BFHE 97, 466; aus neuerer Zeit BFH BeckRS 2016, 95124 Rn. 30 f.

[16] Engel NZM 1998, 785 (787).

[17] BFHE 100, 516 = BStBl. II 1971, 133; hierzu Engel NZM 1998, 785 (787).

[18] Erlass v. 21.3.1972, BStBl. I 1972, 188 (Vollamortisationserlass) = BB 1972, 433 = DB 1972, 651; hierzu Vaaßen, Gewerbliches Immobilienleasing, S. 27 ff.; Engel DStR 2000, 1478 (1481).

lich der **Finanzierungskosten** und den **Gewinn** des Leasinggebers amortisiert (full-pay-out-leasing).

14 Nach dem Vollamortisationserlass sind die Zurechnungskriterien für Gebäude sowie für Grund und Boden getrennt zu prüfen. Für die Zurechnung des **Gebäudes** zum Leasinggeber verlangt der Erlass eine Grundlaufzeit des Leasingvertrags von mindestens 40 % und höchstens 90 % der betriebsgewöhnlichen Nutzungsdauer des Gebäudes. Zusätzliche Anforderungen gelten für Verträge **mit Kauf- oder Mietverlängerungsoption** des Leasingnehmers:

- Im Falle einer **Kaufoption** kann das Gebäude dem Leasinggeber nur zugerechnet werden, wenn der vertraglich vorgesehene oder erst später festgelegte Kaufoptionspreis nicht niedriger ist als der unter Anwendung der linearen AfA ermittelte Buchwert des Gebäudes zuzüglich des Buchwertes für den Grund und Boden oder der niedrigere gemeine Wert des Grundstücks im Zeitpunkt der Veräußerung.
- Enthält der Leasingvertrag eine **Mietverlängerungsoption,** ist es für eine Zurechnung des Gebäudes beim Leasinggeber erforderlich, dass die Anschlussmiete mehr als 75 % des ortsüblich vergleichbaren Mietentgeltes beträgt. Verträge, die sich nach Ablauf der Grundvertragszeit verlängern, wenn sie nicht von einer Vertragspartei gekündigt werden, sind entsprechend zu behandeln.

15 Der **Grund und Boden** ist bei Verträgen ohne Kaufoption des Leasingnehmers grundsätzlich dem Leasinggeber zuzurechnen, weil der Herausgabeanspruch des Leasinggebers aufgrund praktisch unbegrenzter Nutzungsdauer von Grund und Boden wirtschaftlich erheblich ist. Bei Verträgen mit einer Kaufoption folgt der Grund und Boden dagegen dem Gebäude und ist deshalb dem Leasingnehmer zuzurechnen, sofern dieser als wirtschaftlicher Eigentümer des Gebäudes anzusehen ist.[19]

16 Die im Vollamortisationserlass vorausgesetzte Verpflichtung des Leasingnehmers, ungeachtet der bereits durch die laufenden Leasingraten erreichten Vollamortisation eine Abschlusszahlung in Höhe des – im Einzelfall erheblichen – Restbuchwerts zu erbringen, hat für den Bereich des Immobilienleasings zur **praktischen Bedeutungslosigkeit** der Vollamortisationsverträge geführt.[20]

3. Teilamortisationserlass vom 23.12.1991

17 Für die auf dem Immobilienleasingmarkt fast ausschließlich anzutreffenden Teilamortisationsverträge konkretisiert der **Teilamortisationserlass** vom 23.12.1991[21] die Voraussetzungen, unter denen eine Zurechnung des wirtschaftlichen Eigentums beim Leasinggeber erfolgen kann. Dabei wird insbesondere berücksichtigt, dass der typische Leasingnehmer bei einer Immobilie die Chance einer Wertsteigerung nach dem Ende der Grundlaufzeit für sich beansprucht.

18 Der Teilamortisationserlass betrifft solche Immobilienleasingverträge,

- bei denen der Vertrag für eine feste, grundsätzlich unkündbare Grundmietzeit abgeschlossen wird und
- der Leasingnehmer mit den innerhalb der Grundmietzeit zu zahlenden Raten die Anschaffungs- und Herstellungskosten sowie alle Nebenkosten einschließlich der Finanzierungskosten und den Gewinn des Leasinggebers **nur zum Teil** abdeckt.[22]

19 Zunächst ist auch im Rahmen dieses Erlasses zwischen dem Gebäude sowie dem Grund und Boden zu unterscheiden, ferner bleibt es bei dem Erfordernis einer Grundlaufzeit von mindestens 40 % und höchstens 90 % der betriebsgewöhnlichen Nutzungsdauer.

---

[19] BeckOGK/Ziemßen BGB § 535 Rn. 796.2.
[20] Sobotka BB 1992, 827; Bub/Treier MietR-HdB/Drettmann/Jatzek Kap. I Rn. 78.
[21] Erlass v. 23.12.1991, BStBl. I 1992, 13 (Teilamortisationserlass) = BB 1992, 199 = DB 1992, 112; hierzu Sobotka BB 1992, 827.
[22] BeckOGK/Ziemßen BGB § 535 Rn. 796.3.

20 Bei Verträgen mit **Kauf- oder Mietverlängerungsoption** des Leasingnehmers muss der vorgesehene Kaufpreis bzw. die Anschlussmiete den diesbezüglichen Anforderungen des Vollamortisationserlasses entsprechen. Für diese Verträge sieht der Erlass vor, dass der Leasinggegenstand bereits dann dem **Leasingnehmer** zuzurechnen ist, wenn der Leasingvertrag nur eine der nachfolgenden Bestimmungen enthält, durch die typischerweise vom Eigentümer zu tragende Risiken dem Leasingnehmer auferlegt werden:[23]

- Der Leasingnehmer trägt die – nicht durch eine entsprechende Versicherung abgedeckte – Gefahr des zufälligen ganzen oder teilweisen Untergangs des Leasinggegenstands, ohne dass sich seine vertraglichen Verpflichtungen in diesem Fall mindern.
- Der Leasingnehmer ist bei von ihm nicht zu vertretender vollständiger oder teilweiser Zerstörung des nicht versicherten Leasinggegenstands entweder auf Verlangen des Leasinggebers zur Wiederherstellung bzw. zum Wiederaufbau auf eigene Kosten oder zur unveränderten Erfüllung seiner vertraglichen Leistungspflichten verpflichtet.
- Für den Fall, dass die Nutzung des Leasinggegenstands aufgrund eines vom Leasingnehmer nicht zu vertretenden Umstandes langfristig ausgeschlossen ist, mindert sich die Leistungspflicht des Leasingnehmers nicht.
- Der Leasingnehmer hat dem Leasinggeber im Falle einer vorzeitigen und von ihm nicht zu vertretenden Vertragsbeendigung die bisher nicht amortisierten Aufwendungen zu erstatten.
- Der Leasingnehmer stellt den Leasinggeber von sämtlichen Ansprüchen Dritter frei, die diese hinsichtlich des Leasinggegenstands gegenüber dem Leasinggeber geltend machen, es sei denn, dass der Anspruch des Dritten vom Leasingnehmer verursacht worden ist.
- Bei einem Erbbaurecht ist der Leasingnehmer als Eigentümer des Grund und Bodens, auf dem der Leasinggeber als Erbbauberechtigter den Leasinggegenstand errichtet hat, unter wirtschaftlichen Gesichtspunkten gezwungen, den Leasinggegenstand nach Ablauf der Grundvertragszeit zu erwerben.

4. Spezialleasing

21 Ein **Spezialleasing** liegt dann vor, wenn der Leasinggegenstand so auf die **Bedürfnisse des Leasingnehmers** zugeschnitten ist, dass es wirtschaftlich sinnvoll nur von diesem sowohl während als auch nach Ablauf der Grundmietzeit genutzt werden kann. Bei der Beurteilung dieser Frage ist darauf abzustellen, ob zur Zeit der Errichtung und der erstmaligen Vermietung des Leasinggegenstandes ein Markt für derartige Wirtschaftsgüter bestanden hat, so dass auch ein anderer als der Leasingnehmer das Objekt betreiben könnte. Im Falle des Spezialleasings ist der Leasinggegenstand immer dem **Leasingnehmer** als wirtschaftlichen Eigentümer zuzurechnen.[24]

III. Gestaltungsformen beim Immobilienleasing

Checkliste zu den verschiedenen Gestaltungsformen:

- ☐ Leistungsumfang (Brutto- oder Nettoleasing, Buy and Lease, Sale and Lease Back)
- ☐ Amortisationsvereinbarungen (Vollamortisations- oder Teilamortisationsverträge)
- ☐ Bauvertragliche Regelungen
- ☐ Rechtliche Ausgestaltung der Objektgesellschaft

[23] Mörtenkötter MittRhNotK 1995, 329 (333); Usinger/Minuth Immobilien-HdB/Biagosch Kap. 32 Rn. 23; Vaaßen, Gewerbliches Immobilienleasing, S. 39 ff.

[24] Mörtenkötter MittRhNotK 1995, 329 (334); Vaaßen, Gewerbliches Immobilienleasing, S. 51 ff.; BeckOGK/Ziemßen BGB § 535 Rn. 796.4.

1. Leistungsumfang

a) **Brutto- und Nettoleasing.** Beschränkt sich die Funktion des Leasinggebers auf die reine Finanzierung und Überlassung der Immobilie, wie es beim Mobilienleasing regelmäßig der Fall ist, so spricht man von **Netto-Leasing.**[25] 22

Der praktische Regelfall ist jedoch das sog. **Brutto-Leasing,** bei dem eine professionelle Objektgesellschaft als Leasinggeber neben der Objektfinanzierung weitere Aufgaben übernimmt.[26] Die Palette der angebotenen Dienstleistungen umfasst ua: Erwerb des Baugrundstücks, Begutachtung, Auswahl, Abschluss von Grundstückskauf- und Erbbaurechtsverträgen, Erledigung der behördlichen Formalitäten und umfassende Beratung des Leasingnehmers in bau- und finanzierungstechnischer Hinsicht.[27] 23

Diese Serviceleistungen werden in der Regel als **unselbständige Nebenpflichten** des Leasinggebers angesehen. Daher ist der Immobilienleasingvertrag auch unter Einschluss der Dienstleistungen als **atypischer Mietvertrag** mit der Folge zu werten, dass in erster Linie die Bestimmungen der §§ 535 ff. BGB Anwendung finden.[28] Etwas anderes soll aber gelten, wenn die Dienstleistungen des Leasinggebers die Bedeutung von Hauptpflichten haben. In diesem Fall soll ein typengemischter Vertrag vorliegen, dessen Leistungsstörungen nach dem Vertragssystem abzuwickeln sind, dem die jeweilige Leistung zuzuordnen ist.[29] 24

b) **Buy-and-lease.** Bei einem Buy-and-lease-Geschäft kauft der Leasinggeber oder eine durch ihn gegründete Projektgesellschaft das von dem Leasingnehmer vorher ausgewählte Grundstück von einem Dritten. 25

Praxistipp:

Wird der Immobilienleasingvertrag geschlossen, bevor der Leasinggeber das zu vermietende Grundstück von einem Dritten erwirbt, so wird sich der Leasingnehmer regelmäßig ein Rücktrittsrecht vorbehalten, falls der Grundstückskaufvertrag mit dem Dritten nicht zustande kommen sollte.

Häufig beschafft der Leasinggeber nicht nur das Grundstück, sondern errichtet darauf auch noch das von Leasingnehmer zu spezifizierende Gebäude. Die Bebauung kann dabei entweder durch den Leasinggeber selbst erfolgen, durch eine von ihm gegründete Baubetreuungsgesellschaft oder durch einen Dritten als Generalunternehmer, der vom Leasinggeber beauftragt worden ist.[30] 26

c) **Sale-and-lease-back.** Beim Sale-and-lease-back-Geschäft **veräußert** der zukünftige **Leasingnehmer** ein ihm gehörendes Grundstuck einschließlich der dort befindlichen Gebäude an den zukünftigen Leasinggeber unter gleichzeitigem Abschluss eines Leasingvertrags. Für den Leasingnehmer ist mit dieser Gestaltung der Vorteil verbunden, dass er das Objekt aufgrund des Leasingvertrags trotz des Verkaufs weiter nutzen kann und zudem durch den Verkauf des Leasingobjekts eine gewisse Liquidität durch Freisetzung des dort gebundenen Kapitals einschließlich der stillen Reserven erhält. Sale-and-lease-back-Geschäfte werden daher regelmäßig zur Vermeidung eines Jahresfehlbetrags, zur Kompensation von außerordentlichen Aufwendungen oder zur Verbesserung der Bilanzstruktur vorgenommen.[31] 27

---

[25] Philipp BWNotZ 1999, 65 (66).
[26] Hierzu BeckOGK/Ziemßen BGB § 535 Rn. 795; Bub/Treier MietR-HdB/Drettmann/Jatzek Kap. I Rn. 75 f.
[27] Engel NZM 1998, 785 (786); Bub/Treier MietR-HdB/Drettmann/Jatzek Kap. I Rn. 76.
[28] Vaaßen, Gewerbliches Immobilienleasing, S. 12 ff.
[29] MüKoBGB/Koch Anh. § 515 Rn. 11; BeckOGK/Ziemßen BGB § 535 Rn. 795.
[30] Engel NZM 1998, 785 (787).
[31] Mörtenkötter MittRhNotK 1995, 329 (335); Engel NZM 1998, 785 (787).

Praxistipp:
Beim Sale-and-lease-back-Vertrag ist darauf zu achten, dass die Gewährleistungsregelungen für Sachmängel (zB Bodenbeschaffenheit, Kontaminationen, Grundstücksgröße, Nutzungsbeschränkungen) in dem Grundstückskaufvertrag und in dem Leasingvertrag miteinander korrespondieren. Andernfalls besteht die Gefahr divergierender Haftungsregelungen.

2. Amortisationsmodelle

28 Bei den vertraglichen Amortisationsvereinbarungen ist, wie bereits ausgeführt, zu unterscheiden zwischen

- **Vollamortisationsverträgen,** die während der unkündbaren Grundmietzeit die volle Amortisation vorsehen und
- **Teilamortisationsverträgen,** bei denen die zu zahlenden Leasingraten während der Grundmietzeit die Gesamtinvestitionskosten des Leasinggebers nur zum Teil decken. Bei den Teilamortisationsverträgen kann ferner unterschieden werden zwischen den „reinen" Teilamortisationsverträgen und den Teilamortisationsverträgen mit Mieterdarlehen, bei denen der Leasingnehmer zusätzlich zu den Leasingraten weitere Leistungen an den Leasinggeber aus Mieterdarlehen erbringt.

29 a) **Vollamortisationsverträge.** Beim Vollamortisationsvertrag werden die gesamten Aufwendungen des Leasinggebers für das Leasinggut während der vereinbarten unkündbaren Grundmietzeit durch die Leasingraten **vollständig** amortisiert. Zu diesen Aufwendungen gehören die gesamten Investitionskosten des Leasinggebers einschließlich Zins-, Gewinn-, Risiko-, und Verwaltungskostenaufschläge.[32]

30 Vollamortisationsverträge haben sich nach In-Kraft-Treten des Vollamortisationserlasses im Bereich des Immobilienleasings nicht durchgesetzt. Kaum ein potentieller Leasingnehmer war nämlich bereit, die im Immobilienleasing üblichen hohen Investitionssummen während der Grundmietzeit zu 100 % zu amortisieren und darüber hinaus den erforderlichen Optionspreis in Höhe des steuerlichen Restbuchwerts bei linearer Absetzung für Abnutzung gemäß § 7 Abs. 4 EStG zu zahlen.[33]

31 b) **Teilamortisationsverträge.** Der Teilamortisationsvertrag stellt im Immobilienleasinggeschäft den häufigsten Vertragstyp dar. Beim Teilamortisationsvertrag werden die Aufwendungen des Leasinggebers für das Leasinggut während der vereinbarten unkündbaren Grundmietzeit durch Zahlung der Leasingraten **nur zum Teil** amortisiert. Innerhalb dieses Modells finden sich wiederum als gängige Vertragsformen das „reine" Teilamortisationsmodell und das Teilamortisationsmodell mit Mieterdarlehen, der sog. Mieterdarlehensvertrag.[34]

32 Beim dem Grundtypus des Teilamortisationsvertrags deckt der Leasingnehmer mit den in der Grundmietzeit zu entrichtenden Leasingraten die Anschaffungs- oder Herstellungskosten des Leasinggebers sowie alle Nebenkosten einschließlich der Finanzierungskosten des Leasinggebers **nur zum Teil.** Die Vollamortisation wird hier erst durch weitere vertragsgemäße Leistungen des Leasingnehmers erreicht. Allerdings birgt diese Lösung für den Leasinggeber ein erhebliches Risiko im Hinblick auf die **Bonität** des Leasingnehmers, da am Ende der Grundmietzeit noch ein erheblicher Darlehensrest (Restbuchwert) zu bezahlen ist.[35] Vor diesem Hintergrund wurden in neuerer Zeit Teilamortisationsverträge mit Mieterdarlehen oder Mietvorauszahlungen entwickelt,

[32] Usinger/Minuth Immobilien-HdB/Biagosch Kap. 32 Rn. 18.
[33] Vaaßen, Gewerbliches Immobilienleasing, S. 14.
[34] Mörtenkötter MittRhNotK 1995, 329 (335); Usinger/Minuth Immobilien-HdB/Biagosch Kap. 32 Rn. 19.
[35] BeckOGK/Ziemßen BGB § 535 Rn. 799; Martinek/Stoffels/Wimmer-Leonhardt LeasingR-HdB/Martinek § 59 Rn. 20.

welche die Vorteile beider Vertragsvarianten (Voll- und Teilamortisationsverträge) kombinieren.

Beim **Mieterdarlehensmodell**[36] erfolgt eine vollständige Amortisation aller Aufwendungen des Leasinggebers bereits während der Grundmietzeit. Der Leasingnehmer erbringt hier zusätzlich zu den Leasingraten ein Mieterdarlehen, welches der Leasinggeber zur Tilgung eines von ihm zur Anschaffungsfinanzierung aufgenommenen Kredits verwendet. Die Amortisation erfolgt daher bei dieser Vertragsform durch die Leasingraten und durch das Mieterdarlehen. Auf diese Weise kann der Leasinggeber sicherstellen, dass der Leasingnehmer bei Vertragsablauf den zur Vollamortisation erforderlichen Betrag aufbringen kann.[37] 33

Das Mieterdarlehen entspricht betragsmäßig dem zum Vertragsende vorgesehenen Kaufpreis; bei Ausübung der Kaufoption werden daher die Kaufpreisforderung des Leasinggebers und der Darlehensrückzahlungsanspruch des Leasingnehmers **miteinander verrechnet.** Wird bei Vertragsende eine eingeräumte Kaufoption nicht ausgeübt, ist das Mieterdarlehen zurückzuzahlen.[38] 34

IV. Verträge im Zusammenhang mit dem Immobilienleasingvertrag

1. Bauvertrag

In einem Immobilienleasingvertrag spielen bauvertragliche Regelungen eine wichtige Rolle. Der Leasinggeber ist rechtlicher und wirtschaftlicher Eigentümer und somit auch Bauherr des auf dem Grundstück zu errichtenden Gebäudes. In der Regel überträgt der Leasinggeber im Rahmen eines Bauvertrages die Planung und Errichtung des Gebäudes gegen Entgelt auf einen Dritten. Dieser kann entweder der Leasingnehmer selbst sein, eine zur Leasinggesellschaft gehörende Baubetreuungsgesellschaft oder ein sonstiger Dritter.[39] Auch wenn der Leasingnehmer das Gebäude selbst baut und demzufolge im Regelfall als Generalunternehmer für den Leasinggeber tätig wird, sollten einige den Bau betreffende Vereinbarungen **auch in dem Leasingvertrag** mit aufgenommen werden, insbesondere soweit sie den Mietbeginn und die Miethöhe beeinflussen. Hierzu zählen in erster Linie die Leistungsbeschreibung, Baukosten und Bauzeit, die Gewährleistung und die Übergabe des Leasingobjekts.[40] 35

a) Leistungsbeschreibung. Der Immobilienleasingvertrag bedarf einer genauen **Leistungsbeschreibung** dessen, was der Leasinggeber als Gebäude zu errichten hat. Sofern zum Zeitpunkt des Vertragsabschlusses bereits vorhanden, sollten die Baugenehmigungs- oder zumindest die Entwurfspläne sowie die Bau- und Ausstattungsbeschreibung zum Vertragsbestandteil gemacht werden. Andernfalls sollte eine Regelung aufgenommen werden, wonach sämtliche Bauunterlagen der Zustimmung beider Vertragspartner bedürfen. Auch etwaige Änderungen der Pläne und Baubeschreibungen, gleich ob sie vom Leasinggeber oder vom Leasingnehmer gewünscht werden, sollten der Zustimmung des jeweils anderen Vertragsteils unterworfen sein. Schließlich sind Regelungen zu etwaigen Mehr- oder Minderkosten und möglichen Bauzeitverzögerungen aufzunehmen, die Änderungen hinsichtlich des Leasingobjekts oder den Leasingraten verursachen können. 36

b) Baukosten und Bauzeit. Der Leasingnehmer sollte ferner mit dem Leasinggeber eine **Baukosten**- und möglicherweise auch **Bauzeitbegrenzung** vereinbaren. Regelmäßig 37

---

[36] Ausführlich hierzu Martinek/Stoffels/Wimmer-Leonhardt LeasingR-HdB/Martinek § 59 Rn. 11 ff.

[37] BeckOGK/Ziemßen BGB § 535 Rn. 798; Martinek/Stoffels/Wimmer-Leonhardt LeasingR-HdB/Martinek § 59 Rn. 13.

[38] Mörtenkötter MittRhNotK 1995, 329 (335); Usinger/Minuth Immobilien-HdB/Biagosch Kap. 32 Rn. 24; Engel NZM 1998, 785 (788); Vaaßen, Gewerbliches Immobilienleasing, S. 46 ff.

[39] Zu den verschiedenen Ausgestaltungen des Bauvertrages Vaaßen, Gewerbliches Immobilienleasing, S. 61 ff.

[40] Hierzu Seibel NZM 1999, 197 (201); Vaaßen, Gewerbliches Immobilienleasing, S. 36 ff.

wird der Leasinggeber nicht selbst die Bauleistungen erbringen, sondern hierzu einen **Generalunternehmer** einschalten, der mit dem Leasingnehmer allerdings nicht vertraglich gebunden ist. Der Leasingnehmer hat daher keinen Einfluss auf die Baukosten und die Bauzeit. Für den Leasinggeber hingegen spielt es wirtschaftlich keine Rolle, ob sich der Bau maßgeblich verteuert oder verzögert, da diese Risiken letztlich den Leasingnehmer treffen. Daher sollte der Leasingnehmer im Rahmen des Leasingvertrags durch entsprechende Vertragsgestaltung den Leasinggeber zumindest teilweise in die Haftung mit einbeziehen. Der Leasinggeber wiederum sollte sich hierauf erst einlassen, wenn er die Bauleistung ausgeschrieben hat und aufgrund der eingegangenen Angebote sowohl den Höchstbetrag der Baukosten sowie die voraussichtliche Bauzeit kalkulieren kann.

38 **c) Gewährleistung.** Der Leasinggeber übernimmt regelmäßig keine **Gewähr für Baumängel,** es sei denn, er handelt vorsätzlich oder grob fahrlässig. Vielmehr wird er dem Leasingnehmer seine eigenen Gewährleistungs-, Garantie- und Schadensersatzansprüche gegen seine Auftragnehmer (zB Bauunternehmer und Architekten) **abtreten.**

39 **d) Übergabe.** Schließlich sollte der Leasingvertrag im Zusammenhang mit den bauvertraglichen Regelungen auch eine Bestimmung zur **Übergabe des Leasingobjektes** enthalten. Abgesehen von der Bestimmung des Zeitpunkts und des Gefahrübergangs sollte auch eine förmliche Abnahme vorgesehen sein zur Feststellung etwaiger Mängel oder fehlender Leistungen und den daraus zu ziehenden Konsequenzen sowie zur Übergabe aller für den Leasingnehmer erforderlichen Unterlagen, damit er seinen künftigen Instandsetzungs- und Unterhaltungspflichten gerecht werden kann.

2. Optionsrechte

40 Die meisten Immobilienleasingverträge enthalten Optionen für den Leasingnehmer, entweder die Immobilie selbst oder die Objektgesellschaft nach Beendigung des Leasingvertrags zu erwerben. Solche **Ankaufsrechte** sind entweder im Immobilienleasingvertrag selbst oder in separaten Verträgen enthalten.

41 Soweit es sich bei dem Optionsrecht um das Angebot zum Erwerb des Leasingobjekts handelt, so kann dieser mittels Eintragung einer **Vormerkung** grundbuchlich gesichert werden.[41] Inhaltlich ist darauf zu achten, dass die Termine sowie die Bedingungen, zu denen der Leasingnehmer das Angebot annehmen kann, an die einzelnen Regelungen des Immobilienleasingvertrags gekoppelt sind. Für den Fall, dass das Leasingverhältnis ordnungsgemäß zum Ablauf der Grundmietzeit einschließlich etwaiger Verlängerungsoptionen endet, bestimmt sich der Kaufpreis mindestens nach dem jeweiligen linearen **Restbuchwert** des Leasingobjekts.

Sollte dem Leasingnehmer ein **vorzeitiges Ankaufsrecht** auf die Immobilie eingeräumt worden sein, so empfiehlt sich eine vom Restbuchwert abweichende **Kaufpreisregelung.** In diesen Fällen sollte sich der Kaufpreis höchstens nach dem Barwert der noch während der laufenden Mietperiode ausstehenden Mieten bemessen, zuzüglich des Restbuchwerts der Immobilie. Den Barwert der Verwaltungskostenbeiträge sollte der Leasingnehmer dem Leasinggeber indessen nicht mehr erstatten.[42]

42 Sieht der Immobilienleasingvertrag ein Optionsrecht im Hinblick auf die **Objektgesellschaft** vor, so handelt es sich um einen üblichen Vertrag über den Erwerb von Geschäfts- bzw. Gesellschaftsanteilen. In der Regel leistet der anbietende Gesellschafter der Objektgesellschaft Gewähr für etwaige Mängel bezüglich der zu erwerbenden Geschäftsanteile. Ferner sollte eine Garantie des Verkäufers aufgenommen werden, wonach die Objektgesellschaft ausschließlich solche Geschäfte getätigt hat, die mit dem Erwerb des Leasinggegenstands, seiner Bebauung und seiner Vermietung im Zusammenhang stehen.[43]

[41] Vgl. hierzu Bub/Treier MietR-HdB/Drettmann/Jatzek Kap. I Rn. 79; FG Köln MittBayNot 2004, 70 (71).
[42] Seibel NZM 1999, 197 (205).
[43] Seibel NZM 1999, 197 (204).

3. Objektgesellschaft

Zahlreiche Immobilienleasingverträge sehen die Gründung von **Objektgesellschaften** in Verbindung mit der Beschaffung von Grundstück und Gebäude vor. Der Leasinggeber gründet für die Abwicklung des Leasingvertrags für jedes Objekt gesondert eine Objektgesellschaft. Hierdurch kann jedes Objekt isoliert verwaltet werden, was auch angesichts der Größe des Leasingobjekts einen Vorteil darstellt. Die Objektgesellschaft ist eine reine Besitzgesellschaft und regelmäßig eine GmbH, seltener eine GmbH & Co. KG.[44] 43

Die Gründung von Objektgesellschaften hat den weiteren Vorteil, dass die steuerrechtlichen Auswirkungen einer Beteiligung an dem Objekt Dritten, nämlich Leasingnehmern und Investoren gegenüber, zugänglich gemacht werden können.[45] 44

Diese Objektgesellschaft tritt rechtlich – im Unterschied zum Mobilienleasing, bei welchem das Leasinggut im Regelfall im rechtlichen und wirtschaftlichen Eigentum des Leasinggebers steht – an die Stelle des Leasinggebers. Die Objektgesellschaft ist **Eigentümerin** oder Erbbauberechtigte des zu bebauenden Grundstücks. Ihr einziger Gesellschafter ist gewöhnlich der Leasinggeber; es kann jedoch auch eine Beteiligung des Leasingnehmers gegeben sein. Die Tätigkeit der Objektgesellschaft ist im Wesentlichen auf die Errichtung, Finanzierung und Vermietung des Leasingguts gerichtet.[46] 45

Bei der rechtlichen Ausgestaltung sind zwei verschiedene Verträge zu unterscheiden: Zum einen der Gesellschaftsvertrag der Objektgesellschaft, in dem ua der Zweck und die Aufgaben der Objektgesellschaft, die Übertragung der Gesellschaftsanteile, Geschäftsführung und Vertretung, Gesellschafterversammlungen sowie Jahresabschluss und Gewinnverwendung geregelt sind. Ferner wird zwischen der Objektgesellschaft und der Muttergesellschaft in der Regel ein **Verwaltungsvertrag** abgeschlossen, in dem die beiderseitigen Rechte und Pflichten enthalten sind. Häufig überträgt die Objektgesellschaft die Verwaltung ihres Vermögens – gegen ein Entgelt – an die Muttergesellschaft, die der Objektgesellschaft die entsprechenden Ressourcen zur Verfügung stellt. Ferner wird geregelt, ob und in welchem Umfang die Muttergesellschaft berechtigt ist, im Namen der Objektgesellschaft zu handeln.[47] 46

V. Zivilrechtliche Beurteilung des Immobilienleasingvertrages

1. Inhalt des Immobilienleasingvertrages

a) **Leasingobjekt.** Im Immobilienleasingvertrag ist das Leasingobjekt genau zu bezeichnen (Grundstück und das zu errichtende Gebäude), um dem Bestimmtheitsgrundsatz sowie dem Textformerfordernis gemäß §§ 578 Abs. 1, 550 BGB zu genügen. Des Weiteren werden in Immobilienleasingverträgen regelmäßig besondere Bestimmungen über die **Betriebsvorrichtungen** getroffen. Diese werden in der Regel nicht mitvermietet, um gewerbeertragssteuerliche Zusatzbelastungen beim Leasinggeber zu vermeiden. Sofern nicht ein gesonderter Leasingvertrag mit einem anderen Leasinggeber über die Betriebsvorrichtungen geschlossen wird, besteht auch die Möglichkeit zu vereinbaren, dass der **Leasingnehmer** die Betriebsvorrichtungen im Sinne von § 68 BewG auf **eigene Rechnung** in die zu errichtenden Gebäude einbaut und sie sodann aufgrund seines wirtschaftlichen Eigentums nutzt. Zivilrechtlich bleiben solche Betriebsvorrichtungen 47

[44] Engel NZM 1998, 785 (786).
[45] Engel NZM 1998, 785 (787).
[46] Vaaßen, Gewerbliches Immobilienleasing, S. 56.
[47] Vaaßen, Gewerbliches Immobilienleasing, S. 55 f.

(zB ein Lastenaufzug) unverändert Teil des Gebäudes und stehen damit im Eigentum des Leasinggebers.[48]

Formulierungsvorschlag:

§ 1 Leasinggegenstand

1.1. Der Leasinggeber vermietet an den Leasingnehmer das auf dem Grundstück
Neue Straße 5 in 60325 Frankfurt a. M., eingetragen im Grundbuch von Frankfurt a. M., Bezirk 6, Blatt 5386, Flur 43, Flurstück 1/69,
bestehende Gebäude zu dem Zweck der Nutzung als Büro-, Technik- und Nebenflächen.
1.2. Die Definition des Leasinggegenstandes ergibt sich aus der Aufstellung und den Plänen gemäß Anlage [……] der Bezugsurkunde.
1.3. Nicht mitvermietet sind
1.3.1 die in den Anlagen [……] der Bezugsurkunde näher bezeichneten Gegenstände,
1.3.2 sonstige Gegenstände, die Betriebsvorrichtungen des Leasinggebers iSv § 68 BewG darstellen, insbesondere sämtliches bewegliches Büroinventar (zB Schreibtische, Stühle, Schränke) und sämtliche bewegliche Einrichtungen der Kantine (Tische, Stühle, Kücheneinrichtung).

48 b) **Mietdauer.** Die Dauer des Immobilienleasingvertrags (Grundmietzeit und etwaige Verlängerungsoptionen) wird durch die Bedürfnisse des Leasingnehmers und die steuerlichen Rahmenbedingungen bestimmt. Wesentlich hierbei ist die Festlegung des spätesten Termins für den Mietbeginn, insbesondere wenn der Leasingnehmer hierauf angewiesen ist, etwa aus produktionstechnischen Gründen oder weil er derzeit genutzte Gebäude räumen muss.

49 Die Höchstdauer eines Leasingverhältnisses (Grundmietzeit und etwaige Verlängerungsoptionen) darf nicht mehr als 90 % der betriebsgewöhnlichen Nutzungsdauer eines Gebäudes dauern. Die betriebsgewöhnliche Nutzungsdauer bemisst sich nach der linearen steuerlichen AfA und beträgt etwa bei Wirtschaftsgebäuden gemäß § 7 Abs. 4 S. 1 Nr. 1 EStG jährlich 3 %.

50 c) **Miethöhe.** In zahlreichen Leasingverträgen wird die jährlich von dem Leasingnehmer zu zahlende Miete unbestimmt gelassen. Dies gilt insbesondere dann, wenn das zu errichtende Gebäude noch nicht fertig gestellt wird. Die **Gesamtinvestitionskosten** (GIK) lassen sich nämlich endgültig erst nach Baufertigstellung feststellen, wenn sämtliche aktivierungspflichtigen Anschaffungs- oder Herstellungskosten bekannt sind. In diesen Fällen ist es wichtig, die Mietzinskalkulationsgrundlagen von vornherein genau niederzulegen. Die GIK bilden die Kalkulationsgrundlage für die Mieten, die Verwaltungskosten und den kalkulierten Restwert.[49] Aus diesem Grund werden in Immobilienleasingverträgen die Leasingraten häufig nicht indexiert oder in anderer Weise an den Zeitablauf angepasst.

Formulierungsvorschlag:[50]

51 Die Mieten errechnen sich als nachschüssige Monatszahlungen nach der finanzmathematischen Annuitätenformel unter Zugrundelegung der Gesamtinvestitionskosten (GIK), des vereinbarten Zinssatzes, des Restwertes und der Mietzeit gemäß § [……]. Ändern sich diese Berechnungsgrundlagen, ändern sich die Mieten entsprechend.
Dies vorausgeschickt errechnen sich die vorläufigen Netto-Mieten wie folgt:

Gesamtinvestitionskosten (vorläufig):	…… EUR
Restwert (vorläufig):	…… EUR

[48] Ausführlich zum Begriff der Betriebsvorrichtungen Vaaßen, Gewerbliches Immobilienleasing, S. 15 f.
[49] Seibel NZM 1999, 197 (202); aus der Rspr. BGH NZM 2015, 251 Rn. 32; sowie KG BeckRS 2016, 117226 Rn. 16.
[50] Nach BeckOF Vertrag/Salzig Form. 8.1.9 § 4 Abs. 1.

Mietzeit:	15 Jahre
Verrechnungsweise:	Monatlich
vereinbarter Zinssatz (indikativ):	...... % p. a. (nominal)
vorläufige Netto-Mieten:	...... EUR.

Neben der eigentlichen Leasingrate kommt noch ein **Verwaltungskostenbeitrag** als Vergütung des Leasinggebers in Betracht. Die Höhe des Verwaltungskostenbeitrags bemisst sich in der Regel nach der Höhe der Jahresmiete. 52

Das BGB geht in den §§ 535, 556 Abs. 1 davon aus, dass die Nebenkosten grundsätzlich durch die vereinbarte Leasingrate abgegolten sind. Abweichungen durch gesonderte Umlegung auf den Leasingnehmer bedürfen somit, soweit sie nicht gesetzlich bestimmt oder zugelassen sind, einer besonderen **Vereinbarung** und sind sowohl bei Mietverträgen als auch bei Leasingverträgen üblich. Zu den **Mietnebenkosten** zählen alle dem Leasinggeber aufgrund seiner Position als Eigentümer oder Erbbauberechtigten entstehende Kosten, soweit sie nicht bereits in die Ermittlung der Gesamtinvestitionskosten oder Vormieten eingeflossen sind. Hierzu gehören etwa Versicherungsprämien für die Immobilie, Grundsteuer und sonstige objektbezogene Steuern sowie Abgaben und Gebühren, wie etwa Müllabfuhr oder Straßenreinigung. Der Leasinggeber sollte aber bei Abschluss des Immobilienleasingvertrags den Umfang und die konkreten Positionen genau festlegen. 53

Bezüglich der **Leasingraten** ist zu prüfen, ob es sich hierbei um **betagte** oder um **befristete Forderungen** handelt. Soweit es sich um befristete Forderungen handelt, sind bei einer Insolvenz des Leasinggebers die §§ 108–112 InsO anzuwenden, wenn die Leasingphase vor Verfahrenseröffnung eingesetzt hat. Vorausverfügungen des Leasinggebers (zB durch Abtretung an eine Bank) sind daher gemäß § 110 Abs. 1 S. 1 InsO nur dann wirksam, soweit sich die Leasingraten auf den zur Zeit der Eröffnung des Verfahrens laufenden Kalendermonat beziehen; soweit sie sich auf einen späteren Zeitpunkt beziehen, sind sie gemäß § 91 Abs. 1 InsO unwirksam.[51] 54

Teile der Literatur[52] und das OLG Brandenburg[53] gehen daher davon aus, dass derartige Vorausverfügungen über die Leasingraten – ebenso wie Mietzinsansprüche – in den Anwendungsbereich des § 110 Abs. 1 S. 1 InsO fallen. Diese sind als aufschiebend befristete Forderungen anzusehen, weil der Anspruch auf Entrichtung der Miete – ähnlich wie der Anspruch auf Vergütung für geleistete Dienste – erst zum Anfangstermin des jeweiligen Zeitraums der Nutzungsüberlassung entsteht. Nach § 91 I InsO wird die Abtretung solcher Forderungen mit Ablauf der Frist in § 110 InsO unwirksam. 55

Nach Ansicht des BGH gelten diese Grundsätze aber nicht für die Grundmietzeit des Finanzierungsleasings, weil die Forderungen auf Zahlung der Leasingraten **betagte Forderungen** darstellen. Sie entstünden nicht erst nach Maßgabe der zeitlichen Entwicklung des Dauerschuldverhältnisses, sondern seien in jeder Weise durch den Leasingvertrag rechtlich von vornherein festgelegt. Die feste Dauer der Mietzeit, die Fälligkeit und die Höhe der Leasingraten seien ein wesentlicher Bestandteil des Finanzierungsleasings, bei dem Kündigungsmöglichkeiten vor Ablauf der Grundmietzeit in der Regel ausgeschlossen sind. Dies hat nach Ansicht des BGH zur Folge, dass die **Vorausabtretung von Leasingraten** in der Insolvenz des Leasinggebers **wirksam** bleibt, weil die Forderung schon vor Insolvenzeröffnung entstanden ist.[54] 56

Etwas anderes soll aber gelten, wenn der Immobilienleasingvertrag verstärkt **mietvertragstypische Elemente** enthält. In einem solchen Fall sind die Leasingraten – im 57

[51] BGH NZI 2013, 586 Rn. 26 ff.
[52] Anm. zu BGH NZI 2013, 590 mAnm Dahl; wN BGH NZI 2013, 586 Rn. 31.
[53] OLG Brandenburg BeckRS 2012, 4305 Rn. 47 ff. = IMR 2012, 168 mAnm Emmert.
[54] BGH NZI 2013, 586 Rn. 29.

Einklang mit der Rechtsprechung zum Mietrecht – als befristete Forderungen anzusehen.[55]

58 d) **Instandsetzung/Instandhaltung.** In der Regel wird in Leasingverträgen die Instandhaltungs- und Instandsetzungspflicht des Leasinggebers gemäß § 535 Abs. 1 S. 2 BGB **ausgeschlossen.**[56] Der Leasingnehmer ist daher selbst für die Instandhaltung und Instandsetzung des Leasingobjekts verantwortlich. Eine solche vertragliche Regelung ist auch in Allgemeinen Geschäftsbedingungen zulässig, da die Tragung von Instandhaltungs- und Instandsetzungsaufwendungen durch den Leasinggeber zu einer Erhöhung der Leasingraten führen müsste, so dass im Ergebnis eine zusätzliche Belastung des Leasingnehmers damit verbunden wäre. Allerdings ist der Leasingnehmer bei einer von ihm nicht zu vertretenden vollständigen oder teilweisen Zerstörung des Leasinggegenstandes nicht zur Wiederherstellung auf eigene Kosten verpflichtet.

59 e) **Minderungsrechte.** In Bezug auf die Minderungsrechte des Leasingnehmers ist zu beachten, dass den **steuerrechtlichen Anforderungen** an das Immobilienleasing hinreichend Rechnung getragen wird. Bei Immobilienleasingverträgen werden regelmäßig der Gewährung von Minderungsrechten enge Grenzen gesetzt. Dies resultiert aus dem Finanzierungscharakter des Immobilienleasingvertrags. Andererseits ist aber aus steuerrechtlicher Sicht zu beachten, dass ein vollständiger Ausschluss der Minderungsrechte dazu führen kann, dass der Leasinggegenstand dem wirtschaftlichen Eigentum des Leasingnehmers zugerechnet wird.[57]

60 Um einen **Kompromiss** zwischen den steuerrechtlichen Risiken einerseits und dem Finanzierungscharakter des Leasings andererseits Rechnung zu tragen, sind dem Leasingnehmer **Minderungsrechte bei längerfristigen Nutzungsbeschränkungen** einzuräumen, wenn er diese nicht selbst zu vertreten hat. Im Gegenzug schließt der Leasingnehmer umfassende Versicherungen ab, die auch seinen Betriebsausfall und den Mietausfall beim Leasinggeber decken. Die Versicherungsansprüche werden dann an den Leasinggeber abgetreten.

61 Des Weiteren ist zu beachten, dass der Leasinggeber nach der Rechtsprechung des BGH sich nicht ersatzlos von der ihn treffenden Hauptpflicht, dem Leasingnehmer das Leasingobjekt in einem für den Vertragszweck geeigneten Zustand zur Verfügung zu stellen, formularmäßig freizeichnen darf. Ein derartiger ersatzloser **Haftungsausschluss** sei nach § 307 BGB unwirksam, da er den Leasingnehmer unangemessen benachteilige.[58]

62 Allerdings wird nach ständiger Rechtsprechung wegen der typischen Interessenlage beim Finanzierungsleasing der Gewährleistungsausschluss auch beim Immobilienleasing dann als mit § 307 BGB vereinbar angesehen, wenn der Leasinggeber dem Leasingnehmer die gegen einen mit dem Leasinggeber nicht identischen Lieferanten oder Hersteller bestehenden Gewährleistungsansprüche abtritt oder ihn zur Geltendmachung ermächtigt.[59]

63 Diese Voraussetzungen sind beim Immobilienleasing insbesondere dann gegeben, wenn der Leasinggeber (auch) die Baulichkeiten auf dem Leasinggrundstück errichtet und er im Gegenzug die ihm gegen die Auftragnehmer (zB Bauunternehmer und Architekten) zustehenden Gewährleistungsansprüche an den Leasingnehmer abtritt.[60] Dabei muss der Leasingnehmer in die Lage versetzt werden, die ihm übertragenen Rechte unmittelbar gegenüber den Auftragnehmern des Leasinggebers geltend machen zu können. Die Abtretung muss deshalb **unbedingt und vorbehaltlos** erfolgen, ansonsten

[55] BGH NZI 2013, 586 Rn. 32 ff.
[56] BGH NZM 2015, 251 Rn. 26; Vaaßen, Gewerbliches Immobilienleasing, S. 65 f.
[57] Seibel NZM 1999, 197 (203).
[58] Grundlegend BGH NJW 1989, 1279 (1280); im gleichen Sinne OLG Naumburg NZM 2009, 557 (559).
[59] BGH NJW 1989, 1279 (1280).
[60] Vaaßen, Gewerbliches Immobilienleasing, S. 67.

wird eine derartige Klausel einer Inhaltskontrolle gemäß § 307 Abs. 2 Nr. 2 BGB nicht standhalten.[61]

64 Ein derartiger – zulässiger – Ausschluss der Haftung für Sach- und Rechtsmängel des Leasinggegenstandes schließt zugleich das Recht des Leasingnehmers aus, den Leasingvertrag unter Berufung auf eine durch die Mangelhaftigkeit des Leasinggegenstandes begründete Nichtgewährung des vertragsmäßigen Gebrauches nach § 543 Abs. 2 Nr. 1 BGB zu kündigen.[62]

Formulierungsvorschlag:[63]

65 Mängelrechte des Leasingnehmers

(1) Dem Leasingnehmer stehen Gewährleistungsansprüche gegen den Leasinggeber aufgrund von Mängeln des Leasinggegenstandes nur dann zu, wenn er sie selbst nicht zu vertreten hat. Bei einem kurzfristigen, von keiner der Vertragsparteien zu vertretenden Ausschluss der Nutzung bleibt die Pflicht des Leasingnehmers unberührt, die Leasingraten gemäß § [......] in voller Höhe jeweils bei Fälligkeit zu erbringen. Bei einem vom Leasingnehmer nicht zu vertretenden langfristigen Wegfall der Nutzungsmöglichkeit ist der Leasingnehmer berechtigt, die Miete entsprechend zu mindern. Weitergehende Ansprüche, insbesondere auf Schadenersatz gegen den Leasinggeber, sind ausgeschlossen.

(2) Soweit der Leasingnehmer gemäß vorstehendem Abs. 1 zur Zahlung verpflichtet bleibt, tritt der Leasinggeber die ihm gegen Dritte zustehenden Gewährleistungsansprüche an den Leasingnehmer erfüllungshalber ab. Der Leasingnehmer nimmt die Abtretung an. Der Leasingnehmer wird die abgetretenen Ansprüche auf seine Kosten fristgerecht geltend machen und die erhaltenen Leistungen zur Beseitigung der Mängel am Leasinggegenstand einsetzen.

(3) Nach Übernahme des Leasinggegenstandes wird der Leasingnehmer dem Leasinggeber etwaige Mängel und Schäden am Leasinggegenstand unverzüglich mitteilen.

66 f) **Gefahrtragung.** Üblicherweise wird in Leasingverträgen die Sach- und Preisgefahr grundsätzlich vom Leasinggeber auf den Leasingnehmer abgewälzt.[64] Dies ist nach ständiger Rechtsprechung auch formularvertraglich zulässig, mit der Folge, dass der Leasingnehmer bei Untergang des Leasinggutes die Leasingraten weiterzahlen muss.[65] Dies wird damit begründet, dass sich die Stellung des Leasingnehmers wesentlich von der eines langfristigen Gewerbemieters unterscheidet. Während der Mieter das Objekt ausschließlich zur Nutzung über einen bestimmten Zeitraum erhält, erlangt der Leasingnehmer von Anfang an eine mehr dem Eigentümer als dem Mieter vergleichbare Rechtsstellung.[66]

67 Um sich vor diesen Folgen zu schützen, muss der Leasingnehmer entsprechende Versicherungen abschließen. Allerdings ist auch hierbei zu beachten, dass bei vollständiger Abwälzung der Sach- und Preisgefahr auf den Leasingnehmer das Risiko besteht, dass das Leasinggut wirtschaftlich dem Leasingnehmer zugerechnet werden kann. Aus diesem Grund müssen im Leasingvertrag die Folgen des schuldlosen Unterganges, Zerstörung, Beschädigung und des längerfristigen Nutzungsausschlusses aus sonstigen Gründen wirtschaftlich **zu Lasten des Leasinggebers** geregelt werden. Nur wenn dem Leasingnehmer ein Verschulden vorzuwerfen ist, hat dieser die wirtschaftlichen Folgen seines Handelns tragen.

68 Bei schuldlosem Untergang des Leasingguts ist daher der **Leasinggeber** im Regelfall zum Wiederaufbau bzw. zur Beseitigung von Beschädigungen verpflichtet, sofern ihm ausreichende Versicherungsleistungen oder sonstige Zahlungen Dritter zustehen. Sinn-

[61] Zu diesem Aspekt Bub/Treier MietR-HdB/Drettmann/Jatzek Kap. I Rn. 89.
[62] BGH NJW 1993, 123 (124) zum Mobilienleasing.
[63] Nach BeckOF Vertrag/Salzig Form. 8.1.9 § 6.
[64] Usinger/Minuth Immobilien-HdB/Biagosch Kap. 32 Rn. 71; Vaaßen, Gewerbliches Immobilienleasing, S. 20.
[65] BGH NZM 2015, 251 Rn. 38 mit umfangr. Nachw.
[66] BGH NZM 2015, 251 Rn. 38.

voll kann des Weiteren die Vereinbarung sein, dass der Leasingnehmer das Recht hat, etwa fehlende Finanzmittel zum Wiederaufbau bzw. zur Beseitigung der Beschädigung beizusteuern, um so den Wiederaufbau zu erzwingen. Selbstverständlich besteht auch die Möglichkeit, dem Leasingnehmer den Wiederaufbau zu überlassen und ihm die erhaltenen Versicherungsmittel dafür auszuzahlen. Erfahrungsgemäß ziehen die Leasinggesellschaften es jedoch vor, den Wiederaufbau selbst zu kontrollieren.

69 Sollte ein Wiederaufbau des Leasingobjekts aus wirtschaftlichen oder technischen Gründen unmöglich sein, so kann im Leasingvertrag eine Beendigung des Leasingverhältnisses vorgesehen werden. Gegebenenfalls sollte dann jedoch der Leasingnehmer ein Optionsrecht zum Ankauf, sei es der Objektgesellschaft, sei es des Grundbesitzes oder des Erbbaurechts erhalten, um so zumindest das Grundstück weiter nutzen zu können.

70 Wie im Falle der Mietminderung darf der Leasingnehmer in den Fällen, in denen er den Untergang, die Zerstörung, die Beschädigung oder die sonstige langfristige Nutzungsunterbrechung nicht zu vertreten hat, auch nicht zur Fortzahlung des Mietzinses sowie der Verwaltungskostenbeiträge verpflichtet bleiben.[67]

Formulierungsvorschlag:[68]

71 **Gefahrtragung**

(1) Im Falle der vom Leasingnehmer nicht zu vertretenden teilweisen oder vollständigen Zerstörung des Leasinggegenstandes oder des vom Leasingnehmer nicht zu vertretenden langfristigen Ausschlusses der Nutzungsmöglichkeiten gelten die gesetzlichen Vorschriften über die Minderung sowie über den Wegfall der Pflicht zur Zahlung der Miete. In diesen Fällen kann jede Vertragspartei die vorzeitige Beendigung des Leasingvertrages verlangen, wenn und soweit die Nutzung des Leasinggegenstandes über einen erheblichen Zeitraum ausgeschlossen ist.

In anderen als den in S. 1 genannten Fällen hat der Leasingnehmer alle Zahlungen nach diesem Vertrag unabhängig vom Zustand und der Funktionsfähigkeit des Leasinggegenstandes zu leisten.

(2) Hat der Leasingnehmer die vollständige oder teilweise Zerstörung des Leasinggegenstandes oder den langfristigen Ausschluss der Nutzungsmöglichkeit zu vertreten, so ist der Leasinggeber bei Gefahr im Verzug sofort, ansonsten nach erfolgloser Mahnung mit einer Frist von einem Monat berechtigt, die erforderlichen Maßnahmen zur Verkehrssicherung des Leasinggegenstandes auf Kosten des Leasingnehmer durchführen zu lassen. Im Übrigen hat der Leasingnehmer dem Leasinggeber innerhalb einer angemessenen Frist nach Eintritt eines dieser Ereignisse schriftlich zu erklären:

a) ob er den vertragsgemäßen Zustand wieder herstellt, indem er in Abstimmung mit dem Leasinggeber den Leasinggegenstand auf seine Kosten wiederaufbaut oder ihn durch einen gleichartigen oder gleichwertigen ersetzt oder die Schäden beseitigt. Erhält der Leasinggeber von Dritten (Schädiger oder Versicherer) Entschädigungsleistungen, so wird er diese zur Wiederherstellung des Leasinggegenstandes, entsprechend dem bei Schadenseintritt bestehenden Zustand, zur Verfügung stellen. Reichen die Entschädigungsleistungen zur Wiederherstellung nicht aus, so trägt der Leasingnehmer die Mehrkosten. Risiko und Gefahr des Wiederaufbaus trägt der Leasingnehmer;

b) ob er die vorzeitige Ablösung des Leasingvertrages verlangt. Das Recht zur vorzeitigen Ablösung steht ihm in diesen Fällen nur zu, wenn er sich gleichzeitig verpflichtet, die Zahlungen im Falle vorzeitiger Beendigung des Leasingvertrages gemäß § [......] zu erbringen und nicht aufgrund anderweitiger Verpflichtungen des Leasinggebers (zB behördliche Auflagen) die Wiederherstellung des Leasinggegenstandes erforderlich ist.

Nach erfolgter vorzeitiger Ablösung ist der Leasinggeber verpflichtet, den Leasinggegenstand zu verwerten. Nach erfolgter Verwertung wird der Leasinggeber etwaige von Dritten gezahlte Entschädigungsleistungen sowie den Verwertungserlös nach Abzug der Verwertungskosten bis zur Höhe der gemäß § [......] geleisteten Zahlungen herausgeben.

72 **g) Untervermietung.** Für den Leasingnehmer kann es von Interesse sein, mit dem Leasinggeber das Recht zur Untervermietung wie auch zur Übertragung des gesamten

[67] Seibel NZM 1999, 197 (203); BGH NJW 2004, 1041 (1042) zum Mobilienleasing.
[68] Nach BeckOF Vertrag/Salzig Form. 8.1.9 § 8.

Vertragswerks an Dritte zu vereinbaren. Das Recht zur konzerninternen Untervermietung wird seitens des Leasinggebers kaum auf berechtigten Widerspruch stoßen. Bereits die konzerninterne Übertragung kann jedoch durchaus den Interessen des Leasinggebers zuwiderlaufen. Regelmäßig wird hier ein Kompromiss zu suchen sein in der Form eines Zustimmungsvorbehalts, wobei der Leasinggeber seine Zustimmung **nur aus wichtigem Grund** verweigern darf. Gegebenenfalls können solch wichtige Gründe inhaltlich genauer definiert werden (zB mangelnde Bonität).[69]

Zu beachten bleibt das gesetzliche Kündigungsrecht des Leasingnehmers nach § 540 Abs. 1 S. 2 BGB für den Fall, dass der Leasinggeber seine Zustimmung zur Untervermietung versagt, ohne dass in der Person des prospektiven Untermieters ein wichtiger Grund gegeben ist. Der Leasinggeber wird ein Interesse daran haben, dieses Sonderkündigungsrecht auszuschließen.[70] Ein solcher **Ausschluss des Kündigungsrechts** ist nach der Rechtsprechung auch formularmäßig zulässig.[71] 73

h) Beendigung des Immobilienleasingvertrages. *aa) Kündigung des Leasingvertrags.* Eine **ordentliche Kündigung** des Leasingvertrags wird während der vertraglich bestimmten Grundmietzeit in der Regel **ausgeschlossen.** Des Weiteren ist zu beachten, dass im Fall von Formmängeln (§ 311b oder §§ 578 Abs. 1, 550 BGB) der Immobilienleasingvertrag als für unbestimmte Zeit geschlossen gilt mit der Folge, dass er vor Ablauf der Grundmietzeit, allerdings nicht vor Ablauf eines Jahres nach Überlassung des Objekts ordentlich gekündigt werden kann.[72] 74

Eine **außerordentliche** (fristlose) Kündigung des Leasingvertrags ist jederzeit möglich, bei Vertragsverletzung allerdings nur nach erfolglosem Ablauf einer zur Abhilfe bestimmten Frist oder nach erfolgloser **Abmahnung,** wenn ein wichtiger Grund vorliegt. Dies ist dann der Fall, wenn Tatsachen vorliegen, aufgrund derer dem Leasingnehmer oder dem Leasinggeber unter Berücksichtigung aller Umstände des Einzelfalls und unter Abwägung der Interessen beider Vertragsteile die Fortsetzung des Leasingverhältnisses bis zum Ablauf der Grundmietzeit nicht zugemutet werden kann (vgl. § 543 BGB). 75

In der Regel sehen Immobilienleasingverträge ausführliche Bestimmungen bezüglich der Beendigung des Immobilienleasingvertrags aus wichtigem Grund vor. Neben den außerordentlichen Kündigungsgründen für den Leasinggeber, wie etwa Vermögensverfall des Leasingnehmers, Verletzung wesentlicher Vertragspflichten durch den Leasingnehmer oder längerer Zahlungsverzug, finden sich auch Bestimmungen über die **Schadensersatzpflicht des Leasingnehmers** im Falle außerordentlicher Kündigung. 76

Bei einer fristlosen Kündigung des Leasingvertrags steht dem Leasinggeber ein Schadensersatzanspruch zu, der auf Ersatz des Betrages geht, den der Leasingnehmer bei ungestörter Abwicklung des Vertragsverhältnisses bis zum Ablauf der unkündbaren Festmietzeit hätte zahlen müssen, gemindert allerdings durch ersparte Aufwendungen und andere infolge der Kündigung erwachsene Vorteile.[73] Bei einem Teilamortisationsvertrag kommt neben der Leasingraten, die der Leasingnehmer bei ungestörter Abwicklung des Vertragsverhältnisses bis zum Ablauf der unkündbaren Grundmietzeit hätte zahlen müssen, der kalkulierte Restwert der Immobilie zum Ende der Grundmietzeit, abzüglich ersparter Aufwendungen und sonstiger Vorteile, hinzu. 77

In der Regel ist der Leasingnehmer verpflichtet, dem Leasinggeber alle entstandenen oder noch entstehenden Aufwendungen für die Gesamtinvestitionskosten sowie die Vor- und Mietnebenkosten zu erstatten. Des Weiteren kann die Zahlung einer einmaligen **pauschalierten Schadensersatzsumme** vorgesehen sein. Etwa beim Leasinggeber anfallende Vorfälligkeitsentschädigungen werden häufig ebenfalls auszugleichen sein. 78

---

[69] Im gleichen Sinne Bub/Treier MietR-HdB/Drettmann/Jatzek Kap. I Rn. 82, wonach ein formularmäßiger genereller Ausschluss der Untervermietung an § 307 Abs. 1 BGB scheitert.

[70] Seibel NZM 1999, 197 (204).

[71] BGH NJW 1990, 3016 (3017).

[72] AA KG BeckRS 2016, 117226, wonach die §§ 550, 578 BGB auf Immobilienleasingverträge nicht anwendbar seien.

[73] BGH NJW 1985, 1539 (1544) zum Mobilienleasing.

79 *bb) Rücktrittsrechte.* Für den Leasingnehmer ist die Vereinbarung von Rücktrittsrechten und der mit dem Rücktritt verbundenen Folgen im Immobilienleasingvertrag von entscheidender Bedeutung. Dies gilt insbesondere dann, wenn der Leasinggeber seinen bauvertraglichen Verpflichtungen nicht nachkommt oder der vereinbarte Termin zur Übergabe des Leasinggegenstands nicht eingehalten wird. In diesen Fällen sollte auch die Zahlung eines angemessenen pauschalierten Schadensersatzbetrags zugunsten des Leasingnehmers festgeschrieben werden.

2. Form des Immobilienleasingvertrages

80 Wie bereits dargelegt, umfasst das Immobilienleasinggeschäft in der Regel mehrere rechtlich selbständige Verträge, die aber faktisch miteinander verklammert sind. Neben dem eigentlichen Immobilienleasingvertrag sind dies insbesondere der Kaufvertrag über das Leasingobjekt, ferner Bauverträge, Gesellschaftsverträge und Finanzierungsverträge.

81 Wird dem Leasingnehmer das Recht eingeräumt, vom Leasinggeber den Abschluss eines Kaufvertrages über Grundstück und Gebäude zu verlangen, sofern die Grundmietzeit abgelaufen ist, so bedarf die Vereinbarung des **Ankaufsrechts** der notariellen Beurkundung gemäß § 311b BGB.[74]

82 Nach überwiegender Auffassung bedarf aber auch der Immobilienleasingvertrag – in seiner Form als atypischer Mietvertrag – der notariellen Beurkundung gem. § 311b BGB. Sind nämlich Immobilienleasingvertrag und Ankaufsrecht dergestalt miteinander verbunden, dass beide Rechtsgeschäfte miteinander „stehen und fallen" sollen, dann bedarf auch der Immobilienleasingvertrag einschließlich sämtlicher Nebenabreden der notariellen Beurkundung.[75]

83 Häufig schließt der Leasinggeber zum Zweck der Risikominimierung Immobilienleasingverträge in der Weise ab, dass er bereits für den Erwerb der Immobilie eine **Objektgesellschaft** (in der Regel eine GmbH) gründet. Ist dem Leasingnehmer – nach Ablauf der Grundmietzeit – ein Ankaufsrecht auf den oder die Geschäftsanteile an der Objektgesellschaft eingeräumt, so bedarf auch in diesem Fall sowohl der Immobilienleasingvertrag als auch der Optionsvertrag nach § 15 Abs. 4 GmbHG der notariellen Beurkundung.[76]

84 Da bei einem Immobilienleasingvertrag sämtliche Verträge (Grundstückskaufvertrag, Leasingvertrag, Optionsverträge) im Zusammenhang miteinander stehen und keiner der Verträge ohne den anderen abgeschlossen werden soll, bedarf somit **das gesamte Vertragswerk** der notariellen Beurkundung (§ 311b BGB).[77] Auf diese Weise wird sichergestellt, dass sämtliche Vertragstexte in einer einheitlichen Urkunde aufeinander abgestimmt sind. Wird erst einmal vorab der Leasingvertrag lediglich privatschriftlich gefasst, ist dieser schwebend formnichtig. Erst mit Eintragung des Grundstückserwerbs der Objektgesellschaft im Grundbuch, notarieller Beurkundung des Ankaufsvertrags bezüglich der Objektgesellschaft und Eintragung des Ankaufsrechts des Leasingnehmers am Grundbesitz im Grundbuch wird die Formnichtigkeit geheilt. Eine Heilungsmöglichkeit nach § 311b BGB entfällt, wenn der Leasinggeber bei Abschluss des Leasingvertrags bereits Eigentümer des Leasingobjekts ist und dem Leasingnehmer ein Erwerbsrecht am Leasingobjekt eingeräumt wird. Das Ankaufsrecht bedarf notarieller Beurkundung, eine Eigentumsumschreibung über die Immobilie findet aber überhaupt erst statt, wenn der Leasingnehmer das Ankaufsrecht annimmt. Die Eigentumsumschreibung im Grundbuch ist indessen Bedingung für die Heilung des insgesamt formnichti-

[74] Mörtenkötter MittRhNotK 1995, 329 (340); Usinger/Minuth Immobilien-HdB/Biagosch Kap. 32 Rn. 66; Graf v. Westphalen MittBayNot 2004, 13 (15); LG Düsseldorf WPM 1989, 1126 (1127).

[75] OLG Koblenz BeckRS 2003, 30308124; Graf v. Westphalen MittBayNot 2004, 13 (15).

[76] Mörtenkötter MittRhNotK 1995, 329 (342); Usinger/Minuth Immobilien-HdB/Biagosch Kap. 32 Rn. 66.

[77] Seibel NZM 1999, 197 (198); LG Düsseldorf WPM 1989, 1126.

gen Geschäfts nach § 311b BGB. Das gesamte Leasingverhältnis bleibt also zivilrechtlich **schwebend unwirksam,** bis die Übertragung des fraglichen Grundstücks auf den Leasingnehmer vollzogen ist.[78]

Bislang gingen Rspr. und Literatur fast einhellig davon aus, dass das **Schriftformerfordernis** gemäß §§ 550, 578 BGB auf den Immobilienleasingvertrag anwendbar war. Diese Frage wurde dann relevant, wenn mit dem Immobilienleasingvertrag kein Erwerb des Leasingobjekts verbunden war oder wenn der Immobilienleasingvertrag einem Grundstückskaufvertrag als Anlage beigefügt war. Die Literatur ging bislang, häufig ohne nähere Begründung, aufgrund der rechtlichen Qualifikation des Immobilienleasingvertrags als Mietvertrag davon aus, dass die §§ 550, 578 BGB auch für diesen Vertrag anwendbar seien.[79] 85

Mit Inkrafttreten des 4. Bürokratieentlastungsgesetzes (BEG IV)[80] am 1.1.2025 wurde § 550 BGB, der die gesetzliche Schriftform für langfristige Mietverhältnisse regelt, angepasst: Für Gewerbemietverhältnisse, die für längere Zeit als ein Jahr geschlossen werden, reicht nunmehr gemäß § 578 Abs. 1 BGB die **Textform** aus. Dort heißt es: 86

„§ 550 ist mit der Maßgabe anzuwenden, dass ein Mietvertrag, der für längere Zeit als ein Jahr nicht in Textform geschlossen wird, für unbestimmte Zeit gilt."

Für bestehende Mietverhältnisse, die vor dem 1.1.2025 geschlossen wurden, gilt gemäß Art. 229 § 70 Abs. 1 EGBGB eine Übergangsfrist von einem Jahr. Das heißt: Diese sind noch für ein Jahr nach den alten Vorschriften zu beurteilen, das Schriftformerfordernis bleibt bis zum 31.12.2025 verbindlich. 87

Wird ein Mietvertrag früher geändert, gelten die neuen Vorschriften bereits ab dem Zeitpunkt der Änderung, die ab 2025 in Textform erfolgen kann. Nach Ablauf der Übergangsfrist – ab dem 1.1.2026 – gilt die neue Regelung auch für Altverträge. 88

Für die Einhaltung der Textform (§ 126b BGB) genügt es künftig, dass eine lesbare Erklärung auf einem **dauerhaften Datenträger** abgegeben wird, die den **Erklärenden eindeutig erkennen lässt** (wie zB per E-Mail, SMS oder Messengerdienste wie WhatsApp). Entscheidender Unterschied zur Schriftform ist dabei, dass bei der Textform eine Unterschrift grundsätzlich nicht erforderlich ist. 89

Damit trägt der Gesetzgeber der zunehmenden **Digitalisierung** im Rechtsverkehr Rechnung. Bereits jetzt werden in den allermeisten Fällen Entwürfe gewerblicher Mietverträge elektronisch zirkuliert und angepasst. Mit der neuen Gesetzesänderung wird nun auch der Abschluss von Gewerberaummietverträgen elektronisch möglich sein. 90

Allerdings wird es wohl auch in Zukunft Schrift- bzw. nunmehr Textformverstöße und darauf gestützte vorzeitige Kündigungen geben. Insbesondere die Anforderungen an die **Einheitlichkeit der Urkunde** dürften auch unter Geltung der Textform weitestgehend unverändert fortbestehen. Werden Anlagen versehentlich nicht dem Vertrag beigefügt oder widerspricht der Inhalt einer Anlage dem Vertragstext und lässt sich dieser Widerspruch auch nicht zweifelsfrei im Wege der Auslegung beseitigen, liegen Textformverstöße vor. 91

Daher muss auch ein in Textform abgeschlossener Immobilienleasingvertrag **alle wesentlichen Vertragsbedingungen** enthalten. Eventuelle Nachträge, Ergänzungen oder Zusatzvereinbarungen müssen eine konkrete und erkennbare Verknüpfung zum Mietvertrag aufweisen. Lose formulierte E-Mails, umfangreiche, unübersichtliche E-Mail-Verläufe oder ähnliche Kommunikation zwischen den Parteien können dazu führen, 92

---

[78] Graf v. Westphalen MittBayNot 2004, 13 (16).

[79] BeckOK MietR/Leo, 12. Ed. 1.12.2017, BGB § 550 Rn. 14; Bub/Treier MietR-HdB/Drettmann/Jatzek Kap. I Rn. 90; Engel NZM 1998, 785 (786); MüKoBGB/Koch Finanzierungsleasing Rn. 12; weitere Nachweise bei KG BeckRS 2016, 117226 Rn. 15.

[80] Viertes Gesetz zur Entlastung der Bürgerinnen und Bürger, der Wirtschaft sowie der Verwaltung von Bürokratie (Viertes Bürokratieentlastungsgesetz) vom 23. Oktober 2024 (BGBl. 2024 I Nr. 323), hierzu Weidt NJOZ 2025, 449; Artz/Brinkmann NJW 2025, 1; Neumann NZM 2024, 931; Hofele NZM 2024, 363.

dass die rechtlich bindenden Absprachen nicht eindeutig identifizierbar sind und damit das Textformerfordernis der §§ 578 Abs. 1, 550 BGB nicht beachtet wird.[81]

[81] Zu diesem Aspekt Weidt NJOZ 2025, 449.

Teil E. Klimaschutz und Mietrecht

§ 78 Völker- und Europarechtliche Grundlagen

Übersicht

I. Einleitung

Schrifttum:
Ekardt, Das Paris-Abkommen zum globalen Klimaschutz, NVwZ 2016, 355; Heinicke, Mehr Klimaschutz im Gebäudesektor – die neuen Vorgaben des Gebäudeenergiegesetzes, die Wärmeplanung und die Umsetzung der Gebäuderichtlinie, KlimR 2024, 162; Lehnshack, Die neue EU-Gebäuderichtlinie: Ein Überblick, KlimR 2024, 102

Die **Begrenzung des Klimawandels** und seiner Folgen sowie die **Bewältigung der** 1 zwingend notwendigen **Energiewende** sind aktuell die bedeutsamsten Themen, welche nahezu alle Bereiche der Gesellschaft und damit auch die Gebäude- und Wohnungswirtschaft berühren. Sie werden die Politik und alle zukünftigen Handlungen in den kommenden Jahren maßgeblich bestimmen. Die Energiewende ist ohne Digitalisierung und Einsatz künstlicher Intelligenz nicht vorstellbar. Sie erfordert auch die digitale Transformation der Gebäude.

Für Eigentümer und Vermieter entsteht so in der Zukunft ein **erheblicher Anpassungsbedarf**, welcher sich nicht nur in der energetischen Aufrüstung von Gebäuden im Interesse der Verringerung des CO^2-Ausstoßes erschöpft, sondern insbesondere auch die Umstellung auf eine smarte und intelligente, insbesondere kommunikationsfähige, Gebäudebewirtschaftung umfasst. Für größere Wohnungsunternehmen wird dieser nicht zuletzt auch durch bestehender Nachhaltigkeits-Berichtspflichten angetrieben. 2

Der zunehmend verpflichtende Einsatz erneuerbarer Energien in Gebäuden insbesondere auch auf Grundlage der eigenen Stromerzeugung, die stetig steigende Nachfrage von Mietern und Wohnungseigentümern im Bereich der Elektromobilität, der nunmehr ebenfalls verpflichtende Smart Meter Rollout und der zukünftige Einsatz steuerbarer Verbrauchseinrichtungen sowie variabler oder dynamischer Stromtarife in Gebäuden 3 bringen **gravierende technische und rechtliche Anforderungen** für die Wohnungswirtschaft mit sich.

4 Das Völker- und insbesondere das Europarecht generiert in diesem Zusammenhang **stetig immer weitere rechtliche Vorgaben,** welche mit der nachfolgenden zwingend notwendigen Übersetzung in das jeweilige nationale Recht der Vertragsstaaten sodann Handlungsbedarf für Gebäudeeigentümer auslösen.

5 Die nachfolgende Darstellung vermittelt einen Überblick zu den praktisch bedeutsamsten Völker- und Europarechtlichen Grundlagen des Klimaschutzes und der Energiewende, welcher durch das nachfolgende Kapitel (→ § 79) zu den für Gebäudeeigentümer und Vermieter relevanten gesetzlichen Vorschriften im deutschen Recht ergänzt wird. Die Umsetzung der nachfolgend angesprochenen europäischen Rechtsakte ist in einigen Bereichen noch nicht erfolgt. Aus der Darstellung lassen sich jedoch bereits die zukünftig zu erwartenden Änderungen des Bundesrechtes ablesen.

II. Völkerrecht

1. Klimaschutzabkommen von Paris

6 Das **„Übereinkommen von Paris"** wurde auf der 21. Vertragsstaatenkonferenz der Klimarahmenkonvention der Vereinten Nationen (COP21) am 12. Dezember 2015 in Paris verabschiedet und trat nach erfolgter Ratifizierung durch zumindest 55 Staaten, die zugleich mindestens 55 Prozent der globalen Treibhausgase emittieren, am 4. November 2016 in Kraft. Für die Bundesrepublik Deutschland erfolgte diese mit dem Gesetz vom 28.9.2016.[1] Auch die Europäische Union[2] sowie sechs weitere Mitgliedstaaten der EU traten am 5. Oktober 2016 dem Übereinkommen bei.[3] Mit Stand des Jahres 2023 ist inzwischen die Ratifizierung durch insgesamt 195 Vertragsstaaten erfolgt.

7 Globales **Ziel des Übereinkommens** ist insbesondere die Begrenzung der Erderwärmung im Vergleich zum vorindustriellen Zeitalter auf „deutlich unter" zwei Grad Celsius, wobei sich die Staatengemeinschaft bemühen soll, den Temperaturanstieg auf unter 1,5 Grad Celsius zu halten, um die gravierendsten Folgen des Klimawandels zu vermeiden. Daneben soll – als gleichberechtigtes Ziel – die Fähigkeit zur Anpassung an den Klimawandel gestärkt werden. Schließlich sollen die Finanzflüsse in Übereinstimmung mit den Klimazielen gebracht werden.[4]

8 Mit dem Übereinkommen wird angestrebt, den weltweiten Scheitelpunkt der Treibhausgasemissionen durch Dekarbonisierung der Wirtschafts- und Lebensweise unter drastischer Senkung des Ausstoßes von Treibhausgasemissionen so bald wie möglich zu erreichen und in der zweiten Hälfte des Jahrhunderts ein **Gleichgewicht** zwischen Treibhausgasemissionen und deren Abbau durch Senken (wie zB Wälder oder Moore), also Treibhausgasneutralität, herzustellen.

9 Die Mitgliedstaaten des Abkommens legen ihre **nationalen Beiträge** zur Erreichung der Ziele selbst fest, wobei jedoch beginnend ab dem Jahr 2025 deren Fortschreibung und Ambitionssteigerung alle fünf Jahre erfolgen muss (Progressionsprinzip). Zur Sicherstellung der Zielerreichung findet zudem seit dem Jahr 2018 alle fünf Jahre eine globale Bestandsaufnahme (Global Stocktake) statt. Eine erste Bestandsaufnahme ist im Jahr 2023 unter Bestätigung mangelnder kollektiver Fortschritte erfolgt.

10 Ferner wurde auf der Klimakonferenz in Katowice im Jahr 2018 (COP24) ein **Regelbuch** verabschiedet, welches verbindliche Vorgaben zum Inhalt der nationalen Klimaschutzbeiträge, zu den Standards der Berichterstattung über die Treibhausgasemissio-

[1] BGBl. 2016 II 1082.
[2] Auf Grundlage von Art. 191 und 192 Abs. 1 AEUV.
[3] Amtsblatt der Europäischen Union L 282/6 vom 19.10.2016.
[4] Siehe zu den Zielen umfassend: Ekardt NVwZ 2016, 355.

nen und Klimaschutzmaßnahmen sowie zu den Modalitäten der globalen Bestandsaufnahme beschreibt.

III. Europarecht

1. EU-Lastenteilungsverordnung („Effort-Sharing-Regulation") – ESR

11 a) **Zielsetzung.** Die **Verordnung (EU) 2018/842** des Europäischen Parlaments und des Rates vom 30.5.2018 zur Festlegung verbindlicher nationaler Jahresziele für die Reduzierung der Treibhausgasemissionen im Zeitraum 2021–2030 als Beitrag zu Klimaschutzmaßnahmen zwecks Erfüllung der Verpflichtungen aus dem Übereinkommen von Paris sowie zur Änderung der Verordnung (EU) Nr. 525/2013[5] in konsolidierter Fassung vom 16. Mai 2023[6] dient zur Umsetzung und Sicherstellung der Erreichung der im Klimaschutzabkommen von Paris vorgesehenen Ziele. Mit der Reformation der ESR im April 2023 wurde das ursprüngliche Gesamtminderungsziel aller Mitgliedstaaten entsprechend der mittlerweile auch im EU-Klimaschutzgesetz verankerten Vorgaben auf 40 % gegenüber dem Ausgangsjahr 2005 angehoben.

12 b) **Verpflichtungen für die Mitgliedstaaten.** Die ESR legt den Mitgliedstaaten der EU für die Wirtschaftssektoren, die nicht dem EU-Emissionshandelssystem unterfallen (derzeitig noch insbesondere Gebäude und Verkehr), in Art. 1 und 3 **verbindliche jährliche lineare Zielvorgaben** zur Senkung von Treibhausgasemissionen im Zeitraum 2021–2030 einschließlich der Zuweisung von jährlichen Emissionsmengen auf und beschreibt zugleich für jeden Mitgliedstaat nach Art. 4 in Verbindung mit Anhang I (Spalte 2) den Prozentsatz der verpflichtenden Treibhausgasemissionen im Vergleich der Jahre 2030 zu 2005. Für die Bundesrepublik Deutschland ergibt sich hiernach aktuell eine Zielvorgabe von -50 %. Es liegt im Ermessen der Mitgliedstaaten, wie sie die ihnen jeweils vorgegebenen Reduktionsziele erreichen.

13 Art. 5–7 ESR ermöglichen es einem Mitgliedstaat, der durch seine nationalen Maßnahmen keine ausreichende Emissionsminderung erreicht hat, Emissionszuweisungen anderer Mitgliedstaaten, welche ihre Zuweisungen nicht ausgereizt haben, zu erwerben (**„Erwerb von ESR-Zertifikaten"**). Die anteilige Übertragung der jährlichen Emissionszuweisung ist in den Jahren 2021 bis 2025 bis zu einem Anteil von 10 % und in den Jahren 2026 bis 2023 bis zu einem Anteil von 15 % zulässig. Weitere Einzelheiten hierzu werden in der Delegierten Verordnung (EU) 2019/1122[7] geregelt.

14 c) **Folgen bei Nichteinhaltung der Vorgaben.** Die **Umsetzung der ESR in den Mitgliedstaaten** wird nach Art. 8 und 9 ESR sicherstellend durch die EU-Governance-VO begleitet, wonach sich auch Berichtspflichten für die Mitgliedstaaten sowie bei Verstößen die Verpflichtung zur Vorlage eines Planes für Abhilfemaßnahmen ergeben. Art. 8 und 9 ESR sehen für den Fall der Nichteinhaltung der Emissionsreduktionsziele durch einen Mitgliedstaat zwar keine unmittelbaren Strafzahlungen vor, jedoch ergeben sich für verschiedene Akteure nach dem Vertrag über die Europäische Union (EUV) und nach dem Vertrag über die Arbeitsweise der Europäischen Union (AEUV) Klagemöglichkeiten vor dem Gerichtshof der Europäischen Union. So kann insbesondere die Kommission nach Art. 258 AEUV das Vorliegen einer Unionsrechtsverletzung feststellen lassen, welche sodann nach Maßgabe des Art. 260 AEUV auch die Verurteilung zur Zahlung eines Zwangsgeldes oder Pauschalbetrages nach sich ziehen kann.

---

[5] Amtsblatt der Europäischen Union L 156 vom 19.6.2018.
[6] Amtsblatt der Europäischen Union L 156 vom 16.5.2023.
[7] Delegierte Verordnung (EU) 2019/1122 der Kommission vom 12. März 2019 zur Ergänzung der Richtlinie 2003/87/EG des Europäischen Parlaments und des Rates im Hinblick auf die Funktionsweise des Unionsregisters, Amtsblatt der Europäischen Union L 177 vom 2. Juli 2019, S. 9 in konsolidierter Fassung vom 30. Dezember 2023.

2. EU-Governance-Verordnung

15 Ziel der **Verordnung (EU) 2018/1999** vom 11.12.2018 über das Governance-System für die Energie-Union und für den Klimaschutz[8] (konsolidierte Fassung vom 20. November 2023) ist die Sicherstellung der grundlegenden Umstellung des Energiesystems der EU durch Einrichtung eines umfassenden **„Governance-Mechanismus“.**

16 Sie verpflichtet die Mitgliedstaaten unter anderem zur Aufstellung und regelmäßigen Aktualisierung von **integrierten nationalen Energie- und Klimaplänen** (INEK – Art. 3, 14), welche nach Art. 13 durch die Kommission bewertet werden sowie zur Vorlage von Langfriststrategien zu Energie und Klima für 30 Jahre (Art. 15). Zudem sind die Mitgliedstaaten nach Art. 17 verpflichtet, alle zwei Jahre Berichte über Stand und Durchführung der INEK vorzulegen.

17 Im Zusammenhang mit der Lastenteilungsverordnung (ESR) bewertet die Kommission nach Art. 29 Abs. 5 lit. b Alt. 1 INEK jährlich die Fortschritte der Mitgliedstaaten bei der Erreichung der ESR-Ziele und legt hierzu gem. Art. 29 Abs. 7 INEK ebenfalls jährlich einen Bericht vor.

3. Gebäude-Richtlinie – EPBD

18 a) **Entwicklung.** Die **EPBD (Energy-Performance of Building Directive)** dient der Realisierung und Unterstützung der Bestrebungen der Europäischen Union zur Entwicklung eines nachhaltigen, wettbewerbsfähigen, sicheren und dekarbonisierten Energiesystems und zur Verringerung der Treibhausgasemissionen bis 2030. Hierzu wurde im Jahr 2016 eine Überprüfung der Gesetzgebungsakte der Europäischen Union vorgenommen, welche in die Richtlinie 2018/844 zur Änderung der Gesamtenergieeffizienzrichtlinie von 2010 führte.[9]

19 Eine nachfolgende **Neufassung der EU-Gebäuderichtlinie** (Richtlinie über die Gesamtenergieeffizienz von Gebäuden (EU) 2024/1275) ist am 28.5.2024 in Kraft getreten.[10] Obwohl im Ergebnis wesentlich milder ausgefallen als mit den Beschlüssen des Europäischen Parlamentes vom 14.3.2023[11] zunächst vorgesehen, werden sich mit der Neufassung für die Zukunft dennoch erhebliche Anpassungen für die Neuerrichtung von Gebäuden und die Ausstattung und den Betrieb von Bestandsgebäuden ergeben.

20 b) **Für Gebäudeeigentümer bedeutsame Vorgaben der neuen Richtlinie.** Die neue Richtlinie bestimmt Ziele auf europäischer und nationaler Ebene für die **Senkung der Gebäudeemissionen,** wobei ein emissionsfreier Gebäudebestand bis zum Jahr 2050 angestrebt wird, Art. 1 Abs. 1 EPBD. Dabei sollen äußere klimatische Bedingungen, lokale Bedingungen sowie Anforderungen an die Raumklimaqualität und der Kosteneffizienz Berücksichtigung finden.

21 Bereits **ab 2030** müssen deshalb nach Art. 7 Abs. 1 EPBD **alle Neubauten** in der EU **emissionsfrei** sein. Diese Pflicht gilt für neue öffentliche Gebäude im Besitz oder in der Nutzung durch Behörden sogar bereits ab dem Jahr 2028.

22 Für Nichtwohngebäude greift zudem zukünftig durch Festlegung von **Mindestvorgaben für die Energieeffizienz**[12] eine Renovierungsverpflichtung, nach welcher bis spätestens 2030 ein Anteil von 16 % und bis spätestens 2033 ein Anteil von 26 % des Gebäudebestandes mit der schlechtesten Leistung zu renovieren sind.[13]

23 **Bestandswohngebäude** werden ebenfalls zukünftig infolge der **Vorgabe zur schrittweisen Absenkung** des durchschnittlichen Primärenergieverbrauches bis 2030 um min-

---

[8] Amtsblatt der Europäischen Union L 328 vom 21.12.2018, S. 1.

[9] EU-Richtlinie 2018/844 vom 30.5.2018 zur Änderung der Richtlinie 2010/31/EU über die Gesamtenergieeffizienz von Gebäuden und der Richtlinie 2012/27/EU über Energieeffizienz.

[10] Amtsblatt der Europäischen Union Reihe L vom 28.5.2024.

[11] COM (2021) 0802-C9-0469/2021 – 2021/0462 (COD).

[12] Siehe dazu Art. 5 EPBD.

[13] Siehe dazu Art. 9 Abs. 1 EPBD.

destens 16 % und bis 2035 um mindestens 20–22 % einer Renovierungspflicht unterfallen.[14] Dabei liegt es in der freien Entscheidung der Mitgliedstaaten, auf welche Gebäude sie abzielen, und welche Maßnahmen zu ergreifen sind, jedoch müssen mindestens 55 % des Rückganges des durchschnittlichen Primärenergieverbrauches durch die Renovierung der Wohngebäude mit den schlechtesten Werten erreicht werden.[15]

Die Mitgliedstaaten müssen hierzu nach Art. 3 EPBD Gebäuderenovierungspläne mit Zwischenzielen für 2030, 2040 und 2050 vorlegen. Für die Mitgliedstaaten ergibt sich ferner nach Art. 10 EPBD die Verpflichtung, schrittweise **Solaranlagen** in allen neuen öffentlichen Gebäuden und Nichtwohngebäuden (ab 2027) sowie neuen Wohngebäuden (ab 2030) installieren zu lassen, soweit dies technisch und wirtschaftlich realisierbar ist. 24

Völlig neu ist die sich aus Art. 15 Abs. 1 EPBD ergebende Verpflichtung zur Einführung eines Bewertungssystems für die **Intelligenzfähigkeit von Gebäuden.** Die Intelligenzfähigkeit beschreibt die Fähigkeiten eines Gebäudes oder eines Gebäudeteils, den Betrieb an den Bedarf der Bewohner, insbesondere im Hinblick auf die Raumklimaqualität, und des Netzes anzupassen und seine Gesamtenergieeffizienz und -leistung zu verbessern. 25

Im Bereich der **Elektromobilität** verlangt Art. 14 Abs. 6 EPBD bei neuen Nichtwohngebäuden und Nichtwohngebäuden, die einer größeren Renovierung unterzogen werden, zukünftig die Ermöglichung des Einsatzes von intelligentes und bidirektionales Laden zulassenden Ladepunkten. 26

Vorgesehen ist schließlich auch das Verbot der Subvention von fossilen Heizungsanlagen ab 2025, Art. 17 Abs. 15 EPBD.

Gebäudedaten sind Eigentümern, Mietern und Verwaltern zukünftig nach Art. 16 Abs. 1 EPBD zugänglich zu machen.[16] 27

Die Mitgliedstaaten sind nach Art. 5 Abs. 3 EPBD berechtigt, Ausnahmen für bestimmte Arten von Gebäuden, wie zB landwirtschaftliche Nutzgebäude, Kirchen, Gebäude des Kulturerbes oder von besonderem historischem oder architektonischem Wert, zu schaffen. Ausnahmen dürfen auch Gebäude, die weniger als vier Monate jährlich genutzt werden[17], erfassen.

Zum 31.12.2027 soll eine Evaluierung der Richtlinie erfolgen, Art. 28 EPBD.

c) Umsetzung in das jeweilige nationale Recht. Die Mitgliedstaaten der EU sind zur **Umsetzung** der aus der EPBD folgenden Vorgaben in das jeweilige nationale Recht spätestens **bis 29. Mai 2026** verpflichtet, Art. 35 EPBD. 28

Zu erwarten sind insbesondere weitere Anpassungen des Gebäudeenergiegesetzes (GEG) vor allem im Zusammenhang mit dem Einbau von neuen und dem fortgesetzten Betrieb von Heizungsanlagen,[18] des Gebäude-Elektromobilitätsinfrastrukturgesetzes (GEIG) sowie die Einführung einer bundesweiten Solarpflicht.[19]

4. Energieeffizienz-Richtlinie – EED

Erste verbindliche Energieeffizienzziele der Europäischen Union wurden mit der **Richtlinie zur Energieeffizienz 2012/27/EU** festgelegt. 29

---

[14] Siehe dazu Art. 9 Abs. 2 EPBD.

[15] Siehe dazu Art. 9 Abs. 2 und Abs. 3 EPBD.

[16] Siehe dazu begleitend und ergänzend auch EU Data Act – VO 2023/2854 über harmonisierte Vorschriften für einen fairen Datenzugang und eine faire Datennutzung, Amtsblatt der Europäischen Union L 22.12.2023, S. 1 – ab 12.9.2025 in allen Mitgliedsstaaten für alle Branchen und Wirtschaftszweige direkt anwendbar.

[17] Siehe dazu kritisch: Lehnshack KlimR 2024, 102 (103).

[18] Siehe dazu Lehnshack KlimR 2024, 102 (106).

[19] Siehe dazu Heinicke KlimaR 2024, 162 (170).

Ziel der zunächst im Dezember 2018 novellierten EED (Energy Efficiency Directive)[20] war es sodann, den europaweiten Energieverbrauch bis zum Jahr 2030 um 32,5 % im Vergleich zur Prognose 2007 zu senken, um so einen wesentlichen Beitrag zum Klimaschutz zu leisten.

30 Die EED in der Fassung von 2018 beinhaltete unter anderem die in Deutschland bereits mit den Änderungen der Heizkostenverordnung zum 1.12.2021 vollzogene verpflichtende Einführung einer Fernauslesung von installierten Zählern und Heizkostenverteilern (Art. 9c) sowie die verpflichtende Übermittlung von unterjährigen Verbrauchsinformationen an Endnutzer (Art. 10a und Anhang VII a).

31 Im Oktober 2023 trat nunmehr die **erneuerte Richtlinie EU 2023/1791**[21] in Kraft, welche die Energieeffizienzziele der EU nochmals verschärfte und die bisherige Richtlinie 2012/27/EU teilweise direkt bzw. schrittweise bis zum 12.10.2025 ersetzt. Hiernach soll der Verbrauch an Primär- und Endenergie auf EU-Ebene nunmehr bis 2030 um 11,7 % gegenüber dem EU-Referenzszenario aus dem Jahr 2020 gesenkt werden (Art. 4 Abs. 1). Die Vorgaben sind in Bezug auf den Endenergieverbrauch – für die Mitgliedstaaten insgesamt – verbindlich, das Ziel für den Primärenergieverbrauch bildet demgegenüber lediglich einen Richtwert. Die Richtlinie schreibt neue jährliche Energieeinsparverpflichtungen vor, zudem wird die Vorbildfunktion für den öffentlichen Sektor mit Vorgaben zur jährlichen Absenkung des Endenergieverbrauches öffentlicher Einrichtungen festgelegt (Art. 5). Von der Richtlinie umfasst sind ferner die Festlegung neuer Anforderungen für Fernwärmesysteme bis hin zu deren vollständigen Dekarbonisierung im Jahr 2050 (Art. 26) und die Schaffung von Berichtspflichten für Rechenzentren (Art. 12). Ebenso sind durch die verpflichtende Einführung von Energiemanagementsystemen oder die Einführung von Energieaudits Effizienzsteigerungen in den Unternehmen zu bewirken (Art. 11)

32 Die Mitgliedstaaten der EU sind zur **Umsetzung** der aus Energieeffizienzrichtlinie folgenden Vorgaben in das jeweilige nationale Recht spätestens **bis zum 11. Oktober** 2025 verpflichtet, Art. 36 Abs. 1 EED.

5. Erneuerbare-Energien-Richtlinie – RED

33 **Gegenstand der RED**[22] ist die Schaffung eines gemeinsamen Rahmens für die Förderung von Energie aus erneuerbaren Quellen und die Festlegung eines verbindlichen Unionszieles für den Gesamtanteil von Energie aus erneuerbaren Quellen am Bruttoendenergieverbrauch der Union für 2030.

34 Die **RED** hat seit der **Neufassung** im Jahr 2018 in den letzten Jahren erneut vielfache **weitere Änderungen und Ergänzungen** durch die nachfolgenden Rechtsakte erfahren.[23]

- Delegierte Verordnung (EU) 2022/759 der Kommission vom 14. Dezember 2021 zur Änderung des Anhangs VII der Richtlinie (EU) 2018/2001 des Europäischen Parlaments und des Rates hinsichtlich einer Methode zur Berechnung der Menge der für die Kälteversorgung und die Fernkälteversorgung genutzten erneuerbaren Energie.[24]
- Richtlinie (EU) 2023/2413 des Europäischen Parlaments und des Rates vom 18. Oktober 2023 zur Änderung der Richtlinie (EU) 2018/2001, der Verordnung (EU) 2018/1999 und der Richtlinie 98/70/EG im Hinblick auf die Förderung von Energie aus erneuerbaren Quellen und zur Aufhebung der Richtlinie (EU) 2015/652 des Rates.[25]

---

[20] EU-Richtlinie 2018/2002 vom 11.12.2018 zur Änderung der Richtlinie 2012/27/EU Energieeffizienz.

[21] Richtlinie (EU) 2023/1791 des Europäischen Parlaments und des Rates vom 13. September 2023 zur Energieeffizienz und zur Änderung der Verordnung (EU) 2023/955 (Neufassung)Amtsblatt der Europäischen Union L 231/1 vom 20.9.2023, S. 1.

[22] EU-Richtlinie 2018/2001 vom 11.12.2018 – Neufassung – zur Förderung der Nutzung von Energie aus erneuerbaren Quellen.

[23] siehe konsolidierte Fassung mit Stand 16. Juli 2024: EUR-Lex Document 02018L2001-20240716/ http://data.europa.eu/eli/dir/2018/2001/2024-07-16/.

[24] Amtsblatt der Europäischen Union L 139 vom 18.5.2022, S. 1.

[25] Amtsblatt der Europäischen Union L 2413 vom 31.10.2023, S. 1.

- Delegierte Richtlinie (EU) 2024/1405 der Kommission vom 14. März 2024 zur Änderung des Anhangs IX der Richtlinie (EU) 2018/2001 des Europäischen Parlaments und des Rates hinsichtlich der Aufnahme von Rohstoffen für die Herstellung von Biokraftstoffen und Biogas.[26]
- Richtlinie (EU) 2024/1711 des Europäischen Parlaments und des Rates vom 13. Juni 2024 zur Änderung der Richtlinien (EU) 2018/2001 und (EU) 2019/944 in Bezug auf die Verbesserung des Elektrizitätsmarktdesigns in der Union.[27]

Die mit der Richtlinie vom 18. Oktober 2023 erfolgten Aktualisierungen gehen auf das Gesetzespaket „Fit for 55" zurück und sollen den Gleichklang mit den in diesem Zusammenhang erlassenen Rechtsakten und dem REPowerEU-Plan herstellen.

Die Richtlinie sieht nunmehr in Art. 3 Abs. 1 ein **verbindliches Gesamtziel bis 2030** 35
für den Anteil der erneuerbaren Energien am Endenergieverbrauch der EU von 42,5 % vor. Nach Art. 3 Abs. 2 RED legen die Mitgliedstaaten jeweils nationale Beiträge hierzu fest. Gemäß Art. 3 Abs. 4 RED darf ab dem 1. Januar 2021 der Anteil Energie aus erneuerbaren Quellen am Bruttoendenergieverbrauch in den einzelnen Mitgliedstaaten nicht unter den in der dritten Spalte der Tabelle in Anhang I Teil A der Richtlinie als Ausgangswert festgelegten Anteil sinken. Für die verschiedenen Wirtschaftssektoren werden zudem jeweils weitere konkretisierende Einzelvorgaben vorgesehen.

Im **Wirtschaftszweig-Gebäude** gilt nach Art. 15a Abs. 1, 2 RED eine **Richtzielvorgabe** 36
für den Anteil der Energie aus erneuerbaren Quellen von mindestens 49 % bis 2030. Nach Art. Art. 15a Abs. 3 RED legen die Mitgliedstaaten in ihren nationalen Regelungen und Bauvorschriften sowie ggf. Förderregelungen geeignete Maßnahmen fest, um den Anteil von am Standort oder in der Nähe erzeugtem Strom und erzeugter Wärme und Kälte aus erneuerbaren Quellen sowie der aus dem Netz bezogenen Energie aus erneuerbaren Quellen im Gebäudebestand zu erhöhen.

Die Mitgliedstaaten der EU werden ua verpflichtet, zukünftig Vorschriften in ihren 37
nationalen Rechtsordnungen zu schaffen:
- für eine kostenwirksame und marktbasierte finanzielle Unterstützung für Elektrizität aus erneuerbaren Quellen (Art. 4–6 RED),
- die zB dazu beitragen, dass Elektrofahrzeuge und Batterien bei Bedarf Elektrizität aus erneuerbaren Energien ins Netz einspeisen (Art. 20a Abs. 4 RED – Unterstützung der Systemintegration von Elektrizität aus erneuerbaren Quellen),
- die es den Verbrauchern ermöglichen, ihren eigenen Strom einzeln oder als Teil von Erneuerbare-Energien-Gemeinschaften ohne übermäßige Einschränkungen zu erzeugen (Art. 21, 22 RED),
- zu verstärkten Anforderungen für die Förderung und Nutzung von Biomasse zur Energieerzeugung, um das Risiko einer nicht nachhaltigen Bioenergieerzeugung zu verringern (Art. 29),
- für beschleunigte Genehmigungsverfahren für Projekte im Bereich der erneuerbaren Energien (Art. 15, 16–16f RED),
- für die regionale Zusammenarbeit zwischen Mitgliedstaaten sowie zwischen Mitgliedstaaten und Drittländern (Art. 8–13 RED)

Die **Umsetzung** der meisten mit der RED 2023 eingeführten Vorschriften musste gem. 38
Art. 37 RED bis spätestens 21.5.2025 erfolgen, in Bezug auf die Vorschriften über die Genehmigungsverfahren ist die Frist bereits zum 30.6.2024 abgelaufen.

6. EU-Green Deal und „Fit for 55"

a) **Green Deal.** Bei dem so genannten Green Deal handelt sich um eine am 11. De- 39
zember 2019 von der Kommission aufgestellte **Wachstumsstrategie,** mit der die EU zu einer fairen und wohlhabenden Gesellschaft mit einer modernen, ressourceneffizienten und wettbewerbsfähigen Wirtschaft werden soll, in der im Jahr 2050 keine Netto-

[26] Amtsblatt der Europäischen Union L 1405 vom 17.5.2024, S. 1.
[27] Amtsblatt der Europäischen Union L 1711 vom 26.6.2024, S. 1.

Treibhausgasemissionen mehr freigesetzt werden und das Wirtschaftswachstum von der Ressourcennutzung abgekoppelt ist."[28]

40 Die Mitteilung der Kommission enthält einen ersten **Fahrplan** für die wichtigsten Strategien und Maßnahmen, die zur Verwirklichung des europäischen Grünen Deals erforderlich sind. Er wird entsprechend der Entwicklung des Bedarfs und der Formulierung der politischen Maßnahmen aktualisiert. Alle Maßnahmen und Strategien der EU müssen zur Verwirklichung der Ziele des europäischen Grünen Deals beitragen.

41 Der europäische Grüne Deal ist die **Strategie,** mit der die EU ihrem **Ziel für 2050,** Klimaneutralität zu erreichen, und ihren Verpflichtungen aus dem Übereinkommen von Paris nachkommen will. In Abschnitt 2.1.4. werden für Gebäude Vorgaben zum Einsatz von Energie und zum ressourcenschonenden Bauen und Renovieren festgehalten, welche ua eine Erhöhung der Modernisierungsrate von Gebäuden, insbesondere für die energetische Sanierung im Bereich Heizung, Fassade sowie den verstärkten Einsatz von erneuerbaren Energien vorsehen.

42 b) **„Fit for 55".** Das im Juli 2021 vorgelegte **Legislativpaket „Fit für 55"** dient dazu, den Anforderungen des Klimagesetzes nachzukommen und die Klimaziele des Grünen Deals in Rechtsakte zu übertragen. Bei dem über 1000 Seiten umfassenden Gesetzespaket handelt es sich um eine Reihe von Vorschlägen, mit denen bestehende Rechtsvorschriften im Bereich Klima, Energie und Verkehr aktualisiert und neue Gesetzgebungsinitiativen eingeführt sowie die Position der EU als Vorreiter im weltweiten Kampf gegen den Klimawandel untermauert werden sollen. Anpassungen sind zuletzt mit dem REPowerEU-Plan der Kommission erfolgt.

43 Infolge des Vorschlagpaketes wurde zwischenzeitlich ua die Überarbeitung der Erneuerbaren-Energien-Richtlinie und der Energieeffizienz-Richtlinie vorgenommen sowie im Rahmen der Reform des Europäischen Emissionshandelssystems (EU-ETS) das CO^2-Grenzausgleichssystem eingeführt. Ebenfalls ist eine Überarbeitung der EU-Emissionsnormen für PKW erfolgt. Ferner wurden ein neuer Emissionshandel unter Einbeziehung für Gebäude und Verkehr und zusätzliche Sektoren geschaffen.

44 Alle neuen Rechtsvorschriften müssen Aufnahme in die nationalen Energie- und Klimapläne der Mitgliedstaaten finden.

7. EU Klimagesetz

45 Die Verordnung über das Europäische Klimagesetz[29] ist am 29. Juli 2021 in Kraft getreten. Mit dem so genannten Europäischen Klimagesetz, welches als Verordnung unmittelbare Anwendbarkeit in den Mitgliedstaaten erlangt hat, haben die EU und diese nunmehr rechtsverbindlich die Verpflichtung angenommen, die Netto-Treibhausgasemissionen in der EU bis 2030 um mindestens 55 % gegenüber 1990 zu senken (Art. 4 Abs. 1). Diese Zusage der EU wurde dem Klimaübereinkommen der Vereinten Natio nen im Dezember 2020 als Beitrag der EU zur Verwirklichung der Ziele des Übereinkommens von Paris mitgeteilt.

46 Die wichtigsten Maßnahmen der Verordnung bestehen darin, das Tempo für die Emissionsreduktionen bis 2050 vorzugeben, um Unternehmen und Interessenträgern sowie Bürgerinnen und Bürgern Planungssicherheit zu geben; ferner ein System zu entwickeln, mit dem die Fortschritte auf dem Weg zum Klimaziel überwacht und berichtet werden; und für einen kosteneffizienten und sozial gerechten ökologischen Wandel zu sorgen. Auf der Grundlage der Einigung zwischen dem EU-Parlament und dem Rat der EU vom 9.12.2025 wurde nunmehr auch gem. Art. 4 Abs. 3 die Einführung eines weiteren Zwischenzieles für das Jahr 2040 beschlossen. Bis zu diesem

[28] Mitteilung der Kommission, COM(2019) 640 final vom 11.12.2019.

[29] Verordnung (EU) 2021/1119 des Europäischen Parlaments und des Rates vom 30. Juni 2021 zur Schaffung des Rahmens für die Verwirklichung der Klimaneutralität und zur Änderung der Verordnungen (EG) Nr. 401/2009 und (EU) 2018/1999 („Europäisches Klimagesetz"), Amtsblatt der Europäischen Union L 243/1 vom 9.7.2021.

Zeitpunkt soll eine Reduktion der Netto-Treibhausgasemissionen um 90 % im Vergleich zu den Werten von 1990 erreicht werden.[30]

8. Berichterstattungspflichten Wohnungsunternehmen – CSRD

Die CSRD[31] ist am 5. Januar 2023 EU-weit in Kraft getreten und verpflichtet die Mitgliedstaaten nach ihrem Art. 19a bis zum 6. Juli 2024 zur Einführung einer Nachhaltigkeitsberichterstattung für nach dem Bilanzrecht als große sowie als kleine oder mittelgroße kapitalmarktorientierte definierte Unternehmen und einer Prüfung der entsprechenden Nachhaltigkeitsberichterstattung. 47

Die Umsetzung der Richtlinie soll in der Bundesrepublik Deutschland mit dem CSRD-Umsetzungsgesetz erfolgen.[32] Das Umsetzungsgesetz ist ein Artikelgesetz und beinhaltet die Änderung vieler bereits bestehender Gesetze, insbesondere Änderungen des HGB, des Aktiengesetzes, des GmbH-Gesetzes, des Genossenschaftsgesetzes und des Wertpapierhandelsgesetzes sowie der Wirtschaftsprüferordnung soweit diese Vorgaben zur Vornahme und zum Inhalt der Prüfung von Unternehmen beinhalten.[33] Bis dahin gelten weiterhin die bestehenden Berichtspflichten nach §§ 289b bis 289e HGB bzw. §§ 315b, 315c HBG. 48

---

[30] Rat der EU, Pressemitteilung 1063/25 v. 10.12.2025, Rat EU 17086/25.

[31] Richtlinie (EU) 2022/2464 des Europäischen Parlaments und des Rates vom 14. Dezember 2022 zur Änderung der Verordnung (EU) Nr. 537/2014 und der Richtlinien 2004/109/EG, 2006/43/EG und 2013/34/EU hinsichtlich der Nachhaltigkeitsberichterstattung von Unternehmen (Amtsblatt der Europäischen Union. L 322/15 vom 16.12.2022, S. 1) Corporate Sustainability Reporting Directive, CSRD.

[32] Gesetzesentwurf der Bundesregierung, BT-Drs. 21/1857, Verabschiedung in 2026 erwartet, weitestgehende Umsetzung der Richtlinie „1:1" vorgesehen.

[33] Siehe zB § 289b HGB-E: Pflicht zur Erweiterung des Lageberichtes um einen Nachhaltigkeitsbericht; § 289c HGB-E: Inhalt des Nachhaltigkeitsberichtes; § 324i HGB-E: Bericht über die Prüfung des Nachhaltigkeitsberichts.

§ 79 Nationaler Rechtsrahmen

Übersicht

I. KSG, GEG, GModG, BEHG, MsbG, EnWG, GEIG

Schrifttum:

Dembski/Schnurre, Das Gesetz zum Neustart der Digitalisierung der Energiewende, EnWZ 2023, 339 ff.; Frenz, Heizungsaustauschpflicht für erneuerbare Energien, EnWZ 2024, 147 ff.; Herlitz, Technik & Recht im Schnittpunkt der WEMoG-modernisierten Mieterrechte, NZM 2020, 916 ff.; Horst, Ladeinfrastruktur für die E-Mobilität im Mietverhältnis, NJW 2022, 2442 ff.; ders., Ladeinfrastruktur für die E-

Mobilität im Mietverhältnis, NZM 2022, 32 ff:, Klausmann, Der neue Rechtsrahmen zur netzorientierten Steuerung nach § 14a EnWG: Technische Ausstattung, Netzentgeltreduzierung und Übergangsphase, EnWZ 2024, 351 ff.; Rolfs, Bauliche Maßnahmen des Mieters nach neuem Recht: Barrierereduzierung, E-Mobilität, Einbruchsschutz, NZM 2020, 902 ff.; Streyl, Eingriffe des Mieters in die Bausubstanz des Mietobjekts, NZM 2017, 785 ff.; Wende, Verfassungsbeschwerden gegen das neue Klimaschutzgesetz, EnK-Aktuell 2024, 010378; Wischmeyer, Die Klimaschutzentscheidung(en) des BVerfG und das Mietrecht, NZM 2023, 406 ff.

1. Einleitung

Auf der Grundlage der für die Bundesrepublik Deutschland bestehenden völker- und europarechtlichen Verpflichtungen sind in Deutschland in den letzten Jahren **vielfältige gesetzliche Änderungen im Bereich des Klimaschutzes und des Energierechtes** in Kraft getreten. Diese betreffen Neubauten und Bestandsgebäude und werden neben der energetischen und digitalen Modernisierung von Gebäuden insbesondere auch die Neueinführung von Technologien mit sich bringen, welche nicht zuletzt für Eigentümer und Vermieter auch neue Geschäftsmodelle ermöglichen werden. 1

2. Klimaschutzgesetz (KSG)

a) **Entwicklung.** Das **Klimaschutzgesetz**[1] ist am 18.12.2019 in Kraft getreten. Es dient nach seinem § 1 der Umsetzung der für die Bundesrepublik Deutschland mit der Richtlinie EU 2018/842 vom 30.5.2018 bestehenden Vorgaben. Das Klimaschutzgesetz richtet sich an die Bundesverwaltung[2] und entfaltet keine unmittelbare Wirkung zwischen Privaten.[3] 2

aa) ursprüngliche Konzeption. § 3 Abs. 1 KSG sah zunächst eine **Gesamtvorgabe für die Reduktion der Treibhausgasemissionen** in der Bundesrepublik Deutschland bis 2030 im Vergleich zum Jahr 1990 vor. Mit dem Gesetz erfolgte ferner gem. § 4 KSG jeweils eine Kontingentzuweisung für den zukünftigen, sich jahresweise erheblich verringernden zulässigen Co2-Ausstoß für die einzelnen Wirtschaftssektoren (Energiewirtschaft, Verkehr, Gebäude, Landwirtschaft, Industrie, Abfallwirtschaft, Sonstige). Die zulässigen Kontingente der Sektoren waren in der Anlage 2 des Gesetzes verbindlich ausgewiesen. Zur Überprüfung der Plausibilität der Werte (§ 12 – Prüfung Emissionsdaten, Prüfung der Annahmen zur THG-Emission, Stellungnahmen zu Änderung Jahresemissionsmengen, Fortschreibung des Klimaschutzplanes, Klimaschutzprogramm) wurde eine Sachverständigenkommission gem. § 11 des Gesetzes eingerichtet. 3

bb) Überprüfung durch das Bundesverfassungsgericht. Mit den Entscheidungen vom 24.3.2021 rügte das Bundesverfassungsgericht die fehlende Fortschreibung der Minderungsziele für Zeiträume ab dem Jahr 2031 und stellte die Unvereinbarkeit der § 3 Abs. 1 S. 2 und § 4 Abs. 1 S. 3 in Verbindung mit Anlage 2 fest.[4] Zur Begründung führte das Bundesverfassungsgericht aus, dass die aus Art. 20a GG resultierende Verpflichtung des Staates zum Klimaschutz auch auf die Herstellung von Klimaneutralität abzielt und der Staat auch in Verantwortung für die künftigen Generationen die natürlichen Lebensgrundlagen und die Tiere im Rahmen der verfassungsmäßigen Ordnung durch die Gesetzgebung und nach Maßgabe von Gesetz und Recht durch die vollziehende Gewalt und die Rechtsprechung zu schützen hat. In Bezug auf die aus Art. 2 Abs. 2 S. 1 GG folgende Schutzpflicht des Staates heben die Entscheidungen hervor, dass diese auch die Verpflichtung, Leben und Gesundheit vor den Gefahren des Klimawandels, etwa vor klimabedingten Extremwetterereignissen wie Hitzewellen, Wald- und Flächenbränden, Wirbelstürmen, Starkregen, Überschwemmungen, Lawinenabgängen oder Erdrutschen, zu schützen umfasst und damit eine objektivrechtliche Schutzverpflichtung auch in Bezug auf künftige Generationen begründet, insbesondere nicht eine einseitige Ver- 4

[1] BGBl. I 2019, Nr. 48.
[2] siehe auch § 9 KSG – Pflicht zur Aufstellung von Klimaschutzprogrammen.
[3] Siehe jetzt auch § 4 Abs. 1 S. 5 KSG.
[4] BVerfG 24.3.2021 – 1 BvR 2656/18, 1 BvR 78/20, 1 BvR 96/20, 1 BvR 288/20, BVerfGE 157, 30.

lagerung der durch Art. 20a GG aufgegebenen Treibhausgasminderungslast in die Zukunft erfolgen darf, sondern vielmehr der objektivrechtliche Schutzauftrag des Art. 20a GG die Notwendigkeit einschließt, mit den natürlichen Lebensgrundlagen so sorgsam umzugehen und sie der Nachwelt in solchem Zustand zu hinterlassen, dass nachfolgende Generationen diese nicht nur um den Preis radikaler eigener Enthaltsamkeit weiter bewahren könnten. Diese Aspekte machen es nach Auffassung des BVerfG erforderlich, frühzeitig transparente Maßgaben für die weitere Ausgestaltung der Treibhausgasreduktion zu formulieren, die für die notwendigen Entwicklungs- und Umsetzungsprozesse Orientierung bieten und diesen ein hinreichendes Maß an Entwicklungsdruck und Planungssicherheit vermitteln.[5]

5 *cc) erste Anpassung des KSG.* Vor diesem Hintergrund erfolgte noch im Jahr 2021 **eine erste Anpassung des Klimaschutzgesetzes**[6], welche zu einer weiteren Verschärfung der Vorgaben gem. § 3 Abs. 1 KSG und gem. Anlage 2 KSG führte. Hiernach mussten die Sektoren Gebäude und Verkehr nunmehr eine Reduktion der Jahresemissionsmenge CO2-Äquivalente bis 2030 auf 67 bzw. auf 85 Millionen Tonnen erreichen. Die vorgegebenen Werte für die Jahre 2022 bis 2024 wurden jedoch in beiden Bereichen erneut verfehlt.

6 **b) Novelle des Klimaschutzgesetzes 2024 und Änderungen.** Im Frühjahr 2024 wurde von Bundestag und Bundesrat sodann die **Novelle des Klimaschutzgesetzes** verabschiedet[7], welche am 17. Juli 2024 nach Verkündung im Bundesgesetzblatt[8] in Kraft trat und gravierende systematische Umstellungen beinhaltet.[9] Hiernach erfolgt auf Grundlage einer Empfehlung des Expertenrates eine Umstellung des Kontrollsystems weg von der Betrachtung vergangener Zielverfehlungen hin zu einem verstärkten Fokus auf zukünftige Emissionen.[10] Ferner wurde die verbindliche Zielfestschreibung für die einzelnen Wirtschaftssektoren nach § 4 Abs. 1 aufgehoben. Zur Einhaltung der nationalen Klimaschutzziele nach § 3 Abs. 1 wird stattdessen nun eine sektorübergreifende und mehrjährige Gesamtrechnung durchgeführt. Dazu werden Jahresemissionsgesamtmengen, insbesondere als Grundlage für die Überprüfung nach den §§ 5 (Monitoring), 5a (Projektionsdaten), 8 (Vorgehen bei Überschreitung der Jahresemissionsmengen) und 10 (Klimaschutzbericht) sowie für das Gesamtminderungsziel nach § 8 Abs. 1, festgelegt. Die Jahresemissionsgesamtmengen für den Zeitraum bis zum Ablauf des Jahres 2030 richten sich nach Anlage 2 des Gesetzes, die jährlichen Minderungsziele für die Jahre 2031 bis einschließlich 2040 richten sich nach der Anlage 3. Spätestens im Jahr 2032 hat die Bundesregierung sodann einen Gesetzgebungsvorschlag zur Festlegung der jährlichen Minderungsziele für die Jahre 2041 bis 2045 vorzulegen.

7 Trotz der **Umstellung auf die sektorübergreifenden Gesamtmengen** sollen die Emissionen der einzelnen Sektoren, deren Minderungsziele nunmehr in der Anlage 2a des Gesetzes (unverändert) ausgewiesen sind, nach § 5 Abs. 1, Abs. 2 Nr. 1 KSG weiterhin geprüft werden und die Verantwortlichkeit der jeweils zuständigen Bundesministerien zur Erreichung der nationalen Klimaschutzziele gem. § 3 Abs. 1 KSG bleibt ebenfalls aufrechterhalten, § 5 Abs. 3 KSG.

8 Die Rolle des **Expertenrates für Klimafragen** nach § 12 KSG wurde insoweit gestärkt, als dass dieser in Zukunft die Prognosen validiert und auch zur Feststellung einer Unter- oder Überschreitung der Jahresemissionsgesamtmengen berechtigt ist, wobei auch die Einhaltung der Gesamtmenge der jährlichen Emissionszuweisungen an Deutschland nach der Europäischen Klimaschutzverordnung für die Jahre 2021 bis 2030 geprüft

[5] Zu den daraus folgenden Anforderungen für gesetzliche Regelungen siehe Wende EnK-Aktuell 2024, 010378; Wischmeyer NZM 2023, 406 (409 ff.).

[6] Erstes Gesetz zur Änderung des Bundes-Klimaschutzgesetzes v. 18.8.2021 (BGBl. I 3905).

[7] Zweites Gesetz zur Änderung des Bundes-Klimaschutzgesetzes in der Fassung der Beschlussempfehlung des Ausschusses für Klimaschutz und Energie – BT-Drs. 20/11183.

[8] G v. 16.7.2024 (BGBl. 2024 I Nr. 235).

[9] Siehe dazu Wende EnK-Aktuell 2024, 010378.

[10] siehe hierzu ausführlich: Kalis KlimaR 2025, 354 ff.

wird. Der Expertenrat darf zudem nunmehr auch eigene Vorschläge zur Weiterentwicklung geeigneter Klimaschutzmaßnahmen vorlegen.

Subjektive Rechte und klagbare Rechtspositionen werden durch das Klimaschutzgesetz oder aufgrund dieses Gesetzes weiterhin nicht begründet.

3. Gebäudeenergiegesetz (GEG), nunmehr GModG

a) **Gesetzeszweck.** Bereits zum 1.11.2020 hatte das Gebäudeenergiegesetz[11] das frühere ENEG (Energieeinspargesetz), die ENEV (Energieeinsparverordnung) und das Erneuerbare-Energien-Wärme-Gesetz harmonisiert und zusammengeführt und ein **neues, einheitliches und aufeinander abgestimmtes Regelwerk** für die energetischen Anforderungen an Neubauten (Teil 2), Bestandsbauten (Teil 3 Abschnitt 1) und an den Einsatz von erneuerbaren Energien zur Wärme- und Kälteversorgung (Teil 3 Abschnitt 2) von Gebäuden geschaffen. 9

Das GEG wird zukünftig – gem. Gesetzesentwurf der Bundesregierung vom 13.5.2026 (BT-Drs. 21/6278) – durch das **Gebäudemodernisierungsgesetz (GModG)**[12] ersetzt. Das Gesetz wurde am 10.7.2026 im Bundestag in der Fassung der Beschlussempfehlung des Ausschusses für Energie und Wirtschaft (BT-Drs. 21/7009) verabschiedet und ist am 29.07.2026 in Kraft getreten (BGBl. 2026 I Nr. 226). Die bisherige Systematik des GEG und die dortigen Regelungen werden weitestgehend in das GModG übernommen. Die geplanten Änderungen beziehen sich insbesondere auf die Streichung des bisher in den §§ 71 ff GEG enthaltenen Regelungen zum so genannten „Heizungsgesetz" sowie auf die Umsetzung der Vorgaben der europäischen Gebäuderichtlinie, welche bis zum 31.5.2026 vorgesehen war. Die Fassung des Ausschusses für Energie und Wirtschaft weist erhebliche Ergänzungen zum ursprünglichen Entwurf der Bundesregierung auf. 10

b) **Wesentliche Neuerungen des Gebäudeenergiegesetzes.** Es erfolgte die Schaffung eines **einheitlichen Anforderungssystems** für die Errichtung neuer Gebäude auf Basis der Referenzgebäudebeschreibung[13] und die Umstellung der für die Vornahme der nach dem GEG erforderlichen Berechnungen jeweils anzuwendenden DIN-Vorschriften. Zudem sieht das GEG Regelungen zur Einführung eines Quartiersansatzes mit der (zu evaluierenden) Möglichkeit bis 2025, bei Änderungen von bestehenden Gebäuden die Einhaltung der Anforderungen über eine gemeinsame Erfüllung im Quartier sicherzustellen, sowie Möglichkeit von Vereinbarungen über eine gemeinsame Wärmeversorgung im Quartier mit dem Ziel der Stärkung von quartiersbezogenen Konzepten, vor. 11

Die vorgenannten Regelungen werden in das GModG übernommen. Anforderungen für die Modernisierung bestehender Gebäude werden nunmehr in §§ 34 ff GModG formuliert (siehe z. B. § 37 GModG zu den Wärmedurchgangskoeffizienten von Außenbauteilen) 12

Nach § 23 Abs. 1 GEG darf bei der Ermittlung des Jahres-Primärenergiebedarfes eines zu errichtenden Gebäudes Strom aus erneuerbaren Energien, welcher im unmittelbaren räumlichen Zusammenhang erzeugt wird, in Abzug gebracht werden. 13

In **Energieausweisen** ist nunmehr die Nennung von CO2-Emissionen (Berechnung gem. Anlage 9 zum GEG) verpflichtend. Mit dem GModG tritt eine weitere Ausdehnung der Vorgaben für Energieausweise und die dortigen Angaben – entsprechend den Regelungen der Gebäuderichtlinie der EU – ein. 14

§ 106 Abs. 2 Nr. 4 GModG sieht den verpflichtenden Einsatz von Solarenergie auf neuen Wohngebäuden und überdachten angrenzenden Parkplätzen ab 1.1.2030 vor.Für die Einhaltung der Vorschriften des GEG/GModG ist der Bauherr oder Eigentümer 15

---

[11] G v. 19.10.2023 (BGBl 2023 I Nr. 280).

[12] Entwurf eines Gesetzes zur Änderung des Gebäudeenergiegesetzes, zur Änderung des Gebäude-Elektromobilitätsinfrastruktur-Gesetzes und zur Änderung weiterer Vorschriften im Wärmebereich.

[13] Anlage 1 für Wohngebäude, Anlage 2 für Nichtwohngebäude.

verantwortlich, soweit in diesem Gesetz nicht ausdrücklich ein anderer Verantwortlicher bezeichnet ist, § 8 Abs. 1 GEG/GModG.

16 c) **Vorgaben für Heizungsanlagen – GEG-Novelle 2024.** *aa) Grundlagen.* Mit der Novelle des GEG zum 1.1.2024[14] sind gravierende Änderungen des Gebäudeenergiegesetzes eingetreten.[15] Die Vorschriften der §§ 35–45 GEG, welche Vorgaben für den Einsatz erneuerbarer Energien, die diesbezügliche Anrechnung der Eigenproduktion von Strom, und so genannte „Ersatzmaßnahmen" beinhalteten, sind ersatzlos entfallen. An ihre Stelle sind die §§ 71 ff. GEG getreten, welche **Vorgaben für den zukünftigen Einbau von Heizungsanlagen** in Neubauten und Bestandsgebäuden beinhalten.

17 Die zum 1.1.2024 geschaffenen Regelungen zu Heizungsanlagen wurden vollständig in die bereits bestehende Systematik des Gebäudeenergiegesetzes integriert. Es handelte sich entgegen der landläufigen Bezeichnung „Heizungsgesetz" gerade nicht um ein eigenständiges Gesetz. Bereits im ursprünglichen GEG vorgesehene Ausnahmetatbestände blieben erhalten bzw. wurden sogar ergänzt.

Insbesondere die Ausnahmeregelung des § 73 Abs. 1, 2 GEG für selbstnutzende Eigentümer von Ein- und Zweifamilienhäusern blieb ebenfalls erhalten, und von den übrigen an dieser Stelle eingetretenen Änderungen unberührt.

18 Mit dem **Gebäudemodernisierungsgesetz** geht eine **Streichung der bisherigen §§ 71 bis 71p GEG** einher. Insbesondere die Pflicht nach § 71 GEG, bei Einbau einer neuen Heizungsanlage die Wärmeproduktion zumindest zu 65 % mit dem Einsatz von Erneuerbaren Energien oder der Nutzung von unvermeidbarer Abwärme zu bewerkstelligen, ist vollständig entfallen.

19 Die Pflicht zum Austausch von Kesselanlagen, wie bisher in § 72 Abs. 1 und 2 GEG geregelt, ist ebenfalls entfallen. Ebenso ist die Bestimmung des § 72 Abs. 4 GEG, wonach der Betrieb von fossilen Heizungsanlagen maximal bis zum 31.12.20244 zulässig wäre, entfallen. Infolgedessen ist dann auch die Streichung der bisherigen Ausnahmetatbestände des § 73 GEG für selbstnutzende Eigentümer in kleinen Gebäuden vorgesehen. Zudem können sich Eigentümer ggf. auch auf das Vorliegen der Ausnahme- und Härtefalltatbestände der § 5 (Wirtschaftlichkeitsgebot) und § 102 GEG berufen.

20 *bb) Definition Heizungsanlage.* Nach § 3 Nr. 14a GEG handelt es sich bei einer **Heizungsanlage** um eine Anlage zur Erzeugung von Raumwärme, Warmwasser oder einer Kombination davon einschließlich Hausübergabestationen zum Anschluss an ein Wärmenetz und Wärmeüberträger von unvermeidbarer Abwärme, mit Ausnahme von handbeschickten Einzelraum-Feuerungsanlagen im Sinne des § 2 Nr. 3, offenen Kaminen nach § 2 Nr. 12 und Badeöfen nach § 1 Abs. 2 S. 1 Nr. 2 Buchstabe d der Verordnung über kleine und mittlere Feuerungsanlagen vom 26. Januar 2010[16] in der jeweils geltenden Fassung. In Abgrenzung dazu formuliert § 3 Nr. 10a GModG nunmehr auch das „gebäudetechnische System".

21 Die Beschreibung erfasst **nicht das gesamte System aus Erzeugung, Speicherung, Verteilung und Übergabe der Wärme** und ist **von dem Begriff der heizungstechnischen Anlage abzugrenzen.**[17] Der Begriff der Heizungsanlage ist auch im Rahmen der Anwendung der §§ § 555b Nr. 1a, 559 Abs. 3a S. 3, Abs. 4 Nr. 2, 559c Abs. 2, 559e Abs. 3 BGB und der sich jeweils für die Mieterhöhung ergebenden Beschränkungen von Bedeutung.[18] Die Begriffsdefinition wurde in das GModG übernommen, zusätzlich erfolgt die Ergänzung um den Begriff „gebäudetechnisches System", § 3 Nr. 10a GModG.

22 *cc) keine generelle Umstellungspflicht im Bestand.* Obwohl die GEG-Novelle 2024 bereits mit dem 1.1.2024 in Kraft getreten ist, bestanden aktuell **keine zwingenden**

[14] G v. 19.10.2023 (BGBl 2023 I Nr. 280).
[15] Siehe dazu umfassend: Frenz EnWZ 2024, 147 ff.
[16] BGBl. I S. 38.
[17] BT-Drs. 20/7619, 96.
[18] Siehe dazu Börstinghaus/Meyer Das neue GEG/Börstinghaus Rn. 112 ff.

Aufrüstungspflichten für Gebäudeeigentümer in Bezug auf bestehende Heizungsanlagen. Diese konnten gem. § 72 Abs. 4 GEG vielmehr grundsätzlich bis zum 31.12.2044 weiter betrieben werden. (Zu beachten ist allerdings, dass die Änderungen der EU-Gebäuderichtlinie[19] insoweit den 31.12.2040 im Blick haben, was zur Notwendigkeit einer späteren entsprechenden Anpassung des GEG führen würde.)

Mit der Streichung des § 72 Abs. 4 GEG ergibt sich für bereits vor dem Inkrafttreten des GModG bestehende fossile Heizungsanlagen sogar nun eine zeitliche unbegrenzte Betriebsdauer. Jedoch ist zu beachten, dass mit § 43a GModG nun eine neue gesetzliche Regelung dahingehend erfolgt, dass die Inverkehrbringer von Gas, Öl und Flüssiggas verpflichtet werden, bis spätestens zum 31.12.2044 auf vollständig klimaneutrale Brennstoffe umzustellen um den angemessenen Beitrag des Gebäudesektors zur Einhaltung der Ziele nach § 3 Absatz 2 des Bundes-Klimaschutzgesetzes sicherzustellen. Der Betrieb sehr alter fossiler Heizungsanlagen wird infolgedessen dann vermutlich bereits einer technischen Grenze unterliegen. 23

§ 71 Abs. 1 GEG sollte erst zur Anwendung kommen, wenn die jeweilige Kommune ihre Wärmeplanung nach dem ebenfalls zum 1.1.2024 in Kraft getretenen Wärmeplanungsgesetz[20] abgeschlossen hat und diese auch gem. § 71 Abs. 8 S. 3 GEG für verbindlich erklärt wurde. Die hierfür bestehenden Regelungen zu den Übergangsfristen in § 71 Abs. 8 S. 1 und 2 GEG sind nunmehr obsolet. 24

Die **Durchführung der Wärmeplanung** ist in den §§ 13–22 WPG geregelt. Sie soll unter Vornahme einer Eignungsprüfung sowie einer Bestands- und Potenzialanalyse erfolgen und in der Einteilung des beplanten Gebiets in voraussichtliche Wärmeversorgungsgebiete münden sowie eine Darstellung der Wärmeversorgungsarten für das Zieljahr beinhalten. Die Kommunen stellen hiermit beispielsweise dar, ob in einem Gebiet der Anschluss an ein Fernwärmenetz voraussichtlich möglich sein wird, ob die Wärmeversorgung voraussichtlich dezentral erfolgen wird oder in einem Gebiet gegebenenfalls das Gasnetz vor Ort auf Wasserstoff umgerüstet wird. 25

Mit der bisherigen Anknüpfung des § 71 Abs. 8 S. 1, 2 GEG an das Vorliegen der Wärmeplanung sollte sichergestellt werden, dass Gebäudeeigentümer und sonstige Verantwortliche nach dem GEG im Rahmen ihrer Entscheidungen zu einer Umsetzungsvariante nach § 71 Abs. 1 GEG auf hinreichende Informationen zurückgreifen können. 26

In diesem Zusammenhang sind insbesondere auch die weiteren im WPG vorgesehenen Vorgaben für die Betreiber von Wärmenetzen nach den §§ 29, 30 WPG von Bedeutung, welche den zukünftigen Anteil von erneuerbaren Energien für die Wärmeerzeugung in schon bestehenden bzw. neu zu errichtenden Wärmenetzen verbindlich vorschreiben[21] und in § 32 WPG auch die Verpflichtung zur Erstellung von Wärmenetzausbau- und -Dekarbonisierungsfahrplänen beinhalten. Nach § 31 WPG sollen Wärmenetze bis zum Jahr 2045 vollständige Klimaneutralität erreichen. 27

dd) Einbau einer fossilen Heizungsanlage zwischen dem 1.1.2024 und dem Eingreifen des § 71 Abs. 1 GEG. Zu beachten ist auch, dass bei Heizungsanlagen, die nach dem 1.1.2024 eingebaut wurden und nach dem 19.4.2023 beauftragt wurden, sich gem. § 71 Abs. 9 GEG bereits ab dem 1.1.2029 eine frühzeitige Aufrüstungspflicht für diese Heizungsanlagen ergeben sollte. So sollten beginnend ab 1.1.2029 folgende Quoten für den Einsatz erneuerbarer Energien zu erfüllen sein: 28

ab 1.1.2029 mindestens 15 %
ab 1.1.2035 mindestens 30 %
ab 1.1.2040 mindestens 60 %

---

[19] → § 78.
[20] G v. 22.12.2023 (BGBl. 2023 I Nr. 394, S. 3).
[21] § 20 Abs. 1 Nr. 1, 2 WPG: ab dem 1. Januar 2030 zu einem Anteil von mindestens 30 Prozent und ab dem 1. Januar 2040 zu einem Anteil von mindestens 80 Prozent aus erneuerbaren Energien, unvermeidbarer Abwärme oder einer Kombination hieraus; nach § 30 Abs. 1 WPG muss jedes neue Wärmenetz muss ab dem 1. März 2025 zu einem Anteil von mindestens 65 Prozent der jährlichen Nettowärmeerzeugung mit Wärme aus erneuerbaren Energien, aus unvermeidbarer Abwärme oder einer Kombination hieraus gespeist werden.

Nicht zuletzt vor diesem Hintergrund war vor dem Einbau einer Heizungsanlage mit festen, flüssigen oder gasförmigen Brennstoffen nach § 71 Abs. 11 GEG **zwingend** eine **Beratung** vorgesehen, die auf mögliche Auswirkungen der Wärmeplanung und eine mögliche Unwirtschaftlichkeit, insbesondere aufgrund ansteigender Kohlenstoffdioxid-Bepreisung, hinweisen sollte.

29 Nach dem Inkrafttreten des **GModG** ist der **Einbau fossiler Heizungsanlagen** gem. § 42 Abs. 2 Nr. 1 GModG zukünftig (wieder) zeitlich unbeschränkt möglich sein. Für diese Heizungsanlagen wird dann jedoch die so genannten Biotreppe gem. § 43 Abs. 1 GModG (mit gegenüber § 71 Abs. 9 GEG etwas verringerten Anforderungen) Anwendung finden, wobei insbesondere aus Vermietersicht auch die in der weiteren Folge eintretenden Beschränkungen der Umlage für die Zusatzkosten der Biobrennstoffe sowie der Netzentgelte und der CO2-Kosten im Rahmen der Heizkostenabrechnung nach den insoweit zukünftig geänderten Maßgaben des (CO2-)KostaufG zu beachten sind. Diese Kosten sollen zukünftig in Wohnraummietverhältnissen der hälftigen Aufteilung unterliegen. Eine Ausnahme hierzu liegt nach § 43 Abs. 7 GModG wiederum vor, wenn eine Heizungsanlage, die mit Gas, Heizöl oder Flüssiggas beschickt wird, aufgrund eines irreparablen Ausfalls der bestehenden Heizungsanlage in dem Zeitraum vom 1. Januar 2028 bis zum Ablauf des 31. Dezember 2028 neu eingebaut wird. In diesem Fall gilt die Pflicht nach Absatz 1 erst nach Ablauf von zwölf Monaten ab dem Einbau der Heizungsanlage. Wird eine Heizungsanlage nach einem Havariefall ab dem 1. Januar 2029 neu eingebaut, gilt eine zum Zeitpunkt des Ausfalls der bestehenden Heizungsanlage etwaig bestehende Pflicht nach Absatz 1 für zwölf Monate ab dem Einbau der Heizungsanlage fort. § 43 Abs. 1 GModG ist dann erst nach Ablauf von zwölf Monaten mit der zu diesem Zeitpunkt bestehenden Pflicht anzuwenden.

30 Zweifelhaft erscheint allerdings, wie mit **Heizungsanlagen nach § 71 Abs. 8 GEG** unter dem Anwendungsbereich des GModG zu verfahren sein soll. Die Regelungen des § 71 Abs. 9 und 11 GEG sind ersatzlos gestrichen. Das GModG weist in seinem § 43 Abs. 1 mit den dortigen Bestimmungen zur Biotreppe wiederum dem Wortlaut nach lediglich Vorgaben für fossile Heizungsanlagen, **die nach dem Inkrafttreten des GModG** neu eingebaut wurden, auf. **Übergangsregelungen für die seit den GEG-Änderungen 2024 eingebauten fossilen Heizungsanlagen** sind im Gesetzesentwurf nicht vorgesehen. Somit ergeben sich für die seit dem 1.1.2024 aber noch vor dem Inkrafttreten des GModG eingebauten fossilen Heizungsanlagen also Regelungslücken hinsichtlich der Pflicht zur Beimischung von Biobrennstoffen..

31 *ee) Einbau von Heizungsanlagen nach Eingreifen des § 71 Abs. 1 GEG. (1) Anlass für Austausch der Heizungsanlage.* Selbst aus der Regelung des § 71 GEG folgtenoch **keine unmittelbare Umstellungspflicht** etwa für jede bereits bestehende Heizungsanlage. Vielmehr erstreckten sich die Vorgaben des § 71 Abs. 1 GEG nur auf diejenigen Fälle, in welchenein Anlass für die Erneuerung einer Heizungsanlage bestand. Beispiele:

- Verpflichtung zur Erneuerung eines Heizkessels spätestens 30 Jahre nach Inbetriebnahme gem. fortbestehendem § 72 Abs. 2 GEG
- irreparable Havarie einer bestehenden Heizungsanlage
- freiwillige Entscheidung zum Austausch der bestehenden Heizungsanlage

Mit dem Wegfall der Kesseltauschpflicht beziehen sich die Vorgaben für die Art und Weise der Ausgestaltung einer neuen Heizungsanlage nach § 42 Abs. 1 GModG lediglich noch auf Instandsetzung und Modernisierung.

32 *(2) Möglichkeiten des Einsatzes erneuerbarer Energien/unvermeidbarer Abwärme in Heizungsanlagen.* Nach § 71 Abs. 1 GEG durfte eine Heizungsanlage zum Zweck der Inbetriebnahme in einem Gebäude nur eingebaut oder aufgestellt werden, wenn sie **mindestens 65 Prozent** der mit der Anlage bereit gestellten Wärme **mit erneuerbaren Energien oder unvermeidbarer Abwärme** erzeugt. Diese Vorgabe ist nach GModG vollständig entfallen.

33 Der schon in § 71 GEG vorgesehene **Grundsatz der Technologieoffenheit** wird in § 42 Abs. 2 Nr. 10 GModG übernommen („eine andere innovative Heizungslösung"). Die

Voraussetzungen einer solchen „innovativen“ Lösung werden allerdings im Gesetzesentwurf nicht beschrieben.

Die bereits in § 71 Abs. 3 GEG genannten **verschiedenen Erfüllungsoptionen,** für die Neuerrichtung einer Heizungsanlage werden im Wesentlichen in **§ 42 Abs. 2 Nr. 2–10 GModG** übernommen und teilweise ergänzt. In Betracht kommen nach Maßgaben der §§ 43–46 GModG nunmehr: 34

1. eine Heizungsanlage, die mit Gas, Heizöl oder Flüssiggas beschickt wird,
2. eine elektrisch angetriebene Wärmepumpe
3. eine solarthermische Anlage
4. eine Heizungsanlage zur Nutzung von Biomasse oder grünem, blauem, orangenem oder türkisem Wasserstoff einschließlich daraus hergestellter Derivate,
5. eine Wärmepumpen-Hybridheizung bestehend aus einer elektrisch angetriebenen Wärmepumpe in Kombination mit einer Gas-, Heizöl-, Flüssiggas- oder Biomassefeuerung,
6. eine Solarthermie-Hybridheizung bestehend aus einer solarthermischen Anlage in Kombination mit einer Gas-, Heizöl-, Flüssiggas- oder Biomassefeuerung,
7. eine hocheffiziente KWK-Anlage im Sinne des § 2 Nummer 8a des Kraft-Wärme-Kopplungsgesetze-
8. eine Stromdirektheizung
9. eine Hausübergabestation zum Anschluss an ein Wärmenetz oder
10. eine andere innovative Heizungslösung

In Ergänzung zu den bisherigen Möglichkeiten sind nun auch wieder Heizungsanlagen, die mit Gas, Heizöl oder Flüssiggas beschickt werden nach § 42 Abs. 2 Nr. 1 GModGzulässig. Bei den Biomassenheizungen kann nach § 42 Abs. 2 Nr. 4 GModG auch der Einsatz von orangenem oder türkisem Wasserstoff einschliesslich daraus hergestellter Derivate erfolgen. § 42 Abs. 2 Nr. 7 wurde erst mit der Ausschussfassung ergänzt. Im Umkehrschluss aus § 45 Abs. 2 GModG ergibt sich ferner, dass auch Biomassehybrid-Heizungen zukünftig zulässig sind: 35

Die **Einhaltung der sich für die jeweilige Erfüllungsoption konkret ergebenden Vorgaben (durch Unternehmererklärung)** ist erforderlich, insbesondere, wenn die Heizungsumstellung als Modernisierungsmaßnahme nach § 555b Nr. 1a BGB durchgesetzt werden soll. Insoweit müssten auch Angaben in der Modernisierungsankündigung nach § 555c BGB bzw. dem späteren Mieterhöhungsschreiben gem. § 559 ff BGB erfolgen. Es bestehen für die jeweiligen Umsetzungsvarianten unterschiedliche Anforderungen für den Deckungsgrad des Wärmebedarfes des Gebäudes und der Gebäudeausstattung und -beschaffenheit bzw. der einzusetzenden (Bio-)Brennstoffe. 36

ff) Spezialfall Etagenheizung. (1) ursprünglich vorgesehen:Grundlagenentscheidung des Vermieters. Mit der Konzeption des GEG 2024 sollte sich für Vermietereines **Bestandsgebäudes** mit mindestens noch einer **Etagenheizung nach § 71l GEG** eine Verpflichtung zur **Entscheidung** binnen 5 Jahren ergeben, **ob das bisherige dezentrale Beheizungssystem beibehalten wird, oder eine Umstellung auf eine zentrales Heizungssystem erfolgen soll.** 37

(2) späteres Vorgehen bei Entscheidung für Zentralisierung des Heizungssystems. Im Falle der Entscheidung des Vermieters für eine Umstellung der Wärmeversorgung des Gebäudes auf eine zentrale Heizungsanlage hätte sich insoweit eine Übergangsfrist von insgesamt 13 Jahren ergeben. In dieser Zeit wäre der Einbau und Betrieb von fossilen Etagenheizungen noch zulässig gewesen. 38

(3) späteres Vorgehen bei notwendigem Austausch und Entscheidung für Beibehaltung des dezentralen Beheizungssystems. Bei Neueinbau und Inbetriebnahme einer Etagenheizung nach Ablauf der Stichtagsfristen des § 71 Abs. 8 GEG war vorgesehen, dass diese Etagenheizung unmittelbar den Anforderungen des § 71 Abs. 1 GEG entsprechen müsste. 39

40 Sämtliche vorgenannten Regelungen entfallen nunmehr mit dem **GModG.** Dies mag auf den ersten Blick als Erleichterung für Vermieter und Wohnungseigentümer erscheinen. Bei genauerer Betrachtung wird die Streichung der Vorschriften jedoch lediglich zu nunmehr anders gelagerten Folgeproblemen führen. Sofern zukünftig zB bestehende Gasetagenheizungen erneut gegen eine fossile Anlage getauscht werden, sind für diese neuen fossilen Anlagen jedoch die Regelungen des § 43 Abs. 1 GModG-E anzuwenden. Sie unterfallen also den zukünftigen Vorgaben der **„Biotreppe".**

41 Für Vermieter (und auch Wohnungseigentümergemeinschaften) stellt sich damit die Frage, wie diese – mit den Jahren zunehmenden – Pflichten zur Beimischung von Biobrennstoffen dann in technischer Hinsicht erfüllt werden sollen. Dies gilt auch und insbesondere, wenn die Gasetagenheizung nicht zur vermieterseitigen Ausstattung gehört, sondern im Eigentum des Mieters steht. Die Erfüllung der gesetzlichen Vorgaben müsste dem Mieter in technischer Hinsicht im Gebäude ermöglicht werden, da der Betrieb einer (eigenen) Heizungsanlage zum vertragsgemäßen Gebrauch des Mietobjektes gehört.

42 Hinzu kommt die zukünftige Vorgabe für Inverkehrbringer von Gas, Öl und Flüssiggas entsprechend § 42a GModG, wonach ab dem Jahr 2045 eine Bereitstellung von fossilen Brennstoffen nicht mehr zulässig sein wird. In technischer und wirtschaftlicher Hinsicht wird also noch vor dem Einbau einer neuen fossilen Etagenheizungsanlage zu prüfen sein, ob diese später mit nichtfossilen Brennstoffen überhaupt funktionsfähig sein wird.

43 *gg) Heizungsprüfung und Optimierung, Gebäudeautomation.* Für Gebäudeeigentümer zwingend zu beachten sind ferner die Vorgaben und Pflichten zur Durchführung einer **Betriebsprüfung,** eines **hydraulischen Abgleiches** und für die **Gebäudeautomation** in Nichtwohngebäuden. Diese Bestimmungen sind in das **GModG** mit den aufgrund der EU-Gebäuderichtlinie notwendigen Anpassungen übernommen und von Gebäudeeigentümern also auch zukünftig zwingend einzuhalten.

44 *(1) Prüfung und Optimierung von Bestandsanlage.* Während § 60a GEG/GModG (Wärmepumpen) und § 60c GEG/GModG (hydraulischer Abgleich bei Heizungssystemen mit Wasser als Wärmeträger) sich jeweils auf zeitnah zum erfolgten Einbau der jeweiligen Heizungsanlage durchzuführende Prüfungs- und Optimierungsmaßnahmen bezieht, verpflichtet **§ 60b GEG/GModG** Eigentümer von **Bestandsanlagen** mit Heizungsanlagen mit Wasser als Wärmeträger, die keine Wärmepumpe ist, ab dem 1. Oktober 2024 zur eigenständigen Fristenberechnung.

45 Nach § 60b Abs. 1 S. 1 GEG/GModG ist eine solche Heizungsanlage, die nach Ablauf des 30. September 2009 eingebaut oder aufgestellt wurde, keine Wärmepumpe ist und in einem Gebäude mit mindestens sechs Wohnungen oder sonstigen selbständigen Nutzungseinheiten betrieben wird, innerhalb eines Jahres nach Ablauf von 15 Jahren nach Einbau oder Aufstellung einer Heizungsprüfung und Heizungsoptimierung zu unterziehen.

46 Eigentümer von Bestandgebäuden bzw. sonstige Verantwortliche nach § 8 GEG/GModG müssen somit für jede sich in ihrem Verantwortungsbereich befindende Liegenschaft das jeweilige Einbaudatum der dortigen Heizungsanlage ermitteln, den sich hiernach ergebenden Ablauf der 15-Jahresfrist sowie den Stichtag der sich daran anschließenden weiteren Jahresfrist ermitteln und die gemäß § 60b Abs. 1 S. 3, Abs. 2 GEG/GModG erforderlichen Maßnahmen **rechtzeitig durchführen lassen.**

47 Lediglich für entsprechende **Heizungsanlagen,** die **vor dem 1. Oktober 2009 eingebaut oder aufgestellt** wurde und in einem Gebäude mit mindestens sechs Wohnungen oder sonstigen selbständigen Nutzungseinheiten betrieben werden, ergibt sich nach § 60b Abs. 1 S. 2 GEG/GModG eine einheitliche und im Gesetz bereits bezeichnete Frist bis zum Ablauf des **30. September 2027.** Etwaige Verstöße unterfallen den Bußgeldvorschriften des § § 108 Abs. 1 Nr. 5–8 GEG/GModG.

48 Die **Wiederholung der Überprüfung** sollte nach § 60b Abs. 6 GEG **entbehrlich sein,** wenn nach der Inspektion an der betreffenden Heizungsanlage oder an der betreffenden kombinierten Heizungs- und Lüftungsanlage keine Änderungen vorgenommen wurden

oder in Bezug auf den Wärmebedarf des Gebäudes oder des konditionierten Bereichs keine Änderungen eintreten sind. Diese Regelung ist nunmehr gestrichen, womit aber inhaltlich keine Änderungen verbunden sind, da eine grundsätzliche Wiederholungsprüfung für Anlagen nach § 60b ohnehin nicht vorgesehen war und ist. Zu beachten ist jedoch (und auch weiterhin nach GModG) die für alle Prüfungen und Maßnahmen vorgesehene Dokumentationspflicht[22], sowie die Vorlagepflicht gegenüber dem Mieter[23].

(2) Gebäudeautomation. Die bisherige Regelung in § 71a GEG wird zukünftig (sechs Monate nach Inkrafttreten des GModG) durch **§ 56 GModG** ersetzt. 49

§ 71a GEG/§ 56 GModG regelt nunmehr die **verpflichtende Gebäudeautomatisierung von Nichtwohngebäuden** mit einer Nennleistung der Heizungsanlage oder der kombinierten Raumheizungs- und Lüftungsanlage von mehr als 290 Kilowatt (zukünftig 70 KW) bis zum Ablauf des 31.12.2024/nunmehr 31.12.2029. (siehe Abs. 1). Dies erfolgt in notwendiger Umsetzung der Art. 14 Abs. 4 und 15 Abs. 4 der EU-Richtlinie 2010/31/EU über die Gesamtenergieeffizienz von Gebäuden. 50

§ 71a Abs. 2 GEG/56 GModG beschreibt dabei die zur Erfüllung des Abs. 1 in das Gebäude **einzubringende digitale Energieüberwachungstechnik.** Abs. 3 sieht sodann ergänzende Ausstattungsanforderungen für zu errichtende Nichtwohngebäude vor. Abs. 4 regelt die verpflichtende Ermöglichung der Kommunikation zwischen miteinander verbundenen gebäudetechnischen Systemen und die Sicherstellung der Interoperabilität bis zum 31.12.2024 im Falle des Vorhandenseins von Systemen für die Gebäudeautomatisierung entsprechend Automatisierungsgrad B gem. DIN V 18599-11: 2018-09 oder besser. Verstöße unterfallen der Bußgeldvorschrift des § 108 Abs. 1 Nr. 14 GEG. 51

4. BEHG und EU-Emissionshandel

a) BEHG. Mit dem BEHG[24] erfolgte zum 1.1.2021 die **Einführung eines nationalen Emissionshandelssystems** (nEHS) für fossile Brennstoffe, die nicht bereits vom europäischen Emissionshandel erfasst werden. Erfasst werden die Emissionen aus der Verbrennung fossiler Heiz- und Kraftstoffe in den Sektoren Gebäude und Verkehr, insbesondere Heizöl, Flüssiggas, Erdgas, Kohle, Benzin, Diesel. Nach § 4 Abs. 1 BEHG (1) wird für jedes Kalenderjahr innerhalb einer Handelsperiode eine Menge an Brennstoffemissionen in Deutschland festgelegt, welche hinsichtlich der Brennstoffemissionen die Einhaltung der Minderungsverpflichtung der Bundesrepublik Deutschland nach Artikel 4 Abs. 1 in Verbindung mit Anhang 1 der EU-Klimaschutzverordnung gewährleistet. Die jährliche Emissionsmenge wird aus den jährlichen Emissionszuweisungen für die Bundesrepublik Deutschland nach Artikel 4 Abs. 3 der EU-Klimaschutzverordnung, multipliziert mit dem prozentualen Anteil der nicht vom EU-Emissionshandel erfassten Brennstoffemissionen an den nicht vom EU-Emissionshandel erfassten gesamten Treibhausgasemissionen in Deutschland im Durchschnitt des fünften bis dritten Jahres vor Beginn der jeweiligen Handelsperiode, gebildet. 52

Unternehmen, die diese Heiz- und Kraftstoffe in Verkehr bringen, müssen seit 2021 gem. § 10 Abs. 1 BEHG in Höhe der damit verbundenen **CO2-Emissionen Zertifikate erwerben.** Dasselbe gilt für Wärmelieferanten. Ab dem Jahr 2021 steigt der Zertifikatspreis gem. § 10 Abs. 2 BEHG (CO2-Preis) für die Sektoren Gebäude und Verkehr schrittweise von 25 EUR je Tonne CO2 im Jahr 2021 bis auf 65 EUR je Tonne im Jahr 2026. Ab 2026 ist vorgesehen, den Zertifikatspreis durch Versteigerungen[25] zu ermitteln, wobei für 2026 ein Preiskorridor von 55 Euro bis 65 Euro pro Tonne CO2-Aus- 53

22 Siehe zB § 60b Abs. 5 S. 1 GEG.
23 Siehe zB § 60b Abs. 5 S. 3 GEG.
24 Brennstoffemissionshandelsgesetz v. 12.12.2019 (BGBl. I 2728).
25 nach Maßgabe § 6 und § 12 BEHV.

stoß vorgegeben ist.[26] (Nunmehr erst) ab dem Jahr 2028 erfolgt eine Überleitung in den EU-ETS II Handel.[27]

54 Wohnungsunternehmen, die über Energietöchter mit fossilen Brennstoffen lokale BHKW oder Fernwärmeerzeugungsanlagen mit einer Leistung von weniger als 20 MW betreiben, müssen ab dem Jahr 2021 selbst Zertifikate erwerben. Anlagen in Nahwärmenetzen und objektweise KWK-Anlagen liegen regelmäßig unter 20 MW. Die verbrannten Erdgasmengen unterliegen dem nationalen CO2-Preis. Dies betrifft zB auch mit Gas-BHKW erzeugten Mieterstrom.

55 Der CO2-Preis wird vom Brennstoffhandel und den Wärmelieferanten über die Brennstoffkosten bzw. die Wärmelieferungskosten an die Endverbraucher weitergegeben und wird somit auch **Bestandteil der Brennstoff- und Wärmelieferungsrechnungen.** Es leiten sich deshalb aus dem BEHG grundsätzlich keine unmittelbaren Pflichten für Wohnungsunternehmen oder gegenüber Mietern ab. Für alle ab dem 1.1.2023 beginnenden Abrechnungsperioden ist jedoch nunmehr die Aufteilung des CO2KostAufG vorgeschrieben. (→ Rn. 59)

56 b) **Abgrenzung: EU/ETS-Handel.** Das Gegenstück des BEHG auf europäischer Ebene ist der **EU-ETS 1-Handel.** Der EU-Emissionshandel ist insbesondere für Unternehmen in der Europäischen Union, die Strom oder Wärme aus Kohle, Erdgas oder Öl mit Anlagen über eine Wärmeleistung von mehr als 20 Megawatt erzeugen, vorgeschrieben. Maßgeblicher CO2-Preis ist hier der Durchschnittspreis der Versteigerungen nach § 8 Abs. 1 Treibhausgas-Emissionshandelsgesetz in dem jeweiligen der Rechnungsstellung vorangegangenen Rechnungsjahr.[28] Die Veröffentlichung des Durchschnittspreises erfolgt durch Umweltbundesamt bis spätestens zum 31.3. des auf das Berichtsjahr folgenden Kalenderjahres.

57 Ab dem Jahr 2028 wird der **Emissionshandel in Europa auch auf die Sektoren Gebäude und Straßenverkehr ausgeweitet (EU-ETS 2).**[29] Hierbei handelt es sich um ein eigenständiges Brennstoffemissionshandelssystem für Gebäude, Straßenverkehr und weitere Sektoren. Damit soll eine gezielte Reduktion der Emissionen in diesen bislang weniger regulierten Sektoren, deren Einsparungen geringer ausfielen, erreicht werden.[30] Die **Umsetzung in Deutschland** erfolgt durch das TEHG-Europarechtsanpassungsgesetz 2024[31] und ist am 6.3.2025 in Kraft getreten.

58 Emissionszertifikate werden dann ausschließlich über ein **Versteigerungsverfahren**[32] vergeben, wobei eine sich jährlich reduzierende Zertifikatmenge (Cap-and-Trade-Mechanismus) zur Verfügung stehen wird. Nach Art. 30d der EU-Emissionshandelsrichtlinie (EHRL) können zusätzliche Zertifikate ausgegeben werden. Für das Jahr 2027 ist die Fortsetzung der Versteigerungsphase nach § 10 Abs. 3 Nr. 4 BEHG oder ein Vorgehen nach § 10 Abs. 3 Nr. 5 BEHG (analog) denkbar.[33]

59 c) **Aufteilung des CO2-Preises.** Die aus beiden Regelungsbereichen resultierenden **Kostenbelastungen** sind zugleich auch Regelungsgegenstand des **CO2-KostAufG**[34], welches die zwingende Aufteilung des angefallen Preisbestandteile zwischen den Vermietern und Mietern für alle seit dem 1.1.2023 begonnenen Abrechnungsperioden voraussetzt. Das Aufteilungsgesetz gilt gem. § 2 CO2KostAufG für Gebäude, in denen Brennstoffe in getrennten oder verbundenen Anlagen zur Wärmeerzeugung für Heizung

---

[26] § 10 Abs. 2. S. 3 BEHG.

[27] Beschluss EU-Umweltminister vom 5.11.2025 und Einigung Parlament und Rat der EU vom 9.12.2025, Rat der EU 17086/25, Pressemitteilung Rat der EU 1063/25 v. 10.12.2025.

[28] Siehe auch § 3 Abs. 4 Nr. 4b CO2KostAufG.

[29] Richtlinie (EU) 2023/959 zur Änderung der Richtlinie 2003/87/EG (Emissionshandelsrichtlinie, EHRL) vom 10.5.2023.

[30] Shtereva/Hanke EnWZ 2025, 352.

[31] G v. 5.3.2025 (BGBl 2025 I Nr. 70).

[32] auf Basis der EU-AuktionsV – Delegierte VO (EU) 2023/2830 der Kommission vom 17.10.2023.

[33] zum Übergang vom nationalen Emissionshandel zum EU-ETS2 siehe ausführlich: Shtereva/Hanke EnWZ 2025, 352 ff.

[34] BT-Drs. 20/4383 (Fassung 24. Ausschuss), BGBl. 2022 I Nr. 48, S. 2154.

oder für Heizung und Warmwasser genutzt werden, für die in der Rechtsverordnung nach § 7 Abs. 4 des BEHG Standardwerte für Emissionsfaktoren festgelegt sind.[35]

Das Gesetz gilt zudem für die eigenständig gewerbliche Lieferung von Wärme oder von Wärme und Warmwasser hinsichtlich der für die Wärmeerzeugung eingesetzten Brennstoffe. Eine Ausnahme ergibt sich nach § 2 Abs. 3 S. 2 CO2-KostaufG lediglich für Gebäude, die ab dem 1.1.2023 erstmals einen Wärmeanschluss erhalten und aus dem EU-Emissionshandel unterliegenden Anlagen versorgt werden. Erfasst sind nach § 11 Abs. 1 CO2KostAufG auch auf vor dem 1.1.2023 entstandene Mietverhältnisse. 60

Die Regelungen gehen § 6 Abs. 1 HKVO und rechtsgeschäftlichen Bestimmungen vor (§ 2 Abs. 4 CO2KostAufG), es erfolgt jedoch keine Anwendung in den Fällen des § 11 HKVO sofern hierfür nicht die Abrechnung der Heiz- und Warmwasserkosten vereinbart wurde (§ 2 Abs. 6 CO2KostAufG).

Nach § 3 Abs. 1 sowie § 3 Abs. 4 CO2KostAufG sind Brennstofflieferanten und Wärmelieferanten (in Bezug auf die von ihnen für die Wärmegewinnung eingesetzten Brennstoffmengen) nunmehr verpflichtet, auf ihren Rechnungen Angaben zu den Brennstoffemissionen, zu dem Preisbestandteil der Kohlendioxidkosten, zum heizwertbezogenen Emissionsfaktor und zum Energiegehalt der Brennstoff- oder Wärmelieferung zu machen. 61

Für die Aufteilung der CO2-Kosten ist **zwischen Wohngebäuden und Nichtwohngebäuden zu unterscheiden.** Für Wohngebäude ergibt sich diese aus der Tabelle Anlage 1 zu § 5 CO2KostAufG. Für Nichtwohngebäude ist zunächst eine hälftige Aufteilung nach § 8 Abs. 1 CO2KostAufG vorgesehen, welche im Jahr 2025 ebenfalls durch eine tabellarische Ausgestaltung abgelöst werden soll (Abs. 4). 62

Eine **Reduzierung des vom Vermieter zu tragenden Kostenanteiles** kann sich nach § 9 Abs. 1 CO2KostAufG in Bezug auf die fehlende Möglichkeit zur energetischen Verbesserung des Gebäudes oder einer wesentlichen Verbesserung der Wärme- und Warmwasserversorgung infolge denkmalschutzrechtlicher Beschränkungen oder im Zusammenhang mit einem Anschluss- und Benutzungszwang bzw. im Geltungsbereich einer Erhaltungssatzung gemäß § 172 Absatz 1 Nummer 2 des Baugesetzbuchs ergeben. Unter den Voraussetzungen des § 9 Abs. 2 CO2KostAufGentfällt die Aufteilung vollständig, wenn aufgrund öffentlich-rechtlicher Vorgaben weder eine wesentliche energetische Verbesserung des Gebäudes noch eine wesentliche Verbesserung der Wärme- und Warmwasserversorgung möglich ist. Es besteht jedoch in beiden Fällen eine Nachweispflicht des Vermieters gem. § 9 Abs. 3 CO2KostAufG. 63

Die Einzelheiten der Vornahme der Aufteilung und der erforderlichen Darstellung in der Heizkostenabrechnung bestimmen sich nach §§ 7 und 8 CO2KostAufG. (→ § 24 Rn. 359 ff.). Im Falle von Verstößen kann sich ein Kürzungsrecht des Mieters nach §§ 7 Abs. 4, 8 Abs. 3 CO2KostAufG ergeben. 64

§ 10 CO2KostAufG sieht eine **Evaluierung des Gesetzes bis zum 31.12.2025** und danach alle 2 Jahre vor. Die Prüfung soll insbesondere eine eventuelle Anpassung der Stufen, die statistische Erfassung der Kostenaufteilung über alle betroffenen Mietverhältnisse hinweg, die eventuelle zukünftige Aufteilung auf der Grundlage von Energieausweisen sowie eine etwaige Einführung eines gesonderten Wirtschaftlichkeitsgebotes im Zusammenhang mit einem Brennstoffwechsel durch den Vermieter umfassen. Der Evaluierungsbericht liegt mittlerweile vor. Diesbezügliche Gesetzesänderungen zeichnen sich aber noch nicht ab. 65

Das CO2KostaufG wird jedoch zusammen mit dem **Inkrafttreten des GModG** Erweiterungen erfahren. So sieht Art. 5 des Gesetzes zur Änderung des Gebäudeenergiegesetzes, zur Änderung des Gebäude-Elektromobilitätsinfrastruktur-Gesetzes und zur Änderung weiterer Vorschriften im Wärmebereich die hälftige Aufteilung der zusätzlichen Kosten der Biobrennstoffbeimischung nach § 43 Abs. 1 GModG, sowie die 66

[35] Siehe EBeV 2030 – Anlage 2 (EmissionsberichterstattungsVO), Konkretisierung der Anforderungen der §§ 6 und 7 des Brennstoffemissionshandelsgesetzes für die Periode von 2023 bis 2030, Teil 4 Standardwerte zur Berechnung von Brennstoffemissionen – letzte Spalte heizwertbezogener Emissionsfaktor.

hälftige Aufteilung von Netzentgelten und der CO2-Kosten zwischen Vermietern und Mietern bei Einbau von fossilen Heizungsanlagen vor. (§ 5a Abs. 3 des Aufteilungsgesetzes). Die neue Regelung in § 5b bestimmt die entsprechende Anwendung des § 5a Abs. 3 für Neubauten, welche bis zum 31.12.2029 errichtet und erstmalig genutzt werden. Im Falle der Selbstversorgung mit Brennstoffen durch den Mieter sind ergänzende Erstattungsansprüche für Mieter im geänderten § 6 vorgesehen. Ebenfalls werden sich Ergänzungen für die Darstellung der Kostenaufteilung in der Heizkostenabrechnung mit Ergänzungen des § 7 des Kostenaufteilungsgesetzes ergeben.

67 Mit der Ausschussfassung wurden diese Regelung sodann nochmals ergänzt. In Bezug auf die ebenfalls in § 43 Abs. 7 GModG ergänzte Havarieregelung (mit Neueinbau einer fossilen Heizungsanlage) sieht nunmehr § 5a Abs. 4 eine korrespondierende Übergangsfrist in Bezug auf die erweiterten Aufteilungspflichten bei fossilen Heizungsanlagen vor. Nach § 5c GModG soll eine **Evaluierung der §§ 5a und 5b GModG** auch in Bezug auf die Kosten für Mieter und Verrmieter erfolgen.

68 § 5d GModG beinhaltet nun eine **Härtefallregelung** für kleinere Vermieter, wenn die erweiterten Aufteilungspflichten (nach Einbau einer fossilen Heizungsanlage) für sie zu einer persönlichen, auch nach Interessenabwägung nicht zu rechtfertigenden, Härte führen würden. Die Bestimmung dürfte allerdings angesichts der vielfältigen und voraussichtlich (gerade für kleine, nicht professionelle Vermieter) nur schwer nachzuweisenden Voraussetzungen kaum praktische Umsetzung erfahren. Nach § 5d Abs. 4 ergeben sich hierzu ferner Hinweispflichten des Vermieters bei Vermietung bzw. erstmaliger Berufung auf das Vorliegen des Härtefalles.

69 Ergänzt ist ebenfalls die Vorschrift des § 3a hinsichtlich einer **Preisaufsicht** (durch das Bundeskartellamt) gegenüber den Lieferanten im Zusammenhang mit der zukünftigen Bepreisung der Bio-Zusatzbrennstoffe Die Erhebung sachlich nicht gerechtfertigter Preisbestandteile ist verboten.

5. Smart Meter Rollout

70 a) **Einführung.** Die Bewältigung der Energiewende mit der zukünftig verstärkten dezentralen Erzeugung von Strom insbesondere über Windkraft und Photovoltaik erfordert die Installation eines künstlich-intelligent gesteuerten Stromnetzes, um die zukünftige Stromversorgung in ganz Deutschland sicherzustellen. Ein intelligentes Stromnetz (smart grid) bindet die Akteure des Energiesystems von der Erzeugung, über den Transport, die Speicherung und die Verteilung bis hin zu den Verbrauchern kommunikativ ein. Insbesondere die Erhebung präziser Informationen über das Verhalten der unzähligen dezentralen Erzeugungsanlagen ist für den zukünftigen Netzbetrieb somit unerlässlich.

71 Dies erfordert mittelfristig die Umstellung der Messtechnik von den bisherigen „Ferraris-Zählern“ auf **moderne elektronische Messeinrichtungen** (§ 2 Nr. 15 MsbG) bzw. **intelligente Messsysteme** (§ 2 Nr. 7 MsbG), den „Smart Meter Rollout“. Intelligente Messsysteme bestehen aus einer modernen Messeinrichtung und einem Smart-Meter-Gateway, sie ermitteln alle 15 Minuten Zählerstandsgänge oder Lastgänge und übermitteln sie an das Smart-Meter-Gateway, welches die Daten verarbeiten und automatisch übertragen kann. Auch die gebündelte Erfassung, Verarbeitung und Versendung unterschiedlicher Messungen ist möglich. **Einbaupflichten** in Bezug auf moderne bzw. intelligente Messsysteme sind für die grundzuständigen Messstellenbetreiber nach § 2 Nr. 4 MsbG in §§ 29 ff. MsbG in Abhängigkeit von den Jahresverbräuchen gestaffelt bis zum Jahr 2032 vorgesehen.

72 b) **verpflichtender Einbau.** Die Regelungen zum Smart Meter Rollout wurden mit dem **Gesetz zum Neustart der Digitalisierung der Energiewende (GNDEW)** überarbeitet[36] und sind im Mai 2023 in Kraft getreten.[37] Zweck des Gesetzes ist nach § 1 S. 1 MsbG

[36] BT-Drs. 20/6457.
[37] G. v. 22.5.2023 (BGBl 2023 I Nr. 133).

die beschleunigte Digitalisierung der Energiewende im Interesse einer nachhaltigen und treibhausgasneutralen Energieversorgung, eines verbesserten, datengestützten Netzbetriebs und einer effizienten und nachhaltigen, datengestützten Netzplanung. Dem Einsatz von Smart Meter Gateways (in intelligenten Messsystemen) wird dabei zentrale Bedeutung zugemessen. Bis dahin bestehende technische Probleme im Rahmen der Verfügbarkeit der Smart Meter Gateways wurden über den sogenannten agilen Rollout nach § 31 Abs. 1 MsbG überwunden. Mit dem Gesetz zur Änderung des Energiewirtschaftsrechts zur Vermeidung von temporären Erzeugungsüberschüssen vom 21.2.2025[38] sind weitere Anpassungen und Konkretisierungen erfolgt.[39] **Weitere Änderungen und Ergänzungen** sind nunmehr mit dem Gesetz zur Änderung des Energiewirtschaftsrechtes und zur Stärkung des Verbraucherschutzes im Energiebereich sowie zur Änderung weiterer energierechtlicher Vorschriften[40] **eingetreten.**

Unabhängig vom verpflichtenden Einbau können Anschlussnehmer und Anlagenbetreiber nach § 34 Abs. 2 Nr. 1 MsbG den **Einbau eines intelligenten Messsystems** seit Beginn des Jahres 2025[41] **als Zusatzleistung** vom grundzuständigen Messstellenbetreiber auch an einer eigentlich nicht nach § 29 MsbG ausstattungspflichtigen Messstelle oder nicht bilanzierungspflichtigen Unterzählerpunkten an Kundenanlagen nach § 3 Nr. 24a und Nr. 24b EnWG (jetzt: Nr. 65) verlangen. Dem Begehren ist innerhalb von spätestens vier Monaten ab Beauftragung Folge zu leisten. 73

aa) Messstellenbetreiber. Der **verpflichtende Einbau-Fahrplan** für die grundzuständigen Messstellenbetreiber folgt aus § 45 Abs. 1 MsbG. Hiernach sind durch den grundzuständigen Messstellenbetreiber spätestens beginnend ab dem Jahr 2028 (teilweise sogar bereits ab 2025) und sodann in stufenweise bestimmten Ausstattungsgraden der betroffenen Messstellen die Umstellungen der Messsysteme vorzunehmen.[42] 74

Es besteht gem. § 29 Abs. 1 MsbG eine **Einbaupflicht für intelligente Messsysteme (iMS)** bei Letztverbrauchern mit einem Jahresverbrauch größer als 6.000 kWh bzw. Letztverbrauchern mit einer Vereinbarung nach § 14a EnWG sowie bei EEG- und KWK-Anlagen mit einer installierten Nennleistung von über 7 KW (auch Bestandsanlagen), soweit der Einbau technisch möglich und wirtschaftlich vertretbar ist. Letztgenannte müssen zudem auch nach § 29 Abs. 1 Nr. 2a) und b) mit einer Steuerungseinrichtung am Netzanschlusspunkt versehen werden. Bei einem Jahresstromverbrauch von weniger als 6.000 kWh ist der Einbau optional und liegt in der Entscheidung des Messstellenbetreibers. 75

Unabhängig vom Jahresstromverbrauch des Letztverbrauchers müssen mindestens sogenannte moderne Messeinrichtungen eingebaut werden, die den Betrieb eines intelligenten Systems ermöglichen. Optionale Einbaufälle ergeben sich gem. § 29 Abs. 2 MsbG für Letztverbraucher mit Jahresverbrauch unterhalb von 6.000 kWh sowie EEG- und KWK- Neuanlagen bis zu 7 KW. Es besteht eine **Einbaupflicht in Bezug auf moderne Messeinrichtungen (mME)** nach § 29 Abs. 3 MsbG bei Letztverbrauchern unter 6.000 kWh sowie Anlagenbetreibern bis zu 7 KW. 76

Die **Verpflichtungen des grundzuständigen Messstellenbetreibers** aus den §§ 29, 30, 32 und 34 gelten gem. § 36 Abs. 1 MsbG nicht, wenn ein nach § 5 oder § 6 MsbG beauftragter Dritter die jeweiligen Ausstattungsvorgaben bereits erfüllt hat oder innerhalb von vier Monaten ab Information über die Umrüstung der Messstelle nach § 37 Abs. 1 erfüllt; § 19 Abs. 5 und 6 ist zu beachten. Andernfalls endet – wenn der Anschlussnutzer bereits einen wettbewerblichen Messstellenbetreiber beauftragt hatte – das laufende Vertragsverhältnis des Anschlussnutzers mit dem Dritten entschädigungslos und wird ab Einbau des intelligenten Messsystems durch den Messstellenvertrag des grundzuständigen Messstellenbetreibers mit dem Anschlussnutzer nach § 9 abgelöst. 77

[38] BT-Drs. 20/14773 (Ausschussfassung), G. v. 24.2.2025 (BGBl 2025 I Nr. 51).
[39] siehe hierzu ausführlich: König/Papke EnWZ 2025, 291 ff.
[40] BGBl. 2025 I Nr. 347 vom 22.12.2025.
[41] Ab 1. Juli 2026 auch an Zählpunkten der Sparte Gas.
[42] Siehe hierzu näher: Dembski/Schnurre EnWZ 2023, 339 (340 f.).

78 *bb) Duldung durch Anschlussnehmer und Anschlussnutzer.* Weder Anschlussnehmer noch Anschlussnutzer sind berechtigt, die Ausstattung einer Messstelle mit einem intelligenten Messsystem nach § 29 Abs. 1 und 2, einer Steuerungseinrichtung nach § 29 Abs. 1 Nr. 2, die Ausstattung mit einer modernen Messeinrichtung nach § 29 Abs. 3 oder die Anbindung seiner Erzeugungsanlagen oder der Messeinrichtung für Gas an das intelligente Messsystem nach § 40 zu verhindern oder nachträglich wieder abzuändern oder abändern zu lassen, § 36 Abs. 3 MsbG.

79 Nach § 37 Abs. 2 MsbG sind die betroffenen Anschlussnutzer, Anschlussnehmer, Anlagenbetreiber und Messstellenbetreiber spätestens drei Monate vor der Ausstattung mit einer Messstelle nach § 29 Abs. 1 und 2 MsbG zu informieren und auf die Möglichkeit zur freien Wahl eines Messstellenbetreibers nach den §§ 5 und 6 MsbG hinzuweisen. Ferner sind Anschlussnutzer nunmehr auf die erstmalige Möglichkeit zur Wahl des Messstellenbetreibers nach § 5 Absatz 1 Satz 2 zwei Jahre ab der Ausstattung der Messstelle mit einem intelligenten Messsystem oder mit einem intelligentem Messsystem und einer Steuerungseinrichtung hinzuweisen. Das **Zutrittsrecht** des Messstellenbetreibers gegenüber Anlagenbetreibern, Anschlussnehmern und Anschlussnutzern folgt aus § 38 MsbG.

80 c) **Kostentragung.** Bei Zählern für den Allgemein- oder Hausbedarfsstrom ist der Gebäudeeigentümer bzw. Vermieter regelmäßig **Anschlussnutzer** nach § 2 Nr. 3 MsbG. In der Wohnung wird zumeist der Mieter selbst Anschlussnutzer sein und die Einbaukosten selbst tragen.

81 *aa) Ertüchtigung der Liegenschaft.* Die eventuell notwendige Ertüchtigung der vorhandenen elektrischen Anlage in der Liegenschaft **obliegt grundsätzlich dem Anschlussnehmer (Eigentümer).** Hier sind zum Teil baulichen Anpassungen zur Ermöglichung des Einbaus eines mME oder iMS notwendig. Die neuen Geräte sind regelmäßig größer als die bisherigen Ferraris-Zähler.

82 Zudem muss der Anschlussnehmer nach § 22 Abs. 1 NAV (Niederspannungsanschlussverordnung) dafür Sorge tragen, dass für den Einbau von Smart Meter ausreichend Zählerplätze hinter dem Netzanschluss vorhanden sind und ggf. muss der Anschlussnehmer (Gebäudeeigentümer) auch die Kosten für den Umbau am Zählerkasten tragen.

83 Nach § 22 Abs. 2 NAV ist der Netzbetreiber zur Bestimmung des Anbringungsortes von Mess- und Steuereinrichtungen berechtigt, wobei jedoch berechtigte Interessen des Anschlussnehmers bei der Wahl des Aufstellungsorts zu wahren sind.

Bei älteren Elektroanlagen und Zählerplätzen ist die Durchführung einer rechtzeitigen Bestandsaufnahme bezüglich der zu erwartenden Umbauten anzuraten. Da das Austauschvolumen für die Messstellenbetreiber durch das Gesetz nicht begrenzt ist, könnte der grundzuständige Messstellenbetreiber theoretisch alle betroffenen Zählerplätze gleichzeitig umrüsten, was in der Praxis zu einem erheblichen zeitgleichen Kostenanfall führen könnte.

84 *bb) Kosten der Zähler.* Die Kosten für die neuen Zähler, deren Einbau, Betrieb und Wartung trägt zunächst der Messstellenbetreiber, welcher sodann die Kosten der Messung den Kunden der Rechnung stellt. Die Kostentragungspflicht für den Messstellenbetrieb trifft sodann den jeweiligen Anschlussnutzer. Hierbei dürfen die gesetzlich in **§ 30 MsbG festgelegten Preisobergrenzen** – sogenannte **wirtschaftliche Vertretbarkeit** der Ausstattung – nicht überschritten werden. Mit der Neuregelung des § 30 Abs. 1 MsbG ergibt sich nunmehr eine Aufteilung der anfallenden Kosten zwischen Anschlussnutzer und Anschlussnetzbetreiber gestaffelt nach der Größe des Jahresstromverbrauches an der jeweiligen Messstelle, wobei der Kostenanfall des Messstellenbetriebes des Stromzählers für den Anschlussnutzer regelmäßig nicht mehr als 20 EUR jährlich betragen darf. Für die zusätzliche Ausstattung mit einer Steuerungseinrichtung ist ein Zuschlag von 50 EUR möglich.

cc) Daten und Sicherheit. Die Daten werden von den Messstellenbetreibern verwaltet. (idR ist dies der Verteilnetzbetreiber). Diese unterfallen der **DSGVO.** Zur Gewährleistung der Sicherheit der in intelligenten Messsystemen eingesetzten Smart-Meter-Gateways ist deren Zertifizierung durch das Bundesamt für Sicherheit erforderlich, § 19 Abs. 3 S. 1, § 24 MsbG. Technische Anforderungen an die Smart Meter Gateway bestimmen sich insbesondere nach §§ 19, 21, 22 und 23 MsbG. Gem. § 27 MsbG sollen Schutzprofile und technische Richtlinien für Smart Meter Gateways nach § 22 MsbG kontinuierlich den technischen Entwicklungen und Möglichkeiten angepasst werden. 85

d) Liegenschaftsmodell. Für den Vermieter von besonderer Relevanz ist das so genannten „Liegenschaftsmodell" gem. **§§ 6, 39 MsbG,** nach welchem der Vermieter als Anschlussnehmer ein das Wahlrecht des Mieters als Anschlussnutzer verdrängendes Wahlrecht (für einen anderen als den gMSB), und das Recht, alle Zählpunkte einer Liegenschaft mit iMS auszustatten hat, wenn entweder bei der Ausstattung die maßgeblichen Höchstentgelte nach § 30 MsbG eingehalten werden oder neben dem Messstellenbetrieb Strom mind. ein zusätzlicher Messstellenbetrieb Gas, Wasser, Fernwärme oder Heizwärme über SMWG gebündelt wird und in der Summe der Messkosten nach § 6 Abs. 1 Nr. 2 MsbG keine Mehrkosten für den Anschlussnutzer entstehen, wobei der Mieter alle 2 bzw. 5 Jahre die Einholung von zwei Bündelangeboten vom Vermieter verlangen kann (Abs. 5). Kommt der Vermieter dieser Aufforderung nicht nach, entstehen keine unmittelbaren Rechtsfolgen, es können sich jedoch Auswirkungen über den Einwand des Wirtschaftlichkeitsgebotes im Rahmen der Betriebskostenabrechnung ergeben. Vertragspartner des Bündel-Messstellenbetreibers ist (dann) der Anschlussnehmer (§ 2 Abs. 2 MsbG), also der Vermieter als Gebäudeeigentümer. 86

aa) Vorteile der Bündelung. Die Vorteile der Kombination von Submetering und Smart Metering sind in der umfassenden digitalen Verbrauchserfassung mit der Möglichkeit der jederzeitigen Veranschaulichung der Verbrauchswerte gegenüber dem Verbraucher zu sehen, was zu erhöhter Transparenz und Eigenverantwortlichkeit führt. Möglich wird damit auch die Einbindung in die digitale Abrechnung des Dienstleisters (Beschleunigung der Abrechnung, Vermeidung von Datentransfer und Übermittlungsfehlern, Erstellung von Komplettabrechnungen aus einer Hand) sowie in Mieter- oder Eigentümerportale. Darüber hinaus ergeben sich damit neue technische Möglichkeiten[43] für eine energieeffiziente digitale Gebäudesteuerung, insbesondere von Heizungs- und WW-Anlagen aber zB auch im Bereich der Predictive Maintenance. 87

bb) Betriebskosten. Die Kosten für den gebündelten Messstellenbetrieb gem. § 39 MsbG können, **„soweit vereinbart"**, in die individuelle Betriebskostenabrechnung einfließen. Erforderlich ist also eine entsprechende Abrede im Mietvertrag gem. § 2 Nr. 17 BKVO,[11] sofern die entstehenden Messkosten nicht ohnehin bereits von § 2 Nr. 4 BKVO erfasst sind. Die Regelungen der Heizkostenverordnung bleiben gem. § 39 MsbG unberührt. In Bestandsmietverhältnissen könnte auf die schon zuvor erfolgte Kostentragung durch den Mieter im Rahmen des eigenen vertraglich geregelten Strombezugs abgestellt werden. 88

cc) Voraussetzungen und Auswirkungen des Liegenschaftsmodells. **Voraussetzungen** zur Einführung des Liegenschaftsmodelles nach § 6 Abs. 1 MsbG sind: 89

- alle Zählpunkte der Liegenschaft für Strom werden mit iMS ausgestattet und für die Ausstattung von Zählpunkten der Sparte Elektrizität die maßgeblichen Höchstentgelte nach § 30 eingehalten,
- neben dem Messstellenbetrieb Strom wird mind. ein Messstellenbetrieb der Sparten Gas, Wasser, Fernwärme oder Heizwärme über SMGW gebündelt
- es entstehen in der Summe keine Mehrkosten für den Anschlussnutzer, wobei in die Vergleichsberechnung die Kosten der Abrechnungsdienstleistung einbezogen werden dürfen

[43] Siehe zB auch § 5 Abs. 2 S. 3, Abs. 6 S. 2 HKVO.
[44] BT-Drs. 18/7555, 101.

weitere Auswirkungen nach § 6 Abs. 2 bis 5 MsbG:
- laufende Verträge mit dritten Messstellenbetreibern für die betroffenen Sparten enden entschädigungslos, wenn deren Laufzeit zumindest zur Hälfte abgelaufen ist (§ 6 Abs. 2), frühestens jedoch nach 5 Jahren
- zwischen der Ausübung des Wahlrechtes des Anschlussnehmers und der Vertragsbeendigung müssen mind. 6 Monate liegen
- betroffene Messstellenbetreiber müssen mind. 6 Monate vor Ausübung des Wahlrechtes die Gelegenheit erhalten, ein Bündelangebot abzugeben
- der Anschlussnehmer hat den Anschlussnutzer mind. 1 Monat vor Ausübung seines Auswahlrechtes in Textform über die geplante Ausübung zu informieren (§ 6 Abs. 3), die Information muss eine Vergleichsberechnung nach § 6 Abs. 1 Nr. 3 enthalten, ebenso die Angabe zum Zeitpunkt des Betreiberwechsels und Erläuterungen zur Durchführung der Liegenschaftsmodernisierung sowie Angaben zum Messstellenvertrag des Anschlussnehmers, zu Entgelten für den Messstellenbetrieb und deren künftiger Abrechnung
- Die Freiheit des Anschlussnutzers zur Wahl seine Energielieferanten sowie eines Tarifes zur Energiebelieferung dar nach § 6 Abs. 4 S. 2 MsbG nicht eingeschränkt werden.

90 *dd) Probleme der Umsetzung.* Die Umsetzung der gesetzlichen Vorgaben in einem Bestandsmietverhältnis ist derzeitig für die Praxis mit nicht unerheblichen Schwierigkeiten und Unklarheiten verbunden.

91 Diese ergeben sich insbesondere im Bereich der **Ermittlung der relevanten Laufzeit bestehender Verträge** gem. § 6 Abs. 2 MsbG. Aus dem Wortlaut der Vorschrift geht nicht hervor, ob der Ablauf einer gewissen Laufzeit generell Voraussetzung dafür ist, dass der Vermieter gegenüber seinen Mietern die Einführung des Liegenschaftsmodelles durchsetzen kann (und ob der Mieter dulden muss), oder ob die Regelung (wofür der reine Wortlaut spricht), eigentlich nur klarstellt, dass bestehende Verträge jedenfalls nach Ablauf der genannten Fristen eben *entschädigungslos enden* bzw. im Falle früher eintretender Beendigungen halt Entschädigungen an die bisherigen Messstellenbetreiber zu leisten sind. Geht man von dieser einschränkenden Interpretation aus, wäre selbst für den Fall, dass die Fristen bisheriger Verträge über den Messstellenbetrieb noch nicht abgelaufen sind, jedenfalls für den Vermieter/Gebäudeeigentümer die Realisierung des Liegenschaftsmodells zu einem schon früheren Zeitpunkt zulässig (wofür wiederum auch der Wortlaut des § 6 Abs. 1 MsbG spricht). Der Vermieter müsste dann nur bereit sein, dass Risiko einer zu leistenden Entschädigung zu tragen. Allerdings geht aus dem Wortlaut des § 6 Abs. 2 MsbG nicht hervor, wer überhaupt im Falle einer notwendigen Entschädigung zahlungspflichtig wäre. Nach Sinn und Zweck des gesamten § 6 MsbG, welcher dem Vermieter die Umstellung im Sinne Liegenschaftsmodell ermöglichen soll, dürfte diese wohl den Vermieter treffen, da die Umstellung vom Vermieter freiwillig vorgenommen wird und in seinem Interesse liegt.

92 Völlig unklar ist auch die **Umsetzung bei Fernwärme,** da entsprechende Regelungen zur Marktkommunikation derzeitig nicht gegeben sind. Die Vorgaben des MsbG und des EnWG sind für die Fernwärmeversorgung nicht anwendbar, diese regelt sich ausschließlich nach der FernwärmeVO und FFVAV. Der Messstellenbetrieb ist hier regelmäßig Bestandteil des Liefervertrages, sodass in Zweifel gezogen wird, ob hier eine Teilkündigung des Messstellenbetriebes zum Zwecke der Umsetzung eines Bündelmessstellenbetriebes möglich ist. Diese wird zwar in § 3 Abs. 7 der FFVAV angesprochen, der Wortlaut des § 6 Abs. 2 MsbG ist jedoch insoweit ebenfalls unklar.

93 Fraglich ist auch das **Verhältnis des § 6 MsbG zu den mietrechtlichen Modernisierungsvorschriften.** Die Regelung gibt zur Anwendung der mietrechtlichen Modernisierungsvorschriften nichts her. Auch die Gesetzesbegründung verhält sich dazu nicht. Es ist nicht davon auszugehen, dass die Bestimmungen des § 6 MsbG die mietrechtlichen Modernisierungsvorschriften etwa vollständig verdrängen sollten. Bei der Umsetzung

des Liegenschaftsmodelles dürfte es sich auch durchaus um eine Modernisierungsmaßnahme nach § 555b Nr. 1 bzw. zumindest Nr. 4 BGB handeln.

6. steuerbare Verbrauchseinrichtungen

Der Einsatz von Wärmepumpen oder E-Ladestationen bzw. PV-Anlagen ist zur 94
Bewältigung der Energie- und Wärmewende unerlässlich. Ihr Hochlauf stellt jedoch die Verteilernetze angesichts der **erhöhten Bezugsleistungen bei zugleich höherer Gleichzeitigkeit** vor große Herausforderungen, insbesondere, wenn der Netzausbau nicht schnell genug gelingt. Vielfach sind Elektrofahrzeuge, Wärmepumpen oder Batteriespeicher allerdings ansteuerbar, ohne dass ein beachtlicher Komfortverlust für die zweckgemäße Verwendung eintreten würde.[45]

Nach § 14a Abs. 1 EnwG kann die **Bundesnetzagentur** deshalb durch Festlegung nach 95
§ 29 Abs. 1 **bundeseinheitliche Regelungen** treffen, nach denen Betreiber von Elektrizitätsverteilernetzen und Lieferanten, Letztverbraucher und Anschlussnehmer verpflichtet sind, nach den Vorgaben der Bundesnetzagentur Vereinbarungen über die netzorientierte Steuerung von steuerbaren Verbrauchseinrichtungen oder von Netzanschlüssen mit steuerbaren Verbrauchseinrichtungen (steuerbare Netzanschlüsse) im Gegenzug für Netzentgeltreduzierungen abzuschließen.[46] Dabei kann die netzorientierte Steuerung über wirtschaftliche Anreize, über Vereinbarungen zu Netzanschlussleistungen und über die Steuerung einzelner steuerbarer Verbrauchseinrichtungen erfolgen.

Auf der Grundlage der mit dem GNDEW zum 1.1.2024 eingetretenen gesetzlichen 96
Änderungen gelten neue Regelungen nach § 14a, welche es dem Netzbetreiber bei potenziellen Überlasten ermöglicht, die **Leistung** von steuerbaren Verbrauchseinrichtungen **vorübergehend reduzieren zu können.** Als Gegenleistung sollen Verbraucher:innen von einer Reduktion des Netzentgelts profitieren. Die Regelung ist seit 2024 für alle neu in Betrieb genommenen steuerbaren Verbrauchseinrichtungen verpflichtend. Zugleich werden die Netzbetreiber dazu verpflichtet, ihre Anteilnahme durch Eingriffe und aktive Steuerung zu erhöhen und den Netzausbau bedarfsgerecht voranzutreiben. Auch dürfen sie den Anschluss dieser neuen steuerbaren Verbrauchseinrichtungen nicht mehr aufgrund von zu geringer Netzkapazität ablehnen oder verschieben. Es gilt nun eine Anschlussverpflichtung.

Als steuerbare Verbrauchseinrichtungen im Sinne von § 14a Abs. 1 und 2 **gelten** nach 97
Abs. 3 insbesondere Wärmepumpen, nicht öffentlich-zugängliche Ladepunkte für Elektromobile, Anlagen zur Erzeugung von Kälte oder zur Speicherung elektrischer Energie und Nachtstromspeicherheizungen, solange und soweit die Bundesnetzagentur in einer Festlegung nach Abs. 1 oder 2 nichts anderes vorsieht.

§ 14a Abs. 4 EnWG betrifft die **Ausstattung einer Messstelle mit einem intelligenten** 98
Messsystem. Ist dieses installiert, hat die Steuerung entsprechend den Vorgaben des Messstellenbetriebsgesetzes und der konkretisierenden Technischen Richtlinien und Schutzprofile des Bundesamtes für Sicherheit in der Informationstechnik sowie gemäß den Festlegungen der Bundesnetzagentur über ein Smart-Meter-Gateway nach § 2 S. 1 Nr. 19 des Messstellenbetriebsgesetzes zu erfolgen, siehe auch § 19 Abs. 1 S. 2 und § 21 Abs. 1 Nr. 1b) MsbG.

Aufgrund der Festlegungen der Bundesnetzagentur[47] ist die netzorientierte Steuerung 99
von steuerbaren Verbrauchseinrichtungen und steuerbaren Netzanschlüssen seit dem 1.1.2024 nach Maßgabe der Anlage 1 der Festlegung[48] abzuwickeln. Netzentgelte für steuerbarere Anschlüsse und Verbrauchseinrichtungen (NSAVER) nach § 14a EnWG sowie weitere Informationen zu der mit der Integration von steuerbaren Ver-

[45] Bundesnetzagentur – Festlegungsverfahren zur Integration von steuerbaren Verbrauchseinrichtungen und steuerbaren Netzanschlüssen nach § 14a Energiewirtschaftsgesetz v. 27.11.2023, Az.: BK6-22–300, Az.: BK8-22/010-A.

[46] Siehe dazu umfassend Klausmann EnWZ 2024, 351 ff.

[47] Beschluss BK6-22–300 v. 27.11.2023.

[48] Anlage 1 zum Beschluss BK6-22–300 v. 27.11.2023.

brauchseinrichtungen einhergehenden Netzentgeltreduzierung finden sich unter der Festlegung BK8-22/010-A.

7. GEIG

100 Das Gebäude-Elektromobilitätsinfrastruktur-Gesetz gilt in Deutschland seit dem 25.3.2021.[49] Es ist zur Umsetzung der Artikel 8 Abs. 2 bis 6 der EU-Gebäuderichtlinie in der Fassung vom Juni 2018[50] ergangen.[51] Das GEIG beinhaltet **Vorgaben in Bezug auf die Ausstattung von Gebäuden mit Leitungsinfrastruktur bzw. Ladepunkten** für den Neubau sowie – im Falle der Durchführung größerer Renovierungsmaßnahmen – auch für Bestandsgebäude. Insbesondere aufgrund der Errichtungspflicht für Ladepunkte und deren zukünftiger Nutzung werden sich Gebäudeeigentümer mit der evtl. Etablierung neuer Geschäftsmodelle, der Ausgestaltung von Nutzungs- und Abrechnungsregelungen sowie der möglichen Einbeziehung selbst erzeugten Stroms auseinandersetzen müssen.

101 Das GEIG wird gem. Art. 7 des Gesetzes zur Änderung des Gebäudeenergiegesetzes, zur Änderung des Gebäude-Elektromobilitätsinfrastruktur-Gesetzes und zur Änderung weiterer Vorschriften im Wärmebereich zukünftig umfassende Anpassungen erfahren, welche sechs Monate nach der Verkündung in Kraft treten sollen und auf die Vorgaben in Art. 14 der EU-Gebäuderichtlinie (EU) 2024/1275 zurückgehen. Die Änderungen betreffen insbesondere die Ergänzungen von Definitionen in § 2 (insbesondere Nr. 14a – Vorverkabelung), die Einrichtung eines Ladepunktes nach § 5, die Vorgaben für zu errichtende Wohngebäude und Nichtwohngebäude in den §§ 6 und 7, die größere Renovierung von Wohngebäuden und Nichtwohngebäuden nach §§ 8 und 9, die Errichtung von Ladepunkten nach § 10 sowie die Ordnungswidrigkeiten nach § 15 GEIG.

102 a) **Neubau.** *aa) Wohngebäude.* Nach § 6 GEIG sind bei der Errichtung eines Gebäudes, das über mehr als fünf Stellplätze (zukünftig 3) innerhalb des Gebäudes (oder über mehr als fünf an das Gebäude angrenzende Stellplätze – entfällt zukünftig) verfügt, mindestens jeweils 50 Prozent der barrierefreien und nicht-barrierefreien Stellplätze mit Vorverkabelung und die übrigen Stellplätze mit Leitungsinfrastruktur auszustatten und mindestens ein Ladepunkt zu errichten. Stellplatz ist nach § 2 Nr. 14 GEIG eine Fläche, die dem Abstellen eines KFZ außerhalb der öffentlichen Verkehrsflächen dient.Unter Vorverkabelung ist nach § 2 Nr. 14a) GEIG „Vorverkabelung" die elektrische Vorbereitung eines Stellplatzes für die spätere Errichtung einer Ladeeinrichtung zu verstehen; sie umfasst alle Maßnahmen, die die Errichtung von Ladeeinrichtungen ermöglichen, einschließlich Datenübertragung, Kabel, Kabelwege und, soweit erforderlich, Stromzählern. Sie gilt als umgesetzt, wenn am Stellplatz ein anschlussfähiger Endpunkt wie beispielsweise ein Anschlusskasten, eine Abzweigung oder eine einzelne Zuleitung vorhanden ist, an den die Verbindungsleitung zu einer Ladeeinrichtung ohne weitere Elektroarbeiten angeschlossen werden kann, Eine reine Grund- oder Sammelinstallation, wie beispielsweise eine Hauptzuleitung,Stromschiene oder ein zentraler Verteiler ohne individuelle Abzweigung oder das Verlegen von Leerrohren oder Kabelkanälen ist nicht ausreichend.

103 Unter **Leitungsinfrastruktur** ist nach § 2 Nr. 10 iVm § 4 GEIG die Gesamtheit aller Leitungsführungen zur Aufnahme von elektro- und datentechnischen Leitungen in Gebäuden oder im räumlichen Zusammenhang von Gebäuden vom Stellplatz über den Zählpunkt eines Anschlussnutzers bis zu den Schutzelementen zu verstehen. § 4 ergänzt die Begriffsbestimmung in § 2 Nr. 10 dahingehend, dass die Leitungsinfrastruktur eine geeignete Leitungsführung für Elektro- und Datenleitungen umfassen muss. Des Wei-

[49] G v. 24.3.2021 (BGBl I 354 ff.).

[50] ABl. 2018 L 156, 75.

[51] In der Fassung Beschlussempfehlung und Bericht des Ausschusses für Wirtschaft und Energie (9. Ausschuss) BT-Drs. 19/26587.

teren verdeutlicht die Regelung in § 4, dass die Leitungsinfrastruktur auch den Platz für künftig hinzukommende Messeinrichtungen und Schutzelemente umfasst.[52]

bb) Nichtwohngebäude. Die **Abgrenzung** zwischen **Wohngebäuden und Nichtwohngebäuden** richtet sich nach § 2 Nr. 12 GEIG; jedes Gebäude, welches nicht gem. § 2 Nr. 15 GEIG überwiegend zu Wohnzwecken genutzt wird, gilt als Nichtwohngebäude. Für gemischt genutzte Gebäude ist § 11 GEIG zu beachten. 104

Für den **Neubau eines Nichtwohngebäudes mit mehr als 5 Stellplätzen** gilt nach § 7 GEIG, dass mindestens jeweils 50 Prozent dieser barrierefreien und nicht-barrierefreien Stellplätze mit Vorverkabelung und die übrigen dieser Stellplätze mit Leitungsinfrastruktur ausgestattet werden und mindestens ein Ladepunkt für jedenfünften Stellplatz errichtet wird.Ein **Ladepunkt** ist nach § 2 Nr. 9 GEIG eine Einrichtung, die zum Aufladen von Elektromobilen geeignet und bestimmt ist und an der zur gleichen Zeit nur ein Elektromobil aufgeladen werden kann. Bei der Errichtung eines Ladepunktes sind nach § 5 Abs. 1 GEIG die gesetzlichen Mindestanforderungen an den Aufbau und den Betrieb von Ladepunkten zu beachten. Es ist eine Unternehmererklärung nach § 13 GEIG einzuholen und für mindestens 5 Jahre aufzubewahren. 105

b) Nachrüstungspflichten für Bestandsgebäude. Sämtliche Nachrüstverpflichtungen wurden bewusst an von der Elektromobilität unabhängige Auslösetatbestände geknüpft.[53] 106

aa) Wohngebäude. Im Falle der **Durchführung einer größeren Renovierung** von Wohngebäuden mit mehr als 10 (zukünftig 3) Stellplätzen ist gem. § 8 GEIG jeder Stellplatz mit Leitungsinfrastruktur (und zukünftig 50 % der Stellplätze mit Vorverkabelung auszustatten, wenn die Renovierung den Parkplatz oder die elektrische Infrastruktur des Gebäudes (bei innenliegenden Parkplätzen) bzw. die elektrische Infrastruktur des Parkplatzes (bei angrenzenden Parkplätzen) umfasst. Der Begriff der größeren Renovierung in § 8 GEIG wurde direkt aus der EU-Gebäuderichtlinie übernommen. Nach § 2 Nr. 5 GEIG liegt diese vor, wenn hierdurch mehr als 25 % der Oberfläche der Gebäudehülle einer Renovierung unterzogen werden, d. h. die Baumaßnahme an Teilen der Gebäudehülle erfolgt, durch welche der Wärmeenergiebedarf des Gebäudes unmittelbar beeinflusst wird.[54] 107

Gem. § 4 S. 5–7 GEIG n. F. müssen die Leitungsinfrastruktur sowie die Vorverkabelung so dimensioniert werden, dass die nach diesem Gesetz vorgeschriebene Anzahl von Ladepunkten gleichzeitig und effizient genutzt werden kann. Bei der Vorverkabelung nicht öffentlich zugänglicher Stellplätze ist die Installation eines Lademanagementsystems zu berücksichtigen. Die Sätze 5und 6 sind jedoch nicht anzuwenden, soweit die Einhaltung dieser Anforderungen technisch unmöglich oder wirtschaftlich unzumutbar ist oder anderen öffentlich-rechtlichen Vorschriften widerspricht. 108

Ein **Parkplatz** ist nach § 3 Nr. 13 GEIG eine zusammenhängende Fläche, die aus mehreren Stellplätzen besteht. An das Gebäude **angrenzende Stellplätze** sind nach § 3 GEIG gegeben, wenn der Parkplatz, auf dem sich die Stellplätze befinden, denselben Eigentümer wie das Gebäude hat, der Parkplatz überwiegend von den Bewohnern oder Nutzern des Gebäudes genutzt wird und eine unmittelbare physische oder technische Verbindung zum Gebäude oder einem Gebäudeteil aufweist. 109

bb) Nichtwohngebäude. Im Nichtwohngebäude sind für diesen Fall künftig nach § 9 GEIG mindestens jeweils 50 Prozent dieser barrierefreien und nicht-barrierefreien Stellplätze mit Vorverkabelung und die übrigen dieser Stellplätze mit Leitungsinfrastruktur für die Elektromobilität auszustatten und mindestens ein Ladepunkt für jeden fünften Stellplatz zu errichten.. Nach § 10 GEIG muss zusätzlich ab dem 1. Januar 2027 für bestehende Nichtwohngebäude mit mehr als 20 Stellplätzen (innerhalb des Gebäudes) ein Ladepunkt für jeden zehnten Stellplatz errichtet werden oder mindestens jeweils 50 Prozent der barrierefreien und nicht-barrierefreien Stellplätze mit Leitungsinfrastruktur 110

[52] BT-Drs. 19/18962, 19.
[53] BT-Drs. 19/19366, 14.
[54] BT-Drs. 19/18962, 17.

für die Elektromobilität ausgestattet werden. Verfügt das Nichtwohngebäude über mehr als 20 angrenzende Stellplätze, hat der Eigentümer dafür zu sorgen, dass ab dem 1. Januar 2027 ein Ladepunkt für jeden zehnten Stellplatz errichtet wird oder mindestens jeweils 50 Prozent der barrierefreien und nicht-barrierefreien Stellplätze mit Leitungsinfrastruktur für die Elektromobilität ausgestattet werden.

111 c) **Quartiere.** § 12 GEIG eröffnet die Möglichkeit, die **Vorgaben** der §§ 6–10 GEIG für Lade- und Leitungsinfrastruktur **gemeinsam im Quartier zu erfüllen.** Dafür müssen die Gebäude in räumlichen Zusammenhang stehen und es sind Vereinbarungen der beteiligten Gebäudeeigentümer (in Schriftform) über eine gemeinsame Ausstattung von Stellplätzen bezüglich der gemeinsamen Errichtung von Ladeinfrastruktur und Ladepunkten und der Benutzung von Grundstücken, ihrem Betreten und der Leitungsführung zu treffen. Die Beteiligung und Einbeziehung von Energieversorgungsunternehmen ist nach § 12 Abs. 2 GEIG möglich. Auch kommt eine analoge Anwendung der Vorschrift in Betracht, wenn alle Gebäude sich im Eigentum eines einzelnen Eigentümers befinden, an die Stelle der Vereinbarung tritt dann eine entsprechende Dokumentation.

112 d) **Ausnahmen.** Nach § 1 Abs. 2 GEIG ergeben sich zunächst Ausnahmen für „Nichtwohngebäude" im Eigentum von „kleineren und mittleren Unternehmen"[55], die überwiegend von diesen selbst „genutzt" werden.§ 14 Abs. 1 GEIG sieht ferner Ausnahmen von den verpflichtenden Vorgaben der §§ 6–10 GEIG[56] **im Falle eines Härtefalles** vor. Dieser liegt vor, wenn bei größerer Renovierung eines bestehenden Gebäudes die Kosten für die Lade- und Leitungsinfrastruktur 7 % (zukünftig 10 %) der Gesamtkosten der größeren Renovierung überschreiten.

113 Die Berechnung bzw. Kostenermittlung ist völlig unklar. Dies gilt insbesondere in Bezug auf die insoweit anrechenbaren Kosten, sowie die Definition einer größeren Renovierung. Letztlich ist eine eigenverantwortliche Beurteilung durch den Gebäudeeigentümer erforderlich, die Erteilung von Negativattesten ist im Gesetz nicht vorgesehen. Im Falle der Fehlbeurteilung läuft der Gebäudeeigentümer Gefahr, ein Bußgeld gem. § 15 GEIG entrichten zu müssen. Gebäudeeigentümer sollten deshalb im Rahmen der Einschätzung des evtl. Überschreitens der Kostenschwelle eher vorsichtig rechnen. Nach § 14 Abs. 2 GEIG ergeben sich zudem Privilegierungen für bestimmte öffentliche Gebäude.

II. § 554 BGB, Elektromobilität, Steckersolargeräte, Mieterstrommodelle

1. § 554 BGB

114 a) **Einleitung. Zweck des Bundes-Klimaschutzgesetzes, dessen Reform am 17.7.24 in Kraft trat,** ist es, zum Schutz vor den Auswirkungen des weltweiten Klimawandels die Erfüllung **der nationalen Klimaschutzziele** sowie die Einhaltung der **europäischen Zielvorgaben** zu gewährleisten. Grundlage hierfür ist die Verpflichtung nach dem Übereinkommen von Paris aufgrund der Klimarahmenkonvention der Vereinten Nationen. Insgesamt müssen nach den Vorgaben des Klimaschutzgesetzes die Treibhausgasimmissionen bis 2030 um mindestens 65 %, bis 2040 um mindestens 88 %, gegenüber 1990 gesenkt werden. Bis zum Jahr 2045 soll Netto-Treibhausgasneutralität erreicht werden. Nach dem Jahr 2050 sollen negative Treibhausgasemissionen erreicht werden. Danach ist unter anderem eine Reduktion der Treibhausgasimmissionen für den Verkehrssektor vorgesehen. Im Jahr 2023 war der Verkehrssektor für rund 146 Millionen Tonnen Treibhausgase verantwortlich und trug damit rund 22 % zu den Treibhausgasemissionen Deutschlands bei.[57]

[55] § 2 Nr. 6 GEIG.
[56] § 10 GEIG weist allerdings keine Verknüpfung zu einer Renovierung auf.
[57] Bericht des Umweltbundesamtes 2024.

Zu deren Reduktion setzt die Bundesregierung unter anderem auf die Förderung der Elektromobilität als zentrale Maßnahme im Pkw-Bereich, der den Hauptteil der **Verkehrsemissionen** ausmacht.[58] Bis Ende 2022 wurde in Deutschland erstmals die Millionenmarke zugelassener Elektroautos überstiegen. Bis zum 1. April 2024 stieg die Zahl weiter auf insgesamt 1,46 Millionen Fahrzeuge. 115

Das Ladesäulenregister der Bundesnetzagentur enthält 141.659 öffentlich zugängliche Normalladepunkte und 46.681 öffentlich zugängliche Schnellladepunkte, Stand November 2025. An den Ladepunkten können gleichzeitig insgesamt 7,7 GW Ladeleistung bereitgestellt werden.[59] Ziel ist es, bis 2030 in Deutschland insgesamt 1 Million elektrische Schnellladestationen zu realisieren. Dementsprechend wird der Ausbau von elektrischer Ladeinfrastruktur auch innerhalb privater Immobilien vom Gesetzgeber verfolgt und unterstützt. SPD und Union haben 2018 in ihrem Koalitionsvertrag vereinbart, das Wohnungseigentumsrecht zu reformieren und mit dem Mietrecht zu harmonisieren. 116

Die maßgebliche Vorschrift für das Mietrecht ist dabei der am 1.12.2020 in Kraft getretene § 554 BGB. Diese Vorschrift sieht vor, dass der Vermieter unter anderem solche baulichen Veränderungen am Mietobjekt durch den Mieter dulden muss, die dem Laden elektrisch betriebener Fahrzeuge dienen. Diese Vorschrift korrespondiert mit § 20 Abs. 2 S. 1 Nr. 2 WEG, wonach jeder Wohnungseigentümer angemessene bauliche Veränderung verlangen kann, die dem Laden elektrisch betriebener Fahrzeuge dient. Hierdurch soll auch der Anspruch des Mieters einer Eigentumswohnung mit den wohnungseigentumsrechtlichen Vorschriften über bauliche Veränderungen harmonisieren. 117

Der Anspruch des Mieters nach § 554 BGB auf Elektromobilität ist laut Gesetzesbegründung Ausprägung der Sozialbindung des Eigentums. Das entsprechende Veränderungsinteresse des Mieters ist aus gesamtgesellschaftlichen Gründen im Ausgangspunkt stets beachtenswert.[60] 118

b) Grundsatz: kein Anspruch des Mieters auf bauliche Veränderung. Im Mietrecht gilt zunächst der Grundsatz, dass der Mieter keinen Anspruch darauf hat, dass der Vermieter nach Abschluss des Mietvertrages den Umfang des Gebrauchsrechtes des Mieters erweitert, weder durch einen Genehmigungsanspruch des Mieters auf eigenen Umbau der Mietsache noch durch einen Anspruch des Mieters gegen den Vermieter auf Durchführung einer Modernisierungsmaßnahme durch den Vermieter. Lediglich umgekehrt besteht ein Duldungsanspruch des Vermieters gegenüber seinem Mieter, Modernisierungsmaßnahmen nach § 555b BGB durchzuführen. Somit enthält § 554 BGB von diesem Grundsatz eine **Ausnahme,** da der Mieter hiernach vom Vermieter die Erlaubnis zur Durchführung baulicher Änderungen durch den Mieter verlangen kann, allerdings nur für speziell geregelte Maßnahmen: die dem Gebrauch durch Menschen mit Behinderung, dem Einbruchschutz, dem Laden elektrisch betriebener Fahrzeuge oder der Anbringung von Steckersolargeräten dienen. Im Umkehrschluss macht § 554 Abs. 1 BGB damit nochmals deutlich, dass sonstige bauliche Maßnahmen, auch wenn sie klimapolitisch, gesellschaftlich oder auf Grund individueller Interessen erforderlich oder erwünscht sind, vom Mieter nicht verlangt werden können. 119

c) Anspruchsvoraussetzungen. *aa) Mietvertrag.* Anwendbar ist § 554 BGB für die **Wohnraummiete,** nach § 578 Abs. 2 S. 2 BGB für die **Gewerberaummiete** und nach § 578 Abs. 1 BGB für die **Raum- und Grundstücksmiete** und somit auch für gesonderte Garagen- oder Stellplatzmietverträge. Die durch § 554 BGB geschützten Interessen sind damit nicht wohnraumspezifischer Natur. § 554 BGB ist somit sowohl für einen Garagen- oder Stellplatzmietvertrag anwendbar, der gesondert vermietet wird, als auch für einen solchen, der im Rahmen eines Wohnraummietvertrages mitvermietet wird. 120

[58] Bundesministerium für Umwelt, Naturschutz und nukleare Sicherheit, Klimaschutz in Zahlen, 2022.
[59] https://www.bundesnetzagentur.de (zuletzt aufgerufen am 13.1.2026).
[60] BT-Drs. 19/18791, 88 f.

Fraglich und bis dato rechtlich nicht entschieden ist in diesem Zusammenhang, ob die Kündigung eines ordentlich ohne Kündigungsgrund kündbaren eigenständigen Stellplatzmietvertrages nach Geltendmachung eines Anspruchs nach § 554 BGB, als rechtsmissbräuchlich und damit unwirksam gewertet werden kann gemäß §§ 241, 242 BGB. Bei Anmietung mehrerer Stellplätze besteht grundsätzlich der Anspruch nach § 554 BGB auch für mehrere angemietete Stellplätze.

121 Mangels Anpassung des § 549 BGB gilt § 554 BGB auch für Wohnraum, der nur zum vorübergehenden Gebrauch vermietet wurde und somit beispielsweise auch **für Studenten- und Jugendwohnheime,** für **Einliegerwohnungen** und für Wohnungen zur Unterbringung von **Personen mit dringendem Wohnbedarf.**

122 Nicht unter die Vorschrift fallen räumliche Erweiterungen der **Gebrauchsrechte des Mieters,**[61] weshalb der Mieter nicht verlangen kann, dass ihm der Vermieter bauliche Veränderungen in Bereichen des Gebäudes oder des Grundstückes erlaubt, auf die sich sein mietvertragliches Gebrauchsrecht nicht erstreckt.[62] Somit fällt der etwaige Wunsch des Mieters, im Hof des Grundstücks, der ihm nicht zum Abstellen von Kraftfahrzeugen vermietet ist, eine Ladestation zu installieren, um dort sein Fahrzeug aufzuladen, nicht unter § 554 BGB. Einen solchen Anspruch auf räumliche Erweiterung seines Gebrauchsrechtes erhält der Mieter mithilfe des § 554 BGB gerade nicht.[63] Fraglich ist, wie es sich verhält, wenn ein gemeinsam, allen Mietern zur Verfügung stehenden Mieterparkplatz existent ist, ohne eigenes zugeordnetes Nutzungsrecht. Der Gesetzesintention folgend könnte ein Anspruch auf Einrichtung einer Ladestation nach § 554 BGB für den einzelnen Mieter bejaht werden, ohne dass ihm dies jedoch in der Zukunft ein eigenständiges Nutzungsrecht an speziell diesem Stellplatz eröffnet.

123 *bb) Bauliche Veränderung.* Es muss sich um eine beantragte **bauliche Veränderung** handeln und damit um einen erheblichen Eingriff in die Bausubstanz über den vertraglichen Gebrauch hinaus handeln.[64] Geringfügige Eingriffe, die zu einer sinnvollen Mietnutzung erforderlich sind, sind ohne Weiteres erlaubt.[65] Sie können auch Gemeinschaftsflächen und sonstige Außenbereiche betreffen, wie typischerweise die Ladestation in der Tiefgarage.

124 *cc) Zweckdienlichkeit der Maßnahme.* Die gewünschte bauliche Veränderung muss für die Elektromobilität **zweckdienlich** sein, wenn auch nicht erforderlich sein. Elektrisch betriebene Fahrzeuge sind insbesondere Fahrzeuge gemäß § 2 Nr. 1 des Elektromobilitätsgesetzes (EmoG). Das sind reine Batterieelektrofahrzeuge, von außen aufladbare Hybridfahrzeuge oder Brennstoffzellenfahrzeuge. Daneben findet § 554 BGB aber auch Anwendung für elektrisch betriebene Zweiräder, Pedelacs, E-Scooter und spezielle Elektromobile für Gehbehinderte, wie elektrische Rollstühle, die nicht in den Anwendungsbereich des EmoG fallen.[66] Die dafür erforderlichen Maßnahmen sind die Installation einer Haushaltssteckdose, die Installation einer Ladestation im Innenbereich/Wallbox oder der Bau einer Ladesäule im Außenbereich. Hierunter fallen neben der Installation einer Lademöglichkeit auch die entsprechenden Stromleitungen, ebenso die Umsetzung von Vorgaben des Messstellenbetriebsgesetzes oder Maßnahmen zur Teilnahme an einem Flexibilitätsmechanismus nach § 14a des Energiewirtschaftsgesetzes sowie die Schaffung einer Ladeinfrastruktur. Es kann sich sowohl um den Anspruch auf eine **Ersteinrichtung** einer entsprechenden Ladeinfrastruktur handeln, als auch um eine Maßnahme, die der **Verbesserung** oder der **Erhaltung** einer bereits vorhandenen Lademöglichkeit dient.[67] Dienlich sind danach ebenso Maßnahmen für die Verbesserung der bereits eingerichteten Ladegeschwindigkeit bei bestehenden Anlagen, auch Zusatzmaß-

---

[61] BeckOGK/Schepers BGB § 554 Rn. 6.
[62] Horst NZM 2022, 313 (315).
[63] BT-Drs. 19/18791, 87.
[64] Staudingr/Rolfs BGB § 554 Rn. 13; BeckOK BGB/Wiederhold § 554 Rn. 8.
[65] Streyl NZM 2017, 785 (787).
[66] BT-Drs. 19/18791, 87.
[67] BT-Drs. 19/18791, 87.

nahmen im Rahmen der Aufrüstung bestehender Anlagen zur Vermeidung von Überlastungen und ebenso Maßnahmen zur intelligenten Steuerung (Lastmanagementsteuerung). Voraussetzung ist weiter, dass die begehrte Maßnahme für die Ladung elektrisch betriebener Fahrzeuge dienlich, tatbestandlich also nicht notwendig erforderlich, ist.

Tatbestandlich umfasst sind Maßnahmen innerhalb der Mietsache. Das sind in der 125 Regel mitvermietete Garagen und Parkplätze. Von dem Erlaubnisanspruch umfasst sind dabei auch bauliche Maßnahmen, die sich auf andere Gebäudeteile oder Flächen erstrecken, etwa durch das Verlegen von Leitungen. Jedoch kann nicht die Erweiterung des Mietgegenstandes, also die Zuweisung gesonderter Flächen für die begehrte Lademöglichkeit verlangt werden.[68] Handelt es sich um **Gemeinschaftseinrichtungen**, an denen der Mieter nur ein Mitbenutzungsrecht hat, ist anerkannt, dass diese, wie der Eingang oder das Treppenhaus elementar für den Zugang der Wohnung sind und somit beispielsweise auch für den Erlaubnistatbestand der Barrierereduzierung in § 554 BGB. Das gleiche muss infolge der Einheitlichkeit der Auslegung aller Erlaubnistatbestände nach § 554 BGB auch für den Erlaubnistatbestand der Ladestation gelten.[69] Das angestrebte Ziel des Gesetzgebers wird nur mit einer weiten Auslegung erreicht. Danach kann der Mieter im Grundsatz auch direkt die Erlaubnis dazu verlangen, dass er eine Ladestation in einer gemeinschaftlich genutzten Garage oder auf einem allgemeinen Mieterparkplatz installiert.[70] Das bedingt jedoch nicht, dass der Mieter in der Folge ein zusätzliches Nutzungsrecht über den üblichen Vertragsgebrauch hinaus hat, sodass er nicht verlangen kann, dass der Stellplatz mit der von ihm geschaffenen Lademöglichkeit ihm vorbehalten bleibt.[71] Das dürfte indes sein Interesse an der auf seine Kosten durchzuführenden baulichen Veränderung reduzieren.

dd) Zeitpunkt. Das **Interesse** des Mieters an einer Ladestation für die Elektromobilität 126 muss, anders als bei dem Anspruch auf Erlaubnis zur Untervermietung, **nicht erst nach Vertragsabschluss** entstanden sein. Dem Mieter kann nicht entgegengehalten werden, er hätte die Mietsache in Kenntnis ihrer Ausstattung angemietet. Fraglich ist daher, ob es sich im Rahmen der vorzunehmenden Interessenabwägung (siehe Ziffer 4.) zulasten des Mieters auswirkt, wenn der Mieter auf Nachfrage bei Mietvertragsschluss, nicht über seine Absicht der Geltendmachung des Anspruchs auf E-Mobilität aufgeklärt hat. Im Hinblick auf das Benachteiligungsgebot des Mieters nach § 554 Abs. 2 BGB, dürfte sich die Verneinung, einen Anspruch nach § 554 BGB künftig geltend machen zu wollen, auf die entsprechende Frage des Vermieters bei Abschluss des Mietvertrages, für den Mieter nicht nachteilig auswirken, wenn er dementgegen dann später doch einen Anspruch nach § 554 BGB erhebt. Vertreten wird jedoch auch, dass im Rahmen der Interessenabwägung berücksichtigt werden kann, ob der Mieter seine Absicht bei Vertragsschluss auf Nachfrage bewusst oder auf Nachfrage gezielt offengelassen oder arglistig verschwiegen hat.[72]

Die Anwendbarkeit des § 554 BGB ist unabhängig von der **Dauer des Mietvertrages.** 127 Der Anspruch auf Erlaubnis kann vom Vertragsschluss an bis zum Ende des Mietvertrages geltend gemacht werden. Keinesfalls erforderlich ist, dass das das Mietverhältnis absehbar fortbesteht. Jedoch kann sich im Rahmen der Interessenabwägung nach § 554 Abs. 2 BGB ein Recht zur Verweigerung der Erlaubnis ergeben, wenn das Mietverhältnis nur noch kurz besteht.[73]

ee) Interesse des Mieters. Es muss sich auch nicht um ein Interesse des Mieters auf 128 eigene Elektromobilität handeln, vielmehr kann hier berücksichtigt werden, dass der Mieter ein **mittelbares Interesse** hat, da seine Familienangehörigen, Haushaltsangehörigen oder Pflegekräfte sowie seine Besucher Elektromobilität/Ladestation benötigen, um

[68] Herlitz NZM 2020, 916.
[69] Schmidt-Futterer/Flatow, 16. Aufl., BGB § 554 Rn. 11.
[70] NK-BGB/Hinz § 554 Rn 16.
[71] Herlitz NZM 2020, 916.
[72] BeckOGK/Schepers BGB § 554 Rn. 18.
[73] Rolfs NZM 2020, 902 (903).

mit ihm den erforderlichen und gewünschten Kontakt zu pflegen und Besuche des Mieters zu verifizieren.

129 d) **Interessenabwägung.** § 554 Abs. 1 S. 1 BGB stellt an die Entstehung des Anspruchs auf Erlaubnis einer baulichen Veränderung geringe Anforderungen. § 554 Abs. 1 S. 2 BGB hat daher erhebliche Bedeutung, da es danach erforderlich ist, durch eine umfassende Interessenabwägung zu ermitteln, ob der Anspruch im Einzelfall besteht. § 554 Abs. 1 S. 2 BGB regelt den Ausschluss des Anspruchs und verlangt eine **Abwägung** der nachteiligen Folgen der baulichen Veränderungen für den Vermieter mit den Interessen des Mieters an deren Ausführung. Konkret heißt es im Gesetzestext, dass der Anspruch nicht besteht, wenn die baulichen Veränderungen dem Vermieter auch unter Würdigung der Interessen des Mieters nicht zugemutet werden können.

130 Voraussetzung dafür, dass es zu einer Interessenabwägung der beidseitigen Interessen kommen kann, ist somit, dass der Mieter konkreten **substantiierten Vortrag** zu seiner Interessenlage an der baulichen Veränderung, aber auch konkreten Vortrag zur Art, zum Umfang, zur Dauer, zu der ausführende Firma, in Bezug auf die bauliche Veränderung tätigt. Nur so kann der umfassend und ausführlich informierte Vermieter eine Entscheidung fällen, nur so kann die nach § 554 BGB vorzunehmende Interessenabwägung erfolgen.

- Als Mieterinteressen werden der vorgetragene Wunsch, Elektromobilität für sich oder seine Mitbenutzer, Gäste, Haushaltsangehörigen, Pflegekräfte zu erlangen, in die Waagschale geworfen. Ins Gewicht wird dabei auch fallen, ob und inwieweit Ladestation im **Umfeld** bereits vorhanden sind, sowie ob der Mieter auf eine Schnellladung, beispielsweise durch berufliche Tätigkeit im Außendienst angewiesen ist.
- Wie eingangs ausgeführt werden zugunsten des Mieters die gesamtgesellschaftlichen Interessen samt der umweltpolitischen und **klimapolitischen Ziele**, wie die Reduzierung von Treibhausgasen, der Schutz vor Luftschadstoffen und der Schutz vor verkehrsbedingtem Lärm, berücksichtigt werden.[74]
- Auf Seite des Vermieters gilt es grundsätzlich, dessen Konservierungs- und **Erhaltungsinteresse** zu berücksichtigen. Dieses ist umso gewichtiger, je umfangreicher und folgenreicher der beabsichtigte Eingriff ist.
- Zu berücksichtigen ist dabei auch, ob gefahrenträchtige Zustände oder **baurechtswidrige Situationen**[75], beispielsweise durch Verstoß gegen Denkmalschutz geschaffen werden. Der Einklang mit Bauordnungsrecht, Denkmalschutz und Brandschutzes ist daher stets zu beachten, ebenso die **fachgerechte Ausführung** und gegebenenfalls eine Fachunternehmerbescheinigung.[76] Anderenfalls begründet sich ein in der Interessenabwägung zu berücksichtigendes Vetorecht des Vermieters.
- Zu berücksichtigen ist zugunsten des Vermieters auch die **Kapazität** des beanspruchten vorhandenen Elektrosystems und somit die Durchsetzbarkeit der Maßnahme mit den vom Mieter geplanten Arbeiten.
- Weitere Vermieterinteressen können die intakte Bausubstanz, Vermeidung **optischer Beeinträchtigungen** und ein mögliches Rückbaurisiko bei Vertragsende sein.
- Zu berücksichtigen wären auch die Dauer und **Intensität der baulichen Maßnahmen**, insbesondere auch in Bezug auf die Interessen weiterer Mieter und deren Mietminderungsansprüche durch die baulichen Maßnahmen, sowie etwa entgegenstehende Interessen der **Nachbarn**.[77]
- Berücksichtigung findet zugunsten des Vermieters schließlich die erforderliche Kostenregelung über **Folgekosten**, wie Kosten für Wartung, Reparaturen und Versicherungen.

[74] BT-Drs. 19/18791, 89.
[75] Grüneberg/Weidenkaff, 81. Aufl. 2022, BGB § 554 Rn. 2.
[76] Horst NZM 2022, 313 (316).
[77] Börstinghaus/Siegmund/Börstinghaus, 8. Aufl. 2025, BGB § 554 Rn. 26.

- Ob der **Gleichheitsgrundsatz** bei der Erlaubniserteilung durch den Vermieter eine Rolle spielt hatte das LG München zu entscheiden:[78] Die vom Kläger beabsichtigten Wallbox war technisch machbar, weshalb der Anspruch auf Erlaubniserteilung grundsätzlich nach § 554 Abs. 1 BGB bestand. § 554 BGB liegt bereits eine Interessenabwägung zugrunde, nämlich zugunsten des Mieters auf Erteilung der Erlaubnis. Die Nichtgestattung ist daher die Ausnahme, nur soweit besondere Vermieterinteressen dagegenstehen. Vorliegend war auch kein Nachteil für den Vermieter erkennbar, wenn der Mieter den Fachhandwerkerbetrieb auswählt. Ein Nachteil durch Zerstückelung der Anbieter war in dem entschiedenen Fall auch nicht zu befürchten, da schon drei andere Ladestation im Haus existent waren und die vom Mieter ausgewählte Handwerkerfirma bereits im Haus gearbeitet hatte. Auch der Umstand, dass aufgrund der vorhandenen Leitungskapazität zukünftig nicht alle Mieter mit einer E-Ladestation versorgt werden können, begründet laut LG München I keine unzumutbare Härte für den Vermieter, der dem Anspruch entgegensteht, zumal die künftige Entwicklung unbestimmt und der Eintritt, dass weitere Meter entsprechende Ansprüche geltend machen, nicht gesichert war. Das LG München I begründet sein dem Mieterbegehren stattgebendes Urteil wie folgt: Einen Anspruch auf Gleichbehandlung gibt es im Mietrecht nicht. Vielmehr gilt das Prioritätsprinzip, dem lediglich das Willkürverbot nach § 242 BGB aus Art. 3 Abs. 3 GG gegenübergestellt werden kann[79], sowie das Schikaneverbot im Sinne von § 226 BGB.[80] Selbst wenn die Gleichbehandlung der Mietparteien vom Vermieter angestrebt wird, stellte sich diese Frage damals nicht, sondern erst dann, wenn weitere Mieter einen Elektroanschluss wünschen. Weiter begründet das LG München I sein Urteil: Die Entscheidung stellt auch keinen Verstoß gegen die Gesetzesintention, möglichst vielen Parteien die Errichtung des Einbaus einer Ladestation für Elektrofahrzeuge zu ermöglichen, dar, da in dem zur Entscheidung stehenden Fall die Beweisaufnahme ergeben hat, dass auch später durch die Stadtwerke München erforderlichenfalls eine Kapazitätserweiterung möglich ist. Die Entscheidung des LG München I ist rechtskräftig.
- Darüber hinaus ist schließlich zugunsten des Vermieters zu berücksichtigen, wenn der Vermieter oder dessen WEG **eigene zeitnahe Ausbauabsichten** in Bezug auf die Elektromobilität haben und sich hiermit die Planungs- und Durchführungshoheit erhalten möchten.[81] Hat der Vermieter die Ausführung der baulichen Veränderung innerhalb einer den Mieter zumutbaren Frist zugesagt und bestehen keine berechtigten Zweifel, dass der Vermieter diese Zusage erfüllen wird, wird sich das Mieterinteresse in der Regel nicht durchsetzen können. In diesem Fall kann der Vermieter hinsichtlich der Kosten der baulichen Veränderungen nach § 555f Nr. 3 BGB mit dem Mieter eine passende Kostenübernahme vereinbaren. Alternativ kann der Vermieter regelmäßig wegen der baulichen Veränderungen, die nach § 555b Nr. 4 BGB durch Steigerung des Gebrauchswertes eine **Modernisierungsmaßnahme** darstellt, die Miete nach § 559 BGB erhöhen.[82]
- Schließlich ist bei der vermieteten Eigentumswohnung die Durchsetzbarkeit der baulichen Veränderung im Gemeinschaftseigentum gegenüber der Gemeinschaft der Wohnungseigentümer zu berücksichtigen. Eine bauliche Veränderung durch den Mieter oder den vermietenden Wohnungseigentümer ist nach § 20 WEG erst nach einer entsprechenden **Beschlussfassung der Wohnungseigentümer** zulässig. Infolgedessen kann der hinsichtlich der Zustimmung nach § 554 BGB angefragte Vermieter unter Hinweis auf die erforderliche Erlaubnis der Wohnungseigentümer seine Erlaubnis zurückhalten. Allerdings muss er in diesem Fall auf eine für den Mieter günstige

[78] LG München I NZM 2022, 625.
[79] Schmidt-Futterer/Lehmann-Richter BGB § 535 Rn. 302.
[80] BeckOK BGB/Zehelein § 535 Rn. 490.
[81] BT-Drs. 19/18791, 89.
[82] BT-Drs. 19/18791, 89.

Beschlussfassung der Wohnungseigentümer hinwirken, gegebenenfalls durch eine Beschlussersetzungsklage. Verhält sich der Vermieter hierbei passiv, fällt die Interessenabwägung zugunsten des Mieters aus. Erhält der Mieter gegen den Vermieter im Klageweg die Erlaubnis, erlaubt ihm dies zwar nicht einen Eingriff in das gemeinschaftliche Eigentum. Allerdings kann er in der Folge den vermietenden Wohnungseigentümer auf Erfüllung in Anspruch nehmen, sodass sich daraus die Verpflichtung des Vermieters ergibt, auf eine entsprechende Beschlussfassung hinzuwirken. Auch im Rahmen dieses Vorgehens ist es möglich, dass die Gemeinschaft der Wohnungseigentümer beschließt, die Maßnahme auf Kosten des vermietenden Wohnungseigentümers vorzunehmen. Auch dann kann der Vermieter mit dem Mieter eine Kostenvereinbarung nach § 555f Nr. 3 BGB treffen, oder eine Modernisierungsmieterhöhung nach § 559 BGB vornehmen.

131 Die hier aufgezeigten Vermieterinteressen können dadurch berücksichtigt und im Sinne des Vermieters gelöst werden, dass sich der Mieter für den Fall der Erlaubniserteilung ausdrücklich verpflichtet, für Schäden, Rückbau, Reparaturen, Wartung sowie Betriebskosten einzustehen, Ausgleich für minderungsbedingten Mietausfall bei Minderung anderer Mieter zu leisten[83], den Abschluss einer Haftpflichtversicherung zuzusagen und besondere Maßnahmen wie beispielsweise Ertüchtigung des Stromnetzes zur Vermeidung von Überlastungen vorzunehmen und eine besondere Sicherheit hierfür zu leisten, sowie die Durchführung durch anerkannte Fachfirmen vornehmen zu lassen. Erhebt der Vermieter allerdings keine substantiierten Einwendungen, so ist der Anspruch des Mieters gegeben.[84]

132 e) **Sicherheitsleistung.** § 554 Abs. 1 S. 3 BGB regelt, dass der Mieter sich im Zusammenhang mit der baulichen Veränderung zur Leistung einer besonderen **zusätzlichen Sicherheit** verpflichten kann, jedoch nicht muss, und dass in diesem Fall die Regelungen zur Leistung einer Mietsicherheit nach § 551 Abs. 3 BGB entsprechend gelten. Die ausdrückliche Regelung der zusätzlichen Mietsicherheit für Ansprüche in § 554 Abs. 1 S. 3 BGB macht deutlich, dass § 551 Abs. 4 BGB einer solchen zusätzlichen Sicherheit nicht entgegensteht. Der Vermieter kann die Erteilung seiner Erlaubnis nicht von der Leistung einer unangemessen hohen zusätzlichen Sicherheitsleistung abhängig machen.[85]

133 Das Angebot einer Sicherheitsleistung ist aber im Rahmen der **Interessenabwägung** zugunsten des Mieters zu berücksichtigen und sichert die Vermieterinteressen, insbesondere hinsichtlich der Kosten des Rückbaus, jedoch auch hinsichtlich der Wartungskosten, laufender Betriebskosten und Reparaturkosten. Die damit einhergehenden Befürchtungen des Vermieters, die entsprechenden Kosten vorzufinanzieren und bei Zahlungsunfähigkeit des Mieters zahlen zu müssen, werden durch das Angebot der Sicherheit ausgeräumt und somit im Rahmen der Berücksichtigung der Vermieterinteressen nicht mehr zu Lasten des Mieters ausfallen. Der **Wegfall eines Rückbauinteresses** des Vermieters führt aufgrund der genannten weiteren Sicherungsinteressen des Vermieters somit nicht zum Wegfall der Verpflichtung, bzw. nicht zum Wegfall des für eine günstige Interessenabwägung erforderlichen Angebotes zur Leistung einer zusätzlichen Sicherheit.[86]

134 Durch den Verweis auf § 551 Abs. 3 BGB, ist die Art der Sicherheit ebenso wie die Höhe der Mietkaution frei vereinbar, bzw. Sache des Mieters, welche er anbietet (Barkaution, Bankbürgschaft, verpfändetes Konto). Auch sie ist getrennt vom Vermögen des Vermieters anzulegen, § 551 Abs. 1 S. 3, Abs. 3 BGB.[87] Der **Höhe** nach ist sie allerdings nicht begrenzt und sollte vielmehr, damit die Interessenabwägung zugunsten des Mieters ausfällt, in einer den vorgenannten Sicherungszwecken entsprechenden

[83] BT-Drs. 19/18791, 88.
[84] Staudinger/Rolfs BGB § 554 Rn 23.
[85] BT-Drs. 19/18791, 88.
[86] Schmidt-Futterer/Flatow BGB § 554 Rn. 22.
[87] Horst NZM 2022, 313 (316).

Höhe ggf. unter Berücksichtigung etwaiger Preissteigerungen angeboten werden. Auch Risiken einer erweiterten Verkehrssicherungspflicht, Kosten der laufenden Wartung und Instandsetzung sind hier zu berücksichtigen.[88] Eine Sicherheitsleistung nach § 554 BGB steht in der Folge neben der Mietsicherheit aus dem Mietvertrag. Diese zusätzlich angebotene Mietsicherheit unterliegt ebenso wie die Mietsicherheit nach § 551 BGB während und nach Beendigung des Mietverhältnisses der Zweckbindung, so dass die anlässlich einer Erlaubnis zur baulichen Veränderung geleistete Mietsicherheit nicht für die **Befriedigung** der übrigen aus dem Mietvertrag resultierenden Pflichten verwendet werden darf.[89] Die Gesetzesbegründung führt hierzu nichts aus. Ebenso wie bei der Mietsicherheit nach § 551 BGB wird eine Vorabbefriedigung daraus aufgrund des Treuhandcharakters einer Mietsicherheit bei einem streitigen Anspruch im Zusammenhang mit der baulichen Veränderung, die zur Ladung elektrisch betriebener Fahrzeuge dient, nicht zulässig sein.[90] Damit die Interessenabwägung zugunsten des Mieters ausfällt, ist die Leistung der Sicherheit vor Durchführung der Arbeiten zu stellen.

f) Verbot der Vereinbarungen zu Lasten des Mieters § 554 Abs. 2 BGB. Unwirksam ist damit jede Vereinbarung, die den grundsätzlichen Anspruch des Mieters ausschließt oder einschränkt, wie beispielsweise Regelungen im Mietvertrag, die zu Lasten des Mieters die nach § 554 Abs. 1 S. 2 BGB vorgesehene Interessenabwägung einschränkt,[91] oder beispielsweise von § 551 Abs. 3 BGB abweichende Anlagen der Zusatzsicherheit vorsieht. Das gilt sowohl für die Wohnraummiete als auch nach § 578 Abs. 1, Abs. 2 BGB für die Grundstücks- Raum- und Gewerberaummiete. 135

g) Rechtsfolgen des Anspruchs nach § 554 BGB. *aa) Erlaubnis- und Duldungsanspruch.* Bei Vorliegen der Tatbestandsvoraussetzungen und Interessenabwägung zugunsten des Mieters besteht der Anspruch des Mieters auf Erlaubnis, also auf Abgabe einer entsprechenden **Willenserklärung** des Vermieters, dass der Mieter die Arbeiten auf eigene Kosten durchführen darf sowie auf **Duldung** der baulichen Veränderung, insbesondere wenn sie außerhalb der Mietwohnung erfolgen. Der Vermieter muss insoweit ggf. auch die übrigen Mieter auf Duldung in Anspruch nehmen, bzw. in der WEG für die Durchsetzung der Maßnahme sorgen, erforderlichenfalls im Rahmen eines Beschlussersetzungsverfahrens. Neben dem Erlaubnisanspruch gegenüber dem Vermieter besteht flankierend die **Nebenpflicht des Vermieters** nach § 241 Abs. 2 BGB auf Erteilung der für die baulichen Veränderungen notwendigen Informationen, beispielsweise über die aktuelle Stromversorgung, den Verlauf von Versorgungsleitungen oder die Vorlage von Plänen sowie auf Zutrittsgewähr und Gestattungserklärungen gegenüber den ausführenden Handwerkern.[92] 136

Die Erlaubnis muss vor Durchführung der Maßnahmen verlangt und erteilt werden.[93] 137
Hier dürfte es sich ähnlich verhalten, wie bei dem Anspruch auf Erlaubniserteilung zur Untervermietung, die ebenfalls vor der Untervermietung eingeholt und erteilt werden muss.[94] Anderenfalls rechtfertigt die nicht eingeholte vorherige Erlaubnis jedenfalls die **ordentliche Kündigung,** auch wenn der Anspruch auf Erlaubniserteilung bestanden hätte. Gerechtfertigt ist die fristlose Kündigung, wenn der Anspruch auf Erlaubnis nicht besteht. Allein das eigenmächtige Agieren vor Erlaubniserteilung stellt bereits die Pflichtverletzung dar, die im Fall der baulichen Veränderung ohne vorherige Abmahnung die Kündigung rechtfertigt und gleichzeitig einen Beseitigungsanspruch begründet.[95]

[88] Schmidt-Futterer/Flatow BGB § 554 Rn. 22; aA Blank/Börstinghaus/Börstinghaus BGB § 554 Rn. 30 f.
[89] ähnlich BGH NJW 2012, 3300.
[90] BGH NJW 2014, 2496.
[91] BT-Drs. 19/18791, 90.
[92] BT-Drs. 19/18791, 88.
[93] Schmidt-Futterer/Flatow, BGB § 554 Rn. 25.
[94] BGH NZM 2011, 275.
[95] Horst NZM 2022, 313 (335).

138 Die Erklärung der Erlaubnis ist grundsätzlich an keine besondere **Form** gebunden. Allein aus Gründen der Beweisbarkeit bietet sich jedoch die Schriftform an. Jedenfalls bei langfristigen Mietverträgen ist die Schriftform erforderlich aufgrund der §§ 550 S. 1, 126 BGB.

139 Neben eigener Durchführung und Kostentragung der für die Ladestation erforderlichen Arbeiten schuldet der Mieter in der Folge auch die **Kosten** für deren Instandsetzung und Instandhaltung sowie die laufenden Betriebskosten (Wartung, Strom, Versicherung, etc.).

140 *bb) Rückbau bei Mietende.* Bei Mietende ist grundsätzlich auch der **Rückbau** vom Mieter nach § 546 BGB geschuldet, insbesondere dann, wenn eine geplante einheitliche Ausstattung die Mietereinrichtung überflüssig macht. Der Rückbauanspruch besteht jedoch nicht, wenn der entsprechende Anspruch des Vermieters gegen Treu und Glaube § 242 BGB verstößt, was der Fall sein kann, wenn der Vermieter den **Abriss oder Umbau** beabsichtigt oder wenn der Nachmieter bereit ist, die Anlage als eigene zu übernehmen. Der Rückbauanspruch entfällt auch, wenn die Anlage nach dem Mieterauszug noch verwendet werden kann[96] und eine dauerhafte Wertverbesserung darstellt, weshalb wohl in der Regel kein Rückbauanspruch gegeben sein dürfte, und damit auch kein Anspruch auf eine Sicherheitsleistung für den Rückbau.

141 Es besteht nach § 539 Abs. 2 BGB ein Wegnahmerecht des Mieters an der Anlageeinrichtung, die der Vermieter nach § 552 Abs. 1, Abs. 2 BGB durch **Zahlung einer angemessenen Entschädigung** abwenden kann, wenn nicht der Mieter ein berechtigtes Interesse an der Wegnahme hat. Maßgeblich für die Höhe sind nicht die getätigten Investitionen des Mieters, sondern die Vermögensmehrung auf Vermieterseite, somit sind der Anschaffungswert und die Abnutzungsdauer maßgeblich.[97] Nur in der Gewerberaummiete kann der Entschädigungsanspruch des Mieters ausgeschlossen werden, § 578 Abs. 2 BGB mit Verweis nur auf die Geltung des § 552 Abs. 1 BGB.

142 *cc) Ausführung der baulichen Veränderung durch den Vermieter.* Alternativ zur Erlaubniserteilung kann der Vermieter allerdings die Modernisierung/bauliche Veränderung selbst durchführen und sich somit die **Planungs- und Ausführungshoheit** erhalten. Das liegt insbesondere auch dann im Interesse des Vermieters, wenn solche Maßnahmen nach §§ 8–10 GEIG im Rahmen geplanter größerer Renovierung durch den Vermieter von ihm durch Gesetz gefordert werden.

143 Plant der Vermieter die entsprechende bauliche Veränderung konkret und zeitnah, wird das im Rahmen der Interessenabwägung über den Erlaubnisanspruch des Mieters zugunsten des Vermieters berücksichtigt, so dass in diesem Falle der Anspruch des Mieters, die Arbeiten selbst auf eigene Kosten ausführen zu dürfen, in der Regel entfällt.

144 Da es sich bei den Arbeiten, die dem Laden elektrisch betriebener Fahrzeuge dienen, um eine **Wohnwertverbesserung** nach § 555b Nr. 5 BGB handelt, kann der Vermieter die damit verbundenen Kosten samt Betriebskosten in der Folge unter den Voraussetzungen nach §§ 555b ff., 559 ff. BGB als modernisierungsbedingte Mieterhöhung auf die davon partizipierenden Mieter umlegen. Dies hat jedoch den im Rahmen der Vermieterplanung zu berücksichtigenden möglichen Nachteil, dass durch die bei der modernisierungsbedingten Mieterhöhung geltende Kappungsgrenze nach § 559 Abs. 3a BGB, nicht sämtliche grundsätzlich umlagefähige Kosten umgelegt werden könnten.

Ohne anderweitige vertragliche Vereinbarung trifft zwar den Gewerberaummieter die Duldungspflicht für die Modernisierungsmaßnahme, jedoch nicht die Pflicht, die damit verbundenen Kosten im Rahmen einer modernisierungsbedingten Mieterhöhung zu bezahlen. Eine entsprechende ausdrückliche Vereinbarung im Gewerberaummietvertrag, modernisierungsbedingte Mieterhöhung geltend machen zu können, ist indes möglich.

[96] BT-Drs. 19/18791, 87.
[97] Horst NZM 2022, 313 (318).

dd) Allgemeiner Mieteranspruch auf bauliche Veränderungen. Unter sehr engen Voraussetzungen wird dem Mieter auf der Grundlage des § 242 BGB ein allgemeiner Anspruch gegen den Vermieter auf Duldung baulicher Veränderungen zuerkannt, soweit die begehrte Maßnahme baurechtlich zulässig, optisch nicht störend, leicht zurückbaubar, fachmännisch ohne Verschlechterung der Mietsache installiert und keine Gefahren verursachend ist. Ein solcher allgemeiner Duldungsanspruch wird für die Herstellung einer Ladeinfrastruktur nicht angenommen werden können, da der Gesetzgeber diesen Tatbestand in § 554 BGB abschließend geregelt hat, und somit § 554 BGB lex specialis darstellt.[98] 145

h) **Geltung des § 554 BGB.** Mangels Überleitungsvorschrift ist § 554 BGB ab dem Tag des **Inkrafttretens** – 1.12.2020 – für Neumietverträge aber auch für alle laufenden Mietverhältnisse unmittelbar anwendbar. Das Verbot nachteiliger Vereinbarungen nach § 554 Abs. 2 BGB gilt mangels Überleitungsvorschrift ebenfalls für die am 1.12.2020 laufenden Mietverträge, so dass etwa eine Regelung in einem bestehenden Garagenmietvertrag, wonach der Mieter keinen Anspruch auf eine Ladestation hat, unwirksam wird/ist. 146

i) **Prozessuales.** *aa) Klage.* Die Klage des Mieters auf Erlaubnis muss auf Abgabe einer Willenserklärung, also auf **Zustimmung** des Vermieters zu einer konkret zu bezeichnenden baulichen Maßnahme (möglich ist dabei die Bezugnahme auf Baupläne in der Anlage), ggf. gegen Sicherheitsleistung und konkrete Zusagen durch den Mieter, lauten sowie gleichzeitig auf Duldung der Arbeiten, insbesondere wenn sie außerhalb der Wohnung erfolgen, da aus einem bloßen Zustimmungsurteil nicht vollstreckt werden darf. Die Erlaubnis gilt mit Rechtskraft des Urteils nach § 894 ZPO als abgegeben. 147

bb) Beweislast. Der Mieter trägt die Beweislast für die Voraussetzungen des § 554 BGB (Ziffer 3.), für die angebotene Sicherheitsleistung (Ziffer 5.) sowie für die **Mieterinteressen** bei der gebotenen Interessenabwägung (Ziffer 4.). 148

Der Vermieter trägt die Beweislast für die angemessene Höhe einer geforderten Sicherheit sowie für die **Vermieterinteressen** bei der gebotenen Interessenabwägung.

j) **Anspruch nach § 554 BGB in der vermieteten Eigentumswohnung.** Korrespondierend zu § 554 BGB wurde § 20 Abs. 2 Nr. 2 WEG geregelt. Nach § 554 BGB kann der Mieter von seinem Vermieter bauliche Maßnahmen zur Elektromobilität verlangen. Ebenso kann der Eigentümer von der Gemeinschaft der Wohnungseigentümer die Erlaubnis verlangen. Die Tatbestände für die privilegierten Maßnahmen sind in § 554 BGB und in § 20 WEG wortgleich. Der Mieter kann eine privilegierte Maßnahme erst durchführen, wenn die Gemeinschaft der Wohnungseigentümer diesbezüglich ein Beschluss gefasst hat. Ein Eingriff in das Gemeinschaftseigentum durch den Mieter ohne Beschlusslage ist nicht zulässig. Schuldner des Anspruchs aus § 20 Abs. 2 WEG ist die Gemeinschaft der Wohnungseigentümer, da es sich um einen Teil der ordnungsgemäßen Verwaltung handelt, die in § 18 Abs. 2 Nr. 1 WEG geregelt ist.[99] Der Anspruch wird durch **Beschlussfassung** nach § 19 Abs. 1 WEG erfüllt. Die Eigentümer haben zu dem „Ob" der Maßnahme, also ob die Maßnahme durchgeführt wird, kein Ermessen und keinen Entscheidungsspielraum. Jedoch können die Eigentümer über das „Wie" der Maßnahme also über die Durchführung der baulichen Veränderung im Rahmen ordnungsgemäßer Verwaltung nach § 20 Abs. 2 S. 2 WEG beschließen. Beispielsweise können sie vorsehen, dass die Arbeiten durch einen Fachbetrieb vorgenommen werden, zu einem bestimmten Zeitpunkt stattfinden und bestimmte Qualitäts- und Ausführungsvorgaben erfüllen.[100] Außerdem können die Eigentümer beschließen, die Maßnahme in eigener Regie selbst durchzuführen.[101] Gemäß § 21 Abs. 1 S. 1 WEG trägt die **Kosten** sowie die Folgekosten der Maßnahmen nach § 20 Abs. 2 WEG der Eigentümer, der die 149

98 Horst NZM 2022, 313 (316).
99 Lehmann-Richter/Wobst WEG-R 2020 Rn. 1164.
100 BT-Drs. 19/18791, 63; LG München I NZM 2023, 164 (167).
101 BeckOGK/Kempfle WEG § 20 Rn. 165.

Maßnahme verlangt. Dieser wiederum kann die damit verbundenen Kosten dem Mieter gegenüber als modernisierungsbedingte Mieterhöhung geltend machen, soweit keine Index- oder Staffelmiete vereinbart ist.

150 Möglich ist also ein **Gestattungsbeschluss**, wonach der verlangende Eigentümer, bzw. dessen Mieter baut. Möglich ist auch ein **Vornahmebeschluss**, wonach die Gemeinschaft der Wohnungseigentümer auf Kosten des Eigentümers baut.

151 Hat der Mieter einer Eigentumswohnung einen Anspruch auf Zustimmung zu einer bestimmten baulichen Maßnahme nach § 554 BGB, muss sich der Vermieter um eine entsprechende Beschlussfassung nach § 20 Abs. 1 WEG bemühen.[102] Wie ausgeführt kann die Gemeinschaft dem Eigentümer Vorgaben in Bezug auf die Durchführung der baulichen Maßnahmen machen, auch wenn diese die vom Mieter geplante Maßnahme ändern. Fasst die Gemeinschaft der Wohnungseigentümer keinen Beschluss, muss der vermietende Wohnungseigentümer eine **Beschlussersetzungsklage** gegen die Gemeinschaft der Wohnungseigentümer erheben. Solange sich der vermietende Wohnungseigentümer um die Beschlussfassung bemüht steht ihm ein Zurückbehaltungsrecht an der Zustimmung gegenüber seinem Mieter zu. Ist parallel die Klage des Mieters auf Zustimmung gegen den Vermieter anhängig, kommt es zur Aussetzung der Klage des Mieters gegen seinen Vermieter nach § 148 ZPO.

2. Steckersolargeräte

152 a) **Einleitung.** Um ein Steckersolargerät, auch als Balkonkraftwerke bezeichnet, anbringen zu dürfen, brauchten Mieter in der Vergangenheit die ausdrückliche Zustimmung Ihres Vermieters, bzw. der Wohnungseigentümer die Genehmigung der Eigentümergemeinschaft. Diese Zustimmung konnte bisher auch ohne sachlichen Grund verweigert werden. Art. 2 des „Gesetzes zur Zulassung virtueller Wohnungseigentümerversammlungen, zur Erleichterung des Einsatzes von Stecker Solargeräten und zur Übertragbarkeit beschränkter persönlicher Dienstbarkeiten für erneuerbare-Energien-Anlagen“ hat den Katalog der baulichen Veränderungen, auf deren Erlaubnis der Mieter gemäß § 554 BGB ein Anspruch gegen den Vermieter hat, um die Stromerzeugung durch Steckersolargeräte erweitert. Das Gesetz ist am 17. Oktober 2024 in Kraft getreten. Der Anspruch des Mieters auf Erlaubniserteilung zur Anbringung/Einbau eines Steckersolargeräte wird nun ausdrücklich in § 554 BGB geregelt.

153 Laut einer Untersuchung der Hochschule für Technik und Wirtschaft in Berlin aus dem Jahr 2022 sind bis 2021 189.900 Steckersolargeräte installiert worden. Ein weiteres Anwachsen wird laut dieser Studie erwartet.[103] Aktuell sind in Deutschland über 1 Million Balkonkraftwerke offiziell gemeldet, einige Schätzungen gehen sogar von 1,5 Millionen aus.[104] Der Gesetzesentwurf der Bundesregierung zu § 554 BGB besagt, dass das Nachhaltigkeitsziel, wonach der Anteil an erneuerbarer Energie bis 2030 deutlich zu steigern ist, das gesellschaftliche Interesse an der durch § 554 BGB privilegierten Maßnahme bildet.[105]

154 Der Mieter hat hierbei die **öffentlich-rechtlichen** Vorschriften zu beachten. Ein Steckersolargerät im Sinne des EEG 2023 ist ein Gerät, das aus einer Solaranlage oder aus mehreren Solaranlagen, einem Wechselrichter, einer Anschlussleitung und einem Stecker zur Verbindung mit dem Endstromkreis des Letztverbrauchers besteht. Die Anwendungsregel VDE AR-N 4105 erlaubt zudem, dass der Anschluss von Anlagen mit einer Scheinleistung von bis zu 800 VA darf durch den Anlagenbetreiber selbst erfolgen darf, oberhalb dieser Leistungsgrenze ist dies vom Netzbetreiber oder einer fachkundigen

[102] Rolfs NZM 2020, 902 (908).
[103] https://solar.htw-berlin.de/studien/marktstudie-steckersolar-2022/ .
[104] https://kleineskraftwerk.de/blogs/magazin/balkonkrafttwerke-im-landesvergleich.
[105] Gesetzesentwurf der Bundesregierung vom 13.9.2023: Entwurf eines Gesetzes zur Zulassung virtueller Wohnungseigentümerversammlungen, zur Erleichterung des Einsatzes von Steckergeräten und zur Übertragbarkeit beschränkter persönlicher Dienstbarkeiten für erneuerbare-Energien-Anlagen.

dritten Person vorzunehmen.[106] Seit dem 16. Mai 2024 kann ein Steckersolargerät oder mehrere Steckersolargeräte mit einer installierten Leistung von insgesamt bis zu 2 kW und einer Wechselrichterleistung von insgesamt bis zu 800 VA, die hinter der Entnahmestelle eines Letztverbrauchers betrieben werden und der unentgeltlichen Abnahme zugeordnet werden, unter Einhaltung der für die Ausführung eines Netzanschlusses maßgeblichen Regelungen angeschlossen werden. Davon zu unterscheiden sind die im Einzelfall notwendigen technischen Anforderungen des Netzbetreibers. Diese und die Vorgaben des § 49 EnWG sind einzuhalten, insbesondere ist die technische Sicherheit zu gewährleisten und die Einhaltung der allgemeinen anerkannten Regeln der Technik zu beachten. Die öffentlich-rechtlichen Vorschriften ändern sich zurzeit laufend. Auch die VDE-AR-N 4105 befindet sich in der Überarbeitung. Die neue Version wird voraussichtlich im Laufe des Jahres 2026 eingeführt werden und betrifft auch die Stecker Solargeräte.

Die **Deutsche Kommission Elektrotechnik Elektronik Informationstechnik (DK E)** hat 155
im Dezember 2025 die weltweit erste Produktnorm für Stecker Solargeräte veröffentlicht. Diese Norm definiert erstmals umfassend die technischen Anforderungen und Sicherheitsstandards für Steckersolargeräte.

Ein Steckersolargerät ist innerhalb eines Monats nach Inbetriebnahme im **Markt-** 156
stammdatenregister der Bundesnetzagentur zu melden, anderenfalls kommt es zu Sanktionen nach § 52 EEG und § 21 MaStRV. Zum 1. April 2024 vereinfachte die Bundesnetzagentur die Registrierung von Balkonkraftwerken im Marktstammdatenregister (MaStR) auf wenige, einfach einzugeben der Daten beschränkt. Die vorherige Anmeldung beim Netzbetreiber entfällt. Die Bundesnetzagentur informiert diesen automatisch über das Balkonkraftwerk, das neu an sein Netz angeschlossen wird. Unter der Internetadresse www.marktstammdatenregister.de kann das Marktstammdatenregister aufgerufen werden. Nach Anmeldung prüft der Netzbetreiber, ob ein alter (rückwärtsdrehender) Zähler vorhanden ist, welcher ersetzt werden muss. Trotzdem darf das Steckersolargerät bereits betrieben werden (temporäre Duldung rückwärtslaufender Zähler nach § 10a Abs. 3 EEG). Der alte Zähler wird gegebenenfalls gegen einen Zweirichtungszähler oder ein intelligentes Messsystem ausgetauscht, § 10a Abs. 2 EEG. Außerdem sind stärkere Solargeräte von der Anlagenzusammenfassung z. B. mit größeren Dachanlagen ausgenommen. Infolgedessen besteht kein Risiko, dass durch das Zusammenrechnung der Leistung einer Dachanlage mit dem Steckersolargerät Schwellenwerte überschritten werden, die erhöhte technische Anforderungen auslösen könnten.

Bei Vorliegen der nachfolgend erörterten Tatbestandsvoraussetzungen besteht ein 157
Anspruch der Mieter und Wohnungseigentümer, Steckersolargeräte auf eigene Kosten installieren zu dürfen.

b) Anspruchsvoraussetzungen. *aa) Mietvertrag.* Der Anspruch besteht sowohl in der 158
Wohnraummiete als auch Gewerberaummiete und auch für Mieter in Studenten- und Jugendwohnheimen sowie Einliegerwohnungen und für Wohnungen zur Unterbringung von Personen mit dringendem Wohnbedarf. Die diesbezüglichen Ausführungen für die ebenfalls durch § 554 privilegierte Maßnahme der Förderung von Elektromobilität n gelten auch hier.

bb) Bauliche Veränderung. Mit der Maßnahme verbunden ist eine **bauliche Verände-** 159
rung, da es bei der Montage zu Eingriffen in die Substanz kommt, insbesondere durch Bohrungen durch die Außenwand zur Leitungsführung. Auch hier ergibt sich die Beschränkung, wie bei dem Anspruch auf Elektromobilität, aus dem vertraglichen Gebrauchsrecht. Vom Gebrauchsrecht gedeckt ist danach die Nutzung des Balkons zur Anbringung eines Steckersolargerätes/Balkonkraftwerks. Vom **Gebrauchsrecht** des Mieters nicht mehr gedeckt ist insbesondere die Nutzung des Daches, auch wenn es sich um eine Dachgeschosswohnung handelt, da das Dach dem gesamten Gebäude dient und

[106] VDE-AR-N 4105, Abschnitt 5.5.3.

nicht isoliert dem Dachgeschossmieter.[107] Mit der gleichen Begründung kann die Nutzung der Hausfassade für die Anbringung eines Steckersolargerätes abgelehnt werden. Der Mieter muss bei dieser Maßnahme die öffentlich-rechtlichen Vorschriften beachten und die in der Einleitung erläuterten Höchstgrenzen der erzeugten Leistung einhalten.

160 *cc) Besonderes Mieterinteresse.* Das besondere Interesse des Mieters ist der Wille der Inanspruchnahme des so zu gewinnenden kostenlosen Stroms sowie das gesellschaftliche Interesse, den Anteil an erneuerbarer Energie durch diese Maßnahme zu erhöhen.

161 **c) Interessenabwägung.** Wie auch bei den übrigen Erlaubnistatbeständen des § 554 BGB ist eine Interessenabwägung der Interessen des Vermieters am Unterlassen der baulichen Veränderung und der Interessen des Mieters an der Anbringung eines Steckersolargerätes vorzunehmen. § 554 Abs. 1 S. 2 BGB ist ein **Ausschlusstatbestand,** wonach der Anspruch des Mieters nicht besteht, wenn die bauliche Veränderung dem Vermieter auch unter Würdigung der Interessen des Mieters nicht zugemutet werden kann. Auch die Interessen der anderen Mieter sind zu berücksichtigen,[108] ebenso die gesamtgesellschaftlichen Interessen.

162 Das Mieterinteresse ist in der Regel, den kostenlos erzeugten Strom zu verbrauchen sowie einen Beitrag zur Nachhaltigkeit und Förderung erneuerbarer Energie zu leisten. Die Belange der Energieeinsparung und des Klimaschutzes dürften zugunsten des Mieters wiegen. Zwar verzichtet § 554 Abs. 1 S. 2 BGB anders als § 555d BGB darauf, die Belange der Energieeinsparung und des Klimaschutzes mit abzuwägen. Das gesetzgeberische Ziel war jedoch gerade bei Schaffung des neuen Erlaubnistatbestandes – Balkonkraftwerk – erneuerbare Energien zu fördern. Das Vermieterinteresse ist in der Regel die Erhaltung der Bausubstanz, sprich das Konservierungsinteresse. Je höher der Eingriff in die Bausubstanz durch die bauliche Veränderung ist, umso höher dürfte das Erhaltungsinteresse zu gewichten sein.[109] Zu berücksichtigen sind hier auch der Umfang der Bauarbeiten, die möglicherweise Minderungsrechte anderer Mieter nach sich ziehen. Abzuwägen ist auch ob das Rückbauinteresse des Vermieters ausreichend gesichert ist durch eine entsprechende Sicherheitsleistung des Mieters. Von Belang sind auch die möglichen Folgekosten und Pflichten, wie Wartungs-, Prüf- und Verkehrssicherungspflichten und gegebenenfalls auch Kosten für ergänzende Sach- und Haftpflichtversicherungen und inwieweit diese der Mieter übernimmt und die Übernahme durch den Mieter gesichert ist. Die ausdrückliche Verpflichtung des Mieters, die Arbeiten nur durch Fachhandwerker oder durch einen vom Vermieter gewährten Handwerker vorzunehmen, erforderliche Versicherungen abzuschließen sowie die laufenden Instandhaltungs- und Instandsetzungsarbeiten samt Ausgleich berechtigter Minderungsansprüche anderer Mitmieter zu übernehmen, die ausdrücklich erklärte Rückbauverpflichtung sowie die Absicherung all dieser Zusagen durch den Mieter durch eine Sicherheitsleistung, führen in der Regel dazu, dass die Vermieterbedenken ausgeräumt werden können und die Vermieterinteressen die Mieterinteressen nicht übersteigen. Im Wesentlichen gelten hier die gleichen Ausführungen, wie die zur Interessenabwägung im Rahmen des Mieteranspruchs, bauliche Maßnahmen zur Förderung der Elektromobilität durchführen zu dürfen.

163 Bei den Balkonkraftwerken dürfte zudem auch die **optische Gestaltung** der Balkone und Fassade, die Einheitlichkeit der Fassade, etwa vorliegender Denkmalschutz und das ästhetische Empfinden des Vermieters und der Mitmieter im Rahmen der Interessenabwägung eine Rolle spielen. Auch das **Gleichbehandlungsinteresse** kann eine Rolle spielen, wenn anderen Mietern bereits die Installation eines Steckersolargerätes gestattet wurde. Auch wenn das LG München I in seiner Entscheidung zur Erlaubnis in Bezug auf

---

107 Schmidt-Futterer/Flatow BGB § 554 Rn 12a, Börstinghaus/Siegemund/Börstinghaus BGB § 554 Rn. 206.

108 Schmidt-Futterer/Flatow BGB § 554 Rn 13.

109 BeckOGK/Schepers BGB § 554 Rn. 44.

Elektromobilität ausdrücklich statuiert, es gebe keinen Gleichbehandlungsgrundsatz im Mietrecht.[110] Allerdings kann der Umstand, dass bereits andere Mieter Steckersolargeräte angebracht haben, dazu führen, dass der Vermieter berechtigt ist, seine Erlaubnis davon abhängig zu machen, dass eine Einheitlichkeit aller sichtbaren Steckersolargeräte gewährleistet ist. Wenn in einem Objekt mit zahlreichen Mietern ein Patchwork droht, kann das Interesse einer einheitlichen Installation im Haus beachtlich sein.[111] Allgemeinpolitische Erwägungen sind in jedem Fall unbeachtlich so etwa der persönliche Vorbehalt eines Vermieters gegen Steckersolargeräte.[112] Das LG Hamburg hat entschieden, dass allein das subjektive Schönheitsempfinden des Vermieters für seine Ablehnung der Erlaubnis nicht ausreicht. Anders als der BGH erachtete es das Landgericht in dieser Entscheidung für nicht relevant, dass der Mieter vor Anbringung nicht die Erlaubnis des Vermieters erfragt hatte, aufgrund des Umstandes, dass der Vermieter zur Erlaubniserteilung verpflichtet war.[113]

Das AG Hamburg-Wandsbeck beurteilt pauschale Bedenken des Vermieters in Bezug 164 auf Haftungsrisiken und optische Beeinträchtigung in Bezug auf Steckersolargeräte als nicht ausreichend. Es erlaubt zudem den Anschluss an herkömmliche Außensteckdosen, statt an Einspeisesteckdosen und greift damit die seit Ende 2025 neue Normierung der VDE auf.[114]

Das Amtsgericht Köln hat den grundsätzlichen Anspruch des Mieters auf die An- 165 bringung eines Steckersolargerätes bejaht, aber in dem konkret entschiedenen Fall verneint aufgrund der von außen sichtbaren Mechanik, der von der Anlage ausgehenden Gefahr bei Unwetter, der fehlenden Sicherheitsleistung durch den Mieter und fehlenden Versicherung sowie der fehlenden Darlegung der fachgerechten Montage. Das Berufungsverfahren läuft aktuell noch.[115]

Der BGH hat schließlich in Bezug auf Steckersolargeräte entscheiden, dass sichtbare 166 Solaranlagen eine bauliche Veränderung auch ohne bauliche Substanzveränderung darstellen, weshalb ein Beschluss der GdWE erforderlich ist. Erfolgt die Anbringung ohne Zustimmung kann die Eigentümergemeinschaft deren Rückbau verlangen.[116]

Ein am 12.1.2026 veröffentlichtes Rechtsgutachten von Greiner kommt zu dem 167 Ergebnis, dass der Mieter Anspruch auf die Zustimmung des Vermieters zur Anbringung und zum Betrieb eines Steckersolargerätes hat, ohne, dass die Zustimmung davon abhängig gemacht werden darf, dass der Mieter sich verpflichtet, keinen Batteriespeicher aufzustellen und zu betreiben. Anbringung und Betrieb eines Batteriespeichers sei zulässiger Gebrauch und stelle keine bauliche Veränderung dar.[117]

d) Benachteiligungsverbot des Mieters. Wie auch bei dem Erlaubnistatbestand der 168 Elektromobilität in § 554 BGB hat der Mieter die Möglichkeit, sich zur Leistung einer besonderen Sicherheit zu verpflichten gemäß § 554 Abs. 1 S. 3 BGB. Hier wird auf die entsprechenden Ausführungen bei der Elektromobilität verwiesen.

e) Rechtsfolgen des Erlaubnisanspruchs. Hat der Mieter ein berechtigtes Interesse an 169 der Installation eines Balkonkraftwerkes ergibt sich daraus sein **Erlaubnis- und Duldungsanspruch** gegenüber dem Vermieter und ebenso seine **Rückbauverpflichtung** bei Mietende. Auch diesbezüglich sowie in Bezug auf das prozessuale Vorgehen und auf die besonderen Umstände bei der vermieteten Eigentumswohnung wird auf die entsprechenden Ausführungen bei der Elektromobilität verwiesen.

[110] LG München I NZM 2022, 625.
[111] Schmidt-Futterer/Flatow BGB § 554 Rn. 17; Horst NZM 2022, 2442 (2443).
[112] LG München II ZMR 2022, 731, zur Elektromobilität.
[113] LG Hamburg 13.12.2024 – 311 S 44/24.
[114] AG Hamburg-Wandsbeck 2.12.2025 – 714 C 160/25.
[115] AG Köln 13.12.2024 – 208 C 460/23.
[116] BGH 18.7.2025 V ZR 29/24.
[117] https//balkon.solar.

3. Stromproduktion in, an und auf Gebäuden

170 a) **Einführung.** Gebäudeeigentümer können Energie an, auf oder im Gebäude sowie Nebenanlagen erzeugen und diese selbst nutzen, an Nutzer im Gebäude veräußern oder in das öffentliche Netz einspeisen. Es ergeben sich Möglichkeiten von der Volleinspeisung in das Netz bis hin zu innovativen Quartiers- und Eigenverbrauchskonzepten.

171 Die **Beschäftigung mit Mieterstrommodellen** wird für alle Akteure in der Wohnungswirtschaft nahezu **unerlässlich,** nachdem bereits teilweise landesrechtliche Vorgaben zum verpflichtenden Einsatz von PV-Strom in Gebäuden existieren und diese Verpflichtung sich im Rahmen der notwendigen Umsetzung der EU-Gebäuderichtlinie (siehe § 78) zumindest für Neubauten zukünftig voraussichtlich mit einer bundesgesetzlichen Regelung konkretisieren wird. Insbesondere auch der Aspekt der **Einbindung** von **Lademöglichkeiten** für Elektrofahrzeuge dürfte zudem Überlegungen des Vermieters bezüglich einer eigenen Stromproduktion veranlassen. Für Neubauten wird auch die Möglichkeit der Absenkung des stets zu ermittelnden Jahresprimärenergiebedarfes des Gebäudes nach § 23 Abs. 1 GEG durch Anrechnung des eigenproduzierten Stroms einen Grund für die Installation von PV-Anlagen bilden, wodurch auch Förderstandards leichter erfüllt werden könnten.

172 Der vom Gebäudeeigentümer oder Vermieter produzierte Strom muss jedoch irgendeiner **Form der gesetzlich zulässigen Vermarktung** zugeführt werden, da der Eigenverbrauch insbesondere in Wohngebäuden regelmäßig hinter der Produktionsleistung zurückbleiben wird. Hier bietet sich die Veräußerung verbleibender Mengen an die im Gebäude ansässigen Mieter an, da die Vergütung einer Überschusseinspeisung in das öffentliche Netz verhältnismäßig gering ausfällt.

173 Mit dem **MieterstromG** wurde die Direktbelieferung von Mietern als Letztverbrauchern (§ 3 Nr. 33 EEG) ohne zuvorige Netzdurchleitung unter zugleich Gewährung eines Mieterstromzuschlages an den Anlagenbetreiber ermöglicht. Die Förderung über den Mieterstromzuschlag erfolgt nach EEG. Bei Betrieb einer **Kraft-Wärmekoppelungsanlage** ergeben sich Fördermöglichkeiten nach dem **KWKG.** Daneben wurde mit dem Solarpaket I im Frühjahr 2024 das alternative Modell der **Gebäudestromversorgung** eingeführt.

174 b) **Mieterstrom mit Förderung nach EEG (PV-Anlagen).** Für den Anlagenbetreiber bestehen nach § 19 Abs. 1 EEG grundsätzlich **drei Möglichkeiten** zur geförderten **Stromvermarktung:** Er kann sich für die Direktvermarktung mit Gewährung der Marktprämie nach § 20 EEG entscheiden, oder eine Einspeisevergütung nach § 21 Abs. 1 Nr. 1, Nr. 2 oder Nr. 3 (Volleinspeisung) bzw. den Mieterstromzuschlag nach § 21 Abs. 3 EEG (= Mieterstrommodell) wählen.

175 Daneben besteht noch die Möglichkeit der sonstigen **Direktvermarktung nach § 21a EEG.** Es muss eine Zuordnung nach § 21b Abs. 1 EEG erfolgen. Für größere Anlagen bestand bisher eine **Direktvermarktungspflicht.** Bei Betreibern von Anlagen mit hohem Eigenverbrauch stellte sich dies zumeist angesichts der verbleibenden geringen Restmengen unwirtschaftlich dar, die Kosten der Direktvermarktung lagen nicht selten höher als die für die Restmenge zu erzielende Einspeisevergütung. Um diesem Hindernis zu begegnen und Investitionsanreize zu setzen erhalten Anlagenbetreiber von Anlagen unter 200 KW (bzw. bei bis zum 1.1.2026 installierten Anlagen sogar bis unter 400 KW) mit den Änderungen durch das Solarpaket I nunmehr die Möglichkeit, die entstandene Reststrommenge – im Ergebnis kostensparend – ohne Vergütung ins Netz einzuspeisen, § 21c Abs. 1 S. 3 EEG, § 21 Abs. 1 Nr. 2 EEG.[118]

176 *aa) Voraussetzungen der Förderung – Mieterstromzuschlag.* Mieterstromförderung nach EEG wird **nur für Photovoltaik-Anlagen** gewährt. Erfolgt die Stromerzeugung vor Ort zB durch eine Anlage der KWK, ist die Förderung nach KWKG zu gewähren. (siehe dazu

[118] BT-Drs. 20/8675, 88.

sogleich unter → Rn. 197). Darüber hinaus sind auch andere Arten der Mieterstromerzeugung, zB Kleinwindanlagen, denkbar.

(1) Voraussetzungen. Es besteht grundsätzlich Anspruch auf den Mieterstromzuschlag gem. §§ 19 Abs. 1 Nr. 3, 21 Abs. 3 bzw. 23b und 100 Abs. 7 EEG (bei ausgeförderten Anlagen). Die Gewährung des Mieterstromzuschlages nach **§ 21 Abs. 3 EEG setzt voraus,** dass Strom aus Solaranlagen, die auf, an oder in einem Gebäude oder einer Nebenanlage dieses Gebäudes installiert sind, von dem Anlagenbetreiber oder einem Dritten an einen Letztverbraucher innerhalb dieses Gebäudes, dieser Nebenanlage oder in Gebäuden oder Nebenanlagen in demselben Quartier, in dem auch dieses Gebäude liegt, und ohne Durchleitung durch ein Netz.[119] geliefert und verbraucht worden ist. Nach § 19 Abs. 2 EEG besteht der Anspruch zudem nur, soweit der Anlagenbetreiber für den Strom kein vermiedenes Netzentgelt nach § 18 Abs. 1 S. 1 der Stromnetzentgeltverordnung in Anspruch nimmt. 177

Der Wortlaut des § 21 Abs. 3 EEG wurde mit dem **Solarpaket I**[120] dahingehend geändert, dass die Anlage lediglich noch an, auf oder in einem „Gebäude" installiert sein muss. Somit wird die Förderung nunmehr auch gewährt, wenn PV-Strom im Bereich eines gewerblich genutzten Gebäudes (zB Bürogebäude) oder auf einer Nebenanlage, wie zB Garagendächern, erzeugt wird. Auch der Verbrauchsort ist nicht mehr auf Wohngebäude beschränkt. **Auszahlungspflichtig** ist der Netzbetreiber, an dessen Netz die Solaranlage angeschlossen ist. Mit der Übernahme der Belieferung des Mieters erlangt der Vermieter die rechtliche Position eines Energieversorgers, siehe dazu sogleich unter → Rn. 187). 178

Die Gewährung des Mieterstromzuschlages setzt eine **Vollversorgung des Mieters,** also einschließlich der Versorgung mit Zusatzstrom (wenn eigenproduzierter Strom nicht zur Verfügung steht), durch den Vermieter zwingend voraus, § 42a Abs. 2 S. 6 EnWG. Auch für den nur weitergeleiteten Zusatzstrom gilt der Vermieter dann ebenfalls als Elektrizitätsversorgungsunternehmen im Sinne des EEG. 179

Voraussetzung für die Gewährung der Förderung nach EEG ist ferner, dass die Anlage erst nach dem Inkrafttreten des Gesetzes (ab 25.7.2017) in Betrieb genommen wurde und eine Registrierung der Anlage bei der Bundesnetzagentur erfolgte, § 5 Abs. 1 MaStRV- MarktstammdatenregisterVO). 180

Zur Geltendmachung des Mieterstromzuschlages ist weiter erforderlich, dass die Solaranlage der entsprechenden Veräußerungsform gem. § 21 Abs. 1 Nr. 3 EEG zugeordnet wird und eine diesbezügliche Mitteilung an den Netzbetreiber erfolgt, siehe § 21c Abs. 1 EEG. Für eventuellen Überschussstrom, welcher in das öffentliche Netz eingespeist werden kann, gilt § 21 Abs. 1 S. 2 EEG. 181

(2) Dauer der Förderung. Das EEG gewährt gem. § 25 S. 1 EEG **für die Dauer von 20 Jahren** einen Zuschlag für Mieterstrom aus PV-Anlagen.[121] Danach ist eine Anschlussförderung gem. § 23b Abs. 1 iVm § 25 Abs. 2 EEG mit reduzierter Vergütung bis zum 31.12.2032 möglich. Eine Einspeisevergütung kann dann nach § 21 Abs. 1 Nr. 4 EEG erlangt werden. 182

(3) Höhe der Förderung. Die Höhe des Mieterstromzuschlages richtet sich nach § 48a EEG. Der anzulegende Wert für den Mieterstromzuschlag nach § 21 Abs. 3 ist jeweils der Betrag in Cent pro Kilowattstunde, den die Bundesnetzagentur nach § 19 Abs. 1 Nr. 2 Buchstabe b der Marktstammdatenregisterverordnung in der am 31. Dezember 2022 geltenden Fassung für Inbetriebnahmen ab dem 1. Januar 2023 auf ihrer Internet- 183

[119] beachte in diesem Zusammenhang zur „Kundenanlage" nach § 3 Nr. 24a EnWG a. F. (jetzt: Nr. 65) EuGH EnWZ 2025, 27 und BGH EnWz 2025, 323 sowie § 118 Abs. 7 EnWG; siehe zur Problematik auch: Scholtka/Freyer EnK-Aktuell 2025, O 10550, Otto/Kindler EnWZ 2025, 435, 438, Köster/Hefele EnWZ 2025, 258.

[120] G v. 15.5.2024 (BGBl. 2024 I Nr. 151).

[121] Für Neuanlagen ab 2025 ggf. verlängert um die Ausfallzeiten bei negativen Strompreisen nach § 51 Abs. 1 EEG, siehe dazu umfassend: König/Papke EnWZ 2025, 291, 292–293.

seite veröffentlicht hat. Der Anspruch besteht für den jeweiligen Betreiber der Solarstromanlage gegenüber dem Netzbetreiber.

184 Die Vergütung für die Überschusseinspeisung richtet sich nach § 48 EEG. Im Falle der Volleinspeisung wird ein weiterer Bonus nach § 48 Abs. 2a EEG gewährt. Sowohl der anzulegende Wert (§ 48 EEG) also auch der Zuschlag selbst unterliegen einer **monatlichen bzw. jährlichen Degression gem. § 49 EEG.**

185 *(4) Speicher.* Bei Betrieb einer Photovoltaik-Anlage entsteht regelmäßig das Problem, dass **Produktion und Verbrauch zeitlich auseinanderfallen.** So fällt das Maximum der Stromproduktion in den Mittagsstunden an, während die Verbrauchsspitzen regelmäßig in den Morgen- und Abendstunden liegen. Der (zeitweilige) Überschuss könnte – neben den Varianten der Einspeisung in das öffentliche Netz (wobei die Vergütung zumeist nicht die Kosten für den später erforderlichen Zusatzbezug decken) oder/und einer Verbrauchssteuerung/-taktung (programmierter Verbrauch in Abwesenheit des Mieters, zB Geschirrspüler, Waschmaschine) – entweder **in einen Batteriespeicher geleitet** oder auch einer „Power-to-Gas-Anlage" zugeführt werden. Dort wird mittels Elektrolyse Wasserstoff erzeugt, welcher zunächst im Gastank zwischengelagert wird und später in einer Brennstoffzelle wieder verstromt werden kann.

186 Wird überschüssiger Mieterstrom in Stromspeicher eingespeist, ist eine Gewährung des Mieterstromzuschlages gem. § 21 Abs. 3 S. 4 EEG nicht vorgesehen. Zwischengespeicherter PV-Strom kann bei der **Ausspeicherung wieder** nach § 19 Abs. 3 EEG **gefördert** werden.[122] **Batteriespeicher** gelten energierechtlich grundsätzlich **als eigenständige Stromerzeugungs- und Letztverbrauchereinheit.**[123] Jede ein- und ausgespeicherte Strommenge ist deshalb separat dahingehend zu prüfen, ob und inwieweit sie mit den jeweiligen Abgaben belastet ist und inwieweit eine Förderung besteht bzw. welche Pflichten diesbezüglich einzuhalten sind. Es bestehen zusätzlich Melde- und Nachweispflichten und Anforderungen an das Messkonzept.

187 *bb) Anlagenbetreiber als Energieversorger. (1) Vermieter als Anlagenbetreiber.* Übernimmt der Vermieter selbst die Stromerzeugung aus einer in seinem Eigentum und in seinem Betrieb geführten Anlage und verkauft er den vor Ort selbst erzeugten Strom direkt ohne weitere Netzdurchleitung an den Mieter, wird der **Vermieter selbst** zu einem **Stromerzeuger** und gegenüber dem Mieter zu einem Stromversorger und übernimmt alle sich daraus gesetzlich ableitenden Verpflichtungen. Ihn treffen insbesondere die Pflichten nach dem EnWG gem. §§ 40, 41, 42 und nach § 42a EnWG.

188 Wichtig ist zur **Abgrenzung: Betrieb und Überlassung von Ladestationen für E-Fahrzeuge:** Ladepunkte gelten als Letztverbraucher gem. § 3 Nr. 25 EnWG. Der Ladevorgang stellt somit **keine Stromlieferung** zwischen Betreiber und Nutzer dar, und Ladepunktbetreiber sind deshalb idR auch nicht Energieversorgungsunternehmen nach EnWG. In der Regel tritt deshalb auch kein Anfall von Stromsteuer ein, § 1a Abs. 2 Nr. 2 StromStDVO. Etwaige energierechtliche Bezüge bestehen nur zwischen dem Ladepunktbetreiber und dem Energieversorger/Netzbetreiber.

189 *(2) Alternative: Kettenliefermodelle.* Die mit dem EEG 2021 erfolgte Einfügung im Wortlaut des § 21 Abs. 3 S. 1 „oder einem Dritten" (**„Lieferkettenmodell"**) bewirkt, dass der Anlagenbetreiber einen Energiedienstleister mit der Strombelieferung der Mieter beauftragen kann, ohne dass der Anspruch des Anlagenbetreibers auf Gewährung des Mieterstromzuschlages verloren geht, die Marktrolle des Stromlieferanten jedoch an den Contractor übertragen wird. Dies ist insbesondere für Vermieter, welche die aus dem Energiewirtschaftsrecht und ggf. dem Steuerrecht folgenden Verpflichtungen bzw. Nachteile vermeiden wollen, von Interesse und erleichtert die Umsetzung von Mieterstrommodellen.

---

[122] siehe dazu König/Papke EnWZ 2025, 291, 297 und Vollprecht/Wilde/Lehmann IR 2025, 286.
[123] siehe zum Anschluss von Speichern: Maier/Glahn RdE 2025, 339–344.

cc) Versorgungsvertrag mit dem Mieter. Maßgeblich ist **§ 42a EnWG,** welcher grundsätzlich auch für Nichtwohnräume gilt.[124] Es ergeben sich jedoch spezifische Vorgaben bei der Wohnraumvermietung. Der Mieter ist zum Abschluss eines Stromlieferungsvertrages mit dem Vermieter grundsätzlich nicht verpflichtet. Er kann sich vielmehr auch für die Belieferung durch einen anderweitigen Stromversorger entscheiden. Nach § 42a Abs. 2 S. 1 EnWG darf der Mieterstromvertrag auch nicht Bestandteil des Mietvertrages über Wohnräume sein **(Koppelungsverbot).** 190

Der Bezug von Mieterstrom ist für den Mieter in der Regel jedoch wirtschaftlich günstiger, da die Netzentgelte sowie die Konzessionsabgabe bei einer Eigenerzeugung durch den Vermieter vor Ort und der Direktlieferung an den Mieter entfallen. Für Mieter von Wohnräumen ergeben sich zudem **Preisdeckelungen** nach § 42a Abs. 4 EnWG. Hiernach darf der für den Mieterstrom und den zusätzlichen Strombezug nach Absatz § 42a Abs. 2 S. 6 EnWG zu zahlende Preis 90 Prozent des in dem jeweiligen Netzgebiet geltenden Grundversorgungstarifs, auf Basis des Grund- und Arbeitspreises, nicht übersteigen. Wird der Höchstpreis nach S. 1 überschritten, erfolgt eine Herabsetzung auf den Preis, der diesem Höchstpreis entspricht. Beim Mieterstrom nach EEG hat der Mieter nur einen Vertragspartner für den gesamte Stromlieferung, den Vermieter. 191

Für den **Inhalt des Stromlieferungsvertrages** mit dem Mieter und die Abrechnungen durch den Vermieter sind §§ 40–42 EnWG zu beachten. Zum notwendigen Inhalt des Liefervertrages gem. § 41 EnWG gehören insbesondere Regelungen zu: 192

- Vertragsdauer
- Preisanpassung
- Kündigung
- Rücktrittsrecht

Wird der **Mieterstromvertrag mit einem Verbraucher** nach § 13 BGB geschlossen, ist die Vereinbarung einer länger als zwei Jahre bindenden Laufzeit nach § 42a Abs. 3 S. 1 EnWG unwirksam. Dasselbe gilt in diesem Fall nach S. 2 auch für eine stillschweigende Verlängerung des Vertragsverhältnisses für eine bestimmte Zeit oder die Vereinbarung einer längeren Kündigungsfrist als ein Monat vor Ablauf der zunächst vorgesehenen Vertragsdauer oder nach stillschweigender Verlängerung des Vertragsverhältnisses. Ebenso ist die Beschränkung oder der Ausschluss des Kündigungsrechtes in den Fällen des S. 1 unwirksam. 193

Bei einer Beendigung des Mietverhältnisses endet der Mieterstromvertrag, ohne dass es einer ausdrücklichen Kündigung bedarf, mit der Rückgabe der Räume.

dd) Abrechnung mit dem Mieter. Zur **Abrechnung mit dem Mieter** sind – im Hinblick auf die unterschiedliche Zusammensetzung der jeweiligen Entgelte – die jeweiligen Anteile der Strombezugsquellen zu ermitteln, wozu wiederum komplexe Messkonzepte und Abrechnungsmodelle zum Einsatz kommen müssen. 194

Nach § 21 Abs. 3 S. 5 EEG ist zur Erfassung des zuschlagsberechtigten Mieterstroms die Strommenge so genau zu ermitteln, wie es die Messtechnik zulässt, die nach dem MsbG zu verwenden ist. Dass Messkonzept muss stets mit jeweils zuständigen Netzbetreiber abgestimmt werden.

Die Abrechnung der Direktlieferung an den Mieter erfolgt in der Praxis in der Regel über das **Summenzählerkonzept** (§ 20 Abs. 1d) EnWG). Der Mieter verfügt hierbei weiter über einen eigenen Wohnungszähler für die Messung der von ihm verbrauchten Energiemenge, die Messung für das Hausnetz erfolgt an der Erzeugungsanlage bzw. am Speicher. Das Hausnetz verfügt zudem über einen zentralen Hausanschlusspunkt mit dem öffentlichen Netz, dort werden der Bezug aus dem öffentlichen Netz und die Einspeisung des Überschussstromes in das örtliche Netz über den Summenzähler erfasst. Die direkte verbrauchte Strommenge wird bilanziell auf die am Mieterstrom teilnehmenden Mieter verteilt. Problematisch ist die Erfassung des Stromverbrauches der nicht 195

[124] auch der Gewerberaummieter kann „Letztverbraucher“ sein.

teilnehmenden Mieter. Ihre Verbrauchsmengen müssen über einen virtuellen Zählpunkt von der „Summe“ abgezogen werden.

196 In der **Stromrechnung** an den Mieter sind die weitreichenden Anforderungen des § 40 EnWG umzusetzen. Eine Abrechnung des Mieterstroms über die **Betriebskostenabrechnung** ist nicht zulässig.

197 **c) Mieterstrom mit Förderung nach KWKG (Kraft-Wärme-Koppelung).** *aa) Definition.* **Kraft-Wärme-Kopplung** ist die **gleichzeitige Gewinnung von mechanischer Energie und nutzbarer Wärme,** die in einem gemeinsamen thermodynamischen Prozess entstehen, wobei die mechanische Energie in der Regel sogleich in elektrischen Strom umgewandelt und die Wärme für Heizzwecke als Nah- oder Fernwärme genutzt wird, § 2 Nr. 13 KWKG.

198 Es ergibt sich ein **erheblich verringerter Brennstoffbedarf** für die gleichzeitige Strom- und Wärmebereitung und somit eine Energieeinsparung sowie Schadstoffemissionsreduktion. Die Kraft-Wärme-Kopplung bildet deshalb einen wichtigen Baustein der Energiewende im Strom- und Wärmesektor.

199 *bb) Voraussetzungen der Förderung.* Nach dem KWKG erhalten Betreiber von KWK-Anlagen (neue, modernisierte, nachgerüstete, bestehende) **vom Netzbetreiber** eine Förderung. Ebenso wie für die nach EEG geförderten Anlagen besteht zudem für den dort produzierten Strom Einspeisevorrang im öffentlichen Stromnetz. Die Förderung erfolgt durch feste Vergütungssätze (KWK-Zuschlag) pro Kilowattstunde. Der Förderzeitraum für eine KWK-Anlage ist gem. § 8 KWKG abhängig von der Anlagenkategorie und -größe sowie den Investitionskosten auf bestimmte Vollbenutzungsstunden beschränkt.

200 Der **KWK-Zuschlag** wird nach § 7 KWKG sowohl im Falle der Selbstnutzung des Stromes durch den Betreiber oder der Einspeisung in das öffentliche Netz gewährt, sofern die BHKW-Anlage nach § 5 KWKG durch das BAFA zugelassen wurde. Die Höhe des Zuschlages ist von der elektrischen Leistung des BHKW sowie davon abhängig, ob es sich um eine neue oder modernisierte Anlage handelt, sie §§ 6 bis 8 KWKG. Die pauschalierte Zuschlagszahlung muss mit der **Anmeldung der Anlage beim Bundesamt für Wirtschaft und Ausfuhrkontrolle (BAFA)** beantragt werden. Es ist auch eine Registrierung im Marktstammdatenregister erforderlich.

201 *cc) Stromlieferungsvertrag mit dem Mieter.* Dieser **unterliegt nicht den Beschränkungen des § 42a EnWG.** Vertragliche Regelungen sind also im Rahmen der §§ 307 ff. BGB sowie der §§ 40 bis 42 EnWG möglich. Es kann auch nur eine Teillieferung an den Mieter erfolgen.

202 **d) Alternative: Gebäudestromversorgung nach § 42b EnWG (PV-Anlagen).** Um die Möglichkeit der **Versorgung von Mietern und anderen Nutzern** (zB Wohnungseigentümern) in einem Mehrfamilienhaus bürokratiearm zu erweitern und weitere Anreize für die eigene Stromversorgung zu schaffen, wurde mit dem Solarpaket I das Modell der sog. Gebäudestromversorgung[125] nach 42b EnWG geschaffen.

203 *aa) Definition Gebäudestromanlage.* Eine **Gebäudestromanlage** ist nach § 3 Nr. 20b EnWG eine Erzeugungsanlage, die in, an oder auf einem Gebäude oder einer Nebenanlage dieses Gebäudes installiert ist, und aus solarer Strahlungsenergie elektrische Energie erzeugt, die ganz oder teilweise durch teilnehmende Letztverbraucher im Rahmen eines Gebäudestromnutzungsvertrags nach § 42b Abs. 1 EnWG verbraucht wird.

204 *bb) Konzeption.* Erzeugung und Verbrauch des PV-Stromes müssen hinter demselben Netzverknüpfungspunkt erfolgen, also ohne **Durchleitung durch ein öffentliches Netz.** Die Teilnahme einzelner Nutzer im Gebäude darf nicht vorgeschrieben werden. **Mieterstromzuschlag** nach § 21 Abs. 3 EEG **wird nicht gewährt,** die Finanzierung der Investition und des Betriebs erfolgt allein aus den mit dem Nutzer für die Stromlieferung gem.

[125] siehe hierzu: Streuch/Hennig/Widmann ZNER 2024, 291, 302 ff.

§ 42 Abs. 2 EnWG vereinbarten Entgelten oder der aus einer evtl. Überschusseinspeisung erzielten Vergütung.

Für die auch im Rahmen der Gebäudestromversorgung **mögliche Überschusseinspeisung** wird die übliche Vergütung vom Netzbetreiber geleistet. Die Überschusseinspeisung tritt zum Beispiel ein, wenn bei statischer Verteilung innerhalb des 15-Minuten-Taktes von einem Teilnehmenden die ihm zugewiesene produzierte Strommenge nicht verbraucht wird oder gar kein Teilnehmer Strom abnimmt. 205

Der **Verteilnetzbetreiber** ist gem. § 20 EnWG grundsätzlich verpflichtet, die Umsetzung der gemeinschaftlichen Gebäudeversorgung in seinem Netzgebiet zu ermöglichen. Der **Betrieb der Gebäudestromanlage durch Dritte** (zB externe Dienstleister oder auch eine Gruppe von Wohnungseigentümern oder Mietern) ist zulässig. 206

cc) Unterscheidung zum Mieterstrommodell. Im Vergleich zum Mieterstrommodell mit Mieterstromzuschlag nach §§ 19, 23 EEG erhält der Anlagenbetreiber hier zwar keine Förderung nach § 21 Abs. 3 EEG (Mieterstromzuschlag), wird aber im Gegenzug auch **von den sehr erheblichen Anforderungen** der §§ 40–42a EnWG in Bezug auf die Lieferantenrolle überwiegend befreit, § 42 Abs. 4 EnWG. Insbesondere besteht hier **keine Pflicht zur Vollversorgung des Mieters** mit Strom, worauf der Nutzer hinzuweisen ist. Daneben ergeben sich **Erleichterungen** bei der Abrechnung, der Vertragsgestaltung sowie der Stromkennzeichnung. Die Strombezugsmengen des Letztverbrauchers sind viertelstündlich zu messen. Hier bedarf es also der Aufstellung eines Messkonzeptes und der Erbringung der kontinuierlichen Messdienstleistung[126] einschließlich der Vornahme der Mengenaufteilung des erzeugten Stromes auf die Teilnehmenden sowie des Messstellenbetriebes. 207

Für die Vergütung der Stromlieferung durch den Teilnehmenden besteht – anders als nach § 42a Abs. 4 EnWG (max. 90 % des lokalen Grundversorgertarifes) – **keine Preisdeckelung.** Das Modell findet aufgrund EU-rechtlicher Vorgaben **ausschließlich gebäudebezogen** (für ein einzelnes Gebäude und seine Nebenanlagen) Anwendung. Die Entwicklung eines Quartierskonzeptes über mehrere Gebäude hinweg ist anders als im Rahmen des § 21 Abs. 3 EEG (welcher auf die „Kundenanlage“ mit evtl. zusammengefassten Gebäuden abstellt) nicht möglich. Dies ist zwingend zu beachten, da andernfalls für die Stromlieferung wieder die strengen Regularien der §§ 40 ff. EnWG Anwendung finden. 208

dd) Vertrag mit dem Mieter. Die **Modalitäten des Strombezuges** (zB Laufzeit, Preis, Betrieb, Wartung) durch den Teilnehmenden im Gebäude und die Abrechnung mit diesem müssen durch den **Gebäudestromnutzungsvertrag** entsprechend der Vorgaben des § 42b Abs. 2 EnWG geregelt werden. Dabei ist auch insbesondere die Verteilung der erzeugten Strommenge auf die jeweiligen Teilnehmenden anhand eines entweder statischen oder dynamischen Schlüssels zu vereinbaren. Fehlt eine Regelung erfolgt die Verteilung gem. § 42b Abs. 5 S. 3 EnWG zu gleichen Teilen auf die teilnehmenden Letztverbraucher. Der vereinbarte Schlüssel ist vom Anlagenbetreiber dem Verteilnetzbetreiber mitzuteilen und wird von diesem an die beteiligten Messstellenbetreiber weitergeleitet. 209

Gerade für private Vermieter und Wohnungseigentümergemeinschaften als eher unerfahrene Akteure dürften sich Probleme bei der Entwicklung des erforderlichen – technisch anspruchsvollen – Mess- und Abrechnungskonzeptes nach § 42b Abs. 5 EnWG und der Umsetzung im Gebäudestromlieferungsvertrag ergeben. Infolge des § 42b Abs. 4 EnWG ergeben sich aber auch vielfältige rechtliche Erleichterungen, welche den Einsatz einer Gebäudestromanlage für Vermieter attraktiv machen. 210

e) **grundlegende steuerrechtliche Aspekte.** Erzielt der Gebäudeeigentümer oder Vermieter Einnahmen aus der Veräußerung von Strom an Dritte, sind vielfältige steuerrechtliche Konsequenzen zu berücksichtigen. 211

---

[126] zu den möglichen Aufteilungsschlüsseln siehe Vogler/Herlitz NZM 2025, 739, 743 f.

212 *aa) Umsatzsteuer.* Einnahmen aus der Einspeisevergütung und der anteilig selbst genutzte Strom (als fiktive Einnahme) aus dem Betrieb einer eigener PV-Anlage als grundsätzlich gewerblicher Tätigkeit sind **grundsätzlich umsatzsteuerpflichtig.**[127] Jedoch kann der Anlagenbetreiber ggf. von der Kleinstunternehmerregelung nach § 19 Abs. 1 UstG Gebrauch machen und so Umsatzsteuerfreiheit erlangen.

213 Mit dem **Jahressteuergesetz 2022**[128] haben sich zudem per 1.1.2023 weitere Vergünstigungen ergeben. So ist die Lieferung von Solarmodulen – Komponenten (zB Wechselrichter) – Stromspeicher sowie die Installation bei Anlagen auf oder in der Nähe von Privatwohnungen, Wohnungen oder öffentlichen und anderen Gebäuden, die dem Gemeinwohl dienen nunmehr nach § 12 Abs. 3 Nr. 1 UStG „umsatzsteuerfrei"[129], wenn die Gesamtleistung nicht mehr als 30 KWp beträgt und die Anlage ab dem 1.1.2023 installiert wurde.[130] Dies gilt auch für spätere Erweiterungen und Reparaturen.

214 Speicher unterliegen nach § 12 Abs. 3 Nr. 4 S. 1 UStG dem **Nullsteuersatz,** wenn sie dazu dienen den mit Solarmodulen erzeugten Strom zu speichern, wenn die Lieferung der installierten Komponenten die Voraussetzungen der Nummer 1 erfüllt. Hiervon ist auszugehen, wenn der Speicher eine nutzbare Kapazität von mindestens 5 kWh hat. Erfüllt der (mobile) Speicher diese Voraussetzung nicht, unterliegt er dem Nullsteuersatz, wenn im Einzelfall nachgewiesen wird, dass er ausschließlich für die Speicherung von Strom aus begünstigten Solarmodulen verwendet wird. Mit den nunmehr eingetretenen Erleichterungen entfällt jedoch für Kleinstunternehmer auch der Anreiz, zur Umsatzsteuer zu optieren (§ 19 Abs. 1 S. 2 UStG), da **keine abzuziehende Vorsteuer** anfällt.

215 *bb) Einkommensteuer.* Die Erlöse aus der Veräußerung des selbstproduzierten Stroms unterfallen grundsätzlich auch der **Versteuerung des Einkommens** nach § 15 Abs. 2 EStG. Auch insoweit sind jedoch mit dem Jahressteuergesetz 2022[131] per 1.1.2023 teilweise Steuerbefreiungen formuliert worden.

216 So sind nach § 3 Nr. 72 EStG die Einnahmen und Entnahmen von auf, an oder in Einfamilienhäusern (einschließlich Nebengebäuden) oder nicht Wohnzwecken dienenden Gebäuden vorhandenen Photovoltaikanlagen mit einer installierten Bruttoleistung laut Marktstammdatenregister von bis zu 30 kW (peak) unabhängig von der Verwendung des Stroms steuerfrei. Dasselbe gilt für von auf, an oder in sonstigen Gebäuden vorhandenen Photovoltaikanlagen mit einer installierten Bruttoleistung laut Marktstammdatenregister von bis zu 15 kW (peak) je Wohn- oder Gewerbeeinheit und insgesamt höchstens 100 kW (peak) pro Steuerpflichtigen oder Mitunternehmerschaft.

217 Liegen die **Voraussetzungen der Steuerbefreiung** vor, wird diese antragslos gewährt. Soweit Befreiungen eintreten ist zu beachten, dass sämtliche Ausgaben im Zusammenhang mit der PV-Anlage dann auch **nicht als Betriebsausgaben oder Werbungskosten abgezogen** werden können, § 3c Abs. 1 EStG. Werden die genannten **Höchstgrenzen überschritten,** sind die Einnahmen insgesamt steuerpflichtig. Die Höchstgrenzen sind ggf. über mehrere Objekte des Steuerpflichtigen hinweg gerechnet zu ermitteln. Für Vermieter mehrerer Mehrfamilienhäuser wird hiernach zumeist keine Steuerbefreiung zu erlangen sein.

218 *cc) Stromsteuer.* Für die hier relevanten Anwendungsfälle ergibt sich regelmäßig eine **Befreiung** nach § 9 Abs. 1 Nr. 3 StromStG unter den dort genannten Voraussetzungen.

219 *dd) Wohnungsunternehmen und Wohnungsgenossenschaften – drohender Verlust von Steuerfreiheit für Mieteinnahmen.* Für vermietende juristische Personen bestanden in der Vergangenheit erhebliche **steuerrechtliche Hemmnisse** für die Umsetzung von Stromlie-

[127] BFH NZM 2024, 945: keine bloße umsatzsteuerfreie Nebenleistung zur Vermietung.
[128] BStBl. I 2023, 7.
[129] Steuersatz = 0 %.
[130] Eine rückwirkende Anwendung auf Bestandsanlagen ist nicht möglich.
[131] BStBl. I 2023, 7.

ferungsmodellen, da sie bei Erzielung von zusätzlichen Einnahmen aus der Veräußerung von Strom an Mieter von dem Verlust, der ihnen grundsätzlich in Bezug auf die Mieteinnahmen gewährten Steuerfreiheit bedroht sind. Der Gesetzgeber hat in den vergangenen Jahren verschiedenste Bemühungen unternommen, insoweit zumindest **teilweise Verbesserungen** zu schaffen.

(1) Wohnungsunternehmen. Wohnungsunternehmen sind in Bezug auf die von ihnen 220 erzielten **Einnahmen** aus der Wohnungsvermietung grundsätzlich gem. § 1 Abs. 1 KStG **steuerpflichtig.** Darüber unterliegen sie mit ihren Einnahmen **auch** grundsätzlich der **Gewerbesteuerpflicht** nach § 2 Abs. 1 GewStG.

Hiervon besteht jedoch eine **Ausnahme** nach § 9 Abs. 1 S. 2 GewStG im Rahmen der 221 so genannten **erweiterten Gewerbesteuerkürzung** welche zunächst mit dem FoStoG[132] und sodann mit dem Wachstumschancengesetz[133] erweitert wurde. Nach dieser Vorschrift tritt bei Unternehmen, die ausschließlich eigenen Grundbesitz oder neben eigenem Grundbesitz eigenes Kapitalvermögen verwalten und nutzen oder daneben Wohnungsbauten betreuen oder Einfamilienhäuser, Zweifamilienhäuser oder Eigentumswohnungen im Sinne des Wohnungseigentumsgesetzes in der jeweils geltenden Fassung, errichten und veräußern, an Stelle der Kürzung nach Satz 1 auf Antrag die Kürzung um den Teil des Gewerbeertrags, der auf die Verwaltung und Nutzung des eigenen Grundbesitzes entfällt (sog, „erweiterte Gewerbesteuerkürzung").

Nach § 9 Abs. 1 S. 3 lit. b) GewStG gilt § 9 Abs. 1 S. 2 GewStG entsprechend, wenn 222 entweder nach Doppelbuchstaben aa) in Verbindung mit der Verwaltung und Nutzung des eigenen Grundbesitzes **Einnahmen** aus der **Lieferung von Strom** entweder im Zusammenhang mit dem Betrieb von Anlagen zur Stromerzeugung aus erneuerbaren Energien im Sinne des § 3 Nr. 21 des Erneuerbare-Energien-Gesetzes oder nach Doppelbuchstaben bb) **aus dem Betrieb von Ladestationen** für Elektrofahrzeuge oder Elektrofahrräder erzielt werden und diese Einnahmen im Wirtschaftsjahr nicht höher als 20 Prozent der Einnahmen aus der Gebrauchsüberlassung des Grundbesitzes sind. Die Einnahmen im Sinne von Doppelbuchstaben aa) dürfen dabei nicht aus der Lieferung an Letztverbraucher stammen, es sei denn, diese sind zugleich auch Mieter des Anlagenbetreibers. Letzteres dürfte sich wiederum bei eventuellen Quartierskonzepten zur gemeinsamen Stromproduktion und Strombelieferung von Mieter mehrerer verschiedener Gebäude als kritisch erweisen, wenn nicht alle mit dem Strom belieferten Mieter zugleich auch Mieter des Anlagenbetreibers sind.

Die **erweiterte Gewerbesteuerkürzung** Nach § 9 Abs. 1 S. 3 GewStG greift zudem ein, 223 wenn nach lit. c) Einnahmen aus unmittelbaren Vertragsbeziehungen mit den Mietern des Grundbesitzes aus anderen als den in den Buchstaben a und b bezeichneten Tätigkeiten erzielt werden und diese Einnahmen im Wirtschaftsjahr nicht höher als 5 Prozent der Einnahmen aus der Gebrauchsüberlassung des Grundbesitzes sind. Hiervon könnte im Zusammenhang mit der Stromlieferung aus einem BHKW des Vermieters oder dem Betrieb und der Überlassung von Ladestationen an Nichtmieter Gebrauch gemacht werden, wobei auch irrelevant wäre, ob selbst erzeugter oder zugekaufter Strom über die Ladestation abgegeben wird. Die etwaigen **Unschädlichkeitsgrenzen** sind jeweils getrennt zu prüfen.

(2) Vermietungsgenossenschaften. Wohnungsgenossenschaften sind nach § 5 Nr. 10 224 S. 1 lit. a) KStG **von der Errichtung der Körperschaftsteuer befreit,** wenn sie Wohnungen herstellen oder erwerben und sie den Mitgliedern auf Grund eines Mietvertrags oder auf Grund eines genossenschaftlichen Nutzungsvertrags zum Gebrauch überlassen. Die Befreiung bezieht sich hiernach also lediglich auf die reinen Mieteinnahmen.

---

[132] Gesetz zur Stärkung des Fondstandortes Deutschland und zur Umsetzung der Richtlinie (EU) 2019/1160 zur Änderung der Richtlinien 2009/65/EG und 2011/61/EU im Hinblick auf den grenzüberschreitenden Vertrieb von Organismen für gemeinsame Anlagen – Fondsstandortgesetz (FoStoG) –, BT-Drs. 19/27631 in Fassung der Empfehlung des Finanzausschusses v. 21.4.2021 BT-Drs. 19/28868.

[133] Gesetz zur Stärkung von Wachstumschancen, Investitionen und Innovation sowie Steuervereinfachung und Steuerfairness (Wachstumschancengesetz) v. 27.3.2024 (BGBl. 2024 I Nr. 108).

225 Nach § 5 Nr. 10 S. 2 KStG ist diese Steuerbefreiung jedoch ausgeschlossen, wenn die Einnahmen der Genossenschaft aus den nicht nach § 5 Nr. 10 S. 1 KStG privilegierten Tätigkeiten 10 Prozent der gesamten Einnahmen übersteigen. Diese Grenze könnte bei einer hohen Teilnahmebereitschaft der Mieter an den Stromlieferungsmodellen des Vermieters durchaus überschritten werden. Insoweit besteht wiederum eine Ausnahme gem. § 5 Nr. 10 S. 3 und 4 KStG in Bezug auf die PV-Stromlieferung an Mitglieder oder Nutzer, welche mit dem Wachstumschancengesetz[134] nochmals verbessert wurde.

226 § 5 Nr. 10 S. 3 KStG stellt klar, dass im Falle der Erzielung von Einnahmen der Genossenschaft aus der Lieferung von Strom aus Anlagen, für den diese unter den Voraussetzungen des § 21 Abs. 3 des Erneuerbare-Energien-Gesetzes einen Anspruch auf Zahlung eines Mieterstromzuschlags hat, oder aus der Bereitstellung von Strom aus Gebäudestromanlagen gemäß § 3 Nr. 20a des Energiewirtschaftsgesetzes zur Nutzung durch Letztverbraucher im Rahmen der Gemeinschaftlichen Gebäudeversorgung, sich die Grenze des § 5 Nr. 10 S. 2 KStG für diese Einnahmen auf nunmehr 30 Prozent erhöht, wenn die Grenze des Satzes 2 nur durch diese Einnahmen überschritten wird.

227 Nach § 5 Nr. 10 S. 4 KStG gehören zu den Einnahmen nach Satz 3 auch **Einnahmen aus der zusätzlichen Stromlieferung** im Sinne des § 42a Abs. 2 S. 6 des EnWG (Reservestromversorgung) sowie Einnahmen aus der Einspeisung von Strom aus diesen Anlagen.

228 Soweit sich für die Wohnungsgenossenschaft eine Steuerfreiheit in Bezug auf die Körperschaftsteuer nach § 5 Abs. 1 Nr. 10 des KStG ergibt, besteht für diese auch gem. § 3 Nr. 15 GewStG **Gewerbesteuerfreiheit.** Im Anwendungsbereich der PV-Stromerzeugung dürfte damit regelmäßig sichergestellt sein, dass eine Gefährdung der Steuerfreiheit für die Mieteinnahmen infolge der Veräußerung des selbst produzierten PV-Stromes an Mieter nicht mehr eintritt und auch Gewerbesteuerfreiheit besteht.

229 *(3) Alternativen.* Sind die vorangehend dargestellten Freigrenzen jedoch voraussichtlich nicht ausreichend oder soll eine Belieferung von Mietern mit aus KWK-Anlagen erzeugtem Strom erfolgen, bleibt für die vermietende juristische Person lediglich die Möglichkeit, die Gefährdung der Steuerfreiheit durch die Gründung von (nicht zugleich vermietenden) Tochtergesellschaften zu umgehen oder auf **Contractingmodelle** (insbesondere das **Lieferkettenmodell** gem. § 21 Abs. 3 EEG), auszuweichen.

[134] BGBl I 2024 Nr. 108.

§ 80 Green Leases

Übersicht

Schrifttum:
Graf v. Westphalen, Bemühensklauseln in „Grünen" Mietverträgen – Eine AGB-rechtliche Antwort, NZM 2022, 1; Hedemann, Green Leases, Kostenoptimierte und nachhaltige Nutzung von Wohn- und Gewerbeimmobilien, 2023; Reinmann/Achtermann, Der „Grüne" Mietvertrag – Innovation, neue Ansätze und inhaltliche Vorgaben (Teil 1), ZfIR 2019, 157 ff.; dies., Mietverträge zur nachhaltigen Bewirtschaftung von Gewerbeimmobilien (Teil 2); ZfIR 2019, 217 ff.; Schmidt, Nachhaltigkeit, ESG und Taxonomie in der Gewerberaummiete, ESG 2022, 130 ff.; Vogel, Implementierung von Green Lease-Vertragsklauseln in Gewerberaummietverträgen, ESG 2022, 295 ff.

I. Einleitung

1. Definition

Eine gesetzliche Definition des „Green Lease" oder des grünen Mietvertrages gibt es bislang nicht. In der Praxis bezeichnet ein „Green Lease" einen Mietvertrag, welcher Regulatorien für Mieter und Vermieter für eine **nachhaltige Nutzung bzw. Bewirtschaftung einer Immobile** enthält. Dem Grund nach handelt es sich um einen „gewöhnlichen" Gewerbemietvertrag, welcher um Regelungen ergänzt wird, die die umweltfreundliche Nutzung und Bewirtschaftung zum Ziel haben. Um zumindest ein einheitliches Verständnis des Green Lease zu bekommen, hat im Jahr 2018 eine Projektgruppe des Zentralen Immobilienausschusses („ZIA") einen Leitfaden entwickelt, welcher Regelungsbeispiele für einen grünen Mietvertrag enthält (→ Rn. 25 ff.). 1

Derzeit spielt Green Lease für den Bereich der Wohnraummiete noch keine bzw. lediglich eine untergeordnete Rolle. Es bleibt aber abzuwarten, ob sich auch das in naher Zukunft ändern wird.

2. Hintergrund

2 Seit 1850 ist die globale Oberflächentemperatur um 1,26 °C gestiegen. Dies entspricht einer vielfachen Steigerung gegenüber vorangegangenen Jahrhunderten. Setzt sich der Trend fort, so erwarten Wissenschaftler bis Ende dieses Jahrhunderts eine durchschnittliche Erderwärmung auf bis zu 4 °C.[1] Der **Gebäudesektor** ist dabei **für rund 40 % der globalen Treibhausgasemissionen** ursächlich und versursacht etwa 35 % aller weltweiten Energieverbräuche sowie 30 % der CO_2 -Emissionen. Er ist folglich ein wesentlicher Treiber für die globale Erderwärmung, sodass es hier Handlungsbedarf gibt.[2]

3 Hinzu kommen immer weitere gesetzliche Anforderungen zum Klimaschutz, die schließlich bei Nichtumsetzung zum Wertverlust der Immobilie führen können. Insbesondere die EU-Taxonomie (→ Rn. 18) ist ein wesentlicher Treiber für Immobilieninvestoren. Sollten Gebäudeeigentümer den Anforderungen der EU-Taxonomie nicht gerecht werden und keinen oder einen zu geringen Anteil von nachhaltigen Immobilien und ihrem Portfolio haben, können zukünftig Wettbewerbsnachteile entstehen.[3] All diese hier aufgeführten Faktoren stellen Gebäudeeigentümer vor wachsende Herausforderungen und die Notwendigkeit, Nachhaltigkeit als zentrales Element in ein ganzheitliches Investmentstrategie zu integrieren. Eine dieser nachhaltigen Strategien ist das Konzept des Green Lease.

3. Zielsetzung

4 Da Mieter für etwa 80 % der Energieverbräuche in Gebäuden zuständig sind, spielen sie bei der Umsetzung einer nachhaltigen Strategie eine wesentliche Rolle.[4] Es kann also nicht nur auf baulichen Maßnahmen für grüne Gebäude und etwaige Zertifizierungen wie DGNB, BREEAM und LEED abgestellt werden, sondern auch die nachhaltige Nutzung und Bewirtschaftung der Immobilie als solches muss in die nachhaltige Strategie einbezogen werden. Eine nachhaltige Nutzung und Bewirtschaftung wiederum kann nur darüber erfolgen, indem Mieter – aber auch Vermieter – zur Einhaltung von Nachhaltigkeitszielen angehalten oder sogar verpflichtet wird.

5 Gesetzliche Regelungen/Vereinbarungen betreffend die Nachhaltigkeit in Mietverträgen wurden in der Vergangenheit in der Bundesrepublik Deutschland allerdings bisher eine geringe Bedeutung beigemessen. Während entsprechende Diskussionen zu Green Leases im internationalen Raum bereits ab der Jahrtausendwende begannen, scheinen konkretere Überlegungen in der Bundesrepublik Deutschland erst seit dem Jahr 2012 geführt worden zu sein. Initiatoren dieser Überlegungen waren Projektgruppen der Immobilienwirtschaft selbst. Aufsetzend auf diesen Ergebnissen wurden maßgebliche Überlegungen betreffend Green Lease-Regelungen vom Zentralen Immobilien Ausschluss e. V. im September 2018 herausgegeben, zuletzt überarbeitet im März 2024 (→ Rn. 25).[5] Diese Regelungsbeispiele können in der Praxis nach wie vor zur Gestaltung von grünen Mietverträgen herangezogen werden.

6 Die Integration von grünen Klauseln in Mietverträge soll in erster Linie dem Nachhaltigkeitsaspekt Rechnung tragen. Es gibt darüber hinaus aber auch weitere Vorteile, die ein Green Lease bieten kann. Durch die mit Green Lease einhergehende Ressourcenschonung kann eine Kosteneinsparung oder Gewinnmaximierung für Vermieter und Mieter entstehen, so dass der Green Lease auch ökonomischen Vorteile für Vertragsparteien bieten kann.[6] Green Leases fördern zudem das Erreichen höherer Nachhaltigkeitsratings bei den Gebäudezertifizierungen nach DGNB, BREEAM, LEED und

[1] Hedemann Green Leases S. 17 – u. Berufung auf weitere Quellen.
[2] Hedemann Green Leases S. 18 – u. Berufung auf weitere Quellen.
[3] Hedemann Green Leases S. 19.
[4] Hedemann Green Leases S. 21 unter Berufung auf weitere Quellen.
[5] Lindner-Figura/Oprée/Stellmann Geschäftsraummiete-HdB/Sittner § 24 Rn. 6 – u. Berufung auf weitere Quellen.
[6] Vogel ESG 2022, 295 unter Berufung auf weitere Quellen.

GRESB, was wiederum zu höheren Mieten, höheren Verkaufspreisen und geringeren Leerstandsquoten führen kann.[7]

Letztlich können mit Green Leases auch nicht-monetäre Ziele erreicht werden, indem die Corporate Social Responsibility Strategien von Unternehmen ESG-Ziele enthalten. Dies ist für die Außenwirkung der Unternehmen in der Öffentlichkeit relevant.[8] Zudem erhöht es die Außenwirkung und Signalwirkung, wenn die Mieter in nachhaltigen Gebäuden ansässig sind, was wiederum einen positiven Einfluss auf die Gewinnung von Mitarbeitern haben kann.[9] Denn der Arbeitnehmermarkt ist mehr und mehr von einen ökologischen Mindset geprägt und setzt vor allem auf ökologische Benefits und einem gesunden Arbeitsumfeld. 7

Aber auch auf die Beziehung zwischen Vermieter und Mieter kann ein Green Lease eine positive Auswirkung haben. Denn die grünen Klauseln führen dazu, dass die Parteien gezwungenermaßen regelmäßig miteinander kommunizieren, was wiederum dazu führen kann, dass das Mietverhältnis insgesamt störungsfreier verläuft. Der Mietvertrag wird von beiden Parteien eben nicht nur erst im Streitfall zur Hand genommen, sondern aufgrund der implementierten grünen Klauseln regelmäßig, während der gesamten Mietzeit. 8

4. Green Lease in der Praxis

In jüngster Zeit finden sich fast flächendeckend grüne Klauseln in neu abgeschlossenen Mietverträgen. Einige institutionelle Vermieter verhandeln die Regelungen des Basic Green Lease (→ Rn. 27 ff.) in Nachträge als Ergänzung zu den bestehenden Mietverträgen, so dass die Bestandsmietverträge nachträglich grün werden. So sind die grünen Klauseln innerhalb kürzester Zeit fast zum obligatorischen Standard gewerblicher Mietverträge geworden. Die Ausgestaltung der Verbindlichkeit der grünen Klauseln variiert dabei zwischen reinen Bemühensklauseln bis hin zu festen Obliegenheiten (→ Rn. 33 ff.). 9

Erheblich beflügelt werden die Bestrebungen, grüne Klauseln in die Mietverträge zu implementieren, durch die nunmehr auch auf den deutschen Markt drängenden ESG-Managementansätze vieler Unternehmen. ESG-Kennzahlen ermöglichen grundsätzlich, eine Immobilie und auch das Immobilienportfolio insgesamt zu benchmarken und zu steuern. Neben den ökologischen Aspekten (ua Emissionen, Verschmutzung der Umwelt, Verbrauch von Ressourcen und deren Reduktion) spielen dabei bei den ESG-Kriterien, wie der Name schon sagt, auch soziale Kriterien (ua regelmäßiger gemeinsamer Austausch, Stärkung der Partnerschaft zwischen Vermieter und Mieter, Hervorhebung gemeinsamer Ziele) eine wichtige Rolle (→ vgl. insgesamt zum Begriff ESG auch Rn. 11 ff.), wobei die sozialen Kriterien bislang noch keinen Einzug in die grünen Klauseln gefunden haben. Unterstützt wird die zunehmende Implementierung von grünen Klauseln aber eben auch durch neue gesetzliche Anforderungen (neben dem nationalen Recht, insbesondere auch das Recht der Europäischen Union).[10] 10

5. ESG, Offenlegungs-VO, EU-Taxonomie und Green Lease

In der Praxis finden sich häufig die Begrifflichkeiten ESG, Offenlegungs-VO, EU-Taxonomie bzw. Taxonomie-VO. Was man darunter versteht und wie diese Begrifflichkeiten mit Green Lease zusammenhängen, soll nachfolgend aufgezeigt werden. 11

Zunächst einmal ist gemeinsamer Nenner dieser Begrifflichkeiten die „Nachhaltigkeit". Die europäische Kommission hat den Begriff der Nachhaltigkeit im März 2018 auf europäischer Ebene gehoben und mittels Regulatorien greifbar gemacht. Denn zu diesem Zeitpunkt hat die europäische Kommission einen Aktionsplan zum nachhaltigen

[7] Hedemann Green Leases S. 22.
[8] Vogel ESG 2022, 296.
[9] Hedemann Green Leases S. 63.
[10] Lindner-Figura/Oprée/Stellmann Geschäftsraummiete-HdB/Sittner § 24 Rn. 7.

Finanzwesen, der Investitionen in nachhaltige Geldanlagen lenkt, veröffentlicht. In diesem Zusammenhang wurde sodann auch die Abkürzung „ESG" bekannt gemacht.

12 ESG steht dabei für **Environmental, Social** und **Governance.** Der Begriff ESG verkörpert grundsätzlich die Prinzipien von ökologischer Nachhaltigkeit (= Enviromental), sozialer Verantwortung (= Social) und verantwortungsvoller Unternehmensführung (= Governance). Es handelt sich hierbei also nicht um eine Regulatorik, sondern um einen deskriptiven Denkansatz, um das nachhaltige Handeln von Unternehmen mittels konkreter Maßnahmen zu messen und zu quantifizieren. ESG stellt Anforderungen an die Nachhaltigkeitsperformance und definiert somit Anlagekriterien, die als ausschlaggebend für ökologisch und nachhaltige Investition gelten können.[11] ESG ist folglich eine Art Überbegriff, welcher zwischenzeitlich international in Unternehmen und in der Finanzwelt etabliert ist, um auszudrücken, ob und wie bei Entscheidungen von Unternehmen und der unternehmerischen Praxis ökologische und sozial-gesellschaftliche Aspekte sowie die Art der Unternehmensführung beachtet, beziehungsweise bewertet werden.

13 Mit der **Offenlegungs-VO (Sustainable Finance Disclosure Regulation, SFDR)**, welche auf dem Aktionsplan aus dem Jahr 2018 beruht (→ Rn. 11), war es im Jahr 2019 sodann Zielrichtung des europäischen Parlaments und des Rates der Europäischen Union, den Pflichtenkreis von Finanzmarktteilnehmern um umfassende Informationen relevanter Nachhaltigkeitsrisiken zu erweitern und so die Endanleger besser zu schützen. Gleichzeitig sollten (positiv) die Endanleger aber auch fundierte Investitionsentscheidungen treffen können.[12] Im Gegensatz zur Taxonomie-VO (→ Rn. 18 ff.) stellt die Offenlegungs-VO keine qualitativen Anforderungen an Vermögensgegenstände und Investitionen, sondern nur an die Offenlegung von Informationen.[13]

14 Bei der Offenlegungs-VO handelt es sich insgesamt um technische Regulierungsstandards, welche Finanzmarktteilnehmer durch wiederkehrende Berichterstattung zur Transparenz auf zwei Ebenen verpflichtet, nämlich auf der unternehmensbezogenen Ebene sowie auf der produktbezogenen Ebene.[14]

15 Bei der unternehmensbezogenen Offenlegungspflicht müssen Finanzmarktteilnehmer auf ihrer Internetseite ua angeben, ob sie die wichtigsten nachteiligen Auswirkungen von Investitionsentscheidungen auf Nachhaltigkeitsfaktoren berücksichtigen. Berücksichtigen sie diese, müssen Finanzmarktteilnehmer zB ihren CO#-Fußabdruck offenlegen. Berücksichtigen Finanzmarktteilnehmer diese Auswirkungen nicht, müssen sie das begründen (Comply or Explain).[15]

16 Nach den produktbezogenen Offenlegungspflichten haben Finanzmarktteilnehmende für jedes Finanzprodukt, das unter die Offenlegungs-VO fällt, Angaben zur Einbeziehung von Nachhaltigkeitsrisiken bei ihren Investitionsentscheidungen zu machen.[16] Dh Finanzmarktteilnehmer müssen offenlegen, wenn potenzielle oder tatsächliche Ereignisse in den Bereichen Umwelt, Soziales, Unternehmensführung westliche negative Auswirkungen auf den Wert der Investitionen haben. Weitere Offenlegungspflichten kommen hinzu, wenn das Finanzprodukt mit ökologischen und/oder sozialen Merkmalen beworben wird und insofern unter Finanzprodukte des Art. 8 der Offenlegungs-VO fällt. Gleiches gilt, wenn mit dem Finanzprodukt eine nachhaltige Investition angestrebt wird und daher unter die Finanzprodukte des Art. 9 der Offenlegungs-VO fällt. Anbie-

[11] Schmidt ESG 2022, 130 (132).

[12] Schmidt ESG 2022, 130 (132).

[13] ZIA Zentraler Immobilienausschuss e. V. (2024): Green Lease 2.0 – Vom grünen Mietvertrag zum ESG Lease, abrufbar unter: https://zia-deutschland.de/project/green-lease-2-0-vom-grunen-mietvertrag-zum-esg-lease/ (zuletzt abgerufen 16.7.2026).

[14] https://www.bafin.de/DE/Aufsicht/SF/OffenlegungsVO/OffenlegungsVO_node.html (zuletzt abgerufen 16.7.2026).

[15] https://www.bafin.de/DE/Aufsicht/SF/OffenlegungsVO/OffenlegungsVO_node.html (zuletzt abgerufen 16.7.2026).

[16] https://www.bafin.de/DE/Aufsicht/SF/OffenlegungsVO/OffenlegungsVO_node.html (zuletzt abgerufen 16.7.2026).

ter solcher Finanzprodukte müssen in ihren periodischen Berichten vor allem die Erreichung der Nachhaltigkeitsziele offenlegen (Art. 11 der Offenlegungs-VO). Darüber hinaus sind sie gefordert, auf ihrer Internetseite die Angaben nach den Art. 8, 9 und 11 der Offenlegungs-VO zu veröffentlichen und auf dem aktuellen Stand zu halten (Art. 10 Offenlegungs-VO).[17]

Die Offenlegungs-VO gilt dabei aber nur für Finanzprodukte und ist als eine Art Dachregel zu verstehen. Der Umfang der Offenlegungspflicht hängt im Wesentlichen von einer Eingruppierung des Finanzprodukte ab, sprich ob es unter Art. 8, 9 oder 11 der Offenlegungs-VO fällt. 17

Mit der **EU-Taxonomie** oder **Taxonomie-VO** hat die europäische Kommission im Jahr 2020 sodann ein Klassifizierungssystem für ökologisch nachhaltige Wirtschaftstätigkeiten geschaffen. Bei der EU-Taxonomie handelt es sich also um einen Regulatorik, deren Grundidee es ist, ein einheitliches europäisches Qualifikationssystem zu schaffen, das eine konsistente und nachvollziehbare Beurteilung der Nachhaltigkeit einer bestimmten wirtschaftlichen Tätigkeit erlaubt.[18] Durch die Entwicklung eines einheitlichen Begriffsverständnisses soll zudem die Gefahr eines „Greenwashings" entgegengewirkt werden. 18

Ausgangspunkt für die Einordnung, ob eine wirtschaftliche Tätigkeit als ökologisch nachhaltig einzustufen ist, sind zunächst die sechs in Art. 5 definierten Umweltziele: 1. Klimaschutz, 2. Anpassung an den Klimawandel, 3. nachhaltig Nutzung und Schutz von Wasser- und Meeresressourcen, 4. Übergang zu einer Kreislaufwirtschaft, Abfallvermeidung und Recycling, 5. Vermeidung und Verminderung der Umweltverschmutzung, 6. Schutz gesunder Ökosysteme. Eine Wirtschaftsaktivität ist dann ökologisch nachhaltig, wenn sie a) einen wesentlichen Beitrag zur Verwirklichung einer der vorgenannten sechs Umweltziele leistet, b) zu keiner erheblichen Beeinträchtigung eines oder mehrerer der vorgenannten Umweltziele führt („do not significant harm"-Regel), c) die in Art. 18 sozialen Mindeststandards (OECD-Leitsätze für multinationale Unternehmen, UN Leitprinzipien für Wirtschaft und Menschenrechte, ILO Kernarbeitsnormen) einhält sowie d) die sog. technische Bewertungskriterien erfüllt. 19

Die technischen Bewertungskriterien ergeben sich aus Delegierten Verordnungen. Anhand derer wird bestimmt, unter welchen Bedingungen davon auszugehen ist, dass eine Wirtschaftstätigkeit einen wesentlichen Beitrag zu einem der sechs Umweltziele leistet und, ob diese Wirtschaftstätigkeit erhebliche Beeinträchtigungen eines der übrigen Umweltziele vermeidet.[19] 20

Die Taxonomie-VO ist also die maßgebliche Basis für alle europäischen und nationalen Regelungen, die sich direkt oder indirekt auf ökologisch nachhaltige Wirtschaftstätigkeiten bzw. Investitionen beziehen.[20] Sie ist sowohl für die Nachhaltigkeitsberichterstattung (bzw. „Corporate Sustainability Reporting Directive" oder „CSRD") als auch für die nachhaltigkeitsbezogenen Offenlegungspflichten von Finanzmarktteilnehmern gemäß der Offenlegungs-VO (→ Rn. 13 ff.) relevant, da sie diese erweitert. 21

Unternehmen müssen in ihre nichtfinanziellen Erklärungen im Rahmen der Berichterstattung Angaben darüber aufnehmen, wie und in welchem Umfang die Tätigkeit des Unternehmens mit ökologisch nachhaltigen Wirtschaftstätigkeiten verbunden ist und welche Relevanz ökologisch nachhaltige wirtschaftliche Tätigkeiten im Rahmen ihrer Geschäftstätigkeit haben.[21] 22

Was aber haben jetzt vor allem der Begriff ESG und die Taxonomie-VO mit Green Lease gemeinsam? 23

---

[17] https://www.bafin.de/DE/Aufsicht/SF/OffenlegungsVO/OffenlegungsVO_node.html (zuletzt abgerufen 16.7.2026).

[18] Schmidt ESG 2022, 130 (133).

[19] https://www.bafin.de/DE/Aufsicht/SF/TaxonomieVO/TaxanomieVO_node.html (zuletzt abgerufen 16.7.2026).

[20] https://www.bafin.de/DE/Aufsicht/SF/TaxonomieVO/TaxanomieVO_node.html (zuletzt abgerufen 16.7.2026).

[21] Schmidt ESG 2022, 130 (133).

Entscheidende Gemeinsamkeit der Taxonomie-VO und Offenlegungs-VO sind die Bewertungsfaktoren von Nachhaltigkeit. Grundlegende Voraussetzung für eine nachhaltige Tätigkeit bzw. Investition ist nach den Verordnungen jeweils, dass ein – im Falle der Taxonomie-VO wesentlicher – Beitrag zu einem Umweltziel geleistet wird und es zu keiner erheblichen Beeinträchtigung eines anderen Umweltziels kommt. Auch legen die Verordnungen ein nahezu gleiches Verständnis von den avisierten Umweltzielen zugrunde.[22]

24 Aber auch, wenn die Taxonomie-VO und die Offenlegungs-VO ein gemeinsames Verständnis von der Nachhaltigkeit haben, so schaffen die Regulatorien (insbesondere die Taxonomie-VO) keine direkte Verpflichtung zum nachhaltigen Wirtschaften. Allerdings ist davon auszugehen, dass Immobilien mit einem hohen Nachhaltigkeitsgrad eine höhere Nachfrage erhalten und damit auch günstiger finanziert werden können. Da aber nicht nur die Errichtung von nachhaltigen Gebäuden bzw. Nachhaltigkeitsrenovierungen von Bestandsgebäuden ausschlaggebend für den Nachhaltigkeitsgrad sind, muss auch während der Haltedauer dieser Immobilen im Betrieb die Nachhaltigkeit gewährleistet werden. Dies kann mittels der Green Leases erfolgen, die eben Regulatorien für eine nachhaltige Nutzung bzw. Bewirtschaftung enthalten. Der Nachhaltigkeitsbegriff des Green Lease sollte sich letztendlich aber auch an den Gemeinsamkeiten der Taxonomie-VO und Offenlegungs-VO orientieren.

Im Ergebnis ist der Green Lease sodann auch maßgeblicher Bestandteil einer ESG-Strategie, da er mindestens den Themenkomplex der ökologischen Nachhaltigkeit umfasst.

II. Implementierung von Green Lease-Klauseln und Hürden des Green lease

1. ZIA-Green Lease

25 Da es keine gesetzliche Definition des Begriffs „Green Lease" gibt (→ Rn. 1) und es auch in der Praxis lange kein einheitliches Verständnis für den Green Lease gab, hat sich im Jahr 2018 der Zentrale Immobilienausschuss e. V. („ZIA") mit einer Projektgruppe aus Immobilien-Expertinnen und Experten zusammengetan und eine Definition für den Green Lease erstellt sowie darauf aufbauend einen umfassenden Regelungskatalog des Green Lease ausgearbeitet und veröffentlicht.[23] Dieser Regelungskatalog wird dabei nicht nur von Rechtsanwaltskanzleien zur Gestaltung von grünen Klauseln als Praxisleitfaden herangezogen, sondern man kann auch davon ausgehen, dass im Rahmen der Finanzierung bei der Bewertung von ESG-Kriterien auf diesen Leitfaden abgestellt wird.

Zwischenzeitlich wurde der vorgenannte Praxisleitfaden auch vom ZIA überarbeitet und insbesondere an die europäischer ESG-Regelwerke angepasst.[24]

26 Nach dem ZIA wird unter Green Lease nach wie vor „ein auf Nachhaltigkeitsaspekte ausgerichteter Mietvertrag verstanden, der durch seine besondere Ausgestaltung, gegebenenfalls flankiert durch die Anforderungen einer etwa vorhandenen Zertifizierung der Immobilie, den Mieter zu einer möglichst nachhaltigen Nutzung und den Vermieter zu einer möglichst nachhaltigen Bewirtschaftung der Immobile veranlassen soll."[25]

---

[22] ZIA Zentraler Immobilienausschuss e. V. (2024): Green Lease 2.0 – Vom grünen Mietvertrag zum ESG Lease, S. 15, abrufbar unter: https://zia-deutschland.de/project/green-lease-2-0-vom-grunen-mietvertrag-zum-esg-lease/ (zuletzt abgerufen16.7.2026).

[23] ZIA Zentraler Immobilienausschuss e. V. (2018): Green Lease – Der Grüne Mietvertrag für Deutschland, S. 15, abrufbar unter: https://zia-deutschland.de/wp-content/uploads/2021/04/zia_broschuere_green_lease_weboptimiert1.pdf (zuletzt abgerufen 16.7.2026).

[24] ZIA Zentraler Immobilienausschuss e. V. (2024): Green Lease 2.0- Vom grünen Mietvertrag zum ESG Lease; abrufbar unter: https://zia-deutschland.de/project/green-lease-2-0-vom-grunen-mietvertrag-zum-esg-lease/ (zuletzt abgerufen 16.7.2026).

[25] ZIA Zentraler Immobilienausschuss e. V. (2018): Green Lease – Der Grüne Mietvertrag für Deutschland, S. 11, abrufbar unter: https://zia-deutschland.de/wp-content/uploads/2021/04/zia_broschuere_green_lease_weboptimiert1.pdf (zuletzt abgerufen 16.7.2026).

27 Ein Green Lease ist mehrdimensional auf ökologische und ökonomische Nachhaltigkeit ausgerichtet, indem er die die Ausstattung des Gebäudes mit nachhaltigen produzierten Baustoffen, die möglichst nachhaltige Nutzung durch den Mieter und die möglichst nachhaltige Bewirtschaftung durch den Vermieter betrifft.[26] Hierzu hatte der ZIA im Jahr 2018 zunächst ein Drei-Säulen-Modell entwickelt. Nach diesem Drei-Säulen-Modell musste ein Green Lease mindestens eine Regelung zur

(1) **nachhaltigen Nutzung und Bewirtschaftung** des Mietobjekts im laufenden Betrieb,
(2) **Reduzierung** von Abfällen, Verbräuchen und Emissionen, sowie
(3) **ökologisch unbedenklichen Durchführung** von Erhaltungs-, Modernisierungs- und sonstigen Baumaßnahmen

enthalten.[27] Der Praxisleitfaden des ZIA aus dem Jahr 2018 enthält zu jedem dieser vorstehend aufgezeigten drei Elementen sodann zahlreiche Regelungsempfehlungen und ist wie eine Art Baukastensystem zu verstehen. Überblicksartig wird dieses Baukastensystem in → Rn. 29 dargestellt.

28 Der ZIA hatte sich 2018 – auch um die Häufigkeit der Vereinbarung eines Green Lease zu verbessern und den verschiedenen Interessen gerecht zu werden – dafür entscheiden, zwei Varianten des Green Lease zu erarbeiten.[28] Der in → Rn. 27 beschriebene Green Lease stellte dabei der „Basic Green Lease" dar.

Daneben gab es den „erweiterten Green Lease", welcher weitergehende Pflichten zur Verfolgung von Nachhaltigkeitszielen enthielt, was sich va in ergänzende Regelungen aus dem Baukastensystem zu den drei grundlegenden Säulen des Green lease niedergeschlagen hat.[29] Auch der aktuelle Praxisleitfaden differenziert weiterhin zwischen dem Basic Green Lease und dem erweiterten Green lease (→ Rn. 30).

29 Im Folgenden soll das Drei-Säulen-Modell überblicksartig dargestellt werden:

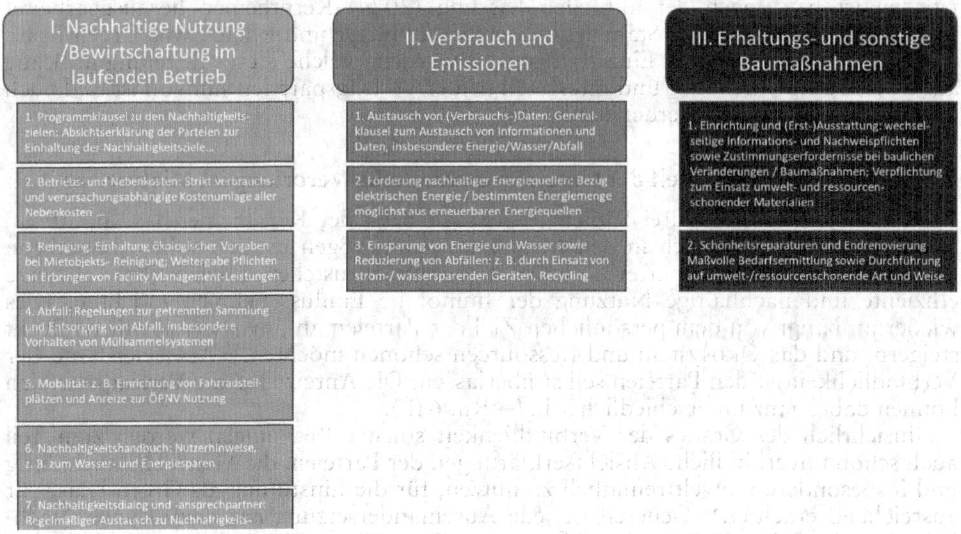

Quelle: ZIA Zentraler Immobilienausschuss e. V. (2018): Green Lease – Der Grüne Mietvertrag für Deutschland.

[26] Reinmann/Achtermann ZfIR 2019, 157 (158).
[27] ZIA Zentraler Immobilienausschuss e. V. (2018): Green Lease – Der Grüne Mietvertrag für Deutschland, S. 10, abrufbar unter: https://zia-deutschland.de/wp-content/uploads/2021/04/zia_broschuere_green_lease_weboptimiert1.pdf (zuletzt abgerufen 16.7.2026).
[28] Reinmann/Achtermann ZfIR 2019, 157 (159).
[29] Reinmann/Achtermann ZfIR 2019, 157 (159).

30 Zwischenzeitlich hat der ZIA den Praxisleitfaden im Lichte der aktuellen Nachhaltigkeitsregulatorik angepasst. Der ZIA hat dabei insbesondere in der Fassung von 2024 versucht, den Begriff der „Nachhaltigkeit" anhand der Taxonomie-VO und der Offenlegungs-VO zu vereinheitlichen. Mithilfe dieses Ergebnisses hat der ZIA sodann angenommen, dass sich der Basic Green Lease nun nur noch auf folgende Kernelemente konzentrieren sollte:

(1) Gegenseitiger Austausch von Verbrauchsdaten,
(2) Förderung nachhaltiger Energiequellen bei der Energie und Wärmeversorgung,
(3) Einsparung von Ressourcen (Energie und Wasser) sowie Reduzierung von Abfall, sowie
(4) umwelt- und ressourcenschonende Durchführung von Bau- und Reparaturmaßnahmen.[30]

Wie der → Rn. 29 entnommen werden kann, handelt sich bei diesen Kernthemen aber auch um Regeln aus dem Baukastensystem, nur dass diese Regelung jetzt an die aktuelle Nachhaltigkeitsregulatorik angepasst wurden.

31 Nach dem neuen Praxisleitfaden (2024) des ZIA sind die vorgenannten Kernthemen als wesentlicher Hebel für die Durchsetzung der mit einem Green Lease verbundenen Ziel anzusehen,[31] sodass die übrigen Regelungen das Baukastensystem des Praxisleitfadens 2018 wohl keine so wesentliche Bedeutung mehr zugemessen werden. Da aber aus Sicht der Autorin einige Regelungen aus dem Baukastensystem des Praxisleitfadens 2018 weiterhin einen wesentlichen Beitrag zur nachhaltigen Nutzung/Bewirtschaftung leisten und in der Praxis problemlos vom Mieter akzeptiert werden, können diese nach wie vor in die Mietverträge impliziert werden (vgl. → Rn. 46 ff.).

32 Auch wenn nach dem Praxisleitfaden des ZIA ein Baukastensystem geschaffen worden ist bzw. nach der aktuellen Fassung (2024) Kernthemen herausgearbeitet worden sind, gibt es keine Standartlösung für Vermieter und Mieter, was Green Lease betrifft. Es muss jeweils im Einzelfall geprüft werden, welche dieser Regelung in Bezug auf Mietstruktur, Gebäude und Interessen beider Vertragsparteien sinnvoll ist und auch in der Praxis umgesetzt werden kann.

2. Grad der Verbindlichkeit der Green Lease Klauseln, Verortung im Mietvertrag

33 Welche Regelung der drei Säulen (→ Rn. 27) bzw. der Kernthemen (→ Rn. 30) im Einzelnen dann tatsächlich in den Mietvertrag einbezogen werden sollen, hängt von dem Willen der Vertragsparteien ab. Es ist darauf abzustellen, inwieweit sie auf eine effiziente und nachhaltige Nutzung der Immobilie Einfluss nehmen möchten. Dies wiederum hängt von dem persönlichen Ziel der Parteien ab, inwieweit sie ihren Profit steigern, und das Ökosystem und Ressourcen schonen möchten.[32] Auch der Grad der Verbindlichkeit ist den Parteien selbst überlassen. Die Anreize für die Vertragsparteien können dabei ganz unterschiedlich sein (→ Rn. 6 ff.).

34 Hinsichtlich des Grades der Verbindlichkeit solcher Regelungen werden zum Teil auch schon unverbindliche Absichtserklärungen der Parteien, die Mietsache nachhaltig und insbesondere umweltfreundlich zu nutzen, für die Einstufung als Green Lease für ausreichend erachtet.[33] Generell ist jede Auseinandersetzung mit dem Thema Nachhaltigkeit in Mietverträgen begrüßenswert. Dem Verwender solch unverbindlicher Klauseln sollte die Gefahr jedoch bewusst sein, dass Green Leases mit maßgeblich unverbindlichen Regelungen vom Markt jeweils nur als „blass-grüner" Mietvertrag

[30] ZIA Zentraler Immobilienausschuss e. V. (2024): Green Lease 2.0 – Vom grünen Mietvertrag zum ESG Lease;, S. 19, abrufbar unter: https://zia-deutschland.de/project/green-lease-2-0-vom-grunen-mietvertrag-zum-esg-lease/ (zuletzt abgerufen 16.7.2026).

[31] ZIA Zentraler Immobilienausschuss e. V. (2024): Green Lease 2.0 – Vom grünen Mietvertrag zum ESG Lease, S. 19, abrufbar unter: https://zia-deutschland.de/project/green-lease-2-0-vom-grunen-mietvertrag-zum-esg-lease/ (zuletzt abgerufen 16.7.2026).

[32] Vogel ESG 2022, 295 (296).

[33] Lindner-Figura/Oprée/Stellmann Geschäftsraummiete-HdB/Sittner § 24 Rn. 43.

aufgefasst werden könnten und nicht mit Fällen gleichgesetzt werden dürften, bei denen Vermieter durch verbindliche Regelungen noch stärkere Anstrengungen zur Erwirkung der allgemein angestrebten Nachhaltigkeit unternehmen. Mit rein unverbindlichen Regelungen wird sich das Ziel der Klimaneutralität kaum verwirklichen lassen.[34]

Daher sollte versucht werden, zumindest Bemühensverpflichtungen aufzunehmen. 35
Solche Bemühensverpflichtungen begründen im Zweifel zwar auch nur eine moralische Obliegenheit, sie haben aber dennoch mehr Gewichtung als die in → Rn. 34 aufgezeigte unverbindliche Absichtserklärung und können auch leichter in den Mietvertrag verhandelt werden als nachfolgend unter Rn. → 38 aufgezeigte verbindliche Verpflichtungen.

Hintergrund dieser – auch in anderen Rechtsbereichen – durchaus üblichen Formu- 36
lierung ist die Absicht, eine verbindliche Durchsetzung der betreffenden Plichten sowie Sanktionen wie Schadensersatz oder Vertragsstrafen bei Nichteinhaltung zu vermeiden. In der Regel wird mit einer solchen Bemühensklausel objektiv zum Ausdruck gebracht, dass gerade keine Vertragspflicht gewollt ist, sondern damit eine reine Gefälligkeit verbunden sein soll.[35]

Problematisch bei derartigen Bemühensklauseln ist, dass diese als Vertragsbedingung 37
im Sinne des § 305 Abs. 1. S. 1 BGB klassifiziert werden könnten. Graf v. Westphalen weist auf die AGB-rechtlichen Besonderheiten der Auslegung und richterlichen Inhaltskontrolle solcher Bemühensklauseln hin und insbesondere darauf, dass die Verwendung von Fachbegriffen einer fremden Rechtsordnung in einer inländischen Klausel gefährlich ist. Denn es lässt sich nicht mit hinreichender Sicherheit sagen, ob durch die Verwendung einer Bemühensklausel in einem grünen Mietvertrag ein Gefälligkeitsverhältnis oder ein rechtsgeschäftlich bindender Vertrag und damit ein entsprechend festliegender Leistungsumfang des Vermieters als des AGB-Verwenders indiziert werden soll. Kann erst eine Auslegung dazu führen, zu klären, was gemeint ist, und gestattet diese Auslegung im Rahmen von § 305c Abs. 2 BGB beides, so mündet das in die kundenfeindlichste Auslegung und begründet zugunsten des zu schützenden Mieters eine bindende – „grüne" – Vertragspflicht des Vermieters, und eine Haftungsfreizeichnung scheitert (§ 307 Abs. 2 Nr. 1, § 309 Nr. 7 lit. b BGB).[36]

Verbindliche Regelungen, die als vertragliche (Neben-)Pflicht formuliert sind, ver- 38
hindern zwar eine Abkehr von den vereinbarten Nachhaltigkeitszielen, führen unter Umständen aber auch zu Schadensersatzansprüchen. Ein Anspruch aus §§ 280 Abs. 1, 241 Abs. 2 BGB setzt allerdings zunächst eine Pflichtverletzung voraus, die von derjenigen Partei darzulegen und zu beweisen ist, die den Anspruch auf Schadensersatz geltend macht. Sind beispielsweise im Rahmen der Bewirtschaftung konkrete Einsparmaßnahmen vereinbart, kann es auch bei Nichterreichen der vereinbarten Einsparziele an einem Verschulden fehlen, wenn das gesteckte Ziel deswegen nicht erreicht werden kann, weil entsprechende Angebote am Markt nicht zu erhalten sind.[37]

Weiterhin setzt ein Schadensersatzanspruch aus §§ 280 Abs. 1, 241 Abs. 2 BGB den 39
Eintritt eines ersatzfähigen Schadens voraus. Auch bei dieser Anspruchsvoraussetzung können sich bei der Verletzung nachhaltigkeitsbezogener Pflichten Komplikationen ergeben, da ein konkret messbarer Schaden bei einer der Vertragsparteien oftmals nicht eintritt, sondern „nur" ein Umweltziel nicht erreicht wird. Wenn dies nicht mit unmittelbar höheren Kosten bei der berechtigten Partei, einem messbar vermögenswirksamen Imageschaden oder einer Einschränkung der Benutzbarkeit der Mietsache verbunden ist, ist ein Schaden iSd §§ 249 ff. BGB in der Regel nicht gegeben. Will man daher sanktioniert „grüne" Regelungen durchsetzen, gelingt dies in der Regel nur in Kombination mit der Vereinbarung einer Vertragsstrafe oder eines vertraglichen, außerordentlichen Kündigungsrechts. Bisher ist aber die Akzeptanz solcher strengen Rege-

[34] Lindner-Figura/Oprée/Stellmann Geschäftsraummiete-HdB/Sittner § 24 Rn. 44.
[35] Lindner-Figura/Oprée/Stellmann Geschäftsraummiete-HdB/Sittner § 24 Rn. 45.
[36] Schmidt ESG 2022, 130 (136) – u. Berufung auf Graf v. Westphalen NZM 2022, 1.
[37] Reinmann/Achtermann ZfIR 2019, 217 (219).

lungen eher gering. Um einer Vertragsstrafe ein wenig die Schärfe zu nehmen, kann aber auch vereinbart werden, dass der als Vertragsstrafe vereinnahmte Betrag für die Erreichung bestimmter Umweltziele zwingend zu verwenden ist.[38]

Praxistipp:

40 Letztlich obliegt es den Parteien, einen für beide Seiten akzeptablen Kompromiss zwischen moralisch wirkenden Bemühensklauseln und sanktionsbewährten vertraglichen Pflichten zu finden.[39] Jede grüne Klausel, die ihren Einzug in den Mietvertrag findet, ist begrüßenswert. Allerdings ist auch Vorsicht vor dem sog. „Greenwashing" geboten.

41 Eine Gebrauchsanleitung dahingehend, wo genau die „grünen" Regeln im Mietvertrag verortet werden, gibt es nicht. Die Klausen können dabei entweder an den inhaltlich passenden Stellen im Mietvertrag eingearbeitet werden (zB im Rahmen der Präambel, bei den Betriebs- und Nebenkosten, bei der Instandhaltung/Instandsetzung des Mietobjekts usw). Es ist aber auch möglich, die „grünen" Regeln als eine Anlage zum Mietvertrag einzufügen.[40]

In der Praxis wird wohl insbesondere eine Anlage zum Mietvertrag präferiert, da es bei der Bewertung von ESG-Kriterien so leichter fällt, den Mietvertrag auf einen Blick als Green Lease zu bewerten.

3. Datenschutz

42 Der Praxisleitfaden des ZIA und die darin enthaltenen Regelungsempfehlungen erfahren insbesondere im Zusammenhang mit der Datenschutz-Grundverordnung (DSVGO) auch ihre Grenzen. Denn in Verknüpfung mit der nachhaltigen Nutzung der Immobilie sind Vermieter auf Informationen angewiesen, die oft gar nicht in ihrem Einflussbereich, sondern dem der Mieter liegen.

43 Da Vermieter einen Großteil der im Gebäude verwendeten Energie bereitstellen, verfügen sie in den meisten Fällen bereits über die Verbrauchsdaten des Allgemeinstroms, der Wärme sowie des Wassers. Einblicke in die Stromverbräuche der Mieter sind hingegen selten.[41] Will also der Vermieter eine erhöhte Transparenz auch dahingehend schaffen, muss er den datenschutzrechtlichen Limitierungen gerecht werden.

44 Vor dem Hintergrund der DSGVO wäre beispielsweise an die Einholung etwa erforderlicher Erlaubnisse zu denken. Die Erlaubnis sollte sich nicht nur auf die Erhebung, Speicherung und Nutzung von Verbrauchsdaten erstrecken. Zu prüfen wäre auch eine datenschutzrechtliche Erlaubnis zur Erhebung von Verbrauchsdaten bei Dritten (zB Messstellenbetreibern) und eine Erlaubnis zur Übermittlung von Verbrauchsdaten an Dritte (zB Dienstleister zur Analyse und Optimierung von Verbräuchen). Im Zusammenhang mit dem Datenaustausch wäre die Einhaltung der jeweils anwendbaren gesetzlichen Anforderungen an Datenschutz, Datensicherheit und lauteren Wettbewerb sicherzustellen. Zu beachten sind auch die übrigen umfangreichen Anforderungen an den Datenschutz, wie etwaige Verpflichtungen zur Anonymisierung, Speicherung und Löschung, um Missbrauch mit den Daten zu vermeiden.[42]

45 Vor dem Hintergrund der Wichtigkeit des Datenschutzes enthält nun auch der überarbeitete Praxisleitfaden des ZIA Regelungen zum Datenschutz.

---

[38] Reinmann/Achtermann ZfIR 2019, 217 (219).
[39] Reinmann/Achtermann ZfIR 2019, 217 (219).
[40] ZIA Zentraler Immobilienausschuss e. V. (2024): Green Lease 2.0 – Vom grünen Mietvertrag zum ESG Lease, S. 21, abrufbar unter: https://zia-deutschland.de/project/green-lease-2-0-vom-grunen-mietvertrag-zum-esg-lease/ (zuletzt abgerufen 16.7.2026).
[41] Hedemann Green Leases S. 46.
[42] Lindner-Figura/Oprée/Stellmann Geschäftsraummiete-HdB/Sittner § 24 Rn. 33.

Praxistipp:

Es ist das datenschutzrechtliche Koppelungsverbot in Art. 7 Abs. 4 DSGVO zu beachten. Hiernach muss eine Einwilligung freiwillig erteilt sein. Dies ist sie jedenfalls nicht, wenn der Betroffene faktisch keine andere Wahl hat als der Datenverarbeitung zuzustimmen. Das wiederum heißt, dass die Einwilligung wohl nicht mit dem Mietvertrag verknüpft werden darf.

III. Konkrete Regelungsbereiche

Green Leases sind vielschichtig und müssen je nach Mietstruktur, Gebäude (zB Neubau/Bestandsbau) und Interessen beider Vertragsparteien individuell zugeschnitten werden.[43] Eine klare Strategie, Zielsetzung und Motivation beider Parteien ist wesentlich, um die Klausel erfolgreich zu vereinbaren und gezielt umzusetzen.[44] Da sich die regulatorischen, aber auch klimabedingten Anforderungen in den kommenden Jahren weiterentwickeln werden, ist zudem ein stetiges Nachfassen und Prüfen der im Mietvertrag vereinbarten grünen Klauseln notwendig.[45] 46

Im Folgenden werden diejenigen Regelungsbereiche dargestellt, die unter das Drei-Säulen-Modell des ZIA (→ Rn. 27) bzw. die Kernthemen (→ Rn. 30) subsumiert werden können und erfahrungsgemäß in der Praxis ohne größere Schwierigkeiten in Mietverträge verhandelt werden können. Es sei darauf hingewiesen, dass dabei nur die – aus Sicht der Autorin – praxisnahen Regelungen des Basic Green Lease (→ Rn. 28, 30) dargestellt werden. Jede hier dargestellte Regelung kann dabei individuell ver- oder entschärft werden. Es bleibt abzuwarten, ob sich dabei auch insbesondere die neuen Regelungen aus dem überarbeiteten Praxisleitfaden des ZIA in der Praxis etablieren werden. 47

Praxistipp:

Im Übrigen ist darauf zu achten, dass bei der Implementierung der nachfolgend aufgezeigten Klauseln in Mustermietverträge die Regelungen einen allgemein-verbindlichen Charakter erhalten können und damit als Allgemeine Geschäftsbedingungen bewertet werden können. Auch vor diesem Hintergrund empfiehlt es sich, die Klauseln jeweils individuell auszuhandeln. 48

1. Nachhaltige Nutzung und Bewirtschaftung im laufenden Betrieb

Der Baukasten „Betriebs- und Nebenkosten: Strikte verbrauchs- und verursachungsabhängige Kostenumlage aller Nebenkosten sowie eingeschränkte Abweichungen vom allgemeinen Wirtschaftlichkeitsgebot im Interesse ökologischer Nachhaltigkeitsaspekte" aus der ersten Säule der nachhaltigen Nutzung und Bewirtschaftung (→ Rn. 27, 29) ist in der Regel bereits in jedem Standard-Gewerberaummietvertrag enthalten. 49

Denn zum einen gilt ohne besondere Vereinbarung grundsätzlich das Gebot der Wirtschaftlichkeit und Sparsamkeit, das unter anderem besagt, dass der Vermieter bei der Bewirtschaftung des Mietobjekts aus mehreren gleich geeigneten Bewirtschaftungsmöglichkeiten in der Regel die kostengünstigere auswählen muss.[46] Zudem vereinbaren die Parteien – auch vor dem Hintergrund der Heizkostenverordnung – regelmäßig, dass 50

[43] Hedemann Green Leases S. 65.
[44] Hedemann Green Leases S. 22.
[45] Hedemann Green Leases S. 163.
[46] ZIA Zentraler Immobilienausschuss e. V. (2018): Green Lease – Der Grüne Mietvertrag für Deutschland, abrufbar unter: https://zia-deutschland.de/wp-content/uploads/2021/04/zia_broschuere_green_lease_weboptimiert1.pdf (zuletzt abgerufen 16.7.2026).

die verbrauchsabhängigen Nebenkosten verbrauchsabhängig abgerechnet werden und im Übrigen der Vermieter den Umlagemaßstab nach billigen Ermessen (§ 315 BGB) bestimmt. Dadurch wird ein Anreiz für den Mieter geschaffen, den Energieverbrauch des Mietobjekts gering zu halten.[47] Damit erfüllen die meisten Gewerberaummietverträge an dieser Stelle bereits den Anforderungen des Baukastens „Betriebs- und Nebenkosten: Strikte verbrauchs- und verursachungsabhängige Kostenumlage aller Nebenkosten sowie eingeschränkte Abweichungen vom allgemeinen Wirtschaftlichkeitsgebot im Interesse ökologischer Nachhaltigkeitsaspekte".

Nach dem aktuellen Praxisleitfaden (2024) des ZIA ist dieser Baukasten nicht mehr als wesentlicher Hebel für die Durchsetzung der Nachhaltigkeit zu sehen.

51 Darüber hinaus lassen sich in der Praxis aus dieser Säule insbesondere noch die Programmklausel zu den Nachhaltigkeitszielen sowie die Klausel zur Einhaltung ökologischer Vorgaben bei der Mietobjektsreinigung umsetzen.

52 a) **Programmklausel zu den Nachhaltigkeitszielen.** Um das beiderseitige Interesse und Ziel der Nachhaltigkeitsoptimierung innerhalb des Mietobjekts zu bekunden, sollte am Anfang jedes grünen Mietvertrages in der Präambel ein einleitendes Statement mit mindestens folgendem Inhalt stehen:[48]

Die Parteien sind sich ihrer Verantwortung für den Schutz der natürlichen Lebensgrundlagen und des Klimas im Interesse der künftigen Generationen bewusst; sie sind sich darüber einig, dass sie die Durchführung des Mietverhältnisses an möglichst nachhaltigen Kriterien ausrichten wollen.
Es ist daher insbesondere der Wunsch der Parteien, bei der Bewirtschaftung und Nutzung des Mietobjekts mit Ressourcen und Energie schonend und sparsam umzugehen, Emissionen zu vermeiden und konstruktiv zusammenzuarbeiten.
Die vorausgeschickt vereinbaren die Parteien Folgendes:

53 Zwar haben Präambeln grundsätzlich keinen eigenen unmittelbaren Regelungsbedarf. Sie sind aber im weiten Maße geeignet, das Risiko von Überraschungen im Verhalten und Bestreben des anderen Vertragspartners zu reduzieren. Sie schaffen auch eine konkrete Einstellung des jeweils anderen Vertragspartners zur erwartenden Unterstützung bzw. Mitwirkung durch ihn selbst zu Erreichung der Ziele.[49] In der Praxis werden aus Sicht der Autorin diese Klauseln problemlos seitens der Mieter akzeptiert.

54 Nach dem aktuellen Praxisleitaden (2024) des ZIA wurde diese Klausel inhaltlich auf die Kernthemen erweitert. Wegen der wachsenden Bedeutung der EU-Taxonomie für alle Finanzmarktteilnehmer gibt es nun auch eine Variante der Programmklausel, in welcher sprachlich bereits auf den dort festgelegten Nachhaltigkeitsbegriff Bezug genommen wird.[50] Je nach dem Willen der Parteien kann dann die Programmklausel auch wie folgt aussehen:

*Die Parteien sind sich ihrer Verantwortung für den Schutz der natürlichen Lebensgrundlagen und des Klimas im Interesse der künftigen Generationen bewusst; sie sind sich darüber einig, dass sie die Durchführung des Mietverhältnisses an möglichst nachhaltigen Kriterien [in Bezug auf Umwelt, Soziales und verantwortungsvolle Unternehmensführung (Environment, Social and Governance, **„ESG"**)] ausrichten wollen.*
Es ist daher insbesondere der Wunsch der Parteien, bei der Bewirtschaftung und Nutzung des Mietobjekts mit Ressourcen und Energie schonend und sparsam umzugehen, Emissionen zu vermeiden und konstruktiv zusammenzuarbeiten, um auch innovative Wege zur Leistung eines

[47] Reinmann/Achtermann ZfIR 2019, 217 (220).
[48] Hedemann Green Leases S. 69.
[49] Schmidt ESG 2022, 130 (136).
[50] ZIA Zentraler Immobilienausschuss e. V. (2024): Green Lease 2.0 – Vom grünen Mietvertrag zum ESG Lease, S. 25, abrufbar unter: https://zia-deutschland.de/project/green-lease-2-0-vom-grunen-mietvertrag-zum-esg-lease/ (zuletzt abgerufen 16.7.2026).

[wesentlichen] Beitrags zur Erreichung wenigstens eines der in Art. 9 der Verordnung EU 2020/852 („Taxonomie-VO") festgelegten Umweltziele zu beschreiten, keines dieser Ziele erheblich [im Sinne des Art. 17 Taxonomie-VO] zu beeinträchtigen und gleichzeitig den in Art. 18 Taxonomie-VO festgelegten Mindestschutz zu gewährleisten. Dabei sollen ökonomische, ökologische und soziale Aspekte berücksichtigt werden (zusammengefasst die ***„Nachhaltige Nutzung und Bewirtschaftung"****).*
Dies vorausgeschickt vereinbaren die Parteien Folgendes:

b) Reinigung: Einhaltung ökologischer Vorgaben bei der Reinigung des Mietobjekts; Weitergabe der Pflichten an Erbringer von Facility Management-Leistungen. Die Verwendung von umweltfreundlichem Reinigungsmittel in den Allgemein-, Miet- und Außenflächen scheint auf den ersten Blick eine untergeordnete Rolle in der Nachhaltigkeitsstrategie eines Gebäudes zu spielen. Jedoch sind viele Inhaltsstoffe in Reinigungsmittel schwer abbaubar und meist nicht umweltverträglich.[51] Innerhalb von Green Leases können daher Vorgaben zu umweltfreundlichen Reinigungsprodukten vereinbart werden: 55

Im Rahmen der Reinigung des Mietobjekts/des Objekts werden sich die Parteien bemühen, aus mehreren gleich wirksamen Reinigungsverfahren jeweils das umweltschonendere Verfahren anzuwenden. Soweit für die regelmäßige Unterhaltsreinigung Reinigungsmittel verwendet werden, werden die Parteien soweit möglich keine Reinigungsmittel verwenden, die über einen höheren Anteil an Lösungsmitteln als 2 % in der Anwendungskonzentration bzw. genutzten Verdünnung verfügen (maßgeblich ist die europäische Verordnung zur Registrierung, Bewertung, Zulassung und Beschränkung chemischer Stoffe (REACH, VO (EG) 1907/2006). Werden für die Reinigung Dienstleister eingesetzt, so werden die Parteien diese zur Einhaltung der vorgenannten Vereinbarungen anhalten.

Vorstehende Klausel kann auch als reine Verpflichtungsklausel vereinbart werden. Alternativ kann auch folgende abgeschwächte Klausel vereinbart werden: 56

Soweit für die regelmäßige Unterhaltsreinigung Reinigungsmittel verwendet werden, werden beide Parteien (soweit technisch möglich und wirtschaftlich zumutbar) nur ökologisch unbedenkliche, dh mit entsprechenden Umweltzeichen/Siegeln versehene Reinigungsmittel verwenden.

Erfahrungsgemäß kann insbesondere die letzte Variante problemlos in Mietverträgen bzw. Nachträgen vereinbart werden. Gerade die erste Variante stößt auf Gegenwehr des Mieters, da damit – jedenfalls bei Aufnahme dieser Klausel in Nachträgen, der Mieter wiederum mit dem von ihm beauftragen Facility Management nachverhandeln müsste. 57

Nach dem aktuellen Praxisleitfaden (2024) des ZIA ist dieser Baukasten nicht mehr als wesentlicher Hebel für die Durchsetzung der Nachhaltigkeit zu sehen. Aus Sicht der Autorin stellt insbesondere die letzte Variante weiterhin einen wesentlichen Beitrag zur Durchsetzung von Nachhaltigkeitszielen dar, so dass eine derartige Klausel jedenfalls nicht schadet. 58

c) Nachhaltigkeitsdialog. Die vertragliche Vereinbarung eines geregelten Kommunikationsprozesses zwischen den Vertragsparteien ist insbesondere neben der Regelung zum Datenaustausch (→ Rn. 66 ff.) sinnvoll, da die Parteien hierdurch aus den erhobenen Daten konkrete Optimierungsmaßnahmen ableiten können.[52] Auch lassen sich die 59

[51] Hedemann Green Leases S. 111.
[52] Reinmann/Achtermann ZfIR 2019, 157 (165).

Klimaziele des Gebäudes nur durch eine aktive Kooperation zwischen Vermieter und Mieter umsetzen.[53] Denkbar wäre daher folgende Klausel im Mietvertrag:

Die Parteien sind sich einig, dass den Aspekten der Ressourcenschonung und der Nachhaltigkeit beim Betrieb des Gebäudes eine besondere Bedeutung zukommt.
Beide Parteien stehen sich nach vorheriger Terminabsprache jederzeit für ein Gespräch über die nachhaltige Nutzung und Bewirtschaftung der Mietobjekt und der Gemeinschaftsflächen zur Verfügung.
*Es ist der Wunsch der Parteien, sich regelmäßig über die nachhaltige Nutzung und Bewirtschaftung der Räumlichkeiten und deren Verbesserung im Rahmen dieses Mietvertrages auszutauschen **(„Nachhaltigkeitsdialog")**.*

60 Der Nachhaltigkeitsdialog kann dabei auch in der Art ausgestaltet sein, dass Ansprechpartner für Nachhaltigkeitsthemen genannt werden, die Ansprechpartner sich regelmäßig zur Diskussion von Optimierungsmaßnahmen treffen bis hin zur Etablierung eines Nachhaltigkeitsausschusses. Erfahrungsgemäß geht dies derzeit sowohl dem Vermieter als auch dem Mieter zu weit. Es bleibt jedoch abzuwarten, ob sich mit Blick auf den immer mehr an Bedeutung gewinnenden Nachhaltigkeitsaspekt in Zukunft ändern wird.

61 Nach dem aktuellen Praxisleitfaden (2024) des ZIA ist dieser Baukasten nicht mehr als wesentlicher Hebel für die Durchsetzung der Nachhaltigkeit zu sehen. Aus der Praxiserfahrung kann eine derartige Klausel jedoch nicht schaden, da dies auch dazu führen kann, dass das Mietverhältnis insgesamt störungsfreier abläuft, wenn die Parteien in regelmäßigen Austausch stehen.

2. Verbrauch und Emissionen

62 Im Rahmen der zweiten Säule „Verbrauch und Emissionen" (→ Rn. 27, 29) kann in der Praxis derzeit der Austausch von (Verbrauchs-)Daten beim Mieter durchgesetzt werden, wobei der Vermieter hier empirisch am stärksten Verhandeln muss. Denn bei dem Austausch von (Verbrauchs-)Daten fühlt der Miete sich oft zu sehr überwacht. Zudem möchte der Mieter für die Erhebung der benötigten (Verbrauchs-)Daten keine zusätzlichen Kosten tragen. Eine Regelung zur Einsparung von Energie kann dagegen in den meisten Fällen unkompliziert in den Mietvertrag (oder Nachtrag) aufgenommen werden.

63 Der ZIA hat in dem aktuellen Praxisleitfaden (2024) vor allem die Punkte „Gegenseitiger Austausch von Verbrauchsdaten", „Einsparung von Energie bzw. Ressourcen" sowie „Förderung nachhaltiger Energiequellen" (→ Rn. 30) als Kernelemente des Green Lease herausgearbeitet,[54] so dass in Zukunft versucht werden sollte, vor zu diesen Kernelementen entsprechende Regelungen in den Mietvertrag aufzunehmen.

64 **a) Austausch von Verbrauchsdaten.** Um zielgenaue Optimierungsmaßnahmen für die energetische Verbesserung des Gebäudes identifizieren zu können, bedarf es Mieterverbrauchsdaten.[55] Es sollte im Rahmen der Mietvertragsverhandlung dem Mieter dargelegt werden, dass es im Rahmen der Verbrauchsdatenerfassung nicht darum geht, ihn zu überwachen und zu maßregeln, sondern gemeinsam eine nachhaltige Nutzung des Gebäudes sichergestellt werden soll. Auch kann der Vermieter den Mieter erfahrungsgemäß besänftigen, wenn der Vermieter dem Mieter zusichert, dass dem Mieter durch den Datenaustausch keine weiteren Kosten treffen, weil beispielsweise der Vermieter diese übernimmt.

[53] Hedemann Green Leases S. 163.
[54] ZIA Zentraler Immobilienausschuss e. V. (2024): Green Lease 2.0- Vom grünen Mietvertrag zum ESG Lease, S. 24 ff., abrufbar unter: https://zia-deutschland.de/project/green-lease-2-0-vom-grunen-mietvertrag-zum-esg-lease/ (zuletzt abgerufen 16.7.2026).
[55] Hedemann Green Leases S. 84.

65 Das Speichern sowie Verarbeiten (und, sofern einschlägig, auch die Erhebung) von Mieterdaten obliegen regulatorischen Vorgaben. insbesondere ist hier der Schutz der personenbezogenen Daten im Rahmen der DSGVO (→ Rn. 42 ff.) zu beachten.

66 Folgende „light“ Klausel hat sich in der Praxis zum Austausch von Verbrauchsdaten derzeit etabliert:

Die Parteien werden einander auf Anfrage folgende Informationen, Unterlagen und Dokumente ***(„Daten“)*** *zur Verfügung stellen, die im Zusammenhang mit der nachhaltigen Nutzung und/oder Bewirtschaftung des Mietobjekts stehen* ***(„Nachhaltigkeitsinformationen“):***

a) *Daten des Energie- und Wasserverbrauchs,*
b) *Daten des Abfallaufkommens,*
c) *Daten, die für die Ermittlung der CO#-Bilanz des Mietobjekts oder des Objekts erforderlich sind (beispielsweise alle Informationen, die durch die jeweiligen Energielieferanten zur Verfügung gestellt werden).*

Hierzu werden beide Parteien einander auf Anfrage die Nachhaltigkeitsinformationen, die mit vorhandenen Messeinrichtungen erhoben oder ohne weitere Messeinrichtungen ermittelt werden können, in geeigneter Form (soweit vorhanden elektronisch) und in angemessener Frist nach Aufforderung der jeweils anderen Partei übermitteln. Der Vermieter wird diese Daten in der Regel einmal jährlich beim Mieter abfragen, sofern und soweit er sie nicht selbst im Rahmen der üblichen Bewirtschaftung des Objektes ermittelt.

Die Parteien werden sich im Zusammenhang mit diesem Datenaustausch bestmöglich um die Wahrung der Interessen der jeweils anderen Partei bemühen und sind verpflichtet, die Erfüllung der jeweils anwendbaren gesetzlichen Anforderungen an Datenschutz, Datensicherheit und lauteren Wettbewerb sicherzustellen.

Sollte zukünftig seitens einer Partei der Austausch weiterer Nachhaltigkeitsinformationen gewünscht werden, werden sich die Parteien hierüber abstimmen.

Ziel des Datenaustausches soll die Aufdeckung und Nutzung von Optimierungspotenzialen sein. Dem Vermieter ist es daher zu diesem Zweck auch gestattet, entsprechende Ablesegeräte anzubringen und zu kontrollieren sowie sich automatisiert die Verbrauchsdaten von Energiedienstleistern ohne vorherige ausdrückliche Zustimmung des Mieters mitteilen zu lassen.

Um die Integrität der personenbezogenen Daten zu schützen, verpflichtet sich der Vermieter angemessene Sicherheitsvorkehrungen im Einklang mit der DSGVO (Datenschutz-Grundverordnung) zu treffen.

67 Der ZIA zieht nun in dem aktuellen Praxisleitfaden (2024) nicht nur den Kreis der auszutauschenden Daten weiter, indem er dabei ua auch auf Daten im Zusammenhang sog. Social und Governance Kriterien, wie etwa Informationen zu Geldwäscheprävention, Korruptionspräventionen etc abstellt, sondern gestaltet die Regelung als Kerninhalt des Green Lease insgesamt umfangreicher aus:[56]

Die Parteien werden [sich bemühen,] einander folgende Informationen, Unterlagen und Dokumente ***(„Daten“)*** *zur Verfügung [zu] stellen, die im Zusammenhang mit der Nachhaltigen Nutzung und/oder Bewirtschaftung des Mietobjekts stehen* ***(„Nachhaltigkeitsinformationen“),*** *soweit diese der jeweiligen Partei vorliegen und es sich hierbei nicht um Geschäftsgeheimnisse iSv § 2 Nr. 1 des Gesetzes zum Schutz von Geschäftsgeheimnissen (GeschGehG) handelt:*

a) *Daten des Energie-, Gas- und Wasserverbrauchs,*
b) *Daten, die für die Ermittlung der CO# -Bilanz des Mietobjekts erforderlich sind (beispielsweise alle Informationen, die durch die jeweiligen Energielieferanten zur Verfügung gestellt werden),*
c) *weitere Daten im Zusammenhang mit sog. Social- und Governance-Kriterien, etwa Informationen zu Geldwäscheprävention, Korruptionsprävention, sog. Diversity-Policies etc.,*

[56] ZIA Zentraler Immobilienausschuss e. V. (2024): Green Lease 2.0- Vom grünen Mietvertrag zum ESG Lease, S. 27, abrufbar unter: https://zia-deutschland.de/project/green-lease-2-0-vom-grunen-mietvertrag-zum-esg-lease/ (zuletzt abgerufen 16.7.2026).

d) [Ggf. weitere Daten, die zur Einhaltung europäischer und/oder nationaler regulatorischer Anforderungen im Zusammenhang mit nachhaltigen Investitionen (zB EU-Taxonomie-VO) und/oder nachhaltigkeitsbezogener Offenlegungsverpflichtungen (zB EU-Offenlegungs-VO) benötigt werden,]
e) [Ggf. weitere Daten, die zur Einhaltung [künftiger] europäischer und/oder nationaler regulatorischer Anforderungen im Hinblick auf die Gebäudeenergieeffizienz (zB EU-Richtlinie über die Gesamtenergieeffizienz von Gebäuden (EPBD), Gebäudeenergiegesetz (GEG)) benötigt werden und]
f) [Ggf. Ergänzung durch weitere Daten zur Erreichung einer Nachhaltigen Nutzung und/oder Nachhaltigen Bewirtschaftung, zB für Energie-Audits, Zertifizierung].

Hierzu werden [sich] beide Parteien [bemühen,] einander regelmäßig die Nachhaltigkeitsinformationen, die mit vorhandenen Messeinrichtungen erhoben oder ohne weitere Messeinrichtungen ermittelt werden können, in elektronischer (möglichst maschinenlesbarer) Form und in angemessener Frist nach Aufforderung der jeweils anderen Partei [zu] übermitteln. Der Vermieter wird diese Daten regelmäßig [monatlich] beim Mieter abfragen. [Der Mieter übermittelt diese Daten regelmäßig an den Vermieter.] Zudem ist jede Partei berechtigt, die Nachhaltigkeitsinformationen selbst zu erheben. Hierbei wird sie die jeweils andere Partei bestmöglich unterstützen. [Der Vermieter ist berechtigt, den Mietgegenstand in diesem Zusammenhang mit entsprechenden Sensoreinheiten zur Erhebung der Nachhaltigkeitsinformationenauszustatten.] [Zur Reduzierung des Aufwands des Mieters kann dieser den Vermieter entsprechend der diesem Mietvertrag als Anlage […] beigefügten Vorlage zur Abfrage der Nachhaltigkeitsinformationen bei Dritten (beispielsweise bei Versorgungsunternehmen, dem Facility oder Property Management) bevollmächtigen.] [Die Parteien haften einander nicht für die inhaltliche Richtigkeit und Vollständigkeit der gegenseitig zur Verfügung gestellten Daten.]

Daten in diesem Sinne können auch personenbezogene Daten sein, d. h. sämtliche Informationen im Sinne von Art. 4 Nr. 1 der Verordnung (EU) 2016/679 (Datenschutz-Grundverordnung). Bei der Anwendung des § [Verweis auf diese Regelungsempfehlung] werden sich die Parteien bestmöglich um die Wahrung der Interessen der jeweils anderen Partei bemühen und sind verpflichtet, die Erfüllung der jeweils anwendbaren gesetzlichen Anforderungen an Datenschutz, Datensicherheit und lauteren Wettbewerb sicherzustellen. Die Pflichten nach § [Verweis auf diese Regelungsempfehlung] zur Verarbeitung, insbesondere zur Bereitstellung, personenbezogener Daten im Sinne von Art. 4 Nr. 1 Datenschutz-Grundverordnung gelten nicht, soweit diese Verarbeitung datenschutzrechtlich unzulässig ist.

Der Vermieter ist, soweit gesetzlich zulässig, berechtigt, die Daten sowie die mit den Digitalen Steuerungseinrichtungen gewonnenen Informationen zu erheben, nach eigenem Ermessen zu speichern und zu verwenden. Dem Mieter ist bekannt, dass der Vermieter zur Erreichung der angestrebten (Umwelt-)Ziele beabsichtigt, sämtliche Daten, insbesondere die Nachhaltigkeitsinformationen, zum Mietgegenstand, soweit gesetzlich zulässig, über die Mietzeit hinaus uneingeschränkt und dauerhaft an zentraler Stelle (etwa in seinen IT-Systemen) vorzuhalten, um so den gesamten Lebenszyklus des Mietgegenstands seit der Planung und Errichtung abzudecken. Hierbei wird der Mieter den Vermieter und Dritte (beispielsweise Versorgungsunternehmen, das Facility oder Property Management) bestmöglich unterstützen.

Der Mieter gestattet dem Vermieter, zur Einrichtung, Wartung, Instandhaltung, Instandsetzung und Erweiterung von innerhalb des Mietgegenstands installierten Zähler-, Mess- und Steuerungseinrichtungen – einschließlich Anlagen der Digitalen Steuerungseinrichtungen – den Mietgegenstand nach vorheriger Terminabstimmung mit dem Mieter zu den üblichen Geschäftszeiten zu betreten.

Sollte zukünftig seitens einer Partei der Austausch weiterer Nachhaltigkeitsinformationen gewünscht werden, werden sich die Parteien hierüber abstimmen.[57]

68 Da der überarbeitete Praxisleitfaden erst vor Kurzen veröffentlicht wurde, muss abgewartet werden, ob sich diese Klauseln in naher Zukunft in der Praxis etablieren

[57] ZIA Zentraler Immobilienausschuss e. V. (2024): Green Lease 2.0 – Vom grünen Mietvertrag zum ESG Lease, S. 27, abrufbar unter: https://zia-deutschland.de/project/green-lease-2-0-vom-grunen-mietvertrag-zum-esg-lease/ (zuletzt abgerufen 16.7.2026).

wird. Jedenfalls der datenschutzrechtliche Teil könnte hier mit der unter → Rn. 66 dargestellten Klausel kombiniert werden.

b) Einsparung von Ressourcen. Die Senkung der Energieverbräuche stellt den Kern von Green Lease dar. Empirisch kann dies derart in den Mietvertrag (bzw. Nachtrag) Einzug finden, indem der Einsatz von energieeffizientem technischem Equipment, beispielsweise energiesparenden Leuchtmittel, verlangt wird. Hierzu kann folgende Klausel verwendet werden: 69

Soweit die Parteien das Mietobjekt mit Leuchtmitteln ausstatten, sind (soweit technisch möglich und wirtschaftlich zumutbar) nur energiesparende Leuchtmittel (insbesondere Kompaktleuchtstoff- oder LED-Leuchtmittel oder künftig auch andere Leuchtmittel, die besonders wenig elektrische Energie verbrauchen) zu verwenden.

Auch zu diesem Thema hat der ZIA in seinem aktuellen Praxisleitfaden (2024) eine Regelung ausgearbeitet, mit welcher die Einsparung von Ressourcen insgesamt erreicht werden soll. Denn die Einsparung von Ressourcen ist, wie eingangs dargestellt, einer der Kernthemen des Green Lease (→ Rn. 30). Folglich gibt der ZIA folgende Regelungsempfehlung im Zusammenhang mit der Einsparung von Ressourcen ab:[58] 70

Zur Erreichung der festgelegten (Umwelt-)Ziele werden die Parteien [sich bemühen, im wechselseitigen Einvernehmen] geeignete Maßnahmen zur:

- *Energieeinsparung und Reduzierung von CO#*
- *Emissionen, Reduzierung des Wasserverbrauchs und Vermeidung und Reduzierung sowie zum Recycling von Abfällen um[zu]setzen sowie diese entsprechend [zu] dokumentieren.*

Anhand des Gebäudeenergiebedarfsausweises [Gebäudeenergieverbrauchsausweises] legen die Parteien innerhalb von […] Wochen nach Übergabe eine „Baseline" zur Ermittlung des bisherigen Energieverbrauchs des Mietobjekts fest. Die Parteien werden [sich bemühen,] die durch den Verbrauch von Elektrizität und Heizenergie und von Wasser verursachten Gebäude-CO#-Emissionen um […] % [zu] senken. Abhängig von der energetischen Qualität ist der Mieter zu […] %, der Vermieter zu […]% für die Erreichung des Einsparziels verantwortlich. Zum Ende eines Kalenderjahres werden die Parteien die Erreichung dieses Einsparziels gegen die „Baseline" anhand der nach [Verweis auf Regelungsempfehlung → Rn. 67 (Austausch von Daten)] ermittelten Verbrauchsdaten überprüfen und [sich bemühen,] bei Verfehlung des Einsparziels entsprechende weitergehende Sparmaßnahmen [zu] ergreifen.

Auch hier muss abgewartet werden, wie sich diese Regelung in naher Zukunft in der Praxis etablieren wird.

c) Förderung nachhaltiger Energiequellen. Als weiteres Kernelement hat der ZIA in seinem aktuellen Leitfaden auch die Förderung nachhaltiger Energiequellen bei der Energie- und Wärmeversorgung hervorgehoben. Hierzu gibt der ZIA folgende Regelungsempfehlung ab:[59] 71

Jede Partei hat, soweit sie für das Mietobjekt elektrische Energie bezieht und/oder soweit sie für die Wärmeversorgung des Mietobjekts zuständig ist, [sich zu bemühen,] durch die Wahl eines qualifizierten Ökostromanbieters [mit dem Label […], dafür zu sorgen, dass die von ihr bezogene Menge

[58] ZIA Zentraler Immobilienausschuss e. V. (2024): Green Lease 2.0 – Vom grünen Mietvertrag zum ESG Lease, S. 29., abrufbar unter: https://zia-deutschland.de/project/green-lease-2-0-vom-grunen-mietvertrag-zum-esg-lease/ (zuletzt abgerufen 16.7.2026).

[59] ZIA Zentraler Immobilienausschuss e. V. (2024): Green Lease 2.0 – Vom grünen Mietvertrag zum ESG Lease, S. 29, abrufbar unter: https://zia-deutschland.de/project/green-lease-2-0-vom-grunen-mietvertrag-zum-esg-lease/ (zuletzt abgerufen 16.7.2026).

elektrischer Energie [soweit technisch möglich und wirtschaftlich zumutbar] ausschließlich [alternativ: zu mindestens […] %] aus erneuerbaren Energiequellen erzeugt und in das Stromnetz eingespeist wird und der Wärmebedarf [soweit technisch möglich und wirtschaftlich zumutbar] zu mindestens […] % durch erneuerbare Energien gedeckt wird. Als erneuerbare Energiequellen im Sinne dieser Vorschrift gelten die Energien im Sinne des § 3 Nr. 21 des Erneuerbare-Energien-Gesetzes in der bei Abschluss dieses Mietvertrages gültigen Fassung, sowie sonstige, in einschlägigen Bundesgesetzen etwa künftig als erneuerbare Energiequellen anerkannte Energiequellen. Etwaige während der Laufzeit dieses Mietvertrages eingeführte strengere gesetzliche Vorgaben zur Deckung des Bedarfs an elektrischer Energie durch erneuerbare Energien gelten vorrangig.

3. Ökologisch unbedenklichen Durchführung von Erhaltungs-, Modernisierungs- und sonstigen Baumaßnahmen

72 Im Rahmen der dritten Säule, „Erhaltungs- und sonstige Baumaßnahmen" (→ Rn. 27, 29) lassen sich in der Praxis folgende Regelungen zur (nachträglichen) Durchführung von ökologisch unbedenklichen Baumaßnahmen innerhalb des Mietobjekts durch den Mieter in den Mietvertrag einbetten:

Der Mieter wird sich um eine möglichst umwelt- und ressourcenschonende Durchführung der Ein- und Umbauten sowie Anbringen/Veränderung von fest installierten Einrichtungen bemühen. Insbesondere wird er die in der Anlage XY[60] *beigefügten bauökologischen Mindestanforderungen in seiner Ausschreibung von Bauleistungen zugrunde legen und deren Einhaltung sicherstellen.*

73 Es sollte zusätzlich noch klarstellend aufgenommen werden, dass der Vermieter die vom Mieter gewünschte, nachträgliche Baumaßnahme innerhalb des Mietobjekts aus wichtigem Grund versagen kann, wenn der Mieter sich nicht bereit erklärt, die bauökologischen Vorgaben einzuhalten, sofern die Einhaltung der bauökologischen Vorgaben für den Mieter keine unbillige Härte darstellt. Alternativ kann auch lediglich vereinbart werden, dass der Mieter sich um eine möglichst umwelt- und ressourcenschonende Durchführung der Ein- und Umbauten bemüht, ohne den Mieter zusätzlich zu verpflichten bestimmte bauökologischen Mindestanforderungen einzuhalten.

74 Mit dem aktuellen Praxisleitfasen (2024) hat der ZIA diesen Baukasten ebenfalls als Kernelement definiert (→ Rn. 30). Dabei hat er eine Regelung zu „Erhaltungs- und sonstige Baumaßnahmen" entwickelt, die sich aus Sicht der Autorin in der Praxis erst noch etablieren muss:

*Soweit der Mieter nach diesem Mietvertrag berechtigt oder verpflichtet ist, bauliche Veränderungen des Mietobjektes vorzunehmen und/oder das Mietobjekt mit Einbauten und/oder fest installierten Einrichtungen und Anlagen zu versehen (nachfolgend zusammengefasst **„Mieterausstattung"**), gilt unbeschadet weiterer in diesem Vertrag für Mieterausstattung enthaltenen Regelungen zur Förderung der Nachhaltigen Nutzung und Bewirtschaftung Folgendes:*

a) *Der Mieter wird den Vermieter im Vorhinein [anhand digitaler Ressourcen- bzw. Materialpässe] über die Mieterausstattung informieren und insbesondere mitteilen, inwiefern die Mieterausstattung eine Nachhaltige Nutzung und Bewirtschaftung fördert sowie zur Erreichung der in § [Verweis auf Regelungsempfehlung zu → Rn. 52 oder → Rn. 54] genannten Ziele beiträgt.*
b) *Auf Wunsch des Vermieters wird der Mieter die Mieterausstattung einschließlich der Art und Weise ihrer Durchführung mit dem Vermieter besprechen und dessen Vorstellungen zur För-*

[60] Als Anlage ist eine Liste der ökologischen Baumaterialien beizufügen, ein Beispiel hierfür findet sich bei ZIA Zentraler Immobilienausschuss e. V. (2018): Green Lease – Der Grüne Mietvertrag für Deutschland, S. 56 ff., abrufbar unter: https://zia-deutschland.de/wp-content/uploads/2021/04/zia_broschuere_green_lease_weboptimiert1.pdf (zuletzt abgerufen 16.7.2026).

derung einer Nachhaltigen Nutzung und Bewirtschaftung nach billigem Ermessen (§ 315 BGB) berücksichtigen.

c) *Der Mieter hat [sich [nach besten Kräften] darum zu bemühen,] die Mieterausstattung umwelt- und ressourcenschonend durchzuführen und dabei ausschließlich emissionsfreie (soweit nicht möglich: emissionsarme), auf Grundlage einer Lebenszyklusbetrachtung als umwelt- und ressourcenschonend anzusehende Materialien einzusetzen und durch die Mieterausstattung verursachte, negative Auswirkungen auf den Energieverbrauch und die Klimatisierung des Gesamtobjektes und/oder des Mietobjektes soweit technisch möglich und wirtschaftlich zumutbar zu vermeiden. Als zulässige Materialien gelten insbesondere recycelte Baumaterialien oder solche, die mit einem der Zertifikate „Der blaue Engel", dem europäischen Umweltzeichen, dem „FSC" oder „PEFC" Siegel oder sonstigen Umweltsiegeln des Typs I im Sinne der ISO 14024 ausgezeichnet sind, sowie Materialien aus der Liste ökologischer Baustoffe sowie die im Kriterienkatalog Gebäude empfohlenen Materialien. Der Mieter wird die in lit. c) dieses § [Verweis auf diese Regelungsempfehlung] sowie die in der Anlage […] aufgeführten bauökologischen Vorgaben in seinen Ausschreibungen von Bauleistungen zugrunde legen und deren Einhaltung sicherstellen.*

d) *Jede Maßnahme der Mieterausstattung bedarf der vorherigen schriftlichen Zustimmung des Vermieters. Der Vermieter darf die Zustimmung zur Mieterausstattung nur aus wichtigem Grund verweigern. Ergänzend zu § [Verweis auf sonstige Vorschriften zur zustimmungsbedürftigen Mieterausstattung] ist ein wichtiger Grund [unter anderem] dann gegeben, wenn (i) die Mieterausstattung mit einer Nachhaltigen Nutzung und Bewirtschaftung des Mietobjektes unvereinbar ist oder (ii) bei den Baumaßnahmen bezüglich der Mieterausstattung ein Abweichen von den unter lit. c) genannten Vorgaben vorliegt oder vorliegen würde, die Einhaltung der bauökologischen Vorgaben für den Mieter aber keine unbillige Härte darstellt.*

e) *Der Mieter wird dem Vermieter [anhand digitaler Ressourcen- bzw. Materialpässe] geeignete Nachweise über die Einhaltung der Regelungen in lit. c) dieses § [Verweis auf diese Regelungsempfehlung] übermitteln.*

f) *Der Vermieter erteilt bereits jetzt seine Zustimmung zum Einbau einer solchen Mieterausstattung, die der Einsparung von End- oder Primärenergie [oder Wasser, soweit dadurch die Hygiene der Rohrsysteme im Gebäude nicht beeinträchtigt wird] und/oder der effizienteren Nutzung von Energie und/oder der nachhaltigen Produktion der verwendeten Energie zu dienen bestimmt oder sonst geeignet ist, die Nachhaltige Nutzung und Bewirtschaftung des Mietobjektes zu fördern, [insbesondere zur Installation von Ladesäulen für E-Mobilität], soweit ihm der Mieter geeignete Nachweise übermittelt hat, dass die Vorgaben in lit. c) dieses § [Verweis auf diese Regelungsempfehlung] eingehalten werden.*[61]

4. Fazit

Es bleibt abzuwarten, wie sich die Regelung aus dem aktuellen Praxisleitfaden (2024)[62] in der Praxis durchsetzen werden. Ein starres Konzept, wonach entweder jeweils eine Regelung aus dem Baukastensystem des Praxisleitfaden (2019)[63] oder alle Regelungen der Kernelemente nach dem aktuellen Praxisleitfaden (2024) in den Mietvertrag einzubeziehen sind, gibt es nicht. Die Regelungen müssen jeweils individuell in Bezug auf Mietstruktur, Gebäude und Interessen beider Vertragsparteien zugeschnitten werden. 75

[61] ZIA Zentraler Immobilienausschuss e. V. (2024): Green Lease 2.0 – Vom grünen Mietvertrag zum ESG Lease, S. 3, abrufbar unter: https://zia-deutschland.de/project/green-lease-2-0-vom-grunen-mietvertrag-zum-esg-lease/ (zuletzt abgerufen 16.7.2026).

[62] ZIA Zentraler Immobilienausschuss e. V. (2024): Green Lease 2.0 – Vom grünen Mietvertrag zum ESG Lease, abrufbar unter: https://zia-deutschland.de/project/green-lease-2-0-vom-grunen-mietvertrag-zum-esg-lease/ (zuletzt abgerufen 16.7.2026).

[63] ZIA Zentraler Immobilienausschuss e. V. (2018): Green Lease – Der Grüne Mietvertrag für Deutschland, abrufbar unter:.https://zia-deutschland.de/project/green-lease-2-0-vom-grunen-mietvertrag-zum-esg-lease/ (zuletzt abgerufen 16.7.2026).

Sachverzeichnis

Fette Zahlen bezeichnen die §§, magere die Randnummern.